# MEDIAE LATINITATIS LEXICON MINUS

COMPOSUIT

## J. F. NIERMEYER †

in Universitate Amstelodamensi professor

LEXIQUE LATIN MÉDIÉVAL—FRANÇAIS/ANGLAIS
A MEDIEVAL LATIN—FRENCH/ENGLISH DICTIONARY

PERFICIENDUM CURAVIT

### C. VAN DE KIEFT

in Universitate Amstelodamensi professor

LEIDEN
E. J. BRILL
1976

MEDIAE LATINITATIS
LEXICON MINUS

> Ces études de mots ont une grande importance dans la science historique. Un terme mal interprété peut être la source de grandes erreurs.
>
> Fustel de Coulanges, *Histoire des institutions politiques de l'ancienne France. L'alleu et le domaine rural pendant l'époque mérovingienne*, 1927[4], p. 170.

ISBN 90 04 04792 1

*Copyright 1976 by E. J. Brill, Leiden, The Netherlands*

*All rights reserved. No part of this book may be reproduced or translated in any form, by print, photoprint, microfilm, microfiche or any other means without written permission from the publisher*

PRINTED IN THE NETHERLANDS

## AVANT-PROPOS

Combien de fois les médiévistes ont-ils déploré d'être dépourvus de cet indispensable instrument de travail qu'aurait été un dictionnaire moderne et pratique, pour la langue des trois-quarts ou plus des documents qu'ils étudient? Le vieux DU CANGE — dans son état assez difforme, des éditions HENSCHEL et FAVRE — demeure, certes, un outil fort précieux, mais d'un usage malaisé: il est en effet trop prolixe pour une orientation rapide. Ses définitions, en latin humanistique, sont justement célèbres, mais peu engageantes. Surtout, il est, souvent, quasi-impossible de retrouver ses citations, celles-ci se rapportant nécessairement, pour la plupart, à des éditions aujourd'hui périmées, voire dénuées, dans de nombreux cas, de toutes indications bibliographiques ou chronologiques. Peu de travailleurs, d'ailleurs, peuvent se vanter de posséder un Du Cange, et leur nombre va toujours décroissant. Le „nouveau Du Cange" projeté en 1920, n'est pas encore là, et, des actuelles générations, personne sans doute ne vivra le jour où il sera terminé. Pendant de longues anneés, ce sera un ouvrage en cours, comme le *Thesaurus linguae latinae*. Et, de même que le *Thesaurus* également, il sera lourd et d'un maniement peu commode. Nous croyons qu'en réalité, ce sont *deux* dictionnaires du latin médiéval qui nous font défaut: le „nouveau Ducange", de longue haleine, d'une part, et un lexique succinct, de consultation rapide, d'autre part. Et, nous en avons la conviction, attendre l'achèvement du premier avant d'entreprendre le second, serait une politique fâcheuse. Déjà les glossaires qui ont été publiés comme résultats provisoires des dépouillements exécutés sous le patronage de l'Union Académique Internationale — sous la direction de M. ARNALDI (Italie), et de MM. BAXTER et JOHNSON (Grande-Bretagne et Irlande) — rendent d'appréciables services. Cependant leurs limites chronologiques (pour le premier) et géographiques sont étroites, leurs définitions trop sommaires. Il est à déplorer enfin que le second manque de références. Seule une reconnaissance du terrain entier, si osée que puisse paraître l'entreprise, pourra raviver l'intérêt pour l'étude des sources, aider à former plus efficacement les jeunes érudits, et combattre cette néfaste tendance qui se manifeste dans l'édition en traduction moderne, de documents historiques. Ceci, bien entendu, à condition que l'on renonce au latin pour les éclaircissements, en le remplaçant par les langues modernes, celles-ci possédant seules la terminologie scientifique appropriée.

Il nous semble qu'un profond malentendu entre philologues et historiens est à la base de la carence d'un *Ducange minus*. La philologie s'intéresse avant tout aux oeuvres spécifiquement littéraires, à la poésie, notamment. Or ce ne

sont point les poètes qui ont créé le latin médiéval. L'apport essentiel au vocabulaire latin, ce ne sont point leurs néologismes plus ou moins subtils; ce sont bien plutôt les termes techniques servant à désigner les notions ressortissant au vaste domaine du droit et des institutions, les réalités sociales dont il s'agit dans les chartes, les lois, les chroniques. Pour s'entendre dans ce domaine, en parlant de mille objets que l'Antiquité avait ignorés, il fallut créer la nomenclature indispensable, soit par emprunt aux idiomes populaires, soit par attribution aux vocables de l'héritage classique, de sens fort altérés. Ceci dit, nous estimons qu'il est oiseux d'implorer l'indulgence pour le fait que le présent ouvrage ait été entrepris par un historien. Des générations d'historiens n'ont-elles pas donné l'exemple, en étudiant maintes particularités de terminologie, dans leurs travaux sur les institutions politiques, juridiques, sociales, de l'Occident médiéval? En préparant des éditions de textes, dont beaucoup répondent aux exigences philologiques les plus strictes? C'est, en grande partie, sur ces travaux d'illustres devanciers — historiens de profession qui surent faire œuvre de philologues — que repose le présent ouvrage, non seulement en ce qui concerne les éditions critiques des textes, mais aussi dans une certaine mesure, du point de vue lexicologique. De fait, les glossaires joints à certaines éditions, aux volumes des *Monumenta Germaniae Historica*, principalement, nous ont été de l'utilité la plus grande. Il convient également de noter que les grands ouvrages sur les institutions — ceux de Fustel, de Luchaire, de Flach, de Waitz, de Brunner, etc. — renferment une documentation abondante qui garde aujourd'hui encore, toute sa valeur. Nous nous sommes servis de cette documentation avec gratitude. Quant aux grandes encyclopédies scientifiques — le *Deutsches Rechtswörterbuch*, le *Dictionnaire d'histoire et de géographie ecclésiastiques*, le *Dictionnaire de droit canonique*, d'autres encore — elles ont été consultées avec fruit. Personnellement, nous avons dépouillé des dizaines de milliers de chartes et plusieurs centaines d'autres textes. On comprendra que nous ayons préféré les textes les plus importants, les recueils les mieux composés. Dans le vieux Du Cange-Favre, nous n'avons glané que les références relatives aux vocables et aux acceptions qu'il ne nous a pas été donné de documenter autrement, ainsi qu'un certain nombre de citations empruntées à des chartes datées et localisées. Presque toujours, nous avons tenu à vérifier ces références, les munissant, autant que possible, de renvois aux éditions modernes.

Il va sans dire qu'un lexique du latin médiéval peut à bon droit omettre tout ce qui relève de l'héritage classique. Il y aura lieu de noter toutefois le caractère double de la source où puisa constamment la latinité du Moyen Age. Tandis que celle-ci renouvelait sans cesse son contact avec la latinité classique, elle tenait aussi étroitement au bas-latin, et notamment à la langue de la Vulgate et des Pères de l'Eglise; or le bas-latin est loin d'être familier à ceux qui, après avoir fait leurs humanités, abordent l'étude du Moyen Age. En conséquence, nous nous sommes résolu à incorporer dans notre livre, le vocabulaire du bas-latin, pour autant que celui-ci se retrouve dans les écrits médiévaux, mais cette fois, sans donner de références, sauf cependant dans le cas où le mot est peu connu ou d'acception plutôt rare. Cette partie de notre travail a été singulièrement facilitée par l'usage que nous avons pu faire — à côté de Forcellini et du *Thesaurus* — du remarquable *Glossary of Later Latin* que l'on doit à M. Souter.

Une difficulté considérable réside dans le nombre rapidement croissant des mots empruntés ou calqués d'après les langues vulgaires, qui apparaissent à partir du XIIe, et surtout, du XIIIe siècles. A mesure que se vulgarise la connaissance du latin, décline le respect pour sa pureté. On y incorpore avec beaucoup plus de franchise qu'auparavant, des éléments étrangers. Et, à la même époque, s'amplifie le volume des textes. A partir de 1150 environ, il était au-dessus de nos forces de faire un choix de références tant soit peu représentatives. Aussi nous sommes-nous borné, pour la plupart des mots nouveaux et des acceptions nouvelles du bas Moyen Age, à une simple indication de l'époque à laquelle ils apparaissent, en ajoutant, les cas échéant, la région à laquelle ils appartiennent.

Nos citations se situent donc en grande majorité, dans les six siècles compris entre 550 et 1150. Nous nous sommes efforcé de nous référer, en principe, aux textes les plus anciens. Il importe de savoir quand, où, de quelle manière, tel mot a été introduit, tel développement sémantique s'est manifesté. De tels éléments peuvent être fort utiles à la critique, notamment à la critique diplomatique des chartes, basée sur le langage. Ainsi, nous avons cru justifiée la peine considérable résultant de l'indication non seulement des références bibliographiques, mais aussi des dates et des provenances des textes, surtout pour les chartes.

Un problème non résolu est celui de savoir ce qu'il convient d'entendre par vocabulaire latin. Nous avouons notre impuissance à donner des critères pleinement satisfaisants, qui autoriseraient à tracer une limite précise entre mots barbares latinisés, et mots franchement barbares; car la zone de transition ne laisse pas d'être large. Le triage, pour notre dessein, était plutôt une question d'ordre pratique. Il ne nous a point paru recommandable, en tout cas, d'écarter en principe les mots qualifiés comme vulgaires par les auteurs eux-mêmes. En effet, il s'agit ici fort souvent, de vocables qui, en réalité, étaient déjà d'usage courant sous la plume des contemporains. Dans ces cas, la formule fameuse „ut vulgo dicitur" indique seulement que l'auteur se pique d'une érudition littéraire au-dessus du niveau moyen.

Les besoins des travailleurs auxquels est destiné ce lexique, nous ont amené à mettre tout l'accent sur deux choses: les définitions; les citations. Ces dernières sont données de manière à mettre surtout en lumière les significations, plutôt qu'à accuser les particularités syntaxiques. Pour la syntaxe et la grammaire, elles ont été négligées de propos délibéré. Pour l'étymologie, nous nous sommes contentés, en règle générale, d'une brève mention de la langue d'origine. En ce qui concerne les emprunts aux langues germaniques, nous nous bornons habituellement à la simple mention „germ.", sans préciser davantage. La dérivation d'un autre mot appartenant à la latinité classique, ou bien figurant dans notre lexique, n'est indiquée que dans les cas où elle n'est pas facilement évidente. Il est arrivé que nous ayons ajouté des mots existant dans les grandes langues modernes (français, italien, anglais, allemand), en connexion avec les

vocables signalés, et pouvant aider à comprendre l'évolution sémantique de ceux-ci.

Het zou mij spijten wanneer dit boek geen woord Nederlands zou bevatten. Het zij mij daarom vergund, aan het slot van deze voorrede, in mijn moedertaal, die meer dan een andere uit het hart opwelt, dank te brengen aan allen die mij behulpzaam zijn geweest, bepaaldelijk aan de ambtenaren van de Amsterdamse Universiteitsbibliotheek en aan de assistenten van het Historisch Seminarium, zeer in het bijzonder echter aan mijn vrouw, die de offers door dit werk geëist heeft helpen brengen en ik hoop dat zij de vreugde die het schenkt mede mag genieten.

J.F.N. [1954]

Quand, après la mort du Professeur Niermeyer, à la fin de 1965, j'ai assumé la tâche d'achever son Lexique du Latin Médiéval, où il était arrivé jusqu'à l'article *vaccarius*, et de compiler la Bibliographie (Index Fontium), je comptais terminer ces travaux en deux ou trois ans. Finalement il m'en fallait dix. Ceux qui se sont servis du lexique et dont la patience est si durement mise à l'épreuve, ont le droit d'être informés sur la cause de ce délai, et — ce qui est plus important — sur la question de la responsabilité du 12e fascicule et de l'Index Fontium.

En premier lieu le délai est dû aux multiples tâches d'enseignement, de recherches et d'administration que j'avais à accomplir dans la Section d'Histoire très animée de l'Université d'Amsterdam. Je n'insiste pas. Plus sérieux étaient les problèmes que me posait la méthode de travail du regretté Maître. Après avoir jeté les bases du lexique entier en rassemblant des textes des grands ouvrages sur les institutions et des grandes encyclopédies scientifiques, il traitait chaque fascicule comme une entité plus ou moins isolée, pour laquelle il recueillait la plupart des matériaux en dépouillant le vieux Du Cange-Favre et de nombreuses éditions de différentes sources, et mettait au point ces matériaux pour publication. Après quoi il s'occupait au fascicule suivant. Donc, après sa mort, qui est survenu après une longue maladie, le nombre des fiches du dernier fascicule (à partir de *vaccarius*) était assez modeste, les définitions des mots étaient souvent rédigées dans une forme provisoire et en néerlandais. Il me fallait donc compléter les matériaux en dépouillant le Du Cange et les nombreuses éditions de sources, quadruplant par là le nombre des fiches, et ensuite sélectionner et grouper les citations selon les différentes significations des mots, rédiger les définitions précises en français et en anglais, et donner au besoin des indications sur l'étymologie. Tout cela m'a pris beaucoup plus de temps que je n'avais cru.

Il va de soi que, dans l'accomplissement de ce travail, je me laissais guider par les principes tels que le Professeur Niermeyer les avait formulés dans l'avant-propos de son premier fascicule. Cela veut dire que ce 12e fascicule, comme les autres, est essentiellement sa propriété intellectuelle. Par contre, c'est moi seul qui suis responsable de l'application de ces principes dans ce fascicule. C'est donc à moi que la critique doit s'adresser, critique qui viendra fatalement. Car la lexicographie n'est pas seulement une science, elle est aussi un art, surtout, quand il s'agit d'un lexique d'une portée restreinte comme le Lexicon Minus. Le travail de sélectionner, de limiter, de comprimer ces matériaux ne peut être mené à bonne fin que si l'auteur dispose de solides connaissances dans les domaines de l'histoire et de la philologie, et, en même temps, possède un flair qui est le fruit de longs travaux. Ces connaissances, ce flair, le Professeur Niermeyer les possédait à un si haut degré qu'un remplaçant de la dernière heure ne saurait l'atteindre. On s'apercevra, par exemple, que mes citations sont plus nombreuses et plus longues que celles du Professeur Niermeyer. C'est ainsi que le mot *wadium*, emprunté à l'idiome populaire, a été traité de façon très détaillée, ce qui pourtant peut s'excuser, étant donné l'importance cruciale de cette notion dans la pratique du droit médiéval. Heureusement, le Professeur Niermeyer avait laissé un dossier très substantiel sur le mot *vicus*, entre tous important, contenant des fiches et le texte d'une communication à ce sujet, qu'il avait présentée deux ou trois fois et qu'il n'avait pas publiée. Le classement de l'article *vicus* est largement basé sur les conceptions présentées dans cette communication.

Je tiens à remercier ici Mme R.E. van der Leeuw-Kistemaker, assistante du Séminaire d'Histoire de l'Université d'Amsterdam, qui m'a aidé avec persévérance à rassembler des textes, notamment ceux qui étaient édités dans des ouvrages difficiles à trouver.

Pour ce qui est de l'Index Fontium, je me permets de renvoyer le lecteur à l'avant-propos et à l'introduction du volume publié séparément.

Puisse ce Lexique du Latin Médiéval remplir la fonction que le Professeur Niermeyer lui avait attribuée, en entreprenant sa lourde tâche: celle d'être un lexique succinct et de consultation facile, instrument de travail entre les mains de tous ceux qui, d'une manière ou d'une autre, s'occupent de l'histoire médiévale.

Université d'Amsterdam                             C. van de Kieft
Septembre, 1976

# PREFACE

Rarely will a science be found in a position so anomalous as that of medieval studies, wanting as they do an indispensable tool, a modern, practical dictionary of the language in which the large majority of the documents are written. The old DU CANGE, in the rather unwieldy shape it has taken in the editions by HENSCHEL and FAVRE, remains a valuable instrument, no doubt, but also a very awkward one. It is too prolix to provide rapid information. Its explanations, couched in humanist's Latin, are justly celebrated, but not particularly attractive. What is worse, in a great many cases it is practically impossible to check its quotations. Most of them are inevitably taken from editions now obsolete; many are lacking in bibliographical or chronological data. Moreover, today few scholars are so fortunate as to possess a copy of Du Cange. On the other hand, the "new Du Cange", planned since 1920, is still under way, and certainly nobody now past childhood will live to see its completion. For many years to come it will be a partially published work, like the *Thesaurus Linguae Latinae*. And again like the *Thesaurus*, it will be bulky and unfit for quick use. In my view we really want two different dictionaries of medieval Latin: the large-scale "new Du Cange", and besides that a compendious lexicon for rapid information. And I think it would be bad policy to postpone the lesser task until the far-off moment when the greater scheme is finally consummated. Word-lists which have been so far published as the first-fruits of the preparatory work organized by the International Academic Union, their compilers being Sign. ARNALDI for Italy and Messrs. BAXTER and JOHNSON for Great Britain and Ireland, are rendering appreciable service, but they are confined to narrow geographical and, in the case of ARNALDI, chronological limits. Their explanations are very brief. The list by BAXTER and JOHNSON does not contain any references. A survey of the entire field is badly needed. Only this can revive general interest in the study of the original sources, help to train young scholars efficiently and check the regrettable tendency which gives rise to the stream of translated material coming forth in our day. These ends can be attained only by giving up Latin as a medium of explanation and replacing it by some of the modern languages, which have developed an adequate scientific terminology.

Perhaps a lack of mutual understanding between historians and philologists lies at the root of their common failure to produce a modern Du Cange. Philology is chiefly interested in *belles-lettres* and especially in poetry. Now medieval Latin was not made by poets. The essential enlargement of the Latin vocabulary must be sought, not in their more or less far-fetched neologisms, but in that great body of technical words which served to denote the concepts belonging to the wide field of law and institutions, to describe the social facts referred to in charters, laws and chronicles. For this purpose, in order to express a thousand things which did not exist in the Ancient World, medieval people were obliged to create the indispensable vocabulary, partly by borrowing from vernacular languages, partly by applying words inherited from the classics in quite new ways. In these circumstances I think there is no reason to apologize for the fact that a historian, who has gained some acquaintance with charters and other documents, should have ventured on this enterprise. Several generations of historians have preceded him in the same path, by studying details of terminology in their accounts of the political, legal and social institutions of the Western World of the Middle Ages, as well as by preparing editions of authorities and documents, many of which meet the highest philological standards. The works of these illustrious scholars—professional historians who practised the craft of the philologist and practised it well—have to a great extent provided the basis for this book, not only as far as critical editions of source-material are concerned, but in the field of lexicography as well. Especially the glossaries added to a number of editions and in particular to many volumes of the *Monumenta Germaniae Historica* have proved of the utmost utility for my purpose. On the other hand, some standard works on institutions, like those of FUSTEL, LUCHAIRE, FLACH, WAITZ, BRUNNER and others, although getting out of date, have still much value on account of their wealth of quotations, and I have gratefully availed myself of them. Large works of reference like the *Deutsches Rechtswörterbuch*, the *Dictionnaire d'Histoire et de Géographie Ecclésiastiques*, the *Dictionnaire de Droit Canonique* and others have been equally serviceable. Personally I have read many thousands of charters and some hundreds of other writings. For this I of course selected the most important sources and the best modern publications. From DU CANGE-FAVRE I have taken only a number of quotations relative to words and meanings which I could not otherwise sufficiently illustrate, especially passages from charters, in so far as dates and places of origin are given. I have checked nearly all these quotations and as far as possible modernized the bibliographical data.

It is clear that a dictionary of medieval Latin can take for granted everything that belongs to the classical inheritance. But we must not forget that in fact medieval Latinity was constantly drawing upon two sources. While it again and again renewed contact with the classics, at the same time it remained intimately connected with later Latin and especially with the language of the Vulgate and the Christian Fathers. Now we cannot expect our students, who have been educated in the humanities, to have any knowledge of later Latin. Therefore I decided to incorporate the vocabulary of later Latin, in so far as it reappears in medieval writings, giving quotations only in exceptional cases, when the word or meaning in question is rare. This part of my task was comparatively easy, thanks to the excellent *Glossary of Later Latin* by Professor SOUTER, a very welcome addition to FORCELLINI and the *Thesaurus*.

A formidable problem for my scheme was the rapidly growing number of words borrowed from or modelled after the popular languages which appear from the twelfth and especially from the thirteenth century onward. As knowledge of Latin spread, regard for its purity declined. Alien elements were introduced much more freely than before. During the same period the quantity of material available to us grows immensely. From about A.D. 1150 I was unable to make my selection of quotations in any degree representative. These combined reasons have induced me to note for most of the words and meanings which appear only in the later Middle Ages simply the century and, if necessary, the region in which they occur.

So the great majority of my quotations come from the six centuries between A.D. 550 and 1150. Much care has been given to selecting early examples, so that we can ascertain when, where and how a word was adopted or a meaning developed. This kind of knowledge may provide inestimable help to the solution of critical problems, in particular those concerned with genuine and forged charters. For this reason I have taken considerable pains to furnish, in addition to the bibliographical data, short chronological and geographical indications locating the sources quoted, especially charters.

It is an open question what exactly belongs to the Latin vocabulary and what does not. I must confess that I am unable to formulate entirely satisfactory criteria for drawing a clear line between Latinized and non-Latinized barbarous words. There is a broad transitional zone. For my purpose sorting out was mainly a practical business. At any rate I feel that it would have been wrong to leave out all the passages where an author describes a word as barbarous. In truth such words often were already currently used by contemporary scribes and the notorious formula "ut vulgo dicitur" means simply that the author prides himself on writing better Latin than other people of his day.

In order to make this book as useful as possible within its limited scope all the stress has been laid on two things: explanations and quotations. The latter have been chosen chiefly in order to illustrate the meanings, not so much to show syntactic peculiarities. Syntax as well as grammatical matter has been deliberately neglected. As to etymology, I have just mentioned the language from which a word has been borrowed, or simply noted "Germ." in case of borrowing from one or more of the Germanic languages. The fact that a word is derived from another word which either belongs to the classical vocabulary or appears elsewhere in this book has been pointed out only when the derivation is not quite obvious. In some cases I have added for comparison words from the principal modern languages (French, Italian, English, German) which are related to the words treated and may help us to understand their semantic evolution.

J.F.N. [1954]

---

When, upon the death of Professor Niermeyer, at the end of 1965, I undertook to finish his Medieval Latin Dictionary, which he had completed as far as the word *vaccarius*, and to compose the Bibliography (Index Fontium), I hoped to be able to fulfill this task within two or three years. Eventually it took me ten. The users of the dictionary, whose patience has been so severely tried, have a right to be acquainted with the causes of this delay, and, what is more important, to know exactly where the responsibility lies for the contents of fascicule 12 and the Bibliography.

The delay may be attributed to the burden of the multiple tasks of teaching, research and administration, which I had to perform in the very animated Department of History of the University of Amsterdam. I will not dwell upon this point. More serious were the problems which arose from the way in which Professor Niermeyer prepared his dictionary. It soon became apparent that, though he had laid a basis for the whole corpus of the dictionary by gathering texts from standard works on institutional history and large works of reference, he treated each fascicule as an entity, gathering the bulk of the material by excerpting the Glossarium of Du Cange and numerous modern editions of all kinds of sources, refining the whole of the material and making it ready for publication. He would then set to work upon the next fascicule. This meant that at his death, which occurred after a long illness, the number of slips for the last fascicule (as from the word *vaccarius*) was fairly small, the definitions of the words often noted in a sketchy form and in Dutch. I therefore had to complete the material by excerpting Du Cange and many editions of sources, thus quadrupling the number of slips, and then to select and classify the quotations according to the various meanings of the particular words, formulate the precise definitions in French and English, and, if necessary, give etymological indications. This task took up much more time than I had expected.

It stands to reason that I worked on the basis of the general principles laid down by Professor Niermeyer in his preface to the first fascicule, so that this last fascicule is primarily his intellectual property. For the application of these principles, however, I alone must be held responsible; criticism should be addressed to me. It is bound to arise. Lexicography is not only a science, it is also an art, particularly so when the goal is the making of a dictionary of limited scope, as this Lexicon Minus. The process of sorting, limiting and condensing the material can only successfully take place if, on the one hand, the author is thoroughly trained in the historical and philological field, and, on the other hand, has a sense of feeling which can only be developed after long and assiduous work. This knowledge, this feeling, Professor Niermeyer possessed in a degree of perfection that can hardly be expected from a substitute taking over at the last phase. It is evident, for instance, that in illustrating the various meanings of particular words, I tended to be more elaborate than Professor Niermeyer, both in the number and in the content of the quotations. Especially the word *wadium*, borrowed from the vernacular, is dealt with in a very detailed way, which, however, in my opinion may be excused on account of the crucial importance this

notion had in early medieval legal practice. It is only fair to say that Professor Niermeyer did leave substantial material on the very important word *vicus*, including the text of an unpublished paper on the subject, read by him on various occasions. The arrangement of this entry is largely along the lines set out in his paper.

It is appropriate here to express my gratitude to Mrs. R.E. van der Leeuw-Kistemaker, who as an assistant of the Historical Institute of the University of Amsterdam has helped me with great perseverance to collect texts, especially those in hardly traceable editions.

As for the Bibliography (Index Fontium) I refer to the preface and introduction of the separate volume.

May this Dictionary of Medieval Latin fulfill the function Professor Niermeyer assigned to it when undertaking his heavy task: that it be a compendious and practical lexicon for succinct information at the use of all those who, in one way or another, are working in the field of Medieval History.

University of Amsterdam  C. VAN DE KIEFT
September, 1976

## ORDRE ALPHABÉTIQUE

Pour les mots qui se rencontrent dans les textes avec des graphies diverses nous avons adopté en principe comme forme de base, la forme primitive du point de vue linguistique. Dans quelques cas seulement, où, dans les textes, la forme primitive est rare, une forme plus évoluée et d'usage commun sert de forme de base. Les autres graphies ont été insérées à leur place avec renvoi, pour autant que cette place n'était pas toute proche de celle de la forme de base. Les variantes des textes qui répondent aux changements phonétiques généraux et aux habitudes orthographiques les plus répandues, ont été négligées. Nous avons noté les formes altérées que revêtent certains vocables appartenant à la latinité classique qui ne figurent pas dans le présent lexique, en indiquant leur identité par le signe =.

Parmi les mots composés à préfixe assimilable, on a distingué deux catégories. Ceux qui appartiennent à l'héritage ancien se rencontrent d'ordinaire dans la forme assimilée, et ont été insérés comme tels dans l'ordre alphabétique. Par contre, les mots de formation récente apparaissent plus souvent dans la forme non assimilée; pour cette raison, on les a mis à la place qui revient à celle-ci. Par exemple: *accola, allegare, appellare, arripere, assignare*; mais d'autre part: *adcausare, adlegiare, adpratare, adripare, adsalire*. Quelques renvois ont été faits; cependant on fera bien de chercher toujours les deux formes possibles.

Les diphthongues *ae* et *oe* ont été imprimées comme telles dans les formes de base, mais pour l'ordre alphabétique elles comptent pour *e*. Nous espérons faciliter ainsi les recherches faites à propos des formes simplifiées. Tous les mots qui commencent par *ae* seront donc traités sous la lettre *E*. Le même principe a été suivi pour la voyelle *y* et pour la consonne *ph* dans les mots d'origine grecque: elles ont été conservées, mais pour l'ordre alphabétique *y* compte pour *i*, *ph* pour *f*. Dans le *th*, il a été fait abstraction de *h*, pour l'alphabétisation.

Par contre, les voyelles *i* et *u* ont été distinguées des consonnes *i* et *u*; et par l'orthographie — qui est *j* et *v* pour les dernières, d'après l'usage français —, et dans l'ordre alphabétique.

## ALPHABETICAL ARRANGEMENT

For all those words which occur in more than one form as a rule the more original form, from a linguistic point of view, has been taken as basic. In a minority of cases, when the original form seldom occurs in our material, a commonly used but linguistically later form serves as the basis. Variant forms are crossreferenced to that basic form, but this has been omitted when the variant form finds its place quite near the basic one. Variant forms have been disregarded in so far as they correspond to general phonetic changes or to widely spread orthographic habits. Not easily recognizable variant forms of some words belonging to classical Latinity which do not appear in this dictionary are inserted and their identity is denoted by the sign =.

Among words compounded with a prefix capable of assimilation a division into two categories has been made. Compounds which are part of the old stock generally occur in assimilated forms and so have been put under those forms in the alphabet. On the other hand newly-formed words are more often found in a non-assimilated form and therefore have been catalogued in that form; e.g.: *accola, allegare, appellare, arripere, assignare*, for the first category, *adcausare, adlegiare, adpratare, adripare, adsalire*, for the second. There are some cross-references, but nevertheless the reader is advised always to look for both forms.

The diphthongs *ae* and *oe* have been thus printed in basic forms; but for purposes of alphabetical arrangement they are regarded as representing *e*. In this way it will be easy to find words occurring with the simplified spelling. In consequence of this all words beginning with *ae* will be given later under the heading *E*. The same principle has been applied to the vowel *y* and the consonant *ph* in words of Greek origin: the spellings with *y* and *ph* have been preserved, but in the alphabetical arrangement *y* is reckoned as *i* and *ph* as *f*. In the consonant *th*, *h* has been disregarded for alphabetising purposes.

On the other hand, the vowels *i* and *u* have been distinguished from the consonants *i* and *u*, the latter having been printed (in accordance with French use) as *j* and *v* and having been given a separate place in the alphabet.

## SIGNES / SIGNS

\* L'astérisque qui précède telle acception d'un mot indique que le mot existe avec cette acception dans le bas-latin (de 200 à 550 de notre ère environ). — An asterisk placed before the rendering of a definite meaning of a word indicates that the word occurs with this particular meaning in later Latin (from about A.D. 200 to about A.D. 550).

< Ce signe est suivi du mot dont le mot en question est dérivé. — This sign is followed by the word from which the word in question is derived.

> Ce signe est suivi d'un mot dérivé du mot en question. — This sign is followed by a word deriving from the word in question.

< a. 800 > : Date fausse d'un document forgé. — False date of a forged document.

*Pour les abréviations usitées dans le lexique, voir la liste qui précède l'Index Fontium.—The abbreviations used in the dictionary are given in the list preceding the Index Fontium.*

# A

**ab-** in compositis, v. etiam ad- (acc-, app- etc.)

**abacista** (masc.): *arithméticien — arithmetician*. Abacum primus a Saracenis rapiens [Gerbertus] regulas dedit quae a sudantibus abacistis vix intelliguntur. WILHELM. MALMESBIR., G. reg. Angl., lib. 2 § 167, ed. STUBBS, I p. 194.

**abactor**: \**voleur de bétail — cattle-thief*.

**abacus**: *arithmétique — arithmetics*. Cantat. s. Huberti, c. 8, ed. HANQUET, p. 25.

**abadia**, v. abbatia.

**abalienari**: \**être mentalement troublé — to wander in mind*.

**abandonare**, aliquem: *désigner comme garant — to indicate as one's bail*. Concessi ... burgensibus meis ... quod nunquam illos abandonabo pro meo debito vel alieno. DU CHESNE, *Hist. de Béthune*, pr. p. 86 (ch. a. 1210, Arras).

**abandonum**, -ium: *engagement, nantissement — security*. Acquitare debemus virum nobilem R. ... de omni catallo, custo et pena ... per abandonum omnium rerum nostrarum. DES MAREZ, *Lettre de foire*, p. 105 (ch. a. 1229, Arras). Jurati poterunt abandonum suum capere infra banleiam suam. BRUNEL, *Actes de Pontieu*, p. 316 no. 206 (a. 1210). Ponens omnia bona mea ... in abandonium ... comitisse et successoris ipsius ... ut capiant ea. VAN DEN BERGH, *OB. Holland*, I no. 465 (a. 1248).

**abandum** (< bannus): *engagement, nantissement — security*. Burgensis vadium militis ad abandum accipiet. Priv. Phil. II Aug. reg. pro Atrebat. a. 1194, ESPINAS, *Rec. d' Artois*, no. 108, c. 15.

**abarnare** (celt.): *découvrir les circonstances d'un crime, prendre sur le fait, dénoncer — to disclose the facts of a crime, to detect, to denunciate*. Si homo furtivum aliquid ... occultabit et ita fuerit abarnatus. Leg. II Cnut c. 76, text. Quadripart., cod. K, LIEBERMANN, I p. 363 (text. Instituta Cnuti: et patefactum fuerit). Habeat precium ... qui murdrum abarnaverit. Leg. Henrici, c. 75 § 6, ib. p. 592. Sint [6 marcae argenti] illius qui murdrum abarnaverit. Ib., c. 91 § 1a, p. 607.

**abastardare**: *prouver la bâtardise de qq'un — to bastardise*. S. xiii.

**a batis** (masc., indecl.): *garçon d'écurie chargé de l'affouragement — stableman*.

**abattere** (< battuere): **1.** *descendre — to take down*. Si quis hominem de bargo [potence—gibet] vel de furca [croix — cross] abattere presumpserit. Lex Sal., tit. 41 addit. 1. **2.** *décrier une monnaie — to suppress, to debase a mintage*. S. xii.

**abaudire** = oboedire.

**abavus**: *bisaïeul — great-grandfather*. THIETMAR., Chron., lib. 1 c. 10, ed. KURZE, p. 7.

**abbacomes**, abbi-: *comte-abbé laïc — a count who is a lay abbot*. Hugo quem vestra lingua abbicomitem dicitis. GERBERT., epist. 17, ed. HAVET, p. 14. Hugo Autisiodorensis, qui abbicomes dictus est. HUGO FLAVIN., lib. 2 c. 16, *SS.*, VIII p. 392 l. 26. Per Hugonem abbacomitem Suessionis. G. cons. Andegav., c. 4 § 3, *Hist. de Fr.* IX p. 30 A.

**abbacomitatus** (decl. iv): *abbaye laïcisée — lay abbacy*. Potestas illa, quae suo tempore ... abbacomitatus est dicta. G. cons. Andegav., c. 4 § 1, *Hist. de Fr.*, IX p. 29 C.

**abbas** (genet. -atis), abba (genet. -atis) (gr. < syr.): **1.** *père, titre honorifique — father, title of honour*. BONIF.-LULL., epist. 13, inscr., *Epp.*, III p. 259. **2.** *moine âgé — senior monk*. Cum tanta pluralitas eorum sit, ita ut mille abbates sub uno archimandrita esse referantur. COLUMBAN., Reg. mon., c. 7, ed. SEEBASS, *Zeitschr. f. Kirchengesch.*, t. 15 (1895) p. 380. **3.** \**abbé — abbot*. **4.** plural. abbates: *membres principaux du clergé d'une cité épiscopale — prominent members of the clergy* of an episcopal see. Civium abbatumque Cadurcorum consensus hoc omnimodis exposcit, ut eum episcopum habeant. *D. Merov.*, no. 13 (a. 629). Clerus plangebat patrem, abbates pastorem. V. Desiderii episc. Cadurc., c. 37, *Scr. rer. Merov.*, IV p. 693. Cum vigilias per abbates vel clerum ... [episcopus] instituisset. Pass. Praejecti, c. 17, ib., V p. 236. Quinque de senioribus abbatis [i.e. abbatibus]. Ib., c. 13, p. 234. Conventione facta plurimorum episcoporum una cum abbatibus eorum vel sacerdotum seu clericorum multitudine. V. Audoini, c. 17, ib., p. 564. **5.** *chef de la chapelle palatine — head of the court chapel*. V. Balthildis, c. 4, *Scr. rer. Merov.*, II p. 486. Vir beatus in suis [vid. regis] castris abbatis officio potiretur. V. Sulpicii, vers. B, c. 10, *AASS.*[3], Jan. II p. 533. H. abbatis sacri palatii clericorum summi. HINCMAR., Epist. de s. Dionysio, MABILLON, *Anal.*[2] p. 212. Vocabulo et re abbas factus in aula imperatoris Henrici. Chron. s. Andreae Castri Camerac., lib. 2 c. 6, *SS.*, VII p. 532. **6.** abbas populi: ,,*capitaneus*", *chef du peuple dans les villes italiennes — head of the people in Italian cities*. *Const.*, IV pars 1 no. 703 (a. 1311, Gênes). Ibi saepe. ALBERT. DE BEZANIS, a. 1316, ed. HOLDER-EGGER, p. 84 (Cremona).

**abbatia**, abbazia, abbateia, abadia: **1.** *la charge, la dignité d'abbé — the office, the dignity of abbot*. Dum me divina pietas basilicae domni Aniani ... abbatiae sublimatum honore ejusdem loci custodem esse institut. Testam. Leodebodi a. 651, PROU-VIDIER, *Rec. des ch. de S.-Benoît-s.-Loire*, I no. 1. Quem bonum et condignum invenirent [qui] pro honos ab-

batiae secundum urdiny sancto possit regere. D. Theuderici IV a. 723, HAVET, *Oeuvres*, I p. 245. Quando ipse abbas de hac luce discesserit vel successores ejus, qui post eum bonus abbatiae recipiunt. *D. Karolin.*, no. 2 (a. 752). In episcopatibus et abbatiis ecclesiasticus ordo teneatur. Ordin. imp. a. 817, c. 3, *Capit.* I p. 275. Talis abbatia [sc. laicorum], quae paternitas Latino nomine dicitur, funditus removeatur. Concil. Meldense a. 845, c. 10, *Capit.* II p. 400 l. 36. R. archiepiscopus Treverensis et H. abbas Fuldensis obierunt; quibus H. in episcopatu et H. in abbatia successerunt. ADALBERTUS, Contin. ad Reginon., a. 956, ed. KURZE, p. 169. R. abbas Herveldensis ... egritudine decoctus, ... abbatia et pastorali dignitate ... se abdicavit. LAMPERTUS HERSFELD., Ann., a. 1072, ed. HOLDER-EGGER, p. 139. **2.** *durée d'un abbatiat — duration of one person's abbacy.* Anno XIV° abbatie sue hiems asperrima fuit. Catal. abb. Augiens., *SS.* II p. 38. Item G. abb. Trudon., lib. 5 c. 1, *SS.*, X p. 251. **3.** *les abbés ou plus généralement les prélats, envisagés comme groupe — the body of abbots and other prelates.* BONIF.-LULL., epist. 81, inscr., *Epp.*, III p. 361. **4.** *la dignité d'abbé envisagée du point de vue matériel: l'ensemble des domaines et des autres droits profitables appartenant à une abbaye — the abbatial dignity as considered from the material standpoint: the whole of the estates and other profitable rights belonging to an abbey.* Villa[m] pertinentem ad abbatiam sancti illius. F. Paris. no. 1, *Form.*, p. 264. Dum nos advivimus, supramemoratas abbadias s. Andochii et s. Ferreoli vel s. Reginae et omnes res sibi debitas vel ad se pertinentes ... tenere et possidere quieto ordine faciamus; post nostrum quoque discessum supramemoratas ecclesias et supradictas res unaquaque casa per rectores suas ... in suam faciant revocare dominationem. Test. Wideradi abb. Flaviniac. a. 721, PARDESSUS, II no. 514 p. 324. Omnes episcopatus, abbatias, comitatus, fiscos. NITHARD., lib. 1 c. 6, ed. LAUER, p. 24. Dedit ... de rebus abbatiae sui monasterii Cale... *D. Charles II le Chauve*, no. 169 (a. 854). Complacuit nobis tradere quandam abbatiam q. d. Mataseo. *D. Karlmanns*, no. 2 (a. 877). Abbatiam monasterii q. d. Mediana concederemus. *D. Karls III.*, no. 33 (a. 881). Quasdam res ad abbatiam inferioris monasterii pertinentes. *D. Arnulfs*, no. 171 (a. 899). Quasdam rerum commutationes ex nostra abbatia suaque proprietate ... concederemus. *D. Arnulfs*, no. 94 (a. 891). Quandam villam ex nostra abbatia C. dicta, R. nuncupata, ... in proprium donavimus. D. Zwentib. a. 897, LACOMBLET, *UB. Niederrh.*, I no. 79. Quasdam abbatias cuidam fideli nostro ... daremus ..., quarum monasteria unum dicitur F., alterum dicitur O. D. Ludov. IV a. 940, *Hist. de Fr.* IX, p. 592. Abbatiam s. Nazarii mart. coenobio Lauresham appendentem, multis ante nos temporibus ... per varia dispersam atque divisam, in unum recollegimus et sue [i.e. coenobii] eam potestati ... restituimus. *D. Ott. I.*, no. 176 (a. 956). Isaac comes ... ipsam regiam ac locupletem abbatiam sanctissimi Gaugerici cum omnibus appendiciis sibi beneficiatam de regio jure tenebat. G. pontif. Camerac., lib. 1 c. 71, *SS.*, VII p. 426 l. 16. Ambo episcopi [sc. Cameracensis et Leodiensis] invicem consulentes [de monasterio Laubiensi], iste quia in sua parrochia est aecclesia, ille quia in suo abbatia est territorio. G. pontif. Camerac., lib. 3 c. 15, *SS.*, VII p. 470. *Il n'est pas nécessaire que l'abbatia prise dans ce sens se trouve entièrement entre les mains de l'abbé. Elle peut être en partie assignée à la mense conventuelle ou divisée autrement. — The abbatia taken in this sense need not be entirely in the abbot's hands. Part of it may have been assigned to the mensa conventualis or otherwise divided up.* Monasterii rectorem quasdam villas ex prefati monasterii abbatia secundum eorum electionem usibus et stipendiis eorum deputasse et ab aliis villis ejusdem abbatie suorum usuum selegisse. *D. Charles le Chauve*, no. 111 (a. 849). Omnem decimam totius abbatiae, tam de indominicatu quam de sororum seu fratrum causa et de beneficiatis. D. Kar. Calvi a. 877, *Hist. de Fr.* VIII, p. 666. De abbatia s. Vedasti, sicut et pridem de abbatia s. Quintini fecerat, caput cum electioribus villis sibi retinens, cetera quaeque per quoscumque suos ... dividit. HINCMAR., Ann. Bertin., a. 866, ed. WAITZ, p. 84. Donavimus ... abbatiam, cujus caput est in M. pago super flumen A. ... praeter partem ipsius abbatie quam annuimus Normannis Sequanensibus. *D. Charles le Simple*, no. 92 (a. 918). **5.** *l'ensemble des domaines et des autres droits profitables attachés à la fonction d'abbé, déduction faite de la portion assignée à la mense conventuelle — the whole of the estates and rights adherent to the office of an abbot, excluding the portion assigned to the mensa conventualis.* [Abbas] ipsius monasterii monachis portionem de abbatia dedit, ut regulariter viverent. *Epp.*, V p. 290 (a. 825-830). Concessit duci ... tempore vitae suae ... tenere abbatias Medii Monasterii et S. Deodati, retinens in vestitura indominicata monasteria et decem mansos de utroque coenobio. WIDRICUS, V. Gerardi episc. Tullensis, c. 21, *SS.* IV p. 503 l. 17. Ex stipendiariis villis ... dormitorium fratrum et cella novitiorum recooperiantur; reliqua vero coenobii aedificia de abbatia reficienda et cooperienda sunt. D. Karoli Calvi a. 872, *Hist. de Fr.* VIII, p. 639. Feminae quae ex abbatia [antea: de villis abbatiae] ductae fuerint in monachorum potestatem. Dipl. Kar. Calvi a. 877, GUÉRARD, *Irminon*, II p. 346. Monachis ejusdem loci quasdam res ex eadem abbacia ad stipendium ipsorum monachorum usus concederemus, mansellos scilicet viginti. *D. Charles le Simple*, no. 38 (a. 901). Ex ipsa abbatia et ex ejus dominicatu villam q.d. D. ... illorum ... delegaremus ... usibus. Ib., no. 54 (a. 906). Abba cenobii s. Amandi R. petiit, ut quandam villam ... que ex abbatia sua et dominicatu erat, congregationi s. Amandi deputarem. Ib., no. 110 (a. 921). Deputavit ... imperator ... fratribus et sanctimonialibus de caenobio Mauriane Vallis ... partem aliquam de rebus et villis abbatiae Mauriane Vallis ad diversos usus et necessitates illorum sustinendas. Ib., no. 105 (a. 920). **6.** *le territoire dominé par une abbaye et qui se transforme peu à peu en principauté — the territory ruled by an abbey, which gradually becomes a principality.* Operimenta tectorum in [monachorum] officinis ... de jam dictis villis et abbatia reliqua



fiant. TARDIF, *Cartons*, no. 123 p. 85 col. 2 (ch. a. 832, S.-Denis). Decimarum illius abbatiole omnem dominicatam, velut in omni abbatia s. Dionisii agitur, ... ad usus pauperum ... concessimus. D. Zwentib. reg. a. 896, ib., no. 217 p. 139 col. 1. Res et potestates quas [monachi] per totam abbatiam jure debent habere. *D. Ott. I.*, no. 34 (a. 940). Villam ... dedit ad Gemmeticensis abbaciae capitale monasterium, quod in honore s. Petri ... est antiquitus dedicatum. VERNIER, *Ch. de Jumièges*, I p. 48 no. 14 (a. 1030). [Advocatus] cum abbate vel preposito ter in anno per abbatiam equitaret, injusta corrigeret ... Fund. mon. Bosonis-Villae, c. 5 (a. 1043), *SS.* XV p. 980. Lotharius rex possessiones [comitis mortui], abbatias videlicet S. Amandi Sanctique Vedasti ... sed et omnia usque ad fluvium Lis ... invasit. G. pontif. Camerac., lib. 1 c. 100, *SS.* VII p. 442 l. 25. Quid ... advocati juris esset in ipsa villa [S. Trudonis] vel in reliqua abbatia. GYSSELING-KOCH, *Dipl. Belg.*, no. 217 (a. 1065). Advocatus unam tantum per annum petitionem in abbatia faceret. Ib., no. 142 (a. 1071-'93, Gand). Potestative per abbatiam hospitia vel servitia exigere ... interdicimus. *D. Heinr. III.*, no. 372 A (spur. s. xii in.). **7.** *monastère placé sous la direction d'un abbé — monastery headed by an abbot.* Actus episc. Cenomann., ed. BUSSON-LEDRU, p. 226 (ch. a. 710; interpolatio?) Testam. Wideradi Flavin. a. 721, PARDESSUS, II p. 323 (interpolatio?) [Veniant] de illa vestra abbatia illos proceres monachos, quantos vobis videtur. Concil. Rispac. (a. 798?), *Conc.* II, p. 196. Ad jam dictam abbatiam transfundimus cedo et transfundo. *Gallia chr.*², IV, instr., col. 46 no. 7 (ch. a. 832). Abbatia, que per se electionem habet. Capit. Francof. a. 951, *Const.*, I no. 8, c. 2. Illi [sc. papae] soli licet ... de canonica abbatiam facere et econtra. Reg. Gregor. VII, lib. 2 no. 55 a (Dictatus papae), § 7, ed. CASPAR, p. 203. In abbatia ipsa [S. Medardi] habens officium. GUIBERT. NOVIG., De vita sua, lib. 1 c. 6, ed. BOURGIN, p. 125. Habeat ipsa abbatia ... hujus dignitatis privilegium, quod nullus in ea habitans per ministros civitatis in causam trahatur. *Gall. chr.*², XV instr. col. 14 no. 12 (a. 1092, Besançon). Guillelmus comes Pictavensis et dux Aquitaniae dedit Bernardo abbati Clarevallis ... in foresta sua de A. quicquid habebat ... ad faciendam abbaciam Cisterciensis ordinis. *Gall. chr.*², II instr. col. 387 (a. 1135). **8.** *les bâtiments claustraux — the monastery buildings.* Abbatiam ... a fundamentis reaedificavit, aedificia congrua construxit, monachos adunavit. D. Ludov. Pii a. 830, *Hist. de Fr.* VI p. 565. **9.** *la congrégation des moines qui habitent un monastère — the congregation of monks living in a monastery.* Si forte ... requesierint abbatiam, quam missuri eramus, ... habeat nos excusatos in haec verba: ... dixit quia rex non requirebat nisi duos fratres, qui praecederent alios ...; cum autem placuerit regi, significabit nobis voluntatem suam de tota abbatia simul mittenda. BERNH. CLARAEVALL., Epist., MARTÈNE, *Ampl. coll.*, I p. 738. **10.** *abbaye royale* jouissant d'une liberté particulière — *royal abbey* enjoying a particular franchise. Sciant ... ecclesiam s. Albini ... quaedam privilegia ex antiquitate prae caeteris Andegavensibus ecclesiis, utpote regalem abbatiam, obtinuisse; est namque una ex regalibus abbatiis. *Gall. chr.*², XIV instr. col. 147 A no. 6 (a. 972, Angers). Nullus episcopus ipsam abbaciam [S.-Germain-d'Auxerre] a regia celsitudine exquirere ... presumat. D. Ludov. IV reg. Fr. a. 936, QUANTIN, *Cart. de l'Yonne*, I p. 140 no. 72. B. ... cepit edificare quoddam monasterium ... ibique sanctarum monacharum congregationem constituit et abbacie nomen imposuit. ... petiit ... ut nos eandem abbaciam ... sub nostram tuicionem reciperemus et abbatie titulo ... confirmaremus. *D. Ott. III.*, no. 89 a (a. 995). Nomine et honore ac dignitate liberalis abbatie id ipsum monasterium ... donatum sit ac deinceps habeatur, sicut alie abbatie liberales per predecessorum nostrorum ... precepta sunt corroborate. Ib., no. 318 (a. 999). **11.** *la dignité de chef de la chapelle palatine — the headship of the royal court chapel.* Abbatiam palatini oratorii ... et archidiaconatus officium gessit. V. Desiderii episc. Cadurc., c. 2, *Scr. rer. Merov.*, IV p. 564. **12.** *chapitre de chanoines* à la tête duquel il y a un abbé — *chapter of canons* headed by an abbot. E.g.: abbatia S. Servatii Trajectensis. *D. Ott. I.*, no. 72. Abbatias tam canonicas quam monachicas. *D. Ott. II.*, no. 95. Abbatiam quondam cum monachis, modo vero cum canonicis provisam. Ib., no. 99. Abbaciam quandam canonicorum ... fundaverat in loco qui H. vocatur. *Actes Phil. Ier*, no. 15 (a. 1063). **13.** *église secondaire d'une cité épiscopale — secondary church in an episcopal city.* (Cf. voc. abbas sub 4). Omnes sui episcopatus diocesani sacerdotes cum suis parochianis per dies Pentecostes festivos cum crucibus atque vexillis ad principalem s. Stephani conveniant aulam, lustratis in giro cunctis abbathiis. G. pontif. Autissiod., c. 44 (s. x), ed. DURU, p. 377. **14.** (en Espagne) *domaine rural,* non appartenant à une abbaye — *rural estate,* not belonging to an abbey. S. x. Cf.: E. LESNE, *Evêché et abbaye. Les origines du bénéfice ecclésiastique. Revue d'Hist. de l'Egl. de France*, t. 5 (1914), pp. 15-50. K. BLUME, *Abbatia. Ein Beitrag zur Gesch. der kirchl. Rechtssprache*, 1914 (*Kirchenrechtl. Abhh.* hg. v. U. STUTZ, fasc. 83).

**abbatialis:** *abbatial — of an abbot.*

**abbatiare** et abbatiari (depon.): *être abbé — to be abbot.* Chron. Casaur., a. 1023, D'ACHÉRY, *Spicil.*², II p. 947 col. 2. Ecclesiae illi ... ab episcopo ... abbatiabatur (c.-à-d.: l'évêque était en même temps abbé — the abbot was the same person as the bishop). GUIBERT. NOVIG., De vita sua, lib. 1, c. 7, ed. BOURGIN, p. 20.

**abbaticius:** *abbatial — of an abbot.* Centulensibus jure abbaticio praelatus est. HARIULF., Chron. Centul., lib. 2 c. 12, ed. LOT, p. 79.

**abbatiola:** *abbaye peu importante — minor abbey.* De cappellis et abbatiolis ex casis Dei in beneficium datis. Capit. missor. Suession. a. 853, c. 3, II p. 268. Fideli nostro nomine T. quamdam abbatiolam .. ad possidendum concederemus ... jure beneficiario. *D. Charles III le Simple*, no. 39 (a. 901). Item *CD. Laudensis*, p. 10 (a. 833). *D. Karls III.*, no. 155a (a. 887). D. Zwentib. a. 896, TARDIF, *Cartons*, no. 217

(BM[2] no. 1962). *D. Louis IV*, no. 26 (a. 945). *D. Ottos II.*, no. 136a (a. 976).

**abbatissa**: *abbesse — abbess.* Gregor. M., Epist., passim. F. Andecav., no. 46, *Form.*, p. 20. Deinde saepe. Concil. Ascheim. a. 756, c. 8, *Conc.*, II p. 58.

**abbatissalis**: *d'une abbesse — of an abbess.* Basilica ... ubi ... A. abbatissam nostra benevolentia et largitione divina et virginali sive abbatissali benedictione [praeesse videtur]. Pardessus, II no. 451 p. 254 (a. 700, Le Mans; suspectum videtur).

**abbatiuncula**: *abbaye peu importante — small abbey. D. Arnulfs*, no. 116 (a. 893); no. 133 (a. 895). *D. Charles III le Simple*, no. 106 (a. 920).

**abbatizare**, -sare: *être abbé — to be an abbot.* 12 annis ... nomine et opere abbatizavit. Simon, G. abb. Sithiens. (ca. a. 1140), lib. 1 c. 37, *SS.*, XIII p. 642. Abbatizandi cupiditate illectus. Ib., lib. 2 c. 73, p. 650.

**abbicomes**, v. abbacomes.

**1. abbreviare**: **1.** **résumer* de manière succincte — *to summarize* in a short compendium. **2.** **écrire en abbréviations — to write with abbreviations.* **3.** **abréger* un laps de temps — *to shorten* a space of time. **4.** **affaiblir, entraver — to weaken, to hamper.* **5.** *amoindrir — to encroach upon.* Nullius calumniosa contradictio eam [cellam] angustiare valeat nec adbreviare presumat. Chevrier- Chaume, *Ch. de S.-Bénigne de Dijon*, II no. 332 p. 113 (a. 1051-1057, Langres).

**2. abbreviare**, v. adbreviare.

**abbreviatio**: **1.** **résumé, compendium — summary, abstract.* **2.** *payement partiel* d'une dette, *déduction — partial payment* of a debt, *instalment.* S. xiv.

**abbreviator**: *rédacteur des minutes* dans la chancellerie pontificale — *draftmaker* in the papal chancery.

**abbreviatura**: **1.** *abbréviation* dans l'écriture — *abbreviation.* **2.** *minute* de tabellionage — public notary's *record.* S. xiii.

**abcessus**, v. abscessus.

**abdicare**: **1.** **enlever, dénier* qqch. à qq'un — *to forbid, to withdraw* something from a person. **2.** *céder, se désister de* qqch., *déguerpir — to forego, to cede.* Illi negaverunt et abdicaverunt ... quod ulterius in illa captura nullam communionem habeant. Dronke, *CD. Fuldensis*, no. 471 (a. 826/827). **3.** *dénoncer l'obéissance à* qq'un — *to withdraw obedience from* someone (cf. teuton. *entsagen*). A nonnullis episcopis [Hiltebrandus] abdicatus est. Ekkeh. Uraug., Chron. univ., a. 1074, *SS.*, VI p. 201. Universi pene Teutonici episcopi ... Hiltibrandum papam abdicarunt. Id., a. 1076, ib. Romani manus regi dederunt, Hiltibrandum vero papam unanimiter abdicarunt. Id., a. 1083, p. 205.

**abdicatio**: *admonition — admonition.* Paterna abdicatione domnum papam conveniamus. Liudpr. Cremon., Hist. Ottonis, c. 5, ed. Becker, p. 162.

**abdicativus**: **négatif — denying.*

**abdicere**: **1.** **rejeter, réprouver — to reject, to disapprove.* **2.** *renier — to disavow.* Fidem Christi abdicit. Otto Frising., Chron., lib. 4 c. 9, ed. Hofmeister, p. 195.

**abdictatus** (decl. iv): *déniement — act of forbidding.* Convictus est reus esse ejusdem abdictatus. Arnold. de S. Emmeramo, lib. 2 c. 57, *SS.*, IV p. 571 col. B l. 13.

**abductio**: **1.** **enlèvement violent — forcible withdrawal.* **2.** **séduction, dépravation — corruption, allurement.*

**abecedarium**: *alphabet — alphabet.* Cartulam per abecedarium divisam. De Monsabert, *Ch. de Nouaillé*, no. 221 p. 347 (a. 1187).

**abecedarius**: *enfant qui apprend l'alphabet — child learning the alphabet.* In litterario ludo, ubi pueri prima articulatae vocis elementa suscipiunt, alii quidem abecedarii, alii syllabarii ... appellantur. Petr. Damiani, Opusc. 45, c. 4, Migne, t. 145 col. 698 D.

**abettare** (germ. ,,faire mordre — to cause to bite''): *inciter* à un méfait, *suborner — to abet.* S. xiii, Angl.

**abettum**: *incitation, subornation — abetment.* S. xiii, Angl.

**abeverare** (< bibere): *abreuver — to water* cattle. S. xiv.

**abfestucare**, afestucare; *se désister de* qqch., *guerpir — to forego, te renounce.* Exactiones venationis ... werpivi et abfestucavi. Calmet, *Hist. de Lorr.*, I, pr. col. 406 (ch. a. 1032). Jura et exactiones ... werpivi et afestucavi. Beyer, *UB. Mittelrh.*, I no. 308, p. 361 (ch. a. 1036). Decimam prius abjuratam abfusticaret [!] Muller-Bouman, *OB. Utrecht*, I, no. 416 (ch. a. 1156).

**abhominare** et derivata, v. abomi-.

**abietarius**: **artisan de bois, ébéniste — worker in wood, joiner.*

**abigĕus**: **voleur de bestiaux — cattle thief.*

**abinde**: **1.** **à partir de là — from there.* **2.** **depuis lors — from then.* **3.** *à cause de celà — in consequence of this.*

**abintus**: **1.** **de dedans — from within.* **2.** *dedans — within.*

**abinvicem**: **1.** **de l'un l'autre — from one another.* **2.** *l'un l'autre — one another.*

**abyssus** (femin. aut masc.) (gr.): **1.** **abîme — abyss.* **2.** *l'enfer — the hell.*

**abitus** (decl. iv): *décès — decease.* V. Eligii, lib. 2 c. 49, *Scr. rer. Merov.*, IV p. 728.

**abjectio**: **1.** **rejet, réprobation, expulsion — removal, rejection, disapproval.* **2.** **humble situation, abjection — humble position.* **3.** **humilité — humility.* **4.** **chose rejetée, lie — scum* (figur.). **5.** *déposition* d'un prince, *détrônement — deposition, dethronement.*

**abjectire** (cf. s.v. jactivus): *constater le fait que la partie adverse a manqué à sa promesse de produire des preuves réfutatoires — to establish the failure of the opposing party to produce the counter-evidence which it has bound itself to produce.* Per triduo placitum eorum vise sunt custudissent et ipso E. abbati abjectissent vel solsadissent. *D. Merov.*, no. 60 (a. 692). Similiter *NA.*, t. 13 (1888), p. 157 (ch. a. 648). Marculf., lib. 1 no. 37, *Form.*, p. 67. *F. Turon.*, no. 33, ib. p. 155.

**abjectus**: idem quod ,,jactivus''. V. hanc vocem. Marculf., lib. 1 no. 37, *Form.*, p. 67.

**abjicere**, abicere: *destituer — to dismiss.* Si abbates sine regula vivere inventi fuerint, abiciantur. Capit. Mantuan. dupl. a. 787, c. 2, I p. 195. [Episcopus] canonicali judicio abjectus est. Ann. Fuld., Contin. Altah., a. 899, ed. Kurze, p. 133.

**abjubere**: *interdire — to prohibit.*

**abjudicare**: **1.** *condamner à mort — to sentence to death.* Si quis ... furtum fecerit ..., praepositus inde sine advocato, usque dum abjudicari debeat, placitabit. Pro fure abjudicando seu puniendo advocatus advocetur. Waitz, *Urk. z. deutsch. Verf.gesch.*, no. 12 (a. 1115-1123, Saint-Dié). **2.** *exiler — to exile.* Si quis alicui membrum abstulerit aut occiderit ..., si a fuga elapsus fuerit, abjudicabitur. Rousseau, *Actes de Namur*, no. 9 (a. 1154). **3.** *casser* une sentence — *to squash* a sentence. Scabinorum illorum [principes] abjudicaverunt judicium. *D. Lothars III.*, no. 34 (a. 1131).



**abjurare**: **1.** *renoncer à* qqch. *par serment — to forego by oath.* Sacerdotali me ministerio penitus abjurarem. Artoldi archiep. Remens. epist. ap. Flodoard., Hist. Rem. eccl., lib. 4 c. 35, *SS.*, XIII p. 587 l. 17. Parentes ejus abjurent ei factionem [vendetta — feud]. Leg. Ine, c. 28, text. Quadripart., Liebermann, I p. 101. **2.** *jurer de ne pas rentrer dans un territoire, un endroit — to swear not to reenter a country or a town.* Quatuor dies in cippo jacebit et villam per annum abjurabit. Rousseau, *Actes de Namur*, no. 9 (a. 1154). Imperatori fines imperii sui per annum et diem abjuret. Frider. I constit. de incend. a. 1183, c. 9, *Const.*, I no. 318. Dux per triennium terram abjuravit, ut infra tempus illud terram suam non intraret, nisi per imperatorem revocatus. Arnold. Lubec., Chron. Slavor., lib. 2 c. 22, ed. in us. schol. p. 67. Patriam abjuraturus deinceps exularet. Galbert., c. 24, ed. Pirenne, p. 41. G. comes Loritelli cum B. filio suo comite Andrie cum omnibus suis terram abjuravit et Jerosolimam perrexit. Romuald. Salernit., Chron., a. 1168, ed. Garufi, p. 257. H. dux se ... in potestatem imperatoris tradidit et fines imperii abjuravit. Ann. Stadens., a. 1181, *SS.*, XVI p. 349. **3.** *renoncer solennellement à la solidarité du lignage — to abjure consanguineous solidarity with* someone. Fugitivos, qui ad institutionem pacis venire noluerint, illorum proximi de consanguinitate illos abjurare debent. Gisleb. Montens., c. 67, ed. Vanderkindere, p. 107. Si quis ... de parentela se velit tollere et eam foris juraverit ..., si postea aliquis de parentibus suis abjuratis moriatur ... Leg. Henrici, c. 88 § 13, Liebermann, p. 604. **4.** ab aliquo: *conjurer contre* qq'un — *to plot against* someone. Ab imperatore jam dudum abjuraverat et ob id ducatum perdiderat. Ekkeh. Uraug., Chron. univ., a. 1096, *SS.*, VI p. 208.

**abjuratio**: *renonciation par serment — sworn renunciation.* Refutationem seu abjurationem pravarum exactionum ... que ... a duce Symone ... facta esse cognoscitur. Priv. Innoc. II pap. a. 1134, Pflugk-Harttung, *Acta*, I no. 171.

**ablactare**, -lec-: **sevrer — to wean.* Praevidendum est ne [infantes], postquam baptizati fuerint, ullum cibum accipiant neque ablactentur antequam communicent. Ordo Rom. XI (s. vii), c. 103, ed. Andrieu, p. 446.

**ablactatio**: **sevrage — weaning.*

**abladare**, -iare (< bladum): *semer* un champ *en blé — to seed* a field *with corn.* Peciam [terrae] ... de qua dabitis 8 denarios quando erit abladata. Cassan-Meynial, *Cart. d'Aniane*, p. 246 no. 105 (a. 1161).

**ablata**: *taille — tallage.* De pecuniis redituum quae dicuntur ablatae [in Gallia]. Joh. diac., V. Gregorii M., lib. 2 c. 46, *AASS.*[3], Mart. II p. 154 C. Communem talliam et ablatam, quae vulgo tolta dicitur. DC.-F. I p. 25 col. 1 (a. 1173, S.-Maur-des-Fossés).

**ablatio**: **1.** **enlèvement — removal.* **2.** *rapine — robbery.* **3.** *taille — tallage.* Homines ... liberos deinceps esse constituimus ab omni tallia, ablatione et exactione. Priv. Ludov. VII reg. Franc. pro Sceaux-en-Gâtinais a. 1153, *Ordonn.*, XI p. 199.

**ablevare**: **ôter — to remove.*

**abluere**: **1.** **laver* les péchés *par le baptême — to wash away* sins *by baptism.* **2.** aliquem: *baptiser — to baptize.*

**ablutio**: **ablution* des péchés, *baptême — washing away* of sins, *baptism.*

**abmaritatio**: **formariage — marriage licence dues.* Liberam nubendi dederunt facultatem sine aliqua requisitione tam mortimanus quam abmaritationis. Rousseau, *Actes de Namur*, no. 9 (a. 1154).

**abmatrimonium**: *formariage — marriage licence dues.* [Monasterium] mortimanus suas et abmatrimonia tam libere possideat, sicut fundator ipsius loci ... possederat. Martène, *Ampl. coll.*, I p. 707 (ch. a. 1131, Brogne; ex qua hausit *D. Heinr. I.*, no. 43 (<a. 932>, spur. s. xii.). Habet [ecclesia] mortimanus et abmatrimonia, suos intra terminos integra, extra terminos duas partes tam mortimanuum quam abmatrimoniorum. Rousseau, *Actes de Namur*, no. 9 (a. 1154).

**abnegare**: **1.** **repousser, refuser d'accepter — to decline.* **2.** *refuser de reconnaître — to refuse to acknowledge.* Vasallus feudum, quod sciens abnegavit, amittat. Libri feudor., vulg., lib. 2 tit. 26 § 21, ed. Lehmann, p. 153. **3.** *renoncer à* qqch., *se désister — to forego.* Abnegans omnem potestatem quam habuit. Ann. Lauresham., a. 794, *SS.*, I p. 36. Quicumque de bonis ecclesie ab imperio inbeneficiatis eidem ecclesie remittere et jus beneficii abnegare divine pietatis intuitu voluerint, abnegent. D. Frider. I imp. a. 1155, *Const.*, I no. 157. **4.** *se défendre* d'une inculpation *par serment — to deny* guilt *by oath.* Qui de morte domini sui cogitabit ..., festinet abnegare. Leg. Aelfred, c. 4 § 2, text. Quadripart., Liebermann, I p. 51. Si abnegare velint et ... culpabiles inveniantur. Leg. II Aethelstan, c. 6 § 1, text. Quadripart., ib., p. 155.

**abnegatio**: **1.** **désaveu — denial of guilt.* **2.** *abnégation — abnegation.* Abnegatio sui ipsius. Otto Frising., Chron., lib. 2 c. 34, ed. Hofmeister, p. 108. **3.** *déguerpissement — cession.* Fecit abnegationem comes D. ... praedii nomine B. ... primo incurvatis digitis secundum morem Saxonicum ... Et deinde abnegationem fecit cum manu et festuca more Francorum. Thévenin, *Textes*, no. 148 (a. 1027-1038, Tribur).

**abnepos**: *arrière-petit-fils — great-grandson.* Ademar., lib. 3 c. 45, *SS.*, IV p. 136 l. 18.

**abocellus**, av-, -ocellis, -oculis: *aveugle — blind.* Gysseling-Koch, *Dipl. belg.*, no. 3 (a. 663, Saint-Bertin). Agano, Mir. Veroli (ca. a. 1020), *AASS.*[3], Jun. IV p. 312 D.

**abolefacere**: **effacer — to wipe out.*

**abolitio**: **rémission* des péchés — *remission* of sins.

**abolitus** (decl. iv): *annulation — annulment.* CASSIOD., Var., lib. 4 c. 41 § 2.

**abominabilis,** abho-: **maudit — accursed.*

**abominamentum,** abho-: **chose maudite — accursed thing.*

**abominare,** abho- (< omen; pris pour un dérivé de *homo* — supposed to be derived from *homo*): **maudire — to make accursed.*

**abominatio,** abho-: **1.** **malédiction — cursing.* **2.** **chose maudite, chose répugnante — accursed, abhorrent thing.* **3.** *idolâtrie — idolatry.*

**abonnagium**: *redevance fixée — fixed due.* S. xiii.

**abonnamentum**: *redevance fixée — fixed seigneurial due.* S. xiii.

**abonnare,** abornare (< bodina): **1.** *fixer les limites* d'un terrain — *to delimit* an area. Cum nemora, in quibus homines nostri usuarium habebant, partita et per villicum et scabinos limitata et abonnata sint. PONCELET, *Actes Hugues de Pierrepont,* no. 53 (a. 1208). **2.** *fixer* les redevances dues à un seigneur — *to fix up* the obligations due to a lord. S. xiii.

**abortire** et abortiri (depon): * *faire une fausse couche — to miscarry.*

**abortium**: **fausse couche — abortion.*

**abra** (gr.): **esclave féminine, concubine — pet female slave, concubine.*

**abrelinquere**: **délaisser — to leave behind.*

**abrenuntiare**: **1.** **répudier* les démons (dans la formule de baptême) — *to repudiate* the demons (in baptismal formula). **2.** *renoncer* aux choses de ce monde — *to forsake* all earthly things. Abrenuntiantes saeculo res suas eclesiis conferant. Concil. Cabillon. a. 813, *Conc.,* II p. 275. Abrenuntiamus omnibus voluntatibus nostris propriis et omnibus rebus quas possidemus. F. extrav., sect. 2 no. 28 (Promissio monachorum), *Form.,* p. 569. **3.** gener.: *renoncer à* qqch. — *to give up, to resign.* Possumus suadere patri tuo abrenuntiare imperio et te promovere. ANAST. BIBL., Chronogr., ed. DE BOOR, p. 132.

**abreviatura,** v. abbre-.

**abrocamentum**: *courtage — brokerage.* S. xiv.

**abrocator** (hebr. vel arab.): *courtier — broker.* S. xiii.

**absaltus,** v. adsaltus.

**absare** (< absus): **1.** intrans.: *être inculte — to be left waste.* Nullo modo abbas ... vim faciat hominibus per quam terra abset. DC.-F., I p. 36 col. 3 (Vigeois, Limousin). **2.** transit.: *retirer* une tenure — *to withdraw* a tenancy. Si ipsi [mansionarii] ista ... non fideliter peregerint, domnus abbas ... feoda eorum usque ad condignam satisfactionem debet absare, id est wronen. CAESAR. HEISTERB., Comment. in urbar. Prumiense, BEYER, *UB. Mittelrh.,* I p. 157 n. 2.

**absarius** (subst.) (< absus): *tenancier d'un manse qui a été inculte auparavant — tenant of a formerly waste manse.* Mansionarius 5 sol., absarius 30 den., bunatarius 15 suppleant. Karoli M. decr. de exped. Romana (spur. s. xii), *Const.,* I p. 662.

**absasitus,** -saci-, -sasci-, -sesi- (cf. sasire). Se absasitum facere: *se désister de* qqch., *déguerpir — to forego.* Se A. marchio exinde abwarpivit et absascito fecit. *D. Ugo,* no. 39 p. 122 (a. 935). Similiter *D. Bereng. I,* no. 37, p. 110 (a. 903). Se ipsum in evum absacitum fecit. BITTERAUF, *Trad. Freising,* I no. 401a p. 345 (a. 818).

**abscessus,** abcessus (decl. iv): *décès — decease.* D. Loth. II a. 866, BEYER, *UB. Mittelrh.,* I no. 106 p. 111. V. Desiderii episc. Cadurc., c. 3, *Scr. rer. Merov.,* IV p. 565.

**abscisio**: **1.** **castration — castration.* **2.** **excommunication — excommunication.*

**absconse**: **1.** **secrètement, en cachette — secretly.* **2.** *privément — privately.* Absconse poenitere (oppos.: publice). Concil. Mogunt. a. 847, c. 31, *Capit.,* II p. 184.

**absconsio**: **1.** *l'acte de *cacher* — the act of *concealing.* **2.** l'état d'*être caché,* de *se tenir à l'écart* — the state of *being concealed,* of *hiding oneself.*

**absconsus** (adj.): **caché, occulte — secret, occult.* Subst. neutr. **absconsum**: **secret, mystère, vérité difficile à comprendre — secret, mystery, unfathomable truth.* Subst. femin. **absconsa:** *lanterne portative* partiellement blindée — *portable lamp,* partially screened. Post completorium accipiens absconsam circumeat claustrum. Consuet. Farf., lib. 2 c. 12, ALBERS, *Consuet. monast.,* I p. 146. Accipit absconsam juxta lectum suum positam et facit circam. Consuet. Fructuar., lib. 2 c. 3, ib., IV p. 135.

**absens** (adj.): *dépourvu d'un tenancier — not held by a tenant* (cf. absus). Est ibi terra absens, quam ipsi servi laborant. GUÉRARD, *Polypt. d'Irminon,* II p. 343 (post a. 800). Mansis vestitis atque absentibus. *D. Bereng. I,* no. 12 p. 43 (a. 894). Item *D. Konr. II.,* no. 235 (a. 1037). Subst. **absens**: *manse dépourvu d'un tenancier — a manse not held by a tenant.* In R. mansos quinque ..., in A. absentem unum, in B. absentem unum, in P. mansum unum ... *D. Bereng. I,* no. 69 p. 187 (a. 909).

**absentare**: **1.** **absenter — to absent.* **2.** se absentare: **s'absenter, se dérober — to withdraw.*

**absentatio**: *absence — absence.* Consummato Hugonis per absentacionem sui judicio: après sa condamnation par défaut — after he was sentenced by default. SUGER., V. Ludov. Gr., c. 19, ed. WAQUET, p. 136. Ne ... absentationis tue moram ... diutius defendere possis. Gregor. VII Reg., lib. 1 no. 44 sq., ed. CASPAR, p. 67.

**absis** (genet. -idis), ap-, -sida (gr.): **1.** **voûte — vault.* **2.** *abside, choeur voûté — absis, vaulted choir.* GREGOR. TURON., V. patrum, c. 7 § 4, c. 16 § 2, *Scr. rer. Merov.,* I p. 690, 725. ISID., *Etym.,* lib. 15 c. 8. G. Aldrici c. 2, *SS.,* XV pars 1 p. 311 l. 5. Ordo Rom. IV (s. viii ex.), c. 58, ed. ANDRIEU, p. 164. **3.** *coupole de tombeau — sepulchral cupola.* GREGOR. TURON., Virt. Martini, lib. 2 c. 47, lib. 4 c. 25, *Scr. rer. Merov.,* I p. 626, 655. Id., V. patrum, c. 2 § 4, p. 671. **4.** *reliquaire — reliquary.* G. cons. Andegav., c. 3 § 26, D'ACHÉRY. *Spicil.* [2], III p. 260. **5.** *bandage* d'une roue — *tyre.*

**absitas,** abseitas, absiditas (<absus): *manse inculte — non-cultivated manse.* Conditam villam ..., mansa scilicet 40 et [i.e. cum] omnibus absitatibus ac vineis inibi pertinentibus. *D. Charles le Ch.,* no. 125 (a. 850). De terris censualibus ... et culturis indo-



minicatis et absitatibus et manufirmatis major ecclesia ... decimam recipiat. Capit. Pist. a. 869, c. 12, II p. 336. Undecim mansi ... cum omnibus abscietatibus quae eis pertinent ... *Bibl. Ec. Ch.,* t. 24 (1863), p. 162 (a. 864, Rodez).

**absolutio**: **1.** *dissolution* d'une réunion — *dissolution* of a meeting. Post absolutionem synodi. FLODOARD., Ann., a. 927, ed. LAUER, p. 38. **2.** *mise en liberté* d'un prisonnier — *release* of a prisoner. Ib., a. 948, p. 112. **3.** *manumission — manumission.* Modus absolutionis et manumissionis illius talis esse debet. Ludov. Pii praec. a. 819, *Capit.,* I p. 356 l. 32. MARCULF., lib. 1 no. 22, *Form.,* p. 57. Cart. Senon., no. 12, ib., p. 190. Form. Imp., no. 35, ib., p. 313. *D. Ludw. d. Deutsch.,* no. 121 (a. 866). **4.** *acte de manumission — record of a manumission.* F. Arvern., no. 4, inscr., *Form.,* p. 30. F. extravag., lib. 1 no. 16, text., ib., p. 543. **5.** *émancipation* du pouvoir paternel — *emancipation* from paternal authority. Postulata a patribus absolutione. F. Visigot., no. 34, *Form.,* p. 590. **6.** *permission* de faire qqch. — *permission* to do something. FATTESCHI, *Memor. di Spoleto,* p. 263 (a. 749). CAMERA, *Memor. di Amalfi,* I p. 222. MOREA, *Chartul. Cupersan.,* p. 61. Jubeo et absolutionem facio ad coepiscopos nostros eligere ... G. sacerdotem. DC.-F. I p. 34 col. 2 (ch. a. 990, Bourges). **7.** *congé — leave of absence.* Chron. Salternit., c. 3, *SS.,* III p. 472 l. 42. LEO ARCHIPR. NEAPOL., V. Alexandri M., ed. PFISTER, p. 1. BERNARD. CLARAEVALL., epist. 313 c. 3, MIGNE, t. 182 col. 519 C. **8.** **absolution — absolution.* Absolutionis dies: le jeudi saint, où on donne l'absolution aux pénitents — Maunday-Thursday, on which absolution is given to penitents. G. pontif. Camerac., Contin., G. Lietberti, c. 21, *SS.,* VII p. 496. **9.** *prière pour un défunt — prayer for the soul of a deceased person.* S. xiii.

**absolutor**: *seigneur d'un esclave affranchi — lord of an affranchised slave.* [Manumissus] talia in damnum et contumeliam absolutoris sui admisisse. Lex Burgund., tit. 40 § 1.

**absolutus** (adj.): **1.** un bien-fonds *qui se trouve dans la main du propriétaire,* n'étant pas concédé à un tenancier ou autrement soustrait à la jouissance et à la libre disposition du propriétaire — an estate *which lies in the owner's hands,* not having been leased to some tenant or otherwise withdrawn from the owner's possession and free disposal. Aliquam consolationem ei faciatis de beneficiis, quae hic ... absoluta et aperta esse noscuntur. EGINH., epist. 39, *Epp.,* V p. 126. Mansum indominicatum et alios mansos 9 absolutos absque ullo homine. BEYER, *UB. Mittelrh.,* I no. 171, p. 235 (a. 929). Tradiderit curtem ... excepta tantum eclesia, que tunc temporis usu beneficiario obligata tradi non poterat. Hec eadem [ecclesia] cum nostro tempore absoluta nostro vacaret arbitrio ... Ib., no. 367, p. 424 (a. 1068). Quesitis et inquirendis, absolutis vel oppignoratis (pertin. form.) Ib., no. 396, p. 452 (ca. a. 1098). Circumjacens terra absoluta tam culta quam inculta, preter dominicalem, illorum usibus in perpetuum deserviret; eam vero que absoluta non fuit et a mansionariis possidebatur ... WAMPACH, *UB. Luxemb. Territ.,* I no. 402, p. 574 (a. 1139). **2.** *non marié — not married.* Fecisti adulterium ... cum absoluta femina, id est sine marito? ... Si moechatus es ... cum vacante femina ... REGINO, Syn. caus., lib. 1 c. 304, ed. WASSERSCHLEBEN, p. 143.

**absolvere**: **1.** *congédier — to give leave of absence.* [Imperator] papam ad propria reverti absolvit. Lib. pontif., Constantinus, ed. MOMMSEN, p. 224. Eum ad vos remeandum absolvimus. Gregor. III pap. (a. 731-741) epist., *Epp.,* III p. 291. Ad sua in pace unumquemque absolvit. ANAST. BIBL., Chronogr., ed. DE BOOR, p. 108. Data sibi invicem pace conventus concilii absolvatur. Decret. Ps.-Isid., Ordo de celebrando concilio, ed. HINSCHIUS, p. 24. **2.** *mettre* un prisonnier *en liberté — to release* a prisoner. Si quis servum alienum ... vinctum ... absolverit. Lex Visigot., lib. 9 tit. 1 § 2. Item lib. 12 tit. 2 § 13. **3.** *affranchir* un esclave — *to manumit* a slave. Si quis ... mancipium vult a jugo servitutis absolvere. Lex Visigot., lib. 5 tit. 7 § 2. Ipsus precipimus esse bene ingenuus et absolutus. F. Arvern., no. 3, *Form.,* p. 30. Te ab omni vinculum servitutis absolvimus. MARCULF., lib. 2 no. 32, *Form.,* p. 95. Ut eos [pueros] absolverit, supplicasset. V. Gaugerici (s. vii ex.), c. 12, *Scr. rer. Merov.,* III p. 656. Servus ... a jugo servitutis absolvatur. Ludov. Pii praec. ad Hetti Trevir. a. 819, *Capit.,* I p. 356 l. 32. Eum liberum dimisimus et ab omni jugo servitutis absolvimus. *D. Ludw. d. Deutsch.,* no. 121 (a. 866). Ne ... colonos ipsius villae absolveret. FLODOARD., Hist. Rem. eccl., lib. 3 c. 20, *SS.,* XIII p. 513 l. 38. **4.** *dégager — to disengage.* Locus nostrae immunitatis tuitioni subjectus a ceterorum hominum dominatione in perpetuum sit absolutus. Coll. Sangall., no. 3, *Form.,* p. 398. **5.** *permettre — to allow.* Sicut lex me absolvit vindedi. *CD. Cavens.,* I p. 30 (a. 845). **6.** aliquem: *faire les prières* pour un défunt — *to say prayers* for a deceased person. Patres, matres, fratres, sorores et consanguinei defuncti fratrum ordinis nostri in Cisterciensi capitulo in conventu abbatum ... nominatim absolvi debent. Consuet. Cisterc., c. 99, ed. GUIGNARD, p. 217.

**absque**: *outre, sans compter — besides.* Ex militiis Romaicis interfectis sex milibus absque multitudine privatorum. ANAST. BIBL., Chronogr., ed. DE BOOR, p. 324.

**abstemia**: **abstinence, ascéticisme — abstinence, asceticism.*

**abstemius** (adj.): **ascétique — ascetic.* THIETMAR., Chron., lib. 2 c. 35, ed. KURZE p. 40; lib. 6 c. 21, p. 145.

**abstinens**: **ascétique — ascetic.*

**abstinentia**: **1.** *jeûne, pénitence — fasting, penance.* Ab officio removendus est et tandiu abstinentia castigandus, quousque ... revocari videatur idoneus. FULBERT. CARNOT., epist. 67, MIGNE, t. 141 col. 234 D. **2.** *armistice — armistice.* S. xiv.

**abstinere**: **1.** absol.: *jeûner, faire pénitence — to fast, to do penance.* Concil. Turon. a. 813, c. 22, *Conc.,* II p. 289. **2.** aliquem: **excommunier — to excommunicate.*

**abstipulare**: *renoncer à* une revendication — *to renounce* a claim. Comes ... werpivit ... abbatiam et omnem abstipulavit de ea calumpniam. D. Conr. II a. 1147, WAMPACH, *UB.*

*Luxemburger Territorien*, I no. 432, p. 605 (St. 3525).

**abstollere**: **1.** **enlever, s'emparer de* qqch. — *to take away, to seize*. De ministerii ornamenta vel de offertione in altario inlata abstollere. MARCULF., lib. 1 no. 2, ed. ZEUMER, p. 42. [Ducatus] ab Austrasius iniquiter abtultus fuerat. FREDEGAR., c. 76, *Scr. rer. Merov.*, II p. 159.

**abstractio**: *enlèvement, dépossession — taking away, dispossession*. Villa ad S. Gorgonium absque ullius episcopi abstractione permaneat. *D. Ludw. d. Jüng.*, no. 12 (a. 879).

**abstrahere**: **1.** *enlever, dérober — to take away, to steal*. De rebus suis in nullo abstrahere presumatis. Cart. Senon. no. 28, *Form.*, p. 197. Res quae [ecclesiae] mendaciter abstractae fuerunt. Concil. Rem. a. 813, c. 37, *Conc.*, II p. 257. De rebus monasterii aliquid abstrahere aut minuare nullo modo praesumatis. *D. Ludw. d. Deutsch.*, no. 20 (a. 837). *D. Karolin.*, I no. 197 (a. 801). Chron. Salernit., c. 78, *SS.*, III p. 506. **2.** se abstrahere: *se soustraire — to withdraw*. Quodsi me de quolibet ingenio de servitio vestro abstrahere voluero. MARCULF., lib. 2 no. 28, *Form.*, p. 93. De colonatico se abstrahere potuisset. Cart. Senon. no. 20, ib. p. 194.

**absumptio**: **1.** **dissipation — waste*. **2.** **destruction — destruction*.

**absus**, apsus (adj.): désigne l'état d'une tenure (exploitation agricole ou champ) *dépourvue d'un tenancier* et partant en général *inculte* — indicates the state of a tenancy (a farm or a field) *not being held by a tenant* and therefore usually *lying waste*. De mansis absis et mancipiis adquisitis: si [judices nostri] aliquid super se habuerint quod non habeant ubi eos collocare possint, nobis nuntiare faciant. Capit. de villis, c. 67, I p. 89. Habet in C. villa mansum indominicatum absum, ubi aspiciunt de terra arabili bunuaria septem. GUÉRARD, *Polypt. d'Irminon*, brev. 9 c. 304, II p. 116. Pertinent ad ipsam ecclesiam hospitia 5, sed tamen absa sunt praeter unum, qui solvit ... den. 6. Ib. Olca [champ — field] absa. F. Pith. fragm. no. 36 (carta praestaria), *Form.*, p. 597. Mansos qui ad mansum dominicatum deserviunt vestitos 12; et alios qui nuper vestiti sunt 12 qui nec adhuc integrum possunt solvere censum; absos 16. G. pontif. Camerac., lib. 1 c. 54, *SS.*, VII p. 420 (ch. a. 874/875). Mansos duos, unum ubi G. visus est manere et alium apsum. DE FONT-RÉAULX, *Cart. de Limoges*, p. 21 no. 5 (a. 884). Mansos olim reddentes, sed modo, excepto uno et medio, penitus absos 15. *Bibl. Ec. Ch.*, t. 30 (1869), p. 447 (ch. a. 904, Tours.) In A. dicto loco esset quedam terra de ratione s. Felicis indominicata, absa nobisque omnino inutilis ... D'HERBOMEZ, *Cart. de Gorze*, p. 219 no. 121 (a. 995). Coloniae absae duo. *D. Karls III.*, no. 118 (a. 885). Hobas duas absas et mansas 6. *D. Arnulfs*, no. 145 (a. 896). Mansos duos penitus absos et omni cultura destitutos, pascuis solummodo animalium aptos. Ch. Herivei episc. Eduens. (a. 920) ap. DC.-F., I p. 36 col. 3. Quasdam cortes absas actenus regni nostri juri debeati ... illi concederemus. *D. Ottos I.*, no. 339 (a. 967). De ipsis terris ubi non est stacio hominum, si aliquis consuetudinarius volens ipsas terras operari [add.: advenerit], operetur ..., ut non remaneat terra absa. DE MONSABERT, *Ch. de Nouaillé*, no. 142 p. 226 (a. 1077-1091). **2.** homo absus: *un dépendant non pourvu d'une tenure — a dependant who does not have a tenancy*. Absi homines ex nostra familia, qui infra potestatem nostram sunt sine mansis, solvit unusquisque annuatim ... [redevances en nature et corvée — dues in kind and labour service]; si foris potestate nostra sunt, solvit unusquisque den. 15. Abse femine ex nostra familia, sive infra potestate nostra sint sive extranea, solvit unaquaque linum fusa 30. Urbar. Prum. a. 893, c. 45, BEYER, *UB. Mittelrh.*, I p. 170.

**abusio**: **1.** **mésusage — evil use*. **2.** **dédain, humiliation — contempt, humiliation*. **3.** **négligence — neglect*. **4.** *désuétude — disuse*. Jura civitatis immutata et in abusionem fuerunt deducta. KEUTGEN, *Urk. städt. Verf.-gesch.*, no. 152 (a. 1219, Goslar).

**abusivus** (adj.): **constituant un mésusage, un abus — misused*.

**abusus**: *abus — misuse*. S. xiii.

**abuti**: **1.** **ne pas utiliser — to use not*. **2.** *repousser — to reject*. Condicionem, quae nobis ab hostibus offertur, ambiguam plenamque formidinis esse fatemur; nec tamen ea abutendum est. HELMOLD., lib. 1 c. 25, ed. SCHMEIDLER, p. 52.

**abwarpire**: *déguerpir — to forego*. Se A. marchio exinde abwarpivit et absascito fecit. *D. Ugo*, no. 39 p. 122 (a. 935). Se ... adwarpierunt [i. e. abw-] et oblicaverunt ... ut ... *D. Heinr. II.*, no. 299 (a. 1014).

**abwarpiscere**: *déguerpir — to forego*. Me exinde foris abwarpisco. *D. Bereng. I*, no. 37 p. 110 (a. 903).

**acanonistus** (adj.): *contrevenant aux canons — trespassing the canons*. Etiamsi qualibet [i. e. quaelibet] nobis potestas tales acanonistos viros poposcisset consecrari. Cod. Carolin., no. 94, *Epp.*, III p. 634.

**accaptagium**, acapt-, accapit-, acapit-: *relief*, paiement pour l'investiture féodale — *relief*. S. xiv.

**accaptamentum**, acapt-, accapit-: **1.** *droit d'exiger un relief — right to claim relief*. S. xi. **2.** *relief — relief*. S. xii.

**accaptare**, acapt-, achapt-, accapit- (<captare): **1.** *obtenir* de la part du seigneur *l'agrément* de posséder un fief, *obtenir la concession d'un fief — to obtain* from the lord *the assent* to the possession of a fief, *to obtain enfeoffment*. Si ... timet aliquis de vobis, quod noster senior alicui de vobis reputare inante debeat hoc factum aut pro sua infidelitate aut pro sua desinhonorantia, et propter hoc jam ultra ad illum [seniorem] non debeat consilium acaptare ... Capit. ad Francos et Aquit. de Caris. a. 856, c. 7, II p. 280. Si aliquis de vobis talis est, cui suus [sc. Karoli regis] senioratus non placet, et illi simulat [i. e. videtur] ut ad alium seniorem melius quam ad illum acaptare possit, veniat ad illum et ipse ... donat illi commeatum ... Et quod ... ad alium seniorem acaptare potuerit, pacifice habeat. Ib., c. 13, p. 282. Venit ad illum Suavus ut fuisset locutus cum Odelrico seniori suo quod ipsa villa acaptasset et ei dedisset, sed Odelricus vidit quod ratio non erat, hoc demisit.



PROU-VIDIER, *Rec. des ch. de S.-Benoît-s.-Loire*, I no. 24 p. 59 (a. 866-875). Cum omni honore quem hodie habet vel inantea accaptare potuerit. *Gall. Christ.*[2] I, instr. p. 23 col. 2 (ch. a. 1060, Marseille). Si feudatarii qui acaptant honorem de domino comite volunt vendere vel impignorare feudum ... *Gall.chr.*[2] XIII instr. col. 182 B. no. 3 (a. 1144, Montauban). **2.** *acheter — to buy* (>franco-gall. *acheter*). Dono ... aliquid de alode meo ..., quem H. pater meus et ego O. acaptavimus de Armando. CASSAN-MEYNIAL, *Cart. d'Aniane*, p. 32 no. 30 (ca. a. 961). Monachi quicquid aquirere potuerint de ipsis hominibus, qui habent hereditatem in jam dicto castro vel alodem aut in territorio, licentiam acaptandi et ipsi homines licentiam dandi et vendendi sine aliquo retinemento habeant. GUÉRARD, *Cart. de S.-Victor de Mars.*, I no. 325 p. 342 (a. 1019). Breve memoriale de acaptes que Teubertus fecit ad S. Mauricio. Accaptavit vineas de M., quas plantavit G., de infantes ipsi[us] G., ad proprium alodem; dedit in precium Rostagno filio G. de denarios solidos 3 et porcus 1; ad Galterio fratre suo dedit de denariis solidos 3. Et ipsi dederunt de bona voluntate ipsas vineas ... ad proprium alodem. Ib., no. 410 p. 414 sq. (ca. a. 1060). Quicquid ab his, qui in ipsa villa et territorio aliquid habere videntur, acaptare tu poteris. MARTÈNE, *Ampl. coll.*, I col. 809 (ch. a. 1150, Barcelone).

**accaptis**, ac-, ach-, -apit-, -att-, -at-, -us, -um: **1.** *relief — relief*. De unoquoque casali ... habeat dominus duodecim denarios de acapte, et omni anno a Martio servitium duodecim denariorum, et reacapte, quando evenerit, duodecim denarios. *Gall. chr.*[2], XIII instr. col. 182 B. no. 3 (a. 1144, Montauban). Propter hanc donationem ... dedisti michi ... 14 solidos ... pro acapte. CASSAN-MEYNIAL, *Cart. d'Aniane*, p. 212 no. 74 (a. 1138). Ibi saepe. **2.** droit d'exiger le relief, *suzeraineté — right to require relief, feudal lordship*. DE MARCA, *Marca Hispan.*, append., col. 1127 (ch. a. 1064). **3.** *emphyteuse — emphyteusis*. **4.** *chose concédée en emphyteuse — a thing granted by way of emphyteusis*. VAISSÈTE, *Hist. de Languedoc*, II, pr., col. 404. **5.** *achat — purchase*. Ego G. monachus et operarius feci acaptum apud O. de Wilelmo T., tacsam videlicet totam quam habebat super homines s. Victoris ... Pro his omnibus predictus miles acceptis 40 solidis ... relinquit ... que diximus domino Deo et s. Victori ... GUÉRARD, *Cart. de S.-Victor de Mars.*, I no. 149 p. 173 (a. 1064-1079). **6.** *chose achetée — thing purchased*. Dimitto ei omnes acaptes quos ego feci in supradictis honoribus. BALUZE, *Hist. de l'Auvergne*, II p. 488 (ch. a. 1118, Carcassonne).

**accasamentum**: *maison — dwelling*. S. xiii.

**accedere**: **1.** *recueillir* une succession — *to enter on* an inheritance. In alode mea accedere minime potueratis. MARCULF., lib. 2 no. 10, *Form.*, p. 82. In portione paterna minime potes accedere. F. Sal. Merkel., no. 23, ib., p. 250. **2.** *ester* en justice — *to appear* in court. Contra cujuslibet hominem accidere vel admallare seu et liticare facias. F. Andecav., no. 1, *Form.*, p. 4. Si [quis] contra te calumniator aut repetitor accesserit. F. Turon., no. 23, ib., p. 148. **3.** *appartenir — to belong*. Mancipia omnia ibi manentia et illuc accedentia. D. Zwentib. a. 897, DUVIVIER, *Rech. Hainaut*, no. 17 bis, p. 323. **4.** alicui: *échoir en héritage* à qq'un — *to fall to one's share*. S. xiii.

**accelerare**, c. infin.: **s'empresser de* faire qqch. — *to hasten* to do a thing.

**accensa**, adcensa, acensa, ascensa, assensa, -us (decl. iv): **1.** *droit censal — fee-farm*. Major ... a domino villae villam tenebat ad accensam. JOH. DE HOCSEM, c. 23, ed. KURTH, p. 98. Pascua que ... communia antiquitus fuisse monstrari poterunt, et in adcensum sunt, abbas censum eorum dimittat ... et ad communem usum redeant. QUANTIN, *Cart. de l'Yonne*, I p. 322 no. 186 (a. 1137, Vézelay). **2.** *revenu censal — rent*. 80 libras assignavimus percipiendas ... ad accensas nostras de Binctio. MARTÈNE, *Thes. anecd.*, I col. 954 C (a. 1229, Hainaut).

**accensimentum**, acs-, ass-, -sa-: *accensement — letting out at rent*. Retinuimus alia omnia que tenebamus, que ad predicta adcensimenta non pertinent. D. Ludov. VII reg. Franc. a. 1179, LUCHAIRE, *Inst. monarch.*, II p. 327 no. 24. Qui tenent terras vel possessiones ... in feudum vel ad acessamentum, scilicet emphiteote[m]. TEULET, *Layettes*, I no. 86 p. 59 col. 1 (ca. a. 1144, Rodez).

**accensio**: **illumination* de l'esprit — *illumination* of the mind.

**accensire**, asc-, ass-, -are, -uare: **1.** *commuter* des corvées ou des redevances *en cens fixe — to commute* labour services or dues *into a fixed money rent*. Vellet accensare dicta charragia et loco eorum recipere certos redditus annuatim. DC.-F., I p. 42 col. 3 (ch. a. 1299). **2.** *donner à cens — to let out on rent*. Molendinum ... perpetuo censu accensiverunt monachi contra canonicos in decem modiis tritici. DUVIVIER, *Actes*, I p. 325 (ch. a. 1110, Noyon). Vineas suas ad minorem censum antiquitus adcensatas fuisse. QUANTIN, *Cart. de l'Yonne*, I p. 322 no. 186 (a. 1137, Vézelay). Hominibus communie Compendii prepositurum nostram Compendii ... adcensivimus pro [censu] 140 librarum ... Ch. Ludov. VII reg. Franc. a. 1179, LUCHAIRE, *Inst. monarch.*, II p. 326 no. 24. Si ... ipsius ville seu vicine censum alicui militi vel rustico ... adcensare cupit. Guimanni cart. s. Vedasti, ed. VAN DRIVAL, p. 178. **3.** *donner à bail — to lease*. Poterunt reditus ... pro sua voluntate vendere, ad annum vel ad annos tradere et adcensare cuicumque voluerint. *Gall. chr.*[2], IV instr. col. 102 (ch. a. 1244). **4.** se accensire: *s'astreindre au paiement d'un cens — to make oneself tributary*. Adcensimus nos ipsos annis in luminaribus ipsius basilice ad festa s. Salvatoris denarios 4 aut in cera aut in argento [contrat de precaire — precaria contract.] BEYER, *UB. Mittelrh.*, I no. 30 p. 35 (a. 776/777, Prüm).

**accensitio**, assens-, -atio, -uatio: **1.** *commutation* de corvées ou redevances *en cens fixe — commutation* of labour services or dues *into fixed rent*. S. xiii. **2.** *accensement — letting out at rent*. Ut hec omnia, tam de adcensitione quam de retentis redditibus nostris perpetuam obtineant firmitatem. Ch. Ludov. VII

reg. Franc. a. 1179, LUCHAIRE, Inst. monarch., II p. 327 no. 24.

**accensiva**: accensement — letting out at rent. S. xiii.

**acceptabilis**: 1. *probable, digne de foi — probable, credible. 2. *acceptable, agréable — acceptable, welcome.

**acceptio**: 1. acception, sens d'un mot — meaning of a word. S. xii. 2. agrégation comme moine dans une abbaye — admission into a monastery. [Censum] tradidit M. frater noster pro acceptione sua. KÖTZSCHKE, Urbare Werden, p. 49 (s. x in.) 3. acceptio personae: *faveur partiale, acception de personne — favouritism towards a person.

**acceptor** (= accipiter) : faucon — falcon. Lex Sal., tit. 7 § 1. Lex Burgund., addit. 1 § 11. Capit. de villis, c. 36, I p. 86. Karlmanni capit. a. 742, c. 2, I p. 25.

**acceptoricius**. Canis acceptoricius: chien de chasse — hound. Lex. Fris., tit. 4 § 6.

**acceptorium**: anthologie sainte destinée à la lecture pendant les repas — religious anthology for reading at meals. Libellum quendam ... qui non est major acceptorio duarum septimanarum. BONIF.-LULL., epist. 4, Epp., III p. 237.

**accessa** (fem.). Accessa maris: *marée montante — high tide.

**accessibilis**: 1. *accessible — approachable. 2. *réceptif — receptive.

**accessio**: 1. canal d'amenée d'un moulin à eau — mill-race. D. Ludov. Pii a. 823, UGHELLI, II col. 96. 2. dépendance — appurtenance. In aquis, in silvis, in pascuis, in accessionibus. WARTMANN, UB. S.-Gallen, II p. 35 no. 415. 3. succession — succession. Quicquid ex haccessione parentum aut ex contractu habebat. Cart. Senon., no. 38, Form., p. 202.

**accessorius**: accessoire — accessary. Accessorium tenere non debeat, si non tenuerit principale. Reg. Innoc. III pap. super neg. imp., no. 64, ed. HOLTZMANN, p. 101.

**accessus** (decl. iv): dépendance — appurtenance. Quicquid portio nostra in jam dicto loco ... habere videmur, casas, aedificia una cum mansis, curtis, campis, pratis, sylvis, aquis, aquarum decursibus accessisque omnibus. PARDESSUS, I no. 186 p. 146 (a. 579, Dijon). Cum soliditate et appenditiis, domibus ... accensisque omnibus [leg. accessis]. Test. Anseberti episc. Augustodun. a. 696, ib., II no. 437 p. 237. Cum ... accessibus et adjacensiis. D. Ludw. d. Deutsch., no. 165 (a. 875).

**acciarium**, v. aciarium.

**accidentalis**: 1. causé par un accident — brought about by accident. SUGER., V. Ludov. Cr., c. 4, ed. WAQUET, p. 24. 2. *accidentel (terme de philosophie) — accidental.

**accidentia** (fem.): 1. *accident, chose imprévue — accident. 2. qualité accessoire (terme de philosophie) — accessory quality. 3. échéance d'héritage — passing into other hands by inheritance. S. xiii. 4. dépendance — appurtenance. Tam territoriis, domibus, indominicatis vel omnibus accidentiis. PARDESSUS, II no. 554 p. 366 (a. 734, Dijon).

**accinctus** (decl. iv.): 1. *effort — effort. Monasterium ... cum totius studii accinctu ... ampliaret. G. pontif. Camerac., lib. 1 c. 87, SS., VII p. 433. 2. enceinte — precinct. Dono casam meam cum omni acinctu ad ipsam casam pertinentem. D'HERBOMEZ, Cart. de Gorze, p. 65 no. 33 (a. 795).

**accingere**: revêtir de pouvoirs — to invest with power. Nullus judex publicus quolibet modo judiciaria accinctus potestate. D. Merov., no. 31 (a. 673). Similiter: Cart. Senon. no. 35, Form., p. 201. D. Karolin., I no. 67 (a. 772).

**accingia**, accengia, v. andecinga.

**accipere**: 1. prendre, saisir, s'emparer de qqch. — to take, to seize, to possess oneself of a thing. Chilpericus ... thesaurus [= -os], qui in villa B. erant congregati, accepit. GREGOR. TURON., Hist. Franc., lib. 4 c. 22. Defuncto Chlodovecho regi, quattuor filii ejus ... regnum ejus accipiunt. Id. ib., lib. 3 c. 1. 2. arrêter — to catch. Ad accipiendum [latronem] adjutorium ... unusquisque prestet. Capit. missor. Silvac. a. 853, c. 4, II p. 272. 3. épouser — to marry. [Rex] Merofledem accepit. GREGOR. TURON., Hist. Franc., lib. 4 c. 26. Ubicumque ipsa femena sibi marito accipere voluerit, licenciam habeat. F. Andecav., no. 57, Form., p. 24. Quomodo possit servus accipere puellam ingenuam. F. Sal. Merkel., no. 31, ib., p. 253. Si ego accepero uxorem. POUPARDIN, Rec. des ch. de S.-Germain-les-Prés, I no. 21 p. 34 (a. 790). 4. recevoir en vassalité — to accept as a vassal. Filium Baldwini militem per manus accepit. Ann. Altah. maj., a. 1045, ed. VON OEFELE, p. 39. 5. personam accipere: *favoriser qq'un avec partialité — to show favouritism to a person.

**accipitrarius**: fauconnier — falconer. ASSER., G. Aelfredi, c. 76, ed. STEVENSON, p. 59.

**accisia**, v. assisia.

**acclamare**: 1. aliquem: proclamer — to proclaim. Papam eum acclamantes. Invect. in Romam (ca. a. 928), ed. DÜMMLER, G. Bereng. imp., p. 139. Defuncto A. Remensium archiepiscopo Azelinus Laudunensis quendam laicum E. nomine ... acclamavit [in episcopum]. G. pontif. Camerac., lib. 3 c. 25, SS., VII p. 473. 2. faire appel à un tribunal — to appeal to a court of justice. Liceat ei nostrum acclamare palatium. D. Bereng. I, no. 78, p. 214 (a. 911). 3. aliquem: citer devant une cour de justice — to summon to appear before a court of justice. Si quis quasi reus acclamatus fuerit. Pax Dei Alsat. (s. xi), Const., I no. 429 c. 6. 4. aliquid: se plaindre de qqch. — to complain of a thing. Adclamans quae acciderant. Chron. Salernit., c. 49, SS., III p. 494. 5. aliquid: réclamer, revendiquer — to lay claim to a thing.

**acclamatio**: 1. acclamation — acclamation. In ejusdem viri electione [in episcopum] cleri plebisque unus idemque assensus, in nullo dissimilis adclamatio. F. extravag., lib. 2 no. 4, Form., p. 554. Ad gradus ecclesiasticos acclamatione atque oblatione totius ecclesiae delati sumus. Concil. Ingelheim. a. 840, Conc., II p. 811. 2. plainte, instance — complaint. Causas acclamationis eorum dinoscatis. Frotharii episc. Tull. epist. 21, Epp., V p. 291 l. 15. Si aliquis hominum ... in furto ... deprehensus fuerit, prepositus ducis ... sine ulla acclamatione facta ... eum adjudicabunt. GARNIER, Ch. de communes en Bourgogne, I p. 333 no. 180 (a. 1182). 3. revendication — claim. Juris hereditarii acclamationem. Gall. christ.[2], XI col. 243 (ch. a. 1154).



**acclamativus**: approprié à faire l'objet d'une revendication — giving rise to a claim. Mallo et interpellationibus multa de ipsis possessionibus seu familiis adquisierunt, plurima vero adhuc incerta, sed tamen adclamitiva reliquerunt. WARTMANN, UB. S.-Gallen, II no. 645 (a. 885).

**acclamator**: plaignant — plaintiff. Pecunias solveret, quibus acclamatoribus satisfieri potuisset. D. Heinr. IV., no. 92 (a. 1062).

**acclinis**: attaché — attached. Burgundia nondum Romano imperio, ita ut nunc, acclinis fuerat. WIPO, G. Chuonradi, c. 1, ed. BRESSLAU, p. 12.

**1. accola** (masc.), acola, aquola, accolanus: 1. tenancier de condition personnelle soit libre, soit servile — tenant either of free or servile status. De colonis vel servis ecclesiae ... unusquisque accola ... Lex Baiwar., tit. 1, § 13. Monachos et liberos et servos et accolas nostros. Test. Aredii abb. Attan. a. 572, PARDESSUS, I no. 180 p. 140. Una cum ... mancipiis, acolabus tam ingenuis quam et servientibus. GYSSELING-KOCH, Dipl. Belg., no. 15 B (a. 745, S.-Bertin). Tam ad ingenuos quam et ad servientes seu accolas ipsius monasterii [Lorsch] distringendum. D. Karolin., I no. 67 (a. 772). Item ib. no. 54 (a. 768-771). Areas infra muros Aurelianis ... ubi Leobastus accola commanere videtur. PARDESSUS, II no. 358 p. 144 (a. 667). Cum ... accolabus [pert. form.] Form. Andecav. no. 7, Form. p. 7, et ibi saepe. Item D. Merov., no. 32 (a. 656-670). PARDESSUS, II no. 254 p. 11 (a. 631). Homines ipsius ecclesiae sive accolas. D. Ludov. Pii, Mon. Boica, t. 37 p. 5. La tenure d'un „accola" est souvent une terre nouvellement défrichée — his holding is often recently cleared land. Qui accolam in terra sua susceperit. Lex Visigot., lib. 10 tit. 1 § 15. Accolas pro liberis hominibus [i. e. sicut liberi homines] in ejusdem aecclesiae praediis manentes, qui se vel sua novalia ... in ditionem praedictae ecclesiae traderent. D. Ott. III., no. 432 (falsum s. xi in., Würzburg). Sa tenure serait une censive libre selon DOPSCH, Karolingerzeit, I, p. 273-275, qui se base surtout sur les formules suivantes — According to Dopsch, his tenure is a free rent lease, an opinion based chiefly on the following formulas. Quicquid reliqui accolani vestri faciunt [il s'agit d'un contrat de précaire — in a precaria contract]. MARCULF., lib. 2 no. 41, Form., p. 100. Redditus debetur sicut reliqui accolani nostri reddunt. Form. Pith. fragm., no. 23, ib. p. 597. La tenure normale d'un „accola" était sensiblement moins importante que le manse servile, comme le prouve le texte des Ann. Bertin. cité s. v. accola (femin.). En d'autres cas on trouve l'„accola" en possession d'un manse. — The normal tenure of an „accola" was considerably less important than the mansus servilis. In other cases we find the „accola" holding a manse. Manso ubi accolla commanet. Cart. Senon., no. 29, Form., p. 198. 2. habitant — inhabitant. Uti accolae eorumdem testantur locorum. AIMOIN., Mir. Bened., lib. 2 c. 19, ed. DE CERTAIN, p. 125. Interfectis accolis terrae atque captivatis. Ann. Vedast., a. 880, ed. VON SIMSON, p. 46. Loci [i.e. monasterii] accolae. BEDA, Hist. eccl., lib. 4 c. 25. Ostenduntur ab accolis loca ... WILHELM. MALMESB., G. reg. Angl., lib. 2 § 121, ed. STUBBS, I p. 129. Tam clerici quam laici, pauperes seu divites, omnes ejus [sc. Compendii] accolae. TARDIF, Cartons, no. 398 (a. 1108-1126).

**2. accola** (femin.), acla: tenure d'un „accola" — tenure of an „accola". Portionem meam quae est in villa F. ... cum mansis, accolabus, sylvis, pratis ... PARDESSUS, II no. 358 p. 143 (a. 667, S.-Aignan). T. et H. ingenui tenent accolam I ... Est ibi aspiciens accola I ... Habet et ipsa accola campos 2 ... DC.-F., I p. 47 col. 3 ex „tabul. s. Remigii Remensis". Damus ... aclam unam solventem den. 10 ... Quicumque mansum vel aclam de terra nostra possederit, moriens bovem unum ad curtem dabit. D'HERBOMEZ, Cart. de Gorze, p. 25 no. 11 (<a. 765>, spur.) De unoquoque manso ingenuili exiguntur sex denarii et de servili tres et de accola unus et de duobus hospitiis unus denarius. HINCMAR., Ann. Bertin., a. 866, ed. WAITZ, p. 81. [Inquirendum] quot mansos habeat [ecclesia] ingenuiles et quot serviles aut accolas unde decima reddatur. REGINO, Syn. caus., lib. 1, notitia, § 15, ed. WASSERSCHLEBEN, p. 20. In villa C. aclas septem et molendinum unum. D. Charles III le Simple, no. 53 (a. 906, Champagne). Cum alpibus et vineis ... et accolis et forestis. D. Ott. I., no. 209 (a. 960). Ecclesiam ... cum atrio, capellis, accolis omnibusque legitimis appenditiis. D. Lothaire, no. 38 (a. 975).

**accolligere**: assumer comme copropriétaire — to assume as a joint-proprietor (> frg. accueillir). Rex accollegit abbatem ... in omnibus quae in villa et potestate P. habebat. D. Ludov. VII reg. Franc. ap. DC.-F., I p. 48 col. 1.

**accomenda**, aco-: idem quod comenda. V. hanc vocem. S. xiv.

**accommodare**: 1. aliquid: prêter — to lend. Allodium suum nepoti suo debitis oppresso ... accommodavit; qui illud pro 22 marcis invadiavit. ROUSSEAU, Actes de Namur, no. 13 (ca. a. 1160). Camerarius accomodare debet equum magistro pellificum. KEUTGEN, Urk. städt. Verf.gesch., no. 131 (ca. a. 1220, Trier). 2. spec.: prêter de l'argent — to lend money. Si quis quicquam ab alio mutuum sive accomodatum acceperit. ALPERT. METTENS., Div. temp., lib. 2 c. 20, ed. HULSHOF, p. 50. Quicunque accommodata reddere rennuerit. KEUTGEN, o.c., no. 157 (a. 1219, Nürnberg). 3. aliquem: mettre à la disposition de qq'un — to put at somebody's disposal. Comitissa ... nobis accomodavit S. cutellarium et M. uxorem ejus, homines suos, ad serviendum nobis. DC.-F., I p. 48 col. 3 (ch. a. 1215, Troyes).

**accordamentum**: accord — agreement.

**accordare**: 1. accorder — to bring to terms. Discordiam ... acordari debere pariter et pacisci. JOH. CODAGN., Ann., a. 1225, ed. HOLDER-EGGER, p. 53. Si bannitus reconciliari voluerit et alter non, cora debet eos accordare. Cout. de Furnes ap. DC.-F., I p. 49 col. 1. 2. se accordare: s'accorder — to come to terms. In electione potestatis se accordare cum popularibus non potuissent. JOH. CODAGN., a. 1223, p. 73.

**accordium**, acor-, -dum, -dia: accord — agreement. S. xiii.

**accorporare**: insérer — to insert. Hanc volun-

tatis meae epistolam apud curiae ordinem gestis publicis facias adcorporare. F. Visigot., no. 21, *Form.*, p. 585.

**accredere**: **1.** *emprunter* — *to borrow*. Nihil contra voluntatem negotiatorum ab ipsis accredant. *Hist. de Paris*, I pr. p. 93 (litt. Phil. II Aug.) **2.** *prêter* — *to lend*. Pecunia, quam ei accredideram, mihi ... solveretur. SUGER., epist. 118, *Hist. de Fr.*, XV p. 498.

**accreditum**: *emprunt* — *loan*. Civibus [non] faciemus exactiones neque accreditum onerosum. SLOET, *OB. Gelre*, no. 563 (a. 1233).

**accreditus** (adj.) : *possédant la confiance* — *trusted*. Erat illis accreditus. DUDO, lib. 2, c. 24, ed. LAIR, p. 164.

**accrescentia**: *accroissement* — *accretion*. Cum agris et accrescentiis. SLOET, *OB. Gelre*, no. 968 (a. 1275).

**accrescere**: **1.** alicui: **échoir, revenir* à qq'un — *to fall to* one's *share*. **2.** absol.: *s'améliorer* — *to improve*. Eadem verra, noviter parum utilis, per Rotbertum accrevit. MULLER-BOUMAN, *OB. Utrecht*, I no. 244 p. 220 (a. 1081). **3.** transit.: *augmenter* — *to add to*. Quantum de terra erma [i.e. herema] ad ipsum mansum acrescere potueris, facias. MORIS-BLANC, *Cart. de Lérins*, I p. 128 no. 142 (a. 1016). Mansos ... in benefitio teneat et inmeliorare faciat et quantum potuerit aggrescere [!] studeat. CHEVRIER-CHAUME, *Ch. de S.-Bénigne de Dijon*, II no. 276 (a. 1021). Bene licet abbati censum [tabularum nummulariorum] accrescere. QUANTIN, *Cart. de l'Yonne*, I p. 321 no. 186 (a. 1137, Vézelay). Hic multum episcopalem sedem edificiis et ornamentis accrevit. ROBERT. DE TORINN., Chron., a. 1140, *SS.*, VI p. 495 l. 4.

**accrum**, v. acra.

**accubitare**: **être couché* à table — *to recline* at table.

**accubitus** (decl. iv), -tum: **1.** **chaise* à se coucher à table — *dining couch*. **2.** *lit* — *bed*. Ministri domus sternunt accubita, ut, stratis compositis, artubus somno refectis, quies daretur corporum usque gallicinium. V. Vincentiani Avolc. (s. xi in.), c. 29, *Scr. rer. Merov.*, V p. 127. **3.** *salle à manger* — *dining room*. Accubitum, quod domnus Leo ... tertius papa a fundamentis construxerat ..., reparavit. Lib. pontif., Leo IV, § 16, ed. DUCHESNE, II p. 109. **4.** *vestibule, portique* — *portico*. Unus puer ex famulis ... exiit foras in accubito domus ipsius et vidit turba[m] multa[m]. ... V. Landeberti, c. 13, *Scr. rer. Merov.*, VI p. 366 sq.

**acculpare**: *accuser* — *to accuse*. S. xiii.

**accursare**: *accourir* — *to run up*. JOH. VICTOR., lib. 3, rec. B, c. 10, ed. SCHNEIDER, t. I p. 385; lib. 5, rec. B, c. 3, t. II p. 110.

**accusa** (femin.): *plainte* — *complaint, charge*. Multe accuse sunt porecte coram [judice] contra quasdam civitates. *Const.*, IV pars 1 no. 981 p. 1017 (a. 1313).

**acedia**, acidia, accidia (gr.): **mélancolie, inertie mentale, découragement* — *mental weariness, gloom*.

**acediari**: **être d'humeur sombre, bouder, être vexé* — *to be weary, gloomy, vexed*.

**acediosus**: **mélancolique, apathique, morne* — *weary, gloomy, listless*.

**acephalus** (adj.) (gr.): **1.** **adhérent d'une certaine secte hérétique* — *adherent to a certain heretic sect*. **2.** (d'un clerc) *non subordonné à un évêque*, non attaché à une église déterminée — (of a clerc) *not placed under a bishop*, not attached to a definite church. Presbiteri illic absoluti et vagi ex omni loco adventantes quedam aecclesiastica contra canones officia peragunt, immo numerosa, cum sint ascephali, scelera ... committunt. Joh. VIII pap. epist., fragm. 18 (a. 873), *Epp.*, VII p. 282. **3.** (d'un évêque) *sans siège fixe* — (of a bishop) *without a definite see*. ADAM BREMENS., lib. 3 c. 15, ed. SCHMEIDLER, p. 156 (synon.: girovagus.) Subst. : **1.** *clerc non subordonné à un évêque, ne pas se conformant aux régulations canoniques* — *a clergyman who is not subordinate to a bishop, who does not observe church regulations*. ISID., Etym., lib. 5 c. 39 § 39; lib. 8 c. 5 § 66. REGINO, Chron., a. 866 ed. KURZE, p. 91. GOFFRID. VINDOCIN., Epist., lib. 2 no. 27, MIGNE, t. 157 col. 94 C. **2.** *payen* — *heathen*. Caeduntque sub arcem acephali quoniam Christum perdunt, caput ipsum. ABBO, Bell. Paris., lib. 2 v. 410, ed. PERTZ in us. schol., p. 39. **3.** *homme sans seigneur féodal* — *a man without a feudal lord*. Sunt ... quedam genera causarum ... in quarum emendacionibus rex ... communicat, ubicunque fiant ..., super regios et ecclesiasticos et baronum homines et acephalos et pauperes. Leg. Henrici (a. 1114-1118), c. 21, LIEBERMANN, I p. 560.

**acengia**, acenia, acinga, v. andecinga.

**acerra**, v. acra.

**acetabulum**, acci-: **cymbale* — *cymbalo*.

**achaptare**, v. accaptare.

**acharis** (gr.): **désagréable* — *disagreeable*.

**achramire**, v. adchramire.

**aciarium**, acciar-, acer-, asser-, azzar-, azar-, -ium (<acies): *acier* — *steel*.

**acientia**, v. aisantia.

**acitara**: *drap de lit* — *bedcloth*. S. xi, Hisp.

**acla**, v. accola.

**acolythus**, -lytus, -litus, -lytes (gr.): **acolyte* — *acolyte*. Acolyti graece, latine ceroferarii dicuntur, a deportandis cereis quando euangelium legendum est aut sacrificium offerendum; tunc enim accenduntur luminaria ab eis et deportantur. ISID., Etym., lib. 7 c. 12 § 29.

**acomenda**, v. accomenda.

**acordum**, acordia, v. accordium.

**a commentariis** (indecl.): *chancelier royal* — *royal chancellor*. F. levita regisque Roberti a commentariis relegit. D. Rob. II reg. Franc. a. 1003 ap. LUCHAIRE, *Inst. monarch.*, p. 185 n. 5.

**acquestus** (decl. iv), ad-, a-, -quesi-, -quis-, -ta, -tum: *les biens acquis* à l'opposition des biens hérités — *acquired possessions* as contradistinguished from inherited possessions. Mansum una cum servo cum omni peculiare vel adquaesitu suo. *D. Karolin.*, I no. 203 (a. 806). Hereditas sive adquestus. *D. Ott. I*, no. 239 (a. 962). Ex aquestibus parentum meorum digne mihi succedentibus. DE MARCA, *Marca Hisp.*, append., col. 955 (a. 1000).

**acquiescere** (transit.): **1.** *agréer, acquiescer à, approuver* une décision, une demande — *to acquiesce in, to agree to* a decision, a request. Qui nec juditium scabinorum adquiescere nec blasfemare volunt. Capit. miss. Theodonisv. II, a. 805, c. 8, I p. 123. Ego juramenti tui negationisque causam adquiesco. Mir. Audomari, *AASS.*, Sept. III p. 405. Postulationem vestram acquievimus. CAMERA, *Mem. di Amalfi*, p. 110 (a. 987). **2.** *tolérer* — *to tolerate*. Ne unquam ... ancillas vestras contristari acquiescatis. Test. Caesarii Arelat. a. 542, PARDESSUS, I no. 139 p. 105.



**acquirere**: *arrêter* — *to catch*. [Homicidii reum] nusquam acquirere possit. Decr. Heinr. II imp. a. 1023, c. 9, *Const.*, I no. 35.

**acquisitio**: **1.** **acquisition* — *obtainment*. **2.** *corroboration de la possession légitime* au moyen de preuves — *establishment of lawful possession* by proof. Eorum acquisitio ita definita est et pacata. DRONKE, *CD. Fuldens.*, no. 471 (a. 826/827). **3.** *relief* d'une tenure — *relief* of a tenement. Dicta bona capitulum ... sine omni acquisitione decetero in predicto censu possidebit. HEERINGA, *OB. Utrecht*, II no. 892 (a. 1235). **4.** *chose acquise*, en opposition au patrimoine — *acquired thing*, as contrasted with the inheritance. Primum patris feodum primogenitus filius habeat; emptiones vero vel deinceps acquisiciones suas det cui magis velit. Leg. Henrici (a. 1114-1118), c. 70 § 21, LIEBERMANN, I p. 589.

**acquitantia**, acquie-: *acquittement* — *discharge*. S. xii.

**acquitare**, a-, -quietare, -quittare (<quietus): **1.** aliquem: *dispenser, affranchir* d'une obligation, d'une redevance — *to quit, to discharge* of an obligation, a due. Aquitavi ... burgum ... de exercitu et talliata. *Gall. christ.*², II, instr., col. 470. (s. xii). Dominus pro uno denario [s. Petri] adquietabit bordarios suos et bubulcos et servientes. Leis Willelme, c. 17, text. latin., LIEBERMANN, I p. 505. **2.** aliquem: *sauvegarder* contre la réclamation ultérieure d'un tiers — *to guard* against any future claim. Capitulum ab impetitione et contradictione cujuslibet hominis acquitabo. VAN DEN BERGH, *OB. Holland*, II no. 1102 (a. 1246). **3.** aliquid: *garantir* — *to warrant*. Ab omni eam [colibertam] adversum nos de ea insurgente calumnia [venditor colibertae] acquietet. THÉVENIN, *Textes*, no. 153 (a. 1032-1064, Blois). Roget, ut [warantus] mundificet et adquietet ei [rem emptam]. Leg. II Aethelred, c. 8 § 1, text. Quadripart., LIEBERMANN, p. 224. **4.** aliquid: *libérer* sa possession *de toute réclamation* — *to vindicate against any claim*. Qui terram adquietatam habet scyre testimonio, habeat sine querela. Leg. Cnut, lib. 2 c. 79, text. Quadripart., LIEBERMANN, I p. 367. Totam terram, quam illic in dominio suo habet, acquietare poterit. Leg. Henrici (a. 1114-1118), c. 7 § 7, ib., p. 553. **5.** aliquem: *dédommager, indemniser* — *to reimburse, to indemnify*. Si quislibet ... aliquid indebite exegerit ..., abbas omnino adquietabit, dampna inde illata restaurabit. Fund. mon. Arroasiens., contin. auct. ROBERTO, *SS.* XV p. 1124. Ipse debet eum acquitare de omni custo et damno quod exinde habuerit. WARNKOENIG-GHELDOLF, *Flandre*, II p. 507 no. 34 c. 4 (s. xii). Si ... conventioni ... contraire presumpserit, nos et ceteri fidejussores ... tenebimur ... abbati et ecclesie sue satisfacere et tam eos quam nos in omnibus acquitare. DE FREMERY, *OB. Holland*, suppl., no. 53 (a. 1224). Nos acquitare debemus virum nobilem R. ... de trecentis libris Par., de quibus suum proprium fecit debitum pro nobis erga W. ... et eum penitus acquitare debemus de omni catallo, custo et pena. DES MAREZ, *Lettre de foire*, p. 105 (ch. a. 1229, Arras). **6.** aliquid: *céder* — *to forego*. Ego acquito dotalicium meum ... si post decessum mariti mei ... me contigerit maritare. DC.-F., I p. 60 col. 2 (ch. a. 1218, Champagne). **7.** aliquid: *acquitter* une dette — *to pay* a debt. Si ... in proximo festo b. Johannis bapt. non acquitaverit mille marchas Colonienses. SLOET, *OB. Gelre*, no. 855 (a. 1262). Ipse ibidem nostras et nostrorum expensas et custus acquitabit et computabit. VAN DEN BERGH, *OB. Holland*, II no. 380 (a. 1279).

**acquitatio**, acquie-: **1.** *promesse de ne pas réclamer* une chose — *promise not to reclaim* a thing. Pro adquitatione terrae quam juxta B. sitam monachi pro concordia dederant, centum solidos posuerat. *Gall. chr.*², XIV instr. col. 152 D. no. 12 (a. 1106, Angers). **2.** *acquittement* — *discharge*. S. xii.

**acquitum**: **1.** *possession libre de certains impôts* — *tenure non liable to certain taxes*. Si major alicui pro debito suo domos et tenementa alicujus debitoris tradiderit, tenebit ea per acquitum. *Etabl. Rouen* (a. 1160-1170), c. 39, ed. GIRY p. 44. **2.** espèce de *péage* — a sort of *toll*. S. xiv.

**acra**, acerra, agra, acris, acrum, accrum: *mesure* anglaise *de terre labourable* — English *measure of arable land*. Dans le Continent — on the Continent: De terra arabili est in V. accrum, est ad seminandum modios 15. GYSSELING-KOCH, *Dipl. Belg.*, no. 51 (a. 839, Gand). Ecclesiam ... cum 18 acris arabilibus terrae. CHEVRIER-CHAUME, *Ch. de S.-Bénigne de Dijon*, II no. 312 p. 91 (a. 1032-1035, Normandie). Etiam ib. no. 372 p. 151 (a. 1089, Normandie). Duas acres prati. VERNIER, *Ch. de Jumièges*, I p. 37 no. 12 (a. 1027, Normandie). Sex acres silve. Ib., p. 87 no. 31 (ante a. 1079). Unam acrem terrae. Ib., p. 104 (ca. a. 1080). Cum quinque acris terre. BRUNEL, *Actes de Ponthieu*, p. 45 no. 27 (a. 1143).

**acredo** (genet. -inis): **1.** **âcreté, amertume* — *sourness, tartness*. **2.** *acuité* — *violence*. Impeditus est febrium vexatione, quarum acredo tantum in eo crassata est ... WETTIN., V. Galli, c. 29, *Scr. rer. Merov.*, IV p. 273.

**acsi**: **1.** *bien que* — *although* (id quod „etsi"). E. g.: Ego A. acsi indignus presbyter. GYSSELING-KOCH, *Dipl. Belg.*, no. 1 (a. 649, S.-Bertin). **2.** *comme si* — *as if* (id quod „quasi"). E. g.: Magis elegimus singula ... dicere quam alicui, acsi nesciat quid facere debeat, occasionem excedendi relinquere. Adalhardi abb. Corbejens. statuta (a. 822), lib. 2 c. 5, ed. LEVILLAIN, *LMA*, t. 13 (1900), p. 369.

**acsisia**, v. assisa.

**act-** v. att-.

**actio**: **1.** *procès* — *law-suit*. Dispositis actionibus, quibus ... cives Pectavus vel adfligeret vel damnaret. GREGOR. TURON., Hist. Franc., lib. 5 c. 4. [Comes] cum actiones ageret publicas. Id., Virt. Juliani, c. 16, *Scr. rer. Merov.*, I p. 571. Moris actionum dissolutis ad te veniam [sc. episcopus]. Id., V. patrum, lib. 10 c. 4, ib. p. 708. Si quis judicum clericus [= -os] ... publicis actionibus adplicare prae-

sumpserit. Concil Aurelian. a. 541, c. 13, *Conc.*, I p. 90. Graphio cum septem rachymburgiis ... bonis credentibus aut qui sciant accionis [= -es]. Edict. Chilperici, c. 8, *Capit.*, I p. 9. Comes ... ad dirimendas resederat actiones. V. prima Amandi (s. viii p. post.), c. 14, *Scr. rer. Merov.*, V p. 438. **2.** *profit de justice — judiciary revenue.* [Villicus] hereditatis et nuptialia dona et omnes actiones abbati dabit. KÖTZSCHKE, *Urbare Werden*, p. 139 (s. xi med.) **3.** *séance d'une synode — session of a synod.* Concil. Roman. a. 769 (inscr.), *Conc.*, II p. 85 sq. **4.** *charge, fonction, pouvoir délégué — office, charge, delegated power.* Nullo umquam tempore ullus actionem ducatus aliter ... habere debeat. *D. Merov.*, no. 81 (<a. 698>, spur.) Ad renovandam actionem [comitatus] munera regi ... transmisisset. GREGOR. TURON., Hist. Franc., lib. 4 c. 42. Me ab actione remoto [d'un comte — of a count]. Id. ib. lib. 5 c. 47. [Parentes] eum in accione instituerunt inter muntanecus [= mundanos]; qui accipiens honoris terrenus exercebat exactura[m] commissam sibi. V. Wandregisili, c. 3, *Scr. rer. Merov.*, V p. 14. Tibi accionem comitiae, ducatus aut patriciatus in pago illo ad agendum commissemus ... Et quicquid de ipsa accione in fisci dicionibus speratur, per vos nostris aerariis inferatur. MARCULF., lib. 1 no. 8, *Form.*, p. 48. GREGOR. M., Epist., passim. Ut clerici ... non habeant actiones seculares, nisi tantum pro causas ecclesiarum, orfanorum vel viduarum, ordinante episcopo suo. Concil. Vernense a. 755, c. 16, *Capit.*, I p. 36. Actio publica: *fonction publique — public office.* Publica in actione comitivam adsumeret. FORTUN., V. Medardi, c. 2, *Auct. antiq.*, IV pars 2, p. 68. Diffidebant actiones publicas, quae eis ... ingerebantur, accipere. V. Balthildis, c. 6, *Scr. rer. Merov.*, II p. 488. Ut nullus Judaeorum qualemcumque militiam aut actione puplica super christianos aut adpetere a principe aut agere presumat. Concil. Paris. a. 614 c. 17, *Conc.*, I p. 190. Judaei super christianos actionis publicas agere non debeant. Edict. Chloth. II a. 614, c. 10, *Capit.* I p. 22. **5.** spec.: *la fonction d' „actor" d'une église — the function of „actor" of a church.* Actionem ecclesiae laudabiliter gubernavit. Epist. Austras., no. 22, *Epp.*, III p. 134. **6.** *circonscription administrative ou judiciaire — administrative or judiciary district.* Villas nostras, qui in vestras [i. e. vestris] vel aliorum domesticorum sunt accionibus. MARCULF., lib. 2 no. 39, *Form.* p. 68. Gravionibus seu et omnibus agentibus [regis], in cujuscumquelibet actionibus monasterium Sithiu tenere vel habere videtur. *D. Merov.*, no. 91 (a. 721). Item no. 96 (a. 743). [Accionarii] inlesi debeant ambulare per acciones suas utilitates suas peragendo. Sicardi princ. pactum cum Neapolitanis a. 836, BLUHME, *Langob. leges*, p. 192. **7.** *canon de la messe — canon of the mass.* Intra actionem sacerdos incipiens populo hymnum decantaret. Lib. pontif., Xystus I, codd. FK (s. vii?), ed. MOMMSEN, p. 11. Infra actionem „Hanc igitur". Ordo Rom. XI (s. vii), c. 35, ed. ANDRIEU, p. 426. Concil. Cenomann. a. 840, *Conc.*, II p. 786. Non frustra in actione dicitur „Qui tibi offerunt". WALAHFRID., Exord., c. 23, *Capit.*, II p. 500 l. 24. Ibi pluries. **8.** *conduite, moeurs — way of life.* Actio sancta tua. Chron. Salernit., *SS.*, III p. 469. Militarem actionem. ATTO VERCELL., Epist., ed. BURONTIUS, p. 309.

**actionarius**: **1.** *agent fiscal, régisseur d'un fisc — fiscal officer, head of a royal demesne.* Ab actionariis publicis mutua accipiunt. GREGOR. M., Epist., lib. 1 no. 42, *Epp.*, I p. 64 l. 11. Angelia ab Hildulfo actionario ad fiscum nostrum, qui vocatur Romaricus Mons, ad servicium inclinata fuisset. F. Imperii, no. 9, *Form.*, p. 293. Damus in mandatis cunctis episcopis, abbatibus, comitibus seu actionariis nostris. Capit. Pippini reg. Ital. a. 782-786, I p. 193. Omnibus episcopis, abbati. bus, ducibus, comitibus, actionariis. *D. Karolin.*, I no. 132 (a. 781). Deinde saepe in dipl. italicis. Item in germanicis: *D. Ludw. d. Deutsch.*, no. 89 (a. 858). SICKEL, *Beitr.*, V p. 93. **2.** *agent domanial — estate administrator.* Actionario, quem in eodem patrimonio deputasti. GREGOR. M., Epist., lib. 1 no. 42, *Epp.*, I p. 68 l. 20. Domus vel fines ... juri ecclesiae pertinentes ... ab actionariis nostrae ecclesiae ... occupatae. Ib., no. 71, p. 91. Actionarii [ecclesiae] sub rectore. Ib., lib. 2 no. 38, p. 138 l. 18. De accionariis ambarum partium ita stetit, ut inlesi debeant ambulare per acciones suas utilitates suas peragendo. Sicardi princ. pactum cum Neapolitanis a. 836, c. 12, BLUHME, *Langob. leges*, p. 192. Annualiter solvatis pensionem auri solidum unum actionariis certis s. Romane ecclesie. Priv. Clem. II pap. a. 1047, PFLUGK-HARTTUNG, *Acta*, II no. 104 p. 70. **3.** *domestique — household servant.* Filii clericorum ... in servitium templi ... aquas et ligna et caetera generis ejusdem veluti forenses ecclesiae actionarii comportent. Synod. Papiens. a. 1022, *Const.*, I no. 34 p. 73.

**1. actor**: **1.** *fondé de pouvoirs, avoué, plaideur — deputy, attorney, trustee.* Servi regis et ecclesiarum non [per] actures, sed ipsi pro semetipsos in judicio respondeant. Lex Ribuar., tit. 58 § 20. Cum nus ... resederemus, ibique venientes acturis [i. e. actores] monasthiri domni Dioninse ... *D. Merov.*, no. 34 (a. 658). Ubi a vestris actoribus ex vestro praecepto fuerimus imperati. F. Bitur. no. 2, *Form.*, p. 169. Te in omnibus causis mei instituo dominum procuratoremve et auctorem [v. l.: actorem]. F. Turon., no. 20, *Form.*, p. 146. **2.** *agent, représentant* d'une église, *régisseur* de son patrimoine — *agent, representative* of a church, *administrator* of its patrimony (synon.: advocatus, rector.) GREGOR. M., Epist., lib. 1 no. 53, *Epp.*, I p. 78; lib. 3 no. 43, p. 199. Si quaecumque persona contra episcopum vel actores aeclesiae se proprium crediderit habere negotium. Concil. Aurelian. a. 549, c. 17, *Conc.*, I p. 106. Aecclesiae actores fecit interpellari. GREGOR. TURON., Hist. Franc., lib. 7 c. 22. Pontifex civitatis illius aut actores ecclesiae eam [villam] habendi liberum potiantur arbitrium. MARCULF., lib. 2 no. 4, *Form.* p. 77. Rectores seu actores monasterii easdem res habeant. Form. Augiens., coll. B no. 1, *Form.* p. 348. [Res in precaria datae] ad actores seu ad defensores supradicte ecclesie revertantur. Ib. no. 7, p. 352. [Possidenda et]



ab ipsius [basilicae] actoribus perenniter defendenda. Testam. Adalgisili a. 634, ed. LEVISON, *Frühzeit*, p. 130. Per prepositum et per actorem villarum tales ministri ... eligantur qui hoc ... perfitiant. Adalhardi abb. Corbejens. statuta (a. 822), lib. 2 c. 9, ed. LEVILLAIN, *LMA.*, t. 13 (1900), p. 372. Nullus Sturmioni abbati neque actoribus aut successoribus suis de memoratis rebus inquietare presumat. *D. Karolin.*, I no. 116 (a. 777). Rectores seu actores monasterii easdem res habeant. WARTMANN, *UB. S.-Gallen*, I no. 195 (a. 807). Dono ad ipsa casa Dei [Cluny] et ad actores ipsius aliquit de res meas ... Ipsas res ad ipsa ecclesia perveniant vel ad actores ipsi. BERNARD-BRUEL, *Ch. de Cluny*, I no. 359 (a. 928). Res ecclesiae ... direptas tam per se apud regiam majestatem quam per actores ecclesiae diversos apud judices legibus obtinuit. FLODOARD., Hist. Rem. eccl., lib. 2 c. 17, *SS.* XIII p. 464 l. 21. **3.** *agent domanial, régisseur* de domaine — *administrator* of a private estate. Dominum, vilicum vel actorem ejus loci. Lex Visigot., lib. 6 tit. 1 § 1. Item § 4. [Episcopus] actoribus suis cum plebe jussit aedificio cellae certatim insistere. WETTINUS, V. Galli, c. 26, *Scr. rer. Merov.*, IV p. 270. De praejudicio, quod fecerunt nobis actores s. Romanae ecclesiae. Chron. Farfense, MURATORI, *RIS.*, II pars 2 col. 449. Fratres, qui in diversis ministeriis foris occupati fuerant,... ad coenobium redeant ... Interim vero actores boni providendi sunt, qui praedicta loca in posterum provideant. Stat. Murbac. (a. 802-816), c. 10, ALBERS, *Consuet. monast.*, III p. 86. **4.** *agent fiscal, régisseur* d'un fisc — *fiscal agent, administrator* of a royal estate. Jubemus actores fisci nostri ... Lex Visigot., lib. 12 tit. 1 § 2. Gastaldius vel actor curtem regiam habens. Liutprandi leges, tit. 59 (a. 724). Si quis ... actorem possessionis nostrae [sc. regis] ... occiderit ... Si alterius fuerit actor occisus ... Lex Burgund., tit. 51, § 1 et 2. Item tit. 17 § 5; tit. 39 § 3. [Servus fuga elapsus] inquisitus ab actori [villae regiae]. GREGOR. TURON., Hist. Franc., lib. 9 c. 38. Actor aut decimatur in rebus ecclesiae nullus accedat. Chloth. praec., c. 11, *Capit.*, I p. 19. Oleum exinde actores regii ... quasi ad opus regis studiose emerent. G. Dagoberti, c. 18, *Scr. rer. Merov.*, II p. 406. Si actor fisci nostri intellexerit, quod eos [servos] juste non possit tenere ad nostrum dominium, eiciat illos de eodem fisco. Capit. missor. a. 821, *Capit.*, I p. 300. Omnes actoris regis praescirent, ubi vel ubi rex illo vel illo tempore tanto vel tanto spacio manere debuisset propter adductionem vel praeparationem. HINCMAR., Ordo pal., c. 23, *Capit.* II p. 525. *D. Karolin.*, I no. 51 (a. 770); no. 111 (a. 776). *D. Ludw. d. Deutsch.*, no. 24 (a. 837). Si comes vel actor dominicus vel alter missus palatinus hoc perpetravit. Capit. missor. a. 819, c. 1, I p. 289. Actor dominicus ... ex fisco nostro Franconof. D. Lud. Pii a. 822, *Mon. Boica*, t. 31 pars 1 p. 48. Actor noster ... fiscum nostrum in ministerio habet. D. a. 821, MIGNE, t. 104 col. 1137 D. Si cujuslibet mancipia in villam nostram confugerint, actor ejusdem villae quaerenti domino ea non contradicat. Capit. per se scrib. a. 818/819, c. 6, I p. 288. Actor domini imperatoris de ipsa curte. FUMAGALLI, p. 172. **5.** gener.: *agent du roi, fonctionnaire public — royal agent, public officer.* Actores nostrarum ... provinciarum. Lex Visigot., lib. 12 tit. 1 § 2. A judice vel actore sive procuratore loci. Ib., lib. 6 tit. 2 § 3. Per actorem regis distringatur et poena ... conponatur. Edict. Rothari, c. 200. Actores fecit interpellari. GREGOR. TURON., Hist. Franc., lib. 7 c. 22. Patriciis ac omnibus ducis seu comitibus vel actoribus publicis. *D. Merov.*, no. 48, p. 44 (a. 677). Omnibus episcopis, abbatibus, ducibus, castaldiis vel omnibus actoribus nostris. *D. Karolin.*, I no. 111 (a. 776). Decania una de illis Sclavis super quos fuerunt actores T. et S. Ib., no. 169 (a. 791). Praecepimus M. comiti et actori nostro. F. imp., no. 36, *Form.* p. 314. Neque comes neque vicarius aut centenarius neque ullus judex aut actor publicus. Ib. no. 38, p. 316. Item D. Ludov. Pii, *Hist. de Fr.*, VI p. 633. **6.** *régent qui gouverne pendant la minorité d'un prince — regent for a prince under age.* Sub tutore et actore ... Brunone. WIPO, G. Chuonradi, c 23, ed. BRESSLAU p. 42. Cum tutoribus et actoribus. BERTHOLD. AUGIENS., Ann., a. 1076, *SS.*, V p. 287.

**2. actor**, v. auctor.

**actorius** (adj.): *d'un procureur — of a solicitor.* Syndicario et actorio nomine comunis et populi ... Cortone. *Const.*, IV pars 1 no. 846 (a. 1312).

**actualis** (adj.): **1.** *prâtique — practical.* **2.** vita actualis: la vie *vouée aux bonnes oeuvres, à la bienfaisance* (à l'opposition de la vie contemplative) — life *devoted to good deeds, to charity* (as contrasted with contemplative life). De actuale vita hac spiritale contemplatione ... convertit. JONAS, V. Joh. Reomaens., praef., *Scr. rer. Merov.*, III p. 505. Religiosi viri ... actualem sectantes vitam, plus de pauperibus atque hospitibus Christi solliciti quam de semetipsis. V. Audomari, Bertini ac Winnoci (s. ix in.), lib. 3 c. 23, *Scr. rer. Merov.*, V p. 771. Monastica norma adeptus et actualem vitam cum pluribus servorum Christi pari glutino ascitus. Testam. Rudesindi a. 978, DE AGUIRRE, *Coll. Concil. Hisp.*, III p. 184.

**actuarius**: *régisseur du temporel* d'une église — *administrator of a* church *patrimony.* (synon.: actor, actionarius). Ob incuriam priorum praelatorum ejusdem ecclesiae [et] actuariorum. D. Ludov. III reg. Burgund. (a. 901-928) ap. DC.-F., I p. 65 col. 2.

**actus** (decl. iv): **1.** *fonction publique — public office.* Vassus dominicus si beneficium habuerit aut actum. Capit. Harist. a. 779, forma Longob., c. 9, I p. 48. **2.** *circonscription* d'un fonctionnaire public, notamment d'un comte ou d'un vicaire — *district* of a public officer, especially a count or a „vicarius". PÉRARD, *Rec. de Bourg.*, p. 21. *CD. Cavensis*, I p. 57 (a. 856). **3.** *la fonction d'un „actor", d'un avoué ecclésiastique — the charge of „actor" or ecclesiastical advocate.* D. presbyter actos ecclesiae Sanctonicae egit. DESIDER. CADURC., Epist., lib. 2 no. 18, *Epp.* III p. 213. Suum advocatum de suo capite, videlicet de suo quod ipse egit actu ... donaret. HINCMAR., Opusc. 29, ed. SIRMOND, II p. 317. **4.** *degré de parenté — degree of relationship.* Erant

cognati, sed quinto generationis actu et sexto vicissim alterati. BEYER, _UB. Mittelrh._, I no. 307, p. 359 (a. 1036).

**acuminare**: _*aiguiser — to sharpen._

**acutare**: _*aiguiser — to sharpen._

**acutia**: _finesse — cunning._ EKKEH., Casus s. Galli, c. 10, _SS._, II p. 123 l. 29; item p. 133 l. 6.

**adagnitio**: _*perception, prise de connaissance — perception, cognition._

**adalingus**, adelinus (germ.): **1.** _un noble_, un homme appartenant à la noblesse préféodale — _a noble_, one of the prefeudal nobility. Si quis adalingum occiderit. Lex Thuring., tit. 1, et ibi saepe. Omnes reges illi fuerunt adelingi, id est de nobiliori prosapia quae apud illos [sc. Longobardos] dicitur adelinga. GOTHEFR. VITERB., Pantheon, part. 23 c. 4, _SS._ XXII p. 213 l. 17 (perperam ex PAUL. DIAC. Hist. Langob., lib. 1 c. 21). **2.** _jeune prince — atheling._ Edgarum adelinum ... genuit. ORDERIC. VITAL., lib. 1 c. 24, ed. LEPRÉVOST, I p. 178. Item ib., lib. 3 c. 13, II p. 155; lib. 8 c. 22, III p. 400.

**adampliare**: _*agrandir — to enlarge._

**adapertio**: **1.** _*ouverture — opening._ **2.** _*explication — explication._

**adaptare**: _s'approprier — to appropriate._ Nullus episcoporum possit aliqua[m] potestate[m] sibi in ipsa monasteria petere aut quod scriptum est adaptare. _D. Merov._, no. 97 (a. 744).

**adaquare**: _irriguer — to irrigate._ Sive adaquare terras vel prata sive irrigare ortos. GUÉRARD, _Cart. de S.-Victor de Mars._, I no. 325 p. 342 (a. 1019).

**adbellicare**: _contrarier — to oppose._ Publice illum percoluit, occulte vero paulo mordacius quadam animi indignatione illi adbellicabat. THANGMAR., V. Bernwardi episc. Hildesheim., c. 12, _SS._, IV p. 763 l. 47.

**adbeneficiare**: _inféoder — to enfeoff._ Adbeneficiaverunt de illa duos milites. Hugo abb. Farf. (a. 972-1039), ap. Chron. Farfense, ed. BALZANI, p. 75.

**adbreviare**: _coucher par écrit — to put to record._ Brevium exempla (ca. a. 810), c. 24, _Capit._, I p. 254. Ruodlieb, fragm. 5 v. 23.

**adbreviarium**: _rapport — record._ Abbreviarium concilii. Hadr. I pap. (a. 772-795) epist., _Epp._, III p. 600.

**adcausare**: _intimer — to summon._ Prosequere et admallare et adcausare facias. F. Andecav. no. 48, _Form._, p. 21. Allegiet manum adcausatam quod falsum fecerit. Leg. II Aethelstan c. 14 § 1, text. Quadripart., LIEBERMANN, I p. 159.

**adcertare**, acer-, ascer-: _constater, déterminer — to ascertain, to make certain._ S. xii, Angl.

**adchramiator**, ara-: _garant — bail._ BITTERAUF, _Tradit. Freising_, no. 398 a (a. 818); no. 419 (a. 819).

**adchramire** (cf. got. _hramjan_ „attacher, fixer — to attach, to fasten"), achra-, adhra-, adfra-, affra-, afra-, adra-, arra-, ara-, -miare: _promettre et s'engager à accomplir_ dans un lieu et à une date déterminés _tel acte judiciaire_, à savoir: 1. de comparaître en justice ou bien de faire comparaître un tiers, par exemple un inculpé ou un témoin; 2. de prêter un serment ou d'apporter une preuve d'une autre nature; 3. de produire un titre; 4. de fournir un „wadium"; 5. de se battre en duel; 6. de subir une ordalie — _to promise and take the obligation to accomplish_ at a fixed place and date one of the following _legal acts_: 1. to appear in court or to make appear a third person, for instance a culprit or a witness; 2. to swear an oath or to supply a proof of any other kind; 3. to produce a legal document; 4. to furnish a „wadium"; 5. to fight a judicial combat; 6. to be submitted to an ordeal. **Ad 1.** Ille [placitum] per sua[m] fistucam ante nos visus fuit adframire. F. Turon., addit. no. 6, _Form._, p. 161. Homine[m] alico [= aliquem] ante ipso comite aframitum habuisset. Cart. Senon., no. 10, ib. p. 189. Sua testimonia [i. e. testes] hominis septem adcharmerunt, ut in crastinum presentare deberent. F. Senon. recent., no. 3, ib. p. 212. Nec venisset ad placitum nec ipso mundeborone suo, quem per ipsas praecepcionis habuit achramitum, nullatinus praesentassit. _D. Merov._, no. 66 (a. 693). Qui homini adframivit per wadium, et ipse homo eum dampnum incurrere dimittit, ille, qui suo wadio adhramivit, de suo omnia componat super noctes 7. Ille, qui precat adhramire, duplum componere faciat. Ewa ad Amorem, tit. 16. Posteaquam [fur] ad judicium ambulaverit, ... liceat suo seniori wadio suo illum adhrammire et pro eo emendare ac de morte liberare. Ib., tit. 48. Tale decreverunt judicium, uti tale testimonia aremisset in proximo mallo post 40 noctes. PROU-VIDIER, _Rec. des ch. de S.-Benoît-s.-Loire_, I no. 10 p. 25 (a. 815, Autun). In mallo ad praesentiam comitis se adrhamiat; et si res non habet, fidejussores donet qui eum adhramire et in placitum adduci faciant. Capit. legib. add. a. 818/819, c. 15, I p. 284. Ipse B. sua festuca jactante ad praedictum placitum se afframivit, ut faceret quod lex est. THÉVENIN, _Textes_, no. 107 (a. 876, Nimes). Octo dierum petivit inducias, in quibus aut suos quod vera faterentur adramiret testes, vel meorum unde probare vellent, testimonium reciperet. DC.-F., I p. 90 col. 2 (ch. a. 1064, Noyon). **Ad 2.** Si cuilibet homini sacramentum debet, aframeat illum ad ecclesiam sacramento ad diem statutum. Capit. de part. Saxon., c. 32, I p. 70. Sacramenta, quae ad palatium fuerint arramita, in palatio finiantur. Capit. Aquisgr. a. 809, c. 14, I p. 149. Ubi antiquitus consuetudo fuit de libertate sacramenta adhramire vel jurare, ibi mallum habeatur et ibi sacramenta jurentur. Capit. legib. add. a. 818/819, c. 14, I p. 284. Ipse homo sacramentum contra ipsa casa Dei habuisset adramitum ad sua ingenuitate tensandum. F. Senon. rec., no. 1, _Form._ p. 211. Quicquid ... per suum fisticum habuit aframitum, hoc conjuravit. F. Salic. Merkel., no. 27 sq., ib., p. 251 sq. **Ad 3.** Judicatum ei fuit, ut ipsam cartam evindicatam super noctes tantas aframisset; quod ita et per festuca sua visus est fecisse. F. s. Emmeram., fragm. no. 3, _Form._ p. 464. Fuit judicatum, ut ipso extromento [i. e. instrumentum] in noctis quadraginta dibiat presentari, quod et ita per fistuca visus est achrammisse. _D. Merov._, no. 59 (a. 691). Ordinaverunt [judices] S. mandatarium, ut aramiset suas scripturas ... sicut et fecit, et aramivit eas ad placitum constitutum. VAISSÈTE, _Hist. de Languedoc_[3], V, pr. no. 43 (a. 918, Toulouse). Adramiset se Rodulfus ad probandum per testes, quod ... _D. Ugo_, no. 38, p. 114 (a. 935). **Ad 4.** Waddio de mano abbati[s] numquam adchramisset nec hoc ei dare spondedisset. _D. Merov._, no. 60 (a. 692). **Ad 5.** Bellum quod ante abbatem vel praeposito loci aramitum fuerit, ibi perficietur. _Gall. christ._[2], XIV instr. col. 65 no. 44 (ca. a. 1009, Anjou). Arramivit de hac re bellum contra eum. THÉVENIN, _Textes_, no. 160 (a. 1053-1088, Tours). Achramivit Girberga ... judicium Dei portare, quod ... MARCHEGAY, _Arch. d'Anjou_, III p. 33 no. 38 (a. 1063). N.B. L'interprétation du texte de la _Lex Salica_, tit. 37 et 47, est controversée. — The explication of tit. 37 and 47 of the _Lex Salica_ is a matter of dispute.



**adchramita**, arramita: _promesse de prêter un serment expurgatoire — promise to swear an expurgatory oath._ Per arramitam Annonis de removendis legaliter adformavit. THÉVENIN, _Textes_, no. 96 (ca. a. 863, Vienne).

**adchramitio**: _promesse de prêter un serment — promise to swear an oath._ Si quis sacramentum alicui facere debuerit et ante arramitionem sacramenti se in negotium suum iturum dixerit. _Actes Phil. II Aug._, no. 35 (priv. comm. Soissons a. 1181), c. 3. Eadem verba: GARNIER, _Ch. de communes en Bourgogne_, I p. 5 no. 5 § 3 (a. 1187, Dijon).

**adcognitare**: _faire connaître, proclamer — to notify, to proclaim._ Omnibus suam voluntatem ... accognitet. Capit. Carisiac. ad Francos et Aquit. missa a. 856, c. 11, II p. 281. Hanc nostram constitutionem ... relegi, adcognitari et observari mandamus. Capit. Carisiac. de moneta a. 861, II p. 302 l. 33.

**adcognitatio**: _promulgation — proclamation._ Hanc adcognitationem ideo scribi ... fecimus, ut unusquisque nostrum illam habeat et certius sciat, quid ... observare ... debeat. Conv. ap. Sapon. a. 862, _Capit._, II p. 164.

**addamnare**: _léser — to injure._ Qui conjuratos illos rebus suis addamnarant. GUIBERT. NOVIG., De vita sua, lib. 3, c. 6, ed. BOURGIN, p. 154.

**addecimare**: **1.** _*lever les dîmes de_ qqch. — _to levy tithes from_ a thing. 15 jugera ... addecimarent. ERHARD, _Reg. hist. Westfal._, I, CD. no. 127, p. 99 (<a. 1036>; spur. s. xii, ni fallor). Omnia que laboraverint in agro vel nutrierint in domibus ... addecimari constituit. V. Meinwerci, c. 217, ed. TENCKHOFF, p. 130. **2.** _imposer une dîme à_ qq'un — _to subject_ someone _to the payment of a tithe._ Omnes gentes, que veniunt de ultra montes in Lombardiam, debent esse adecimate de caballis, servis ... Honorancie civit. Papie, c. 2, _SS._, XXX p. 1452. **3.** _attribuer le droit de lever les dîmes de_ qqch. — _to assign the right to levy tithes from_ a thing. Ecclesiam cum omni addecimata sibi utilitate. LACOMBLET, _UB. Niederrh._, I no. 105, p. 61 (a. 962).

**addecimatio**: _dîme — tithe._ Sclavani ... omnem addecimacionem eorum plenissime ad sanctum Mauritium persolvant. _D. Ott. I._, no. 222 (a. 961).

**addextrare**, adex-, ades- (<dexter): _conduire à pied un cavalier_ par la bride — _to lead a horseman_ by holding the bridle and walking at his side. Addextrabit eum pedester. MURATORI, _Antiq._, VI p. 7 C. [Imperatricem] in processionem domnus episcopus addextravit. G. pontif. Camerac., lib. 3 c. 38, _SS._, VII p. 480.

**addicare.** Se addicare: _se vouer — to devote oneself._ Ad amiciciam alterius se addicavit. ALPERT. METTENS., Div. temp., lib. 1 c. 2, ed. HULSHOF, p. 6.

**addicere**, absol.: _condamner — to condemn._ [Papa] suo judicio [Heinricum IV regem] vel addicat vel absolvat accusatum. LAMPERT. HERSF., Ann., a. 1076, ed. HOLDER-EGGER, p. 281. Se ipsum culpabilem, se reum addicit. HERBORD., V. Ottonis Babenb., lib. 1 c. 32, ed. PERTZ in us. sch., p. 29.

**addictus** (decl. iv): _adjudication — assignment._ Villare habuisset per suam adprisionem ... et per adictum domni imperatoris. THÉVENIN, _Textes_, no. 71 p. 86 (a. 834, Narbonne).

**additio**: _dépendance — appurtenance._ Villam in pago Parisiaco et addicionebus. _D. Merov._, no. 14 (a. 631/632).

**addretiare**, adresciare, adressare (<drictum; cf. frg. _redresser_): _réparer, restituer — to make good, to restore._ Erunt coram domino rege ... ad faciendum rectum et adreciandum ei et hominibus suis quod adreciare debuerint. STUBBS, _Select charters_[9], p. 175 (a. 1170).

**adelangus**, v. andelangus.

**adelinus**, v. adalingus.

**ademprum**, -privum: **1.** _taille — tallage._ S. xiii, Gall. merid., Hisp. **2.** _droit d'usage — right of easement._ S. xiv.

**adeo** (adv.): _très — much._ Euphoniam adeo diligebat. LIUDPR. CREMON., Antapod., lib. 4 c. 1, ed. BECKER p. 104.

**adeptus** (decl. iv): _*acquisition — obtainment._

**adaequare**: _partager_ une succession — _to divide_ an inheritance. Res quae divisae fuerunt inter fratres aut nepotes ... sortes stantes adaequentur. Leg. Longob., Liutpr., c. 70 (a. 726).

**adaequatio**: **1.** _*concordance — agreement._ **2.** _partage d'une succession — inheritance division._ Sortis [= sortes] stare debeant et adequatio percurrat. Leg. Longob., Liutpr., c. 74 (a. 726).

**adaerare**: _*évaluer — to evaluate._

**adaeratio**: _*évaluation — evaluation._

**adesse**: _être — to be._ Filiam, quae tunc virgo aderat. CORONATUS, V. Zenonis Veron. (s. viii), ed. MOMBRITIUS, II pars 2 p. 651. [Dicebant] hoc ipsum affore abolitum. GIRY-PROU-LOT, _Rec. des actes de Charles II le Chauve_, p. 280 (ch. a. 848, Angers). Ea quae rationi oportuna adfore videntur. _D. Charles III le Simple_, no. 69 (a. 912). Papa qui tunc in tempore adherat. Chron. Salernit., c. 99, _SS._, III p. 517 l. 37.

**adextrare**, ades-, v. addextrare.

**adfatimire**, -to-, v. affatimire.

**adframire**, v. adchramire.

**adhabere**: _posséder — to possess._ Quantumcumque in ipsa villa visus est adabere vel possidere. DE MONSABERT, _Ch. de Nouaillé_, no. 27 p. 50 (a. 900 vel 902).

**adheredare**: _investir, mettre en possession — to invest, to put in possession._ Debet dominus W. adheredare comitem de L. de omnibus supradictis. VAN DEN BERGH, _OB. Holland_, I no. 206 (a. 1206).

**adhereditare**: _investir, mettre en possession_ —

*to invest, to put in possession.* Nec de aliquo istorum [bonorum] aliquem hominem adhereditare potero, nisi sororem meam. ROUSSEAU, *Actes de Namur*, no. 15 (a. 1163). Cenobium ... sumptibus ejus constructum, paternis haereditatibus adhereditatum. RUDOLF., V. Lietberti episc. Camerac. (ca. a. 1070), c. 2, *SS.*, XXX p. 843.

**adhaerentia**: *dépendance — appurtenance.* VAISSÈTE, *Hist. de Languedoc*, I pr. col. 127 (ch. a. 875).

**adhaerere**: **1.** alicui: **adhérer au parti de* qq'un — *to adhere to* someone's *cause.* **2.** *confiner à — to adjace.* Prata ... qui adheret de uno latus et ambos frontes ad fines P. Test. Vigilii episc. Autissiod. ca. a. 670, PARDESSUS, II no. 363 p. 152.

**adhoa**, adoha: *relief — relief.* S. xiii, Sicil., Ital. merid.

**adhortatorius**: *admonitoire — hortative.* Adhortatoriam epistolam ... mitteremus. Leonis III pap. (a. 795-816) epist. 2, *Epp.*, V p. 90 l. 21.

**adhuc**: **en outre — besides.*

**adhumatio**: *enterrement — burial.* Post obitus mei adhumationem. MIRAEUS, III p. 304 (ch. a. 1059, Vermandois).

**adibilis**: **accessible — approachable.*

**adicere**, c. inf. vel *ut* (gr. < hebr. idiom.): *faire qqch. *toujours, encore, ensuite, désormais* — to do a thing *further, then, again, forthwith.*

**adimplere**: **remplir* une promesse, *accomplir* une tâche, *s'acquitter* d'une obligation, *effectuer* une prophétie — *to keep* a promise, *to accomplish* a task, *to perform* an obligation, *to fulfil* a prophecy.

**adincrescere** (intr.): **augmenter — to increase.*

**adinvenire**: **1.** **trouver — to find.* **2.** **inventer, découvrir — to invent, to discover.* **3.** *sentencier — to sentence.* Dapifero et pincerne tale judicium adinvenerunt, ut in victualibus domini nullam potestatem ... habeant. *Const.*, I no. 128 (a. 1150).

**adinventicius**: *fallacieux — fallacious.* Sunt diffinita adinventitia reputatione. Hincmari epistola ap. FLODOARD., Hist. Rem. eccl., lib. 3 c. 22, *SS.*, XIII p. 525 l. 38.

**adinventio**: **1.** **invention, découverte — invention, discovery.* **2.** **subtilité, astuce — artifice, trick.* **3.** *prétexte, subterfuge — pretext, subterfuge.* Si quis huic volontate mea pro quibuslibet adinventionibus seu propositionibus obvios [i. e. obvius] extiterit. MARCULF., lib. 2 no. 1, *Form.*, p. 73. Consuetudo non debet nova adinventione et qualibet pertinaci intentione defendi. Concil. Paris. a. 829, c. 47, *Conc.*, II p. 641.

**adinventor**: **inventeur — inventor.*

**adinvicem**: **l'un l'autre, réciproquement — one another.*

**adirare**: *enlever — to remove, to eloin.* S. xiii, Angl.

**aditio**: **acceptation* d'un héritage — *entrance* on an inheritance.

**aditus** (decl. iv): *occasion — opportunity.* Quicquam auferendi nullo tempore occansio vel addetus tribuatur. MARCULF., lib. 2 no. 1, *Form.* p. 72. Ne pignerationis occasio aditum rapinae predatoribus prestet. *D. Karls III. d. Dicken*, no. 47 (a. 882). Item *D. Bereng. I*, no. 74, p. 204 (a. 910). Aditum evadendi. Chron. Salernit., c. 11, *SS.*, III p. 478 l. 14. Qui contradixerit ... contradictionis aditum aliis aperiens multorum distructor estimandus est. COLUMBAN., Reg. mon., c. 1, ed. SEEBASS, *Zeitschr. f. Kircheng.*, t. 15 (1895), p. 374.

**adjacentia** (femin.): *adjacence, dépendance — adjacency, appurtenance.* Cum omnibus adjacentiis qui ibi adagunt [i. e. adjacent]. *D. Merov.*, no. 5 (a. 556). Manso et terra una cum adjecencias earum. Ib., no. 20 (ca. a. 656). Cum casis, tictis, edificiis, adjacentiis. F. Arvern. no. 6, *Form.* p. 31. Ibi saepe. Fiscos duos ... cum universis adjacentiis eorum. V. Lantberti, c. 3, *Scr. rer. Merov.*, V p. 611.

**adjacere**: **1.** *se trouver — to be situated.* Justitias nostras, quae in vestro ministerio adjacent, inquirere faciatis. F. Marc. aev. Karol. no. 1, *Form.*, p. 115. In rebus, qui nobis adjacent in territorio K. Indic. Thiath. no. 3, ib., p. 526. **2.** spec.: se dit des communaux où le propriétaire des terres adjacentes a le droit d'usage — said of the common on which the owner of adjacent land has a right of easement. In praefato saltu qui adjacet jam dicto loco ... omnem utilitatem, id est in pascuis, in aedificationibus, in lignis caedendis ... WARTMANN, *UB. S.-Gallen*, II p. 45 no. 426 (a. 854). Adjacentia cuncta, pascuas, marchas aquarumque decursiones. Ib., II p. 147 no. 534 (a. 868). Terminum et marcham vel silvam circa ipsam ecclesiam adjacentem. BITTERAUF, *Tradit. Freising*, I p. 277 no. 323. Res ... cum cunctis adjacentibus silvarum et aquarum et pascuarum commodis. LACOMBLET, *UB. Niederrh.*, I p. 30 no. 65. **3.** *appartenir — to belong.* Quod praesente tempore ad ipsum monasterium adjacet vel aspicere videtur. PARDESSUS, II no. 559 p. 371 (a. 739, Nouaillé).

**adjactire**: *attendre* la comparution de la partie adverse — *to await* the appearance in court of the opposing party (cf. abjectire). Ipse Salacus placitum suum legibus custodivit et adjactivit. *D. Karolin.*, I no. 216 (a. 812).

**adjectio**: *alluvion — alluvial deposit.* Ex adjectione harene marine. VAN DEN BERGH, *OB. Holland*, II, nalezing no. 18 (ca. a. 1235).

**adjornare**, v. adjurnare.

**adjudicare**: **1.** aliquem alicui rei: *condamner à* telle peine — *to condemn to* some penalty. Morte [i. e. morti] adjudicatum. MARCULF., lib. 2 no. 28, *Form.* p. 93. Absentes morti adjudicari fecerit. Relat. Compendiens. a. 833, c. 4, *Capit.*, II p. 54. Culpis suis exigentibus ... capitis sententiae adjudicatus. *D. Heinr. IV.*, no. 246 (a. 1071). Ab omnibus capitali sententiae adjudicatur. Ann. Pegav., a. 1114, *SS.*, XVI p. 251. Adjudicatus absens depositioni: condamné à être déposé — sentenced to be deposed. GUIBERT. NOVIG., De vita sua, lib. 1 c. 14, ed. BOURGIN, p. 48. **2.** spec.: *condamner à mort — to sentence to death.* Fecit sententialiter adjudicatos damnari. BERTHOLD., Ann., a. 1077, *SS.*, V p. 295. **3.** aliquem: *déclarer coupable de* tel délit — *to declare* a person *guilty of* a crime. Exheredes et inlegales sunt adjudicati. *D. Ott. I.*, no. 331 (a. 966). Omnium decreto ... majestatis reus adjudicatus capite truncatur. LIUDPR. CREMON., Antapod., lib. 2 c. 6, ed. BECKER, p. 41. Hostem imperii publicum adjudicatum. G. abb. Trudon., lib. 3 c. 1, *SS.*, X p. 240. **4.** aliquem: *citer en justice — to summon to trial.*



[Clerici] a suis episcopis adjudicati justitias faciant. Capit. Mantuan. II, c. 1, I p. 196. **5.** *prononcer un jugement — to pronounce a judgment.* Tandem adjudicatum est, ut ab utraque parte testes exirent, qui ... decertantes finem controversiae imponerent. ADREVALD. FLORIAC., Mir. Benedicti (ca. a. 875), c. 25, *SS.* XV p. 490. Suspendi in patibulo illum adjudicavit. RADULF. GLABER, Hist., lib. 3 c. 6, ed. PROU, p. 69. Quamvis pares adjudicaverint illum suo beneficio carere debere. Conr. II imp. edict. de benef. Ital. a. 1037, *Const.*, I no. 45, c. 2. Thietbirga legitime debere esse regina, altera Waldrada scilicet adjudicatur adultera. ANSELM., G. episc. Leodiens., c. 19, *SS.*, VII p. 199 l. 28. Neque regis saltem nomine dignum ... adjudicabant. BERTHOLD. AUGIENS., Ann., a. 1077, *SS.*, V p. 292. **6.** *prononcer*; se dit en particulier de la sentence prononcée par les assesseurs dans la cour de justice — *to pronounce*; in particular with reference to the pronouncement by the assessors in court. Omnibus primoribus, qui tunc ibi aderant, adjudicantibus [rex] Waltgarium decollari jussit. REGINO, Chron., a. 892, ed. KURZE, p. 140. Omnibus adjudicantibus capitalem suscepit sententiam. Ib., a. 906, p. 152. Cunctis principibus regni adjudicantibus praecepit [imperator] illum in patibulum suspendi. WIPO, G. Chuonradi, c. 18, ed. BRESSLAU, p. 38. **7.** *décider — to decide.* Principes ... caput regni eum [sc. Fridericum] constituere adjudicaverunt. OTTO FRISING., G. Friderici, lib. 2 c. 2, ed. WAITZ-SIMSON, p. 104. Cives ... pretemptandum ipsius ... animum adjudicarunt. Ib., lib. 2 c. 29, p. 135. **8.** *juger, considérer — to consider, to regard.* Adjudicavit ejus ratam esse intentionem. G. Servatii antiquiss. (s. vii), ap. HERIGERUM, G. episc. Leodiens., c. 22, *SS.*, VII p. 174. Petitionem ipsorum necessariam adjudicantes aurem accomodavimus. D. Henrici I reg. Franc. a. 1038, GYSSELING-KOCH, *Dipl. Belg.*, no. 92. **9.** aliquid alicui: *destiner, faire don de* qqch. — *to appropriate, to confer.* **10.** aliquid alicui rei: *attribuer* à une cause — *to ascribe* to a cause. Quicquit boni prius habueras, adjudicamus simulationi. ANSELM., G. episc. Leodiens., c. 41, *SS.*, VII p. 211 l. 35.

**adjuramentum**: **adjuration — adjuration.*

**adjurare**: **1.** aliquem: **adjurer, supplier, requérir instamment — to adjure, to beseech.* Adjuro vos per Patrem et Filium et Spiritum Sanctum ... ne unquam apud vos prevaleat hostis antiquus. Test. Caesarii a. 542, PARDESSUS, I no. 139 p. 105. Successores nostros per nomen Dei adjuramus, ut nullus eorum ipsam villam auferre praesumat. *D. Merov.*, no. 25 (ca. a. 661). Servos Dei adjuramus, ut nullam neglegentiam faciant. *D. Karolin.*, I no. 149 (<a. 783>, spur. s. ix). **2.** aliquem: *prononcer sur* qq'un *la formule magique* qui rend effective l'ordalie — *to pronounce over* somebody *the magic formula* which makes the ordeal operative. Adjuro te, homo, quod si de hac furtum habuisti, cor tuum non suscipiat aqua. Ordin. judic. Dei, no. 14, *Form.*, p. 617. Ibi pluries. **3.** aliquem: *assermenter — to swear in.* Dixerunt sicut suprascriptus Dionisius adjurati ab ipso augusto. *D. Karls III. d. Dicken*, no. 31 (a. 881). Adjurent accusatores vel testes in illorum baptisma vel aliis diversis adjurationibus, ne odio vel invidia ... mendacium proferant. FLODOARD., Hist. Rem. eccl., lib. 3 c. 28, *SS.*, XIII p. 551 l. 22. **4.** aliquid: *promettre par serment de livrer* qqch. — *to promise by oath the surrender of* a thing. Si terram quandam sibi adjurari facerent et securitatem eundi darent, occupatam dimitteret eis munitionem. SUGER., V. Ludov. Crassi, c. 17, ed. WAQUET, p. 120. **5.** aliquid: *jurer d'amener — to swear to bring about.* Cujus mortem Isaac adjurasset. GALBERT., c. 19, ed. PIRENNE, p. 32. **6.** c. infin.: *s'engager par serment — to undertake by oath.* Omnes ... adjuraverunt se nullo modo W. illum in comitem recepturos. GALBERT., c. 47, p. 76. **7.** aliquem, spec.: *faire prêter le serment* de prendre part à une expédition — *to take* somebody's *oath* by which he engages himself to be present in the host. Hos et omnes quos potuit more suo adjuratos obnixe conduxit. BERTHOLD. AUGIENS., Ann., a. 1077, *SS.*, V p. 295. Quique ipsi ut fidelis ... assisteret, sacramentorum firmamentis adjuratus fuerit. Ib. a. 1078, p. 307.

**adjuratio**: **1.** *adjuration — adjuration.* Eos validis exortatus sum adjuracionibus a tanto reatus flagitio caveri. Concil. Roman. a. 769, *Conc.*, II p. 84. **2.** *promesse jurée — sworn promise.* Ne eos relinqueret sacramento adjurationis constrictus. Ann. Rodens., ed. ERNST, p. 51.

**adjurator**: *cojureur — oathhelper.* Eum secum adjuratores ad altare traxissent. V. quarta Bonifatii (s. xi), c. 6, ed. LEVISON, p. 98.

**adjurnamentum**, -jor-: *citation — summons.* S. xiii.

**adjurnare**, -jor- (<diurnus): **1.** *convoquer* pour venir à un jour fixé — *to call out* against a given date. De hominibus ... qui non erant adjurnati, quando in Cenomanico pago fuimus. *Capit.*, I p. 81 (a. 800). **2.** *citer* en justice — *to summon* to appear in court. S. xiii.

**adjusticiare**, aliquem alicui rei: *mettre en possession* par voie légale — *to put in possession* of a thing by legal action. S. xiv.

**adjutor**: *évêque auxiliaire — assistant bishop.* Quotiescumque episcopi a propria civitate digrediuntur, tales adjutores unusquisque in sua civitate relinquat, qui haec omnia in sua civitate prudentissime peragant. ... Karlomanni capit. Vernense a. 884, c. 7, II p. 373. Ferunt [archiepiscopum] a monasterio Corbejensi Hogerum suscepisse adjutorem, cujus ope fultus ac ministerio ipse emeritae senectutis ocio potiretur. ADAM BREM., lib. 1 c. 50, ed. SCHMEIDLER, p. 50.

**adjutorium**: **1.** *aide, appui — help, assistance.* Mihi prestet solatium vel adjutorium. F. Turon., no. 23, *Form.*, p. 148. Ibi pluries. Presbiter paratus sit ad suscipiendum episcopum cum collectione et adjutorio populi. Concil. German. a. 742, c. 3, *Conc.*, II p. 3. [Chorepiscopus] in adjutorium illi [episcopo] confirmaretur. V. Rimberti, c. 21, *SS.*, II p. 774. **2.** spec.: *l'assistance matérielle* qu'un homme qui ne prend pas part personnellement à l'ost doit à son remplaçant — *material help* which one who does not attend the host in person owes to his substitute. Ut omnis liber homo, qui quatuor mansos ... habet, ipse se praeparet et per se in hostem

pergat ... Qui vero tres mansos ... habuerit, huic adjungatur qui unum mansum habeat et det illi adjutorium, ut ille pro ambobus [pergere] possit [etc.]. Capit. missor. de exerc. promov. a. 808, c. 1, I p. 137. De mediocribus liberis, qui non possunt per se hostem facere ... ut inter duos aut tres seu quatuor ... uni qui melior esse videtur adjutorium praebeant ad nostrum servicium faciendum. Capit. Olonn. a. 825, c. 1, I p. 329. Conjungantur duo vel tres ... qui ... cuncti adjutorium faciant. Capit. de exped. Corsic. a. 825, c. 3, I p. 325. **3.** Plus tard, cette assistance est devenue une *contribution* plus ou moins fixe en nature ou en argent. — Later this help has become a more or less fixed *contribution* in money or in kind. Adjutorium tempore obsidionis vel hostilitatis generalis 4 vel 5 hebdomadarum accipiet in potestatibus, id est de carruca 2 sol., de dimidia unum, de operario divite, non paupere, 3 den. MIRAEUS, *Opera*, I p. 659 (a. 1038, Artois). Si ... dux ad [regem] cum exercitu ierit, quantum mansionarius debet pro terra de censu in banno ducis posita, tantum de adjutorio dare eum oportebit. WAITZ, *Urk. z. dt. Verf.gesch.*, no. 12 (a. 1115-1123, Lorraine). Hostandicie dicuntur adjutorium quod faciunt dominis Romam cum rege in hostem pergentibus vasalli qui cum eis non vadunt ... *Constit.*, I no. 149 (a. 1154). Quando in hostem pergere debet minister, reddere debent unum caballum honestum, etiam et aliud adjutorium reddunt. P. C. PLANTA, *Verfassungsgesch. der Stadt Chur*, 1879, p. 521. [Abbas de rebus monasterii] nostrum servitium strenue peragat, adjunctis vasallorum annuis donis et aedificiis monasterii et munitione, consueto adjutorio. *D. Charles II le Chauve*, no. 177 (a. 855), p. 468, interpol., ut videtur.

**adjutus** (decl. iv): **aide, appui* — *help, assistance*.

**adjuvamen**: **aide, appui* — *help, assistance*.

**adjuvare.** Se adjuvare: *s'entretenir* — *to support oneself*. Hereditatem illam in beneficium, unde se adjuvare ac sustentare possent, acciperent. Concil. Turon. a. 813, c. 51, *Conc.*, II p. 293. MULLER-BOUMAN, *OB. Utrecht*, I no. 320 (a. 1126).

**adlatus** (genet. -eris): *aboutissant* — *adjacency*. Hec sunt adlateres [areae]: de una parte strata, de alio latere ... STENGEL, *UB. Fulda*, I no. 49 p. 83 (a. 754-768).

**adlegiare** (<lex): **1.** aliquem: *admettre* comme plaignant — *to admit* a person as a plaintiff. Preter dominum nemo sine testibus ... in ceteris accusacionibus allegiandus est. Leg. Henrici (a. 1114-1118), c. 63 § 2, LIEBERMANN, I p. 583. **2.** se adlegiare: *se purger* par épreuve judiciaire ou par serment — *to clear oneself* by ordeal or oath. Si dominus accusetur, quod ejus consilio fugerit, adlegiet se cum 5 tainis et ipse sit sextus. Leg. Cnut, lib. 2 c. 31 § 1, text. Quadripart., LIEBERMANN, p. 337 (cf. text. Instituta Cnuti: acceptis quinque similibus purget se). Et ibi saepe.

**adlibertare**: *relâcher* — *to set free*. In bonam convenientiam adlibertastis. *CD. Cajet.*, I p. 23 (a. 867).

**adlitare**: **1.** intrans.: *descendre à terre* — *to go ashore*. Cancellarius ... apud Cyprum adlitavit. ARNOLD., Chron. Slav., lib. 5 c. 26, ed. in us. schol., p. 198. **2.** figur.: *échouer* — *to fail*. **3.** transit.: *amarrer* — *to moor*.

**admallare,** amallare (<mallus): **1.** aliquem: *citer* en justice — *to summon* to appear in court. Si ille qui admallat ista omnia impleverit et qui admallatus est ad nullum placitum venire voluerit. Lex Sal., tit. 56. Item ib. tit. 50 § 3; tit. 51 § 1; tit. 52; tit. 53 § 1. De homicidium istud vos admallo, ut in mallo proximo veniatis. Capit. ad leg. Sal., c. 9, ed. BEHREND², p. 135. Jurare debit, quod eum ad strude legitima admallatum habet. Lex Ribuar., tit. 32 § 3. Nec homines eorum per mallobergiis nullus deberet admallare. *D. Karolin.*, I no. 66 (a. 772). Venet eos T. et M. et amallaverunt E. et V. de terra deveri. WARTMANN, *UB. S.-Gallen*, I no. 354 (a. 800-820). Quicumque admallatus [conjectura; codex unicus habet: ad mallum] fuerit et in veritatem testimonia non habuerit. Chilperici edict., c. 7, *Capit.*, I p. 9. Notitia qualiter veniens E. advocatus s. Dyonisii ante domnum et gloriosissimum regem Karolum in R. villa, visus est ibi interpellare sive admallare quendam hominem ex R. villa s. Dyonisii, nomine A., coram G. comite ... eo quod ... TARDIF, *Cartons*, no. 202 p. 130 col. 2 (a. 868). **2.** aliquid: *porter plainte au sujet de* qqch. — *to lay claim to* a thing. Porciones meas contra cujuslibet [i. e. quemlibet] hominem accidere [i. e. accedere ad judicium] vel admallare seu et liticare facias. F. Andecav., no. 1ᵃ, cf. 1ᵇ, *Form.*, p. 4. Omnes causas meas ad meam vicem prosequere et admallare facias. F. Turon., no. 45, *Form.*, p. 159. De rebus sancti illius investigare, inquirere, prosequi et admallare debeas. F. Senon. rec., no. 10, *Form.*, p. 216.

**admandare**: *commander* — *to order*. Jubente et admandante illo liberi et servi venirent, ut emunitatem invaderent. THÉVENIN, *Textes*, no. 96 (ca. a. 863, Vienne).

**admanire** (<germ. *manen*, cf. mannire): **1.** *convoquer en justice* — *to bring to court*. Si testes non potuerit admanire, ut ei testimonium praebeant. Lex Ribuar., tit. 60 § 1. **2.** *exiger* — *to dun*. Admanniat scyre presul emendam illam ad manum regis. Leg. Eadgar, lib. 3 c. 3, LIEBERMANN, I p. 201.

**admansare,** -asare, -asiare, amasare (<mansus): **1.** terram: *répartir en manses* — *to divide into manses*. S. xii. **2.** aliquem: *pourvoir d'un manse, caser* — *to provide with a manse*. Homo qui non colit terram suam, sed vivit de denariis et amasatus est in villa. FLACH, *Orig.*, I p. 404 n. (a. 1185, Franche-Comté). **3.** vinum, frumentum: *récolter* — *to reap*. S. xiii.

**admanuare**: *remettre* — *to hand*. Debent adjuvare domnum abbatem..., scilicet aquam ei ammanuando, mappulam prebendo ... Consuet. Fructuar. (s. xi), lib. 1 c. 46, ALBERS, *Consuet. monast.*, IV p. 57 l. 7. Item ib. lib. 2 c. 8, p. 143 l. 18.

**admensurare**: *mesurer, allotir* — *to measure out, to allot*. [Villae] cum appenditiis earum, sicut admensuratae sunt. *D. Karolin.*, I no. 97 (a. 775).

**admerciamentum,** amer-: *amende à discrétion* — *amercement*. S. xiii, Angl.

**admerciare,** amer- (<angl. mercy): *punir*



*d'une amende discrétionnaire* — *to punish* a person *by an amercement*. Liber homo non amercietur pro parvo delicto, nisi secundum modum ipsius delicti. Magna Charta, c. 20, STUBBS, *Sel. ch.* ⁹, p. 295.

**adminicula**: *servante* — *maid-servant*. FORTUN., V. Radeg., lib. 1 c. 19, *Scr. rer. Merov.*, II p. 370.

**adminiculator**: *aumônier du pape* — *papal almoner*. LIUDPR CREMON., Hist. Ottonis, c. 9, ed. BECKER p. 166.

**adminiculum**: *preuve justificative* — *corroborative evidence*. S. xiii.

**adminiculus**: *serviteur domestique* — *manservant*. V. Fidolfi abb. Trecens., c. 12, *Scr. rer. Merov.*, III p. 431. V. Austregisili, ib., IV p. 196.

**administrare**: *gérer* — *to manage*. Liceat abbati res monasterii administrare suoque arbitrio ordinare. *D. Karolin.*, I no. 275 (< a. 806>, spur. s. xi). [Res ecclesiasticas] fideliter administraverunt. Concil. Paris. a. 829, c. 18, *Conc.*, II p. 624.

**administratio**: **1.** *régie* — *management*. In [ecclesia] et administrationis locum et praedicationis officium indignus exercui. Concil. Carisiac. a. 838, *Conc.*, II p. 770. **2.** *exercice de pouvoirs* — *exercise of power*. De mala amministratione magistrorum civium populus Coloniensis multipliciter est conquestus. KEUTGEN, *Urk. städt. Verf.gesch.*, p. 167 (a. 1258). **3.** *gouvernement* — *government*. Tales comites ... [rex] constituere debet, qui ... suam administrationem peragant. HINCMAR., Ordo pal., c. 10, *Capit.*, II p. 521. **4.** *fonction* — *office*. Amirae administratione fungitur mensibus novem. ANAST. BIBL., Chronogr., ed. DE BOOR, p. 228. **5.** *règne* — *reign*. Anglie proceres nec etiam mutire tota ejus [sc. Heinrici I regis] administratione presumpserunt. SUGER., V. Ludov. Cr., c. 16, ed. WAQUET, p. 102. **6.** *circonscription judiciaire* inférieure — inferior *judicial district*. Terram sitam in castellaria Gandensi, in administratione de Hasnethe. VERCAUTEREN, *Actes de Flandre*, no. 95 (a. 1120).

**administrator**: *fonctionnaire* — *public officer*. [Res] reipublice administratoribus jure beneficiale concesse [sunt]. D. Lotharii II a. 856, DUVIVIER, *Rech. Hainaut*, no. 14 bis, p. 303.

**administratorius**: **serviable, officieux* — *ministering, serviceable*.

**adminuere,** ami-, transit.: **1.** **diminuer* — *to diminish*. **2.** *porter atteinte à* qqch. — *to damage*. Aliquid tollere aut contrare vel amminuare. *CD. Cavens.*, II p. 137 (a. 979).

**admiralus,** -rallus, -raldus, -randus, -radus, -ratus, v. amiralus.

**admissarius** (subst.) (cf. emissarius): *étalon* — *stallion*. Lex Sal., tit. 38 § 2 sqq. Lex Ribuar., tit. 18 § 1. Capit. Mantuan. a. 781, c. 7, I p. 190.

**admodiare,** amo- (<modius): *donner à bail à ferme* — *to lease on a fixed rent*. Licentiam ... dedi decimas a me admodiatas redimendi. MIRAEUS, III p. 91 col. 2 (a. 1231, Bois-le-Duc).

**admodiatio,** amo-: *bail à ferme* — *lease on a fixed rent*. S. xiii. Cf. G. JANNIAUX, *Essai sur l' admodiation dans l'ancienne Bourgogne*, Dijon 1906.

**admonere**: **1.** *prêcher* — *to preach*. Omni instantia ammonete eos de dilectione Dei et proximi, de fide et spe in Deo, de humilitate et patientia, de castitate et continentia ... Admon. gener. Karoli M. a. 789, c. 82, *Capit.*, I p. 62. **2.** *requérir* l'accomplissement d'un acte obligatoire — *to require* the performance of an obligatory act. Si in quolibet crimine servus conprehenditur, dominus ipsius ... ab eo qui repetit admoneri debet ut servum suum justis debeat suppliciis dare. Lex Sal., tit. 40 § 6. Etiam § 10. Ad hoc admonitus [sc. ad persequendum latronem] si neglexerit. Decr. Chloth., c. 9, *Capit.*, I p. 5. Similiter c. 17, p. 7. Si ... servus ... de crimine habetur suspectus, ... si servus ante admonitum dominum defuerit, capitale dominus restituat. Ib. c. 12, p. 6. [Debitor] ter admonitus coram testibus. Lex Burgund., tit. 19 § 5. Qui pontes emendare debent ex nostra [sc. imperatoris] jussione admonere. Capit. per se scrib. a. 818/819, c. 8, I p. 288. **3.** *citer* en justice — *to summon to appear* in court. Qui admonetur et venire contempserit. F. extrav., sect. 1 no. 3a, *Form.*, p. 535. Judex aut per epistola aut proprio ore admoneat gasindio nostro, ut judicet ipse. Edict. Langob., Ratchis, c. 14 (a. 748). **4.** *semoncer* — *to demand a verdict* from a court. Placuit comites et judices per sacramentum regale admonere, ut ... pronuntiarent ... Inquis. regalium in Bawaria a. 1027, *Constit.*, I no. 439. Ammonitus per oboedientiam super hoc facto judicii sententiam edicat. ANSELM., G. episc. Leodiens., c. 58, *SS.*, VII p. 224 l. 19. Ab ejusdem scabinis loci ... et universa familia cum fidelitate admonendo, quid a singulorum locorum navibus ... thelonei ... solveretur, diligentissime exquisivit. D. Heinr. IV. a. 1104, HÖHLBAUM, *Hansisches UB.*, I no. 5. **5.** *indiquer* — *to tell*. Ad quam partem tendere deberet, admonuit. PAUL. DIAC., Hist. Langob., lib. 4 c. 37, ed. WAITZ, p. 166.

**admonitio**: **1.** **sermon* — *sermon*. Sedula ammonitione populum Dei ad pascua vitae aeternae ducere studeatis. Admon. gener. Karoli M. a. 789, praef., *Capit.*, I p. 53. **2.** *sommation pour requérir* l'accomplissement d'un acte obligatoire — *summons to require* the performance of an obligatory act. Ad domum illius [debitoris] ... ambulare debet [creditor] et rogare sibi debitum solvere ... Per singulas admonitiones ... terni solidi super debitum adcrescant. Lex Sal., tit. 50 § 2. Similiter tit. 52. [Debitor] ter admonitus ... vel post admonitionem pigneratus. Lex Burgund., tit. 19 § 5. **3.** *injonction* à accomplir un devoir d'ordre public — *order* to perform a public duty. Juxta comitis ordinationem atque admonitionem explorationes et excubias facere non negligant. Ludov. Pii constit. de Hisp. a. 815, c. 1, *Capit.*, I p. 261. Omnes burgenses totius villae Bitterrensis ... in expeditione eum sequantur ad admonitionem episcopi per se vel per suum nuntium factam. *Hist. de Languedoc*³, V col. 976. **4.** *citation* en justice — *summons* to appear in court. Si post unam et alteram comitis admonitionem aliquis ad mallum venire noluerit. Capit. legib. add. a. 818/819, c. 12, I p. 284. Ex judicum admonitione. *Memorie di Milano*, I p. 454 (a. 865). Ammonitionem

eis fecistis, ut hodie ad vestrum placitum ... venirent. *D. Heinr. III.*, no. 108 (a. 1043).

**admonitorius**: *citatoire — of summons.* Litterae admonitoriae. Contin. III ad PAULI DIACONI Hist. Langob., *Scr. rer. Langob.*, p. 210. Subst. femin. plural. **admonitoriae:** *lettre citatoire — letter of summons.* Ego judex has admonitorias tibi delego, quatenus in judicio praesentiam tui facias. F. extrav., sect. 1 no. 7, *Form.*, p. 537. Subst. neutr. **admonitorium**: **rappel — reminder.*

**admontare**: *remonter* un fleuve — *to sail up* a river. Admontante per fluvio. MURATORI, *Antiq.*, VI p. 65 E. (a. 962).

**admortificare**: *faire passer* des biens-fonds *dans la main morte — to bring* real property *in dead hand.* S. xiii.

**admortizare**: idem quod admortificare. S. xiii.

**adnepos**: **fils d'arrière-petit-fils — son of great-grandson.*

**adneptis**: **fille d'arrière-petit-fils — daughter of great-grandson.*

**adobare** (germ. „donner un coup — to knock"): *adouber*, faire chevalier — *to dub*, to make a knight. S. xiv.

**adoha**, v. adhoa.

**adoptare**: **1.** *adopter en parrainage — to adopt in sponsorship.* Homo quidam alterius filium de sacri baptismatis fonte elevans adoptavit sibi in filium. BONIF.-LULL., epist. 33, *Epp.*, III p. 284. [Haraldum Danorum regem] sacro baptismate perfusum ipse [Ludovicus Pius] de sacro fonte suscepit sibique in filium adoptavit. RIMBERT., V. Anskarii, c. 7, ed. WAITZ, p. 26. **2.** *recevoir* en vassalité — *to accept* as a vassal. Omnes, qui erant in Saxonia ... clari et magnifici viri, adoptaret in milites. ADAM BREMENS., lib. 3 c. 36, ed. SCHMEIDLER, p. 179. Archipresul ... dicitur Herimannum comitem adoptasse in militem. Ib. c. 43, p. 186. **3.** cum infin.: *souhaiter — to wish.* Melius ... mori te adopta, quam tantis contumeliis adflictus vivendi studium conaberis. V. Haimhrammi episc. Ratisb., c. 19, rec. A, *Scr. rer. Merov.*, IV p. 491. Commorare minime debeas, sed fugire magis adoptas. Ib., c. 38, p. 514. **4.** aliquid: *viser à* un but — *to aim at* a purpose. Per insidias necem fratris dicebatur adoptare. RAHEWIN., G. Friderici, lib. 3 c. 13, ed. WAITZ-SIMSON p. 181.

**adopticius**: *adoptif — adoptive.* Adopticius filius imperatoris. *D. Karls III. d. Dick.*, no. 145 (a. 886).

**adoptio**: *parrainage — sponsorship.* Neptem quam sibi progenies, sed fecit adoptio natam. V. Gebehardi archiep. Salisburg., *SS.*, XI p. 28, v. 51.

**adorare**: *saluer avec déférence* une personne (non déifiée) — *to salute* a person *deferentially* (even without the idea of deification). [Mulierem] legati videntis [= -es], proni in terram adoraverunt. FREDEG., lib. 4 c. 9, *Scr. rer. Merov.*, II, p. 126. Ne ulterius adores Andream. [Post alia:] In crastinum ... ingresso Andrea non ei assurrexit ut heri. ANAST. BIBL., Chronogr., ed. DE BOOR, p. 220. Justinus augustus adoravit beatum Johannem [papam]. Lib. pontif., Joh. I, ed. MOMMSEN, p. 134. Item. ib., Agap. I, p. 143. Cum a transeuntibus adoraretur [vir Dei]. V. Leutfredi abb. Madriac. (s. ix), c. 19, MABILLON, *Acta*, III pars 1 p. 589.

**adoratio**: **salutation déférentielle — deferential salutation.*

**adpratare**: *transformer* une terre *en pré — to turn* an area *into a hayfield.* Est ibi pratus [i. e. pratum] ... et potest in illo loco appradare alium tantum. DÉLÉAGE, *Vie rur. en Bourg.*, II p. 1214 (a. 878-938). Monachi pastitia sua ... adpratassent. FLACH, *Orig.*, I p. 235 (s. xi, Anjou).

**adpraesentare**: **1.** aliquid: *produire* un document — *to produce* a document. Advocatus suam notitiam ante nos legibus optulit vel adpresentavit ad relegendum. *D. Karolin.*, I no. 138 (a. 781). **2.** aliquem: *amener* devant une autorité judiciaire — *to present* before a judicial authority. Fideles abbatis si possint adquirant [i. e. captivum faciant, sc. reum homicidii] et ad poenam presentibus nunciis abbatum adpresentent. Decr. Heinr. II imp. a. 1024, *Const.*, I no. 36, c. 9. **3.** se adpresentare: *comparaître* en justice — *to appear* in court. Infra noctis 42 ante nos sibi [i. e. se] adpresentare debuisset pro aliquas causas. *D. Karolin.*, I no. 216 (a. 812). Cum nemo se ibi adpresentasset. *D. Konr. II.*, no. 258 (a. 1038).

**adpraestire**: *concéder* un bénéfice *en „prestaria" — to confer* a benefice *by way of „prestaria".* Benivolentiam [= -ae] vestram [= -ae] habuit pietas adprestitum beneficium tam mihi quam infantibus meis. GYSSELING-KOCH, *Dipl. Belg.*, no. 22 (a. 806, S.-Bertin). Suprascribtas res mihi usualiter adpresto [leg. adprestito?] beneficio vestro prestare promisistis. Ib., no. 21 (a. 800, S.-Bertin).

**adpretiare,** v. app-.

**adprisio,** v. aprisio.

**adprope** (praepos.): *près de — near.* BEYER, *UB. Mittelrh.*, I no. 13 p. 16 (a. 762-804, Prüm).

**adramire,** v. adchramire.

**adratiocinari**: *citer en justice — to summon.* Ut secum de negotio patris Godefridum adratiocinarentur, eos conduxit. Cantat. s. Huberti, c. 23, ed. HANQUET, p. 64.

**adresciare,** adressare, v. addretiare.

**adripare,** -vare (cf. francogall. arriver): *atterrir — to land.* Theloneum de navibus ab Ytalia venientibus, que ad eandem ecclesiam arripare videntur. D. Ludov. Pii imp. a. 822, GUÉRARD, *Cart. de S.-Victor de Mars.*, I no. 11 p. 12. Cum navibus adripantibus aut ibidem commanentibus. D. Zwentib. reg. a. 896, MULLER-BOUMAN, *OB. Utrecht*, I no. 88.

**adrumare**: *faire connaître — to report.* Antequam Legiam pervenisset, adrumatur ei ducem rediisse. G. pont. Camerac., lib. 3 c. 19, *SS.*, VII p. 471 l. 43.

**adsalire,** ass-, -allire: *assaillir — to assail.* Si quis hominem migrante[m] adsalierit ... Si quis villa[m] aliena[m] adsalierit ... Lex Sal., tit. 14, § 5 sq. Si quis adsallitur homo ... et fuerit interfectus. Capit. ad leg. Sal. I, c. 9, ed. BEHREND$^{2}$, p. 135. Vos eum in via adsallisetis. MARCULF., lib. 1 no. 29, *Form.*, p. 60. Ibi saepe. [Itinerantes] nemo sit ausus adsalire. Capit. Herist. a. 779, c. 17, I p. 51. Si quislibet ejus inimicus eum adsalierit. Liber Papiensis, ad Ed. Rothari tit. 7, *LL.*, IV p. 294. Furibundo occursu eundem assallit. V. Menelei abb. Menatens. (s. x/xi), lib. 2 c. 7, *Scr. rer. Merov.*, V p. 152. Si quis hominem



assallire presumpserit. Treuga Dei Lombard. (ca. a. 1040/1050), *Const.*, I no. 420, c. 2. Si capitanei vel ... valvassores ... scientes seniores assalierint ..., beneficio carere debent. Libri feudor., antiq., tit. 6 c. 5, ed. LEHMANN, p. 101. Ibi pluries. Ne aliquis aliquem hominem assaliret pro morte alicujus sui parentis. ROBERT. DE TORINN., Chron., a. 1075, *SS.*, VI p. 479. Leg. Aelfred c. 42 § 139, text. Quadripart., LIEBERMANN, p. 75 sq. Leg. Henrici, c. 87 § 6, ib. p. 602. Qui aliquem assiluerit in domo sua. Lex Atrebat. (ca. a. 1180?) c. 2, ESPINAS, *Rec. d'Artois*, no. 107.

**adsalitura,** -salt-: *agression, violence — assault.* Qui incendia et voluntaria homicidia et adsalituras in domos faciunt. Capit. missor. Silvan. a. 853, c. 3, II p. 272.

**adsaltare**: *assaillir — to assail.* S. xiii.

**adsaltus** (decl. iv), as-, ab-, -sultus: **1.** *acte de violence, agression — assault.* Cum in adsultu gladii eum non potuisset attingere. GREGOR. TURON., Virt. Julian., c. 5, *Scr. rer. Merov.*, I p. 567. Adsaltum ... supra aliquem eorum locum ... non faciat. *D. Ott. III.*, no. 100 (a. 992). [Cives Cremonenses] super [episcopum] seniorem suum et monachos et clericos suos ... assaltum faciant. *D. Konr. II.*, no. 251 (a. 1037). PETR. DIAC., Chron. Casinense, lib. 4 c. 105, *SS.*, VII p. 817 l. 31. Municipium assultu opprimitur. G. pontif. Camerac., contin., c. 19, *SS.*, VII p. 495. Predas et assultus nemo faciat. Pax Dei Colon. a. 1083, *Constit.*, I no. 424, c. 2. Qui per scabinos protactus fuerit de assultu domus. Priv. Phil. II Aug. pro Atrebat. a. 1194, ESPINAS, *Rec. Artois*, no. 108, c. 17. Leg. Edwardi Conf., c. 12 § 1, § 7, LIEBERMANN, p. 638 sq. **2.** *justice criminelle concernant les actes de violence — criminal justice concerning cases of assault.* Fodrum et albergariam et districtum, collectas, bannum, placitum, assaltum et cetera quae regii juris sunt. D. Conr. III a. 1151 ap. DC.-F., I p. 93 col. 1.

**adscire**: *attribuer* à un autre (non à soi-même) — *to grant, to assign* to another person. Congregationi regulam adscivi. *D. Merov.*, no. 7 (a. 584-587).

**adsedere**: *fixer sa demeure — to settle.* Si ... in villa ipsa adsedere praesumpserit. Lex Sal., tit. 45 § 2.

**adstare**: **1.** *ester en justice — to appear in court.* Ut kalendas illas ex hoc in nostri presentia debuissent adstare causantes. MARCULF., lib. 1 no. 37, *Form.*, p. 67. Apud te in rationes publicas Turonus civitatem adsteti de aliqua locella, quae mihi ... sunt debita. F. Turon., no. 29, ib. p. 153. Ut ad crucem ad judicium Dei pro ipsa terra in ipsa placita pro hoc deberent adstare. F. Sal. Bignon., no. 13, ib. p. 233. Dum exinde in nostri presencia in racionis adstabant. *D. Merov.*, no. 66 (a. 693). Ipsi Legitemus in presente adistabat. *D. Arnulfing.*, no. 22 (a. 750). Gislemarus in presenti astabat. *D. Karolin.*, I no. 1 (a. 752). Ibi saepe. Die nominata ante nos verbis abbatis astaret Parisius respondere. D. Henrici I reg. Fr. a. 1043, TARDIF, *Cartons*, no. 268 p. 167 col. 2. **2.** *habiter — to reside.* Jure libertatis omni careant servitute, postquam ibi adstabunt. ALART, *Cart. Roussillonnais*, p. 36 (a. 1095).

**adstudere**: *s'appliquer à* faire qqch. — *to apply, to exert oneself.* Laudabilis vitae sanctitatem ducere adstuduit. G. pontif. Camerac., lib. 2 c. 35, *SS.*, VII p. 463 l. 24.

**adtenere** (mot de composition nouvelle, à distinguer du mot „attinere" — a newly formed word, not to be identified with „attinere"): *maintenir, conserver — to maintain, to keep.* Fidelitatem, sicut tibi promisi, adteneam quamdiu tuus fuero et tua bona tenuero. G. pontif. Camerac., lib. 3 c. 40, *SS.*, VII p. 481.

**adterminare**: *attribuer* une dîme *à la circonscription paroissiale* d'une église — *to assign* a tithe *to the parish* of a church (cf. s. v. terminus). [Cum] nostri sit juris et pontificalis officii ... ea que antiquitus nulli prespiterio subjecta vel adterminata fuerint, dandi vel adterminandi quo voluntas nostra decreverit, decimationem de prefato predio ... ad ... altare dedimus. BEYER, *UB. Mittelrh.*, I no. 375, p. 433 (a. 1075). Decimam circajacentium terrarum ... eidem ecclesie atterminavit. STIMMING, *Mainzer UB.*, I no. 318 p. 206 (a. 1067). Item no. 306 p. 196 (a. 1063).

**adulter**: **1.** **faux, feint — spurious, faked.* **2.** *illégitime — unlawful.* Spopondit ... throni eum adulterum successorem futurum. ANAST. BIBL., Chronogr., ed. DE BOOR, p. 264.

**adulterare**: **1.** *falsifier, frelater — to fake, to adulterate.* Solidos, aurem. Lex Visig., Recc., lib. 7 tit. 6 § 2 sq. Clavem. Lex Sal., tit. 11 § 5. Panem, mensuram. Karoli Calvi Edict. Pistense, c. 20, *Capit.*, II p. 318 sq. Argentum, aurum. Ib., c. 23, p. 320. Monetam. KEUTGEN, *Urk. z. städt. Verf.gesch.*, no. 147 (Cologne a. 1258). **2.** adulterare et adulterari (depon.): *débaucher, violer — to debauch, to ravish.*

**adulterinus** (adj.): **1.** *falsifié — faked, adulterated.* Qui [autoritatibus regiis] signum adulterinum sculpserint vel inpresserint. Lex Visigot., Recc., lib. 7 tit. 5 § 1. Solidum aureum ... si adulterinus non fuerit. Ib., tit. 6 § 5. Novam monetam tamquam falsam et adulterinam refutari faciatis. *Const.*, I no. 155 (a. 1155). **2.** *illégitime — unlawful.* Arrogantia [Gregorii VII] regem adulterinum [Rodulfum] extollentis. Cod. Udalr., no. 62, JAFFÉ, *Bibl.*, V p. 130. Adulterinus comes. GALBERT., c. 56, ed. PIRENNE, p. 90. Adulterina castella destrueret. GUIBERT. NOVIG., De vita sua, lib. 3 c. 14, ed. BOURGIN, p. 203. Subversis adulterinis castellis. SUGER., V. Ludov. Cr., c. 24, ed. WAQUET, p. 178. Adulterina passim municipia condebantur. ORDER. VITAL., lib. 8 c. 4, ed. LEPRÉVOST, III p. 290.

**adulterium**: **1.** toute *union sexuelle non-conjugale* — any *non-matrimonial intercourse.* Si filiam in adulterium pater in domo sua occiderit. Lex Visigot. Recc., lib. 3 tit. 4 § 5. **2.** (sens général — general sense): *luxure, débauche, acte immoral — fornication, immoral act, profligacy.* Nullum de eo adulterium quispiam est locutus. GREGOR. TURON., Hist. Franc., lib. 9 c. 37.

**adumbrare**: **1.** *mettre à l'abri, confirmer — to safeguard, to confirm.* Privilegium per auctoritatem nostram adumbratum fuisse dinoscitur. MARCULF., lib. 1 no. 35, *Form.*, p. 65. Item *D. Karolin.*, I no. 11 (a. 758). Manus nostre signaculis decrevimus adumbrare. Ib., no. 3 (a. 752). **2.** *dissimuler — to conceal.*

Non advertens callidissimi hominis dolum verborum coloribus adumbratum. HELMOLD., lib. 1 c. 14, ed. SCHMEIDLER, p. 28.

**adunare**: 1. personas: _*réunir — to bring together._ 2. _joindre_ dans une communauté — _to unite._ Si duo aut tres ... homicidium penetraverint [leg. perpe-], et voluerint se adunare, ut in unum componant. Edict. Rothari, c. 12. Item ib. c. 263. Monachos ibidem sub regula adunassent. _D. Merov._, no. 42 (a. 664). Ita saepissime. 3. res: _rassembler — to put together._ Res s. Wicberti de monasterio H. adunatas habemus. _D. Ludw. III. d. Jüng._, no. 23 (a. 882). Sextaria 8 adunata. FATTESCHI, _Memorie di Spoleto_, p. 298 (a. 900). Adunaret pecia de terra. _CD. Cavens._, I p. 239 (a. 954). 4. (intrans.): _se réunir — to unite._ Familia Christi, que ibidem in Dei nomine adunare desiderant. _D. Merov._, no. 95 (a. 727).

**adunatio**: 1. _*unification — unification._ 2. _réunion — meeting._ Pro adunatione facienda sanctarum Dei ecclesiarum. Lib. pontif., Agatho, ed. MOMMSEN, p. 193. CASSIOD., Var., lib. 8 c. 8 § 1. 3. _association — union._ Ut nullus homo per sacramentum ... adunationem faciat. Const. Olenn. a. 823, c. 4, _Capit._, I p. 318. 4. _congrégation — congregation._ Tam ego [episcopus] quam omnis adunatio sancti illius. F. Marculfi aevi Karol., no. 21, _Form._, p. 122.

**aduncare**: 1. _*plier, courber — to bend, to curve._ 2. depon. aduncari: _capturer — to capture._ Rex ... multos milites cepit; inter quos etiam senescallum ... aduncatus est. ROBERT. DE TORINN., Chron., a. 1168, _SS._, VI p. 517 l. 48.

**adustio**: _incendie criminelle — arson._ Soli abbati de omnibus forefactis respondeant excepto raptu mulierum et adustione domorum. VERCAUTEREN, _Actes de Flandre_, no. 99 (a. 1120).

**advena**: _hôte_ (dans une ville) — _foreigner_ (in a city). S. xii.

**advenamentum**: idem quod advenantum. S. xiii.

**advenantare**: _assigner_ à un feudataire _le fief minimum — to assign_ to a feudatory _the minimum fief._ S. xiii.

**advenantia**: idem quod advenantum. S. xiii.

**advenantum**, ave- (cf. frg. _avenant_): 1. _la portion du fief qui détermine les obligations du feudataire — the portion of a fief on which the amount of the feudatory's obligations depends._ S. xiii. 2. _acompte — instalment of debt._ S. xiii.

**advenire**: 1. intrans.: _passer par voie d'héritage_ à qq'un — _to pass by inheritance_ into a person's hands. Quicquid mihi in ipsa villa jure paterno advenit. LACOMBLET, _UB. Niederrh._, I no. 39 (a. 820, Werden). 2. transit.: _visiter — to go to see._ Adelbertus regem advenisse nuntiatur. LIUDPR. CREMON., Antapod., lib. 2 c. 6, ed. BECKER, p. 40. 3. _trouver — to find._ Ubicunque congruum locum advenirent. _D. Merov._, no. 39 (a. 662).

**adventagium**, v. avantagium.

**adventare**: _arriver — to arrive._ Langobardorum gens ... ab insula quae Scandinavia dicitur adventavit. PAUL. DIAC., _Hist. Langob._, lib. 1 c. 1, ed. WAITZ, p. 53. Fertur ... Italiam adventasse. LIUDPR. CREMON., Antapod., lib. 2 c. 45, ed. BECKER, p. 57. Post hos imperator adventavit. BURCHARD. URSPERG., Chron., a. 1158, ed. HOLDER EGGER-VON SIMSON, p. 28. Ibi saepe.

**adventicius** (subst.): 1. _étranger, immigrant — alien, immigrant._ De adventiciis: ut, cum missi nostri ad placitum nostrum venerint, habeant descriptum quanti adventicii sunt in eorum missatico ... _Capit._, I p. 157 c. 4 (a. 803-813). 2. _hôte_ (dans une ville) — _foreigner_ (in a city). Adventicios, in quo per annum et diem Gebennis moram fecerint, solius episcopi esse. SPON, III p. 6 (a. 1124, Genève). KEUTGEN, _Urk. städt. Verf.gesch._, no. 147 (a. 1258, Cologne).

**adventura**, aventura: 1. _joute — jousting._ S. xiii. 2. plural. adventurae: _épaves — lost or wrecked goods._ S. xiii. 3. _bénéfices fortuits_ de nature féodale — _occasional profits_ of a feudal character. S. xiii. 4. _profits de justice casuels — casual judiciary profits._ S. xiii.

**adventus** (decl. iv): 1. _*avent — advent._ 2. _profit casuel — casual profit._ S. xiii.

**adverare**, averare (<verus): 1. _avérer, faire valoir_ un document _comme authentique — to vindicate_ a document _as being authentic._ Quod ipsa[m] carta[m] adverare non potebant, sed falsa in omnibus aderat. DE MONSABERT, _Ch. de Nouaillé_, no. 10 p. 18 (a. 815). Ad ... ipsa[m] carta[m] adverandum. THÉVENIN, _Textes_, no. 102 (a. 870, Vienne). 2. _taxer_ d'office — _to estimate_ officially (cf. frg. _avarie_; angl. _avery_). S. xiv.

**adversarius**: _*le diable — the devil._

**adversitas**: 1. _inimitié — enmity._ 2. _adversité — adversity._

**advertentia**: _attention — attention._

**advestitus** (subst.): _investit, recteur_ d'une église — _rector_ of a church. DC.-F., I p. 99 col. 2 (ch. a. 1143, Laon).

**advinare**: _cultiver en vigne — to turn into a vineyard._ Convenit de ipsas terras ... ut ipsi ... ibidem plantare et advinare et insertare debeant. GUÉRARD, _Cart. de S.-Victor de Mars._, I no. 163 p. 191 (a. 817). Ipsi laboratores ipsas vineas ... plantare vitis ... studuerint; cum bene avineatas [= -tae] fuerint ... Ib., no. 174 p. 205 (a. 1001).

**advisamentum**, avi-: _délibération, réflexion — deliberation, consideration._ S. xiv.

**advisare**, avi-: _délibérer, réfléchir — to deliberate, to think over._ S. xiv.

**advocare**: 1. aliquid: _réclamer, soutenir, réclamer la garantie de_ qqch., _justifier — to claim, to allege, to claim to be warranted, to justify._ Si captale intercietur furtivum, et ille super quem intercietur advocet inde ... Leg. Ine, c. 75, text. Quadripart., LIEBERMANN, I p. 123. Si quis deprehendat quod amisit, advocet inde cum quo deprehenditur, unde venerit ei. Leg. II Aethelred, c. 8, text. Quadripart., ib. p. 224. Pluries in legibus anglosax. 2. _se déclarer garant pour_ qqch., _confirmer — to vouch to warranty, to confirm._ Angl., s. xii. 3. aliquem: _invoquer comme avoué — to invoke as_ one's _advocate._ Episcopus et successores sui nos et successores nostros comites Flandriae ..., si indiguerint auxilio, advocabunt nec alium dominum secularem poterunt advocare. DC.-F., I p. 104 col. 1 (ch. a. 1250, Flandre). 4. _reconnaître la suzeraineté_ d'un seigneur sur un fief — _to recognize the suzerainty of_ a lord from whom one holds a fief. Si uterque advocaverit de



feudo illo eundem episcopum vel baronem. Const. Clarend. a. 1164 c. 9, STUBBS, _Sel. ch._⁹ p. 156. 5. aliquid: _tenir_ un bien-fonds _en fief_ d'un seigneur — _to hold_ an estate _as a fief_ under a lord's suzerainty. S. xiii. 6. aliquem: _tenir en tutelle — to keep in tutelage._ Si vir ipsum in domo sua susceperit, nutrierit et advocaverit ut filium suum. FLETA, lib. 1, c. 15, § 4. 7. (intrans.): _ester_ en justice _comme avoué — to act as_ a person's _attorney._ Clericus beneficiatus non advocet contra ecclesiam pro laico. Concil. Terracon. (ca. a. 1330), MARTÈNE, _Thesaurus anecd._, IV col. 321. 8. (intrans.): _être un avoué ecclésiastique — to be an ecclesiastical advocate._ Advocatum ... super eundem locum, ipso advocante Arbone ac placitante usque in finem vite sue, constituendum habeant fas. _D. Ott. III._, no. 318 (a. 999). Advocandi jus. HEINEMANN, _CD. Anhaltin._, I no. 148, p. 119 (ca. a. 1073).

**advocaria**, avoeria: 1. _avouerie ecclésiastique — advowry._ Res fratrum quas G. propter advocariam olim tenuerat. _Gall. chr._², XIV instr. col. 53 C. no. 37 (a. 890, Le Mans). 2. _garantie — warranty._ S. xiii.

**advocarius**: _avoué, plaideur — attorney._ GUÉRARD, _Cart. S.-Victor de Marseille_, I no. 27 (ca. a. 1020).

**advocata**: _une femme investie d'une avouerie ecclésiastique — a woman who has been invested with an advowry._ _Mon. Boica_, t. 12, p. 15 (a. 1104); t. 15, p. 258 (a. 1134).

**advocatia**: 1. _avouerie ecclésiastique_, la fonction d'avoué ainsi que l'ensemble des droits et des pouvoirs y attachés — _ecclesiastical advowry_, the office of an advocate as well as the whole of his rights and powers. BEYER, _UB. Mittelrh._, I no. 390 p. 447 (a. 1096). Ib., no. 465, p. 524 (a. 1129). LAPPENBERG, _Hamburg. UB._, I no. 155 p. 143 (a. 1132-1137). BÖHMER, _Acta_, no. 80 p. 74 (a. 1134). Advocatiam villae ... comiti A. reddidi. D. Heinr. IV imp. a. 1101, MIRAEUS, I p. 368. Abbatiam ... tamquam unam de abbatiis terre nostre in propria advocatia retinuimus. VERCAUTEREN, _Actes de Flandre_, I no. 55 (a. 1112). Erat B. cum appendicibus villis sub advocatia ejus. GUIBERT. NOVIG., De vita sua, lib. 3 c. 5, ed. BOURGIN, p. 147. In plurali: Abbas ejusdemque successores advocatias habeant quibus velint dandi ... potestatem. _D. Ott. I._, no. 391 (a. 970; an authenticum ?) Advocatias aliquantarum villarum quasi pro defensione presumpsit. G. pontif. Camerac., lib. 1 c. 99, _SS._ VII p. 442 l. 20. Nullum abbatias praeter imperatorem aut episcopum largiri cuiquam fas est, quamvis advocatiae earum laicis commendantur. Ib., lib. 3 c. 6, p. 468 l. 29. 2. _l'autorité du roi_ sur les églises royales — _the king's power_ regarding royal churches. Locus sub mundiburdio et advocatia antecessorum nostrorum semper constitutus erat. _D. Ott. I._, no. 391 (a. 970; spurium ?). 3. _territoire où s'exerce l'autorité d'un avoué ecclésiastique — area under an ecclesiastical advocate's jurisdiction._ In pago O. in advocatia H. comitis. ERHARD, _Reg. Westfal._, I CD no. 170 p. 133 (a. 1100). [Advocatus] ... nisi ab abbate vel ab aliquo, qui ad eandem advocatiam pertinet, vocatus, [non] veniat. _D. Heinrichs IV._, no. 489 (a. 1105). Infra advocatiam suam. D. Heinr. IV imp., BEYER, _UB. Mittelrh._, I no. 406 p. 464 (ca. a. 1103). Advocatus ... 4 jumenta in advocatia ... accipiat. WARNKOENIG, _Flandr. Staats- u. Rechtsg._, III, pars 1 p. 26. Quicumque advocatiam suam vel aliquod alium beneficium enormiter tractaverit. Libri feudor., vulg., lib. 2 tit. 27 § 17, ed. LEHMANN, p. 157. 4. _une redevance_ due à l'avoué ecclésiastique — _a contribution_ owing to an ecclesiastical advocate. [Debebit famula altaris] neque placitum neque vademonium neque servitium nec advocatiam. FLACH, _Orig._, I p. 457 n. 2 (a. 1009, Hainaut). 5. _tutelle_ d'un mineur — _tutelage_ of a minor. S. xii. 6. _garantie — warranty._ S. xii, Angl. 7. gener.: _appui, protection — support, protection._ Abbatis advocatiam imploravit. G. pontif. Camerac., lib. 1 c. 10, _SS._, VII p. 407.

**advocatialis** (adj.): _d'un avoué ecclésiastique — of an ecclesiastical advocate._ Homo advocatialis: homme soumis à l'autorité d'un avoué — a person in subservience to an advocate. S. xiii. Subst.: homme soumis à l'autorité d'un avoué — a person in subservience to an advocate. S. xiii.

**advocaticius** (adj.): 1. _relatif à un avoué ecclésiastique — concerning an ecclesiastical advocate._ Ab omni advocatitio jure liberi. SCHANNAT, _Vindemiae_, I no. 18 p. 63 (a. 1104, Würzburg). [Censuales] velut a jure advocaticio sibi subigere ... conatus est. _Monum. Boica_, t. 37, p. 38. Prediis rusticorum placiti advocaticii obnoxiis. LACOMBLET, _UB. Niederrh._, I no. 312 p. 206 (a. 1131). _Wirttemb. UB._, I no. 266 p. 337 (a. 1105). 2. _soumis à l'autorité d'un avoué — subservient to an ecclesiastical advocate._ Hominem quem asserat suum proprium esse vel advocaticium. Pax Franciae Rhenensis a. 1179, c. 15, _Const._ I no. 277. Homines proprii, advocaticii, feodales, qui ad dominos suos transire voluerint. Frider. II imp. constit. in fav. princ. a. 1232, c. 23, ib., I p. 213.

**advocatilis**: _relatif à un avoué — concerning an ecclesiastical advocate._ Pro advocatili servicio. PHILIPPI, _Osnabr. UB._, I p. 194 no. 226 (a. 1107-1113).

**advocatio**: 1. _assistance judiciaire — judicial assistance._ Testimonia et advocationem ad justitiam capiendam aecclesia invenire non valeat. _D. Guido_, no. 11, p. 31 (a. 891). 2. _avouerie ecclésiastique_, la fonction d'avoué ainsi que l'ensemble des droits et des pouvoirs y attachés — _ecclesiastical advowry_, the office of an advocate, as well as the whole of his powers and rights. Singulis episcopis, abbatibus, abbatissis duos concedimus advocatos, eosque quamdiu advocationem tenuerint ab hoste relaxamus. Capit. Olonn. eccles. I a. 825, c. 4, I p. 326. Expetierunt, ut Regensi ecclesiae nostrae defensionis et emunitatis, inquisitionis quoque et advocationis pragmaticum fieri juberemus ... Emunitatem quoque et inquisitionem vel advocationem ... per duos vel tres quos elegerint perdonamus. _D. Karls III. d. Dicken_, no. 47 (a. 882). Episcopi provisioni, ordinationi, advocationi, tuitioni subjaceat. _D. Ott. III._, no. 45 (a. 988). Advocationes ... disponere habeant potestatem. _D. Heinr. II._, no. 260 (a. 1013). Ecclesiam s. Gaugerici in advocationem tenebat. G. pontif. Camerac., lib. 3 c. 57, _SS._, VII p. 488. Dedit Johanni advocato Caviniacen-

sem advocationem. Cantat. S. Huberti, c. 92, ed. HANQUET, p. 239. Aecclesiae advocationem ... legitimo heredi ... commendavit. GERHARD., V. Oudalrici episc. August., c. 7, *SS.*, IV p. 395 l. 32. Homines extranei, undecumque venerint, si alicujus advocationis [i. e. alicui advocato subjecti] extiterint. VERCAUTEREN, *Actes de Flandre*, no. 13 (a. 1093), p. 44. A [comite] advocationem in feodum tenebat. Ib., no. 80 (a. 1116), p. 179. Possessionem ... aecclesiae s. Petri reconfirmavi sub advocatione mea meorumque successorum jugiter defensandam. Ib., no. 95 (a. 1120), p. 215. Beneficium, quod a supradicta ecclesia pro advocatione acceperat. Ib., no. 118 (a. 1125), p. 271. Securae et liberae ab omni advocationis jure maneant. ERNST, *Hist. du Limbourg*, VI p. 115. *Gallia christ.*[2], XIII instr. col. 471. **3.** *l'autorité du roi sur les églises royales — the king's power regarding royal churches.* Dignum duximus [imperatori Heinrico II] ejusque successoribus advocationem ipsius loci ea ratione relinquere, ut semper in potestate habeant ibi [i. e. in ecclesia ss. Simonis et Jude Goslariensi] prepositos secundum Deum ordinare, non autem ex bonis ipsis aliquid alicui in proprium dare sive in beneficium tribuere. Priv. Victoris II pap. a. 1057, PFLUGK-HARTTUNG, *Acta*, I no. 28. **4.** *territoire où s'exerce l'autorité d'un avoué ecclésiastique — area under an ecclesiastical advocate's jurisdiction.* Advocatus, in cujus advocatione hoc evenerit. *D. Heinr. II.*, no. 501 (a. 1023). Villam ... in pago M. et in advocatione O. marchionis sitam. *D. Heinr. IV.*, no. 184 (a. 1066). **5.** *circonscription missatique — district assigned to a „missus dominicus".* Actum fuit Afrialdo in advocatione Adelbaldi et Hermengaudi missos [i. e. missorum Ludovici regis Aquitaniae]. DE MONSABERT, *Ch. de Nouaillé*, no. 7 p. 11 (a. 795). **6.** *tutelle — tutelage.* A. in advocationem A. sue uxoris accusavit A. THÉVENIN, *Textes*, no. 89 (a. 857). Veniens G. ... in advocacione genetrice sua [= genetricis suae] E. DE MONSABERT, *Ch. de Nouaillé*, no. 21 p. 40 (a. 886). Heinrici [ducis Bavariae] regem se facere volentis sub nomine advocationis [sc. Ottonis III regis]. GERBERT., epist. 22, ed. HAVET, p. 18. **7.** *reconnaissance de suzeraineté féodale*; abandon d'un alleu à un seigneur pour le reprendre comme fief („feudum oblatum") — *recognition of a lord's suzerainty*; surrender of a property, it being given back as a fief („feudum oblatum"). S. xiii. **8.** *garantie, cautionnement — warranty.* Qui ad dampnum vel malum aliquem duxerit, liberet eum advocacione vel emendacione ... Leg. Henrici, c. 85 § 1, LIEBERMANN, I p. 600.

**advocatissa**: *une femme investie d'une avouerie ecclésiastique — a woman who has been invested with an ecclesiastical advowry.* Cron. Gozecense, lib. 1 c. 24; c. 28, *SS.*, X p. 155 sq. FUCHS, *UB. Göttweig*, I no. 359, p. 93.

**advocator**: **1.** *avoué, fondé de pouvoirs — attorney.* Advocatores et judices atque notarii sepedicti monasterii liberam habeant facultatem causas ipsius monasterii agere. *D. Karls III. d. Dicken*, no. 156 (a. 887, Ital.). *Memorie di Milano*, I p. 447 (a. 859). *CD. Cavensis*, I p. 112 (a. 882). Laicorum nullum preter comites in solis aecclesiasticis rebus advocatorem habere. Capit. Veron. a. 967, *Constit.*, I no. 13, c. 8. In placito suum advocatorem mittere qualem elegerit suam causam in judicio legaliter defendendi. *D. Ott. I.*, no. 352 (a. 967, Ital.). **2.** *remplaçant* dans le duel judiciaire — *substitute* in judicial combat. Lex Longob., lib. 2 tit. 55 § 40. **3.** *avoué ecclésiastique — ecclesiastical advocate.* Concedimus ibidem [i. e. apud illam ecclesiam] quattuor esse advocatores ... utiliter exigentes causam aecclesiae. *D. Ott. I.*, no. 334 (a. 966, Ital.) Item ib. no. 344 (ca. a. 967, Ital.) *D. Konr. II.*, no. 89 (a. 1027, Ital.) Advocatores ecclesiae. Ordo Rom. I (s. vii ex.), c. 28, ed. ANDRIEU, p. 76.

**advocatoria**: *avouerie ecclésiastique — ecclesiastical advowry.* Cujus [terrae] advocatoriam comes ipse tenet. *Actes Philippe Ier*, no. 143 (a. 1060-1101). Item no. 27 (a. 1066).

**advocatrix**: *épouse d'un avoué ecclésiastique — an ecclesiastical advocate's wife.* G. abb. Trudon., Contin., lib. 10 c. 10, *SS.*, X p. 294.

**advocatura**: **1.** *substitution — substitution.* Haimericus ... cum aliis testibus dedit advocaturam suam famulis s. Marie, ut, si ipse ante hujus rei diffinitionem ab hac vita discederet, illi testificarentur ita se habere rei veritatem, uti ipse asserebat. MARCHEGAY, *Arch. d'Anjou*, III p. 80 no. 106 (ante a. 1120). **2.** *avouerie ecclésiastique — ecclesiastical advowry.* *D. Ott. III.*, no. 151 (a. 994). *D. Heinr. III.*, no. 144 (a. 1045). BORMANS-SCHOOLMEESTERS, *Cart. S.-Lambert de Liège*, I no. 26 p. 42 (a. 1079). VERCAUTEREN, *Actes de Flandre*, no. 21 (a. 1096). LAMPERT. HERSFELD., Inst. Herveld. eccl., prol., *Opera* ed. HOLDER-EGGER, p. 344. LACOMBLET, *UB. Niederrh.*, I no. 289 p. 189 (a. 1118). DUVIVIER, *Actes*, I p. 208 (a. 1136). Priv. spur. Leonis IX pap., PFLUGK-HARTTUNG, *Acta*, I no. 25 (S.-Vannes de Verdun, s. xii). **3.** *une contribution* imposée par l'avoué ecclésiastique — *a contribution* exacted by an ecclesiastical advocate. Homo de generali placito ... nullam dat neque debet advocaturam, quia liber est ab hac exactione. BRUSSEL, *Examen*, II p. 789 (ch. ca. a. 1020). Ne aliquis amplius in illa neque per vim, neque per deprecaturam, neque per advocaturam de omissis consuetudinibus amplius aliquid expeteret. Ch. a. 1052 ap. HARIULF., lib. 4 c. 21, ed. LOT, p. 231.

**advocatus** (subst.): **1.** *fondé de pouvoirs, avoué, plaideur — deputy, attorney, trustee.* Quicumque advocatum instruere vellit, mandato legaliter dato atque solemniter confirmato eum instruere debeat, ut omnes causas prosequi et defendere valeat. F. Senon. rec., no. 10, *Form.*, p. 216. Venientes missi et advocati S. Dionisii A. et R. ad placitum. *D. Karolin.*, I no. 12 (a. 759). Advocatus mihi ille est, qui pro me judicem interpellat et causam necessitatis meae propriae tuitione defendit. Concil. Francof. a. 794, *Conc.*, II p. 135. Vassi et austaldi nostri ... si presentes esse non possunt, suos advocatos habeant, qui eorum res ante comitem defendere possint et, quicquid eis queritur, justitiam faciant. Pippini capit. Italic. (a. 801-810), c. 10, I p. 210. Decrevit ... ut nullus praefectus [i. e. comes] in sua



praefectura aut quaestionarius [i. e. centenarius vel vicarius] infra quaesturam suam alicujus causam advocati nomine susciperet agendam; in alienis vero praefecturis vel quaesturis singuli pro sua voluntate aliorum causis agendis haberent facultatem. RUDOLF., Ann. Fuldens., a. 852, ed. KURZE, p. 43. **2.** *tuteur — guardian.* Ipsa cum manu mariti et advocati sui B. comitis ... predia potestative nobis tradidit. *D. Heinr. II.*, no. 262 (a. 1013). A. comitissa ... per manum H., quem ab imperatore advocatum acceperat, tradidit ... MULLER-BOUMAN, *OB. Utrecht*, I no. 233 (a. 1075-1081). **3.** *cojureur* choisi par la partie à laquelle incombe la preuve par serment — *oathhelper* chosen by the party which has to furnish proof by oath. Lex Alam., tit. 2 § 2; tit. 86 § 1. **4.** *remplaçant* de l'accusé *dans une ordalie — substitute* of the accused *to be submitted to an ordeal.* Nec tu nec advocatus tuus, qui pro te exire debet ad judicium ... Si culpabiles sunt ... aut illorum advocati, non eos suscipias, sed eos Dominus desuper natare faciat. Ord. ad prob. spect., no. $21^{d}$, $21^{h}$, *Form.*, p. 623 sq. **5.** *remplaçant* d'un litigant *dans le duel judiciaire — substitute* of a litigant *in a judicial combat.* RAGUT, *Cart. de S.-Vincent de Mâcon*, no. 282 (a. 936-954). D'ACHÉRY, *Spicil.*, IX p. 470 (ch. ca. a. 1180). **6.** *fondé de pouvoirs* du comte — *deputy* of a count. Hoc ipse comis 'aut ejus advocatus per sacramentum firmare possit. Capit. Mantuan. (a. 781?), c. 3, I p. 190. M. comiti vel ejus advocato easdem res redderet. F. imp., no. 46, *Form.*, p. 322. Ad publicum ... comitis mallum ... Heimo seu vicarius ejus legem ac justitiam exigendam vel perpetrandam pergat; et si forsitan ... tale quidlibet est quod ipse Heimo vel advocatus ejus corrigere nequiverit, judicio ejusdem comitis ... finiatur. *D. Arnulfs*, no. 32 (a. 888). **7.** *avoué ecclesiastique — ecclesiastical advocate.* Pontifex aut abba vel abbatissa seo advocatus ejus in vice auctorum suorum causas ipsius licentiam habeat adsumendi vel omallandi. MARCULF., lib. 1 no. 36, *Form.*, p. 66. Ut nullus episcopus causas perferat nisi per advocatum. Concil. Latun. a. 673-675, c. 3, *Conc.*, I p. 218. Dum resederet comes ille in mallo suo publico ... ibique veniens advocatus illius episcopi aliquem hominem nomine illo interpellabat. F. Sal. Lindenbrog., no. 21. *Form.*, p. 282. Signum E. comitis, qui advocatus fuit episcopi et hanc traditionem manu sua cum domino suo recepit. *D. Arnulfing.*, no. 12 (a. 726). Concil. Compend. a. 757, subscriptio, *Conc.*, II p. 62. Ut latrones de infra emunitate illos [i. e. illi] judices et advocati ad comitum placitum ... praesentetur [i. e. praesentent]. Capit. Haristall. a. 779, forma Longobard., c. 9, I p. 48. Ubicumque pontifex substantiam habuerit, advocatum abeat in ipsu comitatu, qui ... justitias faciat et suscipiat; et talis sit ipse advocatus: liber homo et bone opinionis, laicus aut clericus ... Pippini reg. Ital. capit. (a. 782-786), c. 6, *Capit.*, I p. 192. De advocatis sacerdotum: volumus ut pro ecclesiastico honore et pro illorum reverentia advocatos habeant. Ejusdem capit. (ca. a. 790), c. 3, ib. I p. 201. Ut episcopi, abbates adque abbatissae advocatos adque vicedomini [i. e. vicedominos] centenariosque legem scientes et justitiam diligentes ... habeant. Capit. missor. gener. a. 802, I p. 93. Omnibus ... episcopis, abbatibus cunctoque clero omnino praecipimus vicedominos, praepositos, advocatos sive defensores bonos habere. Concil. Mogunt. a. 813, c. 50, *Conc.*, II p. 272. Si de pacificatione inter [rectores ecclesiarum] convenire non possit, advocati eorum in mallo publico ad praesentiam comitis veniant. Capit. legib. add. a. 818/819, c. 10, I p. 283. Singulis episcopis, abbatibus, abbatissis duos concedimus advocatos, eosque quamdiu advocationem tenuerint ab hoste relaxamus. Capit. Olonn. eccles. I a. 825, c. 4, I p. 326. Ut episcopi universique sacerdotes advocatos habeant. ... Debet unusquisque eorum tam pro ecclesiasticis quam propriis suis actionibus, excepto publico videlicet crimine, advocatos habere. Concil. Roman. a. 826, c. 19, *Capit.*, I p. 374. Cf. F. SENN, *L'institution des avoueries ecclésiastiques en France*, Paris 1903. CH. PERGAMENI, *L'avouerie ecclésiastique belge*, Gand 1907. A. WAAS, *Vogtei und Bede in der deutschen Kaiserzeit*, 2 t. 1919, 1923 (*Arb. z. Rechts- u. Verfassungsgesch.*, hg. v. J. HALLER, no. 1 et 5). OTTO, *Die Entwicklung der deutschen Kirchenvogtei im 10. Jhdt.*, 1933. R. LAPRAT, art. Avoué, dans *Dictionnaire d'hist. et de géogr. eccl.*, V, 1931, col. 1220-1241. **8.** *avoué royal — royal advocate.* Quandam nostri juris villam ... per advocatum nostrum B. palatinum comitem ad aecclesiam ... tradi fecimus. *D. Heinr. II.*, no. 250 (a. 1012). Prespiterum [servum], quem Eberhardus ... Diethmaro comiti et advocato nostro secundum jus suum tradidit. Ib., no. 374 (a. 1017). G. advocatus fratrum ... nobis et advocato nostro Hartwigo ... investituram tradidit. *D. Heinr. III.*, no. 360 (a. 1055). **9.** *seigneur, prince territorial — territorial prince.* Susciperent eum in consulem [i. e. comitem] et terrae totius advocatum. GALBERT., c. 53, ed. PIRENNE, p. 84. Comes et advocatus patriae Brachbantensis. DC.-F., I p. 110 col. 2 (ch. a. 1086). Duce et advocato caremus. DUDO, lib. 3 c. 45, ed. LAIR, p. 190 sq. Ego Rotgerius castri quod vocatur Wangionum rivus indigena et advocatus. CHEVRIER-CHAUME, *Ch. de S.-Bénigne de Dijon*, II no. 332 p. 112 (a. 1051-1057, Langres). **10.** *fonctionnaire subordonné à un prince territorial — officer in the service of a territorial prince.* Advocatus curie nostre [sc. ducis] et redituum ac mancipiorum nostrorum. JORDAN, *Urk. Heinr. d. Löwen*, no. 37, p. 52 (a. 1157). **11.** *qui se porte garant* pour un autre — *warranter.* Si quis deprehendat quod amisit, advocet inde cum quo deprehenditur, unde venerit ei; et mittat in manum et det plegium, quod adducet advocatum suum. Leg. II Aethelred, c. 8, text. Quadripart., LIEBERMANN, I p. 224. **12.** *patron* d'une église — *church patron.* S. xii, Angl.

**advolvere.** Advolvi alicui: *passer par voie d'héritage* à qq'un — *to pass by inheritance* into a person's hands. S. xiv.

**aëreus**: *bleu d'azur — sky blue.*

**aesia,** v. aisia.

**aesantia,** v. aisantia.

**affactator,** affactor, affaitator, v. affectator.

**affaitare,** v. affectare.

**affare,** affarium, afa- (<frg. affaire< habere; cf. avere et averus): **1.** *domaine, exploitation agricole — real estate, farm.* S. xiii, Prov., Ital. **2.** *affaire — affair, business.* Caperetis super vos affarium Albigensium. Epist. Phil. II Aug., MARTÈNE, *Ampl. Coll.*, I col. 1157.

**affatimire,** affatomire: *adopter et instituer comme héritier — to adopt and designate as one's heir.* Lex Sal., tit. 46 § 1. Lex Ribuar., tit. 48 sq. Cf. R. SCHMIDT, *Die Affatomie der Lex Salica*, 1891. Animae suae symbolum luminis perpetuum s. Vito adfatomavit. Epist. abbatis Corbeiae Novae a. 1196 ap. DC.-F., I p. 74.

**affatimus** (subst.): *acte d'adoption et d'institution comme héritier — act of adoption and designation as a heir.* F. Sal. Merkel., no. 24, *Form.*, p. 250. Capit. I ad legem Salic., c. 8, ed. BEHREND², p. 134. Adj.: *concernant une adoption — concerning an adoption.* Duas epistolas adfadimas. F. Sal. Lindenbrog., no. 13, *Form.*, p. 276.

**affectare,** affaitare: **1.** *transférer — to convey.* Duos mansos affectavi fratribus in memoriam [parentum meorum]. BORMANS-SCHOOLMEESTERS, *Cart. de S.-Lambert de Liège*, I no. 33 (a. 1117). Decimam fideliter obtulit et legitime affectavit. ROUSSEAU, *Actes de Namur*, no. 28 (a. 1188). Hoc allodium in loco ubi allodiorum solet firmari donatio predictis monasteriis legitima donatione sollemniter affaitavit. PONCELET, *Actes Hugues de Pierrepont*, no. 48 (a. 1207). B. decimam et jus patronatus ... ecclesie de A. in elemosinam per manum nostrum legitime affaitavit. Ib., no. 64 (a. 1209). **2.** *léguer — to bequeathe.* Si dux Austrie et uxor ejus absque liberis decesserint, libertatem habeant ducatum affectandi cuicumque voluerint. Priv. minus Austriae a. 1156, *Constit.*, I no. 159, c. 5. **3.** *fournir — to furnish.* [Baronibus] Lotharingorum affinitas celebrem affectabat exercitum. SUGER., V. LUDOV. Cr., c. 5, ed. WAQUET, p. 28.

**affectatio:** *acte de transport — act of conveyance.* Comitissa donavit unum mansum ... et per manum Reineri ... suam affectationem eidem ecclesie confirmavit. ROUSSEAU, *Actes de Namur*, no. 4 (a. 1137). Affectationem accipiat de allodio, investituram autem de hereditate vel domo. Ch. comm. Brusthem a. 1175, ed. GESSLER, c. 13.

**affectator,** affactator, affaitator, affactor: *tanneur — tanner.* Omnes sutores sive affactores extranei. *Gall. chr.*², XIII instr. col. 182 D no. 3 (a. 1144, Montauban).

**affectuosus:** **affectueux — affectionate.*

**afferare,** v. afforare.

**afferre:** *faire don de qqch. — to give.* Ab ipso [Deo] non despici sperantes allata. MULLER-BOUMAN, *OB. Utrecht*, I no. 62 (a. 834).

**affeudare:** *inféoder — to enfeoff.* S. xiii.

**afficere:** *léser, nuire à qq'un — to injure, to do wrong to* a person. Huc venistis ut per omnia christianos afficiatis? G. Francorum, c. 28, ed. BRÉHIER, p. 148.

**affictarius:** *tenancier à cens — rent-paying tenant.* S. xii, Ital.

**affictus:** *cens — rent.* S. xii, Ital.

**affidamentum:** *promesse de fidélité — promise of fidelity.* Actes Phil.-Aug., no. 361 (a. 1190), c. 37.

**affidare,** ad-, -fidiare: **1.** *promettre fidélité — to promise fidelity.* S. xii. **2.** (transit.): *promettre de protéger — to promise to protect.* Comes affidavit unum navigium ... ut in mari et terra securi sint [monachi] a se suisque hominibus et omnia mercimonia eorum. LEO, Chron. mon. Casin., lib. 3 c. 25, *SS.*, VII, p. 773 l. 33. **3.** aliquem: *recevoir dans son patronage — to admit into one's patronage.* Habeat liberam potestatem affidandi et recipiendi in dominio suo et in jurisdictione sua omnes homines, qui voluerint recipere dominium ipsius ecclesiae. UGHELLI, VII col. 1071 (a. 1105). Potestatem indulsimus ad opus ipsius ecclesiae 25 homines affidandi. Ib. col. 984 (a. 1172, Sicil.). **4.** aliquam: *se fiancer à qq'une — to betroth.* Affidavit eam. Chron. Namnet., c. 35, ed. MERLET, p. 103. **5.** (cum inf. vel ut): *promettre sur sa foi — to promise on one's faith.* S. xii. **6.** *prouver par serment — to prove by oath.* De omnibus rebus, quas ... affidare poterunt suas esse proprias. *Ordonn.*, V p. 317 (litt. Richardi I reg. Angl.).

**affidatio:** **1.** *serment par lequel on s'engage sur sa foi de s'abstenir d'actes hostiles — sworn promise to abstain from any hostile acts.* Ab Australibus ... in ulcionem sanguinis amicorum, quos indebite necaverat, clamans horribiliter et affidacionem promittens, ... gladiis est perfossus. JOH. VICTORIENS., lib. 2, a. 1276, ed. SCHNEIDER, I p. 279. **2.** *déclaration* faite sur la foi — *declaration* made on one's faith. Angl., s. xii.

**affiduciare:** *promettre sur sa foi — to promise on one's faith.* Fidem dederunt ... tam L. major quam ceteri jurati ... se hujusmodi nunquam usurpaturos; reliqua quoque pars communiae ... idem affiduciavit. BOURGIN, *Soissons*, p. 422 no. 12 (a. 1136).

**affiliare:** *adopter — to adopt.* Adfiliaberunt me sibi in filio. *CD. Cavens.*, II p. 210 (a. 984).

**affiliatio:** *adoption — adoption.* Addit. form. Turon., no. 7, *Form.*, p. 162.

**affiliatus** (subst.): *fils adoptif — adoptive son.* Chron. Farf., MURATORI, *Rer. It. scr.*, II pars 2 col. 434.

**1. affinare:** *affiner* les métaux précieux — *to fine* precious metal. S. xiii.

**2. affinare.** Se affinare: *contracter alliance* avec qq'un — *to become allied* to someone by marriage. S. xiv.

**affinis** (subst.): **1.** *aboutissant — adjacency.* Vendidi vineam unam infra murum civitatis Mogontie publice, quod sunt adfinis [i. e. -es]: de una parte s. Martyni et de alia parte murus civitatis ... STENGEL, *UB. Fulda*, I no. 18 p. 36 (a. 752). Ibi pluries. **2.** *borne — boundary-stone.* Sicut per affines marmoreos designatur. UGHELLI, I col. 137 B (a. 1018).

**affinium:** *voisinage — proximity.* Basilicam ... conditam ... in urbis affinio. Tract. de eccl. s. Petri Aldenburgensi (s. xi ex.), c. 5, *SS.*, XV p. 869.

**affirmare:** **1.** *insérer* dans les „gesta municipalia" — *to insert* into the „gesta municipalia". [Cartam] gestis municipalibus volo esse adlegata adque adfirmata. F. Bituric., no. 15, *Form.*, p. 175. [Cartolam] apud defensore vel omne curia illius civitatis debere adfirmare et gestibus alegare. Cart. Senon., no. 39, ib. p. 203. Vobis [i. e. defensori civitatis] deposco, ut triduum apensionis mihi adfirmare deberitis. F. Bitur., no. 7, ib. p. 171. Placuit mihi, ut hanc editionem [i. e. actionem] in te adfirmare deberem. F. Turon., no. 29, ib. p. 152. **2.** *valider* un acte écrit par la souscription (en forme de monogramme ou autre) ou par l'apposition du sceau — *to authenticate* a written record by subscribing (in monogram or other form) or by sealing. Noticia[m] manus eorum subter adfirmaverunt. F. Andecav., no. 50b, *Form.*, p. 22. Manu nostra subter eam [auctoritatem] decrevimus affirmare. *D. Merov.*, no. 29 (a. 667). [Donationem] fieri et adfirmare decrevimus. *D. Arnulfing.*, no. 11 (a. 702). Similiter *D. Karolin.*, I no. 7 (a. 754). Ibi saepius. [Epistolam cessionis] conscribere vel adfirmare rogavi. PARDESSUS, II no. 554 p. 366 (a. 734, Dijon). Paginola[m] ... bonis hominibus ... affirmandum rogavi. Ib., II no. 586 p. 399 (a. 745, Metz). Similiter *D. Karolin.*, I no. 7 (a. 754). Ibi saepius. Manu propria subter affirmavimus. *D. Bereng. I.*, no. 2, p. 12 (a. 888). Decrevimus de anulo regio adfirmare. *D. Karolin.*, I, no. 3 (a. 752). Item ib., no. 30 (a. 752-768). **3.** *consigner par acte écrit — to commit* to a written record. Nobis exinde confirmationem auctoritatis nostrae petierunt adfirmare. *D. Merov.*, no. 29 (a. 667). In scripto foedere pactum affirmantes. Chron. Salernit., c. 5, *SS.*, III p. 474 l. 20. **4.** *céder, transférer — to convey.* Rem proprietatis tuae ad monasterio s. Mariae adfirmasti. Cart. Senon., no. 33, *Form.*, p. 200. Ibi saepe. Dedi ... mansum ... et quicquid ibi proprietatis habui, legali traditione affirmavi. WAMPACH, *UB. Luxemb.*, I no. 178, p. 244 (a. 967). [Res] per nostra strumenta ... ad casa s. Vincentii et s. Germani adfirmavimus. PARDESSUS, II no. 547 p. 360 (a. 730, Paris). Rem nostram ... ad partem s. Petri vel s. Gorgonii vel vobis condonamus vel affirmamus. D'HERBOMEZ, *Cart. de Gorze*, p. 17 no. 7 (a. 761). Ibi pluries. **5.** *affirmer par serment — to asseverate by oath.* Ut ostendit, continuo introiens in ecclesia ... ita in sancta sanctorum afirmavit. DE FONT-RÉAULX, *Cart. de Limoges*, p. 19 no. 3 (a. 851). **6.** (cf. s. v. firma): *affermer — to farm out.* Angl., s. xii.



**affirmatio:** **1.** *validation* d'un acte écrit par l'attouchement — *authentication* of a written record by touching. Firma et stabilis permaneat cum affirmatione subnexa. Coll. Sangall., no. 6b, *Form.*, p. 400. **2.** *confirmation, sanctionnement — confirmation, sanction.* Acta sunt ... in presentia domni Mettensis episcopi H. ... affirmatione banni ipsius. WAMPACH, *UB. Luxemb.*, I no. 301 p. 448 (a. 1083).

**affirmator:** **quelqu'un qui fait une déclaration — one who makes a statement.*

**afflictio:** **1.** **sévice, oppression — ill-treatment, oppression.* **2.** **infortune, calamité — ill-fortune, calamity.*

**affocare,** -ogare, -ogiare, -oare (<focus; cf. frg. feu): *utiliser* du bois *comme combustible — to use* wood *as a fuel.* S. xiii.

**affolare,** affollare (<vfrg. *fol* „maltraité — ill-treated"): *mutiler — to maim.* Si lesus apparuerit manifeste affolatus. BOURGIN, *Soissons*, p. 438 no. 17 c. 8 (a. 1224/1225).

**afforagium:** *le pouvoir d'établir les prix — the power to fix prices.* S. xiii.

**afforare,** -fer- -fur- (<forum): **1.** *taxer, établir le prix* d'une marchandise — *to appraise, to fix the price of* a commodity. S. xiii. **2.** *déterminer le taux* d'une amende — *to affeer, to determine the amount of* a fine. S. xii, Angl.

**afforestare:** *donner à* un territoire *le caractère d'un „forestum" — to place* land *in the status of „forestum".* S. xii, Angl.

**affortiare:** **1.** *augmenter* la valeur d'une monnaye — *to raise* the value of a mintage. Pro 24 libris affortiatorum [sc. denariorum]. Boso, V. paparum, Hadrian. IV, ap. Lib. pontif. ed. DUCHESNE, II p. 396. **2.** *renforcer* une déclaration au moyen de cojureurs ou de témoins — *to reinforce* a statement by bringing in oathhelpers or witnesses. Si aliquis calumniatus esset de hansa et ibi auxilium non haberet, deberet facere fidejussionem ... quod afforciabit suum jetughe in primis nundinis Flandrie vel in secundis ad ultimum. WARNKOENIG-GHELDOLF, *Hist. de la Flandre*, II p. 508 no. 34 c. 6 (s. xii).

**afframire,** v. adchramire.

**affranquire,** afran-, -chire, -ciare, aliquem: *affranchir* d'une charge, d'une redevance — *to affranchise* from a charge, a due. S. xiii.

**affrectare,** affretare (<frectum): *fréter* un navire — *to freight* a ship.

**affrontare:** *confiner à — to border upon.* Affrontat ipsa vallis de parte orientis in serra ... de meridie affrontat in fines ..., de parte circi ... *D. Charles III le Simple*, no. 13 (a. 898). *D. Lothaire*, no. 49 (a. 982).

**affrontatio:** *confins, limite — boundary.* Et sunt affrontationes: ex una parte ... Alodem ... cum terminis et affrontationibus suis. *D. Louis IV*, no. 7 (a. 938). Habet affrontationes, ex latere uno ... *D. Lothaire*, no. 49 (a. 982).

**aphonia** (gr.): *désaccord — discord.* S. xii.

**aforanus** (subst.): *étranger — alien.* Si quis de aforano debitore suo ad justiciam clamorem fecerit. Ch. comm. Brusthem a. 1175, ed. GESSLER, c. 8.

**aforensis,** aff- (subst.): *étranger — alien.* Si afforensis venerit ad manendum in oppido. PANHUYSEN, *Maastricht*, p. 140 (ch. a. 1243).

**aforis** (adv.): **1.** **du dehors — from without.* **2.** **dehors — outside.* Praepos.: **1.** **du dehors de — from without.* **2.** **hors de — outside.*

**aphorismus** (gr., d'après le titre de l'ouvrage de Hippocrate — after the title of Hippocrates' work): *aphorisme — pithy sentence*: Aphorismus est sermo brevis integrum sensum propositae rei scribens. ISID., Etym., lib. 4 c. 10 § 1.

**aframire,** v. adchramire.

**afranchire,** v. affranquire.

**agalma** (neutr., genet. -atis) (gr.): *effigie* d'un prince placée sur un sceau — *effigy* of a ruler on a seal.

**agape** (fem.)(gr.): **1.** **charité — charity.* **2.** **repas de charité — charity meal.* **3.** **don de charité, aumône — charity gift, alms.* **4.** *redevance périodique* des dépendants d'une église — *a due periodically* paid by the people depen-

dent on a church. Computacione cum agape familiarium ecclesie. CONR. DE FABARIA, Casus s. Galli, c. 10, _SS._, II p. 173 (a. 1220).
**agaso** (gen. -onis): _fonctionnaire d'écurie, maréchal — stable officer, marshal._ Ex mediocribus regis agaso. RICHER., lib. 1 c. 9, ed. LATOUCHE, I p. 24. Lex famil. Wormat. (a. 1023/1025), c. 29, _Constit._, I no. 438.
**agenda** (neutr. plur. et femin. sing.): **1.** _service divin — divine service._ Presbyteri ... in domiciliis agant agenda. Concil. Carthag. II, c. 9 (Ps.-Isid.) Agenda matutina vel vespertina non transeat. Bened. Reg., c. 12. **2.** (spec.): _messe des morts — mass for the dead._ Sacrament. Gelas., lib. 1 c. 92; lib. 3 c. 95, ed. WILSON, p. 141, 303. Cum pro anima Columbani agenda missarum celebrabatur. WETTINUS, V. Galli, c. 26, _Scr. rer. Merov._, IV p. 271. Nec Mauri quondam episcopi anniversitas aut agenda celebretur. Lib. pontif., Leo II, ed. MOMMSEN, p. 201. **3.** _ordre du jour — order of the day._ Haec pauca ex multis de illius concilii agenda dixisse sufficiat. OTTO FRISING., G. Friderici, lib. 1 c. 61, ed. WAITZ-SIMSON, p. 87. **4.** _administration de la justice — administration of justice._ Tertius [liber] est de statu et agendis causarum. Quadripart., argum., § 32, LIEBERMANN, I p. 535. In hundretis vel congruis agendorum locis. Leg. Henrici, c. 7 § 6, ib. p. 553.
**agens** (subst. masc.): **1.** _agent, représentant d'un seigneur ou d'une église — agent, representative_ of a lord or a church. Si ab agentibus potentum ... prohibentur. Concil. Aurelian. a. 541, c. 26, _Conc._, I p. 93. Agentes episcoporum aut potentum per potestatem nullius res ... auferant. Edict. Chlothar. II a. 614, c. 20, _Capit._, I p. 23. Inter tibi et agente sancti illius. F. Andecav., no. 21, _Form._, p. 11. Quicquid fiscus potuerat sperare, in luminaribus ecclesiae per manu agentium eorum proficiat. MARCULF., lib. 1 no. 3, _Form._, p. 43. Vos vel successores vestri aut agentes ecclesiae in vestram faciatis dominationem revocare. Id., lib. 2 no. 5, p. 78. Agentis [= -es] predicte basilice vindicione[m] ostenderunt. _D. Merov._, no. 34 (a. 658). Anderedus agens [Radegundis reginae]. FORTUN., V. Radegundis, lib. 1 c. 34, _Scr. rer. Merov._, II p. 375. Agens domus illius [sc. S. Martini Bitur.]. GREGOR. TURON., Hist. Franc., lib. 7 c. 42. Plumbum ... agentibus vel thesaurariis ... monasterii [S. Dionysii] traderetur. G. Dagob., c. 40, _Scr. rer. Merov._, II p. 419. Ipsa Ragana [abbatissa] vel agentis [= -es] monasterii sui res s. Dionisii post se malo urdine retenebat. _D. Arnulfing._, no. 22 (a. 750). Ante agentes s. Dyonisii de ipsa villa auctrix [i. e. donatrix] affuerat. _D. Karolin._, I no. 1 (a. 752). Item no. 6 (a. 753). Quicquid fiscus noster de freda aut undecunque poterat sperare, ad ipsa loca sanctorum per manus agentium eorum proficiat. Ib., I no. 9 (a. 757). Basilica in honore s. Callo vel ad agentes ipsius omni tempore proficiat in augmentes. WARTMANN, _UB. S.-Gallen_, I no. 70 (a. 773). **2.** (spec.): _agent domanial, régisseur_ de domaine — _administrator_ of an estate. A. quidam agens sanctae basilicae. GREGOR. TURON., Virt. Martini, c. 20, _Scr. rer. Merov._ I p. 599. Dies tantus in unaquaque epdomada servicio vestro, quale mihi vos aut agentes vestri injunxeritis, facere debeam. MARCULF., lib. 2 no. 27, _Form._, p. 93. Junioris Audranno agente [i. e. juniores Audranni agentis] de villa vestra s. Gervasii nuncupante Arduno. PARDESSUS, II no. 517 p. 330 (a. 721, Le Mans). In eorum privatas audientias agentes ecclesie unicuique de reputatis condicionibus directum facerent. _D. Karolin._, I no. 91 (a. 775). **3.** _agent du roi, fonctionnaire public — royal agent, public officer._ Agentes publici. Praecept. Chlothar., c. 11, _Capit._, I p. 19. Item Edict. Chlothar. II, c. 15, p. 22. Agens [i. e. grafio] et qui mallat ipsum ad nos adducant. Edict. Chilperici, c. 8, ib. p. 10. Illi comite vel omnibus agentibus [regis]. MARCULF., lib. 1 no. 2, _Form._, p. 41. Omnibus curam publicam agentibus. Id., supplem. no. 1, p. 107. Veniens illi Andecavis civitate ante illo agente. F. Andecav., no. 28, ib., p. 13. Notum sit omnibus agentibus regni nostri. _D. Merov._, no. 8 (a. 561-584). W. duci, G. domestico et omnibus agentibus. Ib., no. 13 (a. 631/632). [Rex] misit nuncios comitibus ducibusque vel reliquos agentibus. GREGOR. TURON., Hist. Franc., lib. 6 c. 19. Domesticis, vicariis, cintenariis vel omnibus agentibus nostris. _D. Karolin._, I no. 2 (a. 752). Ibi saepe similiter.
**agentia** (femin.): _exploitation agricole — rural plant._ Mancipia 4 cum hoba una et agentia eorum, sicut visi fuerunt habere. WARTMANN, _UB. S.-Gallen_, I no. 133 (a. 792).
**ager**: **1.** _une mesure de terre — a land measure._ DRONKE, _Tradit. Fuldens._, p. 32; p. 52; p. 115. ERHARD, _Reg. Westfal._, I, CD. no. 87, c. 25, p. 70 (a. 1015, Paderborn). **2.** _une circonscription, subdivision du comté_ (dans quelques parties de la France) — _a district, subdivision of the county_ (in some regions of France).
**agere**: **1.** _gérer, exercer_ une fonction publique — _to exercise, to hold_ a public office. Hortensius comitatum urbis illius agens. GREGOR. TURON., V. patrum, lib. 4 c. 3, _Scr. rer. Merov._, I p. 675. Cometivam [i. e. comitis munus] illam, quam vir ejus agendam susceperat. GREGOR. M., Epist., lib. 1 no. 13, _Epp._, I p. 13. **2.** _administrer, gouverner_ une région, un peuple — _to govern_ a province, a people. Gens ... que [= quam] mihi agendum jussisti. FREDEG., lib. 3 c. 11, _Scr. rer. Merov._, II p. 96. Dux Francio ... qui Cantabriam ... egerat. Id., lib. 4 c. 33, p. 133.
**aggarrire** (transit.): *_bavarder sur_ qqch. — _to gossip about_ a thing.
**aggeniculare** et ageniculari (depon.), (transit.): *_s'agenouiller devant_ qq'un ou qqch. — _to kneel before_ a person or a thing.
**aggerare**: _endiguer — to embank._ Cum polrus ille fuerit aggeratus. VAN DEN BERGH, _OB. Holland_, II no. 46 (a. 1258). Ibi passim.
**aggravare**: _grever_ un bien-fonds d'une rente ou d'une servitude — _to charge_ a real estate with a rent or an obligation. S. xiii.
**aggravatio**: *_oppression — oppression._
**aggregare**: *_réunir, convoquer — to gather, to convoke._ Agregans exercitum. Chron. Salernit., c. 8, _SS._, III p. 475 l. 20. Synodum aggregasset. Concil. Roman. a. 745, _Conc._, II p. 38. Ibi pluries. Aggregavit monachorum catervam. Fund. Blandin. coenobii, ed. GYSSELING-KOCH, _BCRH._, t. 113 (1948), p. 273.



**aggressor**: *_agresseur — assailant._
**aggressus** (decl. iv): *_agression, violence — assault._
**agicis**, v. aiacis.
**agistamentum**: **1.** _droit de pâturage — agistment._ **2.** _paiement dû pour le pâturage — dues paid for agistment._ S. xii, Angl.
**agistare** (cf. gista): **1.** _utiliser_ des terres vagues _comme pâturage — to use_ waste ground _for pasture._ Angl., s. xii. **2.** _faire paître_ les bêtes sur les terres vagues d'autrui — _to have_ animals _graze_ on other people's waste ground. Angl., s. xii.
**agius**, v. hagius.
**1. agnatio**, agnitio: _postérité — posterity._ De agnacione, qui de ipsis procreati fuerunt. F. Andecav., no. 45, _Form._, p. 20. Ibi pluries. Tale aepistola agnatione [i. e. agnationis] in te fieri ... rogavi, ut, se aliqua procreatione filiorum aut filiarum ex te nate fuerint, sub integra ingenuitate valeant permanere. Cart. Senon., no. 6, _Form._, p. 187. Agnatio servi domino deputetur. Lex Visigot., Recc., lib. 3 tit. 2 § 4. Item lib. 10 tit. 1 § 17. Agnatio et consanguinitas ejus in servitutem cadat. Capit. legib. add. a. 803, c. 5, I p. 113.
**2. agnatio**, agnatia: _dîme d'agneaux — lamb tithe._ S. xiii.
**agnella**: _agneau — lamb._ ENNOD., _Carm._, lib. 2, carm. 100 v. 6.
**agnellius** (adj.): _d'un agneau — of a lamb._
**agnicula**: *_agneau — lamb._
**agninus** (adj.): _d'un agneau — of a lamb._
**agnominare**, aliquem: **1.** *_surnommer — to surname._ **2.** (gener.): *_nommer — to name._
**agnoscere**: **1.** _apprendre, être informé de_ qqch. — _to learn, to be told, to ascertain._ Agnoscat magnitudo vestra, quoniam ... _D. Merov._, no. 28 (a. 664/666). Depravati viam correctionis agnoscerent. BEDA, Hist. eccl., lib. 1 c. 17. De vestra prosperitate agnoscentes. Hadr. I pap. epist. (a. 772-795), _Epp._, III, p. 571. Quid hoc esset, cuperet agnoscere. Transl. Germani (s. ix in.), _SS._, XV p. 5. Multis qui haec viderunt narrantibus agnovi. Ib. p. 6. Se compositurus agnoscat. _D. Heinr. IV._, no. 365 (a. 1084). **2.** _reconnaître_ comme valable, _accepter — to acknowledge_ as valid, _to accept._ Interrogaverunt, si aliquid contra ipsa carta dicere vellebat, vel si eam agnoscebat anon [i. e. an non]. F. Senon. rec., no. 6, _Form._, p. 214. Querimoniam illius veram esse agnovimus. D. Zwentib. a. 898, BEYER, _UB. Mittelrh._, I no. 144 p. 209. **3.** _coucher avec_ une femme — _to besleep._ EKKEH., Casus s. Galli, c. 1, _SS._, II p. 92 l. 19; c. 3 p. 109 l. 17.
**agnus**. Agnus Dei: **1.** _prière chantée pendant la messe — prayer chanted during mass._ Hic statuit, ut tempore confractionis Dominici corporis „Agnus Dei, qui tollis peccata mundi, miserere nobis" a clero et populo decantetur. Lib. pontif., Sergius I, ed. MOMMSEN, p. 215. **2.** _image_ bénie en cire _de l'Agneau divin — consecrated wax image of the divine Lamb._ Cf. Ordo Rom. XXVI (s. viii med.), c. 7, ANDRIEU, III p. 326.
**agon** (genet. -onis) (gr.), agonia: **1.** *_souffrance, angoisse — suffering, terror, anguish._ **2.** *_passion, martyre — passion, martyrdom._ **3.** _agonie — death struggle._ In agone exitus sui jaceret. THIETMAR., lib. 4 c. 26, ed. KURZE p. 80. In agonia jacens exhalavit spiritum. ADAM BREMENS., lib. 3 c. 65, ed. SCHMEIDLER, p. 212. **4.** _fatalité — fate._
**agonista** (masc.): _champion — champion._ Rex ... jussit eos ex hoc in campo certare ... ubi rex agonistas expectare solitus erat. V. Austrigisili, c. 4, _Scr. rer. Merov._, IV p. 194.
**agonizare** et agonizari (depon.): **1.** *_lutter, se battre — to struggle, to fight._ **2.** Se dit en particulier des luttes spirituelles des ascètes et martyrs. — Especially with reference to the spiritual struggles of ascetics and martyrs. **3.** _agoniser — to agonize._ THIETMAR., lib. 4 c. 67, ed. KURZE, p. 101. **4.** _souffrir — to suffer._
**agonotheta** (masc.) (gr.): **1.** *_président des concours — president of contests._ **2.** _champion — champion._ Pro [Christo] ut invincibilis agonotheta desudans. MILO, V. Amandi, c. 6, _Scr. rer. Merov._, IV p. 473. V. Condedi, c. 10, ib. p. 650. DONATUS, V. Ermenlandi, c. 1, ib. p. 686. V. Wynnebaldi abb. Heidenheim. (a. 778), c. 3, _SS._, XV p. 108; c. 7, p. 111.
**agra**, v. acra.
**agrarium**: **1.** _redevance grevant les terres nouvellement défrichées — due exacted from newly cleared lands._ De colonis vel servis ecclesiae qualiter serviant vel qualia tributa reddant. Hoc est agrarium ... de 30 modiis 3 donet ... Lex Baiwar., tit. 1 § 13. Nulla functione aut reditus terrae vel pascuario aut agrario exinde solvere. MARCULF., lib. 2 no. 36, _Form._, p. 97. Agraria, pascuaria vel decimas porcorum aecclesiae ... concedemus. Praecept. Chlothar., c. 11, _Capit._, I p. 19. Nec de eorum ovibus pro pascuis discurre, pontatico nec agrario non exactetis. _D. Karolin._, no. 47 (a. 769). Omnes decimas de suprascriptis villulis, tam de annonis quam agrario, vinum, fenum, omnium pecudium seu furmatico vel undecumque decimas redebetur. PARDESSUS, II no. 427 p. 226 (<a. 692>, Le Mans, spur. s. ix?) **2.** _bail à part de fruits — lease in return for a share of the harvest._ Si terra data fuerit ad agrerium, chanonici habeant tres partes et illi quartam. DE FONT-RÉAULX, _Cart. de Limoges_, p. 172 no. 178 (s. xi pars anter.).
**agrarius** (subst.): _paysan — peasant._ GUIBERT. NOVIG., De vita sua, lib. 3 c. 7, ed. BOURGIN, p. 155.
**agrestis**, -us: _inculte — waste._ Regio ... agrestum erat et silva totum. V. Wynnebaldi abb. Heidenheim. (a. 778), c. 7, _SS._, XV p. 111. In agresta ... silva. ib. c. 8, p. 113.
**agricolari** (depon.): *_prâtiquer l'agriculture — to practise agriculture._
**agricultura**: **1.** _réserve domaniale — demesne._ Mansionilibus [i. e. mansionariis] in agricultura laborantibus statuta ... stipendia non negentur. LACOMBLET, _UB. Niederrh._, I no. 253, p. 163 (< a. 1096>, spur. ca. a. 1140; cf. OPPERMANN, _Jahrb. Köln. Gesch.ver._, t. 7, 1935, p. 143 sqq.) Curtis cum agricultura et silva. Ann. Rodens., ed. ERNST, p. 12. Curtem bonam ..., agriculturas bonas. WAMPACH, _UB. Luxemb. Territ._, I no. 167, p. 215 (a. 958/959). **2.** _champ cultivé — arable field._ Quicquid possidet ecclesia in territorio V. in terragiis, decimis, agriculturis, nemoribus et pratis. BRUNEL, _Actes de Pontieu_, p. 127 no. 89 (a. 1173).
**agrimensor**: *_arpenteur — surveyor._

**agripedalis** (adj.), agripinalis ( <agripeta ,,arpenteur — surveyor''): perche *d'une certaine longueur — rod of a certain length.* In longo perticas agripedales 11. BERNARD-BRUEL, *Ch. de Cluny*, no. 8 (a. 845, Vienne). Ibi saepe.

**agripennalis, agripennis,** v. ari-.

**airalis,** v. areale.

**aisamentum,** aisi-, asia-, eisia-: **1.** *droit d'usage,* surtout dans les bois et les terres vagues — *right of easement,* especially in woods and waste areas. **2.** *les communaux — the common.* Communia populi sui asiamenta et planiciem camporum ... infra concludens atque muniens. LAMBERT. ARDENS., Hist. com. Ghisnens., c. 126, *SS.*, XXIV p. 623 l. 32. **3.** *profit accessoire — by-profit.* Nichil habebo in piscaturis vel aliis aisiamentis et pertinentiis molendinorum. BRUNEL, *Actes de Pontieu*, p. 260 no. 170 (a. 1205/1206). **4.** gener.: *usage, utilité — use, utility.* Plateas ... ad omne omnium transeuntium asiamentum ... paratas. LAMBERT. ARDENS., o.c., c. 152, p. 640 l. 36.

**aisantia** (femin.), aes-, as-, aas-, ass-, es-, -en-, -sia, -zia: *droit d'usage — right of easement.* Per omnes ... terras suas, nemora, prata et aquas concesserunt omnes asencias: in nemoribus ad colligendos fructus, ad pastinationem porcorum, ad pasturagium exterorum animalium ..., ligna ad aedificandum et calefaciendum et ad caetera necessaria; in pratis pasturagium; in aquis ad piscandum ... *Gall. christ.*[2], III instr. col. 33 (a. 1133, Vaucelles). Dedimus eis aisantias pasturarum et usum fagine et glandium et ferrarie in banno de S. PONCELET, *Actes Hugues de Pierrepont*, no. 7 (a. 1202). Fundum nemoris de H., assensu et voluntate hominum de U., qui tunc temporis ibidem suas habebant aisantias, eis contulimus. Ib., no. 55 (a. 1208). Hospites ... omnibus aesantiis dicte ville gaudeant tanquam quilibet de communitate dicte ville. BRUNEL, *Actes de Pontieu*, p. 510 no. 363 (a. 1247).

**aisia** (femin.), aesia, esia, asia (cf. vet. francogall. *aise* < adjacentia ,,terrain vague adjacent aux champs — waste area near the fields''): *droit d'usage — right of easement.* Si voluerit aliquam in terra illa aisiam habere. Instituta Cnuti (a. 1103-1120), lib. 3 c. 52, LIEBERMANN, p. 614.

**aisina,** aysina: *vaisseau, ustensile de ménage — vessel, household utensil.*

**aius,** v. hagius.

**ajacis,** aicis, agicis, aizes, aizum ( <adjacens): **1.** *circonscription,* constituant une fraction d'un ,,pagus'', dans un nombre de cas identique à la ,,vicaria'' — a district, a division of the ,,pagus'', in some cases the same thing as a ,,vicaria'' (Auvergne, Bourgogne, Dauphiné, Rouergue). Est ipse campus in pago Alvernico, in comitatu Brivatense, in aice Cantilanico, in vicaria de Cantoiole. BERNARD-BRUEL, *Ch. de Cluny*, I no. 501 (a. 939). In pago Arvernico in ministerio Cartladense in vicaria Arpajonense, hoc est villa mea ... Similiter in ipso aice cedo mansos meos ... DESJARDINS, *Cart. de Conques*, p. 9 no. 6 (a. 930). **2.** *ferme — farm* (dans les mêmes régions — in the same area).

**1. ala** (,,aile — wing''), figur.: *protection — protection.* Mundaburdem aut patrocinium eligant sub ecclesia Dei et s. Ypoliti ... vel sub ala ipsius domini vel domine ... LACOMBLET, *UB. Niederrh.*, I no. 73 (a. 882). Sint sub mundaburde ipsius aecclesiae vel sub ala pontificis qui Coloniensis aecclesiae regimen tenere videtur. Ib., no. 84 (a. 907).

**2. ala** (anglosax.): *bière — beer.*

**alabastrarius,** v. arbalistarius.

**alabaustrum,** -bastum, -baustum = alabastrum.

**alabrum**: *bobine — reel.* ISID., Etym., lib. 19 c. 29.

**alaia,** all-, -ay-, -ei-, -um (francogall. *aloier* <alligare): **1.** *alliage — alloy,* mixture of metals. **2.** *aloi* des métaux précieux — *alloy,* degree of purity of precious metals.

**alapa,** spec.: *colée d'adoubement — accolade to dub a knight.*

**alapari** (depon.): **gifler — to cuff.*

**alatorium,** -ia (femin.) ( <francogall. *aller*): *chemin de ronde* sur un rempart — *rampart gallery.* S. xiii.

**alaudis,** -um, v. alodis.

**alba** (subst. femin.): **1.** **perle — pearl.* **2.** **aube,* vêtement liturgique en toile blanche — *alb,* white linen liturgical garment. **3.** plural. albae: le *vêtement blanc* du néophyte récemment baptisé — the *white garment* worn by a neophyte who has just been baptised. Baptizatus puer ... in ipsis, sicut regeneratus fuerat, albis abiit. GREGOR. TURON., Hist. Franc., lib. 2 c. 29. Ibi pluries. Id., Gl. mart., c. 66, *Scr. rer. Merov.*, I p. 533. Id., Gl. conf., c. 34, p. 769. Cum a sanctum Remedium in albis euangelio lectio Clodoveo adnunciaretur. FREDEG., lib. 3 c. 21, *Scr. rer. Merov.*, II p. 101. Videres ... viros ... in fonte sacro renasci ... ac subito albis indutos renovari. V. Eligii, lib. 2 c. 10, ib., IV p. 701. F. Sal. Merkel., no. 43, *Form.*, p. 25. **4.** *la semaine de Pâques — the Easter week.* Quos septem dies albas vocitamus propter eos, qui in sancta nocte baptizati albis per totam hebdomadam utuntur vestibus. HRABAN., De instit. cleric., lib. 2 c. 39, ed. KNÖPFLER, 1900, p. 137. Post albas sinodum habuit. Ann. Altah. maj., a. 1068, ed. VON OEFELE, p. 74. **5.** vid. s. v. alva.

**albalestarius,** v. arcoballistarius.

**albanagium,** albi-: **1.** *droit d'aubaine,* le droit du seigneur de s'approprier la succession meuble d'un étranger mort sans laisser d'héritiers dans le territoire — power of a lord to seize the movables left by an alien who has died without any heir living within the lord's jurisdiction. S. xii. **2.** *droit d'aubaine,* le paiement effectué par les héritiers vivant ailleurs pour racheter la succession — payment by the heirs dwelling elsewhere for release of the inheritance. S. xiii.

**albania**: *droit d'aubaine — mortuary from the goods of an alien.* S. xiv.

**albanus,** auba-, aube-, -neus, -nius (subst.) ( < *aliban,* vocable francique conjectural signifiant ,,un homme qui appartient à une autre juridiction'' — a conjectural frankish word meaning ,,a man belonging to a different jurisdiction''): *étranger — alien.* De liberis hominibus albanisque ac colonibus in supradicta terra commanentibus. *D. Lothaire*, no. 56 (a. 986; an verax?). Albanios trado [monasterio], quamdiu ibi manserint venientes. DUVIVIER, *Rech. Hainaut*, p. 440 (a. 1084). Ceperunt ministri ... inferre quasdam querelas ... clamantes omnes homines albanios qui in eadem terra non habentes domus proprias conversabantur ... Judicavit igitur omnis curia, quod nullus alius albanius esset dicendus, nisi is qui per terram ibat et in ea nec parentem nec amicum nec hospicium ullomodo habebat, nec in illa terra aliter nisi transeundo habitabat. FLACH, *Orig.*, I p. 160 n. 1 (ch. a. 1055-1067, Le Mans). Item BOURGIN, *Soissons*, p. 420 no. 11 (ch. a. 1065). Si aliquis albaneus ... in terram nostram hospitetur et ibi sine haerede moriatur, nec definierit quid agatur de substantia sua, nihil super eo potest jure reclamare comes. *Gall. chr.*[2], XIV instr. col. 73 C no. 55 (a. 1073, Tours). Advenas, quos albanos vocant, qui ab extraneis regnis venientes in ipsorum jurisdictione mansionem sibi delegerunt. WARNKOENIG-GHELDOLF, *Hist. de la Flandre*, III p. 225 no. 5 (a. 1186, Gand). Rex regni, sub cujus dominio et pace degunt omnes albani. Leg. Edwardi Conf. (a. 1130-1135), c. 15 § 7, LIEBERMANN, p. 642.



**albareta,** albereta, v. arboretum.

**albarius** (adj.) (cf. alba sub 4.): *faisant partie de la semaine de Pâques — pertaining to the Easter week.* Transeunte festiva solempnitate paschali, dum albaria sequens adveniret ebdomada. WOLFHARD. HASERENS., Mir. Waldburgis Monheimens. (ca. a. 895), lib. 4 c. 11, *SS.*, XV p. 554.

**albatus**: *vêtu de blanc* (du baptisé) — *clad in white* (of a person who has been baptised). HERBORD., V. Ottonis Babenb., lib. 2 c. 28, ed. PERTZ in us. sch., p. 84.

**albeare,** -rium = alveare, alvearium.

**albeolus,** alveolus: *jeune prince — atheling.* Eduardum et Edmundum filios Edmundi elegantes albeolos. ORDERIC. VITAL., lib. 1 c. 24, ed. LEPRÉVOST, I p. 178.

**albergagium,** herberg-: **1.** *hôtise, habitation — dwelling.* Homines ... novorum herbergagiorum tempore patris nostri constructorum. *Actes Phil.-Aug.*, no. 32 (a. 1181), I p. 44. **2.** *droit de gîte — right of lodging and procurement.* A consuetudine jacendi totam cellam ... absolvimus, retento herbergagio nostro super rusticos villae ... D. Ludov. VII reg. Fr., GUÉRARD, *Cart. de S.-Père de Chartres*, II p. 647 (a. 1153).

**albergamentum,** arberg-: **1.** *ferme modeste, hôtise — small farm, cotter's plot.* Duas borderias terre ... in qua terra tria arbergamenta sunt. DE MONSABERT, *Ch. de Nouaillé*, no. 189 p. 296 (a. 1110-1151). In terris ... et in arbergamento de M., que omnia feodales nostri a nobis feodaliter tenere solebant. Ib., no. 217 p. 338 (a. 1164). **2.** *droit de gîte — right of lodging and procurement.* Ibi arbergamentum aut exercitum ... [non] habeamus. *Gall. chr.*[2], II instr. col. 480 (a. 1047, Saintes).

**albergare**: **1.** *gîter, exercer le droit de gîte — to stay, to exact lodging and procurement.* Nullus ... in eorum domos arbergare [audeat]. *D. Heinricus IV.*, no. 170 (a. 1065). **2.** *camper — to camp.* Ea die apud villam S. albergaverunt. JOH. CODAGN., Ann., a. 1216, ed. HOLDER-EGGER, p. 54. Ibi pluries.

**albergaria,** arberg-, herberg-: **1.** sing. et albergariae plur.: *camp d'armée, bivouac — encampment.* Prope R. castrum suas fixere albergarias. JOH. CODAGN., Ann., a. 1217, ed. HOLDER-EGGER, p. 61. Ibi pluries. **2.** *droit de gîte — right of lodging and procurement.* Cum fotro, albergaria, intratura abbatis. *D. Karls III. d. Dicken*, no. 177 (< a. 880> , spur. s. xii in.). Si quis ... fodrum aut herbergarias aliquas inde ... ibi exigere presumat. *D. Konr. II.*, no. 143 (a. 1029). Arbergarias ... exigant. Ib., no. 163 (a. 1031). Nullam justitiam ..., nullam arbergariam habere. *Gall. chr.*[2], IV, instr. col. 176 (a. 1158).

**albergatio,** ar-: *hôtise, exploitation rurale de défrichement — clearing cottage.* Placuit donare ... totius arbergationis medietatem quae in sylva ... fieri poterit. FLACH, *Orig.*, I p. 210 n. 2 (s. xi, S.-Jean-d'Angély).

**albergum,** arberg-, -ium, -a (femin.), -ia (etym. vid. s. v. haribergus): **1.** *droit de gîte — right of lodging and procurement.* Totum quod habemus ... in villa de A. ... videlicet in albergis, in questis, in fornagiis ... GUÉRARD, *Cart. de S.-Victor de Mars.*, I no. 481 p. 484 (a. 1155). Debebant ibi habere gardam et arbergum. Ib., II no. 804 p. 154 (ca. a. 1110). **2.** *paiement pour le rachat du droit de gîte — payment to buy off the obligation of lodging and procurement.* S. xiii. **3.** *maisnie, cour princière ou seigneuriale — household, court of a prince or a lord.* Alicui de albergo vel parentela alicujus. *Const.*, IV, pars 1 no. 710 p. 692 (a. 1311).

**albinagium,** v. albanagium.

**albor**: **couleur blanche — white colour.*

**albumen**: **1.** **substance blanche — white substance.* **2.** spec.: **blanc d'oeuf — white of an egg.*

**albus** (adj.). Monachus albus: *chanoine augustin — Austin canon.* S. xiii. Subst. **albus:** une *monnaye* d'argent pur — a pure silver *coin.* S. xiv. Subst. **album:** *pain blanc — white bread.* S. xii.

**alchimia,** alk- (arab.): *alchimie — alchemy.*

**alchimista,** alk-: *alchimiste — alchemist.*

**alchimicus,** alk-: *alchimique — alchemical.*

**aldermannus** (sax., anglosax.): **1.** *chef d'un ,,shire'' — head of a shire, ealdorman.* Angl., s. ix. **2.** *chef d'une circonscription urbaine — head of a borough ward.* PAGE, *London*, p. 80 (a. 1111). **3.** *membre du collège dirigeant d'une gilde marchande — member of the board of a guild merchant.* Aldermanni hansae. KETNER, *OB. Utrecht*, III no. 1247 (a. 1251). **4.** *membre d'une magistrature urbaine — member of an urban magistracy.* Omnes aldermanni et cives nostri. BLOK-FEITH, *OB. Groningen*, I no. 105 (a. 1245).

**aldiana,** aldiona, aldia: *femme dans la condition personnelle des ,,aldiones''* (q. v.) — *a woman with the personal status of the ,,aldiones''* (q. v.). Capit. Ital. a. 801, c. 6, I p. 205 (vid. s. v. aldio). FATTESCHI, *Memorie di Spoleto*, p. 275 (a. 773). Cum aldionibus et aldianis (pert. form.) *D. Karls III. d. Dicken*, no. 47 (a. 882). Similiter *D. Guido*, no. 5 (a. 891) et exinde saepe.

**aldiaricius,** -da-, -de- (adj.): *exploité* ou ayant été exploité *par un ,,aldio'' — held* or having been held *by an ,,aldio''.* Cum casis massariciis et aldariciis. FATTESCHI, *Memorie di Spoleto*, p. 271 (a. 768). Una massaricia et tres casas aldericias. *D. Karolin.*, I no. 155 (a. 786/787). Mansis tam domnicalibus quam et massari-

ciis, aldiariciis, tributareis. *D. Ott. III.*, no. 219 (a. 996). Subst.: 1. *tenure d'un „aldio" — holding of an „aldio"*. Cum massaritiis, aldiariciis, bovulcariis. FATTESCHI, o.c., p. 274 (a. 772). 2. = aldio. Aldiariciis, cartulatis. *D. Ludov. III e Rod. II*, p. 60 (a. 905).

**aldietas**: *condition d'„aldio" — status of „aldio"*. Nichil super vos [h]abentem aliqua condicione vel aldietate. *CD. Cavens.* II p. 18 (a. 964).

**aldio** (genet. -ionis), aldius, haldio, haldius (germ. *aldi-*: „homme — man"): *serf affranchi* jouissant d'une demi-liberté, en Italie et en Bavière — *emancipated serf* in a status of semi-liberty, in Italy and Bavaria. Si quis servum alienum aut ancillam seu haldium aut libertum viam antesteterit. Edict. Rothari, c. 28. Ibi pluries. Qui haldionem facere voluerit, non eum ducat in ecclesia, nisi alio modo faciat. Leges Liutprandi, c. 23. Ibi pluries. Aldiones vel aldianae ad jus publicum pertinentes ea lege vivant in Italia in servitute dominorum suorum, qua fiscalini vel lites vivunt in Francia. Capit. Italic. a. 801, c. 6, I p. 205. Servus ponitur hic pro servo et aldione. Liber Papiensis, *LL.*, IV p. 306. Aldiones, qui propter hostem ad ipsam villam se tradiderunt. GIULINI, *Memorie di Milano*, I, p. 441 (a. 835). Cum familiis, commendaticiis, cartulariis atque aldionibus utriusque sexus. D. Ludov. II imp. a. 873, *CD. Langob.*, p. 430. Cum ... servis et ancillis, aldionibus et aldianis. *D. Bereng. I*, no. 4 (a. 888). Similiter saepissime. Libertos et aldiones. BITTERAUF, *Trad. Freising*, I no. 46 (a. 772). BERNARD-BRUEL, *Ch. de Cluny*, I no. 417. Duos burchwardos ... cum omnibus appendiciis suis, mancipiis, smurdis et aldionibus ... *D. Heinr. IV.*, no. 140 (a. 1065, Naumburg).

**aldionaria**: *tenure d'un „aldio" — holding of an „aldio"*. Corticellam ... cum manentibus 10 ... seu aldionariis 4, quicquid ad illas pertinere dinoscitur. *D. Guido*, no. 17 (a. 892).

**aldionaricius** (adj.): *exploité* ou ayant été exploité *par un „aldio" — held* or having been held *by an „aldio"*. Terra massaricia seu aldionaricia. VIGNATI, *CD. Laudense*, I p. 6 (a. 761). Subst. **aldionaricia**: *tenure d'un „aldio" — holding of an „aldio"*. Cum universis cohortibus et casis, massariciis, aldionariciis et cunctis pertinentiis. *D. Karls III. d. Dicken*, no. 21 (a. 880). Villam ... cum casis et massariciis et aldionariciis. *D. Ugo*, no. 19 (a. 929).

**alec** (neutr., genet. -ecis), all-, -ecium, -ecum, -ex, -exium: 1. *du poisson* à faire de la sauce, de la gelée — *fish* used for making sauce or jelly. 2. *hareng — herring* (collect.) 3. *un seul hareng — one herring*. Plural. allecia: *hareng — herring* (collect.)

1. **aleia**, v. alaia.

2. **aleia**, v. alleia.

**alethia** (gr.): 1. *vérité — truth*. 2. *véracité, sincérité, droiture — veracity, sincerity, uprightness*.

**alphabetum**: 1. *alphabet — alphabet*. 2. *enseignement de la lecture et de l'écriture — teaching to read and to write*.

**alfinus**, alphinus, alpinus (arab.): *fou* du jeu d'échecs — *bishop* in game of chess.

**alphita** (gr.): 1. **farine — flour*. 2. telle sorte de *blé* (?) — a particular kind of *corn* (?).

Decem modios ordei et decem alfite. KÖTZSCHKE, *Urbare Werden*, p. 21 (s. ix ex.).

**alga**, algea, v. augea.

**algorismus** (arab.): *arithmétique* aux chiffres arabes — *arithmetic* with arab figures. S. xiii.

**alienare**: 1. aliquid: *enlever, soustraire — to take away, to filch*. Si quis eandem ecclesiam a predictis fratribus umquam alienare ... temptaverit. MULLER-BOUMAN, *OB. Utrecht*, I no. 258 (a. 1094). 2. aliquem: *expulser — to expel*. A collegio [sacerdotum] alienetur. Concil. Neuching. a. 772, *Constit.*, II p. 105. 3. aliquem: *déposséder — to deprive* of a thing. De eorum hereditate, exceptis capitalis (= -ibus) criminibus, non alienentur. Concil. Ascheim. a. 756, c. 12, *Conc.*, II p. 58. A proprio alienatur patrimonio. Concil. Neuching. a. 772, c. 17, ib. p. 103. 4. se alienare: *s'éloigner* de qqch. — *to withdraw* from a thing. Neque ministerium suum per alios tantum administrare et se ab eo debet alienare. Concil. Paris. a. 829, c. 57, *Conc.*, II p. 653. 5. se alienare: *se détourner* de qq'un — *to turn away* from a person. A nobis totis viribus se alienavit et fidem fraudavit. *D. Ludw. d. Deutsch.*, no. 96 (a. 859).

**alienus**: *dépossédé, privé* de qqch. — *deprived* of a thing. A propria alode alienus efficiatur. Concil. Neuching. a. 772, c. 14, *Conc.*, II p. 103. Alieni a communionis gratia judicentur. Concil. Forojul. a. 796/797, c. 8, *Conc.*, II p. 192.

**aligena**, aliegena = alienigena (subst. masc.).

**aligenus**, aliegenus = alienigenus (adj.).

**alimentare**: **nourrir — to feed*.

**alimentum**: l'ensemble des *biens d'une église* affectés à la subsistance des clercs — the whole of the *estates of a church* appropriated for the subsistence of the clergy. Abbatibus ac presbyteris vel clero, qui stipendiis ex ipso alimento pascuntur. Concil. Turon. a. 567, c. 25, *Conc.*, I p. 134.

**alimonia**: *douaire — dower*. S. xiii.

**aliqualis**: *de quelle sorte, de quelle manière que ce soit, quelque, quelconque — of some kind, in some way, some, any*.

**aliqualiter**: *de quelle manière que ce soit, d'une manière non définie — in some way or other, in any way*.

**aliquantisper**: *dans un faible degré, à un certain point — in a low degree, to some extent*. GREGOR. M.

**aliquorsum** = aliquovorsum.

**aliquotus** (adj.) Pro aliquota parte: dans une certaine mesure — for some part. Aliquoto tempore: pendant un certain temps — for some time. Plural. aliquoti: quelques, un certain nombre — some, a certain number. S. xiii.

**alithinus** (adj.) (gr.): *pourpre — purple*. Lib. pontif., c. 93, Zacharias, § 19 ed. DUCHESNE, I p. 432. Ibi pluries.

**alius**: 1. *second — second*. Una pars episcopo, alia clericis, tertia pauperis. *Capit.*, I p. 228 c. 13 (a. 799/800). 2. alius ab aliqua re: *différent* de — *different* from. S. xi.

**alkimia, alkimista, alkimicus**, v. alch-.

**allactare**: **allaiter — to suckle*.

**allaja**, -ay-, -ei-, -um, v. alaja.

**allaxare**: *remettre, transférer — to yield, to surrender*. Eidem [res] in commutationem allaxavit. *D. Ludw. II. d. Deutsch.*, no. 152 (a. 874).



**allec**, -ecium, -ecum, -ex, -exum, v. alec.

**allegare**, -li-: 1. **insérer, faire insérer* dans les „gesta municipalia" — *to insert, to have inserted* in the „gesta municipalia". F. Andecav., no. 1, *Form.*, p. 4. Ibi saepe. Test. Bertramni a. 615, PARDESSUS, I no. 230 p. 215. 2. *consigner* par écrit, *décrire — to commit* to writing, *to describe*. Necesse est facta scribturarum series [i. e. seriei] alligare, ne ab aliquibus in posterum valeat refragare [i. e. refragari]. MARCULF., lib. 2 no. 14, *Form.*, p. 84. Quicquid de rebus eorum inter se diviserint, scripturarum serie alligentur. F. Turon., no. 25, ib. p. 149. Opus vestrum, quo imperatoris gesta ... clarissime litteris allegastis. LUPUS, Epist., no. 1, ed. LEVILLAIN, I p. 6. 3. gener.: *incorporer* dans un tout — *to incorporate* with a whole. 4. *attribuer, procurer — to assign, to grant*. Si quiddam nobis facias, 10 solidos nos allegaturos pollicemur. RICHER., Hist., lib. 2 c. 57, ed. LATOUCHE, I p. 220. Hujus sedis aecclesiae 12 mansos ... se pollicebant allegaturum [i. e. allegaturos]. BEYER, *UB. Mittelrh.*, I no. 307, p. 359 (a. 1036). Ut hec traditio justa ac solita ratione confirmetur, allego illud [i. e. antedicta bona] libera manu in manum Ottonis de C. BAUMANN, *Urk. Allerheil. in Schaffhausen*, p. 32 no. 15 (a. 1092).

**allegatio**, -li-: 1. **allégation* de faits à décharge ou de circonstances atténuantes par le défendeur — *bringing forward* of discharging facts or extenuating circumstances by the defendant. 2. gener.: *allégation*, appuyée par la production de preuves écrites ou de témoignages — *allegation* based on written proof or oral testimony. Utriusque partis allegationibus plenius exhibitis et ostensis hec controversia mediante justitia finiretur. ROMUALD. SALERNIT., Chron., a. 1137, ed. GARUFI, p. 224. 3. **déclaration* à insérer dans les „gesta municipalia" — *declaration* to be inserted into the „gesta municipalia". [H]abeo, que gestarum alegatio[ne] cupio roborare. F. Arvern., no. 2[b], *Form.*, p. 29. 4. *souscription — subscription*. [Paginam] bonorum hominum signis vel allegacionibus roborandum decrevi. Coll. Flav n., no. 8, *Form.*, p. 477. 5. *citation* à l'appui d'une assertion — *quotation* in support of an assertion. Allegoricas allegationes ... studiosis rimandas relinquam. ORDER. VITAL., lib. 8 c. 15, ed. LEPRÉVOST, III p. 358. 6. *argumentation — argument*.

**allegoria** (gr.): **interprétation allégorique — allegorical interpretation*.

**allegorice**: **de manière allégorique — allegorically*.

**allegoricus**: **allégorique — allegorical*.

**allegorizare**: **interpréter par allégorie — to interpret allegorically*.

**alleia**, aleia (cf. frg. *allée*): *sentier, ruelle, corridor — path, lane, corridor*. S. xiii.

**alleluja** (hebr.): **chant de louanges — song of praise*.

**allelujaticus** (adj.): **louangeant — praising*. Subst. allelujaticum: *chant de louanges — song of praise*.

**allers** (< ars. cf. sollers): *lettré, érudit, expérimenté — literate, learned, skilled*.

**alleum** = allium.

**allevamen**: *allègement, soulagement — alleviation, relief*.

**allevare**, faidam: *s'engager dans* une vendetta — *to start* a feud (cf. s. v. levare). Ne aliquam super hoc faidam allevare presumant. Concil. Tribur. a. 895, praef., rec. B, *Capit.*, II p. 212 l. 20.

**alleviare** = allevare.

**alligantia**: 1. *alliance politique — league*. S. xiii. 2. *alliance matrimoniale — marriage*.

**alligare, alligatio**, v. alle-.

**alligatura**: 1. **liaison — bond*. 2. **lien, bandage — tie, bandage*. 3. **faisceau, botte — bundle, parcel*.

**allocabilis**: *admissible — admissible*. S. xiii.

**allocare**: 1. *admettre, recevoir* un titre, un plaidoyer *en justice — to allow, to admit* a title, a plea *in law* (> angl. allow). Angl., s. xii. 2. *reconnaître* un document *comme valable, agréer, entériner — to acknowledge* a document *as valid, to uphold, to sanction*. Angl., s. xii. 3. *reconnaître* un paiement *comme valable, porter en déduction de compte — to acknowledge* a payment *as valid, to deduct from the account* (> frg. allouer). S. xiv. 4. *donner en location — to let*. Adlocamus bobis portione agnurii. *CD. Cajetan.*, I p. 11 (a. 839). 5. *prendre en location — to hire*. S. xiv.

**allocatus** (subst.): 1. *fondé de pouvoirs — attorney*. S. xiii. 2. *official, juge épiscopal — episcopal judge*. Bretagne, s. xiii.

**allodis**, -dium et derivata, v. alod-.

**allogiamentum**: *camp d'armeé, bivouac — encampment*. S. xiv.

**allogiare**: *camper — to camp*. S. xiv.

**alloqui**: 1. **prêcher devant* un auditoire — *to preach to* an audience. 2. *actionner — to bring an action against* a person. S. xiii.

**allusio**: 1. **jeu de mots — play upon words*. 2. *allusion — allusion*.

**allusivus**: *allusif — alluding*. S. xiii.

**alluvio** (genet. -onis): *apport alluvionnaire — alluvial soil*.

**almarium** = armarium.

**almenda** (germ.): *communal — common*. In predicte almende possessionem. *Const.*, IV pars 1 no. 886 (a. 1313).

**almificus**: épithète de saints — epithet of saints. V. Sigiramni abb. Longoret. (s. viii?), c. 7, *Scr. rer. Merov.*, IV p. 610. D'un évêque vivant — of a living bishop: *D. Ludw. II. d. Deutsch.*, no. 35 (a. 844).

**almifluus**: épithète de saints — epithet of saints.

**almipotens**: épithète de saints — epithet of saints.

**almitas**. Vestra almitas: titre honorifique d'évêques — honorary title for bishops. Admon. gen. a. 789, c. 40, *Capit.*, I p. 59.

**almities**: 1. **beauté — beauty*. 2. *clémence, miséricorde, bénignité — clemency, mercifulness, benignity*.

**almivolus** (cf. benivolus): *bénigne — benign*. A vestrae [sc. papae] auctoritatis almivola pietate ... petitionem benignissime susceptam. ALCUIN., epist. 125, *Epp.*, IV p. 185.

**almucium**, ar-, a-, au-, -mi-, -zium, -cia: *aumusse*, cape de fourrure couvrant la tête et les épaules, vêtement d'hiver porté surtout par les chanoines — *almuce*, fur cape covering head and shoulders, worn in winter especially by canons.

**alna** = ulna.

**alnetum**, alnidum: *aunaie — alderwood*. D. Karoli II Calvi reg. a. 868 ap. HARIULF., lib. 3 c. 16, ed. LOT, p. 131. *Gall. chr.*[2], XIV

instr. col. 70 B no. 50 (a. 1051, Tours). BRUNEL, *Actes de Pontieu*, p. 70 no. 45 (a. 1149).

**alninus** (adj.): *d'aune — aldern.*

**alodialis,** allo- (adj.): *allodial — allodial.* S. xii. Subst. mascul.: *feudataire — feudal tenant.* DC.-F., I p. 197 col. 2 (ch. a. 1042, Angl.).

**alodialiter**: *en guise d'alleu — as an allod.* S. xi.

**alodiare,** all-: *transférer en toute propriété — to convey in full property.* Predictis hominibus ... emptionem [i. e. rem emptam] ... allodiavit sive propriavit. DE FREMERY, *OB. Holland*, suppl., no. 213 (a. 1281).

**alodiarius,** all-, -da- (adj.): *allodial — allodial.* De domo sua allodiaria. SLOET, *OB. Gelre*, no. 775 (a. 1255). Subst.: **1.** *alleutier — proprietor.* Homines qui se dicebant alodarios. GUÉRARD, *Cart. de S.-Victor de Mars.* I no. 27 (ca. a. 1020). Districtum et bagliam et albergariam de alodariis de duabus partibus ejusdem ville. Ib., no. 58 p. 86 (a. 1040). Fuerunt aliqui homines qui habuerunt alodem infra terminos ipsius ville ... Ipsi alodarii haberent medietatem de tasca. Ib., no. 99 p. 124 (ca. a. 1025). **2.** Dans quelques régions, les ,,allodarii'' étaient une classe de dépendants. — In some parts the ,,allodarii'' formed a class of dependant persons. Donamus ... duos mansos et tres alodarios et medietatem decime. MORIS-BLANC, *Cart. de Lérins*, I p. 314 no. 307 (ca. a. 1040). Do etiam ... in Vado Fulmeri unum allodarium. VERNIER, *Ch. de Jumièges*, I p. 40 no. 12 (a. 1027). Prebet ... sex acres silve atque sex homines liberos qui vocantur allodarii. Ib., p. 87 no. 31 (ante a. 1079). **3.** *vassal tenant un fief* qualifié d' ,,alleu'' — *vassal holding a fief* called an ,,alodium''. B. meum fidelem allodiarium. VAN DEN BERGH, *OB. Holland*, I no. 394 (a. 1243).

**alodio,** allodio (genet. -onis): *copropriétaire — joint proprietor.* Dono ... villa[m] ..., quantumcumque mihi ibidem obvenit de genitore meo Pippino, quod contra allodiones meos recepi. WAMPACH, *Grundherrsch. Echternach*, I pars 2, no. 27 p. 67 (a. 718).

**alodis** (femin. vel masc.), alode (neutr.), all-, -aud-, -us, -um, -ium (à partir du xie s. la forme ,,allodium'' prédomine — from the xi[th] cent. onward ,,allodium'' is the usual form) (germ. *al* ,,plein, entier — full, entire''; *ôd* ,,biens — property''. Mot francique; les textes alamans, bavarois et thuringiens où le mot se retrouve, ont probablement subi une influence francique. — A Frankish word; it occurs in some alamanic, bavarian and thuringian sources, but this may be ascribed to Frankish influence.): **1.** les *biens meubles possédés en propre* par une personne — *movable property* of one person. Lex Sal., tit. 59, inscr.: De alodis. Le texte lui-même de la loi désigne la propriété personnelle par le mot ,,hereditas'', synonyme d' ,,alodis''; il l'oppose à la ,,terra'', ,,terra salica'', les biens-fonds qui constituent le patrimoine du lignage. — In the text itself personal assets are styled ,,hereditas'' synonymously with ,,alodis'', as contrasted with ,,terra'', ,,terra salica'', which means the real property belonging to the kindred. **2.** les *biens possédés en propre* par une personne, tant immeubles que meubles — movable and immovable *property* of one person. Nullus liber Baiwarius alodem aut vitam sine capitali crimine perdat. Lex Baiwar., tit. 2 § 1. A proprio alode alienus efficitur. Decr. Tassilonis, c. 14, *Leg. nat. Germ.*, V pars 2 p. 469. Dotis ... legitima 400 sol. constat, aut in auro aut in argento aut mancipia aut qualecunque habet ad alodo dandum. Lex Alam., tit. 54 § 1. In omni alode mea post meum discessum, ... hoc est tam in terris, domibus, accolabus, mancipiis ..., peculium ... omnique suppellectile domus. MARCULF., lib. 2 no. 10, *Form.*, p. 82. Etiam ib. no. 7, p. 79 sq.; no. 14, p. 84. Multitudo Saxonum baptizati sunt et secundum morem illorum omnem ingenuitatem et alodem manibus dulgtum fecerunt si amplius inmutassent. Ann. regni Francor., a. 777, ed. KURZE, p. 48. **3.** *l'héritage* consistant dans les biens meubles et immeubles qu'un décédé a possédé en propre — the *inheritance* left behind by a deceased person, consisting in his personal and real property. Porciones nostras, quaem ex alote parentum meorum mihi legibus obvenisse debit. F. Andecav., no. 1b, *Form.*, p. 4. Quod vestrum ... de parte genetrice fuit alodae. MARCULF., lib. 2 no. 9, *Form.*, p. 81. Interpellabat aliquem, eo quod alode, qui fuerat genitori suo, malo ordine retineret. F. Turon., no. 41, *Form.*, p. 157. Convenit inter illo et germano suo illo de allete, qui fuit genitore illo, ut inter se ... dividere ... deberent. Cart. Senon., no. 29, *Form.*, p. 197. Villas, quod [i. e. quot] in R. de alode materna ad eodem nuscuntur pervenisse. *D. Merov.*, no. 12 (ca. a. 628). Dono ... de alodo parentum meorum villam H. Test. Anseberti episc. Augustod. a. 696, PARDESSUS, II no. 437 p. 237. Basilicas ... quem ex alode in porcione contra germano meo L. duce accipimus. BRUCKNER, *Reg. Alsat.*, no. 122 (a. 731/732). Allodium bone memorie comitisse Matilde vobis committimus. Priv. Innoc. II pap. a. 1133, *Const.*, I no. 117. Totum alodium, quod contigit eum tam a nobis quam a patrueli meo. Ib., I no. 319, c. 1. Solo nativo et paternae hereditati, quam nostrates alodium vel patrimonium vocant, sese contulit. HARIULF., lib. 1 c. 15, ed. LOT, p. 25. **4.** les *biens hérités* et possédés en propre, en opposition aux biens acquis — *inherited property*, as contradistinguished from acquired property. De alode vel de atracto. F. Arvern., no. 6, *Form.*, p. 31. Villas ... quas aut munere regio aut de alodo parentum vel undecunque ... tenere videtur. MARCULF., lib. 1 no. 12, *Form.*, p. 50. Re proprietatis meae tam de alode quam et de conparato seu de qualibet adtracto. F. Turon., no. 14, *Form.*, p. 143. Quicquid tam de alote parentum quam de conparato vel de qualibet adtractum ibidem tenuerunt. *D. Merov.*, no. 64 (a. 692). Quicquid ibidem ad presens tam de alode parentum vel de qualibet adtracto possidere videor. ZEUSS, *Tradit. Wizenb.*, no. 140 (a. 757). Quicquid ibidem visus sum abire, tam de alodo quam de cumparato. WARTMANN, *UB. S.-Gallen*, I no. 35 (a. 762). In ipsa praedicta villa quae [leg. quod?] de parte genitoris mei G. jure hereditario mihi legibus in alode obvenit et nunc mea videtur esse possessio.



*Gall. chr.*[2], XIV instr. col. 15 no. 12 (a. 813, Tours). Res que ... in ipsa villa abbeo [i. e. habeo] ... tam de alodo quam de conquisto. BERNARD-BRUEL, *Ch. de Cluny*, I no. 522 (a. 940/941). **5.** les *biens possédés en propre*, tant hérités qu'acquis — the entire *property*, either inherited or acquired. Res, tam quod regio munere, quam quod per vindictiones, cessiones, donationes commutationesque titulum vel reliqua alode, quod ... possedit. MARCULF., lib. 1 no. 33, *Form.*, p. 64. Illorum alodes de hereditate et de conquisitu. Conv. ap. Confluent. a. 860, *Capit.*, II p. 158. In mansis suis de alode vel naturali vel comparato. HINCMAR., epist. 34, MIGNE, t. 126 col. 254. **6.** les *immeubles possédés en propre*, en opposition aux meubles — *real property*, as contradistinguished from movables. Si alodem habuerit, ipso fisco regis recipiat. Capit. Haristall. a. 779, forma Langobard., c. 5, I p. 48. Emunt sibi alodium et mancipia et caeteras facultates. Capit. Karoli M. de presb. admon., c. 6, I p. 238. Si alodem habuerit vel in illo comitatu, unde fugit, vel in illo comitatu, ad quem fugit. Capit. Carisiac. a. 873, c. 1, II p. 343. Item ib. c. 4, p. 345. Alodii Maurelandi cum consortibus suis, quod ad illum pervenit de conjuge sua Renegarde. D' HERBOMEZ, *Cart. de Gorze*, p. 19 no. 8 (a. 762). **7.** *un immeuble* particulier *possédé en propre* — a particular *real estate, being held as a property.* De his qui propriam alodem vendunt. Lex Baiwar., tit. 17, § 3. [Cedo] in ... loco qui dicitur C. alodem meum. F. extrav. lib. 1 no. 9, *Form.*, p. 539. In loco ... M., in alodo fidele nostro E. comite. *D. Merov.*, no. 85 (a. 727). Alodus meus proprius, qui per conquistum mihi obvenit; et est ipse alodus situs in pago Arvernico ... BERNARD-BRUEL, *Ch. de Cluny*, I no. 532 (a. 941). In plurali: Sicut ipsi ipsos alodes in sua manu tenuissent, ita de ipsis alodibus fiat. Capit. Tusiac. a. 865, c. 5, II p. 330. BITTERAUF, *Tradit. Freising*, I no. 64 (a. 773). Propter quosdam Rothildis alodes nuper defunctae, quos a Bovone pervasos repetebat Hugo gener ipsius Rothildis. FLODOARD., Ann., a. 929, ed. LAUER, p. 43. Allodes quos vos invadentes tenere non formidetis. HINCMAR., epist. 144, MIGNE, t. 126 col. 787. Partem allodiorum [monasterii] que abbatisse pertinuit. ERHARD, *Reg. Westfal.* I, CD. no. 182, p. 145 (a. 1118). **8.** le *droit de propriété* sur des immeubles et particulièrement le droit de pleine propriété, en opposition à tout droit dérivé de possession et surtout au fief — the *right of property* concerning real estate, in particular the full right of property as contradistinguished from every derived possessory right, especially from the fief. Portionem in R., quam vassus noster A. per beneficium habuit [et] genitor meus Karolus mihi in alodem dereliquit. *D. Karolin.*, I no. 16 (a. 762). Aliqui reddunt beneficium nostrum ad alios homines in proprietatem, et ... dato precio comparant ipsas res iterum sibi in alodem. Capit. missor. Niumag. a. 806, c. 7, I p. 131. [Praedia] in alodem sunt data ... [Post alia:] in proprietatem data sunt. Capit. missor. Suession. a. 853 c. 2, II p. 268. Placuit ... cuidam fideli nostro ... quasdam res in jure proprietatis suae largire et nostra liberalitate in alodem perpetualiter habendum concedere. *D. Charles III le Simple*, no. 27 (a. 899). Propriam hereditatem, quam genitor meus in alodem mihi reliquit. BITTERAUF, *Tradit. Freising*, I no. 47 (a. 772). Ipsum mansum S. monachus dare nec vendere nec alienare nec a [i. e. ad] fevum nec ad alodem ad nullum hominem ... non possit. CASSAN-MEYNIAL, *Cart. de Gellone*, p. 155 no. 174 (ca. a. 984). **9.** *l'immeuble possédé en toute propriété* comme précisé sub 8 — the *real estate possessed in full property* as defined sub 8. Qui sine beneficiis sunt et alodos atque peccunias habent. Capit. Lotharii de exped. contra Sarrac. fac., a. 846, c. 8, II p. 66. Omnes in honoribus et in alodis vestris interim consistatis. ... Et si aliqui sunt ex vobis, qui honores non habent, si volunt in suis alodibus consistere ... Missat. ad Aquit. et Franc. a. 856, *Capit.*, II p. 285. De quodam praedio quaestio mota est, agnatis feudum, filia vero allodium sive libellarium esse asserentibus. Libri feudor., vulg., lib. 2 tit. 26 § 1 sqq., ed. LEHMANN, p. 150 sq. Qui beneficia vel alodes in duobus ... comitatibus habent. Edict. Pistense a. 864, c. 22, *Capit.*, II p. 319. **10.** le *droit de propriété non grevé d'obligations réelles,* cens ou autre. — *right of property not burdened with any real obligation.* Dum priscis coleretur temporibus, 12 denarios census solvebat; quia vero modo vasta est, nihil census reddit, sed est alodium. DC.-F., I p. 195 col. 2 (s. xi?). **11.** *l'ensemble des biens placés sous le ,,dominium'' d'un seigneur,* tant les bien donnés en fief que ceux qu'il tient dans sa propre main — *the estates placed under a lord's ,,dominium'',* enfeoffed as well as demesne. Tam ea quae nos indominicata habemus, quam etiam ea quae vassalli nostri ... de nostro alodo in beneficio habere videntur. PROU-VIDIER, *Ch. de S.-Benoît-s.-Loire*, I no. 27 p. 76 (a. 876). Quedam de allodio nostro, que ejus erant feudum. JORDAN, *Urk. Heinrichs d. Löwen*, no. 19, p. 28 (a. 1152). **12.** *les biens réservés à la jouissance directe du seigneur — the estates held in the lord's demesne.* Fuit in manu gloriosi regis Roberti, cujus ipsa [terra] fiscus et alodus exstitit. D. Henrici I reg. Franc. ap. LUCHAIRE, *Inst. monarch.*, I p. 87 n. 1. Ecclesiam ... [s. Vincentii Silvanect.] in alodio regali. Priv. Calixti II pap. a. 1119, *Gall. chr.*[2], X col. 210. Totum allodium meum dominicale. ZAHN, *UB. Steiermark*, I p. 337 (a. 1152). **13.** un *domaine* quelconque, abstraction faite du statut juridique — any *estate*, without regard to legal condition. Obtulerunt ... alodum suum proprium, situm in pago Pictavo in vicaria Lugdunensi in villa vel circa villam G. cum domibus, vineis, terris ... Dederunt etiam ... alodum alterum ... *Bibl. Ec. Ch.*, t. 30 (1869), p. 446 (a. 904, Tours). Alodium quod A. sancto Gorgonio dedit ad montem Jovis. *D. Ottos I.*, no. 70 (a. 945). Alodum qui vocatur Nantianis curtis. Ib., no. 92 (a. 947). Etiam ib., no. 288 (a. 965). De alode qui vocatur Fraciano. *Hist. de Languedoc*[3], V pr. no. 57 (a. 933, Narbonne). Curtes nostras in C. et B. cum omni allodio et jure ad ipsas pertinente. BEYER, *UB. Mittelrh.*, I no. 303, p. 356 (a. 1030). Alodium in A. ... quod nunc

tenet H. canonicus in prestariam ... pro alodo proprio post obitum suum ... ad jus monachorum rediturum. *D. Konrads II.*, no. 200 (a. 1033). Reddidi aecclesiae s. Willibrordi alodium quoddam in villa H. quod possederam in beneficio ex regno. BEYER, *UB. Mittelrh.*, I no. 366 p. 423 (a. 1067). Predia seu possessiones atque aloda. *D. Louis IV.*, no. 10 (a. 939.) Cum finibus ac terminis sive aulodes. Ib., no. 40 (a. 952), p. 92. **14.** *un domaine dépendant d'une abbaye cistercienne,* exploité par les moines („grangia", „vorwerk") — *an estate subject to a Cistercian abbey,* managed by the monks. Quandam curiam sive allodium quoddam, quod in illo idiomate vocatur ein forwerk. GRIMM, *Weisthümer*, III p. 618 (a. 1264). Alodium, quod [abbas] fundavit cum fratribus suis, situm in mirica ... V. Siardi abb. Orti s. Mariae (ca. a. 1260/1270), c. 22, ed. WYBRANDS, p. 124. **15.** la *censive libre* du droit urbain — *free urban tenure* liable to rent only. Quicumque allodium Sonegiarum infra libertatem inhabitare venerint. WAUTERS, *Libertés communales*, pr., p. 17 (a. 1142, Soignies). **16.** *territoire d'une franchise — territory of a franchise.* Trado huic monasterio ... burgum totum et omnes costumas burgi et dominium atque justitiam ..., in quo quicunque habitat nunquam poterit de crimine servitutis infamari, sed pro libertate alodi omnes ejus habitatores erunt liberi. ... Tabernagium habebunt non solum infra alodium, sed etiam extra per circuitum ... *Gall. chr.*², XIV instr. col. 65 B no. 44 (ca. a. 1009, Anjou).

**alodius** (adj.): *tenu en fief — held as a fief.* Servitium [comiti] pro terris alodiis reddens. Chron. Namnet., c. 47, ed. MERLET, p. 136.

**alogia** (gr.): *_banquet — banquet._

**aloxinium** (hisp. < arab.): *hydromel — hydromel.*

**alpaticum**, -agium: *taxe sur l'usage des pâtures de montagne — tax due for use of mountain pastures.* Fodrum aut toloneum vel ripaticum vel alpaticum tollere. *D. Ottos III.*, no. 284 (a. 998).

**alpennis**, v. aripennis.

**alpestris** (adj.): *montagnard — mountainous.* Rebus ... sive solestres quamque publicis, alpestribus seu pascualibus. *D. Ugo*, no. 10 (spur. s. xi in.), p. 33.

**alpinus**, v. alfinus.

**alpis** (femin.): **1.** (gener.) *_montagne — mountain._ Alpem quae vocatur Adra. *D. Karolin.*, I no. 80 (a. 774). Nortmannia, quae suis alpibus circundat Sueoniam. ADAM BREMENS., lib. 4 c. 21, ed. SCHMEIDLER, p. 250. **2.** *pâturage de montagne — mountain pasturage.* Alpes duas ... ad pascua pecudum. HAUTHALER-MARTIN, *Salzburger UB.*, I p. 5 (a. 790). Cum pascuis, silvis, alpibus, aquis. *D. Ottos II.*, no. 181 (a. 979).

**altanus**: *est — east.* Habet in ipsa vinea fines ... de parte circii ... et de aquilone ... et de altano ... et de meridie ... CASSAN-MEYNIAL, *Cart. de Gellone*, p. 174 no. 201 (a. 1008).

**altaragium**, alter-, altal-, altel-: *revenus d'un autel — revenue from an altar.* S. xiii.

**1. altare** (subst. neutr.): **1.** *_autel chrétien — christian altar._ **2.** *la partie de l'église où se trouve l'autel, le chœur — the part of the church near the altar, the choir.* [Basilica] habet ... fenestras in altario 32, in capso [la nef — the nave] 20. GREGOR. TURON., Hist. Franc., lib. 2 c. 14. **3.** *chapelle latérale* d'une église — *lateral chapel* of a church. Synod. Tolos. a. 844, *Capit.*, II p. 256. **4.** *les revenus paroissiaux découlant du ministère sacerdotal:* les oblations, les droits de baptême et de sépulture, etc. ... — *the parish revenue deriving from the sacerdotal ministry:* oblations, baptism and burial dues etc. De ce point de vue, l'autel est envisagé comme un bien-fonds indépendant de l'église elle-même — from this viewpoint the altar is looked upon as a property apart from the church itself. E. g.: Post mortem nostram caput optimum de viro ac de muliere vestimentum optimum jure [i. e. juri] altaris concederetur. WEIRICH, *UB. Hersfeld*, no. 53 p. 96 (a. 936-959). **5.** *la part de la totalité des revenus paroissiaux attribuée au prêtre,* généralement un tiers (tandis que les deux tiers étaient réservés au seigneur) — *the portion of the total parish revenue assigned to the priest,* as a rule one third (the rest being reserved for the lord of the church). Cf. U. STUTZ, *Festschrift Otto Gierke*, 1911, p. 1249 sqq.

**2. altare**, altiare (verb.): *_exalter — to exalt._

**altarista** (masc.): *ministre d'autel — altar minister.*

**alterare**: *_changer — to change._

**alteratio**: *_changement — change._

**altercatio**: **1.** *litige, cause — litigation, lawsuit.* In villas monasterii ad audiendas altercationes ingredere aut freda exigere non presumatis. MARCULF., lib. 1 no. 3, *Form.*, p. 43. Isdem verbis *D. Karolin.*, I no. 9 (a. 757). Concil. Francof. a. 794, c. 8, *Conc.*, II p. 167. **2.** *contestation, action judiciaire — legal claim.* Unde adversus me altercatio orta fuerit. F. Arvern., no. 2, *Form.*, p. 29. Si fuerit ullus, qui hoc emutare aut aliqua altercatione exinde insurgere presumpserit. F. Salic. Merkel., no. 33, *Form.*, p. 254. **3.** (gener.) *différend — dispute.* Ut in postmodum nulla altercatio inter nos non debiat esse. F. Andecav., no. 45, *Form.*, p. 20. Nulla inter ipsos lis et altercatio maneat. *D. Merov.*, no. 39 (a. 662).

**alteritas**: *_diversité, différence — diversity, difference._

**alternare**: *échanger — to exchange.* S. xiii.

**alternatio**: *échange — exchange.* S. xiii.

**alterutrum** et alterutro (adv.): *_réciproquement — mutually._

**altiboare**: *crier fort — to cry loud.* Altiboando personemus ... melodia. V. Sigiramni abb. Longoret. (s. viii?), c. 34, *Scr. rer. Merov.*, IV p. 625.

**altithronus** (adj.): *trônant dans le ciel — seated in heaven.*

**altrinsecus**: **1.** *_à partir des deux côtés — from both sides._ **2.** *_aux deux côtés — on both sides._

**altus**. De alto et basso, in alto et basso: *avec la justice haute et basse,* avec toute l'autorité judiciaire — *with higher and lower jurisdiction,* with the entire judicial authority. V. s. v. bassus.

**alumnus** (subst.): **1.** *protégé* qui reçoit l'entretien dans la maison du seigneur — *a client* receiving subsistence in the lord's household. Quae suis fidelibus et alumnis diversis in locis concessit. V. Desiderii c. 29, *Scr. rer. Merov.*,



IV p. 586. Ruodlieb, fragm. 17 v. 112. **2.** *maître — teacher.* Egregius exercitorum alumnus. V. Willibaldi episc. Eichstet. (a. 778), prol., *SS.*, XV p. 86. Item ib. c. 6, p. 106.

**alutare** (< aluta): *mégir — to taw.*

**alutarium**: *matière employée dans la mégisserie — stuff used for tawing.* S. xiii.

**alutarius** (subst.): *mégissier — tawyer.*

**alva**, alba: *rebord* de la selle — *flap* of a saddle.

**alveare** (fig.): *congrégation monastique — monastic community.*

**alveolus**, v. albeolus.

**alx** (genet. alcis) (germ.): *élan — elk.*

**ama**, hama, haima, amo (genet. -onis) (gr.): **1.** *gobelet — cup.* Amas argenteas 2, pensantes singulae libras denas. Lib. pontif., Silvester, ed. MOMMSEN, p. 48. Ibi pluries. **2.** *mesure de vin* et d'autres liquides — *measure for wine* and other liquids. De cervisia haimas 20. Descr. Lobbes a. 868, ed. WARICHEZ, *BCRH.*, t. 78 (1909), p. 260. Sedecim amones. Fund. mon. Ascoviens. (s. xii), *SS.*, XV p. 996.

**amajorare**: *augmenter, agrandir — to augment, to enlarge.* S. xi.

**amallare**, v. admallare.

**amallus**, v. gamallus.

**amandula**, amen-, -dola = amygdala.

**amanuensis**, ema-, emma-: *scribe de tribunal — court scribe.* F. Andecav., no. 1, *Form.*, p. 4. F. Arvern., no. 1, ib., p. 28. F. Turon., no. 3, ib., p. 137. Ego W. presbiter ... ex permissu seniae [i. e. seniore] meo H. presbitero et admanuense hanc donationem prescripsi ... [In fine:] Ego H. presbiter ... et admanuens scripsi et roboravi. BEYER, *UB. Mittelrh.*, I no. 7[a] (a. 706). Ego S. acsi indignus diaconus et emmanuensis hanc epistolam donationis rogatus scripsi et subscripsi. ZEUSS, *Tradit. Wizenb.*, no. 41 (a. 715). Ego W. emanuensis rogatus scripsi. STENGEL, *UB. Fulda*, I no. 18 p. 36 (a. 752). Ibi pluries.

**amare**: *vouloir — to want.* Domini distringant servos suos, sicut ipsi amant: à leur gré — as they like. Capit. Ital. Pippini reg. (a. 801/810), c. 16, I p. 211.

**amaricare**: *_irriter, exaspérer — to irritate, to anger._

**amaricatio**: *exaspération, détresse — irritation, distress.* Per suam dulcedinem multorum amaricacionis [= -es] in licorem [i. e. liquorem] vertebat. V. Wandregisili, c. 15, *Scr. rer. Merov.*, V p. 20.

**amaricatus** (decl. iv): *détresse — distress.* In hujus caecitatis permansit amaricatu. Mir. Bertini, lib. 2 c. 5, MABILLON, *Acta*, III pars 1 p. 131.

**amasare**, v. admansare.

**amasia** (cf. amasius): *concubine — concubine.* JAC. DE GUISIA, Ann. Hanon., lib. 21 c. 68, *SS.*, XXX p. 322 l. 30.

**ambarrium**, ambarrum, ambarium (cf. 1. barra): *barrière, palissade — barrier, fence.* S. xiii.

**ambascia**, -stia, -ssia (celt.): **1.** *mission, commission, tâche — mission, errand, task.* Si in dominica ambasia fuerit occupatus. Lex Sal., tit. 1 § 4. Si eum aut infirmitas aut ambascia dominica detinuerit. Ib., tit. 16 add. 1. In quibuslibet ambastiis a vestris actoribus ex vestro praecepto fuerimus imperati. F. Bituric., no. 2, *Form.*, p. 169. **2.** *corvée de transport — transport service.* Fatiebamus operas ad radem et portabamus pastas ad Veronam et alias ambassias, quas nobis mandabant. MURATORI, *Antiq.*, II col. 973 B (a. 845). **3.** *course, voyage — trip, journey.* Quicumque asinum alienum ... praesumpserit aut unum diem aut duos in ambascia sua minare. Lex Burgund., tit. 104.

**ambasciare**: **1.** *communiquer, transmettre* un message — *to communicate, to transmit* a message. Deneget talia vobis ex mea parte ambasciasse. HINCMAR., opusc. 13, ed. SIRMOND, II p. 197. **2.** (spec.) *transmettre l'ordre de dresser un acte écrit — to transmit the order to draw up a charter.* Ercambaldus ad vicem Radoni recognovi et subscripsi. Fulradus ambasciavit. *D. Karolin.*, I no. 150 (a. 783). Ibi pluries.

**ambasciaria**, -xaria, -sseria: **1.** *mission diplomatique — diplomatic mission.* **2.** *ambassade,* l'envoyé ou les envoyés avec leur suite — *embassy,* the envoy or envoys and their train. **3.** *message* transmis par une ambassade — *message* transmitted by an embassy.

**ambasciata**, -ssia-, -sia-, -xia-, -ssa-, -xa-: mêmes acceptions que celles du mot „ambasciaria" — same senses as those of „ambasciaria".

**ambasciator**, -ssia-, -sia-, -xia-, -ctia-, -ssa-, -xa-: *ambassadeur — embassador.*

**ambasciatus** (decl. iv): **1.** *mission, commission — mission, errand.* Si judex in exercitu aut in wacta seu in ambasiato vel aliubi fuerit. Capit. de villis, c. 16. **2.** *message — message.* HINCMAR., opusc. 13, ed. SIRMOND, II p. 197.

**ambiare** = ambire.

**ambidexter** (adj.): *_fallacieux — fallacious._

**ambienter**: *_avidement, énergiquement — ambitiously, energetically._

**ambifarius**: *_ambigu, équivoque — ambiguous._

**ambiguitas**: *doute — doubt.* Procul ambiguitate. Chron. Gradense, ed. MONTICOLO, p. 28.

**ambiguum** (subst.): *_doute — doubt._

**ambitus** (decl. iv): **1.** *enceinte de château — castle wall.* Castrum et ejusdem castri ambitum. ERHARD, *Reg. Westfal.*, I, CD. no. 190, p. 149 (a. 1122). **2.** *enceinte d'une abbaye — monastery wall.* Ambitum curiae totum, in quo ecclesia illa ... consistit. HEINEMANN, *CD. Anhaltin.*, no. 171, p. 136. Infra ambitum monasterii. *Mon. Boica*, XV, p. 162 (a. 1143). **3.** *enceinte urbaine — town wall.* Districtum civitatis et ambitum murorum cum integro suburbio. *D. Ottos II.* no. 257 (a. 981). Extra urbis ambitum. KEUTGEN, *Urk. städt. Verf. gesch.*, no. 21 (a. 1111, Spire). Habitantes infra ambitum muri civitatis. Ib., no. 14 (a. 1118-1135, Mayence). Ex omni beneficio, quod infra ambitum Cameracae civitatis habebat. G. Lietberti episc. Camerac., c. 20, *SS.*, VII p. 495. **4.** *limite de paroisse — parish boundary.* Decimationum terminos ... eodem quo prius usurpati fuerant ambitu ... assignamus. BEYER, *UB. Mittelrh.*, I no. 356, p. 413 (a. 1063). Infra ambitum termini sui et parrochie sue omnimodas christianitatis procurationes ... habeant. MULLER-BOUMAN, *OB. Utrecht*, I no. 331 (a. 1131). **5.** *cloître — cloister.* Depictus est ambitus s. Petri. Chron. s. Petri Erford., contin. II, a. 1345, HOLDER-EGGER, *Mon. Erphesfurt.*, p. 391. **6.** (gener.) *voisinage — neighbourhood.* Homines, qui in eo ambitu circumhabitant. *D. Ugo*, no. 8 (a. 927), p. 27.

**amblacium**: *corde* pour atteler l'animal au joug — *rope* to tie animal to yoke. Jugum cum amblacio. Adalhard. abb. Corbejens. statuta (a. 822), lib. 2 c. 1, ed. LEVILLAIN, *LMA*, t. 13 (1900), p. 360.
**ambo** (masc.; genet. -onis) (gr.): *chaire* — *pulpit*. Episcopus residens super ambonem, ubi solebat consuete facere sermonem. CASSIOD., Hist. eccl., lib. 10 c. 4, MIGNE, t. 70 col. 1167 B. Subdiaconus ... ascendit in ambonem et legit. Ordo Rom. I (s. vii ex.), c. 56, ed. ANDRIEU p. 86. De his qui debeant in ambone, id est in pulpito, psallere. Concil. Aquisgr. a. 816, c. 76, *Conc.*, II p. 367. In ambone ipsa auctoritas coram populo legatur. Capit. eccles. a. 818/819 c. 6, I p. 277. In ambone ascendit. Lib. pontif., Pelagius I, ed. MOMMSEN, p. 155. Item ib., Sergius I, p. 215.
**ambra** (cf. belg. *emmer*, teuton. *eimer*: „seau — pail"): mesure de capacité — measure of capacity. Dedit ... 60 ambras salis. VERNIER, *Ch. de Jumièges*, I p. 40 no. 12 (a. 1027).
**ambro** (genet. -onis): *glouton, gaspilleur* — *glutton, spendthrift*. ISID., Gloss., no. 77. Inimici acsi ambrones, lupi profunda fame rabidi ... terminos rumpunt caeduntque omnia. GILDAS, Exc. Brit., c. 16, *Auct. antiq.*, XIII p. 34 l. 1. Aepulis ambronibus ... faucibus avide absumptis. BONIF.-LULL., epist. 5, *Epp.*, III p. 239. Item ib. no. 9, p. 250.
**ambrosianum**: *hymne ambrosien* — *ambrosian hymn*.
**ambrum**, ambra (femin.) (arab.): *ambre* — *amber*.
**ambulare** (>francogall. *aller*): **1.** *voyager* à longue distance, non pas nécessairement à pied — *to travel* far, not necessarily on foot. Concil. Epaon. a. 517, c. 6, *Conc.*, I p. 20. GREGOR. TURON., Hist. Franc., lib. 6 c. 11; lib. 9 c. 20. [Episcopum aut comitem] pro nostris [sc. regis] utilitatibus ibi ambulare precipimus. MARCULF., lib. 1 no. 23, *Form.*, p. 57. In exilio [eum] diximus ambulare. F. Bituric., no. 13, *Form.*, p. 173. In utroque regno ... quicumque voluerit ambulare, pervium nullis temporibus denegetur. Pactum Guntchr. et Childeb. II a. 587, *Capit.*, I p. 14 l. 27. Ab episcopis ambulantibus per patrias. Decr. Compendiense a. 757, c. 14, ib., I p. 41. Licentiam habeant per terram ambulandi. Pactum Venetic. Lotharii a. 840, c. 17, ib. II p. 133. **2.** *faire une expédition de guerre* — *to make a warlike expedition*. Rex partibus Auster hostileter visus fuit ambolasse. *D. Merov.*, no. 68 (a. 695). **3.** *participer à une expédition de guerre* — *to partake in a warlike expedition*. Si quis in exercito ambolare contempserit. Edict. Rothari, c. 21. Si centenarius ... quemquam ad domum suam redire permiserit vel in hoste, ut non ambularet, relaxaverit. Lex Visigot., Recc., lib. 9 tit. 2 § 3. **4.** *_ambler_ — *to amble*. **5.** figur. ambulare contra aliquid: *contrevenir* — *to contravene*. Quod si qua pars ... contra suprascripta definitione ambulare conaverit. PARDESSUS, II no. 253 p. 10 (a. 631). Nullo unquam tempore ... contra hanc testamento meo ... ambulare nec refragare debeant. Test. Abbonis Novalic. a. 739, ib., II no. 559 p. 375.
**ambulator**: *ambleur* — *ambler*. In cautissimis ambulatoribus pergebant. GERHARD., V. Udalrici episc. August., c. 5, *SS.*, IV p. 394. Singulis annis album ambulatorem ... Romano praesuli dari constituit. ADALBERT., V. Heinrici II imp., c. 25, *SS.*, IV p. 807 l. 25. EKKEHARD., Casus s. Galli, c. 10, *SS.*, II p. 126 l. 24.
**ambulatorius** (adj.): *amblant* — *ambling*. Mittas equum ambulatorium. FULBERT. CARNOT., epist. 111, MIGNE, t. 146, col. 226 B. Subst.: *ambleur* — *ambler*. Ambulatorio episcopi eum imponat. LANTBERT., V. Heriberti archiepisc. Colon., c. 9, *SS.*, IV p. 748 l. 39.
**ambulatrix**: *ambleuse* — *ambling mare*. EKKEHARD., Casus s. Galli, c. 1, *SS.*, II p. 90.
**ambustio**: *_incendie_ — *conflagration*.
**amenda**, v. emenda.
**ameraldus**, v. emeraldus.
**amensurare**, v. admensurare.
**amerciare, amerciamentum**, v. adm-.
**amphibalus**, -bolus (gr.): *_paletot, manteau_ — *overcoat, cloak*. FORTUN., V. Martini, lib. 3 v. 42, *Auct. Antiq.*, IV p. 331. V. Eligii, lib. I c. 10, *Scr. rer. Merov.*, IV p. 677. GREGOR. TURON., Gl. conf., c. 58, *Scr. rer. Merov.*, I p. 782. Test. Remigii a. 533, PARDESSUS, I p. 81 no. 118.
**amphibolus** (adj.) (gr.): *_ambigu_ — *ambiguous*.
**amicabilis**: *_amical, amiable_ — *friendly, amicable*.
**amicabiliter**: *_amicalement, amiablement_ — *in a friendly way, amicably*.
**amicitia**: **1.** *association jurée* — *sworn association*. Ipsas amicitias nolite per sacramenta firmare. Epist. episc. Bituric. ca. a. 870, MABILLON, *Analecta*, II p. 101. Burgenses stabant in eadem securitate et amicitia ad invicem, ut nihil in electione nisi communiter consentirent aut contradicerent. GALBERT., c. 53, ed. PIRENNE, p. 84. **2.** *commune* — *commune*. Lex amicitiae villae q. d. Aire-sur-la-Lys a. 1188, ESPINAS, *Rec. d'Artois*, no. 20. **3.** *renonciation à la vendetta* — *giving up a feud*. Inimicitias propinquorum hominis occisi patiatur, donec quomodo potuerit eorum amicitiam adipiscatur. Lex Fris., tit. 1 § 2. **4.** *arrangement à l'amiable* d'un litige — *private settlement* of a dispute. Ubi tainus habet duas optiones, amicitie vel lage, et amicitiam eligit, stet hoc ita firmum sicut ipsum judicium. Leg. III Aethelred, c. 13 § 3, text. Quadripart., LIEBERMANN, p. 232. **5.** tenere in amicitiam: expression qui s'applique à une *tenure non régie par le droit féodal*, mais basée sur une convention particulière entre le seigneur et le tenancier — expression used for a *tenure which is not subject to feudal law*, but based on a special agreement between lord and tenant.
**amictus** (decl. iv), -ta, amita, ameta, amisia: *amict*, linge qui couvre le cou et les épaules du prêtre à la messe — *amice*, linen cloth covering neck and shoulders, worn by priest during mass. AMALAR., Eccl. off., lib. 2 c. 17, MIGNE, t. 105 col. 1094.
**amicus**: **1.** *recommandé, protégé*, homme libre en dépendance d'un seigneur — *a freeman who has commended himself* to a lord, who enjoys his protection and serves him as his dependant. Cum omnibus rebus vel hominebus suis aut gasindis vel amicis. MARCULF., lib. 1 no. 24, *Form.*, p. 58. Item ib. no. 23, p. 57;



no. 32, p. 63. Monasterium una cum omnibus rebus vel hominibus suis, gasindis, amicis, susceptis vel qui per ipsum monasterium sperare videntur. *D. Merov.*, no. 4 (a. 546). Similiter *D. Karolin.*, I no. 14 (a. 760). Quanticunque amici mei vel fideles servientes fuerint, semper memores sint nutriturae meae vel benefactorum meorum quae circa illos impendi. Test. Bertramni, a. 615, PARDESSUS, I no. 230 p. 212. GREGOR. TURON., Hist. Franc., lib. 3 c. 36. **2.** amici regis: *les grands dans l'entourage du roi* qui jouissent de sa confidence et qui figurent dans son conseil — *the great men at the king's court* who are his confidants and advisers. Omnes pares et amicos nostros [sc. regis]. Addit. ad MARCULF., no. 2, *Form.*, p. 111. Eadem verba Cart. Senon., no. 28, ib., p. 197. Employé pour désigner le maire du palais — used for the „major domus": *D. Arnulfing.*, no. 20 (ca. a. 748). Non solum filios ad balneum, verum optimatos et amicos ... invitavit. EGINHARD., V. Karoli, c. 22, ed. HALPHEN, p. 68. Divisionem thesaurorum ... coram amicis et ministris suis ... fecit. Ib., c. 33, p. 92. E. inter amicos regis primus. Ann. regni Franc., a. 817, ed. KURZE, p. 148. P. primus de amicis regis. Ann. Lauriss. min., contin., a. 816, *SS.*, I p. 122. E. dux [marchiae Bohemicae] et inter amicos regis primus. RUDOLF., Ann. Fuld., a. 849, ed. KURZE, p. 38. Cum ... consensu omnium amicorum principumque ejus [sc. Pippini regis]. BRUCKNER, *Reg. Alsatiae*, I no. 193 p. 118 (ch. a. 762, interpol. s. xii in.). **3.** *parent* — *kinsman*. Per consensu vel voluntate parentum vel amicorum nostrorum. F. Turon., append., no. 2, *Form.*, p. 164. Venientes parentes et amici homine interfecto [i. e. hominis interfecti]. F. Salic. Bignon., no. 8, ib., p. 230. Cum consensu proximorum amicorumque suorum. F. Sangall. misc., no. 16, ib. p. 387. Cum consensu amicorum et cognatorum meorum. Coll. Sangall., no. 17, ib. p. 406. Si aliquis de nostris amicis hanc traditionem infringere voluerit. STENGEL, *UB. Fulda*, I no. 142 p. 200 (ca. a. 777-779). Amici extrahant mortuum. Leg. Edwardi conf., retr. (a. 1140-1159), c. 36 § 5, LIEBERMANN, p. 667. **4.** *membre de l'„amicitia"* ou commune — *member of the „amicitia"* or commune. Lex Amicitiae. Aire-sur-la-Lys a. 1188, ESPINAS, *Rec. Artois*, no. 20, c. 5.
**amidum** = amylum („amidon — starch").
**amina** = hemina.
**aminuere**, v. adminuere.
**amirada**: *escadre* — *squadron*. Tres ammiradas [Saracenorum] prostraverunt. Chron. Salernit., c. 108, *SS.*, III p. 527.
**amirallia**: *amiralat* — *admiralship*. Ad exercendum officium admirallie. *Const.*, IV, pars 2, no. 979, p. 1013 (a. 1313).
**amiralus**, ammi-, admi-, -rallus, -raldus, -randus, -radus, -ratus (arab.): **1.** *émir* — *emir*. **2.** *amiral* — *admiral*.
**amiratia**: *amiralat* — *admiralship*. Ex officio vestre admiratie. *Const.*, IV, pars 2, no. 821, p. 824 (a. 1312).
**amisia**, v. amictus.
**amissarius**, v. admissarius.
**amita**: **1.** *femme du frère de mon père* — *wife of father's brother*. Cum amita sua, id est patrui sui uxore. GREGOR. TURON., Hist. Franc., lib. 5 c. 18. **2.** *concubine de mon père* — *my father's concubine*. LIUDPRAND. CREMON., Hist. Ottonis, c. 4, ed. BECKER, p. 161.
**amittere**: **1.** *délaisser, abandonner* — *to desert, to abandon*. **2.** *déguerpir, transférer* — *to forego, to surrender*. S. xii. **3.** *renoncer* à une tentative — *to give up* an attempt. Insulam ... multi inhabitare tentantes propter incognita eremi monstra ... amiserant. FELIX, V. Guthlaci (s. viii), c. 14, MABILLON, *Acta*, III pars 1 p. 268.
**ammannus** (belg.): *fonctionnaire* du duc de Brabant à Bruxelles — *officer* of the duke of Brabant at Brussels. S. xiii in. Cf. F. FAVRESSE, *La keure bruxelloise de 1229. BCRH*, t. 98 (1934), p. 311 sqq.
**amnestia** (gr.): *amnestie* — *amnesty*.
**amo** (genet. -onis), v. ama.
**amodiare, amodiatio**, v. adm-.
**amodium**: **1.** *accommodement* — *arrangement*. Ita inter se dividunt in pacis amodio, ut ... CASSAN-MEYNIAL, *Cart. d'Aniane*, p. 448 no. 335 (s. xi). Item ib., p. 196 no. 55 (s. xi). **2.** *prix d'accommodement, indemnité* — *buying-off sum, indemnity*. Noticia guirpicionis quem apellabat Petrus ... pro uxore sua ..., quod guirpiverunt se ... Et dedit G. abba et congregacio ipsius loci pro amodio solidos quinque. CASSAN-MEYNIAL, *Cart. de Gellone*, p. 253 no. 305 (a. 1027-1031). Nos simul donatores et guirpitores seu venditores sumus ... monachis ... omnem medietatem de ipsum alodem ... Et accepimus in amodio solidos 30. Iidem, *Cart. d'Aniane*, p. 332 no. 234 (a. 1032-1060). Item ib., p. 446 no. 363 (a. 1031-1060).
**amodo**: *_dès ce moment, désormais_ — *from now*.
**amor**: **1.** *témoignage de sympathie, service d'amitié* — *token of affection, friendly service*. S. xiii. **2.** *arrangement à l'amiable* d'un litige — *private settlement* of a dispute. S. xii. **3.** *grâce, bienveillance* d'un prince — *grace, favour* of a souvereign. Si amorem domini sui non potuerit obtinere. KEUTGEN, *Urk. städt. Verf. gesch.*, no. 134 (a. 1218, Berne). **4.** *gré, discrétion* — *discretion*. Comes veniet satisfacturus duci secundum amorem vel gratiam ipsius ducis. SLOET, *OB. Gelre*, I no. 400 p. 407 (a. 1202).
**amortificare, amortizare**, v. adm-.
**amovibilis**: *amovible, meuble* — *movable*.
**amparamentum**, em-: **1.** *protection* — *protection*. S. xii. **2.** *appropriation abusive, usurpation* — *unlawful appropriation, usurpation*. S. xii.
**amparantia**, em-, im-, -entia: **1.** *protection* — *protection*. S. xii. **2.** *prestation en récompense de la protection* — *payment in recompense of protection*. S. xiii. **3.** *gage* — *security*. S. xiii.
**amparare**, an-, em-, im- (< anteparare): **1.** *protéger* — *to protect*. **2.** *s'approprier abusivement* sous prétexte de protection, *usurper* — *to appropriate unlawfully* under pretext of protection, *to usurp* (>frg. *s'emparer*). Si homo esset qui istam terram anpararet, P. mittit in guadio totum quantum [habet] in V. sancto Victori et monachis ejus, usque quod redderet eis illam terram liberam. GUÉRARD, *Cart. de S.-Victor de Mars.*, I no. 95 p. 121 (s. xi). Si ... aliquis homo ... per nos istam decimam s. Salvatori amparaverit, donamus ... monachi campum de R. ... ut habeant eum monachi

et teneant ... donec amparamentum illud sit eis emendatum. CASSAN-MEYNIAL, *Cart. d'Aniane*, p. 265 no. 122 (a. 1114). Item ib., p. 279 no. 137 (a. 1124). **3.** *s'approprier comme gage* pour le paiement du prix de la protection — *to seize as a security* for payment of the reward for protection. S. xii. **4.** (gener.) *prendre en gage* — *to seize as a security*. Si desemparaverit hoc quod recte ei emparatum erit. Usat. Barcinon., c. 107, *Cortes de Aragon*, p. 35*.

**amplastrum** (gr.): *terrain à bâtir* — *building plot*. S. xiii.

**amplexio**: **embrassement* — *embrace*.

**ampliorare**: *agrandir* — *to enlarge*. Monasterium ... amplioravit. G. pontif. Camerac., lib. 1 c. 113, *SS.*, VII p. 450.

**amplustre**, v. aplustre.

**ampullosus**: *creux, vide de sens* — *empty, without sense*. Ampullosa quaedam reddidit verba: velle se potius in flumine submergi, quam conventui nostro humiliari. Cod. Udalrici, no. 109 (ca. a. 1101/1102), ed. JAFFÉ, *Bibl.*, V p. 198.

**amucia**, v. almucium.

**amula**: vaisseau contenant une „ama" — vessel having the capacity of one „ama". LEO, Chron. mon. Casin., lib. 1 c. 26, *SS.*, VII, p. 598 l. 27.

**an**, *ou*, synonyme d'„aut" et de „vel" — *or*, synonymous with „aut" and with „vel".

**ana** (gr.): (joint aux nombres) **pour chacun, pour chaque objet* — (with numbers) *each*.

**anabolagium** (gr.): *amict* — *amice*.

**anachoresis** (gr.): *retraite dans la solitude, *vie d'ermite* – retirement into solitude, *hermit's life*.

**anachoreta** (masc.), anch-, -ita (gr.): **anachorète, ermite* — *anchorite, hermit*.

**anachoreticus**, anch-, -iticus: **d'un ermite* — *of a hermit*.

**anaphora** (gr.): **répétition* d'un mot, d'un début de vers — *repetition* of a word, of the beginning of a verse.

**anaglyphus** (adj.) (gr.): *sculpté en relief, gravé, ciselé* — *carved in relievo, engraved, embossed*. Calicem argenteum anaglyfum. Lib. pontif., Silvester, ed. MOMMSEN, p. 68. Scifum anaglifum. Ib., Damasus, p. 84. Item ib., Innoc. I, p. 89. Tabulam argenteam anaglifo opere celatam. G. abb. Gembl., c. 41, *SS.*, VIII p. 540.

**anagoge** (fem.) (gr.): **1.** **interprétation allégorique* qui fait connaître le sens profond de l'Écriture — *allegorical interpretation* bearing out the deeper sense of Scripture. **2.** élévation de l'esprit, *contemplation* — lifting up the mind, *contemplation*.

**anagogice**: *de manière allégorique* — *by way of allegory*.

**analabus** (gr.): *vêtement de moine*, court et ample, appelé plus souvent „scapulare" — monk's garb, short and wide, usually called „scapulare". V. Juliani, *AASS.*, Jun. II p. 176 A. V. Philareti, ib., Apr. I p. 614 C.

**analytice** (gr.): *de manière analytique* — *analytically*.

**analyticus** (gr.): **analytique* — *analytical*.

**analogium** (gr.): **1.** *chaire* — *pulpit*. Analogium dictum quod sermo inde praedicatur ... quod et ipsum altius situm est. ISID., Etym., lib. 15 c. 4 § 17. Analogium [dicitur] quod in eo verbum Dei legatur et nuntietur. WALAFR., De exord., c. 6, *Capit.*, II p. 480 l. 24. Tumbam cum reliquis altaribus et analogio. RATPERT., Casus s. Galli, c. 9, *SS.*, II p. 70. EKKEH., ib., p. 84 l. 50. Tractum ... super gradus ad analogium decantent. Consuet. Farfens. (s. xi in.), c. 44, ed. ALBERS, *Consuet. monast.*, I p. 37. Per illum ostium quod [ad] analogium ducit. Consuet. Fructuar., lib. 2 c. 12, ib., IV p. 155. Item ib. p. 166. **2.** *lutrin* — *lectern*. BENED., Regula, c. 9. In cujus basilica analogius, in quo libro superposito cantatur aut legitur, mirabiliter conpositus esse refertur. GREGOR. TURON., Gloria mart., c. 93, *Scr. rer. Merov.*, I p. 550. Pass. Ragneberti Bebronens. (s. ix), c. 7, *Scr. rer. Merov.*, V p. 211. [Servitor] analogium portet et diaconus textum. Consuet. Farfens., c. 54, ed. ALBERS, *Cons. monast.*, I p. 50. Similiter Consuet. Fructuar., lib. 1 c. 46, ib. IV p. 57. A custode constitutum sit analogium. Consuet. Einsidl., c. 14, ib., V p. 80 sq. **3.** *monument funéraire* — *sepulchral monument*. Sepulchrum s. Venerandi episcopi ... sub analogio conpositum. GREGOR. TURON., Gl. conf., c. 36, *Scr. rer. Merov.*, I p. 770.

**anapus**, v. hanapus.

**anastasis** (gr.): **résurrection* — *resurrection*.

**anathema** (gen. -atis) (gr.): **1.** **malédiction* — *cursing*. **2.** **excommunication* — *excommunication*. **3.** **un maudit* — *accursed person*.

**anathematizare** (gr.): **maudire* — *to curse*.

**anceps** (subst.): *arme à deux tranchants, épée ou hache* — *two-edged weapon, sword or axe*.

**ancessor** = antecessor.

**ancha**, anca (germ.): *hanche* — *hip, haunche*.

**anchorago** (genet. -inis), -raus: une *espèce de saumon* — a *sort of salmon*. CASSIOD., Var., lib. 12 no. 4 § 1. G. abb. Trudonens., lib. 13 c. 4, *SS.*, X p. 313 l. 43.

**anchorare**, ancor-: **1.** intrans.: *jeter l'ancre* — *to drop anchor*. **2.** transit.: *ancrer* — *to anchor*. [Navis] ancorata in fluminis medio. *Const.*, I no. 1 (a. 921).

**anchoraticum**, ancor-, -agium: *droit d'ancrage* — *anchorage due*. S. xii.

**anchorita, anchoriticus**, v. anach-.

**ancianus**, anz-, ant-: **1.** *les „anciens"* dans les villes d'Italie — *the „anziani"* in the Italian cities. *Const.*, IV, pars 1, no. 311, p. 275 (a. 1309). Ibi saepe. **2.** *les „anciens"* de la secte des Albigeois — *the „elders"* of the Albigeois sect.

**ancilla.** Ancilla Dei: *moniale* — *nun*. Monacham quam Dei ancillam appellamus. Concil. Roman. a. 721, MANSI, XII col. 261. De monachis, id est ancillis Dei. Zacharias pap., Ep. ad Pippinum, c. 5, *Epp.*, III p. 482. Ancillis Dei, quas vos graeca lingua monastrias dicitis. GREGOR. M., Epist., lib. 7 no. 23, *Epp.*, I p. 468. Sacr. Gelas., lib. 1 c. 104, ed. WILSON, p. 158. Fecit Demetria ancilla Dei basilicam. Lib. pontif., Leo I, ed. MOMMSEN, p. 101.

**ancillare**: **1.** **asservir* — *to enslave*. **2.** depon. ancillari: *servir*, se dit également d'hommes — *to serve*, in connection with men. Aggregavit monachorum catervam, quam docuit ancillari Christo juxta sanctissimi Benedicti regulam. Fund. Blandin. coenobii, ed. GYSSELING-KOCH, *BCRH*, t. 113 (1948), p. 273.

**ancillarius**: *d'une servante* — *of a maid-servant*. Tres sorores ... in ancillariam sibi subjugavit servitutem. BOEREN, *Tributaires*, p. 124, no. 15 (ch. a. 1177, Cambrai).



**ancillatus** (decl. iv): *servitude* — *servitude*.

**ancinga**, v. andecinga.

**ancoragium, ancorare**, v. anchor-.

**andare**: **1.** *aller* — *to go*. Via honde [i. e. unde] andavimus. *CD. Cavens.*, I p. 13 (a. 822). **2.** *avoir cours* — *to be current*. Moneta per ratione andaverit. Ib., I p. 191 (a. 870).

**andecinga** (femin.), ant-, an-, ac-, as-, a-, -cingia, -cengia, -zinga, -singa, -cinna, -cinia, -cenia: *lot-corvée*, parcelle de la réserve seigneuriale dont la cultivation est assignée au service à la tâche d'un serf — *plot of arable* belonging to the lord's demesne, allotted to one particular serf for cultivation. De colonis vel servis ecclesiae, qualiter serviant vel qualia tributa reddant. Andecingas legitimas — hoc est, perticam 10 pedes habentem, 4 perticas in transverso, 40 in longo — arare, seminare, claudere, collegere, trahere et recondere. Lex Baiwar., tit. 1 § 13. Per annis singulis medio solido et duas anzingas, unum autumnalem et alium estivalem, illos segare [i. e. secare] et intus trahere ... WARTMANN, *UB. S.-Gallen*, I no. 140 (a. 795). Damus ... ad 8 mansos de terra arabili ad unam sationem jurnalia 14, ad aliam sationem 7 et dimidium, exceptis ancingis. Singuli autem binas ancingas habent. ... In villa F. ... ad terram indominicatam pertinent 7 mansi et dimidius cum ancingis suis; unusquisque 12 ancingas habet inter arabilem terram et vineas. D' HERBOMEZ, *Cart. de Gorze*, p. 25 no. 11 (< a. 765>, s.x ex.) Mansum unum qui determinatur ... In quibus [terminis] habet vineam unam et de terra aratoria ancingas 4 et dimidiam. Ib., p. 87 no. 48 (a. 824). Ad ipsos [duos] mansos pertinentes terras arabiles ancingas 21 ... et de prato ad fenum faciendum ancingas 8. Ib., p. 95 no. 53 (a. 849). De silva ad saginandum porcos ancingas 7. Ib., p. 121 no. 66 (a. 871). De terris arabilibus ancingas 13 et jornalem 1. Ib., p. 153 no. 85 (a. 898). Sunt mansi 21 et 3 quarte. De quodam dimidio manso nil solvitur nisi de ancinga. Integer mansus vehet 8 modia ... Quicquid creverit in ancingis et croadis, totum triturabunt. Ib., p. 212 no. 116 (a. 984). Concessimus ... foris civitatem [Sens] de terra, quae fuit vinea indominicata, ad eandem [aream in civitate sitam] pertinente anzingas 12. D. Odonis reg. Fr. a. 891, QUANTIN, *Cart. de l'Yonne*, I p. 129 no. 65. R. ... tres arpennos vinee ... contradidit ... Juxta hanc vero terram conjacent due ancinne, quas monachi predicti loci emerunt. Ib., p. 153 no. 79 (ca. a. 992, Tonnerre). Cf. C. E. PERRIN, *De la condition des terres dites „ancingae"*. *Mélanges F. Lot*, Paris 1925.

**andelangus**, anda-, andi-, an-, ade-, -lagus, -lacus, -lago (genet. -inis): un objet employé comme symbole dans l'acte de saisine (transfert de la propriété), probablement un *gant* — a thing which was used as a symbol in the act of saisin (conveyance of property), probably a *glove*. Per fistucam atque per andelangum donamus. F. Salic. Lindenbrog., no. 1, *Form.*, p. 267. Similiter GYSSELING-KOCH, *Dipl. Belg.*, no. 39 (a. 867, S.-Bertin). DUVIVIER, *Rech. Hainaut*, no. 22 bis, p. 336 (a. 920-937). ROUSSEAU, *Actes de Namur*, no. 1 (a. 946). Per meos wadios et andelangos tibi trado. Cart. Senon., no. 50, *Form.*, p. 207. Per suum adelangum vel suum wadium tradidit. F. s. Emmeram. fragm., no. 4, ib. p. 464. Similiter PÉRARD, *Rec. de Bourg.*, no. 5, p. 25 (ca. a. 840). Per andelacum facta traditione. BERNARD-BRUEL, *Ch. de Cluny*, I no. 738 (a. 949).

**anderius**, andenus, -um (celt.): *landier* — *firedog*. Andedus [leg. andenus]. Cap. de villis, c. 42. BITTERAUF, *Trad. Freising*, I no. 657 (a. 843).

**andetus**, anditus = aditus.

**androna** (gr.): *ruelle, couloir, portique, galerie* — *ally, passage, portico, gallery*.

**andrustio**, v. antrustio.

**andullia**: *andouille* — *sausage*. FAYEN, *Lib. trad. s. Petri Blandin.*, p. 157 (s. xii).

**anelacius**: *poignard* — *dagger*. MATTH. PARIS.

**aneta**, -ni- (cf. *anas*, genet. *-atis*, et germ. *anid*): *cane* — *female duck*. Lex Sal., tit. 7 § 6. Lex Alam., tit. 99 § 19. Pactus Alam., fragm. 5 c. 8. MONACH. SANGALL., V. Karoli, lib. 2 c. 13, *SS.*, II p. 757.

**angaria** (gr. < pers.): **1.** **service de courrier ou de transport*, imposé par l'état aux particuliers, à exécuter soit à cheval, soit en voiture, à pied ou par voie d'eau — *message or transport service*, executed by private persons as a public duty, either on horseback, with a car, on foot or by water. Carrarum angaria de ipsa facultate non requiratur. MARCULF., lib. 2 no. 1, *Form.*, p. 72. Tempore militiae angaria una, id est carrum unum. *D. Karls III. d. Dicken*, no. 125 (a. 885). Nullus ab eis equum ad profectionem regis vel episcopi aut angariam regie expedicionis requirat. Friderici I edict. in fav. Judaeorum a. 1157, c. 5, *Constit.*, I no. 163. **2.** les mêmes *services* imposées aux dépendants par leurs seigneurs, particulièrement les transports par voiture — analogous *services* imposed on dependent persons by their lords, especially car transport. De colonis vel servis ecclesiae, qualiter serviant. ... Angarias cum carro faciant usque 50 leugas; amplius non minetur. Lex Baiwar., tit. 1 § 13. Ducit de vino in angariam carram 1. Urb. Prum. c. 6, BEYER, *UB. Mittelrh.*, I p. 148. Si quis rusticus aliquam angariam nostram nobis de villa prosequutus sit. D. Heinrici V regis a. 1107, BORMANS-SCHOOLMEESTERS, *Cart. de S.-Lambert de Liège*, I no. 30. In eadem villa damus ... angaria[m] usque flumen Sare aut pro redemptione den. 10. D'HERBOMEZ, *Cart. de Gorze*, p. 25 no. 11 ( < a. 765 >, s. x ex.) **3.** *prêt* volontaire d'un cheval à autrui — *lending* one's horse voluntarily to another person. De animalibus in angariam prestitis. Si quis alicui jumentum aut caballum vel aliud animal prestiterit ... Lex Visigot., Recc., lib. 5 tit. 5 § 2. **4.** (concr.) *voiture, chariot* — *car, waggon*. Lotharienses perditis multis angariis, quas R. comes accipiens in L. castrum abduxit, ... revertentur ad sua. FLODOARD., Ann., a. 923, ed. LAUER, p. 13. **5.** *service* de nature quelconque qui incombe à une personne ou à une terre — *service* of any kind laid on a person or a land. Nullas paratas vel angarias facere sive persolvere cogantur. D. Ludov. II imp. a. 865, *NA.*, t. 46 (1926), p. 147. Tributa ab eis exigant, census et donaria, angarias etiam et operas. *D. Karls III. d. Dicken*, no. 49 (a. 882). Angariis et quibuscunque condicionibus novis summittere. GREGOR. DI CATINO, *Reg. di Farfa*, ed. GIORGI - BALZANI, II p. 24. Nullus audeat ... ab eis ullas inlicitas redibi-

tiones aut publicas angarias exigere. *D. Ott. I.*, no. 258 (a. 963). **6.** une *redevance* à acquitter en nature — a *contribution* in kind. Nulli liceat episcoporum donationes ultra statuta patrum exigere aut superposita in angariis inferre. Concil. Roman. a. 826, c. 26, *Conc.*, II p. 578. **7.** *réquisition* d'une portion des marchandises apportées dans un marché — *requisition* of a part of the commodities which are being brought to a market. In civitate ... et in foro ... lignarium [stock de bois de chauffage — fire-wood store] per angariam colligit. G. Lietberti episc. Camerac., c. 16, *SS.*, VII p. 495. **8.** (gener.) *charge oppressive, injuste* — *oppressive, unlawful duty.* Totam ... regionem [comes] ineffabili angaria vexando exhausit. ANNAL. SAXO, a. 1124, *SS.*, VI p. 761. Quot angariis et injuriis nos miseros Anglos exagitat curia Romana. MATTH. PARIS. **9.** (abstr.) *contrainte* — *coercion.* Nostri inmutabilis decreti per angariam ... redigatur in Ungariam. COSMAS, lib. 2 c. 4, ed. BRETHOLZ, p. 86. Non in angaria ... sed in voluntate mea parui voluntati. BERNARD. CLARAEV., epist. 258, MIGNE, t. 182 col. 466 B. **10.** plural. angariae: *les quatretemps* (époques habituelles des prestations) — *the quatempers* (usual terms for deliverance of contributions).

**angarialis** (adj.): **exigé en vertu de l',,angaria''* — *demanded on the ground of ,,angaria''.* Subst.: *serf astreint à l',,angaria''* — *serf liable to ,,angaria''.* Conferens eis ... in C. angariales. D. Ludov. II imp., a. 853, *MIÖG*, t. 5 (1884), p. 384. *D. Arnulfs*, no. 140 (a. 896). Angarales nostros. GREGOR. DI CATINO, Chron. Farfense, ed. BALZANI, II p. 297.

**angariare**: **1.** aliquid: **réquisitionner* des véhicules — *to requisition* vehicles. **2.** aliquem: **astreindre au service de transport ou de courrier* — *to impress into transport or message service.* **3.** (gener.) aliquem: **tracasser, acculer, contraindre* — *to importune, to press hard, to force.* **4.** aliquem: *extorquer* des services, des prestations, de l'argent *à* qq'un — *to extort* services or contributions in money or in kind *from* a person. Nullus servos ... distringere, pignerare vel angariare, census aut donaria exigere presumat. *D. Karls III. d. Dicken*, no. 47 (a. 882). Nullus ... famulos flagellare vel angariare presumat. *D. Ugo*, no. 45 (a. 937), p. 138. Servos distringere, pignorare, angariare. *D. Ottos II.*, no. 253 (a. 981). Nullus ... placitare vel collectas facere vel homines angariare praesumat. *D. Konrads II.*, no. 249 (a. 1037). **5.** aliquid: *transporter* en guise de service forcé — *to carry* by way of forced service. Debent [mansionarii] ... avenam de silva ... ad P. villam angariare. D'HERBOMEZ, *Cart. de Gorze*, p. 25 no. 11 (<a. 765>, s. x ex.).

**angariatio**: *tracasserie, contestation* — *trouble, dispute.* Absque omni angariatione et promulgatione sententie ... possidendam permisimus. JORDAN, *Urk. Heinr. d. Löwen*, no. 93 (a. 1172).

**angarizare** = angariare.

**angelicus**: **1.** **angélique* — *angelic.* **2.** *d'un moine ou d'une moniale* — *concerning or belonging to a monk or nun.* Angelica vestis, angelicus habitus: habit de moine — monk's garb.

**angelus** (gr.) **1.** **messager* — *messenger.* **2.** **mauvais esprit, démon* — *evil spirit, demon*. **3.** **ange* — *angel.* **4.** *titre honorifique* du pape et des évêques — *honorary title* of pope and bishops (cf. Apoc. c. 2 sq.) **5.** *bannière* à l'image de l'archange Saint-Michel — *banner* with the image of the archangel Saint Michael. In quinta [legione] ... ipse princeps ... coramque eo angelus, penes quem victoria. WIDUK., lib. 3 c. 44. **6.** *angélus*, sonnerie pour annoncer la prière du soir — *angelus*, bell ringing as a sign for evening prayer. S. xiv.

**angustiare**: **1.** **comprimer, resserrer* — *to compress, to narrow.* **2.** **opprimer, acculer, tourmenter* — *to press hard, to afflict.*

**anhelanter**: *avec zèle, ardemment* — *eagerly, fervently.* Ad beatae immortalitatis gaudia anhelanter ... proficiscatur. THIETMAR., Chron., lib. 1 c. 11, ed. KURZE, p. 8.

**anhelare**: **1.** (intrans.) *aspirer* à qqch., *désirer* — *to pant* after, *to long* for, *to strive* after a thing. Ad conspiciendam gloriam patriae coelestis anhelare. GREGOR. M., Ezech., MIGNE, t. 76 col. 929 C. Ad superne vite patriam totis desideriis anhelare. PAUL. DIAC., V. Gregor. M., ed. GRISAR, *Zs. f. kath. Theol.*, t. 11 (1887), p. 163. **2.** (c. infin.) *désirer, se proposer* — *to desire, to intend.* De sua conversacione ... explicare studiosus anhelo. THIETMAR., Chron., lib. 9 c. 14, ed. KURZE, p. 248. Imperatores ... Liudprandus ... semper valere, prosperare, triumphare anhelat, desiderat, optat. LIUDPR. CREMON., Legatio, ed. BECKER, p. 175.

**anhelitus** (decl. iv): *désir ardent* — *fervent desire.*

**anima.** Plural. animae: **1.** **personnes* (dans l'énoncé du nombre de personnes dont il s'agit) — *persons* (in a statement of the number of persons referred to.) **2.** *personnes* (sans indication du nombre) — *people* (without statement of number). Animas ... captivaverint (il est question du capturage et de l'asservissement d'une multitude de gens — about capturing and enslaving a lot of people). Concil. Lugdun. a. 567 vel 570, c. 3, *Conc.*, I p. 140.

**animal**: **1.** **monture* — *mount.* **2.** *animal domestique* — *domestic animal.* **3.** plural. animalia: *bétail* — *cattle.* **4.** (spec.) *gros bétail, bêtes bovines* — *horned cattle.* **5.** terra tantorum animalium: *herbage* qui suffit pour tant de bêtes, en guise de mesure de surface (en Frise) — *grass-land* for so many cows, a land measure (Frisia). In villa que dicitur A. terram 20 animalium et dimidiam unius. LACOMBLET, *UB. Niederrh.*, I no. 61 (a. 845, Werden). In K. terra quinque animalium. KÖTZSCHKE, *Urbare Werden*, p. 13 (a. 855).

**1. animalis** (<anima): *de l'âme*, concernant l'âme, reposant dans l'âme — *of the soul*, concerning the soul, residing in the soul.

**2. animalis** (<animal): **1.** **charnel* — *of the flesh.* **2.** *animal* — *animal.*

**animare** (<animus): **animer, stimuler* — *to urge, to incite.*

**animatio**: **1.** **zèle* — *zeal.* **2.** **colère* — *anger.* **3.** *désir, cupidité* — *desire, greed.* Census animatione te privatum esse. LIUDPR. CREMON., Antapod., lib. 4 c. 7, ed. BECKER, p. 107.

**animaequus**: **équanime* — *of calm mind.*

**animositas**: **1.** **courage, fermeté, sang-froid* — *courage, valour, boldness.* **2.** **esprit de suite,*



*énergie, zèle* — *pushing power, energy, zeal.* **3.** **haine, rancune, fureur* — *hatred, rancour, rage.*

**animosus**: *de piété fervente* — *having a strong faith.*

**anita**, v. aneta.

**annale, annalis, annatim**, v. annua-.

**annata** (femin.): **1.** *fruits d'une prébende* de prévôt, doyen, chanoine etc. *pendant la première année* après l'accession d'un nouveau titulaire, fruits qui revenaient généralement aux hoirs du titulaire décédé ou à la fabrique de la cathédrale pour les canonicats, et à l'évêque pour les autres prébendes — *fruits deriving from a prebend* of provost, dean, canon etc. *during the first year* after the accession of a new titular, accruing generally to the former titular's heirs or to the cathedral fabric as far as canonries were concerned, and to the bishop in the other cases. **2.** la moitié des fruits provenant d'une prébende inférieure pendant la première année après l'accession d'un nouveau titulaire nominé par le Pape, moitié qui revenait à la Cour Pontificale — one half of the fruits deriving from a lower prebend during the first year after the accession of a new titular nominated by the Pope, which half accrued to the Curia. **3.** les *fruits d'un évêché ou d'une abbaye pendant la première année* après la nomination ou la confirmation d'un évêque ou d'un abbé par le Pape, fruits qui revenaient à la Cour Pontificale, appelés d'abord ,,servitia communia'' et depuis le XVe siècle aussi ,,annatae'' — the *fruits deriving from a bishopric or an abbacy during the first year* after the nomination or confirmation of a bishop or abbot by the Pope, accruing to the Curia and at first known as ,,servitia communia'', later also as ,,annatae.'' Cf. J. P. KIRSCH, *Die päpstlichen Annaten in Deutschland währ. d. 14. Jhdts.*, I, 1903 (*Quell. u. Forsch. d. Görres-Ges.*, t. 9), spec. p. ix sq.

**anniculus** (subst.): *agneau âgé d'un an* — *one year old lamb, yearling.*

**annihilare**, -nich-: **1.** **anéantir, déiruire* — *to annihilate, to destroy.* **2.** *invalider* — *to invalidate.* Dilatio ipsa presens scriptum adnichilabit. VAN DEN BERGH, *OB. Holland*, I no. 244 (a. 1214).

**annisus** (decl. iv): **1.** **effort, application, dévouement* — *effort, exertion, application.* **2.** *assentiment* — *assent.* Cognati ... quorum consilio et annisu hec facta sunt. WAMPACH, *UB. Luxemb.*, I no. 308, p. 461 (a. 1088).

**anniti**: **1.** *aider, assister* — *to help, to support.* Annitente Deo. ENNOD., *Opera*, ed. HARTEL, p. 37. Annitente sibi principali jussione. GREGOR. M., Epist., lib. 14 no. 7, *Epp.*, II p. 425. Studuit ... plebem ad caelestia gaudia provocare, adnitente sibi monacho F. JONAS, V. Joh. abb., c. 5, ed. KRUSCH, p. 332. **2.** *assentir* — *to assent.* Statuit synodus annitente principe. Conv. Suession. a. 853, c. 6, *Capit.*, II p. 265.

**anniversalis** (adj.): **annuel* — *annual.*

**anniversarius** (adj.): *pour les obits* — *for obits.* Subst. mascul. **anniversarius** et neutr. **anniversarium**: **1.** *anniversaire de naissance* — *birthday.* **2.** *anniversaire commémoratif* au jour du décès — *commemorative anniversary* on the date of decease. Post discessum hujus vite ... ejus anniversarium non immemores preterirent. MULLER-BOUMAN, *OB.* Utrecht, I no. 145 (a. 996). **3.** *anniversaire de l'ordination* d'un évêque, d'un abbé ou d'un prêtre — *anniversary of the ordination* of a bishop, abbot or priest. **4.** *obit, messe commémorative* au jour du décès — *obit, commemorative mass* on decease anniversary. Noster anniversarius ac dilectissimae nostrae conjugis ... in eadem ecclesia per singulos annos ... sollemniter celebrari ... non neglegatur. *D. Charles II le Chauve*, no. 216 (a. 859). Subst. mascul. **anniversarius**: *clerc chargé des obits* — *clergyman in charge of obits.*

**anniversitas**: *anniversaire commémoratif* — *commemorative anniversary.* Nec Mauri quondam episcopi anniversitas aut agenda celebretur. Lib. pontif., Leo II, ed. MOMMSEN, p. 201.

**annona**: **1.** *blé* — *corn.* De annona publica domni regis, si venundata fuerit, de avena modius [i. e. modios] 2 pro denario, ordeo den. 1, sigalo den. 2, frumento modius den. 3. Synod. Franconof. a. 794, c. 4, *Capit.*, I p. 74. **2.** *cens annuel en blé* — *annual corn rent.* **3.** (spec.) *blé à faire du pain*, le froment et le seigle — *bread corn*, wheat and rye. Reddit unusquisque [mansus] annis singulis de annona modios 14, friskinguas 4 ... Brevium ex. (ca. a. 810), c. 8, *Capit.*, I p. 252. **4.** *fourrage, avoine* — *forage, oats.* Annona ad caballos modii quatuor. Capit. missor. a. 819, c. 29, I p. 291. Item Capit. episc. Papiae ed. (a. 845-850), c. 15, II p. 83. Ob acquirendam equorum annonam exisse. THIETMAR., lib. 5 c. 9, ed. KURZE, p. 112. **5.** *alimentation journalière, prébende* — *daily procurement of victuals, prebend.* Eo die quo fratribus servirent, de annona quoque fratrum in pane reficerentur. V. Gebehardi episc. Constant. (s. xii), c. 19, *SS.*, X p. 588. Accipiant super constitutam annonam mixtum. Capit. monach. ad Augiam dir. (a. 816/817), c. 5, ALBERS, *Cons. mon.*, III p. 107. [Fundus] ad abbatiam pertinebat antea, non tamen ad monachorum annonam, sed ad abbatem specialiter rediit. D. Zwentib. reg. a. 895, *Hist. de Fr.*, IX p. 376 A. Annonam monachi ... haberet. EKKEH., Cas. s. Galli, c. 1, *SS.*, II p. 79 l. 8.

**annonare**: **alimenter* — *to aliment.*

**annositas**: **1.** **longue suite d'années* — *long series of years.* **2.** **grand âge* — *old age.* **3.** **âge* — *age.*

**annotare**: **1.** **coucher par écrit* — *to write down.* **2.** *souscrire* — *to subscribe.* Manu propria subter [auctoritatem] adnotavimus. *D. Karolin.*, I no. 149 (a. 783). **3.** *sceller* — *to seal.* De anulo nostro subter anotari jussimus. *D. Ugo*, no. 17 (a. 928), p. 49.

**annotatio**: **1.** *notice, passage* dans un écrit — *note, record, passage.* **2.** *souscription* — *subscription.* Nostrorum subscriptionibus roboramus et communi adnotationis decreto pastorem habendum eligimus. F. extravag., lib. 2 no. 4, *Form.*, p. 554.

**annotinus**: **1.** (class. ,,de l'année précédente — of the preceding year''). Pascha annotinus: *la date de Pâques de l'année précédente*, célébrée par ceux qui avaient été baptisés ce jour-là — *the Easter date of the preceding year*, celebrated by those who had received baptism

on that day. In octava Pasce vel in Pasca annotina. GYSSELING-KOCH, _Dipl. Belg._, no. 37 (a. 867, S.-Bertin). 2. _annuel — annual._ Annotina translatione sanctarum reliquiarum ... quae evenit 4 non. Dec. D. Karoli Calvi a. 868, MABILLON, _Ann._, III. p. 148. Res ... sub censo annotino teneamus. DE MONSABERT, _Ch. de Nouaillé_, no. 38 p. 69 (a. 911-916). Subst. **annotinae**, sc. eulogiae?: _dons annuels_ des églises paroissiales à l'évêque — _annual gifts_ from the parish churches to the bishop. Nunquam de cetero nobis [sc. archiepiscopo Senonum] vel posterioribus aliquod debitum vel servitium [de quibusdam altaribus] profiteatur, preter annotinas et sinodos et circadas, etiam et nostris ordinibus debitas subjectiones. TARDIF, _Cartons_, no. 246 p. 155 col. 1 (a. 1005).

**annua** (femin.): _obit, anniversaire — obit, anniversary mass._ Annua eorum 10 annorum agatur. WARTMANN, _UB. S.-Gallen_, II no. 487 (a. 861).

**annualis** (adj.): 1. *_qui dure un an — lasting one year._ 2. _annuel — annual._ Sacram. Gelas., lib. 3 c. 52, ed. WILSON, p. 265 sq. ANAST. BIBL., Chronogr., ed. DE BOOR, p. 224 l. 11. Subst. neutr. **annuale**, annale et masc. **annualis**, annalis: 1. les _fruits d'une prébende pendant la première année_ depuis l'accession d'un titulaire nouveau — the _fruits of a prebend during the first year_ after the accession of a new titular. Vid. s. v. annata. In ecclesia s. Mammetis annualia defunctorum canonicorum, id est redditus prebendarum eorum per annum. Priv. Eugen. III pap. a. 1145, PFLUGK-HARTTUNG, _Acta_, I no. 198. 2. *_anniversaire de naissance — birthday._ 3. _jour anniversaire du décès — anniversary day of decease._ In annuali ejus 12 pauperes pascuntur. GYSSELING-KOCH, _Dipl. Belg._, no. 37 (a. 867, S.-Bertin). Ad annualem meum modium vini ... fratribus offerre non desinat, qualiter mei memoriam peragere ... studeant. DE FONT-RÉAULX, _Cart. de Limoges_, p. 21 no. 5 (a. 884). 4. _obit_, messe commémorative — _obit_, commemorative mass. Subst. masc. **annalis:** _agneau âgé d'un an — one-year old lamb, yearling._ Multones 13, annales 8, oviculas lactantes 36 ... GYSSELING-KOCH, _Dipl. Belg._, no. 37 (a. 867, Saint-Bertin).

**annualiter**: 1. _annuellement — annually._ V. Gregorii M., _AASS._, Mart. II p. 152 A. 2. _pendant un an — during one year._ Annualiter et diurne: „Jahr und Tag". KEUTGEN, _Urk. städt. Verf.gesch._, no. 135 (a. 1164, Hagenau).

**annuatim**, annatim: 1. *_annuellement — yearly._ 2. _pendant un an — during one year._ Postquam annuatim eam [uxorem] obtinuisset. GALBERT., c. 7, ed. PIRENNE, p. 13.

**annullare**: 1. *_anéantir — to annihilate._ 2. _casser, invalider — to invalidate, to nullify._ Quod per [praeceptiones nostras] fuerit ordinatum, per subsequentia praecepta nullatenus annullatur. Edict. Chlothar. II a. 614 c. 13, _Capit._, I p. 22.

**annullatio**: *_anéantissement — annihilation._

**annulus** = anulus.

**annuntiare**: 1. *_annoncer, prédire — to announce, to predict._ 2. _révéler_ (de la révélation divine) — _to reveal_ (of divine revelation). Non alia quam quae lex et euangelium adnuntiat. G. pontif. Camerac., lib. 3 c. 54, _SS._, VII p. 487 l. 14. 3. *_prêcher_ l'Evangile — _to preach_ the Gospel. Per universas provincias seu gentes propter amorem Christi seu verbum Dei annuntiare vel baptismum tradere discursum habuimus. Test. Amandi a. 675, PARDESSUS, II no. 376 p. 166. Verbo de altario sacerdote faciente quaecumque de euangelio, prophetis vel apostolo fuerit adnuntiatum. Childeb. praec. (a. 511-558), _Capit._, I p. 2. [Inquirendum] si [presbyter] verbum Domini populo adnunciet. REGINO, Syn. caus., lib. 1 notit. § 33, ed. WASSERSCHLEBEN, p. 21. 4. _proclamer, promulguer — to proclaim._ Haec A. comiti palatio nostro ... praecipere nostra vice et publice adnuntiare jussimus. Capit. in pago Cenom. dato a. 800, I p. 82. Capitula, quae apud Confluentes accepta sunt a nobis ... adnuntient. Capit. missis trad. a. 860, II p. 297. Capitula quae ... domnus Karolus ... edidit et per regnum suum a missis suis adnuntiari et observari praecepit. Capit. missor. Silvac. a. 853, II p. 271. Illa capitula, quae pater vester proxime in Carisiaco annuntiavit, ad effectum pervenire possint. HINCMAR., Opusc. 7, c. 7, MIGNE, t. 125 col. 987A. 5. _déclarer publiquement — to declare publicly._ De his capitulis, quae subsecuntur, adnuntiaverunt populo domni reges. Conv. ap. Valent. a. 853, _Capit._, II p. 75. Haec eadem domnus Karolus lingua Romana adnuntiavit. Conv. ap. Confl. a. 860, ib., II p. 158. Interrogatum fuit jam dicto M. sub quale lege vivebat, et ipsus sibi a lege Salica adnunciabit [i. e. - vit]. PROU-VIDIER, _Rec. des ch. de S.-Benoît-s.-Loire_, I no. 10 p. 25 (a. 815). 6. _ordonner, statuer, commander — to order, to enact, to command._ Latrones ... judices et advocati ad comitum placitum, quando eis annuntiaverint, praesentetur [i. e. praesentent]. Capit. Harist. a. 779, forma Langob., c. 9, I p. 48. His qui justitiam domni imperatoris annuntiant. Capit. missor. gener. a. 802, c. 31, I p. 97. Quicquid [missi] de [regis] jussione cuilibet praecipere et commendare debent, potestative annuncient atque praecipiant. Capit. de missor. off. a. 810, c. 2, I p. 155. Quando necessitas nobis evenerit, ut hostem nostrum adnuntiemus. Edict. Pist. a. 864, c. 3, II p. 312.

**annuntiatio**: 1. *_communication, information, rapport — communication, intelligence, information, report._ 2. *_annonce, prédiction, prophétie — announcement, prediction, prophecy._ 3. l'_Annonciation_ faite à Marie — the _Annunciation_ to the Virgin. Diebus adnuntiationis Domini, dormitionis et nativitatis s. Dei genetricis. Lib. pontif., Sergius I, ed. MOMMSEN, p. 215. Sacram. Gelas., lib. 2 c. 14, ed. WILSON, p. 169. 4. *_prédication, sermon — preaching, sermon._ 5. _déclaration publique — public declaration._ Adnuntiatio domni Hlotharii. Adnuntiatio domni Hludowici. Adnuntiatio Karoli. Conv. ap. Marsnam I, a. 847, inscr., _Capit._, II p. 70 sq. Item ceteri conventus regum s. ix. 6. _ordre — order._ Omnes pleniter bene parati sint, quandocunque jussio nostra vel annunciatio advenerit. Capit. missor. gener. a. 802, c. 34, I p. 97.

**annuntiator**: 1. *_prophète — prophet._ 2. *_prédicateur — preacher._

**anomalus** (gr.): *_anormal, qui s'écarte de la règle, exceptionnel — abnormal, deviating from the rule, exceptional._



**anonymus** (adj.): *_anonyme — anonymous._

**ansa**, v. hansa.

**antea**: _plutôt — rather._ 20 addere fecimus ut antea supercrescat quam deficiat. Adalhardi abb. Corbejens. statuta (a. 822), c. 6, ed. LEVILLAIN, _LMA_, t. 13 (1900) p. 356.

**antecastellum**: _bastion_ bâti par les assiégeants en face du château assiégé — _stronghold_ built by the besiegers in front of the besieged castle. S. xii.

**antecessor**: 1. *_prédécesseur dans une dignité, une fonction — predecessor in a dignity, an office._ 2. _ancêtre — ancestor._

**antedecessor**: _prédécesseur — predecessor._ D. _Karlmanns_, no. 26 (a. 879).

**antefactum**: _douaire — dowry._ S. xii, Ital.

**antefatus** (adj.): *_susdit — said, above-mentioned._

**anteguarda**, -gar-, -dia: _avant-garde — vanguard._ S. xiii.

**antela**, antella, antilena (< ante, cf. postilena): _poitrail_, partie du harnais de cheval — _breast-strap_ of a horse. ISID., Etym., lib. 20 c. 16 § 4. Sella ostendebatur ... cujus scandilia ... et antelam ... [equus] disruperat. AIMOIN., Mir. Bened., lib. 3 c. 6, ed. DE CERTAIN, p. 146.

**anteloquium**: 1. *_priorité de parole — the right to speak first._ 2. *_prologue — prologue._

**antemurale**: 1. *_tapisserie murale, tenture — wall tapestry, hanging._ 2. *_rempart extérieur, bastion — outer rampart, bulwark._ FLODOARD., Ann., a. 925, ed. LAUER, p. 31. EKKEH. URAUG., Chron. univ., a. 1099, _SS._, VI p. 212 l. 46.

**antenatus** (adj.): _aîné — first-born._ S. xiii. Subst.: 1. _beau-fils — stepson._ ISID., Etym., lib. 9 c. 6 § 21. 2. _devancier, personne âgée — elder person._ Sicut ab antenatis audierat. Chron. Noval., lib. 2 c. 13, ed. CIPOLLA, p. 157.

**antenuptialis**: *_donné avant le mariage — given before marriage._

**antependium**: 1. _rideau, portière — curtain, hanging._ 2. _devant d'autel — altarcloth._

**anteponere**: 1. _mettre en gage — to give in pawn._ Antepono tibi ipsa casa. SICKEL, _Urkunden Ottos I._, no. 400 (ch. a. 940, Arezzo). 2. _alléguer comme raison de dispense, comme exception — to adduce as a dispensatory ground, as an exception._ De restauratione ecclesiarum vel pontes faciendum aut stratas restaurandum: omnino generaliter faciant et non anteponatur emunitas. Capit. Pippini reg. Ital. (a. 782-786), c. 4, I p. 192. 3. _excepter — to except._ Si in istis tribus placitis ... venire contempserit, antepositis quae superius anteposuimus [sc.: excepto servitio regis aut inevitabili necessitate]. Ludov. II capit. Papiensia a. 855, c. 3, II p. 89. Judico eos omnes esse liberi anteposito Hatperto. GIULINI, _Memorie di Milano_, I p. 462 (a. 870). Dedi ... omnium medietatem, que ego habeo ad L. ... Antepono tantum, quantum cantat prima carta. BAUMANN, _Urk. Allerheil. in Schaffhausen_, no. 43 p. 71 (a. 1105).

**antepositio**: _condition préalable — previous condition._ _CD. Cajet._, I p. 211 (a. 1004).

**anteposito** praepos. _sauf — save._ Causa ante comite vel judice veniat, anteposito persona clericorum. Capit. Mantuan. II a. 787, c. 1, I p. 196. Conj.: _hormis que — save that._ Recipiat res suas sicut modo invenerit eas, anteposito aedificia aut labores, qui postea ibi facti sunt, ipse qui fecit tollat. Karoli M. notitia Ital. (a. 776 vel 781), c. 2, _Capit._, I p. 188.

**anterior** (adj.): 1. *_antérieur, de devant — foremost._ 2. *_ancien, antérieur, précédent — earlier, former._ Subst. plur. **anteriores**: _devanciers, ancêtres — forefathers, forbears._

**anterius** (adv.): _plus tôt, précédemment — earlier, previously._

1. **antestare**, anti-: 1. (intrans.) _barrer la route, mettre obstacle, s'opposer_ à qq'un — _to stand in the way, to thwart, to resist._ Si ei in via antesteterit. Ed. Rothari, tit. 374. 2. (transit.) _retenir, garder_ en dépit de toute revendication — _to hold fast, to keep_ in spite of any claims. Si ... mancipium de manibus ejus tulerit aut antesteterit. Ed. Rothari, tit. 278. Si quis mancipium ecclesiae ... fugitivum susceperit et post requisitionem ... ille neglexerit reddere et contra legem antesteterit. Lex Alam., tit. 20. 3. _refuser — to refuse._ Si quis legitimum tributum antesteterit. Lex Alam., tit. 22. 4. _favoriser, seconder — to support, to promote._ W. dux ... abbatiam ... pro redemptione atque salute animae suae ... antistare cupiens. _Gall. chr._², II col. 465 (s. x, Aquit.).

2. **antestare**, anti- (< antestari, passiv., < testis): _recueillir et produire les preuves servant à corroborer un droit — to collect and produce evidence in witness of a claim._ SCHIAPARELLI, _CD. Longob._, I no. 23 (a. 720, Pisa). Reg. Farfence, no. 60 (a. 764). Cf. P. S. LEICHT, _„Antestare et defendere"_, _Miscell. G. Mercati_, V, 1946, pp. 635-645.

**antestes**, v. antistes.

**antianus**, v. ancianus.

**antica**: _entrée principale, portail de devant — main entrance, front porch._

**antichristus**: *_antéchrist — antichrist._

**anticula**: _béquille — crutch._ EGINHARD., Transl. Marcellini et Petri, lib. 4 c. 10, _SS._, XV p. 259.

**antiepiscopus**: _évêque concurrentiel_ (pendant un schisme) — _competing bishop_ (during a schism). ALBERT. DE BEZANIS, Chron., a. 1331, ed. HOLDER-EGGER, p. 98.

**antiphona** (gr.): *_antienne_, chant liturgique alternant — _antiphon_, alternating liturgical hymn. COLUMBAN., Reg. mon., c. 7, ed. SEEBASS, _Zeitschr. f. Kirchengesch._, t. 15 (1895), p. 378.

**antiphonarium**: _antiphonaire_, livre contenant les antiennes de l'année liturgique — _antiphonary_, book which contains the antiphons of the liturgical year. Epist. Helisachari (a. 814 vel 821/822), _NA._, t. 11 (1886), p. 566. JOH. DIAC. ROMAN., V. Gregor. M. (a. 873-875), lib. 2 c. 6, MIGNE, t. 75 col. 90 C. AGOBARD., Liber de correctione antiphonarii, MIGNE, t. 104.

**antiphrasis** (gr.): _opinion contraire — opposite view._

**antigraphus** (gr.): _copiste — copyist._ ORDERIC. VITAL., lib. 1 c. 24, ed. LEPRÉVOST, I p. 192.

**antilena**, v. antela.

**antilogium** (gr.): _contradiction — contradiction._

**antipapa**: _antipape — antipope._ S. xiii.

**antiquarius** (adj.): _ancien — ancient._ [Libellum] antiquaria manu scriptum. HERIGER., Transl. Landoaldi, lib. 1 c. 9, _SS._, XV p. 603. Subst.: 1. *_scribe_, copiste de livres anciens — _scribe_,

copyist of old books. ISID., Etym., lib. 6 c. 14. **2.** gener.: *scribe — scribe.* Licet ego dictare forte quid valeam, deest antiquarius qui transcribat. PETR. DAM., Epist., lib. 1 no. 15, MIGNE, t. 144 col. 227 C.

**1. antistare,** v. ante-.

**2. antistare** (< antistes): *être évêque — to be a bishop.* Notgerus tunc temporis Tungrensibus antistabat. SIGEB., G. abb. Gemblac., c. 23, *SS.*, VIII p. 534 l. 14.

**antistes,** antestes (genet. -itis): **1.** **prêtre* (dans le Vieux Testament) — *priest* (in the Old Testament.) **2.** *évêque — bishop.* Cod. Justin., 1, 3, 18 sqq. JONAS, V. Columbani, lib. 2 c. 13, ed. KRUSCH, p. 263. BEDA, Hist. eccl., lib. 1 c. 17. V. prima Amandi, c. 23, *Scr. rer. Merov.*, V p. 446. Virt. Fursei abb. Latiniac., c. 2, ib., IV p. 440. V. Germani abb. Grandivall., c. 14, ib., V p. 39. Sacram. Gelas., lib. 3 c. 16, ed. WILSON, p. 234.

**antistitium: 1.** **prêtrise — priesthood.* **2.** *évêché — bishopric.* Farabertum ... antistitii sui reliquit heredem. FOLCUIN., G. abb. Lobiens., c. 21, *SS.*, IV p. 64. Bruno ... antisticium [Mindense] accepit. Ann. Hildesheim., a. 1036, ed. WAITZ, p. 41. Antisticii locus illius [sc. Wormatiae] vacabat. Ann. Corbeiens., a. 1146, *SS.*, III p. 12 l. 18.

**anthrax** (gr.): **pustule, enflure, tumeur — carbuncle, pustule, ulcer.*

**anthropomorphita:** **adhérent d'une secte hérétique — adherent of a heretic sect.*

**antrustio** (masc., genet. -onis), andru-, adtru-, -scio, -ssio, -sio, -tio (< franc. *trust*, teuton. *trost*: „aide, appui — help, support", cf. voc. trustis): **1.** *compagnon en dépendance* qui est tenu à sauvegarder son seigneur les armes à la main, particulièrement le compagnon du roi, *membre de la „trustis" royale* (q. v.) — *dependent companion* who has to safeguard his lord by force of arms, especially a companion of the king, *a member of the royal „trustis"* (q. v.). Quia ille fidelis Deo propitio noster veniens ibi in palatio nostro una cum arma sua in manu nostra trustem et fidelitatem nobis visus est conjurasse, propterea per praesentem praeceptum decernimus ac jubemus, ut deinceps memoratus ille in numero antrustionum computetur. MARCULF., lib. 1 no. 18, *Form.*, p. 55. Si quis ... hominem ... in domo suo adsalierit et ibi eum occiderit, si andruscio dominicus fuit ... Si vero antruscio dominicus non fuit ... Lex Sal., tit. 42 § 1 sq. (cod. Guelferbyt. et codd. familiae 3; ceteri codd.: si in truste dominica fuit). Si antruscione dominico ... occiderit. Ib., tit. 41 § 3 (codd. fam. 3; ceteri: eum qui in truste dominica fuit). Si quis antrussionem castraverit. Ib., tit. 29, addit. 13 (textus Herold.), ed. BEHREND², p. 57. Capit. II ad leg. Sal., c. 5, c. 7 sq., ed. BEHREND², p. 139 sq. Andrustione qui inter duos reges pagaverit. Septem Causae, tit. 8 § 7, ed. BEHREND², p. 177. Qui antrusionem, quo[d] puer regis est, occiserit. Recapitulatio leg. Sal., textus B, § 33, ed. BEHREND², p. 182. Pertractantes ... cum viris magnificentissimis optimatibus vel antrustionibus et omni populo nostro. Ed. Chilperici, c. 1, *Capit.*, I p. 8. **2.** (gener.) *aidant, soutien — helper, supporter.* Graphio cum 7 rachymburgiis antrutionis bonis credentibus ... a casa illius ambulent. Ed. Chilperici, c. 8, p. 9 l. 21. Agens [i. e. grafio] et qui mallat ipsum ad nos adducant et adtrutionis secundum legem consecutus habuerit. Ib., p. 10 l. 7.

**antsinga,** v. andecinga.

**anularis** (subst.): *doigt annulaire — ring-finger.* Lex Fris., tit. 22 § 31.

**anulus: 1.** **anneau à sceller — seal-ring.* De anulo nostro sigilavimus. MARCULF., addit. no. 2, *Form.*, p. 111. Ibi saepe. Judicio de anolo ipsius Grimoaldo majorem domus nostri sigellatum. *D. Merov.*, no. 78 (a. 710). [Referendarius] anulo regis adeptus. V. prima Audoini (s. viii med.), c. 2, *Scr. rer. Merov.*, V p. 555. Gerulus fuerat anuli regis Chlotharii. V. Ansberti (s. viii ex.), c. 2, ib. p. 620. **2.** (spec.) *l'anneau à sceller d'un évêque — the seal-ring of a bishop.* Anulo vice episcopi gerebat. Pass. Praejecti, *Scr. rer. Merov.*, V p. 246. Vestras epistulas de anulo vestro infra signatas. Chlodow. epist. ad episc., *Capit.*, I p. 2. Anulo ecclesiae nostrae bullare censuimus. Form. extrav., lib. 2 no. 20, *Form.*, p. 563 (ch. a. 858-875, Metz). Ossa ... in loculo ... composuit, quem pontificali anulo diligentius signans ... ADSO, V. Frodoberti abb. Cellens., c. 30, *Scr. rer. Merov.*, V p. 85 (a. 872). Comme symbole de la dignité épiscopale — as a symbol of the episcopal dignity: Dedit eis publice coram altari anulos et baculos suae auctoritatis in confirmatione eorum ordinationis. Concil. Ingelheim. a. 840, *Conc.*, II p. 810.

**anus** (masc.): *anneau, cercle — ring, circle.*

**anxiari** (depon.): **s'inquiéter, avoir peur — to worry oneself, to be afraid.*

**anxietas:** *pénurie, indigence — shortage, want.* Quae prae anxietate famis de statuto victu deessent. ANSELM., G. episc. Leodiens., c. 52, *SS.*, VII p. 20.

**anxietudo:** **angoisse, douleur — worry, sorrow.*

**anzianus,** v. ancianus.

**anzinga,** v. andecinga.

**apallarea: 1.** **cuiller — spoon.* Cod. Carolin., no. 17, *Epp.*, III p. 517. **2.** *dais — canopy.* Lib. pontif., Sergius I, ed. MOMMSEN, p. 214 l. 7.

**apanagium:** *apanage,* la part de l'héritage féodal assignée au frère puîné comme moyen de subsistance, pour atténuer la règle de l'indivisibilité du fief — *apanage,* the portion of the feudal inheritance assigned to the younger brother as a means of subsistence in order to palliate the principle that a fief is indivisible. S. xiii.

**apanamentum:** idem quod apanagium. S. xiii.

**apanare** (< panis), aliquem: *pourvoir de moyens de subsistance;* se dit spécialement du feudataire qui tient le fief patrimonial, indivisible en principe, mais qui doit alimenter son frère cadet ou sa soeur — *to provide with means of subsistence;* especially with regard to the tenant who holds the ancestral fief, which is fundamentally indivisible, but who is bound to provide for the subsistence of his younger brother or his sister. S. xiii.

**apar,** v. appar.

**apendaria,** v. appendaria.

**apennis,** v. appennis.

**aperire:** *faire vacant — to make vacant.* Apud nos [sc. in Saxonia] episcopatus quidam et abbatiae sunt vacui ... ibique ad regios usus multa [sc. beneficia] modo sunt aperta, multa cito aperienda. Cod. Udalrici, no. 117 (a. 1104/1105), ed. JAFFÉ, *Bibl.*, V p. 228. Passiv. aperiri: *devenir vacant — to become vacant.* Si antequam redeamus aliqui honores interim aperti fuerint. Capit. Carisiac. a. 877, c. 8, II p. 358. Si aliquis ... suum beneficium ... alienaverit, et ille ... sine herede mortuus fuerit, quia beneficium seniori aperitur, ... totum evacuari debet. Libri feudor., antiq., tit. 6 c. 6 (vulg., lib. 1 tit. 17), ed. LEHMANN, p. 102. Etiam: vulg., lib. 2 tit. 31, p. 161; tit. 34 sq., p. 165 sq.



**apertus** (adj.): **1.** *patent — patent.* Per apertam cartam auctoritas regum defensavit. *D. Karolin.*, I no. 151 (a. 779-784). **2.** d'un fief: *vacant* — of a fief: *vacant.* Aliquam consolationem ei faciatis de beneficiis, quae hic in nostra vicinia absoluta et aperta esse noscuntur. EGINH., epist. 34, *Epp.*, V p. 126. Moribus receptum est, dominum de feudo sui militis, quod post mortem ipsius ad dominum reverti sperabatur, in alium militem investituram facere posse. Quae investitura tunc demum capiet effectum, cum feudum domino sive heredi suo fuerit apertum. Libri feudor., vulg., lib. 2 tit. 26 § 3, ed. LEHMANN, p. 150. Etiam ib. tit. 44; tit. 46; antiq., tit. 8 c. 22 (vulg., lib. 2 tit. 15), p. 132.

**apex.** Plural. apices: **1.** **épître — letter.* **2.** (spec.) *lettre d'un auguste personnage — letter by a high-placed person.* Apices vestrae celsitudinis [i. e. regis] nos accepisse comperite. MARCULF., lib. 1 no. 10, *Form.*, p. 48. Nostri [sc. imperatoris] apices. Karoli M. epist. (a. 809-812), *Capit.*, I p. 246. Hos apices vilitatis nostrae [i. e. papae] distinare. MARCULF., lib. 2 no. 46, *Form.*, p. 102. **3.** **rescrit impérial — imperial rescript.* **4.** *diplôme royal — royal charter.* Hos serenitatis nostrae apices illi fieri jussimus. *D. Ludwigs d. Deutsch.*, no. 38 (a. 844). Abinde saepe. **5.** singul.: *lettre — letter.* Istum apicem [abbatis] remeare faciatis. F. Alsat., no. 23, *Form.*, p. 335. **6.** *lettre, caractère — letter, character.* EKKEH., Cas. s. Galli, c. 2, *SS.*, II p. 92 l. 3; item c. 3, p. 100 l. 45.

**apicularє:** *rucher — beefarm.* Lib. Papiens., *LL.*, IV p. 370.

**apile:** *ruche — bee-hive.* Examen alicujus ex apile elapsus fuerit. Lex Baiwar., tit. 22 § 8.

**aplanes** (gr.): **le firmament — the firmament.*

**aplestia** (gr.): **insatiabilité — insatiability.*

**aplustre** (neutr.), appl-, ampl-, -trum: **1.** *ustensiles d'un vaisseau — ship's implements.* V. Aegidii, *AASS.*, Sept. I p. 300 col. 1. **2.** (spec.) *gouvernail — rudder.* Ipsum manibus fluctus aplustre rapit. RANGER., V. Anselmi Luc., v. 3514, *SS.*, XXX p. 1231.

**apocalypsis: 1.** **révélation — revelation.* **2.** (spec.) **l'Apocalypse — the Apocalypse.*

**apocha** (gr.): **1.** *quittance — receipt.* PETR. DAMIANI, V. Odilonis, MIGNE, t. 145 col. 937C. **2.** plural. apochae: *lettre — letter.*

**apocopare** (gr.): *couper, tronquer, mutiler — to cut off, to curtail, to maim.*

**apocryphus:** *(de textes religieux), *apocryphe, non canonique* — (of religious writings) *apocryphal, uncanonical.*

**apocrisiarius** (gr.): **1.** *plénipotentiaire du pape* à la cour de l'empereur byzantin, puis chez les rois d'Occident — *plenipotentiary of the pope* at the court of the Byzantine emperor, later also at the courts of western kings. Justin., Novell. Const., 123, 25. ISID., Gloss., no. 117. MARINI, *Papiri*, p. 219 not. 4. Tunc erat Vigilius diaconus apocrisiarius in Constantinopolim. Lib. pontif., Silverius, ed. MOMMSEN, I p. 146. Ibi saepe. Cf. H. X. LUXARDO, *Das päpstliche Vordecretalen-Gesandtschaftsrecht*, Innsbruck 1878. **2.** titre donné à certains dignitaires — title given to certain dignitaries: **a.** à un référendaire du roi mérovingien — to a referendary of a Merovingian king. V. altera Audoini (s. ix in.), c. 6, cf. *Scr. rer. Merov.*, V p. 555 n. 1. **b.** à l'archichapelain du palais carolingien — to the archchaplain of the Carolingian court. Apocrisiarius, quem nostrates capellanum vel palatii custodem appellant, omnem clerum [palatii] ... regebat. HINCMAR., Ordo pal., c. 16, *Capit.*, II p. 523. **c.** au chancelier royal capétien — to the royal chancellor of the Capetians. B. sacri palatii apocrisiarius. D. Roberti II reg. Franc. a. 1015, *Hist. de Fr.* X p. 597. **d.** au trésorier d'une abbaye — to a monastery treasurer. Consuet. Cluniac. antiq., text. B, c. 20, ALBERS, *Cons. mon.*, II p. 13.

**apodiare,** v. appodiare.

**apodix** (femin., genet. -icis): *femme publique — prostitute.* Una apodix, id est meretrix. G. Conwoionis abb. Roton. (s. ix ex.), c. 10, *SS.*, XV p. 456.

**apodixis** (femin.), appo-, -dixa, -dissa, -disia (gr.): *quittance — receipt.* S. xiii.

**apophoretum** (gr.): **1.** *plat, plateau — dish, plate.* Apophoreta a Graecis a ferendo poma vel aliquid nominata, est enim plana. ISID., Etym., lib. 20 c. 4. **2.** *reliquaire — reliquary.* Sanctarum apoforete reliquiarum. RADULF. GLABER, Hist., lib. 4 c. 5, ed. PROU, p. 103. Etiam c. 3, p. 96.

**apogaeum** (gr.): *cave, crypte — cellar, crypt.* Mir. Bertini, lib. 2 c. 18, MABILLON, *Acta*, III pars 1 p. 146.

**apologeticum,** -us (gr.): **1.** **apologie,* écrit justificatif — *apology,* written defence. **2.** *réponse* donnée à un envoyé — *answer* to an envoy. Hujusmodi nuntiis apologeticum dedit. LIUDPR. CREMON., Antapod., lib. 4 c. 28, ed. BECKER, p. 123. Ibi pluries.

**apologia** (gr.): **apologie* parlée ou écrite — spoken or written *apology.*

**apoplexia** (gr.): **apoplexie — apoplexy.*

**aporia** (gr.): **embarras, situation sans issue, misère — perplexing situation, distress.*

**aporiare: 1.** transit.: *réduire à la misère — to ruin, to reduce to misery.* **2.** depon. aporiari: **se sentir accablé, désespérer, être en suspens — to be distressed, to despair, to be in doubt.*

**apostasia** (gr.): **1.** **apostasie — apostasy.* **2.** *rupture du voeu monastique — breach of monastic vows.* Quidam, immo maxima pars [monachorum], qui hactenus in apostasiam prolapsi fuerant. D. Ludov. Pii a. 832, TARDIF, *Cartons*, no. 124 p. 87 col. 2.

**apostata** (masc.): **1.** **apostat — apostate.* **2.** *moine ou clerc renégat — renegade monk or clerk.* Si postmodum relicto clericatus habitu a castris dominicis ... profugus et apostata elabitur et ad saeculum egreditur. Concil. Tribur. a. 895, c. 27, *Capit.*, II p. 229.

**apostatare: 1.** **apostasier — to apostatize.* **2.** **rompre le voeu monastique, délaisser la prêtrise*

— _to break monastic vows, to give up priesthood._ Ne quis monachus vel clericus a suo gradu apostataret. Concil. Remense a. 1049, c. 8, MIGNE, t. 142 col. 1437 B. **3.** _faire défection — to turn away_ from a party.. Qui Ottoni [regi] prius adherentes demum apostataverant. Contin. Sanblas. ad Ott. Frising. Chron., c. 51 (a. 1209), _SS._, XX p. 332. **4.** transit.: _renier, contrevenir sciemment à_ une loi — _to disavow, to infringe deliberately_ a law. Qui leges istas apostatabit, ... werae suae reus sit. Leg. II Cnut c. 83, text. Quadripart., LIEBERMANN, p. 367. (Text. Instituta Cnuti: quisquis has leges ... violaverit.)

**apostatizare**: _déclarer apostat — to declare_ a person _to be an apostate._ Hoc tangentem seu quaerentem anathematisamus et in vice Petri apostoli hos vel has apostatisamus, eorum vitam suorumque corpora foras ecclesias ... dejicimus. _Gall. chr._[2], XVI instr. col. 76 (a. 1016).

**apostema** (neutr., genet. -atis) (gr.): *_abscès — abscess._

**apostilli**, v. 2. apostolus.

**apostolatus** (decl. iv): **1.** *_dignité épiscopale — episcopal dignity._ Paginam manibus apostolatus vestri porrigo. _D. Merov._, no. 7 (a. 584-587). **2.** _diocèse — diocese. CD. Cajet._, I p. 246 (a. 1014). **3.** _dignité pontificale — papal dignity._ Indigne sibi apostolatus sumpsit culmen. Concil. Roman. a. 769, _Conc._, II p. 85. De Romano apostolatu ei conferendo tractarent. HARIULF., Chron. Centul., lib. 4 c. 27, ed. LOT, p. 254. Facta est hec confirmatio ... sub apostolatu domni Pascalis pape. MULLER-BOUMAN, _OB. Utrecht_, I no. 285 (a. 1116).

**apostolicalis**: _pontifical — papal._ Usque in aevum apostolicalis atque regalis abbatia existat. D. Henr. I reg. Franc. a. 1058, TARDIF, _Cartons_, no. 272.

**apostolicatus** (decl. iv): **1.** _dignité épiscopale — episcopal dignity._ V. Euseb. Vercell. (s. ix), UGHELLI[2], IV, p. 749 D. **2.** _dignité pontificale — papal dignity._ Ad apostolicatus officium S. est ordinatus. PAUL. DIAC., Hist. Langob., lib. 4 c. 29, ed. WAITZ, p. 158. Quem ... ad apostolicatus culmen elegisti. LIUDPR. CREMON., Hist. Ott., c. 22, ed. BECKER, p. 174.

**apostolicus** (adj.): **1.** *_apostolique_, concernant un apôtre ou les apôtres — _apostolic_, concerning an apostle or the apostles. **2.** *_épiscopal — episcopal._ Apostolicus vir: évêque — bishop. F. Andecav., no. 32, _Form._, p. 14. Deinde pluries. _D. Merov._, no. 26 (a. 660-662); no. 35 (ca. a. 658). V. Filiberti abb. Gemetic. (s. viii med.), c. 26, _Scr. rer. Merov._, V p. 598. Apostolici pontifices. Edict. Guntchramni a. 585, _Capit._, I p. 11 l. 38. Apostolica sedes: dignité épiscopale — episcopal dignity. Epist. a. 588 ap. GREGOR. TURON., Hist. Franc., lib. 9, c. 41 sq. Chlodowici epist. (a. 507-511), inscr., _Capit._, I p. 1. MARCULF., lib. 1 no. 26, _Form._, p. 59. _D. Merov._, no. 7 (a. 584-587). Culmine apostolico sublimatus. Epist. Rodoberti episc. Turon. ad calcem V. Eligii, _Scr. rer. Merov._, IV p. 741. **3.** _pontifical — papal._ Apostolicus vir et sanctissimus. ARBEO, V. Haimhrammi, rec. A, c. 15, _Scr. rer. Merov._, IV p. 487. Apostolica sedes. Concil. Roman. a. 743, _Conc._, II p. 10. JONAS, V. Columbani, lib. 2 c. 9, ed. KRUSCH, p. 247. Romanae sedis apostolicae papa. MARCULF., lib. 2 no. 49, _Form._, p. 104. Subst.: **1.** _évêque — bishop._ Cum consilio apostolicorum C., G. vel illustrium virorum G., B., A. _D. Merov._, no. 21 (ca. a. 644). Ex permisso apostolico lui [i. e. apostolici illius]. MARCULF., lib. 2 no. 23, _Form._, p. 91. **2.** _le pape — the pope._ Concil. Roman. a. 769, _Conc._, II p. 86. Deinde pluries. Lib. pontif., Vitalianus, ed. MOMMSEN, p. 186. _D. Karolin._, I no. 111 (a. 776). Coll. Sangall. no. 30, _Form._, p. 416. V. Severini episc. Neapol. (s. viii ex.), ed. CAPASSO, _Mon. Neap._, I p. 273. V. Pirminii (s. ix in.), c. 4, _SS._, V p. 23 sq. REGINO, Chron., a. 866, ed. KURZE, p. 84. Inde a s. x saepissime.

**1. apostolus**: la _lecture des lettres de l'apôtre Saint-Paul_ pendant la messe — _reading of the letters of the apostle Saint Paul_ during mass. Ponunt apostolum vel decadas psalmorum. Ordo Rom. XIII A (s. viii p. anter.), c. 20, ed. ANDRIEU, II p. 488. Statim post apostolum, id est post epistolam. HINCMAR., opusc. 7, ed. SIRMOND, II p. 149. Cum legeretur apostolus. V. Radbodi episc. Traject. (ca. a. 970), c. 8, _SS._, XV p. 571a.

**2. apostolus** (gr.). Plural. apostoli, apostilli: **1.** *_lettre d'appel_, adressée par le juge qui se désiste de la cause au juge d'appel — _letter of appeal_, which the judge who desists from a cause addresses to the appellate judge. **2.** (spec.) la même chose en droit canonique, particulièrement dans le cas d'un appel au Saint-Siège — the same thing in canonical law, especially with reference to an appeal to the Holy See. **3.** _lettre de créance_ donnée par l'évêque à un clerc ou à un laic qui part pour un autre diocèse — _credentials_, given by a bishop to a clerc or layman at his departure for some other diocese.

**apostropha** (gr.): *figure rhétorique dans laquelle l'orateur s'adresse à une personne nommée — rhetorical figure by which the orator addresses a particular person.

**apostrophare**, aliquem: _adresser la parole à_ qq'un — _to speak to_ a person.

**apotheca**: **1.** _boutique, baraque — shop, booth._ **2.** spec.: _droguerie, pharmacie — drugstore, chemist's shop._ **3.** spec.: _mercerie — mercer's shop._

**apothecarius**: **1.** *_boutiquier — shopkeeper._ **2.** spec.: _droguiste — druggist._ **3.** spec.: _mercier — mercer._

**appaltor**, apaltor (ital., < pactum): _fermier — leaseholder._ S. xiv.

**appar** (masc., genet. -ris), apar, apparum (< a pari): **1.** _lettre circulaire_ dont plusieurs exemplaires identiques ou presque sont adressés à différents destinataires — _circular letter_, several identical or nearly identical copies of which are being sent to different addressees. Quatuor breves consimiles ... uno tenore conscripti sunt ... Tertium appare dedimus L. duci. Placitum a. 747, ap. Reg. Farfense, lib. 2 no. 35. GREGOR. CATIN., Chron. Farf., ed. BALZANI, p. 116 A. Hoc aparum scripsi. GLORIA, _CD. Patav._, II, pars 1 p. 447 (s. xii). Cf. H. BRESSLAU, _Zeitschr. Sav.-St. f. Rechtsgesch_ Roman. Abt., t. 6 p. 243 n. 1. **2.** _copie — copy._ Apparem istius donationis ... adscribi faciens. ANAST. BIBL., Lib. pontif., Hadrianus I, ed. DUCHESNE, I p. 486. Fecit ei ... libellum ... unde et apparum ipse abbas retinuit apud se. GREGOR. CATIN., p. 199 A.



**apparamentum.** Plural. apparamenta: _ustensiles, outils, meubles — utensils, tools, furniture._ S. xiii.

**apparatura**: _parure, bijoux — finery, trinket._ Aurum et apparaturam pretiosam ... neque concupivit neque habere voluit. AGIUS, V. Hathumodae, c. 2, _SS._, IV p. 167 l. 21.

**apparatus** (decl. iv): **1.** _armement — armament._ Exercitus Normannorum ... cum valido navium apparatu Christianorum fines contingeret. Mir. Germani in Norm. adventu facta (s. ix med.), c. 2, _SS._, XV p. 10. **2.** _ustensiles liturgiques — liturgical utensils._ **3.** _commentaire_; en part. la glose d'Accursius sur le Digestum et le Codex — _commentary_; esp. Accursius' glossa on the Digestum and the Codex.

**apparenter**: *_en apparence — in appearance._

**apparentia**: **1.** *_apparition — appearance._ **2.** spec.: *_avent — advent._ **3.** *_apparence — seemingness._

**apparere**: **1.** *_se présenter_ devant qq'un (réellement ou dans une vision) — _to show up_ (really or in a vision). **2.** _comparaître_ en justice — _to appear_ in court. Si malefactor evaserit, ad pretorium citabitur ut tercia die appareat. VAN DER HEIJDEN-MULDER, _Handvesten_, p. 11 (a. 1217, Middelburg). **3.** _sembler — to seem._ Ne inoboediens magistro appareret. JONAS, V. Columbani, lib. 1 c. 3, ed. KRUSCH, p. 158.

**apparitio**: _épiphanie_ du Christ — _epiphany_ of Christ. ISID., Etym., lib. 6 c. 18 § 6.

**apparitor**: **1.** _sous-ordre d'un fonctionnaire public_, chargé de tâches exécutives — _subordinate of a public officer_ for executive jobs. A ministris vel apparitoribus [comitis] fur adfixus patibulo est. V. prima Amandi, c. 14, _Scr. rer. Merov._, IV p. 438. Item ib. c. 23, p. 446. Pass. Praejecti, c. 30, _Scr. rer. Merov._, V p. 243 (ubi synon.: lictor). **2.** _serviteur armé, écuyer — armed servant, squire._ Cantat. S. Huberti, c. 93, ed. HANQUET, p. 240. Triumphus s. Remacli, lib. 2 c. 16, _SS._, XI p. 456. ORTLIEB., Fund. Zwivild., lib. 1 c. 7, _SS._, X p. 76. LAMPERT. HERSFELD., Ann., a. 1074, ed. HOLDER-EGGER, p. 173. LAMBERT. DE S. AUDOM., Geneal. com. Flandr., c. 5, _SS._, XIV p. 310. COSMAS, lib. 3 c. 13, ed. BRETHOLZ, p. 173. AIMOIN., Mir. Benedicti, lib. 2 c. 3, ed. DE CERTAIN, p. 100.

**appellare**: **1.** _faire appel à_ un juge (même en première instance) — _to appeal to_ a judge (even in the first instance). Is qui se reclamat propter suam stultitiam aut contumaciam comitem inde appellare noluit. Capit. missor. a. 819, c. 25, I p. 291. **2.** _déposer une plainte, intenter une action contre_ qq'un — _to lodge a complaint, to bring an action against_ a person. Qui suspectum judicem habere se dixerat, ... sciat sibi aput audientiam principis appellare judicem esse permissum. Lex Visigot., lib. 2 c. 1 § 22. Qui judicialiter ... fuerit adpellatus, respondeat. Ib., lib. 10 c. 1 § 4. Si quis post mortem patris filium de debitum appellaverit. Ed. Rothari, c. 365. Si quis eum de statu suo appellaverit. Capit. legib. add. a. 816, c. 2, I p. 268. In ipso placito quidam H. comes et alii quamplures appellabant archiepiscopum Mediolanensem pro multis causis, quibus eos offenderat. WIPO, G. Chuonradi, c. 35, ed. BRESSLAU, p. 55. Si Francigena appellaverit Anglum de perjurio aut murdro. Statuta Will. I reg. Angl., STUBBS, _Sel. ch._[9], p. 98. Si Amizo Amizonem appellaverit de morte filiorum suorum. Conv. Friderici I cum Placent. a. 1162, c. 9, _Const._, I no. 206. Si quis appellatus de latrocinio vel roberia plegiatur. Leis Willelme, c. 3, text. latin., LIEBERMANN, p. 495. **3.** _inviter_ à l'accomplissement d'un devoir — _to summon_ to accomplish a duty. Comes ... Alexio vitam et honorem juravit ... Cumque de hominio appellaretur, non se ... id facturum respondit. G. Francorum, c. 6, ed. BRÉHIER, p. 32. **4.** _proclamer — to proclaim._ Vespasianus a militibus ... imperator Romanorum appellatus est. ANAST. BIBL., Chronogr., a. 65, ed. DE BOOR, p. 67. **5.** aliquid: _s'appuyer sur_ qqch. — _to allege._ Quicumque pro aliqua causa coram consulibus terminata testimonium ipsorum appellaverint. KEUTGEN, _Urk. städt. Verf.gesch._, no. 139 (s. xii, Soest). **6.** aliquid: _réclamer — to claim._ Ch. a. 1097, Gellone, ap. DC.-F., I p. 308 col. 3.

**appellatio**: _plainte, action — complaint, action._ Siquando cujuscumque injusta appellatio conprobatur. Lex Roman. Visigot., ex qua hausit F. Turon., no. 29, _Form._, p. 152. Solus de una appellatione ... se purget. Leg. I Cnut, c. 5, text. Instituta Cnuti, LIEBERMANN, p. 285.

**appellatorius**: *_concernant un appel judiciaire — concerning a legal appeal._

**appellum**: _plainte judiciaire — legal complaint._ S. xii, Angl.

**appendaria** (femin.), apen-: _annexe, dépendance_ d'une exploitation agricole — _annex, outhouse_ of a farm. In ipsa villa mansos 4, appendariam unam ... BERNARD-BRUEL, _Ch. de Cluny_, I no. 286 (a. 927). Ibi pluries. In villa q. d. B. mansos tres et apendaria una. DESJARDINS, _Cart. de Conques_, p. 186 no. 220 (a. 914). Donamus mansum unum ... et in alio loco ... apendariam unam, et omnia que ad ipsum mansum vel ad ipsam apendariam ... aspicere videtur. CASSAN-MEYNIAL, _Cart. de Gellone_, p. 37 no. 36 (a. 930). Mansum unum cum apendaria dominica. Ib., p. 38 no. 37 (a. 1004).

**appendere** (intrans.): _dépendre de, appartenir à_ qqch. — _to depend from, to appertain to_ a thing. Praedium ... plena et perfecta possessione perpetualiter ad prescriptum cenobium appendeat. WAMPACH, _Echternach_, I pars 2 no. 172 p. 270 (a. 965/966).

**appendicius** (adj.): _appartenant à — belonging to._ Aquisgrani palatium ut ajunt olim juri suo appendicium. ANSELM., G. episc. Leodiens., c. 61, _SS._, VII p. 225. Ecclesiam cum 4 appendiciis capellis. MULLER-BOUMAN, _OB. Utrecht_, I no. 258 (a. 1094). Subst. neutr. **appendicium**: **1.** plural. appendicia: *_dépendances — appurtenances._ **2.** singul.: _l'ensemble des dépendances — the appurtenances taken as a whole._ Cum omni suo apenditio. _D. Charles II le Chauve_, no. 330 (a. 869), II p. 233. Subst. femin. **appendicia**: _dépendance — appurtenance._ Cum omnibus appenditiis suis qui ibi aspiciunt. _D. Merov._, no. 5 (a. 556). Adjecentiis, adpendiciis [form. pertin.] MARCULF., lib. 1 no. 14 d, _Form._, p. 52. Deinde saepe.

**appennis**, apennis, -ne, appensa (< appendere): _acte de renouvellement_ d'un titre disparu —

*deed of replacement* of a lost document. F. Andecav., no. 32 sq., *Form.*, p. 14 sq. F. Turon., no. 28, ib., p. 151. Cart. Senon., no. 38, ib., p. 202. THÉVENIN, *Textes*, no. 127 (a. 928, Nîmes). *Bibl. Ec. Ch.*, t. 1 (1839), p. 217. Cf. ZEUMER, *Zeitschr. Sav.-St.*, Germ. Abt., t. 1 (1880), p. 89 sqq.

**appensa** (femin.): *ration* — *ration*. Addimus de companatico in cibos pauperum adpensas 30, quae dantur inter caseum et lardum. Adalhard. abb. Corbejens. statuta (a. 822), lib. 1 c. 5, ed. LEVILLAIN, *LMA*, t. 13 (1900), p. 355.

**appensio**: *suspension* du sceau à une charte — *affixing* a seal to a record. S. xi.

**appertinentia** (femin.): *ce qui appartient à qq'un* — *belongings*. De colonis meis E. cum uxore sua et cum omni apartinentia sua. WARTMANN, *UB. S.-Gallen*, I no. 3 (a. 716-720).

**appertinere**: **appartenir* — *to belong*.

**appetitivus**: *possédant une volonté* — *having a will*. Anima racionalis et appetitiva [oppos. anima irracionalis et nutritiva]. MARSIL., Def. pacis, dict. 2, c. 30 § 1, ed. SCHOLZ, p. 589.

**applanare**: *raser* — *to level*. S. xiv.

**applegiare** (cf. plegius): **1.** aliquid: *se porter garant de* qqch. — *to become a pledge for* a thing. S. xii. **2.** *donner caution pour* qqch., *garantir* — *to give security for* a thing, *to warrant*. S. xiii. **3.** *donner un gage*; se dit du demandeur qui s'oblige de satisfaire au défendeur s'il sera débouté — *to give a pawn*; said of a plaintiff pledging himself to satisfy the defendant in case his demand should be rejected. S. xiii.

**applicare**: *atteindre* un lieu, *s'arrêter dans* un lieu (se dit non seulement des voyages sur mer) — *to reach* a place, *to stay at* a place (not only with regard to sea voyages). Iter agentibus adplicandi ispatium non vetetur. Lex Visigot. Recc., lib. 8 tit. 4 § 25. Si quis in agro regio vel colonica voluerit adplicare. Lex Burgund., tit. 38 § 8. Secum Cajetam applicantes castrametati sunt [d'une armée — of an army]. LEO, Chron. mon. Casin., lib. 1 c. 27, *SS.*, VII p. 599 l. 13.

**applicatio**: *droits de port* — *mooring dues*. S. xii.

**appodiare**, apo- (<podium): **1.** transit.: *appuyer* sur ou contre qqch. — *to put* on or against a thing. [Sanctae Fidis imaginem] ad hostium monasterii appodiatam. Fund. mon. s. Fidis Sletstatens. (a. 1108-1138), *SS.*, XV p. 999. **2.** depon. appodiari: *s'appuyer* sur ou contre qqch. — *to lean* on or against a thing. Erat columnae apodiatus cuidam. GUIBERT. Novig., De vita sua, lib. 3 c. 5, ed. BOURGIN, p. 147. Baculo quem bajulabat appodiatus immobilis stetit. ORDER. VITAL., lib. 8 c. 17, ed. LEPRÉVOST, III p. 368.

**appodixis**, appodissa, appodisia, v. apodixis.

**apponere**: **1.** *mettre en gage* — *to pledge*. Omnes res suas ... vel venundavit vel apposuit. GREGOR. M., Epist., lib. 1 no. 42, *Epp.*, I p. 68 l. 30. **2.** cum infin. vel „ut": **entreprendre de faire* qqch. *de nouveau, s'aventurer, risquer* — *to proceed to do* something *again, to contrive, to risk*. Tam ingens terror reliquos Normannos pervasit, ut ulterius neque invasionis neque praedationis gratia venire in hanc terram apponerent. LEO, Chron. mon. Casin., lib. 2 c. 75, *SS.*, VII p. 681.

**apportatus** (decl. iv): les *oblations* des croyants — the *offerings* of the faithful. De omni apportatu qui illic [sc. in ecclesia] erit oblatus in Christo. *D. Charles III le Simple*, no. 109 (a. 921).

**apportionare**: *répartir proportionnellement* — *to divide proportionately*. S. xiv.

**apportus** (decl. iv), -um: **1.** *oblation* — *offering*. S. xii. **2.** *revenu, bénéfice* — *revenue, profit*. S. xiii.

**appositio**: *apposition* du sceau à une charte — *affixing* of a seal to a record.

**appotiare** (<potus): *empoisonner* — *to poison*. Rex veneno interiit, appotiatus ut dicunt a fratre suo. ARNOLD., Chron. Slav., lib. 1 c. 2, ed. LAPPENBERG (in us. schol.), p. 14.

**apprebendare**: *concéder* une église *comme prébende* — *to grant* a church *as a prebend*. S. xiii.

**apprehendere**: **1.** **prendre, saisir* (peur, séduction) — *to strike, to seize* (terror, temptation). **2.** **englober, comprendre* dans une formule, une disposition — *to include, to comprise* in a formula, a regulation. **3.** **apercevoir, être informé de* qqch., *apprendre* — *to perceive, to come to know, to be told*. **4.** *apprendre* (dans l'école) — *to learn* (at school).

**apprehensio**: **1.** **prise de corps* — *capture*. **2.** **observation, information* — *observation, information*. **3.** **compréhension* — *understanding*. **4.** = aprisio (vid. hanc voc.) [Cum] omnibus apprehensionibus, quas ipsi monachi propriis manibus de heremo traxerunt. ALART, *Cart. Roussillonnais*, p. 8 no. 2 (a. 881).

**apprenticius**: *apprenti* — *apprentice*. S. xiv.

**appretiare**: **1.** **taxer, apprécier, priser* — *to appraise, to value, to put a price on* a thing. Quo[d] solvere debeas adpreciare debeant. Lex Sal., tit. 50 § 3. Item § 1. Illam optimam vaccam 4 tremisses licet adpretiare. Lex Alamann., tit. 75. Adpretiet illud pecus quid valet et tertiam partem conponat. Lex Baiwar., tit. 14 § 18. Item Lex Frision., tit. 1 § 11; tit. 4 § 2. Domus eorum et omnia utensilia adpreciarentur et inde statutus census exigeretur. PRUDENT., Ann. Bertin., a. 860, ed. WAITZ, p. 53. Decima quadam in V. 6 solidis appreciata. LACOMBLET, *UB. Niederrh.*, I no. 224, p. 145 (a. 1073-1075). **2.** acheter à un prix arbitrairement fixé, *réquisitionner* — to buy at a compulsory price, *to requisition*. **3.** (gener.) *acheter* — *to buy*. Cf. MATTH., 27, 9. **4.** convertir en argent, *vendre* — to turn into money, *to sell*. Balteum ejus et vaginam appreciaverunt 60 bizanteis. G. Francorum, c. 20, ed. BRÉHIER, p. 108.

**appretiatio**: **1.** *taxation, fixation d'un prix* — *taxation, price fixing*. **2.** *prix, valeur* — *price, value*. Codices non modicae appretiationis conscribi fecit. SIMON, G. abb. Sithiens., lib. 1 c. 36, *SS.*, XIII p. 642.

**appretiator**: *priseur* — *appraiser*. In villa habemus appreciatores, qui juraverunt quod nobis de omnibus que appreciabunt adeo bonum forum habere facient ... WAUTERS, *Origine*, p. 58 (a. 1203, Boulogne).

**apprisia**, apr-: *enquête judiciaire* — *legal inquest*. S. xiii.

**apprisio**, v. aprisio.

**approbabilis**: **louable* — *commendable*.



**approbamentum**, -va-: *amélioration, plus-value* — *improvement, increase of value*. S. xiii.

**approbare**: *améliorer* une terre, *mettre en culture* — *to improve, to reclaim* land. S. xiii.

**approbator**: *témoin* — *witness*. Ibi veniens homo W. in causa conjugis suae R., adprobatores suos T. et F. ... interpellavit. *D. Merov.*, p. 98, no. 10 (ca. a. 719). Non poterit convinci ... nisi alium approbatorem adduxerit. *Actes Phil.-Aug.*, no. 43 (a. 1181, Noyon), c. 10.

**appromissor**: **garant* pour la promesse *d'autrui, fidéjusseur* — *bail* for another man's promise, *fidejussor*.

**apprope**: *près de* — *near*. Apprope ecclesias. *CD. Cajet.*, I p. 108 (a. 958).

**appropiare**, -priare (per confusionem): **1.** alicui (rei), ad aliquem (aliquam rem): **s'approcher de* qq'un ou de qqch. — *to draw near to* a person or a thing. **2.** absol.: **se rapprocher* — *to approach*.

**appropriare**: **1.** *affecter, assigner* — *to assign, to grant*. S. xii. **2.** *incorporer* — *to incorporate*. S. xiii. **3.** sibi: **s'approprier, usurper* — *to appropriate, to usurp*.

**approximare**: **se rapprocher* — *to approach*.

**appunctamentum**: *appointement, arrangement à l'amiable, par voie d'arbitrage* — *compromise, agreement between the parties concerned, settlement by arbitration*. S. xiv.

**appunctare**, -tuare: *énumérer les points en litige* pour les soumettre à l'arbitrage — *to formulate the items in dispute* in view of arbitration. S. xiv.

**aprindere** (eadem vox ac „apprehendere"): *s'approprier* une terre vague ou abandonnée — *to appropriate* waste or derelict land. Omnes res ... quae deinceps ex locis eremis atque incultis ad eorum usus adpriserint. DE AGUIRRE, *Coll. concil. Hispan.*, II p. 128.

**aprisia**, v. apprisia.

**aprisiare**: *occuper* en guise d'„aprisio" — *to seize* by way of „aprisio". Medietatem civitatis G., quam adprisiavit episcopus. DE MARCA, *Marca Hispan.*, app., col. 1059 (ch. a. 1035).

**aprisio**, appr-, adpr-, -issio (eadem vox ac „apprehensio"): **1.** *appropriation* et occupation de terres vagues ou abandonnées pour les mettre en culture — *appropriation* and occupation of waste or derelict land in view of reclaiming. Quod per triginta annos abuerint per aprisionem, quieti possideant. Karoli M. praec. pro Hisp. a. 812, *Capit.*, I p. 169 l. 34. Concedimus ei quantum ille occupaverit vel aprisione[m] fecerit. *D. Karolin.*, I no. 179 (a. 795). Petivit nobis sua aprisione [i. e. suam aprisionem], quicquid genitor noster ei concesserat hac nos et quicquid ille occupatum habebat aud aprisione fecerat, vel deincebs occupare aut prendere potebat. D. Ludov. Pii a. 815, *Hist. de Languedoc*, II pr. col. 100 no. 34. Quicquid in F. pater suus per apprisionem juste visus fuit habere. *D. Charles II le Chauve*, no. 118 (a. 849). Item ib., no. 43 (a. 844); no. 164 (a. 854). [Res quas] tam ex aprisione quam ex heremo habet tractas vel deinceps excolere potuerit. *D. Charles III le Simple*, no. 13 (a. 898). Quidquid adquisitum habent vel ... adquirere potuerint, tam ex donatione quam ex aprissione vel comparatione. Ib., no. 117 (a. 922). **2.** *les terres occupées* et mises en culture — *the occupied* and reclaimed *lands*. Si quispiam eorum [Hispanorum] in partem quam ille ad habitandum sibi occupaverat alios homines undecumque venientes adtraxerit et secum in portione sua, quam adprisionem vocant, habitare fecerit. Ludov. Pii constit. de Hisp. I a. 815, c. 3, *Capit.*, I p. 262. Quicquid de heremi squalore ... ad cultum frugum traxerint aut deinceps infra eorum aprisiones excolere potuerint, integerrime teneant. ... Et omnes eorum possessiones sive aprisiones inter se vendere ... liceat. ... Nullus ... de saepe memoratis eorum aprisionibus vel villis ... inquietudinem illis inferre praesumat. Karoli Calvi praec. pro Hisp. a. 844, c. 6 sqq., *Capit.*, II p. 259 sq. Confugerint [Hispani] in villas ... et eas juste tenerent et quasi proprietario jure possiderent. Quas siquidem aprisiones ... per licentiam ... imperatoris Karoli ... ex deserti squalore habitabiles frugumque uberes proprio labore fecerunt. *D. Charles II le Chauve*, no. 40 (a. 844). Ipsas res ego retineo, sed non injuste, quia de eremo eas tracxi in aprisione. THÉVENIN, *Textes*, p. 118, no. 88 (a. 852). Per beneficia vel adprisionem comiti regalem servitium persolvi debeat. CALMET, *Hist. de Lorraine*, II, pr. no. 189, col. 382 (a. 875). Cf. IMBART DE LA TOUR, *Les colonies agricoles et l'occupation des terres désertes à l'époque carolingienne*. *Mélanges Paul Fabre*, 1902, p. 146 sqq. **3.** *usurpation, appropriation illicite* — *usurpation, unlawful appropriation*. Veniebant pagenses loci illius et volebant aprisionem facere in ipsa ejus termina. DE MARCA, *Marca Hispan.*, app., col. 769 (ch. a. 832). Quicumque ... collata temere pretio aut aprisione seu quacumque occasione aut ingenio violare ausus est. *D. Charles III le Simple*, no. 120 (a. 922).

**apsis**, apsida, v. absis.

**apsus**, v. absus.

**aptabilis**: **1.** **convenable, utilisable* — *suited, suitable*. **2.** *capable* — *able*. Abtabilis et idoneus tam in moribus quam in scientia. *D. Ludwigs d. Deutsch.*, no. 48 (a. 848?).

**aptamentum**: *outillage* — *tools*. S. xiii.

**aptificare**: **1.** *trouver bon, décider, convenir* — *to think fit, to determine, to agree*. Nos omnes ita aptificavimus [et] Domino adjuvante complevimus. Coll. s. Dionys., no. 25, *Form.*, p. 510. Duas epistolas de utrasque partes aptificantes uno tenore conscriptas adfirmare deberimus. F. Sal. Merkel., no. 33, ib., p. 254. Sic intervenientes boni ominibus inter medio in ambus partes abtificaverunt, ad pacem et concordiam fuissent revocati. F. extravag., lib. 1 no. 8, ib., p. 538. **2.** *approuver, consentir à* qqch. — *to approve, to assent to* a thing. Juxta aptificantes sepedictis [sc. rachimburgis] germanus visum est decrevisse ... F. Andecav., no. 50, *Form.*, p. 22. Omnes unanimiter concenserunt et aptificaverunt, ut ... Capit. Saxon. a. 797, c. 1, I p. 71. **3.** impers. aptificat mihi: *il me plaît* — *I am pleased, I am resolved on it*. Quamdiu ipsi illi se aptificavit, ipsas vinias ad parciaricias habere debiat. F. Andecav., no. 30, *Form.*, p. 14. Quatenus solidos tantum mihi ad beneficio prestiti, ideo, justa [i. e. juxta] quod mihi aptificavit, taliter inter nos convenit. MARCULF., lib. 2 no. 27, ib., p. 93. Accepi a vobis in precio taxato, juxta quod nobis aptificatum

vel conventum fuit, solidos ... F. Sal. Bignon. no. 20, ib., p. 235. Similiter F. Turon., addit. 2, p. 160. Dum ipsos solidos minime habui, unde transsolvere debeam, sic mihi aptificavit, ut brachium in collum posui et per comam capitis mei tradere feci. F. Sal. Bignon., no. 27, ib., p. 237. Accepi a te praetium in quod nobis bene complacuit vel aptificatum fuit. DE FONT-RÉAULX, *Cart. de Limoges*, p. 48 no. 23 (a. 881).

**aptificatio**: *satisfaction — satisfaction*. Villa[m] ad parte[m] basileci vindedisit et juxta sui aprificatione[m] [leg.: apti-] precio [i. e. pretium] exinde recepisit. *D. Merov.*, no. 94 (a. 726).

**aptitudo**: **1.** **aptitude — fitness*. **2.** *capacité, talent — ability, talent*. **3.** *occasion favorable — opportunity*.

**aptus**: **1.** absol.: *capable — able*. Tam abbatissas aptas quamque monachas idoneas. *D. Ugo*, no. 9, p. 31 (a. 927). **2.** *agréé — satisfactory, accepted*. Quicquid exinde egeris, apud me in omnibus ratum et aptum atque transactum esse cognuscas. Cart. Senon., no. 13, *Form.*, p. 190.

**apud**: **1.** *avec*, de compagnie avec — *with*, together with. In omnes res meas in hereditate apud germanus tuus [i. e. germanos tuos], filios meos, succedas. Cart. Senon., no. 42, *Form.*, p. 204. Si apud me de ipsis rebus in rationes vel in judicium introieris. F. Turon., no. 29, ib., p. 152. Item F. Andecav., no. 6, ib., p. 6. Ingressus est illi [i. e. ille] apud homines tantus ingenuos [des cojureurs — oathhelpers] super altare ... F. Andecav., no. 10 b, ib., p. 8. Aput sex, sua mano septima, hoc dibirit conjurare. *D. Merov.*, no. 49 (a. 679). **2.** *avec*, au moyen de — *with*, by means of. Apud nostro [sc. regis] signaculo homine[m] alico mannitum habuisset. Cart. Senon., no. 26, *Form.*, p. 196. **3.** *avec*, avec le sentiment de — *with*, with a feeling of. Cum eum ... apud multa dolore tumulasset. Pass. Praejecti, c. 12, *Scr. rer. Merov.*, V p. 232.

**apurare**: *acquitter* les dettes, *régler* un compte — *to pay off* debts, *to adjust* an account. S. xiii.

**aquagium**: **aqueduc, canal d'amenée — aqueduct, water-supply canal*.

**aquamanile**, aquae-, aqui-, -lis: **1.** *cuvette — wash-hand basin*. Accipiat urceolum cum aqua et aquamanili ac manutergio. Sacram. Gelas., lib. 1 c. 95, ed. WILSON, p. 145. Aquamanile cum urceo aureo. Mir. Austrigisili, c. 3, *Scr. rer. Merov.*, IV p. 202. Jubet portare aquamanile ardentibus plenum carbonibus. FORTUN., V. Radeg., lib. 1 c. 26, ib., II p. 373. Aquamanilis argenteus pensans libras 16. Lib. pontif., Innoc. I, ed. MOMMSEN, p. 89. Ibi pluries. Urceum cum aquamanile cuprinum. Brev. exempla (ca. a. 810), c. 3, *Capit.*, I p. 251. **2.** *aiguière — ewer*. S. xii.

**aquamanus**: *cuvette — wash-hand basin*. Acolyti ... portent chrisma ante pontificem et euangelia, sindones et sacculos et aquamanus post eum. Ordo Rom. I (s. vii ex.), c. 19, ed. ANDRIEU, II p. 73. Aquamanus, patena ... et caetera vasa aurea et argentea. Ib., c. 21.

**aquarium**, -ia: *canal — canal*. Molendinum cum aquario suo. *D. Karlmanns*, no. 23 (a. 879?). Sedem navis cum aquaria. Priv. Innoc. II pap. a. 1139, PFLUGK-HARTTUNG, *Acta*, no. 178.

**aquarius**: *pot à eau — ewer*. S. xiv.

**aquatia**: *produit d'une pêche* pendant une marée — *draught of fishes* caught during one tide. Sex aquatias meliores de plais in predicta villa ... concessimus. BRUNEL, *Actes de Pontieu*, p. 11 no. 8 (a. 1100). Var. lect. ib. p. 17 no. 9 (a. 1100): aquarias.

**aquaticum**: **1.** *taxe de navigation — navigation duty*. Theloneum, ripaticum, aquaticum. *D. Bereng. I*, no. 51, p. 148 (a. 904). Tanagri fluminis omnem ripaticum et aquaticum. *D. Ottos I.*, no. 374 (a. 969). Hec regalia esse dicuntur: moneta, vie publice, aquatica, flumina publica ... D. Frid. I imp. a. 1159, *Const.*, I p. 244. **2.** *taxe d'abreuvage — watering tax*. De animalibus ... nullus herbaticum aut aquaticum tollat. V. Guillelmi Vercell. (s. xii p. post.), *AASS.*, Junii V p. 129 F.

**aquaemola**, v. aquimola.

**aquila**: *lutrin* en forme d'aigle — *lectern* in the shape of an eagle. Aquilam in medio chori ... reaurari fecimus. SUGER., De admin. sua, c. 34, ed. LECOY, p. 204.

**aquilonalis** = aquilonaris.

**aquimanile**, v. aquamanile.

**aquimola**, aquae-, -us: *moulin à eau — water-mill*. [Flumina] aquarum copiam ad populum confortandum et caeteras utilitates humanas aquimolosque molentes pleniter subministrant. Lib. pontif., Leo IV, § 100, ed. DUCHESNE, II p. 131. Concil. Roman. a. 761, *Conc.*, II p. 67. *D. Karolin.*, I no. 254 (spur. ca. a. 1000). *CD. Cajet.*, I p. 32 (a. 906). Agap. II pap. (946-955) epist., MIGNE, t. 133 col. 921. *D. Ott. I.*, no. 336 (a. 967).

**aquitare** et derivata, v. acquitare.

**ara** = hara („porcherie — pigsty").

**arabilis**. Terra arabilis: *champ arable — arable field*. *D. Arnulfing.*, no. 13 (a. 715-739). F. Senon. rec., no. 12, *Form.*, p. 217. Brevium exempla (ca. a. 810), c. 7, *Capit.*, I p. 251. De prato arabili quod tradidit A. *D. Charles III le Simple*, no. 75 (a. 913-922).

**arablus**, -blius, -bla, -bilus: *érable — maple-tree*. S. xiii.

**arale**, v. areale.

**aramire** et derivata, v. adchr-.

**arangia**, -en-, -ci-, -um (arab. <pers.): *orange — orange*. HUGO FALC., Hist. Sic., MURATORI, *Rer. It. scr.*, VII col. 258.

**arao**, v. arrao.

**arapennis**, v. aripennis.

**ararius**. Araria terra: *champ arable — arable field*. Mansum terre ararie. Lib. s. Adalberti, lib. 1 c. 3 (a. 1130-1161), OPPERMANN, *Fontes Egmund.*, p. 88.

**arata** (femin.): *labourage — ploughing*. De opera rurali, id est arata vel vinea vel sectione. Concil. Aurel. a. 538, c. 31, *Conc.*, I p. 82. Item Concil. Vern. a. 755, c. 14, *Capit.*, I p. 36.

**araticius**. Terra araticia: *champ arable — arable field*. Dedit de terra araticia ubi potest seminare modios 15. Notitia mon. s. Petri Gandav. a. 820, ed. GYSSELING-KOCH, *BCRH*, t. 113 (1948), p. 288.

**aratio**: *corvée de labourage — ploughing service*. P. DOLLINGER, *Évolution des classes rurales en Bavière*, 1949, p. 156.

**arativus**: *arable — arable*. Unam hobam de terra arativa. F. Sangall. misc., no. 2, *Form.*, p. 380. Campo arativo juchos tantos. F. Aug., coll. B no. 24, ib., p. 358. Quatuor perticas de terra arativa. BERNARD-BRUEL, *Ch. de Cluny*, I no 176 (a. 910-927). Campi arativi quarta parte. Ib., no. 659 (a. 944). Subst. **arativum**: *champ arable — arable field*. Servi dimidiam partem sibi et dimidiam in dominicum arativum reddant. Lex Alam., tit. 21.



**aratorius**: **1.** **utilisé pour le labourage — used for ploughing*. **2.** Terra aratoria: *champ arable — arable field*. ZEUSS, *Tradit. Wizenburg.*, no. 5 (a. 743). STENGEL, *UB. Fulda*, I no. 85 p. 156 (a. 778). Capit. Aquisgr. (a. 801-813), c. 19, I p. 172. *D. Ludwigs d. Deutsch.*, no. 132 (a. 870). *D. Ottos I.*, no. 378 (a. 969). *D. Lothaire*, no. 32 (a. 969). Subst. neutr. plural. **aratoria**: **champs arables — arable fields*. Subst. femin. singul. **aratoria**: *champ arable — arable field*. Dedit ... casam dominicariam et aradurias 3 et vineam et prata. *BEC*, t. 27 (1866), p. 507 (a. 819, Brioude).

**aratrum**: *charrue*, mesure de terre arable — *carucate*. Ducenta aratra decimarum. *D. Ludwigs d. Deutsch.*, no. 140 (a. 871). Centum aratra in aliis locis. *D. Heinrichs II.*, no. 107 (a. 1006). Triginta aratrorum decimas. ERHARD, *Reg. Westfal.*, I, CD., no. 86 p. 65 (a. 1015). Apud B. unum aratrum et tertia pars aratri. VERCAUTEREN, *Actes de Flandre*, no. 9 (a. 1089), p. 31. De quolibet aratro mensura grani. HELMOLD., lib. 1 c. 12, ed. SCHMEIDLER, p. 25.

**aratura**: **1.** *labourage — ploughing*. Liberi homines nullum obsequium comitibus faciant nec vicariis, neque in prato neque in messe neque in aratura aut vinea. *Capit.*, I no. 57 (a. 801-814), p. 144, c. 2. Jus advocati in aratura et messione. BEYER, *UB. Mittelrh.*, II no. 37 p. 22 (a. 1095). **2.** *corvée de labourage — ploughing service*. Nullum tributum aut vectigal aut opera aut araturas exigere. Coll. Sangall., addit. 3, *Form.*, p. 435. Per singulas araturas singulas juchES arare faciat. WARTMANN, *UB. Sankt-Gallen*, I no. 80 (a. 776). Omne debitum, quod hucusque curti nostrae persolvebant, araturam scilicet et si quae alia de fisco ab eis exigebantur. *D. Heinrichs II.*, no. 438 (a. 1021). De aratura gabli sui arabit 3 acras. Rectitud. sing. person., c. 4 § 2, text. Quadripart., LIEBERMANN, p. 447. **3.** *lot-corvée*, parcelle de la réserve seigneuriale à labourer en tâche — *plot of arable* belonging to the lord's demesne, allotted to one serf for ploughing. Serviles mansi vestiti 19, quorum ... unusquisque ... arat dimidiam araturam. Brevium exempla (ca. a. 810), c. 8, *Capit.*, I p. 252. **4.** *charrue*, mesure de terre arable — *carucate*. Araturam terrae feodi W. militis quam ab ipso tenetis. Priv. Eugen. III pap. a. 1146, PFLUGK-HARTTUNG, *Acta*, I no. 202 p. 185. **5.** *moisson — crop*. Pro decimatione unusquisque, sive potens sive dives sive pauper, tantum qui de suo pheodo vel allodio araturam haberet, duos modios ... solveret. COSMAS, lib. 1 c. 40, ed. BRETHOLZ, p. 75. **6.** *sole — field*. Hoba... atque in unaquaque aratura jurnales tres. WARTMANN, *UB. S.-Gallen*, I no. 368 (a. 838).

**arberg-**, v. alberg- et hariberg-.

**arbitralis**: **arbitral — arbitral*.

**arbitramentum**: *arbitrage — arbitrament*.

**arbitrari**, transit.: *promettre, assumer* de libre volonté *une obligation, s'engager à* qqch. — *to promise, to undertake* of one's own free will, *to pledge oneself*. S. xiii. Cf. NIERMEYER, *ALMA*, t. 15 (1941), p. 166 sq.

**arbitrarius**: **arbitraire — arbitrary*.

**arbitrator**: *arbitre — arbiter*. De omnibus querelis ... est in arbitratores compromissum. VAN DEN BERGH, *OB. Holland*, II no. 28 (a. 1257), p. 14, col. B.

**arboretum**, al-, -ber-, -bar-, -eta: *boisage, verger — orchard*. Mansum cum casa et aliis casticiis et arboreta. GYSSELING-KOCH, *Dipl. Belg.*, no. 38 (a. 867, Saint-Bertin). Curtilem cum arboreta unum. D. Lothar. II reg. a. 867, BEYER, *UB. Mittelrh.*, I no. 108 p. 113. Mansus indominicatus cum orto et arboreta. Descr. Lobbes a. 868, ed. WARICHEZ, *BCRH*, t. 78 (1909), p. 262. Mansum dominicatum cum casticiis et arboreto. MIRAEUS, II p. 935 col. 1 (a. 885, Cambrai).

**arbustaricia**, arbustaria: *corvée publique* de nature incertaine — *public labour service* of uncertain nature. Inlicitas occasiones aut illas, quas arbustaritias vocant, ex rebus ... monasterii requirendas. *D. Arnulfs*, no. 123 (a. 894). Nec ullas publicas arbustarias aut redibitiones ... superinponere audeat. *D. Bereng. I*, no. 47 (a. 904), p. 139. Teloneum vel ripaticum atque districtum seu arbustericiam aut quamcumque redibitionem publicam exigere. Ib., no. 64 (ca. a. 905), p. 176.

**arca**, archa: **1.** **trésor public, fisc — public treasury, fisc*. **2.** **l'arche de Noé — Noah's ark*. **3.** *thorax — chest*. FORTUN.

**arcaria**: *fonction de trésorier — office of treasurer*. Hic ... archarius ecclesiae Romanae efficitur et per semetipsum causa arcariae disposuit. Lib. pontif., Agatho, ed. MOMMSEN, p. 193.

**1. arcarius**, arch- (<arca): *trésorier — treasurer*. CASSIOD., Variae, lib. 1 no. 10. MARINI, *Pap. dipl.*, no. 139 l. 10. Regalis palatii arcarius. ALCUIN., epist. 111, *Epp.*, IV p. 159. Hic [papa] ultra consuetudinem archarius ecclesiae Romanae efficitur. Lib. pontif., Agatho, ed. MOMMSEN, p. 193. [Exarchus] veniens Romam decollavit ... Petrum archarium. Ib., Constantinus, p. 223. Archarii sedis apostolicae. Agap. II pap. (946-955) epist., MIGNE, t. 133, col. 896 C. Item LIUDPR. CREMON., Hist. Ott., c. 9, ed. BECKER, p. 166.

**2. arcarius**, arch-, -erius, -erarius (<arcus): *archer — archer*. JOSEPH., Circa Apionem, vers. CASSIOD., lib. 1 c. 201. Id., Antiq., lib. 12 c. 14, c. 17. G. cons. Andegav., c. 13 § 4, *Hist. de France*, XII p. 501. *Const.*, I no. 172 (a. 1158), c. 7.

**arcator**, arch-: *archer — archer*. OBERT., Ann. Genuens., lib. 2, MURATORI, *Rer. It. scr.*, VI col. 294. JOH. CODAGN., *Ann.*, a. 1188, 1193, ed. HOLDER-EGGER, p. 17, 20. OTTO MORENA, a. 1160, ed. GÜTERBOCK, p. 110. Ibi pluries. *Const.*, I no. 330 (a. 1191), c. 4.

**arcella**: **cassette — casket*.

**arces**, v. arques.

**1. archa**, archea, arca = arcus („arc — bow").

**2. archa**, v. arca.

**archangelus**: **archange — archangel*.

**arche** (gr.): *haute dignité — elevated function*.

[Pontifex] suscipit oblationes principum per ordinem archium (genet. plural.) Ordo Rom. I (s. vii ex.), c. 69, ed. Andrieu, II p. 91.

**archeria**: *meurtrière — loophole*. S. xii.

**archerius,** v. arcarius.

**archiacolythus**: *chef des acolytes* (à Rome) — *head of the acolytes* (in Rome). S. archiacolitus cum omnibus acolitis et regionariis. Liudpr. Cremon., Hist. Ott., c. 9, ed. Becker, p. 166.

**archiadvocatus**: *avoué ecclésiastique supérieur — chief ecclesiastical advocate*. Bitterauf, *Tradit. Freising*, II no. 1451 p. 306 (a. 1047-1053).

**archiantistes**: *archevêque — archbishop*. *D. Louis IV*, no. 30 (a. 948). Thietmar., Chron., lib. 6 c. 39, ed. Kurze, p. 157. Ibi pluries.

**archiater**: **médecin — physician*.

**archicancellarius**: *chef de chancellerie — chancery chief*. Amiani, *Memor. di Fano*, p. 4 (a. 787). Agilmar sacri palatii archicancellarius. D. Loth. I a. 843, cf. Mühlbacher, *Wiener SB.*, t. 85 p. 506 n. 5. *D. Karlmanns*, no. 7 (a. 877) et pluries. *Hist. de Fr.*, IX p. 422 no. 5 (a. 881). *D. Bereng. I*, no. 2 (a. 888), p. 13. Deinde saepe.

**archicancellatura**: *dignité d'archichancelier — dignity of archchancellor*. A. cancellarius vice Maguntinae ecclesie, quae nunc archicancellaturam optinet, recognovi. D. Heinr. V reg. a. 1110, (St. 3038).

**archicanonicus**: *chef d'un collège de chanoines — head of a chapter of canons*. Petr. Will., Lib. pontif., c. 148, Benedictus IX, ed. Duchesne, II p. 270.

**archicantor**: *premier chantre — chief precentor*.

**archicapellanus**: **1.** *chef de la chapelle royale*, puis chef de la chancellerie royale (réunie avec la chapelle), enfin, dans le royaume germanique, titre honorifique de certains grands prélats, depuis 965 de l'archevêque de Mayence — *head of the royal chapel*, later head of the royal chancery (since it was united with the chapel), finally honorary title of certain prelates in the German kingdom, since 965 of the archbishop of Mayence. Hilduinum sacri palatii archicapellanum. Praec. synod. a. 829/830, *Conc.*, II no. 684. Item DD. Ludov. Pii, *Hist. de Fr.*, VI p. 539 sqq. *D. Charles II le Chauve*, no. 78 (a. 845). *D. Ludwigs d. Deutsch.*, no. 69 (a. 854). Deinde saepe. Capit. episc. Papiae ed. (a. 845-850), c. 1, II p. 80. Item Synod. Papiens. a. 850, ib., p. 117. Cf. W. Lüders, *Capella. Die Hofkapelle der Karolinger*, *AUF.*, t. 2 (1909). H. W. Klewitz, *Kanzleischule und Hofkapelle. Deutsch. Arch. f. Gesch. d. MA.s*, t. 4 (1941). **2.** titre donné à un *chancelier princier* — title given to *a prince's chancellor*. Bertolfus prepositus Brugensis, qui et archicapellanus [comitis Flandriae]. Vercauteren, *Actes de Flandre*, no. 114 (a. 1123), p. 262.

**archiclavus**: **1.** *dignitaire d'un évêché — bishopric dignitary*. G. pontif. Autissiod., c. 41 (s. X), ed. Duru, p. 362. **2.** *dignitaire d'une abbaye — monastery dignitary*. Radulf. Glaber, Hist., lib. 3 c. 4, ed. Prou, p. 63. Duvivier, *Rech. Hainaut*, p. 331, no. 20 (a. 909). D. Odonis reg. Franc. a. 894, Tardif, *Cartons*, no. 216 p. 138 col. 2 (S.-Denis). *Gall. chr.*[2], XIV instr. col. 60 (a. 923, S.-Martin de Tours). De Font-Réaulx, *Cart. de Limoges*, p. 40 no. 17 (a. 936-942). Ordo Rom. XV (s.viii), c. 145, Andrieu, III p. 123; Ordo XVIII, c. 6, p. 206.

**archicustos**: **1.** *dignitaire d'un évêché — bishopric dignitary*. Beyer, *UB. Mittelrh.*, I no. 320 p. 373 (a. 1043). **2.** *dignitaire d'une abbaye — monastery dignitary*. Milo, V. altera Amandi (s. ix p. post.), c. 7, *Scr. rer. Merov.*, V p. 478. Archicustos matriculae [abbatiae s. Dionysii]. *D. Charles II le Chauve*, no. 185 (a. 856), p. 490.

**archidiaconalis** (adj.): *d'un archidiacre — of an archdeacon*. Obsonia episcopalia, archydiaconalia et decanalia. Muller-Bouman, *OB. Utrecht*, I no. 505 (a. 1181), p. 451.

**archidiaconatus** (decl. iv): **1.** *fonction d'archidiacre — function of archdeacon*. Concil. Agath. a. 506, c. 23, Mansi, VIII col. 327. V. Desiderii, c. 1, ed. Poupardin, p. 2. Ab officio archidiaconatus ... privatus est. Lib. pontif., Sergius I, ed. Mommsen, I p. 211. Archediaconatum urbis illius potiebatur. Gregor. Turon., Hist. Franc., lib. 5 c. 46, c. 49. Id., Gl. martyr., c. 77, *Scr. rer. Merov.*, I p. 540. Dum archidiaconatus officium fungeretur. Test. Bertramni a. 615, Pardessus, I no. 230 p. 205. **2.** *circonscription archidiaconale — district of an archdeaconry*. Heeringa, *OB. Utrecht*, II no. 795 (a. 1229-1233).

**archidiaconus,** -on (genet. -onis): **archidiacre*, le premier des diacres d'une église épiscopale, puis le substitut de l'évêque pour la gestion des biens de l'église et pour la justice spirituelle — *archdeacon*, the first of the deacons of an episcopal church, later the bishop's substitute for management of the church estates and for administration of spiritual justice.

**archidux**: vocable artificiel formé pour caractériser l'autorité extraordinaire d'un duc — forged word describing the exceptional powers of a particular duke. Tu orem et provisorem et ut ita dicam archiducem. Ruotger., V. Brunonis, c. 20, *SS.*, IV p. 261. Bruno archidux et archiepiscopus. Sigebert., V. Deoderici, c. 7, ib., p. 467 (ex Ruotgero hausit).

**archielectus**: *archevêque élu* non consacré — *elected* non-ordained *archbishop*. Caesar. Heisterb., Catal. archiepisc. Colon., a. 1228, *SS.*, XXIV p. 347 l. 37.

**archiepiscopalis**: *archiépiscopal — of an archbishop*. Archiepiscopalis sedes. Leonis III pap. (a. 795-816) epist., *Epp.*, IV p. 188. Leonis IV pap. (a. 847-855) epist., *Epp.*, V p. 605. *D. Arnulfs*, no. 90 (a. 891). Adam Brem., lib. 3 c. 15, ed. Schmeidler, p. 156.

**archiepiscopare**: **1.** transit.: *ériger en archevêché — to elevate* a church *into an archbishopric*. Ecclesiam ... archiepiscopamus et in culmen metropolitanum sublimamus. Priv. spur. Agap. II pap. (Passau, ca. a. 970), *UB. d. L. o.d. Enns*, II p. 710. **2.** intr.: *être archevêque — to be archbishop*. Anno dom. inc. 1103, ind. XI, Henrico Romanorum augusto imperante, Frederico archiepiscopante. Fairon, *Rég. de Liège*, I no. 1 (a. 1103, Cologne).

**archiepiscopatus** (decl. iv): **1.** *dignité d'archevêque — dignity of an archbishop*. Ad archiepiscopatum Mediolanensis ecclesiae. Giulini, *Memor. di Milano*, I p. 22 (a. 871). **2.** *autorité métropolitaine — metropolitan power*. In eorum diocesibus archiepiscopatus jura habere. Leonis III pap. (a. 795-816) epist., *Epp.*, V p. 60. **3.** *archevêché — archbishopric*.



Terraconensem archiepiscopatum. Joh. XIII pap. (a. 965-972) epist., ed. Kehr, *Abh. Preuss. Ak.*, 1926, II, p. 41. **4.** *province ecclésiastique — church province*. Archiepiscopatum totius Beneventi. Erchemp., Hist. Langob. Benevent., *Scr. rer. Langob.*, p. 248. Ecclesiis et monasteriis in nostro archiepiscopatu sitis [sc. prov. Mogontin., dioc. Patherbr.] Erhard, *Reg. Westfal.*, I, CD. no. 172 p. 134 (a. 1101). **5.** *cathédrale métropolitaine — metropolitan cathedral*. Rex Rogerius ... sepultus in archiepiscopatu ejusdem civitatis. Romuald. Salernit., Chron., ed. Garufi, p. 236.

**archiepiscopium**: *archevêché — archbishopric*. Archiepiscopii terra. *CD. Cavens.*, II p. 325 (a. 922). Novum archiepiscopium in loco regio Magdeburg. *D. Ottos II.*, no. 93 (a. 975).

**archiepiscopus**: **archevêque — archbishop*.

**archiereus** (gr.): **1.** **grand-prêtre — high-priest*. **2.** désignation d'un grand *prélat* — denomination for a high-placed *prelate*. Sanctus Fredericus Fresonicae gentis archyereus. Odbert., Pass. Frederici episc. Traject., c. 1, *SS.*, XV p. 344.

**archifer**: *archer — archer*. S. xii.

**archiphilosophus**: *l'archiphilosophe*, Aristote — *the archphilosopher*, Aristotle.

**archiflamen** (genet. -inis): **1.** *grand-prêtre — high-priest*. Ps.-Isid., Epist. Clem. I, c. 28, ed. Hinschius, p. 39. **2.** désignation usitée pour un *prélat* — denomination for a *prelate*.

**archilevita** (masc.): *archidiacre — archdeacon*. Agap. II pap. (a. 946-955) epist., Migne, t. 133 col. 909 A. Goffrid. Vindoc., Epist., lib. 2 no. 17, Migne, t. 157 col. 86 A.

**archilogotheta** (masc.) (gr.): *archichancelier — archchancellor*. Lantbert., V. Heriberti archiep. Colon., c. 5, *SS.*, IV p. 743.

**archimandrita** (masc.): **1.** **abbé — abbot*. **2.** *archevêque — archbishop*. Thietmar., lib. 3 c. 12, ed. Kurze, p. 55. Bruno, V. Adalberti episc. Pragens., c. 9, *SS.*, IV p. 598. **3.** *pape — pope*. Alcuin., Epist., no. 94, *Epp.*, III p. 139.

**archiminister**: **1.** *premier conseiller royal — the king's first counsellor*. Boso sacri palatii archiminister. Conv. Papiens. a. 876, *Capit.*, II p. 99 et 104. Item D. Karoli Calvi imp. a. 877, *Hist. de France*, VIII p. 656. Lib. pontif., c. 108 Hadrianus II, § 42 ed. Duchesne, II p. 181. **2.** *archidiacre — archdeacon*. Pass. Praejecti, c. 13, *Scr. rer. Merov.*, V p. 233.

**archipirata** (masc.): *commandant des forces navales — commander of the fleet*. *Monast. Anglic.*, I p. 17 (a. 971). Otto de S. Blasio, c. 39, c. 41, ed. Hofmeister, p. 61, p. 66.

**archipontifex**: **1.** *archevêque — archbishop*. *D. Ott. I.*, no. 85 (a. 947). *D. Ott. III.*, no. 140 (a. 993). Leg. VI Aethelred, c. 3, vers. lat., Liebermann, p. 249. Vercauteren, *Actes de Flandre*, no. 9 (a. 1089), p. 30. **2.** *pape — pope*. Hormisd. pap. (a. 514-523) epist., Thiel, *Epist. Roman. pontif.*, p. 864.

**archipontificatus** (decl. iv): *dignité d'archevêque — archbishop's dignity*. Concil. a. 747, *Conc.*, II p. 46. Bonif.-Lull., epist. 78, inscr., *Epp.*, III p. 350. Alcuin., epist. 264, inscr., *Epp.*, IV p. 421.

**archipresbyter**: **1.** **le premier des presbytres* d'une église épiscopale — *the first of the presbyters* of an episcopal church. **2.** *prêtre d'une église baptismale — priest of a baptismal church*. Ternodorensem castrum ut archipresbyter regeret. Gregor. Turon., Hist. Franc., lib. 5 c. 5. Archipresbiterum, qui tunc locum ipsum regebat. Id., Virt. Juliani, c. 22, *Scr. rer. Merov.*, I p. 574. Archipresbiter loci. Id., Gl. conf., c. 5, ib., p. 752. **3.** *prêtre d'une église-mère* ayant un pouvoir de surveillance sur les prêtres des églises paroissiales subordonnées; *doyen de chrétienté — priest of a mother-church* invested with control over priests of subordinate parish churches; *dean of christianity*. Archipresbiteri perquirere ac perscrutari ceteros presbiteros solent. Concil. Rispac. a. 800, *Conc.*, II p. 212. Precipiatis vestro [i. e. episcopi] chorepiscopo ac archipresbyteris vestris seu ceteris primoribus ecclesiasticis. Concil. Rispac. a. 798 (?), ib., p. 196. Decani quos archipresbiteros vocamus, nisi adepto presbiteratus ordine, non sint; si fuerint, dignitate careant donec ordinentur. Paschal. II concil. Trecense, a. 1107, *Const.*, I no. 396, c. 3. **4.** premier des chapelains royaux, *chef de la chapelle royale* — the first of the royal chaplains, *head of the royal chapel*. Fulradus capellanus noster sive archipresbyter. *D. Karolin.*, I no. 27 (a. 768). Folradus abba de monasterio s. Dionisii seu archipresbyter. Ib., no. 136 (a. 781). In bb. martirum Dionisii, Rustici et Eleutherii ecclesia, ubi et venerabilis vir Folradus archipresbiter et abbas esse cognoscitur. Nota de unctione Pippini, *SS.*, XV p. 1.

**archipresbyteratus** (decl. iv): **1.** *fonction d'archiprêtre* près d'une église épiscopale — *office of archpriest* at an episcopal church. **2.** *fonction de prêtre d'une église baptismale — office of priest of a baptismal church*. Archipresbyteratus ministerio suscepto plebem sibi commissam regere curavit. Coll. Sangall., no. 26, *Form.*, p. 411. **3.** *fonction d'archiprêtre rural ou doyen de chrétienté — office of a rural archpriest or dean of christianity*. Hunc ... archipresbiteratus officio demulcens. Thietmar., lib. 6 c. 36, ed. Kurze, p. 155.

**archipresbyteria**: *fonction de prêtre d'une église baptismale — office of priest of a baptismal church*. Committimus tibi vico illo, ut ibi archeprebeteriae curam agas. F. Bituric., no. 5, *Form.*, p. 170.

**archipraesul**: *archevêque — archbishop*. Eligitur episcopus cum consensu regis archipraesulisque. F. extravag., lib. 2 no. 5, *Form.*, p. 554. V. Nivardi episc. Remens. (s. ix), c. 1, *Scr. rer. Merov.*, V p. 160. Ibi pluries. D. Karoli Simpl. a. 919, Beyer, *UB. Mittelrh.*, I no. 161, p. 225. *D. Ott. I.*, no. 55 (a. 943). Joh. XIII pap. (a. 965-972) epist., ed. Kehr, *Abhandl. Preuss. Ak.*, 1926, II, p. 42. Liudpr. Cremon., Antapod., lib. 2 c. 48, ed. Becker, p. 60. Alpert. Mettens., Divers., lib. 2 c. 13, ed. Hulshof, p. 43. Thietmar., pluries.

**archipraesulatus** (decl. iv): **1.** *dignité d'archevêque — archbishop's dignity*. Archipraesulatus amore vehementer animatus. Liudpr. Cremon., Antapod., lib. 2 c. 57, ed. Becker, p. 64. Se archipresulatum nullatenus adipisci posse. Thietmar., Chron., lib. 6 c. 30, ed. Kurze, p. 151. Anno ... archipresulatus nostri 21. Beyer, *UB. Mittelrh.*, I no. 307, p. 360 (a. 1036). **2.** *archevêché — archbishop-*

*ric.* Magadeburgensis ecclesie sedem ... archipresulatus honore sublimaverat. *D. Ottos II.*, no. 258 (a. 981). Urbem rex ... in magnum archipraesulatum erexit. BRUNO QUERFURT., V. Adalberti episc. Pragens., c. 4, *SS.*, IV p. 596 l. 42. LIUDPR. CREMON., Antapod., lib. 2 c. 48, ed. BECKER, p. 59. Ann. Altah. maj., a. 1060, ed. VON OEFELE, p. 55. **3.** *archidiocèse — archdiocese.* Nos ... in archipraesulatu vestro ... injuriam passos. MARTÈNE, *Coll.*, II col. 624 (s. xii).

**archisacerdos**: *archevêque — archbishop.* FORTUN., Carm., lib. 3 c. 13 v. 1. ALCUIN., epist. 212, inscr., *Epp.*, IV p. 352. LANTBERT., V. Heriberti archiep. Colon., c. 8, *SS.*, IV p. 746 l. 39. V. Theodardi episc. Narbon. (s. xi ex.), *AASS.*³, Maji I p. 150 C.

**archiscrinius**: *trésorier d'église — church treasurer.* DC.-F. I p. 370 col. 1 (ch. a. 985, Aquit.).

**archisenior.** Plural. archiseniores: les seigneurs principaux — the chief lords. Stipatores et archiseniores principum ... edictum ... ab ore regis ... hauserunt. V. Faronis episc. Meldens. (s. ix p. post.), c. 72, *Scr. rer. Merov.*, V p. 191.

**archisynagogus**: **chef de synagogue — head of a synagogue.*

**archisolium**: *siège principal* d'un royaume — *main seat* of a kingdom. Aquisgrani ... ubi totius regni archisolium habetur. WIPO, G. Chuonradi, c. 6, ed. BRESSLAU, p. 28. Otto ... archisolium, quod Aquisgrani est, adeptus et ... in regem unctus. OTTO DE S. BLASIO, Chron., c. 46, ed. HOFMEISTER, p. 74. Ibi pluries.

**archispeculator**: *archevêque — archbishop.* ALCUIN., epist. 218, inscr., *Epp.*, IV p. 361.

**archisterium** (gr.): **1.** **siège principal d'une abbaye — main seat of a monastery.* V. Eligii, lib. 1 c. 10, c. 17, *Scr. rer. Merov.*, IV p. 678, 682. **2.** siège principal d'un évêché, *cathédrale* — principal seat of a bishopric, *cathedral.* In civitatibus muratis et archisteriis episcopalibus necnon castellis turribus praemunitis. V. Deicoli (s. x), prol., *SS.*, XV p. 675.

**archisubdiaconus**: *le premier des sous-diacres — the first of the subdeacons.* [Presbyter] ad archidiacono suum archisubdiaconum transmittat. Concil. Autissiod. (ca. a. 573-604), c. 6, *Conc.*, I p. 180. Ordo Rom. V (s. ix ex.), c. 75, ed. ANDRIEU, p. 224.

**architriclinium**: *table principale* dans le réfectoire — *main table* in the refectory. WILLELMUS, Constit. Hirsaug., c. 97, MIGNE, t. 150 col. 1030 D.

**architriclinus** (gr.): **maître de cuisine — head of food service.*

**archivum**, -ium (gr.): **1.** **archives — archive.* Constituta ... archibo ecclesiae detenentur reconditae. Lib. pontif., Caelestinus, ed. MOMMSEN, p. 94. Ibi saepe. Lex Visigot., lib. 12 tit. 3 § 28. GREGOR. TURON., Hist. Franc., lib. 9 c. 42. Gesta ex hoc conscribta ... in arcipibus publicis memoranda servetur. MARCULF., lib. 2 no. 38, *Form.*, p. 98. Archivum palatii. Test. Bertramni a. 615, PARDESSUS, I no. 230 p. 203. Ann. regni Franc., a. 813, ed. KURZE, p. 138. DD. Ludov. Pii, *Hist. de France*, VI p. 471; p. 487; p. 578. **2.** *sacristie — sacristy.* Archivum ecclesiae tutissimis aedificiis cum cripta ... construxit. FLODOARD., Hist. Rem. eccl., lib. 2 c. 19, *SS.*, XIII p. 467 l. 13.

**arcio** (genet. -onis), -ctio, -tio, -zo, -co (<arcus): *arçon — saddle-bow.* V. Odonis, MABILLON, *Acta*, V p. 168.

**arcista** (masc.): *archer — archer.* ODO CLUNIAC., V. Geraldi, lib. 1 c. 4, MIGNE, t. 133 col. 645 A.

**1. arcoballista** (femin.), arcu-, arbalista, arbe-, -lesta: **arbalète — cross-bow.*

**2. arcoballista** (masc.): *arbalétrier — crossbowman.* Triumphus s. Lamberti, c. 1, *SS.*, XX p. 499 l. 18.

**arcoballistarius,** arcu-, arbalistarius, arbe-, alba-, -lest-, -last-: **arbalétrier — crossbowman.*

**arconnare**: (<frg. arçon): *carder — to card.* S. xiv.

**arconnarius**: *cardeur — carder.* S. xiii.

**arctare,** art-: **1.** **restreindre, limiter — to restrict, to confine.* **2.** **acculer, entraver, gêner — to harass, to hamper.* **3.** *ajuster, adapter — to fit, to adapt.*

**arctitudo**: *étroitesse, embarras — narrowness, straits.*

**arctum**: *embarras — difficult position, distress.* In arcto positus, e.g.: GALBERT., c. 35, ed. PIRENNE, p. 58.

**arcuare**: *chasser à l'arc — to hunt with the bow.* S. xiii.

**arcuatus** (adj.): *voûté — vaulted.* Totam archuato opere extruens basilicam. Catal. abb. Floriac. (s. ix med.), *SS.*, XV p. 501. Construxit arcuatam capellam. COSMAS, lib. 3 c. 13, ed. BRETHOLZ, p. 175.

**arcus** (decl. iv). Plural. arcus: *arcade — arcade.* Institutio s. Angilberti, c. 11, ap. HARIULF., ed. LOT, p. 302. *D. Bereng. I*, no. 89 p. 241 (a. 913).

**ardalio** (genet. -onis): *glouton — glutton.* ISID., Gloss., no. 129.

**ardere,** transit.: *incendier — to burn down.* Omnia, quid ibidem arsit, similem restituat. Lex Alam., tit. 76 § 1. Nec castellum nec burgum nec villam ... assaliat nec predetur nec capiat nec ardeat. Treuga Dei Teruan. a. 1063, c. 1, *Const.*, I no. 422.

**arduitas**: *difficulté — difficulty.*

**area**: **1.** *emplacement urbain* occupé par un bâtiment ou destiné à y bâtir — *urban plot* with a building on it or intended for building. Cum areis et casis in Parisius civitate. *D. Merov.*, no. 5 (a. 556). Area cum domo nostra intramuranea Lemovicinae civitatis. Test. Aredii a. 573, PARDESSUS, I no. 180 p. 138. Area quod est infra murus Parisius civitatis. *D. Merov.*, no. 10 (a. 625). Vindedi area juris mei infra muros civitatis illius. MARCULF., lib. 2 no. 20, *Form.*, p. 90. Vindedi casa mea cum ipsa area ubi posita est infra civitatem. F. Turon., no. 42, ib., p. 158. Aream sibi ab invicem oportunas intro murus conmutare deberent. F. Bituric., no. 1, ib., p. 169. Vendidi aream unam cum casa intus murum Mogontie civitatis. STENGEL, *UB. Fulda*, I no. 29 p. 54 (a. 756). **2.** *emplacement rural* occupé par une demeure paysanne généralement modeste (la maison avec son enclos) ou destiné à recevoir une telle demeure — *rural plot* occupied by a small farmhouse and farmyard or intended to build one on it. Donamus in pago Nainse in villa H. area una cum casa, ubi ego intus manere videor; hec sunt fines ... Et dono in ipsa marca terrae araturiae jugera



15 et prata ... STENGEL, *UB. Fulda*, I no. 63 p. 110 (a. 773). In villa que dicitur W. id est duas areas et de terra arabili jurnales 46. *D. Ludwigs d. Deutsch.*, no. 94 (a. 858). Tradidit ... in C. areas 2, mansos 3; in E. areas 2, mansos 2; in R. aream I, mansum I cum omni utilitate. ERHARD, *Reg. Westfal.*, I CD. no. 185 p. 143 (a. 1119). Aream appellamus hovestat. CAESAR. HEISTERB., Comment. in urbar. Prumiense, BEYER, *UB. Mittelrh.*, I p. 154. **3.** *emplacement industriel,* spéc. saline — *industrial plot,* esp. saltmarsh. Terram super litus maris et areas salinarum piscationumque, quae ibidem institutae erant. V. Lantberti abb. Fontanell. (s. ix in.), c. 3, *Scr. rer. Merov.*, V p. 611. Testam. Widradi abb. Flavin. a. 721, PARDESSUS, II no. 514. Cedo salinas meas ... Et sunt plus minus de terra ad areas componendas 200 excepto maraciones. DE MONSABERT, *Ch. de Nouaillé*, no. 51 p. 90 (a. 938-945). **4.** *aire* à battre le blé — *thrashing-floor.*

**areale** (neutr.), aria-, ariga-, aira-, ara-, -lis (femin. et masc.), -la (femin.): **1.** *emplacement urbain* occupé par un bâtiment ou destiné à y bâtir — *urban plot* with a building on it or intended for building. Arealem I ad commanendo infra murum civitatis Mogontiae, ad confinis in duas partes via publica et in aliis duabus partibus terra dominica. STENGEL, *UB. Fulda*, I no. 11 p. 17 (a. 751). **2.** *emplacement rural* occupé par une demeure paysanne (la maison avec son enclos) ou destiné à recevoir une telle demeure — *rural plot* occupied by a farmhouse and farmyard or intended to build one on it. In marcu B. ... ariales cum casis, vineis, terris, pratis ... STENGEL, *UB. Fulda*, I no. 48 p. 82 (a. 754-768). Una arialis et una hoba quod est 30 jugera terrae araturiae. DRONKE, *CD. Fuldens.*, I no. 66 (a. 788). Unam arialem cum sua structura et ad illa pertinentem hobam. PISTORIUS, *Tradit. Fuldens.*, lib. 1 no. 10. Unam hobam et ad eam pertinentem arialem cum integra aedificii structura. Ib. Silvis, mansis, arealis, domibus. ZEUSS, *Tradit. Wizenb.*, no. 52 (a. 742). Arale unum in villa q. d. Cardonis. MARTÈNE, *Coll.*, I col. 281 (a. 926). In civitate Treveri ... airalem unum et inter terram arabilem et prata jugera 73 et quicquid ad eundem airalem pertinere dinoscitur. WAMPACH, *UB. Luxemb.*, I no. 174 p. 239 (a. 964). Predium ... hoc est areale unum, duo mancipia, 12 jugera. *D. Heinrichs III.*, no. 4 (a. 1039). Decimas ... de omnibus dominicaturis, de censalibus, de arigalibus ... CALMET, *Hist. de Lorraine*, I, pr., col. 476 (ch. a. 1076). **2.** *couche de jardinage — garden-bed.* [Mansionarius] arealam debet in orto ad plenum procurare, que areala debet longa esse ad mensuram unius virge ..., lata vero duorum cubitorum. KÖTZSCHKE, *Urbare Werden*, p. 18 (s. ix ex.). **3.** *parcelle du cours d'un fleuve — stretch of river.* Tres ariales sitos in fluvio Athesi ..., a ponte scilicet Fracto usque ad arialem illum quem P. diacono ... contulimus. *D. Bereng. I*, no. 58 (a. 905), p. 162.

**arenarius**: *sablier — sand-digger.*

**arenga**, har-, arr-, -in-, -gua, -gus (franc. *hari* „foule — crowd", *hring* „réunion — meeting"): **1.** *réunion — assembly.* In publica concione seu arengo in platea dicte civitatis. *Const.*, IV pars 1 no. 471 p. 419 (a. 1310). Regimina Paduae ad a. 1328, MURATORI, *Rer. Ital. scr.*, VIII col. 439. **2.** *discours — speech.* S. xiv, Ital.

**arengare**, arr-, -in-: **1.** intransit.: *faire un discours — to deliver a speech.* Suggerere publice arengando. *Const.*, IV pars 1 no. 108, p. 85 (a. 1300). **2.** transit.: *déclarer* dans un discours — *to utter* in a speech. Hoc verbum arrengavit Ugutio baronibus suis ..., dicens ... Hist. Cortus., lib. 2 c. 2, MURATORI, *Rer. Ital. scr.*, XII col. 794 B.

**arengaria**, -eria: *place des réunions publiques — square for public assemblies.*

**arengia**, v. arangia.

**arepennis**, v. aripennis.

**areragium**, v. arrieragium.

**arestare** et derivata, v. arrest-.

**argalium** = ergalium.

**argentaria**: **1.** *mine d'argent — silver-mine.* Constit. de regalibus a. 1158, *Const.*, I no. 175. **2.** *bureau de change — money-changer's office.*

**argentarius**: **1.** **orfèvre d'argent — silver-smith.* **2.** *receveur, trésorier — receiver, treasurer.* S. xiii.

**argilis** (masc.) (<ital. *argine*): *digue, barrage — dike, dam.* A Plaue majore ubi factus est unus argilis qui nominatur Formiclinus. *D. Ottos III.*, no. 165 (a. 995). JOH. DIAC. VENET., Chron., ed. MONTICOLO, p. 66.

**argisterium** = ergasterium („marché — market").

**argumentosus**: **1.** **bon raisonneur — capable in argument.* **2.** *qui vise* à qqch., *qui cherche des moyens* à atteindre un but — *aiming* at a thing, *contriving.* Vir in nostram argumentosus perniciem. GUILLELM. TYR., Hist., lib. 19 c. 11, *Histor. des Crois.*, Occid., I p. 901.

**argumentum**: **1.** *moyen, artifice, astuce — means, artifice, trick.* Nec extraneo per quodlibet argumentum terram licet comparare. Lex Burgund., tit. 84 § 2. Cum viderent suam nullo modo praevalere industriam, vertebant se ad alia argumenta. JOH. CLUNIAC., V. Odonis abb. Cluniac. (ca. a. 943), MIGNE, t. 133 col. 81 B. **2.** *outil, engin — tool, engine.* De argumentis per que aves possunt capi super aquam. *D. Merov.*, no. 5 (a. 556). Temptatis plurimis argumentis illam munitissimam civitatem capere non potuit. Ann. Mettens. prior., a. 752, ed. VON SIMSON, p. 43. Argumentum quo ignis proicitur non in prora solum, verum etiam in puppi ponite. LIUDPR. CREMON., Antapod., lib. 5 c. 15, ed. BECKER, p. 138. **3.** *construction — building.* Castrum ... bertiscis circumdet, propugnaculis muniat omnique argumento corroboret. *D. Bereng. I*, no. 65 (a. 906), p. 177. **4.** spec.: *menotte, chaîne — shackle.* Argumenta, quibus constringebantur adstricti. V. Nicetii episc. Lugdun., c. 13, *Scr. rer. Merov.*, III p. 523. **5.** spec.: *bandage de roue — tire.*

**aria** = area.

**ariale,** v. areale.

**aribergare,** v. hari-.

**arida** (subst. femin.): **la terre ferme — mainland.*

**arigale,** v. areale.

**arillator** = arulator.

**ariolus** = hariolus.

**ariolari** = hariolari.

**aripennalis**, agri-: *usité pour mesurer l'arpent — used to mesure the „arpent"*. Habet in longo perticas agripennales 19. PÉRARD, *Rec. de Bourgogne*, p. 18 (a. 836, Dijon).

**aripennis** (masc.), arri-, are-, ara-, agri-, ar-, al-, -pennes, -pentis, -penna, -pennus, -pentum, -pennum, -pentium, -pendus (celt.): **1.** *_mesure de longueur_ de 120 pieds — *linear measure* of 120 feet. Unus stadius habet agripennes quinque. GREGOR. TURON., Hist. Franc., lib. 1 c. 6. Ab utrasque partebus parietum [ecclesiae] terrae spacium aripennis pro atrio observetur. Decr. Chlothar., c. 14, *Capit.*, I p. 6. Utroque [juxta viam publicam] medietas aripennis libera servetur. Lex Visigot., Recc., lib. 8 tit. 4 § 25. **2.** *arpent, mesure de superficie*, 120 × 120 pieds — *surface measure*, 120 × 120 feet. Aripennis, quod est semijugerum, habet in longitudinem pedes 120, in latitudinem pedes 120. Ps.-BOETH., Geometr. (s. vi), LACHMANN, *Scr. rei agrariae*, p. 407. Actus quadratus undique finitus pedibus centum viginti: hunc Baetici arapennem dicunt, ab arando scilicet. ISID., Etym., lib. 15 c. 15 § 4. Per singula aratra quinquagenos aripennes dare faciant. Lex Visigot., Recc., lib. 10 tit. 1 § 14. Statutum fuerat ut possessor de propria terra unam amforam vini per aripennem redderit. GREGOR. TURON., Hist. Franc., lib. 5 c. 29. Vindedi campo vel vinea habentem aripennos tantos. F. Turon., no. 8, *Form.*, p. 140. **3.** spec.: cette mesure de superficie *usitée pour les vignes — this surface measure used for vineyards*. Mancipia ... quaternos aripennos vineae colant. Test. Aredii a. 573, PARDESSUS, I no. 180 p. 138. Vinea aripennem 1. Brevium exempla (ca. a. 810), c. 27, *Capit.*, I p. 254. De vinea aripennos duos. D. Ludov. Pii, BM² no. 849 (a. 828). Le terme désigne les vignes, même quand celles-ci ne sont pas expressément mentionnées — the word indicates vineyards even without explicit mention. Villam habentem mansos tantos et arripennes tantos. Coll. Patav., no. 6, *Form.*, p. 459. Mansos decem et septem et aripennes quatuor. *D. Ludwigs d. Deutsch.*, no. 40 (a. 845). Moins souvent d'autres terres sont mesurées par arpent — more seldom other lands are found measured by arpents. Aripennis prati 20. *D. Louis IV*, no. 5 (a. 937). **4.** *borne — boundary-stone*. [Villa cum appenditiis] infra quarum sepium et arpennorum clausuram nullus umquam vicarius ... exactionem ... fecisset. D. Roberti reg. Franc. (a. 1025-1030), POUPARDIN, *Rec. des ch. de S.-Germain-des-Prés*, I no. 49 p. 78. Vicarii de P. infra aripennos ville nullam habent vicariam ... Extra aripennos vero si forte vicarius comedere vel hospitari voluerit ... Ib., II no. 72 bis p. 234 (a. 1082-1103).

**arivus** (< ripa): *riverain — lying along the bank of a river*. De terra ariva modiata 1. GUÉRARD, *Cart. de S.-Victor de Mars.*, I no. 239 p. 265 (a. 1046). Item ib., no. 321, p. 336 (a. 1038).

**arma** (neutr. plural.): **1.** loc. ad arma! (cf. germ. sup. med. *wâfen*, francogall. *alarme*): *aux armes! — to arm!* **2.** *blason — blazon*. S. xiii. Femin. singul. **arma**: *arme — weapon*. Lib. hist. Franc., c. 10, *Scr. rer. Merov.*, II p. 253. Ed. Rothari, c. 307. Gerbaldi episc. Leod. (a. 787-810) epist., MARTÈNE, *Coll.*, VII col. 21.

**armamentum**. Plural. armamenta: *ustensiles — utensils*.

**armare**: *faire chevalier* par la remise des armes — *to knight* a person by handing out arms. Ibi [sc. in bello] Guillelmus Clito ... armatus est. ORDERIC. VITAL., lib. 12 c. 18, ed. LEPRÉVOST, IV p. 358.

**armariolum**: **1.** *_armoire, bibliothèque — bookcase_. **2.** *archives — archive*. Chron. Noval., lib. 5 c. 22, ed. CIPOLLA, p. 264.

**armarium**, alma-, alme-, -ria (femin.): **1.** *archives — archive*. Exemplar in armario palatii nostri recondi fecimus. Conc. Aquisgr. a. 816, Ludov. Pii epist., *Conc.*, II p. 459. Sicut in epistola illius in armario nostrae ecclesiae continetur. Concil. Paris. a. 825, ib., p. 527. Si capitula domni avi et genitoris nostri scripta non habetis, mittatis ad palatium nostrum ... scriptorem cum pergamena, et ibi de nostro armario ipsa capitula accipiat atque conscribat. Karoli Calvi epist. fragm., *Capit.*, II p. 274. Illa quae in tomo cartis vetustissimis armario Parisiacae ecclesiae ... inveneras. Ludov. Pii epist. (ca. a. 835), *Epp.*, V p. 327 l. 10. **2.** *arsenal — armoury*. S. xiii.

**armarius**: *bibliothécaire-archiviste* d'une abbaye — monastery *librarian and archivist*. ADEMAR., lib. 3 c. 61, *SS.*, IV p. 25. HERIMANN. TORNAC., Restaur. s. Martini, c. 38, *SS.*, XIV p. 290 l. 43. G. abb. Trudon., lib. 1 c. 5, *SS.*, X p. 232 l. 17. Consuet. Cluniac. antiq., text. B, ALBERS, *Cons. mon.*, II p. 13. Praecentor et armarius armarii nomen obtinuit, eo quod in ejus manu solet esse bibliotheca, quae et in alio nomine armarium appellatur. UDALR., Consuet. Cluniac., lib. 3 c. 10, MIGNE, t. 149 col. 748 D.

**armata** (femin.): **1.** gener.: *expédition militaire — military expedition*. Facere teneatur armatam per mare vel per terram. ... Nullus ... ad stolum et armatam quamcumque regalem, etiam per mare seu per terram, ire cogatur invitus. Ch. Rogerii reg. Sic. pro Messanens. ap. DC.-F. I p. 390 col. 2. **2.** spec.: *armée — army*. Tres armatas quas vocant hospitum legiones jubent extra castra ire. COSMAS, lib. 3 c. 42, ed. BRETHOLZ, p. 216. **3.** spec.: *flotte — fleet*. Facere armatam gualearum. *Const.*, IV pars 2 no. 979 p. 1013 (a. 1313).

**armator**: *armurier — armourer*. S. xiii.

**armatura**: **1.** *_agrès — rigging_. **2.** *armement*, comprenant les armes et l'armure — *equipment*, including weapons and armour. Servis Dei ... armaturam portare ... prohibuimus. Karlomanni capit. I a. 742, c. 2, I p. 25. Do ... ecclesiae ... vasa argentea ... altarium ornamenta atque armaturam meam militarem. MIRAEUS, III, p. 305 (ch. a. 1059, Vermandois). Ibi ... primum se rex arma bellica succinxit, statimque primam susceptae armaturae experientiam ... dedisset. LAMPERT. HERSF., Ann., a. 1065, ed. HOLDER-EGGER, p. 93. Pro eodem feodo dabit successor comitis armaturam tantummodo regi. GALBERT., c. 106, ed. PIRENNE, p. 152. Cf. F. L. GANSHOF, *Armatura*, *ALMA*, t. 15 (1940). **3.** spec.: *armure — armour*. Capit. miss. gener. a. 805/806, c. 6, I p. 123. **4.** un seul *arme* — a single *weapon*. Qui hominem armatura acuta sanguinaverit. WAUTERS, *Origine*, p. 26 (a. 1164, S.-Amand). Quicunque noctibus cum cultellis vel cum aliqua armatura incesserint. KEUTGEN, *Urk. städt. Verf.gesch.*, no. 127 (a. 1214, Strassbourg). **5.** *armoiries — coat of arms*. S. xiv.



**armelausa**, v. armilausa.

**armellinus**, armerinus, v. hermelinus.

**armentaria**: *vacherie — dairy-farm*. P. DOLLINGER, *Evolution des classes rurales en Bavière*, 1949, p. 438.

**armentarius**: *éleveur — dairy-farmer*. P. DOLLINGER, o. c., p. 437.

**armiductor**: *chef d'armée — army commander*. *Const.*, IV, pars 1, no. 7 (a. 1298).

**armiger** (subst.): **1.** *_porteur d'armes_, aide d'un homme de guerre — *weapon-bearer*, warrior's assistant. JORDANES, Getica, c. 58 § 302, c. 60 § 309, *Auct. antiq.*, V p. 135, 137. Lib. hist. Franc., c. 41, *Scr. rer. Merov.*, II p. 311. **2.** *écuyer* (au sens technique) — *esquire* (in the technical sense). EKKEHARD. SANGALL., Casus s. Galli, c. 77, *SS.*, II p. 116. Jam armiger juvenis. WOLFHER., V. prima Godehardi (s. xi med.), c. 31, *SS.*, XI p. 190. G. pontif. Camerac., lib. 3 c. 22, *SS.*, VII p. 472. Armigeri pueri. EKKEHARD. URAUG., Chron., a. 1079, *SS.*, VI p. 203. BRUNO, Bell. saxon., c. 11, ed. WATTENBACH, p. 7. Pax Valent., *SS.*, XXI p. 606. Chron. reg. Colon., a. 1122, ed. WAITZ, p. 60. GALBERT., c. 9, ed. PIRENNE, p. 16. Leg. Edwardi Conf. (a. 1130-1135), c. 21, LIEBERMANN, p. 647. Le service d'écuyer envisagé comme honorable — an esquire's service regarded as honorable. Cujus arma dux suscipiens armiger praecedebat. RICHER., lib. 2 c. 4, ed. LATOUCHE, I p. 132. [Rex Poloniae] miles efficitur et post sacramenta regi ad aecclesiam ornato incedenti armiger habetur. THIETMAR., lib. 6 c. 31, ed. KURZE, p. 186.

**armilausa**, arme-, -losa, -lausia, -laisia (germ.): **1.** *_veston — corslet_. ISID., Etym., lib. 19 c. 22 § 28. [Rex] quae fuerat indutus exueret ..., mantum, armilausiam, balteum. Lib. pontif., c. 91, Gregorius II, ed. DUCHESNE, I p. 408. **2.** *froc* de moine — monk's *cowl*. Dedisse se fratribus s. Martini Antoniacum villam ad eorum armelausas. *D. Charles II le Chauve*, no. 113 (a. 849).

**armillum** = armilla.

**armirandus**, armiragius, v. amir-.

**armucium**, v. almucium.

**armurarius**: *armurier — armourer*. S. xiv.

**arnesium**, -nisium, -nosium, -nescium, -nexium etc., v. harnesium.

**aroma**: **1.** *_parfum — perfume_. **2.** *_bonne odeur — sweet smell_.

**aromare**: *embaumer — to embalm*. Aromatus ... sepultus est. FREDEG., lib. 2 c. 50, *Scr. rer. Merov.*, II p. 70.

**aromaticus**: *_odoriférant — smelling sweet_.

**aromatizare**: *_parfumer — to perfume_.

**arpennis**, v. aripennis.

**arques**, arces (genet. -itis): *_archer — archer_. ISID., Gloss., no. 126.

**arra**, v. arrha.

**arrabo**, v. arrhabo.

**arralis**, v. arrhalis.

**arramire, arramita, arramitio**, v. adchr-.

**arrancare**, arraciare (<francogall. *arracher*): *enlever, dérober — to snatch away, to purloin*. S.xii.

**arrao**, arao, arro (genet. -onis): *méteil — meslin* S. xiii.

**arrare**, v. arrhare.

**arrectare**, -ettare, -etare (< rectum): *obliger* qq'un *à rendre justice, citer en justice, accuser — to compel* a person *to do justice, to summon, to accuse*. S. xiii, Angl.

**arrendare**, aren-,-tare: **1.** *concéder en censive — to lease on rent*. S. xiii. **2.** *prendre en censive — to rent*. S. xiii.

**arrendator**: *tenancier à cens — leaseholder*.

**arrenga, arrengare**, v. arenga, arengare.

**arrepticius**: *_possédé_ par un démon, *démoniaque, fou — possessed* by an evil spirit, *mad*.

**arrestadium**: *arrérage — arrear*. S. xiv.

**arrestare**, are- (ad-restare): **1.** *arrêter — to arrest*. Justicia nostra eum debet arrestare et coram scabinis ducere. Phil. II Aug. reg. priv. pro Atrebat. a. 1194, c. 8, ESPINAS, *Rec. Artois*, no. 108. [Navem] fecerant arestari. VAN DEN BERGH, *OB. Holland*, I no. 280 (a. 1223), p. 163 col. 1. **2.** *fixer* par décision, *arrêter — to establish, to decide, to pronounce*. S. xiii.

**arrestatio**: **1.** *arrestation* d'une personne — *arrestation* of a person. S. xiii. **2.** *arrêt, saisie* d'une chose — *attachment, seizure* of a thing. s. xiii.

**arrestum**, are- (< arrestare): **1.** *arrêt, détention* d'une personne — *arrest, detention* of a person. S. xiii. **2.** *arrêt, saisie* d'un objet — *attachment, seizure* of a thing. S. xiii. **3.** *arrêt, sentence interlocutoire — arrest, interlocutory sentence*. S. xiv.

**arrha**, arra (< arrhabo): **1.** *_chose donnée_ par une partie à l'autre *pour valider un contrat* — the thing which one party to a contract gives to the other for validation. Qui arras pro quacumque acceperit re, praetium cogatur implere, quod placuit; emptor vero, si non occurrit ad diem constitutum, arras tantummodo recipiat quas dedit, et res definita non valeat. Cod. Euric., c. 297. Similiter Lex Visigot., lib. 5 tit. 4 § 4. Testis per aurem tractus ... propter arras, qui donat quasi pro pignus qualemcumque rem, usque dum solvat debitum et pignus recipiat. Lex Baiwar., tit. 17 § 3. **2.** spec.: *_l'objet donné_ pour valider un contrat de mariage, *l'anneau matrimonial* — the gift which validates a marriage engagement, *wedding-ring*. Cum inter eos qui disponsandi sunt ... praecesserit definitio et anulus arrarum nomine datus fuerit vel acceptus, quamvis scripture non intercurrant, nullatenus promissio violetur. Lex Visigot., lib. 3 tit. 1 § 3. Etiam ib. tit. 6 § 3. Dedit mihi anolum in sponsaliae arras et meum sibi accepit. FREDEG., lib. 2 c. 62, *Scr. rer. Merov.*, II p. 86. **3.** *douaire*, donation faite par l'époux à l'épouse — *dowry*, donation by the spouse to his wife. Donationem propter nuptias, quae vulgo dicitur apud Romanos doaire, apud Hispanos arrhas. *Const.*, I no. 319 (a. 1188), c. 1. **4.** *dot — marriage-portion*. Hoc autem sunt, quae sibi [sc. sponsae a patre suo] assignata sunt in dotem, id est in arrhas. Ib., c. 4. **5.** *anneau épiscopal — bishop's ring*. Arra ecclesiastica. Chron. episc. Merseburg., c. 4, *SS.*, X p. 173. **6.** gener.: *symbole — symbol*. Deferentes ei arram principatus ... totius Italie regionis: les insignes royaux — the royal insignia.

RADULF. GLABER, Hist., lib. 3 c. 9, ed. PROU, p. 86.
**arrhabo**, arra- (masc., genet. -onis) (hebr.): **1.** gener.: *symbole — symbol*. Sponderet pacem se facturum ... et ejusdem sponsionis arrabonem coegerunt eum ponere super reliquiarum lecticam suae manus cyrothecam. HARIULF., V. Arnulfi episc. Suession., lib. 31 c. 14, SS., XV p. 901. **2.** *gage — pawn*. In causa arrabonis hanc scripturam placuit fieri. BERNARD-BRUEL, *Ch. de Cluny*, I no. 105 (a. 909, Avignon). **3.** *immeuble — real estate*. Predia ... et arrabona que sita sunt in L. ... confirmamus. LACOMBLET, *UB. Niederrh.*, I no. 68 (a. 874, Gerresheim).
**arrhalis**, arra-: *concernant une ,,arrha" — concerning an ,,arrha"*. Cod. Justin., lib. 4 tit. 49 §3.
**arrhare**, arra-: *fiancer — to engage to be married*. Filio illius natam suam ... arraret. ERCHEMP., Hist. Langob. Benevent., c. 22, *Scr. rer. Langob.*, p. 243.
**arrieragium**, arrer-, arer-, arreir-: *arrérage — arrear*. S. xiii.
**arripaticum**, -ba-, -va-, -gium (cf. adripare): **1.** *quai, débarcadère — quay, landing-stage*. S. xiv. **2.** *droit de quai — landing-dues*. Totum arribaticum de omnibus paxeriis que sunt in flumine Erauris. CASSAN-MEYNIAL, *Cart. d'Aniane*, p. 353 no. 222 (a. 1127). Item ib. p. 363 no. 235 (a. 1155).
**arripennis**, v. aripennis.
**arripere**: **1.** *entreprendre, s'engager dans un voyage etc. — to set out on, to enter upon* a journey etc. Tu terreno et ego mare iter arripemus. FREDEG., lib. 2 c. 62, *Scr. rer. Merov.*, II p. 87. Fugam arripuit. JOH. DIAC. VENET., Chron. Venet., ed. MONTICOLO, *Cron. venez.*, p. 145. **2.** c. infin.: *commencer à, s'appliquer à faire qqch. — to venture, to apply oneself to do a thing*. Dum pacem in ipso pago vehementer arripuisset sectari. FREDEG., lib. 4 c. 43, *Scr. rer. Merov.*, II p. 87. Jam devotione adreperint suae se tradere dicionem [i. e. dicioni]. Ib., c. 58, p. 150.
**arrogium** (iber.): *ruisseau — brook*. S. ix, Hisp.
**ars**: **1.** *machine — engine*. Quidam ... magister et inventor magnarum artium et operum. ALBERT. AQUENS., Hist., lib. 2 c. 35, *Hist. des Crois.*, Occid., IV p. 325. **2.** Plural. *artes*, spec.: *les arts libéraux — the liberal arts*. Nullus legat Parisius de artibus citra 21 etatis sue annum. DENIFLE, *Chart. Univ. Paris.*, I p. 78 no. 20 (a. 1215).
**arsena** (gr.): *bassin, chantier de construction navale — dock, ship-yard*. S. xiv.
**arsina**, -inum, -ona ( < ardere): **1.** *incendie criminelle — crime of arson*. S. xi. **2.** *arsin, incendie punitive — burning down* a house as a punishment. S. xiv.
**arsura**: **1.** *feu, incendie — fire, blaze*. EKKEH., Cas. s. Galli, c. 10, SS., II p. 128 l 43. **2.** *essai des métaux précieux par le passage au creuset — essaying* precious metals *by melting*. S. xi. **3.** *brûlure — burn*.
**artare**, v. arctare.
**artavus**: **1.** *petit couteau — short knife*. **2.** *canif — pen-knife*. S. xiv.
**articulare**: *dresser en paragraphes ou articles — to draw up* in clauses or articles. S. xiv.
**articulus**, -um: **1.** *\*article, paragraphe — article, paragraphe*. **2.** *artifice, truc — trick*.
**artifex**: *artisan — craftsman*. Lex Visigot., lib. 6 tit. 1 § 4; lib. 7 tit. 6 § 4. V. Ansberti episc. Rotomag. (s. viii ex.), c. 20, *Scr. rer. Merov.*, V p. 632. F. Augiens., coll. C no. 3, *Form.*, p. 365. Capit. de villis, c. 45. MONACH. SANGALL., lib. 2 c. 17, SS., II p. 760.
**artificium**: **1.** *machine, machinerie — machine, mechanism*. S. xiv. **2.** spec. *machine de guerre — war machine*. S. xiv. **3.** *corporation de métier — craft-guild*. S. xiv.
**artiga**, -gia: *défrichement — reclaimed land*. S. xii.
**artigraphus**: *\*auteur de traités de rhétorique — writer on the art of rhetoric*.
**artillaria**, artell-, -eria, -iaria (cf. attilium): *artillerie — artillery*. S. xiv.
**artista** (masc.): **1.** *étudiant ou gradué des arts libéraux — student* or *graduate of the liberal arts*. De phisicis et artistis ac aliis cancellarius bona fide promittet examinare magistros. DENIFLE, *Chartul. univ. Paris.*, I p. 137 no. 79 (bulla Greg. IX pap. a. 1231). De communi assensu artistarum ... institutum. Ib., p. 178 no. 137 (a. 1245). **2.** *artisan — craftsman*.
**artitudo**, v. arct-.
**artocreas** (genet. -atis) (gr.): *pâté — meat-pie*.
**arthritis** (gr.): *\*goutte — gout*.
**arthriticus** (adj.): *goutteux — suffering from gout*.
**arum**: *une circonscription comparable au ,,pagus", au Languedoc — a district analogous with the ,,pagus", mentioned in Languedoc*.
**arura**: *corvée de labourage — ploughing service*. S. xii.
**arva** (femin.): *région — region*. Virtutes ... per multa spatia arvarum ... resonant. V. Galli, SS., II p. 18 l. 11. Erat in arva Francorum monasterium quoddam ... Chron. Novalic., lib. 3 c. 30, ed. CIPOLLA, p. 195.
**arx**: **1.** *archives — archive*. Una [praeceptio] in arce basilice s. Dionisii resediat. *D. Merow.*, no. 6 (a. 695). **2.** *dignité auguste — exalted dignity* (par confusion avec gr. ἀρχή — by confusion with gr. ἀρχή. Cf. s. v. arche.) Dum vos arce [sic] metropolitani scimus tenere. Dagoberti reg. epist. ap. V. Desiderii Cadurc., c. 14, *Scr. rer. Merov.*, IV p. 573. PARDESSUS, no. 233 (a. 696). V. Theodardi Narbon. (s. xi ex.), *AASS.³*, Maji I p. 155 C.
**as**: *obole, demi-denier — obulus, halfpenny*. Lex Sal., tit. 21 § 4. JONAS, V. Columb., lib. 2 prolog., ed. KRUSCH, p. 145.
**a secretis**, a secreto (subst. mascul. indecl.): *conseiller intime — intimate counsellor*. Suscepit divalem jussionem ... per Epyfanium gloriosum a secretis [imperatoris Byzantini]. Lib. pontif., Agatho, ed. MOMMSEN, p. 193. Te ... a secretis constituo meum consiliarium. Joh. VIII pap. epist. 87, *Epp.*, VII p. 83. Hlotharius ... per Waltarium suum a secretis domesticum papae Nicolao quae sibi visa sunt ... mandat. Ann. Bertin., a. 866, ed. WAITZ, p. 83. Summus cancellarius, qui a secretis olim appellabatur. HINCMAR., Ordo pal., c. 16, *Capit.*, II p. 523. Liudwardus episcopus Vercellensis ecclesiae Caroli quondam imperatoris familiarissimus et consiliarius a secreto. REGINO, Chron., a. 901, ed. KURZE, p. 148. Noster a secretis Manasses comes. D. Rob. II reg. Franc. ca. a. 1031, ap. LUCHAIRE, *Inst. monarch.*, I p. 191 n. 1. [Rex] ex latere suo suos misit ascretes. BONIZO, Ad amicum, lib. 6, *Libelli de lite*, I p. 599. [Regis] super omnes a secretis erat [Steph. de

*passer à un ascendant — to pass to an ascendent* (of an inheritance). S. xiii.
**1. ascensa**: *Ascension — Ascension*. Ordo Rom. IV (s. viii ex.), c. 52, ed. ANDRIEU, p. 163. Sacr. Gelas., lib. 1 c. 53, ed. WILSON, p. 107.
**2. ascensa**, v. accensa.
**ascensere**, -ire, v. accens-.
**ascensor**: **1.** *\*cavalier — rider*. Cecidit equus et ascensor ejus retro. COSMAS, lib. 3 c. 56, ed. BRETHOLZ, p. 231. **2.** *conducteur — driver*. Quadrigam et ascensorem. PAUL. DIAC., Hist. Langob., lib. 3 c. 13, ed. WAITZ, p. 122.
**ascensorium**: **1.** *escalier — stairs*. V. sec. Alexii, ed. MASSMANN, p. 161. **2.** *marche-pied — mounting-block*. S. xii. **3.** *étrier — stirrup*. Sella Chuonradi habet ascensoria Caroli. WIPO, G. Chuonradi, c. 6, ed. BRESSLAU, p. 29. Ascensorio sellae inhaesit. Hist. Novient., MARTÈNE, *Thes.*, III col. 1127 E. **4.** *échelle — ladder*. Artifices ascensoria graditiva erexerant in altum. GALBERT., c. 62, ed. PIRENNE, p. 101. **5.** *appareil de pêche — fishing establishment*. Unum ascensorium piscium statum juxta ecclesiam Karentone villae D. Henrici I reg. Fr. ca. a. 1033, TARDIF, *Cartons*, no. 262 p. 165 col. 2.
**ascensus** (decl. iv): *montée d'un fleuve — sailing up* a river. Civibus prohibentibus ascensum fluminis. REGINO, Chron., a. 888, ed. KURZE, p. 130. Sub nostro conductu habebant ascensum et descensum in Reno. D. Frid. I imp. a. 1173, KEUTGEN, *Urk. z. städt. Verf.gesch.*, no. 85. *Hansisches UB.*, I no. 29 (a. 1178).
**ascertare**, v. adcertare.
**ascesis**: *\*ascétisme — ascetic practice*.
**asceterium**, ascisterium (par confusion avec ,,archisterium" — by confusion with ,,archisterium") (gr.): *monastère — monastery*.
**ascetes**, -ta (masc.): *\*ascète — an ascetic*.
**ascetria** (gr.): *\*moniale — nun*.
**asciola**: *doloire — adze*. ISID., *Etym.*, lib. 19 c. 19 § 12. ORDER. VITAL., lib. 7 c. 12, ed. LEPRÉVOST, III p. 210.
**asco** (genet. -onis) (germ.): *espèce de saumon — a sort of salmon*. Ruodlieb, fragm. 13 v. 46.
**ascopera**, ascopa (gr.): *outre — wine-skin*.
**ascultare** — auscultare.
**ascus** (germ.): *un grand vaisseau — a big ship*.
**aspicientia** (femin.): *dépendance — appurtenance*. Cum ... adjacentiis seu aspicientiis ipsius villae. GYSSELING-KOCH, *Dipl. Belg.*, no. 1 (a. 649, S.-Bertin). Saepe.
**aspirare**, aliquem: *exciter — to incite*.
**aspriolus**, asper-: *écureuil — squirrel*.
**assagium**, assaia, v. exagium.
**assalire**, assaltare, assaltus, assaltura, v. ads-.
**assare** ( < assus): *\*rôtir — to roast, to broil*.
**assartum**, assarta, assartare, v. exart-.
**assasinus**, assisinus, v. asasinus.
**assatura**: *\*rôti — roast*.
**asscribere**: *faire don de qqch. au moyen d'une charte — to grant* by written record. [Terram] que sua erat aecclesie asscripsit. FAYEN, *Lib. tradit. s. Petri Blandin.*, p. 120 (a. 1073).

**asscripticius** (subst.): **1.** (sc. colonus): *\*colon entré dans les registres de l'impôt foncier et partant attaché à la glèbe — a colonus who has been entered on the census list and therefore fastened to the soil*. **2.** *lite — litus*. Servis et ancillis, liberis atque asscripticiis. D. Ottos II., no. 409 (a. 972). De eorum fabilaribus sive colonis ac residentibus necnon asscriptitiis. D. Heinrichs III., no. 345 (a. 1055). Homines nostros ... sive servi et ancille

---

Garlandia]. *Hist. de France*, XII p. 75. [Veritatem] me amisisse causatur ille a secretis. ABBO FLORIAC., epist. ad Rob. reg. Franc., *Hist. de France*, X p. 438.
**asentia**, asia, asiamentum, v. ais-.
**asinare**: *monter un âne — to ride a donkey*. Asinando, ambulando, equitando. LIUDPR. CREMON., Legatio, ed. BECKER, p. 207.
**asinaria**: *corvée de transport par âne — ass transport service*. Reddiderunt ... asenarias et boarias et alberguarias ... et omnes malos usus quos ibi apprehendebant. GUÉRARD, *Cart. de S.-Victor de Mars.*, I no. 605 p. 600 (ca. a. 1090).
**asinata**, -da: *la quantité de vin qui constitue une charge d'âne — as much* wine *as a donkey carries*. *Ch. de Cluny*, V no. 3789 (s. xi ex.)
**asisinus**, v. asasinus.
**aspagium**, v. esp-.
**aspectus** (decl. iv): *regard — look*. Defixis in terram aspectibus. Bened. Regula, c. 7.
**aspersorium**, aspergitorium: *goupillon — aspergillum*. MURATORI, *Antiq.*, IV col. 912 (ca. a. 1130). Fund. mon. Waldsassens. (s. xiv?), c. 8, SS., XV p. 1092.
**aspicere**: *appartenir — to belong*. Quicquid ad ipsam villam aspicit. *D. Merow.*, no. 3 (a. 528). Fiscum unacum omnia que ibi sunt aspecta. Ib., no. 5 (a. 556). Homines qui in ipsos portus commanent vel eos custodiunt aut ibi aspicere videntur. Ib., no. 23 (a. 651). Terra ad ipso manso aspiciente bunoaria 15. Ib., no. 20 (a. 656). Villam R., quae ad Bonalfa semper aspexit. Test. Bertramni a. 615, PARDESSUS, I no. 230 p. 209. Villa ... antea ad fisco suo aspexerat. MARCULF., lib. 1 no. 17, *Form.*, p. 54. Franci qui quondam ad Childebertum aspexerant seniorem. GREGOR. TURON., Hist. Franc., lib. 4 c. 51. Civitates, quae in parte illa ad regem Guntchramnum aspiciebant. Ib., lib. 6 c. 12. Item lib. 7 c. 7. Soledatum quod aspexerat ad regnum Austrasiorum. FREDEG., lib. 4 c. 53, *Scr. rer. Merov.*, II p. 147. Cum adjacentiis vel aspicientibus ad eas. Form. Senon. rec., no. 10, *Form.*, p. 216. Cum mancipiis ad eosdem mansos aspicientibus. Form. imp., no. 10, ib., p. 294.

sive censuales sive asscripticii sive alio quocunque modo secundum consuetudinem terre appellentur ... contulimus. JORDAN, *Urk. Heinr. d. Löw.*, no. 112 p. 169 (a. 1179).
**assecula** (masc.): **1.** *partisan* (non-péjoratif) — *follower* (not pejorative). **2.** *domestique* — *servant.* ISID., Gloss., no. 36 sq., 145 sq.
**assecuramentum**: **1.** *serment par lequel on renonce au droit de guerre privée* et s'oblige à ne plus commettre d'hostilités; on prête ce serment notamment quand on soumet le différend à un tribunal féodal ou à l'arbitrage — *oath to the effect of abandoning the right to pursue a feud* and of taking the obligation not to commit any more hostilities; this oath being sworn especially in case of submission of the dispute to a feudal court or to arbitration. De placitis et asseguramentis et convenientiis, quae hic scripta sunt. *Hist. de Languedoc*, II, pr. col. 500 (a. 1143). **2.** *serment par lequel on s'engage* à tenir un bien-fonds en fief relevant d'un seigneur, *à défendre le fief* à son profit et à ne pas le laisser tomber aux mains de ses adversaires — *oath to the effect of pledging oneself* to hold an estate as a fief from a lord, *to defend* it on his behalf and not to let it fall into the hands of his enemies. S. xii.
**assecurare**, -si-, -gu-, -quu-: **1.** aliquem, alicujus vitam etc.: *promettre* dans un traité de paix sous la foi du serment *de s'abstenir de toute hostilité* — *to promise* in a peace treaty by oath *to refrain from every hostile act.* S. xii. **2.** *se porter garant qu'un autre s'abstiendra de toute hostilité* et s'engager de s'y opposer — *to guarantee another person's obligation to refrain from every hostile act* and to engage oneself to oppose it. Dominus W. fecit nobis [sc. episcopo Leodiensi] de predicta terra homagium ligium ... Et inde fecit episcopus ipsum assecurari per prepositum et archidiaconos Leodienses ... et alios homines suos; et ipse dominus W. fecit similiter episcopum et ecclesiam Leodiensem assecurari per filios suos et alios homines suos. PONCELET, *Actes Hug. de Pierrepont*, no. 108 (a. 1213). **3.** spec.: *promettre au seigneur féodal de ne rien faire qui pourrait lui nuire* dans son corps, dans ses biens ou dans son honneur; promesse qui fait partie du serment de fidélité — *to promise to a feudal lord not to do anything that might cause damage* to his body, his possessions or his honour; which promise was included in the oath of fidelity. Homines mei comitem facto hominio et fide data et juramento assecuraverunt et justum heredem meum esse cognoverunt. ROUSSEAU, *Actes de Namur*, no. 25 (a. 1184). **4.** aliquid: *promettre* sous la foi du serment *de défendre tel fief* au profit du seigneur de qui on le tient et de ne pas laisser tomber ce fief aux mains des adversaires du seigneur — *to promise* by oath *to defend a fief* on behalf of the lord from whom one holds this fief and not to let it fall into the hands of his enemies. S. xii. **5.** alicui vel aliquem, atque infin.: *promettre à* qq'un sous la foi du serment *de faire ou de ne pas faire* certaines choses (de le protéger, de ne pas lui nuire etc.) — *to promise to* somebody by oath *to do or to omit* certain things (such as: to protect him, not to do him harm, etc.) S. xii. Assecuramus omnes homines ville s. Antonini, qui modo in ea sunt vel in posterum sunt futuri, et totam suam pecuniam et totum suum honorem cum omnibus bonis suis, et universos alios homines et feminas, quicumque per predictam villam transitum fecerint, quod eis nullam vim ingeramus neque peccuniam vel aliquid eis de suo auferamus. TEULET, *Layettes*, I no. 86 p. 56 col. 1 (ca. a. 1144, Rodez). **6.** aliquid: *s'engager* sous la foi du serment *de maintenir et de respecter* tels droits — *to pledge oneself* by oath *to maintain and not to infringe* certain rights. Easdem [consuetudines villae] eisdem [Tornacensibus] per D. militem nostrum assecurari fecimus. DELABORDE, *Actes Phil.-Aug.*, no. 224, c. 34 (a. 1188, Tournai). Promisimus et assecuravimus omnia premissa firmiter observare. *CD. Neerland.*, 2e s., IV pars 2 p. 84 (ch. a. 1277). **7.** aliquem: *promettre d'indemniser, indemniser* — *to promise to indemnify, to indemnify.* De omni dampno, quod pro hac causa incurrere poteritis, assecurabimus vos ... et quitabimus contra omnes. DE FREMERY, *OB. Holland*, suppl., no. 52 (ca. a. 1223).
**assecuratio**: idem quod assecuramentum.
**assecutor**: **sectateur* — *follower.*
**assedium** (<assidere): *siège* d'un château fort ou d'une ville — *siege.* Rex posuit assedium circa Cremam. Ann. Mediol. brev., a. 1159, ap. *Gesta Federici I auctore cive Mediolanensi* ed. HOLDER-EGGER, p. 73.
**asseisina** (<sasire): *saisine* — *seisin.*
**assentaneus** (adj.): *approbatif* — *assenting.* ISID., Gloss., no. 147. Subst.: *sectateur* — *follower.*
**assentimentum**: *consentement* — *assent.* S. xii.
**asserere**, aliquem: *gagner, s'associer* — *to gain over to one's side.* Annonem ... conjurationis conscium asserunt. EKKEH. URAUG., Chron. univ., a. 1072, *SS.*, VI p. 200.
**assertio**: **assertion, déclaration, doctrine* — *statement, declaration, teaching.*
**assertor**: **1.** *fondé de pouvoirs, procureur* — *deputy, attorney.* Veniens homo nomine A. qui est mandatarius vel adcertor advocatus B. vicario seniori suo. *Hist. de Languedoc*³, V, pr. no. 43 (a. 918, Toulouse). DE MARCA, *Marca Hispan.*, app., col. 804 (ch. a. 879). **2.** assertor pacis: *juge de paix* — *justice of the peace.* Pacis assertor est, qui sola faciende pacis intentione regali sola distinatur auctoritate. Lex Visigot., lib. 2 tit. 1 § 15. Dux, comis, vicarius, pacis adsertor ... Ib. § 25.
**asserum**, v. aciarium.
**asservire**: *servir* — *to serve.* In nullum servitium nobis [libertus] debeat adservire. F. Sal. Lindenbr., no. 20, *Form.*, p. 281.
**assessio**: **1.** *fondation* d'une rente — *funding* of an annuity. S. xiv. **2.** *répartition, assise* d'un impôt — *assessment.* S. xiv.
**assessor**: **1.** *cavalier* — *rider* (cf. ascensor). ERMANRICUS, Sermo de v. Sualonis (ca. a. 840), c. 9, *SS.*, XV p. 160. **2.** *assesseur* dans un tribunal, un conseil — *assessor* in a court or a council. Communicato cum regiae majestatis assessoribus consilio. D. Ludov. VII reg. Franc. a. 1169, TARDIF, *Cartons*, no. 615. **3.** *assigneur* d'une rente — *one who assigns* an annuity. S. xii. **4.** *assesseur* d'impôt — *assessor* of taxes. S. xiii.
**assetare**, -tiare, -tire, -dare, assidare (cf. assieta):



**1.** *fonder* une rente sur un bien-fonds ou sur telle autre source de revenus — *to fund* an annuity on land or any other source of revenue. S. xiii. **2.** *asseoir* un impôt — *to assess* a tax. S. xiv.
**assicula**, asci-, -cla, -culus (cf. assila): *bardeau* — *roofing chip.* GUÉRARD, *Polypt. d'Irminon*, br. 13 c. 1, II p. 132. Fragm. polypt. s. Remigii Remens., c. 5, ib., p. 290.
**assidentia**: *fondation* d'une rente — *funding* an annuity. S. xiv.
**assidere**: **1.** *fonder* une rente sur un bien-fonds ou sur telle autre source de revenus — *to fund* an annuity on land or any other source of revenue. S. xiii. **2.** *engager* — *to mortgage.* Manerium rex Stephanus dedit et assedit eis pro 100 marcis. DELISLE-BERGER, *Actes de Henri II conc. les prov. franç.*, I no. 444 p. 575 (a. 1170-1173). **3.** *répartir, asseoir* un impôt — *to assess* a tax. Ad habendum commune consilium regni de auxilio assidendo ... vel de scutagio assidendo. Magna charta Joh. reg. Angl. a. 1215, c. 14. Quadragesima hoc modo assideatur et colligatur. MATTH. PARIS., Chron. maj., a. 1232, ed. LUARD, t. III p. 231. Forma in qua dominus rex [Ludovicus IX] vult ut tallia assideatur in villis suis. D'ACHÉRY, *Spicil.*², III p. 663.
**assiduare**: **1.** transit.: **employer sans cesse* — *to make constant use of* a thing. **2.** *fréquenter* — *to frequent.* Dum regalem aulam assiduaretur. ADEMAR., lib. 3 c. 21, *SS.* IV p. 124 l. 1. **3.** intransit.: *veiller sans cesse* — *to take constant care.* Eligius cura pastorali suscepta statim ... coepit assiduare erga locum illum. V. Eligii, lib. 2 c. 6, *Scr. rer. Merov.*, IV p. 698.
**assiduitas**: *l'accomplissement ininterrompu* d'un office ecclésiastique — *continuous performance* of the duties of a church ministry.
**assieta**, assita (<assidere): **1.** *assiette* d'impôt — *assessment* of a tax. S. xiv. **2.** *relevé, délimitation* des bien-fonds compris dans une transaction — *determination* of the range of land comprised in a transaction. S. xiv.
**assigillare**: *sceller* — *to seal.* [Auctoritatem] anulo nostro assigillare jussimus. *D. Karlmanns*, no. 11 (a. 877); item ib. no. 20 (a. 879). *D. Karls III.*, no. 26 (a. 880). Jussimus sigillum nostrum huic pagine assigillari. JORDAN, *Urk. Heinr. d. Löw.*, no. 100 p. 151 (a. 1174).
**assignamentum**: *assignation* d'une rente, notamment d'un douaire, sur telle source de recettes — *assignment* of an annuity, especially a dowry, on a definite source of revenue. S. xiii.
**assignare**: **1.** **transférer* — *to convey.* **2.** **prouver, témoigner* — *to prove, to testify.* **3.** *sceller* — *to seal.* Anuli nostri impressione adsignari jussimus. *D. Karolin.*, I no. 15 (a. 762). Item Coll. Patav., no. 6, *Form.*, p. 460 (D. Ludov. II German.) **4.** *souscrire* au moyen du monogramme — *to subscribe* by monogram. Manu nostra subter eam [confirmationem] decrevimus adsignare. *D. Karolin.*, I no. 6 (a. 753). **5.** *assigner* une rente, un douaire sur telle source de recettes — *to assign* an annuity, a dowry on a definite source of revenue. S. xiii.
**assignatio**: **1.** *souscription* au moyen du croix — *subscription* by drawing a cross. Quorum nomina cum propriis adsignationibus inserta tenentur. MABILLON, *Ann.*, III p. 676 (a. 867, Troyes). Conventiale scriptum ... utriusque partis assignatione roboratum. FLODOARD., Hist. Rem. eccl., lib. 2 c. 11, *SS.*, XIII p. 458 l. 13. **2.** *assignation* d'une rente, d'un douaire — *assignment* of an annuity, a dowry. S. xiii.
**assila**, asc-, ax-, -ella, -ilia, -ilis (<astula): *bardeau* — *roofing chip.* Sarta tecta totius monasterii ex his axiliis quae mansa debent ... instaurentur. QUANTIN, *Cart. de l'Yonne*, I p. 89 no. 45 (a. 863). ZEUSS, *Tradit. Wizenb.*, no. 210, no. 249 sq. (s. ix ex.) GLÖCKNER, *Cod. Lauresham.*, III no. 3671 B p. 174. Urbar. Prum. a. 893, c. 1, c. 6, BEYER, *UB. Mittelrh.*, I p. 144, 148. Not. mon. s. Petri Gandav. (s. ix), ed. GYSSELING-KOCH, *BCRH*, t. 113 (1948), p. 281.
**assilire**, v. adsalire.
**assimulare**: **rassembler* — *to put together.*
**assinga**, v. andecinga.
**assisa**, -sia, -zia, -sium (<assidere); cum notione 10 etiam: accisia, acsisia (<accidere; il y a eu confusion des deux mots — these two words have been a matter of confusion): **1.** *séance* d'un tribunal, notamment d'un tribunal institué par le roi ou par le prince territorial et opérant au moyen de la procédure inquisitionnelle — *assize, session* of a court, especially a court held by royal or princely commissioners operating by way of inquisition. Baillivos nostros posuimus, qui in bailliviis suis singulis mensibus ponent unum diem, qui dicitur assisia, in quo omnes illi qui clamorem facient, recipient jus suum per eos. DELABORDE, *Actes de Phil.-Aug.*, no. 345 (a. 1190). **2.** *jury*, les personnes assermentées pour témoigner par inquisition — *jury*, the sworn witnesses giving inquisitional testimony. **3.** les *délégués* royaux ou princiers qui président au tribunal d'assise — the royal or princely *commissioners* holding the assize. **4.** *plainte, action* portée devant une cour d'assise — *action, claim* brought before an assize. **5.** *sentence* ou *record de droit* prononcé par un tribunal d'assise — *sentence* or *legal statement* pronounced by an assize. **6.** *acte législatif* statué dans une réunion — *legislative act* established by an assembly. Regens ibi curiam generalem pro bono statu regni suas ascisias promulgavit. RICHARD. DE S. GERMANO, Chron., MURATORI, *Rer. It. scr.*, VII col. 992. Quae ad ipsorum cognitionem pertinent, praedecessorum nostrorum assisis comprehensa apertius diffinimus. Frid. II imp. constit. Sicil., lib. 1 tit. 41. **7.** (cf. assidere sub 1) *fondation* d'une rente — *funding* an annuity. S. xiii. **8.** (cf. assidere sub 3) *répartition, assiette* d'un impôt — tax *assessment.* Facta assisia pro solucione gisti domini regis apud C., homines dicti loci, qui assisiam hujusmodi fecerant, partem hujus gisti assederunt super ... BEUGNOT, *Les Olim*, p. 374 c. 1 (a. 1271). **9.** *taille* — *tallage.* [Advocatus] in festo b. Remigii assisiam in predictis villis accipiet, que in hunc modum persolvetur: mansionarius qui carrucam habebit 2 sol. persolvet; qui vero dimidiam carrucam, 18 den.; manuoperarius autem 12 den. donabit. PONCELET, *Actes Hug. de Pierrepont*, no. 172 (a. 1219). **10.** *accise*, impôt de consommation — *excise*, consumption tax. [Scabini] eligent probos viros villae ad faciendas tallias et assisas. WARNKOENIG-GHELDOLF, *Hist. de la Flandre*, II p. 423

no. 5 c. 4 (ca. a. 1178). Cum cives Leodienses assisias tam in vino quam in aliis venalibus ... facere vellent in civitate Leodiensi. FAIRON, *Rég. de Liège*, I no. 45 (a. 1238).
**assisiagium,** assisiatus (decl. iv): *ressort d'une cour d'assises — assize district.*
**assistentia**: *appui, assistance — help, assistance.* Propter assistentiam nobis pactam. MIRAEUS, I p. 209 (a. 1280).
**assistere**: *aider, assister — to support, to assist.*
**assita,** v. assieta.
**associare**: **1.** **unir, joindre — to unite, to join.* **2.** sibi aliquem: *gagner, s'associer — to win over, to attach.*
**associatio**: *contrat de pariage — „pariage" contract.* S. xiv.
**associus** (adj.): **attaché, annexe — attached, annexed.*
**assolare** (< solum): *assoler — to practise crop rotation.* Pratum in integrum cultum et assolatum. Priv. Bened. VIII pap. a. 1018, UGHELLI, I pars 1 col. 137 A.
**assolidare,** -sold-: *engager* des mercenaires — *to enlist* mercenaries. S. xiv, Ital.
**assonia,** v. essonium.
**assumentum**: **rapiéçure — patch* (on clothes).
**assumptio**: **l'Assomption de la Vierge — the Assumption of the Virgin.*
**asta** = hasta.
**astagium,** astaticum, v. stagium.
**astalagium,** v. stallagium.
**astalaria,** v. stalaria.
**astallare** (<tallia): *surseoir* un paiement — *to defer* a payment.
**astare,** v. adstare.
**asteriscus**: **astérisque — asterisk,* **1.** *pour indiquer une lacune dans un texte — indicating a gap in a text. **2.** pour marquer les pauses où on prend haleine quand on chante ou récite un pseaume — to mark the breathing rests in a psalm.
**astipulari** (depon.), astipulare: **1.** *approuver, accepter, ratifier* la volonté, l'acte d'un autre — *to approve, to accept, to ratify* another person's intention or action. Quorum justo judicio [dativus] confirmationem asstipulantes. *D. Heinrichs IV.*, no. 402 (a. 1089). H. quondam dux... nativum solum expetit, astipulante sibi rege R. Chron. reg. Colon., a. 1189, ed. WAITZ, p. 143. Dei gratia astipulante ... dux ... in concordiam cum imperatore redit. Ann. Patherbr., a. 1135, ed. SCHEFFER-BOICHORST, p. 161. **2.** *prouver, attester, confirmer* une opinion, une affirmation — *to prove, to attest, to confirm* an opinion, an assertion. Adfirmant esse ... voraginem inter Brittaniam insulam Galliciamque provinciam; cui etiam rei adstipulantur Sequanicae Aquitaniaeque litora, quae bis in die ... inundationibus opplentur. PAUL. DIAC., Hist. Langob., lib. 1 c. 6, ed. WAITZ, p. 56. Teutones hoc [sc. nominis explicationem] astipulare videntur, nam locus ille eorum lingua Lobach dicitur. FOLCUIN., G. abb. Lobiens., c. 1, *SS.*, IV p. 56 l. 7. Astipulantibus ubique sanctorum patrum tam dictis quam scriptis summum pontificem a nemine nisi a solo Deo dijudicari debere. ANSELM., G. episc. Leodiens., c. 65, *SS.*, VII p. 228 l. 51. Huic ... proclamationi astipulabantur tum privilegii sui rata assertio, tum multorum bonorum ... oratio. LACOMBLET, *UB. Niederrh.*, I no. 262 p. 170 (a. 1103). **3.** *servir de témoin à* un acte, *confirmer* un acte *comme témoin* par la souscription ou par l'imposition de la main — *to witness, to confirm* a deed *as a witness* by subscription or by laying the hand on the record. Manu propria subter roboravimus cleroque astipulandum destinavimus. *LMA*, t. 20 (1907), p. 316 (ch. s. ix, Orléans). **4.** *affirmer, déclarer — to assert, to declare.* Illis ... omnia tuta [esse] procul dubio astipulantibus. G. pontif. Camerac., lib. 2 c. 11, *SS.*, VII p. 458 l. 52. A nullo superatus sum. ... Hoc astipulantur Franci atque Flandrenses. ORDER. VITAL., lib. 7 c. 15, ed. LEPRÉVOST, III p. 239. **5.** *revendiquer, réclamer — to lay claim to* a thing. Quam civitatem Paulus ipse sui juris potestati adstipulans. JULIAN. TOLETAN., Hist. Wambae, c. 12, *Scr. rer. Merov.*, V p. 512. **6.** *vouer, destiner* à tel sort — *to vow, to destine* for a lot. Quem antea ... morti adstipulabant. V. Sigiramni abb. Longoret., c. 17, *Scr. rer. Merov.*, IV p. 616.
**astipulatio**: **1.** *témoignage — testimony.* Debent ingenuitatis cartae non solum nomen illius, qui has fieri rogat, sed etiam nomina sacerdotum et nobilium laicorum, qui ibi adfuerunt, in ordine digesta cum signis propria manu impressis continere; nam sine horum adstipulatione pagina auctoritate testium nudata pro nihilo deputatur. REGINO, Syn. caus., lib. 1 c. 414, ed. WASSERSCHLEBEN, p. 188. Sub assignatorum testium astipulatione. LACOMBLET, *UB. Niederrh.*, I no. 181 p. 113 (a. 1045). **2.** *assentiment — assent.* Cum consensu et astipulatione filii nostri Ottonis et episcoporum procerumque et comitum peticione. *D. Heinrichs I.*, no. 20. Asstipulatione praesentium regni principum. *D. Heinrichs IV.*, no. 260 (a. 1073). In precariam dedimus cum legitima advocati nostri astipulatione. WAMPACH, *UB. Luxemb.*, I no. 274 p. 395 (a. 1052). **3.** *dressement d'un acte — putting to record.* Que ... collata fuerint, scriptorum astipulatione confirmemus. DE FREMERY, *OB. Holland*, suppl., no. 18 (a. 1189). **4.** idem quod „stipulatio". Haec carta perhennis temporibus firma et immobilis permaneat astipulatione subnixa. *SS.*, XXIII p. 55 (ch. a. 704, Würzburg).
**astipulator**: *témoin — witness.* Jonas Aurelianensis ecclesiae indignus episcopus huic facto adstipulator subscripsi. QUANTIN, *Cart. de l'Yonne*, I p. 42 no. 21 (ca. a. 833, Sens). Postquam ejus rei auctores vel adstipulatores contigerit obisse. *D. Heinrichs III.*, no. 208[a] (post a. 1051).
**astipulatus** (decl. iv): *confirmation — confirmation.* Omnia quae ... delegavit commissae sibi ecclesiae, imperialis et apostolicae manus adstipulatu fecit confirmari. V. Erluini, *AASS.*, Maji VII p. 845 col. 2.
**asto** (adv.) et loc. asto animo: *intentionnellement — deliberately.* Si quis casam alienam asto animo, quod est volontarie, incenderit. Ed. Rothari, c. 146. Si quis molinum alterius asto incenderit. Ib. c. 149. Per errorem fecit, nam non asto. Ib., c. 248. Ibi saepius. Cf. ERNST MAYER, *Asto (animo), ZSRG.*, Germ. Abt., t. 38 (1917), p. 300 sq.
**astracum,** -us (gr.): *dalle — paving-tile.* ORIBASIUS (vers. lat.), Euporiston ed. MOLINIER, *Oeuvres*, VI p. 409.



**astrictio**: *contrainte — compulsion.*
**astringere**: **1.** *tenir en prison — to keep in prison.* Quemlibet rebellem debeo cohibere et usque ad satisfactionem astringere. ROUSSEAU, *Actes de Namur*, no. 9 (a. 1154). **2.** se astringere: *s'engager — to bind oneself.* Ad solutionem faciendam ... juramento ... se astrinxit. VAN DEN BERGH, *OB. Holland*, II no. 125 (a. 1265).
**astrolabium** (gr.): *astrolabe — astrolabe.*
**astrologia** (gr.): **astrologie — astrology.*
**astrologicus**: **astrologique — astrological.*
**astructor**: *apologiste — apologist.* Miserum Felicem heresis hujus astructorem. V. ALCUINI (ca. a. 825), c. 10, *SS.*, XV p. 190.
**astruere**: **argumenter, démontrer — to argue, to demonstrate.*
**astrum**: *foyer, demeure — hearth, home.* S. xiii, Angl.
**astur** (genet. -uris), aus-, os-, -turco (genet. -onis), -turcus (ces dernières formes par confusion avec *asturco*: „haquenée" — the latter forms by confusion with *asturco*: „hackney") (< acceptor): **autour — hawk.*
**athanasia** (gr.): *potion, élixir de longue vie — a draught to prolong life.*
**atavus**: *bisaïeul — great-grandfather.* Ex parte atavi, avi et genitoris. *D. Charles le Chauve*, no. 258 (a. 863).
**aterrare,** v. atterrare.
**athleta.** Athleta Christi: **champion de la foi, martyr — champion of the faith, martyr.*
**atornare,** v. attornare.
**atque,** post comparativum: (plus) *que* — (more) *than.*
**atramentarium**: *encrier — ink-glass.* Nec licuerit clericulo illi ... manum ad atramentarium mittere. *Epp.*, IV p. 509 (ca. a. 782-786). Birgamina [= pergamenum] cum atramentario de terra levavi. MURATORI, *Antiq.*, I col. 367 (a. 890).
**atriola**: *petit parvis d'église — small churchyard.* De terra quadros 80 ad capellam construendam ... et ejus adtriola. *D. Charles III le Simple*, no. 80 (a. 915).
**atrium**: **1.** le *parvis,* l'*enclos consacré* en face ou tout autour d'une église — the *churchyard,* the *fenced-in and consecrated space* in front of or around a church. Ut placita in domibus vel atriis ecclesiarum minime fiant. Capit. e canon. exc. a. 813, c. 21, I p. 174. Ut nullus in atrium ecclesiae secularia judicia facere presumat, quia solent ibi omines ad mortem judicare. Capit. missor. a. 813 (?), c. 8, I p. 182. Presbyteri ... non de domibus neque de atriis vel hortis juxta ecclesiam positis ... aliquod servitium faciant praeter ecclesiasticum. Capit. eccles. a. 818/819, c. 10, I p. 277. Considerandum si atrium ecclesiae sit sepe munitum, ne aliqua immunditia polluatur. REGINO, Syn. caus., lib. 1, notitia, § 16, ed. WASSERSCHLEBEN, p. 20. Quod propius monasterium est, sicut antiquitus positis crucibus munitum est, sic velut atrium ecclesie honoretur. Vos, *Lobbes*, I p. 537 (a. 985-996). Nec respondeat alicui nisi tribus de causis, videlicet de infractura ecclesie vel atrii ... VERCAUTEREN, *Actes de Flandre*, no. 127 (a. 1127, Saint-Omer), c. 3, p. 295. Dans cet espace on jouissait du droit d'asyle. — To this space the right of asylum was attached. De ... furibus si ad ecclesiam confugerint ... ut ab ecclesiae atriis ... eos abstrahi omnino non liceat. Concil. Aurel. a. 511, c. 1, *Conc.*, I p. 2. Nullus latronem vel quemlibet culpabilem ... de atrio ecclesiae extrahere praesumat. Quodsi sunt ecclesiae, quibus atriae clausae non sunt, ab utrasque partebus parietum terrae spacium aripennis pro atrio observetur. Chlotharii decretio (a. 511-558), c. 14, *Capit.*, I p. 6. Si quis ad ecclesiam confugium fecerit, in atrio ipsius ecclesiae pacem habeat, nec sit ei necesse ecclesiam ingredi, et nullus eum inde per vim abstrahere praesumat. Capit. legib. add. a. 803, c. 3, I p. 113. Quicunque reus vel noxius ad ecclesiam pro presidio confugerit, ex quo atrium ingressus fuerit, securus sit. Leg. Edw. Conf. (a. 1115-1150), c. 5, LIEBERMANN, I p. 630. L'„atrium" pouvait être assez vaste; on y trouvait parfois des édifices. — In some cases the „atrium" was fairly large; it might include buildings. In atrio s. Remigii est ecclesia in honore ss. martyrum Cosmae et Damiani sacrata. Fragm. polypt. S. Remigii Remens., GUÉRARD, *Irminon*, p. 291 c. 13. [Vicini] callem illicitum sepius per atrium trivissent. ANSELM., G. episc. Leodiens., c. 13, *SS.*, VII p. 196 l. 46. Totum burgum in atrio ejusdem ecclesiae constructum. PROU-VIDIER, *Rec. des ch. de S.-Benoît-s.-Loire*, I no. 75 p. 196 (a. 1065). Curtile in atrio ecclesie. Ann. Rodens., a. 1110, ed. ERNST, p. 16. Presumpsit, quod intra ambitum cimiterii ecclesie hereditariam mansionem sibi vendicavit. Unde abjudicaverunt ei ... beneficium in atrio ecclesie. *Const.*, I no. 128 (a. 1150). **2.** L'atrium était surtout employé comme *cimetière.* — The atrium was used especially as the *burial-place.* Cum ad atrium defunctorum veniret. THIETMAR., Chron., lib. 1 c. 11, ed. KURZE, p. 8. In atrio ... subterratus. G. pontif. Camerac., lib. 3 c. 22, *SS.*, VII p. 472 l. 44. Qui falsum juramentum juraverit ... numquam postea juramento dignus sit nec in sanctificato atrio aliquo jaceat, si moriatur. Leg. II Aethelstan, c. 26, vers. Quadripart., LIEBERMANN, I p. 165 col. 1. L'acception de cimetière se rencontre même là où il s'agit d'un lieu de sépulture nonchrétien. — The word „atrium" is used even for a non-christian burial-place. Audientes nostri quod humassent mortuos suos Turci, omnes ... venerunt festinantes ad diabolicum atrium et jusserunt desepeliri. G. Francorum, c. 18, ed. BRÉHIER, p. 94. **3.** *enclos* attenant à un habitat — *yard* of a homestead. Si quis concivem suum infra septa domus sue vel atrii sui temere invaserit. KEUTGEN, *Urk. städt. Verf.gesch.*, no. 126 (s. xii, Strasbourg). **4.** idem quod „curtis". Hec sunt bona ... collata: atrium Trihele [Driel] cum omni ejus familia et cum omni districtu, qui ad illud pertinet. *D. Konrads II.*, no. 115 (a. 1028).
**attachiamentum**: *contrainte par corps, saisie — legal attachment.* S. xiii, Angl.
**attachiare**: *contraindre par corps, saisir — to attach, to arrest.* S. xii, Angl.
**attaminare**: **1.** **usurper, saisir — to take possession of* a thing, *to usurp.* **2.** **souiller, polluer, violer — to stain, to pollute, to violate.*
**attassare** (< tassus): *entasser* le blé — *to stack up* corn. DC.-F., VIII p. 38 col. 3 (ch. a. 1190, Soissons).

**attaediare**: *fatiguer, ennuyer* — *to weary*. S. xiv.
**attemptare**: *contester, enfreindre, porter atteinte à* un acte, une stipulation — *to dispute, to encroach upon* a deed, a provision.
**attemptatio**: **1.** **tentative* — *trial, attempt*. **2.** **attaque, assaut* — *attack*.
**attendare.** Refl. se attendare (cf. tenda: „pavillon — tent"): *se camper* — *to camp*. Se attendavit potestas prope exercitum inimicorum. Scriba, Ann. Genuens., a. 1237, Muratori, *Rer. Ital. scr.*, VI col. 475.
**attendere**: **1.** *observer* — *to observe*. Si imperator ... omnem conventionem nobis, sicut promisit et juravit, attendere voluerit. G. Francorum, c. 20, ed. Bréhier, p. 102. **2.** *attendre* — *to wait for* a thing. Attendebat illuminationis suae horam. Mir. Majoli, *AASS.*, Maji II p. 692. Acceperunt terminum attendendum ad kalendas Novembris. G. Francorum, c. 30, l. c., p. 162. **3.** aliquem: *faire sa cour à* un seigneur, *servir* — *to attend on* a lord, *to serve*. **4.** *comparaître* — *to put in an appearance*. Et si ita non adtendit infra 15 dies postquam submoniti fuerint. De Font-Réaulx, *Cart. de Limoges*, p. 176 no. 181 (a. 1045-1050).
**attenuare**: **débiliter, ruiner* — *to destroy, to bring to ruin*.
**atterminare**: *ajourner* un litige — *to adjourn* a lawsuit. S. xiv.
**atterrare**, aterrare: *assécher, remplir de terre* — *to reclaim* land, *to fill up with mould*. S. xiii.
**attestatio**: **1.** **témoignage* — *testimony*. **2.** *protestation, affirmation solennelle* — *asseveration*.
**attilium** (frg.): *appareil, harnais, agrès* — *equipment, harness, gear*. S. xiii.
**attincta** (femin.): *conviction de culpabilité* — *attainder, attaint*. S. xiii, Angl.
**attinctus**, attaintus (adj.): *convaincu de culpabilité* — *attainted*. S. xiii, Angl.
**attinentia** (femin.): **1.** *dépendance* — *appurtenance*. Cum omnibus suis attinentiis. Muller-Bouman, *OB. Utrecht*, I no. 350 (a. 1134), p. 322. **2.** *parenté* — *relationship*. S. xiv.
**attinere**: *appartenir* — *to belong*. [Decima] ad usum ipsorum [fratrum] prius attinuit. Muller-Bouman, *OB. Utrecht*, I no. 352 (a. 1134), p. 324.
**attingere**: *convaincre de culpabilité* — *to attain, to prove* a person's *guilt*. Ipse qui de morte hominis attinctus est, in manu domini regis est. *Etabl. de Rouen*, c. 48, ed. Giry, p. 48 (a. 1160-1170).
**attitulare**: **1.** **intituler, suscrire* — *to entitle, to put a heading on* a writing. **2.** *assigner, subordonner* — *to assign, to subordinate*. Ecclesiam cum sibi attitulata decimatione. Lacomblet, *UB. Niederrh.*, I no. 105, p. 61 (a. 962). Quod nobis pro commissi talenti lucro adtitulatur. D. Roberti reg. Franc. ca. a. 999, *Hist. de Fr.* X p. 575. Domus Christi peregrinis adtitulata. Carm. Centul., 136, *Poet. Lat.* III p. 349. **3.** spec.: *attitrer* un clerc à telle église — *to appoint* a clerk at a definite church. Si contigerit alium presbiterum, preter attitulatos quatuor presbiteros, in ecclesia aliquando missam celebrare. Marchegay, *Arch. d'Anjou*, III p. 3 no. 1 (a. 1028). Aliis ecclesiis in civitate eos [clericos] attitulavimus. Ludewig, *Reliq.*, II p. 399 (ch. a. 1126-1134). [Fratres] in ecclesia nostra, in qua attitulati sunt, residentiam facere [non] volentes. Poncelet, *Actes Hug. de Pierrepont*, p. 275 (a. 1207). **4.** spec.: *subordonner* une église à une autre au point de vue spirituel — *to subordinate* one church to another in spirituals. A novo civitatem aedificavit vocabulo Baenburg ... et parroechias in circuitu ... attitulavit ad illam. Ademar., lib. 3 c. 37, *SS.*, IV p. 133. Aecclesiam in W. ... ad idem ... monasterium attitulatam. *D. Heinrichs IV.*, no. 403 (a. 1089). Etiam ib., no. 326 (a. 1080). Ut hec contraditio inconvulsa permaneat, Romane ecclesie sub censu aurei singulis annis solvendi attitulavi. Rousseau, *Actes de Namur*, no. 3 (a. 1109-1127). Ecclesia R. ... licet jure fundi ad archiepiscopum Salzburgensem respiciat, tamen ex ecclesiastico regimine adtitulata est ecclesiae nostrae, utpote sita in dioecesi Pataviensi. *Mon. Boica*, t. 28 pars 1 p. 233 (a. 1156). **5.** *mettre* une église *sous le patronage* de tel saint — *to dedicate* a church to a saint. Monasterium ... fundavit et ad sanctae et individuae Trinitatis honorem, Andreae apostoli et Nicolai pii pontificis nominibus attitulavit. *D. Heinrichs IV.*, no. 273 (a. 1074). Cenobium ... sacre virgini attitulatum. Muller-Bouman, *OB. Utrecht*, I no. 506 (a. 1181), p. 452.
**attondere**: *tonsurer* — *to tonsure*. Captum attondit et habitu monachico indutum in monasterio misit. Regino, Chron., ed. Kurze, p. 76. Subst. **attonsus**: *moine* — *monk*. S. ix.
**attornare**, atorn-, atturn-, -iare (< tornus): **1.** *transférer* des biens à un autre tenant — *to attorn* property, *to transfer* property to another tenant. S. xii, Angl. **2.** *transférer* des vassaux à un autre seigneur — *to turn* tenants *over* to a new lord. S. xiii, Angl. **3.** *transférer* une créance — *to turn* an action of debt *over* to another person. S. xiii, Angl. **4.** *autoriser* qq'un comme percepteur d'une créance ou généralement comme fondé de pouvoirs — *to depute* a person to act as perceiver of a debt or generally as attorney. S. xiii, Angl. **5.** (confus. c. v. adornare): *appareiller, arranger, traiter* — *to fit out, to dress, to treat*. S. xiii, Angl.
**attornatus**, -tur-, -nia-: *fondé de pouvoirs* — *attorney*. S. xiii, Angl. [Solvendum] eis mercatoribus aut uni eorum aut eorum certo attornato. Kunze, *Hanseakten aus England*, no. 12 (a. 1288).
**attractivus**: *attractif* — *attrahent*. Virtus attractiva. Cassiod., Var., lib. 10 no. 29 § 4. Item id., Anim., c. 6.
**1. attractus** (adj.): *courbé* — *curvate*. Attractis vigorem integrum ... confert. V. Nicetii (s. vi ex.), c. 15, *Scr. rer. Merov.*, III p. 524. V. altera Desiderii Vienn., c. 13, ib., p. 643 l. 4.
**2. attractus** (decl. iv), -um: **1.** *acquisition, appropriation* — *acquirement, appropriation*. Que de alode vel de atracto ibidem vissi sumus habere. F. Arvern., no. 6, *Form.*, p. 31. Quicquid portio nostra ... tam de alodo quam de quolibet adtracto in ipso loco habere videmur. Pardessus, I no. 186 p. 146 (a. 579, Dijon). Quicquid A. de quolibet adtracto ibidem tenuit. *D. Merov.*, no. 46 (a. 677). Illas res, tam de paterno quam de materno vel de quolibet atracto mihi obvenit. Pardessus, II no. 432 p. 231 (a. 694). Quantumcumque R. abba quam [i. e. tam] de conparato vel de qualebet attracto ad ipso monasteriolo addere aut attraere potuerent. *D. Karolin.*, I no. 45 (a. 769). Res quas presul ... per plurimos adtractus vel pretiis adquisivit. *D. Louis IV*, no. 21 (a. 943). **2.** *droit d'attrait* — *right to have retainers*. Clerici ei [ecclesiae] deservientes liberum habeant attractum in villa Divionensi, eodem modo quo ego [dux Burgundiae] habeo, id est libertatem retinendi homines eandem quam ego habeo in villa Divionensi. Pérard, *Rec. de Bourgogne*, p. 245 (a. 1172). Illi quos attractu castri mei de T. retinui vel retinuero, liberi sint. Garnier, *Ch. de communes en Bourgogne*, I p. 498 no. 222 (a. 1216).



**attrahere**: *acquérir, s'approprier* — *to acquire, to appropriate*. Quicquid ibidem undique adtrahere aut meliorare poteremus. Marc., lib. 2 no. 5, *Form.*, p. 78. Tam quod regio munere perceperat, quam et de diversis partibus [per] vinditiones, donationes, cessiones, commutationes adtraxerat. F. Turon., no. 27, ib., p. 150. Quod ibidem addere, adtrahere, conparare aut emeliorare potuero. Ib., no. 37, p. 156. Quicquid in ipsas villas attrahere vel augmentare poterat. *D. Arnulfing.*, no. 10 (ca. a. 717). Si aliquid comparavero vel adtraxero. Testam. Widradi abb. Flavin. a. 721, Pardessus, II no. 514 p. 325. Nichil exinde ullum pontificium habeamus aliquid minuendi, nisi quicquid addere aut inmeliorare vel adtrahere potuerimus. D'Herbomez, *Cart. de Gorze*, p. 17 no. 7 (a. 761). Ut nullus episcopus vel abbas atrahere audeat res nobilium causa ambitionis. Concil. Rispac. a. 800, c. 11, *Conc.*, II p. 209. Jure concambii in potestatis nostrae dominium nos constat attraxisse. D. Ludov. IV reg. Germ. (a. 900-911), Cod. Udalrici, no. 4, ed. Jaffé, *Bibl.*, V p. 24.
**attritio**: *componction* — *compunction*.
**aubanus**, aubenus, v. albanus.
**auca**, auga (< avis; > ital., hisp. *oca*, frg. *oie*): *oie* — *goose*. Avian., Fabulae, prol., c. 33. Marc., lib. 1 no. 11, *Form.*, p. 49 l. 12. Pactus Alamann., fragm. 3 § 14, ed. Lehmann, p. 24; fragm. 5 § 8 sq., p. 30. Beda, V. Cuthberti, c. 54, Mabillon, *Acta*, II p. 906. De ... anseribus, id est aucas. Cap. de villis, c. 62. Item ib. c. 18. Guérard, *Polypt. d'Irminon*, br. 13 c. 99, p. 149. Thietmar., Chron., lib. 4 c. 26, ed. Kurze, p. 79; lib. 7 c. 22, p. 181. Leo, Chron. mon. Casin., lib. 1 c. 28, *SS.*, VII p. 600 l. 41.
**aucellator**: *oiseleur* — *fowler*. Aucipites, id est aucellatores. Capit. de villis, c. 45.
**aucellus** (< auca; > ital. *uccello*, francogall. *oiseau*): *menu oiseau* — *smaller bird*. Si quis aucellum de trapa furaverit. Lex Sal., tit. 7 addit. 6.
**aucinus** (adj.): *d'oie* — *of a goose*.
**aucipasta**: *oie engraissée* — *fattened goose*. Guérard, *Polypt. d'Irminon*, Breve 1, c. 40, p. 5.
**auctio**: **augmentation, agrandissement* — *augmentation, enlargement*.
**auctionarius** (subst.): *débitant* — *retailer*. S. xiii.
**auctivus**: *croissant* — *increasing*. Animo juvenili vigere maturabat virtus augtiva [!]. Suger., V. Ludov. Cr., c. 1, ed. Waquet, p. 6.
**1. auctor**: **1.** *celui à qui on a acheté* ou duquel on a autrement obtenu une chose — *the person you have bought* or anyhow obtained a thing *from*. Si quis rem furtivam sciens a fure conparaverit, ille qui emit suum representet autorem et postea tamquam fur conponere non moretur. Lex Visigot., lib. 7 tit. 2 § 9. Etiam lib. 2 tit. 2 § 1. Si quis conparaverit ancillam, et postea venerit alter homo, qui eam suam dicat esse, revertant pariter ad auctorem. Ed. Rothari, c. 231. Autore[m] habebant legitimo [= -um] nomen illo majore, quia ipsa vinia ad eos dedissi. F. Andecav., no. 47, *Form.*, p. 21. Autore nomen illo spoponderunt presentare, [qui] ipsa vinia eis consignasit. Ib., no. 53, p. 23. Licentiam hab[u]erit in vice auctorum suorum ipse vel advocatus suus eorum causas adsumere. Marc., lib. 1 no. 36, ib., p. 66. Professus est quod et ipsa vindicione fecerat et auctor eidem [emptori] ex hoc et erat et esse volebat. Marc., suppl. no. 2, ib., p. 108. Villa[m] abbati firmasset et autur contra quemlibet exinde aderat et inantia adesse disponibat. *D. Merov.*, no. 64 (a. 692). B. fuit professus quod genetur [i. e. genitor] suus ipsa[m] porcione[m] abbati delegasset, et auctor ei exinde aderat. Ib., no. 68 (a. 695). Super 14 noctes auctorem suum repraesentit. Lex Ribuar., tit. 33 § 1. **2.** *celui de la part duquel on a hérité* une chose — *the person you inherited* a thing *from*. Si filios reliquerit et ipsi omnem ejus possident facultatem, ipsi ... cogendi sunt illa subplere, unde autor eorum debitor aut presumtor convincitur extitisse. Lex Visigot., lib. 5 tit. 6 § 6. Heredes prebeant sacramenta, quod non amplius autor eorum dederit quam ipsi ... ostendant. Ib., lib. 10 tit. 1 § 14. **3.** *celui de la part duquel on reçoit un fief* — *the person you got a fief from*. [Nemo] debeat aliquid feodum in quemquam transferre, antequam ipse a suo auctore sit investitus. D. Frider. I a. 1179, *Const.*, I no. 278. **4.** *celui envers lequel on est lié par une obligation d'ordre public* — *the person towards whom you are bound to fulfil a public duty*. Si quis in utilitatem regis bannitus fuerit et minime adimpleverit ... Si autem Romanus aut ecclesiasticus vel regius homo hoc fecerit, unusquisque contra auctorem suum 30 sol. culpabilis judicetur. Lex Ribuar., tit. 65 § 2. **5.** auctor sceleris, criminis: *l'auteur* d'un crime — *the perpetrator* of a crime. Omnia crimina suos sequantur autores. Lex Visigot., lib. 6 tit. 1 § 7. Si quis alteri maleficium fecerit ... auctor sceleris qui hoc admisisse probatur ... Lex Sal., tit. 19 § 2. Auctorem interfectionis. Lex Ribuar., tit. 70 § 1. Auctorem crimenis. Marc., lib. 2 no. 3, *Form.*, p. 76. Auctores facti. Capit. missor. Theodonisv. gener. a. 805, c. 10, I p. 124. **6.** *celui qui donne*, dans sa qualité de parent ou de seigneur féodal, *son consentement* à l'aliénation d'un bien-fonds — *one who gives assent* as a kinsman or as a feudal lord to an alienation of landed property. De terra arabili dedit duas mansuras G., auctore seniore suo S. et filio ejus G. Marchegay, *Arch. d'Anjou*, III p. 4 no. 1 (a. 1028). **7.** *prédécesseur, ancêtre* — *predecessor, ancestor*. Regiae memoriae auctores nostros. Lex Burgund., tit. 3.
**2. auctor**, v. actor.

**auctorabilis**: 1. *reposant sur l'autorité publique — authoritative.* Privilegia auctorabili firmitate tueantur. Capit. Pist. a. 869, c. 12, II p. 336. 2. *digne de foi — worthy of credit.* Fuere ... quidam viri auctorabiles ... qui eam cognoverunt. Mir. Godehardi episc., (s. xii?), *AASS.*, Maji I p. 526. 3. *faisant preuve d'un caractère ferme — showing firmness of character.* Inter elatos et humiles auctorabili quadam modestia medius incedebat. THANGMAR., V. Bernwardi episc. Hildesheim., c. 54, *SS.*, IV p. 781 l. 17.
**auctorabiliter**: *à force d'autorité — authoritatively.* Epistolam ... ut ostendere ... studeremus, auctorabiliter praecepistis. *Hist. de France* VII p. 594 (a. 867).
**auctoralis**: *reposant sur l'autorité publique — authoritative.* Ne deesset eis ... auctorale aecclesiasticae libertatis suffragium. SIGEBERT., V. Deoderici episc. Mettens., c. 11, *SS.*, IV p. 469 l. 40. Nostra auctorali traditione confirmaremus. *D. Heinrichs II.*, no. 133 (a. 1007). Hec in nostri presencia auctoralis actio stabilis ... permaneat. *D. Heinrichs III.*, no. 61 (a. 1040). Conventio praesentis chartae ... auctorali roboratur signo dextrae regiae. BRUNEL, *Actes de Pontieu*, p. 5 no. 4 (a. 1067).
**auctoramentum**: *consentement* donné par les lignagers aux aliénations de bien-fonds — *assent* of kinsfolk to alienation of landed property. Comes G. avunculus ejus perdonaverat Deo et s. Martino ... omne teloneum navis nostrae ... auctoramento etiam ipsius comitis F. et comitis G. fratris ejus. *Gall. chr.*², XIV instr. col. 73 D no. 55 (a. 1073, Tours).
**auctorari** (depon.), auctorare: 1. aliquid: **autoriser, confirmer — to authorize, to confirm.* Auctorante et confirmante legato apostolico capitula statuta sunt. Synod. Ingelheim. a. 948, *Const.*, I no. 6 p. 14. Divina inspirante gratia et Romana auctorante potentia. *D. Heinrichs II.*, no. 219 (a. 1010). Episcopalem ferulam ... nobis roborantibus, episcopis quoque auctorantibus ... tradidit. Ib., no. 255 (a. 1013). 2. aliquem: *confirmer* qq'un dans la possession d'une tenure — *to confirm* another person's tenancy. Domine abbas, date ei [Marcoardo] aliquam rem, ut libenter auctoriset quidquid de suo jure habere videmini. Quod cum abbas se facturum respondisset, auctoravit libenter Marcoardus ... ut tenerent monachi semper sicut tenuerant solide et quiete quidquid apud D. ... adquisierant dono vel emptione. Pro hoc auctoramento habuit ... Marcoardus 8 libras denariorum. *Gall. chr.*², XIV instr. col. 150 A no. 8 (a. 1068-1082, Angers).
**auctoricium**: *témoignage de possession légitime* de la part de l' „auctor", c.-à-d. de celui à qui on a acheté la chose en litige — *testimony* of the „auctor" (the person from whom the thing in dispute has been bought) *warranting lawful possession.* Se [i.e. si] fuerit necessitas, A. vel heridis sui in auturicio eum exinde contra quemlibet studiant definsare. *D. Merov.*, no. 64 (a. 692). Illi [reo] fuit denonciatum, ut die illo Andecavis civetate ipso illo [sc. auctorem] in autericio presentare deberit. F. Andecav., no. 47, *Form.*, p. 21.
**auctoritas**: 1. *ordre du roi — king's order.* [Rex] directa auctoritate praecepit comiti ... GREGOR. TURON., Hist. Franc., lib. 9 c. 41. Qui sola faciende pacis intentione regali sola distinatur autoritate. Lex Visigot., lib. 2 tit. 1 § 15. Coram principe vel his, quos sua princeps auctoritate preceperit. Ib., lib. 6 tit. 1 § 2. 2. *ordonnance royale — royal ordinance.* Haec omnia ... studuimus definire, quae praesenti auctoritate vulgamus. Ed. Guntchramni a. 585, *Capit.*, I p. 12. 3. *acte écrit* (diplôme ou mandat) *émanant du roi — charter* or *mandate issued by the king.* Per quascunque authoritates aut scripturarum epistolas ... rex ... conferre voluerit. Concil. Valent. a. 585, *Conc.*, I p. 163. Si quis auctoritatem nostram subreptitie contra legem elicuerit fallendo principem, non valebit. Chloth. praec. (a. 511-561), c. 5, *Capit.*, I p. 19. Ut auctoritatis cum justitia et lege competente in omnibus maneant stabili firmitate, nec subsequentibus auctoritatibus contra legem elecitis vacuentur. Ib., c. 9. Secundum hujus seriae auctoritatem. MARC., lib. 1 no. 2, *Form.*, p. 42. Ibi saepe. Ut hec auctoritas firma permaneat. *D. Merov.*, no. 10 (a. 625). Ita saepissime. Chlodoveus quondam rex per suam auctoritatem sua manu supscriptam concessisset. Ib., no. 33 (ca. a. 657/658). In autoritatibus vel preceptis regie potestatis ... fraudulenter quippiam inmutasse. Lex Visigot., lib. 6 tit. 1 § 5. Item ib., lib. 7 tit. 5 § 1. Archiepiscopi ... nostram auctoritatem [de manumittendis servis in presbyteros ordinandis], suffraganei vero illorum exemplar illius penes se habeant. Capit. ecclesiast. a. 818/819, c. 6, I p. 277. Obtulerunt excellentiae celsitudinis nostrae auctoritatem genitoris nostri, in qua continebatur ... *D. Charles II le Chauve*, no. 61 (a. 845). D'un acte privé confirmé par le roi — of a private deed corroborated by the king: [Epistolam cessionis] principi obtuli confirmandam, cujus pietas de presenti sacratissima manu sua roboratam promulgavit auctoritatem. Ch. Eligii a. 632, *Scr. rer. Merov.*, IV p. 748. Cf. SICKEL, *Acta Karolinorum*, I p. 185. 4. *lettre pontificale* comportant un ordre — *papal mandate.* Missa auctoritate per C. agentem in rebus. Lib. pontif., Liberius, ed. MOMMSEN, p. 77. 5. *charte* quelconque — any *written record.* Suas auctoritates ostenderent. THÉVENIN, *Textes*, no. 89 (a. 857). D'un acte privé — of a private deed: Ego Elaphius Cathalaunice sedis episcopus hanc auctoritatem manu propria subscripsi ... PARDESSUS, II p. 423 no. 2 (a. 565; an genuinum?).
**auctoritative**: *à force d'autorité — authoritatively.* Nostram munificentiam denuo auctoritative eis reconcessissemus. *D. Charles III le Simple*, no. 45 (a. 903) Hoc preceptum ... auctoritative conscriptum. *D. Heinrichs II.*, no. 139 (a. 1007). Admodum auctoritative jubemus. *D. Ottos II.*, no. 89 (a. 974).
**auctoritativus**: *reposant sur l'autorité publique — authoritative.* Ad statum auctoritativum reducatur. Concil. Meldense a. 845/846, c. 10, *Capit.*, II p. 400. Rebus ecclesiasticis commoditates quaslibet auctoritativa stabilitate impendere. *D. Ottos II.*, no. 95 (a. 974).
**auctorizare**: 1. *autoriser, confirmer — to authorize, to confirm.* Cellam Ludovico caesare augusto consulente et auctorizante ad regularis normae rectitudinem perduxerimus.



Concil. Tull. a. 838, *Conc.*, II p. 783. 2. *garantir* comme „auctor" — *to warrant* as an „auctor" (v. hanc vocem sub 1.). Exinde scripturam emcionis [h]abeo et autorem nomine P., qui ipsas res mihi in legibus autoricare debet. *Hist. de Languedoc*,³ II, pr. no. 161 (a. 862, Carcassonne). 3. *reconnaître* un acte comme ayant été établi selon ma volonté et partant comme valable — *to acknowledge* a deed as having been issued according to my will and therefore as valid. Non auctorizavit cartas vel donationes quas fecit Walterio. BERNARD-BRUEL, *Ch. de Cluny*, I no. 719 (a. 948). 4. (> frg. *octroyer*) *consentir*, dans la qualité de parent ou de seigneur féodal, à une aliénation de bienfonds ou d'autre chose — *to assent* as a kinsman or as a feudal lord to an alienation of landed or other property. Nosse deberitis ... Florianum ... donasse s. Martino et nobis ... colibertam quamdam ... Quam etiam donationem ejusdem Floriani filius Fulco post annos quidem plurimos ... in nostrum veniens capitulum una cum ipso genitore suo et auctorisavit et quantum ipsius erat ipse quoque fecit ... Spoponderunt etiam tunc ambo A. et E. ejusdem Floriani filias, ejusdem Fulconis sorores, una cum suis maritis ... in idem capitulum post dies paucos esse venturas et donationem patris ac fratris auctorisaturas. *Gall. chr.*², XIV instr. col. 71 D-E no. 52 (a. 1063, Tours). Auctorizo et concedo quicquid milites mei vel homines mei in honore meo sive de honore meo dederint vel vendiderint predicto monasterio. TEULET, *Layettes*, I no. 20 p. 24 (a. 1077, Poitiers).
**audiens** (subst.): 1. **catéchumène — catechumen.* 2. *auditeur* dans les cours — *hearer* at lectures. Doctorum, magistrorum, licentiatorum, bacchalaureorum ... studentium et audientium Universitatis Parisiensis. D'ACHÉRY, *Spicil.*², I p. 795 col. 2 (a. 1398).
**audientia**: 1. **ouïe — sense of hearing.* 2. **audience, l'acte de prêter l'oreille — hearing, audience.* 3. **audience* judiciaire, *séance* d'un tribunal — *session* of a judge or a court of justice. Audientia non tumultu aut clamore turbetur. Lex Visigot., lib. 2 tit. 2. Si quis fidejussorem de audientia accepit. Lex Burgund., tit. 82 § 1. Praepositi ecclesiarum et judex publicus in audientia publica positi eos debeant judicare. Chloth. II edict. a. 614, c. 5, *Capit.*, I p. 21. Ad audientiam nostram [sc. judicis] se venturum promittat. F. extravag., lib. 1 no. 3a, *Form.*, p. 535. In eorum privatas audientias agentes ipsius ecclesie unicuique de reputatis condicionibus directum facerent. *D. Karolin.*, I no. 66 (a. 772). Judex frequentius audientias teneat et justitiam faciat. Capit. de villis, c. 56. Nullus in eis [sc. rebus monasterii] comes sive aliqua judiciaria potestas ... locum habeant tenendi audientiam vel placitum. *D. Charles III le Simple*, no. 104 (< a. 919 >, spur., Prüm). [Dux] sedens in audientia publici juris agendi. Cantat. S. Huberti, c. 20, ed. HANQUET, p. 54. 4. spec.: séance judiciaire de la curia royale — judiciary session of the royal curia. Accusator episcopi ab omnibus arceretur ecclesiis, eo quod se ab audientia subtraxisset. GREGOR. TURON., Hist. Franc., lib. 5 c. 49. Usque ad nostram praesentem audientiam et dijudicationem. Coll. Sangall., no. 2, *Form.*, p. 397. Item *D. Merov.*, no. 73 (a. 692). Ad audientiam eos [sc. depraedatores] adducant. Widonis capitulatio electionis a. 889, c. 8, *Capit.*, II p. 105. Ad nostram audientiam invitavit. D. Ludov. VI reg. Franc. a. 1132, BALUZE, *Miscell.*, V p. 403. 5. spec.: séance judiciaire de la curia d'un prince territorial — judiciary session of the curia of a territorial prince. Bannetur et teneatur bannus [leg. bannitus] ad audientiam comitis. VAN DER HEIJDEN-MULDER, *Handvesten*, I p. 11 (a. 1217, Middelburg). 6. spec.: séance d'un tribunal ecclésiastique — session of an ecclesiastical court. Tunc demum ad metropolitani audientiam veniatur. Concil. Aurel. a. 549, c. 17, *Conc.*, I p. 106. Si quislibet contra episcopum aliquid queritur, noverit nos paratos esse legitimam praebere audientiam. Capit. episc. Pap. (a. 845-850), c. 2, II p. 81. Ad audientiam episcopalem referatur. LEDEBUR, *Archiv*, t. 8, p. 224. Quicumque sinodali justicie ecclesie de M. obedientes existunt, ex quacumque occasione ad majorem audientiam non vocentur. KEUTGEN, *Urk. städt. Verf.gesch.*, no. 141 (a. 1165, Medebach). 7. *juridiction, compétence judiciaire — jurisdiction, judicial power.* Libera absque omnis audientia nostra. *CD. Cavens.*, I p. 112 (a. 882). 8. *contribution* exigée du chef de la justice — *contribution* exacted on the basis of jurisdiction. S. xiii. 9. *auditoire, groupe d'auditeurs — audience, hearers.*
**audientialis.** Carta audientiale: mandat émis par le roi au sujet d'une plainte faite dans son audience — mandate issued by the king on the ground of a complaint brought before his audience. MARC., lib. 1 no. 28, inscr., *Form.*, p. 60.
**audire**: 1. causam audire: *connaître* d'un litige — *to take cognizance* of a dispute. Propter quam causam audiendam rex istam pervenit ad urbem. Concil. Roman. a. 800, *Conc.*, II p. 226. Conventus placiti ... celebratur, ubi res litis inter A. et H. ... ab episcopis auditur. FLODOARD., Ann., a. 947, ed. LAUER, p. 105. 2. causas audire, absol.: *siéger en justice — to sit in judgment.* Cum nos in palatio nostro ad causas audiendas vel recta judicia terminanda resideremus. MARC., lib. 1 no. 2, *Form.*, p. 42. Similiter ibi saepe. Item *D. Karolin.*, I no. 1 (a. 752). Causas nullus audire praesumat, nisi qui ... judex constitutus sit ut causas judicet. Lex Alamann., tit. 41 § 1. 3. *acquiescer* à un jugement — *to acquiesce* in a verdict. Si ille qui judicium audire debet, illius qui ad judicandum constitutus est judicium contempnit, dum ille juste judicaverit, et dedignet eum audire et spernit eum ... Lex Alamann., tit. 41 § 2, codd. fam. B. 4. *ouïr* un compte — *to audit* an account. S. xiii. 5. *suivre* des cours — *to attend* lectures. Nullus legat Parisius de artibus ... [nisi] sex annis audierit de artibus ad minus. DENIFLE, *Chart. Univ. Paris.*, I p. 78 no. 20 (a. 1215).
**auditor**: 1. *assesseur* dans le tribunal du roi — *assessor* in the king's court. Conjuncti auditores causam discutiunt. GREGOR. TURON., Glor. conf., c. 70, *Scr. rer. Merov.*, I p. 789 l. 10. Interrogaverunt ipsi judices et auditores ... *D. Ottos I.*, no. 269 (a. 964). Judices ... et reliqui plures auditores. *D. Heinrichs III.*,

no. 108 (a. 1043). Rectum eorum judicium [leg. judicibus] et auditoribus comparuit esse ... Ib., no. 318 (a. 1054). **2.** *assesseur* dans le tribunal du comte — *assessor* in the count's tribunal. Per judicio comite ve! auditores suis [i. e. auditorum suorum]. F. Andecav., no. 12, *Form.*, p. 9. Ante venerabilem virum illum suisque auditoribus vel reliquis viris qui ibidem aderant. F. Turon., no. 39, ib., p. 156. Judex si elegerit auditores alios secum esse presentes. Lex Visigot., lib. 2 tit. 2 § 2. Tunc ipsi judices et ipsi auditores ... interrogaverunt ..., decreverunt judicium et ordinaverunt ... *Hist. de Languedoc*, V pr. no. 57 col. 160 sq. (a. 933, Narbonne). Scabini pertractantis nos unacum suprascripti auditores judicabimus. MURATORI, *Antiq.*², II p. 1015. Signum M. vicecomitis. Signum A. auditore. DE MONSABERT, *Ch. de Nouaillé*, no. 31 p. 56 (a. 904, Poitou). Ibi pluries. **3.** **juge délégué* — *delegate judge*. Inluster vir Sigofridus auditur ipsius viro Grimoaldo [majoris domus] testemoniavit ... *D. Merov.*, no. 78 (a. 710). G. archidiacono, qui est missus vel auditor domno U. episcopo. *Hist. de Nîmes*, pr., p. 18 col. 2 (ch. a. 920). In judiciis suis [i. e. episcopi] tam publicis quam privatis [faciens illum] auditorem in primis et mox judicem insistere. G. Lietberti episc. Camerac., c. 1, *SS.*, VII p. 489. **4.** *auditeur de comptes* — *account auditor*. S. xiii. **5.** **catéchumène* — *catechumen*. **6.** *élève, auditeur* dans les cours — *pupil, hearer* at lectures. Erat regis Francorum Rotberti et [Carnotensis] Fulberti condiscipulus, auditor vero Girberti philosophi. Mir. Wlframni (s. xi), c. 9, MABILLON, *Acta*, III pars I p. 371. Auditores legum vel decretalium. DENIFLE, *Chart. Univ. Paris.*, I no. 197 p. 223 (a. 1251).

**auditorium**: **1.** **salle d'audience* — *hall of justice*. **2.** *parloir* d'abbaye — *monastery parlour*. Cum nullo masculo [sanctimonialibus] colloquium habere liceat, nisi in auditorio. Concil. Cabilon. a. 813, c. 61, *Conc.*, II p. 285. Item Episc. relatio a. 829, c. 53, *Capit.*, II p. 43. Cum ad introitum ecclesiae, ubi locus auditorii est, venissent. EKKEH., Casus s. Galli, c. 11, *SS.*, II p. 124. Ibi pluries. **3.** *salle de cours* dans une abbaye — *monastery school-room*. In auditorio, ubi abbas legere solet et cum fratribus et cum hospitibus vicissim seu communiter colloquium habere solitus est. Stat. Murbac. (a. 802-816), c. 22, ALBERS, *Cons. mon.*, III p. 89. Auditoria nunquam ingrediuntur ... Ubi non loquantur plures quam duo simul cum priore tempore lectionis. Consuet. Cisterc., c. 72, ed. GUIGNARD, p. 174. DUNSTAN., Regularis concordia, MIGNE, t. 137 col. 497 C.

**auditus** (decl. iv): **1.** **prédication, enseignement religieux* — *preaching of the Gospel*. **2.** *présence aux cours* — *attendance at lectures*. Si bachellarius ... numerum annorum vel librorum vel auditium non compleverit. DENIFLE, *Chart. Univ. Paris.*, I no. 201 p. 228 (a. 1252).

**aufuga** (mascul.): *réfugié* — *refugee*. Imperator ... aufugam apostolicum ad sedem pontificalem ... revocavit. ADALBERT., Contin. ad Reginon., a. 963, ed. KURZE, p. 173.

**aufugium**: *fuite* — *flight*. JOH. VICTOR., lib. 1 rec. C 3, a. 1266, ed. SCHNEIDER, I p. 98.

**aufugus** (adj.): *évadé* — *escaped*. Homines traditorum aufugi nocte usque ad nos fugerunt. GALBERT., c. 26, ed. PIRENNE, p. 46.

**auga**, v. auca.

**augea**, auga, algea, alga: **1.** *auge* — *trough*. S. xiii. **2.** *conduit, tuyau* — *gutter, spout*.

**augmentare**: **augmenter, aggrandir* — *to augment, to enlarge*.

**augmentatio**: *amélioration, plus-value* d'un immeuble — *amelioration, increase* of the value of a real property. [Res] restitute cum omni restauratione et augmentatione. MULLER-BOUMAN, *OB. Utrecht*, I no. 105 (a. 943).

**augustalis** (subst.): *monnaie d'or* de l'empereur Frédéric II — *gold coin* of the emperor Frederick II.

**augustaticus**: **1.** *corvée de moisson* — *harvesting service*. Facit ... in augustatico dies 11. GUÉRARD, *Polypt. d'Irminon*, breve 9 c. 286 p. 112. **2.** *paiement au lieu de la corvée de moisson* — *payment in lieu of harvesting service*. Solvunt ... de augustatico denarios 11. Ib., c. 6, p. 77.

**aula**: **1.** *grand'salle de château, donjon, hôtel* — *castle hall, donjon, mansion*. Convenerunt ante Rotbertum de Bellismo in aula ipsius Bellismi. VERNIER, *Ch. de Jumièges*, I p. 111 no. 34 (a. 1086). In villa episcopii sui ... aulam lapideam cum cubiculis et cellario construxit. Actus pontif. Cenom., c. 35 (s. xii med.), ed. BUSSON-LEDRU, p. 405. **2.** *hôtel de ville* — *town-hall*. De teloneo et monetae concambio in aula respondebit. WAITZ, *Urk. z. dt. Verf.gesch.*, no. 12 (a. 1115-1123, S.-Dié). **3.** **église* — *church*. Abbati de aula sancti illius vel illo monasterio. F. Sal. Merkel., no. 53, *Form.*, p. 260. Apostolica aula. Hadr. I pap. (a. 772-795) epist., *Epp.*, III p. 573. In cenobio Saxiacensi aulam s. Baudelii furibunda Normannorum rabie crematam et postea lapsam ... reformans. G. pontif. Autissiod., c. 44 (s. x), ed. DURU, p. 376. Aula famosissima perito fabricaretur studio. V. altera Medardi (s. xi), D'ACHÉRY, *Spicil.*, VIII p. 405. **4.** *nef d'église* — *church nave*. Aulam petiit matris ecclesiae. V. Lupi episc. Senon., c. 9, *Scr. rer. Merov.*, IV p. 181. In medio aulae majoris ecclesiae decenter sepultus. EADMER., Hist. novor., lib. 6, ed. RULE, p. 302.

**auliga** (mascul.): *homme de cour* — *courtier*. JONAS, V. Columbani, lib. 1 c. 19, ed. KRUSCH, p. 189. Ibi pluries.

**aumucia**, v. almucium.

**aurarius** (subst.): **1.** *orfèvre* — *goldsmith*. CASSIOD., Var., lib. 2 no. 26. **2.** (ut apparet) *orpailleur* — *gold-washer*. *D. Ottos I.*, no. 29 (a. 940), no. 33 (a. 940), no. 126 (a. 950). Item Tradit. Regensburg., ed. WIDEMANN, no. 195 (a. 972-974).

**aureola** (subst.) (cf. corona aureola, Exod. 25, 25): *auréole* — *aureole*.

**1. auriculare** (subst. neutr.): *oreiller* — *pillow*. Almuciis, coopertoribus, auricularibus uti possent. Concil. Aquisgr. a. 816, *Conc.*, II p. 833. Duo linteamina cum auriculari ad ejus lectum tenetur providere. WILLELM. ANDRENS., Chron., c. 196, *SS.*, XXIV p. 756.

**2. auriculare** (verb.): **1.** *tendre l'oreille, se mettre aux écoutes* — *to listen secretly, to eavesdrop*. Hac et illac auriculantes tale ei judicium fore predixeramus. Chron. s. Andreae Castri



Camerac., lib. 3 c. 19, *SS.*, VII p. 544. **2.** *chuchoter, couler dans l'oreille* — *to whisper in* somebody's *ear*. S. xiv.

**auricularius**, -aris (subst.): **1.** **conseiller intime* — *intimate counsellor*. Karolus rex ... Homero [i. e. Angilberto] auriculario salutem. ALCUIN., epist. 92, inscr., *Epp.*, IV p. 135. Arsenius auricularius Nicolai papae. Ann. Xant., a. 866, ed. VON SIMSON, p. 23. In auricularem et intimum episcopi. EKKEH., Casus s. Galli, c. 3, *SS.*, II p. 96. Item ib., c. 16, p. 146 l. 14. Se regem abnegabat, sed suum fidelissimum et auricularem ejus se fatebatur. Chron. Novalic., append., c. 15, ed. CIPOLLA, p. 302. Hunc imperator habebat auricularium. V. Majoli, c. 22, *SS.*, IV p. 651. EBBO, V. Ottonis, lib. 1 c. 3, *SS.*, XII p. 825. Auricularium et praeceptorem a secreto statuerat. Transl. Dionys., c. 8, *SS.*, XI p. 359. Sibi auricularios a secretis ... instituebat. LAMPERT. HERSFELD., a. 1073, ed. HOLDER-EGGER, p. 148. Ibi pluries. BERTHOLD. AUG., Ann., a. 1075, *SS.*, V p. 279. **2.** spec.: *référendaire* — *referendary*. Audoenus ... auricularii locum in aula regis sortitus. V. altera Audoini (s. ix in.), c. 4, *Scr. rer. Merov.*, V p. 555 n. 1. **3.** *confesseur* — *confessor*. Habebat [rex Grecorum] quendam auricularium, specie quidem monachum, sed in veritate diabolum. ARNOLD. LUBICENS., lib. 3 c. 8, ed. PERTZ in us. schol., p. 84. **4.** **mouchard, espion* — *secret agent*. Mittens auriculares et praecones, qui lustrarent civitates et castella, ne homines inconsulto loquerentur de eo. Chron. Novalic., lib. 5 c. 3, ed. CIPOLLA, p. 246.

**aurifaber**: *orfèvre* — *goldsmith*. SUGER., De admin. sua, c. 32, ed. LECOY, p. 196.

**aurifabria**: *orfèvrerie* — *goldsmith's shop*. S. xiii

**aurifabrilis**: *d'un orfèvre* — *of a goldsmith*.

**aurificina**: *orfèvrerie* — *goldsmith's shop*.

**aurificium**: *laverie d'or* — *gold-washing site*. Ripam et alveum Ticini ... cum omnibus molendinis, piscationibus, verum etiam aurificiis. *D. Heinrichs II.*, no. 306 (a. 1014).

**aurifilarius** (subst.): *tireur d'or* — *gold-wire drawer*. *D. Bereng. I*, no. 99 p. 261 (a. 915).

**aurifilum**: *fil d'or* — *gold-wire*. S. xiii.

**aurifrigiatus**, -siatus, -ziatus (adj.): *orné d'orfroi* — *adorned with orphrey*. S. xiii.

**aurifrigium**, auro-, aurum-, -fris-, -frix-, -fres-, -fras-, -ius, -ia, -um, -us, -a (< aurum Phrygium): *orfroi* — *orphrey*. D'ACHÉRY, *Spicil.*, VII p. 403 (ch. a. 1099). G. episc. Virdun., Contin., c. 11, *SS.*, IV p. 49 l. 50.

**aurileva**: *laverie d'or* — *gold-washing site*. Largimur aurilevam, navigium, rivaticum ex utraque parte fluminum. *D. Konrads II.*, no. 280 (a. 1039).

**aurilevator**: *orpailleur* — *gold-washer*. Honoranciae civit. Papiae (ca. a. 1027), c. 10, *SS.*, XXX p. 1454.

**auripercussor**: *orfèvre* — *goldsmith*. S. xiii.

**aurisia** (gr.): *cécité* — *blindness*.

**aurorare**: *poindre* — *to dawn*. Aurorante die populus convenit ubique. Ruodlieb, fragm. 8 v. 11.

**aurorescere**: *poindre* — *to dawn*.

**aurugo** (genet. -inis): **1.** **ictère* — *jaundice*. **2.** **nielle*, maladie du blé — *dustbrand*.

**auspicium**: **1.** *espoir* — *hope*. **2.** *succès* — *success*.

**austaldus** (idem vox ac „haistaldus", sed alia notione praedita): *vassal non-chasé*, vivant dans la maisnie du seigneur et astreint à son service journalier — *non-endowed vassal* living in his lord's household, bound to constant attendance. Ut domnici vassalli qui austaldi sunt et in nostro palatio frequenter serviunt, volumus ut remaneant. ... Illi vero qui beneficia nostra habent et foris manent, volumus ut eant. Capit. de exped. Corsic. a. 825, c. 1, I p. 325. Ut vassi et austaldi nostri in nostris ministeriis, sicut decet, honorem et plenam justitiam habeant. Capit. Pippini reg. Italic. (a. 801-810), c. 10, I p. 210.

**austeritas**: *force, énergie* — *steadiness, power*.

**austerus**: *vigoureux, énergique* — *steady, powerful*.

**ausus** (decl. iv): **1.** **audace* — *daring*. **2.** **acte audacieux, osé* — *daring deed*.

**aut**: *et* — *and*. E. g.: Quot et qualia vestimenta sacerdotalia ibi sint et si sint nitida aut in nitido loco collocentur. REGINO, Syn. caus., lib. 1 notitia § 12, ed. WASSERSCHLEBEN, p. 20.

**authenticare**: **1.** *valider* un acte — *to validate* a record. Praesens scriptum sigillorum nostrorum appositione confirmavimus et auctenticavimus. MIRAEUS, III p. 76 (a. 1205, Brabant). **2.** *déclarer canonique* — *to pronounce to be canonical*. [Papa] omnia canonizavit ... et disciplinas quas docuerunt totum authenticavit. EKKEH. V, V. Notkeri Balbuli, c. 4 § 27, *AASS.*³, Apr. I p. 584 E. Gregorius papa corpus novorum decretalium autenticavit, veteribus reprobatis. Ann. Erphord. fratr. praedic., a. 1234, HOLDER-EGGER, *Mon. Erphesfurt.*, p. 89. **3.** aliquem: *canoniser* — *to canonize*. A domino papa Romae debita missarum solemnitate authenticatus in catalogo sanctorum meruit adscribi. STEPH. TORNAC., epist. 278, MIGNE, t. 211 col. 535 C.

**authenticus** (gr.): **1.** (d'un document) **émanant de l'auteur même de l'acte* — (of a document) *issued by the author of the deed himself*. **2.** *valable en droit*, notamment en droit canonique — *legally valid*, especially in canonical law. Veris rationibus et scriptis autenticis. DE CHARMASSE, *Cart. d'Autun*, I, p. 19 no. 12 (a. 1113). Scripta authentica ... nisi per manum publicam facta fuerint ... aut authenticum sigillum habuerint, per quod possint probari, non videntur nobis alicujus firmitatis robur habere. Decret. Alex. III pap. (a. 1159-1181), c. 2, 10 de fide instr. 2, 22. Scriptum authenticum est, quod per famosi domini sigillum authentice roboratum. Notabilia de arte dictandi, *Qu. u. Erört. zur bayer. u. dt. Gesch.*, t. 9, p. 982. [Oportet] magis ad sigilla authentica recurrere. MATTH. PARIS., Chron. majora, a. 1237, ed. LUARD, III p. 438. Quod dicimus authenticum sigillum? Authenticum dicitur sigillum episcopi et ei creditur, quamdiu contrarium non ostendatur ...; item sigillum capituli; item sigillum alicujus principis secularis, cui creditur de consuetudine. BERNARD. DE BOTONE († 1263), Glossa ordinaria ad decretales. **3.** (d'une personne) *digne de foi* — (of a person) *worthy of credit*. Testes sunt hi ... necnon popularium quamplures autentici viri. BEYER, *UB. Mittelrh.*, I no. 310 p. 365 (a. 1038). Hanc cartam propriis manibus firmamus et

personis autenticis ad confirmandum tradidimus. DE MONSABERT, *Ch. de Nouaillé*, no. 176 (a. 1080). SUGER., De admin. sua, c. 33, *Opera*, ed. LECOY DE LA MARCHE, p. 202. **4.** authentica hebdomada: la semaine précédant la Pentecôte — the week preceding Whitsun. Subst. **authenticum: 1.** *\*document valable en droit — legally valid document.* **2.** *antiphonaire — antiphonary.*

**autor,** author, **autoritas,** authoritas etc., v. auct-.

**autumnalia** (subst. neutr. plur.): *moisson — harvest*. S. xiii.

**auvannus,** auventus, avennus (celt.): *auvent — penthouse.* S. xii.

**auxilium: 1.** *aide féodale* au sens large, le secours que le vassal doit au seigneur dans toutes ses formes, y compris le service militaire et le service de cour — *feudal aid* in the wider sense, the support of every kind which the vassal owes to his lord, including military and court service. Regi manus complicant, fidele auxilium per sacramenta confirmant. THIETMAR., Chron., lib. 5 c. 18, ed. KURZE, p. 117. Miles ejus effectus auxilium suum illi pollicitus est. HERIMANN. AUGIENS., Ann., a. 1054, *SS.,* V p. 133. Consilium et auxilium domino suo fideliter praestet. FULBERT., epist. 38, *Hist. de France,* X p. 463. [Regi] primores regni auxilio et consilio exhibeant debitum honorem. ABBO FLORIAC., Canones, c. 4, MABILLON, *Anal.,* II p. 259. **2.** spec.: le *service militaire* du vassal — the vassal's *military service*. Indubitato contra omnes preter regiam potestatem terreno auxilio, quod mihi ... promisit et juravit. BEYER, *UB. Mittelrh.,* I p. 450 no. 394 (ca. a. 1097). Comes Hanoniensis domino suo episcopo Leodiensi servitium et auxilium ad omnia et contra universos homines cum omnibus viribus hominum suorum ... debet. GISLEB. MONT., Chron., c. 9, ed. VANDERKINDERE, p. 13. **3.** *aide féodale* au sens restreint: les subsides pécuniaires que le seigneur demande au vassal dans des cas qui sont d'abord diversement déterminés, puis limités au nombre de trois: l'adoubement du fils aîné, le mariage de la fille aînée, le rançon du seigneur, bientôt augmentés d'un quatrième: la croisade — feudal aid in the narrower sense: the money subsides demanded by the lord from the vassal in certain cases, variously defined at first, later limited to three: the knighting of the eldest son, the wedding of the eldest daughter, the ransoming of the lord himself, to which will be added soon a fourth, the crusade. Dicebat enim vicecomes [Castriduni] quod ad filium vel filiam vel sororem maritandam, ad redemptionem quoque corporis sui, ad terram acquirendam vel recuperandam, si quis etiam dominorum suorum exhaeredet, ad haec omnia si pecuniam impendere oporteret, competens auxilium ei exigere liceret. DC.-F, I p. 498 col. 3 (ch. a. 1160, Chartres). L'aide féodale due au roi se transforme, en Angleterre, puis en France, en impôt direct imposé au royaume. — From the feudal aid due to the king arises a taxation of the kingdom, at first in England and then in France. [Rex] de baronibus totius patriae auxilium petiit ad Normanniam retinendam ... Ipsi autem concesserunt ei quatuor solidos de unaquaque hyda. Leg. Edwardi Conf. (a. 1130-1135), c. 11 § 2, LIEBERMANN, p. 636. Nullum scutagium vel auxilium ponatur in regno nostro, nisi per commune consilium regni nostri, nisi ad corpus nostrum redimendum et primogenitum filium nostrum militem faciendum et ad filiam nostram primogenitam semel maritandam; et ad haec non fiat nisi rationabile auxilium. Magna Charta Joh. reg. Angl. a. 1215, c. 12.

**avalaria,** avellaria: *avaloire — breeching,* part of harness. S. xiii.

**avallare,** avalare: *descendre* une côte, un fleuve — *to go down* a slope, *to sail down* a river. Naves ... ipsorum ... poterunt ascendere et avalare per aquam Sequanae. DUCHESNE, *Hist. Norm. scr.,* p. 1063 (a. 1207).

**avantagium,** aven-, adven- (par fausse étymologie — by false etymology) (< frg. avant): **1.** *avantage successoral — extra inheritance share.* S. xiii. **2.** *gratification* donnée en supplément au prix d'achat — *gratuity* added to the purchase price. S. xiii. **3.** *pourboire, gratification* ajoutée au salaire d'un ouvrier — *gratuity* added to a labourer's hire. S. xiii. **4.** *avantage, profit — advantage, profit.* S. xiii. **5.** avantagium guerrae: *butin — booty.* S. xiv.

**avellanarius:** *coudrier — hazelnut-tree.*

**avellanetum:** *coudraie — hazel-grove.* MURATORI, *Antiq.,* I col. 833 (ch. a. 874).

**avenagium:** *prestation* en avoine pour les chevaux du seigneur — *oats due* for the lord's horses. S. xiii.

**avenantare, avenantum,** v. adv-.

**avenarius:** *fourniteur d'avoine — purveyor of oats.* S. xii.

**avenaticus** (adj.): *consistant en avoine — consisting in oats.* S. xiii.

**averagium** (cf. averus): *corvée de transport — carrying-service.* S. xiii, Angl.

**1. averare** (cf. averus): *accomplir une corvée de transport — to perform carrying-service.* S. xiii, Angl.

**2. averare,** v. adverare.

**avere,** aver (neutr. indecl.), averum, -a, -ium, -ia, avarium ( < habere; cf. voc. affare necnon voc. averus): **1.** *fortune,* biens tant meubles qu'immeubles — *fortune,* personal as well as real property. Distribuatis meum avere tam mobile quam immobile. DE MARCA, *Marca Hisp.,* Append., col. 1183 (a. 1087). **2.** *biens meubles — movables.* Dono ... totum honorem meum et omne aver mobile quod habeo vel habere debeo. GUÉRARD, *Cart. de S.-Victor de Mars.,* I no. 135 p. 160 (ca. a. 1010). Dono tibi de avere nostro mobile solidatas decem. CASSAN-MEYNIAL, *Cart. de Gellone,* p. 342 no. 421 (a. 996-1031). Donat abbas ... Petro ... honorem ... in vita sua ... ut post mortem suum revertatur ipse honor ad s. Salvatorem ... Et donat Petrus omnem averum suum, que ibi [i. e. in ipso honore] fuerit ad diem quo infirmare ceperit de morte, ad s. Salvatorem. CASSAN-MEYNIAL, *Cart. d'Aniane,* p. 293 no. 153 (s. xii). **3.** spec.: *argent et joyaux — money and jewels*. In archis reponetur averum nostrum in Templo. *Actes Phil.-Aug.,* no. 345, I p. 419 (a. 1190). **4.** *bétail — cattle.* GUÉRARD, o.c., I no. 50 p. 74 (ca. a. 1070). Item ib. no. 134 p. 159 (s. xi). Leis Willelme, c. 5, vers. lat., LIEBERMANN, p. 497. **5.** *marchandise — commodities.* Naves et homines ipsorum cum averiis et pecuniis suis poterunt ascendere et avalare per aquam Sequanae. DUCHESNE, *Hist. Norm. scr.,* p. 1063 (a. 1207).

**averia,** avaria (arab.): **1.** *avarie — average.* S. xiii. **2.** *droits de port — harbour-dues.* S. xiv.

**aversator:** *abhorreur, ennemi — hater, foe.*

**aversio: 1.** *\*apostasie, défection — apostasy, defection.* **2.** *\*aversion, répugnance, haine — disgust, aversion, hatred.*

**averus,** avrus, afferus, affrus ( < habere; cf. voces ,,affare" et ,,avere"): *animal de trait, cheval de ferme ou boeuf — draught-animal, farm horse or ox.* S. xii, Angl.

**avesna:** *champ semé d'avoine — oats field.* DUVIVIER, *Actes,* I p. 295 (ch. a. 1094, Anchin). BRUNEL, *Actes de Pontieu,* p. 351 no. 237 (a. 1214).

**aviaticus** (adj.): *\*ancestral — ancestral.* Ad aviaticas res. Childeb. decr. a. 596, c. 1, *Capit.,* I p. 15. Hereditas aviatica. Lex Ribuar., tit. 56 § 4. Item Lex Rom. Burgund., tit. 22. Subst. **aviaticum:** *héritage ancestral — ancestral inheritance.* Tam de aviatico quam de paterno sive de materno sive de comparatu. ZEUSS, *Tradit. Wizenb.,* no. 52 (a. 742). Quicquid de paterno, materno vel de aviatjco seu de comparato ... ad nos legibus pervenit. D'HERBOMEZ, *Cart. de Gorze,* p. 58 no. 28 (a. 788). Item ib. p. 59 no. 29 (a. 790). Subst. **aviaticus:** *petit-fils — grandson.* Chron. Farf., MURATORI, *Scr.,* II pars 2 col. 451. Si [miles] filium non habuerit et abiaticum ex masculo filio reliquerit. Conr. II imp. edictum de benef. ital. a. 1037, c. 4, *Const.,* I no. 45.

**avio,** avo (genet. -onis), avius: *ancêtre — ancestor.* Nos ... pertinentes non sumus de vestro monasterio, pro eo quod aviones nostri vobis pertinentes non fuerunt. Chron. Novalic., lib. 3 c. 18, ed. CIPOLLA, p. 186. TORELLI, *Carte Regg.,* p. 110. FATTESCHI, *Memor. di Spoleto,* p. 267 (a. 761). BITTERAUF, *Trad. Freising,* I no. 22 p. 50 (ante a. 767).

**aviro** (genet. -onis): *aviron — oar.* S. xiii.

**avisamentum, avisare,** v. adv-.

**avocellus,** v. abocellus.

**avunculus: 1.** *oncle paternel — father's brother.* Pass. prima Leudegarii, rec. C (s. viii ex.), c. 8, *Scr. rer. Merov.,* V p 290. ALPERT. METT., *Div. temp.,* lib. 1 c. 1, ed. HULSHOF, p. 6 (cf. PIJNACKER HORDIJK, ib., p. XXXIV). **2.** *cousin — cousin.* GISLEB. MONTENS., Chron., c. 109, ed. VANDERKINDERE, p. 160.

**awardum:** *jugement — award,* legal decision. S. xiii, Angl.

**axadoria:** *gond — hinge peg.* Tradidit per ostium et axadoria. BERNARD-BRUEL, *Ch. de Cluny,* I no. 219 (a. 920). Per hostium et axatoria ... visus fuit tradidisse. F. extrav., lib. I no. 23, *Form.,* p. 547.

**axella:** *essieu — axle.* S. xiv.

**azarum,** v. aciarium.

**azardum,** haz-, -arrum, -arum (arab.): *jeu de dés — dice-playing.* S. xiii.

**azemila,** -mela, -mula: *mule de bât — packing mule.* S. xii, Hisp.

**azenla,** ha-: *moulin à eau — water-mill.* S. xiii, Hisp.

**azymus** (gr.; cf. Corinth. 1, 5): *\*pur, impeccable — pure, sinless.* Subst. **azymum,** -a (neutr. plur.): **1.** *\*pain azyme — unleavened bread.* **2.** *Pâques — Easter.*

**azurus** (adj.) (arab. < pers.): *azuré — azure.* S. xiii. Subst. **azurum:** *azur — azure.* S. xiii.

**azzarium,** v. aciarium.

# B

**babellare:** *bégayer — to stammer.*

**baburrus** (subst.) (gr.): *\*imbécile — blockhead.* — (adj.): *stupide — stupid.* Quidam de plebe truces hominesque baburri. WALDO, V. Anskarii, c. 95, *AASS.*[3], Febr. I p. 448 B.

**bacca,** baca: *\*chaînon — link of a chain.* FORTUN., V. Germani, c. 30 § 89, *Auct. antiq.,* IV, pars 2, p. 18. GREGOR. TURON., Virt. Martini, lib. 1 c. 23, *Scr. rer. Merov.,* I p. 600.

**baccalaria: 1.** *serve adulte vivant dans le ménage de ses parents — adult female serf living in the parental household.* GUÉRARD, *Cart. de S.-Victor de Marseille,* II p. 633 (s. ix in.). **2.** *terre en culture exploitée directement par le propriétaire — field in the lord's demesne.* Baccalariae indominicatae. DELOCHE, *Cart. de Beaulieu,* p. 10 (a. 866, Limousin). Baccalaria dominicaria. Test. Geraldi Auriliac. (s. x in.), MIGNE, t. 133 col. 672 n. **3.** collect.: *la petite noblesse — the lower gentry.* S. xiii, Angl.

**baccalarius,** baccha-, bacha-, bache-, bachel-, -aris ( <buccellarius? v. in hac voce), baccalaureus (s. xiv, acception 5, par étymologie fausse — sense 5, by a false etymology): **1.** *vassal non chasé,* chevalier demeurant dans la maisnie du seigneur — *non-enfeoffed vassal knight in the lord's household.* Cf. P. GUILHIERMOZ, *Essai sur l'origine de la noblesse en France,* 1902, p. 244 sqq. **2.** *chevalier qui ne conduit pas de compagnons armés au combat et qui ne porte donc pas de bannière — a knight who goes to battle without any armed retainers and does not bear a banner.* RADULF. GLABER, Hist., lib. 5 c. 1 § 4, ed. PROU, p. 117. **3.** *serf adulte non pourvu d'une tenure,* vivant dans le ménage de ses parents — *an adult serf without a holding,* who lives in the parental household. *Musée des arch. départ.,* p. 3 (a. 813, Marseille). GUÉRARD, *Cart. de S.-Victor de Marseille,* II p. 633 (s. ix in.). De rusticis qui dicuntur bacalarii [oppos.: rusticus qui teneat mansum et laboret cum pare boum]. Usat. Barcin., c. 53, *Cortes de Aragon,* I p. 21\* sq. **4.** *jeune clerc* en apprentissage pour devenir un chanoine — *junior clerk* serving an apprenticeship to be a canon. DC.-F., I p. 510 col. 1 (ch. a. 1038, Lérins). **5.** *étudiant avancé,* qui donne des leçons sous la direction de son maître sans être personnellement licencié — *advanced student* lecturing under his

master's supervision but not having personal licence as yet. Ne aliquis bachellarius ... promoveatur ad cathedram, nisi prius seipsum examinaverit. DENIFLE, *Chart. Univ. Paris.*, I no. 200 p. 226 (a. 1252). Item ib., no. 79 p. 137 (a. 1231).

**bacchania**, bacchina: **1.** *orgie — orgy.* **2.** *fureur — fury.* Videntes ... Normannorum bachaniam ... desevire. G. pontif. Camerac., lib. 2 c. 11, *SS.*, VII p. 458.

**bacchia**, bachia, baccea, bacea, bazia: *jatte — basin.* ISID., Etym., lib. 20 c. 5 § 4. Ordo Rom. IV (s. viii ex.), c. 95, ed. ANDRIEU, II p. 168. LEO, Chron. mon. Casin., lib. 1 c. 26, *SS.*, VII p. 598.

**baccus**, bacus (celt.): *barque, bac — barge, ferryboat.* Pretium quod pro palo sive paxillo exigitur a quo navis sive bacus religatur. VERNIER, *Ch. de Jumièges*, I p. 84 no. 30 (a. 1077). Pro quietudine baki vel navis cum vasis vivariis [leg. vinariis] ecclesie. Ib., p. 151 no. 57 (a. 1127-1142).

**bacha** (germ.): *fleuve — stream.* Timeo ne Muslense bacha [i. e. Mosella] litterae submersae sint. ALCUIN., Epist. 191, *Epp.*, IV p. 318.

**bacile**, bacc-, baz-, -ill-, -is, -us, -um: **1.** *bassin en métal — metal basin.* PETR., Chron. mon. Casin., lib. 3 c. 58, *SS.*, VII p. 743. **2.** spec.: *cuvette — wash-hand basin.* BERNARD. CLUNIAC., Consuet. Cluniac., c. 5, HERRGOTT, *Disc. mon.*, p. 140.

**bacinetum**, bas-, -igne-, -ile-, -ille-, -illi-, -tus, -ta (<bacinus, bacile): *casque léger en cuivre ou en laiton — light copper or brass helmet.* S. xiii.

**bacinus**, bacci-, bachi-, bassi-, bace-, -nn-, -gn-, -um, -a (celt.): **1.** *bassin en métal — metal basin.* Cum duabus pateris ligneis, quas vulgo bacchinon vocant, ... ex gemmis fabricatis et auro. GREGOR. TURON., Hist. Franc., lib. 9 c. 28. Duos ex aere urceos quos vulgo bachinos vocamus. Mir. Austrebertae, c. 4, MABILLON, *Acta*, III pars 1 p. 44. Brevium exempla (ca. a. 810), c. 30, *Capit.*, I p. 255 l. 18. Testam. Brunonis archiep. Colon. († a. 965), *SS.*, IV p. 275 l. 1. *D. Heinrichs IV.*, no. 487 (<a. 1104>, s. xii). **2.** spec.: *réservoir de lampe — lamp oil-container.* Lampada cum bacino pleno oleo. Mir. Winnoci, c. 4 (s. ix p. post.), *Scr. rer. Merov.*, V p. 781. **3.** spec.: *cuvette — wash-hand basin.* Consuet. Cluniac. Sigiberti abb. (s. xi), c. 30, ALBERS, *Cons. mon.*, II p. 93. **4.** *gong — gong.* **5.** *mesure de capacité — solid measure.* De lino semine bacinum 1. Urbar. Prum., c. 29, BEYER, *UB. Mittelrh.*, I p. 160.

**baco**, bacco (genet. -onis) (germ.): *flèche de lard — flitch of bacon.* Friskingas ad bacones faciendos. *D. Ludw. d. Deutsch.*, no. 155 (a. 874). De lardo baccones accipiat 60. CHRODEGANG., Reg., c. 34, MANSI, t. 14 col. 332. Capit. Aquisgr., c. 10, *Capit.*, I p. 171. Form. imp., tractoria, *Form.*, p. 287. PISTORIUS, Tradit. Fuld., lib. 2 c. 181. Adalhardi abb. Corbejens. statuta (a. 822), lib. 2 c. 11, ed. LEVILLAIN, *LMA*, t. 13 (1900), p. 379. *D. Karls III.*, no. 125 (a. 885). Exinde saepe.

**baconalis**: *propre à faire du lard — fit for making bacon.* Sex porcos bacconales. LACOMBLET, *UB. Niederrh.*, I no. 236 p. 153 (a. 1085).

**bacterius** (gr.): *béquille — crutch.* V. Desiderii Cadurc., c. 43, *Scr. rer. Merov.*, IV p. 596. V. Eligii, lib. 2 c. 80, ib., p. 739.

**baculare**: *bâtonner — to whip.* MATTH. PARIS., Chron. maj., a. 1251, ed. LUARD, V p. 254. Cron. s. Petri Erford. mod., a. 1242, HOLDER-EGGER, *Mon. Erphesf.*, p. 238.

**bacularis**, -ius: *massier, appariteur, sergent — mace-bearer, bailiff.* Acta Gaugerici, *AASS.*, Aug. II p. 688 col. 1. Si clericus ... non adit vocatus episcopum, ille suos baculares mittit et per potestatem eum rapiunt et ad episcopum ducunt. RATHER., epist. 33, ed. WEIGLE, p. 187.

**baculus**: **1.** *baguette servant de symbole d'investiture — the stick used as a symbol in transferring property.* Id concambium baculis firmavimus mutuis. THIETMAR., lib. 8 c. 52, ed. KURZE, p. 225. **2.** *baguette servant de symbole d'engagement — the stick used as a symbol of warranty.* Actores baculos vadimonii reis restituant. Cartul. Langob., c. 16, *LL.*, IV p. 599 col. 2 l. 6. **3.** *verge, sceptre du roi, symbole du pouvoir public — the king's verge, sceptre, symbol of the public authority.* Hlodowicus et Karolus ... alter alteri baculos publice tribuendo regnum ... commendaret. Ann. Bertin. a. 849, ed. WAITZ, p. 37. [Imperator] baculum aureum in manu tenens. THEGAN., c. 19, *SS.*, II p. 595. **4.** *verge d'un juge investi du pouvoir public — verge of a judge invested with public authority.* Quicquid cum baculo judiciario acquiritur. KEUTGEN, *Urk. städt. Verf.gesch.*, no. 184 (a. 1255, Ulm). Judex juratus baculum potest sui officii committere cui placet. Ib., no. 156 (a. 1296, Ulm). **5.** *crosse d'évêque ou d'abbé — a bishop's or an abbot's crosier.* Videt in somnis, quod baculum pastoralem e manibus suis elapsum B. ... elevaret. THIETMAR., lib. 1 c. 22, ed. KURZE, p. 14. Ibi saepius. Imperatori redderet baculum cum anulo. ANSELM., G. episc. Leodiens., c. 58, *SS.*, VII p. 224 l. 27. Regem ... adeunt ... reportantes baculum pontificalem. G. Lietberti episc. Camerac., c. 3, ib., p. 490.

**badius**, bagius, bagus, bayus: *bai comme couleur de cheval — bay as a horse's colour.*

**badus**, v. 1. batus.

**bafer**: *gros — corpulent.*

**baffa**, baffo, bafo (genet.-onis): *flèche de lard — flitch of bacon.* S. xii, Ital.

**1. baga**, bagga: *sac, malle — bag.* S. xiv, Angl.

**2. baga**, v. bauga.

**bagatinus**: *une monnaie — a coin.* S. xiii, Ital.

**bagerna**, bajerna, baerna, baderna: *bassine à saunage — saltern.* Aream unam cum caldaria, quae alio nomine bagerna vocatur, ut ibi fieret sal. DC.-F. I p. 521 col. 1 (ch. a. 1037, Bourgogne). Priv. Innoc. II pap. a. 1143, PFLUGK-HARTTUNG, *Acta*, I no. 192.

**bagiia**, v. bajulia.

**baillardum**: *espèce d'orge — barley.* Octo modiis, quorum tertia pars erit mistelli, altera tertia baillardi et reliqua tertia avene. BRUNEL, *Actes de Pontieu*, p. 336 no. 224 (a. 1211).

**bailliagia**: *autorité de bailli — bailiff's authority.* Dedit ... locum ... cum omni justitia vel balliagia. *Gall. christ.*², XII, col. 59 (a. 1184).

**bailliare**, balliare, ballare: **1.** *gérer — to manage.* Quae servientes et praepositi ... sub me balliabant. DC.-F., I p. 539 col. 3 (ch. a. 1218, Bourges). **2.** *donner à bail — to farm out.* Abbatissa et conventus ballaverunt Guidoni decimam suam de C. ad firmam per annum usque ad tres annos propter 100 solidos per annum. MARCHEGAY, *Arch. d'Anjou*, III p. 86 no. 116 (ca. a. 1170).



**baillium**, ball-, -ia: *lice, cour basse fortifiée en avant de l'enceinte principale — bailey, outer rampart of a castle.* S. xii.

**baillivia**, baili-, balli-, balgi-, -va: **1.** *la fonction de „baillivus" au sens général d'agent — the office of a „baillivus" in the general sense of a substitute, a bailiff.* Quamdiu fuero bajulus et administracionem vel bailiviam ville S. Antonini tenebo. TEULET, *Layettes*, I no. 86 p. 60 col. 1 (ca. a. 1144, Rodez). **2.** *la circonscription d'un agent, en particulier d'un agent domanial — the district of a bailiff.* D. Ludov. VII reg. Franc. a. 1176, *Gall. chr.*², VIII col. 519. *Ordonn.*, XI p. 214. **3.** *la fonction de bailli — the office of a „bailli"*, esp. in the French crown lands and in Flanders. Baillivos nostros non poterunt amovere regina et archiepiscopus a bailliviis suis, nisi ... DELABORDE, *Actes Phil.-Aug.*, no. 345 p. 418 (a. 1190). Baliviam nostram in terra Suethollandiae ... Florencio ... commisimus gubernandam. VAN DEN BERGH, *OB. Holland*, II no. 240 p. 105 col. A (a. 1272). **4.** *bailliage, la circonscription d'un bailli — the district of a „bailli".* [Baillivi nostri] in bailliviis suis singulis mensibus ponent unum diem qui dicitur assisia. DELABORDE, l. c., p. 417. Quousque se extendit ballivia Gandensis. WARNKOENIG-GHELDOLF, *Hist. de la Flandre*, III p. 280 (ch. a. 1251). **5.** *dépendance d'une abbaye — monastery estate.* In qualibet balliva, quas obedientias dicimus, constituit. MATTH. PARIS., Chron. maj., a. 1213, ed. LUARD, II p. 564. **6.** *fonction de bailli chez les Hôpitaliers — office of bailiff with the Hospitallers.* Fratres hospitalis ... qui prioribus suis rebelles existunt et contra voluntatem ipsorum balivas detinent, ... compellatis. Litt. Lucii III pap. a. 1184, PFLUGK-HARTTUNG, *Acta*, II no. 438 p. 387.

**baillivus**, bajul-, ball-, bail-, bal-, ballius, balius (<bajulus): **1.** gener.: *agent royal ou princier de rang généralement peu élevé, avec une compétence restreinte dans une circonscription peu étendue — bailiff, royal or princely officer, in most cases in a subordinate position, exercising limited powers within a not very extensive district.* A regis [Rogerii, ducis Apuliae] balivis securitate accepta. PETRUS, Chron. mon. Casinen., lib. 4 c. 103, *SS.*, VII p. 816 l. 13 (a. 1137). Precipiemus ... balivis suis [i. e. imperatoris] universis et aliis nobilibus per terras et castra constitutis, et per bailivos aliis quibus precepi oportebit, ut ... Pactum Anagninum a. 1176, *Const.*, I no. 250, c. 8. Praeconum vel baillivorum meorum [sc. comitis Flandriae]. VAN LOKEREN, *Ch. de S.-Pierre à Gand*, I p. 134 (a. 1138). Praeposito Meduntae et universis baillivis regiis qui Meduntae sunt. D. Ludov. VII reg. Franc., *Neustria pia*, p. 482. Praepositis Parisienses et domini regis baillivos in Parisiaca urbe. LUCHAIRE, *Inst. monarch.*, I p. 214 n. 2 (a. 1173). Non debet illa ducere nisi ad baillivos saepedictarum villarum. D. Ludov. VII reg. Franc. a. 1175, *Ordonn.*, XIII p. 51. **2.** *bailli, au sens technique — bailli in the technical sense.* Ex quo duellum initum est, ad ballivum regis pertinet. Etabl. de Rouen, c. 31, ed. GIRY, p. 38 (a. 1160-1170). In terris nostris ... baillivos nostros posuimus. „Testamentum" Phil. II Aug. reg. Franc. a. 1190, DELABORDE, *Actes*, no. 345 p. 417. Baillivus comitis poterit arrestare hominem. WARNKOENIG-GHELDOLF, *Hist. de la Flandre*, II p. 423 (ante a. 1191). Cf.: O. TIXIER, *Essai sur les baillis et sénéchaux royaux*, Orléans 1898. A. MARGRY, *Nouvelles recherches sur les origines des grandes baillies royales*, ap. *Comité archéol. de Senlis, comptes-rendus et mém.*, 4e série t. 2 (1897-1898). L. L. BORELLI DE SERRES, *Recherches sur divers services publics*, I, 1895, p. 195 sqq. L. DELISLE, *Mémoire sur les baillis du Cotentin*. C. H. HASKINS, *Studies in Norman institutions*, 1918. **3.** *titulaire d'une fonction dans une abbaye — monastery household officer.* Ad hoc festum universi convenire solent monachi, tam baillivi quam etiam longe commorantes praepositi. *Hist. de France* X p. 381 (S.-Denis). Baillivorum, scilicet prepositi, cellerarii, camerarii, thesaurarii. *Revue du Nord*, t. 9 (1923), p. 39 (a. 1152-1172, Corbie).

**bainberga**, bein- (germ.): *jambières — leggings.* Bainbergas bonas pro 6 sol. tribuat. Lex Ribuar., tit. 36 § 11. Bruniam unam, helmum 1 et manicam 1 ..., bembergas [leg. beinbergas] 2. Test. Everardi Forojul., a. 837, MIRAEUS, *Opera*, I p. 21 col. 1.

**bajula**, bajola: **1.** *nourrice, bonne d'enfants — nurse.* JONAS, V. Columbani, lib. 2 c. 12, ed. KRUSCH, p. 260. **2.** *tutrice — woman-guardian.* S. xiii.

**bajulare**, bajolare: **1.** *soigner, surveiller — to care for, to watch.* Walacharium cum omni peculare suo et cum boves quos bajolat, ingenuum ... esse dibeo [i. e. debet]. Test. Erminethrudis a. 700, PARDESSUS, II no. 452 p. 257. **2.** *exercer — to perform.* [Congregatio] sancta debeat bajulare officia. MARCULF., lib. 1 no. 1, *Form.*, p. 39. [Monachi] unius Regis bajolant servitium. Capit. novit. (a. 816/817), c. 17, ALBERS, *Cons. mon.*, III p. 100. **3.** *soutenir — to support.* Bajulabas exiguitatem nostram ... pro peccatis nostris Deum deprecans. V. Rusticolae, c. 24, *Scr. rer. Merov.*, IV p. 350.

**bajulatio**: **1.** *tutelle sur un mineur — tutelage.* Si femina decesserit ... vir ejus ... bajulationem habebit quousque parvi aetatem suam habuerint. MARTÈNE, *Thes.*, I col. 770 (a. 1200, Flandre). **2.** *mentorat, fonction de premier conseiller d'un jeune prince — mentorship, charge of chief counsellor of a junior prince.* Carolus dimisso filio suo Ludovico sub Adalardi ... bajulatione. HINCMAR., Ann. Bertin., a. 861, ed. WAITZ, p. 56. [Rex] filium suum ... bajulationi Bernardi comitis ... specialiter committens. Ib., a. 879, p. 147. **3.** *bailliage — district of a „bailli".* Ministri mei qui in bajulatione Binciensi jura mea habebant conservare. DUVIVIER, *Hainaut*, p. 654 (a. 1193). **4.** *division territoriale d'un ordre militaire — geographical division of a military order.* S. xiii.

**bajulia**, bailia, baillia, ballia, balia, baglia, -ium: **1.** *substitution, délégation de pouvoirs — substitution, delegation of power.* **2.** *pouvoir*

*délégué — delegated power.* Possessiones vel auctoritates, quas ... homines ... habent ... per me, per fevos vel per alodia vel per bajulias sive per convenientias. DE MARCA, *Marca Hispan.*, app., col. 1153 (a. 1070). **3.** *fonction, charge* quelconque — any *office, charge.* Ne aliquam bailiam neque dominationem donent in Montepessulano alicui Judaeo. VAISSÈTE, *Hist. de Languedoc*, II pr. col. 416 (a. 1121). **4.** *domaine administré par un agent — estate controlled by a managing agent.* Qui ballias eorum tenuerint et ministeria eorum habuerint. *Gall. chr.*², II instr. col. 467 (ca. a. 1050, Saintonge). **5.** *pouvoir protecteur — guardianship, protective authority.* Mitto illum [filium] et omnem meam terram ... in bajulia de Deo et de suis sanctis. Test. reg. Arag. a. 1061 ap. DC.-F., I p. 530 col. 3. **6.** *contribution* imposée en vertu d'un pouvoir protecteur — *tax* imposed by virtue of protective authority. Dono quod in villa L. habeo, et districtum et bagliam et albergariam de alodariis ... GUÉRARD, *Cart. de S.-Victor de Marseille*, I no. 58 p. 86 (a. 1040). Dono ... non solum [quartam partem ville], verum etiam omnem bailiam et omnes malos usus et quicquid nequiter mihi exigebam. Ib., no. 632 p. 628 (a. 1053). Guirpivit se F. de omne usum que inquirebat in parrochia s. P. et de ballia et de commanda. CASSAN-MEYNIAL, *Cart. de Gellone*, p. 211 no. 250 (a. 1031-1048). **7.** *bailliage — district of a „bailli".* Bajuli nostri, in quorum bajuliis capti fuerint haeretici. *Ordonn.*, I p. 51 (a. 1228). **8.** *baillie*, division territoriale dans les ordres des Templiers et des Hospitaliers — geographical division in the orders of the Templars and the Knights of S. John. S. xiii. **9.** *tutelle* sur un mineur ou sur une femme — *tutelage.* Jam vero eo crescente et de bailia egrediente. VAISSÈTE, *Hist. de Languedoc*, II pr. col. 411 (ch. a. 1119). Recepit B. comitissam de eodem comitatu in feminam [i. e. vasallam] suam sicut de ballio. BRUNEL, *Actes de Pontieu*, p. 368 no. 250 (a. 1216). **10.** *régence — regency.* Reginam praecepit totius regni curam et administrationem, quae vulgo balium appellatur, tandiu gerere, dum puer ejus prudentiae esset quae negociis provide disponendis sufficere putaretur. HUGO FALCAND., MURATORI, *Rer. It. scr.*, VII col. 302 D. Ballium sive advocatiam terrae nostrae et liberorum nostrorum in ipsius regis custodia usque ad aetatem ipsorum liberorum legitimam integre remanebit. VAN DEN BERGH, *OB. Holland*, II no. 424 p. 189 col. 1 (a. 1281). **11.** *caution, garantie — bail, security.* S. xiii, Angl. **12.** *remise sous caution — bailment.* S. xiii, Angl. **13.** *bail à ferme — lease.* S. xv, Fr.

**bajulus** (subst.): **1.** **porteur* d'une lettre, *messager — bearer, messenger.* **2.** **précepteur, tuteur — preceptor, tutor.* **3.** spec.: *précepteur, mentor d'un jeune prince — tutor, mentor of a junior ruler.* Otto bajolos Sigyberto ad adoliscenciam fuerat. FREDEG., lib. 4 c. 86, *Scr. rer. Merov.*, II p. 164. Non admittantur a vobis [sc. Karolo Calvo rege] monitores quos bajulos vulgus appellat. LUP., epist. 31, ed. LEVILLAIN, I p. 142. Filium suum Hludowicum regem regnaturum in Aquitaniam misit, praeponens illi bajulum Arnoldum aliosque ministros constituens tutelae congruos puerili. ASTRON., V. Ludov. Pii, c. 4, *SS.*, II p. 609. [Rex filium adoptivum] sub manu boni ac strenui bajuli ad hoc nutriri faciat, ut sibi heredem ... statuat. FLODOARD., Hist. Remens. eccl., lib. 3 c. 24, *SS.*, XIII p. 537 l. 28. Augustorum [sc. Byzantin.] ballius. Chron. Salernit., c. 124, *SS.*, III p. 536 l. 26. Item ib., c. 130. Bajoariae ducum bajulus. Mir. Oudalrici, *SS.*, IV p. 391 n. In diebus pueritiae de bajulo ad bajulum, o cesar Heinrice porrexit te fortuna. BENZO, lib. 1 c. 17, *SS.*, XI p. 606. **4.** *régent, gardien, gouverneur* chargé de l'exercice du pouvoir princier — *regent, guardian, governor* acting in lieutenancy of a monarch. Philippi Francorum regis ejusque regni procurator et bajulus. GILLIODTS VAN SEVEREN, *Coutumes de Furnes*, III p. 3 (ch. a. 1060). Balduinus ... tutor juvenis regis Philippi et totius regni bajulus est effectus. JOH. YPRENS., Chron. Sithiense, c. 36, *Hist. de France* XI p. 380 C. Qui fuerat a rege Baldowino regni procurator et bajulus constitutus. Brevis hist. Terrae Sanctae, ap. BURCHARD. URSPERG., a. 1187, ed. HOLDER-EGGER et VON SIMSON, p. 60 l. 15. **5.** *agent* princier ou seigneurial chargé de fonctions domaniales, financières, administratives ou judiciaires — *bailiff*, princely or seignorial agent, in charge of manorial, financial, administrative or judicial duties. Donat unum mansum ... s. Salvatori ... ut omni tempore illum fructum vel illum censum, que de illo alode exierit, vendant bajuli et prehendant ceram et inluminent ipsos sanctos. DESJARDINS, *Cart. de Conques*, p. 157 no. 182 (a. 937). AIMON., V. Abbonis Floriac. (s. xi in.), c. 17, MIGNE, t. 139 col. 407 B. Tam eorum [monachorum] bajulos quam et alios ... quiete ac tranquille conversari permittas. Litt. Urbani II pap. (a. 1097-1099), PFLUGK-HARTTUNG, *Acta*, I no. 73. Cum imperator vellet in civitate [Mediolanensi] bajulum [i. e. podestà] constituere et eam pro suo arbitrio ordinare. ROMUALD. SALERNIT., Chron., a. 1159, ed. GARUFI, p. 242 l. 27. Cf. MOLINIER, dans: *Hist. de Languedoc*³, VII p. 195-199. **6.** *bailli* (cf. s. v. baillivus) — *bailli.* Bajulus domini comitis Haynoensis super omnes alios bajulos ... constitutus. *Ann. Cercle Archéol. Mons*, t. 7, p. 451-467 (ch. a. 1200). **7.** *tuteur* d'un mineur ou d'une femme — *guardian* of a minor or a woman. S. xiii. **8.** *chef d'une corporation de métier, syndic — head of a craft guild.* S. xiv. Adj.: **portant — bearing.*

**bakinus** (germ.): *fanal — beacon.* Ubicumque comes ... invenerit stantes bakinos vel ubi homines sui pugnaverint ... In communi certamine vel erectis bakinis si quis fuerit interfectus .... R. FRUIN, *De keuren van Zeeland*, 1920, p. 4, p. 9 (a. 1256-1258).

**bala**, balla (germ.): *ballot — bale.* S. xiii.

**balanarius**, v. balingarius.

**balanca**, balancia, v. bilanx.

**balare**, balatio, balator, v. ball-.

**balascus**, bale-, -scius, -sius (arab.): *rubis balais — balas-ruby.*

**balastrum**, ballastrum, balustrum: *bain — bathing-house.*

**1. balcus**, balco (genet. -onis), barconus (germ.): *balcon — balcony.*

**2. balcus** (germ.): *parcelle allongée de terre — strip of land.* S. xiii.



**baldachinus**, bau-, -de-, -di-, -do-, -cchi-, -ki-, -qui- (< Baldacco, i. e. Bagdad): **1.** *tissu de soie au fil d'or — silk tissue interwoven with gold thread.* Stravit ei viam publicam de baldekinis et sammitis diversisque preciosis sericis ornamentis. Mir. Adalberti episc. Pragens., c. 9, *SS.*, IV p. 615 col. B l. 35. **2.** *baldaquin, dais*, primitivement fabriqué de cette étoffe — *baldachin, canopy*, originally made from that fabric.

**baldaciter**: *hardiment, énergiquement — boldly, energetically.* Baldaciter steterunt ibi. G. Federici, a. 1155, ed. HOLDER-EGGER, p. 18. Item ib. a. 1160, p. 40.

**baldredum**, bau-, -dreus, -drea (germ.): **1.** *baudrier — baldric.* S. xiii. **2.** *artisan de baudriers — baldric-maker.* Magisterium tanatorum, baudreorum, sutorum, mesgeicorum et bursiorum in villa nostra Parisiensi. Ch. Ludov. VII reg. Franc. a. 1160, LUCHAIRE, *Inst. monarch.*, II p. 326 no. 23.

**balearis** (adj.): *concernant un arme de jet — concerning a ballistic weapon.* Baleare aedificant instrumentum. GUIBERT. NOVIG., Gesta Dei per Francos, lib. 6 c. 18, MIGNE, t. 156 col. 779 D. Baleare tormentum instruunt. OTTO FRISING., G. Frederici, lib. 2 c. 26, ed. WAITZ-SIMSON, p. 131.

**1. balena**, baleina, balaena: **1.** *baleine — whale.* BEDA, Hist. eccl., lib. 1 c. 1. **2.** *fanon de baleine — baleen.* S. xiii.

**2. balena**, ballena: *ballot — bale.* Scutifer ... balenam dextrim parmam vehit atque sinistrim. Ruodlieb, fragm. 1 v. 21.

**baletum**: *appentis, baraque, boutique — shed, booth, stall, shop.* S. xiii.

**balfardus** (germ.: „ouvrage fortifié — fortification"): **1.** *travail exigé par le pouvoir public pour la construction et l'entretien d'ouvrages fortifiés — service imposed by public authority for construction and repair of fortifications.* Cum nos [sc. comitissa Flandriae] 12 den. exegeramus annuatim de qualibet domo ... ratione cujusdam servitutis, que balfardum vulgariter appellatur. WARNKOENIG-GHELDOLF, *Hist. de la Flandre*, II p. 459 no. 25 (a. 1266). **2.** *redevance due pour le rachat de ce travail — payment for buying off this obligation.* Balfardum nostrum ... quitavimus ... hoc solum nobis retento, quod si fortericias novas facere vellemus ... vel veteres reparare, illi fodere nobis tenerentur qui prius balfardum solvere consueverunt. GILLIODTS VAN SEVEREN, *Coutumes de Flandres, Furnes*, III p. 40 sq. (a. 1240). Cum homines nostri ... quoddam servitium, quod vulgariter balfardum appellant, nobis annuatim ... solvere solebant, videlicet de quolibet igne ardente 12 den. Id., *Cout. du Franc de Bruges*, II p. 59 (a. 1240). Cf. CH. VERLINDEN, *Le Balfart*, *Tijdschr. v. Rechtsgesch.*, t. 12 (1933), pp. 107-136.

**balfredus**, v. berfredus.

**balgivia**, v. baillivia.

**balia**, v. bajulia.

**balingarius**, balanarius, -er-, -ia: *vaisseau de guerre — a kind of warship.* S. xiv.

**balista**, ball-, -es-, -tra, -trum: *arbalète — crossbow.* Si quis ... laqueos vel arcus praetenderit seu balistas. Lex Visigot., lib. 8 tit. 4 § 23.

**balistare**, ball-, -es-, -trare: *tirer à l'arbalète — to shoot with the crossbow.* S. xiii.

**balistarius**, ball-, -es-, -tr-, -erius (adj.): **1.** **concernant les armes de jet — concerning artillery.* **2.** *concernant l'arbalète — concerning the cross-bow.* Subst.: **1.** **artilleur — artillery-man.* **2.** *arbalétrier — crossbowman.*

**balistata**: *portée d'arbalète — bow-shot range.*

**balius**, balivus, v. baillivus.

**balla**, v. bala.

**ballare**, balare (gr. βάλλειν): **danser — to dance.*

**ballatio**, balatio: *danse — dance.* CAESAR. ARELAT., ed. MORIN, I p. 65 l. 23. V. Eligii, lib. 2 c. 16, *Scr. rer. Merov.*, IV p. 706 l. 1; item p. 707 l. 25.

**ballator**, balator: *danseur — dancer.*

**ballatorium**: *terrasse, balcon — platform, balcony.* S. xiv, Ital.

**balleuca**, v. bannileuga.

**ballia**, v. bajulia.

**balliare**, ballivia, ballivus, ballius, v. baill-.

**balma**: *crête de collines — ridge.* Est ipsa terra terminata: de uno fronte balma que dicitur C. usque ad illam balmam vel ad illum strictum que dicitur C., et de illo stricto vel ipsa balma sicut ille mons vadit ... GUÉRARD, *Cart. de S.-Victor de Mars.*, I no. 23 p. 29 (ca. a. 965-977). Ibi pluries.

**balneare**: **1.** transit.: *baigner, laver — to bathe, to wash.* S. vi. **2.** *mouiller — to wet.* Non venit pluvia vel nix, quae balnearet terram. Chron. Parmense a. 1303, MURATORI, *Rer. Ital. script.*, IX col. 845. **3.** intrans.: *se baigner — to bathe.* Inter balneantes hereticum Cherinthum conspexit. Epist. ca. a. 1090 ap. Cantat. s. Huberti, c. 71, ed. HANQUET, p. 169.

**baltheare**: *ceindre — to gird.*

**baltheus**: *palissade* entre le rempart et le fossé d'un château fort — *palisade* between wall and moat of a castle. SUGER., V. Ludov. Gr., c. 11, ed. WAQUET, p. 72; cf. ib. n. 1.

**baltrescha**, v. britisca.

**balustrum**, v. balastrum.

**bambax**, bambacium, bambacinus, bambaceus, v. bom-.

**bancale**, -ch-, -is (< bancus): *carreau — cushion.* Capit. de villis, c. 42. V. Meinwerci, c. 211, ed. TENCKHOFF, p. 124.

**bancarium**: *carreau — cushion.* S. xiii.

**bancarius**, -ch-, -qu-: *trésorier d'une université — university treasurer.* S. xiv.

**bancus**, -ch-, -ius, -a, -ia (germ.): **1.** *banc, banquette — bench.* Duo sedilia, quae vulgo bancos appellant. UDALRIC., Consuet. Cluniac., lib. 2 c. 36, MIGNE, t. 149 col. 729 C. **2.** *étal — stall.* Si quis bancum tenens bovem vel vaccam vendiderit. *Hist. Dauphiné*, I p. 17 (ch. a. 1164.). Quilibet consulum debet habere bancum unum sub tribus lobiis ... Sunt autem tres lobie: inferiores macelli, lobia prope hospitale, banchi panum. KEUTGEN, *Urk. städt. Verf.gesch.*, no. 133 § 77 sq. (s. xii, Freiburg i. Breisgau). **3.** *table de changeur, bureau de change — money-changer's table, exchange office.* **4.** *cour de justice — court of justice.*

**banderium**, banne-, bane-, banni-, -ia (< bandum): *bannière — banner.* Cum vexillo et banderiis. *Cartar. di Pinerolo*, p. 165. Episcopus vocavit exercitum et R. militi portandam mandavit baneriam. Triumphus s. Lamberti in Steppes, c. 3, *SS.*, XXV p. 175 l. 5. Cum signis suis et armis et baneriis .. captos. LAMBERT. ARDENS., c. 154, *SS.*, XXIV p. 642 l. 40. GUILL. NANG., Chron., a. 1254, ed. GÉRAUD, I p. 213.

**1. bandum,** vandum, bannum ( <germ. *band*): *bannière — banner.* Illum cum bandorum signis absconditis accessisse. JULIAN., Hist. Wambae (ca. a. 675), c. 16, *Scr. rer. Merov.*, V p. 516. Vexillum [regis Herulorum], quod bandum appellant, ejusque galeam, quam in bello gestare consueverat, abstulit. PAUL. DIAC., Hist. Langob., lib. 1 c. 20, ed. WAITZ, p. 67. Ipsos ... cum banda et signa suscipientes. Cod. Carolin., no. 83, *Epp.*, III p. 618. Cum signis et vandis ... [papam] susceperunt. Lib. pontif., c. 98, Leo III, § 19, ed. DUCHESNE, p. 6. Bannum aureum quod coeperat in proelio. ADEMAR., lib. 2 c. 58, *SS.*, IV p. 115 l. 1. Bandum aureum unum. LEO, Chron. mon. Casin., lib. 1 c. 26, *SS.*, VII p. 597 l. 25. Cuncti milites signa banda gestantes. BENO, G. Rom. eccl., *Libelli de Lite*, II p. 369 l. 27. Cum bandis et aliis papalibus insignibus domnus papa cum laudibus in palatium deductus est. Concil. Papiense a. 1160 ap. RAHEWIN., G. Friderici, lib. 4 c. 77, ed. WAITZ-SIMSON, p. 324.

**2. bandum,** v. bannus.

**baneretus,** banne-, -rettus: *banneret,* seigneur d'un fief qui comptait un nombre suffisant d'arrière-vassaux pour lever une bannière sous laquelle ils devaient le suivre à l'ost — *banneret,* tenant of a fief with a sufficient number of subtenants to bear a banner under which they had to follow him in the host. S. xiii.

**bannagium,** banagium: *redevance banale — due from a ,,banalité''.* S. xiv.

**bannalis** (adj.): **1.** *ordonné par le ban — ordered by ban.* Expeditiones nostras bannales debent, si submoniti sunt. D. Ludov. VI reg. Franc. a. 1129 ap. LUCHAIRE, *Inst. monarch.*, II p. 124 n. 1. **2.** *revêtu de l'autorité publique dite ,,ban'' — invested with public authority.* Villicus bannalis quemcumque rebellem accipiet ... et in cippum tradet. D'HERBOMEZ, *Cart. de Gorze*, p. 246 no. 140 (a. 1095). **3.** *sujet à l'autorité publique dite ,,ban'' — subordinate to the public authority called ,,ban''.* Nulli justitiae saeculari nisi vestrae sint subditi, nisi de forensibus mercimoniis, si cum ceteris bannalibus mercatoribus fuerint constituti per villicum civitatis. Priv. Leonis IX pap., a. 1051, CALMET, *Lorr.* ², II pr. col. 295. Facto post eum [fugitivum] sono buccine vel bannalis campane, usque ad terminos leuge bannalis tota villa eum insequetur. ROUSSEAU, *Actes de Namur*, no. 9 (a. 1154). **4.** *sujet au droit de banalité — liable to a ,,banalité'' (coercive power).* Molendinum bannalem. *SS.*, XV p. 981 (ch. a. 1032, Bar-le-Duc). Bannalem officinam furni legali donatione b. Petro contradidit. Cantat. s. Huberti, c. 23, ed. HANQUET, p. 62. Has nundinas bannales esse censemus. CALMET, II p. 249. Furnos et cambas bannales, molendina bannalia. ROUSSEAU, *Actes de Namur*, no. 9 (a. 1154). Subst. mascul.: *justiciable — justiciable person.* Si bannalis eorum [i. e. monachorum] pacem fregerit vel latrocinium fecerit ... Si quis vero extraneus, cujuscunque homo, bannalis eorum fuerit ... WAMPACH, *UB. Luxemb.*, I no. 358 p. 511 (a. 1123). Subst. neutr. plural. **bannalia**: **1.** *droit de banalité — ,,banalité'' due.* Qui ... medonem decoxerit, pro bannalibus solvet duos solidos. KEUTGEN, *Urk. städt. Verf.gesch.*, no. 184 (a. 1255, Ulm). **2.** *denrées sujettes au droit de banalité — commodities liable to ,,banalité'' coercion.* Dominus castri ... nullam precii existimacionem a bannalibus eorum exigat. WAMPACH, *UB. Luxemburg*, I no. 358 p. 511 (a. 1123).

**bannarius,** -erius: **1.** *appariteur, sergent — usher, policeman.* *Actes Philippe Ier*, no. 77 (a. 1075) p. 194. **2.** homme soumis à un droit de banalité — one who is subject to a ,,banalité''. S. xiii. **3.** agent exécuteur d'un droit de banalité — officer in charge of a ,,banalité''. S. xiv.

**bannerium,** bannirium, v. banderium.

**bannileuga,** ban-, bal-, -leuca, -lega, -liva: **1.** *zône de territoire ayant la largeur d'une lieue* soumise à la justice établie dans un château fort — *area within a radius of one mile* subject to an authority seated in a castle. Si comes obviaverit alicui inimicorum suorum ... infra bannileugam. WAITZ, *Urk. deutsch. Verf. gesch.*, no. 2 (a. 1069, Toul). Ad recipiendam emendationem de duobus hominibus monachorum qui bannileugam suam infregerant. MÉTAIS, *Cart. de la Trinité de Vendôme*, I no. 295 (a. 1080). Ne prepositus noster ... ullam de eis justiciam faciat ... nisi ... castrum nostrum vel bannileugam infregerint. D. Ludov. VI reg. Franc. a. 1120, ap. E. MENAULT, *Morigny*, 1867, p. 26. **2.** *banlieue d'une ville — pale* subject to urban authority. Phil. II Aug. reg. Franc. priv. pro Atrebat. a. 1194, ESPINAS, *Rec. Artois*, no. 108 c. 1. WAUTERS, *Origine*, p. 58 (a. 1203, Boulogne). *Ordonn.*, II p. 412 (a. 1207, Rouen). **3.** *enceinte immunitaire d'une abbaye — monastery precinct.* Omnia privilegia, tam bannileugae quam electionis abbatum. Ch. Frider. archiep. Colon. a. 1128 (Liège). Terminos bannileuge [monasterii Stabulensis] ... confirmamus. *Dipl. Lothars III.*, no. 35 (a. 1131). **4.** *amende* pour un délit commis dans la banlieue — *fine* imposed for an offence committed within the ,,banlieue''. Si homo s. Crucis ... hominem occiderit aut vulneraverit in castello sive foris castellum in toto meo honore, bannum non reddat neque banlegum neque aliquam aliam consuetudinem. DE LA BOUTETIÈRE, *Cart. de Talmont*, no. 1 p. 67 (ca. a. 1049).

**bannimentum**: **1.** *mise sous ban, saisie — seizure.* S. xiii. **2.** *bannissement — banishment.* S. xiii.

**bannire,** pann-, band-, bamn-, bampn-, -iare, -eiare, -are ( <bannus): **1.** aliquem: *convoquer* une personne *en vertu du pouvoir public* et la contraindre à l'accomplissement d'un devoir déterminé sous peine d'une amende fixe — *to summon* a person *by virtue of public authority* and compel him to accomplish a definite duty under pain of a fixed fine. Si quis legibus in utilitatem regis, sive in hoste seu in reliquam utilitatem, bannitus fuerit ... Lex Ribuar., tit. 65 § 1. Spec.: convoquer à l'ost — to summon to military service. Exercitum ... de totum regnum Burgundiae bannire precepit. FREDEG., lib. 4 c. 73, *Scr. rer. Merov.*, II p. 158. Omnes leudis Austrasiorum in exercitum gradiendum banniti sunt. Ib., lib. 4 c. 87, p. 164. In hostem bannitus. Lex Ribuar., tit. 67 § 2. Comiti [i. e. comes] in suo comitatu per bannum unumquemque hominem per 60 solidos in hostem pergere bannire studeat. Capit. Aquisgr. (a. 801-813), c. 9, I p. 171. Si quis cum armis bannitus fuerit ... Si quis cum cabalio bannitus fuerit ... Ewa ad Amorem, c. 34 sq. A l'exécution de travaux d'intérêt public — for works of public utility. Si quis ad pontem publicum bannitus fuerit. Ib., c. 39. Cum ... bannita districtione pontis. *D. Heinr. II.*, no. 114. A la prestation d'un serment — to swearing an oath. Omnis paginsis vestros [sc. comitis] bannire et ... congregare faciatis, quatenus fidelitatem nobis dibeant promittere. MARCULF., lib. 1 no. 40, *Form.* p. 68. **2.** Spec.: *appeler à comparaître* dans une séance judiciaire ou inquisitionnelle — *to summon to appear* in a law court or to take part in a sworn inquest. Ut nullus ad placitum banniatur, nisi ... Capit. missor. a. 803, c. 20, I p. 116. Illos per bannum nostrum [sc. imperatoris] ad placitum vestrum [sc. missi dominici] bannire faciatis. Responsa misso data, *Capit.*, I p. 145 c. 5. Ad rationem non venerunt, sicut banniti fuerunt. HINCMAR., De villa Novilliaco, *SS.*, XV p. 1168. Nullus ... ad mallum eos banniat. *D. Ott. II.*, no. 230 (a. 980). Concil. Erford. a. 932, c. 2, *LL.*, II p. 18. Dominicus missus verbo regis pannavit omnes pariter, testes videlicet atque idoneos scabinos necnon et populum circumquaque positum, quatenus omnes in die deputato starent coram rege ad Reginesburg. *D. Ludw. d. Deutsch.*, no. 66 (a. 853?). De comite banniti sunt in fidem suam et juramentum, ut ita sicut hoc verissime scirent narrassent. *Zeitschrift für Schweizerisches Recht*, t. 17 p. 73. **3.** aliquid: *exiger* comme prestation obligatoire *en vertu du pouvoir public — to require* as a compulsory achievement *by virtue of public authority.* Hostis bannitus. Capit. a. 802 c. 2, I p. 137. Censum ... de procuratione bannita falchonum. *D. Ott. I.*, no. 209 (a. 960). **4.** *ordonner en vertu du pouvoir public — to order by virtue of public authority.* Ita bannivimus, ut unusquisque judex criminosum latronem ... ligare faciat. Decr. Childeberti a. 596, c. 8, *Capit.*, I p. 17. Hoc firmiter banniamus, ut parentes interfecti nequaquam inimicitia[m] super commissum adaugere audeant. Capit. missor. gener. a. 802, c. 32, I p. 97 l. 22. **5.** *ordonner en vertu du pouvoir spirituel de l'évêque — to order by virtue of the bishop's spiritual authority.* Id malum [sc. siccitatem] Egbertus [archiep. Trevir.] jejunio, quod hodieque bannitum, seu a rei seu spatii sanctione vel poenali indictione, appellant, expiari ... voluit. G. Treverorum, a. 983, *SS.*, VIII p. 170. Ut omnes bannitum jejunium, in quocumque episcopio celebratur, diligentissime observent. Synod. Moguntin. a. 1023, c. 14, ap. V. Meinwerci, c. 178, ed. TENCKHOFF, p. 100. Item Concil. Tribur. a. 1036, c. 1, *Const.*, I no. 44. **6.** *ordonner en vertu d'un droit de banalité — to order by virtue of a ,,banalité'' authority.* Nostris hominibus novam angariam induxerit, banniendo scilicet ut irent ad molendinum s. Audoeni. FULBERT., epist. 23, MIGNE, t. 141 col. 210 C. **7.** *confirmer par le ban royal — to confirm by royal decree.* Per bannitam imperii nostri constrictionem praecepimus, ut omnes idem mercatum querentes ... firma pace fruantur. *D. Konr. II.*, no. 234 (a. 1036). **8.** *mettre sous le ban,* interdire la lésion d'un objet ou l'infraction d'un lieu sous peine d'amende — *to put under a ban,* to prohibit any injury to a thing or any infraction of a place. Cum mercato vice regis ... constituto suaque imperiali jussione absque intermissione semper bannito. *D. Heinr. II.*, no. 282 (a. 1014). In suis silvis ... quicquid sibi utile videbitur, exceptis feris bannitis, decet eos libere disponere. *D. Heinr. III.*, no. 372 (a. 1056). In civitatibus nostris bannitum miliare deponatur. Frider. II imp. const. a. 1232, § 5, *Const.*, II no. 171. **9.** aliquem: *mettre au ban de l'Empire* nommé ,,Acht'' — *to banish from the Empire* by the ,,Acht''. Comitem tamquam bannitum et publicum hostem imperii habeatis. D. Frider. I a. 1186, *Const.*, I no. 304. Dominum excommunicatum vel a rege bannitum non est obligatus vasallus ad adjuvandum. Libri feudor., vulg., lib. 2 tit. 28, ed. LEHMANN, p. 158. **10.** *excommunier — to excommunicate.* Bannitos seu a se anathematisatos clementer absolvit. V. Burchardi episc. Wormat., c. 22, *SS.*, IV p. 84 l. 3. Si quis ejus rei in facto seu conscientia reus sit, bannitur [a presbytero in ecclesia]. ANSELM., G. episc. Leodiens., c. 13, *SS.*, VII p. 196 l. 34.



**banniscere**: *citer en justice — to summon.* Nullus ministrorum banniscat. *D. Lodov. III.*, p. 68 (a. 901).

**bannitio**: **1.** *citation en justice — summons to appear in court.* S. xiii. **2.** *bannissement — banishment.* S. xiii.

**bannitus** (decl. iv): *pouvoir banal — ,,banalité'' authority.* S. xiii.

**banniva**: *circonscription sujette à une banalité — district in which a coercive power* (,,banalité'') *is in force.* Cambarios infra bannivam molendini ... manentes. BRUNEL, *Actes de Pontieu*, p. 222 no. 145 (a. 1199).

**1. bannum,** v. bandum.

**2. bannum,** v. bannus.

**bannus,** pann-, band-, bagn-, bamn-, bampn-, -um (germ.): **1.** un *ordre émis sollennellement en vertu du pouvoir public,* prescrivant ou interdisant un acte déterminé sous peine d'une amende fixe — a *solemnly notified order deriving from public authority,* commanding or prohibiting a definite action under pain of a fixed fine. De eo qui bannum non adimplet. Si quis legibus in utilitatem regis, sive in hostem sive in reliquam utilitatem, bannitus fuerit et minime adimpleverit ... Lex Ribuar., rec. A tit. 65; rec. B tit. 67. Ut nullum bannum vel preceptum imperatoris nullus ... marrire praesumat. Capit. miss. gener. a. 802, c. 8, I p. 93. Unusquisque ... nostrum bannum vel decretum habeat conservatum. Ib., c. 40, p. 98. Spec.: **a.** l'ordre de venir à l'ost — summons to service in the host. De tribus causis: de hoste publico — hoc est de banno nostro — quando publicitus promovetur, et wacta vel pontos componendum. *D. Karolin.*, I no. 91 (a. 775). Ut [h]ostile bannum domni imperatoris nemo pretermittere presumat. Capit. miss. gener. a. 802 c. 7, I p. 93. De omnis hostis vel omnibus bannis seu et arribannus sit conservatus, ut licet ei ad propria vivere. Cart. Senon., no. 19, *Form.*, p. 193. Bandus missus ex ore regis in Francorum gens ... ut omnes hostili-

ter kalendas Majas venirent. BENED. DE S. ANDREA, Chron., *SS.*, III p. 705 l. 34. Ut se ad bellum contra Nordmannos praepararent Francis banno denunciat. FLODOARD., Ann., a. 925, ed. LAUER, p. 31. **b.** l'ordre de prêter un serment — the order to swear an oath. **2.** spec.: **a.** *convocation* à une séance judiciaire ou inquisitionnelle — *summons* to assist at a judicial or an inquisitory meeting. Ad placitum per bannum debeant venire. Ewa ad Amorem, c. 43. Venerunt ... missi dominici ... et fecerunt ibi venire ipsos pagenses ... de jam dicto comitatu per bannum domni regis. PROU-VIDIER, *Ch. de S.-Benoît-s.-Loire*, I no. 24 p. 57 (a. 866-875). Dies banni aut alias ullas consuetudines. CALMET, *Lorr.*[2], III pr. col. 68 (ca. a. 1112). **b.** *citation* d'un accusé en justice — *summons* to appear in court on the ground of an indictment. Ante nos per bannum nostrum venire faciat. *D. Karolin.*, I no. 88 (a. 774/775). Quem comes ad placitum suum per bannum vocari jusserat. FLODOARD., Hist. Rem. eccl., lib. 3 c. 26, *SS.*, XIII p. 545 l. 12. **3.** *règle générale de droit criminel* dont la transgression est considéré comme un délit contre l'autorité publique — *general rule of of criminal law*, the contravention of which is being regarded as an offence against the public authority. De illis capitulis pro quibus Franci, si regis bannum transgressi sunt, solidus 60 componunt, similiter Saxones solvent, si alicubi contra ipsos bannos fecerint. Hec sunt capitula: primum, ut ecclesiae, viduae, orfani et minus potentes justam et quietam pacem habeant, et ut raptum et fortiam nec incendium infra patriam quis facere audeat praesumptive, et de exercitu nullus super bannum domini regis remanere praesumat. Capit. Saxonicum, c. 1, I p. 71. **4.** *le pouvoir public — the public authority.* Mandat illi ex auctoritate Dei et s. Mariae et s. Remigii et sua episcopali, necnon ex banno regis, cujus missus ipse pontifex erat, ut ... FLODOARD., Hist. Rem. eccl., lib. 3 c. 26, *SS.*, XIII p. 542. **5.** la *haute justice* royale ou d'origine royale, spéc. la justice du sang — the *higher jurisdiction* of the king or deriving from the king, esp. sanguinary jurisdiction. Regium nostrum bannum ... dedimus, ut omnis causa ... per jussionem abbatissae ... nostro regio banno ad suas manus recipiendo emendetur. *D. Ottos III.*, no. 66 (a. 990). Comitatum omnem in Westflinge ... cum omnibus ad bannum regium pertinentibus ... ecclesie Trajectensi in proprium tradidimus. *D. Heinrichs IV.*, no. 128 (a. 1064). Nullum legitimum placitum ulli advocato debeant, nisi qui bannum ab imperatore habeat. WAMPACH, *Echternach*, I pars 2 no. 197 p. 323 (a. 1095). [Advocatus] abbate petente a rege accipiat bannum legitimum. *Wirtemb. UB.*, I p. 350 (a. 1122). Nullus posset causas vel lites, que ad advocatorum jus pertinerent, audire vel terminare vel placita advocatie tenere, nisi qui bannum de manu regia recepisset. *Const.*, I no. 127 (a. 1149). Habet [causidicus] potestatem cogendi et constringendi judicatos, quam vocant bannum, non ab episcopo sed ab advocato. Illam enim potestatem, que spectat ad sanguinis effusionem ... ecclesiastica persona nec habere nec dare debet. Unde, postquam episcopus advocatum posuerit, imperator ei bannum, id est gladii vindictam in hujusmodi dampnandos, et omnem potestatem stringendi tribuit. WIEGAND, *UB. Strassburg*, I p. 468 (s. xii). **6.** l'*amende* infligée à cause d'un délit contre le pouvoir public — *fine* imposed because of an offence against the public authority. Chilpericus rex de pauperibus et junioribus eclesiae vel basilicae bannos jussit exigi, pro eo quod in exercitu non ambulassent. GREGOR. TURON., Hist. Franc., lib. 5 c. 26. Bannum solvat. Lex Saxonum, c. 23. In bannum regis solidos 60. Lex Thuring., c. 55. Bannum componant. Lib. Papiens., *LL.*, IV p. 300. Tantas vices bannos solvat quanta mancipia vendidit. Capit. Harist. a. 779, c. 19, I p. 51. Bannum nostrum rewadiet atque persolvat. Capit. miss. de exerc. a. 808, c. 3, I p. 137. Bannum dominicum pro hac re componere cogatur. *Capit.*, I p. 160 c. 4. Neque heribannum aut aliter bannos ab eis requirere praesumatis. F. imp., no. 37, *Form.*, p. 315. Tercia pars bannorum ... sibi ... persolvantur, qui dicuntur civiles banni. *D. Arnulfs*, no. 32 (a. 888). Terram juris regni nostri ... et omnem judiciariam potestatem ... cum bannis, censibus et redditibus. *D. Bereng. I*, no. 101 (ante a. 916), p. 265. Nullus comes ... illic potestatem habeat ... bannum vel freda exigendi. *Dipl. Ottos I.*, no. 100 (a. 948). Bannum nostrum solvere episcopo Treverensi ... cogatur. *D. Ottos I.*, no. 110 (a. 949). Bannum hujusmodi culpa [ablat.] nostro debitum fisco ipsi episcopo ... persolvat. *D. Ottos II.*, no. 66 (a. 973). Sciat se compositurum nostrum imperialem bannum. *D. Ottos III.*, no. 372 (a. 1000). Bannum unum, id est libras 3 argenti, persolvere cogatur. *D. Heinrichs IV.*, no. 411 (a. 1090). Sicut jus habet ... 3 libras et 10 solidos pro banno nostro solvendos determinamus. D. Frider. I a. 1162, *Const.*, I no. 217. **7.** *circonscription* d'un officier judiciaire muni d'un pouvoir délégué de ban — *district* of a judicial officer invested with a delegated ban power (Lotharingie, Rhénanie, Alsace). Villam que vocatur Stain cum banno sibi debito, ex una parte usque L., ex altera parte ... (etc.) PARDESSUS, II no. 464 p. 269 (a. 706, Trèves; interpol.?). Vineam unam in banno R. BEYER, *UB. Mittelrh.*, I no. 419 p. 479. Ibi saepius. Villam B ... et quicquid procul vel prope ad bannum pertinet ejusdem ville. FLACH, *Orig.*, II p. 94 (a. 1082, Verdun). MARTÈNE, *Ampl. coll.*, I col. 288 (a. 946, Waulsort). In banno Muteresholz. *Ann. de l'Est*, t. 9 (1895), p. 506 (a. 1031). Universitas banni nostri de Damvillers. MIRAEUS, IV p. 720 (a. 1282). BRUCKNER, *Reg. Alsatiae*, I no. 442 p. 274 (dipl. spur. Ludov. Pii s. xii). Ad domos ... in villa eadem et in banno illo edifficanda. *D. Lothars III.*, no. 17 (a. 1129). Spec.: **a.** aire soumise à la justice établie dans un château fort — area subject to a judicial authority seated in a castle. Cum omnibus jure ad bannum ejusdem castelli pertinentibus. Priv. Bened. VII pap. (a. 983), HEINEMANN, *CD. Anhalt.*, no. 71, p. 55. **b.** aire soumise à une justice urbaine — area subject to urban jurisdiction. Omnia quae in banno urbis [sc. Basileae] continentur. *Gallia christ.*[2], XV instr. col. 198 no. 17 (a. 1103). Cives in Trajecto [Maastricht], qui



curtilia fratrum ... infra bannum ejusdem loci possident. WAITZ, *Urk. z. deutsch. Verf.-gesch.*, no. 8 (dipl. spur. Heinr. V s. xii). **c.** enceinte immunitaire d'une abbaye — monastery precinct. Extraneus ... si super bannum eorum [monachorum] fugerit ... Si ... forum super bannum ipsius loci stabilitum fuerit ... WAMPACH, *UB. Luxemb.*, I no. 358 p. 511 (a. 1123). **8.** l'*énoncé de la paix royale*, c'est à dire la défense de faire injure à une personne ou à un objet ou de faire infraction à un lieu mis sous la protection du roi — a *proclamation of the king's peace*, i. e. the prohibition of any injury to a person or a thing or any infraction of a place which has been placed under the king's protection. De banno domni imperatoris et regis, quod per semetipsum consuetus est bannire, id est de mundeburde ecclesiarum, viduarum, orfanorum et de minus potentium atque rapto et de exercitali placito instituto. Capit. miss. Paris. a. 802 c. 18, I p. 101. Ut ecclesiae, viduae, pupilli per bannum regis pacem habeant. Capit. Aquisgr. (a. 801-813), c. 2, I p. 171. In tali banno talique justitia omnia protecta ac patrocinata ... permaneant. *D. Ottos I.*, no. 219 (a. 961). Res ... aecclesie omnes in nostro mundiburdio et banno consistant. *D. Ottos II.*, no. 178 (a. 978). Omnes homines in ejusdem loco mercati invicem negotiantes pacem et securitatem ... tam certam nostri banni et defensionis teneant, quam in aliis civitatibus ... tenuerunt. *Dipl. Heinrichs II.*, no. 79 (a. 1004). Investivit imperator abbas [i. e. abbatem] et posuit bandum super caput ejus, ut, si quis ... invadere presumpserit ..., componat auri libras mille. *D. Heinrichs II.*, no. 467 (a. 1022). Si quis alterius potestatis bannum ejusdem curtis fregerit. BORMANS-SCHOOLMEESTERS, *Cart. S.-Lambert de Liège*, I no. 36 (a. 1128). Jubentur a rege episcopus et ipsi [inimici ejus] sub panno pacis ad aulam Magontiae venire; ubi causa publice peracta ... EKKEH., Cas. s. Galli, c. 1, *SS.*, II p. 83 l. 38. **9.** l'énoncé de la paix dans laquelle se tient une séance judiciaire — the proclamation of the peace proper to a law court. In proximo mallo post banno resiso [i. e. bannum rescisum] hoc debeat conjurare. F. Senon. rec. no. 2, *Form.*, p. 212. **10.** *garantie judiciaire* de la possession d'un immeuble et en général des droits possessoires dérivant d'un jugement — *judicial warranty* of the possession of an estate and generally of possessory rights deriving from a judgment. Ex jussione domini mei imperatoris ego mitto suo [i. e. suum] bandum in totis ipsis rebus et posessionibus ... quibus ... avocatore [= -or] P. archiepiscopi investitus est, ut nullus audeat illum exinde disvestire. *Dipl. Ottos I.*, no. 340 (a. 967) p. 466. Item no. 353 (a. 967) p. 487; no. 398 (a. 970) p. 542. [Imperator] misit bandum supra caput eidem presbitero pro persona abbatis senioris sui de ipsis rebus, ut nullus audeat se ibi preoccupare sine legali judicio. *D. Ottos II.*, no. 315 (a. 983), p. 372 l. 45. Banno consueto predium Frisingensi stabilivit aecclesiae. *Const.*, I p. 646 (a. 1027). Predium quoddam, de quo advocatus meus U. in placito comitis B. bannum acquisivit. *D. Heinrichs IV.*, no. 136 (a. 1064). Pacem et bannum omnibus bonis predicte ecclesie fecimus et confirmavimus. MULLER-BOUMAN, *OB. Sticht Utrecht*, I no. 272 ( < a. 1105 > , spur. s. xiii). Comes fecit eis bannum et pacem. HÖNIGER, *Kölner Schreinsurk.*, p. 20. **11.** *acte écrit* contenant une sentence judiciaire — *written record* of a judgment. Bannum evacuationis scripsi. VAISSÈTE, *Hist. de Languedoc*[3], II, pr. no. 169 (a. 868). **12.** le *droit régalien des marchés et des foires*, conséquence de la protection royale accordée aux marchands — the *regalian right of holding markets and fairs*, deriving from the king's protection being given to merchants. Bannum supra duas villas ... cum moneta et theloneo jure perenni in proprium concessimus ... Mercatum constituant publicum in illis. *D. Ottos I.*, no. 77 (a. 946). Constet nos ... construendi mercatum ... concessisse licentiam. Bannum et theloneum necnon moneta totumque quod inde regius rei publicae fiscus obtinere poterit prelibatae conferimus sedi. Ib., no. 307 (a. 965). Bannum macelli ... cum omni theloneo sibi largimur. *D. Heinrichs II.*, no. 214 (a. 1010). Confirmamus mercatum ... cum banno nostro. *Wirtemb. UB.*, I p. 248 (a. 1009). Bannum mercati in loco W. et theloneum in L. ... tradidimus. *D. Heinr. IV.*, no. 70 (a. 1061). **13.** *redevance perçue sur le commerce* en vertu du droit régalien des marchés et des foires — *a contribution imposed on commerce* by virtue of the regalian right of markets and fairs. Banni de ponte et omni venditione ipsius loci. *D. Ottos I.*, no. 209 (a. 960). **14.** *l'autorité des forêts*, le pouvoir de poser des règles restrictives visant la protection de la chasse réservée au roi et à ses concessionnaires — *forest authority*, being the power to enact and to enforce regulations concerning the protection of the forest as a hunting reserve of the king and those authorised by him. Ut quandam silvam ... in bannum mitteremus et ex ea ... forestem faceremus ... Omnem ergo silvam que est intra supradictos terminos per bannum nostrum omnibus prohibemus et ex ea forestem facimus ... ne deinceps ullus hominum in ipsa bestiam capere quacunque venationis arte absque possessoris ejus licentia presumat. D. Zwentiboldi reg. a. 896, BEYER, *UB. Mittelrh.*, I no. 140 p. 205. Exceptis nemoribus ... quae in regio banno sunt. WARTMANN, *UB. S.-Gallen*, II no. 680 (a. 890). Forestem cum banno concessimus. *D. Heinrichs II.*, no. 244 (a. 1012). Silvam ... legali banno forestem fecimus. *Wirtemb. UB.*, I p. 256 (a. 1024). Forestum ... cum banno cervorum, suum, capreolorum. *D. Heinrichs IV.*, no. 64 (a. 1060). Le droit forestier de la pêche y est compris — right of fishing is included. Bannum piscationis de superiori casu Trunae. *Ober-Oesterr. UB.*, II p. 90 (a. 1061). **15.** la *forêt* elle-même, l'aire soumise aux régulations forestières — the *forest* itself, the area subject to forest regulations. Infra banno fuit una vena de ipsa fontana. *D. Karolin.*, I no. 51 (a. 770). Per haec loca ... foresti ad Sulzibach bannus distenditur. *D. Ottos I.*, no. 22 (a. 914). **16.** *droit régalien des fleuves — regalian river authority.* Cum banno in Mosella de s. Remigo usque ad locum ubi

rivulus ex civitate profluens Moselle illabitur. BEYER, *UB. Mittelrh.*, I no. 244 p. 299 (a. 973). Theloneo et banno aquarum in W. despoliati sumus. GLÖCKNER, *Cod. Lauresham.*, I p. 422 no. 142 (a. 1110/1111). **17.** *saisie — seizure.* Si quis ad mallum legibus mannitus fuerit ... si venire contempserit, possessio ejus in bannum mittatur donec veniat. Capit. legi Ribuar. add. a. 803 c. 6, I p. 118. In bannum, quod jus lingua latina proscriptio confiscandi vocatur, est missum. HINCMAR., Opusc. 29, ed. SIRMOND, II p. 317. Res quae fuerunt de filiis quondam P., que pro eo, quod praefati legum contemptores facere justitiam distulerunt, jam per triennium in nostro banno jacent. *D. Karls III.*, Anhang, p. 331 (s. ix ex.). Allodium ejus mittatur in bannum; si diem et annum in nostro banno permanserit, ad fiscum nostrum pertineat. PHILLIPS, *Wiener Sitzungsber.*, t. 49 p. 783. **18.** *mise hors la loi, bannissement — outlawing, banishment.* Si bannus ei judicatus fuerit, et banno peracto, stet in eo interim, usque dum comiti et eo qui clamorem vel causam ad eum habuit, [satisfecerit?] et tunc sit foris banno. Capit. Aquisgr. (a. 801-813), c. 13, I p. 172. Mediolanenses ... imperiali banno ... subjecimus. *Const.*, I no. 154 (a. 1155). Crema et omnes Cremenses sub nostro [i. e. imperatoris] sunt banno positi. *Const.*, I no. 191 (a. 1159). **19.** *juridiction ecclésiastique — ecclesiastical jurisdiction.* Jus sinodale, quod bannum vocatur, ad abbatis curam pertinebit. *Mecklenb. UB.*, I no. 122 (a. 1177). **20.** *excommunication — excommunication.* Episcopus ... praecepit legatis suos parrochianos panno christianitatis constringere, ne loca ... invadere praesumerent. GERHARD., V. Oudalrici episc. August., c. 10, *SS.*, IV p. 399 l. 40. Plebs ... solent ... nec bannum sacerdotis, nec terrorem alicujus potestatis ... reformidare. ANSELM., G. episc. Leodiens., c. 13, *SS.*, VII p. 196 l. 27. Quicunque ejus [sc. papae] banno se astrictos intelligunt, ab ipso ... sollempniter absolvi elaborent. Heinr. IV imp. epist. a. 1076, Cod. Udalrici, no. 53, ed. JAFFÉ, *Bibl.*, V p. 111. Canonici a banno solvuntur. Ann. Patherbrunn., a. 1105, ed. SCHEFFER-BOICHORST, p. 110. **21.** *interdit — interdict.* Episcopus civitatem inbannivit, et in hoc anno ... civitas in banno permansit. GUIMANN., Cart. S.-Vaast, *SS.*, XIII p. 713 l. 12. [Episcopi] universam terram in banno ponerent. BOURGIN, *Soissons*, p. 408 no. 2 (a. 1141). **22.** *droit de banvin,* monopole de la vente du vin pendant le vendange et parfois pendant certaines autres périodes — *right of the „banvin"*, wine sales monopoly during vintage, sometimes during other periods. Si ... compererint banni mei edictum, oboediant banno meo per tres anni terminos quindecim dierum spatio ... CHEVRIER-CHAUME, *Ch. de S.-Bénigne de Dijon*, II no. 338 p. 118 (a. 1054). Vinum cum banno prior venumdabit ... ita quod nemo ville incolarum suum vendere audebit quamdiu vini monachorum ad vendendum aliquid superit, nisi suum ante bannum proclamari fecerit. TARDIF, *Cartons*, no. 290 p. 180 col. 1 (a. 1073, Berry). **23.** *banvin — wine sold by monopoly.* Concedimus ei, quo tempore bannus archiepiscopi venditur, in proprio cellario proprium vendere. *Gallia christ.* [2], XV, instr., col. 17 (a. 1091, Besançon). **24.** *droit du four banal — oven „banalité".* Bannum in pane aut in vino. WARNKÖNIG, *Flandr. Staats- u. Rechtsg.*, I p. 36 (s. xii, Gand). Cf. E. VON KÜNSSBERG, ap. *Deutsches Rechtswörterbuch*, I, 1931, i.v. Bann, col. 1192-1203. U. STUTZ, *Zur Herkunft von Zwing und Bann, Zeitschr. Sav.-St. Rechtsg.*, GA., 1937, p. 289-354.

**banus** (slav.): *gouverneur de province — governor of a province. LL.*, II p. 417 (ch. a. 1277). JOH. VICTOR., lib. 3, rec. A, c. 14, ed. SCHNEIDER, I p. 344.

**baptismalis**: *ayant le droit du baptême — having the right of baptism.* Ecclesias baptismales ad suum episcopatum legitime pertinentes. Concil. Tegerns. a. 804, *Conc.*, II p. 232. De aecclesiis baptismalibus ita censemus, ut per presbyteros ordinate sint. Capit. Mantuan. prim., c. 4, I p. 195. In loco qui N. nuncupatur, qui est juxta N. baptismalem ecclesiam. Coll. Sangall., addit. no. 3, *Form.*, p. 435. Ecclesiis baptismalibus [form. pertin.] *D. Bereng. I*, no. 12 p. 43 (a. 894). In villa H. baptismalem ecclesiam. *D. Arnulfs*, no. 165 (a. 898). De sacerdotibus in subjectis baptismalibus plebibus constituendis. Episcopi in baptismalibus plebibus, ut certe propriis, diligenter curam habere debent et, cum in eis presbyteros necessitas occurrerit ordinandi, ut reverentius observetur. Concil. Roman. a. 826, c. 7, *Conc.*, II p. 570.

**baptismus**, -um, -a (gr.): **baptême — baptism.*

**baptisterium** (gr.): **1.** **baptistère,* édifice sacré destiné exclusivement au baptême — *baptistery,* a sacred edifice intended for baptismal ceremonies only. **2.** *église paroissiale* ayant le droit de baptême — *parish church* provided with right of baptism. Ut per omnes dioceses legalia baptisteria constituantur et sacra fons ibidem honorifice aedificetur. Concil. Rispac. a. 800, *Conc.*, II p. 211. Presbyteri qui in diversis locis, baptisteriis vel quibuscunque aliis sacris oratoriis ordinantur. Synod. Roman. a. 853, c. 40, MANSI, t. 14 col. 1015. **3.** *fonts baptismaux — baptismal font.* Sacram. Gelas., lib. 1 c. 94, ed. WILSON, p. 142. **4.** *baptême — baptism.* Baptisterii et caticuminorum ventilata est ratio, ut sacerdotes plenius intelligerent qualiter condignis ordinibus efficerent Christianum. Concil. Rem. a. 813, *Conc.*, II p. 254. Sine illius licentia missas et baptisteria in eadem civitate praesumit celebrare. Synod. Attin., a. 874, c. 1, *Capit.*, II p. 458. Consecrationes, baptisteria et populi confirmationes exegit. Invect. in Romam (ca. a. 928), ed. DÜMMLER, p. 148. **5.** *droit de baptême — right of baptism.* In S. villa ecclesiam s. Sulpicii cum cunctis redditibus, scilicet baptisterio, offerenda, decimis et confessionibus, mansos quoque 10. PROU-VIDIER, *Rec. des ch. de S.-Benoît-s.-Loire*, I no. 26 p. 72 (a. 876). Non usurpet decimam, non baptisterium, non sepulturam. F. Paris., *Form.*, p. 264. **6.** *rituel de baptême — baptism ritual.* Ut audiant episcopi baptisterium presbyterorum, ut secundum Romanum morem baptizent. Dupl. legat. edict. a. 789, c. 23, *Capit.*, I p. 64. Ut [sacerdos] signaculum et baptisterium memoriter teneat. Ib., I p. 236, no. 119 c. 3. **7.** *livre contenant le rituel du baptême — baptism*



*ritual book.* FOLCUIN., G. abb. Sithiens., c. 117, *SS.*, XIII p. 634 l. 29 (a. 867). Discat ... psalterium, lectionarium cum euangeliis, sacramentorum librum, baptisterium et computum. BURCHARD. WORMAT., Decr., lib. 19 c. 8, MIGNE, t. 140 col. 979 C.

**baptizare** (gr.): **baptiser — to baptise.*

**bara**, barra (germ.): *civière — bier.* S. xiii.

**baratare**: *marchander, troquer — to chaffer, to barter.* S. xiv.

**barataria**, baratteria: *tripotage, escroquerie — bartering, cheating.* S. xiv.

**baratator**, baratrator: *trompeur — imposter.* Tres baratatores fuisse in mundo, Moysem, Christum et Mahometum. MATTH. PARIS., Chron. maj., a. 1239, ed. LUARD, III p. 609. Chron. Mogunt. a. 1397, ed. HEGEL, p. 72.

**baratum**, barata, baratta: *troc — barter.* S. xiii.

**barbacana**, barbe-, barbi-: *barbacane,* ouvrage avancé en dehors du rempart — *barbacan.* S. xii.

**barbaricum** (subst.): **1.** **pays barbare, hostile — foreign, hostile country.* **2.** *guerre — war.* Capit. Sicardi princ. Benevent. a. 836, § 16, ed. BLUHME (in-8°), p. 194. Capit. Radelchisi princ. Benevent. a. 851, c. 18, ib. p. 198.

**barbarinus**: *une monnaie limousine — a Limoges coin.* S. xii.

**barbarius**, barberius: *barbier, chirurgien — barber, surgeon.*

**barbarizare**: **parler rudement — to speak barbarously.*

**barbas** (genet. barbanis), barba (mascul.), barbanus: *oncle paternel — father's brother.* Barbas, quod est patruus. Edict. Rothari, c. 164. In mortem barbanis, quod est patruus. Ib., c. 163. Item Liutprandi leges, c. 145 (a. 735). THÉVENIN, *Textes*, no. 59 (a. 762, Lombardie). *Fonti di Stor. Fiorent.*, p. 21 (a. 986).

**barbatoria** (femin.): première coupe de la barbe, *fête de majorité* — first shave, *majority festivity.* (Cf.: Hodie servus meus barbatoriam facit. PETRON., Fragm. Tragur. 73.) Barbaturias intus eo [monasterio] celebraverit. GREGOR. TURON., Hist Franc., lib. 10 c. 16 (Judicium Pictavense). Quando aliqua publica gaudia nunciantur, hoc est aut elevacio regis aut nuptias aut barbatoria. Lex Rom. Utin., lib. 8 c. 4, ed HÄNEL, p. 157.

**barbatus** (subst.): *frère convers,* qui n'a pas fait le voeu de se raser la barbe — *lay-brother,* who has not taken the vow of shaving his beard. S. xii.

**barbirasium**: *coupe de la barbe — shave.* PETR. DAMIANI, Epist., lib. 1 no. 15, MIGNE, t. 144 col. 227 D. PETR. DIAC., Discipl. Casin., ap. HERRGOTT, *Vetus disc. monast.*, p. 3.

**barbitonsor**: *barbier — barber.* S. xiii.

**barbota**, barbotta: *vaisseau ponté — ship with a deck.* Targyas plurimos et omnes galeydas cum barbotis et aliis navibus ... occupaverunt. OLIVER., Rel. de exped. Damiatina (a. 1219), c. 9 ap. Chron. reg. Colon., ed. WAITZ, p. 333. Item ib. c. 12, p. 337.

**barbuta**: **1.** *casque — helmet.* S. xiv. **2.** *guerrier casqué — helmeted warrior.* S. xiv.

**barca**, -ka, -cha, -ga, -gea, -gia: **1.** **petit bateau — small boat.* **2.** *grand vaisseau — big ship.* Nortmanni cum 100 circiter navibus magnis, quas nostrates bargas vocant, ... Sequanam introierunt. HINCMAR., Ann. Bertin., a. 876, ed. WAITZ, p. 132. Ann. Vedast., a. 896, ed. SIMSON, p. 78. ABBO, Bell. Parisiac., lib. 1 v. 30, ed. PERTZ p. 7. MIRAEUS, I p. 267 (a. 1080).

**barda**, bardo (genet. -onis) (arab. < pers.): *selle, couverture de cheval — saddle, horsecloth.*

**barelus**, barela: *bureau — writing-desk.* S. xiii.

**barganaticus**, bargio- (<barca): *impôt sur les vaisseaux — ships impost. D. Karolin.*, I no. 19 (a. 763-766). Ibi pluries.

**barganiare**, -ca-, -ge-, -gui-, -gan-, -nare (germ.): *faire le commerce — to trade.* Et feminae barcaniare solent. Constit. Carisiaca de moneta a. 861, *Capit.*, II p. 302 l. 10. Nemo barganniet extra portum. Leg. I Eadweard, tit. 1, text. Quadripart., LIEBERMANN, I p. 139. Item Leg. II Aethelstan tit. 12, text. Quadripart., p. 157 (ubi inscr.: Ne quis negocietur extra portum.) [Pecuniam falsam] mangonant et barganiant. Leg. IV Aethelred, tit. 5, text. Quadripart., p. 234.

**bargildus**, v. barigildus.

**barginus**, v. wargengus.

**bargus**: **1.** *potence — gibbet.* Humana corpora ... licentiam haberet et de bargis et ex rotis et de laqueis deposita sepelire. V. Eligii, lib. 1 c. 31, *Scr. rer. Merov.*, IV p. 687. Si quis hominem de bargo vel de furca abattere presumpserit. Lex Sal., tit. 41 addit. 1. **2.** *civière — bier.* Si non venerit qui corpus cognoscat, tunc vicini ... debent facere bargo 5 pedes in altum et praesentia judicis levare corpus. Capit. prim. legi Sal. add., c. 9, ed. BEHREND[2], p. 135. **3.** *grange — barn.* Et domus et bargi quibus frumenta condebantur violentia fluctuum abducerentur. Ann. Egmund., a. 1163, ed. OPPERMANN, p. 169.

**bariclus**, barr-, -ill-, -il-, -ell-, -ius, -e: *tonneau — barrel.* Capit. de villis c. 68.

**barigildus**, bar-, ber-, -gildio (genet. -onis) (germ.): homme astreint à comparaître dans le plaid du comte — a man who is bound to be present at the count's judicial meeting. *Capit.*, I p. 185 c. 4. Capit. de exped. Corsic. a. 825, c. 3, I p. 325. Edict. Pist. a. 864, c. 32, II p. 324. Parochos quos bargildon dicunt. *D. Konrads II.*, no. 181 (spur.) Bergildi ad predictum placitum [comitis] pertinentes. ERHARD, *Reg. Westfal.*, I, CD no. 168 p. 133 (a. 1097, Osnabrück).

**barmannus**, beremannus (germ.): *porteur de vin — wine-porter.* S. xiii.

**barmus**: *tablier — apron.*

**barnaca**, barnax, v. berneca.

**barnagium**, v. baronagium et brennagium.

**baro** (genet. -onis) (germ.): **1.** *homme — man.* Si quis baronem ingenuum de via sua ostaverit ... Si quis mulierem ingenuam de via sua ostaverit ... Lex Sal., tit. 31 § 1 sq. Tam baronem quam feminam. Lex Ribuar., tit. 58 § 12. Item ib. tit. 83 § 1. Si quis homicidium in absconse penetraverit [leg. perpetraverit] in barone libero aut servo vel ancilla. Edict. Rothari c. 14. Pactus Alamann., fragm. 2 c. 32. Non movit bracco tale baronem. F. Senon. addit. 3, *Form.*, p. 225. Multos barones et mulieres. Ann. Sangall. a. 805, *SS.*, I p. 63. **2.** *serf — serf.* Pactus Alamann., fragm. 5 c. 1. Mancipios tres et parones quattuor. WARTMANN, *UB. S.-Gallen*, I no. 7 (a. 741). Eorum barones ... vendere solebant.

Bonif. et Lulli epist. 1, *Epp.*, III p. 232. **3.** *homme libre — freeman.* Si quis ex baronibus nostris ad nos voluerit venire. Edict. Rothari, c. 17. Cuidam nobili et libero baroni Bawariae Werenhero in matrimonio erat sociata. V. Gebehardi Salisburg., c. 9, *SS.*, XI p. 40. **4.** *vassal — vassal.* Coram baronibus meis [sc. comitis Flandriae]. MIRAEUS, *Opera*, I p. 659 (a. 1038). Sub testimonio baronum nostrorum [sc. comitis Flandriae]. Ib., IV p. 179 (a. 1044). Pares et barones totius sui comitatus [sc. Flandriae]. GALBERT., c. 69, ed. PIRENNE, p. 110 sq. Item ib. c. 88, p. 134. WALTER., V. Karoli com. Flandr., c. 20, *SS.*, XII p. 547. Baronum nostrorum [sc. comitis Hannoniae] testimonio. MIRAEUS, *Opera*, IV p. 188 (a. 1101). Coram hominibus et baronibus meis [sc. ducis Brabantiae]. Ib., II p. 817 (a. 1125). Unus de baronibus episcopi. LAURENT. LEODIENS., G. episc. Virdun., c. 10, *SS.*, X p. 497. Barones seu casati milites infra marcham habitantes. SCHÖPFLIN, *Alsatia dipl.*, I p. 226. Baronibus nostris, omnibus videlicet Northalbingiae comitibus ... indulgemus. JORDAN, *Urk. Heinr. d. Löwen*, no. 104 (a. 1175). **5.** plural. barones: *les grands du royaume — the great men of the realm.* Illi boni barones post mortem Pippini cum duobus fratribus sic sano consilio egerunt, ut pax inter fratres reges ... esset. [Antea: primores regni]. HINCMAR., Opusc. 7, c. 6, MIGNE, t. 125 col. 986 C. Cum illustribus viris et sapientibus baronibus. Capit. a. 856, II p. 424 l. 29. [Post nomina episcoporum, abbatum, ducum, marchionum, comitum:] et alii multi barones Romani imperii. *D. Lothars III.*, no. 119 (a. 1137), p. 193 l. 33. **6.** barones: *les grands d'un pays — the great men of a country.* Provinciae nostrae barones. BALDER., G. Alberonis Trever., c. 10, *SS.*, VIII p. 248. Baronibus, nobilibus, militibus. *SS.*, XXI p. 605 (a. 1124, Hainaut). Barones terre. *Monum. Boica*, t. 29 pars 2 p. 11 (a. 1071, Passau). Qui soli ex Noricis baronibus in parte ducis H. steterant. OTTO FRISING., Chron., lib. 7 c. 25, ed. HOFMEISTER, p. 350. **7.** *baron,* seigneur haut-justicier — *baron.* R. de Roheneges barone de Manichirches. CALMET, *Hist. de Lorr.*[2], III pr. col. 114 (a. 1130). **8.** barones: *les grands, les patriciens d'une ville — the great men, the chief burghesses of a town.* Tampas euntes, clericis et baronibus ville injuriam ... monstravimus. GUÉRARD, *Cart. de S.-Père de Chartres*, II p. 418 (ca. a. 1109). Pro laude baronum ipsius civitatis [antea: consilio bonorum virorum ipsius civitatis]. LUCHAIRE, *Actes de Louis VII*, no. 140 (a. 1144 Bourges). **9.** *homme célèbre — famous man.* Dentem tanti baronis [sc. sancti Nicolai] nactus. ORDER. VITAL., lib. 7 c. 13, ed. LEPRÉVOST, III p. 220. Ad exequias famosi baronis [sc. Willelmi I regis Angliae] convenerunt. Ib., c. 16, p. 251. Voces de tali dantque barone. DONIZO, lib. 6 vers. 576, *SS.*, XII p. 363.

**baronagium,** barnagium: *l'ensemble des barons — the baronage.* S. xiii.

**baronatus** (decl. iv): *l'ensemble des vassaux — the body of vassals.* Fidelitatem et adjutorium, quae semper contra nos cum omni barnatu demonstrastis. Conv. ap. S. Quintinum a. 857, *Capit.*, II p. 295.

**baronia:** **1.** *droit seigneurial — seignorial right.* Quidquid infra metas ... fratres in supradicto feodo ... poterunt acquirere, libere ... eis concedo, exceptis leganciis meis, et quidquid in aliis terris meis poterunt acquirere, salva baronia mea. *Gallia christ.*[2], XIV instr. col. 158 D no. 17 (ca. a. 1190, Anjou). **2.** *la qualité de fief de baron — baronial tenure.* S. xii. **3.** *baronnie — barony.* Qui habent possessiones suas de domino rege sicut baroniam. Const. Clarend. a. 1164 c. 11, STUBBS, *Sel.ch.*[9], p. 166. **4.** *l'ensemble des barons — the baronage.* Postulationibus cleri et assensu baroniae. D. Ludov. VII reg. Franc. a. 1155, *Hist. de France*, XIV p. 387. In praesentia totius baroniae nostrae. D. ejusdem a. 1161, *Gallia christ.*[2], I instr. p. 24 col. 2.

**baronissa:** *une femme en possession d'une baronnie — a woman possessing a barony.* S. xiii.

**1. barra:** **1.** gener.: *barrière — bar.* S. xii. **2.** spec.: *barrière de péage — toll-bar.* Decimam partem thelonei que accipitur ad barram. BRUNEL, *Actes de Pontieu*, p. 12 no. 8 (a. 1100). Barre poni debent et proventus inde exeuntes ad usus distribui calcearum. REINECKE, *Cambrai*, p. 264, c. 1 (a. 1185). **3.** spec.: *barreau de tribunal — court bar.*

**2. barra,** v. bara.

**barrare:** **1.** *barrer* un chemin — *to bar* a passage. **2.** *barrer* une écriture — *to bar* writing. S. xiii.

**barrera,** barreria: *barrière — barrier.* S. xiii.

**barriditas:** *arrogance — conceit.* JONAS, V. Columbani, lib. 2 c. 9, ed. KRUSCH, p. 248.

**barrile,** barrillus, v. bariclus.

**barrium:** **1.** *rempart — rampart.* **2.** *faubourg — suburb.* Provence, Aquitaine, Espagne. S. xi.

**barscalcus,** par-, -schal- (germ. *ber* „apporter — to bring", *schalk* „serviteur — servant"): tenancier personnellement libre ayant normalement un manse comme tenure héréditaire et astreint à certaines redevances et corvées — personally free tenant who holds as a rule a manse in hereditary tenure and who owes certain rents and labour services. Isti sunt liberi homines qui dicuntur barscalci, qui ... ecclesiasticam acceperunt terram. De ipsa terra condixerunt facere servitium. BITTERAUF, *Trad. Freising*, I no. 523[b] p. 450 (a. 825). Mansi 20 inter barscalcos et servos. Notitia Arnonis a. 790, *Salzburg. UB.*, I p. 6. Concessimus Gauzberto ad proprium quasdam res, quas ipse jam olim dato suo precio de quibusdam barscalcis nostris comparavit. *D. Ludwigs d. Deutsch.*, no. 12 (a. 833). Tradidimus barschalcum unum cum huba sua in loco q. d. E. *D. Karlmanns*, no. 11 (a. 877). Dedimus ... ecclesiam ... cum curte ... et 7 hobis de terra, scilicet cum parscalcis omnique censu eorum. *D. Arnulfs*, no. 12 (a. 888). Cum curtilibus et aedifficiis, mancipiis utriusque sexus, parschalhis eorumque censibus, terris ... D. Ludov. IV reg. Germ. (a. 900-911), Cod. Udalrici, no. 4, ed. JAFFÉ, *Bibl.*, V p. 24. *D. Ottos I.*, no. 29 (a. 940); no. 126 (a. 950); no. 202 sq. (a. 959). Cf. JANDA, *Die Barschalken*, Brno 1926. H. ZEISS, *Die Barschalken, Zeitschr. f. Bayrische Landesgesch.*, t. 1 (1928), p. 436-452. P. DOLLINGER, *L'évolution des classes rurales en Bavière*, 1949, p. 316-331.

**1. barta:** *terrain boisé — woodland.* Quicquid visus sum habere de G. cum terros et barta — hoc est sylva — et molendinis. PROU-VIDIER,



*Rec. des ch. de S.-Benoît-s.-Loire*, I no. 91 p. 240 (a. 1080).

**2. barta** (germ.): *hache — axe.* Si quis dampnatus fuerit manu, cipparius tenebit bartam, vicarius advocati librabit malleum ligneum et amputabit manum. KEUTGEN, *Urk. städt. Verf.gesch.*, no. 126 § 22 (s. xii, Strassbourg).

**basalardus,** baza-, base-, baze-, basi-, baci-, basel-, basil-, bas-, -lerdus, -larius: *poignard — dagger.* S. xiv.

**basanus,** basena, bazanna (arab.): *basane,* peau de mouton — *sheepskin.* AUDOUIN, *Rec. de Poitiers*, I p. 58 no. 28 § 56 sqq. (s. xii ex.).

**basilica** (gr.): **1.** *basilique, église allongée à trois nefs et un choeur absidal — *basilica,* church building of a lengthy shape, consisting of three naves and an absidal choir. **2.** *église majeure — major church.* Si que oblationis ... conlate fuerint basilicis in civitatibus constitutis ... De facultatibus vero parrociarum vel basilicarum in pagis civitatum constitutis ... Concil. Aurel. a. 538, c. 5, *Conc.*, I p. 75. Ne presbyter ... in alterius civitatis territurio praesumat baselicis aut oratoriis observare. Concil. Epaon. a. 517, *Conc.*, I p. 20. **3.** une *église* quelconque, même modeste — any *church,* even a small one. Locum qui vocatur Michlinstat in silva que vocatur Odonewalt, in cujus medio est basilica lignea modica constructa. D. Ludov. Pii a. 815, GLÖCKNER, *Cod. Lauresham.*, I p. 300 no. 19. **4.** *monument érigé en mémoire d'un martyr — a martyr's memorial. **5.** *chapelle funéraire — sepulchral chapel.* Lex Sal., tit. 55 addit. 3.

**basilicaris** (adj.): *d'une basilique, d'une église — of a basilica, a church.* Pullos ... ex voto basilicari ditioni subdiderat. GREGOR. TURON., Glor. mart., c. 96, *Scr. rer. Merov.*, I p. 553 l. 22. Ob injuriam basilicaris famuli [antea: erat puer ille pincerna in domo basilicae.] Id., Virt. Juliani, c. 16, p. 571 l. 29. Remis in monasterio s. Petri ad portam basilicarem. FLODOARD., Ann., a. 920, ed. LAUER, p. 4.

**basis:** *pied* humain — human *foot.* Contractis obriguit nervis tam manuum quam basium. FLODOARD., Ann., a. 931, ed. LAUER, p. 47.

**bassinus,** -a, v. bacina.

**bassus:** **1.** *gros, replet — fat, stout. **2.** *de petite taille — short of stature.* **3.** *bas — low.* Transl.: Cum omni jure proprietatis et dominii alti et bassi. *Gall.chr.*[2], XV instr. col. 306 no. 3 (a. 1116, Grande Chartreuse).

**bastagium** (< bastum): *péage des bêtes de somme — toll on beasts of burden.* S. xii.

**bastarda:** *bâtarde — female bastard.* S. xiii.

**bastardia:** *bâtardise — bastardy.* S. xii.

**bastardus** (adj.) (< bastum, „engendré sur un bât — begotten on a packsaddle"): **1.** *bâtard — bastard.* S. xii. **2.** *faux, impur — spurious, impure.* S. xiii. Subst.: *bâtard — bastard.* Filius presbyteri et adulter et quicumque bastardus non ordinetur. Synod. Roman. a. 1074/1075, c. 19, PFLUGK-HARTTUNG, *Acta*, II p. 126.

**basterna** (<bastum): *litière — litter. GREGOR. TURON., Hist. Franc., lib. 3 c. 16; c. 26. Capit. de villis, c. 64.

**bastida,** bastita, bastia: **1.** *forteresse, château fort — fortress, castle.* S. xi. **2.** *ville neuve fortifiée,* le plus souvent située à la frontière — *fortified borough* of intentional foundation, mostly at the frontier. Cf. Ch. HIGOUNET, *Bastides et frontières*, *LMA.*, t. 54 (1948), p. 113-130.

**bastile,** bastilla, bastillus: *forteresse — fortress.*

**bastimentum:** **1.** *construction — building.* Debent habere splectam de boscis ad focum et ad omnem bastimentum. DOUAIS, *Cart. de Toulouse*, p. 382 (a. 1080-1098). **2.** *château fort — castle.* Dono ... octavam partem de Castello Novo ..., scilicet in ipso bastimento et in villa et in toto ejusdem castelli territorio. GUÉRARD, *Cart. de S.-Victor de Mars.*, I no. 615 p. 611 (ca. a. 1020).

**basto** (genet. -onis): *bâton — stick.* Fecisset bataliam juratam cum scuto et bastone. DE MARCA, *Marca Hisp.*, append., col. 1159 (ch. a. 1070).

**bastonerius:** *porte-verge — verger.* S. xiv.

**bastum,** basta (gr.): *bât — packsaddle.*

**batalia,** -alea, -ala, -allia, -alla (femin.), -allum (cf. battualia, neutr. plural. *„escrime — fencing", <battuere): **1.** *combat — fight.* Lex Burgund., tit. 92 § 2. HELMOLD., lib. 1 c. 93, ed. SCHMEIDLER, p. 182. Regum catal. e cod. Cavensi, *SS.*, III p. 216. **2.** spec.: *duel judiciaire — judicial combat.* THÉVENIN, *Textes*, no. 102 (a. 870, Vienne). BERNARD-BRUEL, *Ch. de Cluny*, I no. 251 (a. 925). D. Frider. I a. 1159, *Const.*, I p. 244.

**batellarius:** *batelier — boatman.* S. xiv.

**1. batellus** (< 2. batus): *bateau — boat.* S. xii.

**2. batellus,** batillus, batallum, batallium (< battuere): *battant de cloche — bell clapper.* Contin. ad HERIMANN., Rest. s. Martini Tornacensis, c. 9, *SS.*, XIV p. 322 l. 2.

**batifollum:** *machine de siège* en forme de tour — *siege-tower.* S. xiii.

**batifredus,** v. berfredus.

**batteria:** *rixe — battery.* S. xiii.

**battetura:** *volée de coups — thrashing.* Liutpr. leges, c. 124 (a. 731).

**battitor,** batitor, batator: **1.** *batteur* de blé — *thrasher.* DUVIVIER, *Actes*, I p. 139 (a. 1158, Corbie). **2.** *teilleur* de lin — *flaxbreaker.*

**battitorium,** bati-, baten-, bata-, batan-, derium: **1.** *emplacement de teillage — flaxbreaking-yard.* **2.** *moulin à fouler — fulling mill.* S. xi. **3.** *moulin à tan — tan-mill.*

**battuere,** battere (celt.; occurrit ap. PLAUT. necnon SUETON.) (perf. battui, part. battutus): **1.** *battre, rosser — to beat, to whip.* Si quis homine libero insidiatus fuerit ... et turpiter eum tenuerit et battuerit. Edict. Rothari, c. 41. Item ib., c. 351 sqq. Liutprandi leges, c. 123 sq. Si quis servum alienum batterit. Lex Sal., tit. 35 addit. 1. Si quis truste[m] ... detenere aut battere praesumpserit. Capit. prim. leg. Sal. add., c. 1. Si porcarius ligatus, de via ostatus et vel battutus fuerit. Lex Alamann., c. 98 § 2. A. venisset super homines in sua forcia ex villa C. et exforciasset et eos batuisset injuste. DE MONSABERT, *Ch. de Nouaillé*, no. 14 p. 27 (a. 834). **2.** *forger — to forge.* **3.** *battre* monnaie — *to coin.* Monetam battere. Capit. de moneta (ca. a. 820), I p. 299. **4.** *battre* le blé — *to thrash* corn. Edict. Pist. a. 864, c. 29, *Capit.*, II p. 323. Urbar. Prum. a. 893, c. 114, BEYER, *UB. Mittelrh.*, I p. 197. **5.** *teiller* le lin — *to break* flax. Linum battere. Admon. gener. a. 789, c. 81, *Capit.*, I p. 61.

**battutilis:** *martelé — hammered.* Fastidium

argenteum battutilem. Lib. pontif., Silvester, ed. MOMMSEN, p. 52.
**batula**: *canot — shallop*. Sandvich ... sunt appulsi, ejectisque anchoris batulis exploratores se dedunt litori. Encom. Emmae, lib. 2 c. 5, *SS.*, XIX p. 515.
**1. batus**, battus, badus (hebr.): *mesure de capacité — solid measure*. Bathus ... capiens 50 sextarios. ISID., Etym., lib. 16 c. 26 § 12.
**2. batus**, battus (anglos.): *bateau, canot — boat, shallop*. Homines naufragi per batos de rupe ... educti. Hist. exped. in Terram Sanctam, c. 2, ap. Chron. reg. Colon., ed. WAITZ, p. 340. Bathi ruptis cordis de navibus sunt soluti. Ib., c. 5, p. 345. Qui ad pontem venisset cum uno bato, ubi piscis inesset. Leg. IV Aethelred, tit. 2 § 4, text. Quadr., LIEBERMANN, I p. 232.
**bauca**, boca, -us: *gobelet — beaker*. Bokis [aureis]. LEO, Chron. mon. Casin., lib. 1 c. 26, *SS.*, VII p. 598 l. 27. Baucos meos aureos. VAISSÈTE, *Hist. de Languedoc*[3], II no. 24 (a. 813). Obtulit ... baucas exauratas 3. Lib. pontif., c. 105, Leo IV, § 104, ed. DUCHESNE, II p. 132.
**baucalis** (gr.): **coupe — cup*.
**baudekinus**, v. baldachinus.
**bauga**, boga, baga, bauca (germ.): **1.** *bracelet — bracelet*. **2.** *collier de fer — iron collar*. Astricti manicis ferreis et contriti colla bagis. COSMAS, lib. 2 c. 5, ed. BRETHOLZ, p. 90. **3.** *jambières — leggings*. Ut bauga et brunias non dentur negotiatoribus. Capit. miss. a. 803, c. 7, I p. 115.
**bausia**, baucia, baudia, baubia: **1.** *fraude, tromperie — fraud, deceit*. Molendinum tam liberum et quietum permaneat, ut furtum, baubiam seu quodlibet forisfactum ... ecclesia possideat. BRUNEL, *Actes de Pontieu*, p. 12 no. 8 (a. 1100). **2.** spec.: *félonie — felony*.
**bausiare**, bo-, boi-: **1.** *tromper, escroquer — to cheat*. Illum ... immaniter mihi bausiasse percepi. RATHER., Qualit. conject., c. 14, MIGNE t. 136 col. 543 B. **2.** spec.: *commettre une félonie, trahir — to perpetrate a felony, a treason*. MÉTAIS, *Cart. de la Trin. de Vendôme*, I no. 67 p. 124 sq. (a. 1000-1047); item no. 44 p. 96 (a. 1006-1040).
**bausiator**: *trompeur — impostor*. Bausiatorem atque perjurum appellavit. RATHER., epist. 33, ed. WEIGLE, p. 184. Item ep. 16, p. 93.
**bava**: *salive — spittle*.
**bazia**, v. bacchia.
**bazillus**, v. bacile.
**beanus**: **1.** *apprenti d'artisanat — apprentice*. **2.** *nouvel étudiant — freshman*.
**beatificare**: ** faire bienheureux — to bless*.
**beatitudo**. Loc. beatitudo vestra: manière de s'adresser à un évêque — honorary title used in addressing a bishop. Chlodowici epist. (a. 507-511), *Capit.*, I p. 1.
**beatus**: *dégagé, exempt — free, not preoccupied*. Beatum me estimo ab his, a quibus vacuos esse decet qui de rebus dubiis consultant. Haec sunt ... odium, amicitia, ira atque misericordia. RAHEW., G. Friderici, lib. 3 c. 46, ed. WAITZ-SIMSON. p. 219. Etiam ib., lib. 3 prol., p. 163; c. 20, p. 193.
**beber** (mascul., genet. bebri), bever (germ.): *castor — beaver*.
**becarius**, v. bicarius.
**beccaria**, bech-, becch-: *boucherie — butchery*. S. xiii, Ital.
**beccarius**, bech-, becch-: *boucher — butcher*. S. xiii, Ital.
**beccus** (celt.): *bec — beak*.
**bechia**, v. bessus.
**beda** (teuton.): *taille — tallage*. Pro tallia sive beda. GUILL. DE RYCKEL, ed. PIRENNE, p. 50 (a. 1262).
**bedale** (cf. bedum): *barrage de moulin — milldam*. Ch. a. 1016, Marseille, ap. DC.-F. I p. 615 col. 3.
**bedellionatus** (decl. iv): *fonction d'appariteur — beadle's office*. Privando ipsum perpetuo bedellionatus officio. DENIFLE, *Chartul. Univ. Paris.*, I, p. 391 no. 342 (a. 1259).
**bedellus** ( < vet. teuton. sup. *bital* ,,réclameur — demander''): **1.** *appariteur de tribunal, sergent — bailiff*. Pagenses latrunculos ... devitare possunt, versipelles vero bedellos nullatenus sine damno declinare queunt. ORDER. VITAL., lib. 12 c. 34, ed. LEPRÉVOST, IV p. 440. Senescalli nostri et inferiores baillivi caveant sibi a multitudine bedellorum, et quanto paucioribus poterunt sint contenti ad curiarum exequenda praecepta. Edict. Ludov. IX reg. Franc. a. 1254. **2.** *appariteur de faculté — faculty beadle*. Bedelli tam communes quam speciales cujuscunque fuerint facultatis. DENIFLE, *Chartul. Univ. Paris.*, I no. 197, p. 223 (a. 1251).
**bedrepia**, bid-, -ripa: *aide mutuelle bénévole entre paysans — boon-work*. S. xii, Angl.
**bedum**, bie-, -tum, -cium, beum (celt.): *bief*, canal d'amenée d'un moulin — *mill-race*. S. xiii.
**beghardus**: adhérent mâle du mouvement des béguines — male follower of the beguine movement. S. xiii.
**beguina**, beghina: *béguine*, religieuse vivant en communauté sans prononcer de voeux — *beguine*, woman living a pious life in community without taking vows. MATTH. PARIS., Chron. maj., a. 1250, ed. LUARD, V p. 194. Id., Hist. Angl., a. 1243, ed. MADDEN, II p. 476; a. 1250, III p. 94. G. abb. Trudon., cont. III pars II, *SS.*, X p. 395 l. 48. JAC. DE GUISIA, Ann. Hanon., lib. 20 c. 40, *SS.*, XXX p. 270. Ibi pluries. Suscitavit Deus spiritum sancti cujusdam sacerdotis, viri religiosi, qui Lambertus le Beges, quia balbus erat, de s. Christophoro dicebatur, a cujus cognomine mulieres et puellae quae caste vivere proponunt beguines Gallice cognominantur. AEGID. AUREAEVALL., lib. 3 c. 41, *SS.*, XXV p. 110. De quibusdam mulieribus, beguinabus vulgariter nuncupatis, quae, quum nulli promittant obedientiam nec propriis renuncient neque profiteantur aliquam regulam approbatam, religiosae nequaquam existunt, quanquam habitum, qui beguinarum dicitur, deferant et adhaereant religiosis ... Clementin., lib. 3 tit. 11 c. 1.
**beguinagium**, beghi-: **1.** *la condition de béguine — the status of a beguine*. Religiosis, per quos eaedem mulieres [sc. beguinae] in hujusmodi beguinagii statu foveri et ad ipsum suscipiendum induci dicuntur. Clementin., lib. 3 tit. 11 c. 1. **2.** *béguinage — house of beguines*. Beghinagium ... in eadem villa incepit. JAC. DE GUISIA, Ann. Hanon., lib. 20 c. 48, *SS.*, XXX p. 274. Ibi pluries.
**beguinalis**: *des béguines — of beguines*. Omnes beghinae privilegio beghinali gaudere volentes intrent curiam beghinarum ... Stat. eccl.



Leodiens. a. 1287, MARTÈNE, *Thes.*, IV col. 879.
**beguinus**, beghinus: idem quod beghardus. JAC. DE GUISIA, Ann. Hanon, lib. 20 c. 48, *SS.*, XXX p. 275. MATTH. PARIS., Chron. maj., a. 1243, ed. LUARD, IV p. 278.
**beguta**: idem quod beguina. G. Ch. JOANNIS, *Res Moguntiacae*, I, 1722, p. 81 col. 2. *AASS.*, Apr. II p. 722 D. LUDEWIG, *Reliq.*, VI p. 195.
**beinberga**, v. bainberga.
**belfredus**, v. berfredus.
**bellator**: *guerrier — warrior*. Cursum sexaginta milia bellatorum. ANAST. BIBLIOTH., Chronogr. ed. DE BOOR, p. 322.
**bellicare**: **guerroyer — to war*.
**belligerator**: **guerrier — warrior*.
**belluinus** = beluinus (,,bestial — of a beast'').
**bellum**: *duel judiciaire — judicial combat*. Bellum quod ante abbatem vel praepositum loci araritum fuerit, ibi perficietur. *Gall. chr.*[2], XIV instr. col. 65 no. 44 (ca. a. 1009, Anjou). Bello eum pugilaturus impetiit. GUIBERT. NOVIG., De vita sua, lib. 3 c. 15, ed. BOURGIN, p. 206. Miles ... ad singulare bellum alium quendam ... appellaret militem. GALBERT., c. 7, ed. PIRENNE, p. 13. Bellum vadiare. Leges Henrici, tit. 59 § 15, text. Quadripart., ed. LIEBERMANN, I p. 579. De omnibus querelis usque ad vadium belli. Etabl. de Rouen, c. 31, ed. GIRY, p. 38 (a. 1160-1170).
**beltesca**, v. britisca.
**bene**: *absolument, sans réserve — absolutely*. De caput suum bene ingenuus esse videtur. MARCULF., lib. 1 no. 19, *Form.*, p. 56. Ita saepe.
**benedicere**: **1.** **bénir — to bless*. **2.** **consacrer* une église — *to consecrate* a church. **3.** **ordonner* prêtre — *to ordain* a priest. **4.** *sacrer* roi — *to consecrate* a king. Filium suum rex Arnulfus ... benedici in regem fecit. Ann. Vedast., a. 895, ed. VON SIMSON, p. 75. **5.** **prier — to pray*. **6.** *adorer — to adore*. **7.** **saluer, dire adieu — to greet, to say goodbye*.
**benedictio**: **1.** **bénédiction — blessing*. **2.** **adieu — farewell*. **3.** **consécration* d'une église — church *consecration*. **4.** **ordination — ordination*. **5.** *sacre* du roi — *consecration* of a king. Benedictionem regum Francorum ... obtineas. GERBERT., epist. ed. HAVET, p. 240. FULBERT. CARNOT., epist. 102, MIGNE, t. 141 col. 251 A. **6.** *profession de moine — monk's vow*. **7.** (cf. eulogia): **cadeau* en témoignage de charité et d'estime — a *present* in token of charity and esteem. Benedictionem, quam nobis direxistis, suscepimus. Bonif. et Lulli epist. 62, *Epp.*, III p. 328. Ibi saepius. Ad virum Dei pro benedictione aliquid mitti valeret. V. Ermenlandi abb. Antrens. (s. ix in.), c. 11, *Scr. rer. Merov.*, V p. 697. Magna multitudo horum qui regi munuscula vel exenia vel singularum ecclesiarum benedictiones deferebant. PAUL. DIAC., Hist. Langob., lib. 6 c. 54, ed. WAITZ, p. 237. Aliquam benedictionem de dalmaticis nostris vel palleis ... direximus. ALCUIN., epist. 100, *Epp.*, IV p. 146. **8.** *repas* offert comme preuve d'honneur et de fraternité — a *meal* offered in token of honour and fraternity. Benedictione panis ac vini simul [cum papa] participata imperator ... rediit. ASTRON., V. Ludov. Pii, c. 26, *SS.*, II p. 620. Mox ut benedictio missa est, panis videlicet, casei ac vini, confestim sumpto cibo ... convaluit. Transl. Gorgonii, c. 21, MABILLON, *Acta*, III pars 2 p. 215. Sumpto benedictionis pane ad hospitium perrexit. ADALHELM., Mir. Opportunae, *AASS.*[3], Apr. III p. 69 D. Panes azymos et lagunculam vini oleumve et butyrum cum melle et piscibus assis pro benedictione ei obtulit. V. Galli, *SS.*, II p. 11 l. 23. **9.** *collation extraordinaire* en plus de la prébende régulière — *extraordinary procurement* in addition to the regular prebend (cf. s. v. caritas). Ad luminaria ecclesie conservanda et benedictiones fratrum, prout eis oportuerit, percipiendas. *D. Charles II le Chauve*, no. 215 (a. 859), p. 544. Solacium ... quo ille nobis contra proventuum varietatem consuluerat, quo ille nobis intercalares benedictiones instituerat. Cod. Udalr., no. 20 (a. 1057), JAFFÉ, *Bibl.*, V p. 40.
**benedictionalis** (adj.): *contenant les formules de bénédiction — containing benediction formulas*. [Archidiaconus] accipiat benedictionalem librum et conversus ad populum dicat: ,,Humiliate vos ad benedictionem!'' et ... porrigat episcopo librum. Ordo Rom. X (s. x p. anter.), c. 54, ed. ANDRIEU, II p. 361. Subst. **benedictionale**: *livre des formules de bénédiction — benedictionary*. S. xiii.
**benedictus**: **bienheureux — blessed*.
**benefacere**: **1.** aliquid alicui: *concéder en bénéfice — to surrender as a beneficium*. Decrevit nostra voluntas ut ex rebus, quas C. quidam nostro monasterio contulit, vobis benefaceremus. THÉVENIN, *Textes*, no. 91 (a. 858, Savignac). Illam vineam et aliquid de prato, quae nobis ... tradidisti, similiter tibi benefacimus. MABILLON, *Ann.*, III p. 712 col. 2. **2.** absol.: *attribuer des fiefs — to grant fiefs*. Indignum habuit [Adalbertus archiepiscopus] aliquem suorum exaltare, licet multos in obsequium traxisset egentes, arbitrans sibi hoc esse dedecus, si aut rex aut quisquam magnatium suis benefaceret, ,,quos ipse'', inquit, ,,tam bene aut melius possum remunerare.'' ADAM BREMENS., lib. 3 c. 36, ed. SCHMEIDLER, p. 178. **3.** aliquem: *inféoder, investir d'un fief — to enfeoff*. Nullus ... habeat potestatem ... inde [i.e. de fundis monasterii] milites suos benefacere. *D. Konrads II.*, no 115 (a. 1028).
**benefactor**: **bienfaiteur — benefactor*.
**benefactum**: **1.** plural. benefacta: *bonnes oeuvres — good deeds*. Canonici eos in benefactis et fraternitate sua susceperunt. PÉRARD, *Bourgogne*, p. 116. [Monachi] sui ... in suis benefactis essent memores. MABILLON, *Ann.*, IV p. 521 (a. 1050). **2.** singul.: *communauté de bonnes oeuvres — community of good deeds*. Acceperunt a monachis benefactum loci s. Sergii. LOBINEAU, *Bretagne*, II p. 253.
**beneficare**: *consacrer — to consecrate*. Rex W. palatium quoddam ... beneficari fecit. ROMUALD. SALERNIT., Chron., a. 1165, ed. GARUFI, p. 252.
**beneficialis** (adj.): **1.** beneficiali jure, beneficiali ordine: *en guise de beneficium, en fief — by way of beneficium, by feudal tenure*. [Res] rei publice administratoribus jure beneficiali concesse. D. Lotharii II reg. a. 856, DUVIVIER, *Hainaut*, no. 14 bis, p. 303. Cellam ... fidelibus suis jure beneficiali praebuerit. D. ejus-

dem, *Hist. de France*, VIII p. 405. Quicquid in villa P. benefitialio [!] jure habere videbatur. *D. Karls III. d. Dicken*, no. 132 (a. 885). Praedium in sua potestate et utilitate jure beneficiali retinerent [contrat de précaire — precaria contract]. SCHÖPFLIN, *Alsatia*, I no. 230 p. 178 (a. 1097). [Quasdam res] obtinuit, quaedam quidem hereditario jure, quaedam beneficiali. HELMOLD., lib. 2 c. 102, ed. SCHMEIDLER, p. 202. Ut nulla ... persona predictum coenobium invadere nitatur aut beneficiali ordine aut preceptali auctoritate. *D. Ottos I.*, no. 241 (a. 962). Cortes, quas quisque usquemodo beneficiali ordine detinuit et que vasallorum dicebantur. *D. Konrads II.*, no. 75 (a. 1027). Beneficiali more. Synod. Ravenn. a. 877, c. 17, MANSI, t. 17 p. 337. Villam ... more beneficiali tenebant. G. pontif. Camerac., lib. I c. 86, *SS.*, VII p. 433. Ne ... in beneficiales servitutes ... donari valeret. *D. Ottos I.*, no. 417 (a. 972). **2.** *concédé en beneficium, en fief — granted as a beneficium, enfieffed.* Tam de dominicis vineis quam et de beneficialibus monasterio decimae dentur. D. Karoli II Calvi a. 869, *Hist. de France*, VIII p. 621. Servi vel lidi vel coloni ..., seu ad opus monachorum deserviant, seu fidelibus nostris beneficiales existant. *D. Ottos I.*, no. 287 (a. 965).

**beneficialiter**: *par concession en beneficium — by grant as a beneficium.* Villa quam ante beneficialiter habuerat a genitore nostro. D. Pippini I reg. Aquit. a. 835, TARDIF, *Cartons*, no. 128 p. 90 col. 1.

**beneficiare**: **1.** aliquid: *concéder en beneficium — to grant as a beneficium.* Quod Haimerico beneficiatum habui ... Quod ad vassos nostros beneficiatum habuimus. BRUCKNER, *Reg. Alsatiae*, no. 127 (a. 735-737, Murbach; cf. W. LEVISON, *NA*, t. 27, 1902, p. 373-388). Villa B., quam Karolus Hildebranno beneficiaverat. PÉRARD, *Rec. de Bourgogne*, no. 33 (a. 756). Liceat eis ... res quas beneficiaverint ... recipere. Capit. Haristall. a. 779, forma Langob., c. 14, I p. 50. *D. Karolin.*, I no. 107 (a. 775); no. 148 (a. 781-791). [Villas] nos quondam Tassiloni beneficiavimus. Divisio regni a. 806 c. 2, *Capit.*, I p. 127. Coll. s. Dionys., no. 17, *Form.*, p. 505 (a. 810). *D. Ludwigs d. Deutsch.*, no. 37 (a. 844). **2.** spec.: concéder en usufruit par une prestaria — to grant in usufruct by way of a prestaria. Tibi res nostras in pago illo beneficiare usufructuario ordine. F. Turon., addit. 3, *Form.*, p. 160. Mea fuit peticio et vestra fuit voluntas, ut ipsam vineam ... michi beneficiare deberetis, quod ita et fecistis. D'HERBOMEZ, *Cart. de Gorze*, p. 47 no. 22 (a. 775). Item ib., p. 61 no. 30 (a. 790). Item WARTMANN, *UB. S.-Gallen*, I no. 338 (a. 831). Beneficium meum, quod ego illis per precariam beneficiavi. BRUCKNER, *Reg. Alsatiae*, no. 271 (a. 778). Res ... tibi et filio tuo H. ad dies vite vestre beneficiaremus. GLÖCKNER, *Cod. Lauresham.*, I p. 319 no. 35 (a. 866). Villas ... libenter beneficiare ... studuimus, eo videlicet tenore ut quamdiu vixerit ... POUPARDIN, *Rec. des ch. de S.-Germain-des-Prés*, II no. 42 bis p. 231 (a. 897-923). **3.** spec.: concéder en beneficium à un vassal, *inféoder — to grant as a beneficium to a vassal, to enfief.* [Abbas] beneficiaverit eis [quaedam bona] in fidelitate s. Salvatoris et abbatis. DE COURSON, *Cart. de Redon*, no. 96 p. 72 (a. 860). Absque ullius episcopi abstractione causa alicui beneficiandi permaneat. *D. Ludwigs d. Jüngeren*, no. 12 (a. 879). Mancipia de quocumque fisco nostro sint, aut ex dominicato aut ex beneficiato. *D. Karls III. d. Dicken*, no. 104 (a. 884). [Villae] sive in regis dominium sint sive quibuslibet personis beneficientur. *D. Arnulfs*, no. 31 (a. 888). Predium quod hactenus in K. Aginoni beneficiatum habuimus. *D. Ottos I.*, no. 61 (a. 944). Abbatia regali beneficio in externas personas est beneficiata. FOLCUIN., G. abb. Sithiens., c. 47, *SS.*, XIII p. 614 l. 24. Abbas ... eidem matronae sepefatam curtem ... beneficiavit. *D. Konrads II.*, no. 124 (a. 1028). Advocationem ... nulli unquam beneficet. MARTÈNE, *Coll.*, I p. 378 (a. 1016). Abbatiam ... sibi beneficiatam de regio jure tenebat. G. pontif. Camerac., lib. I c. 71, *SS.*, VII p. 426 l. 17. Ei imperator villam Walcras beneficiavit. Ib., lib. 3 c. 2, p. 466 l. 19. Episcopus clericorum ecclesiae stipendia aut terras laicis beneficiare minime praesumat. Concil. Rotomag. a. 1050, c. 10, MANSI, t. 19 col. 753. **4.** aliquem: *munir d'un beneficium — to provide with a beneficium.* Qui his rebus eatenus beneficiatus fuerat. Mir. Martini Vertav., c. 9, *Scr. rer. Merov.*, III p. 574. Ex qua die nos beneficiasti et nos de vestro mundeburdo discessimus. F. Salic. Merkel., no. 61, *Form.*, p. 262. **5.** spec.: *inféoder, investir d'un fief — to enfeoff.* Capit. Haristall. a. 779, forma Langob., c. 14, I p. 50. Cum consensu Otacharii, qui inde [i. e. de hac re] beneficiatus est. *D. Arnulfs*, no. 95 (a. 891). Nobis fideliter servivit et dignus quem beneficiaremur fuit *D. Heinrichs II.*, no. 6 (a. 1002). Nullus ... habeat potestatem ... abalienare vel inde milites suos beneficiare. *D. Konrads II.*, no. 114 (a. 1028). Item ib., no. 129 (a. 1028); no. 138 (a. 1029). Universi ministeriales b. Petri, tam beneficiati quam non beneficiati. ALTMANN-BERNHEIM, *Urk.* [4], no. 83 c. 2 p. 165 (ca. a. 1154, Cologne). Ne alicui, nisi a quo essent beneficiati, hominium facerent. KEUTGEN, *Urk. städt. Verf. gesch.*, no. 102 (a. 1156-1170, Leipzig). **6.** aliquid: *posséder en beneficium — to possess as a beneficium.* Sua fuit peticio et nostra fuit benivolentia, ut ipsas res diebus vite sue beneficiare debeat. WAMPACH, *Echternach*, I pars 2 no. 98 p. 165 (a. 788/789). Dum advixeritis easdem res habueritis sub usufructuario ordine beneficiare. WARTMANN, *UB. S.-Gallen*, II no. 487 p. 103. **7.** aliquem: *investir d'un bénéfice ecclésiastique — to confer an ecclesiastical benefice on somebody.* S. xiii.

**beneficiarie** (adv.): *féodalement — feudally.* [Villa] nec beneficiarie nec alio modo a dominio fratrum cuilibet donata subtraheretur. HARIULF., Chron. Centul., lib. 3 c. 19, ed. LOT, p. 137.

**beneficiarius** (adj.): **1.** beneficario munere: par concession en beneficium — by grant as a beneficium. Ne [rebus pauperibus deputatis] quasi beneficiario munere concessis sinant uti. Concil. Aquisgr. a. 816, c. 141, *Conc.*, II p. 417. Beneficiario munere possideat. *D. Karolin.*, I no. 265 ( < a. 802 > ; spur. a. 835-840). Item *D. Ludwigs d. Deutschen*, no. 7 (a. 832). Quod ipse prius beneficiario possedit munere. D.



Lotharii I imp. a. 845, BEYER, *UB. Mittelrh.*, I no. 71 p. 79. Beneficiario jure: en guise de beneficium — by way of beneficium. [Karolus Magnus] eis concessit quasdam res, ... hoc est castrum de M. et castrum T., in jus beneficiarium. *D. Charles II le Chauve*, no. 34 (a. 844). Ut praecepta inlicita jure beneficiario de rebus ecclesiasticis facta ... rescindantur. Concil. Meldense a. 845/846, c. 18, *Capit.*, II p. 403. Jure beneficiario usuque fructuario teneat atque possideat. D. Lotharii II reg. a. 858, DUVIVIER, *Hainaut*, p. 305 no. 15. Quae illi jure beneficiario concessimus. Capit. Caris. a. 877, c. 5, II p. 357. Concedimus ... abbatiolam ... ad possidendum usu fructuario et jure beneficiario. *D. Charles III le Simple*, no. 39 (a. 901). Totum, quod nostra regia concessione in villa S. dicta beneficiario usu usque modo habuit, ... sibi in proprium deinceps tenendum donavimus. *D. Ottos III.*, no. 19 (a. 985). **2.** *concédé en beneficium, en fief — given out as a beneficium, enfieffed.* Suorum complures non solum proprietatibus, verum etiam beneficiariis donavit honoribus. PRUDENT., Ann. Bertin., a. 839, ed. WAITZ, p. 20. Predium monachorum intentione receprimus non proprium sed beneficiarium. BEYER, *UB. Mittelrh.*, I p. 265 no. 205 (a. 959, Trèves). Nec alicui sedi aut aecclesiae vel cuilibet persone beneficiarium aut subjectum ... subsidat. *D. Ottos I.*, no. 280 (a. 965). Curtem ... retro temporibus beneficiariam ... ad usum coenobii remisimus. Ib., no. 286 (a. 965). [Census] sive nostro jure aspiciat sive alicui fidelium nostrorum beneficiarium existat. Ib., no. 295 (a. 965). Proprietates ... jure quidem prebendarias, sed ... injuste beneficiarias. *D. Ottos II.*, no. 57 (a. 973). **3.** *appartenant à un beneficium — appurtenant to a beneficium.* Si proprius servus hoc commiserit ... De ecclesiastico et fiscalino et beneficiario servo volumus ... Capit. legib. add. a. 818/819, c. 1, I p. 281. Nullum de ecclesiastico aut beneficiario vel alterius personae servo discretionem lex facit. Capit. legi Sal. add. a. 819, c. 7, I p. 293. Subst.: *tenancier d'un beneficium — tenant of a beneficium.* Nemo ... rector ... quicquam de his villis ... subtraheret aut beneficiarios exinde haberet. V. Balthildis, rec. B, c. 7, *Scr. rer. Merov.*, II p. 489. Brevium exempla (ca. a. 810), c. 17, *Capit.*, I p. 253. Omnes beneficiarii s. Petri. Adalhardi abb. Corbejens. statuta (a. 822), lib. 2 c. 17, ed. LEVILLAIN, *LMA* t. 13 (1900) p. 386. Si [ministerialis episcopi] beneficium ab episcopo non habuerit et representaverit se in ejus ministerio et beneficium non potuerit obtinere, militet cui vult non beneficiarius sed libere. Cod. Udalr. no. 25 (a. 1057-1064), JAFFÉ, *Bibl.*, V p. 51. Nulli liceat aliquem de familia illorum tributarios sive beneficiarios alicui in servitutem dare. D. Heinrici V imp., ESCHER-SCHWEIZER, *UB. Zürich*, I no. 259 p. 144 (St. 3104).

**beneficiatus** (subst.): **1.** *feudataire — feudal tenant.* Cliens vel beneficiatus suus. D. Heinrici V reg. Germ. a. 1107, BORMANS-SCHOOLMEESTERS, *Cart. de S.-Lambert de Liège* I no. 30. Beneficiati ecclesiae ... fidelitatem ei faciunt. RUDOLF., G. abb. Trudon., lib. 3 c. 3, *SS.*, X p. 241. Unacum clero, beneficiatis et universa ejusdem ecclesie familia. D. Conradi III reg. Germ. a. 1145, MULLER-BOUMAN, *OB. Utrecht*, I no. 388 p. 350. Beneficiati eorum feuda, que ab eis tenebant, pignori obligaverant. Friderici I reg. const. Roncal. a. 1154, *Const.*, I no. 148. Principes singuli singulos beneficiatos suos per precones exposcunt. OTTO FRISING., G. Friderici, lib. 2 c. 12, ed. WAITZ-SIMSON, p. 113. Ex sententia beneficiatorum et ministerialium nostrorum. *Monum. Boica*, t. 37 p. 51. Sicut et ceteri beneficiati. Ib., t. 28 pars 1 p. 27. Debeat dari decima ... ab omnibus prelatis et ab omnibus claustris et ab omnibus beneficiatis. Cron. s. Petri Erford. mod. a. 1274, HOLDER-EGGER, *Monum. Erphesfurt.*, p. 265. **2.** *personne investie d'un bénéfice ecclésiastique — beneficed person.* S. xiii.

**beneficiolum**: *beneficium de proportions modestes — small beneficium.* Beneficiolum Nortberti et Guicbaldi in eadem colonia sita. *D. Charles II le Chauve*, no. 58 (a. 844). Deprecatus fuerit per seriem precariae beneficiolum suum ex rebus ejusdem ecclesiae. Ib., no. 63 (a. 845). Ecclesiam cum benefitiolo ad illam pertinente. *D. Karls III. d. Dicken*, no. 123 (a. 885).

**beneficium**: **1.** *bienfait, faveur — favour, boon.* Nullus viduam neque filiam alterius extra voluntatem parentum aut rapere praesumat aut regis beneficio estimet postulandam. Concil. Paris. (a. 556-573), c. 6, *Conc.*, I p. 144. Cf. Concil. Turon. a. 567, c. 21, ib., p. 130 l. 23. **2.** *bienfait* accordé à un dépendant — *boon* granted to a dependent person. Qui ... aliquid adquisierit sive de munificentia regis aut patronorum beneficiis promeruerit et exinde aliquid cuicumque vendere vel donare voluerit ... Quod si inter leudes quicumque nec regis beneficiis aliquid fuerit consecutus ... Lex Visigot., lib. 4 tit. 5 § 5. **3.** *rémunération, salaire — reward, wages.* Si quis fugitivum comprehenderit, per 30 milia vel infra tremissem accipiat, per 100 vero milia unum solidum pro beneficio consequatur. Lex Visigot., lib. 9 tit. 1 § 13. Si quis medicus hipocisim [cataracte — cataract] de oculis abstulerit et ad pristinam sanitatem infirmum revocaverit, 5 solidos pro suo beneficio consequatur. Ib., lib. 11 tit. 1 § 5. Si quis medicus famulum in doctrinam susceperit, pro beneficio suo duodecim solidos consequatur. Ib., tit. 1 § 7. Si quis transmarinus negotiator mercennarium ... susceperit, det pro beneficio ejus solidus tres per annum unum. Ib., lib. 11 tit. 3 § 4. **4.** *argent de corruption — bribe.* Quicumque vel beneficio corruperit aliquem vel circumventione qualibet falsum testimonium dicere persuaserit. Lex Visigot., lib. 2 tit. 4 § 6. Si compulsores exercitus beneficio accepto aliquem sine aegritudine domi stare permiserint. Ib., lib. 9 tit. 5 § 5. **5.** *donation en pleine propriété* faite comme marque de bienveillance ou en guise de rémunération pour des services rendus — *a gift conveying entire right of property*, granted as a token of goodwill or by way of reward for services. *D. Merov.*, no. 20 (a. 656). Lex Rom. Cur., lib. 1 tit. 2 § 2; lib. 6 tit. 1; lib. 10 tit. 5. BITTERAUF, *Trad. Freising*, I no. 49 (a. 772). Cf. ZEUMER, *ZSRG*, 2e sér. t. 9 (1888) p. 42, 44. E. BÉGUELIN, *Les fondements du régime féodal dans la Lex Romana Curiensis*, 1893, p. 76 sqq.

**6.** *donation pieuse* faite à une église — *pious gift* to a church. Propter nomen Domini vel amorem celestem ... A. episcopo villam nostram nuncupatam B. ... concedimus ... Decernimus ... quod in perpetuum volumus esse mansurum, ut ipsam villam ... ad opus monachorum ... possideat. Sic igitur ... hoc nostrae concessionis beneficium firmum esse volumus ... *D. Merov.*, no. 25 (ca. a. 661). Item ib., no. 10 (a. 625); no. 11 (ca. a. 627). Vaccas cento ad basileca[m] annis singolis concessissit ... Sicut ipse beneficius ad ipsa baselica fuit concessus ... Ib., no. 84 (a. 716). **7.** la chose qui a été *l'objet d'une donation* — the thing which has been made *the object of a gift*. Omni tempore ipsa beneficia concessa in omnibus valeant esse conservata. *D. Merov.*, no. 91 (a. 721). **8.** *prêt* d'un bien meuble — *lending* of movables. Si quis praestitutum aut conductum caballum aut bovem aut canem ... habuerit, et dum in ipso beneficio aut conductura est, damnum fecerit ... Ed. Rothari, c. 327. **9.** *prêt d'argent* — *money loan*. Ei beneficium fecit argento untias tantas. F. Andecav., no. 18, *Form.*, p. 10. Acepi de vobis ad pristetum beneficium in argento uncias tantas. Ib., no. 38, p. 17. Libera [i. e. libram] de argento nobis ad beneficium praestetistis. MARCULF., lib. 2 no. 25, ib., p. 92. Argento vel amacto tuo valente solidos tantus in manu mea ad pristitum beneficium mihi prestitisti. Cart. Senon., no. 3, ib., p. 186. Clericus ... pecuniam non commodit [= -det] ad usuras nec de praestitis beneficiis quidquam amplius quam datur sperit [= speret]. Concil. Aurel. a. 538, c. 30, *Conc.*, I p. 82. **10.** *concession* d'une terre *en tenure non grevée d'obligations onéreuses*, cette concession étant octroyée comme une marque de bienveillance mais révocable à tout moment — *granting* of a piece of land *as a holding without any onerous obligations*, accorded in token of goodwill but freely revocable. Fecistis mihi beneficium de rem vestra, hoc est locello illo ... F. Andecav., no. 7, *Form.*, p. 7. [Villam] quam Lupus quondam per meum beneficium tenere visus fuit. PARDESSUS, II no. 300 p. 70 (a. 642). Quicquid Witharius ibidem pro beneficio nostro [i. e. per beneficium nostrum] visus est habere. BRUCKNER, *Reg. Alsat.*, no. 124 (a. 735). Quicquid gasindus noster [sc. regis] T. per nostrum beneficium ipsam villam tenuit. *D. Karolin.*, I no. 7 (a. 754). Unum agrum quem H. ingenuus homo in meo benefitio ante habuit. GYSSELING-KOCH, *Dipl. belg.*, no. 200 (a. 794). Omnis liber homo, qui quatuor mansos vestitos de proprio suo sive de alicujus beneficio habet. Capit. miss. de exerc. a. 808, c. 1, I p. 137. A nulla potestate quis cogatur facere precariam [i. e. praestariam] de rebus proprie Deo et sanctis illius dicatis, cum ratio et usus obtineat neminem cui non vult ... praestitum de proprio facere beneficium. Concil. Meldense a. 845/846, c. 22, *Capit.*, II p. 404. **11.** spec.: *concession en tenure censale* en vertu d'un contrat de précaire — *granting of land as a rent-owing tenement* by virtue of a precaria contract. Villas per vestro benefitio excolere debeam. MARCULF., lib. 2 no. 9, *Form.*, p. 81. Rem per vestrum beneficium, dum advixero, ad excolendum mihi relaxare. F. salic. Merkel., no. 5, ib., p. 242. Charta precaria relegenda, qualiter ipsas villas Rotgisus pro beneficio [i. e. per beneficium] ab ipsis monachis tenuisset. *D. Arnulfing.*, no. 10 p. 98 (ca. a. 717). Me, quamdiu ... advixero, ipsa cella usualiter pro ipsius monasterii beneficio possidere concedatur. GYSSELING-KOCH, *Dipl. Belg.*, no. 15 (a. 745, Saint-Bertin). Tam ipsas res quas trado quam et ipsas quas expeto ecclesie vestre, in precariam pro beneficio vestro accipiam. Ib., no. 46 (a. 885, Saint-Bertin). **12.** *concession en „beneficium" au sens restreint*, c.-à-d. en tenure non grevée d'obligations autres que celles qui découlent du lien vassalique; inféodation — *grant of a „beneficium" in the narrow sense*, vid. as a tenure freed from any obligations save those deriving from the vassalian tie; enfeoffment. Missi nostri ... describere faciant unusquisque in suo missatico, quid unusquisque de beneficio habeat ... Capit. de just. fac. (a. 811-813), c. 5, I p. 177. Cum omnibus, quae per precarias aut per beneficia exinde homines retinent. Constit. de partit. bon. s. Dionys. a. 832, *Conc.*, II p. 693. Hanc [villam] per beneficium nostrum quidam Hispanus ... tenuit. Froth. epist. 20, *Epp.*, V p. 290. Non esset suus solummodo vasallus, quamvis ex suo beneficio aliquid haberet. *Gallia christ.*[2], XIV, instr. no. 37 col. 53 (a. 895). Ex beneficio episcopi cui militabat ... tenebat. V. Johannis Gorz., c. 36, *SS.*, IV p. 347. Comeciam ... Heinricus ... beneficio Adelberti assecutus est. HELMOLD., lib. 1 c. 54, ed. SCHMEIDLER, p. 106. **13.** semblable concession ayant pour objet une église, une abbaye, un évêché — a grant as indicated with reference to a church, an abbey or an episcopal see. De monasteria et senodochia qui per diversos comites esse videntur, ut regales sint; et quicumque eas habere voluerint, per beneficium domno nostro regis habeant. Pippini capit. ital. (ca. a. 790), c. 6, I p. 201. Exinde [i. e. de monasterio Medolago] vestitus fuit per beneficium Pippini regis. *D. Karolin.*, I no. 148 (a. 782/783). Ad basilicam s. Salvii martyris, quam ipse [G. presbyter] tunc temporis per beneficium regis tenebat. EGINHARD., Transl. Marcellini et Petri, lib. 4 c. 10, *SS.*, XV p. 259. S. chorepiscopus per beneficium G. episcopi monasterium s. Simphoriani ... habuit. Actus pont. Cenom., c. 17, ed. BUSSON-LEDRU, p. 258. **14.** la *jouissance* d'une terre *en tenure usufruitière non grevée d'obligations onéreuses* — the *usufructuary tenure* of land *as a holding without any onerous obligations*. [Villulam] cupiebat habere in beneficio. V. Dagoberti, c. 11, *Scr. rer. Merov.*, II p. 518. Nullus ipsas res abstrahere conaverit aut in beneficium dare presumpserit. Cart. Senon., no. 14, *Form.*, p. 190. Quomodo Bernhardus in beneficio habuit. BRUCKNER, *Reg. Alsat.*, no. 133 (a. 738/739). In villa A. quicquid Muatharius in nostro benificio habere videtur. ZEUSS, *Tradit. Wizenb.*, no. 58 (a. 776). Hereditatem illam in beneficium, unde se adjuvare ac sustentare possent, acciperent. Concil. Turon. a. 813, c. 51, *Conc.*, II p. 293. R. habet in beneficio mansos ingenuiles 3. Polypt. d'Irminon, br. 1 c. 39, ed. GUÉRARD, p. 5. Sunt mansi ingenuiles 49 et duo dati in beneficio. Ib., br. 21 c. 93, p. 226. **15.** spec.: la *jouissance d'une tenure en vertu d'un contrat de précaire* — the *tenure of land by virtue of a precaria contract*. [Villam] nobis ad beneficium usufructuario ordine excolendum tenere permisistis. MARCULF., lib. 2 no. 5, *Form.*, p. 78. Villas mihi ad usum beneficii tenere et excolere permisistis. Ib., no. 9, p. 81. Ipsas res ad prestitum beneficium tibi prestare deberemus. Cart. Senon., no. 16, *Form.*, p. 191. Ut tibi res in beneficium cederemus dies vitae tuae. F. Augiens., B no. 15, ib., p. 354. Si quis liber, qui res suas ad ecclesiam dederit, ... post haec a pastore ecclesiae ad beneficium susciperit ut [leg. ad] victualem necessitatem conquirendam diebus vitae suae. Lex Alamann., tit. 2 § 1. Preco ut michi in usum beneficii rem ecclesie vestre ... concedere deberetis. BRUCKNER, *Reg. Alsat.*, no. 125 (a. 735). Missi nostri ... requirant de cappellis et abbatiolis ex casis Dei in beneficium datis, qualis census inde exeat, de qua sunt, exinde vestituram habere possit. Capit. miss. Suession. a. 853, c. 3, II p. 268. **16.** spec.: la *jouissance en „beneficium" au sens restreint* (cf. sub 12), *en fief* — *tenure by way of „beneficium" in the narrow sense* (cf. sub 12), *feudal tenure*. Quantumcumque ... vassi mei nomine A. et W. in beneficio nostro ibidem tenuerunt. WARTMANN, *UB. S.-Gallen*, I no. 21 (a. 757). De rebus aecclesiarum, que usque nunc per verbo domni regis homines seculares in beneficium habuerunt ... Capit. Harist. a. 779, forma Langob., c. 14, I p. 50. Nostras [ecclesias] a nobis in beneficio datas. Capit. Aquisgran. (a. 801-813), c. 1, I p. 170. Quicumque de rebus ecclesiarum, quas in beneficium habent, restaurationes earum facere neglexerint. Capit. Wormat. a. 829, c. 9, II p. 13. Sicut eatenus idem S. comes easdem res in beneficio prefati abbatis habuit. *Wirtemb. UB.*, I no. 135 (a. 848). Quidam episcopi et rectores monasteriorum res ecclesiarum suarum subtractas et aliis personis in beneficium largitas esse queruntur. Capit. episc. Papiae ed. (a. 845-850), c. 10, II p. 82. De villis dominicatis ipsius abbatis, sive indominicatae sive in beneficium donatae fuerint. D. Karoli II Calvi a. 853, *Hist. de Fr.*, VIII p. 523. [Salomon dux Brittonum] se illi [sc. Karolo regi] commendat et fidelitatem jurat ... Cui Karolus ob fidelitatis suae meritum partem terrae ... in beneficium donat. HINCMAR., Ann. Bertin., a. 863, ed. WAITZ, p. 61. [Rex] ei abbatias et comitatus in beneficium dedit, ut ei fidem servaret. Ann. Fuldens., a. 881, ed. KURZE, p. 96. Decimas terrae recognovit episcopo, quarum tamen medietatem recepit in beneficio. HELMOLD., lib. 1 c. 77, ed. SCHMEIDLER, p. 146. Recipe rent que in beneficio habuerat. ARNOLD. LUBIC., lib. 2 c. 10, ed. LAPPENBERG (in us. schol.), p. 49. **17.** *tenure censale concédée par contrat de précaire* — *rent-owing holding granted by virtue of a precaria contract*. Beneficium meum, quod ego illis per precariam beneficiavi. BRUCKNER, *Reg. Alsat.*, no. 271 (a. 778). Quicunque de episcopatu ecclesie aut monasterii beneficia habebant, nonas et decimas vel censum eidem ecclesie aut monasterio annis singulis de eisdem beneficiis dare non neglegerent. F. imper., no. 21, *Form.*, p. 301. Eum beneficium, quod ego illi dedi, sub censu habere permittas. Eginhardi epist. 1, *Epp.*, V p. 109. Seipsum cum omni bono suo ... ad eandem tradidit ecclesiam ... Econtra vero episcopus ... tradidit eidem W. in beneficium hec omnia que ipse tradidit. PHILIPPI, *Osnabr. UB.*, I no. 139 (a. 1037-1052). **18.** la tenure concédée au précariste en plus de la terre dont il a fait don pour la recevoir en précaire — the holding granted to the precarist over and above the land which he conferred in order to receive it back by way of precaria. Utraque res, id est proprietas quam dedit et beneficium quod accepit. *Mon. Boica*, XI p. 131 (a. 905). Totum predium quod ecclesiae dederunt et beneficium quod acceperunt. PHILIPPI, *Osnabr. UB.*, I no. 158 p. 139 (a. 1068-'88). Proprietatem quod tradidit et beneficium quod de domo Dei habuit. BITTERAUF, *Trad. Freising*, I no. 1032 p. 777 (a. 899). M. miles ... quicquid habuit proprietatis in B. ... ad monasterium ... in proprium tradidit ... His peractis ... episcopus ... unam curtem ... eidem M. ... non in precariam sed in beneficium ad suae vitae tempus praestitit. ERHARD, *Reg. Westfal.*, I, CD. no. 86 p. 65 (a. 1015). **19.** *tenure en métayage* — *métayage holding*. Qui tale beneficium [ecclesiae] habent, ut ad medietatem laborent. Capit. eccles. (a. 810-813?), c. 18, I p. 179. **20.** *tenure accordée à un agent domanial* ou à un serviteur domestique — *holding granted to a bailiff* or domestic servant. Servi qui honorati beneficia et ministeria tenent. Capit. miss. a. 792, c. 4, I p. 67. **21.** *tenure concédée à un vassal*; *fief* — *tenement granted to a vassal*; *fief*. Homo Francus accepit beneficium de seniore suo ... Et post hoc accepit alius homo ipsum beneficium ... Decr. Compendiense a. 757 c. 9, *Capit.* I p. 38. Quicumque nostrum [i. e. regis] beneficium habet, bene ibi laboret et condirgat; et qui hoc facere non vult, dimittat ipsum beneficium et teneant suas res proprias. Pippini capit. Aquitan. a. 768, c. 5, I p. 43. Qui nostrum [i. e. regis] habet beneficium, praevideat ut nullus ex mancipiis ad illum beneficium pertinentes [= -ibus] fame moriatur. Concil. Francof. a. 794, c. 4, *Conc.* II p. 166. Ut domus ecclesiarum et tegumenta ab eis fiant emendata vel restaurata, qui beneficia exinde habent. Ib., c. 26, p. 169. Ut beneficia domni imperatoris et ecclesiarum considerentur, ne forte aliquis alodem suum restaurans beneficia destruat. Capit. miss. spec. (a. 802?), c. 49, I p. 104. Homines, qui nostra [i. e. imperatoris] beneficia habere videntur, conparant sibi proprietates de ipso nostro beneficio et faciunt servire ad ipsas proprietates servientes nostros de eorum beneficio. Capit. miss. Niumag. a. 806, c. 6, I p. 131. Ut omnes episcopi, abbates, abbatissae, obtimates et comites seu domestici et cuncti fideles qui beneficia regalia, tam de rebus ecclesiae quamque et de reliquis, habere videntur, unusquisque de suo beneficio suam familiam nutricare faciat. Ib., c. 18, p. 132. Quicumque beneficia habere videntur, omnes in hostem veniant. Memor. de exerc. a. 807, c. 1, I p. 134. Si quis de fidelibus nostris contra adversarium suum pugnam ... agere voluit et convocavit ad se aliquem de conparis suis ut ei adjutorium praebuisset,

et ille noluit et exinde neglegens permansit, ipsum beneficium quod habuit auferatur ab eo et detur ei qui in stabilitate et fidelitate sua permansit. Capit. Aquisgr. (a. 801-813), c. 20, I p. 172. Si beneficium aliquod quisquam [Hispanorum] ab eo cui se commendavit fuerit consecutus, sciat se de illo tale obsequium seniori suo exhibere debere, quale nostrates homines de simili beneficio senioribus suis exhibere solent. Constit. de Hisp. a. 815, c. 6, *Capit.*, I p. 262. Homines monasterii sive liberi qui beneficia exinde habere ... noscuntur. D. Ludov. Pii a. 830, *Hist. de Fr.*, VI p. 564. Jubente imperatore ... episcopi, abbates, comites et vassalli dominici in memoratis locis beneficia habentes Karolo se commendaverunt. PRUDENT., Ann. Bertin., a. 837, ed. WAITZ, p. 15. Vasalli mei, qui meum beneficium habent, post meum obitum ... si dominium habere voluerint abbatum ... et sic servire illis, sicut debent, tunc volo ut beneficium suum habeant tempus vite sue et uniuscujusque filius unus post illos; sin autem, abba ... supradicta beneficia in vestituram domui Dei revocet ... WARTMANN, *UB. S.-Gallen*, II no. 386 (a. 843). Cum omnibus appendiciis, quae jure ad beneficium suum pertinere noscuntur. *D. Ludwigs d. Deutsch.*, no. 87 (a. 857). Quicumque ex possessionibus monasterii beneficia habent. D. Lotharii II a. 862, HALKIN-ROLLAND, *Rec. de Stavelot*, I no. 34. Neque privari absque legali sanctione aliquem nostrorum fidelium volumus beneficio. Capit. Papiense a. 865, c. 4, II p. 92. In P. mansum dominicatum et quicquid ad ipsum beneficium pertinet. D. Karoli II Calvi a. 869, *Hist. de Fr.*, VIII p. 619. Imperator ... in Italia ... nonnullos exauctoravit et beneficia, quae illi et patres et avi et atavi illorum tenuerant, multo vilioribus dedit personis. Ann. Fuld., a. 883, ed. KURZE, p. 100. Beneficia publica. MONACH. SANGALL., G. Karoli, lib. 1 c. 30, *SS.*, II p. 745. [Udo comes] permissu regis quicquid beneficii aut prefecturarum habuit, quasi hereditatem inter filios divisit. Contin. ad Reginonem, a. 949, ed. KURZE, p. 164. Villas ... et omnia beneficia vassalorum ... concedimus. *D. Lothaire*, no. 28 (a. 967). Apud N. quod est de beneficio regis. *Actes Philippe Ier*, no. 8 p. 26 (a. 1060). In praediis et beneficiis Uodonis devastationes fecit imperator. WIPO, G. Chuonradi, c. 31, ed. BRESSLAU, p. 50. R. comes Flandriae ... advocatiam Cameraci a rege in beneficium accipit. Ann. Patherbr., a. 1107, ed. SCHEFFER-BOICHORST, p. 119. Beneficiorum ac omnium facultatum expers dijudicatur. Cron. s. Petri Erford. mod. a. 1181, HOLDER-EGGER, *Mon. Erphesfurt.*, p. 190. Homines fiant ecclesiae et participes fiant beneficiorum ejus. HELMOLD., lib. 1 c. 69, ed. SCHMEIDLER, p. 133. **22.** Parfois, au lieu de la terre, les tenanciers de celle-ci sont envisagés comme constituant le fief. — Sometimes not the land but the tenants holding it are mentioned as representing the fief. Dicunt se ipsos [servos] in vestro [i. e. imperatoris] beneficio habere. F. Alsat., no. 5, *Form.*, p. 331. Ut nullus comitum arimannos in beneficia suis hominibus tribuat. Lamberti capit. Ravenn. a. 898, c. 3, II p. 109. **23.** les *évêchés* et les *abbayes royales* considérés comme „beneficia regis" — the *bishoprics* and the *royal abbeys* qualified „beneficia regis". Ut missi nostri, qui vel episcopi vel abbates vel comites sunt, quamdiu prope suum beneficium fuerint, nihil de aliorum conjecto accipiant. Capit. miss. a. 819, c. 26, I p. 291. Ad hanc constitutionem nostram adimplendam episcopi et abbates sive reliqui, qui beneficia nostra habent, adjuvent comitibus. Capit. miss. Wormat. a. 829, c. 8, II p. 16. Eamdem potestatem et dominationem super hoc monasterium habere volumus quam super cetera monasteria et beneficia nostra habemus. Mand. Ludov. German. (a. 845-854), WARTMANN, *UB. S.-Gallen*, II no. 435 p. 54 (= BM² no. 1411). Ecclesiae nobis a Deo commissae non talia sunt beneficia et hujusmodi regis proprietas, ut pro libitu suo inconsulte illas possit dare vel tollere. Epist. synod. Carisiac. a. 858, c. 15, *Capit.*, II p. 439. Nec habetur ... scriptum ut aecclesias de beneficio regis [qui font partie d'un bénéfice royal au sens restreint — forming part of a royal benefice in the narrow sense] vel de episcopatibus seu de monasteriis, quae beneficia regis sunt a Deo sibi commendata ad defensandum atque dispensatoribus congruis commendandum, quilibet episcopus inconsulte destruere debeat. HINCMAR., De eccl. et cap., ed. GUNDLACH, p. 107. Abbatiam s. Hilarii cum aliis plurimis honorabilibus beneficiis. HINCMAR., Ann. Bertin., a. 867, ed. WAITZ, p. 90. Beneficium jam dictae abbatiae [Moyenmoutier] tantum tempore vitae suae teneat. *D. Ottos II.*, no. 62 (a. 973). Ad servicium cesaris assumptus, beneficium Citicensis aecclesiae [évêché de Zeitz — bishopric of Zeitz] pro magni laboris sui debita remuneracione percepit. THIETMAR., Chron., lib. 2 c. 36, ed. KURZE, p. 41. Beneficium regis ipse est [sanctus] Maximinus cum abbatia sua. SIGEHARD., Mir. Maximini, c. 8, *SS.*, IV p. 231. **24.** *l'ensemble des biens-fonds attaché à une église — the whole of the landed property attached to a church.* Quae [domini ecclesiarum] inde [i. e. ab ecclesiis] exigere solent, non de suo aliquo beneficio sed solummodo de altari et parietibus ecclesiae ... dari sibi agunt. Episc. rel. (ca. a. 820), c. 5, *Capit.*, I p. 367. Famulum ex benefitio illius aeclesiae ejusque familia ortum. F. imper., addit. 2, *Form.*, p. 328. Cedo capellam meam in honore s. Juliani constructam cum ipso beneficio quod ipsi casae respicit. DONIOL, *Cart. de Brioude*, no. 77 p. 97 (a. 855). Est ibi ecclesia ... quae habet in beneficio mansos 3. DE CHARMASSE, *Cart. d'Autun*, I no. 34 p. 56 (a. 937). Concesserunt capellam cum beneficio sibi debito et rebus et decimis sibi pertinentibus. RAGUT, *Cart. de Mâcon*, no. 9 p. 8 (a. 949). Colonicam ... ex rebus s. Vincentii de ratione fratrum, quod est de beneficio ecclesie s. Germani. Ib., no. 413 p. 238 (a. 958). Pertinet ejus [capellae] beneficium ad abbatiam s. Marcelli. *Gall. christ.*², IV instr. col. 226 (a. 960). [Donamus canonicis] quarumdam ecclesiarum altaria cum decimis et oblationibus cunctisque ad ea pertinentibus, quarum etiam beneficia ipsorum erant canonicorum. Ib., XII instr. col. 319 (a. 986, Nevers). Quia beneficium ipsius capellae ad praedictum locum [sc. monasterium s. Benigni Divion.]



respiciens erat, altare, quod juris erat episcopi, perpetuo monachis concessit. PÉRARD, *Rec. de Bourg.*, p. 166 (a. 992). **25.** *la part de ces biens assignée au prêtre desservant l'église — the part of this property allotted to the priest who administers the church.* [Episcopus abbatem certiorem facit:] De beneficio, que [i. e. quod] nos promisisse asseritis, profecto nihil mandavimus. F. Augiens., coll. C no. 12, *Form.*, p. 370. Sunt 58 mansi ... excepto manso dominicato et presbyteri beneficio. Polypt. d'Irminon, br. 15, ed. GUÉRARD, p. 38. Est ad ipsam ecclesiam mansus ingenuilis 1. Habet presbyter ipsius ecclesie in beneficio mansum 1 servilem. Ib., br. 20, p. 75. Est in O. ecclesia 1, ubi aspicit de terra jornales 15. Habet presbyter in beneficium mansa 3. Urbar. Prum., c. 31, BEYER, *UB. Mittelrh.*, I p. 160. Possessionem ... excepto ecclesia in eo constructa et beneficio W. ejusdem ecclesie pastoris. BEYER, o. c., I no. 219 p. 277 (a. 964, Prüm). Ecclesiam cum decimis ad illam pertinentibus donavimus ..., dotem quoque ecclesiae, id est duas hobas possessas, et beneficium presbyteri in eodem loco Dei servientis, id est unam hobam; ecclesias quoque ad praedictam ecclesiam pertinentes cum beneficiis presbyterorum ibidem servientium. *D. Ottos I.*, no. 208 (a. 960). **26.** *l'ensemble des biens-fonds appartenant à une communauté religieuse — the whole of the property belonging to a religious community.* PÉRARD, *Rec. de Bourg.*, p. 18 (a. 836). Dederunt F. et ceteri clerici de suo beneficio de terra s. Benigni Ingoberto ad suum proprium recipiendum peciolam de terra. THÉVENIN, *Textes*, no. 95 (a. 862/863, Dijon). Dignum duximus ... aliquid de nostro jure beneficiis jam dictorum canonicorum addere. *D. Charles III le Simple*, no. 40 (a. 901). **27.** *l'ensemble des biens-fonds dont dispose un abbé*, l'„abbatia" — *the whole of the landed property which is in an abbot's hands*, the „abbatia". Molendinum ... ex nostro [i. e. abbatis] beneficio de terra s. Severiani. REDET, *Cart. de Poitiers*, no. 239 p. 157 (a. 904). Aliquid ex suo [i. e. abbatis] beneficio de abbatia s. Maxentii. *Ch. de S.-Maixent*, no. 27 p. 42. Item ib., no. 55 p. 70 (a. 988). **28.** *le temporel d'une église épiscopale*, l'ensemble des biens-fonds dont dispose l'évêque, l'„episcopatus" — *the temporalities of a bishopric*, the whole of the landed property which is in a bishop's hands, the „episcopatus". [Episcopus episcopum rogat:] quid mihi de nostro liceat caelebrare officium in parrochia vestra et in ecclesiis vestris, quae in nostro sunt beneficio. F. Senon. rec., no. 17, *Form.*, p. 220. PÉRARD, *Rec. de Bourg.*, p. 17 (a. 828). Item p. 145 (a. 848). Aliquid de rebus s. Stephani [i. e. ecclesiae cathedralis Lemovicensis] de vestro [i. e. episcopi] beneficio ... nobis usu fructuario beneficiare deberetis. DELOCHE, *Cart. de Beaulieu*, no. 23 p. 51 (a. 859). Item RAGUT, *Cart. de Mâcon*, no. 337 p. 195 (a. 887-926). **29.** *bénéfice ecclésiastique*, toute fonction cléricale à laquelle est attaché un ensemble permanent de biens-fonds — *ecclesiastical benefice*, any church office with which a permanent stock of landed property is connected. Pro manifesto parricidio Gozmarum [cantorem cathedralis ecclesiae] ab officio et beneficio deposuimus. STIMMING, *Mainzer UB.*, I no. 219 p. 135 (a. 976). Ab officio et beneficio interdicimus. Syn. Benev. a. 1091, MANSI, t. 20 col. 739. Beneficium ecclesiae, quod quidam canonicam vel praebendas vel etiam ordines vocant. Priv. Alex. II pap. (a. 1061-1073), UGHELLI, I pars 1 p. 864. Contendebat mater mea ecclesiasticis me beneficiis quoquo pacto inserere. GUIBERT. NOVIG., De vita sua, lib. 1 c. 7, ed. BOURGIN, p. 19. Ad 23-29, cf. E. LESNE, *Les diverses acceptions du terme „beneficium" du viiie au xie siècle*, *RHDFE*, 4e sér. 3e ann. (1924), pp. 5-56. A. PÖSCHL, *Die Entstehung des geistlichen Benefiziums*, *Arch. Kathol. Kirchenrecht*, t. 106 (1926). **30.** *tenure modeste rentrant dans le cadre domanial, tenure servile — manorial holding, servile holding.* Res illis in beneficium et in censum concessimus. WARTMANN, *UB. S.-Gallen*, II no. 562 p. 176. Servos ... cum omnibus quae in beneficium aut in possessionem habere et possidere videantur. *D. Ottos III.*, no. 150 (a. 994). Ex beneficiis rusticalibus clausure et edificia tectorum ... construantur. *D. Konrads II.*, no. 200 p. 269 (a. 1033). Predium quod habuit servus G. ejus in beneficium. Tradit. Weltenb., no. 41, ed. SMITAL, *MIÖG*, t. 32 (1911), p. 329 (s. x.). Exceptis beneficiis duorum servorum. ZAHN, *UB. Steiermark*, I p. 241 no. 232. Qui beneficia, hoc est mansos ad supradictas curtes pertinentes, tenent. *Acta Pal.*, III p. 83. Si aliquod beneficium, quod lazgut dicitur, vacaverit. GÜNTHER, *CD. Rheno-Mosell.*, I p. 466 (a. 1190). Curtim unam cum beneficio servili. Chron. Ebersh., c. 18, *SS.*, XXIII p. 440. **31.** *fief-rente — money-fief.* Pro hujuscemodi traditionis remuneratione ... [episcopus] concessit ei singulis annis de sua parte dari 12 libras in beneficium, dum viveret. MULLER-BOUMAN, *OB. Utrecht*, I no. 145 p. 140 (a. 996). 40 solidos pro beneficio cuidam W. constituit. LACOMBLET, *UB. Niederrhein*, I p. 182 no. 279 (a. 1116). A camera abbatis ... 8 talenta pro beneficio acciperet. WARTMANN, *UB. S.-Gallen*, II no. 749 p. 359. Per manus accipiens more militari 3 talenta den. in beneficium ei concessa. CRECELIUS, *Tradit. Werd.*, II p. 10 no. 108. Homines nostri manibus effecti quatuor marchas argenti, unusquisque videlicet duas ... in benefitium singulis annis recipiunt. GUÉRARD, *Cart. de S.-Bertin*, p. 202 sq. (a. 1087). Abbas ... pro molendino suo unoquoque anno solvat militibus quibus contingit beneficium, quod vulgo dicitur feodum, 5 modios ... annonae. MIRAEUS, I p. 515 (a. 1087, Valenciennes). Habens annuatim ab eo beneficium 30 marcas argenti. COSMAS, lib. 2 c. 28, ed. BRETHOLZ, p. 123. **32.** *bien ou droit profitable*, quel que ce soit — *any property or profitable right.* [Terram] cum domibus, aedificiis ..., cum omni jure et beneficio suo. PARDESSUS, II no. 358 p. 143 (a. 667, S.-Aignan). Mansos 7 cum adjunctis, appendiciis, beneficiis, vineis ... Ib., no. 363 p. 153 (ca. a. 670, Auxerre). Cum domibus, mancipiis vel reliquis quibuscumque beneficiis. MARCULF., lib. 1 no. 30, *Form.*, p. 61. Hoc est terris, domebus ... vel qualibit beneficia. *D. Merov.*, no. 32 (a. 656-670). Hoc ad integrum cum quibuslibet beneficiis habiat concessum. Ib., no. 47 (a. 677). **33.** *intérêt* —

*interest.* Auri solidi tot [mihi] praestare jussisti. In beneficio solidorum ipsorum daturum me tibi spondeo hoc et illud. Qui [i. e. quod] si minime fecero ... supradicta pecunia una cum beneficio suo dupplicata cogar exsolvere. F. Visigot., no. 38, *Form.*, p. 591 sq. Cum legis beneficium cogatur restituere. Lex Ribuar., tit. 60 § 4. Item tit. 66 § 1; tit. 67 § 4 sq.; tit. 72. Quicquid ab ipso fuit possessum cum ligis beneficium ... Hoc cum ligis beneficium reddere studiat. *D. Merov.*, no. 66 (a. 693). Censum ... non negligat reddere; quod si neglexerit, cum legis beneficio hoc emendari faciat. GLÖCKNER, *Cod. Lauresham.*, I p. 290 no. 12 (a. 786). Item ib. p. 291 no. 13 (a. 788). **34.** *bénéfice, profit — benefit, profit.* Si quis in aliena patria, ubi vel propter beneficium vel propter aliam quamlibet occasionem conversari solet, de qualibet causa fuerit interpellatus ... Capit. legi addita a. 816, c. 2, I p. 268. **35.** *privilège — privilege.* E. g.: d'exemption de tonlieu — of custom exemption. *D. Merov.*, no. 38 (a. 660); no. 51 (ca. a. 681). *D. Charles II le Chauve*, no. 88 (a. 846). D'exemption de l'ingérence des agents du fisc — of exemption from claims by fiscal officers. *D. Merov.*, no. 54 (a. 682). D'immunité — of immunity. *D. Karolin.*, I no. 5 (a. 753). Ibi saepe. De libre élection abbatiale — of free election of a new abbot. *D. Merov.*, no. 88 (a. 717). D'abstention de la confiscation d'un serf qui prend une femme libre — of waiving the confiscation of a serf who marries a free woman. Lotharii reg. Ital. concessio gener. (a. 823?), *Capit.*, I p. 320. **36.** *pleins pouvoirs — attorneyship.* Petiit a nobis, ut Gengulfus omnes causas ipsius monasterii ad prosequendum deberet recipere; cui nos hoc beneficium praestitisse cognoscite. *D. Merov.*, no. 43 (a. 666). Si advocatus sacramentum contra alium habuerit [i. e. jurare debuerit] et jurare non potuerit, propter hoc beneficium suum non perdat. Capit. miss. Aquisgr. I, c. 23, I p. 151. **37.** *distribution quotidienne d'aumônes — daily alms distribution.* Cotidie ... darentur pauperibus 3 sextaria annone preter consuetum beneficium. Ann. Vindocin. a. 1161, ed. HALPHEN, *Rec. d'ann. angev.*, p. 72. **38.** *acte liturgique, sacrement — liturgical act, sacrament.* Non licet kal. Jan. vetolo aut cervolo facere vel streneas diabolicas observare, sed in ipsa die sic omnia beneficia tribuantur sicut et reliquis diebus. Concil. Autissiod. (a. 573-603), c. 1, *Conc.*, I p. 179. **39.** plural. beneficia: *bonnes oeuvres — good deeds.* Participium beneficiorum nostrorum humiliter petiit et accepit. TEULF., Chron. Mauriniac., lib. 1, MIGNE, t. 180 col. 133 B. **40.** *communauté de bonnes oeuvres — community of good deeds.* Fratrem se et participem beneficii rogat effici. G. cons. Andegav., c. 13 no. 11, D'ACHÉRY, *Spicil.*², III p. 265. **41.** *relique — relic.* GREGOR. M., epist., lib. 3 no. 33, *Epp.*, I p. 192. Lib. Diurnus, c. 14, ed. SICKEL, p. 12.

**beneficius** (adj.): *en guise de bénéfice — by way of benefice.* Dum vixerit eas [villas] sub usu beneficio debeat possidere. MARCULF., lib. 1 no. 13, *Form.*, p. 51. Ipsas res, quamdiu advivo, sub usu beneficio vestro tenere et usare debeam. Cart. Senon., no. 32, ib., p. 199. Villa[m] ... ad usu beneficio dignati fuistis nobis concedere. PARDESSUS, II no. 547 p. 360 (a. 730, Paris). Expetivimus a vobis de rebus s. Petri et s. Remacli ... ut ... ipsas a vobis ad ipsum [leg. usum] benefitium concedere deberetis. ... Concedimus vobis in usum benefitium. WAMPACH, *UQB. Luxemb.*, I no. 145 (a. 915). Terram ... fideli nostro A. jure beneficio concesserimus. *D. Louis IV*, no. 34 (a. 950).

**benenatus** (adj.): **de bonne naissance, de condition libre, noble — of good birth, of free condition, noble.*

**beneplacitus** (adj.): *agréable, conforme à ma volonté — pleasing, according to my liking.* Subst. neutr. **beneplacitum**: **1.** **chose agréable, agréée, résolue — what pleases me, what corresponds to my wishes, what is resolved on.* **2.** active: *volonté — will.* Secundum beneplacitum et favorem imperatoris ... eligebatur [episcopus]. V. Conradi episc. Salzburg., c. 5, *SS.*, VI p. 65. Mandans ut, si de beneplacito illius esset, ipse nuntios ... transmitteret. ROMUALD. SALERNIT., Chron., a. 1177, ed. GARUFI, p. 279. Ut de nostro beneplacito et consilio reddamini certiores. Innoc. III pap. reg. no. 21, ed. W. HOLTZMANN, p. 39.

**benna**, v. venna.

**bera**, berra, beria: *clairière — glade.* Sanctimoniales ... habuerunt ... boscum de B. ... In illo autem est bera quedam, ex qua ... habent 1 den. ... de censiva. MARCHEGAY, *Arch. d'Anjou*, III p. 71 no. 93 (ante a. 1080).

**berbena** = verbena.

**berbex** = vervex.

**berbicaritia**: *bergerie — sheep-fold.* Capit. de villis, c. 23.

**berbicarius**, bervi-, bercarius, -quarius, -garius, -gerius (adj.) (< berbex): *affecté à l'élevage des moutons — in use for sheep-farming.* In Furnensi territorio curtem bercariam continentem 230 mensuras terre. DUVIVIER, *Actes*, I p. 119 (a. 1147). Subst. mascul.: *berger, tenancier d'une ferme d'élevage de moutons — sheepfarmer.* CALMET, *Hist. de Lorr.*, I pr. col. 261 (a. 698). Subst. femin. **berbicaria**, bercaria, ver-, vir-, -quaria, -queria, -quereia, -guaria: **1.** *bergerie — sheep-fold.* Adalhardi abb. Corbejens. statuta, lib. 1 c. 5, ed. LEVILLAIN, *LMA*, t. 13 (1900), p. 355. D'ACHÉRY, *Spicil.*, XII p. 122 (a. 861, Bourg.). **2.** *tenure de berger*, terrain destiné au pâturage des moutons avec bâtiment d'exploitation — *sheep-farm.* BERNARD-BRUEL, *Ch. de Cluny*, I no. 89 (a. 905). *Actes Philippe Ier*, no. 24 (a. 1066, Flandre). PFLUGK-HARTTUNG, *Acta*, I no. 90 (a. 1104, Douai). Alodium cum supplemento ovium quod vulgo berquaria vocatur. VERCAUTEREN, *Actes de Flandre*, no. 68 (a. 1115). 40 librarum berquaria. SIMON, G. abb. Sithiens., lib. 2 c. 104, *SS.*, XIII p. 656. Ad instaurationem berquarie per terram ... agnos rogare fecisset et congregare. LAMBERT. ARDENS., c. 129, *SS.*, XXIV p. 625.

**berciolus** (celt.): *berceau — cradle.* Genitrix ... in agitario, quod vulgo berciolum vocant, pannis constrictum imposuit. V. Pardulfi abb. Waract., c. 18, MABILLON, *Acta*, III pars 1 p. 579 sq.

**beremannus**, v. barmannus.

**bereta**, beretum, v. birretum.

**berewicus**, beru-, -wica: partie éloigneé d'un



domaine — *berewick*, outlying portion of a manor. S. xi, Angl.

**berfredus**, ver-, bel-, bil-, bal-, beu-, biti-, buti-, bati-, -fridus (germ.): **1.** *tour défensive en bois — wooden wall-tower.* Tubisam firmitatem ... occupavit et eam hominibus et armis et victualibus munivit et novis fossatis et berefectis [leg. berefretis?] informavit. GISLEBERT. MONTENS., Chron., c. 100, ed. VANDERKINDERE, p. 141. Suburbia civitatis fuerunt munita spaldis, foveis et belfredis. Hist. Cortus., lib. 2, MURATORI, *Scr.*, XII col. 816. Munivit de bitefredis et beltreschis et aliis necessariis ad defensionem. Chron. Parmense, a. 1308, ib., IX col. 872. **2.** *machine de siège en forme de tour* portée sur roues — *transportable siege tower.* Ingentem machinam, quam berfredum vocitant, contra munitionem erexit. ORDERIC. VITAL., lib. 8 c. 16, ed. LEPRÉVOST, III p. 362. Item p. 364. Carpentarios berfredum facientes docebat. Ib., lib. 12 c. 36, IV p. 449. ROLANDIN., Chron., lib. 1 c. 8, MURATORI, *Scr.*, VIII pars 1 col. 177. Ann. Mediolan., a. 1330, ib., XVI col. 705. **3.** *beffroi*, tour municipale — *belfry.* Ad villam claudendam et inforcendam vel ad balfridum vel ad campanam faciendam omnes ... ponunt. BOURGIN, *Commune de Soissons*, p. j. no. 15 p. 432 c. 12 (s. xii ex.). **4.** *clocher — bell-tower.* Fecit incipere quoddam beufredium ... ad campanas suspendendas. Chron. Beccense, ed. PORÉE, p. 109 (s. xv).

**beria**, v. bera.

**beryllus**: *ver poli, cristal — cut glass, crystal.* S. xiii.

**berna** = perna.

**bernagium**, v. brennaticum.

**bernaria**, v. brennaria.

**berneca**, bar-, -naca, -nax (celt.): *bernache, oie sauvage — barnacle-goose.* S. xii.

**beroarius**, berr-, -uarius, -oerius: *sergent, serviteur armé — armed servant.* Ital., s. xiii.

**berquaria, berquarius**, v. berbica-.

**berra**, v. bera.

**bersa**: *clôture de chasse — hunting enclosure.* DUGDALE, *Monast. anglic.*, II p. 210.

**bersare**, birsare (< bersa): *chasser — to hunt.* Ne quis ... venari aut birsare aut alicujus silvatici generis bestias agitare praesumat. *D. Konrads II.*, no. 156 (a. 1030). In birsando ipsemet arcum tendit. RAHEWIN., G. Friderici, lib. 4 c. 86, ed. WAITZ-SIMSON, p. 344. Si quis birsando feram balista vel arcu occiderit. Lex pacis castr. a. 1158, *Const.*, I no. 173 c. 25.

**bersarius**, birsarius: *chasseur — hunter.* Bersarii, veltrarii, beverarii. HINCMAR., Ordo pal. c. 17, *Capit.*, II p. 523.

**bersator**: *braconnier — poacher.* S. xiii.

**berta**: *singe — monkey.*

**bertisca**, bertesca etc., v. britisca.

**bertona**: *réserve domaniale — barton, demesne farm.* S. xiii, Angl.

**bertonarius**: *prevôt* chargé de l'exploitation, ou fermier, de la réserve domaniale — *bartoner*, steward or farmer of a barton. S. xiii, Angl.

**beruwicus**, v. berewicus.

**bervi-**, v. berbi-.

**besacia**, besacis, v. bisacia.

**besantus**, v. byzantus.

**bessata**, bescata: mesure de terre: *bêchée* — measure of land: *spadeful, spit.* S. xiii.

**bessus**, bessa, besca, bescia, bechia (etymol. incert.): *houe, bêche — hoe, spade.* Fossorium quod bessam dicunt. LETHALD., Mir. Maximini Miciac. (s. x ex.), MIGNE, t. 137 col. 813 D. Adalhardi abb. Corbejens. statuta (a. 822), lib. 1 c. 1, ed. LEVILLAIN, *LMA*, t. 13 (1900), p. 361.

**bestia**: **1.** *tête de bétail — farm animal.* **2.** *monture — mount.* **3.** *bête de chasse — beast of chase.*

**bestialis**: **bestial — bestial.* Subst. neutr. **bestiale**: *bétail — cattle.*

**bestialiter**: *de manière bestiale — in a bestial way.*

**bestiarium**: **1.** *manuel de zoologie — zoological handbook.* **2.** *bétail — cattle.* S. xiii.

**beufredus**, v. berfredus.

**beum**, v. bedum.

**bever**, v. beber.

**beveragium**, bevragium, v. biberagium.

**beverinus** (adj.): *de castor — of a beaver.* Pro manice beverino. BITTERAUF, *Trad. Freising*, I no. 425 p. 365 (a. 819).

**biannum**, bianum, biennum, bienum, bianium, bidannum, bidannium: prestation d'origine militaire effectuée deux fois par an, qui consistait en corvées d'entretien des remparts et des fossés d'un château, plus tard également en d'autres corvées d'hommes de bras ou d'attelages dues aux seigneurs hauts-justiciers — a duty of military origin exacted twice every year and consisting in castle repair service, later also in other labour or cartage services due to lords possessing high jurisdiction. Retinuit biannum rusticorum ad castrum Luciacum et ad ducendas suas annonas. DE MONSABERT, *Ch. de Nouaillé*, no. 115 p. 188 (a. 1040-1078). Retinuit biannium rusticorum ad castrum claudendum. Ib., no. 142 p. 225 (a. 1077-1091). Remitto ... consuetudines quasdam ..., hoc est in toto burgo ipsius monasterii bidannum universum ... nisi in submonitione expeditionis publice ad castrum faciendum vel prelium committendum. MARCHEGAY, *Arch. d'Anjou*, III p. 8 no. 5 (a. 1040). Misit homines ... in bienno suo, videlicet in fossis suis faciendis. Ib., p. 68 no. 90 (ca. a. 1105). Cf.: R. GRAND, *Une curieuse appellation de certaines corvées au moyen âge: le „bian", „biain" ou „bien", Mélanges déd. à la mém. de Félix Grat*, Paris 1946, p. 288-300.

**bibere** (genet. -eris): *boisson — drink.* Benedicti regula, c. 35. Panem tantum frangentes singuli singulos biberes accipiant. Hincmari Remens. stat. a. 852, c. 16, *Opera* ed. SIRMOND, I p. 715. Item ALBERS, *Cons. mon.*, III p. 21 (s. viii); p. 162 (s. ix). Nonales fratrum ... biberes. EKKEHARD., Cas. s. Galli, c. 10, *SS.*, II p. 132 l. 10.

**biberagium**, bibra-, bevera-, bevra-: *vin du marché — deal-wine.* Goffridus ... Radulfo segrestario tres quarterios vinee ... vendidit ... Istius supradicte vinee bibragium Radulfus in domo ipsius Gaufridi reddidit, ubi interfuerunt qui inde testes sunt ... MARCHEGAY, *Arch. d'Anjou*, III p. 23 no. 27 (a. 1129).

**bibitio**: **l'acte de boire — the act of drinking.*

**bibleus**: *écrit sur papyrus — written on papyrus.* A Roma ... apostolice benedictionis munus bibleis cartis inscriptum ... detulerat. Mir. Liutwini (paulo ante a. 1095), c. 11, *SS.*, XV p. 1265.

**biblia**: *machine de guerre — war engine.* S. xiii.

**bibliotheca**: **l'Ecriture Sainte — the Scriptures.*

**bibliothecarius**: dignitaire de la Curie romaine chargé du soin de la bibliothèque et des archives pontificales — dignitary of the Roman curia in charge of the papal library and archives. J.-E. 2431 (a. 781); 2551 (a. 819).
**bicameratus** (adj.): *bâti en deux étages — of two floors.
**bicarius**, bec-, becc-, pic-, pec-, pecc- (<gr. βῖκος): 1. gobelet — beaker. 15 picaria, 50 scutelle. DRONKE, Trad. Fuld., p. 66 (a. 852). Cum argenteo bicario. THIETMAR., lib. 9 c. 14, ed. KURZE, p. 248. THANGMAR., V. Bernwardi Hildesh., cod. 2, c. 19, SS., IV p. 767 l. 53. ARNOLD. LUBIC., lib. 5 c. 14, ed. PERTZ in us. schol., p. 165. 2. pot — jug. Peccarium plenum cervisiae. G. pontif. Camerac., lib. 3 c. 22, SS., VII p. 472 l. 38. Item BORMANS-SCHOOLMEESTERS, Cart. de Liège, I no. 26 p. 41 (a. 1079). ERHARD, Reg. Westfal., I, CD. no. 165 p. 129 (a. 1090).
**bicha**, bichia, v. bischia.
**bichetus** (cf. frg. pichet): mesure de grains — corn measure. S. xii, Bourg.
**bicinium**: chant à deux voix — duet. ISID., Etym., lib. 6 c. 19 § 6.
**bicubitum**: *longueur de deux aunes — length of two ells.
**bidannum**, bidannium, v. biannum.
**bidardus**, bidaldus, bidaudus (<dardus): fantassin armé de deux dards — a foot-soldier armed with two spears. S. xiv.
**biduanus** (adj.): qui dure deux jours — lasting two days. Hube cum biduano servicio: corvée de deux jours par semaine — labour service of two days a week. Cod. Eberhardi, c. 43 § 9, DRONKE, Trad. Fuld., p. 116. Subst. femin. **biduana**: jeûne de deux jours — two days' fasting. Biduanas omnes faciant. Concil. Francof. a. 779/780 (?), Conc., II p. 109. Dominum per biduanis et triduanis abstinentiae ... supplicarent. Chron. Novalic., lib. 3 c. 4.
**biennalis**: *qui dure deux ans — for two years.
**biennum**, bienum, v. biannum.
**bietum**, v. bedum.
**bifangum**, bivangum, -ium (germ.): terrain inculte situé près d'une habitation rurale, enclos et réservé au défrichement — enclosed stretch of waste land near a village, reserved for clearance. Dedit R. archiepiscopus abbati de causa s. Martini in pago W. de illo bifingo in S. marcu suam legitimam partem et quicquid ad illum bifangum pertinet: terris araturiis, campis, silvis, pratis, pascuis, aquis aquarumve decursibus cum omni integritate. DRONKE, CD. Fuldens., no. 270 p. 136 (a. 812). In commarca ipsius ville bifangum unum ubi possunt edificari mansa centum necnon insaginari porci mille. D. Lotharii II reg. a. 867, BEYER, UB. Mittelrh., I no. 108 p. 113. Item ib. no. 93 p. 97. Tradit. Corbejens. no. 351, ed. WIGAND, p. 77. Bifangum unum ad 36 jurnales. KINDLINGER, Hörigkeit, no. 1[c] p. 219 (ch. a. 881). Nulla persona in bivangio predicti forasti ... venari presumat. D. Ottos III., no. 164 (a. 995). In eodem bivangio feras forestatas habuit. D. Heinrichs II., no. 326 (a. 1014).
**bifarie** (adv.): *doublement — doubly.
**bifarius**: 1. *double — double. 2. *dissimulé, menteur — double-tongued.
**biffa**: une sorte d'arme de jet — kind of catapult.
**bifulcus** = bibulcus.
**bifurcatus** (adj.): bifurqué — forked.
**bigamia**: bigamie — bigamy. S. xii.
**bigamus**: *deux fois marié — twice married.
**bigare**: charrier — to cart. S. xiii.
**bigata** (subst. femin.) (<biga): charretée — cart-load. Unam carratam vel duas bigatas foeni. Gall. Christ.², X instr. col. 221 (ch. a. 1182). Bigatam lignorum singulis septimanis. BRUNEL, Actes Pontieu, p. 153 no. 106 (a. 1183).
**bigerra**, bigerrica: *habit d'étoffe grossière — coarse fabric dress.
**bigrus**, bigarus (germ.): apiculteur — beefarmer. S. xiii.
**bilanx** (adj.): *à deux plateaux — with two scales. Subst. **bilanx**, ba-, -lanca, -lantia: balance — balance, scales.
**bilfredus**, v. berfredus.
**bilinguitas**: tromperie, mystification — take-in, foolery. Scurilitates, bilinguitates, dissensiones. Concil. Aquisgr. a. 816, c. 14, Conc., II p. 448.
**billa**: notice, mémoire — schedule, record, bill. S. xiii.
**billetum**, -ta (< bulla): notice, billet — schedule, notice, bill. S. xiii.
**billio**, billo, bullio (genet. -onis), billonus, bullona (celt.): billon — bullion. Contractus auri, argenti in massa vel billionis. Ordonn., I p. 326, not. col. 2 (a. 1295). In argento de billione basso a sex denariis inferius. Const., IV pars 1 no. 669 p. 639 (a. 1311).
**billus**: bille, tronc d'arbre — log, trunk.
**bina**: rangée d'étaux — row of stalls. S. xii ex., Ital.
**binare**: labourer une terre pour la deuxième fois — to plough a field a second time. S. xii.
**binarius** (adj.): *double, consistant en deux — double, twofold.
**binatura**: deuxième labourage — second ploughing. Ad versaturam omnes carrucas ville una vice, et ad binaturam una vice. D. Henrici I reg. Fr. (a. 1031-1060), TARDIF, Cartons, no. 280 p. 173 col. 2.
**binomius** (adj.) = binominis.
**biothanatus** (adj. et subst.): 1. *suicidé — suicide. 2. *périssant de mort violente — suffering violent death. 3. qui meurt sans confession et sans viatique — one who dies without confession and unction. Ecclesiastici doctores ... sordidam ejus vitam et tetrum finem considerantes ... ecclesiastica veluti biothanatum absolutione indignum censuerunt. ORDER. VITAL., lib. 11 c. 14, ed. LEPRÉVOST, IV p. 89. 4. infidèle à la foi chrétienne, condamné à la mort éternelle — infidel to Christian faith, condemned to eternal death.
**bipennis**: épée à deux tranchants — two-edged sword. Ann. Palid., a. 935, SS., XVI p. 63.
**birillus** = beryllus.
**birotata**: charretée — cart-load. MARTÈNE, Thes., I col. 187 (ca. a. 1060).
**birotus** (adj.): *à deux roues — two-wheeled. Subst.: *charrette à deux roues — two-wheeled carriage.
**birratus** (adj.): plissé — pleated. S. xiii.
**birretum**, birettum, beretum, bereta (<birrus): béret — barret. Statim ipse imperator F. traxit se beretam de capite et ... cum illa bereta ambo investivere me. JORDAN, Urk. Heinrichs d. Löwen, no. 86 p. 128 (a. 1171). Cum bereta quam in sua tenebat manu investivit domnum B. marchionem Montisferati de suo recto



feudo. MABILLON, Ann., IV p. 691 col. 1 (ch. a. 1199).
**birreus** (adj.): de laine — woollen.
**birrus**, birrum (gr.): 1. *manteau — cloak. 2. froc de moine — monk's cowl.
**byrsa**, byrsum, bursa (gr.): 1. *peau d'animal, spéc. cuir de boeuf — animal skin, esp. oxhide. ISID., Gloss., no. 282. ALDHELM., Virg., c. 35, Auct. antiq., XV p. 279. Id., Carmen de virg., v. 1204, ib., p. 403. RHABAN. MAUR., Poem. 29, Poet. lat., II p. 199. 2. sac de cuir, bourse — leather bag, purse. V. Eligii, lib. 2 c. 12, Scr. rer. Merov., IV p. 678. PETR. BLESENS., epist. 17, MIGNE, t. 207 col. 63 B. COSMAS, lib. 1 c. 11, ed. BRETHOLZ, p. 25. 3. caisse, fonds affecté au paiement de pensions — cash, fund appropriated for paying stipends. S. xiii. 4. pension, subvention périodique, bourse — pension, stipend, scholarship. S. xiii. 5. les frais de l'entretien pour une semaine — one week's cost of living. Expensas unius septimane, quod vulgariter bursa nuncupatur. DENIFLE, Chart. Univ. Paris., I p. 258 no. 231 (a. 1254). Item ib. p. 229 no. 201 (a. 1252). 6. fief-rente — money-fief. S. xiii.
**birsare, birsarius**, v. ber-.
**bisa** (germ.): 1. bise, vent du nord — north-wind. 2. septentrion — North. Ab occasu terminat ... et a mane ..., contra ventum ..., contra bisam ... BERNARD-BRUEL, Ch. de Cluny, I no. 303 (a. 927-'42).
**bisacia**, be-, -ca, -cis (<bis, saccus): besace — wallet. S. xii.
**bisacutus** (adj.): *à deux tranchants — two-edged. Subst. femin. **bisacuta**: hache à deux tranchants — two-edged axe. S. xiii.
**bisanteus**, -ius, -us, v. byzanteus.
**bisavus**, -ius: bisaïeul — great-grandfather. MURATORI, Antiq., VI col. 378 (a. 715). MARTÈNE, Ampl. coll., I col. 41 (a. 780). D. Karlmanns, no. 26 (a. 879). CD. Cajetan., I p. 153 (a. 983).
**biscatia**: jeu de dés — game of dice. S. xiv, Ital.
**bischia**, bischa, bichia, bicha, bissa (< bestia): biche — hind. PROU-VIDIER, Ch. de S.-Benoît-s.-Loire, I no. 152 p. 347 (a. 1147).
**biscoctus** (adj.): biscuité — twice-cooked. S. xiii. Subst. **biscoctus**: biscuit — biscuit. S. xiii.
**bisextilis**, biss-: *du jour intercalaire, de l'année bissextile — of the intercalary day, of the leap year.
**bisextus**, biss- (adj.): *idem quod bisextilis. Subst. **bisextus**: jour intercalaire, année bissextile — intercalary day, leap year.
**bisiltis** = bisulcus („porc — swine").
**bisomum**: *sépulchre pour deux morts — grave for two bodies.
**bissa**, v. bischia.
**byssare**: recouvrir de toile — to cover with linen.
**byssinus** (adj.): en toile fine, en batiste — made from fine linen, from cambric. Subucula bissina. ALDHELM., Virg., c. 58, Auct. antiq., XV p. 318 l. 2. Subst. neutr. **byssinum**: vêtement en toile fine — fine linen garment.
**byssus** (gr.): *toile fine, batiste — fine linen, cambric.
**bisturris**: double tour — twin tower. S. xiii.
**bisus**, bissus, bisius (adj.): bis, gris — grey. Unum panem, altera vice de albo, altera de biso. GUÉRARD, Cart. de S.-Père de Chartres, II no. 54 p. 307 (a. 1101-1129).
**bithalassus** (adj.): *touché par deux mers — with two seas touching it.
**bitifridus**, v. berfredus.
**bitricus**: troglodyte (oiseau) — wren.
**bivangum**, bivangium, v. bifangum.
**byzanteus**, bis-, bes-, -antius, -antus: monnaie d'or byzantine — Byzantine gold coin. FATTESCHI, Memor. di Spoleto, p. 308 (a. 995); p. 320 (a. 1018). BITTERAUF, Tradit. Freising, II no. 1609 (a. 1024-'31). Cantat. s. Huberti, c. 24, ed. HANQUET, p. 68 (a. 1071). Ruodlieb, fragm. 5 v. 314.
**bizochus**: membre de la secte des fraticelli — member of the Fraticelli sect. S. xii ex.
**bladagium**: prestation en blé — corn duty. S. xiii.
**bladarius**: marchand de blé — corn dealer. S. xiii.
**bladata**, -da (femin.): prestation en blé — corn duty. S. xiii.
**bladataria**: grenier — granary.
**bladiarius**, bladerius (adj.): de blé — of corn. Molendinum bladiarium. S. xiii.
**bladum**, bladium, blavium, blava (celt.): 1. blé à farine (froment, seigle, épeautre) — breadcorn (wheat, rye, spelt). 2. froment — wheat. 3. blé en herbe — standing crop. 4. gerbe de blé — sheaf. 5. moisson de blé — corn harvest. GUÉRARD, Polypt. d'Irminon, p. 77; p. 116; p. 267. 6. champ de blé — cornfield. GIRY, Doc., p. 3 c. 16 (a. 1181/1182, Bourges).
**blaffardus** (teuton.: „de couleur pâle — pale-coloured"): espèce de monnaie — a coin.
**blanchetus**, -quetus, -ketus (angl. blanket): certaine étoffe en lainage blanc — kind of white woollen tissue. S. xiii.
**blancus** (germ.): blanc — white. Cavallos blancos. LEO ARCHIPR. NEAPOL. (saec. x), V. Alex. M., p. 3. Subst. **blancus, blanca**: monnaie d'argent — silver coin. S. xiii.
**blandifluus**: *flatteur — flattering.
**blandiloquium**: *flatteries — flattering speech.
**blandimentum**: 1. faveur, permission, autorisation — favour, assent, permission. [Judices] sine blandimento ipsius qui causam habet faciant [testes] ad eandem causam venire. Pippini capit. ital. (a. 801-810), c. 12, I p. 210. Per 30 ... annis [i. e. annos] ... instetimus absque blandimento vel jugo servitutis ... nullo comite vel judice nos inquietante. THÉVENIN, Textes, no. 106 (a. 874). Absque blandimento de comitibus vel vicariis. Ib., no. 80 (a. 845, Marseille). 2. prestation due pour obtenir une autorisation — payment due for obtaining assent. Numquam pro praedicta fortia [forteresse — fortress] ... aliquod servitium vel blandimentum faciatis. Hist. de Languedoc, II pr. col. 591 (a. 1163).
**blaserius** (cf. angl. blaze): incendiaire — incendiary. S. xii.
**blasphemare** (gr.; > francogall. blâmer, angl. blame): 1. *médire de qq'un, calomnier, diffamer, inculper iniquement — to speak evil of a person, to abuse, to slander, to inculpate falsely. 2. spec.: *maudire Dieu, blasphémer — to curse God, to blaspheme. 3. récuser une sentence, la déclarer fausse — to blame a judgment, to declare it to be false. De clamatoribus vel causidicis qui nec judicium scabinorum adquiescere nec blasfemare volunt. Capit. miss. Theodonisv. II a. 805, c. 8, I

p. 123. Si quis judicium in curia majoris factum blasphemaverit. BOURGIN, _Commune de Soissons_, p. j. no. 15 p. 432 c. 9 (s. xii ex.).
**blasphematio**: _*blasphémie — blasphemy._
**blasphemator**: _*blasphémateur — blasphemator._
**blasphemia** (gr.): **1.** _*médisance, calomnie, diffamation, inculpation inique — evil-speaking, slander, false inculpation._ **2.** _inculpation — accusation._ Hoc inquirere fecimus per pagenses, et non invenimus de ejus opinione nulla mala nec nulla blasphemia. F. sal. Merkel. no. 64, _Form._, p. 263. **3.** _mauvaise réputation — notoriety._ De latronibus qui magnam habent blasphemiam: quicumque aliquem ex ipsis conpraehenderit, nullum dampnum exinde patiatur. Capit. miss. Aquisgran. I, c. 11, I p. 153. **4.** _*blasphémie — blasphemy._
**blasphemus** (adj.): **1.** _*médisant — evil-speaking._ **2.** _*blasphématoire — blasphemous._ **3.** (pass.): _homme de mauvaise réputation, malfaiteur notoire — notorious criminal._ Capit. Carisiac. a. 873, c. 3, II p. 344 l. 30.
**blatta**: **1.** _*pourpre — purple._ **2.** _soie pourprée — purple-coloured silk._ Inlita blatta toris aurumque. FORTUN., V. Martini, lib. 2 v. 89, _Auct. antiq._, IV p. 317.
**blatteus**: _pourpré — dyed purple._ CASSIOD., Var., lib. 8 c. 5 § 2; lib. 5 c. 34 § 2. FORTUN., Carm., 8, 7, 11, _Auct. antiq._, IV p. 194.
**blattinium**: _pourpre_ (matière colorante) — _purple dye._ Lib. pontif., Gregor. I, ed. MOMMSEN, p. 162.
**blava**, blavium, v. bladum.
**blaveus**, blavius, blavus, blodius, blojus (germ.): **1.** _bleu — blue._ Bonif. et Lulli epist. 6, _Epp._, III p. 244. **2.** _meurtri de coups — bruised by knocking._ Qui proclamavit ad arma non vulneratus et non blaveus et non spoliatus. KEUTGEN, _Urk. städt. Verf.gesch._, no. 144 (ca. a. 1221, Münster). Subst. neutr. **blaveum**, blavium: **1.** _drap bleu — blue cloth._ S. xiii. **2.** _ardoise — slate._
**blesta**: _motte de tourbe — square of peat._ S. xiii, Angl.
**blestare**: _tourber — to cut turves._ S. xiii, Angl.
**blestaria**: _tourberie — turbary._ S. xii, Angl.
**bleta** = blitum.
**blialdus**, bliandus, blianta: _bliaud, veston — jacket._ S. xiii.
**1. blida** = blitum.
**2. blida** (< gr. βολίς): _baliste — catapult._ S. xiii.
**blissare**: _balbutier — to stammer._ Blissando respondere tentabat. Mir. Bertini, lib. 2 c. 4, MABILLON, _Acta_, III pars 1 p. 130.
**blodius**, blojus, v. blaveus.
**bluetum**, blouetum, blauetum: _drap bleu — blue cloth._ S. xiii.
**boagium, boaria, boata**, v. bova-.
**bobinator**: _un arrogant — conceited person._
**boca, bocale**, v. bau-.
**bocalarium** (< buccula): _bouclier — buckler._ Chron. Mutin., MURATORI, _Rer. it. scr._, XV col. 612.
**bocca** = bucca.
**bocelatus** (< buccula): _muni d'une bosse — with an umbo._ Duo scuta optima bocelata. Honoranciae civit. Papiae (ca. a. 1027), c. 3, _SS._, XXX p. 1452.
**bocharia**, boccaria, bocheria: _boucherie — slaughter-house._ Cum capella, lateria, bocharia et cinctis. _D. Ottos II._, no. 211 (a. 980).
**bocharius**, bucharius (< buccus): _boucher — butcher._ Ne qui mercatorum, maxime buchariorium, se subtrahant. CALMET, _Hist. de Lorraine_[2], II pr. col. 245 (a. 990).
**bocheranum**, v. bucheramum.
**bochetum**, bocetum (< boscus): _bosquet — grove._ ADAMNAN., V. Columbae, lib. 3 c. 3, _AASS._, Jun. II p. 234 C.
**bocula**, v. buccula.
**bocularis**, v. pocularis.
**boda**, botha (germ.): _baraque — booth._ S. xii.
**bodina**, butina, boina, bonna, bonda, bunda (celt.?): _borne — bound, landmark._ Si ibidem infra terminationem aliqua indicia seu sarte vel butinas aut mutuli facte exteterunt. Lex Ribuar., tit. 60 § 4. Bodena antiqua, que est in supercilio montis. CASSAN-MEYNIAL, _Cart. d'Aniane_, p. 145 no. 160 (a. 804). Abgecit [i. e. adjacet] ipse campus de uno latus et uno fronte terra [i. e. ad terram] s. Juliano per bodinas fixas et loca designata. DE MONSABERT, _Ch. de Nouaillé_, no. 13 p. 25 (a. 831/832). Prato dominicario per bodenas fictas [i. e. fixas] ... vobis cedo. DESJARDINS, _Cart. de Conques_, p. 100 no. 108 (a. 887). Terra ... qui terminat ... ad cercio terra E. et suis eres et in giro bodinas positas. BERNARD-BRUEL, _Ch. de Cluny_, I no. 212 (a. 918). Infra istas fines vel bodines positas. Ib., no. 704 (a. 947). Ipsa vinea bene est circumcincta per bodinas fixas et loca designata. DE FONT-RÉAULX, _Cart. de Limoges_, p. 167 no. 168 (ca. a. 930). Multi ibi limites quos alii bomnas nominant suorum recognoverunt agrorum. RADULF. GLABER, lib. 2 c. 10, ed. PROU, p. 48.
**bodium**, bogium (cf. angl. _body?_): **1.** _le corps, le nef_ d'une église — _the body,_ the _nave_ of a church. Duos instituimus capellanos qui in bodio ecclesie missam celebrent. HAUTCOEUR, _Cart. de S.-Pierre de Lille_, I no. 142 p. 139 (a. 1218). **2.** _la partie des revenus paroissiaux attachée au corps de l'église_ et réservée au seigneur, à savoir les deux tiers de la dîme (par opposition à la partie attachée à l'autel et attribuée au prêtre, c.-à-d. un tiers de la dîme) — _the portion of the parish revenue which is attached to the church body,_ being reserved for the lord (as contradistinguished from the portion attached to the altar and assigned to to the priest). Ecclesiam de F., bodium et altare. _Actes Phil. Ier_, no. 22 (a. 1065). Bodium R. ecclesie parochie novi et veteris terre. VERCAUTEREN, _Actes de Flandre_, no. 7 (a. 1087). Ecclesiam ... scilicet altare cum tota alia parte quam vulgus bogium solet appellare. MIRAEUS, II p. 945 (a. 1135-1190). Et 8 autres textes du xie et du xiie siècles, toutes de provenance flamande — and 8 more xith and xiith cent. flemish texts. Cf. L. VOET, _Bodium, redecima, ALMA_, t. 20 (1950).
**boga**, v. bauga.
**boillo**, v. 1. bullio.
**boissellus**, boistellus, v. bustellus.
**1. boja**, bogia, boga: _*chaîne, menotte — shackle._
**2. boja**: _grenier — loft._ Super portam possum facere capellam vel bojam ad jacendum vel ad segetem ponendum. BRUNEL, _Actes de Pontieu_, p. 354 no. 240 (a. 1214).
**bola**: _borne — landmark._ S. xii, Ital.
**bolengarius**, bulen-, -tarius: _boulanger — baker._ BRUNEL, _Actes de Pontieu_, p. 11 no. 8 (a. 1100). VERCAUTEREN, _Actes de Flandre_,



no. 69 (a. 1115). FAYEN, _Lib. tradit. s. Petri Blandin._, p. 131 (s. xii).
**boletare**, bultare: _tamiser, cribler — to bolt, to sift._ S. xiii, Angl.
**bolismus** (gr.): _fringale — excessive hunger._
**bolla** (germ.): **1.** _bol, coupe — bowl._ S. xii, Angl. **2.** _mesure de capacité — dry measure._ S. xiii, Angl.
**bombardum**, bombarda (femin.) (< bombus): **1.** _canon — cannon._ S. xiv. **2.** _boulet — cannon-ball._ S. xv.
**bombycinus**, bam-, -ba-, -ceus: _de coton — made of cotton._ Bombicinum purpurae peplum. ALDHELM., Virg., c. 9, _Auct. antiq._, XV p. 236. Oloserícis et bombicinis indutum vestibus. Ib., c. 35, p. 278 l. 3. Veste bambicea. LEO NEAPOL., V. Alexandri M. (ca. a. 942), ed. PFISTER, p. 3. Subst. neutr. **bombycinum**: _chemise_ ou _blouse en coton — cotton shirt_ or _doublet._
**bombyx**, bombax, bambax, -icium, -icum -acium (gr.): **1.** _coton — cotton_ (par un erreur remontant à Pline, qui attribuait le coton à un insecte semblable au ver à soie — in consequence of an error by Plinius who thought cotton was produced by an insect similar to the silkworm). Saccum, qui bombacis involucro plenus erat. PETR. DAMIANI, epist. lib. 7 no. 17, MIGNE, t. 144 col. 457 C. Albas de matassa bambacii octo. PETR., Chron. mon. Casin., lib. 3 c. 58, _SS._, VII p. 743 l. 45. Culcitras refertas bombice. GUILL. TYRENS., lib. 8 c. 13, MIGNE, t. 201 col. 422 B. **2.** _tissu de coton — cotton fabric._ Corcembaldum meum de bambace. _CD. Cavens._, II p. 59 (a. 968). **3.** _chemise_ ou _blouse de coton — cotton shirt_ or _doublet._ Mobilem meum quem habeo, id est meum bombicum et meas pellicias. DE MARCA, _Marca hisp._, app., col. 1020 (a. 1020).
**bombus**: _bruit fort, éclat — loud noise, peal._
**bonagium**, born- (< bodina): le _droit de fixer les limites_ des tenures d'un domaine et de lever des rétributions à cause de celà — _the right to fix the boundaries_ of fields held in manorial tenure and to levy dues for this. _Actes Phil.-Aug._, no. 656, II p. 215 (a. 1200/1201).
**bonarium**, bonnarium, v. bunuarium.
**bonda**, bonna, v. bodina.
**bondagium**: **1.** _servitude — bondage, villeinage._ **2.** _tenure servile — bondage-tenure._ S. xiii, Angl.
**bondus**, bundus (anglosax.): _serf — bond, villein._ S. xi, Angl.
**bonitas**: _aide, don au seigneur, taille — aid, tallage._ Ordonn., XI p. 211 (a. 1179).
**bonnerus** (fris.): _appariteur judiciaire — judge's sergeant._ Bonnerus vel bedellus actionem non indixit. VON RICHTHOFEN, _Fries. Rechtsqu._, p. 40 l. 14 (s. xiii in.).
**bonus**. Boni homines: personnes ayant la qualité requise pour figurer comme témoins ou comme assesseurs de tribunal — people who are qualified for acting as witnesses or as assessors in a court. Judex ... non solus judicium donet, sed cum bonos homines et in aperta domo. Lex Romana Curiensis, lib. 1 tit. 6, _LL._, V p. 308. Si homines boni tres aut quatuor interfuerint. Liutprandi leges, c. 8. A judice vel bonis hominibus ... estimatus. Lex Visigot., lib. 6 tit. 1 § 4. Item lib. 10 tit. 1 § 17. Ante bonis hominibus convenit, ut ... F. Andecav. no. 5, _Form._, p. 6. In mallo publico ante illo comite vel reliquis quam plures bonis hominibus. F. Senon. no. 10, ib., p. 189. Cum resedisset inlustris vir ille comis mallo illo una cum pluris bonis hominibus. F. Sal. Merkel. no. 38, ib., p. 256. Apud ipso garafione vel apud ipsos bonos hominibus qui in ipsum mallum resedebant. F. Sal. Bignon. no. 9, ib., p. 231. Per bonorum hominum liberorum testimonium bonam famam habentium. Capit. de latron. (a. 804-813), c. 4, I p. 180. [Per] testimonium bonorum hominum, qui tunc aderant quando liber dimissus fuit, se defendere permittatur. _Capit._, I p. 215 c. 7. Subst. **boni** (sc. homines). Pactione[m] mano germano suo suscripta[m] vel bonorum roboracione firmata[m]. _D. Merov._, no. 12 (ca. a. 628). Subst. neutr. **bonum**: un _bien,_ spéc. un _bien-fonds — property,_ esp. _landed property._ E.g.: Comparavimus bonum unum in villa O., quod omnibus annis 4 uncias solvit. STIMMING, _Mainzer UB._, I no. 457 p. 365 (a. 1112).
**borchgravius**, v. burchgravius.
**1. borda** (germ.): _borde, tenure de bordier — bordar's holding._ In villa q. v. F. et illas bordas terras [sic] quas ibi habebant. DE MONSABERT, _Ch. de Nouaillé_, no. 44 p. 79 (a. 927).
**2. borda** (germ.): _bordure, rebord_ de vêtement — dress _edging, seam._ S. xiv.
**3. borda**, v. bordum.
**bordagium**: _tenure de bordier — bordar's holding._ MENJOT D'ELBENNE, _Cart. de S.-Vincent du Mans_, col. 146 no. 240 (ca. a. 1100). Cf. R. LATOUCHE, _Défrichement et peuplement rural dans le Maine du IXe au XIIIe siècle, LMA_, t. 54 (1948) p. 84 sqq.
**bordaria**: _tenure de bordier — bordar's holding._ Una petia de terra cum silva et bordarias et pratum et terra arabile. DE MONSABERT, _Ch. de Nouaillé_, no. 63 p. 107 (a. 952). Villam ... hoc sunt septem et duo mansi, bordarias septem. DE FONT-RÉAULX, _Cart. de Limoges_, p. 45 no. 20 (a. 975-985). Dono uno manso A. et una bordaria A. TARDIF, _Cartons_, no. 263 p. 166 col. 1 (a. 1031-1033).
**bordarius**: _bordier — bordar._ S. xi, Angl.
**bordelagium**: _droit seigneurial sur une tenure dite „bordellum". — seignorial right regarding a holding called "bordellum"._ S. xiii.
**bordelaria**: _tenure de bordier — bordar's holding._ BERNARD-BRUEL, _Ch. de Cluny_, V no. 3825 (a. 1105).
**bordelarius**: _tenancier d'un „bordellum" — holder of a "bordellum"._ S. xiii.
**bordellum**, bordelum (< 1. borda): **1.** _tenure de bordier — bordar's holding._ Dedit Anna bordellum Tebaudo ad 12 den. de censu. MARCHEGAY, _Arch. d'Anjou_, III p. 66 no. 86 (ca. a. 1115). **2.** _maisonnette, cabane — cabin._ Domunculam circumdedit ... S. vero de bordello exiit. GUILLELM. GEMMETIC., lib. 7 c. 14, MIGNE, t. 149 col. 855 C. **3.** _maison close — brothel._
**bordo**, bordonus, v. burdo.
**bordum**, borda, bordo (genet. -onis) (germ.): **1.** _planche — board._ In pila bordones ponere. _CD. Cavens._, II p. 333 (a. 992). **2.** _bord de vaisseau — ship-board._ Scuta que bordum habet debet comiti 2 d.; si vero bordo caret, debet comiti 1 d. _Hansisches UB._, I no. 432 p. 144 (a. 1252).
**bordura** (< 2. borda): _bordure, rebord — border, edging._ S. xiii.

**borea** = boreas.
**borealis**: *septentrional — northern.
**borientalis**: septentrional — northern.
**borra**, v. burra.
**bosa**: *bouse — muck.
**boscagium**, busca-: **1.** *bocage, bosquet — grove.* **2.** *droit d'usage dans le bois — right of wood easement.* **3.** *redevance due pour l'usage des bois — due for wood easement.*
**boscare**: *couper des branches dans le bois — to cut branches in the wood.* Boscare et pascolare. BACCHINI, Stor. di s. Bened. di Polirone, p. 54. Boscheare in nemoribus. GABOTTO, Cartar. di Pinerolo, p. 83.
**boscellus**: *bosquet — grove.* S. xiii.
**boscus**, buscus, -um (germ.): **1.** *un bois, terrain boisé — a wood, woodland.* Abjacet [i. e. adjacet] campus: ... fronte uno bosco communo [i. e. communis]. DE MONSABERT, Ch. de Nouaillé, no. 15 p. 28 (a. 837). Cum suprapositis et vineis et terris sub boscis. D. Charles II le Chauve, no. 145 (a. 847-852). Cum vineas, cum pratis, cum ipsos boscos ... DESJARDINS, Cart. de Conques, p. 30 no. 24 (a. 902). Nulli ... consuetudinem ... reddat propter ipsum [curtilum] nec propter aquam aut boscum. BERNARD-BRUEL, Ch. de Cluny, I no. 121 (a. 910-927). Boscum et villam S. D. Louis IV, no. 27 (a. 946). Sues e bosco abducendi erant. AIMOIN., Mir. Bened., lib. 2 c. 8, ed. DE CERTAIN, p. 110. Partem terre in bosco et in plano ecclesie tradiderunt. ROUSSEAU, Actes de Namur, no. 22 (a. 1179). **2.** *du bois,* spéc. *du bois de chauffage ou de construction — wood,* esp. *firewood or timber.* E.g.: Tres cotidie quadrigatas in suis nemoribus de bosco mortuo ad opus coquine ... possidebant. Actes Philippe Ier, no. 142 (a. 1101), p. 354. [Non] capiemus alienum boscum ad castra vel alia agenda nostra. Joh. reg. Angl. magna charta a. 1215, c. 31.
**bosiare**, v. bausiare.
**bossellus**, bostellus, v. bustellus.
**bostár** (genet. -aris): *étable — byre.
**bostellagium** ( < bustellus): *redevance due pour le mesurage au boisseau — bushel measuring revenue.* S. xii.
**1. bota**, botte — boot. Fragm. de concil. Aquisgran. a. 816, Conc., II p. 833 (s. xii?). Mon. Boica, t. 13 p. 141.
**2. bota**, buta (belg.): *amende — fine.* S. xiii.
**3. bota**, v. buttis.
**botha**, v. boda.
**boticus**, botagium, bottagium, butagium ( < buttis): *impôt sur la vente du vin en fût — impost on sale of wine in cask.* Omnes malas consuetudines, botaticos, albergas atque tragas... dimitto. Gall. chr., I instr. p. 39 (a. 1078).
**botellaria**, v. buticularia.
**botellarius**, bottellarius, v. buticularius.
**1. botellus**, budellus (class. „saucisse — sausage"): *boyau — bowel.* Si botellum vulneraverit ... Si botellus de vulnere processerit et iterum interius remittitur ... Lex Fris., tit. 22 § 53, § 56. Si intestina vel botelli perforati claudi non potuerint. Ib., Iudicium Wulemari, § 3. Item Lex Anglior., tit. 5 § 14.
**2. botellus**, botella, v. buticula.
**boteracium**, bute-: *contrefort — buttress.* S. xiii, Angl.

**botinum**, v. butinum.
**boto** (genet. -onis), buto, botonus: *bouton — button.* S. xiii.
**botrus**, botrys (genet. -yos), botryo (genet. -onis) (gr.): *grappe de raisin — cluster of grapes.*
**bova**: *voûte, cave — vault, cellar.* S. xiii.
**bovaria**, boaria, boairia: **1.** *étable, ferme d'élevage, métairie — byre, dairy farm.* S. xii. **2.** idem quod „bovaticum". Reddiderunt ... asenarias et boarias et alberguarias ... et omnes malos usus quos ibi apprehendebant. GUÉRARD, Cart. de S.-Victor de Mars., I no. 605 p. 600 (ca. a. 1090).
**bovarica**: *étable — byre.* Vinea, bovarica et manarica [quid?] ante monasterium. Priv. Joh. XVIII pap. a. 1005, PFLUGK-HARTTUNG, Acta, II no. 93 p. 57.
**bovarius**: *bouvier — cowherd.* Dagescalci vel pistores, bovarii aut piscatores. D. Heinrichs III., no. 372 B (spur. ca. a. 1116).
**bovata**, boata, boada, boveta: *la superficie de terre susceptible d'être labourée par une paire de boeufs dans une saison (en Angleterre) ou dans une journée (en France) — as much arable as may be ploughed with two oxen in one season (England) or in one day (France).* S. xii.
**bovaticum**, bovagium, boagium, boatium: *corvée de transport avec un chariot à boeufs ou redevance payée au lieu de cette corvée — transport service with ox-waggon or payment instead.* S. xiii.
**bovinus** (adj.), bubinus: *bovin — bovine.*
**brabantio** ( < Brabant). Plural. brabantiones: *mercenaires, routiers — mercenaries, marauders.* Teutonicorum quos brabantiones vocant immanissima pestis accessit. Hist. de Fr., XVI p. 130 A (ca. a. 1160).
**brabium**, brabeum, bravium (gr.): *prix de la victoire dans les concours — prize of victory in a competition.* Saepe figur.
**1. braca**, bracca: *barrage de pêche — weir.*
**2. braca**, v. bracis.
**bracale**, v. 1. bracile.
**bracaria**, braceria, v. brachiaria.
**bracco**, braccus, v. braco.
**brace**, bracium, v. bracis.
**bracellus** ( < bracis): *gâteau de malt — malt cake.* S. xii.
**bracena**, v. bracina.
**brachare** (cf. teuton. brechen): *bêcher — to break a field.* In primum vir [i. e. primo ver] arata [leg. arare] jurnalem unam, et in mense Junio brachare alterum et in autumno ipsum arare et seminare. WARTMANN, UB. S.-Gallen, I no. 39 (a. 763).
**bracheria**, bragerium ( < bracae): *brayer, culotte — truss, breeches.* S. xii.
**brachetus**, bracetus, bracatus, brachettus ( < braco): *petit chien de chasse — brachet (dog).* S. xii.
**brachiale**. brachile, bracile, braciale (ces dernières formes par confusion avec bracile: *„ceinture — girdle"* ( < brachium): **1.** *bracelet — bracelet.* Lex Sal., tit. 27 addit. 10. F. Andecav., no. 1 b, Form., p. 5. V. Eligii, lib. 1 c. 10, Scr. rer. Merov., IV p. 677. **2.** *manche — sleeve.* Chron. Novalic., lib. 2 c. 12, ed. CIPOLLA, p. 156. EKKEHARD, Casus s. Galli, c. 14, SS., II p. 137 l. 23.

**brachialium** (gr.): *avant-corps — forefront* of a building. ANAST. BIBLIOTH., Chronogr., ed. DE BOOR, p. 223.
**brachiaria**, bracia-, braza-, braca-, brace- ( < brachium): *tenure exiguë, labourée sans animal de trait — small holding, worked without a draught-animal.* Unam braceriam quam tenet G. GUÉRARD, Cart. de S.-Victor de Mars., I no. 130 p. 157 (a. 1045). Unum mansum meliorem et alterum de mediis et unam braciariam. Ib., no. 105 p. 134 (ca. a. 1070). Habet ibi duos mansos elemosina: unum de G. ... et unam braciariam, quam dedit R. Ib., no. 42 p. 64 (s. xi).
**brachiata**: *brassée,* mesure linéaire *— armlength,* linear measure. Habet ipsa casa per longum braciatas 5 et in lato 3. CASSAN-MEYNIAL, Cart. d'Aniane, p. 431 no. 313 (a. 829).
**brachicus** (gr.): *succinct — concise.* Brachico veracique stilo. GREGOR. CATIN., Chron. Farf., ed. BALZANI, p. 14 B.
**brachium**: **1.** *puissance — might.* **2.** *violence — force.* Brachio ... confringeret januas [ecclesiae]. Lib. pontif., Hadr. I, § 24, ed. DUCHESNE, I p. 494. Ibi saepe.
**1. braciale**, v. brachiale.
**2. braciale**, v. 1. bracile.
**braciare**, brasciare, brasiare, braschare, braxare, bratsare, brazare ( < bracis): *brasser — to brew.* Polypt. Irminonis, br. 13 c. 6, ed. GUÉRARD, p. 149. Adalhardi abb. Corbejens. statuta (a. 822), lib. 2 c. 15, ed. LEVILLAIN, LMA, t. 13 (1900), p. 384. Urbar. Prum. a. 893, c. 33, BEYER, UB. Mittelrh., I p. 162; item c. 104, p. 192.
**braciarius** (adj.): *de brassage — for brewing.* Pro reparatione caldarii braciarii. FAYEN, Lib. trad. s. Petri Blandin., p. 165 (a. 1162). Subst. neutr. **braciarium**: *brasserie — brewery.* Monasterii ministeria ... id est pistrinum, hortus, bratiarium, coquina ... Epp., IV p. 550 c. 16 (a. 812).
**braciator**, brasiator, braxator, bratsator, brasator: *brasseur — brewer.* Adalhardi abb. Corbejens. statuta (a. 822), lib. 2 c. 15, ed. LEVILLAIN, LMA, t. 13 (1900), p. 384.
**braciatorium**, braxa-, braci-: *brasserie — brewery.* Servit unaquaque die ad pistrinum et ad bracitorium in adducendis lignis. GYSSELING-KOCH, Dipl. belg., no. 34 (polypt. de Saint-Bertin, a. 844-864), p. 64. V. Eigilis, MABILLON, Acta, IV pt. 1 p. 234.
**braciatrix**, braxatrix: *brasseuse — ale-wife.* Hansisches UB., I no. 745 p. 260 (a. 1274, Holland).
**1. bracile**, bracale, braciale, brachile, brachiale (ces dernières formes par confusion avec brachiale „bracelet" — the last-named forms by contamination with brachiale „bracelet") ( < bracae „pantalon — trousers"): **1.** *ceinture, bretelle — brace, belt.* **2.** *brayer, bandage — truss.*
**2. bracile** ( < bracis): *malt — molt.* 15 modios de bracile ordeacio et 26 de avene bracile. KÖTZSCHKE, Urbare Werden, p. 68 (s. ix ex.) Ibi saepe.
**3. bracile**, v. brachiale.
**bracina**, bracena, brasina, brascina, bratsina, brassinum ( < bracis): **1.** *brasserie — brewery.* Urbar. Prum. a. 893, c. 45, BEYER, UB. Mittelrh., I p. 166. G. abb. Trudon., lib. 9

c. 15, SS., X p. 285. **2.** *brassin, la bière faite dans un brassin — one brewing, brew.*
**bracionarius**, brascio-, bractio-, bretzedarius (leg. bretzenarius?): *brasseur — brewer.* WAITZ, Urk. z. dt. Verf.gesch., no. 8 (dipl. spur. Heinr. V reg., s. xii ex.). OPPERMANN, Fontes Egmund., p. 248 (ch. a. 1215).
**bracis** (mascul., femin.), brace (neutr.), braca, braza, bracium, braceum, brasium, braseum, brassium, -us, braisia (celt.; cf. PLIN., lib. 18 c. 7 § 11): **1.** *toute céréale ou mélange de céréales destinée à la préparation de la bière,* spéc. *l'épeautre, plus tard l'orge — any cereal or mixture of cereals to be used for brewing,* esp. *spelt and later barley.* Braces centum modia. JONAS, V. Columbani, lib. 1 c. 22, ed. KRUSCH, p. 204. 12 maldras de prace. WARTMANN, UB. S.-Gallen, I no. 90 (a. 779). Habet farinarios 22, qui reddunt de multura inter totos 990 [modios] de viva annona, de braciis modios 177. Polypt. d'Irminon, br. 9 c. 2, ed. GUÉRARD, p. 76. Solvant ... censum sive de annona sive de brace. Adalhardi abb. Corbejens. statuta (a. 822), lib. 1 c. 7, ed. LEVILLAIN, LMA, t. 13 (1900), p. 359. Rusticus hordea dat, multorum coetus avenam, plures dant brasium, vinum plerique dederunt. HARIULF., Chron., lib. 4 c. 36, ed. LOT, p. 278. De quolibet coro tritici 6 den., de coro siliginis 4 den., de coro brasii 2 den. Hans. UB., I p. 260 (a. 1274, Holl.). **2.** *malt — malt.* Uxor illius [servi] ... conficit bracem et coquit panem. Brevium exempla, c. 8, Capit., I p. 252. Judex ... suos bracios ad palatium ducere faciat et simul veniant magistri, qui cervisam bonam ibidem facere sciant. Capit. de villis, c. 61. De illa annona, sive ad farinam sive ad bracem faciendam ... nihil misisti. EGINHARD., epist. 9, Epp., V p. 113. Parat unusquisque de brace modia 10, de farina 6. GYSSELING-KOCH, Dipl. belg., no. 34 (polypt. de S.-Bertin, a. 844-864), p. 62; ibi pluries. Faciunt ... bracem et farinam. Descr. de Lobbes a. 868, ed. WARICHEZ, BCRH, t. 78 (1909), p. 257. Servilis [mansus] ... facit moaticum et bracem. Cod. Laureshamensis, ed. GLÖCKNER, III no. 3672 p. 174. Panem et bracium parare. ZEUSS, Tradit. Wizenburg., p. 274 sq. In gravaturis braisiarum et omnia que in molendino accipiebant [molendinarii]. DUVIVIER, Actes, I p. 204 (a. 1130, Artois). **3.** *la quantité de malt nécessaire pour un brassin — as much malt as needed for one brew.* Bracii [plural. nominat.] per modia duodecim triginta et exceptis his bracii tres de spelta. Partit. bon. s. Dionysii a. 832, Conc., II p. 690. Pro braciis viginti per duodecim modia. D. Karoli II Calvi a. 872, POUPARDIN, Rec. des ch. de S.-Germain-des-Prés, I no. 36 p. 61. Villicus dabit ... natali s. Liudgeri 2 bracia hordei. KÖTZSCHKE, Urb. Werden, p. 138 (ca. a. 1050).
**braco**, bracco (genet. -onis), braccus (germ.): *braque — brachet.* F. Senon., addit. 3, Form., p. 225. Lex Fris., tit. 4 § 6.
**braconarius** (genet. -onis): *garde-chiens — man in charge of dogs.* S. xii.
**bractionarius**, v. bracionarius.
**brado** (genet. -onis): *jambon — ham.* MURATORI, Antiq., II p. 11 (a. 1110, Rome).
**braga** = braca.
**bragerium**, v. bracheria.
**bragida**, braida, bradia: *terrain suburbain —*

*area in or near a city.* Infra menia civitatis braidam unam. *D. di Bereng. I*, no. 69 (a. 909), p. 187. Braidas in circuitu Placentie. *D. Ottos III.*, no. 385 (a. 1000). Item *D. Heinrichs III.*, no. 198 a (a. 1047).

**braisia**, v. bracis.

**brana**: *génisse — heifer.* S. xiii.

**branca**, brancha, -us, branchia (celt.): **1.** (cf. ital. *branca*, teuton. *Pranke*) **griffe — paw.* Excerpta gromatica, ed. LACHMANN, p. 309 (s. vi). Mir. Zitae, *AASS.*, Apr. III p. 523. **2.** *branche* d'arbre — *branch* of a tree. Brancas de Leia quantum necesse fuerit ad focum monachorum. *Actes Philippe Ier*, no. 63 p. 168 (a. 1073).

**1. branda**: *brande, bruyère — heath.* S. xiii.

**2. branda**, v. brando.

**brandeum**, prandeum: **1.** *toile blanche — white linen.* Ferens in capite matronalem mitram candentis brandei raritate niblatam. JOH. DIAC., V. Gregorii M., c. 83, MIGNE, t. 75 col. 230 A. Fanones ad offerendum auro parati 14, ex brandeo 3, ex pallio 15. HARIULF., Chron., lib. 3 c. 3, ed. LOT, p. 88. **2.** *linceul en toile blanche* pour couvrir les reliques des saints — a *white linen veil* used to cover relics of the saints. Romanis consuetudo non est, quando sanctorum reliquias dant, ut quidquam tangere praesumant de corpore, sed tantummodo in pixide brandeum mittitur atque ad sacratissima corpora ponitur; quod levatum in ecclesia ... reconditur. GREGOR. M., epist., lib. 4 no. 30, *Epp.*, I p. 265. Integrum, licet exsiccatum, corpus rubeo constat brandeo involutum. HINCMAR., V. Remigii, c. 25, *Scr. rer. Merov.*, III p. 321. [Corpus] cum brandeo, quo prius repertum fuerat involutum, in argenteo locello transposuit. Ib., c. 29, p. 326. **3.** *nappe d'autel* en toile blanche — white linen *altarcloth*. Quid porro de conscissis ac putrescentibus sacrorum altarium prandeis? PETR. DAMIANI, opusc. 26 c. 1, MIGNE, t. 145 col. 500 A. **4.** *ruban, bande — ribbon, tape.* MONACH. SANGALL., lib. 2 c. 7, *SS.*, II p. 761 l. 3.

**brando** (genet. -onis), branda (femin.) (germ.): *torche — torch.* S. xiii. Plural. brandones: *la dimanche Invocavit — Sunday Invocavit.*

**brannum**, v. brenna.

**brao** (genet. -onis): *verrat — boar.* S. xiii, Angl.

**braschare**, brasciare, brasiare et derivata, v. braciare.

**brascina**, brasina, brassinum, v. bracina.

**brascionarius**, v. bracionarius.

**braseum**, brasium, brassium, v. bracis.

**brasile**, brax-, bres-, bris-, -ilium, -illum (<germ. *brasa* „braise — live coal"): *bois de brésil*, teinture colorante en rouge — *brazilwood*, a red dye. S. xiii.

**brasma**, bresma, brema, bredna, bretnia, brennia (germ.): *brême — bream.* S. xiii.

**brasserius** (cf. voc. brachiaria): *tenancier non pourvu d'un animal de trait — landholder without a draught animal.* S. xiii.

**bratea** = bractea.

**brateola**, bratella = bracteola.

**bratsare**, braxare, brazare et derivata, v. braciare.

**bravium**, v. brabium.

**braza**, v. bracis.

**brazaria**, v. brachiaria.

**brecca**, brechia (anglosax.): **1.** *brèche — breach.* S. xiii, Angl. **2.** *colline, motte — ridge, mound.* S. xiii, Angl.

**bredna**, brema, brennia, v. brasma.

**brenna**, brinna, brennum, brennium, brannum (celt.): du *son* (donné aux chiens comme nourriture) — *bran* (used as food for dogs). Brinna ad kanes modios 46. *Form.*, p. 287.

**brennaria**, bernaria: idem quod brennaticum. Relaxo ... percursus, mariscalcias, brennarias, arbergarias ... et quicquid consuetudinis ... duces ab hominibus ipsius ville exigere solebant. CHEVRIER-CHAUME, *Ch. de S.-Bénigne de Dijon*, II no. 402 p. 181 (a. 1102). In villa ... nihil sibi retinuit preter mariscalchiam et brennariam et justitiam. PFLUGK-HARTTUNG, *Acta*, I no. 217 (a. 1147).

**brennarius**, bern-: *garde-chiens — servant in charge of dogs.* Dial. de Scacc., lib. 1 c. 5.

**brennaticum**, brena-, berna-, barna-, -gium: *le droit seigneurial d'exiger la nourriture pour les chiens de chasse — the seignorial right to exact food for hounds.* Apud S. brennaticum et alias consuetudines omnes in villa illa dimissa facio. *Actes Philippe Ier*, no. 104 (a. 1081), p. 268. Brenagium nostrum, quod in predicta villa V. habebamus, ... dimittimus. *Mus. arch. dép.*, p. 68 (a. 1124, Lorry). *Ordonn.*, I p. 17 n. 15 (a. 1168). Cf. U. BERLIÈRE, *A propos du droit de meute*, *Mélanges Henri Pirenne*, 1926, I p. 13-22.

**brenta**: *une mesure de vin — a wine measure.* S. xiii, Ital.

**bresilium**, v. brasile.

**bresma**, bretnia, v. brasma.

**bretesca**, bretescha, bretischa, v. britisca.

**bretzedarius**, v. bracionarius.

**breve**, v. brevis.

**breviare**: **1.** *décrire d'une manière succincte — to relate briefly.* Haec de regina interim breviavi intermissis regalibus gestis. WIPO, G. Chuonradi, c. 4, ed. BRESSLAU, p. 26. **2.** *énumérer dans une liste — to enlist.* Quosdam de praedictis ... personis hic breviatos agnosce. DE MARCA, *Marca hisp.*, app., col. 777. (a. 842). **3.** *enregistrer, noter — to write down.* G. clericus tradidit ... Et sic cetera breviare debes. Brevium exempla (ca. a. 810), c. 16, *Capit.*, I p. 253. Item ib., c. 23, p. 254. Has [molestias] in his cartis breviatas a me clementer audi. EKKEHARD., Casus s. Galli, c. 16, *SS.*, II p. 146. Breviare omnia jussi, quod tribuere cupiebam Deo ... ac monachis. *Gall. christ.*[2], IV instr. col. 5 E (a. 978).

**1. breviarius**, -um: **1.** **sommaire — summary.* **2.** *liste — list.* Breviarium de thesauro s. Bavonis. *NA.*, t. 8 (1883), p. 374 (ca. a. 860). **3.** *polyptyque — polyptychon.* Sicut in plenariis et breviariis ejusdem ecclesiae continetur. D. spur. Ludov. Pii, G. Aldrici, c. 11, ed. CHARLES, p. 37. Ad cameram abbatis pertinet istud breviarium. Cod. Eberhardi, c. 43 § 32, DRONKE, *Trad. Fuld.*, p. 120. **4.** acte privé en forme de *notice* — written record in the shape of a "*notitia*". Breviarium de traditione quam fecerunt ... BITTERAUF, *Trad. Freising*, I no. 80 p. 103 (a. 776-778). **5.** *charte — charter.* Quid ... fieri vellet breviario conprehendit. EGINH., V. Karoli, c. 33, ed. HALPHEN, p. 94. Que in breviariis et privilegio continentur. *Const.*, I no. 338 (a. 1191), c. 1. **6.** *imbréviature* de notaire public — public notary's *imbreviature*. S. xiii. **7.** *recueil de prescriptions liturgiques — liturgical handbook.* Incipit breviarium ecclesiastici ordinis. Ordo Rom. XVII (s. viii ex.), inscr., ed. ANDRIEU, III p. 175. **8.** *bréviaire — breviary.* Acta Murensia, c. 17, ed. KIEM, p. 54.



**2. breviarius**: *notaire seigneurial* chargé de l'administration domaniale — *seignorial clark* in charge of manorial administration. VERCAUTEREN, *Actes de Flandre*, p. xxxiv (a. 1111-1130). Item ib., no. 77 p. 175 (a. 1111-1115).

**breviatio**: *énumération — enumeration.* Breviatio villarum. Polypt. de S.-Bertin (a. 844-864), GYSSELING-KOCH, *Dipl. belg.*, no. 34 p. 58.

**breviculus**, -a (femin.): **1.** **sommaire — summary.* **2.** *notice — written note.* Coll. Sangall., no. 26, *Form.*, p. 411; item no. 36, p. 419.

**breviloquium**: *glossaire — glossary.*

**breviloquus** (subst.): *glossaire — glossary.*

**brevis** (mascul. et femin.), breve (neutr.): **1.** **résumé, sommaire — summary, abridgement.* Brevis capitulorum quam missi dominici habere debent ad exercitum promovendum. Capit. miss. de exerc. a. 808, inscr., I p. 137. **2.** **liste, catalogue — list, catalogue.* De omnibus rebus, quas pater reliquid, brevis factus. Lex Visigot., lib. 4 tit. 3 § 3. Missi nostri [i. e. imperatoris] inquirant, quanti homines liberi in singulis comitatibus maneant, qui possint expeditionem exercitalem per se facere ... nobisque per brevem eorum summam deferant. Capit. miss. a. 829, c. 5, II p. 10. In brevi voluminum vestrorum ... scriptum repperi: Ciceronis de rhetorica. LUP., epist. 1, ed. LEVILLAIN, I p. 8. Breves, quos de facultate monasterii vestri mittere debuistis. Id., epist. 40, p. 170. Episcopi, abbates et abbatissae breves de honoribus suis, quanta mansa quisque haberet, ... deferre curarent. HINCMAR., Ann. Bertin., a. 869, ed. WAITZ, p. 98. **3.** *notice succincte, cédule — short note, schedule.* Brevem det ille ... et preveat sacramentum. Lex Visigot., lib. 5 tit. 5 § 3. Breve sacramenti. F. Andecav., no. 15, *Form.*, p. 9. Item F. Turon., no. 41, p. 157. Comes ... adfirmet quod [ecclesiis] justitiam facere voluisset, et omnia notarium suum scribere faciat ... Et per ipsa brebe cognoscere valeamus, utrum ad se proclamasset an non. Capit. Mantuan. (a. 813), c. 3, I p. 190. Breve de investitione quam fecit I. missus domni Ottonis imperatoris. *D. Ottos I.*, no. 353 (a. 967). **4.** *charte — written record.* Judicibus [= judiciis], brevis [= brevibus], notitiis, spondiis ... F. Arvern., no. 1a, *Form.*, p. 28. Breve in vicem vendictione [= venditionis]. F. Sal. Bignon. no. 5, ib., p. 229. Pontifex ... Azzo protoscrinium manum abscidi praecepit cum quo brebe scribebat. BENED. DE S. ANDREA, Chron., c. 35, *SS.*, III p. 717. Per judicium ipsorum judicum reinvestivit me de ipso castello ac fecit breve testatum. Chron. Farfense, MURATORI, *Rer. ital. scr.*, II pars 2 col. 555. Comes ... refutavit medietatem praedictae curtis ..., unde brevem testatam habemus. HUGO FARF., Rel. de immunitate, MABILLON, *Ann.*, IV p. 700 col. 1. **5.** *lettre missive — letter.* De his de quibus certi fuimus et a praedictis sanctissimis viris breves recepimus. V. Angilberti, MABILLON, *Acta*, IV pars 1 p. 114. **6.** *mandement — mandate letter, writ.* Per hanc brevem mandamus ut ... *D. Konrads II.*, no. 266 (a. 1038). Contemptus brevium [regis]. Leges Henrici, tit. 13 § 1, LIEBERMANN, I p. 558. **7.** *lettre d'intimation — writ of summons.* S. xii. **8.** *rapport — report.* Dictante legationis suae brevem. EKKEHARD., Casus s. Galli c. 10, *SS.*, II p. 132. Ruodlieb, fragm. 3 v. 230; item v. 251. **9.** *compte domanial — manorial account.* Quicquid ad nostrum opus judices dederint vel servierint aut sequestraverint, in uno breve conscribi faciant; et quicquid dispensaverint in alio; et quod reliquum fuerit, nobis per brevem innotescant. Capit. de villis, c. 55. **10.** le revenu provenant des domaines seigneuriaux situés dans une circonscription administrative déterminée — revenue from a group of manors forming an administrative unit. Legavi ecclesiae s. Donatiani de Brugis 50 libras ... singulis annis de brevibus Majoris Officii ... solvendas. MIRAEUS, I p. 556 col. 1 (a. 1194). Dedimus in eleemosynam ipsi monasterio 13 modios avene de decima, qui solvi solebant ad brevia spicarii Insulensis annis singulis. Ib., p. 577 col. 2 (a. 1230). *Gall. christ.*[2], IV, instr. col. 304 D. **11.** *lettre communiquant un décès* et requérant des prières pour l'âme du défunt — *a letter containing the announcement of a person's decease* and a request for prayers for his soul. Singulis quibusque se commendando, brevibus ad diversos destinatis, pro absolutione peccatorum intercessores quaerendo. HAITO, Vis. Wettini, c. 30, *Poet. lat.*, II p. 275. Ubicunque frater decesserit, major deferendis brevibus habeatur diligentia. BERNHARD. CLUNIAC., Consuet., HERRGOTT, p. 140. **12.** acte émanant de la chancellerie pontificale, scellé avec l'„annulus pescatoris" — papal writ sealed with the "annulus pescatoris". S. xv.

**bria**: **1.** **gobelet — beaker.* **2.** *mesure de vin — wine measure.* S. xii.

**brida** (frg. < germ.): *bride — bridle.* S. xiii.

**briga** (ital.): *querelle, lutte, rixe — quarrel, struggle, tussle.* Chron. Reinhardsbr., a. 1207, *SS.*, XXX p. 572 l. 19.

**brigans**, brigantus, brigantius, brigandus: **1.** *fantassin — foot-soldier.* S. xiv. **2.** *brigand — brigand.*

**brigare**: *quereller, s'escarmoucher, se battre — to quarrel, to skirmish, to scuffle.*

**brigosus** (adj.): *querelleur — quarrelsome.* S. xiii.

**brinna**, v. brenna.

**brisare**, brusare (celt.): *briser — to bruise.* S. xii.

**brisilium**, v. brasile.

**brisis** (gr.): *folie — madness.*

**britisca**, bre-, ber-, bel-, bal-, -tesca, -tescha, -teschia, -techia, -tachia, -tresca, -trescha (< Brittus: „fortification bretonne — Briton fortification"): *bretèche, parapet — brattice, screen.* Castrum ... bertiscis circumdet, propugnaculis muniat omnique argumento corroboret. *D. di Bereng. I*, no. 65 p. 177 (a. 906). Castrum aedificari cum muris et menibus et fossatis et bertiscis atque celatis. Ib., no. 101 p. 266 (a. 888-915).

**broca**, v. brocca.

**brocagium** (< brocca „broche de tonneau — winetap"): *courtage — brokerage.* S. xiii.

**brocardum** (< Burchardus sc. Wormatiensis): *brocard, adage de droit — legal maxim.*

**brocare** (< brocca „aiguille — needle"): *brocher*, partic. de fil d'or — *to embroider*, esp. with gold wire. S. xiv.
**brocarius** (< brocca „broche de tonneau — wine-tap"): *courtier* — *broker*. S. xiii, Angl.
**brocator**: *courtier* — *broker*. S. xiv, Angl.
**brocca**, broca, brocha, brochia (< brocchus): **1.** *broche de rôtissage* — *jack*. S. xii. **2.** *broche à enfiler les poissons* — *stick* for stringing fish. S. xiii. **3.** *broche, boucle* — *brooch*. Torsellus pannorum ... brochis affixus. *Hansisches UB.*, I no. 432 p. 144 (a. 1252, Flandre). **4.** *aiguille* — *needle*. **5.** *broche, cheville* pour boucher un tonneau — *winetap*. Qui lagenam cervisie emerit ad brocam trahendam. *Hansisches UB.*, I no. 745 p. 260 (a. 1274, Holland).
**brochus**, broccus: *broc, cruche* pour le vin — *jar, winejug*. S. xiii.
**brocia**, v. bruscia.
**brodatus**, broudatus, v. brusdatus.
**brodium** (germ.): *jus de viande, brouet* — *gravy, broth*.
**brogilus**, broglius, broilus, broill-, brol-, broll-, brugil-, bruil-, bruill-, bruel-, bruell-, bruol-, brul-, brull-, -um, -ius, -ium (celt.): **1.** *breuil*, parc clôturé servant de remise de réserve de gibier — *covert*, shrubby space for game, fenced-in with hedges. Lucos nostros, quos vulgus brogilos vocat, bene custodire faciant. Capit. de villis, c. 46. Nolumus ut liber homo ad nostros brolios operari cogatur. Capit. de funct. publ. a. 820, c. 4, I p. 295. In quodam broilo cervum venans de caballo cadit. HINCMAR., Ann. Bertin., a. 864, ed. WAITZ, p. 73. Dum in brogilo ... cervam minabat. Actus pontif. Cenom., ed. BUSSON-LEDRU, p. 142 (s. ix). In ripa fontis de pruolo parietibus circumsepto decurrentis. *D. Arnulfs*, no. 172 (a. 899). De parte nostri broili quod fratrum clausura auximus. *D. Charles III le Simple*, no. 75 (a. 913-922). Cervum quatinus suo in brolio venaretur. LIUTPRAND., Antap., lib. 3 c. 14, ed. BECKER, p. 80. Perivolia, id est briolia. Id., Legat., c. 37, ib., p. 194. **2.** *herbage enclos* pour les chevaux et les bêtes de somme, faisant partie de la réserve seigneuriale — *enclosed demesne meadow* for horses and beasts of burden. Habet ibi mansum ... et broilum muro petrino circumseptum. Polypt. Irminonis, br. 22 c. 1, ed. GUÉRARD, p. 227. De illo broilo ad Atiniacum palatium nostrum. Capit. miss. a. 808, c. 10, I p. 140. In broilo Compendii palatii. Capit. a. 883, II p. 370. Alodum ... cum brolio et terra arabili. *D. Lothaire*, no. 33 (a. 972). Juxta brogilum episcopalem. GUÉRARD, *Cart. de Chartres*, p. 60 (a. 974). Bruilium cum terra usque G. pratum. DUVIVIER, *Actes*, I p. 108 (a. 1086, Hainaut). Apud Terdonam in brolio episcopi extra civitatem fere omnes castrametati fuerunt. OTTO MORENA, a. 1155, ed. GÜTERBOCK, p. 25. **3.** *pré seigneurial* — *manorial hayfield*. Debent ... brolios duos ... secare, fenare, carricare et intus mittere. RAGUT, *Cart. de S.-Vincent de Mâcon*, no. 493 (post a. 930).
**broginus**, v. bruginus.
**brojaria**, v. brugaria.
**broletum** (< brogilus): *un petit breuil* — *a small covert*. Multitudo militum fuit in broleto monachorum s. Ambrosii. G. Federici imp. in Lomb., a. 1159, ed. HOLDER-EGGER, p. 36.
**broma**, v. bruma.
**bronia**, v. brunia.
**broscia**, brossa, brotzia, brozia, bruca, brucia, v. bruscia.
**bruchus**, brucus (gr.): **locuste* — *locust*.
**bruelum**, bruell-, brugil-, bruil-, bruill-, brul-, brull-, bruol-, -us, -ius, -ium, v. brogilus.
**brugaria**, brugeria, bruguera, bruarium, bruería, bruera, bruieria, broiaria (celt.): *bruyère, terrain inculte* — *heath, waste area*. *Gall. chr.*, VI instr. col. 170 (a. 891).
**bruginus**, broginus: *filet à tirer, seine* — *dragnet, seine*. S. xiii, Provence.
**brugna**, v. brunia.
**bruma**, broma: **1.** *la *fête des saturnales* célébrée au jour du solstice d'hiver — *Saturnalia festival*, celebrated at midwinter. **2.** transl.: *hiver* — *winter*.
**brumalia** (neutr. plural.): la *fête des saturnales*, célébrée au jour du solstice d'hiver — *Saturnalia festival*, celebrated at midwinter.
**brumatici** (mascul. plural.): idem quod brumalia. De pravos illos homines qui brunaticus [leg. brumaticus, i. e. brumaticos] colunt ... *Capit.*, I p. 202 c. 3 (a. 790-800?).
**bruneta**, brunettum, burneta: *drap de couleur foncée* (brune ou grise) — *dark-coloured* (brown or grey) *cloth*. *Hansisches UB.*, I no. 328 p. 105 (a. 1243). HERBORD., V. Ottonis Babenb., lib. 1 c. 33, ed. PERTZ in us. sch., p. 33.
**brunia**, brunea, bruina, brugna, bronia (germ.): *broigne*, tunique revêtue d'anneaux ou d'écailles en métal — a tunic covered with metal rings or plates. De brunias, ut nullus foris nostro regno vendere praesumat. Capit. Harist. a. 779, c. 20, I p. 51. Ut bauga et brunias non dentur negotiatoribus. Capit. miss. a. 803, c. 7, I p. 115. Nullus ... brunias aut arma infra monasteria puellarum commendare praesumat. Capit. ad Salz data (a. 803/804), c. 8, I p. 120. Omnis homo de duodecim mansis bruneam habeat. Capit. miss. Theodonisv. II (a. 805), c. 6, I p. 123. Bruina bona pro 12 solidis tribuat. Lex Ribuar., tit. 36 § 11. *D. Karolin.*, I no. 179 (a. 795). *Hist. de Languedoc*, II, pr. no. 183 (a. 873). Bronia est lorica, quae est vestis ferrea qua utuntur milites in pugna. Transl. Eugenii (s. x p. pr.), c. 15, *Anal. Boll.*, t. 3 p. 40.
**brunus**, bruneus (germ.): *brun* — *brown*. S. xii.
**brusare**, v. brisare.
**bruscare**, bruxare, brusare: *brûler* (transit.), *flamber, chauffer* — *to burn* (transit.), *to fire, to heat*. Ital.
**bruscia**, brucia, brusca, brussa, bruca, broscia, brocia, brozia, brotzia, brossa: *brousse, broussaille* — *shrubs, brushwood*. C. villae medietatem cum medietate broziarum et agrorum. PROU-VIDIER, *Rec. de S.-Benoît-s.-Loire*, I no. 26 p. 72 (a. 876). Quarta una in terrae [leg. terra] arabile et brotsia. DE MONSABERT, *Ch. Nouaillé*, no. 64 p. 108 (a. 961).
**brusdatus**, brudatus, bro-, brou-: *brodé* — *embroidered*. S. xi.
**brusdus**, brustus (adj.) (germ.): *brodé* — *embroidered*. Stolam auro brustam. LEO OSTIENS., Chron. Casin., lib. 2 c. 43, *SS.*, VII p. 657 l. 8. Subst.: *broderie* — *embroidery*. Uno fanono viridi cum brusdo. PÉRARD, *Rec. de Bourg.*, no. 5 p. 26 (ca. a. 840).
**brutalis**: *stupide, grossier, brutal* — *stupid, rough, rude*.



**brutus**: **stupide* — *stupid*.
**bubinus**, v. bovinus.
**1. bubo** (genet. -onis), bubum (gr.): *enflure, bubon* — *swelling*.
**2. bubo** (genet. -onis) (teuton.): *garçon, gaillard, rustre* — *boy, fellow, rogue*.
**bubula**: *génisse* — *heifer*. De bubulis et vaccis. FATTESCHI, *Memor. di Spoleto*, p. 301 (a. 947). Contulit aurum, argentum, equas et bubulas. Chron. Novalic., lib. 5 c. 23, ed. CIPOLLA, p. 265.
**1. bucca**, bocca, buca: **1.** *entrée* — *entrance*. Bocca de ipsa cripta. *CD. Cajet.*, I p. 226 (a. 1009). **2.** *embouchure* — *river mouth*. Molendinum ... in buca vivarii nostri. VERNIER, *Ch. de Jumièges*, I p. 39 no. 12 (a. 1027). In buca Adue. JOH. CODAGN., Ann., a. 1199, ed. HOLDER-EGGER, p. 25.
**2. bucca**, v. busa.
**buccella**, bucella (< bucca): **1.** **petit pain blanc* — *small white loaf*. **2.** *bouchée, morceau* — *mouthful, morsel*.
**buccellarius** (< buccella): **guerrier privé* qui reçoit l'entretien de la part de son maître — *private soldier* receiving maintenance from his lord. Si quis buccellario arma dederit vel aliquid donaverit, si in patroni sui manserit obsequio, aput ipsum quae sunt donata permaneant. Si vero alium sibi patronum elegerit ... Cod. Euric., c. 310. Quicumque in patrocinio constitutus sub patrono aliquid adquisierit ..., medietatem idem buccellarius, qui adquisibit, obtineat. Lex Visigot., lib. 5 tit. 3 § 1. Occila buccellarius Aeti. GREGOR. TURON., Hist. Franc., lib. 2 c. 8 (ex Ann. Ravenn.). Redeunt in loricis, evaginatis gladiis, quatuor canes aulici ... necnon et bucellarii cum bisacutis et utensilibus ceterisque commodis ad scelus ... pariendum. Passio Thomae Cantuar., MARTÈNE, *Thes.*, III col. 1743 B.
**buccula**, bucula, bocula (< 1. bucca): **1.** **bosse d'un bouclier* — *umbo*. **2.** *anneau en métal, boucle* — *metal ring, buckle*.
**buccus** (germ.): *bouc* — *he-goat*. Si quis buccum furaverit. Lex Sal., tit. 5 addit. 1. Ferebant hunc esse superbum, et ob hoc a nonnullis buccus validus vocitabatur. GREGOR. TURON., Hist. Franc., lib. 9 c. 23.
**bucea**, bucia v. busa.
**bucharius**, v. bocharius.
**bucheramum**, boch-, bich-, -ir-, -anum (< Boukhara): *bougran* — *buckram*. S. xiii.
**1. budellus**, v. bedellus.
**2. budellus**, v. botellus.
**bufalus** = bubalus.
**bufo** (genet. -onis), buffo: *bouffon* — *clown*. Bufonum turma catervatim scatet. ALDHELM., epist. 3, *Auct. antiq.*, XV p. 479 l. 11.
**bulengarius**, v. bolengarius.
**bulga**, bulgia (celt.): *sac, bourse* — *bag, budge, purse*. Casta cruentatum gestavit bulga tropeum. ALDHELM., Carmen de virg., v. 2564, *Auct. antiq.*, XV p. 457. Males et bulges. Honoranc. civ. Papie, c. 3, *SS.*, XXX p. 1452.
**bulla**: **1.** **bouton*, petite *boule* ou petit *disque en or ou en argent* en guise d'ornement — *gold or silver button, globule* or *disk* used as an ornament. **2.** *bulle*, sceau en or ou en plomb, parfois en argent — *bull*, seal of gold or lead, sometimes of silver. De bulla nostra [sc. imperatoris] jussimus sigillare. *D. Karolin.*, I no. 211 (a. 811). [Litterae dimissoriae] universalis pontificis aut imperialis vel metropolitani bulla roborari oportet. Concil. Roman. a. 826, c. 18, *Conc.*, II p. 575. **3.** *bulle*, acte pontifical — papal charter, *bull*. S. xiii. **4.** un *sceau* quelconque — any kind of *seal*. STIMMING, *Mainzer UB.*, I no. 404 (a. 1101).
**bullare**: *munir d'une bulle* ou *d'un sceau* quelconque — *to affix a bull to* a charter, *to seal*. Hanc paginam scribi atque bullari jussimus. *D. Ottos III.*, no. 305 (a. 998). Sigilli nostri impressione hanc paginam ... supter bullari jussimus. *D. Heinrichs II.*, no. 328 (a. 1015). Ibi pluries. Per cartam proprio sigillo bullatam. LEO OSTIENS., Chron. mon. Casin., lib. 1 c. 59, *SS.*, VII p. 622 l. 12. Scriptas et bullatas epistolas dirigit. HARIULF., V. Arnulfi episc. Suession., lib. 2 c. 9, *SS.*, XV p. 887. Aureis sigillis bullata. GREGOR. CATIN., Chron. Farf., ed. BALZANI, p. 304 A. Subst.
**bullata** (femin.): *charte pontificale* — *papal charter*. S. xiii.
**bulligo** (genet. -inis): *bouillon* — *broth*. SAXO GRAMMAT., lib. 8 c. 8, ed. OLRIK-RAEDER, p. 227 l. 7.
**1. bullio**, boillo, buillo (genet. -onis): une mesure de capacité — a dry measure. S. xiii, Angl.
**2. bullio**, bullona, v. billio.
**bullire** (trans.): **bouillir* — *to boil*.
**bultare**, v. boletare.
**bunda**, v. bodina.
**bundatus** (< bodina): *limité, jalonné de bornes* — *bounded*. S. xiii.
**bundus**, v. bondus.
**bunuarium**, bunoa-, buna-, bunna-, bonua-, bona-, bonna-, bone-, -rius (cf. bodina?): *bonnier* — *a land measure*, approximately a quarter of an acre. Bunuaria tanta de terra arabile. F. Sal. Bignon., no. 4, *Form.*, p. 229. Item F. Sal. Lindenbr., no. 8, p. 272, et pluries. Terra ad ipso manso aspiciente bunoaria 15. *D. Merov.*, no. 20 (ca. a. 656). *D. Arnulfing.*, no. 13 (a. 717-739). Unus mansus cum 12 bunuariis de terra arabili. Lotharii reg. capit. Papiense a. 832, c. 1, II p. 60. D. Ludov. Pii a. 831, BORMANS-SCHOOLMEESTERS, *Cart. de S.-Lambert de Liège*, I no. 2. D. Lotharii I a. 853, BEYER, *UB. Mittelrh.*, I no. 84 p. 90. Agap. II pap. (a. 946-955) epist., MIGNE, t. 133 p. 909 B. *D. Heinrichs III.*, no. 72 (a. 1041). Cf. L. MUSSET, *Mélanges déd. à la mém. de Louis Halphen*, 1950, pp. 535-541.
**bura** (germ.): *remise de voitures et d'ustensiles* — *garage, stowaway shed*. Carra accipiant hortolani de bura omni anno secundum consuetudinem. Adalhardi abb. Corbejens. statuta (a. 822), lib. 1 c. 1, ed. LEVILLAIN, *LMA*, t. 13 (1900), p. 360.
**burchgravius**, burc-, burk-, burg-, borch-, burgravius (teuton.): *burgrave* — *burgrave*. D. Heinrici V imp. a. 1123, MARIAN, *Austria sacra*, II p. 267. *Wirtemb. UB.*, I no. 279 p. 355 (a. 1123). *Mon. Boica*, t. 37 p. 49. *Const.*, I no. 128 (a. 1150). Reg. Innoc. III pap. super neg. imp., no. 140, ed. W. HOLTZMANN, p. 199. JORDAN, *Urk. Heinr. d. Löwen*, no. 89 p. 135 (a. 1171). Burgravius, id est prefectus urbis. BALDRIC., G. Alberonis Trever., c. 11, *SS.*, VIII p. 249.
**burcwardus**, v. burgwardus.
**burdare**, burdiare (germ.): *jouter* — *to joust*. S. xiii, Angl.

**burdo,** bordo (genet. -onis), burdus, bordonus: **1.** **bardot* ou *mulet* — *mule* or *hinny*. **2.** (figur.) *bourdon, bâton de pèlerin* — *pilgrim's staff*. V. Nili jun. (s. xi med.), MARTÈNE, *Ampl. coll.*, VI col. 937.

**burellus** ( <burra): *étoffe de laine grossière* — *coarse woollen material*. S. xiii.

**buretus** (<burra): *étoffe de laine grossière* — *coarse woollen material*. Tunica illius panni quem Franci grisetum vocant, nos Andegavi buretum. G. cons. Andegav., HALPHEN-POUPARDIN, *Chron. d'Anjou*, p. 40.

**burgagium** ( <burgus): **1.** *bourgage*, la condition des tenures situées dans un bourg — *burgage*, the tenure by which land was held in a borough. S. xii. **2.** *la circonscription d'un bourg* dont le sol était tenu en bourgage — *the area of a borough*, within which burgage tenure obtained. **3.** *une tenure en bourgage individuelle* — *a single burgage tenement*. **4.** *le cens dû* au seigneur *pour la tenure en bourgage* — *the rent owing* to the lord *for a burgage tenement*. Cf. R. GÉNESTAL, *La tenure en bourgage dans les pays régis par la coutume de Normandie*, Paris 1900. H. LEGRAS, *Le bourgage de Caen*, Paris 1911. M. DE W. HEMMEON, *Burgage tenure in medieval England*, 1914. C. STEPHENSON, *Borough and town*, 1933, pp. 88-96. J. TAIT, *The medieval English borough*, 1936, pp. 96-112.

**burgalis**: *qui se rapporte à la tenure en bourgage* — *relating to burgage tenure*. S. xii.

**burgare** (< burgus): *cambrioler* — *to break open*. S. xiii, Angl.

**burgaria**: *effraction* — *burglary*. S. xiii, Angl.

**burgarius**: *bourgeois* — *burgess*. Burgarii a burgis dicti, quia crebra per limites habitacula constituta burgos vulgo vocant. ISID., Etym., lib. 9 c. 4 § 28. B. Gaugericus sepedictum montem a quodam burgario comparavit. G. Manassis et Walcheri episc. Camerac., c. 5, *SS.*, VII p. 501 l. 34.

**burgator**: *cambrioleur* — *burglar*. S. xiii, Angl.

**burgensaticus** (adj.): *régi par le droit urbain* — *ruled by urban law*. Pro bonis burgensaticis, patrimonialibus et quae aliunde quam ab ecclesiis [clerici] habuerunt. Freder. reg. Sic. const., c. 22.

**burgensatus** (decl. iv): *droit de bourgeoisie* — *citizenship*. S. xiv.

**burgensia,** burgesia (femin.): **1.** *tenure en bourgage* — *burgage tenement*. *Ordonn.*, IV p. 643 (a. 1130, Normandie). *Gall. chr.*, VI instr. col. 455 (a. 1253, Provence). **2.** *droit urbain* — *urban law*. *Const.*, IV pars 2 no. 1200 p. 1250 (a. 1305). **3.** *droit de bourgeoisie* — *citizenship*. Si [burgensis] ira sua burgensiam suam hac de causa reddiderit. DUVIVIER, *Actes*, I p. 367 (a. 1170-1189, Buironfosse, Hainaut). Quicumque hospes in urbe residet et omnia jura civitatis adimplet, ille debet omne jus burgensie sicut alter burgensis habere. KEUTGEN, *Urk. städt. Verf.gesch.*, no. 135 c. 25 p. 129 (a. 1218, Bern). **4.** *redevance due pour le droit de bourgeoisie* — *contribution exacted for citizenship*. De servientibus laicis scolarium qui non debent burgensiam nobis [sc. regi] vel residentiam. DENIFLE, *Chart. Univ. Paris.*, I p. 60 no. 1 (a. 1200). **5.** *bourg, ville neuve* — *rural settlement*. Burgesiam novam construere. DEVILLERS, *Ch. S.-Waudru de Mons*, I no. 96 (s. xiii in.)

**burgensis** (adj.): *qui dépend d'un château fort* — *appurtenant to a castle*. Apud Valencenas cellam ... cum uno de molendinis burgensibus. DUVIVIER, *Actes*, I p. 120 (a. 1147). Subst.: **1.** *habitant d'un bourg rural* — *inhabitant of a rural "bourg"*. Si contra monachos burgenses insurrexerint. HALPHEN, *Anjou*, p.j. no. 5 (<1007>, spur., Beaulieu). Cives et burgenses. Usat. Barchin., usualia (ca. a. 1058), c. 10, WOHLHAUPTER, p. 186. Miles vel burgensis aut rusticus. Fuero de Jaca a. 1063, c. 3, ib., p. 134. BERTRAND, *Cart. d'Angers*, I no. 61 (a. 1060-87). Terra francorum qui burgentii vocantur. BERNARD-BRUEL, *Ch. de Cluny*, III no. 2331 (a. 996-1031). Sive burgensis aut rusticus. DUVIVIER, *Rech. Hainaut*, p. 436 (a. 1083). TARDIF, *Cartons*, no. 290 p. 180 col. 2 (a. 1073, Bourbonnais). **2.** *bourgeois* — *burgess*. Burgenses villae. FAIRON, *Chartes*, annexes, I p. 447 (a. 1066, Huy). VERCAUTEREN, *Actes de Flandre*, no. 52 (a. 1111, Arras); no. 79 (a. 1116, Ypres); no. 91 (a. 1118/1119, S.-Omer); no. 127 p. 294 (a. 1127, S.-Omer). KEUTGEN, *Urk. z. städt. Verf.gesch.*, no. 133 I § 2 sqq., p. 117 sq. (a. 1120, Freiburg i. B.) D. Heinrici V imp. a. 1122, *CRCRH*, 3e sér. t. 9, p. 17 (= St. 3175) (Maastricht). ENNEN, *Quellen Köln*, I no. 46, p. 508 (a. 1134). STROBEL, *Gesch. des Elsasses*, I p. 380 (a. 1143). GUÉRARD, *Cart. de S.-Bertin*, p. 184 (a. 1156, S.-Omer). Proceres, clerus atque burgenses. GUIBERT. NOVIG., De vita sua, lib. I c. 11, ed. BOURGIN, p. 31 (Reims). LAURENT., G. episc. Virodun., c. 23, *SS.*, X p. 504 sq. (Verdun).

**burggravius,** v. burchgravius.

**burgicomes**: *burgrave* — *burgrave*. LACOMBLET, *UB. Niederrh.*, I nos. 280, 282, 283, p. 183 sq. (a. 1116/1117).

**burgimagister**: *bourgmaître* — *burgomaster*. S. xiii, Germ.

**burgimotus,** burgemotus, burmotus: *tribunal d'un bourg* — *burgmoot*. S. xii, Angl.

**burgimundium**: *droit urbain* — *town franchise*. Dum Henricus dux Bruneswich primo fundaret ac ei jura burgimundii et libertates daret. KEUTGEN, *Urk. z. städt. Verf.gesch.*, no. 260 p. 355 (a. 1268).

**burgis** (cf. burgus): *bourg rural* — *town*. Dono ... predium ... quod ... in duo loca dividitur, quorum alter Aqualia [Aywaille], alter Rachans [Rachamps] dicitur ... quatenus cum omnibus appendiciis suis ... serviat uterque burgium Marciginacensi cenobio. WAMPACH, *UQB. Luxemb.*, I no. 309 p. 464 (a. 1088).

**burgravius,** v. burchgravius.

**burgus** (germ.): **1.** *forteresse* — *fortress*. [Normanni] mappalia instar exaedificavere burgi, quo captivorum greges ... adservarent ipsique pro tempore corpora a labore reficerent. ADREVALD. FLORIAC., Mir. Benedicti, c. 33, *SS.*, XV p. 494. **2.** *agglomération fortifiée* — *fortified place, borough*. Monachi in suis monasteriis, quae in villis, castris, burgis et civitatibus habent, absque conturbatione maneant laicorum. Fragm. de concil. Aquisgr. a. 816, *Conc.*, II p. 833. Pervenit in burgo, ubi diversorium abebat. V. Austregisili, c. 33, *Scr. rer. Merov.*, IV p. 192. Casa mea cum ipsa area, ubi posita est infra civitatem vel burgum illum. F. Turon,. no. 42 (s. ix p. post.), *Form.*, p. 158.



**3.** *agglomération en dehors d'une cité épiscopale, faubourg* — *settlement near an episcopal city, suburb*. Quaedam femina ex burgo civitatis [Aurelianensis]. ADREVALD. FLORIAC., Mir. Benedicti, c. 36, *SS.*, XV p. 497. Monasterium, quod est in veneratione b. Petri ... inter Ararim et Rhodanum in burgo Lugdunensi. D. Lotharii II reg. a. 858, MENESTRIER, *Hist. de Lyon*, pr. p. 36. Sunt ipse res site supra burgum Lucduni civitatis. BERNARD-BRUEL, *Ch. de Cluny*, I no. 670 (a. 945). Tam in burgo urbis Turonice quam in omnibus locis. *D. Charles le Simple*, no. 9 (a. 898-923). CHEVALIER, *Coll. de cart. dauphinois*, VI pars 2 p. 71 (a. 991, Grenoble). In burgo prope episcopio s. Cassiani [Brixinensis]. *D. Konrads II.*, no. 241 (a. 1037). ROSE-ROUX-SOYEZ, *Cart. d'Amiens*, I p. 11 no. 7 (a. 1073, Amiens). Terdonam civitatem ... obsedimus; et post tres dies burgo capto, ipsam arcem cepissemus, nisi ... Frider. I. imp. epist. a. 1157 ap. OTTONEM FRISING., G. Friderici, ed. WAITZ-SIMSON, p. 3. Agglomération près d'une ville fortifiée qui n'est pas une cité épiscopale — settlement near a walled town not being an episcopal city: Omnes [burgenses ville Compendii] intra firmitatem sive extra in burgo manentes, quantumcumque villa creverit. D. Ludov. VII reg. Fr. a. 1153/1154, *Ordonn.*, XI, p. 241. Souvent l'agglomération se constitue autour d'une abbaye à l'extérieur de la cité — Such a settlement often grows up around an abbey situated outside the city. De hominibus juris b. Martini in burgo ejusdem exterius commanentibus. *D. Charles le Chauve*, no. 240, II p. 44 (a. 862, S.-Martin de Tours). In toto burcho s. Marie et s. Cypriani. RÉDET, *Cart. de S.-Cyprien de Poitiers*, no. 17 (a. 990-1004). Habeant fratres ... in eodem loco ubi fundata est ecclesia, burgum cum appenditiis suis. D. Roberti II reg. Fr. a. 1028, *Hist. de Fr.*, X p. 679 (S.-Pierre-aux-Monts près de Châlons-sur-Marne). Nullus ... judex publicus nec in burgio nec in villis ... ullam consuetudinem accipere presumat. D. Henrici I reg. Fr. a. 1035, QUANTIN, *Cart. de l'Yonne*, I no. 88 p. 168 (S.-Pierre-le-Vif de Sens). Burgum vestrum claudatis et firmetis. Litt. Ludov. VI reg. Fr. a. 1112, *Hist. de Fr.* XV p. 339 (idem). Homines infra burgum, in terra videlicet censuali, manentes, que ecclesie est ... D. Ludov. VII reg. Fr. a. 1153/1154, LUCHAIRE, *Louis VII*, no. 307 (S.-Ursin près de Bourges). **4.** *agglomération près d'une abbaye isolée ou près d'un château fort* — *settlement near an isolated monastery or a castle*. Burgum ejusdem sancti loci infra et extra. Synod. Ans. a. 994, BERNARD-BRUEL, *Ch. de Cluny*, III no. 2255. Castellum cum burgo. *D. Ottos III.*, no. 405 (a. 1001). Mansionem suam que erat in burgo de castello Liziniaco. RÉDET, o. c., no. 439 (ca. a. 1000). Ipsum burgum vel villam Nivellam. *D. Heinrichs III.*, no. 52 (a. 1040). Transl. altera Hunegondis, MABILLON, *Acta*, V p. 214 sqq. (a. 1051, S.-Quentin). Antiquum burgum cum comitatu. PRUVOST, *Chron. et cart. de Bergues-Saint-Winnoc*, I p. 60 (a. 1067). Census [comitis] de burgo. VERCAUTEREN, *Actes de Flandre*, no. 6 p. 18 (a. 1085, Cassel). Aecclesie s. Marie que est in burgo Brugensi. GYSSELING-KOCH, *Dipl. Belg.*, no. 172 (a. 1089). Dono ... totum burgum, sicuti modo pro burgo habetur aut unquam melius habebitur. *Gall. chr.*$^{2}$, XII, instr. col. 334 (a. 1097, Nevers). Intra castrum vel burgum s. Dyonisii. D. Ludov. VI reg. Fr. a. 1111, TARDIF, *Cartons*, no. 347. Castrum in quo b. Remigius corpore quiescit cum burgo quod adjacet sibi. *Actes Phil. Ier*, no. 120 p. 304 (a. 1090, S.-Remi de Reims). Ne quis deinceps in mercato, quod xii kal. Novembr. penes burgum fieri consuevit, preter abbatem [s. Remigii Remensis] ... quicquam violenter accipiat. Priv. Pasch. II pap. a. 1110, PFLUGK-HARTTUNG, *Acta*, I no. 115. Priv. ejusdem a. 1113, MEINERT, *Papsturk. in Frankreich*, p. 219 (S.-Nicaise de Reims). Ecclesiarum que in burgo monasterii [S.-Bénigne de Dijon] site sunt, id est s. Johannis Baptiste et s. Philiberti. Priv. spur. Pasch. II papae, PFLUGK-HARTTUNG, *Acta*, I no. 91. Dux Godefridus ... Constantinopolim venit cum magno exercitu ... et hospitatus est extra urbem, donec iniquus imperator jussit eum hospitari in burgo urbis. Anon. G. Francorum, c. 3, ed. BRÉHIER, p. 14. Comes s. Egidii erat hospitatus extra civitatem in burgo. Ib., c. 6, p. 32. **5.** *ville fortifiée* — *walled town*. In Duacu ... in burgo. DUVIVIER, *Actes*, I p. 198 (a. 1081). In burgo Tremonia. D. Frider. I reg. a. 1153, *Const.*, I no. 146, c. 4. Omnes pene hujus burgi cives indicti conveniunt. SIMON, G. abb. Sithiens., lib. 2 c. 39, *SS.*, XIII p. 643 l. 23. **6.** *bourg, agglomération rurale* d'une certaine importance, mais généralement non fortifiée, souvent de création récente, *ville neuve* — *rural settlement* of some importance, as a rule not walled, often recently founded. Gravissima fames ... frequentes urbes et castra ... sive villas et burgos ita depopulata est ... Mir. Wlframni, c. 13, MABILLON, *Acta*, III pars 1 p. 373. [Abbas terram emit] ut burgum ibi construeret permanentem omni tempore. BERTRAND, *Cart. d'Angers*, I no. 34 p. 57 (a. 976; an verax?). Edificarentur ... burgum, quem ita statuit liberum, ut ... RÉDET, o. c., no. 210 p. 136 (ca. a. 1019). Dedimus illis [monachis] terram ad burgum faciendum. *Actes Phil. Ier*, no. 34 (a. 1067), p. 101. In Calvo Monte et reliquis sive burgis sive villis. Ib., no. 127 (a. 1092). Serviat uterque burgium Marciginacensi cenobio. WAMPACH, *UQB. Luxemb.*, I no. 309 p. 464 (a. 1088). De novo burgo s. Crucis ecclesie clerici primitias ... recipiant. Litt. Pasch. II pap. a. 1113, PFLUGK-HARTTUNG, *Acta*, I no. 117 p. 104. Rex fecit castrum munitissimum et burgum pergrande juxta hajam de M. ROBERT. DE TORINN., Chron., a. 1169, *SS.*, VI p. 518 l. 38. GENGLER, *Deutsche Stadtrechte*, p. 42 sqq. (s. xii ex., Breisach). **7.** *circonscription administrative et judiciaire d'un bourg* — *area of jurisdiction of a borough*. Cf.: F. BEYERLE, *Zur Typenfrage in der Stadtverfassung*, *ZSRG* Germ. Abt., t. 50 (1930), pp. 26-51.

**burgwardus,** burcwardus (teuton.): *circonscription militaire* ayant comme centre une forteresse ou une place fortifiée (en Allemagne orientale) — *military district* around a fortress or borough (in eastern Germany). P. civitatem cum burcwardo. *D. Ottos I.*, no. 76 (a. 946). Item ib. no. 222b (a. 961). Urbem S. ... quam

W. in beneficium habet ... et quitquid beneficii ceteri fideles nostri in eodem burgwardo habere visi sunt. Ib., no. 230 (a. 961). Municipium vel burgwardum urbis Z. Ib., no. 232a (a. 961). Municipium Z. cum omni burgwardo suo. Ib., no. 386 (a. 970). Magdeburgensem civitatem ... et municipium ejus quod nos burgwardum dicimus. *D. Ottos II.*, no. 29 (a. 973). Item ib., no. 184 (a. 983). *D. Heinrichs II.*, no. 63 (a. 1004). Mansos sitos in villa O. in pago S. in burgvardo S. in comitatu H. marchionis. *D. Konrads II.*, no. 174 (a. 1031). Merseburgensium burgwardum. THIETMAR., lib. 6 c. 44, ed. KURZE, p. 132. Ibi pluries.
**burhmannus**: *bourgeois — burgess.* Non licebat eis aliquod forceapum facere burhmannis. Leg. IV Aethelred, tit. 2 § 10, vers. Quadripart., ed. LIEBERMANN, p. 234.
**burina** (wallon.): **1.** *rixe, bagarre — row, affray.* Si quis in aliquem violentiam quod burina vocatur concitaverit. ROUSSEAU, *Actes de Namur*, no. 9 (a. 1154). Si quis in villa sanguinem fluenterm vel burinam fecerit, ... forisfactum sanguinis per 60, forisfactum burinae per 30 sol. emendabit. MARTÈNE, *Ampl. coll.*, I col. 894 (s. xii, Hainaut). **2.** *justice au sujet des rixes — jurisdiction relating to rows.* Nunquam ... [advocatus] se intromittet de aliqua justitia ibi facienda vel de sturma sive burma [leg. burina], nisi evocatus pro hoc ipso fuerit. MARTÈNE, *Ampl. coll.*, IV col. 1172 (a. 1034, Pays de Liège). De luit et de burina [advocatus] tercium denarium habebit. BORMANS-SCHOOLMEESTERS, *Cart. de Liège*, I no. 26 (a. 1079). Falsa mensura et latro et lex campalis et sturma et burma [leg. burina] et cetera ad comitatum appendentia. MARTÈNE, o.c., IV col. 1175 (a. 1081). Habet ecclesia bannum et justitiam, impetum et burinam, ictum et sanguinem et letum. ROUSSEAU, *Actes de Namur*, no. 9 (a. 1154). In placitis preter burinam et testejam non debet habere advocatus nisi tres den. Fulcardi abb. Lobiens. epist. (ca. a. 1100), *SS.*, XXI p. 315. In his locis ... concedimus ... ei [h.e. abbati] bannum et justitiam, impetum et burinam ... *D. Heinrichs I.*, no. 43 ( < a. 932 >, spur. s. xii.) ex ch. Alexandri episc. Leodiens. a. 1131, MARTÈNE, *Ampl. coll.*, I col. 707.
**burmotus**, v. burgimotus.
**burneta**, v. bruneta.
**burra**, borra: *\*laine grossière, bourre — coarse wool, stuffing.*
**burrica**: *bourrique — she-ass.*
**burricus**, buri-, -chus (gr.): **1.** *\*poney — pony.* **2.** *âne — ass.*
**bursa**, v. byrsa.
**bursarius** ( <byrsa): *caissier, trésorier — bursar, treasurer.* S. xii.
**bursius** ( <byrsa): *boursier — pursemaker.* Magisterium tanatorum, baudreorum, sutorum, mesgeicorum et bursiorum. Ch. Ludov. VII reg. Franc. a. 1160, LUCHAIRE, *Inst. monarch.*, II p. 326 no. 23.
**busa**, buse, buza, buzca, bucia, bucea, buscia, -us (scandin.): *buse, bateau de charge — buss, transport-ship.* ALBERT. AQUENS., *Hist. d. crois.*, Occ., IV p. 631.
**buscalia** (neutr. plural.) ( < boscus): *broussailles — shrubs.* Cum silvis, buscaliis. *D. Heinrichs II.*, no. 349 (a. 1016); *D. Heinrichs III.*, no 198a (a. 1047). *D. Ottos III.*, no. 70 (a. 991). Polypt. s. Remigii, c. 4 § 1, ed. GUÉRARD, p. 5.
**buscarium** ( <boscus): *terrain boisé — woodland.* Frascariis, buscariis, stallariis. *D. Ottos I.*, no. 374 (a. 969). Prata, salecta, buscaria. *D. Heinrichs II.*, no. 425 (a. 1020).
**buscus** et derivata, v. boscus.
**bussula**, bustula, v. buxtula.
**busta**, bustea, bustia, v. buxida.
**bustellus**, bostellus, boistellus, bussellus, bossellus, boissellus ( < buxida): *boisseau — bushel.* Molendinariis ... 5 bostellos, 5 duos scilicet frumenti et tres molture, ... quot ebdomadibus ecclesia dabit. DUVIVIER, *Actes*, I p 203 (a. 1130, Artois). Molerent sestarium bladi pro uno bustello. BRUNEL, *Actes de Pontieu*, p. 221 no. 145 (a. 1199). Ad mea molendina erit boistellus integer et dimidius boistellus. Ib., p. 312 no. 206 (a. 1210).
**bustus**, -um: *corps humain tronqué, cadavre — mutilated corpse, dead body.* Bustus ejus dividatur in quatuor partes. *Const.*, IV pars 1 no. 653 p. 623 (a. 1311).
**1. buta**, v. bota.
**2. buta**, v. buttis.
**butagium**, v. botaticus.
**buteracium**, v. boteracium.
**buticula**, v. butticula.
**buticularia**, butellaria, botellaria: *office de bouteiller — office of butler.* S. xii.
**buticularius**, butticularius, butiglarius, but-, bot-, butt-, bott-, -el-, -ell-, -ill-, -arius, -erius: *bouteiller*, l'un des grands officiers de cour — *butler*, one of the chief court ministers. Quicquid ... ministeriales nostri, sinescalcus et butticularius, de verbo nostro ... judicibus ordinaveri[n]t. Capit. de villis, c. 16. Item c. 47. De senioribus quinque ministribus ... id sunt camararius, butiglarius, senescalcus, judicem publicum, comestabulum. Capit. Remedii (ca. a. 800), c. 3, *LL.*, V p. 442. Post eos [sc. capellanum et cancellarium] sacrum palatium per hos ministros disponebatur: per camerarium videlicet et comitem palatii, senescalcum, buticularium, comitem stabuli ... HINCMAR., Ordo pal., c. 16, *Capit.*, II p. 523. Ad tres ministeriales, senescalcum, buticularium et comitem stabuli uniuscujusque ministerii qualitatem vel quantitatem pertinebat, ut ... actores regis praescirent ... propter adductionem vel praeparationes. Ib., c. 23 p. 525. Resp. missis data a. 826, *Capit.*, I p. 314 c. 6. D. Henrici I reg. Franc. a. 1043, *Hist. de Fr.*, XI p. 578 no. 12. G. miles filius Hugonis regii buticularii. HARIULF, *Chron.*, lib. 4 c. 22, ed. LOT, p. 235. G. Silvanectensis buticularius. D. Hugonis Capeti reg. Franc., *Gall. chr.*, VII instr. col. 220.
**buticus** (forte leg. butitus, a gr. βούθυτος „lieu des sacrifices" — *offering place"?): chœur d'église — church choir.* Marmoreae columnae in butico erigerentur. HARIULF., *Chron.*, lib 2 c. 7, ed. LOT, p. 54. [Lux fusa] totum buticum basilicae coepit implere. Ib., lib. 4 c. 30, p. 257.
**butifredus**, v. berfredus.
**1. butina** (germ.): *baquet — tub.* Ruodlieb, fragm. 5 v. 105 sq.; fragm. 11 v. 6.
**2. butina**, v. bodina.
**butinum**, botinum (francogall. < norveg.): *butin — booty.* S. xiv.
**buto**, v. boto.
**butta**: *bout de terre — butt of land.* S. xii, Angl.

**buttellarius**, v. buticularius.
**butticula**, buticula, butella, botella, -us ( < buttis; > francogall. *bouteille*, angl. *bottle*): *barillet, petit tonneau — keg, small barrel.* Capit. de villis, c. 3. Si plus de vino voluerit in butticula vel canna. Hincmari capitula presbyteris data a. 852, c. 16, MIGNE, t. 125 col. 778. Polypt. s. Remigii Remensis, c. 1 § 15, ed. GUÉRARD, p. 2 col. 2. Transl. Glodesindis, MABILLON, *Acta*, IV pars I p. 440. Buticulam argenteam 1. G. abb. Fontanell., c. 16, ed. LOEWENFELD, p. 47.
**buttis**, butta, buta, buza, bota: **1.** *outre — wineskin.* Bonos barriclos ferro ligatos ... judices singuli praeparatos semper habeant, et buttes ex coriis non faciant. Capit. de villis, c. 68. **2.** *botte, tonneau — butt, cask.* F. Senon., addit., *Form.*, p. 223 l. 36. Buttes plenas de vino. TORELLI, *Carte Reggiane*, p. 235 (s. x). Habent buttes de vino II. Chron. Farf., MURATORI, *Rer. Ital. scr.*, II pars 2 col. 452. Buttem vini repositam ... habuerat. JOH. LAUDENS., V. Petri Damiani, c. 22, *AASS.*, Febr. III p. 427 B. Modios et buzas ad vinum, oleum vel mel mensurandum. MIGNE, t. 201 col. 545 B (a. 1123, Venezia).
**buturiarius**: *marchand de beurre — butter dealer.* Casearii, buturiarii, hoc est qui caseum scindunt et vendunt denariatim et butirum similiter. WARNKOENIG-GHELDOLF, *Hist. de la Flandre*, II p. 506 no. 34 § 2 (s. xii).
**buxida**, buxita, buxta, busta, bustea (cf. buxis): *boîte*, spéc. *reliquaire — box*, esp. *reliquary.* Bustam cum cuperculo argenteam ad timiama portandum I, pensantem solidos 6. Brevium exempla, c. 2, *Capit.*, I p. 251. De paramento capellae nostrae busteam cristallinam cum reliquiis. MIRAEUS, I p. 21 col. 2 (a. 837). Una buxta eburnea quae non est sculpta. PÉRARD, *Rec. de Bourg.*, no. 5 p. 26 (ca. a. 840). Buxtae tres cum reliquiis sanctorum. Notae dedicat. s. Maximini Trever., *SS.*, XV p. 1270. Sacras mundissimae bustiae reliquias intulit. PETR. DAMIANI, opusc. 40 c. 6, MIGNE, t. 145 col. 656 C.
**buxis** (genet. -idis) = pyxis.
**buxtula**, buxula, bustula, bussula ( < buxida): *petite boîte — small box.* ODO, Mir. Mauri, c. 3, *SS.*, XV p. 468. WOLFHARD., Mir. Waldburgis Monheim., lib. 3 c. 1, *SS.*, XV p. 549 (ca. a. 895). D'ACHÉRY, *Spicil.*[2], III p. 413 col. 2 (a. 1077). RADULF. GLABER, lib. 5 c. 1, § 11, ed. HALPHEN, p. 123. Gaufredi de S. Barb. epist. 23 (ca. a. 1170), MARTÈNE, *Thes.*, I col. 516.
**1. buza**, v. busa.
**2. buza**, v. buttis.

# C

**cabale**, v. cavale.
**cabalcare**, cabalcata, v. caballi-.
**caballaricius**: *de chevaux — of horses.* De uno fronte via caballaricia. LACOMBLET, *UB. Niederrh.*, I no. 30 (a. 812, Werden). Subst. neutr. plural. **caballaricia**: *service consistant en courses à cheval — mounted messenger service.* Facit pro eo caballaricia. Polypt. s. Remigii, c. 22 § 7, ed. GUÉRARD, p. 82.
**caballarius**, caval-, -ler-, -lerius (adj.): **1.** *de chevaux — of horses.* Caballarium feretrum: *litière à chevaux — sedan-chair carried by horses.* V. Erconwaldi, *AASS.*, Apr. III p. 780; item p. 782. V. Geofridi, ib., Sept. VII p. 136. **2.** *monté — mounted.* Per villas, in quibus non solum homines caballarii, sed etiam ipsi cocciones rapinas faciunt. HINCMAR., opusc. 5, ed. SIRMOND, II p. 144. Subst. femin. et neutr. **caballaria**, caval-, -ler-, -ium: **1.** *fief de chevalier — knight's fee.* Omnes homines debent firmare directum senioribus suis: ... miles pro 10 [unciis auri] per unamquamque cavalleriam terre. Usat. Barchin., Usualia, c. 23, ed. WOHLHAUPTER, p. 190. Donant ei per fevum in R. cavallarias duas. *Hist. de Languedoc*[3], V col. 799 no. 425 (ch. a. 1105). Damus eis in feudum Siracusanam civitatem et 250 caballarias terre in valle Noth ad caballariam illius terre. Frider. I imp. conv. cum Januens. a. 1162, *Const.*, I no. 211 c. 6. **2.** *la condition de chevalier — the status of a knight.* Cavalleriam dimisit satis, qui cavallum et arma non habet nec fevum de milite tenet et in hostes et cavalcatas non vadit neque ad placitos et curias. Usat. Barchin., Usualia, c. 9, l. c., p. 184. Subst. mascul.
**caballarius**, caval-, -lerius: **1.** *cavalier — horseman.* ISID., Gloss., no. 289. Caballarium arma saecularia non portantem non assaliam. Sacramentum pacis Belvacense a. 1023, PFISTER, *Robert le Pieux*, p. LXI. Caballarium nemo apprehendat. Concil. Narbon. a. 1054, c. 20, HUBERTI, *Stud. z. Rechtsg. der Gottesfrieden*, I p. 320. **2.** *serf astreint à des services de courrier ou de transport à cheval — serf performing message or transport service on horseback.* B. caballarius habet mansam, de terra arabili bunaria 20, de prato bunaria 5 ... Polypt. Sithiense (a. 844-864), GYSSELING-KOCH, *Dipl. Belg.*, no. 34 p. 58. Ibi saepe similiter. Adicimus ad victum fratrum villam nomine L. cum omni integritate sua, ut olim fuit, exceptis cavallariis tribus. D. Karoli Calvi a. 877, ib., no. 44 p. 77. GREGOR. CATIN., Lib. largit. Farf., ed. ZUCCHETTI, no. 52 (a. 876). [Donavit] unum caballarium cum omni beneficio suo. CHARLES-MENJOT D'ELBENNE, *Cart. du Mans*, no. 180 col. 110 (a. 1028-1031). **3.** *guerrier monté — mounted warrior.* Comites et vassalli nostri, qui beneficia habere videntur, et caballarii omnes generaliter ad placitum nostrum veniant. Capit. a. 807 (?), c. 3, I p. 136. Dono vobis B. cum ipso feu que tenet ... et suos milites, et de aliis cavallariis qui remanent dono vobis ipsa medietate cum ipsos fevos. *Hist. de Languedoc*[3], II p. 421 no. 209 (a. 954). Quae militibus et cavallariis erant beneficiatae. FOLCUIN., G. abb. Sithiens., c. 63, *SS.*, XIII p. 619. Dono ... quartam partem ville M. ... exceptis mansis, quos tenent caballarii his nominibus nuncupati [7 nomina]. GUÉRARD,

*Cart. de S.-Victor de Mars.*, I no. 209 p. 233 (a. 1029). Vendidi s. Victori . . . mansum de A. meo caballario. Ib., no. 299 p. 320 (a. 1053). Donamus . . . castellum . . . cum militibus, cavallariis, hominibus, mancipiis . . . BERNARD-BRUEL, *Ch. de Cluny*, IV no. 3409 (a. 1066). **4.** *chevalier, vassal faisant le service chevaleresque — knight, vassal performing knight's service.* Libere suus fidelis cavallarius sit et perfectus homo dominicus. BAUDON DE MONY, *Relations des comtes de Foix avec la Catalogne*, II p. 6 sq. no. 5 (s. xi ex.). Donant ei per fevum in R. cavallarias duas . . ., unam scilicet cum cavallario, alteram in dominicum . . . Et habeat ejus duos bonos cavallarios in cavalcades et hostes. *Hist. de Languedoc*[3], V col. 799 no. 425 (a. 1105). Nostrae [i.e. Teutonicae] gentis milites pre cunctis bellatoribus honoravit feritatemque illorum . . . Gallicis caballariis commendans, invidiam, quae inter utrosque . . . versatur, . . . mitigavit. EKKEH. URAUG., Chron. univ., a. 1099, *SS.*, VI p. 218 l. 16. De caballariis nobilitatis tuae, quod [leg. quot?] scripta tua nominatim comprehendebant, . . . sic fecit imperium meum, ut scripsisti. Joh. II imp. Byzant. epist. a. 1142 ap. OTT. FRISING., G. Friderici, lib. 1 c. 25, ed. WAITZ-SIMSON, p. 40.

**caballata**: *charge de cheval — a horse's burden.* Caballata vini. S. xiii.

**caballaticum**: *service à cheval — horse service.* GLORIA, *CD. Padovano*, III p. 312 (a. 1175).

**caballicare,** cavallicare, cabalcare, cavalcare: **1.** *chevaucher, voyager à cheval — to ride, to travel on horseback.* Ed. Rothari, c. 340. Ed. Langob., Ratchis, c. 1. Infra viciniam caballicaverit. Lib. Papiens., *LL.*, IV p. 379. Lex Alamann., tit. 64. Sellam qua ego caballicare solitus sum. ALCUIN., epist. 230, *Epp.*, IV p. 375. Venit quidam fur et accepit ejus equum et caballicavit per totam noctem. V. Wlmari, c. 12, MABILLON, *Acta*, III pars 1 p. 237. Mappulam ad cavalicandum uti licentiam ei concessit. Lib. pontif., c. 85 § 4, Conon, ed. MOMMSEN, p. 208. Per campum cavallicans. MONACH. SANGALL., lib. 1 c. 20, *SS.*, II p. 740. Quasdam res proprietatis suae . . . quas ipse J. dominum episcopum hominesque illorum cavallicando circumduxit. BITTERAUF, *Trad. Freising*, II no. 1037 p. 781 (a. 902/903). **2.** *s'acquitter d'un service de course à cheval — to perform messenger service on horseback.* Mansum habuit ad cavalicandum. F. Senon. rec., *Form.*, p. 723. Mihi unum hominem cavallicantem ad serviendum et unum cavallum bene onustum provideant. WARTMANN, *UB. S.-Gallen*, I no. 221 (a. 816). [Servi] si non caballicant, sepiunt virgas 5. Polypt. Sithiense (a. 844-864), GYSSELING-KOCH, *Dipl. Belg.*, no. 34 p. 59. **3.** transit.: *monter* un cheval — *to ride* a horse. Si quis caballum alienum extra consilium domini sui caballicaverit. Lex Sal., tit. 23. Caballicare equas. LIUDPR., Antapod., lib. 3 c. 14, ed. BECKER, p. 80.

**caballicaria,** cavalcaria: *chevauchée — cavalcade.* In cavalcariis nostris [homines] iterum, si submoneantur, vadunt. D. Ludov. VI reg. Fr. a. 1118, COÜARD-LUYS, *Cart. de Corbeil*, p. 5.

**caballicata,** cavalli-, cabal-, caval-, -cada, -gata, -gada, chevalchea, chevau-, -chia: **1.** *service de course à cheval — messenger service on horseback.* Sculca, id est cabalcata. Lib. Papiens., *LL.*, IV p. 300. Villare . . . unde servicius debet exire cira et quarta [leg. circata] et cavalcata, sicut alii Spanii debent facere de illorum aprisione. *Hist. de Languedoc*[3], V, pr. no. 43 (a. 918, Toulouse). **2.** *incursion armée à cheval, patrouille — raid on horseback, patrol.* Caballicatas, ut vulgo ajunt, circumcirca dirigeret. LIUDPR., Antapod., lib. 3 c. 50, ed. BECKER, p. 101. Quis [compareret] creberrimas hinc inde caballicatas? V. Gerardi Broniens. (s. xi med.), c. 21, *SS.*, XV p. 672. Seditionibus, guerris, exercitibus, cavalcatis, incendiis . . . *Const.*, IV pars 1 no. 180 p. 153 (a. 1303). **3.** *chevauchée, service militaire à cheval — cavalcade, military service on horseback.* Nisi in cavallicata aut in hoste fuero. Sacramentum pacis Belvacence (ca. a. 1023), c. 8, PFISTER, *Robert*, p.lx. Qui . . . in hostes et cavalcatas non vadit. Usat. Barchin., Usualia (ca. a. 1058), c. 9, WOHLHAUPTER, p. 184. Immunitate gaudeat in cavalcatis, talliis seu collectis et aliis oneribus publicis. Ludov. VIII reg. Fr. stat. a. 1154, MARTÈNE, *Thes.*, I col. 438. Salvo tamen albergo et cavalgada et omne hominium quod Gardanenses nobis facere debent. D'ACHÉRY, *Spicil.*, VIII p. 204 (a. 1189, Toulouse). Jura nostra in Marchia et Ducatu . . . videlicet de exercitu et cabalcata et parlamento, mercato et procuratione, que nos tanquam advocati, patroni et defensores ecclesie habere debemus. Frider. II imp. encycl. de tract. pacis cum Innoc. IV papa a. 1244, c. 13, *Const.*, II p. 349 l. 34.

**caballicatio**: **1.** *incursion armée à cheval — raid on horseback.* Ed. Langob., Ratchis, c. 4 (a. 745/746). In hac pace nullus nisi comes terre caballicationem aut hostilitatem faciat. Treuga Dei Teruan. a. 1063, *Const.*, I no. 422 c. 6. **2.** *chevauchée, service militaire à cheval — cavalcade, military service on horseback.* Nichil sibi omnino in ea [terra] retinerent, neque justiciam neque aliquam submonitionem neque caballicationem. MABILLE, *Cart. de Marmoutier pour le Dunois*, no. 94 p. 85 (a. 1114). Nullus . . . praesumat . . . nec in hostem nec in caballicationem ducere milites vel pedites. MARTÈNE, *Thes.*, I col. 637 (a. 1190).

**caballicatura**: *voyage à cheval — journey on horseback.* MURATORI, *Antiq.*, VI col. 209 (ch. a. 770).

**caballinus**: **1.** *tiré par un cheval — drawn by a horse.* S. xii. **2.** *porté par un cheval — carried by a horse.* Duos caballinos tonellos aceto plenos. Leg. IV Aethelred, tit. 2 § 10, ed. LIEBERMANN, p. 234.

**caballus,** ga-, cha-, -vallus (celt.: ,,hongre, cheval de labeur — gelding, working-horse"), gener.: *cheval — horse.* Concil. Aurel. a. 538, c. 31, *Conc.*, I p. 82. F. Andecav., no. 1c, *Form.*, p. 5. Ibi saepe. Lex Visigot., lib. 3 tit. 1 § 5. Ed. Rothari, c. 232. Lex Sal., tit. 27 § 3 et pluries. Lex Ribuar., tit. 40. Lex Burgund., tit. 47 § 1. Lex Saxon., tit. 29. *D. Arnulfing.*, no. 19 p. 105 (ca. a. 748). *D. Karolin.*, I no. 130 (a. 780). ZEUSS, *Tradit. Wizenb.*, no. 62 (a. 797). *D. Ludwigs d. Deutsch.*, no. 13 (a. 833). ALCUIN., epist. 46, *Epp.*, IV p. 91 et pluries. REGINO, Chron., a. 870, ed. KURZE, p. 101.



*D. Heinrichs III.*, no. 351 (a. 1055). ADAM BREMENS., lib. 3 c. 44, ed. SCHMEIDLER, p. 187.

**cabanna,** cha-, -p-, -pp-, -ana: *maisonnette — cottage.* ISID., Etym., lib. 14 c. 12. Curtilo et cabanna et exio et vinea. BERNARD-BRUEL, *Ch. de Cluny*, I no. 221 (a. 920).

**cabannaria,** cha-: *petite exploitation rurale — cottar's holding.* Duos mansos et unam cabannariam in comitatu Aquense in villa S. GUÉRARD, *Cart. de S.-Victor de Mars.*, I no. 131 p. 158 (a. 1036). Medium mansum, quem excolit A., et unam cabannariam, quem excolit R. Ibid., no. 250 p. 275 (a. 1030). Vinea quae fuit de chabannaria Petri Aldiardi. *Gall. chr.*[2], XVI instr. col. 79 (ca. a. 1083, Grenoble).

**cabare** = cavare.

**cabaretus** (arab.?): *cabaret — tavern.* S. xiv.

**cabella,** v. gabella.

**cabia** = cavea.

**cabiro,** chevero (genet. -onis) (<capra): *chevron — rafter.* S. xiv.

**cabischolus,** v. capischolus.

**cablicium,** v. caplicium.

**cablum,** cabulum, cablus, cabulus, cablius, v. 1. capulum.

**cabra** = capra.

**cabus** (gr.): **une mesure de capacité — a dry measure.*

**cacabatus** (<cacabus): **noirci de suie — sooty, blackened.*

**cacanus,** v. caganus.

**cacepollus,** cache-, chaci-: *percepteur d'impôts ou de redevances, prévôt — catchpoll, bailiff.* Si cacepollum advocet quod ei teloneum dedit. Leg. IV Aethelred c. 3 § 3, vers. Quadripart., ed. LIEBERMANN, p. 234. LAMBERT. ARDENS., c. 152, *SS.*, XXIV p. 640. JUÉNIN, *Hist. de Tournus*, II, pr. no. 193; no. 219. BERNARD-BRUEL, *Ch. de Cluny*, V no. 5013.

**cachinnosus**: *ricanant — laughing.* Voce cacinnosa dicta nefanda dabat. ERMOLD. NIG., v. 269 (lib. 1 v. 234), ed. FARAL, p. 24. Rursum ib. v. 389 (354), p. 34.

**cacia,** cha-, chai-, -cea, -chia, -scia, -ssia, -sea: **1.** *chasse, droit de chasse — hunting, right to hunt.* Domino regi et haeredibus ejus quitto . . . omnem chaiciam ejusdem forestae. MARTÈNE, *Coll.*, I col. 1105 (ch. a. 1212). Nobis et heredibus nostris altam justitiam et cachiam venationis in praedicto nemore retinentes. MIRAEUS, I p. 750 no. 167 col. 2 (a. 1231, Hainaut). **2.** *terrain de chasse réservé — hunting-ground, forest.* Fractio chaceae regalis. Leg. Ps.-Cnut de Foresta, c. 21 § 2, LIEBERMANN, p. 624. Item ib. c. 27 § 2, c. 28 sq., p. 626. **3.** *droit de mener paître le bétail — right to drive cattle.*

**caciare,** cha-, -ceare, -zare, -scare, -ssiare (< captare): **1.** *chasser — to hunt.* Capit. Carisiac. a. 877, c. 32 sq., II p. 361. **2.** *mettre en fuite — to drive away.* S. xiii.

**cacubus** = cacabus.

**cadafalcus,** -falus, -fale, -faudus, v. cata-.

**cadere**: **1.** *contrevenir au droit — to infringe the law.* Contigit ut ipse rex sua primus lege caderet. SAXO GRAMM., lib. 10 c. 17, ed. OLRIK-RAEDER, p. 297 l. 9. Cadere a causa: perdre son procès — to lose a lawsuit. Cum cadens a causa justiciam judicio exequi noluerit. SUGER., V. Ludov. Gr., c. 2, ed. WAQUET, p. 16. Prolata in medium quaerela et responsione, cecidit Hervaeus de querela sua. *Gall. chr.*[2], XIV instr. col. 213 D no. 6 (a. 1144, Gascogne). Cadere a feudo, a jure census etc.: perdre son droit sur la tenure — to lose one's right to a tenancy. Vasallo ob justam culpam a feudo cadente. Libri feudor., antiq., tit. 10 c. 2 § 9 (vulg., lib. 2 tit. 24 § 9), ed. LEHMANN, p. 148. Si cessaverit in solutione canonis, a libello cadat libellarius et ad dominum redeat [terra]. Fragm. juris feudalis, § 12, LEHMANN, o. c., p. 204. Si dictum pactum . . . non solverennus, extunc caderemus ipso facto ab omni jure census sive locationis. VAN DEN BERGH, *OB. Holland*, II no. 64 p. 528 (a. 1281). **2.** alicui: *échoir — to fall to one's lot.* Vineas . . . quae mihi in partem contra fratrem meum ceciderunt. BITTERAUF, *Trad. Freising*, I no. 42 p. 70 (a. 772).

**cadima** = cadmia.

**cadivus**: **épileptique — epileptic.* Quod genus morbi ephilenticum peritorum medicorum vocitavit auctoritas, rustici vero cadivum dixere, pro eo quod caderet. GREGOR. TURON., Virt. Mart., lib. 2 c. 18, *Scr. rer. Merov.*, I p. 615 l. 7. Cadive [i. e. cadiva] fatigatus insania. Pass. Praejecti (s. vii ex.), c. 18, ib., V p. 236. Vindedi servo juris mei . . . non fura, non fugitivo neque cadivo, sed mente et omni corpore sano. MARCULF., lib. 2 no. 22, *Form.*, p. 90. Item F. Sal. Bignon., no. 3, p. 229.

**cadrus** = quadrus.

**caducus**: *ce qui passe en d'autres mains par voie d'héritage — inuring to someone by inheritance.* Potest clericus aut mulier quelibet mobilia vel caduca, que ratha dicuntur, in judicio petere sine procuratore. KEUTGEN, *Urk. städt. Verf. gesch.*, no. 139 (s. xii, Soest). Ad hereditatem ex caduco venientem nullus accedat, nisi prius ad arbitrium domini, de cujus feodo descendit, placitum fuerit. BOURGIN, *Soissons*, p. 407 no. 2 (a. 1141). Subst. neutr. **caducum: 1.** *héritage — inheritance.* S. xiii. **2.** *mainmorte — mortmain.* Super quorumdam proventuum genere, quos leges appellant caducum, eo quod casu morientium provenire solent, quos . . . archiepiscopus [Bisuntinus] a civibus suis morientibus exigere consueverat. D. Friderici I imp. a. 1180, CASTAN, *Orig. de Besançon*, p. 346.

**cadus**: *tonneau — cade, cask.* S. xiv.

**cafagium**: *espace enclos renfermant une demeure paysanne — farmyard.* MURATORI, *Antiq.*, V col. 747 (ch. a. 767). Ib., III col. 1013 (ch. a. 783). *Reg. Farfense*, no. 403 (a. 986). *D. Ottos I.*, no. 266 (a. 964). *D. Heinrichs II.*, no. 296[b] (a. 1014).

**caphisus,** cafisa: *une mesure de liquides — a liquid measure.* S. xii, Sicil.

**caganus,** cacanus: *prince chez les peuples mongols, khan — ruler of Mongol peoples, khan.* Rex Chunorum, vocabatur autem caganus; omnes enim reges gentis illius hoc appellantur nomine. GREGOR. TURON., Hist. Franc., lib. 4 c. 28. Rex Avarum, quem sua lingua cacanum appellant, cum innumerabili multitudine veniens. PAUL. DIAC., Hist. Langob., lib. 4 c. 37, ed. WAITZ, p. 161. [Imperator Constantinopolitanus] misit . . . quosdam qui se, id est gentem suam, Rhos vocari dicebant, quos rex illorum chacanus

vocabulo ad se ... direxerat. Ann. Bertin., a. 839, ed. WAITZ, p. 20.
**cagia** = cavea.
**caja,** ch-, -ay-, -um (celt.; >frg. *quai*): **1.** *boutique, atelier, magasin — shop, workshop, storehouse.* Due curtes ... cum cajo suo. CENCIUS, c. 71 § 9 (s. x ex.?), ed. DUCHESNE, I p. 347 col. 2. **2.** *débarcadère, quai — wharf, quay.* S. xiii.
**cajagium**: *droit de quai — wharfage, quaydues.* S. xii, Angl.
**cajolum,** cagiolum (<caja): *maisonnette — small house.* Curticella de C. cum ipso cagiolo de P. D. Ludov. II imp. a. 853, *MIÖG*, t. 5 (1884), p. 384; unde hausit *D. di Bereng. I*, no. 108 p. 278 (a. 915), ubi: cajolo.
**calafata** (mascul.), cale-, -fatus, -factus (arab.): *calfat — caulker.* S. xiv.
**calafatare,** cale-, -fetare: *calfater — to caulk.* S. xiv.
**calamare**: *écrire — to write.*
**calamaris** (subst. mascul.), -re (neutr.), -rium: *encrier — inkpot.* Ordo Rom. IV (s. viii ex.), c. 81, ed. ANDRIEU, II p. 167. V. Alexii pr. (s. x), ed. MASSMANN, *Bibl.*, IX p. 169. PETR. DIAC., Chron. Casin., lib. 4 c. 13, *SS.*, VII p. 768 l. 22.
**calamaucum,** v. camelaucium.
**calamaula,** calamella (gr.): **flageolet, chalumeau, tuyau d'orgue — reed, shawm, organ-pipe.*
**calametum**: *jonchaie — marsh grown with reeds.* ANONYM. PLACENTIN., Itin., ed. GEYER, *CSEL*, t. 39 p. 211.
**calaminum** (<cadmia): *calamine — calamin.* De pondere calamini et cere denarium. *Hans. UB.*, I no. 466 p. 168 (a. 1254, Hamburg).
**calandrus** (gr.): *calandre, alouette — lark.*
**calanganum,** v. galanga.
**calangia,** v. calengia.
**calannus,** v. chelandium.
**calare** = chalare („rabaisser, couler — to lower, to sink").
**calasneus**: *ayant-droit dans le communal — a person sharing in the right of common.* Nullus de alterius silva ... aves tollere praesumat, nisi ejus commarcanus fuerit, quem calasneo dicimus. Lex Baiwar., tit. 22 § 11.
**calasnus** (germ.): *communal — the common.* In silvis, in pratis ..., in omnibus calasnis et in terminis. BITTERAUF, *Tradit. Freising*, I no. 550[a] p. 472 (a. 828).
**calatum**: *caisse, coffre — chest, box.* S. xiii, Ital.
**calcagium,** v. calceaticum.
**calcaneum,** -us: **talon* d'homme ou d'animal — *heel* of man or animal.
**calcar**: *éperon* d'un vaisseau de guerre — *ram* of a battleship. S. xiii.
**calcare**: **1.** *poursuivre — to pursue.* Si quis pedicam cum feramen aut sagitatum detoxitum invenerit et eum calcare voluerit quem canes minaverunt. Capit. VI add. Leg. Sal., c. 3 § 3. **2.** *réprimer, extirper — to suppress, to stamp out.* Ad calcandam gentilium consuetudinem. Concil. Turon. a. 567, c. 18, *Conc.*, I p. 126. **3.** *anéantir, casser — to annul, to cancel.* Postposita et calcata ipsa confirmatione. *D. Merov.*, no. 41 (a. 663). **4.** *terminer, faire cesser* un litige — *to end, to settle* a dispute. Pro calcanda lite. *D. Merov.*, no. 35 p. 33 (ca. a. 658). Sit inter nos ex hac re omni tempore calcanda causatio. F. Turon., no. 38, *Form.*, p. 156. Vestras repetitiones ab hodierna die calcatas fiant. *D. Karolin.*, I no. 193 (a. 774-800).
**calcaria**: **four à chaux — lime-kiln.* Lib. pontif., Sisinnius (a. 708), ed. MOMMSEN, p. 221.
**calcator**: *pressureur de vin — wine-presser.*
**calcatorium**: *pressoir — winepress.* MARINI, *Papiri*, p. 167 no. 106 (ch. a. 998). *Arch. Soc. Rom. di Stor. Patr.*, t. 22 p. 101 (a. 1059).
**calcatripa**: *chaussetrape, chardon — thistle.* REMIG. AUTISSIOD., Comment. in Sedulii Carmen paschale (s. ix), lib. 1 v. 279, *CSEL*, t. 10 p. 329. MAI, *Spicil. Roman.*, IX, pars ult., p. 80. Cf. A. VACCARI, *ALMA*, t. 15 (1940), p. 26 sq.
**calcatura**: *banalité de pressoir — winepress monopoly.* S. xiv.
**calceamentorius,** calcia-: *de cordonnier — of a shoemaker.* Quidam ... calciamentoriam artem agens. FOLCUIN., G. abb. Lobiens., c. 35, *SS.*, IV p. 72 l. 29.
**calcearium,** -us (class. „allocation pour l'achat des chaussures — allowance for buying shoes"): *chaussure — foot-gear.* Fructuosi Regula monach. (s. vii med.), c. 4, MIGNE, t. 87 col. 1101 C. Adalhardi abb. Corbejens. stat., lib. 1 c. 3, ed. LEVILLAIN, *LMA*, t. 13 (1900), p. 353. V. Wlmari (s. ix med.), c. 5, *AASS.*, Jul. V p. 85 B.
**calceata,** cau-, -cia-, -chi-, -ce-, -ca-, -da, -tum, calcea, calceia, chaussata, -ada, chausseia (subaudi: via, „chemin chaussé", c.-à-d. pavé — "shoed road", i. e. paved): **1.** *chaussée — causeway.* Per viam regiam quam stratam sive calciatam dicunt. D. Ludov. Pii a. 819, *Hist. de Fr.*, VI p. 516 = *Mus. arch. dép.*, p. 9. Super calceiam que ducit de Abbatisvilla Noviomum. BRUNEL, *Actes de Pontieu*, p. 13 no. 8 (a. 1100). Concessit ... fieri calceatam per terram suam ... talis latitudinis ut in ea due quadrige sibi invicem possint obviare. VERNIER, *Ch. de Jumièges*, I p. 156 no. 60 (a. 1131 ?). In fossato inter burgum et calciatam. HASKINS, *Norman inst.*, p. 307 no. 21 (ca. a. 1130-1135). Barre poni debent et proventus inde exeuntes ad usus distribui calcearum. REINECKE, *Cambrai*, p. 264 c. 1 (a. 1185). Ad emendandum calceias. Phil. II Aug. reg. ch. comm. Atrebat. a. 1194, ESPINAS, *Rec. d'Artois*, no. 108, c. 41. **2.** *redevance levée pour l'entretien d'une chaussée — dues levied on the score of causeway upkeep.* Talliam, altam justitiam, portam et calceiam in porta. *Actes Phil.-Aug.*, no. 481 (a. 1194), II p. 4.
**calceaticum,** calcia-, calceia-, -gium, calcegium, calcagium: *redevance levée à cause de l'entretien d'une chaussée — dues levied on the score of causeway upkeep.* S. xii.
**calceator**: *cordonnier — shoemaker.* S. xiii.
**calceatura,** calciatura: *chaussure — foot-gear.* S. xiii.
**calceatus,** calciatus: (d'une voie — of a road) *pavé — paved.*
**calcifex**: *cordonnier — shoemaker.* S. xiii.
**calcina** (femin.): *chaux — chalk.*
**calcinare**: *calciner — to calcine.* S. xiii.
**calcinarius**: *chaufournier — lime-burner.*
**calcio** (genet. -onis): *chausson — slipper.* HARIULF., Chron., lib. 3 c. 3, ed. LOT, p. 95. *Gall. chr.*[2], III instr. col. 98 (ch. a. 1217).



**calciolarius**: *cordonnier — shoemaker.* BRUZZA, *Reg. di Tivoli*, p. 23 (a. 945).
**calcirellus**: *seau — pail.* S. xiv, Ital.
**calcisfurnus,** calcefurnum: *four à chaux — limekiln.* Lex Baiwar., tit. 1 § 13. PFLUGK-HARTTUNG, *Acta*, I no. 209 p. 192 (a. 1147).
**calculare,** calculari (depon.): **calculer, compter — to reckon, to count.*
**calculatio**: **calcul — reckoning.*
**calculator**: *arithméticien — arithmetician.*
**calculatorius**: *relatif au calcul — of calculating.*
**calculus**: **1.** **arithmétique — arithmetics.* De operibus Virgilii, legis Theodosianae libris artemque calculi aplene eruditus est. GREGOR. TURON., Hist. Franc., lib. 4 c. 46. **2.** *décision, jugement, sentence — decision, sentence, issue.* S. xii, Angl. **3.** *fortune, sort, condition — fortune, lot, position.* S. xii, Angl.
**caldararia**: *la fonction de chaudronnier — the office of cauldron-maker.* Inn. III pap. epist., lib. 13 no. 55, MIGNE, t. 216 col. 247 A.
**caldararius**: *chaudronnier — cauldron-maker.* Caldararii debent facere caldarias novas et veteres reparare. CENCIUS, c. 57 (Ordo), § 53, ed. DUCHESNE, I p. 306 col. 1.
**caldarellus** (<caldaria): *marmite — pan.* S. xiii, Ital.
**caldaria** (femin.), cau-, chau-, -de-, -rium, -re (neutr.) (<calidus): **1.** **chaudière — cauldron.* Comme chaudière d'ordalie — kettle used for an ordeal: Leg. Visigot., lib. 6 tit. 1 § 3. Liutprandi leg., c. 50. **2.** *chaudière à saunage — salt-boiling cauldron.* Donationem duarum caldariarum in villa que Salinas dicitur scitarum [leg. sitarum]. D. Rodulfi reg. Burgund. a. 1026, CHEVRIER-CHAUME, *Ch. de S.-Bénigne de Dijon*, II p. 72 no. 284.
**caldero** (genet. -onis), caldaronus: *chaudron — cauldron.* S. xiii.
**caldrum,** celdra, sceldra: une *mesure de capacité — chalder*, a dry measure. S. xiii, Scot.
**calefactor**: **1.** *serviteur pour le chauffage — stoker.* S. xiii. **2.** calefactor cerae: *chauffecire*, employé de chancellerie — *chafe-wax*, chancery officer. S. xiv.
**calefactorius**: **réchauffant — heating.* Subst. neutr. **calefactorium**: *pièce chauffée, étuve — heated room, stove.* Calefactorium 25 pedes latitudinis, longitudinis eademque mensura. Consuet. Farfens., lib. 1 c. 1, ALBERS, *Cons. mon.*, I p. 137. Item ib., c. 12, p. 146. Descendentes eant in calefactorium, ubi paratus debet esse ignis et aqua ad lavandum. Consuet. Cluniac. antiq., rec. C, c. 7, ib., II p. 38.
**calefagium,** calfagium, chal-, char-, chau-: *approvisionnement en bois de chauffage — firewood supply.* In silva que M. appellatur ligna prefatis canonicis necessaria ad universos usus ecclesie, atque etiam ex eadem silva omni tempore calfagium suum. AUDOUIN, *Rec. de Poitiers*, I p. 33 no. 18 (a. 1146). Ad omnes domos suas faciendas et reficiendas et ad calfagium suum dono ... in nemore meo ... omne nemus quod eis necessarium fuerit. BRUNEL, *Actes de Pontieu*, p. 70 no. 45 (a. 1149). De branchiis nemoris ... calefagium habent. *Actes Phil.-Aug.*, no. 358 (a. 1190), I p. 432 l. 34.
**calefatus,** calefactus, **calefatare,** calefetare, v. cala-.
**calega,** v. callega.
**kalendae**: *réunions mensuelles* d'ecclésiastiques — *monthly meetings* of ecclesiastics. Ille [presbyter parochialis ecclesiae] nunquam ausus est clericos in locum [i. e. monasterium] inducere vel kalendas illorum [sc. monachorum] observare. Acta Murensia, c. 4, ed. KIEM, p. 22.
**calengia,** call-, -ang-, -ium (<calumnia): *action, réclamation, prétention, contestation — challenge, claim, dispute.* Omne jus hereditarium, quod contingebat ei, libere resignavit et absolute, omni reclamatione seu calangia, quae a dicto J. vel suis ad praesens vel in posterum fieri posset, ... omnino remota. MIRAEUS, I p. 421 col. 2 (a. 1238, Brabant). Omne impedimentum sive calangiam, quod dicitur vulgariter commer, in dicta hereditate existens deponere promisit. DE FREMERY, *OB. Holland*, suppl. no. 214 p. 159 (a. 1282).
**calengiare,** -lan-, -lin-, -gare: *réclamer, contester — to challenge, to claim.* S. xiii.
**calybeus** = chalybeus.
**calybs** = chalybs.
**caliditas**: **chaleur — heat.*
**caligare** (transit.): **obscurcir, couvrir de nuages — to darken, to becloud.*
**caligarius**: **bottier — bootmaker.*
**caligator**: *bottier — bootmaker.* S. xiii.
**caligae**: **1.** **bottes — boots.* **2.** *bas, chausses — stockings, hose.* **3.** *jambières — greaves.*
**calyptra,** caleptra (gr.): *casquette — cap.*
**calitudo**: *chaleur — heat.* Lampades callitudinem fecerunt. V. Germani (s. x), *Anal. Boll.*, t. 17 p. 176.
**calix**: **calice — chalice.*
**callangia,** callengia, v. calengia.
**callega,** calega: *vente publique — auction.* S. xiii, Ital.
**callis**: **1.** *route, chaussée — road, highway.* Callis publicus. *Actes Philippe Ier*, no. 133 (a. 1094), p. 339. **2.** *rue — street.*
**calmen,** calma, calmis, calmus, calmas (celt. ?): *haut plateau dénudé, bruyère — high plain lying waste, heath.* Poenis calmen quam B. vocant venisset. IONAS, V. Columb., lib. 1 c. 15, ed. KRUSCH, p. 177. Item c. 17, p. 181. Silvas devastassent et terram aut prata ... invasissent vel vineas plantassent aut calmas rupissent. *D. Merov.*, no. 41 (a. 663). Venitur in calmibus Merrenses vocabulo. *D. Karolin.*, I no. 302 (spur. s. xi, S.-Claude). Ut cuncta pecora gregum suorum per cunctas colles et calmes sive pascuaria ... pascant. *Hist. de Languedoc*, I, instr. col. 123 (a. 871). Alodes ... [cum] aquae ductibus vel reductibus, calminibus ... DE MARCA, *Marca hisp.*, app., col. 871 (a. 957). Dono ipsam calmam cum silvis suis ... ut si quid ibi cultum atque laboratum fuerit ... Ib., col. 1060 (a. 1035). Cum ... silvis, calmibus, montibus ... *D. Heinrichs III.*, no. 362 (a. 1056).
**calo** (genet. -onis) (gr.): **sabot — clog.*
**calogerus** (gr.): *moine âgé et vénérable — aged and venerable monk.* V. Severi Agath. (s. vii p. poster. ?), c. 16, *AASS.*, Aug. V p. 162 F.
**calopidarius**: *galochier — clogmaker.* JOH. VICTOR., lib. 2, a. 1283, ed. SCHNEIDER, I p. 285.
**calopodes,** -pe-, -pi-, -dae, -dia (gr.): *semelles en bois, galoches, sabots — clogs, wooden shoes.* S. xiii.
**calota**: *calotte — cap.* S. xiii.

**calterium**, v. cauterium.

**calumnia**, calumpnia: **1.** *injure, opprobre — contumely, opprobrium.* Hic cum se cerneret humiliari atque calumniae subjeci [i. e. subici]. GREGOR. TURON., Hist. Franc., lib. 4 c. 7. Nullo modo se tantam calumniam sufferre posse. V. Anskarii, c. 19, *SS.*, II p. 703 l. 21. **2.** *violence, outrage — deed of violence, outrage.* Calumnia in Christi sacerdotes peracta. Concil. de clericorum percussoribus (s. ix ex.), *Capit.*, I p. 360. **3.** *injustice, atteinte — wrong, violation.* Tam eos quam possessiones eorum ab omni calumnia et injuria praesta liberos. *D. Merov.*, no. 1 (a. 510). Nec nichil exinde minuare nec nulla calomnia generare non presumatis. Ib., no. 71 (a. 697). Calumniam peregrino facere [par l'exaction de péages — by imposing tolls]. Capit. Pippini a. 754/755, c. 4, I p. 32. [Pauperes] sine ulla injusta calumnia permaneant. Concil. Ascheim. a. 756, c. 11, *Conc.*, II p. 58. **4.** *fausse réclamation — false claim.* Ab omni calumnia [debitum] repetentis ejus filii . . . habeantur immunes. Lex Visigot., lib. 5 tit. 6 § 6. Nullumquam tempore contra ipsis nulla calomnia neque repeticione facere non debias. F. Andecav., no. 39, *Form.*, p. 17. Calomnia aut repeticione exinde non pertimiscant habere. MARCULF., lib. 1 no. 32, ib., p. 63. Verens quasi pro cupiditatis amore homines aliqui ipsis rebus requerere vel pro ipsa causa ei calomniam generare deberent. *D. Karolin.*, I no. 27 (a. 768). Absque ullius contrarietate vel calumnia. Ib., no. 55 (a. 769). Ibi saepe. **5.** gener.: *réclamation, contestation, action — claim, challenge, action.* Si quisqui[s] cuiquam in turbatione qui fuerat intulisset dispendium vel praeda, nullius ex hoc generaretur colompnia. Pass. prima Leudegarii, rec. A (s. vii ex.), c. 28, *Scr. rer. Merov.*, V p. 308. Si venerit proprius dominus [caballi] et calumniam generare voluerit. Ed. Rothari, c. 348. Non possumus in unam causam duas calomnias inponere. Liutprandi leg., c. 131. Ludovicus Gallorum rex Transmarinus Othonio imperatori calumniam imponens de Lotharii regno. Chron. Namnet., c. 33, ed. MERLET, p. 98. **6.** *accusation — charge.* Quicumque calumniam criminis probatus fuerit objecisse, si objecta non convicerit . . . Lex Romana Burgund., tit. 7 § 4. Si quis cuiquam imposuerit, quod incendiarium receperit, et de hoc ipsum in jure voluerit convenire, hoc nequaquam ei liceat, nisi primo praestito calumniae sacramento. Frider. I imp. const. contra incend. a. 1186, c. 5, *Const.*, I no. 318. **7.** *amende — fine.* Fuero de Leon (a. 1017/1020), c. 4, WOHLHAUPTER, p. 4. Fuero de Jaca a. 1063, c. 3, ib., p. 134. **8.** *litige — legal dispute.* Si calumnia emerserit inter clericum et laicum vel inter laicum et clericum de ullo tenemento, quod clericus attrahere velit ad elemosinam, laicus vero ad laicum feudum. Constit. Clarendon. a. 1164, c. 9, STUBBS, *Select charters*[9], p. 165. Cf. voc. calengia.

**calumniari** (depon.), calumniare, calumpn-: **1.** aliquem: **injurier, affronter — to inflict injury upon* a person. **2.** *faire violence à* qq'un, *outrager — to do violence against* a person, *to outrage.* Si quis presbiterum calumniatus fuerit. Concil. de clericorum percussoribus (s. ix ex.), c. 3, *Capit.*, I p. 361. **3.** *intenter une action à* qq'un *— to institute an action against* a person. Recognovit, quod contra legem ipsum calumniabat. F. Turon., no. 41, *Form.*, p. 158. Si litus . . . a domino de capitis sui conditione fuerit calumniatus. Lex Frision., tit. 11 § 2. **4.** aliquid: *s'opposer contre* qqch., *porter atteinte à* qqch. *— to oppose, to violate.* Prebeat sacramentum . . . et amplius non calomnietur. Ed. Rothari, c. 230. Si quis hoc decretum violare vel calumniari temptaverit. Concil. Tullense a. 838, *Conc.*, II p. 783. Utrum ipsum sacramentum plane cum testibus acciperet an bello calumpniaretur. FLACH, *Origines*, I p. 238 n. 1 (a. 1022-1055, Anjou). **5.** aliquid: *réclamer, revendiquer, prétendre à* qqch. *— to claim, to vindicate, to make pretensions to* a thing. [Hlotharius rex] Hlotharingiam calumpniatus est. Ann. Vindocin., a. 954, ed. HALPHEN, *Rec. d'annales angev. et vendôm.*, p. 57. H. quidam . . . munus ejusdem abbatis calumpniabatur et ab ecclesiae . . . jure conabatur auferre. FLODOARD., Hist. Rem., lib. 4 c. 1, *SS.*, XIII p. 558 l. 43. Surrexit quidam nobilis adolescens, qui erat de genere Cenomannensium consulum, . . . et cepit calumpniari ipsum comitatum. Actus pontif. Cenom., c. 34 (ca. a. 1100), ed. BUSSON-LEDRU, p. 385. Inter regem Anglorum et Helyam comitem bellum gravissimum exortum est, pro eo scilicet quod idem rex Cenomannensem episcopatum calumniabatur. Ib., c. 35 (s. xii med.), p. 400. Henricus Guillelmi regis filius . . . fortiter hereditarium jus calumniari sategit. ORDER. VITAL., lib. 8 c. 19, ed. LEPRÉVOST, II p. 384. Henricus calumpniare idem allodium et fratres ecclesie inquietare cepit. ROUSSEAU, *Actes de Namur*, no. 30 (a. 1178-1189). Si quis aliquod tenementum calumpniaverit de vobis in feudum et hereditatem. Ch. Richardi reg. Angl. a. 1188-1199, FOERSTER, *Urkundenlesebuch*, no. 44.

**calumniator**: **1.** **faux accusateur — false accuser.* **2.** *infracteur; qui s'oppose indûment — violator, unlawful opponent.* Si ullus contra hanc epistolam calumniator aut repetitor accesserit. F. Turon., no. 23, *Form.*, p. 148. **3.** *demandeur — plaintiff.* Si aut calumniator [i. e. qui litum de capitis sui conditione calumniatur] aut ille, cui calumnia irrogata est, se solum ad sacramenti mysterium perficiendum protulerit. Lex Frision., tit. 11 § 2.

**calumniatus** (adj.), d'un serf: *réclamé* par un autre seigneur — of a serf: *claimed* by another lord. Polypt. Irminonis, br. 19 c. 37, ed. GUÉRARD, II p. 205; item c. 48, p. 207.

**calumniosus** (adj.): **1.** **injurieux — insulting.* **2.** *faisant l'objet d'une contestation — subject to contestation.* **3.** *accusé — accused.*

**calvare**: *défricher — to clear.* Calvasset et exfossasset. *CD. Cavens.*, II p. 176 (a. 982).

**calvaria** (<calvus): **1.** *tonsure — tonsure.* Condemnatus, . . . calvaria[m] acceptus in capite, expulsus. URSIN., Pass. secunda Leudegarii (s. viii p. post.), c. 16, *Scr. rer. Merov.*, V p. 338. **2.** **calvaire — calvary.*

**calvea**: une *mesure de capacité — a measure of capacity.* S. xii, Ital.

**calvere** et calvi (depon.): **tromper — to deceive.*

**camaca**, v. camoca.

**camactus** (gr. ? Cf. ital. *camato*): *coup de bâton — stroke with a rod.* Quindecim accipiat camactos. Capit. Mantuan. a. 781, c. 4, I p. 190.



**camahutus**, -hotus, -hitta, camaeus, cameus: *camaïeu — cameo.* S. xiii.

**camalaucum**, v. camelaucium.

**camallus** („cap de mailles"): **1.** *coiffure de fer, couvrant la tête et les épaules — iron headwear,* covering head and shoulders. **2.** *camail, pèlerine à capuchon des prêtres — priest's cape, humeral.*

**camara**, v. camera.

**camararius**, v. camerarius.

**camarella** (<camera): *petite pièce — small room.* S. xiii, Ital.

**camarlengus**, v. camerlengus.

**1. camba**, cambo (genet. -onis), camma (celt.): *malterie* consistant dans la cave de germination et la touraille — *malthouse,* consisting of maltfloor and maltkiln. De cambis quoque et bracibus, quae de cambis fiunt, similiter volumus ut decimus modius de bracibus, postquam facte fuerint, portario dandus, priusquam monasterio deducantur, separetur . . . De humlone quoque, postquam ad monasterium venerit, decima ei portio . . . detur. Si vero hoc ei non sufficit, ipse . . . sibi adquirat unde ad cervisas suas faciendas sufficienter habeat. Adalhardi abb. Corbejens. stat. (a. 822), lib. 2 c. 15, ed. LEVILLAIN, *LMA.*, t. 13 (1900), p. 384. Brevium exempla (ca. a. 810), c. 25, *Capit.*, I p. 254 l. 21. Constit. de partit. bon. s. Dionysii a. 832, *Conc.*, II p. 690. Molendinum unum cum camba superposita. *D. Charl. le Ch.*, no. 225 (a. 861). Descr. Lobiens. a. 868, ed. WARICHEZ, *BCRH*, t. 78 (1909), p. 250 sqq. Mansum . . . cum ipsa pistoria et cambone ad ipsa piscatoria [leg. pistoria] aderente. DESJARDINS, *Cart. de Conques*, p. 6 no. 4 (a. 883). Cambe septem, farinarii duo. *D. Ottos I.*, no. 81 (a. 946). Molendinum unum, cambas duas. *D. Konrads II.*, no. 201 (a. 1033). Bannalem cambam Bulloniensis burgi. Cantat. s. Huberti, c. 23, ed. HANQUET, p. 64. Habet [ecclesia] furnos et cambas bannales. ROUSSEAU, *Actes de Namur*, no. 9 (a. 1154).

**2. camba**, v. gamba.

**cambagium**: *redevance due au seigneur pour la confection du malt — seignorial duty on malting.* [Monachi] habent theloneum, stallagium, foragium, cambagium in omni terra sua. VERCAUTEREN, *Actes de Flandre*, no. 24 (a. 1100). Serviens episcopi semper . . . redditus episcopi sive censum, cambagium, introitum et exitum . . . ab hospitibus manentibus in dictis terris episcopi . . . accipere poterit. MIRAEUS, II p. 1231 (a. 1250, Commines).

**cambarius**: *malteur — maltster.* Descr. Lobiens. a. 868, ed. WARICHEZ, *BCRH.*, t. 78 (1909), p. 263. GUÉRARD, *Polypt. d'Irminon*, II p. 356 no. 21 (ch. a. 1038, Flandre). *Gall. chr.*[2], III col. 22 (a. 1084). VERCAUTEREN, *Actes de Flandre*, no. 119 (a. 1125). DUVIVIER, *Actes*, I p. 147 (a. 1177, Corbie). FAYEN, *Lib. trad. s. Petri Blandin.*, p. 131 (s. xii). BRUNEL, *Actes de Pontieu*, p. 222 no. 145 (a. 1199). GISLEB. MONTENS., Chron., c. 18, ed. VANDERKINDERE, p. 30. Chron. Watinense, MARTÈNE, *Thes.*, III col. 826.

**cambipars**, -partia, -pertia: *accord* fait par un plaideur avec son procureur pour partager les avantages éventuels à réaliser dans le procès — *champerty.* S. xiv, Angl.

**cambire**, canbire, cambiare, canniare (celt.; >frg. *changer*): **1.** **changer, donner* qqch. *en échange — to exchange, to give* a thing *in exchange.* Qui caballo ipso aut venderit aut cambiaverit. Lex Sal., tit. 47. Commutatio, hoc est: quod cambias. Lex Baiwar., tit. 16 § 8. Acardus domno Odoni campos 2 cambiat. BERNARD-BRUEL, *Ch. de Cluny*, I no. 337 (a. 927-942). Abbatem . . . [non] liceat ipsius ecclesiae terram cambire vel per enphiteosim alicui concedere. *D. Ottos I.*, no. 410 (a. 972). Ut nemo cambiat aliquid sine testimonio praepositi. Leg. II Aethelstan, c. 10, vers. Quadripart., ed. LIEBERMANN, p. 157. Duo bonuaria terre, que domui Vallis Dei pro aliis duobus bonuariis terre cambivit, prefate ecclesie Vallis Dei contulit possidenda. PONCELET, *Actes H. de Pierrepont*, no. 230 (a. 1225). **2.** *acquérir* qqch. *par un échange — to obtain* a thing *by exchange.* Si quis bovem . . . emisse aut cambiasse dixerit. Lex Sal., tit. 37. **3.** spec.: *changer* la monnaie — *to change* money. Denarium cambire. Constit. Caris. de moneta a. 861, *Capit.*, II p. 302. [Judaei] habeant liberam potestatem per totam civitatem cum quibuslibet hominibus canbire argentum. Frider. I imp. edictum in fav. Jud. a. 1157, *Const.*, I no. 163. In urbe . . . Andecavis nullus audeat cambiare monetam . . . nisi in area canonicorum . . . FLACH, *Orig.*, II p. 366 n. 4 (a. 1094).

**cambitio**, cambiatio: **1.** *échange — exchange.* Utraque pars accepte jus cambitionis deinceps . . . possideat. WARTMANN, *UB. S.-Gallen*, I no. 410 (a. 850). Eadem verba: F. Sangall. misc., no. 20, *Form.*, p. 388. Cambitionem a nobis impetratam et donatam. *D. Arnulfs*, no. 34 (a. 888). In eadem cambitione concessit ei . . . *Gall. chr.*[2], IV col. 233 (a. 1098). **2.** *chose acquise par un échange — a thing obtained by an exchange.* Dominus manum mittat ad eam cambitionem. Leg. II Aethelstan, c. 10, vers. Quadripart., ed. LIEBERMANN, p. 157. **3.** *change monétaire — money exchange.* Ad unam mensam non nisi de uno catallo et de communi pecunia debet exercere [leg. exerceri] cambicio. CHAPIN, *Villes de foires de Champagne*, p. 284 (a. 1194, Lagny). **4.** *bureau de change — money exchange office.* Erat ministerium illud ejusdem castri, quod vulgo dicitur theloneum et cambiatio, constans 60 solidorum unaquaque hebdomada. SUGER., De admin. sua, c. 1, ed. LECOY, p. 156.

**cambitor**, cambiator: *changeur — money-changer.* Domum lapideam . . . ante stallos cambitorum. FLACH, *Orig.*, II p. 245 n. 3 (a. 1070-1086, Tours). Falsa moneta apud cambitores inventa fuerit. Ib., II p. 366 n. 4 (a. 1095, Angers). Cepit cambiatores . . . ad instantes nundinas . . . venientes. Litt. Theobald. com. Blesens. a. 1148, MIGNE, t. 186 col. 1405 C. Tabulis canbiatorum et negociatorum. *Const.*, I no. 244 (a. 1175), c. 9. In loco ubi cambitores sedent nullus alius homo argentum emere debet nisi soli denariorum percussores. KEUTGEN, *Urk. städt. Verf. gesch.*, no. 126 (s. xii, Strasbourg). Talis argenti quale cambitores in nundinis inter se

dant et recipiunt. Ch. comm. Divionens., a. 1187, GARNIER, *Ch. de comm. en Bourg.*, I no. 2. Ne clerici exerceant negotia turpia . . ., officium cambitoris, carnificis, tabernarii . . . MARTÈNE, *Thes.*, IV col. 853 (a. 1287, Liège).

**cambitorius.** Literae cambitoriae: *lettre de change — bill of exchange.* RYMER, VIII p. 98 col. 1.

**cambitrix,** cambiatrix: *changeuse — woman money-changer.* MARCHEGAY, *Arch. d'Anjou*, III p. 63 no. 77 (ca. a. 1116).

**cambitus,** cambiatus (decl. iv): **1.** *échange — exchange.* [Decimas] per cambiatum adquisivit. *D. Ludwigs d. Deutsch.*, no. 51 (<a. 848>, spur. s. xi). **2.** *change monétaire — money exchange.* Concedimus tibi . . . cambitus fractionemque monetae veteris . . . habere . . ., ut nullus homo . . . absque tua licentia cambire audeat. D. Ludov. VII reg. Franc. a. 1140, Saintes, ap. DC.-F., II p. 41 col. 3.

**cambium,** camnium, camium, cambia, cambio (genet. -onis) (<cambire): **1.** *échange — exchange.* Recepi in cambium. FATTESCHI, *Memor. Spolet.*, p. 266 (a. 756). Item ib., p. 270 (a. 767). Accepi hovam . . . in cambia contra terram . . . LACOMBLET, *UB. Niederrh.*, I no. 12 (a. 799, Werden). Illam hobam, quam accepi . . . in cambionem. WARTMANN, *UB. S.-Gallen*, I no. 308 (a. 827). Cambium visum est inserendum. F. Sangall. misc., no. 20, *Form.*, p. 388. Dare in cambio. *CD. Cavens.*, I p. 65 (a. 857). Nullus senior de beneficio suorum militum cambium . . . facere presumat. Conradi II imp. edictum de benef. Ital. a. 1037, *Const.*, I no. 45. **2.** *change monétaire — money exchange.* Cambium quod vulgo dicitur wehsel neque institor neque alius quivis mercatorum sed ipse monetarius exercere debebit. KEUTGEN, *Urk. städt. Verf. gesch.*, no. 89 (a. 1231). **3.** *table de changeur — money changer's stand.* Ante fores ecclesiae b. Martyris [Provins] subter mensas, quas cambios vocant, hospitatus est. Mir. Aigulfi Lerin., c. 19, *AASS.*, Sept. I p. 762 F. 20 sol. . . . in redditu cambii nostri [i.e. regis] Silvanectensis . . . persolvendos. LUCHAIRE, *Louis VII*, p. 365 no. 90 (a. 1141/1142).

**cambo,** v. 1. camba.

**camborta,** -us: *sarment de vigne — vine-shoot.* Lex Sal., tit. 34 § 1. Lex Ribuar., tit. 43. Tributum amplius non requiratur quam unicuique mansum tenenti biduam in hebdomada, vinum aut frumentum sextarios 8, pullos 2, cum uvis cambortum, inter duos carum unum. *Gall. chr.*², XIV instr. col. 38 no. 30 (a. 851, Tours).

**cambra,** v. camera.

**cambrarius,** cambrerius, v. camerarius.

**cambuta,** -butta, -puta, -putta, -bota, -botta, -buca, -bucca (celt.?): **1.** *canne courbée — curved walking-stick.* Baculum beati viri, quod a Gallis cambutta vocatur. V. Desiderii Cadurc., c. 42, *Scr. rer. Merov.*, IV p. 595. Fortissimis ictibus cambutta, quam manu gestabat, illum ferire cepit. Augment. I ad COSMAE chron., c. 3, ed. BRETHOLZ, p. 248. Tangi sibi caeca lumina oculorum de cambutta virginis [sc. s. Waldburgis] petiere. WOLFHARD., Mir. Waldburgis Monheim., lib. 3 c. 8, *SS.*, XV p. 550 l. 38. Nec cum baculis aut cambutis aut fustibus in choro, exceptis debilibus [canonicis] . . . standum est. Regula canonicorum, c. 26, MANSI, t. 14 col. 335 D. **2.** *béquille — crutch.* Ejusdem claudi cambuttas ante fores ecclesiae . . . suspenderunt. PETR. DIAC., Chron. Casin., lib. 4 c. 74, *SS.*, VII p. 801 l. 14. **3.** *crosse d'évêque ou d'abbé — bishop's or abbot's crosier.* Argenteam cambutam figuratam. Testam. Remigii a. 533, PARDESSUS, I no. 118 p. 83. Cambuttam ipsius [sc. s. Columbani], quam in manibus tenebat, transmiserunt viro Dei [sc. s. Gallo]. V. Galli vetustissima, c. 1, *Scr. rer. Merov.*, IV p. 251. Si . . . episcopus invitatus ad ipso monasterio venerit, caelebrato officio in honorem ejus episcopi donat ei abbas camputtam cum telariis. BRUCKNER, *Reg. Alsat.*, no. 166 p. 98 (a. 749). Mir. Quintini (a. 827), c. 13, *SS.*, XV p. 268. Aram s. Galli adiens cambotam suam et magistri ejus multarum virtutum operatricem . . . rapuit. EKKEH., Casus s. Galli, c. 3, *SS.*, II p. 98 l. 34. ARNOLD. DE S. EMMERAMMO, prol., *SS.*, IV p. 547 l. 41. Populus cum crucibus et reliquiis et cambuca sancti longius processerat. V. Winnoci (s. x), c. 13, MABILLON, *Acta*, III pars 1 p. 309. Chron. Mediani monast., c. 9, *SS.*, IV p. 90 col. 2 l. 47. Comme symbole d'investiture — as an investiture symbol: Cambutam pastoralem meruit a cesare Conrado. ADAM BREM., lib. 2 c. 67, ed. SCHMEIDLER, p. 127. Per cambutam Ivonis episcopi Sagiensis exteriorem abbatiae potestatem tradidit. ORDER. VITAL., lib. 3 c. 5, ed. LEPRÉVOST, II p. 69.

**camelaucium,** cama-, -laucum, calamaucum, -us (gr.): *bonnet en poil de chameau — camel-hair cap.* Apostolicus pontifex cum camelaucio, ut solitus est Roma procedere, a palatio egressus. Lib. pontif., c. 90, Constantinus, § 5, ed. MOMMSEN, p. 224. Praecepit Abdelas radi barbas eorum et fieri calamaucos cubiti unius et semis. ANAST. BIBLIOTH., Chronogr., ed. DE BOOR, p. 294. WARTMANN, *UB. S.-Gallen*, I no. 221 (a. 816). ODO DE S. MAURO, V. Burcardi, c. 2, ed. BOUREL, p. 7.

**camelinus** (adj.): *en poil de chameau — made of camel-hair.* Cappae griseae non sint camelinae. Stat. Praemonstr., a. 1290, dist. I c. 13, ed. LEPAIGE, *Bibl. Praem. ord.* Subst. neutr. **camelinum**: *tissu de poil de chameau — camel-hair material.* Pro capa de camelino furato [leg. furata] . . . Pro roba de camelino furata . . . LOT, *Budget* 1202/1203, p. clvi.

**camelotum,** chame-, -lett-, -us: *camelot,* tissu de poil de chameau — *camlet,* camel-hair fabric. S. xiii.

**camenata,** v. caminata.

**camera,** camara, cambra (gr.) (class. „voûte, pièce voûtée — vault, vaulted room"): **1.** gener.: *pièce quelconque de dimensions modestes — any comparatively small room.* Excepta ipsa sua sala de P. episcopo, quae est in civitate Carcassona, cum ipsas cambras et cum ipsas coquinas. *Hist. de Languedoc*, V col. 405 (ca. a. 1034). Super portam firmissima turris . . . septem ornata cameris ad diversam oppidi necessitatem. ADAM BREMENS., lib. 2 c. 69, ed. SCHMEIDLER, p. 131. **2.** *chambre à coucher — bed-room.* V. Eligii, lib. I c. 10, *Scr. rer. Merov.*, IV p. 678. Lib. hist. Franc., c. 35, ib., II p. 302. V. Pardulfi (s. viii), MABILLON, *Acta*, III pars 1 p. 575. V. Alcuini, c. 22, *SS.*, XV p. 195 l. 23. ASSER., G. Aelfredi, c. 88, ed. STEVENSON, p. 73. COSMAS,



lib. 3 c. 62, ed. BRETHOLZ, p. 241. **3.** *vestiaire — dressing-room.* Ad kamaram fratrum in vestiario adicimus. *D. Charles le Chauve*, no. 430 (a. 877), II p. 462. Dispercíendum est ad hospitale monasterii, ad portam et cameram sororum. BRUCKNER, *Reg. Alsat.*, no. 656 p. 394 (a. 888-906). De camera quidem caesaris candidatum . . . habitum . . . acceperunt. MONACH. SANGALL., lib. 2 c. 19, *SS.*, II p. 762. Camera sua dispersiones ejus ferre non posset. EKKEH., Cas. s. Galli, c. 10, *SS.*, II p. 121 l. 38. Linum omne ex omnibus villis fratrum usibus deservientibus cum lana usque ad summam 400 librarum ad cameram venient. *D. Charles le Chauve*, no. 304 (a. 867), II p. 175 l. 5. Ut, quia fratribus ad aucmentum suarum vestium ea delegaverat, ne futuris temporibus . . . a camera illorum subtrahantur. Ib., no. 352 (a. 871). **4.** *atelier — workshop.* Adalhardi abb. Corbejens. stat., lib. I c. 1, ed. LEVILLAIN, *LMA.*, t. 13 (1900), p. 352. Camera calceamentorum [monasterii]. SUGER., De admin. sua, c. 15, ed. LECOY, p. 175. **5.** *trésor, dépôt d'argent, de bijoux et d'autres objets précieux, caisse seigneuriale ou princière — treasure,* lord's or prince's valuables depot and cash-office. Plenos nummis saccos . . . liquerat in propria camera [Bonifacius marchio]. DONIZO, V. Mathildis, c. 4 v. 469, *SS.*, XII p. 361. Pecunia quam queritis jam est in camera ducis. COSMAS, lib. 1 c. 38, ed. BRETHOLZ, p. 71. **6.** spec.: *trésor royal — royal treasure.* Ad suam cameram deserviri videbatur. G. Dagoberti, c. 33, *Scr. rer. Merov.*, II p. 413. De thesauris suis atque pecunia quae . . . in camera ejus inventa est. Testam. Karoli M. a. 811 ap. EGINHARD., V. Karoli, c. 33, ed. HALPHEN, p. 94. Ministros camerae suae ante se venire faceret et rem familiarem, quae constabat in ornamentis regalibus, scilicet coronis et armis, vasis, libris vestibusque sacerdotalibus, per singula describi juberet. ASTRON., V. Ludovici Pii, a. 840, c. 63, *SS.*, II p. 647 l. 21. Ad cameram nostram fideliter unusquisque [negotiator] ex suo negotio ac nostro deservire studeat. F. imperii, no. 37, *Form.*, p. 314. Parafreda et carra ad nostram cameram deportandam. D. Lotharii I imp., MURATORI, *Antiq.*, II p. 62. [Comites] accipiant . . . de camera nostra ad opus uniuscujusque monetarii de mero argento . . . libras 5. Edict. Pistense a. 864, c. 14, *Capit.*, II p. 316. Medietatem palacii nostri camerae. *D. di Berengario I.*, no. 4 p. 27 (a. 888). Duo milia mancosos . . . componere cogatur, medietatem camere nostrae. *D. Arnulfs*, no. 123 (a. 894). Procurabant ambas [sc. Franciam et Sueviam] camerae, quos sic vocabant, nuntii. EKKEH., Casus s. Galli, c. 1, *SS.*, II p. 83 l. 19. Quattuor [in regali curia] ministrabant duces, Heinricus ad mensam, Conrad ad cameram, Hecil ad cellarium, Bernhardus equis prefuit. THIETMAR., lib. 4 c. 9, ed. KURZE, p. 69. Haec [pecunia] ad cameram suam [i. e. imperatoris] afferretur. ANSELM., G. episc. Leodiens., c. 34, *SS.*, VII p. 208 l. 21. Si non habet in camera quid militibus effundet. BENZO, lib. 1 c. 5, *SS.*, XI p. 601. Magnum questum camerae nostrae referre poterant. HELMOLD., lib. 1 c. 32, ed. SCHMEIDLER, p. 60 l. 23. Feudum de camera, feudum camerae: *fief-rente — moneyfief.* Feudum sive beneficium nonnisi in rebus soli aut solo cohaerentibus aut his, quae inter immobilia connumerantur, veluti cum de camera aut caneva feudum datur, posse consistere. Libri feudor., antiq., tit. 8 c. 2 (= vulg., lib. 2 tit. 1), LEHMANN, p. 115. Si vasallus [feudum] possideat vel si vasallus feudum canevae vel camerae ex duabus seu tribus quietis acceptionibus quasi possideat . . . Ib., antiq., tit. 8 c. 4 (= vulg., lib. 2 tit. 2 § 1), p. 117. **7.** *l'ensemble des domaines dont les profits reviennent à la „Chambre" — the whole of estates* the revenue of which flows into the "Chamber". Jussimus illi dari de camera nostra monetam nostram [i. e. jus monetae cudendae]. *D. Charles le Chauve*, no. 277 (a. 864). Hobae ad cameram nostram pertinentes. D. Ludovici Pueri reg., *Mon. Boica*, t. 31 pars 1 p. 169. Quod ad nostram pertinet cameram. *D. Konrads I.*, no. 31 (a. 916). Ad cameram regiam exquisita. *D. Ottos I.*, no. 30 (a. 940). Exinde pluries. Pertinet pratum illud de camera comitis [Trecensis] de potestate Podenniaco. LALORE, *Cart. de Montiéramey*, no. 14 (a. 959). Ad cameram nostram pons totus et silva pertinuit. *SS.*, XXI p. 424 (ch. a. 1094, Lorsch). Ecclesiam quandam . . . cum omnibus suis appendiciis et censu ad cameram episcopalem pertinente. MULLER-BOUMAN, *OB. Utrecht*, I no. 288 p. 266 (a. 1118). Abbas de rebus ecclesiae, sed neque de camera sua nullum feudum dare presumat. Ib., no. 313 p. 287 (a. 1125). **8.** figur. (à comp. l'acception 5 — cf. meaning 5): *une propriété de très grande valeur, étroitement attachée à la personne du propriétaire, un „trésor" — a highly valued property,* closely held in the proprietor's hands, a "treasure". Camera Romani imperii [i. e. monasterium Casinense]. PETR. DIAC., Chron. Casin., lib. 4 c. 104, *SS.*, VII p. 816. Nostra terra tua est camera. COSMAS, lib. 2 c. 12, ed. BRETHOLZ, p. 99. Confirmata fuit Norvegia imperpetuum corone Britannie . . . vocavitque illam Arthurus cameram Britannie. Leg. Edwardi conf., c. 32, text. London., LIEBERMANN, p. 660. Cum ecclesia Gorziensis prima camera sit Metensis episcopi et principale membrum ecclesiae. *Gall. chr.*², XIII, instr. p. 404 (a. 1120-1163). Camera enim antiquorum comitum dictum est Bruggense oppidum. Passio Karoli com. Flandr. (s. xiii), c. 5, *SS.*, XII p. 621. **9.** *conduit, canal voûté, égout — tube, vaulted canal, sewer.* Camaras intra provinciam celaverit. Concord., *LL.*, IV p. 3. In fonti cum ipsa camara ibidem habentem. *CD. Cavens.*, II p. 202 (a. 984).

**cameralis** (adj.): **1.** (d'une personne) *qui fait le service de la chambre à coucher — attending to the bed-room.* Muliercula cameralis. EKKEH., Casus s. Galli, c. 13, *SS.*, II p. 136 l. 21. Subst. femin. **cameralis**: *femme de chambre — chambermaid.* MATTH. PARIS., Chron. maj., a. 1252, ed. LUARD, V p. 313. **2.** *relatif au chambellan — concerning the chamberlain.* Camerale aut pincernale aut dapiferale servitium. BITTERAUF, *Trad. Freising*, II no. 1244 p. 149 (a. 972-976). **3.** (d'une monnaie) *usité pour les paiements à faire à la Chambre* — (of a coinage) *in use for payments to the Chamber.* Ecclesie 10 sol. de nummis cameralibus dandos annuatim . . .

contulit. SLOET, *OB. Gelre*, no. 711 p. 707 (a. 1250).

**cameraria**: *fonction de trésorier — treasurer's charge.* PONCELET, *Actes H. de Pierrepont*, no. 45 (a. 1207). HEERINGA, *OB. Utrecht*, II no. 964 p. 351 (a. 1241).

**camerarius** (adj.): *faisant partie du trésor — belonging to the treasure.* Dederunt illi in custodia res camerarias [monasterii]. MARCHEGAY, *Arch. d'Anjou*, III p. 28 no. 34 (s. xi ex.) Subst. mascul. **camerarius**, camar-, cambr-, -erius: **1.** *valet de chambre — valet.* Tunc hera poscit aquam, camerarius attulit illam. Ruodlieb, fragm. 11 v. 25. Item fragm. 5 v. 545. Wilelmus comes Normannorum astu comitis Arnulfi a Baltsone ejus camerario interficitur. Ann. Elnon., a. 943, ed. GRIERSON, p. 151. Praecipimus omnibus per nos inbeneficiatis et ministerialibus et camerariis nostris [sc. abbatis] ac universe familie. *Mon. Boica*, VI p. 167 (a. 1140, Tegernsee). **2.** *économe, gardien du vestiaire — household officer, keeper of the dressing-room.* Signum W. camariario. WARTMANN, *UB. S.-Gallen*, I p. 86 no. 91 (a. 779). Corium meum ad calceos camerarius hoc anno non dedit. EKKEH., Cas. s. Galli, c. 3, *SS.*, II p. 105 l. 21. De senioribus quinque ministribus, id sunt camararium, butiglarius, senescalcus, judicem publicum, comestabulum. Capit. Remedii, c. 3, *LL.*, V p. 442. Camerarii est procurare omnia vestimenta et calciamenta ... [etc.] LANFRANC., Decr., ed. KNOWLES, p. 85. **3.** *trésorier, garde du trésor, chef de l'administration financière, chambellan — treasurer, keeper of the treasure, head of financial administration, chamberlain.* Archiepiscopi camerarius. THIETMAR., lib. 4 c. 69, ed. Kurze, p. 102. Item lib. 6 c. 35, p. 154. Si episcopus fiscalem hominem ad servitium suum assumere voluerit, ut ad alium servitium eum ponere non debeat nisi ad camerarium aut ad pincernam vel ad infertorem vel ad agasonem vel ad ministerialem. Burchardi episc. Wormat. stat. (a. 1023-1025), c. 29, *Const.*, I no. 438. MULLER-BOUMAN, *OB. Utrecht*, I no. 298 p. 274 (a. 1121). Camerarius comitis. GALBERT., c. 18, ed. PIRENNE, p. 31. Camerarius abbatis in caminata mensis, lectisterniis et relique suppellectili presideat, equum suum semper paratum habeat, cum abbate equitet, cubitum eunti, surgenti in omnibus subministret. SCHÖPFLIN, *Alsat. dipl.*, I p. 229 (ca. a. 1144, Marmoutier). **4.** spec.: *chambrier royal — royal chamberlain.* Dirigens quosdam de camarariis suis, qui exactis [a] Leontio episcopo mille aureis, [rex] reliquos ... condemnavit episcopos. GREGOR. TURON., Hist. Franc., lib. 4 c. 26. Item ib., lib. 4 c. 7; lib. 6 c. 45. FREDEG., lib. 4 c. 4, *Scr. rer. Merov.*, II p. 125. Ann. q. d. Einhardi, a. 782, ed. KURZE, p. 61. *D. Karolin.*, I no. 204 (a. 806). Ann. Bertin., a. 830, ed. WAITZ, p. 2. NITHARD., lib. 1 c. 3, ed. LAUER, p. 10. ARDO, V. Benedicti Anian., c. 42, *SS.*, XV p. 219. RATPERT., Casus s. Galli, c. 1, *SS.*, II p. 62 l. 32. De ornamento regali necnon et de donis annuis militum ... ad camerarium pertinebat ... De donis ... legationum ad camerarium aspiciebat. HINCMAR., Ordo pal., c. 22, *Capit.*, II p. 525. THIETMAR., lib. 5 c. 6, ed. KURZE, p. 110; item lib. 9 c. 1, p. 239. *D. Heinrichs III.*, no. 247 (a. 1050). **5.** *chambellan subalterne de la cour royale française — subordinate financial officer of the French royal court.* *Actes de Philippe Ier*, no. 43 p. 123 (a. 1069). **6.** *trésorier d'une abbaye — monastery treasurer.* Preposito, decano, cancelario, camerario, portario. F. Augiens., coll. B no. 37, *Form.*, p. 389. BEYER, *UB. Mittelrh.*, I no. 163 p. 228 (a. 923). **7.** *trésorier urbain — town treasurer.* KEUTGEN, *Urk. städt. Verf.gesch.*, no. 254 p. 352 (a. 1128, Würzburg). Subst. femin. **cameraria**: *femme de chambre — chambermaid.* THIETMAR., lib. 4 c. 34, ed. KURZE, p. 83.

**cameratus**: * *voûté — vaulted.*

**camerlengus**, camar-, camber-, -lingus, -lanus, cambellanus, cham- (germ.): **1.** *chambellan — chamberlain.* Habebat ... rex paranymphum sive camberlanum nomine Ingelgerium. G. consul. Andegav., addit., ed. HALPHEN-POUPARDIN, p. 135. *Actes Philippe Ier*, no. 32 p. 99 (a. 1067). Item ibid. no. 132 p. 336 (a. 1094) et pluries. D. Richenzae imperatricis ap. HIRSCH, *Diplome Lothars III.*, p. 233 (a. 1137). *Const.*, I no. 289 c. 36 (a. 1183). **2.** *serf occupé dans la maison du seigneur — serf employed in the lord's household.* Ad celerariam specialiter pertinent homines, qui dicuntur camerlingi, qui carent advocato. Urbar. Xantens. s. xiii, WILKES, *Qu. z. Rechts- u. Wirtschaftsg. d. Stifts Xanten*, I p. 61. Si ministerialis servo vel censuali condormierit, puer qui ex eis nascitur camerlingus erit. Jus minist. Tecklenburg. (s. xiii), c. 21, ALTMANN-BERNHEIM, *Urk.*[4], p. 182.

**cameus**, v. camahutus.

**camfio** (genet. -ionis) (germ.; cf. voc. campio): *duel judiciaire — single combat.* Liceat eum per camfionem, id est per pugnam, crimen ipsum de super se, si potuerit, eicere. Ed. Rothari, c. 9. Per camphionem causa ipsa, id est per pugnam, ad Dei judicium decernatur. Ib., c. 198. Liceat parentibus eam pureficare aut per sacramentum aut per camfionem, id est per pugnam. Ib., c. 202.

**camphora** (arab.): *camphre — camphor.*

**caminata**, came-, -nada (< caminus): **1.** *salle munie d'une cheminée, salon — room with a chimney, living-room, parlour.* In una latera [i. e. latere] caminate ejus jussit altare conponere. V. Wynnebaldi Heidenheim. (ca. a. 780), c. 9, *SS.*, XV p. 113. Brevium exempla (ca. a. 810), c. 32, *Capit.*, I p. 255. [In monasterio] habeam kaminatam privatim deputatam. WARTMANN, *UB. S.-Gallen*, I no. 221 (a. 816). HINCMAR., opusc. 24, *Opera* ed. SIRMOND, II p. 292. Et alia nova [aedificia] adjecit, in quibus tres caminatas fieri jussit. Lib. pontif., Greg. IV, § 36, ed. DUCHESNE, II p. 81. In domum episcopii intus caminata, ubi imperator in judicio residebat. *D. Karls III. d. Dicken*, no. 31 (a. 881). Factum fuit in civitate Verona intus Curte Alta in caminata magiore solariata. *D. di Berengario I.*, no. 117 (a. 918), p. 306 l. 1. [Judicium habitum] in caminata salae domus episcopi. MURATORI, *Antiq.*, II col. 418 (a. 967). Casa cum tribus caminatis et uno solario. *D. Ottos III.*, no. 218 (a. 996). Dum resideret rex in caminata sua in castello. *D. Heinrichs II.*, no. 129 (a. 1007). Actum est istud Radespona in presentia Chunradi imperatoris et in camenata ipsius. *D. Konrads II.*, no. 106 (a. 1027). Domum egregiam construi fecit ... quae ab una fronte contingit dormitorium, ab altera adheret refectorio; ubi cameram et caminatam necnon et alia plurima aedificari mandavit. G. abb. Fontanell., c. 17, ed. LOEWENFELD, p. 55. Ad caminatam suimet ... remeabat. THIETMAR., lib. 2 c. 30, ed. KURZE, p. 38. **2.** *chambre à coucher — bedroom.* Ad caminatam ubi abbas dormit. ALCUIN., Carm. 100, *Poet. Lat.*, II p. 328. [Rex] Inque caminatam cum paucis it requietum. Ruodlieb, fragm. 4 v. 44. Cum rex ad palatium vel caminatam dormitoriam calefaciendi et ornandi se gratia ... rediret. MONACH. SANGALL., lib. 1 c. 5, *SS.*, II p. 733. Rex ... in civitate Cremona advenisset et domum episcopii ... in caminata dormitorio [leg. dormitoria?] ejusdem domui, ubi ipse princeps cum suis gasindiis ... adesset. *D. di Berengario I.*, no. 73 (a. 910), p. 197. In solario ... in caminata dormitoria ... resideret. *D. Heinrichs II.*, no. 461 (a. 1021). Caminata haec, in qua tunc jacebat, in qua duo antecessores sui obierunt. THIETMAR., lib. 4 c. 26, ed. KURZE, p. 80. In lignea caminata ... dormitum ivit. Ib., lib. 5 c. 6, p. 110. Iterum lib. 7 c. 1, p. 170; c. 11, p. 175. Debent lectos ... ad caminatam praestare. SCHÖPFLIN, *Alsat. dipl.*, I p. 226 (a. 1144, Marmoutier). **3.** *cheminée — chimney.* Nec sepulcra confringantur vel caminatae, sicut solent, inde fiant. HINCMAR., Capit. superadd., *Opera*, I p. 731.

**caminerius**, caminarius (< 2. caminus): *marchand itinérant — travelling merchant.* S. xiii.

**1. caminus**: * *salle munie d'une cheminée — room with a chimney.*

**2. caminus**, cha-, che-, chi-, -minum (celt.): **1.** *chemin — road.* De quarto [latere] caminus. D'HERBOMEZ, *Cart. de Gorze*, p. 95 no. 53 (a. 849). Terminat a mane camino publico. BERNARD-BRUEL, *Ch. de Cluny*, I no. 592 (a. 942-954). Per medium caminum usque ad Salis. *D. Heinrichs II.*, no. 282 (a. 1014). Quandam condaminam ... cujus consortes ita habentur: ab oriente caminum publicum ... GUÉRARD, *Cart. de S.-Victor de Mars.*, I no. 154 p. 181 (a. 1038). Retineret in sua manu quatuor chiminos, scilicet chiminum montanum qui tendit ad M. ... *Gall. chr.*[2], XIV, instr. col. 73 E no. 55 (a. 1073, Tours). Arbores super caminum regis et super vias publicas ... plantatas. *Actes Philippe Ier*, no. 175 (a. 1085), p. 426. Restitutae sunt ei quinque civitates cum chaminis et viis plublicis constitutis inter ipsas. Chron. s. Medardi Suession. (s. xii ex.), D'ACHÉRY, *Spicil.*, II p. 794. **2.** *le pouvoir de taxer le trafic — power to tax traffic.* Chiminus aque est comitis; magnus etiam chiminus terre a ponte Aimerici inferius est comitis. *Actes Phil.-Aug.*, no. 361 (a. 1190), § 27, I p. 441.

**camyrus**, v. camurus.

**camisa**, -sia, -sum, -sium: **1.** * *chemise — shirt.* Vestitum lineum quod camisium vulgo vocatur. HINCMAR., Ann. Bertin., a. 862, ed. WAITZ, p. 59. **2.** *aube, vêtement liturgique — alb.* GREGOR. M., epist., lib. 7 no. 27, *Epp.*, I p. 474. **3.** *chemise* d'un livre — *book cover.*

**camisiatus** (adj.): *en chemise — in underwear.* Vovit ... camisiatus cum feretro circuire villam. Mir. Amalbergae, *AASS.*, Jul. III p. 111.

**camisilis**, cams-, camps-, -ial-, -al-, -e (neutr.), -a (femin.), -us (< camisa): *panneau de toile à confectionner des chemises — linen cloth to be used for shirting.* BRUCKNER, *Reg. Alsat.*, no. 202 p. 123 (a. 767). Capit. Aquisgran. (a. 801-813), c. 19, I p. 172. Brevium exempla (ca. a. 810), c. 7 sq., *Capit.*, I p. 252. CHRODEGANG., Reg. canon., c. 29, MANSI, t. 14 col. 327. D. Ludov. Pii a. 822, DUVIVIER, *Rech. Hainaut*, p. 295 no. 11. *D. Charles le Chauve*, no. 92 (a. 847), I p. 250. Polypt. Sithiense (a. 844-864), GYSSELING-KOCH, *Dipl. Belg.*, no. 34 p. 61. Iste, si datur eis linificium, faciunt camsilos. Polypt. Irminonis, br. 13 c. 109, ed. GUÉRARD, p. 150. Faciunt camsilos de octo alnis. Ib., c. 110. [Ancilla debet] dimidiam libram lini aut dimidium camsilem. Urbar. Prum., BEYER, *UB. Mittelrh.*, I p. 146. Censum s. Petro debitum ... provideatur, id est glizze due, camisilia duo, stola una cum mapula et cingulo. BRUCKNER, *Reg. Alsat.*, no. 656 p. 393 (a. 888-906, Andlau). Ancillae ... faciunt singulae camisile 1, 10 ulnarum in longo, 5 in lato ... Faciunt camisile aut sarcile 1 ad 10 ulnas in longum et 4 in latum. Cod. Lauresham., no. 3654 sq., ed. GLÖCKNER, III p. 163. Cumque tot lineae vestes non essent in promptu, jussit incidi camisilia et in modum sepium consui. MONACH. SANGALL., lib. 2 c. 19, *SS.*, II p. 762.

**camisus**, camixus, camiscius: *aube* de prêtre — *alb.* Camisi magni deaurati cum amictis suis 2, et alii de serico 7. PETR. DIAC., Chron. Casin., lib. 3 c. 74, *SS.*, VII p. 753 l. 34.

**camium**, v. cambium.

**camma**, v. camba.

**camniare, camnium**, v. cambire, cambium.

**camoca**, camucum, camaca, camocatum (arab.): *tissu fin* en soie ou en toile — *a fine* silk or linen *material.*

**campagus** (gr.): **1.** * un genre de *chaussure* — a sort of *shoe.* **2.** spec.: *chaussure portée par les papes,* quelquefois par les cardinaux et par les évêques — a *shoe worn by popes* and sometimes by cardinals and bishops. Diaconos ecclesiae Catensis calceatos campagis procedere praesumpsisse. GREGOR. M., epist., lib. 8 no. 27, *Epp.*, II p. 28. Campagis calceari absque apostolica licentia non permittitur diaconis. Concil. Tolet. IV ap. DC.-F., II p. 55 col. 2. Incidisset ... corrigiam compagiorum ejus. De exilio Martini papae et martyris (s. vii med.), MANSI, t. 10 col. 857 B. Orarium de ejus [sc. papae] collo abstulit ... et campagos ipsius abscidit. Lib. pontif., c. 96, Stephanus III, § 13, ed. DUCHESNE, I p. 472. Ordo Rom. VIII, c. 2, ed. ANDRIEU, II p. 321. THEODULF., carm. 2 v. 38, *Poet. Lat.*, I p. 453.

**campalis.** Campale bellum, campale certamen: **1.** *bataille — battle.* AIMOIN., Mir. Benedicti, lib. 3 c. 7, ed. DE CERTAIN, p. 148. Qui in bello campali vel navali fugerit. Leg. Henrici, c. 10 § 1, LIEBERMANN, p. 556. Qui proditor domini sui fuerit, quicunque ab eo in obviatione hostili vel bello campali fugerit. Ib., c. 43 § 7, p. 569. Ad bellum campale ... tenentur omnes ire communiter. *Hist. de Languedoc*[3], VIII col. 629 (a. 1212, Pamiers). **2.** *duel judiciaire — judicial combat.* De tribus causis, scilicet de adulterio et homicidio et campali bello. GUÉRARD, *Cart. de S.-Victor de*

*Mars.*, II no. 990 p. 442 (a. 1146). Si ... inter homines ecclesie ... causa evenerit unde campale bellum faciendum sit. BRUNEL, *Actes de Pontieu*, p. 128 no. 90 (a. 1175/1176). Falsa mensura et latro et lex campalis et burina et cetera ad comitatum pertinentia. MARTÈNE, *Coll.*, IV p. 1175.

**campana** (femin.), campanum: **1.** *cloche d'église — church bell.* Audivit subito in aere notum campanae sonum quo ad orationes excitari vel convocari solebant [sanctimoniales] cum quis eorum de saeculo fuisset evocatus. BEDA, Hist. eccl., lib. 4 c. 23. A Campania, quae est Italiae provintia, eadem vasa majora campanae dicuntur. WALAFR., Exord., c. 5, *Capit.*, II p. 479. Ecclesiae campanum insonuit. Id., V. Galli, lib. 2 c. 4, *Scr. rer. Merov.*, IV p. 315. Templorum campana boant. ABBO, Bell. Paris., lib. 2 v. 275, ed. PERTZ in us. schol., p. 35. [In turri basilicae s. Petri] tribus posuit campanis, qui clero et populo ad officium Dei invitarent. Lib. pontif., Stephanus II, ed. DUCHESNE, I p. 454. Item ib. Leo IV, II p. 119. MONACH. SANGALL., lib. 1 c. 29, *SS.*, II p. 744. Constructa ... basilica, campanam in turricula ejusdem collocandam, ut moris est aecclesiarum, opifici in hac arte erudito facere praecepit. G. abb. Fontanell., c. 10, ed. LOEWENFELD, p. 33. Audiens in urbe proxima ... campanas cives ad bellum sonitu hortantes. THIETMAR., lib. 6 c. 12, ed. KURZE, p. 140. In majori ecclesia omnes interim ad missam campanae sonabantur. Ib. c. 40, p. 158. *D. Heinrichs IV.*, no. 336 (a. 1081), p. 443 l. 26. Campanas ex aere caeterisque metallis fieri jusserunt, quarum signum fratres dum caperent, mox ad ecclesiam ... festinarent et populus haec auditurus una properaret. ALBERT. AQUENS., lib. 6 c. 40, MIGNE, t. 166 col. 557 A. **2.** *tocsin communal — town bell.* Concessimus, ut campanam habeant in civitate in loco idoneo ad pulsandum ad voluntatem eorum pro negotiis villae. Ch. comm. Tornac. a. 1188, DELABORDE, *Actes de Philippe Auguste*, no. 224, c. 36. Campanam communie [Hesdinensis] apud Ariam [rex] transmisit. WILLELM. ANDRENS., c. 79, *SS.*, XXIV p. 714 l. 16.

**campanaria**: *fonction de sonneur — charge of bell-ringer.* Concil. Trevir. a. 1227, MARTÈNE, *Coll.*, VII col. 113.

**campanarium**: *clocher — bell-tower.* MONACH. SANGALL., lib. 1 c. 29, *SS.*, II p. 744. EKKEH., Casus s. Galli, c. 3, *SS.*, II p. 99 l. 42. G. pontif. Camerac., lib. 2 c. 1, *SS.*, VII p. 455 l. 9. LEO OSTIENS., Chron. Casin., lib. 1 c. 17, *SS.*, VII p. 593 l. 23. Tract. de eccl. s. Petri Aldenburg. (s. xi ex.), c. 18, *SS.*, XV p. 871. Contin. Burburg. ad Sigeb., a. 1118, *SS.*, VI p. 457 l. 32. GALBERT., c. 37, ed. PIRENNE, p. 60. BURCHARD. URSPERG., a. 1157, ed. HOLDER-EGGER-VON SIMSON, p. 45.

**campanarius**: *sonneur — bell-ringer.* Officiales ministri, scilicet ... campanarii. D. Heinrici V imp., WAITZ, *Urk. z. deutsch. Verf.gesch.*², no. 16, c. 4. Campane compulsentur et campanarius 2 den. pro labore recipiat. MULLER-BOUMAN, *OB. Utrecht*, I no. 440 p. 394 (a. 1163).

**campanella**: *clochette — little bell.* S. xiii.

**campanensis** (subst.): *habitant du territoire environnant une cité — inhabitant of the region near a city.* Remensim est ingressus campaniam. Erat enim haud procul a via ager cujusdam divitis campanensis. GREGOR. TURON., Virt. Juliani, c. 32, *Scr. rer. Merov.*, I p. 577.

**campanile**, -lis: *clocher — bell-tower.* Fecit in eadem ecclesia campanile mirae pulcritudinis. Chron. Salernit., c. 97, *SS.*, III p. 516 l. 34. Fecit ... campanilem et posuit campana. Lib. pontif., c. 105, Leo IV, § 55, ed. DUCHESNE, II p. 119. Ecclesiam cum duobus campanilibus cum undecim campanis insignivit. Contin. Aquicinct. ad Sigebert., a. 1204, *SS.*, VI p. 437.

**campanista** (mascul.): *sonneur — bell-ringer.* S. xiii.

**campanius**, -eus (adj.): **sis dans une plaine — lying in a plain.* Subst. femin. **campania**, -ea: **1.** *plaine — plain.* Usque dum discendimus in amoenia [!] campania. Visio Baronti (s. vii ex.), c. 18, *Scr. rer. Merov.*, V p. 392. Illa [Italia], quae post emensionem montium campania excipitur, unde et, a re nomen trahens, Campania adhuc dici solet. OTTO FRISING., G. Friderici, lib. 2 c. 13, ed. WAITZ-SIMSON, p. 115. Ibi pluries. **2.** *la campagne peu accidentée environnant une cité ou une autre agglomération — the flat country around a city or any other inhabited place.* Omnis falanga in suburbana urbis campania castrametata est. GREGOR. TURON., Hist. Franc., lib. 7 c. 35. Remensium est ingressus campaniam. Id., Virt. Juliani, c. 32, *Scr. rer. Merov.*, I p. 577. [Corpus] deferentes ad castrum Divionensi, ... in campania illa quae a parte aquilonis habetur haud procul a castro. Id., Vit. patr., lib. 7 c. 3, ib., p. 688. In Mauriacensim consedentis campaniam. FREDEG., lib. 2 c. 53, *Scr. rer. Merov.*, II p. 74. Ibi saepe. Mansella in gyro monasterii sita et omnes clausi indominicati, scilicet ille qui adhaeret monasterio et campaniae. D'ACHÉRY, *Spicil.*, II p. 588 (a. 874, S.-Germain-d'Auxerre). Se in campaniam Veronensem recepit. THIETMAR., lib. 5 c. 25, ed. KURZE, p. 122. Cf. ib., lib. 6 c. 4, p. 135: in Veronensi planicie. Monasterii in campania Papie civitatis siti. *D. Heinrichs II.*, no. 301 (a. 1014). Aecclesiam ... constructam in campanea extra muros Placentiae. *D. Konrads II.*, no. 242 (a. 1037). Ecclesiam s. Nicholai cum omni campania, in qua sita est et fundata, ... sicut ipsa campania protenditur in longum et latum. Priv. Alexandri III pap. a. 1175, PFLUGK-HARTTUNG, *Acta*, I no. 278.

**camparius**, champ-, -erius: *garde-champêtre — field constable.* S. xiv.

**campatus** (adj.): *divisé en champs — divided into separate fields.* Accepit ab illo aliquod territorium campatum, quod sunt jugera 10, in H. situm. WARTMANN, *UB. S.-Gallen*, II no. 410.

**campellus**: *petit champ — small field.* Concil. Aurel. IV a. 541, *Conc.*, I p. 91. F. Andecav., no. 8, *Form.*, p. 7; item no. 21, p. 11. Abscisso nemore campellum fecit, utpote capientem quartam partem modii. V. Amati, c. 7, *AASS.*, Sept. IV p. 103 F. Polypt. Irminonis, br. 11 c. 1, ed. GUÉRARD, p. 119. *Hist. de Fr.*, VIII p. 644 (ch. a. 873). *D. di Berengario I.*, no. 68 p. 187 (a. 908).

**campestratus** (adj.): **qui porte une ceinture — wearing a loin-cloth.* LIUDPRAND., Antap., lib. 6 c. 9, ed. BECKER, p. 157.



**campiductor**: **1.** **instructeur militaire — army instructor.* **2.** *commandant d'armée — army commander.* PETR. DIAC., Chron. Casin., lib. 4 c. 118, *SS.*, VII p. 834; item c. 124, p. 839. V. Erminoldi (s. xii), lib. 1 c. 17, *SS.*, XII p. 490 l. 4.

**campio** (genet. -ionis) (< campus; cf. voc. camfio): *champion, remplaçant dans le duel judiciaire — champion, substitute in a single combat.* Ed. Rothari, c. 368. Liutpr. leges, c. 118. Lex Thuring., tit. 52. Lex Baiwar., tit. 2 c. 11. Lex Frision., tit. 5 § 1; item tit. 14 § 4. Capit. legi addita a. 816, c. 1, I p. 268. Capit. legib. add. a. 818/819, c. 10, I p. 283 l. 5. Ottonis III capit. de servis, c. 1, *Const.*, I no. 21. Burchardi Wormat. lex familiae (a. 1023-1025), c. 31, ib., no. 438. ADEMAR., lib. 3 c. 66, ed. CHAVANON, p. 191. ADAM BREMENS., lib. 2 c. 18, ed. SCHMEIDLER, p. 74. EKKEH. URAUG., Chron. univ., a. 1071, *SS.*, VI p. 200. Phil. II Aug. ch. comm. Ambian. a. 1190, c. 17, GIRY, *Doc.*, p. 27.

**campipars** (genet. -partis), cam-, cham-, -partum, -pertum, -pardum, -partium: *champart — grant of arable in return for a share of the crop.* Dedi ... terram G. quam de me tenebat in Fischanno, id est campartum de Fischanno et aliquos hospites. HASKINS, *Norman inst.*, p. 262 no. 10 (a. 1032-1035). Juxta castellum campipartem decimamque duarum quadrucarum. *Actes Phil. Ier*, no. 71 (a. 1074/1075), p. 182. Item no. 104 (a. 1081), p. 268. Si [terras] ... seminarent, decimam vel campipartem inde darent. D. Ludov. VI reg. Fr. a. 1119, *Ordonn.*, VII p. 444. Campipartum apud C. de villanis comitis. PFLUGK-HARTTUNG, *Acta*, I no. 178 p. 157 (a. 1139). Campartem et unum modium frumenti in grangia domni de R. Ib., no. 246 p. 228 (a. 1160). Sex jugera terre, que a nobis tenebant ad campipartem. *Actes Phil.-Aug.*, no. 28, I p. 39 (a. 1181). Novam curiam cum granchia nova erigi fecimus, ut in ea campipars universalis ... et decimae terrarum reponerentur. SUGER., De admin. sua, c. 2, ed. LECOY, p. 159. Reservato tantummodo sibi camparto. ORDER. VITAL., lib. 5 c. 20, ed. LEPRÉVOST, II p. 468.

**campipartagium**, campartagium: *paiement d'une somme fixe à titre de rachat du champart — fixed money payment in lieu of a share in the crop.* In nativitate b. Joh. bapt. quisque hospitum de propria masura quoque anno sex denarios reddet censuales et mense Augusti quatuor de campartagio. D. Ludov. VII reg. Fr. a. 1142, LUCHAIRE, *Inst. monarch.*, II p. 324 no. 22.

**campipartare**, -iri: *jouir du droit de champart — to be entitled to a share in the crop.* S. xii.

**campitor.** Campitor equus: *cheval de bataille — battle-horse.* DUDO, lib. 3 c. 44, ed. LAIR, p. 187.

**campsare** (gr.): **faire un détour — to make a detour.*

**campsilis**, campsile, v. camisilis.

**campsor** (< cambire): *changeur — money-changer.* Cum sit juris et consuetudinis suorum [i. e. archiepiscopi] campsorum Coloniensium, ut nullus exceptis eis Colonie possit vel debeat emere argentum. KEUTGEN, *Urk. städt. Verf.gesch.*, no. 147 § 50 p. 163 (a. 1258).

**campus**: **1.** *champ clos du duel judiciaire — lists for a single combat.* Ponens hoc in Dei judicio, ut ille discernat, cum nos in campi planitiae viderit demicare. GREGOR. TURON., Hist. Franc., lib. 7 c. 14. In campum uterque steterunt. Ib., lib. 10 c. 10. Rex ... jussit eos ex hoc in campo certare. Mane surgens A. clypeum cum jaculo ... direxit in campum, ubi rex agonistas expectare solitus erat. V. Austrigisili, c. 4, *Scr. rer. Merov.*, IV p. 194. In campum exeat. Lex Thuring., c. 2. Exeant in campo, et cui Deus dederit victoriam, illi credatur. Lex Baiwar., tit. 2 § 1. In campum exeant. Lex. Frision., tit. 11 § 3. Campo contendatur. Capit. legi Ribuar. add., c. 7, I p. 118. **2.** *duel judiciaire — single combat.* Cum uterque in praesentia regis intenderent ..., rex campum dejudicat. GREGOR. TURON., Hist. Franc., lib. 10 c. 10. Cum 11 juret aut campo decernat. Lex Thuring., c. 40. Lex Anglior., tit. 7 § 4; tit. 14 sq. [Causa] campo dijudicetur. Lex Saxon., c. 63. Nec unquam pugna vel campo ad examinationem judicetur. Div. regni a. 806, c. 14, *Capit.*, I p. 129. De pugna duorum, quod nostri campum vocant. REGINO, Synod. caus., lib. 2 c. 77, ed. WASSERSCHLEBEN p. 244. Damus Deo ac s. Dionysio ... bannum ... et infracturam ... et legem duelli, quod vulgo dicitur campus. D. Roberti reg. Fr. a. 1008, TARDIF, *Cartons*, no. 250 p. 159 col. 1. Campum contra eum accepit. G. pontif. Camerac., lib. 3 c. 57, *SS.*, VII p. 488 l. 7. Singulare certamen, quod rustice dicimus campum. Ib., lib. 1 c. 10, p. 407 l. 22. Si pugna campi, id est duelli, adjudicata fuerit. WAMPACH, *UB. Luxemb. Territ.*, I no. 358 p. 511 (a. 1123). Non interpellabit [advocatus] quemquam ad campum. VERCAUTEREN, *Actes de Flandre*, no. 118 (a. 1125). De conventione illa amplius non surget campus nec duellum. Phil. II Aug. ch. comm. Ambianens. a. 1190, c. 44, GIRY, *Doc.*, p. 33. **3.** *champ de bataille — battlefield.* Campum retinent. SIDON. APOLLIN., Panegyr. Majoriano, v. 439. Campum pugnae praeparare deposcit. GREGOR. TURON., Hist. Franc., lib. 2 c. 27. Item lib. 5 c. 17. In campo quodam ... reges ... dimicarunt. Chron. Novalic., lib. 3 c. 28. In campum Florinensem convenientes asperam pugnam committerent. G. pontif. Camerac., lib. 3 c. 9, *SS.*, VII p. 469. Vindica sanguinem Francorum et Burgundionum hoc campo, heu dolor! jacentium. DUDO, lib. 2 c. 24, ed. LAIR, p. 164. Eum sepe cum suo exercitu ejecerat de campo. ANON., G. Francorum, c. 6, ed. BRÉHIER, p. 30. **4.** *bataille — battle.* Omnibus his datus est timor illo judice campo. FORTUN., Carm., lib. 9 no. 1 v. 77, *Auct. antiq.*, IV pars 1 p. 203. Campum congreditur potens in armis. VULGAR., Silloga, *Poet. lat.*, IV pars 1 p. 33. In campo cum R. inimico nostro a nostris fidelibus fuit interfectus. *D. Karolin.*, I no. 112 (a. 776). Debebant domino regi, si mandet campum vel bellum campestre, ... ad ipsum venire. *Arch. histor. de la Gironde*, V p. 261 no. 179 (a. 1274, Gascogne). **5.** *camp d'armée — army camp.* S. xiii. **6.** *champ labourable — arable field.* Servo, campo aut qualibet res. Childeberti decr. a 596, c. 3, *Capit.*, I p. 15. F. Andecav., no. 7 (form. pertin.), *Form.*, p. 7. Deinde saepe. De terra arabili jurnales 10 in campo uno. ZEUSS, *Tradit. Wizenb.*, no. 186 (a. 712). Labores de

isto campo semper ego tuli. Lex Baiwar., tit. 17 § 2. Seniori suo pleniter unum diem ... in campo dominico araret ... Araret uno die in campo senioris. Capit. in p. Cenom. datum a. 800, I p. 81. De singulis campis singulae annonae per se decimate fiant, quia ... non equaliter bone vel fructuose in omnibus campis fiunt. Adalhardi abb. Corbejens. stat. (a. 822), lib. 2 c. 9, ed. LEVILLAIN, *LMA*, t. 13 (1900), p. 372. **7.** *terroir de village — village area.* Vicini illi, in quorum campo vel exitum corpus inventum est. Capit. legi Sal. add., tit. 1 § 9. **8.** *sole, saison — open field, furlong.* In C. terre salice in uno campo 80 agri, in alio 90, in tercio 40. Cod. Eberhardi, c. 43 § 4, DRONKE, *Trad. Fuld.*, p. 115. **9.** *une mesure de terre — a land measure.* Campos duos et dimidium ... Habet terra arabilis campos quadraginta. *D. Heinrichs II.*, no. 461 (a. 1021). Unum campum terre. PLUGK-HARTTUNG, *Acta*, I no. 90 p. 82 (a. 1104). Quindecim campi de terra. DONDI, *Dissert. Padova*, IV no. 61 (a. 1122). **10.** *terrain inculte — waste area.* Licentiam vobis concedimus edificandi domum in campo jam dicto [sc. in campo ville I.] ..., omnem terram, quam circa locum predictum poteritis aratris vestri e domo predicta excolere, vobis ... conferentes. KETNER, *OB. Utrecht*, III no. 1336 (a. 1254). **11.** idem quod *pagus.* In Lomacensi campo [i. e. pago] in villa Sollanna. *D. Arnulfs*, no. 94 (a. 891). **12.** Campus Martius, Madius: la *réunion des guerriers francs* au printemps — the spring *assembly of the Frankish warriors.* Jussit [Chlodoveus rex] omnem cum armorum apparatu advenire falangem ostensuram in campo Martio horum armorum nitorem. GREGOR. TURON., Hist. Franc., lib. 2 c. 27. Placitum suum campo Madio, quod ipse [Pippinus] primus pro campo Martio ... instituit, tenens. Contin. ad Fredeg., c. 48, *Scr. rer. Merov.*, II p. 190. Venit Dassilo ad Marcis campum, et mutaverunt Marcam [leg. Marcium] in mense Madio. Ann. Mosell., a. 755, *SS.*, XVI p. 495. Jussit Carolus campum magnum parari, sicut mos erat Francorum. V. Salvii, *Hist. de Fr.*, III p. 647. Quem conventum posteriores Franci Maji campum, quando reges ad bella solent procedere, vocari instituerunt. HINCMAR., V. Remigii, *AASS.*, Oct. I p. 145. Cf. L. LEVILLAIN, *Campus Martius. BEC.*, t. 107 (1947/1948), pp. 62-68.

**camputta,** camputa, v. cambuta.

**camsiliaria** (< camisilis): *serve astreinte à des prestations en panneaux de toile — female serf liable to dues consisting in linen cloth.* Sunt ibi camsiliariae 13, quae inter duas faciunt camsilum 1. Descr. Lobiens. a. 868, ed. WARICHEZ, *BCRH*, t. 78 (1909), p. 258.

**camsilis,** camsile, camsilus, v. camisilis.

**camucum,** v. camoca.

**camurus,** camyrus (gr.): **courbé, voûté — curved, vaulted.*

**camus,** chamus (gr.): **1.** **bride, mors, muselière, licou — bridle, bit, muzzle, halter.* **2.** *collet — collar.*

**canaba,** -ne-, -ni-, -pa, -va (> ital. *canova*): **1.** **cave à vin, cellier, garde-manger — wine-cellar, store-room.* ADAMNAN., V. Columbae, *AASS.*, Jun. II p. 211. V. Austrigisili, c. 6, *Scr. rer. Merov.*, IV p. 195. **2.** *taverne — tavern.* S. xiii, Ital. **3.** *trésorerie — treasury.* Feudum canavae: fief-rente — money-fief. Feudum sive beneficium nonnisi in rebus soli ... aut his quae inter immobilia connumerantur, veluti cum de camera aut caneva feudum datur, posse consistere. Libri feudor., antiq., tit. 8 c. 2 (vulg., lib. 2 tit. 1), ed. LEHMANN, p. 115. Si vasallus feudum canevae vel camerae ex duabus seu tribus quietis acceptionibus quasi possideat. Ib., antiq., tit. 8 c. 4 (vulg., lib. 2 tit. 2 § 1), p. 117.

**canabacius,** cane-, -vacius (adj.): *de chanvre — hempen.* Caligas canevacius. Honoranciae civit. Papiae, c. 16, *SS.*, XXX p. 1457. Subst. neutr. **canabacium,** cane-, -va-, -sium: *canevas, toile de chanvre — canvas, hemp-linen.* De pannis laneis et lineis, canevaciis. Ib., c. 2, p. 1452.

**canabale,** canapale, canavale: *chènevière — hempfield.* S. xiii.

**canabaserius:** *cordier — rope-maker.* S. xiv.

**canaberia,** cha-, che-, -ne-, -varia, -veria: *chènevière — hempfield.* RAGUT, *Cart. de S.-Vincent de Mâcon*, no. 295 (a. 888-898). PÉRARD, *Rec. de Bourg.*, p. 177 (ch. a. 1029).

**canabina,** -bena, -pina (< canabis): *chènevière — hempfield.* GREGOR. CATIN., Chron. Farf., ed. BALZANI, p. 110.

**canabis,** cane-, cani-, cano-, can-, -p-, -v-, -a, -us, -um, -ium: **1.** *canevas, toile de chanvre — canvas, hemp-linen.* **2.** *corde de chanvre — hempen rope.* Canvam, cum quo camelum onerarium secum semper ducere consueverat. V. Eligii, lib. 2 c. 13, *Scr. rer. Merov.*, IV p. 702.

**canada,** v. cannata.

**canale** (neutr.) = canalis.

**canamella:** *canne à sucre — sugar-cane.* GUILLELM. TYR., lib. 13 c. 3, MIGNE, t. 201 col. 551 D.

**canapale,** canavale, v. canabale.

**canardus:** *un grand vaisseau — a big ship.* Quatuor naves magnae, quas canardos vocant, de Nortwegia in Angliam appulsae sunt. ORDER. VITAL., lib. 8 c. 23, ed. LEPRÉVOST, III p. 406.

**canaria:** *droit de meute — right to exact food for dogs.* Dimitto ... consuetudinem ... ad equos nostros sive ad canes, quam vulgo marescalciam et canariam appellant. D'ACHÉRY, *Spicil.*², III p. 399 col. 1 (ch. a. 1050).

**canavarius,** canev-, canip- (< canaba): *cellérier — butler.* MURATORI, *Antiq.*, V col. 1005 (ch. a. 730).

**canbire,** v. cambire.

**cancellare:** **1.** **biffer, barrer — to strike out.* **2.** *croiser les mains — to cross the hands.* S. xiii.

**cancellaria:** **1.** *la fonction de chancelier royal — the charge of royal chancellor.* Data vacante cancellaria. Formule usitée dans les actes du roi de France Louis VII datant des années 1172-1178 et dans ceux de Philippe-Auguste à partir de 1185 — formula used in charters by the French king Louis VII of the years 1172-1178 and in those by Philip August from 1185 onwards. Cf. A. LUCHAIRE, *Etude sur les actes de Louis VII*, Paris 1885, p. 23. DELISLE, *Catal. des actes de Phil.-Aug.*, p. LXXXVI. De même dans les actes de l'empereur Henri VI à partir de 1192 — also in charters by the emperor Henry VIth from 1192 onwards. Cf. H. W. KLEWITZ,



*Cancellaria, DAGM.*, t. 1 (1937) pp. 44-79. **2.** *la fonction de chancelier pontifical — the charge of papal chancellor.* Liber censuum eccl. Rom. (a. 1192), ed. DUCHESNE, I p. 4. **3.** *chancellerie princière — chancery of a territorial prince.* Cancellaria nostra, quae vulgo capellaria vocatur. Ch. Engelberti archiepisc. Colon. (a. 1216-1225), cf. J. HEIMEN, *Beiträge zur Diplomatik Engelberts des Heiligen von Köln*, 1903 (*Münsterische Beiträge z. Geschichtswissenschaft*, N.F., 1), p. 30 sq.

**cancellariatus** (decl. iv): *fonction de chancelier royal — charge of royal chancellor.* HUGO FALCANDUS, ed. SIRAGUSA, p. 109, 112.

**cancellarius** (< cancelli, „appariteur placé à la barrière séparant la cour de justice du public — the beadle at the bar which separates the court from the public"): **1.** *dans le Bas-Empire et dans le royaume des Ostrogoths, un fonctionnaire attaché aux bureaux du gouvernement central ainsi qu'à ceux des gouverneurs de province, sorte d'*appariteur* ou d' *huissier* chargé de services concernant l'administration de la justice — in the Later Roman Empire and the Ostrogothic kingdom, a kind of *beadle* or *usher* attached to central and provincial government boards, in charge of certain tasks connected with the administration of justice. Cette institution a survécu dans certaines régions de l'Italie jusqu'au XIe siècle — this institution survived in some parts of Italy till the eleventh century. FANTUZZI, *Mon. Ravennati*, I p. 213 et pluries. FICKER, *Forsch. z. Reichs- u. Rechtsgesch. Italiens*, IV p. 12 (a. 824, Reggio). **2.** *notaire attaché au tribunal du comte, chargé de la confection des chartes — scribe at a count's law-court,* whose task was the writing of legal documents. Ego itaque cancellarius rogatus scripsi et subscripsi. F. Aug., coll. B no. 44, *Form.*, p. 725. Item ib., no. 21 p. 356; no. 34 p. 360. F. extrav. lib. 1 no. 25, ib. p. 548. Lex Ribuar., tit. 59 § 2-5; tit. 88. Lex Burgund., prol., c. 5. Ego Hildradus cancellarius rogatus scripsi et subscripsi. *D. Arnulfing.*, no. 15 (a. 746). Ego enim S. indignus diaconus seu canzalarius ... scripsi et subscripsi. WARTMANN, *UB. S.-Gallen*, I p. 78 no. 82 (a. 778). *D. Karolin.*, I no. 319 (a. 799, ch. Giselae sororis Karoli Magni). Si comes de notitia solidum unum accipere deberet et scabinii sive cancellarius. Responsa misso data (a. 801-814), c. 2, *Capit.*, I p. 145. [Presbyteris] in tabernis bibere, cancellarios publicos esse, nundinas insolenter peragrare decrevimus inhibendum. Concil. Cabillon. a. 813, c. 43, *Conc.* II p. 282. V. Eparchii (s. ix in.), *Scr. rer. Merov.*, III p. 553. Cancellarius talis esse debet, qui pagensibus loci illius notus fuisset et acceptus. ANSEGIS., lib. 3 c. 43, *Capit.*, I p. 430. Cf. H. BRESSLAU, *Urkundenbeweis und Urkundenschreiber im älteren deutschen Recht, Forsch. z. deutsch. Gesch.*, t. 26 (1886) pp. 3-66. **3.** *scribe privé* d'une abbaye — *private scribe* of a monastery. E. g.: BRUCKNER, *Reg. Alsat.*, no. 481 (a. 829/830); no. 498 (a. 835). **4.** *notaire de la chancellerie royale — scribe employed in the king's chancery.* Chez les Mérovingiens — with the Merovingians: Claudius quidam ex cancellariis regalibus. GREGOR. TURON., Virt. Martini, lib. 4 c. 28, *Scr. rer. Merov.*, I p. 656. V. Aredii, c. 5, ib., III p. 583. V. Valentini, c. 7, *Hist. de Fr.*, III p. 411. Chez les Agilolfingiens bavarois — with the Bavarian Agilolfingians: HAUTHALER, *Salzburger UB.*, I p. 29. **5.** *chef de la chancellerie royale* carolingienne — *head of the chancery* of Carolingian rulers. Epist. Leonis III pap., J.-E. 2521. *Capit.*, I p. 138 c. 8 (a. 808). Item ib., p. 307 c. 26 (a. 823-825). Vir venerabilis Fridugisus abba et sacri palatii nostri summus cancellarius. D. Ludov. Pii a. 820, GYSSELING-KOCH, *Dipl. Belg.*, no. 25 p. 46. Item *D. Ludwigs d. Deutsch.*, no. 17; no. 26. Cui [sc. archicapellano] sociabatur summus cancellarius, qui a secretis olim appellabatur; erantque illi subjecti ... viri qui praecepta regia ... scriberent. HINCMAR., Ordo palatii, c. 16, *Capit.*, II p. 523. **6.** *chef de la chancellerie pontificale — head of the papal chancery.* Exceptionnellement sous Jean XVIII — exceptionally under pope John XVIII: Petrus abbas et cancellarius sacri Lateranensis palatii. J.-L. 3947-3949, 3951-3953 (a. 1005-1007). De manière permanente à partir de Benoît IX — permanently from pope Benedict IX onward. Datum per manus Petri diaconi bibliothecarii et cancellarii s. apostolicae sedis. J.-L. 4111a (a. 1042). *NA.*, t. 11 p. 390 (J.-L. 4115a, a. 1044); ib., t. 12 p. 408 (J.-L. 4115b, a. 1044). **7.** titre indiquant une *dignité dans un chapitre* dont l'un des chanoines est revêtu — designation of a *dignity in a chapter* held by one of the canons. S. xii. **8.** *chancelier d'université — University chancellor.* S. xiii.

**cancellatura:** *dignité de chancelier — dignity of chancellor.* Sanctae et apostolicae sedis cancellaturam. WIBERT., V. Leonis IX pap., lib. 2 c. 4, ed. WATTERICH, I p. 155; ex qua hausit interpolator privilegii Leonis IX papae pro archiepiscopo Coloniensi a. 1052, LACOMBLET, *UB. Niederrh.*, I no. 187 p. 119 (J.-L. 4271).

**cancellus.** **1.** plural. cancelli: *grille ou balustrade qui sépare le sanctuaire surélevé de l'espace accessible au peuple — chancel railing.* Pars illa [ecclesiae], quae a cancellis versus altare dividitur. Concil. Turon. a. 567, c. 4, *Conc.*, I p. 123. Super cancellos dextra levaque juxta altare. Ordo Rom. XXX B (s. viii ex.), c. 11, ANDRIEU, III p. 468. Quod si pallae altaris lavandae sunt, a clericis abstrahantur et ad cancellos feminis tradantur. Haitonis Basil. capit. (a. 807-823), c. 16, *Capit.*, I p. 364. Cancellos, aras voluit vestire metallis. ALCUIN., Carm. 88, *Poet. Lat.*, I p. 309. Altare ... cancellis utrimque radiantibus obvelavit. RICHER., Hist., lib. 3 c. 22, ed. LATOUCHE, II p. 30. **2.** plural. cancelli et singul. cancellus: le *sanctuaire,* le *chœur* de l'église — *chancel.* Saeculares ... nec inter sacros cancellos ordinibus debitos ... adtendent accedere. Concil. Roman. a. 853, c. 33, MANSI, t. 14 col. 1014. Usque in ecclesiae cancellos. WALAFR., V. Galli, lib. 2 c. 35, *Scr. rer. Merov.*, IV p. 333. Ecclesiam ... construere cepit et parti superiori, quam vulgo cancellum nominant, etiam tectum imposuit. Actus pontif. Cenom., c. 33 (s. xi ex.), ed. BUSSON-LEDRU, p. 376. [Ecclesia] ab oriente habet ingentem turrem post cancellum. HARIULF., lib. 2 c. 7, ed. LOT, p. 54. **3.** plural. cancelli: *balustrade d'une tribune — gallery balustrade.* Ut ipse per cancellos solarii sui cuncta posset

videre. MONACH. SANGALL., V. Karoli, lib. 1 c. 30, SS., II p. 745. **4.** plural. cancelli et singul. cancellus (> teuton. Kanzel): chaire — pulpit. Extat nunc in hoc loco cancellus, in quo sanctus dicitur stetisse. GREGOR. TURON., Glor. conf., c. 5, Scr. rer. Merov., I p. 752. Super cancellos innititur ... praedicans. EKKEH. Casus s. Galli, c. 3, SS., II p. 108 l. 43. **5.** singul. cancellus: chancellerie — chancery. S. xii.

**cancer**: **1.** cintre, voûte — arch, vault. Haec [ecclesia] quatuor lapideis suffulta cancris stat super aquas. ADAMNAN., De locis sanctis, c. 16, ed. GEYER, CSEL, t. 39 p. 266. Item ib., c. 26, p. 274. **2.** pince — pincers.

**cancerosus**, cancrosus: *cancéreux — suffering from cancer.

**cancrinus**: cancéreux — suffering from cancer.

**candela**: **1.** chandelier, candélabre — candlestick, candelabre. ALTFRID., V. Liudgeri, c. 28, SS., II p. 423. CD. Cavens., II p. 233 (a. 986). **2.** lampe à huile — oil lamp. Lib. pontif., Silvester, ed. MOMMSEN, p. 55 l. 3. Ex diversis candelis aecclesiae oleo collecto. Zachar. pap. epist. a. 751, Epp., III p. 370 l. 36. Bullar. Vatican., I p. 21 (a. 1033).

**candelarius** (adj.): relatif aux chandelles — concerning candles. Subst. femin. **candelaria** (subaudi: missa): la Chandeleur — Candlemas. Subst. mascul. **candelarius**: **1.** moine chargé du soin des chandelles — a monk who looks after the candles. S. xiii. **2.** chandelier, vendeur de chandelles — chandler. S. xiv. Subst. neutr. **candelarium**: lampe — lamp. CD. Cavens., II p. 233 (a. 986).

**candidatus** (subst.): garde de la Cour pontificale — papal life-guard. CD. Cavens., I p. 140 (a. 899).

**candredus**, v. cantredus.

**canella** (< canna): cannelle — cinnamon. S. xiii.

**canellus**: tuyau, égout — kennel, gutter. S. xii.

**canepa**, caneva, canipa, v. canaba.

**canepis**, canepa, canipis, canivis, v. canabis.

**canere**: **1.** missam: célébrer la messe — to celebrate mass. Sicubi pulsetur aut si quo missa canatur. Ruodlieb, fragm. 5 v. 514. **2.** prétendre — to pretend. Carta ... monasterium ... falsissime canebat ad episcopii partes ... pertinere. RATPERT., Cas. s. Galli, c. 6, SS., II p. 65 l. 51.

**canevacius**, canevacium, v. canabacius.

**canevaria**, v. canaberia.

**canevarius**, v. canavarius.

**canicularius** (subst.): garde-chiens — keeper of dogs. Falconarios et accipitrarios, canicularios quoque. ASSER., G. Aelfredi, c. 76, ed. STEVENSON, p. 59.

**caninare**: mordre comme un chien — to bite like a dog.

**caniparius**, v. canavarius.

**canipulum** (anglosax.): poignard — dagger. Nonnullis ... rumpheis et occultis spatulis vel canipulis, sicut siccarii, ... mortem ingerunt. LAMBERT. ARDENS., c. 41, SS., XXIV p. 582 l. 18. Quicumque canipulum portaverit, solvet mihi 10 libras. VAN DER HEYDEN-MULDER, Handvesten, p. 16 (a. 1245, Haarlem).

**canivetum**: poignard — dagger. Marbotinum unum et canivetum. Litt. Inn. III pap., POTTHAST 3703.

**canna**: **1.** (class. „roseau — reed"): perche, mesure de longueur d'arpentage — rod, linear measure for surveying. Res [i. e. agros] ad modia 22, per unumquodque modium habentia longitudine cannas 20 et in latitudine ... cannas 10, ad cannam pedum 10. GREG. CATIN., Chron. Farf., MURATORI, Scr., II pars 2 col. 513. **2.** aune, mesure de drap — ell, cloth measure. S. xii, Ital. **3.** (class. „tuyau — tube"): petit tuyau en argent pour administrer le sang du Christ aux communiants — small silver tube used for administering the blood of Christ to communicants. FORTUN., V. Radeg., c. 19, Scr. rer. Merov., II p. 370. Ordo Roman. IX (s. ix ex.), c. 22, ed. ANDRIEU, II, p. 332; item c. 27, p. 333. G. Aldrici Cenom., c. 17, SS., XV p. 315. HARIULF., Chron., lib. 2 c. 10, ed. LOT, p. 68. **4.** (cf. teuton. kanne): broc — jug. Si plus de vino voluerit in butticula vel canna. Hincmari capitula presbyteris data a. 852, c. 16, MIGNE, t. 125 col. 778. Comes argenteam kannam emerat marcis 21. GALBERT., c. 16, ed. PIRENNE, p. 29. Cannam, scilicet argenteum vas vinarium. Ib., c. 61, p. 99.

**cannaris**: jonchaie — reed-field. D. Louis IV, no. 45 (a. 953).

**cannata**, canada: la quantité d'un broc — a jugful. Canadas duas de vinum. MABILLON, Ann., II p. 704 (ch. a. 742).

**cannetum**: *jonchaie — reed-field.

**cannitia**: treillis de joncs pour la pêche — reed-lattice for fishing. MURAT., Antiq., I col. 223 (a. 1090).

**cannula**, canola: trachée-artère — trachea. Subjectam collo illud quod vocant canolam fregit. GUIBERT. NOVIG., De vita sua, lib. 3 c. 9, ed. BOURGIN, p. 174.

**1. canon** (mascul.; genet. -onis) (gr.): **1.** *règle grammaticale — grammatical rule. **2.** *schéma métrique — metrical scheme. **3.** *paiement périodique — periodical payment. **4.** *liste des écrits bibliques reconnus par l'Eglise — list of biblical books acknowledged by the Church. **5.** la Bible — the Bible. E. g.: In veteri ac novo canone. RADULF. GLABER, Hist., lib. 3 c. 8, ed. PROU, p. 76. **6.** *le canon de la Messe, la partie invariable de la liturgie — the canon of Mass, the invariable part of the liturgy. **7.** *précepte concernant la vie des Chrétiens, spécialement celle des clercs et des moines, règle monastique — regulation concerning the way of life of Christians, especially clerks and monks, monastic rule. **8.** *canon, statut établi par une synode ou un concile ecclésiastique — canon, statute issued by a church synod or council. **9.** relique — relic. Ecclesiam ... fabricavi, martyris canone, dudum [i. e. dotum] edificatione constitui. BITTERAUF, Trad. Freising, I no. 50 p. 79 (a. 772). Cf. H. OPPEL, Κανών. Zur Bedeutungsgesch. d. Wortes u. seiner latein. Entsprechungen. Philologus, Suppl.-Bd. 30, Heft 4 (1937).

**2. canon** (< canna „tuyau — pipe"): canon — cannon. S. xiv.

**canonia**: **1.** prébende de chanoine — canonry. S. xiii. **2.** chapitre de chanoines — chapter of canons. Est ibi canonia duodecim clericorum. Hist. mon. Mosom. (ca. a. 1040), SS., XIV p. 607.

**canonicalis**: **1.** canonique — canonical. [Episcopus] ab archiepiscopo ceterisque suffraganeis suis ... canonicali judicio abjectus est. Ann. Fuld., Contin. Altah., a. 899, ed. KURZE, p. 133. **2.** qui mène une vie conforme à la règle canoniale — observing the rule of canons. Monasterium ... cui ipse canonicalis rector praeerat. D. Charles le Ch., no. 376, II p. 339 (<a. 874>, spur. s. x). **3.** canonial — of canons. Sub canonicali norma enutritus. WAMPACH, Echternach, I pars 2 no. 167 p. 260 (a. 930/931). Ecclesia canonicalis. Actes Philippe Ier, no. 34 (a. 1067), p. 101. Canonicalis societas. DUVIVIER, Actes, I p. 196 (a. 1081, Douai). Deposito canonicali habitu. ADEMAR., lib. 3 c. 18, ed. CHAVANON, p. 133. Ordo monachalis ad canonicalem redactus. G. pontif. Camerac., lib. 2 c. 35, SS., VII p. 463 l. 31.



**canonicare**: **1.** faire qq'un chanoine — to make someone a canon. [R. canonicum] dimidiam prebendam suam ... ecclesie ... dedisse, alia vero dimidia parte ipsius prebende D. fratrem suum canonicasse. Actes Philippe Ier, no. 138 (a. 1100), p. 347. Qui eum canonicare postulaverat. Innoc. III pap. epist., lib. 13 no. 13, MIGNE, t. 216 col. 214A. Partic. canonicatus: pourvu d'un canonicat — provided with a canonry. GUIBERT. NOVIG., De vita sua, lib. 1 c. 7, ed. BOURGIN, p. 21. **2.** idem quod canonizare.

**canonicatus** (decl. iv): canonicat — canonry. Nondum quinque annos in canonicatu vixisse. LUCHAIRE, Inst. monarch., II p. 321 no. 18 (a. 1118).

**canonice** (adv.): **1.** *conformément aux canons — in accordance with the canons. **2.** spec.: conformément à la règle canoniale — in accordance with the rule of canons. Fratribus Deo inibi canonice militantibus. WAMPACH, UB. Luxemb., I no. 178 p. 244 (a. 967).

**canonicium**: messe obituaire chantée par les chanoines — obit sung by canons. Pro allevandis eidem T. peccatis [canonici] in s. Stephani monasterio unum faciunt sibi canonicium. DE FONT-RÉAULX, Cart. de Limoges, p. 88 no. 76 (a. 1027).

**canonicus** (adj.): **1.** *canonique (d'un écrit biblique) — canonical (of a biblical book). **2.** *canonique, ayant force de loi dans l'Eglise — canonical, having the force of law in the Church. E.g.: Quandocumque jure canonico episcopus circumeat parrochiam populos ad confirmandos. Concil. German. a. 742, c. 3, Capit., I p. 25. **3.** valable en droit canonique — valid in canon law. Porrexit litteras canonicas, quas ordinatum [episcopum] sacri canones ab ordinatoribus accipere jubent. FLODOARD., Hist. Rem., lib. 3 c. 11, SS., XIII p. 485 l. 32. **4.** (d'un clerc:) inscrit dans le catalogue du clergé; qui figure parmi le clergé officiellement reconnu — (of a clerk:) enrolled on the list of clerks, belonging to the officially recognized clergy. Presbyter adque diaconus, qui neque in civitate neque in parrochiis canonecus esse dinuscitur, sed in villolis habitans in oraturiis ... celebrat divina mysteria. Concil. Arvern. a. 535, c. 15, Conc., I p. 69. Si qui clerici ministeria suscepta ... agere ... detractant ..., inter reliquos canonicos clericos ... nullatinus habeantur neque ex rebus ecclesiasticis cum canonicis stipendia aut munera ulla percipiant. Concil. Aurel. a. 538, c. 12, Conc., I p. 77. Unus lectorum canonicorum suorum [sc. archipresbyteri vicani]. Concil. Turon. a. 567, c. 20, Conc., I p. 127. Cf. etiam: Nec ad convivium mensae canonicae cum reliquis accederet clericis. GREGOR. TURON., Vitae patrum, lib. 9 c. 1, Scr. rer. Merov., I p. 703. Ordo canonicus. Concil. Augustod. a. 670, MANSI, t. 12 col. 124. In quo [monasterio] monachos canonicos adgregavit. Lib. pontif., Gregor. IV, § 24, ed. DUCHESNE, II p. 78. **5.** canonial — concerning canons. Sicut isti ... monachicam vitam ducere videntur, ut [i. e. ita] illi ... cannonicam institutionem pleniter debeant observare. D. Ludov. reg. Aquit. a. 808, DE MONSABERT, Ch. de Nouaillé, no. 9 p. 16. Abbatias tam canonicas quam monachicas. D. Ottos II., no. 95. Canonico, ut soleo, vestimento versari. EKKEH., Casus s. Galli, c. 1, SS., II p. 80 l. 28. Alicui prebendulam vendidisset canonicam. GALBERT., c. 13, ed. PIRENNE, p. 23. Abbas canonicus: un abbé qui n'est pas moine, mais chanoine — an abbot who is not a monk but a canon. Abbates tam canonicos quam monasticos. Episc. rel. (ca. a. 820), c. 1, Capit., I p. 366. EKKEH., o.c., c. 1, p. 78 l. 31; p. 80 l. 12. Subst. femin. **canonica**: **1.** église canoniale — church with a chapter of canons. MABILLON, De re dipl., p. 614 (ch. a. 812, Provence). D. Ludov. Pii a. 817, Hist. de Fr., VI p. 502 A. Ibi canonicam instituere certavimus. Concil. Teatin. a. 840, Conc., II p. 789. D. Heinrichs II., no. 254 (a. 1013). Ibi pluries. Si quis aliquem percusserit, ... statim pergat ad cannonicam et unum summat [i. e. sumat] ibi poenitentiam. Treuga Dei Lombard. (ca. a. 1040-1050), c. 4, Const., I no. 420. A quo [archiepiscopo] praelatus canonicae [dativ.] apud Veronam ... institutae, eandem strenue ... rexerat. ANSELM., G. episc. Leodiens., c. 37, SS., VII p. 209. BEYER, UB. Mittelrh., I no. 374 p. 431 (a. 1074). Illi soli [sc. papae] licet ... de canonica abbatiam facere. Gregor. VII reg., lib. 2 no. 55a (Dictatus Papae), ed. CASPAR, p. 203. Const., I no. 218 c. 3 (a. 1163). **2.** chapitre de chanoines — chapter of canons. Canonicam ejusdem [sc. Regiensis] ecclesiae, quam S. loci antistes ad usum canonicorum ibidem Deo militantium ... instituit, reformasset. D. Karls III. d. Dicken, no. 85 (a. 833). Artifices si sunt in canonica ... faciant ipsas artes. MANSI, t. 14 p. 293 (s. ix). Veronensem congregationem cum canonica ipsius eclesiae sub nostri munburdii tutelam accepimus. D. Ottos I., no. 137 (a. 951). **3.** cloître canonial — house of canons. Liceat ... circumquaque firmare ad salvandam et muniendam aecclesiam suamque constitutam canonicam. D. di Guido, no. 11 (a. 891), p. 31. Incendio civitatis ejus ecclesia cum sua canonica igne consumpta est. D. di Berengario I., no. 131 (a. 920), p. 339. **4.** canonicat — canonry. Canonicam quam ipse ab ineunte aetate pro sustentatione diaria, sicut caeteri fratres, ab aecclesia matre possedit. BERNARD-BRUEL, Ch. de Cluny, II no. 1537 p. 586 (a. 980). Ambo germani unam simul canonicam tenere videntur. D. Heinrichs II., no. 291 (a. 1014). Ita adtendam, nisi canonicam meam michi tulerint. FLACH, Orig., II p. 415 n. (ca. a. 1060, Clermont-Ferrand). B. canonicam suam sub pacis tranquillitate habeat. Gregor. VII reg., lib. 3 no. 17, ed. CASPAR, p. 280. Canonicas pecunia adepti sunt. Ib., lib. 5 no. 1, p. 349. Ecclesiasti-

cae dignitates vel canonicae a nullo vendantur vel emantur. Concil. Claromont. a. 1095 ap. ORDER. VITAL., lib. 9 c. 2, ed. LEPRÉVOST, III p. 464. Canonicis qui eo tempore vivebant, vita comite canonicas quas prebendas vocamus canonice tenere liceret. *Actes Philippe Ier*, no. 144 (a. 1106), p. 388. Canonicam, quam praebendam nominant, ecclesiae loci illius... mihi daret. GUIBERT. NOVIG., De vita sua, lib. 1 c. 7, ed. BOURGIN, p. 19. Ecclesiam s. Petri ..., tam abbatiam quam ipsas canonicas, canonicis decedentibus ... obtinere elaboravimus. SUGER., De admin. sua, c. 22, ed. LECOY, p. 184. Thetmarus canonica Bremensis ecclesiae investitus est. HELMOLD., lib. 1 c. 45, ed. SCHMEIDLER, p. 90. Canonicam que spectat ad donationem capituli, presbitero tantum vel diacono conferendam. Litt. Alex. III pap. a. 1180, PFLUGK-HARTTUNG, *Acta*, I no. 310. **5.** *règle de vie canoniale — rule of canons.* Fratum qui Frisinge sub canonica constituti Deo serviunt. *D. Heinrichs III.*, no. 360 (a. 1055). **6.** *chanoinesse — canoness.* BEDA, Remed. peccat., c. 6, MARTÈNE, *Coll.*, VII col. 43. Concil. Cabillon. a. 813, c. 53, *Conc.*, II p. 284. Capit. eccles. a. 818/819, c. 3, *Capit.*, I p. 276. Sacravit pontifex virgines inter monachas et canonicas ... 120. G. Aldrici, c. 44, *SS.*, XV p. 324. Subst. mascul. **canonicus**: **1.** *clerc inscrit dans le catalogue officiel du clergé — a clerk who has been enrolled on the official list of clerks.* Hic instituit mensam canonicorum. GREGOR. TURON., Hist. Franc., lib. 10, c. 31. Concil. Claromont. a. 535, c. 15, *Conc.*, I p. 69. Concil. Aurelian. a. 538, c. 12, ib., p. 77. Concil. Turon. a. 567, c. 20, ib., p. 167. **2.** tout *clerc séculier*, par opposition aux moines — any *secular clerk*, as contradistinguished from monks. Tam episcopi, monachi et monachae atque canonici. Concil. Franconof. a. 779/780 (?), *Conc.*, II p. 109. Ecclesiastici omnes, sive canonici sive monachi. Concil. Bajuw. a. 805, ib., II p. 233. Unicuique ordini, canonicorum videlicet, monachorum et laicorum, consuleremus. Ludov. Pii capit. a. 818/819, prol., *Capit.*, I p. 274. F. Sal. Merkel., no. 55, *Form.*, p. 260. **3.** *clerc soumis à la règle canoniale, chanoine — clerk bound to the rule of canons, canon.* CHRODEGANG., Regula canonicorum. Cf. Ch. DEREINE, *Chanoines, Dictionnaire d'histoire et de géographie ecclésiastiques*, XII, 1952, col. 352-355.

**canonissa**: *chanoinesse — canoness.* S. xiv.

**canonista** (mascul.): *maître de droit canon — canon law expert.*

**canonizare**: **1.** *(d'un écrit biblique) *considérer comme canonique, faire reconnaître comme canonique* — (of biblical books) *to consider or to uphold as canonical.* **2.** *(d'un dogme ou d'une règle de vie) *poser comme ayant force de loi* — (of a creed or a rule of life) *to make or to declare authoritative.* **3.** *imposer comme conforme aux canons — to prove to be in accordance with canon law.* Suum queque pars electum canonizare cupiens. OTTO SANBLAS., c. 13, ed. HOFMEISTER, p. 14. **4.** *agréer comme admissible dans la liturgie — to acknowledge as being fit for liturgical use.* Eas quae ... composuerant, [papa] omnia canonizavit, videlicet hymnos, sequentias, tropos ... EKKEH. MIN., V. Notkeri Balbuli, c. 4 § 27, *AASS.*[3], Apr. I p. 584 E. **5.** *canoniser, reconnaître officiellement comme un saint ou une sainte — to canonize, to recognize authoritatively as a saint.* [Papa Wiboradam] canonizaret et pro sancta haberi praeciperet. Casus s. Galli, contin. II, c. 6, *SS.*, II p. 156. Romanus pontifex ... eundem martyrem [sc. Thomam Cantuar.] canonizavit auctoritate apostolica et inter ceteros sanctos conscribi precepit. Boso, V. Alexandri III, Lib. pontif., ed. DUCHESNE, II p. 426. [Papa] ipsum antistitem ... canonizari precepit. ARNOLD. LUBEC., lib. 5 c. 23, ed. PERTZ in us. sch., p. 189. **6.** *faire* qq'un *chanoine — to make* someone *a canon.* Filius cum patre non canonizetur. STIMMING, *Mainzer UB.*, I no. 219 p. 135 (a. 976).

**canopeum**, v. conopeum.

**canopus**, v. canabis.

**1. cantabrum** (subst. neutr.): *du *son — bran.*

**2. cantabrum**: **étendard — military standard.*

**1. cantare** (verb.): **1.** *célébrer la messe — to say mass.* BEDA, Vitae abb. Wirem., lib. 2 c. 22, ed. PLUMMER, p. 386. Ut monachi omnes cursum s. Benedicti cantarent ordine regulari. Chron. Lauriss. breve, a. 816, *NA.*, t. 36 (1911), p. 38. In ipsa marca una ecclesia fabricari debuisset ... et ibidem potuisset [leg. posuisset] aliquem sacerdotum qui ibidem cantet. WIDEMANN, *Trad. s. Emmeram*, no. 14 p. 14 (a. 814). **2.** *munir de notes musicales — to provide with musical notes.* ARDO, V. Bened. Anian., MABILLON, *Acta*, IV pars 1 p. 216. **3.** *contenir* (d'un texte) — *to run* (of a text). Antepono tantum quantum cantat prima carta. BAUMANN, *Urk. Allerheil. in Schaffhausen*, p. 71 no. 43 (a. 1105).

**2. cantare** (subst. neutr.): *messe obituaire — obit mass.* S. xiv.

**cantaredus**, v. cantredus.

**1. cantaria**, -tua-, -rium: *chanterie*, bénéfice institué pour la célébration de messes obituaires — *chantry.* S. xiii.

**2. cantaria**, v. cantoria.

**cantarium**, v. canterius.

**1. cantharus**: *godet* sur lequel on place les chandelles, *chandelier — dish* to put candles on, *candlestick.* Lib. pontif., Silvester, ed. MOMMSEN, p. 48; p. 53.

**2. cantarus**, -um, -ium: *un poids — a weight.* S. xiii, Ital.

**cantata** (femin.): *messe chantée — chanted mass.* In diebus dominicis ... mane post primam cantatam. CHRODEGANG., Reg. canon., c. 33, MANSI, t. 14 col. 330 C.

**cantatorium**: livre liturgique, *graduel* — liturgical book, *gradual.* Ordo Rom. I (s. vii ex.), c. 21, ed. ANDRIEU, II p. 73.

**cantellus**: *une mesure de capacité — a dry measure.* S. xii, Angl.

**canterius**, canta-, -rium, -ria (class. „étai — prop"): *chantier* pour les tonneaux — *gantry* for barrels.

**canticum**, -us, -a: **1.** **hymne — hymn.* **2.** **psaume — psalm.* **3.** *cantique — canticle.* Ordo Rom. XVI (s. viii), c. 41, ANDRIEU, III p. 152.

**cantizare**: *chanter — to sing.* Laudantes Dominum cantizabant hymeneum. Ruodlieb, fragm. 15 v. 89.

**canto**, cantonus, v. 2. cantus.

**cantor**: **1.** **chanteur ecclésiastique, choriste —*



*church singer, chorister.* **2.** *chantre, celui qui dirige le chant du chœur — precentor.*

**cantoratus** (decl. iv): *chantrerie — office of precentor.* GUIBERT. NOVIG., De vita sua, lib. 1 c. 7, ed. BOURGIN, p. 21.

**cantoria**, cantaria: *chantrerie — office of precentor.* Cantorie baculum et infulam detraximus. STIMMING, *Mainzer UB.*, I no. 219 p. 135 (a. 976). Canonici ecclesie ipsius ministeria, preposituram, capiceriam, cantoriam, quibuscunque ex eis elegerint donent. *Actes Philippe Ier*, no. 108 (a. 1082), p. 275.

**cantorissa**: *chanteresse — precentress.* S. xiii.

**cantredus**, candredus, cantaredus (celt.): *circonscription rurale* comprenant cent villages — *cantred*, a district comparable to the Anglo-saxon hundred. S. xii, Wales, Ireland.

**cantrus** = cantharus.

**cantulare** (neutr.): *livre de chants liturgiques — book of canticles.*

**1. cantus** (decl. iv): *chant liturgique — liturgical chant.* Beatissimus Leo papa annalem cantum omnem instituit. Ordo Rom. XIX (s. viii), c. 36, ANDRIEU, III p. 223.

**2. cantus**, canto (genet. -onis), cantonus (celt., class. canthus „bande de la jante — tire", croisé avec — combined with gr. κανθός „coin de l'œil — corner of the eye"): **1.** *côté — side.* Foro, ubi quattuor in cantus magni instant fornices. Versus de Verona, *Poet. Lat.*, I p. 120. Pergit in cantone de ipsa casa usque in alio cantone. *CD. Cavens.*, I p. 168 (a. 912). **2.** *coin — corner.* Nullus christianus ... in cantu sedeat, quia opera diabolica est. V. Eligii, lib. 2 c. 16, *Scr. rer. Merov.*, IV p. 705. In cantum de silice. *CD. Cajet.*, I p. 106 (a. 958). **3.** *pierre angulaire — cornerstone.* S. xiii, Ital.

**canutus** (adj.): *grison, blanchi — grey-haired.* V. Samsonis (s. vi ex.?), lib. 1 c. 26, *AASS.*, Jul. VI p. 580 A. EKKEH., Casus s. Galli, c. 16, *SS.*, II p. 140 l. 40.

**canva**, v. canabis.

**capa**, cappa: **1.** **coiffe — cap.* **2.** *capuchon — hood.* Cappa hujus indumenti [sc. casublae] ita dilatata erat atque consuta, ut solent in illis candidis fieri, quae per paschalia festa sacerdotum umeris inponuntur. GREGOR. TURON., V. patrum, c. 8 § 5, *Scr. rer. Merov.*, I p. 696. Cottos vel mantellos sine cappa. Concil. Mettense a. 888, c. 6, MANSI, t. 18 col. 79. **3.** *cape, manteau à capuchon — cape, hooded cloak.* Capam dictam quia quasi totum capiat hominem. ISID., Etym., lib. 19 c. 31. Illud autem indumentum, quod a Gallis monachis cuculla dicitur, nos capam vocamus. THEODEMAR. CASIN., Epist. ad Kar. M. (a. 787-797), *Epp.*, IV p. 512. Cappam qua erat induta [sanctimonialis] abjiciens. V. Liobae, MABILLON, *Acta*, III pars 2 p. 254. Dicti sunt ... a cappa s. Martini, quam reges Francorum ... solebant secum habere. WALAFR., Exord., c. 33, *Capit.*, II p. 515 l. 29. Ad sellam post se cappam solet ille ligare. Ruodlieb, fragm. 5 v. 594. Birrum quo tegebatur more cappae. JOH. CLUNIAC., V. Odonis, lib. 2 c. 5, MIGNE, t. 133 col. 63 C. **4.** *chape — cope.* Capas in majoribus festis superinduimus. RUPERT., Divin. off., lib. 2 c. 24, MIGNE, t. 170 col. 54. **5.** *vêtement de convers — garment of a "conversus".* Ex illis qui apud canonicos et monachos exteriores fratres in cappa vocantur. Pass. Thiemonis Salisburg., c. 10, *SS.*, XI p. 57. Apud eum [archiepiscopum] conversus cappam induit. V. Eberhardi Salisburg., c. 7, *SS.*, XI p. 81.

**capabilis**: **1.** **susceptible d'être reçu — capable of being received.* **2.** (active) *en mesure de saisir* qqch., *intelligent — able to grasp* something, *intelligent.*

**capacitas**: **1.** **habilité juridique — legal ability.* **2.** **capacité de l'esprit — mental capacity.* Omnes juxta capacitatem et possibilitatem suam. Concil. Aquisgran. a. 816, *Conc.*, II p. 460.

**capanna**, v. cabanna.

**caparicium**, capricium (< caparo): *chaperon — chaperon.* S. xiii.

**caparo**, capero, capiro (genet. -onis) (< capa): *chaperon — chaperon.* S. xiii.

**capaticarius**, cavaticarius, capitagiarius (adj.): *astreint au chevage — owing poll-money.* Servus et ancilla capitagiarii. MARTÈNE, *Coll.*, I p. 709 (a. 1131, Namur). De servis capitagiariis sive de aliqua casa Dei. ROUSSEAU, *Actes de Namur*, no. 9 (a. 1154). Subst. mascul.: *individu astreint au chevage — a man who owes poll-money.* Polypt. Fossat. (s. ix med.), c. 17, ap. GUÉRARD, *Irminon*, II p. 287.

**capaticum**, cava-, capita-, -gium, chevagium, chi- (<caput): *chevage*, cens annuel en argent, de quatre deniers souvent, que le serf de corps doit au seigneur et que l'on considère comme l'indice de la condition servile — *"chevage", poll-money.* Nec servitio nec litimonium nec nullum cavaticum nec ullum obsequium ei reddebat. F. Sal. Merkel., no. 28, *Form.*, p. 252. Polypt. Irminonis, br. 14 c. 90, ed. GUÉRARD, II p. 163. Ibi saepe. Abba dicens eos esse servos s. Germani et faciens eis reddere kavaticum. Addit. s. ix ex. ad polypt. Sangerman., br. 4 c. 36, ib., p. 37. Capitaticum suum et se et posteritatem suam post se daturam ... repromisit. Chron. Mosomag., c. 10, *SS.*, XIV p. 608. Capitalicum [leg. capitaticum] suum, hoc est denarios 4, ex more sibi supra caput posuit. SALMON-GRANDMAISON, *Livre des serfs de Marmoutier*, p. 22 no. 20 (a. 1061). In censibus terrarum, in capaticis virorum et feminarum. D'HERBOMEZ, *Cart. de Gorze*, p. 241 no. 138 (a. 1069). Ecclesiam de Floreffia contradidimus ..., preterea donum parrochie et capaticum familie, censum videlicet quem solvunt super altare. ROUSSEAU, *Actes de Namur*, no. 2 (a. 1121). Omnes liberos a cavagio, hoc est a capitali censu, constituo. VERCAUTEREN, *Actes de Flandre*, no. 127 (a. 1127). Virorum ac mulierum quorum capitacia ad me solum respectabant. FLACH, *Orig.*, I p. 394 (a. 1087). Retinuimus ... censum nostrum in villa Compendii et capitagia. Ch. Ludov. VII reg. Fr. a. 1179, LUCHAIRE, *Inst. monarch.*, II p. 326 no. 24. Nec alicui domino de forisfacto respondeant, nisi de cavagio suo. Ch. comm. S.-Quentin a. 1195, *Actes Phil.-Aug.*, II no. 491.

**capatus**, cappatus (adj.): *vêtu d'une cape — wearing a cape.* Loricatus sed capatus cum proditorum manipulo convenit. SUGER., V. Ludov. Gr., c. 17, ed. WAQUET, p. 114. Subst. mascul. **capatus**: *convers — "conversus".* Fratrum exteriorum seu cappatorum rebellione. V. Gebehardi Salisburg., c. 27, *SS.*, XI p. 48.

**capdolium**: *maison principale d'un fief — centre of a fief.* Aquit.
**capedo** (genet. -inis): *capacité, espace — capacity, space.*
**capella,** cappella (<capa): **1.** *cape, manteau à capuchon — cape, hooded cloak.* Cappella, hroccus sive cuculla. Adalhardi abb. Corbejens. stat. (a. 822), c. 3, ed. LEVILLAIN, *LMA.*, t. 13 (1900), p. 354. Tunica cum cappella tantum utens. V. Walarici (a. 1030-1050), *Scr. rer. Merov.*, IV p. 171 l. 10. Cf. voc. capellus. **2.** spec.: *la cape de Saint Martin,* célèbre relique conservée à la Cour des rois francs — *Saint Martin's cape,* famous relic preserved at the court of the Frankish kings. In oraturio nostro super cappella domni Martine, ubi reliqua sacramenta percurribant, hoc dibirit conjurare. *D. Merov.*, no. 49 (a. 679). In oraturio suo super cappella s. Marcthyni. Ib., no. 78 (a. 710). In palatio nostro super capella domni Martini, ubi reliqua sacramenta percurrunt, debeat conjurare. MARCULF., lib. I no. 38, *Form.*, p. 68. Item *D. Karolin.*, I no. 49; no. 78. **3.** *le sanctuaire, le service cultuel du Palais royal — the sanctuary, the worship service attached to the king's Palace.* Qui sanctam capellam palacii nostri gubernare videtur. *D. Karolin.*, I no. 162 (a. 788). Clerici qui in capella regis habitant. Synod. Franconof. a. 794, c. 38, *Capit.*, I p. 77. Breve in sacri palacii capella recondendum. Ib., c. 3, p. 74. [Capellae] nomine reges Francorum propter cappam s. Martini, quam secum ob sui tuitionem et hostium oppressionem jugiter ad bella portabant, sancta sua appellare solebant. MONACH. SANGALL., V. Karoli, lib. 1 c. 4, *SS.*, II p. 732. A. archiepiscopum et sanctae capellae primicerium. ALCUIN., epist. 90, *Epp.*, IV p. 134. Id., carm. 26, *Poet. Lat.*, I p. 245. [Sturmus] cum adductus ad palatium fuisset et ibi in capella regis per plures esset dies, Deum orans, exspectans quid ei rex imperasset. EIGIL., V. Sturmi, c. 18, *SS.*, II p. 374. Cf. W. LÜDERS, *Capella. Die Hofkapelle der Karolinger bis zur Mitte des 9. Jhdts. AUF.*, t. 2 (1908). **4.** *l'ensemble des clercs chargés du culte au Palais royal — the body of clerks who perform divine service at the king's court.* De regum vel imperatorum capella abbas eidem loco preficiendus eligatur. *D. Ottos I.*, no. 417 (a. 972). **5.** *chapelle qui fait partie de l'une des résidences royales — a chapel at one of the king's palaces.* In pago Tolosano praedium meum, quo[d] de fisco regali competenti servitii [i. e. servitio] adquisivi, ... cum capella s. Petri sibi conjuncta. *Hist. de Languedoc*, II³ p. 50 no. 7 (a. 783). Missi dominici interpellabant H. episcopum pro ecclesiam, quae sita est in loco nominato Feringa, dicentes a domno imperatore eis injunctum fuisse pro ipsam ecclesiam investigare, utrum ad episcopatum [Frisingensem] pertinere aut specialiter cappella ad opus dominicum fieri deberet. BITTERAUF, *Trad. Freising*, I no. 463 p. 394 (a. 822). De praesbyteris et capellis palatinis contra canonicam auctoritatem inconsulte habitis. Concil. Paris. a. 829, c. 86, *Conc.*, II p. 676. S. Dei genitricis basilicam [Aquisgrani], quam capellam vocant, tegulis plumbeis tectam. Ann. regni Franc., a. 829, ed. KURZE, p. 177. Curtem nomine L. cum casa indominicata et capella ad se aspiciente. D. Lotharii imp. a. 835, *Hist. patr. mon.*, *CD. Langob.*, col. 217. Curticellam ... cum capella in honore s. Petri constructa. D. ejusdem a. 839, GLORIA, *CD. Padovano*, p. 17. In palatio Aquensi cappellam ... construxisse. *D. Charles le Chauve*, no. 425 (a. 877), II p. 451. Aquense palatium, ubi in capella regis equis suis stabulum fecerunt. Ann. Fuldens., a. 881, ed. KURZE, p. 97. Antiqua regia capella. FLODOARD., Hist. Rem., lib. 3 c. 23, *SS.*, XIII p. 531 l. 41. Theodonisvilla capellam domni Ludowici Pii imperatoris instar Aquensis inceptam. Contin. ad Reginonem, a. 939, ed. KURZE, p. 161. S. Sophiae capella quae palatio [Suessionensi] inhaerebat. ODILO, Transl. Sebastiani, c. 43, MABILLON, *Acta*, IV pars 1 p. 407. **6.** (gener.) *chapelle,* oratoire rattaché à un domaine privé, église non pourvue des pleins droits paroissiaux — *chapel,* oratory on a private estate, a church that does not have the entire parochial powers. Ecclesiae et cappellae quae in vestra parrochia sunt, emendentur. Pippini capit. italic. (a. 801-810), c. 7, *Capit.*, I p. 210. Capellam ex lapide bene constructam. Brevium exempla, c. 32, ib., p. 255. Quod vos mihi in illa vestra capella dixeratis. F. Bituric., no. 18, *Form.*, p. 178. Capella que est in curte fisci. F. Senon. rec., no. 3, ib., p. 212. Extruere noviter quandam aecclesiam ad matrem aecclesiam ob difficultatem longioris viae ... Praedictam capellam cum omni reditu possideat. F. Paris., no. 2, ib., p. 264. De decimis et capellis sibi concessis ex quibusdam fiscis nostris. F. imper., no. 39, ib., p. 317. De decimis, quae ad capellas dominicas dantur. Capit. ab episc. tract. a. 828, c. 1, II p. 6. Monemus ut, posthabitis aediculis quas usus inolitus capellas appellat, basilice Deo dicatae ad missarum celebrationem audiendam et corporis et sanguinis dominici perceptionem sumendam adeantur. Concil. Paris. a. 829, c. 73, *Conc.*, II p. 672. Capellas villarum vestrarum laicis non committeretis ... Si autem laici capellas habuerint ... Concil. Meldense a. 845, c. 78, *Capit.*, II p. 420. Ad mansionem venit, ubi quaedam matrona in sanctimoniali habitu vitam ducebat religiosam ...; quae etiam habebat capellam, in qua suas solebat Deo agere preces. V. prima Pirminii (s. ix in.), c. 9, *SS.*, XV p. 29 l. 27. In villa M. capellam unam et quicquid ad ipsam villam pertinet...; in villa P. capellam unam cum terra salica et hobas vestitas. WARTMANN, *UB. S.-Gallen*, II p. 51 (a. 854). Villam ... cum capella sibi subjecta. D. Lotharii II reg. a. 866, TROUILLAT, *Mon. de Bâle*, I p. 113. Curte mea ... cum capella que in honore b. Martini conf. ego ipse fundamentis aedificavi. GLORIA, *CD. Padovano*, p. 29 (a. 871). Ut omnis decimatio episcopis ... prebeatur nullusque eam ad suam cappellam, nisi forte concessione episcopi, conferat. Lamberti capit. Ravenn. a. 898, c. 9, *Capit.*, II p. 110. Cf. P. AEBISCHER, *Esquisse du processus de dissémination de „capella" en Italie. ALMA.*, t. 5 (1930), pp. 5-44. On continue parfois de parler d'une „capella", même quand il s'agit d'une église qui a obtenu ultérieurement les pleins droits paroissiaux. — Sometimes a church which has got later the status of a parish continues to be called "capella". Imperatrix capellam decimalem



et babtismalem cum tota villa A. in qua sita est, cum clerico suo ejusdem ville legitimo sacerdote ... Murbacensi donavit ecclesie. *D. Ottos II.*, no. 323 (spur. s. xii). **7.** *les clercs desservant la chapelle privée d'un évêque — the clergymen who minister at a bishop's private chapel.* In capellis tam imperatoris quam episcoporum ... appeteretur ... morum disciplina. ANSELM., G. episc. Leodiens., c. 28, *SS.*, VII p. 205 l. 17. Sepe invitis regibus ordinaret episcopos ex capella sua quos vellet electos. Addit. ad ADAM BREMENS., lib. 3 c. 78, ed. SCHMEIDLER, p. 226. **8.** les reliques, vases sacrés, livres liturgiques et autres *ustensiles de culte appartenant au Palais royal —* the relics, sacred vessels, liturgical books and other *utensils for divine worship belonging to the king's court.* Cappellam, id est ecclesiasticum ministerium, tam id quod ipse fecit atque congregavit quam quod ad eum ex paterna hereditate pervenit. Testam. Karoli M. a. 811 ap. EGINH., V. Karoli, c. 33, ed. HALPHEN, p. 98. [Rex] dedit regium donum ... offerens ornamenta sua et capellam suam et reliquias suas quas secum habebat. *BEC.*, t. 24 (1863), p. 163 (a. 864). Capella ... regis Roberti talis fuit: cappae 18 ..., libri euangeliorum aurei 2 ... HELGAUD., Epitome vitae Roberti regis, *Hist. de Fr.*, X p. 111 D. Ex sacro palatio nostro a capella nostra misimus ... reliquias. D. Ludov. Pii, WILMANS, *Kaiserurk.*, I p. 18. Captus est regis Franciae thesaurus magnus et capella regia et cartae ... ROGER. HOVEDEN., ed. STUBBS, III p. 256. **9.** les *vases sacrés etc. employés pour le culte privé d'un seigneur — sacred vessels etc. used for private worship.* Disposuit adhuc vivens ad titulum s. Petri ... capellam, qua itinerans utebatur, cum reliquiis et libris et omnibus utensilibus sacris. EKKEH., Casus s. Galli, c. 1, *SS.*, II p. 82 l. 23. Capellam totam quam praebuerat pretiosam ... in ipso templo confestim rapuit. DONIZO, V. Mathildis, lib. 2 v. 1004, *SS.*, XII p. 399. Capellam ejus quam hinc detulerat. LEO OST., Chron. Casin., lib. 2 c. 98, *SS.*, VII p. 694 l. 47. De capella abbatis R. et de ceteris rebus quas a Molismensi ecclesia recedens secum tulit. Ch. (a. 1099) ap. GUIGNARD, *Monum. prim. de la règle cisterc.*, p. 66. **10.** *chapeau* d'un bâtiment — *coping.* Menia ipsius monasterii ... a fundamentis studuimus cum turribus et cappellis reformare. Angilberti relatio de monast. Centul., c. 1, *SS.*, XV p. 175. **11.** *halle — covered market.* GABOTTO, *Cartar. di Pinerolo*, p. 15.
**capellanarius** (subst.): *clerc attaché à la chapelle royale — clerk of the royal chapel.* D. Heinr. V imp., a. 1112, LACOMBLET, *UB. Niederrh.*, I p. 177 no. 273 (St. 3092).
**capellania**: **1.** *fonction de chapelain — office of chaplain.* Habeat Petrus ... propter capellaniam et propter fidelitatem et servicium ... de quanto est donatum ... terciam partem. GUÉRARD, *Cart. de S.-Victor de Mars.*, I no. 423 p. 427 (a. 1048-1061). Medietatem unius ecclesiae ... set et capellaniam totam. DE MONSABERT, *Ch. de Nouaillé*, no. 144 p. 229 (a. 1077-1091). Capellaniam de B. canonice vobis concessam. Litt. Clem. III pap. a. 1190, PFLUGK-HARTTUNG, *Acta*, I no. 403. **2.** *chapelle royale — royal chapel.* In capellania regis ac reginae positus. GUIBERT. NOVIG., De vita sua, lib. 3 c. 2, ed. BOURGIN, p. 131. **3.** *chapelle privée — private chapel.* Mansa duodecim cum dimidio et capellaniam. *D. Charles le Chauve*, no. 371 (a. 874). In beneficiis episcopalis capellaniae. Priv. Eugen. III pap. a. 1146, PFLUGK-HARTTUNG, *Acta*, I no. 203 p. 186.
**capellanus,** cappellanus (adj.): *attaché à la chapelle royale — attached to the royal chapel.* Unum vel duos episcopos cum capellanis presbiteris princeps secum habeat. Karlmanni capit. a. 742, c. 2, I p. 25. Subst. **capellanus**: **1.** *clerc attaché à la chapelle royale — clerk attached to the royal chapel.* P. presbitero et cappellano domni imperatoris. Concil. Tegerns. a. 804, *Conc.*, II p. 232. Aliquem de capellanis aut episcopis seu vasallis meis [vid. imperatoris]. Coll. Sangall., no. 3, *Form.*, p. 398 (a. 881-888). Dicti sunt primitus capellani a cappa b. Martini, quam reges Francorum ob adjutorium victoriae in praeliis solebant secum habere, quam ferentes et custodientes cum caeteris sanctorum reliquiis clerici capellani coeperunt vocari. WALAFR., Exord., c. 33, *Capit.*, II p. 515 l. 29. Militiam clericorum in palatio, quos capellanos vulgo vocant, ... denotabat plurimum. RADBERT., Epitaph. Arsenii, ed. DÜMMLER, p. 66. [Rex] suos capellanos ceram offerre sufficienter imperavit. ASSER., G. Aelfredi, c. 104, ed. STEVENSON, p. 90. Placuit ... in capellanos 50 tribuendas argenti libras totidemque per officiales. Ruodlieb, fragm. 5 v. 177. Multi nobiles et magni viri, cognati ac filii principum, in curia degebant spe promotionis, vice capellanorum imperatori obsequentes. HERBORD., V. Ottonis Babenb., lib. 3 c. 35, ed. PERTZ in us. sch., p. 150. [Angilbertum] primatem capellanorum faceret. ANSCHER., V. secunda Angilberti (s. xii), MABILLON, *Acta*, IV pars 1 p. 124. **2.** *chef de la chapelle royale — head of the royal chapel.* Fulrado capellano nostro sive archypresbitero. *D. Karolin.*, I no. 27 (a. 768). Foleradus capellanus palacii nostri. Ib., no. 118 (a. 779). Maginarius religiosus cappellanus [Karoli regis]. Hadr. I pap. epist. a. 781/782, *Epp.*, III p. 681. Donationis promissionem ... Carulus Francorum rex adscribi jussit per Etherinum religiosum ac prudentissimum capellanum et notarium suum. Lib. Pontif., Hadr. I, ed. DUCHESNE, I p. 498. Apocrisiarius, quem nostrates capellanum vel palatii custodem appellant. HINCMAR., Ordo pal., c. 16, *Capit.*, II p. 523. Item c. 19, p. 524; c. 32, p. 528. Rector necnon et sacri palatii capellanus. Tradit. Lunael., no. 14, *UB. d. L. ob der Enns*, I p. 9. Magistro atque precipue capellano domni imperatoris. F. Salzburg., no. 66, *Form.*, p. 455. Avec un adjectif qui le distingue des autres clercs de la chapelle — with an adjective to distinguish him from the other court clerks: Summus capellanus. D. Ludov. Pii, *Hist. de Fr.*, VI p. 533; item p. 546. Summus sacri palatii capellanus. TARDIF, *Cartons*, p. 79. Item BEYER, *UB. Mittelrh.*, I no. 55 p. 61. Item D. Lotharii II reg. a. 858, SLOET, *OB. Gelre*, no. 48 p. 49. Item *D. Arnulfs*, no. 102 (a. 892). Illi quos summos capellanos Franci appellant, clericorum causis praelati. WALAFR., Exord., c. 33, *Capit.*, II p. 515 l. 27. Primus capellanus. TA-

BOUILLOT, *Hist. de Metz*, IV pars 1 p. 28. Drogo archiepiscopus et sacri palatii summus capellanus. Series episc. Mettens., *SS.*, II p. 269. Princeps capellanus. *D. Heinrichs I.*, no. 18 (a. 928). 3. *chapelain*, clerc attaché à une cour seigneuriale ou desservant une chapelle — *chaplain*. Audoenus cappellanus [majoris domus] subscripsit. *D. Arnulfing.*, no. 14 (a. 741). A. presbyter et capellanus W. Parmensis aecclesiae episcopi. *D. Karlmanns*, no. 23 (a. 879). Hadrian. I pap. (a. 772-795) epist., *Epp.*, III p. 601. Vestros discipulos et capellanos meo, precor, officio saluta. ALCUIN., epist. 264, *Epp.*, IV p. 422. Allocutione usus capellanorum [comes Megingoz]. BERTHA, V. Adelheidis Vilicensis, c. 3, *SS.*, XV p. 758. Le chapelain figure comme chef de la chancellerie seigneuriale. — The chaplain acts as head of the seignorial chancery. Ego F. presbiter capellanus domni Tassiloni ducis Bajowariorum scripsi hanc traditionem. BITTERAUF, *Trad. Freising*, I no. 37 p. 65 (a. 769-777). Dum capellanus meus A. . . . has litteras scriberet. Epist. Stephani com. Blesensis a. 1098, D'ACHÉRY, *Spicil.*[2], III p. 431 col. 1.

**capellare**, capellaticum, capellatio, v. capula-.

**capellaria**: 1. vases sacrés et autres *ustensiles destinés au culte privé* d'un seigneur — sacred vessels and other *utensils used for private worship*. Capellariam suam, id est quedam preciosa hornamenta, que in capella sua habebat, Deo et s. Juliano voverat se daturum. Actus pontif. Cenom., c. 35 (s. xii med.), ed. BUSSON-LEDRU, p. 417. 2. *fonction de chapelain* — *chaplain's office*. Prohibemus omnes presbyteros, ne capellariam potentium suscipiant, . . . nisi per manus episcopi ejusdem dioecesis ad hoc ingrediantur. Concil. Remense a. 1148, MARTÈNE, *Thes.*, IV col. 142.

1. **capellarius** (<capella): 1. *clerc de la chapelle palatine* — *clerk of the royal chapel*. *D. Heinrichs IV.*, no. 458 (a. 1098). Fund. eccl. Hildensem. (s. xi ex.), c. 1, *SS.*, XXX p. 942. 2. *chapelain*, clerc attaché à une cour seigneuriale — *chaplain*. LACOMBLET, o. c., I no. 267 p. 173 (a. 1106). MULLER-BOUMAN, *OB. Utrecht*, I no. 411 p. 372 (a. 1155).

2. **capellarius** (<capellus): *bonnettier* — *capmaker*. S. xiv.

**capellina** (<capellus): 1. *coiffe* — *cap*. S. xiv. 2. *casque* — *helmet*. S. xiv.

**capellula** (<capella): 1. *petite chapelle* — *small chapel*. Ista capellula 12 den. solvat (antea: ecclesiola ipsius mansi). *D. Heinrichs III.*, no. 265 (a. 1051). 2. *tombe funéraire* — *tomb*. Hujus corpus episcopi, cum post annos 120 diruta senio capellula quereretur, . . . nihil potuit inveniri. ADAM BREMENS., lib. 1 c. 52, ed. SCHMEIDLER, p. 53.

**capellus**, capp-, -um (<capa; > frg. *chapeau*): 1. *coiffe*, *bonnet* — *cap*. ANSEGIS. SENON., Const., MABILLON, *Acta*, IV pars 1 p. 640. *CD. Cavens.*, I p. 109 (a. 881). Mir. Wlframni, c. 15, *AASS.*[3], Martii III p. 154 D. Transl. Wandregisili et Ansberti (a. 944), *SS.*, XXX p. 817 l. 11. Caput capello cooperiat. WILHELM., Constit. Hirsaug., lib. 1 c. 26, MIGNE, t. 150 col. 958 A. HARIULF., Chron., lib. 3 c. 3, ed. LOT, p. 88. Capellum in capite, quod alio nomine caputium vocatur. GUIDO, Disc. Farf., lib. 2 c. 47, ALBERS, *Cons. monast.*, I p. 180. 2. *casque* — *helmet*. Per plena arma feodum suum deserviat, per roncinum videlicet et gambesum, capellum et lanceam. Summa de leg. Normanniae, tit. 85 § 10, ed. TARDIF, p. 205. Equitem armatum propuncto, cappello et gonione et lancea et sparata. *Arch. histor. de la Gironde*, V p. 285 no. 237 (a. 1274, Gascogne).

**capere**: 1. *saisir*, *arrêter* — *to seize*, *to arrest*. Nullus in die mercati vel ferie Lorriaci vadium plegii sui capiat. Ch. franch. Lorriac. a. 1155, c. 6, ed. PROU, p. 129. Nullus eorum capietur nec res alicujus eorum, quamdiu salvum plegium vel bonam securitatem prestare poterit. Ch. franch. Dun a. 1175/1176, *Ordonn.*, XI p. 208. 2. *louer*, *embaucher* — *to rent*, *to hire*. S. xii, Angl. 3. loc. se capere ad aliquem: *intenter une action* contre qq'un — *to proceed* against a person. De illo judicio non poterimus nos capere ad scabinos. Priv. comm. Atrebat. a. 1194, § 7, *Actes Phil.-Aug.*, no. 473, I p. 566.

**capero**, capiro, v. caparo.

**capescere** = capessere.

1. **capeta**, cappida: *capuchon* — *hood*. BITTERAUF, *Trad. Freising*, I no. 660 p. 555 (a. 843). CAMERA, *Memor. di Amalfi*, p. 222 (a. 1007).

2. **capeta** = capis, capedo.

**capetium**, v. capitium.

**capibrevium**: *minute* de tabellionage ou de tribunal — public notary's or court *minute*. S. xiii, Hisp.

**capiceria** (<capitiarius): 1. *fonction de chevecier* — *office of "capicerius"*. Canonici ecclesie ipsius ministeria, prepositurам, capiceriam, cantoriam, quibuscunque ex eis elegerint donent. *Actes Phil. Ier*, no. 108 (a. 1082), p. 275. 2. *l'ensemble des objets confiés aux soins du chevecier* — *what is in the "capicerius" 's care*. Capiceriam Carnotensis ecclesiae . . . de regali esse asseritis. *Hist. de Fr.*, XV p. 507 (epist. a. 1149). Quicquid [rex] accipere debet in capiceria ecclesie Parisiensis vacante sede episcopatu existente in manu regia usque ad ipsam diem qua fiet electio. Priv. Alex. III pap. a. 1163, PFLUGK-HARTTUNG, *Acta*, I no. 251 p. 233.

**capicerius**, v. capitiarius.

1. **capillare**: *tirer par les cheveux* — *to pull somebody's hair*. Si burgensis . . . extraneum percusserit vel capillaverit. KEUTGEN, *Urk. städt. Verf.gesch.*, no. 133 § 69 p. 125 (Freiburg i. B., s. xiii). Si quis alium vel verberaverit vel pulsaverit vel ad terram prostraverit vel capillaverit. Ch. franch. villae Grammont, (ca. a. 1200), MIRAEUS, I p. 292 col. 2.

2. **capillare**, v. capulare.

**capillatio**: *tiraillement des cheveux* — *pulling one's hair*. KEUTGEN, *Urk. städt. Verf.gesch.*, no. 86 § 24 p. 55 (a. 1192, Regensburg). MARTÈNE, *Thes.*, I col. 767 (a. 1200, Flandre).

**capillatoria**: première coupe de la barbe, *fête de majorité* — first shave, *majority festivity*. Capit. II ad legem Sal. add., c. 2, BEHREND[2], p. 138.

**capillatura**: 1. *chevelure — chevelure. 2. première coupe de la barbe, *fête de majorité* — first shave, *majority festivity*. Sacram. Gregor., MURATORI, *Liturgia Rom.*, col. 265.

**capillosus**: *poilu, chevelu — hairy.

**capimansus**, v. caputmansus.

**capischolia**: *fonction d'écolâtre* — *office of scholast*. Praepositurae et decaniae, sacristaniae et capiscoliae cunctum honorem. *Gall. chr.*[2], XIII instr. col. 8 B no. 8 (ca. a. 1077, Toulouse).



**capischolus**, cabi-, -ius (<caput scholae, vid. voc. caput sub 14): *écolâtre* — *scholast*. MABILLON, *Ann.*, II[2] p. 404 (ca. a. 820, Gellone). Concil. Bituric. a. 1031, c. 7, MANSI, t. 19 col. 504 MARTÈNE, *Thes.*, IV col. 606. *Hist. du Dauphiné*, I p. 129 (a. 1128).

1. **capisterium** (par interprétation erronée du texte de COLUMELLA, lib. 2 c. 9 — deriving from a misinterpreted passage of COLUMELLA, lib. 2 c. 9): *van* — *winnow*. GREGOR. M., Dial., lib. 2 c. 1, ed. MORICCA, p. 73. ALDHELM., Carm. de virg., v. 864, *Auct. antiq.*, XV p. 390.

2. **capisterium**, v. scaphisterium.

**capitagiarius**, **capitagium**, v. capati-.

**capital** (subst.): *peine de mort* — *capital punishment*. ALDHELM., Carmen de virg., v. 1065, *Auct. antiq.*, XV p. 398. Item v. 1142, p. 401.

**capitalicius** (adj.): (d'un tribut) *imposé par tête* — (of a tribute) *imposed per capita*. Capitalitiam cogunt appendere summam. GUNTHER., Ligurinus, lib. 4 v. 521, MIGNE, t. 212 col. 389. Prohibendo ne [albani] ad praedictae ecclesiae dominium . . . confugerent neve census capitalitios exolverent. MABILLON, *Ann.*, V p. 649 col. 1 (ch. a. 1090, Mont-S.-Quentin). Subst. mascul. **capitalicius**: *homme de chevage* — *a dependent subject to "chevage"*. Polypt. s. Remigii, c. 13 § 1, ed. GUÉRARD, p. 25. Subst. neutr. **capitalicium**: *chevage* — *"chevage"*, *poll-money*. Donavit . . . decimam . . . capitaliciorum et censuum ad ministerium vicedomini pertinentium. *Actes Philippe Ier*, no. 31 (a. 1067), p. 96. Capitecensi . . . ab omni exactione, tamen praeter capitalitium suum, liberi habeantur. GOUSSET, *Actes de Rheims*, II p. 81 sq. (a. 1068). Femine que ex abbatie ducte fuerint in monachorum potestatem, a nullo umquam ex ipsa potestate abbatis repetantur nec aliquod capitalicium neque ullum munusculum eis requiratur ab ipsis. *D. Charles le Chauve*, no. 466 (< a. 845 >, spur. s. xi). Soluto capitalitio servus sancti effectus. Cantat. s. Huberti, c. 19, ed. HANQUET, p. 48.

**capitalis** (adj.): 1. *dû à titre de sujétion personnelle* — *due in token of personal dependence*. Census capitalis: chevage — "chevage", poll-money. *D. Ottos III.*, no. 83 (a. 992). BOOS, *UB. der Stadt Worms*, I no. 37 p. 29. Chron. Lauresham., *SS.*, XXI p. 428 l. 26. BEYER, *UB. Mittelrh.*, I no. 302 p. 355 (a. 1030). SCHÖPFLIN, *Alsatia*, I p. 226. MIRAEUS, I p. 348 (a. 1003, Nivelles). Item ib. p. 686 (a. 1133, Torgerloo). Cum mancipiis . . . capitale ibidem debitum persolventibus. *D. Charles III le Simple*, no. 72 (a. 912). 2. *qui doit le chevage* — *owing "chevage"*. Nullus . . . aliquid injuriae familiis eorum . . . capitalibus censualibus inferre presumat. *D. Ottos II.*, no. 24 (a. 972). Cum censualibus tam liberis quam capitalibus. *D. Lothars III.*, no. 86 (a. 1136). Altare . . . cum dote et censu capitalium hominum. Litt. Honor. II pap. a. 1126, PFLUGK-HARTTUNG, *Acta*, I no. 145. Capitales homines censum debitum dominis suis persolvent. Ch. commun. Compendiens. a. 1153, *Ordonn.*, XI p. 240. Capitalis homo s. Michaelis mulierem liberam duxit. GUÉRARD, *Irminon*, II p. 380 (ca. a. 1100, Beauvaix). 3. capitalis dominus: seigneur de corps — lord of a serf. Equum vel bovem vel quicquid melius in mobilibus reliquerit, . . . capitali . . . domino . . . dare debebit. Fund. monast. Bosonis-villae, c. 2 (s. xi), *SS.*, XV, p. 979. Jus capitale, justitia capitalis: mainmorte — mortmain. Si quis de hominibus s. Petri decessit, heredes pro ipso solvunt jus capitale. ZEUSS, *Tradit. Wizenb.*, p. 273 (s. x in.). Tributariorum ad b. Petrum Wormatiae respicientium capitalem justitiam, id est manumortum, concessi. BOOS, *UB. der Stadt Worms*, I no. 51 p. 46 (s. xi). 4. *punissable par la peine de mort* — *punishable by death*. Capitale crimen. Concil. Aurel. a. 538, c. 9, *Conc.*, I p. 76. Chlothar. edict. a. 614, c. 4, *Capit.*, I p. 21. Lex Visigot., lib. 6 tit. 1 § 4. Concil. Ascheim. a. 756, c. 12, *Conc.*, II p. 58. 5. *infligeant la peine de mort* — *inflicting capital punishment*. Capitalis sententia. Lex Sal., tit. 40 § 5. V. Eligii, lib. 2 c. 66, *Scr. rer. Merov.*, IV p. 733. THIETMAR., lib. 5 c. 21, ed. KURZE, p. 126. 6. dominus capitalis: seigneur du seigneur (en droit féodal) — superior feudal lord. MARCHEGAY, *Arch. d'Anjou*, III p. 79 no. 102 (ante a. 1120). 7. *principal* — *foremost*. Rex [Angliae] Henricus capitales barones suos cum paucis secum duxit. ROBERT. DE TORINN., Chron., a. 1159, *SS.*, VI p. 510 l. 11. 8. *central*, *capital* — *central*, *chief*. Gemmeticensis abbaciae capitale monasterium. VERNIER, *Ch. de Jumièges*, I p. 48 no. 14 (a. 1030). Capitalis ecclesia: cathédrale — cathedral church. ARNOLD. LUBEC., Chron. Slav., lib. 2 c. 14, ed. LAPPENBERG in us sch., p. 53. Capitalis ecclesia: église paroissiale — parish church. Annuatim persolvat quae ceterae ejusdem archidiaconatus capitales ecclesiae. MIRAEUS, I p. 75 col. 1 (a. 1089). 9. capitale debitum: *le principal*, *le capital* par opposition aux dommages et intérêts — *the principal*, *the capital*, as contradistinguished from damage and interest. Non solum augmentum wadii, sed etiam capitale debitum relaxabat. ODO, V. Geraldi, lib. 1 c. 24, MIGNE, t. 133 col. 657 A. Subst. mascul. **capitalis**: 1. *homme de chevage* — *a dependent subject to "chevage"*. Capitales s. Petri [Gandavensis]. VERCAUTEREN, *Actes de Flandre*, no. 106 (a. 1122). Omnes homines, et mansionarii et capitales. BEYER, *UB. Mittelrh.*, II p. 153 (a. 1222). 2. *vassal important* — *prominent vassal*. Capitales ecclesiae. ROBERT. WALCIODOR., V. Forananni (ca. a. 1140), c. 9, *AASS.*[3], Apr. III p. 820 A. 3. *chef* — *chieftain*. Omnium inimicorum illorum capitales et duces truncabant. GALBERT., c. 108, ed. PIRENNE, p. 155. Subst. neutr. **capitale**, captale, capitalium: 1. *oreiller* — *pillow*. Benedicti Regula, c. 55. Coll. Sangall., no. 34, *Form.*, p. 418. UDALR., Consuet. Cluniac., lib. 3 c. 2, MIGNE, t. 149 col. 752. ANDR. STRUM., V. Joh. Gualberti (s. xi ex.), c. 32, *SS.*, XXX p. 1087. Ecbasis, v. 208, ed. VOIGT, p. 83. 2. *compensation* en argent ou en nature, équivalente à la valeur de l'objet dont on a causé la perte par un acte délictueux — *compensation* in money or in kind equalling the value of the thing which has been lost by unlawful action. Si quis porcum anniculum furaverit . . ., 120 den. . . . cul-

pabilis judicetur excepto capitale et dilatura. Lex Sal., tit. 2 § 4. Ibi saepe. In omni rem furtu ablata, si is, cui res conponenda est, dixerit capitale pejus esse quam quod ablatum est ... Lex Thuring., tit. 42. [Fur] 600 sol. culpabilis judicetur, et insuper capitale et dilatura restituat. Lex Ribuar., tit. 18 § 1. Si servus ... de crimine suspectus ... defuerit, capitale dominus restituat. Chlothar. decr. (a. 511-558), c. 12, *Capit.*, I p. 6. Quod si quisquam [quicquam detrahere] presumpserit, pro banno ... 12 marcas auri persolvet, restituens sancto loco ... capitale. GYSSELING-KOCH, *Dipl. Belgica*, no. 156 (a. 1063, Flandre). Captale suum repetenti restituat et emendet regi 120 sol. Leg. II Aethelstan, tit. 3, vers. Quadripart., LIEBERMANN, p. 153. Solo capitali absque aliqua exactione restituant. *Gall. chr.* ², IV instr. col. 165 (a. 1135). **3.** *objet, enjeu* d'un litige — *matter* of a dispute. Non fiat bellum [i. e. duellum] sine capitali ad minus 10 sol., nisi... in illis in quibus est capitale mortis vel diffactionis. Leg. Henrici, tit. 59 § 16a, LIEBERMANN, p. 579. **4.** *bétail — cattle* (cf. caput sub 20; > angl. *cattle*). Reddant Deo decimas utriusque, in vivente captali et in mortuis frugibus terrae. Leg. I Aethelstan, prol., vers. Quadripart., ed. LIEBERMANN, p. 147. 60 sol. emendetur marito, et hoc in vivente captali componatur. Leg. Aelfred, tit. 18 § 1, vers. Quadripart., ib., p. 59/61. Si aliquod vivum captale persolvatur, et tunc inveniatur quelibet infirmitas in eo infra 30 noctes. Leg. Ine, tit. 56, vers. Quadripart., ib., p. 115. **5.** *esclave — slave.* Hoc captale quietum ei [sc. emptori] faciat [venditor]. Leg. Ine, tit. 53 § 1, vers. Quadripart., LIEBERMANN, p. 113. **6.** *bien meuble — movable thing.* Peculiare ... suis posteris ... derelinquant, excepto capitali, quodcumque est, aut in pecude aut in alia qualibet re, quod tunc optimum invenitur ... quando ejus finis appropinquat. LACOMBLET, *UB. Niederrh.*, I no. 84 p. 46 (a. 907). [Ut supra], excepto capitali uno, quod ... invenitur pretiosius, sive in lineis sive in lana contextis vestibus. Ib., no. 147 p. 91 (a. 1015). Querela ... de fundo terrae et de capitaliis. DC.-F., II p. 133 col. 3 (ch. a. 1196, Laon). Reddat dimidium [locationis pretium] in annona, dimidium in alio captali. Leg. Ine, tit. 60, vers. Quadripart., LIEBERMANN, p. 117. Dominica captalia regis celata pro furto habeantur. Leg. Henrici, tit. 13 § 5, ib., p. 558. Si quis in aliquem de aliquo captali querelam habuerit. Ch. commun. Laudun. a. 1128, *Ordonn.*, XI p. 185. **7.** *richesse en biens meubles — private property.* Si infra annum, quo idem advena ad terram s. Medardi applicuerit, capitale suum [s. Medardo dederit]. BOURGIN, *Soissons*, p. 420 no. 11 (a. 1065). In capitale Parisiensium scolarium pro nullo forifacto justicia nostra manum mittet. *Chart. Univ. Paris.*, I p. 60 no. 1 (a. 1200). **8.** *chevage — poll-money.* Respectum et capitale sui capitis, id est 4 den. per singula capita ... reddiderunt. GUÉRARD, *Irminon*, II p. 371 (ch. a. 1102, Crépy). **9.** *le revenu que le seigneur tire de l'exploitation domaniale des tenures — the revenue accrueing to a lord from dependent peasant holdings.* PERRIN, *Recherches*, p. 720, app. 4 c. 1 (s. xii p. pr. Metz). V. etiam voc. catallum.

**capitanaria**: *l'institution du „capitaneus"* (dans les communes de l'Italie) — *the office of "capitaneus"* (in Italian city states). Privamus dictum comune ... jure et dominio potestarie et rectorie, capitanarie omnisque regiminis. *Const.*, IV pars 1 no. 716 p. 703 (a. 1311).

**capitaneatus** (decl. iv): la *fonction de „capitaneus"* — the *office of "capitaneus"*, **a.** au sens de „podestà" dans les villes de l'Italie — in the sense of "podestà" in Italian cities. *Const.*, IV pars 1 no. 19 (a. 1298). Ibi pluries. **b.** au sens de gouverneur de province, dans la Styrie et la Carinthie — in the sense of governor of a district, in Styria and Carinthia. JOH. VICTOR., lib. 2 rec. A c. 12, ed. SCHNEIDER, I p. 250. Item ib., lib. 3 rec. B c. 2, I p. 349; lib. 6 rec. A c. 5, II p. 160.

**capitaneus**, -ius (adj.): **1.** census capitaneus: chevage — poll-money. S. Bertino capitaneum censum annuatim reddentes. DC.-F., II p. 131 col. 3 (ch. a. 1091). **2.** *principal, central — principal, chief.* Altare capitaneum: maître-autel — high altar. Contra s. Martini altare capitaneum est tumulatum. FOLCUIN., G. abb. Sithiens., c. 85, *SS.*, XIII p. 622 l. 20. Ibi pluries. A latere capitanei altaris. STEPELINUS, Mir. Trudonis (ca. a. 1050), lib. 2 c. 98, *SS.*, XV p. 829. Duas imagines ... dextra levaque capitaneae crucis statuit. SIMON, G. abb. Sithiens., lib. 1 c. 33, *SS.*, XIII p. 642. Locus capitaneus: siège principal d'une abbaye — main house of a monastery. In capitaneo Apostolorum seu s. Bertini loco. FOLCUIN., o. c., c. 47, p. 614 l. 33. Monasteriis totius civitatis, primum quidem capitaneo [i. e. cathedrali ecclesiae], deinde ceteris, preciosa munera erogavit. G. pontif. Camerac., lib. 3 c. 38, *SS.*, VII p. 481 l. 4. **3.** *d'un rang élevé, notable — prominent, distinguished.* Hospites [i. e. obsides] capitaneos 1600 inde adduxit [i.e. abduxit] et per Franciam divisit. Ann. s. Amandi, a. 798, *SS.*, I p. 14. Eligimus de singulis civitatibus seu castellis homines capitaneos numero 172, fecimus eos jurare ut ... dicerent veritatem. UGHELLI, V p. 1097 (a. 804, Istria). Fideles nostri capitanei cum eorum hominibus ad placitum veniant. Capit. a. 807, c. 3, I p. 135. Personis utriusque loci capitaneis. *Mon. Boica*, XIII p. 13 (s. xii, Regensburg). **4.** *supérieur, muni de pouvoirs de commandement — high-placed, vested with authority.* Capitanei ministeriales certatim de die in diem nunc istos, nunc illos ad mansiones suas vocabant. HINCMAR., Ord. pal., c. 27, *Capit.*, II p. 526. Symonem ... magistrum capitanium Apulie constituit. ROMUALD. SALERNIT., Chron., a. 1158, ed. GARUFI, p. 241. Subst. mascul. **capitaneus**: **1.** *homme de chevage — a dependent subject to "chevage".* DÉLÉAGE, *Vie rurale en Bourg.*, I p. 593 n. 8 (a. 879-938). Priv. Eugen. III pap. a. 1153, PFLUGK-HARTTUNG, *Acta*, I no. 229 p. 213. **2.** *personne de rang — prominent person.* Capitaneos [Brittonum] ad synodum repraesentabunt supradicto domno rege [i. e. regi]. Ann. regni Franc., a. 786, ed. KURZE, p. 72. Illi omnes se tradiderunt in manus ejus, et tulit inde capitanios quos voluit. Ann. Laures h. a. 798, *SS.*, I p. 37. **3.** *vassal important — prominent vassal.* Ecclesie capitaneis, clero et populo. Cod. Udalrici, no. 2,



ed. JAFFÉ, *Bibl.*, V p. 21. Convocatis [ab episcopo] undique tam principibus vicinis quam ipsis ecclesiae suae capitaneis, cuncto quoque clero atque populo. EGILWARD., V. Burchardi Wirzib., c. 3, MABILLON, *Acta*, III pars 1 p. 717. Presentibus personis canonicis, attestantibus nobilibus capitaneis. LACOMBLET, *UB. Niederrh.*, I no. 328 p. 218 (a. 1138). [Archiepiscopus] susceptus honorifice a capitaneis et civibus Coloniensis ecclesiae. Chron. reg. Colon., rec. I, a. 1159, ed. WAITZ, p. 102. Capitaneis aecclesiae Babenbergensis. EBO, V. Ottonis Babenberg., lib. 1 c. 8, *SS.*, XII p. 828. **4.** *membre de l'aristocratie bourgeoise — prominent citizen.* Capitanei civitatis. EBO, o. c., lib. 1 c. 7, p. 827. **5.** *vassal royal, prince de l'Empire — tenant in chief, prince of the Empire.* Si princeps investierit capitaneos suos de aliquo feudo, non potest eos devestire sine culpa, id est marchiones et comites et ipsos qui appellantur proprie capitanei. Idem est, si investitura facta sit a capitaneis et majoribus valvassoribus, qui improprie hodie appellantur capitanei. Libri feudor., antiq., tit. 3 (= vulg., lib. 1 tit. 7), ed. LEHMANN, p. 93. Cf. etiam ib., antiq., tit. 6 c. 2 (= vulg., lib. 1 tit. 13 § 1), p. 99, et alibi. Curia celeberrima ... celebratur a tocius Theutonici regni capitaneis, tam de clero quam de ordine laicali. Chron. regia Colon., a. 1188, ed. WAITZ, p. 139. **6.** *baron — baron.* En Italie — in Italy: Qui vel a principe vel ab aliqua potestate de plebe aliqua aut plebis parte per feudum fuerit investitus, is capitaneus appellatur, qui proprie valvassor major olim dicebatur. Libri feudor., antiq., tit. 8 c. 16 (= vulg., lib. 2 tit. 10), ed. LEHMANN, p. 127. Mediolanenses capitanei et varvassores. BONIZO, Liber ad amicum, c. 7, JAFFÉ, *Bibl.*, II p. 662. Si quis pacem violare presumpserit ... duces et marchiones et comites 50 libras prestent; capitanei vero et majores vavassores 20 libris auri puniantur; minores autem vavassores ... 6 libras auri inferre compellantur. Frider. I constit. pacis a. 1158, c. 3, *Const.*, I no. 176. Ducibus, marchionibus, capitaneis, valvassoribus. LANDULF., lib. 2 c. 16, *SS.*, VIII p. 53. Cumque tres inter eos [sc. Longobardos] ordines, id est capitaneorum, vavassorum, plebis, esse noscantur. OTTO FRISING., G. Friderici, lib. 2 c. 13, ed. WAITZ, p. 93. En Souabe — in Swabia: Duces, comites, capitanei et alii perplures Alemanniae primates. Tradit. s. Georgii, *SS.*, XV p. 1011 no. 21 (a. 1086). HANAUER, *Constitution des campagnes en Alsace*, p. 53. **7.** *commandant militaire — military commander.* LEO OSTIENS., Chron. Casin., lib. 2 c. 66, *SS.*, VII p. 675 l. 25. HELMOLD., lib. 1 c. 62, ed. SCHMEIDLER, p. 118. **8.** (avec forme altérée — with variant form: catanius) „podestà", gouverneur d'une ville — "podestà", town governor. Capitaneus civitatis. Litt. Frider. reg. Sic., MARTÈNE, *Thes.*, III col. 76. W. de M. nobili Ferrariensi catanio. ROMUALD. SALERNIT., Chron., a. 1173, ed. GARUFI, p. 265. Subst. femin. **capitanea**: *somme principale — main sum.* Capitanea[m] duplicabit nobis. JOH. AMALPHIT. (s. x), De mirac., ed. HUBER, p. 63. Refusit in capitania. *CD. Cajet.*, I p. 233 (a. 1012).

**capitania**: fonction de „capitaneus" ou podestà (dans les communes de l'Italie) — office of "capitaneus" or podestà (in Italian city states). PETR. DE VINEA, epist., lib. 3 no. 63; lib. 5 no. 71; lib. 6 no. 25. Officium ... potestarie vel capitanie. *Const.*, IV pars 1 no. 391 p. 342 (a. 1310).

**capitare** (cf. caput sub 3): *confiner — to abut.* S. xiii, Angl.

**capitecensus**, capiti- (adj.): *astreint au chevage — owing "chevage".* Homines suos capitecensos ad eandem curtim pertinentes in hunc modum manumisit, ut, cum prius debitores pleni census existerent, de cetero duos tantum denarios ad altare ... singulis annis persolverent. LACOMBLET, *UB. Niederrh.*, I no. 319 p. 212 (a. 1134). De hominibus capitecensis abbas et ecclesia s. Remigii plenariam obtineant justitiam. DC.-F., II p. 152 col. 2 (ch. a. 1160, Rheims). Homines capitecensi dominis suis censum capitis sui tantum persolvant. Ch. commun. Laudun. a. 1128, *Ordonn.*, XI p. 185. Subst. mascul. **capitecensus**: *homme de chevage — a dependent subject to "chevage".* *D. Konrads II.*, no. 136 (a. 1029, Freising). BITTERAUF, *Tradit. Freising*, II p. 195 no. 1315 d (a. 955-977); p. 341 no. 1496 b (a. 1078-1104). GOUSSET, *Actes de Rheims*, II p. 81 sq. (a. 1068). Nullus extraneus de capitecensis ecclesiarum vel militum civitatis in hanc pacis institutionem ... recipietur. Ch. commun. Laudun. a. 1128, *Ordonn.*, XI p. 185. Capitecensi omnes solitum servitutis debitum dominis semel in anno solvant. GUIBERT. NOVIG., De vita sua, lib. 3 c. 7, ed. BOURGIN, p. 156.

**capitegium**: *voile, châle — veil, shawl.* S. xiii.

**capitellum**: **1.** **chapiteau — capital* of a column. **2.** *tête de clou — head of a nail.* Ruodlieb, fragm. 11 v. 53. **3.** *quelques vers de psaume — a couple of verses from a psalm.* Post hymnos capitella de psalmis dicuntur. Concil. Agath., a. 506, c. 30. Prostratus in orationem ..., dicto psalmi capitello, ait ... GREGOR. TURON, Glor. conf., c. 70, *Scr. rer. Merov.*, I p. 789 l. 16. Item ib., c. 4, p. 751. Id., Virt. Martini, lib. 1 c. 5, ib., p. 591 l. 13. Id., V. patrum, lib. 6 c. 7, p. 685 l. 10. Id., Hist. Franc., lib. 9 c. 6. **4.** *salle capitulaire — chapter hall.* Fit perfectum capitellum atque domus qua conventus pausat monachorum. HEINR. DE HEIMBURG, Chron. Sarens., c. 13 v. 741, *SS.*, XXX p. 697. **5.** *château — castle.* RADULF. DE DICETO, Imag. hist., a. 1174, ed. STUBBS, I p. 380.

**capitiale**, cape-, cave-, -zale: *oreiller — pillow.* S. xiv, Ital.

**capitiarius**, capicerius: *chevecier*, dignitaire en charge des meubles et du trésor d'une église — *keeper of the furniture* of a church. V. Winnoci (s. x), c. 13, MABILLON, *Acta*, III pars 1 p. 310. FULBERT. CARNOT., epist. 72, MIGNE, t. 141 col. 236 C. Sugerii testam. a. 1137, ed. LECOY, p. 336. Sermo de adventu ss. Wandregisili etc. (s. xii), c. 12, *SS.*, XV p. 628. G. Ambaz. domin., HALPHEN-POUPARDIN, *Chron. d'Anjou*, p. 85.

**capitium**, cape-, cavi-, cave-, -zum (sensu 7 etiam: chevescia, chevessa) (< caput): **1.** *chevet* du lit — *head* of the bed. Ad capitium lecti sui tabulas cum graphio habebat. Concil. ap. s. Macram a. 881, c. 8, MANSI, t. 17

col. 553. **2.** *chevet* d'une châsse — *head* of a reliquary. Scrinulum b. Huberti, quod argento paraverat, ablato etiam capitio aureo mirifici operis, dispararet. Cantat. s. Huberti, c. 87, ed. HANQUET, p. 217. **3.** *chevet* d'une église — *choir* of a church. *Actes Philippe Ier*, no. 3 (a. 1060), p. 9. TEULF., Chron. Mauriniac., lib. 1, MIGNE, t. 180 col. 132 B. **4.** *dignité de chevecier — office of "capicerius"*. De terra s. Germani pertinentem ad capitium duas perticas. POUPARDIN, *Ch. de S.-Germain-des-Prés*, I no. 72 p. 116 (a. 1077-1103). **5.** *chevage — poll-money*. Capitium quatuor denariorum, quod singulis annis dederant. GUÉRARD, *Irminon*, II p. 379 (ch. a. 1100, Beauvais). **6.** *coupon de drap — piece of cloth, clipping*. S. xiii, Ital. **7.** *langue de terre — headland, ness*. S. xiii, Angl. **8.** v. voc. caputium.

**capitolium**: **1.** *salle capitulaire — chapter hall*. Ad capitolium nostrum convenimus et ibidem communi colloquio retractantes... HINCMAR., epist. ap. LABBE-COSSART, *Conc.*, VIII col. 1790. Venientes in capitolium, coram decano T. et fratribus dederunt se in proprium . . . s. Paulo. ERHARD, *Reg. Westfal.*, I, CD. no. 181 p. 140 (a. 1110). Domum ipsam accepit H. de manu fratrum et custodis in capitolio. MULLER-BOUMAN, *OB. Utrecht*, I no. 285 p. 264 (a. 1116). **2.** *réunion d'un chapitre — assembly of a chapter*. Cartam . . . confirmetis in vestro capitolio. BERNARD-BRUEL, *Ch. de Cluny*, V no. 3999 (a. 1127/1128). In capitolio nostro veniret. MIRAEUS, II p. 824 col. 2 (a. 1150, S.-Trond). In capitolium fratrum se deferri fecit. V. Lamberti de Neuwerk (ca. a. 1170), c. 7, *SS.*, XXX p. 951. Fratribus ad capitolium consedentibus. V. Meinwerci, c. 152, ed. TENCKHOFF, p. 80. Item c. 186, p. 107.

**capitosus**: *têtu — headstrong*.

**capitulare** (verb.): **1.** *énumérer — to sum up*. Istas quas nunc capitulemus atque disputaremus, oculis nostris vidimus. V. Winnibaldi Heidenh., c. 10, *SS.*, XV p. 114. **2.** *stipuler* dans une convention, *convenir — to stipulate* in an agreement, *to agree*. S. xv. **3.** *donner lecture d'un chapitre* d'une vie de saint — *to read a chapter* of a saint's life. S. xiv. **4.** *tenir une réunion — to hold an assembly*. S. xiv. **5.** aliquem: *réprimander* dans la réunion conventuelle — *to reprehend* in the conventual assembly. Ad capitulum nonnisi vocatus venit, cum sibi officium capitulandi et puniendi gravissimum . . . sit traditum. EKKEH., Cas. s. Galli, c. 2, *SS.*, II p. 95 l. 7.

**capitularis** (adj.): **1.** *divisé en chapitres — divided into chapters*. De quibus [sc. consuetudinibus monasticis] capitularem institutum imperatori confirmandum prebuit. ARDO, V. Bened. Anian., c. 36, *SS.*, XV p. 215. **2.** *marquant le début d'un chapitre — indicating the beginning of a chapter*. Capitularis littera: initiale — initial. EKKEH., Cas. s. Galli, c. 1, *SS.*, II p. 92 l. 3. **3.** *d'un chapitre de religieux — of a chapter of ecclesiastics*. Ad capitularem conventum veniens inibi sermonem faceret. GUIBERT. NOVIG., De vita sua, lib. 1 c. 17, ed. BOURGIN, p. 67. Subst. mascul.

**capitularis**: membre d'un chapitre — member of a chapter. S. xiii. Subst. neutr. **capitulare**: **1.** un *couvre-chef* — a *headgear*. ISID., Etym., lib. 19 c. 31. **2.** **document émanant de l'autorité publique*, réscrit, édit, loi, *capitulaire — state paper*, rescript, edict, law, *capitulary*. E. g.: Istius capitularii exemplaria quatuor volumus ut scribantur. Capit. miss. de exerc. promov. a. 808, c. 8, I p. 138. **3.** *collection de capitulaires — collection of capitularies*. Capitulare augustorum domni Karoli et domni Hludowici [vid. Benedicti Levitae collectio] decernit hoc modo. Synod. Attiniac. a. 874, c. 1, *Capit.*, II p. 459 l. 34. **4.** *recueil de prescriptions liturgiques — liturgical handbook*. Incipit capitulare ecclesiastici ordinis. Ordo Rom. XV (s. viii p. poster.), inscr., ed. ANDRIEU, III p. 95. **5.** *antiphonaire — antiphonary*. Ordo Rom. XII (s. ix p. prior), c. 1 etc., ed. ANDRIEU, II p. 459 sqq. **6.** *rôle des contributions — assessment-list*. Comes . . . accepto capitulari . . . tributa coepit exegere. Sed ab E. episcopo prohibitus . . . ad regis direxit praesenciam, ostendens capitularium in quo tributa continebantur. GREGOR. TURON., Hist. Franc., lib. 9 c. 30. **7.** *acte d'accusation — bill of indictment*. Infames quidam personae capitulare adversus Romanae urbis habitatores fecissent et exarcho, ut a propriis substantiis denudarentur, tribuissent. Lib. pontif., Joh. VI, ed. MOMMSEN, p. 217.

**capitulariter**: **1.** *conformément aux capitulaires — in accordance with the capitularies*. Legaliter et capitulariter. *D. Heinr. II.*, no. 370 (a. 1017). **2.** *à la manière d'une réunion conventuelle — like in a conventual assembly*. S. xiv.

**capitularius**: **1.** **receveur d'impôts — tax collector*. **2.** *receveur de redevances domaniales — rent collector*. Colonicas infra ipsa valle . . . unde Bardinus capitularius est. Libertos nostros in valle A. . . . unde Vitalis capitularius est. PARDESSUS, II no. 559 p. 372 (a. 739, Novalese).

**capitulatim**: *par un exposé divisé en paragraphes — in the form of a treatise divided into sections*.

**capitulatio**: **1.** *table des chapitres — table of contents*. Explicit capitulatio. GREGOR. TURON., Hist. Franc., in exordio lib. 3. **2.** *capitulaire — capitulary*. Capitulatio de partibus Saxonie. *Capit.*, I p. 68, inscr. (a. 775-790). Sicuti edicti pagina capitulationis domini Haistulphi continet. *Reg. Farfense*, no. 200 (a. 806). Incipit capitulatio de diversis consiliis atque sententiis. MAASSEN, *Gesch. d. Qu. d. kanon. R.*, I p. 841. **3.** *convention — agreement*. S. xv.

**capitulum**: **1.** **chapitre, paragraphe — chapter, paragraph*. **2.** *point, sujet spécial — point, particular subject*. Rex missos suos patri suo direxit, tria capitula rogans: primo . . ., secundo . . ., tertio . . . F. Augiens., coll. C. no. 7, *Form.*, p. 368. Cum plura sint capitula, et alia ex aliis cottidie procreentur, quae cure et collicitudini pontificalis favoris expectant remedium. Lib. diurnus, c. 60, ed. SICKEL, I p. 52. **3.** *article, clause, disposition légale — article, stipulation, provision*. Canones eosdem [sc. decreta synodi Vernensis] sive, ut vos vocatis, capitula meo stilo tunc comprehensa vobis direxi. LUP., epist. 43, ed. LEVILLAIN, I p. 182. Congrua capitula serenitas vestra digessit. Concil. Paris. a. 829, *Conc.*, II p. 667. **4.** *édit, loi, capitulaire — edict, law, capitulary*. Cod. Justinian., 5, 37, 28 § 5. Habent enim reges



et reipublicae ministri leges, quibus in quacumque provincia degentes regere debent; habent capitula christianorum regum ac progenitorum suorum, quae generali consensu fidelium suorum tenere legaliter promulgaverunt. HINCMAR., opusc. 14 c. 8, ed. SIRMOND, II p. 204. **5.** *chef d'accusation — point of indictment*. Si capitulum hoc . . . documentis idoneis fuerit adprobatum, . . . degradetur. GREGOR. M., epist., lib. 2 no. 46, *Epp.*, I p. 147 l. 13. Capitula quibus potest ab omni sacerdotali ordine pelli. Theodor. I pap. (a. 642-649) epist., MIGNE, t. 88 col. 81 C. Si homo incestum commiserit de istis causis . . . De istis capitulis pecuniam suam perdat, si habet. Capit. Pippini a. 754/755, c. 1, I p. 31. De illis capitulis pro quibus Franci, si regis bannum transgressi sunt, sol. 60 conponunt, similiter Saxones solvent . . . Haec sunt capitula . . . Capit. Saxon. a. 797, c. 1, I p. 71. **6.** *vers de psaume — psalm-verse*. Benedicti Regula, c. 18. Visio Baronti (s. vii ex.), c. 5, *Scr. rer. Merov.*, V p. 381. Item c. 18, p. 392. **7.** *leçon d'un chapitre de l'Ecriture* pendant l'office divin — *reading of a chapter of the Scriptures* during divine service. Concil. Agath. a. 506, c. 21. Prima cantatur ubi dormiunt [monachi], et ibidem, pro invicem capitulo dicto, orant. Ordo Rom. XVIII (s. viii ex.), c. 3, ed. ANDRIEU, III p. 205. **8.** *réunion des moines* ou des chanoines réguliers dans un monastère, au début duquel on lisait un chapitre de la règle — *assembly of monks* or regular canons in a monastery, starting with the reading of a section from the rule. Ut ad capitulum primitus martyrologium legatur. Capit. monast. a. 817, c. 69, I p. 347. Per monasteria legatur lectio in capitulo. AMALAR., Eccl. off., lib. 4 c. 2, MIGNE, t. 105 col. 1169 D. Fratribus . . . omni [h]ora, in nocturnis scilicet, in capitulo, in refectorio, pabula vitae prebebat. ARDO, V. Bened. Anian., c. 19, *SS.*, XV p. 208 l. 32. Ad collectionem capituli prostratus. V. Geremari Flaviac. (s. ix pars prior), c. 11, *Scr. rer. Merov.*, IV p. 630. Conloquium in capituli domo facere. EKKEH., Cas. s. Galli, c. 16, *SS.*, II p. 141 l. 27. **9.** *salle capitulaire — chapter hall*. Sessuri in capitulo. Capit. monach. (a. 817 vel paulo post), c. 7, *Epp.*, V p. 303. Revertantur in capitulum. Ord. Mediolan., p. 90. Fratribus ad capitolum pergentibus. GERHARD., V. Oudalrici August., c. 4, *SS.*, IV p. 391 l. 11. [Cadaver illius] abbas et conventus monachorum in capitulo secus M. abbatem . . . tumulavit [leg. -erunt]. ORDER. VITAL., lib. 8 c. 28, ed. LEPRÉVOST, III p. 454. **10.** *chapitre, congrégation de chanoines — chapter, congregation of canons*. Si quem fratrum forte pulsare cepisset [episcopus], non . . . capituli sententia usus est. HELMOLD., lib. 2 c. 97, ed. SCHMEIDLER, p. 190. **11.** *assemblée générale d'un ordre monastique* ou d'une congrégation comprenant plusieurs maisons — *general assembly of a monastic order* or a congregation of a number of houses. Omnes abbates de ordine nostro singulis annis ad generale capitulum Cisterciense . . . convenient. Carta Caritatis ordinis Cisterciensis, GUIGNARD, *Mon. de la règle cist.*, p. 81. **12.** gener.: *assemblée d'ecclésiastiques — meeting of clergymen*. Capitulo clericorum interesse. RATHER., epist. 7, ed. WEIGLE, p. 38. Schol. 92 ad ADAM BREM., ed. SCHMEIDLER, p. 214. **13.** gener.: *assemblée*, même dépourvue de tout caractère ecclésiastique — *assembly*, also one without any ecclesiastical character. De la réunion d'une gilde marchande — of the meeting of a merchant guild: Decani capitulum suum submoneant ipso die ante potacionem. PIRENNE, *Villes et inst. urb.*, II p. 191, c. 4 (S.-Omer, ca. a. 1080). De l'assemblée des bourgeois — of the meeting of burgesses: Pro vini assisia cives fuissent in capitulo congregati. JOH. HOCSEM., lib. 1 c. 5, ed. KURTH, p. 23. **14.** *chevet* d'une église — *choir* of a church. Eo anno coepit Odo abbas renovare capitulum ecclesie b. Dionysii, et perfecit illud usque ad finem chori. Chron. breve Sandion., a. 1231, D'ACHÉRY, *Spicil.*, II p. 813.

**caplicium**, cab-, -leicum: *bois chablis — cablish, windfallen wood*. S. xiii.

**caplinum** (cf. capulare): *corvée d'abattage — wood-cutting service*. Curbadas, caplinum, caroperas, manuoperas ubi ei injungitur. Polypt. Irminonis, br. 5 c. 53, ed. GUÉRARD, p. 44. Item ib., c. 78, p. 47. Remitto eis . . . consuetudinem et caplinium illorum hominum. BERNARD-BRUEL, *Ch. de Cluny*, I no. 343 (a. 927-942).

**caplum**, v. 1. capulum.

**capmansura, capmansus**, v. caputmansura, caputmansus.

**capo**, cappo (genet. -onis): *eunuque — eunuch*. Dicimus enim quod capones sunt, id est eunuchi. LIUDPR. CREMON., Legat., c. 63, ed. BECKER, p. 211.

**caponius** (<capo) (adj.): *châtré — castrate*.

**caporalis** (subst. mascul.): *chef de bande — chief of a band of soldiers*. S. xiv.

**cappa**, v. capa.

**cappana**, v. cabana.

**cappare** (germ.): *couper* du bois — *to cut* wood.

**cappella** et derivata, v. capella.

**cappellare**, cappillare, v. capulare.

**cappellus**, v. capellus.

**cappida**, v. capeta.

**cappula** (<capa): **1.** *coiffe — cap*. **2.** *petite cape — small cape*.

**cappo** = capo.

**capraritia**: *étable à chèvres — stable for goats*. Capit. de villis, c. 23.

**capreolus**, capriolus: **1.** *chevreuil — roebuck*. Venationes porcarum, cervorum, capreolorum. *D. Karlmanns*, no. 17 (a. 878). Forestum . . . cum banno cervorum, suum, capreolorum. *D. Heinrichs IV.*, no. 64 (a. 1060). Tellus Northmannica . . . aprorum cervorumque, ursorum atque capreolorum venatu affluenter repleta. DUDO, lib. 4 c. 93, ed. LAIR, p. 252. **2.** *bouc — he-goat*. Si quis capriolum occiderit. Lex Alamann., tit. 19 § 16.

**capretus**, capredus, caprettus, capritus: **1.** *bouc — he-goat*. Si quis capritum sive capram . . . furaverit. Lex Sal. emend., tit. 5 § 1. **2.** *chevreau — kid*. Capritum anniculum. Rectitud. sing. pers., vers. Quadripart., c. 15, ed. LIEBERMANN, p. 451.

**capricium**, v. caparicium.

**capricornus**: *bouquetin — ibex*.

**capsa**, cassa, cha-, -ssia, -xa, -xia: **1.** *châsse — reliquary*. Capsam cum sanctis reliquiis in collo suspensam habebat. ANSGAR., V. Willehadi, MABILLON, *Acta*, III pars 2 p. 406. Juret in altari aut in cruce vel in euangelio

sive capsa. Coll. judic. Dei, IX no. $1^{n}$, *Form.*, p. 662. Portante lignum pretiosae crucis in capsa de auro cum gemmis ornata. Ordo Rom. XXIII (s. viii p. prior), c. 11, ed. ANDRIEU, III p. 271. **2.** ******ciboire* — *pyx.* Sexaginta calices, quindecim patenas, viginti euangeliorum capsas detulit. GREGOR. TURON., Hist. Franc., lib. 3 c. 10. **3.** *châssis* d'une fenêtre — *casement* of a window.

**capsaces** (gr.): ******bidon* — *oil-jar.*

**capsana**: *collet* — *collar.* S. xiii.

**capsella,** cassella: **1.** *reliquaire* — *reliquary.* Test. Everardi a. 837, MIRAEUS, I p. 21 col. 1. Habebat pendentem collo capsellam, in qua continebantur reliquiae. WALAFR., V. Galli, lib. 1 c. 11, *Scr. rer. Merov.*, IV p. 293 l. 4. ORDERIC. VITAL., lib. 7 c. 12, ed. LEPRÉVOST, III p. 215. RAD. GLABER, lib. 4 c. 3, ed. PROU, p. 96. **2.** *bourse de pèlerin* — *pilgrim's wallet.* Novo ritu gladios cum fustibus et capsellis sacerdotalis benedictio dispertivit. EKKEH. URAUG., Chron. univ., a. 1099, *SS.*, VI p. 214 l. 44. Perrexit Hierosolymam, abbate P. adstante et capsellam, signum peregrinationis, illi dante. BITTERAUF, *Trad. Freising*, II no. 1697 p. 504 (post a. 1119).

**capsetta**: *cassette* — *box.* S. xiv.

**capsidile,** v. cassidile.

**capsis** (genet. -idis) (cf. voces capsa et pyxis): **1.** *châsse* — *reliquary.* Mir. Gibriani, *AASS.*, Maji VII p. 633. Transl. Menatis (a. 1094), MARTÈNE, *Coll.*, VI col. 983. **2.** *cadavre* — *corpse.* [Martyrum] trucidabant; relicto capside, evacuatis membris, abierunt. Pass. Haimhrammi, rec. A, c. 18, *Scr. rer. Merov.*, IV p. 490 (cf. rec. B: relicto truncato corpore).

**capsula,** cassula: *reliquaire* — *reliquary.* ADREVALD, Mir. Benedicti, c. 7, ed. DE CERTAIN p. 27.

**capsum,** cassum: **1.** *thorax* — *chest.* Si quis alium intra capsum plagaverit. Ed. Rothari, c. 59. Item ib., c. 101; c. 111. Lex Visigot., lib. 6 tit. 4 § 3. **2.** la *nef* d'une église — *nave* of a church. GREGOR. TURON., Hist. Franc., lib. 2 c. 14. Inv. Maximini (ca. a. 1025), c. 6, MABILLON, *Acta*, VI pars 1 p. 253. **3.** *la partie des revenus paroissiaux attachée au corps de l'église* — *the portion of the parish revenue which is attached to the church body* (cf. voc. bodium). DC.-F., II p. 146 col. 3 (ch. a. 1088, Soissons; a. 1096, Paris).

**captale,** captalis, v. capitalis.

**captare**: *prendre possession de* qqch. — *to take possession of* a thing. Quicquid pater meus ... conquisivit et postea ad me allatum est et ego captavi et habere visus sum. MEYER VON KNONAU, *Urk. Rheinau*, p. 9 no. 6 (a. 861-872).

**captenium,** captennium, captinium (cf. loc. caput tenere, v. voc. caput sub 10): **1.** *protection* prêtée par un seigneur à un client — *protection* afforded by a lord to a client. S. xii. **2.** *redevance payée en récompense de la protection* — a *contribution in recompense of protection.* S. xiii.

**captio**: **1.** ******chasse* — *hunting.* **2.** ******pêche* — *fishing.* **3.** *captivité* — *imprisonment.* Quam [feminam] idem P. in captione habebat. LEO OSTIENS., Chron. Casin., lib. 2 c. 7, *SS.*, VII p. 681 l. 10. Et si non fecerint, in captione regis Henrici se ponent ... Et ponent se in captione in turri Londoniae. VERCAUTEREN, *Actes de Flandre*, no. 30 (a. 1103), p. 93. Subeat captionem regis et ibi expectet, quoad usque vadat ad judicium. Leg. II Cnut c. 35, vers. Inst. Cnuti, ed. LIEBERMANN, p. 339. Si quis inplacitetur de eo unde per plegium corporis et tocius peccunie sit, ... est ... in captione regis. Leg. Henrici, tit. 35 § 2, ed. LIEBERMANN, p. 574. **4.** *prison* — *prison.* Cujus captionis murus erat compositus grandibus lapidibus. BENINCASA, V. Rainerii Pisani (s. xii ex.), c. 180, *AASS.*, Jun. III p. 463. **5.** *stage obligatoire* découlant d'une convention d'ôtage — *compulsory sojourn* on the ground of a hostage engagement. Omnes barones isti tenerent captionem apud Trecas infra 40 dies postquam fuerint submoniti, donec predicte conventiones adimplerentur. *Actes Phil.-Aug.*, no. 678 (a. 1201), II p. 237. Ostagii qui captionem tenebunt hinc inde. Ib., no. 581 (a. 1198), II p. 130. **6.** *prise* d'un lieu fortifié — *taking* of a fortified place. **7.** *réquisition* de denrées — *requisition* of commodities. Cum entolina, id est praeceptum, jus captionis ... non haberent. LIUDPRAND., Legat., c. 58, ed. BECKER, p. 207. **8.** spec.: *réquisition* de denrées *en vertu du droit de ban* — *requisition* of commodities *based on banauthority.* Consuetudines guerpivi, scilicet mei hospitalem susceptionem ... atque vini captionem. POUPARDIN, *Ch. de S.-Germain-des-Prés*, I no. 55 p. 88 (a. 1040). Remittimus eis omnes malas consuetudines, ... videlicet captionem et emptionem vini ... Ib., no. 59 p. 96 (a. 1053). Omnes qui in eadem permanebunt communitate ab omni talliata, injusta captione, creditione et ab universa irrationabili exactione ... liberi ... permaneant. *Actes Phil.-Aug.*, no. 59 (a. 1182), I p. 80. Omnes malas consuetudines, captiones et angarias et vicariam removens. Ib., no. 102 (a. 1183/1184), I p. 126. Et monachi et servientes ... ad querendam decimam et recipiendam necnon et captiones, consuetudinarie cellaria vestra debeant ingredi. Ib., no. 165 (a. 1186), I p. 198. **9.** *saisie* — *seizure.* Non sit qui hominem capiat vel bannum aut quamlibet rapinam vel saisinam aut captionem faciat. VERCAUTEREN, *Actes de Flandre*, no. 13 (a. 1093). **10.** *détention en gage* — *pledger's possession.* Tibi donamus in cacione pro solidos 5 at [i. e. ad] annis 10. BERNARD-BRUEL, *Ch. de Cluny*, I no. 62 (a. 898). **11.** le *risque de perdre son procès* à cause d'un défaut de forme — the *risk of losing a law-suit* in consequence of a formal defect. Omne jus absque captione, quod vulgo vare dicitur, observetur. KEUTGEN, *Urk. städt. Verf.gesch.*, no. 152 (a. 1219, Goslar). **12.** *séance d'un tribunal, enquête* — *holding of a court or inquiry.* S. xiii, Angl.

**captivare**: **1.** ******capturer* — *to capture.* **2.** ******captiver* — *to subject, to prepossess.* **3.** *dévaster, ruiner* — *to devastate, to destroy.* [Dani] cuncta ... diripiunt, cremant atque captivant. PRUDENT., Ann. Bertin., a. 853, ed. WAITZ, p. 42. Dioecesim parvam et admodum captivatam augeret. RIMBERT., V. Anskarii, c. 22, ed. WAITZ, p. 48. **4.** *s'approprier* une terre inculte — *to appropriate* waste land. Tradidit ... in silva communi Nordwald nuncupata tale predium silvaticum, quale ipse cum suis sequacibus contra suam proprietatem S. prospiciens circueundo sibi in proprium ad eundem locum S. captivaverat.



WIDEMANN, *Trad. s. Emmeram*, no. 256 p. 214 (a. 996).

**captivitas**: ******une foule de prisonniers* — *a host of prisoners.* Duxit infinitam praedam et captivitatem hominum. HELMOLD., lib. 1 c. 37, ed. SCHMEIDLER, p. 73. Item ib., c. 35, p. 70; c. 39, p. 80.

**captivus** (> frg. *chétif*): *misérable* — *wretched.*

**captura**: **1.** *prise de corps* — *capture.* Securitatem de vita et menbris, honore et captura fieri oportet. *Const.*, I no. 387 (a. 1064/1065). **2.** *pêche, pêcherie* — *fishing, fishery.* Donamus in fluvio D. capturam piscium. *D. Karolin.*, I no. 3 (a. 752). FLODOARD., Carm., lib. 14 no. 18, MIGNE, t. 135 col. 871 C. **3.** *établissement de pêche* — *fishing plant.* Eandem construere jussit capturam [de piscaria agitur]. D. Ludov. Pii a. 816, POUPARDIN, *Ch. de S.-Germain-des-Prés*, I no. 26 p. 41. **4.** *trébuchet* — *bird-trap.* Capturae quae ad capiendas aves ponuntur. Lex Baiwar., tit. 21 § 9. **5.** *réquisition* de denrées en vertu du droit de ban — *requisition* of commodities by ban authority. Capturas gerbarum quas servientes ejus tempore messis capiebant. BERNARD-BRUEL, *Ch. de Cluny*, III no. 3062 (ca. a. 1060). Ex supradictis vineis nullus omnino redditus ad eum pertineat, neque census neque decima neque captura neque justitia aliqua. *Actes Philippe Ier*, no. 37 (a. 1067), p. 108. Nec apud eos aliquis dominus capturam panis, vini, carnium vel piscium aut aliarum rerum venalium habeat. Ch. comm. Bruyères-en-Laonnais a. 1186, *Actes Phil.-Aug.*, no. 197, I p. 240. **6.** *terre vague appropriée* pour la mettre en culture — *stretch of waste land, appropriated* in view of reclaiming. DRONKE, *CD. Fuldensis*, no. 269. Ibi saepe. Cod Eberhardi, c. 5 § 38, DRONKE, *Trad. Fuld.*, p. 25. Item ib. § 110 sqq., p. 29. Cf. F. LÜTGE, *Die Agrarverfassung des frühen Mittelalters im mitteldeutschen Raum*, 1937, p. 306 sqq.

**capud** = caput.

**capulare,** capp-, -olare, -ellare-, -illare (sive <capo, sive <teuton. *kappen*): **1.** *couper, enlever* — *to cut off.* Si quis caballo alieno caudam capellaverit. Ed. Rothari, c. 343. Mulieri crinem capulare. Lex Burgund., tit. 92 § 1. Si pedes capulatus fuerit et ibidem mancatus fuerit. Lex Sal., tit. 29 addit. 4. Si linguam alteri capulaverit. Ib., addit. 9. **2.** *abattre* du bois — *to fell* trees. Si quis pomarium domesticum ... capulaverit. Lex Sal., tit. 7 addit. 7. Ubi silvae debent esse, non eas permittant nimis capulare atque damnare. Capit. de villis, c. 36. *D. Karolin.*, I no. 114 (a. 777). D. Lotharii imp. a. 840, BM² no. 1067. *D. Ottos I.*, no. 375 (a. 969). **3.** *dépecer, détruire* — *to break down, to destroy.* De molino capellato. Ed. Rothari, c. 150. Si quis tres virgas, unde sepis superligatur, ... capulaverit. Lex Sal., tit. 34 § 1. Item Lex Ribuar., tit. 43. Si quis arestatonem [poteau tumulaire — tomb-pale] super hominem mortuum capolaverit. Lex Sal. tit. 14 addit. 7. Si quis sepe aliena capolat. Pactus Alamann., fragm. 3 c. 19. **4.** *découper, tailler* — *to cut out.* [Diebus dominicis] feminae opera textilia non faciant nec capulent vestitos nec consuent. Admon. gener. a. 789, c. 81, *Capit.*, I p. 61.

**capulaticum,** capellaticum: *droit d'abatage* — *right of felling.* Nostra donatione in silva A. capellaticum, seminationem, arationem et pascua ... habeant. *D. Ottos I.*, no. 384 (a. 970).

**capulatio**: *mutilation* — *mutilation.* Evaginato gladio super eum venit et super ipsum livores vel capulationes misit. F. Turon., no. 30, *Form.*, p. 153. Nasi capulatione. Lib. Papiensis, *LL.*, IV p. 364.

**capulatura**: *mutilation* — *mutilation.* Super ipsum evaginato gladio venit, unde livores vel capulaturas atque colaphis apparent. F. Turon., no. 30, *Form.*, p. 153.

**1. capulum,** caplum, cabulum, cablum, cha-, -ium, -us: *câble, corde* — *cable, rope.* ISID., Etym., lib. 20 c. 16 § 5. Id., Gloss., no. 331.

**2. capulum** (cf. capulare): **1.** *bois à couper* — *wood used for cutting.* De capulo ... ubi capulaverunt, habeant licentiam capulandi. D. Lotharii imp. a. 840, BM² no. 1067. Concedimus ... prata et pascua atque capula juxta fluvium. *D. Heinrichs II.*, no. 243 (a. 1012). **2.** *redevance pour le coupage de bois* — *payment due for cutting wood.* Nec ... de capulo silvarum amplius tolendo quam antiqua prestat consuetudo. *D. Ottos III.*, no. 100 (a. 992). Nullum fodrum aut censum neque telonaticum seu ripaticum vel de silvis capulum persolvere cogantur. *D. Konrads II.*, no. 95 (a. 1027).

**capus**: *faucon* — *falcon.* THEODULF., Carm., no. 10, v. 33, *Poet. lat.*, I p. 465. Rursum no. 28, v. 907, p. 516. ERMOLD. NIGELL., v. 1847 (lib. 3 v. 593), ed. FARAL p. 140. Capis praelatus: fauconnier — falconer. ASTRON., V. Hludowici, c. 20, *SS.*, II p. 617 l. 21. Non cum ... capis, quos vulgus falcones vocat, ... venationes exerceat. Synod. Papiens. a. 850, c. 4, *Capit.*, II p. 117. ODO CLUNIAC., V. Geraldi, lib. 1 c. 4, MIGNE, t. 133 col. 645 A.

**caput,** capud: **1.** *début d'un texte* — *incipit.* Alia [charta] a capite instar priorae [i. e. priori]. MARCULF., lib. 2 no. 8, *Form.*, p. 80. [Psalterium] a capite reprendatur. Benedicti Regula, c. 18. **2.** *premier jour* — *opening day.* In capite anni motio fieri debet. *Const.*, I no. 205 c. 8 (a. 1162). In festo s. Remigii in capite Octobris. PONCELET, *Actes Hug. de Pierrepont*, no. 126 (a. 1215/1216). Caput quadragesimae: les Cendres — Ashwednesday. Benedicti Regula, c. 48. Concil. Agath. a. 506, c. 9. Ordo Rom. XXII (s. viii ex.), c. 16, ed. ANDRIEU, III p. 261. Caput jejunii: les Cendres — Ashwednesday. Post quartam feriam, quae caput jejunii nominatur. Concil. Meldense a. 845, c. 79, *Capit.*, II p. 420. Feria quarta ante initium quadragesime, quam Romani caput jejunii nuncupant. Stat. Rhispac. a. 799/800, c. 42, ib., I p. 230. **3.** ******extrémité* d'une parcelle de terre — *front* of a field. Ipsum mansum ... in longo de uno latere pertecas 19, ex alio latere 10, et per traversum in uno capite pertecas 12 et in alio capite pertecas 9 et dimidium. D'HERBOMEZ, *Cart. de Gorze*, p. 38 no. 16 (a. 771). Corticellam una cum silva et prato uno tenente, que est capite uno in Sisterione, alio in lacu q. d. Majore. *D. Arnulfs*, no. 125 (a. 894). **4.** *chevet* d'une église — *choir* of a church. Caput ipsius monasterii fecit miro opere construi.

HELGAUD., V. Roberti reg., *Hist. de Fr.*, X p. 110 D. Episcopus caput monasterii [i. e. ecclesiae cathedralis] cum cripta ampliare . . . disponens. G. pontif. Camerac., lib. 2 c. 2, *SS.*, VII p. 455. Altare s. Mariae in hoc loco constitutum, quod caput ecclesiae dicebatur ab antiquis. Chron. s. Benigni, D'ACHÉRY, *Spicil.*, I p. 421. Caput monasterii nostri renovare aggredior. Petr. Cellens., epist. 154, MIGNE, t. 202 col. 598 A. Ab ea prima [vitrea] . . . in capite ecclesiae usque ad eam quae superest principali portae. SUGER., De admin. sua, c. 34, ed. LECOY, p. 204. **5.** *chef-lieu* de province, de diocèse ou de comté — *capital* of a province, diocese or county. Venetiae [provinciae] Aquileja civitas extitit caput. PAUL. DIAC., Hist. Langob., lib. 2 c. 14, ed. WAITZ, p. 96. Res ecclesiarum, in cujuscumque regno caput fuerit, tam de episcopatibus quam de abbatiis, . . . rectores ipsarum ecclesiarum . . . illas possideant. Conv. prim. ap. Marsnam a. 847, Adnunt. Hludowici, c. 5, *Capit.*, II p. 70. Major ecclesia, quae caput episcopatus est. Capit. Pistens. a. 869, c. 12, II p. 337. In pago Tornotrense . . . castrum Tornotrense, caput videlicet comitatus. D. Odonis reg. Fr. a. 889, QUANTIN, *Cart. de l'Yonne*, I p. 125 no. 63. Ecclesie s. Dei genitricis Marie . . . que est caput Curiensis episcopii. *D. Ottos I.*, no. 139 (a. 951). Episcopii caput in abbatiam . . . commutatum. *D. Heinr. II.*, no. 64. Aput Leodium . . . voluit esse caput episcopii. ANSELM., G. episc. Leodiens., c. 1, *SS.*, VII p. 191 l. 32. **6.** *le monastère, centre de l',,abbatia'' — the monastery, principal seat of the ''abbatia''.* Ad Marthala monasterii [= -ium] capud vel dominius [= -um] esse debeant. WARTMANN, *UB. S.-Gallen*, I p. 78 no. 81 (a. 776). De abbatia s. Vedasti . . . caput cum electioribus villis sibi retinens, cetera quaeque . . . dividit. HINCMAR., Ann. Bertin., a. 866, ed. WAITZ, p. 84. *D. Charles le Chauve*, no. 378 (a. 875), II p. 346. Abbatiam, cujus caput est in Madriacensi pago super flumen A. *D. Charles III le Simple*, no. 92 (a. 918). Caput abbatiolae. QUANTIN, *Cart. de l'Yonne*, I no. 71 p. 138 (a. 933). Construxit monasterium in honore s. Martini, qui nunc loci caput et totius abbatiae principatus existit. FOLCWIN., G. abb. Sithiens., lib. 1 c. 17, *SS.*, XIII p. 610. In ipso capite monasterii [oppos.: cellae]. HUGO, Destr. monast. Farfensis (ca. a. 1030), ed. BALZANI, p. 29. [Monasterium] in quo quondam fuit caput abbatiae. QUANTIN, o. c., p. 173 no. 91 (a. 1038). Victu monasterii per villas et in ipso capite abbatie, scilicet Sanctonis. GRASILIER, *Cart. de Saintonge*, II no. 58 p. 58 (a. 1100-1107). **7.** *chef-manse, centre d'exploitation domaniale — manor.* Caput ejusdem ville . . . nostrae ditione [i.e.ditioni] subactum est. D. Pippini I reg. Aquit. a. 835, TARDIF, *Cartons*, no. 128 p. 90 col. 1. Dono . . . fiscum . . . cum omni integritate terrarum atque mancipiorum ad ejusdem caput fisci pertinentium. DUVIVIER, *Actes*, I p. 4 (ca. a. 900, Noyon). De capite mansi 2 sextarios avenae. HUGO FLAVIN., Chron., a. 1097, *SS.*, VIII p. 476 l. 36. Cf. voces caputmansus et caputmansura. **8.** *la partie essentielle du fief — the principal portion of a fief.* Quorumcumque hominum meorum de terris et possessionibus suis ecclesiae supradictae aliquid dare vel vendere voluerit, salvo capite feodi, monachis . . . habendum concessi. *Gall. chr.*[2], XIV instr. col. 154 D no. 14 (a. 1133, Angers). Comes Hanoniensis capud Flandrie et comitatum haberet, scilicet Brugas, Gandavum, Ypram, Curtracum . . . GISLEBERT. MONTENS., c. 178, ed. VANDERKINDERE, p. 263. Dominus de s. Oberto est senescalcus; et est caput senescalcie sue omnia que habet in villa s. Autberti. Ministeria curie Hanoniensis (a. 1212/1214), ed. VANDERKINDERE, *La chronique de Gislebert de Mons*, p. 336. **9.** *direction, gestion — management.* H. cui caput causae a regibus datum est. EKKEH., Cas. s. Galli, c. 112, *SS.*, II p. 381. **10.** caput habere, tenere: *dépendre d'un chef sans aucun intermédiaire — to depend directly from a chief.* De vassis regalibus: ut honorem habeant et per se aut ad nos aut ad filios nostros caput teneant. Capit. miss. Ital. (a. 781-810), c. 9, I p. 207. Eidem [leg. ejusdem] loci abbatis ad ipsam Pergomatem aecclesiam caput et respectum habentis. *D. Karls III. d. Dicken*, no. 88 (a. 883). Dominus in capite: *le seigneur qui n'est pas vassal d'un autre seigneur (abstraction faite du roi) — a lord who is not a vassal of any other lord (the King excepted).* Si quis [dominus] hominem suum sine culpa mortis occidat, parentibus ejus . . . eum [i. e. compensationem pretii ejus personae] reddat . . . Et si dominus in capite est, manbota remaneat [i.e. omittatur]. Leg. Henrici, tit. 75 § 5, ed. LIEBERMANN, p. 592. Tenere in capite: *tenir en chef, tenir comme fief immédiat — to hold in chief, to hold a fief as a tenant in chief.* Qui de rege teneat in capite. Const. Clarendon. a. 1164, STUBBS, *Sel. ch.*[9] p. 165. Unam ex baroniis tribus tenebit a nobis in capite. Conv. regum Fr. et Angl. a. 1191, *Actes Phil.-Aug.*, no. 376, I p. 465. Movere in capite: *(d'un fief) mouvoir immédiatement de tel seigneur féodal — (of a fief) to descend directly from a feudal lord.* In res archiepiscoporum seu episcoporum seu capitulorum, seu ecclesiarum que ab eis [sc. archiepiscopis, episcopis, capitulis] movent in capite, non mittet aliquis manum, nisi archiepiscopi, episcopi, capitula et ecclesie que ab eis movent. *Actes Phil.-Aug.*, no. 229 (a. 1188), c. 8, I p. 280. **11.** *chef de sens — superior court.* S. xiii. **12.** *commandant — commander.* Caput exercitus. FREDEG., lib. 4 c. 10, *Scr. rer. Merov.*, II p. 126. Item ib. c. 78, p. 159. Comes ordinaverat acies suas, in quarum una ipse et G. castellanus capita erant, in altera comes F. GALBERT., c. 114, ed. PIRENNE, p. 163. **13.** *prince — ruler.* Qui caput Francorum [vid. regem] in manus hostium tradidisset. MONACH. SANGALL., lib. 2 c. 3, *SS.*, II p. 749. Surrexit in Flandria optimum inter millia caput Baldewinus cognomine Calvus [comes]. V. Winnoci (s. x), c. 16, MABILLON, *Acta*, III pars 1 p. 311. **14.** *membre de l'aristocratie — member of the ruling class.* Aderant optimates et capita populi Coloniensis. V. Annonis Colon., lib. 1 c. 4, *SS.*, XI p. 468. Omnes principes et capita ex Lemovicensi provincia. Synod. Lemovic. a. 1031, MANSI, t. 19 col. 508. **15.** caput scholae: *écolâtre — scholast.* Sigloardus presbyter et caput scolae s. ecclesiae Remensis. Polypt. s. Remigii Rem., br. 17 c. 127, ed. GUÉRARD, p. 57



(a. 845). Ego A. scripsi jubente Rollano caput scole. CHEVALIER, *Cart. de S.-Barnard de Romans*, no. 43 sq. Item MARION, *Cart. de Grenoble*, no. 10 A p. 18 (a. 902). *Hist. du Languedoc*[3], V pr. no. 111 col. 279 (a. 972, Albi). Ib., no. 236 col. 471 (a. 1053, Béziers). DONIOL, Liber de honoribus s. Juliano collatis, no. 220 p. 285 (a. 1011-1031, Brioude). **16.** *fauteur principal d'un méfait — chief instigator of a misdeed.* Qui ad faciendam cedem turbas congregaverit, . . . caput hujus sceleris . . . flagella suscipiat. Lex Visigot., lib. 8 tit. 1 § 3. **17.** *personne — person.* Se [i. e. si] de caput suum bene ingenuus esse videtur. MARCULF., lib. 1 no. 19, *Form.*, p. 55. Quamdiu in caput advixero, tenere debeam. F. Turon., no. 6, ib., p. 138. Nullam requisitionem neque ipsi [i. e. ipse] in caput neque ulla quislibet persona habere non pertimescat. Ib., no. 19, p. 146. Ad unoquemque homine ingenuo, qui ad illo marcado adveniebat, dinarius quattuor de eorum capite exactabant. *D. Karolin.*, I no. 6 (a. 753). Si . . . ille postea de capite suo, eo quod litus sit, fuerit calumniatus. Lex Fris., tit. 6 § 1. **18.** census capitis: *chevage — poll-money.* Colonitio de capud suum ad ipsa casa Dei redebeat. F. Senon. recent., no. 2, *Form.*, p. 212. Pro terris quibus utuntur monasterio deserviunt, pro ratione vero sui capitis episcopi usibus ministeria impendunt. *D. Karls III.*, no. 125 (a. 885). Famuli . . . in mense Junio de capitibus suis solidum 1 persolvent. LACOMBLET, *UB. Niederrh.*, I no. 88 p. 49 (a. 927). Item ib. no. 315 p. 209. Unusquisque in festo ss. Simonis et Jude denarios persolvet 2 pro capite suo. KÖTZSCHKE, *Urbare Werden*, p. 91 (s. xi in.). Debentes sibi censum de capitibus. TABOUILLOT, *Hist. de Metz*, IV p. 101. Census capitis. DUVIVIER, *Rech. Hainaut*, p. 380 (a. 1040). Census capitum. G. abb. Trudon., contin., lib. 13 c. 10, *SS.*, X p. 316. Dedit quidquid habebat apud V., exceptis capitibus hominum in festo s. Remigii solvendis. CALMET, *Hist. de Lorraine*, II pr. col. 395 (ch. a. 1186). **19.** *serf — serf.* Adalardus quidam erat non infimum ex familia praefati confessoris [sc. Winnoci] caput. V. Winnoci (s. x), c. 20, MABILLON, *Acta*, III pars 1 p. 313. **20.** *tête de bétail — head of cattle.* Si grex minor fuerit usque ad septem capita. Lex Sal., tit. 38 § 4. Pastor ovium si 80 capita in grege habet. Lex Alamann., tit. 73. Pro caballis aut bubus per singula capita singulos solidos reddant. Lex Visigot., lib. 8 tit. 3 § 10. [Porcorum ceterorumque pecudum] decimus caput debeatur offerre. *D. Merov.*, no. 24 (ca. a. 653). Oves capita tanta, sodes capita tantas. Cart. Senon., no. 25, *Form.*, p. 196. In peculio capita 15. GREGOR. M., epist. lib. 9 no. 71, *Epp.*, II p. 90. Decem equarum capita. Ib., lib. 9 no. 8, p. 46. Caput optimum: *meilleur catel — heriot.* Si mansi possessor obierit, dominus optimum caput animalis hinc habebit. WIEGAND, *UB. Strassburg*, I no. 41 p. 33 (a. 961). Jumentum quod vulgo dicitur caput optimum. DRONKE, *Tradit. Fuldens.*, p. 145 no. 67. Caput optimum de viro, ac de muliere vestimentum optimum. WEIRICH, *UB. Hersfeld*, no. 53 p. 96 (a. 936-959). Optimum caput ex obitu cujusdam servientium. MENZEL-SAUER, *Nassauisches UB.*, I no. 168 p. 98. Post mortem illorum optimum caput. BOOS, *UB. Stadt Worms*, I no. 37 p. 29. De pertinentiis defunctorum, quod optimum caput vel vestimentum optimum vocant. STIMMING, *Mainzer UB.*, I no. 367 p. 267 (a. 1085). Post masculi obitum precipuum capud. LOERSCH-SCHROEDER, *Urk.*, no. 101 p. 76. Melius caput animalis ecclesiae . . . solveretur. GUDENUS, *CD. Mogunt.*, I p. 307 (a. 1191). **21.** *une mesure de terre mal définie — a land measure of unknown dimensions.* Ibidem inter terris arabilis [i. e. arabilibus] et silvis et pratis plus quam capita 100. Notitia monast. s. Petri Gandav. a. 814-840, ed. GYSSELING-KOCH, *BCRH*, t. 113 (1948), p. 284. Donavit . . . de terra harabile ubi potest seminare modios 2, et in C. 2, et in V. 1, et in L. partes 2 ubi potest secare fenum carrada 1; hoc sunt capita 6. Ib., p. 287. De silva capita 10. Ib., p. 288. Item p. 290. **22.** *la compensation de la perte causée par un méfait — compensation of loss caused by a misdeed.* Si quis liber aliquid furaverit, qualemcumque rem niungeldo conponat, hoc est novem capita restituat. Lex Baiwar., tit. 9 § 1. Non capiam in eo quicquam per violentiam . . . Et si factum est, reddam caput et legem. CANAT, *Cart. de S.-Marcel-lès-Châlon*, no. 107 (a. 1093).

**caputergium**: *serviette — towel.* S. xiv.

**caputiatus** (adj.): *qui porte un capuchon — wearing a hood.* S. xiii.

**caputium**, capi-, -teum, -zium, -zum, -us (< caput; cf. voc. capitium): **1.** **collet de tunique ou de manteau — collar of a tunic, tippet of a cloak.* **2.** *capuchon, capuce de moine — hood, monk's cowl.* Indumenta laudamus habere more monachorum absque capicio. STIMMING, *Mainzer UB.*, I no. 405 p. 310 (a. 1095-1102). Insolubilis in illa philosophantium schola tunc temporis quaestio habebatur . . . an capucium emerit, qui cappam integram comparavit. JOH. SARISBIR., Metalogicus, lib. 1 c. 3, MIGNE, t. 199 col. 829 A.

**caputmansura**, cap-, -masura: *chef-manse — manor.* Caputmansuram unam. CASSAN-MEYNIAL, *Cart. de Gellone*, p. 12 no. 9 (ca. a. 961). Capmasuras duas. *Hist. de Languedoc*, II instr. col. 145 (a. 990).

**caputmansus**, capi-, cap-, -masus, -manso, -mansio (< caput mansus, genet.): *chef-manse, centre d'exploitation domaniale — manor.* Donamus . . . unum capudmansum cum curte et orto . . . CASSAN-MEYNIAL, *Cart. de Gellone*, p. 99 no. 113 (a. 877-879). In ipsa villa cedo vobis capimanso cum curte et orto et exeo, cum terras cultas et incultas . . . DESJARDINS, *Cart. de Conques*, p. 99 no. 108 (a. 887). Condonamus . . . alodus noster, hunus caputmansus cum vinea et terras, cum omnibus ajacenciis suis . . . Ib., p. 129 no. 145 (a. 942). [Dono] caputmansio meo in illo Becio . . . et in alio loco capudmanso meo, ubi I. visus est manere. BERNARD-BRUEL, *Ch. de Cluny*, I no. 532 (a. 941, Auvergne). Donamus . . . caputmansum unum et omnes mansiones quod ibidem poterit homo facere, cum ipsas curtes, cum ortis . . . CASSAN-MEYNIAL, o. c., p. 45 no. 45 (a. 996-1031).

**carabaga**: *une machine de siège — a siege-engine.* S. xiv, Ital.

**carabus** (gr.): *barque — canoe.* ISID., Etym., lib. 19 c. 1. GREGOR. M., Dial., lib. 4 c. 57. Acta Thyrsi, c. 6 § 32, *AASS.*[3], Jan. III p. 437. V. Majoli, MABILLON, *Acta*, V p. 808. Classis eorum [sc. Veneticorum] 120 navium fuit, exceptis carinis vel carabis. FULCHER. CARNOT., lib. 3 c. 14, MIGNE, t. 155 col. 909 B.
**caraca,** carr-, char-, -acca, -acha, -eca (arab.): *caraque — carrack.* S. xiv.
**caracalla,** carecalla (celt.): **cape,* vêtement de religieux — ecclesiastic's *cape.* Se s. Albanus pro hospite suo, ipsius habitu, id est caracalla, qua vestiebatur, indutus, militibus exhibuit. BEDA, Hist. eccl., lib. 1 c. 7. Aestivis temporibus carecalla vel scapulari cilicina utebatur. V. Eugendi, c. 5, *Scr. rer. Merov.*, III p. 155. Vestis ejus cilicina . . . quae in modum caracallae, quam nunc cappam vocamus, perseverat. VULFIN., V. Juniani (s. ix), *AASS.*, Aug. III p. 40 E.
**caracter, caraxare, caraxatura,** v. char-.
**carada,** carata, v. carrata.
**caragium,** v. carragium.
**caragus,** caragius, caraus: *divinateur, sorcier — diviner, magician.* Non licet ad sortilegos vel auguria respicere nec ad caragius [= -os]. Concil. Autissiod. ca. a. 573-603, c. 4, *Conc.*, I p. 180. Non caragos, non divinos, non sortilegos . . . consulere . . . praesumatis. V. Eligii, lib. 2 c. 16, *Scr. rer. Merov.*, IV p. 705. Caragios et divinos, praecantatores . . . BEDA, Remed. peccat., c. 11, MARTÈNE, *Coll.*, VII col. 45. PIRMINIUS (s. viii), *SS.*, XV p. 22 n. 2. Qui dictis malis, id est carais et divinis et aruspicibus vel filacteriis . . . crediderit. Ps.-AUGUSTIN., Sermo 278; citat. ap. BONIF.-LULL., epist. 50, *Epp.*, III p. 301.
**cararia,** v. quadreria.
**caratta,** quar-, -acta (arab. < gr.): *carat — carat.* Erunt 20 karattis ad aurum finum pro marcha. *Const.*, IV pars 1 no. 669 p. 640 (a. 1311).
**caraula,** carola (< choraules): **1.** *ronde dansée et chantée — roundabout dance and song.* Nullus . . . saltationes aut caraulas aut cantica diabolica exerceat. V. Eligii, lib. 2 c. 16, cod. Divion., *Scr. rer. Merov.*, IV p. 706 l. 17. Item idem codex, c. 20, p. 711 l. 40. **2.** *couronne, feston* d'un ornement — *circle, festoon* of an ornament. S. xiii. **3.** un *ornement architectural* — an *architectural ornament.* Si quis magistri caminatam fecerint . . . Et si habietarii cancellos fecerint . . . et si carolos fecerit cum gypso, det per tremisse carolas quatuor. Memorat. de merc. commacin. (s. viii), c. 6, *LL.*, IV p. 179.
**caravana,** carv-, -ann-, -enn-, -us (arab.): *caravan — caravan.* Ps.-BENED. PETROBURG., G. Henrici II et Richardi regum, ed. STUBBS, II p. 41.
**caravella** (< carabus): *barque — kind of boat.* Navigia combusserunt et eas, quae caravellae appellantur, secuerunt. V. Nili (s. xi med.), MARTÈNE, *Coll.*, VI col. 930.
**caraxare, caraxator, caraxatura, v.** charac-.
**carbonaria,** -eria: **1.** **charbonnière — charcoal-burning yard.* **2.** *houillère — coal-pit.* S. xiv. **3.** *douve* d'un château fort — castle *moat.* Castellum . . . cum carbonariis, fossis et retrofossis ipsius castelli. *D. Heinrichs IV.*, no. 335 (a. 1081), p. 440 l. 33. Fossatum, id est carbonaria. MARINI, *Pap. dipl.*, no. 28 (a. 955, Rome). *Reg. Farfense*, no. 694 (a. 1036). Carbonariam castelli. GREGOR. CATIN., Chron. Farf., ed. BALZANI, I p. 69. Ceperunt fodere carbonaria et construere macerias magnis lapidibus. Ann. Romani, a. 1182-1187, ap. DUCHESNE, *Lib. pontif.*, II p. 350.
**carbonarius**: *marchand de charbons — charcoal-dealer.* Carbonarii in die coronationis domni pape dant carbones coquine. CENCIUS, c. 57 (Ordo), § 55, ed. DUCHESNE, I p. 306 col. 1.
**carbonator**: *charbonnier — charcoal-burner.* S. xiii.
**carbonellus**: *forgeron — blacksmith.* Carbonellus faber . . . faciat ferramenta molendinorum. *Gall. chr.*[2], XIII instr. col. 182 E no. 3 (a. 1144, Montauban).
**carcagium** (< carricare): **1.** *redevance perçue sur les charrois — cart-transport due.* [Redditus] ex equis, asinis, quadrigis, carris vinum seu merces alias . . . deferentibus, excepto carcagio annone et salis. *Actes Phil.-Aug.*, no. 117 (a. 1184), I p. 146. **2.** *charroi — carting.*
**carcannum,** carcanum: **1.** *carcan — iron collar.* **2.** *prison — prison.* Si quis . . . plegium non habeat, . . . ponatur in carcanno, et ibi sustineat donec ad Dei judicium eat. Leg. II Cnut tit. 35, vers. Quadripart., LIEBERMANN, p. 339.
**carcare,** v. carricare.
**carcasium,** carcosium: *cadavre — carcass.* S. xiii.
**carcer**: *celle de reclus — hermit's cell.* S. xiii.
**carceragium**: *paiement pour l'entretien dans une prison — board-wages for a prisoner.* S. xiv.
**carceralis** (adj.): **d'un prison — of a prison.*
**carcerare**: **emprisonner — to imprison.* Capit. Aquisgr. (a. 801-813), c. 12, I p. 171.
**carcerarius**: **1.** **geôlier — jailer.* **2.** *prisonnier — prisoner.* Carcerariis apparuisse b. virum eosque absolvisse ab ergastulo. GREGOR. TURON., V. patrum, c. 8 § 10, *Scr. rer. Merov.*, I p. 700. Idem, Hist. Franc., lib. 5 c. 8. Audivit carcerarios reclusos in carcere. V. Mederici (post s. ix), c. 11, MABILLON, *Acta*, II pars 1 p. 13. **3.** *malade alité — bedridden patient.* S. xiii.
**card-,** cart-, v. quart-.
**cardetum** (< carduus): *champ couvert de cardères — teasel-field.* RUDOLF. FULDENS., V. Hrabani, MABILLON, *Acta*, IV pt. 2 p. 13.
**cardeum,** carda, cardis (< carduus): *mousseline — muslin.*
**cardiacus** (adj.) (gr.): *atteint d'une maladie de cœur — suffering from a heart-disease.* RADBOD., V. altera Bonifatii, c. 20, ed. LEVISON, p. 76.
**cardinalatus** (decl. iv): **1.** *cardinalat — cardinalship.* Cardinalatus dignitatem. LEO OSTIENS., Chron. Casin., lib. 3 c. 12, *SS.*, VII p. 705 l. 9. Cardinalatus illi dignitate servata. ROMUALD. SALERNIT., Chron., ed. GARUFI, p. 289. Sigillum cardinalatus. *Const.*, IV pars 1 no. 596 p. 558 (a. 1311). **2.** à Rome: *église d'un cardinal-prêtre* — in Rome: *church of a cardinal-priest.* CENCIUS, c. 57 (Ordo), § 67, ed. DUCHESNE, I p. 309 col. 1.
**cardinalia** (femin.): **1.** *église cardinalice — cardinal's see.* Clerici de cardinalia S. Chrisogoni. Concil. Papiense a. 1160, *Const.*, I no. 188, c. 9. **2.** *cardinalat — cardinalship.*



CAESAR. HEISTERB., Dial. mirac., lib. 12 c. 22, ed. STRANGE, p. 332.
**cardinalis** (adj.): **1.** **relatif à l'un des quatre points cardinaux — concerning one of the four quarters of the heavens.* **2.** **principal — chief.* Cardinale s. Martini altare. Mir. Bertini, lib. 2 c. 18, MABILLON, *Acta*, III pars 1 p. 146. Cardinalis missae conventus publice agebatur. Ib., c. 7, p. 132. **3.** (cf. voc. 1. cardo) (d'un évêque ou d'un prêtre) **affecté d'une manière permanente à une église déterminée* et partant revêtu d'une autorité spirituelle régulière — (of bishops and priests) *permanently attached to a particular church* and consequently having a fixed and proper spiritual jurisdiction. Te, Johannem, ab hostibus captivatae Lissitanae civitatis episcopum, in Squillacina ecclesia cardinalem necesse duximus constituere sacerdotem. GREGOR. M., epist., lib. 2 no. 37, *Epp.*, I p. 133. Ibi pluries similiter. Praeter ordinationes clericorum, cetera omnia . . . tamquam cardinalem et proprium te volumus agere sacerdotem. Ib., lib. 3 no. 23, I p. 182. Coepiscopum nostrum illum, cujus ecclesia est ab hostibus occupata, cardinalem vestrae ecclesiae, sicut petistis, constituimus sacerdotem. Lib. diurnus, no. 8, ed. SICKEL, p. 8 (inscr.: Synodale ut episcopus alterius civitatis in alia ecclesia possit incardinari). Sicut synodus expostulavit, plebs et Turonicus clerus eum [Actardum] concorditer elegit, . . . constituimus cardinalem metropolitanum et archiepiscopum Turonicae ecclesiae. Hadr. II pap. epist. 38 (a. 871), MIGNE, t. 122 col. 1313 A. Burdigalensis dioecesis episcopum . . . Frotarium in Bituricensem ecclesiam cardinalem fieri decernentes, metropolitanae dignitatis privilegio muniri curavimus. Joh. VIII pap. epist. 37 (a. 876), ib., t. 126 col. 619 A/B. Exemples tardifs — later examples: Statuimus ut Atrebatensis ecclesia [a Cameracensi separata] deinceps cardinalem semper episcopum sortiatur. Urb. II pap. litt. a. 1095, D'ACHÉRY, *Spicil.*[2], III p. 426 col. 1. Utrique loco [i. e. monasterio] . . . abbas cardinalis restitueretur. Priv. Urb. II pap. a 1097, MABILLON, *Acta*, IV p. 448. De prêtres — of priests: [Oratorium] absque missis publicis consecrabis . . . nec presbyterum constituas cardinalem. Pelag. I (a. 555-560) epist., MIGNE, t. 69 col. 415 A. Item GREGOR. M., epist., lib. 2 no. 15, I p. 112 sq.; lib. 9 no. 58, II p. 81; no. 165, p. 164. Item Lib. diurnus, no. 11, ed. SICKEL, p. 11. [In oratorio] presbyterum te constituere volumus cardinalem. GREGOR. M., epist., lib. 9 no. 71, II p. 90. [In villis potentium] baptisteria non construantur nec presbyter constituatur cardinalis; sed si missas ibi fieri velint, ab episcopo presbyter postuletur. Zachar. pap. epist. ad Pippinum, c. 15, Cod. Carolin., no. 3, *Epp.*, III p. 484. **4.** (d'une église) *possédant les pleins droits paroissiaux* — (of a church) *having full parochial jurisdiction.* Prepositi cardinalium aecclesiarum obedientes sint episcopis suis. Karoli M. capit. Mantuan. I, c. 8, I p. 195. Ut titulos cardinales in urbibus vel suburbiis constitutos episcopi ordinent. Concil. Meld. a. 845/846, c. 54, *Capit.*, II p. 411. Eclesiis baptismalibus, quae intra civitatem predictam cardinales habentur. *D. Karls III.* d. *Dicken*, no. 35 (a. 881). Ecclesiis baptismalibus vel cardinalibus. *D. Lodovico III.*, p. 74 (a. 901). Omnes cardinales capellas tam extra quam infra urbem positas. *D. Ugo*, no. 74 (a. 943 ?), p. 217. **5.** presbyteri cardinales, spec.: les prêtres rattachés d'une manière fixe aux „tituli" de Rome, par opposition aux „presbyteri forenses"; puis l'unique *prêtre en chef d'un „titulus"* — the priests who were permanently attached to the Roman "tituli", as contrasted with the "presbyteri forenses"; later reserved for *the priest standing at the head of a "titulus".* Presbyteri cardinales. Ordo Rom. III (ca. a. 700), c. 1, ed. ANDRIEU, II p. 131. In apostolatus culmen unus de cardinalibus presbyteris aut diaconibus consecraretur. Concil. Roman. a. 769, *Conc.*, II p. 86. Prolata est sententia [in concilio Romano a. 769] . . . nullus umquam praesumi, . . . nisi . . . diaconus aut presbyter cardinalis factus fuerit, ad sacrum pontificatus honorem promoveri. Lib. pontif., Steph. III, ed. DUCHESNE, I p. 476. A. presbiter cardinalis tituli b. Marcelli. Ib., Leo IV, ib., II p. 126. **6.** episcopi cardinales, spec.: *les évêques suburbicaires,* qui étaient en même temps rattachés à l'église de Rome comme concélébrants du pape — *the suburbicarian bishops,* as they were at the same time annexed to the church of Rome as the pope's co-celebrants. Hic statuit, ut omni die dominico a septem episcopis cardinalibus hebdomadariis, qui in ecclesia s. Salvatoris observant, missarum solemnia super altare b. Petri celebraretur. Lib. pontif., Steph. III (a. 768-772), ed. DUCHESNE, I p. 478. Obeunte hujus Romanae universalis ecclesiae pontifice, in primis cardinales episcopi . . . tractantes, mox sibi clericos cardinales adhibeant. Constit. super elect. Rom. pont. a. 1059, c. 3, *Const.*, I p. 540. **7.** diaconi cardinales: les 7 *diacres régionnaires* dont chacun était à la tête de l'une des 7 régions romaines — the 7 *regionary deacons* who were placed at the head of the 7 regions of the city of Rome. Parfois on appelle „subdiaconi cardinales" les 7 sous-diacres régionnaires. — Sometimes the 7 regionary subdeacons are styled "subdiaconi cardinales". LIUDPRAND., Hist. Ottonis, c. 10, ed. BECKER, p. 167. J.-L. 4336 sqq. (a. 1054-1057). Urb. II pap. epist. 4, MIGNE, t. 151 col. 286 sq. (a. 1088). Cf. M. ANDRIEU, *L'origine du titre de cardinal dans l'église romaine.* Miscell. Giov. MERCATI, t. V, 1946 (*Studi e testi*, t. 125), pp. 113-144. **8.** des cardinaux institués auprès de certaines églises épiscopales à l'imitation de Rome — indicating dignitaries of certain episcopal sees to whom the title of cardinal was given after the Roman fashion. Constituimus cardinalem archidiaconum hujus urbis [sc. Tullensis] ad eam [sc. s. Gengulfi ecclesiam] pertinere. BENOIT, *Hist. de Toul*, pr., p. 76 (a. 1051-1069). Secundum Romanae ecclesiae consuetudinem septem cardinales presbyteros in ecclesia tua ordinaveris. Paschal. II pap. epist. a. 1108 ad episc. Compostellanum, MIGNE, t. 163 col. 247 (J.-L. 6208). Decedente metropolitano quolibet, unus ex majoris ecclesiae praecipuis cardinalibus, quos vocant ordinarios, succedere debeat. ARNULF. MEDIOL., lib. 1 c. 3, *SS.*, VIII p. 7. **9.** *abbatial —*

*of an abbot.* Quem episcopus . . . consecratum et pastorali virga insignitum in throno cardinali collocaverit. SIMON, G. abb. Sithiens., lib. 2 c. 6, *SS.*, XIII p. 645. In cardinali abbatis sede staret. Ib., c. 89, p. 653. Subst. masc. **cardinalis**: **1.** *cardinal — cardinal.* Summus pontifex, quando benedicitur, eligitur unus ex cardinalibus, de qualicumque titulo fuerit, tantum ut sit . . . ordinatus aut presbiter aut diaconus, nam episcopus esse non poterit. Ordo Rom. IX (s. viii ex.), MABILLON, *Museum Italicum*, II p. 92. **2.** *dignitaire d'une église épiscopale* qui possède le titre de cardinal — *dignitary of an episcopal see* with the title of cardinal (cf. adject. cardinalis, sub 8). Cardinales s. Justinae virginis ecclesiae. *D. Karls III. d. Dicken*, no. 79 (a. 883). Cardinalibus et canonicis et cunctis fratribus sacrosanctae ecclesie Aquisgranensis. *D. Ottos III.*, no. 347 (a. 1000). Electus et constitutus [est] unus ex septem cardinalibus majoris altaris [ecclesiae Remensis]. Cantat. s. Huberti, c. 46, ed. HANQUET, p. 115. Ego R. Dei gratia ecclesie s. Jacobi apostoli Galicie cardinalis atque sui altaris custos. STIMMING, *Mainzer UB.*, I no. 460 p. 368 (a. 1114).

**cardinare**: *rattacher* un clerc, d'une manière permanente, *à une église déterminée — to appoint* an ecclesiastic permanently *at a definite church.* G. ecclesiae Benefranae diaconem tuae cederemus ecclesiae cardinandum. GREGOR. M., epist., lib. 6 no. 11, *Epp.*, I p. 389. [F. diaconum] in tua Syracusana ecclesia praevidimus cardinandum. Ib., lib. 4 no. 14, p. 247.

**cardinus,** v. gardinus.

**cardis,** v. cardeum.

**1. cardo. 1.** In cardine, de cardine, cardinis: se dit des clercs ayant le privilège d'assister le pape ou l'évêque dans l'office — used for ecclesiastics having the privilege of assisting the pope or bishop in the office. Diaconus cardine constitutus urbis Romae. Karoli M. capit. a. 806, c. 23, I p. 134. Synod. Roman. a. 853, MANSI, t. 14 col. 1015. Diacones cardinis ipsius episcopii. *D. Bereng. I.*, no. 73 (a. 910), p. 197. S. Cumane ecclesie gregi, tam de cardine quamque omnibus sacerdotibus. *D. Lotario*, no. 15 (a. 950), p. 285. Corticellam . . . que actenus J. cujusdam presbiteri fuit de cardine s. Ticinensis aecclesiae. *D. Ottos I.*, no. 415 (ca. a. 972). **2.** l'ensemble des clercs rattachés à l'église de Rome — the clergy who are tied to the Roman church. Anastasius presbyter cardinis nostri [sc. papae]. HINCMAR., Ann. Bertin., a. 868, ed. WAITZ, p. 92 sq. P. religiosum presbyterum cardinis nostri. Hadr. II pap. epist. 29 (a. 870), MIGNE, t. 122 col. 1305. P. cardinis ecclesiae nostrae presbyterum. Joh. VIII pap. epist. 117 (a. 878), ib., t. 126 col. 771 C. Cardinales violenter in parrochiis ordinatos forensibus in pristinum cardinem Gregorius revocabat. JOH. DIAC., V. Gregorii M., lib. 3 c. 11, MIGNE, t. 75 col. 135.

**2. cardo** (genet. -onis), cardus = carduus.

**carea,** careia, careum, v. carrata.

**carecalla,** v. caracalla.

**carecare,** caregare, carezare, v. carricare.

**carecta,** v. carretus.

**carellus,** v. quadrellus.

**carena,** carr-, -ina (< quadragesima): **1.** *Carême — Lent.* **2.** *jeûne* extraordinaire *durant quarante jours,* imposé comme pénitence — *fourty days fasting* imposed by way of penance. 40 dies continuos, quod vulgus carinam vocat, ita ut consuetudo est, in pane et aqua debes jejunare. BURCHARD. WORMAT., Decr., lib. 19 c. 5, MIGNE, t. 140 col. 951 C. Praeter illas quadragesimas, quae scilicet a patribus institutae suisque limitibus per anni circulum sunt praefixae, alias occulte carinas celebrat, quibus scilicet illices carnalium passionum appetitus frangat. PETR. DAMIANI, Opusc. 32, MIGNE, t. 144 col. 543 C. EKKEH., Casus s. Galli, c. 13, *SS.*, II p. 136. **3.** *indulgence de quarante jours — fourty days indulgence.* S. xiii.

**carenarius,** cari- (subst.): *une personne condamnée à une pénitence de jeûne — one who has been condemned to penitential fasting.* Servare pacem . . . palmariis et romipetis et veris penitentibus carinariis. Petitiones XVII Frisonum (s. xii ex.), VON RICHTHOFEN, *Fries. Rechtsqu.*, p. 18.

**carentia**: **1.** **carence — need.* **2.** *renoncement — renouncement.* Post obitum suum aut voluntariam saecularium rerum carentiam. Karoli M. testam. a. 811 ap. EGINH., V. Karoli, c. 33, ed. HALPHEN, p. 96. **3.** *jeûne pénitentiel — fasting in penance.*

**caroenum** (gr.): **vin cuit — boiled wine.*

**carestia,** v. caristia.

**1. careta,** caretus, v. carretus.

**2. careta,** v. carrata.

**caretata,** v. carretata.

**caretta** (< cataracta): *fermeture mobile pour retenir les eaux, écluse — lock of a weir. Et. d'Hist. et d'Arch. Namur. déd. à F. Courtoy,* 1952, p. 254 (ch. < a. 919 >, spur. s. xii), ed. GANSHOF.

**cargare,** v. carricare.

**cargia,** char-, -kia (< carricare): *charge, cargaison — load, cargo.* S. xiii.

**cariagium,** v. carricaticum.

**caricare,** carigare, carizare, v. carricare.

**caricum,** v. carrica.

**carina,** carinarius, v. caren-.

**cario** (genet. -onis) (< carricare): *charroi de rentrage de la dîme,* souvent une dîme de la dîme — *fare for gathering in tithes,* often consisting in a tithe of the tithe. S. xii.

**caryophyllum** (gr.): *clou de girofle — clove. D. Merov.*, no. 86 (a. 716).

**cariola,** v. carriola.

**cariorare**: *majorer* les prix — *to enhance* prices. S. xiii.

**cariota,** v. carriotus.

**carisma,** v. charisma.

**caristia,** char-, -estia (< carus): *période de hausse des prix des céréales — time of dearth of bread-corn.* S. xiii.

**caritarius**: moine chargé de la gestion des biens affectés aux distributions dites „caritates" — a monk who administers the estates from which the doles called "caritates" are drawn. S. xiii.

**caritas,** ka-, cha-: **1.** *charité, l'action de faire l'aumône — charity, almsgiving.* Caritatem fecistis in istis. GREGOR. CATIN., Chron. Farf., ed. BALZANI, p. 67. **2.** *repas de charité, de fraternité,* offert par les hôtes à leur visiteurs ou inversement — a *meal of love and brotherhood,* offered either by hosts to their guests or reversely. In domo ejus amicus ad caritatem numquam introeat. GREGOR. M., Epist., lib. 14 no. 11, *Epp.*, II p. 430. Oratione facta fecerunt caritatem. PAUL., V. Hilarii Galeat. (s. vi p. poster.), *AASS*[3]., Maji III p. 473 D. Mane . . . cum peregrinis et pauperes [i. e. pauperibus] perfectam et Deo acceptam caritatem faciebat. V. Goaris (s. viii?), c. 3, *Scr. rer. Merov.*, IV p. 413. Abba [imperatori] rogat, uti ad b. Goarem exire et in cella ejus caritatem, ut verbo usitato loquar, facere debeat. WANDALBERTUS, Mir. Goaris, lib. 2 c. 11, *SS.*, XV p. 366. Monasterium hoc causa orationis ingreditur; et cum caritatem ibi facere jussa foret . . . JOH. CANAPAR., V. Adalberti Pragens., c. 17, *SS.*, IV p. 589. **3.** *repas de fraternité* fait à l'occasion d'une fête de saint ou de sainte — *brotherhood meal* in commemoration of a saint. Virt. Geretrudis, c. 11, *Scr. rer. Merov.*, II p. 470. Rex s. Dei genitricis assumptionem celebrans, in ipso die post missam et caritatem expletam . . . proficiscitur. THIETMAR., lib. 6 c. 19, ed. KURZE, p. 145. Debent . . . sero karitatem facere. Consuet. Cluniac. antiq., rec. C c. 25, ed. ALBERS, *Cons. mon.*, II p. 53. **4.** *distribution extraordinaire d'aliments et de boissons faite aux moines,* d'abord à l'occasion d'une fête — *an extra meat and drink distribution in a monastery,* at first on festive days. Karitates in festivitatibus ex antiquo more bis ipsis a parte abbatis dentur. *D. Charles le Chauve,* no. 363 (a. 872), II p. 310 l. 27. De capella que in eadem villa sita est caritatem debet presbiter facere fratribus nativitatem s. Marie cum alio servitio. Notitia monast. s. Petri Gandav. (s. ix), ed. GYSSELING-KOCH, *BCRH.*, t. 113 (1948), p. 283. Omnibus diebus vite sue per singulos annos tres caritates ad ipsos monachos persolvat. DESJARDINS, *Cart. de Conques*, p. 186 no. 220 (a. 914). Caritatem que prelibata est 15 solidos fratribus exhiberi constituo et pauperibus 20 denarios. BORMANS-SCHOOLMEESTERS, *Cart. de S.-Lambert de Liège*, I no. 27 (a. 1085). Duo fercula piscium, sicut melius et decentius parari poterunt karitati fratrum. LACOMBLET, *UB. Niederrh.*, I no. 260 p. 168 (a. 1102). Abbates cum fratribus eo die mensae aderant; de communi et privatis collectae fiunt, et habundam caritatem faciunt. EKKEH., Casus s. Galli, c. 10, *SS.*, II p. 131. **5.** Souvent, la „caritas" est simplement une *distribution de vin.* — It often consists in a *wine allocation* only. Loci fratres [villam] . . . pro caritate vini . . . possideant. FAYEN, *Lib. tradit. s. Petri Blandin.*, p. 129 (a. 1056). De collatione surgunt ad charitatem, et de vino quod tunc propinatur nullus omnino praesumit abstinere. UDALR., Consuet. Cluniac., lib. 1 c. 13, MIGNE, t. 149 col. 662 C. His temporibus opportet dari de cellario abbatis caritas fratribus, tam ad cenam quam ad cibum. Cod. Eberhardi, c. 67, DRONKE, *Trad. Fuld.*, p. 157. Mensuram vini per singulos quatuor dies ebdomadis cum caritate sabbati. GODESC., G. abb. Gemblac., *SS.*, VIII p. 543. **6.** un *don gratuit* accordé pour l'investiture d'une prébende — a *gratuity* given by one who receives a prebend. Ritum veterem [circa modum investiturae praebendarum] immutare et omnimodam condicionem, que sub caritatis nomine palliata fallebat, deinceps . . . excludere. MULLER-BOUMAN, *OB. Utrecht*, I no. 329 p. 303 (< a. 1131 >, spur. s. xii ex.). **7.** *corporation charitable, confrérie — beneficent society, confraternity.* Sunt quedam in ecclesiis beneficia et consuetudines, que proprie ac specialiter caritatis nomen retinent; ut sunt ille que dicuntur ministerialium, quibus de sua devotione obligant caritates, quia singulis debent annis s. Vedasto de sua caritate et confraternitate: parmentarii 4 sol., sutores 10 . . . Si mercatores ad suam consident caritatem . . . Multe fuerunt hujusmodi caritates; sed quod in aliis refrixit, in his viget. GUIMANN., Cart. s. Vedasti Atrebat., ed. VAN DRIVAL, p. 191 (a. 1170). **8.** *la qualité de membre d'une confrérie — membership of a confraternity.* Legitimum testimonium per litteras ville sue patentes obtulerint, quod caritatem suam habeant; quam caritatem nullomodo habere possunt, nisi prius dederint unam marcam auri. Statuta hansae Flandrensium Londoniensis (s. xiii), c. 2, ed. VAN WERVEKE, *BCRH.*, t. 118 (1953), p. 312. **9.** *hôpital — hospital.* Caritatem b. Christophori . . . debent custodire quinque homines legitimi. Priv. commun. Tornac. a. 1188, c. 30, *Actes Phil.-Aug.*, no. 224, I p. 273. **10.** *réconciliation, traité de paix — reconcilement, peace treaty.* Domnus noster . . . unacum . . . Th. rege charitatem inivit. Testam. Bertichramni a. 615, PARDESSUS, I no. 230 p. 203.

**caritative**: *charitablement — charitably.* S. xi.

**caritativus**: *charitable — charitable.* Caritativo lenitur solatio. THIETMAR., lib. 4 c. 1, ed. KURZE, p. 64. Ibi saepius.

**caritudo**: **1.** *amour — love.* GUIBERT. NOVIG., De vita sua, lib. 1 c. 14, ed. BOURGIN, p. 48. **2.** *cherté — dearth.* S. xiii.

**carmenus,** carmus = carpinus („charme — horn-beam").

**carminare**: **1.** intrans.: **chanter — to sing.* **2.** transit. (> frg. *charmer*): *ensorceler — to bewitch.*

**carminator**: *enchanteur — enchanter.*

**carmisinus,** cra-, cre-, -me- (arab.): *cramoisi — crimson.*

**carmula** (germ.): *révolte, insurrection — rebellion, insurrection.* Seditionem excitare, quod Baioarii carmulam dicunt. Lex Baiwar., tit. 2 § 3. Carmulam levavit. Ann. Juvav. maximi et Ann. s. Emmerammi majores, a. 818, *SS.*, XXX p. 738 sq. Auctar. Admont. ad OTTONIS FRISING. Chron., a. 956, ed. HOFMEISTER, p. 469. GERHARD., V. Oudalrici August., c. 10, *SS.*, IV p. 399 l. 6. G. archiep. Salzburg., c. 5, *SS.*, XI p. 8. Cf. KRALIK, *NA.*, t. 38 (1913), p. 425 sqq.

**carnalagium**: *repas de viande — dish of meat.* S. xiv, Ital.

**carnalis**: **1.** **qui consiste en chair, animal — consisting of flesh, animal.* **2.** **charnel, corporel — carnal, corporeal.* **3.** **terrestre, de ce monde — temporal, earthly.* **4.** **voluptueux — lustful.*

**carnalitas**: **volupté — lust.*

**carnaliter**: **charnellement — after the flesh.*

**carnarium,** -ne-: **1.** *sépulture collective — a grave for more than one body.* Constructa . . . que vulgo dicuntur carnaria, in quibus quingenta et eo amplius . . . projecta sunt . . . defunctorum

[vid. per famem] corpora. RADULF. GLABER, lib. 4 c. 4, ed. PROU, p. 102. In carnario, qui locus infra septa ecclesiae illius ossa continet mortuorum. Chron. Mauriniac., lib. 2, MIGNE, t. 180 col. 154 B. In [coemeterio] . . . carnarium ad ossa mortuorum reponenda . . . construxit. DC.-F., II p. 177 col. 1 (ch. a. 1161). 2. *carnier — game-bag*. S. xiv.

**carnaticus**, charn-, -agium: 1. *fourniture obligatoire de bétail, particulièrement de moutons, pour l'approvisionnement de l'ost — compulsory purveyance of cattle, especially sheep, for the host*. Carnaticos et vinum . . . a [servientibus ecclesiarum] exactari non cessant. Karoli M. epist. (a. 806-810), *Capit.*, I p. 212. Solvunt omni anno . . . de carnatico libras 2½. Polypt. Irminonis, br. 14 c. 94, ed. GUÉRARD, p. 164. Mansi ingenuiles, qui non solvunt hostilitium, sed carnaticum. Ib., br. 22 c. 97, p. 240. Debentur 10 [multones] de carnatico, arietes 55 sine lana. G. Aldrici, c. 52, *Migne*, t. 115 col. 92. GREGOR. CATIN., Chron. Farf., ed. BALZANI, p. 46 B. 2. *les jeunes bêtes, particulièrement les agneaux, qui sont sujets à la dîme — young animals, especially lambs, from which a tithe is due*. In decimis tocius parrochie . . ., scilicet in ortis et in carnaticis et in caseis et in laneis. CASSAN-MEYNIAL, *Cart. d'Aniane*, p. 356 no. 225 (a. 1170).

**carnelevarium**, carnelevamen, v. carnislevamen.

**carnellare**, v. quarnellare.

**carnellus**, v. quarnellus.

**carneus**: 1. *qui consiste en chair — consisting of flesh. 2. *charnel, terrestre — carnal, earthly.

**carnifex**: *boucher — butcher*. COSMAS, lib. 2 c. 32, ed. BRETHOLZ, p. 129. KEUTGEN, *Urk. städt. Verf.gesch.*, no. 125 c. 20, c. 25, p. 92 (a. 1156, Augsburg). Ib., no. 133 c. 39, p. 122 (s. xii, Freiburg i. Breisgau).

**carnificeria**: *boucherie — butchery*. Bos occisus venditus ad carnificeriam in bancis. AUDOUIN, *Rec. de Poitiers*, p. 61 no. 28 § 85 (s. xii ex.).

**carnificium**: *boucherie, abattoir — butchery, slaughter-house*. S. xii.

**carniscapium**, carni-: *mardi-gras — Shrove Tuesday*. S. xiii.

**carnislevamen**, carne- (> ital. *carnavale*, frg. *carnaval*): idem quod carnisprivium. UGHELLI, VII col. 1321 (ch. a. 1195).

**carnislevarium**, carne-: idem quod carnisprivium.

**carnisprivialis** (d'une redevance) *due au Carême prenant — (of a prestation) due at Shrovetide*. Pulli carnispriviales. KEUTGEN, *Urk. städt. Verf.gesch.*, no. 155 c. 27, p. 190 (a. 1297, Frankfurt a. M.).

**carnisprivium**, carni-, -prenium: *Carême prenant, les jours à la veille de Carême, du jeudi avant le dimanche Estomihi jusqu'au mardi gras — Shrovetide, the days before Lent, from Friday before Estomihi till Shrove Tuesday inclusive*. Carnisprivium clericorum, sacerdotum: le dimanche Estomihi — Sunday Estomihi.

**carnulentus**: *charnu — fleshy.

**caro** (subst.): 1. *corps humain — human body. 2. *l'homme envisagé sous l'aspect physique — the physical side of the human being. 3. *les appétits charnels — the carnal lusts. 4. *le genre humain — the human race. 5. *le monde d'ici-bas — the Earth beneath. 6. *Dieu incarné — God incarnate.

**carocia**, carocius, v. carrocium.

**carozerus**, v. carrocerus.

**1. carola**: *cabinet de travail — study*. In claustro carolae vel hujusmodi scriptoria . . . nullatenus habeantur. Statuta ord. Praemonstr., a. 1290, dist. I c. 9, ed. LEPAIGE, *Bibl. Praem. ord.*

**2. carola**, v. caraula.

**carolare**, charolare (< caraula): *danser la ronde — to dance in a ring*. S. xiii.

**caropera**, v. carropera.

**carpeia** (< vfrg. *charpir* < carpere): *hachis — hash*. S. xiii.

**carpentare**: *construire en bois — to carpenter*. GUILL. BRITO, Philipp., lib. 7, v. 645, ed. DELABORDE, p. 201. Carpentarius naves carpentans. *Hansisches UB.*, I p. 260 (a. 1274, Holl.).

**carpentaria**: 1. *la fonction de charpentier — the office of carpenter*. Innoc. III pap., epist., lib. 13 no. 55, MIGNE, t. 216 col. 247 A. PONCELET, *Actes Hug. de Pierrepont*, no. 200 (a. 1222). 2. *construction en bois — carpentry*. LOT, *Budget* (a. 1202/1203).

**carpentarius**, -erius (adj.): *qui se rapporte à toute construction en bois — of or for carpentry*. Dies . . . feriatos esse decernimus ab omni opere rurali, fabrili, carpentario . . . Concil. Meldense a. 845, c. 80, *Capit.*, II p. 420. Subst. mascul. **carpentarius**: *charpentier — carpenter*. Lex Sal., tit. 10 add. 4. Lex Burgund., tit. 10 § 5. WETTIN., V. Galli, c. 27, *Scr. rer. Merov.*, IV p. 271. Capit. de villis, c. 45.

**carpentura**: *construction ou réparation en bois — carpentry*. Carpenturam et custodiam ut molendinarius in molendino faciemus. DC.-F., II p. 182 col. 2 (ch. a. 1179, Laon).

**carpita**, -eta, -etta (< carpere): *gros drap fabriqué de charpie — coarse cloth made of lint*. CENCIUS, c. 57 (Ordo), § 45, ed. DUCHESNE I p. 304 col. 1.

**carpo**, carpio, charpho (genet. -onis), carpa (germ. et celt.): *carpe — carp*. Ruodlieb, fragm. 13 v. 41.

**carra** (femin.), v. carrum.

**carracare**, v. carricare.

**carrada**, carradum, carradium, v. carrata.

**carragium**, ch-, -ar-, -eagium, -uagium, -egium: 1. *service de charroi — cartage service*. Totum vinagium et totum carragium boum et asinorum. DC.-F., II p. 186 col. 2 (ch. a. 1048, Anjou). Ab omni terreno servitio, talliis, auxiliis, carragiis, minagiis . . . BRUNEL, *Actes de Pontieu*, p. 111 no. 74 (a. 1119). 2. *charroi — carting*. Ut in die dominica vectigalia non fiant, quod carregium vel sagmegium dicitur. Concil. Bitur. a. 1031, c. 15, MANSI, t. 19 col. 505.

**carrago** (genet. -inis) (<carrus): 1. *camp retranché entouré de chariots — laager. 2. *chariot — cart*. V. Goaris (s. viii?), c. 11, *Scr. rer. Merov.*, IV p. 422.

**carralis** (adj.) (<carrus): *de chariots — of carts*. Nullo telloneo nec de navale nec de carrale evectione. MARCULF., suppl., no. 1, *Form.*, p. 107. Tam carrale quam de navigale . . . nullo tilloneo requirire. *D. Merov.*, no. 51 (ca. a. 681). De constituta evectione tam carrale quam navale. Ib., no. 86 (a. 716). De carrali evectione [teloneum] solvere. *D. Karolin.*, I no. 19 (a. 763-766). Nullo theolonio nec navigale nec carrale. Ib., no. 137 (a. 781). Subst. **carralis**: 1. *mesure pour les prairies de fauche, dont on obtient une charretée de foin — hayfield measure corresponding to one cartload of hay*. MEYER-PERRET, *Bündner UB.*, I no. 206 p. 164 sq. (a. 1084). 2. *voie carossable — cart-way*. Inter duos karrales. BEYER, *UB. Mittelrh.*, I no. 447 p. 507 (a. 1121).



**1. carraria**, v. carrarius.

**2. carraria**, carreria, v. quadreria.

**carrarius** (adj.) (<carrus). Opera carraria: *charrois — cartage*. Mansos unde operas carrarias exeunt. *D. Merov.*, no. 54 (a. 682). Item no. 92 (a. 721). Tria carraria opera licet fieri in die dominico, id est ostilia carra vel victualia vel si forte necesse erit corpus cujuslibet ducere ad sepulcrum. Admon. gener. a. 789, c. 81, *Capit.*, I p. 61. Via carraria: *voie carossable — cart-way*. *CD. Cavens.*, I p. 26 (a. 843); p. 62 (a. 857). UGHELLI, ed. 1717, I col. 722 (ch. a. 951, Gaëta). Subst. mascul. **carrarius**: *charron — carter*. GREGOR. CATIN., Chron. Farfense, ed. BALZANI, p. 136 A. Subst. femin. **carraria**, charr-, -er-: 1. *voie carossable — cart-way*. D. Odonis reg. Fr. (a. 888-898) ap. DC.-F., II p. 186 col. 2. 2. *service de charroi — cartage service*. Si opus clausionis castelli mei fuerit, prepositus meus . . . impetrabit prece . . . carrariam boum. *Actes Phil. Ier*, no. 51 (a. 1070), p. 139. 3. *charretée — cart-load*. V. Joh. Gorziens., c. 75, *SS.*, IV p. 358 l. 25.

**carrata**, ch-, -ar-, -ad-, -eat-, -iat-, -et-, -ect-, -it-, -ed-, -ei-, -e-, -um (<carrus): 1. *charretée, le contenu d'un chariot — cart-load*. Prado uno, ubi potes colligere 10 carradas de feno. ZEUSS, *Trad. Wizenb.*, no. 2 (a. 742). Item *D. Karolin.*, I no. 176 (a. 794). Brevium exempla, c. 7, *Capit.*, I p. 251. F. imperii, no. 7, *Form.*, p. 292. WARNKOENIG-GHELDOLF, *Hist. de Flandre*, I p. 326 (a. 839, Gand). *D. Ludwigs d. Deutsch.*, no. 30 (a. 841). Notitia mon. s. Petri Gandav. (s. ix), ed. GYSSELING-KOCH, *BCRH*, t. 113 (1948), p. 280. De vino carradam 1, id est situlas 30. WIDEMANN, *Trad. s. Emmeram*, no. 136 p. 110 (a. 889). Vox „foenum" omittitur: De prato ad carradas 10. *D. Ludwigs d. Deutsch.*, no. 83 (a. 857). Item MEYER V. KNONAU, *Urk. Rheinau*, p. 18 no. 13 (a. 875). Item Coll. Patav. no. 5, *Form.*, p. 459. Jugera 40 terra [i. e. terrae] et 10 carradas de pratis. BITTERAUF, *Trad. Freising*, I no. 75 p. 100 (a. 776). Mihi promisit duo carrata de vino. ALCUIN., epist. 8, *Epp.*, IV p. 34. De vino dentur ei singulis annis tres carrade. *D. Konrads I.*, no. 32 (a. 917). 40 carradae vini in potu . . . expenderentur. ANSELM., G. episc. Leodiens., c. 46, *SS.*, VII p. 217 l. 28. Unam vineam ad 10 carradas vini. F. Sangall. misc., no. 4, *Form.*, p. 381. Vox „vinum" omittitur: De vinea ad carrada 1. ZEUSS, *Trad. Wizenb.*, no. 120 (a. 764-792). Item *D. Ludwigs d. Deutsch.*, no. 92 (a. 858). 7 particulae vinearum, ubi duae carradae colligi possunt. Ib., no. 132 (a. 870). 5 carrada de cirvisa. WARTMANN, *UB. S.-Gallen*, I no. 13 (s. viii ex.). Item Coll. Sangall., no. 34, *Form.*, p. 418. Carrata una de annona. WARTMANN, I no. 63 (a. 772). Item *D. Ottos I.*, no. 105 (a. 948). 1 karradam salis. Trad. S. Emmerammi a. 1037, ap. DOLLINGER, *Classes rur. en Bavière*, p. 508, c. 27. Si carradam cupri emerint. FAIRON, *Rég. de Liège*, I no. 1 (a. 1103). 2. *service de charroi — cartage service*. Unam carratam ad vineas faciunt. Descr. Lobiens. a. 868, ed. WARICHEZ, *BCRH.*, t. 78 (1909), p. 258. Consuetudines facerent, excepto carritum vini de G. GARNIER, *Anal. Divionensia*, 1875, p. 396 sq. (a. 1088-1119). Illi [homines] qui boves habent, [debent] carretum. DC.-F., II p. 187 col. 2 (ch. a. 1147, Auxerre). *Actes Phil.-Aug.*, no. 17, I p. 24 (a. 1180); no. 156, I p. 189 l. 1 (a. 1185/1186).

**1. carregium**, carriagium, v. carrigium.

**2. carregium**, carreagium, v. carragium.

**carrena**, v. carena.

**carretata**, care- (femin.): *charretée, le contenu d'une charrette — cart-load*.

**carretum**, v. carrata.

**carretus**, car-, -ett-, -ect-, -um, -a: *charrette — small cart*. D. Ludov. Pii a. 815, *Hist. de Fr.*, VI p. 472. SUGER., V. Ludov. Gr., c. 28, ed. WAQUET, p. 226.

**carricamentum**, -ga-: *service de charroi — cartage service*. DE MARCA, *Marca Hisp.*, append., col. 1144 (ch. a. 1068).

**carricare**, carra-, carru-, cari-, care-, car-, chare-, char-, -chare, -gare, -giare, -iare, -eare (<carrus; >frg. *charger* et *charrier*, ital. *caricare*): 1. intrans.: *aller en chariot — to drive*. Viam integram ad carracandum sive itinerandum habere debeant. *D. Karolin.*, I no. 114 (a. 777). Concessisset . . . viam integram ad carrigandum in marcham. D. Ludov. Pii a. 815, GLÖCKNER, *Cod. Lauresham.*, I p. 297 no. 19. Mir. Ursmari et Ermini, c. 23 (a. 1057), *SS.*, XV p. 835. 2. transit.: *charrier — to cart*. Cod. Eurici, c. 279. Si quis . . . lignarium . . . in carro carcaverit. Capit. VI legi Salicae additum, c. 6, ed. BEHREND$^{2}$, p. 158. Coloni . . . margilam et alia quaeque carricare . . . renuunt. Edict. Pist. a. 864, c. 29, *Capit.*, II p. 323. FAYEN, *Lib. trad. s. Petri Blandin.*, p. 180 (a. 1163). Fruges saccis impositas ad monasterium carrucaret. V. Arnulfi Villariens. (s. xiii med.), lib. 2 c. 4, *AASS.*, Jun. V p. 617 D. 3. transit.: *charger — to load*. Unde carra in hostem carigare debent, segregent. Capit. de villis, c. 30. Si carricati in dorsis suis gravibus oneribus non vadunt. Regula Magistri, p. 50. Navem. . . absque teloneo et censu potestative ab iterantibus carcandum esse precipimus. D. Loth. I imp. a. 843, interpol. s. x, MEYER-PERRET, *Bündner UB.*, I no. 63 p. 56.

**carricatio**: *charroi — cartage*. Ne in hac sancta venerabili die mercatus, placita et ruralia quaeque opera necnon et quaslibet carrigationes facere praesumant. Concil. Paris. a. 829, c. 50, *Conc.*, II p. 643. Consuetum suae carricationis asellum sibi sterni commendat. V. Menelei Menat., lib. 2 c. 4, MABILLON, *Acta*, III pars I p. 419.

**carricator**, carru-: *charron — carter*. DUVIVIER, *Actes*, I p. 139 (a. 1158, Corbie).

**carricatura**: 1. *service de charroi — cartage service*. Mansuarios in carricaturis et paraveredis . . . exigendis gravare. Epist. synod. Carisiac. a. 858, c. 14, *Capit.*, II p. 438 l. 4. Neque paraveredos aut expensas aut hospitum susceptiones requirat aut carricaturas aut ullas . . . actiones sive mansionaticos inde exigat. D. Odonis reg. Fr. a. 890 ap. Guimanni

cart., ed. VAN DRIVAL, p. 55. **2.** *charretée — cart-load.* S. xii.
**carricatus** (decl. iv): *service de charroi — cartage service.* Istae sunt consuetudines, scilicet: villicariam, justitiam, carricatum boum, equorum, asinorum. *Actes Phil. Ier,* no. 56 (a. 1071), p. 150.
**carrigium,** -egium, -ugium, -iagium, -igo (genet. -inis) (< carrus): *chariot — cart.* Tam de carrigio quam de parafredos. *D. Karolin.,* I no. 108 (a. 775). Nec de saumas nec de carrigine. Ib., no. 122 (a. 779). Nec theloneum sive de carrigio sive de navigio. BEYER, *UB. Mittelrh.,* I no. 95, p. 99 (a. 860, Bretagne). Teloneum de quolibet commertio, tam navigio quam et de carrigio aut de saginis. D. spur. Chilperici I reg., PERTZ, *Dipl.,* p. 131 (Tournai). Pro aliquo theloneo tam [de] navigio quam carrigio. *D. Ottos II.,* no. 148 (a. 977). Infinita carrigia. G. Federici imp. in Lomb., a. 1165, ed. HOLDER-EGGER, p. 60. Cum carriagiis transibant Paudum. MURATORI, *Rer. It. scr.,* VIII col. 1083 (a. 1216).
**carrina,** v. carena.
**carriola,** cariola: *charrette — small cart.* S. xiii.
**carriotum,** ch-, -ario-, -ta (< carrus): *chariot — cart.* CONSTANT., V. Adalberonis II episc. Mettens., c. 14, *SS.,* IV p. 662 l. 53. Mir. Goerici, *AASS.,* Sept. VI p. 46 col. 2.
**carro** (genet. -onis) (< carrus): *charron — carter.* De carronibus quos honeratos vel euntes vel redeuntes, dicebat comes non debere abbatem ... judicare. *Actes Phil. Ier,* no. 28 (a. 1066), p. 85.
**carrocerus,** caro-, -z-, -ar-, -en-, -an-, -um: idem quod carrocium. G. Federici imp. in Lomb., a. 1160, ed. HOLDER-EGGER, p. 40. Ibi pluries.
**carrocium,** caro-, -zum: *char portant l'étendard des villes italiennes — carriage on which the standard of Italian cities was fastened.* Populus civitatis [Mediolanensis] cum vexillo s. Ambrosii, quod miro artificio egregiae molis et altitudinis ferebant in karrotio, quem juga boum non pauca trahebant. Frider. I imp. epist. a. 1162, *Const.,* I no. 204. BURCHARD. URSPERG., a. 1160 sq., ed. HOLDER EGGER-SIMSON, p. 42 sq. ACERB. MORENA, a. 1162, ed. GÜTERBOCK, p. 153. Boso, Lib. pontif., Alexander III, ed. DUCHESNE, II p. 432 l. 27.
**carropera,** caropera (neutr. plural. et femin. singul.): *service de charroi — cartage service.* Nulla functione aut reditus terrae vel pascuario aut agrario, carropera ... MARCULF., lib. 2 no. 36, *Form.,* p. 97. Faciunt caropera propter vinum ... cum duobus animalibus de manso. Polypt. Irminonis, br. 13 c. 1, ed. GUÉRARD, p. 132. Mittit unum bovem ad caropera. Ib., br. 13 c. 15, p. 135. Coloni fiscales ... carropera et manopera ... debent ... Quicquid eis carricare praecipitur de opera carroperae ... sine ulla difficultate carricent. Edict. Pist. a. 864, c. 29, *Capit.,* II p. 323. Noctes septem in carropera, ex quocumque servitio indicitur, carra 2. *Mus. arch. dép.,* p. 31 (a. 967). Quod eis cives ... in carropera fecerunt. BENOIT, *Hist. de Toul,* p. 71. Bannum, infracturam, corvadam, carroperam, opus ad castellum vel aliam quamlibet consuetudinem. FLACH, *Orig.,* I p. 265 n. 2 (a. 1049, Montier-en-Der). Homines ducis solebant ... homines Sancti cum animalibus suis in corvatam vel in carropera ducis violenter adducere. CHEVRIER-CHAUME, *Ch. de S.-Bénigne de Dijon,* II no. 398 p. 175 (a. 1101).
**carroperarius** (adj.): *qui concerne les services de charroi — concerning cartage service.* Mansi carroperarii: qui doivent des charrois — liable to cart transport. Polypt. Fossat., c. 1 sqq., ap. GUÉRARD, *Irminon,* II p. 283. Subst. neutr. plural. **carroperaria**: *services de charroi — cart transport services.* De operibus et carroperariis quibus homines ecclesiae afficiebat. MARTÈNE, *Thes.,* I col. 368 (a. 1127, Reims).
**carroxolum,** cara-, -zolum: idem quod carrocium. OTTO MORENA, a. 1160, ed. GÜTERBOCK, p. 120. Ibi pluries.
**carrubium** = quadrivium.
**carruca,** caruca, ch-, -cha (< carrus; class. „chariot — cart"): **1.** *charrue à roues — wheeled plough.* Si quis caballum qui carruca trahit involaverit. Lex Sal., tit. 38 § 1. Si carrucam involat aut rumpit rotas in priori parte. Lex Alamann., tit. 96. Lex Ribuar., tit. 44. Facit ... curvadam I cum quantis animalibus habuerit, quantum ad unam carrucam pertinet. Polypt. Irminonis, br. 22 c. 4, ed. GUÉRARD, p. 228. [Vaccae] pro servitio ad dominicum opus vaccaritiae vel carrucae nullo modo minoratae sint. Capit. de villis, c. 23. **2.** *terre labourable qui fait partie de la réserve domaniale — demesne arable field.* Decimam recipiat de carruca indominicata. Capit. Pist. a. 869, c. 12, II p. 337. Militibus qui per loricas terras suas deserviunt, terras dominicarum carrucarum suarum quietas ab omnibus geldis ... concedo. Henrici I reg. Angl. ch. in coronatione data a. 1100, c. 11, STUBBS, *Sel. ch.*[9], p. 119. Decimam ... de domestica quarruca sua de Vallis, sive in manu sua sit sive ad firmam vel censum eamdem aliquis de manu sua receperit. *Actes Phil.-Aug.,* no. 512 (a. 1195), II p. 48. **3.** *l'étendue de terre qu'on peut mettre en valeur avec une charrue — as much land as can be ploughed by one wheeled plough in a season.* Polypt. Fossat., c. 5, ed. GUÉRARD, *Irminon,* II p. 284. De carruca integra ... De semi carruca ... ROUSSEAU, *Actes de Namur,* no. 9 (a. 1154).
**carrucagium,** charr-, -uagium: **1.** *impôt levé par charruée — a tax based on the carucate.* S. xii ex., Angl. **2.** *champ arable faisant partie de la réserve domaniale — demesne arable field.* S. xiii.
**carrucare** et derivata, v. carricare.
**carrucarius** (adj.): *d'une charrue — of a wheeled plough.* Carrucarius caballus. Cod. Paris. Lat. 4404 legis Salicae, tit. 38 § 1. Subst. mascul.: *laboureur — ploughman.* S. xiii.
**carrucata,** caru-, -gata, -ata: **1.** *l'étendue de terre qu'on peut mettre en valeur avec une charrue — as much land as can be ploughed by one wheeled plough in a season.* Domesday Book. VERCAUTEREN, *Actes de Flandre,* no. 4 (a. 1076). Ibi pluries. BRUNEL, *Actes de Pontieu,* p. 69 no. 45 (a. 1149). Ibi saepe. QUANTIN, *Cart. de l'Yonne,* I p. 207 no. 108 (a. 1101, Tonnerre). **2.** *labourage — ploughing.* Convenimus ibi congregare nos boves et carruatam facere et de nostro semine ... terciam seminare partem. GUÉRARD, *Cart. de S.-Victor de Mars.,* I no. 160 p. 187 (a. 1069).
**carrugium,** v. carrigium.



**carrum,** carra (femin.) (idem vox ac carrus; celt.): **1.** *chariot à quatre roues — four-wheeled cart.* **2.** *charretée — cart-load.* Faeno carra tanta. MARCULF., lib. I no. 11, *Form.,* p. 49. Carram de vino et carram de siligine. WARTMANN, *UB. S.-Gallen,* I no. 3 (a. 716-720). **3.** *charroi — cartage.* Tria carraria opera licet fieri in die dominico, id est ostilia carra vel victualia ... Admon. gener., a. 789, c. 81, *Capit.,* I p. 61. **4.** collect.: *bêtes de somme — beasts of burden.* FULCHER. CARNOT., Hist. Hierosol., lib. 1 c. 19, MIGNE, t. 155 col. 856 C; lib. 3 c. 18, col. 911 B.
**carsus** (gr.?): **ventre — belly.*
**1. carta** et derivata, v. chart-.
**2. carta** et derivata, v. quart-.
**1. cartallus,** cartellus (gr.): **corbeille — basket.*
**2. cartallus,** v. quartalis.
**cartellus** (< charta): *charte — charter.* S. xiii.
**carticella** (< charta): *cédule — schedule.* S. xiii.
**carto** (genet. -onis), v. quarto.
**cartula** et derivata, v. chartula.
**carubium** = quadrivium.
**caruca** et derivata, v. carruca.
**carvana,** carvanna, v. caravana.
**casa,** causa (variante due à une confusion avec *causa* „bien-fonds" — variant form prompted by confusion with *causa* "landed property"): **1.** *maison, habitation — house, dwelling, home.* Male [i. e. mali] homines ad casa sua advenissent. F. Andecav., no. 32, *Form.,* p. 14. Casa sua per nocte fuit efracta. Ib., no. 33, p. 15. Casa sua igne cremassent. Cart. Senon., no. 38, ib., p. 202. Casa mea cum ipsa area infra civitatem. F. Turon., no. 42, ib., p. 158. Puella ... revertatur in casa et in pecuniam suam. Liutpr. leges, c. 12 (a. 717). In ipso vico casas incenderint. Edict. Rothari, c. 19. Si alicui de illis hominibus qui in exercitu exire valent ... aliquis ad casam malefecerit aut in uxore aut in domo ..., ut ipsi malefactores ... in carcere fiant missi ... usque dum ad casam remeaverint [illi] contra quos illa mala fuerit perpetrata. *Capit.,* I p. 141 c. 4 (a. 805-808). **2.** *demeure paysanne — peasant's homestead.* Tam casis, campis, terris ... [form. pertin.] F. Andecavens., no. 7, *Form.,* p. 7. Ibi saepe. Casis, mansis, mancipiis, edificiis. *D. Merov.,* no. 27 (ca. a. 664). Casam et mansum et vineas et mancipia. *D. Arnulfing.,* no. 18 p. 105 (a. 747). Si quis conparaverit terram, id est solum ad aedificandum aut casam mancipiata[m]. Edict. Rothari, c. 227. **3.** *unité d'exploitation rurale — peasant's holding.* Servus massarius licentiam habeat de peculio suo ... in socio dare ..., vindere autem non, nisi quod pro utilitatem casae ipsius est, quatinus casa proficiat et non depereat. Edict. Rothari, c. 234. Si quis gastaldius vel actor curtem regiam habens ad gobernandum, ex ipsa curte alicui sine jussionem regis casa[m] tributaria[m] ... ausus fuerit donare. Liutprandi leges, c. 59 (a. 724). **4.** *demeure seigneuriale, centre de domaine — a lord's dwelling-place, manor.* Capsa de casa cum ipso vilare, ubi ipsa casa resedit. F. Andecav., no. 35, *Form.,* p. 16. Casa cum curte vel omni circumcincto suo. Ib., no. 54, p. 23. De illas casas dominicatas. Coll. Flavin., addit. 2, ib., p. 489. Invenimus in illo fisco casam regalem cum cameris 2. Brevium exempla, c. 32, *Capit.,* I p. 255. Curtem cum sepe circumcinctam, casam dominicam cum ceteris aedificiis. *D. Ludwigs d. Deutsch.,* no. 92 (a. 858). Casas dominicatas duas cum territorio dominicali. Ib., no. 93 (a. 858). Casam indominicatam cum omnibus appendiciis ejus et mansum indominicatum integrum et dimidium ad ipsam curtem aspicientem. BEYER, *UB. Mittelrh.,* I no. 119 p. 124 (a. 881, Prüm). **5.** casa Dei, casa sancta: *église, sanctuaire, abbaye — church, sanctuary, monastery.* *D. Merov.,* no. 3 (a. 528). *D. Arnulfing.,* no. 19 p. 99 (a. 722). Cart. Senon., no. 14, *Form.,* p. 190. Ibi saepe. Serviant ad illam casam Dei. WARTMANN, *UB. S.-Gallen,* I no. 7 (a. 741). Qui res suas pro anima sua ad casam Dei tradere voluerit. Capit. legib. add. a. 803, c. 6, I p. 113. Requirant de cappellis et abbatiolis ex casis Dei in beneficium datis. Capit. missor. Suession. a. 853, c. 3, II p. 268. Ad ipsam sanctam casam tradidi. F. Turon., addit. 2, *Form.,* p. 160. **6.** casa sancti illius: *église, sanctuaire, abbaye — church, sanctuary, monastery.* Ad casa sancti illius. F. Senon. rec., no. 1, *Form.,* p. 211. Quicquid in ipso fine H. casa s. Stephani [i. e. ecclesia Mettensis] ibidem habuit. PARDESSUS, II no. 586 p. 398 (a. 745). Ad casam s. Petri et s. Pauli. *D. Arnulfing.,* no. 16 p. 103 (a. 746). Casa s. Dyonisii. *D. Karolin.,* I no. 1 (a. 752). Casa s. Gallonis recipiat hoc. WARTMANN, *UB. S.-Gallen,* I no. 39 (a. 763). **7.** casa (sans qualificatif — without adjunct): *église, sanctuaire, abbaye — church, sanctuary, monastery.* Supramemoratas ecclesias et supradictas res unaquaque casa per rectores suos ... in suam faciant revocare dominationem. Testam. Wideradi Flaviniac. a. 721, PARDESSUS, II no. 514 p. 324.
**casada,** v. casata.
**casalaria,** -eria: *emplacement d'une maison — house plot.* S. xiii.
**casalaticum,** casalagium: **1.** *cens dû pour les demeures des dépendants d'un seigneur — rent owing for dwellings held by dependents of a lord.* S. xiii. **2.** *les demeures elles-mêmes qui étaient grevées de ce cens — the dwellings for which this rent was due.* S. xiii.
**casalatus** (adj.): *chasé, pourvu d'une tenure appelée „casale" — provided with a holding called a "casale".* Quantum [habitantes in salvitate] pro unoquoque casale dederint censum. Homines vero si qui de honore ... donatorum in eadem salvetate casalati fuerint ... *Hist. de Languedoc,* V col. 684 sq. (a. 1084, Lezat).
**casalicium,** cassa-, -ri-, -cus: **1.** *emplacement d'une maison — house-plot.* Vendimus vobis casarico juris nostri. BERNARD-BRUEL, *Ch. de Cluny,* I no. 45 (a. 891, Vienne). Item ib., no. 786 (ca. a. 950). Dedit intra civitatem Reatinam casalicium ad forum. Chron. Farf., MURATORI, *Scr.,* II pars 2 col. 464. **2.** *enclos qui entoure une demeure paysanne — farmyard.* Cum casis, casaliciis, campis, vineis, pratis. *AASS.,* Maji VI p. 820 (ch. a. 804, Gellone). *Reg. Farfense,* no. 224 (a. 817). In edificiis, casis astantibus, casaricis. BERNARD-BRUEL, o.c., I no. 88 (a. 905). **3.** *tenure paysanne,* unité d'exploitation rurale de dimensions modestes — *small farm.* FATTESCHI, *Memor. di Spoleto,* p. 313 (a. 1006).

**casalinus** (adj.): *d'une maison — of a house.* Terra casalina: enclos qui entoure une demeure paysanne — farm-yard. *CD. Cavens.*, I p. 4 (a. 799). *D. Ottos I.*, no. 407 (a. 972). Subst. femin. et neutr. **casalina,** casarina, -um: *enclos* qui entoure une demeure paysanne — *farm-yard.* Casas atque casarinas novem. GREGOR. CATINENS., Chron. Farf., ed. BALZANI, p. 65 A. Donavit casas et casalina infra civitatem. PETRUS DIAC., Chron. Casin., lib. 4 c. 22, *SS.*, VII p. 772 l. 17. *Reg. Farfense*, no. 269 (a. 811); no. 1103 (a. 1083). *CD. Cajet.*, I p. 25 (a. 890). *D. Konrads II.*, no. 258 (a. 1038).

**casalis** (adj.): **d'une demeure rurale — of a rural dwelling.* In hac ruricola quidam fundum casalem paucaque novalia possidebat. Mir. Guthlaci (s. xii), c. 17, *AASS.*³, Apr. II p. 59 C. Subst. **casalis** (femin. et mascul.), cha-, -sua-, -le (neutr.), -lus (mascul.): **1.** **maison — house.* **2.** *enclos* qui entoure une demeure paysanne — *farm-yard.* Quicquid in villa R. . . . vel in ipsa fine visa sum habere, . . . id est casales cum aedificiis desuper positis, vineis, campis, pratis, silvis . . . PARDESSUS, II no. 491 p. 300 (a. 715, Dijon). Casis, casalibus, terris, pratis, silvis . . . ZEUSS, *Tradit. Wizenb.*, no. 10 (a. 738/739). Hobam 1 cum casali et vinea. Ib., no. 147 (a. 744). Casa cum casale uno cum omnibus utensilibus eorum. WARTMANN, *UB. S.-Gallen*, I no. 124 (a. 790). Casa cum casale cum domibus, edificiis . . . et de terra arativa 30 juchos et duas pratas. Ib., no. 179 (a. 804). Terra dominicata cum casa et casale. *D. Ludwigs d. Deutsch.*, no. 16 (a. 835). *D. Ugo*, no. 11 p. 36 (a. 928). Alodum . . . cum terra arabili et casualibus. *D. Lothaire*, no. 33 (a. 972). Unum casale quod hovestat vocatur. GUNTHER, *CD. Rheno-Mosell.*, I p. 379 (a. 1163). **3.** *tenure paysanne,* unité d'exploitation rurale, de dimensions modestes — *small farm.* Casalem unam cum ipso servo nomine R. desuper commanente cum edificio suo. BRUCKNER, *Reg. Alsatiae*, no. 302 (a. 783). Concil. Roman. a. 761, *Conc.*, II p. 67. Concil. Teatin. a. 840, ib., p. 791. FATTESCHI, *Memor. di Spoleto*, p. 275 (a. 773). Monasteriis et cûrtibus, casalibus et sortibus. *D. Karls III.*, no. 12 (a. 879). *CD. Cajet.*, I p. 29 (a. 903). **4.** *domaine — estate.* Quoddam casale quod cognominatur Curaticus. *D. Karlmanns*, no. 23 (a. 879). Casale in quo idem monasterium [Sublacense] est collocatum. *D. Ottos I.*, no. 336 (a. 967). Castellum . . . cum fundis et casalibus et apendicibus suis. *D. Heinrichs III.*, no. 192 (a. 1047). Vineas atque casales juris s. Romanae ecclesiae. Lib. diurnus, c. 34, ed. SICKEL, p. 25. Iterum ib., c. 101, p. 134. Fundos seu casales et massas . . . emere et eidem domuicultae addere visus est. Lib. pontif., Hadr. I, § 54, ed. DUCHESNE, I p. 501. **5.** *village — village.* Civitatem Ravennantium et casales ac omnia praedia . . . occupans. Lib. pontif., Hadrian. I, § 7, ed. DUCHESNE, I p. 488. Miserunt se in quoddam casale. Anonymi G. Francorum, c. 20, ed. BRÉHIER, p. 108. In suburbanis, quae vulgo casalia appellant. GUILL. TYRENS., lib. 18 c. 19, MIGNE, t. 201 col. 730 G. Item ib., lib. 20 c. 20, col. 799 A. Terram excolentes et fertilem reddentes, civitates et casalia usui eorum necessaria construxerunt. Ann. Marbac., a. 1220, ed. BLOCH, p. 88. Item ib., a. 1229, p. 92.

**casamentum,** cha- (<casa): **1.** *l'acte de munir un vassal d'un fief — providing a vassal with a fief.* [Praedia ecclesiae] dominio episcopali inepta cupiditate sunt deducta atque in casamento militum ceca mente tradita. LÉPINOIS-MERLET, *Cart. de N.-D. de Chartres*, I no. 9 (a. 950; an genuinum?) **2.** *la qualité de fief, la suzeraineté féodale, mouvance — the status of a fief, feudal overlordship.* Commendationem vestrorum militum, qui de nostro casamento beneficium tenent. FULBERT. CARNOT., epist. 5 (post a. 1007), *Hist. de Fr.*, X p. 447. Priv. Leonis IX pap., CALMET, *Hist. de Lorraine*, II p. 300. Hanc donationem . . . concessit dominus R. Carnotensis ecclesiae episcopus, in cujus casamento sunt ea. Ch. a. 1075/1076 ap. ORDER. VITAL., lib. 5 c. 15., ed. LEPRÉVOST, II p. 426. Miles quidam . . . dedit Deo et s. Mariae Molismensi ecclesiam de L. . . . laudante domno Iterio de T., de cujus casamento erat. QUANTIN, *Cart. de l'Yonne*, I p. 199 no. 103 (ca. a. 1100). Cum Clarenbaldus . . . villam . . . de casamento Laudunensis aecclesiae ex beneficio nostro teneret. FLACH, *Orig.*, I p. 311 (a. 1130). De beneficiis quae in casamento comes plurima tenuerat ab ecclesia Treverensi. BALDERIC., G. Alberici Treverensis, c. 20, *SS.*, VIII p. 254. **3.** *fief — fief.* Ut fidelis haec nocumenta caveat, justum est; sed non ideo casamentum meretur. FULBERT. CARNOT., epist. a. 1020, *Hist. de Fr.*, X p. 463. [Terra] contigua cetero meo non erat casamento. MÉTAIS, *Cart. de Vendôme*, I no. 11 (ante a. 1037). Hoc laudaverunt et concesserunt milites qui de me habebant casamentum in ipsa terra. CHEVRIER-CHAUME, *Ch. de S.-Bénigne de Dijon*, II no. 367 p. 146 (a. 1088). Quicumque Lingonensis ecclesie casatus cenobio vestro . . . aliquid de casamento suo contulerit. Priv. Urbani II pap. a. 1095, PFLUGK-HARTTUNG, *Acta*, I no. 64. De hereditate sua vel casamentis. VERCAUTEREN, *Actes de Flandre*, no. 18 (a. 1094/1095). Decimam quam a me [sc. episcopo Cameracensi] in casamento tenebant. MIRAEUS, II p. 813 (a. 1101). Utrum . . . ad solas pertineat proprietates eorum, an etiam pertineat ad casamenta eorum. IVO CARNOT., epist. 173, MIGNE, t. 162 col. 177 A. Casamentum castri de G. tenebat. CALMET, *Hist. de Lorraine*, III p. 123. [Rex] nolebat reddere Willermo cassamentum suum. ROBERT. DE TORINN., a. 1135, *SS.*, VI p. 492 l. 12. Confirmamus vobis [sc. abbati Molismensi] ecclesiam s. Desiderii infra muros Lingonicae urbis cum appenditiis suis, exceptis militaribus casamentis. *Gall. chr.*², IV instr. col. 152. De casamento quod tenetis, hominium quod debetis reverenter ei . . . offeratis. BERNARD. CLARAEVALL., epist. 39, MIGNE, t. 182 col. 147 C. Auxilium nobis prebebis de omni casamento quod a nobis habes. Conv. Heinrici VI imp. cum duce Burgund. a. 1186, *Const.*, I no. 325, c. 3. **4.** *bâtiment annexe — out-building.* In S. tres casas cum casamentis undecim. Chron. Farf., MURATORI, *Scr.*, II pars 2 col. 594. In quodam casamento de ecclesia b. Agathe de burgo Cremone juravit. Conv. Frider. I imp. cum Cremonens. a. 1176, *Const.*, I no. 251. **5.** *emplacement d'une maison — house-plot.* Casam cum ipso casamento. *Reg. Farfense*, no. 981 (a. 1067). Casamentum cum casa. GADDONI-ZACCHERINI, *Chart. Imolense*, II p. 378 (a. 1189).



**casana,** cassana: *maison de prêts sur gages — pawnbroker's shop.* S. xiv.

**casare**: **1.** aliquem: *munir d'un fief — to provide with a fief.* Si quem . . . vellent noviter casare, hoc de prebenda fratrum [fieri] . . . non dubitabant abbati persuadere. Cantat. s. Huberti, c. 52, ed. HANQUET, p. 124. **2.** aliquid: *garnir de fiefs — to furnish with fiefs.* Cum . . . non haberet unde castrum illud casare posset, de tertia parte possessionum abbatiae illud casavit. Chron. s. Michaelis in pago Virdun., c. 7, ed. TROSS, p. 8.

**casarina,** v. casalina.

**casaricium,** v. casalicium.

**casarius** (subst.): **petit paysan — small farmer.*

**casaticum**: *redevance* exigée pour l'usage temporaire de certains bâtiments (auberges?) — *impost* on use of certain buildings (inns?). Neque placiaticum, portaticum, pontanicum, casaticum. *D. Ottos I.*, no. 245 (a. 962).

**casatura**: **1.** *unité d'exploitation rurale, manse — rural homestead, manse.* De unaquaque casatura 4 den. unoquoque anno. *Hist. de Languedoc*³, V col. 491 (a. 1058). **2.** *fief — fief.* Abbatiam s. Gaugerici, comitatum totius terrae Cameracensis, castellaniam quoque, casaturas et hominia quae de feodo episcopi esse constat. D. Konradi III reg. a. 1146, MIRAEUS, I p. 181 col. 1.

**casatus,** cassatus, chasatus (adj.): **1.** d'un serf: *muni d'une tenure*; ayant son ménage à lui — of a serf: *provided with a holding*; having his own husbandry. Nullus ex his tribus fratribus suscipiat de regno alterius a quolibet homine traditionem vel venditionem . . . terrarum . . . servorumque qui jam casati sunt . . . excepto . . . mancipiis non casatis. Divisio imperii a. 806, c. 11, *Capit.*, I p. 129. Servi casati. Tradit. Lunaelac. (s. ix in.), *UB. d. L. ob der Enns*, I p. 16 no. 25; no. 31; no. 74. **2.** d'un vassal: *muni d'un bénéfice, investi d'un fief* — of a vassal: *provided with a benefice, enfeoffed.* De vasallis dominicis statutum est, ut vasallos suos casatos secum non retineant. Capit. Bonon. a. 811, c. 7, I p. 167. Homines comitum casati. Capit. missor. de exerc. a. 808, c. 4, I p. 137. Quot homines casatos [unusquisque in suo beneficio habeat.] Capit. de justit. fac. a. 812, c. 5, I p. 177. Concil. Duziac., Acta synod., c. 4, MANSI, t. 16 col. 663 B. Vassi vel casati homines nostri. Adalhardi abb. Corbejens. statuta (a. 822), lib. 2 c. 17, ed. LEVILLAIN, *LMA.*, t. 13 (1900), p. 385. De Monz quidam miles U. casatus erat. Cantat. s. Huberti, c. 99, ed. HANQUET, p. 255. Quidquid servitii et justitiae in alodio Molismensi . . . milites casati . . . habebant. *Gall. chr.*², IV instr. col. 152 (a. 1101). Quosdam milites casatos cum beneficiis suis libere servituros. DUVIVIER, *Actes*, I p. 224 (a. 1106, Noyon). Quia Leodiensis episcopus aliorum more casatorum hominum nobis facere non potuit hominium. WAITZ, *Urk. z. dt. Verf.gesch.*, no. 13 (a. 1127, Reims). Barones seu casati milites infra marcham habitantes. SCHOEPFLIN, *Alsatia*, I p. 226 (a. 1125-1150, Marmoutier). Qui de castro T. cassati sunt. G. abb. Lobiens., c. 13, *SS.*, XXI p. 317. Septem feoda militum casatorum. D. Ludov. VII reg. Franc. a. 1168, TEULET, *Layettes*, I p. 95 no. 215. Omnes homines de honoribus istis casatos. GUÉRARD, *Cart. de S.-Victor de Mars.*, II no. 1018 p. 479 (a. 1174). Subst. mascul. **casatus**: **1.** *serf muni d'une tenure — a serf who has a holding.* Cassatus septem, qui ad ipsam villam aspicere vel deservire videntur, cum omnibus mansuris et omni peculiare. *D. Arnulfing.*, no. 13 p. 101 (a. 715-739). Dono in loco N. villa nostra casatos tres cum uxoribus et infantibus. WAMPACH, *Echternach*, I pars 2 no. 31 p. 74 (a. 721/722). Dono in villa q. d. A. casatus tuus [i. e. casatos duos] cum hobas suas et cum omni peculiare eorum. WARTMANN, *UB. S.-Gallen*, I p. 40 no. 38 (a. 763). Item ib., no. 7 p. 7 (a. 741); no. 53 p. 53 (a. 769). In B. marcha quicquid ibidem habere videmur, id est hubas duas et casadum unum ibidem manentem. GLÖCKNER, *Cod. Lauresham.*, I p. 291 no. 13 (a. 788). Curte clausa cum edificiis, mancipiis, casatis. F. Augiens., coll. B no. 6, *Form.*, p. 351. **2.** *vassal muni d'un fief, feudataire — vassal who holds a fief, feudatory.* Quosdam vassallos casatosque, ut nominant. G. Aldrici, ed. CHARLES-FROGER, p. 118. Quidam casatus noster nomine H. GUÉRARD, *Cart. de S.-Père de Chartres*, I p. 105 (ante a. 1035, Orléans). Casatorum omni[um] ecclesiae consilio. Priv. Leonis IX pap., CALMET, *Hist. de Lorraine*, II p. 294. Domnus Bovensis I. noster casatus. *Actes Phil. Ier*, no. 93 (a. 1079), p. 240. Cum casatis Cameracensis aecclesiae. G. Lietberti episc. Camerac., c. 3, *SS.*, VII p. 490 l. 28. Castellanus . . . casatus erat ecclesiae. Cantat. s. Huberti, c. 57, ed. HANQUET, p. 130. GYSSELING-KOCH, *Dipl. Belg.*, no. 227 (a. 1073, Cambrai). Ib., no. 127 (a. 1092, Cambrai). Signa casatorum. MIRAEUS, I p. 75 (a. 1089, Cambrai). A clericis nostris et equitibus quos casatos vocant. FLACH, *Orig.*, I p. 263 n. 2 (a. 1089, Champagne). Quicumque Lingonensis ecclesie casatus cenobio vestro . . . aliquid de casamento suo contulerit. Priv. Urbani II pap. a. 1095, PFLUGK-HARTTUNG, *Acta*, I no. 64. Casatos . . . et nobiles. HUGO FLAVIN., *SS.*, VIII p. 477. Pars sanior cleri et casati aecclesiae Suessonicae elegerunt sibi in pontificem . . . HARIULF., V. Arnulfi Suession., lib. 2 c. 1, *SS.*, XV p. 885. Casati nostri qui similia beneficia a nobis habent. D. Friderici I imp., STUMPF, *Acta*, no. 338 (St. 3676). **3.** casati villae: *les possesseurs de biens-fonds dans un terroir de village — local landed proprietors.* PÉRARD, *Rec. de Bourgogne*, p. 299 (a. 1206). Subst. femin. et neutr.

**casata,** casada, -um: **1.** le groupe humain vivant dans la communauté familiale, la *maisnie* — the *demesne household.* Monachi . . . atque eorum infra casatum homines. Capit. episcop. a. 780, I p. 52. **2.** un *ménage de serfs — a family of serfs.* Donamus tibi 7 hobas et 7 casatas . . . Has casatas ibidem manentes cum omni peculio vel laboratu eorum . . . trado. PARDESSUS, II p. 263 (a. 704). **3.** *enclos* qui entoure une demeure paysanne — *farm-yard.* Casadam unam sepe circumcinctam cum una domo et uno granario. F. Sangall. misc. no. 2, *Form.*, p. 380. In castello M. donamus tibi tres casatas cum mancipiis una cum omni peculiari eorum et

centum diurnales . . . de terra aratoria . . . Et in curte nostra alia nuncupante M. donamus tibi 7 hobas et 7 casatas et 400 diurnales de terra . . . WAMPACH, *Echternach*, I pars 2 no. 8 p. 30 (a. 704). Domibus, mancipiis, casadis, pomariis . . . BAUMANN, *Urk. Allerheil. in Schaffhausen*, p. 39 no. 18 (a. 1094). Ibi pluries. **4.** *unité d'exploitation rurale, manse — rural homestead, manse.* Annis singulis de unaquaque casata solidus ad ecclesiam vel ad monasterium reddatur. Karlmanni capit. Liptin. a. 743, c. 2, I p. 28. De rebus ecclesiarum . . . nona et decima detur atque de casatis quinquaginta solidum unum. Capit. Harist. a. 779, c. 13, I p. 50. De censu aecclesiarum, id est solidum de cassata suscipe. Zachariae pap. epist. a. 751, *Epp.*, III p. 372 l. 3. Curtis meus D. cum undecim casatas. WARTMANN, *UB. S.-Gallen*, I no. 16 (a. 752). Dono in villa C. casatas 2 his nominibus: H. et uxorem suam P. cum hoba sua et cum omni peculiare eorum, C. cum hoba sua et omni peculiari. Ib., I no. 48 (a. 765). In loco q. d. O. casatum unum et quicquid ibidem pertinet. *BCRH.*, t. 113 (1948), p. 279 (ch. s. ix in., Gand). Hoc est quod trado: casadam legitimam sitam in M. MEYER VON KNONAU, *Urk. Rheinau*, p. 31 no. 22 (a. 892). **5.** *une mesure de terre — a measure of land.* Terram 55 cassatorum . . . concedo. BRANDI, *Urk. u. Akten*³, no. 23 (ch. Offae reg. Merciae a. 793-796).

**cascavellus:** *sonnette — bell.* S. xiii, Hisp.

**cascus,** ch-: **1.** *tonneau — cask.* S. xiii, Angl. **2.** *casque — helmet.* S. xiii, Ital.

**casearius:** *fromager — cheese-monger.* Casearii, buturiarii, hoc est qui caseum scindunt et vendunt denariatim et butirum similiter. WARNKOENIG-GHELDOLF, *Flandre*, II p. 506 no. 34 (s. xii).

**caseata:** *un mets préparé avec du fromage — a food of which cheese is an ingredient.* S. xiv, Ital.

**casella:** **1.** *maisonnette, cabane — small house.* Ingruentes . . . domum ac casellam. FELIX, V. Guthlaci, c. 18, MABILLON, *Acta*, III pars 1 p. 271. Casellam quam abeo intra hac civitate. GIULINI, *Memor. di Milano*, p. 473 (a. 879). Basilicam cum casella. GREG. CATIN., Lib. larg. Farf., ed. ZUCCHETTI, II p. 54. Domum cultile cum caselis. GLORIA, *CD. Padovano*, I p. 74 (a. 968). **2.** *petite demeure paysanne — small farm.* Casellas aut mancipiola ecclesiae. Concil. Clippiac. a. 626/627, c. 15, *Conc.*, I p. 199. Quasdam casellas ad comitatum Papiensem pertinentes . . . terrasque ad easdem casellas respicientes. *D. Charles le Chauve*, no. 402 (a. 876). Casella cum terra. VIGNATI, *CD. Laudens.*, I p. 6 (a. 761). Terrulam aut casellam. FATTESCHI, *Memor. di Spoleto*, p. 278 (a. 776). Casella cum orto. *D. Berengario I.*, no. 10 (a. 958), p. 323.

**caseola:** *enclos qui entoure une demeure paysanne — farm-yard* (cf. casale sub 2.). In curtis, vineis, casis, caseolis, pomeriis. BRUCKNER, *Reg. Alsatiae*, no. 207 (a. 768).

**casibula,** v. casubula.

**casimentum,** v. casamentum.

**casina,** cassina: **1.** *maisonnette, cabane — small house, cabin.* Si quis cassinam aut tectum alienum foris curtem, ubi vir non habitat, disturbaverit. Edict. Rothari, c. 379. Petiam de terra cum sala una et casina una. GIULINI, *Memor. di Milano*, III p. 499 (a. 1006). **2.** *petite demeure paysanne — small farm.* Casinis triginta et terris. ASTEGIANO, *CD. Cremon.*, p. 32 (a. 949). Fundum cum casinis, casale. BENEDICT. SANTANDREAN., ed. ZUCCHETTI, p. 75. Casis et cassinis. *Fonti di Stor. Fiorent.*, p. 13 (a. 978). Casam dominicatam cum cassinis et orto et corte. *D. Heinrichs II.*, no. 425 (a. 1020). Campum . . . qui fuit vinea . . . et modo sunt cassine et hosti [leg. horti]. *D. Heinrichs IV.*, no. 350 (a. 1083).

**casindius,** v. gasindus.

**caslanus,** v. castellanus.

**casnetum:** *chênaie — oak-grove.* Usque ad terram et nemus quod Morini dicitur casnetum. *Actes Phil.-Aug.*, no. 156 (a. 1185).

**casnus** (celt.): *chêne — oak.* Venissent . . . in terra vel silva s. Benigni et ibi tallassent vel occidissent uno casno. CHEVRIER-CHAUME, *Ch. de S.-Bénigne de Dijon*, no. 61 (a. 866).

**cassa,** v. capsa.

**cassamentum,** v. casamentum.

**cassana,** v. casana.

**1. cassare** (<cassus), capsare (par attraction de *capsa* — form influenced by *capsa*): **1.** **rendre vain, frustrer — to foil, to frustrate.* **2.** **abroger* une loi — to *abrogate* a law. **3.** *invalider, annuler* un acte, un décret, une convention, etc. — *to quash, to annul* a deed, a decree, an agreement etc. E. g.: Apostolicae ecclesiae concilium adgregaret et quaeque ei visa essent stabiliret, et quae adversa rennuendo cassaret. Lib. pontif., Joh. VII, ed. MOMMSEN, p. 220. Cassatis quibuscumque aliis conscriptionibus. *D. Charles le Chauve*, no. 75 (a. 845). Omnia sacramenta sua [i. e. jurajuranda] . . . cassantur. GUIBERT. NOVIG., De vita sua, lib. 3 c. 7, ed. BOURGIN, p. 162. **4.** *rejeter* une demande en justice — *to reject* a claim. Querimoniam . . . extinctam et ordine judiciario sepius cassatam. MULLER-BOUMAN, *OB. Utrecht*, I no. 485 p. 433 (a. 1176). **5.** *parer à, prévenir — to avert.* Remedio eleemosinae cassantur imminentia bella. *Hist. de Fr.*, IX p. 672 (a. 887).

**2. cassare** = quassare.

**cassaricium,** v. casalicium.

**cassarum,** -sse-, -rium (arab.?): *château fort — castle.* S. xii, Ital.

**cassata,** cassatum, v. casata.

**1. cassatus** (adj.): **vain, futile — vain, futile.*

**2. cassatus,** v. casatus.

**cassetum,** cassettum: *casque—helmet.* S. xiii, Ital.

**cassidile,** capsi-, -dilis (<cassis): **sac, carnier — pouch, game-bag.* Protulit . . . munus de cassilide [leg. cassidile]. ODORANN. SENON., Chron., a. 1031, MIGNE, t. 142 col. 775 C. CONRAD. DE FABARIA, Cas. s. Galli, c. 5, *SS.*, II p. 167. PETR. DAMIANI, epist., lib. 8 no. 14, MIGNE, t. 144 col. 493 B. Capsidile suo gestabat in inguine dextro. Ecbasis, v. 335, ed. VOIGT, p. 90.

**cassilago:** *jusquiame — henbane.* S. xiii, Angl.

**cassina,** v. casina.

**castaldio,** castaldius, castaldus et derivata, v. gastald-.

**castalleria,** v. castellaria.

**castanaretum,** castagnaretum: *châtaigneraie — chestnut-grove.* S. xiv.

**castanearius,** castanarius: *châtaigner — chestnut-tree.* Capit. de villis, c. 70.

**castellania,** castlania, chaslania: **1.** *la fonction, la dignité de châtelain — the office, the dignity of a castellan.* G. Gerardi episc. Camerac., c. 4, *SS.*, VII p. 498. G. episc. Camerac. abbrev., c. 12, ib., p. 506. **2.** *l'ensemble des droits et des pouvoirs qui se rattachent à la dignité de châtelain — the rights and powers connected with the dignity of a castellan.* Ipso castello quem dicunt Sexago cum ipsa castlania et cum ipsas vigarias, quae ad ipsum castellum pertinent. *Hist. de Languedoc*, II pr. col. 160 (ca. a. 1002, Carcassonne). Dono totum illud quod habeo in fisco, et castellaniam de Spolaco et castellum novum et castellaniam de Melgorio. Ib., II pr. col. 391 (a. 1114, Montpellier). **3.** la circonscription dans laquelle s'exerce le pouvoir d'un châtelain, *châtellenie* au sens territorial — the district under a castellan's authority, *castelry* in the geographical sense. Infra castellaniae ipsius limites. BERNARD-BRUEL, *Ch. de Cluny*, V, no. 4223 (a. 1166). Castellania Balgiaci. GUIGUE, *Cart. Lyonnais*, no. 91 (a. 1203). **4.** une *redevance exigée en vertu de l'autorité du châtelain — a contribution based on the castellan's jurisdiction.* S. xiv.

**castellantia:** **1.** *service de construction et de réparation d'un château — castle building and repair service.* MURATORI, *Antiq.*, IV col. 39 (a. 1167). **2.** *résidence obligatoire dans un château — compulsory residence in a castle.* S. xiii, Ital.

**castellanus** (adj.): *d'un château — of a castle.* Castellanum beneficium. SCHULTES, *Hist. Schriften*, p. 235. Subst. mascul. **castellanus,** castlanus, caslanus: **1.** *habitant d'un château, membre de la garnison d'un château — inhabitant of a castle, member of the castle garrison.* Intrans oppidum, porta latenter a castellanis aperta. FLODOARD., Ann., a. 930, ed. LAUER, p. 46. Brisacenses castellani regiae dominationi subduntur et castellum obsidione absolvitur. ADALBERT., Contin. ad Reginonem, a. 939, ed. KURZE, p. 161. Pagani [i. e. Nortmanni] sunt per merita sanctorum Audomari atque Bertini et Folcwini occisi 310 in W. a castellianis sanctorum predictorum. FOLCUIN., G. abb. Sithiens., c. 96, *SS.*, XIII p. 623. Nullum castellanum ipsius a castello illius seducat et in suum [castellum] collocet. *D. Ottos I.*, no. 348 (a. 967). Castellum . . . cum omnibus suis . . . operi[bu]s, tam de castellanis quamque de colonis. *D. Ottos II.*, no. 238 (a. 980). Hostes . . . vicina loca crebris incursionibus, ne castellanis usui forent, . . . vastarunt. ALPERT. METTENS., Div., lib. 2 c. 2, ed. HULSHOF, p. 29. EKKEHARD., Cas. s. Galli, c. 3, *SS.*, II p. 106 l. 39. Districtum omnium suorum castellanorum, servorum atque omnium eorum qui super terram suam resident. *D. Heinrichs III.*, no. 194 (a. 1047). W. rex Anglorum . . . castrum F. obsedit . . . Sed cum ejus impetum castellani sustinere non possent . . . Actus pontif. Cenom., c. 33 (s. xi ex.), ed. BUSSON-LEDRU, p. 378. HELMOLD., lib. 2 c. 107, ed. SCHMEIDLER, p. 211. Ann. Patherbrunn., a. 1123, ed. SCHEFFER-BOICHORST, p. 143. Castellum Trecense . . . expugnavit, captisque vel occisis castellanis suos inibi collocavit. OTTO SANBLAS., c. 14, ed. HOFMEISTER, p. 17. Ann. s. Petri Erphesfort. majores, a. 1181, ed. HOLDER-EGGER, p. 65. **2.** *châtelain,* d'abord fonctionnaire préposé à la garde d'un château, puis maître d'un château — *castellan,* at first an officer in charge of a castle, later the lord of a castle. Ut nullus dux, archiepiscopus, episcopus, marchio, comes, vicecomes, sculdasio, gastaldio, castellanus . . . presumat. *D. Heinrichs II.*, no. 120 (a. 1006). DUVIVIER, *Hainaut*, p. 383 (a. 1034-1047, Flandre). Ib., p. 441 (a. 1084, Hainaut). CALMET, *Hist. de Lorraine*, II p. 243 (a. 1069). GYSSELING-KOCH, *Dipl. Belg.*, no. 116 (a. 1070, Gand). VERCAUTEREN, *Actes de Flandre*, no. 2 (a. 1072, Gand). G. episc. Camerac. abbrev., c. 12, *SS.*, VII p. 506. *Gall. chr.*², XIII instr. col. 564. MULLER-BOUMAN, *OB. Utrecht*, I no. 184 (a. 1026-1044, Utrecht). Usat. Barchin., Usualia (ca. a. 1058), c. 32, WOHLHAUPTER, p. 196. **3.** *possesseur d'une maison fortifiée dans une ville — possessor of a strong mansion in a city.* GUIBERT. NOVIG., De vita sua, lib. 3 c. 9, ed. BOURGIN, p. 173. **4.** *gardien de château* dans une position subalterne, *concierge — castle warden.* S. xiv. Subst. femin. **castellana:** *épouse* ou *veuve d'un châtelain — wife* or *widow of a castellan.* Petitione Lidiardis castellane filiique ejus Balduini castellani. GYSSELING-KOCH, *Dipl. Belg.*, no. 166 (a. 1084, Flandre). Rogatu Beatricis castellane Broburgensis. DUVIVIER, *Actes*, I p. 240 (ca. a. 1150, Flandre).

**castellare** (verb.): **1.** *construire des ouvrages fortifiés — to erect strongholds.* Comes non possit castellare. GABOTTO, *Cartar. di Pinerolo*, p. 100. **2.** *demeurer dans un endroit fortifié — to dwell in a fortified place.* Quicunque . . . in praefatis cortibus et castellis habitator extiterit aut castellaverit. *D. Konrads II.*, no. 292 (<a. 1038>, spur. s. xiii, Modena). **3.** *demeurer — to dwell.* Mirum fit nobis, quid hic castellat in antris? Ecbasis, v. 192, ed. VOIGT, p. 82. **4.** aliquem: *préposer à la garde d'un château — to put in charge of a castle.* In quo [castro] vir alacer . . . B. ex parte ducum Austrie castellatus, Ludewici fines non destitit . . . conturbare. JOH. VICTOR., lib. 5, rec. A, a. 1324, ed. SCHNEIDER, II p. 89.

**castellaria,** castal-, -leria, castelria: **1.** *la fonction, la dignité de châtelain — the office, the dignity of a castellan.* Cui in dominio Nigelle et castellaria Brugensi J. frater ejus successit. GISLEBERT. MONTENS., c. 91, ed. VANDERKINDERE, p. 127. Castellariam de Zelandia . . . tenebit H. a domino W. VAN DEN BERGH, *OB. Holland*, I no. 206 (a. 1206). **2.** *l'ensemble des droits et des pouvoirs qui se rattachent à la dignité de châtelain — the whole of rights and powers connected with the dignity of a castellan.* Dominus comes domino J. Cameracensi electo hominium fecit super castellaria Cameracensi. GISL., c. 189, p. 276. GUÉRARD, *Irminon*, p. 377 (ca. a. 1110, Poitou). **3.** la circonscription dans laquelle s'exerce le pouvoir d'un châtelain, *châtellenie* au sens territorial — the district under a castellan's authority, *castelry* in the geographical sense. Terram . . . sitam in castellaria Gandensi. VERCAUTEREN, *Actes de Flandre*, no. 95 (a. 1120). Seniores castellarie convocavi. Ib., no. 99 (a. 1120). In alodio suo et in castellaria, id est termino ejusdem castri. D. Ludov. VII reg. Fr. a. 1165, D'ACHÉRY, *Spicil.*, III p. 539. Vendidit . . . in castellaria L. castri . . . in loco q. d. B. unam

mansuram terre. BERTRAND, *Cart. d'Angers*, II p. 303 no. 825 (s. xii ex.).
**castellaris** (adj.): *d'un château — of a castle.* Nulla munitio castellaris edificata maneat. *D. Arnulfs*, no. 188 (spur., s. xii? Toul). Subst. neutr. **castellare**: *rempart extérieur d'un château — outer rampart of a castle.* Castellum Velloso cum castellare suo. *D. Karls III.*, no. 148 (a. 886). Castrum . . . cum ipso castellare et fictorio. *D. Lothaire*, no. 49 (a. 982). Dono ad fevum ipsum castellum et castellare. *Hist. de Languedoc*, II col. 494 (a. 1141).
**castellarium**: *château — castle.* MARTÈNE, *Coll.*, I col. 117 (a. 1214). JOH. CODAGN., a. 1217, ed. HOLDER-EGGER, p. 62.
**castellarius** (subst.): *châtelain — castellan.* SEHER., Primord. Calmosiac. monast. (s. xii ex.), MARTÈNE, *Thes.*, III col. 1172 A.
**castellata**: *tonneau, cuve — cask, tub.* S. xiii, Ital.
**castellatio**: **1.** *construction d'ouvrages fortifiés — building of strongholds.* Castellacio trium scannorum [dans l'énumération des méfaits réservés au jugement du roi — as one of the offences reserved to the king's justice ]. Leges Henrici, tit. 10 § 1, LIEBERMANN, p. 556. Castellatio sine licentia. Ib., tit. 13 § 1, p. 558. **2.** *châtellenie — castelry.* Homines de castellatione domini de Segiaco. TEULET, *Layettes*, I no. 1419 (a. 1220).
**castellatura**: **1.** *fonction de châtelain — office of castellan.* G. Lietberti episc. Camerac., c. 3, *SS.*, VII p. 490; c. 20, p. 496. **2.** *châtellenie — castelry.* In villa quae vocatur F. in castellatura Furnensi. VERCAUTEREN, *Actes de Flandre*, no. 6 p. 17 (a. 1085). Item no. 21 p. 64 (a. 1096).
**castellatus** (adj.): **1.** *qui possède un château — having a castle.* Fere omnes ministeriales ac milites castellati. Chron. de ducibus Bavariae, a. 1312, ed. LEIDINGER, p. 154. **2.** *d'un vaisseau: muni de châteaux* — of a ship: *with one or two castles.* Cum navibus castellatis. ANAST. BIBLIOTH., Chronogr., ed. DE BOOR, p. 183.
**castellensis** (adj.): *qui possède un château — having a castle.* Viginti barones castellenses et quadraginta milites vavassores. G. cons. Andegav., addit. 5, HALPHEN-POUPARDIN, *Chron. d'Anjou*, p. 148.
**castellettum**: *petit château — small castle.* S. xiii.
**castellinus** (adj.): *d'un château — of a castle.* S. xii.
**castellio** (genet. -onis): *petit château — small castle.* Curtem et castellione Aritino. *D. Heinrichs III.*, no. 292 (a. 1052). De villa sua Ardea liberum . . . facere castellionis . . . possit oppidulum. LAMBERT. ARDENS., c. 111, *SS.*, XXIV p. 614.
**castellum**: **1.** *château — castle.* In castello Habendum [i. e. Remiremont]. V. Arnulfi, *Scr. rer. Merov.*, II p. 442. Ad Rumerici castellum profectus. Ann. regni Franc., a. 805, ed. KURZE, p. 120. Castellum quod ibidem [ad Pistas] ex ligno et lapide fieri praecepit. Ann. Bertin. a. 869, ed. WAITZ, p. 98. **2.** *fortification érigée autour d'une abbaye — stronghold built around a monastery.* Castellum in gyro ipsius monasterii [s. Dionysii] ex ligno et lapide conficere coepit. Ann. Bertin., a. 869, p. 98. De castello s. Dionysii. Capit. Carisiac. a. 877, II p. 361. Sub occasione castelli nolumus nomen monasterii deperire. D. Odonis reg. Fr. a. 890 ap. GUIMANN., Cart. s. Vedasti, ed. VAN DRIVAL, p. 55. Monasterium seu castellum [s. Vedasti]. Ann. Vedast., a. 895, ed. SIMSON, p. 77. Infra castellum ejusdem loci a novo constructum. *D. Charles le Simple*, no. 10 (a. 898). Castellum s. Vedasti. Ann. Blandin., a. 932, ed. GRIERSON, p. 17. Bannum . . . intra vel extra castellum ipsius coenobii [s. Dionysii]. D. Roberti reg. Fr. a. 1008, *Hist. de Fr.*, X p. 591. **3.** *une cité épiscopale dans son enceinte — fortified episcopal city.* Ipsum castellum [Matisconense] ceperunt. HINCMAR., Ann. Bertin., a. 880, ed. WAITZ, p. 151. Ad castellum, id est Magadoburg. *D. Ottos I.*, no. 38 (a. 941). In castello Cameracensi. Ib., no. 195 (a. 958). In castello Mogontinensi. STIMMING, *Mainzer UB.*, I no. 377 (s. xi ex.). Castellum Arras. ROGER. WENDOVER., ed. HEWLETT, I p. 270. **4.** *agglomération à l'extérieur d'une cité épiscopale — a walled settlement outside an episcopal city.* De domibus [burgensium] quas intra et supra murum nostri [sc. S. Martini Turonensis] castelli . . . edificaverant. D. Ludov. VII reg. Fr. a. 1141, TEULET, *Layettes*, I no. 75. **5.** *ville entourée d'une enceinte — fortified town.* Terram quandam intra ambitum hujus castelli [S. Audomari]. GIRY, *Saint-Omer*, p. 369 (a. 1042/1043). In castello [sc. Poissy] quo monasterium illud constructum est. *Actes Phil. Ier*, no. 12 (a. 1061). In castello forinseco [i. e. in portu Brugensi]. VERCAUTEREN, *Actes de Flandre*, I no. 9 (a. 1089), p. 32. Ch. Henrici I reg. Angl. a. 1114, RILEY, *Munimenta Gildhallae*, II pt. 1 p. 340. Homines s. Melloni in castello Pontisarensi habitantes. D. Ludov. VII reg. Fr. a. 1138, LUCHAIRE, *Louis VII*, p. 354 no. 31. In omnibus civitatibus et castellis et villis nostris in mercatis faciatis clamari. Litt. ejusdem (ca. a. 1145), TARDIF, *Cartons*, no. 484. Castellum Bapalmae. GUIMANN., o. c., p. 279. Castellum sive burgum Insulas. LAMBERT. ARDENS., c. 153, *SS.*, XXIV p. 641. Duo castella, vid. Sanctum Audomarum et Ariam. GUILL. BRITO, G. Phil. Aug., c. 165, ed. DELABORDE, I p. 246. Cf. J. F. VERBRUGGEN, *Note sur le sens des mots castrum, castellum et quelques autres expressions qui désignent des fortifications. RBPH.*, t. 28 (1950), p. 147-154. **6.** *tour de siège — siege-tower.* Quoddam castellum ex optimis lignis fabricatum . . . construxerunt. OTTO MORENA, ed. GÜTERBOCK, p. 73. Ibi saepe.
**casticia**, -um (< casto): **1.** *service de construction — building service.* Aedificent [coloni] villas vestras moderatis casticiis. Epist. episc. a. 858, *Capit.*, II p. 437, c. 14. **2.** *une bâtisse quelconque* — any kind of *building.* Una cum terris, mansis, casticiis ibidem aspicientibus vel superpositis. GYSSELING-KOCH, *Dipl. Belg.*, no. 5 (a. 685, S.-Bertin). Una cum terris, mansis, casticiis ibidem aedificatis. *D. Merov.*, no. 56 (a. 687). Mansis cum casticiis supersitis, terris. F. Sal. Bignon., no. 6, *Form.*, p. 230. Casa dominicata, casticiis, campis . . . WARTMANN, *UB. S.-Gallen*, I no. 170 (a. 802). Tradiderunt res proprias cum casticiis et wadriscapis. Notitia monast. s. Petri Gand. a. 823, ed. GYSSELING-KOCH, *BCRH.*, t. 113 (1948), p. 284. Mansum et casam capitalem



superpositam cum alia casticia vel edificia ibidem pertinentia majora vel minora. GYSSELING-KOCH, *Dipl. Belg.*, no. 29 (a. 831, S.-Bertin). [Res ecclesiasticas] salvas habeant, et in casticiis et in silvis custoditis. Capit. missor. Suession. a. 853, c. 6, II p. 269. Quasdam res . . . cum casticiis superpositis, terris cultis et incultis. *D. Charles le Chauve*, no. 225 (a. 861). Mansum dominicatum cum castitiis. *SS.*, VII p. 420 l. 6 (ch. a. 874/875, Cambrai). Tam mansis, casales, casticiis . . . WAMPACH, *Echternach*, I pars 2 no. 152 p. 230 (a. 876/877). Castitiis, campis, pratis . . . D. Ludov. Pueri a. 910, LACOMBLET, *UB. Niederrh.*, I no. 86. Curtem bonam cum casticiis. WAMPACH, *UB. Luxemb.*, I no. 167 p. 215 (a. 958/959).
**casticiare**: *construire — to build.* S. xiii.
**castificare**: *_purifier, sanctifier — to purify, to sanctify._
**castigatio**: *_abstinence, continence, chasteté — abstinence, self-restraint, chastity._
**castigatus**: *_sobre, modéré, frugal — moderate, sparing._
**castimonia**: *_abstinence, continence, chasteté — abstinence, self-restraint, chastity._
**castlania**, v. castellania.
**castlanus**, v. castellanus.
**1. casto**, chasto (genet.-onis), castonus (germ.): *châton, enchâssement — enchasement.* S. xiv.
**2. casto**, castor, castus, v. castro.
**1. castrare.** Loc. se castrare aliqua re: *_se libérer, s'abstenir de qqch. — to free oneself, to abstain from._
**2. castrare, 1.** intrans.: *se camper — to encamp.* Illic castraverunt et tentoria fixerunt. V. Willibaldi Eichst. (ca. a. 780), c. 3, *SS.*, XV p. 91. **2.** transit.: *fortifier — to fortify.* Ad oppidum Ragineri quod dicitur Mons castrati loci. RICHER., lib. 3 c. 8, ed. LATOUCHE, II p. 16.
**castratus** (subst.): *bélier châtré — wether.*
**castrensis** (adj.): *d'un château — of a castle.* In castrense beneficium. Chron. Laureshamm., *SS.*, XXI p. 436. Pro jure castrensis peculii, quod vulgariter dicitur burclehen. GUDENUS, *CD. Mogunt.*, I p. 345 (a. 1237). Milites castrenses. PETR. VENERAB., epist., lib. 4 no. 27, MIGNE, t. 189 col. 436. Subst. mascul. **castrensis**: **1.** plural. castrenses: *garnison d'un château — castle garrison.* Castrum . . . capit, castrensesque invadens eorum potiores abducit. RICHER., lib. 2 c. 8, ed. LATOUCHE, I p. 140. V. Launomari (s. ix), c. 26, *AASS.*[3], Jan. II p. 599 col. 2. **2.** *vassal qui doit le service de guet* dans un château de son seigneur — *vassal owing castle-guard service.* Feudum castri non potest castrensis alteri conferre. Spec. Saxon., vers. lat., c. 37. **3.** *châtelain — castellan.* Nos G. militem nostrum fecimus hereditarie fidelem et castrensem in castro nostro de K. SLOET, *OB. Gelre*, no. 1007 p. 977 (a. 1279).
**castricius**: *bélier châtré — wether.* S. xiii.
**castro**, casto (genet. -onis), castronus, castor, castrus, castus: *bélier châtré — wether.* S. xiii.
**castrum**: **1.** *_agglomération fortifiée_ qui n'est pas une cité — *walled-in town*, not being a city. E. g.: Cum Avallone castro . . . scalis excurreret. FORTUN., V. Germani, c. 2, *Scr. rer. Merov.*, VII p. 373. Divione castro [Dijon]. PÉRARD, *Rec. de Bourg.*, p. 59 (a. 812). Prope Belnam castrum [Beaune] in villa. *D. Charles le Chauve*, no. 236 (a. 861). **2.** *château fort — castle.* Eresburgum castrum [Saxonum] coepit [i. e. cepit]. Ann. regni Franc., a. 772, ed. KURZE, p. 32. Carolus rex . . . reaedificavit Eresburgum castrum denuo et alium castrum super Lippiam. Ib., a. 776, p. 46. Odo rex castrum Sancti Quintini . . . obsedit. Ann. Vedast., a. 896, ed. SIMSON, p. 77. Castrum [Montreuil] pugnando recepit. FLODOARD., Ann., a. 939, ed. LAUER, p. 72. Custodiebat castrum [Vitry-en-Perthois]. Id., Hist. Rem., lib. 4 c. 23, *SS.*, XIII p. 580 l. 5. Castrum noviter munitum. ADEMAR., lib. 3 c. 67, ed. CHAVANON, p. 193. In circuitu castri [Corbeil]. ODO SANMAURENS., V. Burchardi, ed. DE LA RONCIÈRE, p. 23. Valentianense castrum [Valenciennes] obsedit. G. pontif. Camerac., c. 114, *SS.*, VII p. 451. Castrum q. d. Eiham [Eename]. Auctar. Affligem. ad Sigeberti Gemblac. Chron., a. 1034, ed. GORISSEN, p. 113. Custodiam castri Gandavensis. GISLEBERT. MONTENS., c. 180, ed. VANDERKINDERE, p. 266. **3.** *fortification érigée autour d'une abbaye — rampart surrounding a monastery.* Castrum seu monasterium s. Vedasti. Ann. Vedast., a. 895, ed. SIMSON, p. 76. De castro quod est circa monasterium s. Martini [Turonensis]. *D. Charles le Simple*, no. 98 (a. 918). Attrabatum castrum. Ann. Elnon., a. 932, ed. GRIERSON, p. 150. Castrum in quo beatissimus pastor [s. Remigius Remensis] corpore quiescit. *D. Louis IV*, no. 44 (a. 953). Castrum monasterii. BERNARD-BRUEL, *Ch. de Cluny*, I no. 980 (a. 955). Castrum s. Radegundis, urbi [Pictavensi] contiguum. RICHER., lib. 3 c. 3, ed. LATOUCHE, II p. 10. Rex . . . convertit se ad castrum beati presulis Germani [Autissiodorensis] expugnandum. RADULF. GLABER, lib. 2 c. 8, ed. PROU, p. 43. **4.** *cité épiscopale — episcopal city.* Ad b. Mariae ecclesiam Frisingas castro moeniis site [i. e. sitam]. BITTERAUF, *Trad. Freising*, I no. 38 (a. 770). Ibi pluries. In Silvanectis [Senlis] castro munitissimo. REGINO, Chron., a. 853, ed. KURZE, p. 76. Ejectis de castro Matiscano [Mâcon] Bosonis hominibus. HINCMAR., Ann. Bertin., a. 880, ed. WAITZ, p. 151. **5.** *résidence royale fortifiée — fortified royal residence.* Pervenit domnus imperator Niwimagum castrum. THEGAN., V. Hludowici, c. 37, *SS.*, II p. 598. Cf. J. F. VERBRUGGEN, *Note sur le sens des mots castrum, castellum . . ., RBPH.*, t. 28 (1950), pp. 147-154. **6.** plural. castra: *_cour impériale — imperial court._ **7.** *cour royale — royal court.* In castris dominicis fuerit exercitatus. FOLCUIN., G. abb. Lobiens., c. 7, *SS.*, IV p. 59 l. 13.
**1. casualis**: *_accidentel — accidental._
**2. casualis**, casualus, v. casalis.
**casualitas**: *hasard — chance.* S. xiii.
**casualiter**: *_par accident — casually._
**casubula**, cha-, -si-, -bla, -vula (< casula): **1.** *cape, manteau à capuchon — cape, hooded cloak.* Diacono cuidam hujus [sc. Nicetii Lugdunensis episcopi] casublam tribuit. GREGOR. TURON., V. patrum, c. 8 § 5, *Scr. rer. Merov.*, I p. 696. Exuens casubulam suam corpori regis induit eam. FAUSTUS, V. Severini Agaun. (ca. a. 520), c. 6, ib., III p. 169. **2.** *chasuble — chasuble.* Casuvula vermicula et istos libros qui fuerunt germani mei B.

PÉRARD, *Bourg.*, p. 27 (ca. a. 840). Casublas optimas 5, cotidianas 2. *Mus. arch. dép.*, p. 40 (a. 980, Clermont).

**casucula** (<casula): *chasuble — chasuble.* Pass. Adalberti Pragens., c. 2, *SS.*, XV p. 706. V. Popponis Stabul., c. 61, cod. Bruxell., *SS.*, XI p. 301 l. 54.

**casula**, chasula (<casa): **1.** *bâtisse annexe — outhouse.* Castellum cum casulis suis. MIRAEUS, II p. 1163 col. 1 (a. 1142, Cambrai). **2.** *petit sanctuaire payen — small pagan sanctuary.* De casulis, id est fanis. Indic. superstit. (s. viii), c. 4, *Capit.*, I p. 223. **3.** *cellule de moine — monk's cell.* CUTHBERT., Epist. de obitu Bedae, MABILLON, *Acta*, III pars 1 p. 538. V. Bernardi, ap. MABILLON, *Bernardi opera* (ed. 1690), II col. 1108. **4.** (metaphor.) **cape, manteau à capuchon — cape, hooded cloak.* Subtus casulam nigello vel lactineo pallio circumdatus incessit. V. Fulgentii Rusp. (s. vi med.), c. 18, *AASS.*³, Jan. I p. 39 col. 2. Caesarii Arelat. testam., PARDESSUS, I p. 106. [Pontifex] dat singulis [infantibus baptizatis] stola[m], casula[m] et crismale. Ordo Rom. XI (s. vii), c. 99, ed. ANDRIEU, II p. 446. **5.** spec.: *froc de moine — monk's cowl.* Presbiteri vel diaconi non sagis laicorum more, sed casulis utantur ritu servorum Dei. Concil. German. a. 742, c. 7, *Conc.*, II p. 4. Casulam qua erat indutus. V. Filiberti Gemmetic. (s. viii p. poster.), c. 36, *Scr. rer. Merov.*, V p. 601. Cucullam nos esse dicimus, quam alio nomine casulam vocamus. THEODEMAR. CASIN., epist. ad Karolum M. (a. 787-797), *Epp.*, IV p. 512. JOH. DIAC. ROMAN., V. Gregorii M., lib. 2 c. 45, MIGNE, t. 75 col. 106 B. **6.** *chasuble — chasuble.* Casula quae super omnia vestimenta ponitur. Ps.-ALCUIN., De off., c. 39, MIGNE, t. 101, col. 1243 B. Primo quidem sacerdotes dalmaticis, ante casularum usum, induebantur, postea vero, cum casulis uti caepissent, dalmaticas diaconibus concesserunt. WALAFR., Exord., c. 25, *Capit.*, II p. 504. AMALAR. METTENS., Eccl. off., lib. 2 c. 19, MIGNE, t. 105 col. 1095. Casulas optimas illas ipse fieri instituit. Casus s. Galli, contin., *SS.*, II p. 150.

**casura**: **1.** *écroulement — downfall.* Si duo fratres in silva arbores succiderint et, adpropinquante casura unius arboris, frater fratri „cave!" dixerit. Concil. Tribur. a. 895, rec. B, c. 36a, *Capit.*, II p. 234. **2.** *vacance d'un fief — vacancy of a fief.* Quicumque ad hereditatem venit ex casura, placitum domino fiat de cujus feodo casamentum movet. BOURGIN, *Soissons*, p. 409 no. 4 (a. 1147).

**casus**: **1.** *problème juridique* posé dans un traité de droit romain ou canon — *legal problem* in a treatise of Roman or Canon Law. S. xiii. **2.** *affaire, procès — case, lawsuit.* S. xiii. **3.** *cause, raison, titre — cause, reason, ground.* S. xiii. **4.** *sujet, matière — subject, matter.* S. xiii. **5.** loc. sub casu alicujus rei: sous peine de perdre celà — on penalty of losing this. Sub casu prelationis sue precipimus, ne abbas de rebus ecclesie ... nullum feudum dare presumat. MULLER-BOUMAN, *OB. Utrecht*, I no. 313 p. 287 (a. 1125).

**casuvula**, v. casubula.

**1. cata** (gr.): **selon, suivant — according to.*

**2. cata**, v. catta.

**catabolensis**, -bu-: **débardeur — dock-worker.*

**catabolus**, catabulus, catablus (gr.), cataplus (per confusionem, cf. hanc vocem): **1.** **quai, port, débarcadère — quay, harbour, wharf.* Advenientibus ad cataplum Massiliensium navibus transmarinis, ... homines 70 vasa ... olei liquaminis furati sunt. GREGOR. TURON., Hist. Franc., lib. 4 c. 43. Demandamus ut ... ipsus soledus [i.e. solidos] cento secundum consuetudinem in cellario ... juxta quod urdo [i. e. ordo] cadaboli fuerit, eis omnemodis dare et adinplire faciatis. *D. Merov.*, no. 61 (a. 692). Item no. 82 (a. 716). De proprio teloneo, quod ei annis singulis ex Massilia solvebatur, centum solidos in luminaribus ejusdem ecclesiae eo tenore concessit, ut oleum exinde actores regni secundum quod ordo cataboli esset, ... emerent. G. Dagoberti, c. 18, *Scr. rer. Merov.*, II p. 406 (haustum ex diplomate Dagoberti regis). Nemo ex eisdem Judaeis in perfidiam durantibus ad catablum pro quibuslibet negotiis peragendis accedat. Concil. Toletan. a. 693, MANSI, t. 12 col. 62 sq. Damnatus est [s. Marcellus] in catabulo; qui dum multis diebus serviret in catabulum ... Exuerunt eum noctu de catabulo. Lib. pontif., Marcellus, ed. MOMMSEN, p. 44. Portum ubi fuit catabulum navium in flumine quod Renum dicitur. *D. Berengario I.*, no. 63 (ca. a. 905), p. 173. Cf. F. VERCAUTEREN, *Cataplus et catabolus*, *ALMA.*, t. 2 (1926), p. 98-101. **2.** **écurie — stable.* Domus catabuli in pulcherrimam ecclesiam translata est. ROMUALD. SALERNIT., Chron., MURATORI, *Scr.*, VII col. 77. Diversorum pecorum captabula. PETR. DAMIANI, epist., lib. 5 no. 1, MIGNE, t. 144 col. 337 B. Catabuli sui, in quo animalia ejus jacebant, axes levavit. Acta Sanctini inserta in epist. Hincmari Remens. (a. 876/877), *AASS.*, Oct. V p. 587 E. In [ecclesiis] equorum ac mulorum caeterorumque animalium catabula construebat. GUIBERT. NOVIG., G. Dei per Francos, lib. 1 c. 5, MIGNE, t. 156 col. 693 D.

**cataclysmus**: **1.** **Déluge — the Flood.* **2.** **écroulement du monde, cataclysme — the end of the world, cataclysm.*

**catacuminus**, v. catechumenus.

**catafalcus**, cada-, cha-, chal-, char-, chau-, -falcius, -faltus, -faldus, -faudus, -falius, -fallus, -falus, -farius, -um (<fala „tour — tower"): **1.** *plateforme élevée* en bois *servant de bastion — wooden platform for defensive purposes.* S. xiv. **2.** *estrade, plateforme, tribune — stage, platform, tribune.* S. xiv. **3.** *charpente d'une tour où sont accrochées les cloches — wooden bell-cage.* S. xiii. **4.** *échafaudage — scaffolding.*

**catallum**, cha-, -tal-, -tell-, -tel-, -us (<capitale, cf. voc. capitalis): **1.** *la valeur d'un objet volé — value of a stolen thing.* [Plegius] catallum reddet, pro quo [latro fugitivus] fuit atthachiatus. Leis Willelme, tit. 3 § 1, vers. lat., LIEBERMANN, p. 495 col. 1. **2.** *somme principale — principal.* Eum penitus acquitare debemus de omni catallo, custo et pena. DES MAREZ, *Lettre de foire*, p. 105 (ch. a. 1229, Arras). **3.** *capital d'une entreprise — working-capital.* Ad unam mensam [nummulariorum] non nisi de uno catallo et de communi pecunia debet exercere [leg. exerceri] cambicio.



CHAPIN, *Villes de foire de Champagne*, p. 284 (a. 1194, Lagny). Illas [plateas] non poterunt alicui locare nec associare sibi aliquem, qui non sit ad idem catallum cum eis. *Ordonn.*, VI p. 147 (a. 1215). **4.** *bien meuble — movable property.* Concedo ... monachis ... suum latronem et catalla latronis, si fugerit vel deprehensus fuerit. BRUNEL, *Actes de Pontieu*, p. 70 no. 45 (a. 1149). Si quis a civitate fugerit et catalla cujuspiam burgensium absportaverit. *Actes Phil.-Aug.*, no. 473 (a. 1194, Arras), § 33, I p. 568. Res que remanent [de naufragio], ex equo inter omnes dividentur secundum catalla singulorum. Leis Willelme, tit. 37 § 2, vers. lat., LIEBERMANN, p. 515 col. 2. Homo liber qui habuerit catallum campestre ad valenciam dimidie marce. Ib., tit. 17 § 1, p. 505 col. 1. **5.** melius catallum: *meilleur catel — heriot.* A nullo milite, qui sit de familia vel advocatione mea, melius mobile, quod quidem melius cathelum dicitur, de caetero accipiatur post ejus decessum. MIRAEUS, I p. 297 (a. 1212, Namur). In obitu eorum [nihil] juris habebimus, nisi tamen melius catallum in obitu viri sive vestem in decessu mulieris meliorem. BOEREN, *Tributaires*, p. 141 no. 49 (a. 1233, Grammont). In morte cujuslibet ipsorum, tam viri quam mulieris, melius cathallum habere debemus morientis. Melius cathallum appellamus in hac parte non domum, non armentum, sed pecus melius de domo vel aliud ornamentum. WARNKOENIG, *Flandr. Staats- u. Rechtsgesch.*, I, pr. no. 43 (a. 1252). **6.** *l'ensemble des biens meubles* qui appartiennent à un individu — *the entire movable property* belonging to a person. Reus et catallus [ejus] tradentur justiciis domini regis. Etabl. de Rouen, c. 10, ed. GIRY, p. 18 (a. 1160-1170). Quicunque liber laicus habuerit in catallo vel in redditu ad valentiam de 16 marcis. Assisa de armis a. 1181, c. 2, STUBBS, *Sel. Ch.*⁹, p. 183. Salvo catallo dominorum. *Actes Phil.-Aug.*, no. 319 (a. 1190, Amiens), § 7, I p. 383. Burgensis si habet de proprio catallo ad valenciam dimidie marce. Leis Willelme, tit. 17, vers. lat., LIEBERMANN, p. 505 col. 1. **7.** *marchandise — merchandise.* Si falsam monetam ... ad nundinas adferens aliquis inveniretur ..., illi quem defraudaverat catallum redderetur. TARDIF, *Cartons*, no. 291 p. 183 col. 1 (a. 1075, Berry). Omnia bona et catalla in illa navi contenta. Ch. Henrici II reg. Angl. a. 1176, DC.-F., II p. 218 col. 2/3. Si quis venale suum vendiderit, et aliquis ... venale asportare voluerit, burgensis eum ... detinere poterit donec catallum habuerit. *Actes Phil.-Aug.*, no. 491 (a. 1195, S.-Quentin), c. 22, II p. 18. GIRY, *S.-Omer*, p. 403 no. 29 (a. 1206, Boulogne). **8.** *instance concernant un bien meuble ou une créance — claim regarding movable property or debt.* Potest ... hominem de placito in camera sua mandare et de catelo suo super eum clamare. GUIMANN., Cart. S. Vedasti, ed. VAN DRIVAL, p. 257. Servientes clericorum ... nulli debent justicie respondere pro catallo nisi per decanum et ipsos clericos. *Actes Phil.-Aug.*, no. 539 (a. 1196), c. 4, II p. 83. **9.** *justice en matière des différends concernant les biens meubles et les créances — justice over disputes regarding movable property or debt.* Habent ... mutcum [leg. murdrum], raptum, placitum fundi et catalli. BOURGIN, *Soissons*, p. 437 no. 17 c. 3 (a. 1224/1225).

**catalogus** (gr.): **1.** **liste — list.* **2.** spec.: *profession de moine mise en écrit — written monk's profession.* S. xiv.

**catanius**, v. capitaneus, subst., sub 8.

**catapanus** (gr.): *gouverneur* dans les provinces byzantines de l'Italie — *governor* in the Byzantine provinces of Italy. S. ix.

**cataplasma** (gr.): **cataplasme — poultice.*

**cataplasmare**: **appliquer un cataplasme — to poultice.*

**cataplus** (gr.): **1.** **arrivée de navires, débarquement — arrival of ships, disembarkment.* **2.** v. voc. catabolus.

**cataracta** (gr.): **1.** *catarrhe oculaire — ocular catarrh.* V. Justinae, *AASS.*, Mart. II p. 244. **2.** *trappe — trap-door.* Lib. pontif., Gregor. IV, § 39, ed. DUCHESNE, II p. 82. Versus de Mediolano, MURATORI, *Scr.*, II pars 2 col. 688.

**catarrhus** (gr.): **1.** **catarrhe nasal — nasal catarrh.* **2.** **catarrhe des intestins — intestinal catarrh.*

**catharus** (gr.). Plur. cathari: **1.** **dénomination* usitée pour les adhérents de diverses sectes religieuses, notamment les Novatiens — denomination for the followers of various sects, especially the Novatians. **2.** pour les adhérents des sectes néomanichéennes répandues en Occident depuis le XIIe siècle — for the followers of the neomanichean sects spreading in the Western world since the twelfth cent. Hos nostra Germania catharos appellat. ECBERT. *Schonaugiens.*, Sermones contra Catharos, serm. 1 c. 1, MIGNE, t. 195 col. 13.

**catasta** (gr.): **1.** **grillage en fer* où on livrait aux flammes les chrétiens condamnés — *iron grate* on which Christians were burnt to death. **2.** *chaudière de saunage — salt-boiling kettle.* Ad C. 4 mansus pleni et cataste salis 4, medie 5. Cod. Eberhardi, c. 44 § 48, DRONKE, *Trad. Fuld.*, p. 127.

**catastum**, catastrum (gr.): *cadastre, terrier — cadastre, terrier.* S. xiii, Ital.

**catavor**: *contrôleur* municipal — *controller* in a commune. S. xiii, Ital.

**catax** (adj.) (gr.?): **boiteux, paralytique — limping, paralytic.*

**cataxamitum** (cf. voc. examitum): un *tissu de soie — a silk fabric.* S. xiii.

**catechesis** (genet. -eos) (gr.): **enseignement religieux — religious instruction.*

**catecheta**, cati-, -geta, -zeta, -zita (mascul.) (gr.): **catéchiste — catechist.*

**catechismus** (gr.): **catéchisme — catechism.*

**catechizare**, -gi-, -zi- (gr.): *enseigner la doctrine religieuse — to teach the elements of religion.*

**catechumenium** (gr.): dans une église, *galerie ou tribune destinée aux catéchumènes — gallery or tribune for catechumens* in a church. Ubi peccarit quis ... in ecclesiae diaconia et in catechumena [leg. -nia] ablegant. Gregor. II pap. epist. 2 ad Leonem III imp., MIGNE, t. 89 col. 522 C. Lib. pontif., Leo III, § 9, ed. DUCHESNE, II p. 3. ANAST. BIBLIOTH., Chronogr., ed. DE BOOR, p. 306.

**catechumenus**, cathe-, cati-, -cu-, -mi- (mascul.) et **catechumena** (femin.) (gr.): **1.** **qq'un qui reçoit l'enseignement religieux* avant d'être baptisé — a person *under religious instruction* before receiving baptism. **2.** *bébé non encore baptisé — a baby before baptism.*

**cathedra**: **1.** *trône royal — royal throne.* Gregor. Turon., Hist. Franc., lib. 2 c. 7, c. 38; lib. 4 c. 22. Fortun., Carm., lib. 9 no. 1 v. 54, *Auct. antiq.*, IV p. 202. Cathedra augustalis: trône impérial — imperial throne. Lampert. Hersfeld., Ann., a. 962, ed. Holder-Egger, p. 38. **2.** **siège d'évêque — bishop's see.* **3.** **dignité épiscopale — dignity of a bishop.* **4.** *église cathédrale — cathedral church.* Ut non liceat episcopo principalem cathedram suae parochiae negligere et aliquam ecclesiam in sua dioecese magis frequentare. Admon. gener. a. 789, c. 41, *Capit.*, I p. 564 (haustum ex Concil. Carthag., c. 38). **5.** *dignité abbatiale — dignity of an abbot.* Praesidente cathedrae [sc. Corbejensis coenobii] Fulcone abbate. Luchaire, *Inst. monarch.*, II p. 88 n. (a. 1055). **6.** *chaire scolaire — teacher's chair.* Sollempne magisterium et unam magistralem cathedram sunt adepti [fratres Praedicatores]. Denifle, *Chart. Univ. Paris.*, I p. 253 no. 230 (a. 1254). **7.** une *monnaie d'or — a gold coin.* S. xiv, Gall.

**cathedralis** (adj.): *d'un siège épiscopal — of a bishop's see.* Tua sancta fraternitas [i. e. Bonifatius] nunc usque cathedralem sedem sibi minime vindicavit. At ... obtinere tibi cathedralem eclesiam ... debemus. Bonif. et Lulli epist. 88, *Epp.*, III p. 373. Subst. femin. **cathedralis** (sc. ecclesia): *église cathédrale — cathedral church.* Corpus in cathedralem translatum est. V. Arthellaidis (s. vi?), *AASS.*³, Mart. I p. 263 E. Subst. mascul. **cathedralis**: *chanoine d'une cathédrale — canon at a cathedral chapter.* S. xiii.

**cathedrare**: **1.** intrans.: *être évêque — to be a bishop.* Stephano Eduensi cathedrante pontifice. *Gall. chr.*², IV instr. col. 85 (ch. a. 1106). **2.** transit.: *faire évêque — to make a bishop.*

**cathedraticum** (gr.): *redevance annuelle* que les églises du diocèse doivent rendre à l'évêque en signe de sujétion — *yearly tribute,* which the churches of a diocese are bound to pay to their bishop in token of subserviency. Vicarius pro animarum cura per episcopum suscepta cathedraticum solvere non cogatur. Priv. Paschal. II pap. a. 1105, Pflugk-Harttung, *Acta*, I no. 92. Ne quis episcoporum Siciliae de parochiis ad se pertinentibus nomine cathedratici amplius quam duos sol. praesumat accipere. Ivo, Decr., part. 3 c. 136, Migne, t. 161 col. 228 B. Cf. Decr. Grat., causa 10 q. 3. Cathedraticum a clero et populo accepturus videbatur. Guibert. Novig., De vita sua, lib. 3 c. 4, ed. Bourgin, p. 138. Nec ab aliqua ecclesiarum synodalia vel cathedraticum sive procurationes ... debitas archidiaconis possum elicere a subjectis. Petrus Blesens., epist. 151, Migne, t. 207 col. 443 A. Episcopus ex hiis, que de cathedratico vel ecclesiarum consecrationibus consequi poterat, sustentabatur. Arnold. Lubec., lib. 3 c. 22, ed. Pertz in us. sch., p. 111. Adj. **cathedraticus**: *dû à l'évêque* en signe de sujétion — *due to the bishop* in token of subserviency. [Parrochia] ab omni cathedratica redhibitione libera sit, excepto quod in cena Domini ad manum episcopi 12 nummi ex ea annis singulis persolvantur. Priv. Pasch. II pap. a. 1107, Pflugk-Harttung, *Acta*, I no. 99. Item Baluze, *Miscell.*, V p. 342 (ch. a. 1111, Arras).

**cathedratum**: *siège épiscopal — episcopal see.* Castellanus feudum capit a cathedrato. G. episc. Camerac. abbrev., c. 12, *SS.*, VII p. 506.

**categeta**, categita, v. catecheta.

**categizare**, v. catechizare.

**categorizare**: **1.** *prêcher — to preach.* V. Pauli Narbon., *AASS.*³, Mart. III p. 371. Fridegod., V. Wilfridi (s. x med.), c. 22, Mabillon, *Acta*, III pt. 1 p. 185. Dudo, lib. 4 c. 124, ed. Lair, p. 288. **2.** *canoniser — to canonize.* Ipsum categorizet ecclesia, cujus apud Deum sibi patrocinari non ambigat merita. Arnold. Lubec., lib. 5 c. 23, ed. Pertz in us. sch., p. 189.

**caternio**, caternus, v. quaternio.

**catezeta**, catezita, v. catecheta.

**catezizare**, v. catechizare.

**catia**, v. cazia.

**caticumenus**, v. catechumenus.

**catina**, catinum = catinus.

**catinus**, v. cattinus.

**catholicare**: *déclarer conforme à la foi catholique — to declare to be concordant with catholic doctrine.* S. xiv.

**catholice**: **conformément au dogme de l'Eglise catholique — conformably to catholic doctrine.*

**catholicon** (gr.): *dictionnaire,* en particulier celui de Jean de la Porte, 1286 — *dictionary,* especially the one by John de Janua, 1286.

**catholicus** (gr.): **1.** **général — general.* **2.** **concernant l'Eglise catholique — concerning the Catholic Church.* **3.** **conforme au dogme de l'Eglise — conformable to catholic doctrine.*

**catomus**, catomis, catomo (adv.; <gr. κατ' ὤμους ,,sur les épaules — on the shoulders"). Loc. catomus, catomis, catomo, in catomis, in catomo suspendi, levari: *être mis sur les épaules d'une autre personne pour subir une raclée — to be put on another person's shoulders for trashing. Loc. catomus, catomis, in catomis caedi: *être rossé dans cette position — to be thrashed in this position.

**1. catta**, cata (celt.?): **chatte — cat.*

**2. catta**, v. gatus.

**cattinus**, catinus (adj.): *de peau de chat — of catskin.* Willelm., Const. Hirsaug., lib. 2 c. 37, Migne, t. 150 col. 1096 B.

**cattus**, catus, gattus, gatus (celt. ?): **1.** *chat mâle — tom-cat.* **2.** *bélier,* machine de siège *— battering-ram.* Rahewin., G. Friderici, lib. 4 c. 59, ed. Waitz-Simson, p. 314. Burchard. Ursperg., a. 1159, ed. Holder-Egger-Simson, p. 37. Otto Sanblas., c. 23, ed. Hofmeister, p. 32. Otto Morena, a. 1159, ed. Güterbock, p. 74. Ibi saepe.

**catzia**, v. cazia.

**catzurus**, chaz-, chasc- (< caciare): *cheval de chasse — hunter* (horse). S. xii ex., Angl.

**caüannus** (celt.): *espèce de *chouette* — a sort of *owl.* Aldhelm., Virg., c. 58, *Auct. antiq.*, XV p. 318 l. 6.

**caucetum**, v. calceata.

**cauclearius** (< cauculus ,,coupe enchantée — magical cup"): *sorcier — sorcerer.* Admon. gener. a. 789, c. 18, *Capit.*, I p. 55.

**cauculare** = calculare.

**cauculator** (< cauculus ,,coupe enchantée — magical cup"): *sorcier — sorcerer.* Admon. gener. a. 789, c. 65, *Capit.*, I p. 59.

**1. cauculus** (gr.): *domestique — servant.* Martini pap. epist. 15 (a. 653), Migne, t. 87 col. 202 A.



**2. cauculus** = calculus.

**caucus**, caucum (gr.): **gobelet — cup.*

**cauda**: **1.** une *mesure de liquides — a liquid measure.* S. xiii. **2.** *queue* pour la suspension d'un sceau à une charte — *thong* for appending a seal to a charter. Caude litere sigilli partes applicans. Joh. Hocsem., lib. 2 c. 17, ed. Kurth, p. 218.

**caudatus** (adj.): **1.** *muni d'une queue — having a tail.* **2.** de l'écriture: *allongé* — of script: *elongated.* Caudatis litteris eam [chartam] adsignavimus, summitatibus earum, ut summotenus cernitur, obmutilatis, reservandam utrisque partibus [vid. chartam partitam]. Schöpflin, *Als.*, I p. 246 no. 297 (a. 1157).

**caudex** = codex.

**caula** (femin.) = caulae.

**cauletum** (< caulis): *jardin potager — cabbage-field.*

**caulus** = caulis.

**cauma** (neutr.; genet. -atis) (gr.): **chaleur — heat.* In torrido solis caumate. Aldhelm., Virg., c. 35, *Auct. antiq.*, XV p. 279. Ibi pluries. Stilla quid est simplex ad caumata mille? Abbo, Bell. Paris., lib. 1 v. 113, ed. Waquet, p. 24.

**caupo** = capo.

**caupulus**, caupallus: *canot — shallop.* Isid., Etym., lib. 19 c. 1 § 25. Quicumque navem aut caupulum involare praesumpserit, inferat ei cujus navis est sol. 12 ..., pro caupulo vero sol. 4. Lex Burgund., tit. 94.

**1. causa. 1.** loc. in causa alicujus: *comme représentant de qq'un — as a representative of somebody.* Ibi veniens C. diaconus in causa I. orfanolo. *D. Merov.*, no. 66 (a. 693). Fulradum [abbatem] in causa s. Dyonisii per suum vadium de ipsis villis visus fuit revestisse. *D. Karolin.*, I no. 1 (a. 752). Dictos mansos H. advocato ipse E. in causa s. Dyonisii et Fardulfi abbatis reddidit. Ib., no. 204 (a. 806). Missi nostri [aliquas res] in causa nostra super hominem aliquem adquisissent. Ib., no. 165 (a. 790). Item no. 203 (a. 806). **2.** *accusation, instance, action — indictment, charge, claim.* Si talis causa est, unde legitime 600 dinarios ..., si adprobatus fuerit, reddere debuerat. Lex Sal., tit. 53 § 1. Omnem causam vel compositionem dominus servi in se excipiat. Ib., tit. 40 § 9. Qui eum admallavit, si causa minor fuerit, unde minus quam 35 sol. compositione habeat, debet sibi sextus jurare. Capit. II ad leg. Sal., c. 8, ed. Behrend², p. 141. G. omnes causas ipsius monasterii ad prosequendum et redintegrandum deberet recipere. *D. Merov.*, no. 43 (a. 666). Si aliquas causas [i. e. aliquae causae] adversus eum surrexerint. Marculf., lib. 1 no. 24, *Form.*, p. 58. Omnes causas, quas adgredi vel repellere debet, prosequi et deferendere valeat. F. Senon. rec., no. 10, ib., p. 216. Hac causa [i. e. hanc causam] fortiter denegavit. F. Sal. Bignon., no. 13, ib., p. 233. G. presens astabat et causam in omnibus denegabat. *D. Karolin.*, I no. 65 (a. 772). Pro quacumque causa aut culpa. Lib. Papiens., *LL.*, IV p. 390. **3.** *crime, délit — crime, offence.* Quod lex de tali causa edocit, exinde sustineat. *D. Merov.*, no. 59 (a. 691). De tribus causis: de hoste publico et wacta vel pontos componendum, si negligentes apparuerint. *D. Karolin.*, I no. 91 (a. 775). De furto vel de minoribus causis statuimus ... De majoribus vero causis ... Capit. Haristall. a. 779, forma Langob., c. 11, I p. 49 col. 2. Causa examinatur ubi perpetrata cognoscitur. Serg. II pap. (a. 844-847) epist., *Epp.*, V p. 584. **4.** causae judicis, regis: *administration de la justice — administration of justice.* Jussistis prefatum episcopum, ut die et loco denominato veniret ad causas vestras [i. e. regis], id est ad judicia saecularia, et suum advocatum ... donaret. Hincmar., opusc. 29, ed. Sirmond, II p. 317. Quem rex ad causas suas vocaverat et advocatum dirigere preceperat, qui respondeat contra hominem quendam ... Flodoard., Hist. Rem., lib. 3 c. 18, *SS.*, XIII p. 509 l. 41. **5.** *amende — fine.* [Raptores] causa superius comprehensa [sc. 2500 den.] culpabiles judicentur. Lex Sal., tit. 13 § 5. In fisco ... causa quae exinde orta fuerit colligatur. Ib., tit. 44 § 10. Ille cui adprobatum fuerit [falsum testimonium], excepto capitale et dilatura atque causa, extra hoc 600 din. ... culpabilis judicetur. Ib., tit. 48 § 3. **6.** *conflit à main armée, guerre — conflict of arms, war.* Pro me Dominum exores, quia causa mihi cum adversariis exstat. V. Boniti, c. 24, Mabillon, *Acta*, III pars 1 p. 96. **7.** *condition juridique — legal position.* Si vasallus ... feudum alienabat ... et ipsum postea recuperabat, pro feudo sibi retinebat, hoc est in causam feudi recadebat. Lib. feudor., vulg., lib. 2 tit. 44, ed. Lehmann, p. 170. **8.** *stipulation, réserve — stipulation, proviso.* [Rex] Hartmoto monasterium ... contradidit, nulla addita vel interposita causa, per quam ... violari potuisset. Ratpert., Cas. s. Galli, c. 9, *SS.*, II p. 71 l. 41. **9.** *charte — charter.* Ego T. presbyter scribsi hanc traditionis causam. Widemann, *Trad. s. Emmeram*, no. 1 p. 2 (ca. a. 760). **10.** *transaction — deal.* [Creditor] dicat de qua causa aut quantum [debitor] ei fidem fecerat. Lex Sal., tit. 50 § 3. **11.** (causa > frg. *chose*, ital. *cosa*): *acte — action.* Nullus eos imperavit talis [i. e. talem] causam facere. Liutpr. leg., c. 107 (a. 729). **12.** *événement — event.* Indica mihi hujus causae eventum. Fredeg., lib. 2 c. 62, *Scr. rer. Merov.*, II p. 86. **13.** *chose communiquée, récit, avis — content of a message.* Noverit hujus causae hunc esse signiferum. Gregor. Turon., Hist. Franc., lib. 7 c. 21. Dicens ei causam consimilem. Fredeg., lib. 2 c. 53, *Scr. rer. Merov.*, II p. 74. S. Petrus nec domnus apostolicus te istam causam non ordinasset dicere. Ann. Mettens. prior., a. 743, ed. Simson, p. 35. De novis causis nihil ad presens mandare possimus. F. Augiens., coll. C no. 7, *Form.*, p. 368. **14.** *question posée — question asked.* [Centenarius] tres homines tres causas demandare debet. Lex Sal., tit. 44 § 1. **15.** *objet, bien meuble — object, movable thing.* Causa[m] [furatam] centenarius ... requirat. Childeberti decr. a. 596, c. 11, *Capit.*, I p. 17. Non praesumant ... alicui homini suam causam tollere nec suum laboratum. Pippini capit. Papiense a. 787, c. 4, I p. 199. Non porcellum, non agnellum nec aliam causam. Capit. de villis, c. 3. Ut bene salva causa nostra [sc. cibaria regii exercitus] [per flumina] transire possit. Ib., c. 64. Quadrupedia tulisti vel fortiorem causam valentem solidos 40. Regino, Syn. caus., lib. 1 c. 304, ed. Wasserschleben, p. 143. Omnes causas monasterii

sibi, ubicumque vellet, adferri jussisset. RATPERT., Cas. s. Galli, c. 6, *SS.*, II p. 65 l. 37. **16.** *bien foncier — real estate.* De grande causa facit ecclesiae donationem. MARCULF., lib. 2 no. 2, *Form.*, p. 74. De ipsa causa revestire me facit. F. Bituric., no. 14, ib., p. 174. In causas aut in rebus [i. e. res] ipsius sancti viri ingredere non praesumatis. *D. Merov.*, no. 2 (a. 528). Percutiat cunctos, qui contrariam mentem in causis pertinentibus ei [monasterio] tentaverint. Concil. Roman. a. 761, *Conc.*, II p. 69. Campum unum, quem interjacet causa Frisingensis ecclesiae. *D. Ludw. d. Deutsch.*, no. 2 (a. 830). Liceat ei supradictas causas securiter possidere. *D. Karls III.*, no. 41 (a. 881). Tales causas, sicut hactenus ad W. habuit in beneficium, ... concessimus in proprium. *D. Arnulfs*, no. 22 (a. 888). Ex eisdem rebus ... habeant potestatem veluti de caeteris episcopii sui causis. Ib., no. 84 (a. 891). Quasdam juris nostri [i. e. regis] causas sibi in proprium concederemus. Ib., no. 54 (a. 889). Largitus est nobis jamdictus S. de causis sue proprietatis in H. mansa septem. BEYER, *UB. Mittelrh.*, I no. 187 p. 249 (ca. a. 948). **17.** *fortune, l'ensemble des possessions — property.* Tu recuperabis causam tuam. PAUL. DIAC., Hist. Langob., lib. 5 c. 40, ed. WAITZ in us. sch., p. 205. Qualiter C. presbiter congregavit et coadunavit suam causam in loco H. BITTERAUF, *Trad. Freising*, no. 262 p. 234 (a. 807). Neque illorum causam abstrahere praesumat. *D. Ludw. d. Deutsch.*, no. 64 (a. 853). Omnem decimam totius abbatiae, tam de indominicatu quam de sororum seu fratrum causa. *D. Charles le Chauve*, no. 433 (a. 877). **18.** *exploitation, établissement — establishment, plant.* Molinarii singuli integram causam habeant ad providendum cum rotis 6. Adalhardi abb. Corbejens. statuta, c. 7, ed. LEVILLAIN, *LMA.*, t. 13 (1900), p. 359.

**2. causa,** v. casa.

**causalis**: **causal — causal.*

**causari** (depon.) et causare: **1.** **se plaindre* de qqch. — *to complain* about a thing. **2.** cum aliquo: **vitupérer — to reprove.* **3.** **porter plainte, intenter une action* contre qq'un — *to lodge a complaint, to bring an action* against a person. **4.** *plaider — to litigate.* Veni ad respondendum, quia causaturus es nobiscum coram Domino. GREGOR. TURON., Hist. Franc., lib. 3 c. 36. Te ego ... ad divinum judicium ... causaturum invito. IONAS, V. Columbani, lib. 2 c. 10, ed. KRUSCH, p. 251. Cum de magna rem [i. e. re] duo causantur simul. MARCULF., lib. 1 no. 25, *Form.*, p. 58. Si se dederit usus causandi. F. Turon., addit. 7, ib., p. 162. Si quis causam alterius agere aut causare presumpserit ..., excepto si rex aut judex licentiam dederit, ... conponat wirigild suo, medietatem regi et medietatem ei contra quem causaverit. Lex Longob., Ratchis, c. 11 (a. 746).

**causaticus** (subst.): *adversaire* dans un litige — *opponent* in a law-suit. Non debet testem veritatis repellere causaticus ejus. Lex Baiwar., tit. 17 § 3.

**causatio**: **1.** **plainte — complaint.* **2.** **répréhension — reproof.* **3.** **accusation, instance, action — accusation, charge, claim.* Nulla interfectoribus ab occisi dominis aut parentibus moveatur ex hac parte causatio. Lex Burgund., tit. 29 § 2. De eadem causatione omni tempore quietus resideas. F. Turon., no. 29, *Form.*, p. 152. Questio et causatio nostra inde sint bacua [i. e. vacuae]. *CD. Cavens.*, I p. 23 (a. 842). **4.** **litige, contestation — dispute, law-case.* Fines, de quibus causatio mota est. GREGOR. M., epist., lib. 1 no. 9, *Epp.*, I p. 11. De negotiis vilibus exorta causatio. Ib., lib. 9 no. 24, II p. 57. Ne deinceps aliqua renovari videatur causatio. *D. Merov.*, no. 41 (a. 663). Sit inter ipsos in postmodum ex hac re omnique tempore subita [i. e. sopita] causacio. F. Turon., addit. 6, *Form.*, p. 161. Item *D. Karolin.*, I no. 1 (a. 752). Ibi saepe. Sit inter eos in postmodum de hac re definita et inconvulsa causatio. BITTERAUF, *Trad. Freising*, I no. 183 p. 174 (a. 802). Frequentissimae causationes, in quibus unus alteri quaerit quicquid parem suum viderit possidentem. *Capit.*, I p. 161 c. 3 (a. 811). Si, quod absit, futuris temporibus aliqua ex hoc causatio orta fuerit. G. Aldrici, c. 12, *SS.*, XV p. 315. **5.** *procédure — legal proceedings.* Dum in ipsa causacione intenderent. *D. Merov.*, no. 35 (ca. a. 658). Pro omnis causacionis suas, tam in paco [i. e. pago] quam et in palacio. F. Andecav., no. 1, *Form.*, p. 4. Ne in dominicis diebus publica mercata neque causationes disceptationesque exerceantur. Concil. Arelat. a. 813, c. 16, *Conc.*, II p. 252.

**causative**: *par l'opération d'une cause — by way of causation.*

**causativus**: *causatif, causant — causative, causing.*

**causator**: **1.** *plaignant, demandeur — plaintiff, claimant.* Ut causator eorum eos pignerare non possit. Hlotharii capit. Olonn. mund. a. 825, c. 5, I p. 330. Si casam ... aliquis ... possederit, ... et causator quicumque dixerit quoniam eadem casa ... ei debeat pertinere legaliter. Adelchis princ. Benev. capit. (a. 866), c. 7, ed. BLUHME (in-8°), p. 179. [Famuli monasterii] inquirunt sibi causatores, ut sint eis testes libertatis. *D. Ottos I.*, no. 402 (a. 971). Invasor et causator hujus terrae exstitit. GREGOR. CATIN., MURATORI, *Scr.*, II pars 2 col. 616. **2.** *partie litigante — party in a law-suit.* Cum causa discussa fuerit inter duos causatores. Lex Sal. emend., tit. 60 § 1. Si ambo causatores de sub ipso sculdahis sunt. Liutprandi leg., c. 25 (a. 721). Omni tempore sit inter ipsos causatores ... ex hac re ... subita [i. e. sopita] vel finita causatio. *D. Karolin.*, I no. 146 (a. 782). Neque cogantur ad placita venire ... excepto scabinis et causatoribus et testibus necessariis. Concessio gener. Hlotharii reg. Ital. a. 823 (?), c. 2, *Capit.*, I p. 320. **3.** la *partie adverse* dans un procès — *opposing party.* Ego vos [rachineburgos] tangono, usque dum vos inter me et contra causatorem meum legem judicatis. Lex Sal. emend., tit. 60 § 1. Accusatorem liceat testes eligere absente suo causatore. Capit. missor. Theodonisv. secund. a. 805, c. 11, I p. 124. Contra causatores suos, si ad hoc [sacramentum] audiendum non venerint, jectiscunt. Edict. Pistense a. 864. c. 33, *Capit.*, II p. 325.

**causidicus**: **1.** *avoué ecclésiastique — ecclesiastical advocate.* Advocatum seu causidicum ad res ipsius monasterii inquirendas seu defendendas. *D. Charles le Chauve*, no. 131 (a. 850), I p. 347 l. 21. Causidico monasterii tunc R. nomine. WANDALBERTUS, Mir. Goaris, *SS.*, XV p. 373. *Mon. Boica*, t. 28 pt. 2 p. 202 (ca. a. 903). *UB. d. L. ob der Enns*, II p. 50. **2.** la *partie adverse* dans un procès — *opposing party.* Noverit mulier non solum se judici ... sed et illi causidico, quem iteratim ad judicium conpulit, ... esse satisfacturam. Lex Visigot., lib. 2 tit. 3 § 6. **3.** *échevin — "Schöffe".* Causa ad causidicos dirigetur. AGOBARD., *Op.*, ed. BALUZE, I p. 208. In publico placito ... coram causidicis. LACOMBLET, *UB. Niederrh.*, I no. 316 p. 209 (a. 1133). ERHARD, *Reg. Westfal.*, I CD. no. 173 p. 435 (a. 1102). ANSELM. MOGUNT., V. Adalberti II episc. Mogunt. (ca. a. 1150), JAFFÉ, *Bibl.*, III p. 578. Ruodlieb, fragm. 6 v. 69. **4.** *écoutète — "Schulze".* De sculteto, qui et causidicus dicitur. ... Causidicus judicabit pro furto, pro frevela, pro geltschulda ... Habet autem potestatem cogendi et constringendi judicatos, quam vocant bannum ... KEUTGEN, *Urk. städt. Verf.gesch.*, no. 126 p. 93 sq. (s. xii, Strasbourg). Ib., no. 133 c. 15 p. 119 (ante a. 1178, Freiburg i. Br.); no. 137 c. 5 p. 138 (a. 1219, Annweiler). VERCAUTEREN, *Actes de Flandre*, no. 106 (a. 1122).



**causimentum**: **1.** *jugement discrétionnaire — discretional judgment.* In providentia et in causimento domini abbatis se corrigat. *Gall. chr.*², VI instr. col. 34 (a. 1127, Narbonne). **2.** *engagement, promesse — obligation, promise.* Suscipimus te in nostro causimento et in nostro sacramento, ut totum, sicut superius scriptum est, tibi faciamus. *Hist. de Languedoc*, II pr. col. 442 (a. 1126).

**causon** (genet. -onis) (gr.): **fièvre — fever.* V. Syncleticae, *AASS.*, Jan. I p. 249. ORDER. VITAL., lib. 11 c. 15, ed. LEPRÉVOST, IV p. 216.

**caussa** = causa.

**caussari** = causari.

**cautela**: **1.** **caution — security.* **2.** *gage — pawn.* Donet una[m] caudela[m] que valeat 4 den. s. Salvatori. DESJARDINS, *Cart. de Conques*, p. 209 no. 251 (a. 900). **3.** (cf. voc. cautelosus): *mauvaise foi, tromperie — bad faith, deceit.* S. xiii.

**cauteriare**: **1.** **cautériser — to cauterize.* **2.** *marquer au fer rouge — to brand.* Cf. voc. seq. sub 3.

**cauterium,** calterium (gr.): **1.** *cautère — a cautery.* Correctis cauterio morbis. IONAS, V. Columbani, lib. 2 c. 10, ed. KRUSCH, p. 252. Mesti fel cordis reparabam more medentis partim cauterio, partim medicamine puro. Ecbasis, v. 62, ed. VOIGT, p. 75. **2.** *fer à brûler — branding-iron.* Incensis cum cauteriis candentibus omnibus juncturis ac membratim separatus crudiliter vitam finivit. GREGOR. TURON., Hist. Franc., lib. 4 c. 51. **3.** *marque — brand.* Asserebat ... haec omnia molimina calteria esse sathanae, ac, si quis horum talibus insigniis calteriatus ex hoc saeculo migrasset, difficulter a diaboli vinculis posse eripi. RADULF. GLABER, lib. 3 c. 9, ed. PROU, p. 89. **4.** *couteau — knife* (forte per confusionem factam cum voce *culter*). Hereseorum fraudes ... scripturarum cauterio discerpi ac desecari vellet. IONAS, o.c., lib. 1 c. 30, p. 221. **5.** *coutre — coulter* (cf. sub 4). Vir Dei ... euangelico vomere scripturarumque cauterio [eos] exercens, ne seges dominica crudescente gleba ... in avenas loliumque accresceret. V. Sadalbergae (s. ix in.), c. 7, *Scr. rer. Merov.*, V p. 54.

**cautio**: **1.** *acte de cautionnement — deed purporting a security.* GREGOR. TURON., Hist. Franc., lib. 7 c. 23. F. Andecav., no. 18, *Form.*, p. 10. Ibi saepe. Lib. pontif., Julius, ed. MOMMSEN, p. 75. Si quis mutuaverit solidos cuicumque homini per cautione, si intra quinque annos creditor pulsaverit et devitor non habuerit unde solvere, renovetur cautio ipsa usque ad annos decem. Liutprandi leg., c. 16 (a. 720). **2.** *acte contenant des promesses — charter regarding a promise.* Cautio episcopi. Lib. diurnus, c. 74, inscr., ed. SICKEL, p. 74.

**cautum,** cotum, cotus: *sauveté — protected district.* S. xi, Hisp.

**cava,** v. cavea.

**cavallus** et derivata, v. caball-.

**cavargellanus** (< argilis): *garde des digues — dike warden.* S. xiii, Ital.

**cavata**: *canal — canal.* SALIMBENE, ed. HOLDER-EGGER, p. 33.

**cavaticarius, cavaticum,** cavagium, v. capati-.

**cavea,** cava: **1.** *cave — cellar.* MURATORI, *Antiq.*, I col. 190 (a. 1058). **2.** *puits de mine — mining-pit.* **3.** *boîte — box.* [Crucem] cavea inclusam ... tibi mittam. EKKEHARD., Cas. s. Galli, c. 1, *SS.*, II p. 89 l. 41. Fit de auro ... cavea euangelii. Ib., p. 82 l. 3.

**cavedo** (genet. -inis): *fossé — trench.* GLORIA, *CD. Padovano*, III p. 283 (a. 1173).

**cavedonus,** cavi-, -t-, -anus, -enus: espèce de *poisson*, en ital. *cavedine* — a *fish.* Ecbasis, v. 168, ed. VOIGT, p. 81.

**cavedus**: espèce de *poisson* — sort of *fish.* S. xiii, Ital.

**cavellus,** v. gabulum.

**cavestrum** = capistrum.

**cavezum,** cavetium, cavitium, v. capitium.

**cavilla,** kev-, kiv-, chev-, chiv-, -ilia, -ile (neutr.), -ium, -illus, -ilus (< clavicula): **1.** *cheville* en bois ou en fer — wooden or iron *peg.* Cavillas jam laxatas arcae ad se dentibus captivi trahunt. Mir. Eutropii Santon., c. 15, *AASS.*³, Apr. III p. 747 E. G. consul. Andegav., c. 11 § 11, D'ACHÉRY, *Spicil.*², III p. 261 col. 2. **2.** **cheville* du pied — *ankle.*

**cavillatorius**: **chicaneur, pointilleux — cavilling, captious.*

**cavitas**: **cavité, creux — a hollow.*

**caxa,** v. capsa.

**cazia,** catia, catzia, cacia, caza: *louche — ladle.* Erogetur omni die ... pauperibus, accipiens unusquisque eorum portionem panis atque potionem vini ... necnon et catzia [v. l. cazia] de pulmento. Lib. pontif., Hadr. I, § 54, ed. DUCHESNE, I p. 502. Catia colatoria argentea deaurata I, pensans libras 4, uncias 3. Ib., Leo III, § 9, II p. 3. Cazam unam pro fundenda manibus aqua. BERTRAM. REOLD., V. Francae (ca. a. 1326), *AASS.*³, Apr. III p. 397 B.

**cazola,** cazeola, cazolium: *une mesure de capacité — a dry or liquid measure.* S. xiii, Savoie, Ital.

**ceberus,** cebrus, -um: *seau en bois* — *wooden pail.* S. xiv, Ital.
**cecindilla,** cecendela, v. cicindela.
**cedere: 1.** *accorder, concéder* — *to grant.* Deus honorem vigoremque ei cederet. Chron. Salernit., c. 19, *SS.*, III p. 481. **2.** *céder* — *to cede.* Cido tibi de rem paupertatis meae hoc est casa cum curte. F. Andecav., no. 1c, *Form.*, p. 5. Ibi saepe. **3.** *pardonner, remettre* — *to forgive.* Unicuique volenti [venire] delicta cedens. NITHARD., lib. 2 c. 6, ed. LAUER, p. 56. **4.** intrans.: *revenir à qq'un, tomber en partage à qq'un* — *to inure to a person, to fall to* one's *share.* Quicquid poterit haberi vel acquiri, totum in fratrum usibus cedat. D. Ludov. Pii a. 822, DUVIVIER, *Rech. Hainaut,* no. 11 p. 294. Karolo Aquitaniae et Wascanorum cessere regiones. WIDUKIND., lib. 1 c. 27. Tradidimus ... predium ... ea lege, qua nobis cessit hereditario jure. LACOMBLET, *UB. Niederrh.*, I no. 243 p. 156 (a. 1079-1089). [A. episcopo] major portio de ipsa communi possessione cedebat. G. pontif. Camerac., lib. 3 c. 19, *SS.*, VII p. 471 l. 12. **5.** *être concédé, être accordé* — *to be granted.* Cuilibet oppidano, si necesse fuerit, cedent 40 dies ... ad messes colligendas. V. D. HEYDEN-MULDER, *Handv.*, p. 13 (a. 1245, Haarlem). **6.** *tendre, avoir des conséquences* — *to tend, to redound.* Non poterimus ... aliquid attemptare, quod ... in prejudicium, molestiam et gravamen consortis nostre ... vergi aut cedere poterit. VAN DEN BERGH, *OB. Holland,* II no. 999 (a. 1297). Delicta que ad manum vel ad collum amittendum cedunt. KEUTGEN, *Urk. städt. Verf.*, no. 104 (a. 1189, Hambourg), c. 4, p. 65.
**cedria** = citrea („citronnier — limon-tree").
**cedula** = schedula.
**ceilarius,** v. cidlarius.
**celamen:** *secret* — *secret.*
**celamentum:** *secrétesse* — *secrecy.* Aperiens illis sub magnae confessionis celamento. Chron. Namnet., MARTÈNE, *Thes.*, III col. 837.
**celandria,** v. chelandium.
**celandrum,** cialandrum (< cylindrus): *calandre, cylindre pour lustrer les tissus* — *mangle.* S. xiv, Ital.
**caelare:** *voûter* — *to vault.* Celavit lapididibus magnam ecclesiae partem. Chron. Affligem. D'ACHÉRY, *Spicil.*, X p. 615.
**celarium,** celarius, v. cell-.
**caelata:** *galerie voûtée* — *covered trench.* Castrum aedificari cum muris et menibus et fossatis et bertiscis atque celatis. *D. Berengario I.*, no. 101 (a. 888-915), p. 266. Fossatis et bertissis atque celatis. GLORIA, *CD. Padovano,* I p. 48 (a. 917). In circuitu ipsum castrum fossatoras et celatas ad defensionem ipsius castri facere. TIRABOSCHI, *Nonantola,* II p. 114 (a. 936).
**caelatorius** (adj.): *relatif au ciselage* — *concerning the art of engraving.*
**caelatura:** *plafond* — *ceiling.* Ruinas veteris refectorii fratrum decenter resarcivit, tectum et celaturam renovavit. Contin. ad LAURENT. G. episc. Virdun. (s. xii ex.), c. 6, *SS.*, X p. 519 l. 21.
**celdra,** v. caldrum.
**celebrare** (absol.): *célébrer l'office divin* — *to celebrate divine service.* Sacerdotem ad speciale altare in memoriam nostri ... celebraturum. VAN DEN BERGH, *OB. Holland,* I no. 276 (a. 1222).
**celebratio:** *célébration de l'office divin* — *celebrating divine service.*
**celebritas: 1.** *célébration de l'office divin* — *celebrating divine service.* **2.** *jour de fête* — *festal day.*
**celer** (subst.): *courrier* — *courier.* ISID., Etym., lib. 10 c. 51. Qui factum panderet celer praemittitur. EKKEHARD., Cas. s. Galli, c. 1, *SS.*, II p. 86. Ibi pluries.
**caelestis:** *azuré* — *dyed sky blue.* S. xiv, Ital.
**celeuma,** gener.: **clameur, commandement* — *shout, command.*
**celia:** **bière espagnole* — *Spanish beer.*
**caelicola,** coe- (mascul.): **1.** **ange* — *angel.* **2.** *moine* — *monk.* ARDO, V. Benedicti Anian., c. 30, *SS.*, XV p. 213 l. 3.
**caelicus,** coe-: **céleste* — *heavenly.*
**celydrus,** celindrus, v. chelydrus.
**caelitus,** coe- (adv.): **du ciel, dans le ciel, au ciel* — *from heaven, in heaven, to heaven.*
**1. cella: 1.** **demeure isolée de moine ou de moniale* — *a single monk's or nun's dwelling.* Per diversorum cellas hospitantur. Benedicti regula, c. 1. Nec liceat monachis cellas habere communis. Concil. Turon. a. 567, c. 15, *Conc.*, I p. 126. **2.** **monastère,* généralement d'allure modeste — *monastery,* as a rule a minor one. *D. Merov.*, no. 2 (a. 528). F. Sangall. misc. no. 11, *Form.*, p. 385. LUP., epist. 19, ed. LEVILLAIN, I p. 102. **3.** *habitation d'un groupe de moines ou de moniales qui dépend d'une abbaye, monastère affilié* — *isolated dwelling-place of a group of monks or nuns, subordinate to an abbey; daughter-house of an abbey.* Monasterio vel locis cellarum. *D. Merov.*, no. 31 (a. 673). Per cellas ipsius monasterii, ubicumque positae sint. FATTESCHI, *Memor. di Spoleto,* p. 259 (a. 739). Fratres, qui in diversis ministeriis foris occupati fuerant, medio Augusto ... sive de cellis sive de villis ad coenobium redeant. Statuta Murbacensia (a. 802-816), c. 10, ALBERS, *Cons. mon.*, III p. 86. Ut abbatibus liceat habere cellas, in quibus aut monachi sint aut canonici; et abbas praevideat, ne minus de monachis ibi habitare permittat quam sex. Capit. monastic. a. 817, c. 44, *Capit.*, I p. 346. Quia cetera loca eos capere non quibant, constituit locis congruis cellas, quibus prefectis magistris posuit fratres. ARDO, V. Benedicti Anian., c. 22, *SS.*, XV p. 209. Nullus judex publicus in curtes vel villas seu cellas sive agros ipsius monasterii ... ingredi audeat. *D. Berengario I.*, no. 2 (a. 888), p. 10 l. 14. [Abbas] cum secundum morem abbatiae suae cellas causa providentiae et amonitionis circuiret, devenit in Frantie tellus, ubi multae cellae erant sub ditione Novaliciensis coenobii erecte. Chron. Novalic., lib. 3 c. 31. De monasterio quod Stabelaus [Stavelot] dicitur cellam quandam [vid. Malmédy]. Ann. Altahens. maj. a. 1071, ed. VON OEFELE, p. 80. **4.** *monastère ou église canoniale subordonnée à une église épiscopale* — *monastery or chapter subordinate to an episcopal see.* Quicquid ... episcopus ... tam clericis sedis sue quam et aliis per cellas eidem ecclesie sue subjectas canonicis et monachis et sanctimonialibus deputaverit. *D. Charles le Chauve,* no. 126 (a. 850). **5.** *partie des bâtiments claustraux affectée au logement d'une catégorie particulière de personnes* — *part of monastery buildings intended for lodging a special group of persons.* Cella hospitum. Capit. monastic. Aquisgran. a. 817, c. 34, I p. 346. Item *D. Charles le Simple,* no. 10 (a. 898). Mir. Bertholdi, *AASS.*, Jul. VI p. 488 col. 1. Cella novitiorum. *D. Charles le Chauve,* no. 247 (a. 862), II p. 62 l. 11. Ib., no. 363 (a. 872), II p. 310 l. 8. *Cart. de S.-Marcel de Châlon,* no. 96 (a. 1093). UDALRIC., Consuet. Cluniac., lib. 2 c. 2, MIGNE, t. 149 col. 701. **6.** *exploitation de défrichement* qui dépend d'un monastère — *reclaim farm,* subordinate to a monastery. Urbar. S. Emmerami Ratisbon. a. 1031, c. 29, ed. P. DOLLINGER, *Classes rurales en Bavière,* p. 509. Cf. ib. p. 117, p. 416 n. 122.
**2. cella** = sella.
**cellana:** *recluse* — *female hermit. AASS.*[3], Maji VI p. 51 (s. xiv).
**cellanus** (subst.): *ermite* — *hermit.* V. Eligii, lib. 2 c. 39, MIGNE, t. 87 col. 571 C.
**1. cellararia,** celle-, -naria: **gardienne du cellier* dans une maison de religieuses — *keeper of the store-room* in a nunnery. Una ex subjectis [monialibus] nomine S., celleraria monasterii. IONAS, V. Columbani, lib. 2 c. 11, ed. KRUSCH, p. 258.
**2. cellararia,** celle-, -naria: **1.** *fonction de cellérier* — *cellarer's office.* Praepositi interest cellerariam conferre. PONCELET, *Actes Hug. de Pierrepont,* no. 37 (a. 1204/1205). **2.** *service du cellier* — *cellar department.* Caritas dabitur fratribus de celleraria abbatis ... et staupus insuper de celleraria fratrum. SCHANNAT, *Hist. Fuld.*, I p. 16.
**cellararius,** celle-, -narius (< cellarium): **1.** *geôlier* — *jailer.* Lib. pontif., Hadr. I, § 10, ed. DUCHESNE, I p. 489. **2.** *cellérier* de monastère — *cellarer* in a monastery. Benedicti regula, c. 31. IONAS, V. Columbani, lib. 1 c. 7, ed. KRUSCH, p. 165. De cellerariis monasterii, ut non avari mittantur, sed tales quales regula praecipit. Legationis edictum a. 789, c. 6, *Capit.*, I p. 63. Item Concil. Franconof. a. 794, c. 14, I p. 75. [Praelatus] fratribus cellerarium ... constituat, qui et stipendia fratrum fideliter servet et diligenti cura administret. Synod. Aquisgr. a. 816, c. 140, *Conc.*, II p. 416. UDALRIC., Consuet. Cluniac., lib. 3 c. 18, MIGNE, t. 149 col. 760 D. Ad celerarii ministerium pertinet omnia quae in pane et potu et diversis ciborum generibus fratribus sunt necessaria ... procurare. LANFRANC., Decr., ed. KNOWLES, p. 84. Cellerarius annonam, vinum, pulmenta suscipiens a praeposito, quaeque dispensat praelati seniorumque mandato. ANSELM., G. episc. Leodiens., c. 41, *SS.*, VII p. 214 l. 19. **3.** *gardien d'un grenier ou cellier domanial* — *keeper of a manorial granary or cellar.* Judex ... junioribus suis, id est majoribus et decanis vel cellerariis, ipsos [catellos] commendare faciat. Capit. de villis, c. 58. Etiam ib., c. 10. **4.** *régisseur d'une dépendance de monastère dite „cella"* — *administrator of a daughter-house of a monastery.* Cellararii curtes et agros excolant. EKKEH., Cas. s. Galli, c. 3, *SS.*, II p. 103 l. 16. **5.** *tenancier ayant une exploitation rurale de défrichement* qui dépend d'un monastère — *holder of a reclaim farm* subordinate to a monastery. Urbar. s. Emmerami Ratisbon. a. 1031, c. 15, c. 18, ed. DOLLINGER, *Classes rurales en Bavière,* p. 506 sq. Cf. ib., p. 280.
**cellaratura:** *fonction de cellérier* — *cellarer's office.* Ex officio celerature, quod prepositus uni fratrum dare consuevit. PONCELET, *Actes Hug. de Pierrepont,* no. 45 (a. 1207).
**cellariolum:** *cave à vin* — *wine-cellar.* Cellariolum basilicae. GREGOR. TURON., Virt. Juliani, c. 36, *Scr. rer. Merov.*, I p. 579.
**cellarium: 1.** **magasin de provisions, cellier, dépense* — *store-room, pantry.* ISID., Etym., lib. 15 c. 5. *D. Merov.*, no. 38 (a. 660). **2.** cellarium fisci: *entrepôt* destiné aux marchandises prélevées par le fisc sur le commerce maritime — *warehouse* for storing goods exacted by the fisc from seaborne trade. Proavus noster ... solidus cento eximtis de Massilia civetati, sicut a cellario fisci potuerant esse exactati, ad basilica ... domni Dionisii ... concessissit ... Demandamus ut ... ipsus soledus cento eximtis secundum consuetudinem in cellario ... eis omnemodis dare et adinplire faciatis. *D. Merov.*, no. 61 p. 54 (a. 692). Cf. H. PIRENNE, *Le cellarium fisci. Une institution économique des temps mérovingiens. Bull. Ac. Roy. de Belg.*, Cl. Lettres, 5e sér., t. 16 (1930), pp. 201-211. **3.** *grenier, dépôt de denrées* — *granary, storehouse.* G. dedit saepenominatae ecclesiae tertiam partem denariorum sui victus per omnia sua cellaria. Priv. Alex. II pap. ca. a. 1062, PFLUGK-HARTTUNG, *Acta,* I no. 38 p. 37. [Decimas] de cellario nostro in Alsatia hactenus accipere consueverunt. SCHÖPFLIN, *Alsatia,* I p. 300 no. 353 (a. 1193). **4.** *cave à vin* — *wine-cellar.* Censa [i. e. census] de villis nostris qui vinum debent, in cellaria nostra mittat. Capit. de villis, c. 8. Chron. Novalic., lib. 3 c. 12.
**cellarius: 1.** **cellérier de monastère* — *monastery cellarer.* **2.** *fonctionnaire du fisc préposé au „cellarium fisci"* — *fiscal officer in charge of the "cellarium fisci".* Hec omnia ... usque quod ipse cellarius ad [i. e. ab] ipso monasterio preveniebat[ur], eis [sc. missis monasterii] dare deberetis ... Ipso cellareo de tulleneo [i. e. theloneo] Fossense seo et ipsas tractuas ... tullonarie [i. e. thelonearii] quam et reliqui judicis subscripto [i. e. suprascripto] cellario ad missus ipsius monasterii dare et adimplere procuretis. *D. Merov.*, no. 86 (a. 716).
**cellula: 1.** *demeure* individuelle *de moine,* faisant partie d'un monastère — *monk's dwelling* appertaining to a monastery. Si quis frater, vel qui in oratorio sunt vel qui per cellulas consistunt. Regula s. Macario attributa MIGNE, *Patr. Graeca,* t. 34 col. 968. Caterva, senum [monachorum], quorum multitudo in unum habitare non quibat, in diversis cellulis in circuitu manebant ecclesiarum, de quibus taguriolis ... oportunis horis ad capitulum et ad mensam pariter occurrebant. Chron. Novalic., lib. 2 c. 1. **2.** *petit monastère;* terme employé souvent à cause d'humilité — *small monastery;* often used for humility's sake. Ubi monachuli sub sancta regula ad cellulam ... *D. Merov.*, no. 33 (ca. a. 657/658). Item *D. Arnulfing.*, no. 6 p. 95 (a. 714). Cellulae abbas. F. Sal. Merkel., no. 62, *Form.*, p. 262. Item *D. Ottos I.*, no. 275 (a. 965). Cellulam quandam que antiquitus monasterium dicebatur. *D. Ugo,* no. 2 (a. 926), p. 8 l. 28. **3.** *habitation d'un groupe*

*de moines ou de moniales* qui dépend d'une abbaye; *monastère affilié* — *isolated dwelling-place of a group of monks or nuns*, subordinate to an abbey; *daughter-house* of an abbey. Ad ipso monastirio vel cellolas ejus. Marculf., lib. I no. 2, *Form.*, p. 42. Item *D. Merov.*, no. 15 (a. 635). *D. Karolin.*, I no. 52 (a. 770). Provintiales et parrochiales presbiteri et monachi per cellolas positi. Concil. Baiwar. a. 805, *Conc.*, II p. 233. Ecclesiam s. Marie ... cum cellulis sibi subjectis. *D. Charles le Chauve*, no. 14 (a. 842). Curtem unum in W. dominicalem atque cellulas 5. D. Ludov. Pueri a. 904, Lacomblet, *UB. Niederrh.*, I no. 83. 4. *chapelle, église privée* — *chapel, private church*. F. imperial. no. 27, *Form.*, p. 305.

**celo**, v. chalo.

**celsitonans**: épithète de Dieu — epithet of God. Theodulf., carm. 65, *Poet. lat.*, I p. 556.

**celsithronus** (adj.): épithète de Dieu — epithet of God.

**celsitudo.** Loc. celsitudo vestra: *titre honorifique, attribué à l'Empereur et à certains hauts dignitaires — title of honour given to the Emperor and some high dignitaries. Loc. celsitudo nostra, dans certains diplômes et lettres émanant du roi — in some royal charters and letters. E. g.: Marculf., lib. I no. 16, *Form.*, p. 53. Karoli M. epist. gener., *Capit.*, I p. 81 l. 4.

**celtis**: **ciseau* — *chisel*. Acta ... in durabili materia laborioso celte effigiabant. Fund. mon. Schildecens. (s. xiii), *SS.*, XV p. 1046.

**caelum,** coelum: **1.** *voûte* — *vault*. **2.** *plafond, lambris* — *ceiling, panelling*. **3.** *dais, baldaquin* — *canopy*. [Mapularii] facientes celum de quadam mappa super caput domni [papae], portant eam sic. Cencius, c. 57 (Ordo), § 45, ed. Duchesne, I p. 305 col. 1.

**celus** = scelus.

**cembalum** = cymbalum.

**cembelinus,** v. zebelinus.

**cembellum,** v. cimbellum.

**caementare**: *cimenter, maçonner* — *to cement*. S. xiii.

**caementarius,** subst.: **maçon* — *bricklayer*. Adj.: *concernant le maçonnage* — *concerning masonry*.

**caementicius**: **concernant le maçonnage* — *concerning masonry*.

**caementum,** ci-: **1.** **mortier* — *mortar*. **2.** *chaux* — *chalk*.

**coemeterium,** cime-, cimi- (gr.): **1.** **cimetière* — *cimitery*. Cimiterium apud Agustidunensim urbem Gallica lingua vocitavit, eo quod ibi fuerint multorum hominum cadavera funerata. Gregor. Turon., Glor. conf., c. 72, *Scr. rer. Merov.*, I p. 790. Ecclesiam parvam aedificavit rotundam, ubi defuncta corpora fratrum sepulturae tradita requiescunt, quam cimiterium vocant. Candidus, V. Eigilis (ca. a. 840), c. 17, *SS.*, XV p. 230. **2.** *parvis d'église, enclos consacré, sauveté* — *churchyard*, fenced-in and consecrated space enjoying right of asylum. Concesserunt ... monasterium cum cimeterio liberum; quot etiam homines in hoc cimeterio habere voluerunt ad manendum. *Gall. chr.*², XI instr. col. 130 (a. 1130). Cf. Musset, *Cimiterium ad refugium tantum vivorum, non ad sepulturam mortuorum. Revue du Moyen Age Latin*, 1948, pp. 56-60. **3.** *droit de sépulture* — *right of burial*. Omne cimeterium et omnes oblationes, quas cuncti fideles pro vivorum et defunctorum remissione ipsis ecclesiis contulerint. *Hist. de Languedoc*, II, pr. col. 242 (ch. a. 1062).

**1. cena**: **1.** **la Cène du Christ* — *the Lord's Last Supper*. **2.** *jour de commémoration de la Cène, le *jeudi saint* — day of commemoration of the Last Supper, *Maunday-Thursday*. **3.** **l'Eucharistie* — *the Eucharist*.

**2. cena** = scena.

**cenabrium** = cinnabaris.

**cenaticus,** cenagium: *redevance due pour la licence de pêche* — *a due for fishing*. Nullus ex eis ullum teloneum aut ripaticum aut pontaticum aut salutaticum aut cespitaticum aut cenaticum ... exigere audeat. D. Ludov. Pii a. 815, *Hist. de Fr.*, VI p. 473 A. F. imper. no. 20, *Form.*, p. 301. *Reg. Farfense*, no. 266 (a. 823). Nullus ab eis ... cespiticum aut cenaticum aut pastionem ... exigere ... audeat. *D. Charles le Chauve*, no. 60 (a. 845). Quadragesimali tempore censum piscium, quem more provinciae cenadicum vocant, per vim fratribus abstulisset. Odo Glannefol., Mir. Mauri, c. 10, *SS.*, XV p. 470. Dedi abbatiae memoratae cenagia propriorum hominum ejusdem abbatiae et piscariam de G. *Gall. chr.*², XIV instr. col. 158 E no. 17 (ca. a. 1190, Anjou).

**cendalum,** sen-, cin-, -dall-, -dat-, -det-, -us (arab.): un *tissu de soie* — a *silk fabric*. Planetas duas, unam auro paratam, alteram de cendalo. Miraeus, I p. 21 col. 1 (a. 837). Casulas ex cindato Indici coloris numero tres, viridis coloris item ex cindato numero tres. G. abb. Fontanell., c. 17, ed. Loewenfeld, p. 53. Casulae ... malnae sericae tres, ex pisce 1, ex cendalo 4. Hariulf., Chron., lib. 3 c. 3, ed. Lot, p. 88.

**cenglaris** = singularis (subst. „sanglier — boar").

**coenobialis** (adj.): **monastique* — *monastic*. E. g.: Vitam coenobialis regulae. Coll. s. Dionys., no. 3, *Form.*, p. 499. Subst. mascul. **coenobialis**: *moine* — *monk*. Wettin., V. Galli, c. 2, *Scr. rer. Merov.*, IV p. 258 l. 32. Erhard, *Reg. Westfal.*, I, CD. no. 155 p. 120 (ca. a. 1070).

**coenobialiter**: *en communauté monastique* — *by way of a monastic community*. Monachi sub regula s. Benedicti cynubialiter congregati. Bruckner, *Reg. Alsat.*, no. 113 (a. 728).

**coenobiolum**: *petit monastère* — *minor monastery*. Test. Wideradi abb. Flaviniac. a. 721, Pardessus, II no. 514 p. 324.

**coenobita,** coenobiota (mascul.): **moine* — *monk*.

**coenobitalis**: *monastique* — *monastic*. Ubi Willibrordus coenobitali ordine custos praeesse videtur. *D. Arnulfing.*, no. 11 (a. 722).

**coenobite** (adv.): *en communauté monastique* — *by way of a monastic community*. Kanonicorum coenobite Deo servientium. *D. Heinrichs II.*, no. 151 (a. 1007).

**coenobiticus** (adj.): *monastique* — *monastic*. Coenobiticam viam. Agap. II pap. (a. 946-55) epist., Migne, t. 133, col. 905 A.

**coenobium,** ce-, ci-, -nu-, -vium (gr.): **1.** **monastère* — *monastery*. E. g.: Concil. Matiscon. a. 585, c. 16, *Conc.*, I p. 171. Marculf., lib. 2 no. 49, *Form.*, p. 104. **2.** *communauté monastique* — *monastic community*. In monasterii coenobio ... eum suscipere. V. abb. Acaun.



(s. ix), c. 1, *Scr. rer. Merov.*, VII p. 330. **3.** *chapitre de chanoines* — *chapter of canons*. Viennense coenobium. Ado (s. ix med.), ap. Mabillon, *Acta*, IV pars 2 p. 286. Priv. Greg. V pap. (a. 996-999) ap. G. pontif. Camerac., lib. 1 c. 111, *SS.*, VII p. 449. **4.** *l'ensemble des domaines d'un monastère* — *the whole of the estates of a monastery*. Quasdam villas de memorato coenobio ad usus fratrum delegatas. *D. Charles le Chauve*, no. 100 (a. 847). Quasdam res seu villas ex coenobio. Trouillat, *Mon. de Bâle*, I p. 113 (a. 866).

**coenobius** (adj.): *monastique* — *monastic*. Desideramus ... monasterio [i. e. monasterium] edificare ... et sub cenobio vel regulare ordine ibidem debeant monachi conversare. Beyer, *UB. Mittelrh.*, I no. 8 (a. 720, Prüm).

**cenodoxia** (gr.): **vanité* — *vanity*.

**cenodoxus** (gr.): **vaniteux* — *vainglorious*.

**coenovectorium,** coene-, cine- (< coenum, vehere): *civière* — *barrow*.

**censale, censalis,** v. censualis.

**censare,** v. censuare.

**censarius,** censerius, v. censuarius.

**censere,** censire, **1.** aliquid: *attribuer, assigner*, le plus souvent sous la forme d'une allocation à fournir périodiquement — *to allot, to assign*; as a rule by way of a periodical dole. Solidus docentus ... de sacello publico ... annis singolis ..., juxta quod anterioris rigis [i. e. reges] hoc ibidem [sc. monasterio s. Dionysii] cinsiverunt, habuerunt recipendi. *D. Merov.*, no. 67 (a. 695). Censuimus illis dari nonam partem. D. Ludov. Pii a. 822, Duvivier, *Hainaut*, no. 11 p. 295. Censemus ipsis fratribus ... refectionem unam plenariam in transitu ... genitoris nostri. *D. Charles le Chauve*, no. 239 (a. 862), I p. 40 l. 12. Refectionem clericis matri civitatis aecclesiae famulantibus dare censuit. G. Aldrici, c. 19, *SS.*, XV p. 317. Pro consolatione carnium in famulos eorum censita, quae illis dabatur in tribus festivitatibus. *D. Charles le Chauve*, no. 247 (a. 862), II p. 62 l. 8. Quicquid [sc. cotidiani alimonii sumptus] ei censitum erat, donare consueverat. Donat., V. Trudonis, c. 11, *Scr. rer. Merov.*, VI p. 284. **2.** aliquem: **inscrire dans les registres du „census"* — *to enter on the census lists*. Bene ingenuus esse videtur et in poleptico publico censitus non est. Marculf., lib. I no. 19, *Form.*, p. 56. **3.** aliquem vel alicui: *astreindre au paiement d'un cens* — *to put under the obligation to pay rent*. Censimus tibi denarios 4 aut in alio feo annis singulis dare debeas. Wartmann, *UB. S.-Gallen*, I no. 133 (a. 792). Censuimus tibi ut annis singulis ... solidum unum ... persolvere studeas. Beyer, *UB. Mittelrh.*, I no. 105 p. 110 (a. 866). Se censere, censere (absol.): *s'astreindre au paiement d'un cens* — *to bind oneself to pay rent*. Censivi me annis singulis partibus vestris reddere argentum tantum. F. Turon., no. 7, *Form.*, p. 139. Censisti te dare in luminaribus ad festivitatem ipsius sancti, hoc est tantum. Ib., no. 34, p. 155. Censimus nos ad vos pro hac re in luminaribus monasterii vestri annis singulis ... cera[e] libras quinque reddere debeam. Bruckner, *Reg. Alsat.*, no. 125 (a. 735). Censivi vobis annis singulis denarios tantos, ut ipsos ad festivitatem sancti illius exsolvere faciam. F. Sal. Lindenbr., no. 3, *Form.*, p. 269. Pro hoc censuit annis singulis unum denarium. Bitterauf, *Trad. Freising*, I no. 392 p. 333 (a. 818). Censui pro hoc annis singulis de farina modios 2. Ib., no. 614 (a. 836). Ibi pluries. Deprecatus fuit per seriem precariae quandam villulam ... ex rebus ejusdem ecclesiae ..., unde censuit in festivitate s. Luciae ... annis singulis se daturum ... tres solidos argenti. *D. Charles le Chauve*, no. 114 (a. 849). Censivi annis singulis ad matrem civitatis ecclesiam persolvere ... de cera libras 4. Pardessus, I no. 171 p. 126 (< a. 566 >, spur. s. ix). Cum accusativo rei: Superius scriptas res censivimus annis singulis dinarios 2. Wartmann, o.c., I no. 213 (a. 814). [Praedium] censatur [i. e. censeatur] annis singulis cum medio solido. Ib., no. 240 (a. 819). **4.** aliquid: *concéder à cens* — *to lease on rent*. Terra ipsa, antequam domus ibi fuisset, censita erat hominibus pro mercato eorum. Hugo Flavin., a. 1098, *SS.*, VIII p. 477 l. 39. **5.** aliquem: **nommer* — *to name*.

**censilis** (adj.): *astreint au paiement d'un cens* — *owing rent*. Si censiles [i. e. censilis] homo ... patitur oppressiones. Arechis pactio de Leburiis (ca. a. 780), c. 12, Bluhme, *Edictus ceteraeque Langobardorum leges*, p. 182. Censiles homines ejusdem aecclesie. *D. Heinrichs II.*, no. 472 (a. 1022). Subst. neutr. **censile**: *tenure à cens, censive* — *leasehold*. G. matrona ... tradidit s. Marie censile suum, quod habebat ad Pontem Lupelli ad censum solvendum s. Albino. Marchegay, *Arch. d'Anjou*, III p. 64 no. 81 (ca. a. 1100).

**censio**: idem quod census. Qui ... uno forsitan anno reddere censionem ipsam distulerit. Lex Visigot., lib. 5 tit. 4 § 19. Bertrand, *Cart. de S.-Aubain d'Angers*, I no. 57 (s. xii p. poster.).

**censionarius**: *percepteur de cens* — *rent-collector*. Rodulfi abb. Trudon. epist. (a. 1122), *SS.*, X p. 329 l. 44.

**censitus** (adj.): **1.** *astreint au paiement d'un cens* — *owing a rent*. Quinnentas vaccas inferendalis annis singolis a Chlothario seniore [i. e. ad C. seniorem] censiti reddebant. Fredeg., lib. 4 c. 74, *Scr. rer. Merov.*, II p. 158. **2.** *grevé d'un cens* — *burdened with a rent*. De terra censita debent exire denarii. Urbar. Prumiense a. 893, c. 50, Beyer, *UB. Mittelrh.*, I p. 173. Sunt ibi molini 2 censiti modios 26, et tertius molinus sine censu. Duvivier, *Hainaut*, no. 32 bis p. 361 (s. x). Subst. mascul. **censitus**: *homme de cens* — *rent-owing villein*. Cum ... servis, ancillis, colonis et colonabus, aldionibus et aldianis, cartulatis, censitis. *D. Ottos I.*, no. 264 (a. 964). Iterum no. 378 (a. 969).

**censivus** (adj.): *qui constitue une tenure à cens* — *leased on rent*. Burgenses monasterii nullomodo recipiantur ad habitandum in civitate mea aut in suburbio, neque a preposito meo neque ab aliquo homine qui ibi terram censivam aut dominicam habere videatur. Audouin, *Rec. de Poitiers*, I p. 18 no. 11 (a. 1082-1086). Subst. femin. **censiva**: **1.** *droit censal*, le droit du seigneur sur la censive — the *right of the lord to rent* from his landholders. Reddidit ecclesie quam abstulerat censivam et posuit in manu canonicorum. *BEC.*, t. 36, p. 421 (a. 1109, Angers). Domus

et terra erant de censiva ejus. MARCHEGAY, *Arch. d'Anjou*, III p. 59 no. 68 (ca. a. 1110). Cujus terre altera pars est in censiva vicecomitis. *Actes Phil.-Aug.*, no. 64 (a. 1182/1183), I p. 85. Dedit ... censivam totius illius territorii. Ib., no. 125 (a. 1184/1185), I p. 154. Comes P. Autissiodori ... quittavit burgenses suos qui sunt de censiva Autissiodorensi. Ib., no. 628 (a. 1200), II p. 174. **2.** *censive — rental leasehold.* Qui eorum censivas tenent. Ib., no. 102 (a. 1183/1184), I p. 126. Si clamor fuerit de feodo sive censiva. Ib., no. 361 (a. 1190), § 28, I p. 442. **3.** *cens — rent.* Contentio surrexit ... de censiva quam sanctimoniales sibi reddebant. MARCHEGAY, o. c., III p. 101 no. 145 (ca. a. 1165). Pro sex libris Parisiensis monete de censiva, reddendis annuatim. *Actes Phil.-Aug.*, no. 515 (a. 1195), II p. 51.

**censor:** **1.** *homme de cens — rent-owing villein.* WARTMANN, *UB. S.-Gallen*, II, Anh. n. 23, p. 398 (s. ix med.). ESCHER-SCHWEIZER, *UB. Zürich*, I no. 189 p. 80. GRIMM, *Weisthümer*, VI p. 12 c. 18 (ca. a. 1175). DE FREMERY, *OB. Holland*, suppl., no. 14 p. 8 (a. 1174, Rhénanie). **2.** *percepteur de cens — rent-collector.* BINTERIM-MOOREN, *Köln*, III p. 87. GUIMANN., Cart. S. Vedasti, ed. VAN DRIVAL, p. 187 (a. 1148). V. Joh. Gorziens., c. 101, *SS.*, IV p. 366 l. 31. **3.** *censeur, critique — censor, critic.* **4.** *juge — judge.*

**censorarius:** *percepteur de cens — rent-collector.* ROUSSEAU, *Actes de Namur*, no. 33 (a. 1152).

**censorius:** *censal — rental.* Statuta et jura censoria. *D. Heinrichs IV.*, no. 280 (<a. 1075>, spur. s. xii in.) Terra censoria. DC.-F., II p. 257 col. 2 (ch. a. 1079, Molesme).

**censualis,** censalis (adj.): **1.** *censal — concerning rent.* Quicquid ... censuali jure a subditis nobis Sclavorum nationibus ... ad fiscum persolvitur. *D. Ottos I.*, no. 295 (a. 965). **2.** *relatif aux tributaires d'église — concerning ecclesiastical tributaries.* Censuale justitia ad altare s. Emmerami pertinentes. WIDEMANN, *Trad. s. Emmeram*, no. 171. Censuali jure. Trad. Altah. Sup., *Mon. Boica*, t. 12 p. 42. Infra legem censualem perpetualiter stabiliantur. *D. Konrads II.*, no. 41 (a. 1025). **3.** *concédé à cens, grevé de cens — leased on rent, burdened with rent.* Si quis terram censalem habuerit, quam antecessores sui vel ad aliquam ecclesiam vel ad villam nostram dederunt, nullatenus eam secundum legem tenere potest, nisi ille voluerit ad cujus potestatem vel illa ecclesia vel illa villa pertinet ... Talem censum inde persolvat, qualis ei fuerit constitutus. Capit. per se scrib. a. 818/819, c. 4, I p. 287. De terris censalibus ... unde census ad partem regis exivit antiquitus. Capit. Tusiac. a. 865, c. 8, II p. 331. Est ibi terra censualis, unde exeunt librae [tantae]. Descr. Lobiens. a. 868, ed. WARICHEZ, *BCRH.*, t. 78 (1909), p. 260. Terra censalis. WARTMANN, *UB. S.-Gallen*, II no. 751 (a. 907). Exactum ... a terris censualibus. *D. Ottos I.*, no. 209 (a. 960). Cum hominibus terrisque censualibus. *D. Heinrichs II.*, no. 171 (a. 1007). Culturas nostras, quas ibidem habebamus dominicas, ... colonis qui ibidem inhabitarent censuales fecimus. SUGER., De admin. sua, c. 12, ed. LECOY, p. 172. Censuale feodum. Ann. Rodens., ed. ERNST, p. 12. **4.** *astreint au paiement d'un cens — owing rent.* Homines nostros censales. *D. Ludwigs d. Deutsch.*, no. 65 (a. 853). Mancipia censualia quicquid [i. e. quotquot] in eodem morantur pago. BEYER, *UB. Mittelrh.*, I no. 120 p. 125 (a. 882, Prüm). Hagistaldos censales 14. *D. Karls III.*, no. 167 (a. 887). Dedit ... mansum unum et dimidium cum servis censualibus. WAMPACH, *UB. Luxemb.*, I no. 173 p. 234 (a. 963). Quoscumque mercatores jurejurando probare auderet s. Vedasti esse censuales. [Post alia: servi s. Vedasti]. GUIMANN., Cart. s. Vedasti, ed. VAN DRIVAL, p. 186 (a. 1148). **5.** *jouissant du statut d'un tributaire d'église (sainteur) — having the privileged status of an ecclesiastical tributary.* Mansos 12 cum his mancipiis ..., ex quibus 7 a jugo servitutis solutos ad ipsam ecclesiam censuales feci. WAMPACH, o.c., I no. 88 (a. 853; an genuinum?) Homines censuales ad altare s. Petri traditos. *D. Ottos I.*, no. 121 (a. 950). Item ib., no. 208 (a. 960). **6.** *usité pour les prestations de cens, conforme à la coutume concernant le cens — corresponding to the standard set for rent payment.* Debere solebat 20 solidos censsuales ... reddendos annuatim. DC.-F., II p. 261 col. 3 (ch. a. 1163, Meaux). Annuatim 20 bisantios censuales reddunt. JORDAN, *Urk. Heinrichs d. Löwen*, no. 94 p. 144 (a. 1172). Singulis annis 7 libras censuales ... nobis persolvent. CHAPIN, *Villes de foires de Champagne*, p. 285 (a. 1194, Lagny). 12 nummos Leodienses censuales ... in feodo tenebat. PONCELET, *Actes Hug. de Pierrepont*, no. 169 (a. 1218). Pulli censales. *Form.*, p. 287. Subst. mascul. vel femin. **censualis**, censalis: **1.** *homme ou femme de cens — rent-owing villein.* Tributarios vel censuales qui res suas tradiderunt eidem ecclesie. D. Lud. II a. 861, WARTMANN, o.c., III no. 1185 p. 364. BEYER, o.c., I no. 150 p. 214. Libellariis et censualibus utriusque sexus. *D. Karls III.*, no. 12 (a. 879). Quasdam res ... cum tributariis et censualibus, terris cultis et incultis ... [form. pertin.] *D. Arnulfs*, no. 48 (a. 889). **2.** spec.: *tributaire d'église (sainteur), individu placé sous la protection du saint patron d'une église et qui ne doit que le cens — ecclesiastical tributary*, one who has been taken under the protection of the patron saint of a church and who owes nothing but an annuity. Sicut homines ipsius totius provinciae censuales ac liberi debitores sunt. *D. Ottos I.*, no. 191 (a. 958). Servi vel lidi vel coloni vel qui dicuntur fiscales vel censuales. Ib., no. 287 (a. 965). Viros et feminas censuales stabilivit ea lege, ut ipsi annis singulis in nativitate s. Mariae duos den. aut precium eorum in cera persolvant, et postea sic ingenui sicut ceteri censuales persistant. *D. Konrads II.*, no. 41 (a. 1025). Cum censualibus tam liberis quam capitalibus. *D. Lothars III.*, no. 86 p. 136 (a. 1136). **3.** *percepteur de cens — rent-collector.* Subst. neutr. **censuale,** censale: **1.** *droit censal — right to rent.* W., de cujus censuali ... decima erat, hanc venditionem [decimae] concessit et laudavit. *Actes Phil.-Aug.*, no. 444 (a. 1193), I p. 539. **2.** *censive — rental leasehold.* PERRIN, *Rech.*, p. 721 (s. xii

**censualitas:** **1.** *la condition de tributaire d'église — the status of an ecclesiastical tributary.* Quod si ... censualitatem predicti altaris dimiserint.



DUVIVIER, *Actes*, I p. 152 (a. 1133, Cambrai). **2.** *censive — leasehold.* Congregati sunt homines ad tuendum usum censualitatis suae. HUGO FLAVIN., a. 1098, *SS.*, VIII p. 477 l. 47.

**censualiter:** **1.** *à titre de cens — by way of rent.* Annuatim ex ipso loco censualiter persolvantur 10 sicl argenti. *D. Ottos I.*, no. 199 (a. 959). Iterum ib., no. 349 (a. 967). Homo fundum censualiter habitans. GRANDIDIER, *Alsace*, II p. 223. **2.** *dans la condition d'un tributaire d'église (sainteur) — in the status of an ecclesiastical tributary.* Sese ... in famulam censualiter ipsi altari deserviendam ... reddidit. FLACH, *Orig.*, I p. 457 n. 1 (a. 1022, S.-Mihiel).

**censuare,** censare, **1.** aliquem: *astreindre au paiement d'un cens — to put under the obligation to pay rent.* In quibusdam locis censati homines terras quasdam cum censu ad episcopatum preservire deberent. *D. Ludwigs d. Deutsch.*, no. 69 (a. 854). Census hominum ad ecclesiam ejusdem loci censuatorum. BITTERAUF, *Trad. Freising*, II p. 310 no. 1457 (a. 1039-1046). **2.** aliquid: *faire tributaire — to make tributary.* De illa terra ad illam sedem episcopalem censata. *D. Ludwigs d. Deutsch.*, no. 69 (a. 854). **3.** *payer à titre de cens — to pay as an annuity.* S. xiv.

**censuarius,** censarius, censerius (adj.): **1.** *astreint au paiement d'un cens — owing rent.* Quasi homo sit censarius. EKKEHARD., Cas. s. Galli, c. 1, *SS.*, II p. 87 l. 50. **2.** *grevé de cens — burdened with rent.* Qui in gafulland — id est in terra censaria — manet. Leg. Aelfred-Guthrum, tit. 2, vers. Quadripart., LIEBERMANN, p. 127 col. 1. Subst. mascul. **censuarius,** censarius: **1.** *homme de cens — rent-owing villein.* Coll. Sangall., no. 35, *Form.*, p. 418. **2.** *précariste — precarist.* Nonnulli ex eisdem censariis more solito ad monasterium s. Galli hereditatem suam traditam haberent atque illo censum profiterentur. D. Ludov. Pueri a. 901, WARTMANN, *UB. S.-Gallen*, II no. 720. **3.** *tributaire d'église (sainteur) — ecclesiastical tributary.* Sicut et alii tributarii vel censarii seu epistolarii, qui per talem conditionem sunt relaxati ingenui. ZEUSS, *Trad. Wizenb.*, no. 166 (a. 837). **4.** *serf qui doit le cens,* à l'exclusion de corvées *— rent-owing villein.* Acta Murensia, c. 24, ed. KIEM, p. 74. D. Konradi III reg., ERHARD, *Reg. Westfal.*, CD., p. 46 n. WIDEMANN, *Trad. S. Emmeram*, p. 421 no. 872 (a. 1152-1155). **5.** *détenteur d'une censive — leaseholder.* S. xiii. **6.** *percepteur de cens — rent-collector.* Nullum censuarium praeter custodem altaris habentes. MIRAEUS, I p. 348 (a. 1003, Nivelles). Injustis exactionibus, que ab hujusmodi viris [censum capitis debentibus] frequenter requiruntur a censuariis seu magistratibus suis. Ch. commun. Brusthem, a. 1175, ed. GESSLER, c. 2. Subst. femin. **censaria,** censeria: *cens — rent.* S. xiii.

**censura:** **1.** *justice criminelle, pouvoir public — criminal justice, public authority.* Adeo omnem sibi jus fiscalis censurae ecclesia vindicat, ut usque hodie in eadem urbe per pontifici[s] litteras comis constituatur. V. Eligii, lib. I c. 32, *Scr. rer. Merov.*, IV p. 688. **2.** spec.: *justice disciplinaire ecclésiastique — ecclesiastical disciplinary justice.* Sacerdotes ecclesiasticam deserentes censuram. ATTO VERCELL., epist., ed. BURONTIUS, p. 309. **3.** *sentence pénale — punitive judgment.* Putabant enim actutum venturam censuram, ut trucidaretur. Exil. Martini pap. (s. vii), MIGNE, t. 87 col. 116 C. **4.** spec.: *sentence du for ecclésiastique — judgment by an ecclesiastical court.* Exivit ejus homo ad judicium Dei neque per regis ordinationem neque per sanctae synodi censuram, sed spontanea voluntate. Concil. Franconof. a. 794, c. 9, *Conc.*, II p. 167. **5.** **sévérité — severity.* **6.** *concession à cens — lease on rent.* Huic censurae apponimus conditionem, quod ... DC.-F., II p. 262 col. 1 (ch. a. 1159, Cambrai). **7.** *cens — rent.* Liberum et absolutum a fodro et omni censura praedictum monasterium esse jubemus. DC.-F., II p. 262 col. 1 (ch. a. 1093, Savoie). Censurae investituram Stivagiensis banni ... concedo. SCHÖPFLIN, *Alsatia*, I p. 260 no. 316 (a. 1182-1212).

**census** (decl. iv), censum, censa (femin.), **1.** gener.: *impôt — tax.* Alius [i. e. alios] census [praeter hostem, wactam, paratas et veredos] ab eis [sc. Hispanis] neque a comite neque a junioribus et ministerialibus ejus exigatur. Constit. de Hispanis prima a. 815, c. 1, *Capit.*, I p. 262. Quacumque censu vel serbitium imponere. *CD. Cavens.*, I p. 112 (a. 882). **2.** *taxe sur la circulation — traffic tax.* Tributa et telonei in media via, ubi nec aqua nec palus nec pons nec aliquid tale fuerit unde juste census exigi possit. Capit. missor. a. 819, c. 4, I p. 289. Non de eodem ponte majorem censum exigere praesumat, nisi sicut consuetudo fuit. Capit. de funct. publ., a. 820, c. 3, I p. 295. Ibi naves ... nichil reddant, sed sine censu transeant. Inquis. Raffelstet. (a. 903-906), c. 5, *Capit.*, II p. 251. Negotiatores inibi navigantes gravissimo censu constringere. G. pontif. Camerac., lib. 3 c. 19, *SS.*, VII p. 471. **3.** *tribut imposé aux peuples soumis — tribute exacted from a conquered nation.* Sclavi ... defectionem molientes, solitum dare censum rennuunt. Ann. Fuld., a. 877, ed. KURZE, p. 89. **4.** *solde — soldier's pay.* Custodientibus [palatium] victus censusque cottidianus non parvus inpenditur. LIUTPRAND., Antapod., lib. I c. 12, ed. BECKER, p. 13. **5.** *toute redevance annuelle, en argent ou en nature — any annual tribute, either in money or in kind.* Spec.: **a.** *chevage,* le cens que le serf doit en vertu de sa condition personnelle servile *— poll-money.* V. voc. capitalis, adj., sub 1. **b.** les *prestations en argent ou en nature* dues, en plus des corvées, pour les tenures domaniales *— tribute in money or in kind,* owing, together with labour service, for manorial holdings. Les corvées peuvent être comprises dans le „census". — It may include labour services. Census hujus ministerii ... iste est: In unaquaque zelga debent arare 70 jugera ... De ferro 70 massas ... De melle 70 mensuras ... Frisgingas 7 ... Iste est census regis. Urbar. rerum fiscalium Rhaeticae Curiensis (s. ix p. pr.), MEYER-PERRET, *Bündner UB.*, I p. 380. **c.** le *cens que le précariste doit pour sa tenure en bénéfice — the annuity which the precarist pays for his tenancy.* Fecistis mihi beneficium ... et spondio vobis annis singulis cinso soledus tantus. F. Andecav., no. 7, *Form.*, p. 7. Censum inde solvat, id est 10 siclas de cervisa, 20 panes, unam friskingam. Coll. Sangall., no. 21, ib., p. 408. Res ... ad beneficium susciperit ... et quod spondit prosolvat ad

ecclesiam censum de illa terra. Lex Alam., tit. 2 c. 1. Cinso annis singulis ... solidus in argento 30 dare et adimplere studeamus. Pardessus, II no. 547 p. 360 (a. 730). De rebus ecclesiarum, unde nunc census exeunt, decima et nona cum ipso censu sit soluta. Capit. Harist. a. 779, c. 13, I p. 50. Dans ce sens, des corvées peuvent être comprises dans le „census". — In this sense it may include labour service. Dabo ... censum annis singulis, hoc est cervice [i. e. cerevisiae] siclas 20, maldra panis et frisginga saiga valente, et opera in stathum [i. e. statutum] tempus, in messe et fenum duos dies ad messem medendum et foenum secandum, et in primum vir [i. e. vere] arata jurnalem unam ... Hoc est censum pro ipsa villa. Wartmann, *UB. S.-Gallen*, I p. 41 no. 39 (a. 763). Convenit [in precariae conventione] in censum annis singulis ad unamquamque sationem jornale 1 arare et seminare et fructum super colligere et intus mittere. Et si de ipso censu tardi aut negligentes apparuerimus ... D'Herbomez, *Cart. de Gorze*, p. 66 sq. no. 34 (a. 795). **d.** le *cens* payé par le tenancier de la libre censive — *rent* of a free leasehold. **e.** un *bail perpétuel* — a *fee farm.* [Burgenses] teloneum suum ab eodem [sc. comite] in perpetuo censu receperunt, quotannis 100 sol. dando. Giry, *S.-Omer*, p. 377, no. 4 c. 23 (a. 1128). **f.** une *rente constituée* — an *annuity* based on a contract of sale. S. xiii. **6.** *tenure en précaire — precarial tenancy.* Sub precario et censu aliquam partem ecclesialis pecunie ... aliquanto tempore retineamus. Karlmanni capit. Liptin., c. 2, I p. 28. In beneficium et in censum concessimus ipsis. Wartmann, o.c., no. 562, II p. 176. **7.** *revenu — revenue.* Omni presidio monasterium munire studet, annuis censibus ditat. Ionas, V. Columbani, lib. 1 c. 30, ed. Krusch, p. 223. De terra seu de mancipia aut de theloneo vel de negotio aut undecumque ad partibus fisci census sperare [i. e. sperari] videtur. *D. Karolin.*, 1 no. 4 (a. 753). Undecumque census aliquid ad fiscum pervenerit, sive in frido sive in qualecumque banno et in omni redibutione ad regem pertinente. Capit. de part. Saxon. (a. 775-790), c. 16, I p. 69. Censum qui exinde [i. e. de moneta] exierit, canonicis ... tradidimus. *D. Charles le Chauve*, no. 277 (a. 864). Retineo in manu mea ad censum mei vicecomitatus ejusdem manerii theloneum. Haskins, *Norman inst.*, p. 285 no. 1 (post a. 1087). **8.** *trésor, numéraire, ce qu'on possède en argent — treasure, money, cash.* Ipsum censum sanctuarii postea ... [Nortmanni] ibidem remiserunt. Ann. Xant., a. 864, ed. Simson, p. 20. Guibert. Novig., De vita sua, lib. 3 c. 11, ed. Bourgin, p. 181. Deficiente sibi censu necessario. Orderic. Vital., lib. 7 c. 13, ed. Leprévost, III p. 219. Ingentem censum ... percipere ... potuisset. Ib., lib. 8 c. 24, p. 423. Hanc terram ... non ex patrimonio habebant, sed proprio e censu sibi coemerant. Marchegay, *Arch. d'Anjou*, III p. 78 no. 102 (ante a. 1120). Egenos ac censu tenues. Herbord., V. Ottonis Babenb., lib. 2 c. 7, ed. Pertz in us. sch., p. 57. Monstro tibi censum binorum denique regum. Ruodlieb, fragm. 18 v. 6. **9.** *somme d'argent — sum of money.* Accipiant quicquid habet [latro] et reddant callumpniatori suum censum capitalem. Leg. II Cnut, tit. 25 § 1, vers. Consiliatio Cnuti, Liebermann, p. 329 col. 2. **10.** *trésor d'église,* l'ensemble des ustensiles sacrés — *church treasure,* the sacred utensils as a whole. Quia anteriores nostri semper studuerunt potius augmentare ecclesiasticum censum quam minuere, ita et nos et qui post nos venerunt oportet augere. Acta Murensia, c. 16, ed. Kiem, p. 51. **11.** *monnayage — coinage.* Attendamus circa quietudinis emendam et circa census emendam. Leg. II Cnut, tit. 8, o.c., p. 315 col. 3.

**centa** (<teuton. *zent* <centena): *juridiction de centaine — hundredal jurisdiction.* Unusquisque principum libertatibus, jurisdictionibus, comitatibus, centis sibi liberis vel infeodatis utetur quiete ... Centumgravii recipiant centas a domino terre ... Locum cente nemo mutabit sine consensu domini terre. Ad centas nemo sinodalis vocetur. Frider. II statut. in fav. princ. a. 1232, c. 6-9.

**centena,** centina (<centum comme équivalent du germ. *huntari* „ multitude" — <centum, as a rendering of germ. *huntari* "crowd"): **1.** *une division d'armée — an army division.* Si quis centenarius, dimittens centenam suam in hostem [i.e. hoste], ad domum suam refugerit. Lex Visigot., lib. 9 tit. 2 § 3. **2.** *association pour le maintien de l'ordre public — association for the maintenance of public order.* Decretum est, ut ... centenas fierent. Pactus pro tenore pacis (s. vi med.), Chlotharii decr., c. 9, *Capit.*, I p. 5. Si furtus factus fuerit, capitale de praesente centena [nominativus] restituat, et causa[m] [furatam] centenarius cum centena requirat. Childeb. II decr. a. 596, c. 11, ib., I p. 17. **3.** *la circonscription dans laquelle opère l'action d'une association policière — district of a police association.* In cujus centena aliquid deperierit, capitale qui perdiderit recipiat; et latro, vel si in alterius centenam appareat deduxisse ..., quinos solidos condempnetur; capitale tamen qui perdiderat, ad [i. e. ab] centena illa accipiat. Pactus ut supra. Si centena [sensu 2] posita in vestigia in alia centena [sensu 3] [latronem invenerit], aut [si quis] eum ad [i. e. ab] alia centena minime expellere potuerit. Childeb. II decr., c. 12. **4.** *une unité d'organisation dans les domaines du fisc — administrative unit on estates of the fisc.* De liberis hominibus et centenis qui partibus fisci nostri deserviunt. Capit. de villis, c. 62. **5.** la *circonscription soumise à la justice du plaid de centaine,* considérée bientôt comme une *subdivision du comté,* analogue à la vicaria — the *district subject to the justice of a hundred court,* later considered as a *subdivision of the county* like the vicaria. Conventus [plaid — plea] ... fiat in omni centena coram comite ... et coram centenario. Lex Alamann., tit. 36. Liceat eis de vicina centena adjacentis comitatus ad causam suam testes habere. Capit. legib. add. a. 818/819, c. 10, I p. 283 l. 19. Nomina vel numerum de ipsis qui juraverunt ... comites ... de singulis centinis [apportent]. Capit. missor. a. 792, c. 4, I p. 67. Missi nostri diligenter inquirant, quanti liberi homines in singulis comitatibus maneant. Hinc vero ea diligentia et haec ratio [i. e. hac ratione] examinetur per singulas centenas, ut veraciter sciant illos atque describant. Capit.



Wormat. a. 829, c. 7, II p. 19. Comme indication géographique — used for place locating: In pago illo, in centena illa. F. Sal. Bignon., no. 19, *Form.*, p. 235. Item F. Sal. Merkel., no. 1 sqq., ib., p. 241 sqq. Villam ... sitam in pago Oximense in centena Noviacense. Ch. a. 715/716, Normandie, ap. G. abb. Fontanell., c. 7, ed. Loewenfeld, p. 25. In loco q. d. Benntzfelt infra centina Belslango infra vasta Ardinna. *D. Karolin.*, I no. 51 (a. 770). In pago Lemovicino in centena Tarninse in loco sive villa ... De Font-Réaulx, *Cart. de Limoges*, p. 20 no. 4 (a. 832). In pago q. d. Otlinga Saxonia in centena Nortrinse in loco ... *D. Charles le Chauve*, no. 84 (a. 846). Villam ... sitam in pago Andecavensi in centena Briosartense. Ib., no. 93 (a. 847). In pago Carnotino in centena Caunocense. Polypt. Irminonis, br. 9 c. 284, ed. Guérard, p. 112. Ex Bracensi centena. *D. Ottos I.*, no. 140 (a. 952). In pago Rutenico in duabus centenis. Martène, *Thes.*, I col. 44 B (a. 870). In pago Biturigo in vicaria Borbonis in centena Novientense. M. Fazy, *Hist. des sires de Bourbon*, 1924, p. 145 sq. (a. 989). Tardif, *Cartons*, p. 90, 98. In pago Redonico in centena Laliacinse. De Courson, *Cart. de Redon*, p. 367 no. 35 (a. 852). Wartmann, *UB. S.-Gallen*, no. 372 sq. *Wirtemb. UB.*, I p. 94, p. 117. In pago Caturcino in centena Exindense. Deloches, *Cart. de Beaulieu*, p. 000. Cf. C. von Schwerin, *Die altgermanische Hundertschaft*, 1907. E. Mayer, *Hundertschaft und Zehntschaft*, 1916. H. Dannenbauer, *Hundertschaft, Centena und Huntari. Hist. Jahrb. d. Görres-Ges.*, Bd. 62/69, 1949. **6.** *la fonction, la compétence du centenaire — the office, the jurisdiction of a centenary.* Ad ipsa centena et scultatia Curiensi. *D. Ottos I.*, no. 209 (a. 960). **7.** une *juridiction locale* d'origine publique (en Lorraine) — a *local jurisdiction,* primitively public in character (in Lorraine). De centunis (?) quam Teutonici hunnenduom vocant. *D. Heinrichs IV.*, no. 236. Integram centenam in burgo s. Juliani et in omnibus ejus appendiciis. *Hist. de Metz*, IV p. 99. Vineam cum banno et centena. Ib., p. 110. Totum bannum et centenam 5 parrochiarum. Calmet, *Lorraine*, II p. 244 (a. 1090). [Fundi] cum bannis et centenis. Jeantin, II p. 307 (priv. Leonis IX pap.) Comes ... praebendae fratrum ... omnes centenas earum potestatum ... reddidit. Contin. ad Bertharii G. episc. Virdun., c. 9 sq., *SS.*, IV p. 49 sq. Dux ... centenas potestatum ecclesiae et praedia quae invaserat, reddidit. Laurent., G. episc. Virdun., c. 2, *SS.*, X p. 492. Cf. C.-E. Perrin, *Sur le sens du mot centena dans les chartes lorraines du moyen-âge. ALMA.*, t. 5 (1930), pp. 167-198. **8.** *groupe d'ouvriers — group of labourers.* Ad vineas ligandas centenam 1; ad fodiendam alteram; ad colligendam terciam simul cum carro suo; ad messem colligendam quartam. Urbar. Prumiense a. 893, c. 24, Beyer, *UB. Mittelrh.*, I p. 155; cf. ib. p. 157. Centena: communitas; communiter autem operabantur opera nostra. Caesar. Prumiens., comment. ad urbar. Prum., ib., p. 155 n. 5.

**1. centenarium**: *conduit d'eau — water-tube.* Forma [i. e. aquaeductus] ... per quam decurrebat aqua per centenarium in atrio ... simulque et in balneo. Lib. pontif., Hadr. I, § 59, ed. Duchesne, I p. 503. Iterum ib., Nicol. I, § 16, II p. 154.

**2. centenarium,** -us: **1.** **quintal — hundredweight.* **2.** *mesure de terre,* subdivision du bonnier — *a land measure,* subdivision of the "bonnier". Tres bonarios terrae et duos centenarios. Miraeus, III p. 594 col. 1 (ch. a. 1244, Lille). **3.** *bidon à huile — oil-jar.* S. xiv, Ital.

**centenarius** (adj.). Centenaria justitia: *justice locale* dérivée de la centène — *local justice* deriving from the hundred. Namucensi comitatui ... subjacebat ... centenaria justitia Anseromiae. Cantatorium s. Huberti, c. 17, ed. Hanquet, p. 41. Subst. mascul.

**centenarius**: **1.** *chef militaire,* commandant d'une „centena" — *military commander* in charge of a "centena". Dux, comes, vicarius, thiuphadus, millenarius, quingentenarius, centenarius. Lex Visigot., Reccessv., lib. 2 tit. 1 § 25. Ib., lib. 9 tit. 2 § 1-5. **2.** *chef élu d'une association pour le maintien de l'ordre public — elected chief of an association for maintenance of public order.* Pro tenore pacis jubemus, ut in truste electi centenarii ponantur, per quorum fidem atque sollicitudinem pax praedicta observetur ... Centenarii inter communes provincias licentiam habeant latrones persequere vel vestigia adsignata minare. Pactus pro tenore pacis (s. vi med.), Chlotharii decr., c. 16, *Capit.*, I p. 7. Si quis centenario aut cuilibet judice [i. e. judici] noluerit ad malefactorem adjuvare. Childeberti decr. a. 596, c. 9, ib., I p. 17. Si furtus factus fuerit, capitale praesente centena restituat et causa[m] centenarius cum centena requirat. Ib., c. 11. **3.** *chef populaire chargé de la justice de centène,* qu'on désigne également par le terme „thunginus" — *tribal chief,* also called "thunginus", *administering hundredal justice.* Qui eam [viduam] voluerit accipere antequam sibi copulet ante thunginum aut centenario, hoc est thunginus aut centenarius mallo [i. e. mallum] indicant ... Lex Sal., tit. 44 § 1. Hoc convenit observare, ut thunginus aut centenarius mallo indicant. Ib., tit. 46 § 1. Ut conventus secundum consuetudinem antiquam fiat in omni centena coram comite aut suo misso et coram centenario. Lex Alamann., tit. 36 § 1. Ad mallo ante centenario vel comite. Lex Ribuar., tit. 50 § 1. Bodolenus quidam centenarius, oppidi Noviomagensis colonus. V. Eligii, lib. 2 c. 61, *Scr. rer. Merov.*, IV p. 731. [Dux Alsatiae] jussit ad se venire centenarios illius vallis [sc. Sornegaudiensis, i. e. Delémont] et eos [sc. incolas] in exilium ire praecepit. Bobolen., V. Germani Grandivall. (ca. a. 675), c. 10, ib., V p. 37. Signum Caroini centenarii. Pardessus, II p. 432 (a. 700). [Signum] Austrohaldo centenarii. Gysseling-Koch, *Dipl. Belg.*, no. 15 (a. 745, S.-Bertin). Ducibus, comitibus, vigariis, centenariis. Marculf., addit. 2, *Form.*, p. 111. Tribunus [i. e. comes] et centenarii. Arbeo, V. Corbiniani, c. 10, *Scr. rer. Merov.*, VI p. 568. De mancipia quae vendunt, ut in praesentia episcopi vel comitis sit, aut in praesentia archidiaconi aut centenarii, aut in praesentia vicedomni aut judicis comitis. Capit. Harist. a. 779, c. 19, I p. 51. Ut comites et centenarii ad omnem justitiam faciendum conpellent, et juniores tales in ministeriis suis habeant,

in quibus securi confident. Capit. missor. gener. a. 802, c. 25, I p. 96. Centenarii generalem placitum frequentius non habeant propter pauperes; sed cum illos, super quos clamant injuste [leg. injusta?] patientes, et cum majoribus natu et testimoniis necessariis frequenter placitum teneant. Capit. Karolo Magno asscriptum, I p. 214. [Testes] E. judex, S. centenarius. BITTERAUF, *Trad. Freising*, I no. 299 p. 259 (a. 811). **4.** Plus tard, le centenaire se transforme en *délégué du comte*, tandis que sa fonction s'assimile à celle du vicaire. — Later, the "centenarius" becomes a *delegate of the count*, his office being treated as identical with that of the "vicarius". Quod si forte talis homo inventus fuerit, qui dicat quod jussione comitis vel vicarii aut centenarii sui hoc, quo ipse semetipsum praeparare debeat [vid. adjutorium], eidem comiti vel vicario aut centenario . . . dedisset. Capit. missor. de exerc. promov. a. 808, c. 3, I p. 137. Ante illum comitem aut ante suum centenarium. Ewa ad Amorem, c. 30. Pauperes se . . . expoliatos esse . . . clamant super episcopos et abbates et eorum advocatos et super comites et eorum centenarios. Capit. de reb. exercit. a. 811, c. 2, I p. 165. Comitibus observandum est, ut juste judicent; sed et ministros, quos vicarios et centenarios vocant, justos habere debent. Concil. Cabillon. a. 813, c. 21, *Conc.*, II p. 278. Ut ante vicarium et centenarium de proprietate aut libertate judicium non terminetur aut adquiratur, nisi semper in praesentia missorum imperialium aut in praesentia comitum. Capit. missor. Aquisgr. I, a. 810, c. 3, I p. 153. Similiter Capit. de just. fac. (a. 811-813), c. 4, p. 176. Ut nullus . . . centenarium comitis [ut] advocatum habeat. Capit. missor. a. 819, c. 19, I p. 290. Ad [placita] quae centenarii tenent, non alius venire jubeatur, nisi qui aut litigat aut judicat aut testificatur. Ib., c. 14. Habeat unusquisque comes vicarios et centenarios suos secum [in conventu missi dominici]. Capit. a. 826, I p. 310. Istum sacramentum jurabunt centenarii. Capit. missor. Silvac. a. 853, II p. 274. Comes praecipiat suo vicecomiti suisque vicariis atque centenariis. Capit. Vern. a. 884, c. 9, II p. 374. Sine ulla inquietudine comitis aut centenarii vel vicedomini. *D. Ottos II.*, no. 53 (a. 973). Cf. A. WEBER, *Der Centenar nach den karolingischen Capitularien*. Diss. Leipzig 1894. H. GLITSCH, *Der alamannische Zentenar und sein Gericht. Berichte d. Sächs. Ges. d. W. zu Leipzig*, Phil.-hist. Kl., Bd. 69 (1917). **5.** (peut-être) *fonctionnaire domanial du fisc* — (perhaps) *fiscal estate officer*. D. comes, P. comes, C. comes, R. centenarius domni imperatoris. Concil. Tegernseeense a. 804, *Conc.*, II p. 232. **6.** *juge dans la cour du „hundred" anglosaxon* — *judge in the hundred court*. Comites, vicedomini, vicarii, centenarii, aldermanni, prefecti . . . Leg. Henrici, tit. 7 § 2, LIEBERMANN, p. 553. Subst. femin. **centenaria**: **1.** *juridiction de centenaire* — *jurisdiction of a "centenarius"*. Tria per annum centenarie complacita. ROUSSEAU, *Actes de Namur*, p. 91 (a. 1047-1064). In placito centenarie [advocati duos den.] de rebellibus ab ipsis introductis habebant. Ib., no. 9 (a. 1154). **2.** *circonscription judiciaire d'un centenaire* — *district under jurisdiction of a "centenarius"*. Decimam . . . ex Bracensi centenaria. Ch. a. 951, Verdun, ap. HUG. FLAVIN., *SS.*, VIII p. 363. Per omnes illarum partium centenarias. BERTHOLD., Ann., a. 1078, *SS.*, V p. 312.

**centenus,** centinus: *chef de centaine* — *chief of a hundred*. Judices praecipiant ad sculdahis suos aut ad centinos aut ad locopositos. Ed. Langob., Ratchis, c. 1 (a. 745/746).

**centgravius,** centumgravius (teuton.): *juge local* — *local judge*. Ne aliquis in episcopatu vel ducatu . . . aliquas centurias faciat et centgravios constituat. D. Friderici I a. 1168, *Mon. Boica*, t. 29 pars 1 p. 392. Centumgravii recipiant centas a domino terre. Frider. II statut. in fav. princ. a. 1232, c. 7.

**centimolum**: *moulin à cheval* — *horse-mill*. PETRUS DIAC., Chron. Casin., lib. 4 c. 21, *SS.*, VII p. 772 l. 7.

**centina,** v. centena.

**cento** (genet. -onis): **centon — a literary patchwork*.

**centonizare** (<cento): *compiler* — *to compile*. Magnum illud canonum volumen [Burchardus Wormatiensis] centonizavit. SIGEB., G. abb. Gemblac., c. 27, *SS.*, VIII p. 538. [Beda] centonizavit expositionem in Cantica Canticorum. Id., Scriptor. eccl., MIGNE, t. 160 col. 562 C. Gregorius [Magnus] antiphonarium regulariter centonizavit et compilavit. RUPERT. TUITIENS., Div. off., lib. 2 c. 21, MIGNE, t. 170 col. 47 C.

**centrum**: *cintre* — *arch*. Quater sena centra decora inferius superius connexa surgunt. V. Boniti (s. viii), c. 17, MABILLON, *Acta*, III pars 1 p. 94. Inter . . . quatuor ecclesiae centra. PASCHAS. RADB., V. Adalhardi, ib., IV pars 1 p. 340.

**centua**: *une mesure de terre* — *a land measure*. Dono . . . vineam infra muros Treveris civitatis . . . plus minus centuas tres. WAMPACH, *Echternach*, I pars 2 no. 10 p. 33 (a. 704). Centua, mensura terre vel vinee habens per singulas partes 22 pedes. Gloss. Sangerm. ms. n. 501 ap. DC.-F., II p. 265 col. 3.

**centum**: *une mesure de capacité* — *a dry measure*. Navis . . . que tanta est quantitate, quod potest portare dimidium centum salis. HÖHLBAUM, *Hansisches UB.*, I p. 141 (a. 1252, Hollande).

**centuplicare**: **centupler* — *to multiplicate hundredfold*.

**centuplus** (adj.): **centuple* — *hundredfold*. Subst. neutr. **centuplum**: **le centuple* — *a hundredfold*.

**centura,** v. cinctura.

**centuria**: **1.** *centaine*, subdivision du comté — "*centena*", subdivision of a county. In comitia N. in Durgewe, in centuria illa. Coll. Sangall., addit. 3, *Form.*, p. 435. F. Alsat., ROZIÈRE, p. 150. **2.** *juridiction locale* — *local jurisdiction*. Ne aliquis in episcopatu vel ducatu . . . aliquas centurias faciat et centgravios constituat. D. Frider. I a. 1168, *Mon. Boica*, t. 29 pars 1 p. 392. **3.** *le „hundred" anglosaxon* — *hundred*. Ipsi comitatus in centurias et sipessocna distinguntur; centurie vel hundreta in decanias . . . Leg. Henrici, tit. 6 § 1, LIEBERMANN, p. 552.

**centuriatus** (decl. iv): *le „hundred" anglosaxon* — *hundred*. S. xi.

**centurio**: **1.** *chef de centaine* — *chief of a hundred* (cf. voc. centenarius). [Comes] ponat ordinationem suam super centuriones et decanos. Lex Baiwar., lib. 2 tit. 5 § 1. Si centurioni [genet.] sigillum aut mandatum neglexerit. Lex Alamann., tit. 17 § 3. Convocantes vicarios, tribunos et centuriones, judices et decanos regis. V. Salvii, *Hist. de Fr.*, III p. 647 A. Judices, centuriones atque vicarios. Concil. Ascheim. a. 756, c. 11, *Conc.*, II p. 58. Centenarii, qui et centuriones vel vicarii, qui per pagos statuti sunt. WALAFR., Exord., c. 32, *Capit.*, II p. 515 l. 35. [Praedium] sororibus suis tradidit . . . et in manus P. centurionis commendavit. BITTERAUF, *Trad. Freising*, I no. 542 p. 462 (a. 827). Sub E. comite et E. centurione. WARTMANN, *UB. S.-Gallen*, I no. 332 (a. 830). Actum in praesentia comitis P. vel centurionis Z. F. Sangall. misc., no. 5, *Form.*, p. 382. Exactor publicus, id est centurio. *LL.*, III p. 487 c. 3 (s. xi, Bavière). Occasione ducatus sui centuriones ponere. D. Frider. I, *Mon. Boica*, t. 29 pars 1 p. 351. Regalia, id est civitates, ducatus, marchias, comitatus, . . . advocatias regni, jura centurionum . . . *Const.*, I no. 85 (a. 1111). **2.** *régisseur de domaine* — *estate administrator*. Populus advocatum nullum habeat nisi centurionem, quem ibi constituit Tuitiensis abbas. LACOMBLET, *UB. Niederrh.*, I no. 139 p. 86 (a. 1003). Nullum centurionem absque ejusdem abbatis fratrumve consensu ac legali familiae electione preficiendum esse censui. BEYER, *UB. Mittelrh.*, I no. 310 p. 365 (a. 1038). Cod. Udalrici, no. 123, JAFFÉ, *Bibl.*, V p. 234. WIDEMANN, *Trad. s. Emmeram*, p. 200 no. 223 (a. 975-990). Trad. Patav., tit. 29 c. 2, *Mon. Boica*, t. 28 pt. 2 p. 264. Jura centurionum, id est villicorum. BALDERIC., G. Alberici Trever. (s. xii med.), c. 2, *SS.*, VIII p. 244.



**centus** = cinctus.

**ceppaticus,** ceppagium, v. cipp-.

**ceppus,** ceppa, cepus = cippus.

**caepulla,** caepula, caepola: **oignon* — *onion*.

**cepum** = sebum.

**cera**: *cierge*, en part. cierge pascal — *candle*, esp. Easter candle. Cera benedicatur. Lib. pontif., Zosimus, ed. DUCHESNE, I p. 86. Benediccio cerae. Missale Gothicum, ed. BANNISTER, p. 67. Item Missale Gallicanum vetus, ap. MABILLON, *Liturg. gallic.*, p. 357.

**ceraculum**: *tablette à cire* — *wax-tablet*. V. Mochtei (s. vi), *AASS.*, Aug. III p. 743. V. Aidani Fernens. (s. vii?), c. 1 § 5, *AASS.*[3], Jan. III p. 727 col. 2; etiam c. 7 § 41, p. 733 col. 1.

**ceragium**: *redevance ecclésiastique consistant en cire* — *wax-scot*. S. xiii, Angl.

**ceraptatum**: *chandelier* — *candlestick*. Fecit . . . farum . . . cum lucerna et cereabte [sic] suo. Lib. pontif., Leo III, § 105, ed. DUCHESNE, II p. 31. Cum thuribus et ceraptatis. LEO ATIN., Transl. Marci Atin. (s. xi med.), c. 7, UGHELLI, VI col. 544 A. LEO OSTIENS., Chron. Casin., lib. 1 c. 32, *SS.*, VII p. 602 l. 8.

**cerarius** (adj.): *relatif aux tributaires d'église (sainteurs)* — *concerning ecclesiastical tributaries*. Presens ingenuitatis carta ceraria. LACOMBLET, *UB. Niederrh.*, I no. 73 (a. 882, Gerresheim). Cum mancipiis utriusque sexus, que ad cerarium censum dedit. Ib., no. 263 p. 170 (a. 1104). Subst. mascul. **cerarius,** cerearius: **1.** *cirier* — *chandler*. Ad custodem sacrarii pertinet ordinatio linteariorum, fullonum, cerariorum atque sartorum. Isidori regula, c. 19. MARINI, *Pap. dipl.* p. 351 no. 120 n. 20. **2.** *tributaire d'église* astreint au paiement d'un cens en cire — *ecclesiastical tributary* who renders wax tribute to a church. De cerariis et tabulariis atque cartolariis. Capit. Haristall. a. 779, c. 15, I p. 50 col. 1. Cerarios 10, donat unusquisque denarios 4 aut ceram econtra. Polypt. s. Remigii Rem., c. 22 § 47, ed. GUÉRARD, p. 87 sq. Requirendum de luminaribus ipsius ecclesiae et quot cerarios habeant. REGINO, Syn. causae, lib. 1, notitia, § 13, ed. WASSERSCHLEBEN, p. 20. *D. Ottos II.*, no. 22b (a. 972). Dagescalci aut cerearii foris ubique per villas positi. D. Heinrici V imp. a. 1116, BEYER, *UB. Mittelrh.*, I p. 496. Mancipia . . . atque censuales homines ac cerearios. GÜNTHER, *CD. Rheno-Mosell.*, I p. 46.

**ceraunius**: **sanguine* — *bloodstone*.

**cerbellerium,** v. cervellerium.

**cerbinaria,** v. cervinaria.

**cerca,** v. 2. circa.

**cercare** et derivata, v. circ-.

**cercella** (<querquedula, cercedula): *sarcelle* — *teal*. RADULF. DE DICETO, Imagines, a. 1191, ed. STUBBS, II p. 102.

**cercellus** = circellus.

**cercitorium,** v. circitorium.

**cercius,** v. circius.

**cerdo** (genet. -onis): *tanneur* — *tanner*. GUÉRARD, *Cart. de S.-Père de Chartres*, I, p. 353 no. 133 (s. xii?). Sutor, serdo, pellifex . . . KEUTGEN, *Urk. städt. Verf.gesch.*, no. 240 p. 336 § 3 (s. xiv in.).

**cerdonicus**: *relatif à l'industrie du cuir* — *concerning the leather industry*. Homo operans de opero cerdonico, faciebat enim subtellares. SALIMBENE, ed. HOLDER-EGGER, p. 512.

**cerealis** (subst.): *tributaire d'église* astreint au paiement d'un cens en cire — *ecclesiastical tributary* who renders wax tribute to a church. Censuales qui cereales dicuntur. BEYER, *UB. Mittelrh.*, I no. 423 p. 484 (a. 1112). Nulli advocato vel hunnoni subjaceant, sed tantum abbati sicut censuales vel cereales . . . respondeant. *D. Heinrichs IV.*, no. 159 (<a. 1065>, spur. s. xii). Cereales omnes, quoniam de libera genealogia processerunt, . . . [comes] in manu sua tenebat. MULLER-BOUMAN, *OB. Utrecht*, I no. 227 p. 206 (< a. 1064>, spur. s. xiii).

**cerecensualis,** v. cerocensualis.

**cereolus**: **chandelle* — *candle*.

**cereostatarius**: *serviteur chargé du soin des chandeliers* — *a servant having the care of candlesticks*. Ordo Rom. I (s. vii ex.), c. 126, ed. ANDRIEU, II p. 108. PETR. DIAC., Chron. Casin., lib. 4 c. 37, *SS.*, VII p. 779 l. 48.

**cereostatum,** cerostatum: *candélabre* — *candelabrum*. Ordo Rom. I (s. vii ex.), c. 21, ed. ANDRIEU, II p. 73; iterum c. 46, p. 82. Lib. diurnus, c. 57, ed. SICKEL, p. 46. Lib. pontif., Hormisdas, ed. MOMMSEN, p. 131. Ibi pluries. GISLEB. AUTISSIOD., V. Romani (s. xi med.), lib. 1 c. 7, *AASS.*[3], Maji V p. 157 C. AGNELL., Lib. pontif. Ravenn., c. 27, *Scr. rer. Langob.*, p. 291.

**ceresarius**: *cerisier* — *cherry-tree*. Capit. de villis, c. 70.

**ceresum** = cerasum.

**cerevisia,** cer-, cir-, -ve-, -sa (celt.): **1.** **cervoise* — *beer* (cf. PLIN., Nat. hist., lib. 22 c. 82 § 1). ISID., Etym., lib. 20 c. 3. Minister refecturi cervisam administrare conaretur, quae ex frumenti vel hordei sucos equoquitur. IONAS, V. Columbani, lib. 1 c. 16, ed. KRUSCH, p. 179. **2.** *brassin, la quantité de bière produite dans un brassin — one brewing, brew.* In tribus locis . . . in unoquoque eorum tres medones duasque cervisas, 6 modios tritici. *D. Ottos I.*, no. 105 (a. 948?). Dedit ei ad temporalis vitae subsidium . . . 2 talenta denariorum, 3 cervisias, 4 pernas . . . Omni anno de episcopali substantia unam plenam cervisiam, 6 maldros, unam pernam. V. Meinwerci, c. 76, ed. TENCKHOFF, p. 50. Dant . . . bracium ad 5 cervisias. Cod. Eberhardi, c. 43 § 15, DRONKE, *Trad. Fuld.*, p. 117. De unaquaque cervisia 2 sextarios cervisie solvet. DUVIVIER, *Actes*, I p. 366 (a. 1170-1189, Hainaut).

**cerevisiare**: *brasser — to brew.* Concil. Trever. a. 1152, MARTÈNE, *Coll.*, VII col. 72.

**cerevisiarius**: *brasseur — brewer.* S. xiii.

**cerfolium** = caerefolium.

**caeremoniari**: **sacrifier — to sacrifice.*

**cerio** (genet. -onis): *botte — sheaf.* De 15 cerionibus lini, qui in territorio ville crescunt et ruiuntur . . . sextumdecimum dabit. *Actes Phil.-Aug.*, no. 529 (a. 1196), c. 4, II p. 70. Cf.: 4 cereos de canbe [i. e. canape]. DESJARDINS, *Cart. de Conques*, p. 163 (s. xi).

**cerisum,** cericum = cerasum.

**cerna**: *troupe de guerriers — body of soldiers.* S. xiv, Ital.

**cernuta,** cernida, cerneda: *milice urbaine — town militia.* Ad eundum vel mittendum pro se ad aliquos exercitus seu cabalcatas vel cernutas. *Const.*, II p. 673 (a. 1311).

**cerocensualis,** cerecensualis (adj.): **1.** *qui doit un cens en cire à une église — owing wax tribute to a church.* Se cum omni successione sua ad altare b. Severini . . . cerecensuales . . . tradiderunt, ea tamen conditione ut singuli hujus posteritatis homines . . . singulis annis . . . duas nummatas cere ad idem altare persolverent. LACOMBLET, *UB. Niederrh.*, I no. 15 p. 9 (a. 794-800). Manumissi et effecti cerocensuales. KREMER, *Beitr.*, II p. 204. **2.** *qui se rapporte aux tributaires d'église — concerning ecclesiastical tributaries.* Se jure cerecensuali ecclesiae Campensi contradidit. DC.-F., II p. 271 col. 1 (a. 1225).

**cerocensus**: *cens à acquitter en cire — wax tribute.* Synod. Colon. a. 1300, c. 21, ap. DC.-F., II p. 274 col. 3.

**ceroferale,** cereo- (neutr.): *chandelier — candlestick.* Accensis super cruces cereis atque cereferalibus. GREGOR. TURON., Glor. conf., c. 78, *Scr. rer. Merov.*, I p. 796. Cereoferalia claritatem diei augentia gestantibus. Sermo de adv. Wandregisili (s. xii in.), c. 20, *SS.*, XV p. 631.

**ceroferarium**: *chandelier — candlestick.* Accipiat ceroferarium cum cereo. Sacram. Gelas., lib. 1 c. 95, ed. WILSON, p. 145. Ferebantur . . . ante corpus sanctum duo argentea ceroferaria. HARIULF., Chron., lib. 3 c. 29, ed. LOT, p. 168. Ceroferaria argentea duo. LEO OSTIENS., Chron. Casin., lib. 1 c. 53, *SS.*, VII p. 618.

**ceroferarius**: *acolyte porteur d'un chandelier — candle-bearing acolyte.* ISID., Etym., lib. 7 c. 12. RHABAN., Inst. cleric., lib. 1 c. 9, ed. KNOEPFLER, p. 24.

**cerographum,** v. chirographum.

**cerostatum,** v. cereostatum.

**cerotheca,** v. chirotheca.

**cerretum,** cerritum (<cerrus): *bois de chênes verts — wood* of the variety of oak called "cerro" in Italian. Olivetis, cerretis, roboretis, castenetis . . . *D. Berengario I.*, no. 127 (a. 920), p. 332. GREGOR. CATIN., Chron. Farf., MURATORI, *Scr.*, II pars 2 col. 440.

**certamen. 1.** Certamen singulare: *duel — single combat.* De his malis . . . si quis obiceret quod sui facinoris causa eidem fuissent illata, inde se . . . certamine singulari defenderet. FLODOARD., Ann., a. 948, ed. LAUER, p. 112. G. comes a W. quodam accusatus, dum eum in singulari certamine occidisset. LAMPERT. HERSFELD., Ann., a. 979, ed. HOLDER-EGGER, p. 44. Ibi pluries. Singulari certamine proprio capite causam determinare voluit. GUILL. PICTAV., lib. 2 c. 12, ed. FOREVILLE, p. 178. Certamen, nude: Tunc vadat ad certamen. Quaest. ac mon. ad libr. Papiens. (s. xi in.), § 2, *LL.*, IV p. 590. **2.** *sollicitude, soin — care, solicitude.* De nostras causas in vicem nostram bonum certamen mittatis, sicut nos de vestra caritate bene confidimus. F. Sal. Bignon., no. 25, *Form.*, p. 237. De tuo ministerio, quod tibi commandavimus, bonum certamen exinde habeas vel bona providentia. F. Sal. Merkel., no. 51, ib., p. 259. De illo manso bonum certamen facere studeat. Coll. s. Dionys., no. 17, ib., p. 505. Volumus quidem, ut ea quae superius retulimus, ut unusquisque bonum certamen exinde habeant. Capit. cum episc. Langob. delib. (ca. a. 780-790), I p. 189. Magna utilitas ibi potuisset effici, si quis inde habuisset certamen. Excerpt. de V. Hrodberti Salisb. (a. 871-873), c. 8, *SS.*, XI p. 10.

**certare** (<certus): *assurer, convaincre — to assure, to convince.* [Plebs] certata de virtutibus sacerdotis tam evidenti indicio. ANSELM., G. episc. Leodiens., c. 2, *SS.*, VII p. 192 l. 36.

**certificare**: **1.** *déclarer, certifier — to declare, to certify.* S. xiii. **2.** *donner des sûretés, garantir — to warrant, to give security.* S. xiii. **3.** *démontrer — to prove.* Si certificare valeat quod amplius [leg. alias] non potuit. Leg. Henrici, tit. 90 c. 7, ed. LIEBERMANN, p. 606.

**certificatio**: **1.** *certification — certification.* **2.** *garantie — security.*

**certificatorium**: **1.** *certificat — certificate.* S. xiii. **2.** *garantie — security.* S. xiii.

**certificatorius**: *certifiant — certifying.* S. xiii.

**certiorare**: *informer — to inform.* De sua certioratum indulgentia. MONACH. SANGALL., lib. 1 c. 24, *SS.*, II p. 741 l. 29.

**certitudinaliter**: *certainement — certainly.* S. xiii.

**certitudinare**: *assurer — to assure.*

**certitudo**: **1.** **certitude — certainty.* **2.** *sûreté, garantie — warranty, security.* S. xiii.

**certive**: *certainement — certainly.* S. xiv.

**cerulans**: **bleu d'azur — sky blue.*

**cerurgicus,** v. chirurgicus.

**cerusium** = cerussa („blanc de céruse — ceruse").

**cervella** (fem.): *cerveau — brain.* Pactus Alam., fragm. 1 c. 1. Lex Baiwar., tit. 3 c. 1 § 6; tit. 4 § 5; tit. 5 § 5.



**cervellerium,** cerb- (<cervella): *espèce de casque — kind of helmet.* S. xiii.

**cerverettus** (adj.). Canis cerverettus: *chien pour la chasse au cerf — stag-hound.* S. xiii.

**cervicatus** (adj.): **têtu — headstrong.* Subst. **cervicata**: **soufflet — slap on the head.*

**cervicose**: *obstinément — obstinately.*

**cervicositas**: *entêtement — obstinacy.* S. ix.

**cervicosus** (adj.): **têtu — headstrong.*

**cervinaria,** cirvi-, cerbi- (<cella vinaria): *cave à vin — wine-cellar. CD. Cajet.*, I p. 33 (a. 906); p. 89 (a. 954). Cervinariam adiit, vinum mensus est. PETR. DIAC., Chron. Casin., lib. 3 c. 38, *SS.*, VII p. 730 l. 34. Perfecto palatio . . . cum cellario et cervinaria. Chron. Casaur., lib. 5, MURATORI, *Scr.*, II pt. 2 col. 892.

**cervisia,** cervesia, cervisa, cervesa et derivata, v. cerevisia.

**cervulus** et cervula: **petite effigie d'un cerf,* qui jouait un rôle dans les rites payens des kalendes de janvier — *puppet in the shape of a stag,* for pagan ritual of the kalends of January.

**caesa** (femin.): **1.** *barrière* effectuée par l'abattage d'une bande de bois — *barricade* consisting in cut trees. [Carolus] Saxonum caesas seu firmitates subito introivit. Ann. regni Franc., a. 776, ed. KURZE, p. 46. Carolus rex misit exercitum suum partibus Brittanniae . . . Et ibi multos Brittones conquesierunt unacum castellis et firmitates eorum locis palustribus seu et in caesis. Ib., a. 786, p. 72. Nullo fossato aut cesa nullisque arboribus inter utramque partem existentibus. OTTO MORENA, ed. GÜTERBOCK, p. 46. **2.** *bois taillis — underwood.* TIRABOSCHI, *Nonantola*, II p. 8 (a. 753). *Reg. Farf.*, no. 751 (a. 1040).

**caesarianus**: *impérial — imperial.* Cesarianam dignitatem contulit. OTTO FRISING., Chron., lib. 5 c. 6, ed. HOFMEISTER, p. 237. Milites cesariani. OTTO SANBLAS., Chron., c. 11, ed. HOFMEISTER, p. 11; item c. 23, p. 32.

**caesera**: *impératrice — empress.* ERMOLD. NIG., Carmen in hon. Hludov., v. 2396 (lib. 4 v. 515), ed. FARAL, p. 182.

**caesina**: *taillis — coppice. CD. Cavens.*, I p. 113 (a. 882).

**caesinale**: *taillis — coppice. CD. Cavens.*, II p. 68 (a. 972).

**caesio**: **rixe, batterie — scrap.*

**caesor**: **1.** **tailleur de pierres — hewer.* **2.** *bourreau — executioner.*

**caesorium**: *hache — axe.*

**caespes**: **1.** *motte de terre* comme symbole d'investiture — *sod of turf* used as a symbol in the act of saisin. [Donatio] per cespitae de illa terra. F. Turon., append. 3, *Form.*, p. 164. Per ipsa herba et cespite tradidisset. Cart. Senon., no. 34, ib., p. 200. Ibique quidquid habebat . . . cum cespite et ramo cultelloque cum manubrio albo tradidit. V. Berlendis (s. xi in.), c. 1 § 5, *AASS.*[3], Febr. I p. 384 A. **2.** *une *terre, champ — piece of land.* **3.** *région, territoire — region, area.* Ubicumque conaretur cespitem meum depopulari. ORDERIC. VITAL., lib. 7 c. 15, ed. LEPRÉVOST, III p. 236. Extorris de cespite paterno expulsus. Ib., lib. 8 c. 24, III p. 418. **4.** *territoire d'une cité, diocèse — area of a "civitas", diocese.* Coenobium Burguliense in cespite Andegavensi [fecit]. ADEMAR., lib. 3 c. 41, ed. CHAVANON, p. 164. In partibus Burgundiae, cespite Matiscensi, pago q. v. Cluniacus. ODILO, V. Majoli, MIGNE, t. 142 col. 946 B.

**caespitalis**: *composé de tenures — consisting in tenements.* Omnes res vel substantias meas, tam casas dominicales seu cespitales cum diversis territoriis ad ipsas casas pertinentes. BITTERAUF, *Trad. Freising*, I no. 400a p. 342 (a. 819).

**caespitare** (<caespes): *broncher — to stumble.* SALIMBENE, ed. HOLDER-EGGER, p. 199.

**caespitaticus,** cis-, ches- (<caespes): *impôt sur la circulation* pour compenser les dégâts causés aux champs et aux prés — *traffic tax* for compensating damage done to fields and meadows. MARCULF., suppl. no. 1, *Form.*, p. 107. *D. Merov.*, no. 51 (a. 681). *D. Karolin.*, I no. 6 (a. 753). Ibi saepe. F. imper. no. 20, *Form.*, p. 301. Capit. Niumag. a. 806, c. 10, I p. 132. *Reg. Farfense*, no. 266 (a. 823). *D. Karls III.*, no. 122 (a. 885).

**cessio**: **1.** **cession — cession.* Cessionem de servo faciat. Pactus pro tenore pacis (s. vi med.), Pactus Childeberti, c. 5, *Capit.*, I p. 5. Item ib., Chlotharii decr., c. 12, p. 6. **2.** *donation — bestowal.* F. Andecav., no. 1c, *Form.*, p. 5. **3.** *acte de donation — record of a bestowal.* Plura tam ex immunitatibus quam ex preceptis regalibus seu etiam cartis et cessionibus illi monasterio olim factis . . . deperisse. *D. Charles le Simple*, no. 18 (a. 899).

**cessus** (decl. iv): **1.** *départ, retraite — departure, retirement.* S. xiii. **2.** *déclin — decline.* **3.** *interdit — interdict.* S. xiv.

**cesta** = cista.

**caesura**: **1.** *coupage de bois — cutting wood.* Debent mittere in silvam uterque porcos 10, et nullam aliam utilitatem, sive ad exstirpandum sive in cesura ligni. GLÖCKNER, *Cod. Laursh.*, I p. 317 no. 33 (a. 866). Cesuram ubiubi frutecta occurrunt ruricolis ad edificandas sepes. GYSSELING-KOCH, *Dipl. Belg.*, no. 156 (a. 1063, Flandre). **2.** **césure — caesura.*

**cetina**: *terrain brûlé — burnt-off woodland. Reg. Farf.*, no. 185 (a. 807). D. Ludov. II imp. a. 868/869 ap. DC.-F., II p. 281 col. 2.

**cetrinus** = citrinus.

**ceu** (quelquefois — sometimes) = seu.

**cevada,** v. civata.

**chabanna,** v. cabanna.

**chabannaria,** v. cabannaria.

**chablus,** chablum, v. 1. capulum.

**chacea,** chacia, chaicia, chascia, v. cacia.

**chaceare,** chaciare, chascare, v. caciare.

**chacipollus,** v. cacepollus.

**chacus,** v. scacus.

**chafallus,** v. catafalcus.

**chaja,** chajum, v. caja.

**chalandus,** chalannus, chalonnus, v. chelandium.

**chalfagium,** chalvagium, v. calefagium.

**chalibinus**: *d'acier — of steel.* Ruodlieb, fragm. 1 v. 25; fragm. 5 v. 80.

**chalo,** cialo, celo (genet. -onis), chalonus: *drap de lit — shalloon, coverlet.* S. xiii.

**chalvaricum,** v. charavaria.

**chambellanus,** v. camerlingus.

**chamelotus,** v. camelotum.

**chaminus,** v. 2. caminus.

**champardum,** v. campipars.

**champerius,** v. camparius.

**chamus** = camus.

**chanaba,** chanava cum derivatis = canabis.

**chansonus**, v. scantio.
**characha**, v. caraca.
**character**, ca- (gr.): **1.** **marque brûlée — brand.* Lex Visigot., lib. 8 tit. 5 § 2. **2.** **légende, inscription — legend, inscription.* **3.** **signe, marque — sign, stamp.* Character crucis: signe de la Croix — sign of the Cross. **4.** **signe magique, amulette — magical sign, amulet.* **5.** *jeton de l'abaque — counter of an abacus.* RICHER., lib. 3 c. 54, ed. LATOUCHE, II p. 64. **6.** *caractère* de l'alphabet — script *character.* **7.** *trait caractéristique, particularité — feature, quality.*
**charavaria**, chare-, chari-, chal-, cha-, -varium, -varicum, -verium: *charivari — charivari.*
**charaxare**, ca- (gr.): **1.** **graver — to engrave.* **2.** **tracer, dessiner, peindre — to draw, to depict.* E. g.: GREGOR. TURON., Hist. Franc., lib. 7 c. 36. **3.** **marquer au fer rouge — to brand.* **4.** **écrire — to write.* E. g.: ALDHELM., Virg., c. 45, *Auct. antiq.*, XV p. 299. BONIF. et LULL., epist. 5, *Epp.*, III p. 239. **5.** *effacer, gratter — to blot out, to erase.*
**charaxator**: *scribe — scribe.* Mir. Emmerami, *AASS.*, Sept. VI p. 507 col. 2.
**charaxatura**, ca-: **1.** *frappe de monnaie — coinage type.* GUIBERT. NOVIG., De vita sua, lib. 3 c. 7, ed. BOURGIN, p. 159. **2.** *écriture — script.* **3.** *charte — charter.* Caraxaturam fieri obtinuit hujusmodi [vid. privilegium pontificale]. G. pontif. Camerac., lib. 1 c. 111, *SS.*, VII p. 449 l. 20. **4.** *grattage — erasure.* Si quid liturae, caraxaturae, adjecciones superdiccionesvae facte sunt, nos eas fecimus vel facire jussimus, dum testamentum nostrum sepius recurrimus vel emendavimus. MARCULF., lib. 2 no. 17, *Form.*, p. 88. Similiter test. Adalgiseli-Grimonis, a. 634, LEVISON, *Frühzeit*, p. 134; test. mariti Chramnetrudis (ca. a. 690), PARDESSUS, II p. 212; test. Irminae (a. 697-698), WAMPACH, *Echternach*, I pars 2 p. 22.
**chareium**, charetum, chariatum, v. carrata.
**charfagium**, v. calefagium.
**charfalium**, v. catafalcus.
**charpho**, v. carpo.
**chargare**, chargiare, chariare, v. carricare.
**chargia**, v. cargia.
**chargiagium**, v. carragium.
**chariotum**, v. carriotum.
**charisma**, carisma (neutr., genet. -atis) (gr.): **1.** **don de grâce, don divin — gift of grace, divine gift.* **2.** *le Saint Esprit — the Holy Spirit.*
**charistia**, v. caristia.
**charitas** et derivata, v. caritas.
**charmenus**, charmus = carpinus („charme — horn-beam").
**charnagium**, v. carnagium.
**charnerium**, v. carnarium.
**charolare**, v. carolare.
**charrada**, charrata, charrea, charreum, charreium, charreta, v. carrata.
**charragium**, charreagium, charriagium, charruagium, v. carragium.
**charregiare**, charreare, v. carricare.
**charreria**, v. carrarius.
**charriotum**, v. carriotum.
**charruagium**, v. carrucagium.
**charruca**, charrucha, v. carruca.
**charta**, carta, karta: tout *document écrit*, abstraction faite de la matière (papyrus ou parchemin) — any *written document*, without regard to material (papyrus or parchment). Spec.: **1.** *lettre — letter.* E.g.: Legi litteras jussit; post lectam vero cartam ... EDD. STEPH., V. Wilfridi, c. 27, *Scr. rer. Merov.*, VI p. 220. **2.** *mandement — mandate.* E. g.: Hanc cartam generaliter per omnia loca decrevimus emittendum, praecipientes ... Childeb. I praec. (s. vi med.), *Capit.*, I p. 2. **3.** *charte — charter.* E. g.: F. Andecav., no. 49, *Form.*, p. 22. Lex Alamann., tit. 1 § 1. Lex Sal., extrav. B 3 sq., BEHREND², p. 166 sq. Lex Ribuar., tit. 58 § 1, tit. 60 § 1. Lex Baiwar., tit. 1 § 1; tit. 16 § 2; § 15 sq. Pour un diplôme royal, peu souvent — rather seldom for a royal charter. E. g.: *D. Ottos II.*, no. 15 (a. 967).
**chartaceus**, car-, -ti-: *de papyrus — of papyrus.*
**chartalis**: *sous forme de charte — in the form of a charter.* Sub cartalis firmitatis tuitione ... largiri. BERTRAND, *Cart. d'Angers*, I no. 281 p. 321 (a. 960-964). Per cartalem noticiam ... tradidit. D. Roberti II reg. Franc. a. 1005, CHEVRIER-CHAUME, *Ch. de S.-Bénigne de Dijon*, II no. 233 p. 29.
**chartarium**, cartaria: **1.** **archives — archive.* **2.** *scriptorium* (?). W. lector hanc donacionem a vobis [subaudi: factam] promulgavi ad cartaria. BRUCKNER, *Reg. Alsatiae*, no. 368 (a. 793, Murbach).
**chartarius**, car-, -terius: *archiviste — archivist.* Chartarius publicus. V. Caesarii, lib. 2 c. 39, *Scr. rer. Merov.*, III p. 497. Johannes tabellio et carterius. *D. Ottos I.*, no. 340. (a. 967).
**charteus**: **de papyrus — of papyrus.*
**charticinus**, car-, -ta-, -neus: **1.** *de papyrus — of papyrus.* Agap. II pap. (a. 946-955) epist., MIGNE, t. 133 col. 916 A; col. 926 D. **2.** (d'un bâtiment) *couvert de lames de plomb* — (of a building) *covered with sheets of lead.* MARINI, *Pap. dipl.*, p. 241 no. 48 n. 2; p. 364 no. 132 n. 4 (a. 1022, 1056).
**chartigraphus**, car- (gr.): *chancelier — chancellor.* E. regiae domus cartigraphus. Ch. Eadgari reg. Angl. a. 960, *Hist. de Fr.*, IX p. 397. D. Roberti II reg. Franc. a. 1008, TARDIF, *Cartons*, p. 158.
**chartophylacium**: *archives — archive.* GREGOR. M., epist., lib. 9 no. 229, *Epp.*, II p. 225. ODILO, Transl. Sebastiani, c. 46, *SS.*, XV p. 391.
**chartologium**, car-, -ti- (gr.): *cartulaire — cartulary.* DC.-F., II p. 297 col. 2 (ch. a. 1178).
**chartula**, car-, -tola: tout *document écrit* — any *written document.* Spec.: *charte — charter.* E. g.: BRANDI, *Urk. u. Akten*³, no. 11 p. 16 (a. 552, Ravenne). Ed. Rothari, c. 243. Lex Visigot., lib. 2 tit. 5 § 14. F. Andecav., no. 41, *Form.*, p. 18. Pour un diplôme royal, rarement — rather seldom for a royal charter. E. g.: *D. Heinrichs II.*, no. 139 (a. 1007).
**chartularium**, car-, -to-: **1.** *archives — archive.* Epist. Notkeri episc. Leodiens., *Scr. rer. Merov.*, V p. 109. Actus pontif. Cenom., ed. BUSSON-LEDRU, p. 266. Magister H. magister cartularii. JORDAN, *Urk. Heinrichs d. Löwen*, no. 107 p. 165 (a. 1176). **2.** *cartulaire — cartulary.* **3.** *recueil de formules* pour dresser des actes — *collection of formulae* for writing charters. **4.** *imbréviature* de notaire public — public notary's *imbreviature.* S. xiii.



**chartularius**, car-, -to-, -tel- (subst.): **1.** **archiviste — archivist.* Cartularius ecclesiae Romanae. GREGOR. M., epist., lib. 8 no. 36, *Epp.*, II p. 38. Ibi saepe. **2.** (proprie: chartularius numerorum militarium) *le fonctionnaire préposé aux registres de l'armée — an officer in charge of military registers.* Lib. pontif., Severinus, ed. MOMMSEN, p. 175; ib., Theodorus, p. 178. Narsis chartolarius imperialis, qui tunc praeerat Italiae, bellum adversus Totilam Gothorum regem praeparans. PAUL. DIAC., Hist. Langob., lib. 2 c. 1, ed. WAITZ, p. 84. **3.** *notaire, scribe — scribe.* Imperator [Lotharius] ... diaconum [Petrum] ... logothetam, a secretis, exceptorem, auditorem, cartularium ac cappellanum Romani imperii constituit. PETR. DIAC., Chron. Casin., lib. 4 c. 116, *SS.*, VII p. 833. H. cartularius noster recognovit. JORDAN, *Urk. Heinrichs d. Löwen*, no. 75 p. 109 (a. 1167). De principibus ... alium alio dimittit adjunctis eis cartulariis, qui de regalibus ... certam summam et plenam noticiam reportarent. RAHEW., G. Friderici, lib. 4 c. 13, ed. WAITZ-SIMSON, p. 248. **4.** *ancien serf qui a été affranchi au moyen d'une charte — former serf, manumitted by charter.* Ille cartellarius qui cum ancilla manserit. Pippini decr. Vermer. (a. 758-768?), c. 20, *Capit.*, I p. 41. De cerariis et tabulariis atque cartolariis. Capit. Haristall. a. 779, c. 15, I p. 50. D. Ludovici Pii a. 821, BEYER, *UB. Mittelrh.*, I no. 53 p. 59. Cum familiis, commendaticiis, cartulariis atque aldionibus. D. Ludovici II imp. a. 873, *CD. Langob.*, p. 430. Item *D. Karls III.*, no. 21 (a. 880). *D. Ottos I.*, no. 137 (a. 951). **5.** *papetier — paper-maker.* S. xiii, Ital. Adj. **chartularius**: *affranchi* au moyen d'une charte — *manumitted* by charter. Homo denarialis non ante haereditare in suam agnationem poterit, quam ad terciam generationem perveniat. Homo cartularius similiter. Capit. legi Ribuar. add. a. 803, c. 10, I p. 118. Homo cartularius. Lib. Papiens., *LL.*, IV p. 353.
**chartulatio**, car-: **1.** *établissement d'un acte — drawing up a deed.* FATTESCHI, *Memor. di Spoleto*, p. 275 (a. 773). **2.** *tradition au moyen d'un acte écrit — conveyance by written deed.* Quaecunque ... tenuerant comparatione, cartulatione, donatione. DC.-F., II p. 298 col. 2 (ch. a. 876).
**chartulatus**, car- (subst.): *ancien serf qui a été affranchi au moyen d'une charte — former serf, manumitted by charter.* Tam ingenuos quam servos, libellarios, aldiones et aldianas seu clericos vel cartulatos aut offertos. D. Ludovici Pii a. 820, GIORGI-BALZANI, *Reg. di Farfa*, II p. 205 no. 266 doc. 248 (BM.² no. 716). In rebus et familiis, cartulatis vel offertis cunctisque colonis, liberis et servis. *D. Karls III.*, no. 83 (a. 883). Servi aut cartulati vel pertinentes ad eandem sanctam sedem. *D. Guido*, no. 11 (a. 891), p. 29. *D. Lodovico III.*, p. 15 (a. 900). Cum ... libellariis vel cartulaciis [sic] seu commendaticiis. *D. Berengario I.*, no. 51 (a. 904), p. 148 l. 26.
**charuca** et derivata, v. carruca.
**chasamentum**, **chasatus**, v. casa-.
**chascurus**, v. catzurus.
**chaslania**, v. castellania.
**chassa**, v. capsa.
**chassia**, chassiare, v. cacia, caciare.
**chasto**, v. 1. casto.
**chasula**, v. casula.
**chata**, v. gatus.
**chatallum**, chatellum, v. catallum.
**chaucida**, v. calceata.
**chauderia**, v. caldaria.
**chaufagium**, v. calefagium.
**chaufaudus**, chaufarium, v. catafalcus.
**chaussata**, chaussada, chausseia, v. calceata.
**chavallus** et derivata, v. caball-.
**chazurus**, v. catzurus.
**chelandium**, cel-, chal-, cal-, zal-, sal-, sel-, -andri-, -andr-, -and-, -ann-, -onn-, -us, -a (gr.): **1.** espèce de *galère — kind of a galley.* Ludov. II imp. epist. a. 871, *Epp.*, VII p. 394. Joh. VIII pap. epist. a. 877, ib., p. 45. LIUDPRAND., Antap., lib. 5 c. 9, ed. BECKER, p. 135. Idem, Legat., c. 29, ib., p. 190. Salandria ... est ... navis mirae longitudinis et alacritatis et utroque latere duos tenens remorum ordines ac centum quinquaginta nautas. THIETMAR., lib. 3 c. 23, ed. KURZE, p. 62. AGNELL., Lib. pontif. Ravenn., c. 131, *Scr. rer. Langob.*, p. 364 l. 22. **2.** *barque, chaland — barge, chaland.* Perdonaverat ... omne teloneum navis nostrae et chalannorum qui contra eam mittuntur ad allevamentum. *Gall.chr.*², XIV instr. col. 73 D no. 55 (a. 1073, Tours).
**chelydrus**, chil-, cel-, -yndrus (gr.; cf. VERG., Georg., 3, 415): **1.** *serpent venimeux — venomous snake.* FULBERT., Hymn. de s. Pantaleone, MIGNE, t. 141 col. 341 D. **2.** *satan, démon — satan, daemon.* IONAS, V. Columbani, lib. 2 c. 9, ed. KRUSCH, p. 246. V. Pauli Narbon., *AASS.*³, Mart. III p. 372. BEDA, V. metr. Cuthberti, c. 11, v. 316, ed. JAAGER, p. 81. ERMOLD. NIG., In hon. Ludovici, v. 2232 (lib. 4 v. 351), ed. FARAL, p. 170.
**cheminagium**, v. caminagium.
**cheminus**, chiminus, v. 2. caminus.
**chemisia**, v. camisia.
**cheneveria**, v. canabaria.
**cherca**, chercha, chercia, v. 2. circa.
**chericsceattum**, chiric-, ciric-, curic-, cheri-, cher-, chur-, -chettum, -settum (anglosax.): *tribut pour l'Eglise — churchscot.* S. xii, Angl.
**cherno**, v. kerno.
**chespitaticus**, v. caespitaticus.
**chevagium**, chivagium, v. capaticum.
**chevalchea**, chevauchia, v. caballicata.
**cheverellus**, -illus (< caper): *chevreau — kid.* S. xiii.
**chevero**, v. cabiro.
**chevescia**, chevessa, chevicium, v. capitium.
**cheviare**, chevisare: *emprunter — to borrow.* S. xiii, Angl.
**chevilla**, chevillus, v. cavilla.
**chifra**, v. cifra.
**chilydrus**, chilindrus, v. chelydrus.
**chimera** (gr.): **1.** *chimère, dragon — chimera, dragon.* **2.** *chimère, fantôme — chimera, spectre.*
**chimia** (gr.): *chimie, alchimie — chemistry, alchemy.*
**chindo** = sindo.
**chiragricus** (gr.): **souffrant de la goutte aux mains — suffering from chiragra.* Adj.: *relatif à la goutte — concerning gout.* Quendam graviter ciracrici umoris dolor adfecerat, ita ut, retortis ad crura pedibus, nullatenus

se eregere possit. GREGOR. TURON., Virt. Martini, lib. 2 c. 3, *Scr. rer. Merov.*, I p. 610.
**chirocrista** (mascul.) (gr.): *scribe* — *scribe.* MARINI, *Pap. dipl.*, no. 93; p. 281 col. 2; p. 297 col. 2; p. 298 col. 1.
**chirographare,** ci-: *dresser en forme de chirographe* — *to write in the form of a chirograph.* Elegimus cirographatis litteris auctorizare. ERHARD, *Reg. Westfal.*, II CD. p. 161 no. 424 (a. 1181).
**chirographizare,** ci-, ce-: *dresser en forme de chirographe, munir d'une légende de chirographe* — *to write in the form of a chirograph, to put a chirograph legend on.* Que quidem scripto cyrographizato et sigillo ipsius comitis et sigillo ejusdem ecclesie . . . confirmata sunt. GISLEB. MONT., c. 241, ed. VANDERKINDERE, p. 317. Auctoritatis sue sigillo et scripto cerografizato confirmare. *Const.*, I no. 298 (a. 1184). Sicut continetur in scripto chyrographisato et sigillato sigillo Henrici. PONCELET, *Actes Hug. de Pierrepont*, no. 1 (a. 1201).
**chirographum,** ci-, cy-, ce- (gr.). Les acceptions ,,souscription" et ,,acte écrit" sont classiques; néanmoins, nous en donnons quelques exemples. — The meanings "subscription" and "deed" are classical; nevertheless I give a few examples. **1.** **souscription* — *subscription.* Manu propria ut potui caracteres cyrografu inchoando depinxi. BITTERAUF, *Trad. Freising*, I no. 34 p. 62 (a. 769). [Foedus] cirographi virtute subscripsimus. Conv. Colon. a. 843, c. 6, *Capit.*, II p. 255. **2.** **acte écrit, charte* — *deed, charter.* Cyrographi cartula [vid. actorum concilii]. Concil. Clovesho a. 803, HADDAN-STUBBS, *Councils*, III p. 542. Ch. Eadgari reg. Angl. a. 966, MABILLON, *Acta*, V p. 512. BEYER, *UB. Mittelrh.*, I no. 366 p. 423 (a. 1067). D'un diplôme royal — of a royal charter: Quae ante hanc conscriptam cyrographis aliis alii fideles nostri a nobis acceperunt. *D. Heinrichs IV.*, no. 306 (a. 1078). **3.** le mot ,,chirographum", avec additions ou non, employé comme légende d'une charte partie — the word "chirographum", with or without addition, used as a legend in an indenture. Cyrographum Alhwini et Aethelwulfi ducis. BIRCH DE GRAY, *Cart. Saxon.*, II p. 855 no. 490 (a. 855). Item *Facs. of anc. ch. Brit. Mus.*, III no. 1 (a. 901). *Palaeograph. Soc.*, I no. 13 (a. 904). Hanc donationem, ut rata et illibata permaneat, presenti pagine sub testium et cyrographi annotatione committi . . . fecimus. MULLER-BOUMAN, *OB. Utrecht*, I no. 515 p. 458 (a. 1185). **4.** spec.: acte contenant une promesse solennelle, dressé en forme de charte partie — record of a solemn promise in the form of an indenture. Post jurationis sacramentum cirographum ab eo scribendum puto . . . quod etiam bipertitum fieri placet: alterum mihi, sibi alterum concedatur . . . Jussus itaque cirographum bipertitum notavit; regi alterum, alterum sibi [Arnulfo archiepiscopo Remensi] servavit. RICHER., lib. 4 c. 29, ed. LATOUCHE, II p. 190. Libellus fidelitatis . . . sub nomine chirographi. Hugonis Capeti epist., *SS.*, V p. 670. Forte ad haec jungenda: Capitula . . . in chirographo apud Marsnam manu propria confirmastis. Epist. syn. Carisiac. a. 858, c. 8, *Capit.*, II p. 434 l. 19. Consensu episcoporum ac ceterorum fidelium nostrorum chyrographum invicem conscripsimus, qualiter ego [rex] erga eos . . . agere vellem et qualiter mihi . . . idem fideles nostri . . . solatium ferre debuissent. Libellus proclamationis adv. Wenilonem a. 859, c. 4, ib., II p. 451. **5.** *charte partie* — *indenture.* Nil corrigi, nil mutari, nil addi, nil minui possit post bipertitum utriusque partis cirographum. *Actes Philippe Ier*, no. 17 (a. 1063), p. 49. Relecta pagina cyrographi . . . convictus discedat. BEYER, *UB. Mittelrh.*, I p. 423 no. 366 (a. 1067). Presentis cyrographi pagina. *Mon. Boica*, t. 37 p. 21 (Würzburg). Divisis cirografi litteris partem suam quisque apud se retineat. *Mon. Boica*, t. 6 p. 487 (ca. a. 1150). D'un diplôme royal chirographié — of a royal charter in the form of an indenture: Cirographum inde utrique conscribi precepimus. *D. Konrads II.*, no. 106 (a. 1027).
**chyrogryllius,** cyro-, ciro-, -grillus (gr.): **1.** **marmotte* ou *hérisson* — *marmot* or *hedge-hog.* **2.** *lapin* — *coney.*
**chiromantia** (gr.): *chiromancie* — *chiromancy.*
**chirotheca,** ci-, ce- (gr.): *gant* — *glove.* Gladius cum clamide et cirotheca [comme symboles de la promesse de mariage — as wedding symbols]. Cart. Libro Papiensi addit., no. 16, *LL.*, IV p. 599 col. 2. Mittit cyrothecas et planetam et palleum. CENCIUS, c. 57 § 10, ed. DUCHESNE, I p. 293 col. 1.
**chirothecarius:** *gantier* — *glover.* KEUTGEN, *Urk. städt. Verf.gesch.*, no. 126 c. 44 p. 96 (s. xii, Strasbourg).
**chirurgicus,** ci-, ce-, si-, se- (adj.) (gr.): **qui concerne la chirurgie* — *concerning surgeonry.* Subst. **chirurgicus:** *chirurgien* — *surgeon.*
**chivilla,** chivillus, v. cavilla.
**choicus,** coicus (gr.): *(de l'homme) *fait d'argile* — (of man) *composed of earth.*
**cholera** (gr.): **1.** **bile* — *bile.* **2.** **choléra* — *cholera.* **3.** *colère, rage* — *anger, rage.*
**cholicus,** colicus: **souffrant de la bile* — *bilious.* Subst. femin. **cholica:** *colique hépatique* — *bilious colic.*
**chora,** v. kora.
**choralis** (adj.): *qui concerne le service ou le chant du chœur* — *concerning divine service or singing in the choir.* Subst. mascul. **choralis,** chorealis, chorialis: *choriste* — *chorister.* Subst. neutr. **chorale:** *tapis pour le chœur d'une église* — *choir carpet.* V. Meinwerci, c. 212, ed. TENCKHOFF, p. 124.
**choraules** (genet. -is) (gr.): *chantre* — *precentor.* Synod. Helen. a. 1027, MANSI, t. 19 col. 483 A.
**chorda,** corda: **1.** **corde, cordon* — *cord, rope.* **2.** *mesure de longueur* — a *long measure.* S. xii. **3.** *redevance d'arpentage* — a *due on land surveying.* DC.-F., II p. 561 col. 2 (ch. a. 1060, Occit.)
**choreare:** *danser la ronde* — *to dance in a ring.*
**chorearius,** co-, -ria-, -ra-: *choriste* — *chorister.* S. xiii.
**chorepiscopalis,** cor-: *d'un chorévêque* — *of an auxiliary bishop.* De his quos temeritas corepiscopalis ordinare . . . presumebat. FLODOARD., Hist. Rem., lib. 3 c. 10, *SS.*, XIII p. 482. Census nostros episcopales necnon chorepiscopales et decanales. LACOMBLET, *UB. Niederrh.*, I no. 299 p. 196 (a. 1124).
**chorepiscopatus** (decl. iv): *fonction de chorévêque* — *dignity of an auxiliary bishop.* DIONYS. EXIG., Canones Nicaeni concilii, c. 8, MIGNE, t. 67 col. 149 C. Majoris decani nostri E., qui tunc chorepiscopatus curam administrabat



LACOMBLET, *UB. Niederrh.*, I no. 299 p. 196 (a. 1124).
**chorepiscopus,** cor-, chori-, cori- (gr. < χώρα): *chorevêque*, prêtre qui exerce les fonctions épiscopales dans la campagne sous l'autorité de l'évêque résidant dans la cité — *auxiliary bishop* administering episcopal duties in the country under supervision of the bishop residing in the city. Vicarii episcoporum, quos Graeci chorepiscopos dicunt. TURNER, *Ecclesiae occid. mon. juris antiq.*, II pars 1 p. 84, p. 138; pars 2 p. 254, p. 256 (s. v). Inde hausit ISID., Eccl. off., lib. 2 c. 6, MIGNE, t. 83 col. 786 sq. BONIF. et LULLI epist. 82, *Epp.*, III p. 182. [Willibrordus] sibi corepiscopum ad ministerium implendum substituit. *Epp.*, III p. 395 (a. 752-753). Fredalius peccator corepiscopus subscripsi. D'HERBOMEZ, *Cart. de Gorze*, p. 31 no. 12 (a. 770, Metz). Item D. Ludovici Pii a. 815, ib., p. 82 no. 45. Cod. Carolin., no. 3 c. 1 et 4, *Epp.*, III, p. 480 sq. Precipiatis vestro chorepiscopo, ut illuc [h. e. ad synodum] veniat, ac archipresbyteris vestris seu ceteris primoribus ecclesiasticis. Concil. Rispac. a. 798 (?), *Conc.*, II p. 196. Ordinati sunt autem chorepiscopi propter pauperum curam qui in agris et villis consistunt, ne eis solatium confirmationis deesset. HRABAN., Inst. cleric., lib. 1 c. 5, ed. KNOEPFLER, p. 18. Terrena potestas . . . saepe offenderet, ut videlicet episcopo quolibet defuncto per corepiscopum . . . ministerium perageretur et res ac facultates ecclesiae secularium usibus expenderentur. Fragm. epist. Hincmari Remens. ap. FLODOARD., Hist. Rem., lib. 3 c. 10, *SS.*, XIII p. 483 l. 2. L. Moguntiacensis civitatis archiepiscopus cum coepiscopis et choriepiscopis atque abbatibus. DIEKAMP, *Westfäl. UB.*, Suppl., I p. 38 no. 275 (a. 868). Pipinus princeps rex Francorum . . . episcopatum Cenomannicum ei [sc. Herlemundo caecato] auferre noluit, sed chorepiscopum ei Seufredum ordinare praecepit, qui populum in eadem parrochia praedicaret et Christo lucraret. Invenerunt sapientes et doctores Karoli regis . . . ut nullus chorepiscopus crisma conficeret, virgines sacraret, spiritum paraclitum traderet neque aecclesias dedicaret vel altaria erigeret seu aut sacraret, etiam oleum ad infirmos ungendos benediceret, nisi a tribus etiam ordinatus episcopis; quae vero omnia summis sacerdotibus et non chorepiscopis debentur, qui, licet ordinationem habeant, tamen summi pontificatus apicem non habent. Actus pontif. Cenom., c. 17 (s. ix), ed. BUSSON-LEDRU, p. 258. Corepiscopos propter insolentiam removit aecclesia; unde his caret usque in praesens metropolis Colonia et tota provincia. Epist. Wazonis (ca. a. 1025) ap. ANSELM., G. episc. Leodiens., c. 41, *SS.*, VII p. 214 l. 28. Cf. Th. GOTTLOB, *Der abendländische Chorepiscopat*, Bonn 1928 (*Kanonist. Studien u. Texte*, hrsg. v. A. M. KOENIGER, I).
**chorisocius:** *choriste* — *chorister.* S. xiii.
**chorista** (mascul.): *choriste* — *chorister.* S. xiii.
**chorium** = corium.
**chorizare:** *danser la ronde* — *to dance in a ring.*
**1. chorus:** **1.** **groupe de chanteurs religieux* (moines, chanoines, clercs) — *group of religious singers* (monks, canons, clerks). ISID., Eccl. off., lib. 1 c. 3, MIGNE, t. 83 col. 741. **2.** *chapitre de chanoines* — *chapter of canons.* L. Bremensis chori prepositum. ADAM BREM., lib. 1 c. 54, ed. SCHMEIDLER, p. 55. Ibi saepe. **3.** **chœur d'église*, le lieu du chant — *church choir.* Non stet in ordine suo in choro. Benedicti regula, c. 43.
**2. chorus** = corus (mesure de capacité — dry measure).
**chrisma,** crisma (neutr., genet. -atis) (gr.): **1.** **onction* — *anointing.* **2.** **chrême* — *chrism.* **3.** **sacrement de la confirmation* — *sacrament of confirmation.* **4.** *baptême* — *baptism.*
**chrismalis** (adj.): **1.** *destiné à contenir le chrême* — *intended to contain chrism.* Patenam argenteam auroclusam chrismalem. Lib. pontif., Silvester, ed. MOMMSEN, p. 48. Item p. 68. **2.** *qui concerne le sacrement de la confirmation* — *concerning the sacrament of confirmation.* L. episcopus . . . distributione graduum et inpositione crismali parrochiam . . . procuravit. Ann. Xant. a. 868, ed. SIMSON, p. 26. **3.** *concernant le baptême* — *concerning baptism.* Vestimentis chrismalibus vel baptismalibus exutus. DUDO, lib. 2 c. 31, ed. LAIR, p. 171. Subst. neutr. **chrismale,** cris-, -mal: **1.** *ampoule contenant le chrême* — *chrismatory.* HELMOLD., lib. 1 c. 84, ed. SCHMEIDLER, p. 164. **2.** *ciboire* — *pyx.* **3.** *corporal* — *corporal.* De crismale, quod a quibusdam corporalis appellatur. RADULF. GLABER, lib. 5 c. 1, ed. PROU, p. 123. **4.** *linceul* — *shroud.* Ex fimbriis chrismalis quo tegebantur reliquiae. V. Eligii, lib. 2 c. 73, MIGNE, t. 87 col. 588 B. **5.** *chrémeau* — *chrisom.* [Pontifex] dat singulis [infantibus baptizatis] stola, casula et crismale. Ordo Rom. XI (s. vii), c. 99, ed. ANDRIEU, II p. 446.
**chrismare,** chrismatare: **1.** *confirmer* par le Saint Chrême — *to confirm* by Holy Chrism GREGOR. TURON., Hist. Franc., lib. 2 c. 34. lib. 4 c. 27. Pontificium . . . ordinacionis faciendi, cresmetandi et tabulas benedicendi. *D. Karolin.*, I no. 118 (a. 777). **2.** *consacrer* par le Saint Chrême — *to consecrate* by Holy Chrism. Consecrata et crismata est ecclesia in honore pr. ap. Petri. V. Popponis Stabul., c. 22, *SS.*, XI p. 308.
**chrismarium:** **1.** *reliquaire* — *reliquary.* FORTUN., V. Germani, c. 47, § 130, *Auct. antiq.*, IV p. 21. GREGOR. TURON., Virt. Martini, lib. 4 c. 32, *Scr. rer. Merov.*, I p. 658. Concil. Autissiod. (ca. a. 573-603), c. 6, *Conc.*, I p. 180. V. Eligii, lib. 1 c. 8, *Scr. rer. Merov.*, IV p. 675. Coll. judic. Dei V, no. 1a, *Form.*, p. 650. **2.** spec.: *petit reliquaire porté au cou* — *small reliquary, worn hanging on a necklace.* In crismarium quod collo suo gestabat . . . pro sacratis sancti martyris reliquiis condidit. V. Aridii, c. 13, *Scr. rer. Merov.*, III p. 586. Regina ejus . . . chrismarium hominis Dei sanctis reliquiis repletum . . . de se absolutum [i. e. abstractum], aut in thalamo suo manens aut in curru pergens, juxta se pependit. EDD. STEPH., V. Wilfridi, c. 34, *Scr. rer. Merov.*, VI p. 229.
**chrismatarius,** cris- (adj.): *destiné pour contenir le chrême* — *made to contain chrism.* Fecit duo crismataria vascula. AGNELL., c. 80, *Scr. rer. Langob.*, p. 331. Subst. neutr. **chrismatarium,** cris-, -to-: *ampoule du chrême* — *chrismatory.* S. xii.

**chrismon**: *monogramme du Christ — monogram of Christ*. Cf. Isid., Etym., lib. 1 c. 21 § 22, ubi: chresimon.
**chrysoclavus** (adj.) (< gr. χρύσος, lat. clavus): *orné de boutons d'or — adorned with gold buttons*. Cortina alba olosirica rosata, habente in medio crucem de chrisoclabo et periclisin de fundato 1. Lib. pontif., Leo III, § 3, ed. Duchesne, II p. 1. Ibi pluries.
**christianari**: *devenir chrétien — to become a Christian*. S. xii.
**christianismus**: **1.** **le Christianisme — Christianity*. **2.** *la Chrétienté — Christendom*. **3.** *l'armée des chrétiens — the Christian's army*. [Saladinus] christianismum nostrum universum devicit. Chron. Reichersperg., *SS.*, XVII p. 511.
**christianitas**: **1.** **la religion chrétienne — Christian religion*. **2.** **la Chrétienté — Christendom*. **3.** *esprit chrétien, morale chrétienne — Christian spirit and morals*. Cum autem nec fraternitas nec christianitas nec quodlibet ingenium, salva justicia, ut pax inter nos esset adjuvare posset. Pactum Argentorat. a. 842, *Capit.*, II p. 171. Missi omnibus denuntient in illa fidelitate quam Deo et regi unusquisque debet ... et in illa christianitate qua pacem proximo unusquisque servare debet, ut ... Capit. missor. Silvac. a. 853, c. 4, II p. 272. **4.** *la communauté des chrétiens — the community of Christians*. Ab omni christianitate usque ad satisfactionem eritis separati. Hincmari Rem. epist. ap. Flodoard., Hist. Rem., lib. 3 c. 26, *SS.*, XIII p. 542 l. 30. **5.** *la qualité de chrétien — the quality of being a Christian*. Malefactores ... neque propter illatam eis excommunicationem neque propter suam christianitatem, ab illa injusta pervasione vellent desistere. Vercauteren, *Actes de Flandre*, no. 111 (a. 1122?), p. 256. **6.** *l'administration des sacrements — administering sacraments*. Quod qui nollet, christianitate privaretur. G. pontif. Camerac., lib. 3 c. 35, *SS.*, VII p. 485 l. 35. Prohibemus ut nulla christianitas fiat in terris dominorum illorum [sc. qui raptores in castris suis retinent.] Concil. Rotomag. a. 1096, c. 4, ap. Order. Vital., lib. 9 c. 3, ed. Leprévost, III p. 472. Clausis tota urbe ecclesiis, nulla facta est ei [sc. Philippo I regi] christianitas. Hugo Flavin., a. 1100, *SS.*, VIII p. 494. Per sacerdotem ejusdem capelle ibidem baptizentur parvuli, sepeliantur mortui, visitentur infirmi, introducantur nupte et cetera, que ad christianitatem pertinent, debite peragantur. Heeringa, *OB. Utrecht*, II no. 568 p. 34 (a. 1204). **7.** *l'autorité ecclésiastique — ecclesiastical power*. [Laici] oboedientes sint [episcopis] ad eorum christianitatem servandam. Concil. Moguntin. a. 813, c. 8, Mansi, t. 14 col. 67. Populus, ab episcopo juramento seu banno christianitatis constrictus, infamiam [presbyteri] patefecerit. Concil. Moguntin. a. 852, c. 8, *Capit.*, II p. 188. Tam in decimis quam oblationibus et ceteris christianitati pertinentibus. *D. Ludwigs d. Deutsch.*, no. 168 (spur. s. xii). **8.** *la juridiction spirituelle — spiritual jurisdiction*. Quod ad poenitentiam et ad christianitatem pertinet, non dimisi, sed ... inde ... rationem redderent. G. pontif. Camerac., lib. 3 c. 45, *SS.*, VII p. 482. De placitis ecclesie pertinentibus ad regem. Sunt alia quedam placita christianitatis, in quibus rex partem habet hoc modo. Leg. Henrici, tit. 11 § 1, ed. Liebermann, p. 556. Decaniam ... super omnes parochianas ecclesias in pago B. ... cum omni subjectione et justicia christianitatis. Lacomblet, *UB. Niederrh.*, I no. 209 (< a. 1067 >, spur. s. xii). Laudunensis episcopus nullam habebit justiciam in villa de D. nisi de christianitate. *Actes Phil.-Aug.*, no. 545 (a. 1196/1197), II p. 95. **9.** loc. vestra christianitas: titre honorifique — title of honour. Gregor. M., epist., e. g. de Theoderico rege Francorum: lib. 9 no. 226, *Epp.*, II p. 218.
**christianus** (adj.): **chrétien — Christian*. Subst. mascul. **christianus** et femin. **christiana**: **chrétien — Christian*.
**christicola** (mascul.): **1.** *chrétien — Christian*. **2.** *moine — monk*. Ardo, V. Benedicti Anian., c. 30, *SS.*, XV p. 213.
**christiformis**: *pareil au Christ — Christ-like*.
**christipara**: **la Mère de Dieu — the Mother of God*.
**chroada**, v. croada.
**chronica** (femin.) = chronicon.
**chronicalis** (adj.): *en guise de chronique — in the form of a chronicle*. Gregor. Turon., Hist. Franc., lib. 10 c. 31.
**chronographia** (gr.): **chronique — chronicle*.
**chronographus** (gr.): **auteur d'une chronique — author of a chronicle*.
**chronus** (gr.): *année — year*. Actum ... chrono superius conprehenso [vid. in anno 29 regni domni Tassilonis ducis]. Bitterauf, *Trad. Freising*, I no. 71 p. 97 (a. 776).
**chrusenna**, chrusina, v. crusina.
**ciaticus**, v. sciaticus.
**cibamen**: *nourriture — food*.
**cibaria** (femin.): *blé — corn*. Ardo, V. Bened. Anian., c. 7, *SS.*, XV p. 204 l. 28. Fuero de Leon (a. 1017/1020), c. 32, Wohlhaupter, p. 16.
**ciborium**, cyb-, cimb-, cymb-, civ-, -uri-, -ure-, -urri-, -us (gr.): *baldaquin* qui surmontait un autel ou la sépulture d'un saint — *canopy* over altar or tomb. Habet etiam quatuor [columnas] in altare ... praeter illas quae ciborium sepulchri [s. Petri] sustentant. Gregor. Turon., Glor. mart., c. 27, *Scr. rer. Merov.*, I p. 504. Ornavit sepulcrum ejus [sc. b. Agnetis] ..., posuit desuper cyburium aereum deauratum mirae magnitudinis. Lib. pontif., Honor., ed. Mommsen, p. 171. Ibi pluries. Ciborium s. Petri. Cod. Carolin., no. 57, Hadr. I pap. epist. (a. 775), *Epp.*, III p. 582. Tugurium, quod et ciborium nominatur, super altare seniori. G. Aldrici, c. 17, *SS.*, XV p. 315. Fardulf., Carm. 4, *Poet. Lat.*, I p. 354. Miraeus, I p. 21 col. 1 (a. 827). Ekkeh., Cas. s. Galli, c. 3, *SS.*, II p. 105 l. 13. Flodoard., Hist. Rem., lib. 4 c. 19, *SS.*, XIII p. 578. Chron. Salernit., c. 97, *SS.*, III p. 516. G. pontif. Autissiod., lib. 1 c. 34, Migne, t. 138 col. 249. Hariulf., Chron., lib. 3 c. 3, ed. Lot, p. 87. G. abb. Trudon., lib. 1 c. 3, *SS.*, X p. 230.
**cicenus** = cygnus.
**cicindela**, ce-, -cen-, -dil-, -dell-, -dill-, -dul-, -um, -us (< candela; ap. Plin., Nat. hist., lib. 18 § 250 „lampyre — firefly"): *lanterne portative — portable lamp*. Isid., Etym., lib.



10 c. 2. Caesar. Arelat., ed. Morin, I p. 63. Gregor. Turon., Hist. Franc., lib. 4 c. 31; iterum c. 36. Id., Glor. mart., c. 5, *Scr. rer. Merov.*, I p. 490 l. 23; c. 14, p. 498. Id., Virt. Martini, lib. 1 c. 15, ib., p. 597. V. Eligii, lib. 2 c. 50, *Scr. rer. Merov.*, IV p. 728. V. Sulpicii Bituric., c. 12, ib., p. 380. V. Willibaldi Eichstett. (a. 778), c. 4, *SS.*, XV p. 98.
**cyclus** (gr.): **1.** **orbite d'un astre — orbit of a celestial body*. **2.** **cycle chronologique — cycle of years*.
**cidaris** (hebr.): **1.** **turban* d'un prêtre juif — *turban* worn by a Jewish priest. **2.** *chapeau — hat*. Ruodlieb, fragm. 4 v. 93; fragm. 17 v. 29.
**cidlarius**, cidal-, cidel-, ceil- (germ., cf. teuton. *zeidler*): *apiculteur — beefarmer*. *UB. d. L. ob der Enns*, I no. 33 (a. 768, Mondsee). *D. Ottos I.*, no. 29 (a. 940); no. 126 (a. 950); no. 202 (a. 959). *D. Ottos II.*, no. 45 (a. 973). Widemann *Trad. s. Emmeram*, no. 296 (ca. a. 1010—1020). Urbar. s. Emmerami Ratisbon. a. 1031, ap. Dollinger, *Classes rurales en Bavière*, p. 511, c. 42.
**cydonia**, citonia (< Cydon, urbs Cretae): **coing — quince*.
**cifra**, chifra, zifra, ziffra, zifera (arab.): **1.** *zéro — zero*. S. xiii. **2.** *chiffre arabe — Arab figure*. S. xiv.
**ciphus** = scyphus.
**cilicinus**: *d'étoffe de cilice — woven like a cilice*. Cilicina veste uti ceperunt. Andr. Strum., V. Joh. Gualberti (s. xi ex.), c. 20, *SS.*, XXX p. 1085 l. 20. Habitum de sacco, non cilicino sed quasi sindonico. Salimbene, ed. Holder-Egger, p. 254.
**cilium**: **1.** **cil — eye-brow*. **2.** *crête — brow* of a hill. Marini, *Pap. dipl.*, no. 48 (a. 1037).
**cyma**, cima (gr., class. „pousse de chou — cabbage sprout"): **1.** *pointe d'arbre — top of a tree*. **2.** *sommet* de colline ou de montagne — *top* of a hill or a mountain.
**cimare** (< cyma): *tondre* le drap — *to shear* cloth. S. xiv.
**cimator**: *tondeur de drap — cloth-shearer*. S. xiii.
**cimbellum**, cem- (< cymbalum): *provocation au combat — challenge*. Nulli licuit inimicum querendo vel nammum capiendo vexillum vel loricam portare vel cornu sonare neque cembellum mittere post quod insidie remanerent. Consuet. Normann. (a. 1091), c. 8, ed. Haskins, *Norman inst.*, p. 283. Eos provocarent cimbello. Cosmas, lib. 2 c. 39, ed. Bretholz, p. 143. Filius patrem cimbello et pater filium provocat duello. Ib., lib. 3 c. 31, p. 202.
**cimborium**, v. ciborium.
**cimeliarcha** (mascul.) (gr.): *trésorier d'église — church treasurer*.
**cimeliarchium**, -mi- (gr.): *trésorerie d'église — church treasury*. Argentum ... in cimiliarchio ecclesiae ... ceponas. Gregor. M., epist., lib. 9 no. 19, *Epp.*, II p. 53.
**cimelium**, cy-, -mi- (plerumque plural. cimelia), cimelia (femin.) (gr.): **1.** les *vases sacrés* et autres objets précieux qui constituent l'inventaire d'une église — *sacred vessels* and other costly church utensils and ornaments. Vel propriae ecclesiae vel ea quae de diversis ecclesiis cymilia sunt collecta ... servantur. Gregor. M., epist., lib. 1 no. 10, *Epp.*, I p. 12. Iterum no. 66, p. 87. Sigillaverunt omnem vestiarium ecclesiae seu cymilia episcopi. Lib. pontif., Severin., ed. Mommsen, p. 175. Vasa sacrata vel cimilia sanctarum Dei ecclesiarum ... sublata sunt. Paul. Diac., Hist. Langob., lib. 5 c. 11, ed. Waitz in us. sch., p. 191. In thesauris et cymiliis omnibus, quibus [ecclesia] incomparabiliter affluebat. Arnulph. Mediol., lib. 1 c. 5, *SS.*, VIII p. 8. **2.** *reliques — relics*. Fertur b. Ansgarius corpora sanctorum, quae dono ... susceperat, trans Albiam deportasse; et corpus quidem s. Materniani apud H. reposuit, Sixti vero et Sinnicii cum aliis martyrum patrociniis collocavit in urbe H., b. vero Remigii cimilia cum decenti honore servavit Bremae. Adam Bremens., lib. 1 c. 18, ed. Schmeidler, p. 25.
**cimentum** et derivata, v. caementum.
**cimerium**, -a: (< cyma): *cimier — crest of a helmet*. S. xiv.
**cimeterium**, cimiterium, v. coemeterium.
**ciminile**, cimiline (< aquamanile): *cuvette — wash-hand basin*. S. xiii.
**ciminum** = cuminum.
**cimussa**, -ossa, -osa, -osia: *lisière* d'étoffe — *list* of cloth. S. xiii, Ital.
**cinabaris** = cinnabaris.
**cincinerium**: *parapluie — umbrella*. S. xv.
**cincinnus**: *goutte — drop*. Videt repente aforis in eadem sindone cincinnos sanguinis pendere. Transl. Habundii (s. ix ex.?), Mabillon, *Acta*, III pars 1 p. 520.
**cincta**, cinta, -us: **1.** *ceinture — belt*. Martène, *Thes.*, I col. 150 (a. 1029). **2.** *enclos — enclosed space*. In villis eorum seu super terris vel cinctis infra aut foris. *D. Charles le Chauve*, no. 214, I p. 542 (a. 859; suspectum). Curtem regalem ... cum ... cinctis duabus cum consueta cinctionis districta. *D. Ottos I.*, no. 209 (a. 960). Ecclesiam cum omnibus ad ipsam pertinentibus et quod vulgo dicitur cum suo cincto. De Boüard, *Manuel*, II pl. 2 (a. 1083, Narbonnais). Villam ... cum ipsa turre et cum ipso cinto et cum ipsa ecclesia. Martène, *Thes.*, I col. 180 F (ca. a. 900).
**cinctada**: *enclos — enclosed space*. Tradidit ... quicquid habuit in loco nominato ad L. preter jugere decem et cinctadam unam et de pratis aliquantos sinus. Bitterauf, *Trad. Freising*, I no. 668 p. 562 (a. 845).
**cinctorium**: **ceinture — belt*. Gysseling-Koch, *Dipl. Belg.*, no. 37 (a. 867, Saint-Bertin).
**cinctura**, cint-, cent-: *ceinture — belt*.
**cindalum**, cindatus, v. cendalum.
**cinerarius**: **1.** *terrain brûlé — burnt-off area*. Usurpaverat griariam et circam, exartos et cinerarios et molendinum. DC.-F., II p. 331 col. 1 (ch. a. 1103, Valois). **2.** *potasseur — ash-worker*. In praedicto nemore habeo cinerarium, pedicarium, archiarium, exartatorem ... Ib. (ch. a. 1193, Picardie).
**cinevectorium**, v. coenovectorium.
**cingere**: *faire chevalier — to knight*. S. xii.
**cingulator**: *ceinturier — beltmaker*. S. xiii.
**cingulum**: **1.** **fonction militaire — military office*. **2.** *fonction civile séculière*, par opposition aux dignités ecclésiastiques — *secular civil office*, as contradistinguished from ecclesiastical dignities. Praefecturae vos suscepisse cingula cognoscentes. Gregor. M., epist., lib. 10 no. 16, *Epp.*, II p. 251. Si quis in quolibet gradu vel cingulo constitutus. Concil. Clip-

piac. a. 626, c. 18, *Conc.*, I p. 199. Cinguli sui patiatur amissionem. ATTO VERCELL., epist., D'ACHÉRY, *Spicil.*, VIII p. 115. 3. Loc. cingulum militare, cingulum militiae: le statut d'un homme portant les armes, d'un chevalier, en opposition à celui d'un ecclésiastique — the condition of a warrior, a knight, as contradistinguished from that of an ecclesiastic. Cingulum militare deponat. Concil. de cler. perc. (a. 814-827), c. 4, *Capit.*, I p. 361. Cingulum militiae deposuit et super altare collocavit, et habitu saeculi se exuens ... Agobardi cart. a. 833, ib., II p. 55. Abrenuntians seculo ... cingulum militiae deposuit. *D. Charles le Chauve*, no. 84 (a. 846). Hi, qui ... publicae poenitentiae subjugati sunt, nullo militiae secularis uti cingulo nullamque reipublicae debent administrare dignitatem. Synod. Papiens. a. 850, c. 12, *Capit.*, II p. 120. Cingulum militie solvens et comam capitis ... detundens. BERNARD-BRUEL, *Ch. de Cluny*, I no. 802 (a. 951). Milites regni miliciae cingulo precincti. V. Ratbodi (s. x), c. 9, *SS.*, XV p. 571b. Miliciae cingulum et omnem prorsus seculi usum ... abdicare censeretur. LAMPERT. HERSFELD., Ann., a. 1073, ed. HOLDER-EGGER, p. 162. Ne cingulum militare aliquatenus assumant. Frider. I imp. constit. de incend. a. 1186, c. 20, *Const.*, I no. 318.

**ciniphes,** v. sciniphes.

**cinis.** Plural. cineres: *les Cendres* — *Ash Wednesday.*

**cynomyia,** cinomia (gr.): **mouche des chiens* — *dog-fly.*

**cinta,** v. cincta.

**cintracus,** -gus: *crieur public* — *town-crier.* S. xii ex., Ital.

**cipellum** (< cippus): *massue* — *club.* S. xiii, Ital.

**cippare**: *mettre dans le cep, ligoter* — *to fetter.* [Calciamenta] sic arta induunt, ut cippati pene impediantur. RICHER., lib. 3 c. 39, ed. LATOUCHE, II p. 46.

**cipparius**: *geôlier* — *jailer.* KEUTGEN, *Urk. städt. Verf.gesch.*, no. 126 c. 21 sqq., p. 94 (s. xii, Strasbourg).

**cippaticus,** cepp-, -agium (< cippus): 1. *ceps de vigne* — *vine-sprout.* [Judices] cippaticos de vineis nostris ad opus nostrum mittere faciant. Capit. de villis, c. 8. 2. *troncs d'arbre* — *tree-stumps.* DC.-F. II p. 266 col. 3.

**cippus,** cyppus, ceppus, cipus: 1. *tronc d'arbre* — *tree-stump.* 2. *cep,* bloc pour serrer les prisonniers — *fetter.* Cipporum vincula cludunt. ALDHELM., Carmen de virg., v. 1195, *Auct. antiq.*, XV p. 403. Cum inter duos custodes catenis et cippo teneretur vinctus. GREGOR. TURON., Hist. Franc., lib. 5 c. 49. Eum jussit in carcerem trudi et in arcto cippo extendi. Acta Lupercii, c. 7, *AASS.*[3], Jun. VII p. 319 A. Conpedes monstrantur dissipatae, cippi fracti ... V. Eligii, lib. 2 c. 80, *Scr. rer. Merov.*, IV p. 739. Ipsi malefactores conpraehensi et in cippo et in carcere fiant missi. *Capit.*, I p. 141 no. 54 (a. 805-808), c. 4. 3. *prison* — *prison.* Illum malumfactorem in collo suo usque ad cippum deportet. Capit. de discipl. pal. Aquisgr. (ca. a. 820 ?), c. 3, I p. 298. M. villa cum suis appensibus, ... banno et cyppo, marcato et omnibus justitiis. D. Lotharii imp. a. 854, SCHÖPFLIN, *Alsatia*, no. 101. Indempnatos et injudicatos in cippo vilissimo concludens. G. Lietberti episc. Camerac., c. 18, *SS.*, VII p. 495. 4. *tronc, coffre-fort* — *trunk, strong-box.* S. xiii.

1\. **circa** (praep.): 1. **envers* — *towards.* 2. *au profit de* — *in behalf of.* [Missi abbatis] hoc circa ipsum monasterium adserunt conservatum. *D. Merov.*, no. 80 (ca. a. 712).

2\. **circa** (subst. femin.), cer-, cher-, -cha, -cia, -chia, -chium (< circare): 1. *service de ronde* dans une place fortifiée — *watch service.* Ipse villare ... unde servicius debet exire, circa et quarta et cavallatas, sicut alii Spanii debent de illorum aprissione. *Gall. chr.*[2], XIII instr. col. 3 B no. 2 (a. 918, Toulouse). Circam castelli, quam vi extorquebat, relaxavit. PÉRARD, *Rec. de Bourgogne*, p. 180 (ca. a. 1030, Dijon). Circas et vigilias non faciant propter perpetuas ecclesie observantias nisi in obsidione civitatis. *D. Heinrichs III.*, no. 368 (a. 1056). 2. *ronde de nuit* dans un monastère — *nightly round of inspection* in a monastery. Si priori videtur paucos de senioribus [monachis] in choro residere, potest circam facere cum lanterna et videre ubi sint. Consuet. Fructuar. (s. xi), lib. 1 c. 8, ALBERS, *Cons. mon.*, IV p. 16. Accipit absconsam et facit circam. Ib., lib. 2 c. 3, p. 135. Senior quidam ex more monasterii cum circa[m] faceret. V. Petri Cavens., c. 20, *AASS.*, Mart. I p. 331 B. 3. *redevance exigée à l'occasion de la visitation d'une abbaye affiliée* — *tribute exacted at visitation of a daughterhouse.* BALUZE, *Miscell.*, VI p. 500 (a. 1122-1156). 4. *enquête* — *inquiry.* Faciant cercam et inquirant defectus. *Const.*, IV pars 2 no. 925 p. 961 (a. 1313). 5. *fossé autour d'un château* — *castle moat.* Castrum, cercas et menadas suas. DE MARCA, *Marca Hisp.*, app. col. 1083 (ch. a. 1041).

**circare,** cer-: 1. *faire le tour du diocèse;* se dit de la visite périodique payée par l'évêque aux églises de son diocèse — *to make the round of the diocese;* of the bishop inspecting the churches of his diocese at fixed intervals. Quando episcopus sua[m] parrochia[m] circat. Capit. Mantuan. eccles. a. 787, c. 5, I p. 195. Salvo pacto, quod pro circanda parochia semper tertio anno nobis donetur. MURATORI, *Antiq.*, V col. 191 (ch. a. 828, Modena). Haberet solatium circandi episcopatum, placita adeundi. V. Rimberti, c. 21, *SS.*, II p. 774. 2. *faire la ronde de contrôle,* dans un monastère — *to make the round of inspection* in a monastery. Circat omnia altaria et angulos membrorum ecclesiae. BERNARD., Consuet. Cluniac., lib. 1 c. 3, HERRGOTT, p. 130. 3. (>frg. *chercher*): *contrôler, scruter, rechercher les infractions;* se dit de la police commerciale et industrielle — *to inspect, to search, to detect transgressions* of regulations concerning commerce and industry. S. xiii. 4. **entourer* — *to surround.* 5. *assiéger* — *to besiege.* Ch. a. 1032, Hisp., ap. DC.-F., II p. 269 col. 2.

**circaria,** dans l'Ordre de Prémontré: *province* dans laquelle la visitation périodique est effectuée par l'abbé de l'abbaye principale — *inspection district* of the Premonstratensian Order. Statuta Ord. Praem., a. 1290, dist. 3 c. 1 sq., c. 8, LEPAIGE, *Bibl. Praem. ord.*

**circata,** cer-, -cada, -cadia: 1. *tour du diocèse* fait par l'évêque — bishop's *inspection round*



*through diocese.* Quando episcopus per sua[m] parrochia[m] cercata[m] fecerit. Capit. Mantuan. (a. 781 ?), c. 6, I p. 190. Quando circatas ad consignationes faciendum ... feceritis. MURATORI, *Antiq.*, II col. 773 (a. 847). 2. *redevance exigée* par l'évêque ou par son délégué, l'archidiacre, *à l'occasion du tour du diocèse* — *tribute due* to the bishop or to his delegate the archdeacon *on the occasion of the periodical round of inspection.* Ecclesiae ... per occasionabiles circadas et per indebitas consuetudinarias exactiones ... non affligantur. HINCMAR., opusc. 7, c. 8, MIGNE, t. 125 col. 987 C. In exigendo decimas et circadas, quas alii paratas nominant. DE LÉPINOIS-MERLET, *Cart. de N.-D. de Chartres*, I no. 8 p. 81 (ca. a. 949). Nunquam amplius nobis [vid. archiepiscopo] ... aliquid debitum seu servitium persolvant [de quodam altari], nisi tantum synodum et circadam. POUPARDIN, *Ch. de S.-Germain-des-Prés*, I no. 44 p. 74 (a. 979-989; an verax ?). Solvere inde sinodum ac circadam non negligant. GUÉRARD, *Cart. de N.-D. de Paris*, I no. 11 p. 318 (a. 1055). [Ecclesiam] a synodo vel circada, ab omni debito et parata absolutam institueremus. *Actes Phil. Ier*, no. 6 (a. 1060), p. 19. Iterum ib. no. 49 (a. 1070), p. 133; no. 56 (a. 1071), p. 150. QUANTIN, *Cart. de l'Yonne*, I p. 185 no. 96 (a. 1063, Sens). Exactionem quam debet ecclesia, id est circadam, scilicet solidum unum ... ad jus ecclesie nostre [i. e. episcopi] persolvendo deferrent. DUVIVIER, *Actes*, I p. 46 (a. 1065, S.-Amand).

**circatio**: *tour du diocèse* fait par l'évêque — bishop's *inspection round through diocese.* Cum ipsi episcopi circationes suas ibi agere deberent, ad eorum mansionatica daretur ... *D. Ludwigs d. Deutsch.*, no. 178 p. 256 l. 26 (spur. s. x).

**circator,** cer-: 1. *moine chargé de la ronde de contrôle* dans un monastère — *senior monk who makes inspection round.* [Vidimus] circatores duos, qui omnibus horis, dum fratres vigilabant, circuibant monasterium, ne quis frater deesset proprio loco. Ordo regularis (a. 748-760), c. 8, ALBERS, *Cons. mon.*, III p. 17. Omnes pariter cum preposito vel decanis et uno de circatoribus in obedientia, ubi injungitur, pergant ...; et alter de circatoribus claustrum providens domi remaneat. Capituli novitiarum (a. 816/817), c. 14, ib., III p. 99. Exactoribus, quos circatores vocamus, culpas eorum magistro rememorantibus. EKKEH., Cas. s. Galli, c. 6, *SS.*, II p. 111 l. 43. 2. dans l'Ordre de Prémontré: *dignitaire chargé de faire le tour d'inspection* dans une province de l'Ordre — *dignitary* of the Premonstratensian Order *whose task is the inspection* of the houses of the province. Stat. Ord. Praem., s. xii ex., dist. 4 c. 7, MARTÈNE, *Eccl. rit.*, III col. 916. 3. *enquêteur* — *inquirer.* Circator veniat, dictum [s]celus omne revolvat. Ecbasis, v. 468, ed. VOIGT, p. 98. 4. *auditeur de comptes* — *account auditor.* S. xiii, Ital.

**circatura**: idem quod circata sub 2. Neque circaturam neque oblationes episcopo neque servicium preposito ... prebeant. MULLER-BOUMAN, *OB. Utrecht*, I no. 225 (a. 1063).

**circatus** (decl. iv): 1. *tour du royaume* fait par le roi franc — *roundtrip* by Frankish king *through his realm.* Ad Aquas inde perrexit in circatum usque Turnes. Ann. Guelferb., a. 799, *SS.*, I p. 45. 2. idem quod circata (sub 2). Dimisi eis [ecclesiam] omnino liberam a circatu, a censu et ab omni epyscopali debito quod prius solvebat. MULLER-BOUMAN, *OB. Utrecht*, I no. 258 p. 232 (a. 1094).

**circavicinus,** v. circumvicinus.

**circellio,** circillio, v. circumcellio.

**circellus,** cer-: *boucle d'oreille* — *earring.* S. xiv, Ital.

**circitare**: *se promener ça et là* — *to walk around.* De sacris s. martyris membris inquirentes dum diutius circitarent. ARBEO, V. Haimhrammi Ratisbon., rec. A, c. 23, *Scr. rer. Merov.*, IV p. 494.

**circitorium,** cer-: *devant d'autel* qui couvre même les côtés — *altarcloth* covering front and sides of the altar. MURATORI, *Antiq.*, IV col. 768 (ch. a. 1019). PETR. DIAC., Chron. Casin., lib. 3 c. 58, *SS.*, VIII p. 744 l. 7. Iterum ib., c. 74, p. 753 l. 36. Chron. Cavense, MURATORI, *Scr.*, VII col. 95 A.

**circius,** cer-, -cio (genet. -onis): 1. *le Nord* — *the north.* Vinea terminat a mane ..., a medio die ..., a sero ..., a cercio ... THÉVENIN, *Textes*, no. 91 (a. 858, Savignac). Ad partem borei venti qui est circius. *Gall. chr.*[2], I p. 77 col. 1 (ch. a. 1064). 2. *l'Est* — *the east.* Affrontat ipse alodes de parte cercii ... et de parte altani ... et de aquilonis ... DE MARCA, *Marca Hisp.*, col. 842 (a. 922).

**circuire,** circumire, spec.: *faire le tour du diocèse* — *to make a round of inspection through a diocese.* Per omnes parrochias vel monasteria, quas mos est episcopis circuire. Concil. Cabillon. (a. 639-654), c. 11, *Conc.*, I p. 210. Episcopus circumeat parrochiam populos ad confirmandos. Concil. German. a. 742, c. 3, ib., II p. 3. Cum episcopus ... episcopatum circumeundo perrexerit et placitum canonice constitutum decreverit. Concil. Tribur. a. 895, c. 9, *Capit.*, II p. 218.

**circuitio**: 1. *tour du diocèse* fait par l'évêque — a bishop's *inspection round* through his diocese. De servitio quod sibi [sc. episcopo] deberet annuatim in circuitione sua de bonis abbatis Corbejensis. THÉVENIN, *Textes*, no. 159 (a. 1049, Osnabrück). 2. idem quod „circata" (sub 2). [Episcopus] dedit [comiti] 64 altariorum relevationes, synodos et circuitiones. Actus pontif. Cenom., c. 29 (s. xi in.), ed. BUSSON-LEDRU, p. 353.

**circuitus** (decl. iv): 1. *tour du diocèse* fait par l'évêque — bishop's *inspection round through diocese.* [Monachi] episcopis ... servitium et mansionatica ... tempore circuitus sui ... singulis annis persolvant. *D. Heinrichs II.*, no. 12 (a. 1002). 2. *déambulatoire* d'un cloître — cloister *ambulatory.* Circuitus claustri. Chron. s. Petri Erford. mod., a. 1290, *SS.* XXX p. 423 l. 8. 3. *les alentours* — *the vicinity.* Bindimus [i. e. vendimus] sortione[m] cum circuitum. *CD. Cavens.*, I p. 38 (a. 848). Que conjacet in circuitu urbis Turonice. *D. Charles le Simple*, no. 9 (a. 898-923).

**circulare**: 1. *couronner* — *to crown.* Regina regio diademate non tamen coronata sed circulata processit. ARNOLD. LUBEC., lib. 6 c. 2, ed. PERTZ in us. sch., p. 219. 2. *cercler* les tonneaux — *to hoop* barrels. S. xiv.

**circularis** (adj.): **circulaire* — *circular.*

**circulariter**: *par manière de circulaire* — *by way of a circular letter.* Hae litterae circulariter

legebantur. Agap. II pap. (a. 946-955) epist., MIGNE, t. 133 col. 927 B.
**circulus**: **1.** une espèce de *couronne* — kind of a *crown*. Henrico patriciatus honorem Romani contribuunt eumque praeter imperialem coronam aureo circulo uti decernunt. LEO OSTIENS., Chron. Casin., lib. 2 c. 77, *SS.*, VII p. 683. Inponens capiti ejus manu sua regalem circulum. COSMAS, lib. 2 c. 37, ed. BRETHOLZ, p. 135. [Paschalis papa] in capite imperatoris circulum aureum tantummodo imposuit. Sequenti die ... Fredericum ... coronavit. Anon. contin. ad Otton. Moren., ed. GÜTERBOCK, p. 204. **2.** *enclos* — *close, precinct*. Ecclesiam cum omni circulo suo. CAMERA, *Memor. di Amalfi*, p. 144 (a. 993). Omnem circulum suum insimul sit traditum. Ib., p. 212 (a. 1007). **3.** *période* — *period*. Post duorum mensuum circulum. Benedicti regula, c. 58.
**circumcapere**: *entourer* — *to envelop*. Anulus ut digitum circumcapit undique totum. Ruodlieb, fragm. 15 v. 66.
**circumcellio**, circellio, circillio (genet. -onis) („qui circumit cellas"): **moine vagabond* — *wandering monk*. Invidiae face succensi ... circillionem ... clamabant. ARDO, V. Benedicti Anian., c. 29, *SS.*, XV p. 211. Quidam clericus de circumcellionibus ignarus disciplinae. MONACH. SANGALL., lib. 1 c. 8, *SS.*, II p. 734. GUIBERT. NOVIG., De vita sua, lib. 2 c. 5, ed. BOURGIN, p. 122.
**circumcidere**: *circoncire* — *to circumcise*.
**circumcinctum** (subst.): la *cour* clôturée qui entoure une maison — *yard* surrounding a house. Membro de casa ... cum vilare vel omne circumcincto suo. F. Andecav., no. 40, *Form.*, p. 17. Item ib., no. 54 sq., p. 23.
**circumcingere**: **1.** **entourer* — *to envelop*. **2.** *prouver la qualité de serf* — *to prove* a person's *servile status*. Ubicunque [mancipia fugitiva] inventa fuerint et secundum legem Romanam tricennio se defendere voluerint et hoc advocati predicti monasterii ex propinquis eorum circumcinxerint aut testimonia idonea dederint, fiant [leg. fiat] de eis secundum Romanae legis sanctionem, ut tricennium ea excludere non possint. D. Ludov. Pii a. 816, CASSAN-MEYNIAL, *Cart. d'Aniane*, p. 66 no. 14.
**circumcirca** (adv.): *tout autour* — *roundabout*. Circumcirca vicinas urbes. V. Euseb. Vercell. (s. ix), UGHELLI[2], IV p. 752 A.
**circumcisio**: **1.** **circoncision* — *circumcision*. **2.** *fête de la Circoncision* — *Circumcision feast*. In vigilia circumcisionis Domini. RATHER., epist. 13 (a. 957/958), ed. WEIGLE, p. 68.
**circumdare**: *assiéger* — *to besiege*. Urbem ... obsidens atque ex omni circumdans parte. Chron. Salernit., c. 63, *SS.*, III p. 499.
**circumdatio**: *l'état d'être entouré* — *being surrounded*.
**circumducere**, **1.** aliquem: *mener le long des limites d'une terre*, dans l'acte de saisine — *to lead* a person *all along the boundary of a piece of land*, as a part of the act of saisin. Circumduxit eos [sc. missos episcopi] ... et ostenderunt eis omnia loca ad hanc ecclesiam pertinentia. BITTERAUF, *Trad. Freising*, I no. 323 p. 277 (a. 814). Aliquem aliquid: même sens — same meaning. Circumduxit et consignavit praedictam terram advocatos H. episcopi. Ib., no. 331 p. 283 (a. 814). Ista omnis commarca, sicut hunc [leg. hanc?], eundem episcopum B. circumducentes, consignavimus, debet consistere ... WIDEMANN, *Trad. s. Emmeram*, no. 16 p. 16 (a. 819). **2.** aliquid: *longer les limites d'une terre*, dans l'acte de saisine — *to go round along the boundary of a piece of land*, as a part of the act of saisin. O. qui hanc capturam circumduxit. DRONKE, *CD. Fuldens.*, no. 471 (a. 826/827).
**circumductio**: *bordure ornementale* — *ornamental border*. [Casulae] superficies auriphrigii circumductionibus stellantibus resplendebat. G. pontif. Autissiod., c. 49 (s. xi), ed. DURU, p. 390.
**circumferentia**: **1.** *alentours* — *environment*. **2.** *cadre, bordure* — *edging, border*.
**circumfluus**: **1.** **débordant, inondant* — *streaming all about*. **2.** **abondant, foisonnant* — *abundant, profuse*.
**circumgirare**: **1.** transit.: **parcourir en faisant la ronde* — *to go round about*. **2.** *entourer, enserrer, cerner* — *to surround, to encircle*. **3.** intrans.: *tourner, se retourner* — *to spin, to turn round*.
**circumhabitare**: *demeurer en proximité* — *to dwell roundabout*. In eo ambitu circumhabitabant. *D. Ugo*, p. 27 (a. 921).
**circumire**, v. circuire.
**circummanere**: **1.** **séjourner en rond, à proximité* — *to stay roundabout, not far off*. **2.** *demeurer à proximité* — *to live at a short distance*. Nullum vicinorum circummanentium nocuit. GREGOR. TURON., Glor. conf., c. 80, *Scr. rer. Merov.*, I p. 799 l. 14. Omnem familiam [coenobii] circummanentem. IONAS, V. Columbani, lib. 2 c. 17, ed. KRUSCH, p. 269. Homines circummanentes. *D. Berengario I.*, p. 45 (a. 894). Coloni otto [i. e. octo] circummanentibus bene noti. *D. Ottos I.*, no. 182 (a. 956). **3.** *être sis à proximité* — *to lie at a short distance*. Loca circummanentia valida famis torrebat. IONAS, V. Joh. abb., c. 13, ed. KRUSCH, p. 336.
**circumquaque**: **partout alentour* — *roundabout*.
**circumspectio**: *contrôle périodique de l'état des digues* — *periodical inspection of dikes*. S. xiii, Hollande.
**circumspectus**: **admiré, estimé* — *admired, esteemed*.
**circumstantia** (femin.): **1.** **contexte* (dans un document ou dans un œuvre littéraire) — *context* (in a document or literary work). **2.** *circonstance* — *circumstance*. Pensatis undique circumstantiis. Innoc. III pap. epist. a. 1213, ed. BALUZE, II p. 753.
**circumventio**: **tromperie* — *deception*.
**circumventor**: **trompeur* — *deceiver*.
**circumvicinus** (adj.): *circonvoisin* — *neighbouring*. Naciones circunvicine. JAC. DE GUISIA, prol., c. 10, *SS.*, XXX p. 86 l. 19. Ibi saepe. Subst. mascul. plural. **circumvicini**, circa-: *voisins, habitants locaux* — *neighbours, local inhabitants*. Per idoneos circavicinos et fideles nostros ... inquiratur. *Hist. de Fr.*, VIII p. 422 (ch. a. 873).
**cirex** = ceryx.
**ciricsceattum**, v. chericsceattum.
**ciricus** = sericus.
**cirius** = cereus.
**cirographum** et derivata, v. chiro-.
**cirogrillius**, v. chyrogryllius.
**cirotheca**, v. chirotheca.



**cirvinaria**, v. cervinaria.
**cisalpinare**: *venir en deçà des Alpes* — *to come on this side of the Alps*. Contin. ad LAURENT. G. episc. Virdun., c. 4, *SS.*, X p. 518.
**cisellus**: *ciseaux* — *scissors*. S. xiv.
**cisera**, cisara = sicera.
**cismarinus** (adj.): *situé de cette côté de la mer* — *lying on this side of the sea*. [Ecclesie] cismarine. Invect. in Romam (ca. a. 928), ap. G. Berengarii, ed. DÜMMLER, p. 138. Ex omnibus mundi partibus cismarinis innumerabilem exercitum coadunavit. OTTO SANBLAS., c. 1, ed. HOFMEISTER, p. 3. Ibi saepe.
**cisor**, cissor: *tailleur* — *tailor*.
**cispitaticus**, v. cespitaticus.
**cistarius**: *layetier* — *box-maker*. S. xiii.
**citadinantia**, citt-, -adantia: *droit de bourgeoisie* — *citizenship*. Sub nobilitatis et citadinanciae praetextu conferre ... recusant. PETR. DE VINEA, lib. 5 epist. 113.
**citare**: **1.** *accélérer, effectuer rapidement* — *to bring about rapidly*. **2.** c. infin.: *se hâter de faire qqch.* — *to hasten to do*.
**citatio**: **citation* en justice — *summons*.
**citatorius** (adj.): *citatoire* — *summoning*. S. xiii. Subst. neutr. **citatorium**: **lettre citatoire* — *writ of summons*.
**cito** (adv.). Compar. citius: *vite* — *quickly*.
**citonia**, v. cydonia.
**citra** (praep.): **1.** **de l'autre côté de* — *on the other side of*. NITHARD., lib. 1 c. 4, ed. LAUER, p. 18; lib. 2 c. 3, p. 44. THIETMAR., pluries. Cf. ASSMANN, *Glotta*, t. 21 (1933), p. 63 sqq. **2.** *des deux côtés de* — *on either side of*. Populis citra Renum hinc et hinc [sc. Franci et Saxones]. IDO, Transl. Liborii (s. ix med.), c. 25, *SS.*, XXX p. 811. **3.** *environ, vers* — *about*. S. xiv. **4.** *exempt de, soustrait à* — *free from, distant from*. Religiosa congregatio citra strepitum plebis domino die noctuque valeat supplicare. Lib. diurnus, c. 23, ed. SICKEL, p. 17. Adv.: *depuis lors* — *since then*. S. xiii.
**citramontanus** (adj.): *sis de cette côté des Alpes* — *lying on this side of the Alps*. S. xii.
**citrolus**, citrullus: *citrouille, courge* — *citrul, pumpkin*.
**ciula** (celt., cf. GILDAS, Excid., c. 23, *Auct. antiq.*, XIII p. 38): *navire* — *ship*. NENN., Hist. Britt., c. 13, ed. LOT, p. 156. Ibi saepe.
**civata**, ce-, -da (<cibus): *avoine* — *oats*. In Octobri 6 milites a pane et vino et carne et civada; in mense Madio alios 6 milites a pane et vino et carne et erba. GUÉRARD, *Cart. S.-Victor de Mars.*, I no. 609 p. 605 (a. 1053). Albergum quatuor militibus cum duobus sextariis civate. CASSAN-MEYNIAL, *Cart. d'Aniane*, p. 281 no. 139 (a. 1131).
**civadagium**, civagium, civeragium: *prestation en avoine* — *oats tribute*. S. xii, Dauphiné, Languedoc.
**civaderium**, civaerium, civerium: une *mesure de capacité* — a *dry measure*. S. xiv, Dauphiné, Languedoc.
**civaria**, civeria (<cibarium): *civière* — *barrow*. S. xiv, Ital.
**civilis** (adj.): *paisible, jouissant de la paix* — *peaceful, at peace*. Subst. **civilis**: *bourgeois* — *burgess*. S. xiii.
**civilitas**: **1.** **droit de bourgeoisie* — *citizenship*. **2.** *la bourgeoisie* — *the body of citizens*. CASSIOD., Variae, lib. 1 no. 11 § 2. **3.** *la Cité, l'Etat* — *the city-state*. Ib., lib. 8 no. 33 § 1.
**civiliter**: **1.** **d'après le droit civil* — *according to civil law*. **2.** *en paix* — *in peace*.
**civis**: **1.** *habitant d'une cité*, nul compte étant tenu du statut juridique ou de la condition sociale — *inhabitant of a city*, without regard to legal status or social position. Mulier E. Andecavensis civis, vici incola Croviensis. GREGOR. TURON., V. Martini, lib. 4 c. 23, *Scr. rer. Merov.*, I p. 655. A. unus ex senatoribus et ... civis Arvernus. Id., Hist. Franc., lib. 2 c. 11. I. civis Turonicus, de inferioribus quidem populi. Id. ib., lib. 10 c. 31. Mulier quaedam civis hujus urbis [Remensis]. FLODOARD., Hist. Rem., lib. 3 c. 6, *SS.*, XIII p. 479. **2.** *habitant d'une cité* envisagé comme sujet de l'évêque — *inhabitant of a city*, considered as a subject of the bishop. [Servatius episcopus Tungrensis] data benedictione civibus suis [Romam pergit]. G. Servatii antiquiss. (s. vii) ap. HERIGERUM, G. episc. Leodiens., c. 22, *SS.*, VII p. 173. Cum consensu ... fratrum sive civium nostrorum in episcopatu degentium. BRUCKNER, *Reg. Alsatiae*, no. 193 (a. 762). [Episcopus] illudebatur ab impiis civibus, quod careret mundane superbie fastu. G. pontif. Autissiod., c. 48 (s. xi), ed. DURU, p. 385. **3.** *habitant d'un village*, „voisin", membre d'une communauté villageoise — *inhabitant of a village*, "neighbour", member of a village community. Utrum et caeteri cives in eodem [saltu] lignorum caesuram pastumque animalium habere per suam auctoritatem an ex ejusdem loci dominis [leg. domini?] precario deberent. F. Sangall. miscell. no. 9, *Form.*, p. 383. Convocatis undique civibus. Ib., no. 10, p. 384. Omnia omnibus essent communia in lignis cedendis et sagina porcorum et pastu pecorum, nisi forsitan aliquis civium eorundem [silvam] habeat propriam. Coll. Sangall., no. 10, ib., p. 403. Sicut alii cives ligna et materiam cedendi potestatem habeam. WARTMANN, *UB. S.-Gallen*, II no. 483 (a. 861). Forestam ... in qua prius erat communis omnium civium venatio. *D. Ottos I.*, no. 131 (a. 951). Communionem in silva de illa hoba, sicut mos est illorum civium. BITTERAUF, *Trad. Freising*, no. 1180, II p. 100 (a. 957-972). Cum consensu ... civium in eadem silva usque modo communionem venandi habentium. *D. Konrads II.*, no. 137 (a. 1029). Villam ... cum dimissione operis, quod predicte ville cives ad urbem debent, ... dedimus. *D. Heinrichs IV.*, no. 205 (a. 1068). Communionem in silva cum civibus ejusdem ville. LACOMBLET, *UB. Niederrh.*, I no. 318 p. 211 (a. 1134). **4.** *concitoyen* — *fellow-burgess*. Nullus trahet suum civem in judicium. KEUTGEN, *Urk. z. städt. Verf.gesch.*, no. 144 (ca. a. 1221, Münster in Westf.)
**civitas**: **1.** **circonscription administrative de l'Empire Romain, subdivision de la province* — *administrative district of the Roman Empire, subdivision of the province*. **2.** **diocèse*, territoire spirituel d'un évêché, généralement identique à la „civitas" civile — *diocese*, ecclesiastical district of a bishopric, as a rule identical with the civitas (sensu 1). In Christo fratribus Senonicae civitatis comprovincialibus. QUANTIN, *Cart. de l'Yonne*, I no. 6 p. 10 (a. 657). Nec episcopi nec clerici

non transmigrentur de civitate in civitatem. Admon. gener. a. 789, c. 24, *Capit.*, I p. 55. Cunctas civitates regni Hludowici in occidentali litore Rheni fluminis positas suo regno addere [cupuit], id est Mogontiam, Wormatiam et Nemetum. Meginhard., Ann. Fuld., a. 876, ed. Kurze, p. 86 sq. **3.** *chef-lieu d'une ,,civitas'' (sub 1), généralement siège d'un évêché, *cité* — capital of a "civitas" (sub 1), as a rule the see of a bishopric, *city*. Infra muros civitatis illius. Marculf., lib. 2 no. 20, *Form.*, p. 90. Tam infra civitatem quam et a foris in ipso pago. F. Senon., no. 16, *Form.*, p. 191. Domum intra muros civitatis Parisiorum. Test. Bertichramni a. 616, Pardessus, I p. 202. Neque intra ipsa civitate Parisius, neque adforas in ipso pago. *D. Merov.*, spur. no. 23 p. 141 (a. 629, forte genuinum). In Tullo, tunc oppido, nunc civitate [post episcopatus erectionem]. V. Vedasti, *Scr. rer. Merov.*, III p. 414. Si quis per murum de castro aut civitate ... exierit. Ed. Rothari, c. 244. **4.** *chef-lieu de pagus* (en dehors des régions romanisées) — *capital of a pagus* (outside the romanized region). **5.** *siège d'un évêché*, même d'origine non-romaine — *episcopal see*, even when of non-Roman origin. V. Radbodi, *SS.*, XV pt. 1 p. 571c (Deventer, siège temporaire de l'évêché d'Utrecht). **6.** *agglomération fortifiée* qui n'est pas une cité épiscopale — *fortified inhabited place* which is not an episcopal city. Civitatum et castellorum infra istum terminum [sc. Hochseegau, Thuringia] positarum. *D. Ottos II.*, no. 191 (a. 979). Civitates duas cum suburbanis earum, Olsnik et Donmiz nominatas. *D. Ottos III.*, no. 106 (a. 992). Volo constituere civitatem in mea villa. Fuero de Jaca a. 1063, Wohlhaupter, p. 134. Omnes fere de civitatibus [Flandriae] adjuraverunt. Galbert., c. 47, ed. Pirenne, p. 76. Iterum ib., c. 53, p. 84. Omnes possessiones ... infra civitatem [Goslar] et extra sitas. Bode, *UB. Goslar*, I no. 301 p. 321 (a. 1174-1195). **7.** *château — castle*. Aedificaverunt Franci ... civitatem quae vocatur Urbs Karoli. Ann. Petaviani, a. 776, *SS.*, I p. 16. Imperator ... statuit trans Albiam fluvium civitatem [Itzehoe] aedificare. Ann. regni Franc., a. 809, ed. Kurze, p. 129. Mandavit eis rex Karolus aedificare civitates duas. Chron. Moissac., a. 806, *SS.*, I p. 308. Monasterium in loco Tiala constructum cum nova atque lapidea in eodem loco civitate. *D. Ottos I.*, no. 124 (a. 950). Monasterium muro civitatis circumdederat. Mir. Liutwini (paulo ante a. 1095), c. 10, *SS.*, XV p. 1264.

**civitatensis** (adj.): *de la cité* (par opposition au pagus) — *of the city* (as contradistinguished from the surrounding country). De civitatensis ecclesiae officio. Concil. Aurel. a. 538, c. 21, *Conc.*, I p. 79. Subst. **civitatensis**: *habitant d'une cité — inhabitant of a city*. Guibert. Novig., De vita sua, lib. 3 c. 7, ed. Bourgin, p. 156. Id., G. Dei per Francos, lib. 4 c. 5, Migne, t. 156 col. 742. Keutgen, *Urk. städt. Verf. gesch.*, p. 90 no. 125 c. 1 (a. 1156, Augsburg).

**civitonicus** (subst.): *habitant d'une cité — inhabitant of a city*. Totus clerus cum optimatibus et militibus seu civitonicis [Romae] subscripserunt. Lib. diurnus, c. 82, ed. Sickel, p. 90.

**civorium**, v. ciborium.

**clada**, claa, claia, v. cleta.

**clades**: *pestilence — plague*. Desid. Cadurc., lib. 2 epist. 20, *Epp.*, III p. 214. Ann. Xant., a. 845, ed. Simson, p. 14. Sua animalia liberet a peste et clade. Regino, Syn. caus., lib. 2 c. 5 § 44, ed. Wasserschleben, p. 212. Mir. Wlframni (s. xi), c. 22, Mabillon, *Acta*, III pt. 1 p. 377.

**clamans** (subst.): *demandeur, plaignant — plaintiff*. Ut in publicis judiciis non dispiciantur clamantes, sed diligenter audiantur. Capit. missor. Theodonisv., c. 2, I p. 122. Duvivier, *Actes*, II p. 367 (a. 1170-1189, Hainaut).

**clamare**: **1.** absol.: *prier, faire une prière — to pray*. Orate indesinenter et ad Deum vestrum clamate. Nenn., Hist. Britt., c. 34, ed. Lot, p. 174. Ekkeh., Cas. s. Galli, c. 3, *SS.*, II p. 100 l. 22. **2.** aliquem: **inviter, appeler, faire venir — to invite, to call for*. Obstupefacti alios Saracenos clamare coeperunt, dicentes: currite citius. Petr. Diac., Chron. Casin., lib. 4 c. 51, *SS.*, VII p. 787 l. 5. **3.** *appeler, nommer — to call, to name*. Quem Araldo clamant. *CD. Cajet.*, I p. 113 (a. 962). Qui clamatur curiale. *CD. Cavens.*, II p. 166 (a. 982). **4.** intrans. et reflex. se clamare: *se plaindre — to complain*. [Se expoliatos esse] clamant ... super comites et eorum centenarios. Capit. de reb. exercit. a. 811, c. 2, I p. 165. Ante celsitudinis nostrae culmen se clamaverunt de R. Meldensium episcopo. *D. Louis IV.*, no. 4 (a. 936). [Tributi] cum fieret collectio, clamabat ecclesia, libertatem suam reposcens. Leg. Edwardi Conf., tit. 11 § 3, Liebermann, p. 637 col. 1. Clamabant cives et burgenses pro consuetudinibus suis, quod ... emebant animalia sine plegio. Ib., tit. 39 § 1, p. 669 col. 1. **5.** *porter plainte* en justice, *former une instance — to lodge a complaint*. Si ad palatium pro hac re clamaverint. Capit. Papiense a. 832, c. 5, II p. 61. Si mulier forçata se clamat. Fuero de Jaca a. 1063, Wohlhaupter, p. 136. Si aliquid super illum clamaverint. G. pontif. Camerac., lib. 3 c. 42, *SS.*, VII p. 481 l. 44. De terris, de quibus ad me clamaverint, rectum eis tenebo. Henrici I reg. Angl. priv. pro Londoniens. (a. 1131/1133), c. 11, Liebermann, p. 525. **6.** aliquem: *faire appel à* une autorité judiciaire — *to appeal to* a judicial authority. Non audeant regalem dignitatem pro suis causis clamare. Admon. gener. a. 789, c. 10, *Capit.*, I p. 55. **7.** aliquem: *accuser — to accuse*. Aliquis clamaverit vel reprehenderit Theodosium. Chron. Salernit., c. 107, *SS.*, III p. 524. Si quis abbas ... in aliquibus viciosus repertus fuerit, ibi [sc. in capitulo] caritative clametur, clamatus veniam petat. Carta Caritatis Ord. Cist., Guignard, *Règle cisterc.*, p. 82. Stat. Praemonstr. (ante a. 1143), c. 4, ed. Van Waefelghem, p. 19. **8.** aliquid: *revendiquer, réclamer — to claim, to lay claim to* a thing. Fulco ... clamavit versus Gaufridum ... quosdam collibertos. Marchegay, *Arch. d'Anjou*, III p. 32 no. 38 (a. 1063). Quidam miles ... clamaverit super nos quamdam terram in pago V. sitam. Ch. a. 1063, Pontieu, ap. Hariulf., Chron., lib. 4 c. 22, ed. Lot, p. 235. Per hanc [chartam] apertius certiusque clamare videretur. G. pontif. Camerac., lib. 1 c. 86, *SS.*, VII p. 433. Terram suam perdidit, ita quod nec ipse nec aliquis



de parentibus suis eam clamare potuit. Consuet. Norman. (a. 1091), c. 1, Haskins, *Norman inst.*, p. 282. Quodsi quis venerit, rem [sc. animal errans] ut suam clamans. Leis Willelme, tit. 6 § 1, vers. lat., Liebermann, p. 499 col. 1. Eum in nostrum servum clamavimus. D. Ludov. VI reg. Fr. a. 1116, ap. Luchaire, *Inst. monarch.*, II p. 123 n. De feudo camere clamabat ... quandam terram. Ch. Ludov. VII reg. Fr. a. 1155, ib., p. 301 no. 8. Neque nos neque alius super hominem de communia mortuam manum clamabimus. *Actes Phil.-Aug.*, no. 491 § 1, II p. 15 (a. 1195, S.-Quentin). Nec nos nec rex Anglie in eo [sc. Andeliaco] clamamus feodum seu dominium. Ib., no. 517 c. 17, II p. 56 (a. 1196). **9.** *crier, promulguer — to promulgate*. In omnibus ... mercatis faciatis clamari quod ... Litt. Ludov. VII reg. Fr. (ca. a. 1145), Tardif, *Cartons*, no. 484. **10.** *déclarer — to declare*. Quod si testamentum regio [i.e. regium] ... falso [i.e. falsum] clamaverit. Lex Ribuar., tit. 60 § 6. Item Ficker, *Forsch. ital. Reichs- u. Rechtsg.*, IV p. 12 no. 24 (a. 824). Loc. aliquem quietum clamare: déclarer quitte, acquitter — to quit, to discharge. Aliquid quietum clamare: céder, renoncer à qqch. — to quitclaim, to forego. E.g.: Querelam 10 librarum, quas R. comes ab eo pro feodo quesierat, sed postea quietas clamaverat, ego quoque sibi et successoribus suis imperpetuum quietam clamavi. Bourgin, *Soissons*, p. 410 no. 4 (a. 1147).

**clamatio**: *convocation, semonce — summons*. Placitum suum debet habere, et hoc de clamatione vel notificatione illius praeconis. Ludewig, *Reliq.*, IV p. 202 (a. 1156, Autriche).

**clamator**: **1.** *demandeur, plaignant — plaintiff*. Unusquisque clamator tertiam vicem ad comitem suum se proclamet. Capit. Mantuan. (a. 781?), c. 2, I p. 190. De clamatoribus ex hominibus nostris unusquisque judex praevideat, ut non sit eis necesse venire ad nos proclamare. Capit. de villis, c. 29. De clamatoribus vel causidicis, qui nec juditium scabinorum adquiescere nec blasfemare volunt. Capit. missor. Theodonisv. II a. 805, c. 8, I p. 123. Volumus studere aut per clamatores aut per alia quaelibet certa inditia aut per missos nostros ... qualiter unusquisque in hoc [vid. servanda pace] certare studuerit. Admon. ad omnes ord. (a. 823-825), c. 14, I p. 305. Dictum est mihi quoniam clamatores, qui ad palatium vestrum veniunt, nullam consolationem nec etiam bonum responsum ibi accipiant. Hincmar., opusc. 5, ed. Sirmond, II p. 146. *D. Heinrichs IV.*, no. 92 (a. 1062). **2.** *crieur de tribunal — crier of a court*. S. xiii.

**clamis** (genet. -idis) = chlamys.

**clamivus** (subst.): *demandeur — plaintiff*. Faciat rectum clamivo. Etabl. de Rouen, c. 25, ed. Giry, p. 32 (a. 1160-1170).

**clamor**: **1.** *plainte — complaint*. Clamor fieret magnus adversus eos qui potentes fuerant ... quod abstulissent villas. Gregor. Turon., Hist. Franc., lib. 7 c. 19. Ne forte aliquis clamor super episcopum vel abbatem seu abbatissam vel comitem ... sit. Dupl. legat. edict. a. 789, c. 27, *Capit.*, I p. 64. Pauperes ... tantos clamores faciunt ad aures nostras. *Capit.*, I p. 333 c. 2 (Ludov. Pii?) **2.** *plainte en justice, instance — legal complaint, action*. De placito comitis vel vicarii: ne custodiat, nisi clamor super eum eveniat. Capit. Aquisgr. (a. 801-813), c. 8, I p. 171. Cunctos clamores qui per negligentiam ducum aut judicum [subaudi: neglecti] fuerint inventi, ad notitiam domni apostolici deferant. Const. Romana a. 824, c. 4, *Capit.*, I p. 323. Quodsi clamor ad seniores [servorum criminosorum] venerit et ipsi talia non emendaverint. Const. de exped. Benevent. a. 866, c. 9, *Capit.*, II p. 96. Qua de re clamorem fecimus super A. coram praesentia marchionis Flandrensium. Duvivier, *Hainaut*, no. 42 p. 382 (a. 1034-1047). Cum ... apud comitem clamorem facturus Vindocinum venissetis. Goffrid. Vindoc., lib. 3 epist. 16, Migne, t. 157 col. 123 B. Pro falso clamore 20 manc. culpa sit. Leg. Henrici, tit. 59 § 14, Liebermann, p. 579. Ad regem de eo clamor deferetur. Leg. Edwardi Conf., tit. 6, ib., p. 631 col. 1. De illis 7 solidis habebit judex 5 sol.; ille autem qui clamorem fecerit reliquos duos. Ch. commun. Brusthem a. 1175, ed. Gessler, c. 6. Jurare debet quod justum de milite fecerit clamorem. *Actes Phil.-Aug.*, no. 224, c. 18 (a. 1188, Tournai). Ad clamorem atque responsum. Espinas, *Rec. Artois*, no. 108 c. 45 (a. 1194, Arras). Si quis aliquod debitum alicui debuerit et ei negaverit et coram judice clamor venerit. Duvivier, *Actes*, I p. 367 (a. 1170-1189, Hainaut). **3.** *dette, sujet de contestation — debt, matter of dispute*. Habebunt decimam ... post solutionem debitorum et clamoribus pacificatis. *Gall. chr.*[2], IV instr. col. 24 (a. 1192, Lyon). Propter clamores meos pacificandos praecipio, quod redditus ... sint in manu executorum meorum DC.-F., II p. 351 col. 1 (ch. a. 1239, Nevers). **4.** *amende infligée au demandeur débouté — fine exacted from a dismissed claimant*. S. xiv. **5.** *clameur au flagrant délit — cry of the hue and cry*. Facto post eum clamore ,,hahai'' vel sono buccine vel bannalis campane. Rousseau, *Actes de Namur*, no. 9 (a. 1154). Si aliquem occidat, sit utlaga et capiat eum cum clamore omnis qui rectum diligit. Leg. II Cnut, tit. 48 § 2, Liebermann, p. 347 col. 1. Si quis latronem sive furem sine clamore et insecutione ejus, cui dampnum factum est, ceperit. Leis Willelme, tit. 4, vers. lat., ib., p. 497 col. 1. **6.** *clameur d'infraction de la paix — cry of breach of the peace*. A concursu ad clamores pacis liberi sunt servientes ecclesie, dum suo servicio occupantur; vacantes autem si non concurrerint, rei tenebuntur. Wauters, *Origine*, p. 26 (a. 1164, S.-Amand). **7.** *assentiment — assent*. Constituerunt ... assencione et clamore illorum terre magnatum. Usat. Barchin., usualia (ca. a. 1058), c. 4, Wohlhaupter, p. 180.

**clamosus**: **1.** *diffamé — defamed, notorious*. Si servus alicujus ita [i. e. de latrocinia] clamosus est, comes dominum servi commoneat ut eum in mallo praesentet. Capit. Carisiac. a. 873, c. 3, II p. 344 l. 32. Cf. ib., p. 343 l. 35: De illis liberis hominibus, qui infames vel clamodici [leg. clamosi?] sunt de testeiis vel latrociniis et rapacitatibus et assalturis. **2.** *accusé — indicted*. In anno 3 placita observabit, si vero clamosus fuerit, donec ejus causa

finiatur. D'HERBOMEZ, *Cart. de Gorze*, p. 212 no. 116 (a. 984).

**clamus**, clamium, clameum: **1.** *poursuite — prosecution*. Si foras terram s. Maxentii vicarii clamum habuerint, ipsi districtum accipiant. *Gall. chr.*, II instr. col. 332 (ca. a. 1070, Poitiers). Donamus vobis ... totos clamos et districtos de mercato toto de B. quod habeatis inde tertiam partem et nos duas. TEULET, *Layettes*, I no. 40 p. 37 col. 2 (a. 1114, Béziers). **2.** *réclamation — claim*. Si clamaverit quis vivum averium quasi furto sibi surreptum ... et invenerit plegios de clamio prosequendo. Leis Willelme, tit. 21, vers. lat., LIEBERMANN, p. 506 col. 1.

**clanctus** (decl. iv): *son — sound*. Tubas alio ... clanctu inflare didicerant. EKKEH., *Cas. s. Galli*, c. 3, SS., II p. 103 l. 15.

**clanculare**: *cacher — to hide*.

**clancule**: *\*secrètement, dans l'ombre — in secrecy, covertly*.

**clanculus** (< clam): *secret, caché — secret, hidden*. S. viii.

**clata**, v. cleta.

**claucarium**, v. cloccarium.

**claudenda**: *clôture — fence*. Claudenda taleate SALIMBENE, ed. HOLDER-EGGER, p. 499.

**claudere**: *clôturer — to fence*. Andecingas ... arare, seminare, claudere, collegere, trahere et recondere. Lex Baiwar., tit. 1 § 13.

**clausa**, clusa (cf. voc. clusa): **1.** *clôture — fence*. Quicquid fossis vel sepibus aut alio clusarum genere praecingitur. F. Imper., no. 15, *Form.*, p. 297. Eadem verba: D. Ludov. Pii a. 822, CASSAN-MEYNIAL, *Cart. d'Aniane*, p. 45 no. 3. **2.** *enclos — close* (cf. voc. clausum). Clusa et sedilia ejus. CD. *Cajet.*, I p. 165 (a. 992). **3.** *cellule de moine, ermitage — hermit's cell*. V. Gamelberti (s. ix?), c. 2 § 14, AASS.², Jan. III p. 401. V. Burchardi Wormat., c. 13, SS., IV p. 838 l. 33. **4.** *barrage dans une rivière — weir*. GIULINI, *Memor. di Milano*, I p. 446 (a. 853). D. Lodovico III., p. 67 (a. 901). Potestatem faciendi clusas ac edificandi molendina ... et piscationem exercendi. D. Berengario I., no. 94 (ca. a. 902-913), p. 249. In fluvium Vienne ... unam clusam vel piscatorium cum omnibus misteriis ... DE MONSABERT, *Ch. de Nouaillé*, no. 55 p. 96 (a. 942). Nulli liceat sine molendinum edificare in predictis aquis ... vel clusam vel pischeriam vel aliquod edificium vel obstaculum facere. D. Heinrichs IV., no. 312 (a. 1079). **5.** *digue — dike*. Clausam de Reno devastando. Chron. Mutin., MURATORI, *Scr.*, XV col. 587. **6.** *passage dans un texte — clause, passage*. **7.** *clause — clause, proviso*.

**clausarius** (cf. voc. clusarius): **1.** *reclus — hermit*. V. Deicoli (s. x), c. 15, SS., XV p. 680. **2.** *gardien des clos de vigne — keeper of vineyards*. Quattuor servientium, qui communi servitio sunt deputati, majoris videlicet, granetarii, cellerarii et clausarii. Priv. Eug. III pap. a. 1152, PFLUGK-HARTTUNG, *Acta*, I p. 226 p. 210.

**clausellus**: **1.** *clôture — fence*. Alodus ... habentem in se plus minus pertinente in illo clausello juccata 3. DE MONSABERT, *Ch. de Nouaillé*, no. 33 p. 59 (a. 904). **2.** *clos de vigne — vine-close*. Curticanus et clausellus de P. cum aliis vineolis. D. Charles le Chauve, no. 269 (a. 864), II p. 106 l. 12.

**clausiva**: *clos de vigne — vine-close*. Clausiva ... quem idem W. plantari jussit. *Gall. chr.*², IV col. 58 (a. 864).

**clausonarius**: *relatif à la vie anachorétique — concerning a hermit's life*. Feminam ... in basilica ... sub closonaria professione Deo famulantem. BITTERAUF, *Trad. Freising*, II no. 1268 p. 163 (a. 977-981).

**clausorium**: *serrure — lock*. S. xiv.

**claustralis** (adj.): **1.** *monastique — monastic*. Codices librorum claustralium de divinitate. Descr. abbatiae s. Richarii a. 831 ap. HARIULF. *Chron.*, lib. 3 c. 3, ed. LOT, p. 92. Invitum de claustrali quiete abduxit. ANSELM., G. pontif. Leodiens., lib. 2 c. 33, SS., VII p. 207. Rigore claustralis discipline. V. Meinwerci, c. 152, ed. TENCKHOFF, p. 80. Claustralibus officinis congrue dispositis. Terminum claustralem quieti et utilitati monasteriali congruum late prefixit. Ib., c. 131, p. 64. **2.** *canonial, qui concerne la vie ou les établissements des chanoines réguliers — concerning the life of canons regular* or *their houses*. In aecclesiasticis claustralis vitae adolevit disciplinis. ANSELM., c. 32, SS., VII p. 207 l. 16. Praepositum ... claustralia negotia domi sine consilio decani fratrumque ... dispensaturum. Ib., c. 41, p. 211 l. 42. Claustralibus officinis subrigendis. HELMOLD., lib. 1 c. 58, ed. SCHMEIDLER, p. 113. Iterum lib. 2 c. 104, p. 204. Judicio parium suorum claustralium servientium. D. Heinr. V reg. <a. 1107> (spur. s. xii p. post.), BORMANS-SCHOOLMEESTERS, *Cart. de S.-Lambert de Liège*, I no. 30. Officiales ministri, scilicet pistores, coci, cellerarii, bretzedarius, campanarii et caeteri claustrales ministri. D. Heinr. V. reg. <a. 1109> (spur. s. xii p. post.), WAITZ, *Urk. z. deutsch. Verf.gesch.*², no. 16, c. 4. More claustrali [canonicis] se habeat, chorum frequentet et obedientiam decano tanquam ceteri servet. MULLER-BOUMAN, *OB. Utrecht*, I no. 286 p. 265 (a. 1116). **3.** *claustral, jouissant du statut immunitaire des établissements de chanoines — claustral, favoured with the privileged status proper to canon's houses*. Canonicos claustralis libertate juris ... donamus ... Liberam habeat potestatem curtem claustralem cuicumque fratri voluerit ... donandi. D. Heinrichs IV., no. 466 (a. 1101). Lex claustralis est, quod in domibus claustralibus nulla est hereditas ex consanguinitate. BORMANS-SCHOOLMEESTERS, o. c., I no. 31 (a. 1109). Decanus T. cum voluntate fratrum ipsum predium commisit Eilberto ... jure claustrali, ut, dum illi vivant et filii sui post eos, illud ... persolvent debitum cum cura officiali. ERHARD, *Reg. Westfal.*, I, CD. no. 181 p. 140 (a. 1110). De illa mansione tanquam de curia claustrali sibi licitum sit testamentum conficere. GUDENUS, *CD. Mogunt.*, I p. 403 (a. 1160). In domibus ad claustrales sedes pertinentibus ... Ne ullus ... canonicis in domibus et areis claustralibus ... injurias irrogare presumat. D. Friderici I imp. a. 1176, *Const.*, no. 252. Subst. mascul. et femin. **claustralis**: *membre d'une communauté monastique — member of a monastic community*. Ministeria et officia mutato abbate omnia vacua sunt ..., tam inter claustrales quam inter seculares. SCHÖPFLIN, *Alsatia*, I p. 225 (Marmoûtier). GUIBERT. NOVIG., De vita sua, lib. 2 c. 5, ed. BOURGIN, p. 122. JOH. SARISBER., *Policr.*, lib. 7 c. 21, ed. WEBB, II p. 200. HILDEBERT. LAVARD., epist. 25, MIGNE, t. 171 col. 243 B. VON RICHTHOFEN, *Friesische Rechtsquellen*, p. 286 l. 30 (s. xiii).

**claustraliter**: *selon la règle ou les coutumes canoniales — according to the rule or the customs of canons*. Decanus ... fratres suos claustraliter emendet. STIMMING, *Mainzer UB.*, I no. 219 p. 136 (a. 976). Abbatissa claustraliter vivens sue spiritualiter presset congregationi. ERHARD, *Reg. Westfal.*, I, CD. no. 182 p. 144 (a. 1118). Serviens claustralis ... a decano ejusdem ecclesie fratrum consilio et judicio claustraliter puniatur. MULLER-BOUMAN, *OB. Utrecht*, I no. 297 p. 273 c. 3 (ca. a. 1120).

**claustraria**: *fonction de gardien du cloître — office of cloister warden*. Officia que ad donum prepositi pertinebant: ... cellerariam, camerariam, villicationem, claustrariam ... PONCELET, *Actes Hug. de Pierrepont*, no. 208 (a. 1223).

**claustrarius**: *gardien d'un cloître — cloister warden*. S. xiv.

**claustrensis**: *conforme à la coutume monastique — according to monastic custom*. Vix claustrensi et honesta locutione nisi signis potest alter alteri aliquid intimare. De Gallica Petri Damiani profectione (ca. a. 1070), SS., XXX p. 1042 l. 17. Subst. **claustrensis**: *membre d'une communauté monastique — member of a monastic community*. S. xii.

**claustricola** (mascul.): *moine — monk*. S. xii.

**claustrum**: **1.** *l'ensemble des bâtiments affectés à l'habitation d'une communauté monastique — complex of buildings constituting the residence of a monastic community*. Qui praesumpserit claustra monasterii egredi. Benedicti regula, c. 67. [Monasterium] habeat oratorium intra claustra. Concil. Franconof. a. 794, c. 15, *Conc.*, II p. 168. Claustra monachorum laici non intrent. Stat. Rhispac. (a. 799/800), c. 18, *Capit.*, I p. 228. Cum extra murum oppidi, infra claustra tamen coenobii ... deambularet, vidit ... hortolanum in horti ambitu ... V. Sadalbergae (s. ix in.), c. 22, *Scr. rer. Merov.*, V p. 62. Clerum adunavit et ad instar coenobii intra claustrorum septa conversari fecit. PAUL. DIAC., G. episc. Mettens., SS., II p. 268. [Monachi] a monasterii claustris ... longe lateque vagantur. D. Ludov. Pii a. 822, QUANTIN, *Cart. de l'Yonne*, I p. 34 no. 17. Non plus immunitatis nomine complecti quam claustra monasterii. F. imper. no. 15, *Form.*, p. 296. Convivium intra claustra monasterii nullatenus preparetur. Coll. s. Dionys., no. 3, *Form.*, p. 499. Claustrum juxta ipsam aecclesiam fecit, id est refectorium, dormitorium, cellarium et cetera officina que ad monasterium pertinent nobiliter composuit. G. Aldrici, c. 26, SS., XV p. 319. In medio claustro monasterii. ANDREAS abb. Pataliloi (s. x?), V. Walfridi, MABILLON, *Acta*, III pars 2 p. 181. Intra claustra ad utilitatem monachorum. HUGO Farfens. (ca. a. 1030), ap. GREGOR. CATIN., Chron. Farf., ed. BALZANI, p. 30. **2.** *un seul bâtiment, une pièce, une salle de monastère — a single monastery building or room*. Certis locis lectioni pleniter vacent, et si fieri potest in una claustra sedeant, ut invicem se videntes cohortentur. Ordo monast. (s. ix in.), ALBERS, *Cons. mon.*,

III p. 42. Eligens locum, in quo ... monasterium construi deberet, coepit fundamenta domorum ... jacere et duarum ecclesiarum ... cum omnibus claustris monasterii ... brevi explevit tempore. V. Ermenlandi (s. ix in.), c. 4, *Scr. rer. Merov.*, V p. 692. **3.** *cloître — cloister.* Consedentes in claustro basilicae s. Albani. Concil. Mogunt. a. 813, *Conc.*, II p. 259. In claustris et caeteris canonicorum necessariis habitationibus ... dandis. Ludovici Pii epist. ad archiepisc. a. 816/817, *Capit.*, I p. 340 col. 2 l. 29. Cum magister fuisset scolae ..., eundo vel redeundo ad claustrum. RIMBERT., V. Anskarii, c. 4, ed. WAITZ, p. 24. [Episcopus] sepultus est extra aecclesiam infra claustrum. THIETMAR., lib. 4 c. 26, ed. KURZE, p. 79. Claustrum renovavit et mensam canonicis instituit. ADAM BREM., lib. 2 c. 69, ed. SCHMEIDLER, p. 130. Ecclesia et claustrum in honore b. Marie virg. construeretur. GYSSELING-KOCH, *Dipl. Belg.*, no. 234 (a. 1096). **4.** *ensemble de bâtiments affectés à l'habitation d'une communauté canoniale — complex of buildings constituting the residence of a community of canons.* De locis dandis ad claustra canonicorum facienda. Capit. missor. a. 819, c. 7, I p. 289. Ad amplificanda et dilatanda claustra canonicorum. F. Imper., no. 26, *Form.*, p. 305. Juxta ecclesiam claustra constituantur, in quibus clerici disciplinis ecclesiasticis vacent. Itaque omnibus unum sit refectorium ac dormitorium seu ceterae officinae ad usus clericorum necessariae. Concil. Roman. a. 826, c. 7, *Capit.*, I p. 373. Ut episcopi in civitatibus suis proximum ecclesiae suae claustrum instituant, in quo ipsi cum clero suo secundum canonicam regulam Deo militent. Karoli Calvi capit. Papiense a. 876, c. 8, II p. 102. Claustrum ipsius congregationis ... corroboraremus, quo absque ullius inquietudine tam ipsius sedis episcopi quam aliarum personarum securi viverent et unusquisque canonicus suam propriam domum ... dare vel vendere valeat cuicumque voluerit tantum ex fratribus. *D. Lothaire*, no. 56 (<a. 979>; valde suspectum videtur). **5.** *monastère — monastery.* Pergens circumquaque ad cellas et claustra. Acta Murensia, c. 5, ed. KIEM, p. 23. Abbatem W. claustri s. Bavonis [Gandensis]. MULLER-BOUMAN, *OB. Utrecht*, I no. 321 (a. 1127). In eodem claustro pro anima nostra ... commemoracio ... agatur. Ib., no. 463 (a. 1169). Dedimus eis licentiam claustrum ordinis Cisterciensis ... aedificandi. Ib., no. 523 (a. 1178-1191). **6.** *chapitre de chanoines — chapter of canons.* Nostris fratribus [vid. canonicis Babenbergensibus] honores, dignitates, beneficia impendendo universum claustrum nostrum honoratis. Cod. Udalrici, no. 107 (a. 1084-1102), ed. JAFFÉ, *Bibl.*, V p. 193. [Everacrus episcopus] scolas per claustra [Leodii] stabilire curavit. ANSELM., G. episc. Leodiens., c. 24, *SS.*, VII p. 201 l. 32. **7.** *ermitage — hermit's cell.* V. Findani (s. ix ex.), c. 5, *SS.*, XV p. 505. **8.** *prison — prison.* G. Anastasiae, p. 357. In cujusdam turris claustro arctaverunt. V. prima Bernardi Parm. (a. 1133-1139), c. 2, *SS.*, XXX p. 36. **9.** *enceinte urbaine — town wall.* De fine in finem, quantum infra claustrum est. *CD. Cavens.*, I p. 23 (a. 842). Negotiatorum claustrum muro instar oppidi exstructum, ab urbe [i. e. civitate Virdunensi] quidem Mosa interfluente sejunctum ... RICHER., lib. 3 c. 103, ed. LATOUCHE, II p. 132. Crescentius Leonianum ingressus claustrum [i. e. urbem Leoninam] imperatori resistere frustra temptavit. THIETMAR., lib. 4 c. 30, ed. KURZE, p. 82. Urbis claustro sese intulere. Pass. Adalberti Pragens., c. 2, *SS.*, XV p. 707. **10.** *col, gorge, défilé — mountain pass, defile.* Ventum erat ad fauces angustaque claustra viarum. GUNTHER., Ligurinus, lib. 4 v. 432, MIGNE, t. 212 col. 387 A. **11.** *frontière — frontier.* Resistentibus Langobardis et claustra Italiae tuentibus. Ann. q.d. Einhardi, a. 755, ed. KURZE, p. 13. **12.** *poste de frontière — frontier station.* Venerunt ad caput Libani, ubi ille mons in mare vadit et est promontorium ... Et qui illic venit non habens cartam [passeport — passport], non pertransiret locum, qui[a] in custodia est ille locus et est claustrum. V. Willibaldi Eichstet. (a. 778), c. 4, *SS.*, XV p. 101.

**clausula**: **1.** *clôture — fence.* Si quis ... intra claustrum refugium quaesierit, postquam intra eorum clausulas fugerit, nullus ei oppressionem aliquam inferre praesumat. FLACH, *Orig.*, I p. 180 n. 1 (ch. a. 1055-1089, Touraine). **2.** *enclos — close.* **3.** *barrage* dans une rivière — *weir.* Viam navigii concessimus ... eo rationis tenore, ut omne per aevum [nec] clausulis nec ulla impediente causa liberam habeant potestatem navigandi. *D. Konrads II.*, no. 187 (a. 1033). **4.** *col, gorge, défilé — mountain-pass, defile.* Per clausulam ducere imperatoris exercitum. G. Lietberti Camerac., c. 13, *SS.*, VII p. 494. Locum tam clausula angustae viae quam rivis aquarum ... munitissimum. Chron. S. Andreae Castri Camerac., lib. 2 c. 18, ib., p. 534. **5.** *cellule de moine, ermitage — hermit's cell.* GILDAS, epist. 3, *Auct.antiq.*, XIII p. 87 l. 4. HARTMANN., V. Wiboradae, c. 17, *SS.*, IV p. 453 col. 1 l. 20. EKKEH., Cas. s. Galli, c. 3, *SS.*, II p. 107 l. 4. FLORENT. WIGORN., a. 1058, ed. THORPE, I p. 217. **6.** **argument — allegation.* **7.** *passage dans un texte — clause, passage.* **8.** *clause — clause, proviso.* **9.** loc. clausula Paschae: **Pâques closes — Low Sunday.*

**clausum,** clus-, -us: **1.** *clos, enclos — close, enclosed place.* Totum illum clausum quem nos jussimus plantare [ad vineam faciendam]. Test. Wideradi a. 721, PARDESSUS, II no. 514 p. 324. Mansa in gyro monasterii sita et, ut vulgo loquamur, clausi vinearum. QUANTIN, *Cart. de l'Yonne*, I p. 88 no. 45 (a. 864, Pistes). Omnes clausi vinearum in dominicatu. *D. Charles le Chauve*, no. 269 (a. 864), II p. 106 l. 10. Clausum cum masnilo et vinea. *D. Charles le Simple*, no. 37 (a. 901). Clausus indominicatus. DÉLÉAGE, *Ch. de S.-Symphorien d'Autun*, no. 4 (a. 866-924). Iterum no. 17 (a. 993). Item BERNARD-BRUEL, *Ch. de Cluny*, I no. 430 (a. 935). Peciolam de vinea in ipso suo clauso indominicato. Ib., no. 353 (a. 927-942). Clausus indominicatus cum servis et ancillis supermanentibus. RAGUT, *Cart. de S.-Vincent de Mâcon*, no. 70 (a. 943-952). Curtilum unum cum clauso indominicato. CHEVRIER-CHAUME, *Ch. de S.-Bénigne de Dijon*, no. 57 (a. 968/969). Dedit ... clausum prope murum Aurelianensis civitatis. *D. Lothaire*, no. 33 (a. 974). Clausum vineae. CHEVALIER, *Cart. de Paray*,



no. 3 (a. 977). Donamus ... unum clusum de vineis. GUÉRARD, *Cart. de S.-Victor de Mars.*, I no. 130 p. 157 (a. 1015). **2.** loc. clausum Paschae: *Pâques closes — Low Sunday.* De infantulis ... nullus ad clausum Paschae pertingere potuit. GREGOR. TURON., Glor. conf., c. 47, *Scr. rer. Merov.*, I p. 776. Post clausum Paschae. Sacram. Gelas., lib. 1 c. 58, MIGNE, t. 74 col. 1121.

**clausura,** clu-, clo-, -stura: **1.** **serrure — lock.* **2.** **clôture — fence.* Tantum vindicit cujus terra est, quantum cum clausura sua potest defendere. Ed. Rothari, c. 358. Si quis in clausura aliena traucum fecerit. Lex Ribuar., tit. 43. Cum casis et ceteris aedificiis sive clausuris. F. extrav. no. 11, *Form.*, p. 540. Preceptum de viis publicis transmutandis ob quasdam clausuras in locis vicinis ipsius urbis faciendas. FLODOARD., Hist. Rem., lib. 2 c. 19, *SS.*, XIII p. 470 l. 11. Lignis pro clausuris. *CD. Cajet.*, I p. 138 (a. 979). Clausure et edificia tectorum ... circa monasterium construantur. *D. Konrads II.*, no. 200 (a. 1033). SUGER., V. Ludov. Gr., c. 19, ed. WAQUET, p. 140. Nullus infra clausuram locorum seu grangiarum vestrarum violenciam facere ... audeat. Litt. Alex. III pap. a. 1175, PFLUGK-HARTTUNG, *Acta*, I no. 280. **3.** *parc pour les bêtes — cattle-park.* Si quis pecora ... in clausura ... expellere praesumpserit. Lex Sal., tit. 9 § 5. Si [pecora] de domum [i. e. domo] aut clausura involaverit aut ... tulerit. Lex Visigot., lib. 8 tit. 3 § 14. Iterum, tit. 4 § 11. Si quis cavallum alienum in damnum suum invenerit et ... ad clausura minaverit. Liutprandi leg., c. 86. Animalia dum de damno ad clusuram minantur. Lex Burgund., tit. 23 § 3. **4.** *clos de vigne* ou *champ clôturé — vine-close* or *fenced-in field.* Si quis messem suam aut pratum seu qualibet clausura vindicanda homini prohibuerit. Ed. Rothari, c. 29. Iterum c. 304. Curtile uno cum clausuru [!] ad ipso curtile pertinente. ZEUSS, *Trad. Wizenburg.*, no. 133 (a. 774). Clausuram cum vinea et casella. *CD. Cajet.*, I p. 283 (a. 792). Clausuram vinearum. FANTUZZI, *Mon. Ravennati*, I p. 85 (a. 844). Clausuris, campis, pratis. GIULINI, *Memor. di Milano*, I p. 445 (a. 853). Clausuram unam de vinea, in qua est ecclesia. *D. Ottos I.*, no. 336 (a. 967). **5.** *du bois à faire des clôtures — wood for fencing.* Habet [ibi, i.e. prope mansum dominicatum] de concide, ubi potest colligi clausura. Polypt. s. Remigii Remensis, c. 8 § 1, ed. GUÉRARD, p. 13 col. 1. **6.** *droit d'enclore un terrain; redevance due à ce titre — right to enclose: dues paid for the same.* S. xiii. **7.** **frontière — frontier.* Eos perduxit honeste extra clausuram fines regni dirimentem. Ruodlieb, fragm. 4 v. 74. Campus ... inter clausuras nostri [regni] vestrique gemellas. Ib., fragm. 4 v. 38. **8.** *col, gorge, défilé — mountain pass, defile, narrow part of a road.* Per montibus vel clausuris Vulgariae ... multi sunt occisi et necati fame. Anon. Barensis, a. 1097, MURATORI, *Scr.*, V p. 154 C. Transeuntes inde ad primam clausuram. TAGENO PATAV. (a. 1189), *SS.*, XVII p. 509 l. 32. **9.** *péage de frontière — custom-house.* Ne tot clausuris per viam [Romam adeundi] artentur et propter theloneum injustum fatigentur. Cnuti reg. priv. a. 1027 (vers. lat. s. xii ex.), c. 6, LIEBERMANN, p. 276. **10.** *barrage* dans une rivière — *weir.* Si quis molinum alterius capelaverit aut clausuram ruperit. Ed. Rothari, c. 150 (ita codices plerique; v. l.: clusam, sclusam). Clusuram facere ex medietatem fluminis. Lex Visigot., lib. 8 tit. 4 § 29. Si quis aliquam clausuram in aquam fecerit et ipsa aqua inflaverit. Lex Alamann., tit. 79. Molinum optimum et clausuram structure gurgitis ad illud. F. Sangall. miscell. no. 16, *Form.*, p. 387. **11.** *prison — prison.* KEUTGEN, *Urk. z. städt. Verf.gesch.*, no. 147 (a. 1258, Cologne). **12.** *la clôture monastique — monastic enclosure.* Caput meum in illorum [b. Mariae et s. Corbiniani] protectionem ad clausuram collocavi. BITTERAUF, *Trad. Freising*, I no. 304 p. 263 (a. 812). **13.** *enclos immunitaire — immunity precinct.* Ipsius monasterii clausura, quantumcumque extendatur in posterum, ab omni debito et exactione sit libera. PONCELET, *Actes Hug. de Pierrepont*, no. 55 (a. 1208). **14.** **clôture* d'une discussion, *conclusion — closure* of a discussion, *conclusion.* **15.** *validation* d'un acte ou *clausule de sanction — authentification* or *sanctionary clausula.* Clusuris sui praecepti obfirmavit firmissimis. ERMANRIC., Sermo de v. Sualonis (ca. a. 840), c. 9, *SS.*, XV p. 160. Clausura anathematis insolubile faciat. V. Deicoli (s. x), c. 15, ib., p. 682. Supremam predictorum clausuram signum nostrum [i. e. sigillum] apposuimus. MULLER-BOUMAN, *OB. Utrecht*, I no. 352 (a. 1134). **16.** *suspension, interdiction — suspension, prohibition.* S. xiii.

**clausurola,** clu-: *petit clos — small close.* FANTUZZI, *Mon. Ravennati*, II p. 85 (a. 1060).

**clava**: *barreau — mace.* S. xiv.

**clavaca,** clavica, claviga = cloaca.

**1. clavare** (<clavus): **clouer — to nail.*

**2. clavare** (<clavis): *fermer à clef — to lock.*

**clavarius** (subst.): *porte-clefs, trésorier — keybearer, treasurer.* GABOTTO, *Cart. di Pinerolo*, p. 145.

**1. clavatura** (<clavis): *serrure — lock.* S. xiii, Ital.

**2. clavatura** (<clavus): *ferrure — iron-work.* Turres ligneas ... indissolubili clavatura munitas. GUILL. BRITO, G. Phil. Aug., c. 122, ed. DELABORDE, I p. 213.

**clavellare**: *clouer — to nail.* S. xiii.

**clavellus**: *clou — nail.* DC.-F. II p. 359 col. 2 (ch. a. 915).

**clavicula** (<clavus): *clou — nail.*

**clavicularius**: **1.** **portier — doorkeeper.* **2.** **geôlier — jailer.* **3.** *trésorier — treasurer.* **4.** *porte-clefs,* épithète de Saint Pierre — *keybearer,* epithet of Saint Peter. FRIDEGOD., V. Wilfridi, c. 10, MABILLON, *Acta*, IV pt. 1 p. 682.

**1. claviger** (<clavis): **1.** **porte-clefs,* épithète de Saint Pierre — *keybearer,* epithet of Saint Peter. **2.** *trésorier — treasurer.* G. abbatis, clavigeris[!] scilicet s. Stephani Lemovicensis. DE FONT-RÉAULX, *Cart. de Limoges*, p. 18 no. 3 (a. 851). DC.-F., II p. 360 col. 2 (ch. a. 975).

**2. claviger** (<clava), subst.: *massier — macebearer.* S. xiii.

**clavis**: **1.** *serrure — lock.* Si quis acceptrem de intro clavem furaverit. Lex Sal., tit. 7 § 3. Ita pluries ibidem. Si [fur] clavem effrigerit. Ib., tit. 11 § 5. Si quis screona sine clavem

effrigerit . . . Si quis screona qui clavem habet effrigerit . . . Ib., tit. 27 § 22 sq. **2.** loc. clavis sigilli: validation au moyen du sceau — validation by means of a seal. Tradam sub clave sigilli. Ecbasis, v. 691, ed. VOIGT, p. 111. **3.** dans la chronologie: *formule* pour calculer les fêtes mobiles — in chronology: *formula* for calculating dates of shifting feasts. **4.** dans la musique: *clef* — in music: *clef*.

**clavus**: *un poids* pour peser la laine — *clove*, weight of wool. S. xiv, Angl.

**cleda,** cleida, cleia, v. cleta.

**cledare,** cleiare, clidare (<cleta): *munir d'une claie, clôturer* — *to hurdle, to fence*. S. xiii.

**cledatum**: *clôture* — *fence*. S. xiv.

**clenodium,** cli- (germ.): *joyau* — *jewel*. Test. Ottonis IV imp. a. 1218, *LL.*, II p. 22 l. 9. ALBERT. STADENS., a. 1196, *SS.*, XVI p. 352; iterum a. 1225, p. 359. Mir. Wernheri, *AASS.*, Apr. II p. 720.

**clepsydra** (gr.): *fausset, broche* — *spigot, tap*. Egesta dolio clepsidra, fuso flammam humore sopivit. SAXO GRAMM., lib. 2 c. 6 § 5, ed. OLRIK-RAEDER, p. 50. [Cupam] usque ad foramen obicis, qui usitato nomine clepsydra dicitur, evacuatam. Contin. ad. FLORENT. WIGORN., a. 1138, ap. DC.-F. II p. 366 col. 3 (ed. THORPE, II p. 103, habet: spina seu pessulum).

**cleptes** (mascul., genet. -is) (gr.): *voleur* — *thief*. Cleptes sacrilegus. PETR. DAMIANI, V. Odilonis, c. 8, lectio ap. DC.-F., II p. 366 col. 3 (textus ap. *AASS.*[3], Jan. I p. 73 col. 1 no. 14 habet: fur sacrilegus). Pependit . . . et occisit morte crudeli quasi cleptem. *Hist. de Languedoc,* V, no. 211 p. 497.

**cleptim** (<clepere): *furtivement* — *stealthily*. Corpus [s. Philiberti] de ipsis prope Nortmannorum manibus rapitur potius cleptim quam transfertur. ERMENTAR., Mir. Philiberti, lib. 2 praef., ed. POUPARDIN, p. 62.

**clericalis** (adj.): **1.** **relatif aux clercs* — *concerning clerks*. **2.** *relatif aux moines* — *concerning monks*. In quo [monasterio] tonsuram accepit . . . ac deinde, accepto clericali habitu, praeterita piacula expiare certabat. FELIX, V. Guthlaci (s. viii), c. 12, MABILLON, *Acta,* III pars 1 p. 267.

**clericare**: *faire clerc* — *to make a clerk*. Si quis servum alienum sine volontatem domini sui clerigaverit. Liutprandi leg., c. 53 (a. 723). Quem proprio consilio clericare voluerit et in numero religiosorum clericorum connumerare. Donatio Constantini (s. viii). Si post legitimos annos per vim clericatus est. Concil. a. 813, append., c. 12, *Conc.,* II p. 298. Exceptis clericis qui per vim clericati fuerunt. Radelgisi et Siginulfi div. a. 851, c. 6, *LL.*, IV p. 222. Papa eum clericari jussit. Lib. pontif., Hadr. I, § 3, ed. DUCHESNE, I p. 486. Quem ibidem clericandum et ad sacros ordines promovendum disponebat. BERNARD-BRUEL, *Ch. de Cluny,* I no. 274 (a. 926). Quendam servum . . . liberum fecerunt et clericaverunt. THÉVENIN, *Textes,* no. 154 (a. 1032-1064, Tours).

**clericatura**: *ordre sacré — Holy Orders*. Renunciavit episcopatui et omni gradui clericature. BALD. AVENN., a. 1174, KERVIJN, *Istore et croniques de Flandre,* II p. 618.

**clericatus** (decl. iv): **1.** **ordre sacré, la condition d'un clerc* — *Holy Orders, clerical status*. A. comes laicus, suscepto clericatu, successit. Ann. Colon. breviss., a. 995, *SS.*, I p. 99. Clericatus officia suscipere. ALPERT. METT., Div., lib. 1 c. 12, ed. HULSHOF, p. 17. Quicumque sunt in ordine clericatus constituti. Leg. I Cnut, tit. 6, vers. Quadripart., LIEBERMANN, p. 288 col. 3. **2.** l'acte de *l'ordination* — the act of *ordination*. Non post multos dies impie nimis post clericatum perimi jussit. IONAS, V. Columbani, lib. 1 c. 28, ed. KRUSCH, p. 219. **3.** *les ordres inférieurs* — *the lower Orders*. Nec quippiam sacri ordinis praeter clericatum exceperat. . . . Subdiaconus fieret. GUIBERT. NOVIG., De vita sua, lib. 3 c. 4, ed. BOURGIN, p. 138. **4.** *la condition de moine* — *status of a monk*. Clericatus monachicam professus est habere vitam. BITTERAUF, *Trad. Freising,* I no. 366 p. 312 (a. 816). Hoc in cenobio clericatus suscepit habitum. Chron. Fontanell., D'ACHÉRY, *Spicil.,* III p. 222. Clericatus jugum ab eodem suscepit pontifice. Lib. pontif., Zacharias, § 21, ed. DUCHESNE, I p. 433. **5.** *la condition de chanoine* — *status of a canon*. Qui ad clericatum accedunt, quod nos nominamus canonicam vitam. Admon. gener. a. 789, c. 73, *Capit.*, I p. 60. **6.** *tel groupe de clercs* — *a definite group of clerks*. Monarchiam clericatus in palatio optinens. Ann. s. Columbae Senon., a. 882, *SS.*, I p. 104. **7.** *le clergé en général* — *the clergy in general*. Aecclesiae perturbatio, monasteriorum destructio, clericatus despectio . . . EKKEH. URAUG., Chron. univ., a. 1056, *SS.*, VI p. 197.

**clericellus**: *jeune clerc, écolier* — *young clerk, pupil*. S. xi.

**clericulus**: *jeune clerc, écolier* — *young clerk, pupil*. S. xii.

**clericus** (adj.): **1.** **relatif aux ordres sacrés ou au clergé — concerning Holy Orders, the clergy*. **2.** *instruit* — *learned*. Subst. mascul. **clericus**: **1.** **clerc*; indique tous ceux qui ont reçu un ordre sacré — *clerk*, including all who have received Holy Orders. **2.** *clerc* n'ayant reçu que les ordres inférieurs — a *clerk* who has received the lower Orders only. Lex Alamann., tit. 15, ubi clerici mentio fit post episcopum, presbyterum, diaconum. Si quis episcopus, presbyter, diaconus aut clericus . . . Synod. Papiens. a. 997, Cod. Udalrici, no. 5, JAFFÉ, *Bibl.,* V p. 25. **3.** *moine* — *monk*. Abba . . . puerum clericum fecit. GREGOR. TURON., Vit. patr., c. 6 § 2, *Scr. rer. Merov.*, I p. 681 l. 1. Id., Glor. mart., c. 75, p. 538. Id., Virt. Juliani, c. 28, p. 576. Habitatores monasteriorum . . ., clerici videlicet et sanctimoniales. V. Ansberti Rotomag. (s. viii ex.), c. 5, *Scr. rer. Merov.*, V p. 622. Iterum c. 20, p. 623. Mir. Leutfredi, c. 2, ib., VII p. 17. Transl. Germani Paris., c. 2, ib., p. 425. EIGIL., V. Sturmi, c. 16, *SS.*, II p. 373 l. 43. RUDOLF. FULD., V. Liobae (s. ix med.), c. 2, *SS.*, XV p. 123. ABBO SANGERM., Sermo 5 (s. x in.), MIGNE, t. 132 col. 774 B. ADSO, Mir. Waldeberti (s. x ex.), c. 13, *AASS.*[3], Maji I p. 285 D. **4.** *chanoine* — *canon*. Clerici canonici secundum canones vivant. Capit. missor. spec. (a. 802 ?), c. 32, I p. 103. Clericis canonicis ac villanis presbyteris. Ed. Pistense a. 864, c. 30, *Capit.*, II p. 323. Clericos sedis suae habere res ejusdem episcopii suo victui delegatas. *D. Charles le Simple,* no. 68 (a. 911). **5.** *clerc* en apprentissage chez un prêtre, souvent chargé de l'office et de l'enseignement — a *clerk* serving an apprenticeship with a priest; often charged with saying mass and teaching. Si habeat clericum qui possit tenere scholam aut legere epistolam aut canere valeat. HINCMAR. REM., Capit. de rebus magistri, c. 11, ed. SIRMOND, I p. 716. Unusquisque presbyter suum habeat clericum, quem religiose educare procuret. Capit. Walterii episc. Aurel. (ca. a. 871), c. 6, MANSI, t. 15 col. 505. Literalibus disciplinis sub magistro erudiendi . . . suprameмorati clerici . . . G. pontif. Camerac., lib. 1 c. 29, *SS.*, VII p. 413 l. 39. **6.** *savant* — *scholar*. Hic fuit in saeculo honorabilis clericus. Chron. fr. Praedic. Mediolan., MURATORI, *Scr.*, III p. 60. **7.** *scribe* — *scribe*. Subst. femin. **clerica**: *religieuse* — *nun*. Moniales tam conversas quam clericas. D'ACHÉRY, *Spicil.,* VII p. 272 (a. 1239, Flandre). Clerica nobilis. MARTÈNE, *Thes.,* III col. 1709 A (s. xii med., Fontevrault).

**clerimonia**: *collège de chanoines* — *chapter of canons*. Clerimoniae seriem instituens, quae laudes Deo debitas redderet. Lib. Aganonis, c. 23, GUÉRARD, *Cart. de S.-Père de Chartres,* I p. 48. Ibi aedificaret abbatiam . . . et ibi statueret pauperum clerimoniam. *Gall. chr.*[2], III instr. col. 85 (a. 1039, Tournai).

**clerocinium**: *vie canoniale* — *status of canons*. Normam clerocinii dignae conservationis [leg. conversationis] usibus coaequaret. Acta Gauzerici, *AASS.*, Aug. II p. 679 col. 1.

**cleronomus** (gr.): **1.** *hoir* — *heir*. FRIDEGOD., V. Wilfridi, MABILLON, *Acta,* IV pars 1 p. 722. **2.** *clerc* — *clerk*. [Athanasii symbolum] Veronenses cleronomi nolunt cantare. RATHER., epist. 16 (a. 963), ed. WEIGLE, p. 99.

**clerus**: **1.** **le clergé* en général — *the clergy* in general. **2.** tel *groupe de clercs* — a *definite group of clerks*. E.g.: Dignatum censuimus inter clerum hujus apostolice Dei ecclesiae te connumerari. Lib. diurnus, no. 70, ed. SICKEL, p. 66. **3.** un *groupe de moines* — a *group of monks*. Clerum nobilissime auxit ac regulari ordine secundum . . . Benedicti normam ut vitam degerent, multipliciter decertavit. Chron. Fontanell., D'ACHÉRY, *Spicil.,* III p. 234. **4.** *clerc* — *clerk*. Lib. pontif., Victor, ed. MOMMSEN, p. 18. V. Landiberti vetust., c. 7, *Scr. rer. Merov.*, VI p. 361. Capit. missor. gener. a. 802, c. 23, I p. 96. *CD. Cavens.*, I p. 112 (a. 882). Chron. Salernit., c. 101, *SS.*, III p. 519. DONIZO, V. Mathildis, lib. 1 c. 16 v. 1109, *SS.*, XII p. 373.

**cleta,** cleda, clita, clida, cleida, cleia, clata, clada, claia, claa, cloia, cloea (celt.): *claie* — *hurdle*. Si quis hominem . . . interficerit, . . . in clita eum levare debet. Lex Ribuar., tit. 77. Si quis alterius ingenuam de crimina seu stria aut herbaria sisit et eam priserit et ipsam in clinata [leg. cliata ?] miserit . . . Si in clinata misa non fuerit . . . Pactus Alamann., c. 33 et 35. Praeparaverunt etiam clidas ad debellandum per virtutem ipsum castellum. Ann. regni Franc., a. 776, ed. KURZE, p. 44. Cadavera . . . compositis cleiis, rastris et funibus superligata per fluvium demittunt. SUGER., V. Ludov. Gr., c. 17, ed. WAQUET, p. 120. Si murdrum inveniatur alicubi, . . . custodiatur 7 diebus super cletam unam elevatus, lignis nocte circum accensis. Leg. Henrici, tit. 92 § 8, LIEBERMANN, p. 608.



MABILLE, *Cart. de Marmoutier pour le Dunois,* no. 94 p. 86 (a. 1114).

**clibanarius**: *chauffeur de four, boulanger* — *oven-keeper, baker*. S. xiii.

**clibanus** (gr.): **four* — *oven*. V. Austrebertae, MABILLON, *Acta,* III pars 1 p. 32. EKKEH., Cas. s. Galli, *SS.*, II p. 84 l. 15. *Actes Phil. Ier,* no. 96 (a. 1078/1079), p. 250. HARIULF., Chron., lib. 3 c. 32, ed. LOT, p. 175. DESJARDINS, *Cart. de Conques,* p. 386 (a. 1106).

**clidare,** v. cledare.

**cliens**: **1.** *vassal* — *vassal*. Convocatis clientibus suis, quorum magnum numerum habebat. ALPERT. METTENS., Div., lib. 2 c. 2, ed. HULSHOF, p. 28. Cuidam clienti nostro nomine S. predium . . . in proprium dedimus. *D. Heinrichs III.*, no. 92 (a. 1042). Sui vel cognati vel clientes ejus de salute plaudebant. BRUNO, Bell. Saxon., c. 22, ed. WATTENBACH, p. 14. **2.** „*ministerialis*". 12 viros proprii juris . . . de cetera grege clientum meorum elegi. SLOET, *OB. Gelre,* no. 136 p. 135 (a. 1014-1017). Preter multitudinem clientum suorum plurimi nobiles viri aderant. Trad. s. Petri in Nigra Silva, *Freiburger Diöc.-Arch.*, t. 15 p. 161. Excipientes de hac ipsa donatione clientes nostros cum bonis eorum. *D. Heinrichs IV.*, no. 378 (a. 1086). Petentibus clientibus atque assentientibus. *D. Konrads II.*, no. 140 (< a. 1029 >, spur. s. xii in.). Homines quos appellamus clientes sive ministeriales. ORTLIEB., Fund. mon. Zwivild. (a. 1135-1140), lib. 1 c. 9, *SS.*, X p. 78. **3.** *écuyer* — *esquire*. **4.** *sergent* — *man-at-arms*. Nec ulli liceat praeter armatos milites et clientes quaelibet arma ferre, nisi milites enses solummodo et clientes singulos baculos. Litt. Alex. III pap., *Gall. chr.*, I p. 51 col. 1. Ter denos equites et septuaginta clientes. GUILL. BRITO, Philipp., lib. 6 v. 278, ed. DELABORDE, p. 162.

**clientare,** se: *se donner dans la dépendance d'un seigneur* — *to make oneself subservient to a lord*. Ruodlieb, fragm. 1 v. 65.

**clientela**: **1.** *vassalité* — *vassalage*. In clientelam L. se devoverant ejusque obsequiis et inperiis obtemperarant. ALPERT. METTENS., Div., lib. 1 c. 2, ed. HULSHOF, p. 6. In cujus [archiepiscopi] clientela erat [comes], et ejus largitate beneficia multa tenebat. Ib., lib. 2 c. 13, p. 43. **2.** *l'ensemble des vassaux d'un seigneur* — *the body of a lord's vassals*. Omnis ejus clientela, quae in obsequio illius non pauca deserviebat. Mir. Benedicti, lib. 8 c. 42, ed. DE CERTAIN, p. 346. **3.** *l'ensemble des „ministeriales" d'un seigneur* — *the body of a lord's "ministeriales"*. Extra clientelam claustri. MEYER-PERRET, *Bündner UB.*, I no. 319 p. 234 (a. 1150). Unum de clientela sua ministrum. SCHMIDT, *UB. Halberstadt,* I no. 146 p. 112. Principum clientela, qui cottidie ad serviendum parati esse debent. Const. de exped. Romana (spur. ca. a. 1160, Reichenau), *Const.*, I no. 447.

**clientulus**: *vassal* — *vassal*. Si clientulus voluerit partem sui feudi alienare. Lib. feudor., antiq., tit. 5 c. 3 (= vulg., lib. 1 tit. 12), LEHMANN, p. 97. Ibi pluries.

**clima** (neutr., genet. -atis) (gr.): **1.** **région du ciel* — *quarter of the heavens*. **2.** **latitude géographique* — *geographical latitude*. **3.** **zone terrestre* — *zone of the earth*. **4.** *climat, atmosphère* — *climate, weather*. **5.** **région*

*géographique — geographical area.* **6.** *mesure de terre* (en Bavière) — *a land measure* (in Bavaria). DOLLINGER, *Classes rurales en Bavière*, p. 106.

**clinicus** (subst. mascul.) et clinica (femin.) (gr.): **malade alité — bed-ridden patient.*

**cliothedrum** (gr.): *siège pliant — folding-chair.* ODILO SUESS., Transl. Sebastiani (post a. 826), c. 12, MABILLON, *Acta*, IV pt. 1 p. 392. V. Wilfridi, ib., II pt. 1 p. 174. G. Berengarii, lib. 4 v. 143, *Poet. Lat.*, IV p. 399. G. pontif. Autissiod., c. 45 (s. x), ed. DURU, p. 380. RICHER., lib. 3 c. 32, ed. LATOUCHE, II p. 40. V. major Bardonis, c. 5, *SS.*, XI p. 325. FULCHER. CARNOT., Hist. Hierosol., lib. 3 c. 61, ed. HAGENMEYER, p. 822.

**clipeare**: *protéger avec le bouclier — to shield.* ABBO SANGERM., Bell. Paris., lib. 1 v. 277.

**clipearius**: *confectionneur de boucliers — shield-maker.* S. xiii.

**clipeator**: *confectionneur de boucliers — shield-maker.* S. xiii.

**clipeatura**: *l'organisation militaire* de l'Empire Germanique — *military organization* of the Germanic Empire. Militaris clipeaturae, scilicet herescilt, integritas confusa est. Chron. Lauresham., *SS.*, XXI p. 455.

**clipeolus**: **petit bouclier — small shield.*

**clipeus**: **1.** *service militaire* dit „Heerschild" dans l'Empire Germanique — *military service* in the Germanic Empire, called „Heerschild". [Liber] ab expeditione regali et exercitali vel hostili clipeo. *D. Ottos I.*, no. 453 (spur. s. xii, Ottobeuren). **2.** *protection — protection.* Diffidentes alius [i. e. alterius] clypeo se liberandos post fugam famosissimi bellatoris. GUILL. PICTAV., lib. 1 c. 19, ed. FOREVILLE, p. 42. **3.** *pouvoir — power.* In omni terra Slavorum, quam vel ipse vel progenitores sui subjugaverint in clipeo suo et jure belli. HELMOLD., lib. 1 c. 88, ed. SCHMEIDLER, p. 173. Item lib. 2 c. 9 (105), p. 206. **4.** *écu armorial, écusson — coat of arms, scutcheon.* S. xiii. **5.** *lignée — lineage.* S. xiii. **6.** *écu* (monnaie) — *shield* (coin). S. xiv.

**clita**, v. cleta.

**clitellarius** (subst.): *bête de somme — beast of burden.* S. xiii.

**clito** (genet. -onis) (celt.): *jeune prince, jeune homme de naissance royale — prince, atheling.* SIMEON DUNELM., Hist. regum, a. 860, ed. ARNOLD, II p. 72. Ibi pluries. FRIDEGOD., V. Wilfridi, c. 21, MABILLON, *Acta*, III pt.1 p. 184. FLORENT. WIGORN., Chron., a. 1017 ed. THORPE, I p. 181. Iterum ib., a. 1057, p. 215. ORDER. VITAL., lib. 1 c. 24, ed. LEPRÉVOST, I p. 178. Ibi pluries.

**cloacarium**: *égout — sewer.* Per pedes in cloacarium projectum submergi . . . coegit. GALBERT., c. 29, ed. PIRENNE, p. 50. Iterum c. 35, p. 57.

**cloca**, cloqua, clochia: *pardessus — cloak.* S. xiii, Angl.

**clocca**, gl-, -ock-, -och-, -oc-, -um (celt.): *cloche — bell.* BONIF. et LULL. epist. 76, *Epp.*, III p. 348. WILLIBALD., V. Bonifatii, c. 8, ed. LEVISON, p. 53. V. Wynnebaldi Heidenheim. (ca. a. 780), c. 11, *SS.*, XV p. 115. Dupl. legat. edict. a. 789, c. 34, *Capit.*, I p. 64. ALCUIN., epist. 226, *Epp.*, IV p. 370. V. Pirminii (s. ix in.), c. 9, *SS.*, XV p. 30. EIGIL., V. Sturmi, c. 24, *SS.*, II p. 377 l. 10. Signum aecclesiae quod vulgo cloccum vocant. RUDOLF. FULDENS., V. Leobae (ca. a. 842), c. 6, *SS.*, XV p. 124. RIMBERT., V. Anskarii, c. 32, *SS.*, II p. 716 l. 6.

**cloccarium**, clau-, -carium, -quarium, -querium, -gerium: *clocher — belfry.* ANGILBERT., Rel. de monast. Centul., ap. HARIULF., Chron., lib. 2 c. 10, ed. LOT, p. 68. G. Aldrici, c. 44, *SS.*, XV p. 322. ADEMAR., lib. 3 c. 51, ed. CHAVANON, p. 174. Ann. s. Dionysii Remens., a. 1144, *SS.*, XIII p. 83.

**cloccula**, clocula: *sonnette — little bell.*

**cloderia**, v. clauderia.

**clodus** = claudus.

**cloia**, cloea, v. cleta.

**cloppus**: *boiteux — lame.* Boves cloppos. Capit. de villis, c. 23. Si quis alium in genuculo placaverit, ita ut cloppus permaneat. Lex Alamann., tit. 57 § 62, cod. Paris. lat. 10753 (caeteri codd.: claudus), *Leg. nat. Germ.*, V pt. 1 p. 127 col. 1 l. 40.

**closura**, clostura, v. clausura.

**clovus**, clodus = clavus.

**cluarium** (< clavus): *maréchalerie — place for shoeing horses.* S. xii.

**cluentia**: *célébrité — fame.* Quos cluentia memorabiles reddit. IONAS, V. Columbani, lib. 2 prol., ed. KRUSCH, p. 145.

**cluere** (cluĕre et cluēre): **briller, se distinguer, se rendre célèbre — to excel, to distinguish oneself, to gather fame.* Virtutum ubertate cluebat. IONAS, V. Columbani, lib. 1 c. 4, ed. KRUSCH, p. 158. Ibi saepius. Omnibus aliqua proficuitate cluentibus. THIETMAR., lib. 1 c. 1, ed. KURZE, p. 2. Ibi pluries. [Cluniacum] a cluendo dictum, quoniam „cluere" crescere [sic] dicimus. RADULF. GLABER, lib. 3 c. 5 § 18, ed. PROU, p. 67. Bonitate cluens et pietate. DUDO, praef., ed. LAIR, p. 126 col. 1.

**clusa**, clausa (< claudere; cf. voc. clausa): **1.** *col, gorge, défilé*; aussi la route qui y passe — *mountain pass, defile; pass-road.* Rex Aistulfus . . . ad clusas exercitum Langobardorum mittens, qui rege [i. e. regi] Pippino et Francos resisterent. Contin. ad Fredegar., c. 38, *Scr. rer. Merov.*, II p. 185. Ambo exercitus [Francorum] ad clusas se conjungentes [i. e. pervenientes] . . . Carolus rex una cum Francis metatus est ad easdem clusas et mittens scaram suam per montanis. Hoc sentiens Desiderius, clusas relinquens . . . Ann. regni Franc., a. 773, ed. KURZE, p. 36. Omnes aditus, quibus in Italiam intratur, id est clusas, impositis firmasse praesidiis. Ib., a. 817, p. 147. Vallem Segusianam usque ad clusas. Divis. regni a. 806, c. 1, *Capit.*, I p. 127. Omnes introitus Longobardie, qui ab accolis clusae vocantur, vigilanti custodia firmabat. THIETMAR., lib. 5 c. 23, ed. KURZE, p. 121. Clusas . . . munitas expugnando cepit. Ib., lib. 5 c. 24, p. 121. GREGOR. CATIN., Chron. Farf., ed. BALZANI, p. 233 A. *D. Ottos III.*, no. 402 (a. 1001). *D. Heinrichs II.*, no. 305 (a. 1014). *D. Konrads II.*, no. 115 (a. 1028). Omnes vias omnesque aditus, qui ad Italiam mittunt, quos vulgato nomine clusas vocant. LAMPERT. HERSFELD., Ann., a. 1077, ed. HOLDER-EGGER, p. 285. **2.** *ouvrage fortifié qui domine une route enserrée par les montagnes — fortification meant to block a mountain road.* Dum ad ingrediendum vene-



rint peregrini ad clusas nostras. Ed. Langob., Ratchis, c. 13 (a. 746). De clusas qui disruptae sunt, restaurentur et ponant ibi custodiam, ut nec nostri homines possint transire sine voluntate regis, nec extranei possint introire in provincia nostra similiter sine voluntate regis vel jussione. Ib., Aistulf., c. 5 (a. 750). Qui eos [sc. fures] transire permittunt foris clusas. Ib., c. 9. In quibuslibet locis et civitatibus seu clusis regni nostri. Ch. Aistulfi reg. a. 753, UGHELLI, II p. 107. [Papa] ad Francorum conjunxit [i. e. profectus est] clusas. Quas ingressus . . . Lib. pontif., Steph. II, § 24, ed. DUCHESNE, I p. 447. Audiens . . . Aistulfus parvos [i. e. paucos] fuisse [i. e. fore] illos qui ad custodiam propriarum [vid. Francorum] advenerant clusarum, . . . subito aperiens clusas, super eos . . . irruit. Ib., c. 35, p. 450. Pippinus Francorum rex . . . generalem faciens motionem [i. e. expeditionem], Langobardorum partes conjuncxit [ i. e. attigit] et clusas funditus eorundem evertit Langobardorum. Ib., § 43, p. 452. Nullam detentionem neque ad clusas neque in nullo loco faciatis [negotiatoribus]. F. imper., no. 37, *Form.*, p. 315. Clusas et pontem juris regni nostri de Clavenna et omnem redditum et exhibitionem, que usque modo ad partem nostre rei publice exinde exire solebat, . . . concederemus. *D. Ugo*, no. 44 (a. 937), p. 134 l. 10. Preceperat rex clusarum custodibus, ne quempiam transire permitterent. LIUDPRAND., Antapod., lib. 5 c. 18, ed. BECKER, p. 140. Ad Francorum clausas. Chron. Salernit., c. 92, *SS.*, III p. 472. Intrantes negociatores in regnum solvebant decimam de omni negocio ad clusas et ad vias; que sunt hee regi pertinentes, videlicet: prima est Secusia, secunda Bardo, terzia Belinzona, quarta Clavenna, quinta Balzano, sexta Volerno, septima Trevile. Honoranciae civit. Papiae, c. 2, *SS.*, XXX p. 1451. Cf. P. DUPARC, *Les cluses et la frontière des Alpes*, *BEC.*, t. 109 (1951).

**clusarius** (cf. voc. clausarius): *garde d'un poste de frontière — official in charge of a frontier station.* Dum ad ingrediendum venerint peregrini ad clusas nostras . . . faciat judex aut clusarius syngraphus [des passeports — passports]. Ed. Langob., Ratchis, c. 13 (a. 746). In quale clusa inventus fuerit [aliquis transiens sine voluntate regis], tali pena subjaceat clusarius qui custodire neglexit . . . Ib., Aistulf., c. 5 (a. 750). F. imper., no. 30, *Form.*, p. 309; no. 37, p. 314. *D. Ludwigs d. Deutsch.*, no. 89 (a. 858). D. Lotharii imp., *SS.*, II p. 677.

**clusaticum**: *péage levé sur une route de montagne — toll levied on a passroad.* Duas valles . . . simul cum clusatico . . . largimur. *D. Ottos III.*, no. 302 (a. 998).

**clusor**: *sertisseur — enchaser.* Crucis decus . . . fieri mandans . . ., clusorem conducens. HERBORD., V. Ottonis Babenb., lib. 1 c. 39, ed. PERTZ in us. sch., p. 35.

**clusorius**: **qui concerne le sertissage — concerning enchasement of gems.* Picturam et sculpturam et fabrilem atque clusoriam artem. THANGMAR., V. Bernwardi Hildesh., c. 6, *SS.*, IV p. 760 l. 32.

**clusum**, clusus, v. clausum.

**clusura**, v. clausura.

**coabbas**: *co-abbé — fellow abbot.* HUGO FARF., Destr., ed. BALZANI, *Il Chronicon Farfense di Gregorio di Catino*, I p. 40.

**coactare**: *lever, exiger — to levy, to exact.* Coactata pensione et obsidibus. ERCHEMPERT., c. 29, *Scr. rer. Langob.*, p. 245 l. 22.

**coacticius**: **forcé, obligatoire, inévitable — forced, compulsory, inevitable.*

**coactio**: **contrainte, nécessité — applied force, necessity.*

**coactive**: *par contrainte, forcément — by constraint.*

**coactivus**: **1.** **forcé, obligatoire — forced, compulsory.* Nulli [h]omini coactivum impendas servitium. F. imper., addit. 2, *Form.*, p. 328. **2.** *revêtu d'un pouvoir coercitif — possessing coercive power.* S. xiv.

**coadjuvare**: *aider — to assist.* [Abbas matricis ecclesiae . . .] si [monachi] minus ordinate quid egerint, coadjuvante tunc loci presentis abbate, . . . corripiat et emendet. MULLER-BOUMAN, *OB. Utr.*, I no. 350 p. 322 (a. 1134).

**coadunare**: **1.** **rassembler, réunir — to bring together, to assemble.* Princeps collegium procerum coadhunaret. Concil. Neuching. a. 772, *Conc.*, I no. 104. **2.** *rattacher, unir* à qqch. — *to join to, to link up* with a thing. Quicquid in supranominatis villis vel agris acquisivimus . . . monasteriis coadunavimus et . . . utilitati eorum qui ibi Deo servierint in perpetuo conexuimus. QUANTIN, *Cart. de l'Yonne*, I p. 81 no. 43 (a. 863, Vézelay). Omnes jamdicte res . . . subdita[e] et coadunata[e] si[n]t ad monasterium . . . s. Cipriani. RÉDET, *Cart. de S.-Cyprien de Poitiers*, no. 65 p. 60 (a. 938). **3.** *accomoder, concilier* un différend — *to settle, to compose* a dispute. Venerunt ipsi reges in unum locum et dissonantiam illorum coadunaverunt. Ann. Xant., a. 843, ed. SIMSON, p. 13. Odia, inimicitias, homicidia . . . coadunaverimus. HÖHLBAUM, *Hansisches UB.*, I no. 15 (a. 1163). **4.** se coadunare: *se mettre d'accord — to come to an agreement.* Non potuerunt se pro ipsam ecclesiam [i. e. de ipsa ecclesia possidenda] coadunare vel reconciliari. BITTERAUF, *Trad. Freising*, I no. 142 p. 146 (a. 791). Coadunaverunt se ambo . . . ut, sicut ille veracissime proferret, ita utrique consentire deberent. HAUTHALER, *Salzb. UB.*, I p. 915 (a. 849, Mondsee). Si qua fuerit ecclesia per plurimos heredes dispertita, nec se coadunare possunt ut sub uno presbytero ecclesia procuretur. Concil. Tribur. a. 895, c. 32, forma vulg., *Capit.*, II p. 232.

**coadunatio**: **1.** **union intime — intimate union.* **2.** *réunion, assemblée — meeting.* Statuit coadunatio nostra ut . . . Concil. Tolet. XVII a. 694, c. 4, MANSI, t. 12 col. 98 E. **3.** *accord, pacification — agreement, pacification.* Post coadunationem et concordiam populi nostri. Concil. Paris. a. 825, *Conc.*, II p. 478. Ob jurgationem scindendam perpetualique coadunatione. ESCHER-SCHWEIZER, *UB. Zürich*, I no. 192 p. 83 (a. 929).

**coaffinis**: *voisin — neighbouring.* Nullum episcoporum vel sacerdotum idoneorum michive coaffinium. HERBORD, V. Ottonis Babenb., lib. 2 c. 6, ed. PERTZ in us. sch., p. 57.

**coagens** (subst.). Plural. coagentes: *les parties litigantes — the parties litigant.* Ipsi coagentes frequenter interrogandi sunt an amplius aliquid dicere velint an inde judicari. Leg.

Henrici, tit. 28 § 3, ed. LIEBERMANN, p. 562. Ibi pluries.

**coagulare**: **1.** **faire cailler, solidifier — to curdle, to make firm.* **2.** **lier, réunir dans un faisceau — to bind together.*

**coambulare**: **aller ensemble — to go together.*

**coangelicus**: *pareil à un ange — equal to an angel.* Comme épithète des papes — as an epithet for popes: In occursum ipsius quoangeli papae. Lib. pontif., Steph. II (a. 752-757), § 25, ed. DUCHESNE, I p. 447. Ter beatissimi et coangelici domni Adriani. FATTESCHI, *Mem. di Spoleto*, p. 275 no. 29 (a. 774). Anno pontificatus sanctissimi ac coangelici et universalis quarti papae Leonis septimo. Synod. Roman. a. 853, MANSI, t. 14 col. 1009D. Coangelicus papa. Chron. Salernit., c. 8, *SS.*, III p. 475. Coangelicus praesul. Ib., c. 99, p. 517.

**coangustare,** congustare: **1.** **serrer, enfermer — to surround, to close in.* **2.** **acculer, opprimer, tourmenter — to oppress, to drive into straits, to torture.*

**coangustus,** congustus: **1.** **étroit, resserré — narrow, closed in.* **2.** *oppressé, accablé — oppressed, in straits.*

**coapostolus**: **co-apôtre — fellow-apostle.*

**coaptare**: **1.** **adapter, composer, arranger, construire — to adapt, to compose, to fit, to build.* **2.** **appliquer, prêter, attribuer — to apply, to ascribe, to attribute.* **3.** **rendre égal — to make alike.* **4.** **comparer — to compare.*

**coaptatio**: **1.** **adaptation — adaptation.* **2.** **état adapté — adapted state.*

**coaptatus** (adj.): *capable, à la hauteur de — fit for.* Tam forma quam animo ad regni gubernacula coaptatus. REGINO, Chron. a. 866, ed. KURZE, p. 91.

**coarbiter**: *co-arbitre — fellow arbitrator.* S. xiii.

**coartare**: **1.** **contraindre, forcer — to constrain, to compel.* **2.** *opprimer, grever — to oppress, to burden with exactions.* Dicentes se injusto theloneo et iniqua muta [i. e. exactione] constrictos ... et coartatos. Inquis. Rafelstett. (a. 903-906), prol., *Capit.*, II p. 250. **3.** *assiéger — to beleaguer.* Urbem undique coartarent. Chron. Salernit., c. 143, *SS.*, III p. 542. **4.** *tenir dans la bonne voie, affermir — to keep on the right path, to strengthen.* Errata corrigere, superflua abscidere, recta cohartare studemus. Admon. gener. a. 789, prol., *Capit.*, I p. 54. **5.** se coartare: *se contenir, s'imposer des restrictions — to contain oneself, to assume severe limitations.* In magna se abstinentia coartavit. Chron. s. Benedicti Casin., *Scr. rer. Langob.*, p. 479.

**cobellum**: certain *vaisseau — coble,* boat. S. xiii, Angl.

**coca,** v. coggo.

**cocaster,** cogaster: *marmiton — boy-cook.* S. xiii.

**cocceus** (adj.): **écarlate — scarlet.*

**coccineus** (adj.): **écarlate — scarlet.*

**coccinum**: **1.** **couleur d'écarlate — scarlet colour.* **2.** **drap d'écarlate — scarlet cloth.* Fecit in circuitu altaris ... tetravela 8, 4 ex albis et 4 a coccino. Lib. pontif., Sergius I, ed. MOMMSEN, p. 214.

**cocco,** coccha, v. coggo.

**coccolaria,** v. cucullarius.

**coccula,** v. cuculla.

**coccura,** cucurus (germ.): *carquois — quiver.* Illi homines qui non possunt habere nec habent unde congregare, debeant habere scutum et coccura ... Habeant coccora cum sagittas et arcum. Ed. Langob., Aistulf., c. 2 (a. 750). Ad unumquodque carrum scutum et lanceam, cucurum et arcum habeant. Capit. de villis, c. 64.

**1. coccus**: *coq — cock.*

**2. coccus** = coquus.

**cocgo,** cocha, cocho, v. coggo.

**cochlea,** coclea: **1.** **escalier en colimaçon — winding staircase.* **2.** *ruelle sinueuse — tortuous lane.* De plateis vel cocleis curandis uniuscujusque civitatis de regno Italiae ... ne ante finiatur annus quam plateae et cocleae emundentur. Capit. Ital. Karolo M. adscript., c. 3, I p. 216 [emendationem „cloacis, cloacae" utpote arbitrariam reprobamus]. **3.** *abside — absis.* G. pontif. Autissiod., c. 37 (ca. a. 875), ed. DURU, p. 356; iterum c. 44 (s. x), p. 374.

**cochlearis** (mascul.) = cochlear (neutr.) („cuiller — spoon").

**cocia,** v. cossa.

**cocina,** cochina = coquina.

**cocinare,** coccinare = coquinare („faire la cuisine — to cook", ap. PLAUT.)

**cocio,** coccio, cotio, cottio (ap. GELL. et PLAUT. „rôtisseur ambulant — street-cook"): *vagabond — tramp.* Mangones et cociones qui sine omni lege vagabundi vadunt per terram. Admon. gener. a. 789 c. 79, *Capit.*, I p. 60. Per villas, in quibus non solum homines caballarii, sed etiam ipsi cocciones rapinas faciunt. HINCMAR., opusc. 5, ed. SIRMOND, II p. 144. Quidam coctio derasus, insulsus et insaniens. MONACH. SANGALL., lib. 2 c. 12, *SS.*, II p. 756.

**cocytus** (gr.): **les enfers — the underworld.*

**cocka,** v. coggo.

**coclearis,** cocliaris (mascul.) = cochlear (neutr.) („cuiller — spoon").

**cocodrillus** = crocodilus.

**cocolaria,** cocularia, v. 1. cucullarius.

**coconus,** cochonus: *bondon — bung.* S. xiv, Ital.

**cocta,** coctia, cotta (femin.): *fournée — batch.* S. xiii.

**coctana** = cottana („figue — fig").

**coctanus,** v. cottanus.

**coctio**: **un mets cuit — cooked food.*

**coctorium**: *chaudron à saunage — salt-boiling kettle.* MARTÈNE, *Thes.*, II col. 102 (a. 989).

**coctura**: *décoction — decoction.* BERNARD., Cons. Cluniac., lib. 1 c. 74 § 21, HERRGOTT, p. 270. WILLELM., Const. Hirsaug., lib. 1 c. 3, MIGNE, t. 150 col. 939 B.

**cocula,** coculla, v. cuculla.

**cocuma** = cucuma („marmite — pan").

**cocus** = coquus.

**codalus,** codolus, cogolus: *caillou — pebble.* S. xiii, Ital.

**codicellus** = codicillus.

**codicillare**: *léguer par codicille — to beqeath by means of a codicil.* S. xiv.

**codrinus**: *misérable — wretched.* S. xiii.

**codrus**: *un misérable — a wretched creature.* (Cf. JUVENAL., 3, 303).

**codura,** cord-: *couture — sewing.* S. xiv.

**codurare,** cord-: *coudre — to sew.* S. xiv.

**codurarius,** cord-, -erius: *couturier, tailleur — tailor.* S. xiv.

**coëmere**: **acheter — to buy.*



**coëmptio**: **1.** **achat — purchase.* **2.** **fourniture forcée, réquisition — compulsory purveyance, requisition.* **3.** *accaparement — forestalling.* Ut nemo propter cupiditatem pecuniae ... prius det precium et futuram coemptionem sibi praeparet, ut duplum vel triplum tunc recipiat. Capit. Aquisgr. a. 809, c. 12, codd. 2. 6. 7 (cod. 1: futura questione), I p. 149. **4.** *relief — relief.* Rex juraverat ... nullam coemptionem vel pretium se velle et debere accipere pro electione consulis; et postmodum mille marcas pro pretio et coemptione aperte susceperit. GALBERT., c. 106, ed. PIRENNE, p. 151. **5.** *rachat* d'une redevance — *redemption* of a due. GALBERT., c. 55, p. 88. Cf. F. L. GANSHOF, *Coemptio gravissima mansionum, ALMA*, t. 17 (1942), pp. 149-161.

**coëmptor**: *acheteur — buyer.* Isanberthone coemptori Randolphus venditor. Vendidisse me tibi constat ... BRUCKNER, *Reg. Alsat.*, no. 268 (a. 778).

**coëmptus** (decl. iv): *prix d'achat — purchase price.* Relevans ... coemptum frumenti. Lib. pontif., Joh. V, ed. MOMMSEN, p. 205.

**coëpiscopus**: **1.** **coévêque — fellow-bishop.* **2.** *évêque suffragan — suffragan-bishop.* Ipse pontefex cum suis quoepiscopis. *D. Merov.*, no. 19 (a. 653). Ad omnes suffragantes tuosque [vid. metropolitani] coepiscopos ... dirigi non negligas. Karoli M. epist. de litt. col. (a. 780-800), *Capit.*, I p. 79. W. Senonicae sedis archiepiscopus cum suffraganeis suis, H. quoque sanctae metropolis ecclesiae Remorum episcopus cum coepiscopis suis. Concil. Meld. a. 845/846, prol., *Capit.*, II p. 397 l. 7. R. Magontiacensis ecclesiae indignus archiepiscopus cum coepiscopis meis, qui ad predictae ecclesiae diocesim pertinent. Concil. Mogunt. a. 847, prol., ib., II p. 173. [Senonensis metropolitanus] coepiscopum suum H. [Nevernensis ecclesiae] ... secum haberet. Conv. Suession. a. 853, c. 2, ib., II p. 264. Sicut nec archiepiscopi sine coepiscopis, ita nec coepiscopi sine archiepiscoporum consensu vel jussu, nisi quae ad proprias pertinent parroechias, debent praesumere. Epist. synod. Carisiac. a. 858, c. 1, ib., II p. 428. **3.** *évêque auxiliaire — auxiliary bishop.* V. tertia Bonifatii (s. x p. poster.), c. 9, ed. LEVISON, p. 86; iterum c. 11, p. 87.

**coaequalis** (adj.): **1.** **pareil, semblable — equal, similar.* **2.** **du même âge — of an age.* **3.** *de la même condition juridique personnelle — of the same personal status.* Nubere sibi alium coaequalem sibi. Lex Alamann., tit. 54 c. 1. Iterum tit. 55. Subst. **coaequalis**: **1.** **qq'un du même age — person of my age.* **2.** plural. coaequales: *les pairs, les gens de la même condition juridique personnelle — peers, people of the same personal status.* Cum suis coaequalibus juramento se poterit absolvere. Lex famil. Bamberg. (a. 1057-1064), c. 1, ALTMANN-BERNHEIM, *Urk.*[4], no. 77 p. 158. Cum ab aliis coaequalibus suis ... judicaretur. CRECELIUS, *Trad. Werthin.*, II p. 6 no. 103 (ca. a. 1060). Secundum judicium sententie coaequalium suorum. ERHARD, *Reg. Westfal.*, II, CD. no. 226 p. 24 (a. 1138, Mainz).

**coaequare**: **1.** **rendre égal* à qq'un ou à qqch. — *to make equal to* a thing or a person. **2.** **égaler, atteindre — to equal, to attain.* **3.** *compenser, revaloir — to counterbalance, to repay.*

**coëquitare**: *aller ensemble à cheval — to ride together.*

**coërcere**: *obliger* qq'un *à comparaître — to compel* a person *to attend.* Nullus comes ... diebus dominicis ... placitum habere sed nec populum illo praesumat coercere. Concil. Tribur. a. 895, c. 35, *Capit.*, II p. 233.

**coërcitio**: **maîtrise de soi-même — self-restraint.*

**coësse**: *être ensemble, tenir compagnie* à qq'un — *to be together, to bear* a person *company.*

**coëssens** (subst.): *compagnon, sectateur — companion, follower.* Cunctos Flandriae optimates cum suis cohessentibus adesse precepit. Mir. Donatiani, c. 1 (s. xi p. anter.), *SS.*, XV p. 857. A coessentibus sibi comminus moriturum suspicatus. Ann. s. Petri Erphesfurt., contin. Ekkehardi, a. 1134, HOLDER-EGGER, *Mon. Erphesf.*, p. 41. In bellico discrimine praeclarus inter coessentes suos multoties probatus est. ORDER. VITAL., lib. 3 c. 5, ed. LEPRÉVOST, II p. 70.

**coëssentialis**: **conjointement essentiel — jointly essential.*

**coaetaneus**: **1.** **contemporain — contemporaneous.* **2.** **du même age — coeval.*

**coaeternitas**: *coéternité — co-eternity.*

**coaeternus**: **coéternel — coeternal.*

**coaevus** (adj.): **du même age — coeval.* Subst. **coaevus, coaeva**: *personne du même age — a coeval.*

**coëxecutor**: *co-exécuteur testamentaire — co-executor of a will.* S. xiii.

**coëxistere**: **coexister — to coexist.*

**coëxul**: *compagnon d'exile — fellow exile.* S. xiii.

**cofanus,** v. cophinus.

**cofea,** cu-, coi-, -fia, -fa: *coiffe, bonnet — coif, cap.* FORTUN., V. Radegund., lib. 1 c. 13, *Scr. rer. Merov.*, II p. 369. Comme ornement distinctif d'un archevêque — as an archbishop's adornment: Cuphiam tibi [sc. archiepiscopo Moguntino] permittimus et super naccum equitare concedimus. Priv. Leonis IX pap. a. 1052, STIMMING, *Mainzer UB.*, I no. 293 p. 184. Comme symbole d'investiture — as an investiture symbol: F. comes ... T. abbatissam cum propria cuphia ... revestivit. MARCHEGAY, *Arch. d'Anjou*, III p. 77 no. 101 (ca. a. 1115).

**cofferarius,** coffrarius, coffrerius: *layetier — box-maker.* S. xiii.

**cofinellus,** coffi-: *coffret — small chest.* S. xiv.

**cofinettus,** cofanetus, cofretus, coffretus: *coffret — small chest.* S. xiv.

**cophinus,** cofanus, coferus, cofferus, cofrus, coffrus (class. „panier — hamper"): *coffre, caisse, armoire — box, chest, trunk.* De huticis et confinis [leg. cofinis], id est scriniis. Capit. de villis, c. 62.

**cogaster,** v. cocaster.

**coggo,** cocgo, cocco, cocho, cogo (genet. -onis), cogga, coccha, cocha, cocka, coqua, coca, coga (germ.): *coche,* vaisseau — *cock,* boat. OLIVER., Rel. de exp. Damiat. (ca. a. 1220), c. 5, post Chron. reg. Colon. ed. WAITZ, p. 327. MATTH. PARIS., Chron. maj., a. 1216, ed. LUARD, II p. 653. HÖHLBAUM, *Hansisches UB.*, I no. 411 (a. 1251).

**cogitamentum**: **projet — plan.*

**cogitare** (< cogere, frequentat.): **forcer — to force.*

**cogitatus** (decl. iv): **intention, dessin, volonté — intention, design, will.*

**cognata** (subst.): _sœur de la femme — my wife's sister._ Cum ... per virum cognata et socrus deprehendantur adultere. Karoli M. capit. e concil. canon. coll., c. 1, I p. 232.

**cognatus** (subst.): **1.** _beau-frère, frère de la femme — brother-in-law, my wife's brother._ Cod. Carolin., no. 83, _Epp._, III p. 617. Adam Bremens., lib. 2 c. 79, ed. Schmeidler, p. 137. **2.** _beau-frère, mari de la sœur — brother-in-law, my sister's husband._ Fatteschi, _Mem. di Spoleto_, p. 294 no. 52 (a. 845). Schol. 64 ad Adami Brem. lib. 3, ed. Schmeidler, p. 155. **3.** _neveu_, fils du frère ou de la sœur — _nephew_, my brother's or sister's son. Cosmas, lib. 3 c. 56, ed. Bretholz, p. 230. **4.** plural. cognati, gener.: *_parents — relatives._

**cognitamentum**: _déclaration publique — public declaration._ [Missi regis] cognitamentum quod modo ... fecimus, omnibus innotescant. Capit. post conv. Confluent. missis trad. a. 860, A c. 3, II p. 298.

**cognitatio**: _déclaration publique — public declaration._ Non decet, ut rex a sua cognitatione deviet. Conv. ap. Saponar. a. 862, Adnunt. Hludowici, c. 3, _Capit._, II p. 164.

**cognitio**: **1.** _connaissance_ d'une cause — _cognizance_ of a law-case. Nec absque metropolitani cognitione et provincialium episcoporum communi juditio quemlibet anathematizandum esse permittimus. Synod. Papiens. a. 850, c. 12, _Capit._, II p. 120. [Episcopi] diaconum evocatum audiant et ... de eo definiant. Si autem refugerit eorum cognitionem ... Synod. ap. Saponar. a. 859 c. 4, ib., II p. 448. Si de feudo inter duos vassallos sit controversia, domini sit cognitio et per eum controversia terminetur. Frider. I imp. const. de feudis a. 1158, _Const._, I no. 177, c. 9. Cognitione et justo judicio scabinorum tractari debent. Phil. II Aug. priv. pro Atrebat. a. 1194, c. 44, Espinas, _Rec. d'Artois_, no. 108. **2.** _jugement — judgment._ Traduntur dampnosi tres illi in D. ad cognitionem publicam reservandi. Ekkeh., Cas. s. Galli, c. 1, _SS._, II p. 87 l. 23. Convocatis hominibus meis ... recognitum est ab eis quod ... Cui cognitioni cum G. vellet obsistere, judicio baronum meorum compulsus est abnuere. Vercauteren, _Actes de Flandre_, no. 82 p. 186 (a. 1116). Si dissentio [i. e. dissensio] aliqua postmodum emerserit ..., secundum cognitionem et testimonium juratorum communie Suessionis emendabitur. Garnier, _Ch. de communes en Bourgogne_, I p. 9 no. 5 § 29 (a. 1187, Dijon). **3.** _aveu_ féodal, reconnaissance de suzeraineté — feudal _avowal_, recognition of suzerainty. S. xiii. **4.** _signe de ralliement_ porté par les combattants — _distinctive mark_ worn by combatants. S. xii.

**cognitivus**: _cognitif, relatif à la perception — cognitive, concerning perception._ S. ix.

**cognitor**: **1.** *_juge — judge._ **2.** _expert — expert._ Perscrutantes cognitores legis inquisivimus, si ... _D. Ottos II._, no. 130 (a. 976).

**cognomentum**: idem quod cognomen.

**cognominatio**: **1.** *_désignation par le nom — calling by name._ **2.** *_nom — name._

**cognoscentia**: *_connaissance — knowledge._

**cognoscere**: **1.** *_prendre conscience de_ la vérité religieuse — _to grasp_ religious truth. **2.** *_reconnaître — to acknowledge._ In cujus mundium me subjacere cognosco. _CD. Cavens._, I p. 24 (a. 843). Si debitum cognoverit et persolvere neglexerit. Duvivier, _Actes_, I p. 367 (a. 1170-1189, Hainaut). Homines hospiciatum et colonatum ecclesie cognoscebant [i. e.: se hospites et colonos esse recognoscebant]. Ch. Ludov. VII reg. Fr. a. 1179, Luchaire, _Inst. monarch._, II p. 323 no. 21. **3.** _avouer_ (en droit féodal), _prêter l'aveu_ pour un fief — _to avow_ (in feudal law). Si partem feudi in uno loco vendat, in alio sibi retineat, iste non debet emptori servire, sed per priorem dominum totum beneficium cognoscere. Libri feudor., vulg., lib. 2 tit. 34 § 2, Lehmann, p. 164. **4.** se cognoscere: _se déclarer lié_ par une obligation — _to acknowledge to be bound_ to an obligation. In servitium s. Juliani de parte genitorum eorum A. se cognoverunt. De Monsabert, _Ch. de Nouaillé_, no. 10 p. 18 (a. 815). In cujus mundium me subjacere cognosco. _CD. Cavens._, I p. 24 (a. 843). **5.** _avouer, confesser — to confess._ Crimina cognoscit, veniam poscit. Agobardi cart. de Ludov. imp. poenit. a. 833, _Capit._, II p. 57. Si cognoverit quod fuit captus vivus. Leg. Edwardi Conf., tit. 36 § 3, Liebermann, p. 667 col. 1. Si quis saisitus fuerit de murdro vel latrocinio ... et inde sit cognoscens. Assize of Northampton a. 1176, c. 3, Stubbs, _Sel. ch._[9], p. 179.

**cognoscibilis**: *_connaissable — capable of being known._

**cognus**, v. cuneus.

**cogo**, v. coggo.

**cogocia**, v. cugucia.

**cogollaria**, v. cucullarius.

**cogolus**, v. codalus.

**cohabitare**: **1.** *_habiter ensemble — to live together._ **2.** _habiter — to dwell._ De casa ubi cohabito. Fatteschi, _Memor. di Spoleto_, p. 272 no. 23 (a. 770).

**cohabitatio**: *_cohabitation — living together._

**cohabitator**: *_cohabitant — co-inhabitant._ W. urbem Hamburg libere incolendam suscepit, ut ibidem ab eo suisque cohabitatoribus, quos illuc adduxerit, portus efficiatur. Keutgen, _Urk. städt. Verf.gesch._, no. 104 (a. 1189.)

**cohereditas**: _co-hoirie — fellow heirship._

**cohaerentia** (femin.). **1.** plural. cohaerentiae: _dépendances — appurtenances._ Planities cum coherentiis. Fatteschi, _Mem. di Spoleto_, no. 12 p. 266 (a. 756). Cum abjacentiis et coerentiis. _CD. Cavens._, I p. 52 (a. 855). Res ... cum coherentiis et accessionibus suis superioribus et inferioribus. _D. Lotario_, no. 4 (a. 947), p. 258 l. 4. **2.** plural. cohaerentiae: _les tenants et aboutissants_ d'une terre — _adjacencies._ Intra istas coerentias mea portio. Ficker, _Forsch._, IV no. 12 (a. 843, Piacenza). Predictum montem, sicut coherentiis discernitur. _D. Ugo_, no. 23 (a. 929), p. 69 l. 14. Sunt autem coherencie ipsius terre: a mane via, a meridie et vespere s. Prosperi, a septemtrione cujusdam Sili. _D. Lotario_, no. 2 (a. 947), p. 254 l. 12. Hanc terram, sicut per suprascriptam mensuram et fines et coherentias esse dinoscitur. Ib., no. 7 (a. 948), p 264 l. 16. Petia una de terra ..., habet coherentias tales. Cart. Langobard., no. 2, _LL._, IV p. 595 col. 1.

**cohaerere**: **1.** _être contigu à_ une terre — _to border upon_ a land. Caput coherens inibi. Fatteschi, _Mem. di Spoleto_, p. 265 no. 12 (a. 756). Coheret ei da tres partes vias. Giulini, _Mem. di Milano_, I p. 465 (a. 871). **2.** _être lié à_ une tenure — _to be tied to_ an estate. Tradidit ... mansos ...; insuper mancipia ipsis mansis coherentia. Muller-Bouman, _OB. Utrecht_, I no. 67 p. 73 (a. 850).



**coheres.** **1.** plural. coheredes: _ayants-droit dans un patrimoine indivis — co-partners to a non-divided patrimony._ H. et E. voluerunt sine ratione ipsam ecclesiam in illorum redigere dominium, abjectis coheredibus eorum ... Atque omnes coheredes contentionem inter se pro ipsam ecclesiam habuerunt. Bitterauf, _Trad. Freising_, I no. 142 p. 146 (a. 791). Si homo nondum cum suis coheredibus proprium suum divisum habuit. Capit. legi add. a. 816, c. 5, I p. 269. Item capit. legib. add. a. 818/819, c. 6 et c. 11, p. 282 sq. De ecclesiis que inter coheredes dividuntur et tali occasione proprio honore carent. Capit. eccles. a. 818/819, c. 29, I p. 279. De ecclesiis quae inter coheredes divisae sunt, ... si secundum providentiam ... episcopi ipsi coheredes eas voluerint tenere et honorare, faciant; sin autem ... Capit. Wormat. a. 829, c. 2, II p. 12. De ecclesia a compluribus coheredibus obsessa. Concil. Tribur. a. 895, c. 32, _Capit._, II p. 232. **2.** plural. coheredes: _participants dans les droits sur un bois communal — those partaking in a common wood._ Trado ego ipse cum mea manu unam partem in loco nuncupato A. ... Illa ipsa pars est in silvis, quod 12 perticas continet in latitudine, inter conmarcanis et coheredibus meis, qui ibidem praesentes fuerunt quando hoc factum fuit. Bitterauf, o.c., I no. 446 p. 382 (a. 821). Silvam communem s. Goaris, que ad ipsum monasterium pertinet et aliorum coheredum. Beyer, _UB. Mittelrh._, I no. 119 p. 124 (a. 881, Prüm). Silviculam propriam habeat vel cum suis coheredibus communem. Coll. Sangall., no. 10, _Form._, p. 403.

**cohaereticus**: *_co-hérétique — fellow-heretic._

**cohibentia**, conhibentia: **1.** (par l'attraction de — influenced by _conniventia_) *_connivence, passiveté — connivance, passiveness._ **2.** _consentement, concours, appui — consent, support._ Abbatissa et sanctimonialibus conhibentiam adhibentibus. Concil. Aquisgr. a. 816, c. 9, _Conc._, II p. 444. Dedit ... abba ... per consensum et conhibentiam monachorum. D. Ludov. Pii a. 823, Beyer, _UB. Mittelrh._, I no. 56 p. 62. Cum consensu et cohibentia monachorum. _D. Ludwigs d. Deutsch._, no. 35 (a. 844). Fertur ... ipsos parentes filiarum suarum corruptoribus conhibentiam praebere. Synod. Papiens. a. 850, c. 9, _Capit._, II p. 119. Ne ullae res ecclesiasticae absque regis cohibentia commutentur. Conv. Suession. a. 853, c. 12, ib., II p. 266. Sine sua licentia et conhibentia seu permissione. Flodoard., Hist. Rem., lib. 4 c. 1, _SS._, XIII p. 557 l. 46. **3.** _vie en commun — living together._ Quasdam [monachas] a ceterarum conibentia nisus evellere. Ionas, V. Columb., lib. 2 c. 19, ed. Krusch, p. 271. Ibi saepius. **4.** _réunion — gathering._ [Papa] adhibita sibi sanctorum qui Rome erant conhibentia, sacrum illi pontificatus tradidit infulatum. Radbod., V. altera Bonifatii, c. 10, ed. Levison, p. 69.

**cohibere**, conhibere: **1.** (par l'attraction de — influenced by _connivere_) intrans., rei vel personae: *_fermer les yeux sur_ une action — _to wink._ **2.** _prêter son appui, encourager, favoriser, coopérer — to support, to encourage, to further, to cooperate._ Hincmarus ... haec capitula, jubente ac postulante A. ..., cohibentibus provintiae Remorum episcopis ... denuntiavit. Electio Karoli in regno Loth. facta a. 869, inscr., _Capit._, II p. 339 l. 41.

**cohitus** = coitus.

**cohors**: _le devoir d'assister à la synode locale — obligation to attend a local synod._ Per singulos annos sacerdotes illic Deo servientes ... faciant cohortem matri ecclesie de H., et nichil aliud. Alart, _Cart. Roussillonnais_, no. 45 p. 67 (a. 1053).

**cohortatorius**: *_exhortatif — hortatory._

**cohua**, cohuta: **1.** _marché couvert, halle — covered market._ S. xiii. **2.** _salle où portique ou se tiennent les séances judiciaires — hall of justice._ S. xiii.

**cohuagium**: _hallage — market-dues._ S. xiii.

**coicus**, v. choicus.

**coifia**, coifa, v. cofea.

**coignare, coignus**, v. cuneare, cuneus.

**coincidentia**: _coïncidence — coincidence._ S. xiii.

**coincidere**: _coïncider, s'accorder — to coincide, to agree._ S. xiii.

**coinquinatio**: *_souillure — pollution._

**coinus**, v. cuneus.

**coiracia**, v. coriacea.

**coisinus**, coissinus, v. coxinus.

**coitio**: _engagement, combat — encounter, fight._ Ducibus cum cohortibus suis bellicosis ad primam coitionem ... ante se praemissis. Berthold, Ann., a. 1075, _SS._, V p. 278.

**coketa**, -um: _sceau de l'administration de la douane anglaise — cocket, seal of the customs-house._ S. xiv.

**coketare**: _sceller avec un „cocket" — to seal with a cocket._ S. xiii.

**cola** = colum.

**colaphizare**, aliquem: *_battre à coups de poing — to buffet._

**colaphus**, colapus, colpus („coup de poing — blow with the fist", > frg. _coup_), spec.: la paumée infligée aux Juifs à Pâques — slap in the face inflicted on Jews at Easter. H. capellanus ... colaphum Judeo, sicut illic omni Pascha semper moris est, imposuit. Ademar., lib. 3 c. 52, ed. Chavanon, p. 175. Leddam quam ... episcopus in burgo pro colafo Judeorum datam ... auferebat. Douais, _Cart. de S.-Sernin de Toulouse_, p. 201 no. 286 (ca. a. 1106).

**colaticus**: _contrat de cheptel — stock-raising contract._ S. xiv, Ital.

**colatium**, colla-, -zus: _métayage — landlease in return of a share of the crop._ S. xii, Hisp.

**colatorium**: **1.** *_passoire — sieve._ **2.** _couloire_ pour le vin eucharistique — _cullender_ for eucharistic wine. Ordo Rom. I (s. vii ex.), c. 21, ed. Andrieu, II p. 73. Lib.pontif., Sergius II, § 33, ed. Duchesne, II p. 94.

**colca**, colga, colgia (cf. voc. collocare): _couche, lit — couch, bed._ S. xiv.

**1. colera** = cholera.

**2. colera**, colerum, colerium, v. collare.

**colerius**, v. collarius.

**colibertus**, colivertus, v. conlibertus.

**colica**, v. cholica.

**colitare**: _vénérer — to worship._ S. viii.

**collaborare** et derivata, v. conlabor-.

**collactaneus**: *_frère de lait, camarade d'enfance — pal from childhood._

**collana**: *collier — necklace.* S. xiv, Ital.

**collare,** collarium, collarum, colerium, colerum, colera: **1.** *collier* de parure — *necklace.* Diademam auream in gemmis et collare aureum in gemmis. Lib. pontif., Gregor. III (a. 731-741), § 7, ed. DUCHESNE, I p. 418. **2.** *gorgerin — gorget.* Ferri transegit acumen per collare triplex. GUILL. BRITO, Philipp., lib. 11 v. 275, ed. DELABORDE, p. 329. **3.** *collet — collar.* **4.** *collier de cheval* ou *de chien — horse-collar, dog-collar.* Nola bovis, collarium canis, tuba cornea: horum trium unumquodque valet 1 sol. Leg. I Eadgar, tit. 8, vers. Consil. Cnuti, LIEBERMANN, p. 195 col. 1.

**collarius,** colerius: *porte-faix — packman, pedlar.* DC.-F., II p. 402 col. 1 (ch. a. 1156, Moyenmoutier). Collaudarius [leg. collarius?] *Gall. chr.*[2], XIII instr. col. 182 C no. 3 (a. 1144, Montauban).

**collateralis** (adj.): **1.** *limitrophe — adjacent.* Haec aecclesia ... omnibus pene collateralibus et vicinis episcopatibus ... major erat. RAHEW., G. Friderici, lib. 4 c. 15, ed. WAITZ-SIMSON, p. 255. **2.** *assistant, secondant — assisting, helping.* Collateralis legatus: idem quod legatus a latere. Chron. s. Petri Erford. mod., a. 1207, HOLDER-EGGER, *Mon. Erphesf.*, p. 204. Subst. mascul. **collateralis**: *conseiller intime — intimate counsellor.* A quodam collaterali suo. Contin. ad MARIANI ann., a. 1086, *SS.*, V p. 563. Conlateralis deputaretur, quia et omne consilium ab ore ejus pendebat. Ann. Palid., *SS.*, XVI p. 67. Nostram magestatem et collaterales imperii. *D. Lothars III.*, no. 121h (spur. s. xii med.) Collaterales ejus [sc. regis] muneribus et promissis corrupit. SUGER., V. Ludov. Gr., c. 7, ed. WAQUET, p. 32. Dux ... M. suum collateralem et secretarium apprehendens seorsum. COSMAS, lib. 3 c. 4, ed. BRETHOLZ, p. 165. Subst. femin.: *concubine — concubine.* Clericus quidam ... conlateralem suam H. nuncupatam, sibi tamen propriam, tradidit ad monasterium H. WEIRICH, *UB. Hersfeld*, I no. 90 p. 167 (a. 1037).

**collateraliter**: *à côté de qq'un — at one's side.* [Praefectus urbis] juxta domnum papam collateraliter, nullo medio equitando, incedit. Cencius, c. 57 (Ordo I), § 4, ed. DUCHESNE, I p. 291.

**collateranea,** -na: *épouse — spouse.* IONAS, V. Vedastis, c. 2, ed. KRUSCH, p. 310.

**collaterare, 1.** alicui: **se tenir aux côtés de* qq'un — *to stay at* a person's *side.* **2.** *remplir la fonction de célébrant adjoint — to act as an assistant celebrant.* Canonici s. Petri ... in duobus diaconis fratribus s. Salvatoris ... collaterarent. MULLER-BOUMAN, *OB. Utrecht*, I no. 332 p. 306 (a. 1131). **3.** aliquem sibi collaterare: *s'attacher* qq'un *comme confident — to assume* a person *as a confidential counsellor.* S. xiv. **4.** *confiner — to adjoin.* De oriente confrontat in terra de nos donatores, de meridie conlaterat in via publica. *Gall. chr.*[2], VI instr. col. 173 (ch. a. 1027).

**collateratio**: *les tenants et aboutissants — adjacencies.* Terras ... secundum dimensionem et conlaterationem suam. D. Ludov. Pii a. 818, *Gall. chr.*[2], III instr. col. 43. Item D. ejusdem a. 820, MARTÈNE, *Ampl. coll.*, I col. 70 B. Infra has conlateraciones. BEYER, *UB. Mittelrh.*, I no. 65 (a. 856, Prüm). Quorum [pratorum] positio tali collateratione determinata est. MÉTAIS, *Cart. de Vendôme*, I no. 73 p. 134 (a. 1047).

**collatio**: **1.** **conversation, discussion, délibération — conversation, discussion, deliberation.* Concil. Arelat. a. 813, *Conc.*, II p. 248. In eo conventu [sc. missi regis] primum christianae religionis et ecclesiastici ordinis conlatio fiat. Legationis capit. a. 826, *Capit.*, I p. 310. Ordo ecclesiasticus ... episcopali collatione ad ... debitum statum reduci praevaleat. Synod. ap. Saponar. a. 859, c. 2, ib., II p. 447. **2.** **conférence, réunion — conference, meeting.* Collatione eorum [sc. filiorum imperatoris] peracta, tripertitum est regnum Francorum. Ann. Xant., a. 833, ed. SIMSON, p. 8. Convenerunt ad T.; et post conlationem eorum in pace discesserunt. Ib., a. 844, p. 14. **3.** *discours, allocution, sermon — address, allocution, homily.* Echasis, v. 221, ed. VOIGT, p. 84. **4.** *repas du soir dans un monastère,* pendant lequel on lisait les Collationes de Cassien — *supper in a monastery,* during which Cassianus' Collationes used to be read. Concil. Cabillon. a. 813, c. 59, *Conc.*, II p. 285. Capit. monast. a. 817, c. 70, *Capit.*, I p. 347. Concil. Mogont. a. 847, c. 16, ib., II p. 180. *Epp.*, III p. 306 l. 47. Sigiberti abb. consuet., c. 31, ALBERS, II p. 99. **5.** **donation — bestowing, grant.* Quicquid aut regia conlationem [i. e. conlatione] aut privatorum munere est atquesitum. MARCULF., lib. I no. 35, *Form.*, p. 65. **6.** *collation* de bénéfices ecclésiastiques — *collation* to ecclesiastical benefices. S. xii. **7.** *collationnement — collation* of a copy with the original. S. xiii.

**collationare**: *collationner — to collate* a text. S. xiii.

**collator**: **1.** **donateur — donor.* **2.** **celui qui prend part à une réunion — one who sits in a meeting.* Ut est conlatorum mos, omnes ceperunt eum cogere ut ... non differret dare responsum. Pass. Praejecti (s. vii ex.), c. 24, *Scr. rer. Merov.*, V p. 240. **3.** *collateur de bénéfices ecclésiastiques — one who collates to ecclesiastical benefices.* S. xiii.

**collatrix**: **donatrice — woman donor.*

**collatus** (decl. iv), collatum, collata (femin.): **1.** *donation — bestowing.* Ex munere regum vel collato populi seu de comparato. *D. Merov.*, no. 58 (a. 691). Tam ex munificentia regis quam et de conlata religiosorum virorum ... ecclesias construebat. V. prima Amandi (s. viii p. poster.), c. 15, *Scr. rer. Merov.*, V p. 439. Quidquid ibi datum fuit de conlata populi. Test. Fulradi abb. s. Dionysii, ed. TANGL, *NA.*, t. 32 p. 209. **2.** *impôt — contribution.* Spopondistis nobis ... per unumquemque annum dare nobis collatam. Sicardi Benev. capit. a. 836, c. 2, *LL.*, IV p. 218 l. 35.

**collaudamentum**: *consentement — consent.* Per eorum omnium consensum et collaudamentum statuerunt ... BEYER, *UB. Mittelrh.*, I no. 163, p. 227 (a. 923).

**collaudare, 1.** aliquem regem, in regem: *acclamer* comme roi aux cris des „laudes" — *to acclaim* as a king by shouting the "laudes". Omnis senatus ..., ad sedem eum ducens usque imperialem, statuit eundem in loco priorum, in regem sibi conlaudans. THIETMAR., lib. 2 c. 1, ed. KURZE, p. 18. Electus et unctus iterum conlaudatur a cunctis in dominum et regem. Ib., c. 44, p. 45. Rex ... a primis illius regionis conlaudatur in dominum. Ib.,



lib. 5 c. 14, p. 115. A primatibus Liuthariorum in regem collaudatur. Ib., c. 20, p. 119. Ottonem regem conlaudatum et per omnia confirmatum induit atque perunxit. LANDULF., lib. 2 c. 16, ed. CUTOLO, p. 48. Italici principes fidem ... facientes regem ipsum conlaudaverunt. Chron. Venet., *SS.*, VII p. 30 l. 28. [Archiepiscopus Coloniensis], postea resipiscens ceterisque principibus vix inductus, acquiscens puerum in regem collaudavit. OTTO SANBLAS., c. 45, ed. HOFMEISTER, p. 71. A civibus et populo Romano Fridericus imperator collaudaretur. BURCHARD. URSPERG., a. 1211, ed. HOLDER EGGER-SIMSON, p. 99. **2.** *consentir,* dans la qualité de parent, à l'aliénation d'un bien-fonds — *to assent* as a kinsman to an alienation of landed property. Talem portionem, que mihi a parentibus meis ... in proprietatem hereditario jure contigit, consentientibus atque simul conlaudantibus fratribus ac sororibus meis uterinis ... trado ... DRONKE, *CD. Fuld.*, no. 189 p. 105 (a. 803). Frater ejus T. consentienti [leg. consentiens] caritati testis est, conlaudans etiam hoc omnimodo ita bene esse et sibimet ipsi placere. WIDEMANN, *Trad. S.-Emmeram*, no. 20 p. 25 (a. 822). **3.** *reconnaître* le droit d'autrui — *to acknowledge* another man's right. Me recognosco adque exvacuo simulque conlaudo. *Gall. chr.*[2], XIII instr. col. 4 B no. 2 (a. 918, Toulouse). **4.** *promettre, décerner* une concession — *to promise, to award* a grant. Ego E. Trevirorum archiepiscopus ... comiti W. ... 600 mansos in beneficium collaudavi ... hac conditione, ut ubicunque, cessantibus beneficiorum heredibus, in manus nostras venerint ..., donec hec summa proveniat, ipse ... a manu nostra suscipiat. WAMPACH, *UB. Luxemb.*, I no. 325 p. 480 (a. 1095-1101).

**collaudatio**: *consentement — assent.* Signum F. ducis, cujus consensu et collaudatione opus istud totum peractum est. WAMPACH, *UB. Luxemb.*, I no. 173 p. 236 (a. 963). Juxta id quod apud T. a 20 episcopis decretum est et quod ibi a nobis et a primatibus tocius Galliae et Germaniae benigna conlaudatione conlaudatum et subscriptum est. Capit. de cleric. percuss. (s. ix in.), c. 5, I p. 362.

**collaudator**: *celui qui consent,* dans la qualité de parent, à une aliénation ou à un déguerpissement — *one who assents* as a kinsman to an alienation or to the resignment of a claim. Per fidem et juramentum se amodo pacem ecclesiae servaturum promisit, fratresque suos G. et A. ... nobis obsides dedit et ejus collaudatores. MIRAEUS, II p. 815 (a. 1120, Cambrai).

**collaudatorius**: *louangeur — praising.* Misit Carolo regi epistolam collaudatoriam. REGINO, Chron., a. 866, ed. KURZE, p. 86.

**collecta** (notionibus 11 et 12 etiam: colta): **1.** **rendez-vous, réunion — gathering, meeting.* **2.** **réunion et service divin préliminaires à la procession — meeting and divine service preceding a procession.* Oratio ad collectam. Sacram. Gregor., ed. WILSON, p. 22. In Parasceve hora nona orationem ad collectam secundum Romanam consuetudinem faciamus. Concil. Rispac. a. 800, c. 43, *Conc.*, II p. 212. **3.** *la première oraison de la Messe* (après qu'on s'est rassemblé) — *the first prayer of the Mass* (after the faithful have gathered). Columbanum ... missarum sollemnia multiplicatione orationum vel collectarum celebrare. IONAS, V. Columbani, lib. 2 c. 9, ed. KRUSCH, p. 250. Prima oratio aliquando oratio dicitur, aliquando collecta. Eglogae de officio missae, MIGNE, t. 105 col. 1327 D. Sequitur oratio prima, quam collectam dicunt. Ordo Rom. V (s. ix ex.), c. 25, ed. ANDRIEU, II p. 214. Orationes quas collectas dicimus ... Nunc solent sacerdotes in conclusionibus nocturnae vel diurnae synaxeos orationes breves, id est collectas, subjungere. WALAFRID., Exord., c. 23, *Capit.*, II p. 498 l. 13. **4.** **réunion périodique des moines ou des moniales — periodical sitting of the monks or nuns* in a monastery. ISIDOR., Regula, c. 8. Ter per omnem hebdomadam collecta facienda est. FRUCTUOS., Regula monach., c. 20, MIGNE, t. 87 col. 1109 A. B. Benedicti regulam ... omni tempore ad collectam matutino legere jussit. ARDO, V. Bened. Anian., c. 38, *SS.*, XV p. 217. Conpleturio tempore estatis, quomodo [i. e. quando] sol occumbit, colleguntur [monachi] ad collecta ... Lectionem ad collectam leguntur; et ibi ... manducantur et bibent. Ordo Rom. XVIII (s. viii ex.), c. 10, ANDRIEU, III p. 206. **5.** *groupe de voyageurs — travelling party.* Collecta diversorum hominum, quae Romam petebat, a Sarracenis pervasa et interempta est. FLODOARD., Ann., a. 939, ed. LAUER, p. 74. **6.** *suite, groupe de compagnons — suite, band of retainers.* Quidam de nostris fratribus ... in collecta domini Geraldi gradiebatur. ODO CLUNIAC., V. Geraldi, lib. 2 c. 24, MIGNE, t. 133 col. 683 C. **7.** spec.: *bande de compagnons armés — armed band.* De itinerantibus ... ut eos cum collecta nemo sit ausus adsalire. Capit. Harist. a. 779, c. 17, I p. 51. Si quis super missum dominicum cum collecta et armis venerit. Karoli M. capit. (a. 810/811?), c. 1, I p. 160. Ut raptum vel vim per collecta hominum et incendia infra patriam nemo facere praesumat. Capit. ad leg. Baiw. add. (a. 801-813), c. 2, I p. 157. Cum collecta vel scutis in placito comitis nullus presumat venire. Memor. Olonnae comitibus data a. 822/823, c. 5, *Capit.*, I p. 318. De collectis quas theudisca lingua heriszuph appellat. Capit. missor. Silvac. a. 853, c. 3, II p. 272. In collecta insidiati E. consiliati sunt interimere. ANAST. BIBL., Chronogr., ed. DE BOOR, p. 118. **8.** *association d'entr'aide — association for mutual support.* De collectis quas geldonias vel confratrias vulgo vocant. ... Quando ad anniversarium diem ... alicujus defuncti ... ad collectam ... convenerint. Hincmari Remens. capitula a. 852, *Opera*, ed. SIRMOND, I p. 715. Ne collectam faciant quam vulgo geldam vocant contra illos qui aliquid rapuerint. Capit. Vern. a. 884, c. 14, *Capit.*, II p. 375. **9.** *cotisation pour couvrir les frais d'un repas en commun — gathering-in money for a banquet* (cf. CIC., Orat. 2, 57). De communi et privatis collectae fiunt et habundam caritatem faciunt. EKKEH., Cas. s. Galli, c. 10, *SS.*, II p. 131 l. 26. **10.** **collecte d'Eglise pour les pauvres — church collection for the poor.* Unde eorum suppleatur inopia ... collectas facere moneatis. Litt. Eugen. III pap. a. 1145/1146, PFLUGK-HARTTUNG, I no. 201. **11.** *impôt levé par quote-parts, taille — poll-tax, aid.*

Dationes vel collectas seo teloneo. D. Adelchis reg. Long. a. 773, TROYA, *CD. Longob.*, V p. 716. Nulla persona ... urnas atque mutas vel ullas collectas ab eis ... pertemptet ... exigere. *D. Berengario I.*, no. 17 (a. 897), p. 54 l. 21. Hostem facere non debere nec nullam paratam ad missos dominicos nec conlecto nec aliqua dationem. BRUNETTI, *CD. Toscano*, II p. 397 (a. 812). Sanctimoniales redderent 5 sol. de collecta, quando ipse faceret eam. MARCHEGAY, *Arch. d'Anjou*, III p. 101 no. 142 (ca. a. 1115). Illam [procurationem regi datam], quae fiebat de collecta rusticorum, octo librarum debito singulis annis ... firmavit. SUGER., De admin. sua, c. 15, ed. LECOY, p. 175. Ad haec ... expianda rex a toto exercitu collectam fieri jubet. OTTO FRISING., G. Friderici, lib. 2 c. 11, ed. WAITZ-SIMSON, p. 113. Fodrum et coltam prestent [civitates Lombardiae]. *Const.*, I no. 244 c. 4 (a. 1175). **12.** spec.: *taille urbaine*, impôt direct sur la propriété immobilière — *urban property-tax*. Collectam predictae pecunie liceat facere Mediolanensibus ab his ... Conv. Frider. I cum Mediol. a. 1158, c. 13, *Const.*, I no. 174. Placentini accipiant collettam in civitate et per totum episcopatum pro solvenda supradicta pecunia. Conv. cum Placent. a. 1162, c. 13, ib., I no. 207. Cives ecclesie ministros indebite vexarent et ad solvendas de suo peculio collectas, que in civitate ad nostrum [sc. imperatoris] fiunt obsequium, ipsos acriter angariarent. D. Frider. I imp. a. 1182, ib., I no. 283. **13.** *écolage* — *school-fees*. S. xiv. **14.** *récolte, cueillette, vendange* — *reaping, gathering, vintage*. S. xiii.

**collectaneum,** -us: **1.** *recueil, florilège* — *compilation, anthology*. Collectaneum Bedae in apostolum ex operibus Augustini. LUP., epist. 108, ed. LEVILLAIN, II p. 146. **2.** *livre liturgique contenant les collectes* — *liturgical book containing the collectae*. Polypt. s. Remigii Rem., c. 6 § 17, ed. GUÉRARD, p. 8 col. 2. UDALR., Cons. Cluniac., lib. 1 c. 31, MIGNE, t. 149 col. 678 D. Ibi pluries. BERNARD., Cons. Cluniac., lib. 1 c. 14, HERRGOTT, p. 162.

**collectarius,** -um: **1.** *recueil, florilège, collection* — *collection, anthology, compilation*. In epistolas Pauli ... collectarium fecit, colligens de diversis opusculis sanctorum patrum sententias eorum et in ordinem disponens. RUDOLF., Mir. Fuldensia (ca. a. 840), c. 15, *SS.*, XV p. 340. Collectarium qui abet de apocalipsin et de moralia Jop. *CD. Cavens.*, II p. 298 (a. 990). In collectario canonum in hac cella non modicum laboravit. V. Burchardi Wormat., c. 10, *SS.*, IV p. 837. **2.** *livre liturgique contenant les collectes* — *liturgical book containing the collectae*. WIDEMANN, *Trad. S.-Emmeram*, no. 48 p. 52 (ca. a. 863-885). THIETMAR., lib. 9 c. 14, ed. KURZE, p. 248. RATPERT., Cas. s. Galli, *SS.*, II p. 70 l. 25.

**collectim**: *conjointement* — *jointly*.

**collectio**: **1.** **collection* — *collection*. **2.** **réunion* — *meeting*. Presbiter paratus sit ad suscipiendum episcopum cum collectione et adjutorio populi qui ibi confirmari debet. Karlmanni capit. a. 742, c. 3, I p. 25. **3.** *congrégation* — *congregation*. Nec tamen monachi ... debent suam collectionem deserere. Ivonis Carnot. epist., MABILLON, *Ann.*, V p. 479. **4.** *collecte*, la première oraison de la Messe — *collecta*, the first prayer of the Mass (c . voc. collecta). Concil. Agath. a. 506, c. 30, MANSI, t. 8 col. 330. Missale gothicum (s. viii in.), ed. BANNISTER, passim. THEODOR. CANTUAR., Capit., c. 80, MIGNE, t. 99 col. 957 B. **5.** *exaction, taille* — *poll-tax*. Juniores comitum ... redibutiones vel collectiones quasi deprecando exigere solent. Capit. Mantuan. sec. a. 787, c. 6, I p. 197. WARNKOENIG, *Flandr. Staats- u. Rechtsg.*, III, pr. p. 5 no. 155 (a. 1038). **6.** *adoption d'un enfant trouvé* — *adoption of a foundling*. F. Turon., no. 11, *Form.*, p. 141.

**collectivus**: **compréhensif, synthétique* — *comprehensive, synthetical*.

**collector**: *collecteur d'impôts ou de dîmes* — *collector of taxes or tithes*. S. xii.

**collegialis**: *collégial* — *collegiate*. Ecclesia collegialis. JAC. DE GUISIA, Ann. Hanon., lib. 11 c. 9, *SS.*, XXX p. 133.

**collegiatus**: *collégial* — *collegiate*. Ecclesia collegiata. Missale Ambrosian., ed. RATTI-MAGISTRETTI, p. 211.

**collegium**: *armée* — *army*. Anonymi G. Francorum, c. 21, ed. BRÉHIER, p. 114.

**collerium,** v. collare.

**collibertus,** collivertus, v. conlibertus.

**collicidium**: *décapitation* — *decapitation*. S. xiii.

**colligantia**: **1.** *alliance* — *alliance*. Se cum papa et Romanis pacem et colligantiam perpetuam facere velle. Contin. Lombarda ad PAUL. DIAC., *Scr. rer. Langob.*, p. 218. **2.** *société de commerce* — *trading company*. S. xiii, Ital.

**colligare**: *lier par une obligation* — *to bind, to put under an obligation*. Me et meos heredes conligo tibi de ista venditione ab omnis homine defensare. *CD. Cavens.*, I p. 8 (a. 818). Juramento conligentur ulterius sub uno non habitare tecto. Concil. Tribur. a. 895, c. 23, *Capit.*, II p. 226 col. 1.

**colligatio**: **1.** *pansement* — *bandage*. **2.** *alliance, confédération* — *alliance, league*. S. xiii.

**colligere**: **1.** *récolter* — *to reap*. Quando judices nostri labores nostros facere debent, seminare aut arare, messes colligere ... Capit. de villis, c. 5. De ... negotia facienda antequam fructum collegatur. Capit. missor. Aquisgr. prim. a. 809, c. 24, I p. 151. De illis qui vinum et annonam vendunt antequam colligantur. Capit. alt., c. 12, p. 152. Propter fruges colligendas. Capit. missor. a. 819, c. 27, I p. 291. **2.** **convoquer* — *to convoke*. **3.** se colligere, et colligere (absol.): **se rassembler, tenir une réunion* — *to assemble, to convene*. **4.** se colligere: *s'unir dans une association* — *to unite*. Si pro quacumque causa homines rusticani se collegerint, id est consilium et seditionem facere praesumpserint. Ed. Rothari, c. 285. **5.** se colligere: *se rendre* auprès de qq'un — *to go* to a person, *to apply* to a person. Ad nostram se colligens majestatem. *D. Charles le Chauve*, no. 365 (a. 873/874). **6.** aliquem: **recueillir, recevoir chez soi* — *to shelter, to welcome*. Quem ille prumptissime colligens secum retinuit. GREGOR. TURON., Hist. Franc., lib. 2 c. 32. Merovechus ... fugam iniit ...; sed ab Austrasiis non est collectus. Ib., lib. 5 c. 14. Hospites tres vel amplius collegere debet. Lex Sal., tit. 46. Cellam ejus adiit; quem fraternalis manus honorifice collegit. WETTIN., V. Galli, c. 20 *Scr. rer. Merov.*, IV p. 267. Collegit hospitem, prebuit lasso humanitatis officia. HELMOLD., lib. 1 c. 18, ed. SCHMEIDLER, p. 38. Iterum ib., c. 83, p. 156. **7.** *s'associer* qq'un *en pariage*, assumer comme co-propriétaire — *to admit as a joint proprietor* in the form of a "pariage". Ipsi nos colligerent in medietate reddituum et justicie ejusdem ville. LUCHAIRE, *Louis VII*, p. 395 no. 310 (a. 1153/1154). Item *Ordonn.*, XI p. 203 (a. 1155). Nos [i. e. regem] collegit et recepit in territorium. D. Ludov. VII reg. Fr. a. 1177 ap. LUCHAIRE, *Inst. monarch.*, II p. 327 no. 25. Abbas et monachi nos in eadem villa collegerunt. *Actes Phil.-Aug.*, no. 21 (a. 1181), I p. 31. Abbas ... et conventus colligunt nos in toto territorio suo de D. ... pro villa ibi facienda. Ib., no. 524 (a. 1196), II p. 63. **8.** **comprendre* — *to understand*.



**collimitaneus**: **limitrophe* — *adjoining*.

**collimitare**: **confiner* — *to adjoin*.

**collina** (fem.) (< collis): **colline* — *hill*.

**collyris** (genet. -idis) et collyrida = collyra (sorte de pain — kind of bread).

**collisio**: **1.** **heurt, collision* — *clash, collision*. **2.** **acte violent, lésion* — *violation, injury*. **3.** **dispute* — *debate*.

**collistrigium**: *pilori* — *pillory*. S. xii, Angl.

**collocare**: **1.** *coucher* — *to put to bed* (cf. CIC., Tusc. 2, 17, et TERENT.) V. Eligii, lib. 2 c. 69, *Scr. rer. Merov.*, IV p. 735. **2.** se collocare, et collocare (absol.): *se coucher* — *to go to bed*. Benedicti regula, c. 43. GREGOR. TURON., Hist. Franc., lib. 4 c. 47. Id., Virt. Martini, lib. 3 c. 42, *Scr. rer. Merov.*, I p. 642. Quando dormitum [supin.] collocamus. UDALR., Cons. Cluniac., lib. 1 c. 41, MIGNE, t. 149 col. 687 D. Obsequitur illi [hospiti] ad collocandum et ad levandum. Ib., lib. 3 c. 3, col. 736 D. **3.** Loc. solem collocare [interdum perperam culcare, calcare, colligare]: *attendre le coucher du soleil* pour établir le fait que la partie adverse a manqué à sa promesse de fournir des preuves réfutatoires — *to await the sunset* in order to establish the failure of the opposing party to produce counter-evidence. Lex Sal., tit. 37; tit. 40 § 7-9; tit. 57 § 1 sq. **4.** aliquem, absol.: *chaser, établir* — *to settle*. [Saxonem] malefactorem cum uxore et omnia sua foris patriam infra sua [i. e. Francorum regis] regna collocare. Capit. Saxon. a. 797, c. 10, I p. 72. Si ... non habeant ubi eos [i. e. mancipia] collocare possint. Capit. de villis, c. 67. Si aliquem ex his hominibus, qui ab eorum [Hispanorum] aliquo adtractus est et in sua portione conlocatus, locum reliquerit ... Const. de Hisp. prima a. 815, c. 4, *Capit.*, I p. 262. Refl. se collocare: *s'établir à demeure* — *to settle*. Prius quam se in nostris civitatibus collocarent. Frider. II imp. stat. in fav. princ. a. 1232, c. 15, ALTMANN-BERNHEIM[4], p. 25. **5.** aliquem: **embaucher* — *to engage as a wage-earner*. Nullus de Judeis in die dominica christianum hominem in suo opere collocare presumat; et si repertum fuerit et conlocaverit, perdat ipse Judeus quod proinde dederit. Capit. missor. Aquisgr. alt. a. 819 c. 13, I p. 152. **6.** *faire donation de* qqch. — *to bestow*. Quod a nobis inibi fuerat collocatum. *D. Merov.*, no. 40 (a. 662). **7.** *conférer, allouer* — *to collate*. Abbas liberam habeat potestatem in collocandis ad utilitatem monasterii prediis. *D. Lothars III.*, no. 67 (a. 1134) p. 105 l. 20. Prepositus collocabit ... curias et constituet villicos ... Collocabit etiam decanias ... et constituet decanos. MULLER, *Rechtsbr. v. d. Dom v. Utrecht*, p. 40 (ca. a. 1200).

**collocutio**: *assemblée des fidèles du roi* — *assembly of the king's men*. [Rex] habita cum suis conlocutione. MEGINHARD., Ann. Fuld. contin. Mogont., a. 887, ed. KURZE, p. 106. Quotienscumque ... regia vel imperialis collocutio aut solempnium dierum celebratio contingat. *D. Ottos II.*, no. 183 (a. 979).

**collocutorius** (subst.): *surveillant du parloir* d'une abbaye — *keeper of the parlour* in a monastery.

**colloquium**: **1.** **audience* auprès d'un prince — *audience* with a ruler. Cui licet habere nostra colloquia. CASSIOD., Variae, lib. 3 epist. 22, *Auct. antiq.*, XII p. 91. **2.** colloquium publicum: *assemblée generale des fidèles du roi* — *general assembly of the king's men*. Ad publicum venirent colloquium. THIETMAR., lib. 8 c. 6, ed. KURZE, p. 197. Item EKKEH., Cas. s. Galli, a. 917, *SS.*, II p. 87 l. 34. Colloquium generale: idem. [Imperator] illuc evocavit utrumque ad conloquium generale. Ann. Altah. maj., a. 1053, ed. OEFELE, p. 48. Statuto generali Papiae colloquio cunctorum regni principum. ARNULF. MEDIOLAN., lib. 1 c. 3, *SS.*, VIII p. 7. Colloquium regale: idem. WIPO, G. Chuonradi, c. 8, ed. BRESSLAU, p. 31; iterum c. 14, p. 35. GERHARD., V. Oudalrici, c. 26, *SS.*, IV p. 411. Regis colloquium: idem. Imperiales homines ad colloquium sive servitium imperatoris properantes. Lamberti capit. Ravenn. a. 898, c. 2, II p. 109. Augustus Otto et rex Otto ... Veronae colloquium cum omnibus Italiae proceribus habuerunt. *Const.*, I no. 13 p. 29 (a. 967). Praesentibus nostri colloquii quamplurimis. *D. Ottos II.*, no. 124. Nostrum jussimus fieri colloquium. *D. Ottos III.*, no. 235. Ann. Quedlinburg. a. 999, *SS.*, III p. 75; iterum a. 1021, p. 86. BRUNO, V. Adalberti, c. 15, *SS.*, IV p. 663. Rex in M. cum suis principibus colloquium habuit. THIETMAR., lib. 4 c. 20, ed. KURZE, p. 75. Imperator ... unum in Suevia regione colloquium de re publica habuit. Ib., lib. 9 c. 34, p. 259. ADALBOLD., V. Heinrici, c. 42, *SS.*, IV p. 694. **3.** séance moins nombreuse de la cour du roi, en part. *séance du tribunal du palais* — a less numerous meeting of the royal curia, esp. a *session of the palatial law-court*. *D. Ottos I.*, no. 163 (a. 953). In nostro palatino colloquio id deducatur ibique justo examine diffiniatur. *D. Heinrichs II.*, no. 199 (a. 1009). In nostro colloquio diffinitum est. *D. Heinrichs III.*, no. 360 (a. 1055). **4.** gener.: *séance judiciaire* — *session of a law-court*. In publico mallo aut in alio communi colloquio dijudicet. *D. Ottos II.*, no. 142 (a. 976). Colloquia sua in atriis aecclesiarum constituunt habenda. Concil. Seligenst. a. 1023, c. 9, *Const.*, I no. 637. Placitum sive judiciale colloquium. ARNOLD. RATISBON. (a. 1035-1037), lib. 2 c. 57, *SS.*, IV p. 571. In quovis colloquio ducum aut comitum. ORTLIEB. (a. 1135-1140), lib. 1 c. 5, *SS.*, X p. 74. Colloquium advocati. KEUTGEN, *Urk. städt. Verf. gesch.*, no. 141 (a. 1165, Medebach). **5.** réunion ecclésiastique, *synode ou concile* — ecclesiastical assembly, *synod or council*. Sacrosanctum ingressi sunt synodale colloquium. Concil. Tribur. a. 895, prol., *Capit.*, II p. 212 col. 1 l. 5. GERHARD., V. Oudalrici, c. 23, *SS.*, V

p. 408. Sinodale colloquium [haustum ex Ann. Quedlinb., ubi: synodale concilium]. Annal. Saxo, a. 1022, *SS.*, VI p. 675. Lampert. Hersfeld., a. 1076, ed. Holder-Egger, p. 256. **6.** colloquium synodale: *le synode diocésain* — the *diocesan synod*. F. Salzburg., no. 17, *Form.*, p. 444. **7.** *assemblée des bourgeois d'une ville — city assembly*. Homines electi in colloquio facto sonantibus campanis. *D. Heinrichs IV.*, no. 336 (a. 1081, Pisa). **8.** *chapitre général de l'Ordre de Prémontré — general chapter of the Praemonstratensian Order*. Semel in anno gratia sese visitandi, ordinis reparandi, confirmande pacis, conservande karitatis, abbates omnes ad colloquium pariter conveniant. Stat. Praemonstr. (ante a. 1143), c. 26, ed. Van Waefelghem, p. 35.

**collucrari** (depon.): *acquérir — to purchase*. S. xi.

**colludiose**: *subrepticement — surreptitiously*. Proprietates ... colludiose surripuit. Nic. I pap. epist. a. 867, *Hist. de Fr.*, VII p. 438.

**colludiosus**: *fallacieux — fallacious*. *Bull. Casin.*, II p. 55 (a. 981).

**colludium**: **1.** **machination, conspiration — crafty plan, conspiracy*. Adhibito hostem conludio intra urbis muros includeres. Ennod., op. 1 § 13, *Auct. antiq.*, VII p. 2 l. 42. [Captivum] nec suo nec suorum concludio [leg. conludio] aut conscientia fuisse dimissum. Lex Burgund., tit. 6 § 3. Item § 6. **2.** **dol, fraude — trickery, fraud*. Ad utramque partem sint ternas personas electas, ut nec conludius fieri possit. Pactus Childeb. et Chloth. (a. 511-558), c. 10, *Capit.*, I p. 6. Edict. Rothari, c. 192. Liutpr. leg., c. 43 (a. 723). Si adsertor aliquod conludium fecerit, qualiter ab adversario suo possit in judicio superari. Lex Visigot., lib. 2 tit. 3 § 3. Sub hujus argumentatione conludii interdum domino nesciente servus vendatur inimico. Ib., lib. 5 tit. 4 § 17. Per nullum artis conludium. *D. Karolin.*, I no. 16 (a. 762). Notarii ... nullatenus falsitatem vel colludium scribant. Lotharii capit. missor. a. 832, c. 5, II p. 64. Ne ulterius tali conludio [sc. accipiendo plus quam bannus levet] eos delectet opprimere pauperes. Edict. Pist. a. 864, c. 21, ib., II p. 319. **3.** *complicité, instigation, connivence — complicity, abetment, connivance*. Hujus conludio pater ejus est interfectus. Gregor. Turon., Hist. Franc., lib. 6 c. 31. Manifestatum est hujus mulieris conludio et B. interfectum et exercitum fuisse conlisum. Id. ib., lib. 10 c. 11. Qui ad vigilias constitutas nocturnas fures non caperent, eo quod [i. e. ita ut] per diversa, intercedente conludio, [fures] scelera sua ... exercerent. Pactus Childeb. et Chloth., c. 9, *Capit.*, I p. 5. [Dominus servum de crimine suspectum] ante judicem debeat presentare. Quod si in statutum tempus, intercedente conludio, non fecerit ... Ib., c. 12, p. 6. Cujus conludio vel suasione servus crimen admiserat. Lex Visigot., lib. 7 tit. 2 § 6.

**collum**: *col, défilé — mountain-pass*.

**colmellus,** v. colonnellus.

**colober** = coluber.

**colobium** (gr.): **1.** **tunique sans manches* portée par les érémites égyptiens — *sleeveless tunic*, worn by the Egyptian hermits. Gregor. Turon., Hist. Franc., lib. 9 c. 6. Id., V. patrum, c. 8 § 2, *Scr. rer. Merov.*, I p. 692. **2.** vêtement porté par l'évêque pendant la Messe (remplacé plus tard par la dalmatique) — garment worn by bishops at Mass (for which later the dalmatic was substituted).

**colon**: *double point — colon, punctuation-mark*. (Cf. Isid., Etym., lib. 1 c. 19 § 2).

**colona**: **femme de condition colonaire — a woman having the status of the coloni*. E. g.: Notitia de colona evindicata. F. Senon. rec., no. 5, *Form.*, p. 213. Ubi colonam servus cujuslibet uxorem acceperit. Responsio misso data (a. 801-814?), c. 1, *Capit.*, I p. 145.

**colonarius** (adj.): **qui concerne le colonat — concerning the colonate*. Mancipia quae colonaria appellantur et nobis tributaria esse perhibentur. Test. Aredii a. 572, Pardessus, I no. 180 p. 139. Jus colonarium. Gregor. M., lib. 4 epist. 21, *Epp.*, I p. 256. Trado mansum nostrum indominicatum ... cum hominibus ibidem commorantibus, quos colonario ordine vivere constituimus. Martène, *Thes.*, I col. 20 (a. 819, Tours).

**colonaticus**: *les prestations dont les colons sont redevables — tribute to which a colonus is liable*. Ipse ille suos [i.e. suus] colonus esse debebat et mala ordine de ipso colonatico sibi [i. e. se] abstrahebat et neglegens erat. Cart. Senon., no. 20, *Form.*, p. 194.

**colonatus** (decl. iv): **colonat, la condition d'un colon — colonate, the status of a colonus*.

**colonia**: **1.** *colonge, tenure d'un colon — holding of a colonus*. Massas, fundos, casales, colonias. Concil. Roman. a. 761, *Conc.*, II p. 67. Omnem territorium, quicquid ibi W. possidebat, excepto medietatem coloniae unius, quam illius colonus jure illius tenet coloniae. Bitterauf, *Trad. Freising*, I no. 81 p. 104 (a. 776-783). Colonias 4 cum casis et curtiferis, cum terra, cum pratis, sicut servi habent usum plenas colonias tenere. Ib., no. 579 p. 496 (a. 829). Item no. 591 p. 506 (a. 830). Quasdam colonias de ipsa villa obtinuit in proprietatem. Hincmar., De villa Novilliaco, *SS.*, XV p. 1168. Synonyme de ,,mansus" — synonymous with "mansus": De terra exartata mansos integros 8, id est ad unamquamque coloniam jugera 90. *D. Ludwigs d. Deutsch.*, no. 115 (a. 864). Synonyme de ,,hoba" — synonymous with "hoba": Novem trado colonias [glossa: hoc sunt hobunnae] integras. Dronke, *CD. Fuld.*, no. 85 (a. 786). Una tantum colonia excepta, et ad hanc coloniam pastum animalibus quae in ipsa hoba nutrita fuerint. Trad. Brix., *Acta Tirolensia*, I, no. 28 (a. 993-1000). **2.** *prestation dont un colon est redevable — tribute to which a colonus is liable*. Dationem vel coloniam exigant. Fatteschi, *Mem. di Spoleto*, p. 274 (a. 772).

**colonica**: **1.** *colonge, tenure d'un colon — holding of a colonus*. Colonicas basilicae concupiscens, quae agro ejus erant proximae. Gregor. Turon., Virt. Juliani, c. 15, *Scr. rer. Merov.*, I p. 570. Villa ... cum termino suo vel colonicas ad se pertinentes. Pardessus, I no. 241 p. 227 (a. 627). Locello cum colonicas vel omnis adjecentias earum. Marculf., lib. 1 no. 30, *Form.*, p. 61. Iterum lib. 2 no. 1, p. 72. Cum omnis [i. e. omnibus] colonicis ad se pertinentibus. Coll. Flavin., no. 7, ib., p. 475. In ipsa curte colonicas duas. Wartmann, *UB. S.-Gallen*, I no. 81 (a. 776). In loco q. d. Ad s. Benignum colonicas quattuor cum mancipiis desuper commanentibus vel aspitientibus. *D. Charles le Chauve*, no. 98 (a. 847). Souvent, la colonica est une unité d'exploitation agricole plus considérable que le manse. — Often it is a larger agricultural unit than the mansus. Ad colonicam quae appellatur C. *D. Merov.*, no. 2 (a. 528). C. colonum liberum esse praecipio et ad nepotem meum A. ejus familiam pertinere; ad utrumque ... pervenire colonicam P. Test. spur. Remigii, *Scr. rer. Merov.*, III p. 339. Colonicam cui vocabulum est Villa Nova. Test. Bertichramni a. 616, Pardessus, I p. 202. Dedit ei de rebus ecclesiae colonica A. nomine. V. Austrigisili, c. 5, ib., IV p. 195. Dum N. colonica sua ... oratorium conderet. V. Aridii, c. 16, ib., III p. 587. Si quis in agro regio vel colonica voluerit adplicare. Lex Burgund., tit. 38 § 8. Quicumque agrum aut colonicas tenent. Ib., tit. 67. Concessimus colonicam unam cum terris, pratis, silvis ... quantumcumque ad eandem colonicam pertinere videtur. *D. Ludwigs d. Deutsch.*, no. 4 (a. 831). Quasdam colonicas in pago [Nemausensi] vel Magdalonensi sitas ... pertinuisse monasterio. *D. Charles le Chauve*, no. 54 (a. 844). Quindecim mansis et colonicis quatuor. Ib., no. 476 II (<a. 858>, spur.) **2.** *tenure domaniale courante* identique au manse — *ordinary manorial holding*, identical with the mansus. Quamdam cellulam ... habentem plus minus colonicas viginti. D. Ludov. Pii a. 814, *Gall. chr.*², XV instr. col. 125 no. 1. Inbreviarunt res monasterii s. Eugendi et invenerunt colonicas vestitas 840, absas 17. *BEC.*, t. 41 (1880), p. 566 (a. 819/820). Unam colonicam vestitam cum tribus mancipiis donationis gratia eis [sc. basilicis a laicis conditis] conferant. Concil. Valent. a. 855, c. 9, Mansi, t. 15 col. 8 D. **3.** la terre qui fait partie d'un manse (par opposition au centre d'exploitation qui est qualifié de ,,mansus") — the land of a mansus (the homestead being called "mansus"). Dedit s. Petro unum mansum cum colonica sua et caeteros mansos ad ipsum pertinentes cum colonicis suis. D'Achéry, *Spicil.*, I p. 585 (ch. s. xi ex., Bèze).

**colonicatus,** -cia- (adj.): *concédé à des colons — granted to coloni* by way of tenement. Rebus nostris domnicatis vel colonicatis. D. Lotharii, Muratori, *Antiq.*, II col. 197. Una cum casis et rebus manualibus et rebus coloniciatis et rebus censuitis. Ch. a. 902, Pescara, ap. DC.-F., II p. 415 col. 1.

**colonicius** (adj.): *concédé à des colons — granted to coloni* by way of tenement. Subst. femin. **colonicia**: *tenure d'un colon — holding of a colonus*. Patrimonia seu suburbana atque massae et colonitiae. Synod. Ravenn. a. 898, c. 8, *Capit.*, II p. 125. Ordinavit quendam P. in colonicia hujus monasterii. Gregor. Catin., Chron. Farf., ed. Balzani, I p. 228. Subst. neutr. **colonicium**: *cens personnel dont le colon est redevable — tribute to which a colonus is liable on account of his personal status*. Ipse colonitio de capud suum redebeat. F. Senon. rec., no. 2, *Form.*, p. 212.



**colonilis**: *relatif au colonat — concerning the colonate*. Servilis conditio legem revadiare cernitur colonilem. D. Ludov. Pii a. 821, *Hist. de Fr.*, VI p. 526. Factos coloniles 30 et serviles 13. *D. Charles le Chauve*, no. 105 (a. 848).

**colonnellus,** colmellus (<columna): *lignée — branch of a family*. Que in colmellum exierunt inter germanos meos. Muñoz y Romero, *Opusculos*, III, Lisb. 1876, p. 82 (a. 943).

**colonus**: **1.** **colon*, tenancier rural à tenure héréditaire, ayant un statut personnel particulier caractérisé par son attachement à la glèbe, statut qui se rapproche peu à peu à celui des serfs chasés — a hereditary landholder of a particular personal status, attachment to the soil being its chief caracteristic, while it becomes assimilated progressively to the status of the serf provided with a holding. Cf. F. L. Ganshof, *Le statut personnel du colon au Bas-Empire*, dans: *L'Antiquité classique*, t. 14 (1946), pp. 261-277. Fiscilini et coloni et ecclesiastici adque servi. Capit. missor. (a. 792 vel 786), c. 4, I p. 67 l. 8. Ut nec colonus nec fiscalinus foras mitio [i. e. dominio] possint aliubi traditiones facere. Capit. missor. a. 803, c. 10, I p. 115. Ut homines fiscalini sive coloni aut servi in alienum dominium commorantes, a priore domino requisiti, non aliter [i. e. aliubi] eisdem concedantur [i. e. concedatur habitare] nisi ad priorem locum. Karoli M. capit. (a. 803-813), c. 4, I p. 143. **2.** On désigne par le terme ,,colonus" parfois les *affranchis placés dans la protection du roi ou d'une église*. — Sometimes *manumitted serfs who have been placed under the protection of the king or of a church* are styled "coloni". Liberum ecclesiae quem colonus vocant. Lex Alamann., tit. 8. Iterum tit. 22. [Libera femina] nupserit aut colonum regis aut colonum ecclesiae. Ib., tit. 55. **3.** En pays germanique, on assimile les colons aux ,,liti". — In Germanic regions the coloni are considered as comparable to the "liti". Litorum, colonorum et ingenuorum. *D. Heinrichs II.*, no. 256 b (a. 1013). Praedictae aecclesiae liberos seu colonos, litos aut servos. *D. Ottos I.*, no. 174 (a. 955). **4.** Quelquefois il semble que le terme doit s'entendre d'un *dépendant pourvu d'une tenure grevée de charges strictement limitées* — sometimes it seems the term indicates a *landholder owing fixed prestations*. Hos servos vel ancillas ... sub conditione colonorum constitutos, tributum amplius ut non requiratur quam unicuique mansum tenenti biduam in hebdomada 2, vinum aut frumentum sextarios 8, pullos 2 cum ovis, cambortum inter duos carum [leg. carrum] unum. Bourassé, *Cart. de Cormery*, no. 19 p. 40 (a. 851). Dans ces cas, le terme n'indique pas un statut personnel particulier. — In these cases the term does not denote a particular personal status. De colonis liberis sive servis. *D. Ottos II.*, no. 46 (a. 973). In ipsa villa Fiscanno tertiam partem hospitum quos colonos vocant. D. Roberti II reg. a. 1006, *Hist. de Fr.*, X p. 588 A. Colonos [qui agros praefati monasterii colunt] ... sive absque ullo proprietatis jure terram eorum tantum possidentes sint, seu propriae hereditatis agros Deo et sanctis ejus traditos usufructuario ... in beneficio tenentes sint.

*D. Ludwigs d. Deutsch.*, no. 52 (spur. s. xii med.) **5.** *habitant d'une ville — inhabitant of a city.* Hoc castellum [Bruges] Flandrensibus colonis incolitur. Encomium Emmae, lib. 3 c. 7, ed. Campbell, p. 46. [Londonia] est urbs ampla, nimis perversis plena colonis. Guido Ambian., De Hastingae praelio, v. 637, ed. Giles, p. 87. Eosdem colonos ab omni theoloneo liberos esse volumus. Keutgen, *Urk. städt. Verf. gesch.*, no. 104 c. 2 p. 65 (a. 1189, Hamburg).

**colorator**: *teinturier — dyer.* S. xiii.

**coloratorius**: *concernant la teinturerie — concerning dyeing.* S. xiii.

**colpare,** culpare (< colaphus; > frg. *couper*): *couper* du bois — *to cut* wood.

**colperones,** colprones, couperones, coperones (plural.): *bois de corde — crop and lop* of trees. S. xiii, Angl.

**1. colpus**, cul-, -fus (gr.): **golfe — gulf.* Anton. Placent., Itin., c. 41, ed. Geyer, *CSEL.*, t. 39 p. !87. Adamnan., Loc. sanc., lib. 2 c. 30, ib., p. 282. Joh. Venet., Chron., ed. Monticolo, *Cron. Venez.*, p. 114.

**2. colpus,** v. colaphus.

**colta,** v. collecta.

**coltelacius,** v. cultellacius.

**coltilis,** v. cultilis.

**columbellus** et **columbella**: *pigeon — pigeon.* S. xiii.

**coma,** comba, v. cumba.

**comanda,** comandisia, comandus, v. commend-.

**combaro**: *co-baron — fellow baron.* S. xiii.

**combinare** (< bini): **combiner — to combine.*

**combrus,** cum-, -brum (celt.): **1.** *abattis d'arbres — barricade of cut trees.* Videns quod exercitui eorum resistere non posset, in silvam confugit in Arelauno fecitque combros. Lib. hist. Franc., c. 25, *Scr. rer. Merov.*, II p. 282 (cf. Gregor. Turon., Hist. Franc., lib. 3 c. 28: Concides magnas in silvis illis fecit.) **2.** *barrage — weir.* In Sagonna fluvio ... situm octo combrorum ad pisces capiendos. Bernard-Bruel, *Ch. de Cluny*, II p. 735 (ca. a. 1020). Omnes combri de ambabus ripis comitis B. in dominico erant. Coutumes de Vendôme s. xi med. ap. Bourel, *Vie de Bouchard*, p. 37. Sub ipso ponte Meduane ... [ad] retinaculum aque defitientis molendinos in estivo tempore et piscationem fecerunt sanctimoniales combra. Marchegay, *Arch. d'Anjou*, III p. 56 no. 63 (ca. a. 1062). Ego conbrum meum non piscabor nisi quando mihi placuerit. Flach, *Origines*, I p. 248 n. 1 (a. 1084, Marmoutier).

**comburgensis**: *concitoyen — fellow burgess.* S. xii.

**combustio**: **1.** **combustion — combustion.* **2.** *marquer au fer rouge — branding.* Corium et capillos amittant sine combustione. Burchard. Wormat. lex familiae (a. 1023-1025), *Const.*, I no. 438 c. 30 p. 644. **3.** *incendie criminelle — crime of arson.* Si quis retatus fuerit ... de iniqua combustione. Assize of Northampton a. 1176, c. 1, Stubbs, *Sel. ch.*[9], p. 179. **4.** *cuisson de la chaux — burning lime.* S. xiv.

**combustor**: *incendiaire — one who commits arson.* S. xiii.

**comeatus,** comedus, v. commeatus.

**comenda, comendare** et derivata, v. commend-.

**comes**: **1.** *,,compagnon (du prince)", titre honorifique octroyé à certains dignitaires de la cour impériale, soit personnellement, soit comme faisant partie de la désignation d'une fonction élevée (comes largitionum, comes rerum privatarum, comes rei militaris, etc. . . .) — "companion (of the ruler)", title of honour given te certain dignitaries of the imperial court, either as a personal privilege or as a part of the denomination of a prominent office (comes largitionum, comes rerum privatarum, comes rei militaris etc.). **2.** comes palatii, chez les Francs à l'époque mérovingienne: assesseur dans le tribunal du Palais, chargé de la direction des procès jusqu'au jugement à prononcer par le roi; puis, à l'époque carolingienne, président d'un tribunal indépendant qui s'est détaché du tribunal du roi, en même temps chef de la chancellerie dont émanent les actes de jugement (placita) — in the Frankish kingdom of Merovingian times: an assessor in the palatial law-court, who prepared cases brought before it up to the judgment to be pronounced by the king; later, in the Carolingian period, presiding head of a distinct law-court separated from the king's court, as well as head of the chancery issuing judicial records (placita). Cf. etiam voc. conspalatius. — C. qui quondam comes palatii Sygiberthi regis fuerat. Gregor. Turon., Hist. Franc., lib. 5 c. 18 in fine. T. palacii regis comis. Ib., lib. 9 c. 12. R. palatii sui [sc. Childeberthi regis] comitem. Ib., lib. 9 c. 30. Id., Virt. Martini, lib. 4 c. 6, *Scr. rer. Merov.*, I p. 650. B. comis palatiis. Fredeg., lib. 4 c. 90, ib., II p. 167. E. comite palatii. Pass. Praejecti (s. vii ex.), c. 26, ib., V p. 241. *D. Merov.*, no. 19 (a. 653); no. 34, 35 (a. 658); no. 41 (a. 663) et saepius. Marculf., lib. 1 no. 25, *Form.*, p. 59 etc. *D. Karolin.*, I no. 1 (a. 752) et passim. Neque comes palatii nostri potentiores causas sine nostra jussione finire praesumat, sed tantum ad pauperum et minus potentium justitias faciendas sibi sciat esse vacandum. Capit. de just. fac. (a. 811-813), c. 2, I p. 176. Homini cuilibet causam suam in placito aut coram comite palatio [supple: prosequenti]. Capit. de just. fac. (ca. a. 820), c. 4, I p. 295. Si comes palatii litem aliquam esse diceret quae sine ejus [sc. regis] jussu definiri non posset. Eginhard., V. Karoli, c. 9, ed. Halphen, p. 30. Comitis palatii ... in hoc maxime sollicitudo erat, ut omnes contentiones legales, quae alibi ortae propter aequitatis judicium palatium aggrediebantur, juste ... determinaret, seu perverse judicata ad aequitatis tramitem reduceret. Hincmar., Ordo pal., c. 21. Ante comitibus palatiis. F. Turon., app. 4, *Form.*, p. 165. Comes palatinus. V. secunda Austrobertae, (s. viii med.), c. 4, Mabillon, *Acta*, III pars 1 p. 29. Ut comites palatini omnem diligentiam adhibeant, ut clamatores ... in palatio nostro non remaneant. Capit. de disc. pal. Aquisgr. (ca. a. 820), c. 6, I p. 298. Cf. G. E. Meyer, *Die Pfalzgrafen der Merowinger und Karolinger. ZSRG.*, Germ. Abt., t. 42 (1921). **3.** Dans le royaume d'Italie, l'institution des comtes du Palais continue à fonctionner au Xe siècle, puis au XIe devient une attribution de certaines familles comtales, notamment de celle de Lomello. — In the Italian kingdom, the office of the counts palatine still operated during the tenth century; in the eleventh



cent. it became a mere hereditary title in certain families, particularly that of Lomello. Locotheta, quem nos comitem dicimus palatii. Rather., Praeloq., lib. 1 c. 7 § 16, Migne, t. 136 col. 161. Les délégués du Comte du Palais s'appellent également comes palatii. — His substitutes are also called comes palatii. Ante presentia S. comitis palatii. *CD. Cavens.*, II no. 227 (a. 964, Benev.) Ib., II no. 320 (a. 980, Salerno). Gattola, *Hist. abb. Cassin.*, I p. 108 (a. 1019, Capua). **4.** Dans la France capétienne, plusieurs comtes du Palais figurent jusque dans la première moitié du Xe siècle, puis le titre devient héréditaire dans la maison des comtes de Champagne. — In France under the Capetians various counts palatine occur until the first half of the tenth century; since then the dignity, merely titular, is hereditarily attached to the house of Champagne. Precibus Theobaldi [Campaniae], inclyti comitis palatii. D. Radulfi reg. Fr. a. 924, *Hist. de Fr.*, IX p. 566 C. Heribertus [Trecensis] comes palatii nostri. *D. Lothaire*, no. 44 (a. 980). [Hugo Belvacensis] tantam ... gratiam a rege consecutus fuerat, ut comes palatii haberetur. Radulf. Glaber, lib. 3 c. 2 § 7, ed. Prou, p. 58. A Metz on trouve un comte palatin épiscopal. — At Metz there is a count palatine subject to the bishop. D'Herbomez, *Cart. de Gorze*, p. 172 no. 92 (a. 933); p. 179 no. 96 (a. 936). **5.** Dans la Francie Orientale (l'Empire germanique), il y a depuis le milieu du IXe siècle un comte palatin (,,Pfalzgraf") dans chacune des grandes régions ethniques (Franconie, à laquelle se rattache la Lotharingie, Bavière, Saxe, Alémanie). Il se rend plus ou moins indépendant et se mue en prince territorial; tel le ,,Pfalzgraf am Rhein". — In Francia Orientalis (the Germanic Empire) a count palatine existed since the middle of the ninth century in each of the great racial divisions (Franconia with Lotharingia, Bavaria, Saxony, Suevia). He became more or less independent and developed into a territorial prince; e. g. the "Pfalzgraf am Rhein". En Bavière — in Bavaria: Commendata civitate Radespona totaque regione Noricorum A. palatino comiti. Gerhard., V. Oudalrici, c. 10, *SS.*, IV p. 398. In comitatu H. palatini comitis. *D. Ottos II.*, no. 164 (a. 977). En Saxe — in Saxonia: *D. Heinrichs III.*, no. 20 (a. 1040). V. Joh. Gorz., c. 47, *SS.*, IV p. 350. Thietmar., lib. 6 c. 48, ed. Kurze, p. 162. Palatinus comes de Saxonia. *Const.*, I no. 83 p. 137 (a. 1111). En Lotharingie — in Lotharingia: *D. Ottos III.*, no. 93 (a. 992). Lacomblet, *UB. Niederrh.*, no. 126, I p. 77 (a. 996). Sigebert., Chronogr., a. 938, *SS.*, VI p. 348. H. palatinus comes Lothariorum. Lampert. Hersfeld., a. 1057, ed. Holder-Egger, p. 72. En Alémanie — in Suevia: Grandidier, *Hist. d'Alsace*, I p. 198 (a. 1005). Cf. M. Lintzel, *Der Ursprung der deutschen Pfalzgrafschaften. ZSRG.*, Germ. Abt., t. 49 (1929). R. Gerstner, *Die Gesch. der lothringischen und rheinischen Pfalzgrafschaften*, 1941. **6.** comes stabuli: *chef de l'écurie du Palais, qui parfois figure comme commandant d'armée — head of the palatial horse-stable, sometimes acting as an army or navy commander. Cf. voces conestabulus et constabularius. C. qui quondam comes stabuli Chilperici regis fuerat. Gregor. Turon., Hist. Franc., lib. 10 c. 5. Etiam ib., lib. 5 c. 39; lib. 9 c. 38. Ab E. come staboli. Fredeg., lib. 4 c. 42, p. 141. Ibi pluries. [Licinum rex] suo in ministerio aptavit atque comitem sui stabuli et omnium equorum eorumque custodem constituit. V. Licini, c. 7, *AASS.*, Febr. II p. 678 F. B. comitem stabuli sui cum classe misit in Corsicam. Ann. regni Franc. a. 807, ed. Kurze, p. 124. Ad tres ministeriales, senescalcum, buticularium et comitem stabuli ... pertinebat, ut ... omnes actoris regis praescirent ubi vel ubi rex ... manere debuisset. Hincmar., Ordo pal., c. 23. **7.** comme titre donné à certaines personnalités rattachées au Palais sans y avoir une fonction bien définie — as a title given to great men at the royal court who did not have any particular office. *D. Merov.*, no. 66 (a. 693). Cf. Brunner, *Deutsche Rechtsgesch.*, II[2] p. 133 n. 16. Ionas, V. Columbani, lib. 1 c. 20, ed. Krusch, p. 194. Qui in aula ... Karoli augusti comes extitit clarissimus. D. Ludov. Pii a. 817, *Hist. de Fr.*, VI p. 454 (BM.[2] 517). Comites palatini. Thegan., c. 45, *SS.*, II p. 600. **8.** *commandant militaire d'un territoire urbain (civitas), qui en plus se rend maître peu à peu de la justice et de l'administration civiles — military commander of an urban territory (civitas), who gradually gets hold of civil justice and administration as well. **9.** De là la dénomination de ,,*comte*" a été emprunté par les Ostrogoths, les Visigoths et les Burgondes pour désigner les délégués du roi chargés de l'exercice des pouvoirs publics, chacun dans une circonscription déterminée (généralement une ,,civitas"). — The term "*count*" was adopted by the Ostrogoths, the Visigoths and the Burgundians for the royal agents invested with public authority in a district (as a rule a "civitas"). Pour le royaume ostrogothique — as to the Ostrogothic kingdom: Comitem M. nobis aequitate compertum ad Massiliensem civitatem credidimus dirigendum, ut ... curam possit habere justitiae, minoribus solacium ferat, insolentibus severitatem suae districtionis obiciat, nullum denique opprimi iniqua praesumptione patiatur, sed omnes cogat ad justum. Cassiod., Var., lib. 3 epist. 34, *Auct. antiq.*, XII p. 97. Comiti provinciarum potestas data est. Ib., lib. 7 epist. 24 p. 216. G. viro sublimi comiti Syracusanae civitatis. Ib., lib. 9 epist. 11 et 14, inscr., p. 276 et 278. Pour le royaume visigothique — as to the Visigothic kingdom: Cod. Euric., c. 322. Lex Visigot., lib. 2 tit. 1 § 11 et saepe. F. Visigot., no. 39, *Form.*, p. 593. Comes civitatis. Concil. Narbon. a. 589, c. 4, Mansi, t. 9 col. 1015 E. Pour le royaume bourguignon — as to the Burgundian kingdom: Civitatum aut pagorum comites vel judices deputati. Lex Burgund., prol., c. 5. Locorum comites atque praepositi. Ib., tit. 49 § 1. Quicumque aliquem locum munificentiae petere voluerit, cum litteris comitis sui veniat. Ib., addit. 2, § 13. Dans le royaume lombard, on emploie le titre de *comes* pour certains *gastaldi* (voir ce mot), notamment pour ceux d'entre eux qui ont une compétence militaire. — In the Longobard kingdom, some of the *gastaldi* (q. v.), especially those having a military command,

are also called *comes*. Hodie Langobardorum gens nec regem nec ducem nec comites haberet. GREGOR. M., lib. 5 epist. 6, *Epp.*, I p. 287. Ut nullus dux, comes, castaldus vel actionarius noster ... D. Liutprandi reg. Long. a. 715, TROYA, *CD. Longob.*, III no. 405 p. 184 (Arezzo). *Reg. Farfense*, no. 20 (a. 748). Comes Langobardorum de Lagare [Lägerthal infra Tridentum], R. nomine, Anagnis veniens depraedatus est. PAUL. DIAC., lib. 3 c. 9, ed. WAITZ in us. sch., p. 118. [Grimoaldi] exercitum M. Capuanus comes ... adtrivit. Ib., lib. 5 c. 9, p. 189. Comes Capuanus etiam ap. ERCHEMPERT., c. 19, *Scr. rer. Langob.*, p. 242. **10.** Les Francs, dans les pays romanisés soumis à leur autorité, ont également adopté l'institution du „*comte*". Celle du „grafio" (q. v.), conservée dans les régions germaniques, différente d'abord, sera peu à peu assimilée à celle du comte par une évolution qui est terminée au VIIIe siècle. — In the conquered Romanized regions the Franks equally took over the institution of the "*count*". The office of "grafio", existing in their Germanic homeland, although originally differing from that of "count", later became assimilated to it by a process which was completed in the eighth century. Comes civitatis. SIDON., lib. 7 epist. 2. FORTUN., V. Germani, c. 30 § 86, *Auct. antiq.*, IV pt. 2 p. 17. Id., V. Martini, lib. 4 v. 101, ib., IV pt. 1 p. 351. A. comes Turonicae civitatis. GREGOR. TURON., Virt. Martini, lib. 1 c. 24, *Scr. rer. Merov.*, I p. 601. Ad A. comitem, qui Lugdunensim urbem his diebus potestate judiciaria gubernabat. Id., V. patrum, c. 8 § 3, p. 693. N. Ecolismensis comes. Id., Hist. Franc., lib. 5 c. 37 (36). Rotomagensem comitem. Ib., lib. 6 c. 31. Le *comes* distingué du *grafio* — the *comes* separated from the *grafio*: *D. Merov.*, no. 66 (a. 693). *D. Arnulfing.*, no. 23 (ca. a. 751). *D. Karolin.*, no. 6 (a. 753); no. 141 (a. 782). D. Ludov. Pii a. 816, F. imper., no. 29, *Form.* p. 307. Lex Ribuar., c. 88. Judex, hoc est comis aut grafio. Capit. I legi Sal. add. c. 7 et 9, ed. BEHREND[2] p. 133, 135. *Comes* et *grafio* employés comme synonymes — *comes* and *grafio* used synonymously: Comes Vermandensis. V. Eligii, lib. 2 c. 50 *Scr. rer. Merov.*, IV p. 728; cf. ib. c. 55: graffio. [Missi regis] nullatenus sine comite de ipso pago istam legationem perficiant. Capit. missor. (a. 792 vel 786), c. 5, I p. 67. Comes pagi. LUP., epist. 15 (a. 840), ed. LEVILLAIN, I p. 94. Comites provinciales: les comtes d'une circonscription missatique — the counts of the province controlled by a missus dominicus. Capit. missor. gener. a. 802, c. 1, I p. 92. Cf. BAUDI DI VESME, *L'origine romana del comitato langobardo e franco. Atti Congr. Int. Sc. Stor.*, t. 9 (1904), pp. 231 sqq. J. DECLAREUIL, *Des comtes de cité à la fin du Ve siècle. Nouv. Rev. Hist. Droit Fr.*, t. 34 (1910), pp. 794 sqq. R. POUPARDIN, *Les grandes familles comtales à l'époque carolingienne. Rev. Hist.*, t. 72 (1900). **11.** Souvent, réunissant plusieurs comtés dans sa main, ainsi que d'autres éléments de pouvoir (domaines, vassaux, etc. ...), d'un agent du roi le comte deviendra dans le cours des Xe-XIIe siècles un prince territorial. — Often possessing several counties together with other materials for building a powerful situation (estates, vassals etc.), the count develops in the course of the tenth to the twelfth centuries from a royal officer into a territorial prince. **12.** L'aristocratie comtale étant devenu un groupe social à part, certains seigneurs relativement puissants, qui étaient liés à ce groupe sans posséder un comté ancien, s'arrogent le titre de comte. — Since the aristocracy formed by the counts had become a distinct social group, some powerful lords who belonged to this group but did not possess any old county, styled themselves counts. Domnus comes [le seigneur du château d'Aurillac — the lord of the castle of Aurillac], sic enim omnes appellabant eum. ODO CLUNIAC., V. Geraldi (s. x), lib. 1 c. 27, MIGNE, t. 133 col. 658. Placet referre quod ... Hugo non comes, sed advocatus [Pontivorum] dictus fuerit, quod nomen illi erat insigne ... Quo etiam nomine filius ejus Angelrannus ... fuit contentus donec ... Boloniensem comitem bello peremit, ejusque relictam nobilissimam nomine Adelviam in matrimonium accepit. Et quia comitissam duxit uxorem, idcirco deinceps comitis nomen accepit, quod a successoribus ejus jam ex consuetudine tritum perseveranter tenetur. HARIULF., lib. 4 c. 12, ed. LOT, p. 206 sq. Cf. etiam ib., c. 21, p. 229 sq. **13.** comes alicujus: d'un comte qui est le vassal d'un prince territorial — of a count who is a vassal of a territorial prince. Subveniret ei in adjutorium, quia erat ejus comes atque miles promptus in omni servitio. DUDO, lib. 3 c. 59, ed. LAIR, p. 203. **14.** usité comme équivalent du terme anglosaxon „ealdorman" — used as a rendering of "ealdorman". Leg. Aelfred, tit. 15, vers. Inst. Cnuti, LIEBERMANN, p. 59 col. 2; iterum tit. 38, p. 71 col. 2. Ib., tit. 40, vers. Quadripart., p. 73 col. 1. ASSER., G. Aelfredi, ed. STEVENSON, p. 358. **15.** Après la conquête normande, l'„eorl" anglosaxon est couramment qualifié de comte. — After the Norman Conquest comes is the ordinary designation for an earl. **16.** comes palatinus: en Angleterre depuis le règne de Guillaume le Conquérant, appellation donnée à quelques „earls" particulièrement privilégiés, qui étaient seigneurs féodaux de tous les tenanciers dans leurs territoires étendus et y possédaient tous les droits publics; tels les comtes palatins de Durham, de Chester et de Lancaster — *count palatine*, in post-Conquest England, denomination assigned to a few particularly privileged earls, who were feudal lords of all the landholders in their large territories and exercised all the regalia. BRACTON., lib. 3 tract. 2 c. 8 § 4. Cf. G. T. LAPSLEY, *The County Palatine of Durham*, 1900 (*Harvard Histor. Studies*, fasc. 8). **17.** comes palatinus: un fonctionnaire du duc de Bohême — an officer of the duke of Bohemia. COSMAS, lib. 2 c. 23, ed. GÜTERBOCK, p. 115. Iterum lib. 3 c. 37, p. 209. **18.** comes urbanus: „*Burggraf*", châtelain royal dans les cités de l'Empire germanique — burgrave by royal authority in the episcopal cities of the Germanic Empire. BEYER, *UB. Mittelrh.*, I no. 413 p. 474 (a. 1107, Mainz). LACOMBLET, *UB. Niederrh.*, I no. 234 p. 152 (a. 1083, Cologne). *Mon. Boica*, t. 37 p. 46. Comes urbis: idem. GUDENUS, *CD. Mogunt.*, I no. 24 p. 55 (a. 1123). HEINEMANN, *CD. Anhaltin.*, I no. 171 p. 136 (a. 1108, Magdeburg). Mir. Mansueti, c. 1, *SS.*, IV p. 510 col. 1. Comes civitatis: idem. SCHANNAT, *Wormatia*, II p. 41 (a. 1016). ERHARD, *Reg. Westfal.*, I, CD., no. 179 p. 138 (a. 1109); no. 193 p. 151 (a. 1123). CALMET, *Hist. de Lorr.*, II pr. col. 344 (a. 1071, Toul). Comes palatii, palatinus: idem. *Hist. de Metz*, IV p. 60 (a. 936). **19.** comes marcae: *marquis* — *margrave*. Comites marcae Hispanicae, comites marcae Brittannicae. Ann. regni Franc., a. 822, ed. KURZE, p. 158 sq. Comes confinii: idem. Conv. Karant., c. 10, *SS.*, XI p. 11. Comes terminalis: idem. *D. Arnulfs*, no. 32 (a. 888); no. 63 (a. 889). **20.** comes provinciae, regionis, patriae: „*Landgraf*", une institution créée dans l'Empire germanique par Lothaire III, essai de reconstitution du pouvoir royal en face des princes — Landgrave, a new class of royal agents created in the Germanic Empire by Lothar III. Cf. Th. MAYER, *Über Entstehung und Bedeutung der älteren deutschen Landgrafschaften. ZSRG*, t. 58 (1938), pp. 138 sqq. **21.** comes: commandant des soldats sur un vaisseau de guerre — commander of soldiers on a warship. S. xii, Ital. **22.** *_recueil de péricopes_ dans l'ordre de l'année liturgique — _collection of pericops_, arranged according to the liturgical calendar.

**comestio**: **1.** *_l'action de manger_ — _eating_. **2.** *_nourriture_ — _food_. **3.** *repas, banquet* — *meal, banquet*.

**comestor**: *ôtage conventionnel* — *hostage*, warranter who has bound himself to stay in a tavern until payment of debt. S. xiii.

**comestus** (decl. iv): **1.** *repas, banquet* — *meal, banquet*. **2.** *l'action de figurer comme ôtage conventionnel* — *staying of warranters in a tavern*. S. xiii.

**cometia**, v. comitia.

**cometissa**, v. comitissa.

**comiatus**, v. commeatus.

**cominus** (subst.) = cuminus.

**comitalis**, comitialis, contilis (adj.): **1.** *qui concerne la fonction comtale* — *concerning the office of a count*. Neumasensis urbis curam sub comitali praesidio agens. JULIAN., Hist. Wambae (ca. a. 675), c. 6, *Scr. rer. Merov.*, V p. 504. In tutelam nostre imperialis defensionis, exclusa omni comitiali seu fiscali potestate, reciperemus. D. Ludov. Pii a. 817, SCHÖPFLIN, *Alsatia*, p. 67 no. 83. Monetam quam in prefata urbe comitalis potestas dominabatur. *D. Charles le Simple*, no. 33 (a. 900). [Res monasterii] aut sint de fisco regali aut de potestate episcopali vel de potestate comitali. D. Conradi reg. Burgund. (ca. a. 956), *Hist. de Fr.*, IX p. 698 A. Ei opera imperiali[a] vel comitialia funditus perdonamus: les services exigés par les comtes — services exacted by counts. *D. Ottos II.*, no. 42 (a. 973). Miles comitali honore prefulgens. ODO DE S. MAURO, V. Burchardi (a. 1058), c. 11, ed. BOUREL, p. 27. Convictus comitali ac francorum judicio. BERTRAND, *Cart. d'Angers*, I no. 5 p. 14 (a. 1040-1060). Omnes consuetudines comitales, quas [comes Andegavensis] ibi habebat. MÉTAIS, *Cart. de Vendôme*, I no. 158 p. 273 (a. 1062). Comite H. ibidem in comiciali judicio praesidente. ERHARD, *Reg. Westfal.*, I, CD. no. 172 p. 135 (a. 1101). In placitis comitialibus. GRANDIDIER, *Alsace*, II no. 400 p. 246 (a. 1044, Strasbourg). **2.** fiscus comitalis: domaine appartenant au comte en vertu de sa fonction — a demesne connected with a countship. Lamberti reg. Ital. capit. a. 898, c. 8, II p. 110. Fiscum ... una cum terra comitali que ante portam castri fore videtur. D. Ludov. IV imp. a. 904, GUÉRARD, *Cart. de S.-Victor de Mars.*, I no. 10 p. 11. Iterum ib., no. 107 p. 135 (a. 971). [Nos] comites Proventie ... donamus s. Victori ... alode nostro comitale, duas petias de terris in P. Ib., no. 172 p. 202 (a. 1040). Terra comitalis. DONIOL, *Cart. de Brioude*, no. 57. Item BERNARD-BRUEL, *Ch. de Cluny*, II no. 1026 p. 121 (a. 957). Mansos duos ... de potestate comitali ... regia auctoritate adeptus est. D'ACHÉRY, *Spicil.*, VIII p. 152 (a. 920, Autun). Omnia quae ad monasterium s. Theotfredi ... nunc videntur pertinere, aut sint de fisco regali aut de potestate episcopali vel de potestate comitali. D. Conradi reg. Burgund. ca. a. 956, *Hist. de Fr.*, IX p. 698. Comitis rectitudines ... iste sunt: ... comitales villas que pertinent ad comitatum ejus. Inst. Cnuti, lib. 3 tit. 55, LIEBERMANN, p. 614 sq. Tribuit ecclesiam ... cum porta commitale secus murum civitatis. Chron. Novalic., lib. 5 c. 5. Nullus regius aut abbatialis aut episcopalis aut comitalis homo. *D. Pépin I d'Aquit.*, no. 25 p. 106 (< a. 836 >, spur. s. x vel xi). Subst. neutr. singul. **comitale**, contile: *justice comtale* — *jurisdiction deriving from that of a count*. Castrum, villam, cortem, dominium ipsarum, contile, jurisdictionem ... *D. Ugo*, no. 19 (a. 929). Subst. neutr. plural. **comitalia**, comitialia: *les insignes de la dignité comtale* — *the insignia of the comital dignity*. Justius obtinuissent castrum et thesaurum et comitialia post domini sui mortem. GALBERT., c. 29, ed. PIRENNE, p. 52.

**comitantia**: *conduite* — *accompaniment*.

**comitari**: *être comte* — *to be a count*. L. ejus filius comitatus est post eum in castru S. Chron. com. Capuae a. 840, *SS.*, III p. 208.

**comitas**: *association* — *society*. S. xiv.

**comitatinus**, contadinus: habitant de la campagne (*contado*), par opposition aux habitants de la cité — inhabitant of the country (*contado*), as contra-distinguished from the inhabitants of the city. S. xiii, Ital.

**comitatulus**: *un comté peu considérable* — *a small county*. *D. Arduins*, no. 3 (a. 1002). *D. Heinrichs II.*, no. 320 (a. 1014).

**comitatura**: *la justice hautaine* — *high jurisdiction*. Duos bunarios terre cum comitatura. VERCAUTEREN, *Actes de Flandre*, no. 66 (a. 1114). Item no. 73 (a. 1115).

**comitatus** (decl. iv): **1.** *_les dignitaires de la Cour_, les grands auprès de l'empereur ou du roi — _the court dignitaries_, the great men surrounding the Emperor or the King. **2.** *_la Cour, la résidence_ de l'empereur ou du roi — _the Court, the_ imperial or royal _residence_. Ad nostrum venire deproperent comitatum. CASSIOD., Var., lib. 1 epist. 8. Iterum epist. 27; lib. 2 epist. 20. Ad comitatum pergens. V. secunda Liudgeri, c. 25, ed. DIEKAMP, p. 69. Aquasgrani, ubi regis comitatus erat. EGINHARD., V. Karoli, c. 14, ed. HALPHEN, p. 42. Ad comitatum accessi. LUP., epist. 58 (a. 846/847), ed. LEVILLAIN, I p. 226. Ire in comitatum. WIDUKIND., lib. 2 c. 8. Dum comitatum adirent. Fund. monast. Werthin., *SS.*, XV p. 167. Coguntur ire ad

comitatum. Cod. Udalrici, no. 45, JAFFÉ, *Bibl.*, V p. 99. Neve ad comitatum accedant. SIGEBERT., Chronogr., a. 1111, *SS.*, VI p. 373. **3.** *la charge de comte — the office of a count.* Augustidunensis civitatis comitatum ambivit; in comitatu autem positus regionem illam per 40 annos ... correxit. GREGOR. TURON., V. patrum, c. 7 § 1, *Scr. rer. Merov.*, I p. 687. Apud Arvernum ... F. a comitatum urbis [i.e. civitatis] ... abegit et S. ... subrogavit. Id., Hist. Franc., lib. 4 c. 13. Comitatum Meldensim ... conpetiit. Ib., lib. 8 c. 18. Comitatum in urbe Gabalitana promeruit. Ib., lib. 4 c. 39. Cometatus dignitatem apud Albige gessit. V. Desiderii, c. 1, *Scr. rer. Merov.*, IV p. 564. In eadem urbe comitatus officium nactus. V. Pardulfi, c. 4, ib., VII p. 26. Depuis l'époque carolingienne, cette acception est rare. — This sense occurs rarely since the Carolingian period. Hincmari Remens. epist. ap. FLODOARD., Hist. Rem., lib. 3 c. 22, *SS.*, XIII p. 523. In principio comitatus Fulconis [comitis Andegavensis]. BERTRAND, *Cart. d' Angers*, I no. 297, p. 340 (ca. a. 1070). **4.** l'ensemble des droits et des pouvoirs qui se rattachent à une charge comtale — the whole of rights and powers connected with the office of a count. [Autissiodorensis] municipii [i.e. civitatis] comitatum regebat. GREGOR. TURON., Hist. Franc., lib. 4 c. 42. Qui olim Sanctonicum rexerat comitatum. Ib., lib. 6 c. 45. Massiliae gubernacula et Albiensium cometatum ... administravit. V. Desiderii, c. 2, *Scr. rer. Merov.*, IV p. 564. [Missi regis] comitatus [genet.] pertinentia, quae comites non habent, ... inquirant. Lotharii reg. Ital. capit. missor. a. 832, c. 8, II p. 64. Rex ... promittens ei duodecim vel eo amplius comitatus se daturos [i. e. daturum]. G. Aldrici, c. 1, *SS.*, XV p. 308. [G. comes filios] suis comitatibus prefecerat. ARDO, V. Bened. Anian. (ca. a. 850), c. 30, *SS.*, XV p. 213. Sicuti [monasterium] ad comitatum tenebatur. D. Lotharii I imp. a. 849, *Hist. de Fr.*, VIII p. 387. Quae mansa antea videbantur fore de comitatu civitatis. *D. Karls III.*, no. 94 (a. 884). Silva que ad comitatum pertinet. Ib., no. 145 (a. 886). Villam B., quae olim a pravis antecessoribus nostris ab episcopatu sublata fuerat et comitatui sociata. D. Ludov. Balbi a. 879, DE CHARMASSE, *Cart. d'Autun*, Ire partie, no. 13 p. 22. Circumcingit ... de tertia parte terra de comitatu ipsius civitatis. BERTRAND, *Cart. d'Angers*, I no. 36 p. 60 (a. 924). Cf. R. POUPARDIN, *Le royaume de Bourgogne*, 1907, app. 8: Episcopatus et comitatus. **5.** le *comté*, la circonscription où s'exerce l'autorité d'un comte carolingien — *county*, the district placed under the jurisdiction of a Carolingian count. Nemo sit ausus contemnere venire ad placitum, qui infra illum comitatum manent. Lex Baiwar., tit. 2 § 14. Indiculum de comite ad vicarium ... Propterea has litteras ad te dirigimus, ut in nostro comitatu vel in tuo ministerio pleniter ipsas justicias facias. F. Merkel., no. 51, *Form.*, p. 259. Decem primores de comitatu N. F. Sangall. misc., no. 9, ib., p. 384. *D. Karolin.*, I no. 83 (a. 774). Si quis comes in suo comitatu occisus fuerit. Ewa ad Amorem, c. 7. Iterum c. 43. De latronibus et malefactoribus, qui de una [!] comitatu ad alium confugium fecerint. Capit. de part. Saxon. (a. 775-790), c. 24, I p. 70. Si fuerit aliquis qui per ingenio fugitando de comitatu ad aliud comitatu se propter ipsum sacramentum distulerit. Capit. missor. (a. 792 vel 786), c. 4, I p. 67. Comiti [i.e. comes] in suo comitatu per bannum unumquemque hominem ... in hostem pergere bannire studeat. Capit. Aquisgr. (a. 801-813), c. 9, I p. 171. Has civitates [Italiae] cum suburbanis et territoriis suis atque comitatibus quae ad ipsas pertinent ... accipiat Karolus. Div. regn. a. 806, c. 4, *Capit.*, I p. 128 l. 9. Synonyme de „pagus" — synonymous with "pagus": De ipso pago, non de altero, testes elegantur, nisi forte longius extra comitatum causa sit inquirenda. Capit. missor. Theodonisv. sec. a. 805, c. 11, I p. 124. Identique avec l'évêché — identical with a bishopric: [R. et H. missi regis] sint super sex comitatus, id est Remis, Catalonis, Suessionis, Silvanectis, Belvacus et Laudunum; super quatuor vero episcopatus qui ad eandem diocesim [i. e. provinciam] pertinent, id est Noviomacensem, Ambianensem, Taruanensem et Cameracensem, R. et B. Commem. missis data a. 825, c. 1, *Capit.*, I p. 308. Cf. J. PRINZ, *Pagus und comitatus in den Urkunden der Karolinger. AUF.*, t. 17 (1942). **6.** pour le „contado" italien, c.-à-d. la circonscription subordonnée au comte d'une cité — the "contado" in Italy, the district governed by the count of a city. E.g.: In comitatu Motinensi et Bononiensi. FANTUZZI, *Mon. Ravennati*, IV no. 2 (a. 752). Comes comitati Mediolanensis. GIULINI, *Mem. di Milano*, II p. 469 (a. 892). In pago et comitatu. Joh. XVIII pap. (a. 1003-1009) epist., MIGNE, t. 139 col. 1484 B. Consueverunt singuli singula territoria ex hac comminandi potestate [!] comitatus suos appellare. OTTO FRISING., G. Friderici, lib. 2 c. 13, ed. WAITZ, p. 116. Le „comitatus" distingué de la cité et partant restreint au seul territoire rural — "comitatus" contradistinguished from the city and thus indicating the countryside only. In suprascripta civitate [Pisa] vel comitatu eorum. MURATORI, *Antiq.*, IV col. 20 (a. 1081). Homines Bononienses de civitate et burgis et de comitatu Bononiae. Ib., col. 184 (a. 1131). Civitas Ferrarie et ejus comitatus et districtus. Ib., col. 357 (a. 1191). Arimannos in civitate Mantua ... < seu et in comitatu Mantuano > habitantes. *D. Heinrichs II.*, no. 278 (a. 1014, interpol. post a. 1133). **7.** usité pour le „scir" anglosaxon („shire" anglais) — used for the shire. Leg. Aelfred, tit. 37 § 1, vers. Quadripart., LIEBERMANN, p. 71 col. 1. Ibi pluries. **8.** *comté*, le territoire dominé par un comte au sens féodal — *county*, the area ruled by a count in the feudal sense. E.g.: Possessiones dicti monasterii quae nunc habent et quae in futuro ... habebunt in meo comitatu. VERCAUTEREN, *Actes de Flandre*, no. 13 (a. 1093), p. 43. **9.** *le plaid comtal — county law-court.* In urbe nullus judex ... placitum aut comitatum habere presumat. *D. Arnulfs*, no. 163 (a. 898, interpol. ca. a. 980). Nec ... aut vadium solvere aut ad comitatum ire ... cogantur. *D. Ottos III.*, no. 21 (a. 985). En Angleterre: la séance du tribunal du shire — in England: the shiremoot. [Causa] ad comitatus



audientiam pertrahatur. Leg. Henrici, tit. 7 § 6, LIEBERMANN, p. 553. Debent ... per annum duodecies congregari hundreta; comitatus bis, si non sit opus amplius. Ib., tit. 51 § 2, p. 573. **10.** *la justice comtale*, c.-à-d., depuis la dissolution des comtés, la justice hautaine — *comital justice*, i. e. (since the breakdown of the county organisation) high justice, esp. criminal justice. Res quasdam pertinentes ad suplementum regii honoris ... concedimus ... s. Mammeti ..., comitatum scilicet Lingonensem atque omne premium quod exigitur in toloneo. *D. Lothaire*, no. 29 (a. 967). Praecinctum in circuitu loci totum <cum districto et comitatu> teneat. *D. Heinrichs II.*, no. 386 (a. 1018, interpol. s. xii ex., Hainaut). Dedit mihi ... in eodem loco comitatum cum procinctu totius villae. MARTÈNE, *Ampl. coll.*, I p. 412 (a. 1046, Liège). [Imperator] donavit ei episcopatum pariter et comitatum urbis Cameracensis. G. Manassis et Walcheri episc. Camerac., c. 7, *SS.*, VII p. 502. Orta contentione inter abbatem et advocatos de comitatu abbatie ... omnino adjudicatus est et confirmatus abbati et ecclesie ejusque ministris. Cantat. s. Huberti, c. 21, ed. HANQUET, p. 55. Astinetum cum banno et comitatu et omni familia et questu. Ib., c. 23, p. 64. Comitatus totius allodii ad sanctum pertinet, scilicet ban, latro, trof. DE BETÉNCOURT, *Cart. de S.-Silvin d'Auchy en Artois*, no. 5 p. 19 (a. 1079). A banno scilicet, furto, teloneo, occasione inventi thesauri et si quid aliud juris in comitatu esse potest. HAIGNERÉ, *Ch. de S.-Bertin*, I no. 264 p. 120 (a. 1157-1168). Comitatus, id est latronem et sanguinem et bannum. BRUNEL, *Ch. de Pontieu*, no. 162 p. 250 c. 4 (a. 1203). Comitatum, id est potestatem vadimoniorum et fraedorum et bannorum et telonei et totius districtionis rectitudinem ... redemi. MIRAEUS, IV p. 176 (a. 1016, S.-Omer, charta suspecta). **11.** territoire où s'exerce le pouvoir haut-justicier de qq'un — area placed under a lord's high jurisdiction. De ... servientibus abbatis et monacorum, qui in oppido s. Audomari et in comitatu advocati hospitantur. GUÉRARD, *Cart. de S.-Bertin*, p. 186 (a. 1056). **12.** l'exercice de la justice hautaine, envisagée comme base d'exactions diverses — comital jurisdiction as a source of revenue. S. Bertini hereditaria et propria possessio, comitatu, exactione, molestia, vi, oppressione et omni lege seculari cujuslibet comitis vel potentis omnimodo exclusis. GUÉRARD, *Cart. de S.-Bertin*, p. 185 (a. 1056). 6 mansa terrae libera a comitatu. *Actes Phil. Ier*, no. 15 (a. 1063). Praedium ab omni exactione alicujus comitatus ... liberum. MARTÈNE, *Ampl. coll.*, IV col. 1172 (< a. 1034 >, spur. s. xii, Liège). Ab omni comitatu et censu tributario liberas et expertes. MIRAEUS, I p. 77 (a. 1096, Brabant). Ab omni reditu, comitatu, obsonio atque tocius calumpnie scrupulo penitus liberam. DUVIVIER, *Hainaut*, p. 481 no. 90 (a. 1098). **13.** la division de l'armée qui est placée sous le commandement d'un comte — section of an army headed by a count. Si quis in exercitu ... aliquid praedare voluerit, ... ne fiat. Et exinde curam habeat comis in suo comitatu; ponat enim ordinationem suam super centuriones et decanos et unusquisque provideat suos quos regit, ut contra legem non faciant. Lex Baiwar., tit. 2 § 5. **14.** comitatus palatii: la fonction de comte palatin — the office of a count palatine. V. Popponis, c. 19, *SS.*, XI p. 305. ANNALISTA SAXO, a. 1036, *SS.*, VI p. 690. D. Heinrici V imp. a. 1112, BEYER, *UB. Mittelrh.*, I no. 421 p. 481. **15.** comitatus stabulorum: la charge de connétable — the office of a constable. Comitatum ambit stabulorum; quo accepto ... GREGOR. TURON., Hist. Franc., lib. 5 c. 48. **16.** comitatus civitatis: la charge de châtelain — the office of a castellan. Honor comitatus hujus urbis. WAITZ, *Urk. deutsch. Verf.gesch.*, no. 2 (a. 1069, Toul). **17.** *congrégation de moines ou de moniales* soumise à un abbé ou à une abbesse — *group of monks or nuns* ruled by an abbot or an abbess. [Abbatissa] cum universis sibi subditis coenobialis comitatus. *Hist. de Fr.*, IX p. 2 A (a. 992, Barcelona) **18.** *voyage — journey.* De comitatu ipsius ad C. regem. V. prima Amandi (s. viii p. poster.), capitula, *Scr. rer. Merov.*, V p. 430.

**comitia** (femin.), come-, -tium (neutr.) (<comes): **1.** *la charge de comte — the office of a count.* Tibi accionem comitiae ... in pago illo ad agendum commissemus. MARCULF., lib. 1 no. 8, *Form.*, p. 47. Cometiae honorem indeptus est. V. Desiderii, c. 4, *Scr. rer. Merov.*, IV p. 565. Quicquid E. comes habere visus est ad S. ad comitium suum pertinentis [i. e. pertinens]. WIDEMANN, *Trad. s. Emmeram*, no. 113 p. 98 (ca. a. 883-887). Contin. ad ERCHANBERTUM (s. ix ex.), *SS.*, II p. 329. Comiciam vacantem dedit L. dux nobili viro A. HELMOLD., lib. 1 c. 36, ed. SCHMEIDLER, p. 70. Ibi pluries. Ad quemlibet cometie Hollandensis heredem legitimum. HEERINGA, *OB. Utrecht*, II no. 540 p. 4 (a. 1198). **2.** *comté carolingien — Carolingian county.* In comitia N. in Durgewe in centuria illa. Coll. Sangall., addit. 3, *Form.*, p. 435. **3.** *comté féodal — feudal county.* A. comes rediit in comeciam suam. HELMOLD., lib. 1 c. 56, ed. SCHMEIDLER, p. 110. Ubi finitur comitia comitis Bertoldi. Pax Franciae Rhenensis a. 1179, c. 18, *Const.*, I no. 277. Partem quandam allodii sui comitiae de Dalehem adjacentem. PONCELET, *Actes Hug. de Pierrepont*, no. 144 (a. 1216). In comitia Savoya. Ann. Erphord. fr. praedic., a. 1249, HOLDER-EGGER, *Mon. Erphesf.*, p. p. 106. Vel in comecia Hollandensi vel in dyocesi Trajectensi. KETNER, *OB. Utrecht*, III no. 1203 (a. 1249). **4.** *plaid comtal — session of a county law-court.* Comes ... ter in anno per abbatiam equitaret; ... et quicquid his tribus comitiis judicio scabinorum acquireret ... Fund. mon. Bosonis-Villae, c. 5 (a. 1043), *SS.*, XV p. 980. Ad tria comitia unusquisque dabit ... PERRIN, *Recherches*, p. 726, app. 5 c. 2 (s. xii p. post., Bouzonville). Nisi comitia teneantur in burgo. STUBBS, *Sel. ch.*[9], p. 133 (s. xii). **5.** *l'ensemble des droits et des pouvoirs qui se rattachent à une charge comtale — the whole of rights and powers connected with the office of a count.* Totam causam, quam habemus ... contra episcopum super cometia terre Sallandie. SLOET, *OB. Gelre*, no. 483 p. 488 (a. 1225). **6.** comitia palatina: la dignité de comte palatin — the dignity of a count palatine. Chron. Gozec. (s. xii med.), lib. 2 c. 2, *SS.*, X p. 152.

**comitialis**, v. comitalis.

**comitissa,** cometissa: **1.** *femme* ou *veuve d'un comte — wife* or *widow of a count.* TARDIF, *Cartons*, no. 101 p. 74 sq. (a. 811, Parisis). *Hist. Languedoc*³ II pr. no. 23 col. 79 (ca. a. 813). Ib., no. 164 col. 339 (a. 865, Toulouse). Leonis IV pap. (a. 847-855) epist., *Epp.*, V p. 598. FEDERICI-BUZZI, *Reg. di Ravenna*, p. 3 (a. 896). *D. Ugo*, no. 2 p. 8 (a. 926). WAMPACH, *UB. Luxemb.*, I no. 172 p. 229 (a. 963). BERNARD-BRUEL, *Ch. de Cluny*, II no. 1537 p. 587 (a. 980). *D. Heinrichs II.*, no. 87 (a. 1004). **2.** *fille d'un comte, femme née d'une famille comtale — daughter of a count, female member of a comital family.* Adelheit comitissa, comitis Everhardi filia, ob remedium animae suae ac mariti sui Heinrici [non comitis] ... tradidit. MULLER-BOUMAN, *OB. Utrecht*, I no. 233 p. 211 (a. 1075-1081). **3.** *comtesse* régnante — a reigning *countess.* S. xii.

**comitiva**: **1.** **charge de comte — office of a count.* Ad comitivam te Neapolitanam adducimus. CASSIOD., Var., lib. 6 epist. 23, *Auct. antiq.*, XII p. 195. In illa civitate comitivae honorem secundi ordinis tibi ... largimur. Ib., lib. 7 epist. 26, p. 217. Civitatis vestrae [i. e. civium] comitivam ... nos illi largitos fuisse noveritis. Ib., epist. 27, p. 217. Cometivam illam, quam ... agendam susceperat. GREGOR. M., lib. 1 epist. 13, *Epp.*, I p. 13. Publica in actione comitivam adsumeret. Ps.-FORTUN., V. Medardi, § 6, *Auct. antiq.*, IV pt. 2 p. 68. **2.** *comté — county.* Porciensem comitivam ingressus. Hist. Mosom., c. 4, *SS.*, XIV p. 602. **3.** *suite, compagnie — suite, escort.* Cum decenti comitiva. JAC. DE GUISIA, lib. 19 c. 20, *SS.*, XXX p. 244 l. 23. Ibi pluries. **4.** *troupe, force militaire — band, armed force.* S. xiii. **5.** *bande de maraudeurs — gang of marauders.* S. xiv.

**comitor,** comtor, comptor (< comitari): *vassal* d'un certain rang — *vassal* of a particular category. Qui interfecerit vicecomitem ..., emendet eum sicut duos comitores, et comitorem sicut duos vasvessores. Usat. Barchin., Usualia (ca. a. 1058), c. 4, WOHLHAUPTER, p. 180.

**comma,** v. cumba.

**commacinus** (<machina, cf. voc. machio): *maçon — mason.* Si magister commacinus ... domum ad restaurandum vel fabricandum ... susceperit. Edict. Rothari, c. 144. Memoratorium de mercedibus commacinorum. *LL.*, IV p. 176 sqq. (s. vii ex.)

**commanda,** commandare, v. commend-.

**commanens** (subst.): *tenancier rural* rentrant dans le cadre domanial — *holder of land in villainage.* Aut de ingenuis aut de servientibus ceterisque nationibus, qui sunt infra agros vel fines seo super terras predictae ecclesiae commanentes. MARCULF., lib. 1 no. 3, *Form.*, p. 43. *D. Merov.*, no. 5 (a. 556). *D. Karolin.*, I no. 13 (a. 760). Breves notit. Juvav. (ca. a. 790), HAUTHALER, *Salzb. UB.*, I p. 30. BEYER, *UB. Mittelrh.*, I no. 105 p. 110 (a. 866, Prüm).

**commanentia**: *habitation avoisinante — neighbouring habitation.* A villanorum commanentia segregati. D. spur. Ludov. Pii, SCHÖPFLIN, I p. 107. Quidam in eorum commanentia. HAIMO, V. Wilhelmi Hirsaug., c. 2, *AASS.*, Jul. II p. 158 F. Non quidem commanentiam hominum aspernantes. OTTO FRISING., Chron., lib. 7 c. 35, ed. HOFMEISTER p. 369.

**commanere**: **1.** **rester — to remain.* **2.** **demeurer — to dwell.* **3.** *être établi comme tenancier rural — to be settled as a holder of land in villainage.* Tam in terris ... et in mancipiis ibidem commanentibus. *D. Merov.*, no. 25 (ca. a. 661). Homines illos, qui commanunt in M. et O., quantumcumque ipsi ad parti fisco [i. e. partem fisci] nostro retinebant, ... visi fuimus concessisse. Ib., no. 30 (a. 673). Illa mancipia, qui super ipsa terra commanere videntur. ZEUSS, *Trad. Wizenburg.*, no. 63 (a. 774). Cum tributo et hominibus commanentibus, publicis videlicet, possideatur, sicut olim a jure fisci possessa fuit. F. imper., no. 18, *Form.*, p. 299. **4.** transit.: *habiter — to inhabit.* Seres ... litus Caspii maris commanentes. JORDAN., Getica, c. 5 § 31, *Auct. antiq.*, V p. 62. **5.** transit.: *posséder* une tenure rurale dans le cadre domanial — *to hold* a land in villainage. Ingenui tuo [i. e. duo] cummanent terram illam. WARTMANN, *UB. S.-Gallen*, I p. 43 no. 42 (a. 764).

**commarca,** -cha (<marca): **1.** une *terre inculte* qui fait partie d'un domaine — *waste area* belonging to a manor. Tradimus ... commarcham nostram in loco q. d. E. usque ad W., inde usque ad W. WIDEMANN, *Trad. S.-Emmeram*, no. 10 p. 9 (a. 808). [Vicini] commarcam b. Emmerammi mart. injuste sibimet usurpaverunt. ... Coepit episcopus B. inquirere ipsam commarcam totam per omnia, quemadmodum eam Tessilo dux ... b. restituit Emmerammo. Ib., no. 16 p. 15 sq. (a. 819). **2.** *finage de village*, en particulier la partie inculte du finage, le *communal — township area*, especially the waste part of it, the *common.* Dedit ... in comitatu Juliacensi [Jülich] in commarca B. curtilem cum arboreta ac de terra arabili et prata jugera 34, de silva bunuarios 26 ... In villa D. curtilem unum, et in commarca ipsius ville bifangum unum ubi possunt edificari mansa centum necnon insaginari porci mille ... D. Loth. II reg. a. 867, BEYER, *UB. Mittelrh.*, I no. 108 p. 113.

**commarcanus**: **1.** celui qui possède une tenure dans le même finage, „*voisin*" — *fellow landholder* in the same township. Quotiens de conmarcanis contentio nascitur. Lex Baiwar., tit. 12 § 8. Ille homo qui hoc testificare voluerit, conmarcanus ejus debet esse. Ib., tit. 17 § 2. Nullus de alterius silva ... aves tollere praesumat, nisi ejus commarcanus fuerit quem calasneo dicimus. Ib., tit. 22 § 11. **2.** *copropriétaire — joint-owner.* Reddiderunt ... duas partes ... ipsius ecclesiae; et alii conmarcani de alia parte similiter fecerunt. BITTERAUF, *Trad. Freising*, I no. 142 p. 147 (a. 791). **3.** *habitant d'une région limitrophe — inhabitant of a neighbouring area.* Invitatus ... a Beneventanis, Capuanis cunctisque cummarcanis ad tuitionem patriae. ERCHEMPERT., c. 32, *Scr. rer. Langob.*, p. 246.

**commarchia**: *région limitrophe — neighbouring area.* O. vicinae commarchiae Francorum comitem. WIBERT., V. Leonis IX pap., c. 14. WATTERICH, I p. 144.

**commarchio**: *ayant-droit dans les communaux — participant in a common.* Cum ... temporum proventus regionem istam ... glandium



ubertate replesset et jam mons iste ... similis fuisset circumstantibus densitate silvarum, circummanentes rustici, quos hic commarchiones appellant, porcos suos huc immittere glandesque saccis asportare et rem episcopi propriam communi usui mancipare coeperunt. V. Bennonis Osnabr., c. 14, ed. BRESSLAU, p. 16. Conprovinciales et commarchiones, qui vulgo markenote vocantur. HEERINGA, *OB. Utrecht*, II no. 542 p. 5 (a. 1200).

**commarchium**: *communal — common.* De communi suo commarchio et silvestri conterminio ... addiderunt. *Gall. chr.*², XV instr. col. 193 no. 10 (a. 1025, Murbach).

**commarchus**: *marquis — margrave.* GRASILIER, *Cart. de N.-D. de Saintes*, no. 12 p. 22 (a. 1067).

**commater**: *commère*, la marraine par rapport au père ou au parrain ou la mère par rapport au parrain — the godmother in her relation to the father or the godfather, or the mother in her relation to the godfather. GREGOR. M., lib. 4 epist. 40, *Epp.*, I p. 276. Concil. Autissiod. (a. 573-603), c. 25, *Conc.*, I p. 182. Lib. Hist. Franc., c. 31, *Scr. rer. Merov.*, II p. 293. Pippini capit. (a. 754/755), c. 1, I p. 31. Haitonis Basil. capit. (a. 807-823), c. 21, I p. 365. Concil. Tribur. a. 895, c. 48, *Capit.*, II p. 240. REGINO, Synod. caus., lib. 2 c. 5 § 33, ed. WASSERSCHLEBEN, p. 211.

**commaticus**: **couché en phrases brèves — consisting of short clauses.* Subst. mascul. **commaticus**: *aphorisme — short saying.*

**commeabilis**: **viable — viable.*

**commeatus,** comeatus, comiatus, comedus (decl. iv): **1.** **congé, la permission de s'en aller — leave of absence.* **2.** **sursis du martyre, prolongation de la vie — respite from martyrdom.* **3.** *congédiement, relâchement des liens de dépendance personnelle — dismissal, releasing the bonds by which a dependent is tied to his lord.* De illos homines qui ... eorum seniores dimittunt, ut nullus eos debeat recipere in vassatico sine comeatu senioris sui. Pippini capit. Papiense a. 787, c. 5, I p. 199. [Senior] donat illi [vassallo] commeatum. Capit. ad Franc. et Aquit. missa de Carisiaco a. 856, c. 13, II p. 282. Si uxorem ex lege sua accepit, 5 sol. de comedo vir et femina dabit. GUIMANN., Cart. s. Vedasti, ed. VAN DRIVAL, p. 257. **4.** gener.: *permission — permission.* Sine comeatu aliquid adtingere presumpsisset. IONAS, V. Columbani, lib. 1 c. 15, ed. KRUSCH, p. 178. Nihil sine commeatu omnino esset faciendum. V. Balthildis, rec. A, c. 16, *Scr. rer. Merov.*, II p. 503. Jam deinde non habuimus amplius comeato introeundi. Vis. Baronti (s. vii ex.), c. 11, ib., V p. 386. Una cum commeatu et voluntate inlustris viri Pippini ... donamus. PARDESSUS, II no. 586 p. 397 (a. 745). Si quis presbyter ... degradatus fuerit, et ipse per contemptum de suo officio sine comeato [episcopi] facere praesumpserit. Concil. Vern. a. 755, c. 9, *Capit.*, I p. 35. Iterum c. 13, p. 35. Mulier si sine commeatu viri sui velum in caput miserit. Decr. Compend. a. 757, c. 5, ib., I p. 38. Item c. 16. Cum comeatu et voluntate regis edificavi monasterium. Concil. Compend. a. 757, *Conc.*, II p. 60. Quaecumque femina potestatem habet per comiatum viri sui res suas vendere. Pippini reg. Ital. capit. (ca. a. 790), c. 11, I p. 201. Per licentiam et comeatum avi vestri. *Form.*, p. 528 no. 1 (post a. 815). **5.** un *droit de passage — passage money.* De mercato per ebdomadam 40 sol.; de commeatu per ebdomadam 20 sol. Summa proventuum monast. Centulensis (a. 831), ap. HARIULF., ed. LOT, p. 307.

**commemorare, 1.** aliquem: ** faire souvenir* de qqch. — *to remind* a person of a thing. **2.** depon. commemorari: ** se souvenir — to remember.*

**commemoratio**: **1.** **souvenir, mémoire — memory, remembrance.* **2.** **commémoration — commemoration.* **3.** *messe obituaire — obituary mass.* Test. Bertichramni a. 616, PARDESSUS, I p. 212. **4.** **mémoires écrites — written recollection.* **5.** *aide-mémoire — memorandum.* Commemoratio, quid ad praedictorum missorum legationem pertineat. Commem. missis data a. 825, c. 2, I p. 308. **6.** *charte-notice — simple written record.* Incipit de commemoratione, quod tradidit D. hereditatem suam. BITTERAUF, *Trad. Freising*, I no. 200c p. 193 (a. 805-809). Commemoratio brevi sermone conclusa de hereditate R. abbatis, quam tradidit ad s. Emmerammum. WIDEMANN, *Trad. s.-Emmeram*, no. 19 p. 24 (a. 822). **7.** *charte — charter.* WARTMANN, *UB. S.-Gallen*, I no. 81 p. 78 (a. 776). **8.** *inventaire, polyptyque — inventory, polyptychum.* Commemoratio de rebus s. Martini Trajectensis ecclesie, que jam olim ibidem a fidelibus tradite sunt. MULLER-BOUMAN, *OB. Utrecht*, I no. 49 p. 42 (ca. a. 900 ?), inscr.

**commemoratorius**: *rappelant, commémoratif — reminding, commemorative.* Subst. neutr. **commemoratorium**: **1.** *protocole, compte-rendu, actes — report, protocol.* Commemoratorium ... de electione episcoporum Ravennatis ecclesiae. Hadr. I pap. epist. (a. 788/789), Cod. Carolin., no. 85, *Epp.*, III p. 621. Concil. Tegerns. a. 804, *Conc.*, II p. 231. **2.** *charte-notice — written record.* Brevem commemoratorii de illa traditione quam fecit. BITTERAUF, *Trad. Freising*, I no. 16 p. 44 (a. 760). Brevem commemoratorium de causa ... Ib., no. 197 p. 188 (a. 804). Commemoratorium qualiter et quibus presentibus E. res suas disposuit. WAMPACH, *UB. Luxemb.*, I no. 89 p. 87 (a. 853). Commemoratorium renovationis illius traditionis. WIDEMANN, *Trad. S.-Emmeram*, no. 73 p. 68 (a. 868). Breve commemoratorium de rebus O. castaldi quas dedit. Ib., no. 61 p. 61 (ca. a. 863-885).

**commenda,** comenda, commanda, comanda (< commendare): **1.** l'acte par lequel le propriétaire d'une terre confie celle-ci à la garde d'un seigneur, en lui accordant le droit d'y lever une sorte de tribut — the act by which a landed proprietor entrusts a lord with a land for safeguarding, empowering him to levy a tribute from it. Monachi [mansum] teneant; et si in beneficium aut in comanda dare volunt ulli homini, nobis donent. BERNARD-BRUEL, *Ch. de Cluny*, I no. 137 (a. 910-927). Illam terram de C., que est s. Salvatoris et s. Fide de Conchas, mittimus in comanda Bernardo de N. DESJARDINS, *Cart. de Conques*, no. 237 p. 199 (ca. a. 1007). **2.** la *protection* qu'un seigneur exerce sur une terre confiée à sa garde, et le pouvoir qui en découle — the *protection* which a lord affords with regard to a land that has been confided to him

for safeguarding, and the power deriving from this. Quantum ego S. abba vivo, teneam et possideam [quasdam res] ..., post obitum quoque meum remaneat in comanda et in potestate A. *Gall. chr.*[2], XIII instr. col. 227 A no. 2 (a. 959, Languedoc). Donamus ... comandam et convenientiam quam habemus in uno manso, quod nullus potest dare aut impignorare nisi nobis. DC-F., II p. 442 col. 3 (ch. a. 1058, Marseille). Illud [castrum] debemus habere et tenere a te ... et ab omni vestra posteritate per comendam. *Hist. Languedoc* [3], V pr. no. 645 col. 1252 (a. 1162). **3.** *tribut* levé par un seigneur à titre d'indemnité pour la protection qu'il exerce sur une terre confiée à sa garde — *tribute* exacted by a lord as a reward for the protection he affords with regard to an area which has been put under his safeguard. Guirpivit se F. de omne usum que inquirebat in parrochia s. Paragorii et de ballia et de commanda. CASSAN-MEYNIAL, *Cart. d'Aniane*, p. 211 no. 250 (a. 1031-1048). Nullus ... in ipsum alodem guardam nec commandam neque nullam tultam non habeant. DESJARDINS, o.c., no. 13. **4.** *la terre confiée à la garde d'un seigneur — the area protected by a lord.* Unusquisque de sua terra aut de suo alode vel de suo beneficio vel de sua commanda. *Gall. chr.*[2], II instr. p. 225 (a. 990, Aquit.) **5.** *dépôt, prêt, commandite — deposit, loan, partnership.* S. xiii. **6.** *société en commandite — limited liability company.* Cf. G. ASTUTI, *Origini e svolgimento della commenda fino al secolo XIII.* Torino 1933.

**commendamentum,** coman-: **1.** *délégation — substitution.* Parata fuit probare ... ipsa aut alius per suum commendamentum judicio legali [i. e. per judicium Dei]. BERTRAND, *Cart. d'Angers*, I no. 77 p. 94 (a. 1060-1081). **2.** *autorité — power.* Jurabimus comandamentum ... Perusinorum consuium. FICKER, *Forsch.*, IV no. 154 p. 194 (a. 1183).

**commendare,** comendare, commandare, particip. praet. etiam: commenditus: **1.** *déléguer, confier* une cause à qq'un, *assigner* une tâche — *to consign* interests to a person, *to charge* a person with a task. De tuo ministerio, quod tibi commandavimus. F. Sal. Merkel., no. 51, *Form.*, p. 259. Per fistuca [suas causas] eidem visus est commendasse. MARCULF., lib. 1 no. 21, ib., p. 56. **2.** *ordonner, commander, enjoindre — to order, to command, to enjoin.* Rex nobis commendavit ut justitias in nostro ministerio facere debeamus. F. Sal. Merkel., no. 51, ib., p. 259. Si quis sclusam dimiserit, quando suus comes ei commendat facere. Ewa ad Amorem, c. 37. Nobis innotescat, ut nos commendemus qualiter nostra fuerit exinde [sc. de vino superfluo] voluntas. Capit. de villis, c. 8. De armatura in exercitu, sicut antea in alio capitulare commendavimus, ita servetur. Capit. missor. Theodonisv. sec. a. 805, c. 6, I p. 123. Iterum c. 21, p. 125. Mandent hoc nobis missi nostri, et nos commendamus quit inde fiat. Capit. de latron. (a. 804-813), c. 5, I p. 181. Quicquid [missi] de ejus [sc. imperatoris] jussione cuilibet praecipere et commendare debent. Capit. de missor. off. a. 810, c. 2, I p. 155. Jubemus et confirmantes commendamus, ut ... nonas et decimas dare non negligatis. D. Ludov. Pii a. 816, RAGUT, *Cart. de Mâcon*, no. 57 p. 45. Non dimittant ut commendata exsequi non studeant. Capit. missor. Silvac. a. 853, prol., II p. 271. Ne aliquis bonum denarium ... reicere audeat ... commendavimus. Const. Carisiac. de moneta a. 861, *Capit.*, II p. 301. Velut regula eorum comprobata commendat. D. Zwentiboldi a. 896, SCHÖPFLIN, I p. 97. Directis nuntiis ... capitali sententia se adire commendat. LIUDPRAND., Antapod., lib. 2 c. 25, ed. BECKER, p. 49. Huic sanctus commendat jocundo imperio, ut subsequenti nocte ad eum revertatur. V. Menelei, lib. 1 c. 7, MABILLON, *Acta*, III pt. 1 p. 410. **3.** *livrer* un prisonnier *à la surveillance* de qq'un — *to commit to prison.* Superaverat eos [sc. adversarios] domnus imperator et divisit eos atque commendavit. THEGAN., V. Ludovici, c. 37, *SS.*, II p. 598. **4.** *„recommander", confier* une personne (un mineur, une femme, un non-libre) *à la tutelle* d'un seigneur — *"to recommend", to confide* a person (minor, woman or serf) *to the tutelage* of a lord. Commendo sanctitati tuae ..., Lupe episcope, quos liberos esse praecipio ... Hos totos ... sacerdotali auctoritate liberos defensabis. Test. Remigii a. 533, PARDESSUS, I no. 118 p. 83. Liberos nostros et liberas nostras, quos nobis bonae memoriae genitor noster J. per testamentum suum commendavit, similiter et illos quos ... liberos fecimus, tibi, sancte Martine, defensandos commendamus. Test. Aredii a. 573, ib., I no. 180 p. 139. De libertis ... qui ... sacris sunt commendati ecclesiis. Concil. Matiscon. a. 585, c. 7, *Conc.*, I p. 167. Hospiciola ... vobis cum omnem rem, mancipiis vel terris ... commendamus, ita ut ab hodierna die omnes de parte nostra qui in ... urbe commanent, sint vobis commendati. DESIDER. CADURC., lib. 2 epist. 18, *Epp.*, III p. 213. Ipsum D. statuemus ad ipsum locum sacrum esse commendatum. Test. Tellonis a. 765, MEYER-PERRET, *Bündner UB.*, I no. 17 p. 20. Dux tradidit cellam q. v. G. ... quam construxit Boso clericus per licentiam jam dicti ducis ..., et ipse Tassilo [dux] ipsum clericum commendavit ad supradictum monasterium una cum ipsa cella. Indic. Arnonis (a. 790), c. 5 § 7, ed. HAUTHALER, *Salzb. UB.*, I no. 8. **5.** spec.: *confier un garçon à la tutelle d'un maître* afin qu'il soit instruit soit dans le maniement des armes, soit dans les lettres et la religion — *to entrust* a person *with the* military or literary *education of a boy.* Dum [a] patre nobili liberalibus litteris inbutus fuisset, Arigii [i. e. Arigio] quondam pontificis a genitore commendatus est. IONAS, V. Columbani, lib. 2 c. 1, *Scr. rer. Merov.*, IV p. 113. Pater ejus commendavit eum ad jam dicto antestite, divinis dogmatibus et monasticis disciplinis in aula regia erudiendum. V. Landberti vetustiss., c. 3, ib., VI p. 355. Pater ejus commendavit eum C. regi Francorum. V. Licinii, c. 6, *AASS.*, Febr. II p. 678. Parentes ejus ... ab scholis eum recipientes, regiam introduxerunt in aulam atque regi Francorum eum magno cum honore militaturum commendaverunt. V. Herblandi, c. 3, MABILLON, *Acta*, III pt. 1 p. 385. Parentes ... illum [quinquennem] venerando fidelissimoque viro T. commendabant, sua providentia eum ad cenobia ducere omniaque prudenter



de sua causa dispensare disponereque rogabant. HUGEBURC, V. Willibaldi, c. 2, *SS.*, XV p. 89. [Pater filium] regi D. commendare studuit. V. Filiberti, c. 1, ed. POUPARDIN, p. 3. Eum gratia hospitalitatis in urbe sua Dei sanctus reciperat, donec, sicut petierat, suis intercessionibus eum regem [i. e. regi] comendare deberet. Pass. prima Leudegarii, rec. C (s. viii ex.), c. 9, *Scr. rer. Merov.*, V p. 291. Hoc est emancipatio: si pater eorum [sc. filiorum] eos per manum dat ad alium seniorem et eos ei commendaverit. Lex Romana Curiens., tit. 22 § 6, *LL.*, V p. 409. Nullus masculum filium aut nepotem vel parentem suum in monasterio puellarum aut [i. e. ad] nutriendum commendare praesumat. Capit. eccles. ad Salz data (a. 803), c. 7, I p. 119. Jam duodecim annos habens, a patre suo ad palatium deductus est et glorioso Karolo Francorum rege [i. e. regi] ... honorifice commendatus. G. Aldrici, c. 1, *SS.*, XV p. 308. Filios suimet ... cesari commendavit. THIETMAR., lib. 8 c. 27, ed. KURZE, p. 209. Ab avunculo suo imperatori praesentatus et in manus ejus misericordiae commendatus. GERHARD., V. Oudalrici, c. 3, *SS.*, IV p. 389 l. 28. Haec ipsa filium habens adolescentem cuidam potenti commendatum, ut ab illo arma sortiretur. HARIULF., V. Arnulfi Suession., lib. 1 c. 20, *SS.*, XV p. 882. **6.** spec.: *placer* un monastère *sous la protection du roi — to put* a monastery *under the king's protection.* Ipse [abbas] eos [monachos] in manus regias pro sola tuitione ... commendaret. Fund. monast. Werthin., *SS.*, XV p. 167. [Abbas] monasterium ... propter ejus defensionem ... in manu domni imperatoris una cum monachis ibi degentibus se [!] commendavit, ut sub ejus tuitione licuisset eos cum rebus hominibusque eorum quiete vivere ac residere. D. Ludov. Pii a. 815, *Hist. de Fr.*, VI p. 485 no. 41. [Comes] commendavit nobis eundem monasterium [Fossatense] cum abbate nomine B. unacum monachis ..., obsecrans ut deinceps sub nostra defensione et inmunitatis tuitione ... consistere faceremus. D. ejusdem a. 816, TARDIF, *Cartons*, p. 78 no. 108. Commendasset illud coenobium sub tuitione ac defensione augusti cum abbate ac monachis rebusque ad se pertinentibus. *D. Charles le Simple*, no. 108 (a. 921). **7.** *transférer* un vassal *dans la vassalité d'un autre seigneur — to make* a vassal *over to another lord.* [Ludovicus imperator] prefatum pontificem [Aldricum] memorato Karolo filio suo juniori per manus commendavit. Cui jamdictus pontifex Aldricus fidem debitam servans ... G. Aldrici, c. 57, *SS.*, XV p. 326. **8.** se commendare: *„se recommander", se placer sous la tutelle protectrice* (le *mundium*, le *patrocinium*) d'un seigneur, *entrer dans la vassalité* d'un seigneur — *"to recommend oneself", to put oneself in the tutelage and protective power* (*mundium, patrocinium*) of a lord, *to take a vassalian tie.* Si [buccellarius] alium sibi patronum elegerit, habeat licentiam cui se voluerit commendare, quoniam ingenuus homo non potest prohiberi, quia in sua potestate consistit. Cod. Euric., c. 310. Petii pietati vestrae, et mihi decrevit voluntas, ut me in vestrum mundoburdum tradere vel commendare deberem. F. Turon., no. 43, *Form.*, p. 158. Abba tam se quam et ipso monasterio [i.e. ipsum monasterium] cum omnes rebus suis ad nos [sc. regem] sibi plenius comendavit. MARCULF., addit. 2, ib., p. 111. [Mulier] vult ad curtem regis ... se commendare, qui mundium ejus in potestatem debeat habere. Ed. Rothari, c. 195. Homo commendatus vel fugitivus. Lex Ribuar., tit. 72 § 5. Se patrocinio Lupi ducis ... commendavit. GREGOR. TURON., Hist. Franc., lib. 4 c. 46. Langobardi se suae [sc. Childeberti regis] dicione [i. e. ditioni] commendant. FREDEG., lib. 3 c. 92, *Scr. rer. Merov.*, II p. 118 (haustum ex GREG. TUR., ubi: ditioni subdiderunt.) Filium et uxorem eis [sc. primoribus palatii] et ipsos [i.e. semetipsos] eisdem cum fidelitatis sacramento, ut moris est, commendans. G. Dagoberti, c. 42, ib., p. 419. Si quis liberum hominem occiderit, solvat parentibus suis, si habet; si autem non habet, solvat duci vel cui commendatus fuit, dum vixit, bis 80 sol. Lex Baiwar., tit. 4 c. 29. Abbas ad nos venit et ad nos se una cum omni re monasterii sui commendavit. *D. Arnulfing.*, no. 20 p. 106 (ca. a. 748). S. abbas semetipsum et illam congregationem sanctam quam in regimen habet, et omnes res eorum in manu nostra plenius commendavit. *D. Karolin.*, I no. 2 (a. 752). Monasterium in manu nostra tradidit, etiam et secum omnem congregationem suam in mundeburdem vel defensionem nostram plenius commendavit. Ib., no. 72 (a. 772/773). Tam Spolitini quam Beneventani omnes se commendare ... excellentiae tuae cupiunt. Cod. Carolin., no. 11, *Epp.*, III p. 506. In bassalatico commendati. Capit. missor. (a. 792), c. 4, I p. 67. Se in vassaticum comitibus commendent. Const. de Hisp. a. 815, c. 6, I p. 262. Postquam ipse [vassallus] manus suas in ejus [sc. senioris] [manus] commendaverit. Capit. Karolo M. adscr., c. 8, I p. 215. Clericus nomine H., se in congregationem fratrum commendando, donavit fratribus quicquit ... possedit. ESCHER-SCHWEIZER, *UB. Zürich*, I no. 37 p. 10 (a. 820?). Hebreus nomine Abraham in manibus nostris [sc. regis] se commendavit, et eum sub sermone tuitionis nostre recepimus. F. imper., no. 52, *Form.*, p. 325. Ad presentiam ejus venerit ac se in manus ejus commendaverit. EGINHARD., epist. 28 (a. 833), *Epp.*, V p. 124. Frater suus cum illo [beneficio] quod ultra Renum est se ad N. [i. e. Ludovicum regem Germaniae] commendet. Id., epist. 29, p. 124. [Wala] se ejus [sc. Ludovici Pii] nutui secundum consuetudinem Francorum commendans subdidit. ASTRONOM., c. 21, *SS.*, II p. 618. Omnes hos fines inhabitantes ad illum venerunt et fidem sacramento commendati eidem firmaverunt. NITHARD., lib. 1 c. 6, ed. LAUER, p. 26. Vassi qui commenditi sunt episcopo et in ejus obsequio degere videntur. *D. Ottos I.*, no. 334 (a. 966). Se Willelmus filius Rollonis principis Nordmannorum Karolo commendavit. FLODOARD., Hist. Rem., lib. 4 c. 21, *SS.*, XIII p. 579 l. 21. Abbas ... se in manibus ejus [sc. regis] commendavit et sua omnia. V. altera Brunonis, c. 9, *SS.*, IV p. 276 col. 2 l. 56. Comitem ... in manibus suis commendatum haberet. ADEMAR., lib. 3 c. 41, ed. CHAVANON, p. 164. Voluit se manibus ad illum commendare pro jamdicto episcopatu. DE MARCA, *Marca Hisp.*, app. col. 1150 (a. 1069). Continuo

Northmanni et Britones commendaverunt se Ricardo unanimes, sacramento verae fidei illi se connectentes. DUDO, lib. 3 c. 58, ed. LAIR, p. 203. **9.** se anima commendare: *requérir des prières* à verser après la mort pour le salut de l'âme — *to request prayers* to be said after one's death. Corpusculum meum in ipso monasterio ... requiescat, ubi jam nos ad ipsos fratres et corpore et anima commendavimus. Test. Amandi a. 674/675, *Scr. rer. Merov.*, V p. 484. **10.** *placer* un bien-fonds *sous la protection* d'un seigneur — *to entrust* a lord *with the protection of* landed property. Commendo tibi has supranominatas obedientias ad custodiendum ac defendendum a malis et perversis hominibus. BERNARD-BRUEL, *Ch. de Cluny*, no. 889, II p. 6 sq. (a. 954-975). **11.** *confier* un meuble ou de l'argent *à la garde* de qq'un, *mettre en dépôt, prêter* — *to confide* a chattel or money *to a* person's *trust, to deposit, to lend.* Res Eberulfi diversis conceduntur: aurum argentumque vel alias meliores species, quas secum retenebat, in medio exposuit; quod vero commendatum habuit, publicatum est. GREGOR. TURON., Hist. Franc., lib. 7 c. 22. Si ad casam Dei aliquid commendatum habent. Capit. Tusiac. a. 865, c. 5, II p. 330. Vadium si pro qualibet forisfactura [praepositus] acceperit ab aliquo, non alibi quam infra curtim s. Amandi commendabit. VERCAUTEREN, *Actes de Flandre*, no. 81 (a. 1116), p. 183. **12.** *remettre* une chose *en fidéicommis* — *to hand* a thing *over to a trustee.* Si quis alteri avicam terram suam commendaverit et [alter] ei noluerit reddere. Extrav. A 2 ad leg. Sal., text. Herold., ed. BEHREND ², p. 163 l. 15. Ego A. abba ... renovo et restituo hereditatem quam commendaverunt mihi ad vitam meam A. et filius ejus O. ... ad monasterium nominato S. ... eo quod jam prefati viri in hoc ipsam rem commendaverunt mihi, ut post obitum meum jamdictum locum C. cum omni integritate ... ad sanctorum reliquias ... possidendum ... pro animabus eorum confirmassem. BITTERAUF, *Trad. Freising*, I no. 45b (a. 772). Donamus ... in elemosinam Waltolfes, sicut ille adhuc vivens nobis commendavit, ad monasterium ... DRONKE, *CD. Fuld.*, no. 228 p. 119 (a. 806). Quando homo nomine A. ... jacebat in lectulo suo ..., commendavit ab [i. e. ad] ipso J. subrascripta [i. e. suprascriptum] suo elemosinario, ut dediret [i. e. daret] sua[m] vinea[m], quod habevat in villa M., ... ad monasterio s. Petro. *Hist. de Languedoc* ³, II pr. no. 57 col. 135 (a. 821, Narbonne). Comendavit nobis suam elemosinam per suum andanlangum et per paginam testamenti sui ... Ita commendavit nobis, ut omnis res suas ... donare fecissemus ... Ib., no. 100 col. 214 sq. (a. 842, Béziers). Donamus Deo ... aliquid ex rebus Ingelberti pro ejus anima, sicut ipse ante mortem suam commendavit. BERNARD-BRUEL, *Ch. de Cluny*, II no. 1117 p. 209 (a. 961/962). Notum sit ... qualiter M. comes de G. in extremis vite sue tres vineas ... delegaverit in manus E. marchionis de C. tradendas ad cenobium s. Petri in Salzpurch. Quam traditionem prefatus marchio in manus G. comitis de P. commendavit, ut ipse vice ejus eam perficeret. Tradit. s. Petri Juvav., no. 279 (ca. a. 1149), HAUTHALER, *Salzb. UB.*, I p. 400. **13.** *commettre* une église aux soins d'un prêtre — *to entrust* a priest with a church. Princeps Francorum Carlmannus commendavit mihi [sc. Bonifatio] sedem illam ad constituendum et ordinandum episcopum, quod et feci. Bonif. et Lulli epist. 109, *Epp.*, III p. 395. A. episcopus A. presbitero ipsum oratorium in beneficio commendavit. BITTERAUF, o.c., no. 80, I p. 103 (a. 776-778). Ego [episcopus] huic diacono nomine M. non in aliud ei commendavimus ecclesiam quae sita est in loco q. d. P., nisi ut minister noster desuper fuisset et servitium cotidianum de eadem domo ad domum s. Mariae semper fecisset, sicut alii ministri nostri de nostris curtibus faciunt. Ib., no. 229, I p. 212 (a. 806). Commendavit hoc pleniter monasterium in manus episcopi ad regendum secundum canones sicut et ceteras ecclesias dyocesis sue. Breves notit. Juvav. (ca. a. 790), c. 13, HAUTHALER, o.c., I p. 34. Clerici s. Saturnini commendaverunt eclesiam s. Anatholii cum primitiis et decimis et oblationibus et aliis appenditiis cuidam clerico suo nomine S. DOUAIS, *Cart. de Toulouse*, no. 158 p. 119 (ca. a. 980). [O. sancto viro] cellam praefatam cum omnibus ad eam pertinentibus commendavit abbatemque constituit. RATPERT., Cas. s. Galli, c. 2, *SS.*, II p. 62. Hugo rex ... [M. Arelatensi episcopo] contra jus fasque Veronensem, Tridentinam atque Mantuanam commendavit — sed quod verius est, in escam dedit — ecclesiam. LIUDPRAND., Antap., lib. 4 c. 6, ed. BECKER, p. 105. Ut nullus laicorum alicui presbitero aecclesiam suam commendet preter consensum episcopi. Concil. Seligenst. a. 1023, c. 13, *Const.*, I no. 437 p. 638. **14.** *concéder en précaire* — *to grant by way of precaria.* G. abbas et monachi s. Cypriani comendaverunt cuidam sacerdoti nomine A. sub censu sol. 1, in vita sua tantum, terram ex suo beneficio ... ad excolendum et plantandum. RÉDET, *Cart. de S.-Cyprien de Poitiers*, no. 77 p. 70 (a. 973/974). Ego R. abbas ... et fratres ... non damus, sed commendamus Gaufrido 12 juctos vinearum et 10 terre et 2 pratum [i.e. prati] ... ut habeat in vita sua ... Excludimus omnes successores ejus a predictis rebus, quia nullomodo ad ipsum pertinent, sed commendamus in vita sua. Ib., no. 300 p. 189 (a. 1073-1086). **15.** aliquem, absol. (subaudi: humo): *ensevelir* — *to inhume.* In basilica s. Mykaelis commendatus est. ADAM BREM., lib. 1 c. 53, ed. SCHMEIDLER, p. 55. **16.** **prouver, manifester, montrer* — *to prove, to show, to evidence.*

**commendaria**, coman-: **1.** *protection* qu'un seigneur exerce sur une terre confiée à sa garde — *protection* of landed property with which a lord has been entrusted. Comes ... non habebat ... nisi duos panes et duos pullos ... et terra remansit isti monasterio; et [comes] hoc habebat pro comandaria. FICKER, *Forsch. z. Reichs- u. Rechtsg. Italiens*, IV no. 159 p. 201 (a. 1185, Pavia). **2.** *redevance due comme prix de la protection* qu'un seigneur exerce sur une terre confiée à sa garde — *tribute exacted* by a lord *as a reward for protection* of landed property. S. xiii. **3.** *société en commandite* — *limited liability company.* S. xiii, Ital.



**commendaticius,** comen- (adj.): **1.** *qui contient une recommandation* — *containing a recommendation.* Litterae commendaticiae: lettre d'introduction, certificat — letter of introduction, testimonial. MARCULF., lib. 2 no. 46, *Form.*, p. 102. Concil. Latun. a. 673-675, c. 19, *Conc.*, I p. 219. Stat. Rhispac. a. 799, c. 26, *Capit.*, I p. 228. Concil. Francof., c. 27, *Conc.*, II p. 169. Carta commendaticia. F. Sangall. misc., no. 7, *Form.*, p. 383. Preceptum commendaticium. Lib. diurnus, c. 54, inscr., ed. SICKEL, p. 44. **2.** d'une personne: *qui s'est recommandé à un maître* — of a person: *having recommended himself to a lord.* Cum comendaticiis hominibus, qui partem suarum rerum in eodem loco offerre videntur seu qui ex integro cum omnibus suis pro sua salvatione eidem [monasterio] se conferunt. *D. Berengario I.*, no. 38 (a. 903), p. 112 l. 16. Subst. mascul. **commendaticius,** comen-: personne appartenant à une classe déterminée de dépendants, à l'origine des gens qui s'étaient recommandés à un maître — dependent person of a definite class, consisting originally of people who had recommended themselves to a lord. Cum familiis, commendaticiis, libellariis, cartulariis atque aldionibus. *D. Karls III.*, no. 21 (a. 880). A rebus ipsius monasterii seu ab hominibus liberis ac servis, aldiis ac aldianis reliquisque comendaticiis. *D. Arnulfs*, no. 141 (a. 896). Cum ... familiis utriusque sexus, libellariis vel cartulaciis seu commendaticiis. *D. Berengario I.*, no. 51 (a. 904), p. 148 l. 25. Item ib., no. 78 (a. 911), p. 213 l. 26. Ibi pluries. Liberos, commendaticios, libellarios. *D. Heinrichs III.*, no. 132 (a. 1045). Subst. femin. **commendaticia**, comen-, coman-, -datia, -dasia, -ditia, -disia: **1.** *concession en tenure censale* en vertu d'un contrat de précaire — *granting land as a rent-owing tenement* by virtue of a precaria contract. F. Sal. Bignon., no. 22, *Form.*, p. 236. F. Sal. Merkel., no. 6, ib., p. 243. Rursum no. 37, p. 255. **2.** *l'action de confier un bien-fonds à la garde d'un seigneur* — *the act of entrusting a lord with the safeguard of a landed property.* Terram ... misit ... in commendasiam Odoni comiti, talem videlicet, ut unusquisque qui in ea terra bordam vel domum haberet, ... minam avenae redderet illi ob tutamentum. FLACH, *Orig.*, I p. 403 n. 2 (a. 1083, Vendôme). **3.** la *protection* qu'un seigneur exerce sur un bien-fonds confié à sa garde, et le pouvoir sur ce bien-fonds qui en découle — the *protection* which a lord exercises regarding a landed property which has been confided to him, and the authority deriving from this. Exceptis illis terris, quae sunt de meo alode ac beneficio sive de franchisis seu de commandaciis et de vicariis. Sacram. pacis Belvac. (ca. a. 1023), c. 14, PFISTER, *Robert*, p. LX. **4.** le *tribut*, consistant en redevances ou en services, *levé par un seigneur à titre d'indemnité pour la protection* qu'il exerce sur une terre confiée à sa garde — the *tribute* consisting in dues or services, *exacted by a lord as a reward for the protection* he affords regarding a landed property which has been confided to him. Dono franchisias et vicarias et omnes consuetudines et comandicias quas mihi parentes mei dimiserunt. BERNARD-BRUEL, *Ch. de Cluny*, IV no. 2483 (a. 999-1027). Terram [i. e. terrae] de M. recta comandisia est comiti de foduro et carregium. Consuet. Vindocin. s. xi ap. BOUREL, *Vie de Bouchard*, p. 35. Terra de S. omnem consuetudinem reddit, vicariam, comandisiam, prisionem de pane et carne. Ib., p. 36. Apud Lexovium totam consuetudinem et commendatitiam, quam ibi comes habere solet. Priv. Alex. II pap. (ca. a. 1062), PFLUGK-HARTTUNG, *Acta*, I no. 38 p. 37. Ut commendisiam sive toltam, quam hactenus in terra ipsorum [monachorum] injuste habueram, remitterem. *BEC.*, t. 36 p. 408 (a. 1086, Anjou). Senescallus comitis Vindocini, existimans S. [domino Ambaziensi] consuetudines, quas pater ejus habuerat in pago Vindocinensi, auferre, que vulgo commendatitie dicuntur. G. Ambaz. domin., HALPHEN-POUPARDIN, *Chron. d'Anjou*, p. 116. **5.** *tribut* analogue *pour la protection d'une personne* — similar *tribute for the protection of a person.* Cum praepositus noster [sc. comitis Blesensis] de S. Deodato ... in majo ad clientelas quas vulgo commandicias vocant, venerit recipiendas. *Gall. chr.* ², VIII instr. col. 516 (a. 1164). Liberi homines utriusque domini tutele submissi ... immunes debent esse ab omni taillia et exactione; commendisias suas tenentur persolvere. GARNIER, *Ch. Bourg.*, I p. 339 no. 185 § 19 (a. 1206).

**commendatio**: **1.** *ordre* — *order.* Vestra commendatione ac jussione ... idem monasterium ... in vestram ditionem redactum ... habuissetis. Synod. Vermer. a. 853, c. 2, *Capit.*, II p. 423 l. 20. Domni apostolici commendatio ab euangelica veritate ... in nullo discordat. Conv. ap. Saponar. a. 862, c. 6, ib., II p. 161 l. 16. Quicumque hanc commendationem nostram aliquo ingenio infirmare ... inventus fuerit. Edict. Pist. a. 864, c. 24, ib., II p. 320. Ego M. notarius ibi fui et ex dicto et commendatione episcopi et comitum ... hanc notitiam ... scripsi. FICKER, *Forsch.*, IV no. 30 p. 42 (a. 981). **2.** *mandat* — *mandate.* Commendationem nostram ex hoc scribere rogaremus, quae ex more in nostro palatio apud cancellarium retineatur et inde per missos nostros dirigatur. Const. Carisiac. de moneta, a. 861, *Capit.*, II p. 301. **3.** *recommendation* de la personne à un maître, *hommage vassalique* — *recommendation* of oneself to a lord, *vassalian homage.* Primores partis illius regni ... voluerunt se illi [sc. regi] commendare; sed ... non eos in commendationem suscepit. Ann. Bertin. a. 882, ed. WAITZ, p. 152. Haec a vobis exigo: ... commendationem vestrorum militum, qui de nostro casamento beneficium tenent. FULBERT., epist. 5, *Hist. de Fr.*, X p. 447 C. **4.** *la protection qu'un seigneur accorde à une personne* qui a été recommandée à lui ou qui s'est recommandée elle-même — the *protection which a lord affords* to a person who has been recommended to him or has recommended himself to him. Nostram [sc. regis] commendatione[m] expetivit abire [i. e. habere]. F. Senon., no. 28, *Form.*, p. 197. Liberos homines vos habere permittam, ut vestram habeant commendationem. WAITZ, *Deutsche Verfassungsg.*, III ² p. 492 (a. 804). Liberi homines qui vel commendationem vel beneficium aecclesiasticum habent. Capit. Mantuan. II a. 787 (?), c. 5, I p. 197. Sub obtentu seu occasione commendationis atque facticii clericos illius [ecclesiae] ac laicos ... recipien-

tes. *D. Ottos III.*, no. 206 (a. 996). **5.** *la protection qu'un seigneur exerce sur un bien-fonds confié à sa garde*, et le pouvoir qui en découle — *the protection afforded by a lord regarding landed property which has been confided to him*, and the power deriving from this situation. [Rainardus] tenuit commendationem a seniore suo Gelduino, ipsius oppidi domino, in quadam terra s. Albini ... Fulco [comes Andegavensis] ... invasit atque tulit omnes possessiones [inimicorum suorum] dedit que suis militibus terras. Walterio vero ... dedit commendationem quam tenebat supradictus Rainardus in terra s. Albini. BERTRAND, *Cart. d'Angers*, I no. 236 p. 282 (post. a. 1025). R. abbas, volens devitare injurias et infestationes malefactorum, posuit in commendatione mea [sc. comitis Blesensis] duas villas suas ... 10 sol. ... mihi reddendo ad festum s. Joannis Baptistae. DC-F., II p. 444 col. 2 (a. 1148, Vendôme). **6.** le *tribut levé par un seigneur à titre d'indemnité pour la protection* qu'il exerce sur une terre confiée à sa garde — the *tribute exacted by a lord as a reward for the protection* he affords regarding landed property which has been confided to him. Salvamentum sive commendationem quam in N. villa accipiebant. DUCHESNE, *Hist. des ducs de Bourg.*, pr. p. 21 (ch. a. 1076). Vicecomes de T. expetebat guardam quam commendationem vocant de villa q. d. B. ... G. prepositus ... fecit de hac re tale placitum cum eo: Monachus de B. dabit per singulos annos ad Pascha quinque sol. de commendatione vicecomiti ... Pro hac re promisit vicecomes predictus supradictam villam et omnes homines ipsius ville se ubique servaturum. BERTRAND, o.c., I no. 146 p. 173 (a. 1114). **7.** *un bien qui a été mis sous la protection d'un seigneur — a property which has been subjected to a lord's protection.* Curtem L. et de V. cum omnibus pertinentiis suis et districtis et commendationibus ipsis. *D. Lothars III.*, no. 101 (a. 1136). **8.** *l'action de confier un meuble à la garde de qq'un, dépôt, prêt — confiding a chattel to a person's trust, deposit, loan.* De cautionibus sive de quibuslibet commendationibus, ut, si quis aliquid dederit ad negociandum sive aliqua pignera posuit ... Pactum Lotharii imp. a. 840, c. 23, *Capit.*, II p. 134. De commendationibus quarumlibet facultatum vel pecuniarum. Capit. Tusiac. a. 865, c. 5, II p. 330. **9.** *fidéicommis — fideicommissum.* In A. coloniam quam ipse possidet, habeat commendatione ipse M. ... cum uxore et filiis suis nutrimentum. Test. Tellonis a. 765, MEYER-PERRET, *Bündner UB.*, I no. 17 p. 20. **10.** *l'action de commettre une église aux soins d'un prêtre — entrusting a priest with a church.* Laici non audeant munera exigere a presbiteris propter commendationem ecclesiae cuique presbitero. Capit. e canon. exc. a. 813, c. 3, I p. 173. **11.** **service d'obsèques, prière pour le défunt — funeral service, prayer for the dead.* Mortuos cum commendationibus animae et orationibus dignis obsequiis sepulturae tradere. EBBO REMENS. († a. 851), De ministris, ap. DC.-F., II p. 444 col. 3. Cum salutaribus commendationibus sacro velamine operuerunt. V. Deodati Blesens., c. 9, *AASS.*, Apr. III p. 278 D. Episcopus cum omni sacerdotum choro celebravit commendationem et missam omnium fidelium defunctorum pro salute animae boni comitis. GALBERT., c. 77, ed. PIRENNE, p. 121.

**commendativum**: *région qui a été mise sous la protection d'un seigneur — area subject to a lord's protective power.* Est ipsa terra ... in pago Lemovicino, in commendativo parentum nostrorum de Castello Cabanensi, in villa ... GRASILIER, *Cart. de Saintes*, no. 140 p. 107 (a. 1010).

**commendator**: **1.** *commandeur* d'une maison de l'Ordre des Hospitaliers ou de l'Ordre Teutonique — *commendator* of a house of the Order of St. John or of the Teutonic Order. S. xiii. **2.** *associé commanditaire — limited partner.* S. xiii.

**commendatus**, comen-, -ditus (adj.): *qui a été recommandé* ou qui s'est recommandé soi-même *à un patron — having been recommended* or having recommended himself *to a patron.* Quis hominum ipsius monasterii utilitatibus famulantium, ingenuus commendatus sive servus. *D. Berengario I.*, no. 1 (a. 888), p. 7 l. 10. Subst. **commendatus**, comen-, -ditus: **1.** *un individu qui a été recommandé* ou qui s'est recommandé soi-même *à un patron — a person who has been recommended* or who has recommended himself *to a patron.* Locum ipsum per Th. abbatem et commenditum nostrum restauravimus. Faroaldi ducis epist. (a. 685/686), MABILLON, *Ann.*, II p. 756 col. 1. Ipsi homines ad tunc sui comenditi erant et illum abebant patronem. THÉVENIN, *Textes*, no. 71 (a. 834, Narbonne). *CD. Langob.*, no. 193 (a. 856). Servitoribus ipsius ecclesiae et commenditis. D. Ludov. II a. 859, FATTESCHI, *Mem. Spoleto*, p. 296 no. 54. **2.** *individu qui appartient à une classe de dépendants créée primitivement par des actes de recommendation — one of a class of dependents created originally by acts of recommendation.* Nullam in commenditis eorum liberis ac servis, massariis, libellariis, aldionibus violentiam inferat. *D. Karlmanns*, no. 21 (a. 879). [Episcopii] aldionibus et aldianis, libellariis et comenditis. *D. Karls III.*, no. 47 (a. 882). Homines ejus, liberos, commenditos, libellarios ac cartulatos. *D. Berengario I.*, no. 12 (a. 894), p. 45 l. 16. Cum ... servis et ancillis, liberis ac commendatis. Ib., no. 66 (a. 908), p. 179 l. 8. Vel a mansariis vel a castellanis vel a plectitiis vel incensitis vel a comendatis vel clericis vel famulis ipsius. *D. Ottos I.*, no. 348 (a. 967). Vasallos, comendatos, servos vel aldiones. *D. Heinrichs III.*, no. 292 (a. 1052). Si forte aliqui ex meis commendatis in alodo a monachis habitare permittantur, si commendationem ad terminum sibi positum reddere contemserint ... FLACH, *Orig.*, I p. 285 n. 1 (a. 1061, Tonnerrois). Ego dux vel filii mei vel uxor mea commendatos vel hominem talliabilem infra Divionem ... habere non possumus. GARNIER, *Ch. des comm. en Bourg.*, I p. 12 no. 5 § 39 (a. 1187, Dijon). Subst. neutr. **commendatum**: **1.** *ordre — order.* Non per meum comandatum. FATTESCHI, *Memor. di Spoleto*, p. 284 no. 39 (a. 798). **2.** *délégation, remise en charge — entrusting.* Qui tenent istas turres propter commendatum episcopi. DE FONT-RÉAULX, *Cart. de Limoges*, p. 175 no. 181 (a. 1045-1050).



**commendus**, comandus: *dépendant sujet à un droit de commandise — a dependent subject to the protective power of a lord.* Apud C. [habet comes] unum comandum. Coutumes de Vendôme s. xi med., BOUREL, *Vie de Bouchard*, p. 36.

**commensalis** (subst.): *compagnon de table*, bénéficiaire d'une allocation quotidienne en vivres — *table-companion*, one who receives daily food in a household. Accipiant de expensa curiae tamquam commensales ducis ... 2 sol. de pane. PÉRARD, *Rec. de Bourg.*, p. 246 (ch. a. 1172). Nisi frater Hospitalis fuerit vel eorum commensalis. *Actes Phil.-Aug.*, no. 658 (a. 1200/1201), II p. 217.

**commentariensis** (subst.): **1.** **geôlier — jailer.* **2.** *scribe, notaire — scribe, notary.* V. Maximini Miciac. (s. ix), c. 3 § 11, MABILLON, *Acta*, I p. 584. WALAFR., Exord., c. 32, *Capit.*, II p. 516. ASTRON., V. Hludov., c. 19, *SS.*, II p. 617. V. altera Medardi (s. ix med.), *Hist. de Fr.*, III p. 453.

**commentarium**, -us: *prison — prison.* Praefectorum carceres commentarios dictos. V. Athanasii Alexandrini, *AASS.*, Maji I p. 229.

**commentarius**: *notaire — notary.* H. commentarius ad vicem S. cancellarii scripsit. DE CHARMASSE, *Cart. d'Autun*, 1re partie, no. 40 p. 66 (a. 1076).

**commentator**: **1.** **auteur — author.* **2.** **commentateur — commentator.* **3.** *geôlier — jailer.* Acta Canionis, *AASS.*, Maji VI p. 30.

**commentum**: **commentaire — commentary.* Nec libri Aristotelis de naturali philosophia nec commenta legantur. DENIFLE, *Chartul. Univ. Paris.*, I, p. 70, no. 11 (a. 1210).

**commercarius**: *marchand — merchant.* JOH. AMALPH., De mirac., ed. HUBER, p. 96.

**commercatio**: *l'action de faire le commerce en commun, association commerciale — trading together, partnership.* Hansa sua sit privatus ... et nullus infra annum unum commercationem cum eo faciet. HÖHLBAUM, *Hansisches UB.*, I p. 86 (a. 1233, Utrecht).

**commercator**: **associé de commerce — trading partner.* G. Gerardi episc. Camerac., c. 3, *SS.*, VII p. 498.

**commercialis**: **qui concerne le commerce — concerning commerce.*

**commercium**: **1.** **marchandise — merchandise.* Oceanusque negat commercia ferre Britannis. FORTUN., V. Martini, lib. 3 v. 26, *Auct. antiq.*, IV pt. 1 p. 330. Suos vinus vel suus commertius [i. e. suos commercios], quislibet negotium, potestate[m] habeant vindendi. Cart. Senon., no. 36, *Form.*, p. 201. Medietatem telonei tam de carris quam de navibus vel de omni commercio quod in eodem pago venditur aut emitur. F. imper., no. 19, ib., p. 300. In mercatibus ubi communia commertia emuntur et venundantur. Capit. de funct. publ. a. 820, c. 1, I p. 294. Ubicumque naves eorum aut aliqua conmertia ad quascumque villas aut loca accessum habuerint. D. Ludov. Pii a. 814, *Hist. de Languedoc* [3], II pr. no. 32 col. 97. **2.** *chose donnée en échange — what is given in exchange.* Huic ecclesie quoddam monasterium ... largitus est. Quod quia erat dos uxori[s] sue ..., pro monasterio illo dedit ei [sc. uxori] utile commercium ad voluntatem ejus, dimidium fevum scilicet de B. BERTRAND, *Cart. d'Angers*, I no. 354 p. 406 (a. 1098). **3.** **gain, profit, bénéfice — profit, gain, returns.* Meton.: Pro commercio animae suae. *D. Charles le Chauve*, no. 2 (a. 841), I p. 6. **4.** **voie de communication — trade-route.* **5.** *région frontière — frontier area* (pro commarchia, v. hanc vocem). A. comes qui in commercio Hispaniae atque Galliae ... residebat. Ann. regni Franc., a. 809, ed. KURZE, p. 130. **6.** *péage — custom.* Commercium nullum dabitis in tota terra quam habeo. Ch. Balduini reg. Hierosol. pro Genuens. a. 1109 ap. DC.-F., II p. 448 col. 1. **7.** *transaction extra-commerciale — non-commercial deal.* Predia vel a fidelibus donata vel honesto commercio et impensa cenobiali a nobis conquisita. MULLER-BOUMAN, *OB. Utrecht*, I no. 506 p. 452 (a. 1181).

**commessari** et derivata = comissari.

**commilito**: **1.** *chevalier de la maisnie* entretenu par le seigneur — *knight living in his lord's household.* Erat ... domi militiaque optimus, commilitonibus suis carus. WIDUKIND., lib. 2 c. 33. Quoscumque milites probos undecumque sibi commilitones retinebat. GISLEB., Chron. Hanon., c. 48, ed. VANDERKINDERE, p. 83. Ibi pluries. LAMBERT. ARDENS., c. 18, *SS.*, XXIV p. 570; c. 96, p. 607. **2.** *co-vassal — fellow vassal.* Commilitonum suorum judicio adjudicatus beneficia perdidit. VULCULD., V. prima Bardonis, c. 7, *SS.*, XI p. 320. **3.** *co-„ministerialis" — fellow "ministerialis".* W. servitor s. Rodberti ... traditionem ... per manum cujusdam C. sui commilitonis perpetravit. Trad. s. Petri Juvav., no. 137[a] (ante a. 1116), HAUTHALER, *Salzb. UB.*, I p. 317. Item no. 280 (ante a. 1151), p. 401.

**comminari** et comminare, **1.** aliquem: **menacer — to threaten.* **2.** pecora: *rassembler — to drive together.*

**comminatorius**: *menaçant — threatening.* S. xiii.

**comminister**: *co-domestique — fellow servant.*

**comministerialis**: *co-„ministerialis" — fellow "ministerialis".* Unusquisque [ministerialis] pro se jurabit cum duobus suis comministerialibus. MULLER-BOUMAN, *OB. Utrecht*, I no. 528 p. 468 (a. 1187/1188).

**comministrare**: **1.** *servir ensemble — to serve jointly.* **2.** *célébrer la messe conjointement — to celebrate Mass jointly.* MULLER-BOUMAN, *OB. Utrecht*, I no. 332 p. 306 (a. 1131).

**commissarius**: **1.** *commissaire royal* chargé d'une mission particulière — *commissioner.* [Rex] dignaretur per commissarios suos facere inquiri. JAC. DE GUISIA, Ann. Hanon., lib. 21 c. 58, *SS.*, XXX p. 316 l. 31. J. comiti ... obedierunt ... tamquam nostro commissario. *Const.*, IV pt. 1 no. 292 (a. 1309). **2.** *exécuteur testamentaire — executor.* S. xiii.

**commissio**: **1.** *mission, délégation — commission, mandate.* S. xiii. **2.** *bail à ferme — lease.* In commissionem recepi juridicionem ... et censum ... ad vitam meam sub annuo pacto continue possidenda. VAN DEN BERGH, *OB. Holland*, II no. 173 p. 77 (a. 1268). **3.** *commise, confiscation* d'un fief — *forfeiture* of a fief. S. xiv. **4.** **mauvaise action, péché — evil deed, sin.*

**commissum**: **1.** *diocèse — diocese.* Clericis in parrochia O. ecclesie degentibus seu ceteris fidelibus ecclesiae in superdicto commisso commorantibus. Concil. Aquisgr. a. 800, *Conc.*, II p. 221. **2.** *dépôt — trust, custody.* Loc. in

commisso habere. **3.** *commise, confiscation* d'un fief ou d'une censive — *forfeiture* of a fief or leasehold.

**commissura**: *assemblage* d'une charpente — *scarfing*. RICHER., lib. 3 c. 50, ed. LATOUCHE, II p. 134.

**commissus** (subst. decl. i): *individu placé sous la protection d'un seigneur — a dependent subject to the protective power of a lord*. [Prior ecclesiae] habeat potestatem suos liberos homines suosque commissos dijudicare. *D. Heinrichs IV.*, no. 343 (a. 1081), p. 454 l. 10.

**commissus** (decl. iv): *délit — delinquency*. Quasdam res ... pro cujusdam viri commissu ... fiscatas. *D. Ottos I.*, no. 107 (a. 949). Item ib., no. 164 (a. 953); no. 219 (a. 961); no. 236 (a. 962).

**committere**: **1.** *enjoindre — to enjoin*. Mihi commissit [moriens], ut post transitum suum [ejus voluntatem] adpublicarem. F. Visigot., no. 25, *Form.*, p. 587. **2.** *consigner — to consign*. Si quis concivi suo bona sua ad negociandum commiserit. KEUTGEN, *Urk. städt. Verf. gesch.*, no. 139 § 30, p. 141 (s. xii, Soest). **3.** *confier un jeune à la tutelle d'un maître — to entrust a person with the education of a minor*. Agilus committitur Eustasio probatae religionis viro sacris litteris erudiendus. V. Agili, c. 4, MABILLON, *Acta*, II p. 318. **4.** se committere: *„se recommander", entrer dans la vassalité* d'un seigneur — *"to recommend oneself", to take a vassalian tie*. Se filius Rollonis Karolo [regi] committit. FLODOARD., Ann., a. 927, ed. LAUER, p. 39. Ibi saepe. Regis manibus [comes Normanniae] sese militaturum committet fidemque spondet ac sacramento firmat. RICHER., lib. 1 c. 53, ed. LATOUCHE, I p. 104. Similiter lib. 2 c. 7, p. 136. L. miles ... L. et B. cognatis suis sese commisit, quorum gratiam adeptus plurima sibi contulerunt. PROU-VIDIER, *Ch. de S.-Benoît-s.-Loire*, I no. 51 (a. 956). Manibus se illius commisit. G. pontif. Camerac., lib. 3 c. 55, *SS.*, VII p. 487 l. 43. **5.** aliquem: *livrer* un coupable *pour détention ou pour jugement — to commit* a person *to prison or for trial*. S. xii. **6.** aliquid: *perdre son droit sur une tenure* (fief ou censive) par un délit ou par une omission — *to lose one's right to a tenancy* (fief or leasehold) by a delinquency. Eadem [bona] tenebant ab ecclesiis antedictis; et ideo, si ea commiserunt, non domino regi sed potius ipsis ecclesiis fuerant applicanda. DC.-F., II p. 449 col. 3 (ch. a. 1250).

**commixtio**: **1.** **mélange — mixture*. **2.** **union sexuelle — sexual intercourse*. **3.** *immixtion — interference*.

**commodare**: **1.** **prêter* des objets gratuitement pour usage temporaire — *to lend out* a thing gratis for a space of time. **2.** *emprunter* des objets pour usage temporaire — *to borrow* a thing for a space of time. Omnia utensilia ibidem habeant, ita ut non sit necesse aliubi hoc quaerere aut commodare. Capit. de villis, c. 42. **3.** *prêter* de l'argent, d'ordinaire contre un intérêt — *to loan* money, as a rule at interest. Clericus ... pecuniam non commodit [i. e. commodet] ad usuras. Concil. Aurel. a. 538, c. 30, *Conc.*, I p. 82. Rogo, aliquid de pecunia nobis commodes ...; pecuniam tuam cum usuris reddimus. GREGOR. TURON., Hist. Franc., lib. 3 c. 34. Qui commodaverit pecuniam, pecuniam accipiat; si speciem aliam, eandem speciem ... accipiat. Admon. gener. a. 789, c. 39, *Capit.*, I p. 56. Ut nullus presbyter suam pecuniam ad usuram non donet, ne a quoquam plus recipiat quam commodaverit. Ghaerbaldi Leodiens. capit. (a. 802-810), c. 14, ib., I p. 244. Nemo credet pecuniam suam vel comodabit hostibus communie. Priv. pro Suession. a. 1181, *Actes Phil.-Aug.*, no. 35 c. 13. **4.** *concéder* un bien-fonds *à titre de précaire — to grant* a property to a person *in precarial tenure*. Si moriatur ille cui pecunia [i. e. praedium] commodata fuit, ecclesia cum propria pecunia revestita sit. Capit. Liptin. a. 743, c. 2, I p. 28. Licentiam non habeat [praedium] vendendi atque commodandi nec exinde in publico aliquid faciendum [i. e. faciendi]. BITTERAUF, *Trad. Freising*, I no. 124 p. 135 (a. 788-792).

**commodator**: **prêteur — lender*.

**commodatum**: **1.** **chose prêtée — thing lent*. **2.** *contrat de prêt — loan contract*.

**commodifer**: *profitable — advantageous*. S. xiv.

**commodiosus**: *profitable — advantageous*. S. xiv.

**commoditas**: *denrée, provision — commodity, goods*. S. xii.

**commodum**: *argent de corruption — bribe*. Judex si per quodlibet commodum male judicaverit. Lex Visigot., lib. 2 c. 1 § 19. Agnovi quod ... nullus ad sacrum ordinem sine commodi datione perveniat. Joh. VIII pap. (a. 872-882) epist. ap. DC.-F., II p. 450 col. 2.

**commonachus**: *confrère* (moine) — *fellow monk*. S. xii.

**commonere**: **1.** **exhorter, conseiller — to incite, to recommend*. Fiduciam habere commonens. ANAST. BIBLIOTH., Chronogr., ed. DE BOOR, p. 339. **2.** *enjoindre — to enjoin*. Hanc notitiam M. notarium facere commonuimus. FATTESCHI, *Memor. di Spoleto*, p. 289 no. 46 (a. 823). **3.** *avertir, intimer — to admonish*. Terras in contentione positas nullus villanus laboret postquam commonitus fuerit ... Si vero ter commonitus postea ibi laboraverit ... Synod. Helen. a. 1065, c. 8, HUBERTI, *Stud. z. Rechtsg. d. Gottes- u. Landfr.*, p. 344. **4.** *citer en justice — to summons*. Omnes intro placito isto communiantur. Lex Sal., tit. 47. Per hunc indecolum commoniti ad nostram veniatis presentiam ob hoc dando responsum. MARCULF., lib. 1 no. 26, *Form.*, p. 59. Qui commonetur et ad audientiam venire distulerit. F. extrav., ser. 1 no. 3b, ib., p. 535. **5.** *convoquer — to convoke*. Archidiaconus episcopi eos [sc. presbyteros et clericos] ad synodum commoneat unacum comite. Et si quis contempserit ... Pippini capit. (a. 754-755), c. 3, I p. 31. Si vim vellet inferre vel ulla occasionis intentione placitum commonere. *Gall. chr.* ², II instr. col. 443 (s. xi med.) **6.** *appeler sous les armes — to call up* for military service. Si exercitus hostilis terram intraverit ... et burgenses ville fuerint commoniti, cum ipso comite patrie succurrere ... tenebuntur. WAUTERS, *Origine*, p. 17 (a. 1142, Soignies).

**commonialis** (subst.): *co-religieuse — fellow nun*. S. xiii.

**commonitio**: *appel* aux armes, ou bien aux travaux publics — *calling-up* for military service or works of public utility. Pro quacumque commonitione quam fecerint, sive pro



banno sive pro fossato vel firmatione ville. Priv. pro Noviom. a. 1181, *Actes Phil.-Aug.*, no. 43 c. 1.

**commonitorius** (adj.): **1.** *citatoire — purporting a summons to appear in court*. Indecolum [i. e. indiculum] communiturium. MARCULF., lib. 1 no. 26, *Form.*, p. 59. Sceda de literis commoneturiis. F. extrav., sect. 1 no. 3, ib., p. 534. FLODOARD., Hist. Rem., lib. 3 c. 23, *SS.*, XIII p. 533 l. 28; iterum c. 28, p. 553 l. 2. **2.** *de convocation — purporting a summons to an assembly*. Commonitorias litteras mittatis archiepiscopis et episcopis ad curiam quae habenda est. Ivonis Carnot. epist. a. 1105/1106, *Hist. de Fr.*, XV p. 105. Subst. neutr.

**commonitorium**: **1.** **aide-mémoire, rapport — memorandum, record*. **2.** **tract d'édification — religious tract*. **3.** **requête — petition*. **4.** **mandement, lettre d'instruction — dispatch containing instructions to an official*. Capit. episc. Papiense (a. 845-850), c. 1, II p. 81. **5.** *lettre citatoire — writ of summons to appear in court*. Qui falsa commonitoria sub nomine regis sive judicis nesciens protulerit. Lex Visigot., lib. 7 c. 5 § 3. **6.** *lettre de convocation — writ of summoning to an assembly*. Ut vobis proximo sabbato Turonis occurrerem, quia sero commonitorium accepi, non parui. Fulberti Carnot. epist. 63 a. 1025, *Hist. de Fr.*, X p. 474 C. **7.** *objet commémoratif — keepsake*. [Suevorum] ducatum ... imperator B. comiti ... promiserat eique anulum suum velut hujus rei commonitorium dederat. Quem ille diligenter servans... EKKEH. URAUG., Chron. univ., a. 1057, *SS.*, VI p. 198.

**commotio**: **1.** **commotion, secousse, mouvement violent*, par ex. tremblement de terre — *shock, violent movement*, e. g. an earthquake. **2.** **insurrection, révolte — sedition, rioting*. **3.** **violences, voies de fait — violence, fighting*. De faidosis hominibus, qui solent incongruas commotiones facere. Karoli M. capit. (a. 813/814), c. 2, I p. 175. Pro hoc nullam faidam portet aut commotionem faciat. Capit. Ital. Karolo M. adscr., c. 7, I p. 217. Fagidis [i. e. faidosus] quicumque [in expeditione] eundo et redeundo commotionem fecerit. Const. de exp. Benevent. a. 866, c. 7, *Capit.*, II p. 96. Fagidis commotionem fecerit. Chron. s. Bened. Casin., *Scr. rer. Langob.*, p. 470. **4.** *litige — dispute*. Quidam commotio exorta fuit inter L. Juvavensis ecclesie archiepiscopum et B. Radesbone civitatis episcopum de venatione et piscatione eorum ad A. Trad. Lunaelac., no. 147 (a. 843), *UB. d. L. ob der Enns*, I p. 86. **5.** *expédition guerrière — warlike expedition*. Audita contra se per mare facta commotione. ANAST. BIBLIOTH., Chronogr., ed. DE BOOR, p. 284. **6.** **colère, fureur — anger, rage*.

**commovere**: **1.** *faire la levée de l'armée — to call up an army*. Jussit commoveri exercitum. GREGOR. TURON., Hist. Franc., lib. 9 c. 18. Ibi talia saepe. Commotis gentibus regni sui magnum junxit exercitum. Ib., lib. 7 c. 24. N. dux cum Arvernis in hac expeditione commotus. Ib., lib. 8 c. 30. Contra T. commoverit exercitum. FREDEGAR., c. 27, *Scr. rer. Merov.*, II p. 131. Iterum c. 37 sq., p. 138 sq. Qui ... rapinas exercent, domos infringunt, homines ... occidunt, trustes commovent. Alloc. missi Divion. a. 857, c. 3, *Capit.*, II p. 292. **2.** *convoquer — to convoke*. Commotis episcopis, id est A. S. F. et reliquis quos voluit, Parisius accedere [rex] jubet. GREGOR. TURON., o.c., lib. 10 c. 28. **3.** (d'une maladie) *atteindre — to affect* (of illness). Egritudine commotus. Lib. pontif., Agap., § 6, ed. MOMMSEN, p. 143. **4.** *intenter une action à* qq'un — *to institute an action against* a person. Datis hinc inde vadiis ut, qui deinceps parem suum aliqua occasione commoverit, argenti solidos 100 coactus exsolvat. GYSSELING-KOCH, *Dipl. Belg.*, no. 42 (a. 872/873, S.-Bertin). **5.** *intimer — to summon to appear*. Monachi ... predictum Ph. Andecavim in curia s. Mauricii ad placitandum commoverunt. BERTRAND, *Cart. d'Angers*, I no. 347 p. 398 (a. 1133). **6.** aliquid: *porter atteinte à* qqch. — *to violate*. Aliquid inde retornare vel commobere temptaverimus. *CD. Cavens.*, I p. 127 (a. 884). **7.** *saisir — to seize*. De compositionibus quae ad palatium pertinent: si comites ipsas causas commoverint ad requirendum ... Pippini reg. Ital. capit. ca. a. 790, c. 5, I p. 201.

**communa**, v. communia.

**communarius**, v. communiarius.

**communalis**: **1.** *possédé en indivis* par plus d'une personne — *being held in joint property*. Campum ... qui terminat a mane terra communali ... BERNARD-BRUEL, *Ch. de Cluny*, I no. 158 (a. 910-927). A medio die bosco communali. Ib., no. 698 (a. 947). Aquaemoli communales. Chron. Farf., contin., MURATORI, *Scr.*, II pt. 2 col. 560. Paries communalis. UGHELLI, VII p. 410 (a. 1178). **2.** *grevant les habitants d'un village collectivement — due by the local inhabitants as a whole*. Communalem decimam trahere solebant. BERTRAND, *Cart. d'Angers*, I no. 95 p. 109 (a. 1082-1106). **3.** *qui appartient à la commune — belonging to the commune*. Domus communis sita in Trajecto ... edificata est de denario communali. PANHUYSEN, *Studiën over Maastricht*, p. 145 (a. 1245). Subst. femin. **communalia**: *les communaux — the common*. Cunctos arimannos in civitate Mantua ... habitantes cum omni eorum hereditate, ... proprietate, comunaliis sive omnibus rebus. *D. Heinrichs II.*, no. 278 (a. 1014).

**communantia**, comu- (femin.): **1.** *les communaux — the common*. In pascuis, molendinis, in aquis, aquarum usibus, in pontibus, toloneis et communantiis et in ceteris que ad comoditatem civitatum spectant. *Const.*, I no. 288 c. 1 (a. 1183, Ital.) **2.** *commune — commune*. Litt. Honor. III pap. (a. 1216-1227), UGHELLI, I p. 821. Concedendo eisdem hominibus, quod de cetero possint communantiam constituere et constitutam inter eos retinere. Addit. ad Cencii Librum censuum, ed. DUCHESNE, I p. 564 (ch. a. 1252). De voluntate et consensu omnium dominorum ancianorum, comunancie et populi Paduani. *Const.*, IV pt. 1 no. 624 p. 585 (a. 1311). **3.** *la communauté des habitants d'un quartier d'une cité — the aggregate burgesses of a quarter of a town*. Consules electi a comunantia Porte Vercelline de pascuis. GUILINI, *Memor. di Milano*, V p. 503 (a. 1158).

**communefacere**: *informer — to inform*. Evocatum ad se [abbatem] super his quae de cella ... dicta ... fuerant communefacit. WANDALBERT., Mir. Goaris, *SS.*, XV p. 372.

**communerius**, v. communiarius.

**communia** (neutr. plural. et femin. sing.), communa (femin.), commune (neutr.), communio (femin., genet. -onis) (nous insérons ici les références relatives à l'emploi des mots *commune*, neutr., et *communio* dans les cas ou ils peuvent être considérés comme représentant le roman *commune* — this article includes references to the use of the words *commune*, neutr., and *communio* in those cases in which these words are probably meant to render the Roman word *commune*): **1.** *possession en commun — joint possession.* Comprehensionem illam quam ipse H. in propria hereditate et in communione proximorum suorum proprio labore et adjutorio amicorum suorum legibus conprehendit et stirpavit. LACOMBLET, *UB. Niederrh.*, I no. 21 (a. 801, Werden). Ulterius in illa captura nullam communionem habeant. DRONKE, *CD. Fuld.*, no. 471 p. 207 (a. 827). Sine ullius communione. F. Sangall. III no. 9, *Form.*, p. 403 (a. 871). **2.** *possession en commun d'une communauté religieuse* (monastique ou canoniale) — *joint possession in the hands of a religious community* of monks or canons. Si abbas aud monachi [res] de communia abstraxerint. CASSAN-MEYNIAL, *Cart. de Gellone*, p. 99 no. 113 (a. 877-879). Alodem de villa N. teneant canonici de supradicta sede [sc. Magalonensis ecclesiae] in communia. ROUQUETTE-VILLEMAGNE, *Cart. de Maguelone*, I no. 3 p. 4 (a. 899). Dono illo meo alodo ... s. Salvatoris [i. e. -ri] et s. Fide pro [salute] anime meae, et teneant monachi in comunia. DESJARDINS, *Cart. de Conques*, p. 107 no. 116 (a. 904). S. Juliano praedictae res succedant in communia fratrum. DONIOL, *Cart. de Brioude*, no. 30 p. 54 (a. 922). Haec nostra donatio semper ... sit praefixa et immobilis in communia praedicti coenobii [sc. Montolieu] ad alimoniam pauperum sub custodia monachorum. *Hist. de Languedoc* [3], V pr. no. 50 col. 149 (a. 924. An verax?) Si ulla potestas ... ad ipsos monacos [i. e. ab ipsis monachis] tollere voluerit de communia. CASSAN-MEYNIAL, *Cart. d'Aniane*, p. 409 no. 285 (a. 962). Omni tempore sint in communione fratrum hae res. BERNARD-BRUEL, *Ch. de Cluny*, II no. 1433 p. 490 (a. 976/977). Concederet sibi ... quasdam terras de communione fratrum. RAGUT, *Cart. de Mâcon*, no. 53 p. 41 (a. 996-1018). Hec omnia ... dono ad mensam vel communionem fratrum. Ib., no. 28 p. 24 (a. 1031-1060). Terram s. Mariae, quae hodie est in communia in hoc loco [i. e. monasterio] et inantea acciderit, ego non tollam. FLACH, *Orig.*, II p. 414 n. 2 (ca. a. 1060, Clermont-Ferrand). **3.** *les biens possédés en commun par une communauté religieuse — real property held in joint possession by a religious community.* Communia canonicorum vel monachorum seu sanctimonialium, vel ecclesiastica allodia in [leg. et] possessiones ... ullus homo non infringat. Synod. TULUG. a. 1065, c. 3, *Hist. de Languedoc* [3], V no. 186 col. 442. Juravit G. canonicis Magalonensibus presentibus et futuris totam comuniam s. Petri Magalonensis et thesaurum et honorem et omnia que ad ipsam pertinent comuniam, sicut nunc habent vel inantea juste adquirere poterunt ... ut ipse non tollat ... GERMAIN, *Cart. de Montpellier*, no. 40 p. 70 (a. 1090). **4.** *droit d'usage communautaire — right of common easement.* In terra aratoria seu in pratis et in pascuis et in omnem communionem mecum in silvam q. d. S. GYSSELING-KOCH, *Dipl. Belgica*, no. 201 (a. 796). Terram ad seminandum modios 10 et silve communionem et prata duo. GLÖCKNER, *Cod. Lauresham.*, I p. 383 no. 106 (s. ix in.). Dimisit quicquid habuit ad W. sue proprietatis praeter pascua porcorum vel ligna secanda, quando illi opus fieret, ut in communionem illic hoc haberet. BITTERAUF, *Trad. Freising*, I no. 516a p. 440 (a. 825). Familiaritatem et communionem ... in pascuis, inviis, silvis aliisque utilitatibus nobis necessariis habere possimus. WARTMANN, *UB. S.-Gallen*, II p. 164 no. 550 (a. 870). Inter terram arabilem et prata ... bunuaria 140, et de silva bunuaria 600 ... exceptis communiis quae habentur in loco nuncupato C. *SS.*, VII p. 420 l. 22 (a. 874/875, Cambrai). Habent communia: de silva minuta mappas 3 ad clausuram faciendam. Polypt. s. Remigii Remens., c. 17 § 28, ed. GUÉRARD, p. 46 col. 1. Cum ... communia de foreste nuncupante H. *D. Karls III.*, no. 130 (a. 885). Curtem 1 cum edificiis ..., communionem in silvis et saginationem porcorum ..., etiam communionem in marchis de loco U. dicto usque ad V., foenum secandum et pascua habenda. BITTERAUF, o.c., II p. 54 no. 1119 (a. 948). In ipsis locis habitantes habent communionem in silvis et pascuis cum habitantibus in villa q. d. V. BEYER, *UB. Mittelrh.*, I no. 187 p. 249 (ca. a. 948). Teneat atque possideat ... et communionem in silva de illa hoba, sicut mos est illorum civium. BITTERAUF, o.c., II p. 100 no. 1180 (a. 957-972). Talem communionem qualem iidem sancti in monte q. d. S. habuerunt. Trad. Juvav., cod. Fridarici, no. 17 (ca. a. 976). HAUTHALER, *Salzb. UB.*, I p. 182. Consensu ... omnium antea in eadem silva communionem venationis habentium. *D. Konrads II.*, no. 107 (a. 1027). Etiam ib., no. 137 (a. 1029); no. 173 (a. 1031). Tradidit ... cum omni communione adjacentis silvae, novalibus pro voluntate capiendis, predium. Trad. Juvav., cod. Tietmari, no. 17 (a. 1024-1041). HAUTHALER, o.c., I p. 219. Cum ... silvis lignorumque communionibus et incisionibus. *D. Heinrichs III.*, no. 113 (a. 1043). Predia circumquaque idipsum forestum attingentia sive aliquid communionis in eo habentibus. Ib., no. 213 (a. 1048). **5.** spec.: *droit de vaine pâture — „common of shack"*, the right of pasture on arable after harvest (cf. ZEUMER, *Formulae*, p. 267 n. 1; G. WAITZ, *Die altdeutsche Hufe*, 1854, p. 211; H. WOPFNER, *MIOeG*, t. 34, 1913, p. 38). Mansos ... cum ... silvis, campis, pratis, pascuis, communiis, perviis, aquis ... (form. pertin.) F. Sal. Lindenbrog., no. 1, *Form.*, p. 267. Item no. 3 p. 268; no. 4 p. 269; no. 13 p. 276. *D. Merov.*, no. 56 (a. 687). GYSSELING-KOCH, o.c., no. 17 (a. 770). LACOMBLET, o.c., I p. 2 no. 3 (a. 796). Item p. 5 no. 8 (a. 796); p. 39 no. 74 (a. 887). BEYER, o.c., I p. 115 no. 110. *D. Karls III.*, no. 104 (a. 884). **6.** *terre grevée d'un droit d'usage communautaire — land subject to a right of common.* Campus terminat ... de una fronte s. Vincentii, de altera communias. BERNARD-BRUEL, o.c., I no. 231 (a. 922).



Cf. M. THÉVENIN, *Les „communia" dans les pays germaniques du VII^e au XI^e s., Mélanges Rénier*, 1887, pp. 121-144. **7.** *réunion — meeting.* Si post tertiam monitionem in communia fratrum eam emere noluerunt. THÉVENIN, *Textes*, no. 77 (a. 845, Brioude). **8.** *levée en masse*, le peuple appelé sous les armes, souvent dans le cadre d'une association de paix — *levy in mass*, the commonalty in arms, especially in connection with a peace association. Iste est annus quo communa venerat apud castrum Cretciacum. BERTRAND, *Cart. d'Angers*, I no. 242 p. 288 (a. 1077). Inducias detis praetaxato Arnulfo, non de minoranda justitia ecclesiastica, sed tantummodo de non ducenda super eum communia. IVO CARNOT., epist. a. 1108, *Hist. de Fr.*, XV p. 142 C. Convocata communia super eum irrueremus. Epist. Petri archiepisc. Bituric. a. 1149, ib., XV p. 704 A. [Norgaldus episcopus Eduensis] communiam Eduensis et Cabilonensis paroechiae super nos [i. e. monachos Flaviniacenses] postea Flaviniacum juratam adducere voluit, quod tamen infectum remansit. HUGO FLAVINIAC., *SS.*, VIII p. 478. **9.** *une cotisation levée pour constituer une caisse pour la défense de la paix — an assessment levied in order to form a fund for the defense of peace.* Commune istud per singulas parrochias debet reddi ... Quisquis autem res suas amiserit, postquam commune ... solverit, in integrum restituatur. Litt. Alex. III pap. ad Hugonem Ruthenensem episc. a. 1170, HUBERTI, *Studien z. Rechtsgesch. d. Gottes- u. Landfrieden*, p. 457. Si commune pro pace defendenda et emendis ablatorum faciendis in Agennensi dioecesi colligatur, neuter alter [sc. vel comes Tolosanus, vel episcopus Agennensis] in collectione, custodia vel expensa majorem habebit potestatem. MANSI, t. 22 col. 1210 (a. 1224). **10.** *la communauté des bourgeois d'une cité italienne*, la „comune" — *the commonalty of the burgesses of an Italian city*, the "comune". Sindici et procuratoris comunis Mantuae. TORELLI, *Reg. Mantovano*, I no. 80 p. 58 (a. 1056). Comitissa Mathilda ... investivit homines Cremonae ... a parte s. Cremonensis ecclesiae sive ad comunum ipsius Cremonensis civitatis de toto comitatu Insulae Fulcherii. UGHELLI, IV col. 812 (a. 1078). Omnes de comune s. Gervasii qui sunt major, melior et sanior pars ... atque due partes ... [hominum] et personarum suprascripti comunis, coadunati ad consilium. *Memor. Lucca*, V pt. 1 p. 326. Regale ... commune Mediolanensium dimittet. Frid. I imp. conv. cum Mediolan. a. 1158, c. 9, *Const.*, I no. 174 p. 243. Facturis juramentum coram communi suae civitatis. Ib., c. 6. **11.** une *association jurée* quelconque — any *sworn association.* Ligatos per communiam et per fidem exhibitam. G. pontif. Camerac., G. Nicolai, str. 260, ed. DE SMEDT, p. 210. Communie et conveniencie, quas invicem milites et pedites fecerint, in cavalcatas vel in venationes ire volentes. Usat. Barchinon., c. 71, *Cortes de Aragon*, I p. 26*. **12.** *association jurée des bourgeois d'une ville*, formée dans une situation exceptionnelle; la commune primitive, révolutionnaire — *sworn association of the burgesses of a city*, established in view of meeting an emergency; the primitive, insurrectional commune. [Gaufredus] cum adversum cives [Cenomannenses] quasdam occasiones quereret et novis quibusdam exactionibus eos moliretur opprimere, consilium inierunt qualiter ejus pravis conatibus obsisterent nec se ab eo vel quolibet alio injuste opprimi paterentur. Facta itaque conspiratione, quam communionem vocabant, sese omnes pariter sacramentis astringunt et ceteros ejusdem regionis proceres, quamvis invitos, sacramentis sue conspirationis obligari compellunt. Actus pontif. Cenom., c. 33 (s. xi ex.), ed. BUSSON-LEDRU, p. 378. [Burgenses Veseliacenses] paciscentes ad invicem ... execratam communiam et conspirantes contra caput suum. HUGO PICTAV., Hist. abb. Veseliac., *Hist. de Fr.*, XII p. 323 E. Turbulenta conjuratio factae communionis [Belvacensis]. IVO CARNOT., epist. 47, ib., XV p. 105 C. Occasione jussu vestro [sc. episcopi] amisse communie, non solum civitatem Laudunensem, sed et ... ecclesiam igne succenderunt. SUGER., V. Ludov. Gr., c. 24, ed. WAQUET, p. 176. Cives Cameraci ... conspirationem multo tempore susurratam et diu desideratam juraverunt communiam. G. Gerardi II episc. Camerac., c. 2, *SS.*, VII p. 498 l. 11. Communia istius urbis dissipata est. LAMBERT., Ann. Camerac., a. 1138, *SS.*, XVI, p. 515. Communio, novum ac pessimum nomen, sic se habet, ut capitecensi omnes solitum servitutis debitum dominis semel in anno solvant et si quid contra jura deliquerint, pensione legali emendent; caeterae censuum exactiones, quae servis infligi solent, omnimodis vacent. GUIBERT. NOVIG., De vita sua, lib. 3 c. 7, ed. BOURGIN, p. 156 sq. Cf. id., c. 8 p. 167; c. 14 p. 196. Imponentes eis [sc. burgensibus] quod in morte patris nostri communiam conjurassent. Priv. Ludov. VII reg. Franc. pro Aurelian. a. 1137, ed. BIMBENET, p. 75. Communio civium Treverensium, quae et conjuratio dicitur, ... cassetur. D. Friderici I imp. a. 1161, BEYER, *UB. Mittelrh.*, I p. 688. Cf. R. GRAND, *De l'étymologie et de l'acception première du mot „communia" = commune au Moyen Age*, *RHDFE*, 1948, pp. 144-149. **13.** l'association jurée urbaine, légalisée par l'autorité publique et devenue une institution permanente, la *commune* — the sworn association of a city after its recognition by the public authority, as it has developed into a permanent institution: the *commune.* Communionem suam, sicut eam juraverunt, permanere precipio et a nemine dissolvi permitto. Ch. Willelmi com. Flandr. pro burgensibus s. Audomari a. 1127, VERCAUTEREN, *Actes de Flandre*, no. 127 c. 12 p. 296. Homines isti ... liberi servientes nostri sunt, et licet ut ad clericatum sive militiam et ad communionem sive condictionem possint assumi. D. Ludov. VI reg. Fr. a. 1129 ap. LUCHAIRE, *Inst. monarch.*, II p. 124 n. 1. Universi homines infra murum civitatis et in suburbio commorantes ... communiam jurabunt. Ludov. VII reg. Fr. priv. pro Belvac. a. 1144 1145, c. 1, LOISEL, *Mém. de Beauvais*, p. 279. Universi homines ... communionem jurent. Ejusdem priv. pro Compend. a. 1153, *Ordonn.*, XI p. 240. Si juratus vester, adjuratus per sacramentum communionis, quod fecit negat [et] inde postea convinci potest. GIRY, *S.-*

*Omer*, p. 388 c. 48 (a. 1168, S.-Omer). Avus noster Ludovicus burgensibus Suessionensibus communiam inter se habendam concessit et sigilli sui auctoritate confirmavit ... Nos vero ... cartam super communia eis a memorato avo nostro concessam et communie consuetudines ... concedimus et confirmamus. Phil. Aug. reg. Fr. priv. pro Suession. a. 1181, *Actes Phil.-Aug.*, no. 35, I p. 47. Communionem Noviomensem, quam avus noster instituit et cum consuetudinibus suis confirmavit, ... concedimus et confirmamus. Ejusdem priv. pro Noviom. a. 1181, ib., no. 43, I p. 61. Burgensibus nostris Tornacensibus pacis institucionem et communiam dedimus et concessimus ad eosdem usus et consuetudines, quas dicti burgenses tenuerant ante institucionem communie. Ejusdem priv. pro Tornac. a. 1188, ib., no. 224, I p. 269. Cum primum communia [burgensium s. Quintini] acquisita fuit, omnes Viromandie pares ... et omnes clerici ... omnesque milites ... firmiter tenendam juraverunt. Communia vero ita statuta est, quod homines communie cum omnibus rebus suis quieti et liberi permaneant. Ejusdem priv. pro burgensibus S. Quintini a. 1195, ib., no. 491, II p. 15. **14.** *la communauté des habitants d'une ville de commune — the commonalty of the inhabitants of a city which has the status of a commune.* Homines s. Ricarii capite censivi sine abbatis assensu nunquam in communiam intrabunt. ... Rusticos omnes ... de communia exire fecimus. D. Ludov. VI reg. Fr. a. 1126, *Ordonn.*, XI p. 184. Si quis nativus quiete per unum annum et unum diem in aliqua villa privilegiata manserit, ita quod in eorum communam, scilicet gildam, tanquam civis receptus fuerit, eo ipso a vilenagio liberabitur. GLANVILL., De legib. Angl., lib. 5 c. 5, STUBBS, *Sel. ch.* [9], p. 192. Si prepositus [regis] de justicia defecerit, a majore vel scabinis summonitus, in presentia communionis veniat, et quantum scabini inde judicaverint ... ibi faciet. Phil. Aug. priv. pro Ambian. a. 1190, § 4, *Actes*, no. 319, I p. 383. On emploie le terme notamment à l'occasion d'une expédition militaire ou d'une action exécutoire — the word is used particularly in connection with a military expedition or an executory action. Collecta virtute et communione sua [i. e. Gandensium], armati et ad pugnandum succincti, insultum facerent ad castrum. GALBERT., c. 33, ed. PIRENNE, p. 55. Ad comitis auxilia ... pergit ... Cameraci communia. G. pontif. Camerac., G. Nicolai, str. 275, ed. DE SMEDT, p. 213. Collecta militia atque urbis communia vindicare pergunt dampna. Ib., str. 300, p. 216. Comes Flandrie ... assumptis militibus et communiis ... obsedit Hesdinum. LAMBERT. WATRELOS., Ann. Camerac., a.1149, *SS.*, XVI p. 517. Adveniunt legiones communiarum [à la bataille de Bouvines — to the battle of Bouvines]. GUILL. BRITO, Chron., c. 191, ed. DELABORDE, p. 281. Philippus rex Francie, magno congregato exercitu militum et communarum suarum. ROGER. HOVEDEN., Chron., ed. STUBBS, IV p. 56. Milites castelli exierunt cum multis servientibus et communa ville. Ib., p. 60. Domum illius, si poterit, communia prosternet. Priv. Ambian. cit., c. 9. Quicumque alium occiderit vel ad mortem vulneraverit, major et scabini et tota communia debent juvare justiciam nostram ad capiendum eum, et communia poterit eum sequi ubique infra bannileugam. Phil. Aug. priv. pro Atrebat. a. 1194, c. 9, *Actes*, no. 473, I p. 566. **15.** *territoire d'une ville de commune — area of jurisdiction of a city having the status of a commune.* Si homo communiae in villis extra communiam habitaret. Priv. Ludov. VI reg. Fr. a. 1136, BOURGIN, *Soissons*, p. 421 no. 12. Quicumque furtum faciens intra metas communie comprehenditur. Phil. Aug. priv. pro Ambian. a. 1190, § 2, *Actes*, no. 319, I p. 383. **16.** *association jurée comprenant des éléments ruraux — sworn association including rural populations.* R. Laudunensis episcopus ... terram suam, que Laudunum dicitur, contra homines ejusdem terre, qui vi fulti regia communiam contra Laudunensem ecclesiam fecerant, invasit. Ubi homines terre illius ... contra se ad defensionem paratos invenit. GISLEB. MONTENS., c. 84, ed. VANDERKINDERE, p. 122. **17.** *association jurée comprenant les habitants d'un royaume entier — sworn association comprising the whole population of the realm.* Statutum est ex assensu regis et omnium magnatum Anglie ad communem regni defensionem et pacis conservationem, ut per totum regnum fieret communa, et quod universi a majori usque ad minorem, qui 12 annos haberet, eam firmiter jurarent observandam. Contin. ad GERVAS. DOROBERN., a. 1205, *Gervasii opera*, ed. STUBBS, II p. 96. **18.** *la classe des roturiers d'un royaume — the freemen of the realm as a class.* Omnes burgenses et tota communa liberorum hominum habeant wambais et capellet ferri et lanceam. Assisa de armis a. 1181, c. 3, STUBBS, *Sel. ch.* [9], p. 183. **19.** *telle autre classe* d'habitants du royaume — *any other class* of inhabitants of the realm. Confitemur nos debere domino nostro Philippo regi Francorum exercitum suum, sicut commune episcoporum et baronum debet. *Hist. de Fr.*, XVII p. 771 n. (a. 1212). [Aldermanni in civitatibus regni debent] congregare et convocare communas omnes et universas, quod Anglici dicunt folkesmoth, scilicet vocatio et congregatio populorum et gentium omnium. Leg. Edwardi Conf., tit. 32, cod. London. (s. xiii), LIEBERMANN, p. 655.

**communiarius**, -narius, -nerius: **1.** *magistrat d'une ville de commune — officer of a city having the status of a commune.* S. xiii. **2.** *bourgeois d'une ville de commune — burgess of a city having the status of a commune.* S. xiv.

**communicare**, **1.** intrans., alicui: **converser avec qq'un, être lié à qq'un — to have intercourse with, to be united to somebody.* **2.** spec.: **être lié à qq'un dans une communauté religieuse — to be united to somebody by a religious fellowship.* **3.** alicui rei: **avoir part à qqch. — to be a sharer in something.* **4.** spec.: **avoir part au sacrement de l'Eucharistie, communier — to partake in the sacrament of the Eucharist, to commune.* **5.** aliquem: **faire participer à la communion chrétienne, communier — to make one a sharer in the Christian communion.* **6.** aliquid: *communiquer, faire part de* qqch. — *to communicate, to tell.* **7.** causam cum aliquo: *s'attirer la vengeance* de qq'un — *to incur the* *wrath* of a person. Si quis contra haec [i. e. hanc] firmitatis epistolam fraudare conaverit, cum praedictam Dei genetrice Mariam communicet causam. BITTERAUF, *Trad. Freising*, I no. 5 p. 31 (a. 750). Cf. ibid., no. 8 p. 35 (a. 755): cum agmina [i. e. agminibus] angelorum habeat causam. Cum eadem Dei genetrice communicetur sententiam. Ib., no. 24[a] p. 53 (a. 765). Cum eadem Mariam justi ante judicis tribunali communicet causam. Ib., no. 51 p. 80 (a. 772). **8.** aliquid: *rendre commun entre deux possesseurs — to bring in for joint possession.* Molendinum ... communicavit. BRUNEL, *Actes de Pontieu*, p. 36 no. 21 (a. 1103-1129). **9.** intrans.: *avoir des droits en commun, des droits communautaires — to have common rights or rights of common.* S. xiii.



**communicarius**, -niarius, -narius: *dispensateur de prébendes — commoner, monastic official.* S. xii.

**communicatio**: **la qualité de membre de la communauté des chrétiens, la participation aux sacrements — membership in the Christian society, participation in the sacraments.*

**communio** (cf. etiam voc. communia): **1.** **relations amicales — friendly intercourse.* **2.** **communauté chrétienne — union of Christians.* **3.** **Sainte Communion — Holy Communion.* **4.** *hostie consacrée — consecrated wafer.* Suscepta ex manibus ejus communione. ANAST. BIBLIOTH., Chronogr., ed. DE BOOR, p. 96. Si [presbyter] tradat communionem laico aut feminae ad deferendum infirmo, quod nefas est. REGINO, Synod. causae, lib. 1, notitia, § 19, ed. WASSERSCHLEBEN, p. 21. **5.** *commun accord, unanimité — common assent, unanimousness.* Wamba princeps, quem digne principari Dominus voluit, quem sacerdotalis unctio declaravit, quem totius gentis et patriae communio elegit. JULIAN., Hist. Wambae (ca. a. 675), c. 2, *Scr. rer. Merov.*, V p. 501. **6.** *antienne — anthem.* S. xiii.

**communis**: **1.** *qui sert à l'usage communautaire — used as a common.* Silva communis [opp.: silva regis]. Lex Ribuar., tit. 76. Via communis [opp.: via publica]. DRONKE, *CD. Fuld.*, p. 12 no. 18 (a. 758). Silvam communem. Brevium exempla, c. 17 sq., *Capit.*, I p. 253. Tam in privatis quam in publicis et communibus locis. F. imper., no. 15, *Form.*, p. 297. Cum ... nemoribus propriis et usibus saltuum communium. Coll. Sangall., no. 8 (s. ix p. post.), c. 8, ib., p. 402. Silvae communes aut propriae. F. Sangall. misc., no. 11 (a. 883-890), ib., p. 385. Locorum sanctorum vel communium. JOH. VENET., ed. MONTICOLO, *Cron. Venez.*, p. 77. **2.** *d'usage courant — ordinary, of daily use.* Ut nullus communibus vestimentis spretis nova et insolita assumat. Concil. Rispac. a. 799/800, c. 9, *Capit.*, I p. 227. In mercatibus, ubi communia commertia emuntur ac venundantur. Capit. de funct. publ. (a. 820/821), c. 1, I p. 294. **3.** *simple, non qualifié — ordinary, common.* Causae communes [opp.: causae regiae]. Leg. Henrici, tit. 35, LIEBERMANN, p. 566. Causae communes [opp.: causae capitales]. Ib., tit 61 § 14, p. 582. **4.** *vil, commun — mean.* Quidam homo noster, communis colibertus. *Actes Philippe Ier*, no. 83 (a. 1076), p. 215. Subst. neutr. plural. **communia**: *distribution de prébendes — commons, allowance of food.* S. xii, Angl. Cf. etiam voc. communia. Subst. neutr. singul. **commune**, v. voc. communia.

**communitas**: **1.** *possession en commun d'une communauté religieuse — joint possession in the hands of a religious community.* Cedo Deo atque s. Juliano in communitate fratrum res meas. DONIOL, *Cart. de Brioude*, no. 2 p. 28 (a. 934). Partibus domni Vincentii gloriosi martiris et communitati fratrum victuique cotidiano ... dimiserunt. RAGUT, *Cart. de Mâcon*, no. 157 p. 108 (ca. a. 955). Domnus M. abbas et fratres praelibati loci [sc. Cluniaci] donant ex rebus communitatis aliquid. Ib., no. 267 p. 160 (a. 968-971). Communitatis vestre bona presentis decreti assertione munimus. Priv. Pasch. II pap. a. 1107, PFLUGK-HARTTUNG, *Acta*, I no. 101. **2.** *société d'élevage — stock-breeding society.* Consules communitatis boum. *Reg. Farfense*, no. 1115 (a. 1088). **3.** *terre grevée de droits d'usage communautaires — land subject to rights of common.* BOUGAUD-GARNIER, *Chron. de l'abb. de S.-Bénigne*, p. 250 sq. (a. 815, Bèze). Silvis, communitatibus (form. pertin.) *D. Heinrichs II.*, no. 157 (a. 1007). Ad communitatem eorum, quod teutonice gemeine dicitur, partem ejusdem loci ... pertinere. WIDEMANN, *Trad. S.-Emmeram*, no. 931 p. 463 (a. 1179). De deserto nostro vel communitate sibi aliquid attraxerit. KETNER, *OB. Utrecht*, III no. 1387 (a. 1256). **4.** *l'ensemble du clergé et du peuple* dans une province romaine — *the whole of the clergy and the people* in one of the Roman provinces. Missa relatione nos a Deo salvata communitas vestra petiit ... Gregor. II pap. epist. a. 723, *Epp.*, III p. 700. Cf. P. S. LEICHT, *ALMA.*, t. 1 (1924) pp. 171-174. Id., *Riv. stor. diritto ital.*, t. 9 (1936). **5.** *levée en masse — levy in mass.* Cum communitates patrie parrochiarum adessent. SUGER., V. Ludov. Gr., c. 19, ed. WAQUET, p. 138. Ludovicus [rex] ad comprimendam tyrannidem praedonum et seditiosorum, auxilium totam per Galliam deposcere coactus est episcoporum. Tunc ergo communitas in Francia popularis statuta est a praesulibus, ut presbyteri comitarentur regi ad obsidionem vel pugnam cum vexillis et parochianis omnibus. ORDERIC. VITAL., lib. 11 c. 34, ed. LEPRÉVOST, IV p. 285. **6.** *association jurée — sworn association.* S. xi p. pr., Benevento. **7.** *commune urbaine — urban commune.* Communitatem apud Meduntam ... [rex] statuit. Priv. comm. Namnet. a. 1150, *Ordonn.*, XI p. 197. Nos apud Calvum Montem communitatem statuisse. *Actes Phil.-Aug.*, no. 59 (a. 1182), I p. 80. GUIBERT. NOVIG., De vita sua, lib. 3 c. 7, ed. BOURGIN, p. 162. Communitates, conjurationes et his similia, que fuerant in civitatibus Alemannie temere attemptata, duxerimus omnino cassanda. D. Frid. II imp. a. 1232, KEUTGEN, *Urk. z. städt. Verf.gesch.*, no. 113b p. 73. **8.** *la communauté des habitants d'une ville de commune*, notamment à l'occasion d'une expédition militaire — *the commonalty of the inhabitants of a city having the status of a commune*, especially in connection with a military expedition. Quando viri pacis et tota communitas pacis cum armis villam exierint. *SS.*, XXI p. 609 c. 64 (a. 1114, Valenciennes). **9.** *les*

*Communs*, l'un des Ordres du royaume d'Angleterre — *the Commons* (estate of the Realm). S. xiii. **10.** *le peuple, le commun — the common people.* Ann. Gandenses, ed. FUNCK-BRENTANO, p. 16, p. 18 sq. et pluries.

**communiter**: **1.** **comme d'habitude — in the usual way.* **2.** *ensemble, en bloc — together, in the aggregate.* **3.** *publiquement, ouvertement — publicly, openly.*

**commutare**: *acquérir par un échange — to acquire by exchange.* Quicquid constat fuisse commutatum aut cumcambiatum, habeat confirmatum. *D. Merov.*, no. 62 (a. 692). Placuit ... villam a potestate sanctorum... martyrum commutare seu concambiare suprataxatoque Fossato monasterio ... conferre. *D. Charles le Chauve*, no. 76 (a. 845).

**commutatio**: **1.** *contrat d'échange — exchange contract. D. Merov.*, no. 93 (a. 723). MARCULF., lib. 2 no. 1, *Form.*, p. 72. **2.** *charte relative à un contrat d'échange — record of an exchange contract.* Commutationem ipsius principis suis manibus roboratam nobis ostendidit relegendam. *D. Merov.*, no. 62 (a. 692). Hunc preceptum a [i. e. ad] modum commutationis fieri decrevimus. MARCULF., lib. 1 no. 30, p. 61. Has commutationes uno tenore conscriptas omnique tempore maneant inconvulsas. F. Turon., no. 26, ib., p. 150. Ego E. presbiter hanc commutationem rogatus scripsi. BRUCKNER, *Reg. Alsat.*, no. 355 (a. 792). Commutationem parti ecclesiae emittat. Lib. diurnus, c. 37, ed. SICKEL, p. 28. Duas commutationes pari tenore conscriptas exinde habere professus est. *D. Ludwigs d. Deutsch.*, no. 16 (a. 835). Duas commutationes aequo tenore conscriptas ... obtutibus nostris ostendentes. *D. Charles le Chauve*, no. 82 (a. 846). **3.** *bien acquis par un échange — property which has been acquired by exchange.* Unaquaeque pars ... proprio jure conmutacionem possideat et faciat exinde quod voluerit. COURTOIS, *Cart. de S.-Etienne de Dijon*, no. 3 p. 10 (a. 849). **4.** *contrat de précaire*, par lequel le précariste cède un bien et reçoit un autre en précaire — *precaria contract* by which the precarist surrenders property and receives other property by way of precaria. Per commutationem aut precariam ... adquisivit. *D. Heinrichs II.*, no. 307 (a. 1014). BEYER, *UB. Mittelrh.*, I p. 248 no. 186 (ca. a. 948, Prüm), inscr.

**commutator**: *partie contractante dans un contrat d'échange — party to an exchange contract.* VIGNATI, *CD. Laudens.*, p. 12 (a. 855). GIULINI, *Mem. di Milano*, III p. 471 (a. 892).

**compacare** (<pax): **1.** *pacifier — to pacify.* CASSIOD., Hist. eccl., lib. 1 c. 20; lib. 8 c. 13. Cepit vir pacificus regionem compacare, auferens viros desertores de terra. HELMOLD., lib. 1 c. 49, ed. SCHMEIDLER, p. 96. Ibi pluries. **2.** compacari: *faire la paix — to make peace.* Compacatus cum ceteris gentibus. JORDAN., Getica, c. 44 § 231, *Auct. antiq.*, V pt. 1 p. 117.

**compacatio**: *convention — agreement.* In capitulo ... compacationem cum illo de habere s. Trinitatis et fratrum fecit talem. MÉTAIS, *Cart. de Vendôme*, I no. 65 p. 122 (ca. a. 1046).

**compactare**: **1.** *conclure* un traité — *to conclude* a treaty. Interveniente sorore Stephani ... concordia est compactata. JOH. VICTOR., lib. 1, rec. D, ed. SCHNEIDER, I p. 138. **2.** *terminer par un traité — to end by treaty.* Disturbium est treugatum et ad pacem ... compactatum. Ib., lib. 1, rec. A, p. 172. **3.** aliquem: *rallier par un traité — to gain over by treaty.* Rex, ad amiciciam premissis tribus episcopis ... sibi compactatis. Ib., lib. 3, rec. A, p. 329.

**compactio**: *convention, contrat, arrangement — agreement, contract, arrangement.* Do ... pratum ... quod mihi advenit ex conpactione da Foscione. MEYER-PERRET, *Bündner UB.*, I no. 28 p. 30 (a. 768-800). *D. Ludwigs d. Deutsch.*, no. 79 (a. 857). Ibi pluries. WARTMANN, *UB. S.-Gallen*, II no. 645 (a. 885). *D. Ottos I.*, no. 224 (a. 961). WIDEMANN, *Trad. S.-Emmeram*, p. 247 no. 328 (ca. a. 1020-1028). *D. Heinrichs III.*, no. 125 (a. 1044).

**compactum**: *ballot — bale.* De integro compacto dentur 4 sol., de dimidio compacto 2 sol.; si autem minus fuerit, de quolibet panno integro 1 den. ... De integro compacto linei panni 2 sol. ... HÖHLBAUM, *Hansisches UB.*, I no. 357 (a. 1248, Sachsen).

**compagensis** (subst.). Plural. compagenses: *les habitants de la région — the inhabitants of the region.* Silvam hactenus communi compagiensium [leg. -gensium] usui habitam. *D. Konrads II.*, no. 173 (a. 1031).

**compaginare**: **mettre ensemble, former un tout — to put together, to join into a whole.*

**compalatius,** v. conspalatius.

**companaticus,** companagium: *nourriture prise avec le pain — food that is eaten in addition to bread.* Adalhardi abb. Corbejens. statuta (a. 822), c. 4, ed. LEVILLAIN, *LMA*, t. 13 (1900), p. 354. GIULINI, *Memor. di Milano*, II p. 477 (a. 903). FAYEN, *Lib. trad. s. Petri Blandin.*, p. 157 (s. xii). Leg. VI Aethelstan, tit. 8 § 6, vers. Quadripart., LIEBERMANN, p. 180 col. 2.

**compane** (neutr.): *nourriture prise avec le pain — food eaten in addition to bread.* Urbar. Prumiense a. 893, c. 24, BEYER, *UB. Mittelrh.*, I p. 157. Iterum c. 47, p. 172.

**companium,** compania, compagnia (<companio „qui mange son pain avec un autre — one who eats his bread in company with another person"): **1.** *bande de guerriers — body of warriors.* Si quis in hoste in conpanio de conpagenses [v. l. companiones] suos hominem occiderit. Lex Sal., tit. 63 § 1, codd. 2 et Herold. **2.** spec.: *troupe de mercenaires — company of mercenaries.* S. xiv. **3.** *alliance — alliance. Reg. Farfense*, no. 1147 (a. 1099). Pisani compagniam cum Florentinis fecerunt per 40 annos duraturam. DC.-F., II p. 460 col. 1 (a. 1171). Conjurationem nullam facient nec compagniam nec securitatem cum aliqua persona, civitate vel loco. Conv. Frider. I imp. cum Senens. a. 1186, *Const.*, I no. 313 c. 5. Persone que non essent ex ista compagnia. FICKER, *Forsch. z. Reichs- u. Rechtsg. Italiens*, IV no. 196 p. 242 (a. 1197). **3.** *association jurée urbaine, commune — sworn association in a city, commune.* In civitate Janue compagna trium annorum et sex consulum incepta fuit. CAFFAR., Ann. Genuens., a. 1099, ed. BELGRANO, I p. 5. Ibi pluries. Tenebor adimplere sacramentum compagne de comuni Januae. *Lib. jur. reipubl. Genuens.*, I no. 39 (a. 1135). De communi compagna facienda.



*Atti Soc. Ligur. Stor. Patr.*, I p. 183 (a. 1157, Genova). Consules placitorum de 4 compagnis versus burgum. Ib., II p. 302 (a. 1166, Genova).

**compar** (subst.): **1.** *pair, un individu de la même condition personnelle qu'un autre ou d'autres — a person of equal legal status.* Servus ... potest comparem suam, ancillam domini sui, accipere. Decr. Vermer. (a. 758-768?), c. 7, *Capit.*, I p. 40. Si quis compari suo pittum excusserit. Lex Sal. emend., tit. 30 addit., ms. Paris. lat. 9654. Jam nupturus pro dote illud eidem sponse compari sue donaret in proprium. WEIRICH, *UB. Hersfeld*, I no. 111 p. 197 (a. 1075). Eligant inter se unum de comparibus suis, qui censum aliorum recipiat. LACOMBLET, *UB. Niederrh.*, I no. 239 p. 154 (a. 1086). Si fuerat conjugatus et non cum sua compare, hoc est quae non esset ancilla nostrae aecclesiae. G. abb. Trudon., contin., lib. 13 c. 10, *SS.*, X p. 316. **2.** spec.: *pair, co-vassal — peer, fellow vassal.* Adjuvabo regem ad justiciam faciendam de beneficiis secundum rectum judicium comparium. Pax Italica a. 1077, *Const.*, I no. 68 c. 1. Si ... a domino suo convinci per compares suos poterit. Libri feudorum, vulg., lib. 2 tit. 53 § 13, ed. LEHMANN, p. 179. Compares ejus ... Hugonem reum vocantes, terram quam de episcopo tenebat ei abjudicavere. G. Lietberti episc. Camerac., c. 21, *SS.*, VII p. 496. **3.** spec.: *co-ministerialis — fellow ministerialis.* Huic comparium suorum [ministerialium ecclesie] judicio cum Rabano [dapifer abbatis] acquiescere noluisset. *Const.*, I no. 128 (a. 1150). De sententia comparium suorum ac familiarium nostrorum. SLOET, *OB. Gelre*, no. 471 p. 475 (a. 1223). **4.** (ni fallor) *parent — kinsman.* Si quis ... certamen agere voluit et convocavit ad se aliquem de conparis suis, ut ei adjutorium praebuisset. Capit. Aquisgr. (a. 801-813), c. 20, I p. 172.

**comparaticius**: **1.** **acheté — purchased.* **2.** **à vendre — for sale.*

**compara,** compra (<comparare): **1.** *achat — purchase.* Charte de ambe compare. CAMERA, *Memor. di Amalfi*, I p. 221. **2.** *chose achetée — thing that has been bought.* Quantum habeo ... sive alodem sive fevum sive compra. ALART, *Cart. Roussillonnais*, no. 10 p. 22 (a. 959). Ipso manso de S., exceptus ipsas comparas quos ego feci. Ib., no. 48 p. 71 (a. 1067). **3.** *taxe sur les achats de denrées — tax on sales of commodities.* De ipsos compras et de lizdas et de omnes census qui per terram et per aquas exeunt. DC.-F., II p. 471 col. 2 (ch. a. 1072, Narbonne). Medietatem lesdarum, quas vulgo dicunt comparas. *Hist. de Languedoc*[3], V pr. no. 461 col. 862 (ca. a. 1119, Narbonne). **4.** *lods et ventes, taxe sur les achats de bien-fonds — tax on sales of real property.* Si ... impignorare aut vendere volueritis, faciatis hoc cum nostro consilio, et habeamus ipsas compras, quod ad seniorem inde exierit de ipsas pignoras. ROUQUETTE, *Cart. de Béziers*, no. 75 p. 94 (ca. a. 1067). Habeatis ipsis placitis terciam partem et nos duas, exceptis ipsas compras et impignoraturas et oblias. TEULET, *Layettes*, I no. 40 p. 37 col. 2 (a. 1114, Béziers).

**comparatio**: **1.** **achat — purchase.* Tam de alode quam de comparatione vel de qualibet contractu. BRUCKNER, *Reg. Alsat.*, no. 62 (a. 693). Res adquisitae aut per comparationes aut per traditiones. Synod. Franconof. a. 794, c. 41, *Capit.*, I p. 77. Ut nullus comparationem faciat cum paupere dolose. Capit. missor. Aquisgr. I a. 809, c. 27, I p. 151. Tam ex comparatione quam etiam ex donatione. *D. Ludwigs d. Deutsch.*, no. 10 (a. 833). **2.** *chose qui a été achetée — a thing that has been purchased.* Suam comparationem tradidit quam ... sibi in propriam comparavit hereditatem. BITTERAUF, *Trad. Freising*, no. 397a, I p. 337 (a. 818).

**comparator**: **acheteur — buyer.*

**comparatus** (decl. iv): *achat — purchase.* [Mansellos] in concambio nuscetur recepisse vel de conparato habuit. *D. Merov.*, no. 47 (a. 677). Tam de alode aut de conparatum vel de qualibet adtractu. MARCULF., lib. 2 no. 7, *Form.*, p. 79. Quantumcumque quam de conparato vel de qualebet attracto ad ipso monasteriolo addere potuerent. *D. Karolin.*, no. 45 (a. 769). Sementem optimum semper de comparatu vel aliunde habeat. Capit. de villis, c. 32.

**comparere**: **1.** *sembler bon — to seem fit.* Melioratum eis comparuit cambium. FATTESCHI, *Memor. di Spoleto*, p. 282 no. 37 (a. 791). Si domini mei [i.e. domino meo] prorsus comparet, ego illuc pergo. Chron. Salernit., c. 38, *SS.*, III p. 489 l. 30. **2.** **comparaître — to compeer, to be present.* **3.** *obéir — to obey.* Comparui ei ut plus crederemus. *CD. Cajet.*, I p. 166 (a. 992).

**comparitas** (<compar): *l'ensemble des pairs*, des individus de la même condition personnelle — *the body of peers*, of persons having one and the same personal status. Cum totidem [sc. septem] sue comparitatis testibus se expurget. Pax Dei Alsat. s. xi, *Const.*, I no. 429, c. 6. Nulli liceat extra comparitatem suam uxorem ducere. Ersteiner Dienstrecht, c. 2, SANDER-SPANGENBERG, *Urk.*, II, p. 16 no. 98 (ca. a. 1200).

**comparitio**: *comparution — appearance* before a court. S. xiii.

**comparochialis**: *qui appartient au même diocèse — belonging to the same diocese.* Presbiter conparrochialis. Concil. Baiwar. a. 805, *Conc.*, II p. 233.

**comparticeps** (adj.): **qui participe* à qqch. — *sharing.* Subst.: *copartageant — coparcener.* R. vir nobilis ... tradidit porcionem suam in territorio et silvam cum conparticipibus suis. Breves notit. Juvav. (ca. a. 790), c. 15, HAUTHALER, *Salzb. UB.*, I p. 44.

**comparticipari**: **participer* à qqch. — *to be a sharer.*

**compartiri,** -per-, **1** transit.: **partager, faire part de* qqch. — *to impart.* **2.** intrans.: **avoir part à* qqch. — *to partake.*

**compascualis**: *qui sert à la pâture communautaire — in use for common pasture.* Si ceorli habeant herbagium in communi vel aliam compascualem terram. Leg. Ine, tit. 42, vers. Quadrip., LIEBERMANN, p. 107 col. 1.

**compassibilis**: **1.** **qui peut souffrir avec un autre, compatissant — capable of suffering in company with another, compassionate.* **2.** *compatible — compatible.*

**compassio**: *participation à la douleur d'un autre, *compassion, commisération* — suffering with another, *compassion, pity.*

**compassivus**: **compatissant — compassionate.*

**compassus**: **1.** *compas — compasses.* **2.** *cercle*

*dessiné au compas — circle drawn with compasses.*

**compater:** 1. *parrain — godfather.* Test. Bertichramni a. 615, PARDESSUS, I no. 230 p. 211. Contin. ad FREDEG., c. 2, *Scr. rer. Merov.*, II p. 169. Concil. Mogunt. a. 813, c. 47, *Conc.*, II p. 272. *CD. Cavens.*, II p. 238 (a. 986). ATTO VERCELL., epist., ed. BURONTIUS, p. 300. COSMAS, lib. 1 c. 14, ed. BRETHOLZ, p. 32. 2. *ami intime — intimate friend.* Narrat. de capt. Faventiae (a. 740), ed. MITTARELLI, *Ad Muratorii Scr. access.*, p. 369.

**compaternitas:** 1. *la qualité de parrain par rapport à la mère du filleul ou de la filleule — the godfather's relation to the mother of the godchild.* Non habebunt carnalis copulae deinceps ad invicem consortium, qui in communi filio compaternitatis spiritale vinculum susceperunt. WALAFR., Exord., c. 27, *Capit.*, II p. 512 l. 22. 2. *la qualité de parrain par rapport au père du filleul ou de la filleule — the godfather's relation to the father of the godchild.* Compaternitatis gratia, quae ... inter nos rata consistit ... deprecor, benignissime spiritalis compater ... Pauli I pap. epist. ad Pippin. reg. (a. 758), *Epp.*, III p. 512.

**compati:** 1. **partager la douleur d'un autre, avoir pitié d'un autre — to be afflicted because of another's suffering, to pity.* 2. *être compatible* avec qqch. — *to be compatible* with a thing.

**compatiens:** **compatissant — merciful, compassionate.*

**compatientia:** **compassion, pitié — pity, sympathy.* Omnibus compatientiam habens. Lib. pontif., Bened. II, § 1, ed. MOMMSEN, p. 203.

**compatratio** (<compater): *parrainage — sponsorship.* De compatratione et commatratione omnino caveatur, ne ab ullo monachorum aliqua occasione praesumatur. Stat. Murbac. (a. 802-816), ALBERS, *Cons. mon.*, III p. 90.

**compatrinus:** *compatriote — fellow-countryman.* EKKEH., Cas. s. Galli, c. 2, *SS.*, II p. 93 l. 30.

**compatriota** (mascul.): *compatriote — fellow-countryman.* Nic. I pap. epist. 124, *Epp.*, VI p. 645. Ruodlieb, fragm. 5 v. 263; fragm. 12 v. 5. Leg. Edwardi Conf., tit. 34 § 1, LIEBERMANN, p. 661 col. 1.

**compedire:** **embarrasser, entraver — to hamper, to impede.*

**compellans** (subst.): *demandeur — plaintiff.* Ubi ex neutra parte, compellantis scilicet aut compellati, testis est. Leg. Henrici, tit. 44 § 1a, LIEBERMANN, p. 570.

**compellatio:** *instance — demand.* Liutprandi leg., c. 89. Leg. Henrici, tit. 9 § 1b, LIEBERMANN, p. 554.

**compendiose:** **succinctement — briefly, summarily.*

**compendium:** 1. *propriété — property.* Basilicam ... cum terrae cumpendiis monasterio suo dedit. V. Desiderii Cadurc., c. 16, *Scr. rer. Merov.*, IV p. 575. Multa terrarum conpendia, multa vi [illegible]arum praedia adquisivit. Ib., c. 28, p. 585. Un[illegible] basilicam et unam castelonaem seu et alia co[m]pendia nobis violenter abstulit. F. Morbac., no. 5, *Form.*, p. 331. 2. *meuble — piece of furniture.* Casa sua cum omnem mobilem vel intro domo conpendia seo et strumenta cartarum igne cremassent. Cart. Senon., no. 38, ib., p. 202. 3. idem quod beneficium sub 15: *la jouissance d'une tenure en vertu d'un contrat de précaire — tenure of land by virtue of a precaria contract.* Petivi a vobis ut de ipsis duabus portionibus in [leg. mihi] compendium feceritis, quod ita fecistis, ut dum ego viverem, hoc per vestrum compendium habeam; et ego pro ipso compendio dedi vobis ... villam. DONIOL, *Cart. de Brioude*, no. 25 p. 48 (a. 756-766). 4. idem quod stipendium: *prébende — prebend.* Dono ... pro compendiis ipsorum servorum Dei qui in ipsa monasteria conversare videntur. PARDESSUS, II no. 316 p. 92 (a. 650). 5. *territoire dominé par un prince — realm.* Omnes fere intra compendii sui [i. e. Ottonis III imperatoris] limitem se formidolose reprimerent. PETRUS DAMIANI, Opusc. 57, c. 5, MIGNE, t. 145 col. 825. 6. **résumé, sommaire — extract, summary.*

**compensa:** *compensation — compensation.* Canuto in compensam regni, quod a parente ejus E. occuparat, ditionem aliquam dare cogebatur. V. Canuti, *AASS.*, Jan. I p. 396. Duos mansos ... in compensam predictarum decimarum contulerunt. KETNER, *OB. Utrecht*, III no. 1196 (a. 1249).

**compensare:** 1. *réparer* un crime par le paiement de l'indemnité requise — *to make good* a crime by paying the adequate indemnification. Dominus [crimen a servo suo factum] juxta modum culpae inter fredo et faido conpensetur [i. e. compenset]. Pactus Childeb. et Chloth. (a. 511-558), c. 12, *Capit.*, I p. 6. 2. *délibérer sur* qqch., *considérer — to deliberate on* a thing, *to ponder.* Suspendi jussimus usque dum compensaverimus in sinodo cum episcopis et comitibus, quomodo fieri debeant. Karoli M. notit. Ital. (a. 776 vel 781), c. 4, *Capit.*, I p. 188. 3. *croire — to think.* Indignum me compensavi. VULGAR., Syllog., *Poet. Lat.*, IV pt. 1 p. 416.

**compensatio:** 1. **égalisation — equalization.* 2. **nombre égal, prix égal — equal number, equal price.* 3. **compensation — compensation.*

**compertinentia** (femin.): *dépendance — appurtenance.* Domum et fontem salis cum conpertinentiis et utensilibus suis. STENGEL, *UB. Fulda*, I no. 10 (<a. 744-747>, spur. s. ix med.). Trado ... ecclesiam cum omni conpertinentia et familia sua. Cod. Eberhardi, c. 3 § 201, DRONKE, *Trad. Fuld.*, p. 14.

**compes:** *prison — prison.* In compede comitis interim reservetur. *D. Heinrichs II.*, no. 319 (a. 1014).

**competens** (adj.): 1. **compétent — competent.* 2. **suffisant — sufficient.* 3. **convenable, approprié — suitable, fitting.* 4. *bien-séant, digne — decent, worthy.* Subst. **competens:** *qui demande le baptême, *catécumène* — one who asks for baptism, *catechumen.*

**competenter:** **convenablement — properly.*

**competentia:** 1. *ce qui compète* à qq'un — *what is due* to a person. S. xiii. 2. *suffisance, caractère convenable, capacité — sufficiency, suitability, competence.* S. xiii. 3. *occasion, circonstance — opportunity, circumstance.* S. xii.

**competere:** 1. **demander, requérir — to seek, to ask for, to demand.* 2. aliquam: *prétendre en mariage — to woo.* De puellas et viduas religiosas ..., nullus nec per praeceptum nostrum conpetat nec trahere nec sibi in conjugio sociare paenitus praesumat. Chloth. II edict. a. 614, c. 18, *Capit.*, I p. 23. Concil. Aurel. a. 541, *Conc.*, I p. 92. 3. aliquid: *usurper — to usurp.* Nullus episcoporum ... alterius episcopi seu ecclesiae seu privatas res ... competere aut pervadere audeat. Concil. Paris. a. 614, ib., p. 188. 4. alicui: **revenir à* qq'un, *compéter — to belong* to a person, *to be due* to a person. 5. absol.: *convenir, être convenable — to suit, to be suitable.* 6. *rivaliser — to compete.*



**competitio:** 1. **prétention — claim.* 2. *usurpation — usurpation.* Oblationis [i. e. -es] defunctorum ecclesiis depotate nullorum conpetitionebus auferantur. Chloth. praec. (a. 511-561), c. 10, *Capit.*, I p. 19. 3. **action de droit — prosecution.* 4. **compétition — competition.*

**competitor:** **demandeur — claimant.*

**compilare** (class. „composer par plagiat — to patch up by plagiarism"): *composer, écrire — to compose, to write.* Epist. Karoli M. (a. 786-800), *Capit.*, I p. 80. Contin. III ad PAULI DIACONI Hist. Langob., *Scr. rer. Langob.*, p. 216.

**compilator:** 1. **plagiaire — plagiarist.* 2. *compositeur* d'une œuvre littéraire, *auteur — composer* of a literary work, *author.*

**compita** (femin.) = compitum.

**complacens:** **convenable, joli, élégant — becoming, comely, graceful.*

**complacentia:** 1. *satisfaction, contentement — satisfaction, contentment.* 2. **bienveillance — goodwill.* 3. *bon plaisir, gré — pleasure, liking.*

**complacere,** active: 1. alicui, sibi in aliquo: **aimer, mettre ses complaisances en* qq'un — *to love, to be complacent towards* a person. Absol.: **se montrer bienveillant — to show goodwill.* B. nepotis sui M. probitates audiens complacuit. G. cons. Andegav., HALPHEN-POUPARDIN, *Chron. d'Anjou*, p. 65. 2. refl.: *se mettre d'accord, donner satisfaction — to reach an agreement, to give atonement.* Conponat occisum secundum legem et cum propinquis suis se omnino complaceat. Capit. missor. gener. a. 802, c. 32, I p. 97 l. 29.

**complacibilis:** *agréable, satisfaisant — satisfactory, to my liking.* Accipio de te precio ... in merce michi complacibile valente sol. 200. GERMER-DURAND, *Cart. de Nîmes*, no. 3 p. 7 (a. 879).

**complacitare:** 1. *conclure un contrat de précaire — to make a precaria contract.* Hoc conplacitans cum B. venerabili pontifice, ut ad E. et W. omnia que ibidem prefati presulis fierent, in beneficium ipsius ad dies vite sue possiderent. WIDEMANN, *Trad. S.-Emmeram*, no. 27 p. 34 (a. 834). Eo modo complacitavi cum pontifice ... ut ego ipsam rem habeam ad vitam meam. BITTERAUF, *Trad. Freising*, no. 608 (a. 835). Tradidit quasdam res et conplacitavit inde, ut per unumquemque annum ei daretur de frumento modios 40, de spelta modios 30. *D. Ludwigs d. Deutsch.*, no. 155 (a. 874). Quidam ... conplacitando dedit talem proprietatem ... Trad. Juvav., cod. Fridarici, no. 13 (a. 976), HAUTHALER, *Salzb. UB.*, I p. 178. 2. *conclure un contrat d'échange — to make an exchange contract.* Notitia qualiter R. et R. conplacitaverunt inter se. Dedit itaque ... et econtra dedit ... WIDEMANN, o. c., no. 77 p. 71 (a. 874). 3. aliquid: *acquérir en vertu d'un contrat de précaire — to acquire by a precaria contract.* Ipsi suis nepotibus illam aliam medietatem [cellae] conplacitabant ad [i. e. usque ad] obitum eorum, et ita inde fuit hoc in beneficio ... Indic. Arnonis (a. 790), c. 8 § 6, HAUTHALER, o.c., I p. 16. Sibi complacitavit de rebus s. Emmerammi beneficium suum in proprietatem usque ad finem vitae suae. *D. Ludwigs d. Deutsch.*, no. 151 (a. 873/874). Quidam regis vassus ... tradidit ad s. Emmerammum portiones hereditatis sue, exinde conplacitando benefitium quoddam. WIDEMANN, o. c., no. 87 p. 79 (a. 877/878). Omnia beneficia, que P. presbiter cum sua proprietate conplacitavit, ut usque ad finem vite sue haberet. *D. Karlmanns*, no. 20 (a. 879). Potestatem habeat ... ea omnia ad monasterium s. Galli ... tradere, possit sibi inde conplacitare quanto melius potuerit. *D. Arnulfs*, no. 15 (a. 888). Res ... emeliorare studuit et augere commutando et conplacitando. Trad. Juvav., cod. Odalberti, praef. (a. 923-935), HAUTHALER, I p. 63. Quicquid predicta E. in locis A. et P. cum P. archiepiscopo et O. archiepiscopo antea complacitavit. Ib., no. 11 (a. 927), I p. 78. 4. aliquid alicui: *négocier* en faveur de qq'un — *to negociate* on behalf of a person. Ipsi missi unacum his qui in ipso placito adfuerunt ... conplacitaverunt ei, ut licuisset ei sine conpositione legitima res praedictas sancte ecclesiae ... reddere. BITTERAUF, o.c., I no. 184 p. 176 (a. 802). Priscis temporibus ... R. abbas et amita ejus nomine D. tradiderunt Deo et s. Emmerammo res proprietatis sue ... Quod postea ipse R. voluit conplacitare nepotibus suis E. et I., sed non perfecit. WIDEMANN, no. 19 p. 23 (a. 822).

**complacitatio:** 1. *contrat de précaire — precaria contract.* Propriae commoditatis suae complacitatione per eam affecta potenter contradat. *D. Arnulfs*, no. 85 (a. 891). WIDEMANN, *Trad. S.-Emmeram*, no. 48 p. 52 (ca. a. 863-885). Ibi pluries. O. archiepiscopus ... quandam conplacitationem domui Dei utilem peragere decrevit. Trad. Juvav., cod. Odalberti, no. 1 (a. 923), HAUTHALER, *Salzb. UB.*, I p. 67. Ibi saepe. Quicquid ibi de Adalperto ... concambio et de Adalonna ... complacitatione ... acquisivit ecclesia. *D. Konrads I.*, no. 20 (a. 914). Precaria sive complacitatio domnae Chunigundae imperatricis auguste atque venerabilis G. archiepiscopi. *D. Kunigunds*, no. 3, III p. 696 (a. 1025). 2. *contrat d'échange — exchange contract.* Inseratur auribus fidelium, qualiter haec complacitatio peracta sit. Tradidit namque H. ... Econtra G. et H. tradiderunt ... WIDEMANN, o.c., no. 131 p. 107 (a. 888/889). Concessimus fieri quandam complacitationem inter H. et E. *D. Ludwigs d. Deutsch.*, no. 151 (a. 874). Postulantes, ut ipsis quandam aptam utilemque compla[ci]tationem facere liceret. *D. Karlmanns*, no. 15 (a. 878). Quandam complacitationis inter se ... perpetratae cartam nostris praesentarunt obtutibus. *D. Arnulfs*, no. 160 (a. 898). Cod. Lauresham., c. 53 (a. 897), ed. GLÖCKNER, I p. 336 sq. 3. (gener.) *contrat — contract.* Affirmantes traditionis complacitationem hujusce a G. ... violatam esse. ARNOLD. DE S. EMMERAMMO, lib. 2 c. 57, *SS.*, IV p. 571 l. 57. Accepit ... T. comitem in advocatum ... ea ratione et conplacitatione, ut is post illum ejusdem advocationis curam

... susciperet. Trad. Formbac. (s. xi ex.), *UB. d. L. ob der Enns*, I p. 625.

**complacitus**: **1.** **agréable, satisfaisant — agreeable, satisfactory.* **2.** **bénévole, favorablement disposé — benevolent, kindly disposed.* Regem Francorum sibi habuit complacitum. ADEMAR., lib. 3 c. 41, ed. CHAVANON, p. 163. **3.** *accordé, convenu — agreed upon.* Precariam que ... conplacita est. ZAHN, *UB. Steierm.*, I p. 56 no. 48 (ca. a. 1030). Subst. neutr. **complacitum**: **1.** **bon plaisir — free will.* **2.** **accord, convention, contrat — agreement, contract.* Ut hujusmodi complacitum stabile ... permaneat. *D. Konrads II.*, no. 106 (a. 1027). **3.** *assentiment — assent.* Cum consensu et complacito cunctorum conprovincialium. Trad. Weihenst., *Mon. Boica*, IX p. 373 (s. xi ex.) Per complacitum prepositi electos. FAYEN, *Lib. trad. s. Petri Blandin.*, p. 183 (a. 1166). **4.** (cf. voc. placitum) *plaid — legal assembly.* Tria per annum centenarie complacita. ROUSSEAU, *Actes de Namur*, p. 91 (a. 1047-1064).

**complanare**: *défricher — to clear.* Dono eis ... de silva ad complanandum tantum quantum exarare possit ... par boum in anno, totidem etiam ad elaborandum vel complanandum pratum unde boves vivere possint. RAGUT, *Cart. de Mâcon*, no. 11 p. 10 (ca. a. 1067).

**complanctus** (decl. iv): **1.** *plainte — complaint.* [Monachi] fecerunt clamorem ad comitem F. ... de ministerialibus suis qui immittebant inauditas consuetudines in terras nostras ... Quorum complanctum benigne suscipiens prefatus comes ... *Gall. chr.*[2], XIV instr. col. 73 B no. 55 (a. 1073, Tours). Episcopum, qui complanctum facit de te. FULBERT., epist. 66, *Hist. de Fr.*, X p. 475 C. **2.** *écrit au sujet d'une plainte — written complaint.* Mitto vobis utrumque scriptum, et complanctum suum et consilium meum. Ib., epist. 18, p. 452 B. **2.** *exposition de la nécessité ou se trouve un seigneur* pour demander une aide extraordinaire — *statement about how hard-pressed a lord is* in connection with a demand for an aid. S. xiii.

**complantare**: *exploiter en vertu d'un contrat de complant — to cultivate on a "complant" basis.* Excepto medio uno plantario, quem frater meus B. in me et se complantavit. CASSAN-MEYNIAL, *Cart. d'Aniane*, p. 438 no. 319 (a. 831). Vobis cedimus sestariatas quatuor de campo ad complantandum medietarie. THÉVENIN, *Textes*, no. 77 (a. 845, Brioude). Aliquid de alode nostro donare nobis [sc. Adraldo] complacuit ad complantandum ad quendam hominem nomine R. ... eo videlicet, ut faciat R. ad opus Adraldi ... complantatione[m] de istas duas ... terras usque ad annos 6; post 6 annos expletos recipiat Adraldus illas duas operas et R. illo manso. DE MONSABERT, *Ch. de Nouaillé*, no. 59 p. 101 (a. 953 vel 956).

**complantaria**: *jeune vigne plantée en vertu d'un contrat de complant — new vineyard planted on a "complant" basis.* Alodem ... cum ipsas vineas et cum ipsos [!] conplanterias. CASSAN-MEYNIAL, *Cart. d'Aniane*, p. 433 no. 314 (a. 978). Semodiata de vinea de alode que est complantaria S. et S. ROUQUETTE, *Cart. de Béziers*, no. 77 p. 97 (a. 1069).

**complantatio**: *contrat de complant — "complant" contract.* Apud V. tuam partem complantationis vinearum, quam cum filio tuo habebas. Priv. Alex. II pap. ca. a. 1062, PFLUGK-HARTTUNG, *Acta*, I no. 38.

**complantus**: **1.** *contrat de complant*, contrat par lequel un propriétaire cède une terre à un tenancier sous l'obligation de la planter en vigne, après quoi la moitié fera retour au premier, tandis que le second retiendra l'autre moitié — a contract by which a proprietor grants land to a person who undertakes to plant vines on it, on condition that half of the vineyard will be returned to the proprietor later. Libuit mihi ... ut ad quendam virum ... ex unium [leg. uno] s. Juniani predium, que nuncupatur M., juctum 1 ad complantum impertiri deberem, quod et ultro constat nos fecisse; eo demum rite, ut, postquam in agro Salernico per quinquennium bene fuerit redacta, recte eidem eclesie medietatem in proprios usus partibus ejusdem eclesiae retorqueri faciat, ex alia nempe de parte ipsi excultores annis singulis, sicut mos provincie docet, sumtus reddat. DE MONSABERT, *Ch. de Nouaillé*, no. 29 p. 53 (a. 900-905). Placuit nobis aliquid de terra nostra dare ad complantum ad quendam hominem nostrum nomine G. ... Et sunt plus vel minus jugera 2. ... Placuit nobis ut tibi daremus juctum qui est situs in villa, et habeas licentiam edificandi domum tuam, et reddas censum annis singulis ... den. 4; et facias inde quicquid elegeris. Et nos accepimus ad partem nostram juctam de vinea qui est supra montem. RÉDET, *Cart. de S.-Cyprien de Poitiers*, no. 313 p. 196 (ca. a. 975). Cf. R. GRAND, *Contribution à l'histoire du régime des terres. Le contrat de complant depuis les origines jusqu'à nos jours.* Paris 1917. **2.** contrat analogue en vue de la construction d'un moulin — similar contract concerning a mill to be built. I. et H. habebant pariter unum molendinum, quod H. fecerat in terra I. ad complantum. BERTRAND, *Cart. d'Angers*, I no. 259 p. 300 (a. 1060-1087).

**complegium**: *gage — security.* S. xiii.

**complegius**: *qq'un qui prend part à un cautionnement — one who shares in a pledge or guarantee.* S. xii.

**complementum**: **1.** *achèvement — completion.* Turris deducta est ad debitum complementum. JAC. DE GUISIA, lib. 17 c. 28, *SS.*, XXX p. 219 l. 19. **2.** *acquittement — settlement of debt.* Usque ad complementum illius solutionis [pecuniae]. SLOET, *OB. Gelre*, no. 488 p. 493 (a. 1226). **3.** *exécution pénale — penal execution.* Ad correctionem excessus ... episcopus ... prepositos cum scabinis et juratis secum ducet ad justitie complementum. REINECKE, *Cambrai*, p. 264 c. 14 (a. 1185).

**complendum** et complenda (plural.): *complies — compline.* Incumbentibus jam noctis tenebris dum ad complenda ... cogitaret. HELGALD., V. Roberti, *Hist. de Fr.*, X p. 102 C. Collectae quae dicuntur ad complendum. RUPERT., Div. off., lib. 2 c. 19, MIGNE, t. 170 col. 46 C.

**complere**: **1.** *livrer à pleine satisfaction — to deliver to the full.* Nobis complere triginta modia de terra. *CD. Cajet.*, I p. 73 (a. 944). Compleamus vobis agni duo boni [i. e. agnos bonos]. CAMERA, *Mem. di Amalfi*, p. 171.



In omnibus a vobis completi sumus de eadem actionarica. MARINI, *Pap.*, p. 352 col. 2 n. 5 (a. 789, La Cava). **2.** *payer intégralement — to pay in full.* Si quis hominem occiderit et ... nor habuerit unde tota[m] lege[m] conpleat. Lex Sal., tit. 58. Complevero debitum. JOH. AMALPH., De mirac., ed. HUBER, p. 98. **3.** *valider* un acte par l'addition d'une souscription — *to validate* a charter by adding a suscription. E.g.: Ego Lupus notarius scripsi hujus [i. e. hanc] cartula[m] vinditionis; postradida [i. e. post traditam] conplebi et dedi. FOERSTER, *Urkundenlesebuch*, no. 13 (a. 807, Como). **4.** absol.: *terminer la liturgie quotidienne par les complies — to close the daily office by saying compline.* Omnes audiant abbatem complentem. Regula Magistri, c. 52. Benedicti regula, c. 42. **5.** **exécuter, réaliser — to carry out, to effect.* **6.** pass. compleri: **s'accomplir, se vérifier — to be fulfilled, to come true.*

**completa** (neutr. plural. et femin. sing.): *complies — compline.* De completis caelebrandis. ISID., Eccl. off., lib. 1 c. 21. FORTUN., Carm., lib. 11 no. 24, *Auct. antiq.*, IV pt. 1 p. 268. Ut signum pulsabatur ad completam. V. Agili Resbac., c. 6 § 30, *AASS.*[3], Aug. VI p. 585 E.

**completio**: **accomplissement, achèvement — completion.*

**completive**: **complètement — completely.*

**completivus**: **accomplissant — completing.*

**completorius**: *destiné au complies — of compline.* Conpleturio tempore estatis, quomodo [i. e. quando] sol occumbit. Ordo Rom. XVIII (s. viii), c. 8, ANDRIEU, III p. 206. Horas canonicas, matutinam videlicet ..., completoriam celebrent. Concil. Cabillon. a. 813, *Conc.*, II p. 285. Subst. neutr. **completorium**: *complies — compline.* Matutinis, prima, tertia, sexta, nona, vespera, completorio nostrae servitutis officia persolvamus. Benedicti regula, c. 16. ALCUIN., epist. 304a, *Epp.*, IV p. 463. Benedictio post completorium a sacerdote dicatur. Capit. monast. a. 817, c. 48, I p. 347. Completorium ideo dicitur, quia in eo completur quotidianus usus cibi sive potus. AMAL., Eccl. off., lib. 4 c. 8, MIGNE, t. 105 col. 1183 D. Completoriis completis. MILO, V. secunda Amandi (post a. 855), c. 8, *Scr. rer. Merov.*, V p. 482.

**complex**: **1.** **associé — copartner.* **2.** **complice — accomplice.* **3.** *partisan, sectateur, camarade — partisan, follower, comrade.*

**complexare** et depon. complexari: *prendre dans ses bras — to embrace.*

**complexio**: **1.** **embrassement — embracing.* **2.** **collection — collection.* **3.** **constitution physique, temperament — physical constitution, temperament.*

**complexionatus** (adj.): *d'un tel tempérament, d'un tel naturel — tempered, disposed.* S. xiii.

**complexivus**: **compréhensif — comprehensive.*

**complexus** (decl. iv): **association, société — partnership, society.*

**complicare**: **1.** **relier, unir — to connect.* **2.** **multiplier — to multiply.*

**complicatio**: **1.** **désordre, perturbation — confusion, disturbance.* **2.** **multiplication — multiplication.*

**compluere**: **1.** **tremper de pluie — to drench with rain.* **2.** **faire tomber comme une pluie — to rain down.*

**componere**: **1.** *réparer* un méfait, *donner satisfaction pour* un délit, d'ordinaire par le paiement d'une somme d'argent — *to make good* a misdeed, *to give satisfaction for* a crime, as a rule by paying a sum of money. Si haec quae egisti [sc. occisionem] nobiscum non composueris, regnum tuum auferemus. GREGOR. TURON., Hist. Franc., lib. 3 c. 31. Pars quae contra partem injuste exarserat, justitia mediante componeret. Ib., lib. 7 c. 2. Composuit filiis Saxo ille mortem ejus. Ib., lib. 7 c. 3. Quae contra rationem gessimus, cuncta componere non moramur. Ib., lib. 9 c. 18. Pacem fecerunt, pollicentes alter ab alterutrum, ut quicquid sacerdotes vel seniores populi judicarent, pars parte [i. e. parti] conponeret quae terminum legis excesserat. Ib., lib. 6 c. 31. Si [ingenuus ingenuum de fuste percusserit et] sanguis exierit, tale[m] culpa[m] conponat quantum si eum de ferro vulneraverit. Lex Sal., tit. 17 § 7. Si quis ingenuus in furtum inculpatus fuerit, ... de quantum inculpatus fuerit, conponat. Pactus Childeb. et Chloth. (a. 511-558), c. 4, *Capit.*, I p. 5. Si homo malus ... res non habet unde sua mala facta conponat. Chilperici edict. (a. 561-584), c. 8, ib., p. 10. Iterum ib., c. 10. De composito crimine. Synod. Franconof. a. 794, c. 9, ib., p. 75. Conponat omnia undecumque reprobatus factus fuerit. Capit. de latron. (a. 804-813), c. 3, p. 180. Juxta qualitatem culpae dominus ejus [sc. servi] pro ipso servo ... componat quicquid ille fecit. Karoli M capit. (a. 803-813), c. 1, p. 143. Eo modo conponatur, quod in atrio conmittitur, sicut conponi debet quod in inmunitate violata conmittitur. Capit. legib. add. (a. 818-819), c. 1, p. 281. Sanguinis effusio in ecclesiis facta cum fuste, si presbiter fuerit, triplo conponatur: duas partes eidem presbitero, tertia pro fredo ad ecclesiam. Ib., c. 2, p. 281. Res ablatae legitime restituantur et componantur. Concil. Tribur. a. 895, c. 7, II p. 218. Si servus in raptum interfuerit cum domini voluntate, dominus ita pro eo conponat, sicut de ingenuis est constitum. Lex Visigot., lib. 3 tit. 3 § 12. Ibi saepe. **2.** *être puni* pour un méfait par une peine corporelle — *to be punished* for a misdeed by corporal punishment. Servus [diem dominicum non observans] aut 3 sol. reddat aut de dorsum suum componat [i. e. vapuletur]. Childeb. II decr. a. 596, c. 14, *Capit.*, I p. 17. **3.** *compenser, réparer* un tort, une lésion causé par un acte délictueux — *to make good, to repair* a wrong, a damage done in consequence of unlawful action. Si praestitum [jumentum] alicui aliquid debilitatis intulerit vel damni, ille conponat, qui eum aput se susceptum habuisse dinoscitur. Cod. Euric., c. 279. Si quis servum alterius occiderit, componat eum juxta quod a domino ejus fuerit aestimatus. Lex Fris., tit. 4 § 1. Si familia nostra partibus nostris aliquam fecerit fraudem de latrocinio aut alio neglecto, illud in caput [i. e. quoad capitale] conponat. Capit. de villis, c. 4. Si quis latronem morte dignum ... servaverit et vitam indigno concesserit, medietatem damni propter quod traditus est pro latrone componat. Karoli M. capit. Ital. a. 801, c. 4, I p. 205. Si quis domum alienam ... infregerit, quicquid exinde ... rapuerit ..., secundum legem

et ewam illi cujus domus fuerit infracta et spoliata in triplum componat. Karoli M. capit. (a. 810/811?), c. 2, p. 160. Dammum quod ipse fecerat pro ipso conponat. Capit. de disc. pal. Aquisgr. (ca. a. 820?), c. 5, p. 298. **4.** occisum: réparer le dommage causé par un homicide, c.-à-d. *payer le wergeld* qui constitue le prix de la victime — to make good the damage done by man-slaughter, i. e. *to pay the wergeld* which is the price of the victim. Componat occisum secundum legem. Capit. missor. gener. a. 802, c. 32, I p. 97 l. 29. Si aliquis sine culpa penditus fuerit et ibi moritur, tunc ab eo qui eum sine judicio pendidit proximis parentibus sit compositus [i. e. componatur]. Capit. cum primis const. a. 808, c. 2, p. 139. De denarialibus, ut, si quis eos occiderit, regi conponantur. Capit. ad leg. Baiwar. add. (a. 801-813), c. 4, p. 158. Litus occisus 120 solidis conponatur. Lex Saxon., tit. 16. **5.** absol.: *payer une composition ou une amende*, soit à la partie lésée, soit à l'autorité judiciaire — *to pay a composition or a fine*, either to the injured party or to the judicial authority. Si ... ad judicium venire contemserit, pro dilatione sola 5 auri solidos petitori et pro contemtu 5 alios judici coactus exsolvat. Quod si non habuerit unde conponat ... Lex Visigot., lib. 2 tit. 1 § 17. De debito [i. e. poena] quod ad opus nostrum fuerit rewadiatum ... ut is, qui ignoranter peccavit, non totum secundum legem conponere cogatur, sed juxta quod possibile visum fuerit. Capit. missor. a. 819, c. 15, I p. 290. Per singula membra tertia pars totius multae conponatur. Lex Saxon., tit. 13. Conponatur multa pleno weregildo. Ib., tit. 54. **6.** bannum, fredum, weregildum etc.: *payer* une réparation, une amende — *to pay* the sum of money representing an indemnification or a fine. Suum weregildum componat. Childeb. II decr. a. 596, c. 5, *Capit.*, I p. 16. Quicquid lex edocit, componire et satisfacire non recusit [i. e. recuset]. *D. Merov.*, no. 60 (a. 692). Plenum haribannum ... sciat se debere conponere. Karoli M. capit. Ital. a. 801, c. 2, I p. 205. Banni, quos comites et judices faciunt [i. e. imponunt], secundum legem uniuscujusque componantur. Capit. missor. spec. (a. 802?), c. 57, p. 104. [Freda ad partem regis] eodem solido, quo caeterae compositiones solvi debent, componatur. Capit. legib. add. a. 803, c. 9, p. 114. Qui [reos fugitivos] ... suscepit aut retinet, bannum dominicum componat. Capit. missor. Aquisgr. I a. 810, c. 9, p. 153. Qui hostem facere potuit et non fecit, ipsum bannum componat. Ib., c. 12. **7.** *payer* telle somme d'argent à titre de réparation ou d'amende — *to pay* a sum of money by way of indemnification or fine. Solidos dece[m], quod A. ad partem ipsius C. fidem ficit, hoc ei omnimodis conponire et satisfacere non recusit [i. e. recuset]. *D. Merov.*, no. 66 (a. 693). Medietatem pretii ipsius acsi eum occidisset, ei conponat. Ed. Rothari, c. 41. Si quis alium pugno percusserit, conponat ei solidos 3. Ib., c. 44. Ibi saepe. Si fecerit [incestum], 60 solidos domno regi componat. Pippini capit. (a. 754-755), c. 1, I p. 31. Centum mancosos auri componat. *D. Ottos I.*, no. 260 (a. 963). **8.** *payer*, non pas une réparation ou une amende, mais une dette, un cens — to pay, not an indemnification or a fine, but a debt, a rent. Si [debitor] adhuc noluerit componere. Lex Sal., tit. 50 § 2. Annos singulos [i. e. annis singulis] solido [i. e. solidum] componu [i. e. componam]. WARTMANN, *UB. S.-Gallen*, I p. 26 no. 22 (a. 758). Si ipsos [sc. Francos qui censum ad partem regiam debent] habere voluerint, vel illorum res, de quibus census ad partem regiam exiebat, tenere voluerint, censum, quem ipsi Franci debebant vel qui de eorum rebus exire solebat, ad nostram regiam partem componant. Edict. Pist. a. 864, c. 28, *Capit.*, II p. 322 l. 19.

**comportare**, refl.: *être sis — to be situated*. S. xiii.

**compositio**: **1.** **façon, dessin — make, pattern*. **2.** **composition littéraire — literary composition*. **3.** **parure — adornment*. **4.** **accord, arrangement à l'amiable — agreement, settlement*. Per hanc epistolam conpositionis dono tibi ... F. Sal. Lindenbr., no. 16, *Form.*, p. 278. Nec partes ad compositiones, ut aliquid vel sic accipiant, a judice conpellantur. Lex Burgund., prol., c. 5. Fieri manifeste cognovimus de diversis sceleribus compositiones inter parentes vestros tacite; causae legibus non judicantur. Ib., tit. 108 § 10. **5.** *un cadeau*, l'abandon d'une propriété, d'un territoire, *fait pour réaliser un arrangement à l'amiable — a gift*, the surrender of property or territory, *in order to reach a settlement*. Per pacis jura urbiculum aureum ... ab Agecio conposiciones [i. e. -nis] causa transmittetur Tursemodo. FREDEGAR., lib. 2 c. 53, *Scr. rer. Merov.*, II p. 75. [Langobardi] in regno Francorum proruperunt; ea presumptione in conposicione A. et S. civitates ... partibus Gunthramni tradiderunt. Ib., lib. 4 c. 45, p. 143. **6.** *restitution, réparation, compensation — restitution, indemnification, compensation*. Nollens accepere [i. e. accipere] conpositionem [pro servo occiso]. GREGOR. TURON., Hist. Franc., lib. 7 c. 47. Si quis furtum suum [i. e. rem sibi furto sublatam] invenerit et occulte sine judicio compositionem acceperit, latroni similis est. Pactus Childeb. et Chloth. (a. 511-558), c. 3, *Capit.*, I p. 5. Iterum c. 13, p. 6. Si persequens latronem coeperit, integra sibi composicione, simul et solucione vel quicquid dispendii fuerit, revocabit; fretus tamen judici ... reservetur. Ib., c. 16, p. 7. Compositio furti ad eum, qui habuit commendata, pertineat. Cod. Euric., c. 280. [Dominus servum] in compositione [damni a servo cuilibet inlati] ... offerat. Capit. legi Ribuar. add. a. 803, c. 5, I p. 117. Debitum quod is, cujus ea [sc. proprietas in bannum missa] fuit, solvere debuit ... juxta estimationem damni de rebus mobilibus que in eadem proprietate invente fuerint his, quibus idem debitor fuit, exsolvatur. Quodsi rerum mobilium ibidem inventarum quantitas ad compositionem non sufficerit ... Capit. legi add. a. 816, c. 5, p. 269. Si quis servum aut ancillam, caballum, bovem ... alii ad auferendum exposuerit, si ille qui abstulit patria profugerit, expositor tertiam portionem compositionis exsolvat. Lex. Fris., tit. 2 § 11 (add. Wlmari). **7.** *paiement du wergeld* pour homicide — *payment of a wergeld* for man-slaughter. Constat me accipi [i. e. accepisse] de illo integro conposcione. F. Andecav., no. 44, *Form.*, p. 19. Pro integra conpositione pro parente meo pro ipsa morte argentum soledos tantos dedisti. F. Turon., no. 38, p. 156. Si homo occisus fuerit liber aut servus et pro humicidio ipso conpositio facta fuerit. Ed. Rothari, c. 143. [Homicida] perpetratum malum ad propinquos extincti digna conpositionem emendet. ... [Parentes interfecti debent] paratam compositionem recipere ..., reum [i. e. reus] autem [debet] nulla[m] moram compositionis facere. Capit. missor. gener. a. 802, c. 32, I p. 97 l. 22 sq. Qui [in rixa] interfectus est, absque conpositione jaceat. Capit. legib. add. a. 818/819, c. 1, p. 281 l. 9. In conpositione wirgildi volumus, ut ea dentur quae in lege continentur. Ib., c. 8, p. 282. **8.** „*wergeld*". Si quis homo ex quolibet quadrupedem domesticum fuerit occisus ..., medietatem compositionis dominus ipsius quadrupedis cogatur exsolvere. Lex Sal., tit. 36. Si cujuscumque pater occisus fuerit, medietate[m] conpositionis filii collegant. Ib., tit. 62. Compositio illa de ipso homicidio componatur, cui legibus leudo ipso pertinuerit. Pippini reg. Ital. capit. (a. 782-786), c. 10, I p. 193. De diacono [percusso] juxta compositionem ejus in triplo cum banno nostro conponatur. Capit. legib. add. a. 818/819, c. 2, p. 281. **9.** *amende* à payer à l'autorité judiciaire — a *fine* exacted by the judicial authority. Conpositiones negligenti fisco debitas [rex] praecipit omnino non exigi. GREGOR. TURON., Hist. Franc., lib. 6 c. 23. [Dominus pro servis] et responsum daturus esset et conpositionem, si culpabiles fuissent inventi. Cod. Euric., c. 323, p. 17. Si non habuerit unde conpositionem exolvat. Lex Visigot., lib. 2 tit. 1 § 22. De compositionibus quae ad palatium pertinent. Pippini reg. Ital. capit. (ca. a. 790), c. 5, I p. 201. Triplam compositionem exinde faciat ad partem regis. Capit. Saxon. a. 797, c. 4, I p. 72. Secundum legem conpositionem plenam [de falso testimonio] reddere. Capit. Olonn. mundan. a. 825, c. 7, p. 330. De debito quod ad opus nostrum fuerit rewadiatum ... Qui mala voluntate peccavit, totam legis conpositionem cogatur exsolvere. Capit. missor. a. 819, c. 15, p. 290. Nullus exactor rei publicae pignorare aut ad placita convocare vel compositiones aliquas ab eis exigere praesumat. *D. Ottos I.*, no. 334 (a. 966).



**compositionalis**: *qui concerne un arrangement à l'amiable — concerning a mutual agreement*. Per hanc epistolam composcionalem firmare. MARCULF., lib. 2 no. 16, *Form.*, p. 85. Carta[m] conposcionalem habibat, qualiter ipsas villas ipse E. ei contullerat. *D. Merov.*, no. 34 (a. 658).

**compositor**: *médiateur, conciliateur — mediator, peace-maker*. Octo compositorum nos commisimus veritati. REINECKE, *Cambrai*, p. 264 (a. 1185).

**compositus** (adj.): *en exploitation — under cultivation*. Pertinet ad eundem [curtem] inter composita mansa et absa 6. BEYER, *UB. Mittelrh.*, I no. 120 p. 126 (a. 882, Prüm).

**compostare**: *fumer, engraisser avec du fumier — to manure*. S. xiii.

**compostum**: *fumier — manure*. S. xiii.

**compotus**, v. computus.

**compra**, v. compara.

**comprehendere**: *s'approprier* une terre vague pour la mettre en culture — *to appropriate* waste land in view of reclaiming. Comprehensionem illam, quam H. in propria hereditate ... legibus conprehendit et stirpavit. LACOMBLET, *UB. Niederrh.*, I no. 21 (a. 801, Werden). Etiam ib. no. 6 (a. 796, Werden). Medietatem silve saltuumque et omnium confinium eorum, quicquid in ipso die habere viderentur culti vel inculti vel ad colendum conprehensum habuissent. BITTERAUF, *Trad. Freising*, I no. 626 p. 534 (a. 837). Dono capturam unam in silva B. comprehensam. DRONKE, *CD. Fuld.*, no. 465 p. 205 (a. 826). Comprehensionem silvae quam injuste comprehendit ... reddidit. Ib., no. 560 p. 252 (a. 850).

**comprehensio**: **1.** *appropriation* d'une terre vague pour la mettre en culture — *appropriation* of waste land in view of reclaiming. Quicquid ibi habuimus aut per jus hereditatis aut per conprehensionem aut per aliam quamcumque adquisitionem. GYSSELING-KOCH, *Dipl. Belg.*, no. 207 (a. 805, Werden). **2.** une *terre appropriée* et mise en culture — an *appropriated* and reclaimed *area*. Cum illis conprehensionibus in silva. GYSSELING-KOCH, o.c., no. 202 (a. 797, Werden). LACOMBLET, *UB. Niederrh.*, I no. 21 (a. 801, Werden); no. 64 (a. 848, Werden). KÖTZSCHKE, *Urbare Werden*, no. 11 sq. Tradimus ... in marcu B. unius comprehensionis uterque partem suam. DRONKE, *CD. Fuldens.*, no. 479 p. 211 (a. 829). Cf. BETHGE, *Über Bifänge*, *Vierteljahrschr. f. Soz.- u. Wirtschaftsgesch.*, t. 20 (1928), p. 139 sqq.

**comprehensivus**: **qui inclut, englobe; collectif — inclusive, comprehensive, collective*.

**compresbyter**: **co-prêtre — fellow priest*.

**compraesul**: *co-évêque — fellow bishop*. Reverentissimis compraesulibus. RATHER., epist. 8 inscr., ed. WEIGLE, p. 43.

**compretiare**: *évaluer — to appraise*. Accepimus de te pretium, sicut inter nos placuit, in argento aut in aliis rebus compretiatis. DONIOL, *Cart. de Brioude*, no. 18 p. 41 (a. 894).

**comprimere**: **opprimer, persécuter — to oppress, to persecute*.

**comprobare**: **1.** *démontrer, attester, fournir la preuve de* qqch. — *to prove, to attest, to evidence*. Apud [i. e. contra] quemcumque post interdictum latrocinius conprobatur, vitae incurrat periculum. Pactus Childeb. et Chloth. (a. 511-558), c. 1, *Capit.*, I p. 4. Fides rei facti et juris ratio conprobetur. MARCULF., lib. 2 no. 19, *Form.*, p. 89. Voluntas illius aut scriptura aut testibus conprobata sufficiat. F. Turon., no. 4, ib., p. 137. Si aliquis hoc fecerit [sc. injustum theloneum exegerit], qualiscumque homo hoc comprobaverit, de 60 sol. 30 illi concedimus. Pippini capit. a. 754/755, c. 4, I p. 32. Nullis comprobare quiverant testimoniis, ut ... Concil. Neuching. a. 772, *Conc.*, II p. 104. Si aliquis ... adversarium se inservire velle comprobaverit. Capit. legib. add. a. 803, c. 7, *Capit.*, I p. 114. Ibi comprobet quod de homine illius dixit. Div. regnorum a. 806, c. 14, ib., I p. 129. Si aliquis Saxo caballos in sua messe invenerit et ipsos caballos inde ducere pro suo damno ad conprobandum [i. e. ad dammum suum comprobandum] voluerit. Karoli M. capit. (a. 810/811?), c. 6, I p. 160. **2.** *identifier, reconnaître*

— *to ascertain.* Si vestigius [i. e. vestigium] conprobatur latronis. Pactus Childeb. et Chloth. (a. 511-558), c. 9, ib., I p. 5. **3.** **apercevoir, constater — to see, to ascertain.* Conprobare potest christianitas vestra qualis est fides Leonis. Hadr. I pap. (a. 772-795) epist., *Epp.*, III p. 576. **4.** *trancher une contradiction au moyen de preuves — to clear up a difference by means of evidence.* Testium diversitas campo conprobetur. Capit. legi add. a. 816, c. 1, I p. 268. Item a. 818/819, c. 10, p. 283 l. 9. **5.** aliquem: *convaincre de culpabilité — to convict.* Qui non solum largitoribus ingrati existunt, verum etiam infideles eis esse comprobantur. *D. Merov.*, no. 46 (a. 677). De haec omnia [i. e. his omnibus] [Tassilo] conprobatus. Ann. regni Franc., a. 788, ed. KURZE, p. 80. Si [aliquis] dictus fuerit latro ..., qui eum conprobare voluerit, secundum legem adprobare faciat. Capit. de latron. (a. 804-813), c. 2, I p. 180. Quot diebus post placitum condictum [homo regis] venisse conprobatus fuerit, tot diebus abstineat a carne et vino. Capit. Bonon. a. 811, c. 3, I p. 166. De falsa moneta jubemus: qui eam percussisse conprobatus fuerit ... Capit. legib. add. a. 818/819, c. 19, I p. 285. Si vivens conprobatus fuerit hanc illusionem [i. e. fraudem] fecisse. Lotharii capit. Olonn. mund. a. 825, c. 11, I p. 331. Si illum inde [sc. de falsa moneta] conprobare poterit, fiat justicia. Henrici II reg. Angl. decr. a. 1100/1101, c. 2, LIEBERMANN, p. 523. **6.** **éprouver — to visit with affliction.*

**comprobatio**: **preuve — evidence.* Si accusator comprobationem dare non potuerit. Concil. Franconof. a. 794, c. 39, *Conc.*, II p. 170. Si servum cujuslibet absque aliqua conprobatione conprehenderit. Capit. (a. 810/811?), c. 5, I p. 160. Hoc comprobationis judicium [i. e. judicium Dei] subvertere. Ord. judic. Dei, no. 6c, *Form.*, p. 611.

**compromissarius**: **1.** *arbitre désigné par les parties litigantes — arbitrator chosen by the parties litigant.* S. xiii. **2.** *électeur désigné par les dignitaires qui participent à l'élection d'un évêque — elector to whom the participants in the election of a bishop delegate their power to elect.* S. xiii.

**compromissio**: **1.** *convention d'arbitrage, par laquelle les parties s'accordent pour faire juger un litige par un ou plusieurs arbitres qu'elles désignent — arbitration agreement, by which parties litigant submit their dispute to arbitration by nominated arbitrators.* GUÉRARD, *Cart. de S.-Bertin*, p. 347 (a. 1178). LALORE, *Cart. de Troyes*, VI p. 299 no. 248 (a. 1194). HEERINGA, *OB. Utrecht*, II no. 573 p. 38 (a. 1206). **2.** *compromis électoral, la convention par laquelle les dignitaires qui participent à l'élection d'un évêque s'accordent pour déléguer leur pouvoir d'élire à un ou plusieurs électeurs qu'ils désignent — electoral compromise, agreement by which the participants in the election of a bishop delegate their power to elect to an elector or electors nominated by them.* S. xiii.

**compromissum** (subst.): idem quod compromissio (sub 1 et 2).

**compromittere**: **1.** *promettre — to promise.* Eis spolia peremptorum hostium compromittens. CASSIOD., Hist. eccl., lib. 6 c. 1, MIGNE, t. 69 col. 1030. JORDAN., Getica, c. 52 § 271, *Auct. antiq.*, V pt. 1 p. 128. **2.** de aliqua re, de aliqua causa in aliquem: **convenir de soumettre un différend à l'arbitrage d'un ou plusieurs arbitres désignés — to agree to submit a dispute to the arbitration of one or more chosen arbitrators.* **3.** rem, causam in aliquem: même sens — same meaning. GUÉRARD, *Cart. de S.-Bertin*, p. 346 (a. 1178). QUANTIN, *Cart. de l'Yonne*, II p. 421 no. 417 (a. 1190); p. 442 no. 437 (a. 1192); p. 452 no. 447 (a. 1192). DE BARTHÉLÉMY, *Cart. de Montmartre*, p. 132 sq. (a. 1197/1198). **4.** gener.: *convenir — to agree upon.* Condictum est, quod ... Preter hec compromissum est, quod ... MULLER-BOUMAN, *OB. Utrecht*, I no. 528 p. 468 (a. 1187/1188).

**comprovincialis** (adj.). **1.** comprovinciales episcopi: **les évêques qui appartiennent à une seule province ecclésiastique — the bishops having their sees in one and the same church province.* **2.** *qui comprend plusieurs provinces ecclésiastiques — comprising more than one church province.* Sinodum habuit comprovincialem. FLODOARD, Hist. Rem., lib. 3 c. 11, *SS.*, XIII p. 484. Subst. mascul. plural. **comprovinciales**: *les évêques qui appartiennent à une seule province ecclésiastique — the bishops having their sees in one and the same church province.* A comprovincialibus suis episcopus ordinetur. Coll. Avellana, *CSEL*, t. 35 p. 149. Junctis vobiscum vestris cumprovintialibus. MARCULF., lib. 1 no. 6, *Form.*, p. 46.

**comptor**, v. comitor.

**compulsare**: *sonner — to toll.* Campane compulsentur. MULLER-BOUMAN, *OB. Utrecht*, I no. 465 (a. 1169).

**compulsatio**: *sonnement — tolling.* Mortuo prelato ... compulsatio fiat in omnibus ecclesiis. HEERINGA, *OB. Utrecht*, II no. 595 p. 60 (a. 1209).

**compulsio**: **1.** **conflit — conflict.* **2.** **contrainte, violence, coercition — compulsion, force, coercion.*

**compulsivus**: *coercitif — coercive.* S. xiii.

**compunctio**: **1.** **remords, componction — remorse, repentance.* **2.** **humilité, dévotion — humility, devotion.*

**compunctus** (adj.): **1.** **plein de remords — remorseful.* **2.** **pris par dévotion — struck by devotion.*

**compungere**, **1.** aliquem: **remplir de dévotion, d'humilité — to inspire with devotion, with humility.* **2.** **remplir de remords — to cause repentance.* Pass. compungi: **repentir — to repent.*

**compurgator**: *cojureur dans un serment purgatoire — cojuror in an oath of purgation.* S. xiii.

**computare**: **1.** *rendre ses comptes — to render an account.* S. xiii. **2.** *payer en argent comptant — to pay cash.* S. xiii. **3.** *porter en crédit — to carry to one's credit.* S. xiii. **4.** **joindre au nombre, compter parmi, regarder comme tel — to add to the number, to reckon among, to consider as so-and-so.* **5.** **attribuer, assigner, imputer — to attribute, to ascribe.* **6.** (cf. voc. imputare) *incriminer — to impute.* Quidquid inde scis aut audisti computare a tuis vicinis. REGINO, Synod. causae, lib. 2 c. 232, ed. WASSERSCHLEBEN, p. 305.

**computarius** (subst.): **1.** *expert de chronologie — expert in chronology.* Non esse Pascha ... a multis comprobatur computariis. Columb. Luxov. epist. 1, *Epp.*, III p. 156. **2.** (sc. liber) *calendrier — calendar.* Dedit ei ... computarium, in quo nomina defunctorum scripta erant procerum. V. Mahthildis, c. 26, *SS.*, IV p. 301 l. 11. **3.** *qq'un qui rend ses comptes, comptable — one who renders an account, accountable officer.* S. xiii.



**computatio**: *compte-rendu — account.*

**computatorius** (adj.): *qui concerne la chronologie — concerning chronology.* Artis grammaticae et computatoriae magistros. ADEMAR., lib. 2 c. 8, ed. CHAVANON, p. 82. Subst. neutr. **computatorium**: *table à compter en forme d'échiquier — counting-table.* S. xiv.

**computista**: *expert de chronologie — expert in chronology.* BEDA, Mundi const., MIGNE, t. 90 col. 894 A.

**computus**, compotus: **1.** **calcul — calculation.* **2.** **arithmétique — arithmetics.* **3.** spec.: *chronologie — chronology.* Psalmos, notas, cantus, compotum, grammaticam [docete]. Admon. gener. a. 789, c. 72, *Capit.*, I p. 60. [Inquirendum est si presbyter] compotum minorem, id est epactas, concurrentes, regulares, terminos paschales et reliquos sapiat. REGINO, Synod. causae, lib. 1, notitia § 93, ed. WASSERSCHLEBEN, p. 26. **4.** *compte — account.* Ardua compota et ambigua placita corone. Leg. Edwardi Conf., tit. 32, cod. London., LIEBERMANN, p. 657. Me concessisse civibus meis Londoniarum tenendum Middlesexe ad firmam pro 300 libris ad compotum. Ch. Henrici I reg. Angl. (a. 1130-1133), STUBBS, *Sel. ch.*[9], p. 129. **5.** *nombre — number.* Interfecti ... comites novem, rex unus, praeterea populus sine compoto. WILLELM. MALMESBIR., G. reg. Angl., lib. 2 § 118, ed. STUBBS, I p. 122.

**comtor**, v. comitor.

**comunis** et derivata, v. commun-.

**conatus** = cognatus.

**conca**, **concata**, v. conch-.

**concambialiter**: *par échange — by an exchange.* Concambialiter mutuantes acquisivimus. *D. Ottos II.*, no. 228 (a. 980). Adquisitum concambialiter. WEIRICH, *UB. Hersfeld*, I no. 115 p. 204 (a. 1096).

**concambiare**, -camniare, -camiare, -cambire: **1.** *échanger, aliéner par un acte d'échange — to exchange, to alienate by exchange.* Nec vindere nec alienare nec concamiare debeam. MARCULF., lib. 2 no. 9, *Form.*, p. 81. Asserentes se pro opportunitate ambarum partium res ecclesiae inter se concamiare. *D. Karolin.*, I no. 79 (a. 774). Vendendi, tradendi, concambiandi ... potestatem. *D. Charles le Chauve*, no. 24 (a. 843); item no. 40 (a. 844). Eorum possessiones ... inter se vendere, concambiare seu donare ... liceat. Praec. pro Hisp. a. 844, c. 7, *Capit.*, II p. 260. Aliquid abstrahere vel minuere aut beneficiare vel concamiare potestatem non habeat. *D. Karls III.*, no. 140 (a. 886). Aliquas res inter se concambire deberent. *D. Konrads I.*, no. 21 (a. 914). **2.** aliquid cum aliquo, vel alicui: *conférer par un acte d'échange — to confer by way of exchange.* Terra, quem apud homine illo concambiavit. F. Senon. rec. no. 7, *Form.*, p. 214. Omnia in supradicta marcha ... cum abbate concambiaverunt. WARTMANN, *UB. S.-Gallen*, II no. 463. Concambiavit abba cum Widperto duas hobas ... Econtra vero accepit ... *D. Ludwigs d. Deutsch.*, no. 158 (a. 875). Expetiit ut quasdam ei terras ratione s. Juliani Brivatensis ... concambiremus. DONIOL, *Cart. de Brioude*, no. 51 p. 73 (a. 909). Quoniam longe distabat ... visum est loci preposito ... alias eam [villam] concambire. *D. Heinrichs III.*, no. 208b (a. 1047). **3.** *acquérir par un acte d'échange — to acquire by way of exchange.* [Locellum] a Bavone de villis ecclesiae nostrae concambivimus. PARDESSUS, II no. 346 p. 129 (a. 662). Quicquid constat fuisse commutatum aut cumcambiatum, habeat confirmatum. *D. Merov.*, no. 62 (a. 692). Bercharius ipsa[m] villa[m] de ipso Magnoaldo concamiassit et eidem justisseme reddeberitur [i. e. redhiberetur]. Ib., no. 70 (a. 697). Monasterium in villa q. d. P. ... quod nos ... concampsimus. WAMPACH, *UQB. Luxemb. Territ.*, no. 19 p. 23 (a. 732/733). Quicquid in ipsis locis concambiavimus. ZEUSS, *Trad. Wizenburg.*, no. 71 (a. 774). Placuit ... villam a potestate sanctorum martyrum commutare seu concambiare suprataxatoque Fossato monasterio ... conferre. *D. Charles le Chauve*, no. 76 (a. 845). Concedimus ei quod ibi concambiavit vel ibi emit. *D. Ludwigs d. Deutsch.*, no. 135 (a. 871). Tale proprium, quale pius antecessor noster L. rex cuidam vassallo nostro P. in S. in proprietatem donavit et nos postea ad ipsum P. cum nostra paterna hereditate concambiavimus. *D. Konrads I.*, no. 19 (a. 914). Praedium quale E. comes ... habere videbatur et ab U. concambiavit. *D. Ottos I.*, no. 28 (a. 940). *D. Heinrichs II.*, no. 272 (a. 1013). Abbaciam ... ad imperialem subjectionem concambitam. *D. Heinrichs III.*, no. 145 (a. 1045). Cum his prediis [i. e. per donationem praediorum] ecclesie sue [dativus] ad Z. terciam partem decime ... concambiebat. HAUTHALER-MARTIN, *Salzb. UB.*, II no. 96 p. 164 (a. 1066-1088). Aecclesiam ... concambiatam a fratribus s. Mariae. G. pontif. Camerac., lib. 3 c. 49, *SS.*, VII p. 484 l. 36. **4.** *obtenir la manumission d'un serf en fournissant une compensation à son maître — to obtain manumission for a serf by procuring a compensation.* [Tradidit] duo mancipia sua et concambiavit inde quendam servum, ut eum liberum dimitteremus. *D. Ludwigs d. Deutsch.*, no. 121 (a. 866). Mancipia nostra propria, quae concambiata fuerunt de potestate s. Regulae, datis tribus mancipiis pro illis, libera dimisimus. Ib., no. 129 (a. 868). **5.** *changer de l'argent — to change money.* [Monetarii] sine fraude ... denarios concambient. Edict. Pist. a. 864, c. 13, *Capit.*, II p. 315 l. 20. Omnes ... argentum suum in constitutis monetis concambiari faciant. Ib., c. 15, p. 316 l. 9.

**concambiarius**, -bita-: *relatif à un échange — concerning an exchange.* Qui contra literulas concambitarias a me factas venire presumpserit. F. Augiens., coll. B, no. 38, *Form.*, p. 362. Si quis ... contra anc carta comutaria vel concambraria [leg. concambiaria?] ista ire ... voluerit. ROUQUETTE, *Cart. de Beziers*, no. 38 p. 37 (a. 975).

**concambiatio**: *contrat d'échange — exchange contract.* FATTESCHI, *Memor. di Spoleto*, p. 266 no. 13 (a. 756). WARTMANN, *UB. S.-Gallen*, I no. 381 (a. 839).

**concambiator**: *partie dans un contrat d'échange — party to an exchange contract.* FATTESCHI, *Memor. di Spoleto*, p. 266 (a. 756).

**concambium**, concamnium, concamium: **1.** *acte d'échange — exchange transaction.* Quod in concamio bone pacis placuit accepisse. MARCULF., lib. I no. 30, *Form.*, p. 61. Accepit rem in commutacione vel in concamio. F. Sal. Bignon., no. 15, ib., p. 234. Villa quem [i. e. quam] pro alia villa in concambio accepit. *D. Merov.*, no. 39 (a. 662). [Mansellum] in concambio nuscetur recepisse. Ib., no. 47 (a. 677). Vineas ... in concambio visa sum accepisse. PARDESSUS, II no. 257 p. 16. Recepimus casales in concambium. *Reg. Farfense*, no. 14 (a. 750). [Villas] in concamio pro A. receperunt. *D. Karolin.*, I no. 124 (a. 779). Concamium aut de mancipium aut de terra. Lex Alamann., tit. 19. In concambio haberet faciendi [potestatem] quicquid libuerit. *D. Ludwigs d. Deutsch.*, no. 88 (a. 858). Quoddam concambium perpetravimus. *D. Karls III.*, no. 68 (a. 883). Quicquid ibi de Adalperto concambio et de Adalonna complacitatione acquisivit ecclesia. *D. Konrads I.*, no. 20 (a. 914). Quasdam res in legitimum concambium donavimus. *D. Ottos I.*, no. 56 (a. 944). Justo acquisivit concambio. THIETMAR., lib. 3 c. 1, ed. KURZE, p. 48. **2.** *un bien donné en échange — a property given in exchange.* Ambulavit super ipsum concambium. FATTESCHI, *Memor. di Spoleto*, p. 293 no. 50 (a. 834). Missi directi fuerunt super ipsum concambium. *Reg. Farfense*, no. 347 (a. 933). Tandiu retineret ... medietatem recepti de gerberia, usque dum abbas redderet Petro congamium valentem. DC.-F., II p. 42 col. 2 (ch. a. 1078, Poitou). **3.** *charte relative à un échange — record of an exchange.* Complacuit mihi ut ... concambium scriberetur, ut, quod pars parti detulit, liberius possideret. MEYER v. KNONAU, *Cart. Rheinau*, no. 3 p. 7 (a. 852/853). **4.** *contrat de précaire*, par lequel le précariste cède un bien et reçoit un autre en précaire — *precaria contract* by which the precarist surrenders property and receives other property by way of precaria. WARTMANN, *UB. S.-Gallen*, III p. 25 no. 808. **5.** spec.: *change d'argent — money exchange.* Cambium argenti. Capit. Pist. a. 864, c. 13, II p. 315 l. 24. Cambium denariorum seu argenti. *Const.*, I no. 172 (a. 1158), c. 4. **6.** *bureau de change — exchange office.* Tonleium et concambium et furnum. *Actes Phil.-Aug.*, no. 168 (a. 1186), I p. 201.

**concanonicus**: *co-chanoine — fellow canon.* MULLER-BOUMAN, *OB. Utrecht*, I no. 482 p.430 (a. 1175).

**concapacitas**: *terre appropriée — appropriated land.* Tradidit in R. talem concapacitatem et proprietatem, quam in illa concapacitate habet. WIDEMANN, *Trad. S.-Emmeram*, no. 71 p. 66 (a. 866).

**concaptio**: *terre appropriée — appropriated land.* In concaptione, quae sita est in marcho W. prope A. in utraque parte aquae ... hobas 3. WARTMANN, *UB. S.-Gallen*, II no. 440 (a. 855).

**concaptivus**: **co-prisonnier — fellow prisoner.*

**concapulare**: *couper à la hache — to hew.* Si quis in silvam materium alterius concapulaverit aut incenderit. Lex Sal., tit. 27 § 16. Invenirunt sic essit factum: sevis [i. e. saepes] incisis, ostias concapolatas, paritis [i. e. parietes] perforatas. F. Andecav., no. 33, *Form.*, p. 15.

**concatenare**: **1.** **enchaîner ensemble — to chain together.* **2.** **relier, unir — to connect, to unite.*

**concatenatio**: **1.** **enchaînement collectif — chaining together.* **2.** **série, succession — series, succession.* **3.** **union, reliement — joining, uniting.*

**concausans** (subst.): *partie litigante — party in a lawsuit.* Pro modo concausantium. Leg. Henrici, tit. 3 § 1, LIEBERMANN, p. 547.

**concavarium**: *réservoir d'eau — water-reservoir.* FOLCUIN., G. abb. Lobiens., c. 29, *SS.*, IV p. 70.

**concedere**: **1.** *accorder* un privilège — *to grant* a privilege. E. g.: Concedimus ... W. episcopo de monasterio Epternaco ... ut sub nostra defensione haberemus. *D. Arnulfing.*, no. 5 p. 94 (a. 706). Antecessores nostri vel parentes ... quondam per eorum auctoritates ... de villis ecclesie s. Martini ... integra[m] inmunitati [i. e. -em] concessissent. *D. Karolin.*, I no. 5 (a. 751-754). **2.** *concéder* une tenure, par ex. à titre d'usufruit — *to grant* a tenement, for instance by way of usufruct. E. g.: Preco ut michi in usum beneficii rem ecclesie vestre ... concedere deberetis. BRUCKNER, *Reg. Alsatiae*, no. 125 (a. 735). Me, quamdiu ... advixero, ipsa cella usualiter pro ipsius monasterii beneficio possidere concedatur. GYSSELING-KOCH, *Dipl. Belg.*, no. 15 (a. 745, S.-Bertin). **3.** *léguer — to bequeath.* Tradidi ... praedium ... in cunctis ad ipsam curtim pertinentibus, tam de concessis a parentibus quam a me adquisitis. THÉVENIN, *Textes*, no. 132 p. 193 (a. 957, Metz). **4.** *faire donation de* qqch. — *to bestow.* E. g.: Propter nomen Domini ... A. episcopo villam nostram nuncupatam B. ... concedimus. D. *Merov.*, no. 25 (ca. a. 661). Pro remedio anime mee deputavi et concessi atque delegavi per hanc paginam donationis ad monasterium Sitdiu ... monasterium nostrum ... GYSSELING-KOCH, o. c., no. 5 p. 15 (a. 685). **5.** *consentir*, dans la qualité de parent ou de seigneur féodal, *à une aliénation d'un bien-fonds — to assent* as a relative or as a feudal lord *to an alienation of property.* Guarinus vendidit abbati G. et monachis b. Albini totam illam consuetudinem ... Hoc concessit Barbota uxor Warini et duo filii ejus. BERTRAND, *Cart. d'Angers*, I no. 172 p. 197 (a. 1082-1106). Ego I. concedo de casamentis meis quicquid datum fuerit b. Marie et b. Cypriano, excepto ne ita detur ut ex toto perdam hominatum meum. RÉDET, *Cart. de S.-Cyprien de Poitiers*, no. 218 p. 141 (ca. a. 1085).

**concelamentum**: *recel — receiving* of theft. S. xii.

**concelare**: *aider à cacher* un crime, *receler — to help to conceal* a crime. S. xii.

**concelatio**: *recel — receiving* of theft. S. xii.

**concensus**: *cens — rent.* De illo concessu [leg. concensu?] qui per usum debet venire de illa terra ... Fructum messis et concensum reddam. DONIOL, *Cart. de Brioude*, no. 20 p. 43 (s. x).

**conceptio**: **1.** *postérité — offshoot.* A. et uxor sua sive infantes eorum et eorum conceptio qui post eos venturus est. WARTMANN, *UB. S.-Gallen*, I p. 80 no. 85 (a. 779). **2.** **idée — idea.* **3.** **intention — intention.* **4.** **compréhension — grasp.*



**conceptus** (decl. iv): **1.** **conception physique — physical conception.* **2.** **pensée, idée — thought, idea.*

**concergius**, -ser- (< concerius, cf. primicerius, secundicerius?): *concierge — door-keeper.* Adstantibus ... H. consergio nostro [i. e. regis]. *Actes Phil. Ier*, no. 155 (a. 1106), p. 389. Custodiat domos nostras ... loco consergii ad nos ... ibi recipiendos. *Actes Phil.-Aug.*, no. 315 (a. 1190), I p. 379.

**concernere**: **1.** *considérer — to consider.* **2.** *concerner — to concern.*

**concessio**: *consentement* donné par le seigneur féodal à l'aliénation d'un bien-fonds tenu en fief de lui — *assent* of a feudal lord to alienation of landed property held in fief. S. xii.

**concessus** (decl. iv): idem quod concessio.

**concha**, conca, conqua: **1.** **récipient, bassin — bowl, basin.* Conca aerea. MARINI, *Pap. dipl.*, p. 125 (a. 564). Item Brev. exempla, c. 25, *Capit.*, I p. 255 l. 11. Concas de auricalco. *Reg. Farfense*, no. 75 (a. 768). Conca aurocalca. Lib. pontif., Xystus III, § 6, ed. MOMMSEN, p. 99. Concas striatas duas. Ib., Hilarus, § 4, p. 108. Conca argentea major cum imaginibus argenteis. HARIULF., Chron., lib. 2 c. 10, ed. LOT, p. 68. **2.** *mesure de capacité* pour les grains — *a dry measure.* DESJARDINS, *Cart. de Conques*, I p. 286 (s. xi). **3.** **abside — absis.*

**conchata**, conca-, conqua-, -da (femin.): *mesure de superficie*; la quantité de terre labourable qu'on ensemence avec une „concha" de blé — *a land measure*; the amount of arable sown with a "concha" of corn. S. xiii.

**conciare** (< comptus): **1.** *construire, arranger, réparer — to build, to arrange, to repare.* Favricare et erigere seu conciare. CAMERA, *Memor. di Amalfi*, p. 125 (a. 907). Organea conciata et studiata. *CD. Cavens.*, I p. 157 (a. 907). [Lignamen] ad binie [i. e. vineas] conciandum. Ib., p. 169 (a. 913). **2.** *cultiver — to till.* Terra conciata et meliorata. ALLODI-LEVI, *Reg. Sublacense*, p. 151 (a. 993). Labores ipsos ad metendum et recolligendum et conciandum annualiter. GATTOLA, *Hist. Cassin.*, I p. 47 col. 2 (a. 1089).

**conciaticum**, congiaticum: *service de réparation des chemins — road repair service.* Nec ullas publicas functiones aut redibitiones vel congiaticum seu sparavarios vel operas, sicut circa lacum Commacinum a servis ipsius ecclesiae actenus exigebatur. *D. Karls III.*, no. 89 (a. 883).

**conciatura**: **1.** *armement, équipement — armament, equipment.* Habeat loricam suam cum reliqua conciatura sua. Edict. Langob., Aistulf, c. 2 (a. 750). **2.** *outillage — tools.* Mola cum conciaturia. *CD. Cajet.*, I p. 33 (a. 906). Molendinos duos cum omni conciaturas suas [i. e. omnibus conciaturis suis]. *D. Heinrichs II.*, no. 461 (a. 1021). Item *Reg. Farfense*, no. 695 (a. 1035). Agap. II pap. (a. 946-955) epist., MIGNE, t. 133 col. 922 D.

**concides**, concites (= concaedes; cf. voc. concisum): *bois taillis — coppice-wood.* Si quis sepem aut concidem alienum incenderit. Lex Sal., tit. 16 § 5. Mansos cum terris, concidis et pascuis. *SS.*, VII p. 412 l. 36 (ch. a. 672, Maroilles). Curtile, casa, campis, pratis, silvunculis, concides, pascuis ... WAMPACH, *Echternach*, I pt. 2 no. 47 p. 112 (a. 762). Campis, pratis, silvis sive concidis [form. pertin.] D'HERBOMEZ, *Cart. de Gorze*, p. 60 no. 30 (a. 790). Pratis, pascuis, concidis [form. pertin.] GYSSELING-KOCH, *Dipl. Belg.*, no. 29 (a. 831, S.-Bertin). Inter terram arabilem et pratum ac concites bunaria 11 et arpennum unum. D. Ludov. Pii a. 839, TARDIF, *Cartons*, no. 130 p. 91 col. 1. De concidis bunuaria 3. Ib., no. 157 p. 101 col. 2 (a. 848). Dedit ... de villa q. v. F. ... concidem quae vocatur V. *D. Charles le Chauve*, no. 108 (a. 848). Mansum ... cum corte et structura, viridario et orto, vineis, pratis, terris et concidibus. Ib., no. 299 (a. 867). Habet [prope mansum dominicatum] de concide ubi potest colligi clausura. Polypt. s. Remigii Rem., c. 8 § 1, ed. GUÉRARD, p. 13 col. 1.

**conciliabulum**: **réunion illégale — unlawful meeting.*

**concilium**: **1.** **réunion ecclésiastique, concile* ou *synode — ecclesiastical meeting, council* or *synod.* **2.** *plaid*, en part. *plaid comtal — law-court*, esp. that of a count. Episcopus veniens in concilium E. comitis et interpellabat eos de ipsa ecclesia. BITTERAUF, *Trad. Freising*, I no. 324 p. 278 (a. 814). WARTMANN, *UB. S.-Gallen*, II no. 673 p. 275. F. Sangall. misc., no. 10, *Form.*, p. 384. Notitia de concilio C. comitis in civitate T. publice et legitime facto. *Zeitschr. f. Schweiz. Recht*, t. 17 p. 85. Actum in publico concilio. DRONKE, *CD. Fuld.*, no. 96 p. 58 (a. 790). Noxae convictus in vulgari concilio. Ib., no. 675 p. 313 (a. 929). Venerunt fratres in legitimum concilium L. comitis et advocati. ESCHER-SCHWEIZER, *UB. Zürich*, I no. 199 p. 91 (a. 950-954). ERHARD, *Reg. Westfal.*, I CD. no. 182 p. 141 (a. 1113). **3.** *assemblée du royaume — assembly of the realm.* Habuit ibi concilium magnum cum Francis. Chron. Moiss., a. 813, *SS.*, I p. 310. Factum est concilium magnum in Aquisgrani. Ann. Lauriss. min., a. 816, ib., p. 122. WIDUKIND., lib. 3 c. 38. V. Mahthildis, c. 7, *SS.*, X p. 577. THIETMAR., lib. 4 c. 46, ed. KURZE, p. 90; iterum lib. 6 c. 52, p. 165. ALPERT. METTENS., Div., lib. 1 c. 3, ed. HULSHOF, p. 9. HERIM. AUGIENS., a. 1046, *SS.*, V p. 125. Concilium generale. F. imp., no. 11a, *Form.*, p. 294. Item WIPO, G. Chuonradi, c. 6, ed. BRESSLAU, p. 28. **4.** *doyenné — deanery.* Reportavit in manum M. decani Thudiniensis concilii. PONCELET, *Actes Hugues de Pierrepont*, no. 90 (a. 1211). Capellam in decanatu concilii de Leewis nostrae dioecesis sitam. MIRAEUS, III, p. 682 col. 1 (a. 1235). W. decanus concilii de Woncel. DE FREMERY, *OB. Holland*, suppl., no. 241 p. 202 (a. 1286, Brabant).

**concinnare**, **1.** loc. ad luminaria concinnanda: **appareiller* les lampes — *to fit up* the lamps. (Vulg.) **2.** *composer* un discours, un écrit — *to compose* a speech or a treatise. Oratio elucubratis concinnata sermonibus. ENNOD., epist., *Opera* ed. HARTEL, p. 107. **3.** **inventer, imaginer* des conceptions fausses — *to invent, to concoct* false theories.

**concio**: *congrégation de moines — group of monks.* [Abbas] cum contione sibi commissa. Cod. Udalrici, no. 84 (a. 1091-1096?), ed. JAFFÉ, *Bibl.*, V p. 166.

**concisum**, concisa (femin.) (< concidere; cf. voc. concides): *bois taillis — coppice-wood.*

Si quis concisam vel sepem alterius capulaverit. Lex Sal., tit. 18 § 4. In qua pagina [i. e. agro] sunt mansiones, concisa veterina et rotaricias. PARDESSUS, II no. 253 p. 10 (a. 631). De silva bunuaria 20 et de conciso bunuaria 5. *D. Charles le Chauve*, no. 313 (a. 868). Quicquid ... de silvarum concisis exstirpare poterint. Ib., no. 191 (a. 857). BERNARD-BRUEL, *Ch. de Cluny*, II no. 1050 p. 144 (a. 958).

**concite**, concito: *vite, de suite — quickly, forthwith.* GREGOR. M., Moralia, MIGNE, t. 74 col. 698 D. THIETMAR., lib. 1 c. 7, ed. KURZE, p. 5. JOH. NEAPOL., V. Athanasii, *Scr. rer. Langob.*, p. 446. BERTAR. CASIN., *Poet. Lat.*, III p. 394.

**concites**, v. concides.

**concivis**: **1.** **concitoyen — fellow burgess.* **2.** plural. concives: *l'ensemble des bourgeois* d'une ville — *the aggregate burgesses* of a city. In conventu concivium. Lex famil. Wormat. a. 1023/1025, *Const.*, I no. 438, c. 32. Concedimus predictis concivibus. *D. Heinrichs IV.*, no. 334 (a. 1081, Lucca). Concives hujus urbis. WIDEMANN, *Trad. S.-Emmeram*, no. 171 p. 76. D. Heinrici V imp. a. 1114, KEUTGEN, *Urk. z. städt. Verf.gesch.*, no. 23 p. 17.

**concivium**: *la bourgeoisie* d'une ville — *the body of citizens* of a city. Urbis Remorum florente concivio. ADSO († a. 992), V. Basoli, c. 11, MIGNE, t. 137 col. 649. Quicumque ad concivium opidi intraverit domino contradicente. KEUTGEN, *Urk. z. städt. Verf.-gesch.*, no. 143 (a. 1213, Hamm). Cives non recipiunt aliquem in concivium suum qui habet dominum contradicentem. Ib., no. 144 (a. 1221, Münster in Westf.)

**conclamare**: *porter plainte en justice — to lodge a complaint.* In ipso placito pauperi conclamant causas suas. Lex Alam., tit. 36, § 3.

**conclamatio**: *plainte en justice — legal complaint.* Propter hanc conclamationem canonicorum. ROUQUETTE, *Cart. de Béziers*, no. 71 p. 88 (a. 1061).

**conclave**: **1.** *sacristie — sacristy.* Ne [presbyteri] sacrum chrisma foras conclavi dimittant, ubi a quolibet attingi possit. Concil. Turon. a. 813, c. 20, *Conc.*, II p. 289. **2.** *clôture claustrale — closure* of a chapterhouse. Claustrum clericorum construxi, in quo nunc omnes sub uno conclavi manere noscuntur. Leidradi Lugdun. epist. (a. 813/814), *Epp.*, IV p. 543. **3.** *conclave — conclave.* S. xiii.

**concludere, 1.** vitam: *terminer — to end.* JORDAN., Getica, *Auct. antiq.*, V pt. 1 p. 21. **2.** pacem: *conclure — to conclude.* Hormisdae pap. (a. 514-523) epist., THIEL, p. 918.

**conclusus** (subst.): **1.** *terre clôturée — fenced-in piece of land.* Si quis ... sepes inciderit ... de prato sive de concluso. Lex Visigot., lib. 8 tit. 3 § 6. Iterum tit. 4 § 25. Silvam ... propter excolendos agros aut conclusos aut facienda prata succiderit. Ib., lib. 10 tit. 1 § 13. **2.** *clôture — fence.* Vinea ... [h]abet de conclusis perticas 144. BERNARD-BRUEL, *Ch. de Cluny*, II no. 1354 p. 424 (a. 974). Item ib., no. 1509 p. 559 (a. 980).

**concomes**: *collègue dans la fonction comtale — fellow-count.* Steph. II pap. (a. 752-757) epist., *Epp.*, III p. 488.

**concordanter**: *d'un commun accord — in agreement.* GREGOR. TURON., Hist. Franc., lib. 9 c. 41. FORTUN., V. Albini, c. 9 § 24, *Auct. antiq.*, IV pt. 2 p. 30.

**concordantia**: **1.** *réconciliation, accord — reconcilement, agreement.* **2.** *concordance, conformité — conformity, harmony.* **3.** Bibliae concordantiae: *concordance de la Bible — concordance of the Scriptures.* S. xiii.

**concordare** (transit.): **1.** **réconcilier — to reconcile.* Gratia concordandi ecclesias Romanam et Constantinopolitanam. LEO, Chron. Casin., lib. 2 c. 85, *SS.*, VII p. 686 l. 19. **2.** *fixer par commun accord — to establish by mutual agreement.* De consilio, in quo judicium concordaverant, redientes adjudicaverunt ... FLACH, *Orig.*, I p. 241 (a. 1102, Tours). **3.** pass. concordari et refl. se concordare: *se réconcilier — to become reconciled.* Concordati sunt rex H. et comes T. hoc modo. ROBERT. DE TORINN., a. 1158, *SS.*, VI p. 508 l. 23. Ibi pluries. Nunc se concordent et sint ... fidi sodales. Ruodlieb, fragm. 5 v. 69. **4.** pass. et refl., spec.: *conclure une convention d'arbitrage — to make an arbitration agreement.* S. xii.

**concordatio**: **réconciliation — reconcilement.* Leg. Edw. Conf., tit. 28 § 1, LIEBERMANN, p. 652. Bened. VIII pap. epist. a. 1016, *Hist. de Fr.*, X p. 433 A.

**concordatum** (subst.): *accord, traité — agreement, treaty.*

**concordia**: **1.** *arrangement à l'amiable — mutual agreement.* Monuit me venire ad justitiam aut concordiam de querelis quas habebas contra me. FULBERT. CARNOT., epist. 20 (a. 1022), *Hist. de Fr.*, X p. 501. Si aliquid super illum [clamaverint, aut secundum legem aut secundum concordiam in ratione et judicio erit. G. pontif. Camerac., lib. 3 c. 42, *SS.*, VII p. 481 l. 45. Quam sententiam in concordia datam utriusque partis et amacabilem compositionem utraque pars ... observare ... promisit. FICKER, *Forsch.*, IV no. 99 p. 145 (a. 1125, Mantua). Cum parentibus occisi concordiam facere debebit. WAUTERS, *Orig.*, p. 26 (a. 1164, S.-Amand). **2.** *alliance — alliance.* Nullas confederationes nec concordiam cum aliquo ... inibimus. VAN DEN BERGH, *OB. Holland.* II no. 273 p. 118 (a. 1274).

**concredere.** Se vel sibi concredere, et pass. concredi (proprie: se recommander, se soumettre à la décision du juge — to recommend oneself, to resign oneself to the judge's award): **1.** absol.: *s'avouer coupable, se reconnaître vaincu, passer condamnation — to confess one's guilt, to admit being in the wrong, to submit.* Qui terram suam occupatam ab altero dixerit, ... si occupator sibi concrediderit, reddat hoc quod occupavit. Lex Saxon., c. 63. Uter in ipso certamine convictus fuerit et sibi concrediderit, solvat leudem occisi. Lex Fris., tit. 14 § 5. Si ille, qui mallatus est, non vult se concredere. Lex Sal., extrav. B 2, BEHREND [2] p. 166 l. 21. Iterum c. 4, p. 167 l. 7. Si se concrediderit et humiliaverit et emendare voluerit. Capit. ad Franc. et Aquit. missa de Carisiaco a. 856, c. 3, *Capit.*, II p. 280. Se concredidit et ... easdem res cum querela warpivit. *D. Charles le Chauve*, no. 258 (a. 863), II p. 85 l. 8. Se recognovit et concredidit et per suos wadios [villam] prefato episcopo redidit. GERMER-DURAND, *Cart. de Nîmes*, no. 1 p. 3 (a. 876). Professus dixerat quod ipse [servus] de prefato monasterio esse debuisset ... Cum taliter se concredisset ... *D. Karls III.*, no. 25 (a. 880). **2.** aliquid, alicui rei: *reconnaître une obligation — to acknowledge an obligation.* Si [i. e. se] ad ipso servicio sancti illius concredidit. F. Sal. Merkel., no. 32, *Form.*, p. 253. In omnibus ibidem concrediti fuerunt, quod quantum ... injuste abstultum fuerat, ipsi ... pro eorum gadio [i. e. per eorum wadium] ... advocato s. Victoris ... condonaverunt. GUÉRARD, *Cart. de Mars.*, I no. 26 p. 34 (a. 845). **3.** *avouer un tort, un méfait — to confess a wrong, a misdeed.* Concredidit sibi de illis [rebus], quod eas injuste tenere voluisset. *D. Ludwigs d.Deutsch.*, no. 131 (a. 870). Concredo me contra legem fecisse. *Reg. Farf.*, II p. 212. **4.** aliquid, gener.: *reconnaître — to own.* Suaserunt eum, ut se concrederet ministerium sacerdotale minime habere posse. THEGAN., V. Hludowici, c. 56, *SS.*, II p. 602.



**concubile**: *gîte* de bêtes — *lair* of animals.

**concubinarius** (subst.): *qq'un qui a une maîtresse — one who keeps a concubine.* Capit. Ludov. Pic vel Lothario asscr., c. 8, *Capit.*, I p. 334.

**concubinatus** (adj.): *qui a une maîtresse — having a concubine.* Quis clericorum ... qui non esset uxoratus vel concubinatus. ANDR. STRUM., V. Joh. Gualberti (s. xi ex.), c. 29, *SS.*, XXX p. 1087.

**conculcatorius.** Charta conculcatoria: charte par laquelle un maître renonce à ses droits sur les enfants nés du mariage de son serf avec une femme libre — charter by which a lord abandons his claim to the children of his serf born in marriage with a free woman. F. Sal. Bignon., no. 11, *Form.*, p. 232. F. Morbac., no. 18, ib., p. 334.

**concupiscentia**: **désir*, en part. désir charnel — *desire*, esp. carnal desire.

**concupiscibilis**: **1.** **désirable, convoitable — desirable, enviable.* **2.** *voluptueux — lustful.*

**concurrens** (subst.): **épacte du soleil — epact of the sun.*

**concurrere**: **1.** cum aliqua re: **s'accorder, être conforme* à qqch. — *to square* with a thing. **2.** in aliqua re: **prendre part* à qqch., *concourir* à qqch. — *to partake* in a thing, *to join* in a thing. **3.** *entrer en compétition, concourir — to compete.* **4.** alicui, cum aliquo: **être du même avis — to agree.* **5.** alicui: *aider, secourir — to help, to succour.* Afflictis concurrere. GREGOR. M., Ezech., MIGNE, t. 76 col. 1008 C.

**concursus** (decl. iv): *aide, concours — help, assistance.* Adsensum vel concursum praebuerit. Greg. II pap. (a. 715-732) epist., *Epp.*, III p. 267. Vestro concursu et auxilio. Pauli I pap. (a. 757-767) epist., ib., p. 531.

**concusare**: *accuser* plusieurs individus *ensemble — to accuse* several persons *together.* Chron. Salernit., c. 74 sq., *SS.*, III p. 505. Iterum c. 152, p. 547.

**concussio**: **1.** **oppression, concussion — oppression, extortion.* **2.** **terreur, effroi — scare, horror.*

**concutere**: **concussionner — to squeeze.*

**condam** = quondam.

**condama**, v. condoma.

**condamina**, -tami-, -demi-, -domi-, -nea, -nia, cumina (<cum domino; cf. voc. condoma): *pièce de terre labourable faisant ou ayant fait partie de la réserve seigneuriale — piece of arable forming part or having been a part of the manorial demesne.* Condaminis, vinis [i. e. vineis], pratis ... [form. pertin.] Ch. Eligii a. 632, *Scr. rer. Merov.*, IV p. 746. In Beruldi villa cuminas indominicatas 3, quae ita jacent: una in ipsa Beruldi villa, alia in loco q. d. Marconis pratum, tertia in loco dicto Amolberti campus. PARDESSUS, II no. 469 p. 276 (a. 706, Metz). Condaminam unam ... cum suis ortilibus et kasalibus. Preterea ... contiguam aliam condaminam et ortum prephate condamine adherentem. *D. Charles le Chauve*, no. 222 (a. 860), p. 560. Cum mansis, vineis, campis et pratis, condaminis et omnibus ajacentiis. DESJARDINS, *Cart. de Conques*, p. 5 no. 4 (a. 883). Villa que P. dicitur ... ad quam aspiciunt mansi 12 ... et in villa C. sunt condemine que adjacent ipsis mansis cum ceteris terris. *D. Charles le Simple*, no. 29 (a. 900). BERNARD-BRUEL, *Ch. de Cluny*, I no. 153 (a. 910-927); no. 404 (a. 932); no. 553 (a. 942-954). [Decima debetur] excepto de condaminis indominicatis et de terris absis et de vineis indominicatis. RAGUT, *Cart. de S.-Vincent de Mâcon*, no. 204 (a. 886-926). Condeminae 3 ad sationem modiorum 100. DC.-F., II p. 484 col. 3 (ch. a. 937, Autun). Abbas missis bobus cepit terram ... excolere et huc illuc rumpere terram ad faciendam condaminam. GUÉRARD, *Cart. de Marseille*, I p. 104 (a. 993). BEYER, *UB. Mittelrh.*, I no. 368 p. 425 (a. 1069, Toul). Mansum indominicatum ... cum pratis ibidem sibi appositis et cum adjacente condamina. RAGUT, o.c., no. 24 p. 20 (a. 1060-1108). Debent [servientes] in ipsa villa duas condaminas elaborare, unam ad frumentum et sigala, aliam ad avenam, arando, seminando, colligendo, carricando, sintiando et usque ad granarium perducendo. Ib., p. 286 no. 493. Donamus ... condaminam quae est foris vallos castri. *Gall. chr.* [2], XIII instr. col. 13 A no. 12 (a. 1098, Toulouse). Nuntiatum est s. Gallae ab actore suo ... quod condanimam [sic cod.] suam quidam presbyter cum messe tulisset. V. Gallae, *AASS.*, Febr. I p. 940.

**condebitus** (adj.): *dû, ce qui sied — due, proper.* Non modo sancti honore condebito, verum aecclesia ipsa suo vacuata est ornamento. HERIGER., Transl. Landoaldi, a. 980, GYSSELING-KOCH, *Dipl. belg.*, no. 138, p. 238.

**condecens**: **convenable, approprié — fitting, becoming.*

**condecenter**: *convenablement — suitably.* Lib. diurn., c. 85, ed. SICKEL, p. 105.

**condecentia**: *convenance, dignité — suitability.* Secundum sui status condecentiam. V. secunda Bernardi Parm., c. 1, *SS.*, XXX p. 1323.

**condecernere**: **1.** **accéder, coopérer à une décision — to join in decreeing.* Sicut domnus papa J. sanxit, connivente et consentiente et condecernente domno K. imperatore. Concil. Pontig. a. 876, c. 7, *Capit.*, II p. 347. **2.** *convenir, fixer par contrat — to agree, to provide by mutual agreement.* Condecretis nuptiarum legibus uxorem duxit. FELIX, V. Guthlaci (s. viii p. pr.), c. 4, MABILLON, *Acta*, III pt. 1 p. 265.

**condeda**, v. condita.

**condegere**: *habiter ensemble — to dwell together.*

**condemina**, v. condamina.

**condensa** (n. pl.): **bocage — grove.*

**condensitas**: *densité, épaisseur — density, thickness.* Inter spinarum condensitatem. GREGOR. TURON., Glor. conf., c. 81, *Scr. rer. Merov.*, I p. 799.
**condere**: **1.** **créer — to create.* **2.** loc. condere testamentum: *dicter son testament — to make one's will.* GREGOR. M., lib. 1 epist. 9, *Epp.*, II p. 11.
**condergere**, v. condirigere.
**condescendere**, **1.** alicui: **aider, seconder, coopérer — to help, to contribute.* Numquam se in ejusdem pontificis condescendere necem. Lib. pontif., Gregor. II (a. 715-731), vers. I § 17, ed. DUCHESNE, I p. 404 col. 1. **2.** precibus: *acquiescer* à une prière — *to comply* with a request. Petitioni libenter condescendere volui. D. Roberti reg. Fr. a. 1023, *Hist. de Fr.*, X p. 609 B. **3.** alicui, absol.: **se montrer bienveillant, condescendre — to show goodwill, to condescend.*
**condescensio**: **1.** **condescendance — condescension.* Paternae condescensionis affectu. Transl. trium virg. Walciod. (ca. a. 1130), c. 13, *SS.*, XXX, p. 1381 l. 23. **2.** *assentiment, approbation — agreement, approval.* Condescensionem quasi in tempus aliud differendo dissimulavi. HINCMAR., epist. a. 864 ap. FLODOARD., Hist. Rem., lib. 3 c. 12, *SS.*, XIII p. 490 l. 21.
**condiaconus**: **collègue dans la fonction de diacre — fellow deacon.*
**condicere**: **1.** *déclarer sous la foi du serment — to declare under oath.* Post sacramentum condicerent hanc causam sicut illi rectissime scirent. BITTERAUF, *Trad. Freising*, I no. 193a p. 184 (a. 804). **2.** **convenir, fixer dans un contrat, conditionner — to agree, to provide by mutual agreement.* Semper ad pascham condictum persolvamus censum. DRONKE, *CD. Fuld.*, no. 169 p. 96 (a. 801). **3.** **intimer, notifier — to notify, to summon.* Domino [servi de crimine suspecti] secrecius cum testibus condicatur, ut intra 20 noctes ipsum ante judicem debeat presentare. Pactus Childeb. et Chloth. (a. 511-558), c. 12, *Capit.*, I p. 6. Ubicumque de justitiis monasterii vobis condixerit vel interpellaverit. *D. Karolin.*, I no. 172 (a. 791). Dicunt quod nos nequaquam illis hanc causam ad notitiam per nosmetipsos condictam habeamus. Karoli M. epist. ad Pippin. (a. 806-810), *Capit.*, I p. 212 l. 12. **4.** *annoncer* lieu et date d'une réunion — *to announce* when and where a meeting will take place. Nobis tunc ibi convenit, ut tempore statuto ad locum condictum cum primoribus regnorum nostrorum conveniremus. Conv. ap. Sapon. a. 862, c. 2, *Capit.*, II p. 160. Mandat ei [regi], quod ad eum venturus esset condicto tempore vel loco, si rex ad illum locum accederet. FLODOARD., Ann., a. 945, ed. LAUER, p. 98. **5.** *convoquer* une réunion, *arranger* une entrevue — *to convoke* a meeting, *to arrange* a conference. In sequenti conventu medio Octubrio qui condictus est. Capit. Mantuan. II a. 787 (?), epil., I p. 198. A. episcopus et M. abbas pro hoc condixerunt publicum placitum fieri. Concil. Tegerns. a. 804, *Conc.*, II p. 231. Presbiteri ... ad sinodum veniant condictum. *Capit.*, I p. 182 no. 84 c. 5 (a. 813?) Fratres nostri et nos communiter placitum nostrum ad missam s. Johannis apud Parisium condictum habemus. Conv. ap. Marsnam a. 847, adnunt. Karoli, c. 1, *Capit.*, II p. 71. Conventu condicto. NITHARD., lib. 1 c. 3, ed. LAUER, p. 12. Cum episcopus ... placitum canonice constitutum decreverit ... atque comes eadem die, sciens placitum ab episcopo condictum vel nesciens, placitum cum populo suum condixerit. Concil. Tribur. a. 895, c. 9, *Capit.*, II p. 218 l. 20 sqq. Convocatis parrochianis ad legitime condictum concilium. Pax Dei Colon. a. 1083, *Const.*, I no. 424, c. 2. Curiam ... condiximus. WIBALD., epist. 8, ed. JAFFÉ, *Bibl.*, I p. 82. Loc. placitum condictum: **1.** *appel à l'ost — summoning-up of the host.* Omnes fideles nostri capitanei cum eorum hominibus ... ad condictum placitum veniant. Memor. de excercitu praepar. a. 807, c. 3, *Capit.*, I p. 135. De placito condicto ad marcam necesse est, ut omnimodis ex omni parte ... unusquisque conveniat. Karoli M. capit. missor. Ital. (a. 781-810), c. 4, I p. 206. Quicumque ... in ostem bannitus fuerit et ad condictum placitum non venerit. Capit. Bonon. a. 811, c. 3, p. 166. **2.** *séance extraordinaire du tribunal du palais — extraordinary session of the king's court. D. Karolin.*, I no. 12 (a. 759).
**condicio**, conditio (cf. etiam voc. conditio): **1.** *rapports mutuels — mutual relations.* Juxta inferius adnotata capitula, quibus, quam inter eos [sc. filios imperatoris] constituimus, conditio continetur. Ordin. imp. a. 817, prol., *Capit.*, I p. 271 l. 12. **2.** *disposition légale — legal provision.* Si quis porcum bimum furaverit, 600 dinarios ... culpabilis judicetur ... Quo numero usque ad duos porcos simili conditione [i. e. similem conditionem] convenit observare. Lex Sal., tit. 2 § 5 sq. Iterum tit. 27 § 15. Similiter ... haec conditio teneatur. Capit. Olonn. mundan. a. 825, c. 6, I p. 330. **3.** (cf. condicere sub 1) *teneur d'un serment* mis en écrit — written *wording of an oath.* Condiciones, ad quas jurantur. Lex Visigot., lib. 2 tit. 1 § 23. Per condicionum seriem jurare. Ib., tit. 4 § 5. F. Visigot., no. 39, *Form.*, p. 592. Illarum series conditionum, ad quas ... jurare coegerat. Concil. Toletan. VIII a. 653, c. 2, ed. BRUNS, p. 272. Hunc praecipue ordinem in ipsa perversarum conditionum serie servans. JULIAN., Hist. Wambae, c. 2, *Scr. rer. Merov.*, V p. 531. Iterum c. 6, p. 533 sq. Super cujus sacrosanctum altare has conditiones manibus nostris continemus vel jurando contangimus. *Hist. de Languedoc*[3], II pr. no. 45 col. 118 (a. 817, Girone). Conditiones sacramentorum ad quas ... jurant testes. Ib., no. 150 (a. 858, Elne). Conditiones sacramentorum, ad quarum exordinatione residebat judex. ALART, *Cart. Roussillonnais*, no. 33 p. 52 (a. 1030). **4.** **condition servile — servile status.* Exutos ab omni fece conditionis, in ingenuitatis cursu ingressos. F. Visigot., no. 6, *Form.*, p. 578. [Puerum] in tuo dominio sub tua conditione statuimus esse, ut post tui diem obitus ... a jugo servitutis absolvatur. Lib. diurnus, c. 38, ed. SICKEL, p. 29. Nec deinceps ulli simus conditioni subditi, sed nostri simus arbitrii. LACOMBLET, *UB. Niederrh.*, IV p. 762 no. 605 (a. 1021-1036). *CD. Cajet.*, I p. 190 (a. 999). **5.** (cf. condicere sub 3 et voc. *condictio): *instance, action de droit — indictment, legal complaint.* De reliquis conditionibus omnes omnino tricenaria lex excludat. Childeb. II



decr. a. 596, c. 3, *Capit.*, I p. 16. [Procurator] unicuique pro ipsum de reputatis condicionibus et directum faciat et ab aliis veritatem recipiat. MARCULF., lib. 1 no. 21 et 23, *Form.*, p. 57. Epist. ap. V. Desiderii Cadurc., c. 10, *Scr. rer. Merov.*, IV p. 570. **6.** *affaire, intérêt, occupation — matter, concern, business.* Cum in Dei nomine nos omnes kalendas Martias de quascumque condiciones cum nostris optimatibus pertractavimus. Decr. Childeb. a. 596, praef., *Capit.*, I p. 15. Ubi necessitas fuerit, in condicionibus ipsius monasterii justum faciatis auxilium inpertire. MARCULF., lib. 1 no. 35, *Form.*, p. 66. Illo et illo die, ceteras conditiones omissas, pro hac re a[d] V. ... deberet ambulare. Pass. Praejecti (s. vii ex.), c. 37, *Scr. rer. Merov.*, V p. 246. Vir Dei ad aulam regis C. pro conditionis [i. e. -es] ecclesie pergeret. Ib., c. 20, p. 237. Basilicas benedicere vel quicquid a tali conditione [i. e. ad talem condicionem] pertinere videtur. Stat. Rhispac. a. 799/800, c. 30, Capit., I p. 229. **7.** *chose — thing.* Multas conditionis [i. e. -es] ei Dominus ibidem revelare dignatus est. V. Wandregisili (s. vii ex.), c. 9, *Scr. rer. Merov.*, V p. 17. Similiter ibi c. 11, p. 18; c. 18, p. 23.
**condicionalis**: **1.** **conditionnel — conditional.* **2.** **qui concerne la condition servile — concerning servile status.* Domina, cui conditionali jure famulatus semper servitium exibebat. WOLFHARD. HASERENS., Mir. Waldburgis Monheim. (a. 895), lib. 2 c. 3, *SS.*, XV p. 545.
**condicionare**: *conditionner — to condition.* S. xiii.
**condicionarius** (adj.): **de condition servile — having the status of a serf.* Subst.: *serf — serf.* Conditionarios de familia Carnotensis comitis. Ivo, epist. 147, MIGNE, t. 162 col. 152. Cum colonis et conditionariis seu liberis hominibus. Ch. Will. Conquest., DC.-F., II p. 489 col. 2.
**condictare**: *fixer par commun accord — to fix by common agreement.* Ambitus castelli cum consensu populi et procerum condictatus, mensuratus. Mir. Bertini (s. ix ex.), c. 8, *SS.*, XV p. 513.
**condictio**: *accord, traité — agreement, treaty.* Huius condictionis observantiam jurejurando sanxere. Pax Dei Alsat. (s. xi), *Const.*, I no. 429, c. 2.
**condictum** (subst.): **1.** **accord, ce qui est convenu — appointment.* **2.** *rendez-vous — appointment.* WETTIN., V. Galli, c. 17, *Scr. rer. Merov.*, IV p. 266. Cumque deinceps crastina die secundum condictum inibi adfuissent. V. Arnulfi, c. 10, ib., II p. 436. **3.** *plaid — session of a court.* Advocatus habebit tria condicta in anno. GUDEN., *CD. Mogunt.*, IV p. 903 (a. 1262). **4.** *synode épiscopal — bishop's synod.* Populus iste vadit ad condictum episcopi, quo et ceteri ejus convicanei vadunt, scilicet ad W., ibique ecclesiasticum jus audiat et judicium sustinebit. Acta Murensia, c. 20, ed. KIEM, p. 66.
**condignus**: *approprié — suitable.* Villa cum domo condignam [i. e. condigna] ad habitandum. MARCULF., lib. 2 no. 15, *Form.*, p. 85 Deinde saepe.
**condiloma**, -do- (genet. -atis) (gr.): *écrouelles — scrofulous disease.* V. Maximi, *AASS.*, Jun. V p. 52.
**condylus** (gr.): **noeud — knot.*
**condimentum** (<condere): *édifice — building.* Excepto domorum condimenta. BITTERAUF, *Trad. Freising*, I p. 37 no. 10 (a. 757).
**condirectio** (<condirigere): **1.** *gestion — management.* De cunctis quae emendata fuissent per ipsius treguae fractionem, una medietas fuisset praefatae ecclesiae [sc. Narbonensis], alia mea pro exercenda justitia. Ego autem consensi ipsam meam medietatem condirectioni ipsius ecclesiae. Sed ille [archiepiscopus] non in ejus condirectionem, sed in destructionem misit. Querimonia Berengarii vicecom. Narbon. a. 1059, *Hist. de Languedoc*[3], V no. 211 p. 496. **2.** *mise en culture — reclaiming.* Donamus ... alodem nostrum, qui mihi advenit per alodem sive per aprisionem vel condirectionem parentum nostrorum. DC.-F., II p. 487 col. 3 (a. 1075, Foix).
**condirectum**, condrictum (<condirigere): *terre en culture — cultivated land.* Alodem ... cum ipsas terras ... tam in ermo [i. e. heremo] quam in condricto. CASSAN-MEYNIAL, *Cart. d'Aniane*, p. 433 no. 314 (a. 978). Quantum habet infra istos terminos, totum heremum et condrictum, sic donavit. Ib., p. 287 no. 147 (a. 996-1031). Loca culta et inculta, heremum et condirectum. *Gall. chr.* [2], XIII instr. col. 87 D no. 2 (a. 1095, Pamiers).
**condirigere**, condirgere, condergere: **1.** *envoyer — to send.* Quem de Luxovio monasterio ... ad ipsum coenobium fratrum condirexit. V. Balthildis, c. 7, *Scr. rer. Merov.*, II p. 491. [Judices nostri] vinum peculiare conparando emere faciant, unde [ad] villas dominicas condirigere possint. Et quando quidem plus de ipso vino conparatum fuerit quod ad villas nostras condirigendum mittendi opus sit ... Capit. de villis, c. 8. **2.** *exploiter, cultiver — to work, to till.* Cedo ad ipsa casa Dei condirgendo [i. e. ad condirgendum] hoc est res proprietatis meae. Cart. Senon. no. 14, *Form.*, p. 190. Tempore vitae meae ipsas res habere et usare vel condirgere debeam. Ib., no. 15, p. 191. Per temetipsum ipsa[m] vinea[m] condirgere facias. Ib., no. 48, p. 206. Portione[m] ad excolendum et condirigendum. *Form.*, p. 597. Quicumque nostrum beneficium habet, bene ibi labored et condirgat. Capit. Pippini a. 768, c. 5, I p. 43. Missi nostri provideant beneficia nostra, quomodo sunt condricta. Dupl. legat. edict. a. 789, c. 35, p. 64. Item Capit. de just. fac. (a. 811-813), c. 6, p. 177. De illis Saxonibus qui beneficia nostra in Francia habent, quomodo an qualiter habent condricta. Capit. missor. spec. a. 802, c. 11, p. 100. Ut scire possimus ... qui suum beneficium habeat condrictum aut distructum. Capit de caus. div. (a. 807?), c. 4, p. 136 l. 20. Ipsum mansum ... diligenter condergere faciatis. GUÉRARD, *Cart. de Marseille*, II no. 1040 p. 507 (a. 924). Dono tibi ... alodem ... ad condergendum, ad benefaciendum vel ad aedificandum. MARTÈNE, *Thes.*, I col. 181 B (ca. a. 900, Agde). **3.** *bâtir — to build.* Ad luminaria concinnanda et sacrificium deferendo vel pro domo domini condirgendo ipsas res in futuro perinducant. PARDESSUS, I no. 177 p. 133 (a. 570). Ecclesiam ... condignis famulatibus condirgere et instruere non pigeant. ROSEROT, *Ch. Hte-Marne*, no. 17 p. 30 (a. 952-970, Langres). De ipsis castris

quod [i. e. quot] P. G. et A. habent condirectos infra honorem de castro S. ALART, *Cart. Roussillonnais*, no. 56 p. 85 (ca. a. 1074?) Non condirigant super eas [rochas] nec juxta eas fortitudinem aliquam nec castrum nec ecclesiam neque monasterium sine licentia et consilio principis. Usat. Barcinon., c. 73, GIRAUD, *Essai*, II p. 479. Liceat ... omnia castra, quae nunc habet et possidet, ... condirigere et efforsare, et in alio ... loco de novo construere et transmutare. Ch. Ludov. VII reg. Fr. a. 1165, *Gall. chr.*$^{2}$, VI instr. col. 45.

**condita,** condeda (celt.): *une subdivision du pagus* (en Bretagne et Maine; moins souvent dans le Cotentin, l'Anjou, la Touraine, le Berry, le Poitou) — *a subdivision of the "pagus"*. Vicinis circa manentis de ipsa condita. F. Andecav., no. 28, *Form.*, p. 13. In pago illo, in condita illa. F. Turon. no. 1$^{b}$, ib., p. 135. Coll. Flavin., addit. 4, ib., p. 490 sq. MARCHEGAY, *Mém. Soc. Antiq. de Norm.*, 3e s. t. 10 (1878), p. 665 (a. 717/718, Cotentin). *D. Karolin.*, I no. 2 (a. 752, Maine). BEYER, *UB. Mittelrh.*, I no. 41 p. 46 (a. 804, Anjou). G. Aldrici, c. 26, *SS.*, XV p. 320 (Maine). *Gall. chr.*$^{2}$, XIV instr. col. 27 no. 21 (a. 840, Berry). V. Richmeri abb. Cenomann., c. 2, MABILLON, *Acta*, III pt. 1 p. 229* (Maine). RÉDET, *Cart. de S.-Cyprien de Poitiers*, no. 212 p. 139 (ca. a. 1022, Poitou).

**1. conditio** (<condere): **1.** **création — creation.* **2.** *fondation — foundation.* **3.** (cf. voc. datio) *redevance — tribute.* Neque ecclesiasticis conditionibus aut angariis [monachos] subdens. Concil. Carthag. a. 535, MANSI, t. 8. col. 841. [Missi regis inquirant] de singulis conditionibus, quae ad cameram nostram vel ad fiscum vel ad diversa palatia pertinent. Lothar. capit. missor. a. 832, c. 7, II p. 64. [Ne] ullis Deo sacratis locis ulla violentia aut novae conditionis gravamina imponantur. Widonis capit. a. 889, c. 3, *Capit.*, II p. 105. Omni tempore navis nostra ... libera maneat ab omni condicione et debito pensionis. PETR. DIAC., Chron. Casin., lib. 3 c. 61, *SS.*, VII p. 745. Nullus ... presumat ... ab ejusdem monasterii abbate vel familia aut villanis ad ipsum pertinentibus bannum vel aliquam conditionem requirere. *D. Heinrichs IV.*, no. 220 (a. 1069). Braidam s. Viti cum plebe ejus et capellis earumque decimis et universis conditionibus et aliis omnibus ad eandem plebem intus et foris pertinentibus. Ib., no. 423 (a. 1091). [Januenses] in aliqua terra ipsorum nisi de centum octo nullam debeant dare condicionem. CAFFAR., Ann., a. 1161, ed. BELGRANO, I p. 62. Habeat fructus omnes et redditus et conditiones et pedagia et conmoda expeditionum. Heinr. VI imp. conv. cum Cremonens. a. 1191, *Const.*, I no. 338, c. 4.

**2. conditio,** v. condicio.

**1. conditum**: (<condire): **vin aromatisé — spiced wine.*

**2. conditum** (<condere): **stock de grains — store of corn.*

**condolere,** alicui: **avoir pitié — to pity.*

**condoloma,** v. condiloma.

**condoma,** -du-, -da- (<cum domo; cf. voc. condamina): **1.** *lot de terre assigné à un colon — plot of land held by a colonus.* CASSIOD., Var., lib. 5 epist. 10 sq., *Auct. antiq.*, XII p. 149. Unam illi de jure ecclesiae deputare condumam. GREGOR. M., lib. 9 epist. 194, *Epp.*, II p. 182. Fundos campulos cum conduma una. Ib., lib. 9 epist. 71, p. 90. [Pulli] singuli conductoribus singulae condomae dari debent. Ib., lib. 2 epist. 38, I p. 135. **2.** idem quod condamina (vid. hanc voc.) In ipso loco cortes et condomas tres. UGHELLI, VIII p. 35 (a. 774). In A. terras indominicatas, ubi conduma monachorum fieri debeat, cum prato et mansis duobus et dimidio. *D. Charles le Chauve*, no. 475 (<a. 858>, spur. post a. 980, Montier-en-Der), II p. 578 l. 12. **3.** *un ménage de dépendants, de condition mal connue — married couple of dependants*, of uncertain personal status. Singulos condomas [v. l. condones] de unaquaque villa, qui ... nobis ... fideliter deserviunt, volumus ... ut integro relaxentur a servitio. Test. Bertichramni a. 615, PARDESSUS, I no. 230 p. 214. Condoma nomine D. cum uxore, filios et filias suas vel cum integra eorum pertinentia. MURATORI, *Scr.*, I pt. 2 col. 374 (a. 747, Benevento). Rem [i.e. res] ... fuisset appretiata auri sol. 1500 absque condomas duas cum filiae suae, qui inde sunt pertinentes, id est R. cum uxore sua et tres filiae suae et D. cum uxore et una filia sua. Ib., col. 392 (ca. a. 840, Salerno). Condomam quam ... obtulerunt in praedicto monasterio, quae habitare videtur in Prata, Z. qui fuit abbas ... liberavit, sicque modo se a suo servitio subtrahere quaerant. UGHELLI, VIII p. 618 (a. 758-787, Benevento).

**condomina,** v. condamina.

**condominus**: *coparticipant dans une seigneurie — copartner in a seignory.* S. xiii.

**condonamentum**: *concession en précaire — precarial grant.* [Wido] tenuit terram s. Andreae ... per condonamentum E. abbatis ... solummodo in vita [Widonis]; post discessum autem ejus ... ad casam Dei ... deberent reverti. *Gall. chr.*$^{2}$, XVI instr. no. 25 col. 20 (ca. a. 1025, Vienne).

**condrictum,** v. condirectum.

**conducere**: **1.** *transporter* la récolte *jusqu'à la maison — to carry* the crop *home.* Sunt ibi 10 mansi. Unusquisque debet ... tres boves ad vinum conducendum. Polypt. s. Remigii Rem., c. 13 § 1, ed. GUÉRARD, p. 25 col. 1. **2.** *reconduire, escorter, protéger en route — to conduct, to escort, to safeguard on the road.* Regina ... egressa Lauduno, conducentibus se quibusdam ... hominibus, ... proficiscitur. FLODOARD., *Ann.*, a. 951, ed. LAUER, p. 132. Misit qui conduceret ad se episcopum salvum et incolumem. DUDO, lib. 3 c. 115, ed. LAIR, p. 278. **3.** *garantir la sécurité de qq'un pendant le voyage — to warranty a person's security on a journey.* Nuncios ... dirigit, commendans eos Pisanis et Januensibus conducendos. RAHEW., G. Friderici, lib. 4 c. 12, ed. WAITZ-SIMSON, p. 247. Ut ipsos homines per fora et castella sua cum mercibus suis conducat libere et tam ipsos quam res ipsorum ubique tueatur et protegat. MIRAEUS, III p. 348 (a. 1176, Hainaut). **4.** *donner un sauf-conduit — to procure a safe-conduct.* Nemo praeter me [sc. comitem Trecensem] hominem qui alicui forisfecerit poterit apud Meldos conducere nisi per majorem. BOURGEOIS, *Mouv. comm. Champagne*, p. 116 c. 7 (a. 1179, Meaux). **5.** conducere testimonium: *témoigner — to testify.* Venerunt et conduxerunt testimonium ... in legitimo K. concilio advocati, quod ... ESCHER-SCHWEIZER, *UB. Zürich*, I no. 199 p. 91 (a. 950-954). **5.** *relever* un fief — *to relieve* a fief. S. xiv. **6.** *marier — to marry.* Nobili conducta uxore. Ann. Rodens., ed. ERNST, p. 4.



**conductivus**: *loué — hired.* S. xiii.

**conductor**: **1.** *régisseur de domaine — manorial manager.* Ut clerici conductores non sint, hoc est, ut non habeant actiones seculares, nisi tantum pro causas ecclesiarum, orfanorum vel viduarum. Concil. Vernense a. 755, c. 16, *Capit.*, I p. 36. Ut nullus presbyter ... conductor sui senioris existat. Capit. eccles. (a. 810-813?), c. 13, p. 179. D. advocatus et R. conductor rerum pertinentium ad praefato domo Dei ... BITTERAUF, *Trad. Freising*, I no. 238 p. 219 (a. 806-809). Ille excessus inhibendus est, quod quidam seculares viri presbiteros aut alios clericos conductores vel procuratores sive exactores fiscalium rerum vel redituum aut vectigalium constituunt. Synod. Papiens. a. 850, c. 18, *Capit.*, II p. 122. **2.** *celui qui effectue un sauf-conduit — escorter.* [Comes] ulterius ... transire absque sano conducto noluit. Dominus autem rex conductores, quos comes voluit, obviam misit. GISLEB. HANON., c. 121, ed. VANDERKINDERE, p. 188. Quicumque ... opidum transire voluerit armata manu, habebit opidanum conductorem. VAN DEN BERGH, *OB. Holland*, I no. 279 p. 162 (a. 1223). **3.** *charretier — waggoner.* Mercatores et vini conductores de Flandrensi natione ad terras s. Medardi venientes. *Actes Phil. Ier*, no. 27 (a. 1066), p. 82. **4.** *chef d'armée — military commander.* Fuero de Nájera a. 1076, c. 33, WOHLHAUPTER, p. 80.

**conductoria**: *circonscription domaniale* soumise à la gestion d'un régisseur dit „conductor" — *manorial district* administered by an agent called "conductor". GREGOR. CATIN., Chron. Farf., ed. BALZANI, I p. 299.

**conductura**: *location — hire.* Si quis praestitum aut conductum caballum .. habuerit, et dum in beneficio aut conductura est damnum fecerit ... Edict. Rothari, c. 327.

**conductus** (decl. iv): **1.** *transport* de la récolte *vers la maison — carrying* the harvest *home.* [Praebet] ad vini conductum unum carrum. Polypt. s. Remigii Rem., c. 13 § 1, ed. GUÉRARD, p. 25 col. 1. Conductus vini. *Annales de l'Est*, t. 2 (1888), p. 516 (S.-Dié, s. xi). **2.** *conduit d'eau — conduit, pipe.* Domesday-book. **3.** *ménage, subsistance — household, livelihood.* Pascat tres pauperes ad unum manducare de ipso conducto, quo ipse manducaturus est. MABILLON, *Ann.*, IV p. 250 (ch. a. 1016, Arles). Nutriat infantes suos et faciat conductum. *Hist. de Languedoc*$^{3}$, V pr. no. 474 col. 893 (ch. a. 1121, Montpellier). **4.** *bande de compagnons armés, de mercenaires — band of retainers.* Si nulla [i. e. ulla] molestia evenerit per se aut per suum conductum a [i. e. ad] nullum [i. e. ullum] hominem s. Petri, dampnum per legem emendet. BERNARD-BRUEL, *Ch. de Cluny*, I no. 562 (a. 942-954). Infra terminationes guerram vel assultum alicui homini non faciam ego nec meus conductus nec ullus homo vel faemina per meam artem vel per meum ingenium. DONIOL, *Cart. de Brioude*, no. 20 p. 42 (s. x). **5.** *protection accordée aux voyageurs et aux étrangers — protection afforded to travellers and aliens.* De advenis, qui ... in partes istorum regnorum confugerunt, ... liceat eis conductum suum quaerere et habere donec ... redeant ad loca sua. Capit. missor. Silvac. a. 853, c. 9, II p. 273. Item Edict. Pist. a. 864, c. 31, p. 324. [Mercatores], mira prodicione in conductu spoliatos omnibus suis, carcere detinebat. SUGER., V. Ludov. Gr. c. 31, ed. WAQUET, p. 252. Mercatores sub nostro conductu salvis rebus et personis habebunt ascensum et descensum in Reno. D. Frider. I imp. a. 1173, *Const.*, I no. 239. Miserunt legatos ad regem Greciae, ut daret eis conductum mercatumque transire cupientibus terram suam. HELMOLD., lib. I c. 60, ed. SCHMEIDLER, p. 115. **6.** *sauf-conduit — safe-conduct.* Episcopo tuo treugam des, polliceare justitiam, insuper conductum praebeas, si velit, ad reconciliandas ecclesias suas. FULBERT. CARNOT., epist. 21, *Hist. de Fr.*, X p. 454 D. Conductum primo de personarum incolomitate petentes ... veniunt. OTTO FRISING., G. Friderici, lib. 1 c. 68, ed. WAITZ-SIMSON, p. 97. Episcopo Carnotensi conductum, sicut fertur, providisti ad concilium profecturo. HILDEBERT., lib. 3 epist. 8, MIGNE, t. 171 col. 288. Accepto conductu venit in castra ad comitem A., ut acciperet ab eo consilium. HELMOLD., lib. I c. 93, p. 183. **7.** *escorte — escort.* Cum ad curiam meam venerit, mittam ei conductum ad Calvum Montem. *Actes Phil. Ier*, no. 127 (a. 1092), p. 323. **8.** *la rétribution qu'on exige pour la protection accordée aux voyageurs — due in return for protection of travellers.* Peagium capere solebat ... Illud deinceps cepit a transeuntibus extorquere et, mutato nomine, conductum vocavit, non peagium. BERNARD-BRUEL, *Ch. de Cluny*, V no. 3920 (a. 1115). [Confirmamus] libertatem claustri vestri ... et conductum in urbe. Priv. Coelestin. II pap. a. 1144, PFLUGK-HARTTUNG, I no. 194. [Habemus] in eadem villa semel in anno herbergagium, conductum et pedagium. Ch. Ludov. VII reg. Fr. a. 1153, LUCHAIRE, *Louis VII*, p. 395 no. 310. [Ducatum] cum comitatibus, cum advocatiis, cum conductibus, cum mansis, cum curtibus ... D. Frider. I imp. a. 1180, *Const.*, I no. 279. Ab omni exactione et consuetudine ..., scilicet conductus et thelonei, in omni terra et aqua nostrae potestati subjecta eis concedimus libertatem. VAN DEN BERGH, *OB. Holland*, I no. 165 (a. 1187). [Dux] per comitatum illum [sc. Looz] usque Mosam fluvium conductum habebat. GISLEB. MONTENS., c. 170, ed. VANDERKINDERE, p. 253. **9.** *déclaration d'abandon de droits — abandonment of claims.* Absque consensu aut conductu sacerdotum comprovincialium nullum ex ipsorum parochianis excipient mortuum vel sepelient. MULLER-BOUMAN, *OB. Utrecht*, I no. 350 p. 322 (a. 1134). **10.** *droit de nomination d'un prêtre — right to nominate a priest.* Ecclesia ... libera, nulli respiciens, cum conductu cujuscumque voluerit abbatissa sacerdotis [i. e. cum conductu sacerdotis, quemcumque abbatissa voluerit]. *Hist. de Fr.*, VIII p. 425 (ch. a. 875). [Dominus] post consecrationem ecclesiae provideat presbyterum ejusque conductum et ... decimas eidem ecclesiae con-

ferat. Concil. Tribur., c. 14, forma brevior (s. x?), *Capit.*, II p. 221. Allodium suum in T. cum omnibus appendiciis, id est conductu ecclesie, duabus partibus decime ... BEYER, *UB. Mittelrh.*, I no. 276 p. 331 (a. 1000, spur.?) Conductum vicarii abbati s. Michaelis benigne annuens. LESORT, *Ch. de S.-Mihiel*, no. 43 p. 165 (a. 1085). Quarta pars ecclesiae de T. cum conductu et omni integritate. Priv. Leonis IX pap., DC.-F., II p. 492 col. 2. **11.** *chant d'accueil — song of welcome.*

**conduma,** v. condoma.

**condura**: *vaisseau* d'un certain type — a kind of *ship*. S. xiv, Ital.

**condux**: *duc adjoint — adjunct duke.* Heinrico duce ... suoque aequivoco filio et conduce. *D. Ottos III.*, no. 155 (a. 994).

**conestabularius,** consta- (subst.) (< comes stabuli; cf. voc. conestabulus): **1.** *connétable du roi — constable of the king's court.* In Gallia: *Gall. chr.*[2], VIII instr. col. 414 (ch. a. 1075). In Anglia: Dial. de Scacc., lib. 1 c. 5, STUBBS, *Sel. ch.*[9], p. 208. **2.** *châtelain royal — the constable of a royal castle.* Magna Charta, c. 24. **3.** un *fonctionnaire local* — the *constable* of a hundred, a wapentake or a township. S. xiii, Angl. **4.** *connétable* d'un prince territorial — *constable* of a territorial prince. [Comes Andegavensis] praemisit conestabularios suos. De majoratu et senescalcia Franciae, HALPHEN-POUPARDIN, *Chron. d'Anjou*, p. 240.

**conestabulus,** constabulus (< comes stabuli): *connétable — constable.* B. comitem stabuli sui, < quod corrupte constabulum appellamus >, cum classe misit in Corsicam. REGINO, a. 807, ed. KURZE, p. 67; hausit ex Ann. regni Franc. verbis uncis inclusis additis. Boamundus ... precepit suo conostabuli ... ANON., G. Francorum, c. 16, ed. BRÉHIER, p. 84.

**confabulatio**: **conversation — conversation.*

**confamiliaris** (subst.): *membre de la même „familia" — a member of the same household.* Ex agrariis militibus nonum quemque eligens in urbibus habitare fecit, ut caeteris confamiliaribus suis octo habitacula exstrueret. WIDUK., lib. 1 c. 35.

**confamiliaritas**: *maisonnée — household.* Sicut fideles confamiliaritatis illius viri ... testati sunt. WILLIBALD., V. Bonifatii, c. 2, ed. LEVISON, p. 8.

**confano,** -fal-, -far-, -onus, et derivata, v. guntfano.

**confavere**: *favoriser — to favour.* S. xii.

**confectare**: *tanner — to tan.* [Coriarii] debent confectare 12 coria. Honoranciae civit. Papiae, c. 12, *SS.*, XXX p. 1456.

**confectio**: **1.** **potion médicale — mixture, drug.* **2.** *confiserie — sweetmeat, comfit.* S. xiii.

**confectionarius**: *pharmacien — chemist.*

**confector**: *tanneur — tanner.* Sunt duodecim coriarii, confectores corium, ... in Papia. Honoranciae civit. Papiae, c. 12, *SS.*, XXX p. 1456.

**confectum,** confitum: **1.** *tannage — tannage.* Nemo pellem praeposito debebit, nisi confitum faciens. Ch. Ludov. VII reg. Fr. a. 1179, FLEUREAU, *Hist. de Blois*, I c. 28 p. 111. **2.** *confiserie — sweetmeat, confit.* S. xiii. **3.** *potion médicale — mixture, drug.* S. xiv.

**confectura**: *confiserie, confiture — sweetmeat, jam.* S. xiv.

**confoederare**: **réunir dans une alliance — to unite in a league.* Pass. refl. **confoederari**: *conclure une alliance — to enter into an alliance.* Confederatus est sociis. LEO NEAPOL., V. Alexandri, ed. PFISTER, p. 3. Reges H. et K. apud Bunnam confoederantur. SIGEBERT., Chronogr., a. 923, *SS.*, VI p. 346.

**confoederatio**: **1.** **alliance — alliance.* **2.** *commune jurée — sworn commune.* Sacramenta et confoederationes, quibus homines Kalae [Chelle, dép. Seine-et-Marne] inter se invicem confoederati sunt et ligati ... confirmamus. Ch. Ludov. VI regis a. 1128, MARTÈNE, *Coll.*, I col. 690.

**confoederatus** (subst.): *allié — ally.* Coll. Avell., *CSEL.*, t. 35 p. 114.

**confeodalis**: *co-vassal, pair — fellow-vassal, peer.* Resignavi ... omne feodum quod tenebam ... coram ... confeodalibus meis. VAN DEN BERGH, *OB. Holland*, II no. 48 p. 28 (a. 1258).

**conferentia**: *donation — bestowing.* Fidelium donis et que ibi traditae sunt aut umquam tradende conferentiis. *D. Heinrichs II.*, no. 39 (a. 1003).

**conferre**: **1.** *faire donation de* qqch. — *to bestow.* Inter nus [i. e. nos] conlata. F. Andecav., no. 41, *Form.*, p. 19. Quod in me visus es contulisse. MARCULF., lib. 2 no. 7, ib., p. 80. Quicquid domnus G. rex filiae suae C. contulit aut adhuc ... contulerit ..., tam civitates quam agri vel rediti. Pactum Guntchr. et Childeb. II a. 587, *Capit.*, I p. 13 l. 18. Area, quem [i. e. quam] nuscetur contulisse. *D. Merov.*, no. 10 (a. 625). Quod ibidem conlatum fuit. Ib., no. 19 (a. 653). **2.** *faire collation* d'une église — *to collate* a church. [Prepositus] conferet ecclesias omnes exceptis quibusdam ecclesiis ad donationem capituli ... spectantibus. VAN DEN BERGH, *OB. Holland*, I no. 185 p. 114 (a. 1200).

**confessare**: **1.** *se confesser — to confess* one's sins. **2.** aliquem: *confesser — to confess* a person.

**confessarius** (adj.): *qui reçoit les confessions — hearing confessions.* Subst. mascul. **confessarius**: *confesseur — confessor.* PS.-AUGUST., MIGNE, t. 40 col. 1129.

**confessio**: **1.** **confession de foi — confession of faith.* **2.** **témoignage de la foi* par le martyre — *testimony of faith* in martyrdom. **3.** *tombeau de martyr* sous l'autel d'une église — *martyr's tomb* under an altar. Confessiones illas, quas videre universitas appetit, Roma felicior in suis sinibus habere promeruit. CASSIOD., lib. 11 epist. 2, *Auct. antiq.*, XII p. 332. Fecit ... confessionem s. Ioh. bapt. ex argento, qui pensat libr. 100. Lib. pontif., Hilarus, § 2, ed. MOMMSEN, p. 107. Ibi saepe. Hormisd. pap. (a. 514-523) epist. 7, THIEL, p. 749. Invenit quaedam corpora sanctorum ... quae ... in gremio suae sedis aecclesiae et in confessione senioris ejusdem aecclesiae altaris ... collocavit. G. Aldrici, c. 44, *SS.*, XV p. 323. Ad tumbas vel confessiones martyrum ... [miracula] operari non desinit. EGILWARD., V. Burchardi Wirzib. (s. x), c. 7, MABILLON, *Acta*, III pt. 1 p. 708. Ante confessionem s. Galli quasi oraturus constitisset. RATPERT., Casus s. Galli, c. 2, *SS.*, II p. 63 l. 22. Confessio s. Petri: le tombeau de Saint Pierre à Rome — Saint Peter's tomb in Rome. Ordo Rom. I



(s. vii ex.), c. 74, ed. ANDRIEU, II p. 92. Lib. pontif., Hormisdas, § 10, ed. MOMMSEN, p. 131. Lib. Diurnus, c. 57, ed. SICKEL, p. 46. REGINO, a. 869, ed. KURZE, p. 97. **4.** **confession de péchés — confession of sins.* **5.** plural. confessiones: *le droit de confesser* et de recevoir les oblations conférées à cette occasion — *right to confess* and to receive offerings brought at this occasion. Ecclesiam ... cum cunctis redditibus, scilicet baptisterio, offerenda, decimis et confessionibus. PÉRARD, *Rec. de Bourg.*, p. 29 (s. ix?).

**confessionale**: *pénitentiel — penitentiary.*

**confessor**: **1.** *témoin de la foi, *saint confesseur* — witness of the faith, *saint confessor.* **2.** *qui a fait profession de moine — one who has taken a monk's vow.* S. x, Hisp. **3.** *confesseur — confessor.* Testes confessores meos ... constitui mihi judices delictorum meorum. Ebbonis Remens. resignatio a. 835, *Capit.*, II p. 57. Penitentiae modum a suo confessore impositum diligenter observent. Concil. Mogunt. a. 847, c. 26, ib., II p. 182. Confessor fratrum, gnarus conferre medelam. WALAHFRID., Vis. Wettini, v. 871, *Poet. lat.*, II p. 331. G. Aldrici, c. 1, ed. CHARLES-FROGER, p. 9. THIETMAR., lib. 2 c. 10, ed. HOLTZMANN, p. 48. Iterum lib. 7 c. 14, p. 516; lib. 8 c. 10, p. 506. Summae sanctitatis vir magnusque confessor frequentabatur a populis regionis confitentium peccata sua. HELMOLD., lib. 1 c. 43, ed. SCHMEIDLER, p. 86. [Peccata] emendet secundum sui confessoris [consilium]. Leg. I Cnut tit. 23, vers. Consil. Cnuti, LIEBERMANN, p. 305 col. 2.

**conficere**: **accomplir* le sacrifice de la messe — *to accomplish* the sacrifice of the Mass.

**conficte** (adv.): *en apparence — ostensibly.* Sic conficte et dolose concordatis. Chron. s. Andreae Castri Camerac., lib. 3 c. 27, *SS.*, VII p. 545.

**confidelis**: *co-vassal — fellow-vassal.* Quidam de meis confidelibus. CHARLES-MENJOT, *Cart. du Mans*, no. 186 col. 116 (a. 1012-1016).

**confidentia**: *promesse sous la foi du serment — sworn promise.* Confidentiam dedit. Agathonis pap. (a. 678-681) epist., MIGNE, t. 87 col. 1165 C.

**confinare**: *confiner — to border.* Dedi ... unam vineam ad L., confinante[m] in ecclesia s. Amandi .. BAUMANN, *Urk. Allerheil. in Schaffhausen*, p. 70 no. 42 (a. 1105).

**confinatum** (subst. neutr.): *terrain délimité — delimited area.* Habent fines ipsae praedictae res, de uno latere ... Istud confinatum cedimus Deo sanctaeque casae Dei. DONIOL, *Cart. de Brioude*, no. 34 p. 58 (a. 885).

**confinialis,** -nalis (adj.): *(d'un peuple) *qui habite les régions limitrophes* — (of a nation) *inhabiting neighbouring areas.* Subst. plural. **confiniales**: **1.** *habitants des régions limitrophes — inhabitants of neighbouring areas.* Confinales nostri odio [i. e. odium] semper habent contra illos qui parati sunt ... marcam nostram ampliare. Capit. Ital. (a. 790-810?), c. 3, I p. 208. Quid fecerunt confiniales nostri. Capit. missor. Ital. (a. 781-810), c. 3, p. 206. **2.** *habitants d'une région frontière — inhabitants of a frontier area.* Saxones exierunt cum magno exercitu super confinia Francorum ... Attamen ipsi confiniales, de hac causa solliciti ... Ann. regni Franc., a. 773, ed. KURZE, p. 36.

**confinire**: *confiner — to border.* Agrum ... confiniente[m] ad ipsam curtem, alia parte ad s. Columbanum. Test. Tellonis a. 765, MEYER-PERRET, *Bündner UB.*, I no. 17 p. 15. Ibi multoties. Ubi Radpoti et Rihharii comitatus confiniunt. *D. Ludwigs d. Deutsch.*, no. 38 (a. 844).

**confinis** (subst.): **1.** **voisin, propriétaire ou tenancier d'une terre avoisinante — neighbour, owner* or *holder of adjacent land.* **2.** plural. confines: **territoire avoisinant, région limitrophe — adjacent territory, adjoining area.*

**confinitas**: *frontière — boundary.* S. xi.

**confinitimus.** Plural. confinitimi: *„voisins", les habitants d'un seul finage — "neighbours", the inhabitants of a single township.* Per consensum ... confinitimorum nostrorum consentientium. BITTERAUF, *Trad. Freising*, I p. 47 no. 19 (a. 763). Cf. H. WOPFNER, *MIOeG*, t. 34 (1913), p. 19 n. 5.

**confinium**: **1.** *limite — boundary.* Inde descendit ipse confinius ... *D. Merov.*, no. 2 (a. 528), p. 4 l. 46. [Karolus rex] [civitates] pontifici contradi spopondit per designatum confinium, sicut in eadem donatione continere [i. e. contineri] monstratur, id est: a Lunis ... Lib. pontif., Hadr. I, § 42, ed. DUCHESNE, I p. 498. Si causa vel intentio ... inter partes propter terminos aut confinia regnorum orta fuerit. Div. regn. a. 806, c. 14, *Capit.*, I p. 129. **2.** *région frontière — frontier area.* Depraedationes inter confinia nostra ultra non fiant. Const. Rom. a. 824, c. 7, *Capit.*, I p. 324. **3.** *territoire — territory.* EUGIPP. (s. vi), V. Severini, ed. KNÖLL, p. 13. Coll. S. Dionys., no. 25, *Form.*, p. 510. PAULIN. AQUILEJ., Carm. 2 str. 3, *Poet. Lat.*, I p. 131. **4.** *finage — township.* Quicquid ad ipsum confinium pertinebat. BITTERAUF, *Trad. Freising*, I no. 7 p. 33 (a. 754). Juxta lacum W. eundem locum cum confinio circumadjacenti. HAUTHALER, *Salzb. UB.*, I p. 50 (ca. a. 790-798). In confinio C. WARTMANN, *UB. S.-Gallen*, II p. 23 no. 402 (a. 847). Item p. 26 no. 405 (a. 848). In confinio villae illius. F. Sangall. misc., no. 21, *Form.*, p. 389. Qui [montes] in aliorum pagensium confinio sunt. Coll. Sangall., no. 10, ib., p. 403. In confinio ejusdem villae. *D. Ludwigs d. Deutsch.*, no. 81 (a. 857). In confinio seu pago U. BEYER, *UB. Mittelrh.*, I p. 115 no. 110 (a. 868). In confinio vel marca que vocatur O. WAMPACH, *Echternach*, I pt. 2 no. 164 p. 255 (a. 907/908). In villa R. ... dimidiam partem confinii, id est marche. *D. Ottos I.*, no. 56 (a. 944). Vineam sitam in confinio villae nuncupatae E. BEYER, o.c., I no. 213 p. 272 (a. 963). **5.** *terre vague* qui fait partie d'une réserve domaniale — *waste* constituting part of demesne land. Villa ... cum omnibus confiniis ibidem pertinentibus. Breves notitiae Juvav., c. 2 § 4 (ca. a. 790), HAUTHALER, *Salzb. UB.*, I p. 19. Territorium una cum omni confinio pertinente ad loca nominata ... BITTERAUF, o.c., I p. 162 no. 166.

**confirmamentum**: *confirmation — confirmation.* VERCAUTEREN, *Actes de Flandre*, no. 97 (a. 1120).

**confirmare**: **1.** *confirmer* une charte antérieure par une charte de confirmation — *to confirm* a previous charter by means of a charter of confirmation. Petiit ut nostram [i. e. nostra] ex hoc circa ipsum plinius deberit confirmari

praeceptio. *D. Merov.*, no. 12 (ca. a. 628). Ipsam regiam preceptionem nobis proferens relegendam, eam nostra regali auctoritate confirmari petiit. Ib., no. 27 (ca. a. 664). **2.** *valider* une charte par la „firmatio", en la touchant de la main ou en souscrivant — *to validate* a charter by "firmatio", i.e. laying the hand on it or subscribing. Eusebius episcopus confirmavi. Ib., no. 1 (ca. a. 510). Manu propria confirmavimus. Ib., no. 2 (a. 528). Manus nostre subscriptione inferius confirmare decrevimus. Ib., no. 27 (ca. a. 664). Ipse tamen Chonebertus, etsi peccator, abbas propria manu confirmo. *SS.*, VII p. 413 l. 15 (ch. a. 672). [Cartam] virorum atque magnorum [i. e. a magnis viris] pidi [i. e. petivi] confirmandam. F. Andecav., no. 7, *Form.*, p. 7. **3.** *conférer, faire donation de* qqch. au moyen de la „firmatio" d'une charte — *to confer, to bestow* by means of the "firmatio" of a charter. Mihi placuit, ut aliquid de rebus meis per hunc titulum libelli dotis tibi confirmare deberem. F. Turon., no. 14, ib., p. 142. Res meas ad jamdicto monasterio per mea epistola confirmavi. Coll. Flavin., addit. 3, ib., p. 490. Quidquid parentis [i. e. parentes] nostri anterioris principis vel nos per justicia visi fuemus concessisse et confirmasse, in omnibus debeat confirmari. Chloth. II edict. a. 614, c. 16, *Capit.*, I p. 23. **4.** aliquem: **confirmer* par le sacrement du Saint Chrême — *to confirm* by the sacrament of Holy Chrism. Altaria benedicere, infantes confirmare vel ordinationes ... facere. Concil. Paris. a. 573, *Conc.*, I p. 148. Cum adjutorio populi, qui ibi [ab episcopo] confirmari debet. Concil. German. a. 742, c. 3, ib., II p. 3. Confirmare aut baptizare aut penitentiam dare. F. Senon. rec., no. 17, *Form.*, p. 220. Episcopus ... in confirmandis hominibus fatigatus. G. Lietberti Camerac., c. 22, *SS.*, VII p. 496.

**confirmatio**: **1.** *charte confirmatoire — confirmatory charter.* Tale praeceptum nobis ostendit relegendum ... Nobis exinde confirmationem auctoritatis nostrae petierunt adfirmare. *D. Merov.*, no. 29 (a. 667). **2.** *charte validée* par la „firmatio" — *a charter* which has been validated by "firmatio". De rebus quas marchio tradidit ... hominibus: volumus ut hi, quibus traditae fuerint, vestituram suam accipiant et insuper confirmationem. Resp. missis data a. 826, c. 7, *Capit.*, I p. 314. **3.** **confirmation* par le sacrement du Saint Chrême — *confirmation* by the sacrament of Holy Chrism. Nullus ducat uxorem, cujus filium aut filiam ad confirmationem duxerit. Concil. Mogunt. a. 813, *Conc.*, II p. 273. Episcopus ... ibi consecrationem, confirmationem [habeat]. D. Ludov. II imp. a. 858, TIRABOSCHI, *Stor. di Nonantola*, II no. 19 (BM² no. 1216).

**confirmativum** (subst.): *diplôme confirmatoire — confirmatory charter.* In preceptis seu preceptorum confirmativis ecclesiis Dei concedendis. D. Heinrici V imp. a. 1116, BEYER, *UB. Mittelrh.* I no. 434 p. 495.

**confirmatorius**: *confirmatoire — confirmatory.* Si quis hujus confirmatorii precepti edictum ... corruperit. *D. Konrads II.*, no. 81 (a. 1027).

**confiscare**: **1.** *confisquer* au nom de la communauté urbaine (et non du fisc) — *to confiscate* on behalf of the city government (not the fisc). Omnis possessio ejus confiscabitur. WARNKOENIG-GHELDOLF, III p. 228 no. 6 c. 6 (a. 1192, Gand). **2.** (cf. voc. fiscus „fief") *concéder en fief — to grant as a fief.* Plures [terras] militibus suis confiscavit. Fundat. mon. Lobiens., c. 12, *SS.*, XIV p. 552.

**confiteri**: **1.** **faire profession* de la foi chrétienne — *to profess* the Christian faith. **2.** **confesser* ses péchés — to *confess* one's sins.

**confitum**, v. confectum.

**conflator**: **fondeur* en bronze ou en plomb — bronze- or lead-*caster*.

**conflatorium**: **fourneau à fonte — smelting-furnace.*

**conflictus** (decl. iv): **1.** **bataille — battle.* **2.** **discussion — argument.* **3.** *duel judiciaire — judicial combat.* Si ad conflictum causae descenderint. Lex Burgund., tit. 80. **4.** *déroute, défaite — defeat.* S. xiii, Ital.

**confligere**: *battre, défaire — to beat, to defeat.* S. xiii, Ital.

**confluentus** (decl. iv), -a (femin.): *confluent — junction of rivers.* ARBEO, V. Haimhrammi, rec. A, c. 42, *Scr. rer. Merov.*, IV p. 519. NITHARD., lib. 4 c. 3, ed. LAUER, p. 126.

**confluxus**: *rassemblement — coming together.*

**conformare**: **1.** **rendre semblable à* qqch. — *to make similar to* a thing. **2.** pass. et refl.: **se conformer à, se modeler sur* qqch. — *to conform to, to imitate.*

**conformis**: **conforme, analogue — like, in agreement.*

**conformitas**: **similitude, conformité, analogie — likeness, similarity, conformity.*

**conformiter**: **de manière analogue, conformément — similarly, conformably.*

**confortare**, **1.** aliquid: **raffermir, renforcer — to strengthen, to reinforce.* **2.** aliquem: **restaurer, donner une cure, guérir — to cure, to invigorate.* **3.** aliquem: **ranimer, encourager — to hearten, to inspire with courage.* **4.** aliquid: *soutenir, revendiquer — to maintain, to vindicate.* Ipsi clerici [i. e. canonici] contra illum [impetentem] cum juramento hanc [proprietatem] confortaverunt ita in altare et capsa sanctorum [i. e. per sacramentum]. ESCHER-SCHWEIZER, *UB. Zürich*, I no. 190 p. 81 (a. 924-931). [Servis] ad perpetualem servitutem predictorum fratrum confortarentur. Ib., no. 209 p. 99 (ca. a. 964-968).

**confortatio**: **1.** **renforcement — strengthening.* **2.** *courage — courage.* Convenit omnibus militibus talem habere confortationem. LEO NEAPOL., V. Alexandri, lib. 2 c. 9, ed. PFISTER, p. 86.

**confortativus**: *réconfortant — strengthening, comforting.*

**confortatorius**: *raffermissant — strengthening.* Epistulas confortatorias fidei. Chron. Neapol., *Scr. rer. Langob.*, p. 409 l. 40.

**confovere**: **soutenir, donner un appui, favoriser, contribuer à* qqch. — *to strengthen, to support, to further.*

**confractio**: **1.** **rupture — breaking up.* **2.** *fissure, fracture, brèche — burst, fracture, breach.*

**confractus** (decl. iv): **rupture — breaking up.*

**confrater**: *confrère*, membre d'une communauté religieuse, en part. d'un chapitre de chanoines — *colleague*, member of a brotherhood, esp. a chapter of canons. Ad usum confratrum ibidem Deo sanctoque Servatio famulantium.



GYSSELING-KOCH, *Dipl. Belg.*, no. 230 (D. Heinr. IV reg. <a. 1062>, spur. s. xii).

**confraternia**: **1.** *confrérie religieuse — religious brotherhood.* Confraterniae et quaestorum seu praedicatorum collectae omnimodis inhibentur. Capitulum gener. Cisterc. a. 1204, MARTÈNE, *Thes.*, IV col. 1300. **2.** *corporation de métier — craft guild.* KEUTGEN, *Urk. z. städt. Verf. gesch.*, no. 272 p. 367 (a. 1247/1248, Bâle).

**confraternitas**: **1.** *communauté de prières — community of prayer.* Ecclesia Compostellana ... recepit in societate et confraternitate sua dominum Annonem episcopum ecclesiae Mindonensis et conventum ejus. WÜRDTWEIN, *Subs.*, X p. 9 (a. 1074). **2.** *confrérie — brotherhood.* Comessationes, quas populus confraternitates vocant, nullo pacto faciant apud vos. STEPHAN., Regula Grandimont. (ca. a. 1076), c. 20, HOLSTENIUS-BROCKIE, *Cod. reg.*, II p. 303. **3.** *corporation marchande* ou *de métier — merchant's* or *craft guild.* Scabini, consiliarii et oudermanni confraternitatum civitatis Trajectensis. NIERMEYER, *Honderd oork.*, no. 4 p. 3 (a. 1267). Confraternitati mercatorum Middelburgensium. HÖHLBAUM, *Hansisches UB.*, I p. 244 (a. 1271). Confraternitas phale Valencenensis. JACOB. DE GUISIA, lib. 15 c. 3, *SS.*, XXX p. 193 l. 32.

**confratria**: **1.** *confrérie — brotherhood.* De collectis quas geldonias vel confratrias vulgo vocant. Hincmari Rem. stat. a. 852, *Opera*, ed. SIRMOND, I p. 715. Percunctandum de confratriis et fraternitatum societatibus, qualiter in parochia agantur? REGINO, Synod. causae, lib. 2 c. 5 § 86, ed. WASSERSCHLEBEN, p. 216. **2.** *association de paix — peace association.* Qui pacem jurat ... omni anno in Pentecosten sex den. in confratria dabit. GAUFRED. VOSIENS. (ca. a. 1180), lib. 2 c. 22, LABBE, *Bibl.*, II p. 339.

**confricare**: *triturer, écraser — to grind, to trample upon.*

**confringere**: **1.** *affecter, épuiser — to affect, to exhaust.* Omnis ardor quievit incommodi, nec ab eodem ultra confractus est. GREGOR. TURON., Virt. Martini, lib. 2 c. 32, *Scr. rer. Merov.*, I p. 621. Ita sanatus est, ut nec confractus postea ab hac infirmitate fuisset. Id., V. patrum, c. 6 § 6, p. 684 l. 6. **2.** *enfreindre — to infringe.* Si quis forte ... in pace confracta vel in furto ... deliquerit. LACOMBLET, *UB. Niederrh.*, I no. 242, p. 155 (a. 1079-1089). Obtestamus ... nulli ... licere haec ... refragare aut confringere vel in quoquam convelli. Donatio Constantini, c. 19.

**confugium**. **1.** loc. confugium facere: *se réfugier, recourir* à qq'un — *to refuge, to resort* to somebody. In ecclesia s. Apri, regio timore perterritus, fecit confugium. FREDEG., lib. 4 c. 54, *Scr. rer. Merov.*, II p. 147. Ibi saepius. Si [raptor] ad ecclesiam confugium fecerit. Childeb. II decr. a. 596, c. 4, *Capit.*, I p. 16. Confugium feci in ecclesia b. Petri. Concil. Roman. a. 769, *Conc.*, II p. 85. Si quis confugiam [!] fecerit in ecclesiam. Capit. de part. Saxon. (a. 775-790), c. 2, I p. 68. De latronibus qui de una [!] comitatu ad alium confugium fecerint. Ib., c. 24, p. 70. Qualiscumque ex ipsis [malefactoribus] ad regiam potestatem confugium fecerit. Capit. Saxon. a. 797, c. 10, *Capit.*, I p. 72. Homines vestri nobis confugium fecerunt. Cart. Senon., no. 37, *Form.*, p. 202. Item F. Sal. Bignon., no. 23, p. 236. Si culpabilis aliquis confugium ad ecclesiam fecerit. Lex Baiwar., tit. 1 c. 7 § 1. Homines qui ad nos confugium fecerunt. Loth. I pactum cum Venetis a. 840, *Capit.*, II p. 131. **2.** *refuge* d'une abbaye — *refuge-house* of a monastery. Tradidi ipsum Patriciacum locum ...ad confugium supradictorum monachorum faciendum causa insequentium paganorum. PROU-VIDIER, *Ch. de S.-Benoît-s.-Loire*, I no. 26 p. 71 (a. 876). **3.** *évasion — escape.* In periculum se positum cernens, confugium ab urbe facit. GREGOR. TURON., Hist. Franc., lib. 3 c. 36. Servo meo, quem [i. e. qui] mihi confugio fecit. F. Andecav. no. 51, *Form.*, p. 22. Item Cart. Senon., no. 49, p. 206.

**confundere**: **1.** *reprendre, réprimander — to rebuke.* Quod si aliqui[s] sacerdotum ad hanc curam minus sollicitus ... extiterit, publice a conprovincialibus episcopis confundatur. Concil. Aurel. a. 511 c. 5, *Conc.*, I p. 4. **2.** *mettre dans le tort, convaincre de culpabilité — to put in the wrong, to prove a person's guilt.* **3.** pass. confundi: **être rempli de honte — to be ashamed.* „Confundi" est facta sua erubescere et in meliorem sententiam commutare. CASSIOD., Compl. in ps., MIGNE, t. 70 col. 242 D. **4.** pass. confundi: **être confondu, battu, anéanti — to be confounded, beaten, annihilated.* **5.** active, confundere: *détruire, anéantir — to destroy, to annihilate.*

**confusibilis**: **1.** *embrouillant — causing confusion.* **2.** **honteux — shameful, disgraceful.*

**confusio**: **honte, confusion — shame, confusion.*

**congaudere**: **1.** alicui: **partager la joie d'*un autre — *to rejoice with* another person. **2.** (absol.) **se réjouir beaucoup — to rejoice greatly.*

**congemescere**, -is-: **1.** **déplorer avec* un autre — *to join in bewailing.* **2.** *déplorer profondément — to bewail greatly.*

**congener** (subst.): **gendre*, le mari de la sœur de la femme — *brother-in-law.*

**congiaticum**, v. conciaticum.

**congildo** (genet. -onis) (cf. voc. gilda): *confrère* dans une confrérie — *fellow* in a brotherhood. Reddat [cognata] terciam partem compositionis, terciam congildones ejus. Leg. Aelfred, tit. 27, vers. Quadripart., LIEBERMANN, p. 67 col. 2. Non respondeat ipsius occisi congildonibus nec domino suo. Leg. Ine, tit. 21, vers. Quadripart., p. 99 col. 2. Si parentes non habeat [occisus], dimidiam [weram] habeat rex, dimidiam congildones. Ib., tit. 23 § 1, vers. Quadrip., p. 99 col. 2. Si contingat ei mori, omnis congilda [v. l. congildo] det unum panem ... pro anima ejus. Leg. VI Aethelstan, tit. 8 § 6, vers. Quadrip., p. 180 col. 2.

**congium**, conzium = congius.

**congratare**: *assentir — to assent.* Ducis ... sanctae congratantes voluntati. *Hist. de Fr.*, X p. 562 (ch. a. 994, Bourg.)

**congratulari**: **1.** **se réjouir avec* un autre — *to rejoice with* someone. **2.** **se réjouir grandement — to rejoice greatly.* **3.** *remercier — to give thanks.*

**congredi**, transit., **1.** aliquem: *attaquer — to attack.* A Carolo Calvo ibi congressi [Normanni] et ... omnes deleti sunt. Chron

Malleac., a. 855, *Hist. de Fr.*, VII p. 228 C. **2.** bellum: *commencer — to start.* Bellum congreditur cum Kardariga. ANAST. BIBL., Chronogr., ed. DE BOOR, p. 155. Campum congreditur potens in armis. VULGAR., Sylloga, no. 33, v. 5, *Poet. Lat.*, IV pt. 1 p. 433.

**congregare**: **1.** spec.: *réunir* des moines ou des clercs *dans un monastère — to bring* monks or clerks *together in a monastery.* De congregationibus superfluis [i. e. nimis magnis]: ut nullatenus fiant, sed [abbas] tantos congreget [monachos] quantis consilium dare potest. Capit. Theodonisv. I a. 805, c. 12, I p. 122. In congregandis clericis modus discretionis teneatur, videlicet ne plus admittantur quam facultas rerum ... sufficere possit. Concil. Roman. a. 826, c. 9, *Capit.*, I p. 373. **2.** synodum etc.: *réunir — to convoke.* Synodus congregata est. ANAST. BIBL., Chronogr., ed. DE BOOR, p. 88. In hoc synodali conventu, qui congregatus est ... Concil. Liftin. a. 743, *Conc.*, II p. 6.

**congregaticius**: *réuni de ci de là — brought together from different parts.* Habitabant in eo [monasterio] congregaticii undecumque monachi. MÉTAIS, *Cart. de Vendôme*, I no. 54 p. 109 (a. 1032-1046).

**congregatio**: **1.** **réunion — meeting.* **2.** spec.: *synode — synod.* URSIN., Pass. II Leudegarii (s. viii p. post.), c. 16, *Scr. rer. Merov.*, V p. 338. Concil. Ascheim. a. 756, *Conc.*, II p. 56. Stat. Rispac. a. 799/800, prol., *Capit.*, I p. 226. **3.** **communauté religieuse,* surtout *monachale — religious,* especially *monastic community.* GREGOR. M., Dial., lib. 2, prol. GREGOR. TURON., Hist. Franc., lib. 10 c. 12. Lib. pontif., Adeodatus, § 4, ed. MOMMSEN, p. 190. V. Landiberti vetustiss., c. 5, *Scr. rer. Merov.*, VI p. 358. *D. Merov.*, no. 4 (a. 546). F. Andecav., no. 7, *Form.*, p. 7. *D. Karolin.*, I, no. 2 (a. 752). Concil. Compend. a. 757, *Conc.*, II p. 61. **4.** *monastère — monastery.* Ut abba in congregatione non elegatur ... nisi per consensu[m] episcopi. Synod. Franconof. a. 794, c. 17, *Capit.*, I p. 76. Gens ... Normannica ... populata est congregationes et ecclesias. OLBERT. GEMBLAC., Mir. Veroni, c. 1, *SS.*, XV p. 750. **5.** *chapitre de chanoines — chapter of canons.* MULLER-BOUMAN, *OB. Utrecht*, I no. 220 p. 200 (a. 1058). Res in monasterio vel congregationi s. Marie condonavit. FATTESCHI, *Memor. di Spoleto*, p. 261 no. 4 (a. 745). **6.** spec.: réunion des membres d'une Université — University meeting. Generales congregationes, quas pro communi utilitate studii fieri contigerit. DENIFLE, *Chart. Univ. Paris.*, I p. 182 no. 144 (a. 1245). Intererit omnibus congregationibus sue nascionis. Ib., p. 230 no. 202 (a. 1252).

**congremium**: *lieu d'une réunion — meeting place.*

**congressio**: **1.** **engagement, combat — fight, encounter.* **2.** *entreprise — endeavour.* Congressio illius frustrata nullum omnino obtineat effectum. D. Berthae reginae Burgund. a. 962, *Hist. de Fr.*, IX p. 668 D.

**congrue**: **1.** **d'une manière concordante — in agreement, harmoniously.* **2.** **convenablement, proprement — suitably, fitly.* **3.** **justement, de manière correcte — rightly, correctly.*

**congruentia**: **1.** *proximité — vicinity.* In congruentia sepefati monasterii. *D. Charles le Chauve*, no. 41 (a. 844). **2.** *avantage, intérêt, utilité — advantage, interest, benefit.* Pro quiete servorum Dei vel congruencia. *D. Merov.*, no. 19 (a. 653). Pro congruentia ecclesiae suae. D. Ludov. Pii a. 836, *Hist. de Languedoc*[3], II no. 89 col. 193. Item *D. Charles le Simple*, no. 15 (a. 898).

**congruitas**: **1.** **harmonie — harmony.* **2.** *proximité — vicinity.* GIULINI, *Memor. di Milano*, II p. 471 (a. 892).

**congruum** (subst. neutr.): *dotation* d'une église — *dotation* of a church. Tradimus tibi ... terram nostram ... qui est unum congruum. FATTESCHI, *Memor. di Spoleto*, p. 228 no. 44 (a. 820). Est in meum congruum. SAVINI, *Cart. della ch. Teramana*, p. 29 (a. 891). [Pecia terrae] habet fines: ex utraque parte congruum de praedicta nostra ecclesia. MURATORI, *Scr.*, II pt. 2 col. 1003 (a. 1086).

**congustare, congustus,** v. coangust-.

**conhibentia, conhibere,** v. cohib-.

**coningera,** cu-, -nig-, -ar-, -ia (germ.): *garenne — rabbit-warren.* S. xiii.

**coniare, conius,** v. cuneare, cuneus.

**coniventia,** v. conniventia.

**conjacere**: **1.** *être sis — to be situated.* Terrolam portionis meae quae conjacet ad J. Test. Vigilii Autissiod. a. 670, PARDESSUS, II no. 363 p. 153. [Praedia] quae ecclesiae illorum aptius et utilius atque congruentius conjacere videantur. *D. Ludwigs d. Deutsch.*, no. 60 (a. 851). De alode que conjacet in pago Curticense in villa noncupante S. Notitia s. Petri Gandav. a. 885/886 ed. GYSSELING-KOCH, *BCRH.*, t. 113 (1948), p. 292. [Sors] conjacet in loco ... *D. Berengario I.*, p. 76 (a. 899). Terram s. Remigii conjacentem in Lugdunensi provintia. FLODOARD., Ann., a. 924, ed. LAUER, p. 20. Mansos ... in fundis conjacentes ita nuncupantibus. MULLER-BOUMAN, *OB. Utrecht*, I no. 105 p. 110 (a. 943). **2.** alicui: **coucher avec* une femme — *to besleep.*

**conjectare**: **1.** *payer conjointement* au moyen d'une cotisation — *to pay jointly.* Si quis in convivio ... fuerit interfectus, illi qui remanent ... toti [i. e. omnes] morte[m] illa[m] [i. e. compositionem mortis illius] conjactent. Lex Sal., tit. 43 § 1. Iterum § 3. Unicuique ex ipsis, qui in hoste pergunt, fiant conjectati solidi quinque a ... pauperioribus. Memor. de exerc. a. 807, c. 2, *Capit.*, I p. 135. Si plures servi furentur ..., si furtum redimendum sit, capitale repetentis simul conjectent. Leg. Henrici, tit. 59 § 25, LIEBERMANN, p. 580. Iterum tit. 70 § 15; tit. 92 § 17. Si quis alteri prestet arma sua in occisione alicujus, licet eis, si velint, weram ejus conjectare. Leg. Aelfred. tit. 19, vers. Quadrip., ib., p. 61 col. 1. Item ib., tit. 31 § 1, p. 65 col. 1. **2.** *rassembler — to bring together.* Conjectandi mercatum licentiam. *D. Berengario I.*, p. 211 (a. 911).

**conjectorium**: *clef des songes — dream-book.* S. xii.

**conjectura**: **1.** *tas — heap.* De ramorum conjectura septa densarent. IONAS, V. Columb., lib. 2 c. 25, ed. KRUSCH, p. 293. **2.** *grand nombre — a great many.* Facinorum suorum conjecturam per confessionem pandit. Ib., lib. 2 c. 21, p. 279. **3.** *prestation* imposée aux habitants d'une région pour l'entretien du roi ou des agents royaux en voyage — a *prestation* exacted from the inhabitants of a



country for sustenance of the king or his agents when travelling. Apparatus magnus expensae de diversis civitatibus in itinere congregatus est; in quo nihil de fisco suo rex dare praecepit, nisi [i. e. sed] omnia de pauperum conjecturis. GREGOR. TURON., Hist. Franc., lib. 6 c. 45.

**conjecturare**: **1.** **conjecturer — to guess.* **2.** *inventer, imaginer — to devise, to invent.* Natura ipsa ... rationabiles prestiterat conjecturandi et argumentandi vias. GALBERT., c. 1, ed. PIRENNE, p. 4.

**conjectus** (decl. iv), conjectum: **1.** *prestation* en nature ou en argent imposée aux habitants d'une région pour l'entretien du roi et de ses agents en voyage ou en expédition militaire — a *tax* in kind or in money levied from the inhabitants of a country for sustenance of the king or his agents when travelling or making a military expedition. Ut missi nostri ..., quamdiu prope suum beneficium fuerint, nihil de aliorum conjecto accipiant; postquam vero inde longe recesserint, tunc accipiant secundum quod in sua tractoria continetur. Vassi vero nostri, ubicumque venerint, conjectum accipiant. Capit. missor. a. 819, c. 26, I p. 291. Volumus ut tale conjectum missi nostri accipiant, quando per missaticum suum perrexerint, hoc est ut unusquisque accipiat panes quadraginta [etc.] Tractoria a. 829, *Capit.*, II p. 11. Quandocumque [archiepiscopus Juvavensis] in Karantano veniret causa predicacionis, ipse comes de Karantana et populus ipsius terre ei conjectum facere deberent. *D. Ludwigs d. Deutsch.*, no. 112 (a. 864). **2.** *redevance* imposée à ceux qui ne s'acquittent pas personnellement du devoir de l'ost, utilisée pour l'équipement et l'entretien de l'armée — a *tax* levied from those who do not personally perform their duty in the host, the yield being used for equipment and sustenance of the army. Illi qui haribannum solvere debent, conjectum faciant ad haribannatorem. Capit. missor. a. 803, c. 5, I p. 115. Ut haribannum aut aliquod conjectum pro exercitali causa comites de liberis hominibus recipere non presumant. Capit. missor. Ital. (a. 781-810), c. 13, p. 207. Missi nostri ab his hominibus conjectum accipiant, qui in hostem pergere debuerunt et non perrexerunt. Capit. missor. de exerc. a. 808, c. 7, p. 138. Ut liberi homines nullum obsequium comitibus faciant et conjectum ullum vel residuum eis resolvant. *Capit.*, I p. 144 c. 2 (a. 801-814). Hostilense, id est de bobus et conjecto ad carros constituendos. *D. Karolin.*, I no. 265 (<a. 802>, spur. ca. a. 835-840). **3.** *impôt direct* levé pour le paiement d'un tribut aux Normands — a *tax* levied for paying a tribute to the Normans. Propter paupertatem hominum, quia necesse fuit ... conjectum de illis accipere, et ad navium compositionem et in Nortmannorum causa pro regni ... salvamento. Const. Carisiac. de moneta a. 861, *Capit.*, II p. 301 l. 41. De negotiatoribus vel qui in civitatibus commanent juxta possibilitatem, secundum quod habuerint de facultatibus, conjectus exigatur. Edict. Compend. a. 877, forma B, *Capit.*, II p. 354 col. 2 l. 38. Quod Nortmannis dari debet de conjecto. Capit. Carisiac. a. 877, c. 30, p. 361. Juxta quod unusquisque regni primorum de honoribus habuit, conjectum tam in argento quam et in vino ... [Nortmannis] contulit. Ann. Bertin., a. 866, ed. WAITZ, p. 81. De conjecto Normannis dando. FLODOARD., Hist. Rem., lib. 3 c. 19, *SS.*, XIII p. 510 c. 28. Cf. E. JORANSEN, *The Danegeld in France*, Rock Island 1923. F. LOT, *Le tribut aux Normands*, *BEC.*, t. 85 (1924). **4.** *prestation* pour l'entretien de l'évêque qui fait le tour du diocèse — a *tax* levied for sustenance of the bishop on his round through his diocese. Presbiterale conjectum faciant [in circuitione parrochiae ab episcopo facta], ut et episcopi solacium habeant et ipsi non graventur. Capit. Septiman. a. 844, c. 4, II p. 257 l. 9. **5.** gener.: tout *impôt direct* levé par l'autorité publique — any *direct tax* levied by the state. Villas sub emunitatis nomine cum omnibus fredis aut conjectus seu publicas redibitiones concessas. *D. Karolin.*, I no. 67 (a. 772). Nec bannum nec fredum aut conjectum, que ab ipsis giscot vocatur, contingere aut exactare presumeret. D. Ludov. Pii a. 815, MULLER-BOUMAN, *OB. Utrecht*, I no. 56. Polypt. Irminonis, br. 13 c. 64, c. 76 bis, c. 99, ed. GUÉRARD, p. 143, 145, 149. D. Lotharii I imp. (a. 842-855), BEYER, *UB. Mittelrh.*, I no. 90 p. 95. Neque familia ipsius ecclesie ... conjectos aliquos aut tributa vel freda exsolvat. *D. Ottos I.*, no. 86 (a. 947). Exigendi freda, parafredos, conjectos, vehiculos ... *D. Charles le Simple*, no. 104 (<a. 919>, spur.)

**conjugalis** (subst. masc. et fem.): **époux, épouse — husband* or *wife.*

**conjugatus** (adj.): **marié — married.* Subst. plural. **conjugati**: *époux — husband and wife.* Quicquid inter conjugatos invicem condonare placuerit. MARCULF., lib. 2 no. 7, *Form.*, p. 79.

**conjunctio**: **1.** **mariage — marriage.* Ad alium maritum honesta conjunctione pervenerit. Cod. Euric., c. 319. Lex Visigot., lib. 3 tit. 1 § 7. De praeteritis conjunctionibus, quae incestae esse videntur, ... jussimus emendare. Childeb. II decr. a. 596, c. 2, *Capit.*, I p. 15. Non inceste vel inlicitae ad procreandum conjunctio fiat. F. Bitur., no. 15, *Form.*, p. 174. De conjunctione matrimonialis connubii. F. extrav., ser. 1 no. 11, p. 540. Conjunctiones facere non praesuma[n]t, antequam episcopi ... consanguinitatem conjungentium exquirant. Capit. missor. gener. a. 802, c. 35, I p. 98. **2.** *donation — bestowal.* Illas conjunctiones quas anteriori pontifici [i. e. anteriores pontifices] ... ad ipsam cellam detullerunt, ... semper sit conjunctum. D. Ludov. reg. Aquit. a. 794, DE MONSABERT, *Ch. de Nouaillé*, no. 6 p. 9. Item ib., no. 8 p. 13 (a. 799). **3.** *vassalité — vassalage.* Ad talem conjunctionem, ut aliquid impetraret, ... se conjunxit. Capit. ad Franc. et Aquit. missa de Carisiaco a. 856, c. 6, II p. 280. **4.** *conjonction astronomique — astronomical conjunction.*

**conjungere, 1.** intransit., ad aliquem vel in quendam locum: *aller — to go.* Antequam ad Y. civitatem valeat is ipse conjungere. GREGOR. M., lib. 9 epist. 200, *Epp.*, II p. 189. Conjungente statim praesentium latore. Ib., lib. 2 epist. 21, I p. 118. Cum pontifices et universi proceres regni sui ... Clippiaco ad Chlotha-

rium ... conjuncxissent. FREDEG., c. 55, *Scr. rer. Merov.*, II p. 148. Subito conjunxit [sc. Romae] missus regis Francorum. Lib. pontif., Steph. II, § 16, ed. DUCHESNE, I p. 444. Ad Francorum conjunxit clusas. Ib., § 24, p. 447. Ibi saepe. Protinus conjunxit ad me C. notarius. Concil. Roman. a. 769, *Conc.*, II p. 85. Conjunxit hic ad nos Romae idem Langobardorum rex. Cod. Carolin., no. 17, *Epp.*, III p. 515. Ibi saepe. Ad b. Petri conjunxit limina. Chron. Salernit., *SS.*, III p. 471. **2.** transit.: *se rendre à un lieu — to repair to* a place. Conjungente eo Langobardorum fines. Ib., p. 472. **3.** act. conjungere, pass. conjungi et refl. se conjungere: *se rassembler — to assemble.* Conjunctis sacerdotibus et viris magnificis. GREGOR. TURON., Hist. Franc., lib. 10 c. 8. Chlotharius cum proceribus et leudibus Burgundiae Trecassis conjungetur. FREDEG., c. 54, III p. 148. In quo loco una cum reliquos fratres et conprovinciales vestros debeatis conjungere. Sigeb. III reg. epist. (ca. a. 644), *Epp.*, III p. 212. [Rex] illis significare vult quando vel ubi debeant inter se conjungi. Capit. missor. (a. 792 vel 786), c. 6, I p. 67. Visum fuit ut ... nos simul conjungeremus, sicut nunc fecimus. Conv. ap. Marsnam I a. 847, adnunt. Lotharii, *Capit.*, II p. 70 l. 8. Quando proxime apud Confluentes nos ... conjunximus. Conv. ap. Saponar. a. 862, adnunt. Ludov., c. 1, p. 163. Conjuncti sunt ambo ad pugnam. LEO NEAPOL., V. Alex. M., lib. 1 c. 19, ed. PFISTER, p. 58. **4.** *tomber d'accord — to come to an agreement.* Conjumsimus per bona conbenientia. *CD. Cavens.*, I p. 11 (a. 821). **5.** *faire donation de* qqch. *— to bestow.* Ad memoratum domum ... confirmative ibidem conjunxit. BITTERAUF, *Trad. Freising*, I no. 375 p. 319 (a. 817).

**conjurare**: **1.** *jurer ensemble — to swear jointly.* Fuit judecatum, ut sex homenis [i. e. homines] bone fideus [i. e. fidei] hoc deberent conjurare, quod ... *D. Merov.*, no. 78 (a. 710). **2.** *jurer avec des cojureurs — to swear with cojurors.* Aput sex, sua mano septima, hoc dibirit [i. e. deberet] conjurare. Ib., no. 49 (a. 679). Conjurare deberit unacum hominis [i. e. hominibus] suis. F. Andecav., no. 14, *Form.*, p. 9. Etiam MARCULF., lib. 1 no. 38, p. 68. **3.** *jurer* seul, confirmer une assertion par le serment *— to swear* single-handed, to confirm a statement by oath. Conjurare debebat quod servus fuisset. *D. Karolin.*, I no. 6 (a. 753). Territorium, sicut ad supradictam decaniam pertinet vel P. conjuravit et A. episcopus seu F. abbas ... circumierunt. Ib., no. 169 (a. 791). Sicut ipse [vicarius] hoc conjurare valeat, totum sicut invenerit in brevem mittat. *Capit.*, I p. 136 c. 4 (a. 807?). **4.** *revendiquer* un droit *par serment — to vindicate* a right *by oath.* Accepit a principe judicium, ut, si posset ... terram ipsam conjurare, ad partem ... ecclesiae vindicaret. V. Eligii, lib. 2 c. 58, *Scr. rer. Merov.*, IV p. 731. **5.** *jurer* seul, promettre sous la foi du serment *— to swear* single-handed, to promise by oath. Fidelis noster una cum arma sua in manu nostra trustem et fidelitatem nobis visus est conjurasse. MARCULF., lib. 1 no. 18, p. 55. **6.** inter se, invicem, absol.: *former une association jurée*, se lier les uns aux autres par un serment *— to form a sworn association*, to link up mutually by oath. De sacramentis per gildonia invicem conjurantibus [i. e. conjurantium]. Capit. Harist. a. 779, c. 16, I p. 51. Primum inter se primores quodam foedere conjurant, deinde minores sibi adgregant. ASTRON., V. Hludow., c. 44, *SS.*, II p. 632. Vulgus promiscuum inter Sequanam et Ligerim inter se conjurans, adversus Danos in Sequana consistentes fortiter restitit. PRUDENT., Ann. Bertin., a. 859, ed. WAITZ, p. 51. Habuit in consortium subeundae peregrinationis conjuratos in Christi sacramenta tirones. V. II Winnoci (s. x), c. 1, MABILLON, *Acta*, III pt. 1 p. 304. Cives [Mediolanenses] indignati una sese conjurati strinxerunt. ARNULF. MEDIOL., lib. 1 c. 10, *SS.*, VII p. 9. Conjuraverant omnes valvasores Italiae et gregarii milites adversus dominos suos. WIPO, G. Chuonradi, c. 34, ed. BRESSLAU, p. 54. Conjurati sodales a littore Fresonum progressi sunt. ADAM BREM., lib. 4 c. 40, ed. SCHMEIDLER, p. 277. **7.** aliquid: former une association jurée dont le but est précisé — to form a sworn association with a circumscribed purpose. [Comes] pacem ab omni populo conjuratam firmari fecit. Auctar. Affligem. ad SIGEBERT., a. 1030, ed. GORISSEN, p. 113. Pene omnis regio ... in odium nostri atque inimicitias gratuitas conjuravit. D'HERBOMEZ, *Cart. de Gorze*, p. 243 no. 139 (a. 1093). Conjurantibus cum Walcero clericis et civibus, quod eum nulla ratione desererent. G. episc. Camerac. abbrev., c. 8, *SS.*, VII p. 505. Comes ... cujus traditionem jam conjuravimus. GALBERT., c. 11, ed. PIRENNE, p. 19. Conjuraverunt vindictam comitis sui. Ib., c. 27, p. 47. Cives nostri et maritimi Flandrenses nostri conjuraverunt, ut simul deinceps starent pro tuendo honore loci et patriae. GALBERT., c. 97, p. 142. Alsatienses ... pacis conditionem ... conjuravere et conjuratam perpetuo ... confirmavere. *Const.*, I no. 429 p. 612 (s. xi ex.). Concesserim hominibus s. Bertini ad P. pertinentibus ejusdem pacis securitate per omnia gaudere, qua Furnenses fruuntur, quam conjuraverunt, in qua et confirmati sunt. WARNKOENIG, *Flandr. St.-u. Rechtsg.*, II pt. 2, pr. p. 102 (a. 1147). Omnes liberi homines totius regni nostri sint fratres conjurati ad monarchiam nostram et ad regnum nostrum pro viribus suis et facultatibus contra inimicos pro posse suo defendendum et viriliter servandum. Willelmi I articuli Londoniis retractati (ca. a. 1210), tit. 9, LIEBERMANN, p. 490. **8.** communiam: *former une association jurée urbaine, une commune — to form a sworn association of citizens, a commune.* Servientes nostri burgenses gravabant et redimebant, imponentes eis [sc. burgensibus] quod ... communiam conjurassent. Priv. Ludov. VII reg. Franc. pro Aurel. a. 1137, ed. BIMBENET, p. 75. **9.** aliquem: *adjurer, prier instamment* sous l'invocation de Dieu *— to conjure, to beseech* with invocation of God's name. Vobis domnis meis conjuro, ut hoc ... emendari jubeatis. Concil. Paris. a. 573, prol., *Conc.*, I p. 147. Per Dominum te conjuro. EUGIPP., V. Severini, ed. KNÖLL, p. 34. Conjuro te per nomen omnipotentis Dei, ut ... contendas mecum judicio. JULIAN., Hist. Wambae, c. 5, *Scr. rer. Merov.*, V p. 533. Vis. Baronti (s. vii ex.), c. 8, ib., p. 383. Conjuro te in Deum vivum, ut ... Gregor. III pap. (a. 731-741) epist., *Epp.*, III p. 478. Adhortantes et conjurantes. Steph. II pap. (a. 752-757) epist., ib., p. 502. **10.** aliquem: *assermenter — to swear in.* [Missi regis] conjurent sculdasios, decanos, saltarios vel locopositos, ut nullos [servos fugaces] concelent. Pippini reg. Ital. capit. (a. 782-786), c. 9, I p. 193. Conjurati sacerdotes in fine sacerdotii et christianitati[s] suorum, quod de precepti investitura scirent, ut verum dixissent. *D. Berengario I.*, no. 73 (a. 910), p. 199 l. 5. Missi de domno episcopo conjuraverunt homines comanentes de jamdictas villas, ... ut veritatem exinde dicere fecissent. GERMER-DURAND, *Cart. de Nîmes*, no. 20 p. 34 (a. 921). Complacuit, ut 7 fidissimos et verissimos de familia conjurassent. *Zeitschr. f. Schweiz. Recht*, t. 17 p. 87. A rege fide et juramento conjuratus ut de hac re justitiam sibi faceret. DC.-F., II p. 507 col. 2 (ch. a. 1081, Tours).



**conjuratio**: **1.** *association jurée — sworn association.* Si qui clericorum ... revelli auctoritate se in unum conjuratione intercedente collegerint et aut sacramenta inter se data aut chartulam conscriptam fuisse paruerit. Concil. Aurel. a. 538, c. 24, *Conc.*, I p. 80. De clericis si qui rebellionis ausu sacramentis se aut scripturae conjuratione constrinxerint atque insidias episcopo suo ... confecerint. Concil. Remen. a. 627-630, c. 2, ib., p. 203. Istas conjurationes quas faciunt per sanctum Stephanum aut per nos aut per filios nostros prohibemus. Dupl. legat. edict. a. 789, c. 26, *Capit.*, I p. 64. Iterum Synod. Franconof. a. 794, c. 31, p. 77. De conjurationibus servorum ... ne ultra tales conjurationes facere praesumant. Capit. missor. a. 821, c. 7, p. 301. Conventus singulares, quos [Angli] solent habere et nominant conjurationes, omnino Deo non placere certissimum est. ALCUIN., epist. 291, *Epp.*, IV p. 449. Si quis conjurationes et conspirationes sectatur? REGINO, Syn. caus., lib. 2 c. 5 § 83, ed. WASSERSCHLEBEN, p. 216. In Italia minores contra dominos suos insurgentes et suis legibus vivere eosque opprimere volentes, validam conjurationem fecere. HERMANN. AUGIENS., Chron., a. 1035, *SS.*, V p. 122. Ab omni Saxonia ... facta sit adversus regem conjuratio. BRUNO, Bell. Saxon., c. 16, ed. WATTENBACH, p. 11. Non cessat gens Saxonum ... conjurationem adversus regem unanimi conspiratione confirmare. EKKEH. URAUG., Chron. univ., a. 1072, *SS.*, VI p. 200. **2.** spec.: *association jurée urbaine, commune — sworn association in a city, commune.* Cremonenses cives contra ... episcopum ... conspirassent ac conjurassent, ut eum ... de civitate ejecissent ... Quia vero in ipsa conjuratione manentes ... *D. Konrads II.*, no. 251 (a. 1037). [Episcopus] nisi factam concederet communiam ... Destituitur tota conjuratio. G. Gerardi episc. Camerac., c. 2, *SS.*, VII p. 498. Communiae conjuratio omnibus ecclesiae libertatem diligentibus est odiosa. G. episc. Camerac. abbrev., c. 24, *SS.*, VII p. 510 l. 2. Facta inter clerum, proceres et populum [Laudunensem] mutui adjutorii conjuratione. GUIBERT. NOVIG., De vita sua, lib. 3 c. 7, ed. BOURGIN, p. 157. Rursum ib., c. 14, p. 198 (Amiens). Conjuratio Coloniae facta est pro libertate. Chron. regia Colon., a. 1112, rec. 2, ed. WAITZ, p. 52. Mercatoribus ... quadam conjuratione id forum decrevi incipere et excolere. KEUTGEN, *Urk. städt. Verf. gesch.*, p. 117 no. 133 (a. 1120, Freiburg i. B.) Communio civium Trevirensium, quae et conjuratio dicta, quam nos in ipsa civitate destruximus. D. Frider. I imp. a. 1161, BEYER, *UB. Mittelrh.*, I no. 627 p. 688. **3.** *adjuration — adjuration.* Si transcens [i. e. transcendens] hanc conjurationem nostram, hoc quod in jure nostro pertinet augmentaverit. F. Visigot., no. 35, *Form.*, p. 590. **4.** *formule magique* prononcée dans une ordalie *— magic formula* used in an ordeal. Ordin. Judic. Dei, no. 17a, *Form.*, p. 618. Ibi pluries. Nec in ecclesiis fiant conjurationes aquae ferventis vel ferri candentis vel aquae frigidae conjuratae. Stat. eccl. Valentin., *Concil. Hisp.*, II p. 511 col. 1. **5.** *l'action d'assermenter* les témoins inquisitionnels *— taking the oath* from inquisitorial witnesses. Peracta conjuratione, cunctis attestantibus ... *D. Ottos III.*, no. 48 (a. 988). Clerus et populus firma conjuratione est constrictus ... ut, si quis inde aliquam sciret veritatem, eam celare non liceret. FICKER, *Forsch.*, IV no. 68 p. 93 (a. 1061, Firenze). Meliores et magis fideles ... jurare precepit ... ut vera assertione profiterentur ... Igitur post conjurationem ... GALBERT., c. 87, ed. PIRENNE, p. 132. **6.** *prestation collective d'un serment* de fidelité *— oath* of fidelity *sworn jointly.* [Rollo] principes [Normanniae] colligavit illi [sc. filio suo Willelmo] conjurationis sacramento. DUDO, lib. 2 c. 34, ed. LAIR, p. 173. **7.** *semonce — summons* to do justice. DUCHESNE, *Hist. de Guines*, pr. p. 528 (a. 1260).

**conjurator**: **1.** *cojureur — cojuror.* Lex Sal., tit. 48 § 2, text. Herold. et Lex Sal. Emend. Lex Alamann., codd. fam. B, tit. 6 § 3. Lex Fris., tit. 10; tit. 11 § 1. Cum talibus, quales ... secum habere poterit, conjuratoribus legitimum sacramentum juret. Capit. legi add. a. 816, c. 2, I p. 268. Cum duodecim conjuratoribus legitimis per sacramentum adfirmet. Capit. legib. add. (a. 818/819), c. 1, p. 281 l. 6. Iterum Capit. Ludov. Pio adscr., c. 2, p. 315. Capit. pro lege habend. Wormat. a. 829, c. 6, II p. 19. ESCHER-SCHWEIZER, *UB. Zürich*, I no. 190 p. 81 (a. 924-931). ARNOLD. RATISB., lib. 1 c. 17, *SS.*, IV p. 553 col. B l. 48. **2.** *qq'un qui a pris le serment d'une association de paix — one who has sworn the oath of a peace association.* Quicumque aliquem suum conjuratorem invaserit. Pax Dei Alsat. s. xi, *Const.*, I no. 429, c. 3. Per 3 dies obsessum [i. e. obsessus] a conjuratoribus disperdatur. Pax Moguntina a. 1103, ib., no. 74 p. 125. **3.** *membre d'une association jurée urbaine, d'une commune — member of the sworn association of a city, of a commune.* Adversum se conjuratorum animos irritasset. Actus pontif. Cenom., c. 33 (s. xi ex.), ed. BUSSON-LEDRU, p. 378. Conjuratores fori. KEUTGEN, *Urk. städt. Verf. gesch.*, no. 133 (a. 1120, Freiburg i. B.). [Imperator] conjuratorum manum conpescuit. HERIM. AUGIENS., Chron., a. 1037, *SS.*, V p. 122.

**conjuratus** (subst.): **1.** *membre d'une association jurée urbaine — member of a sworn association*

*in a city*. Quodsi aliquis suum conjuratum occiderit. ESPINAS, *Rec. d'Artois*, no. 20, c. 6 (a. 1188, Aire-sur-la-Lys). **2.** magistrat qui a prêté un serment d'office, *juré* — officer who has taken an oath of office, *juror*. Conjuratos quos heimrat vocant. MULLER-BOUMAN, *OB. Utrecht*, I no. 411 p. 372 (a. 1155). A conjuratis civitatis ... convictus. KEUTGEN, *Urk. städt. Verf. gesch.*, no. 135, c. 26, p. 137 (a. 1164, Hagenau).

**conlaborare, 1.** alicui: **peiner avec* un autre — *to toil with* another person. **2.** alicui: *coopérer — to cooperate*. **3.** aliquid: *gagner* des bénéfices *par le travail agricole — to gain by farming*. De omnia fructa, quicquid supra ipsa[m] rem conlaborare potuerimus. F. Sal. Bignon., no. 21, *Form.*, p. 236. Rerum decimas quocumque modo vel ingenio inibi collaboratis [i. e. collaboratas]. *D. Ugo*, no. 20 p. 57 (a. 929). **4.** aliquid: *gagner* des terres *à la culture — to reclaim* land. Quantumcumque acquisivi aut collaboravi sive comparavi. BRUCKNER, *Reg. Alsat.*, no. 275 (a. 778). Si in qualibet silva vel deserto loco ultra miliaria 4 aut 5 ... aliquod dirutum conlaboraverit. Concil. Tribur. a. 895, c. 14, *Capit.*, II p. 221. **5.** *cultiver, mettre en valeur — to cultivate, to exploit.* Ipsas res [sc. mansum] ... dum advixeritis ... ad excolendum vel conlaborandum usualiter prestare deberemus. BEYER, *UB. Mittelrh.*, I no. 14 p. 18 (a. 762-804, Prüm). De terris quod [i. e. quot] parrochiani s. Juliani et s. Petri conlaborant, [decima] ad s. Julianum et s. Petrum debeat esse. RAGUT, *Cart. de Mâcon*, no. 204 p. 131 (a. 886-927). **6.** gener.: *gagner* des bénéfices par n'importe quel travail — *to gain* profit by any kind of work. Peculiarem [i. e. peculium] quod habet aut deinceps conlaborare potuerit. F. Sal. Merkel., no. 14, *Form.*, p. 246. De omne re, quod simul conlaboraverit. Lex Ribuar., tit. 37 § 2. Uxores defunctorum post obitum maritorum tertiam partem conlaborationis, quam simul in beneficio conlaboraverunt, accipiant. Capit. missor. a. 821, c. 9, I p. 301.

**conlaboratio**: **1.** *gestion, administration* d'un domaine — *management*. Rex abbatiam ipsius monasterii sibi retinuit, causas monasterii et conlaborationem per praepositum et decanum atque thesaurarium ... geri disponens. HINCMAR., Ann. Bertin., a. 867, ed. WAITZ, p. 86. **2.** *bénéfice gagné par l'agriculture, produits agricoles — profit gained by farming, agricultural produce*. Ut unusquisque judex per singulos annos ex omni conlaboratione nostra ... nobis notum faciant. Capit. de villis, c. 62. Decimae conlaborationum et animalium ... Domino ... offerantur. Karoli III capit. Papiense a. 876, c. 11, II p. 102. Quidam facultates ecclesiae in diversa conlaboratione et reditibus expoliant. Concil. Meld. a. 845, c. 61, *Capit.*, II p. 412. De omnibus conlaborationibus terrae, tam foeni quam annonae omnium generum ... censum et nonas et decimas. D. spur. Ludov. Pii <a. 832>, *Hist. de Fr.*, VI p. 586 B no. 181. **3.** *bénéfice* gagné par n'importe quel travail — *profit* gained by any kind of work. Uxores defunctorum post obitum maritorum tertiam partem conlaborationis, quam simul in beneficio conlaboraverunt, accipiant. Capit. missor. a. 821, c. 9, I p. 301.

**conlaboratorius**: *labourable — arable*. De prato juctos $2^{1}/_{2}$ et de terra collaboratoria juctos 6. RÉDET, *Cart. de S.-Cyprien de Poitiers*, no. 235 p. 153 (a. 909).

**conlaboratus** (decl. iv), -um (neutr.): **1.** *bénéfice gagné par l'agriculture, produits agricoles — profit gained by farming, agricultural produce.* Judices nostri decimam ex omni conlaboratu pleniter donent ad ecclesias. Capit. de villis, c. 6. Iterum c. 33. Brevium exempla, c. 25, *Capit.*, I p. 254; c. 30, c. 32, p. 255; c. 34, p. 256. De omni conlaboratu et de vino et foeno ... nona et decima persolvatur; de nutrimine vero ... Admon. ad omnes ordines (a. 823-825), c. 23, *Capit.*, I p. 307. Conlaboratum de ipsis mansis [sc. servilibus] colligitur ad opus dominicum. Polypt. Derv., c. 12, LALORE, *Ch. de Montiérender*, p. 97. Habuit ibi presenti anno ex conlaborato de spelta corbos 30, de avena modios 300 et de farina modios 2. Descr. Lobiens. a. 868, ed. WARICHEZ, *BRCH.*, t. 78 (1909), p. 255. Nonam partem de omni conlaboratu, videlicet de annona, vino, freskingis, foeno et argento ex nostris indominicatis villis. *D. Karls III.*, no. 65 (a. 882). De eodem fisco Compendio totius conlaboratus nostri nonam partem, videlicet in annona, feno, segalibus ... *D. Charles le Simple*, no. 95 (a. 918). De omni coliaboratu dominii nostri ... seu ex omni censu ... pars nona. *D. Ottos I.*, no. 323 (a. 966). **2.** le total des bénéfices gagnés par n'importe quel travail, *pécule* — the total profit gained by any kind of work, *riches*. Omne praesidium vel conlaborato eorum [maritus et uxor] inter se visi sunt condonare. F. Sal. Lindenbrog., no. 13, *Form.*, p. 276. Peculiare suo sive conlaboratum, quod praesenti tempore habere videntur. Ib., no. 20, p. 281. Ecclesiam cum omni stabilitate et reliquiis, in capsis seu in crucis, in areis, in aedificiis, pratis, omnem conlaboratum illius ecclesiae. DRONKE, *CD. Fuld.*, no. 174 p. 98 (a. 802). Post ejus de hac luce discessu de conlaboratu suo valente den. 12. Notitia mon. s. Petri Gandav. a. 877-879, ed. GYSSELING-KOCH, *BCRH.*, t. 113 (1948), p. 296. De collaboratu et facultate propria den. 12 destinaret caenobio persolvendo. WARNKÖNIG, *Flandr. St.- u. Rechtsg.*, III pt. 2 no. 8 p. 11 (a. 993, Gand).

**conliberta**: *une femme dans la condition des culverts — a woman having the status of the "culverts"*. Donasse s. Martino et nobis ... colibertam quamdam nomine B. ... cum fructu scilicet ventris ejus toto. *Gall. chr.*$^{2}$, XIV instr. col. 71 D no. 52 (a. 1063, Tours).

**conlibertus,** colli-, coli-, -vertus: **1.** un *homme libre* dans ses relations avec un autre homme libre — a *freeman* in relation with another freeman. Tendat manum ... in manum parentis aut conliberti sui. Ed. Rothari, c. 368. Liutpr. leg., c. 8; ibi pluries. TROYA, *CD. Longob.*, III no. 481 p. 534 (a. 730). Si quis liber liberum hominem furaverit et vendiderit ..., ipse fur perdat libertatem suam pro eo quod conlibertum suum servitio tradiderit. Lex Baiwar., tit. 9 § 4. **2.** *culvert*, dépendant non chasé au dernier degré des non-libres — *"culvert"*, a dependant without a holding, of the lowest class of non-free people. Servos et mancipia ... et colibertos. Actus pontif. Cenom., c. 30 (s. xi in.), ed.



BUSSON-LEDRU, p. 358. Nullus servorum vel collibertorum amodo clericus fiat, nisi prius libertatem de dominis suis habuerit. Concil. Bitur. a. 1031, c. 9, MANSI, t. 19 col. 504. Lege fori ... alii liberi, alii servi sive colliberti esse dicuntur. BLOCH, loco mox citando, p. 8 (ch. a. 1055-1077, Anjou). Quidam homo noster communis colibertus ... deprecatus est ut eum servitutis dedecore exueremus ... Eum servitute detersimus et libertate ornavimus. *Actes Phil. Ier*, no. 83 (a. 1076), p. 215. Filios ... sibi in collibertos ... vindicare volebat. Ib., no. 147 (a. 1103), p. 373. Cum eo scuto et baculo decertans publice, eum vi fecit confiteri se collibertum s. Albini esse. BERTRAND, *Cart. d'Angers*, I no. 194 p. 224 (a. 1082-1106). Quicumque servus vel collibertus Britanniam causa manendi ibi petierit, liber ab omni servitute ... permaneret. Chron. Namnet., c. 35, ed. MERLET, p. 102. Cf. M. BLOCH, *Les colliberti. Revue histor.*, t. 157 (1928). A. PETIT, *Coliberti ou culverts*. Limoges 1928-1930. J. BOUSSARD, *Serfs et colliberti (XIe-XIIe siècles). BEC.*, t. 107 (1947/1948), pp. 205-234.

**conlitteralis**: *camarade d'études — fellow student*. Reginhardus conlitteralis archiepiscopo Heriberto ... perfectionem in ecclesiasticis assecutus fuerat disciplinis. ANSELM., G. episc. Leodiens., c. 37, *SS.*, VII p. 209.

**conludium** et derivata, v. collud-.

**conniventia,** coni-: **1.** **connivence, passiveté, complaisance — connivance, passiveness, indulgence*. **2.** (cf. voc. cohibentia) *consentement, concours, appui — consent, support*. Ex permisso et coniventia Warmecharii. Pass. Praejecti, c. 20, *Scr. rer. Merov.*, V p. 238. **3.** *traité, convention — treaty, agreement*. Manus vestrae subscriptiones, quibus hanc conibentiam confirmastis. GREGOR. TURON., Hist. Franc., lib. 7 c. 6. Sed ille non obvius de hac coniventia, consilium ad confirmandam pacem praebuit. Ib., lib. 9 c. 29.

**connivere**: (cf. voc. cohibere) *prêter son appui, encourager, favoriser, coopérer — to support, to encourage, to further, to cooperate*. Cunctis conniventibus regnum accepit. LIUTPRAND., Antap., lib. 3 c. 17, ed. BECKER, p. 81.

**connotare**: *comprendre, inclure — to connote*. S. xiii.

**connumerare**: **additionner, compter — to add up, to count*.

**conopeum**, canopeum (class.: „moustiquaire — mosquito-curtain"): *dais — canopy*.

**conqua, conquata,** v. conch-.

**conquassare**: **1.** *briser — to break to pieces*. Omne argentum ibidem quod conquassatum inerat noviter restauravit. Lib. pontif., Leo III, § 31, ed. DUCHESNE, II p. 9. **2.** *déclarer nul, invalider — to declare void, to invalidate*. Suprepticium privilegium papa conquassavit. SUGER., V. Ludov. Gr., c. 10, ed. WAQUET, p. 66.

**conquerementum,** v. conquirimentum.

**conquerens** (subst.): *demandeur — plaintiff*. S. xii.

**conquesitus,** v. conquisitus.

**conquestare,** -quis- (< conquisitus): **1.** *acquérir* autrement que par héritage (p. e. par achat ou par échange) — *to acquire* otherwise than by inheritance (e. g. by purchase or exchange). Quodcumque in G. et in S. quod de S. sacerdote conquistavi. *Gall. chr.*$^{2}$, II instr. col. 207 A (s. ix ex., Tulle). Cedimus vobis terram et vineas quae de ratione s. Juliani nobis evenerunt; et cedimus vobis in alio loco ... vineas quas pariter conquestavimus. DONIOL, *Cart. de Brioude*, no. 40 p. 64 (a. 939). Cedimus ... mansum unum quem conquestavimus de ipsis canonicis. Ib., no. 46 p. 69 (a. 939). Donamus ... curtem ... sicut conquistaverunt B. et A. MARTÈNE, *Coll.*, I col. 347 (ch. a. 993, Umbria). Quicquid conquestus [genet.] ... conquestavit in comitatu Florentino. *D. Konrads II.*, no. 78 (a. 1027). **2.** *conquérir — to conquer*. Juvabit dominum imperatorem conquistare Siciliam. Frider. I imp. conv. cum Pisanis a. 1162, *Const.*, I no. 205, c. 10.

**conquestio**: *plainte en justice, action de droit — legal complaint, claim*.

**1. conquestor** (<conqueri): *demandeur, plaignant — claimant, plaintiff*.

**2. conquestor** (<conquirere): *conquérant — conqueror*.

**conquestus,** v. conquisitus.

**conquirere**: **1.** *acquérir — to acquire*. Predia ... honesto commercio ... a nobis conquisita. MULLER-BOUMAN, *OB. Utrecht*, I no. 506 p. 452 (a. 1181). **2.** *obtenir en droit, avoir gain de cause au sujet de* qqch. — *to gain by judgment*. Missi nostri [villam] ad opus nostrum [i. e. regis] conquisierunt. *D. Karolin.*, I no. 140 (a. 781). Ut nullus ebrius suam causam in mallo possit conquirere nec testimonium dicere. Capit. missor. a. 803, c. 15, I p. 116. Nullus in [vicarii] judicio aliquis in servitio hominem conquirat, sed ... remittantur usque in praesentiam comitis. Pippini capit. Ital. (a. 801-810), c. 14, I p. 210. Item capit. Karolo M. adscr., c. 7, p. 215 l. 10. Conquirere libertatem suam per praeceptum regis. Capit. legib. add., c. 7, I p. 114. **3.** *réclamer, exiger — to require, to exact*. Servitium, quod illi [sc. advocato] villicus a rusticis conquisierit. DUVIVIER, *Rech. Hainaut*, p. 373 (ch. <a. 1015>, spur. s. xii, Liège). **4.** *faire prisonnier — to capture*. De illis hominibus qui parentes eorum ... occidunt, ut per illos non fiant conquisiti. Capit. de reb. exerc., a. 811, c. 10, *Capit.*, I p. 165. Si intra burgum regis fiat infractio pacis, adeant burgenses et conquirant illum malefactorem vivum vel mortuum. Leg. II Aethelr., tit. 6, vers. Quadrip., LIEBERMANN, p. 222 col. 2. **5.** *conquérir — to conquer*. Willermum ... qui postea Angliam conquisivit. ROBERT. DE TORINN., a. 1026, *SS.*, VI p. 478. Ibi pluries. Donec Normanni gentiles Neustriam conquirentes subverterunt. JOH. YPER., Chron. s. Bertini, MARTÈNE, *Thes.*, III col. 465. Multas roccas conquesivit. BENED. DE S. ANDREA, ed. ZUCCHETTI, p. 88.

**conquirimentum,** conquerementum: *acquêt — acquirement*. S. xiii.

**conquisitio**: **1.** *acquêt — acquirement*. Trado ... quicquid proprietatis vel conquisitionis in pago P. habere dinoscor. WARTMANN, *UB. S.-Gallen*, II no. 490 p. 106 (a. 862). **2.** *conquête — conquest*. S. xii. **3.** *relief féodal — feudal relief*. S. xiii.

**conquisitus** (decl. iv), -quesit-, -quist-, -quest-, -um (subst. neutr., sensu 3): **1.** *acquisition* autre que par héritage — *acquiring* otherwise

than by inheritance. Illorum alodes de hereditate et de conquisitu. Conv. ap. Confluent. a. 860, *Capit.*, II p. 158 l. 22. Item Capit. post conv. ap. Confl. missis tradita a. 860, c. 4, p. 298. Cedimus ... aliquid de rebus propriis nostris, quae per haereditatem nobis necnon per conquestum evenerunt. DONIOL, *Cart. de Brioude*, no. 37 p. 60 (a. 911). Cedo res meas, quae michi justissime per conquistum obvenit. DESJARDINS, *Cart. de Conques*, p. 305 (a. 948). Qualicunque conquisitu vel contractu. FATTESCHI, *Memor. di Spoleto*, p. 317 (a. 1012). **2.** *activité lucrative, affaire — business.* Pro aliquo saeculari conquestu praetio aliquem conducere. Concil. Mogunt. a. 813, c. 14, MANSI, XIV col. 69. **3.** *acquêt, les richesses acquises* par opposition aux biens hérités — *acquirement, acquired wealth* in contradistinction from inherited property. Tam de hereditate seu conquesto. THÉVENIN, *Textes*, no. 109 (a. 887, Mâcon). Hereditet eum in fine [vitae] ... et filium [adoptivum] sibi constituat de feodo vel alio conquisito. Leg. Henrici, tit. 18 § 15, LIEBERMANN, p. 604. **4.** *fortune mobilière, richesses en meubles et en argent — movable wealth, chattels and cash.* R. episcopus Th. duci dedit de proprio conquestu suo in auro et argento solidos mille et comparavit ad eum villam q. d. P. Breves notit. Juvav. (ca. a. 790), c. 2, HAUTHALER, *Salzb. UB.*, I p. 19. Ire cum tuo conquisitu. *CD. Cavens.*, I p. 96 (a. 872). Si quis ... de qualibet causa fuerit interpellatus, verbi gratia de conquisito suo vel de mancipiis suis. Capit. add. legi Sal. a. 816, c. 2, addit. codd. 5-9, I p. 268. **5.** (gener.) *fortune, richesse — wealth.* Confirmantes eis omne conquisitum eorum, tam in terris et vineis quam in diversis speciminibus, domibus atque possessionibus. *D. Ottos I.*, no. 372 (a. 969). Omnem vestrum conquisitum, tam proprietatis quamque et preceptarias atque livellarias. *D. Ugo*, no. 10 p. 34, spur. s. xi in. **6.** *rapport, bénéfice — revenue.* Camba I que reddit de conquisto de avena modios 84 et de captis et de bracio modios 30. Polypt. Derv., c. 4, LALORE, *Ch. de Montiérender*, p. 92. **7.** *intérêt annuel — annual interest.* [Vineam] vobis inpicnoravimus pro sol. 37 usque ad annos 5, et in quisque [i. e. quoque] annos [i. e. anno] in conquisto modius [i. e. modios] 9 de musto donamus. BERNARD-BRUEL, *Ch. de Cluny*, II no. 1047 p. 141 (a. 958). Quandam vineam nostram cuidam ... in caucionem mitterem pro sol. 40 usque ad annos 20 ... ea ratione, ut, si ad annos 20 ipsos 40 sol. cum conquisto, sicut per unumquemque annum levaverint, vobis in denariis reddere potuerimus, ipsa vinea ad nostram redeat potestatem. Ib., no. 1093 p. 186 (ca. a. 960).

**conquistare,** v. conquestare.

**conrediare,** corre-, -dare, -zare (adaptation du germ. *ga-rêdan* „réfléchir à qqch., préparer — to think about, to make ready"; >frg. *corroyer*), **1.** transit.: *préparer, assaissonner — to prepare, to season.* Porcarius ... porcos occisos bene corrodiet [v. l. corrediet, corradiet] et suspendat. Rectitud. sing. pers., tit. 6 § 2, vers. Quadrip., LIEBERMANN, p. 449 col. 2. **2.** intransit.: *donner un banquet — to give a feast.* S. xiv, Ital.

**conredium,** corr-, cor-, cur-, -odi-, -adi-, -egi-, -ogi-, -agi-, -ed-, -ei-, -a (femin.): **1.** *droit de procuration — procurement custom.* Cum ... tholoneis, curadiis, salvomis et omnibus undecumque publica functio inibi censum exigebat. *D. Berengario I.*, no. 87 (a. 913), p. 234 l. 13. Abbas ... hujusmodi conrodia [sc. hospitationes comitis ejusque militum in villis s. Vedasti] pro gavuli commutatione redemit. GUIMANN., *SS.*, XIII p. 711. Rex ... cum in Atrebatum veniret, conrodia sibi in ecclesia s. Vedasti extrui mandavit. Ib., p. 712. Conredii consuetudinem ... in manu B. abbatis libere et absolute reddidimus et ... condonavimus. Ch. Ludov. VII reg. Franc. a. 1143, LUCHAIRE, *Inst. mon.*, II p. 298 no. 4. Consuetudines ... quas clamabat [major curtis] in horreo et curte et in campis et conregium corveiarum, quod sibi deberi asserebat. DUVIVIER, *Actes*, I p. 139 (a. 1158, Corbie). ODORICI, *Brescia*, VI p. 25 (a. 1174, Pavia). Imperator habebit theloneum pontis et pedagium civitatis et cureiam rerum venalium. Reconcil. Alexandriae a. 1183, *Const.*, I no. 292, c. 2. De 10 hidis ad corredium debent reddi decem dolia mellis, 300 panes ... (etc.) Leg. Ine, tit. 70 § 1, vers. Quadrip., LIEBERMANN, p. 119 col. 2. **2.** *repas — meal.* Apparetur 3 diebus [jejuniae] corredium uniuscujusque sine carne. Leg. VII Aethelred, tit. 2 § 2b, Quadrip., LIEBERMANN, p. 260 col. 1. **3.** *banquet — regale.* Corrodium regale maximum paraverat. HENR. HUNTINGDON., lib. 6 c. 25, ed. ARNOLD, p. 197. **4.** *biens affectés à l'entretien — property affected to sustenance.* DE MARCA, *Marca Hisp.*, col. 803 (a. 878). **5.** *prébende — prebend.* S. xiii. **6.** *agrès — rigging.* S. xiii, Ital.

**consacerdos**: **1.** **coévêque — fellow bishop.* Concil. Epaon. a. 517, c. 1, *Conc.*, I p. 19. Guntchramni edict. a. 585, *Capit.*, I p. 11. **2.** (cf. voc. sacerdos): *coprêtre — fellow priest.*

**consacramentalis** (adj.): *agissant comme cojureur — acting as a cojuror.* Si consacramentales homines cum ipso venire renuerint. Capit. Aquisgr. a. 809, c. 14, I p. 149. Subst.: *cojureur — cojuror.* Leg. Henrici, tit. 64 § 2, LIEBERMANN, p. 584; tit. 66 § 6, p. 586; tit. 87 § 6, p. 602.

**consanguinitas**: *parentèle — relatives.* A propria consanguinitate abstinere. Zachar. pap. (a. 741-752) epist., *Epp.*, III p. 710. Agnatio et consanguinitas ejus in servitutem cadat. Capit. legib. add. a. 803, c. 5, I p. 113. Non solum contra nos et consanguinitatem nostram, verum et contra Deum ... egerit. Conv. ap. Saponar. a. 862, c. 5, *Capit.*, II p. 161.

**conscendere.** Loc. mare conscendere: *prendre la haute mer — to put to sea.* JAC. DE GUISIA, lib. 14 c. 4, *SS.*, XXX p. 169.

**conscholaris**: *co-élève — fellow pupil.*

**conscholasticus**: *co-élève — fellow pupil.* FLODOARD., Hist. Rem., lib. 2 c. 19, *SS.*, XIII p. 467 l. 3.

**conscribere**: **1.** *souscrire — to subscribe.* Subter manibus suis conscripserunt. Chron. Gradense, ed. MONTICOLO, *Cron. Venez.*, I p. 49. **2.** *faire donation de* qqch. *au moyen d'une charte — to bestow by charter.* Conscribimus monasterio pro remedio animae nostrae. *D. Ottos III.*, no. 221 (a. 996). **3.** *s'obliger par écrit — to take a written pledge.* Se suosque



successores [si contractum infregerint] poena multandos conscripserit. Capit. Olonn. (a. 822/823), c. 1, I p. 316. Eadem poena, quam in te vindicare pulsavi, me constringo atque conscribo partibus tuis esse damnandum atque subiturum. F. extrav., ser. 1 no. 6, *Form.*, p. 537.

**conscriptio**: **1.** *aliénation au moyen d'une charte — alienation by charter.* Ubicumque repertum fuerit ex rebus ... monasterii inlicitas atque damnosas seu inutiles conscriptiones vel commutationes, evacuentur. *D. Berengario II*, no. 8 p. 316 (a. 953). **2.** *charte — charter.* Omnes conscriptiones juxta suam legem faciant. Karoli M. capit., I p. 219 c. 14. Super easdem conscriptiones. D. Ludov. Pii a. 834, BEYER, *UB. Mittelrh.*, I no. 60 p. 68. Per sua conscriptionis testamenta. F. imper., no. 55, *Form.*, p. 326. Manumissionis conscriptio. Ib., addit. 2, p. 328. Omnia cartarum instrumenta ... seu quaslibet firmitatum conscriptiones ... irrita facimus. *D. Charles le Chauve*, no. 428 (a. 877). Si quis ... hanc conscriptionem ... dissipare presumpserit. ERHARD, *Reg. Westfal.*, I CD. no. 103b, p. 82 (a. 1022). Pour un diplôme royal — for a royal charter: Per hanc nostrae conscriptionis auctoritatem. D. Ludov. Pii a. 833, SEIBERTZ, *UB. Westf.*, I no. 3. Item *D. Ludwigs d. Deutsch.*, no. 37 (a. 844). Per hanc nostrae auctoritatis conscriptionem. *D. Charles le Chauve*, no. 28 (a. 843). Item no. 71 (a. 845). Hanc regiam fieri decrevimus conscriptionem. Ludov. reg. Arelat. electio a. 890, *Capit.*, II p. 377 l. 35.

**conscriptum**: **1.** *charte — charter.* Testatoris omnino conscripta serventur. Capit. de reb. eccl. (a. 825 ?), c. 3, *Capit.*, I p. 332. Per hoc nostre largitionis conscriptum. F. imper., no. 44, *Form.*, p. 320. Secundum conscriptum, quod coram eis legi feci. ERHARD, *Reg. Westfal.*, I, CD., no. 41 p. 37 (a. 890). Pour un diplôme royal — for a royal charter: Jussimus fieri hoc nostrae consensionis conscriptum. *D. Ludwigs d. Jüng.*, no. 18 (a. 880). Item *D. Ottos I.*, no. 122 (a. 950).

**consecrare**: **1.** **ordonner* prêtre ou évêque — *to ordain.* **2.** *sacrer* roi — *to anoint* as a king. **3.** intrans.: *célébrer la messe — to celebrate the Mass.*

**consecratio**: **1.** **consécration* d'un autel, d'une église — *consecration* of an altar, a church. **2.** **ordination — ordination.* **3.** *diocèse — diocese.* Comitatum, qui est infra Astensem episcopatum et ejusdem episcopatus consecrationem. *D. Heinrichs IV.*, no. 436 (a. 1093).

**consecrator**: **celui qui consacre ou ordonne — one who consecrates or ordains.*

**consecretalis** (adj.): *admis dans la confiance* d'un prince — *enjoying* a ruler's *confidence.* Consecretalis cubicularius. V. Eadmundi reg., MARTÈNE, *Coll.*, VI col. 826. Subst.: *conseiller intime — confidential adviser.* Noverint omnes consecretales palatii ceterique fideles nostri ... *D. Ottos II.*, no. 218 (a. 980). Quendam archimandritem et consecretalem meum J. nomine. Ib., no. 283 (a. 982). Hos ipse [sc. Carolus rex] consecretales et primos amicorum esse fecerat. GERBERT., Acta concil. Remens. (a. 991), c. 5, *SS.*, III p. 661. Coevus et collega necnon consecretalis illi divinae legis meditator. ANSELM., G. episc. Leodiens., c. 70, *SS.*, VII p. 232 l. 40. Velut consecretali intimo arcana suae dispensationis certissime revelabat. V. Geraldi Tullens., *AASS.*, Apr. III p. 210 F. BERTHOLD., Ann., a. 1077, *SS.*, V p. 301. Abbas ... eum jam quasi consecretalem primorum existimaret. Chron. s. Michaelis, c. 11, *SS.*, IV p. 82 col. A l. 31. Jubet rex omnes suos consecretales egredi. Passio Thiemonis, c. 2, *SS.*, XV p. 1237. Ann. Pegav., a. 1130, *SS.*, XVI p. 256.

**consecretarius**: *conseiller intime — confidential adviser.* H. ad me accersito ut consecretario et familiari. SEIBERTZ, *UB. Westfalen*, no. 31 (ch. a. 1074, Köln).

**consecutio**: *poursuite — pursuit.* Consecucio et reduccio furum. Leg. Henrici, tit. 23 § 5, LIEBERMANN, p. 561.

**consedere** (ind. praes.: consedeo): **1.** **être assis — to sit.* **2.** (idem quod considere, indic. praes. consido) *s'asseoir — to sit down.* **3.** transit.: *prendre possession de* qqch., dans l'acte de saisine — *to possess oneself of* a thing, in the act of saisin. Missi sunt ibi in his locis ad possidendam vestituram istam hi tres homines nostri: C. ad A. et S. ad J. ac D. ad P. hanc vestituram consedit. WIDEMANN, *Trad. S.-Emmeram*, no. 19 p. 25 (a. 822). Injuste consedit illam traditionem [i. e. rem traditam]. BROWERUS, *Antiq. Fuldens.*, lib. 2 tradit. 45. Hanc traditionem accepit W. advocatus abbatis, A. monachus et N. vilicus; et consederunt in dominium s. Bonifacii. Ib., tradit. 209. **4.** transit.: *occuper, s'établir dans* une région — *to occupy, to settle in* an area. A Mauris vel a Sarracenis, qui jam pridem Beneventaniam consederant. Ann. Xant., a. 846, ed. SIMSON, p. 15.

**consegale** (<cum secali): *méteil — meslin.* S. xiv, Occit.

**consensus**: **assentiment* d'un seul individu — *assent* of a single person.

**consentaneus** (subst.): **1.** *sectateur, partisan — follower, adherent.* GREGOR. TURON., Virt. Juliani, c. 13, *Scr. rer. Merov.*, I p. 570. Pass. prima Leudegarii, rec. A (s. vii ex.), c. 36, ib., V p. 317. Ann. regni Franc., a. 787, ed. KURZE, p. 76. Hadr. I pap. (a. 772-795) epist., *Epp.*, III p. 601. **2.** *complice — accomplice.* Praedictos fures cum omnibus consentaneis suis. Joh. VIII pap. epist. a. 878, *Hist. de Fr.*, IX p. 163 A. Leg. II Aethelstan, tit. 3 § 2, vers. Quadrip., LIEBERMANN, p. 153 col. 1. Iterum Leg. II Cnut, tit. 21, vers. Quadrip., p. 325 col. 1.

**consentimentum**: *assentiment — consent.* DC.-F. II p. 514 col. 2 (ch. a. 1044 et ca. a. 1063, Marseille).

**consepelire**: **enterrer — to bury.*

**consequenter**: **1.** **ensuite — subsequently.* **2.** **en conséquence — as a result.* **3.** **convenablement, justement, avec raison — suitably, rightly, duly.*

**consergius,** v. concergius.

**conserva**: *convoi — convoy.* S. xiii, Ital.

**conservantia**: *conservation, maintien — maintenance.* S. xiv.

**conservativus** (adj.): **conservateur — maintaining.*

**conservator**: **1.** *porteur* d'une lettre — *bearer* of a letter. **2.** *procureur adjugé — attorney.* Conservatores, quos plerumque concedimus, a

manifestis injuriis et violentiis defendere possint quos eis committimus defendendos. Decr. Inn. IV pap., Sext. Decretal., lib. 1 tit. 14 c. 1. Concil. Herbipol. a. 1287, c. 39, HARTZHEIM, III p. 733.

**conservus**: *serf du même maître — serf subject to the same lord.* Si quis conservum suum interfecerit. *D. Konrads II.*, no. 216 (a. 1035). Unus ex conservis domini Castri Celsi. MARCHEGAY, *Arch. d'Anjou*, III p. 28 no. 34 (s. xi ex.)

**consessio**: **séance — sitting.*

**considerare**: *se résoudre, décider, décréter — to resolve, to decide, to decree.* Sic consideraverunt sacerdotes nostri, et nos omnes ita aptificavimus. Karoli M. epist. a. 791, Coll. s. Dionys., no. 25, *Form.*, p. 510. Consideravimus ut missos nostros per universum regnum nostrum mitteremus. Hludow. et Hloth. epist. gener. a. 828, *Capit.*, II p. 4 l. 25. Paenitentiae, quam antistes loci ... consideraverit, summittantur. Nic. I pap. epist. 99 (ad Bulgaros), c. 26, *Epp.*, VI p. 580. Sancxit ... episcopus [atque] una cum fratribus et coepiscopis ac canonicis suae sedis aecclesiae consideravit, ut ... G. Aldrici, c. 23, *SS.*, XV pt. 1 p. 318 l. 2. Qui pacem et concordiam, quam scabini considerant, refutaverit. Phil. II Aug. reg. Fr. priv. pro Atreb. a. 1194, ESPINAS, *Rec. d'Artois*, no. 108, c. 29.

**consideratio**: **1.** **considération, respect, observation — regard, observance.* **2.** *arbitrage — arbitration.* In nostra [i. e. regis] consideratione ... debeant permanere, quomodo ipsa compositio ... debeat ascendere. Liutpr. leg., c. 62. De querelis, quae inter nos sunt, mittam me in consideratione archiepiscopi Remensis. DUCHESNE, *H. Fr. Scr.*, IV p. 584 (ca. a. 1170). Si quis alicui de communia injuriam illatam ad considerationem scabinorum emendare voluerit. Priv. commun. Meldensis a. 1179, c. 4, BOURGEOIS, *Mouv. comm. Champagne*, p. 116.

**1. consignare**: **1.** *fixer une limite* au moyen de bornes — *to establish a boundary* by placing bounds. Ista omnis commarca, sicut hunc [leg. hanc ?], eundem episcopum B. circumducentes, consignavimus, debet consistere ... WIDEMANN, *Trad. S.-Emmeram*, no. 16 p. 16 (a. 819). Dedit quantum nobis pertinet, quomodo nobis illa consignavit. *CD. Cavens.*, I p. 11 (a. 821). **2.** **indiquer — to indicate.* **3.** *communiquer — to impart.* Haec capitula facta sunt et consignata S. comiti, ut haec manifesta fecisset. *Capit.*, I p. 112 l. 16 (a. 803). **4.** testimonium: *produire* des témoins, *administrer* des preuves — *to bring forward* evidence. Notitia brevis, qualiter ... consignavit A. ... testimonium. *Reg. Farfense*, no. 83 (a. 773). **5.** *démontrer — to prove.* Possessionem suam de triginta annis consignaverit. Edict. Langob., Aistulf., c. 18 (a. 755). In sua potestate eam habuit et ita consignare possumus. FATTESCHI, *Memor. di Spoleto*, p. 279 (a. 777). Judicati sumus sicut A. ... per testimonia consignabit [i. e. consignavit] et per sagramentum firmaverunt. FICKER, *Forsch.*, IV no. 3 p. 5 (a. 796, Pisa). **6.** **confier — to confide.* Hos pagos filio nostro consignavimus. Div. regn. a. 806, c. 1, *Capit.*, I p. 127. **7.** spec.: *consigner, livrer — to consign, to deliver.* Ipsi denarii ... consignentur ipsi abbati aut suis successoribus vel illorum misso. Cartar. Langob., no. 7, *LL.*, IV p. 596 col. 2. Aurilevatores mittunt rationem ad cameram Papie; et numquam debent alicui aurum venumdare per sacramentum; et debent ad illum [leg. illam, vid. cameram?] consignare et camerario. Honoranciae civit. Papiae, c. 10, *SS.*, XXX p. 1454. **8.** *transmettre — to make over.* [Septimanarii] die sabati, ora tercia, consignant officia sua ad pares suos et sic discendunt [i. e. discedunt]. Ordo Rom. XIX (s. viii), c. 32, ed. ANDRIEU, III p. 222. **9.** *céder, abandonner — to yield, to surrender.* Judex id, quod reposcitur, id est seu possessionem sive quodcumque fuerit, ... petenti consignare procuret. Lex Visigot., lib. 10 tit. 2 § 5. Sculdahis [servum captivum] judici suo consignet. Leg. Liutpr., c. 44 (a. 723). **10.** *conférer, faire donation de* qqch. — *to convey, to bestow.* Consignamus tibi ad hoc opus omnes res nostras. PARDESSUS, I no. 140 p. 107 (a. 543, Vienne). A. pontifex, quantum sponte a[d] sanctorum limina conquisierat, abbati G. consignavit. Pass. Praejecti, c. 37, *Scr. rer. Merov.*, V p. 246. Autore qui ipsa vinia eis consignasit. F. Andecav., no. 53, *Form.*, p. 23. Haec omnia pars partem [i. e. parti] tradidisse vel consignasse. F. Turon., no. 25, p. 149. Res quas comes W. tradiderat atque consignaverat. *D. Ludwigs d. Deutsch.*, no. 64 (a. 853). **11.** *octroyer — to grant.* Consignantes eis legem, jus et libertatem Leodiensem. Priv. Brusthem. a. 1175, ed. GESSLER. **12.** **confirmer* par le Saint Chrême appliqué en forme de croix — *to confirm* by Holy Chrism given in the shape of a cross. Postquam baptizat ... [domnus papa] postea consignat et chrismat. Ordo Rom. XXIII (s. viii p. pr.), c. 31, ed. ANDRIEU, III p. 273. Baptizandis vel baptizatis signo crucis consignando vel benedicendo. Concil. Paris. a. 825, *Conc.*, II p. 506. **13.** **bénir* par le signe de la Croix — *to bless* with the sign of the Cross. **14.** se consignare: *se signer — to cross oneself.* BENED. DE S. ANDREA, ed. ZUCCHETTI, p. 5.

**2. consignare** = concinnare (loc. ad luminaria consignanda).

**consignatio**: **1.** **apposition d'un sceau — sealing.* **2.** *fournissement de preuves — evidence.* Si aut per consignationem aut per pugnam approbare potuerint. Radelchisi princ. Benev. capit., c. 18. Nec inde ullam consignationem facere possum. FATTESCHI, *Memor. di Spoleto*, p. 291 (a. 826). Querimus ut ipsam nobis faciat consignacionem, sicut wadiam dedit. *D. Karls III.*, no. 25 (a. 880). **3.** *preuve, titre — piece of evidence, title.* Nullus ... ipsas hereditates ... contendere presumat, excepto per verissimas cartulas et justas consignaciones. *D. Heinrichs II.*, no. 286 (a. 1014), p. 431 l. 37. **4.** *mise en possession, investiture — livery.* Absque ullius expectata traditione vel judicum consignatione. F. Turon., no. 1, *Form.*, p. 136. Eadem verba: WAMPACH, *UQB. Luxemb.*, I no. 49 (a. 789). Sine ullius hominis contradictione et judiciaria consignatione illibatae perseverare valeant. *D. Ludwigs d. Deutsch.*, no. 46 (a. 847). Sine ulla judicis consignatione aut haeredum meorum contradictione. G. Aldrici, c. 62, ed.



CHARLES-FROGER, p. 179. Rursum c. 66, p. 185. **5.** *cession — surrender.* Facta notitia guirpitionis vel consignationis sub die Lunae, xi kal. Oct. DC.-F., II p. 516 col. 3 (s. ix ex., Gellone). **6.** **confirmation chrétienne — Christian confirmation.* Quando circatas ad consignationes faciendum de pleve in pleves vestras feceritis. MURATORI, *Antiq.*, II col. 773 (a. 847). Sancti spiritus in me consignatione adhibuit beati chrismatis unctionem. Donatio Constantini, c. 9.

**consiliari** (depon.) et consiliare: **1.** **méditer, projeter, se concerter sur* un projet — *to consider, to plan, to scheme.* **2.** in malam partem: *machiner, conspirer — to plot, to conspire.* Si quis homo liber in morte alterius consiliaverit. Edict. Rothari, c. 10. Lex Alamann., tit. 23. Qui in regnum vel in regem Francorum vel filios ejus de morte consiliatus fuerit, capite puniatur. Lex Saxon., tit. 24. Si quis filium aut filiam alienam extra consilio parentum in conjugio copulandum consiliaverit. Capit. I legi Sal. add., c. 6, ed. BEHREND[2], p. 132. Si qua mulier mortem viri sui cum aliis hominibus consiliavit. Decr. Vermer. (a. 758-768?), c. 5, *Capit.*, I p. 40. Infideles homines ... in ejus [sc. regis] vita consiliati sunt. Capit. missor. (a. 792 vel 786), c. 1, I p. 66. Quod ille in mortem regis sive in regno ejus non consiliasset. Synod. Franconof. a. 794, c. 9, *Capit.*, I p. 75 l. 16. Si [senior] in vita [vassalli] consiliaverit. Capit. Karolo M. adscr., c. 8, I p. 215. Eos qui in morte ejus consiliati sunt. Ann. Lauresham., a. 799, *SS.*, I p. 37. Postquam hoc [sc. necem] consiliati sumus. PAUL. DIAC., Hist. Langob., lib. 6 c. 6, ed. WAITZ in us. sch., p. 215.

**consiliarius**: *membre du conseil urbain — city councillor.* S. xiii.

**consiliatorius**: *consultatif — advisory.* S. xiv.

**consilium**, **1.** spec.: *le conseil que le vassal doit à son seigneur — the counsel which the vassal owes to his lord.* Consilium et auxilium domino suo fideliter praestet. FULBERT., epist. 38, *Hist. de Fr.*, X p. 463. **2.** *le droit du seigneur de conseiller son vassal dans les transactions relatives au fief*, et les revenus qui découlent de l'exercice de ce droit — *the lord's right to advise his vassal in disposing of the fief*, and revenue deriving from this right. Pertinent vicariae omnes, donationes et omnia consilia omnium honorum et omnium pignorum totius Montispessulani. DC.-F., II p. 518 col. 1 (ch. a. 1103). In omnibus suprascriptis dominibus dono vobis totum censum et totas vendedas et consilia impignorandi. BRUSSEL, *Examen*, II p. 728. **3.** *subsistance — sustenance.* Quicumque senedochia habent, si ita pauperes pascere voluerint et consilio [i. e. consilium] facere quomodo ab antea fuit. Pippini reg. It. capit. (ca. a. 790), c. 1, I p. 200. De congregationibus [monachorum] superfluis [i. e. nimis magnis] ut nullatenus fiant, sed tantos congreget [abbas vel fundator], quantis consilium dare potest. Capit. Theodonisv. I a. 805, c. 12, I p. 122. **4.** **conseil, assemblée* (confusion ancienne avec *concilium*) — *council, assembly* (confused at an early date with *concilium*). **5.** spec. *conseil urbain — city council.* Coram consilio civitatis ... convictus fuerit. KEUTGEN, *Urk. städt. Verf. gesch.*, no. 127 c. 7, p. 103 (a. 1214, Strasbourg). Consilium civitatis instituere. Ib., no. 111 p. 72 (a. 1218, Bâle). Jura et libertates vestras et consilium habeatis. Ib., no. 113a p. 73 (a. 1232, Worms). **6.** *conseiller en matière juridique — counsel, legal adviser.* S. xiii.

**consynodalis** (adj.): *de la même province ecclésiastique — of the same church province.* Una cum decreto L. archiepiscopi nostri atque omnium consynodalium suorum episcoporum. *D. Ludwigs d. Deutsch.*, no. 137 (a. 871).

**consistere**: **1.** *demeurer — to dwell.* Ad monasteria vel monachis ibidem consistentibus. *D. Merov.*, no. 23 (a. 651). Ut episcopi et comites in suis ministeriis commorantes in suis consistant domibus cum suis vassallis. Karoli II capit. Papiense a. 876, c. 13, II p. 103. Barbarorum intrinsecus consistentium. EUGIPP., V. Severini, ed. KNÖLL, p. 14. **2.** *être — to be.* [Avaritia] mater omnium malorum consistit. ANAST. BIBL., Chronogr., ed. DE BOOR, p. 176. **3.** *être convenu — to be agreed.* Consistit inter eos et Desiderium, ut ... Paul. I pap. (a. 757-767) epist., *Epp.*, III p. 519 l. 34. **4.** *être sis — to be situated.* Hubi ipsas [i. e. ipsae] res consistebant. GIULINI, *Memor. di Milano*, II p. 474 (a. 896).

**consistorium**: **1.** **lieu de réunion — meeting place.* **2.** **maison, demeure — dwelling-house.* **3.** **antichambre — antechamber.* **4.** *thrône — throne.* Caesar consistorium ascendens. ODILO, Transl. Sebastiani (a. 826), c. 43, *SS.*, XV p. 379. Sistens in consistorio. HELGALD., V. Roberti, c. 1, *Hist. de Fr.*, X p. 99 B. **5.** *consistoire pontifical — papal consistory.* S. xiii. **6.** *séance judiciaire — judicial assembly.* S. xiv. **7.** *hôtel de ville — townhall.*

**consitus** (adj.): *sis — situated.* De omni alode nostro in eadem parrochia consito. ROUQUETTE, *Cart. de Béziers*, no. 9 p. 7 (a. 897). Campus in pago et comitatu consitus. Joh. XVIII pap. privil. a. 1006, MIGNE, t. 139 col. 1484 B. In ecclesiam ... quae in medio fori consita est. GALBERT., c. 35, ed. PIRENNE, p. 57.

**consobrinus**: **1.** *cousin germain, fils de l'oncle paternel — cousin, son of my father's brother.* V. Ansberti, c. 12, *Scr. rer. Merov.*, V p. 626. **2.** *neveu, fils de la sœur — nephew, sister's son.* ANAST. BIBL., Chronogr., ed. DE BOOR, p. 125.

**consocialis** (adj.): **1.** *qui demeure chez moi — living with me.* Ancillam propriam, quamvis nimium speciosam, non velut uxorem facias tibi consocialem. Ruodlieb, fragm. 5 v. 477. **2.** *qui appartient à la même „familia" — belonging to the same "familia".* Filios non de consociali, sed de externa habeat uxore. *Mon. Boica*, t. 27 p. 5.

**consociare**, aliquem: *s'assumer en pariage — to adjoin as a co-proprietor* by a "pariage" contract. Nos [sc. regem] consociaverunt in villa. GUICHENON, *Bibl. Sebusiana*, V p. 137 (a. 1166).

**consocietas**: **1.** **association — association.* **2.** *communauté religieuse — religious community.* WILLIBALD., V. Bonifatii, ed. LEVISON, p. 53.

**consocius** (adj.): **associé — associated.* Subst.: **compagnon, camarade — fellow, companion.*

**consodalis**: *ami — friend.* IONAS, V. Joh., c. 9, ed. KRUSCH, p. 334.

**consolamentum**: le sacrement qui donne la qualité de „perfectus" aux adhérents de la secte des Cathares — the sacrament by which adherents of the Cathare sect were promoted to the status of "perfecti".

**consolari** (depon.) et consolare, **1.** aliquem: **aider, soutenir, secourir — to help, to support.* GREGOR. TURON., Hist. Franc., lib. 3 c. 34. **2.** *alimenter, fournir aux besoins de* qq'un — *to nourish, to provide for* a person. Me tam de victu quam et de vestimento adjuvare vel consolare debeas. F. Turon., no. 43, *Form.*, p. 158. Decrevimus aliquantulum de fisco nostro ad ipsa monasteria respicere et consolari [i. e. et ea inde consolari]. *D. Merov.*, no. 23 (a. 651). De rebus ecclesiasticis subtraditis monachi vel ancillas [i. e. ancillae] Dei consolentur. Pippini capit. Suession. a. 744, c. 3, I p. 29 l. 24. **3.** **inspirer une joie religieuse à* qq'un, *réconforter — to rejoice by religious consolation.*

**consolaria,** v. consularia.

**consolatio**: **1.** *appui, soutien — help, support.* Benedicti regula, c. 1. Ut nullus clericorum extraneae mulieri qualibet consolatione aut familiaritate jungatur. Concil. Agath., c. 10. Erga vos venibolos [i. e. benevolos] nos ostendamus ... ad consolationem eorum et ad illorum bona[m] voluntate[m] corroborandum. Concil. gener. (a. 823?), prol., *Capit.*, I p. 320. Quae retro malo sunt ingenio depravata, in meliorem et pristinum gradum ... reformabo cum vestro et aliorum nostrorum fidelium consolatio[ne] et auxilio. Odonis promiss. a. 888, *Capit.*, II p. 376. Nec timeat Deum nostra consolatione placare. LUP., epist. 47, ed. LEVILLAIN, I p. 198. **2.** *redressement — redress.* De illis qui necessitatem paciuntur, ut meliorem habeant consolacionem ad eorum justiciam. Capit. missor. Ital. (a. 781-810), c. 11, I p. 207. Pauperes, viduae, orphani et peregrini consolationem adque defensionem ab eis [sc. comitibus] habent [i. e. habeant]. Capit. missor. gener. a. 802, c. 14, I p. 94. **3.** *rétablissement — re-establishment.* Quasdam sedes episcopales, quae rebus propriis viduatae, immo annullatae esse videntur ..., de earum sublevatione et consolatione cogitetis. Episc. relatio a. 829, c. 27, *Capit.*, II p. 38. **4.** *subsistance — sustenance.* Vel consolatio[nem] vel adjutorium ei inpendere jubeatis. F. Sal. Bignon., no. 16, *Form.*, p. 234. Monachi consolationem refectionis ex nostra traditione recipiant. *D. Karolin.*, no. 3 (a. 752). Res, unde servientes ejusdem loci consolationem substantie ... visi sunt habere. Ib., no. 124 (a. 779). **5.** *distribution d'aumônes — almsgiving.* Quae fuit ... paupertas ... qui de ejus largitate consolationem non habuisset? Pass. prima Leudegarii, rec. C (s. viii ex.), *Scr. rer. Merov.*, V p. 303. In sublevatione et tranquillitate et consolatione omnium indigentium. Epist. synod. Carisiac. a. 858, c. 12, *Capit.*, II p. 436 l. 14. **6.** *allocation extraordinaire* en sus de la prébende quotidienne — *extra* food or drink *allowance* in addition to daily prebend. Postquam de refectorio exierint, in caminata bibant duas vices aut tres, qualiter consolatio sit. Chrodegangi regula, c. 30, MANSI, t. 14 col. 328 A. [In phlebotomiae tempore] specialis in cibo et in potu tunc consolatio praebeatur. Capit. monast. a. 817, c. 11, *Capit.*, I p. 344. Dies 13 in quibus eis ... excepto provenda sua ... talis consolatio danda est. Adalhardi Corbej. stat., c. 2, ed. LEVILLAIN, *LMA.*, t. 13 (1900), p. 353. Pro consolatione carnium in famulos eorum censita. *D. Charles le Chauve*, no. 247 (a. 862), II p. 62 l. 8. **7.** **inspiration d'une joie religieuse, réconfort — religious rejoicement, comforting.* **8.** idem quod consolamentum.

**consolatus** (subst.): adhérent de la secte des Cathares qui a reçu le „consolamentum" — adherent of the Cathare sect to whom the "consolamentum" has been given.

**consolidare**: *valider — to validate.* Manu propria subnotando consolidavimus. *D. Ottos II.*, no. 168 (a. 977).

**consonantia**: **concordance, harmonie — agreement, concord.*

**consoror**: *co-religieuse — fellow-nun.*

**consors**: **1.** *propriétaire* ou *tenancier d'une terre limitrophe — owner* or *holder of adjacing land.* Nullus novum terminum sine consorte partis alterius ... constituat. Cod. Euric., c. 276. Si quis caballos ... vicini aut consortis sui damnum sibi facientia [i. e. facientes] ... perduxerit. Lex Burgund., tit. 49 c. 1. Habet ipsa terra consortes: de uno latere terra s. Cesarii ..., de alio latere terra s. Genesii. *Hist. de Languedoc*[3], II pr. no. 65 col. 149 (a. 824, Arles). **2.** *membre de la même communauté rurale — sharer in the same township.* Si inter consortibus de glandibus fuerit orta contentio pro eo, quod unus ab alio plures porcos habeat [i. e. plures porcos habeat quam alius habeat]. Lex Visig., lib. 8 tit. 5 § 2. Suae genealogiae vel regionis consortes in palatio locum tenere cognoscerent. HINCMAR., Ord. pal., c. 18, *Capit.*, II p. 524. De occidente res s. Benedicti et de consortibus. *D. Karlmanns*, no. 23 (a. 879?) **3.** *corégent ou corégente — co-regent.* Filios nostros regni a Deo nobis concessi, donec in corpore sumus, consortes habere ... optamus. Div. regn. a. 806, c. 1, *Capit.*, I p. 127 l. 5. Placuit et nobis et omni populo nostro [Hlutharium] imperiali diademate coronatum nobis et consortem et successorem imperii ... constitui. Ordin. imp. a. 817, c. 1, ib., I p. 271 l. 7. Prece et admonitione dilectae nostrae conjugis Adeleheidae regnique nostri consortis. *D. Ottos I.*, no. 238 (a. 962). Cf. T. VOGELSANG, *Die Frau als Herrscherin im hohen Mittelalter. Studien zur „Consors regni"-Formel*, 1954 (*Göttinger Bausteine z. Gesch.-wiss.*, no. 7).

**consortare**: *confiner — to border.* [Vinea] consortat une latere terra comitale et de alius latus heredes meos. DE BOÜARD, *Manuel de dipl.*, II pl. 9 (a. 971, Marseille). Consortat ipsa donatio vel ipsa terra: de oriente ... MORIS-BLANC, *Cart. de Lérins*, I p. 235 no. 230 (a. 1022).

**consortium**: **1.** **possession en common — joint ownership.* Quicquid exinde facire volueris, absque consortio fratrum tuorum vel filiorum meorum liberam in omnibus habeas potestatem. MARCULF., lib. 2 no. 11. *Form.*, p. 83. Quasdam res, que sibi ex conjugis sue nomine W. consortio in hereditatem cesserunt. WIDEMANN, *Trad. S.-Emmeram*, no. 92 p. 83 (a. 879). **2.** *communauté de vie, cohabitation — living together.* [Sacerdotes] mulierum declinent consortium et secum habitare non permittant. Capit. de presb. admon., c. 2, I p. 237. Dicitur „domus": familiae totius sub uno tecto commorantis consortium. WALAFR., Exord., c. 6, *Capit.*, II p. 479 l. 26. [Reginam] maritali junctam consortio. Coron. Hermintrudis a. 866, *Capit.*, II p. 454 l. 44. **3.** *„familia", l'ensemble des individus qui dépendent d'un même seigneur — the dependants of a lord taken as a whole.* Qui uxorem seu de consortio suo sive de alia familia ibidem acceperit. Heinr. V imp. priv. pro Wormat. a. 1114, KEUTGEN, *Urk. städt. Verf.-gesch.*, no. 23 p. 17. **4.** *la communauté des bourgeois d'une ville — the community of the burgesses of a city.* A consorcio ceterorum concivium ... removeatur. Frider. I imp. priv. pro oppido Hagenau a. 1164, ib., no. 135 c. 5, p. 134. **5.** *droit de bourgeoisie — citizenship.* Si quis consortium civilitatis ibidem adeptus fuerit. Frid. II priv. pro opp. Annweiler a. 1219, ib., no. 137 c. 3, p. 138. **6.** *corporation de métier — craftgild.* Repulsus a consorcio pistorum. Ib., no. 270 c. 16, p. 366 (a. 1256, Bâle). **7.** *qualité de membre d'une corporation de métier — membership of a craftgild.* Consortium fratrum [sc. incisorum panni] poterit adipisci. Ib., no. 263 c. 3, p. 357 (a. 1231, Stendal). **8.** *communauté religieuse — religious community.* Synodus ... eum [sc. Alcuinum] in eorum consortio sive in orationibus receperunt. Synod. Franconof. a. 794, c. 56, *Capit.*, I p. 78. **9.** *réunion d'une communauté religieuse — meeting of a religious community.* Quando ad conventum, quod ipsi [presbyteri] consortia appellant, veniunt. Walterii Aurelian. capit. (ca. a. 871), c. 17, MANSI, t. 15 col. 507 E. Rapiendo Eusebium de consortio episcoporum. V. Eusebii Vercell., UGHELLI[2], IV pt. 2 p. 756 C. **10.** *corps électoral — electoral college.* [Quidam laici] hoc solo obtentu, quod ad electionis consortium admittuntur, archipresbyteris suis dominari praesumunt. Capit. episc. Papiae ed. (a. 845-850), c. 4, *Capit.*, II p. 82. **11.** **la communauté des chrétiens — the community of Christians.* [Statuimus rebelles] a communione et consortio catholicorum ... summovendos. Concil. Mogunt. a. 847, c. 5, *Capit.*, II p. 177. [Adulter] ab omni aecclesiastico consortio sit alienus. Capit. e concil. canon. coll., c. 1, ib., I p. 232.



**conspalatius,** comp- (< comes palatii): *comte palatin — count palatine* (cf. voc. comes sub 2 sqq.). [A] Bosone quondam Karoli imperatoris conspalatio. LALORE, *Ch. de Montiérender*, no. 13 p. 136 (a. 968). Per consilium ... conspalatii nostri [sc. episcopi] et aliorum nobilium laicorum. Ch. Adelberonis episc. Mettens. a. 933, D'HERBOMEZ, *Cart. de Gorze*, p. 172 no. 92. DC.-F., II p. 429 col. 3 (ch. a. 896 „in tabulario Arremarensi"). Ib. (ch. s. x, Troyes). PETR. DIAC., Chron. Casin., lib. 4 c. 18, *SS.*, VII p. 770.

**consparsus** (decl. iv): *aspersion d'eau bénite — sprinkling with holy-water.* Rogabat consparsum in ipsam domum facere. Vis. Baronti (s. vii ex.), c. 1, *Scr. rer. Merov.*, V p. 378.

**conspicere**: *concerner — to concern.* S. xiv.

**conspuere** (figur.): **conspuer — to spurn.*

**constabularius,** v. conestabularius.

**constabulus,** v. conestabulus.

**constagium,** cost-, -agia (femin.), -angia (< constare): *coût, frais — cost, expense.* Debent ... eas constangias pro ipsa ecclesia persolvere. GISLEB. MONT., c. 250, ed. VANDERKINDERE, p. 325. DEVILLERS, *Ch. de Ste-Waudru à Mons*, I no. 25 p. 42 (a. 1195). Si ... propria costagia sua seu per costagiam domini comitis panem debeat facere portari. Minist. curiae Hanon. (a. 1212-1214) ap. L. VANDERKINDERE, *La chronique de Gislebert de Mons*, p. 338.

**constamen**: *coût, frais — cost, expense.* EADMER., G. Anselmi Cantuar., *AASS.*, Apr. II p. 907.

**constamentum,** cos-, cus-: **1.** *coût, frais, dépenses — cost, expense.* S. xiii. **2.** *ustensiles — expenditure, necessities.* S. xiii.

**constare**: **1.** cum accusativo pretii: *coûter — to cost.* Jacere nostrum [notre gite — our stay] nichil constabit monachis. D. Ludov. VII reg. Fr., GUÉRARD, *Cart. de S.-Père de Chartres*, II p. 647. Appensio sigilli ... constabit vas vini integrum oppidanis. VAN DER HEYDEN-MULDER, *Handvesten*, p. 34 (a. 1266, Leiden). **2.** alicui (cf. voc. stare): *dépendre, compéter, devoir être soumis à la décision* d'un juge, d'un tribunal — *to lie with, to depend on, to be referable to* a judge or a court. Illorum judicio constaret quicquid fieri percenserent de illo. GALBERT., c. 48, ed. PIRENNE, p. 78.

**constellatio**: **constellation* (en astrologie) — *constellation* (in astrology).

**constipulatio**: *confirmation — confirmation.* Atrium ... regali constipulatione et manutraditione illi concessimus. MULLER-BOUMAN, *OB. Utrecht*, I no. 209 p. 191 (a. 1050).

**constituere.** Pass. perf. constitutus esse: **se trouver, être sis — to be* (in a place or situation), *to be situated.*

**constitutum** (subst.): **loi, décret, précepte — law, decree, regulation.* E.g.: Haec autem constituta volumus, ut observent omnes generaliter. Memor. de exerc. in Gallia Occ. praep., a. 807, *Capit.*, I p. 135.

**constrictare**: *contraindre* par corps — *to coerce* by physical force. Verberaverit vel alio modo constrictaverit aliquem. Leg. Henrici, tit. 82 § 6, LIEBERMANN, p. 599.

**constrictio**: **1.** **sévérité, dureté — harshness, severity.* **2.** *mesures coercitives* prises par une autorité judiciaire — *coercion* exercised by judicial authority. [Mercatores] transeant sine ulla constrictione. Inquis. Raffelst. a. 903/906, c. 4, *Capit.*, II p. 251. Licentiam vendendi et emendi habeant sine ullo banno comitis vel constrictione alicujus persone. Ib., c. 7, p. 252. **3.** *autorité judiciaire — judicial power.* Homines ... sub banno et constrictione advocati episcopalis ... manere decernimus. *D. Konrads II.*, no. 278 (a. 1038). **4.** *obligation, engagement — obligation, bond.* **5.** **maîtrise de soi, continence — self-restraint, continence.*

**constrictus** (decl. iv): *justice — jurisdiction.* Castellum ... cum glandatico et erbatico atque constricto et placito. *D. Ottos I.*, no. 336 (a. 967). Predia ... cum ecclesiis, areis ..., cum banno et constrictu, inquisitis et inquirendis ... [form. pertin.] WAMPACH, *UB. Luxemb.*, I no. 274 p. 395 (a. 1052).

**constringere**: **1.** *poursuivre en justice*, contraindre par mesures coercitives à donner satisfaction ou à s'incliner devant la justice — *to*

*prosecute*, to constrain by coercive force to give satisfaction or to stand trial. [Abbatem] presentialiter constringatis, qualiter causa[m] studeat emendare. MARCULF., lib. 1 no. 27, *Form.*, p. 60. [Clericus] qui neglegens aut desidiosus inde [sc. in officio suo exercendo] fit, condigna satisfactione usque ad emendationem congruam constringatur. Capit. de examin. eccl. a. 802, c. 1, *Capit.*, I p. 110. Si de injustitia contendere voluerint, [comes] constringat, aut velint aut nolint, ut justitiam faciant. Capit. Ital. Karolo M. adscr., c. 7, I p. 217. Si falsus monetarius ..., ut constringi et puniri non possit ..., in quamcumque immunitatem ... confugerit. Edict. Pist. a. 864, c. 18, II p. 317 l. 12. Si ipsi [episcopi et comites] per se constringere ad emendationem illos [depraedatores] non potuerint, constitutis missis nostris renuntient. Karoli II capit. Papiense a. 876, c. 13, II p. 103. Constringant protervum episcopus auctoritate canonica et comes saeculari potentia, ut eidem clerico, cui ... contumelias ingessit, justam et debitam persolvat compositionem. Concil. Tribur. a. 895, c. 20, II p. 224 l. 18. **2.** *punir, châtier, soumettre à des mesures répressives — to punish, to chastise, to take repressive measures against* a person. Universos excedentes ... correctionis fraena constringant. Edict. Guntchramni a. 585, *Capit.*, I p. 12 l. 8. Si presbyter in criminale opere fuerit deprehensus, ad episcopum ducatur et secundum canonicam institutionem constringatur. Concil. Franconof. a. 794, c. 39, *Conc.*, II p. 170. [Rei] antequam per ... testimonium ... reprobentur aut per judicium Dei, nequaquam disciplinis constringantur neque de rebus suis expolientur. Capit. de latron. (a. 804-813), c. 4, I p. 181. Feminae flagellis aut jejuniis constringantur. Karoli M. capit., c. 2, I p. 257. Episcopi [clericos vagantes] sub custodia constringant canonica. Concil. Mogunt. a. 813, *Conc.*, II p. 267. [Raptores et raptae] non solum humana, sed etiam divina auctoritate constricti, ut abhinc hoc malum caveatur. Capit. eccles. (a. 818 819), c. 22, *Capit.*, I p. 278. **3.** *contraindre* en vertu du pouvoir public *à l'accomplissement d'un devoir de sujet — to compel* by coercion exercised in virtue of public power *to fulfilment of an obligation towards the State*. Dicunt quod illos pauperiores constringant et in hostem ire faciant. Capit. de reb. exerc. a. 811, c. 5, I p. 165. Quod si aliquis ... extra praedicta loca aliquid emere voluerit ..., constringatur et debitum telonei persolvere cogatur. Capit. de funct. publ. a. 820, c. 1, I p. 294 l. 23. [Hominem in suo obsequio in hoste pergentem senior] aut constringere noluit aut non potuit ut nostram jussionem servaret. Admon. ad omnes ord. (a. 823-825), c. 17, I p. 305. Qui seculariter militare debuerat ..., in nostris finibus partem substantiae in portionem suscipere dissimulaverit, idcirco ut nequeat constringi. Capit. Olonn. mund. a. 825, c. 4, I p. 330. De his, qui nonas et decimas ... dare neglexerunt, volumus ut per missos nostros constringantur, ut ... solvant unius anni nonam et decimam. Capit. Wormat. a. 829, c. 5, II p. 13 l. 2. Comites reddant rationem de eorum pagensibus, cur eos non constrinxerunt ut hoc facerent [sc. munus publicum pontium reparandorum]. Capit. missor. Wormat. a. 829, c. 11, II p. 16. Dicentes se injusto theloneo et iniqua muta [i. e. exactione] constrictos in illis partibus et coartatos. Inquis. Raffelstet. (a. 903-906), prol., ib., II p. 250. **4.** *tenir en bride, gouverner, exercer la juridiction sur qq'un — to keep under control, to govern, to exercize jurisdiction over* a person. Plebem vobis commissam non minus pietate quam severitate constringere studiatis. MARCULF., suppl., no. 6, *Form.*, p. 109. Pontifices ... sacerdotes suos vel clericos constringant canonice vivendo ordine. Pippini reg. Ital. capit. (a. 782-786), c. 2, *Capit.*, I p. 191. [Abbatissae] sibi subditas in sanctae religionis proposito constringant. Ludov. Pii epist. (a. 816 817), ib., I p. 341 col. 1 l. 23. Qui propter necessarias causas ... domi dimissi fuerunt, id est ... propter pacem conservandam et propter fruges colligendas et familiam constringendam. Capit. missor. a. 819, c. 27, I p. 291. Domini quorum negligentia hoc evenit pro eo quod eos [sc. servos suos] constringere noluerunt ut talia [sc. homicidia, incendia] facere non auderent. Capit. missor. a. 821, c. 1, I p. 300. Nonnulli [clerici] amisso gradu adeo filii Belial efficiuntur, ut nec publicis ..., nec canonicis ... legibus constringantur. Episc. relat. a. 829, c. 42, ib., II p. 41. **5.** *subjuguer, réduire sous sa puissance — to subdue, to reduce to submission.* Qui ad [imperatoris] clementiam festinant, ... ut nullus eos sibi servitio [i. e. in servitutem] constringere vel usurpare audeant. Capit. missor. gener. a. 802, c. 30, I p. 96. **6.** *commander, prescrire — to command, to dictate.* Voluntatem ejus in omnibus lex Romana constringit adimplere. F. Turon., no. 22, *Form.*, p. 147. **7.** (gener.) *contraindre — to compel.* Symbolum et orationem dominicam vel signaculum omnes discere constringantur. Karoli M. capit., c. 2, I p. 257. **8.** *interroger — to interrogate.* [Incantatores ab archipresbytero] diligentissima examinatione constringantur, si forte confiteantur malorum quae gesserint. Stat. Rispac., c. 15, *Capit.*, I p. 228. [Si] populus ab episcopo juramento seu banno christianitatis constrictus infamiam [presbyteri] patefecerit. Concil. Mogunt. a. 852, c. 8, *Capit.*, II p. 188. **9.** *exiger un serment purgatoire — to demand an oath of purgation.* Juramento eos constringi nollumus propter periculum perjurii. Concil. Cabillon. a. 813, c. 18, *Conc.*, II p. 277. Eadem verba: *Capit.*, I p. 313 c. 7 (a. 826 827?). **10.** *exiger une promesse solennelle — to demand a solemn promise.* Romana aecclesia nos ordinatos cum sacramento constrinxit, ut, si sacerdotes vel plebes a lege Dei deviasse viderim et corrigere non potuerim, sedi apostolicae ad emendandum indicaverim. Concil. Franconof. a. 747, *Conc.*, II p. 47. [Notarius synodi decreta] describat et sub juramento constrictus fideliter conservet. Constit. de synod. a. 828, *Capit.*, II p. 3 l. 3. Constringantur proximi et eorum cognati cum juramento, ne in illis [sc. homicidis] eos [sc. interfectos] vindicent. Concil. Tribur. a. 895, c. 3, ib., II p. 215 l. 21. Juramento constringantur sub uno tecto non cohabitare. Ib., c. 23, forma brevior, p. 225 col. 2. **11.** refl. se constringere: *s'engager, contracter une obligation — to engage oneself, to take an obligation.*



De clericis si qui ... sacramentis se aut scripturae conjuratione constrinxerint. Concil. Remens. (a. 627-630), c. 2, *Conc.*, I p. 203. Qui se monachi voto constrinxerit. Concil. Rispac. a. 800, c. 20, ib., II p. 210. Eadem poena me constringo atque conscribo esse damnandum. F. extrav., ser. I no. 6, *Form.*, p. 537. Constrinxit se cum ipsis in sacramento. Lib. pontif., Theodorus, ed. MOMMSEN, p. 178.

**construere**: **1.** *gagner à la culture — to reclaim.* Abba proprisiret quaedam loca et ea construxisset et suomet monasterio subjugasset. *D. Ludwigs d. Deutsch.*, no. 3 (a. 831). **2.** *cultiver, exploiter — to cultivate, to work.* Ut beneficium domni imperatoris desertare nemo audeat, propriam suam exinde construere. Capit. missor. gener., a. 802, c. 6, I p. 93. [Missi imperatoris] illorum alodes praevideant, utrum melius sint constructi ipsi alodi aut illud beneficium. Capit. de caus. div. (a. 807?), c. 4, p. 136 l. 19. Arpennos 12 de terra arabili ad construendum. BERTRAND, *Cart. d'Angers*, I no. 40 p. 65 (a. 970). Mansum unum quem D. visus fuit excolere, sicut unquam in tempore autumni constructus fuit. DONIOL, *Cart. de Brioude*, no. 45 p. 69 (s. x).

**constupescere**: **être stupéfait — to be perplexed.*

**consubstantialis**: **consubstantiel — consubstantial.* In nomine s. individuae, aequalis et consubstantialis Trinitatis. *D. Merov.*, no. 1 (a. 510).

**consuete**, -to: **comme d'habitude — as usual.*

**consuetudinalis**: *qui a le caractère d'une coutume — by way of custom.* Villa[m] ab omni consuetudinali exactione liberrimam. Concil. Lingon. a. 830, *Conc.*, II p. 681.

**consuetudinaliter**: **1.** *d'habitude — habitually.* Hadr. II pap. (a. 867-872) epist., *Epp.*, VI p. 716. **2.** *d'après la coutume — according to custom.* Conferimus ... comitatum ... secundum quod actenus consuetudinaliter et localiter habebatur. *D. Konrads II.*, no. 226 (a. 1036).

**consuetudinare** (verb.): *grever de coutumes — to burden with customs.* Terra [monachorum] toto tempore male consuetudinata fuisset. FLACH, *Orig.*, I p. 420 n. (a. 1075, Vendôme).

**consuetudinarius** (adj.): **1.** **habituel — usual.* **2.** *coutumier — customary.* Pro consuetudinario et legitimo jure omnium mercatorum ... examinabitur. KEUTGEN, *Urk. st. Vfg.*, no. 133 I c. 5 (a. 1120, Freiburg i. B.) Possessionem ... sibi esse restituendam jure consuetudinario. FICKER, *Forsch.*, IV no. 116 p. 160 (a. 1147, Verona). **3.** *qui a le caractère d'une coutume — by way of custom.* Ut ecclesiae in isto regno per occasionabiles circadas et per indebitas consuetudinarias exactiones ... non affligantur. HINCMAR., epist. a. 877, c. 8, SIRMOND, II p. 179. **4.** *relatif aux coutumes — concerning customs.* In villa q. d. G. ... plures accepi consuetudines, sicut ab eis didiceram, lege consuetudinaria. DC.-F., II p. 526 col. 1 (ch. a. 1042). [Disceptatio inter burgenses] pro consuetudinario et legitimo jure omnium mercatorum, precipue autem Coloniensium, examinabitur judicio. KEUTGEN, *Urk. städt. Verf. gesch.*, no. 133 I § 5, p. 118 (a. 1120, Freiburg i. Br.) **5.** *astreint au paiement de certaines coutumes — liable to paying certain customs.* Ipsos habitatores in molendinis, furnis, vendis et tabernagio [monachi] habebunt consuetudinarios. *Gall. chr.* [2], XIV instr. col. 44 (ca. a. 1009, Anjou). Quicumque voluerit habitare in ipso burgo, cujuscunque homo sit, exceptis nostris dominicis et consuetudinariis hominibus, habitet libere. DC.-F., II p. 525 col. 2 (ch. a. 1092). Subst. **consuetudinarius**: **1.** *dépendant astreint au paiement de certaines coutumes — a dependent who is liable to paying certain customs.* Si in eadem villa ... aliqui homines voluerint habitare, qui ipsi W. consuetudinem debeant de terra vel vinea sua, ... nullam praesumeret eisdem consuetudinariis inferre violentiam. FLACH, *Orig.*, I p. 311 (a. 1074, S.-Jean-d'Angély). De ipsis terris ubi non est statio hominum, si aliquis consuetudinarius volens ipsas terras operari [subaudi: advenerit], operetur ... et nullam consuetudinem reddat. DE MONSABERT, *Ch. de Nouaillé*, no. 115 p. 189 (a. 1040-1078). Item ib., no. 142 p. 225 (a. 1077-1091). Concedo habere ad necessitatem fratrum ipsius cenobii quatuor homines ..., quos tamen de consuetudinariis meis non accipiant. RÉDET, *Cart. de S.-Cyprien de Poitiers*, no. 18 p. 23 (a. 1073-1087). Consuetudinarios meos, quos in burgo suo receperant monachi, eis concessi. AUDOUIN, *Rec. de Poitiers*, I p. 18 no. 11 (a. 1082-1086). **2.** *un livre qui contient les „consuetudines" d'un monastère — a book containing the monastery "consuetudines".* S. xiii.

**consuetudo** (cf. etiam voc. costuma): **1.** *le droit coutumier* en général *— customary law* as a whole. Juxta consuetudinem Andecavis civetate. F. Andecav., no. 1, *Form.*, p. 4. Ubi lex est, praecellat consuetudinem; et nulla consuetudo superponatur legi. Pippini reg. Ital. capit. (ca. a. 790), c. 10, I p. 201. Volumus ut homines talem consuetudinem habeant, sicut antiquitus Langubardorum fuit. Memor. Olonn. comit. data (a. 822-823), c. 14, p. 319. [Cives Mantuae] eam consuetudinem bonam et justam habeant, quam quelibet nostri imperii civitas obtinet. *D. Heinrichs III.*, no. 356 (a. 1055). **2.** une *règle* particulière *de droit coutumier —* a particular *rule of customary law.* Cum juramento promisit ut leges consuetudinesque novas populo non infligeret. GREGOR. TURON., Hist. Franc., lib. 9 c. 30. Lex Visigot., lib. 10 tit. 1 § 19. Inquisivimus ... si talis ante tempora ipsa fuisset consuetudo, ut haberent licentiam judices ... unicuique homini donandi casalem. FATTESCHI, *Memor. di Spoleto*, p. 277 (a. 776). **3.** spec.: *le droit coutumier relatif aux redevances exigées par les seigneurs — customary right regarding taxes levied by lords.* Nullus homo praesumat teloneum in ullo loco accipere, nisi ubi ... antiqua videtur esse consuetudo. Capit. omnib. cogn. fac. (a. 801-814), c. 7, I p. 144. Quodsi illi [Hispani] ... comiti honoris et obsequii gratia quippiam de rebus suis exhibuerint, non hoc eis pro tributo vel censu aliquo computetur, aut comes ille vel successores ejus hoc in consuetudinem praesumant. Const. de Hisp. a. 815, c. 5, *Capit.*, I p. 262. De istis rapinis et depraedationibus, quas jam quasi pro lege multi per consuetudinem tenent, ... bannimus ut nemo hoc amplius praesumat. Conv. ap. Confluentes a. 860, adnunt. Ludov., c. 6, II p. 158. **4.** *coutume*: redevance, prestation en nature ou service exigé en vertu d'une coutume —

*customary duty*: tax, prestation in kind or service exacted on account of custom. Nulla exacta nec consuetudines exigere presumant. *D. Karolin.*, I no. 6 (a. 753). Neque novas consuetudines imponendum [form. immun.] Ib., no. 156 (a. 787). Ad illos pauperes nova aliqua consuetudo inposita fuit postea. Breviar. missor. Aquit. a. 789, c. 5, *Capit.*, I p. 65. (Cf.: Ad illos pauperes homines magis non tollant nisi quantum legitime reddere debent. Pippini capit. Aquit. a. 768, c. 4, p. 43). De injustis occasionibus et consuetudinibus noviter institutis, sicut sunt tributa et telonei in media via ..., ut auferantur; antiquae autem ad nostram notitiam deferantur. Capit. missor. a. 819, c. 4, p. 289. Ut ab ecclesia mihi commissa indebitas consuetudines et injustas exactiones de caetero non exactetis. Synod. Bellovac. a. 845, c. 5, *Capit.*, II p. 388. Censos, servitutes, opera, mansiones, pastos, munera, freda et omnes consuetudines seculares. Coll. s. Dionys., no. 9, *Form.*, p. 502. Consuetudines aut quae annualiter persolvi tuae debent ecclesiae. Serg. III pap. (a. 904-911) epist., *Epp.*, III p. 101. Ille qui supradictum curtilem fecerit [v. l. tenuerit], nulli umquam homini consuetudinem aut servitium reddat. Bernard-Bruel, *Ch. de Cluny*, I no. 121 (a. 910-927). Eis perdonarem consuetudines de bobus, de carne, quas mei ministri in M. ... injuste et per vim rapiebant. D. Heinr. I reg. Fr. a. 1058, *Album Ecole des Ch.*, 1887, no. 26. Perdonavit G. ... consuetudinem eundi in hostem, quam habebat apud C. in terra monachorum, ita ut nullus de hominibus monachorum per summonitionem G. et suorum nullomodo ultra in quemcumque iret hostem. Bertrand, *Cart. d'Angers*, I no. 243 p. 289 (ca. a. 1080). Cf. J.-F. Lemarignier, *La dislocation du pagus et le problème des consuetudines (Xe-XIe s.)*, *Mélanges Louis Halphen*, 1951, pp. 401-410. **5.** *le pouvoir de lever une coutume*, considéré comme un droit profitable et transmissible — *the power to levy a customary tax*, regarded as a profitable and transferable right. Dono in villa C. quicquid ibi habeo, terram scilicet, servos, ancillas et consuetudines. Bernard-Bruel, *Ch. de Cluny*, I no. 517 (ca. a. 940). **6.** *l'ensemble des coutumes dont une tenure domaniale est grevée — the whole of customary duties weighing upon a holding.* Sunt ibi 5 mansi et dimidius, et de s. Juliano 3 mansi ad eandem consuetudinem. Polypt. s. Remigii Rem., c. 13 § 32, ed. Guérard, p. 29 col. 1. **7.** spec.: *les droits de justice — judicial powers.* Dedi ... alodium ... liberum ab omni judiciaria consuetudine. CD.-F., II p. 524 col. 2 (ch. a. 1047). Si dominus, in cujus terra inventum est, non habet consuetudines suas, scilicet sache et sochne. Leg. Edw. Conf. (a. 1130-1135), tit. 24 § 3, Liebermann, p. 650 col. 1. **8.** spec.: *coutume grevant la circulation, péage — transport duty, custom.* Monachis ... liceat duas naves ... per omnia flumina in regno nostro ... discurrentes absque ulla consuetudine propter suas necessitates dirigere. D. Ludov. reg. Aquit. a. 807, Bourassé, *Cart. de Cormery*, no. 5 p. 13. Negotiatores ... nullum teloneum, nullam consuetudinem persolvent. Fairon, *Rég. de Liége*, I no. 1 (a. 1103, Köln.). Firmam pacem habeant [negotiatores] faciendo rectas consuetudines suas, et nullas ab eis exigatis novas consuetudines vel rectitudines. Ch. Henrici II reg. Angl. (ca a. 1157), Höhlbaum, *Hans. UB.*, I no. 14 p. 8. [Mercatores] per suas rectas consuetudines, quas reddent, salvi erunt. Wauters, *Orig.*, p. 58 (a. 1203, Boulogne). **9.** *franchise, disposition légale ayant le caractère d'un privilège octroyé par le roi ou le seigneur — franchise*, legal provision granted as a privilege by king or lord. Omnibus illis, qui apud Stampas ... hospitati ... sunt, hanc consuetudinem ... in decem annos concedimus, ut intra hos terminos ab omni ablatione, tallia, expeditione et equitatis quieti et soluti penitus permaneant. D. Ludov. VI reg. Fr. a. 1123, *Ordonn.*, XI p. 183. Concessiones et donationes et libertates et liberas consuetudines quas rex H. avus meus eis dedit et concessit. Henr. II reg. Angl. ch. coron. a. 1154, Stubbs, *Sel. ch.* ' p. 158. **10.** *coutume monastique — monastic custom.* Quaedam ibi secundum auctoritatem regulae, quaedam vero usu et consuetudine prolata sunt; quae consuetudo, si aliquo vitio corrupta non fuerit, pro lege regulari inculpate retineri poterit. Stat. Murbac. (a. 802-816), prol., Albers, *Cons. mon.*, III p. 79.

**consul**: **1.** après la disparition du consulat annuel à Rome en 534, *titre héréditaire porté par les membres de certaines familles issues de la noblesse consulaire* — after the annual consulate in Rome ended in 534, *hereditary title assumed by certain families which had sprung from the consular nobility.* **2.** consul et dux (Xe siècle), puis consul Romanorum (XIe s.), désignations de certains *fonctionnaires de l'administration pontificale* à Rome — term used for certain *papal officers* in Rome. Cf L. Halphen, *Note sur les consuls et les ducs de Rome du VIIIe au XIIIe siècle*, dans *Mél. d'Arch. et d'Hist. publ. p. l'Ecole Fr. de Rome*, t. 26 (1906), pp. 67-77. **3.** ailleurs dans les provinces romaines on trouve des consuls dont les fonctions sont mal definies — elsewhere in the Roman provinces consuls are found whose position is not clear. Lib. Pontif., Zacharias, § 9, ed. Duchesne, I p. 428 (Ravenna). Fantuzzi, *Mon. Ravennati*, I p. 2 (a. 844). Marini, *Pap.*, p. 99 l. 61 sq (a. 852, Ravenna). *D. Ottos II.*, no. 315 (a. 983, Ravenna). Muratori, *Antiq.*, III col. 774 (a. 973, Ferrara). *CD. Cajet.*, p. 9 (a. 851, Traetto près de Gaeta). Muratori, *Scr.*, I pt. 2 col. 431 (a. 944, Napoli) **4.** *conseiller du roi — royal counsellor.* Ermold Nigell., Carm. I ad Pippin., v. 26, ed Faral, p. 204. Ann. Xant., a. 834, ed. Simson, p. 9. Thegan., Epist. ad Hatton., Martène, *Coll.*, I p. 84. Paschas. Radbert., Epitaph Arsenii, lib. 2 c. 5-7, ed. Dümmler, p. 65 sq. **5.** *comte — count.* Abbo, Bell. Paris., lib 1 v. 45, ed. Waquet, p. 18. Rursum v. 653, p. 64. Transl. Gentiani (s. x vel xi), c. 3, Mabillon, *Acta*, IV pt. 2 p. 487. Duvivier, *Rech. Hainaut*, p. 352 (a. 978). Ann. s. Columbae Senon., a. 1066, *SS.*, I p. 106. *Actes Phil. Ier*, no. 81 (a. 1076). Vercauteren, *Actes de Flandre*, no. 4 (a. 1076); no. 18 (a. 1094-1095). *Hist. de Metz*, IV p. 102 (a. 1095) Domesday, II 20b; 119. V. Wilhelmi Gellon (s. xi), c. 3 sqq., Mabillon, IV pt. 1 p. 73



Chron. s. Petri Vivi ad a. 1108, *Hist. de Fr.*, XII p. 281 Order. Vital., ed. Leprévost, V p. 102. Galbert., c. 4, ed. Pirenne, p. 8. Ibi saepe. Leg. Edwardi Conf., retract. (a. 1140-1159), tit. 12 § 5, Liebermann, p. 638 col. 2; tit. 27 § 2, p. 651 col. 2. V. Balderici Leod. (s xii), c. 22, *SS.*, IV p. 733. **6.** *consul*, magistrat élu pour un an dans les cités italiennes — *consul*, a municipal magistrate elected for a year in Italian cities. Benedictus [episcopus] vocat ad se P. et S. principales consules, L. et G. cives cari nobiles. Carmen de expeditione Pisana (a. 1088), *Bull. Acad. R. de Brux.*, t. 10 (1843) p. 533. Muratori, *Antiq.*, III col. 1099 (a. 1094, Pisa). Olivieri, *Atti Soc. Ligur. di Stor. Patr.*, t. 1 p. 206 (a. 1098, Genova). In civitate Januensium compagna trium annorum et sex consulum incepta fuit. Caffar., Ann., a. 1099, ed. Belgrano, p. 5. Omnia alia mala laude 12 consulum, qui electi fuerint, finienda dimittent. ... De discordiis vero et concordiis attendent quod 12 consules judicabunt qui electi fuerunt. *Mon. Hist. Patr., Chart.*, I no. 423 (a. 1095, Biandrate). Böhmer, *Acta*, no. 1127 (a. 1095, Asti). Pasqui, *CD. Arezzo*, I no. 288 (a. 1098, Arezzo). Robolini, *Notizie*, III p. 231 (a. 1105, Pavia). Rovelli, *Storia di Como*, II p. 344 (a. 1109, Como). *Memor. Lucca*, IV pt. 2 app. 96 (a. 1107, Lucca). *CD. Laudens.*, I no. 68 (a. 1117, Milano). Savioli, *Ann. Bologn.*, I pt. 1 no. 201 (a. 1123, Bologna). Gloria, *CD. Padovano*, II no. 339 (a. 1138, Padova). Dans les villes languedociennes — in cities of Languedoc: *Hist. de Languedoc*, V, pr. no. 422 col. 976 (a. 1131, Béziers). Dupont, *Cités de la Narbonnaise première*, p. 699 n. 2 (a. 1132, Narbonne). Menard, *Hist. de Nîmes*, I no. 18 p. 31 (a. 1144, Nîmes). **7.** *chef élu d'une colonie marchande — chosen head of a merchant colony.* Muratori, *Antiq.*, II col. 887 (ch. a. 1182). **8.** *membre du conseil municipal*, dans les villes allemandes et néerlandaises — *member of the municipal council* in German and Dutch cities. De injustis modiis et de omnibus que pertinent ad victualia, judicium pertinet ad consules nostros. Keutgen, *Urk. städt. Verf.gesch.*, no. 141 § 20 p. 147 (a. 1165, Medebach). Burgenses suos consules habeant ..., quorum consilio civitas regatur. Ib., no. 151 § 14 p. 178 (s. xii p. post., Braunschweig). Muller-Bouman, *OB. Utrecht*, I no. 529 p. 469 (a. 1196, Utrecht.)

**consularia, -so-**: **1.** *collège de consuls* dans les communes italiennes — *board of consuls* in Italian communes. S. xiii. **2.** *bureau de la magistrature urbaine — office of the municipal government.* Giulini, *Memor. di Milano*, III p. 351 (s. xii in.)

**consularis**: **1.** *comital — of a count.* Vir consularis. Richer., c. 34, ed. Latouche, I p. 72. Ibi passim. Viris consularibus sive comitibus. Arnold. Ratisb., lib. 2 c. 57, *SS.*, IV p. 571. Imperatores, reges, duces ac consulares viros. Galbert., c. 6, ed. Pirenne, p. 11. Sibi redditus consulares solvere denegaverant. Ib., c. 44, p. 71. Filias suas consularibus viris dedit in matrimonio. Order. Vital., lib. 8 c. 5, ed. Leprévost, III p. 302. Potentia consularis. V. Balderici, c. 4, *SS.*, IV p. 726. **2.** *consulaire — of the consuls.* S. xiii, Ital.

**consulatus** (decl. iv). **1.** loc. consulatum dare: *jeter de l'argent dans la foule* comme faisaient les consuls romains à leur entrée en fonctions — *to throw money among the crowd* after the fashion of the Roman consuls at their entry into office. In hac urbe quicumque intra Gallias ... ostentare voluit insignia dignitatis, consulato suscepit et dedit. Epist. episcoporum Arelatensis provinciae (a. 450), *Epp.*, III p. 19 l. 17. Hortantes ut circum expectaret et consolatum populi daret. Fredeg., lib. 2 c. 62, *Scr. rer. Merov.*, II p. 88. **2.** *fonction de conseiller royal ou princier — office of a ruler's counsellor.* Consulatus nomen. Paschas., Epitaph. Arsenii, lib. 2 c. 6, ed. Dümmler, p. 66. **3.** *collège de conseillers royaux ou princiers, conseil — college of counsellors of a ruler, council.* S. xiii. **4.** *dignité de comte — dignity of a count.* Usque ad vigesimum octavum consulatus sui annum. Bertrand, *Cart. d'Angers*, I no. 197 p. 228 (a. 1029). Anno consulatus mei 11. Vercauteren, *Actes de Flandre*, no. 21 (a. 1096). Iterum ib., no. 117 (a. 1124); no. 127 (a. 1127). In consulatum sublimatus fuisset. Galbert., c. 25, ed. Pirenne, p. 43. Suum vellet consulatum vendere. Order. Vital., lib. 8 c. 11, ed. Leprévost, III p. 331. Absentia mariti [comitis Blesensis] laboriosior tibi cura consulatus incubuit. Hildebert., lib. 1 epist. 3, Migne, t. 171 col. 144. De manu regis ... investituram consulatus Dammartini suscepi. Luchaire, *Inst. mon.*, I p. 21 n. 3 (ch. a. 1162). Flandrensium consulatus successoribus. Duvivier, *Actes*, I p. 243 (a. 1164, Flandre). **5.** *comté — county.* Ego M. consulatus Rosnacensis advocatus [i. e. comes]. Lalore, *Ch. de Montiérender*, no. 27 p. 147 (a. 1035). Adepto toto consulatu. G. consul. Andegav., Halphen-Poupardin, *Chron. d'Anjou*, p. 32. Extra consulatum nostrum [sc. Flandriae]. Galbert., c. 120, p. 173. Du shire anglais — of a shire: Domesday book, lib. 2 c. 14; c. 91. Fecit submoniri per universos patrie comitatus [v. l.: consulatus]. Leg. Edwardi Conf., retractatus, prol., Liebermann, p. 627 col. 2. **6.** *l'assemblée des bourgeois d'une ville — assembly of citizens.* Actum in civitate Mediolani in consulatu civium prope ecclesiam s. Marie. P. Del Giudice, *Studi*, p. 61 (a. 1097). Cf. G. Mengozzi, *La città italiana nell' alto Medio Evo*, 1914, p. 256 sq. **7.** *l'institution des consuls* dans les communes de l'Italie et dans les villes du Midi de la France — *the institution of city consuls.* Consulatum de quo presumunt et judiciariam potestatem ... in ipsa villa non eos habere permittimus. Innoc. II pap. litt. a. 1141, Germain, *Cart. des Guilhems*, p. 39. [Nabolenses] sine contradictione marchionis et heredum ejus habeant consulatum. *Lib. jur. reipubl. Genuens.*, I no. 161 (a. 1150). **8.** *la fonction de consul urbain — the office of a municipal consul.* Isti consules, quando electi fuerunt ... ad presens consulatum jurare nolebant. Caffar., Ann., a. 1154, ed. Belgrano, I p. 37. **9.** *le bureau du gouvernement consulaire — office of the municipal government.* S. xiv. **10.** *fonction de conseiller* („Ratsherr") dans les villes allemandes — *office of counsellor* in German cities. Nec ad consulatum vel ad aliam dignitatem admittitur. Keutgen, *Urk. städt. Verf.gesch.*, no. 181a

p. 245 (a. 1254). **11.** *conseil urbain* („Rat") des villes allemandes — *municipal council* of German cities. S. xiii.

**consultor**: *conseiller urbain — municipal counsellor.* Eligentur viginti quatuor ... quorum duodecim eschevini vocabuntur et alii duodecim consultores. Etabl. de Rouen, c. 2, ed. GIRY, p. 8 (a. 1160-1170).

**consultus** (decl. iv) = consultum.

**consummare**: **1.** **détruire, anéantir — to destroy.* **2.** **tuer — to kill.* **3.** pass.: **périr, mourir — to perish, to die.*

**consummatio**: **1.** **achèvement — completion.* **2.** **perfection — perfection.* **3.** **fin — end.* **4.** **mort — death.*

**consumptio**: **épuisement, anéantissement — consumption, destruction.*

**consumptivus**: *écrasant — crushing.* Post intolerabilem et consumptivam sui suorumque depressionem. SUGER., V. Ludov. Gr., c. 21, ed. WAQUET, p. 168.

**consutor**: *tailleur — tailor.*

**contadinus,** v. comitatinus.

**contagiare**: *infecter — to infect.* Ovis gregem contagiet. Benedicti regula, c. 28. V. Deicoli, c. 11, *SS.*, XV p. 679 r. 18.

**contagiosus**: **contagieux — infectious.*

**contamina,** v. condamina.

**contangere** (formation nouvelle à séparer de contingere — a new word, not identical with contingere): **1.** *usurper — to usurp.* Res suas ... contradicere nec minuare nec contangere nec infiscare non praesummatis. *D. Merov.*, no. 484 (a. 677). **2.** *valider* un acte par la firmatio — *to validate* a charter by firmatio. Has condiciones manibus nostris continemus vel jurando contangimus. THÉVENIN, *Textes*, no. 71 (a. 834, Narbonne).

**contectalis** (< tectum, cf. voc. conthoralis), **1.** femin. singul.: *épouse — spouse.* SLOET, *OB. Gelre*, no. 136 p. 135 (a. 1014-1017). *D. Konrads II.*, no. 4 (a. 1024). Ibi semper. THIETMAR., lib. 1 c. 5, ed. KURZE, p. 4. Ibi pluries. Ann. Hildesheim., a. 1014, ed. WAITZ, p. 31. GYSSELING-KOCH, *Dipl. Belg.*, no. 230 (D. Heinrici IV reg. < a. 1062 >, spur. s. xii.) **2.** mascul. plural. contectales: *époux — married couple.* Nunquam ... cernebamus ... contectales sibi tam bene convenientes. Ruodlieb, fragm. 6 v. 112.

**contemnere**: **1.** **négliger, refuser de suivre* une admonition, un ordre, une prohibition — *to neglect, to resist* a warning, an order or a prohibition. Qui edictum nostrum ausus fuerit contempnere. Childeb. II decr. a. 596, c. 4, *Capit.*, I p. 16. Si quis liber, contemta jussione nostra, caeteris in exercitum pergentibus, domi residere praesumpserit. Capit. Ital. a. 801, c. 2, p. 205. Qui ... bannum nostrum praesumunt contempnere. Capit. missor. gener. a. 802, c. 38, p. 98. Si quis indictum jejunium superbiendo contempserit et observare noluerit. Concil. Mogunt. a. 813, c. 35, *Conc.*, II p. 269. Si servus fuerit qui hanc nostram jussionem servare contempserit. Capit. de disc. pal. Aquisgr. (ca. a. 820?), c. 3, *Capit.*, I p. 298 l. 23. De monasteriis et senedochiis inordinatis ..., qui admonitionem episcoporum contemnunt ... Capit. Olonn. eccles. alter. a. 825, c. 7[a], p. 328. Taliter castigetur, ne deinceps mandatum nostrum quemquam delectet contemnere. Edict. Pist. a. 864, c. 15, II p. 316 l. 26. Nemo contemnat neque transgrediatur bannum ab episcopis superpositum. Concil. Tribur. a. 895, c. 8, p. 218. Si quis sanctorum patrum regulas contempserit et ... de decimis ... statuta ... non observaverit. Synod. Ravenn., a. 898, c. 1, p. 124 l. 20. **2.** *s'opposer à, se rebeller contre* une autorité — *to offer resistance, to stand up against* an authority. [Abbas irregularis in publica synodo] canonicam sententiam accipiat; et si publicum synodum contempserit, aut honorem suum perdat aut excommunicetur. Concil. Vern. a. 755, c. 5, *Capit.*, I p. 34. Si nostris salutaribus adquieveritis consiliis ... Sin autem nos [sc. episcopos], immo Deum per nos loquentem contempseritis ... Concil. Vern. a. 844, ib., II p. 387. Qui Dei timorem postponat et ecclesiasticam auctoritatem contempnat et regiam potestatem refugiat. Capit. Carisiac. a. 857, c. 7, p. 287. **3.** c. infin.: *manquer intentionnellement à* un devoir, *ne pas faire par manque de respect — to fail to do, to omit while showing contempt of authority.* Si quis ad mallum venire contempserit. Lex Sal., tit. 56. Si admonitione conventus ... ad judicem venire contemserit. Lex Visigot., lib. 2 tit. 1 § 17. Ut monasteria ... regulariter vivant, et si hoc facere contempserint ... Concil. Vern. a. 755, c. 5, *Capit.*, I p. 34. De his qui legem servare contempserint. Capit. missor. a. 803, c. 4, p. 115. Leo imperator ... sanctorum imagines depositas incendit Romanoque pontifici similia facere ... mandavit. Sed pontifex hoc facere contempsit. PAUL. DIAC., Hist. Langob., lib. 6 c. 49, ed. WAITZ, p. 234. Ad duas jam sinodos accersitus venire contempserat. RICHER., lib. 2 c. 67, ed. LATOUCHE, I p. 238.

**contemplari** (depon.) et contemplare, absol.: *mener une vie contemplative — to live in contemplation.* Ipsi servi Dei qui in ipsa loca ordine sancta contemplare videntur. BEYER, *UB. Mittelrh.*, I no. 8 p. 11 (a. 720, Prüm).

**contemplativus** (adj.): *monachal — of monks.* Subst. **contemplativus**: *moine — monk.* MULLER-BOUMAN, *OB. Utrecht*, I no. 350 p. 321 (a. 1134).

**contemporalis**: **contemporain — contemporaneous.*

**contemptibilis**: **1.** **peu dangereux, négligeable — not to be feared, negligible.* **2.** **ordinaire, médiocre, méprisable — mean, contemptible.*

**contemptivus**: *dédaigneux — contemptuous.*

**contemptor**: *réfractaire, rebelle — recusant, rebel.* Sacerdotes qui ... contemptores canonum existunt. Karoli M. capit. primum a. 769, c. 15, I p. 46. Contemptores canonicarum institutionum episcopali judicio plectendi sint. Concil. Aquisgr. a. 816, c. 134, *Conc.*, II p. 410. Per amborum [sc. episcopi comitisque] consensum hujuscemodi distringatur contemptor, ut jussionibus episcopi sui oboediens existat. Capit. Olonn. eccles. primum a. 825, c. 1, I p. 326. De decimis quae dare populus non vult ..., si quis contemptor inventus fuerit et nec episcopum nec comitem audire velit ... Capit. Wormat. a. 829, c. 7, II p. 13. Si quis contemptor aut comitis aut missorum nostrorum propter hoc exstiterit. Capit. Wormat. a. 829, c. 9, II p. 14. Contemptores



legum, divinae scilicet et humanae. Edict. Pist. a. 864, c. 2, II p. 312 l. 25.

**contemptus** (decl. iv): **1.** *insulte, acte de violence, injure — insult, violence, injury.* Agentes episcoporum aut potentum ... cujuscumque contemptum per se facere non praesumant. Chloth. II edict. a. 614, c. 20, *Capit.*, I p. 23. **2.** *résistance, refus d'obéissance, rébellion — resistance, recusancy, rebellion.* Si quis laicus per ignorantiam cum ... haereticis communicaverit ... Si vero per contemptum hoc fecerit, id est postquam denuntiatum illi fuerat a sacerdote ac prohibitum. COLUMBAN., Poenit., c. 2 § 25, ed. SEEBASS, *Zeitschr. f. Kirchengesch.*, t. 14 (1894), p. 446. Si quis presbyter ab episcopo suo degradatus fuerit, et ipse per contemptum postea aliquid de suo officio sine comeato [i. e. licentia] facere praesumpserit. Concil. Vern. a. 755, c. 9, *Capit.*, I p. 35 l. 6. Qui ex rebus ecclesiasticis nonas et decimas persolvere ... debent et hoc non solum neglegunt, verum et per contemptum dimittunt. Concil. Meld. a. 845, c. 62, ib., I p. 413 l. 3. Si autem ... nullomodo emendare voluerint et in contemptu permanentes ibi occisi fuerint. Karlomanni capit. Vern. a. 884, c. 11, II p. 374 l. 37. Cum praevaricatione sanctarum regularum per contemptum se ab unitate sanctae ecclesiae ... dividit. HINCMAR., Ord. pal., c. 7, ib., II p. 520. **3.** *infraction intentionnelle — wilful transgression.* Pro contemtu singulorum capitulorum quae per nostrae regiae auctoritatis bannum promulgavimus ... 60 sol. multam exsolvat. Capit. Ital. a. 801, c. 2, I p. 205. Qui contra hanc confirmationem per contemptum venerit. Edict. Pist. a. 864, c. 3, II p. 312. **4.** *omission — omission.* Ut decime pleniter dentur; et a quibus retente sunt, de prima [leg. primo] contentu sit culpavilis qui eas retenuit sol. 6 ...; de secundo conponat bannum nostrum. Capit. de reb. eccles. (a. 787-813?), c. 3 sq., I p. 186. **5.** *contumace — contempt of court.* [Vicarius] vocabat ad se villanos ... ut venirent facere rectum pro quolibet forsfacto ... Qui vero non veniebant, contemptum emendabant. BERTRAND, *Cart. d'Angers*, I no. 226 p. 272 (a. 1055-1093).

**contendere**: **1.** absol., et refl. se contendere: *rebeller, refuser obéissance — to rebel, to offer resistance.* Si [praedatores] de injustitia [i. e. injuste] contendere voluerint, [comes] constringat ... ut justitiam faciant. Si vero quisquam in sua superbia adeo contenderit ut ibidem interfectus sit ... Capit. spur. Karolo M. adscr., c. 7, *Capit.*, I p. 217. Excommunicentur ... quamdiu se contenderint, sicut infractores pacis et treugae Domini. Synod. Tulug. a. 1065, *Hist. de Languedoc*[3], V no. 186 p. 442. **2.** transit.: *contredire, contester, s'opposer contre* une décision, une mesure — *to contradict, to challenge, to resist* a decision or a measure. Quicquid missi nostri consenserint, nullus contendere hoc praesumat. Pippini capit. Aquit. a. 768, c. 12, I p. 43. **3.** aliquid alicui: *disputer, revendiquer — to dispute, to claim.* Male ordine super eum venisset et res suas ei contendisset. F. Turon., no. 30, *Form.*, p. 153. Interrogavimus ... si aliquid contenderet contra ipsam cartam ad partem monasterii. FICKER, *Forsch.*, IV no. 4 p. 6 (a. 800). Qui ei contendebat quandam curtem. LEO OSTIENS., Chron. Casin., lib. 2 c. 6, *SS.*, VII p. 633 l. 38. **4.** aliquid alicui: *refuser de donner — to deny, to refuse to give.* Omnibus itinerantibus nullus hospitium deneget ... Similiter pastum nullus contendere faciat, excepto pratum et messem. Capit. omnib. cognita fac. (a. 801-814), c. 1, I p. 144. **5.** aliquem: *refuser de livrer, recéler, soustraire à la justice, protéger contre la justice — to refuse to extradite, to receive, to withhold from trial, to protect against legal sanction.* Si seniores ... [suos] colonos, ne distringantur, contendere praesumpserint. Capit. missor. Suession. a. 853, c. 8, II p. 269 l. 27. Si [latro] in alicujus villam fugerit et ipsa villa eum contenderit ..., advocato denuntietur ut ipsum latronem reddat et eos, qui, eum contenderint, praesentet ut debitam disciplinam inde sustineant. Capit. missor. Silvac. a. 853, c. 7, II p. 273. Mancipia aliena, quae intra inmunitates fugiunt ..., [dominis suis] reddantur ... Et si quis contenderit et reddere noluerit ... Alloc. missi Divion. a. 857, c. 4, *Capit.*, II p. 292. **6.** c. infin.: *refuser — to refuse.* Milites si contenderint firmare directum dominis suis [c.-à-d.: refuseraient de faire la promesse de remplir leurs devoirs de vassaux — i. e. should refuse to promise to fulfil their vassalian duties]. Usat. Barchin., Usualia, c. 29, WOHLHAUPTER, p. 194.

**contenementum**: *condition, rang — contenement, status.* S. xii, Angl.

**contentare,** aliquem: *contenter, satisfaire — to satisfy.* Pass. contentari: *être satisfait — to be content.*

**contentio**: **1.** *litige — dispute.* Si talis aliqua contentio inter eos orta fuerit que [i. e. quam] per se pacificare non velint aut non possint, tunc ... causa ipsa ante comite vel judice veniat. Capit. Mantuan. sec. a. 787, c. 1, I p. 196. Episcopi, abbates, comites ... si causam inter se habuerint ..., ad nostram jubeantur venire praesentiam, neque illorum contentio aliubi dijudicetur. Capit. de just. fac. (a. 811-813), c. 2, I p. 176. Orta est contentio exinde. *D. Karolin.*, I no. 180 (a. 797). **2.** *procédure — lawsuit.* Diebus quadragesimae et jejuniorum ... nullae lites vel contentiones [sunt] habendae. Concil. Tribur. a. 895, c. 35, *Capit.*, II p. 234.

**contentiosus**: **1.** *qui s'oppose, qui se refuse à son devoir — refusing to do one's duty.* Decima ... ex integro est reddenda ... Quod si quis contentiosus intendere repertus fuerit ... Haitonis Basil. capit. (a. 807-823), c. 15, I p. 364. **2.** loc. jurisdictio contentiosa: justice contentieuse — justice in civil litigation.

**contentus** (adj.): **contenu* dans une chose — *contained* in a thing. Subst. neutr. plural. **contenta**: *le contenu — contents.*

**contentus** (decl. iv): *litige — dispute.* Totam calumniam totumque contentum in pace dimisit. BERTRAND, *Cart. d'Angers*, I no. 347 p. 399 (a. 1133).

**conterminalis** (adj.): *contigu — adjacent.* Conterminalibus episcopis. Agap. II pap. (a. 946-955) epist., MIGNE, t. 133 col. 896 A. Mansos ... curti ... conterminales. *D. Heinrichs III.*, no. 231 (a. 1049). Subst.: *ayant-droit dans une terre d'usage communautaire* (allem. *Markgenosse*) — *a person having a share in a right of common.* In communi termino ...

idem jus habeant quod ceteri conterminales. LACOMBLET, *UB. Niederrh.*, I no. 253 p. 163 (< a. 1096>, spur. ca. a. 1140).

**conterminare** (intr.): **confiner — to border.*

**conterminium**: *limite — boundary.* Mansum ... sicut est conterminium: a rivulo ... GUERARD, *Cart. de S.-Victor de Mars.*, I no. 143 p. 168 (a. 1096).

**conterralis** (subst.): *compatriote — fellow countryman.* Conterrales suos — erat enim de Graecia — ad coelum extollere. ALPERT., De episc. Mettens., c. 1, *SS.*, IV p. 698 l. 4.

**contestari** (depon.) et contestare: **1.** **attester, certifier par témoins — to attest, to certify by testimony.* **2.** *témoigner, déclarer comme témoin — to testify, to bear witness of* a thing. Petrus episcopus contestans coram Deo et angelis ejus juraret ... quod ille in mortem regis ... non consiliasset. Synod. Franconof. a. 794, c. 9, *Capit.*, I p. 75 l. 13. **3.** *promettre sous la foi du serment — to promise by oath.* De sacramentis fidelitatis causa, quod nobis et filiis nostris jurare debent, quod his verbis contestari debet: Sic promitto ego ... Dupl. legat. edict. a. 789, c. 18, ib., I p. 63. **4.** **déclarer solennellement — to declare solemnly.* Contestans se malle suum regnum gratia cum regis pacifice habere quam ulla jactantia contra ejus fidelitatem superbire. Ann. Fuldens., contin. Ratisbon., a. 888, ed. KURZE, p. 116. **5.** alicui vel aliquem: **adjurer, admonester instamment — to conjure, to admonish earnestly.* Si liberta mulier servo alieno se conjuncxerit ..., contestetur ei tertio dominus servi ... ut ab hanc conjunctionem discedat. Lex Visigot., lib. 3 tit. 2 § 4. Lex Burgund., tit. 23 § 5. Servo suo non contestavit ut talia non faceret. Lex Baiwar., tit. 2 § 5. Rogamus et contextamur ut ... se ex his malis conservare studeant. Capit. missor. gener. a. 802, c. 17, I p. 95. Mandamus vobis atque contestamur ... ut negligentes de hac re amplius non existatis. Ghaerbaldi epist. (a. 803-811), ib., I p. 242 l. 13.

**contestatio**: **1.** *action d'assermenter — putting witnesses to the oath.* Si post talem ammonitionem et contestationem aliter quam se veritas habeat dixisse aliquis deprehensus fuerit. Capit. de missis instr. a. 829, II p. 8 l. 26. **2.** *admonestation — admonishment.* Matrem sua contestatione conmoneant, ne res, quas usufructuarias accepit, evertat. Lex Visigot., lib. 4 tit. 2 § 14. Sub contestatione divina, ut de hac donatione nulla vis regia licentiam habeat ipsas res alienare. *D. Karolin.*, I no. 3 (a. 752). Homicidia ... omni contextatione deserere ac vetare mandamus. Capit. missor. gener. a. 802, c. 32, I p. 97 l. 7. Nemo usuram facere praesumat post episcopi sui contestationem. Capit. Olonn. eccles. prim. a. 825, c. 5, I p. 327. [Presbyter cum femina cohabitans] si post primam contestationem episcopi sui ... convincitur praevaricasse. Capit. Olonn. eccles. alt., c. 5, p. 328. **3.** *mise en demeure — dun.* Post secundam aut tertiam contestationem reddere dilataverit. Edict. Rothari, c. 271. Post primam et secundam contestationem presentia testium peractam ... liceat eum pignerare. Pactum Lotharii I cum Venetis a. 840, c. 11, *Capit.*, II p. 132. **4.** *sermon — homily.* Cum nos rite sacrosancta solemnia celebrantes contestationem de sancti Domini virtutibus narraremus. GREGOR. TURON., Virt. Martini, lib. 2 c. 14, *Scr. rer. Merov.*, I p. 613.

**contestis**: *garant — bailor.* R. inde legem facere pepigit se paratum fore ... si vivus esset ... Si autem ... R. moreretur, unus de suis contestibus pro eo legem perficere paratus esset. BERTRAND, *Cart. d'Angers*, I no. 246 p. 292 (post a. 1082).

**contexere**: **inventer, controuver — to invent, to forge.*

**contextus**: *charte — charter.* FATTESCHI, *Memor. di Spoleto*, p. 263 (a. 749). WARTMANN, *UB. S.-Gallen*, I p. 78 no. 81 (a. 776).

**conticescere**, transit.: **taire — to keep* a thing *a secret.*

**conticinium**: **aurore — dawn.* Lib. pontif., ed. DUCHESNE, II p. 54. Transl. Audoeni, MARTÈNE, *Thes.*, III col. 1676. ODILO, Transl. Sebastiani, *SS.*, XV p. 386.

**contiguitas**: **proximité — nearness.*

**contiguus** (cf. voc. contingere): *qui appartient à qq'un en propre — own.* [Rex] cuilibet baroni sive ministeriali villas seu predia rusticana vel ecclesias sibi contiguas obligaret. BURCHARD. URSPERG., ed. HOLDER-EGGER-SIMSON, p. 92.

**contilis**, contile, v. comitalis.

**continens** (adj.): **chaste — chaste.* Subst. mascul.: *ascète, qq'un qui pratique la continence — ascetic, abstainer.* Non oporteat sacro ministerio deditos ... et ex numero continentium et monachorum ingredi tabernas. Concil. Laodicense, interpr. Dionysiana, c. 24. Subst. neutr., loc. in continenti: **de suite — at once.*

**continentia**: **1.** **chasteté — chastity.* **2.** **contexte, cohérence — context, connection.* **3.** *dépendances — appurtenance.* Cum villulis suis ac earum continentiis, videlicet ... [sequitur form. pertin.] *D. Charles le Simple*, no. 106 (a. 921). **4.** **contenu — contents.* **5.** *contenance, maintien — bearing, attitude.* Mir. Ursmari per Flandriam, c. 6, *AASS.*[3], Apr. II p. 571 F. Quorum continentiae gravitas plurimum de ipsis instituebat eos cernentem. RADULF. GLABER, lib. 2 c. 9 § 19, ed. PROU, p. 45.

**continere**: **1.** *soutenir, donner un appui — to hold up, to support.* CASSIOD., Var., lib. 4 no. 51, § 12, *Auct. antiq.*, XII p. 139. **2.** *nourrir, procurer la subsistance — to nourish, to sustain.* Cotidianis stipendiis valeat contineri. GREGOR. M., lib. 3 epist. 28, *Epp.*, I p. 186. Tali pacto ut me contineatis in vita mea de victum et vestitum. *Mem. Lit. Port. Acad. Lisboa*, t. 7 (1806), p. 214 (a. 1078, Pendurada). **3.** *approvisionner — to provision.* Inquirant missi nostri, ubi palatia antiquitus fuerunt vel publicae domus antiquitus vel unde continebantur. Lotharii capit. missor. a. 832, c. 7, II p. 64. **4.** *garder, conserver, retenir — to keep, to retain.* Si cujuslibet mancipia in villam nostram confugerint ... et dominus ea quaerit, actor ejusdem villae aut ea legitime contineat aut quaerenti domino reddat. Capit. per se scrib. (a. 818/819), c. 6, I p. 288. Juxta quod illi testificati fuerint, [res ad jus fisci regis pertinentes] vel contineantur vel reddantur. Capit. missor. a. 829, c. 2, II p. 10. De rebus ecclesiarum, quae ab eis per 30 annorum spatium ... possessae sunt.



testimonia non recipiantur, sed eo modo contineantur sicut res ad fiscum dominicum pertinentes contineri solent. Capit. Wormat. a. 829, c. 8, II p. 13. Illi fidelis et obediens et adjutor ad suum regnum et debitum honorem continendum. Capit. ad Franc. et Aquit. de Carisiac. missa a. 856, c. 7, p. 280. [Ad] regnum nostrum contra quoscumque nobis necesse fuerit continendum invicem nos salvemus et adjuvemus. Conv. ap. S. Quintin. a. 857, c. 4, p. 294. Sincero auxilio adjutor ero ad regnum illorum continendum. Conv. ap. Confl. a. 860, sacram. Ludovici, ib., II p. 155 l. 4. Adjutorium ad regnum nostrum continendum et defensandum nobis ... ab omnibus ... exhibeatur. Capit. Pist. a. 869, c. 2, p. 333. **5.** *appartenir — to pertain.* Omnes fructus, quantumcumque fiscus noster [i. e. fisco nostro] continet, tam de annona quam de vino. *D. Merov.*, no. 24 (ca. a. 653).

**contingens** (subst.): **contingent* (en logique) — *contingent* (in logic).

**contingentia** (femin.): *circonstance — circumstance.* Permutantur causarum acciones in locorum contingentiis in tempore, ex personis, in accusationum modis. Leg. Henrici, tit. 9 § 7, LIEBERMANN, p. 555.

**contingere**: **1.** ad aliquem, alicui, aliquem: *revenir à, appartenir à* qq'un — *to inure to, to belong to* a person. Oratorium ad ipsam casam s. Dionisii contingebat ad habendum. *D. Arnulfing.*, no. 21 (a. 749). Hoc sunt res meas, que me ex donatione senioris mei N. contingunt. WAMPACH, *UB. Luxemburg*, I no. 88 p. 82 (a. 853). Quae justius aliis contingebant. Ch. Henrici I reg. Angl. a. 1100, LIEBERMANN, p. 522. De tota decima ... tertia pars, que ecclesiam contingebat. MULLER-BOUMAN, *OB. Utrecht*, I no. 377 p. 341 (a. 1139). De patrimonio, quod eum hereditario jure contingebat. Ib., no. 458 p. 410 (a. 1168). Salvis redditibus meis, qui me jure contingunt. ROUSSEAU, *Actes de Namur*, no. 6 (a. 1151). **2.** aliquid: *saisir, s'emparer de* qqch. — *to take, to seize.* Neque comis neque judex publicus in rebus eorum se presumant aliquid contingere. *D. Karolin.*, I no. 89 (a. 775). Nihil exinde contingere. ATTO VERCELL., Pressur., ed. BURONTIUS, p. 349.

**contornare** se: *se retourner — to turn round.* Iudic. Dei Anglosax. XII c. 22 § 2, LIEBERMANN, p. 422.

**contra** (praepos.): **1.** **près de — near.* **2.** *vers* (un moment) — *about* (a time). Contra natale Domini. Leg. Edwardi Conf., c. 39, LIEBERMANN, p. 670. **3.** *à l'encontre de — to meet* (a person). Contra fratrem ... proficiscitur. REGINO, Chron., a. 870, ed. KURZE, p. 101. **4.** **à l'égard de, par rapport à — regarding, concerning.* **5.** *envers, vis à vis de — towards* (a person). Contra missos domni imperatoris pro heribanno debeant rationem reddere. Capit. de reb. exerc. a. 811, c. 6, I p. 165. **6.** *en échange de — in exchange for.* Nullus presbyter ... potestatem habeat vendendi ecclesiasticam terram, nisi contra aliam terram. Lex Alamann., tit. 20. Tradidit eos [servos] in Saxoniam contra equum unum. Bonif. et Lull. epist. 110, *Epp.*, III p. 397. Venundare possit contra dinarios 4. Capit. miss. Niumag. a. 806, c. 17, I p. 132. **7.** *de la part de — from* (a person). Quicquid in eodem loco H. frater meus contra W. comitem de sua portione in hereditatem accepit. GLÖCKNER, *Cod. Lauresham.*, I p. 293 no. 15 (a. 792).

**contrabannum**: *contrebande — contraband.* S. xiii, Ital.

**contracambium**: *représaille — reprisal.* Occasione ... alicujus laudis, represaliarum seu contracambiorum. *Const.*, IV, pt. 2 no. 925 p. 961 (a. 1313).

**contracausarius**: *partie adverse — opposing party.* Cum suis contracausariis in rationem intravit. *Hist. de Languedoc*[3], II pr. no. 201 col. 401 (a. 878, Albi).

**contracausator**: *partie adverse — opposing party.* Leg. Henrici, tit. 61 § 12, LIEBERMANN, p. 582.

**contractare**, -trec-: **1.** **s'approprier, usurper, saisir — to appropriate, to usurp.* **2.** matrimonium: *se marier — to marry.* S. xiii. **3.** causas, negotia: *traiter, prendre soin de* qqch. — *to deal with, to take care of* a thing.

**contractio**: **1.** *contrat — contract.* S. xiii. **2.** *mariage — marriage.* S. xiii.

**contractum**: **contrat — contract.*

**1. contractus** (adj. et subst.): **qui souffre de rhumatisme articulaire — suffering from articular rheumatism.*

**2. contractus** (decl. iv): **1.** **contrat — contract.* **2.** *acquisition — acquirement.* Quicquid ex haccessione parentum aut ex contractu habebat. Cart. Senon., no. 38, *Form.*, p. 202. Quicquid de concamio vel de comparatho aut de qualibet contracto nuscetur habuisse. *D. Merov.*, no. 47 (a. 677). Quae ipsa sibi qualicumque contractu juste et legaliter adquisivit. *D. Ludwigs d. Deutsch.*, no. 172 (a. 876). Cum omnibus que ipsi monasterio pertinent quolibet contracto et in quolibet loco. *D. Ottos I.*, no. 336 (a. 967), p. 453.

**contrada**, v. contrata.

**contradere**: **1.** **remettre — to hand.* **2.** *donner, faire donation de* qqch. — *to give, to bestow.* Locum Romanae ecclesiae esse contraditum. Agap. II pap. (a. 946-955) epist., MIGNE, t. 133 col. 912 C. Donatio Constantini, c. 17.

**contradicere**, **1.** absol.: *refuser — to refuse.* [Si reus] infra emunitatem fugerit, mandet comes ... ut reddat ei reum. Si ille contradixerit et eum reddere noluerit ... Capit. legib. add. a. 803, c. 2, I p. 113. Item Capit. de latron. (a. 804-813), c. 5, p. 181. **2.** aliquid: *refuser de donner — to refuse to give.* A quibusdam teloneus contradiceretur ex mercato. *D. Karolin.*, I no. 88 (a. 774/775). De missis nostris discurrentibus ..., ut nullus mansionem contradicere praesumat. Capit. missor. a. 803, c. 17, I p. 116. Decima a plebe donetur; et si contradixerint ea[m], publice distringantur. Capit. Ital. Ludov. Pio adscr., c. 8, I p. 336. Quod si forte taxator supervenienti porcionem contradixerit. PIRENNE, *Villes et inst. urb.*, II p. 191, l. 3 (ca. a. 1080, S.-Omer). **3.** *retenir, refuser de rendre* ce qui est dû à un autre — *to withhold, to refuse to surrender* what is due to another person. Si contradixerit eum [sc. servum] et reddere noluerit. Lex Alamann., tit. 85. Oraturia per villas potentum ... constructa ... ipsi, quorum villae sunt, episcopis contradicant. Concil. Cabillon. (a. 639-654), c. 14, *Conc.*, I p. 211. Hereditatem suam post se retineret

vel ei malo ordine contradiceret injuste. F. Turon., no. 39, *Form.*, p. 157. Si aliquis per violentiam ... incestuosum contradixerit [ne ab episcopo judicetur]. Pippini capit. (a. 754/755), c. 3, I p. 32. Quantum ad nos pertinet et actoris nostri antea eum [i. e. ei] injuste contradixerunt. *D. Karolin.*, I no. 51 (a. 770). Ut nullus homo ... neque servum domni imperatoris neque terminum neque terram ... contradicat neque abstrahere audeat. Capit. missor. gener. a. 802, c. 4, I p. 92. Si mancipia dominos suos fugerint in alienam potestatem ..., si [dominus illius potestatis] ea nec reddere nec foras ejicere voluerit et legitimo domino ea contradixerit. Capit. per se scr. (a. 818/819), c. 1, p. 287. Modo contradicunt ei ipsas res, et non permittunt ipsum monasterium habere secundum suam obligationem. MURATORI, *Scr.*, II pt. 2 p. 361 (ch. a. 814, Spoleto). **4.** *dénier, contester, méconnaître les droits* d'un autre — *to deny, to contest, to refuse to respect* another person's rights. Res suas contradicere nec minuare nec contangere nec infiscare non praesummatis. *D. Merov.*, no. 48 (a. 677). Ipsum adsallivit vel insidiavit et res suas ei contradixit. F. Turon., no. 30, *Form.*, p. 153. Habeas licentiam commutare seu pro anima salutem [i. e. animae salute] donare, ut nec ego nec ullus heredum meorum tibi hoc contradicere nec minuare possit. F. Augiens., coll. B no. 38, ib., p. 362. Ut a nullo gastaldio ea que nostra disposuit potestas contradicatur. FATTESCHI, *Memor. di Spoleto*, p. 262 (a. 746). **5.** *empêcher — to prevent, to impede.* Lex Ribuar., tit. 47 § 2. Ut nulli hominum contradicere viam ad nos veniendo pro justitia reclamandi aliquis praesumat. Capit. de part. Saxon. (a. 775-790), c. 26, I p. 70. Item Capit. de villis, c. 57. Si quis super missum cum collecta et armis venerit et missaticum illi injunctum contradixerit aut contradicere voluerit. Karoli M. capit., c. 1, I p. 160. Si aliquis Saxo caballos in sua messe invenerit et ipsos caballos inde ducere pro suo damno ad comprobandum voluerit, si quis liber homo hoc ei contradixerit ... Karoli M. capit. (a. 810/811), c. 6, p. 160. Contradicere viam ad nos [sc. regem] veniendi. F. imper., no. 41, *Form.*, p. 319. Perveniens [i. e. pervenienti] in Ungariam a rege S. contradicta est sibi via. WIPO, G. Chuonradi, c. 22, ed. BRESSLAU, p. 41. **6.** *interdire, retirer — to forbid, to take away.* Si ... habens beneficium justitias facere noluerit, judex ... contradicat illi beneficium illum interim quod ipse aut missus ejus justitias faciant. Pippini reg. Ital. capit. (a. 782-786), c. 8, I p. 192. **7.** *défendre, prohiber — to prohibit, to forbid.* Usum ei pallii contradicito. GREGOR. M., lib. 2 epist. 22, *Epp.*, I p. 119. Servile opus ancillae contradicere. Lex Alamann., tit. 18 § 2. [Episcopus] omnibus presbiteris contradixit, ut nemo ibi cantaret missam. Breves notit. Juvav. (ca. a. 790), HAUTHALER, *Salzb. UB.*, I p. 29. Ut in forestes nostras feramina nostra nemine [i. e. nemo] furare audeat, quod jam multis vicibus fieri contradiximus. Capit. missor. gener. a. 802, c. 39, I p. 98. Non tamen justum negotium est contradicendum. Concil. Mogunt. a. 813, c. 14, *Conc.*, II p. 264. Contradicimus ut in quarta generatione nullus amplius conjugio copuletur. Concil. Mogunt. a. 813, c. 54, MANSI, t. 14 col. 75. **8.** *rejeter, ne pas accepter — to reject, to refuse to accept.* Si quis contradicit eos [sc. denarios novos] ... in aliquo negotio emptionis vel venditionis. Synod. Franconof. a. 794, c. 5, *Capit.*, I p. 74. **9.** *s'inscrire en faux contre une décision, contester — to protest against, to take exception to* a decision. Libertatis carta ante ordinandum [servum manumissum] in ambone publice legatur; et si nullus contradixerit, rite consecrabitur. Concil. Tribur. a. 895, c. 29, forma brevior, *Capit.*, II p. 230 col. 2. **10.** *fausser un jugement — to challenge* a judgment. Si ille, contra quem fit judicium, non concedit illud judicium, per campum et duellum poterit illud contradicere ... contra illos qui judicium fecerint. Priv. comm. S.-Quintini a. 1195, c. 2, *Actes Phil.-Aug.*, no. 491, II p. 15. Omnem recordacionem dominice regis curie non potest homo contradicere. Leg. Henrici. tit. 49 § 4, LIEBERMANN, p. 572. **11.** *récuser un juge — to recuse a judge.* Si quis judices suspectos habeat, advocet aut contradicat. Ib., tit. 31 § 6, p. 564. Ibi pluries. **12.** *rétracter, révoquer, annuller — to retract, to recant, to revoke.* **13.** absol. (sc. fidem), alicui: *défier, envoyer un défi — to defy, to announce a feud.* [Imperator] ingressus est terram H. principis sue majestati contradicentis. Annalista Saxo, a. 1136, *SS.*, VI p. 49. Ut primates regni ... excommunicato regi contradicant. Contin. Aquicinct. ad SIGEBERTI Chronogr., a. 1158, *SS.*, VI p. 408. Si lesus diffiduciatum se fuisse negare voluerit, nuntius juret quod contradixerit ei ex parte domini sui. Frider. I imp. const. de incend. a. 1186, *Const.*, I no. 318, c. 17.

**contradictio**: **1.** *refus — refusal.* Si ille contradixerit et eum [sc. servum fugitivum] reddere noluerit, in prima contradictione solidis 15 culpabilis judicetur. Capit. legib. add. a. 803, c. 2, *Capit.*, I p. 113. Omnes [Judei] usque ad placitum illud exeant ... sine ullius contradictione. Capit. Ludov. II adscr., c. 2, II p. 97. **2.** *_déni, contestation, atteinte — denial, contestation, encroachment._ Absque ulla contradiccionem vel repeticionem valeat permanere ingenuus. F. Bituric., no. 8, *Form.*, p. 172. Absque contradictione et contencione ambarum parcium. *D. Karolin.*, I no. 211 (a. 811). Hereditatem suam habeat unusquisque ... absque contradictione, in quocumque regno hoc eum legitime habere contigerit. Div. regn. a. 806, c. 9, *Capit.*, I p. 128. Utatur illorum servitio absque alicujus contradictione vel impedimento. Const. de Hisp. a. 815, c. 3, ib., I p. 262. Nullus in territoriis, locis ... iniquam ingerere presumat inquietudinem, diminorationem seu calumpniosam contradictionem. D. Lotharii imp. a. 840, ib., II p. 136.

**contradictorius**: *_contradictoire — contradictory._ Subst. femin. **contradictoria**: *défi, rupture — defiance, announcement of a feud.* Publicam facientes ei contradictoriam. Cron. s. Petri Erford. mod., a. 1211, HOLDER-EGGER, *Mon. Erphesf.*, p. 209.

**contraditio**: *donation — bestowal.* Ut autem contraditio ... rata permaneat. MULLER-BOUMAN, *OB. Utrecht*, I no. 445 p. 398 (a. 1165).

**contrados** (genet. -dotis): *gain de survie, douaire — dower.* S. xiv.



**contrafacere**: *imiter, forger — to counterfeit, to forge.* Ipsum contrafactum apostolum [sc. s. Martialem]. *Hist. de Fr.*, X p. 507 C (a. 1028, Angoulême).

**contragagium**, v. contrawadium.

**contrahere**: **1.** *s'attribuer, faire main basse sur qqch., usurper — to appropriate, to lay hands on a thing, to usurp.* Vult Coloniensis episcopus sedem ... Wilbrordi sibi contrahere. Bonif. et Lulli epist. 109 (a. 755), *Epp.*, III p. 396. **2.** moram: *séjourner — to abide.* **3.** absol.: *se marier — to marry.* Si quis contraxerit cum muliere alterius conditionis. ZEUSS, *Trad. Wizenburg.*, p. 273.

**contraire** (cf. TACIT., Ann., lib. 14 c. 45): *_enfreindre, contrevenir — to infringe, to act in contravention of_ a rule.

**contramandare**: *demander un ajournement — to ask for a postponement.* Si oporteret contramandari causam illam, tu abbati contramandares ... Per quemdam terminum contramandasti ei causam non convenienter. D. Ludov. VI reg. Fr. (ca. a. 1110), LUCHAIRE, *Louis VI*, textes inéd., p. 333 no. 106. Cum episcopus ad diem constitutum venisset et judices predicti non venissent nec contramandassent. LANGLOIS, *Textes Parlement*, p. 12 no. 7 (a. 1132?) Si dies placiti sit contramandatus. Leg. Henrici, tit. 59 § 1, LIEBERMANN, p. 577. Item tit. 60 § 1, p. 580.

**contrapellare**: **1.** aliquem: *intenter une action contre* qq'un — *to institute a prosecution against* a person. In mallo publico ... contrapellavit quidam vir ... alium hominem ... de uno curtilo. BERNARD-BRUEL, *Ch. de Cluny*, I no. 632 (a. 943). In mallo publico ... contrapellavit H. ... tres homines ... quod tenent injuste. RAGUT, *Cart. de Mâcon*, no. 186 p. 121 (a. 941-960). **2.** aliquid: *prétendre à* qqch. — *to claim.* Se Bernardus guirpivit ... omniaque contrapellabat abbas G. ei. CASSAN-MEYNIAL, *Cart. de Gellone*, p. 29 no. 27 (ca. a. 1005).

**contrapellatio**: *action de droit — legal action.* Notitia contrapellationis atque wirpitionis. BERNARD-BRUEL, *Ch. de Cluny*, I no. 799 (a. 951).

**contraplegium**: *gage — pledge.* Obligat sese duo fortia cedere castra ... sic assignanda Philippo in contraplegium, quod, si defecerit ultra, extunc sint regis Francorum jure perenni. GUILL. BRITO, Philipp., lib. 6 v. 189, ed. DELABORDE, II p. 159.

**contraplegius**: *garant — bail.* S. xiii.

**contraprisia**: *représaille — reprisal.* S. xiv.

**contraria** (femin.): *revers, dommage — misfortune, loss.* DC.-F. II p. 539 col. 3 (ch. a. 1028, Pescara.)

**contrarietas**: **1.** *_contraste, opposition — contrast, opposition._ **2.** *_résistance, opposition — resistance, opposition._ **3.** *contestation — contestation.* Cuicumque defunctu [i. e. quocumque defuncto], si intestatus decesserit, propinqui absque contrarietate judicum in ejus facultatem succedant. Chloth. II edict. a. 614, c. 6, *Capit.*, I p. 21. Absque cujuslibet judicum aut heredum expectata traditione aut contrarietate. MARCULF., lib. 2 no. 6, *Form.*, p. 78. **4.** *atteinte, violation, hostilité — encroachment, violence.* Neque ullam laesionem aut contrarietatem malam in ipso ... monasterio ... inferre audeat. Lib. diurnus, no. 101, ed. SICKEL, p. 135. Nec. ... ad retributionem mali vel contrarietatis vel improperii de cetero exinde quiddam fiat. PRUDENT., Ann. Bertin., a. 851, ed. WAITZ, p. 38. Totius contrarietatis, quae sibi ex parte Heinrici provenerat, oblitus. THIETMAR., lib. 1 c. 8, ed. KURZE, p. 6. **5.** loc. in contrarietatem illius rei: *contrairement à — against.* Fideles suos in contrarietatem ejusdem primi pacti et juramenti aliud sacramentum jurare compulerit. Rel. Compend. a. 833, c. 2, *Capit.*, II p. 54. **6.** *_échec, contrariété, difficulté — misfortune, obstacle, difficulty._ **7.** *empêchement — hindrance.* Negocia inter partes liceat dare ... sine aliqua violentia aut contrarietate. Lotharii pactum cum Venetis a. 840, c. 16, *Capit.*, II p. 133.

**contrarotulator**: *contrôleur — comptroller.* S. xiv.

**contrarotulus**: *registre de contrôle — duplicate roll.* S. xiv.

**contrasigillum**: *contrescel — counterseal.* S. xiii.

**contrasignum**: *contrescel — counterseal.* S. xiii.

**contrastare**, **1.** aliquem: *se porter accusateur contre* qq'un — *to act as a plaintiff against* a person. Si ipsam vir contrasteterit culpabilem, et ille propter quem ei reputatur mortuus fuerit, ille qui feminam contrasteterit wiregildum ejus desolvat. Pactus Alamann., fragm. 2. c. 35. **2.** absol.: *désobéir — to disobey.* Qui in hoc [sc. in decimis reddendis] aliquid contrasteterit. Ludov. II capit. a. 850, c. 2, II p. 84.

**contrastum**: *litige — dispute.* S. xiii.

**contrata**, contrada (<contra, „région en face de la ville — country facing a city"; > frg. *contrée*, angl. *country*): **1.** *région — region.* In contrada q. d. S. CALISSE, *Doc. Monte Amiata*, II p. 128. **2.** *quartier urbain — quarter of a city.* Per unamquamque contradam [urbis Romae]. *Const.*, I no. 134 (a. 1151).

**contratenere**: *retenir, refuser, ne pas rendre — to withhold, to refuse to render.* In ipsa terra quam de ... abbate tenebat, castrum firmavit et servitia que terra debebat contratenuit. HASKINS, *Norman inst.*, p. 289 no. 4c (a. 1089-1091). Qui Dei recta contratenendo fecerit homicidium. Leg. Henrici, tit. 13 § 11, LIEBERMANN, p. 558. Si quis decimam contrateneat. Leg. Eadward-Guthrum, tit. 6, vers. Quadrip., ib., p. 131 col. 1.

**contravalere**: *équivaloir — to equipoise.* Twelfhyndes hominis jusjurandum contravalet sex villanorum jusjurandum. Quadripart., LIEBERMANN, p. 465 col. 2.

**contravenire**: **1.** alicui: *_s'opposer à qq'un, réagir contre qq'un — to oppose, to oppugn._ **2.** alicui rei: *contrevenir à une loi etc., enfreindre — to infringe, to act in contravention of* a law etc.

**contrawadium**, -va-, -ga-, -gium: *un bien posé en gage pour l'acquittement des charges qui grèvent un autre bien — property pledged for payment of liabilities founded upon other property.* S. xiii.

**contrectare**, v. contractare.

**contribulare**: **1.** *_vexer, affliger — to afflict, to harass._ **2.** *_humilier — to humiliate._

**contribulis** (subst.): **1.** *_membre de la même tribu — clansman._ **2.** *parent — kinsman.* Ruodlieb, fragm. 15 v. 47. Ibi pluries. Leg. Henrici, tit. 88 § 20, LIEBERMANN, p. 604. ORDER. VITAL., lib. 3 c. 2, ed. LEPRÉVOST, II p. 21.

3. *sectateur — partisan.* ERCHEMPERT., c. 48, *SS.*, III p. 256 l. 17. Rursum c. 79, p. 263 l. 30. 4. **compatriote — countryman.* Generali contribulium circumquaque conventu facto. WARTMANN, *UB. S.-Gallen*, II, Anhang no. 18 p. 395 (ca. a. 825). V. Willibaldi, c. 3, *SS.*, XV p. 91 l. 26. V. Wynnebaldi, c. 2, ib., p. 108 l. 8.

**contristatio**: **douleur — sorrow.*

**contritio**: **1.** **affliction, catastrophe, ruine — misery, calamity, ruin.* **2.** **contrition — contrition.*

**contritus**: **repenti, contrit — repentant, contrite.*

**contropare**: *comparer — to compare.* Contropatis his, que tempore nuptiarum promeruit. Lex Visigot., lib. 4 tit. 5 § 3.

**contropatio**: **1.** *comparaison — comparison.* [Christi] habitum per mysticas controfationes [leg. -p-] exponit. CASSIOD., Complex. in apoc., c. 3, MIGNE, t. 70 col. 1405 D. Iterum c. 29, col. 1415 A. Rerum universarum contropatione habita. Lex Visigot., lib. 3 tit. 1 § 5. Pro servis questionandis contropatio adhibeatur etatis et habilitatis. Ib., lib. 6 tit. 1 § 4. Quidquid fuerit ... procreatum [a servis], utrique domini equaliter inter se sexus, numeri vel etatis contropatione noverint dividendum. Ib., lib. 10 tit. 1 § 17. **2.** spec.: *comparaison d'écriture* comme procédé probatoire *— comparison of handwriting* taken as evidence. Pro manus contropatione testis ille, qui negat, judice presente iscribat [i. e. scribat]. Ib., lib. 2 tit. 4 § 3. Cf. ZEUMER, *NA.*, t. 24 (1899), pp. 30-38.

**controversia**: **opposition, objection — opposition, objection.* Absque cujuslibet inlicitas controversias inibi proficiat. MARCULF., lib. 1 no. 35, *Form.*, p. 65.

**controversus**, contra-: **1.** **faisant face — opposite.* **2.** **opposé, contraire — opposed.*

**contubernalis** (subst.): *pair, individu de la même condition personnelle — peer, a person of the same legal status.* Exquisita sententia a contubernalibus ejus est judicatum. Ann. Altah., a. 1044, ed. OEFELE, p. 38. Officium ... judicio contubernalium suorum ei ablatum. ERHARD, *Reg. Westf.*, I CD no. 178 p. 138.

**contubernium**: **1.** *bande de compagnons armés — band of armed retainers.* Si quis hominem migrante[m] adsalierit, quanti in contubernio [fuerint] ... Lex Sal., tit. 14 § 5. Item § 6. Si quis colecto contubernio hominem ingenuo in domo suo adsalierit. Ib., tit. 42 § 1. Qui in eo contubernio fuisse probantur. Ib., § 3. Si ... iter agens ... a contubernio fuerit interfectus. Ib., tit. 43 § 3. Si quis ingenuam foeminam ... contubernio facto ... adsalierit. Ib., tit. 13 addit. 5 (text. Herold.) Veniens homo alicus in contubernium [i. e. contubernio] homine alico [i. e. hominis alicujus] ipsum ibidem adsallisset. F. Sal. Bignon., no. 8, *Form.*, p. 230. **2.** *prébende — prebend.* Cupiens filio meo W. canonicale adipisci contubernium in congregatione b. Vincentii. RAGUT, *Cart. de Mâcon*, no. 201 p. 129 (s. x).

**contumacia**: **contumace — default.* De eorum absentia vel contumatia probationi nihil deesse possit ... Faciente contumatia judiciis adesse dispexit. F. extravag., ser. 1 no. 3, *Form.*, p. 534.

**contumaciter**: *par contumace — by default.*

**contumax**: **1.** *contumace*; qui se soustrait à la justice *— defaulting.* Distringatur contemptor, ut jussionibus episcopi sui oboediens existat; si vero assensum non dederit, bannum nostrum persolvat; quodsi adhuc contumax perstiterit, tunc ab episcopo excommunicetur. Capit. Olonn. eccles. prim. a. 825, c. 1, I p. 326. Qui pro contumace damnandus est. F. extravag., ser. 1 no. 3b, *Form.*, p. 535. **2.** *réfractaire*; qui s'oppose contre une décision judiciaire *— recalcitrant*; refusing to comply with a judgment. [Comes] faciat illum, qui ei [in faida pacificanda] contumax fuerit, ad praesentiam nostram venire. Capit. legib. add. a. 818/819, c. 13, I p. 284. **3.** **resté en défaut*; qui manque à ses obligations *— neglectful, failing in an obligation.* Quodsi non feceremus et ob hoc necglegentes, tardi aut contumacis fueremus. MARCULF., lib. 2 no. 41, *Form.*, p. 100.

**contumbare**: *ensevelir — to inter.* S. xiii.

**contumeliari** (depon.) et contumeliare: **1.** aliquem: **ravaler, outrager — to insult, to outrage.* Qui pontificem Leonem tam inhoneste et indecenter deponendo contumeliaverant. ADO VIENN., Chron., rec. aucta, a. 801, *Hist. de Fr.*, V p. 321. **2.** absol.: *commettre une offense — to commit contumely.* Quicquid ad propriam ejus [sc. regis] personam vel mandatorum suorum contumeliatur injuriam. Leg. Henrici, tit. 13 § 1, LIEBERMANN, p. 558.

**conturbium**: *perturbation, querelle, lutte — commotion, strife.* Rex ... sine lesione vel aliquo conturbio ... Italiam introivit. Ann. regni Franc., a. 773, ed. KURZE, p. 36. Si forte inter [comites] aliqua discordia aut conturbium ortum fuerit. Capit. de partib. Saxon. (a. 775-790), c. 29, I p. 70. Infideles homines magnum conturbium in regnum ... voluerint terminare [i. e. interminari]. Capit. missor. (a. 792 vel 786), c. 1, I p. 66.

**conturnus**, coturnus (<tornare): *sentier qui contourne une terre — a path running around a field.* De una fronte via publica, de alia coturno. BERNARD-BRUEL, *Ch. de Cluny*, II no. 963 p. 61 (a. 954-994). Item COURTOIS, *Cart. de S.-Etienne de Dijon*, no. 15 p. 29 (a. 898).

**contus**: *lance munie du fanion, bannière — banner.* Qui regium contum [glossa: quam vulgo vandum regis dicimus] ferre erat solitus. PAUL. DIAC., Hist. Langob., lib. 5 c. 10, ed. WAITZ, p. 190. Inter contos suos s. archangeli Michahelis ... imaginem conspicio. Ib., c. 41, p. 206.

**conus**, v. cuneus.

**convalens** (adj.): *équivalent — equal in value.* Accepi ... pretium ... videlicet libras 2 aut in argento aut in convalente. ROSEROT, *Ch. Hte-Marne*, no. 6 p. 15 (a. 891, Langres).

**convalere**: **1.** *valoir — to be worth.* In hujus meriti recompensatione dedimus ... de fisco nostro tantum quantum hoc quod accepimus visum est convalere. *D. Charles le Chauve*, no. 386 (a. 869-875). **2.** *savoir, réussir à — to succeed.* Alia etiam multa sibi reddi convaluit. HARIULF., Chron., lib. 3 c. 26, ed. LOT, p. 160.

**convalescere**: **grandir, atteindre l'âge adulte — to grow up.*

**convallia** (neutr. plural.): **fond de vallée — bottom of a valley.*



**convenienter**: **d'une manière appropriée — suitably.*

**convenientia**: **1.** *entente, concorde — understanding, harmony.* De convenientia episcoporum cum laicis: Episcopi consentientes sint comitibus et judicibus ad justicias faciendas. Concil. Mogunt. a. 813, c. 8, *Conc.*, II p. 262. Nos nostramque potestatem eorum bonae convenientiae ... sociam et comitem fore ... spopondimus. Conc. Colon. a. 843, *Capit.*, II p. 254 l. 29. **2.** *assentiment — assent.* Una cum voluntate vel convenientia filie mee. GYSSELING-KOCH, *Dipl. Belg.*, no. 5 (a. 685, S.-Bertin). Cum convenientia et licentia domni T. ducis. BITTERAUF, *Trad. Freising*, I no. 48 p. 77 (a. 772). Si contigerit ut mulier sine convenientia viri sui se velare praesumat. Decr. Vermer. (a. 758-768), c. 4, *Capit.*, I p. 40. [Causidici constitutio] fiat secundum convenientiam priorum vel missorum. Capit. missor. gener. a. 802, c. 9, I p. 93 l. 20. Convenientia et consilio ... fratrum ceterorumque fidelium. WARTMANN, *UB. S.-Gallen*, II no. 621 p. 230 (a. 882). Convenientia et electione omnium Lothariensium Aquis rex ordinatur. ADALBERT., contin. ad REGINONIS chron., a. 961, ed. KURZE, p. 171. **3.** *le droit du seigneur de donner son assentiment aux aliénations de bien-fonds* faites par ses tenanciers, et les revenus qui en découlent *— a lord's right to consent transactions respecting real property* by his tenants, and revenue deriving from this right. Donamus convenientias quas habemus in ipsa villa de omnes homines qui non possunt vendere vel impignorare nisi nobis, ut monachi de Conchis habeant sibi istas conveniencias. DESJARDINS, *Cart. de Conques*, p. 330 (a. 1060). **4.** *convention, arrangement, contrat — agreement, arrangement, contract.* [Rex] filiam suam secundum convenentiam anteriorem filio regis L. tradere deberet in matrimonio. GREGOR. TURON., Hist. Franc., lib. 6 c. 34. Hanc convenenciam a ... legatus [i. e. legatis] intercurrentes firmatam. FREDEG., lib. 4 c. 37, *Scr. rer. Merov.*, II p. 139. Ibi saepe. Ego nec ullus ... hanc conventia[m] inter nos facta[m] emutare non possit. MARCULF., lib. 2 no. 13, *Form.*, p. 84. Conlocucione[m] et convenencia[m] exinde apud [i. e. cum] ipso habuisset, ut ipsa inter se commutassent. *D. Merov.*, no. 70 (a. 697). De una causa fit convenientia. Lex Visigot., lib. 7 tit. 5 § 7. Cartolam convenentiae inter se fecerent. Liutpr. leg., c. 107 (a. 729). WARTMANN, *UB. S.-Gallen*, I no. 81 (a. 776). Post istam convenientiam. Statut. Rispac. (a. 799/800), c. 17, *Capit.*, I p. 228. Nullo unquam hanc convenientiam irrumpente. *D. Karls III.*, no. 73 (a. 883). **5.** spec.: *contrat de précaire — precaria contract.* Abbas suscepit in convenientia a quodam O. clerico terras et vineas ... et concessit ei res juris hujus monasterii, terre et vinee petias ... GREGOR. CATIN., Chron. Farf., ed. BALZANI, I p. 233. Cf. F. CALASSO, *La „convenientia". Contributo alla storia del contratto in Italia durante l'alto Medioevo.* Bologna 1932 (*Bibl. R. stor. dir. ital.*, no. 9). **6.** spec.: **arrangement à l'amiable — settlement by mutual consent.* Hanc intentionem seu per legem sive per convenientiam vel per usum finirent. *D. Heinrichs III.*, no. 108 (a. 1043). **7.** *charte comportant un contrat — charter of a contract.* Strumenta quamplurernas, convenencias ... perdedit. F. Andecav., no. 31, *Form.*, p. 14. Has convenencias inconcusso teniat firmitate. Ib., no. 45, p. 20. Convenientia ... inviolata permaneat ... Pactionem seu convenientiam nostram subscripsit. PARDESSUS, II no. 253 p. 10 (a. 631). Quidam L. ... fecisset traditionem in eodem monasterio de rebus suis; et haberet exinde convenientiam factam cum H. genero ejusdem L. FICKER, *Forsch.*, IV no. 8 p. 10 (a. 814, Spoleto). **8.** *stipulation — stipulation.* Si unus ex nobis de has convenientiis se emutare voluerit. F. Turon., no. 43, *Form.*, p. 158. Quod si de his statutis atque convenientiis aliquid ... fuerit irruptum. Div. regn. a. 806, c. 16, *Capit.*, I p. 129. **9.** *condition — condition.* Sub quali convenientia atque conditione [terras ad habitandum] acceperunt, tali eas ... possideant. Const. de Hisp. sec. a. 816, *Capit.*, I p. 264 l. 6. Ea videlicet conveniencia, ut ... F. extravag., ser. 1 no. 25, *Form.*, p. 548. Item D. Rodulfi reg. Fr. a. 935, *Hist. de Fr.*, IX p. 580 E. *D. Heinrichs II.*, no. 56 (a. 1003). **10.** *droit coutumier — customary law.* Dum leges et jura sinunt et convenientia Francorum est, ut de facultatibus suis quisque quod facere voluerit liberam habeat potestatem. WAMPACH, *Echternach*, I pt. 2 no. 16 p. 45 (a. 709). **11.** *société, confrérie — society, brotherhood.* Notitia, qualem convenientiam episcopi et abbates inter se fecerunt. Concil. Dingolfing. a. 770, *Conc.*, II p. 96. De illorum elemosinis aut de incendio aut de naufragio quamvis convenientias faciant, nemo in hoc jurare praesumat. Capit. Harist. a. 779, c. 16, I p. 51. **12.** *aptitude, caractère convenable — suitability, aptness.* Qui ... loci convenientiam aut facultatem [sc. claustri canonicorum construendi] non habuerit. Concil. Meld. a. 845/846, c. 53, *Capit.*, II p. 411 l. 7. Propter ministeriorum diversitatem, qualitatem vel convenientiam. HINCMAR., Ord. pal., c. 17, ib., p. 523 l. 29. **13.** *lieu d'usage communautaire — easement.* In viis et in semitis et ceteris convenientiis. STUBBS, *Sel. ch.* [9], p. 132 (ch. a. 1130).

**convenientiare**: *promettre dans une convention — to promise by agreement.* Medietatem [decimariae] ei convenientiaverat post mortem Odonis, de quo movebat. BERTRAND, *Cart. d'Angers*, I no. 318 p. 361 (ca. a. 1099).

**convenire**, transit.: **1.** **citer en justice — to summon.* Si tali admonitione conventus aut se dilataverit aut ad judicium venire contemserit. Lex Visigot., lib. 2 tit. 1 § 17. Si quis ... ad negotium dicendum judicis fuerit admonitione conventus. Ib., lib. 8 tit. 1 § 7. **2.** **intenter une action contre qq'un — to lodge a complaint against* a person. Rei per beneficium recte investitae vasallus habet potestatem, ut tanquam dominus ... possit ..., si ab alio ejusdem rei nomine conveniatur, defensionem opponere. Lib. feud., antiq., tit. 8 c. 14 (= vulg., lib. 2 tit. 8 § 1), LEHMANN, p. 124. De prestitis sacramentis ..., de federe violato convenirentur. RAHEW., G. Friderici, lib. 4 c. 27, ed. WAITZ-SIMSON, p. 271. **3.** **requérir, exhorter — to invite, to exhort.* Paterna conventus pietate. ENNOD., Dictiones, ed. HARTEL, p. 427. [Episcopus] reipublicae ministros con-

veniat ut [adjutorium ei praebeant]. Concil. Meld. a. 845/846, c. 71, *Capit.*, II p. 415. Forestarius eos admoneat et conveniat, ne inmoderate ruendo arbores inveniantur infesti. F. Sangall. misc., no. 9, *Form.*, p. 384. **4.** *persécuter — to persecute.* Rimbert., V. Anskarii, c. 7, ed. Waitz, p. 26. **5.** *échoir — to fall to one's share.* Quicquid nos utrosque jure hereditatis convenit. Dronke, *CD. Fuldens.*, no. 219 p. 115 (a. 804).

**conventiculum**: **conventicule* — *conventicle.*

**conventio**: **1.** *réunion — meeting.* Decrevimus aliqua capitula conventionis nostrae ... praenotari. Stat. Rispac. (a. 799/800), *Capit.*, I p. 227 l. 27. Universalis populi conventio fieret. Widuk., lib. 2 c. 10. Conventionem cum principibus habuit. Ann. Altah. a. 1040, ed. Oefele, p. 23. **2.** *congrégation — convent.* Omnis illa conventio fratrum ... acceptum illum ... inter cenobiale vitae eorum consortio jungendo sociabant. V. Willibaldi Eichstet., c. 2, *SS.*, XV p. 89. **3.** **avertissement, sommation — warning, admonition.* Si liberta mulier servo alieno se conjuncxerit ... contestetur ei tertio dominus servi ... ut ab hanc conjunctionem discedat; et post trinam conventionem si se separare noluerit ... Lex Visigot., lib. 3 tit. 2 § 4. Vacca post tertiam conventionem si in vinea inventa fuerit. Lex Burgund., tit. 89 c. 3. **4.** **citation — summons.* Debent trina conventione ad audientiam evocari. F. extrav., ser. 1 no. 3, *Form.*, p. 534. **5.** **instance — claim.*

**conventionare**: *convenir — to agree upon.* S. xii.

**conventualis** (adj.) **1.** conventualis ecclesia: *église collégiale — collegiate church.* Clerici conventualium ecclesiarum. *Actes Phil.-Aug.*, no. 228 (a. 1188), c. 1, I p. 277. Conventualis ecclesiae in D. canonici. Heeringa, *OB. Utrecht*, II no. 573 p. 38 (a. 1206). **2.** horae conventuales: services divins auxquels assistent les chanoines — divine worship attended by canons. Quisquis canonicus in horis conventualibus et majoribus missis deserviat ecclesie in propria persona. Poncelet, *Actes Hug. de Pierrepont*, no. 21 (ca. a. 1250). Subst. plural. **conventuales**: les membres de l'Ordre de Saint François qui possèdent des rentes, par opposition aux Observants — the Franciscan friars who owned rents in contradistinction to the Observants.

**conventus** (decl. iv). **1.** conventus generalis: *assemblée générale du royaume — general assembly of the realm.* Rudolf., Ann. Fuld., a. 838, ed. Kurze, p. 29. Ibi saepe. Episcoporum ad Ludov. rel. a. 829, c. 34, *Capit.*, II p. 39. Regino, Chron., a. 906, ed. Kurze, p. 152. G. pontif. Camerac., lib. 1 c. 86, *SS.*, VII p. 432 l. 46. Conventus publicus: idem. Ad publicum populi sui conventum, qui annuatim celebrabatur, ire solebant. Eginhard., V. Karoli, c. 1, ed. Halphen, p. 10. Regino, l. c. Conventus noster [i. e. regis]. Lex Alamann., tit. 37 § 3. Dum conventus regios agimus. D. Roberti II reg. Fr. a. 1001, *Hist. de Fr.*, X p. 579 C. Conventus, nude: idem. Capit. Mantuan. II a. 787, I p. 198. Ann. Lauresham., a. 792, *SS.*, I p. 35. Rex ... conventum magnum populorum habens de utilitate ... regni tractabat. V. Ansberti (s. viii ex.), c. 15, *Scr. rer. Merov.*, V p. 628. **2.** conventus publicus: *plaid public,* spéc. *plaid de comté — session of a county or other public tribunal.* Capit. de part. Saxon. (a. 775-790), c. 18, I p. 69. Capit. Olonn. (a. 822/823), c. 6, p. 317. Dronke, *CD. Fuld.*, no. 471 p. 207 (a. 826/827). Ibi saepe. Conventus, nude: idem. Cum conventum Turonus civitate adfuisset. F. Turon., no. 3, *Form.*, p. 136. Judex in conventu publice exerceat disciplinam. Lex Visigot., lib. 7 tit. 4 § 7. Conventus secundum antiquam consuetudinem fiat in omni centena coram comite aut suo misso et coram centenario. Lex Alamann., tit. 36 § 1. [Missi imperatoris] conventum in duobus aut tribus locis congregent, ubi omnes ad eorum legationem pertinentes convenire possint. Commem. missis data (a. 825), c. 2, *Capit.*, I p. 308. Ad causas audiendas conventum facere. *D. Ugo*, no. 3 p. 13 (a. 926). Wenck, *Hess. Landesgesch.*, II p. 47. Centenarii conventus [i. e. hundredesgemot]. Leg. II Cnut, tit. 17 § 1, vers. Consil. Cnuti, Liebermann, p. 321 col. 3. **3.** synodalis conventus: **concile — church council.* Capit. Liptin. a. 743, c. 1, I p. 27. Conventus, nude: idem. Gregor. Turon., Hist. Franc., lib. 9 c. 32. **4.** synodalis conventus: *synode provincial — provincial synod.* Capit. de inspic. monast. (post a. 817), c. 2, I p. 322. Conventus adgregetur sacerdotum et judicum atque universorum ejusdem gentis [sc. Baiwariorum] primariorum. Gregor. II pap. epist. a. 716, *LL.*, III p. 451. **5.** synodalis conventus : *synode diocésain — synod of a diocese.* Gysseling-Koch, *Dipl. Belg.*, no. 159 p. 273 (a. 1085, Noyon-Tournai). **6.** **réunion des moines d'une abbaye — sitting of monks in a monastery.* In conventu omnium monachorum ... exorabat. V. Ansberti, c. 6, p. 623. **7.** *congrégation, communauté de moines ou de chanoines — convent, community of monks or canons.* Abbas conventui coenobitarum praeesse videtur. Dronke, *CD. Fuld.*, no. 454 p. 200 (a. 824). Senioribus Pharphensis sanctissimi conventus. Gregor. Catin., Chron. Farf., prol., ed. Balzani, I p. 109. Monasteria ... parvis erant contenta conventibus. Guibert. Novig., De vita sua, lib. 1 c. 8, ed. Bourgin, p. 23. Uticense coenobium aucto conventu 40 monachorum gloriose corroboraretur. Order. Vital., lib. 3 c. 5, ed. Leprévost, II p. 78. Quotiens conventus ad abbatiam construendam emittitur. Stat. Praemonstr. (ante a. 1143), c. 21, ed. Van Waefelghem, p. 33. **8.** *salle capitulaire — chapter hall.* **9.** *choeur d'église — church choir.* Adam Bremens., lib. 3 c. 69, ed. Schmeidler, p. 216. **10.** *la communauté des chrétiens — the community of Christians.* Gentilis ... aut alterius sectae, qui a conventu ecclesiae probatur extraneus. Concil. Aurelian. a. 549, c. 22, *Conc.*, I p. 108. Ab ecclesia atque conventu christianorum. V. Eusebii Vercell., Ughelli[2], IV pt. 2 p. 752 B. **11.** *convention — agreement.* Ego neptam tuam pro conventu parentorum nostrorum ex utraque parte accepissem. F. Augiens., coll. B no. 24, *Form.*, p. 357. **12.** *avertissement, exhortation — warning, exhortation.* [Episcopos] fraterno et sinodali conventu admonendos esse. Episcopor. rel. a. 829, c. 16, *Capit.*, II p. 34.

**conversari** (depon.) et conversare: **vivre de telle manière — to live* so and so. Ubi abba una



cum turba monachorum sub sancti ordine conversare videtur. *D. Merov.*, no. 4 (a. 546). Dum inter illo et conjuge sua discordia regnat et ob hoc pariter conversare minime possunt. Marculf., lib. 2 no. 30, *Form.*, p. 94. Sub religionis norma conversari. Cart. Senon., no. 35, ib., p. 200. Monachus qui sub regula in monasterio conversatus fuerit. Lex Alamann., tit. 15. Clerici qui monachorum nomine non pleniter conversare videntur. Capit. missor. (a. 792 vel 786), c. 3, I p. 67. [Episcopi] quomodo [viduae] ... conversari debeant, edoceant. Capit. eccles. (a. 818/819), c. 28, I p. 279.

**conversatio**: **1.** **conversion — conversion.* **2.** **profession de moine — taking a vow.* **3.** **conduite, manière de vivre — conduct, way of life.* Dum universi diligendo justitiam conversatione praecipua ... studuerint vivere. Guntchramni edict. a. 585, *Capit.*, I p. 11 l. 24. Quos vita sancta et accio bona aut conversatio honesta commendat. Marculf., lib. 2 no. 1, *Form.*, p. 73. In ipso monasterio sub religione sancta conversatione habitare debeam. Cart. Senon., no. 31, ib., p. 199. Ex suspicione conversationis pravae et naturae. Capit. Ludov. Pio adscr., c. 8, p. 334. Quam terribilem sententiam de conversatione comitum intulerit. Haito, Vis. Wettini, c. 13, *Poet. Lat.*, II p. 271. **4.** **conversation — conversation.*

**conversio**: **1.** **conversion — conversion.* **2.** *profession de moine — taking a vow.* Ad conversionem venire. Benedicti regula, c. 4. Habitum conversionis appetit. Gregor. M., lib. 3 epist. 39, *Epp.*, I p. 197. Monachicae conversionis statu. Ib., lib. 11 epist. 15, II, p. 277. [Monachi] in ea permaneant obedientia, quam tempore suae conversionis promiserunt. Synod. Hertford. a. 670, c. 4, ap. Bedam, Hist. eccl., lib. 4 c. 5. Promitto conversionem morum et oboedientiam secundum regulam s. Benedicti. F. extrav., ser. 2 no. 30, *Form.*, p. 570.

**conversum.** Loc. e converso: **inversement, par contre — inversely, on the contrary.*

**conversus** (subst.): **1.** **moine* qui a fait profession dans un âge avancé, par opposition aux oblats — a *monk* who has taken the vow in adult age, as contradistinguished from oblates. **2.** *frère convers,* laic qui vit dans un monastère sans faire profession de moine — *convert,* a lay brother living in a monastery without taking a vow. Cuidam converso. Joh. Canap., Pass. Adalberti, *SS.*, IV p. 594 l. 25. Duos laicos, quos appellamus conversos. Guigo, V. s. Hugonis episc. Gratianop. (s. xii med.), c. 11, *AASS.*[3], Apr. I p. 40 E.

**convertere,** aliquid ad vel in aliquam rem: *appliquer, affecter à* tel but, telle destination — *to apply, to convert to* this or that purpose. Pass. **converti**: **1.** **se repentir, se convertir — to repent, to convert oneself.* **2.** **faire profession de moine — to take a vow.* Monachus si in monasterio conversus vel pallium comprobatus fuerit accepisse. Concil. Aurel. a. 511, c. 21, *Conc.*, I p. 7. Nulli qui in manu signatus est, converti liceat. Gregor. M., lib. 3 epist. 61, *Epp.*, I p. 221. Ne militiae vel rationibus publicis obligati ... in monasteriis convertantur. Id., lib. 8 epist. 10, II p. 12. Frater ... nuper conversus pervenit ad monachatus ordinem. Visio Baronti (s. vii ex.), c. 1, *Scr. rer. Merov.*, V p. 377. De laicis noviter conversis. Capit. Theodonisv. I a. 805, c. 9, I p. 121.

**conviare** et depon. conviari: *voyager ensemble — to travel together.* Rex egressus de loco in locum usque ad Padum eidem sancto viro conviatus deduxit. Lib. pontif., Zacharias, § 16, ed. Duchesne, I p. 431. Vidit [in visione] quasi quandam conviantium multitudinem transire. Simon, G. abb. Sithiens., lib. 2 c. 88, *SS.*, XIII p. 652.

**conviator**: **compagnon de voyage — travelling-companion.*

**convicaneus.** Plural. convicanei: „*voisins*", *habitants d'un seul village — "neighbours", inhabitants of a single village.* Acta Murensia, c. 20, ed. Kiem, p. 66. Beyer, *UB. Mittelrh.*, I no. 419 p. 479 (a. 1110). Trad. s. Petri Juvav., no. 285 (ante a. 1151), Hauthaler, *Salzb. UB.*, I p. 404.

**convicinalis**: *qui sert à la circulation locale — used for local intercourse.* De via convicinale vel pastorale ... De semita convicinale. Lex Baiwar., tit. 10 c. 20.

**convicinans**: *limitrophe — neighbouring.* Capit. per episc. nota fac. (a. 805-808), prol., *Capit.*, I p. 141.

**convicinium**: *voisinage — vicinity.* S. xiii.

**convicinus** (adj.): *avoisinant — neighbouring.* Decalvati deformiter decem convicinas possessiones circuire cogantur. Lex Visigot. lib. 6 tit. 2 § 3. Convitinarum [!] insularum. Chron. Gradense, ed. Monticolo, *Cron. Venez.*, I p. 23. Subst. plural. **convicini**: **1.** *habitants d'un même pagus — inhabitants of a single pagus.* Juxta quod sui convicini judicaverint. Capit. Saxon. a. 797, c. 4, I p. 71. **2.** *habitants d'un même village — inhabitants of a single village.* Cum consensu ... omnium convicinorum in eodem loco bonorum virorum ibidem commanentium. Bitterauf, *Trad. Freising*, I no. 477 p. 409 (a. 822).

**convictus** (decl. iv): *manière de vivre — way of life.* Talem se debet abbatissa exhibere subditis in habitu, in veste, in omni convictu ... Concil. Cabillon. a. 813, c. 52, *Conc.*, II p. 284. Removeantur ab [episcopi] convictibus cuncta turpitudinis argumenta. Synod. Papiens. a. 850, c. 3, *Capit.*, II p. 117. Longas manus mortis nec terra securior nec convictus delicatior faciet declinare. Rahew., G. Friderici, lib. 4 c. 17, ed. Waitz-Simson, p. 256.

**convillanus**: *habitant du même village — inhabitant of the same village.* Stepelin, Mir. Trudonis, lib. 2 c. 95, *SS.*, XV p. 829.

**convitare**: *inviter, convier — to invite.* Quodam die convitatus in cathedrali ecclesia ... ad praedicandum. V. Zenobii Florent., *AASS.*, Maji VII p. 51. H. abbatem tecum synodo interesse ex nostra parte convitare rogando ... procures. Gregor. VII registrum, lib. 4 no. 22, ed. Caspar, I p. 333.

**conviva** (mascul.). Conviva regis: *compagnon du roi,* membre de la cour royale — *royal courtier.* [Rex] jussit egregios inter residere potentes, convivam reddens proficiente gradu. Fortun., Carm., lib. 7 no. 16, *Auct. antiq.*, IV pt. 1 p. 171. Vir nobilis C. Theudeberti conviva, vir sapiens et consiliis regiis gratus. Ionas, V. Columbani, lib. 1 c. 26, ed. Krusch,

p. 209. Ex primis palatii optimatibus regis conviva et consiliarius. V. Agili (s. vii p. post. ?), c. 1, _AASS._, Aug. VI p. ... Si quis Romano [i. e. Romanum] homine[m] conviva[m] regis occiderit ... Si vero Romano possessorem [i. e. Romanus possessor] et conviva regis non fuerit ... Lex Sal., tit. 41 § 5 sq. Quicumque hospitium negaverit, 3 solidorum illatione multetur; si conviva regis est, 6 solidos solvat. Lex Burgund., tit. 38.

**conviventia**, -vien-: _subsistance d'une communauté monastique — sustenance of a monastic community._ Donavit ... ad convivientia fratrum de supradicto monasterio cortile. Notitia monast. s. Petri Gandav. a. 694, ed. Gysseling-Koch, _BCRH._, t. 13 (1948), p. 294.

**convivium**: _repas à fournir à un seigneur — meal due to a lord._ Nullas functiones vel exactiones neque exquesita et lauda convivia ... de ipsa facultate paenitus non requiratur. Marculf., lib. 2 no. 1, _Form._, p. 72. Neque in agris ipsius convivia ego vel pontifices successores nostri vel archidiaconus praeparare non praesumat. Gysseling-Koch, _Dipl. Belg._, no. 3 p. 11 (< a. 663>, spur. s. xii).

**convocare**, aliquem (singul.): 1. *_mander — to ask to come._ Convocavit ad se aliquem de conparis suis, ut ei adjutorium praebuisset. Capit. Aquisgr. (a. 801-813), c. 20, I p. 172. 2. _citer en justice — to summon._ Si ... iterum pro ipsa causa ad palatium fuerit convocatus et dijudicatus. Capit. Saxon. a. 797, c. 4, ib., p. 72. Quod si [monachi inoboedientes] se non emendent, tunc archiepiscopus eos ad sinodum convocet. Capit. missor. gener. a. 802, c. 15, p. 94. Rex ... ad satisfactionem convocetur. Synod. Papiens. a. 997, Cod. Udalr., no. 5, Jaffé, _Bibl._, V p. 25.

**convocus** (subst.): _homonyme — namesake._ Ann. Xant., a. 835, ed. Simson, p. 9, et ibi saepius.

**conwadiarius** (adj.): _relatif à un engagement — concerning a pledge._ Facta est inde carta congadiaria. _Hist. de Languedoc_, II col. 152 (a. 991).

**conwadium**, -vadium: _gage — pledge._ DC.-F., II p. 543 col. 2 (ch. a. 1063, Montiérender).

**conzium**, v. congium.

**cooperare**, trans.: _exploiter — to work._ [Cedimus vineas] exceptis iis quae Elias cooperatur. Doniol, _Cart. de Brioude_, no. 65 p. 86 (a. 928). Vinea facta et lebata et cooperata. _CD. Cavens._, II p. 76 (a. 972).

**cooperatio**: *_action collective — sharing work._

**cooperator**: *_collaborateur — fellow-worker._

**cooperculum**, coper-, cuper-, -clum, -chium: 1. _couvercle — lid._ Bustam [i. e. pyxidem] cum cuperculo. Brev. ex., c. 2, _Capit._, I p. 251. 2. _couverture — blanket._

**cooperimentum**: 1. *_couverture — cover._ 2. *_rideau — curtain._

**cooperta**, coperta, cuperta: 1. _couverture, housse — cover, blanket._ S. xiii, Ital. 2. _pont d'un vaisseau — deck._ S. xiv, Ital. 3. _halle — hall._ S. xiv, Gall.

**coopertorium**, coper-, cuper-: 1. *_couvercle — lid._ 2. *_voile — veil._ 3. _couverture — blanket._ Brev. ex., c. 36, _Capit._, I p. 256. Dronke, _CD. Fuld._, no. 539 p. 241 (ca. a. 841). De Marca, _Marca Hisp._, app., col. 788 (ch. a. 855). 4. _devant d'autel — altarcloth._ Dans coopertorium Sarmaticum, quo altare dominicum ... tegeretur. Gregor. Turon., V. patrum, c. 11, _Scr. rer. Merov._, I p. 701. Coopertoria serica. _CD. Cavens._, II p. 298 (a. 990). Coopertorium super altare. Lib. pontif., Ben. II, ed. Duchesne, I p. 363. 5. _toiture — roofing._ 6. _armure — armour._ S. xii.

**coopertura**, coper-: 1. _couverture — blanket._ Leg. Henrici, tit. 82 § 8, Liebermann, p. 599. 2. _toiture — roofing._ Mir. Eutropii, _AASS._, Apr. III p. 738. _CD. Cavens._, I p. 201 (a. 935). 3. _armure — armour._ S. xiii.

**cooppidanus**: _concitoyen — fellow-burgess._ Quilibet eorum [oppidanorum] cooppidano suo scabinium facere debet. Van der Heyden-Mulder, _Handvesten_, p. 8 (a. 1217, Middelburg).

**copa**, v. cuppa.

**copallus**: _cierge — candle._ Ordo Mediol. ca. a. 1130, Muratori, _Antiq._, IV col. 902.

**copare**: 1. _couper_ du bois — _to cut_ wood. S. xiii. 2. _rogner_ les monnaies — _to clip_ coins. S. xiv.

**copecia**: _bois taillis — coppice._ S. xiii, Angl.

**copellum**, -us: 1. une _mesure de blé — a corn measure._ S. xiii, Ital. 2. _bois de corde — loppings._ S. xiii, Gall.

**coperones**, v. colperones.

**coperta, copertorium, copertura**, v. coopert-.

**copetus**, copettus: 1. une _monnaie — a coin._ Guill. de Ryckel, ed. Pirenne, p. 248, 268. 2. une _mesure de grains — a corn measure._ S. xiv, Dauphiné.

**copia**: _copie — copy._ S. xiii.

**copiare**: _transcrire — to copy._ S. xiv.

**copiarium**: _registre — roll._ S. xiv.

**coppa**, v. cuppa.

**coppus**, cuppus, copus: _dalle, tuile — tile._ S. xiii, Ital.

1. **copula**: 1. *_mariage — marriage._ 2. _attelage — set of horses._ Hortos illos ... pascuis nostrae episcopalis copulae addictos, ab omni copulae jure et mariscalcorum potestate ... me absolvisse. Gudenus, _CD. Mogunt._, I p. 108 (a. 1133). Stabularius ... equitaturae et copulae abbatis praesideat ... Abbas in copula sua ... 12 equos habeat euntes ... Placuit litteris adnotare quibus in locis copula abbatis pasci debeat. Schöpflin, _Alsatia_, I p. 228 (a. 1144, Marmoutier).

2. **copula** (<copa, v. voc. cuppa): une _mesure de grains — a corn measure._ S. xiv, Ital.

**copulare**: 1. *_marier_ à qq'un — _to wed_ to a person. [Femina] alteri legitime copuletur. Capit. (a. 814-840), c. 1, I no. 156 p. 315. 2. sibi: *_épouser — to marry._ Qui viduam ... sibi copulaverit. Capit. legib. addit. (a. 818-819), c. 4, I p. 281. De liberis feminis, que sibi servi [i. e. servos] copulant. Capit. Papiense a. 832, cod. Paris. 4613, II p. 62 l. 34. 3. refl. se copulare et depon. copulari: _se marier — to marry._

**copulatio**: *_mariage — marriage._ De copulatione sacrarum virginum. Capit. eccles. (a. 818/819), c. 25, I p. 279. Conversus divisusque ab inlicita copulatione. Concil. Roman. a. 826, c. 38, _Capit._, I p. 377. Copulationis dies. Joh. Venet., ed. Monticolo, _Cron. Venez._, I p. 168.

**coqua**, v. coggo.

**coquarius**: _boulanger — baker._ Dedit suum furnile quod habebat in dominico, ... cum



duobus coquariis. Bertrand, _Cart. d'Angers_, I no. 160 p. 185 (a. 1056-1060).

**coquetum**, -ett-: _sceau de douane — coquet._ S. xiii, Angl.

**coquina**: 1. *_cuisine — kitchen._ 2. _un mets cuit — cooked food._ S. xiii.

**coquinare**: _cuire, faire la cuisine — to cook._ Lex Sal., tit. 64 § 1. Regula Magistri, c. 19. Chrodegangi regula, c. 3, Mansi, t. 14 col. 316.

**coquinarius**: _cuisinier — cook._ D. Aldephonsi reg. Cast. a. 1094, Martène, _Coll._, I col. 549. Salimbene, ed. Holder-Egger, p. 558.

**coquinator**: _cuisinier — cook._ Guido, Disc. Farf., lib. 2 c. 26, Albers, _Cons. mon._, I p. 165.

**cor**: 1. *_le cœur, le noyau_ d'une chose inanimée _— the core, the inmost part_ of lifeless things. 2. loc. ex corde: _par cœur — by heart._ Lectio ex corde recitanda. Benedicti regula, c. 9.

**cora**, kora, chora (germ. „ce qu'on a choisi", c.-à-d. droit statutaire — "chosen thing", i. e. statutory law): 1. _droit urbain, loi urbaine — urban law, municipal statute._ 2. _territoire soumis au droit urbain — area subject to municipal law._ Qui vulneraverit hominem infra koram. Van der Heyden-Mulder, _Handvesten_, p. 7 (a. 1217, Middelburg).

**coracia**, corazia, v. coriacea.

**coragium**, coregia, v. conredium.

**coraula** = choraules.

**coragium** (<corus): _redevance pour le mesurage du blé — corn measuring due._ S. xiii.

**corallium**, corallum, coraglium, coraglum, curallum (gr.): 1. _corail — coral._ 2. _bois de chêne — oak-timber._

**coram**: _en faveur de — for the benefit of._ Perdet ille vel frangit 10 marcas coram populo et tria talenta apud sculteto. Von Richthofen, _Fries. Rechtsqu._, p. 44 (s. xiii in.)

**coramen**, curamen: _cuir — leather._ S. xiii, Ital.

**corata**, corada (<cor): _fressure — entrails._

**coraterius**, -arius, v. curraterius.

**coratium**, v. coriacea.

**corator** (<cor): _magistrat urbain_ chargé de la police _— city magistrate._ Qui scabini erunt, erunt et coratores. Consuet. Furnens. a. 1240, c. 1, Warnkoenig, _Flandr. St.- u. Rg._, II pt. 2 pr. p. 73.

**corba**, chorba = corbis.

**corbada**, v. corrogata.

**corban** (indecl.) et corbana, -bo-, -num (gr. aram.): 1. *_offrande — offering._ 2. *_tronc, caisse pour les offrandes — box for offerings._ 3. _caisse, coffre — box, trunk._

**corbella**, corbelia, corbilla, corbellia (<corbis): 1. _corbeille — basket._ Durare forum dicitur, quamdiu tres corbeliae sutorum cum mercibus in foro inveniuntur. DC.-F., II p. 560 col. 2 (ch. a. 1166, Chartres.) 2. une _mesure de capacité — a solid measure._ S. xiv, Ital.

**corbellata**: _le contenu d'une corbeille — a basketful._ S. xiv.

**corbis**, -ba, -bus: une _mesure de grains — a corn measure._ Capit. de villis, c. 9. Brev. ex., c. 25, _Capit._, I p. 16 sqq. Adalhardi abb. Corbej. stat., c. 6, ed. Levillain, _LMA._, t. 13 (1900), p. 356. Descr. Lobiens. a. 868, ed. Warichez, _BCRH._, t. 78 (1909), p. 251.

**corbona**, v. corban.

**corcebaldus**, v. curtiboldus.

**corda**, v. chorda.

**cordatus** (<cor): _courageux — brave._ Nec differt heros cordatissimus ad vindictam hostium properare. G. cons. Andegav., Halphen-Poupardin, _Chron. d'Anjou_, p. 47. Cordatus, id est magnifici cordis. Salimbene, ed. Holder-Egger, p. 329.

**cordarius**, -erius (<chorda): _cordier — ropemaker._ S. xiii.

**cordella** (<chorda): _ficelle — cord._ S. xiii, Ital.

**cordetum** (<chorda): _tissu de cordes — fabric made of cordage._ S. xiii.

**cordevisarius**, corvesarius (<cordevisus): _cordonnier — shoemaker._ Bertrand, _Cart. d'Angers_, I no. 273 p. 315 (a. 1082-1106).

**cordevisus**, -do-, -bi-, -ve- (adj.) (<Cordoba): _de Cordoue; en peau de chèvre préparé à la manière de Cordoue — of Cordoba; consisting of goatskin prepared after the Cordoban fashion._ Cordevisae pelles 10. _D. Merov._, no. 86 (a. 716). Subst. mascul. **cordevisus**: _peau de chèvre préparé à la manière de Cordoue — goatskin prepared after the Cordoban fashion._ Ad cordevesos et solas eorum componendos uncti ducenti. Const. de partit. bon. s. Dionys. a. 832, _Conc._, II p. 690. Pro ducentis unctis qui dabantur fratribus per singulos annos ad cordovesos eorum et coria componenda. _D. Charles le Chauve_, no. 247 (a. 862), II p. 62 l. 3.

**cordialis**: _cordial — cordial._ S. xiv.

**cordialiter**: _cordialement — cordially._ S. xiv.

**cordo** (genet. -onis), cordonus (<chorda): _corde — rope._

**cordoanarius**, -dua-, -ne-: _corroyeur, cordonnier — currier, shoemaker._ Brunel, _Actes de Pontieu_, p. 18 no. 9 (a. 1100). Cipolla, _CD. Bobbio_, II p. 243 (a. 1193). Keutgen, _Urk. städt. Vfg._, no. 130 (a. 1259, Worms).

**cordoanellus**: _soulier en peau de chèvre — goatskin-shoe._ Rubeos soccos sub curduanellis. Ruodlieb, fragm. 14 v. 118.

**cordoanus**, -dua-, -doba-, -duba- (adj.) (<Cordoba): idem quod cordevisus. S. xii. Subst. mascul. **cordoanus**: idem quod cordevisus. S. xiii.

**cordovesus**, v. cordevisus.

**cordura, cordurare, cordurarius**, v. codur-.

**coredum**, v. conredum.

**corellus** (<cor): _pourpoint — doublet._ S. xiii.

**corepiscopus**, v. chorepiscopus.

**corettum**, coritum, corietum (<cor): _plastron — breastplate._ Leges Normann. s. xiii, ap. Ludewig, _Reliq._, VII p. 277.

**coretus** (<corus): une _mesure de grains — a corn measure._ S. xiii, Germ.

**coriacea**, cora-, cura-, coira-, -ci-, -ti-, -zi-, -ssi-, -um (<corium): _cuirasse — cuirass._ S. xiii.

**coriamen** (<corium): _cuir — leather._ S. xiii, Ital.

**coriare**: _revêtir de cuir — to upholster with leather._ Lecticam ligneam coriatam. Hariulf., Chron., lib. 4 c. 32, ed. Lot, p. 265.

**coriarius**, coriatarius (<corium): 1. _tanneur — tanner._ Honoranciae civit. Papiae, c. 12, _SS._, XXX p. 1456. 2. _cordonnier — shoemaker._ Coriarius seu calceamentorum sutor. Arnulf. Vochburg., Mir. Emmerammi (s. xi p. pr.), lib. 1 c. 2, _AASS._, Sept. VI p. 500 col. 2.

**coriator** (<corium): _tanneur — tanner._ Keutgen, _Urk. städt. Vfg._, no. 268 (ca. a. 1260, S.-Pölten).

**corietum,** v. corettum.

**corilinus** (<corylus): *du coudrier — of hazel.* Corticibus corilinis. Ruodlieb, fragm. 13 v. 110.

**corimedis,** cor-, cur-, -mei-, -da (germ.): *meilleur catel — heriot.* In finem vite sue 12 den. pro corimede custodi solverent ..., aut pauper si esset, ut corimedem hunc solvere nequiret ... PIOT, *Cart. de S.-Trond*, no. 17 p. 24 (ca. a. 1080). Corimedem post mortem suam 12 tantum denarios persolveret. GYSSELING-KOCH, *Dipl. Belg.*, no. 218 (a. 1088, S.-Trond). Abbas corimedem suam accipiat. *D. Heinrichs III.*, no. 273 b (<a. 1051>, spur. s. xii). Dabunt mihi post mortem eorum curmedam, quod est unum optimum quid de sua possessione. SLOET, *OB. Gelre*, no. 504 p. 507 (a. 1227). Retinui mihi omnem justiciam et jus tam in corweidis [leg. cormeidis] quam aliis causis ... Hoc excepto, quod ... tantummodo in morte ab homine pecus potissimum et a muliere vestem meliorem teneor habere. BOEREN, *Tributaires*, p. 142 no. 50 (a. 1234, Grammont).

**coritum,** v. corettum.

**cornuagium,** cornagium: *redevance grevant les bêtes de cornes — a duty on horned cattle.* S. xiii, Gall., Angl.

**cornamusa**: *cornemuse — bagpipe.* S. xiv.

**cornare**: **1.** *sonner du cor — to blow the horn.* Henr. III reg. Angl. ch. de forestis a. 1217, c. 11, STUBBS, *Sel. ch.*[9], p. 347. **2.** *publier à son de trompe — to proclaim with trumpetsound.* Facerent cornare, ut nobiles et ignobiles venirent. Usat. Barchinon., c. 124, GIRAUD, *Essai*, II p. 491. **3.** figur.: *crier sur les toits — to proclaim from the housetops.* Tegebantur indigna, ac idonea cornabantur. GUIBERT. NOVIG., De vita sua, lib. 1 c. 12, ed. BOURGIN, p. 39.

**cornerium** (<cornu): *coin — corner.* S. xiv.

**cornetum,** -ta (<cornu): **1.** *cornet — cornet.* S. xiv. **2.** *coin — corner.* S. xiv. **3.** *pointe de capuchon — tip of a hood.* S. xiv.

**cornicatio**: *croassement — croaking.* Chron. Noval., lib. 5 c. 42.

**cornicinare** et depon. cornicinari (<cornicen): *sonner du cor — to blow the horn.*

**cornu**: **1.** **coin d'autel — corner of an altar.* Ponis super cornu altaris digito tuo vinum ... Sacram. Gelas., lib. 1 c. 88, ed. WILSON, p. 133. Ante cornu altaris ... libertatem consequatur. Capit. eccles. (a. 818/819), c. 6, I p. 277. **2.** *aile du transept — cross-aisle.* In dextro cornu ecclesiae, quae ... in modum crucis constructa est. ERMENTAR., Mir. Filiberti, lib. 1 c. 28, POUPARDIN, *Mon. de S.-Philibert*, p. 34.

**cornupeta,** -ni- (adj.): **qui donne des coups de corne — butting with the horns.*

**cornuta,** cornuda, cornua: une sorte de *seau* — sort of *pail.* S. xiv, Ital.

**cornutus**: une *monnaie* — a *coin.* S. xiv, Gall.

**coroata,** coroada, coroeta, v. corrogata.

**corona**: **1.** *la Couronne* en tant que concept de droit public; *la monarchie, le pouvoir monarchique — the Crown* as an element of constitutional law; *the monarchy, monarchical power.* Extra manum et coronam regni Franciae non poterunt [res monasterii] ad aliquam aliam personam ... transferri. D. Ludov. VI reg. Fr. a. 1119, ap. LUCHAIRE, *Inst. monarch.*, II p. 56 n. 1. Ad custodiendum placita corone mee. Henrici I reg. Angl. ch. (a. 1131-1135), c. 1, LIEBERMANN, p. 525. Cognovit episcopatum suum de corona regni nostri esse. D. Ludov. VII reg. Fr. a. 1161, *Gall. chr.*[2], I instr. p. 24. Villa ista ... proprie et specialiter ad personam et majestatem regiam et ipsius coronam regni spectabit. GUICHENON, *Bibl. Sebusiana*, V p. 137 (a. 1166). Neque nos neque successores nostri reges Francie illius castri dominium extra manum nostram mittemus neque a corona Francie separabimus. *Actes Phil.-Aug.*, no. 240 (a. 1188), I p. 294. Nec nobis nec successoribus nostris liceat civitatem Ambianensem vel communiam extra manum nostram mittere, sed semper regie inhereat corone. Phil. II Aug. priv. comm. Ambian. a. 1190, c. 52, GIRY, *Doc.*, p. 35. **2.** *tonsure — tonsure.* Putares ab eisdem [pilis] coronam clerici fuisse signatam. GREGOR. TURON., V. patrum, c. 17 § 1, *Scr. rer. Merov.*, I p. 728. Corone signum ab A. archipresbitero accepit. BITTERAUF, *Trad. Freising*, I no. 19 p. 48 (a. 763). Omnium sacerdotum coronas. F. Visigot., no. 34, *Form.*, p. 590. Clericalem coronam in capite habens. ANAST. BIBL., Chronogr., ed. DE BOOR, p. 288, v. l. Si clericus coronam suam dimiserit. Concil. Lillebonn. a. 1080, c. 25, TEULET, *Layettes*, I no. 22 p. 27 col. 1. Ludicrum ... in coronam ejus facerent, antequam capite illum plecterent. EKKEHARD., Cas. s. Galli, c. 3, *SS.*, II p. 106 l. 29. **3.** une *mesure de capacité* pour les raisins — *measure* for raisins. Coronas de racemis, qui vineas habuerint, non minus tres aut quatuor habeant. Capit. de villis, c. 22. Cf. M. GORISSEN, *Miscellanea Gessleriana*, 1948, pp. 548-551. **4.** *lustre, chandelier suspendu — chandelier.* Coronam auream quae est pharus cantarus. Lib. pontif., Silvester, ed. MOMMSEN, p. 66. Coronas argenteas farales. Ib., Xyst. III, p. 97. Pendet super altare corona argentea. Brev. ex., c. 2, *Capit.*, I p. 251 l. 3. Coronis argenteis aliisque diversis luminaribus ... studuit insignire basilicam. RATPERT., Cas. s. Galli, c. 9, *SS.*, II p. 70 l. 4. Coronas tam luminoso fulgore a laquearibus dependentes. V. Joh. Gorziens. (ante a. 984), c. 90, *SS.*, IV p. 362. Quot coronas accendi preciperet. THIETMAR., lib. 2 c. 28, ed. KURZE, p. 37. Accense sunt chorone in choro. Consuet. Cluniac. antiq., rec. C, c. 44, ALBERS, II p. 60. LEO OST., Chron. Casin., lib. 1 c. 55, *SS.*, VII p. 619 l. 9. Aecclesiam s. Mariae coronis ornavit. HUGO FLAVIN., *SS.*, VIII p. 367. **5.** *cercle — ring.* Corona facta de sedibus episcoporum. Ps.-ISID., Ordo de celebrando consilio, ed. HINSCHIUS, p. 22.

**coronare**: **1.** *tonsurer — to tonsure.* Sancta loca, in quibus nutritus et doctus ac coronatus fueram. ASSER., G. Aelfredi, c. 79, ed. STEVENSON, p. 64. **2.** *orner — to adorn.* Tota mox civitas coronatur. LIUDPRAND. CREMON., Antap., lib. 3 c. 26, ed. BECKER, p. 87. Item OTTO SANBLAS., c. 40, ed. HOFMEISTER, p. 62; rursum c. 51, p. 85. **3.** depon. coronari: *porter la couronne* (à une occasion solennelle) — *to wear the crown* (at solemn occasions). Rex ... in festivitate Apostolorum in monasterio s. Emmerammi ... coronatur. OTTO FRISING., G. Friderici, lib. 2 c. 6, ed. WAITZ-SIMSON, p. 107. Iterum lib. 2 c. 34, p. 142. RAHEWIN., lib. 3 c. 50, p. 226.



**coronator**: **1.** **celui à qui incombe la tâche de couronner un monarque — he who crowns a ruler.* **2.** plural. coronatores: *la foule des gens qui assistent à un plaid — the men present at a judicial meeting.* Dum sedissent ... episcopi, ... judices ceterique omnes coronatores viri ibique inter eos surrexerunt N. et F. missi dominici. BITTERAUF, *Trad. Freising*, I no. 463 p. 394 (a. 822). **3.** en Angleterre, *représentant local de la Couronne — coroner.*

**coronatus** (subst.): **1.** *un tonsuré — tonsured clerk.* Vidi ... officium ... in medio chori crebro coronati inspectu agere. EKKEHARD., Cas. s. Galli, c. 6, *SS.*, II p. 111. Quibusdam coronatis ... dabantur a laicis episcopatus et abbatiae. ORDER. VITAL., lib. 4 c. 8, ed. LEPRÉVOST, II p. 225. **2.** une *monnaie* — a *coin.* S. xiv.

**coronella**: *petit pain en forme d'anneau — ring-shaped bun.* Ruodlieb, fragm. 6 v. 86.

1. **corporalis** (adj.): **1.** *effectif, de fait — actual.* Quamquam rei commutatio ex ipsa corporali traditione possit firma consistere. Lib. diurnus, c. 33, ed. SICKEL, p. 24. Vobis exinde ... corporalem facio vestituram. THÉVENIN, *Textes*, no. 105 (a. 872, Chieti). Corporalis possessio: jouissance actuelle — actual possession. Corporalis residentia: résidence personnelle — personal residence. Corporale juramentum: serment qu'on prète en personne — oath taken personally. Corporalis detentio. FICKER, *Forsch.*, IV no. 116 p. 161 (a. 1147, Verona). **2.** *qui sert à y mettre l'Eucharistie — used for the Eucharist.* Corporalis palla. Sacram. Gregor., MIGNE, t. 78 col. 220 B. Super pallam, quae corporalis dicitur, in altare confrangit. Ordo Rom. II, c. 7, ed. ANDRIEU, II p. 115. Corporale pallium. BONIF.-LULL., epist. 32, *Epp.*, III p. 283. Subst. neutr. **corporale** et mascul. **corporalis**: **1.** *corporal — corporal.* Ordo Rom. I (s. vii ex.), c. 66, ANDRIEU, II p. 90. Diaconus cooperit sancta seu et calicae super altare cum corporale. Ordo Rom. XXX B (s. viii ex.), c. 16, ANDRIEU, III p. 469. Corporales 4. Brev. ex., c. 4, *Capit.*, I p. 251. Manipulas duas, corporales duas. PÉRARD, *Rec. de Bourg.*, p. 26 (ca. a. 840). Corporale, cui superponitur dominicum corpus, non aliud quam lineum oportet esse. Ps.-ALCUIN., Off., c. 40, MIGNE, t. 101 col. 1252 B. Sindone, quam solemus corporale nominare. AMALAR., Eccl. off., lib. 3 c. 19, MIGNE, t. 105 col. 1129 C. Si corporale ex mundissimo et nitidissimo linteo sit. REGINO, Syn. caus., lib. 1 notitia § 7, ed. WASSERSCHLEBEN, p. 20. FOLCUIN., G. abb. Sithiens., in fine, *SS.*, XIII p. 634 l. 26. Levita corporale extendat super altare. Sigiberti abb. consuet., c. 31, ALBERS, II p. 98. Crismale, quod a quibusdam corporalis appellatur. RADULF. GLABER, lib. 5 c. 1 § 12, ed. PROU, p. 123. Pontifex ... communicat populum ... et servat de sancta in crastinum in corporale. CENCIUS, c. 57 § 24, ed. DUCHESNE, I p. 295 col. 1. **2.** *corps*, l'ensemble des membres d'une association — *body* of the members of an association. S. xiii, Ital.

2. **corporalis** (subst. mascul.), v. caporalis.

**corporaliter**: **1.** *effectivement, de fait — actually.* Tradimus et corporaliter possidendum praebemus. *D. Merov.*, no. 1 (a. 510). Quo corporaliter ejusdem venerandum corpus quiescit. MABILLON, *Ann.*, III p. 683 col. 1 (ch. a. 877). Corporaliter ipsum de ipsis rebus et possessionibus investisset. *D. Ottos I.*, no. 340 (a. 967). **2.** *personnellement — personally.* Refutationem jurejurando corporaliter prestito firmaverunt. FICKER, *Forsch.*, IV no. 131 p. 173 (a. 1163).

**corporeitas**: *stature — stature.*

**corpus**: **1.** *personne — person.* Corpus malefactoris erit burgensium et bona sua domino sunt adjudicanda. KEUTGEN, *Urk. städt. Vfg.*, no. 133 c. 48 p. 123 (s. xii, Freiburg i. B.) Non poterit ... impedire corpus comitis. STUBBS, *Sel. ch.*[9], p. 141 (a. 1147—1151). **2.** *cadavre — corpse.* Si quis corpus sepultum exfodierit. Lex Sal., tit. 16 addit. 5, codd. fam. 3. **3.** corpus ecclesiae: le *nef* d'une église — the *nave* of a church. A corpore ecclesiae ... incipere dignum duximus. SUGER., De admin. sua, c. 1, ed. LECOY, p. 156. BEYER, *UB. Mittelrh.*, I no. 462 p. 519 (a. 1128, Mainz). Corpus domus: la partie principale d'une maison — the main building of a house. *Ordonn.*, VII p. 605 § 14 (a. 1208). **4.** **l'ensemble* d'une fortune — *the bulk* of a fortune. De omne corpore facultatis mei. F. Andecav., no. 41, *Form.*, p. 18. [Cum] omne corporis facultate [i. e. corpore facultatis]. Guntchramni et Childeb. II pactum a. 587, *Capit.*, I p. 13 l. 34. **5.** **compilation*, en part. *code de droit* — a *compilation*, esp. *law code.*

**corpusculum**: **cadavre — corpse.*

**corratagium,** -et-, v. curratagium.

**corraterius,** -et-, -ett-, -ect-, -arius, v. curraterius.

**correctio**: **1.** *punition — punishment.* Excedentes correctionis fraena constringant. Guntchramni edict. a. 585, *Capit.*, I p. 12. Latrones ... sub magna districtione et correctione sint correpti. Capit. Bajuw. (ca. a. 810?), c. 5, p. 159. Si culpabilis inventus fuerit, dignam correctionem accipiat. Ludov. Pii admonit. (a. 823-825), c. 21, ib., p. 306. Juxta facti qualitatem erit modus justae correctionis. Episc. rel. a. 829, c. 56, ib., II p. 47 l. 27. Qui justitiam differre temptaverint, dignam correctionem accipiant. F. imper., no. 43, *Form.*, p. 320. **2.** (cf. voc. correptio): *répréhension — reproof.* Sermo vestrae correctionis contra illos dirigi potest. Concil. Paris. a. 825, *Conc.*, II p. 484. Qui correctionem et increpationem pro eorum neglegentiis merentur. Capit. de missis instr. a. 829, *Capit.*, II p. 8 l. 16.

**correda,** corredium, correium, corregia et derivata, v. conred-.

**corregnare**: **régner en roi adjoint — to reign along with* another ruler.

**correptio**: **1.** **répréhension — reproof.* Per admonitionem nostram et correptionem etiam coactus hoc faciat. Stat. Rispac. (a. 799/800), c. 5, *Capit.*, I p. 227 l. 22. Quibus gratiarum actiones referre, quosque etiam dignis correptionibus corrigere debeamus. Ludovici Pii epist. (a. 816/817), ib., p. 342 col. 1 l. 15. **2.** *châtiment — chastisement.* Non dimittat illos [incantatores] sine disciplina correptionis. Capit. cum Ital. episc. delib. (a. 790-800?), c. 2, p. 202. Aut ictibus ... aut minutis virgis ... illum ... castiget ... Et qui ... inventus fuerit pro tali correptione non castigatus ... Const. Carisiac. de moneta a. 861, ib., II p. 302 l. 14.

**correrius,** v. currerius.
**corridorium,** v. curritorium.
**corrigere, 1.** aliquid: *redresser* par jugement, *juger — to remedy, to mend, to judge.* Episcopus si quid in sua diocesi corrigere vel emendare nequiverit, id in synodo ad corrigendum insinuet. Concil. Franconof. a. 747, *Conc.*, II p. 47. Nostros ad vos dreximus missos, qui ex nostri nominis auctoritate una vobiscum corrigerent quae corrigenda essent. Admon. gener. a. 789, prol., *Capit.*, I p. 53 l. 41. Episcopi justitias faciant in suis parroechiis. Si non oboedierit aliqua persona episcopo suo ... [metropolitanus] dijudicet causam ... Et si aliquid est quod episcopus metropolitanus non possit corrigere vel pacificare, tunc tandem veniant accusatores cum accusato [ad regem]. Synod. Franconof. a. 794, c. 6, *Conc.*, II p. 167. Si talis causa ... orta fuerit, quae aut ad inhonorationem regni aut ad commune damnum pertineat, quae etiam sine nostra potestate corrigi non possit, nos diu latere non permittatis, quia omnia Deo auxiliante corrigere debemus. Admon. ad omnes ord. (a. 823-825), c. 15, *Capit.*, I p. 305. **2.** *punir — to punish.* Sunt et alia plura flagitia pernecessario corrigenda. Concil. Paris. a. 829, c. 69, *Conc.*, II p. 671. Potestatem, si qua contra canonicam auctoritatem commissa fuerint, corrigendi. Coll. Sangall., no. 3, *Form.*, p. 397. **3.** aliquem: *faire rentrer dans l'ordre — to call to order, to reduce.* Quia necesse est ut plebs, quae sacerdotis praeceptum non ita ut oportit custodit, nostro etiam corrigatur imperio. Childeb. I praec. (a. 511-558), *Capit.*, I p. 2 l. 31. Alios canonica severitas corrigat, alios legalis poena percellat. Guntchramni edict. a. 585, ib., p. 12 l. 2. **4.** (cf. voc. corripere) *vitupérer — to reprove.* Si quis correctus semel et iterum. Benedicti regula, c. 21. Secundum regulam ab abbate corregantur. MARCULF., lib. 1 no. 1, *Form.*, p. 40. Qui, inlicitis et incestis conjunctionibus reprehensi, sunt correcti et nec se emendare volunt nec ... obtemperare. Capit. missor. gener. a. 802, c. 38, I p. 98. **5.** *châtier — to chastise.* JOH. VENET., ed. MONTICOLO, *Cron. Venez.*, p. 85. **6.** *punir — to punish.* Si predicare liceat, si emendare, si corrigere. F. Senon. rec., no. 17, *Form.*, p. 220. Ut episcopi de incestuosis hominibus emendandi licentiam habeant; seu et de viduis ... potestatem habeant ad corrigendum. Capit. Harist. a. 779, c. 5, *Capit.*, I p. 48 col. 1. A nobis juxta quantitatem culpae digne corrigatur. Ludov. Pii epist. (a. 816/817), ib., p. 342 l. 26. A quo et quomodo corrigi abbas neglegenter agens debeat, canon ... exponit, cum ab episcopo loci dissilientem communione privare non ambigat. Episc. rel. (post a. 821), c. 11, ib., p. 369. [Si] postquam neglegentia [vassi] contemptoris ad ejus [sc. senioris] notitiam pervenerit, eum corrigere sicut decet neglexerit. Admon. ad omnes ord. (a. 823-825), c. 17, ib., p. 305. [Divinatores] disciplina et vigore principis acrius corrigendi sunt. Episc. rel. a. 829, c. 54, ib., II p. 45 l. 6. **7.** *gouverner, exercer la justice sur un groupe de personnes, un territoire — to rule, to exercise jurisdiction over* a group or an area. In comitatu positus regionem illam per 40 annos justitia comitante correxit. GREGOR. TURON., V. patrum, *Scr. rer. Merov.*, I p. 687. Familiam in monasterio Domino militantem suoque dominio subjectam disciplinis regularibus et observantiae monasterialis institutione corrigat. *D. Ludwigs d. Deutsch.*, no. 67 (a. 853). A multis ... qui sub eo [sc. Notkero] coaluissent, quam plurimae correctae sunt ecclesiae. ANSELM., G. episc. Leodiens., c. 29, *SS.*, VII p. 205 l. 30.
**corrigia: 1.** *ceinture — girth.* S. xiv. **2.** *langue de terre — spit of land.* MURATORI, *Antiq.*, III col. 144 (ch. a. 903); II col. 175 (ch. a. 948). *Gall. chr.*[2], VI instr. col. 177 (ch. a. 1054).
**corrigiarius:** *ceinturier — beltmaker.* S. xiv.
**corripere:** **punir — to punish.* Si quis presbyter ... ab episcopo correptus et excommunicatus fuerit. Concil. Vern. a. 755, c. 9, *Capit.*, I p. 35 l. 7. [Incestuosi] taliter corripiantur, ut caeteri metum habeant talia perpetrandi. Capit. missor. gener. a. 802, c. 33, p. 97. Ut latrones vel homicidae ... sub magna districtione et correctione sint correpti. Capit. Baiwar. (ca. a. 810?), c. 5, p. 159. Qui pro aliquo capitali et publico crimine a quolibet episcopo corripitur vel excommunicatur. Conv. ap. Marsnam a. 851, c. 5, ib., II p. 73. Si quis ... inventus fuerit corrupisse bannum ab episcopis inpositum, 40 dierum castigatione corripiatur tantum in pane, sale et aqua. Concil. Tribur. a. 895, c. 8, II p. 218.
**corroboratio:** **affermissement, confirmation — reinforcement, confirmation.*
**corrodium,** corrogium, v. conredium.
**corrogata,** coro-, corru-, cor-, cur-; -w-, -v-, -b-; -ada, -eta, -ea, -eia; croata, chro-, cru-, -ada (< corrogare „exiger — to exact"; cf. CAESAR. AREL., Serm., *Opera* ed. MORIN, I p. 273): **1.** *corvée* au sens propre: le service qui consiste dans le *labourage des terres de la réserve seigneuriale*, mesuré par journées de travail — *manorial ploughing service on demesne fields*, it being measured by work-days. Non praesumant judices nostram familiam in eorum servitium ponere, non corvadas, non materia cedere nec aliud opus sibi facere cogant. Capit. de villis, c. 3. [Lidus] facit ... in unaquaque ebdomada curvadas 2. Polypt. Irminonis, br. 6 c. 36, ed. GUÉRARD, p. 57. Ibi saepe. H. ingenuus tenet mansum ingenuilem. ... Facit corrogatas 9. Polypt. S. Remigii Rem., c. 1 § 2, ed. GUÉRARD, p. 1 col. 2. Facit conrogatas 2, si boves habuerit. Ib., c. 11 § 8, p. 22 col. 2. Quando ... curvadas facit, panem et cervisa et carnem eis datur. Urbar. Prum. a. 893, c. 1, BEYER, *UB. Mittelrh.*, I p. 145. Ecclesiam ... cum servis et ancillis ... et cum lisdis et curvatis. *D. Ugo*, no. 16 (a. 928), p. 46 l. 24. Faciet mansus unusquisque ... in corrogata dies 2 ad utramque sationem. *Musée Arch. Dép.*, p. 30 (a. 967, Metz). Tres dies plenae corrogatae. DC.-F., II p. 582 col. 3 (Saintes). Vennas reficere, croadas facere, ad opera castelli venire. BEYER, o.c., I no. 232, p. 386 (ca. a. 1050). **2.** champ qui fait partie de la réserve domaniale et qui est exploité en principe au moyen des corvées — a demesne field worked originally by means of "corvees". Decimam de dominicis laborationibus et de vineis dominicis et de curvatis. *D. Karls III*, no. 143 (a. 886). Curiam cum suis appendiciis ... Sunt autem hec appendicia: 14 mansi ...



3 croade, stagnum uni croade assidens ... BEYER, o.c., I no. 244 p. 299 (a. 973). Quicquid creverit in ancingis et croadis totum triturabunt; in croada quaque dabuntur ex nostra parte 2 modia parati ad panem et 6 ad bratium. D'HERBOMEZ, *Cart. de Gorze*, p. 212 no. 116 (a. 984). Campum ... juxta nostram corvatam situm. CALMET, *Lorraine*, I pr. col. 418 (a. 1048). Annonam ex ancingis et cruadis. Priv. Alex. II pap. a. 1069, BEYER, I p. 425 (Toul). Donamus ... corvatem in loco q. v. B. MIRAEUS, I p. 353 col. 1 (a. 1069, Gorze). De condominiis [i.e. condaminis] ad mensas abbatis et fratrum proprie pertinentibus, que alio nomine corvate vocantur. QUANTIN, *Cart. de l'Yonne*, I p. 316 no. 186 (a. 1137, Vézelay). **3.** gener.: un *service quelconque exigé par un seigneur — any seignorial service.* Perdonavi omnibus in terra, quam Sancto dedi, manentibus arbergarias, corvatas, expeditiones, ostes et justicias. CHEVRIER-CHAUME, *Ch. de S.-Bénigne de Dijon*, II no. 365 p. 144 (a. 1087-1092). Homines ducis solebant per agros discurrere et homines Sancti cum animalibus suis in corvatam vel in carropera ducis violenter adducere. Ib., no. 398 p. 175 (a. 1101). Eorum nullus corvatam nobis faciet, nisi semel in anno ad vinum nostrum adducendum Aurelianos. Ludov. VII reg. Fr. priv. pro Lorriac. a. 1155, c. 15, ed. PROU, *RHDFE.*, t. 8 (1884), p. 448.
**corrogatio:** *corvée.* Satio studiosissime procuretur; et quod nostri boves post solemne debitum non sufficerint, frequentes impleant corrogationes. LUP., epist. 62, ed. LEVILLAIN, I p. 236.
**corruptio:** **dépravation morale — immorality.*
**corruptivus: 1.** **corrompant, déstructif — corruptive, destructive.* **2.** **corruptible, périssable — corruptible, perishable.*
**corsarius,** corserius, v. cursarius.
**corseria,** v. curseria.
**corsetus,** -atus (<corpus): **1.** *corsage — close-fitting bodice.* S. xiii. **2.** *cuirasse — cuirass.* S. xiii.
**corseum** (<corpus): *cotte de mailles — coat of mail.* Lancea et dardum, scutum et targa et ipsum meum corseum. ALART, *Cart. Roussillonnais*, no. 12 p. 25 (a. 967).
**corsorium,** v. cursorium.
**cortare** = curtare.
**cortelarius,** v. cultellacius.
**cortibaldus,** v. curtiboldus.
**1. cortina,** cur-: **tenture, rideau — hangings, curtain.* GREGOR. TURON., Hist. Franc., lib. 2 c. 31. Lib. pontif., Hadr. I, ed. DUCHESNE, I p. 499. Ibi pluries. Polypt. Irminonis, br. 12 c. 50. Coll. Sangall., no. 27, *Form.*, p. 412. DE MARCA, *Marca Hisp.*, app. col. 788 (a. 855). Consuet. Cluniac. antiq., rec. C, c. 18, ed. ALBERS, II p. 44. Ecbasis, v. 603, ed. VOIGT, p. 106.
**2. cortina,** v. curtina.
**cortinatus** (adj.): *couvert de tentures — covered with hangings.* In papilionibus tabernaculisque frondeis cortinatisque habitantes. RUDOLF., G. abb. Trudon., lib. 1 c. 10, *SS.*, X p. 234.
**cortis** et derivata, v. curt-.
**corus** (hebr.): **mesure de capacité — a dry measure.*
**coruscare** (intr.) (figur.): *resplendir, briller — to shine, to gleam.* Vitae meritis coruscat. GREGOR. M., Moralia, lib. 10 c. 17. Cujus memorabilium gestorum commenta ... cunctis Francorum populis declarata coruscant. Ann. Mett. prior., a. 678, ed. SIMSON, p. 1.
**coruscatio: 1.** **éclat — brilliance.* **2.** **éclair — lightning flash.*
**coruscus** (subst.): *éclair — lightning.* Inter coruscos et tonitruos. GREGOR. M., Dial., lib. 2 c. 33. Soporantes oculos, quos mihi aperuistis tonitruo, clausistis corusco. FORTUN., Carm., lib. 3 no. 4 § 2, *Auct. antiq.*, IV pt. 2 p. 52. Factus est super illos splendor corrusco similis. GREGOR. TURON., Virt. Martini, lib. 2 c. 29, *Scr. rer. Merov.*, I p. 620. Corusci ac tonitrua terras et aera terrerent. BEÐA, Hist. eccl., lib. 4 c. 3.
**corvagium** (<corrogata): *droit d'exiger des corvées — right to exact services.* Vindicabant in illis sibi jus hospitandi, talliam, corvagium, avenagium ... MARTÈNE, *Thes.*, I col. 596 (ch. a. 1180, Chartres).
**corvaria,** -ve- (<corrogata): *corvée — labour service. Cart. de S.-Pierre de la Couture*, p. 22 (a. 1068). MARTÈNE, *Coll.*, I col. 1379 (a. 1275).
**corvata,** corvada, corveta, corveda, corveia, corvea, v. corrogata.
**corvesarius,** v. cordevisarius.
**coscia** = coxa.
**cosduma,** v. costuma.
**cosinus,** v. coxinus.
**cosmographia:** *description du monde — description of the world.* CASSIOD, Inst., lib. 1 c. 25.
**cosmographus:** *géographe — geographer.* CASSIOD., Inst., prol.
**cosmus** (gr.): **1.** *l'Univers — the Universe.* **2.** *la Terre — the Earth.* Imperio cujus [sc. Karoli] regitur totus prope kosmus. ABBO SANGERM., Bell. Paris., lib. 1 v. 49, ed. WAQUET, p. 18. Caduca cuncta cosmi istius contemnere. V. Willibaldi, c. 2, *SS.*, XV p. 89 l. 31. Ruodlieb, fragm. 13 v. 50.
**cossa,** cosca, cossia, cocia: **1.** une *mesure de grains — a corn measure.* S. xiii, Occit. **2.** *redevance pour le mesurage des grains — corn measuring due.* S. xiii, Occit.
**cossatus,** cosatus (germ.): *habitant rural dépourvu d'une tenure — cottar.* Cosati, i. e. qui in eodem officio terram non habent. Ch. Quatuor Officiorum a. 1242, c. 69, WARNKOENIG, *Flandr. St.- u. Rg.*, II pt. 2 Urk. p. 186.
**cossinus,** v. coxinus.
**1. costa:** *côte de montagne, versant — mountain-slope. D. Karls III.*, no. 32 (a. 881). *D. Ugo*, no. 39 p. 118 (a. 935). *D. Ottos I.*, no. 412 (a. 972). GREGOR. CATIN., Chron. Farf., ed. BALZANI, II p. 55.
**2. costa:** *panier — basket.* S. xiii.
**3. costa,** v. custus.
**costagia,** v. constagia.
**costamentum,** v. constamentum.
**costare,** v. constare.
**costarium,** costerium (<costa): *tonneau — cask.* S. xiii.
**costatus** (<costa): *thorax — breast.* S. xiii, Ital.
**costellum,** cus-: *pilori — pillory.* [Latrones] in custello ponere. MÉNARD, *Hist. de Nîmes*, I pr. p. 38 col. 1 (ch. a. 1161).
**costera** (<costa): **1.** *rivage — coast.* **2.** *côté — side.*
**costerellum,** costrellum: *baril — keg.* S. xiii.
**costeretum:** *baril — keg.* S. xiii.

**costerium**: *rivage — coast*. S. xiii.
**costuma**, cus-, cous-, -du-, -to-, -mia (< consuetudo): **1.** gener.: *coutume, redevance coutumière — customary due*. Nullus officialis habeat in ipsa villa aliquod dominium ... neque in bannis, neque in legibus, neque in fredis aut in aliquo usu indebito, quem coustumam vulgo nuncupant. D. Roberti II reg. Fr. a. 1006, *Hist. de Fr.*, X p. 587 C. Trado huic monasterio ... burgum totum et omnes costumas burgi et dominium atque justitiam ... Quicumque infra praedictum alodum aliquid vendiderit, ... vendas vel costumas persolvat secundum consuetudinem loci. *Gall. chr.*², XIV instr. col. 65 no. 44 (ca. a. 1009, Anjou). Ego [dux] non possum elevare novas costumias ad C. ... sine episcopo, nec episcopus sine me. GARNIER, *Ch. de communes en Bourgogne*, 1 p. 337 no. 185 § 10 (a. 1206). **2.** spec.: *redevance pour l'usage des terres vagues — due exacted for use of waste land*. Aasentias in omnibus terris nostris absque omni redditu et coustumia. *Gall. chr.*², IV instr. col. 165 (a. 1135) Sine omni censu atque constumia [leg. coustumia] totum nemus libere possideatis. Eugen. III pap. priv. a. 1152, PFLUGK-HARTTUNG, *Acta*, I no. 225 p. 208. **3.** spec.: *péage — customs duty*. Dedit cosdumam annone totius terre sanctimonialium et omnem cosdumam vini earum quod ibi venderetur. MARCHEGAY, *Arch. d'Anjou*, III p. 88 no. 121 (ca. a. 1080). Si homines ipsius ville apud M. aliquid emerint ad usus suos, nullam inde reddent costumam; sed si aliquid ibi vendiderint, reddent inde pedagium suum. BERTRAND, *Cart. d'Angers*, I no. 140 p. 169 (a. 1097). De pane qui in C. venit vendendus, non debet dari costuma vicedomini Andegavensi nec alicui, nisi ... *Actes Phil.-Aug.*, no. 361 (a. 1190), c. 21, I p. 440. **4.** plural.: *mœurs — manners*. Postpositis Karlensibus custumiis, talem honorem tibi observabo qualem Lotharienses milites dominis suis. G. pontif. Camerac., lib. 3 c. 40, *SS.*, VII p. 481.
**costumabilis**, cus-: *astreint à l'acquittement de coutumes — liable to pay customs*.
**costumare**, cus-: **1.** *lever les coutumes — to levy customs*. S. xiii. **2.** aliquem: *imposer une coutume à qq'un — to assess for customs*. S. xiii. **3.** aliquid: *payer le péage pour une marchandise — to pay custom for goods*. S. xiii. **4.** *payer en guise de coutume — to pay as a custom*. Qui in maso domini H. manserit, allodium atque custumam custumabit. DC.-F., II p. 525 col. 1 (ch. a. 1176, Langres).
**costumarius**, cus-, -to- (< costuma, cf. voc. consuetudinarius): **1.** *individu astreint à l'acquittement des coutumes — a person who is liable to paying customs*. S. xii. **2.** *percepteur de coutumes — customer, tax-collector*. S. xiii.
**1. cota**, v. quota.
**2. cota**, v. cottus.
**cotagium**: *tenure d'un ,,cottar" — cottar's holding*. S. xii, Angl.
**cotardia**, cotardita: *un vêtement — a garment*. S. xiii.
**cotare**, v. quotare.
**cotarius**, coterius: *closier — cottar*. Domesday.
**1. coterellus**, cota-. Plural. coterelli: *mercenaires, brigands — mercenary soldiers, brigands*. Comes implevit Ipram militibus et coterellis preparatis et ad pugnandum accinctis. GALBERT., c. 95, ed. PIRENNE, p. 140. De expellendis maleficis hominibus, qui Braubantiones sive coterelli dicuntur. Conv. inter Frid. I imp. et Ludov. VII reg. Fr. a. 1171, *Const.*, I no. 237. Concil. Lateran. a. 1179, c. 27, MANSI, t. 22 col. 232. *Hist. de Languedoc*, III, col. 148 (a. 1179). STEPH. TORNAC., reg. 73, MIGNE, t. 211 col. 371 B. RADULF. DE DICETO, Imag. histor., a. 1199, ed. STUBBS, II p. 167. GUILL. BRITO, Chron., c. 123, ed. DELABORDE, p. 214. RIGORD., c. 23 sq., ed. DELABORDE, p. 36 sq.
**2. coterellus**: idem quod cotarius. Domesday.
**coteria**: *tenure rurale modeste — cottar's holding*. S. xiii.
**cotidianus**: **1.** *qui est astreint à des services quotidiens auprès du maître; qui est rattaché à la cour seigneuriale — owing daily service to a lord, subordinate to a seigniorial household*. Cottidiana ancilla. Lex Rom. Cur., lib. 4 tit. 8 § 3, *LL.*, V p. 346. Cotidiana familia, qui semper in casa cum ipsus suus dominus conversant. Ib., lib. 9 tit. 4 § 3, p. 369. Cottidiani claustri ministeriales. BEYER, *UB. Mittelrh.*, I no. 244 p. 299 (a. 973). Coloni triduani, servitores cottidiani 8. Cod. Eberhardi, c. 43 § 72, DRONKE, *Trad. Fuld.*, p. 124. Capellani et ministri et solidarii et servi de familia cotidiana comitis. GALBERT., c. 79, ed. PIRENNE, p. 123. Necessarii et cotidiani ministri episcopi. KEUTGEN, *Urk. städt. Vfg.*, no. 126 c. 111 p. 101 (s. xii, Strasbourg). **2.** *qui est chargé de l'office quotidien — performing divine service daily*. Proprium et cotidianum presbiterum de suo sumptu sibi acquirant. MULLER-BOUMAN, *OB. Utrecht*, I no. 354 p. 326 (a. 1135). Subst. femin.
**cotidiana**: *distribution quotidienne de vivres, prébende — daily food allowance, prebend*.
**cotio**, v. cocio.
**cotonum**, cut-, cott-, -un-, -us (arab.): *coton — cotton*. S. xiii.
**1. cotta**, v. cocta.
**2. cotta**, v. cottus.
**cottanus**, coctanus (< cottana): *figuier — fig-tree*. S. xiii.
**cottidianus** = cotidianus
**cottidie** = cotidie.
**cottio**, v. cocio.
**cottus**, cottis, cotta, cotus, cota, cozzus (germ., cf. teuton. *kutte*, angl. *coat*, frg. *cotte*): **1.** *manteau — coat*. Nemo clericorum ... indumenta laicalia induat, i. e. cottos vel mantellos sine cappa .non portet. Synod. Mettens. a. 888, BEYER, *UB. Mittelrh.*, I no. 127, c. 3. Similiter Canon. extravag. concilio Tribur. a. 895 addicti, c. 8, *Capit.*, II p. 248. Camisam et cottum. WIDEMANN, *Trad. S.-Emmeram*, no. 136 p. 110 (a. 889). [Servus debet] 2 kottos et victimam pro heribanno. KÖTZSCHKE, *Urbare Werden*, p. 38 (s. ix ex.) Ibi saepius. Cum 1 camisia et 1 bracca et 1 cotte et 1 tunica. ERHARD, *Reg. Westfal.*, I CD. no. 87 (a. 1015), c. 3, p. 65. Duas magnas cottas de vario minuto. Honoranciae civ. Papiae, c. 3, *SS.*, XXX p. 1452. Comme symbole d'investiture: Narraverunt, quod A. presbiter cum uno cozzo tradidisset quicquid proprie hereditatis habuisset. BITTERAUF, *Trad. Freising*, I no. 345 p. 295 (a. 815). **2.** *matelas ou couverture — bolster or quilt*. Cottum aut lectarium sive sagum. Adalhardi abb. Corbej. stat., c. 3, ed. LEVILLAIN, *LMA.*, t. 13 (1900), p. 354. Ad lectum capitale, coopertorium, cottum stragulatum. Consuet. Cluniac., lib. 3 c. 2, MIGNE, t. 149 col. 752. Ille es, qui sub cotto quotidie completorium insusurras? PETR. DAMIANI, opusc. 34 c. 6, MIGNE, t. 145 col. 580 A. De cottis et omnibus coopertoriis conversorum. Capit. gener. Cisterc. a. 1186, MARTÈNE, *Thes.*, IV col. 1261.
**1. cotum**, v. cautum.
**2. cotum**, v. quotum.
**cothurnosus**: **1.** *fier — haughty*. Viri cotornosi atque elati. GREGOR. TURON., V. patrum, c. 1 § 3, *Scr. rer. Merov.*, I p. 666. **2.** *farouche — fierce*. Cuturnosos tauros. Id., Virt. Juliani, c. 31, p. 577.
**cothurnus**: *orgueil, arrogance — pride, conceit*.
**coturnus**, v. conturnus.
**1. cotus**, v. cautum.
**2. cotus**, v. cottus.
**coünire**: *unir, rattacher — to unite, to link*. Tanta devotione regnum tuum [sc. Francia] ecclesie tantaque dilectione illa illi est counita, ut ... Innoc. III pap. reg., no. 165, ed. W. HOLTZMANN, p. 218.
**coupa**, v. cuppa.
**couperones**, v. colperones.
**courraterius**, v. curraterius.
**courretagium**, courtagium, v. curratagium.
**coüsio**: *jouissance en commun — joint receipt*. Nullam partem [praebendae] extra cousionem accipiet. MULLER-BOUMAN, *OB. Utrecht*, I no. 374 p. 337 (a. 1139).
**coustuma**, v. costuma.
**coüterinus** (adj. et subst.): *né du même sein, frère par la mère — (brother) born from the same mother*.
**covus**, covis, cova (> ital. *covone*): *gerbe — sheaf*. Arch. Prov. Parm., 1923, p. 316 (a. 945). TORELLI, *Carte di Reggio*, p. 116.
**coxia** = coxa.
**coxinus**, coss-, cos-, coiss-, cus-, cuss-, cuz-, cuiss-, cuis-, -innus (< coxa): *coussin — cushion*. Coll. S. Dionys., no. 18, *Form.*, p. 506. *Mus. Arch. Dép.*, p. 39 (a. 980, Clermont).
**cozzus**, v. cottus.
**craantare**, craantum, v. creant-.
**craantia**, v. credentia.
**craiera**, creiera: *certain type de bateau — kind of boat*. S. xiv, Angl.
**cramaculus**, gra-: *crémaillère — pothook*. Capit. de villis, c. 42. Brev. ex., c. 7, *Capit.*, I p. 252 l. 7.
**cramala**, gra-, -lius (gr. ?): *crémaillère — pothook*. Brev. ex., c. 25, c. 30, c. 34, *Capit.*, I p. 254 sqq. *SS.*, XV p. 168 (s. ix).
**cramarius**, chra- (germ.): *mercier — mercer*. Isti mercatores, scilicet chramarii. WIDEMANN, *Trad. S.-Emmeram*, no. 807 p. 383 (a. 1142/1143).
**crampo** (genet. -onis): *crampon — iron cramp*. S. xiii.
**cranium**, craneum (gr.): *crâne — skull*. De craneo capitis cuppam fecit. Hist. Langob. Florent., *Scr. rer. Langob.*, p. 600.
**crannellus**, v. crenellus.
**crannocus**, crenn-, cron-: *mesure de capacité — crannock, a dry measure*. S. xii, Angl.
**crantare**, v. creantare.
**crappa**: *issues de blé — chaff*. S. xiii.
**crapula**: *gloutonnerie, excès de table — gluttony, surfeit*. Benedicti regula, c. 39. Versus scholarium, no. 105, str. 3, *Poet. Lat.*, IV pt. 2 p. 662.
**crapulari**: *être ivre — to be drunk*.
**crapulatus** (adj.): **1.** *ivre — drunk*. **2.** *qui a mangé trop — surfeited*.
**crassae**: *chaînes, menottes — fetters, handcuffs*. S. xiv.
**crassari** = grassari.
**crassetum**, v. cressetum.
**crassus-piscis**, craspesius, craspis: *baleine ou autre cétacé — whale, grampus or any large fish*. S. xii.
**crastina**: *vacances d'Université — University holidays*. S. xiv.
**cratare**, v. gratare.
**cratula** (< cratis): *grille — railing*. Per cryptas et cratulas intrantibus sint juncturae valvarum, non foramina cratium illis ingressum negabant. FELIX, V. Guthlaci (s. viii), c. 19, MABILLON, *Acta*, III pt. 1 p. 271.
**cravare** (anglosax.): *accuser — to impeach*. [Si] fiat homicidium ..., si homicida divadietur ibi vel cravetur. Leg. Henrici, tit. 80 § 6, LIEBERMANN, p. 596. Ibi saepe.
**cravatio**: *accusation — impeachment*. Si sanguinem ei faciat et recedat sine cravacione et divadiacione. Leg. Henrici, tit. 94 § 2d, LIEBERMANN, p. 611. Ibi plures.
**creagra** (gr.): *fourchette — fork*.
**creans** (subst.): *le Créateur — the Creator*. Genetrix creantis. Chron. Salernit., c. 20, *SS.*, III p. 483 l. 9.
**creantare**, craan-, cran- (< creantum): **1.** *promettre sous sa foi — to promise on one's faith*. Eidem concessimus et in verbo regio creantavimus quod, quando monetam suam iterum facere voluerit, contra non ibimus. *Actes Phil.-Aug.*, no. 162 (a. 1186), I p. 195. **2.** *s'engager — to go security*. Villicus ... debet crantare pro expensis abbatis usque ad 20 sol. DC.-F., II p. 608 col. 2 (ch. a. 1238, Moyenmoûtier). **3.** *déclarer sous sa foi — to declare on one's faith*. Nauta vel mercator certificabit vel creantabit manu sua bona fide theloneario, quod omnia bona illa pertinent ad opidum D. HÖHLBAUM, *Hansisches UB.*, I no. 429 p. 142 (a. 1252, Hollande).
**creantia**, v. credentia.
**creantum**, craan- (cf. voc. credentia): **1.** *créance, promesse de payer — credence, promission of payment*. Faciant creditoribus per fidejussores vel per vadia creantum suum solvendi debita ad predictos terminos. *Actes Phil.-Aug.*, no. 228 (a. 1188), c. 5, I p. 278. De 3000 libris, de quibus tenentur facere creantum ipsius comitis. MARTÈNE, *Thes.*, I col. 881 (a. 1220). **2.** *sauf-conduit — safe-conduct*. Prepositus noster homines ... sine preposito abbatis non poterit implacitare, ... neque prepositus abbatis sine preposito nostro, nisi per craantum utriusque. D. Ludov. VII reg. Fr. a. 1173, LUCHAIRE, *Inst. mon.*, II p. 328 no. 27. Si quis a civitate fugerit et catalla cujuspiam burgensium absportaverit ... redire non poterit, nisi per craantum creditoribus. Phil. II Aug. priv. pro Atrebat. a. 1194, ESPINAS, *Rec. Artois*, no. 108, c. 33.
**creatio**: **1.** *création du monde — creation*

of the world. **2.** **créature — creature.* **3.** loc. homo de creatione (plerumque cum forma: criatione): *serf* personnel vivant près du maître, soit dans sa maison, soit dans la réserve domaniale — a *serf* living in his master's household or on the manorial demesne. S. x, Hisp.

**creator**: **le Créateur, Dieu — the Creator, God.*

**creatura**: **1.** **création — creation.* **2.** **créature — creature.*

**creca,** crecca, crica (scandin.): *crique — creek.* S. xiii, Angl.

**credendarius**: **1.** *confident — confidant.* Carolus [Martellus], credendarium vocans suum, dixit ei ... V. Maximini (s. viii), c. 2 no. 12, *AASS.*[3], Maji VII p. 24 A. **2.** *membre de la „credentia" (dans les villes de l'Italie) — member of the "credentia"* (in Italian cities). Potestas Astensis cum consilio credendariorum suorum per campanam congregatorum ... tale statutum fecit. FICKER, *Forsch.*, IV no. 198 p. 250 (a. 1197).

**credens** (adj.), pass.: *digne de foi — worthy of belief.* Graphio cum septem rachymburgiis antrutionis bonis credentibus. Chilperici edict. (a. 561-584), c. 8, *Capit.*, I p. 9. Judex ... faciat jurare ad Dei judicia per civitates homines credentes. Capit. Langob. Pippini (a. 782/786), c. 8, ib., p. 192. Decernant sacramento 7 hominum bene credentium. DC.-F., II p. 610 col. 2 (ch. a. 1069, Toul). Subst. **credens**: *adhérent d'une secte hérétique — believer of a heretic sect.* S. xiii.

**credentia,** crean-, craan-, -cia: **1.** *promesse solennelle — solemn promise.* Talem facite credentiam mihi in conspectu fratrum nostrorum ... ut omnia divini officii ornamenta ... illuc deferatis ... Et sacramento facto in conventu multorum ... V. Deicoli, c. 15, *SS.*, XV p. 681. **2.** *sauf-conduit — safe-conduct.* Petentibus illis ut credentias haberent quod inlaesi fuissent. Ann. regni Franc., a. 785, ed. KURZE, p. 70. Accipio te ... in fide et credentia mea loco sacramenti. *Hist. de Languedoc*, II pr. col. 567 (ch. a. 1157). **3.** *sûreté, garantie — security.* De obsidibus qui propter credentias dati sunt. Divis. regn. a. 806, c. 13, *Capit.*, I p. 129. Regnum Langobardorum adquesivimus, et pro credentiis aliquos Langobardos foras patriam in Francia ductos habuimus. *D. Karolin.*, I no. 208 (a. 808). **4.** *créance, promesse de payer — credence, recognition of debt.* **5.** *crédit — credit.* Debent ei [sc. episcopo] in victualibus et ferratura credentiam usque ad 40 diem. *Mém. et Doc. Suisse Romande*, t. 7 p. 7 c. 11 (a. 1144, Lausanne). Si post nobis factam craantiam, 40 diebus expletis, creditoribus factum non fuerit pagamentum. *Ordonn.*, IV p. 375 c. 4 (a. 1224). Multa bona ad credentiam comparent. VAN DEN BERGH, *OB. Holland*, II no. 249 p. 109 (a. 1273). **6.** *crédit obligatoire — compulsory credit.* Credentiam habet episcopus in omnibus victualibus 40 dierum. DC.-F., II p. 611 col. 2 (ch. a. 1145, Auxerre). Asseruit quod in eodem burgo nullam creantiam de consuetudine habere debebat. Ib., p. 609 col. 1 (a. 1163, Orléans). Archiepiscopus et comes communiter habent per totam civitatem ... credentiam in cibo et potu tantum. Ib., p. 612 col. 1 (ch. a. 1167, Lyon). **7.** *affermage* de certaines fonctions publiques et de certains impôts — *farming out* of offices and taxes. S. xiii, Sicil. **8.** *créance, procuration — credence, attorneyship.* S. xiv. **9.** *secret, information confidentielle — secret, confidential information.* Si [vasalli] credentias, quas seniores illis manifestaverint et celare praeceperint, scienter ad illorum damnum manifestaverint ... Lib. feudor., antiq., rec. cod. 4, 80, tit. 6 c. 5 (= vulg., lib. 1 tit. 16), ed. LEHMANN, p. 101. Credentias suas [i. e. imperatoris], quas per se vel per suum certum missum vel suas certas litteras michi significaverit, bona fide celabo. Frid. I imp. conv. cum Lucens. a. 1162, *Const.*, I no. 214, c. 2. **10.** *secrétesse — secrecy.* Sapientum de Laude [i.e. Lodi], qui credentiam consulum jurarant. OTTO MORENA, a. 1153, ed. GÜTERBOCK, p. 6. Juraverunt quod credentiam tenebunt consulibus Papiae. DC.-F., II p. 611 col. 1 (ch. a. 1179). Accusator habeatur in credentia. MURATORI, *Antiq.*, IV col. 662 (a. 1264, Ferrara). **11.** *croyance hérétique — heretical creed.* S. xiii. **12.** l'ensemble des „homines credentes": *assemblée urbaine* de caractère patricien, dans les villes de l'Italie — the group of the "homines credentes", a council of prominent citizens (in Italian cities). Comuni consilio sapientum credentiae. *Mon. Hist. Patr., Chartarum* I, no. 546 (a. 1170, Vercelli). Treuga inter Frid. I imp. et Lombard. a. 1177, *Const.*, I no. 259, c. 2. Totam Laudensium credentiam insimul convocassent. Contin. ad OTTONEM MORENAM, a. 1167, ed. GÜTERBOCK, p. 186.

**credentialis.** Litterae credentiales: *lettre de créance — credentials.* S. xiii.

**credentiarius**: **1.** idem quod credendarius. **2.** *fermier d'impôts — tax-farmer.* S. xiv, Ital., Sicil.

**credere, 1.** alicui: *se rendre à discrétion — to surrender at discretion.* Tamdiu ibi [sc. in castro obsesso] steterunt, donec necessitate compulsus praesul, qui intus erat inclusus, et sui comiti crediderunt. Actus pontif. Cenom., c. 30 (s. xi med.), ed. BUSSON-LEDRU, p. 358. **2.** se vel sibi (cf. voces concredere et recredere): se rendre à la discrétion du juge, *passer condamnation, avouer son tort* — to surrender to the judge's discretion, *to acknowledge oneself to be wrong.* Tunc viderunt praedicti homines qui illam ecclesiam querebant, quod nequaquam optinere potuerunt quod volebant, sed justo judicio superati fuerunt, et crediderunt sibi quod injuste hoc fecissent. BITTERAUF, *Trad. Freising*, I no. 327 p. 280 (a. 814). Ibi pluries similiter. Tunc tandem eodem wadio et testimonio convictus est; et non credidit sibi; et dedit wadium juxta legem et judicium populi. WIDEMANN, *Trad. S.-Emmeram*, no. 20 p. 26 (a. 822). **3.** *promettre de réparer son tort — to promise to make good a wrong done.* G. [impetitus] per praesentem seriem credidit ut ipsum tractum ripa Ligeris ... redderet. *BEC.*, t. 30 (1869), p. 427 (a. 878). **4.** judicio: *s'incliner* devant un jugement — *to defer* to a verdict. Utrum vellent utrumque credere judicamento, quod ibi concordanter totus ille conventus judicaret. BERTRAND, *Cart. d'Angers*, I no. 106 p. 119 (a. 1074). Judices calumpniam ejus injustam esse sine dubio affirmaverunt. Illo vero adhuc non credente, sed injustum judicium sibi



factum esse proclamante ... Ib., no. 388 p. 447 (a. 1082-1106). **5.** pecuniam: *faire crédit* d'une somme d'argent — *to give credit for* a certain amount. Qui carnes aut panem seu cervisiam vendent, credent nobis 12 den., et venditor vini 5 sol. MARTÈNE, *Coll.*, II col. 108 (a. 1138). Nec credent mihi neque alicui dominorum sine vadimonio, nisi ex propria voluntate; nisi tale fuerit tenementum, cujus possessor certam summam domino suo ex debito credere teneatur. Ch. commun. Abbatisvillae a. 1184, BRUNEL, *Actes de Pontieu*, no. 109. **6.** rem: *fournir à crédit — to deliver on credit.* Donec [debitum] reddiderit, ab eis, quibus debetur, nihil ei credetur. DC.-F., II p. 611 col. 2 (ch. a. 1145, Auxerre). Nemo ... credet vel accomodabit aliquid hostibus communiae. BOURGEOIS, *Mouv. comm. Champagne*, p. 117 c. 9 (a. 1179, Meaux).

**credibilis**: *digne de foi — worthy of belief.* Per credibiles fidejussores ... ante nos venire permittatur. Karlomanni capit. Vern. a. 884, c. 11, *Capit.*, II p. 374 l. 32. Sit omnis homo credibilis, qui non fuerit accusationibus infamatus. Leg. II Cnut, tit. 22, vers. Quadrip., LIEBERMANN, p. 325 col. 1. Ibi pluries.

**creditarius**: **1.** **serviteur confidentiel — confidential servant.* Curam domus committens creditariis suis. FORTUN., V. Radegund., lib. 1 c. 8, *Scr. rer. Merov.*, II p. 367. Habentes in ministerio credetarius [i.e. -os] sibi puerum ... et puella[m]. FREDEG., lib. 2 c. 57, ib., p. 78. Misit puerum creditarium sibi cum ... sacellum. Ib., lib. 3 c. 11, p. 96. **2.** *envoyé confidentiel — confidential deputy.* Fideles ac creditarios a latere suo misit. ASTRON., V. Hludowici, c. 23, *SS.*, II p. 619 l. 18. **3.** *fournisseur à crédit — purveyor who gives credit.* De illis qui pisces vendunt, comes habebit quatuor creditarios, in quibus episcopus nihil accipiet. DC.-F., II p. 613 col. 1 (ch. a. 1145, Auxerre).

**creditio**: **1.** *crédit — credit.* Eum in hospitio suo recipere poterit, sed ei nec creditionem nec vicinagium faciet. *Actes Phil.-Aug.*, no. 224, c. 18 (a. 1188, Tournai). **2.** *crédit obligatoire* pour le fournissement de denrées à un seigneur — *compulsory credit* for provisions furnished in behalf of a lord. [Prior] habebit credicionem in villa in pane et in carnibus et in omnibus aliis rebus venalibus usque ad 14 diebus. TARDIF, *Cartons*, no. 290 p. 180 col. 2 (a. 1073, Berry). Lorriaci habebimus creditionem in cibis ad nostrum et regine opus ad dies 15 completos persolvendum. Ch. franch. Lorriac. a. 1155, c. 11, ed. PROU, p. 129. Homines mihi de pane, vino, carnibus et aliis victualibus ... creditionem facient. Ch. comm. Meldens. a. 1179, c. 31, BOURGEOIS, *Mouv. comm. Champagne*, p. 120. Homines civitatis episcopo per tres menses de pane et de carne et piscibus creditionem facient. *Actes Phil.-Aug.*, no. 35, c. 1 (a. 1181, Soissons). Creditio de pane et vino et aliis victualibus fiet mihi Divione quindecim diebus. GARNIER, *Ch. de communes en Bourg.*, p. 5 no. 5 § 2 (a. 1187, Dijon). **3.** le droit d'exiger ce genre de credit — the right to demand this kind of credit. Neque creditionem ullam, unde dampnum aliquod homines sancti sustineant, habeat, neque exactionem ... VERCAUTEREN, *Actes de Flandre*, no. 81 (a. 1116). Comitatum, stallum tociusque ville theloneum, expedicionem et quod teutonice dicitur balguart, tensuram et credicionem atque omnem exactionem concessi. Ib., no. 115 (a. 1123; an verax?)

**creditus** (adj.): *digne de confiance, fidèle — trustworthy, faithful.* Uno puero, quem valde creditum Mummolus habens, haec ei commendaverat. GREGOR. TURON., Hist. Franc., lib. 7 c. 40. Item id., Glor. mart., c. 71, *Scr. rer. Merov.*, I p. 536. [Capsam patenamque et calicem] per hominem creditum diregit eclesiae. Id., ib., c. 62, p. 785 l. 3. Adhibitus [i. e. adhibitis] secum ... duobus creditis fratribus. V. Eligii, lib. 2 c. 39, ib., IV p. 724. Dilectus ab ipso principe ..., inter ceteros satellites regi valde creditus. V. Audoini, c. 2, ib., V p. 555. [Judex] missum bonum de familia nostra aut alium hominem bene creditum causas nostras providendi dirigat. Capit. de villis, c. 5. Subst. **creditus**: *envoyé confidentiel — confidential deputy.* Transmitte abbates et creditus tuos, ut haec quae loquor exponant. GREGOR. TURON., Hist. Franc., lib. 9 c. 10.

**credo** (subst. indecl.): *croyance — creed.*

**credulitas**: **1.** **foi religieuse — religious faith.* **2.** *foi, confiance — belief, credit.* Ut hoc decretum ... a cunctis credulitatis firmitatem teneat. *D. Ottos III.*, no. 28 (a. 986). **3.** *fidélité, sûreté — reliability.* [Si vasalli] credulitati atque fidei eorum aliquid a dominis commissum ad eorum detrimentum scientes manifestaverint ... Lib. feud., antiq., tit. 9 c. 5, LEHMANN, p. 141. **4.** *crédibilité — credibleness.* Dat huic rei credulitatem humilitas nunc exhibita. HELMOLD., lib. 1 c. 81, ed. SCHMEIDLER, p. 153. **5.** *foi, véracité — faith.* Per juramentum illorum, qui damnum passi fuerint, cognoscatur vel consulum sub sua credulitate hoc juramentum facientium. Frid. I imp. conv. cum Januens. a. 1162, *Const.*, I no. 211, c. 11. **6.** *crédit — credit.* De cibariis nostris pro mensa in villa credulitatem habemus, dum vadium vel bonum tribuamus responsorem. WAUTERS, *Origines*, p. 58 (a. 1203, Boulogne).

**credulus**: **1.** **croyant, pieux — believing, devout.* **2.** *plein de confiance — confident.* Romanis juramentis credulum eum reddentibus. ANAST. BIBLIOTH., Chronogr., ed. DE BOOR, p. 156. Virgine in sui auxilium precibus credulis invocata. Transl. Glodesindis, *AASS.*, Jul. VI p. 217 col. 1. **3.** *digne de foi — worthy of belief.* Sacramento cum sibi maxime credulis ... firmavit. PRUDENT., Ann. Bertin., a. 838, ed. WAITZ, p. 15. **4.** *qui possède la confiance — trusted.* Sibi nimium dilectus ac credulus medicus suus ... [venenum] transmisit. HINCMAR., ib., a. 877, p. 136. Subst. **credulus**: *fidèle — faithful follower.* [Imperator] cum eo [sc. Lothario filio suo] ceterisque sibi credulis ... deliberaturus. NITHARD., lib. 1 c. 8, ed. LAUER, p. 34.

**creiera,** v. craiera.

**crementum**: **1.** *croît de bétail — breeded cattle.* Decimam annonae ... et avenae et leguminum ... et omnium crementorum. *Actes Phil. Ier*, no. 63 (a. 1073), p. 168. **2.** *bail à cheptel — cattle-breeding contract.* Si [villanus] eas [sc. bestias suas] ad crementum alicui

dederit. BERTRAND, Cart. d'Angers, I no. 221 p. 264 (a. 1080-1082).
**crenellus**, crann- (<crena): *créneau — crenel*. S. xiii.
**crennocus**, v. crannocus.
**crepatia**, crevacia (<crepare): *crevasse — crevice*. S. xiii.
**crepatura**, v. creptura.
**crepere**, crepare: 1. *mourir soudain — to die suddenly*. Jumentum illius illico crepuit et vitam finiens mortuum est. V. Philippi Cell. (s. ix in.), c. 6, SS., XXX p. 800.    2. transit.: *crever les yeux — to scratch out* a person's eyes. Si quis alii crepet oculum. Leg. Henrici, c. 93, LIEBERMANN, p. 609.
**creperum** (subst.): **crépuscule — twilight*.
**crepido** (genet. -inis) (gr.): 1. *bubon — bubo*. Crepidinem pestis. Acta Peregrini Mutin. (s. xii?), AASS., Aug. I p. 80 col. 2.   2. *partie d'un bâtiment qui fait saillie — salient part of a building*.    3. (per confus. cum voce ,,crepitudo'') **fissure, crevasse — burst, cleft*.   4. *ravin, crevasse — ravine, cleft*. Per serras sive crepidines dicti montis. D. Ugo, no. 68 p. 204 (a. 943).
**crepita** = crepida.
**crepitudo** (genet. -inis) (<crepere): 1. *fissure, crevasse — burst, cleft*. Putei altitudinem per crepitudinem fistularum aquarum copiam manare. Manuale Ambros., ed. MAGISTRETTI, I p. 165.    2. *hernia — hernia*. Renum crepitudo. GARIOPONT., Passionarium, lib. 3 c. 34.
**creptura**, criptura, crepatura (<crepere): 1. *fissure, crevasse — burst, cleft*. ANTON. PLACENT., Itin. (s. vi), ed. GEYER, CSEL., t. 39 p. 172. Vidit ... parietem ... dissipatum cripturamque imminens ruinam minitantem instare. V. Eligii, lib. 2 c. 34, Scr. rer. Merov., IV p. 719. Item ib., c. 48, p. 727.   2. *hernia — hernia*. Passus est in genitalibus crepaturam. Mir. Gerlandi, AASS., Junii III p. 660.
**crepusculum**: **aurore — dawn*.
**crescentia**: 1. *croît du bétail — breeded cattle*. Decimam ... omnium crescentiarum mearum. D. Ludov. VI reg. Fr. a. 1124, MARTÈNE, Coll., I col. 684.    2. *bail à cheptel — cattle-breeding contract*. Si homo noster alicui bovem suum ad crescentiam dederit. DC.-F., II p. 616 col. 2 (a. 1188, Cluny).
**crescere**, transit.: 1. *exhausser — to raise*. Murum castelli in altum crevit. ROBERT. DE TORINN., Chron., a. 1123, SS., II p. 487 l. 33.    2. *augmenter — to increase*. Usque ad tres annos in unoquoque anno illorum quem nunc habent censum crescerem una libra denariorum. VERNIER, Ch. de Jumièges, I p. 45 no. 13 (a. 1028-1035).
**crespa**, v. crispa.
**cressetum**, crass-: *lampe, phare — lamp, cresset*. S. xiii, Angl.
**cresso** (genet. -onis), cris-, -onium (germ.): *cresson — cress*. WILHELM. HIRSAUG., Const., lib. 1 c. 12, MIGNE, t. 150 col. 944 D. Herbam quam vulgo crisonium vocant. V. Amalbergae (s. xiii?), c. 3 § 27, AASS.³, Jul. III p. 93 E. BRUNEL, Actes de Pontieu, p. 315 no. 206 § 27 (a. 1210).
**cressonaria**: *terrain marécageux où le cresson pousse — marsh grown over with cress*. S. xiii.
**cresta**, v. crista.
**creticare**, v. criticare.

**creticus** = criticus.
**cretina** (<crescere): *crue d'eau, débordement — flood, flooding*. S. xiii.
**creusna**, v. crusina.
**crevacia**, v. crepatia.
**cribellum**, crivellum (<cribrum): *crible — sieve*.
**criblum**, criblare = cribrum, cribrare.
**crica**, v. creca.
**crida**, crit-, -us (<cridare): 1. *publication — publication*. S. xiii.    2. *plainte en justice — legal complaint*. S. xiv.
**cridagium**, criagium (<cridare): *redevance exigée par un seigneur pour la vente de vin à cri public — due exacted by a lord for publicly announced sale of wine*. Actes Phil.-Aug., I no. 55 (a. 1182).
**cridare**, criare (germ.): 1. *crier — to cry*. Sonitum et strepitum cridantes super eos fecerunt. JOH. CODAGN., Libell. trist., ap. HOLDER-EGGER, Gesta Federici, p. 35.    2. *publier — to publish*. Propter bannum quod non criavit in nostra ecclesia. BERTRAND, Cart. d'Angers, I no. 220 p. 258 (a. 1080-1082).
**criga**: *figue — fig*. Krigas lib. 100. D. Merov., no. 86 (a. 716).
**crimen**: 1. *reproche*, raison qui justifie la récusation d'un témoin — *reproach*, reason for ruling out a witness. Introduxit legitimos quatuor testes absque ullo crimine. THÉVENIN, Textes, no. 106 (a. 874, Occit).    2. **péché — sin*.
**criminalis** (adj.): 1. **criminel; qui concerne le droit criminel — criminal; concerning criminal law*.    2. *de péché mortel — mortally sinful*.
**criminaliter**: 1. **en matière criminelle — in criminal matter*.    2. **par un péché mortel — by mortal sin*.
**criminose**: **d'une manière criminelle — criminally*.
**criminosus** (adj.): 1. *coupable — guilty*. Childerici decr. a. 596, c. 7, Capit., I p. 16. Lex Burgund., tit. 34 § 3.    2. *souillé de péchés — sinful*. Subst. **criminosus**: 1. *criminel — criminal*. Nec vindictam criminosus evadat. CASSIOD., Var., lib. 3 epist. 47, Auct. antiq., XII p. 102. Synod. Franconof. a. 794, c. 36, Capit., I p. 77. Coll. judic. Dei, ser. 1 no. 2, Form., p. 638. D. Pépin II d'Aquit., no. 51 p. 204 (a. 845).    2. *pécheur — sinner*. Non sanctos, sed criminosos. CASSIOD., Complex., MIGNE, t. 70 col. 259 C.
**crinale** (subst. neutr.): *épingle à cheveux — hairpin*. RANGER., V. Anselmi Lucc., v. 4713, SS., XXX p. 1255.
**crinile**: *couronne — wreath*. S. xiv.
**crypta** (gr.): **cave, crypte — cellar, crypt*.
**cryptella**: *crypte modeste — small crypt*. Mir. Martialis, c. 15 (s. ix), AASS.³, jun. VII p. 509 C. G. abb. Mediani Monasterii, lib. 2 c. 1, MARTÈNE, Thes., III col. 1113 E.
**criptura**, v. creptura.
**crisonium**, v. cresso.
**crispa**, crespa (<crispus): 1. *ride, pli, fronce — rumple, fold, plait*.    2. *pâtisserie — pastry*. S. xiii.
**crista**, cresta: 1. **crête de montagne — ridge of a mountain*.    2. *ornement surélevé d'une tombe — ornament on top of a tomb*. V. Eligii, lib. 1 c. 32, Scr. rer. Merov., IV p. 688. SUGER., De admin. sua, c. 33, ed. LECOY, p. 198.   3. *anse — hinge*. Vascula duo intertenacia crista ducta per medium, vinum et aquam in calicem fundentia. Actus pontif. Cenom., c. 37, ed. BUSSON-LEDRU, p. 452.    4. *creneau — crenel*. S. xiv.    5. *enfaiteau — ridge-tile*. S. xiv.

**cristo** (genet. -onis) (<crista): *crête de montagne — ridge of a mountain*. CD. Cavens., II p. 25 (a. 965).
**crisus**, v. grisus.
**criticare**, cre-: (d'un malade) *subir une crise — (of a patient) to go through a crisis*.
**critus**, v. crida.
**crivellum**, v. cribellum.
**croata**, croada, v. corrogata.
**crocardus**: *monnaie de peu de valeur — base coin, crocard*. S. xiv, Angl.
**crochetus**, croquetus: *crochet — hook*. S. xiii.
**crocia**, cru-, -cci-, -ce-, -z-, -ss-, -cc-, -c-, -ch-, -qu-; -um, -us (germ.): 1. *béquille — crutch*. Cum crociis suis ad ornam sancti viri semetipsum sanandum in oracione prostravit. V. Arnulfi, c. 29, Scr. rer. Merov., II p. 445. Curva super croceos .. accessit. Transl. Gorgonii, c. 9, MABILLON, Acta, IV pt. I p. 596. Quidam croceis hinc inde sustentatus. STEPELIN., Mir. Trudonis, lib. 1 c. 10, ib., VI pt. 2 p. 89. Coepit jam sustentaculo iter suum agere, quod vulgari nomine crocia vocatur. Mir. Richarii, lib. 2 c. 6, AASS., Apr. III p. 458 C.    2. *bourdon — pilgrim's staff*. Servus Dei iter faciens pannum cum crocea tegiit. V. Petri Trevensis (s. xi p. post.?), AASS., Aug. VI p. 643 col. 2. Pars illius [sc. Wandregisili] crocie. Transl. Wandregisili et Ansberti, SS., XXX p. 817 l. 12.   3. *crosse — crosier*. Virga pastoralis, quam vulgus crociam vocat. HARIULF., Chron., lib. 4 c. 29, ed. LOT, p. 255. Donum hujus beneficii factum est cum croca abbatis. DE BOÜARD, Manuel, II p. 114 n. 1 (s. xi ex., Montreuil).   4. *croc — hook*.
**crociolus**, -ce-, -z-, -ss-, -c-, -ul-, -a (<crocia): 1. *béquille — crutch*. Transl. Gorgonii Turon., c. 9, AASS., Mart. II, p. 57 F. Mir. Stephani Dienens. (s. xiii), AASS., Sept. III p. 200 col. 1.    2. *crosse — crosier*. MURATORI, Antiq., I col. 321 (ch. a. 1079).
**crofta**, -um: *espace clôturé pour le bétail — croft*. Domesday.
**croia**, croa, crowa (anglosax.): *treillis de pêche — cruive, fish-trap*. S. xii, Angl.
**cronocus**, v. crannocus.
**croparium**, crup-, -erium (<germ. kruppa ,,croupe — croup''): *croupière — crupper*. S. xiii.
**croppa**, croppum (anglosax.): 1. *émondes — crop and top of trees*. S. xii, Angl.    2. *récolte — crop, harvest*. S. xiii, Angl.
**croquetus**, v. crochetus.
**crosina**, crosna, v. crusina.
**crossa**, croza, v. crocia.
**crossulus**, crozola, v. crociolus.
**crosus**, crosum (celt.): *creux — pit*. S. xiii.
**crotta**, -u-, -t-, -um (<crypta; >ital. grotta): *cave, crypte, voûte — cellar, crypt, vault*.
**cruada**, v. corrogata.
**cruca**, crucca, crucha, crucia, v. crocia.
**crucesignari** (depon.): *prendre la croix — to take the cross*. S. xii.
**crucesignatus** (subst.): *croisé — crusader*. S. xii.

**crucialis**: **qui concerne le martyre — concerning martyrdom*.
**cruciamen**: **torture, supplice — torture, death by torture*.
**cruciare**: 1. **crucifier — to crucify*.    2. depon. **cruciari**: *prendre la croix — to take the cross*. S. xii.
**cruciata** (subst. femin.): *croisade — crusade*. S. xiii.
**cruciatio**: **torture, supplice — torture, death by torture*.
**cruciatus** (subst.): *croisé — crusader*. S. xii.
**crucibulum**: 1. *veilleuse — night-lamp*. S. xiii.    2. *creuset — crucible*. S. xiii.
**crucicula**: *petit croix — small cross*. Concil. Suession. a. 744, c. 7, Conc., II p. 35.
**cruciculatus** (adj.): *muni de croix — adorned with crosses*. Scutella argentea cruciclata. Test. Erminethrudis a. 700, PARDESSUS, II no. 452 p. 256.
**crucifer** (adj.). Crucifer exercitus: *armée de croisés — crusaders' army*. EKKEH. URAUG., Chron. univ., a. 1099, SS., VI p. 213 l. 24. Subst. **crucifer**: 1. *croisé — crusader*. Ann. Patherbr., a. 1098, ed. SCHEFFER-BOICHORST, p. 105.    2. spec.: *chevalier de l'Ordre Teutonique — knight of the Teutonic Order*. S. xiii.   3. spec.: *frère de la Croix — Crutched Friar*. S. xiii.
**crucifigere**: **crucifier — to crucify*.
**crucifixio**: **crucifiement — crucifixion*.
**crucifixus** (subst.): 1. **le Crucifié, le Christ — the Crucified, Christ*.    2. *crucifix — crucifix*. Fecit ... crucifixus [i. e. -os] ex argento. Chron. Salernit., c. 159, SS., III p. 551.
**cruperium**, v. croparium.
**crurifragium** (cf. APUL., Met. 9): *supplice de la roue — breaking upon the wheel*. Cron. minor Minoritae Erphord., a. 1225, HOLDER-EGGER, Mon. Erphesfurt., p. 652. JOH. VICTOR., lib. 1 rec. A c. 13, ed. SCHNEIDER, I p. 176. Ibi pluries.
**crusina**, chru-, cro-, -sena, -senna, -sona, crosna, creusna, crusna (slav.: >teuton. *kürschner*): *pelisse — fur cloack*. Mitto vobis ... crusnam de pellibus variis. HINCMAR., opusc. 57, ed. SIRMOND, II p. 825. Singulis annis regi unum cavallum, scutum et lanceam vel duas crusinas dent, ut sciant in mundiburdio regis se esse. D. Ottos I., no. 14 (a. 937). Crosna de dorsum. D. Ugo, no. 80 p. 235 (a. 945). Pro mundio det Fabius Senece crosnam unam valentem 20 sol. Cart. Langobard., no. 16, LL., IV p. 600 col. 1. Decimacionem frugum, pecudum, pecuniarum, vestimentorum, mellis et crusinarum. D. Ottos II., no. 184 (a. 979). Crusinam marthrinam. ERHARD, Reg. Westfal., I CD. no. 87 (a. 1015), c. 3, p. 65. Ei per singulos annos ... unam crusinam, quam vulgariter dicunt grawam, dare debeam. WEIRICH, UB. Hersfeld, I no. 189 p. 194 (a. 1059-1072). Crusinam gulis ornatam. BRUNO, Bell. Sax., c. 92, ed. WATTENBACH, p. 68. Marderina crusena. ANON. HASERENS., De episc. Eichstet., c. 20, SS., VII p. 259. Vestivit comitem, velut ex summatibus unum, binis pelliciis preciosis totque chrusennis. Ruodlieb, fragm. 4 v. 236. Ibi pluries.
**crusinatus** (adj.): *vêtu d'une pelisse — wearing a fur cloack*. Domum, qua eum esse sciebat, crusinatus intrare ... numquam presumpsit.

THIETMAR, lib. 5 c. 10, ed. KURZE, p. 113.

**crustatus** (< crusta): *brodé — embroidered.* S. xiii.

**crustella** (< crustum): *croûte, biscuit — biscuit.*

**cruta,** crutta, v. crotta.

**crux**: **1.** **signe de la Croix — sign of the Cross.* **2.** **torture, martyre — torture, martyrdom.* **3.** **mortification ascétique — ascetic torture.* **4.** judicium crucis: *ordalie de la croix — ordeal of the cross.* Ad crucem ad judicium Dei deberent adstare. F. Sal. Bignon., no. 13, *Form.*, p. 233. Ibi pluries. Ad Dei judicium ad crucem exiere [i. e. exire] adque stare deberint. *D. Karolin.*, I no. 102 (a. 775). Si qua mulier se reclamaverit quod vir suus numquam cum ea mansisset, exeant inde ad crucem; et si verum fuerit, separentur. Decr. Vermer. (a. 758-768?), c. 17, *Capit.*, I p. 41. Quodsi accusator contendere voluerit de ipso perjurio, stent ad crucem. Capit. Harist. a. 779, c. 10, p. 49 col. 1. Si auctor venerit et rem interciatam recipere rennuerit, campo vel cruce contendatur. Capit. legi Ribuar. add. a. 803, c. 7, p. 118. Aut cruce aut scuto et fuste contra eum decertet. Ib., c. 4, p. 117. Judicio crucis Dei voluntas et rerum veritas inquiratur. Div. regn. a. 806, c. 14, ib., I p. 129. Si duo testimonia [i.e. testes] ... inter se discordant ..., illi duo decertent cum scutis et fustibus; nam si flebiliores fuerint ipsi testes, tunc ad crucem examinentur. Capit. legi add. a. 816, c. 1, p. 269. **5.** *croix-limite — boundary-cross. CD. Cavens.*, II p. 64 (a. 969). **6.** *croix du marché — market-cross.* Crucem in suo [solo] erigerent et mercatum publice instituerent. D. Frid. I imp. a. 1165, KEUTGEN, *Urk. städt. Vfg.*, no. 65 b p. 37. **7.** *transept — transept.* Ecclesiam ... construere cepit ... membrorum quoque, que cruces vocantur, atque turrium solidissima fundamenta ... instituens. Actus pontif. Cenom., c. 33 (s. xi ex.), ed. BUSSON-LEDRU, p. 376.

**cuba,** cubba, v. cuppa.

**cubans-et-levans** (subst.): *serviteur qui demeure auprès de son maître — a servant who lives in his master's household.* Ex hominibus domesticis dicti Balduini [in castello manentibus], qui sunt ejus cubantes et levantes. *Actes Phil.-Aug.*, no. 422 (a. 1192), I p. 511.

**cubeba,** qui-, -biba, -bebs (genet.-bebis) (arab.): *cubèbe,* sorte de poivre — *cubeb,* kind of pepper.

**cubella,** -um, -us (< cupa): *petite cuve — small tub.*

**cubicularius** (subst.): **1.** *chambellan — chamberlain.* Auprès du roi franc — with the Frankish king: Charegisilus cubicularius de minimis consurgens magnus cum rege per adulationes effectus. GREGOR. TURON., Hist. Franc., lib. 4 c. 51. Iterum lib. 7 c. 13 et pluries. FREDEG., lib. 4 c. 38, *Scr. rer. Merov.*, II p. 139 l. 29. A la cour pontificale — at the papal court: Lib. pontif., Steph. III, § 28, ed. DUCHESNE, I p. 478. Ordo Rom. I, c. 23, ed. ANDRIEU, II p. 74. Auprès d'un évêque — with a bishop: FORTUN., V. Germani, c. 6, *Scr. rer. Merov.*, VII p. 376. L'un des officiers domestiques d'une cour princière — one of the ministers of a prince's household. A domino suo non constringantur nisi ad quinque ministeria, hoc est ut aut dapiferi sint aut pincernae aut cubicularii aut marescalchi aut venatores. Bamberger Dienstrecht (a. 1057-1065), c. 7, ALTMANN-BERNHEIM, *Urk.*[4], no. 77 p. 158. Ch. Theod. com. Flandr. a. 1130, MIRAEUS, I p. 679 col. 2. A la cour du roi de France, dignitaire subordonné au chambrier — at the court of the king of France, a dignitary inferior to the "chambrier". *Actes Phil. Ier*, no. 2 sq. (a. 1060); no. 37 (a. 1067/1068); no. 64 (a. 1073). KEMBLE, *CD. aevi Saxon.*, no. 904 (s. xi med.) **2.** *sacristain — sexton.* Anon. itiner. Willibaldi, c. 15, ed. TOBLER-MOLINIER, *Itinera Hieros.*, I p. 294. Constituit super sepulchra apostolorum custodes qui dicuntur cubicularii. Lib. pontif., Leo I, ed. MOMMSEN, p. 105. V. Caesar. Arelat., lib. 2 c. 13, *Scr. rer. Merov.*, III p. 489.

**cubiculum**: **1.** **chapelle* à l'intérieur d'une basilique — *chapel* inside a church. Lib. pontif., Symmachus, ed. MOMMSEN, p. 123. Rursum ib., Sergius I, p. 214. **2.** **tombeau — tomb.* Ib., Marcellinus, p. 42; Xystus III, p. 97. Mir. Agrippini Neapol. (s. x), CAPASSO, *Mon. Neapol.*, I p. 323.

**cubile**: **chambre, cellule — room, cell.*

**cucucia,** cugu-, cogo- (cf. voc. cuculus): *adultère, viol, rapt — adultery, rape, elopement.* Arsinas et homicidias et cucutias. ALART, *Cart. Roussillonnais*, no. 10 p. 22 (a. 959). Usat. Barchinon., c. 2, WOHLHAUPTER, p. 178. DE MARCA, *Marca Hisp.*, app. col. 1144 (ch. a. 1068). Interpellavit ... de ipsas cogocias et de ipsos rautus [i. e. raptus]. GERMAIN, *Cart. de Montpellier*, no. 58 p. 99 (ca. a. 1080).

**cucullare,** se: *prendre le froc — to take the cowl.* Simulative monasterium intraverat: laicus erat, se tonsuraverat, se cucullaverat. Chron. Gozecense, lib. 2 c. 7, *SS.*, X p. 152.

**1. cucullarius,** coc-, cocc-, cog-, -ul-, -oll-, -ol-, -aria: *treillis de pêche — fish-trap.* Cucullarios vel qualescumque piscationes seu venationes facere presumat. TIRABOSCHI, *Nonatola*, II p. 12 (a. 753). Paludes cum piscariis, cucularis et cum artificiis. Ib., p. 69 (a. 890). Nullus ... in ejusdem monasterii paludes vel piscariis aut cucullariis navigando transire vel quascumque piscationes ... introire praesumat. *D. Berengario I.*, no. 81 (a. 907-911), p. 219. Cum ... paludibus, piscationibus, sationibus, cucullariis, aquis, rivis ... [form. pertin.] *D. Ottos I.*, no. 249 (a. 962). FANTUZZI, *Mon. Ravennati*, II p. 33 (a. 970). Aquis, piscaritiis sive cocolariis. MURATORI, *Antiq.*, V col. 419 (a. 1010).

**2. cucullarius** (< cucullus): *moine — monk.* Ego itaque E. subdiaconus cucullariorum s. Galli novissimus ... scripsi et subscripsi. WARTMANN, *UB. S.-Gallen*, II no. 722 (a. 902). Hec ... Medelocensis cenobii excudere cucullarii. Mir. Adalberti Egmund., c. 28, OPPERMANN, *Fontes Egmund.*, p. 21.

**cucullatus** (adj.) (< cucullus): **1.** *muni d'un capuchon — with a hood.* ISID., Etym., lib. 19 c. 24 § 17. **2.** *monachal — monachal.* Si quis ... canonicis expulsis cucullatam congregationem, dico autem monachos, inducere maluerit. DC.-F., II p. 643 col. 3 (ch. ca. a. 1060, Poitou). Subst. **cucullatus**: *moine — monk.* GUILL. Pictav., lib. 2 c. 11, ed. FOREVILLE, p. 172. ORDER. VITAL., lib. 8 c. 25, ed. LEPRÉVOST, III p. 434. Mundus plenus est cucullatis, et pene vacuus monachis. PETR. CELLENS., lib. 2 epist. 156, MIGNE, t. 202 col. 600 B.



**cucullus,** coc-, cocc-, -ul-, -a: **1.** **bure — cowl.* Bonif. et Lull. epist. 114, *Epp.*, III p. 403 l. 29. Concil. Cloveshow. II a. 747, c. 28, MANSI, t. 12 col. 406. Cocullae illi nimia erant vetustate consumptae. ARDO, V. Benedicti Anian., c. 2, *SS.*, XV p. 202. **2.** **froc de moine — monk's cowl.* Benedicti regula, c. 55. Cucullam nos [sc. Italici] esse dicimus quam alio nomine casulam vocamus ... Illud autem vestimentum, quod a Gallicanis monachis cuculla dicitur et nos cappam vocamus, ... melotem appellare debemus. Theodemari Casinens. epist. (a. 787-797), *Epp.*, IV p. 512. Nemo utatur cuculla nisi qui se monachi voto constrinxerit; aut si necessitas poposcerit propter frigorem, religiosus sacerdos utatur. Stat. Rispac. (a. 799/800), c. 20, *Capit.*, I p. 228. EKKEH., Cas. s. Galli, c. 1, *SS.*, II p. 79 l. 21.

**cuculus**: **1.** *cocu — cuckold.* **2.** *bâtard — bastard.* EGBERT. LEODIENS., Ratis, lib. 1 v. 824, ed. VOIGT, p. 144.

**cucurbita** (subst. mascul.): *cocu — cuckold.*

**cucurbitare**: *tromper* un mari par l'adultère de sa femme — *to cheat* a husband by adultery with his wife. Liber Papiensis, expos. ad Rothar., c. 213, *LL.*, IV p. 348. Si vasallus ... dominum suum ... cucurbitaverit ..., feudo privabitur. *Const.*, I no. 55 (a. 1047-1056). Si fidelis dominum cucurbitaverit. Lib. feudor., antiq., tit. 2 § 1 (= vulg., lib. 1 tit. 5 § 1), LEHMANN, p. 90. Ibi pluries.

**cucurus,** v. coccura.

**cudere**: **composer* un écrit — *to compose* a writing. Praesens opusculum cudens. LUP., epist. 6, ed. LEVILLAIN, I p. 52.

**cuphia,** v. cofea.

**cugnare,** v. cuneare.

**cugnus,** cugno, v. cuneus.

**cugucia,** v. cucucia.

**cuinus,** v. cuneus.

**cuissinus,** cuisinus, v. coxinus.

**culagium**: *redevance pour la permission de se marier — due for leave to marry.* Polypt. Fiscamn. a. 1235 ap. DC.-F., II p. 647 col. 1. Ch. DE BEAUREPAIRE, *Charte portant abolition du droit de culagium dans le fief de Pierrecourt* (22 *juillet* 1238), *BEC.*, t. 18 (1857), p. 167.

**culcita,** col-, -ce-, -tra, -dra, cultra (class. „matelas — mattress"): *couverture, couvre-lit, édredon — blanket, quilt, coverlet.*

**culcitrarius**: *matelassier, couverturier — mattress-maker.* S. xiii.

**culina**: *saunerie — saltern.* Tradidit ... 17 culinas ad sal faciendum GLÖCKNER, *Cod. Lauresham.*, p. 380 no. 97 (a. 775-776).

**culmen**: **dignité royale ou impériale, souveraineté — royal or imperial dignity, sovereignty.*

**culpa**: **1.** **faute, péché — fault, sin.* **2.** *aveu — confession of guilt.* Pro retentione culpam fecit, et absolutus est. HUGO FLAVIN., Chron., a. 1097, *SS.*, VIII p. 476 l. 17.

**culpabilis**: **1.** **répréhensible — reprehensible.* **2.** *coupable — guilty.* Judicibus plerumque, ut culpabilibus ignoscerent, ... imperavit. GREGOR. TURON., Hist. Franc., lib. 6 c. 8. In multis frater meus accessit culpabilis. Ib., lib. 6 c. 31. Ibi pluries. Utrum hujus culpae ... sit innoxia an fortasse culpabelis. FREDEG., lib. 4 c. 51, *Scr. rer. Merov.*, II p. 146. In nullo modo culpabile exinde ipso non invenit. F. Andecav., no. 39, *Form.*, p. 17. Ibi saepe. Si culpaviles fuissent inventi. Lex Visigot., lib. 4 tit. 2 § 15. Ille solus judicetur culpavilis, qui culpanda conmittit. Ib., lib. 6 tit. 1 § 7. Rursum tit. 4 § 2. Culpabilis atque convictus apparuit. *D. Karolin.*, I no. 180 (a. 797). Si culpabilis [jussionis regiae neglectae] inventus fuerit, dignam correctionem accipiat. Admon. ad omnes ord. (a. 823-825), c. 21, *Capit.*, I p. 306. **3.** *passible de* telle peine — *liable to* this or that punishment. 600 dinarios culpabilis judicetur. Lex Sal., tit. 1 § 1. Ibi talia multoties. De vita sit culpabilis. Chilperici edict., c. 8, *Capit.*, I p. 9.

**1. culpare**: *offenser, méfaire — to offend.* Pro satisfactione hominis illius contra quem culpavit ... emendet. Pippini capit. Ital. (ca. a. 790), c. 4, *Capit.*, I p. 201.

**2. culpare,** v. colpare.

**cultare**: *mettre en culture — to till.* Cum ... terras aratas et cultatas, que ipse cultavit. *Hist. de Languedoc*[3], II pr. no. 85 col. 186 (a. 834, Narbonne). In massa I ... constituit libertos ipsius ad cultandum et meliorandum in libellario nomine. GREGOR. CATIN., Chron. Farf., ed. BALZANI, I p. 210. [Res] pastenata et operata et cultata. *CD. Cavens.*, I p. 129 (a. 884).

**cultellacius,** col-, cor-, -tela-, -rius: *coutelas — cleaver.* S. xiii, Ital.

**cultellare**: *tailler — to tailor.* Vestimenta sua inciderent, stringerent atque cultellarent. CAESAR. HEISTERB., Mir., dist. 4 c. 15, ed. STRANGE, p. 187. Ibi pluries.

**cultellarius,** -erius: **1.** *coutelier — cutler.* GUÉRARD, *Cart. de Chartres*, I p. 403 (s. xii). **2.** *bretteur, assassin — rowdy, murderer.* DC.-F., II p. 650 col. 3 (ch. a. 1152, Toulouse).

**cultellinus,** -a: *canif — small knife.* S. xiii.

**cultellus**: *coutre — coulter.* Si quis cultellum alienum furaverit. Lex Sal., tit. 27 addit. 6 (text. Herold. et Lex Sal. emend.)

**culter**: *coutre — coulter.* ERMOLD. NIG., Carmen in hon. Ludov., v. 2390 (lib. 4 v. 447), ed. FARAL, p. 178.

**cultibilis**: *labourable — arable.* MABILLON, *Ann.*, V p. 118 no. 11 (ch. a. 1077).

**cultilis,** col- (adj.): **1.** *cultivable — cultivable.* Cum centum mansis cultilibus et possessis. *D. Heinrichs III.*, no. 106 (a. 1043). Telluram paulo ante minus cultilem sic sollerciae tuae industria fertilem reddidisti. Gervasii Remens. epist. (a. 1055-1067), *SS.*, XV p. 855. In B. substantias duas et terram cultilem ibidem cum portione case ibi edificate. GREGOR. CATIN., Chron. Farf., ed. BALZANI, I p. 232. **2.** loc. domus cultilis: *chef-manse,* le centre d'exploitation avec la réserve seigneuriale — *manor with demesne land.* Domus [i.e. domos] coltiles. FATTESCHI, *Memor. di Spoleto*, p. 275 (a. 773). Portionem, id est domum cultilem cum sedimine, terris aratoriis ... *D. Karolin.*, I no. 214 (a. 811). Ipsa decima de suo [i.e. alicujus domini] domo coltile rebus in eadem ecclesia concedimus. Ludov. Pii (?) capit., c. 8, *Capit.*, I p. 336. Curtem, domum cultilem. GIULINI, *Memor. di Milano*, I p. 460 (a. 870). Curticellam unam ... cum domo coltile et massaritiis ad eam pertinentibus. *D. Berenga-*

rio I., no. 20 (a. 898), p. 62 l. 3. Abbas ... quicquid in domo coltili ubicumque suorum locorum laborare curaverit. Ib., no. 38 (a. 903), p. 113 l. 18. Capellam ... cum universis ad se aspicientibus totoque domo cultili omnibusque massariciis. Ib., no. 53 (a. 905), p. 152 l. 25. Inter domum coltilem et areis castri et capella atque sediminas et areis ubi vites exstant ... juges 30; de terris arabilis et prata ... juges 150. *D. Ugo*, no. 80 p. 233 (a. 945). Casas cultiles in O. cum ecclesia. GREGOR. CATIN., o.c., I p. 161.

**cultivare**: *cultiver — to cultivate.* S. xiii.

**cultor**: *régisseur de domaine — manorial administrator.* GUDENUS, *CD. Mogunt.*, I p. 308 (ch. a. 1191).

**1. cultra**, v. culcita.

**2. cultra** (<culter): une mesure de terre, *charruée* — a land measure, *carucate*. Duos mansos ... habentes cultras 20. *D. Heinrichs III.*, no. 176 (a. 1046).

**cultura**: **1.** *champ gagné sur du terrain non cultivé — arable obtained by reclamation.* Ponens vinias, aedificans domus, culturas erigens. GREGOR. TURON., Hist. Franc., lib. 6 c. 20. Juxta culturam illam. *D. Merov.*, no. 2 (a. 528). Loca cum silvas, culturas vel prata. PARDESSUS, II no. 253 p. 10 (a. 631). De silvis que indivise forsitan residerunt fecerit fortasse culturas. Lex Visigot., lib. 10 tit. 1 § 9. Si quis [arborem] infra agrum alienum aut culturam seu clausuram ... inciderit. Edict. Rothari, c. 300. Ut campos et culturas nostras bene componant. Capit. de villis, c. 37. Ex culturis super Ligerim de villa V. et de villa G. et de R. et de Nova Villa ... medietatem decimarum. *D. Louis IV*, no. 21 (a. 943). In pratis, in silvis, in culturis, in pascuis. GYSSELING-KOCH, *Dipl. Belg.*, no. 71 (a. 988, Gand). Mariscorum medietatem culture et curticulis faciendis dederunt. D. Ludov. VII reg. Fr. a. 1154, TARDIF, *Cartons*, no. 531. **2.** *champ relativement étendu qui fait partie de la réserve seigneuriale*; sans doute en principe un champ qui a été gagné sur du terrain non cultivé — *a rather large piece of arable forming part of a manorial demesne*, apparently originally obtained by reclamation. Mansos 60, culturas 11, aecclesias 2. *SS.*, VII p. 411 l. 18 (ch. a. 685, Arras). Habet in V. de terra dominicata culturas 4, quae habent bunuaria 257. Polypt. Irminonis, br. 5 c. 1, ed. GUÉRARD, p. 38. In N. habetur mansus dominicatus ... Sunt ibi culturae 3, ubi possunt seminari inter utramque sationem sigili, frumenti, hordei modii 116. Polypt. S. Remigii Rem., c. 11 § 1, ed. GUÉRARD, p. 21 col. 1. Illas culturas duas juxta praefatum monasterium infra illam silvam conjacentes. G. Aldrici, ed. CHARLES-FROGER, p. 60. Sunt in manso dominicato ... de terra arabili bunaria 22 et in broilo 12 et in cultura quae est juxta S. Ursmarum 20. Descr. Lobiens. a. 868/869, ed. WARICHEZ, *BCRH.*, t. 78 (1909), p. 250. De terris censualibus et potestate ecclesiae suae et culturis indominicatis ... decimam recipiat. Capit. Pist. a. 869, c. 12, II p. 336 l. 42. Tradidi ... ad villam C. dictam 2 culturas. PROU-VIDIER, *Ch. de S.-Benoît-s.-Loire*, I no. 26 p. 72 (a. 876). In pago Tricassino mansus unus in loco q. d. C. cum terris et culturis ad ipsum mansum pertinentibus. D. Karlomanni reg. Fr. a. 884, QUANTIN, *Cart. de l'Yonne*, I p. 112 no. 57. Ambiebat fratribus auferre quamdam culturam cum horto. Mir. Vedasti, pt. 2 c. 10 (s. ix ex.), *AASS.*³, Febr. I p. 816 B. Est in V. mansus indominicatus. Aspiciunt ad ipsum culture 7. Prima est in R., ubi potest seminari avena modios ... Urbar. Prum. a. 893, c. 45, BEYER, *UB. Mittelrh.*, I p. 166. Item c. 46, p. 170; c. 47, p. 172. Alodum ... cum terris cultis et incultis et, exceptis illis, culturas 4 amplissimas. *BEC.*, t. 30 (1869), p. 447 (ch. a. 904, Tours). Cum omnibus culturis dominicatis, forestis ... *D. Charles le Simple*, no. 9 (a. 898-923). Culturas 4 ad seminandum annona modios 100. WAMPACH, *UB. Luxemb.*, I no. 151 p. 184 (a. 927). Mansi duo cum tribus culturis. *D. Lothaire*, no. 55 (a. 986). Aspiciunt ad ipsum mansum culturas 3 continentes de terra buonaria 100. DUVIVIER, *Rech. Hainaut*, no. 32bis, p. 361 (s. x.). Culturis, mansis, servis ... *D. Heinrichs II.*, no. 100 (a. 1005). Terram quam pater meus bubus propriis excolebat et dicebatur cultura comitis. DC.-F., II p. 652 col. 2 (ch. Gaufredi com. Andegav.). Constat illud taliter allodium ...: cultura scilicet quedam habens duodecim diurnales ..., tria quoque arpenta vinee. VERNIER, *Ch. de Jumièges*, I p. 122 no. 39 (a. 1097). Garbas acceptas ex cultura dominicali. Cantat. s. Huberti, ed. HANQUET, p. 39. Nonam de nostris indominicatis culturis. ROUSSEAU, *Actes de Namur*, no. 2 (a. 1121). De curtibus abbatis sive de culturis ad ipsas pertinentibus. VERCAUTEREN, *Actes de Flandre*, no. 106 (a. 1122). Culturas nostras, quas ibidem habebamus dominicas, ... colonis qui ibidem inhabitarent censuales fecimus. SUGER., De admin. sua, c. 12, ed. LECOY, p. 172. Precipio omnibus prepositis meis, ut in propriis villis meis ... culturas optime colant. Leg. II Cnut, tit. 69 § 1, vers. Inst. Cnuti, LIEBERMANN, p. 357 col. 2. **3.** *terroir de village — the fields of a township.* Cedo ipsi sancto Dei in villa q. d. F. mansum meum cum curtis et hortis et exiis vel ipsas vineas quae ipsi manso adhaerescunt. Et ipse mansus habet fines et vinea quoque ... Et cedo vobis in cultura ipsius villae campos quinque, quorum unus habet fines ... Alius campus habet fines ... DONIOL, *Cart. de Brioude*, no. 77 p. 98 (a. 857). In villa q. d. R., in ipsa [villa] vel in cultura ipsius villae, cedimus vobis terram et vineas. Ib., no. 40 p. 64 (a. 939). Item ib., no. 74 p. 94 (a. 937/938). De rebus meis propriis, que sunt site in comitatu Telamitense, in vicaria Ambronensi, in cultura de O. Ib., no. 14 p. 36 (s. x). In patria Arvernica, in aice Limanico, in comitatu Telamitensi, in vicaria Broniensi, in villa q. d. O., in ipsa cultura quae est in ipsa villa cedimus vineas nostras. Ib., no. 19 p. 41 (s. x). Vendimus nos vobis in ipsa villa K. cantumcumque nos in ipsa villa vel in ejus cultura visus sumus habere. BERNARD-BRUEL, *Ch. de Cluny*, I no. 100 (a. 908, Mâcon). Est ipse campus in pago A., in comitatu B., in aice C., in vicaria de C., in cultura de villa q. d. V. Ib., no. 501 (a. 939). **4.** *_culte — worship_. **5.** *_vénération — reverence_. **6.** *_rite — rite_.

**culturalis**: *labourable — arable.* De terra culturali 20 jurnales in campum unum juxta



ZEUSS, *Trad. Wizenburg.*, no. 7 (a. 742). De terra culturali in fine F. campos 3. COURTOIS, *Cart. de S.-Etienne de Dijon*, no. 2 p. 9 (a. 822).

**culturare**: *cultiver — to cultivate.* Servos et servas ... ipsum mansum culturantes. COURTOIS, *Cart. de S.-Etienne de Dijon*, no. 75 p. 95 (s. xi p. pr.) Unam semodiatam ad panem culturatam. DC.-F., II p. 652 col. 3 (ch. a. 1026, Marseille). Terram arabilem, quantum possunt tria paria boum culturare omni satione. D. Ludov. VII reg. Fr. a. 1160, ib.

**cultus** (decl. iv): **1.** *terrain gagné à la culture — reclaimed land.* Tradidi s. Bonifacio curtem I et aream ... cum omni laboratu et cultu meo. Cod. Eberhardi, c. 3 § 68, DRONKE, *Trad. Fuld.*, p. 9. Tradidit ... in villa R. omnem laboratum et cultum suum, id est capturam unam. Ib., c. 6 § 142, p. 41. **2.** *_culte — worship_. **3.** *habitude, mœurs — usage, habit.*

**1. cumba**, comb-, cumm-, comm-, cum-, com-, -us (celt.): *vallée — valley.* Descendit ... usque ad ipsa comma. ALART, *Cart. Roussillonnais*, no. 7 p. 17 (a. 947). Habeatis ... dictas comas, montes et colles, serras et planos. Ib., no. 11 p. 23 (a. 966). DE MARCA, *Marca Hisp.*, app. col. 875 (a. 955); col. 1143 (a. 1068). D'ACHÉRY, *Spicil.*, XIII p. 311 (a. 1131). PÉRARD, *Rec. de Bourg.*, p. 116 (a. 1147).

**2. cumba**: une *mesure de capacité — coomb*, a dry measure. S. xiii, Angl.

**3. cumba**, -us = cymba.

**cumbrus**, v. combrus.

**cumina**, v. condamina.

**cumma**, v. cumba.

**cumulatio**: *_entassement, accumulation — heaping, accumulation_.

**cumulus**, cumblus: **1.** *_total, somme d'argent — sum total, sum of money_. **2.** *toit, comble, faîte — roof, ridge of a roof.* S. xiii.

**cunagium** (<cuneus): **1.** *monnayage — coinage.* S. xiv. **2.** *type de monnaie — coin-type.* **3.** *redevance de monnayage — mintage.* S. xiv.

**cunctigena** (adj.): *provenant de partout — from all parts.*

**cuneare**, cuni-, ccni-, coign-, cugn- (<cuneus): *monnayer — to coin.* S. xii.

**cuneata**, cuniada (<cuneus; >frg. *cognée*): *hache — axe.* Dolaturas, secures id est cuniadas. Capit. de villis, c. 42. Cuniada et dolaturia. Karoli M. epist. ad Fulrad. (a. 804-811), *Capit.*, I p. 168 l. 27. Cum cuneatis gradientes. Chron. Salernit., c. 51, *SS.*, III p. 495.

**cuneus**, cunius, cunnus, coinus, cugnus, cognus, cunus, conus, cugno (genet. -onis): **1.** *coin de monnayage — die.* [Monetarius] instrumenta percussurae, id est cuneos, suscipiat. LESORT, *Ch. de S.-Mihiel*, no. 58 p. 200 (a. 1099). Qui conos faciunt in occultis et vendunt falsariis. Leg. IV Aethelred, tit. 5, LIEBERMANN, p. 234. **2.** *matrice de sceau — seal-matrix.* S. xiii. **3.** *coin d'un bâtiment — corner of a building.* S. xiii. **4.** *_foule — crowd_. Venerat quadam die ad limina confessoris almi non parvus populi cuneus. ERMENTAR., Mir. Filiberti, lib. 2 c. 2, ed. POUPARDIN, p. 63.

**cunicularium**: *garenne — rabbit-warren.* S. xiii.

**cuningera**, cunigara, cunigaria, v. coningera.

**cuparius**, cupparius, cuvarius: *tonnelier — cooper.* WIDEMANN, *Trad. S.-Emmeram*, no. 908 p. 448 (a. 1175). KEUTGEN, *Urk. städt. Vfg.*, no. 126 (s. xii, Strasbourg).

**cuperta**, v. cooperta.

**cupertorium**, v. coopertorium.

**cupidiosus**: *convoiteux, avare — greedy, avaricious.*

**cuppa**, coppa, cupa, copa, coupa (class. cupa „cuve — tub"): **1.** *cuve — tub.* Vas magnum, quem vulgo cupam vocant, qui 20 modia amplius minusve capiebat, cervisa plenum in medio positum. IONAS, V. Columbani, lib. I c. 27, ed. KRUSCH, p. 213. **2.** *coupe, gobelet — cup, beaker.* Cuppa aurea. AGNELL., *Scr. rer. Langob.*, p. 170. Coppas argenteas deauratas 2. LIUDPRAND., Antapod., lib. 6 c. 6, ed. BECKER, p. 155. Coppa aurea. EKKEH., Cas. s. Galli, c. 1, *SS.*, II p. 88 l. 33. Coppas duas argenteas. PETR. DIAC., Chron. Casin., lib. 3 c. 58, *SS.*, VII p. 744. Auream cuppam ad bibendum manu tenebat. Chron. S. Andreae Castri Camerac., lib. 2 c. 21, *SS.*, VII p. 535. Unam cuppam auream. OTTO MORENA, ed. GÜTERBOCK, p. 11. Coppa argentea. V. Meinwerci, c. 211, ed. TENCKHOFF, p. 124. Blede, id est cuppam. Rectit. sing. pers., tit. 14, vers. Quadrip., LIEBERMANN, p. 451 col. 2. **3.** *mesure de grains — corn measure.* De duobus sextariis avenae ... habeat dominus unam copam. *Gall. chr.*², XIII instr. col. 182 C no. 3 (a. 1144, Montauban).

**cuppatus** (adj.): *couvert de tuiles — tiled.*

**cuppus**, v. coppus.

**cuprinus**: *_de cuivre — copper_.

**cupreus**: *de cuivre — copper.*

**cuprum**: *_cuivre — copper_.

**cura**: **1.** *charge d'âmes, direction spirituelle — cure of souls, religious guidance.* Committimus tibi vico illo, ut ibi archeprebeteriae curam agas. F. Bituric., no. 5, *Form.*, p. 170. [Episcopi] curam pastoralem exerceunt in pleve. Concil. Ascheim. a. 750, c. 3, *Conc.*, II p. 57. Quid curam animarum nostrarum deseruistis? AUTPERT., V. Paldonis, c. 5, *Scr. rer. Langob.*, p. 550 l. 25. De sacerdotibus ad vestram [sc. episcoporum] curam pertinentibus magnum adhibete studium ut, qualiter vivere debeant et quomodo populis ad suae portionis curam pertinentibus exemplo et verbo prosint, a vobis ... edoceantur. Admon. ad omnes ord. (a. 823-825), c. 5, *Capit.*, I p. 304 l. 6. 12 canonicos in eadem cella monachi sub una cura et ordinatione in debitis et necessariis stipendiis religiose custodiant. *D. Charles le Chauve*, no. 58 (a. 844). Cum omnibus qui sub cura et ditione ipsius [abbatis] sunt famuli Christi. *D. Karlmanns*, no. 21 (a. 879). Ne propter aliquas disceptationes servitium Dei minuatur et cura populi inreligiose agatur. Concil. Tribur. a. 895, c. 32, *Capit.*, II p. 232. O pastores ecclesiarum Christi ..., agite, quae vobis inposita est, curam pastoralem. Ib., epist., p. 213 col. I l. 9. Animarum curam penitus reliquerat [abbas monasterium deserens]. ODO SANMAURENS., V. Burcardi, c. 8, ed. BOUREL, p. 21. **2.** spec.: *la direction spirituelle d'une paroisse — religious guidance of a parish.* Episcopus curam animarum debet unicuique presbytero commendare de parochiis ecclesiarum singularum. Concil. Bituric. a. 1031, c. 22, MANSI, t. 19 col. 505. Presbitero ... qui baptizandis et infirmis et sepeliendis curam debitam inpendat. BEYER, *UB. Mittelrh.*, I no. 385 p. 442 (a. 1088). [Monachi] extra

claustrum sub obtentu parochialium curarum morari desiderant. STEPH. TORNAC., epist. 162, MIGNE, t. 211 col. 452 A. [Presbyter parochiae] per [abbatem] substituatur, ita tamen, ut ab [episcopo] seu a ministris [ejus] curam suscipiat. MULLER-BOUMAN, *OB. Utrecht*, I no. 305 p. 280 (a. 1122). Decano cui ejusdem ecclesie cura tunc commissa erat. BEYER, o.c., I no. 454 p. 512 (a. 1125). **3.** *cure, fonction à laquelle est attachée la direction spirituelle d'une paroisse — cure, office implying the religious guidance of a parish.* Vendantur curae pastorales, scilicet ecclesiae parochianae. Concil. Rotomag. a. 1072, c. 13, MANSI, t. 20 col. 38. Duobus clericis qui ... ad easdem ministrant capellas cura ... committatur. LACOMBLET, *UB. Niederrh.*, I no. 262 p. 170 (a. 1103). Curritur in clero ... ad ecclesiasticas curas. BERNARD. CLARAEVALL., epist. 42 c. 7 no. 27, MIGNE, t. 182 col. 827 A. **4.** *messe — Mass.* Presbitero liceat in ista parochia curam decantare et Dei servicio adimplere. F. Sal. Merkel., no. 54, *Form.*, p. 260.

**curacia,** curatia, curazium, curassia, v. coracia.

**curadia,** v. conredium.

**curagulus**: (adj.): *soigneux, officieux — careful, serviceable.* ISID., Gloss., no. 507. Subst. **curagulus**: *souverain — ruler.* S. x, Angl.

**curaria,** curadia: une *redevance imposée à la circulation — a traffic tax* (cf. voc. curatura). [Ab] omnibus hominibus cum rebus inde transeuntibus ripaticum, mensuraturam et curariam accipere. *D. Ottos II.*, no. 291 (a. 983).

**curatela**: *tutelle — tutelage.* S. xiv.

**1. curaterius**: *cordonnier — shoemaker.* S. xiii.

**2. curaterius,** v. curratarius.

**curativus**: *curatif, remédiant — curative, healing.*

**curator. 1.** curator civitatis: *au Bas-Empire, *fonctionnaire municipal — municipal officer* of the Later Roman Empire. CASSIOD., Var., lib. 7 epist. 12, *Auct. antiq.*, XII p. 210. **2.** *prêtre chargé de la direction spirituelle d'une paroisse, curé — priest having cure of souls, curate.* S. xiii.

**curatura**: une *redevance qui frappe la circulation — a traffic tax* (cf. voc. curaria). Teloneum et curaturam et mercata vel etiam omnia que sunt ad publicum regium pertinentia. D. Ludov. II imp. a. 872, FICKER, *Forsch.*, IV no. 14 p. 19. Curaturam, theloneum, ripaticum ... ab eis exigere [non] presumat. *D. Karls III.*, no. 111 (a. 885). Liceat episcopo thelonea et curaturas possidere. *D. Bereng. I*, no. 77 (a. 911). Rursum no. 112 (a. 916). *D. Ottos I.*, no. 144 (a. 952). *D. Ottos II.*, no. 283 (a. 982). Quicquid ad comitatum Laudensem pertinet de mercato q. d. de V. cum teloneo vel censu aut redibitionibus cum omni curatura sua. *D. Bereng. I*, no. 104 (ca. a. 911-915), p. 270. Cum persolutione omnium navium et cum curatura omnium negotiorum qui fiunt in praedicta ripa, tam ab incolis civitatis quam ab aliis aliunde ad negotium venientibus. *D. Konrads II.*, no. 162 (a. 1031). Medietatem de placito et omni districtu per totum comitatum et integram medietatem de curatura et omni publica exactione ipsius Aritinae civitatis. *D. Heinrichs III.*, no. 292 (a. 1052).

**curatus** (adj.), d'un office ecclésiastique: *qui implique la direction spirituelle d'une paroisse* — of an ecclesiastical office: *implying the spiritual guidance of a parish.* Subst. **curatus**: **1.** *moine en charge d'une obédience — a monk having the care of an obedience.* EKKEHARD., Cas. s. Galli, c. 10, *SS.*, II p. 127 l. 39. **2.** un ecclésiastique en charge d'une paroisse, *curé* — an ecclesiastic having the care of a parish, *curate.* JAC. DE GUISIA, lib. 18 c. 23, *SS.*, XXX p. 234 l. 1.

**curbata,** curbada, v. corrogata.

**curia**: **1.** **la cour de l'empereur romain — the court of the Roman Emperor.* **2.** *la cour pontificale — the papal court.* Curia, nude, hoc sensu: Sigefridi archiep. Mogunt. epist. a. 1074/1075, STIMMING, *Mainzer UB.*, I no. 343 p. 239. GUIBERT. NOVIG., De vita sua, lib. 3 c. 4, ed. BOURGIN, p. 138. SUGER., V. Ludov. Gr., c. 10, ed. WAQUET, p. 56. **3.** *la cour du roi — the king's court.* Cunctis in palatio ministrantibus et in curia regia servientibus. MONACH. SANGALL., lib. 2 c. 31, *SS.*, II p. 762. Ne amplius ad curiam ejus [sc. regis] invitaretur. Chron. Namnet., c. 34, ed. MERLET, p. 102. Ad regis curiam fratres miserat. HARIULF., lib. 4 c. 9, ed. LOT, p. 200. Curia, nude, hoc sensu: ADAM BREM., lib. 1 c. 54, ed. SCHMEIDLER, p. 55. Ibi saepe. Cum hoc [sc. adventus cujusdam principis] in curia auditum esset. Ann. Altah. maj., a. 1070, ed. OEFELE, p. 79. Lucernarum usum noctibus in curia restituit. WILL. MALMESBER., G. regum, lib. 5 c. 393, ed. STUBBS, II p. 470. Quociens episcopus ex precepto regis ... curiam adierit. KEUTGEN, *Urk. städt. Vfg.*, no. 125 c. 12 p. 91 (a. 1156, Augsburg). **4.** *un palais royal — one of the king's palaces.* Urbs Aquensis ... prima regum curia. MABILLON, *De re dipl.*, p. 246 (s. ix). Collaudantur conventus totius regni principum. curia Wirciburg, tempus festum s. Michahelis. EKKEHARD. URAUG., Chron. univ., a. 1121, *SS.*, VI p. 257. Omni anno in festo s. Martini burgenses ... super curiam nostram [sc. regis] conveniant. KEUTGEN, o.c., no. 129 (a. 1190, Worms). **5.** *lieu de réunion des grands à la cour royale — gathering-place of the great men at the king's court.* Clerici ad suam, laici vero ad suam constitutam curiam ... convocarentur. HINCMAR., Ordo pal., c. 35, *Capit.*, II p. 529. [Rex] cum curiam introisset. MEGINHARD., Ann. Fuld. pars III, a. 873, ed. KURZE, p. 77. **6.** *assemblée du royaume — assembly of the Realm.* Universis principibus curiam generalem ... indiceremus. *Const.*, I no. 73 p. 125 (a. 1100). Imperatore vel rege ibi [sc. Spire] curiam habente. *D. Heinrichs IV.*, no. 466 (a. 1101). [Principes] ad curiam aggregati fuerant. BAUMANN, *Urk. Schaffhausen*, p. 106 (a. 1122). Quid hec curia et conventus dictaverint. Cod. Udalrici, no. 46, JAFFÉ, *Bibl.*, V p. 100. In curiam imperatoris quae Spire habita est. Ib., no. 201, p. 367. Ibi saepe. Tempore Wirceburgensis curiae. Epist. ap. UODELSCALC., c. 19, *SS.*, XII p. 440 (a. 1120). Sedit omnium nostrum sententiae curiam in festo s. Bartholomei apud Moguntiam celebrare. *Const.*, I no. 112 (a. 1125). Si episcopus Belvacensis ad tres curias nostras et ad exercitus ire voluerit. Ch. comm. Belvac. a. 1182, *Ordonn.*,



VII p. 623. Solemnem curiam, hoc est in natali Domini, in theophania et in pascha et in pentecoste neque nos neque successores nostri in ipso castello ulterius ullomodo praesumamus celebrare. D. Roberti II reg. Fr., spur. s. xii?, *Hist. de Fr.*, X p. 593 A. Curiae solemnes et ornatus regii schematis ... evanuerant. HENRIC. HUNTINGD., a. 1140, ed. ARNOLD, p. 267. **7.** la „curia regis" au sens restreint, le *conseil royal* — the "curia regis" in the narrower sense, the *royal council.* Cf. C. H. HASKINS, *Norman inst.*, p. 90 (ch. a. 1109-1135). **8.** la *cour* d'un seigneur féodal important, d'un prince territorial — seigniorial *household.* Ei [sc. praeposito s. Donatiani] magisterium meorum notariorum et capellanorum et omnium clericorum in curia comitis servientium concedimus. VERCAUTEREN, *Actes de Flandre*, no. 9 p. 30 (a. 1089). Ad curiam perrexit Gisulfi ducis. GREGOR. CATIN., Chron. Farf., ed. BALZANI, I p. 140. Civitati et omni patriae sive episcopali curiae requies ... provenit. Chron. s. Andreae Castri Camerac., lib. 2 c. 8, *SS.*, VII p. 532. Eos qui summi officiales curie [archiepiscopi Coloniensis] vocantur. Kölner Dienstrecht (ca. a. 1154), c. 3, ALTMANN-BERNHEIM, *Urk.*[4] no. 83 c. 3 p. 166. Singuli et omnes ministeriales ad certa officia curie nati et deputati sunt. Ib., c. 10, p. 169. Ministris curie A. dapifero, W. pincerna, G. panetario. MULLER-BOUMAN, *OB. Utrecht*, I no. 444 p. 397 (a. 1165). In curia sua [comitissa Hanoniae] officia hereditaria instituit. GISLEB. MONT., c. 8, ed. VANDERKINDERE, p. 10. **9.** une *réunion* tenue à la cour d'un seigneur féodal, d'un prince territorial — a *gathering* at the court of a feudal lord or territorial prince. In sollemni curia Pentecostes. Ch. Balduini com. Flandriae a. 1067, MIRAEUS, I p. 513 col. 2. Fecimus hanc donationis nostre confirmationem Bruggis in plena curia in Epiphania. VERCAUTEREN, o.c., no. 12 p. 41 (a. 1093). Antiquitus servata est consuetudo, ut in festo s. Richari tota Pontivorum militia Centulam veniret et, veluti patriae domino et suae salutis tutori et advocato, solemnem curiam faciebant. HARIULF., lib. 4 c. 6, p. 189. In placitis et curiis archiepiscopi. D. Friderici I reg. a. 1153, *Const.*, I no. 146. De expensis ejus [sc. comitis Hanoniae] grandibus in magnarum celebratione curiarum. GISLEB. MONT., c. 68, p. 107. Sollempnitatem natalis Domini primo in Valencenis ... celebravit, in qua curia fuerunt milites 500. Id., l. c. Item c. 76, p. 116. **10.** le groupe des grands qui se trouvent plus ou moins régulièrement à la cour d'un prince territorial, le *conseil princier* — the great men who are more or less constantly present at the court of a territorial prince, the *prince's council.* Coram primatibus curiae meae [sc. ducis Normanniae]. HARIULF., lib. 4 c. 19, p. 224 (ch. a. 1048). Sub testimonio nobilium curie mee [sc. comitis Hanoniae]. DUVIVIER, *Rech. Hainaut*, p. 402 (a. 1065). Faventibus conjuge mea [sc. comitis Flandriae] et universa Flandrensium curia. VERCAUTEREN, o.c., no. 6 p. 17 (a. 1085). Audiente me et tota curia mea et ipsis scabionibus [juravit]. Ib., no. 52 p. 132 (a. 1111). Curia comitis [Flandriae]. Chron. Watin., *SS.*, IX p. 169. Per judicium curie nostre [sc. episcopi] et ministerialium b. Martini procerumque nostrorum concessimus. MULLER-BOUMAN, o.c., I no. 427 p. 383 (a. 1159). In presentia nostra et curie nostre [sc. comitis Hollandiae] sponte sua festucaverunt. VAN DEN BERGH, *OB. Holland*, I no. 167 p. 105 (ca. a. 1180). **11.** le *tribunal* formé par la „curia" d'un seigneur féodal, d'un prince territorial — the "curia" of a feudal lord or territorial prince acting as a *law-court.* Fecit hanc ipsam donationem ... in curia Fulconis Vindocinensis comitis. MÉTAIS, *Cart. de Vendôme*, I no. 120 p. 217 (a. 1058). Diem cause sumpserunt cum eis in curia Eusebii Andecavensis episcopi. BERTRAND, *Cart. d'Angers*, I no. 57 p. 77 (a. 1060-1081). Res in praesentia abbatis delata et audita erit hominum et curiae abbatis judicio discutienda. VERCAUTEREN, o.c., no. 13 p. 44 (a. 1093). Die super hac questione ventilanda determinato, ecclesia in negocio prevaleret et non solum jure ecclesiastico, sed etiam lege tocius curie mee, que possederat, jure perpetuo possideret. Ib., no. 26 p. 82 (a. 1101). Si fuerit contentio inter dominum et fidelem de investitura feudi, per pares curiae dirimatur. Libri feudor., vulg., lib. 1 tit. 10, LEHMANN, p. 95. Ibi talia saepe. Causa terminetur ... dominorum curiis. Leg. Henrici, tit. 9 § 4, LIEBERMANN, p. 555. [Barones] haberent eos ad rectum in curia sua. Leg. Edwardi Conf., tit. 21 § 1, ib., p. 647 col. 1. Si miles erat et ad curiam comitis pertinuisset [i.e. a curia comitis judicandus esset]. GALBERT., c. 102, ed. PIRENNE, p. 148. Judicio episcopalis curie nobis justiciam prosequentur. Ch. commun. Laudun. a. 1128, *Ordonn.*, XI p. 185. Si inter dominum et vassallum lis oriatur, per pares curiae terminatur. Frider. I const. de feudis a. 1158, *Const.*, I no. 177 c. 9. Reum accusare debet in curia [castrensi]. Lex pacis castrensis a. 1158, ib., no. 173 c. 6. Questum judicii quod situm est in curia nostra episcopali [sc. archiepiscopi Coloniensis]. KEUTGEN, o.c., no. 17 c. 7 p. 10 (a. 1169). **12.** *tribunal domanial — court of a manor.* Curia s. Mariae in M. ... sic statuta est, ut habeat omnia jura sicut quaelibet curia Argentinensis ecclesiae habens omnia jura. ALTMANN-BERNHEIM, o. c., no. 82 c. 2 p. 163 sq. (ca. a. 1150, Alsace). **13.** un *tribunal* quelconque — any *law-court.* Nemo ... cogat te vel successores tuos seculari curie interesse. Pasch. II pap. priv. a. 1100, PFLUGK-HARTTUNG, *Acta*, I no. 77. Quicumque de ecclesia tenuerit vel in feudo ecclesie manserit, alicubi extra curiam ecclesiasticam non placitabit. Leg. Edwardi Conf., tit. 4, p. 630. Si quis requisierit curiam suam de terra. Etabl. de Rouen, c. 24, ed. GIRY, p. 32. Reos tormentis afficere, vel suppliciis extorquere confessionem, censura curiae est, non ecclesiae disciplina. HILDEBERT., epist. 52, MIGNE, t. 171 col. 277 B. **14.** une *séance* d'un tribunal — *session* of a law-court. Laicalis curia est congregatio eorum certo loco et die assignata, per quos jus est super querelam contentionis placitantibus exhibendum. Summa de legib. Normann., c. 52, § 2, ed. TARDIF, p. 137. Archiepiscopus de curiis suis [i. e. advocati] 4 marcas qualibet vice advocato administrabit. KEUTGEN, o.c.,

no. 139 c. 12 (s. xii? Soest). **15.** *cadeau d'honneur* offert à un seigneur à l'occasion d'une réunion de sa cour — *gift of honour presented to a lord at a gathering of his court.* Pertinent etiam ad eosdem reditus tres curiae in natali Domini, scilicet sex panes cum totidem gallinaciis et sex sextarii vini. HUGO, *Ann. Praemonstr.*, I col. 70 (a. 1152, Noyon). **16.** synonyme de curtis: le *terrain clôturé qui environne une demeure rurale* — *courtyard.* Mansum cum curia et edifitio. Cod. Laresham., lib. 2 no. 952, (a. 799), ed. GLÖCKNER, II p. 280. Pacem habeant in domibus ... et in curiis etiam infra legitimas areas domuum quas hovestete vulgo vocamus, sive sint septae seu nulla sepe sint circumdatae. Pax Alamann. (s. xii in.), c. 1, *Const.*, I p. 614. Curiam honestam muro cingi fecimus, domum fortem et defensabilem in curia, granchias et quaeque necessaria ibidem construi ... effecimus. SUGER., *De admin. sua*, c. 10, ed. LECOY, p. 167. Mansum unum terrae ... cum duabus curiis ad eum pertinentibus. GUDENUS, *CD. Mogunt.*, I p. 125 (ch. a. 1140). Nos ejusdem praedii partem, curiam videlicet ..., recepisse. Ib., p. 136 (a. 1143). Si [reus] in fugiendo ad domum sacerdotis vel curiam ejus diverterit. Leg. Edwardi Conf., c. 5 § 1, LIEBERMANN, p. 630. Si murdrum in domo vel in curia vel in claustura inveniatur. Leg. Henrici, tit. 91 § 2, p. 607. **17.** *chef-manse*, centre d'exploitation d'un domaine — *manor.* In loco vocato K., ubi predictus comes curiam olim habuit et mansiones. *D. Ludwigs d. Deutsch.*, no. 112 (a. 864, cop. s. xiii), BEYER, *UB. Mittelrh.*, I p. 155 (an verba Caesarii?) Iterum c. 48, p. 177. Claustro proxime adjacentem curiam cum suis appenditiis. BEYER, o.c., no. 244 p. 299 (< a. 973>, spur.). In pago Suessonico in villa quae A. vocatur tres mansi cum curia indominicata. *Hist. de Fr.*, IX p. 735 C (ch. ca. a. 980, Mont-S.-Quentin; an verax?) In villa D. curiam et molendina et 12 mansa terrae. *Actes Phil. Ier*, no. 116 (a. 1081-1085, Flandre), I p. 295. W. curiam unam cum vineis. *Gall. chr.* ², XV instr. col. 198 no. 17 (a. 1103, Bâle). Si homo capitalis in curia abbatis habitaverit. VERCAUTEREN, o.c., no. 106 p. 243 (a. 1122). V. Meinwerci, c. 147, ed. TENCKHOFF, p. 78. **18.** le *domaine intégral* — *estate.* Quandam curiam juris mei, que nominatur Curia Petre, sitam in ipso pago Andegavo ... concederem. MARCHEGAY, *Arch. d'Anjou*, III p. 113 no. 170 (a. 1037). Curiam antecessorum episcoporum ... mille libris denariorum et plus valentem ... dedit Fulconi Andegavorum comiti. Actus pontif. Cenom., c. 29 (s. xi), ed. BUSSON-LEDRU, p. 353. PHILIPPI, *Osnabrücker UB.*, I no. 189 sq. (ca. a. 1085). Ibi pluries. De curia dominicata decimas 8 jurnalium. LACOMBLET, *UB. Niederrh.*, I no. 249 p. 161 (a. 1094). Duas curias, unam L. et aliam H., cum 40 nominatis mancipiis et cum omnibus jure ad predictas duas curias pertinentibus. ERHARD, *Reg. Westfal.*, I CD. no. 168 p. 132 (a. 1097). Curiam unam nomine B. cum omni utilitate atque justicia ad eandem curiam pertinente. BEYER, *UB. Mittelrh.*, I no. 416 p. 477 (a. 1108). Dominicalis curia Corbejensis ecclesie. DUVIVIER, *Actes*, I p. 141 (a. 1145-1164, Corbie). Curiam nostram, quam ... in loco q. d. W. possidebamus. JORDAN, *Urk. Heinr. d. Löwen*, no. 17 p. 25 (ante a. 1152). In Wisfalia curiam nomine H. D. Friderici I reg. a. 1153, *Const.*, I no. 146. Nullus ... in curiis vel villis eorum placitum tenere ... presumeret. D. Ludov. Pii, spur. s. xii, BEYER, o.c., I no. 54. Quidam capitaneus in quadam curte sua beneficium militibus dedit; postea curtem vendidit ... Controversia est ... emptore dicente se curiam cum beneficio emisse. Libri feudor., vulg., lib. 2 tit. 51, LEHMANN, p. 174. **19.** usité pour le „burg" anglosaxon — used for the Anglosaxon *burg*. Leg. II Aethelstan, tit. 20 § 1, vers. Quadripart., LIEBERMANN, p. 161 col. 1. Ibi pluries.

**curialis** (adj.): **1.** *qui concerne la cour du roi* — *concerning the king's court.* Curiales tumultus evasisse ... exoptaverat. ANSELM., *G. episc. Leodiens.*, c. 45, *SS.*, VII p. 216 l. 36. Calumniatoribus meis ... respondere non subterfugiam, vel in ecclesia, si ecclesiastica sunt negotia, vel in curia, si sunt curialia. Ivo CARNOT., epist. 22 (a. 1093), ed. LECLERQ, I p. 92. K. rex Obotritorum veniret Sleswich habiturus cum patruo suo N. curiale colloquium. HELMOLD., lib. I c. 50, ed. SCHMEIDLER, p. 98. **2.** *qui concerne la cour d'un seigneur féodal, d'un prince territorial* — *concerning a baron's court.* Placitum generale terminaverunt ante comitem G. ac curiales suos judices. BERTRAND, *Cart. d'Angers*, I no. 5 p. 14 (a. 1040-1060). In curiam A. Balgiacensis prefecti [i.e. vicecomitis] hujus rei causam aucturi [i.e. acturi] convenirent. ... Hanc curialem diffinitionem viderunt et audierunt ... Ib., no. 284 p. 325 (a. 1082-1106). Ut nunquam cogatur abbas in expedicionem ire vel curiam frequentare aut ad colloquium curiale ex justitia venire. GUDENUS, *CD. Mogunt.*, I p. 29 (ch. a. 1090; an verax?). Vir curialis: homme de cour — courtier. Feminis viri curiales in omni lascivia summopere adulantur. ORDERIC. VITAL., lib. 8 c. 10, ed. LEPRÉVOST, III p. 324. **3.** *qui concerne la société chevaleresque, la noblesse féodale* — *concerning knighthood or feudal nobility.* Erat homo curialis nomine G. de villa que B. vocatur. MÉTAIS, *Cart. de Vendôme*, I no. 132 p. 235 (ca. a. 1059). Anathematis vinculo hos subtrahimus, videlicet uxores, liberos, servos, ancillas seu mancipia necnon rusticos et servientes et omnes alios qui non adeo sunt curiales ut eorum consilio scelera perpetrentur. Synod. Roman. a. 1078, Cod. Udalrici, no. 57, ed. JAFFÉ, *Bibl.*, V p. 123. **4.** *courtois* — *courteous, courtly.* S. xiv. **5.** *qui concerne un chef-manse* — *concerning a manor.* Apud Caviniacum fiscum curialis familia habebatur. Cantat. s. Huberti, c. 59, ed. HANQUET, p. 133. De tritura debet septem mediotas curiales. PERRIN, *Seigneurie*, p. 716, app. 4 c. 6 (a. 1109-1128, Chaumousey). Subst. **curialis**: **1.** *un membre de la „curia" municipale, décurion* — *a member of the municipal "curia", decurio.* **2.** *un individu qui appartient à l'ordre des membres de la „curia" municipale* — *a person who belongs to the class of the members of the municipal "curia".* **3.** *homme de cour auprès du roi* — *courtier at the royal court.* Curialis quidam inter suos honorabilis. Mir. Wlframni (s. xi), c. 30, MABILLON, *Acta*, III pt. I p. 380. Curialium plectenda temeritas. PETRUS DAMIANI, Disc., *Lib. de lite*, I p. 88. Qui famulando principibus [promoti] fiunt, dicuntur a curia curiales. Id., opusc. 22, MIGNE, t. 145 col. 472 C. Inter curiales et domesticos regis. *D. Ottos I.*, no. 442 (spur. s. xii). Totus paene conventus curialium. Triumph s. Remacli, lib. I c. 18, *SS.*, XI p. 446. Ibi occurrentibus eis magnis sacri palatii principibus cum maximo curialium numero. GUILL. TYRENS., lib. 20 c. 25, MIGNE, t. 210 col. 803 C. **4.** *homme de cour auprès d'un seigneur féodal, d'un prince territorial* — *courtier at a baronial court.* Coram me [sc. comite Hanoniae], in presentia principum meorum ceterorumque, scilicet equestris ordinis fidelium et curialium. DUVIVIER, *Actes*, II p. 20 (a. 1089). Satis eminentiores ceteris curialibus habiti in cameram [sc Beatricis marchionissae] curia. Cantat. s. Huberti, c 25, p. 72. Coram pontifice et quibusdam curialibus suis. Ib., c. 27, p. 85. Episcopi [genet.] curiales. GUIBERT. NOVIG., De vita sua, lib. 3 c. 5, ed. BOURGIN, p. 148. SUGER., V. Ludov. Gr., c. 15, ed. WAQUET, p. 90. Ministeriales curiae episcopali curialium more deservirent. Chron. episc. Hildesheim., contin., c. 20, *SS.*, VII p. 855 l. 35. **5.** *individu qui appartient à la noblesse féodale* — *a person belonging to the feudal nobility.* Occurrunt ad tanti viri exequias ... curiales quique cum popularibus indifferenter ammixti. Cantat. s. Huberti, c. 53, p. 127. De principibus primis Thuringorum, inter quos M. maximus eorum, W. comes palatinus, S. comes multique curiales. SIGEBOTO, V. Paulinae (s. xii med.), c. 53, *SS.*, XXX p. 936.

**curialitas**: **1.** *courtoisie, mœurs de cour* — *courtesy, court manners.* Irrepsit [in claustrum] ambitiosa curialitas, quae dum in vestitu mollior, in victu lautior, in omni cultu accuratior amari quam timeri maluit, disciplinae mollito rigore claustri claustra relaxavit. Fund. eccl. Hildensem. (ca. a. 1080), c. 5, *SS.*, XXX p. 945. Vir omni curialitate compositus. GUIBERT. NOVIG., De vita sua, lib. I c. 14, ed. BOURGIN, p. 48. Nec esse poterant moribus inculti, qui totius Frantiae et Romanae vel Remensis curialitate erant frequentatione suffulti. HARIULF., V. Arnulfi Suession., lib. I c. 4, *SS.* XV p. 880. **2.** *cadeau d'honneur* — *gratuity, gift of honour.* S. xiii.

**curialiter**: *à la manière de la cour* — *after the manner of the court.* Qui noster neque monachus sit neque clericus, et plures habeat testes curialiter agitandi quam monastice vivendi. FULBERT. CARNOT., epist. 2 (a. 1003), *Hist. de Fr.*, X p. 444B. Curialiter educatus et curialibus moribus instructus. SIMON, G. abb. Sithiens., lib. 3 c. 1, *SS.*, XIII p. 662.

**curiarius** (subst.): *dépendant rattaché à un chef-manse* — *member of a manorial household.* In curiariis, id est curiam s. Petri inhabitantibus, sive in hospitibus in terra de dote altaris manentibus nullum domini jus possidebit. DUVIVIER, *Actes*, I p. 147 (a. 1177, Corbie).

**curicsceattum**, v. chericsceattum.

**curiositas**: *sollicitude, inquiétude* — *anxiety, care.*

**curiosus** (subst.): *moine en charge d'une obédience* — *a monk having the care of an obedience.* S. xiii.

**curmeda**, curmeida, curmedium, v. corimedis.

**curmedus** (subst.) (cf. voc. corimedis): *un dépendant sujet au droit de meilleur catel* — *a dependent who is liable to heriot.* HEERINGA, *OB. Utrecht*, II no. 760 p. 199 (a. 1227). WEILER, *UB. Xanten*, I no. 194 p. 130 (a. 1259).

**curratagium**, corrat-, corret-, cort-, courret-, court-: *courtage* — *brokerage.* [Monachi] a molturis, corratagiis ... liberi sint. DC.-F., II p. 578 col. 3 (ch. a. 1114, Chartres).

**curratarius**, corrat-, corret-, curat-, corat-, courrat-, corrett-, correct-, -erius: *courtier* — *broker.* S. xiii.

**currens** (subst.): *cours d'eau, courant, fil de l'eau* — *flowing stream, current.*

**currere**: **1.** *avoir cours* — *to be in currency.* Ambianensis obolos ... in urbe ... cursoros instituit. GUIBERT. NOVIG., De vita sua, lib. 3 c. 7, ed. BOURGIN, p. 159. Monetam Aurelianensem, que in morte patris nostri currebat. Ch. Ludov. VII reg. Fr. pro Aurelian. a. 1137, ed. BIMBENET, p. 73. **2.** *être pratiqué* — *to be in general use.* Ubi ipsa dona currunt, justitia evacuatur. Concil. Vern. a. 755, c. 25, *Capit.*, I p. 37. **3.** *être à la chasse* — *to hunt.* S. xiii. **4.** (d'une sentence) *avoir été prononcé, avoir force de chose jugée* — (of a verdict) *to have been pronounced, to be effective.* S. xiii.

**currerius**, corr-, -earius, correrarius, -erius: **1.** *courrier, messager* — *courier, messenger.* Sine mora currerium quendam cum literis ... Pisas miserunt. CAFFAR., Ann., a. 1162, ed. BELGRANO, I p. 68. JOH. CODAGNELL., Ann. a. 1206, ed. HOLDER-EGGER, p. 31. **2.** *appariteur municipal, sergent* — *town beadle, bailiff.* Consules civitatis Placentie dederunt tenutam Ottoni de C. per E. currerium et nuncium eorum FICKER, *Forsch.*, IV no. 111 p. 155 (a. 1139).

**curribilis**: *ayant cours* — *current.* Persolvant annuatim 8 sol. et 8 den. monete curribilis. ALART, *Cart. Roussillonnais*, no. 8 p. 19 (a. 93).

**curriculum**: *laps de temps, période* — *course of time, period.*

**currilis**: *approprié à une voiture, relatif aux voitures* — *suitable for a carriage, concerning carriages.*

**curritorium**, cur-, corr-, cor-, -et-, -id-, -orum (< currere): **1.** *corridor, passage, couloir* — *corridor, passage.* **2.** *arcades, galerie* — *gallery, arcade.* **3.** *chemin de ronde sur un rempart* — *rampart gallery.* **4.** *tunnel* — *tunnel.* **5.** *coursive* — *gangway.*

**cursabilis**: *ayant cours* (d'une monnaie) — *current.* DC.-F., II p. 673 col. 3 (ch. a. 1138, Laon).

**cursalis** (adj.): **1.** *à courre* — *of hunting.* De primo cursale, qui primus currit, qui eum involaverit. Lex Alamann., codd. fam. A, tit. 78. **2.** (cf. voc cursus sub 8) *relatif à la liturgie quotidienne* — *concerning daily worship.* In omnibus cursalis [i.e. cursalibus] oribus [i.e. horis] preces Deo fundere debeant. Conc. Ascheim. a. 756, c. 1, *Conc.*, II p. 57. **3.** *ayant cours* — *current.* S. xiv. Subst. **cursalis**: *corsaire* — *pirate.* OTTOBON., Ann. Genuens., lib. 3, ad a. 1192, ed. BELGRANO, II p. 42.

**cursarius**, curs-, -erius: **1.** *corsaire* — *pirate.* RICHARD. SANGERM., Chron., MURATORI, *Scr.*,

VII col. 960. **2.** *coursier — courser.* S. xiv. **3.** certain *livre de liturgie — a liturgical book.* Lectionarius vetustus et cursarius antiquior et liber regule. Acta Murensia, c. 5, ed. KIEM, p. 24.
**curseria,** cors-: *chemin de ronde — rampart gallery.* S. xiii.
**cursilis**: *ayant cours — current.* S. xiii.
**cursivus**: (de l'écriture) *cursif* — (of script) *cursive.*
**cursor**: **1.** *courrier, messager — courier, messenger.* Missis ubique per vicina loca cursoribus. Additamentum Nivialense de Fuilano (s. viii), *Scr. rer. Merov.*, IV p. 451. Directis quam celerrime quaquaversum cursoribus. PRUDENT., *Ann. Bertin.*, a. 838, ed. WAITZ, p. 15. Mature cursorem hunc remittite. LUP., epist. 39, ed. LEVILLAIN, I p. 168. Ibi pluries. Ut nihil novi ... in hoc regno surgat, quod aut per equites aut per cursores pedites non sciamus. Capit. Carisiac. a. 877, c. 25, II p. 360. F. Laudun., no. 7, *Form.*, p. 516. **2.** *appariteur judiciaire, sergent — beadle, bailiff.* S. xiii. **3.** *cavalier d'avant-garde — vanguard trooper.* Ceperunt cursores nostri ante ire. ANON., G. Francorum, c. 10, ed. BRÉHIER, p. 56. Cursores nostri, qui semper solebant nos precedere. Ib., c. 12, p. 66. **4.** *marchand ambulant — itinerant merchant.* Homines qui vocantur cursores, qui habitant in civitate, vendentes et ementes si in burgo illo [sc. monachorum] venerint et sua vendiderint ... AUDOUIN, *Rec. de Poitiers*, I p. 19 no. 11 (a. 1082-1086). **5.** *professeur qui donne des cours extraordinaires — a teacher who gives cursory lessons.* Post tertiam usque ad prandium legant cursores quacunque hora. DENIFLE, *Chart. Univ. Paris.*, I p. 178 no. 137 (a. 1245). **6.** equus cursor: *coursier — courser.* GUNTHER., Ligurinus, lib. 7 v. 689, MIGNE, t. 212 col. 434 C.
**cursorie**: *dans les cours extraordinaires — in the cursory lessons.* Antequam ad examinacionem recipiatur, fidem faciat ... quod audiverit libros Aristotelis de veteri logica ... bis ad minus ordinarie et semel cursorie. DENIFLE, *Chart. Univ. Paris.*, I p. 228 no. 201 (a. 1252).
**cursorius** (adj.). **1.** mercator cursorius: marchand ambulant — itinerant merchant. Si mercator cursorius fecerit venditionem aut emptionem in burgo. *Actes Phil. Ier*, no. 34 (a. 1067), p. 101. **2.** lectio cursoria: cours extraordinaire — cursory lesson. Nullus magister ... aliquo die disputabili ... lectionem cursoriam ... legere presumat. DENIFLE, *Chart. Univ. Paris.*, I p. 178 no. 137 (a. 1245). Post inhibicionem lectionum cursoriarum. Ib., p. 228 no. 201 (a. 1252). Subst. femin. et mascul. **cursoria,** cors-, -er-, -ar-, -ius: *bateau rapide — swift ship.* ISID., Etym., lib. 19 c. 1. SIDON., lib. 1 epist. 5. Subst. neutr. **cursorium**: *herbage parcouru par les moutons — pasture for sheep.* S. xiii, Occit.
**cursus** (decl. iv): **1.** *incursion — raid.* Bellum iniens cum uno cursu [Arabum]. ANAST. BIBL., Chronogr., ed. DE BOOR, p. 312. Danorum impeditur cursu. V. Radbodi, *SS.*, XV p. 571a. **2.** *glandée — pannage.* Dono ... cursum in sylvam ad triginta et unum porcum. CANAT, *Cart. de S.-Marcel-lès-Chalon*, no. 20 (a. 987-996). BERNARD-BRUEL, *Ch. de Cluny*, I no. 583 (a. 942-954); II no. 952 (a. 954-994). **3.** cursus aquae: *cours d'eau — water-course.* **4.** *cours* d'une monnaie — *currency.* Solidorum talium, quorum cursus sit in comitatu Flandrensi. VAN DEN BERGH, *OB. Holland*, I no. 320 p. 181 (a. 1230). **5.** *style chronologique — chronological usage.* **6.** **ordre de l'office divin*, en particulier pour ce qui concerne le chant des psaumes — *order of divine worship.* **7.** *le chant des psaumes — psalm-singing.* Cursu decantando. FORTUN., V. Radegundis, c. 4, *Scr. rer. Merov.*, II p. 366. Item id., V. Germani, c. 62, ib., VII p. 410. Cursus psalmorum. Columbani regula, c. 7. In monasterio suo cursum canendi annuum ... edoceret. BEDA, Hist. eccl., lib. 4 c. 18. **8.** *les prières liturgiques quotidiennes, les heures — daily liturgical prayers.* Cum ad cursum reddendum surgerem. GREGOR. TURON., Hist. Franc., lib. 8 c. 15. Impleto cursu revertens ad lectulum. Id., V. patrum, c. 7 § 2, *Scr. rer. Merov.*, I p. 688. Exsurgentibus ... ad caelebrandum cursum. Id., Glor. mart., c. 9, p. 495 l. 16. Dum sibi cursum diceret. FORTUN., V. Radegundis, c. 11, ib., II p. 368. Die noctuque ... canonicum adimplere studebant cursum. V. Eligii, lib. 1 c. 10, ib., IV p. 678. Subridens in synaxi, id est in cursu. Columbani regula, c. 10. [Monachi] cellam ... de missa, de cursu, de luminaria honorabilem ... exhibere studeant. GYSSELING-KOCH, *Dipl. Belg.*, no. 15 A p. 32 (a. 745, S.-Bertin). De cursu diurno vel nocturno, qualiter oras canonicas nuntiantur. Ordo Rom. XVIII (s. viii ex.), inscr., ANDRIEU, III p. 205. Manuale de solis nocturnalibus officiis et de his quae vocantur vulgo cursus ... AMALAR., Ordo antiphon., MIGNE, t. 105 col. 1246 sq. Qui missas cursusque sacros illic celebrassent. ABBO SANGERM., Bell. Paris., lib. 2 v. 106, ed. WAQUET, p. 74. Cotidianum seu canonicum in ea [capella] celebret cursum. *D. Charles le Simple*, no. 109 (a. 921). **9.** *règle monastique — monastic rule.* [Moniales] debeant Domino militare secundum ... regulam et cursum s. Benedicti. PARDESSUS, II no. 355 p. 139 (a. 666, Soissons). **10.** *cours extraordinaire — cursory lecture.* Legant libros Aristotelis de dialectica ... in scolis ordinarie et non ad cursum. DENIFLE, *Chart. Univ. Paris.*, I no. 20 p. 78 (a. 1215). **11.** *rythme prosaique — prosaic rhythm.* Cursus Leoninus. Lib. pontif., ed. DUCHESNE, II p. 311 (s. xii). Cf. N. VALOIS, *Etude sur le rythme des bulles pontificales*, *BEC.*, t. 42 (1881), p. 161 sqq. et 257 sqq. A. DUCHESNE, *Note sur l'origine du „cursus"*, ib., t. 50 (1889), pp. 161-163. L. COUTURE, *Le cursus ou rythme prosaique dans la liturgie et la littérature de l'Eglise Latine*, *Rev. des Quest. Hist.*, t. 51 (1892), p. 253 sqq. W. MEYER, *Die rhytmische lateinische Prosa*, *Abhandl. zur mittellatein. Rhytmik*, Berlin 1905, p. 236 sqq. **12.** *plat* d'un repas — *course* of a meal. S. xiv. **13.** *concours, rassemblement — concourse.* Populi cursum. Chron. Gradense, ed. MONTICOLO, *Cron. Venez.*, I p. 45. Magno cursu episcoporum, clericorum, laicorum, mulierum ... LANDULF., Hist. Mediol., lib. 1 c. 6, ed. CUTOLO, p. 13. **14.** *concours, aide — help.* Per Radechis cursum eandem quam hambiebat assumeret principalem dignitatem. Chron. Salernit., c. 53, *SS.*, III p. 496.



**curtalis**, cor- (adj.) (<curtis): *qui revient à une „curtis" — due to a "curtis".* Cum cortalibus decimationibus. *D. Heinrichs II.*, no. 212 (a. 1010).
**curtana**: *épée de cérémonie* du roi d'Angleterre — *sword of mercy.* S. xiv, Angl.
**curtare**: **1.** **raccourcir, rogner, écourter — to cut off, to rescind.* **2.** *enlever partiellement, porter atteinte à la propriété d'autrui — to encroach, to detract.* Si quisquam possessiones suas curtare et praecidere voluerit. Coll. Sangall., no. 12, *Form.*, p. 404. **3.** *déduire, défalquer — to deduct, to defalcate.* S. xiv.
**curtarius** (subst.) (<curtis): *dépendant rattaché au chef-manse — manorial servant.* Aream et vineas in S. hobariis atque curtariis ... sub annua et determinata pensione jure hereditario contradidi. GLÖCKNER, *Cod. Lauresham.*, I p. 412 sq. no. 139 (s. xi p. post.).
**curtensis,** cor- (adj.) (<curtis): **1.** *rattaché à la „curtis" seigneuriale — tied to a manorial household.* Exceptis illis cortensibus servis et ancillis, qui eidem comiti semper in curte serviebant. *D. Heinrichs III.*, no. 106 (a. 1043). **2.** *qui possède les manières polies de la cour, bien élevé — having the refined court manners.* Miser ille et male curtensis Heuto. HARIULF., Chron., lib. 3 c. 1, ed. LOT, p. 83. Subst. mascul. **curtensis**: **1.** *domestique, serviteur de la maisnie — household servant* V. Wenceslai (s. xii?), *AASS.*, Sept. VII p. 833 col. 2. **2.** *individu qui possède une „curtis" — a person who owns a "curtis".* Omnes curtenses a datione in placito, que tertie dicuntur, tutos esse permittimus. *D. Heinrichs III.*, no. 351 (a. 1055, Ferrara).
**curtiboldus,** cor-, -ci-, -cim-, -ce-, -bald-, -baud- (germ.): *veston — jacket.* Curceboldum quem prius ad texendum erexerat. WOLFHARD. HASERENS., Mir. Waldburgis, c. 17, *SS.*, XV p. 543. ODO CLUNIAC., V. Geraldi, lib. 2 c. 23, MIGNE, t. 133 col. 683 B. *CD. Cavens.*, II p. 59 (a. 968). De stola s. Desiderii et thurciboldo [leg. curciboldo] ejus. Acta Murensia, c. 18, ed. KIEM, p. 55.
**curticanus** (subst.) (< curtis): *jardin — garden.* Curticanus et clausellus de P. cum aliis vineolis. *D. Charles le Chauve*, no. 269 (a. 864), II p. 106 l. 12. Cellam ... duasque vineas, corticanum et plantas ... deputavit. G. episc. Autissiod., pars 1 c. 36, *SS.*, XIII p. 397.
**curticella,** cor-, -te- (<curtis): **1.** *enclos peu étendu* qui comprend la maison et le jardin — *small homestead.* Curticellam in qua est casa, curte ... GIULINI, *Memor. di Milano*, I p. 460 (a. 870). **2.** *l'espace clôturé attenant à la maison— farmyard.* Domum cum curticella. *CD. Cajet.*, I p. 40 (a. 914). **3.** *centre d'exploitation d'un domaine d'importance médiocre — small manor.* Quandam curticellam sitam in loco et fundo B. ... cum aliquantis aliis sorticellis. *D. Lotario*, no. 6 p. 261 (a. 948). **4.** *domaine d'importance médiocre — small estate.* Desiderii Cadurc. epist., lib. 2 no. 7, *Epp.*, III p. 207. *D. Merov.*, no. 39 (a. 662). De omnibus curticellis vel villas [i.e. villis] ipsius monasterii. Ib., no. 58 (a. 691). *Reg. Farfense*, no. 49 (a. 761). D. Ludov. II imp. a. 853, *MIOeG.*, t. 5 (1884), p. 384. *D. Karlmanns*, no. 26 (a. 879). *D. Karls III.*, no. 12 (a. 879). BENASSI, *CD. Parmense*, no. 18 (a. 885). *D. Berengario I.*, no. 37 (a. 903), p. 109 l. 23.
**curticellula,** cor-: *domaine très modeste — very small estate.* Largiremur ... corticellulam quandam q. v. S., que videtur pertinere de curte Massa. *D. Ugo*, no. 69 p. 207 (a. 943).
**curticula,** cor-, -cla (<curtis): **1.** *espace enclos de dimensions modestes* près d'une demeure, *jardin — farmyard, garden.* Duo hospitia intra se cum curticla sua. MARINI, *Pap.*, p. 147 (a. 625). Casatas 11 cum sala et curticle meo. WAMPACH, *Echternach*, I pt. 2 no. 16 p. 45 (a. 709). Curticulam tunimo interclausam. Brevium exempla, c. 25, *Capit.*, I p. 254 l. 9. Iterum c. 30, p. 255 l. 15; c. 32, l. 34. Curticula abbatis. Adalhard. Corbejens. stat., lib. 1, c. 1, ed. LEVILLAIN, *LMA.*, t. 13 (1900), p. 352. In aecclesia vel in porticu que tunc curticula dicebatur. MONACH. SANGALL., lib. 1 c. 31, *SS.*, II p. 745 l. 37. Molendina ... cum areis terre et corticulis atque terris juxta positis. *D. Ugo*, no. 79 p. 231 (a. 945). **2.** *emplacement urbain — urban plot.* In surburbio nostrae civitatis ... curticlos 10. DC-F., II p. 586 col. 2 (ch. a. 875, Beauvais). De areis vel de curticulis Susaciae. LACOMBLET, *UB. Niederrhein*, I no. 218 p. 142 (a. 1074). **3.** *domaine peu important — small estate.* Ann. Rodenses, a. 1115, ed. ERNST, p. 21.
**curticus** (adj.): *enclos — enclosed.* Vineam curticam quae vulgo pictura appellatur. *D. Charles le Chauve*, no. 124 (a. 850).
**curtiferum,** cor- (<curtis; formation analogique d'après *pomifera, fructifera*? — formed after the pattern of *pomifera, fructifera*?): **1.** *l'enclos* qui comprend la maison et le jardin — the *fenced-in space* containing house and yard. Cum casis, aedificiis, curtiferis. F. Bituric., no. 15, *Form.*, p. 175. Cum domibus, edificiis, curtiferis. F. Sal. Lindenbrog., no. 1, ib., p. 267. Ibi pluries. Terris, curtiferis, casis. *D. Merov.*, no. 41 (a. 663). Domus ... cum edificiis, cortiferis. PARDESSUS, II no. 559 p. 371 (a. 739, Nouaillé). Villam ... cum curtiferis et territorio ac silva et mansis 20. Breves notitiae Juvavienses (ca. a. 790), c. 6, HAUTHALER, *Salzb. UB.*, I p. 25. Casam cum curtiferо suo et territorio et manentes 9 cum coloniis et aliis appenditiis. Ib., c. 9, p. 31. Curtiferis, vircariis. BERNARD-BRUEL, *Ch. de Cluny*, no. 43 (a. 891, Mâcon). *D. Ottos I.*, no. 198 (a. 958). **2.** *emplacement destiné à y bâtir un centre d'exploitation domaniale — site on which a manor is to be built.* Curtiferum unum ... possessum a tribus viris ... habens in longitudine perticas $11^1/_2$ et in latitudine 6. *D. Heinrichs II.*, no. 27 (a. 1002). Curtiferum unum in presenti ... superedificatum. [Post alia: curtem predictam cum universis edificiis et sepium munitionibus]. *D. Konrads II.*, no. 3 (a. 1024).
**curtificalis**: *propre à y construire une „curtis" — suitable for construction of a manor.* Ad L. curtificalem locum 1 et hobam 1 et dimidiam. BITTERAUF, *Trad. Freising*, II no. 1211 p. 125 (a. 957-972).
**curtilagium,** cor-, -te-, -legium (< curtile): **1.** *redevance due pour un courtil — rent due from a farmyard.* Tenet unum vilanagium ... et reddit 6 den. de cortilagio ad festum s. Petri. Polypt. Fiscann. a. 1235 ap. DC.-F., II p. 587 col. 2. **2.** *courtil,*

enclos, emplacement — farmyard, site. Decimam curtilagiorum et domorum ville. PONCELET, *Actes Hug. de Pierrepont*, no. 122 (a. 1214).

**curtilanus,** cor-, -tu- (<curtis vel curtile; cf. voc. hortulanus): *tenancier d'un courtil*, d'une tenure relativement modeste — *holder of a small farm*. MARTÈNE, *Coll.*, IV col. 1172 (a. 1034, Liège). BEYER, *UB. Mittelrh.*, II p. 442 (s. xiii in., Trier). *Anal. Hist. Eccl. Belg.*, t. 14, p. 28-30 (s. xii, S.-Trond). GÜNTHER, *CD. Rheno-Mosell.*, II p. 342 (a. 1265).

**curtilis** (adj.) (< curtis). **1.** locus curtilis: *emplacement d'une „curtis", d'un centre d'exploitation domaniale — site of a manor*. In Radespona locum curtile unum. Trad. Juvav. Odalberti no. 86, HAUTHALER, *Salzb. UB.*, I p. 150. De rebus s. Emmerammi . . . curtilem locum. WIDEMANN, *Trad. S.-Emmeram*, no. 172 p. 130 (ca. a. 900). Terre arabilis jugera 66, de pratis jugera 36 et de silva jugera 22 et tria loca curtilia et duas domos et horrea 2. Ib., no. 184 p. 138 (a. 901). Vineam . . . et decem jugera curtilemque locum. Ib., no. 574 p. 299 (ca. a. 1060-1068). Praedium . . . et hobas atque duas curtiles causas [i.e. casas] ad ipsum praedium pertinentes. *D. Heinrichs III.*, no. 335 (a. 1055). **2.** terra curtilis: *réserve seigneuriale — demesne land*. Terciam partem civitatis cum vineis 30 et hobis 15 sine curtili terra . . . Curtilem locum ubi nova aecclesia incepta est. *D. Arnulfs*, no. 184 (< a. 885>, spur. s. x p. post.) **3.** (de dépendants) *rattaché à la „curtis", non chasé* — (of dependents) *living in the manorial household*. [Sedilem curtim] cum omni familia, servis videlicet et ancillis tam curtilibus quam villanis. HAUTHALER, o.c., I p. 246 (ca. a. 1050). Viginti [mancipia] que erant sue curtili mancipata servituti. MULLER-BOUMAN, *OB. Utrecht*, I no. 145 (a. 996). Subst. neutr. **curtile,** cort-, cult-, -ale, -ilium, femin. et mascul. -ilis, mascul. -ilus, -illus, -ulus, femin. -ilia: **1.** *l'enclos qui comprend la maison et le jardin — the fenced-in space containing house and yard*. 2 curtilia, ubi potes casa et scuria super ipsas stabilire et ortus excoli; . . . curtilia 1 cum casa super ipsa stabilita et ortum excultum. ZEUSS, *Trad. Wizenb.*, no. 148 (a. 747). De terra juris mei jornales 10 et curtale circumcinctum cum casas, edificiis . . . WARTMANN, *UB. S.-Gallen*, no. 106 (a. 786). Cum mancipiis, curtilibus, aedificiis . . . MULLER-BOUMAN, *OB. Utrecht*, I no. 62 p. 68 (a. 834). Concessit quoddam curtile in praefato fisco ad unam ecclesiam construendam necnon et unum mansum unde ipsa ecclesia dotata fuit. *D. Ludwigs d. Deutsch.*, no. 145 (a. 873). Terris, curtilibus, casis, campis. *D. Merov.*, no. 62 (a. 692). F. Sal. Merkel., no. 1, *Form.*, p. 241. Coll. Sangall., no. 8, ib., p. 402. **2.** *cour, jardin, espace clôturé attenant à la maison — garden* or *farmyard adjoining the house*. Dono sala[m] mea[m] cum curtile circumcinctum cum omnibus edificiis . . . et terram salicam. WARTMANN, o.c., I no. 38 (a. 763). Casa cum curtile tum [i.e. cum] aliis tectis. WARNKOENIG-GHELDOLF, *Flandre*, I p. 326 (a. 839, Gand). Domum quandam cum curtili in platea suburbana. MULLER-BOUMAN, o.c., I no. 445 (a. 1165). **3.** *tenure domaniale*, généralement moins importante que le manse — *holding depending from a manor*. In B. 3 mansos et 14 cultilia. *D. Heinrichs III.*, no. 123 (a. 1044). 60 mansionilia, que et curtilia vocitantur, hereditarie dicuntur possidere. BEYER, *UB. Mittelrh.*, I no. 332 p. 386 (s. xii). **4.** *emplacement urbain*, bâti ou non — *urban site* with or without buildings. Urbem in Quidilingoburg . . . cum curtilibus et cunctis aedificiis inibi constructis. *D. Ottos I.*, no. 1 (a. 936). Unum curtile in Ratisponensi civitate situm juxta mercatum. *D. Heinrichs II.*, no. 23 (a. 1002). Curtilia infra et extra urbem que negotiatores possident. Ib., no. 64 (a. 1004, Merseburg). Si quis curtile . . . possederit. Frid. I imp. priv. pro August. a. 1156, KEUTGEN, *Urk. st. Vfg.*, no. 125, c. 15, p. 91. Etiam c. 10. **5.** *centre d'exploitation d'un domaine d'importance médiocre — manor of a modest estate*. Ad N. curtulum nostrum. ALCUIN., epist. 165, *Epp.*, IV p. 267. Curtiles 2 et aforis a [i.e. de] terra arabili jurnales tantos. Coll. Patav., no. 5, *Form.*, p. 459. Curtilem dominicatum . . . et proprisos sex . . . et communem silvam et in ipsa villa mansos serviles sex . . . cum mancipiis desuper commanentibus. D. Ludov. Pii a. 835, BEYER, o.c., I no. 63 p. 71. Dedimus vobis curtillo cum manso indominicado et cum ecclesias 3 . . . cum omnibus apendiciis . . . oc sunt villaribus cum edificiis et mansis. BERNARD-BRUEL, *Ch. de Cluny*, I no. 51 (a. 893). Curtilus indominicatus . . . et alias res que ad ipso curtilo aspiciunt. Ib., no. 364 (a. 928). **6.** *domaine — estate*. 30 vel plures praecipuos curtiles cum litorum ac colonorum familiis . . . comparaœt. THANGMAR., V. Bernwardi Hildesheim., c. 8, *SS.*, IV p. 761 l. 32.

**curtilocus,** cor-, -te- (<curtis locus): *emplacement — site*. In civitate q. v. Mogontia illum curtelocum [glossa: id est hovastat] et omnem aedificium quod ibi constructum est. DRONKE, *CD. Fuld.*, no. 180 p. 102 (a. 803). Una cum . . . cortilocis sive patellarum locis, quae vulgariter pfansteti vocantur. *D. Heinrichs II.*, no. 157 (a. 1007). Vineam . . . exceptis curtilocis ubi stabula sunt constructa. FICHTENAU-ZÖLLNER, *UB. Babenberger*, I no. 11 p. 16 (a. 1137, Passau).

**curtina,** cor-, -tinum, -tanea (<curtis): **1.** *enclos, jardin, cour — courtyard, farmyard, garden*. Ad cortinam ipsius monasterii ingrederetur. PAUL., V. Hilari Galeat. (s. vi p. post.), c. 8, *AASS.* [3], Maji III p. 473 C. Curtem meam . . ., imprimis salam . . .; item curtinum cum pomiferis suis. Testam. Tellonis a. 765, MEYER-PERRET, *Bündner UB.*, I no. 17 p. 15. Cum terrula et curtina. SCHIAPARELLI, *CD. Longob.*, II no. 288 p. 421 (a. 774, Chiusi). Casalem . . . cum casis et cortaneis. LEO OST., Chron. Casin., lib. 1 c. 19, *SS.*, VII p. 595 l. 29. Domuncula minor cum cortina, vinea. UGHELLI, V col. 1538. Caput ejus et manus in cortina b. Petri suspendunt. BONIZO, Lib. ad amicum, lib. 8, *Libelli de lite*, I p. 611. **2.** *centre d'exploitation d'un domaine peu important — manor of a small estate*. Vendo . . . cortinum que mihi advenit in fundo Q. WARTMANN, *UB. S.-Gallen*, II no. 485 (a. 858 vel 865). **3.** *bastion, espace clôturé en dehors des murs — bastion, fenced-in space outside the wall*. S. xiii.



**curtis,** cortis, curs, cors (genet. -tis), curta, corta, curtus (<cohors): **1.** *clôture* d'un jardin ou d'une cour — *fence* of a garden or farmyard. Si curtem dissipaverit aut inrumperit. Lex Baiwar., tit. 10 c. 15. Casa cum curte clausa. F. Augiens., no. 2, *Form.*, p. 348. Casa curte circumclausa cum domibus, edificiis. WARTMANN, *UB. S.-Gallen*, I p. 60 no. 60 (a. 771). **2.** *l'enclos qui comprend la maison et le jardin — fenced-in space containing the house and yard, homestead*. De homine libero, si nocte in curte alterius inventus fuerit. Ed. Rothari, c. 32. Si quis rapuerit haldiam alienam et in curte alterius duxerit. Ib., c. 208. Si quis in curte alterius in furtum ingressus fuerit. Lex Sal., tit. 34 § 4 addit. 2 (lex emend., cod. Par. lat. 10758). Si [quis] domus infra curte incenderit aut scuria aut granica vel cellaria. Lex Alamann., tit. 76. Lex Burgund., lib. const., tit. 23 § 1. Hobam I cum casali et vinea infra ipsa curde. ZEUSS, *Trad. Wizenb.*, no. 147 (a. 744). Ut aedificia intra curtes nostras vel sepes in circuitu bene sint custoditae. Capit. de villis, c. 41. Invenimus in A. fisco dominico salam regalem . . ., porticus 2; alias casas infra curtem ex ligno factas 17. Brevium exempla, c. 25, *Capit.*, I p. 25 l. 6. Faciunt clausuras ad ortum, ad curtem, ad messes. Polypt. Irminonis, br. 13, ed. GUÉRARD, p. 131. Claudunt in curte dominica de tunino parietem 1. Ib., br. 13 c. 64, p. 143. Curtem sepe cinctam in villa vocata ita. F. Sangall. miscell., no. 16, *Form.*, p. 387. Unum locum bene aptum ad curtem circumcingendum et domum aedificandum. BITTERAUF, *Trad. Freising*, I no. 309 b p. 266 (a. 813). In postem valvarum curtis hominem . . . impegit. EKKEH., Cas. s. Galli, c. 10, *SS.*, II p. 126 l. 28. Indixit ut ipsa cortis coenobii valide muniretur. Mir. Bercharii, MABILLON, *Acta*, II p. 853. **3.** *le jardin, la cour, l'espace clôturé attenant à la maison — the garden or farmyard adjoining the house*. Si quis pomarium domesticum de intus curte aut de latus curte capulaverit. Lex Sal., tit. 7 addit. 7. Casa cum curte vel omni circumcincto suo. F. Andecav., no. 54, *Form.*, p. 23. Monasterium . . . accensis in curte cupis . . . igne accenso. Judicium Pictavense a. 590, ap. GREGOR. TURON., Hist. Franc., lib. 10 c. 16. Mansioniles dominicatas, ubi habet scuras 3 et curtem sepe circumdatam. Brevium ex., c. 26, p. 25 l. 33. Cum curtis clausis, cum ortiferis, pumiferis vel officinis . . . WARTMANN, o.c., I no. 12 (a. 745). Ibi talia saepe. Unam basilicam et casam cum curte ceterisque edificiis. *D. Ludwigs d. Deutsch.*, no. 103 (a. 861). Mansionem et cortem et salinas. *D. Lotario*, no. 5 p. 259 (a. 947). Sine una vinea et una curte. *CD. Barese*, I p. 3 (a. 952). 72 jugera cum domo et curte in B. ERHARD, *Reg. Westfal.*, I CD. no. 75 p. 57 (ca. a. 1000). Jussit portari in suae domus atrium, <quod vulgus curtem dicit>, et . . . ante januam jactari. HARIULF., Chron., lib. 3 c. 1, ed. LOT, p. 83 (haustum ex Mir. Richarii additis verbis uncis inclusis). **4.** *centre d'exploitation d'un domaine — manor*. Usque subtus curtem B., quae in [fisco] M. esse videtur. *D. Merov.*, no. 2 (a. 528). [Episcopus] curtis [i.e. curtes], quas eclesia sua in terraturium P. habebat, accederet visitaturus. V. Gaugerici Camerac. (s. vii ex.), c. 11, *Scr. rer. Merov.*, III p. 656. Hoc [vid. pensionem annonariam] . . . fatiat duci ad illam curtem nostram. F. Augiens., coll. B no. 17, *Form.*, p. 355. Dedi eidem 7 hobas vel mansus ad curtem suam, mancipia intra curtem et in hobis 120. Coll. Sangall., no. 12, ib., p. 404. **5.** *domaine — estate*. Nullus judex publicus in curtis ecclesiae suae freda recipere praesumat. *D. Merov.*, no. 28 (a. 664-666). Judex publicus in cortis vel villis ipsius monasterii nullum debuisset habere introitum. Cart. Senon., no. 35, *Form.*, p. 201. BIRCH, *Cart. Saxon.*, I p. 67 (a. 676). Ib., p. 107 (s. vii ex.); p. 314 (a. 778). BEDA, Chronica, *Auct. Antiq.*, XIII p. 317. Homines qui nostra beneficia habere videntur comparant sibi proprietates de ipso nostro beneficio . . . et curtes nostrae remanunt desertae. Capit. missor. Niumagae datum a. 806, c. 6, I p. 131. Concedimus gastaldis nostris curtes nostras providentibus . . . Lothar. reg. Ital. concess. gen. (a. 823?), c. 4, *Capit.*, I p. 321. Inquirant missi nostri villas et cortes, unde regis expensa ministrari solita sit. Loth. capit. miss. a. 832, c. 6, II p. 64. Cortem magnam cum omnibus cortibus et villis, alpibus et omnibus suis pertinentiis. *D. Karls III.*, no. 54 (a. 882). Villa . . . in tantum ad nichilum jam venerat, ut nichil census . . . preter 8 sol. ipsa solveret curtis, que plus 30 mansis constabat. *D. Konrads II.*, no. 189 (a. 1033). Mandabit . . . ut ad se veniat . . . apud aliquem in curte de M. quem ei mandaverit locum. BERTRAND, *Cart. d'Angers*, I no. 221 p. 262 (a. 1080-1082). Si quis feudum in curte habuerit domini sui, non poterit ipsum feudum . . . libellario nomine alicui sine consensu domini dare. Lib. feud., antiq., tit. 2 § 5 (vulg., lib. 1 tit. 5 § 9), ed. LEHMANN, p. 91. **6.** *village — village*. Judex unusquisque per civitatem faciat jurare ad Dei judicia homines . . . seu foris per curtes vel vicoras ibi mansuros. Pippini reg. Ital. capit. (a. 782-786), c. 8, I p. 192. In curtis vel in marcka O. unam vineam. BRUCKNER, *Reg. Alsatiae*, no. 368 (a. 793). **7.** *demeure rurale d'un simple tenancier — a landholder's homestead*. Ad unamquamque ecclesiam curte[m] et duos mansos terrae pagenses . . . condonant. Capit. de part. Saxon. (a. 775-790), c. 15, I p. 69. In villa G. unam curtem dominicalem cum sua huba legitima et alteram servilem cum sua huba; et in H. duas curtes serviles cum suis hubis legitimis. GLÖCKNER, *Cod. Lauresham.*, I p. 383 no. 110 (a. 855). **8.** *tenure*: la demeure rurale d'un tenancier avec les champs, les prés etc., parfois identique au manse — *holding*: a landholder's homestead with the fields and pastures. Cavalis [i.e. censualis] esset sancto illo de curte sua quae dicitur illa. F. Sal. Bignon., no. 7, *Form.*, p. 230. Diaconus plebem cum curte haberet. RATHER., epist. 33, ed. WEIGLE, p. 184 l. 21. Si quis de manso uno feudi nomine investituram accepit . . ., si dominus reservaverit sibi aliquid in ipsa curte . . . Lib. feud., antiq., tit. 1 c. 7 (vulg., lib. 1 tit. 4 § 5), LEHMANN, p. 89. **9.** *emplacement urbain*, bâti ou non — *urban site* with or without buildings. Curtim bonam ad omne commodum forensis negocii aptissime sitam, bonis quoque et pulchris edificiis instructam. *CD. Hirsaug.*, p. 73. Curtim in urbe

Spira juxta forum sitam et omni forensi usui commodam. Ib., p. 89. MULLER-BOUMAN, *OB. Utrecht,* I no. 285 p. 263 (a. 1116). Si domus alicujus in civitate arserit . . ., si alter curtim emerit, burgensis inde non erit nisi superedificet. KEUTGEN, *Urk. st. Vfg.*, no. 133 IV c. 68, p. 125 (s. xii, Freiburg i. B.) **10.** enclos qui entoure une église, *parvis, cimetière — churchyard.* Ecclesiam dedicatam cum curte, terra salaricia et mansum I. MULLER-BOUMAN, o.c., I no. 63 p. 69 (a. 838). Mortuus est sepultusque in s. Petri curte. JOH. VENET., Chron., ed. MONTICOLO, *Cron. venez.*, p. 147. **11.** *palais, résidence seigneuriale — palace, baronial residence.* Si quis in curte episcopi armatus intraverit. Lex Alamann., tit. 9. Si quis in curte ducis scandalum commiserit. Lex Baiwar., tit. 2 c. 10 § 1. Dum S. comes resederet in civitate Taurinis curte ducati in placito puplico. *D. Karls III.*, no. 25 (a. 880). Curtim suam [sc. episcopi] muro, civitatem ad instar castelli circundedit. V. Burchardi Wormat., c. 7, *SS.*, IV p. 835. **12.** *centre d'exploitation d'un fisc, résidence royale, palais royal — central manor of a fisc, royal residence, royal palace.* Quando missi vel legatio ad palatium veniunt vel redeunt, nullomodo in curtes dominicas mansionaticas prendant. Capit. de villis, c. 27. Ut in nullo loco moneta percutiatur nisi ad curtem. Capit. cum primis const , c. 7, I p. 140. Illa capella que est in curte fisci. F. Senon. rec., no. 3, *Form.*, p. 213. Curtem seu fiscum juris propriae regalis. Coll. Sangall., no. 2, ib., p. 396. [Imperator] ad curtem Olonnam pascha mansit. Ann. Fuld. contin. Ratisbon., a. 886, ed. KURZE, p. 114. Per latissimam curtem . . . Aquarumgrani. MONACH. SANGALL., lib. 2 c. 21, *SS.*, II p. 763 l. 4. In Olonna curte regia hoc pactum . . . constituit. *D. Berengario I,* no. 3, p. 15 (a. 888). Civitate Pisa ad curte domnorum regum. *D. Ugo*, no. 54 p. 162 (a. 941). Vulgus [milites] in curtem palatii fugavit ipsasque regias aedes [Mogontiae] incendere voluit. EKKEH. URAUG., Chron. univ., a. 1077, *SS.*, VI p. 202. **13.** *le palais, la cour royale, l'hôtel du roi — the palace, the royal court, the king's household.* Ordinare volumus qualiter honeste et sine indigentia in curte nostra . . . vivere possimus. Conv. ap. Valent. a. 853, adnunt. Karoli, c. 5, *Capit.*, II p. 75. Si ad nostram curtem venerit. Capit. Carisiac. a. 873, c. 1, II p. 343 l. 11. In magno itinere vel in hoste vel diu ad dominicum curtem . . . detentus. Concil. Tribur. a. 895, c. 56, forma brevior, *Capit.*, II p. 244 col. 2. In regio curto . . . nutriretur. ASSER., G. Aelfredi, c. 22, ed. STEVENSON, p. 19. MONACH. SANGALL., lib. 1 c. 11, c. 31, *SS.*, II p. 736, 745. A corte regis nostri ad mansiones nostras . . . festinarem. HINCMAR., opusc. 17, ed. SIRMOND, II p. 260. Regalem curtem. Ann. Altah. maj., a. 1037, ed. OEFELE, p. 21. Ad curtem regiam. LAMPERT. HERSF., Ann., a. 1057, ed. HOLDER-EGGER, p. 71. Accessit in regiam curtem. JOH. CANAP., V. Adalberti, c. 6, *SS.*, IV p. 583 l. 30. Dum haec in curte regia aguntur. ANSELM., G. episc. Leod. c. 45, *SS.*, VII p. 216 l. 35. Curtis, nude: In hostem vel ad placitum sive ad curtem veniens. Conv. ap. Confl. a. 860, adnunt. Ludov., c. 6, *Capit.*, II p. 158. Ad curtem ivit. F. Laudun., no. 2, *Form.*, p. 514. In exercitum nunquam, ad cortem rarissime. RATHER., Qualit. conj., c. 5, MIGNE, t. 136 col. 528 A. Itinera sive ad curtem sive in expeditionem. RATPERT., Cas. s. Galli, c. 9, *SS.*, II p. 71 l. 17. Ann. Altah. maj., a. 1060, p. 56. **14.** *l'entourage du roi, le personnel de la cour royale — the body of persons in attendance to the king, the personnel of the king's court.* Habeatis unde sufficienter et honeste cum domestica corte vestra possitis vivere. Epist. synod. Caris. a. 858, c. 14, *Capit.*, II p. 438 l. 8. **15.** *le trésor royal — the king's treasury.* Si parentes non fuerint, curtis regia ipsas duas uncias suscipiat. Ed. Rothari, c. 159. Ibi pluries. **16.** *le pouvoir royal — the king's authority.* Mundium jamdicte Adelberge ad curtem regiam cecidit. FICKER, *Forsch.*, IV no. 22 p. 28 (a. 929, Milano). **17.** *la ,,curia'' d'un seigneur féodal, d'un prince territorial,* surtout dans sa fonction de tribunal — *a baronial "curia"*, especially when acting as a law-court. Generali cortis meae judicio [sc. episcopi Mettensis]. *Gallia chr.*$^{2}$, XIII instr. col. 461 (a. 1000). Ex hoc [partes litigantes] in curte domni I. episcopi venerant; et residentibus plurimis . . . RÉDET, *Cart. de Poitiers*, no. 438 (ca. a. 1025). Reclamationes in mea [sc. ducis Normanniae] corte vel curia faciant. HASKINS, *Norman inst.*, p. 259 no. 7 (a. 1028). Quatuor scutis serviat nobis [sc. episcopo], sive in curte sive in expeditione. WÜRDTWEIN, *Subs.*, VI p. 314 (s. xi, Minden). Si fuerit contentio inter dominum et fidelem de investitura feudi, dirimatur per pares curtis. Lib. feud., antiq., tit. 5 c. 1, p. 95. Ibi pluries. **18.** *tribunal domanial — manorial law-court.* Neque mansionarius aliquis [rationem reddat] nisi in curte ad quam pertinet. *D. Heinr. IV.*, no. 476 (a. 1103/1104).

**curtisanus,** cor-, -te-, -sia- (< curtis): **1.** *tenancier d'une ,,curtis'' — holder of a "curtis".* Concessimus cortisanos cum uxoribus suis et omnibus sibi pertinentibus. UGHELLI, VIII col. 38 B. (ch. a. 774). Nullus [aliquem] ex servis aut ex familia monasterii vel eos quos cortisianos vocant audeat inquietare. D. Ludov. Pii a. 819, MURATORI, *Scr.*, I pt. 2 p. 372 col. 1 C. Cum curtes et cortisanos. *CD. Cajet.*, I p. 170 (a. 993). **2.** *courtisan — courtier.* S. xiv.

**curtivus** (< curtis). Terra curtiva: *emplacement d'une ,,curtis'' — site of a "curtis".* Terra curtiva, ubi sedimes [i.e. sedimen] fuit. *CD. Langob.*, no. 96 col. 179 C (a. 822, Brescia). Due pecie de terra curtiva prope ipsa casa. Ib., no. 160 col. 275 A (a. 847, Bergamo).

**curtusmansus** (< curtis): *courtil — homestead.* W. dedit quartarium terrae et quinque curtosmansos . . . G. dedit . . . in villa S. curtummansum . . . et quidquid alodii habebat in eadem villa . . . C. dedit in eadem villa 7 curtosmansos et mancipia . . . CALMET, *Lorr.*$^{2}$, III pr. col. 63 (a. 1097).

**curtus** (adj.): *court, de longueur médiocre* (sans la notion d'une diminution ou d'une imperfection) — *short* (not indicating a shortening or a defect). Ense corto durissimo per media pectoris secuit. ADEMAR., lib. 3 c 28, ed. CHAVANON, p. 149. Cultellum vel curtam spatulam. Phil. Aug. reg. Fr. priv. pro Atrebat. a. 1194, ESPINAS, *Artois*, no. 108 c. 10.

**curvare,** intrans.: *s'incliner, céder — to yield, to give in.* Voluntati et beneplacito suo [i.e



ejus] curvavit. SUGER., V. Ludov. Gr., c. 2, ed. WAQUET, p. 16.

**curvata,** curvada, curveta, curveda, curveia, curvea, v. corrogata.

**curvatura**: *voûte — vault.* [Ecclesiam] cepit majore ambitu ac criptarum curvaturis quadris lapidibus reedificare. G. pontif. Autissiod., c. 49 (s. xi), ed. DURU, p. 389.

**curvedo** (genet. -inis): *taille courbée — curbed stature.* WOLFHARD. HASERENS., Mir. Waldburgis (a. 895), c. 13, *SS.*, XV p. 542; c. 18, p. 543.

**cusinus,** cussinus, v. coxinus.

**cusire,** cusare (< consuere): *coudre — to sew.* ISID., Gloss. Nendi, cusandi, texendi omnique artificio muliebris operis edoctus. Mir. Bertini, lib. 2 c. 5, MABILLON, *Acta*, III p. 131.

**cuspus** (gr.): *sabot, sandale en bois — clog, wooden sandal.* Reg. Magistri, c. 81.

**cussinellus,** cusi- (< coxinus): *petit coussin — small cushion.* S. xiv.

**custagia,** custagium, custangia, v. constagium.

**custamentum,** v. constamentum.

**custellum,** v. costellum.

**custodia**: **1.** *escorte — escort.* Cum custodia . . . ad palatium nostrum remittantur, ut ibi discutiantur. Capit. missor. Theodonisv. II (a. 805), c. 8, I p. 124. **2.** *garde, garnison — ward, garrison.* Custodias quas ipse rex in ipsis civitatis dimiserat. Contin. ad FREDEG., c. 133, *Scr. rer. Merov.*, II p. 191. Rex . . . custodia Francorum in Papia civitate dimittens, . . . Franciam reversus est. Ann. regni Franc., a. 774, ed. KURZE, p. 40. Tradita est civitas in manu ejus, constituitque illic custodia et armamenta. Chron. Moissiac., a. 803, *SS.*, I p. 307. Comites qui ad custodiam maritimam deputati sunt. Capit. missor. a. 821, c. 5, I p. 301. Disposita omni maritima custodia. PRUDENT., Ann. Bertin., a. 835, ed. WAITZ, p. 11. **3.** *service de guet, stage — ward of a castle.* Quicumque hominum nostrorum volet, habeat liberam donandi seu vendendi licentiam . . . aliquid sui beneficii, ita tamen, ne nos servitium debitum seu castelli nostri amittamus custodiam. CHARLES-MENJOT, *Cart. du Mans*, no. 175 col. 106 (a. 1067-1074). **4.** meton.: *collège de chanoines — chapter of canons.* Disponimus in eadem capella custodiam canonicorum, qui ibi sint jugiter ac die noctuque Deo laudes psallant. *D. Charles le Simple*, no. 95 (a. 918). **5.** *frontière gardée — garded frontier.* Jam ultra portam custodie . . . duci obviam veniunt. COSMAS, lib. 2 c. 15, ed. BRETHOLZ, p. 105. Ibi pluries. **6.** *tour de guet — watch-tower.* Custodiis et monitionibus [i.e. munitionibus] circumdedit civitatem Romanam. Lib. pontif., Silverius, ed. MOMMSEN, p. 145. **7.** *quartier urbain* auquel incombe la garde d'une section de l'enceinte — *quarter of a city* performing the ward of a portion of the rampart. S. xiv. **8.** *troupeau — herd.* Donamus . . . unum virgarium [i.e. berbicarium] cum custodia sua. BERTRAND, *Cart. d'Angers,* I no. 317 p. 359 (ante a. 1080). **9.** *reliquaire — reliquary.* ANAST. BIBLIOTH., Chronogr., ed. DE BOOR, p. 295. **10.** *custode,* toile pour recouvrir la ,,pyxis'' — *veil to cover the pyx.* S. xiv. **11.** *tutelle d'un mineur — wardship of a minor.* Regni vestri defensionem atque tuitionem et filii vestri custodiam per fideles vestros . . . dispositum habetis. Capit. Carisiac. a. 877, c. 3, II p. 356. Puerum . . . oblatum per commendationem monachorum . . . in custodia sua habeat. BERTRAND, o.c., I no. 41 p. 66 (ante a. 1095). Defuncto patre puer [vid. Philippus rex] positus est sub custodia Balduini Flandrensis comitis. HUGO FLORIAC., Chron. (s. xii in.), *Hist. de Fr.*, XI p. 159. Hujus custodiae puerum cum bono ejus commisit. G. Lietberti Camerac., c. 8, *SS.*, VII p. 493. Leg. Henrici, tit. 70 § 19, LIEBERMANN, p. 589. Nos non habemus custodiam haeredis vel terrae alicujus qui tenet de alio per servitium militare. Henr. II reg. Angl. ch. a. 1155, BRUSSEL, *Examen,* II p. V. Quamdiu infantes in custodia erunt. Phil. II Aug. priv. comm. Ambian. a. 1190, c. 23, GIRY, *Doc.*, p. 28. Si haeres alicujus talium [sc. tenentium de nobis in capite] fuerit infra aetatem et fuerit in custodia. Magna Charta a. 1215, c. 3. Cf. c. 4. **12.** *la protection qu'un seigneur exerce sur un bien-fonds confié à sa garde — the protection afforded by a lord regarding landed property which has been confided to him.* Comitissa in cujus custodia obedientia s. Hilarii erat. MABILLE, *Cart. de Marmoutier*, no. 156 p. 147 (a. 1097/1098). Ego Ph. rex Gallie et Lud. filius meus accipimus in custodia et tutamento omnes res s. Marie Becci que sunt in Francia. *Actes Phil. Ier*, no. 167 (a. 1092-1108), p. 410. **13.** *redevance exigée comme prix de la protection accordée par un seigneur — tribute exacted by a lord as a reward for protection afforded by him.* S. xiii. **14.** **observance des lois — observance of the rules of law.* Decernimus . . . [edicta] perenni custodia observata manere. Lex Visigot., lib. 10 tit. 2 § 3. **15.** **vigilance, attention — watchfulness, attentiveness.* Custodia discernendo virtutes a vitiis separat. GREGOR. M., Moralia, lib. 1 c. 49. Quem mater postquam edidit, tanta custodia servavit ut vix eum vel cognitis parentum reliquorum moribus crederet. IONAS, V. Columbani, c. 2, ed. KRUSCH, p. 154. **16.** *surveillance, contrôle disciplinaire — superintendence, enforcement of discipline.* Ut de senioribus monasterium circumeuntibus quidam cum fratribus in oboedientiam exeant, quidam in monasterio propter custodiam remaneant. Capit. monast. a. 817, c. 33, I p. 346. **17.** *la charge d'un administrateur du temporel d'une église — the office of a manager of the patrimony of a church.* Statuimus illi echonomum persuadere, qui ei suffragium et ecclesiae sibi commissae custodiam debitam et canonicam exhiberet. Synod. Vermer. a. 853, c. 1, *Capit.*, II p. 422 l. 12. Dedit . . . ad custodiam D. Salvatoris de prato . . . Et accepit econtra de terra pertinente ad custodiam D. Salvatoris . . . GYSSELING-KOCH, *Dipl. Belg.*, no. 42 (a. 872/873, S.-Bertin). **18.** *la dignité de custode* dans un chapitre de chanoines — *the dignity of custodian* in a chapter of canons. Se . . . ecclesiam postulasse, que ad officium custodie quod tenebat legali constitutione dicitur attinere [sc. in ecclesia majori Treverensi]. Gregor. VII reg., lib. 2 no. 10, ed. CASPAR, p. 140. Majori [filio] darem custodiam post decessum domni W. custodis. BORMANS-SCHOOLMEESTERS, *Cart. de Liège*, I no. 29 (a. 1096). In custodia Babenbergensi . . . Illos qui se de illa custodia beneficiatos

asserunt. Cod. Udalrici, no. 106 (a. 1084-1102), ed. JAFFÉ, *Bibl.*, V p. 192. **19.** *la dignité de custode* dans une abbaye — *the dignity of custodian* in a monastery. Dederunt ad partem s. Maximini, ad custodiam scilicet. BEYER, *UB. Mittelrh.*, I no. 166 p. 230 (a. 926). Cottidiani servitores, qui ad coquinam, qui ad pistrinum, qui ad molendinum, qui ad lavatorium, qui ad custodiam monasterii, qui ad quodque cottidianum fratrum servitium pertinent. WAMPACH, *Echternach*, I pt. 2 no. 197, p. 323 (a. 1095). **20.** *les moines chargés de la surveillance de nuit — monks performing night-watch duty.* Fratribus omnibus praeter custodias ... soporatis. V. Aicardi Gemmetic. (s. x), c. 50, *AASS.*[3], Sept. V p. 95. **21.** *subdivision d'une province* dans l'Ordre des Frères Mineurs, dirigée par un custode — *subdivision of a province* in the Order of Friars Minor, headed by a custodian.

**custodire:** **1.** *rendre inaccessible — to safeguard, to fence.* Silvae vel forestes nostrae bene sint custoditae. Capit. de villis, c. 36. Custodiant silvas, unde habeant pastiones. Epist. Synod. Caris. a. 858, c. 14, *Capit.*, II p. 437. **2.** *exploiter, prendre soin de* qqch. — *to work, to look after.* [Hortum] custodiebat mulier. Pass. Eustachii (s. viii vel ix), MOMBRITIUS, I pt. 2 p. 471. **3.** *administrer, gérer — to have the care of* a thing. Emendationes forisfactorum de communia debent custodire per annum quatuor jurati. Phil. Aug. reg. Fr. priv. pro Tornac. a. 1188, *Actes*, no. 224 c. 28. **4.** puerum: *tenir en tutelle — to keep in wardship.* Philippus adhuc puer, regiae dignitatis culmine jam suscepto ... Balduino Flandrensium comiti custodiendus cum regno traditur. HARIULF., Chron., lib. 4 c. 22, ed. LOT, p. 234. **5.** refl. se custodire: *persévérer, être plein de zèle, se conduire bien — to hold on, to be zealous, to behave well.* [Clerici] pleniter se unusquisque in ordine suo canonice vel regulariter custodiant. Capit. missor. gener. a. 802, c. 19, I p. 95. Unusquisque [laicus] certamen habeat in sancto servitio Dei seipsum custodire. Ib., c. 40, p. 98. Inquirant quomodo hi, qui populum regere debent, unusquisque in suo ministerio se custoditum habeat. Capit. de missis instr. a. 829, II p. 8 l. 15. Usque dum ipse fidelem servitium ... perfecisset et fideliter se custodisset erga domum s. Mariae, illud [beneficium] habuisset. BITTERAUF, *Trad. Freising*, I no. 348 p. 298 (a. 815). **6.** **observer, pratiquer* les lois de l'État ou les préceptes de la religion — *to observe, to follow* the rules of law or the precepts of religion. Quod non solum de praefatis personis placuit costodiri, sed in omnibus ... Concil. Lugdun. a. 516-523, c. 1, *Conc.*, I p. 32. Quod statutum est, inraeprehensibiliter debeat custodiri. Concil. Arelat. a. 554, prol., ib., p. 118. Cuncta quae hujus edicti tenore decrevimus, perpetualiter volumus custodiri. Guntchramni edict. a. 585, *Capit.*, I p.12 l. 20. Sit haec lex firma et stabelis, quatinus ... firmiter et inviolabiliter ab omnibus nostris subjectis costodiatur. Ed. Rothari, c. 386. Id volumus custodiri ... Lex Burgund., tit. 7 c. 1. Heredi manumissi libertatem revocare non liceat, sed prioris sui vel parentum factum sine excusatione custodiat. Lex Visigot., lib. 5 tit. 7 § 11. Horas canonicas [canonici] custodiant. Concil. Turon. a. 813, c. 24, *Conc.*, II p. 289. Ibidem caterve monachorum sint regulam s. Benedicti custodientium. *D. Ludwigs d. Deutsch.*, no. 70 (a. 854). **7.** *respecter* une convention, *tenir* une promesse, *remplir* un devoir — *to respect* an agreement, *to keep* a promise, *to perform* a duty. Desiderium cognovimus religionis observantiam ab ipso pueritiae suae tempore custodire. *D. Merov.*, no. 13 (a. 629). Erga regimini nostro semper fidem inlibata[m] custodire debeatis. MARCULF., suppl. no. 6, *Form.*, p. 109. Triduum apensionis, quod ego custodivi, mihi adfirmare deberitis. F. Bituric., no. 7, ib., p. 171. Mulier accipiat portionem suam dum viduitatem custodierit. Lex Baiwar., tit. 15 § 10. Fidem inlaesam erga nos visi sunt custodisse. *D. Karolin.*, I no. 27 (a. 768). Pacem omnibus inperetur custodiri in ecclesia. Concil. Rispac. a. 800, c. 8, *Conc.*, II p. 208. Prestitum jusjurandum inviolato foedere custoditum. REGINO, Chron., a. 869, ed. KURZE, p. 96. **8.** *s'acquitter du devoir de comparaître dans le plaid — to perform the duty of attending a legal assembly.* Placitum eorum legebus a mane usque ad vesperum visi fuerunt custodisse. F. Andecav., no. 12, *Form.*, p. 9. Ibi saepe. Per triduo, ut lex habuit, placitum eorum vise [i.e. visi] sunt custodissent [i.e. custodisse]. *D. Merov.*, no. 60 (a. 692). *D. Karolin.*, I no. 216 (a. 812). Neque placitum custodiant. *D. Ottos II.*, no. 241 (a. 981). **9.** (du juge) *tenir* un plaid — (of a judge) *to hold* a legal assembly. [Comites] in venationem non vadant illo die quando placitum debent custodire. Dupl. legat. edict. a. 789, c. 17, *Capit.*, I p. 63. Nec placita custodiantur ibi per missos regales vel per aliquos duces vel comites. V. Nivardi Rem., *AASS.*, Sept. I p. 283 col. 1. Ponent vicecomitem ... ad custodiendum placita coronae meae et eadem placitanda. Ch. Henrici I reg. Angl. (a. 1130-1133), STUBBS, *Sel. ch.* [9], p. 129.

**custoditio:** *culte — worship.* Nulla istic antiquitus de prefato Christi martyre custoditio agebatur sollempnitatis nisi tribus lectionibus totidemque responsoriis. Mir. Bertini, contin. I, c. 44, *SS.*, XV p. 517.

**custor** (cf. teuton. *küster*): idem quod custos. Rector qui et custor ecclesiae illius. Cart. Senon., no. 16, *Form.*, p. 191. Ibi pluries. Abbas ... vel custores illius. STENGEL, *UB Fulda*, I pt. 2 no. 196 p. 293 (a. 793).

**custos:** **1.** *l'abbé* dans sa qualité d'administrateur du temporel d'un monastère — *the abbot* in his capacity as an administrator of the temporalities of a monastery. Ubi C. abba custus praeesse viditur. *D. Merov.*, no. 51 (ca. a. 681). Episcopus atque abbas presens custos esse videtur. D'HERBOMEZ, *Cart. de Gorze*, no. 43 p. 77 (s. viii ex.). **2.** *abbé* (dénué d'un sens spécialisé) — *abbot* (without any particular notion). Dum me divina pietas basilicae domni Aniani ... abbatiae sublimatum honore, ejusdem loci custodem esse instituit. Testam. Leodebodi, PROU-VIDIER, *Ch. de S.-Benoît-s.-Loire*, I no. 1. Ibidem familia Dei vel custodes ejusdem ecclesiae contemplativam vitam agere deberent. *D. Merov.*, no. 22 (a. 648). Custodes qui ad ipso sancto loco deservivunt [i.e. deservient]. F. Sal. Bignon., no. 18, *Form.*, p. 235. Custos monasterii. *D. Karolin.*, I no. 29 (a. 752-768). REGINO, Chron., a. 885, ed. KURZE, p. 125. **3.** *chef spirituel d'un monastère* placé sous la domination d'un abbé laïc — *spiritual head of a monastery* under a lay-abbot. POUPARDIN, *Ch. de S.-Germain-des-Prés*, I no. 40 p 67 (a. 914). **4.** *évêque — bishop.* Constituerunt custodem urbium seu municipiorum. V. Eligii, lib. 2 c. 2, *Scr. rer. Merov.*, IV p. 695. Erga locis sanctorum instituantur custodes, qui digni noscuntur. MARCULF., suppl. no. 6, *Form.*, p. 109. Custos casa Dei. *D. Karolin.*, I no. 4 (a. 753). **5.** *chanoine* auquel incombe le devoir d'un service perpétuel — *canon* having the duty of uninterrupted divine service. Ponant seniorem custodem, qui ... aliis quos in sua dispositione habebit custodibus victum subministret. *D. Charles le Simple*, no. 95 (a. 918). **6.** *prêtre de paroisse — parish priest.* Ipsi presbiteri, qui modo ibidem custodes sunt. SCHIAPARELLI, *CD. Longob.*, I no. 20 p. 82 (a. 715, Tusc.) Aecclesiis baptismalibus custodes eligantur presbyteri, in quibus sanctitatis cultus effulgeat. Concil. Franconof. (a. 816-829?), c. 6, *Conc.*, II p. 591. Seno diaconus Ticinensis ecclesiae, qui custus erat basilicae b. Johannis Baptistae, quae intra eadem sita est civitatem. PAUL. DIAC., Hist. Longob., lib. 5 c. 40, ed. WAITZ, p. 205. **7.** l'ecclésiastique chargé de l'entretien de l'église, ainsi que de la garde du trésor et du mobilier; *sacristain* — ecclesiastic having the care of the church, its treasure and furniture; *sexton.* Ad custodem sacrarii pertinet cura vel custodia templi. ISID., Regula, c. 19. Custodi, cujus sollicitudo de ipsa basilica habebatur. V. Gaugerici (s. vii ex.), c. 15, *Scr. rer. Merov.*, III p. 658. V. Eligii, c. 30, ib., IV p. 686. IONAS, V. Columbani, lib. 1 c. 19, ib., p. 90. Erat ibi quidam diaconus nomine S. custos ecclesiae die ac nocte continuus. WETTIN., V. Galli, c. 38, ib., p. 278. Ipse sacerdos et custos ipsos [i.e. ipse] bene videat qualiter unusquisque transglutiat. Ord. jud. Dei, no. 27, *Form.*, p. 632. Custodes ecclesiae signa certis temporibus pulsent. Concil. Aquisgr. a. 816, c. 131, *Conc.*, II p. 408. Presbyter quidam ... dum in eadem ecclesia custodis officium gereret. WALAFR. STRABO, V. Othmari, c. 11, *SS.*, II p. 45. Mir. Remacli (s. xi in.), lib. 2 c. 10, *SS.*, XV p. 431. **8.** *un moine chargé de l'entretien de l'église abbatiale — a monk having the care of the conventual church.* Signum Grimaldi abbatis et advocati ejus N. Signum decani, custodis ecclesiae. Coll. Sangall., no. 7 *Form.*, p. 401. Ego E. abbas recognovi et subscripsi. Signum E vicedomino. Signum B. custus presbytero. WARNKOENIG-GHELDOLF, *Flandre*, I p. 325 (a. 829, Gand). **9.** *gardien des reliques — custodian of relics.* Custus martyrum. Lib. pontif., Silvester, ed. MOMMSEN, p. 51. **10.** spec.: gardien des reliques au palais royal, *archichapelain royal* — custodian of the relics at the king's court, *royal archchaplain.* *D. Arnulfs*, no. 25 (a. 888); no. 116, no. 119 (a. 893). **11.** *régisseur de domaine — manorial agent.* Villa nostra cum omnis res quae ibidem aspiciunt, ubi M. servus noster custus praeesse veditur [i.e. videtur]. *D. Merov.*, no. 75 (a. 706). T. domestico et custodi saltuum villarumque regalium. Addit. ad G. abb. Fontanell., ed. LOEWENFELD, p. 16 n. Ejusdem eclesie ... custodes quicquid exinde facere voluerint liberam ... habeant potestatem. LACOMBLET, *UB. Niederrh.*, I no. 38 (a. 820, Werden). Donamus res nostras, sicut ipsi custodes [monasterii Gorziensis] per mensuram de manibus nostris susceperunt. D'HERBOMEZ, *Cart. de Gorze*, p. 122 no. 67 (a. 875). **12.** *soldat domestique — private soldier.* Custodes per terminos ... collocavit; sed et N. Arvernorum dux similiter cum custodibus perrexit ... GREGOR. TURON., Hist. Franc., lib 8 c. 30. Rursum ib., lib. 4 c. 35; lib. 5 c. 49. Id., Virt. Martini, lib. 2 c. 35, *Scr. rer. Merov.*, I p. 622. FORTUN., V. Germani, c. 66, *Auct. ant.*, IV pt. 2 p. 25. **13.** plural. custodes: *guet — night-watch.* Custodes qui singulis noctibus vigilantes castellum s. Audomari custodiunt. VERCAUTEREN, *Actes de Flandre*, no. 127 (a. 1127, S-Omer). **14.** *appariteur — beadle.* Ejus [sc. comitis] custodes non debent intrare vineas, nisi persequantur latronem. WAITZ, *Urk. dt. Vfg.*, no. 2 (a. 1069, Toul). Ch. comm. Valliaci a. 1187, D'ACHÉRY, *Spic.*, XIII p. 325. Ch. comm. Belnensis a. 1202, PÉRARD, *Bourg.*, p. 275. **15.** custos nundinarum: gardien de foire — fair warder. S. xiii. **16.** custos placitorum coronae: agent de la justice royale — coroner. S. xii, Angl. **17.** custos palatii: concierge, maître d'hôtel — house-warden. [Testes] ex ministerialibus Treverensibus: L. palacii custos. *D. Lothars III.*, no. 36 (a. 1131). **18.** custos civitatis: burgrave — burgrave. THIETMAR., lib. 4 c. 5, ed. KURZE, p. 67. Ibi pluries. Custos urbis. Transl. Gorgonii, c. 10, *SS.*, IV p. 241. **19.** custos regni: régent — regent. Qui custos estis terrae ipsius [sc. regis]. Sugerii epist. 116 (a. 1149), *Hist. de Fr.*, XV p. 511. Rex G. Normanniam repetiit ... fratremque suum [et] Odonem Bajocensem Angliae custodes relinquens. SIMEON DUNELM., Hist regum, a. 1067, ed. ARNOLD, II p 185. **20.** *avoué ecclésiastique — ecclesiastical advocate.* Mundeburdem vel defensionem ... aliubi non requirat, nisi ab advocato monasterii et a custode altaris. GYSSELING-KOCH, *Dipl. Belg.*, no. 55 (a. 950-953, Gand). H. comes Cabilonensis ... custos ejusdem loci. D. Rob. II reg. Fr. a. 1016 (diploma incertae auctoritatis), CHEVRIER-CHAUME, *Ch. de Dijon*, II no. 260 p. 52. **21.** *moine chargé de l'éducation des oblats — a monk who has been entrusted with the education of oblates.* Sedent ... juvenes qui in custodia sunt juxta custodes suos. UDALR., Cons. Cluniac., lib. 1 c. 41, MIGNE, t. 149 col. 687 B. Factus est puerorum custos. HARIULF., Chron., lib. 4 c. 14, ed. LOT, p. 210. **22.** custodes ordinis, dans la congrégation de Cluny: les moines âgés et expérimentés — in the Clunisian congregation: the elder, experienced monks. **23.** custos ordinis, dans l'Ordre de Citeaux: le second dignitaire après le Prélat — in the Cistercian Order: the second dignitary after the Prelate. **24.** dans l'Ordre des Frères Mineurs, frère placé en tête d'une ,,custodia" — a friar standing at the head of a ,,custodia".

**custria,** caustria: *la charge de sacristain — office of sexton.* In custrie officium. SEIBERTZ, *UB. Westfalen*, I p. 45 (s. xii). Quedam ministeriorum dona, videlicet camerariam, caustriam, villicationem ... PONCELET, *Actes Hug. de Pierrepont*, no. 50 (a. 1207).

**custrix: 1.** *abbesse* — *abbess.* [Ubi] illa abbatissa custrix preesse videtur. Cart. Senon., no. 31, *Form.*, p. 199. **2.** moniale en charge des objets sacrés et des meubles de l'église abbatiale — a nun having the care of sacred things and furniture of the conventual church. WOLFHARD. HASERENS., V. Waldburgis, lib. 3 c. 2, *AASS.*[3], Febr. III p. 542 B.
**custuma** et derivata, v. costuma.
**custura** (cf. voc. cusire): *couture* — *sewing.* Custuram faciunt ad cameram he femine qui linum solvunt. Urbar. Prum. a. 893, c. 23, BEYER, *UB. Mittelrh.*, I p. 153.
**custuraria:** *couturière* — *woman sewer.* S. xiii.
**custurarius:** *couturier* — *sewer.* S. xiii.
**custus,** cost-, -um, -a (<constat): *coût, frais* — *cost, expense.* S. xiii.
**cutellus,** curtellus = cultellus.
**cuva** = cupa.
**cuzinus,** v. coxinus.

# D

**da** (praepos.) (<de ab; cf. J. SVENNUNG, *ALMA.*, t. 21, 1951, pp. 55-85): *de* — *of, from.* Ital., e. g.: Da ipso sancto loco subtragi [i. e. subtrahere]. SCHIAPARELLI, *CD. Longob.*, I p. 124 (a. 724).
**dacra,** dacora, decara, draca, tacra, taca, tacha (germ.): *dizaine de cuirs* — *dicker, measure of ten hides.* Ch. a. 1036 ap. GUIMANN., Cart. s. Vedasti, ed. VAN DRIVAL, p. 173. Tacra, id est 10 pelles boum. AUDOUIN, *Rec. de Poitiers*, p. 61 § 84 (s. xii ex.).
**dactylus,** datilus, datillus, datilis, datarus (gr.): \*datte — *date* (fruit). *D. Merov.*, no. 86 (a. 716).
**dadea,** v. datita.
**dagarium,** daggarium, daggerium: *poignard* — *dagger.* S. xiii, Angl.
**dagescalcus** (germ.): *serf à corvées illimitées* — *a serf liable to unlimited labour service.* Prebendarii sive mansionarii fratrum circa monasterium ... manentes, sive dagescalci aut cerearii foris ubique per villas positi. D. Heinrici V imp. a. 1116, BEYER, *UB. Mittelrh.*, I no. 434 p. 496. D. ejusdem a. 1112, no. 423, p. 484. Servientes qui prebendarii sunt et qui fratribus infra claustrum serviunt vel qui foris ad curtes dagescalci habentur. *D. Heinrichs III.*, no. 372 A (spur. s. xii in.).
**dagewardus** (germ.): *serf à corvées illimitées* — *a serf liable to unlimited labour service.* Illius juris hominum quod dicitur dagowarto. ZEUSS, *Trad. Wizenb.*, p. 303. Lex familiae Wormat. (a. 1023-1025), c. 13, c. 16, c. 22, *Const.*, I no. 438.
**dalmatica:** \**vêtement liturgique distinctif des diacres romains, puis des évêques* — *liturgical garment worn first by Roman deacons, later by bishops.* ISID., Etym., lib. 19 c. 22 § 9. GREGOR. M., Dial., lib. 4 c. 40. Id., lib. 4 epist. 44, *Epp.*, I p. 364. Ordo Rom. I (s. vii ex.), c. 34, ANDRIEU, II p. 78.
**damascenus,** dalmas-, -chinus: (d'acier) *fabriqué à la manière de Damas* — (of steel) *of the quality as produced at Damascus.*
**damicella, damicellus,** vid. do-.
**damma** = dama.
**dammula** = damula.
**dammus** (germ): *barrage* — *weir.* HEERINGA, *OB. Utrecht*, II no. 558 p. 22 (a. 1202). VAN DEN BERGH, *OB. Holland*, I no. 294 p. 170 col. 1 (a. 1226).
**damnabilis: 1.** \**condamnable, répréhensible* — *worthy of condemnation, reprehensible.* **2.** \*(des péchés) *mortel* — (of sins) *mortal.* **3.** *punissable* — *punishable.* Non erit homicidio infamis vel morte damnabilis. Lex Visigot., lib. 6 tit. 5 § 7. Partibus fisci auri libra una ... se damnabilem sciat. BRUCKNER, *Reg. Alsat.*, no. 117 (a. 730).
**damnabiliter: 1.** \**d'une manière condamnable* — *in a way worthy of condemnation.* **2.** \*(de l'action de pécher) *mortellement* — (of committing sins) *mortally.*
**damnare: 1.** \**réprouver, damner* — *to damn, to doom to hell.* **2.** aliquem: *faire tort à, user de violence avec qq'un* — *to wrong, to commit violence on* a person. Nullum [fidelem] ... contra legem et justitiam ... aut damnabimus aut dehonorabimus aut opprimemus. Conv. ap. Marsnam a. 851, c. 6, *Capit.*, II p. 73. Qui ... rapinas exercent, domos infringunt, homines ... occidunt, trustes commovent aut alios dampnant et opprimunt. Alloc. missi Divion a. 857, ib., p. 292. **3.** aliquid: *endommager, causer des dégâts à qqch.* — *to damage, to hurt.* Silvas nimis capulare atque damnare. Capit. de villis, c. 36. [Munimina] ab igne umquam tacta vel damnata. *D. Ugo*, no. 27 p. 80 (a. 931).
**damnatio: 1.** \**damnation* — *damnation.* **2.** *préjudice, tort* — *wrong, detriment.* Adversum me ... non faciatis ... ut mihi dehonoratio aut dampnatio veniat. Synod. Bellovac. a. 845, c. 2, *Capit.*, II p. 388. Unumquemque vestrum ... honoratum ac salvatum absque dolo ac damnatione vel deceptione conservabo. Sacram. Carisiac. a. 858, ib., p. 296 l. 28.
**damnativus:** *condamnatoire* — *condemnatory.* Dampnativam promulgare incipiat sententiam. SUGER., V. Ludov. Gr., c. 24, ed. WAQUET, p. 174.
**damnitas,** damnietas (cf. voc. indemnitas): **1.** *punition* — *penalty.* Si quis praesumpserit, canonicas damnietates sentiat. Concil. Roman. a. 743, c. 11, *Conc.*, II p. 17. **2.** *préjudice, tort* — *wrong, detriment.* Calomnia[m] aut repeticione[m] vel damnietate[m] exinde non pertimiscant habere. MARCULF., lib. 1 no. 32, *Form.*, p. 63. Qui damnietate[m] ab hostibus vel passi sunt violentia[m]. Ib., no. 33 p. 63. Nec refragationi[s] vel aliqua[m] aut damnietate[m] amplius habere aut peitimiscas. Ib., lib. 2 no. 18, p. 89. Iter praeberet eis, absque ulla calumnia vel damnietate ... in re. Hist. Daretis Frigii, *Scr. rer. Merov.*, II p. 195. [Dominus pro servo] quicquid dampnietatis fecit emendare cogatur. Lotharii capit. ital., c. 3, I p. 335. Si quis praedicto U. litem seu damnietatem intulerit. *D. Karls III.*, no. 171 (a. 887). Nullus ... monachis ... audeat inferre molestiam neque damnietatem. *D. Ugo*, no. 17 (a. 928), p. 49 l. 4. **3.** *dommage, perte* — *damage, loss.* Habebat damnietatem sine causa. Ed. Langob., Ratchis, c. 8 (a. 746). Qui damnitatem passi sunt per incuriam. *D. Karolin.*, I no. 100 (a. 775).
**damnificare: 1.** \**faire tort à qq'un, léser* — *to injure, to deprive.* **2.** \**condamner à une amende* — *to fine.*
**damnum: 1.** *punition* en général — *any penalty.* Quod si damnatus fuerit, secundum legem propriam damnum sustencat. Lex Ribuar., tit. 31 § 4. Tale damnum patiatur, ut reliqui metum habeant talia sibi usurpare. Capit. missor. gener. a. 802, c. 19, I p. 95. Secundum legem eorum statuto damno subjaceant. Capit. Olonn. mund. a. 825, c. 1, I p. 329. De perjerantibus ... antiquior lex capitis dampnum eis inferat. *D. Konrads II.*, no. 276 (a. 1038). **2.** *endroit endommagé par l'intrusion d'animaux* — *a place suffering damage by intruding animals.* Si quis peculium de damno ad clausura minaverit. Ed. Rothari, c. 346. Si quis cavallum alienum in damnum suum invenerit. Liutprandi leg., tit. 86. Quicumque animal de messe vel quolibet damno inciuserit. Lex Burgund., tit. 23 § 1. **3.** *dépenses, cost.* Prandium ingens ex damno nostro paratum. Chron. S. Trudonis, D'ACHÉRY, *Spicil.*, VII p. 388. **4.** *intérêt* d'un capital — *interest.*
**damus** (cf. voc. dama): *daim* — *deer.*
**dangerium,** v. domigerium.
**dangio,** v. dominionus.
**dapifer:** *sénéchal, l'un des grands officiers de cour* — *steward, one of the great court ministers.* *D. Karlmanns*, no. 25 (a. 879). *D. Karls III.*, no. 16 (a. 880). *D. Arnulfs*, no. 164 (a. 898). *D. Ottos III.*, no. 365 (a. 1000). Si abbas quempiam [de familia] in suo obsequio habere voluerit, faciens eum dapiferum aut pincernam sive militem suum. *D. Konrads II.*, no. 216 (a. 1035). [Wido rex] dum ad Metensem venturus esset urbem, ... praemisit dapiferum suum, qui alimenta illi more regio praepararet. LIUDPRAND., Antapod., lib. 1 c. 16, ed. BECKER, p. 18. Utrum quisquam apposuisset dapiferorum [episcopi]. WIDRIC., V. Gerardi Tull., *SS.*, IV p. 497 l. 33. Dapifer, qui vulgariter senescalcus dicitur. Ministeria curie Hanon., ap. VANDERKINDERE, *La chronique de Gislebert de Mons*, p. 336.
**dapiferalis:** *d'un sénéchal* — *of a steward.* Pontificale servitium servierunt Frisingensi episcopo aut camerale aut pincernale aut dapiferale servitium ministrarent. BITTERAUF, *Trad. Freising*, II no. 1244 p. 149 (a. 972-976).
**dapiferatus** (decl. iv): *charge de sénéchal* — *office of steward.* SUGER., V. Ludov. Gr., c. 31, ed. WAQUET, p. 254.
**dapiferia:** *charge de sénéchal* — *office of steward.* S. xiv.
**daps.** Plural. dapes: *fortune, richesses* (peut-être sous l'influence du mot dapsilis) — *fortune, wealth* (perhaps influenced by dapsilis). Divisitque dapes necnon partitur honorem in sobolem propriam Caesar amore patris. ERMOLD., In hon. Hlud., v. 1136 (lib. 2 v. 485), ed. FARAL, p. 88. Iterum v. 1871 (lib. 3 v. 617), p. 142.
**dapsilis:** *généreux, libéral* — *generous, liberal.* PAUL. DIAC., G. episc. Mettens., *SS.*, II p. 266.
**dapsilitas:** *générosité, libéralité* — *generosity, liberality.* Munus quodlibet nostrae dapsilitatis. *D. Berengario I*, no. 28 p. 84 (a. 899).
**dardanarius:** *accapareur de grains* — *corn monopolist.* S. xiv.
**dardeire:** *combattre avec le dard* — *to fight with a spear.* S. xiii.
**dardus** (germ.): *dard* (arme) — *spear.* ABBO SANGERM., Bell. Paris., lib. 1 v. 89, ed. WAQUET, p. 22. Ibi pluries. ALART, *Cart. Roussillonnais*, no. 12 p. 25 (a. 967).
**dare: 1.** *concéder* en bénéfice, en précaire etc. — *to grant* as a benefice, a precaria and so on. Si quis episcopus ... senodochia vel monasteria vel baptismalis ecclesias suae ecclesiae pertinentes cuilibet per enfiteuseos contractus dederit. Capit. Olonn. (a. 822/823), c. 1, I p. 316. [De episcopatibus et monasteriis regiis], similiter et de ceteris ecclesiis nostra auctoritate in beneficio datis. Capit. de missis instr. a. 829, II p. 8 l. 39. De cappellis et abbatiolis ex casis Dei in beneficio datis. Capit. missor. Suess. a. 853, c. 3, II p. 268. **2.** *conférer* une charge — *to bestow* an office. In honoribus dandis honestas et utilitas servetur. Ordin. imp. a. 817, c. 3, *Capit.*, I p. 271. **3.** *donner* une église — *to collate* a church. Multi presbyteris absque consensu episcoporum eclesias dant. Concil. Cabillon. a. 813, c. 42, *Conc.*, II p. 282. Ne [laici] sine consensu episcoporum [presbyteris] ecclesias dent. Concil. a. 813, append., c. 14, ib., p. 299. Isdem locus [i.e. monasterium] manu regia erat dandus. *D. Louis V.*, no. 33 (a. 949). Ut eo et posteri mei prepositura daremus. VERCAUTEREN, *Actes de Flandre*, no. 7 (a. 1087). **4.** *léguer* — *to bequeath.* Si quis baronum ... infirmabitur, sicut ipse dabit vel dare disponet pecuniam suam, ita datam esse concedo. Henrici I reg. Angl. ch. coron. a. 1100, c. 7, STUBBS, *Sel. ch.*[9], p. 118. **5.** refl. se dare: *entrer dans la dépendance d'un seigneur, se faire serf ou vassal* — *to make oneself subservient* to a lord, *to take a servile or vassalian tie.* Si quis liber homo aliquod tale damnum cuilibet fecerit, pro quo plenam compositionem facere non valeat, semetipsum in wadio pro servo dare studeat usque dum plenam compositionem adimpleat. Karoli M. capit., I p. 160, no. 70 c. 3. Cui ... se in militem dedit fidemque sibi servaturum juramento adfirmavit. LIUDPRAND., Antap., lib. 5 c. 31, ed. BECKER, p. 149. **6.** \**conférer, administrer* le baptême, une bénédiction etc. — *to give, to administer* baptism, a blessing and so on. **7.** \**proférer, formuler, exprimer* — *to utter, to pronounce.* **8.** \**accorder, permettre* — *to accord, to permit.* **9.** dare intelligi, agnosci etc.: \**permettre de* — *to enable.* Unde intelligi datur hoc signum sibi Langobardi praeparavisse. GREGOR. TURON., Hist. Franc., lib. 10 c. 3.
**darsus** (celt.): *dard,* un poisson — *a fish.* BERTRAND, *Cart. d'Angers*, I no. 124 p. 152 (a. 1039-1055). Iterum no. 181 p. 214 (a. 1067-1082).
**data** (subst. femin). **1.** plural. datae (sc. litterae) et singul. data (sc. charta, epistola): *date d'une lettre ou d'une charte* — *date of a letter or a charter.* Epistola [i.e. epistolae] ... dies

datarum et precia constituta ... inserantur. Concil. Lugdun. a. 583, c. 2, *Conc.*, I p. 154. 2. *une redevance — a tax.* PETR. DIAC., Chron. Casin., lib. 4 c. 96, *SS.*, VII p. 811 l. 1. Data vel angaria aut adjutorium ... vobis non auferet. UGHELLI, VII p. 864 (ch. a. 1102, Conversano). 3. *frais de rôles — law-fees.* S. xiii, Dauphiné.

**datare**: *dater, munir d'une souscription datée — to date, to provide with a dated subscription.* Abbelenus recognovit et datavit sub die ... *D. Merov.*, no. 41 (a. 663). Ego G. rogatus scri[p]si, datavi die Veneris, mense December, anno 1 regnante L. rege. BERNARD-BRUEL, *Ch. de Cluny*, II no. 885 p. 4 (a. 954). Ibi saepe.

**datarium**: 1. *formule de datation — dating formula.* Hormisd. pap. epist. 65 (a. 519), c. 4, THIEL, p. 860. Coll. Avell., *CSEL.*, t. 35 p. 620; rursum p. 692. 2. *nécrologe — necrology.*

**datea**, datia, v. datita.

**datiare**: *soumettre à l'impôt appelé „datia" — to subject to a tax called "datia".* Quem districtum civitas Pistoria datiat. MURATORI, *Antiq.*, IV col. 553 (a. 1107).

**datiarius**: *receveur de l'impôt appelé „datia" — receiver of a tax called "datia".* S. xiv.

**datillus**, datilus, datilis, datarus, v. dactylus.

**datio**: 1. *donation — gift.* Ecclesiae restauratae sunt et multae dationes per loca venerabilia largitae. PAUL. DIAC., Hist. Langob., lib. 4 c. 41, ed. WAITZ, p. 168. Que ... quarumlibet personarum dationis [i.e. dationibus] juste collata sunt. Priv. Alex. II pap. a. 1063, PFLUGK-HARTTUNG, *Acta*, I no. 39 p. 39. 2. *argent de corruption — bribe.* Interrogatur ... si aliquam dationem aut promissionem fecisset. Ordo Rom. XXXIV (s. viii med.), c. 27, ANDRIEU, III p. 610. Ut nemo ... regiminis locum obtineat quacumque factione, calliditate, promissione seu commoditate aut datione. Concil. Meld. a. 845, c. 43, *Capit.*, II p. 409 l. 1. Eligatur episcopus ... non pro aliquo munere dationis nec pro aliquo obsequio humano. HINCMAR., Ord. pal., c. 9, ib., p. 521 l. 5. 3. *collation* d'une église — *collation* of a church. Nemo accipiat ecclesiam sine datione et consensu proprii episcopi. Capit. Herardi archiepisc. Turon. a. 858, c. 72, *Gall. chr.*[2], XIV instr. col. 43. 4. *investiture — livery.* B. et uxorem ejus M.... per mee manus dationem ... contrado. WIDEMANN, *Trad. S.-Emmeram*, no. 17 (a. 820/821). Diu contenderent [de episcopatu], ille ex datione regis, ... hic ex factione plebis. ARNULF. MEDIOL., lib. 1 c. 5, *SS.*, VIII p. 8. Nullam investituram vel dacionem in aliis personis facere debeant. FICKER, *Forsch.*, IV no. 97 p. 142 (a. 1120, Verona). 5. *cadeau* plus ou moins obligatoire *offert à un prince* ou à une autre personnalité de rang — a more or less compulsory *gift to a ruler* or other high-placed person. Censum et pensionem seu ceteras dationes, quae annuatim in palatio regis Longobardorum inferri solebant. Pactum Ludov. Pii cum Pasch. papa a. 817, *Capit.*, I p. 354 l. 9. Nulli liceat episcoporum a subjecto sacerdote dationes ultra statuta patrum exigere. Concil. Roman. a. 826, c. 26, ib., p. 375. 6. *tribut* levé par les agents du pouvoir public — a *tribute* exacted by officers exercising public authority. Absque escadico vel aliqua datione ... judicum nostrorum. D. Adelchis regis a. 773, TROYA, *CD. Longob.*, V no. 985 p. 716. [Nullus] aliquas daciones, exhibiciones exigat. *D. Ugo*, no. 22 p. 68 (a. 929). Nullus ... habeat potestatem ... aliquam dationem vel redibitionem requirendi. *D. Ottos I.*, no. 341 (a. 967). [Coloni] sint immunes ab omni fiscali datione et publica exactione. *D. Heinrichs II.*, no. 369 (a. 1017). Saganeum, theloneum ac fodrum et omnem quamlibet publicam dationem. *D. Konrads II.*, no. 280 (a. 1039). Omnes curtenses a datione in placito, que tertie dicuntur, tutos esse permittimus. *D. Heinrichs III.*, no. 351 (a. 1055). BENED. S. ANDREAE, Chron., *SS.*, III p. 699 l. 12. Nullam dationem vel censum ulterius inde exigeret. PETR. DIAC., Chron. Casin., lib. 4 c. 34, *SS.*, VII p. 777. BRUNETTI, *CD. Tosc.*, II p. 397. 7. *redevance de nature agraire — agricultural due.* Porci vestri ibi inter eam [silvam] vadant absque omne scatico vel datione. FICKER, o.c., no. 9 p. 13 (a. 824). Cum omni ejus ingressu et egressu et datione. Agap. II pap. (a. 946-955) epist., MIGNE, t. 133 col. 917 B. De ceterum autem frugium nulla[m] datione[m] tributatis. MARINI, *Pap.*, p. 255 (ch. a. 990).

**datita**, datia, datea, dadea, datitia: *une redevance qui pèse sur le commerce — a customs duty.* Super datiis solvendis episcopo in portu Cremonae. ASTEGIANO, *CD. Cremonae*, p. 28 (a. 851). In mercationibus suis solvant innumeras dacitas [leg. datitas]. CAFFAR., Ann., ad a. 1158, ed. BELGRANO, I p. 50. Nullum drictum, nullum pedaticum, datitam quamlibet, usanciam vel impositionem dent. Frid. I imp. conv. cum Januens. a. 1162, *Const.*, I no. 211 c. 7.

**dativus**: 1. *ayant cours — current.* 10 sol. Coloniensis monete Trajecti dative. MULLER-BOUMAN, *OB. Utrecht*, I no. 520 p. 461 (a. 1190). 2. *usuel — usual.* Unum rumbum dativum ... persolvet. DE FREMERY, *OB. Holland*, suppl., no. 159 p. 108 (a. 1270). 85 modiorum siliginis dative mensure loci nostri. KETNER, *Bethlehem*, p. 151 no. 24 (a. 1295). Subst. mascul. **dativus**: un *fonctionnaire* dans les régions byzantines de l'Italie — an *officer* in the Byzantine provinces of Italy. FATTESCHI, *Memor. di Spoleto*, p. 300 (a. 939). *D. Ottos I.*, no. 340 (a. 967, Ravenna). *D. Ottos III.*, no. 193 (a. 996, Ravenna). Ibi pluries. FICKER, *Forsch.*, IV no. 67 p. 92 (a. 1060, Roma).

**datum**: 1. *succession — legacy.* Dono ... de rebus proprietatis meae, quae mihi haereditario jure de paterno dato atque materno advenerunt. DE CHARMASSE, *Cart. d'Autun*, Ire partie no. 41 p. 67 (a. 865). 2. *inféodation — enfeoffment.* Irent ad dominum Carolum Francorum regem et sui efficerentur homines; per ejus datum eorum retinerent beneficia. Actus pontif. Cenom., c. 17 (s. ix), ed. BUSSON-LEDRU, p. 263. Curte[m] ... de dato domni regis in beneficio habere videbatur. *CD. Langob.*, no. 289 col. 488 C (a. 879). 3. *investiture — investiture.* Si comes ... se inframiserit, id est ut terram ipsius absque illius dato tenuerit. *D. Ottos I.*, no. 348 (a. 967). Omnia data que facta erant vel exinde fierent a F. imperatore. RADULPH., G. Friderici, MURATORI, *Scr.*, VI col. 1184. 4. *symbole d'investiture — investiture symbol.* De quo loco ipse ... datum, quod fecerat, super altare



s. Trinitatis portavit. MÉTAIS, *Cart. de Vendôme*, I no. 120 p. 217 (a. 1058). 5. *charte comportant une aliénation — charter purporting an alienation.* Si de suprascripto datum aparuerit, cuique [i.e. per quod] suprascriptis rebus [i.e. suprascriptas res] dedisemus aut damus, tunc ... defensare promittimus. *CD. Langob.*, no. 137 col. 241 D (a. 840). 6. gener.: *charte — charter.* Nemo successorum nostri presens datum infringendi ... habeat potestatem. *D. Ottos I.*, no. 72 (a. 945). Cassatis omnibus privilegiis et datis et cartis. *Const.*, I no. 244 (a. 1175), c. 4. Privilegia omnia et data et concessiones, que ... indulta sunt. Ib., no. 288 (a. 1183), c. 7.

**deablagium**, di- (cf. voc. abladare): *terrage — corn-duty.* Diablagium, quod inde [sc. de quibusdam villis] accipiebatur, et reliqua omnia que ad fiscum ejus [sc. comitis] pertinere videbantur, ... remisit. Actus pontif. Cenom., c. 34 (ca. a. 1100), ed. BUSSON-LEDRU, p. 393.

**deadvocare**, -voare, -vouare: 1. chartam: *infirmer, rejeter — to reject.* S. xiii. 2. dominum: *refuser de rendre l'hommage* au seigneur, *dénoncer la foi vassalique — to refuse to do homage to* one's lord, *to denounce one's faith.* S. xiii. 3. aliquem: *refuser de se porter garant pour* qq'un, *désavouer — to refuse to vouch, to disavow.* S. xiii.

**dealbare**: **purifier* l'âme — *to purify* the soul.

**dealbatus** (adj.): **vêtu de blanc — clothed in white.* Videbat ... feminas dealbatas [in visione]. RIMBERT., V. Anskarii, c. 2, ed. WAITZ, p. 20.

**deambulator**: *voyageur, pèlerin — traveller, pilgrim.* Deambulatoribus peregrinis, qui Romam ibant, jungitur. EKKEH., Cas. s. Galli, c. 16, *SS.*, II p. 146 l. 1.

**deambulatorium**: 1. *pourtour* d'une église — *gallery* in a church. Deambulatoria sursum per totum in circuitu ipsius aecclesiae fecit, in quibus et altaria quinque nobiliter construxit atque sacravit. G. Aldrici, ed. CHARLES-FROGER, p. 15. Paulo post: In sinistro solario vel deambulatorio. Ib. [In patriarchio Lateranensi] deambulatorium, scilicet solarium, cum cancellis aereis ... construi fecit. Lib. pontif., Hadr. I, § 56, ed. DUCHESNE, I p. 503. V. Geraldi abb. Grandis-Silvae (s. xi in.), c. 12, *AASS.*[3], Apr. I p. 415 D. 2. *cloître — ambulatory.* Arcus deambulatorii per totum circuitum habebantur intus et foris, quia ut intra erant claustra ad utilitatem monachorum, ita erant extra ad laicorum. HUGO FARF., Destr., ed. BALZANI, *Il chron. Farf. di Greg. di Cat.*, I p. 36. GUIBERT., De combustione monast. Gemblac. (a. 1137), *SS.*, VIII p. 564 l. 36.

**dearestare**, -arre- (cf. voc. arestare): 1. *lever l'arrêt* d'une chose — *to release from arrest.* Fecissetis dearestari penitus ... mercimonia praedicta. Litt. Phil. III reg. Fr. a. 1278, RYMER, II p. 127. 2. pass. dearestari: *se soustraire à un arrêt — to avoid being arrested.* Qui fecerint forefactum ..., recederent de terra nostra dearrestati, hoc est antequam caperentur. MIRAEUS, II p. 1231 col. 2 (ch. a. 1250).

**deargentare**: **argenter — to coat with silver.* Altaris parietes deargentavit ac depinxit. Lib. pontif., Gregor. II (a. 715-731), vers. II, § 9, ed. DUCHESNE, I p. 402 col. 2. Columna deargentata. EKKEH., Cas. s. Galli, c. 1, *SS.*, II p. 81 l. 6.

**deassecurare** (cf. voc. assecurare): *défier, annoncer des hostilités contre* qq'un — *to defy, to announce hostilities against* a person. Excommunicatos denunciamus omnes laicos ... qui clericos deassecuraverint, maxime coram suo judice volentes facere justitiae complementum. Stat. eccl. Leod. a. 1287, MARTÈNE, *Thes.*, IV col. 853.

**deaurare**: ** dorer — to gild.*

**deauratura**: *dorure — gilding.* Illud aurum, quod coctum quidem fuerit, sed non tantum ut ex eo deauratura fieri possit. Edict. Pist. a. 864, c. 24, *Capit.*, II p. 320. In deauratura sunt auri meri 4 marcae. MIRAEUS, I p. 686 col. 2 (s. xi, Stavelot).

**debannire** (cf. voc. bannus sub 21): *délivrer de l'interdit — to release from interdict.* Liceat locum ei interdicere et post restitutionem invasoris similiter debannire. MARTÈNE, *Coll.*, I col. 711 (ch. a. 1131, Liège).

**debellare** (class.: „vaincre — to vanquish"): 1. *attaquer — to attack.* PETR. DIAC., Chron. Casin., lib. 4 c. 17, *SS.*, VII p. 770. 2. *assiéger — to beleaguer.* Per dies 40 debellabat C. urbem. Chron. s. Ben. Casin., *Scr. rer. Langob.*, p. 477 l. 23.

**debilis**: *d'un rang médiocre — of humble condition.* Si francus fuerit, ad nostra praesentia dirigatur; et si debilioris personas [i.e. debilior persona] fuerit, in loco pendatur. Decr. Childeberti II a. 596, c. 8, *Capit.*, I p. 17.

**debita** (femin.) = debitum.

**debitalis**: *qui a le caractère d'une dette — having the character of a debt.* S. xiii.

**debitare**: *léguer — to beqeath.* Debitavit corpus suum et omnes suos alaudes atque omne suum mobile ad s. Eulalium sedis Elnensis. ALART, *Cart. Roussillonnais*, no. 33 p. 52 (a. 1030).

**debite** (adv.): **comme il se doit — duly.* Decimas ... aecclesiis divinis debite offerant. Capit. a sacerd. prop. a. 802, c. 6, I p. 106.

**debitor**: **pécheur — sinner.*

**debitum**: 1. **devoir, tâche — duty, task.* [Mortuus] obsequium et omne debitum animae ... a monachis ... receperit. *Actes Phil. Ier*, no. 154 (a. 1106). 2. *ce qui sied — the proper thing.* Pauperes ... in carricaturis et paraveredis contra debitum exigendis gravare. Epist. synod. Carisiac. a. 858, c. 14, *Capit.*, II p. 438 l. 4. 3. **péché — sin.* 4. *faute, méfait, crime — fault, guilt, crime.* CASSIOD., Var., lib. 10 no. 32 § 1, *Auct. ant.*, XII p. 319 l. 21. Latro ... capitali sententia debitum exsolvat. Capit. Ital. a. 801, c. 4, I p. 205. Bannum dominicum solvat; vel, si majoris debiti reus sit, ad sua praesentia perduci jussum est. Capit. missor. gener. a. 802, c. 31, I p. 97. In se peccantibus debita dimiserit, sicut sua a Deo debita sibi cupit dimitti. Synod. Mettens. a. 859, c. 6, II p. 443. Dedecus est dominis, dum laxant debita servis. Ecbasis, v. 699, ed. VOIGT, p. 112. 5. *amende — fine.* Qui non habet unde [poenam pro reatu] ad ecclesiam persolvat, tradat se in servitium eidem ecclesiae, usque dum totum debitum persolvat. Capit. legib. add. (a. 818/819), c. 2, I p. 281. Ut de debito quod ad opus nostrum fuerit rewadiatum talis consideratio fiat, ut is qui ignoranter peccavit non totum secundum legem componere coga-

tur. Capit. missor. a. 819, c. 15, I p. 290. Sciat se ... debitum pro delicto in regalem fiscum redditurum. *D. Ottos I.*, no. 302 (a. 965). **6.** *redevance — tribute.* Clementer erga [servos] agant ... sive in exigendis ab eis operibus, sive in accipiendis tributis et quibusdam debitis. Concil. Cabillon. a. 813, c. 51, *Conc.*, II p. 284. Nec ipsa debita, quae a subditis reddenda sunt, [a dominis] impie ac crudeliter exigantur. Capit. e concil. excerpta (a. 826/827?), c. 12, I p. 313. Ut nullus comes ... licentiam habeat teloneum vel aliud quodlibet debitum sive quesitum ex ipsa moneta exigendi. *D. Ottos I.*, no. 6 (a. 936). In censi debitum gallinas offerebant. Chron. Gradense, ed. MONTICOLO, *Cron. Venez.*, p. 32. Debitum altariorum, quod singulis annis presbyteri subscriptarum ecclesiarum ... solvunt. MULLER-BOUMAN, *OB. Utrecht*, I no. 376 p. 339 (a. 1139). **7.** *rente, cens — revenue, rent.* Ut nemo debitum suum vel censum [imperatori solvendum] marrire ausus sit. Capit. missor. gener. a. 802, c. 8, I p. 93. [Abbas] omne debitum [vini] in fratrum quotannis congerit cellarium. EKKEH., Cas. s. Galli, c. 10, *SS.*, II p. 128 l. 48. **8.** *prébende — prebend.* Ut volatilia in natale Domini et in Pascha ..., si est unde, comedant; si vero non fuerit unde, non requiratur per debitum. Capit. monast. a. 817, c. 78, I p. 348. Quamdiu advixerit, in ipso coenobio debitum monasticum in victu vestituque pleniter obtineat. GYSSELING-KOCH, *Dipl. Belg.*, no. 35 (a. 865/866, S.-Bertin).

**debladare,** debladire (<bladum): *moissonner — to reap.* S. xiii.

**debladatio**: *moisson — harvest.* S. xiii.

**debodinare,** debonare, debornare (<bodina): *délimiter — to delimit.* Quantumcumque infra istas fines in ea [leg. mea] juxta est possessio aut postea debodinata erit ipsa vinea ... vobis vindo. DESJARDINS, *Cart. de Conques*, p. 176 no. 208 (a. 932).

**debodinatio,** debonatio: *limite — limit.* Haec omnia intra ista debonatione ... tradiderunt. DESJARDINS, *Cart. de Conques*, p. 333 no. 460 (a. 823).

**debriare**: **enivrer — to make drunk.*

**debriatus** (adj.): **ivre — drunk.*

**decada,** v. decas.

**decalogus** (gr.): **le Décalogue — the Ten Commandments.*

**decalvare**: **tondre, raser, rendre chauve — to shave, to make bald.*

**decambiare** (<cambire): *acquérir au moyen d'un échange — to acquire by exchange.* Terrae ... quas decambavi ab abbate W. MIRAEUS, I p. 156 col. 1 (ch. a. 1064, Cambrai).

**decambium**: *échange — exchange.* Terram, quam H. dederat in elemosinam ecclesie Ursicampi, necnon et decambium ejusdem terre, quod eadem ecclesia Ursicampi fecit ecclesie s. Medardi pro terra ... concedo. LUCHAIRE, *Louis VII*, p. 358 no. 43 (a. 1139/1140).

**decana** (cf. voc. decanus): *la première d'une groupe de moniales — chief of a group of nuns.* RUDOLF., V. Liobae, c. 4, *SS.*, XV p. 123 l. 27. Sub imperio et regimine decanae quaedam [moniales] in eadem cella Deo servientes vivebant. Hist. Walciodor. monast., c. 21 (post a. 1152), *SS.*, XIV p. 514.

**decanalis**: *qui revient au doyen de chrétienté — due to a dean of christianity.* Census nostros episcopales necnon chorepiscopales et decanales. LACOMBLET, *UB. Niederrh.*, I no. 299 p. 196 (a. 1124). Obsonia episcopalia, archydiaconalia et decanalia. MULLER-BOUMAN, *OB. Utrecht*, I no. 505 p. 451 (a. 1181).

**decanatus** (decl. iv): **1.** *la charge de doyen — office of dean.* Sub B. episcopo decanatus ... sublimatur honore. ANSELM., G. episc. Leod., c. 40, *SS.*, VII p. 211 l. 20. Omnes honores qui, dum vacant, pertinent ad donationem nostram, ... sicut abbatie nostre et decanatus. *Actes Phil.-Aug.*, no. 345 (a. 1190), I p. 420. **2.** *doyenné*, la circonscription où s'exerce l'autorité spirituelle d'un doyen de chrétienté — *deanery*, district of a dean of christianity. In omnibus ecclesiis ipsius decanatus. HEERINGA, *OB. Utrecht*, II no. 595 p. 59 (a. 1209). Locum ... situm in decanatu Gemblacensi. PONCELET, *Actes Hug. de Pierrepont*, no. 156 (a. 1217).

**decanere,** transit.: **1.** *chanter* un sujet — *to sing of* a thing. **2.** *déclamer — to declaim.*

**decania**: **1.** *section d'armée* commandée par un „decanus" — *army section* headed by a "decanus". Si decanus relinquens decaniam suam de hoste ad domum refugerit. Lex Visigot., lib. 9 tit. 2 § 4. **2.** une *circonscription administrative* en pays slave — an *administrative district* in Slavonic countries. Decania una de illis Sclavis. *D. Karolin.*, I no. 169 (a. 791). **3.** *organisation d'entr'aide — association for mutual aid.* Centurie vel hundreta in decanias vel decimas et dominorum plegios [distinguuntur]. Leg. Henrici, tit. 6 § 1 b, LIEBERMANN, p. 552. **4.** *circonscription domaniale* administrée par un agent appelé „decanus" — *manorial district* managed by an agent called "decanus". Habet ibi culturas ... inter totas tres decanias 21. Polypt. Irminonis, br. 9 c. 1. Ibi pluries. **5.** *fraction de domaine — division of a domain.* Duas decanias ... concedere. *D. Berengario I*, no. 139 p. 359 (a. 923). **6.** *la charge d'un moine qui est placé à la tête d'un groupe de dix moines — the function of a monk standing at the head of a group of ten monks.* Benedicti regula, c. 21. **7.** la *charge de doyen* dans une abbaye ou dans un chapitre — the *office of dean* in a monastery or a chapter of canons. Temporibus Cuneberti praepositi Hectorisque decaniae curam administrantis. DONIOL, *Cart. de Brioude*, no. 28 p. 51 (a. 929-935). Decaniam ... quidam S. ambiebat. GUIBERT. NOVIG., De vita sua, lib. 3 c. 14, ed. BOURGIN, p. 194. Relicta prebenda et decania Bremensi devovit se Falderensi collegio. HELMOLD., lib. 1 c. 58, ed. SCHMEIDLER, p. 113. Praeposituræ, decaniae, sacristaniae ... et cetera ecclesiae vestrae bona ... confirmamus. Priv. Pasch. II pap. a 1100, PFLUGK-HARTTUNG, *Acta*, I no. 78. **8.** la *charge de doyen de chrétienté* — the *office of dean of christianity.* Decaniam ... super omnes parochianas ecclesias in pago B. sitas ... cum justitia christianitatis ... concessimus. LACOMBLET, *UB. Niederrh.*, I no. 209 p. 136 (<a. 1067>, spur. s. xii). **9.** *doyenné*, la circonscription ou s'exerce l'autorité spirituelle d'un doyen de chrétienté — *deanery*, district of a dean of christianity. Statuant episcopi loca convenientia per decanias, sicut



constituti sunt archipresbyteri. Capit. Tolos. a. 844, c. 3, II p. 256. De kalendis in kalendis mensium, quando presbyteri de decaniis simul conveniunt. HINCMAR., Capit., SIRMOND, I p. 731. Praecepit [decano] ut per omnem decaniam sue cure commissam ... juberet sollemnitatem celebrari. Virt. Eugenii Bronii Ost. (s. x), c. 6, *SS.*, XV p. 649. Per totam in qua quiescit decaniam solemnitas ejus ... observetur. V. Gerardi Broniens. (s. xi), c. 13, ib., p. 664.

**decanizare**: *exercer les fonctions d'un doyen — to occupy the post of a dean.* DC.-F., III p. 18 col. 2 (ch. a. 1121).

**decantare, 1.** sanctum: *rendre un culte à* un saint — *to worship.* In qua [ecclesia s. Juliani] ipse sanctus cum aliis sanctis condigne a suis servitoribus quotidie decantatur. DONIOL, *Cart. de Brioude*, no. 85 p. 104 (a. 898). **2.** absol.: **chanter — to sing.* **3.** absol.: *célébrer, officier — to officiate.* Prebitero [i.e. presbyter] qui ibidem [sc. in illa capella] decantaverit, per singulos annos usum et fructum recipiat. BERNARD-BRUEL, *Ch. de Cluny*, I no. 502 (a. 939). Ad illos sacerdotes qui ibi decantaturi assidui ibi erunt. Ib., II no. 1131 p. 222 (a. 962). **4.** ecclesiam: *desservir — to be in charge of* a church. S. xiii.

**decanus,** deganus: **1.** **commandant d'une section d'armée composée de dix guerriers — commander of an army section of ten warriors.* Lex Visigot., lib. 9 tit. 2 § 1 et 4. [Comes in exercitu] ponat ordinationem suam super centuriones et decanos. Lex Baiwar., tit. 2 c. 5. **2.** *agent inférieur de l'autorité publique* chargé de fonctions policières — *lower public officer* for police tasks. Liudprandi leg., c. 44 et 85. Sculdasios, decanos, saltarios vel locopositos. Pippini reg. Ital. capit. (a. 782-786), c. 9, I p. 193. F. Senon. rec., no. 11, *Form.*, p. 217. Ord. judic. Dei, no. 10 n, ib., p. 616. Decuriones vel decani, qui sub ipsis vicariis [pagorum] quaedam minora exercent. WALAFR. STRABO, Exord., c. 32, *Capit.*, II p. 515 l. 37. Comites et vicarii vel etiam decani plurima placita constituant. HINCMAR., opusc. 15 c. 15, ed. SIRMOND, II p. 224. *D. Ludwigs d. Deutsch.*, no. 142 (a. 871). Nemo comes, vicecomes, sculdasio, gastaldius, decanus aut aliqua ... persona publice et imperialis aut regie partis. *D. Berengario I*, no. 112 p. 288 (a. 916). **3.** *agent domanial d'un rang inférieur* chargé de fonctions policières — *lower manorial agent* for police tasks. Capit. de villis, c. 10 et 58. [Ministeriales] sunt falconarii, venatores, telonearii, praepositi, decani ... Capit. de reb. exercit. a. 811, c. 4, I p. 165. Major ipse per se sive decanus, unus ex illis duobus, omnimodis ibi sit ad providendum. Adalhardi Corbej. stat., lib. 1 c. 1, ed. LEVILLAIN, *LMA.*, t. 13 (1900), p. 360. Polypt. Irminonis, br. 9 c. 57, ed GUÉRARD, p. 85 col. 2. Ibi saepe. Quorumcunque ex eis [ministerialibus] juniores aut decani fuissent. HINCMAR., Ordo pal., c. 17, *Capit.*, II p. 523. *D. Ludwigs d. Deutsch.*, no. 142 (a. 871). LACOMBLET, *UB. Niederrh.*, I no. 102 p. 59 (<a. 948>, spur.). [Advocatus] habet ibi proprium villicum, decanum, scabinionem. *Hist. de Metz*, IV p. 101 (ch. a. 1095, Gorze). Procuratores villarum et qui decani appellantur. UDALR., Cons. Cluniac., lib. 1 c. 46, MIGNE, t. 149 col. 691 D. GUIBERT. NOVIG., De vita sua, lib. 3 c. 7, ed. BOURGIN, p. 160. **4.** *chef d'une association d'entr'aide — head of an association for mutual assistance.* Imposuerunt justiciarios super quosque decem friborghas, quos decanos possumus dicere. Leg. Edw. Conf., tit. 28, LIEBERMANN, p. 651 col. 1. **5.** **moine placé à la tête d'un groupe de dix moines — a monk standing at the head of a group of ten monks.* Benedicti regula, c. 21. ISID., Reg. mon., c. 13. **6.** *dignitaire dans une abbaye* subordonné à l'abbé — *a monastery official* under the abbot. Signum preposito et decano et cancelario. F. Augiens., coll. B, no. 37, *Form.*, p. 361. Signum decani, sacratarii, praepositi. Coll. Sangall., addit. 5, ib., p. 436. WARTMANN, *UB. S.-Gallen*, I no. 91. Ut senior decanus reliquis decanis praeponatur. Capit. monast. a. 817, c. 55, *Capit.*, I p. 347. [Principes] ea quae abbates recipiebant sibi addixerunt et, statuentes decanos monachis, sibi nomen abbatis usurpaverunt. Monachi Floriac. contin. ad AIMOIN., *Hist. de Fr.*, XI p. 274. **7.** *doyen d'un chapitre de chanoines — dean of a chapter of canons.* **8.** *doyen de chrétienté — dean of christianity.* Adesse debent decani, id est archipresbyteri parochiarum. REGINO, Syn. caus., lib. 1 c. 295, ed. WASSERSCHLEBEN, p. 136. Si in unaquaque parochia decani sunt per villas constituti, viri veraces et Deum timentes, qui ceteros admoneant ut ad ecclesiam pergant ad matutinas, missam et vesperas ... Ib., lib. 2 c. 5 § 69, p. 215. Ut inde sibi responderet in concilio presbiterorum ... per F. decanum evocavit. Cantat. s. Huberti, c. 22, ed. HANQUET, p. 57. Rursum ib., c. 94, p. 246. GUIBERT. NOVIG., o.c., lib. 3 c. 11, p. 184. **9.** *maître d'un groupe d'artisans domaniaux — master of a group of craftsmen in a manorial household.* Operariorum positus est decanus. EKKEH., Cas. s. Galli, c. 2, *SS.*, II p. 95 l. 18. **10.** *doyen d'une gilde — dean of a gild.* Coram decano testimonio duorum de gilda convinci poterit. PIRENNE, *Villes et inst. urb.*, II p. 191 c. 3 (ca. a. 1080, S.-Omer). **11.** *appariteur communal — town beadle.* Qui a majoribus et judicibus et decanis, scilicet servientibus communie, summonitus ... subterfugerit. Phil. Aug. priv. comm. Ambian. a. 1190, c. 15, GIRY, *Doc.*, p. 26.

**decapillare,** dis-: *arracher la chevelure avec la peau du crâne, scalper — to tear off the hair and the skin of the head, to scalp.* Si qua mulier ingenua ... discapillata fuerit aut detracta. Lex Burgund., lib. const., tit. 33 § 1. Jussit verberari et ... vix concessit non decapillari. EKKEH., Cas. s. Galli, c. 10, *SS.*, II p. 123 l. 23. Gregor. VII pap. reg., lib. 1 epist. 78, ed. CASPAR, I p. 111. Educantur ei oculi et truncetur ei nasus et aures et superlabrum aut decapilletur, quicquid horum consuluerint. Leg. II Cnut tit. 30 § 5, LIEBERMANN, p. 335 col. 1. Verberetur et decapilletur. Pax Dei Bamberg. a. 1185, *Const.*, I no. 425 c. 7.

**decapitare**: **décapiter — to behead.* Ruodlieb, fragm. 15 v. 68.

**decara,** v. dacra.

**decargare,** v. discaricare.

**decas** (genet.-adis), decada (gr.): **1.** **dizaine — collection of ten.* **2.** **décade*, periode de dix ans — *decade*, period of ten years. **3.** *décade*, groupe de dix livres d'une œuvre littéraire —

decade, group of ten books of a literary work.
**decena**: compagnie de dix dans la milice urbaine — band of ten armed men in a city militia. S. xiii, Ital.
**decendium** (cf. voc. novendium): période de dix jours — span of ten days. S. xiii.
**decennalis**: *qui dure dix ans — lasting ten years.
**decensare,** praedium: concéder à cens, recevoir le cens d'une tenure — to lease on rent, to get rent from a holding. S. xiii.
**deceptio**: **1.** *tromperie, imposture — trickery, fraud. **2.** *déception, illusion — deception, delusion. **3.** *tentation, séduction — temptation, seduction.
**deceptorius**: *trompeur, décevant — deceptive, fallacious.
**decernere,** **1.** aliquem: *juger — to sentence. **2.** aliquid (cf. voc. discernere): délibérer sur une question — to deliberate on a question. Dum quid agere deberent decernerent, tandem necessitas consilium repperit. PAUL. DIAC., Hist. Langob., lib. 1 c. 11, ed. WAITZ, p. 59. **3.** faire donation de qqch. — to donate. [Omne quod] a me decretum vel offertum est. SCHIAPARELLI, CD. Longob., II no. 175 p. 140 (a. 764, Lucca).
**decertare**: **1.** mesurer — to measure. Lignorum artifices lignum decertarent. V. Pardulfi, c. 18, Scr. rer. Merov., VII p. 36 l. 25. **2.** (cf. voc. certamen): s'efforcer de faire qqch., faire son mieux pour atteindre tel but, viser à une chose — to endeavour, to strive after a thing, to try to achieve. Cantum Romanum pleniter discant et ordinabiliter ... peragatur, secundum quod ... Pippinus rex decertavit ut fieret, quando Gallicanum [cantum] tulit [i.e. delevit]. Admon. gener. a. 789, c. 80, Capit., I p. 61. [Comites] de quacumque causa ad eos venerit querella, plenissima et justissima deliberatione diffinire decertent. Pippini capit. Ital. (a. 801-810), c. 4, I p. 209. Decertantes ut pactum rumperetis. CAMERA, Memor. di Amalfi, p. 119 (a. 880). **3.** depon. decertari = decertare (intrans.).
**decessio**: **1.** *décès — decease. **2.** succession, génération — succession, generation. Per tres decessiones filiorum solvat. Lex Ribuar., tit. 3.
**decessorium**: issue — way out. Quantum aedificabimus cum caminatis et decessoriis. CD. Cajet., I p. 93 (a. 954). Cum omnibus aquis et andatis et decessoriis suis. UGHELLI, ed. 1717, I col. 535 (ch. a. 1068).
**decheium**: rabais — discount. S. xiii.
**decianus** (adj.) (< decius): qui concerne le jeu de dés — concerning dice-playing. Subst. mascul.: joueur de dés — dicer.
**decibilis**: *convenable — due. Deo decibiles laudes. V. Dunstani, AASS., Maji IV p. 357 col. 1.
**decidere**: **1.** *s'insurger, faire défection — to revolt, to secede. **2.** entrer en conflit — to fall out with another. Normanni diffusi sunt per Aquitaniam, quia duces ejus [sc. Aquitaniae] inter se bellis deciderant. ADEMAR., lib. 3 c. 17, ed. CHAVANON, p. 134. **3.** être déchu — to be forfeited. Aut ipsi [sc. domino] servus decidat aut dominus pro servo conponat. Chilperici edict. (a. 561-584), c. 8, Capit., I p. 9. **4.** déchoir, être débouté — to lose a lawsuit. Defecit in approbatione facienda quam promiserat et propter defectum suum decidit a causa. POUPARDIN, Cart. de S.-Germain-des-Prés, I p. 188 no. 127 (a. 1162/1163). Si calumpniatus in ipso judicio deciderit. Leg. II Cnut, tit. 30 § 3 b, vers. Concil. Cnuti, LIEBERMANN, p. 333 col. 3.
**decima**: **1.** le dixième des revenus et en première ligne des produits agraires, remis par les fidèles à l'Eglise comme prestation volontaire — a tenth of general and especially agricultural revenue, delivered voluntarily to the Church by the faithful. Abrahae documenta sequentes decimas ex omni facultate non pigeat Deo ... offerre. Epist. episcop. prov. Turon. (ca. a. 567), Conc., I p. 137. Legis [i.e. leges] divinae ... pro hereditaria portione omni populum [i.e. populo] preciperunt decimas fructuum suorum locis sacris praestare. Concil. Matiscon. II a. 585, c. 5, ib., p. 167. **2.** la dîme devenue obligatoire à l'époque carolingienne — the tithe which became compulsory in the Carolingian era. Providere faciatis et ordinare de verbo nostro, ut unusquisque homo, aut vellet aut nollet, suam decimam donet. Pippini epist. ad Lullum (a. 755-768), Capit., I p. 42. De decimis: ut unusquisque suam decimam donet; atque per jussionem pontificis [decimae] dispensentur. Capit. Harist. a. 779, c. 7, p. 48. Decimas suas ad memoratam basilicam dare deberent. F. Senon. rec., no. 12, Form., p. 217. Hanc precaria[m] emisimus, ut annis singulis censo dinarius tantus et illa decima de omnia fructa, quicquid supra ipsa rem [i.e. praedium] conlaborare potuerimus, pro hoc vobis dare faciam. F. Sal. Bignon., no. 21, ib., p. 236. Ut terminum habeat unaquaque aecclesia, de quibus villis decimas recipiat. ANSEGIS., lib. 1 c. 149, Capit., I p. 412. Cf. U. STUTZ, Das karolingische Zehntgebot, ZSSRG., Germ. Abt., t. 29 (1908). P. VIARD, Hist. de la dîme ecclésiastique, principalement en France, jusqu'au Décret de Gratien, Dijon 1909. E. PERELS, Die Ursprünge des karolingischen Zehntrechtes, AUF., t. 3 (1911), pp. 233-250. E. LESNE, Les dîmes des biens ecclésiastiques aux IXe et Xe siècles, Rev. d'Hist. Eccl., t. 14 (1913), pp. 489-510. **3.** la faculté de percevoir la dîme — the right to levy tithes. Eadem ecclesia nullum alium honorem nisi tantummodo divinum officium usurpet, et non decimam, non baptisterium, non sepulturam. F. Paris., no. 2, Form., p. 264. **4.** la dîme acquittée par une circonscription déterminée — the tithe rendered by a definite area. Illa decima de terraturio et silva ex fisco nostro qui vocatur M. D. Karolin., I no. 103 (a. 775). Decimas totius parrochie de terra culta et inculta, panis, vini, agnorum, porchorum, vitulorum, lane, lini et canabe. RÉDET, Cart. de Poitiers, no. 64 p. 57 (a. 1069). **5.** le dixième des profits gagnés par le commerce et l'industrie remis à l'Eglise au même titre que la dîme agraire — a tenth of the gains from commerce and industry paid to the Church in the same way as agricultural tithe. Sicut ab his, qui labori agrorum et caeteris laboribus, victum atque vestitum ... adquirere inhiantes, instant, decimae et elemosinae dandae sunt, ita his quoque, qui pro necessitatibus negotiis insistunt, faciendum est. BENED. LEVITA, lib. 2 c. 299, LL., II p. 88 col. 1 ex Theodulfi Aurelian. capit. (s. ix in.), c. 35, MIGNE, t. 105



col. 202. **6.** un dixième du croît des porcs dû aux propriétaires des forêts pour la glandée — a tenth of the pigs due to the owner of the forest on account of pannage. Agraria, pascuaria vel decimas porcorum aecclesiae ... concedemus, ita ut actor aut decimatur in rebus ecclesiae nullus accedat. Chloth. praec. (a. 511-561), c. 11, Capit., I p. 19. Homines fisci faciant decimas porcorum aut omne genus pecodum. D. Merov., no. 24 (ca. a. 653). **7.** un impôt fiscal sur la circulation qui monte à un dixième des marchandises — custom of a tenth of commodities exacted by the fisc. Teloneum, excepto ad opus nostrum [sc. imperatoris] inter Quentovico et Dorestado vel ad Clusas, ubi ad opus nostrum decima exigitur, aliubi eis ne requiratur. F. imper., no. 37, Form., p. 315. **8.** un dixième des revenus locaux du fisc de nature diverse, concédé à une église — a tenth of the total revenue the fisc gets from different sources in a definite place, this tenth being handed over to a church. Decimam de terra seu de mancipia aut de theloneo vel de negotio aut undecumque ad partibus fisci census sperare [i.e. sperari] videtur. D. Karolin., I no. 4 (a. 753). **9.** organisation d'entre'aide — association for mutual aid. Centurie vel hundreta in decanias vel decimas et dominorum plegios [distinguuntur]. Leg. Henrici, tit. 6 § 1 b, LIEBERMANN, p. 552. Se sexto decime sue purgetur. Ib., tit. 66 § 8, p. 586.
**decimagium**: circonscription formée pour la perception de la dîme — tithe district. S. xiii.
**decimalis** (adj.): **1.** qui est recueilli en vertu du droit de dîme — collected as a tithe. Omne decimale fenum in C. GLÖCKNER, Cod. Lauresham., I p. 414 no. 140 (s. xi p. post). Colligemus ... in agris eorundem manipulos decimales. SLOET, OB. Gelre, no. 541 p. 545 (a. 1231). **2.** qui possède le droit de lever la dîme — having the right to collect tithes. Quandam proprietatem ... cum basilica decimali et omni pertinentia legitima. D. Ottos I., no. 209 (a. 960). Vallem cum castello et decimali ecclesia. D. Ottos III., no. 48 (a. 988). Decimas vel decimales ecclesias ... teneant. D. Heinrichs II., no. 12 (a. 1002). Item D. Hermanni reg. a. 1082 ap. D. Heinrichs IV., p. 678 l. 30. Hec est terminatio decimalis ecclesie in S. Cod. Eberhardi, c. 45 § 1, DRONKE, Trad. Fuld., p. 129. Aecclesias decimales plurimas et predia infinita haberent. LAMPERT. HERSF., Ann., a. 1073, HOLDER-EGGER, p. 142. Subst. neutr. **decimale**: produit duquel on rend la dîme — produce from which a tithe is due. Deinceps jam de decimalibus herbarum partem suam eis redderent. BERTRAND, Cart. d'Angers, I no. 180 p. 211 (a. 1075).
**decimanus** (subst.): celui qui doit la dîme — a person liable to render tithe. Quot decimani, quot mansi ... tantis sufficiunt clericis. RATHER., Contempt. canonum, D'ACHÉRY, Spicil., II p. 165.
**decimare**, **1.** aliquid: *payer la dîme d'un produit — to pay a tithe of a produce. Rerum qui merito decimari possunt. D. Arnulfs, no. 154 (a. 897). Tertiam partem ecclesie ..., id est rerum decimandarum totius parrochie. BERTRAND, Cart. d'Angers, I no. 376 (a. 1039-1055). Omnium decimandorum decimas ... contulit. JORDAN, Urk. Heinr. d. Löwen, no. 59 p. 87 (a. 1163). **2.** terram: rendre la dîme des produits d'une terre — to render a tithe from a piece of land. Ut novalia rura, quae juxta cultos agros fiunt, ecclesiae antiquae [dativ.] decimentur. Concil. Tribur. a. 895, c. 14, forma brevior, Capit., II p. 221. Hoc terrae spatium ... ad predictam aeclesiam ... trado decimandum. STIMMING, Mainzer UB., I no. 260 p. 164 (a. 1019). **3.** aliquem: *faire rendre la dîme — to take tithe from a person. Convenit ut omnes servientes ecclesiae nostrae [sc. episcopi] decimare deberemus. F. Bituric., no. 8, Form., p. 171. **4.** ecclesiam: doter d'un droit de dîme — to endow with a right to tithe. [Ecclesiam] dedicasse necnon priori terminatione decimasse. BEYER, UB. Mittelrh., I no. 204 p. 264 (a. 959). Ad eandem domum Dei terminatum vel decimatum est, quicquid idem martyr ... proprietatis habet. D. Konrads II., no. 212 (a. 1034). **5.** lever la redevance d'un dixième des porcs pour la glandée — to exact a tribute of a tenth of pigs for pannage. Lex Visigot., lib. 8 tit. 5 § 1 et 3.
**decimaria**: **1.** un droit de dîme — a right of tithe. Donamus ... ecclesiam ... cum medietate decimarie et sepulture illi ecclesie adjacenti. BERTRAND, Cart. d'Angers, I no. 317 p. 358 (ante a. 1080). **2.** circonscription formée pour la perception des dîmes — tithe district. Duas partes mansi ... in decimaria s. Briccii. CASSAN-MEYNIAL, Cart. d'Aniane, p. 243 no. 103 (a. 1154). In tota parrochia et decimaria s. Pauli de F. Ib., p. 319 no. 182 (a. 1202).
**decimarius**: fonctionnaire chargé de la perception des dîmes — tithe collector. In quarum decimis congregandis non sit alius decimarius, neque in congregatis alius cellarius, nisi quem canonici sponte sua posuerunt. Priv. Pasch. II pap. a. 1105. PFLUGK-HARTTUNG, Acta, I no. 93.
**decimata**: une mesure de liquides — a liquid measure. GREGOR. M., lib. 1 epist. 44, Epp., I p. 71. Lib. pontif., Hadr. I, § 54, ed. DUCHESNE, I p. 502 SCHIAPARELLI, CD. Longob., II no. 167 p. 121 (a. 762, Lucca). GREGOR. CATIN., Lib. largit., ed ZUCCHETTI, no. 262 (a. 953).
**decimatio**: **1.** * prestation ou recette de la dîme — rendering or receipt of tithe. **2.** *dîme — tithe. [Parrochiani] ad titulum s. Johannis debitam decimationem redderent. Concil. Tull. a. 838, Conc., II p. 783. Omnium rerum suarum decimationem Deo reddere debent. Synod. Pap. a. 850, c. 17, Capit., II p. 121. Ut omnis decimatio episcopis praebeatur. Lamberti capit. Ravenn. a. 898, c. 9, II p. 110. Decimationes omnes in universo episcopatu ... annuatim exhibeatis. D. Heinrichs IV., no. 367 (ca. a. 1084). **3.** droit de dîme — right of tithe. Decimationem totius nostre salice terrae in his locis. D. Arnulfs, no. 154 (a. 897). Omnia ... confirmamus ... cum omni decimatione ipsius aecclesie que in dominio habetur. D. Ludwigs d. Deutsch., no. 167 (a. 875). Basilicam ejusque decimationem. D. Karls III., no. 1 (a. 876). Omnis decimatio frugum, quae ad orreum et cellarium dominicum veniunt. Ib., no. 138 (a. 886). Quasdam decimationes predicte parrochie ad ecclesiam s. Mychahelis pertinentes ... impetravi. WAMPACH, UB. Luxemb., I

no. 129 p. 140 (a. 896). Dedimus . . . [ecclesias] cum omni decimatione omnibusque commoditatibus ad supradictas ecclesias . . . pertinentibus. *D. Ottos I.*, no. 88 (a. 947). Omnem decimationem subtus nominatarum villarum . . . donavimus. Ib., no. 149 (a. 952). **4.** *subdivision du „hundred" anglosaxon — a subdivision of the hundred.* Volumus ut omnis liber sit in centenario et in decimacione positus. Leg. II Cnut, tit. 20, vers. Consil. Cnuti, LIEBERMANN, p. 323 col. 3.

**decimator**: *fonctionnaire chargé de la perception des dîmes — tithe collector.* Agraria, pascuaria vel decimas porcorum aecclesiae . . . concedemus, ita ut actor aut decimatur in rebus ecclesiae nullus accedat. Chloth. II praec., c. 11, *Capit.*, I p. 19.

**decimatura**: *droit de dîme — right of tithe.* Sexta pars totius decimature ac sepulture et oblationis ecclesie de B. BERTRAND, *Cart. d'Angers*, I no. 378 p. 438 (a. 1067-1109).

**1. decimatus** (adj.): *qui possède le droit de lever la dîme — having the right to exact tithes.* Cum ecclesiis binis decimatis, curtibus et casis. *D. Arnulfs*, no. 160 (a. 898). Ecclesiam 1 decimatam. BITTERAUF, *Trad. Freising*, II no. 1145 p. 74 (a. 955-957). Tradidit . . . ecclesiam decimatam P. sitam cum omni decimatione. Trad. Juvav., cod. Fridarici, no 15 (ca. a. 976), HAUTHALER, *Salzb. UB.*, I p. 180. Cum ecclesiis decimatis sive absque decima. *D. Konrads II.*, no. 136 (a. 1029).

**2. decimatus** (decl. iv): *circonscription dans laquelle se perçoit la dîme — tithe district.* DC.-F., III p. 27 col. 2 (ch. a. 1190, Noyon).

**decimum**: idem quod decima (sub 3). Donamus . . . illud decimum de vino vel de annona, quicquid ibidem annis singulis est collectum. D'HERBOMEZ, *Cart. de Gorze*, no. 2 p. 6 (a. 754).

**decipula**: **1.** **filet d'oiseleur — bird-trap.* **2.** meton.: **piège, tromperie — trap, trickery.*

**decisio**: **sentence judiciaire — judicial sentence.*

**decisor**: *arbitre — arbitrator.* MIRAEUS, II p. 1319 col. 1 (a. 1177, Tournai).

**decius**: *dé — die.* S. xiii.

**declamare**: **proclamer — to proclaim.*

**declamatio**: **1.** *huées — hooting.* Veritus declamationem populi. V. Euseb. Vercell. (s. ix), UGHELLI[2], IV col. 752 A. **2.** *contestation — challenge.* Ut nullum detrimentum aut calumniam domus Dei . . . sustineat et nos vel successores nostri [n]ullam declamationem patiantur. BEYER, *UB. Mittelrh.*, I no. 105 p. 109 (a. 866). **3.** *action de droit — legal claim.* G. pontif. Camerac., lib. 1 c. 86, *SS.*, VII p. 433. **4.** *proclamation — notification.* [Placitum celebratur] declamatione vel notificatione preconis. Trad. Garst., no. 18, *UB. d. L. ob der Enns*, I p. 131 (s. xii).

**declarare**: **1.** **manifester, montrer clairement — to show clearly, to bring to light.* **2.** **expliquer — to explain.* **3.** *tirer au clair* une difficulté, *trancher* un différend — *to elucidate* a problem, *to settle* a dispute. Si causa vel intentio . . . talis inter partes propter terminos aut confinia regnorum orta fuerit, quae hominum testimonio declarari vel definiri non possit, tunc volumus ut ad declarationem rei dubiae judicio crucis Dei voluntas et rerum veritas inquiratur. Div. regn. a. 806, c. 14, *Capit.*, I p. 129. **4.** *affirmer, déclarer — to declare.* Declaro sicut continet pagina. FARAGLIA, *CD. Sulmonese*, p. 9.

**declaratio**: **1.** **proclamation — proclamation.* **2.** **explication — explanation.*

**declarativus**: **explicatif — explanatory.*

**declinare, 1.** transit.: **refuser, rejeter, décliner — to refuse, to reject, to decline.* Venire ad audientiam compellatur; quodsi hanc quoque declinaverit, anathemate feriatur. Synod. ap. Saponar. a. 859, c. 4, *Capit.*, II p. 448. Regiae dignitatis culmen humiliter declinavit. LIUDPRAND., Antap., lib. 2 c. 20, ed. BECKER, p. 47. **2.** intrans., ad aliquem: *se rendre* chez qq'un — *to resort* to a person. Omnibus de A. venientibus ad nos declinare volentibus. VAN DEN BERGH, *OB. Holland*, II no. 135 p. 63 (a. 1266). **3.** **se mettre du parti* de qq'un — *to take sides* with a person. Nullis partibus declinent nisi nostris. *D. Bereng. II*, no. 5 p. 307 (a. 952). Lotharius [rex] multitudine populorum post se declinantium caeteros [fratres] praecellebat. RATPERT., Cas. s. Galli, c. 7, *SS.*, II p. 67 l. 11. **4.** *échoir, être transféré* dans les mains de qq'un — *to pass* to, *to inure* to a person. Si [area] declinaverit in manus alienas. HOENIGER, *Kölner Schreinsurk.*, II p. 164 c. 1 (a. 1188-1203).

**declinatio**: **décroissance, affaiblissement — decline, weakening.*

**decoctio**: **action de cuire — cooking.*

**decognoscere**: *refuser de reconnaître — to refuse to recognize.* Dominos terrarum jam incipiebant decognoscere. OBERT., Ann. Genuens., ed. BELGRANO, I p. 219.

**decollatio**: **décapitation — beheading.*

**decolorare**: **1.** **enlaidir, déshonorer, dégrader — to spoil, to stain, to deteriorate.* **2.** **noircir, calomnier — to blacken, to slander.*

**decoratio**: **ornement — ornament.*

**decoria,** -cu-, -rea (<decussis, cf. decusare et decorare, forme influencée par — shaped after decoriare, decorticare): *borne* formée par un tronc d'arbre décortiqué — *boundary-mark* consisting in a barked tree. Lex Visigot., lib. 8 tit. 6 § 1; lib. 10 tit. 3 § 3. Lex Baiwar., tit. 12 c. 4. Ubi sunt signa superposita atque decurias. *D. Charles le Chauve*, no. 208, I p. 529 (interpol. s. x vel xi).

**decoriare**: **enlever la peau à* qq'un ou qqch., *écorcher — to strip of* his or its *skin, to peel.* Quendam . . . convictum pelle exutum decoriavit. OTTO SANBLAS., c. 39, ed. HOFMEISTER, p. 61.

**decorticare** (<cortex): **1.** *décortiquer — to bark.* Si quis melarium aut perarium decorticaverit. Lex Sal., tit. 27 addit. 4, text. Herold. et Lex Sal. emendata (caeteri codd.: excervicaverit). Vinee incise, arbores decorticate. *D. Heinrichs II.*, no. 320 (a. 1014). **2.** idem quod decoriare. Corio cum caput decorticato. Lex Ribuar., tit. 75 § 6.

**decostamentum**: *dépense — expense.* S. xiv.

**decostare** (<constare): *coûter — to cost.* S. xiv.

**decredere** (cf. voc. discredere): *refuser de croire, se défier de* qq'un — *to disbelieve, to distrust.* Cui in nullo decredere possumus. BERNARD. CLARAEVALL., epist. 289, MIGNE, t. 182 col. 495 A. PETR. DE VINEIS, lib. 2 epist. 2.

**decretalis** (adj.): **qui comporte un décret — purporting a decree.* Subst. neutr. **decretale** et mascul. decretalis: *décrétale*, lettre pontificale qui contient la communication d'une règle ou d'une décision relatives à la doctrine religieuse, la morale chrétienne ou le droit ecclésiastique — *decretal*, letter emanating from a pope and making known a rule or decision concerning religious doctrine, christian morals or church law. Decretalis de recipiendis et non recipiendis libris, qui scriptus est a Gelasio papa. Gelas. I pap. epist. 42 (a. 495-496), inscr., THIEL, p. 454. Quis sacerdotum contra decretalia, quae a sede apostolica processerunt, agere praesumat? Concil. Turon. a. 567, c. 21, *Conc.*, I p. 129. Fecit . . . decretalem, quem per universum mundum . . . seminavit. Lib. pontif., Leo I, ed. MOMMSEN, p. 104. Plural. **decretales**: *le Droit Canon — Canon Law.* Bachelarii decretales et leges legentes. DENIFLE, *Chart. Univ. Paris.*, I no 197 p. 223 (a. 1251).



**decretaliter**: *au moyen d'une décrétale — by means of a decretal.* Cuncta quae hujus apostolice sedis prolati pontifices apostolici, predecessores nostri, synodaliter atque decretaliter statuerunt. Lib. diurnus, c. 84, ed. SICKEL, p. 102.

**decretio**: **1.** **décret* impérial ou royal — imperial or royal *decree.* Decretio Chlotharii regis. Pactus Childeb. et Chloth. (a. 511-558), inscr., *Capit.*, I p. 5. Incipit decretio Childeberti regis. Childeb. II decr. a. 596, inscr., ib., p. 15. Ut haec auctoritas decretionis nostrae firmior habeatur. *D. Ludwigs d. Deutsch.*, no. 118 (a. 865). **2.** *donation — bestowal.* Dotalii seo decretionis mee pagina. SCHIAPARELLI, *CD. Longob.*, I no. 90 p. 263 (a. 747, Lucca).

**decretista** (mascul.): *jurisconsulte — lawyer.* Decretistas de multis inutilibus . . . concordanciis reprehendit. OTTO SANBLAS., c. 47, ed. HOFMEISTER, p. 79. Decretiste Justinianum extollunt et . . . medici predicant Galienum. DENIFLE, *Chart. Univ. Paris.*, I p. 131 no. 72 (a. 1229, Toulouse).

**decretum**: **1.** **canon conciliaire — decision of a church council.* **2.** *décret pontifical — papal decree.* GREGOR. M., lib. 9 epist. 111, *Epp.*, II p. 203. **3.** *procès-verbal de l'élection d'un évêque — report about the election of a bishop.* Episcopatum desiderans . . . ad decretum sibi faciendum clericos vel cives subscribere . . . [non] compellat. Symmach. pap. epist. 15 a. 513, c. 6, THIEL, I p. 726. Hominem de clero . . . eligi . . . compellat . . . Et statim eum ad urbem Romam cum decreto et testificatione relationis tuae transmitte. Pelag. I (a. 555-560) epist., MIGNE, t. 72 col. 747. Decretum in E. diaconum factum et subscriptum ab omnibus . . . ad nos . . . maturetis . . . perducere. Ib., col. 745. Decretum pro electo episcopo. Lib. diurnus, no. 2, ed. SICKEL, p. 3. Dum a civitate et loco episcopus fuerit defunctus, a populo civitatis eligitur alius et fiet a sacerdotibus, clero et populo decretus. Ordo Rom. XXXIV (s. viii med.), c. 14, ANDRIEU, III p. 606. **4.** *diplôme royal — royal charter.* Ut hoc auctoritatis nostre decretum ratum et perpetuale habeatur. *D. Karolin.*, I no. 3 (a. 752). Hujus praecepti nostri decretum. *D. Konrads I.*, no. 2 (a. 912). **5.** plural. decreta: *Droit Canon — Canon law.* Petenti licentiam legendi de decretis vel legibus non possit cancellarius denegare. DENIFLE, *Chart. Univ. Paris.*, I p. 76 no. 16 (a. 1213).

**decrustare**: *dédorer — to take off the gilding.* ADALBERT., Mir. Heinrici, c. 4, *SS.*, IV p. 812.

**decubare**: **1.** **être couché, alité — to lie in bed.* FORTUN., carm. 3 str. 4, *Auct. ant.*, IV pt. 1 p. 52. GREGOR. TURON., Hist. Franc., lib. 5 c. 14. **2.** *être malade — to be ill.* FORTUN., carm. 5 str. 1, p. 103. GREGOR. TURON., o.c., lib. 4 c. 20.

**deculpare,** se: *se purger — to clear oneself.* Si aliquis . . . accusatus de aliquo fuerit . . ., per solam manum suam se deculpabit. Priv. Ludov. VII reg. Fr. pro Lorriac. a. 1155, c. 32, ed. M. PROU, *RHDFE.*, t. 8 (1884), p. 451.

**decumanus.** Presbyteri decumani: à Milan, une classe déterminée d'ecclésiastiques — a definite section of the Milanese clergy. *CD. Langob.*, no. 178 col. 301 A (a. 852); no. 233 col. 389 B (a. 864).

**decumbitio** (cf. voc. dicombitus): *propriété allodiale — full property.* [Donat] decimas . . . in decumbitione et haereditate perpetua. LOBINEAU, *Hist. de Bretagne*, II col. 80 (s. xi).

**decuplare**: **multiplier par dix — to multiply by ten.*

**decuplum**: **dix fois plus — ten times as much.*

**decuria**: *quartier, circonscription administrative dans les villes d'Italie — section of Italian cities.* S. xiii.

**decursio**: **1.** **laps* de temps, *cours* de la vie — *course* of time or life **2.** *cours* d'un fleuve — *stream.* Donamus . . . decursionem ipsius fluminis [Tanagri] ad portum constituendum. *D. Berengario II.*, no. 6 p. 310 (a. 952).

**decursus** (decl. iv): *cours d'eau — watercourse.* Aquis aquarumque decursibus. FATTESCHI, *Memor. di Spoleto*, p. 281 (a. 788). Item Concil. Lingon. a. 830, *Conc.*, II p. 681. Molendinum unum cum solo et decursu aquae a Nura fluente. *D. Karlmanns*, no. 16 (a. 878). Loca [Fresiae] inaccessibilia exercitui propter diversarum aquarum innumeros decursus. REGINO, Chron., a. 885, ed. KURZE, p. 123.

**decurtare**: **1.** *abréger — to shorten.* **2.** *empiéter* sur la propriété d'autrui — *to encroach.* Qui possessionem sui concivis per sepem suam in aliquo decurtaverit. KEUTGEN, *Urk. st. Vfg.*, no. 141 (a. 1165, Medebach). **3.** *déroger à* qqch. — *to attack, to defile.* Per hujus dissensionis materiam imperii libertas minuitur, jura depereunt et dignitas decurtatur. Innoc. III pap. reg., no. 2, ed. W. HOLTZMANN, p. 12.

**decurtatio**: *action de raccourcir — making shorter.* In turpissima . . . decurtatione ac deformitate vestium. GIESEBRECHT, *Kaiserzeit*, II[4] p. 706 (a. 1040, Gorze).

**decus** (decl. 1) (cf. voc. decussis): **1.** *limite* d'un terroir — *boundary* of fields. S. xiii. **2.** *redevance pour la protection* d'un terroir — *payment for safeguarding* of fields. S. xiii. **3.** *amende pour l'infraction* d'un terroir — *fine for encroachment* of fields. S. xiii.

**decusa** (cf. voc. decussis et vide voc. decoria): *borne — boundary-mark.* Usque decusas, quod per demensuracione ubi decusas positas sunt. PARDESSUS, II no. 253 p. 10 (a. 631, Limousin).

**decussare,** decusare: *décorer — to adorn.* [Deus] suos decussat sanctos prodigiis. De s. Carauno (s. ix), prol., *AASS.*, Maji VI p. 749. ABBO SANGERM., Bell. Paris., lib. 2 v. 608, ed.

Waquet, p. 112. Editiore eas [s. Wilfridi reliquias] entheca decusare. Mabillon, *Acta*, IV pt. 1 p. 725. Metensem . . . urbem video non mediocriter decusatam. V. Deicoli (s. x), prol., *SS.*, XV p. 676. Odo Cluniac., V. Geraldi, lib. 1 c. 12, Migne, t. 133 col. 650 C. Petrus Damiani, opusc. 31 c. 6, ib., t. 145 col. 538 A. Thiofrid. Epternac., Flores epit. sanct., lib. 2 c. 6, ib. t. 157 col. 358 C.

**dedamnificare**: *dédommager — to indemnify*. S. xiv.

**dedecorosus**: **déshonorant, honteux — disgraceful*.

**dedicare**: **inaugurer, commencer — to begin, to initiate*.

**dedicatio**: *anniversaire de la dédication d'une église — church dedication festival*. Leg. Edwardi Conf., c. 2 § 8, Liebermann, p. 629. Caesar. Heisterb., Dial., lib. 12 c. 41, ed. Strange, p. 349.

**dedicativus**: **affirmatif — affirmative*.

**dedicere, 1.** aliquid: *contredire — to contradict*. Quod si quid horum vestrates aut dedidicerunt [v.l.: dedixerint] aut dicere dissimulando noluerint. Suger., V. Ludov. Gr., c. 16, ed. Waquet, p. 106. Quicumque dedixerit ea, que scabini in judicio vel testimonio affirmant . . . Lex Atrebat. (ca. a. 1180?), Espinas, *Rec. Artois*, no. 107, c. 18. Mabillon, *Ann.*, V p. 652 col. 2 (ante a. 1094). **2.** aliquem: *donner un démenti à* qq'un — *to give* one *the lie*. Quicumque scabinos in judicio vel testimonio dedixerit, 60 lb. perdet et cuique scabinorum dedictorum 10 lb. dabit. Phil. Aug priv. pro Atrebat. a. 1194, Espinas, o.c., no. 108, c. 30. **3.** *interdire* qqch. à qq'un — *to deny* a thing to a person. Quacumque die placuerit abbati et conventui s. Benigni dedicere michi ipsam custodiam, ego eam . . . resignabo. Pérard, *Rec. de Bourg.*, p. 266 (ch. a. 1193). **4.** *annoncer la guerre à* qq'un — *to defy, to declare war on* a person. Promisit regi Daciae suisque fautoribus dedicere. *Const.*, II no. 41 (a. 1212), c. 1.

**dedictio**: *défi — challenge*.

**dedignari,** alicui: **s'indigner contre* qq'un — *to be indignant about* a person.

**deditio**: *hommage — homage*. Se deditioni regi [i.e. regi faciendae] libens obtulit. G. pontif. Camerac., lib. 3 c. 50, *SS.*, VII p. 485 l. 15.

**dedominatio**: *pouvoir seigneurial — lordship*. De jure meo in jure et dedominatione ipsius ecclesiae transcribo atque transfundo. Cart. Senon., no. 14, *Form.*, p. 190. Ibi pluries.

**deducere, 1.** aliquem: **pousser à, amener à, persuader* de qqch. — *to bring* to, *to incite* to, *to convince* of a thing. **2.** in malam partem: *séduire, entraîner — to allure, to seduce*. **3.** loc. rationes deducere: *rendre compte — to account* for a thing. Rationes deducant propter quod hoc dimiserunt. Capit. de villis, c. 16. **4.** sacramentum: *prêter* un serment — *to swear* an oath. Euangelia adducta sunt . . . et sacramentum ipse deductus est. Schiaparelli, *CD. Longob.*, I no. 20 p. 83 (a. 715, Tusc.) Talis sit ipse advocatus . . . qui sacramento [i.e. sacramentum] pro causa ecclesiae, quae peregerit, deducere possit juxta qualitatem substantiae. Pippini reg. It. capit. (a. 782-786), c. 6, I p. 192. Interfui in ipso judicio, quando T. dux causam ipsam judicavit . . . et exinde sacramenta deducta sunt. Ficker, *Forsch.*, IV no. 2 p. 3 (a. 781, Spoleto).

**deductio**: **1.** **l'action d'accompagner — bearing company*. **2.** *divertissement — diversion*. S. xiii.

**deex**: *provenant de — proceeding from*. Signum manus Aribaldi deex genere Francorum . . . [ita pluries]. *CD. Langob.*, no. 127 col. 228 B (a. 836).

**defacere,** v. disfacere.

**defalcare,** dif-, disf-, diff- (<falx): *défalquer — to deduct*. S. xiii.

**defalta,** -faut-, -um (< defallere): **1.** *défaut, non-comparution — default*. S. xii, Angl. **2.** *manque de dégagement — failure to redeem*. S. xii, Angl.

**defatigare**: **tourmenter, torturer — to harass, to torture*.

**defectare**: *maltraiter — to mishandle*. Si homicidium fecerit aut aliquem vulneraverit vel quolibet alio modo defectaverit. Pax Dei Colon. a. 1063, *Const.*, I no. 424, c. 6.

**defectio**: **1.** **crainte, désespoir — dread, despair*. **2.** **dépérissement — decay*.

**defectivus**: **1.** **défectueux, imparfait — faulty, imperfect*. **2.** *qui commet un déni de justice — who commits denial of justice*. S. xiv. **3.** *qui manque à sa parole — who commits a breach of promise*. S. xiv.

**defectus** (decl. iv): **1.** **manque, déficience, défaut — lack, deficiency, gap*. **2.** *vice, imperfection — vice, imperfection*. Nullus corruptionis defectus. Autpert., V. Paldonis, *Scr. rer. Langob.*, p. 554 l. 46. **3.** **défection, insubordination — defection, disobedience*. **4.** *prévarication — prevarication*. **5.** *déni de justice — denial of justice*. Defectus justicie et violenta recti eorum destitutio est, que causas protrahunt in jus regium vel in dicionem dominorum. Leg. Henrici, tit. 33 § 1 a, Liebermann, p. 564. Iterum ib., tit. 59 § 19, p. 579. [Burgensis] non placitabit extra burgum nisi ex defectu curiae. Stubbs, *Sel. ch.*[9], p. 133 (s. xii). Prior haberet justitiam . . . donec curia sua abjuretur pro defectu juris. Ch. Phil. Aug. reg Fr. a. 1214 ap. DC.-F., III p. 37 col. 1 sq. **6.** *défaut, non-comparution — default*. S. xiii.

**1. defoedare**: **souiller — to pollute*.

**2. defedare,** v. diffidare.

**defoederare**: *rompre* une alliance — *to dissolve* an alliance. Amicitiam solvunt, fedus defederant. Suger., V. Ludov. Gr., c. 11, ed Waquet, p. 70.

**defendere**: **1.** *clôturer, mettre en défense, rendre inaccessible — to fence in, to put in defence, to guard against intrusion*. Si quis porcus [i.e. porcos] in silva[m] alienam diffensam miserit. Liutprandi leg., c. 151 (a. 735). Qui in pratum eo tempore quo defenditur pecora miserit. Lex Visigot., lib. 8 tit. 3 § 12. Qui signum. quod . . . ponitur . . . [propter] campum defendendum, . . . reciderit. Lex Baiwar., tit. 10 § 18. Tradidi . . . silvam defensam quem possedi. Bitterauf, *Trad. Freising*, I no. 70, p. 96 (a. 775). Comis duas partes de herba in suo comitatu defendat ad opus illius hostis. Capit. Aquisgr. (a. 801-813), c. 10, I p. 171. De forestis nostris . . . inquirant, quomodo salvae sint et defensae. Capit. missor. a. 819, c. 22, p. 291. [Judices villarum regiarum] defendant et excolant prata. Epist. synod Carisiac. a. 858, c. 14, ib., II p. 437 l. 42.



Exceptis silvis et cultis terris et pratis defensis. Petr. Diac., Chron. Casin., lib. 4 c. 20, *SS.*, VII p. 771. **2.** **revendiquer, prétendre à* qqch. — *to claim*. **3.** *défendre en droit — to defend by law*. Si aliquid . . . cum justitia adquirere potuerit, . . . teneat et defendat secundum legem. Capit. Aquisgr. a. 809, c. 1, I p. 148. Vassi et austaldi nostri . si presentes esse non possunt, suos advocatos habeant, qui eorum res ante comitem defendere possint. Pippini reg. Ital. capit. (a. 801-810), c. 10, p. 210. Ecclesiarum defensores res suas contra suos adpetitores eadem lege defendant. Resp. de reb. fiscal. (ca. a. 820), c. 3, p. 297. Instrumenta chartarum, per quae res . . . sibi traditas . . . jure proprietatis tenere atque defendere debuisse[t]. D. Lotharii I imp. a. 823, *CD. Langob.*, no. 101 col. 185 B. Quisquis terram suam juste defenderit teste comitatu, possideat sine calumnia. Leg. II Cnut tit. 79, vers. Inst. Cnuti, Liebermann, p. 367 col. 2. **4.** *garantir* contre les prétentions d'un tiers — *to warrant* against any claim. Si quis alio homini rem donaverit . . . et postea defendere minime potuerit. Liutprandi leg., c. 43 (a. 723). Rursum c. 116 (a. 729). De ipsa mea datione . . . ego . . . unacum meos heredes tibi . . . exinde auctores et defensores esse promitto; et si defendere non potuerimus . . . Ficker, *Forsch.*, IV no. 22, p. 28 (a. 929, Milano). Et si pulsatus aut aevectus fuerit et menime ab omnem hominem defendere potuerint. Schiaparelli, *CD. Longob.*, I no. 36 p. 127 (a. 725, Milano). Cf. Tamassia, *La defensio nei documenti medievali italiani*, dans: *Arch. giurid. Fil. Serafini*, ser. 3 t 1 (1904). **5.** absol., et refl. se defendere: **repousser un chef d'accusation — to offer a defence*. [Advocatus] omnes causas, quas adgredi vel repellere debet, prosequi et defendere valeat. F. Senon. rec., no. 10, *Form.*, p. 216. Quicumque contra justitiam alteri in placito defendere voluerit, legitimam poenam incurrat. Capit. de missor. off. a. 810, c. 5, I p. 155. De statu ingenuitatis aut aliis quaerelis unusquisque secundum suam legem seipsum defendat. Pippini reg. It. capit. (ca. a. 790), c. 4, p. 201. Si legitimus auctor [manumissionis] defuerit, testimonium [i.e. testimonio] bonorum hominum, qui tunc aderant quando liber dimissus fuit, se defendere permittatur. Karoli M. capit., no. 104 c. 7, p. 215. [Si] invasor interpellatus fuerit, aut easdem res quaerenti reddat aut eas, si potest, juxta legem se defendendo sibi vindicet. Capit. legi Sal. add. (a. 819), c. 9, p. 293. **6.** *faire valoir un droit de garde — to exercise protective power*. Mundeburde vel defensionem aliubi penitus non requiratur nisi ad sancti illius, ad defendendum, non ad inclinandum. F. Sal. Lindenbr., no. 11, *Form.*, p. 274. **7.** **interdire — to forbid*. **8.** *refuser de donner — to deny*. Nec naves defendentur eis, si eas convenienter conducere voluerint. Vercauteren, *Actes de Flandre*, no. 30 (a. 1103), c. 7, p. 91. Querat accusatus consilium et habeat ab amicis et parentibus suis, quod nulli jure debet defendi. Leg. Henrici, tit. 46 § 4, Liebermann, p. 570.

**defensaculum**: **refuge — refuge*.

**defensare**: **1.** *mettre en défense, rendre inaccessible — to put in defence, to guard against intrusion*. Silva nostra, quicquid ibidem fiscus fuit vel forestariae [i.e. forestarii] nostri usque nunc defensarunt. *D. Merov.*, no. 71 (a. 697). **2.** aliquem: *tenir en garde, protéger* par l'exercice d'une tutelle (le „mundium") — *to ward, to protect* by tutelage or „mundium". Commendo sanctitati tuae . . . quos liberos esse praecipio . . . Hos totos . . . sacerdotali auctoritate liberos defensabis. Test. Remigii a. 533, Pardessus, I no. 118, p. 83. Defensionem vel mundebordo ecclesiae nostrae ille habere sibi cognuscat, non ad servitio adfligendo, sed ad defensandam [i.e. defensandum]. F. Bituric., no. 8, *Form.*, p. 172. Missum habuissem, qui mihi in locum protectionis vestrae defensare et munburire fecisset. Ib., no. 14, p. 174. Non pro ullo servicio requirendo, sed pro sua ingenuitate defensanda atque firmanda. F. Sal. Merkel., no. 14, p. 246. Ut viduas et orfanos [i.e. viduae et orfani] tutorem habeant justa [i.e. juxta] illorum legem, qui illos defensent et adjuvent. Pippini reg. It. capit. (a. 782-786), c. 5, I p. 192. Laici oboediant episcopis ad viduas et orphanos defensandos. Concil. Mogunt. a. 813, c. 8, *Conc.*, II p. 262. **3.** aliquid: *garantir — to warrant*. Si quis contra hanc vindicionem venire timptaverit aut me male vindedisse convincerit, et a me vel heredibus meis defensatum non fuerit, tunc . . . Marculf., lib. 2 no. 19, *Form.*, p 89. Ita pluries. Eadem verba: Bruckner, *Reg. Als.*, no. 115 (a. 730). Quicquid a te fuerit definitum, a me sit ratum vel defensatum. F. Turon., app., no. 4, p. 165. Ecclesiarum res, sacerdotum et pauperum, qui se defensare non possunt, a judicibus publecis usque audientiam per justitiam defensentur. Chloth. II edict. a. 614, c. 14, *Capit.*, I p. 22. Si ego aut eridis meus [i.e. haeredes mei] vos molestaverimus aut da qualivet homine [res venditas] vobis defensare non potuero, spondeo vobis cunponere dupla condicionem. Schiaparelli, *CD. Longob.*, I no. 26 p. 98 (a. 720, Lucca). **4.** aliquid: *revendiquer, prétendre à* qqch. — *to claim*. Strumenta, per quod res ipsas defensentur, episcopo tradedi. Marculf., lib. 2 no. 1, p. 73. Neque quisquam per interregna res Dei defensare nitatur. Concil. Turon. a. 567, c. 26, *Conc.*, I p. 135. **5.** aliquid: *défendre en droit — to defend by law*. Si . . . cum gladio suo hoc studiat defensare. Lex Ribuar., tit. 57 § 2. Si . . . auctore[m] dare poterit an non . . . per quod rebus ipsis [i.e. res ipsas] a parte domni s. Ambrosii defensare poterit. *CD. Langob.*, no. 207 col. 343 A (a. 859). **6.** chartam: *se porter garant pour l'authenticité* d'un acte — *to vouch to warrant the authenticity of* a document. Haec epistola tam a me quam ab heredibus meis defensata omni tempore firma et stabilis permaneat. F. Sal. Lindenbr., no. 7, *Form.*, p. 272. R. scavino, qui ibidem ipso judicato [i.e. ipsum judicatum] deffensavat quod veracem [i.e. verax] fuisset. Ficker, o.c., IV no. 10, p. 15 (a. 827, Torino). **7.** *interdire — to prohibit*. Damnavit quae sunt synodaliter atque universaliter defensata. Victor Tunen., Chron., a. 552, *Auct. ant.*, XI p. 202.

**defensaria**: *le territoire protégé par une ville — the area protected by a city*. In pago Biturigo, in vicaria F., in defensaria ipsius civitatis, in villa cujus vocabulum est C. *Gall. chr.*[2], II instr. col. 126 (a. 913).

**defensio**: 1. *clôture, défense, interdiction d'accès — fence, defence, prohibition of access.* Qui signum, quod propter defensionem ponitur aut injustum iter exscindendum . . . reciderit. Lex Baiwar., tit. 9 § 12. Nemo alterius [h]erbam defensionis tempore tollere praesumat. Capit. Harist. a. 779, c. 17, I p. 51. [Si homines episcopi vel comitis] messes vel prata defensionis tempore devastaverint. *Capit.*, II no. 219 c. 3 (Loth. I imp. vel Ludov. II). Herbam undique in defensione manere. GERHARD., V. Oudalrici, c. 28, *SS.*, IV p. 415. 2. *ouvrage fortifié — fortification.* Turribus, defensionibus, mansionibus. *CD. Cajet.*, p. 138 (a. 979). 3. *défense devant un tribunal — legal defence.* Ut nemo in placito pro alio rationare usum habeat defensionem alterius injuste. Capit. missor. gener. a. 802, c. 9, I p. 93. 4. **tutelle, garde* d'une personne, *„mundium" — tutelage, wardship.* Defensionem suscipiant orfanorum. Lex Visigot., lib. 4 tit. 3 § 3. [Sub] defensione sanctum [i.e. sancti] illius in integra valeas residire ingenuitas [i.e. ingenuitate]. F. Andecav., no. 20, *Form.*, p. 11. Ita saepe. Ingenuitatis tue defensionem ecclesiae aut cuicumque te elegere placuerit licentiam habeas. MARCULF., lib. 2 no. 32, p. 95. Sub vestra potestate vel defensione diebus vitae meae debeam permanere. F. Turon., no. 43, p. 158. Defensionem vel mundebordo ecclesiae nostrae ille habere sibi cognuscat. F. Bituric., no. 8, p. 172. Mundebordo cui [i.e. quem] voluerint pro defensione elegant. F. Morbac., no. 19, p. 334. Ecclesia sancti illius, ubi eis patrocinio et deffensione[m] constituimus. Coll. Flavin., no. 8, p. 476. Ad eum locum [sc. episcopium Frisingensem] querat defensionem et cum justo famulatu proserviat. BITTERAUF, *Trad. Freising*, I no. 124, p. 135 (a. 788-792). Pauperes, viduae, orphani et peregrini consolationem adque defensionem ab eis [sc. episcopis et comitibus] habent. Capit. missor. gener. a. 802, c. 14, I p. 94. Hi qui per cartam ingenuitatis dimissi sunt liberi, ubi nullum patrocinium et defensionem non elegerint. Capit. ad leg. Baiwar. add. (a. 801-813), c. 6, p. 158. De filiabus nostris . . . jubemus ut post nostrum . . . discessum licentiam habeat unaquaeque eligendi sub cujus fratris tutela et defensione se conferre velit. Div. regn. a. 806, c. 17, p. 129. Eligerent qui eis auxilium et defensionem ferret. PASCH. RADBERT., Epit. Arsenii, lib. 2 c. 18, ed. DÜMMLER, p. 89. De la protection exercée par les rois et par les maires du palais — of royal and majordomal protection: Ut eum cum monachis suis in nostra defensione et tuitione susciperemus. *D. Merov.*, no. 2 (a. 528). [Ecclesiam] sub sermonem tuicionis nostre [sc. regis] visi fuimus recepisse, ut sub mundeburde vel defensione inlustris vero [i.e. viri] illius, majores [i.e. majoris] domi nostri, quietus dibeat resedere. MARCULF., lib. 1 no. 24, p. 58. Abbatem cum monasterio sub nostro recepimus mundeburde vel defensione. Ib., addit. 2, p. 111. Convertimini ad me, ut sub meam sitis defensionem. At ille [i.e. illi] ista audientes . . . eum clypeo evectum super se regem constituunt. GREGOR. TURON., Hist. Franc., lib. 2 c. 40. Monastirium in nostra vel heredum nostrorum dominatione vel defensione inantea semper permaneat. *D. Arnulfing.*, p. 94 no. 4 (a. 706). Monasteria vel reliqua loca venerabilia, que in defensione sacri palatii esse noscuntur. Edict. Langob., Aistulf., c. 17 (a. 755). [Hispanos] sub protectione et defensione nostra receptos in libertate conservare decrevimus. Const. de Hisp. prima (a. 815), prol., *Capit.*, I p. 261. Omnes qui sub speciali defensione domni apostolici seu nostra fuerint suscepti, impetrata inviolabiliter justa utantur defensione. Const. Rom. a. 824, c. 1, ib., p. 323. Hi qui monasteria et sinodochia sub defensione sacri palatii posuerunt. Synod. Papiens. a. 850, c. 16, ib., II p. 121. 5. *protection que le seigneur exerce à l'égard de son vassal — protection of a vassal by his lord.* Si senior vassalli sui defensionem facere potest . . . et non fecerit, liceat vassallum eum dimittere. Karoli M. capit., no. 104, c. 8, I p. 215. 6. *garde, garantie* d'une possession — *safeguard, warranty* of a possession. [Agros] sub tuitione ac defensione domni Childeberti . . . debeat possidere. Guntchr. et Childeb. pactum a. 587, ib., p. 13 l. 23. 7. *asyle — asylum.* Nequitie autores . . . ad evadendum supplicium . . . se plerumque basilicarum Dei defensione committunt. Lex Visigot., lib. 6 tit. 5 § 16. 8. *sauf-conduit — safe-conduct.* Viam seu defensionem per Altam Germaniam ad Italiam petiit. WETTIN., V. Galli, c. 3, *Scr. rer. Merov.*, IV p. 259. De advenas et peregrinos qui in Dei servitio Roma vel per alia sanctorum festinant corpora, ut salvi vadant et revertant sub nostra defensione. Pippini reg. It. capit. (a. 782-786), c. 10, I p. 193. 9. *immunité — immunity.* Possessiones Dei consecratas atque ob honorem Dei sub regia immunitatis defensione constitutas. Concil. Mogunt. a. 847, c. 6, *Capit.*, II p. 177. De monasteriis, quae . . . parentibus et praedecessoribus nostris sub immunitatis defensione tradiderunt. Capit. missor. Suession. a. 853, c. 2, II p. 268. 10. *charte de protection — charter of protection.* Imperatorum defensiones per renovationis seriem adepti sunt. *D. Karls III.*, no. 47 (a. 882). 11. *avouerie ecclésiastique — ecclesiastical advowry.* Eandem ecclesiam ego . . . et omnes posteri mei . . . haberemus in defensione. BAUMANN, *Urk. Schaffhausen*, p. 10 no. 4 (a. 1056). Dux . . . dominium illud sub titulo defensionis ad posteros suos transmisit. Chron. s. Michaelis Virdun., c. 7, *SS.*, IV p. 81. 12. *commandise — guardianship.* Quidquid habeo . . . in villa de C. et in territorio ejus, in . . . usaticis, justitiis et defensionibus. *Gall. chr.*$^{2}$, I instr. p. 67 col. 2 A (a. 1179, Aix-en-Prov.). 13. *autorité comtale — a count's jurisdiction.* Omnibus earundem villarum pertinentiis . . . sive in Nordgowe sub Odalscalchi comitatu sive in Danachgowe sub defensione Ruopperti sitis. *D. Heinrichs II.*, no. 56 (a. 1003). 14. **interdiction, prohibition — prohibition.*

**defensor.** 1. defensor civitatis: *un fonctionnaire dans les cités romaines — an official in Roman cities. 2. defensores regionarii : fonctionnaires municipaux à Rome — city officials in Rome. Cf. GREGOR. M., lib. 8 epist. 16, *Epp.*, II p. 18. 3. *avoué — attorney.* Ipse presbyter aut defensor suus 60 sol. componat. Pippini capit. (a. 754-755), c. 3, I p. 31. [Presbyteri] si hoc . . . facere contempserint, . . . judicentur tam ipsi quam defensores eorum. Concil. Vern. a. 755, c. 8, *Capit.*, I p. 35. A. episcopus et defensores illius dimiserunt ipsam contentionem in manus I. BITTERAUF, *Trad. Freising*, I no. 277, p. 243 (a. 808). ARNOLD. RATISB., De s. Emmerammo, lib. 2 c. 57, *SS.*, IV p. 571. 4. *tuteur — guardian.* Nec tutorem nec defensorem nec ullum mundeburdum. USSERMANN, *Episc. Wirzeb.*, p. 7 (a. 816). Patri [puellae raptae] aut ei qui legibus ejus defensor esse debet, . . . eam reddat. Capit. legib. add. a. 818/819, c. 9, I p. 282. Legitimus [pueri] propinquus, qui juste ei tutor ac defensor esse videtur. Capit. pro lege habend. Wormat. a. 829, c. 4, II p. 19. 5. **régisseur du patrimoine d'une église — manager of the property of a church.* Cod. Justin., 1, 3, 40. GREGOR. M., Dial., lib. 1 c. 10. Id., lib. 5 epist. 26, *Epp.*, I p. 307; lib. 11 epist. 24, II p. 284. CASSIOD., Var., lib. 9 epist. 15 § 2, *Auct. antiq.*, XII p. 279. Sacram. Gelas., lib. 1 c. 95, ed. WILSON, p. 144. 6. *avoué ecclésiastique — ecclesiastical advocate.* GREGOR. TURON., V. patr., c. 6 § 6, *Scr. rer. Merov.*, I p. 684. Tibi, N. diacone ac defensore nostrae ecclesiae, indico atque jubeo hoc tua traditione . . . L. abbati facias consignari. PARDESSUS, I no. 189, p. 148 (a. 581, Le Mans). [Villam] ipse [i.e. ipsi] fideli C. defensori nostro concessimus. Ib., II no. 300 p. 70 (a. 642, Le Mans). Quicquid exinde rectores ipsius ecclesiae aut defensores illius facere voluerint, liberam habeant potestatem. F. Sal. Lindenbrog., no. 2, *Form.*, p. 283. Actum . . . adstante nobili et firmante vulgari populo una cum defensore G. clarissimo viro. Test. Wideradi Flavin. a. 721, PARDESSUS, II no. 514 p. 327. Defensor ecclesiae ipsius per beneficium prestare voluerit ei. Lex Baiwar., tit. 1 c. 1. Si aliquis . . . rector vel defensor ipsius monasterii me . . . expulerit. WARTMANN, *UB. S.-Gallen*, I no. 199 (a. 809). Omnibus episcopis, abbatibus cunctoque clero praecipimus vicedominos, praepositos, advocatos sive defensores bonos habere. Concil. Mogunt. a. 813, c. 50, *Conc.*, II p. 272. Ecclesiarum defensores res suas contra suos adpetitores eadem lege defendant, qua ipsi vixerunt qui easdem res ecclesiis condonaverunt. Resp. imp. de rebus fiscal. (ca. a. 820), c. 3, *Capit.*, I p. 297. De defensore et advocato ejusdem monasterii, qualis debeat esse. BRUCKNER, *Reg. Alsat.*, no. 656 (a. 888-906). Quem sibi defensorem seu advocatum constituunt. *D. Ottos II.*, no. 75 (a. 974). Data . . . regnante R. rege Francorum, T. Lothariensis regni duce loci ipsius defensore. LESORT, *Ch. de S.-Mihiel*, no. 32, p. 137 (a. 1006). 7. *propriétaire d'une église privée — owner of a private church.* Habeat potestatem [ut] defensor atque possessor ipsius ecclesiae. BITTERAUF, *Trad. Freising*, I no. 112, p. 127 (a. 783-791). 8. *défendeur* dans un litige — *defendant.* Cumque actor et defensor dissona voce contenderent, visum est nobis ut haec contentio . . . esset determinanda. F. imper., no. 46, *Form.*, p. 322. Accusans et defensor quasi duellum ingressuri jurant. Ib., p. 719. 9. *garant — warranter.* De ipsa mea datione . . . ego . . . una cum meos heredes tibi . . . exinde auctores et defensores esse promitto. FICKER, *Forsch.*, IV no. 22 p. 28 (a. 929, Milano). 10. *champion — champion.* Querat sibi legalem defensorem. Willelmi I reg. Angl. const., tit. 2 § 1, vers. Quadrip., LIEBERMANN, p. 484 col. 2. 11. *„podestà".* Judices et locorum defensores vel quicumque magistratus ab imperatore . . . constituti. Libri feudor., vulg., lib. 2 tit. 53 § 4, ed. LEHMANN, p. 178.



**defensorius**: 1. *mis en défense — protected against cattle.* Qui prata defensoria depascunt, bannum componant. Alloc. missi Divion. a. 857 c. 3, *Capit.*, II p. 292. 2. *d'un avoué ecclésiastique — of an ecclesiastical advocate.* Sub jure defensorio. SCHANNAT, *Vindemiae*, I p. 56 (a. 1098).

**defensum**, dev-, -es-, -a, -ium, -ia: 1. *terrain clôturé — fenced-in space.* Mansum unum . . . et unum defensum de silva. DE FONT-RÉAULX, *Cart. de Limoges*, p. 88 no. 76 (a. 1027). Habent de una parte defensum, de altera . . . GUÉRARD, *Cart. de Marseille*, I p. 110 (a. 1023). Donamus ipsam vineam que est infra defenso et terram que tenet ad ipsam vineam. Ib., no. 415, p. 421 (a. 1059). Vinea . . . et ortos duos . . . cum ipso defenso q. d. A. CAIS, *Cart. de Nice*, no. 21, p. 29 (a. 1066). Medietatem defensi in bosco de B. BRUNEL, *Actes de Pontieu*, p. 12 no. 8 (a. 1100). 2. *état de défense, inaccessibilité — status of defence, nonaccessibility.* Fera seu venatio . . . infra defensum . . . monachorum erit. GUÉRARD, *Irminon*, II p. 378 (a. 1110, Poitou). Conquesti sunt quod silvas in defensum posueramus que communes esse solebant. QUANTIN, *Cart. de l'Yonne*, I p. 320 no. 186 (a. 1137, Vézelay). Nulla riparia defendatur de cetero, nisi illae quae fuerunt in defenso tempore H. regis avi nostri. Ch. Henrici II reg. Angl. a. 1155, BRUSSEL, *Examen*, II p. iv.

**deferre**, 1. alicui, alicui rei: **honorer — to honour.* 2. aliquid: *exporter — to export.* Si [mercatores] allecia, ut deferant, emerint. MULLER-BOUMAN, *OB. Utrecht*, I no. 309 (<a. 1122>, spur. s. xii ex.)

**defestucare** (<festuca): *déguerpir — to waive.* Terram . . . mihi resignavit et defestucavit. MIRAEUS, I p. 727 col. 1 (a. 1201, Bruxelles). Omnem possessionis habitum . . . in manus nostras resignando defestucavit. SLOET, *OB. Gelre*, no. 471, p. 475 (a. 1223).

**deffacere,** v. disfacere.

**deffidare,** defidare, v. diffidare.

**deficere**: 1. intrans.: **mourir — to die.* 2. **ne pas pouvoir, être incapable de faire* qqch. — *to be inable to do* something. 3. *dénier la justice — to deny justice.* Ad abbatem clamaret, deinde ad comitem, si abbas a justitia deficeret. MARCHEGAY, *Arch. d'Anjou*, II p. 47 (ca. a. 1120). 4. transit.: *détruire — to destroy.* Defecisset pontem. V. Mederici c. 13, MABILLON, *Acta*, III pt. 1 p. 13.

**definimentum**, diff-: *convention — agreement.* Hec est carta de placito et difinimento, quod fecerunt. TEULET, I no. 40 p. 37 (a. 1114, Béziers).

**definire**, diffinire: 1. **décider de faire* qqch., *se résoudre — to resolve to do* a thing. 2. **arrêter définitivement* une idée — *to make up one's mind about* a thing. 3. **prouver, établir d'une manière définitive — to prove, to establish definitely.* 4. **définir, établir, prononcer* une décision, un jugement — *to determine, to fix, to pronounce* a decision, a judgment. In sancta synodo M. haec omnia . . . studuimus definire, quae praesenti auctoritate vulgamus. Guntchramni edict. a. 585, *Capit.*,

I p. 12 l. 21. Homo Francus accepit beneficium . . . [etc.; casus juris]. Definitum est, quod . . . Decr. Compend. a. 757, c. 9, ib., p. 38. His peractis de Tasiloni definitum est capitulum. Synod. Franconof. a. 794, c. 3, p. 74. Volumus ut . . . veniant ad placitum nostrum et ratio eorum audiatur, ut tunc secundum aequitatem inter eos definire valeamus. Capit. missor. a. 821, c. 8, p. 301. Volumus ut missi nostri rei veritatem inquirant et juxta quod justum invenerint ex nostra auctoritate definiant. Resp. missis data a. 826, c. 3, p. 314. Pontifici . . . aecclesiastica non liceat sine clericorum consilio diffinire. ANSELM., G. episc. Leod., c. 41, *SS.*, VII p. 212 l. 39. Sine duce Bawarico, qui aberat, nichil de rege [eligendo] se diffinire dicebant. Electio Lotharii (a. 1125), c 5, *SS.*, XII p. 511. **5.** **ordonner — to ordain.* Definitum est a domno rege et sancta synodo, ut episcopus non migret de civitate in civitate Synod. Franconof. a. 794, c. 7, *Capit.*, I p. 75. **6.** *terminer, trancher* un litige par une décision arbitrale ou judiciaire — *to bring* a dispute *to an end, to settle* a dispute by arbitral or judicial sentence, *to adjudicate* a cause. Actas omnes causas, . . . quae intra 30 annis definitae non fuerint, . . . nullo modo repetantur. Cod. Euric., c. 277. Quod si talis fuerit immanitas causae, ut eam solus metropolitanus definire non valeat. Concil. Matisc. a. 585, c. 9, *Conc.*, I p. 168. Si tales causae surrexerint, quas in pago recte definitas non fuerint. MARCULF., lib. 1 no. 24, *Form.*, p. 58. Eadem verba: *D. Karolin.*, I no. 2 (a. 752). Justitias, quae infra pagum definire per nos [sc. episcopum] non valemus, industriae vestrae [sc. comiti palatii] reservandas esse censuimus. F. Marculfi aevi Karolini, no. 21, *Form.*, p. 122. Ut comites vel judices ad eorum placita primitus orfanorum vel viduarum seu ecclesiarum causas audiant et definiant. Concil. Vern. a. 755, c. 23, *Capit.*, I p. 37. Episcopus et comes . . . unanimiter inter eos causam diffiniant. Synod. Franconof. a. 794, c. 30, p. 77. Si forte [presbyter de crimine accusatus] negare voluerit . . . et coram episcopo definitum esse nequiverit. Ib., c. 39, p. 77. [Comites] de quacumque causa ad eos venerit querella, . . . justissima deliberatione diffinire decertent. Pippini capit. Ital. (a. 801-810), c. 4, p. 209. Liceat illi eos distringere ad justitias faciendas quales ipsi inter se definire possunt. Const. de Hisp. I a. 815, c. 3, p. 262. **7.** *convenir, arrêter* dans une convention — *to agree upon.* Si non occurrit ad diem constitutum, . . . res definita non valeat. Cod. Euric., c. 297. Que sunt in pacto vel placito definita, serventur. Lex Visigot., lib. 2 tit. 5 § 4. Omnia quae undecumque inter ipsos scandalum poterant generare pleniore consilio definirent. Pactum Guntchramni et Childeberti II a. 587, *Capit.*, I p. 12. Precio placito et defenito adque . . . percepto. SCHIAPARELLI, *CD. Longob.*, I no. 37 p. 129 (a. 725/726, Treviso). **8.** *déguerpir, céder — to renounce, to resign.* Guirpimus et laxamus, reddimus et diffinimus ipsum archidiaconatum. ROUQUETTE, *Cart. de Béziers*, no. 82 p. 106 (a. 1077). Pro Dei nomine . . . ad hanc sanctam ecclesiam definivit calumpniam. GRASILIER, *Cart. de Saintes*, no. 78, p. 70 (a. 1079-1099). Dolens et coactus praedictas lesdas diffinivi injuste. *Gall. chr.* ², VI instr. col. 30 (ante a. 1121, Narbonne).

**definitas**, diff-: *déguerpissement — relinquishment.* Per legalem diffinitatem hoc concessimus. GATTOLA, *Hist. Cassin.*, I p. 38 col. 2 (a. 1024).

**definitio**, diff-: **1.** **fixation du temps — fixation of time.* Quamdiu vixeris illas res sub usu fructuario habeas, quae statim post istam diffinicionem statutam ad nos revertantur. F. Augiens., coll. B no. 5, *Form.*, p. 351. **2.** *résolution* de faire qqch. — *resolution, determination.* Definitionis nostrae est, ut canonum statuta in omnibus conserventur. Chloth. II edict. a. 614, c. 1, *Capit.*, I p. 21. Militiam Christi perseverantiae definitione suscepit. V. Amantii, c. 1, *AASS.*, Nov. II pt. 1 p. 276 F. **3.** **définition, profession de foi, énoncé d'une doctrine — definition, profession of faith, exposition of a doctrine.* **4.** **ordre, décret — order, decree.* Hujus decreti ac definitionis generalis vigore decernimus ut . . . Guntchramni edict. a. 585, *Capit.*, I p. 11 l. 32. Definitionem praesulis. Hadr. II pap. (a. 867-872) epist., *Epp.*, VI p. 699. **5.** *décision judiciaire, sentence, jugement — legal decision, sentence, judgment.* Saluberrimam definitionem synodus determinavit. Conc. Franconof. a. 794, *Conc.*, II p. 141. Ut definitio litis fieri possit. Const. de Hisp. I a. 815, c. 7, *Capit.*, I p. 262. Non ante invadere alienas res . . . praesumat, antequam auctor cartulae legali et judiciali diffinitione eas vendicet. Widonis capit. Pap. a. 891, c. 5, ib., II p. 108. Legalis diffinitio finem imponat. *D. Ottos II.*, no. 253 (a. 981). **6.** *disposition — disposition.* Epistola atque definicio nostra [sc. donatio ecclesiae facta] omni tempore firma et stabilis perduret. F. Andecav., no. 46, *Form.*, p. 21. Quicumque in aetate perfecta pactionem vel diffinitionem per scripturam fecerit. F. Turon., no. 25, p. 149. **7.** *contrat — contract.* Si sine scripture textum tantumodo coram testibus quelibet facta fuerit definitio. Lex Visigot., lib. 2 tit. 1 § 5. Ibi saepe. Quod convenientibus partibus placida [i.e. placita] definitione convenerit. F. Bituric., no. 1, *Form.*, p. 169. **8.** *clause* dans un contrat, *stipulation — stipulation.* Pari diffinitione sanxerunt ut, si pars quaelibet calumniam ingerere temptaverit, sit tunc pars parti culpabilis. F. Sangall. misc., no. 20, p. 388.

**definitor**, diff-: dans l'Ordre de Prémontré et dans celui des Frères Prêcheurs, dignitaire chargé de la recherche et du redressement des abus — an officer of the Premonstratensian and Dominican Orders whose task was the inquiry into misuses and their amendment.

**definitus** (adj.): *arrêté, fixé — established, immutable.* Quicquid exinde cum eo de ipsa causa egeris gesserisve, ratum et definitum apud me esse cognoscas. MARCULF., lib. 2 no. 31, *Form.*, p. 95. Subst. neutr. **definitum**: **décision, définition, décret — decision, definition, decree.*

**deflorare**: **1.** **faire des extraits — to excerpt.* **2.** **choisir — to choose.* **3.** **déflorer, flétrir — to dishonour, to corrupt.*

**defolare** (<fullare): *jeter par terre — to thrust down.* Qui alium per capillos ad terram traginaverit vel pedibus defolaverit. Phil. II Aug. priv. pro Atrebat. a. 1194, ESPINAS, *Artois*, no. 108, c. 25.



**deforis** (adv. et praep.): **1.** **de dehors — from outside.* **2.** **dehors — outside.*

**deformare**: *former — to form.* Cum litteris regia manu more ipsorum [Sueonum] deformatis [i.e. runis inscriptis]. RIMBERT., V. Anskarii, c. 12, ed. WAITZ, p. 33.

**defortiare**, v. diffortiare.

**defossum** (<defodere): *fosse — pit.* Vidit foveam factam, ubi eum volebant sepelire . . . Volentes eum adduci [i.e. adducere] ad defossum . . . V. Galli vetustiss., c. 5, *Scr. rer. Merov.*, IV p. 254. Fabricabat . . . utensilia . . . ex auro et gemmis; sedebat fabricans in defossum . . . V. Eligii, c. 10, ib., p. 676.

**defraudatio**: **frustration, privation — depredation, deprivation.*

**defrustare**: **couper en pièces — to chop.*

**defrustrare**: *priver* de qqch. — *to deprive* of a thing. Ex plagis incussis in tornetarum fatigio pene oculorum lumine defrustratum. JOH. VICTOR., lib. 6 rec. A c. 5, ed. SCHNEIDER, II p. 155.

**defunctio**: *décès — decease.*

**defunctus** (decl. iv): **décès — decease.*

**deganus**, v. decanus.

**degenerare**: *déchoir, s'appauvrir — to get into straits, to become poor.* Exilio gravi non illum degenerasse, sed profecisse. Ruodlieb, fragm. 5 v. 329. Item v. 436.

**degerare**, v. dejerare.

**degere**, intrans: **1.** **vivre, exister — to live, to exist.* **2.** **habiter — to dwell.* **3.** (des dépouilles) *reposer* — (of mortal remains) *to rest.* In portum R. . . . ejus sacrum corpus degebat. Chron. Salernit., c. 72, *SS.*, III p. 504.

**degradare**: **dégrader, faire déchoir* de son rang, de sa charge — *to reduce to a lower rank.*

**degradatio**: **dégradation, destitution — reduction in rank, dismissal.*

**degranare** (<granum): *devancer son tour au moulin banal — to go out of one's turn at the seigniorial mill.* Si homo communie per unum diem et unam noctem ad molendinos meos locum suum servaverit, homo foraneus eum non degranabit. *RHDFE.*, 4e s. 3e a. (1924), p. 315 c. 26 (a. 1201, Picardie).

**degranatura**: *droit de priorité au moulin banal — right of precedence at the seigniorial mill.* S. xiii.

**degranum**: idem quod degranatura. S. xiii.

**dehabere**: **manquer de, n'avoir pas — not to have, to be in need of* a thing.

**deheredare**: *déposséder — to dispossess.* S. xiii.

**deheres**: *hoir d'un hoir — heir 's heir.* Quislibet de heredis [i.e. heredibus] ac deheredibus meis. BITTERAUF, *Trad. Freising*, I no. 344, p. 294 (a. 815).

**dehonestamentum**: *atteinte, dérogation — encroachment, derogatory action.* Neque ibi aliquid agere quod pertineat ad dehonestamentum vel damnum ipsius ecclesiae. *Gall. chr.* ², XIII instr. col. 230 B no. 5 (a. 1035, Narbonne).

**dehonestare**: *déposer — to depose.* Anno V quod infideles Franci regem suum Karolum dehonestaverunt et Rodulfum in principem elegerunt. BERNARD-BRUEL, *Ch. de Cluny*, I no. 286 (a. 927). Item BALUZE, *Capit.*, append. col. 1531 (a. 925).

**dehonestas**: **déshonneur — dishonour.*

**dehonor**, deshonor: idem quod dehonorantia. DC.-F., III p. 135 col. 3 (ch. a. 964, Venezia). [Miles] emendet illi [sc. seniori] per sacramentum deshonorem quem illi fecerit. Usat. Barchin., usualia (ca. a. 1058), c. 38, WOHLHAUPTER, p. 200.

**dehonorantia**, desh-: *atteinte, dérogation, manque d'obéissance, rebellion — derogatory action, disobedience, rebellion.* Non pro sua [sc. regis] infidelitate neque pro sua desinhonorantia [v.l. deshonorantia] fecit. Capit. missa de Caris. a. 856, c. 7, II p. 280.

**dehonorare**, dish-, desh-: **1.** **déshonorer, dégrader, flétrir — to dishonour, to disgrace, to humiliate.* **2.** *porter préjudice à* qq'un, *faire tort à ses intérêts légitimes — to wrong, to hurt* a person's *lawful interests.* Eum [i.e. regem] vult dishonorare aut per raptum regnum ejus possedere. Lex Alam., tit. 35 c. 1. Ne ministri [episcoporum] presbyteros dehonorent aut pignora inhoneste tollendo vel locationem . . . exigendo. Capit. Tolosan. a. 844, c. 3, II p. 256. Fidelem nullum abhinc contra legem damnabimus aut dehonorabimus aut opprimemus. Conv. Marsn. a. 851, c. 6, ib., p. 73. **3.** *faire* une chose *l'objet d'exactions injustifiées — to submit to unlawful claims.* Terras ecclesiasticas . . . nullus praesumere audeat neque aliqua mala consuetudine dishonorare. *Gall. chr.* ², II instr. col. 225 (a. 990, Aquit.)

**dehonoratio**, dish-, desh-: **1.** **déshonneur, ignominie — disgrace, insult.* **2.** *préjudice, lésion, manque de respect — injury, derogatory action, lack of respect.* Adversum me [sc. regem] . . . non faciatis . . . ut mihi dehonoratio aut dampnatio veniat. Synod. Bellov. a. 845, c. 2, *Capit.*, II p. 388. Securitatem talem [regi] faciatis, ut nullam dehonorationem in aliqua causa erga eum aut erga suos fideles faciatis quam . . . cavere potestis. Karoli Calvi tertium missaticum ad Aquit. et Franc. dir. a. 856, ib., p. 285 l. 7. Quicquid in imperatoris dehonoratione gestum fuerat. FLODOARD., Hist. Rem., lib. 2 c. 20, *SS.*, XIII p. 472 l. 23.

**deicere**: **1.** **causer la chute de* qq'un — *to overthrow.* **2.** **déposer, congédier — to dismiss, to depose.*

**deicola** (subst. mascul.): **adorateur de Dieu — worshipper of God.*

**deificare**: **déifier — to deify.*

**deificus**: **divin, sacré — divine, holy.*

**deintus** (<frg. *dans*), **1.** adv.: **dedans — inside.* **2.** praepos.: *dans — in.*

**deita**, deyta (mascul.): *gage — bail.* S. xiii, Auvergne.

**deitas**: **divinité, nature divine, essence divine — divinity, divine nature, divine essence.*

**deizare**: *poser comme si on était Dieu — to pose as if you were God.* Nonne deizare nobis merito videare indulgens sponte peccantibus. Ruodlieb, fragm. 4 v. 196.

**dejectio**: **1.** **déposition, detrônement, dégradation — removal from office, dethronement, degradation.* **2.** **abaissement, déchéance, humiliation — debasement, humiliation.* **3.** *état de déchéance, condition humiliante — abject condition.*

**dejerare**, degerare, et depon. dejerari: *se parjurer — to forswear oneself.* SPON, *Genève*, II p. 43 (a. 1186). JOH. CODAGN., Libell. trist., c. 9, ap. HOLDER-EGGER, *G. Federici imp. in Lomb.*, p. 26.

**dejudicare**, v. dijudicare.

**dejugis**: **en aval — downhill.*

**delaborare**: *exploiter — to work.* [Agri] sicuti ab ipsis detenti et delaborati fuerunt. *D. Karls III.*, no. 37 (a. 881).

**delaminare** (<lamina): *enlever un revêtement en argent — to take away a silver coating.* Altaris... tabulam delaminavit. Ann. August., a. 1084, *SS.*, III p. 131.

**delatare**: *dénoncer — to delate.* Quidam de germine ... diaboli delatat virum praesidi, incusat fidem. Pass. Julii, *AASS.* ³, Maji VI p. 654 E.

**1. delatura** (<deferre): **1.** **dénonciation, calomnie — lodging of information, defamation.* **2.** *prime de délation — denunciator's reward.* Leg. Ine, tit. 17, vers. Quadrip., LIEBERMANN, p. 97 col. 2.

**2. delatura,** v. dilatura.

**delegare, 1.** aliquem: **nommer, revêtir d'une charge — to appoint, to nominate.* Delegamus abbatem in monasterio s. Albini nomine A. BERTRAND, *Cart. d'Angers*, I no. 21 p. 39 (ante a. 966). **2.** aliquid: *assigner, attribuer — to allot, to assign.* De quibus rebus aut facultatibus sumptus et apparatus legationi designatae delegatus sumebatur antiquitus. Ludov. II capit. Pap. a. 850, c. 9, II p. 85. Haec est terminatio a praefato archipraesule eidem loco delegata. Cod. Eberhardi, c. 31, DRONKE, *Trad. Fuld.*, p. 62. Reditibus prediorum heredibus eorum delegatis. OTTO SANBLAS., c. 50, ed. HOFMEISTER, p. 84. **3.** *céder — to cede, to convey.* Ad parte basileci pro [i.e. per] vindicionis titolum delegasit vel firmasit. *D. Merov.*, no. 94 (a. 726). **4.** spec.: *faire donation de* qqch. *— to bestow.* Quod a Deo timentis hominebus ibidem inantea deligabantur. MARCULF., lib. 1 no. 4, *Form.*, p. 44. Quod homines ad ipsa ecclesia pro animae eorum remedium per eorum instrumenta delegassent. Ib., no. 36, p. 66. Res proprietatis meae per mea cessione ad ipsa casa Dei ad die presente delegavi. Cart. Senon., no. 15, p. 191. De suis propriis facultatebus per testamenti pagenam voluerit legaliter delegari. *D. Merov.*, no. 11 (a. 627). Si qua [i.e. quid] inibi regio munere est delegatum. Ib , no. 15 (a. 635). De his qui proprietates suas habent spontanea alicui delegant [leg. delegata]. Capit. Olonn. mundan. a. 825, c. 11, I p. 331. Precario more ad Prumiensem ecclesiam delegavit. D. Zwentib. reg. a. 895, BEYER, *UB. Mittelrh.*, I no. 137 p. 203. Delego aliquid de rebus juris mei ... Deo et sanctis apostolis ... ac monachis. BERNARD-BRUEL, *Ch. de Cluny*, I no. 491 (a. 938). Semper scirent monachi ipsius coenobii, quid olim ibi delegisset [i.e. delegasset] ipse. Chron. Novalic., lib. 2 c. 18. Quidam liberi homines ... se ipsos cum omni posteritate sua ad altare s. Petri delegaverunt. Trad. s. Petri Juvav., no. 110 (ca. a. 1100), HAUTHALER, *Salzb. UB.*, I p. 304. **5.** *transporter, accomplir l'acte de saisine — to transfer, to perform livery.* Everwinus et uxor sua U. emerunt domum ... contra Gertrudem ... Hanc [Gertrudis] delegavit ei [sc. Everwino] in audientia judicis et civium. HOENIGER, *Koelner Schreinsurk.*, I p. 42 c. 8 (a. 1149-1159). Domum ... in proprietatem contradidit et delegavit ... in presentia judicis. Ib., II p. 52 c. 6 (a. 1163-1168). **6.** epistolam: **envoyer — to send.* **7.** *communiquer — to let know.*

**delegatio**: **1.** *donation — bestowment.* Tam quod ex nostra [sc. regis] largitate quam delegatione ceterorum ibidem est devoluta possessio. MARCULF., lib. 1 no. 2, *Form.*, p. 42. Eadem formula: *D. Merov.*, no. 15 (a. 635). **2.** *charte de donation — record of a bestowment.* Quantumcumque de alode nostra ad loca sanctorum condonare et deligare volueris, hoc, inspecta ipsa deligatione, inconvulsum permaneat. MARCULF., lib. 2 no. 7, p. 79.

**delegator**: *donateur — donor.* HAUTHALER, *Salzb. UB.*, I p. 682 no. 207 (a. 1167-1183).

**delegiatus** (adj.) (<lex): *incapable en droit — not law-worthy.* Si quis delegiatus legalem hominem accuset. Leg. Henrici, tit. 45 § 5, LIEBERMANN, p. 570.

**delphinus**: surnom des comtes d'Albon, puis (XIIIe s.) nom de dignité en Dauphiné et en Auvergne, finalement, depuis l'acquisition du Dauphiné par la royauté (1349), titre du fils aîné des rois de France — surname of the counts of Albon, later (thirteenth cent.) denomination of a dignity in Dauphiné and Auvergne, and finally, since the time when the Dauphiné was added to the royal demesne, title of the eldest son of the French king. Cf. A. PRUDHOMME, *De l'origine et du sens des mots Dauphin et Dauphiné, BEC.*, t. 54 (1893), p. 429-456.

**delibare**: **immoler, sacrifier — to sacrifice, to immolate.*

**deliberantia**: *paiement — payment.* S. xiv.

**1. deliberare** (<libra), causam, litem etc.: *terminer, juger, décider* d'une cause *— to adjudicate, to pass judgment in* a cause. Si quis causa [i.e. causae] ... antea deliberate aut per divisionem fenitae sunt ... Quae autem terminate et per divisionem decisae non sunt ... Liutprandi leg., c. 6 (a. 713). Si talis causa fuerit, quod ipse sculdahis deliberare menime possit. Ib., c. 25 (a. 721). Ut nullus ex clero regem inquietare audeat, antequam notetur causa episcopo suo; et si ille minime potuerit definire, tunc dirigat eum ad metropolitanum episcopum; et si ipse non potuerit causam ipsius deliberare ... Stat. Rispac. a. 799/800, c. 26, *Capit.*, I p. 229. [Comites] primitus ad placita eorum orfanorum et viduarum necnon et pauperum causas deliberent. Pippini reg. Ital. capit. (a. 801-810), c. 4, p. 209. Dum ... resedissem ego B. comes palatii in judicio ... ad singulorum hominum causas audiendum vel deliberandum. FICKER, *Forsch.*, IV no. 4, p. 6 (a. 800, Spoleto). Ad primum aut secundum vel tertium placitum causam deliberent. Ludovici II capit. Pap. a. 855, c. 3, II p. 89. Si ... de quibuslibet rebus orta contencio fuerit, liceat monachos ejusdem monasterii ipsos retinere, quousque in nostram ... presenciam veniant et ibidem coram nobis positi[s] deliberetur. *D. Berengario II.* no. 8, p. 316 (a. 953).

**2. deliberare** (<liber): **1.** **délivrer — to free.* GREGOR. TURON., Virt. Martini, lib. 1 c. 22, *Scr. rer. Merov.*, I p. 600. **2.** *dégager — to clear.* Passi sumus pro Christi nomine et Sancti Sepulcri via deliberanda. ANON., G. Francorum, c. 26, ed. BRÉHIER, p. 140. **3.** *ouvrir, faire commencer — to open, to start.* Ab illo die quo nundines deliberatae fuerint. DC.-F., III p. 51 col. 2 (ch. a. 1114, Montiérender). **4.** *garantir* de toute prétention *— to*



*warrant* against any claim. S. xiii. **5.** *remettre — to hand.* [Scutella] ad rasuram deliberat fratribus. BERNARD. MORLAN., Consuet. Cluniac., lib. 1 c. 13, HERRGOTT, p. 158. **6.** *assigner, attribuer — to allot.* Quantum mihi de predicta foreste deliberaverunt. BEYER, *UB. Mittelrh.*, I no. 299 p. 348 (ca. a. 1023). Deliberamus etiam monasterium ... cum casis ... *D. Konrads II.*, no. 239 (a. 1037). **7.** *livrer* un prisonnier *— to give over* a captive. Cives ... devicti ultro in captione deliberantur episcopi. G. Gerardi II Camerac., c. 2, *SS.*, VII p. 498. **8.** *rendre* une place forte *— to surrender* a stronghold. Deliberata est ei [sc. regi] ecclesia et omnes munitiones circumquaque site. Lib. pontif., Pasch. II, ed. DUCHESNE, II p. 300. **9.** *livrer, transférer — to deliver, to convey.* S. xiii. **10.** *payer — to pay.* S. xiii. **11.** *prêter* un serment *— to swear* an oath. Paratus ad deliberandum ei sacramentum. MOREA, *Chartul. Cupersan.*, p. 29.

**1. deliberatio** (<1. deliberare): **1.** *ordonnance, décret — ordinance, decree.* Quicumque haec [i.e. hanc] deliberationem, quem ... in synodale concilio instruemus [i.e. instruximus], temerare praesumpserit. Chloth. II edict. a. 614, c. 24, I p. 23. Presentem deliberationis notitiam ... fieri jussimus. Karoli M. notitia Ital. a. 776 vel 781, p. 188 l. 21. Comes quanto precio anona sit vendenda provideat; quicunque vero contra deliberationem ipsius carius vendere presumpserit ... Friderici I imp. const. de pace a. 1152, c. 11, *Const.*, I no. 140. **2.** *convention, accord — agreement.* Id inter eos constat fixa deliberatione finitum. Guntchramni et Childeberti II pactus a. 587, *Capit.*, I p. 13 l. 5. **3.** *condition, stipulation — condition, stipulation.* Beneficiastis nobis ipsum alodem ... in ea vero deliberatione, ut per singulos annos nobis solvere faciatis [leg. vobis solvere faciamus] sol. 20. *Hist. de Languedoc* ³, II pr. no. 56 col. 134 (a. 820, Grasse).

**2. deliberatio** (<2. deliberare): **1.** *délivrance — deliverance.* **2.** *garantie — warrant.* Hanc ... cautionis, firmationis, deliberationis et concessionis ... paginam. *D. Konrads II.*, no. 239 (a. 1037). **3.** *donation — bestowment.* Per hujus deliberationis seriem ... testamentum meum condidi. Test. Adalgiseli-Grimonis a. 634, LEVISON, *Frühzeit*, p. 126. Se alequi [i.e. aliquis] de heredebus nostris ... deliberacione[m] nostra[m], quod divina piaetas nos facire conmonuit, infrangere voluerit. Ch. Chrothildis a. 673, ed. LEVILLAIN, *LMA.*, t. 105 (1944) p. 44. Hanc epistola[m] tradicione [i.e. traditionis] vel deliberacione [i.e. deliberationis] nostra[e] tibi fieri rogavi. F. Sal. Bignon., no. 10 („Donacio quem pater donat filio suo"), *Form.*, p. 231. **4.** *charte de donation — record of a bestowment.* Ego A. episcopus ... hanc deliberationem subscripsi. PARDESSUS, II no. 406, p. 202 (a. 686, Compiègne). **5.** *paiement, solde — pay.* Gratam exercitui de proprio erario cotidianam exhibeant deliberationem. SUGER., V. Ludov. Gr., c. 34, ed. WAQUET, p. 282.

**delicatus**: *faible, de santé délicate — delicate, having a weak constitution.* Benedicti regula, c. 48.

**deliciari**: **vivre dans les délices — to live in luxury.*

**deliciosus**: **1.** **agréable, plaisant — agreeable, pleasant.* **2.** **voluptueux, avide de plaisir, efféminé — pleasure-loving, luxurious, effeminate.* **3.** *qui possède la confiance, qui est en faveur* auprès d'un prince *— trusted, favoured.* Nunquam evadat, quamvis deliciosus sit apud dominum suum. Lex Baiwar., tit. 3 c. 15 § 1. Direximus Petrum insignem palatii nostri superistam, delitiosum consiliarium nostrum. Joh. VIII pap. epist. a. 881, *Hist. de Fr.*, IX p. 195 D. Subst. mascul. **deliciosus**: *serviteur confidentiel — confidential servant.* Submittant in palatio nostro secretum nostrum discendum, ut aut per dilicioso aut per hostiario aut per alios hominis captiosae aut absconsae [i.e. captiose, absconse] aliquid investigare possint quidquid nos agamus. Ratchis leg., c. 12 (a. 746). G. religiosus abba et consiliarius, seu Albuinus [leg. Alcuinus] deliciosus ipsius regis [sc. Francorum Karoli]. Lib. pontif., Hadr. I, § 26, ed. DUCHESNE, I p. 494. Missos ... sanctissimos episcopos, diliciosos nostros, pro eo vestrae caritati direximus. Nic. I pap. epist. 8, *Epp.*, VI p. 274.

**delictum**: **péché — sin.*

**deligere**: **choisir de, décider de* faire qqch. *— to choose to, to decide to* do something.

**delinquentia**: *délit — offence.* Sepe vidimus in quorundam fratrum delinquentiis. PASCH. RADB., Epit. Arsenii, lib. 1 c. 28, ed. DÜMMLER, p. 58.

**deliquium**: *délit — offence.* [Monachi] proprii reatu deliquii expulsi. Leg. Aethelred, tit. 3, text. lat. s. xi, LIEBERMANN, p. 249.

**delta**: *margelle — brim of a well.* Puteo cum ... delta sua. FANTUZZI, *Mon. Ravennati*, I p. 170 (a. 966).

**delubrum**: **1.** *sanctuaire païen — pagan sanctuary.* Idulorum cultura exstructis dilubrorum fanis lugubriter renovata. WILLIBALD., V. Bonifatii, c. 4, ed. LEVISON, p. 16. Item ib. c. 5, p. 24. **2.** *baptistère — baptistery.*

**deludere**: **1.** *perdre au jeu — to lose in playing.* **2.** *déjouer — to baffle.*

**delusio**: **tromperie, moquerie, dérision — trickery, chaff, ridicule.*

**delusor**: **trompeur — impostor.*

**demancare**: *mutiler — to maim.* GREGOR. TURON., Hist. Franc., lib. 7 c. 15.

**demancus,** v. demencus.

**demanda** (<demandare): **1.** *ordre — order.* S. xiii. **2.** *demande, action de droit — claim.* In misericordia ducis remanet ... pro falsa demanda. Cons. Norm. veterr., pt. 1 (s. xii ex.), c. 17 § 1, ed. TARDIF, p. 19. **3.** *taille — aid.* Universos ... ab omni demanda, exactione et tallia quittat et absolvat ecclesia. *Actes Phil.-Aug.*, no. 156 (a. 1185/1186), I p. 188 l. 1.

**demandamen**: **1.** *admonition, conseil — admonition, advice.* Si respondere bene sciremus ... demandaminibus clementibus atque paternis. Ruodlieb, fragm. 4 v. 132. **2.** *communication, message — notice, message.* Qualiter accepta sint demandamina, narra. Ib., fragm. 17 v. 54.

**demandamentum**: *demande, action de droit — claim. Hist. de Languedoc*¹, II pr. col. 589 (a. 1162).

**demandare**: **1.** *ordonner, commander — to order, to command.* Tibi, archidiacone, demando

atque praecipio ut per omnes basilicas . . . dabis sol. 20. Test. Bertichramni a. 615, PARDESSUS, I no. 230 p. 213. [Monachis] provisorem instituit, et ut inhabitantes juxta traditionem patrum vivere assuefaceret demandavit. D. Sigeberti reg. (a. 644-648) ap. HERIGERUM, G. episc. Leod., c. 46, *SS.*, VII p. 184 l. 10. Jobemmus adque demandamus, ut . . . *D. Merov.*, no. 61 (a. 692). Sui [sc. comitis] juniores non exinde sic fecerunt quomodo eis fuit demandatum. F. Sal. Bignon., no. 24, *Form.*, p. 237. Instituimus, sicut domnus rex K. demandavit, de illos monachos . . . ut revertantur ad monasteria. Pippini capit. Pap. a. 787, c. 2, I p. 198. Item c. 7, p. 199. Lib. diurnus, no. 61, ed. SICKEL, p. 56. Tunc demandavit E. comes, quod illi nobiles viri jurassent ad veritatem dicendam. BITTERAUF, *Trad. Freising*, I no. 327, p. 280 (a. 814). Altaria locis congruis fieri demandavit. CANDID., V. Eigilis (ca. a. 840), c. 14, *SS.*, XV p. 229. Qui constituta atque demandata jejunia servare neglexerit. HRABAN., Inst. cler , lib. 2 c. 25, ed. KNOEPFLER, p. 107. **2.** spec.: *donner mandat de paiement — to order payment.* S. xiii. **3.** *réclamer, exiger* une redevance, une prestation — *to exact, to demand* a tribute or a service. [Reges] potestatem habeant nominative demandare, unde [compositiones] exire debent. Capit. ad leg. Baiwar. add. (a. 801-813), I p. 158 l. 5. Quicumque . . . pro ipsa pastione aliquid demandare praesumpserit. BOUGAUD, *Chron. de Dijon*, p. 312 (a. 1019-1031, Bèze). Dimitto . . . totas cavalgadas quas demandabam in hominibus suprascriptae villae. *Hist. de Languedoc* [1], II pr. col. 495 (a. 1142). **4.** *réclamer, revendiquer, faire l'objet d'une action de droit — to claim, to lay claim to* a thing. Si aliquis homo deforis de N. demandaverit ad hominem de N. aliquam rem. Fuero de Nájera a. 1076, c. 67, WOHLHAUPTER, p. 88. Dictus J. demandabat praedicto B. totum illud castellum. *Hist. de Languedoc* [1], II, pr. col. 169 (a. 1196). **5.** *faire venir, mander — to send for* a person, *to order* a person *to come.* Agathonis pap. (a. 678-681) epist., MIGNE, t. 87 col. 1164 C. **6.** *citer en justice — to summons.* Vicarius non demandabit eum per se vel per alium. BRUSSEL, *Examen*, II p. 727 col. 1 (a. 1103, Montpellier). **7.** *prier — to beg.* Ducem dulci praece rogando demandavit ut . . . JOH. VENET., Chron., ed. MONTICOLO, *Cron. Ven.*, p. 151. Cras demandemus consanguineis et amicis, ut nos conveniant quam velocissime possint. Ruodlieb, fragm. 16 v. 20. Comes . . . duci, quo sibi apud H. colloquium prestaret, per nuntios demandavit. BAUMANN, *Urk. Schaffhausen*, p. 6 no. 3 (a. 1050). **8.** *demander, poser une question — to ask, to put a question.* [Centenarius] tres homines tres causas demandare debet. Lex Sal., tit. 44 § 1. Etiam ib., tit. 46. **9.** *promettre, assurer par un message — to promise, to offer by message.* Propinquitatis jura inviolabiliter tibi finetenus velle servare demandat. WIDUK., lib. 1 c. 9. Regi fidem et servicium per eos [nuntios] demandaverunt. ANNAL. SAXO, a. 1105, *SS.*, VI p. 739. **10.** *faire part de* qqch. — *to inform* a person *of* a thing. Cum rex audisset . . . que demandasti sibi vel plebi simul omni. Ruodlieb, fragm. 4 v. 91. **11.** *interdire — to forbid.* Demandamus ut neque vos neque juniores vestri memoratos Ispanos . . . nullum censum superponere praesumatis. Praec. pro Hisp. a. 812, *Capit.*, I p. 169 l. 29. **12.** *contremander, s'excuser — to countermand, to send word of being prevented from coming.* S. xiii.

**demandatio**: **1.** *ordre — order.* ALCIM. AVIT., epist. 87, *Auct. ant.*, VI pt. 2 p. 97. Ex demandatione b. m. D. dono tibi . . . de portione ejus . . . mancipia. Test. Erminethrudis a. 700, PARDESSUS, II no. 452, p. 256. De wittimon si demandaverit pater ut non queratur, demandatio ejus non valeat. Lex Burgund., lib. const., tit. 86 § 2. Per demandatione[m] domni presuli[s]. *CD. Cavens.*, II p. 188 (a. 983).

**demanium**, demenum (< dominium; influencé par — influenced by *de manu*?): *le domaine non concédé en tenures — demesne.* Quod de demeno suo defraudans comparsit, id [episcopus pauperibus] adcrevit, nec ventri, ut est consuetudini quibusdam, reservavit. FOLQUIN., V. Folquini Morin., c. 5, *SS.*, XV p. 428. R. . . . cepit . . . terram de demanio regis invadere. ROMUALD. SALERNIT., Chron., a. 1161, ed. GARUFI, p. 248. Imperator cepit . . . magnam partem Lombardie in demanio suo convertere. Ib., a. 1162, p. 249. Tenimentum quoddam Casinensis monasterii . . . in nostram previdimus demanium redigendum. KEHR, *Urk. Norm.-Sic. Kön.*, p. 443 no. 23 (a. 1176). Omnes possessiones . . . Cavensi monasterio concedimus . . . ab omni jugo servitutis vel adoamenti, tam de demanio quam de pheudis, plene eximimus. Ib., p. 446 no. 25 (a. 1178).

**demarchus**, -cus (gr.; pris sans doute pour un dérivé de *marcha* — no doubt taken for a derivative of *marcha*): *marquis — margrave.* R. noster dilectus fidelis ac demarchus. *D. Charles le Simple*, no. 66 (a. 911). Item ib., no. 65 (a. 911-915); no. 89 (a. 917); no. 9 (a. 898-923). Hugo dux Francorum gratia omnipotentis Dei necnon et demarcus. *Hist. de Fr.*, IX p. 722 B (ch a. 939).

**demembrare**, dis-: *mutiler — to maim.* Volens occidere, [eum] demembravit. Hincmari Rem. epist. a. 871, MANSI, t. 16 col. 688 B. Homines ad mortem judicentur et dismembrentur et flagellentur. Capit. Caris. a. 873, c. 12, II p. 346. Captus est et . . . demembratus. HILDEBERT., lib. 2 epist. 38, MIGNE, t. 171 col. 262 D. G. pontif. Camerac , lib. 1 c. 83, *SS.*, VII p. 432. Gladiis [castellanum] dismembrabant. GALBERT., c. 16, ed. PIRENNE, p. 26.

**demencus**, demancus: une *mesure de capacité — a solid measure.* S. xiii, Lyonnais, Forez.

**dementare**: **rendre fou, faire perdre la raison à* qq'un — *to drive mad.*

**dementicius**: *insensé — insane.* Quasi dementitium opus faceret. HARIULF, Chron., lib. 4 c. 16, ed. LOT, p. 213.

**dementiri**, di-, dis-: *donner un démenti à* qq'un — *to give* one *the lie.* D'ACHÉRY, *Spicil.*, VIII p. 201 sq. (ca. a. 1187). PONCELET, *Actes Hug. de Pierrepont*, no. 172 (a. 1219).

**demercatus** (adj.): **1.** (de personnes) *de grosse taille* — (of persons) *stout.* EKKEH., Cas. s. Galli, c. 3, *SS.*, II p. 109 l. 6. **2.** (d'objets) *de grandes dimensions* — (of things) *bulky.* Ad cupellum demercatum venalicium. *CD. Cavens.*, I p. 259 (a. 959).



**demerere** et depon. demereri: *forfaire — to forfeit.* Rebus propriis utantur quamdiu non demeruerunt possidere. RICHTHOFEN, *Fries. Rq.*, p. 2 (s. xii ex.) Amittet et demerebitur officium suum per annum continuum. PANHUYSEN, *Maastricht*, p. 149 (a. 1249).

**demeritum**: **démérite, faute, péché — demerit, offence, sin.*

**demigrare**: *décéder — to decease.* Universae carnis viam demigravit. GUILL. PICTAV., lib. 1 c. 35, ed. FOREVILLE, p. 82.

**deminoratio**, di-: *amoindrissement, atteinte — derogation, encroachment.* Tenere vel excolere debeat sine ulla deminoratione. *D. Arnulfing.*, no. 15, p. 102 (a. 746). Nonas et decimas . . . donent absque ulla deminoratione et dilatatione. Pippini reg. Ital. capit. (a. 801-810), c. 6, I p. 210. Absque alicujus infestatione vel rerum suarum diminoratione. D. Ludov. Pii, BM.[2] no. 605. Ut nullus . . . iniquam ingerere presumat inquietudinem, diminorationem. Praec. Loth. I a. 840, *Capit.*, II p. 136 l. 29. Nemo violenciam seu diminuracionem illi inferre presummat. *D. Karls III.*, no. 29 (a. 880). Ecclesiae . . . absque aliqua sui deminoratione vel . . . vexatione permaneant. Widonis capit. a. 889, c. 2, II p. 105.

**deminorare**, di-: **amoindrir, abaisser — to lessen, to lower.*

**demittere**, v. dimittere.

**daemon** (genet. -onis): **1.** **esprit malin, mauvais ange, diable — evil spirit, devil.* **2.** **divinité païenne, idole — heathen deity, idol.*

**demonachare** aliquem: *défroquer — to defrock.* SUGER., V. Ludov. Gr., c. 30, ed. WAQUET, p. 248.

**daemonicus** et **daemoniacus** (gr.): **1.** **de démon, démoniaque, diabolique — of a demon, demoniac, devilish.* **2.** **possédé par un démon — possessed by a demon.* Subst.: **démoniaque, possédé — demoniac, possessed.*

**daemonialis**: **démoniaque, diabolique — demoniac, devilish.*

**daemoniosus**: **1.** **démoniaque, diabolique — demoniac, devilish.* **2.** *possédé par un démon — possessed by a demon.* Liber Papiens., *LL.*, IV p. 376 l. 27. V. Altmanni Patav., c. 20, *SS.*, XII p. 235. Mir. Apri (ca. a. 1050), c. 1, *AASS.*, Sept. V p. 70 B.

**daemonium** (gr.): **1.** **divinité païenne, idole — pagan deity, idol.* **2.** **esprit malin, démon, diable — evil spirit, demon, devil.*

**demonstratio**: **1.** *inspection des digues et canaux — inspection of dikes and canals.* MIRAEUS, I p. 84 col. 1 (a. 1122, S.-Bertin). **2.** *sentence — verdict.* S. xiii, Cologne.

**demorari**: **1.** **demeurer, habiter — to dwell, to live.* **2.** **persister, persévérer — to persist, to persevere.*

**demum**: *enfin — at last.*

**demutare**: *échanger — to exchange.* Fundum illum . . . illo contradat atque demutet, suscipiens ab eo ad vicem ejusdem fundi . . . fundum illud. Lib. diurnus, c. 33, ed. SICKEL, p.24.

**dena**, denna (anglosax.): *mesure de terre* pour les terres vagues — *dene,* measure of waste land. S. xi, Angl.

**denarialis** (adj.) (< denarius), **1.** homo denarialis: *serf affranchi par le denier — a serf who has been manumitted by penny-throw.* Capit. legi Ribuar. add. a. 803, c. 9, I p. 118. *D. Arnulfs*, no. 164 (a. 898). **2.** *qui comporte un affranchissement par le denier — purporting a manumission by penny-throw.* Carta dinariale. Cart. Senon., no. 12, *Form.*, p. 190. Preceptum denariale. MARCULF., lib. 1 no. 22, inscr., ib., p. 57. Subst. **denarialis**, subaudi: homo. De denarialibus, ut si quis eos occiderit regi conponantur. Capit. ad leg. Baiwar. add. (a. 801-813), c. 4, I p. 158.

**denariare** (< denarius): **1.** servum: *affranchir par le denier — to manumit by penny-throw.* Quod si dominus ejus eum [sc. servum] ante rege dinariari voluerit. Lex Ribuar., tit. 61 § 3. Etiam ib., tit. 57 § 4; tit. 58 § 1. Cf. H. BRUNNER, *Die Freilassung durch Schatzwurf. Hist. Aufsätze f. G. Waitz*, 1886. **2.** *débiter, vendre au détail — to sell by retail.* S. xiii.

**denariata**, dene-, -ra-, -da, derata (< denarius; > frg. *denrée*): **1.** *la quantité d'une denrée qui se vend pour un denier — a pennyworth of a commodity.* Annis singulis . . . in luminaribus denariatam cere solvere studeant. WAMPACH, *Echternach*, I pt. 2 no. 104, p. 171 (a. 789/790). Omni anno . . duos denarios sive duas denariatas de cera persolvant. BOEREN, *Tributaires*, p. 109 no. 1 (ante a. 863, Cambrai). Qui carnem per deneratas vendunt. Edict. Pist. a. 864, c. 20, *Capit.*, II p. 319. Absque damno vini unius deneratae. Mir. Ursmari et Ermini (a. 1057), c. 23, *SS.*, XV p. 835. Propter duodecim denariatas de panibus, quos portabat . . . ad vendendum. BERTRAND, *Cart. d'Angers*, I no. 220, p. 258 (a. 1080-1082). **2.** *marchandise qui se vend au détail, denrée — commodity sold by pennyworth.* S. xiv. **3.** *la valeur d'un denier — the value of a penny.* Omnis qui habuerit triginta denariatas vive pecunie [i.e. pecudum] de suo proprio in domo sua. Leg. Edwardi Conf., tit. 10, LIEBERMANN, p. 634 col. 1. **4.** une *mesure de terre,* probablement la douzième partie d'une perche — a *land measure,* presumably a twelfth of a rod. Tres denariatas de vinea. DESJARDINS, *Cart. de Conques*, p. 141 no. 161 (a. 900). Item BERNARD-BRUEL, *Ch. de Cluny*, II no. 1178, p. 265 (a. 964). Item DOUAIS, *Cart. de Toulouse*, no. 232, p. 163 (ca. a. 1040).

**denariatio**: *affranchissement par le denier — manumission by penny-throw.* Per hoc nostrae denariationis preceptum. *D. Berengario I*, no. 86 (a. 912), p. 231 l. 13.

**denarrare**: **1.** *témoigner — to testify.* Hujus venditionis fuit plegius B. tali scilicet conditione, ut, si aliquis predictam terram calumpniaretur monachis, ipse contra calumpniatorem denarraret. BERTRAND, *Cart. d'Angers*, I no. 96, p. 110 (ca. a. 1100). Compendiensis ecclesiae canonici, quotquot de familia s. Cornelii in regione mea mansionem habebant a mea advocatione liberos esse denarraverunt. DC.-F., III p. 63 col. 2 (ch. a. 1101). **2.** aliquid alicui: *certifier — to certify.* Cum requisitus a judicibus esset quomodo supradictam vineam ad se pertinere sciret, respondit quod A. hanc vineam sibi legitime denarraret sicut oporteret. Termino igitur A. affuit, sed vineam sicut oportuit ei non denarravit. BERTRAND, o.c., I no. 388, p. 447 (a. 1082-1106).

**denarrator**: *témoin — witness.* Testes, fideijussores ac denarratores idonei hujus donationis. MARTÈNE, *Thes.*, III col. 1164 E (s. xii in., Toul).

**denegare**: **1.** **empêcher — to impede.* **2.** *prohiber, interdire — to forbid.* Descriptiones rerum fieri omnino denegamus. INGUANEZ, *Reg. di S. Angelo in Formis*, p. 2. **3.** *déguerpir — to abandon, to cede.* Hanc partem domus predicte denegaverunt. HOENIGER, *Koelner Schreinsurk.*, I p. 26 c. 39 (a. 1142-1156).
**denegatio**: **1.** **reniement — denial.* **2.** **refus — refusal.*
**denigrare**: **dénigrer, calomnier, diffamer — to slander, to defame.*
**denique**: **1.** **en conséquence, ainsi — in consequence, accordingly.* **2.** **car — because.* **3.** **ainsi par exemple — for instance.*
**denna**, v. dena.
**denominare**: **1.** *nommer, mentionner — to name, to mention.* Cum denominatis rebus. GIULINI, *Mem. di Milano*, II p. 69 (a. 892). **2.** *accuser — to accuse.* GREGOR. TURON., Hist. Franc., lib. 10 c. 17. **3.** *nommer, créer — to appoint.* Canones, MIGNE, t. 56 col. 440 B. Novell. Justin., 1, 1, 1. **4.** *élire — to elect.* **5.** *stipuler — to stipulate.* Denominavi quod heredes nichil exactionis dabunt. BORMANS-SCHOOLMEESTERS, *Cart. de Liège*, I no. 33 (a. 1117). **6.** *léguer — to bequeath.* Partem domus ... quam quandoque [monasterio] S. denominaveram tantum, nunc mutando illud duobus cenobiis K. et S. post mortem meam ... dispono. HOENIGER, *Koelner Schreinsurk.*, II p. 63 c. 14 (a. 1163-1168).
**denominatio**: **1.** *stipulation — stipulation.* [Allodium] ad altare affectavi hac denominatione: post decessum meum solventur 40 sol. BORMANS-SCHOOLMEESTERS, *Cart. de Liège*, I no. 33 (a. 1117). **2.** *aveu féodal — recognition of suzerainty. Gall. chr.* [2], IV instr. col. 100 C (a. 1239).
**denotare**: **1.** *mettre par écrit — to write down.* Ego frater F. ... hec denotavi. DUVIVIER, *Actes*, I p. 42 (a. 1062, S.-Amand). **2.** **dénoncer, blamer, critiquer, reprendre — to denounce, to blame, to criticize, to scold.*
**denotatio**: **1.** **indication — indication.* **2.** **critique, contradiction, blâme — criticism, contradiction, blame.*
**densitas**: **obscurité — darkness.*
**denudare**: *dévaster — to devastate.* Incendiis eam ... denudavit. Chron. Salernit., c. 57, *SS.*, III p. 497.
**denudatio**: **1.** **action de mettre à nu, de mettre au jour — denuding, laying bare.* **2.** *déprédation — pillage.* Agricolae denudatione[m] sustinentes. Chron. Salernit., c. 68, *SS.*, III p. 501.
**denundinare**: *crier sur les toits — to noise abroad.* Quod cum denundinatum percrebuisset. V. Deicoli (s. x), c. 15, *SS.*, XV p. 680.
**denuntia**: *dénonciation — denouncement.* S. xiii, Ital.
**denuntiare**: **1.** *notifier, intimer — to notify, to intimate.* Ad ecclesias vicinas, ubi eis denuntiatur, devota mente occurrant. Karoli M. epist. a. 807, *Capit.*, I p. 245 l. 20. Ubi judicium ambabus partibus denuntiatum fuerit. Pactum Loth. a. 840, c. 19, ib., II p. 133. [Episcopi] denuntient loca sibi et populo convenientia [in circuitione parochiae]; et illuc presbyteri ... plebes suas adducant. Capit. Tolos. a. 844, c. 4, p. 257. **2.** *publier, promulguer — to proclaim.* Haec capitula ... [rex] nobis transmisit, ut ea vobis denuntiaremus, ut et vos ... observare cum justitia studeatis. Alloc. missi Divion. a. 857, prol., ib., p. 291. **3.** *ordonner par une proclamation publique — to command by proclamation.* Quando denuntiatum fuerit pro rege vel pro fidelibus suis qualibet causa orationes facere. Karoli M. capit. prim. a. 769, c. 13, I p. 46. [Decimas] dare nolentes [i.e. a dare nolentibus] secundum quod anno preterito denuntiatum est a ministris rei publice exigantur. Capit. Mantuan. II a. 787, c. 8, p. 197. Comiti [i.e. comes] ... unumquemque hominem ... in hostem pergere bannire studeat, ut ad placitum [i.e. tempus et locum] denuntiatum ... veniant. Capit. Aquisgr. (a. 801-813), c. 9, p. 171. Indictum jejunium quando a palatio vel a domo fuerit denuntiatum, ab omnibus generaliter observetur. Haitonis Basil. capit. (a. 807-823), c. 8, p. 364 l. 1. [Romanis] denuntietur, quod [i.e. ut] hoc unusquisque sciat, ... quod ... eidem legi quam profitentur.... subjacebunt. Const. Romana a. 824, c. 5, p. 323. **4.** *enjoindre, donner l'ordre de* faire qqch. — *to enjoin, to instruct* a person to do a thing. Ut latrones de infra emunitate illos [i.e. illi] judices ... ad comitum placitum, quando eis annuntiaverint, praesentetur [i.e. praesentent]. Capit. Harist. a. 779, forma Langob., c. 9, p. 48 col. 2. Ut unusquisque judex suum servitium pleniter perficiat, sicut ei fuerit denuntiatum. Capit. de villis, c. 7. Quocumque tempore eis [sc. hominibus ad iter exercitale praeparatis] a nobis denuntiatum fuerit, sine ulla mora exire et ... pergere possint. Ludov. Pii et Loth. epist. gener. a. 828, forma minor, II p. 5 col. 1 l. 15. Omnibus scabinis denuntietur, ne quis deinceps etiam justum judicium vendere praesumat. Capit. missor. Wormat. a. 829, c. 4, p. 15. Missi nostri comitibus et omnibus rei publicae ministris firmiter ex verbo nostro denuntient atque praecipiant, ut ... Capit. missor. Suess. a. 853, c. 8, p. 269. **5.** *admonester — to admonish.* Haitonis Basil. capit., c. 25, I p. 366. Hoc admonendum vel denunciandum fidelibus necessario providimus, ut ... priusquam ad baptismum accedant, instruantur. Episc. rel. a. 829, c. 35, II p. 39. **6.** *excommunier — to excommunicate.* Ann. Erphord. fratris Praedic., a. 1238. HOLDER-EGGER, *Monumenta Erphesfurtensia*, p. 96.
**denuntiatio**: **1.** **ordre — order.* **2.** *intimation — summons.* Ad alia [quam ordinaria] placita [judiciaria], si necessitas fuerit vel denunciatio regis urgeat, vocatus venire nemo tardet. Karoli M. capit. prim. a. 769, c. 12, I p. 46. **3.** *interdiction — prohibition.* Laici qui post hanc denuntiationem socios se hujus expilationis praebuerint. Capit. episc. Pap. (a. 845-850), c. 5, II p. 82.
**deoperire**: **découvrir — to uncover.*
**depaciscere**: *fiancer — to betroth.* Arnulfus ... filiam Heriberti olim sibi juramentis alterutro datis depactam sumit uxorem. FLODOARD., Ann., a. 934, ed. LAUER, p. 59.
**depactare**: *extorquer une rançon — to extort a ransom.* S. xiv.
**depactatio**: *rançon — ransom.*
**depalare** (<palam): **exposer aux regards — to display.*
**depandare** (cf. voc. pandus): *saisir — to distrain.* S. xiii.



**depannare**, depanare (<pannus): *arracher les vêtements — to tear a person's clothes from his body.* Capit. Pistens. a. 862, c. 1, *Capit.*, II p. 305 l. 29. ABBO SANGERM., Sermo 5, D'ACHÉRY, *Spic.*, IX p. 109.
**depascere**: **1.** aliquem: *nourrir — to nourish.* **2.** aliquid: **consumer — to consume.* Corpora virorum et mulierum ... invisibile igne [i.e. peste] depascebantur. ADEMAR., lib. 3 c. 35, ed. CHAVANON, p. 158.
**depauperare**: *appauvrir — to impoverish.* STIMMING, *Mainzer UB.*, I no. 219 p. 135 (a. 976).
**dependentia**: *subordination — subordination.* Ab ecclesia Aquilegiensi habens dependenciam. JOH. VICTOR., lib. 1, a. 1270, ed. SCHNEIDER, I p. 100.
**dependere**: *dépendre* de la potence — *to take down* from the gallows. Ipsum de furca dependit. V. Lanfranci Papiens. (ca. a. 1200), *AASS.*[3], Jun. V p. 540 C.
**depersonare**: *destituer — to deprive* a person *of his office.* Si istum ... non ea tractavero caritate et dulcedine ..., depersoner ab honore meo. HUGO FLAVIN., Chron., lib. 2, *SS.*, VIII p. 416 l. 36.
**depilare**: **épiler — to depilate.*
**deplanare**: **aplanir, égaliser — to level.* Decisa silva modicum deplanans campum, rastro ipsam effodiens humum, vitae elicebat alimentum. GREGOR. TURON., V. patrum, c. 12 § 1, *Scr. rer. Merov.*, I p. 712.
**deplantare**: *planter en vigne — to plant with vine.* Clausum ... a predecessore suo ... jampridem deplantatum. D'HERBOMEZ, *Cart. de Gorze*, p. 210 no. 115 (a. 977).
**deplere**: parfaire l'expédition d'un acte notarié au moyen de la souscription dite „completio" — to achieve a document by adding the notary's subscription "completio". Ego A. notarius post tradita deplevit [i.e. deplevi]. SCHIAPARELLI, *CD. Longob.*, I no. 45 p. 152 (a. 730, Pisa). Etiam ib., no. 23 p. 91 (a. 720, Pisa); no. 91 p. 265 (a. 747, Lucca); II no. 193 p. 183 (a. 765, Lucca).
**deplicare**: **déplier — to unfold.*
**depompare**: **déshonorer, flétrir — to dishonour.*
**deponere**: **1.** **faire déchoir, destituer — to depose from office.* **2.** **abattre, renverser — to pull down, to destroy.* **3.** pass. deponi: *mourir — to die.* ADAM BREM., lib. 1 c. 52 sq., ed. SCHMEIDLER, p. 52 et 55. **4.** **remettre — to hand.* Hanc praecariam [i.e. chartam precariae] vobis deposuimus. F. Bituric., no. 2, *Form.*, p. 169. **5.** *engager — to pawn.* Silvam ... a canonicis, quibus deposita fuerat, 20 marcarum precio redemptam. HAUTHALER, *Salzb. UB.*, I p. 429 no. 325 (a. 1147-1167). Curtem unam fratribus de monasterio ... pro 20 marcis in vadimonium deposuerat. Ib., p. 447 no. 360 (a. 1147-1167). Cellarium ... quod deponi et deservi debuit fidejussoribus suis. HOENIGER, *Koelner Schreinsurk.*, II p. 66 c. 14 (a. 1163-1168). **6.** *mettre en dépôt — to deposit.* S. xiii. **7.** *former* une instance, *déposer* une plainte, *rendre* un témoignage — *to lodge* a complaint, *to depose* a testimony. Proximi illius occisi querimoniam coram domino suo archiepiscopo de occisore deponent. Jura minist. Colon. (ca. a. 1154), c. 7, ALTMANN-BERNHEIM, *Urk.*[4], p. 167. **8.** *renoncer à* une prétention — *to waive* a claim. Deposuerunt omnem querimoniam et questionem, quam fecerunt de hereditate A., et omnem hereditatem illam effestucaverunt. HOENIGER, o.c., I p. 47 c. 35 (a. 1149-1159). Rursum p. 75 c. 20 (a. 1165-1172).
**deportare**: **1.** *supporter — to suffer, to bear.* Rex, quoniam erat mitissimus atque sapientissimus, ... moderantissime illud deportavit. Ann. Lauriss., a. 786, *SS.*, I p. 42. **2.** *favoriser — to advantage.* Ad hoc statuti homines juraverunt, quod neminem propter amorem vel cognationem deportabunt, neminem propter inimicitiam laedent. BOURGEOIS, *Mouv. comm. Champagne*, p. 117 c. 11 (a. 1179, Meaux).
**deposcere**, aliquem: *prier, insister auprès de* qq'un — *to beg, to request.*
**depositio**: **1.** **destitution — dismissal from office.* **2.** **inhumation — burial.* **3.** *translation* de reliques — *translation* of relics. V. Audoini (s. viii in.), c. 19, *Scr. rer. Merov.*, V p. 567. **4.** **décès — decease.* **5.** *anniversaire du décès — anniversary of a person's death.* Celebratur depositio ejus tertio non. Sept. V. Remacli, c. 8, ib., p. 108. V. Pirminii, c. 10, *SS.*, XV p. 31. ADAM BREM., lib. 1 c. 34, ed. SCHMEIDLER, p. 37. **6.** **déposition d'un témoin — testimony.* **7.** *étape, droit d'étape — staple, privilege of staple.* S. xiii, Germ.
**depositum**: **1.** *trésor d'église — church treasure.* Qui ecclesias infringunt et deposita exinde abstrahunt. Concil. Meld. a. 845, c. 60, *Capit.*, II p. 412. **2.** *charge temporaire — temporary commission.* Confinxit preposituram illam, quam sub conditione depositi tenebat, jure sibi hereditario provenire. GRASILIER, *Cart. de la Saintonge*, II p. 92 (s. xii in.)
**depost** (praep.): **1.** **derrière — behind.* **2.** **après — after.*
**depravare**: **diffamer — to slander.*
**deprecari**: *recevoir en précaire — to obtain in precarial tenure.* Has 11 donationes deprecata est E., et solvit inde sol. 2 ad luminaria s. Germani. Polypt. Irminonis, br. 12 c. 15, ed. GUÉRARD, II p. 124 col. 2. Etiam c. 3, p. 123 col. 1; c. 18, p. 125 col. 1.
**deprecatio**: **1.** **prière — prayer.* **2.** *taille — aid.* Nulla deprecatio sit facta, nisi ... TARDIF, *Cartons*, no. 286 p. 177 col. 2 (a. 1067, Parisis).
**deprecatorius**: **1.** **de supplication — entreating.* **2.** *de recommandation, d'intercession — recommendatory, intercessory.* Epistola deprecatoria. F. Marculfi aevi Karol., no. 3, *Form.*, p. 115. V. Burchardi Wormat., c. 3, *SS.*, IV p. 834 l. 10. Litterae deprecatoriae. FLODOARD., Hist. Rem., lib. 3 c. 18, *SS.*, XIII p. 508 l. 50.
**deprecatura**: *taille — aid.* Ne aliquis amplius in ea villa neque per vim neque per deprecaturam neque per advocaturam de omissis consuetudinibus amplius aliquid expeteret. BRUNEL, *Actes Pontieu*, p. 4 no. 3 (a. 1043-1052). Eadem verba: HARIULF., Chron., lib. 4 c. 21, ed. LOT, p. 231.
**depraedare** et depon. depraedari: **piller — to plunder.*
**depraedatio**: **déprédation, pillage — devastation, plundering.*
**depraedator**: **pilleur — plunderer.*
**deprehensio**: **knowledge — connaissance.*
**depressio**: **oppression — oppression.*
**depretiare**: **déprécier, rabaisser, mépriser — to depreciate, to debase, to despise.*

**deprimere**: **1.** *imprimer, tracer — to imprint, to draw.* Haec nomina eorum qui in presente signa manuum depresserunt. BITTERAUF, *Trad. Freising*, I no. 15, p. 43 (a. 760). **2.** *opprimer — to oppress.* Hebreos depraement gravissima servitute. JORDAN., Summa temp., c. 23, *Auct. ant.*, V pt. 1 p. 5. Regno a multis gentibus depressus [i.e. depresso]. BENED. DE S. ANDREA, ed. ZUCCHETTI, p. 69.

**depromere**: **1.** **communiquer, publier, divulguer — to communicate, to publish, to divulge.* **2.** **dire, déclarer — to tell, to explain.* Causas regi depromit. Pass. Praejecti, c. 23, *Scr. rer. Merov.*, V p. 239. Omnia ex ordine depromit quali se rei veritas habeat. IONAS, V. Joh. Reom., c. 4, ed. KRUSCH, p. 331. **3.** *promettre — to promise.* Ingressi . . . monasterium, mortificationem carnis et sanctae religionis vitam et oboedientiam ambo spontanea voluntate depromunt. BOBOLEN., V. Germani Grandivall. (ca. a. 675), c. 6, *Scr. rer Merov.*, V p. 35. Cui tantam Dominus apud majorem domus prestitit gratiam, ut, quod verbis depromsisset [Dominus], summo cum honore adeptus est. Pass. Praejecti, c. 22, ib., p. 238.

**deprope** (adv.): **1.** **près — near.* **2.** *de suite — at once.*

**depropitius**: **contraire, non propice — adverse, unfavourable.* Eris mihi in illa terribili die divini judicii depropitius. Lib. diurnus, c. 83, ed. SICKEL, p. 93 l. 1.

**depublicare**: **1.** *rendre public; communiquer, dénoncer — to make known, to notify.* Si servus aut ancilla . . . aut quodlibet animal, fugiens dominum suum, ab alio fuerit receptum, et quaerenti domino negatum, et iterum depublicatum . . . Lex Fris., addit. Wlmari, tit. 7. Si mala est fama, depublicetur ab omnibus, non per invidiam . . . sed ex veritate proferendum. Capit. Ghaerbaldi Leod., MARTÈNE, *Coll.*, VII col. 25. **2.** *produire, exhiber — to produce, to submit.* Munimenta libertatis Sithiensis aecclesiae curiae [sc. Romanae, dativ.] depublicavit. SIMON, G. abb. Sithiens., lib. 2 c. 126, *SS.*, XIII p. 660.

**deputare**: **1.** **ranger au nombre de, compter parmi — to reckon among.* **2.** **considérer comme* tel *— to consider as* such. **3.** **attribuer à, imputer à* qq'un ou qqch. *— to ascribe to* a person or a thing. **4.** **assigner à, destiner à* qq'un ou qqch. *— to assign, to allot to* a person or a thing. **5.** *affecter* tel bien à un service déterminé *— to destine* a property for a definite procurement. Ista sunt loca vel beneficia que ad portam monasterii s. Remigii ad decimas dandas . . . sunt deputata. Polypt. s. Remigii Rem., c. 10 § 10, ed. GUÉRARD, p. 20 col. 1. Res ad hoc [sc. ad stipendia et paraveredos missis regis tribuenda] deputatae, ad alios usus convertuntur. Ludov. II capit. Pap. a. 850, c. 9, II p. 88. Res [quas] . . . praedictae ecclesiae . . . in usibus . . . ac stipendiis clericorum ibidem Domino servientium perpetualiter habendas deputaverit. *D. Charles le Ch.*, no. 173 (a. 855). Ad luminare procurandum . . . duos mansus in A. deputavit. G. pontif. Camerac., lib. 3 c. 49, *SS.*, VII p. 484 l. 15. **6.** *faire donation de* qqch. *— to bestow.* Basilicae . . . missorium argenteum . . . deputem. Test. Remigii a. 533, PARDESSUS, I no. 118 p. 84. Si quis in agro suo [i.e. villa] habet dioecesim [i.e. ecclesiam privatam] . . ., primum terras ei deputet sufficienter. Concil. Aurelian. a. 541, c. 33, *Conc.*, I p. 94. Condidit testamentum et deputavit per singulas civitates quod possidebat in eis, ipsis scilicet ecclesiis. GREGOR. TURON., Hist. Franc., lib. 10 c. 31 § 6. [Si quid] in hunc testamentum cuicumque non depotavi, tibi [i.e. te], dulcissime fili, habere cupio. Test. Erminethrudis a. 700, PARDESSUS, II no. 452, p. 256. **7.** *confier, commettre à la garde de* qq'un, *poser comme tâche — to confide, to commit* to somebody's *charge, to consign.* In obsequio gloriosi regis G. deputatur a patre. V. Austrigisili, c. 1, *Scr. rer. Merov.*, IV p. 191. [E]stote sub custodiis deputati, quousque censura de vobis agitetur judicii. JULIAN., Hist. Wambae, c. 25, ib., V p. 521. Omnium negotiorum causas judices habeant deputatas. Lex Visigot., lib. 2 tit. 1 § 15. Ut aecclesiae baptismales ab his qui debent restaurentur; et singulis, prout ejus possibilitas fuerit, restaurandi mensura deputetur. Capit. Mantuan. II a. 787, c. 3, I p. 196. Probatissimo seniori pueri ad custodiendum deputentur. Concil. Aquisgr. a. 816, c. 135, *Conc.*, II p. 413. Scolam doctoribus deputarunt. Concil. Franc. a. 816-829, c. 14, ib., p. 592. **8.** *enjoindre — to enjoin.* Si quis pro culpa criminali . . . a rege deputabatur interfici. FORTUN., V. Radegundis, c. 10, *Scr. rer. Merov.*, II, p. 368. Ubi . . . panes erogantur ad homines pauperes . . . quod deputavit H. ANTONIN. PLACENT., Itin., c. 27, ed. GEYER, p. 177. **9.** *fixer, convenir — to arrange, to appoint.* Omnes in die deputato starent coram rege. *D. Ludwigs d. Deutsch.*, no. 66 (a. 853?). **10.** aliquem: **envoyer, placer* dans un lieu, une situation *— to send, to put* a person in a place. **11.** *envoyer, déléguer — to depute, to delegate.* Benedicti regula, c. 48. L. visitatorem per omnia deputare. GREGOR. M., lib. 3 epist. 25, *Epp.*, I p. 183. Ad vineae custodiam depotatus fuisset. IONAS, V. Columb., lib. 2 c. 25, ed. KRUSCH, p. 293. Si judex servum suum . . . ad discutienda negotia elegerit deputandum. Lex Visigot., lib. 2 tit. 1 § 16. Quantascumque villas unusquisque in ministerio habuerit, tantos habeat deputatos homines qui apes ad nostrum opus praevideant. Capit. de villis, c. 17. Comites qui ad custodiam maritimam deputati sunt. Capit. missor. a. 821, c. 5, I p. 301. A custodibus quos ad hoc deputatos habemus. Edict. Pist. a. 864, c. 37, II p. 328. **12.** aliquem alicui rei: *préposer — to put at the head of.* Sacerdotes constitui non oportet nisi in ecclesia, aut speciali monasterio deputentur. Concil. Roman. a. 826, c. 10, ib., I p. 373. **13.** *instituer — to institute.* Quater binos canonicos in aecclesia s. Autberti deputavit. G. pontif. Camerac., lib. 1 c. 88, *SS.*, VII p. 433. **14.** *accuser, diffamer — to accuse, to defame.* Infideles deputabantur [i. e. infidelitatis incusabantur]. Ann. Xant., a. 831, ed. SIMSON, p. 8. Si quis aliquo crimine aut infamia deputatur. Concil. Tribur. a. 895, c. 22, *Capit.*, II p. 225. **15.** *mépriser — to despise.*

**deputatio**: **1.** *délégation de la capacité d'agir — attorneyship.* GREGOR. M., lib. 9 epist. 75, *Epp.*, II p. 93; lib. 13 epist. 49, p. 413. Novell. Justin., 147, 1. **2.** *assignation — allotment.* CASSIOD., Var., lib. 2 epist. 16 § 5, *Auct. ant.*, XII p. 55.



**deratiocinare,** dis-, di-, et depon. deratiocinari: **1.** *garantir* contre les prétentions d'un tiers *— to warrant* against any claim. Si quislibet huic dato contraire aut refragare temptaverit, R. . . . contra omnes homines deratiocinabit. VERNIER, *Ch. de Jumièges*, I p. 123 no. 39 (a. 1097). **2.** *impétrer* en droit, *avoir gain de cause au sujet de* qqch. *— to vindicate, to deraign.* Coram omnibus testimonio . . . deratiocinatus est libertatem terrae suae. V. Lanfranci, no. 31, *AASS.*, Maji VI p. 841. Si quis de propria causa tractaret que ad feodum suum disraciocinandum pertineret. Leg. Henrici, tit. 61 § 13, LIEBERMANN, p. 582. Hereditatem suam . . . per duellum diratiocinaverunt. Epist. a. 1145-1153 ap. DC.-F., III p. 73 col. 1.

**deratiocinatio,** di-: *procédure — procedure.* In diraciocinacione feudi precedere debet feudatus testem suum ad bellum. Leg. Henrici, tit. 48 § 12, LIEBERMANN, p. 572.

**derationare,** dis-, des-, di-, -raisnare, -resnare, -rainare, et depon. derationari: **1.** *impétrer* en droit, *avoir gain de cause au sujet de* qqch. *— to vindicate, to deraign.* Tamdiu . . . contra H. institit, usquequo procerum judicio . . . villam derationaret. HARIULF., Chron., lib. 4 c. 7, ed. LOT, p. 191. Si participes ville pro hoc molendino contra A. [molendinarium] placitaverint et contra ipsum derationaverint quod molendinum cadere oportuerit. DUVIVIER, *Actes*, I p. 206 (a. 1131, Crespin). Praepositus noster [i.e. regis] . . . contra burgensem aliquem nihil omnino disracionare possit. Priv. Ludov. VII reg. Fr. pro Aurelian. a. 1137, ed. BIMBENET, p. 88. Nullus poterit derationare nisi villici et scabinorum testimonio se super alicujus possessionem nomine vadimonii habere pecuniam. Ch. Brusthem a. 1175, ed. GESSLER, c. 10. Prepositus noster adversus aliquem supradictorum hominum per hominem de mensa et de cibo suo nichil poterit probare vel disrationare. Phil. Aug. reg. Fr. priv. pro Bituric. a. 1181/1182, c. 7, GIRY, *Doc.*, p. 3. **2.** *prouver* en droit, *fournir les preuves de* qqch. *— to prove* at law, *to furnish convincing evidence.* Quod si theloneariu s . . . super aliquem de civitate clamorem fecerit quod theloneum suum injuste retinuerit, si se debere negaverit, per originem suam derationabit. GUIMANN., Cart. s. Vedasti, ed. VAN DRIVAL, p. 171 (a. 1036). Consuetudines quas castellanus in civitate se habere asserit, si in episcopi curia diracionare legitime potuerit predecessores suos antiquitus habuisse, liberas obtineat. Ch. commun. Laudun. a. 1128, *Ordonn.*, XI p. 185. Si post justiciam [i.e. supplicium] factam fecerit aliquis clamorem . . . quod injuste interfectus sit, . . . et si dixerit quod velit illud diracionari. Leg. Edw. Conf., tit. 36, LIEBERMANN, p. 666 col 1. Dirationare voluit de officio suo non nisi aliorum villicorum se judicium exsecuturum. FAYEN, *Lib. trad. s. Petri Bland.*, p. 180 (a. 1163). Propter factam recognitionem saisinam non amittat qui prior saisitus fuerat, donec per placitum dirationatum fuerit. Const. Clarend. a. 1164, c. 9, STUBBS, *Sel. ch.*[9], p. 166. Qui . . . aliquem de communia . . . percusserit, nisi se defendendo se fecisse duobus vel tribus testibus contra percussum disrationare poterit coram preposito nostro, 20 sol. dabit. Phil. Aug. priv. pro Ambian. a. 1190, c. 6, GIRY, *Doc.*, p. 23. **3.** refl. se derationare: *se purger, se disculper — to clear oneself* of a charge, *to disculpate oneself.* Dicebat apud se: Jam totum derationavi, quia ille non inventurus qui contra me audeat ferre sententiam. Mir. Rictrudis, no. 13, *AASS.*, Maji III p. 94. Vadimonium dedit ad disrationandum se, et non potuit. Leg. Edw. Conf., tit. 36 § 5, LIEBERMANN, p. 668. Si quis civium . . . implacitatus fuerit, per sacramentum . . . se disrationet. Henrici I reg. Angl. priv. pro London. (a. 1130-1133), STUBBS, o.c., p. 129. Si dominus velit eum disfacere, disracionet se, si possit, in conventu publico. Leg. V Aethelstan, tit. 1 § 1, vers. Quadrip., ed. LIEBERMANN, p. 169 col. 1. **4.** *exposer, expliquer — to set forth, to explain.* Sicut in hoc brevi superius scriptum [est] et sicut ego W. episcopus hac hora novissima derationavi et sicut isti circumstantes nunc audierunt et intellexerunt. Sacramentum pacis Belvacense (ca. a. 1023), PFISTER, *Robert*, p. LXI.

**deraubare,** dis-, -ru-, -ro- (<rauba): *dépouiller — to rob.*

**deraubatio,** -ro-: *dépouillement, pillage — robbery.* S. xiv.

**deraubator,** -ro-: *pilleur — robber.* S. xiii.

**derelicta** (subst. femin.): *veuve — widow.*

**derelinquere**: **1.** **laisser après soi, léguer — to bequeath, to leave behind.* **2.** **laisser de côté, omettre — to drop, to omit.*

**derictura,** v. directura.

**derisio**: **sujet de dérision — ridicule.*

**derisorius**: **dérisoire — ridiculous.*

**derivare**: *réduire — to reduce.* Olim frequentior numerus fratrum nunc ad quinquagenos prae inopia derivatur. G. pontif. Camerac., lib. 2 c. 4, *SS.*, VII p. 456 l. 49.

**derocare** (<rocca): *démolir* un rempart, *démanteler — to pull* a wall *down, to dismantle.* S. xiii, Ital.

**derogare**: **dire du mal de* qq'un, *critiquer, calomnier — to speak evil of* a person, *to slander.*

**derogatio**: **calomnie, outrage — detraction, calumny.*

**derogator**: **détracteur — detractor.*

**derupare** (<rupis): *démolir* un rempart, *démanteler — to pull down, to dismantle.* Fuerunt derupate fortilitie. SALIMBENE, ed. HOLDER-EGGER, p. 483. MURATORI, *Scr.*, VIII col. 1128 (a. 1269); col. 1133 (a. 1271).

**desagmare** (<sagma): *décharger* une bête de somme *— to disburden* a pack-animal. Mulus desagmatur. PETR. DAMIANI, V. Odilonis, MIGNE, t. 145 col. 939 B.

**desaisire,** deseisire, v. dissaisire.

**desamparare, desamparatio,** v. disampar-.

**desanare** (<sanus): *mourir — to die.* S. xii, Hisp.

**desarmare,** v. disarmare.

**descendens** (subst.): **descendent — descendant.*

**descendere**: **1.** **descendre* par le lien du sang *— to spring* from an ancestor. **2.** *descendre, mouvoir* d'un seigneur, en droit féodal *— to descend, to move* from a lord in feudal law. Nemo fevum, quod tenet ab aliquo, potest dimittere ecclesiae nec alicui, nisi per conventum illius a quo descendit. MÉTAIS, *Cart. de Vendôme*, I no. 145, p. 254 (a. 1060/1061). Descendebat idem locus de dominio G. castri.

PETIT, *Hist. de Bourg.*, II p. 222 no. 262 (ca. a. 1140). Ad hereditatem . . . nullus accedat, nisi prius ad arbitrium domini, de cujus feodo descendit, placitum fuerit. BOURGIN, *Soissons*, p. 407 no. 2 (a. 1141). A qua [muliere] in capite discendebat [decima quaedam] et suum allodium erat. DIDIER, *Le droit des fiefs dans la coutume de Hainaut*, 1945, p. 108 n. 9. [Nullus] feodum suum [petere potest], nisi per dominum, a quo descendit, et judicio hominum suorum. Phil. Aug. reg. Fr. priv. pro Atrebat. a. 1194, ESPINAS, *Rec. d'Artois*, no. 108, c. 36. 11 bonaria terre, que F. jure feodali a nobis descendentia tenebat. PONCELET, *Actes Hug. de Pierrepont*, no. 157 (a. 1217). **3.** *être défalqué — to be deducted.* Si quid super 9 sol. inde quolibet anno receperint, tantum de capitali descendat. HOENIGER, *Koelner Schreinsurk.*, I p. 90 c. 2 (a. 1167-1172).

**descensus** (decl. iv): **1.** *descente* d'un fleuve — *sailing down* a river. Per universa flumina ad surrectum seu ad discensum. *D. Karolin.*, I no. 46 (a. 769). Illis descensus fluminis a civibus inhiberetur. REGINO, a. 889, ed. KURZE, p. 133. **2.** *chute d'eau — waterfall.* Aqueductum separaverat a descensu molendinorum. RÉDET, *Cart. de Poitiers*, no. 210 p. 136 (a. 1019-1027). BERTRAND, *Cart. d'Angers*, I no. 124, p. 152 (a. 1039-1055). **3.** *gîte, descente — stay, putting up.* S. xii.

**deschargare**, v. discaricare.

**describere**: **1.** **recenser, dénombrer — to register, to enter on the census list.* **2.** *imposer* une ville, *faire la répartition du cens — to assess* for taxation. GREGOR. TURON., Hist. Franc., lib. 9 c. 30.

**descriptio**: **1.** **recensement de la population* pour l'impôt — *census* taken in view of taxation. Ch. rex discriptiones novas et gravis in omne regno suo fieri jussit. GREGOR. TURON., Hist. Franc., lib. 5 c. 28. Ibi pluries. Discribtio quae facta fuerat. V. Sulpicii II episc. Bituric. († a. 646), c. 6, *Scr. rer. Merov.*, IV p. 376 l. 23. **2.** *dénombrement* des fisc et des beneficia du royaume — *roll* of fiscs and beneficia of the realm. Missi strennui per universum regnum dirigerentur, quorum industria diligentior discriptio fieret. Ann. Bertin., a. 842, ed. WAITZ, p. 29. **3.** *dénombrement* d'un ensemble de domaines, *polyptyque — roll* describing the composition of estates. Illa[m] descriptione[m] de ipsa familia [i.e. re familiari] ei deberet donare. Pass. Praejecti, c. 37, *Scr. rer. Merov.*, V p. 246. GUÉRARD, *Cart. de Marseille*, I no. 31 p. 45 (a. 780). Discriptionem ibidem optulerunt ad relegendum, in quo continebatur quomodo . . . cum juramento dictaverunt quid per singula mansa ex ipsa carte desolvere debebant. *D. Pépin I d'Aquit.*, no. 12, p. 46 (a. 828). GUÉRARD, *Polypt. d'Irminon*, II, append. no. 9, p. 345 (a. 828). Descriptio villarum quae ad opus fratrum in coenobio Laubaco . . . servire debent. Descr. Lobbes, ed. WARICHEZ, *BCRH.*, t. 78 (1909), p. 249. Ipsi alodes in nostrum dominicatum recipiantur, et certa illorum descriptio nobis adportetur. Capit. Tusiac. a. 865, c. 5, II p. 330. **4.** *charte — charter.* Hec descriptio firma permaneat. GYSSELING-KOCH, *Dipl. Belg.*, no. 77 (a. 988-994, Gand). **5.** *copie — copy.* Cujus constitutionis in unaquaque civitate . . . tres descriptiones esse volumus: unam quam episcopus ipsius civitatis habeat, et alteram quam comes, et tertiam ipsi Hispani . . . Exemplar vero earum in archivo palatii nostri censuimus reponendum. Const. de Hisp. I a. 815, c. 7, *Capit.*, I p. 262.

**descriptor**: **1.** **écrivain, narrateur, historien — author, historian.* **2.** *répartiteur de l'impôt — tax-assessor.* GREGOR. TURON., Hist. Franc., lib. 9 c. 14 et c. 30. FORTUN., Carm. 10 str. 11 tit., *Auct. ant.*, IV pt. 1 p. 245.

**desculpare**, v. disculpare.

**deserere**: **1.** **renoncer à* qqch., *cesser de* faire qqch. — *to cease.* **2.** **perdre — to lose.*

**desertare**: **1.** **abandonner — to desert.* De propriis servis et ancillis, ut non supra modum mittantur in monasteria, ne desertentur villae. Capit. missor. Theodonisv. I a. 805, c. 11, codd. 14 et 15, *Capit.*, I p. 122. **2.** *dévaster — to devastate.* Non terra deleretur illa et episcopia vel monasteria non desertarentur. Ann. regni Franc., a. 787, ed. KURZE, p. 74. **3.** *démolir — to waste.* De minoribus aedificiis, si quis desertaverit aut culmen ejecerit. Lex Baiwar., tit. 10 c. 3. **4.** *rendre inculte, laisser tomber dans un état de délabrement — to allow to become waste, to leave to decay.* Ut beneficium imperatoris desertare nemo audeat, propriam suam exinde construere. Capit. missor. gener. a. 802, c. 6, I p. 93.

**desertio**: **1.** **abandon, manquement — abandonment.* **2.** **contumace — non-appearance in court.* **3.** **désertion militaire — desertion from the army.* **4.** **solitude, désolation — desolation, desert place.*

**desertum** (subst. neutr.): **lieu désert, solitude, désert — desert place, solitude, desert.*

**deservire**, **1.** alicui: *être affecté aux besoins de* qq'un, *fournir la subsistance à* qq'un — *to be obliged to procure* a person's *sustenance.* Dono . . . villas meas . . cum omnibus appendiciis vel quicquid ibidem visum fuit michi deservire. BEYER, *UB. Mittelrhein*, I no. 19, p. 24 (a. 765, Prüm). [Villam] eternaliter ad ipsam sedem [episcopalem] deservire . . . confirmavit. Breves notit. Juvav. (ca. a. 790), c. 2, HAUTHALER, *Salzb. UB.*, I p. 19. Villae nostrae . . . sub integritate partibus nostris deserviant et non aliis hominibus. Capit. de villis, c. 1. Eadem possessio michi . . . precaria lege deserviat. BEYER, o.c., I p. 218 no. 154. Ista hereditatula parva volumus ut ad ecclesiam domini Salvatoris in S. deserviat. GYSSELING-KOCH, *Dipl. Belg.*, no. 29 (a. 831, S.-Bertin). Medietas abbatiae fratribus . . . in usu communi deserviret. FOLCUIN., G. abb. Lobiens., c. 15, *SS.*, IV p. 61 l. 28. **2.** *être astreint à l'acquittement de redevances ou de services réguliers — to be liable to regular prestations or services.* De liberis hominibus et centenis qui partibus fisci nostri deserviunt. Capit. de villis, c. 62. Mansos qui ad supradictum mansum dominicatum deserviunt vestitos 12; et alios qui nuper vestiti sunt 12, qui nec adhuc [i.e. nondum] integrum possunt solvere censum; absos 16. *SS.*, VII p. 420 l. 40 (ch. a. 874/875, Cambrai). **3.** *être tenu à verser le revenu* dans telle caisse — *to be obliged to pay proceeds* to a definite cash. Cum omnibus teloneis quemadmodum ad suam [i.e. regis] cameram deserviri videbantur. G. Dagoberti, c. 33, *Scr. rer. Merov.*, II p. 413. **4.** aliquid: *mériter, rendre des services qui justifient tel récompense — to merit, to serve in a way deserving a definite reward.* Ruodlieb, fragm. I v. 5 et 62. Inde gaudeant . . . qui hec [sc. cyricsceattam] dignius erga Deum et nos volunt deservire. Leg. I Aethelstan, tit. 4, vers. Quadrip., LIEBERMANN, p. 147 col. 1. **5.** beneficium: *s'acquitter des devoirs vassaliques qui découlent de la possession* d'un fief — *to perform the vassalian duties connected with the possession of* a fief. Teneant precariam cum alodo donec illa vixerit, sed deserviat eam maritus debito servitio. BEYER, o.c., I no. 186 p. 248 (ca. a. 948). Si illud idem beneficium ex parte ecclesie deservire vellent. PHILIPPI, *Osnabr. UB.*, p. 142 no. 162 (a. 1070-1088). Beneficia, que militari obsequio erga pontificem deservivit. Trad. Brix., no. 135, ed. RESCH. Militibus, qui per loricas terras suas deserviunt. Henrici I reg. Angl. ch. a. 1100, c. 11, LIEBERMANN, p. 522. Ad supradictam . . canonicam ipsum feudum deserviant. FICKER, *Forsch.*, IV no. 97, p. 142 (a. 1120, Verona). **6.** mansum: *s'acquitter des prestations dues à cause* d'une tenure domaniale — *to perform the prestations due for* a manorial holding. [Terra abstracta] singulis mansis . . ., de quibus census decidit propter eorum impossibilitatem qui mansa deservire non possunt, restituatur. Edict. Pist. a. 864, c. 30, *Capit.*, II p. 323. **7.** ecclesiae: **effectuer le service divin dans* une église, *desservir* une église — *to perform divine service in* a church, *to be in charge of* a church. GREGOR. M., lib. 5 epist. 50, *Epp.*, I p. 350. A presbiteris ecclesiae in suprascripto loco deservientibus celebrentur sacrificia veneranda missarum. Lib. diurnus, c. 15, ed. SICKEL, p. 12. Sacerdos qui ad ecclesiam deservit. Lex Alamann., tit. 1 § 1. Altari cui presbyter deserviebat. Concil. Tribur. a. 895, c. 4, forma brevior, *Capit.*, II p. 215 col. 2. Qui altari deserviunt, de altari participent. *CD. Langob.*, no. 373 col. 619 A (a. 897, Bergamo). **8.** absol.: *se vouer au service divin — to devote oneself to divine service.* [Canonici] non haberent ad ciborum seu vestimentorum necessitatem qualiter in ipso sancto loco deservire possent. *D. Ugo*, no. 7, p. 23 (a. 927). **9.** *cesser de servir, refuser le service — to cease to serve, to refuse service.* Quid facimus contra deservientes rebellesque Britannos? DUDO, lib. 3 c. 40, ed. LAIR, p. 484.



**deservitor**: *titulaire d'une prébende — prebendary.* 15 [praebendarum] deservitores canonicos in aecclesia victoriosissimi Crucis . . . constituit. ANSELM., G. episc. Leodiens., c. 67, *SS.*, VII p. 230 l. 19.

**desgagiare**, desguagiare, v. diswadiare.

**desgombrare**, v. discombrare.

**desguarnire**, v. diswarnire.

**deshonorare**, v. dehonorare.

**desideratum**: **ce qui est souhaité — a thing desired.*

**desidiare**: *chômer, être oisif — to idle, to be inert.*

**designare**: **1.** **désigner, énoncer, dénoter — to indicate, to point out, to express.* **2.** **symboliser, signifier — to symbolize, to mean.* **3.** **dire, rappeler — to say, to mention.* **4.** *faire part de* qqch., *raconter — to impart, to tell.* Venit . . . ad nos et de vestra fidelitate multa nobis designavit. *D. Charles le Chauve*, no. 417 (a. 876). **5.** *assigner, affecter* un fonds à tel paiement — *to assign* a fund for a payment. S. xiii. **6.** v. voc. dissignare.

**desinentia**: *bout — end.*

**desolare**: *accabler, désoler — to afflict.* Tota urbs desolabitur pastore decedente. JOH. NEAPOL., V. Athanasii Neapol., *Scr. rer. Langob.*, p. 445 l. 33. Adflicti et desolati. Lib. pontif., Vigilius, ed. MOMMSEN, p. 153.

**desolatio**: **1.** **abandon — abandonment.* **2.** **dévastation — devastation.* **3.** *désert — desert.* CASSIOD., Var., lib. 8 no. 31 § 7, *Auct. ant.*, XII p. 260. **4.** *désolation — affliction.*

**despectio**: **état de celui qui est méprisé — state of one who is despised.*

**despectus** (decl. iv): **1.** *contumace, refus d'obéir à un ordre donné par l'autorité publique — contumacy, contempt of court, recusancy.* Quicumque nostra[m] jussione[m] in dispectum habuerit, bannum . . . conponat. Pippini reg. Ital. capit. (a. 800-810), c. 2, I p. 208. De dispectu litterarum dominicarum. Capit. leg. add. a. 818/819, c. 16, inscr., p. 284. Item Capit. missor. a. 819, c. 12, p. 290. **2.** *amende pour contumace — fine for contumacy.* Quodsi viarius mandavit homini s. Albini ut ad se iret et ille non ivit, non gajavit viario despectum. BERTRAND, *Cart. d'Angers*, I no. 220 p. 256 (a. 1080-1082). **3.** *lèse-majesté — lese-majesty.* Hec mittunt hominem in misericordia regis: . . . Despectus de eo. Leg. Henrici, tit. 13, LIEBERMANN, p. 558.

**desperantia**: *désespérance — despair.* Si poenitentiae fructus in eis conspicitur, corporis et sanguinis Domini nostri . . . participes fiant, ut desperantiae non indurentur caligine. Concil. Wormat. a. 868, c. 30, MANSI, t. 15 col. 875 A.

**despicabilis**: **méprisable — contemptible.*

**despicere**: *refuser d'obéir* à un ordre donné par l'autorité publique — *to refuse to obey* to a governmental injunction. Si ille, cujus peculius est, . . . eum liberare dispexerit. Edict. Rothari, c. 346. Si quis ad mallum venire dispexerit. Lex Sal., tit. 56, codd. fam. 2 et textus Herold. (caeteri codd.: contempserit). Si quis litteras nostras dispexerit. Capit. legib. add. a. 818/819, c. 16, I p. 284. Ut nemo despiciat litteras nostra auctoritate aut filii nostri nomine signatas. Capit. Carisiac. a. 877, c. 21, II p. 360. Si [ecclesiae depraedator] despexerit atque contempserit [episcopi] admonitionem. Karlomanni capit. Vern. a. 884, c. 5, II p. 373.

**despoliare**, dis-: *dégainer — to draw* the sword. Dispoliatis gladiis in eum irrumpunt. ASSER., G. Aelfredi, c. 97, ed. STEVENSON, p. 84.

**despondere**, aliquam: **promettre d'épouser* (sujet: le futur mari) — *to betroth.*

**desponsalia** (neutr. plural.): *instrument d'un contrat nuptial — deed concerning a marriage-contract.* Obtulit ei munera . . . quas ad nupcias filie sue secum contulerat, que in desponsalibus jam conscribere jusserat. V. Vincentiani (s. x vel xi p. pr.), c. 10, *Scr. rer. Merov.*, V p. 119.

**desponsare**: **1.** **fiancer — to promise in marriage.* **2.** *promettre d'épouser — to betroth.* Regis filiam disponsaverat. GREGOR. TURON., Hist. Franc., lib. 5 c. 38. Ante hoc tempus disponsatam eam habuerat. Ib., lib. 6 c. 16. Item lib. 6 c. 43.

**desponsatio**: **fiançailles — betrothal.*

**desrainare**, v. deratíonare.

**dessaisina,** desseisina, v. dissaisina.
**dessaisio,** dessasio, desseisio, v. dissaisio.
**dessaisire,** dessasiare, desseisire, v. dissaisire.
**desternere**: **déharnacher* — *to unharness.*
**destina** (class. „soutien, colonne — pillar"): *cellule* ou *crypte* — *cell* or *crypt.* G. abb. Fontan., c. 1, *SS.*, II p. 274 l. 16. V. Wandregisili, *AASS.*, Jul. V p. 277. OSBERN., V. Dunstani, ib., Maji IV p. 363.
**destinare, 1.** transit.: **adresser, envoyer — to send.* **2.** intrans. (cf. 1 Macab. 1, 14): *se mettre en devoir de* faire qqch. — *to be about to* do something. Fame constrictus exercitus redire ad propria destinavit. PAUL. DIAC., Hist. Langob., lib. 3 c. 31, ed. WAITZ, p. 138.
**destituere**: *déposer — to depose.* Regem destituit. JORDAN., Summa temp., *Auct. ant.*, V pt. 1 p. 14 l. 12. Episcoporum, utique et destitutorum. RATHER., epist. 7, ed. WEIGLE, p. 34 l. 25.
**destitutio**: **1.** **abandon, solitude — loneliness, forlorn condition.* **2.** **suppression, abolition — doing away with a thing, abolition.* **3.** *destitution — dismissal.*
**destitutus** (adj.): **abandonné, délaissé — destitute.*
**destrare, destrarius,** v. dextr-.
**destrictio,** v. districtio.
**destringere,** v. distringere.
**desubtus** (praep. et adv.) (>frg. *dessous*): **1.** **de dessous — from below.* **2.** **dessous — under.*
**desudare,** trans.: **faire péniblement, s'efforcer — to accomplish with effort.*
**desuper** (adv.): **1.** *là, dans ce lieu — there, in that place.* Curtem ... cum hominibus desuper commanentibus. MULLER-BOUMAN, *OB. Utrecht*, I no. 63, p. 70 (a. 838). **2.** *en outre — moreover.* PAUL. DIAC., G. episc. Mett., *SS.*, II p. 263 l. 46. Praepos.: **1.** **de dessus — from above.* **2.** *dessus — on top of.* **3.** *en amont de — on the higher side of.* Desuper ipso castro. *D. Merov.*, no. 21 (a. 644).
**desupra** (adv. et praep.): **1.** **de dessus — from above.* **2.** *dessus — above.*
**desusceptum** (subst.): *reçu, quittance, récépissé — receipt.* GREGOR. M., lib. 3 epist. 49, *Epp.*, I p. 206. Ibi pluries. Lib. pontif., Agatho, ed. MOMMSEN, p. 193.
**detalliare** (cf. voc. tallia): *rançonner — to ransom.*
**detardare, 1.** transit.: **retarder — to retard.* **2.** c. infin.: *tarder à* faire qqch. — *to delay* to do a thing. Aliquantum tempus detardaverunt hoc agere quod ... promiserunt. BITTERAUF, *Trad. Freising*, I no. 324 p. 278 (a. 814).
**detentare**: **retenir, détenir, garder — to withhold, to hold fast, to keep.*
**detentio**: **1.** *action de causer un délai, détention — causing a delay, detention.* Nullam detentionem neque ad clusas neque in nullo loco faciatis [negotiatoribus]. F. imper., no. 37, *Form.*, p. 315. **2.** *détention en prison — custody, detention.* Accusatus ... accusacionibus vel detencionibus adquieverit. Leg. Henrici, tit. 82 § 2 a, LIEBERMANN, p. 598. **3.** *déni de justice — denial of justice.* Defectus justitie ac violenta recti detencio ... commune regis placitum est. Ib., tit. 59 § 19, p. 579. Item tit. 7 § 6, p. 553.
**deteriorare, 1.** transit.: **détériorer, gâter — to make worse, to spoil.* **2.** intrans.: **devenir moins bon — to deteriorate, to become worse.*
**determinare**: **1.** **marquer, indiquer — to mark, to indicate.* **2.** **définir — to define.* **3.** *établir — to establish, to ascertain.* Quod ipsi [testes] per euangelia [i.e. per sacramentum] determinaverint, pars parti satisfaciat. Lotharii pactum a. 840, c. 19, *Capit.*, II p. 133. **4.** *décider, prononcer un jugement — to decide, to pronounce.* De negotiis, quae inter utrosque fratres ... emerserant, determinaremus. Synod. Pontigon. a. 876, ib., p. 352 l. 35. **5.** *ordonner — to ordain.* Leges determinant ut ... Invectiva in Romam, ap. DÜMMLER, *G. Berengarii*, p. 138. **6.** *juger — to adjudicate.* Calumnia in Christi sacerdotes peracta juxta synodalia determinaretur statuta. Concil. de cleric. perc. (a. 814-827), *Capit.*, I p. 360. Quod sine eorum [consiliariorum] certa consideratione determinari a comite palacii ... non potuisset. HINCMAR., Ordo pal., c. 33. Quicquid injuste super nos invasit, ... secundum judicium fidelium nostrorum determinabitur. G. pontif. Camerac., lib. 3 c. 43, *SS.*, VII p. 482. **7.** *débattre — to debate.* In his placitis legalibus quilibet civium nostrorum, quicquid de hereditate sua tractare habent vel respondere inpetenti, persolvent et determinabunt apud nos, non alibi. HOENIGER, *Koelner Schreinsurk.*, II p. 51 c. 2 (ca. a. 1150). **8.** *destiner, attribuer — to allot, to assign.* Quasdam res usui earum determinavimus. LACOMBLET, *UB. Niederrh.*, I no. 111 p. 66 (a. 970). Mansos ... cum mancipiis cunctis ad eadem loca determinatis. ERHARD, *Reg. Westfal.*, I CD. no. 137 p. 109 (a. 1042). **9.** spec.: *attribuer à une église la dîme d'une circonscription déterminée — to allot a definite tithe-district to a church.* Decimas illarum possessionum, quas habere visus sum, ... illuc [i.e. ad capellam noviter constructam] determinavi. WAMPACH, *UB. Luxemb.*, I no. 129 p. 140 (a. 896). Marcam nulli adhuc aeclesiae asscriptam, sed liberam et absolutam ... asscribo atque determino ad aeclesiam s. Dodardi. STIMMING, *Mainzer UB.*, I no. 260 p. 164 (a. 1019). [Episcopus ecclesiam parochialem] consecravit omnemque illam decimam ... ad eandem ecclesiam episcopali auctoritate ... determinavit. MULLER-BOUMAN, *OB. Utrecht*, I no. 219 (a. 1057). **10.** *annoncer le commencement des cours — to announce the beginning of lessons.* Postquam bachellarii determinare inceperint. DENIFLE, *Chart. Univ. Paris.*, I p. 178 no. 137 (a. 1245). Bachellarius licentiatus ad determinandum. Ib., p. 228 no. 201 (a. 1252).
**determinatio**: **1.** *jugement — judgment.* Ne in aliquo praedictam determinationem violari patiatur. Concil. Tull. a. 838, *Conc.*, II p. 783. Judicialis determinatio. MULLER-BOUMAN, *OB. Utrecht*, I no. 332, p. 305 (a. 1131). **2.** *décret — decree.* Juxta determinatione[m] papae. Lib. pontif., Joh. V, ed. MOMMSEN, p. 206. **3.** *disposition légale — provision of a law.* Secundum determinationem legis. MURATORI, *Antiq.*, VI col. 62 C. **4.** *condition, stipulation — condition, stipulation.* Ea ... in officium villicationis a me recepit cum tali determinatione, ut post mortem ipsius unus tantum filiorum ... officium ... obtineret. MULLER-BOUMAN, o.c., no. 462 p. 414 (a. 1169).



**5.** *circonscription pour la perception de la dîme — tithe-district.* Ex integro sciatur, quantum terrae ejusdem determinationis superficies amplectatur. STIMMING, *Mainzer UB.*, I no. 260, p. 164 (a. 1019). Hic est terminus determinationis ecclesie. Ib., no. 284, p. 179 (a. 1043).
**detestare** et depon. detestari: **1.** *déclarer comme témoin — to testify.* Que nos detestabimus. *CD. Cavens.*, I p. 83 (a. 868). **2.** *protester, déclarer de manière solennelle — to protest, to declare solemnly.* Se facere detestabatur. ATTO VERCELL., Epist., ed. BURONTIUS, p. 312. Cepit jurare et detestari se nunquam scienter facturum nobis aliquid injurie. BERTRAND, *Cart. d'Angers*, I no. 108, p. 125 (a. 1098). **3.** *tester — to make one's will.* Hic est brevis testamenti quem detestavi. MARTÈNE, *Thes.*, I col. 179 D (s. xi p. pr.).
**detestatio**: **1.** **déposition testimoniale — deposition.* **2.** *testament — testament.* Si quis forte sine detestacione ex hac vita migraverit. Leg. II Cnut, tit. 70, vers. Consil. Cnuti, LIEBERMANN, p. 357 col. 3. **3.** *charte — charter.* Per privilegii detestationem ... confirmavit. Ann. Rom., *SS.*, V p. 469 l. 22.
**detinere**: **1.** *posséder — to possess.* Praeter id quod regna [i.e. fiscus] hucusque detenuit. Child. II decr. a. 596, c. 3, *Capit.*, I p. 16. [Provincias b. Petrus et papa Paschalis] in suo detineant jure principatu ac ditione. Pactum Ludov. Pii cum Paschali a. 817, ib., p. 354 l. 5. [Servos etc.] in illorum detinent manus. *D. Ugo*, no. 7 p. 23 (a. 927). **2.** *détenir* sans titre, *retenir* au détriment de l'ayant-droit — *to detain* unlawfully, *to retain* against another person's lawful claims. Inquirant missi nostri villas et cortes [regias], ... a quibus personis modo detineantur. Loth. capit. miss. a. 832, c. 6, II p. 64. Ecclesiae facultates ... nunc in usu saecularium detinentur. Concil. Vern. a. 844, c. 12, p. 385. [Nonas et decimas] persolvi ab easdem res [ecclesiasticas] detinentibus faciant. Capit. missor. Suess. a. 853, c. 6, p. 268. Ipse [i.e. ipsum] L. malum ordine et contra lege abere et detinere curtem et senodochio illo. *CD. Langob.*, no. 207 col. 342 A (a. 859, Milano). Quaecumque res et mancipia in regia vestitura ... fuerunt et nunc ab aliis detinentur. Capit. Carisiac. a. 873, c. 8, p. 345 l. 29. **3.** alicui aliquid: *refuser de donner — to refuse to give.* **4.** aliquem: **détenir en prison — to keep in custody.* **5.** *empêcher — to impede.* [Donatio] ab eadem gente detinebatur. THEINER, *CD. Dom. temp. S. Sedis*, I p. 2 (a. 774).
**detractatio,** -trec-: **médisance, diffamation — slander.*
**detractio**: **médisance, diffamation — slander.*
**detrahere**: **diffamer — to slander.*
**detricare,** detrigare (cf. voc. tricare): *empêcher de venir — to prevent from coming.* Quod si placitum sunnis detricaverit. Pactus Childeb. et Chloth. (a. 511-558), c. 5, *Capit.*, I p. 5. Si venire non potuerint et eos certa sonia detrigaverit. Chilperici edict. (a. 561-584), c. 8, p. 9 l. 31. Si ... eos sunnis non detricaverit. Lex Sal., tit. 49 § 2, cod. Par. lat. 4403 B.
**detriumphare,** aliquem: **vaincre, triompher de* qq'un — *to defeat, to gain the victory over* another person.
**detruncatio**: **amputation — cutting off a limb.*
**detumulare**: *exhumer — to exhume.* Invectiva in Romam, ap. DÜMMLER, *G. Berengarii*, p. 141. G. pontif. Camerac., lib. 3 c. 22, *SS.*, VII p. 472 l. 51.
**deturbare**: i.q. disturbare.
**deültra** (praep.): **au delà de — beyond.*
**deuteronomium**: **1.** **le 5e livre du Pentateuque — the fifth book of the Pentateuch.* **2.** *le Nouveau Testament — the New Testament.*
**devenire**: **1.** *surgir, naître, provenir — to arise, to proceed.* Episcopatus ex P. civitate devenit. Chron. Gradense, ed. MONTICOLO, *Cron. Ven.*, p. 45. Conquestio ex hoc devenerit. *D. Bereng. II*, no. 5, p. 306 (a. 952). **2.** *se faire, entrer dans telle condition, devenir — to make oneself, to accept a definite situation, to become.* Si quis de familia publicus negociator devenerit. MÉTAIS, *Cart. de Vendôme*, I no. 163, p. 282 (a. 1062). Quando frater noster devenit, hoc est: quando in societatem nostram intravit. BERTRAND, *Cart. d'Angers*, I no. 371, p. 430 (ca. a. 1070). Homo ipsius per manum deveniret. PETR., Chron. Casin., lib. 3 c. 50, *SS.*, VII p. 740 l. 16. Liggius homo pape devenit. ROMUALD. SALERNIT., Chron., a. 1156, ed. GARUFI, p. 240. [Terram] huic loco, monachus deveniens, dederat. FLACH, *Orig.*, I p. 207 n. 1 (s. xii). Quando suus [i.e. vasallus] deveni et ejus elegi voluntatem. Juramenta, c. 1, vers. Quadrip., LIEBERMANN, p. 397 col. 1.
**deverium,** v. devirium.
**deversorium,** v. diversorium.
**devertere**: *renverser — to throw down.* Muros devertens. Steph. II pap. (a. 752-757) epist., *Epp.*, III p. 489.
**devestire,** v. disvestire.
**devesum,** -ium, -ia, v. defensum.
**devetare**: **1.** **interdire — to forbid.* **2.** *dénier — to deny.* Jussit illis devetari mercatum. ANON., G. Francorum, c. 34, ed. BRÉHIER, p. 180.
**devetum** (<devetare): *interdiction — prohibition.* S. xii.
**deviare, 1.** intr.: **s'écarter du droit chemin — to turn away from the straight road.* **2.** figur.: **s'éloigner de la bonne voie — to turn away from what is good.* **3.** transit.: **détourner — to turn away.* **4.** *égarer — to lead astray.*
**devincere**: *convaincre de culpabilité — to convict.* Hii qui in hac conjuratione devicti sunt, honore simul ac luminibus privarentur. Ann. Lauresham., a. 786, *SS.*, I p. 32. Devecti[!] ita se facere respondissent. PÉRARD, *Rec. de Bourg.*, p. 150 (a. 1003, Dijon).
**deviolare**: *enfreindre — to infringe.* DC.-F., III p. 89 col. 2 (ch. a. 1127, Parisis).
**devirare**: *émasculer — to emasculate.*
**devirginare**: **déflorer — to deflower.*
**devirium,** -ve- (frg. *devoir*): *redevance — due.* Cum ipsis deviriis, laudiis et dominiis locorum praedictorum. ROUQUETTE, *Cart. de Béziers*, no. 46 p. 48 (a. 990).
**devitare**: *se dérober, se soustraire à* un devoir — *to shun* one's duty. Si quis michi adherentium huic ordinationi resistens hoc devitat. Leg. IV Eadgar, tit. 13 § 1, vers. Lat., LIEBERMANN, p. 213 col. 1. Si quis rectitudinem devitans effugiat. Hundredgemot, c. 6, vers. Consil. Cnuti, ib., p. 195 col. 1.
**devolvere, 1.** passive, devolvi: **échoir — to fall to one's share.* **2.** active, devolvere: *faire échoir, attribuer — to allot.* Ad Graecorum genere [i.e. genus] regnum devolberet. BENED.

DE S. ANDREA, ed. ZUCCHETTI, p. 71. Si contigerit feminam beneficium habere ipsaque decesserit . . . dicimus praedictum beneficium ad filios esse devolvendum. Libri feudor., antiq., tit. 9 c. 4, ed. LEHMANN, p. 141. **3.** passive, devolvi: **descendre à, tomber* en — *to lapse* into, *to fall* into.
**devorare**: **détruire, consumer, épuiser* — *to ruin, to cause to waste away.*
**devotare**: **jurer avec des imprécations* — *to swear with imprecations.* Apprehensis spatis suis devotaverunt se haec ita affirmaturos esse. WARTMANN, *UB. S.-Gallen,* II no. 673 p. 275. Non esse vos devoto fornicarios. HERIGER., G. episc. Leodiens., c. 51, *SS.,* VII p. 186 l. 32.
**devotatio**: **imprécation, malédiction* — *imprecation, curse.*
**devotio**: **1.** **dévouement, loyauté* — *obedience, loyalty.* **2.** **vœu* — *vow.* Benedicti regula, c. 18. **3.** **piété, dévotion, culte* — *piety, worship.* **4.** *acte de piété* — *pious deed.* Ut haec nostra devotio firmior habeatur. *D. Ludw. d. Jüng.,* no. 23 (a. 882). **5.** **complaisance, bonne grâce* — *compliance, graciousness.*
**devotus**: **1.** **pieux, dévot* — *pious, devout.* **2.** *complaisant* — *compliant, gracious.* GREGOR. M., Dial., lib. 1 c. 3. **3.** *imbécile* — *stupid.* Subst.: **1.** *un individu qui a été voué ou qui s'est voué à un saint* — *a person who has been vowed or who has vowed himself to a saint.* Abbatem, monacos, conversos, devotos ipsius monasterii. MURATORI, *Antiq.,* I col. 340 (ch. a. 1183). **2.** *hypocrite* — *hypocrite.*
**dewidare** (<germ. *wîtan* ,,indiquer — to indicate", cf. voc. guidare): *montrer, indiquer* — *to show, to indicate.* Infra fines vel terminationes quas comes W. dewidavit in terra de V. BERNARD-BRUEL, *Ch. de Cluny,* II no. 1290, p. 367 (a. 970-992).
**dexter** (subst.): **1.** *une mesure de longueur* — *a measure of length.* Terra habet in longo dextros tantos et in latu dextros tantos. Cart. Senon., no. 5, *Form.,* p. 187. Polypt. Irminonis, br. 9 c. 247 sq., ed. GUÉRARD, p. 109. GUÉRARD, *Cart. de Marseille,* I no. 163, p. 191 (a. 817). ALART, *Cart. Roussillonnais,* no. 22, p. 38 (a. 1006). Dextros 57 . . . ad talem dextrum, quem [i.e. qui] habeat alnas [i.e. ulnas] sex et palmo uno. ROUQUETTE, *Cart. de Béziers,* no. 45, p. 47 (a. 984). Et habet ipse dextros [i.e. dexter] alnas tres et medio pede. Ib., no. 53, p. 60 (a. 1005). **2.** plural. dextri: la *zône autour d'une église* qui jouit du droit d'asyle — the *strip of ground around a church* enjoying right of asylum. Girum girando in utrorumque partibus monasteriorum mensurarentur spatia dextrorum saltibus non plus duodecim milibus. *D. Merov.,* no. 22 (a. 648). Cum duabus in ea fundatis ecclesiis . . . cum earum ambitu dextros. DE YEPEZ, *Chron. ord. s. Ben.,* V p. 424 (a. 892). Intra ipsos dextros non habeant licentiam ingrediendi. Ib., p. 439 (a. 992).
**dextralis**: *méridional* — *southern.* A dextrali parte ejusdem regiae villae. ASSER., G. Aelfredi, c. 35, ed. STEVENSON, p. 27. Subst. neutr. **dextrale** et femin. dextralis: **1.** **bracelet* — *bangle.* **2.** **hachette* — *hatchet.*
**dextrare**, destrare (<dexter): **1.** *donner sa foi par la main droite* (au lieu de prêter un serment) — *to strike hands* (in stead of swearing). Sicut mos est, apud [i.e. cum] homines 12, manu sua tertiadecima, dextratus vel conjuratus dixit, quod . . . F. Turon., no. 30, *Form.,* p. 153. Judex faciat jurare homines [i.e. testes] et dicant exinde veritatem; et si credentes homines fuerint, in manus comiti[s] sui dextrent. Capit. Pippini reg. Ital. (a. 782-786), c. 8, I p. 193. **2.** *tenir la bride d'un cavalier en marchant à sa droite* — *to lead a rider by walking at his right and holding the bridle.* Recepto a nobis pacis osculo nos devote dextravit. Alex. pap. epist. a. 1177 ap. RADULF. DE DICETO, ed. STUBBS, I p. 421. Aliis equum regium dextrantibus. BURCHARD., Diarium, a. 1194, ed. THUASNE, II p. 147. **3.** *mesurer avec la mesure appelée ,,dexter"* — *to measure with the ,,dexter".* S. xiv, Occit.
**dextrarius**, des-, -trerius: *destrier* — *war-horse, charger.* SUGER., V. Ludov. Gr., c. 21, ed. WAQUET, p. 160. Lex pacis castr., a. 1158, *Const.,* I no. 173, c. 4. FULCHER., Hist. Hierosol., lib. 1 c. 3, MIGNE, t. 155 col. 833 B. OTTO MORENA, ed. GÜTERBOCK, p. 88.
**dextrim**: *sur la droite* — *at the right-hand side.* Balenam dextrim, parmam vehit atque sinistrim. Ruodlieb, fragm. 1 v. 21.
**diabolicus**: **diabolique* — *devilish.*
**diabolizare**: *être possédé par le diable* — *to be possessed by the devil.*
**diabolus** (gr.): **diable* — *devil.*
**diacitrinus**, -ced- (gr.): *citrin* — *citrine.* LEO OSTIENS., Chron. Casin., lib. 2 c. 59, *SS.,* VII p. 667 l. 40. MONACH. SANGALL., V. Karoli, lib. 2 c. 17, *SS.,* II p. 760 l. 42.
**diacona** (gr.): **diaconesse* — *deaconess.* Veduarum consecrationem, quas diaconas vocitant, . . . paenitus abrogamus. Concil. Epaon. a. 517, c. 21, *Conc.,* I p. 24. FORTUN., V. Radegundis, lib. 1 c. 12, *Scr. rer. Merov.,* II p. 368. Test. Adalgisili-Grimonis a. 634, LEVISON, *Frühzeit,* 1948, p. 133. Concil. Roman. a. 743, *Conc.,* II p. 10. Cf. I. FEUSI, *Das Institut der gottgeweihten Jungfrauen,* Freiburg (Schweiz) 1917. A. KALSBACH, *Die altkirchliche Einrichtung der Diakonissen,* 1926 (*Röm. Quartalschr.,* 22. Supplementheft).
**diaconalis**: *d'un diacre* — *of a deacon.* Diaconalis benedictio. Concil. Aurelian. a. 533, c. 18, *Conc.,* I p. 63.
**diaconatus** (decl. iv): **charge de diacre* — *office of deacon.*
**diaconia** (gr.): **1.** **collecte des aumônes* — *collection of alms.* **2.** à Rome, *établissement ecclésiastique de bienfaisance* (hospice avec chapelle) pour les distributions d'aumônes aux indigents — in Rome, a *charitable institution of the Church* (hospital and chapel) administering the distribution of alms to the poor. Pater diaconiae — si tamen illa ecclesia [ubi statio fit] diaconiae fuerit — . . . in obsequium illius [sc. papae] . . . venerit. Ordo Rom. I (s. vii ex.), c. 26, ANDRIEU, II p. 75. Ipsa die . . . procedunt omnes de universes diaconias sive de titulis cum letania vel antiphonas . . . Ordo Rom. XX (s. viii med.), c. 1, ib., III p. 235. Hic dimisit omni clero, monasteriis diaconiae et mansionariis auri libras 30. Lib. pontif., Bened. II (a. 684-685), ed. MOMMSEN, p. 204. Basilicam . . . in qua antea diaconia et parvum oratorium fuit. Item diaconiam ss. Sergii et Bachi . . . dilatavit; et concedens omnia quae in usu



diaconiae existunt, statuit perpetuo tempore pro sustentatione pauperum in diaconiae ministerio deservire. Ib., Gregor. III (a. 731-741), § 12, ed. DUCHESNE, I p. 419. Basilicas b. Adriani mart. seu ss. Cosme et Damiani . . . diaconias constituit in quibus et multa bona fecit . . . concedens eis agros . . . ut de reditu eorum crebro lusma diaconiae perficientes pauperes Christi refocillentur. Ib., Hadr. I, § 81, ib., p. 509. **4.** institution semblable établie ailleurs qu'à Rome — similar institution elsewhere. GREGOR. M., lib. 5 epist. 28, *Epp.,* I p. 306; lib. 10 epist. 18, II p. 243. Diaconiae infra urbem [Remensem] quae dicitur Ad Apostolos. Test. Remigii, MIRAEUS, I p. 3 col. 1. Adunantes ei et monasterium illum . . . cum quo pariter consociantes ei et diaconiam illam qui ponitur in loco illo. Lib. diurnus, c. 88, ed. SICKEL, p. 116. Oraculo . . . extra muros civitatis Lucensis . . . ubi et diaconia in susceptione peregrinorum fieri exobtant. SCHIAPARELLI, *CD. Longob.,* I no. 48 p. 158 (a. 730).
**diaconissa**: **1.** **diaconesse* — *deaconess.* **2.** *épouse d'un diacre* — *wife of a deacon.* Diaconus cum sua diaconissa. Concil. Turon. a. 567, c. 20, *Conc.,* I p. 128.
**diaconita** (mascul.): *pauvre inscrit dans le registre d'une diaconie* — *a poor man who is on the roll of a diaconia.* Omnes diaconite et pauperes Christi qui ibidem [sc. in diaconia] conveniunt. Lib diurn., c. 95, ed. SICKEL, p. 124.
**diaconium** (gr.): **charge de diacre* — *office of deacon.* GREGOR. M., lib. 2 ep. 1, *Epp.,* I p. 101.
**diaconus** (gr.): **diacre* — *deacon.* Cf. P. A. LEDER, *Die Diakonen der Bischöfe u. Presbyter und ihre urchristlichen Vorläufer.* Stuttgart 1905. (*Kirchenrechtl. Abh.,* Heft 23/24).
**diaphragma** (genet. -atis) (gr.): **diaphragme* — *midriff.*
**dialiter**: *tous les jours, de jour en jour* — *every day, from day to day.* S. xiii.
**diamans**: *diamant* — *diamond.*
**diapason** (gr.): *octave* (intervalle dans la musique) — *octavo.*
**diapente** (gr.): *quinte* (intervalle dans la musique) — *quint.*
**diaprasinus** (gr.): *teint vert* — *dyed green.* Casulam diaprasinam. FLODOARD., Hist. Rem., lib. 3 c. 21, *SS.,* XIII p. 514 l. 33.
**diaprasium** (gr.): *teinture verte* — *green dye.* LANFRANC., epist. 46, MIGNE, t. 150 col. 541 D.
**diapsalma** (genet. -atis) (gr.): **pause, arrêt* dans un psaume — *rest* in a psalm.
**diarhodinus** (gr.): *teint rose* — *rosa dyed.* CALMET, *Hist. de Lorr.,* I col. 540 (a. 893). *Hist. de Languedoc* [3], V pr. no. 42 col. 135 (a. 915). LEO OSTIENS., Chron. Casin., lib. 1 c. 55, *SS.,* VII p. 619 l. 11.
**diarium** (cl. plurale tantum), singul.: *les vivres pour une journée* — *day's provisions.* Rogamus cursori ut alacrius iter carpat diarium largire. F. cod. Laudun., no. 7, *Form.,* p. 516. Nil diarii prorsus sumebat. Mir. Joh. Reomaens., c. 7, *AASS.* [3], Jan. III p. 482. Ubi diurno operi diarium redditur. PETR. DAM., lib. 6 epist. 2, MIGNE, t. 144 col. 372 C. Diarium sicud unus ex illis accipiam. STIMMING, *Mainzer UB.,* I no. 364 p. 264 (a. 1083).
**diasynaxis** (gr.): *la prière perpétuelle du chœur* — *continuous choir-prayer.*
**diaspratus**, -et- (gr.): *de soie blanche* — *white silken.* Subst. neutr. **diaspratum**: *tissu de soie blanche* — *white silken material.*
**diasprum** (gr.): **1.** *un tissu de soie blanche* — *a white silken material.* G. pontif. Autiss., c. 64. LEO OST., Chron. Casin., lib. 2 c. 43, *SS.,* VII p. 656 l. 34. Ibi pluries. **2.** *une sorte de pierre* — *kind of stone.* S. xiv, Ital. Adj. **diasprus**: *de soie blanche* — *white silken.*
**diastema** (genet. -atis) (gr.): **1.** **distance* — *distance.* **2.** **intervalle* — *interval.*
**diatessaron** (gr.): *quarte,* intervalle dans la musique — *fourth,* musical interval.
**diatim**, dietim (<dies): *tous les jours* — *daily.* AIMOIN., Mir. Benedicti, lib. 2 c. 12, ed. DE CERTAIN, p. 115. Ruodlieb, fragm. 5 v. 356. THANGMAR., V. Bernwardi Hildesh., c. 5, *SS.,* IV p. 760 l. 16. EKKEHARD., Cas. s. Galli, *SS.,* II p. 79 l. 17.
**dica** (anglosax.): **1.** *taille* (la canne incisée) — *tally.* Liber niger Scaccarii. **2.** *taille* (impôt) — *aid.* ORDER. VITAL., lib. 8 c. 24, ed. LEPRÉVOST, III p. 424.
**1. dicare**: **vouer* à Dieu — *to dedicate* to God. Mulier Deo dicata: moniale — nun. GREGOR. M., lib. 4 epist. 9, *Epp.,* I p. 241 l. 8. Ghaerbaldi Leodiens. capit. (a. 802-810), c. 2, *Capit.,* I p. 243.
**2. dicare** (<dicus): *endiguer* — *to embank.* VAN DEN BERGH, *OB. Holland,* I no. 269 p. 155 (a. 1220). Ibi pluries.
**1. dicatio**: **glorification, louange* — *praise.*
**2. dicatio**: *endiguement* — *embankment.* S. xiii, Holl.
**dicio**. Loc. fisci diciones: le fisc comme personne morale — the fisc as a corporate body. Ipsa mancipia fisci ditionibus reformentur. Concil. Clippiac. a. 626/627, c. 13, *Conc.,* I p. 199. Facultates . . . fisci dicionebus contra modum justiciae redacte. FREDEG., c. 80, *Scr. rer. Merov.,* II p. 162. Quod in fisce dicionebus sperabatur. *D. Merov.,* no. 84 (a. 716). Omnem rem fisci ditionibus [i.e. dicionum] [donamus]. *D. Arnulfing.,* no. 19 p. 99 (a. 722).
**dicombitus**. Loc. in dicombito: *en toute propriété* — *in full property.* Armoric., e.g.: DE COURSON, *Cart. de Redon,* no. 34 p. 28 (a. 826).
**dictamen**: **1.** *l'action de formuler en prose, de rédiger* un écrit quelconque, *dictée* — *composing* a prose writing, *dictation.* **2.** *l'art de la composition prosaïque* — *the art of prose writing.* **3.** *cours dicté* — *school dictation.* **4.** *poème* — *poem.*
**dictare**: **1.** **composer, rédiger* — *to compose, to formulate.* Viros . . . ad dictandum peritos. MARCULF., lib. 1, praef., *Form.,* p. 37. Professionis nostrae paginam per illum notarium scribendam dictavimus. Lib. diurnus, c. 73, ed. SICKEL, p. 73. Ego T. episcopus hunc judicatum a nobis factum adque dictatum vel relectum subscripsi. SCHIAPARELLI, *CD. Longob.,* I no. 20 p. 84 (a. 715, Tusc.) S[ignum] G. subdecani b. Hylarii cancellarii, qui hanc cartam dictavit. *Actes Phil. I^er^,* no. 83 (a. 1076), p. 216. **2.** (cf. teuton. *dichten*): *versifier* — *to versify.* Quae dictaverat, singularis melodie sunt. EKKEHARD., Cas. s. Galli, c. 3, *SS.,* II p. 101 l. 15. Egregia dictandi dulcedine enituit. ANON. HASERENS., De episc. Eichst., c. 27, *SS.,* VII p. 261. Horas dictandi superavit cura vagandi. Ecbasis, v. 6, ed. VOIGT, p. 73. Vitam cappellani sibi dictant. DONIZO, V.

Mathildis, lib. 2 v. 388, SS., XII p. 387. 3. *statuer — to legislate.* Jura quaecunque dictavit. GUILL. PICTAV., lib. 2 c. 33, ed. FOREVILLE, p. 230. 4. *sentencier — to sentence.* S. xiii.

**dictatio**: 1. **action de dicter — dictating.* 2. **texte, écrit — writing.*

**dictator**: 1. **celui qui dicte, compose — one who dictates, composes.* 2. *écrivain, auteur — writer, author.* ENNOD., lib. 4 epist. 7 c. 1, Auct. ant., VII p. 133. GREGOR. TURON., Glor. conf., prol., Scr. rer. Merov., I p. 748. 3. *celui qui rédige des actes — one who formulates documents.* 4. (cf. voc. dictare sub 2): *poète — poet.* Dictator quidam, de quo metra protulit ista. DONIZO, V. Mathildis, lib 2 c. 12, SS., XII p. 397. 5. *maître de la „ars dictaminis" — teacher of the "ars dictaminis".* 6. *arbitre — arbitrator.* RIGORD., a. 1191, ed. DELABORDE, p. 109. Ch. Richardi reg. Angl. a. 1195, BRUSSEL, Examen, II p. XVI. Actes Phil.-Aug., no. 517 (a. 1196), c. 20, II p. 56.

**dictatorius.** Ars dictatoria: i.q. ars dictandi.

**dictatus** (decl. iv): 1. *l'action de dicter — dictating.* GREGOR. M., lib. 5 epist. 53[a], Epp., I p. 355 l. 25. Integrum erat scripto [i.e. scriptum] ipsum preceptum ex dictato A. notario [i.e. notarii] per mano G. CD. Langob., no. 149 col. 259 B (a. 843, Pavia). 2. **ce qu'on a dicté: écrit, traité, exposé — what has been dictated: written work, tractate, report.* 3. *style, manière d'écrire — style, manner of writing.* Ne dictatu incompto . . . facta minus laudibus summis arbitrentur digna. DONAT., V. Ermenlandi Antrens., prol., Scr. rer. Merov., V p. 683.

**dicticia** (neutr. plural.): *lettre ou charte — letter or charter.* Direxit dictitia ipsi episcopo, postulans ut . . . HARIULF., Chron., lib. 3 c. 30, ed. LOT, p. 171. Obtinuit inde fieri testamentoria dictitia. Ib., lib. 4 c. 22, p. 238.

**dictio**: 1. **composition de rhétorique écrite ou orale — written or spoken rhetorical composition.* 2. **style — style.* 3. *récitation — reciting.* Dictio psalmorum. Benedicti regula, c. 17. 4. **doctrine, commentaire — doctrine, commentary.*

**dictor**: *arbitre — arbitrator.* In dictores fuit compromissum. DE BARTHÉLÉMY, Cart. de Montmartre, p. 133 (a. 1197/1198).

**dictum**: *sentence arbitrale — arbitral award.* Dictum nostrum super hoc ita diximus. Actes Phil.-Aug., no. 619 (a. 1199), II p. 166.

**dicus,** dichus (germ.): *digue — dike.* MIRAEUS, I p. 168 (a. 1101). VAN DEN BERGH, OB. Holland, I no. 193 p. 118 (a. 1203).

**dies**: 1. *jour de fête, anniversaire — festal day, anniversary.* 2. *journée de travail — day's work.* Mansus debet in medio Februario duos dies de bobus, in Martio duos dies de bobus . . . Et. d'Hist. et d'Arch. Namur. déd. à F. Courtoy, 1952, p. 254 (ch. <a. 919>, spur. s. xii). 3. *mesure de terre, journel — a land measure.* Tres dies de terra aratoria. GLORIA, CD. Padovano, I p. 245 (a. 1084). DUCHESNE, Guines, p. 25 sq. (a. 1084). 4. loc. ad suos dies pervenire: atteindre sa majorité — to become of age. Lex famil. Wormat. (a. 1023-1025), c. 2, Const., I no. 438.

**diescere.** Diescit: il se fait jour — the day is breaking. Ann. Vindocin., a. 1075, HALPHEN, Rec. d'ann. angev., p. 65. V. Burchardi Wormat., c. 23, SS., IV p. 845 l. 34. Ruodlieb, fragm. 5 v. 574.

**diaeta,** dieta (gr.; pris pour un dérivé de dies — taken for a derivative of dies): 1. **manière habituelle de vivre, régime — rule of life, physical habit, diet.* 2. *repas quotidien — daily meal.* Contulit praedia, unde hodieque fratribus ministratur dieta. GOSWIN., Pass. Albani (ca. a. 1060), c. 37, SS., XV p. 990. Quotidianam tua anima diaetam sumens. FULBERT., epist. 121, MIGNE, t. 141 col. 270 B. 3. *journée, marche de jour — day's march.* Cum exercitu suo una dieta aut multum duabus post imperatorem veniens. ROMUALD. SALERNIT., Chron., a. 1137, ed. GARUFI, p. 222. Paratus fuerit . . . per quatuor dietas ei occurrere. Inn. III reg. super neg. Rom. imp., no. 73, ed. W. HOLTZMANN, p. 113. Ut nonnisi per decem dietas distet exercitus ejus ab B. civitate. ALBERIC., Chron., a. 1221, SS., XXIII p. 911 l. 14. Andronopolim a Constantinopoli distantem quinque dietis. JAC. DE GUISIA, lib. 19 c. 20, SS., XXX p. 244 l. 31. 4. *journée de travail — day's work.* De novem diurnalibus tres ad tres dietas pleniter arabiles. BEYER, UB. Mittelrh., I no. 411 p. 471 (a. 1103-1124). Debet unaqueque caruca unam dietam. BERNARD-BRUEL, Ch. de Cluny, V no. 4143 § 13 p. 504 (a. 1149-1156). In anno arare tenetur unam dyetam. DOLLINGER, Classes rur. en Bav., 1949, p. 502, c. 39 (s. xiii med.) 5. *liturgie quotidienne — daily liturgy.* [Hymnis matutinalibus] inceptis H. profitetur se dietam ignorare. Actus pontif. Cenom., c. 35, ed. BUSSON-LEDRU, p. 414. 6. *journée, rendez-vous, réunion — appointment, meeting.* JOH. IPER., Chron., MARTÈNE, Thes., III col. 694.

**dietare** (<diaeta): 1. *faire des journées, voyager — to journey.* [Advocatus] nimis frequenter per terram nostram dietare [cepit]. FLACH, Orig., I p. 442 n. 1 [s. xii, S.-Mihiel]. Directo itinere cum suo exercitu versus partes regni Hierusalem dietavit. G. Ludov. VII reg., DUCHESNE, Hist. Fr., IV p. 403. 2. *séjourner — to stay.* Ab hac civitate, ubi per aliquot dies dietavimus. Ludov. VII reg. Fr. ch. ap. DC.-F., III p. 110 col. 3.

**dietarium** (<diaeta): 1. *journée de travail — day's work.* Junctis bobus properat ad agrum, exsequi cupiens dietarium. ODILO, Transl. Sebastiani, c. 28, MIGNE, t. 132 col. 601 C. 2. *mesure de terre, journel — land measure.* MIRAEUS, I p. 542 (a. 1167, Brabant).

**dietarius** (subst.) (<diaeta): 1. *domestique à table — waiter.* Mensae suae dietarios. ODILO, Transl. Sebastiani, c. 32, MIGNE, t. 132 col. 603. 2. *journalier — day-labourer.* In illis hominibus qui dietarii vulgo appellantur habet abbas medietatem justitiae. DÉLÉAGE, Actes de S.-Symphorien d'Autun, no. 20 p. 50 (a. 1098-1112).

**dietim,** v. diatim.

**difalcare,** diffalcare, v. defalcare.

**diffacere, diffactio,** v. disf-.

**diffamare**: 1. **proclamer, célébrer, vanter — to proclaim, to celebrate, to praise.* 2. *compromettre — to compromise.* Crimine adulterii ecclesiam Christi diffamavit. Concil. Mogunt. a. 852, c. 11, Capit., II p. 189 l. 23. 3. *diffamer, calomnier — to slander.* 4. *incriminer — to accuse* (cf. Luc. 16, 1). Licet diffamatus



sum id noluisse. Epist. a. 1059-1061 ap. DC.-F., III p. 111 col. 3. In contumeliam imperatoris diffamatus erat [Judeos] pecunia multasse. Chron. reg. Colon. a. 1188, ed. WAITZ, p. 139. 5. *récuser un témoin — to challenge a witness.* Non possum diffamare ipsos testes et ipsas scripturas. Hist. de Languedoc [3], II pr. no. 169 col. 347 (a. 868). Item THÉVENIN, Textes, no.106 (a. 874, Languedoc).

**differenter**: **différemment — in a different way.*

**differentia**: 1. *délai — postponement.* V. Willibaldi Eichst. (a. 778), c. 5, SS., XV p. 104. Edict. Pist. a. 864, c. 29, Capit., II p. 323. D. Charles le Chauve, no. 375 (a. 869-874). 2. *différend — dispute.* S. xiii.

**diffidare,** defi-, deffi-, defe- (<fides), 1. seniorem: *dénoncer la foi vassalique, annoncer la rupture du lien de vassalité, désavouer son suzerain — to denounce one's faith as a vassal, to announce the rupture of a vassalian tie, to disavow one's lord.* Qui ira ductus seniorem suum defidaverit. Usat. Barchinon., Usualia (ca. a. 1058), c. 38, WOHLHAUPTER, p. 200. Nec modo more majorum amicitiam suam eis interdixerat, quod diffidiare dicunt. WILL. MALMESBIR., Hist. novella, lib. 3, ed. STUBBS, p. 569. Usque in nos [ejus] diffidendi temeritatem processisse. Actes Phil.-Aug., no. 566 (a. 1197), II p. 115. 2. par extension — by extension, aliquem: *dénoncer l'amitié, annoncer la guerre, défier — to denounce friendship, to announce a feud, to defy.* Defedavit comitem de se, nisi de civitate et de corpore suo, audientibus cunctis Hist. de Fr., XI p. 538 A (ca. a. 1030). CAFFAR., Ann. Genuens., a. 1162, ed. BELGRANO, I p. 68. BERNARD. CLARAEVALL., epist. 222, MIGNE, t. 182 col. 388 B. ALEX. TELESIN. (s. xii med.), lib. 2 c. 27, MURATORI, Scr., V p. 626. 3. foedus: *dénoncer une alliance — to denounce an alliance.* Nolens pacis federa defedare. JOH. VICTOR., lib. 1 rec. C 3, a. 1259, ed. SCHNEIDER, I p. 96.

**diffidentia**: 1. **manque de foi, incroyance — unbelief.* 2. *dénonciation de la foi, défi adressé par le vassal au seigneur — denunciation of faith, defiance of a lord by a vassal.* GAUFRED. MALATERRA (ca. a. 1100), lib. 3 c. 31, MURATORI, Scr., V col. 586 B. Litteras diffidentie. CAFFAR., Ann. Genuens., a. 1162, ed. BELGRANO, I p. 68. Diffidentiam domino suo mandavit. G. Lietberti Camerac., c. 21, SS., VII p. 496.

**diffiduciare** (<fiducia): 1. *désavouer son suzerain — to disavow one's lord.* GISLEBERT. MONTENS., c. 74, ed. VANDERKINDERE, p. 114. 2. par extension — by extension: *dénoncer l'amitié, annoncer la guerre, défier — to denounce friendship, to announce a feud, to defy.* Comiti de H. nuper diffiduciato bellum indixerat. GUIMANN., Cart. s. Vedasti, ed. VAN DRIVAL, p. 123. Placentini diffiduciabunt Mediolanenses. Const., I no. 172 (a. 1158), c. 2, p. 238. Quicumque alii damnum facere aut ipsum ledere intendat, tribus ad minus ante diebus per certum nuntium suum diffiduciet eum. Frid. I imp. const. de incend. a. 1186, Const., I no. 318, c. 17, p. 451. GUALTER., V. Karoli com Flandr., c. 37, SS., XII p. 554. IVO CARNOT., epist. 22, ed. LECLERCQ, I p. 92. BRUSSEL, Examen, I p. 328 (a. 1202). 3. *dénoncer la grâce* (sujet: le roi) — *to denounce one's grace* (subject: the king). Quodcumque comune vel persona hanc restitutionem nostram impedierit, diffiduciamus eam a nostra gratia et banno regali supponimus. Litt. Heinr. VI reg. a. 1189, FICKER, Forsch., IV no. 174 p. 216.

**diffidus**: *méfiant — distrustful.*

**diffinire** et derivata, v. defin-.

**diffortiare,** defortiare (< fortia). 1. alicui: *commettre des actes de violence contre qq'un — to do violence against a person.* CD. Cajet., I p. 98 (a. 954). 2. c. infin.: *empêcher par force — to impede by violence.* Si quisquam de proceribus regni defortiaverit archiepiscopo vel episcopo vel archidiacono de se vel de suis justitiam exhibere. Const. Clarendon. a. 1164, c. 13, STUBBS, Sel. ch. [9], p. 166. 3. rectum: *dénier* la justice — *to deny* justice. [Dominus non] perdat curiam nec socnam suam, quamdiu non difforciaverit rectum. Leg. Henrici, tit. 57 § 5, LIEBERMANN, p. 576. Rursum ib., tit. 61 § 19, p. 582; tit. 74 § 3, p. 591; tit. 83 § 2, p. 599. 4. *refuser de s'acquitter* d'une redevance — *to refuse to pay* a due. Si quis Dei rectitudines per vim deforciet. Ib., tit. 66 § 5, p. 585. 5. causam: *user de moyens fallacieux dans* un procès — *to defraud* a lawsuit. Si quis in placito . . . sui vel suorum causam injustis concriminationibus . . . difforciet. Ib., tit. 34 § 5, p. 566.

**diffortiatio**: *retention violente — forcible retention.* In misericordia ducis remanet pro difforciatione. Consuet. Norm. veterr., pt. 1 (s. xii ex.) c. 18, ed. TARDIF, p. 19.

**diffrangere**: *enfreindre — to infringe.* Si quis treguam [Dei] diffregerit. Concil. Lateran. a. 1123, c. 13, MANSI, t. 21 col. 284.

**diffugere** (transit.): *chasser — to drive away.*

**diphthongus** (gr.): **diphthongue — diphthong.*

**diploma** (neutr., genet. -atis) (gr.): 1. *actes conciliaires — decrees of a church council.* Capitulis vestrae religioni [i.e. regi] . . . oblatis hoc diploma . . . adnectatur. Concil. Meld. a. 845, c. 83, Capit., II p. 421 l. 10. 2. *acte d'accusation — bill of indictment.* Rex Karolus sacrae synodo . . . proclamationis diploma porrexit. Synod. ap. Saponar. a. 859, c. 6, ib., p. 448.

**digamus** (gr.): **remarié — remarried.*

**digerere**: 1. **digérer — to digest.* 2. **exposer, décrire, traiter — to expound, to describe, to treat.*

**digestim**: **avec ordre — in due order.*

**digestio**: **digestion — digestion.*

**digestorium**: *pièce destinée à la sieste après le repas — a room for the after-dinner siesta.* PETR. DE HONESTIS, Regula cleric. (s. xii), MIGNE, t. 163 col. 715.

**digestum**: 1. **code de droit — law-code.* 2. gener.: *ouvrage — book.*

**digitalis**: *bague — finger-ring.* Ruodlieb, fragm. 5 v. 381; fragm. 9 v. 65, 69.

**dignanter**: **avec courtoisie, favorablement, gracieusement — kindly, gently.*

**dignatio**: 1. **condescendance — favour.* 2. Dei: **grâce — grace.*

**dignificare**: **juger digne — to deem worthy.*

**dignitarius**: *dignitaire — dignitary.*

**dignitas**: 1. **haute charge — high office.* Cujuscumque sit dignitatis preditus potestate. Lib. diurnus, c. 86, ed. SICKEL, p. 112. In dandis sive subtrahendis publicis dignitatibus. REGI-

NO, Chron., a. 876, ed. KURZE, p. 110. Ducatus dignitate privatur. WIPO, G. Chuonradi, c. 27, ed. BRESSLAU, p. 45. In feudo comitatus et marchiae vel aliarum dignitatum non est successio. Libri feudor., antiq., tit. 5 c. 3 § 1 (Vulg., lib. 1 tit. 12 § 1), ed. LEHMANN, p. 98. Quicquid ecclesiasticarum, quicquid secularium dignitatum est, emebatur. LAMPERT. HERSF., Ann., a. 1063, ed. HOLDER-EGGER, p. 89. Salvis sibi dignitatibus, beneficiis, prediis et aliis facultatibus suis. Ib., a. 1075, p. 224. Dignitatem advocatie mihi retinui. ROUSSEAU, *Actes de Namur*, no. 8 (a. 1152). **2.** *fortune, domaine, l'ensemble des droits et des possessions qui constituent le pouvoir d'un seigneur — fortune, property, the rights and possessions forming the base of a lord's power.* Magistratus, qui eadem strumenta admiserunt . . ., non solum magistratu sed etiam dignitate et facultatibus suis cedant. Capit. e lege Rom. excerpta (a. 826?), c. 1, I p. 311 l. 14. Magnis [i.e. magna] ab illo [duce] ditatus erat donorum dignitate in regione, in possessionibus atque in aliis pecuniarum opulentia. V. Wynnebaldi Heidenheim. (s. ix ex.), c. 5, *SS.*, XV p. 110. Nec ullus inveniatur Italicus, qui aut expulsus aut non dignitatibus omnibus sit privatus. LIUDPRAND., Antap., lib. 5 c. 18, ed. BECKER, p. 140. Monasterii dignitates a nobis indulta. Agap. II pap. (a. 946-955) epist., MIGNE, t. 133 col. 892 A. Suarumque dignitatum copia. Ib., col. 910 D. **3.** plural. dignitates: *droits fiscaux* ou *seigneuriaux — royal* or *seigniorial prerogatives.* Concedimus . . . omnes regias dignitates de Manresae civitate. D. Odonis reg. Fr. a. 888, *Hist. de Fr.*, IX p. 446 E. [Rex et regina] concesserunt [monasterio] omnes dignitates suas totius villae, quandiu feria duraret, in consuetudinibus et in theloniis. DC.-F., III p. 118 col. 1 (a. 1066-1087). **4.** plural. dignitates (cf. PLIN, 5, 1, 12): *les dignitaires, les gens de haut rang — dignitaries, magnates.* Baptizavit eum [sc. regem] cum omnibus dignitatibus suis. V. Sollemnis (s. viii p. post.), codd. fam. 4, *Scr. rer. Merov.*, VII p. 319 l. 16. Omnibus ecclesiasticae pietatis ordinibus seu saecularis potentiae dignitatibus. Admon. gener. a. 789, prol., *Capit.*, I p. 53. Dignitates omnes huic occurrere . . . contemplaretur. LIUDPRAND., Antap., lib. 1 c. 11, ed. BECKER, p. 11. Illuc consules [i.e. comites] aliaeque dignitates confluxerunt. ORDERIC. VITAL., ed. LEPRÉVOST, V p. 102.

**digniter**: *dignement — worthily.* DONIZO, V. Mathildis, lib. 2 c. 1 v. 74, *SS.*, XII p. 381.

**dignoscentia**: **1.** **discernement — discernment.* **2.** *connaissance — knowledge.* Cuncta quae acta sunt vestro scripto notentur atque per tuum missum nostrae [i.e. regis] dinoscentiae intimentur. Concil. Aquisgr. a. 816, *Conc.*, II p. 462. Item Admon. ad omnes ord. (a. 823-825), c. 4, *Capit.*, I p. 304.

**dignoscere,** dinoscere: **1.** **apprendre, connaître — to learn, to recognize.* **2.** passive: **être connu, être manifeste — to be understood, to be manifest* (i.q. videri, constare). Europae non modica pars . . . christianitatis indagine florere dinosceretur. ARBEO, V. Haimhrammi, c. 1, *Scr. rer. Merov.*, IV p. 472. Ibi pluries Aecclesiae . . . ubi . . . praeesse dinoscitur vir venerabilis R. abbas. Ib., IV p. 746 (ch. a. 632). Quod in prefata loca possedire dinuscetur. *D. Merov.*, no. 12 (ca. a. 628).

**dijudicare,** de-, **1.** partes: *juger un litige, séparer les parties dans un procès civil — to adjudicate a cause, to sunder the parties in a civil suit.* Si clerici inter se negotium aliquod habuerint, a suo episcopo dijudicentur, non a secularibus. Admon. gener. a. 789, c. 28, *Capit.*, I p. 56. **2.** reum: *juger — to judge.* GREGOR. M., pluries. Episcopus presbyterum aut clericum juxta canonicam auctoritatem dejudicare faciat. Pippini reg. capit. a. 754/755, c. 3, I p. 31. Superstes frater [interfecti] innocens de morte defuncti dijudicetur. Concil. Tribur. a. 895, c. 36, II p. 234. Faciatis secundum regulam nos dijudicare. Coll. Flavin., no. 42, *Form.*, p. 480. **3.** reum: *condamner — to condemn.* Patibulo [dativ.] dijudicatur. GREGOR. TURON., Gloria mart., c. 72, *Scr. rer. Merov.*, I p. 536. Capitali dijudicatus sententia. Id., Virt. Juliani, c. 4, p. 566. Qui propter eorum culpas ad mortem dijudicati fuerint. Capit. Aquisgr. a. 809, inscr., I p. 148. Postquam scabini eum [sc. latronem] dijudicaverint, non est licentia comitis vel vicarii ei vitam concedere. Capit. Aquisgr. (a. 801-813), c. 13, p. 172. Ut vicarii et centenarii qui fures et latrones vel celaverint vel defenderint, secundum sibi datam sententiam dijudicentur. Capit. missor. a. 819, c. 20, p. 290. [Reus] ut synodus dijudicaverit poeniteat. Capit. de cleric. percuss., c. 3, p. 362. Ad mortem dijudicati. NITHARD., lib. 1 c. 3, ed. LAUER, p. 12. **4.** rem: *adjuger, attribuer en justice — to adjudicate, to dispose of* a thing *by judgment.* Patrimonium . . . mihi et filiis meis secundum leges seculi potestati nostrae dijudicatum est. Lacomblet, *UB. Niederrh.*, I no. 23 (a. 802). Antequam nostre ut subjaceret potestati . . . dijudicatum fuisset. *D. Ottos I.*, no. 171 (a. 953). [Proprietas] justo judicio in jus regium est dijudicata. Ib., no. 189 (a. 958). In fiscum nostrum dijudicatum est. *D. Ottos II.*, no. 141 (a. 976). **5.** rem: *dénier en justice — to deprive by judicial sentence.* Que proprietas Carantani fuit illique dijudicatum est, eo quia reus magestatis nostrae criminatus est constare. *D. Arnulfs*, no. 184 (<a. 885>, spur. s. x pt. post.). **6.** *se décider* à faire qqch. — *to resolve* to do. Nostram deprecati sunt serenitatem, ut . . . adjutorium illis inpertiri dignaremur. Quod propter amorem Dei . . . dijudicantes, placuit . . . *D. Charles le Chauve*, no. 91 (a. 847). Talem [defensionem] fieri dijudicant. ATTO VERCELL., Press., ed. BURONTIUS, p. 325. **7.** *être d'avis — to feel, to have this opinion.* Perplures dijudicabant Heinricum regno potiri . . .; alii vero desiderabant Ottonem possidere principatus honorem. V. Mahthildis, c. 9, *SS.*, IV p. 289 l. 13. **8.** dignum dijudicare: trouver bon — to think fit. Si . . . petitionibus aures . . . dignum dijudicamus prebere. *D. Arnulfs*, no. 141 (a. 896). Quod huic carte dignum dijudicavi subscribere. LACOMBLET, *UB. Niederrh.*, I no. 240, p. 155 (a. 1088).

**dijudicatio**: *jugement — judgment.* Nullus dux vel comes invadere audeat usque ad nostram praesentem audientiam et dijudicationem. Coll. Sangall., no. 2, *Form.*, p. 397. F. Visigot., no. 40, inscr., ib., p. 593. Qualiter canones [de] fidelium decimis agendum statuant . . ., synodali dijudicatione . . . docebuntur. Capit. Tolosan. a. 844, c. 8, II p. 258.



**1. dilatare** (class. „élargir — to broaden"): **répandre — to spread.* Pass.: **s'étendre, se propager — to spread.*

**2. dilatare**: *différer — to postpone.* Usque ad synodum futurum dilatatur. GREGOR. TURON., Hist. Franc., lib. 8 c. 43. Si [judicis] admonitione conventus se dilataverit. Lex Visigot., lib. 2 tit. 1 § 17. Ibi pluries. Si judex dilataverit ipsa[m] causa[m] deliberare. Ed. Rothari, c. 150. Rursum Liutprandi leg., c. 25. Ultionem in postmodum dilatasset. IONAS, V. Columbani, lib. 1 c. 21, ed. KRUSCH, p. 199. Jurare debet [judex immunitatis] quod . . . pro nulla justitia dilatando [i.e. nequaquam ad judicium differendum] illi latroni non consentisset. Capit. Harist. a. 779, c. 9, forma Langob., I p. 48 col. 2. Ut nullus missus noster neque comes neque judex neque scabineus justitiam dilatare praesumat, si statim adimpleta poterit esse. Capit. Aquisgr. a. 809, c. 7, I p. 149.

**1. dilatatio**: **1.** **élargissement, extension, expansion, propagation — diffusion, propagation, extension.* **2.** **orgueil, joie — pride, rejoicing.*

**2. dilatatio**: *retard — delay.* Nec propter aliqua[m] dilatatione[m] eorum [sc. orfanorum, viduarum, pauperum] justitia a judicibus dilatetur. Pippini capit. Ital. (a. 801-810), c. 4, I p. 209.

**dilatura,** delatura (<differre): **1.** *dommage causé par le délai entre un acte préjudiciable et la restitution ou la compensation — loss caused by lapse of time between a prejudicial action and the subsequent restitution or compensation.* Dilatura si fuerit, de facultate latronis ei qui damnum pertulit sarciatur. Pactus Childeb. et Chloth. (a. 511-558), c. 16, *Capit.*, I p. 7. **2.** *indemnité* à payer pour compenser ce dommage — *indemnification* for this loss. Si quis porcum anniculum furaverit . . ., 120 din. . . . culpabilis judicetur excapto [i.e. excepto] capitale et dilatura. Lex Sal., tit. 2 § 4. Ibi passim. Lex Ribuar., tit. 17 et pluries. Lex Thuring., tit. 34. Cf. L. VANDERKINDERE, *Mém. cour. Acad. Belg.*, t. 41 (1888).

**dilectio**: **1.** **amour de Dieu — love of God.* **2.** **charité — charity.*

**1. dilectus** (adj.): *de confiance, confidentiel, fidèle — trusted, confidential, faithful.* Subst. masc. **dilectus**: *fidèle — faithful follower.* Ann. Vedast., a. 894, ed. SIMSON, p. 75.

**2. dilectus** (decl. iv): **1.** **affection, amour dévouement — affection, love, devotedness.* **2.** **soin souci — care solicitude.*

**diliculum** = diluculum.

**dilisidus** (celt.): *caution — bail.* DE COURSON, *Cart. de Redon*, no. 40 p. 32 (a. 859-866). Ibi saepe.

**diloqui,** v. disloqui.

**dilucidare**: **éclaircir, expliquer — to clarify, to explain.*

**diluere**: **laver* les péchés — *to cleanse* of sin.

**diluvium**: **déluge — deluge.*

**dimensio**: **mesure, quantité, dimension, distance — measure, quantity, size, distance.*

**dimentiri,** v. dementiri.

**dimidiare**: **partager en deux — to halve.*

**dimidiatio**: **1.** **partage en deux — halving.* **2.** *partition* d'un écu — *partition* of an escutcheon. Clyppei et armorum Australium dimidiacione sibi indulta. JOH. VICTOR., lib. 1 rec. B c. 2, ed. SCHNEIDER, I p. 188.

**dimidietas**: *moitié — half.*

**diminuere**: *saigner — to bleed.* S. xiv.

**diminorare, diminoratio,** v. deminor-.

**dimissio**: **rémission* des péchés — *remission* of sins.

**dimissorius.** Loc. litterae dimissoriae: **1.** **apostille,* lettre par laquelle une cause est déférée à un tribunal supérieur — *apostil,* letter of committal to a higher court. **2.** *lettre de démission — certificate of discharge.* Ut nemo alterius clericum sine commendaticiis aut dimissoriis litteris recipere audeat. Pippini capit. Ital. (a. 801-810), c. 8, I p. 210. Has litteras dimissorias atque commendaticias tuae sanctitati deferendas ei dedimus. F. extravag., ser. 2 no. 14, *Form.*, p. 560. Subst. femin. **dimissoria**: *lettre de démission — certificate of discharge.* Nullus episcoporum alterius civitatis clericum sine dimissoria sui episcopi suscipere vel ordinare [audeat]. Concil. Roman. a. 743, c. 11, *Concil.*, II p. 17. Item capit. Harist. a. 779, forma Langob., c. 6, *Capit.*, I p. 48 col. 2. Rogavi te . . . episcopum, ut mihi dimessuriam dare juberis. SCHIAPARELLI, *CD. Longob.*, II no. 272 p. 382 (a. 772, Lucca).

**dimittere,** de-, **1.** servum: *affranchir — to manumit.* (Cf. CIC., Pis. 20). Servo suo per manu sua jactante denario demisit ingenuum. MARCULF., lib. 1 no. 22, *Form.*, p. 57. Per tabulas vel per epistolas seu quolibet titulo ingenuos dimisi. Test. Adalgisili-Grimonis a. 634, LEVISON, *Frühzeit*, p. 128. Per epistolam [a] germano meo quondam fuerunt dimissi. PARDESSUS, II no. 491 p. 300 (a. 715). Qui per hantradam hominem ingenuum dimittere voluerit. Ewa ad Amorem, tit. 11. De his qui per cartam in ecclesia juxta altare dimissi sunt liberi. Capit. ad leg. Baiw. add. (a. 801-813), c. 5, I p. 158. Dimitto ingenuam vernaculam juris mei. BEYER, *UB. Mittelrh.*, I no. 79 p. 85 (a. 849). **2.** *dispenser, exonérer — to exempt, to dispense.* [Ecclesiam] dimisi eis omnino liberam a circatu. MULLER-BOUMAN, *OB. Utrecht*, I no. 258 p. 232 (a. 1094). [Rex] dimittet ecclesias liberas. *Const.*, I no. 83 (a. 1111). **3.** (class., reum: „gracier, amnistier — to pardon"), alicui: **pardonner — to pardon.* **4.** alicui aliquid: **remettre* les péchés, les délits, les dettes à qq'un — *to forgive, to let off, to remit* sins, crimes, debts. **5.** c. infin.: **laisser, permettre — to let, to allow.* **6.** **laisser derrière soi, délaisser — to let* a thing *lie, to leave behind.* Domi dimissos. JORDAN., Getica, c. 36 § 190, *Auct. ant.*, V pt. 1 p. 107. Si quis hominem . . . invenerit sine manus et sine pedes, quem inimici sui demisserunt. Lex Sal., tit. 41 § 8. Quod ibi laboravit [sc. agrum], demittat. Ib., tit. 45 § 2. Si quis focum foris in itenere ficerit, antequam egrediatur extinguat eum et non neclegenter dimittat. Edict. Rothari, c. 148. **7.** **laisser tranquille, ne pas toucher, laisser en jachère — to leave alone, to leave untouched, to fallow.* [Sortes] quorum unus signo crucis innotatur, alius purus dimittitur. Lex Fris., tit. 14 § 1. **8.** **laisser après soi en mourant* (femme, fils et filles, héritiers) — *to leave behind* (wife, children or other heirs). **9.** *laisser après soi en mourant* (héritage) — *to leave behind* (inheritance). Libertis demissa legata.

GREGOR. M., lib. 9 epist. 164, *Epp.*, II p. 163. Quod ecclesiae dimissum est. Concil. Agath., c. 6, MANSI, t. 8 col. 325. Femina . . . dotem . . . filiis dimittat. Lex Sax., c. 47. Si . . . pater vel frater [puellae] devitum demiserit. Edict. Rothari, c. 385. Dimisit pro obsequias suas ad omnem clerum rogam unam. Lib. pontif., Deusdedit, ed. MOMMSEN, p. 167. De rebus a defuncto dimissis. Lex Visigot., lib. 5 tit. 6 § 6. Si quis habuerit filios, hereditatem suam eis dimittat. Ewa ad Amorem, tit. 42. Possedit et dimisit filia[e] sua[e] R. *Hist. de Languedoc* $^3$, II pr. no. 169 (a. 868). **10.** alicui aliquid: *remettre, céder, conférer, mettre à la disposition* de qq'un — *to hand, to cede, to convey, to put at* someone's *disposal.* Hoc quod [monachis] de illas res [monasterii] demittebatis unde vivere potuissent. Concil. Vern. a. 755, c. 20, *Capit.*, I p. 36. Si quis alterius proprietatem . . emerit . . . eique ad utendum eas [res] [in beneficio] dimiserit. Capit. Olonn. mund. a. 825, c. 3, I p. 330. [Monasterium] de nostro jure et dominio in ejus jus et dominium . . . dimittimus. *D. Ugo*, no. 9, p. 31 (a. 927). **11.** *aliéner, vendre — to alienate, to sell.* Ne quis dimittat [v. l.: vendat] equum ultra mare, nisi velit eum dare. Leg. II Aethelstan, tit. 18, vers. Quadrip., LIEBERMANN, p. 159 col. 1. **12.** **laisser* à un autre, *se décharger de* qqch. sur qq'un, *confier* à qq'un — *to leave* to another person, *to entrust* to him. Magistratum [sc. majoris domus] a patre Pippino sibi dimissum egregie administravit. EGINHARD., V. Karoli, c. 2, ed. HALPHEN, p. 12. Suis famulis cervum sequendum dimisit. Chron. Salernit., c. 43, *SS.*, III p. 492. Marchas ad incolarum tutamina dimisit. Chron. s. Bened. Casin , *Scr. rer. Langob.*, p. 480 l. 10. **13.** aliquem: *abandonner, délaisser, trahir — to desert, to abandon, to betray* (cf. Jos. 24, 20). Si quis contra inimicos pugnando collegam suum dimiserit. Edict. Rothari, c. 7. Quicumque parem suum contra hostes in exercitu pergentem dimiserit et cum eo ire vel stare noluerit. Capit. Bonon. a. 811, c. 5, I p. 167. Quod nullus seniorem suum dimittat postquam ab eo acceperit valente solido uno. Capit. Aquisgr. (a. 801-813), c. 16, p. 172. Occurrebat plebi [verecundia] quod bis imperatorem dimiserant. NITHARD., lib. 1 c. 4, ed. LAUER, p. 16. **14.** maritum: *être divorcé de — to be divorced from.* (Cf. class., uxorem „répudier — to repudiate"). [Mulieres adulterae] dimittant maritos. Decr. Compend. a. 757, c. 17, *Capit.*, I p. 39. **15.** *se soustraire à* un devoir, *manquer à* un devoir, *négliger* une tâche, *rester en défaut — to shun* a duty, *to fail to meet* a liability, *to neglect, to fall short.* Quicquid . . . ordinaverimus . . ., quicumque per neglegentiam dimiserit. Capit. de villis, c. 16. [Comites] nostrum solatium vel perfectum [i.e. profectum] . . . non demittant. Capit. de part. Saxon. (a. 775-790), c. 29, I p. 70. Comites nostri propter venationem placita sua non dimittant nec ea minuta faciant. Capit. de causis div. (a. 807?), c. 1, p. 135. Si forte . . . illud demisisset iter [militare]. Capit. missor. de exerc. promov. a. 808, c. 3, p. 137. Quid . . ex his quae fieri jussit factum sit vel quid dimissum sit. Capit. a missis domin. ad comites dir. (a. 801-813), prol., p. 184 l. 7. Per ingenia advocati volunt dimittere exercitum nostrum et facere se servos consenciente advocato. Capit. Karoli M., p. 185 c. 5. Quid . . . vel ita ut divina auctoritas docet aut aliter teneatur, vel quid inde ex parte vel ex toto dimissum sit ut non teneatur. Const. de synodis a. 828, ib., II p. 2 l. 28. Quod si circumitionem [episcopi] . . . quacumque de causa demiserint. Capit. Tolosan. a. 844, c. 6, p. 257. Successores mei . . . hoc ipsum facere ullomodo non dimittant. BEYER, *UB. Mittelrh.*, I no. 151 (a. 905), p. 215. **16.** **laisser de reste, garder, épargner — to leave in being, to spare, to respect.* **17.** **omettre, laisser de côté, excepter — to omit, to drop, to leave out.* Tradidit suam proprietatem nihil extra dimittens, sed totum . . . transfundens. *D. Ludw. d. Deutsch.*, no. 151 (a. 874). *D. Arnulfs*, no. 7 (a. 888). **18.** **cesser* (transit.) — *to cease from.* Dimitteret clerus missas celebrare. Lib. pontif., Eugen. I, ed. MOMMSEN, p. 185.

**dinarius** = denarius.

**dynastia**: **dynastie — dynasty.*

**dindymum** (cf. VERGIL., Aen., 9, 618): *mystère, lieu des mystères — mystery, site of mysteries.* PAUL. DIAC., lib. 3 carm. 8, MIGNE, t. 95 col. 1593 D. V. Friderici, *AASS.*, Jul. IV p. 461 A. FRIDEGOD., V. Wilfridi, c. 46, MABILLON, *Acta*, III pt. 1 p. 194.

**dinoscere**, v. dignoscere.

**dioecesanus**, diocesa-, -neus (adj.): **1.** **diocésain — diocesan.* **2.** *situé dans tel diocèse — situated in a definite diocese.* Ad Montem s. Mariae, qui locus est Remorum diocesaneus, . . . synodus . . . habita est. RICHER., lib. 3 c. 30, ed. LATOUCHE, II p. 38. Subst. masc.: **1.** *évêque suffragan,* un évêque dans sa position vis à vis du métropolitain — *suffragan bishop,* a bishop in relation to his metropolitan. W. ecclesiae Senonicae metropolitanus cum diocesaneis suis, L. Turonensis cum suffraganeis suis . . . FLODOARD., Hist. Rem., lib. 3 c. 2, *SS.*, XIII p. 476 l. 9. **2.** *ordinaire,* l'évêque compétent pour tel diocèse — *diocesan,* the bishop standing at the head of a definite diocese. Domino C. Salzburgensi archiepiscopo et R. Pataviensi nostro diocesano et R. Gurcensi episcopo. FICHTENAU-ZÖLLNER, *UB. Babenberger*, I no. 10 p. 14 (ca. a. 1141, Klosterneuburg). **3.** plural. dioecesani: *les diocésains,* les fidèles d'un diocèse — *diocesans,* the faithful of a diocese. Cum nonnulli [episcopi] diocesanos suos expolient. G. pontif. Autissiod., c. 39 (s. x), ed. DURU, p. 358.

**dioecesis**, dioce-, -sa, -sia (gr.): **1.** **diocèse — diocese.* **2.** plural. dioeceses: *les paroisses qui font partie d'un diocèse — the parishes forming part of a diocese.* GREGOR. TURON., Hist. Franc., lib. 4 c. 18; lib. 5 c. 5. Dum sanctus vir dioceses suas circumiens . . . V. Caesarii, lib. 1 c. 50, *Scr. rer. Merov.*, III p. 476. Iterum lib. 2 c. 18 sqq., p. 491 sq. Cum dioceses suas, ut episcopis mos est, visitaret. V. Eligii, lib. 2 c. 21, ib., IV p. 713. Cum loca vel dioceses ob animarum sollicitudine [episcopus] circuiret. V. prima Amandi (s. viii p. post.), c. 13, ib., V p. 436. **3.** singul.: *paroisse — parish.* Pass. Praejecti (s. vii ex.), c. 5, ib., V p. 228; rursum c. 35, p. 245. **4.** *église paroissiale — parish church.* Presbyter dum diocesim tenet. Concil. Epaon. a. 517, c. 8, *Conc.*, I p. 21. De . . . clericorum personis, que de civitatensis



ecclesiae officio monastiria, deiocesis vel basilicas in quibuscumque locis positas, id est sive in terreturiis sive in ipsis civetatebus, suscipiunt ordenandas. Concil. Aurelian. a.538, c. 21, ib., p. 79. Si quis in agro suo habit aut postolat habere diocessim. Concil. Aurelian. a. 541, c. 33, ib., p. 94. Cum dies natalicius b. Petri ap. in diocesim quandam haud procul a Noviomense oppido celebraretur, adiens Eligius vicum . . . V. Eligii, lib. 2 c. 20, *Scr. rer. Merov.*, IV p. 711. Cf. K. MÜLLER, *Parochie und Diözese im Abendland in spätrömischer und merovingischer Zeit. Zeitschr. f. neutestam. Wiss.*, t. 32 (1933). **5.** *province ecclésiastique — church province.* Suffraganeos tuae [sc. Senonensis metropolitani] dioceseos ad te convocare studeas. Concil. Aquisgr. a. 816, *Conc.*, II p. 458. In Vesontio, quae est diocesis Bernoini archiepiscopi, H. episcopus et M. comes [missi regis]. Commem. missis data (a. 825), *Capit.*, I p. 308. Nos indigni episcopi ex diocesi Durocortorum [i.e. Remorum] necnon et diocesi Senonica et Turonica atque Rotomagica. Concil. Paris. a. 829, *Conc.*, II p. 608. R. Magontiacensis ecclesiae archiepiscopus cum coepiscopis meis qui ad praedictae ecclesiae diocesim pertinent, hoc est . . . Concil. Mogunt. a. 847, *Capit.*, II p. 173. Nos episcopi Remorum dioceseos . . . eligimus nobis archiepiscopum . . . *Hist. de Fr.*, X p. 410 A (a. 991). **6.** *autorité diocésaine — diocesan jurisdiction.* [Episcopus] diocesim et potestatem super Gandeshemense territorium synodali decreto . . . retinuit. Chron. Hildesheim., c. 14, *SS.*, VII p. 852.

**diplois** (genet. -idis) (gr.): **manteau — cloak.* AGNELL., *Scr. rer. Langob.*, p. 40. Test. Everardi a. 837, MIRAEUS, I p. 21 col. 2.

**dipsas** (genet. -adis) (gr.): **vipère — viper.*

**diptychum**, -cum, -ca, -cium, -cia (gr.): **1.** **diptyque, tablette cirée double qui se replie — double waxed tablet.* **2.** **catalogue des morts* et en particulier des évêques pour lesquels on priait à la messe — *list of the dead,* esp. bishops, for whom prayers were said at Mass. Lib. pontif., Agatho, ed. MOMMSEN, p. 198. Concil. Cenom. a. 840, *Conc.*, II p. 787. Hadr. II pap. (a. 867-872) epist. 3, MIGNE, t. 122 col. 1262 D. HINCMAR., opusc. 17, ed. SIRMOND, II p. 261. Ps.-ALCUIN., Div. off., c. 40, MIGNE, t. 101 col. 1264 A. FOLCUIN., G. abb. Lobiens., c. 7, *SS.*, IV p. 59.

**diratiocinare**, v. deratiocinare.

**dirationare** v. derationare.

**directaneus** (adj.): *psalmodié d'un trait,* sans répons — *sung right through,* without response. Benedicti regula, c. 17. Subst.: *un psaume récité d'un trait — psalm sung right through.* AURELIAN., Regula mon., MIGNE, t. 68 col. 393 C. Ibi pluries.

**directim**: **1.** **tout droit — straight on.* **2.** *de manière alignée — in a row.* **3.** *directement, sans ambages — directly.* Mir. Bertini (s. x in.), *Hist. de Fr.*, IX p. 119 A.

**directio**: **1.** **droiture, équité — fairness, equity.* **2.** *justice, administration de la justice — justice, administration of justice.* Secundum modum culpae directionem faciat per judicium aquae frigidae aut per exilium. Concil. Narbon. a. 1054, c. 6, MANSI, t. 19 col. 829.

**directus** (adj.): **1.** **direct* (et non par intermédiaire), *immédiat — direct, immediate.* **2.** **droit, juste — right, righteous.* Desistite ab hac intentione; verbum enim directum non habemus. GREGOR. TURON., Hist. Franc., lib. 3 c. 7. Etiam lib. 4 c. 14. **3.** *de plein droit, légitime — by right, rightful.* Quibuscumque secularibus jure directo res ecclesie vendidimus. Test. Caesarii a. 542, PARDESSUS, I no. 139, p. 105. Ecclesiae, cujus directo ordine juris est, ablata restituat. Concil. Aurelian. a. 549, c. 14, *Conc.*, I p. 104. Subst. neutr. **directum**, drectum, drictum: **1.** **ligne droite — straight line.* De ipso vado in dricto usque in M. flumen. BEYER, *UB. Mittelrh.*, I no. 8 (a. 720, Prüm), p. 10. **2.** *droit objectif, l'ensemble des règles de droit — law, the aggregate rules of law.* Quantum passus sum malicia incontra drictum vel sine judicio. F. Bituric., no. 14, *Form.*, p. 174. Quicquid contra drictum fecerit. Ewa ad Amorem, c. 33, cod. 2. Ut nullus . . . pro justitias faciendum sportolas contra drectum non accipiat. Concil. Vern. a. 755, c. 25, *Capit.*, I p. 37. Ab isto die inantea fidelis sum domno Karolo . . . sicut per drictum debet esse homo domino suo. Capit. missor. spec. a. 802, I p. 101 l. 35. Item p. 102 l. 2. Si per drictum deberet adtingere ad villam H. Cod. Lauresham., no. 228 (a. 782), ed. GLÖCKNER, II p.31. Per lege et dricto plus debet esse servus domno Ludovico quam ingenuus. PÉRARD, *Rec. de Bourg.*, p. 35 (a. 820). **3.** *justice, l'application des règles de droit — justice, putting law into practice.* [Mallatus] ubi habet lege [i.e. ut lex jubet], directa sic facere debet. Chilperici edict. (a. 561-584), c. 8, *Capit.*, I p. 10. Unicuique de reputatis condicionibus et directum faciat et ab aliis veritatem recipiat. MARCULF., lib. 1 no. 21, *Form.*, p. 57. Sic mihi Deus directum dedit [dans un duel judiciaire — in a judicial combat]. Cart. Senon., no. 17, ib., p. 192. Rex nobis commendavit ut justitias vel drictum in nostro ministerio facere debeamus. F. Sal. Merkel., no. 51, ib., p. 259. Humicida suus . . . fuerit et pro ipso nullus [i.e. nullum] offerit drictum. Pactus Alam., fragm. 5 c. 3. Agentes ecclesie unicuique directum facerent. *D. Karolin.*, I no. 66 (a. 772). Non distringant eos [sc. villanos] nisi per solum directum. Synod. Tulug. a. 1065, c. 5, *Hist. de Languedoc* $^3$, V no. 186, col. 336. **4.** *droit subjectif, titre — right, title.* Nullum drictum habebant, per quid ipso monasterio [i.e. ipsum monasterium] habere potuissent. *D. Karolin.*, I no. 102 (a. 775). Recognovit directum s. Petri. BERNARD-BRUEL, *Ch. de Cluny*, I no. 632 (a. 943). Audierunt et viderunt directum s. Petri. Ib., no. 764 (a. 950). Per quod unus de sanctos istos suum drictum perdat. Test. Raimundi com. Ruten. a. 961, *Hist. de Fr.*, IX p. 728 E. Se recognoscebant quia nullum directum non habeant de ipsis vineis. GUÉRARD, *Cart. de Marseille*, I no. 290, p. 308 (a. 967/968). Donamus . . . ecclesia[m] . . . cum dricto nostro. *Gall. chr.* $^2$, I instr. p. 49 col. 1 (a. 1028). **5.** *redevance — due, tax.* Nullum drictum, nullum pedaticum, datitam quamlibet . . . dent. Frid. I imp. conv. cum Januens. a. 1162, c. 7, *Const.*, I no. 211. Nec in introitu nec in exitu, nec pro mercatione nec alia ulla occasione drictum ullum vel aliquam demum prestationem exsolvere debeant. *Actes Phil.-Aug.*, no. 365 (a. 1190), I p. 448.

**directura**, de-, -rict-, drect-, drict-, drett-, dritt-, dret-, dreit-, droit-: **1.** *ligne droite — straight line.* Per derictura de longo ipso fossato antico. *CD. Langob.*, no. 222 col. 371 C (a. 862, Milano). **2.** *droit d'exiger des redevances — right to levy dues.* Neque de alios fevos neque de alias dreituras, quae . . . habeo. *Hist. de Languedoc* ³, V pr. no. 265 (a. 1063). Dono tibi totas meas dricturas, ubicumque illas habeam. DC.-F., III p. 126 col. 1 (ch. a. 1110). **3.** *redevance — due, tax.* Negociatores Pisani vadant per terram et aquam absque omni pedagio et drittura. Frid. I imp. conv. cum Pisanis a. 1162, c. 4, *Const.*, I no. 205.

**dirigere, 1.** aliquem: **envoyer, diriger — to send.* **2.** intrans.: *se diriger, aller, se rendre — to repair to, to resort to.* Cum eosdem missos [i.e. cum eisdem missis] diregit et ad imperatorem veniens cum honore suscipitur. GREGOR. TURON., Glor. conf., c. 62, *Scr. rer. Merov.*, I p. 784. In Eurupam dirigens inter Renum vel Danuvium et mare consedit. FREDEG., lib. 2 c. 5, *Scr. rer. Merov.*, II p. 46. Ibi saepe. **3.** epistolam: **envoyer, adresser — to send, to forward.* In epistola quam direxisti. Lib. diurnus, c. 46, ed. SICKEL, p. 37. **4.** absol.: *envoyer un messager, adresser une lettre, donner de ses nouvelles — to send word.* Dirigens ad reginam postulabat . . . EUGIPP., V. Severini, ed. KNÖLL, *CSEL.*, IX pt. 2 p. 8 l. 2. Per abbatem direximus. Steph. II pap. (a. 752-757) epist., *Epp.*, III p. 488 l. 18. Direxit nobis bonitas vestra per suos affatus. Paul. I pap. (a. 757-767) epist., ib., p. 512 l. 6. [Karolus] dirigens continuo [in] Franciam, ibidem apud se Papiam adduci fecit suam conjugem. Lib. pontif., Hadr. I, § 34, ed. DUCHESNE, I p. 496. Dirigens presencie serenitatis nostre . . . innotuit nobis per quendam suum fidelem. *D. Charles le Simple*, no. 15 (a. 898). Dirige nobis, dicendo si . . . LEO NEAPOL., V. Alexandri, ed. PFISTER, p. 3 l. 18. Praecipiendo tibi dirigo, quatenus . . . Chron. Salernit., c. 99, *SS.*, III p. 517 l. 43. **5.** *mander, donner avis de* qqch. *— to send word that . . .* Inquirentes si Langobardorum rex abstultas civitates . . . reddidisset, sicut false Franciam dirigebat, adserens se omnia reddidisse. Lib. pontif., Hadr. I, § 26, ed. DUCHESNE, I p. 494. Retulit ea que sibi fuerant imperata, eo quod direxerit Ternodus quomodo nihil voluisset nec potuisset contradicere . . . WIDEMANN, *Trad. S.-Emmeram*, no. 20, p. 26 (a. 822). **6.** *guérir — to restore to health.* Quos virtutis [i.e. virtute] divinae largitiones dirigere non poterat. GREGOR. TURON., Hist. Franc., lib. 9 c. 6. Repperiunt eum sedentem, membris omnibus esse directum. Id., Virt. Juliani, c. 39, *Scr. rer. Merov.*, I p. 580. Directus est pes ejus qui fuerat debilis. Id., Virt. Martini, lib. 1 c. 40, p. 606. **7.** **mettre dans la bonne voie — to put on the right path.* Quem [Lotharium] nos . . . salubriter correctum atque directum magis optamus retinere et habere principem quam amittere vel deserere. *Hist. de Fr.*, VII p. 593 (a. 867). **8.** *diriger, gouverner — to govern, to conduct.* Ab Ansperto [cella] fuit directa. FATTESCHI, *Memor. di Spoleto*, p. 271 (a. 768). **9.** *corriger, réparer — to put to rights.* Quicumque hanc pacem . . . infregerit et illi, cui eam infregerit, infra quindecim dies in simplum non emendaverit, . . . in duplum componat; quam duplicationem habeat episcopus ille et [i.e. vel] comes qui eam rem dirigere fecerit. Synod. Tulug. a. 1065, c. 6, *Hist. de Languedoc* ³, V no. 186, col. 442. **10.** *légaliser — to legalize.* Alienigene si concubitus suos dirigere nolint [i.e. nubere]. Leg. II Cnut, tit. 55, vers. Quadrip., LIEBERMANN, p. 349 col. 1.

**dirumpere**, disr-: **1.** *déchirer — to rend.* Corpus ecclesiae disrumpere. Lib. pontif., Martinus I, ed. MOMMSEN, p. 181. **2.** *enfreindre, résilier — to infringe, to break.* Conpuniturі esse promittemus pars parti ad quem disruptum fuerit. SCHIAPARELLI, *CD. Longob.*, II no. 160 p. 94 (a. 762, Lucca). Cum Hludowicus sacramenta superius scripta disrupisset. Sacram. Gundulfivill. a. 872, *Capit.*, II p. 342. Si quis contra hoc nostri statuti preceptum insurgere aut disrumpere temptaverit. *D. Ugo*, no. 52 p. 158 (a. 939). Commutationes injuste . . . annihilentur et disrumpantur. *D. Berengario II*, no. 5, p. 307 (a. 952). **3.** *défricher — to break up* land.

**disamparare**, des- (cf. voc. amparare): **1.** *se dessaisir de* qqch. *— to forego.* Donamus vobis . . . et guirpimus et desanparamus cum carta ista . . . prefatum honorem. GUÉRARD, *Cart. de Marseille*, II no. 702, p. 46 (a. 1156). Item CASSAN-MEYNIAL, *Cart. d'Aniane*, p. 232 no. 93 (a. 1198). **2.** *soustraire à une saisie — to abstract from attachment.* Rusticus si desemparaverit hoc quod ei recte emparatum fuerit, . . . det 5 sol., . . . Miles vero quod desemparaverit solvat. Usat. Barchinon., c. 107, ed. D'ABADAL-VALLS TABERNER, p. 48.

**disamparatio**, des-: *déguerpissement — relinquishment.* Si quis . . . contra istam scripturam et diffinitionem, desamparationem, absolutionem . . . advenerit. *Hist. de Languedoc*³, V pr. no. 388 col. 735 (a. 1095).

**disarmare**, des-: *désarmer — to disarm.* S. xiii.

**disbannire**: *relever du ban — to release from a ban.* S. xiii.

**disbrigare**: **1.** *débâcler, désencombrer — to disengage, to clear.* S. xiii, Ital. **2.** *dégager, débarrasser de toute occupation — to free from any occupation.* [Imperator] dabit Pisanis illud castrum disbrigatum cum suo jure et pertinentia. Frid. I imp. conv. cum Pisanis a. 1162, c. 8, *Const.*, I no. 205. [Terram] a vasallis disbrigaverit. GLORIA, *CD. Padov.*, III p. 370 (a. 1178).

**discalciare**: **déchausser — to take off one's shoes.*

**discambiare** (cf. voc. cambire): *défaire un échange — to cancel an exchange.* Si ullus de nos discamiare voluerit. BERNARD-BRUEL, *Ch. de Cluny*, I no. 276 (a. 926). Nequaquam [servi cambiati] discambiarentur, sed ita ut tunc erat eorum possessio, sic . . . maneret. LEO OST., Chron. Casin., lib. 1 c. 35, *SS.*, VII p. 604 l. 34.

**discantus**: **1.** *chant à plusieurs voix, déchant — many-voiced singing, descant.* **2.** *soprano — soprano.*

**discapere**: **1.** *déposséder — to dispossess.* De ipso villare vobis cum discapire voluimus, et in fraude [i.e. fraudem] vobis de ipso fecimus. *Hist. de Languedoc* ³, II pr. no. 15 col. 64 (a. 802, Cannes). **2.** *retraire* (se dit d'un seigneur féodal qui retire un fief au tenancier) *— to withdraw* (of a lord who takes back a fief from a tenant). Tam de fevo quam de dominico sive de fevum discaptum. Ib., V pr. col. 429 (a. 1037).



**discapillare**, v. decapillare.

**discarricare**, des-, de-, -cari-, -care-, -car-, -char-, -gare (cf. voc. carricare): *décharger — to unload.* Discarecantes quae tulerant, laxati pergunt itinera. PS.-FORTUN., V. Medardi, lib. 7 c. 22, *Auct. ant.*, IV pt. 2 p. 70. Cum Goti veniebant ad mercatum et discargabant asinos suos. DOUAIS, *Cart. de Toulouse*, no. 135 p. 100 (a. 1004-1010). Discarcatam lanam. Leg. IV Aethelred, tit. 2 § 9, vers. Quadrip., LIEBERMANN, p. 234.

**discedere** = decedere („mourir — to die").

**disceptatio**: **procès, interrogatoire — trial, law-case, examination.*

**discernere**: *décider, juger — to judge, to settle.* Judices jejuni causas audiant et discernant. Admon. gener. a. 789, c. 63, I p. 58. Tales [advocati] eligantur, quales et sciant et velint juste causas discernere et terminare. Capit. missor. Theodonisv. II a. 805, c. 12, p. 124. [Episcopi] discernant et unanimi consilio inveniant, quem exitum et quem finem hujusmodi causae imponant. Synod. Aquens. a. 860 prim., c. 1, forma A, *Capit.*, II p. 464 col. 1. [Comes] causas palatinas in vice Fulconis audiebat vel discernebat. *D. Charles le Chauve*, no. 314 II (a. 868). Hoc singulari certamine esse discernendum. ATTO VERCELL., Press., ed. BURONTIUS, p. 326.

**discessus** = decessus („mort — death").

**discidium**: **schisme — schism.*

**disciplina**: **1.** **connaissance, érudition — knowledge, learning.* **2.** *science, discipline — science, branch of study.* Secundum poeticae traditionis disciplinam. ALDHELM., Epist. ad Acircium, c. 6, *Auct. ant.*, XV p. 76. Rursum c. 8, p. 78. **3.** **doctrine religieuse, enseignement que donne l'Eglise — religious doctrine, teaching of the Church.* **4.** **loi morale, maîtrise de soi, obéissance à la loi divine — moral law, self-restraint, observance of divine law.* **5.** *discipline, bon ordre — discipline, order.* Excedentes pro disciplinae tenore servando correctionis fraena constringant. Edict. Guntchr. a. 585, *Capit.*, I p. 12 l. 8. Ut pax et disciplina in regno nostro sit. Chloth. II edict. a. 614, c. 11, p. 22. Ipse domnus imperator non omnibus singulariter necessariam potest exhibere curam et disciplinam. Capit. missor. gener. a. 802, c. 3, I p. 92. **6.** spec.: *discipline monastique, règle monastique — monastic discipline, monastic rule.* Regularis disciplinae cultu praecipuus habebatur. IONAS, V. Columbani, lib. 1 c. 4, ed. KRUSCH, p. 158 l. 22. [Canonici] non per vicos neque per villas . . . sine magisterio vel disciplina [foris vagari sinantur]. Capit. missor. gener. a. 802, c. 22, I p. 96. **7.** **avertissement, correction, châtiment infligé par Dieu — warning, chastisement inflicted by God.* **8.** *peine, châtiment — punishment, chastisement.* Regulari disciplinae subjaceat. Benedicti regula, c. 2; c. 32. Clerici qui . . . adesse contemserint, secundum arbitrium episcopi ecclesiae suscipiant disciplinam. Concil. Aurelian. a. 511, c. 28, *Conc.*, I p. 8. In ducis potestate sit disciplina ejus: aut manus perdat aut oculos. Lex Baiwar., tit. 9 § 5. Ut disciplina monachis regularis imponatur, non secularis; id est: non orbentur nec mancationes alias habeant, nisi ex auctoritate regulae. Dupl. legat. edict. a. 789, c. 16, *Capit.*, I p. 63. Talem disciplinam percipiat, qualem talis sit contemptor percipere dignus. Capit. missor. (a. 802-813), c. 4, p. 147. **9.** spec.: *peine du fouet, flagellation — scourging.* Quod si non fecero, licentiam habeatis me [i.e. mihi, sc. servo] qualemcumque volueritis disciplinam inponere. MARCULF., lib. 2 no. 28, *Form.*, p. 93. Talem disciplinam supra dorsum meum facere jubeatis, quam super reliquos servos vestros. F. Sal. Bignon., no. 27, p. 238. Decalvit eum et cedat [i.e. caedat] per disciplinam, sicut devit [i.e. debet] furonem. Liutprandi leg., c. 80 (a. 724). Disciplinae hostili subjaceat . . . id est 50 percussiones accipiat. Lex Baiwar., tit. 2 § 4. Disciplina corporis. V. Pardulfi, c. 18, *Scr. rer. Merov.*, VII p. 36 l. 10. Si familia nostra fecerit fraudem, pro lege recipiat disciplinam vapulando. Capit. de villis, c. 4. Si liber fuerit, bannum componat, si servus, corporali disciplina subjaceat. Capit. missor. Aquisgr. II a. 809, c. 7, I p. 152. [Presbyter] si plagatus fuerit, secundum qualitatem vel quantitatem plagarum vel disciplinae tripla compositione emendetur. Karoli ad Pippinum epist. (a. 806-810), p. 212 l. 19. Plena fuerit discussio de illo [accusatore latronis] facta sine disciplina. Capit. de latron. (a. 804-813) c. 2, p. 180. **10.** *le pouvoir d'infliger des peines — power to inflict punishment.* [Incestuosos et homicidas] oportet per secularis potentiae disciplinam cohercere. Capit. e concil. exc. (a. 826/827?), c. 11, p. 313. [Magi] disciplina et vigore principis acrius corrigendi sunt. Episc. rel. a. 829, c. 54, II p. 45 l. 6. Regia sunt disciplina cohercendi. Capit. episc. Pap. (a. 845-850), c. 4, II p. 82. **11.** *loi punitive — punitive law.* Ut illae disciplinae, quae propter legem conservandam sunt constitutae, propter praemium non dimittantur. Dupl. legat. edict. a. 789, c. 22, I p. 64. **12.** *sujétion, service — subserviency, service.* Nulli . . . aliquam disciplinam sive servitutem per vim faciant, nisi nobis et successoribus nostris regibus. D. Conradi reg. Prov. a. 963, *Hist. de Fr.*, IX p. 700. Cf. W. DÜRIG, *Disciplina. Eine Studie zur Bedeutung des Wortes in der Sprache der Liturgie und der Väter. Sacris Erudiri*, t. 4 (1952), pp. 245-279.

**disciplinaliter**: **1.** *de manière ascétique — in an ascetic way.* Panis et aqua disciplinaliter sumebantur. RODULF., V. Lietberti Camerac., c. 9 § 61, *AASS.*³, Jun. V p. 514 D. **2.** *comme châtiment, au moyen d'une flagellation — by chastisement, by scourging.* S. xii.

**disciplinare**: **1.** *rappeler à l'ordre — to call to order.* In capitulo ecclesiae, ubi fratres disciplinantur, sepulturam habuit. G. episc. Autissiod., c. 54. **2.** *punir — to punish.* Ipsos . . . comprehendit et misericorditer secundum singulorum merita disciplinavit. Ann. Mett. prior., a. 746, ed. SIMSON, p. 37. **3.** spec.: *flageller — to scourge.* Non disciplinabit magister pueros in choro. Consuetudines Farf., lib. 2 c. 16, ALBERS, *Cons. mon.*, I p. 157.

**disciplinatus** (adj.): **1.** **bien instruit — well taught.* **2.** **discipliné moralement — morally disciplined.*

**discipulatus** (decl. iv): **1.** **état de disciple — apprenticeship.* **2.** *le cercle des disciples — group of pupils.*
**discissio**: **séparation, division, schisme — dissension, split, schism.*
**disclamare**: *renoncer à ses prétentions sur* telle chose — *to waive one's claims concerning* a thing. S. xiii.
**discophorus** (gr.): **serviteur de table — waiter.*
**dyscolia** (gr.): *volupté, frivolité — worldly-mindedness.*
**dyscolus** (gr.): **1.** **difficile, morose, maussade — peevish, cheerless, grumbling.* **2.** *voluptueux, licencieux, dissolu — luxurious, lustful, licentious.* Discolis et jocosis nebulonibus ... familiare colloquium denegabat. ORDERIC. VITAL., lib. 5 c. 19, ed. LEPRÉVOST, II p. 448. Subst.: *écolier vagabond, individu débauché ou asocial — wandering scholar, dissolute or lawless person.* Inberbis juvenis, Tullensis discolus urbis. Ecbasis, v. 124, ed. VOIGT, p. 78. Discoli et exleges Dei et hominum a patria discedant. Leg. II Cnut, tit. 4 § 1, vers. Consil. Cnuti, LIEBERMANN, p. 311 col. 3.
**discombrare,** des-, -gom- (cf. voc. combrus): *débâcler, désencombrer — to clear, to disengage.* S. xiii.
**discomputare**: *défalquer — to deduct.* S. xiii.
**discomputatio**: *défalcation — deduction.* S. xiii.
**disconficere**: *défaire, tailler en pièces — to defeat, to cut to pieces.* Chron. Cremon., MURATORI, *Scr.*, VII col. 639. Ann. s. Eustorgii Mediol., a. 1176, *SS.*, XVIII p. 396.
**disconfita**: *défaite, déconfiture — defeat.* S. xiii, Ital.
**disconfitura**: *défaite, déconfiture — defeat.* S. xiii.
**disconvenire**: *être contesté — to be controverted.* Quicquid nobis cum eis ipsisque nobiscum disconvenerat invicem. MULLER-BOUMAN, *OB. Utrecht*, I no. 280 p. 257 (a. 1108).
**discooperire**: **1.** **découvrir, mettre à nu — to disclose, to lay bare.* **2.** *trahir — to betray.* Nullus ... suum parem discooperiat vel prodat. Capit. Tusiac. in Burgund. dir. a. 865, c. 1, II p. 329. **3.** *reconnaître, éclairer — to scout.* S. xiii.
**discopulare**: *découpler — to unleash.* Venatores discopulatis canibus insecuti sunt aprum. RIGORD., a. 1179, ed. DELABORDE, p. 10.
**discordantia**: **1.** *contradiction, contraste — contradiction, opposition.* **2.** *controverse, litige — dispute, quarrel.*
**discredere**: **décroire — to disbelieve.*
**discrete**: **1.** **séparément — separately.* **2.** **discrètement — discreetly.*
**discretio**: **1.** **séparation, distinction, différence — separation, distinction, difference.* **2.** **faculté de distinguer, discernement — power of discernment.* **3.** **discrétion, prudence, mesure, circonspection — discretion, prudence, caution, care.* **4.** *jugement arbitraire, discrétionnaire — arbitrary judgment, judgment by discretion.*
**discretus**: **1.** **distinct, différent, étranger — distinct, different, alien.* **2.** **à part, excellent — uncommon, outstanding.* **3.** *discret, prudent, juste — wise, prudent, righteous.* GREGOR. M., pluries. **4.** *courtois, modeste — courteous, modest.* **5.** *illustre, haut placé — illustrious, high placed.*
**discrimen**: *dommage, perte — damage, loss.*
**discriminale**: **boucle* pour les cheveux — *hair-clasp.*

**discubitus** (decl. iv): **1.** *lit — bed.* Supra suum discubitum ... collocaverat. V. Eligii, lib. 2 c. 69, *Scr. rer. Merov.*, IV p. 735. Ibi pluries. **2.** *chaise — seat.* Si quis ... [ali]quid excesserit in refectorio, ibi in discubito sedens. Capit. monast. a. 817, c. 41, cod. Roman. Barberian., *Capit.*, I p. 346 l. 43.
**disculpare,** des-, -col-, refl.: *s'innocenter — to plead innocence.* Cumque ille tanti criminis sese reum disculparet. V. Antidii (s. xi?), c. 2, *AASS.*[3], Jun. VII p. 39 B.
**discupere**: *envier — to grudge.* Nemo suo pari suum regnum discupiat. Conv. Marsn. a. 851, c. 2, *Capit.*, II p. 72. Item Conv. Furon. a. 878, c. 1, p. 169. HINCMAR., opusc. 34 c. 5, ed. SIRMOND, II p. 594.
**discurrere**: *être usuel — to be in general use.* 24 galetas musti de arpenno redderent, et ea galeta [ablat.] que in jamdicta villa discurrit in vindemiis. BERTRAND, *Cart. d'Angers*, I no. 283 p. 323 (a. 1039-1055).
**discursio**: *voyage — journey.*
**discursor**: **1.** *messager, agent itinérant — messenger, itinerant official.* Episcopi vel potentes ... judicis [i.e. judices] vel missus discursoris [i.e. missos discursores] de alias provincias non instituant. Edict. Paris. a. 614, c. 19, *Capit.*, I p. 23. **2.** *marchand ambulant — wandering merchant.* In quibuslibet locis telloneo fiscus noster discursoribus seu iter agentibus exigere consuevit. *D. Merov.*, no. 38 (a. 660).
**discursorium**: *égout, ruisseau — sewer, gutter.* S. xiii.
**discursus** (decl. iv): **1.** *tournée, voyage d'office — circuit, service tour.* CASSIOD., Var., lib. 5 epist. 14 § 7, *Auct. ant.*, XII p. 151. **2.** *circulation — traffic.* Per [vias] publicus incedat discursus. *D. Berengario I*, no. 110, p. 282 (a. 916). **3.** *cours des astres — course of heavenly bodies.*
**discus**: **1.** **plat, plateau — dish, tray.* **2.** (cf. teuton. tisch) *table — table.* Quicquid ad discum nostrum dare debet. Capit. de villis, c. 24. Drappos ad discum parandum. Brev. ex., c. 25, *Capit.*, I p. 254. In disco curat servare magistro. Ruodlieb, fragm. 6 v. 49. Esca multiplici ne fallas federa disci. Ecbasis, v. 274, ed. VOIGT, p. 87. Ibi pluries. Exigebantur servitia in disco regis. Libell. de imp. pot., ed. ZUCCHETTI, p. 203.
**discussio**: **1.** **discussion, examen, enquête — discussion, inquiry.* **2.** *examen d'un accusé,* soit par interrogatoire, soit par épreuve judiciaire — *trial* by hearing or ordeal. Si his [i.e. is], qui rem ecclesiasticam tenit, admonitus judicium declinaverit, quousque aut ad discussione[m] veniat aut rem restituat ecclesiasticam, communione privetur. Concil. Aurelian. a. 538, c. 13, *Conc.*, I p. 77. Si in crimine accusatur et habeta discussione fuerit fortasse convictus. Chloth. I praec. (a. 511-561), c. 3, *Capit.*, I p. 19. Ut nullus clericus de qualibet causa extra discussionem episcopi sui a seculare judice injuriam patiatur. Concil. Matisc. a. 583, c. 7, *Conc.*, I p. 157. Nullas gravidines a quolibet episcoporum sub pretextu discussionis religiosus abbas vel monachi sustineant. Coll. s. Dionys., no. 2, *Form.*, p. 497. Pro illa discussione et securitate, quam hodie ad calidum ferrum facere debeo. Coll. judic. Dei, no. 2[p], *Form.*,



p. 645. Si quis ad ecclesiam confugium fecerit ..., liceat ei confiteri quod fecit, et inde ... ad discussionem in publico perducatur. Capit. legib. add. a. 803, c. 3, I p. 113. Plena fuerit discussio de illo [reo] facta sine disciplina [i.e. sine flagellatione]. Capit. de latron. (a. 804-813), c. 2, p. 180. Ad metropolitanum deducti discussione aecclesiastica examinentur. Synod. Papiensis a. 850, ib., II p. 122.
**discussor**: **celui qui examine — examiner.*
**discussus** (decl. iv): *examen judiciaire — trial.* Cujus negotii causam usque ad palatini nostri juditii discussum perduximus. *D. Berengario I*, no. 83 (a. 912), p. 223 l. 8.
**discutere**: **1.** **examiner, enquêter — to examine, to inquire.* **2.** aliquem: *interroger, entendre — to try, to interrogate.* Nullus ... quemquam clericorum ... constringere, discutere audeat aut damnare. Concil. Aurelian. a. 541, c. 20, *Conc.*, I p. 91. [Episcopi] discutiant clericos quomodo ordinem baptismi teneant. Concil. Bracar. III a. 572, MANSI, t. 9 col. 838. Sub districtione discussus [a parentibus] quid de vestimentis suis fecerit. V. Caesarii, lib. 1 c. 3, *Scr. rer. Merov.*, III p. 458. Discutiendum judici praesentet. Lex Burgund., tit. 39 § 1. Ut episcopi diligenter discutiant per suas parrochias presbyteros, eorum fidem, baptisma et missarum celebrationes. Admon. gener., a. 789, c. 70, *Capit.*, I p. 59. Non admittantur testes ad juramentum antequam discutiantur; et si aliter discuti non possint, separentur adinvicem et singulariter inquirantur. Capit. missor. Theodonisv. gener. a. 805, c. 11, p. 124. **3.** *faire subir une épreuve judiciaire — to try by ordeal.* Illi, qui discutiendi sunt, catecizentur. Ordin. judic. Dei, no. 10 I, *Form.*, p. 616. Ibi pluries. **4.** causam, litem, crimen: *expédier* une cause, *juger — to deal with* a law case, *to judge.* Rachineburgii in mallo sedentes dum causam inter duos discutiunt. Lex Sal., tit. 57 § 1. Discutitur a nominculatore vel sacellario causa ejus. Ordo Rom. I (s. vii ex.), c. 13, ed. ANDRIEU, p. 71. Si quis infringere temptaverit, fisco discutiente sol. 30 multa componat. F. Sal. Bignon., no. 2, *Form.*, p. 229. Nullus judex publicus ad causas judiciario more audiendas atque discuciendas ingredi audeat. F. imper., no. 4, *Form.*, p. 290. Contentio coram nobis [sc. imperatorem] diligenti examinatione discutiatur et finiatur. Ib., no. 16, p. 298. Causae vel lites inter partes factae atque exortae discutiantur et congruo sibi judicio terminentur. Capit. de just. fac. a. 811-813, c. 1, I p. 176. Omnem causam inquirendam et discutiendam dijudicent. *D. Ludwigs d. Deutsch.*, no. 80 (a. 857). Criminalia scelera ... inquirere, discutere et dijudicare canonice. Karoli II capit. Pap. a. 876, c. 6, II p. 102. **5.** *délibérer sur* une question, *traiter — to discuss.* Multae atque diversae ... ante conspectum nostrum quaestiones tam de ecclesiasticis quam publicis ac privatis rebus discuterentur. Capit. Ital. a. 801, prol., I p. 204. **6.** **expliquer, analyser — to explain, to expound.* Abbates ... regulam per singula verba discutientes pleniter legant. Capit. monast. a. 817, c. 1, I p. 344.
**dysenteria** (gr.): *dysenterie — dysenteria.* HUGO FALC., MURATORI, *Scr.*, VII col. 302.

**disertitudo**: **éloquence — eloquence.*
**disfacere,** diff-, deff-, def-: **1.** *démolir — to pull down.* Quicumque castella et firmitates sine nostro verbo fecerint, kal. Aug. omnes tales firmitates disfactas habeant. Edict. Pist. a. 864, sect. C c. 1, *Capit.*, II p. 328. **2.** *détruire — to destroy.* Si carta [ingenuitatis] non paruerit sed jam ab illo ... disfacta est. Capit. legib. add. a. 803, c. 7, I p. 114. **3.** *mutiler — to maim.* Si per odium aut malo ingenio, nisi per justitiam faciendam, hominem diffecerit. Capit. Harist. a. 779, c. 11, p. 49. Qui murdrum fecerit, si capiatur, debet reddi justicie regis; et [i.e. saltem] talis de quo justicia fieri possit, non videlicet occisus aut diffactus. Leg. Henrici, tit. 92 § 3, LIEBERMANN, p. 607. Qui murdrum aperte fecerit sive combusserit vel decapitaverit vel excoriaverit aliterve diffecerit ne cognosci valeat [i.e. eo modo ut cognosci non valeat]. Ib., § 19, p. 609. **4.** *violer, porter atteinte à* qqch. — *to do violence to, to hurt.* Juret quod [reum] ad justiciam cujuslibet disfaciendam fugire non fecisset. Capit. legib. add. a. 803, c. 2, I p. 113. Si ... cambio [i.e. cambium], quod justum feceris, disfacere boluerenus [i.e. voluerimus]. SCHIAPARELLI, *CD. Longob.*, II no. 213 p. 236 (a. 768).
**disfactio,** diff-: *mutilation — mutilation.* Nec emendacione peccuniali nec diffaccione corporali. Leg. Henrici, tit. 88 § 8, LIEBERMANN, p. 603. Ibi pluries.
**disfalcare,** v. defalcare.
**disgratia**: **1.** *disgrâce — disfavour.* S. xiii. **2.** *honte, tare — shame, disgrace, blemish.* S. xiii. **3.** *infirmité, vice corporel — infirmity, disease.*
**disgregare**: **séparer, diviser — to separate, to divide.*
**dishonorare** et derivata, v. dehonor-.
**disjuncta** (fem.): *alternative — alternative.* Cancellarius pro parte imperatoris disjunctam triplicem proposuit, dicens: Petit a vobis imperator et postulat, ut aut de regalibus ... illi justitiam faciatis, aut sententiam ... executioni mandetis, vel ea, que antecessores vestri ... reddere consueverunt, illi faciatis. ROMUALD. SALERNIT., Chron., a. 1177, ed. GARUFI, p. 275.
**disjunctio**: *partage — partition.* Facta inter nos et ipsos firma et immutabili ejusdem predii disjunctione. MULLER-BOUMAN, *OB. Utrecht*, I no. 280 p. 258 (a. 1108).
**disjungere**: *divorcer — to divorce.* De sanctimonialibus mulieribus qui se copulaverunt viris ..., ut disjungantur. Capit. Ital. Karolo M. adscr., I p. 215. Si unus e duobus ... copulam nuptialem machinetur disjungere. Concil. Tribur. a. 895, c. 39, *Capit.*, II p. 236 col. 1 l. 8.
**disligare**: *délier — to untie.* S. xiii.
**1. dislocare**: *déplacer — to remove.* S. xiv.
**2. dislocare**: *faire expirer un bail — to dissolve a lease.* S. xiii.
**disloqui,** diloqui: *délirer — to rave.* Diloqui eum, ut egroti solent, putantes. EKKEH., Cas. s. Galli, c. 14, *SS.*, II p. 137 l. 25.
**dismanuare,** -manare (<manus), **1.** aliquem: *priver — to deprive.* Taliter ei concessimus, ut de omnis hostis ... sit conservatus, ut neque vos neque juniores vestros ipso [i.e. ipsum] pro hoc inquietare nec dismanuare

presumatis. Cart. Senon., no. 19, *Form.*, p. 193. Nec de rebus suis in nullo abstrahere nec dismanuare non presumatis. Ib., no. 28, p. 197. **2.** aliquid: *enlever — to take away*. Nec ullus . . . de ipsa abbatia . . . nec dismanandum nec distrahendum . . . non habeat pontificium. PARDESSUS, II p. 478 no. 85 (a. 710). [Res] a pravis hominibus de ipsa sancta casa abstractas vel dismanatas fuerunt. *D. Arnulfing.*, no. 23 (ca. a. 751), p. 108.

**dismasatus**: *non réparti en manses — not divided into manses*. Si . . . fuerit terra dismasata. GLORIA, *CD. Padovano*, III p. 207 (a. 1170).

**dismembrare,** v. demembrare.

**dismentiri,** v. dementiri.

**disnarium,** disnare, disnerium (frg. *dîner* <disjejunare): *déjeuner — luncheon*. *Hist. de Languedoc*[3], V pr. no. 479 col. 903 (ch. a. 1122). FAYEN, *Lib. trad. s. Petri Bland.*, p. 158 (s. xii).

**dispar**: *individu qui n'est pas un pair — one who is not a peer*. Cum pari suo absque licentia, cum dispari per licentiam matrimonium ineat. LACOMBLET, *UB. Niederrh.*, I no. 239 (a. 1086), p. 154.

**disordinare**: *décommander — to countermand*. Regni vestri defensionem . . . dispositum [i.e. dispositam] habetis, . . . Ipsam dispositionem nos disordinare non possumus nec debemus. Capit. Carisiac. a. 877, c. 3, II p. 356.

**disparagamentum,** -perg-: *mésalliance — disparagement in marriage*. [Puellas] maritabit . . . sine dis pergamento. MARTÈNE, *Coll.*, I col. 1124 (ch. a. 1115, Nevers).

**disparagatio**: i.q. disparagamentum. S. xiii.

**disparare. 1.** pass. disparari: **être éloigné, séparé — to be far away, to be apart*. **2.** pass.: **différer — to differ*. **3.** active: *abîmer, dépouiller de tout ornement — to spoil, to disfeature*. [Capsa] fuit disparata et detecta. D. Lud. VI reg. Fr. a. 1117, MARTÈNE, *Thes.*, I col. 345. Disparatur altare. BERNARD. MORLAN., Cons. Cluniac., lib. 2 c. 8, HERRGOTT, p. 294.

**disparatio**: **séparation, éloignement, distance, différence — separation, removal, distance, difference*.

**disparere**: **1.** *disparaître — to disappear*. GREGOR. M., Dial., lib. 3 c. 7. Cerva disparuit. JORDAN., Getica, *Auct. ant.*, V pt. 1 p. 90 l. 4. Noctu fuga lapsus disparuit. Ann. Bertin., a. 863, ed. WAITZ, p. 63. **2.** *cesser — to cease*. Seditio pressa in partibus illis ultra [leg. ultro] disparuit. GUILL. GEMMETIC., lib. 6 c. 5, *Hist. de Fr.*, X p. 192.

**dispariare,** -parg-, -perg-, -parag-: *faire déchoir par une mésalliance — to disparage in marriage*. S. xiii.

**disparitas**: **dissemblance — disparity*.

**dispatriare**: *aller à l'étranger — to go abroad*. Aliquis qui dispatriaverit. Priv. comm. S.-Quintini a. 1195, c. 7, *Actes Phil.-Aug.*, no. 491, II p. 16.

**dispendere**: **1.** **distribuer — to dole out*. **2.** *dépenser — to spend*. Multos dies in illius servitio misit et omnia quae habuit dispendit. Capit. Caris. a. 856, c. 6, II p. 280. **3.** *aliéner — to dispose of* a thing. Qui homines liberos in servos suscipiunt, in alteras partes illos dispendant et vendant. Edict. Pist. a. 864, c. 34, p. 327.

**dispendium**: **1.** **perte — loss*. Noverit se vite suae perire dispendium [i.e. dispendio]. Chilper. edict. (a. 561-584), c. 9, *Capit.*, I p. 9 l. 26. **2.** *frais, dépense — expense, expenditure*. Eclesiae . . . destructae . . . proprio dispendio restaurentur. Concil. Roman. a. 826, c. 25, I p. 375. In usus et dispendia et utilitatem fratrum . . . consistant. D. Karlomanni reg., D'ACHÉRY, *Spic.*, VIII p. 150.

**dispensa** (femin.) (<dispendere; cf. teuton. *Speise*): **1.** *ce qui est nécessaire à l'entretien matériel, les provisions — things wanted for subsistance, victuals*. Quicquid ad discum nostrum dare debet . . . et reliqua dispensa . . . tam farina quam et peculium. Capit. de villis, c. 85. Dispensa missorum, . . . videlicet panes, friskingas, potus, porcellus, pulli, ova, annona. Capit. missor. a. 819, c. 29, I p. 291. Qui ad palatium eorum dispensam ducunt. Capit. de funct. publ. (a. 820/821), c. 2, p. 294. De dispensa, quam in Aquis accepistis, nullam volo aliam retributionem nisi amiciciam tuam. EGINHARD., epist. 8, *Epp.*, V p. 112. Presbyteri . . . per famulos suos praedictam dispensam [sc. frumentum et cet.] reddi in civitate . . . faciant. Capit. Tolos. a. 844, c. 3, II p. 256. Episcopi, quando . . . parroechias circumeunt, . . . hujusmodi dispensa contenti sint: panes 100 . . . Capit. episc. Pap. (a. 845-850), c. 15, p. 83. Ministri comitum in unoquoque comitatu dispensam missorum nostrorum a quibuscunque dari debet recipiant. Capit. Tusiac. a. 865, c. 16, p. 332. Brevis de substantia et censu et dispensa s. Salvatoris. FOLCUIN., G. abb. Sithiens., in fine, *SS.*, XIII p. 634 l. 18. **2.** *dépense, garde-manger — store-room, pantry*. Despensam et coquinam . . . complevit. Fund. monast. Caelest. Suession., MARTÈNE, *Coll.*, VI col. 608. Habere debet uxor sub custodia sua claves dispensae suae. BRACTON., lib. 3 tract. 2 c. 32 § 9. Has claves mulier debet sub cura sua custodire, scilicet dispense sue et arce et scrinii sui. Leg. II Cnut, tit. 76 § 1a, vers. Quadrip., LIEBERMANN, p. 363 col. 2.

**dispensabilis**: *d'usage courant — commonly used*. S. xiii.

**dispensare**: **1.** *(de Dieu) *dispenser* — (of God) *to dispense*. **2.** *dépenser, affecter — to spend, to appropriate*. De decimis, ut . . . per jussionem pontificis dispensentur. Capit. Harist. a. 779, c. 7, I p. 48. Quicquid ad nostrum opus judices dederint vel servierint aut sequestraverint, in uno breve conscribi faciant, et quicquid dispensaverint, in alio. Capit. de villis, c. 55. De oblationibus quae in ecclesia vel in usus pauperum conferuntur, . . . non ab aliis dispensentur nisi cui episcopus ordinaverit. Synod. Franconof. a. 794, c. 48, *Capit.*, I p. 78. Sacerdus . . . ipsa[m] decima[m] dispenset pro luminaria sive elemosinis distribuad. Capit. Ludov. Pio adscr., c. 8, p. 336. In majoribus locis multo tunc plura fuisse dispensata. FLODOARD., Hist. Rem., lib. 2 c. 18, *SS.*, XIII p. 466 l. 39. **3.** *(de Dieu) *administrer, gouverner* — (of God) *to administer, to sway*. **4.** gener.: *gouverner — to govern*. Bruno, cui jam totius regni dispensandi cura imminebat. FOLCUIN., G. abb. Lobiens., c. 23, *SS.*, IV p. 65 l. 2. **5.** *dispenser, exonérer, libérer — to exempt, to exonerate*. S. xiii. **6.** *pardonner — to pardon*. S. xiii.

**dispensarius**: *économe — steward*. S. xiii.



**dispensatio, 1.** gratiae, misericordiae: **dispensation, action d'accorder — dispensing, awarding*. **2.** sacramenti: **action de conférer, d'administrer — conferring, administering*. **3.** **dessein divin, providence divine — divine arrangement, providence*. **4.** gener.: **arrangement — arrangement*. **5.** *dessein, projet, intention — scheme, plan, purpose*. **6.** *gouvernement — administration*. Inter cetera dispensationis mee [sc. comitis] officia. VERCAUTEREN, *Actes de Flandre*, no. 26 (a. 1101). **7.** **aménagement, dispense, exemption — sparing, dispensation, exemption*. **8.** *pardon, absolution — pardon, absolution*.

**dispensator**: **1.** *distributeur d'aumônes — alms distributor*. [Episcopus] ad sui auriculam habuit consiliatorem et, pecuniam commissam [accus. absol.], pauperum efficit dispensatorem. Pass. Praejecti (s. vii ex.), c. 4, *Scr. rer. Merov.*, V p. 228. Diaconiae dispensator. Lib. pontif., Hadr. I, § 90, ed. DUCHESNE, I p. 512. **2.** *régisseur de domaine — manorial administrator*. In villicos suos [sc. regis] vel in alios quoslibet regalis fisci dispensatores. LAMPERT. HERSF., Ann., a. 1063, ed. HOLDER-EGGER, p. 89. VERCAUTEREN, *Actes de Flandre*, no. 13, p. 37 (a. 1093).

**dispensatorius**: **1.** **providentiel — providential*. **2.** *usité pour les distributions de vivres — in use for food distribution*. 4 modios dispensatorii panis. *D. Konrads II.*, no. 106 (a. 1027).

**disperdere**: *exécuter — to execute*. [Malefici et venefici], sicut lex et justitia docet, disperdantur. Capit. Carisiac. a. 873, c. 7, II p. 345.

**dispergamentum,** v. disparagamentum.

**dispergare,** v. dispariare.

**dispergere**: **1.** **prodiguer* un patrimoine — *to lavish* a fortune. Monasterii res inique dispergebat. GREGOR. CATIN., Chron., ed. BALZANI, I p. 290. **2.** *tailler en pièces — to scatter*. Isauri dispersi sunt. JORDAN., Summa, *Auct. ant.*, V pt. 1 p. 46.

**dispersio**: **1.** **dispersion — dispersion*. **2.** **ceux qui sont dispersé — scattered persons*.

**dispignerare**: *retirer un gage — to recover from pawn*. Edict. Rothari, c. 346. Vadia dedit . . . set nec ipsa vadia non dispigneravit. *CD. Langob.*, no. 259 col. 438 A (a. 875, Milano).

**displicare**: *expliquer — to explain*. GREGOR. M., Ezech., lib. 1 c. 9 § 30, MIGNE, t. 76 col. 883 C.

**dispoliare** = despoliare.

**disponere**: **1.** **disposer, organiser, arranger — to lay out, to organize, to arrange*. **2.** *administrer, gérer, prendre soin de* qqch. — *to administer, to manage, to look after*. Bene omnia disponentem. ANAST. BIBL., Chronogr., ed. DE BOOR, p. 105. **3.** *soigner — to attend*. [Extraneos] recipiendi et disponendi officium. RATHER., epist. 33, ed. WEIGLE, p. 186 l. 9. **4.** *gouverner — to govern*. Regnum sua prudentia disponeret. G. Trevir., addit., c. 19, *SS.*, VIII p. 193. Regni gubernacula consilio disponebant. Libell. de imp. pot., ed. ZUCCHETTI, p. 191. **5.** *(de la Providence divine) *disposer, vouloir* — (of Divine Providence) *to dispose, to ordain*. **6.** gener.: *décréter — to ordain*. Episcopi conversationem canonicorum eorumque habitationes . . . sicut disposuimus habeant praeparatas. Capit. Olonn. eccles. I a. 825, c. 7, I p. 327. **7.** *terminer, decider de, statuer sur* un sujet — *to settle, to decide upon*. **8.** **décider de, se disposer à, se proposer de* faire telle chose — *to resolve to, to be about to, to intend to do*. **9.** **léguer — to bequeath*. EKKEH., Cas. s. Galli, c. 1, *SS.*, II p. 82 l. 23. **11.** *expliquer — to explain*.

**dispositio**: **1.** **état, disposition, plan — state, lay-out, shape*. **2.** **organisation, gouvernement, administration — organization, government, administration*. **3.** **Providence divine, destination — Divine Providence, destiny*. **4.** **ordonnance, règlement, décision — decree, regulation, decision*. **5.** **disposition testamentaire — provision of a will*.

**dispositum** (subst. neutr.): **1.** *plan, ordre, disposition — lay-out, design*. Recognosco omne hoc dispositum pugnae ab aemulo meo procedere. JULIAN., Hist. Wambae, c. 16, *Scr. rer. Merov.*, V p. 515. Item c. 10, p. 510. **2.** *instruction, mission — instruction, charge*. Patrimonium illud juris s. Romanae . . . ecclesiae curae tuae [sc. agentis] commissum, cujus exactionem per nostrum dispositum fecisse dinosceris. Lib. diurnus, c. 103, ed. SICKEL, p. 136. **3.** *précepte — precept*. Qui contra dispositum non solum nostrum, sed etiam antiquorum patrum et regum venire temtaverit. Concil. Matisc. a. 585, c. 14, *Conc.*, I p. 170. Regalibus obtemperare dispositis. CASSIOD., Var., lib. 3 epist. 10, *Auct. ant.*, XII p. 84 Si contra dispositum fidei cum feminis habitare contendis. MARTÈNE, *Thes.*, I col. 332 (a. 1110). **4.** **projet, propos — purpose, design*. Id disposito malitie aut nocendi voluntate commissum non fuit. Lex Visigot., lib. 6 c. 5 § 7. Ibi pluries. **5.** *disposition — disposal*. In vestrum arbitrium et dispositum committimus. Leonis III pap. epist. 4, MIGNE, t. 98 col. 530 B. **6.** *explication, commentaire — explanation, commentary*. Unum dispositum super euangelium majorem. PÉRARD, *Rec. de Bourg.*, p. 26 (ch. a. 840).

**dispunctio**: **examen, jugement — examination, judgment*.

**disputatio**: *disputation — disputation*. Facere possunt magistri et scolares . . . constitutiones . . . de lectionibus et disputationibus. DENIFLE, *Chartul. Univ. Paris.*, I p. 79 no. 20 (a. 1215).

**disquirere**: **rechercher, s'enquérir de* qqch. — *to seek to trace, to try to find out*.

**disratiocinare,** v. deratiocinare.

**disrationare,** v. derationare.

**disraubare,** disrobare, disrubare et derivata, v. deraubare.

**disrumpere,** v. dirumpere.

**dissaisina,** des-, -seis-: *dépossession — disseisin*. Recognitiones de nova dessaisina de morte antecessoris non capiantur nisi in suis comitatibus. Ch. Henr. II reg. Angl. a. 1155, BRUSSEL, II p. 111. Jurisdictio [i.e. jus] alterius non tollitur per dissaisinam. Consuet. Normann. veterr., pt. 1 (s. xii ex.), c. 22 § 2, ed. TARDIF, p. 23. Hec sunt placita que pertinent ad ducem: . . . dissaisina . . . Ib., c. 53, p. 43.

**dissaisio,** des-, -seis-, -sas-: idem quod dissaisina. S. xii.

**dissaisire,** des-, de-, -seis-, -ses-, -sas-, -sex-, -iare (cf. voc. saisire): *déposséder — to disseise*. Regi Angliae hostis erat pro terra matris suae, qua rex eumdem in Anglia dissaisiverat. ORDERIC. VITAL., lib. 8 c. 15, ed. LEPRÉVOST,

III p. 350. Prohibemus ne [ballivi] desesiant aliquem sine causae cognitione. D. Ludov. VII reg. Fr. a. 1154, MARTÈNE, *Thes.*, I col. 439. Si accusatus inducias . . . habuit, ne disseisiatus vel inplegiatus vel illegiatus . . . judicetur. Leg. Henrici, tit. 5 § 3, LIEBERMANN, p. 548. Nemo dissaisiatus placitet, nisi in ipsa dissaisiacione agatur. Ib., tit. 53 § 6, p. 574.

**dissaisiscere**: *déposséder — to disseise.* Episcopos inde non disaisiscant, donec in curia sit demonstratum quod episcopi inde habere non debeant. Concil. Lillebonn. a. 1080, c. 48, TEULET, *Layettes*, I no. 22, p. 28 col. 1.

**disserere**: **expliquer, interpréter — to explain, to interpret.*

**dissicere** (praes. dissicio) = disicere.

**dissidium** = discidium.

**dissignare,** designare: *desceller — to unseal.* Sepulto patre, testamentum designatum est. WILL. NEUBRIG., lib. 2 c. 7, ed. HOWLETT, p. 113.

**dissilire**: **bondir hors, déserter — to break bounds, to run away.* Ab episcopo loci dissiliens communione se privari non ambigat. Concil. Franconof. (a. 816-829), c. 12, *Conc.*, II p. 592. Sint subjecti proprio episcopo . . . nec per contumaciam ab eorum potestate dissiliant. Karoli II capit. Pap. a. 876, c. 8, II p. 102.

**dissimilis**: *inique — unfair.* Dissimilem pacem. ATTO, Epist., ed. BURONTIUS, p. 319.

**dissimulare, 1.** ab aliqua re: **négliger, omettre — to neglect, to drop.* **2.** c. infin.: **négliger de, ne pas vouloir — to omit.* **3.** aliquid: *omettre, manquer à* un devoir — *to neglect* one's duty, *to fail in* a task. **4.** aliquem: *renier — to disown.*

**dissimulatio**: **1.** **négligence, indifférence — carelessness.* **2.** **hésitation, délai, arrêt — delay, stop.*

**dissitudo** (<dissitus): *distance, durée — distance, lapse of time.* Post dissitudinem longissimi temporis. G. pontif. Camerac., lib. 1 c. 107, *SS.*, VII p. 446 l. 49.

**dissolidare**: *abîmer — to damage.* Ab Agarenis gentibus [monasterium] dissolidatum fuit. Leonis VII pap. (a. 936-939) epist., MIGNE, t. 132 col. 1068 B.

**dissolutio**: **1.** **débauche, licence — profligacy.* **2.** *décès — death.* Dissolutionis meae tempus. LIUTPR. CREMON., Legatio, ed. BECKER, p. 183.

**dissolvere**: **1.** **abattre, violer, décourager, affaiblir, amollir — to smash, to violate, to dishearten, to weaken, to soften.* **2.** pass. dissolvi: **mourir — to die.*

**dissonans**: **différent, opposé, contradictoire — different, at variance, contradictory.*

**dissonantia**: **1.** **désaccord, caractère contradictoire — disagreement, contradiction.* **2.** *litige, controverse — dispute.* Cum inter illos dissensio facta est, venerunt ipsi reges in unum locum et dissonantiam illorum coadunaverunt. Ann. Xant., a. 843, ed. SIMSON, p. 13.

**dissonare**: **n'être pas d'accord, différer — to be at variance with, to be hostile to.*

**distans**: **loin de — far removed from.*

**distantia**: *litige — dispute.* De omnibus distantiis que inter episcopum et comitem sunt. HÖHLBAUM, *Hans. UB.*, I no. 53 (a. 1200, Brabant).

**distemperantia**: **1.** *climat intempéré — intemperate climate.* Gelu, nivem, omnem distemperantiam frigoris et caloris . . . sustinere. V. Hildegundis, *AASS.*, Apr. II p. 784. Calorem aeris et distemperantiam metuens Urbem . . . egressus. ROMUALD. SALERNIT., Chron., a. 1179, ed. GARUFI, p. 295. **2.** *fièvre — fever.* Ex calida distemperancia impulsa precordia minarentur interitum. Chron. Reinhardsbrunn., a. 1191, *SS.*, XXX p. 548 l. 12.

**distemperare**: *détremper, mélanger, diluer — to slake, to mix, to delute.*

**distendere**: **1.** **tourmenter, torturer — to vex, to trouble.* **2.** pass. distendi: **être obsédé, inquiété, préoccupé — to be alarmed, harassed, engrossed.*

**distentio**: **distraction, souci, occupation — trouble, reason of anxiety, absorbing concern.*

**distillicidium** = stillicidium.

**distinctio**: **1.** (en logique) *distinction* — (in logics) *distinction.* **2.** (dans un traité) *paragraphe* — (in a treatise) *chapter.* **3.** *stipulation — provision.* Ne quis huic dono vel distinctionibus predictis obvias manus iniciat. MULLER-BOUMAN, *OB. Utrecht*, I no. 374, p. 338 (a. 1139).

**distinctus**: *distinct, explicite, clair — distinct, explicite, clear.*

**distollere**: *distraire* qq'un, *détourner* son attention — *to distract* the attention of a person. Benedicti regula, c. 48. Malo suo exemplo plures abbates et monachos distollit. BURCHARD., Cas. s. Galli, c. 3, *SS.*, II p. 153 l. 6.

**distornare**: *détourner, parer à* une chose — *to stave off, to parry.* S. xiii.

**distortio**: *faux-fuyant — subterfuge.* Post multos distortiones et dilationes, quibus ille ad placitum et justitiam venire differebat. BERTRAND, *Cart d'Angers*, I no. 325, p. 370 (a. 1102).

**distortus**: *retors, tergiversateur — evasive.* Qui in placitum seipsum vel hominem suum distortis compellationibus defendere presumpserit. Leg. II Cnut, tit. 27, vers. Quadrip., LIEBERMANN, p. 331 col. 1.

**distractio**: **vente — sale.*

**distractor**: **vendeur — seller.*

**distrahere**: **vendre — to sell.*

**distributor**: *exécuteur testamentaire — executor.* Distributores ac tutores meos. CAMERA, *Memor. di Amalfi*, p. 223 (a. 1007). UGHELLI, VII p. 566 (a. 1156).

**districtio**: **1.** **sévérité, rigueur — severity, rigour.* **2.** **châtiment — chastisement.* In partem pietatis recidit mitigata districtio. CASSIOD., Var., lib. 3 epist. 47, *Auct. ant.*, XII p. 102. Per districtionis temperantiam nec cohercitionem suorum neglegit nec salutem. Coll. Avell., *CSEL.*, t. 35 p. 582. Personis districtionem talem adibeat, ut per 30 dierum spatio jejuniis continuis adfligantur. Lex Visigot., lib. 2 tit. 1 § 17. **3.** *torture — torture.* [Incantatores, divinatores] diligentissima examinatione constringantur, si forte confiteantur malorum quae gesserunt; sed sub tali moderatione fiat eadem districtio, ne vitam perdant, sed ut salventur in carcere. Stat. Rhispac. a. 799/800, c. 15, *Capit.*, I p. 228. **4.** *peine, punition — penalty.* Si . . . post istas districtiones [incarcerationem et verberationem] in furtum [i.e. furto] tentus fuerit. Liutprandi leg., c. 80 (a. 724). De servorum furtis et sceleribus districtionis haec forma servabitur. Lex Burgund., tit. 47 § 4. Districtione legali uniuscujusque emendetur excessus. Lex Visigot., lib. 12 tit. 1 § 2. [Incestuosus] nullatenus



sine districtione gravi relaxetur. Capit. missor. gener. a. 802, c. 33, I p. 97. Rex super eos districtionem faciat carcerandi, exiliandi. Capit. Aquisgr. (a. 801-813), c. 12, p. 171. **5.** *poursuite — prosecution.* Nec ad causas audiendum nec freta exigendum nec districtiones faciendum . . . ingredere . . . praesumatis. *D. Karolin.*, I no. 71 (a. 772). Propter ullam districtionem, quem nos facere jubemus, . . . servi non mittantur in districtionem. Pippini capit. Ital. (a. 801-810), c. 16, I p. 211. Comitis districtione constringatur. Alloc. missi Divion. a. 857, c. 1, *Capit.*, II p. 292. Potestatem . . . aut mallum tenendi vel bannum vel freda exigendi aut aliquam districtionem faciendi. *D. Ottos I.*, no. 100 (a. 948). **6.** *contrainte par le pouvoir public — coercion by public authority.* Qui viam clauserit . . . per districtionem judicis viam aperire cogatur. Lex Visigot., lib. 8 tit. 4 § 24. Per districtionem comitis ad mallum veniant. Capit. legi add. a. 816, c. 3, I p. 270. **7.** *saisie coercitive — distraint.* S. xiii, Angl. **8.** *juridiction — jurisdiction.* Nec in wadiis aut publicis placitis aliquam districtionem in eos faciendo. *D. Ludwigs d. Deutsch.*, no. 61 (a. 851?). Cum casis . . . vectigalibus, districtionibus. *D. Berengario I*, no. 4 p. 27 (a. 889). [Villae] sine districtione episcopi in potestate abbatis et fratrum consistant *D. Charles le Simple*, no. 20 (a. 899). Judicariam in valle nuncupate A. cum universis terris, districtionibus, censibus et redditibus. *D. Ugo*, no. 6 . p. 21 (a. 926). De villa . . . omnem districtionem omnemque publicam functionem et querimoniam, quam antea publicus nosterque missus facere consueverat. Ib., no. 53 p. 160 (a. 940?) Dimidiam partem civitatis cum tali districtione et jure sicut hactenus ad nostram pertinebat potestatem. *D. Ottos I.*, no. 191 (a. 958). Vallem . . . cum omni districtione placiti et panni [i.e. banni] hactenus ad comitatum pertinentis. Ib., no. 209 (a. 960). **9.** *amende banale — fine.* Pagenses sol. 12 pro districtione recipiant. Capit. Saxon. a. 797, c. 4, I p. 71. **10.** *jugement — sentence.* Juxta pontificis districtionem digna per indictam paenitentiam emendatio subsequatur. Concil. Aurelian a. 541, c. 21, *Conc.*, I p. 92. **11.** *discipline — discipline.* Comites hanc districtionem teneant inter eos qui cum eis introeant in Corsica. Capit. de exp. Corsic. a. 825, I p. 325. **12.** *indigence pressante — pinching need.* Ex districtione famis. ANON., G. Francorum, c. 33, ed. BRÉHIER, p. 178.

**districtualis** (subst.). Plural. districtuales: les habitants du territoire rural d'une commune d'Italie — the inhabitants of the countryside ruled by an Italian commune. S. xiii.

**districtum** (subst. neutr.) (cf. etiam voc. districtus): **1.** *col, défilé — mountain-pass.* CAFFAR., Ann., a. 1100, ed. BELGRANO, I p. 6. SUGER., epist. 36, *Hist. de Fr.*, XV p. 496 B. ROGER. HOVED., a. 1191, ed. STUBBS, III p. 129. **2.** plural. districta: *amendes — fines.* Telonea vel districta quae ex ipsis exigi deberent. *D. Pépin II d'Aquit.*, no. 3 p. 11 (a. 825). Concedimus ei districta ipsius loci seu redibiciones atque fiscaria et quicquid pars publica in ipsis locis exigere debet. *D. Ottos I.*, no. 244 (a. 962). Districta perdonabuntur pro 4 denariis. *Actes Phil.-Aug.*, no. 21, p. 31 (a. 1181). **3.** femin. singul. districta: *juridiction — jurisdiction.* Curtem . . . cum cinctis duabus cum consueta cinctionis districta . . . Beneficium . . . cum debita districta banni nostri a liberis hominibus. *D. Ottos I.*, no. 209 (a. 960). **4.** *territoire — district.* Districtum Aquense, districtum Trectis. Divisio regn. a. 870, *Capit.*, II p. 194.

**districtura**: *action judiciaire — judicial action.* Forisfacturae, justiciae, vicariae, districturae, exactiones . . . MABILLE, *Cart. de Marmoutier pour le Dunois*, p. 81 (a. 1096).

**districtus** (decl. iv) (cf. etiam vocem districtum): **1.** *action coercitive* qui émane de l'autorité judiciaire — *coercive action* taken by the judiciary, *distraint.* De ipso castro tolloneum nullus exigat nec districtum aliqua publica potestas ibi faciat. *D. Berengario II*, no. 3, p. 300 (a. 951; an interpol.?) Ipsos servos nec per districtum nec per demandatum ad nostrum placitum habere potuissemus. DC.-F., III p. 147 col. 1, „vetus charta in chronico S. Vincentii de Vulturno". **2.** *justice, le pouvoir judiciaire — justice, jurisdiction.* Parme civitatis districtum ac omne jus publicum vel toloneum, veluti a nostris predecessoribus Parmensi ecclesie dudum fuerunt collata. *D. Ugo*, no. 3, p. 12 (a. 926). Concedimus . . . ecclesie . . . omnes res juris nostri regni atque districtum et publicam querimoniam . . . tam infra Tergestinam civitatem conjacentes quamque extra. *D. Lotario*, no. 11, p. 277 (a. 948). Publicum districtum civitatis. VIGNATI, *CD. Laudense*, p. 27 (a. 957). Res . . . hominum infra eandem civitatem habitantium de jure publico in ejusdem ecclesiae jus et dominium et districtum transfunderemus. *D. Ottos I.*, no. 239 (a. 962). Cum liberis hominibus . . . qui prius ad nostrum districtum respiciebant. Ib., no. 346 (a. 967). De districtu ac jurisdicione urbis. Chron. Salernit., c. 89, *SS.*, III p. 512 l. 32. Si [feudum] extra curtem detinuerit et dominus districtum habuerit vel alium honorem. Libri feudor., antiq., tit. 2 § 5 (vulg., lib. 1 tit. 5 § 9), ed. LEHMANN, p. 91. Allodium illud liberum est a comite, a centenario et suum per se habet districtum. BORMANS-SCHOOLMEESTERS, *Cart. de Liège*, I no. 33 (a. 1117). **3.** *territoire où s'exerce un pouvoir judiciaire — area of jurisdiction.* In civitate Pisana et ejus districtu per terras et insulas. Frid I imp. conv. cum Pisan. a. 1162, *Const.*, I no 205 c. 3. Tota terra comitatus Albonii, que infra districtum imperii continetur. Heinr. VI reg. conv. cum duce Burgund. a. 1186, ib., no. 325, c. 1. In prefato comitatu et ejus districtu merum et mistum imperium. *D. Ugo*, no. 51, p. 155 (<a. 939>, spur. s. xii). **4.** la *justice* envisagée comme source de revenus — *jurisdiction* as a source of revenue. Feras annuales mercati cum integritate et districtu. D. spur. Ludov. Pii <a. 832>, *Hist. de Fr.*, VI p. 526. Perdonamus omne jus publicum et toloneum atque districtum ejusdem civitatis. *D. Karlmanns*, no. 24 (a. 879). Ecclesiam . . . cum omnibus integritatibus suis, videlicet . . . [form. pertin.] et cum lisdis et curvatis et cum omni districtu suo. *D. Ugo*, no. 16, p. 46 (a. 928). Districtum, mercatum atque omnem publicam functionem suae possidet civitatis. *D. Ottos I.*, no. 247 (a. 962). Quicquid . . .

ex districtu judiciali possit provenire. *D. Ottos II.*, no. 308 (a. 983). **5.** *amende — fine.* Si clamor inde [sc. de inimicitia] factus fuerit [praeposito], licet illis [sc. partibus] concordare ex quo districtum persolverint [praeposito]. Lud. VII reg. Fr. priv. pro Lorriac. a. 1155, c. 12, ed. Prou, *RHDFE.*, t. 8 (1884), p. 447. [Advocatus] tertiam partem summae et districtum suum recipiat, id est 2 nummos. Calmet, V pr. col. 189 (a. 1135, Condé). Mihi, forisfacto emendato, legem et destrictum persolvat. Flach, *Origines*, I p. 329 (Vendôme, s. xii). **6.** *prison — prison.* Ambaxiatores ponit in districtu. Jac. Aquens., Chron. ymag. mundi, a. 1189, ap. Holder-Egger, *G. Federici imp.*, p. 81.

**distringere**: **1.** **empêcher — to hinder.* **2.** *punir — to punish.* Genus pietatis est in illos distringere, quia ... sceleratis se docentur actionibus miscuisse. Cassiod., Var., lib. 2 epist. 14, *Auct. ant.*, XII p. 54. Peccatum quod hic [i.e. in hoc mundo] distringitur, in aeterna examinatione non punitur. Aurelian., Regula monach., c. 38, Migne, t. 68 col. 392. Distringat legalis ultio judicum eos quos non corrigit canonica praedicatio sacerdotum. Guntchramni edict. a. 585, *Capit.*, I p. 12 l. 5. Abba qui [clericos vagantes] non regulari animadversione distrinxerit. Coll. Flavin., addit. 5, *Form.*, p. 492. Domnus rex distringat [rebellem] ut ceteri emendentur. Pippini capit. (a. 754/755), c. 3, I p. 32. [Missi regis] pro istiusmodi rebus nos judicent et distringant. Agobard., epist. contra Judaeos, Migne, t. 104 col. 178 A. **3.** *poursuivre en justice — to prosecute.* [Reum] conprehendere, distringere vel aliquid rerum auferre. Lex Visigot., lib. 2 tit. 1 § 16. Nec homines monasterii distringendos. *D. Merov.*, no. 58 (a. 691). Item Marculf., lib. 1 no. 4, *Form.*, p. 44. Nec homines ecclesie de qualibet causa distringendum. *D. Karolin.*, I no. 5 (a. 753). Conveniant inter se [comites] et communia placita faciant, tam ad latrones distringendos quam ad ceteras justitias faciendas. Capit. de justit. fac. (a. 811-813), c. 12, I p. 177. **4.** *contraindre* en vertu du pouvoir public par des mesures coercitives (contrainte par corps, saisie des biens) — *to compel* on account of public authority by coercive measures (attachment, distraint). Archidiaconus episcopi [presbyteros] ad synodum commoneat una cum comite. Et si quis contempserit, comes eum distringere faciat ut ipse presbyter . 60 sol. componat et ad synodum eat. Pippini reg. capit. (a. 754/755), c. 3, p. 31. [Faidosi] distringantur ad pacem, etiam si noluerint. Capit. missor. Theodonisv. II (a. 805), c. 5, p. 123. Liceat illi eos distringere ad justitias faciendas, quales ipsi inter se definire possunt. Const. de Hispanis I a. 815, c. 3, p. 262. Coheres ejus, si sponte [res paternas dividere] noluerit, aut per comitem aut per missum ejus distringatur ut divisionem cum illo faciat. Capit. legib. add. (a. 818/819), c. 6, p. 282. Distringat eos comis pro scubia [i.e. excubia] publica. Mem. Olonn. a. 822/823, c. 8, p. 319. Homines episcoporum seu abbatum ... cum comitibus eorum vadant ... Et eorum austaldi liberi ... volumus ut pleniter distringantur. Capit. de exp. Corsic. a. 825, c. 2, p. 325. Hostem et reliquas publicas functiones faciant. Quod si jussa facere neglexerint, licentiam eos distringendi comitibus permittimus per ipsas res. Capit. Olonn. mund. a. 825, c. 2, p. 330. Per illa [sc. res et mancipia], quae in suo [i.e. in cujusdam comitis] comitatu habet, [comes] illum distringat quatenus ad justitiam reddendam vel faciendam ad suum [i.e. alterius comitis] comitatum redeat. Edict. Pist. a. 864, c. 6, II p. 314. Servi vel lidi vel coloni ... ad nullam aliam civitatem vel castellum muniendum ab aliquo cogantur vel distringantur. *D. Ottos I.*, no. 287 (a. 965). **5.** spec.: *contraindre à la soumission à un jugement — to compel to submit to judgment.* Si [servum] reum [dominus] presentare noluerit, ipse dominus vel actor aut vilicus, donec reum presentet, a comite civitatis vel judice distringatur. Lex Visigot., lib. 6 tit. 1 § 1. Si forte ipse judex solus eum [sc. reum] conprehendere vel distringere non potest. Ib., lib. 7 tit. 4 § 2. Si [sculdahis] intra statutus [i.e. statutos] quatuor dies menime eum ad justitiam faciendum distrinxerit. Liutprandi leg., c. 25 (a. 721). Si quis alium mallare vult de qualecumque causa, in ipso mallo publico debet mallare ante judice suo, ut ille judex eum distringat secundum legem, et cum justitia respondeat vicino suo. Lex Alam., tit. 36 § 2. Quod si non obaudierint, ipsorum auctoritate ad justitiam distringantur. F. Sangall. misc., no. 9, *Form.*, p. 384. [Ne] quislibet de clerus [i.e. clericis] de personis suis ad publica vel secularia judicia traantur vel distringantur. Capit. Mantuan. II a. 787, c. 1, I p. 196. Si talis fuerit rebellis, qui justitiam facere noluerit et aliter districtus esse non poterit. Capit. Saxon. a. 797, c. 8, p. 72. Propter justitiam faciendam nec distringantur nec pignerentur. Concessio gener. (a. 823), c. 3, p. 321. **6.** gener.: *contraindre — to compel.* Potestatem habeat pater [sponsae] ... distringere fidejussorem, quatinus adimpleat metam illam quae in die sponsaliorum promisit. Edict. Rothari, c. 178. Monasteria ... distringat unusquisque in cujus mundio sunt, ut regulariter vivant. Pippini reg. Ital. capit. (a. 782-786), c. 3, I p. 192. **7.** *juger — to judge.* Jobemus ut, vobis [sc. comite] distringentibus, ille partibus illius conponere et satisfacire non recusit. Marculf., lib. 1 no. 37, *Form.*, p. 67. Fisco distringente auri libras 10 ... exsolvat. Gysseling-Koch, *Dipl. Belg.*, no. 5 (a. 685, S.-Bertin). **8.** *astreindre par un engagement — to put under an engagement.* Si persona est cui facile credi possit, placito [ablat.] districtus abscedat. Lex Visigot., lib. 2 tit. 1 § 10. Ita placito distringantur, ut in constituto die ... presti [i.e. praesentes] sint in judicio. Ib., tit. 2 § 4. Per beneficium vel per peculiare noluit sustinere distringi. Hincmar., *Opera* ed. Sirmond, II p. 543.

**disvestire**, di-, de-: **1.** *déposséder — to dispossess.* Nos de rebus aliquis [i.e. aliquibus] expoliavit adque devestivit. F. Morbac., no. 4, *Form.*, p. 330. Comis placito habito disvestivit illum de proprio alode propter crimen incesti. F. Augiens., coll. B no. 22, ib., p. 357. De suis res [i.e. rebus] aliquit exforciaverit vel disvestiverit. Breviar. miss. Aquit. a. 789, c. 8, *Capit.*, I p. 65. Potestatem s. Dyonisii exinde disvestivit. *D. Karolin.*, I no. 204 (a. 806). Nullus [eum] audeat inquietare vel disvestire



sine legali juditio, unde actenus investitus est. *D. Karls III.*, no. 93 (a. 883). Eam ex illarum [rerum] potestate et usu divestierat. D. Odonis reg. Fr. a. 890, *Hist. de Fr.*, IX p. 454 B. Nullus ... abbatem ... de prediis monasterii aut aliquibus rebus disvestire ... presumat *D. Ottos I.*, no. 245 (a. 962). Illa bona, que tenent ..., nemo injuste eos divestire audeat Conr. II imp. edict. de benef. Ital. a. 1037, c. 5, *Const.*, I no. 45. **2.** *déposer — to depose.* Quem [sc. regem] meritum investivimus, inmeritum quare non divestiamus? Helmold., lib. 1 c. 32, ed. Schmeidler, p. 62.

**disvestitura**: *usurpation — encroachment.* Undecumque legalem vestituram habere dinoscitur ecclesia, si ullum deminorationem seu disvestituram quislibet facere temptaverit. *D. Karls III.*, no. 89 (a. 883). Si quis ... hominibus ... disvestiture injuriam fecerit. *D. Arnulfs*, no. 131 (a. 895).

**diswadiare**, des-, di-, -va-, -gua-, -ga-, -giare (<wadium): **1.** aliquem: *saisir des gages au détriment de* qq'un — *to distrain, to hold to bail.* Si ita non fecerint, licentiam dederunt B. monacho ut disvadient eos infra treugam et foras treugam. Guérard, *Cart. de Marseille*, I no. 53, p. 80 (a. 1057). Nisi statim cum eo abierit, disgagiat latro [i.e. viarius] miserum, opprimit, dampnat et tollit sua. *Chron. des égl. d'Anjou*, p. 66 (a. 1068-1078). Si quis ubi foresfecerit retentus aut divadiatus sit, plene componat. Leg. Henrici, tit. 41 § 1, Liebermann, p. 567. Item tit. 57 § 2, p. 576. **2.** rem: *racheter* une propriété qui avait été mise en gage — *to redeem* a property from pawn. Tenerent monachi [decimariam] ... donec haberent exinde 7 lib. den., pro quibus illam in vadimonio habebat. Non longo post tempore disguagiavit H. frater R. de S. decimariam. Bertrand, *Cart. d'Angers*, I no. 318, p. 361 (ca. a. 1099). **3.** *résilier* un contrat malgré les engagements pris antérieurement — *to rescind* a contract notwithstanding securities given previously. Deswadiaverunt et vacuaverunt inter se totas wadiationes, quas exinde de eadem precaria vel convenentia inter se faciendum wadiatum dicebant antea fuisse. *CD. Langob.*, no. 208 col. 345 A (a. 859, Milano).

**diswadiatio**, di-, -va-: *saisie — seizure.* Si quis ... forisfaciat, et inde veniat sine divadiacione vel calumpnia. Leg Henrici, tit. 23 § 1, Liebermann, p. 561. Si sanguinem ei faciat et recedat sine cravacione et divadiacione. Ib., tit. 94 § 2 d, p. 611.

**diswarnire**, des-, -guar- *dégarnir, priver de la garnison — to disgarrison.* S. xiii.

**ditio** = dicio.

**ditonus**: **tierce majeure — major third.* [Musicae generum] consonantias ... in tonis ac semitonis, ditonis quoque ac diesibus distinguens. Richer., lib. 3 c. 49, ed. Latouche, II p. 58.

**diurnalis**, jur-, jor- (subst. mascul. et femin.), -le (subst. neutr.) (<diurnus): **1.** *journel*, mesure de terre — *a land measure*, the surface ploughed in one day. Centum diurnales — id est jugera — de terra aratoria. Wampach, *Echternach*, I pt. 2 no. 8, p. 30 (a. 704). Unum jugum quod sunt duo jornales. Kötzschke, *Urbare Werden*, p. 17 (s. ix ex.). Cultura quedam habens duodecim diurnales, id est quantum carruca 12 diebus arare potest. Vernier, *Ch. de Jumièges*, I p. 122 no. 39 (a. 1097). Wartmann, *UB. S.-Gallen*, I no. 25 (a. 759/760). Gysseling-Koch, *Dipl. Belg.*, no. 19 (a. 788, S.-Bertin). Cod. Lauresham., ed. Glöckner, III no. 3609 (a. 793). Brev. ex., c. 7 sq., *Capit.*, I p. 251 sq. F. imper., no. 44, *Form.*, p. 320. F. Augiens., coll. B no. 25, p. 358. D. Lud. Pii a. 823, Beyer, *UB. Mittelrh.*, I no. 56, p. 62. *D. Ludwigs d. Deutsch.*, no. 30 (a. 841). **2.** plural. diurnales: *souliers — shoes.* Consuet. Fructuar. (s. xi), lib. 1 c. 17, Albers, IV p. 23. Lanfranc., Decr., ed. Knowles, p. 3. Udalr., Consuet. Cluniac., lib. 1 c. 12, Migne, t. 149 col. 658 C. Ibi pluries

**diurnare**: *s'arrêter pendant un jour — to stop for one day.* Exercitum diurnare fecit, ut ... equi itineris longitudine fessi recrearentur. Adalbold., V. Heinrici II imp., c. 3, *SS.*, IV p. 684 l. 39.

**diurnarius**, jornarius: un *dépendant* qui est astreint à des services quotidiens dans le chef-manse du seigneur, mais qui habite ailleurs — *a dependant* liable to daily service at the manor but living outside. Polypt. s. Remigii Rem., c. 1 § 16, ed. Guérard, p. 2 col. 2. Ib., c. 15 § 58, p. 38 col. 2; c. 26 § 24, p. 95 col. 2.

**diurnus**: **qui dure, constant — continuous, long-lasting.* Subst. mascul. **diurnus**: *journel — a land measure.* DC.-F., III p. 151 col. 3 (ch. a. 1088, Chartres).

**diuturnus**: *quotidien — daily.* [Monasterium] habeat oratorium intra claustra, ubi peculiare officium et diuturnum fiat. Synod. Franconof. a. 794, c. 15, *Capit.*, I p. 76.

**divalis**: **1.** **divin — divine.* **2.** **impérial — imperial.*

**diversificare**: *différencier — to differentiate.* Singula membra, unius licet naturae, diversificantur suo ordine vel positione Sigeboto, V. Paulinae (s. xii med.), praef., *SS.*, XXX p. 911 l. 1.

**diversificus**: *différent — different.* Boet., Categ. c. 1, Migne t. 64 col. 168 D.

**diversimodus**: *de nature variée — of various kinds.* S. xiii

**diversorium**, de-: **1.** **logis, séjour — abode, sojourn.* **2.** *étage — floor.* Erant turres ipsae nimia proceritate mirabiles ... multorum hominum per singula diversoria capaces. Rahewin., G. Friderici, lib 4 c. 69, ed. Waitz-Simson, p. 314

**diversus**: **1.** **divers, varié — diverse, various.* **2.** plural.: **plusieurs — several.*

**divertere**, intrans.: **divorcer — to divorce.*

**divestire**, v. disvestire.

**dividere**: *distribuer par testament — to share out by will.* Quidquid servus domino non jubente diviserit. Lex Visigot., lib. 10 tit. 1 § 10. Exinde [i.e. de quadam terra] fui vestitus, et post me divisi. Cart. Senon., no. 21, *Form.*, p. 194.

**divina** (subst. neutr. plural.): **1.** *les sacrements — the sacraments.* Tu [imperator] humana administras, ille [papa] tibi divina dispensat. Symmach. pap. epist. 10, c. 8, Thiel, p. 703. **2.** *le culte — worship.* Loc. divina celebrare. S. xii.

**divinator**: **devin, prophète — soothsayer, prophet.*

**divinatrix**: **devine, prophétesse — woman soothsayer.*

**divinitas**: *théologie* — *theology*. Omnes codices librorum claustralium de divinitate sunt 195. HARIULF., Chron., lib. 3 c. 3, ed. LOT, p. 92. Reversus sum in Franciam, maxime ut de divinitate addiscerem. PETR. ABAEL., Hist. calam., c. 2, MIGNE, t. 178 col 122 A.
**divinus**: *théologien* — *theologist*. PETR. ABAEL., Hist. calam., c. 5, MIGNE, t. 178 col. 126 B.
**divisa** (subst. femin.): **1.** *limite* — *boundary*. Idem rex et Lud. rex Franc. dissenserunt propter quasdam rerum suarum divisas. ROGER. HOVED., a. 1161, ed. STUBBS, I p. 217. Per easdem divisas quibus . . . ipsum manerium tenuerunt. Ib., a. 1072, p. 127. **2.** *tribunal de village* pour les contestations de limites — *local court* for boundary quarrels. Omnis causa terminetur vel hundreto vel comitatu vel halimoto . . . vel dominorum curiis vel divisis parium. Leg. Henrici, tit. 9 § 4, LIEBERMANN, p. 555. Item tit. 34 § 1 a. Si inter compares vicinos utrinque sint querele, conveniant ad divisas terrarum suarum. Ib., tit. 57 § 1, p. 576. Exceptis minutis feodis et divisis terrarum nostrarum de Berri. Pactum Phil. Aug. reg. Fr. et Henr. II reg. Angl. a. 1180 ap. RADULF. DE DICETO, ed. STUBBS, II p. 6. **3.** *testament* — *last will*. Feci divisam meam de quadam parte pecuniae meae in hunc modum. Test. Henr. II reg. Angl. a. 1182 ap. GERVAS. DOROBERN., ed. STUBBS, I p. 298.
**divisibilis**: **1.** **divisible* — *divisible*. **2.** **qui divise, sépare* — *dividing*.
**divisio**: **1.** **séparation, dissension, scission* — *disagreement, disruption*. **2.** **lieu où se trouve une séparation* — *place where things are divided, junction*. **3.** *borne* — *landmark*. Reddidi . . . silvam . . . sicut divisiones demonstrant. RÉDET, *Cart. de Poitiers*, p. 311 n. (ch. a. 1003). Infra illam incisionem arborum seu lachum sive divisionem. Cod. Laureshām., c. 10, ed. GLÖCKNER, I p. 287 l. 20. **4.** **fragment, portion* — *sector*. **5.** *portion* d'une propriété indivise — *share* in an undivided property. Mansum unum cum omnibus appenditiis suis . . . et tota sua divisione que in ipsa nominata villa est. BERNARD-BRUEL, *Ch. de Cluny*, I no. 125 (a. 910-927). Dono . . . illam divisionem quam in villa C. hodie legitime teneo. Ib., no. 794 (a. 950/951). Dedit de alodio quod nominatur M. partem suam totam, . . . ita ut divisionem illius monstrata est tunc . . . MÉTAIS, *Cart. de Vendôme*, I no. 111 p. 206 (a. 1056/1057) **6.** *(dans la logique) *analyse* — (in logic) *analysis*. **7.** *ordalie* — *ordeal*. DC.-F., III p. 150 col. 3 (chartae s. xii).
**divisionalis**: **1.** *qui comporte une délimitation* — *purporting the fixation of a boundary*. Notitia divisionalis, qualiter placuit inter domno H. abbate et heredes de villa B. ut inter utrasque partes divisio scriberetur. CASSAN-MEYNIAL, *Cart. d'Aniane*, no. 55 (a. 829). **2.** *qui comporte le partage d'une succession* — *purporting partition of an inheritance*. Sicut insertum est in carta divisionali quam inter me et fratrem meum G. fecit. BERNARD-BRUEL, *Ch. de Cluny*, I no. 430 (a. 935). **3.** *qui comporte un testament* — *purporting a will*. Breve divisionale que divisit G. comitissa fidelissima Deo, cum jaceret in lecto egritudinis sue. ROUQUETTE-VILLEMAGNE, *Cart de Maguelone*, I no. 3, p. 4 (a. 899). Hic est brevis divisionalis, quem fecit M. MARTÈNE, *Thes.*, I col. 85 (a. 966). Brevem divisinalem [!] facio de omnes res adquisitas. DOUAIS, *Cart. de Toulouse*, no 280, p. 191 (a. 960-992). Subst. neutr. **divisionale**: *testament* — *will*. Incipit testamentum D. et divisionale bonorum. *Hist. de Languedoc*³, II pr. no. 24 col. 81 (a. 813). Hoc est testamentum vel divisionale, quod fecit P. *Gall. chr.*², VI instr. col. 131 (a. 1088).
**divortiare**, divortire, transit.: **divorcer* — *to divorce*.
**divulgare**: **diffamer* — *to defame*.
**diwadiare, diwadiatio**, v. diswad-
**doa**, v. doga.
**doana**, du-, dou-, -hana, -gana (arab. < pers.): *l'administration des droits d'entrée et de sortie* dans les états arabes, puis en Sicile sous la domination normande — *the customs administration* of Arab countries, later of Sicily under Norman rule.
**doarium**, v. dotarium.
**dobletus**: **1.** *blouse* — *doublet*. S. xiv. **2.** *corail coloré* — *stained coral*. S. xiv.
**docarium** (gr.): *ferme de charpente* — *frame of a roof*. Quasi de ecclesiae docario immanis exisset draco. Virt. Eugenii Bronii Ostiens. (s. x), c. 8, *SS.*, XV p. 649. Omnia docaria et subtegulata et omnia ligna abiegna. AGNELL., *Scr. rer. Langob.*, p. 168.
**docibilis**: **qui apprend facilement, qui se laisse enseigner facilement* — *easy-learning, easy to teach*.
**doctiloquus**: **qui parle doctement* — *speaking learned language*.
**doctor**: **1.** **apôtre* — *apostle*. **2.** *Père de l'Église* — *Father of the Church*.
**doctoralis**: *doctoral* — *of a doctor*. S. xiii.
**doctorare**, **1.** transit.: *conférer le doctorat à* qq'un — *to confer a doctor's degree on* a person. S. xiii. **2.** intrans.: *se faire recevoir docteur* — *to take a doctor's degree*. S. xiv.
**doctrina**: **enseignement religieux, doctrine religieuse, sagesse religieuse* — *religious teaching, doctrine, wisdom*.
**doctrinalis**: **1.** **qui concerne l'enseignement* — *concerned with teaching*. **2.** *qui concerne la doctrine religieuse* — *relating to religious doctrine*. Munimentis doctrinalibus roboratus Germanos suos ilico revisit. RADBOD., V. altera Bonifatii, c. 10, ed. LEVISON, p. 69. Subst. neutr. **doctrinale**: *manuel* — *textbook*.
**doctrinare**: *instruire* — *to teach*. [Episcopus] gregem commissum exemplo vitae innocentis morumque bonorum informatione doctrinabat. G. pontif. Camerac., lib. 1 c. 85, *SS.*, VII p. 432 l. 42. Nihil religionis . . . doctrinaverit. Ib., c. 116, p. 452 l. 41.
**documentum**: **1.** **témoignage, texte à l'appui* — *testimony, quotation in support*. **2.** **acte écrit qui sert de témoignage* — *written evidence, document*. E.g.: Scripsi ego F. notarius regie potestatis hoc dogomentum vinditionis. SCHIAPARELLI, *CD. Longob.*, I no. 36 p. 127 (a. 725, Milano). **3.** *doctrine, théorie, enseignement* — *doctrine, theory, teaching*. Clerum . . . spiritalibus documentis instruere curaverit. Lud. Pii epist. I ad archiep., *Capit.*, I p. 340 col. 1 l. 37. [Aves] de silvaticis per documenta humana domesticuntur industria. Lex Baiwar., tit. 21 § 6. **4.** *jugement* — *judgment*. Per legem et per documentum hominum meorum



. . . werpiverunt. VERCAUTEREN, *Actes de Flandre*, no. 13 (a. 1093).
**dodarium**, doerium, v. dotarium.
**doga**, duga, doha, doa, dova, duva, douva: **1.** **récipient* — *vessel*. **2.** *douve, fossé* — *moat*. **3.** *douve, planche d'un tonneau* — *stave*. [Tina] dissoluta est a circulis et dogis. Acta Thyrsi et soc., no. 25, *AASS.*³, Jan. III p. 436. Polypt. Irminonis, brev. 13 c. 99, ed. GUÉRARD, p. 149. Tantum ex duvis, quantum sufficit ad unum pontinem faciendum. *D. Charles le Chauve*, no. 247 (a. 862), II p. 63 l. 16.
**dogana**, dohana, v. doana.
**doglo**, v. dominionus.
**dogma** (neutr., genet. -atis) (gr.): **1.** **croyance orthodoxe, doctrine religieuse* — *orthodox belief, religious doctrine*. **2.** gener.: *doctrine, science* — *doctrine, scholarship*. Magistri et doctores constituantur qui, studia litterarum liberaliumque artium habentes dogmata, assidue doceant. Concil. Roman. a. 826, c. 34, *Capit.*, I p. 376. **3.** **ordre, décret, précepte* — *decree, order, precept*.
**dogmaticus**: **qui concerne la doctrine chrétienne* — *belonging to Christian teaching*.
**dogmatizare**: **enseigner une doctrine religieuse* — *to teach religious doctrine*.
**doitus**: *duit, conduit* — *gutter*. S. xii.
**dolabrum** = dolabra.
**dolare**: **1.** *tailler* dans la pierre — *to cut* stone. ADAMNAN., Loc. sanc., lib. 1 c. 3, ed. GEYER, *CSEL.*, t. 39 p. 232. **2.** *raboter, racler, doler, polir* — *to plane, to dress* wood, *to smoothe, to polish*.
**dolatorium**, -toria (femin.), -tura: *hache* de tailleur de pierres ou de charpentier, *erminette, doloire, hoyau* — stone-cutter's or carpenter's *axe, adze, mattock*. Capit. de villis, c. 42. Brev. ex., c. 7, *Capit.*, I p. 252. Ibi pluries. Capit. Aquisgr. (a. 801-813), c. 10, I p. 171. Karoli M. epist. ad Fulrad. (a. 804-811), ib., p. 168 l. 28. Adalhardi Corbej. stat. (a. 822), lib. 1 c. 1, ed. LEVILLAIN, *LMA.*, t. 13 (1900), p. 361. HINCMAR., V. Remigii, *Scr. rer. Merov.*, III p. 323 l. 15. Polypt. Derv., c. 2, LALORE, *Ch. de Montiérender*, p. 90. *SS.*, XV p. 168 (s. ix). Pass. Adalberti Prag., c. 2, ib., p. 707.
**dolere**, transit.: **plaindre, déplorer* — *to lament, to deplore*.
**doliator**, doleator: *tonnelier* — *cooper*. S. xiii.
**dolositas**: **fourberie, tromperie* — *fraud, trickery*.
**dolus**: **tort, lésion, dol* — *wrong, injury*.
**doma** (neutr., genet. -atis) (gr.): **1.** **toit* — *roof*. Domate sublimi cooperto. ABBO SANGERM., Bell. Paris., lib. 1 v. 208, ed. WAQUET, p. 32. [Monasterii officinae] contiguo omnes domate coopertae. LEO OST., Chron. Casin., lib. 3 c. 10, *SS.*, VII p. 704 l. 8. Plumbeis domatibus [basilicam] . . . operiens. Ib., c. 28, p. 718 l. 32. In reaedificandis coenobii domatibus innititur. SIMON, G. abb. Sithiens., lib. 1 c. 27, *SS.*, XIII p. 642. Urbs . . . coenaculis domatum . . . supertecta. Auctar. Aquicinct. ad SIGEB., a. 1153, *SS.*, VI p. 396 l. 45. **2.** *maison* — *house*. Secreto se . . . abscondit in angulo domatis. V. Balthildis, rec. B, c. 3, *Scr. rer. Merov.*, II p. 484. Tantum incendii . . . grassaretur, ut longe hinc distantia domata exinde invaderentur. Mir. Bertini, contin. I, c. 44, *SS.*, XV p. 517. Domatum parietes erigat. PETR. DAMIANI, opusc. 41, MIGNE, t. 145 col. 661 B. Mir. Bavonis, lib. 3 c. 43, *AASS.*³, Oct. I p. 300 E. **3.** loc. major domatum: *maire du Palais* — *majordomo*. Franci Leudesium majorem domatum palatii elegerunt. Chron. Moissac., *SS.*, I p. 289 l. 13. **4.** *domaine* — *estate*. Monasterium in proprio domate fabricavit. JOH. DIAC., V. Gregorii M., lib. 1 c. 6, MIGNE, t. 75 col. 65. Episcopatum Babenbergensem [imperator] in suo domate fundavit. ADALB., V. Heinrici II imp., c. 6, *SS.*, IV p. 794 l. 5. Tradiderunt . . . in vico C. ecclesiam in proprio domate fabricatam. Cod. Laureshām., ed. GLÖCKNER, I p. 436 no. 154 (a. 1142-1148). Cum in proprio domate sibi monasterium fecisset. *D. Karolin.*, I no. 293 (spur. ca. a. 1160, Fulda).
**domesticare**: *apprivoiser* — *to tame*. De his avibus quae de silvaticis per documenta humana domesticuntur industria. Lex Baiwar., tit. 21 § 6. Avibus domesticis et domesticatis. EKKEH., Cas. s. Galli, c. 16, *SS.*, II p. 143 l. 1.
**domesticatus** (decl. iv): **1.** *charge de „domesticus"* — *office of "domesticus"*. Primiceriatus, qui et domesticatus nominatur, . . . tibi conferimus dignitatem. CASSIOD., Var., lib. 10 epist. 11, *Auct. ant.*, XII p. 304. GREGOR. TURON., Hist. Franc., lib. 2 c. 8. **2.** *charge de maire du palais* — *office of majordomo*. Domesticatus sollicitudine[m] adque primatum palacii . . . teneret. V. Arnulfi, c. 7, *Scr. rer. Merov.*, II p. 434.
**domestice** (adv.): **à la maison, chez soi* — *privately*.
**domesticus** (adj.): **1.** (d'animaux) *domestique* — (of animals) *domestic*. Agrestem caballum, domesticum. Gregor. III pap. (a. 731-741) epist., *Epp.*, III p. 279. **2.** *domicilié* — *resident*. Omnes qui domestici sunt infra oppidum. KEUTGEN, *Urk. st. Vfg.*, no. 139 (s. xii, Soest). **3.** *confidentiel* — *confidential*. [Legatus] quae sibi injuncta sunt . . . domestica suggestione valeat enarrare. Karoli Calvi epist., MABILLON, *Ann.*, III p. 112 n. 20. Subst. **domesticus**: **1.** *délégué du roi franc* en charge de certaines tâches financières ou ménagères à la cour royale ou bien de l'administration de domaines royaux — a *substitute of the Frankish king* for financial and household jobs at the court or for management of royal estates. Per omnes villas nostras [sc. regis], qui in vestras vel in cuncto regno nostro aliorum domesticorum sunt accionibus. MARCULF., lib. 1 no. 39, *Form.*, p. 68. Ego in Dei nomen ille domesticus, acsi indignus, glorioso domno illius regis super villas ipsius illas. Ib., lib. 2 no. 52, p. 106. *D. Merov.*, no. 14 (a. 631/632); no. 22 (a. 648); no. 29 (a. 667), p. 28; no. 66 (a. 693); no. 70 (a. 697). [Confirmatio] directa T. domestico et custodi saltuum villarumque regalium. G. abb. Fontan., c. 8, addit. (ex dipl. regis Merov.), ed. LOEWENFELD, p. 16 n. BRUCKNER, *Reg. Alsatiae*, no. 103 (a. 723). Fuerunt ad hoc placitum multi de regno ejus tam domestici quam comites ad praeparanda regalis expensae necessaria. GREGOR. TURON., Hist. Franc., lib. 10 c. 28. Etiam ib., lib. 9 c. 19 et c. 36. Per domesticos fideles, servientes et proceres. FORTUN., V. Radegundis, c. 10, *Scr. rer. Merov.*, II p. 368. Sex provinciae, quas . . . totidem agunt domestici. V. Arnulfi, c. 4, ib., p. 433.

Duces mihi et domestici spatiosas subripiunt villas. V. Eligii, lib. 1 c. 17, ib., IV p. 683. Vellet domesticus simul et monetarius ... aurum [census] ... purgare. Ib., c. 15, p. 681. V. Desiderii Cadurc., c. 5, ib., p. 566. V. Landeberti, lib. 1 c. 11, ib., VI p. 365. Magistratus et duces necnon et omnes domesticos suos, qui gubernabant sub ipso regnum et imperium. V. Salvii, *Hist. de Fr.*, III p. 646. Lex Ribuar., c. 88. Lex Burgund., prol., c. 5. *D. Karolin.*, I no. 2 (a. 752). Capit. missor. Niumag. a. 806, c. 18, I p. 132. Cf. A. CARLOT, *Etude sur le domesticus franc*, 1903 (*Bibl. Fac. Phil. et Lettr. Liège*, fasc. 13). **2.** *maire du palais — majordomo.* Charigisilus referendarius regis Chlotharii ... postea antedicti regis domesticus fuit. GREGOR. TURON., Virt. Martini, lib. 1 c. 25, *Scr. rer. Merov.*, I p. 601. Adfuit ... Flavianus nuper domesticus ordinatus. Id., Hist. Franc., lib. 10 c. 15. Attila vir illustris et regalis aulae domesticus. FORTUN., V. Germani, c. 60, *Scr. rer. Merov.*, VII p. 408. Instituit cupiens ut deinde domesticus esses. Id., lib. 7 carm. 16, *Auct. ant.*, IV pt. 1 p. 171. Domnolus domesticus et Wandalmarus camerarius. FREDEG., lib. 4 c. 4, *Scr. rer. Merov.*, II p. 125. Arnulfum domesticum adque consiliarium regis dignum esse episcopum adclamavit. V. Arnulfi, c. 7, ib., p. 434. **3.** **garde du corps, soldat de la suite armée d'un prince — life-guard, soldier of a ruler's body-guard.* Ambianensem urbem ... domestici regis recipiunt. FLODOARD., Ann., a. 944, ed. LAUER, p. 91. Domestici regis exeunt ... fit magnus conflictus congredientium. THIETMAR., lib. 5 c. 19, ed. KURZE, p. 118. Palatium ab hostibus graviter impugnatum, a domesticis regis ... est viriliter defensum. Ib., lib. 6 c. 7, p. 137. **4.** *homme de cour* auprès du roi — *courtier* at the royal court. Rex L., assumpto E. et quibusdam domesticis suis secum, Rodomum petit. FLODOARD., Ann., a. 945, ed. LAUER, p. 97. Sive per domesticos tuos [sc. regis], sive per manus principum. *Hist. de Fr.*, X p. 502 (epist. ca. a. 1025). Cum domesticis palatii et amicis reipublicae. Heinr. II imp. leg. Papiens. a. 1022, *Const.*, I no. 34, p. 77. Qui regi tamquam domesticus et familiaris erat. PETR. DAMIANI, Disc., *Lib. de lite*, I p. 92. Inter curiales et domesticos regis. *D. Ottos I.*, no. 442 (spur. s. xii). **5.** *vassal non chasé* qui vit dans le ménage du seigneur — a *non-enfeoffed vassal* living in his lord's household. Si [vasallus] domesticus sit, id est ex familia ejus cui jurat [fidelitatem]. Libri feudor., antiq., tit. 8 c. 11, ed. LEHMANN, p. 120. Cum domesticis et familiaribus. Concil. Mogunt. a. 1071, *SS.*, V p. 187. Domesticorum et clientulorum multitudo. V. Conradi Trever., c. 5, *SS.*, VIII p. 218. **6.** ,,*ministerialis*''. Praesentibus et audientibus de domo ducis domesticis suis. Tradit. s. Petri in Nigra Silva, *Freiburger Diöc.-Arch.*, t. 15 p. 147. Ibi pluries. Domesticis, id est ministerialibus. Const. de exp. Rom. (ca. a. 1160, Reichenau), c. 6, *Const.*, I no. 447, p. 662. **7.** *pair, co-ministerialis — fellow ministerialis.* Astante et favente non solum ipso G. [ministeriali], verum etiam omnibus domesticis suis. Tradit. Werthin., ed. CRECELIUS, III b, p. 20. Cum testimonio duorum domesticorum suorum. Jura minister. Colon. (ca. a. 1154), c. 4, ALTMANN-BERNHEIM, *Urk.*[4], p. 166. Compari suo satisfaciat secundum consilium domesticorum suorum. Ahrer Dienstrecht (a. 1154-1164), SANDER-SPANGENBERG, *Urk. Terr.vfg.*, II no. 97 c. 11 p. 15. **8.** *domestique — house-servant.* Constituit tres domesticos suos, qui virum justum per diversa loca deducerent. Virt. Fursei, c. 11, *Scr. rer. Merov.*, IV p. 444. **9.** *monnayeur — minter.* S. xiii.

**domgio,** v. dominionus.

**domicella,** dami- (<domina): **1.** *demoiselle noble — noble young lady.* **2.** *demoiselle d'honneur — maid of honour.* Miratur domina domicellarumque caterva. Ruodlieb, fragm. 13 v. 2. **3.** *chanoinesse séculière — secular canoness.* De fundatione ecclesie s. Waldetrudis et prebendarum domicellarum ejus. JAC. DE GUISIA, lib. 11 c. 3, *SS.*, XXX p. 131. Ibi pluries.

**domicellus,** domni-, dami- (<dominus): **1.** *fils de roi — son of a king.* Pro nativitate domnicilli nostri [sc. regis]. MARCULF., lib. 2 no. 52, *Form.*, p. 106. **2.** *fils d'un seigneur — son of a lord.* Filios baronum vocamus domicellos. Leg. Edw. Conf., tit. 35 § 1, LIEBERMANN, p. 665. **3.** *jeune gentilhomme non encore armé chevalier — a young nobleman who has not been knighted as yet.* De laude et assensu ... filiorum meorum adhuc domicellorum vendidi. PÉRARD, *Rec. de Bourg.*, p. 425 (a. 1233). **4.** *gentilhomme non chevalier,* vassal qui ne doit pas le service avec l'équipement complet — *nobleman who is not a knight,* vassal owing service with less than the entire equipment. Barones, milites et domicelli Caturcinii. *Hist. de Fr.*, XXIII p. 782 (a. 1272). Pro predictis [rebus in feodum datis] debet esse homo et domicellus regis. *Arch. histor. de la Gironde*, V p. 302 no. 277 (a. 1274, Gascogne). **5.** *écuyer, valet en charge des chevaux — squire, groom.* Equis, damicellis et servitoribus ... procuravit. V. secunda Bernardi Parm. (s. xii med.), c. 1, *SS.*, XXX p. 1323. **6.** *chambrier de la cour pontificale — papal chamberlain.* Ordo Rom., MABILLON, *Mus. Ital.*, II p. 426. **7.** *sergent, appariteur — beadle.* Donzelli civitatis. SALIMBENE, ed. HOLDER-EGGER, p. 483.

**domiciliatus** (adj.): *habité — inhabited.* Qui alium in domo vel navi domiciliata invaserit. WARNKOENIG-GHELDOLF, *Flandre*, III p. 228 no. 6 c. 9 (a. 1192, Gand).

**domicultilis,** v. domocultilis.

**domicultus,** v. domoculta.

**domificare**: *construire — to build.* S. xiii.

**domigerium,** dangerium (< dominium; > frg. *danger*): **1.** *droit seigneurial de confiscation* en cas de transgression des prérogatives seigneuriales (banalités, forêt etc. ...) — *a lord's power to declare possessions forfeited* in case of infringement of his specific rights (,,banalités'', forest etc.). Sub domigerio alicujus aut manu esse. BRACTON., lib. 4 tract. 1 c. 19 § 2. **2.** *le risque d'encourir une telle confiscation — the danger of incurring this forfeiture.* S. xiii. **3.** *rachat de ce droit* moyennant une somme forfaitaire — *redemption of this risk* by payment of a lump sum. S. xiii. **4.** gener.: *péril, risque, dommage — peril, risk, damage.* S. xiv.

**domina**: *moniale — nun.* MABILLON, *Ann.*, II p. 604 (ch. a. 970, Remiremont).



**dominanter**: *en seigneur — as a lord.* Omnia hec, dum vixero, dominanter et potenter tenebo. ROUSSEAU, *Actes de Namur*, no. 25 (a. 1184).

**dominare,** transit.: **1.** **dompter, soumettre, dominer — to overpower, to subdue, to rule.* **2.** *posséder en seigneur — to possess as a lord.* [Loca] ad presens ricto ordene assent [i.e. asserunt] domenari. *D. Merov.*, no. 12 (ca. a. 628). Monachi [res] habeant, teneant, possideant et R. [abbas] ejusque successores dominentur. Ib., no. 27 (ca. a. 664). Villas ipsas ipsi matrigolariae, unde sustancia viditur [i.e. videntur] habire, asserint possedire vel domenare. Ib., no. 32 (a. 656-670). Sub emunitatis nomine valeant dominari vel possidere. Ib., no. 31 (a. 673). Quamdiu ... advixero, ipsum monasterium pro precaria s. Petri ... usitare vel dominare ... debeamus. GYSSELING-KOCH, *Dipl. Belg.*, no. 5 (a. 685, S.-Bertin). Dabo tibi maso [i.e. mansum] ad commanendum ... ut quieto ordine valeas possidere vel dominare. F. Sal. Bignon., no. 10, *Form.*, p. 232. Quicquid ibi de porcione mea visus sum habere et dominare. ZEUSS, *Trad. Wizenb.*, no. 1 (a. 742). Vidimus jamdictas villas cum illorum fines et terminos abentes et dominantem D. archiepiscopo [i.e. -um]. *Hist. de Languedoc* [3], II pr. no. 6 col. 49 (a. 782). Ipsas res monasterium tenere et dominare potuisset. *D. Ludw. d. Deutsch.*, no. 2 (a. 830). Quicquid pars s. Dionisii in jam dicto loco habere et dominare videtur. *D. Charles le Chauve*, no. 225 (a. 861). Partibus ipsius ecclesie rebus [i.e. res] ipsa tenuit et dominavit. FICKER, *Forsch.*, IV no. 21, p. 27 (a. 918, Salerno).

**dominatio**: **1.** *l'autorité du seigneur vis à vis du vassal — a lord's power over his vassal.* Manibus datis ejus [sc. regis] dominationi se subiciunt. REGINO, Chron., a. 900, ed. KURZE, p. 148. **2.** *la suzeraineté du seigneur féodal sur les fiefs mouvant de lui — the suzerainty of a feudal lord with regard to the fiefs depending from him.* Domos beneficiales ad hujus ecclesiae jus dominationemque respicientes. RUPERT., De inc. Tuit., c. 8, *SS.*, XII p. 633. **3.** *l'autorité spirituelle de l'évêque diocésain— the spiritual power of the bishop in his diocese.* In omni tua [sc. episcopi] circuibimus dominatione. DONAT., V. Ermenlandi (s. ix in.), c. 3, *Scr. rer. Merov.*, V p. 690. Sicut Aquensis abbacia ... a dominatione Leodicensis episcopi est libera. *Actes Phil. Ier*, no. 15 (a. 1063). **4.** *possession seigneuriale — seigniorial possession.* Duas partes ... in eorum reciperent dominatione. PARDESSUS, no. 179 (a. 572, Maine). In sua domenacione hoc dibiat recipere ad possedendum. *D. Merov.*, no. 47 (a. 677). Quantumcumque nostra videtur esse possessio vel dominatio. *D. Arnulfing.*, no. 4 (a. 706), p. 93. Quicquid ibidem presens est mea dominatio. F. Sal. Bignon., no. 20, *Form.*, p. 235. De potestate nostra in ejus transfundimus dominatione jure proprietario ad habendum. *D. Ludwigs d. Deutsch.*, no. 30 (a. 841). **5.** *domaine, seigneurie — estate, seigniory.* Terminus inter dominationem fisci M. et nostra traditione. *D. Merov.*, no. 2 (a. 528). Ubicumque eorum maneat possessio vel dominatio. Ib., no. 31 (a. 673). Nullus duplices mensuras in sua dominatione aut habeat aut haberi permittat. Episc. relatio a. 829, c. 54, *Capit.*, II p. 44 l. 20. **6.** *droit d'usage relatif aux communaux — right of common.* Tradidi ... locum ... cum agris ... dominationemque in silvam q. d. S. LACOMBLET, *UB. Niederrh.*, I no. 5 (a. 796, Werden). Dominationem que ad illam hovam respexit, mihi retenui, seu in silva sive in aquis et pastu vel conprehensione. Ib., p. 8 no. 13 (a. 799).

**dominatura**: *autorité seigneuriale — a lord's power.* S. xiii.

**dominatus** (decl. iv): **1.** *possession seigneuriale — seigniorial possession.* [Res collata], remoto fisci dominatu, ad luminaria basilicae b. Martini concinnanda sit supplementum. F. imper., no. 29, *Form.*, p. 308. Illas [i.e. illae] res ... nostro juri subiciantur et dominatui nostro et procreationis nostre in aevo subjaceant. WARTMANN, *UB. S.-Gallen*, II no. 554 (a. 871). Abbatiam que, a. G. comite proprio jure habita, postea pro culpa infidelitatis nostro cessit dominatui. D. Ludov. Pueri a. 908, BORMANS-SCHOOLMEESTERS, *Cart. de Liège*, I no. 9. **2.** *l'autorité du seigneur vis à vis du vassal — a lord's power over his vassal.* In manum episcopi veniunt et in ejus dominatu ultra manent. WAITZ, *Urk. dt. Vfg.*, no. 10, p. 24. B. dux Henrici regis dominatui substernitur. Ann. Altah., a. 1007, ed. OEFELE, p. 16. **3.** *autorité seigneuriale, droit seigneurial — a lord's powers and prerogatives.* Si ... coenobium in alicujus potestatem et dominatum deveniat. WARTMANN, o.c., II no. 512 (a. 865). Villam cum omnibus appendiciis et dominatu atque justicia. VERCAUTEREN, *Actes de Flandre*, no. 13 (a. 1093). Pecuniam vel aliud aliquod quod ad dominatum nostrum pertinet eis ... largiri decreverit. DESJARDINS, *Cart. de Conques*, p. 352 (a. 1107). **4.** *circonscription judiciaire — area of jurisdiction.* In comitatu S. ... mansos 4 ...; in eodem dominatu ... mancipia ... *D. Konrads II.*, no. 166 (a. 1031). **5.** *direction d'un monastère — control of a monastery.* [Abbas] de die praesenti dominatum accipiat. *D. Merov.*, no. 52 (ca. a. 681). [Abbas] familiam in eodem monasterio Domino militantem suoque dominatui subjectam corrigat. *D. Ludwigs d. Deutsch.*, no. 67 (a. 853). **6.** *magistrature — magistracy.* Nec ipse nec heres ejus dominatum in communia habebit. *Etablissements de Rouen*, c. 55, ed. GIRY, p. 54 (a. 1160-1170).

**dominella**: *demoiselle noble — noble young lady.* Ruodlieb, fragm. 9 v. 62. Ibi pluries.

**dominellus**: *jeune gentilhomme — young nobleman.* COSMAS, lib. 1, c. 13, ed. BRETHOLZ, p. 30; lib. 3, c. 29, p. 198. DC.-F., III p. 165 col. 3 (ch. a. 1154, Noyon).

**dominicalis,** domni- (adj.): **1.** *royal — royal.* Dum in curte dominicale pedissequa filiae regalis fuit. BITTERAUF, *Trad. Freising*, I no. 358, p. 306 (a. 816). A. comes missus dominicalis. Ib., no. 579, p. 495 (a. 829). Proprietas dominicalis, quae domino imperatori ex paterna successione haereditario jure pervenit. RHABAN. MAUR., epist. ad Otgarium, *Epp.*, V p. 520 l. 1. Curtem unam cum decem dominicalibus hobis ... illuc pertinentibus [,,Königshufen'']. *D. Arnulfs*, no. 71 (a. 889). **2.** *pontifical — papal.* Constat nos [sc. papam] magnitudini vestrae commisisse actionarica de diversas portas hujus Romanae urbis ad

peragendum in fide dominicale [i.e. dominicali]. Lib. diurnus, c. 104, ed. SICKEL, p. 137. **3.** *qui fait partie de la réserve seigneuriale — demesne.* In colonica dominicale et extra sunt terras et vineas dominicales. PARDESSUS, II no. 559, p. 373 (a. 739, Nouaillé). Hludowicus volumus ut habeat Bajoariam . . . et insuper duas villas dominicales ad suum servitium. Ordin. imperii a. 817, c. 2, *Capit.*, I p. 271. In pago F. in vico P. . . . mansos dominicalis 3. KÖTZSCHKE, *Urbare Werden*, p. 11 (a. 855). Casas dominicatas duas cum territorio dominicali. *D. Ludwigs d. Deutsch.*, no. 93 (a. 858). Decimae dominicalium rerum, tam ex villis dominicatis quam et in beneficio datis. *D. Karls III.*, no. 139 (a. 886). Predium cum omnibus districtis et dominicalium rerum decimis. *D. Charles le Simple*, no. 46 (a. 903). Curtem dominicalem B. nuncupatam cum curtibus. D. Ludov. Pueri a. 910, BEYER, *UB. Mittelrh.*, I no. 155, p. 219. Hobam unam dominicalem . . . cum mancipiis in eadem hoba manentibus. *D. Ottos I.*, no. 67 (a. 945). Dominicales quas vulgo salicas vocant decimationes. Ib., no. 179 (a. 956). Villam . . . cum aeclesia et curte dominicali. Ib., no. 195 (a. 958). Cum terra dominicali vicina predicto predio. *D. Ottos III.*, no. 78 (a. 991). Habeat potestatem arbores nutriendi et singulare atque dominicale forestum faciendi. *D. Heinrichs II.*, no. 51 (a. 1003). **4.** d'une personne: *qui est rattaché à la cour seigneuriale — subservient to the manor.* Curie servientium, hominum videlicet ut dicebantur dominicalium. HANAUER, *Const. des camp. de l'Alsace*, p. 51 (ca. a. 1117). **5.** *cathédral — cathedral.* Facta est traditio in cripta dominicalis ecclesiae Wirzeburc. Cod. Udalrici, no. 35 (a. 1068/1069), JAFFÉ, *Bibl.*, V p. 67. **6.** *dominical, du dimanche — of Sunday.* CAESAR. ARELAT., Sermones, ed. MORIN, I p. 287. Subst. neutr. **dominicale: 1.** *chef-manse*, centre d'exploitation domaniale — *manor.* Contulit dominicale in O. et quicquid ibidem . . . possidere videbatur. D. Ludov. Pii a. 838, ERHARD, *Reg. Westfal.*, I CD. no. 12 p. 11. Unam capturam . . . cum dominicali aliisque aedificiis, areis . . . [form. pert.] DRONKE, *CD. Fuld.*, no. 593 p. 266 (a. 867). In H. ecclesiam et unum dominicale, ad quod pertinent homines 13, et 20 hube. Cod. Eberhardi, c. 3 § 12, DRONKE, *Trad. Fuld.*, p. 5. Puelle operantes cottidie in dominicali 33. Ib., c. 44 § 37, p. 127. Quicquid terre . . . et vinearum habetur ad dominicale pertinentium. BEYER, *UB. Mittelrh.*, I no. 392, p. 449 (a. 1097). De dominicalibus apostolici fodrum non esse colligendum. Epist. a. 1159 ap. RAHEWIN., lib. 4 c. 34, ed. WAITZ-SIMSON, p. 276. Dispositis per urbes singulas prudentibus viris, qui res ad dominicalia principis pertinentes . . . procurarent. WILL. TYRENS., Hist., lib. 19 c. 11, *Hist. d. Crois.*, Occid., I p. 900. **2.** *réserve seigneuriale — demesne.* Concessit . . . universa domnicalia sua cum servis et ancillis. LEO OST., Chron. Casin., lib. 1 c. 14, *SS.*, VII p. 590 l. 26. Decimatio . . . de nostro dominicali. Trad. Gotwic., no. 190, ed. FUCHS, I p. 46. Exceptis decimis dominicalium monachis et sanctimonialibus pertinentium, quod nos forawerch vocamus. *D. Ludwigs d. Deutsch.*, no. 51 (<a. 848>, spur. s. xi). Inter familias et decimas et dominicale. BODE, *UB. Goslar*, I no. 110 (ca. a. 1069). Subst. mascul. **dominicalis:** *voile* que les femmes portent dans l'église — women's *veil* worn in church. Ut unaquaeque mulier, quando communicat, dominicalem suum habeat. Concil. Autissiod. (ca. a. 580), c. 42, *Conc.*, I p. 183. Vetus poenitentiale ap. DC.-F., III p. 170 col. 2.

**dominicare: 1.** *posséder, tenir dans sa main, ne pas avoir concédé en fief — to possess, to hold as a demesne.* Res . . . temporibus vite sue . . . teneat ac dominicandi usu firmissima ratione possideat. *D. Charles le Simple*, no. 72 (a. 912). **2.** *confisquer, retirer* une tenure au tenancier — *to confiscate, to take away* a holding from a tenant. Si cujus [i.e. alicujus] bona vel predia propter aliquam culpam vel querimoniam in placitis abbatis . . . dominicata vel publicata fuerint. *D. Heinrichs III.*, no. 372 B (<a. 1056>, spur. ca. a. 1106). Item D. Heinr. V imp. a. 1113, BEYER, *UB. Mittelrh.*, I no. 423, p. 484.

**dominicarius** (adj.): **1.** *qui constitue le centre d'exploitation domaniale — forming a manor.* Villa . . . cum ipsa casa dominicaria, cum domibus . . . *BEC.*, t. 24 (1863) p. 166 (a. 861, Rodez). Curte mea . . . cum casa dominicaria. BERNARD-BRUEL, *Ch. de Cluny*, I no. 532 (a. 941, Auvergne). Item DESJARDINS, *Cart. de Conques*, no. 132 (a. 966). **2.** *qui fait partie de la réserve seigneuriale — demesne.* Curte mea q. v. E. . . . et in ipsa villa mansos tres dominicarios. *Hist. de Languedoc*[3], II pr. no. 203 col. 406 (a. 883, Toulouse).

**dominicatio**: *réserve seigneuriale — demesne.* Villam G. ad monasterium S. cum quibusdam aliis dominicationis sue rebus contradidit. *D. Merov.*, no. 27 (ca. a. 664). [Villam] in jus et dominicationem servorum Dei ad jamdicto coenobio transfero. PÉRARD, *Rec. de Bourg.*, p. 37 (ch. a. 974). Quidquid . . . collectum fuerit, in eorum jure et dominicatione pervenire debeat. DC.-F., III p. 171 col. 3 (a. 877, Vienne). Villa D. . . . illorum dominicationi in evum subdatur. *D. Charles le Simple*, no. 54 (a. 906).

**dominicatura: 1.** *réserve seigneuriale — demesne.* Tam ea quae nos in dominicatura habemus, quam etiam ea quae vasalli nostri . . . de eodem alodo in beneficio videntur habere. PROU-VIDIER, *Ch. de S.-Benoît-s.-Loire*, I no. 26 (ca. a. 876). Quae omnia in dominicatura mea tenebam. CALMET, *Hist. de Lorr.*, III pr. p. 378 (a. 966). Fuerat . . . ecclesia illa a dominicatura archidiaconorum in possessionem laicorum militum . . . quasi per beneficii occasionem . . . eliminata. MÉTAIS, *Cart. de Vendôme*, I no. 110, p. 203 (ca. a. 1057). Decimas . . . de castro et oppido, scilicet de omnibus dominicaturis, de censalibus . . . LESORT, *Ch. de S.-Mihiel*, no. 39, p. 154 (a. 1076). Quicquid in dominicatura, domibus, mansis, cultis et incultis, pratis . . . ejus juris in locis denominatis erat. WAMPACH, *UB. Luxemb.*, I no. 308, p. 460 (a. 1088). Quicquid in honore nostro . . . adquisierunt jam . . . a cunctis fevum nostrum tenentibus, ut in proprium alodium habeant . . . excepto hoc, quod nostram deinceps dominicaturam sine nostra licentia non adquirant. GUÉRARD, *Cart. de Marseille*, I no. 144, p. 169 (a. 1097). Ex dominicatura mea duas partes decimarum



. . . tradidi. VERCAUTEREN, *Actes de Flandre*, no. 25 (a. 1100). Terram illam, quando in dominicatura sua primitus excolere ceperunt, . . . incultam . . . invenerunt. BERTRAND, *Cart. d'Angers*, I no. 284, p. 324 (a. 1082-1106). Terra et silva quae nominatur H. fuit proprie dominicatura G. Andecavorum comitis. Ib., no. 113, p. 138 (ca. a. 1117). Hoc insequente incremento dominicaturam . . . augmentari elaboravimus. SUGER., De admin. sua, c. 4, ed. LECOY, p. 162. Hae sunt villae in dominicatura sancti [Richarii] absque ulla admixtione beneficii vel alterius potestatis. HARIULF., Chron., lib. 3 c. 3, ed. LOT, p. 94. **2.** *dépendance vis à vis d'un seigneur — dependence from a lord.* Qui se et terram suam s. Benigno et s. Vigori tradiderit, ab omni curie mee servitio liber erit, nec tenebitur obnoxius servitiis nostris, sed in dominicatura abbatis et fratrum Divionensium erit solutus et liber. CHEVRIER-CHAUME, *Ch. de Dijon*, II no. 386, p. 165 (a. 1096, Normandie). Preter episcopatus solos, qui in regia dominicatura retenti sunt. G. cons. Andegav., HALPHEN-POUPARDIN, *Chron. d'Anjou*, p. 32. **3.** *siège principal d'une abbaye — main seat of a monastery.* Concedo Deo et s. Stephano protomartyri in religione perpetua et in stipendio fratrum ibi servientium in dominicatura, alodum meum. DE FONT-RÉAULX, *Cart. de Limoges*, p. 35 no. 13 (a. 990). Nullus violenter infringat dominicaturas canonicorum vel monasteriorum neque aliquid rapiat inde. Synod. Helen. a. 1065, c. 3, HUBERTI, *Stud. z. Rechtsg. d. Gottes- u. Landfr.*, p. 344.

**1. dominicatus,** domni- (adj.; cf. voc. dominicare): **1.** *qui se trouve dans la main du seigneur, qui fait partie de la réserve seigneuriale — held by a lord, demesne.* A l'intérieur du domaine, par opposition aux tenures rurales — within a domain, as contradistinguished from the rural holdings. Mansum dominicatum in loco q. d. O. *D. Karolin.*, I no. 126 (a. 779). Tradidit . . . cum casa dominicata mansos vestitos serviles 4. Brev. ex., c. 10, *Capit.*, I p. 253. De mansionilibus quae ad suprascriptum mansum aspiciunt. In G. villa invenimus mansionilles dominicatas et curtem . . . Ib., c. 27, p. 254. Concedimus ex quadam villa nostra mansum dominicatum et alios mansos 60. F. imper., no. 10 (a. 817-821), *Form.*, p. 294. D. Ludov. Pii a. 836, MARTÈNE, *Coll.*, I col. 96. De illas casas dominicatas. Coll. Flavin., addit. 2, *Form.*, p. 489. Casas dominicatas duas cum territorio dominicali. *D. Ludwigs d. Deutsch.*, no. 93 (a. 858). Rebus nostris domnicatis vel colonicatis. D. Lotharii imp., MURATORI, *Antiq.*, II col. 197. Curtem dominicatum cum aliis curtilibus 32. *D. Ottos I.*, no. 216 (a. 960). Cum omnibus suis pertinentiis, sive domnicatis sive ab aliis detentis. *D. Konrads II.*, no. 273 (a. 1038). Concernant un ensemble de bien-fonds, par opposition aux biens concédés en fief — with regard to a complex of estates, as contradistinguished from enfieffed lands. Abbatias tam beneficiatas quam dominicatas. RAGUT, *Cart. de Mâcon*, no. 67 p. 55 (a. 751-768). Comitatus Moslensis cum omnibus villis in eo consistentibus, tam dominicatis quam et vassallorum. Div. regni Loth. II a. 870, *Capit.*, II p. 194. Mancipia de quocumque nostro fisco sint, aut ex dominicato aut ex beneficiato. *D. Karls III.*, no. 104 (a. 884). Nullus . . . hanc donationem possit alienare aut alicui vassallo beneficiari, sed domnus pontifex, quamdiu vixerit, dominicatam teneat. DE FONT-RÉAULX, *Cart. de Limoges*, p. 34 no. 12 (a. 920). Illo tempore Senensis civitas erat domnicata ad manus A. regis. GERARD. PRIMIC., Catal. reg. Langob. Aretin. (ca. a. 1060), *SS.*, XXX p. 1433 l. 19. **2.** *qui revient au seigneur — accrueing to the lord.* De manso ingenuili quatuor denarios de censu dominicato et quatuor de sua facultate [v.l.: de facultate mansuarii]. Edict. Compend. a. 877, *Capit.*, II p. 354. **3.** *possédé en propre, allodial*, par opposition aux biens tenus en fief — *held as a property, allodial*, as contradistinguished from what is being held by feudal tenure. De illo qui agros dominicatos propterea neglexit excolere, ut nonam cum decima exinde non persolvat, et alienas terras ad excolendum propter hoc accipit. Capit. Wormat. a. 829, c. 10, II p. 14. **4.** *de la cathédrale — of the cathedral.* Signum A. domnicati prepositi; signum I. domnicati decani. LACOMBLET, *UB. Niederrh.*, I no. 182, p. 113 (a. 1047). Subst. femin. **dominicata** (cf. voc. 2. dominicatus): *le domaine non concédé en fief — demesne.* Si quis in domnicata nostra hereditatem habens moritur, heres sine oblatione hereditatem accipiat. Lex famil. Wormat. (a. 1023-1025), *Const.*, I no. 438, c. 3. Si quis nupserit ex dominicata episcopi in beneficium alicujus suorum. Ib., c. 14.

**2. dominicatus** (decl. iv): **1.** *réserve seigneuriale*, la partie d'un domaine qui est exploité directement par le seigneur, n'étant pas concédé en tenures domaniales — *demesne* as contradistinguished from manorial holdings. Decimas omnium laborum seu dominicatus [genet.] eorum. *CD. Langob.*, no. 241 col. 404 A (a. 866). Si abbas in dominicatu suo silvam . . . ad novalia dederit. *D. Heinrichs IV.*, no. 476 (a. 1102-1104). **2.** les domaines et autres *biens qui se trouvent dans la main du seigneur* et sur lesquels son autorité s'exerce directement parce qu'ils n'ont pas été concédés en bénéfice ou en fief — *demesne* as contradistinguished from fiefs. Defuncto T. archiepiscopo . . . tenuit domnus rex Carolus Remense episcopium in suo dominicatu. HINCMAR., De villa Novilliaco, *SS.*, XV p. 1168. Ipsi alodes in nostrum dominicatum recipiantur. Capit. Tusiac. a. 865 c. 5, II p. 330. De rebus et familiis ejusdem monasterii tanquam de dominicatis nostris per publicos exactores inquisitio fiat. *D. Karlmanns*, no. 21 (a. 879). Mancipia . . . de quocumque nostro fisco sint, aut ex dominicato aut ex beneficiato. *D. Karls III.*, no. 104 (a. 884). Largimur ecclesie villam nostri dominicatus. D. Zwentiboldi a. 898, BORMANS-SCHOOLMEESTERS, *Cart. de Liège*, I no. 6. Quandam villam . . . que ex abbatia sua [sc. abbatis] et dominicatu erat, congregationi s. Amandi deputarem. *D. Charles le Simple*, no. 110 (a. 921). [Mansus] nunquam vendatur nec detur nec scamietur [i.e. excambietur], sed sit in dominicatu ad usus fratrum. BERNARD-BRUEL, *Ch. de Cluny*, I no. 238 (a. 923-936). Res illa, quas [i.e. quae] antea recta fuit per quondam C. clerico et modo est de meo dominicato. *D. Ottos I.*, no. 400 (ch.

a. 940). De nostro dominicatu in ejus ditionem transfundimus. DE LÉPINOIS-MERLET, *Cart. de N.-D. de Chartres*, no. 7, p. 76 (a. 946). Civitatem . . . et omnem dominicatum, quicquid regias respicit manus. *D. Heinrichs II.*, no. 21 (a. 1002). Ne unquam aliquis archiepiscoporum per concambiam vel cuiquam in beneficium dando Salavelt . . . ab dominicato suo faciat aliena[m]. LACOMBLET, *UB. Niederrh.*, I no. 192, p. 124 (a. 1057). Concesserunt . . . quicquid ex casamentis eorum, excepto dominicatu, acquirere potuissent. DC.-F., III p. 172 col. 1 (ch. a. 1088, Poitiers). Villae ita sunt de dominicatu s. Rictrudis, ut nullus hominum in eis vel solum pedem terre habeat, exceptis hospitibus sanctae. VERCAUTEREN, *Actes de Flandre*, no. 119 (a. 1125). **3.** *la charge de „dominicus" — the office of "dominicus".* Siliquatici titulum, quem fide dominicatus jure dederamus. CASSIOD., Var., lib. 3 epist. 25, *Auct. antiq.*, XII p. 92. **4.** *le règne d'un prince — reign of a ruler.* Anno regni Henrici regis Francorum XII et dominicatus Balduini marchionis [Flandriae] VII. GIRY, *S.-Omer*, p. 370 (ch. a. 1042/1043).

**dominicus**: **1.** **divin — divine.* **2.** *royal — royal.* Legibus dominicis. Lex Sal., tit. 1 § 1. Ambascia dominica. Ib., § 4. Trustis dominica. Ib., tit. 41 § 3. Ratio dominica. Ib., tit 50 § 5. Actum Maddoallo fisco dominico. *D. Merov.*, no. 2 (a. 528). Familia dominica. MARCULF., lib. 2 no. 52, *Form.*, p. 106. Dominicis auribus intueantur. F. Turon., addit. 7, ib., p. 162. Comiti vel vasallo dominico. F. imper., no. 3, p. 289. Vasallo dominico. QUANTIN, *Cart. de l'Yonne*, I p. 81 no. 43 (ca. a. 863, Vézelay). **3.** *pontifical — papal.* Domumcultam [papa] usui proprio, dominicae videlicet rationis, descripsit. Lib. pontif., Zacharias, § 25, ed. DUCHESNE, I p. 434. **4.** *seigneurial — seigniorial.* Isti sunt dies quibus eis ab opere dominico parcendum est. Adalhardi abb. Corbejens. stat. (a. 822), c. 2, ed. LEVILLAIN, *LMA.*, t. 13 (1900), p. 353. Factos [i.e. mansos] . . ., sicut ipse in suos dominicos usus eos habebat. *D. Charles le Chauve*, no. 105 (a. 848). **5.** *qui sert à l'usage immédiat du seigneur; qui fait partie de la réserve seigneuriale — subservient to the manor.* Partem maximam de possessione nostra in villa nuncupata M. . . . quam de avia mea A. quondam . . . comparavi, hoc est mansos dominicos [i.e. mansus dominicus] ubi ipsa A. mansit. PARDESSUS, II no. 365, p. 155 (a. 671, Maroilles). Servi dimidiam partem sibi et dimidiam in dominicum arativum reddant. Lex Alamann., tit. 21. Seniori suo pleniter unum diem cum suo aratro in campo dominico araret. Capit. Cenom. a. 800, *Capit.*, I p. 81 l. 26. Secat in prato dominico carradas 3 . . ., fimat de terra dominica jurnalem 1. Brev. ex., c. 8, ib., p. 252. De decimis quae ad capellas dominicas dantur. Capit. ab episc. tract. a. 829, c. 1, II p. 6. Curtem cum sepe circumcinctam, casam dominicam cum ceteris aedificiis. *D. Ludwigs d. Deutsch.*, no. 92 (a. 858). Curtem regalem cum . . . omnibus mansis, sive sint in beneficium date sive serviant ad curtem dominicam. *D. Ottos I.*, no. 209 (a. 960). **6.** *qui est soumis à l'autorité d'un seigneur, qui constitue une tenure, par opposition aux alleux — held from a lord, not as a property.* De liberis hominibus qui proprium non habent sed in terra dominica resident. Capit. pro lege hab. Wormat. a. 829, c. 6, II p. 19. **7.** *d'une personne: qui est rattaché à la cour seigneuriale — of a person: subservient to the manor.* Venit S. vicarius cum suos homines dominicos . . . qui ibidem manent in ipsa dominicaria. *Hist. de Languedoc* [3], V col. 366 (a. 1018). Clamavit . . . quosdam collibertos, quos ille in manu sua dominicos habebat. MARCHEGAY, *Arch. d'Anjou*, III p. 33 no. 38 (a. 1063). **8.** *qui se trouve dans la main du seigneur*, n'étant pas concédé en bénéfice ou en fief — *demesne.* Per cappellas dominicas seu beneficiatas. Concil. Mogunt. a. 852, c. 3, *Capit.*, II p. 186. De villis dominicis nona pars totius supellectilis monachis tribuatur. *D. Charles le Chauve*, no. 92 (a. 847; spur.?). F. comes ecclesiam illam . . . filio suo G. . . . dedit sub conditione tali, ut eam ille nemini daret, sed ipse dominicam teneret. MÉTAIS, *Cart. de Vendôme*, no. 44 (a. 1006-1040), I p. 96. Tenuitque eam [villam] totam quamdiu vixit dominicam, excepta una mansura . . . quam dedit A. militi. Ib., no. 1 (post a. 1050). [Fulconi Rufo] abbatias s. Albini et s. Licini contulit, que ambe antea regis dominice fuerant. G. cons. Andeg., HALPHEN-POUPARDIN, *Chron. d'Anjou*, p. 32. Sive terra dominica regis et socna sit, sive sit alterius. Leg. Henrici, tit. 19 § 1, LIEBERMANN, p. 559. **9.** *d'un vassal: qui est lié au seigneur sans intermédiaire — tenant in chief.* Si amodo exurgat placitum . . ., si est inter dominicos barones meos . . . Et si est inter vavasores alicujus baronis mei honoris . . . Henrici I reg. Angl. ch. (a. 1109-1111), c. 3, LIEBERMANN, p. 524. **10.** *qui fait partie d'une succession indivise — forming part of an undivided heritage.* Omnia sint domnicas inter omnes filios. *CD. Cajet.*, I p. 34 (a. 906). **11.** *qui est rattaché à la cathédrale — connected with the cathedral.* Ecclesia Aurelianensis cum contiguis sanctorum locis, quae sub regimine dominicorum clericorum sive monachorum consistere videbantur. ADREVALD., Mir. Bened., c. 20, *SS.*, XV p. 487. Subst. mascul. **dominicus** et femin. **dominica** (subaudi: dies): **dimanche — Sunday.* Subst. neutr. **dominicum**: **1.** **église* (bâtiment) — *church building.* **2.** **la liturgie du dimanche — Sunday service.* **3.** *le fisc, le trésor royal — the fisc, the royal treasury.* Multam in dominico inferat sol. 6. Lex Burgund., tit. 5 § 1. Sol. 200 componat. et exinde in dominico terciam partem componat. Ewa ad Amorem, c. 4. Concil. Neuching. a. 772, c. 10, addit., *Conc.*, II p. 101. Sol. 20 componat, medietatem in dominico, medietatem ad populum. Capit. missor. a. 802, c. 13 b, I p. 101. In dominicum auri libras duas, argenti pondus 10 coactus exsolvat. GYSSELING-KOCH, *Dipl. Belg.*, no. 203 (a. 799, Werden). **4.** *demeure seigneuriale, chef-manse — manor.* Quod [i.e. quot] vini anforas in dominico [colonus] tunc pro canone esset inlaturus. V. Desiderii Cadurc., c. 24, *Scr. rer. Merov.*, IV p. 581. **5.** *réserve seigneuriale — demesne land of a manor.* Opera 3 dies in ebdomada [servus] in dominico operet. Lex Baiwar., tit. 1 § 13. Sicut mos est in domnico arare. WARTMANN, *UB. S.-Gallen*, I no. 120 (a. 789). Sicut divisum et finitum est . . . inter ipsos mansos, ut isti homines . . . habeant . . .



et quod in dominico dictum et terminis divisum . . . fuit, receptum sit ad parte[m] domni nostri. Ib., no. 187 (a. 806). Praecipe quatuor servis, ut in una ebdomada diebus quos in dominicum debent, ligna fagina . . . adducant. Coll. Sangall., no. 35, *Form.*, p. 419. Tres hubas in dominicum et hubas serviles vestitas 17 et mancipia 152. *D. Ludwigs d. Deutsch.*, no. 126 (a. 868). [Mansionarius] cotidie operatur in dominico. Urbar. Prum. a. 893, c. 32, BEYER, *UB. Mittelrh.*, I p. 161. In H. sunt hube 2, una in dominico, alia servilis. Cod. Laurensham., ed. GLÖCKNER, no. 3658 (ca. a. 900). **6.** *les domaines qui se trouvent dans la main du seigneur*, n'étant pas concédés en fief — *demesne* as contradistinguished from fiefs. Non in dominico sed in beneficio usque nunc fuit. D'HERBOMEZ, *Cart. de Gorze*, p. 14 no. 5 (a. 757). Archiepiscopum Mediolanensem non posse dare in feudum, quod tempore introitus sui in dominico invenerit. Libri feudor., vulg., lib. 2 tit. 35, ed. LEHMANN, p. 166.

**dominionus**, domignionus, domignonus, domnionus, donjonus, domnio, domgio, dongio, donjo, doglo, dungio, dungeo, dunjo, dunlio, dangio (genet. -onis) (<dominus): *donjon — dungeon.* Hist. Mosom., c. 8, *SS.*, XIV p. 606 l. 12. Ann. Vindocin., a. 1026, HALPHEN, *Rec. d'ann. angev.*, p. 60. DE FONT-RÉAULX, *Cart. de Limoges*, p. 56 no. 30 (a. 1032-1051). EADMER., De s. Anselmi similitudinibus, c. 76, MIGNE, t. 159 col. 647 A. ORDERIC. VITAL., lib. 8 c. 1, ed. LEPRÉVOST, III p. 262. Item lib. 11 c. 33, IV p. 279. SIMON, G. abb. Sithiens., lib. 2 c. 117, *SS.*, XIII p. 658.

**dominium** (cf. voc. demanium): **1.** **commandement, pouvoir — power, sway.* **2.** *droit de propriété — right of property.* Res in jus et dominium suum recipiat ad possidendum. *D. Arnulfing.*, no. 12, p. 100 (a. 726). Locus qui relictus est a dominio illius . . . non recedat. Const. de Hispan. I a. 815, c. 4, *Capit.*, I p. 262. Monasterium vel oratorium canonice constructum a dominio constructoris invito non auferatur. Concil. Roman. a. 826, c. 21, ib., p. 374. **3.** *domaine — estate.* Servi in alienum dominium commorantes a priore domino requisiti. Karoli M. capit. (a. 803-813), c. 4, I p. 143. **4.** *réserve seigneuriale — demesne of a manor.* Unum molendinum in dominio et censum de 3 molendinis. CHARLES-MENJOT, *Cart. du Mans*, no. 180 col. 111 (a. 1028-1031). Totam terram quam illic in dominio suo habet. Leg. Henrici, tit. 7 § 7, LIEBERMANN, p. 553. Si deterioratum sit manerium in dominio vel in hominibus, in pascuis, in nemoribus. Ib., tit. 56 § 3, p. 575. **5.** *les biens qui se trouvent dans la main du seigneur*, n'étant pas concédés en fief — *demesne* as contradistinguished from fiefs. Ipsarum villarum, sive in regis dominium sint sive quibuslibet personis beneficientur. *D. Arnulfs*, no. 31 (a. 888). Predia . . . ad nostrum dominium fiscata sunt. Ib., no. 154 (a. 897). Silvam quam supra fluvium Sagonam in meo [sc. comitis Matisconensis] dominio teneo. RAGUT, *Cart. de Mâcon*, no. 72, p. 61. Quicquid in suo dominio tenere videbatur, monachi in suo dominio eque teneant; et quod de eo homines in fevo tenebant, similiter de s. Albino teneant. BERTRAND, *Cart. d'Angers*, I no. 676 (a. 1040-1060). Concesserunt monachis . . . ecclesiam . . ., quicquid ad illos de ipsa ecclesia pertinebat, ut, quod habebant in dominio, monachi haberent, et quod alii de illis in casamento, monachi[s] responderent. RÉDET, *Cart. de Poitiers*, no. 109, p. 83 (ca. a. 1090). Si manerium . . . de dominio et firma regis sit. Leg. Henrici, tit. 91 § 3, p. 607. **6.** *seigneurie — seigniory.* In tota terra Pontivi et in dominio Monsterioli. BRUNEL, *Actes de Pontieu*, p. 93 no. 62 (a. 1159). Cf. l.c., introd., p. XXIX. Si quis violentiam alicui de communia fecerit, cujuscumque dominii sit. BOURGIN, *Soissons*, p. 431 no. 15 c. 1 (s. xii ex.). Si quid . . . per justiciam dictum factumve negetur, per homines qui interfuerint et per alterius dominii testes agatur. Leg. Henrici, tit. 48 § 5, p. 571. **7.** *suzeraineté féodale — feudal suzerainty.* Firmo illud . . . per manus H. Cenomannensis comitis, de cujus dominio fevum pendet. BERTRAND, o.c., II no. 941 (a. 1033-1036). **8.** *l'autorité que le seigneur exerce sur ses vassaux — a lord's power over his vassals.* Vasalli mei . . . post meum obitum . . . si dominium habere voluerint abbatum qui presunt monasterio s. Galli, et sic servire illis. WARTMANN, *UB. S.-Gallen*, II no. 386 (a. 843). Eum praesulis . . . dominio subdiderunt. V. Udalrici, c. 1, *SS.*, IV p. 386. Causa beneficii se subdat dominio cujus voluerit. KINDLINGER, *Hörigkeit*, p. 232. Fidelem nostrum A., qui a dominio predicti abbatis aliquandiu injuste fuerat ablatus. D. Heinr. V imp. a. 1125, BEYER, *UB. Mittelrh.*, I no. 452 p. 511. **9.** *l'autorité spirituelle d'un évêque — a bishop's spiritual jurisdiction.* Boboni . . . Agusteduno [i.e. Augustodunum] adsignaverunt in dominium, immo potius devastandum. Pass. I Leudegarii, rec. A (s. vii ex.), c. 25, *Scr. rer. Merov.*, V p. 307. **10.** *l'autorité exercée par un abbé dans un monastère — an abbot's jurisdiction.* Tota tria illa monasteria [abbas] in suo recepit dominio. BOBOLEN., V. Germani Grandivall., c. 9, ib., p. 37.

**dominius** (adj.): *qui tient son fief directement du seigneur supérieur — holding in chief.* Tantum quod predictum mansum habueris, habebimus in te quod habemus in nostros dominios homines per rectam racionem sive per usaticum. CASSAN-MEYNIAL, *Cart. d'Aniane*, p. 425 no. 304 (a. 1115). Omnia que debent nobis exire de ipso honore, dimitto tibi . . . et cui tu [honorem] laxare volueris cum consilio nostro, qui sit [i.e. tali personae qui sit] homo dominius et fidelis s. Salvatoris et noster. Ib., p. 217 no. 79 (a. 1136).

**dominus. 1.** dominus meus: usité par tout dépendant, même de statut personnel libre, pour désigner le seigneur — used by any dependent, even personally free, to indicate his lord. Pour désigner le mari — to indicate the husband: Ego Amata cum manu domini mei Winihardi . . . WARTMANN, *UB. S.-Gallen*, II no. 729 (a. 903). **2.** **l'empereur — the Emperor.* **3.** *le roi — the king.* **4.** le *seigneur* d'un fidèle, d'un vassal — *senior* of a follower, a vassal. Quae unus de fidelibus ac leodebus, sua[m] fide[m] servandum [i.e. servando] domino legitimo . . . visus est perdedisse. Chlothar. II edict. a. 614, c. 17, *Capit.*, I p. 23. Ab isto die inantea fidelis sum . . . sicut per

drictum debet esse homo domino suo. Capit. missor. spec. a. 802, p. 101 l. 35. [Homines episcoporum et abbatum] dominis suis permittentibus domi remansissent. Capit. missa. de exerc. prom. a. 808, c. 5, p. 137. De clericis et vassallis, ut nullus sine licentia domini sui recipiatur. Capit. missor. Aquisgr. I a. 809, c. 10, p. 150. **5.** le *seigneur* d'une seigneurie, en particulier le seigneur haut-justicier — *lord* of a seigniory, esp. a lord possessing high jurisdiction. Si latro in emunitate fugerit, mandent hoc missi nostri domino ejusdem emunitatis aut illi qui locum ejus ibidem tenet. Capit. de latron. (a. 804-813), c. 5, I p. 181. De monasterio vel oratorio quod a proprio domino soli aedificatum est. Concil. Roman. a. 826, c. 21, inscr., ib., p. 374. Sacrilegium in atrio factum altari et domino ejusdem loci persolvatur. Concil. Tribur. a. 895, c. 4, ib., II p. 216 col. 1. Ego O. dominus hujus ville Walcoriensis. Miraeus, III p. 298 (a. 1026). Ego A. dominus de Ruscheio, de Serico, de Sarburch et de Berincastel. Beyer, *UB. Mittelrh.*, I no. 308, p. 360 (a. 1036). Rogerii Montis Acuti domini uxor. Guibert. Novig., De vita sua, lib. 3 c. 9, ed. Bourgin, p. 172. Omnes domini civitatum et castellorum et munitionum. Pax Flandriae a. 1099, Mansi, XX p. 971, c. 5. **6.** dominus patriae, dominus terrae: *prince territorial — territorial prince.* Pax Suession. a. 1092, ed. Sdralek, *Wolfenb. Fragm.*, p. 141. Pax Flandriae a. 1099, Mansi, XX p. 971. Miraeus, III p. 26 (a. 1107, Brabant). Ib., I p. 375 (a. 1125, Brabant). [Comes et comitissa] essent domini et principes terrae. Marchegay, *Arch. d'Anjou*, II p. 547 (ch. ca. a. 1107). Priores Colonienses et dominos terre. Jura minist. Colon. (ca. a. 1154), c. 7, Altmann-Bernheim, *Urk.*[4], p. 167. Domini [plural.] terrarum. Bourgin, *Soissons*, p. 422 no. 12 (a. 1136). **7.** dominus plebis: *prêtre investi d'une paroisse — parish-priest.* Si episcopus vel abbas vel abbatissa vel dominus plebis feudum de rebus ecclesiarum, quae ei subjectae sunt et tituli vocantur, dederit. Libri feudor., antiq., tit. 2 § 6 (vulg., lib. 1 tit. 6), Lehmann, p. 92. **8.** *abbé — abbot.* Hoc facientes secundum dominum et secundum nos omnes Consuet. Fontanell. ap. DC.-F., III p. 173 col. 3. **9.** *chanoine — canon.* Duo domini choro provideant. Muller-Bouman, *OB. Utrecht*, I no. 440, p. 393 (a. 1163). **10.** pour désigner *un saint* — used for *a saint.* S. Germani et s. Marcelli . . . et ceterorum dominorum, quorum pignora in ipsa plebe . . . adunatae requiescunt. *D. Karolin.*, I no. 193 (a. 774-800, interpol. s. xi). **11.** (plerumque sub forma: domnus) comme *titre honorifique* qui précède le nom propre du roi ou de l'empereur, du pape, des évêques, des abbés, puis (Xe siècle) des seigneurs et finalement (XIIe siècle) des chevaliers — as a title before christian names of king or emperor, pope, bishops and abbots, later (tenth cent.) also barons and finally (twelfth cent.) knights.

**domipola**: *halle — hall.* S. xiv.

**domistadium,** domistatio: *emplacement* d'une maison — *site* for housebuilding. De Fremery, *OB. Holland*, suppl., no. 48, p. 27 (ca. a. 1218).

**domitextile**: *toile tissée à la maison — homespun linen.* Dono ei domitextilis casulam subtilem.

Test. Remigii <a. 533>, Pardessus, I no. 118, p. 83.

**domnicellus,** v. domicellus.

**domnio,** domnionus, v. dominionus.

**domnus** et derivata, v. domin-.

**domoculta,** domicultus (cf. loc. domus cultilis, s.v. cultilis): *domaine, exploitation rurale — estate.* Romani . . . praedia omnia, quae illi domocultas appellant, . . . diripere . . . conati sunt. Astron., V. Ludovici, c. 25, *SS.*, II p. 620 l. 16. Cum pertinentiis . . . que sunt domicultus, predia . . . *D. Konrads II.*, no. 58 (a. 1026).

**domocultilis,** domi-, domui- (adj.) (cf. loc. domus cultilis, s. v. cultilis): *qui sert de chef-manse — used as a manor.* Tam casis domocultiles et sundriales [v. hanc vocem] quam et casas massaricias et aldionales. Schiaparelli, *CD. Longob.*, II no. 250 p. 329 (a. 771, Lucca). Cortes meas domocoltiles in finibus Placentinis *CD. Langob.*, no. 270 col. 453 A (a. 877). Contradicunt cortem unam domuicoltilem juris episcopio nostro. *D. Ugo*, no. 54, p. 162 (a. 941). Cortes ipsas domuicultiles, que sunt in locas et fundas S. et M. Ib., no. 75 p. 220 (a. 944).

**domucella**: **1.** *maisonnette — small house.* Etheria, Peregr., *CSEL.*, t. 39 p. 36. Concil. Roman. a. 769, *Conc.*, II p. 84. *CD. Cajet.*, I p. 93 (a. 954). **2.** *petit centre de domaine — small manor.* Ecclesia s. Marciani, quae sita est in domucella q.v. Balnearola. Lib. pontif., Leo IV, ed. Duchesne, II p. 130.

**domus**: **1.** **ménage, cour, l'ensemble des services domestiques — household, court, domestic management.* Ut omnis cura domus, id est correctio familiae sive exercitium agrorum sive cultus vinearum, ad eam adspiceret. Gregor. Turon., Hist. Franc., lib. 10 c. 29. Sicut in hominis domo, ut securus sit de omnibus praeparandis, dominus ordinat majores familiae. Regula Magistri, c. 11 (s. vii), Migne, t. 103 col. 952. **2.** domus regia: *la cour royale, le palais — the king's household.* Palatina domus. Fortun., Carmina, lib. 4 c. 24, *Auct. ant.*, IV pt. 1 p. 94. Domus nostra [sc. regis]. Lex Burgund., praefat. Cf. loc. major domus, s.v. major. **3.** domus ecclesiae: *évêché, palais épiscopal — a bishop's mansion.* Praeparato epulo jussit [presbyter] cunctos cives in domo ecclesiae invitari. Gregor. Turon., Hist. Franc., lib. 2 c. 23. Id., Virt. Martini, lib. 3 c. 17, *Scr. rer. Merov.*, I p. 637. Id., V. patrum, lib. 2 c. 3, p. 670; lib. 7 c. 2, p. 687. In domo ecclesie unanimiter residentes. Concil. Paris. a. 552, *Conc.*, I p. 116. Ego de meo molino in hanc domum Cremonensem meam molituram vexi. *CD. Langob.*, no. 143 col. 251 B (a. 842, Cremona). **4.** *cour féodale — feudal court.* Guelfo . . . domum suam ordinatissime disposuit. Hist. Welfor. Weingart., c. 14, Weiland, *Mon. Welforum*, p. 22. Non credatur suo juramento . . . sed testibus idoneis paribus domus. Libri feudor., antiq., tit. 5 c. 1 (vulg., lib. 1 tit. 10), Lehmann, p. 96. Nisi per duos pares de domo ipsius domini probaverit quod intendit. Ib., antiq., tit. 7 c. 4 (vulg., lib. 1 tit. 25 § 2), p. 112. Si inter dominum et vasallum de feudo orta fuerit contentio, per pares illius domus . . . dirimatur. Ib., antiq., tit. 8 c. 23 (vulg., lib. 2 tit. 16), p. 133. **5.** *dynastie — dynasty.*



[Francorum rex] per domum Anglicanam sibi multa evenisse gravamina recolebat. Innoc. III reg., no. 48, ed. W. Holtzmann, p. 74. **6.** *ferme, manse — farm.* De his villis viginti et septem domus. Erhard, *Reg. Westfal.*, I CD., no. 103 b, p. 82 (a. 1022). **7.** domus Dei: **église — church.* Cedo ad ipsa casa Dei vel ipso domo Dei, hoc est . . . Cart. Senon., no. 14, *Form.*, p. 190. **8.** *cathédrale — cathedral.* Ad domum publicum b. genetricis Dei infra oppido Frigisingas moeniis constructam. Bitterauf, *Trad. Freising*, I no. 15 p. 43 (a. 760). Tradiderunt . . . ad altarem s. Mariae domui episcopali loco nuncupante Frigisinga. Ib., no. 21 p. 49 (a. 764-767). In domo s. Petri [Romae] circuibat. V. Pirminii (s. ix in.), c. 4, *SS.*, XV p. 23. Dum domnus A. venerabilis s. Bergomensis ecclesie episcopus resideret in synodum in domo ipsius sedis cum sacerdotibus et cuncto clero ipsius ecclesie seu reliquis nobilibus hominibus. *CD. Langob.*, no. 373 col. 618 C (a. 897). Monasterium s. Mariae et s. Lantperti, ubi illius episcopii domus est principalis. D. Ludov. Pueri a. 907, Bormans-Schoolmeesters, *Cart. de Liège*, I no. 8. Domum matris aecclesiae succendit. Flodoard., Ann., a. 948, ed. Lauer, p. 117. Testibus . . . Aezelino presente de domo s. Petri preposito, Herrado s. Victoris preposito . . . Lacomblet, *UB. Niederrh.*, I no. 177, p. 110 (a. 1041). [Ecclesiam] ad exemplum Beneventanae domus cogitavit perducere. Adam Brem., lib. 3 c. 3, ed. Schmeidler, p. 146. Incendio vastante urbem et domum s. Dei genetricis. Anselm., G. episc. Leod., c. 53, *SS.*, VII p. 221 l. 30. Cameraci majores et canonici domum Remensem adierunt. G. episc. Camerac. abbrev., c. 10, ib., p. 505. **9.** *église abbatiale — monastery church.* V. Filiberti (s. viii p. post.), c. 8, *Scr. rer. Merov.*, V p. 589. **10.** *église collégiale — collegiate church.* Prepositos: H. majoris domus, H. domus s. Salvatoris, P. Daventrie, L. domus b. Petri. Muller-Bouman, *OB. Utrecht*, I no. 352, p. 324 (a. 1134). **11.** *église paroissiale — parish church.* Quicquid habeam proprie hereditatis in loco Steinhard firmiter trado ad domum s. Pancratii in ipso loco. Bitterauf, o.c., I no. 37, p. 65 (a. 769-777). **12.** domus Dei: **monastère — monastery.* **13.** domus, nude: *monastère — monastery.* Si qua domus ordinis nostri abbate proprio fuerit destituta. Carta caritatis ord. Cist., Guignard, *Mon. cist.*, p. 82. Fratres . . . de domo Claraecampi ad se assumant. Muller-Bouman, o.c., no. 523, p. 463 (a. 1178-1191). **14.** domus Dei: *hôtel-Dieu, hospice — hospital.* S. xiii.

**donabilis**: *d'usage courant — commonly used.* 12 libras Trajecti donabiles. Muller-Bouman, *OB. Utrecht*, I no. 420, p. 378 (a. 1157).

**donare, 1.** aliquid: *donner* (dans tous les sens) — to give (with any meaning). Si quis testis [i.e. testes] necesse abuerit ut donit [i.e. donet]. Lex Sal., tit. 49 § 1. Nec pignus donet solutionis. Ib., tit. 50 § 2. Joratores [i.e. juratores] donet. Ib., tit. 53 § 5. Consilium nobis donavit. Gysseling-Koch, *Dipl. Belg.*, no. 1 (a. 649, S.-Bertin). Unusquisque homo . . . suam decimam donet. Pippini ad Lullum epist. (a. 755-768), *Capit.*, I p. 42. Si non habuerint unde persolvant, ad ecclesiae servitium donentur usque dum ipsi solidi solvantur. Capit. de part. Saxon. (a. 775-790), c. 21, p. 69. Nec paravereda donent nec opera faciant. F. imper., no. 43, *Form.*, p. 320. Ipsum censum donare. Warnkoenig-Gheldolf, *Flandre*, I p. 327 (a. 839, Gand). Tantum pretium redemptori suo donent, sicut ab eo redempti fuerunt. Edict. Pist. a. 864, c. 34, *Capit.*, II p. 326. **2.** spec.: *concéder en fief — to grant as a fief.* Cui Karolus ob fidelitatis suae meritum partem terrae . . . in beneficium donat. Hincmar., Ann. Bertin., a. 863, ed. Waitz, p. 61. Fulco comes [curtem] G. cuidam Cenomannico militi donavit. Métais, *Cart. de Vendôme*, I no. 66 (post a. 1047). [Episcopus] Johanni castellaturam donaret Cameracae civitatis. G. Lietberti Camerac., c. 12, *SS.*, VII p. 493. **3.** *conférer une charge — to donate* an office. Bajoarium ducatum rege Ottone tertio donante suscepit. Ann. Quedlinburg., a. 995, *SS.*, III p. 73. Potestatem donandi prebendas abbati concessi. *D. Heinrichs IV.*, no. 178 (a. 1066). **4.** aliquem alicui rei: *préposer — to put at the head of.* Imperatori . . . bene competere ut pastores aecclesiae donet. Placid. Nonant., c. 154, *Libelli de lite*, II p. 635.

**donarium**: **1.** **offrande, oblation — offering.* **2.** *donation à une église — bestowal.* Concil. Lugdun. a. 567, *Conc.*, I p. 140. **3.** *cadeau obligatoire — compulsory gift.* Nullus publicus exactor census aut donaria aut mansionatica vel aliqua publica servitia ab eis exigat. *D. Karls III.*, no. 47 (a. 882). *D. Ottos II.*, no. 253 (a. 981). *D. Heinrichs III.*, no. 12 (a. 1039).

**donata**: *bâtarde — female bastard.* S. xiv.

**donatio**: **1.** *charte de donation — deed purporting a bestowal.* Area[m] per inspecta[m] donacione[m] fuisse condonatum. *D. Merov.*, no. 10 (a. 625). Adseruit quod ipsas donacionis [i.e. ipsae donationes] quem [i.e. quas] abba proferebat, veracis [i.e. veraces] aderant et eas recognovit. Ib., no. 73 (a. 697). Noverit sibi . . . interdictum [esse] duas de eadem re facere donationes. Capit. Ital. a. 801, c. 1, I p. 205. Plures donationes in sacro nostro scrinio Lateranensae reconditas habemus. Cod. Carolin., no. 60, *Epp.*, III p. 587. **2.** *investiture — investiture.* Oilboldus ad praelationem Floriacensium fratrum ipsorum electione et regia principis Lotharii ascendit donatione. Aimoin., Mir. Benedicti, lib. 2 c. 18, ed. De Certain, p. 121. Dignaretur rex, ut est ejus [suppl.: facultas?] donationis agendae, pro tribunali sedere et . . . episcopum . . . constituere. Cantat. s. Huberti, c. 28, ed. Hanquet, p. 87. **3.** *symbole d'investiture — investiture symbol.* Coram omnibus astantibus guirpivit atque donationem super altare imposuit. Bertrand, *Cart d'Angers*, I no. 236, p. 282 (post a. 1025). **4.** *droit de collation d'un bénéfice — right of collation of a benefice.* Res quas ego dono . . ., id est manusfirmam quae B. dicitur . . . cum donatione ecclesiae parrochialis. Prou-Vidier, *Ch. de S.-Benoît-s.-Loire*, I no. 80, p. 210 (a. 1071). Ecclesie illius . . . donatio ad solum spectet abbatem. Lacomblet, *UB. Niederrh.*, I no. 253, p. 163 (<a. 1096>, spur. ca. a. 1140). [Prepositus] conferet ecclesias omnes, exceptis quibusdam ecclesiis ad donationem capituli ex antiquo

spectantibus. VAN DEN BERGH, *OB. Holland*, I no. 185, p. 114 (a. 1200). Dux ad cujus donationem ipsa ecclesia pertinebat. PONCELET, *Actes Hug. de Pierrepont*, no. 109 (a. 1213). [Ekmundensis abbatiae] donacio ab antecessoribus nostris legittime ad nos perlata est. OPPERMANN, *Fontes Egmundenses*, p. 225 no. 7 (ch. < a. 1108 >, spur. s. xiii in.).

**donativus** (adj.): *qui concerne une donation — purporting a donation.* Ut hec donativi auctoritas precepti nostri firmior . . . credatur. *D. Ottos I.*, no. 417 (a. 972). Subst. mascul. **donativus**: *un individu qui s'est mis dans la garde d'une église par un acte d'autotradition — a person who has put himself under the protective power of a church by autotradition.* Trad. Ebersberg., no. 68, OEFELE, *Rer. Boic. scr.*, II p. 27. Iterum no. 88, 111 sq., p. 29 sq. Subst. neutr. **donativum**: **1.** **don de grâce — gracious gift.* **2.** gener.: *don — gift.* **3.** *l'objet d'un don — thing given.* Quoddam ditionis nostrae donativum in loco M. dicto . . . ad monasterium s. Galli . . . contradimus. *D. Konrads I.*, no. 2 (a. 912). **4.** *charte de donation — deed purporting a bestowal. D. Karls III.*, no. 46 (a. 881). *D. Berengario I.*, no. 69 (a. 909). **5.** *l'ensemble des redevances qui pèsent sur une tenure — the aggregate dues with which a holding is burdened.* Tradidi duos bonarios de hereditate mea in B. . . . cum omni donativo suo. GYSSELING-KOCH, *Dipl. Belg.*, no. 146 (a. 1044, Harelbeke).

**1. donatus** (subst. decl. i): **1.** *bâtard — bastard.* S. xiv. **2.** *oblat — oblate.* S. xii. **3.** *frère convers — lay brother.* S. xiv.

**2. donatus** (decl. iv): *droit de collation d'un bénéfice — right of collation of a benefice.* S. xiii.

**dongio,** donjo, donjonus, v. dominionus.

**donitum**: *don — gift.* [Praedia] per nostrum donitum de eremo per nostram datam licentiam retraxerunt. *D. Karolin.*, I no. 217 (a. 812). DE MARCA, *Marca Hisp.*, app., col. 781 (ch. a. 845).

**donum**: **1.** *charte de donation — deed purporting a bestowal.* Quicumque contra hunc [!] nostrum preceptalem donum insurgere quesierit. *D. Ugo*, no. 37, p. 112 (a. 935). **2.** *cadeau obligatoire à présenter au roi — compulsory gift to the king.* [Saxones] polliciti sunt . . . honores sive dona in suo [sc. regis Francorum] placito presentandos, id est per annos singulos equos 300. Ann. Mett. prior., a. 758, ed. SIMSON, p. 50. Omnes . . . cum eorum hominibus et carra sive dona . . . ad condictum placitum veniant. Memor. de exercitu praepar. a. 807, c. 3, *Capit.*, I p. 135. Quicunque in dona regia caballos praesentaverit. Capit. omnib. cogn. fac. (a. 801-814), c. 5, p. 144. Ad dona regalia, que ad palacium dirigimus, pene quicquid ex obtimis equis abuimus distribuere conpulsi sumus. Frotharii epist. (post a. 818), *Epp.*, V p. 278. Ut annuatim dona nostrae serenitati veniant sicut de ceteris monasteriis, id est caballi duo cum scutis et lanceis. *D. Ludwigs d. Deutsch.*, no 70 (a. 854). Imperator Compendio annua suscipiens dona. ASTRON., V. Ludov., c. 41, *SS.*, II p. 630 l. 38. De annuis donis, quae adhuc penes me habeo, quid mihi agendum sit . . . remandate. LUPUS, epist. 45, ed. LEVILLAIN, I p. 192. Debita dona, quae per vos rex jussit, direxi. Id., epist. 47, p. 196. [De rebus monasterii abbas] nostrum servitium strenue peragat, adjunctis vasallorum annuis donis. *D. Charles le Chauve*, no. 177 (a. 855), p. 468. [In annuo placito] generalitas universorum majorum . . . conveniebat . . . propter dona generaliter danda. HINCMAR., Ordo pal., c. 29, *Capit.*, II p. 527. Causa suae defensionis regi ac reipublicae vectigalia, quae nobiscum annua dona vocantur, praestat ecclesia. Id., ed. SIRMOND, II p. 325. Quos [rex] pro specialibus causis considerandis vel pro dona liberanda secum aliquantis diebus manere praecepit. Capit. Caris. lecta a. 877, II p. 363. **3.** *investiture, transfert de propriété — seisin.* Impetravi a confratribus nostris . . . dari michi allodium . . . et accepi inde donum in capitulo in presentia fratrum de manu prepositi in legitimam hereditatem. BORMANS-SCHOOLMEESTERS, *Cart. de Liège*, I no. 27 (a. 1085). 20 mensuras terre 20 marcis ecclesie s. Petri Gandensi et H. preposito legitime vendidit et legitimum donum dedit. FAYEN, *Lib. trad. s. Petri Bland.*, p. 197 (a. 1174). **4.** *symbole d'investiture — investiture symbol.* Ligneum donum ipsius terre sumpsit desuper altari. MÉTAIS, *Cart. de Vendôme*, I no. 135, p. 239 (a. 1060). [Res quasdam] donaverunt ac donum super [s. Albini] altare posuerunt. BERTRAND, *Cart. d'Angers*, I no. 237, p. 283 (a. 1082-1107). Item no. 267, p. 309 (a. 1060-1106). Donum harum rerum super altare s. Marie sanctique Petri apostoli posuerunt. ODO SANMAUR., V. Burcardi, c. 6, ed. BOUREL, p. 18. **5.** *investiture féodale, inféodation — feudal investiture, enfeoffment.* [Tres mansos] in beneficii jure ex nostro tenebat dono. *D. Charles le Simple*, no. 109 (a. 921). Quicquid dono ab ipsis possederant. PROU-VIDIER, *Ch. de S.-Benoît-s.-Loire*, I no. 51 (a. 956). Nec distulit earum [provinciarum] administrationem eis credere. Commisit itaque ac suo dono illos principari constituit. RICHER., Hist., lib. 2 c. 39, ed. LATOUCHE, I p. 190. Terram quam comes O. ex nobis tenet beneficiali dono. D. Roberti II reg. Fr. a. 1005, *Hist. de Fr.*, X p. 585. Cum investitor donum investiturae recognoscit. Libri feudor., vulg., lib. 2 tit. 27 § 8, LEHMANN, p. 156. Beneficium quod ex dono episcopi tenebat. ANSELM., G. episc. Leod., c. 26, *SS.*, VII p. 204 l. 14. Sibi hoc in dono [feodi cujusdam] satisfecerit. G. Lietberti Camerac., c. 5, ib., p. 492. Validissima castra B. et V. ducis dono tenebat. GUILL. PICTAV., lib. 1 c. 7, ed. FOREVILLE, p. 16. Eidem ministerium ad custodiendum tantummodo commendavit et nullum donum ei aliquatenus inde fecit. WARNKOENIG, *Flandr. St.- u. Rg.*, II CD. p. 100 (a. 1107). Villicus donum villicationis seorsum acciperet et donum feodi seorsum. G. abb. Trudon., lib. 9 c. 5, *SS.*, X p. 281. **6.** *investiture se rapportant à la dignité d'évêque ou d'abbé — investiture as a bishop or an abbot.* Convenimus una cum consensu et voluntate fratrum nostrorum vel ille [i.e. illius] cella [i.e. cellae] sancti illius ex nostro dono rectorum [i.e. rectoris] ut . . . *Form.*, p. 724 no. 20. Richarium . . . dono et consensu Caroli regis expetitum [in episcopum]. FOLCUIN., G. abb. Lobiens., c. 19, *SS.*, IV p. 63 l. 7. [In episcopium] substitutus



est Franco eligente clero, suffragante populo, dono regis, approbatione Romani pontificis, per manum metropolitani. Fulberti Carnot. epist., *Hist. de Fr.*, X p. 460. Successores praedicti abbatis a nobis vel a successoribus nostris donum predicte abbatie absque ullo lucro et precio accipiant. BERNARD-BRUEL, *Ch. de Cluny*, II no. 3410 (a. 1066). Nemini concedendum donum episcopii nisi quem ille presentaret ei. Cantat. s. Huberti, c. 28, ed. HANQUET, p. 86. Recepto dono a rege transmisso de regimine monasterii. HUGO FARF., Destr., ed. BALZANI, *Il Chron. Farf. di Greg. di Cat.*, I p. 38. Promissis [imperatori] magnis muneribus donum episcopii Azelino expostulant. G. pontif. Camerac., lib. 1 c. 122, *SS.*, VII p. 454. Imperator . . . G. suo capellano . . . apud A. villam . . . donum largitus est episcopii. Ib., lib. 3 c. 1, p. 465. Rursum c. 14, p. 470. Odo . . . ad episcopatum . . . eligitur et consecratur. Sed quia donum ab imperatore propter excommunicationem quaerere nolebat . . . Chron. s. Andreae Castri Camerac., lib. 3 c. 22, ib., p. 545. Teutoni donum abbatie isdem rex dedit eumque abbatem ordinare precepit. ODO SANMAUR., c. 5, p. 13. Adhuc imperator hoc in toto regno suo jure antiquo possidebat, ut absque dono ejus nullus ejus constitueretur episcopus. G. abb. Trudon., lib. 5 c. 7, p. 254. Adhuc enim non electione, sed dono regis episcopus fiebat. RUPERT., Chron. s. Laurentii, c. 15, *SS.*, VIII p. 267. Quaerentes sibi ex dono et sententia caesaris episcopum. LAURENT. LEOD., G. episc. Virdun., c. 7, *SS.*, X p. 495. Regis dono laudabiliter sublimatur. Chron. Merseb., c. 14, ib., p. 188. Quae ad donum regiae dignitatis spectant [sc. regalia ecclesiae] de manu nostra suscipiens. *Const.*, I no. 123 (a. 1146). **7.** donum altaris, ecclesiae: *droit de collation d'une église — right of collation of a church.* Presbiterum vicarium qui curam animarum gereret [episcopus] subrogari precepit; quo defuncto vel mutato, sine renovatione doni altaris, quod semel monachis concessit, alter succedat. CHEVRIER-CHAUME, *Ch. de Dijon*, II no. 204 (a. 992? cop. s. xi ex.). Confirmamus eidem monasterio dona altarium harum ecclesiarum. Alex. II pap. priv. a. 1069, BEYER, *UB. Mittelrh.*, I no. 368, p. 426. Procurationem et donum altaris ad novam capellam . . . ad principale s. Liudgeri altare . . . destinandum esse. LACOMBLET, *UB. Niederrh.*, I no. 262, p. 170 (a. 1103). Decaniam . . . super omnes parochianas ecclesias . . . cum omni subjectione . . . preter altarium dona. Ib., no. 209, p. 136 (<a. 1067>, spur. s. xii). Ecclesiam de F. contradimus . . ., preterea donum parrochie et capaticum familie. ROUSSEAU, *Actes de Namur*, no. 2 (a. 1121). Cum canonici . . . in dono ecclesie sextam partem . . . sibi vindicarent. BERTRAND, *Cart. d'Angers*, I no. 196, p. 226 (a. 1146). Doni medietatem ecclesie de C. PONCELET, *Actes Hug. de Pierrepont*, no. 34 (a. 1204). **8.** *charge dont on a la collation — office subject to a right of collation.* Celerariam ac omnia alia dona laicalia, que de manu celerarii descendebant, ipsi canonici in suos usus converterent. PONCELET, o.c., no. 179 (a. 1219). **9.** *cadeau offert par celui qui reçoit un bénéfice ecclésiastique — fee given by one who gets an ecclesiastical benefice.* Episcopus de dono prebendarum, quando contigerit, tertiam [partem] semper habeat, reliquas vero duas canonicis dare permittat. GYSSELING-KOCH, *Dipl. Belg.*, no. 155 bis (a. 1046, Cambrai).

**doretus**: une *mesure de capacité — a dry measure.* DC.-F., III p. 182 col. 3 (ch. a. 1193, Paris).

**dormire**: **1.** **aller dormir — to fall asleep.* **2.** **mourir — to die.*

**dormitio**: **décès — decease.* ASTRON., V. Hludow., c. 26, *SS.*, II p. 620 l. 31.

**dormitorius** (adj.): *à coucher — sleeping.* Caminata dormitoria. MONACH. SANGALL., lib. 1 c. 5, *SS.*, II p. 733. *D. Berengario I.*, no. 73, p. 197 (a. 910). *D. Heinrichs II.*, no. 461 (a. 1021). Subst. neutr. **dormitorium**: *dortoir — dormitory.* Benedicti regula, c. 22. IONAS, V. Columbani, lib. 2 c. 19, ed. KRUSCH, p. 272.

**dorsalis,** dorsilis (adj.): **1.** **dorsal — dorsal.* **2.** *qui sert à s'y adosser — used for leaning back against.* Parat tapetiis et pallio dorsili caminatam. EKKEH., Cas. s. Galli, c. 1, *SS.*, II p. 86 l. 34. Subst. neutr. et mascul. **dorsale,** doss-, dox-, -alis: *tapisserie murale* suspendue derrière les chaises — *dossal, hangings* at the back of seats. Polypt. Irminonis, br. 12 c. 50, ed. GUÉRARD, p. 130 col. 1. Pallium ex auro contextum quod vulgo dicimus dossalem. *Gall. chr.* $^{2}$, XVI instr. no. 18 col. 14 (a. 920, Vienne). Chron. Cavense, MURATORI, *Scr.*, VII col. 951. Pallium ingens optimum, quod vulgo dorsale dicitur. G. pontif. Autissiod., c. 49 (s. xi), ed. DURU, p. 392. Ecbasis, v. 575, ed. VOIGT, p. 104. PETR. DAMIANI, opusc. 31, MIGNE, t. 145 col. 537 D. LEO OST., Chron. Casin., lib. 3 c. 18, *SS.*, VII p. 711 l. 22. MARIAN. SCOT., Chron., a. 1064, *SS.*, V p. 559. UDALR., Cons. Clun., lib. 1 c. 11, MIGNE, t. 149 col. 656 A. HARIULF., Chron., lib. 4 c. 4, ed. LOT, p. 186.

**dorsarium,** -erium: **1.** idem quod dorsale. Ecclesiam . . . preciosissimis ad chorum parandum dorsariis sive scannalibus . . . adornare. Actus pontif. Cenom., c. 35 (s. xii med.), ed. BUSSON-LEDRU, p. 419. **2.** *siège de cocher — cart-saddle.* S. xiii.

**dorsiloquium**: *médisance — backbiting.* EKKEH., Cas. s. Galli, c. 3, *SS.*, II p. 95 l. 11. EKKEH. MINIM., V. Notkeri, c. 19, *AASS.*, Apr. I p. 585 C.

**dos**: **1.** *don nuptial* du nouveau marié à l'épouse (allem. *Morgengabe*), *douaire* — a bridegroom's *wedding-gift* to his bride, *dowry.* Fatuor [i.e. fateor] me hanc libellum dote scribere . . . ad dulcissema sponsa mea. F. Andecav., no. 34, *Form.*, p. 16. Etiam MARCULF., lib. 2 c. 15, p. 85. F. Augiens., coll. B, c. 25, p. 358. Dut [i.e. dotem] qui pater meus matre mea [i.e. matri meae] donavit et ego donavi uxore mea [i.e. uxori meae]. WARTMANN, *UB. S.-Gallen*, I p. 26 no. 22 (a. 758). Quantumcumque ego per libellum dotis de ipsa villa conjugis [leg. conjugi] mee . . . ei condonavi vel affirmavi. D'HERBOMEZ, *Cart. de Gorze*, p. 35 no. 14 (a. 771). Regio eam [sc. sponsam regis] more propriis rebus disponentes ditare, duos ei dotis nomine concedimus fiscos jugiter possidendos et pro libitu disponendos, *D. Charles le Simple*, no. 56 (a. 907). Alodium uxori mee in dote dedi. HASKINS, *Norman Inst.*, p. 290 no. 6 (a. 1088). [Uxores reorum] remaneant legales cum maritagiis suis et dotibus. Leg. Edw. Conf., tit. 19 § 1,

LIEBERMANN, p. 644 col. 1. Si mortuo marito uxor ejus remanserit et sine liberis fuerit, dotem suam et maritationem habebit. Henr. I reg. Angl. ch. a. 1100, c. 3, ib., p. 521. Dos est id quod liber homo dat sponsae suae ad ostium ecclesiae propter nuptias futuras. BRACTON, lib. 2 c. 39 § 1. Theodericus ... ducens Adelleidem uxorem suam ... predium suum ... in dotem et jus hereditarium predicte Adelleidi delegavit et contradidit. HOENIGER, *Koelner Schreinsurk.*, p. 71 c. 2 (a. 1150-1165). **2.** *don fait à un monastère par les parents d'un oblat — gift to a monastery by an oblate's parents.* Ihesu Christu domino nostro filium meum obtuli sancteque sue ecclesie Gemmeticensi, ut monachus sit s. Petri ... Dedi etiam s. Petro Gemmeticensi ... centum jugera ... in dotem filii mei. VERNIER, *Ch. de Jumièges*, I p. 67 no. 21 (ca. a. 1040). **3.** **équipement matériel d'une église*, en part. les bien-fonds affectés à l'entretien d'une église, la *dotation — outfit of a church*, esp. landed property destined for the needs of a church, *endowment*. De dote s. Petri in fundo M. FATTESCHI, *Memor. di Spoleto*, p. 260 (ca. a. 740). Dono atque transfundo ad dutum [i.e. dotem] supradicte ecclesie. BITTERAUF, *Trad. Freising*, I no. 7, p. 33 (a. 754). De oratorio ... constructo et tradito ipso altare cum dote sua. Ib., no. 88, p. 108 (a. 778). [Ecclesiae] in ruinis neglectae rejacent et dotes, quae ex tempore consecrationis ibidem datae fuerunt, ablatae sunt. Concil. Roman. a. 826, c. 6, *Conc.*, II p. 556. Easdem ecclesias minime fuisse dotatas, sed, sicut primum constructae fuerunt, sic sine dote remansisse. F. imper., no. 41, *Form.*, p. 319. Constat in dotum[!] ad easdem basilicas conlatum atque condonatum esse. *D. Ludwigs d. Deutsch.*, no. 42 (a. 845). Sequestravi ad s. Maximinum Treverensem ecclesiam s. Michaelis ad dotem ecclesie. WAMPACH, *UB. Luxemb.*, I no. 89, p. 90 (a. 853). Harardi Turon. capit. a. 858, c. 40, *Gall. chr.* ², XIV instr. p. 39. [Episcopus] dotem basilicae et obsequium ipsius per donationem chartulae confirmatum accipiat. Concil. Wormat. a. 868, c. 3, MANSI, t. 15, col. 869. Ecclesiae cum dotibus et omnibus ad eas pertinentibus. *D. Karls III.*, no. 12 (a. 879). WARTMANN, *UB. S.-Gallen*, II no. 691 (a. 894). Sub testamento dotis [ecclesiam] constructam donavimus. BERNARD-BRUEL, *Ch. de Cluny*, I no. 225 (ca. a. 920). Curtem ... ad quam respicit ecclesia una cum dote. MULLER-BOUMAN, *OB. Utrecht*, I no. 105, p. 110 (a. 943). *D. Ottos II.*, no. 24 (a. 972). Cenobium illud ejusque dotes seu quascumque facultates. *D. Heinrichs II.*, no. 261 (a. 1013). Quandam curtem ... ad monasterium ... in veram et legitimam traderet dotem Deo et sanctimonialibus ... servienda[m]. *D. Kunigunde*, no. 1, III p. 693 (ante a. 1025?). Clerici et ecclesiae et cimiteria et dotes aecclesiarum pacem habeant. Pax Alamann. (a. 1104?), *Const.*, I no. 430, p. 614. Terram ex dote altaris. *Mus. arch. dép.*, p. 44 (ch. s. xi, Normandie). **4.** *charte de dotation — deed concerning endowment of a church.* Quomodo G. episcopus concessit ad domum s. Salvatoris ... sicut in ipso dote resonat. *D. Louis IV*, no. 8 (a. 938, Catalogne).

**dossinus,** dosinus (<dorsum): **gris comme le dos d'un âne — grey like a donkey's back.*

**dotalicius** (adj.): *relatif à un don nuptial — concerning a wedding-gift.* Praedium suae conjugi E. ab antecedente marito ... dotalicio jure traditum. *D. Ottos II.*, no. 252 (a. 981). Subst. neutr. **dotalicium**: **1.** *dot — dot.* Raptores virginum et viduarum, qui etiam postea voluntate parentum eas quasi desponsantes sub dotalicii nomine in conjugium duxerunt. Concil. Meld. a. 845/846, c. 64, *Capit.*, II p. 413. **2.** *don nuptial* du nouveau marié à l'épouse, *douaire — a bridegroom's wedding-gift* to his bride, *dowry*. Villam Corbiniacum, quam eadem regina jure dotalicii acceperat atque libera hereditate possidebat. *D. Lothaire*, no. 3 (a. 955). Quando desponsavi M. uxorem meam, dedi ei et concessi in dotalicium suum sive in donationem propter nuptias omnes acquisitiones ... DC.-F., III p. 188 col. 2 (ch. a. 1197, Anjou). **3.** *charte relative à un don nuptial — deed purporting a wedding-gift.* Cedo tibi atque dono per hoc dotalicium aliquid ex rebus meis. BERNARD-BRUEL, *Ch. de Cluny*, I no. 7 (a. 833?). **4.** *dotation d'une église — endowment of a church.* Cappellas villarum et dotalicia in antiquum statum reformamus. D'HERBOMEZ, *Cart. de Gorze*, p. 109 no. 60 (a. 863). Quoddam liceret construere oratorium ... et ex suo ad illud dotalitium dare. Ib., p. 141 no. 77 (a. 886). Ecclesia ... cum dodolitio[!] suo. Descr. Lobiens. a. 868, ed. WARICHEZ, *BCRH.*, t. 78 (1909), p. 263. Ecclesia ville cum bono [adj.] dotalitio, scilicet terra et silva. WAMPACH, *UB. Luxemb.*, I no. 167, p. 215 (a. 958/959). Aecclesia ... cum integro dotalitio, uno scilicet manso. *D. Ottos I.*, no. 313 (a. 966). Ecclesia ... s. Agathe cum pertinentia sua et dotalicio. FICKER, *Forsch.*, IV no. 33 p. 47 (a. 982, Rieti). Cum ecclesiis ... cum ipsarum dotaliciis. *D. Lothaire*, no. 51 (a. 984). Integrum mansum, quod antea dotalicium altaris fuit s. Therencii. *D. Heinrichs II.*, no. 104 (a. 1005). Cum capellis et dotalitiis ... ad easdem ecclesias pertinentibus. *D. Konrads II.*, no. 116 (a. 1028). Ecclesia ... ad quam pertinet dotalitium non modice quantitatis. *D. Heinrichs IV.*, no. 46 (a. 1059). **5.** *charte relative à la dotation d'une église — deed of endowment of a church.* Hujus dotalitii isti sunt testes. HAUTHALER-MARTIN, *Salzb. UB.*, II no. 65, p. 120 (a. 1002-1018). Facto hoc dotalicio ab incarnatione Domini ... GUÉRARD, *Cart. de Marseille*, I no. 112, p. 141 (a. 1056). Ibi pluries.

**dotalis** (adj.): **1.** *relatif à un don nuptial — concerning a wedding-gift.* Hi qui uxores ducere voluerint ..., prius eas dotali titulo debent conligare. Bened. Levita, lib. 3 c. 389, *LL.* II p. 126 col. 2. **2.** *relatif à la dotation d'une église — concerning the endowment of a church.* Dotales donationes ipse matri ecclesie ... permaneant. ESCHER-SCHWEIZER, *UB. Zürich*, I no. 37, p. 9 (a. 820?). Facta dotali terminatione, ut moris est, coenobium ... legitime ... possessum publice cognovit. *D. Heinrichs II.*, no. 255 (a. 1013). **3.** *qui fait partie de la dotation d'une église — forming part of a church endowment.* Sex mansos eidem ecclesie dotales. BEYER, *UB. Mittelrh.*, I no. 245, p. 301 (a. 975). His ecclesiis cum dotalibus mansis et servitio suo. *D. Heinrichs II.*, no. 58 a



(a. 1003). Aecclesiam cum dotali manso. Ib., no. 211 (a. 1010). Mancipia dotalia I. et G. cum suis filiis. BEYER, o.c., no. 336, p. 391 (a. 1052). Ecclesiam ... cum clero et rebus et omni dotali possessione. *D. Heinrichs III*, no. 358 (a. 1055). Ad hanc ecclesiam dotalibus bonis, sicut mos est, investiendam. HAUTHALER, *Salzb. UB.*, I p. 772 col. 2 (a. 1072). Mansi et agri dotales nullas debent decimas. DUVIVIER, *Actes*, I p. 141 (a. 1145-1164, Corbie). Ne ullus comes ... canonicis in domibus et areis claustralibus et sacerdotibus in domibus et areis dotalibus ... injurias irrogare presumat. D. Frid. I imp. a. 1176, *Const.*, I no. 252. Subst. neutr. **dotale,** dotalium: **1.** *dotation d'une église — endowment of a church.* Dotalii seo monusculi nostre [i.e. nostri] cartulam. SCHIAPARELLI, *CD. Longob.*, no. 24 p. 95 (a. 720?, Lucca). **2.** *charte relative à une dotation — deed purporting an endowment.* Villae quae per dotalia in ipsum sanctum locum concessae sunt. *D. Karls III.*, no. 81 (a. 883). **2.** plural. dotalia: *les biens qui constituent la dotation d'une église — the property forming the endowment of a church.* [Quaedam praedia] illuc [i.e. ad capellam noviter constructam] pro dotalibus tradidi. WAMPACH, *UB. Luxemb.*, I no. 129, p. 140 (a. 896). Edificavit ibi templum ... quod in tantum adauxit dotalibus ecclesie ... COSMAS, lib. 1 c. 37, ed. BRETHOLZ, p. 66.

**dotaliter**: *à titre de dotation — by way of endowment.* Quandam cortem ... quae eidem monasterio antea dotaliter pertinuit. *D. Heinrichs II.*, no. 193 (a. 1009).

**dotamen**: *l'action de doter une église — providing a church with an endowment.* Predicte ecclesie, Christi scilicet sponse, dono atque concedo sponsalitii dotamine ... MORIS-BLANC, *Cart. de Lérins*, I p. 225 no. 222 (a. 990).

**dotare, 1.** sponsam: *munir d'un douaire — to provide with a dowry.* Cum quibus [rebus] dotavimus Herisindam ad suum tempus [i.e. ad ejus vitam]. WARTMANN, *UB. S.-Gallen*, I p. 82 no. 86 (a. 779). Praecipiunt leges humanae sponso sponsam suam ex propriis dotare. QUANTIN, *Cart. de l'Yonne*, I p. 163 no. 85 (a. 1023, Sens). **2.** ecclesiam: *munir d'une dotation — to provide with an endowment.* Se putet inde Dei dotare manentia templa. FORTUN., Carm., lib. 8 c. 1, *Auct. ant.*, IV pt. 1 p. 180. Undecumque ipsum monasterium dotatum esse videtur. GYSSELING-KOCH, *Dipl. Belg.*, no. 5 (a. 685, S.-Bertin). Fundavi atque dotavi ipsum monasterium de rebus et terris. Concil. Compend. a. 757, *Conc.*, II p. 60. Ipsi docaverunt ipsam ecclesiam proprio hereditate illorum. BITTERAUF, *Trad. Freising*, I no. 285, p. 250 (a. 808-811). Easdem ecclesias minime eo tempore fuisse dotatas, sed ... sine dote remansisse. F. imper., no. 40, *Form.*, p. 318. Dotavimus eam [ecclesiam] dantes ibi duo mansa. *D. Ludwigs d. Deutsch.*, no. 133 (a. 870). [Monasterium] possessionum suarum omni tercia parte dotatum. *D. Heinrichs II.*, no. 44 (a. 1003).

**dotarium,** doda-, doa-, dua-, dowa-, duwa-, doe-, due-, -ria (femin.) (<dos): **1.** *douaire — dowry.* Ego Adela ... trado s. Trinitati de dotario meo ... terram. MÉTAIS, *Cart. de Vendôme*, no. 23 (ante a. 1040), I p. 45. Quando vir meus V. duxit me in uxorem, donavit mihi illas [vineas] in dotarium. BERTRAND, *Cart. d'Angers*, I no. 364, p. 422 (ca. a. 1090). Damus et in dotarium concedimus praefatae reginae nostrae [Siciliae] comitatum Montis s. Angeli. MARTÈNE, *Coll.*, I col. 903 (a. 1177). **2.** *dotation d'une église — church endowment.* [Altaria] cum eorum appenditiis, decimis, doariis et oblationibus. DC.-F., III p. 187 col. 1 sq. (a. 1178-1191, Cambrai).

**dotarius** (subst. mascul.) (<dos): *serf qui fait partie de la dotation d'une église — a serf belonging to the endowment of a church.* DOLLINGER, *Cl. rur. Bav.*, p. 378 (s. xiii ex.).

**douana,** v. doana.

**dova,** douva, v. doga.

**doxa** (gr.): *honneur, gloire — honour, glory.* GAUFRED. ALTAECUMB., V. Petri Tarentas. (paulo post a. 1175), c. 15, *AASS*³., Maji II p. 326 A.

**dozellus,** doucellus: une *mesure de capacité — a dry measure. Actes Phil.-Aug.*, no. 529 (a. 1196), c. 1, II p. 69.

**dozena,** dozina: *douzaine — dozen.* S. xiii.

**dozenus,** dozinus: **1.** une *mesure de capacité — a dry measure.* ROUSSEAU, *Actes de Namur*, no. 9 (a. 1154). **2.** une *monnaie — a coin.* S. xiv, Dauphiné.

**draca,** v. dacra.

**dracena**: *gouvernail — rudder.* S. xiii, Angl.

**draconarius** (subst.): **porte-étendard—standard-bearer.*

**dragetum**: *méteil — dredge, mixed corn.* S. xiii, Angl.

**1. dragma** (gr.): **1.** un *poids — a weight.* **2.** une *monnaie — a coin.*

**2. dragma** (neutr., genet. -atis) = drama.

**drapale** (<drapus): *tapisserie — tapestry.* Aurum, argentum, drapalia, aeramen, peculium. Cart. Senon., no. 29, *Form.*, p. 198. Rauba sua, aurum et argentum et drapalia. F. Sal. Bignon., no. 9, ib., p. 231. Drappalia diversae faciei vel speciei. GYSSELING-KOCH, *Dipl. Belg.*, no. 21 (a. 800, S.-Bertin).

**drapare** (<drapus): *faire du drap — to make cloth.* S. xiii.

**draparia,** draperia (<drapus): **1.** *stock de draps — store of cloth.* S. xiii. **2.** *métier de la draperie — drapery.* S. xiii. **3.** *halle aux draps — cloth hall.* S. xiii.

**draparius,** draperius (subst. mascul.) (<drapus): *drapier — clothier.* FLACH, *Orig.*, I p. 245 n. 3 (a. 1098, Tours). BERTRAND, *Cart. d'Angers*, I no. 265, p. 306 (a. 1060-1081).

**draparolus**: *drapier — clothier.*

**drapellus,** drappellus (<drapus): *petit drap — small piece of cloth.* S. xiv.

**drapus,** drappus (celt.): **1.** *tapis, tapisserie — carpet, tapestry.* Aurum et argentum, fabricaturas, drappus, vestimenta. MARCULF., lib. 1 no. 12, *Form.*, p. 50. Aliquid de rebus meis movilibus, drappos et fabricaturas. Ib., lib. 2 no. 10, p. 82. Drappos ad discum. Capit. de villis, c. 42. Drappos ad discum unum parandum. Brev. ex., c. 25, *Capit.*, I p. 254 l. 10. Ipso meo banchale novo ... Et ipso choto vermilio ... et alium banchale vetulus ... et ipsa mea chortina ... et alios drapos meos, que superius non sunt nominati. ALART, *Cart. Roussillonnais*, no. 12, p. 26 (a. 967). **2.** *vêtement — clothing.* Da mihi de drapo s. Caesarii. V. Caesarii, lib. 2 c. 42, *Scr. rer. Merov.*, III p. 498. Si quis altero [i.e. alterum]

per mano aut per drappo iratus priserit. Pactus Alamann., fragm. 3 c. 5. Cum drappis depannatis. Capit. Pist. a. 862, c. 1, II p. 305. **3.** *tissu, pièce d'étoffe pour la confection de vêtements — material for clothing.* Sex denarios valentes aut in cera aut in drappiis. BEYER, *UB. Mittelrh.*, I no. 23 p. 27 (a. 771, Prüm). Drappos ad kamisias. GYSSELING-KOCH, *Dipl. Belg.*, no. 21 (a. 800, S.-Bertin). Drapis tam lineis quam laneis vel siricis. BERNARD-BRUEL, *Ch. de Cluny*, I no. 88 (a. 905, Lyon).

**drasca,** -us (celt.): *drèche — dregs, draff.*

**drectum,** drictum, v. directum.

**drectura,** dreitura, drettura, dretura, drictura, drittura, droitura, v. directura.

**dressorium:** *dressoir — cupboard.* S. xiv.

**dromeda** = dromas.

**dromo,** drumo (genet. -onis) (gr.): *navire rapide — fast vessel, dromond.* Cod. Justin., 1, 27, 2, 2. ISID., Etym., lib. 19 c. 1 § 14. GREGOR. M., lib. 10 epist. 16, *Epp.*, II p. 251. Iterum lib. 13 epist. 36, p. 400. V. Caesarii, lib. 1 c. 30, *Scr. rer. Merov.*, III p. 468.

**drossatus,** drossardus (germ., cf. teuton. *truchsess*, belg. *drost*): *sénéchal — steward.* S. xiv.

**drudaria,** drudairia (<drudis): *une redevance due à l'épouse du seigneur haut-justicier — a payment due to the wife of a lord possessing high jurisdiction.* [Donatio] per drudairiam ad fevum. *Hist. de Languedoc* ³, V pr. col. 536 sq. (a. 1066). Uxor domini Montispessulani habet drudariam in placitis. DC.-F., III p. 197 col. 1 (ch. a. 1103).

**drudis,** drudus, drusius (germ.): *conseiller, homme de confiance — intimate counsellor.* Sine solatio et comitatu drudorum atque vassorum. Epist. Caris. a. 858, c. 4, *Capit.*, II p. 429. Drudes suos [imperator] donis congruis sibi complacare satagebat. GERHARD., V. Oudalrici August., lib. 1 c. 28, *SS.*, IV p. 418. Bertoldus comes inperatoris drusius. Annalista Saxo, a. 1089, *SS.*, VI p. 726 l. 47. Testes ... H. drudus Odonis [comitis Blesensis]. MABILLON, *Ann.*, IV p. 396 (ch. ca. a. 1034).

**drungus** (germ., cf. angl. *throng*): *troupe de guerriers — body of warriors.*

**dualitas:** **caractère double — dual nature.*

**duana,** v. doana.

**duarium,** v. dotarium.

**dubbare** (anglosax.): *fouler* le cuir — *to beat* leather. S. xiii, Angl.

**dubietas: 1.** **doute, incertitude — doubt, ambiguity.* **2.** **hésitation — hesitation.*

**dubitare:** *redouter, craindre — to fear.* S. xiv.

**dubium:** *crainte, péril — fear, danger.* S. xiv.

**dubla,** dublarius, v. dupl-.

**ducale,** dugale (<ducere): **1.** **longe, rêne — rope, rein.* **2.** *canal — canal.* Aquis aquarumque discursibus, bundini[s] atque ducalis, piscationibus, molendinis. *CD. Langob.*, no. 403 col. 680 D (a. 903, Cremona).

**ducalis** (<dux): *ducal — of a duke.* Agilolfingos qui sunt de genere ducali. Lex Baiwar., tit. 3 c. 1. Ad curtem ducalem. TROYA, *CD. Longob.*, I no. 747 (a. 760, Brescia). Qui ducali manu libere dimissi sunt. Concil. Neuching. a. 772, c. 8, *Conc.*, II p. 101. Preceptiones tam regales quam et ducales. *D. Karolin.*, I no. 111 (a. 776). In curte ducali nostra Tarvisana. Ib., no. 134 (a. 781). Bosone ... duce ... constituto et corona ducali ornato. HINCMAR., Ann. Bertin., a. 876, ed. WAITZ, p. 128.

**ducamen** (<dux): **1.** *dignité ducale — dignity of a duke.* Anno ducaminis [Normanniae] illius quarto. Mir. Wlframni (s. xi), c. 9, MABILLON, *Acta*, III pt. 1 p. 370. Quod ex ducamine tenere videor. DC.-F., III p. 200 col. 1 (ch. a. 999, Bourgueil). Dux Gislebertus tenebat ducamen Lotharingiae. V. Gerardi Broniens., c. 14, *SS.*, XV p. 664. Suscipiens ducaminis gubernacula Burgundiae. *Gall. chr.* ², IV instr. col. 143 (ch. a. 1040). **2.** *duché — duchy.* Illorum [sc. ducum Normanniae] ducaminis principatum [leg. principatus?] fuit metropolis civitas Rotomagorum. RADULF. GLABER, lib. 1 c. 5, ed. PROU, p. 20. Rursum ib., lib. 4 c. 7, p. 108. Vectigal illius ducaminis. DUDO, lib. 2 c. 10, ed. LAIR, p. 151. G. cons. Andegav., ed. HALPHEN-POUPARDIN, p. 31. Cantat. s. Huberti, c. 23, ed. HANQUET, p. 64. Triumph. s. Remacli, lib. 1 c. 10 et 13, *SS.*, XI p. 442 sq.

**ducator:** **guide — guide.* Ad vitam aeternam pius docator exteterat. V. Wandregisili (s. vii ex.), c. 19, *Scr. rer. Merov.*, V p. 23.

**ducatrix:** *duchesse — duchess.* Advocatus domine Valderade olim [sc. marito duce vivente] ducatricis Venetarum. FICKER, *Forsch.*, IV no. 29, p. 39 (a. 976). MURATORI, *Scr.*, II pt. 2 col. 510 (ch. a. 1012). DELLA RENA, *Duchi e marchesi di Toscana*, III d p. 58 (a. 1072). DONIZO, V. Mathildis, lib. 1 c. 4 v. 452, *SS.*, XII p. 361. Rursum ib., lib. 2, prolog., c. 12, p. 379.

**ducatus** (decl. iv): **1.** **le fait de conduire, de guider — guidance.* **2.** *l'action de protéger qq'un en route, de le munir d'une escorte — affording protection to a traveller, lending him an escort.* Pervenit Christo ducatum praebente ad regem. V. Alcuini (ca. a. 825), c. 9, *SS.*, XV p. 190. Ducatum praebeat. Transl. Cyriaci (s. x), *AASS.*, Aug. II p. 335 l. 37. Ducatum praebentibus Ungris, quos [rex] secum habuit. Ann. Altah. maj., a. 1044, ed. OEFELE, p. 35. Se illi ducatum itineris et victui necessaria prebiturum. ROMUALD. SALERNIT., Chron., ed. GARUFI, p. 229. Tutum sibi ... ducatum prebeatis. Gregor. VII reg., lib. 1 no. 77, ed. CASPAR, p. 110. Ibi pluries. Ducatum ei prebens et hospitalitatis necessaria ... amministrans. ARNOLD., Chron. Slav., lib. 1 c. 2, ed. LAPPENBERG in us. sch., p. 13. **3.** *escorte — escort.* Ducatum nobis obviam mitti non posse. Gregor. VII reg., lib. 4 no. 12, p. 312. Absque omni ducatus presidio. EKKEH. URAUG., Chron., a. 1106, *SS.*, VI p. 238 l. 25. **4.** *sauf-conduit — safe-conduct.* In suum ducatum suscepit omnes ibidem captos. GALBERT., c. 19, ed. PIRENNE, p. 33. Vestro ducatu quasi ad examinationem venire affectat. FULBERT., epist. 89, MIGNE, t. 141 col. 244. **5.** *redevance pour couvrir les frais de l'escorte du prince — a tax exacted for paying the expense of a prince's escort.* Concedo ... usatica, piscatica, leudas, ducatus, quistas, albergas ... *Gall. chr.* ², VI instr. col. 331 (a. 1187). **6.** **direction,* en part. *direction spirituelle — direction,* esp. spiritual direction. [Abbatissa sanctimonialibus] in omnibus operibus bonis ducatum praebeat. Concil. Cabillon. a. 813, c. 54, *Conc.*, II p. 284. Etiam Concil. Aquisgr. a. 816, c. 7, ib. p. 442. Congregatio [sanctimonialium], quibus ducatum suae sanctitatis gerebat. V. Rusticulae (s. ix), c. 11, *Scr.*



*rer. Merov.*, IV p. 345. Ducatum animarum amministrat. JOH. CANAP., Pass. Adalberti, *SS.*, IV p. 584 l. 12. **7.** **charge de chef, de guide — leadership.* **8.** *dignité de duc — dignity of a duke.* Nicetius ... ducatum [Campanensem] a rege expetiit. GREGOR. TURON., Hist. Franc., lib. 8 c. 18. Accepta potestate ducatus super civitates illas. Ib., lib. 8 c. 42. Ennodius cum ducatum urbium Thoronicae atque Pectavae ministraret. Ib., lib. 9 c. 7. [Lupum] de Campaniae ducatu ... fuisse depulsum. Ib., lib. 9 c. 14. Ducatum gerere. FORTUN., Carm., lib. 2 c. 8, *Auct. ant.*, IV pt. 1 p. 37. Successit Wandalmarus in honorem ducati. FREDEG., lib. 4 c. 13, *Scr. rer. Merov.*, II p. 127. Tibi accionem comitiae, ducatus aut patriciatus in pago illo committemus. MARCULF., lib. 1 no. 8, *Form.*, p. 48. Anno 29 ducatus Tassilonis. WIDEMANN, *Trad. S.-Emmeram*, no. 4, p. 4 (a. 776). Contin. Lomb. ad PAUL DIAC., *Scr. rer. Langob.*, p. 216. Brun cum ducatum administrasset totius Saxoniae. WIDUKIND., lib. 1 c. 16. In Bawarica sui ducatus provincia. *D. Ottos II.*, no. 192 (a. 979). Teneat omnes comitatus suae parochiae, ducatum etiam provintiae gubernat episcopus [Wirciburgensis]. ADAM. BREM., lib. 3 c. 46, ed. SCHMEIDLER, p. 188. **9.** *dignité de vice-roi — dignity of a viceroy.* Merovechus rex, exclusis fratribus, omni [i.e. omne] capiat regnum ; tu vero ducatum totius regni ejus ... tenebis. GREGOR. TURON., Hist. Franc., lib. 5 c. 14. **10.** *dignité de maire du palais — dignity of a majordomo.* Qui tunc Francorum ducatui praeerat et omnia palatina officia suo moderamine procurabat. V. Baboleni, *Hist. de Fr.*, III p. 565 D. **11.** *résidence d'un duc — residence of a duke.* Civitate Mediolanum in curte ducatus in laubia. *CD. Langob.*, no. 234 col. 391 A (a. 865). **12.** *territoire où s'exerce l'autorité d'un duc, duché — area of jurisdiction of a duke, duchy.* Accepit Aurilianus castrum Malidunensem omnemque ducatum regionis illius. Lib. hist. Franc., c. 14, *Scr. rer. Merov.*, II p. 260. Centum vaccas ... quae ei de ducatu Cinomannico annis singulis solvebantur. G. Dagoberti, c. 37, ib., p. 415. De ducato Spoletano. FATTESCHI, *Memor. di Spoleto*, p. 259 (a. 739). Ferrariam cum suo ducatu. Hadr. I pap. epist., *Epp.*, III p. 479 l. 41. Ducatus Curiensis. Div. regn. a. 806, c. 2, *Capit.*, I p. 127. Ducatus Tuscanus. Ib., c. 4, p. 128. Monasterio illo, quod est constructum in ducato illo [sc. Beneventano]. F. imper., no. 16, *Form.*, p. 297. Dedit B. dux noster de sua proprietate in suo ducatu quicquid habuit. *D. Ludwigs d. Deutsch.*, no. 100 (a. 860). In ducatu O. ducis. *D. Ottos II.*, no. 211 (a. 980). Augusta civitas in suo ducatu sita. V. Oudalrici August., c. 28, *SS.*, IV p. 410. **13.** *territoire d'une unité ethnique* (en Germanie) *— one of the ethnical divisions* (in the German lands). Si quis in alium ducatum seu provinciam fugerit. Decr. Vermer. (ca. a. 758-768), c. 9, *Capit.*, I p. 41. Si servus ... infra ducato fuga lapsus fuerit. Lex Ribuar., tit. 30 § 2. Ducatus Alamanorum. *D. Karolin.*, I no. 83 (ca. a. 774). In ducato Alamaniae. WARTMANN, *UB. S.-Gallen*, I no. 150 (a. 797). Item Div. imp. a. 839, *Capit.* II p. 58. In ducatu Alsacensi. BRUCKNER, *Reg. Alsatiae*, no. 127 (a. 735-737). Item Div. imp. a. 839 cit. Ducatus Baiwariorum. Lex Baiwar., tit. 2. Item Synod. Franconofurt. a. 794, c. 3, *Capit.*, I p. 74. Item BITTERAUF, *Trad. Freising*, I no. 107, p. 123 (a. 782). Ducatus Fresiae. Div. imp. cit. Ducatus Ribuariorum. LACOMBLET, *UB. Niederrh.*, I no. 37 (a. 819). Item Div. imp. cit. Item D. Ludov. Pii a. 836, BEYER, *UB. Mittelrh.*, I no. 64, p. 72. **14.** *marche, territoire où s'exerce l'autorité d'un marquis — area of jurisdiction of a margrave.* Carolus ... Rodberto comiti ducatum inter Ligerim et Sequanam adversum Brittones commendavit. REGINO, Chron., a. 861, ed. KURZE, p. 79. **15.** *justice — justice.* Ducatus sanguinis. GERHOH. REICHERSP., *Lib. de lite*, III p. 347 l. 4. **16.** *une monnaie — a coin.* S. xii ex., Apul., Venet.

**ducellus:** *fils de duc — son of a duke.* Ann. Pragens. ad a. 1193, *SS.*, III p. 121.

**ducensis** (subst.): *fidèle d'un duc — follower of a duke.* [Archiepiscopus] vetitus est a ducensibus redire in parrochiam suam. HELMOLD., lib. 1, c. 80, ed. SCHMEIDLER, p. 150.

**ducere: 1.** *charrier — to cart.* Judex ... bracios ad palatium ducere faciat. Capit. de villis, c. 61. **2.** gener.: *transporter — to transport.* [Negotiatores] ut arma et brunias non ducant ad venundandum. Capit. missor. Theodonisv. II a. 805, c. 7, I p. 123. **3.** refl. se ducere: *aller — to go.* Nullus confugiens foris antedicta loca [sc. atrium ecclesiae] ... se ducat. Decr. Chloth. (a. 511-558), c. 14, ib., p. 6.

**duciculus,** ducicl-, ducill-, duciol-, docill-, -a: *robinet — tap, spigot.* V. Urbani Lingon., c. 1, *AASS.* ³, Jan. III p. 105. Pass. Bercharii, Oct. VII p. 1012 D. BERTA, V. Adelheidis, *SS.*, XV p. 761 l. 31. BERNARD. MORLAN., Cons. Cluniac., c. 54, ed. HERRGOTT, p. 250. Mir. Ursmari per Flandriam, c. 18, *AASS.* ³, Apr. II p. 574 E. STEPELIN., Mir. Trudonis, lib. 1 c. 1, MABILLON, *Acta*, VI pt. 2 p. 86.

**ducissa** (<dux): **1.** *épouse d'un duc — wife of a duke. D. Karolin.*, I no. 156 (a. 787). BITTERAUF, *Trad. Freising*, I no. 46 a p. 75 (a. 772). Iterum no. 368, p. 313 (a. 816). *CD. Cajet.*, II p. 238 (a. 986). Gerdrudis totius Saxonie ducissa. LEIBNITZ, *Orig. Guelf.*, II p. 550 (a. 1141). **2.** *duchesse régnante — reigning duchess.*

**ductile,** duxile, duzile: **1.** *bief — mill-race.* In flumine Ligeris ductile unum molendinorum. MÉTAIS, *Cart. de Vendôme*, no. 36 (a. 1040), I p. 67. Aquam in qua ductile edificatum est. MARCHEGAY, *Arch. d'Anjou*, III p. 75 no. 100 (ca. a. 1080). **2.** *digue — dike.* MURATORI, *Ant.*, V col. 87 (ch. a. 1192). **3.** (cf. voc. duciculus) *robinet — tap.* Fecimus duzilia truncari. FLACH, *Orig.*, I p. 276 n. 1 (ca. a. 1100, Marmoutier). Tabernarius si per ductile vinum vendere proposuerit. KEUTGEN, *Urk. städt. Vfg.*, no. 135 (a. 1164, Hagenau).

**ductilis: 1.** *(d'or et d'argent) *forgé, façonné* — (of gold and silver) *hammered.* **2.** *malléable, ductile, pétrissable — malleable, ductile, fictile.*

**ductor: 1.** *charretier — waggoner.* Ductores vini. V. Alcuini (ca. a. 825), c. 17, *SS.*, XV p. 193. **2.** *qq'un qui procure une escorte à un voyageur — one who gives escort to a traveller.* Διασώστῃ, id est ductori, meo 50 aureorum res pretio dedi. LIUDPRAND. CREMON., Legatio, c. 57, ed. BECKER, p. 206. **3.** *duc — duke.* [Gisulfus] doctoris [v. l.: ductoris] honorem adeptus est. PAUL. DIAC., Hist. Langob., lib. 2 c. 9, ed. WAITZ, p. 91. Iterum lib. 4

c. 44, p. 170; c. 50, p. 174. Conradus Suevorum ductor egregius. THIETMAR., lib. 4 c. 60, ed. KURZE, p. 97. **4.** *prince — prince.* Post excessum incliti regis Heinrici ductores primi conveniebant. V. Mathildis, c. 9, *SS.*, IV p. 289 l. 12.

**ductorius**: *ducal — ducal.* Ductoria dignitate sublimatum. Ann. Quedlinburg., ad a. 985, *SS.*, III p. 67.

**ductrix** (<dux): **1.** *épouse d'un duc — wife of a duke.* PAUL. DIAC., *Epp.*, IV p. 506 l. 5. BERTHAR., G. pontif. Virdun., c. 5, *SS.*, IV p. 47. *D. Ottos III.*, no. 2 (a. 984). *D. Heinrichs II.*, no. 340 (a. 1015). JOH., Chron. Venet., a. 1004, *SS.*, VII p. 36 l. 32. THIETMAR., lib. 2 c. 6, ed. KURZE, p. 22. Iterum lib. 4 c. 7, p. 68. *SS.*, XV p. 981 (ch. a. 1032, Bar-le-Duc). PAUL. RATISB., V. Erhardi (a. 1054-1073), lib. 2 c. 4, *Scr. rer. Merov.*, VI p. 19 l. 17. **2.** *duchesse régnante — reigning duchess.* EKKEH., Cas. s. Galli, c. 10, *SS.*, II p. 133 l. 25. Notae de Beatrice ducissa Tusciae, *SS.*, XXX p. 1443 (a. 1076).

**1. ductus** (adj.) (cf. voc. educere): *quitte, libéré de toute réclamation — quit, freed from any pretension.* De hac causa ipsi illi omni tempore ductus, quietus atque securus valeat resedire. F. Andecav., no. 29, *Form.*, p. 13. Si hoc conjurare potuerit, de hac causa ductus resedeat. MARCULF., lib. 1 no. 38, ib., p. 68. Ibi pluries. Omne tempore exinde ductus et securus resedirit. *D. Merov.*, no. 59 (a. 691).

**2. ductus** (decl. iv): *charroi — carting.* 27 boves ad ductum vini. Polypt. s. Remigii Rem., c. 13 § 3, ed. GUÉRARD, p. 25 col. 1.

**duddus** (leg. druddus, cf. voc. drudis?): un dignitaire à la cour des rois lombards — dignitary at the court of the Longobard kings. Duddus et referendarius. TROYA, *CD. Longob.*, I no. 409 (a. 715); no. 422 (a. 719).

**duellaris**: **1.** *relatif au duel judiciaire — of a judicial combat.* Legali seu duellari diffinitione contentiones dirimere. *D. Konrads II.*, no. 38 (a. 1025). **2.** *relatif à l'escrime — of fencing.* Ceperunt torneari et ludo duellari vicissim pugillare. V. Guill. Erem., *AASS.*, Febr. II p. 463 col. 1.

**duellium**, duellio (genet. -onis) = duellum.

**duellum**: *le droit d'imposer des amendes à cause des duels judiciaires promis mais non effectués — right to exact fines on the score of engagements to fight judicial combats which are not really held.* Ipse L. terciam partem duelli in tota advocatia pro jure peteret. LESORT, *Ch. de S.-Mihiel*, no. 50, p. 184 (a. 1091).

**duerium**, v. dotarium.

**duga**, v. doga.

**dugale**, v. ducale.

**dulcare**: **adoucir — to soften.*

**dulcedo** (genet. -inis): **bonté, affection, amour — kindness, affection, love.*

**dulcia** (n. pl.): **friandises — sweetmeat.*

**dulciloquus**: **éloquent — eloquent.*

**dulcisonus**: **dont le son est doux — mellifluous.*

**dulcor**: **douceur, saveur, parfum, arome — sweetness, savour, flavour, fragrance.*

**dulcorare**: **adoucir — to fill with sweetness.*

**dulgere** (indic. praes. dulgo; partic. praet. dulgtus) (originem vocis nescio): **1.** *extrader — to extradite.* [Dominus] dulgat servum [homicidam] ... coram parentes [i.e. parentibus] [ejus] qui hoccisus est. Chilperici edict. (a. 561-584), c. 6, *Capit.*, I p. 8. **2.** obsides: *trahir, exposer à la vengeance — to betray, to abandon, to allow to become a victim of revenge.* Cupiebat Haistulfus nefandus rex mentiri quae antea pollicitus fuerat, obsides dulgere, sacramenta inrumpere. Ann. regni Franc. a. 756, ed. KURZE, p. 14. Dixit Saxones rebellatos et omnes obsides suos dulgtos et sacramenta rupta. Ib., a. 776, p. 44. **3.** *engager, abandonner d'avance* pour le cas éventuel d'une rupture des engagements qu'on a pris — *to pledge, to surrender in anticipation* for the case of breach of faith. Multitudo Saxonum baptizati sunt, et secundum morem illorum omnem ingenuitatem et alodem manibus dulgtum fecerunt si amplius inmutassent. Ib., a. 777, p. 48. **4.** *renoncer à* une chose, *déguerpir — to cede, to forego.* Quantum in ipsa donatione continet[ur] et ad [i. e. a] die praesente trado, dulgo atque transcribo. MARTÈNE, *Coll.*, I col. 57 (ch. a. 804).

**dulia** (gr.): *dévouement, culte — devotion, worship.*

**dumtaxat**: **1.** **du moins, bien entendu, bien sûr — at least, that is to say, to be sure.* **2.** *à savoir — namely.* Ansgarii epist., MABILLON, *Acta*, IV pt. 2 p. 121.

**dumus**: *chardonnière — field grown with thistles.* Dumi qui remanserunt extirpentur et colantur. LUCHAIRE, *Louis VII*, p. 390 no. 282 (a. 1152/1153).

**duna**, dunus, dunum (celt.): *dune — down, dune.* Aggeribus arenarum illic [sc. in Frisia] copiosis, quos dunos vocitant. Ann. Bertin., a. 839, ed. WAITZ, p. 18. DC.-F., I p. 377 col. 1 (ch. a. 1159, Flandre). MIRAEUS, II p. 1321 col. 1 (ch. a. 1197, Flandre). BRUNEL, *Actes de Pontieu*, p. 250 no. 163 § 5 (a. 1203).

**dungio**, dungeo, dunjo, dunlio v. dominionus.

**duodena** (subst. femin.): **1.** *liturgie de la douzième heure (minuit) — divine service of twelve o'clock (midnight).* Vesperam ... decantans, adjuncta etiam duodena. V. Rusticulae (s. ix), c. 23, *Scr. rer. Merov.*, IV p. 349. **2.** une *redevance* de 12 deniers, que les chapelles sises dans une paroisse doivent au curé — *tribute* of 12 d. paid by chapels to the parish priest. S. xiii. **3.** une *mesure de capacité* — a solid or liquid *measure.* S. xiii.

**duodenaria** (femin.): droit seigneurial sur un cens de 12 deniers à payer par chaque tenure dans une ville-neuve — seigniorial right to exact a rent of 12 d. from every single holding. In eadem villa comes habeat duodenariam et justiciam. DUVIVIER, *Actes*, II no. 49, p. 97 (a. 1180).

**duodennis**: *qui a douze ans — twelf years old.*

**dupla**, dubla: *couverture doublée — quilt.* S. xiii, Ital.

**duplare**: **doubler — to double.*

**duplarius**, duplaris, dublarius (adj.): **1.** *double — double.* Cedo ... mansum unum duplarium, quem A. visus est excolere. DONIOL, *Cart. de Brioude*, no. 64, p. 85 (a. 898-909). **2.** (de vêtements) *doublé — lined.* S. xiii. Subst. neutr. **duplarium**, duppl-, dubl-, dopl-, -erium: **1.** *flambeau — candle, torch.* S. xiii, Ital. **2.** *tonneau* d'un contenu déterminé — *barrel* of a certain capacity. S. xiii, Gall. **3.** *copie, double — duplicate.* S. xiii. **4.** (de vêtements) *doublure — lining.* S. xiii.



**duplex** (subst. mascul.): une *monnaie d'or — a gold coin.* S. xiii, Gall. •

**duplicare**: *doubler — to line.* S. xiii.

**duplicitas**: **1.** **duplication — multiplication by two, division into two.* **2.** **équivoque, ambiguïté — ambiguity.* **3.** **duplicité — duplicity.*

**duplonus**: une *monnaie — a coin.* S. xiv, Ital.

**durare**: *s'étendre — to stretch.* Quantum terra ecclesie duraverit ei obviam eant. WAUTERS, *Orig.*, p. 17 (a. 1142, Hainaut).

**durco**: un *grand vaisseau — a big vessel.* ISID., Etym., lib. 19 c. 1 § 10. ABBO SANGERM., Bell. Paris., lib. 1 v. 123, ed. WAQUET, p. 24.

**duricors**: **obstiné, qui a le cœur dur — headstrong, hardhearted.*

**durities**: **cruauté — cruelty.*

**durpilus** (germ.): *seuil — threshold.* In durpullo, hoc est in limitare, stare debet. Lex Sal., tit. 58. Per durpilum et festucam sibi [i.e. se] foras exitum ... esse dixit et omnia wirpivit. Coll. Flavin., addit. 6, *Form.*, p. 492.

**duva**, v. doga.

**duwarium**, v. dotarium.

**1. dux**: **1.** **commandant d'une armée de frontière,* souvent en même temps gouverneur de province — *frontier army commander,* often provincial governor as well. Chez les Ostrogoths — with the Ostrogoths: CASSIOD., Var., lib. 5 epist. 30, *Auct. ant.*, XII p. 160. Chez les Visigoths — with the Visigoths: Euricus rex Victorium ducem super septem civitates praeposuit. GREGOR. TURON., Hist. Franc., lib. 2 c. 20. JULIAN., Hist. Wambae, c. 11, *Scr. rer. Merov.*, V p. 511. Ibi saepe. Dux provinciae. Lex Visigot., lib. 2 tit. 1 c. 17. Chez les Lombards — with the Longobards: Duces nostri Spoletani. FATTESCHI, *Mem. di Spoleto*, p. 259 (a. 739). H. ducis gentis Langobardorum. Ib., p. 260 (a. 740). Duces ac judices. Lotharii const. Rom. a. 824, *Capit.*, I p. 323. **2.** *duc,* chez les Francs sous les rois mérovingiens, délégué du roi préposé à une circonscription formée de plusieurs comtés et chargé du commandement militaire ainsi que de l'administration de la justice — *duke,* in the Frankish kingdom under Merovingian rule, a royal agent placed at the head of a district comprising several counties, invested with military as well as judicial authority. MARCULF., lib. 1 no. 25, *Form.* p. 59; lib. 2 no. 49, p. 104. *D. Merov.*, no. 29, p. 29 (a. 667). Servo, campo aut qualibet res ad unum ducem et unum judicem [i.e. comitem] pertinentes. Childeb. decr. a. 596, c. 3, *Capit.*, I p. 15. GREGOR. TURON., Hist. Franc., lib. 3 c. 13 et pluries. FORTUN., Carm., lib. 7 c. 25, *Auct. ant.*, IV pt. 1 p. 177. Rursum lib. 10 c. 16, p. 249. V. Eligii, lib. 1 c. 17, *Scr. rer. Merov.*, IV p. 683. IONAS, V. Columbani, lib. 1 c. 14, ed. KRUSCH, p. 174. Lex Ribuar., tit. 50 § 1. PARDESSUS, II no. 525, p. 338 (a. 722). **3.** *duc,* chef d'un peuple, d'une unité ethnique plus ou moins nette, qui ne reconnaît pas l'autorité du roi franc — *duke,* tribal chief, practically independent from royal authority. Regnante ibi [sc. in Thuringia] eodem tempore [ca. a. 687] quodam duce nomine Gozberto. Pass. Kiliani, c. 3, *Scr. rer. Merov.*, V p. 723. Illis temporibus [ca. a. 687] ac deinceps Cotefredus dux Alamannorum caeterique circumquaque duces noluerunt obtemperare ducibus Franchorum. Breviar. Erchanberti, *SS.*, II p. 328 l. 9. Rex [filium] unacum Pippino duce in Auster regnaturum direxit. Lib. hist. Franc., c. 41, *Scr. rer. Merov.*, II p. 311. Rursum c. 42, p. 315. Contin. ad FREDEG., c. 3 (97), ib., p. 170. De causis qui ad duce pertinent. Lex Alamann., inscr. capitum 23-43. Cf. H. ZEISS, *Herzogsname und Herzogsamt. Wiener Prähist. Zs.*, t. 19 (1932). G. LÄWEN, *Stammesherzog und Stammesherzogtum*, 1935. E. KLEBEL, *Herzogtümer und Marken bis* 900, *DAGM.*, t. 2 (1938). **4.** *marquis — margrave.* Dux partium illarum [sc. Bohemiae]. RUODOLF., Ann. Fuld. pars II, a. 849, ed. KURZE, p. 38. Comes et dux Sorabici limitis. MEGINH., ib., pars III, a. 873, p. 81. Ann. Xant., a. 867, ed. SIMSON, p. 25. **5.** *comte — count.* V. Eligii, lib. 2 c. 62, *Scr. rer. Merov.*, IV p. 732. **6.** „ealdorman". S. viii, Angl. **7.** plural. duces: *les grands, les hommes puissants — the great men, the magnates.* Lutharii duces. Ann. Corbej. a. 929, *SS.*, III p. 2. Duces ac primates Francorum. Mir. Wigberti (s. x p. pr.), c. 11, *SS.*, IV p. 225. Duces Francorum inter se sunt divisi. WIDUKIND., lib. 2 c. 11. Ejusdem regni ducibus. *D. Ottos I.*, no. 432 (a. 973). **8.** subst. femin.: *duchesse — duchess.* Dilectae ducis dominaeque Juditae. *D. Ottos I.*, no. 279 (a. 965). Illustris dux Beatrix. *D. Ottos II.*, no. 308 (a. 983). Hadevigae ducis nostrae dilectae consanguineae. *D. Ottos III.*, no. 63 (a. 990). Dux inclita. RATHER., Qual. conj., c. 14, MIGNE, t. 136 col. 541 A. Etiam c. 9, col. 532 A. Excellentissima dux. Id., Itiner., c. 4, ib., col. 585 A. Hadewiga ... Suevorum post Purchardum virum dux vidua. EKKEH., Cas. s. Galli, c. 10, *SS.*, II p. 122 l. 48. WIDRIC., V. Gerardi Tullens., c. 21, *SS.*, IV p. 503. BERNOLD., Chron., a. 1093, *SS.*, V p. 456.

**2. dux**: *bondon — bung.* Abstracto duce [a vasculo] egreditur vinum. ARDO, V. Benedicti Anianens., c. 31, *SS.*, XV p. 214.

**duxile**, duzile, v. ductile.

# E

**eatenus**: **1.** **jusqu'à ce moment-là — up to that time.* **2.** **à ce point — in such a degree.*

**ebba** (anglosax.): *marée basse — ebb-tide.* BRACTON., lib. 4 tract. 1 c. 5. Ibi pluries.

**ebdomado** et derivata, v. heb-.

**ebeninus** (gr.): **d'ébène — ebony.*

**ebor** = ebur.

**ebriatus**, ebriacus: **ivre — drunk.*

**ecclesia**, aeccl-, ecl- (gr.): **1.** *une *communauté de chrétiens,* une *église — a congregation of Christians, a church.* **2.** **la communauté de tous les chrétiens, l'Eglise — the congregation of all the Christians, the Church.* **3.** *la Chrétienté — Christendom.* De his qui sponsas

alienas rapiunt . . ., quod etsi forte in ecclesia eventus talis repperiri dinoscitur. Concil. Meld. a. 845, c. 68, *Capit.*, II p. 414. Pagani sepe jam dicti [i.e. Nortmanni] aecclesiam undique vastantes. Ann. Xant., a. 864, ed. SIMSON, p. 20. Lodoicus . . . tocius aecclesiae Europa degentis imperator augustus. ARDO, V. Benedicti Anian., c. 29, *SS.*, XV p. 211. Aecclesia mortalitate immensa incredibiliter vastata est. EKKEH. URAUG., Chron. univ., a. 1094, *SS.*, VI p. 207. Tantum virum ab ecclesia Dei tollerent, de quo regem ecclesiae . . . [populus christianorum] peroptaverat. GALBERT., c. 5, ed. PIRENNE, p. 10. Anno quo a communi fere ecclesia expeditio magna contra paganos est mota. WIDEMANN, *Trad. S.-Emmeram*, no. 835 p. 401 (a. 1148). **4.** **lieu de réunion des chrétiens, église — meeting-place of Christians, church.* **5.** *l'ensemble des moines d'une abbaye — monastic convent.* Abbatem de L. et ecclesiam suam. MULLER-BOUMAN, *OB. Utrecht*, I no. 422, p. 379 (a. 1157-1164). Quod juris est monasterii sui [abbas] perdat propter verbum incaute a se inconsultumque prolatum et absque ecclesiae suae assensu. BERNARD. CLARAEVALL., epist., MIGNE, t. 182 col. 469 A. **6.** *le clergé d'un évêché — the clergy of a bishopric.* Consilio ecclesiae nostrae [sc. episcopi] . . . divisimus. MULLER-BOUMAN, *OB. Utrecht*, I no. 487, p. 434 (a. 1176).

**ecclesialis**: *d'une église — of a church.* Sub precario et censu aliquam partem ecclesialis pecuniae in adjutorium exercitus nostri retineamus. Karlmanni capit. Lipt. a. 743, c. 2, I p. 28. Diminuta erat ecclesialis possessio. Mir. Ursmari per Flandriam (paulo post a. 1060), c. 1, *SS.*, XV p. 838.

**ecclesiastice** (adv.): **conformément à la règle ecclésiastique — according to the rule of the Church.* In sacro conventu multa ecclesiastice, immo catholice acta sunt. Concil. Aquisgr. a. 816, *Conc.*, II p. 458.

**ecclesiasticus** (adj.): **1.** **de l'Eglise, ecclésiastique — of the Church, ecclesiastic.* **2.** **chrétien* (par opposition à païen ou hérétique) — *Christian* (as contradistinguished from pagan or heretical). **3.** *qui appartient en propre à une église; qu'on possède en tenure dérivée d'une église — belonging to a church, held from a church.* Si de possessionibus seu aecclesiasticis seu propriis super eos [sc. clericos] clamor ad judicem venerit. Capit. Mantuan. II a. 787, c. 1, *Capit.*, I p. 196. Cunctam possessionem illorum, tam ecclesiasticam quam etiam secularem, rem totum ex integro tradiderunt domui s. Mariae . . . E. autem tantummodo rem ecclesiasticam tradidit, non aliam hereditatem suam. BITTERAUF, *Trad. Freising*, I no. 160, p. 159 (a. 792-808). Ecclesiam . . . cum ipso jure ecclesiastico quod ad ipsam pertinet. DELOCHE, *Cart. de Beaulieu*, no. 48, p. 87 (a. 932). **4.** res ecclesiasticae, mansus ecclesiasticus, honor ecclesiasticus: les biens affectés à l'entretien du prêtre qui dessert une église — property assigned for sustenance of the parish priest. Cum capella . . . cum mansos quatuor ecclesiasticos. *Hist. de Languedoc* [3], II pr. no. 203 col. 406 (a. 883). Totum potestativum de omni parrochia s. Clementis, cum ipsa ecclesia, cum manso ecclesiastico. Ib., V pr. no. 67 col. 174 (a. 936). Iste [mansus] sit omni tempore ecclesiasticus de ipsa ecclesia DELOCHE, o.c., no. 164 p. 227 (ca. a. 971). Mansum unum situm coram manso ecclesiastico. *D. Lothaire*, no. 41 (a. 977) p. 98. Ecclesiam . . . cum honore ecclesiastico. *Hist. de Languedoc* [3], V pr. no. 149 col. 315 (a. 990). [Quatuor ecclesiae] cum decimis et apendiciis atque rebus ecclesiasticis. BERNARD-BRUEL, *Ch. de Cluny*, II no. 929, p. 39 (s. x ex.) Ecclesiam unam . . . cum ecclesiastico manso. G. pontif. Camerac., lib. 1 c. 54, *SS.*, VII p. 420. **5.** servus ecclesiasticus, homo ecclesiasticus: serf affranchi qui a été mis sous la garde d'une église, ou homme précédemment libre qui s'est donné à une église; tributaire d'église — manumitted serf who has been put under the guardianship of a church or freeman who has surrendered himself to a church; ecclesiastical tributary. M. do in loco ecclesiastici hominis A., ut A. libertate plenissima perfruatur. Test. Remigii <a. 533>, PARDESSUS, I p. 82 no. 118. Lex Ribuar., tit. 10. Ibi pluries. Homines tam Franci quam et ecclesiastici. *D. Karolin.*, I no. 108 (a. 775). De hominibus ecclesiasticis seu fiscalinis. Capit. Cenom. a. 800, I p. 81. Sive regius sive ecclesiasticus vel cujuslibet alterius hominis servus. Capit. Ital. a. 801, c. 8, p. 206. De ecclesiastico et fiscalino et beneficiario servo. Capit. legib. add. (a. 818/819), c. 1, p. 281. Servi forestarii tam ecclesiastici quam fiscalini. F. imper., no. 43, *Form.*, p. 320. Ecclesiasticus homo, qui commutatus fuerit, perpetua libertate fruatur. Capit. missor. Suession. a. 853, c. 12, II p. 270. Ecclesiasticos homines vel francos pauperiores. Epist. synod. Caris. a. 858, c. 14, p. 438 l. 12. Coloni tam fiscales quam et ecclesiastici. Edict. Pist. a. 864, c. 29, p. 323. Homines ipsius aecclesiae francos, liberos et aecclesiasticos. *D. Heinrichs II.*, no. 189 (a. 1009). **6.** *pieux, plein de zèle pour l'Eglise — pious, zealous with regard to the Church.* Valde aecclesiasticus fuit vir. Constr. Farf. (post a. 857), c. 12, ed. BALZANI, *Il Chron. Farf. di Greg. di Cat.*, I p. 20. Erat enim valde ecclesiasticus. ADEMAR., lib. 3 c. 48, ed. CHAVANON, p. 171. P. Marsorum episcopus, vir nobilis et ecclesiasticus. LEO OST., Chron. Casin., lib. 2 c. 95, *SS.*, VII p. 693. Subst. mascul. **ecclesiasticus**: **1.** **ecclésiastique, clerc — an ecclesiastic.* **2.** *curé — curate.* Dominus H. ecclesiasticus s. Pauli. HOENIGER, *Koelner Schreinsurk.*, II p. 112 c. 2. **3.** *tributaire d'église, individu placé sous la garde d'une église — ecclesiastical tributary, a person who has been put under the guardianship of a church.* De ecclesiasticis, si bona persona fuerit, perdat honorem suum; minores vero vapulentur. Pippini reg. capit. (a. 754/755), c. 3, I p. 31. Ut omnes justitiam faciant, tam publici quam ecclesiastici . . . De ecclesiasticis, si ad palatium venerint de eorum causa sibi reclamare super eorum seniore, vapulentur. Ib., c. 7, p. 32. Viro ingenuo aut servo vel ecclesiastico. Decr. Compend. a. 757, c. 6, p. 38. Homo regius, id est fiscalinus, et aeclesiasticus vel litus interfectus 100 sol. conponatur. Capit. legi Ribuar. add. a. 803, c. 2, p. 117. Sive liber sive ecclesiasticus sive cujuslibet hominis servus. Capit. de latron. (a. 804-813), c. 6, p. 181. Subst. neutr. **ecclesiasticum**: *les biens affectés à l'entretien du prêtre qui dessert une église — property assigned for the sustenance of the parish priest.* Curtem nostram . . . cum ipsa ecclesia . . . cum suum ecclesiasticum et suum privilegium et cum sua dota. *Hist. de Languedoc* [3], V pr. no. 63 col. 168 (a. 935, Rouergue). Item no. 71 col. 181 (a. 937, Lauragais). Cum Abbo . . . clericus vivit, teneat ipsam ecclesiam . . . cum suis decimis et cum suo ecclesiastico que hodie tenet. Ib., no. 89 col. 209 (a. 949). Pro illa ecclesia cum ipso ecclesiastico, quae est fundata . . . DESJARDINS, *Cart. de Conques*, p. 35 no. 29 (a. 948). Dedi . . . sub obtentu venditionis ecclesiam s. Mariae . . . cum omni ecclesiastico suo. *Gall. chr.* [2], XIII instr. col. 4 D no. 3 (ca. a. 948, Toulouse). [Ecclesiam] cum decimis et primitiis et cum ipsum ecclesiasticum qui ad ipsam ecclesiam pertinet. *Hist. de Languedoc* [3], V pr. no. 126 col. 275 (ca. a. 972). Dono . . . ecclesiam . . ., quicquid ad ipsam ecclesiam pertinet, cum omnibus adjacenciis et appendiciis et cum omnibus ecclesiasticis, cum decimis et primiciis. CASSAN-MEYNIAL, *Cart. d'Aniane*, p. 415 no. 291 (a. 978).



**ecclesiola**: **petite église* (usité souvent comme phrase d'humilité) — *minor church* (often used as a phrase of humility).

**echevinus**, v. scabinus.

**eclipsare**: *faire disparaître — to remove.* PETR. DE VIN., lib. 1 epist. 14; lib. 3 epist. 45.

**oeconomus**, e-, i-, y-, hi-, -ch- (gr.): **1.** **économe d'un monastère — monastery housekeeper.* **2.** *sénéchal — steward.* Mensae regiae et victualium yconomi. EKKEH., Cas. s. Galli, *SS.*, II p. 113. **3.** **administrateur des biens d'une église — manager of the property of a church.* **4.** spec.: *administrateur des biens d'un évêché, „vicedominus" — manager of the property of a bishopric* [Ne] praeter voluntatem episcopi quisquam quacumque seculari potestate praeditus quasi oeconomum constituat. Concil. Meld. a. 845/846, c. 47, *Capit.*, II p. 410. [Post obitum episcopi] erogatariis et eleemosynariis ecclesiasticis cum ipsius ecclesiae constituto oeconomo liberum sit . . . deputata successori futuro reservare vel quibuscumque . . . distribuere. Capit. Pap. a. 876, c. 14, ib., p. 103. Liceret ei juxta canonicam auctoritatem habere oeconomum, qui pro illo exteriores curas gereret et nostra servitia atque itinera . . . sua vice faceret. D. spur. Ludov. Pii (Le Mans), *Hist. de Fr.*, VI p. 629. Facultates ecclesiae viduatae post mortem episcopi penes oeconomum integrae conservari jubentur futuro successori ejus episcopo. HINCMAR., De fide Carolo serv., c. 41, MIGNE, t. 125 col. 983. Nullus sedis ipsius pontifex [sc. Mediolani] aut oeconomus aliquam diminorationem . . . ingerere praesumat nullasque praestationes vel annuas donationes . . . exigere audeat. D. Ludov. II imp. a. 873, *CD. Langob.*, no. 255 col. 431 C. Nec ad ipsa monasteria vel cellas eorundem vel ipse per se episcopus vel economus ejus vel archipresbiter aut archidiaconus illius . . . potestatem habeat accedendi. STIMMING, *Mainzer UB.*, I no. 167 (a. 888). Folcmarus . . . diaconus ac prudens fidelisque hujus sanctae aecclesiae [sc. Coloniensis] protus et iconomus, quo nomine eum ipse pater [Bruno], utputa vicarium suum et sibi in omni negotio conjunctissimum, honorare consuevit. RUOTGER., V. Brunonis, c. 46, *SS.*, IV p. 273. Hiconomus episcopi . . . accipiet medietatem thelonei. BEYER, *UB. Mittelrh.*, I no. 318, p. 372 (a. 1042). Neque [pontifices] super facultates aecclesiae laicos prefecerunt, sed economos sive vicedominos de clericis elegerunt. GERHOH., De aedif. Dei, c. 32, *Libelli de lite*, III p. 158.

**econtra** (adv.): **1.** **en face — opposite.* **2.** *d'autre part — on the other hand.* **3.** **au contraire — on the contrary.*

**econverso** (adv.): **1.** *inversement — conversely.* **2.** *au contraire — on the contrary.*

**ecstasis**, extasis (gr.): **1.** **transe, stupeur — trance, stupor.* **2.** *grande joie, enthousiasme — rejoicing.* Audiens beatissimus A. papa, quod sic repente ipse Francorum advenisset rex, in magno stupore et extasi deductus, . . . Lib. pontif., Hadr. I, § 35, ed. DUCHESNE, I p. 496.

**oecumenicus** (gr.): **mondial — universal.*

**edecumatus** (adj.): **remarquable, insigne — excellent.*

**aedes**: **1.** *l'église épiscopale — episcopal see.* Firmiter ad notatum edem [i.e. domum s. Mariae] permaneret. BITTERAUF, *Trad. Freising*, I no. 375, p. 319 (a. 817). **2.** *gaine — sheath.*

**edicere**: **révéler, proclamer, exprimer — to disclose, to make known, to express.*

**edictalis**: **qui a la valeur d'un édit — having the force of an edict.*

**edictum**, edictus (decl. iv): **1.** *ordonnance royale, capitulaire — royal ordinance, capitulary.* Edictus domni Chilperici regis. Chilper. edict. (a. 561-584), inscr., *Capit.*, I p. 8. Cuncta quae hujus edicti tenore decrevimus, perpetualiter volumus custodiri. Guntchr. edict. a. 585, p. 12. Per hujus edicti nostri tenorem. Chloth. II edict. a. 614, p. 20. De illo edicto, quod domnus et genitor noster Pipinus instituit . . . vel de nostros edictos, quomodo fuerunt custoditi. Breviar. missor. Aquit. a. 789, c. 1, p. 65. **2.** spec.: une ordonnance royale de caractère législatif et permanent — royal ordinance having the character of a permanent law. Ne aliqua fraus per vicium scriptorum in hoc edictum adibeatur. Edict. Rothari, epil. In hoc edictum adjungere debeamus. Grimoaldi edict., prol. Rothari rex . . . in Langobardis edictum renovavit atque instituit. Liutprandi leg., I (a. 713), prol. Sicut . . . in hoc edictum a nobis facto statuere visi sumus. Ib., epil. Anterior edictus contenere dignoscitur. Leg. Ratchis, c. 6. Plural.: *les lois des Lombards — the laws of the Longobards.* Ea quae ab antecessoribus nostris regibus Italiae in edictis legis Longobardicae ab ipsis editae praetermissa sunt. Capit. Ital. a. 801, prol., *Capit.*, I p. 205. Secundum edicta legis Langobardorum. Capit. Olonn. a. 822/823, c. 3, p. 317. Singul., pour l'ensemble des lois des Lombards, le droit lombard en général — for the aggregate laws of the Longobard kings, Longobard law in general: Ista, quae superius scripta tenentur, in edictum scribantur; et ista capitula dua desubtus in breve previdimus statuere. Ratchis leg., c. 13 (a. 746). Edictus Langobardorum antiquorum regum precessorum nostrorum fuerat institutum. Aistulfi leg.,

prol. (a. 750). Secundum edictum Langobardorum. *D. Karolin.*, I no. 160 (a. 788). Edictus (singul.), nude, hoc sensu: Ut unusquisque judex studium ponat ad perquirendum juxta ut edictus continet. Pippini reg. Ital. capit. (a. 782-786), c. 9, *Capit.*, I p. 193. In edicti pagina adfigi statuimus, quae praecellentiae nostrae ... justa comparuerunt. Aistulfi leg., II (a. 755), prol. **3.** *décret royal* de caractère administratif et temporaire — *royal decree* with an administrative and temporary character. De denariis certissime sciatis nostrum edictum. Synod. Franconof. a. 794, c. 5, *Capit.*, I p. 74. De falsis monetis, quia in multis locis contra justitiam et contra edictum fiunt. Capit. missor. Theodonisv. II a. 805, c. 18, p. 125. Si evenerit fames ..., ut non expectetur edictum nostrum, sed statim depraecetur Dei misericordia. Ib., c. 4, p. 122. **4.** *précepte royal* — *royal charter.* F. imper., no. 3, *Form.*, p. 289. *D. Ottos II.*, no. 115 (a. 975); no. 174 (a. 978). **5.** *décret d'un concile* — *decree of a church council.* Post hoc edictum manifestatum vel publicatum. Concil. Paris. a. 573, *Conc.*, I p. 148 l. 15. In statutis Nicaeni concilii ... seu in aliis sanctorum patrum synodalibus edictis. Admon. gener. a. 789, c. 6, *Capit.*, I p. 54. **6.** *ordonnance seigneuriale* relative à la vente de certaines denrées — *baronial regulation* concerning sales of certain commodities. Pauperibus sibi subjectis soleant edictum imponere, ut nullus illorum tempore messis modium frumenti nec tempore vindemiae modium vini majori praetio, nisi quod ab eis constituitur, vendere praesumat. Concil. Paris. a. 829, lib. 1 c. 52, *Conc.*, II p. 645. Nullus Lorriaci vinum cum edicto vendat excepto rege. Ludov. VII reg. Fr. priv. pro Lorriac. a. 1155, c. 10, ed. Prou, *RHDFE.*, t. 8 (1884), p. 446. **7.** **citation à comparaître* — *writ of summons.* Hoc ... peremptorio edicto moneo te ... ut ... venias in curiam nostram. Ficker, *Forsch.*, IV no. 117, p. 161 (a. 1148, Roma). **8.** *instruction donnée par le pape* à un évêque nouvellement créé — *papal instruction* to a newly appointed bishop. Edictum, quod dat pontifex episcopo cui benedicit. Pontificale romano-german., cf. Andrieu, *Ordines*, I p. 192 sq. Dabitur tibi edictum de scrinio, quomodo debeas conversari. Ordo Rom. XXXIV (s. viii med.), c. 28, Andrieu, III p. 611. **9.** *bans de mariage* — *matrimonial bans.* S. xiii.

**aedificamentum**: **1.** *exploitation de défrichement* — *reclaim farm.* Providit anime sue ... sui edificamenti partem, quod non de patrimonio suo habebat, sed de proprio labore ... emerat atque coedificaverat. Bertrand, *Cart. d'Angers*, I no. 76, p. 93 (a. 1060-1081). **2.** *le droit de prendre du bois de charpente dans un forêt* — *faculty to fetch timber in a forest.* S. xiii.

**aedificare**: **1.** **renforcer, faire prospérer* — *to strengthen, to further.* **2.** **édifier, raffermir dans la foi* — *to edify, to confirm in faith.* **3.** *mettre en culture* — *to reclaim* waste land. Dono cuidam homini ... ad medium plantum aliquid de terra s. Petri, ut illam melius, si potuerit, edificet. Bernard-Bruel, *Ch. de Cluny*, II no. 926, p. 37 (a. 954-994). Arpentes octo de terra edificata et inedificata. Bertrand, *Cart. d'Angers*, I no. 201, p. 234 (a. 970-977).

**aedificatio**: **édification morale et religieuse* — *moral and religious edification.*

**aedificator**: *membre du personnel d'une machine de siège* — *soldier serving at a siege-engine.* S. xii, Ital.

**aedificium**: *machine de siège* — *siege-engine.* S. xiii, Ital.

**aedilis** (adj.): *du monastère lui-même* (par opposition aux domaines) — *of the monastery* (as contradistinguished from its landed property). Accepit per manus ejusdem monasterii advocatorum, H. videlicet edilis advocati et U. pagensis. *D. Ottos II.*, no. 252 (a. 981). Subst. mascul. **aedilis**: **1.** *portier* — *doorkeeper.* G. olim palatii aedilem. Wandalbert., Mir. Goaris, c. 30 § 36, Mabillon, *Acta*, II p. 297. **2.** *sacristain* — *sexton.* Mir. Jacobi, c. 6, *AASS.* [3], Jul. VI p. 56 D.

**aedilitas**: *charge de custode* dans une maison de chanoines — *office of custodian* in a house of canons. Aedilitatem seu custodiam ipsius basilicae. Guérard, *Cart. de S.-Bertin*, p. 85 (<a. 839>, spur.) *D. Heinrichs IV.*, no. 178 (a. 1066).

**editio**: *charte* — *charter.* Praesens tamen editio firma stabilisque permaneat. D. Zwentiboldi reg. a. 896, *Hist. de Fr.*, IX p. 377 D. Etiam D. ejusdem, ib., p. 378 B; Lacomblet, *UB. Niederrh.*, I no. 78, p. 42. Signum domni W. abbatis qui hanc editionem fieri jussit. Bertrand, *Cart. d'Angers*, I no. 38, p. 63 (a. 966).

**aedituus**: **1.** *custode*, dignitaire dans une maison de chanoines — *custodian* in a house of canons. [Res monasterii] sint ad regendum et defensandum in manu abbatum et ad ordinandum in manu et ditione gregis b. Martini decani atque editui. *D. Charles le Simple*, no. 46 (a. 903), p. 100 l. 30. **2.** *sacristain* — *sexton.* **3.** *héraut* — *herald.* Remittamus bella imperatoris et magnifica facta edituis ejus. G. Lietberti Camerac., c. 13, *SS.*, VII p. 494.

**educere**. Refl. se educere: *se libérer d'une inculpation* — *to exculpate oneself.* Aut per hineo [i.e. aeneo] aut per conpositione se educerit. Lex Sal., tit. 56, codd. Guelferbyt. et Monac. (alii: deducerit). Cum 12 juratoribus se exinde educat. Lex Sal., tit. 60, text. Herold. Quicumque admallatus fuerit et ... testimonia non habuerit unde se aeducat. Chilperici edict. (a. 561-584), c. 7, *Capit.*, I p. 9. Si ibi se non eduxerit, ... culpabilis judicetur. Ib., c. 8.

**eductus** (decl. iv): *présentation* pour une charge ecclésiastique — *presentation* for an ecclesiastical dignity. [Presbyterum] eductu persone matris ecclesie prepositus ibidem [sc. in capella] constituat. Muller-Bouman, *OB. Utrecht*, I no. 354 p. 326 (a. 1135).

**edulcorare**: **rendre doux* — *to sweaten.*

**eduniare**, v. idoneare.

**ephebia** (gr.): **1.** **adolescence* — *adolescence.* **2.** **lieu de prostitution de garçons* — *boys' brothel.*

**effamen**: **parole* — *utterance.* Post salubria effamina. Jonas, V. Vedasti, c. 4, ed. Krusch, p. 312.

**effectuare**: *réaliser* — *to bring about.*

**effestucare**, v. exfestucare.

**effetare**: **affaiblir, épuiser* — *to weaken, to exhaust.*



**efficere**. Passive, effici: **devenir* — *to become.* Vite aeterne particeps effici mereatur. Lib. diurnus, c. 86, ed. Sickel, p. 113. Clericus effectus. Contin. Romana ad Paul. Diac., *Scr. rer. Langob.*, p. 201. Principatus duobus partibus efficit [leg. efficitur] divisus. Chron. s. Bened. Casin., ib., p. 469 l. 17.

**effigiare**: **représenter, imaginer* — *to picture, to imagine.*

**efflorere**: **fleurir* — *to flourish.*

**effluentia**: *abondance, profusion* — *abundance, profusion.*

**effodere**: **1.** **percer* — *to pierce, to stab.* **2.** **démolir* — *to destroy, to overturn.*

**effortiare, effortium**, v. exfort-.

**effractor**: **cambrioleur* — *burglar.*

**effractura**: **effraction* — *housebreaking.*

**effrons**: **téméraire, brutal* — *bold, impertinent.*

**effugare**: **chasser, mettre en fuite* — *to drive away.*

**effulgentia**: **rayonnement* — *act of shining.*

**effundere**. Pass. effundi: **se répandre, se laisser aller* — *to expatiate, to give full rein.*

**effusio**: **1.** **effusion de sang* — *shedding of blood.* **2.** **enfantement* — *child-birth.*

**ephod**, ephud, ephot (indecl.) (hebr.): **1.** **manteau de prêtre juif* — *cloak of a Jewish priest.* **2.** *amict* — *amice.*

**egeda** (germ.): *herse* — *harrow.* Stadelarius dabit aratrum et egedam. Keutgen, *Urk. st. Vfg.*, no. 126 (s. xii, Strasbourg).

**egentia**: **pauvreté, indigence* — *poverty, want.*

**egenus** (adj. et subst.) (absol.): **pauvre* — *poor.*

**egloga** = ecloga.

**egredarium**: *escalier* — *staircase.* S. xiv.

**egumenus**, v. hegumenus.

**ejicere**, eicere: **1.** **faire sortir, libérer* — *to lead out.* **2.** **produire* — *to produce.* **3.** *destituer* — *to dismiss.* Ubicumque inveniuntur vicarii aliquid mali ... facientes, ipsos eicere et meliores ponere jubemus. Capit. omn. cogn. fac. (a. 801-814), c. 3, I p. 144. Missi nostri, ubicumque malos scabinos inveniunt, eiciant et ... in locum eorum bonos eligant. Capit. missor. Wormat. a. 829, c. 2, II p. 15. **4.** *déguerpir* — *to surrender.* Terram a me emptam ejicio. DC.-F., III p. 236 col. 3 (ch. a. 1055-1068).

**elabi**: (d'un temps) *s'écouler* — (of time) *to go by.* Paucis elabentibus annis. Paul. Diac., V. Gregorii M., ed. Grisar, p. 172. Per elapsam indictionem. Theiner, *CD. dom. temp.*, I pt. 1 p. 12. Quo termino elapso. Giulini, *Mem. di Milano*, III p. 449 (a. 1006).

**elaborare**: **1.** *gagner* par le travail des mains ou par toute autre activité acquisitive — *to gain* by manual labour or any other profitable action. Peculiare quod habes aut deinceps elaborare potueris. Marculf., lib. 2 no. 32, *Form.*, p. 95. Eadem verba: Beyer, *UB. Mittelrh.*, I no. 79 p. 86 (a. 849). Quicquid simul elaboratum habemus aut deinceps Deo auxiliante elaborare possumus. Dronke, *CD. Fuld.*, no. 104, p. 62 (a. 792). Dono ... quicquid elaboravi in isto fragili seculo, id est psalterium, lectionarium, euangelium, antiphonarium ..., calicem et patenam, de pecoribus caballos 2, boves 2, porcos 20, oves 20. Ib., no. 202 p. 109 (a. 803). Quicquid deinceps in meliorando aut in acquirendo ibidem elaborare potuerint. *D. Ludwigs d. Deutsch.*, no. 92 (a. 858). Quicquid reliquum in vita sua elaboraret, ipsius utilitatibus et usibus proficeret. Gysseling-Koch, *Dipl. Belg.*, no. 70 (a. 982/983, Gand). **2.** *mettre en culture* — *to break up* waste land. Cum tota melioratione quam ibidem juste elaborasse poterunt. Métais, *Cart. de Vendôme*, I no. 110, p. 204 (ca. a. 1057). Dono eis ... de silva ... ad elaborandum vel complanandum pratum. Ragut, *Cart. de Mâcon*, no. 11, p. 10 (ca. a. 1067). **3.** *s'efforcer* — *to try.* Si quis emutare voluntates nostras elaboraverit. Doniol, *Cart. de Brioude*, no. 18, p. 41 (a. 894). **4.** *effectuer, amener* — *to bring about.* [Principes] elaborare intendunt, ut in hoc regnum honorem suum retineat. *Const.*, I no. 106 (a. 1121).

**elaboratus** (decl. iv): **1.** *travail lucratif* — *profitable labour.* Quicquid mihi pater meus et fratres hereditaverunt et proprio elaboratu acquisivi. Dronke, *CD. Fuld.*, no. 163, p. 93 (a. 800). **2.** *les biens acquis*, par opposition au patrimoine — *acquired property* as contradistinguished from inherited property. Trado ... dimidiam meam paternalem hereditatem et duas partes de meo elaboratu in loco q. d. L. ..., id est in terris, silvis ... [form. pertin.] O.c., no. 126, p. 74 (a. 796). Donamus mancipia 14 ... cum omni elaboratu eorum. Ib., no. 104, p. 62 (a. 792). **3.** *fortune mobilière* — *chattels.* Quicquid proprietatis in elaboratu meo visa sum habere, praeter duos boves totum et integrum, id sunt oves 5, porci 20, boves et vaccae 38, duo caballi omniaque vestimenta mea. Ib., no. 309, p. 151 (a. 815). Similiter ib., no. 508, p. 224 (a. 837). Suum elaboratum ad s. Martinum tradidit in pecunia et mancipiis, quia hereditatem aliam in istis regionibus non habebat. V. quarta Bonifatii (s. xi med.), ed. Levison, p. 92.

**elargare**: **1.** *agrandir, augmenter* — *to enlarge, to increase.* S. xiii. **2.** captivum: *relâcher* — *to release.* S. xiv.

**elatio**: **orgueil* — *conceit.*

**electio**: **1.** **élection au salut* — *election to bliss.* **2.** **les élus* — *the chosen.* **3.** *loi statutaire* — *statutory law.* Septima decima electio est ... Richthofen, *Fries. Rq.*, p. 26 l. 26 (s. xii ex.) Jurabunt pacem et hanc electionem observare. DC.-F., III p. 238 col. 3 (a. 1229, Bruxelles). **4.** *dignité d'évêque-élu* — *dignity of bishop-elect.* Presens scriptum sigillo nostre electionis ... fecimus roborari. Sloet, *OB. Gelre*, no. 709, p. 706 (a. 1249).

**elector**: **1.** *celui qui participe à l'élection* d'un évêque, d'un roi, etc. ... — *one who partakes in the election* of a bishop, a king etc. **2.** (dans l'Empire Germanique) *Electeur* — (in the Germanic Empire) *Elector.* S. xiv.

**electus** (subst. mascul.): **1.** **élu de Dieu* — *one of the chosen.* **2.** **celui qui est élu pour recevoir prochainement le baptême* — *one who has been chosen to be baptized soon.* Sacram. Gelas., lib. 1 c. 26. **3.** *cojureur* désigné par celui qui doit prêter le serment en premier lieu — *cojuror* chosen by the principal juror. (Cf.: At ille, electis duodecim viris, ut hoc scelus pejeraret advenit. Gregor. Turon., Hist. Franc., lib. 8 c. 40). Duodecim juratores medios electos dare debet. Pactus Childeb. I (a. 511-558), c. 2, *Capit.*, I p. 4. Juret cum duodecim nominatis et aliis duodecim electis. Lex Alamann., tit. 30. [Sacramentum juretur] vel cum sex electis vel, si duodecim esse

debent, quales potuerit invenire. Capit. legi Ribuar. add., c. 11, a. 803, I p. 118. Prebeat sacramentum . . . cum quinque electis, quales pars vestra elegerit. Pactum Loth. I a. 840, c. 4, *Capit.*, II p. 131. **4.** dénomination usitée pour certains magistrats urbains — name of certain city officials. Scabinis et electis de terra Bruburgensi. GIRY, *S.-Omer*, p. 383 no. 10 (a. 1164/1165). *Ordonn.*, IV p. 386 (a. 1227, Dijon). **5.** *évêque-élu — bischop-elect*. Johannes electus civitatis Pistoriensis. SCHIAPARELLI, *CD. Longob*, I no. 12 p. 31 (a. 700).

**eleemosyna**, elem-, elim- (gr.): **1.** *miséricorde, pitié — mercifulness, pity*. Per misericordiam ac elymosinam. *Epp.*, V p. 300 (ca. a. 815). **2.** **aumône — alms*. **3.** *tout acte de miséricorde, de piété; tout acte méritoire pour le salut de l'âme — any act of mercy; any meritorious act redounding to the salvation of the soul*. **4.** loc. in elemosyna alicujus: pour le salut de son âme — in behalf of one's salvation. Si monasteria ordinem propter paupertatem adimplere non potuerint, rex in sua elimosina hoc emendare faciat. Concil. Vern. a. 755, c. 6, *Capit.*, I p. 34. Comites ad eorum placita primitus orfanorum vel viduarum causas audiant et definiant in aelimosina domno rege [i.e. domni regis]. Ib., c. 23, p. 37. De viduis et orfanis et pauperibus, ut in elemosyna dominorum regum eorum justitiam plenius accipiant. Capit. Langob. (a. 780-790), c. 7, p. 189. Domnus noster [rex], misericordia motus, praefato Tasiloni gratuitu animo et culpas perpetratas indulsit et gratia[m] pleniter concessit et in sua aelemosina eum in amore dilectionis visus est suscepisse. Synod. Franconof. a. 794, c. 3, p. 74. De pauperinis qui[bus] in sua elymosyna domnus imperator concedit qui pro banno suo solvere debent. Capit. missor. gener. a. 802, c. 29, p. 96. [Pauperes] sub defensione domni imperatoris ibi habeant subfragia in sua [i.e. imperatoris] elymosina. Ib., c. 30. Obnixit [i.e. obnixe] deprecans in nostra aelemosina hoc inquirere juberemus. D. Ludov. Pii a. 821, BEYER, *UB. Mittelrh.*, I no. 53, p. 60. Cujus petitioni in elemosina nostra libenter aurem praebere complacuit. D. Ludov. Pii a. 816, *Hist. de Fr.*, VI p. 492. Siquando proximi vel heredes sponte aliquid offerre in ecclesia voluerint in elemosina defuncti. Capit. Meld. a. 845/846, c. 72, II p. 415. Usus ecclesiae habet saepius missas agere pro vivis et defunctis, pro elemosinis et aliis diversis causis. WALAFR. STRABO, Exord., c. 22, *Capit.*, II p. 496. **5.** *donation faite à une église — gift to a church*. Ut nullus . . . brunias aut arma infra monasteria puellarum commendare praesumat, nec quisquam recipere audeat, excepto si in elimosina datum fuerit. Capit. ad Salz data a. 803/804, c. 8, I p. 120. De elemosina mittenda ad Hierusalem propter aecclesias Dei restaurandas. Capit. missor. Aquisgr. I a. 810, c. 18, p. 154. Ut de omnibus in eleemosynam datis tam ecclesiae quam fratribus, decimae pauperibus dentur. Capit. monast. a. 817, c. 49, p. 347. Quod si res Domino jure elemosinarum legitime consecrate sunt, ecclesiarum ejus sunt; quia suis pauperibus et specialiter sibi servientibus legaliter date sunt. PASCH. RADB., Epit. Arsenii, lib. 2 c. 2, ed. DÜMMLER, p. 63. **6.** *fondation pieuse — religious foundation*. Apud L., quod regulare coenobium et antecessorum Milonis eleemosyna erat. Chron. Mauriniac., lib. 2, MIGNE, t. 180 col. 142 A. **7.** *dotation d'une église — endowment of a church*. Si erraticum habens [leg. habere, i.e. pecus] . . . venerit in curiam sacerdotis vel clerici qui in atrio maneant vel in eleemosyna ejusdem ecclesiae. Concil. Juliobon. a. 1080, c. 13, MANSI, t. 20 col. 558 B. **8.** les *biens d'église* qui jouissent d'un statut privilégié, n'étant grevé d'aucune obligation féodale — *ecclesiastical property* having the status of frankalmoign. Antiquam eleemosynam regum Franciae, quae est apud C. . . . quietam et liberam, inquietat et aufert. *Hist. de Fr.*, XV p. 698 (epist. a. 1148/1149, Rouen). Si calumnia emerserit . . . de ullo tenemento quod clericus attrahere velit ad elemosinam, laicus vero ad laicum feudum. Const. Clarend. a. 1164, c. 9, STUBBS, *Sel. ch.* [9], p. 165. Recognoscetur sacramento 12 hominum legalium de visineto, utrum [terra] fuit elemosina ecclesie . . . vel feodum laici. Consuet. Normann. veterr., pt. I (s. xii ex.), c. 18, ed. TARDIF, p. 19. [Praedium] totum est de elemosina regis Francorum et jure b. Martini. *Actes Phil.- Aug.*, no. 361 (a. 1190), I p. 438. Domum Dei de G. . . . ab omni saeculari potestate et dominio tanquam eleemosynam in perpetuum liberam esse concedimus. DC.-F., III p. 242 col. 2 (ch. a. 1219). **9.** les biens qui jouissent de ce statut privilégié, même s'ils se trouvent dans les mains de laïcs — *frankalmoign*. Omnes homines in dominio meo et in elemosinis meis Castriduni manentes. DC.-F., III p. 244 col. 1 (ch. a. 1197). **10.** lex eleemosynae: la condition personnelle des tributaires d'église — the personal status of ecclesiastical tributaries. Trado ad usus fratrum s. Cameracensis ecclesiae . . . alodium . . . cum servis et ancillis . . . Census servorum et ancillarum . . . annuatim solvatur; et in lege, qua ceteri sunt de eleemosyna, teneantur . . . Dat etiam . . . alodium . . ., servos et ancillas . . . Servi tamen et ancillae sub lege sint eleemosynae. MIRAEUS, I p. 75 (a. 1089). **11.** *hospice — almshouse*. Illum, qui contra justitiam tumidus superbiebat, captum in elemosina s. Vedasti sedere et de elemosina vivere instituit. HUGO FLAVIN., Chron., *SS.*, VIII p. 377 l. 46. Coecus [i.e. caecus] quidam in illius degebat eleemosyna. V. Godefridi Kappenberg. (†a. 1127), c. 1, *SS.*, XII p. 515 l. 21. Paralysi percussus est et in eleemosynam s. Remigii delatus. Mir. Gibriani (a. 1145), *AASS.*, Maji VII p. 622. Terras planas poterit acquirere ecclesia pro canonia vel pro eleemosyna. Priv. Alex. III pap. a. 1173, DC.-F., III p. 243 col. 1. **12.** *le cimetière des pauvres — burying-place of the poor*. [Filii mortui] monachos . . . petierunt ut corpus sepulturę traderent. Quod monachi . . . fecerunt. Post tumulationem vero, ne pater eorum in elemosina jacere videretur, filii ejus . . . donaverunt . . . 6 den. de censu. BERTRAND, *Cart d'Angers*, I no. 308, p. 349 (a. 1082-1106).

**eleemosynalis**: *affecté à la mense capitulaire — assigned to the chapter's mensa*. BEYER, *UB Mittelrh.*, I no. 378, p. 435 (a. 1083).

**eleemosynaliter**: *à titre d' „eleemosyna" (sens 8) — by way of frankalmoign*. Monachi [quasdam res] cum omni integritate elemosinaliter imperpetuum possiderent. BERTRAND, *Cart. d'Angers*, I no. 338, p. 387 (a. 1112).



**eleemosynare**, transit.: *donner en aumône — to give as an alms*. S. xiii.

**eleemosynarius**, -ris (adj.): **1.** *qui fait l'aumône, charitable — who gives alms, generous*. GREGOR. TURON., Hist. Franc., lib. 4 c. 36. JOH. VENET., ed. MONTICOLO, *Cron. Venez.*, p. 66. **2.** *qui reçoit l'aumône, assisté — receiving alms or regular relief*. Pauperes elemosinarios. JOH. CANAP., Pass. Adelberti, *SS.*, IV p. 585. Quemdam claudum eleemosynarium. Mir. Udalrici August., MABILLON, *Acta*, V p. 469. **3.** *qui sert à la distribution d'aumônes, à l'assistance des pauvres — established for distribution of alms and other relief of the poor*. Ecclesiam . . . exstruxerat necnon et quasdam censuales terras sive vineas in usus pauperum . . . coemerat. . . . Ecclesia illa elemosinaris . . . MÉTAIS, *Cart. de Vendôme*, I no. 92, p. 166 (a. 1049). Ostiarius eleemosynariae domus. UDALRIC., Cons. Cluniac., lib. 3 c. 24, MIGNE, t. 149 col. 767 A. Elemosinariam domum . . . in Salzpurgensi urbe edificare fecerat. Trad. s. Petri Juvav., no. 157 (a. 1122), HAUTHALER, *Salzb. UB.*, I p. 329. **4.** *qui comporte une donation pieuse — purporting a pious gift*. Postulaverunt ibi [i.e. in mallo] brevem heleemosinariam, quod L. ad suam finem de sua hereditate unicuique divisit. RAGUT, *Cart. de Mâcon*, no. 185 p. 120 (a. 928-936). Hanc eleemosynariam chartam . . . volumus esse firmam. DC.-F., III p. 243 col. 1 (ch. a. 996-1031, Bourges). Subst. mascul.

**eleemosynarius**: **1.** **celui qui fait l'aumône — one who gives alms*. GREGOR. TURON., Virt. Martini, lib. 2 c. 8, *Scr. rer. Merov.*, I p. 611. **2.** *donateur d'une église — donor of pious gifts to a church*. Psalmi speciales pro eleemosynariis et defunctis cantentur. Capit. monast. a. 817, c. 50, I p. 347. Noticia de rebus quos dederunt elemosinarii s. Petri ad monasterium Blandiniense. Notitia s. ix, ed. GYSSELING-KOCH, *BCRH.*, t. 113 (1948) p. 283. Iterum ib., p. 288. **3.** celui qui effectue les donations pieuses stipulées dans un testament, *exécuteur testamentaire* — one who carries out the pious gifts settled in a will, *executor*. Post cujus obitum non pauca ab elymosinariis pro sancti memoria capiebat. GREGOR. TURON., V. patrum, c. 8 § 9, *Scr. rer. Merov.*, I p. 699. [Nos] qui sumus elemosinarii condam qui fuit Teutberti: comendavit nobis suam elemosinam per suum andanlangum et per paginam testamenti sui . . . Ita commendavit nobis ut omnes res suas . . . donare fecissemus tam in sacerdotibus quam et in pauperibus vel eciam in monasteriis. CASSAN-MEYNIAL, *Cart. d'Aniane*, p. 412 no. 289 (a. 842?). Erogatariis et eleemosynariis ecclesiasticis [sc. episcopi defuncti] . . . liberum sit . . . deputata successori futuro reservare vel quibuscumque . . . pro ejus spiritu distribuere. Capit. Pap. a. 876, c. 14, II p. 103. Eleemosynarii nostri, secundum quod illis commendatum habemus, de eleemosyna nostra decertent. Capit. Carisiac. a. 877, c. 12, *Capit.*, II p. 358. Si aliquis episcopus vel abbas . . . obierit, . . . nullus ad illorum eleemosynam faciendam eleem. synarios eorum impediat. Capit. Caris. lecta a. 877, c. 4, p. 363. Venerunt elemosinarii . . . et donaverunt unum mansum s. Salvatori et s. Fidae pro anima Hugone. DESJARDINS, *Cart. de Conques*, p. 302 no. 409 (a. 899). Ut eleemosinarii de homine A. comite qui fuit quondam, nos simul in unum donatores sumus vobis. *Hist. de Languedoc* [3], V pr. no. 31 col. 113 (a. 906, Carcassonne). Nos H. et H. eleemosinarii Odilonis qui fuit quondam, per fideicommissum quem ipse nobis commisit cedimus Deo sanctoque Juliano . . . pro anima Odiloni aliquid ex suis rebus. DONIOL, *Cart. de Brioude*, no. 44, p. 67 (a. 909). Quasdam res proprietatis mee . . . ad Cluniacense monasterium . . . trado, scilicet per manus elemosinariorum meorum atque germanorum . . . qui testamentum hoc mea vice predicto monasterio vel monachis facturi sunt. BERNARD-BRUEL, *Ch. de Cluny*, I no. 581 (a. 942-954). **4.** *aumônier*; dignitaire dans une abbaye ou une maison de chanoines, chargé de la distributions d'aumônes et de l'administration des biens y affectés — *almoner*, monastic or chapter official charged with dispensing of alms and management of property assigned to this purpose. B. monachi et elemosinarii s. Albini. BERTRAND, *Cart. d'Angers*, I no. 7, p. 16 (a. 1067). BEYER, *UB. Mittelrh.*, I no. 378 p. 435 (a. 1083). UDALRIC., Cons. Cluniac., lib. 3 c. 24, MIGNE, t. 149 col. 766 A. LANFRANC., Decr., ed. KNOWLES, p. 89. ANSELM. CANTUAR., lib. 3 epist. 117, MIGNE, t. 159 col. 154 A. BEYER, o.c., I no. 446, p. 506 (a. 1121). Eugen. III pap. priv. a. 1145, PFLUGK-HARTTUNG, *Acta*, I no. 199, p. 181. **5.** *pauvre inscrit dans la matricule des distributions d'aumônes — pauper receiving regular dole*. [Aecclesiam] 24 elemosynariis sustentandis destinaverat. ANSELM., G. episc. Leod., c. 47, *SS.*, VII p. 217 l. 43. Pascant fratres ecclesie elemosinarium unum in elemosina Karoli. *Actes Phil. Ier*, no. 126 (a. 1092), p. 320. **6.** *tributaire d'église — ecclesiastical tributary*. Dedit omnes eleemosynarios de C. qui habitant juxta silvam et omnem terram quae est habilis ad arandum. DC.-F., III p. 245 col. 3 (ch. a. 1060-1090, Normandie). Subst. femin. **eleemosynaria**: **1.** *exécutrice testamentaire — woman executor*. Ego . . . T. Deo devota, qui fuit elemosynaria de filio meo A. qui fuit condam, sicut ille in sua recta memoria suppliciter precavit, sic dono . . . DC.-F., III p. 244 col. 1 (ch. a. 936, Nîmes). **2.** *femme pauvre inscrite dans la matricule des distributions d'aumônes — female pauper receiving regular dole*. Eleemosynaria quaedam Abrahami Frisingensis episcopi civitatis de villa q. d. C. Mir. Udalrici August., MABILLON, *Acta*, V p. 468. **3.** *la dignité d'aumônier — dignity of almoner*. BEYER, o.c., I no. 378, p. 436 (a. 1083). **4.** (subaudi: domus) *hospice — almshouse*. Elemosinariam novam integraliter cum capella construxit. G. episc. Virdun., contin., c. 8, *SS.*, X p. 520. **5.** (subaudi: charta) *charte relative à une donation pieuse — deed purporting a pious gift*. Qui contra hanc eleemosinariam aliquid agere . . . voluerit. BERNARD-BRUEL, o.c., II no. 904 p. 1 (a. 954-994). Signum A. qui elemosinariam istam fieri et firmari in presente rogavit. Ib., no. 1424, p. 481 (a. 976). Subst. neutr. **eleemosynarium** et femin. eleemosynaria: *aumônière, caisse des pauvres — alms-purse, alms-*

_box_. DC.-F., III p. 243 col. 2 (ch. a. 1149, Orléans).
**eleemosynator**: 1. _celui qui fait l'aumône — one who gives alms_. Valde elemosinator. Joh. Amalf., Mir., ed. Huber, p. 55. 2. _exécuteur testamentaire — executor_. Quos testes et elemosinatores de mea volo esse sustancia. Prou-Vidier, _Ch. de S.-Benoît-s.-Loire_, I no. 26, p. 70 (a. 876).
**elephantiacus**: *_atteint de la lèpre — suffering from leper_.
**elephantiosus**: *_atteint de la lèpre — suffering from leper_.
**elephantus**: _ivoire — ivory_. Lectionarium elephanto et auro paratum. Ratpert., Cas. s. Galli, c. 10, _SS._, II p. 72 l. 10.
**elegus** (subst.) (gr.): _un misérable — an unlucky person_. Abbo Sangerm., lib. 1 v. 367, ed. Waquet, p. 42. Ibi pluries.
**elevare**: 1. *_hausser, relever, soulager — to lift up, to support, to help_. 2. *_vanter — to celebrate_. 3. passiv. elevari: *_s'élever orgueilleusement — to swell with pride_. 4. *_élever, éduquer — to educate_. 5. _mettre sur le trône — to enthrone_. Omnium consensu ad hoc imperium elevati sumus. Concil. Paris. a. 825, _Conc._, II p. 476. Super Langobardos in regem elevatur. Contin. III ad Paul. Diac., _Scr. rer. Langob._, p. 208 l. 45. 6. _lever_ un impôt — _to levy_ a tax. S. xiii. 7. _lever_ une armée — _to raise_ an army. S. xiv.
**elevatio**: 1. *_ascension du Christ — ascension of Christ_. 2. *_louange — exaltation_. 3. *_arrogance — conceit_. 4. *_éducation — education_. 5. _intronisation — enthronement_.
**elidere**: 1. *_annuler, abroger — to abolish, to cancel_. 2. *_repousser, réfuter — to disallow, to refute_.
**eligere**: 1. *_décider de_ faire qqch., _préférer — to make up one's mind, to prefer_. Eligens armis vincere quam locorum beneficio submovere. Jordan., Getica, _Auct. ant._, V pt. 1 p. 71. Quicquid exinde elegerit faciendi liberam habeat potestatem. _D. Merov._, no. 3 (a. 528). Eadem verba: Wampach, _Echternach_, I pt. 2 no. 107, p. 175 (a. 792/793). Eligimus ut haec series debeat plenius declarare. _D. Merov._, no. 15 (a. 635). Hoc sanctum elegit concilium, ut ... Concil. Toletan. IV a. 633, Mansi, t. 10 col. 635. Quicquid ... de supradictas res ... facere eligeritis, ... habeatis potestatem ad faciendum. Poupardin, _Ch. de S.-Germain-des-Prés_, I no. 24 p. 39 (a. 794). Potius elegit pati exilium. Contin. Lombarda ad Paul. Diac., _Scr. rer. Langob._, p. 219 l. 30. 2. _statuer — to ordain_. Audiat universitas antiquam et electam Susatiensis oppidi justiciam. Keutgen, _Urk. st. Vfg._, p. 139 no. 139 c. 1 (s. xii med., Soest). 3. _prendre un engagement — to pledge oneself_. [Si comes duci] fideliter sicut homo suus ligius non servierit, ipse comes sua libera et spontanea voluntate elegit, quod omnia bona que a domino duce in feudum tenet, in sua sint potestate. Sloet, _OB. Gelre_, no. 400, p. 405 (a. 1202).
**eliminare**: *_écarter — to remove_.
**elimitare** (<elimes): _quitter, évacuer — to leave, to quit_. Dei famulum ... Burgundionum regnum elimitare fecit. V. Deicoli, c. 2 § 10, _AASS._ [3], Jan. II p. 566.
**eliquare**: *_éclairer, expliquer — to make clear_.
**elitigare**, elid-, -icare, -iare (cf. litigare): _avoir gain de cause à tel sujet, obtenir en plein droit — to gain at law, to assert one's right of property_. Si hoc ad eum placitum conjurare potuerit, ipsam hereditatem absque repetitione ipsius hominis omni tempore habeat elitigatam atque evindicatam. F. Turon., no. 39, _Form._, p. 157. Ipso alode contra germanos suos elitigatum atque evindicatum legibus habebat. Ib., no. 41. Fructum ad parte[m] tua[m] elidiatum habere debeas. Cart. Senon., no. 48, p. 206. [Mansum] tam tu ipse quam hereditas tua [i.e. heredes tui] contra tuos germanos et germanas quieto ordine vel elidiato valeas possidere. F. Sal. Bignon., no 10, p. 232. Ipso locello omni tempore habiat evindecatum adque elidiatum. _D. Merov._, no. 66 (a. 693). Ipso farinario elidiato urdine [i.e. ordine] debiant posedire. Ib., no. 78 (a. 710). [Villas] inspectis testamentis contra ipsum G. habeat evindicatas atque elidigatas. _D. Karolin._, I no. 1 (a. 752). Coram rege actores abbatis ipsum teloneum ad integrum elidicaverunt. Ib., no. 88 (a. 774, 775). Res litigiosa nullatenus potest dare neque vendere [i.e. dari neque vendi] antequam elitigetur. Capit. Ludov. Pio vel Loth. adscr., c. 10, I p. 337.
**elmetus, elmus**, v. helm-.
**elocare**: _disloquer — to dislocate_. Elocata manu. Gisleb. Mont., c. 55, ed. Vanderkindere, p. 96.
**elocutio**: *_langage, expression, parole — language, expression, utterance_.
**elogium** (gr.): 1. *_acte d'accusation, crime, grief — charge, impeachment_. 2. *_sentence, condamnation — verdict, conviction_. 3. *_testament — last will_.
**elongare**: 1. *_éloigner, ôter, dénier — to remove, to take away, to deny_. A me ... paterna hereditas nostra erat primo elongata et adhuc etiam abstracta. _Hist. de Fr._, VI p. 399 (a. 814-830). 2. *_prolonger, étendre — to make longer, to extend_. 3. *_prolonger, différer — to prolongate, to delay_. 4. _surseoir — to defer payment_. S. xiii. 5. refl. se elongare et intrans.: *_s'éloigner — to leave_.
**elongatio**: 1. _sursis — deferment of payment_. S. xiii. 2. _suspension d'armes — truce_. S. xiii.
**eloquentia**: 1. *_la capacité de parler — power of speech_. 2. *_langue, idiome — language_. 3. *_diction, manière de parler — manner of speaking_.
**eloquium**: 1. *_langue, idiome — language_. Synodicam in Latino interpretatam eloquio. Concil. Roman. a. 769, _Conc._, II p. 89. 2. *_paroles, discours — words spoken_. 3. divinum eloquium: *_l'Ecriture — the Scriptures_. 4. *_promesse, oracle, prophétie — promise, oracle, prophecy_.
**elucere**: *_devenir clair, ressortir — to become clear, apparent_.
**elucescere**: *_devenir clair, se comprendre — to become clear, to be understandable_.
**elucidare**: *_expliquer, montrer clairement — to explain, to make clear_.
**elusorius** (adj.): _trompeur — fallacious_.
**emanare**, transit.: *_produire, épancher — to issue, to produce_.
**emancipare**: 1. _céder — to surrender_. Omnem ... decimam emancipatam et absolutam ab omni jure, quod ... in ea habere [videretur]. ... determinavit. Muller-Bouman, _OB. Utrecht_, I no. 220, p. 200 (a. 1058). 2. _dégager_ une place forte assiégée — _to relieve_ a besieged place. Suger., V. Ludov. Gr., c. 7, ed. Waquet, p. 32.



**emanuensis**, v. ama-.
**embolis** (gr.): 1. _la phrase finale de l'oraison dominicale — the closing words of the Lord's prayer_. Ordo Rom. V (s. ix ex.), c. 66, ed. Andrieu, II p. 223. Sacram. Gregor., Migne, t. 78 col. 329 A. De eccles. off., lib. 3 c. 29, Migne, t. 105 col. 1148 D. 2. _épilogue, appendice, post-scriptum — epilogue, annex, postscript_. In embolin direxit nobis ... excellentia vestra, praefatum vos D. ammonuisse regem ... Pauli pap. epist. ad Pippin., _Epp._, III p. 549 l. 42. Repperimus in ipsis vestris apicibus embolim. Hadr. pap. epist. ad Carol., ib., p. 620 l. 14.
**embolismus** (gr.): _intercalation, excédant de l'année solaire sur l'année lunaire — intercalary period, the excess of the solar year as compared with the lunar year_. Isid., Etym., lib. 6 c. 17 § 23. Dion. Exig., De rat. pasch., Migne, t. 67 col. 514 C.
**embolium**, embolum: _épilogue, appendice, post-scriptum — epilogue, annex, postscript_. Pauli I pap. epist. ad Pippin., _Epp._, III p. 517, inscr. Pluries in Cod. Carol.
**embolus** (gr.): _établissement commercial_, en ital. „fondaco" — _commercial settlement_. Constantinopolim legatum miserunt pro exigendis scalis et embolo promissis. Caffar., Ann. Genuens., a 1157, ed. Belgrano, I p. 48.
**embrimium**: *_natte — mat_.
**embutum**, v. imbutum.
**emeliorare**: 1. _améliorer, augmenter la valeur_ d'un bien-fonds — _to improve, to increase the value of_ a real property. Quod ibidem addere, adtrahere, conparare aut emiliorare potuero. F. Turon., no. 37, _Form._, p. 156. Quantum res ipsae eo tempore emelioratae valuerint. _D. Arnulfing._, no. 4, p. 94 (a. 706). Cum omni re emeliorata ad vestram revocare faciatis dominacionem. Bruckner, _Reg. Alsat._, no. 125 (a. 735). Cella cum omnibus rebus emelioratis atque superpositis. Warnkoenig-Gheldolf, _Flandre_, I p. 323 (ch. a. 745, S.-Bertin). Tradidi ... colonias 2 de territorio et lucrum meum, quicquid ab eo die adipiscere aut emeliorare possim. Bitterauf, _Trad. Freising_, I no. 93, p. 112 (a. 778-783). Dum advixerint, usu fructuario habeant, et emeliorata dimittant ad loca supradicta. _D. Ludwigs d. Deutsch._, no. 49 (a. 848). [Terra] monachorum usibus restaurata et emeliorata perpetualiter deserviat. _D. Ottos I._, no. 291 (a. 965). 2. _corriger_ moralement — _to mend_. Si aliquid in semetipsis dignum esset emendationis, haud segniter emeliorare studerent. Concil. Ratisbon. a. 932, Martène, _Coll._, VII col. 53.
**emelioratio**: _amélioration_ d'un bien-fonds — _improvement_ of landed property. Quieto ordine cum omni emelioratione teneant et possideant. Duvivier, _Rech. Hainaut_, no. 20, p. 331 (a. 909). Haec omnia cum omni integritate et emelioratione ad ... aecclesiam Cameracensem revertantur. G. pontif. Camerac., lib. 1 c. 54, _SS._, VII p. 421 (ch. a. 874).
**emelioratus** (decl. iv): _amélioration_ d'un bien-fonds — _improvement_ of landed property. [Post vestrum obitum] res suprascripte ad nostram ecclesiam cum omni emelioratu valeant reverti. Muller-Bouman, _OB. Utrecht_, I no. 63, p. 70 (a. 838). Similiter Wampach, _Echternach_, I pt. 2 no. 160, p. 245 (a. 901-902). Cum omni emelioratu aut amplificatione ... valeant reverti. Lacomblet, _UB. Niederrh._, I no. 182, p. 113 (a. 1047).
**emembrare**, v. exmembrare.
**emenda**: 1. _indemnité, dédommagement, réparation_ d'un tort — _indemnification, redress_. Quicquid tulerant ... precedente prius emenda restituerunt. Guill. Brito, Philipp., lib. 1, v. 468, ed. Delaborde, p. 26. 2. _amende — fine_. Non simul habenda est blodwita et fihtwita, duo scilicet emende de una culpa. Leg. Henrici, tit. 94 § 1, Liebermann, p. 610.
**emendabilis**: _qu'on peut réparer par une indemnité — susceptible of indemnification_. Qualitas causarum multa est: emendabilium et non emendabilium. Leg. Henrici, tit. 9 § 1, Liebermann, p. 554.
**emendare**: 1. _réparer, refaire, rétablir — to repair, to mend, to restore_. Vias et portoras vel pontes ... pleniter emendate esse debeant. Pippini capit. Pap. a. 787, c. 9, I p. 199. Domus ecclesiarum et tegumenta ab eis fiant emendata vel restaurata. Concil. Franconof. a. 794, c. 26, _Conc._, II p. 169. Lucos nostros, quos vulgus brogilos vocat, ... ad tempus semper emendent. Capit. de villis, c. 46. Ecclesiae et cappellae, quae in vestra parrochia sunt, emendentur. Pippini capit. Ital. (a. 801-810), c. 7, I p. 210. Ad retia piscatoria emendanda vel ordinanda. Const. de partit. s. Dion. a. 832, _Conc._, II p. 692. 2. _améliorer, augmenter — to improve_ a real property. Loca ipsa sibimet concessa profectibus et emendationibus augmentando provehat et emendet. _D. Ludwigs d. Deutsch._, no. 67 (a. 853). Si ... aliquid in halla illa edificaverit vel emendaverit. Hoeniger, _Koelner Schreinsurk._, I p. 86 c. 6 (a. 1163-1172). 3. _perfectionner — to improve_ an institution. Episcopos quos in vicem metropolitanorum constituimus, ut ceteri episcopi ipsis in omnibus oboediant ..., interim quod secundum canonicam constitutionem hoc plenius emendamus. Concil. Vern. a. 755, c. 2, _Capit._, I p. 33. Ubi opus est, sua monasteria emendare procurent. Pippini capit. Ital. (a. 801-810), c. 3, p. 209. 4. _compenser, fournir une indemnité pour la perte de_ qqch. — _to compensate, to make up for the loss of_ a thing. Si servus [vi] tonsoratus ad gradus ecclesiasticos pervenerit, domino suo per legem emendetur. Concil. a. 813, append., c. 12, _Conc._, II p. 299. Seipsum pretio 5 den. singulis annis super altare s. Petri delegavit ea lege, ut si eundem censum tribus annis persolvere neglexerit et in quarto per totum non emendaverit ... Trad. s. Petri Juvav., no. 9 (a. 987-1025), Hauthaler, _Salzb. UB._, I p. 258. 5. _réparer_ le tort fait par un autre, _rétablir le droit, rendre la justice — to set right_ a wrong done by another person, _to restore things to due order, to adjudicate_. Cumta [i.e. cuncta] que ... perpetraverant, emendandum spopondit. Fredeg., lib. 4 c. 78, _Scr. rer. Merov._, II p. 160. Ibi saepe. Considera quomodo singuli circa te loquantur pro stabilitate patriae, pro causis emendandis. Exhort. ad Franc. reg., Migne, t. 87 col. 653. Si quis aliquem post finitam causam et emen-

datam mallare voluerit, post testes tractos et emendationem datam. Lex Alamann., tit. 94. Ea quae emendanda fuerant ... correxit. Ann. Mett. pr., a. 741, ed. SIMSON, p. 31. Quod si aliquis [incestus] ista omnia [sc. excommunicationem] contempserit, et episcopus hoc minime emendare potuerit, regis judicio exilio condamnetur. Concil. Vern. a. 755, c. 9, *Capit.*, I p. 35. Si tale aliquit esset, quod ipsi [missi regis] per se cum comitibus provincialibus emendare et ad justitiam reducere nequivissent. Capit. missor. gener. a. 802, c. 1, p. 92 l. 19. [Missi regis] de justitiis ... inquirant ... Et quodcumque ad emendandum invenerint, emendare studeant. Capit. missor. Paris.-Rotom. a. 802, c. 19, p. 101. Legatos mitteremus, qui omnia pravorum comitum facta diligenter investigarent et, ubi aliquid injuste factum invenirent, emendare et ad justitiam revocare contenderent. F. imper., no. 14, *Form.*, p. 296. Abbates tales constituantur ut, quandoque fratrum neglegentia acciderit, omnino cognoscere possint et emendare. Concil. Roman. a. 826, c. 27, *Conc.*, II p. 578. Nullus ... res pauperum ... tollere audeat ... Ubicumque autem aliter inventum fuerit, factum hoc omnino emendetur. Capit. e concil. exc. (a. 826/827?), c. 2, I p. 312. Advocati ministerii rei veritatem inquirere studeant et emendant. *D. Ludwigs d. Deutsch.*, no. 64 (a. 853). **6.** *réparer* un tort qu'on a fait, *redresser, donner satisfaction pour* un préjudice — *to make good, to redress* a wrong you have done, *to atone*. Si judex alequem contra legem injuste damnaverit, ... quod perpere judicavit ... emendare procuret. Chloth. I praec., c. 6, *Capit.*, I p. 19. Si ipsos [racemburgios] convincere potuerit quod legem ei non judicassent, secundum legem contra ipsum emendare faciat [leg. faciant]. Pippini capit. (a. 754-755), c. 7, p. 32. Nemo alterius erbam defensionis tempore tollere praesumat ... Et qui aliter facere praesumit, emendet. Capit. Harist. a. 779, c. 17, p. 51. Si comis aut missus ... [injustitiam] fecit, ... [rex] plenissime haec emendare vult. Capit. missor. (a. 792 vel 786), c. 5, p. 67. Quod si de his statutis atque convenientiis aliquid ... fuerit irruptum, praecipimus ut quam citissime secundum justitiam emendare studeant. Div. regn. a. 806, c. 16, p. 129. **7.** *expier* un méfait, *payer à la partie lésée l'indemnité légale pour* un tort ou un acte de violence — *to expiate, to atone for* an offence, *to pay to the injured party the compensation required by law for* a wrong or an act of violence. Conjurare deberet, quod servicium ei nonquam redebibet. Sin autem non potuerit, hoc inmendare [i.e. emendare] studiat. F. Andecav., no. 10, *Form.*, p. 8. [Se] excusare deberit [de crimine pecudum laesorum]. Sin autem non poterit, quicquid lex de tale causa etdocet [i.e. edocet], emendare stodiat. Ib., no. 24, p. 12. [Illum] constringatis, qualiter causa[m] contra illo legibus studeat emendare. MARCULF., lib. 1 no. 27, p. 60. Quicquid lex de tale causa debuerit, ille partibus ipsius hominis conponit atque emendare studeat. Cart. Senon., no. 26, p. 196. Ego non habeo unde ipsos facinus [i.e. ipsa facinora] emendare vel satisfacere dębeam. F. Senon. rec., no. 6, p. 211. Legibus contra quem injuste fecit secundum penam quam intulit, emendetur [v. l. melior: emendet]. Capit. Harist. a. 779, c. 11, I p. 49 col. 1. Ille homo qui hoc malum fecit, hoc quod ad ipsum hominem tulit, ei secundum suam legem emendet. Pippini capit. Pap. (a. 787), c. 4, p. 199. Perpetratum malum ad propinquos extincti digna conpositionem [i. e. compositione] emendet. Capit. missor. gener. a. 802, c. 32, p. 97 l. 22. [Presbyter] si plagatus fuerit, secundum qualitatem vel quantitatem plagarum vel disciplinae tripla compositione emendetur ab eo qui hoc perpetraverit. Karoli ad Pipp. epist. (a. 806-810), p. 212 l. 19. Si servus ... ad excusandum aut ad emendandum judicatus fuerit. Capit. de latron. (a. 804-813), c. 7, p. 181. Tripla conpositione secundum legem et secundum ewam contra eum emendare studeat. Karoli M. capit., c. 6, p. 160. Homicidium ... simili modo emendetur vel conponatur. Capit. legib. add. (a. 818/819), c. 1, p. 281. **8.** *payer en guise de composition ou d'amende — to pay by way of composition or fine.* Quod si accusator contendere voluerit de ipso perjurio ... et si jurator vicerit, legem suam [i. e. weregildum] accusator emendet. Capit. Harist. a. 779, c. 10, p. 49 col. 1. Per mortem [i. e. pro morte] ejus emendentur 60 uncie auri. Usat. Barchin., usualia (ca. a. 1058), c. 5, WOHLHAUPTER, p. 180. Fecit quoddam bellum [i. e. duellum] injuste, quia cecidit; et consuetudinem quam victi emendare solent vicario emendavit. BERTRAND, *Cart. d'Angers*, I no. 226, p. 270 (a. 1055-1093). **9.** aliquem: **châtier, corriger, punir — to chastise, to correct, to punish.* Cauculatores nec incantatores ... non fiant; et ubicumque sunt, emendentur vel damnentur. Admon. gener. a. 789, c. 65, *Capit.*, I p. 59. [Feminae velatae viris copulatae] providentia episcopi emendentur. Concil. Roman. a. 826, c. 29, *Capit.*, I p. 375. Malus [sacerdos] ... pro qualitate culpae secundum canonum normam emendari curetur. Ib., c. 20, p. 374. **10.** intrans.: **se corriger — to amend.* Benedicti regula, c. 4 sq. Quos Deus maledixit, nos nisi emendatos benedicere non possimus. Concil. Aurel. a. 538, c. 11, *Conc.*, I p. 77. Si [monachi] voluntate delinquunt et emendaverint per eorum [sc. abbatum] admonitionem, bene; quod si noluerint ... Ludov. Pii capit. de insp. monast., c. 2, I p. 322.

**emendatio**: **1.** *perfectionnement, réforme — bringing to perfection, reform.* Oportet nos cunctis ejus [sc. ecclesiae] necessitatibus ... consulere, quatenus in ejus emendatione ... elaborantes ... [a Christo] aptari mereamur. Ludov. Pii prooem. gener. ad capit., I p. 274 l. 20. Lagam regis Eadwardi vobis reddo cum illis emendationibus, quibus pater meus eam emendavit. Henrici I reg. Angl. ch. a. 1100, c. 13, LIEBERMANN, p. 522. **2.** *résipiscence, le fait d'être ramené dans la bonne voie, de se corriger — repentance, turning from sin.* Spe emendationis futurae mitiorem esse velimus correctionis injuriam. Coll. Avell., *CSEL.*, t. 35 p. 52 l. 13. Inimicus ecclesiae ab ejus liminibus arceatur, quousque ... digna per indictam paenitentiam emendatio subsequatur. Concil. Aurel. a. 541, c. 21, *Conc.*, I p. 92. Excommunicetur usque ad emendationem. Concil. Vern. a. 755, c. 13, *Capit.*, I



p. 36. [Incantatores] salventur in carcere, usque dum Deo inspirante spondeant emendationem peccatorum. Stat. Rhispac. a. 799/800, c. 15, p. 228. [Clericus] qui neglegens aut desidiosus inde [sc. in officio suo exsequendo] fit, condigna satisfactione usque ad emendationem congruam constringatur. Capit. de exam. eccl. (a. 802), c. 1, p. 110. Ut homines boni generis, qui infra comitatum inique vel injuste agunt, in praesentia regis ducantur; et rex super eos districtionem faciat carcerandi, exiliandi usque ad emendationem illorum. Capit. Aquisgr. (a. 801-813), c. 12, p. 171. [Tyrannus] semel, bis et ter de sua emendatione commoneatur. Ordin. imp. a. 817, c. 10, p. 272. **3.** *rétablissement du droit, redressement des torts, l'action de rendre la justice — reestablishment of law, redress of wrongs, administration of justice.* Ubi aliquid inultum esse credimus, sic ad emendandum ... certamen habeamus, ut ... hoc ad emendationem perducamus. Capit. missor. gener. a. 802, c. 40, p. 98. Si episcopus ... emendatione digna non emendaverit. Capit. Olonn. eccles. II a. 825, c. 6, p. 328. De minoribus causis, quae generaliter omnes, specialiter aliquos tangunt et indigent emendatione. Ludov. II imp. commonit. Pap. (a. 845-850), II p. 80. **4.** *indemnité — indemnification.* Usque ad legitimam emendationem de pretio taxato pervenire valeant. F. Salzburg., no. 64, *Form.*, p. 454. **5.** *composition, expiation — composition, atonement.* Si unum eorum [sc. oculus, manus, pes] abscisum fuerit, medietas wirigildi, si ambo, integritas pro facti emendatione conponatur. Capit. Ital. a. 801, c. 5, I p. 205. Ubi ... homicidia contingant, statim reus ad suam emendationem recurrat totaque celeritate perpetratum malum ad propinquos extincti digna conpositione emendet. Capit. missor. gener. a. 802, c. 32, p. 97. Simul cum emendatione dominicum bannum componat. Capit. missor. Attiniac. a. 854, c. 6, II p. 278. Si ipsi per se constringere ad emendationem illos non potuerint, constitutis missis nostris renuntient. Capit. Pap. a. 876, c. 13, p. 103. Si in itinere presbiteri spoliantur vel vulnerantur aut occiduntur sine stola, simplici emendatione solvantur; si cum stola, tripliciter. Concil. Tribur. a. 895, extrav., c. 7, p. 248. **6.** *châtiment, punition — chastisement, punishment.* Majori subjaceat emendationi. Benedicti regula, c. 46. Ubicumque [collectae ad maleficiendum] factae fuerint, digna emendatione corrigantur. Capit. missor. Wormat. a. 829, c. 10, II p. 16. Eum [qui rapinam fecit] ad legalem emendationem in praesentiam nostram adducat. Karlomanni capit. Compend. a. 883, c. 3, II p. 371. **7.** *amende — fine.* Si super [i. e. contra] bannum in domum suum intrare praesumpserit, aut sol. 10 aut unum bovem pro emendatione ipsius banni conponat. Capit. de part. Saxon. (a. 775-790), c. 27, I p. 70. Debitum imperialem et emendationem emunitatis reddere. BITTERAUF, *Trad. Freising*, I no. 184 b p. 176 (a. 802). [Qui latronem defenderint] debitam disciplinam inde sustineant et emendationem inde congruam faciant. Capit. missor. Silvac. a. 853, c. 7, II p. 273. Omnium placitorum de quibus nominatim inplacitabatur incurrit emendaciones. Leg. Henrici, tit. 50 § 1, LIEBERMANN, p. 573. Restabant rei regi pro libito suo [sc. regis] sine certa emendatione. Ps.-Cnut de foresta, c. 26, ib., p. 624. Emendationes forisfactorum de communia debent custodire per annum quatuor jurati. Phil. Aug. priv. pro Tornacens. a. 1188, *Actes Phil.-Aug.*, no. 224, c. 28. **8.** *délit amendable — finable offence.* Si alius de alio clamorem fecerit, et alter erga alterum nullam fecerit emendationem, nihil pro his nobis aut preposito erit emendaturus. Ludov. VII reg. Fr. priv. pro Lorriac. a. 1155, c. 12, ed. PROU, *RHDFE.*, t. 8 (1884), p. 447.

**emensurare**: *arpenter — to survey.* [Agrum] emensurarent subtiliter cum pertica. WIDEMANN, *Trad. S.-Emmeram*, no. 78, p. 72 (ca. a. 875-882).

**emensus** (adj.): *arpenté — surveyed.* Hobas 3 pleniter emensas. *D. Ludwigs d. Deutsch.*, no. 103 (a. 861).

**ementiri**: *manquer à sa parole — to belie one's word.* Si quis ... cogatur injuste [ad promittendum] vel ad proditionem domini vel injustum aliquod adjutorium, rectius est hoc ementiri quam implere. Leg. Aelfred, tit. 1 § 1, vers. Quadrip., LIEBERMANN, p. 47 col. 1.

**emergentia** (neutr. plural. et femin. singul.): *revenus fortuits — casual revenue.* S. xiii.

**emergere**: **se produire, arriver, se présenter — to happen, to appear.*

**emphyteusis** (gr.): **bail à perpétuité ou à long terme — long lease.*

**emphyteuticarius** (adj.): **emphytéotique — of a long lease.* Subst. mascul **emphyteuticarius**: *emphytéote — long-term leaseholder.* Subst. femin. **emphyteuticaria**: *charte qui concerne une emphytéose — deed concerning an emphyteusis.* Nec per libellum nec per emphyteoticariam. *D. Berengario I*, no. 12 p. 44 (a. 894).

**emphyteuticus** (adj.): **emphytéotique — of a long lease.*

**emina** = hemina.

**eminalis,** v. heminalis.

**eminare**: *chasser — to drive away.* Aut placantur barbari, aut fugantur eminati tam Salvatoris scriptis quam orationibus s. Thomae apostoli. ORDERIC. VITAL., lib. 2 c. 8, ed. LEPRÉVOST, I p. 319.

**eminata,** v. heminata.

**eminentia.** Loc. eminentia vestra: *titre honorifique — title of honour.* D'un exarque — of an exarch: GREGOR. M., lib. 1 epist. 59, *Epp.*, I p. 82. Lib. diurnus, c. 62, ed. SICKEL, p. 57. D'un évêque — of a bishop: LUP., epist. 119, ed. LEVILLAIN, II p. 180.

**emissarius** (adj.). Loc. equus emissarius: **étalon — stallion.* Subst. mascul. **emissarius**: *étalon — stallion.* GREGOR. M., lib. 9 epist. 8, *Epp.*, II p. 46.

**emissio**: **1.** **peste bubonique — bubonic plague.* **2.** *ruse, complot — treachery, crafty plan.* GREGOR. TURON., Hist. Franc., lib. 4 c. 11; lib. 10 c. 25. **3.** *expédition* d'une charte — *copy* of a charter. Haec condictio concambii tali ratione acta est, ut deinceps utraque pars pro possessione propria firmitatis emissionem habeat. WARTMANN, *UB. S.-Gallen*, I no. 514 (a. 865).

**emissus** (adj.): *trompeur — deceitful.* Si quis ... aut nos aut ullus de haeredibus nostris

vel quislibet vel ulla emissa persona contra cessionem istam ... repetere voluerit. THÉVENIN, *Textes*, no. 57 (a. 749, Flavigny). Similia BITTERAUF, *Trad. Freising*, I no. 23, p. 52 (a. 765).

**emittere**: **1.** **envoyer* une lettre, *émettre* un ordre — *to send* a letter, *to issue* an order. **2.** *figurer comme auteur* d'une charte — *to issue* a charter or deed. Hanc precaria[m] vobis emittemus [i.e. emittimus]. MARCULF., lib. 2 no. 5, *Form.*, p. 78. Hanc securitatem tibi emisimus. F. Bituric., no. 4, p. 170. Petisti me ut tivi exinde cartula venditionis etmittere [!] devere [i.e. deberem]. SCHIAPARELLI, *CD. Longob.*, I no. 46 p. 153 (a. 730, Pisa). Conplacuit atque convenit Reginboldum ... ut cum Grimaldo abbate ... pari modo concambii sui emitterent firmitates, quod et ita fecerunt. WARTMANN, *UB. S.-Gallen*, II no. 405 (a. 848). Preceptum a quondam domno Hlothario imperatore emisso. *CD. Langob.*, no. 291 col. 496 A (a. 879). In tali tinore hanc cartulam ego A. emitere videor, qualiter hic supra continuerit. Ib., no. 331 col. 556 D (a. 885). **3.** *délivrer* une charte (se dit du notaire qui l'a dressée) — *to hand over* a deed (speaking of the notary who drew it up). Ego G. pos[t] traditione[m] conplevi et emisi. SCHIAPARELLI, *CD. Longob.*, I no. 92 p. 266 (ch. a. 746). Item ib., II no. 141 p. 46 (a. 760). Hanc epistolam tibi emittendam decrevimus. F. Turon., no. 34, *Form.*, p. 155. **4.** *concéder* — *to grant*. De rebus partem nobis emiserunt. *CD. Cavens.*, I p. 22 (a. 842). Clauso [i. e. clausum] te [i. e. tibi] emisit. Ib., p. 117 (a. 882). Cortem ... emissa[m] a rege. *D. Ugo*, no. 20 p. 57 (a. 929). **5.** refl. se emittere: *rebeller, s'opposer* — *to stand up against, to oppose*. Ut nullus eorum se contra presentem ... ordinationem emittere debeant. SCHIAPARELLI, *CD. Longob.*, II no. 231 p. 292 (a. 769, Pavia).

**emmanuensis**, v. ama-.

**emologare** = homologare

**emolumentum**: *résultat, progrès, achèvement* — *effect, progress, achievement*.

**emonere**: *réclamer* — *to claim*.

**emparare** et derivata, v. ampar-.

**emplastrare**, vulnus: *emplâtrer* — *to plaster*.

**emptio**: **1.** *chose achetée* — *what has been purchased*. Omnes suas emptiones tam in terris quam in vineis quam etiam in pratis, et insuper omnia que habebat Deo et s. Albino tradidit. BERTRAND, *Cart. d'Angers*, I no. 263, p. 304 (a. 1060-1067). **2.** *droit de relief, de mutation* d'une censive — *relief* of a leasehold. Emptionem que vulgo dicitur cop. PRUVOST, *Cart. de Bergues-S.-Winnoc*, p. 118 sq. (a. 1160).

**emptor**: **1.** *marchand* — *merchant*. Omnem teloneum ab itinerantibus et undique confluentibus emptoribus atque de omni negotio. *D. Ottos I.*, no. 148 (a. 952). Negotiatores et habitatores ejusdem loci ea lege utantur, qua ceteri emptores Trotmanniae ... utuntur. *D. Ottos III.*, no. 66 (a. 990). **2.** *fermier d'impôts* — *tax-farmer*.

**aemulari**: **1.** **être plein de zèle* — *to be zealous*. **2.** **se mettre en colère* — *to be angry*.

**aemulatio**: **1.** **ferveur, zèle ardent* — *ardent zeal*. **2.** **indignation* — *indignation*. **3.** **hostilité* — *hostility*.

**aemulus** (adj. et subst.): **ennemi, adversaire* — *enemy, contrary*.

**emunctorium**: **mouchettes* — *snuffer*.

**emundare**: **1.** **guérir* — *to cure*. **2.** **purifier* un lieu rituellement — *to purify* by ritual. **3.** **purifier* l'âme — *to purify* the soul. **4.** *se purger* d'une inculpation — *to purge oneself* of an impeachment. Si ... [accusatus] in emundando misseveniat [i. e. deficit]. Leg. II Cnut, tit. 53 § 1, vers. Quadrip., LIEBERMANN, p. 349 col. 1.

**emundatio**: **1.** **guérison* — *healing*. **2.** **purification* de l'âme — *purification* of the soul. **3.** *l'action de se purger* d'une inculpation — *purgation* from an impeachment. Sicut omnium una est inculpatio, una emundatio vel emendatio sit. Leg. Henrici, tit. 48 § 2, LIEBERMANN, p. 571. Ibi pluries.

**emundator**: *fourbisseur* — *blade-smith*. Si quelibet arma politori vel emundatori commissa sint. Leg. Henrici, tit. 87 § 3, LIEBERMANN, p. 601.

**emunis**, v. immunis.

**emunitas**, v. immunitas.

**en-**, v. etiam in-.

**enarrare**: **1.** **dire, expliquer* — *to speak of* a thing, *to explain*. **2.** **vanter, prêcher* — *to praise, to preach*.

**encaustum**, inc-, -autum (gr.): **encre* — *ink*.

**encaeniare** (<encaenium): **1.** *bénir* une église — *to consecrate* a church. [Floriacense coenobium] infra biennium est instauratum et enceniatum. *Hist. de Fr.*, X p. 215 C (a. 1013). Has reliquias ... adduxit et cum eisdem ecclesiam metropolitanam ibidem V kal. Martii enceniavit. Transl. Alexandri in monast. Hallense (a. 1146), *SS.*, XXX p. 955 l. 31. **2.** *inaugurer* un bâtiment profane — *to inaugurate* a secular building. Enceniavit in Wintonia urbe arduam turrim, quae tum noviter erat sita. AETHELWEARD., Vers. Lat. chron. Anglosax. (s. x ex.), lib. 4 c. 4, PETRIE, *Mon. Brit.*, I p. 519 C.

**1. encaenium** (neutr.), encaenia (neutr. plural. et femin. singul.), encaeniae (femin. plural.) (gr.): **dédicace, consécration* d'une église — *dedication, consecration* of a sanctuary.

**2. encaenium** = exenium (par confusion — by mistake).

**encyclia** (neutr. plural.) (gr.): **lettre circulaire* d'un pape ou d'un concile — *circular letter* of pope or council. Pelagii II pap. epist. a. 585 586, *Epp.*, II p. 447 l. 15. Rursum ejusdem epist. a. 586, ib., p. 451 l. 13. VICTOR TONN., Chron., *Auct. ant.*, XI p. 188 l. 3. V. secunda Amandi, *Scr. rer. Merov.*, V p. 455 l. 17.

**encyclicus** (adj.) (gr.). Loc. epistola encyclica: *lettre circulaire* — *circular letter*. Hormisd. pap., epist. 149, THIEL, p. 987. LIBERAT., Breviar., c. 16, MIGNE, t. 68 col. 1019 B. RUSTIC., Contra Aceph., MIGNE, t. 67 col. 1251 D.

**encliticus** (subst.) (gr.): *homme courbé* — *curvate person*. Mir. Eadmundi, MARTÈNE, *Coll.*, VI col. 828.

**encolpium** (gr.): *petit reliquaire* porté au cou — *small reliquary*, warn hanging on a necklace.

**encombrare**, v. incombrare.

**endegus**, endius, v. indicus.

**endicum**, endigum, v. indicum.



**endothis** (gr.): *devant d'autel* — *altar-cloth*. AGNELL., *Scr. rer. Langob.*, p. 66; p. 155.

**enecare**, enegare (trans.): *noyer* — *to drown*. ENNOD., Carm., *CSEL.*, t. 6 p. 141 l. 28.

**aeneolus**, aeniolus (cf. voc. eneum): *chaudron* — *kettle*. V. Aldegundis (s. viii?), MABILLON, *Acta*, II p. 814.

**energumenus** (gr.): **possédé du démon, épileptique* — *possessed by a demon, epileptic*.

**eneum**, aeneum (subst.) = aënum.

**eneus** (adj.) = aëneus, aënus.

**enganum**, engannum (ital. *enganno* <ingenium): *dol, fraude* — *deceit, fraud*. Sine engano omni malo ingenio. GERMAIN, *Cart. Montpellier*, no. 40 p. 70 (a. 1090).

**enim**: **mais, or* — *but, now*.

**enixus** (adj.): **(de prières) instant* — (of a request) *insistent*.

**enna**: *queue* d'une charte — *thong* of a charter.

**enormis**: *immoral, criminel, impie* — *immoral, wicked, heinous*.

**enormitare**: *pécher* — *to sin*. Ne recedens ab ea justitia, contra eam enormitet. ROBERT., V. Forannani (a. 1130-1145), *AASS.*, Apr. III p. 817.

**enormitas**: **excès, énormité morale, péché mortel* — *misconduct, enormity, mortal sin*.

**ensifer**: *porte-glaive* — *sword-bearer*. Signifero suo ..., pincerne ..., dapifero ..., ensifero. Lib. de comp. Castri Amb., HALPHEN-POUPARDIN, *Chron. d'Anjou*, p. 10. Consentientibus omnibus comitibus Boemie factus est B. ensifer avunculi sui [ducis]. COSMAS, lib. 3 c. 9, ed. BRETHOLZ, p. 170.

**entheca** (gr.): **1.** **trésor, caisse* — *treasure, cash*. **2.** **magasin, dépôt* — *store*. **3.** *coffre* — *trunk*. **4.** *malle, sac de voyage* — *travelling-bag*. Ruodlieb, fragm. 1 v. 19. Ibi pluries.

**entitas**: *entité* — *entity*.

**entorticium**: *cierge* — *taper*. S. xiii.

**entrata**, v. intrata.

**enuchus** = eunuchus.

**enucleatim**: **d'une manière nette, exactement* — *precisely, exactly*.

**enudare**: **mettre à nu, vider, dépouiller* — *to strip, to bare*.

**enutrire**: **1.** **éduquer* — *to bring up*. Qui me dulciter enutrivit. Test. Bertichramni a. 615, PARDESSUS, I no. 230, p. 209. Ego in propria domo enutrivi eum de propriis meis mancipiis natum. Lex Baiwar., tit. 16 § 14. **2.** passiv. enutriri: *grandir* — *to grow up*. In [Willibrordi] honore et regimine ab ineunte puericia canonice adultus enutritus sum. WAMPACH, *Echternach*, I pt. 2 no. 164, p. 255 (a. 907/908).

**enutritor**: *educateur* — *tutor*. Trium enutritor regum. Cron. s. Petri Erford. mod., a. 1208, HOLDER-EGGER, *Mon. Erphesf.*, p. 206.

**enxenium**, v. exenium.

**eoa**, v. ewa.

**epactae**: **les épactes* — *epacts*.

**epar, epaticus** = hepar, hepaticus.

**ependytes** (gr.): **vêtement de dessus* de moine — monk's *upper garment*.

**epiphania** (neutr. plural. et femin. singul.) (gr.): **1.** **manifestation* du Christ — *appearance* of Christ. **2.** **Epiphanie*, la fête de l'Adoration des Mages — *Epiphany*.

**epilepsia**, epilensia (gr.): *épilepsie* — *epilepsy*.

**epilepticus** (subst.) (gr.): **un épileptique* — *an epileptic*.

**epilogare**: *résumer, conclure* — *to summarize, to sum up*.

**epilogium** (gr.): *résumé, conclusion* — *summary, conclusion*. FORTUN., Carm., praef. c. 1, *Auct. ant.*, IV pt. 1 p. 1 l. 5.

**epilogus**: **1.** *résumé* — *summary*. V. Drausii (s. x), c. 3, *AASS.* [3], Mart. I p. 409 D. Sermo de s. Valentino (s. xii?), c. 2, ib., Maji VII p. 536 C. **2.** *épitaphe* — *epitaph*. Versibus hexametris epilogum brevem super illo edidi. ORDER. VITAL., lib. 12 c. 32, ed. LEPRÉVOST, IV p. 437.

**episcopalis**: **qui concerne un évêque ou des évêques, épiscopal* — *concerning a bishop or bishops, episcopal*. Subst. mascul. **episcopalis**: *fils d'un évêque* — *a bishop's son*. DC.-F., III p. 276 col. 1 (ch. a. 1017, Marseille). Subst. neutr. **episcopale**: **1.** *livre liturgique à l'intention de l'évêque* — *bishop's liturgical book*. Que ex episcopali nostro decerpta huic scede ... videbantur ... preponenda. V. et transl. Landoaldi (a. 980), GYSSELING-KOCH, *Dipl. Belg.*, no. 138 p. 236. **2.** *messe pontificale* — *pontifical Mass*. Cantatur episcopale aut sacerdotale sive diaconile. Ordo Mediol. (ca. a. 1130), MURATORI, *Ant.*, IV col. 893. Nullus archiepiscopus vel episcopus in Rotomagensi parrochia absque tuo vel successorum tuorum assensu audeat episcopalia celebrare. Priv. Eugenii III pap. a. 1148, PFLUGK-HARTTUNG, *Acta*, I no. 221 p. 203. **3.** plural. episcopalia: *les insignes de la dignité épiscopale* — *the episcopal insignia*. Episcopalia a M. metropolitano episcopo consecutus est. Synod. Francon. a. 794, c. 10, *Capit.*, I p. 75.

**episcopaliter**: *en évêque, à la manière d'un évêque* — *as a bishop, in the way of a bishop*. Ps.-FORTUN., V. Leobini, c. 19 § 62, *Auct. ant.*, IV pt. 2 p. 79. Hoc episcopi episcopaliter ... consilio canonico tractent. Capit. Tolos. a. 844, c. 7, II p. 257. Eum satis episcopaliter ... de salute admonet animae. FLODOARD., *Hist. Rem.*, lib. 3 c. 10, *SS.*, XIII p. 484 l. 3.

**episcopare**: **1.** intrans., et refl. episcopari: *être évêque* — *to be a bishop*. *CIL.*, V no. 7136. DIEHL, *Inscr.*, no. 1033; no. 1058a. Erat ibi [Papia] eo tempore s. Theodorus episcopus, qui tunc ibi episcopabat. Chron. Novalic., lib. 3 c. 14. Qui volunt episcopare. PETR. DAMIANI, lib. 1 epist. 10, MIGNE, t. 145 col. 453 C. Eum ... episcopari ecclesia Romana nulla ratione permiserit. ARNULF. LEXOV., epist. 42, MIGNE, t. 201 col. 72 B. **2.** aliquem: *faire évêque* — *to make* one *a bishop*. Ne quibuslibet episcopandis cito manus imponam. FULBERT., epist. 23, *Hist. de Fr.*, X p. 455 C. Nefas sit alium episcopari nisi quem constiterit in curte regia evagari. ANSELM., G. episc. Leodiens., c. 50, *SS.*, VII p. 219 l. 42. In puerili aetate ad episcopandum minime videbatur ydoneus. ARNULF. MEDIOL., lib. 1 c. 3, *SS.*, VIII p. 7. **3.** ecclesiam: *ériger en évêché* — *to transform into a bishopric*. Apostolice sedis legatus ... ecclesiam Nauli episcopavit. BARTHOL. SCRIBA, Ann. Genuens., lib. 6, a. 1239, ed. BELGRANO-IMPERIALI, III p. 94.

**episcopatus** (decl. iv): **1.** **dignité d'évêque* — *dignity of a bishop*. E. g.: MARCULF., lib. 1 no. 5, *Form.*, p. 45. **2.** **épiscopat, exercice des fonctions épiscopales* — *episcopate, tenure of a bishopric*. Ego L. episcopus Eduorum sep-

timo episcopatus mei anno ... Test. Leodegarii a. 676, PARDESSUS, II no. 382 p. 173. Res quas [episcopus] aut ante episcopatum aut certe in episcopatu hereditaria successione adquisivit. Concil. Paris. a. 829, c. 16, *Conc.*, II p. 623. Antequam vigesimum secundum sui episcopatus expleret annum. FLODOARD., Ann., a. 922, ed. LAUER, p. 10. **3.** *évêché, siège épiscopal — bishopric, see.* E. g.: Illos presbyteros qui ad illum episcopatum obtingunt. Concil. Vern. a. 755, c. 21, *Capit.*, I p. 37. **4.** *église cathédrale — cathedral.* Hanc basilicam tradidit in episcopatum s. Marie in manus A. episcopi; sive etiam quicquid aliud de propria hereditate habuit, totum ex integro s. Marie semper virgini tradidit. BITTERAUF, *Trad. Freising*, I no. 54 p. 82 (ca. a. 772-780). Sive in episcopatibus seu in monasteriis aut per universas sanctas ecclesias. Ann. Lauresham. a. 802, *SS.*, I p. 39. In ordine episcopatus s. Euphemiae, quae est edificata infra ista civitate Cumo. *CD. Langob.*, no. 454 col. 784 B (a. 914). **5.** *l'ensemble des bâtiments claustraux rattachés à une église cathédrale — the aggregate chapter buildings adjoining a cathedral.* Ad episcopatum reverteretur. V. Cerbonii (s. vii), UGHELLI², III col. 708 B. De conversatione clericorum in episcopatu disposita, quid aliud quam ut canonice degant dicendum est? Episc. relat. (post a. 821), c. 3, *Capit.*, I p. 369. **6.** *diocèse — diocese.* Quo defuncto episcopatus provinciae illius in duas parrochias divisus est. BEDA, Hist. eccl., lib. 5 c. 18. Ecclesia baptismalis pertinens ad suum episcopatum. *D. Karolin.*, I no. 197 (a. 801). Nihil sine licentia episcopi sui praesumant in unoquoque episcopatu. Concil. Mogunt. a. 813, c. 9, *Conc.*, II p. 262. Cum episcopus episcopatum circumeundo perrexerit. Concil. Tribur. a. 895, c. 9, *Capit.*, II p. 218. Mansum situm in pago Matisconense ... etiam unum campum in eodem episcopatu. BERNARD-BRUEL, *Ch. de Cluny*, I no. 122 (a. 910-927). Omnis honor praedictus est in episcopatu Narbonensi. *Hist. de Languedoc³*, V pr. no. 67 col. 174 (a. 936). ERHARD, *Reg. Westfal.*, I CD. no. 128 p. 100 (a. 1037). Episcopus Trajectensis, eo quod in suo episcopatu idem predium jaceat, decimam sibi vendicaret. MULLER-BOUMAN, *OB. Utrecht*, I no. 220 p. 200 (a. 1058). Si fuerit capitali censu subditus alicui ecclesiae hujus episcopatus. WAITZ, *Urk. dt. Vfg.*, no. 2 (a. 1069, Toul). In provincia Francia in episcopatu Nemetensi in pago W. dicto. *D. Heinrichs IV.*, no. 280 (a. 1075, spur. s. xi ex.). Dedit ... paredas omnium ecclesiarum ... que habentur in episcopatu Autissiodorensi. G. pontif. Autissiod., c. 49 (s. xi), ed. DURU, p. 391. Cuidam in suo episcopatu abbatissae. BRUNO, Bell. Saxon., c. 3, ed. WATTENBACH, p. 3. **7.** *l'ensemble des domaines et des autres droits profitables qui se rattachent à un évêché — the whole of the estates and other profitable rights belonging to a bishopric.* Neque hominibus ipsius episcopati distringendum. *D. Karolin.*, I no. 147 (a. 782). Res que ... episcopus ex ratione episcopatus sui s. Vincentii ... apud W. comiti ... inter se concambiaverant. RAGUT, *Cart. de Mâcon*, no. 55 p. 43 (a. 825). Quandam abbatiam ... ex rebus videlicet episcopatus sui ... reaedificavit. D. Ludov. Pii a. 830, BOUGAUD-GARNIER, *Chron. de S.-Bénigne de Dijon*, p. 254. Addidimus supradicto loco [i. e. monasterio] de episcopatu nostro villas his nominibus. Concil. Lingon. a. 830, *Conc.*, II p. 681. Dedit praenominatus archiepiscopus e rebus sui episcopatus in pago illo ecclesias tantum prefato illo ad proprium. F. imper., addit. 1, *Form.*, p. 328. Quisquis ... ex ... Remorum ecclesie rebus sive episcopatus [genet.] ... Hincmari archiepiscopi aliquid habere dinoscitur. *D. Charles le Chauve*, no. 99 (a. 847), I p. 264. Largiens ex [suo] episcopatu ad memoratum monasterium 10 mansos. *D. Ludwigs d. Deutsch.*, no. 140 (a. 871). [Archiepiscopi Treverenses] habeant potestatem [de abbatia s. Servatii] veluti de caeteris ejusdem episcopatus causis ... disponere. *D. Arnulfs*, no. 53, (a. 889). Cf. E. LESNE, *Evêché et abbaye, les origines du bénéfice ecclésiastique. Rev. d'Hist. de l'Egl. de Fr.*, a. 1914. **8.** *le territoire dominé par un évêque*; territoire qui se transforme peu à peu en principauté — *the territory ruled by a bishopric*, which gradually becomes a principality. Milites ... arbitratos se ... per vim beneficii, immo totius episcopatus pro libito potituros. ANSELM., G. episc. Leodiens., c. 54, *SS.*, VII p. 222 l. 8. Totum episcopatum pene in beneficium extraneorum dividebatur. GERHARD., V. Oudalrici, c. 30, *SS.*, IV p. 399. Duos comitatus, unum ... situm in pago q. d. S., alterum in episcopatu Spirensi. REMLING, *UB. Speyer*, p. 62. Liberos homines in suo episcopatu habitantes. *D. Heinrichs III.*, no. 269 (a. 1051). Terminus episcopatus [Trajectensis] et comitatus [Hollandensis]. MULLER-BOUMAN, *OB. Utrecht*, I no. 245 p. 221 (a. 1085).

**episcopissa**: *épouse d'un évêque — a bishop's wife.* [Episcopus] dormivit cum episcopissa. Actus pontif. Cenom., c. 29 (s. xi in.), ed. BUSSON-LEDRU, p. 355.

**episcopium**: **1.** **demeure, résidence d'un évêque — a bishop's residence.* Episcopium quod domus episcopi appellatur. Concil. Meld. a. 845/846, c. 26, *Capit.*, II p. 405. Si vicina episcopio terra de eadem ecclesia esse reperta fuerit. Ib., c. 53. Episcopium Albanense simul cum ecclesia ... combustum est. Lib. pontif., Leo III, § 107, ed. DUCHESNE, II p. 32. **2.** *ensemble de bâtiments destinés à la vie en commun des ecclésiastiques de la cathédrale — group of buildings forming the collective residence for the clergy of a cathedral.* Ut construant episcopia et aeclesias condant, injungentes. BONIF. ET LULLI epist. 24, *Epp.*, III p. 274. Scolae legentium puerorum fiant ... per singula monasteria vel episcopia. Admon. gener. a. 789, c. 72, *Capit.*, I p. 60. Priusquam [presbyter] ad consecrationem accedat, maneat in episcopio discendi gratia officium suum. Concil. Turon. a. 813, c. 12, *Conc.*, II p. 288. [Episcopus oratorium] intra episcopium civitatis suae asserit construxisse. Lib. diurnus, c. 17, ed. SICKEL, p. 14. [Sacerdotes] in episcopia aut in monasteria habitandi et conversandi [leg. habitaturi et conversaturi] pro exercendo officio constituantur; in quibus [sc. episcopiis et monasteriis] mulieres nulla conversari ratio permittit. Concil. Roman. a. 826, c. 10, *Capit.*, I p. 373. In universis episcopiis subjectisque plebibus et aliis locis



... magistri et doctores constituantur. Ib., c. 34, p. 376. Archipresbyteri in episcopiis canonicorum curam gerentes. WALAFR., Exord., c. 32, ib., II p. 516 l. 9. **3.** *le clergé rattaché à une cathédrale — the clergy of a cathedral.* Episcopia et monasteria nobis ... ad gubernandum commissa praeter regularis vitae ordinem atque sanctae religionis conversationem etiam in litterarum meditationibus ... docendi studium debeant impendere. Karoli M. epist. de litt. col. (a. 780-800), *Capit.*, I p. 79 l. 9. In usus monasterii vel episcopii. Coll. Sangall., no. 6, *Form.*, p. 400. **4.** *église cathédrale — cathedral.* In episcopio s. Dei genitricis. BELTRAMI, *Doc. Longob.*, p. 1 (a. 834). [Reliquias] ad episcopium ejusdem urbis cum laude et gloria deportaret Transl. Marci Atin. (a. 1046), c. 7, UGHELLI, VI col. 543 D. **5.** *cité épiscopale — episcopal city.* [Monasterium] constructum in burgo prope episcopio s. Cassiani. *D. Konrads II.*, no. 241 (a. 1037). **6.** *évêché, siège épiscopal — bishopric, see.* Ad episcopia seu monasteria aliquae res delegatae sunt. Capit. ad Salz data (a. 803/804), c. 2, I p. 119. De scrutinio faciendo decrevimus, ut in episcopiis et ubi conventus est populi et cleri et possibilitas permittit, ibi celebretur. Concil. a. 813, append. B c. 1, *Conc.*, II p. 297. [Charta] in arcibo [i. e. archivo] ecclesiae episcopii servatur. F. Senon. rec., no. 9, *Form.*, p. 215. Monasterium episcopii partibus subicere studeret. WALAHFR., V. Galli, c. 15, *Scr. rer. Merov.*, IV p. 323. Dabo [inquit Karolus] vobis episcopia et monasteria permagnifica. MONACH. SANGALL., V. Karoli, lib. 1 c. 3, *SS.*, II p. 732. **7.** *dignité d'évêque — dignity of bishop.* Eodem anno quo ad episcopium ordinabatur. Breves notit. Juvav. (ca. a. 790), c. 13, HAUTHALER, *Salzb. UB.*, I p. 34. Deponere ab episcopio. ANASTAS. BIBLIOTH., Chron., ed. DE BOOR, p. 124. Si pervenerint ad episcopium. Coll. Sangall., no. 1, *Form.*, p. 396. Ab Heinrico [rege] inimico nostro episcopium Tungrensis ecclesiae expetiit. Karoli III capit. a. 920, c. 1, II p. 379. Datum episcopium est meo domino H. jure stipendiario. RATHER., epist. 7, ed. WEIGLE, p. 35. De episcopio ejus laetus effectus. G. Lietberti Camerac. c. 7, *SS.*, VII p. 493. **8.** *diocèse — diocese.* Episcopi singuli in suo episcopio missatici nostri potestate fungantur. Capit. Pap. a. 876, c. 12, II p. 103. Festis diebus, qui in illo episcopio publice apud cunctum populum celebrantur. Concil. Tribur. a. 895, c. 56 a, ib., II p. 244. Habebat ... abbas s. Richarii quaedam praedia in nostro episcopio sita. HARIULF., Chron., lib. 3 c. 30, ed. LOT, p. 171 (ch. a. 984, Liège). MARINI, *Pap.*, p. 255 (ch. a. 990). [Mansi] in quocumque sint episcopio vel prefectura. *D. Arnulfs*, no. 36 (a. 888, interpol. s. xi in.). Ecclesias ubique per episcopium erexit. ADAM BREM., lib. 1 c. 18, ed. SCHMEIDLER, p. 24. Anno Coloniensis archiepiscopus 5 congregaciones longe vel prope positas in suo episcopio feliciter instruxit. Cron. s. Petri Erford. mod., a. 1077, HOLDER-EGGER, *Mon. Erphesf.*, p. 153. Civitatem et episcopium decenter promoverat. HELMOLD., lib. 1 c. 33, ed. SCHMEIDLER, p. 64. De prediis suis, que in episcopio Juvaviensi habuit. HAUTHALER-MARTIN, *Salzb. UB.*, II no. 96 p. 163 (a. 1066-1088). Adhuc eo tempore in episcopio plurimi vanissimo tenebantur idolorum errore. V. Severi Abrincens. (s. xi), c. 5, *AASS.*, Febr. I p. 191 A. Omnia quae in meo episcopio Noviomensi et Tornacensi possidere dignoscitur altaria. DUVIVIER, *Actes*, I p. 323 (ch. a. 1110). **9.** *l'ensemble des domaines et des autres droits profitables qui se rattachent à un évêché — the whole of the estates and other profitable rights belonging to a bishopric.* De ordinatione rerum episcopii. Episc. relat. (post a. 821), c. 5, *Capit.*, I p. 369. Alia [praedia] de episcopio suo superaddidit [rebus monasterii]. IONAS AURELIAN., Transl. Hucberti (a. 825), *SS.*, XV p. 236. De rebus episcopii s. Stephani ecclesiae Cathalaunensis. *D. Charles le Chauve*, no. 115 (a. 849). Curtes, villas, loca vel agros seu reliquas possessiones memorati episcopii. *D. Ludwigs d. Deutsch.*, no. 149 (a. 873). Episcopium Belvacensis ecclesiae. HINCMAR., epist. 33, MIGNE, t. 126 col. 250. Res et episcopia nostri regni ab ipsis [inimicis nostris] dari sibi concupierunt. Karoli III capit. de Tungr. episc. a. 920, c. 1, *Capit.*, II p. 378. Ipsius episcopii maxima pars militibus esset in beneficium distributa. BEYER, *UB. Mittelrh.*, I no. 254 p. 310 (a. 980). **10.** *le territoire dominé par un évêché*, qui se transforme peu à peu en principauté — *the territory ruled by a bishopric*, which gradually becomes a principality. Episcopia villasque regales praeda et incendio vastabat. Ann. Altah. maj. a. 1070, ed. OEFELE, p. 80. Res quasdam, quae in episcopio subtractae fuerant, aecclesiae redintegrari laboravit. G. pontif. Camerac., lib. 1 c. 69, *SS.*, VII p. 426 l. 4. [Expeditiones] magnis episcopii sumptibus multisque familiarum oppressionibus exigerentur. ADAM BREM., lib. 3 c. 6, ed. SCHMEIDLER, p. 148. Prebendas per terminos episcopii tui sine gravamine thelonei deferri permittas. *Const.*, I no. 125 (a. 1149).

**episcopizare**: *être évêque — to be a bishop.* COSMAS, lib. 2, c. 51, ed. BRETHOLZ, p. 158.

**episcopus** (gr.): **évêque — bishop.*

**epistylium**, -ul- (gr.): **architrave — architrave.* FOLCUIN., G. abb. Lobiens., c. 18, *SS.*, IV p. 62 l. 47.

**epistola**: *charte — deed.* E. g.: F. Andecav., no. 5, *Form.*, p. 6. Ch. Eligii a. 632, *Scr. rer. Merov.*, IV p. 748. *D. Merov.*, no. 20 (ca. a. 656). Test. Amandi a. 674/675, *Scr. rer. Merov.*, V p. 484. Lex Baiwar., tit. 1 § 1.

**epistolaris**, -rius (adj.): **d'une lettre, épistolaire — of a letter.* Subst. mascul. **epistolarius**: **1.** **courrier — dispatch flier.* Epistolarii, si detenti fuerint, relaxentur. Loth. I pactum cum Venetis a. 840, c. 18, *Capit.*, II p. 133. **2.** **secrétaire impérial ou royal — imperial or royal secretary.* Regius epistolaris effectus. SAXO GRAMM., praef., ed. OLRIK-RAEDER, p. 3. **3.** *lecteur*, ecclésiastique chargé de la lecture liturgique des épîtres de Saint-Paul — *lecturer*, an ecclesiastic who has to read the epistles of Saint Paul during Mass. **4.** *ancien serf qui a été affranchi au moyen d'une charte — former serf who has been manumitted by charter.* Villam ... cum ... mancipiis, litis, alcolabus [leg. accolabus] vel epistolariis, Test. Chrodegangi a. 747, D'HERBOMEZ,

*Cart. de Gorze*, no. 1 p. 3. Sicut et alii tributarii vel censarii seu epistolarii, qui per talem conditionem sunt relaxati ingenui. ZEUSS, *Trad. Wizenburg.*, no. 166 (a. 837). Polypt. s. Remigii Rem., c. 15 § 2, ed. GUÉRARD, p. 33 col. 1. Rursum c. 20 § 3 sqq., p. 66 col. 2. Subst. femin. **epistolaria**: *ancienne serve qui a été affranchie au moyen d'une charte — female ex-serf who has been manumitted by charter.* H. vinitor, uxor sua epistolaria. Test. Chrodeg. l. c. Subst. neutr. **epistolare**, epistolarium: **1.** *recueil des épîtres de Saint-Paul — codex of the epistles of Saint Paul.* Duobus euangeliis et epistolario uno. LEO OST., Chron. Casin., lib. 3 c. 18 (20), *SS.*, VII p. 711. **2.** gener.: *recueil de lettres — collection of letters.* BERNARD. MORLAN., Cons. Cluniac., lib. 1 c. 14, HERRGOTT, p. 163.

**epistolariter**: **au moyen d'une lettre — by means of a letter.* Monachi ... episcopum ... epistolariter aggressi. G. pontif. Camerac., lib. 1 c. 106, *SS.*, VII p. 445 l. 16.

**epistolium** (cf. voc. 2. apostolus) (gr.): *lettre ecclésiastique de recommendation — ecclesiastical certificate.* Ut nullus ... praeter episcopum epistolia facere presumant. Concil. Turon. II a. 567, c. 6. *Conc.*, I p. 123.

**epitaphium**: **1.** *inscription non funéraire — inscription otherwise than on a tomb.* Epitaphium prioris consecrationis [ecclesiae]. SUGER., De admin. sua, c. 28, ed. LECOY, p. 190. Id., De consecr. eccl. s. Dion., c. 4, p. 224. **2.** **éloge funèbre — funeral oration.* **3.** *monument funéraire — mortuary monument.*

**epitimium** (gr.): **1.** *pénitence imposée — inflicted penance.* JOH. DIAC., V. Gregorii M., lib. 2 c. 45, MIGNE, t. 75 col. 106 C. ANASTAS. BIBLIOTHEC., Chron., ed. DE BOOR, p. 143. MABILLON, *Anal.*, III p. 440 (epist. a. 1003). PAUL. BERNRIED., V. Gregor. VII pap. (a. 1128), *AASS.*, Maji VI p. 131. **2.** *pénitence libre, ascèse — voluntary penance, asceticism.* ODBERT., Pass. Frederici, c. 4, *SS.*, XV p. 345.

**epitogium**: *un vêtement porté pardessus la toge — a garment worn over the toga.* JOH. SARISBER., Policrat., lib. 8 c. 12, ed. WEBB, II p. 313. Stat. eccl. Cadurc., MARTÈNE, *Thes.*, IV col. 727.

**epitomare**: **résumer — to summarize.*

**epitropus** (gr.): **procureur — attorney.*

**epotare**: **vider en buvant — to drink out.*

**epulari**: **se réjouir — to have rejoicement.*

**equalentia** = aequa lance.

**aequalis** (subst.): *pair — peer.* Judicium quod sui aequales de beneficio ... judicaverunt. G. pontif. Camerac., lib. 3 c. 45, *SS.*, VII p. 482.

**aequanimis**, -us: **indulgent, bienveillant, patient — with good will, patient.*

**aequanimiter**: **avec patience, avec indulgence — patiently, with good will.*

**equaria**: *haras — stud.* DC.-F., I p. 116 col. 2 sq. (ch. a. 1080, S.-Wandrille).

**equaricia**, equi-: *haras — stud.* In armento capita 20 cum tauro, in equaritia capita 30 cum emissario. F. Sangall. misc., no. 16, *Form.*, p. 387. WARTMANN, *UB. S.-Gallen*, II no. 441 (a. 855). *D. Heinrichs I.*, no. 20 (a. 929). *D. Konrads II.*, no. 216 (a. 1035). CAESAR. HEISTERB., Dial., lib. 7 c. 39; lib. 11 c. 17.

**eques**: **1.** *un dépendant astreint à des services de courrier ou de transport à cheval — a dependant performing messenger or transport service on horseback.* Urbar. S. Emmerammi Ratisb. a. 1031, c. 2, ed. DOLLINGER, *Cl. rur. en Bav.*, p. 504. Ibi pluries. CHARLES-MENJOT, *Cart. du Mans*, no. 175 col. 106 (a. 1067-1074). Trado ... prata quae habeo apud Bapalmas et unum equitem cum terra sua, qui eadem prata custodit. *Gall. chr.*$^{2}$, XI instr. col. 73 (ch. a. 1082). **2.** *chevalier — knight.* Mir. Adalheidis (s. xi), c. 6, *SS.*, IV p. 647. GUIBERT. NOVIG., De vita sua, c. 7, ed. BOURGIN, p. 19. Equitum de sanguine natus. ANSELM., V. Adalberti Mogunt. (ca. a. 1150), JAFFÉ, *Bibl.*, III p. 587.

**equester** (adj.): *chevaleresque — knightly.* De equestri progenie trahens ortum. BONIZO, Ad amicum, *Libelli de lite*, I p. 591. Accingi gladio concedit equestri. Ligurin., lib. 2 v. 154, MIGNE, t. 212 col. 353. Ordo equester: chevalerie — knighthood. Patrem habuit ex equestri ordine. RICHER., lib. 1 c. 5, ed. LATOUCHE, I p. 16. In praesentia principum meorum ceterorumque equestris ordinis fidelium et curialium. MIRAEUS, I p. 517 col. 1 (ch. a. 1089, Hainaut). Ex equestri ordine 4 fidejussores exhibuit. CHARLES-MENJOT, *Cart. du Mans*, no. 50 col. 40 (s. xi ex.). G. Godefridi Trever. (†a. 1127), *SS.*, VIII p. 202. Subst. mascul. **equester**: *écuyer — squire.* Equester regis a longe sequutus rege[m]. Lib. hist. Franc., c. 41, *Scr. rer. Merov.*, II p. 313. Lib. pontif., Hadr. II, ed. DUCHESNE, II p. 173.

**equilancia** = aequa lance.

**aequilibrare**: **mettre en équilibre — to equilibrate.*

**aequisonus**: **qui rend le même son — of equal sound.*

**equitarius** (subst.): *serf astreint à des services de courrier à cheval — a serf performing messenger service on horseback.* Equitarius unus habet hobam 1 ... Equitat ubicumque praecipitur. Urbar. s. Emmerammi Ratisb. a. 1031, c. 47, ed. DOLLINGER, *Cl. rur. en Bav.*, p. 512.

**equitata**: *chevauchée — patrol service on horseback.* Ab omni ablatione, tallia, expeditione et equitatis quieti et soluti penitus permaneant. Ludov. VI reg. Fr. priv. pro Stampens. a. 1123, *Ordonn.*, XI p. 183.

**equitatio**: **1.** *chevauchée — patrol service on horseback.* Nullus comitum expeditionem, equitationem aut servitium exercitus habeat. VERCAUTEREN, *Actes de Flandre*, no. 13 (a. 1093). Nullus eorum in expeditionem nec equitacionem eat, nisi eadem die ... reveniat. Priv. Ludov. VII reg. Fr. pro Lorriac. a. 1155, c. 3, ed. PROU, *RHDFE.*, t. 8 (1884), p. 445. Homines Viriaci debent mihi tales exercitus et equitationes, quales homines alii Viromandiae qui sunt in advocatiis meis. DC.-F., IV p. 253 col. 1 (ch. a. 1182). Episcopum ... ab omni exercitu et equitatione absolvimus. GUÉRARD, *Cart. de N.-D. de Paris*, I p. 59 (a. 1200). **2.** *monture — mount.* Jura pontis Avenion., *AASS.*$^{3}$, Apr. II p. 260 E.

**equitator**: *cavalier — rider.* S. xiii.

**equitatura**: **1.** *chevauchée — patrol service on horseback.* Nec ad equitaturas nec ad exercitus nostros aliquos ire cogemus. *Actes Phil.-Aug.*, no. 269 (a. 1189/1190), I p. 323. **2.** *service de charroi — carting service.* Tribus



equitaturis dominicum frumentum ..., cum abbas preceperit, ducere debent. PERRIN, *Seigneurie*, p. 732 app. 5 fragm. 2 (s. xii p. post., Bouzonville). **3.** *équitation — horsemanship.* Filios ... equitature et armis ... assuefecit. JOH. VICTOR., lib. 1 rec. D, ed. SCHNEIDER, I p. 104 l. 32. **4.** (collect.) *les montures — mounts.* Equitatura concidens. PETR. DIAC., Chron. Casin., lib. 4 c. 44, *SS.*, VII p. 784 l. 19. [Princeps] sine equitatura decenter in domo [claustrali] maneat. D. Friderici I imp. a. 1188, *Const.*, I no. 320, c. 5. **5.** *une monture — a mount.* Comes ... in pascuis Gebennensibus nullas equitaturas capere debet. SPON, III p. 6 (a. 1124). 30 ei equitaturas praeparavit. PANDULF., V. Gelasii II pap., DUCHESNE, *Lib. pontif.*, II p. 317. Officiose suscepit, equitaturas multas et munera plurima contulit. ROMUALD. SALERNIT., Chron., a. 1149, ed. GARUFI, p. 230. Sequetur dominum suum ... quocumque dominus ierit cum 3 equitaturis et 2 servis. Jura ministerial. Colon. (ca. a. 1154), c. 7, ALTMANN-BERNHEIM, *Urk.*$^{4}$, p. 167. Nullas equitaturas capere. MURATORI, *Antiq.*, VI col. 60 B. CENCIUS, c. 57 (Ordo), § 43, ed. DUCHESNE, I p. 304 col. 2. De nostra lapsum equitatura. PETR. ABAEL., Hist. calam., c. 15, MIGNE, t. 178 col. 179 D. Esset contentus tribus equitaturis. ROBERT. DE TORINN., Chron., a. 1180, *SS.*, VI p. 529 l. 8. Nullus iter illud arripere presumeret, ... qui equitatura ... careret. Ann. Marbac., a. 1188, ed. BLOCH, p. 60. Exercitus et equitaturae nostrae ... ad nimiam erant devolutae inediam. Chron. Reichersperg., *SS.*, XVII p. 514 l. 17 [minime ex Tagenone haustum]. **7.** *chevalier monté — mounted knight.* Quemcumque abbatem ... ad comitatum curie ternas dumtaxat equitaturas debere conducere. Chron. Reinhardsbr., a. 1214, *SS.*, XXX p. 583 l. 32.

**equitatus** (decl. iv): *chevauchée — patrol service on horseback.* VERCAUTEREN, *Actes de Flandre*, no. 6 (a. 1085). Homines ipsius pacis talem nobis equitatum persolvent. DC.-F., III p. 284 col. 2 (ch. a. 1196, Laon). Ne ulterius in hostes nostras vel expeditiones et equitatus ire compellantur. *Actes Phil. Ier*, no. 153 (a. 1101-1106), p. 386. Episcopus equitatum trecentorum militum singulis annis mihi ... ducet. WAITZ, *Urk. z. dt. Vfg.*, no. 13 (a. 1127, Reims). LUCHAIRE, *Louis VII*, p. 372 no. 157 (a. 1145-1146). Liberos et quietos ab omni equitatu et exercitu. D. Ludov. VII reg. Franc. a. 1158, *Ordonn.*, III p. 203.

**aequivalentia**: *équivalence — equivalence.* S. xii.

**aequivalere**: *équivaloir — to be equivalent.*

**aequivocare**: *exprimer d'une manière équivoque — to express ambiguously.* S. xiii.

**aequivocatio**: *équivoque — ambiguity.* S. xii.

**aequivocus** (adj. et subst.): *homonyme — namesake.* ISID., Etym., lib. 2 c. 26 § 2. PAUL. DIAC., G. episc. Mett., *SS.*, II p. 265. FLODOARD., Hist. Rem., lib. 2 c. 20, *SS.*, XIII p. 471. THIETMAR., lib. 2 c. 15, ed. KURZE, p. 27.

**equus**, spec.: *coursier — battle-horse.* [Miles debet habere] equum et arma militaria, scilicet loricam, scutum, gladium et lanceam. Henr. II reg. Angl. edict. a. 1180 ap. Ps.-BENED. PETROBURG., ed. STUBBS, I p. 269.

**aera**: **1.** **nombre, chiffre — number, cipher.* **2.** spec.: *nombre d'un chapitre ou d'un paragraphe — chapter or section number.* In libro II, titulo I, era VI [legis Visigotorum]. JULIAN., Hist. Wambae, c. 7, *Scr. rer. Merov.*, V p. 534. Capitula, erae sive adnotata, quae in euangeliis habentur. AIMOIN., V. Abbonis Floriac., c. 13, MIGNE, t. 139 col. 404 A. **3.** **ère, chiffre de l'année calculée à partir d'un point fixe — era, the year according to a computation starting from a definite moment.* **4.** spec.: *l'ère espagnole — the Spanish era.* ISIDOR., Etym., lib. 5 c. 36. Facta cartula ... anno illo illo regnante, era illa. F. Visigot., no. 1, *Form.*, p. 576. Cf. MOMMSEN, *Ges. Schr.*, VI p. 359-361. **5.** gener.: *chiffre de l'année, année — year-number, year.* LIUDPRAND. CREMON., Legat., ed. BECKER, p. 181 l. 25.

**aeramen**: **1.** **airain, bronze — brass, bronze.* **2.** **objet en airain ou en bronze — a brass or bronze article.* **3.** (collect.) *les ustensiles de ménage en bronze ou en airain — the brass or bronze utensils in a household.* Tam vestis quam aeramen vel utinsilia. Test. Erminethrudis a. 700, PARDESSUS, II no. 452 p. 256.

**aeramentum**: **1.** *airain, bronze — brass, bronze.* De aeramento omnem portionem meam quod est in illa patella, hoc sunt libras centum. ZEUSS, *Trad. Wizenburg.*, no. 206 (a. 786). **2.** **objet en airain ou en bronze — a brass or bronze article.* Domus Dei cottidiana servicia habeat tam in eramentis et celaturis quam in fusili ac fabrili omnique arte ornatoria. DRONKE, *Trad. Fuld.*, p. 63 no. 32 b. **3.** *les ustensiles de ménage en bronze ou en airain — the brass or bronze utensils in a household.* Aurum, argentum, aeramentum. BRUCKNER, *Reg. Alsat.*, no. 113 (a. 728). De homine habente libras sex in auro, in argento, bruneis, aeramento, pannis .... Capit. missor. Theodonisv. II a. 802, c. 19, I p. 125.

**erectio**: **1.** *élévation sur le trône — accession to the throne.* De [i. e. inde a] nostra erectione vigilavi. *D. Karolin.*, I no. 25 (a. 768). **2.** **orgueil — pride.*

**eremita**, he- (mascul.) (gr.): **ermite — hermit.*

**eremitagium**, he-: *ermitage — hermitage.* S. xiii.

**eremitalis**, he-: *d'un anachorète — of an anachorete.* Ad heremitalem vitam. V. Fursei (s. vii), c. 8, *Scr. rer. Merov.*, IV p. 438.

**eremitare**, he-, **1.** intrans.: *vivre en ermite — to live the life of a hermit.* Tempore quo ... Guthlacus eremitare initiavit. FELIX, V. Guthlaci (s. viii), c. 17, MABILLON, *Acta*, III p. 269. Ibi R. ... monachus cum duobus sociis primum heremitavit. LAURENT. LEOD., G. episc. Virdun., c. 32, *SS.*, X p. 513. **2.** transit.: *faire ermite — to make* a person *a hermit.*

**eremitarius**, he- (adj.): *qui vit en ermite — living a hermit's life.* Monachus eremitarius. *CD. Cajet.*, I p. 133 (a. 978). Subst. mascul. **eremitarius**: *ermite — hermit.* Sicut heremitario [i. e. -us] in deserto, qui non habet dominatorem excepto Deo solo. DE COURSON, *Cart. de Redon*, no. 267 p. 217 (a. 814-825). Subst. neutr. **eremitarium**, he-, -rimi-, -torium: *ermitage — hermitage.* *D. Heinrichs III.*, no.

70 (a. 1041). Gregor. Catin., Chron., ed. Balzani, II p. 263. Auctor. Mortui Maris ad Sigeb., a. 1134, *SS.*, VI p. 465. Innoc. III pap., lib. 13 epist. 61, Migne, t. 216 col. 253 B. Albert. Stad., Ann., a. 1244, *SS.*, XVI p. 369.

**eremiticus**, he-: *d'ermite — of a hermit.

**eremodicium** (gr.): *non-parution des parties dans un procès — non-appearance of parties to a lawsuit, abandonment of suit.

**eremus**, heremus (subst. femin. et mascul.) (gr.): 1. *désert, solitude — desert, solitude. 2. région boisée non habitée — uninhabited forest area. Monasteria in vasta heremi Ardennensi construxit. D. Merov., no. 23 (a. 651). Infra aeremum monasterium construxisset. D. Karolin., I no. 189 (a. 799). In eremi vastitatem. Adrevald., Transl. Benedicti, c. 1, ed. De Certain, p. 15. 3. terre inculte non occupée — non-occupied stretch of waste. Quantum occupaverit vel de heremo traxerit. D. Karolin., I no. 179 (a. 795). De eremo per nostram licentiam retraxerit. Ib., no. 217 (a. 812). Cellulas quas ipsi ab eremo construxerunt. D. Ludov. Pii a. 821, De Marca, Marca Hisp., col. 767. Incideretur eremus, qui erat in gyro densissimus. V. Judoci, c. 12, Mabillon, Acta, II p. 569. Adj. **eremus**: *inculte, désert — waste, desolate. Erema loca sibi ad laboricandum propriserant. Praec. pro Hisp. a. 812, Capit., I p. 169.

**ereptio**: *délivrement, libération — setting free, liberation.

**erga** (praep.): 1. *contre, vers, du côté de — against, to, towards. 2. en s'adressant à — applying to. Qui aliquem erga justiciam [i. e. judicem] accusabit. Leg. Henrici, tit. 34 § 7, Liebermann, p. 566. 3. de la part de — from. Loc. emere erga aliquem: acheter à qq'un — to buy from a person. 4. *concernant — as regards.

**ergalium** (gr.): outil — tool. Liutprand. Cremon., Antapod., ed. Becker, p. 6.

**ergasterium**: *atelier — workshop.

**ergastulum**: chambre-forte — strong-room. G. Aldrici, ed. Charles-Froger, p. 99 (ch. a. 837).

**erigere**: 1. *relever qq'un de son abjection — to lift up from misery. 2. *relever de son emploi, déposer de sa charge — to relieve one of his office, to dismiss. Benedicti regula, c. 75. Lib. pontif., Liberius, ed. Mommsen, p. 77. 3. *dresser, ériger avec présomption — to hold up, to raise high-handedly. 4. porter au pouvoir — to raise to power. Illum super se ducem erexerunt. Chron. Namnet., c. 29, ed. Merlet, p. 89.

**erilis**, v. herilis.

**ermina**, her-, here-, -me-, -nea, -num, -nium (< Arménie): hermine — ermine.

**erogare**: 1. *dépenser — to spend. 2. *distribuer (p. e. des aumônes) — to distribute (e. g. alms). 3. aliquem: *détruire, tuer — to destroy, to kill.

**erogatarius**: exécuteur testamentaire — executor of a will. Devenia[nt] casis et rebus illis omnibus [i. e. casae et res] in jura et potestatem de herogatariis meis ad venundandum et pretium acceptum pro anime mee [subaudi: salute] dispargendum. CD. Langob., no. 233 col. 390 A (a. 864). Erogatariis et eleemosynariis ecclesiasticis [episcopi defuncti] ... liberum sit ... deputata successori futuro reservare vel quibuscumque ... distribuere. Capit. Pap. a. 876, c. 14, II p. 103.

**erogator**: 1. *distributeur d'aumônes — alms distributor. 2. exécuteur testamentaire — executor of a will. De filia cujus pater per manum erogatoris omnes servos suos jussit fieri liberos. Pippini reg. Ital. capit. (ca. a. 790), c. 9, I p. 201. [Quosdam] dixit et statuit esse pro Dei amore suos herogatores ad rebus ejus [i. e. res ejus disponendas] pro suae anime remedium, sicut ipse dixit sua esse voluntas. CD. Langob., no. 127 col. 226 B (a. 836). Item no. 135 col. 238 A (a. 839).

**erpica, erpix**, v. herpix.

**erramentum** (< adchramire): interlocutoire — adjournment. S. xiii.

**erraticus**. Loc. res erraticae: épaves — strayed property. D. Charles le Chauve, no. 407 (a. 876).

**erratus** (decl. iv): faute, péché — fault, sin.

**erroneus**: *hérétique — heretic. Omnes erroneos ab ecclesia esset depulsurus. Cod. Eberhardi, c. 33, Dronke, Trad. Fuld., p. 64.

**error**: 1. *fausse religion, hérésie — false belief, heresy. 2. faux jugement — miscarriage of justice. S. xiii.

**errovagari**: errer — to wander.

**errovagus**: errant — wandering.

**erubescentia**: *honte, action de faire honte à qq'un — shame, disgrace.

**eructator**, eructuare: *exprimer — to utter.

**eruditor**: *celui qui enseigne, maître — teacher.

**eruditorium**: étude — study. Se totum divine legis se contulit eruditorio. Radbod., V. altera Bonifatii, c. 6, ed. Levison, p. 66.

**eruere**: 1. défricher — to clear. Quicquid nostris in temporibus erutum fuerit in H. Lacomblet, UB. Niederrh., I no. 229 p. 149 (a. 1080). 2. aliquem: *arracher à la damnation, délivrer du diable — to subtract from hell, to save from the devil.

**esca**: 1. glandée (acception influencée par le mot aesculus „chêne culé") — pannage (meaning suggested by the word aesculus „chestnut oak"). De porcus [i. e. porcis], si in isca alterius paverint. Edict. Rothari, c. 349. Si quis aliena nemora praeciderit, si portat escam et rubus est. Lex Baiwar., tit. 22 § 2. Censum annis singulis fatiat, id est triskingas tantum, sive escas in anno fiat sive non fiat. F. Augiens., coll. B no. 17, Form., p. 355. Quando esca est, porcum solido valentem 1; et quando non est, arietem bonum. Wartmann, UB. S.-Gallen, I no. 58 (a. 770). 2. plat de viande — dish of meat. Ad duas crovadas ... debemus ei quinque panes sine esca, aut escam sufficientem cum pane. Perrin, Seigneurie, p. 716 app. 3 c. 6 (a. 1109-1128, Chaumousey). 3. combustible — fuel.

**escadentia**, escahentia, escancia, v. excadentia.

**escadere**, escaire, v. excadere.

**escaëta**, escata, v. excaduta.

**escaëtare**, v. excaëtare.

**escaëtor**, v. excaëtor.

**escambire**, escambiare, escangiare, v. excambire.

**escambitor**, escambator, v. excambitor.

**escambium**, v. excambium.

**escamen**: nourriture — food.

**escancius**, escancio, v. scantio.

**escanda**, escanna, essanna (< scindula): latte — lath. Mabillon, Ann., IV p. 460 (a. 1044).

**escangialis**, v. excambialis.

**escangium**, escannicum, v. excambium.

**escapinius**, v. scabinus.

**escapium**, v. excapium.

**escariare**, v. scarire.

**escarlatum**, escarletum, escarlata, escallata, escarleta, v. scarlatum.

**escartare**, escartum, v. exart-.

**escasura**, v. excasura.

**escaticus**, exaticus, scaticus (< esca): redevance pour la glandée — pannage-due. Quodsi in ipsis sylvis aliquis ... peculia pabulaverit, redditum, escaticum seu caseum ad fratres Nonantulae famulantes perveniant totum. D. Aistulfi reg. a. 753, Ughelli, II p. 107 (an genuinum?) Porci ... sine omni scatico ... pabulent. Schiaparelli, CD. Longob., II no. 162 p. 104 (a. 762, Nonantola). Animalia ... pabulare debeant ... sine omni datione, gastaldatico, escatico, herbatico vel glandatico. D. Ludov. Pii a. 820, Reg. Farf., no. 246. Omnes pinsiones, herbaticum atque escaticum ... que ad nostram regiam hactenus partem pertinuerunt. D. Ottos I., no. 384 (a. 970). Pabulatica, escatica, venationes, piscationes et omnes necessarias functiones. D. Heinrichs II., no. 243 (a. 1012). Fotro, suffragio, herbatico et escatico ceterisque publicis functionibus. D. Konrads II., no. 249 (a. 1037). Ubicumque supra terram ejusdem ecclesie residentes greges suos pascere viderentur, nulli herbaticum sive escaticum dare cogerentur nisi Acquilegiensi ecclesie. D. Heinrichs III., no. 16 (a. 1039).

**escaudatus**, esch-, -etus, v. excaldatus.

**escerpa**, escharpa, v. scerpa.

**eschaamentum**, eschae-, eschee-, escha-: idem quod excaduta. S. xiii.

**eschaancia**, eschanchia, escheancia, v. excadentia.

**eschadere**, v. excadere.

**eschaëta**, eschata, escheeta, escheta, escheuta, eschoita, eschoeta, escheita, eschuta, v. excaduta.

**eschaëtor**, v. excaëtor.

**eschafaudus**, -ff- (< catafalcus): 1. estrade — platform. S. xiii. 2. échafaudage — scaffolding. S. xiv.

**eschalatus**, eschalacius, escharso, eschara (< gr. χάραξ): échalas — vine-pole. DC.-F., III p. 299 col. 2 (ch. a. 1168 et 1189).

**eschandillare**, eschantillare, v. scandillare.

**eschangire**, eschangiare, v. excambire.

**eschargaita**, v. scarawaita.

**eschevinus**, eschivinus, v. scabinus.

**eschilla**, v. schilla.

**eschina**, v. schina.

**eschipare**, v. skippare.

**eschirire**, v. scarire.

**eschopa**, eschopia, v. scoppa.

**esclavus**, v. sclavus.

**esclusa**, v. exclusa.

**escondire**, v. excondicere.

**escopare**, escobare = scopare.

**escoparius**, escobarius = scoparius.

**escoriare**, v. excoriare.

**escuagium**, v. scutagium.

**esculenta** (subst. neutr. plural.): nourriture — food. S. xiii.

**escurellus**, v. scuriolus.

**escura**, v. scura.

**aescus**: idem quod aesculus. Ital.

**escutarius**, escuderius, escuerius, v. scutarius.

**esentia**, v. aisantia.

**esia**, aesia, v. aisia.

**eskippamentum**, v. skippamentum.

**eskippare**, v. skippare.

**esmaltum**, esmalduṁ, v. smaltum.

**esmaraudus**, esmaraldus, esmeraldus = smaragdus.

**esmaticum**, esmagium: péage — toll. Dono theloneum, id est esmaticum de Oldum de navibus, sive grande sint, sive parvae. Tardif, Cartons, no. 245 p. 154 col. 2 (a. 1004, Nantes).

**esmerare**, v. exmerare.

**esophorium** (gr.): chemise — shirt. Esophorium amicitur cilicino. Hucbald., V. Rictrudis (a. 907), c. 2 no. 16, AASS., Maji III p. 84 E.

**esparvarius**, espervarius, v. sparvarius.

**espatla**, espadla, espalla, espaula, v. spatula.

**espondere** = spondere.

**espero**, esperonus, v. sporo.

**esplectum**, esplecha, v. explectum.

**esplenchare**, v. explectare.

**esplendarius**, v. spondarius.

**esponderius**, v. exponderius.

**esporlare**, v. sporlare.

**esquevinus**, v. scabinus.

**esquilla**, v. scilla.

**esquipare**, v. skippare.

**esquirolus**, v. scuriolus.

**essagium**, v. exagium.

1. **essajum**, v. exagium.

2. **essajum**, v. sagum.

**essamplare**, v. examplare.

**essanna**, v. escanda.

**essartare**, essartum, v. exsart-.

**essedum**, esseda: *chariot — waggon.

**essedus**: cheval — horse. Chron. Noval., lib. 2 c. 11.

**essentia**: 1. présence — presence. Cum vidisset se omnino ab illo agnosci et celari non posse, ... coepit illum rogare ut ... regi Carolo suam essentiam non insinuaret. Chron. Novalic., lib. 3 c. 21. 2. disposition, formation — array. Postquam Turci fuerunt edocti de nostra essentia. Anon., G. Francorum, c. 12, ed. Bréhier, p. 68. 3. l'ensemble d'un bâtiment — a building as a whole. Turris fortissima in eadem templi essentia altiore statura eminebat. Galbert., c. 37, ed. Pirenne, p. 61.

**essinus**: 1. une mesure de capacité — a dry measure. 16 essinos annonae. DC.-F., III p. 315 col. 2 (ch. a. 1168, Corbie). 2. droit de mesurage — measuring-due. In redditibus comitatus ... 60 libras ... acciperemus, 10 quoque modios salis in essino sive minagio. Bourgin, Soissons, p. 407 no. 2 (a. 1141).

**essoniare**, v. exoniare.

**essonium**, v. sunnis.

**estagium**, v. stagium.

**estallagium**, estallus, v. stall-.

**estaminia**, estameria, v. stamina.

**estapla**, estapula, v. staplum.

**estare**, v. stare (subst.).

**estellum**, v. stellum.

**aestimare**: 1. *penser, juger, imaginer, croire — to think, to deem, to devise, to believe. 2. *présumer, conjecturer — to presume, to guess. 3. *être d'avis que, juger nécessaire, décider de — to think fit, to decide to. Imperatorem ... sibi adjutorem adstringere estimavit. G. pontif. Camerac., lib. 1 c. 72, SS., VII p. 426. Ibi saepe

**aestimaria,** extimaria: *jugement — award.* [Res] quas pars ejusdem monasterii per extimaria legalia et judicata evendicavit. D. Ludov. II imp. a. 861, *CD. Langob.*, no. 218 col. 365 B.
**aestimator,** extimator: *taxateur — appraiser.* Tres estimatores . . . vadant super terram et estiment eam. Cart. Longob., no. 6, *LL.*, IV p. 596 col. 2. Ipsi extimatores extimassent . . . res ipsas de ambarum partium. FICKER, *Forsch.*, IV no. 17 p. 23 (a. 892, Milano).
**aestimum,** aestimium: **1.** *évaluation — valuation.* S. xiv. **2.** *imposition basée sur une évaluation de la propriété — tax assessed on valuated fortune.* S. xiv.
**estivale** (< tibia; >teuton. *stiefel*): *botte — boot.*
**estivaticus** (adj.): *estival — summerly.* Arat ad hibernaticam sationem mappam 1 . . ., ad estivaticam similiter. Polypt. s. Remigii Rem., c. 1 § 2, ed. GUÉRARD, p. 1 col. 2.
**estochagium,** v. stocagium.
**estolium,** v. stolium.
**estorea,** estuorea = storea.
**estoverium,** estu-, stu-: **1.** *ration — estover, allowance of food.* S. xiii, Angl. **2.** *entretien, subsistance — maintenance, provisions.* [Vidua] habeat rationabile estuverium suum interim. Magna charta, reemissio II Henr. III reg. a. 1217, c. 7, STUBBS, *Sel. ch.*[9], p. 341.
**estra** (femin.) (< extera, neutr. plur.): **1.** *portique, galerie — portico, gallery.* S. xiii. **2.** *appentis — pent-house.* S. xiv. **3.** *devanture — front-window.* S. xv.
**estraeria,** extra-, -heria, -geria, -jeria (neutr. plural. et femin. singul.) (< strata, „choses abandonnées sur la route — things left in the street"): *épaves*; toute chose qui revient au seigneur — *strayed property*; anything which lapses to the lord. S. xiii.
**estrena,** v. strena.
**estrepamentum,** estrepare, v. strep-.
**estrivum,** estriva (femin.): *flèche — arrow.* MARTÈNE, *Coll.*, I col. 1114 (epist. a. 1113).
**aestuarium: 1.** *foyer — hearth.* Quatuor de communitate eligerentur, qui in pretorio ante estuarium sedentes causas discerent. Chron. s. Petri Erford. mod. a. 1309, HOLDER-EGGER, *Mon. Erphesf.*, p. 340. **2.** *chambre munie d'un foyer — room with a hearth.* Cum estuarium, in quo bibebant, incurvus exiret. HELMOLD., lib. 1 c. 34, ed. SCHMEIDLER, p. 67. **3.** *étuve — stove.* LOERSCH-SCHROEDER, *Urk.*[3], no. 156 p. 113 (a. 1290, Frankfurt a. M.).
**estuverium,** v. estoverium.
**esuries: 1.** **faim — hunger.* **2.** **désir — desire.*
**aeternalis:** **éternel — eternal.*
**etymologizare:** *chercher l'origine des mots — to trace etymologies.* S. xiii.
**ethnicus** (adj.): **païen — pagan.* Subst.: **un païen — a pagan.*
**aethralis** (< aether): *céleste — heavenly.* ALDHELM., Virg., c. 7, *Auct. ant.*, XV p. 235. WETTIN., V. Galli, c. 29, *Scr. rer. Merov.*, IV p. 273. Ibi pluries.
**etuniare,** v. idoneare.
**euangeliarium:** *évangéliaire — book containing the Gospels.*
**euangelicus:** **de l'Evangile, évangélique — of the Gospels, evangelic.* Subst. neutr. **euangelicum:** *passage des Evangiles — saying in the Gospels.*
**euangelista** (mascul.) (gr.): **1.** **celui qui prêche l'Evangile — preacher of the Gospel.* **2.** **évangéliste, l'un des quatres évangélistes — evangelist, author of one of the four Gospels.*
**euangelistarium:** idem quod euangeliarium.
**euangelium: 1.** **le message chrétien qui annonce le salut — the Christian message of salvation.* **2.** **prédication, diffusion du message chrétien — preaching of the Christian message.* **3.** **la doctrine catholique, orthodoxe — catholic, orthodox doctrine.* **4.** **texte de l'Evangile, récit des paroles et des actes du Christ — text of the Gospel, story of Christ's words and deeds.* **5.** **le Nouveau Testament — the New Testament.*
**euangelizare** (gr.): **1.** **porter une bonne nouvelle — to bring good news.* **2.** **prêcher, enseigner, répandre l'Evangile — to preach, to teach, to propagate the Gospel.*
**eucharistia** (gr.): **1.** **action de grâces — thanksgiving.* **2.** **le Saint Office — the Holy Office.* **3.** **la Communion — the Communion.* **4.** **le pain et le vin eucharistiques — the eucharistic bread and wine.*
**eulogia,** -um (gr.): **1.** **pain bénit*; pain qui reste de ce qui a été offert et non consacré, qu'on distribue au peuple en signe de charité — *blest bread*; the portion of the bread offered by the faithful which has not been consecrated but which the priest doles out in token of charity. **2.** **pain bénit* qu'on donne à un malade ou à un pénitent en signe de bénédiction — *blest bread* given to a sick or penitent person in token of blessing. IONAS, V. Joh. Reom., c. 7, ed. KRUSCH, p. 333. Rursum c. 15, p. 338. GREGOR. TURON., Hist. Franc., lib. 5 c. 14. Id., Glor. conf., c. 30, *Scr. rer. Merov.*, I p. 766 sq. Eologias peculiaris patroni vestri, sancti illius, . . . quesomus. MARCULF., lib. 2 no. 42, *Form.*, p. 101. **3.** **cadeau* quelconque offert en signe d'amitié ou d'honneur — any *gift* presented in token of friendship or honour. Eulogias s. Marci a beatissima fraternitate vestra transmissas cum . . . caritate . . . suscepimus. GREGOR. M., lib. 13 epist. 45, *Epp.*, II p. 409. FORTUN., V. Radegundis, lib. 2 c. 7, *Scr. rer. Merov.*, II p. 382. A parentibus suis nec a quoquam hominum nec sibi invicem litteras, eulogias vel quaelibet munuscula accipere aut dare sine praecepto abbatis. Benedicti regula, c. 54. Ne forte post obitum meum aliqui de parentibus meis, exceptis iis rebus quas illis pro eulogiis donaro, inquietare presumant. Test. Caesarii a. 542, PARDESSUS, I no. 139 p. 105. Eulogie, quas destinare vestra decrevit sanctitas, magne atque adeo gratissime fuerunt. F. Augiens., coll. C no. 12, *Form.*, p. 370. Misi vestre karissime paternitati parvas eulogias, id est manumtergium et pectinem. Ib., no. 23 p. 375. Episcopus diaconem suum cum eulogiis causam visitationis ad ipsum direxit. Pass. Praejecti, c. 18, *Scr. rer. Merov.*, V p. 236. Premisit suas ei [sc. Pipino majori domus] eulogias. V. Rigoberti, c. 4, ib., VII pt. 1 p. 65. Ecce eulogias quas illi a s. Germano relictas exhibeo. V. Genovefae, c. 13, ib., III p. 220. Domino Tassiloni per presentes eulogias in Christo salutem dirigitur. Concil. Ascheim. a. 756, *Conc.*, II p. 56. Eulogias preparari faciatis . . . sicut solet homo ad



opus dominicum facere. EGINHARD., epist. 26, *Epp.*, V p. 123. **4.** spec.: *cadeau offert par un prêtre à son évêque* en signe d'honneur — *gift presented by a priest to his bishop* in token of honour. Decet presbiteros cum voluntariis eulogiis tempore congruo visitare et venerari suos episcopos. Concil. Meld. a. 845/846, c. 45, *Capit.*, II p. 409. De eulogiis ad sacra concilia deferendis nihil invenimus a majoribus terminatum, sed sicut unicuique presbytero placuerit. Leo IV pap., epist. ad. episc. Britann., c. 3, MIGNE, t. 115 col. 668. Concessit capellas . . . pontifex . . . salvo servitio synodali et eulogiarum; aliud vero obsequium nunquam requiratur aut receptio ab episcopo aut a ministris ejus. BERNARD-BRUEL, *Ch. de Cluny*, II no. 1139 p. 230 (a. 962/963; an genuinum?) Quicquid ibi in eadem ecclesia habere videbitur, scilicet donum prebendariorum, eulogias et omnem subjectionem et fidelitatem eorum. ROUSSEAU, *Actes de Namur*, no. 16 (a. 1163). **5.** spec.: *cadeau* plus ou moins obligatoire *offert par les croyants à l'évêque ou à l'archidiacre à l'occasion du synode* — a more or less compulsory *gift presented by the faithful to the bishop or archdeacon on the occasion of the synod.* Synodales eulogiae. *Gall. chr.*[2], IV instr. col. 274 (ch. a. 929). Archidiaconibus . . . debita servitia exhibeant, paratas et eulogias suo tempore communiter persolvant. Chron. Besuense, D'ACHÉRY, *Spicil.*[2], II p. 435 (ch. a. 1095). Unusquisque mansus ingenuilis et servilis debet in eulogiis panes 6, ad carnem den. 2. Polypt. Floriac., ap. DC.-F., III p. 333 col. 3. **6.** *cadeau obligatoire offert par les justiciables au seigneur — a compulsory gift presented by the residents to a senior.* Major . . . et caeteri servientes ex eadem villa conquesti sunt . . . dicentes quod quidam eorum praepositi . . . quoddam genus servicii . . . ultra censum solitum . . . illis imposuerunt, modium vid. musti ad opus praepositum ex unaquaque colonica vinum reddendi, quod numquam antea fecerant . . ., affirmantes . . . quod tales eulogias nullomodo deberent. PÉRARD, *Rec. Bourg.*, p. 60 (a. 912-923, Dijon). Sunt ibi molini 2 censiti et tertius molinus sine censu; solvit unusquisque in anno in eulogias den. 9 et pullos 6. DUVIVIER, *Rech. Hainaut*, no. 32 bis, p. 362 (s. x). [In quibusdam villis] non hospitabitur comes nec inde accipiet ullum debitum vel servitium praeter eulogias et carratas vini quas ei dant officiales. WAITZ, *Urk. dt. Vfg.*, no. 2 (a. 1069, Toul). Cum his [praediis] eulogias, quas ex parte ecclesiae ipse Th. et antecessor ejus consueverant accipere, simul contradidit, videlicet porcum unius anni, den. 12 et 12 panes. Primord. Calmosiac. monast., lib. 1 c. 4, MARTÈNE, *Thes.*, III col. 1164.
**1. eulogium,** v. elogium.
**2. eulogium,** v. eulogia.
**eunuchizare:** **émasculer — to emasculate.*
**evacuare,** exvacuare: **1.** **rendre vain, affaiblir, anéantir, supprimer, infirmer, abolir, annuler — to baffle, to weaken, to abolish, to destroy, to annul.* **2.** *manquer à* sa parole, *ne pas tenir* une promesse — *to break* one's word, one's promise, one's faith. Fidem Sclavis jam pridem promissam evacuans. Ann. Hildesh., a. 993, ed. WAITZ, p. 26. Evacuavit promissum. G. episc. Camerac., lib. 3 c. 3, *SS.*, VII p. 467. **3.** refl. se exvacuare: *désister, passer condamnation — to drop* a claim. Ipse O. se recognobit vel exvacuabit [i. e. recognovit, exvacuavit]. *Hist. de Languedoc*[3], II pr. no. 139 (a. 852, Narbonne). Me exvacuo ego R. . . . quod non possum diffamare ipsos testes et ipsas scripturas. Ib., no. 169 (a. 868). Me recognosco vel exvacuo. DE MARCA, *Marca Hisp.*, col. 797 (a. 874).
**evacuatio,** exvacuatio: **1.** **action de vider — emptying.* **2.** **affaiblissement — weakening.* **3.** **suppression, destruction, dissolution — destruction, abolishment.* **4.** *désistement — dropping* a claim. *Hist. de Languedoc*[3], II pr. no. 169 (a. 868). Facimus . . . hanc diffinitionem, evacuationem et guirpitionem de tota ipsa civitate de Carcassona. Ib., V pr. col. 548 (a. 1067).
**evacuatorius.** Loc. epistola evacuatoria: charte qui annulle une charte antérieure — deed purporting cancellation of another deed. Dum illa[m] cautione[m], quod nobis emiseras, ad presens non invenimus, ideo tibi hanc epistolam evacuaturia[m] fecimus, ut de ipsos solidos tantum omni tempore ductus et absolutus resedeas. MARCULF., lib. 2 no. 35, *Form.*, p. 96. Pluries in formulis.
**evaginare:** **dégainer — to draw* a sword or knife.
**evasio:** **évasion — escape.*
**evectio: 1.** **permis de voyager par le courrier de l'Etat — the right to travel by the public post.* Datis litteris et pueris distinatis cum evectione publica. GREGOR. TURON., Hist. Franc., lib. 9 c. 9. Dum [episcopum et comitem] partibus illis legationis causa direximus, adeo jubemus ut locis convenientibus eisdem a vobis eveccio semul et humanitas ministretur. MARCULF., lib. 1 no. 11, *Form.*, p. 49. Evectione[m] ad ipsus missus, qui hoc exigere ambularent, annis singulis dare praecipemus, hoc est viredus, panis, vino, cervisa . . . *D. Merov.*, no. 86 (a. 716). **2.** *les chevaux réquisitionnés pour les fonctionnaires itinérants — horses requisitioned for travelling officials.* Nec unquam [episcopus dioecesim visitans] quinquagenarium numerum evectionis excedat. Concil. Tolet. VII a. 646, c. 4, MANSI, t. 10 col. 769 A. **3.** **transport* par terre ou par eau — *transport* by land or water. Nullo teloneo, nec de navale nec de carrale evectione, exigatis. MARCULF., suppl. no. 1, *Form.*, p. 107. Tam quod navalis evectio conferebat aut negotiantium commertia in teloneo. *D. Merov.*, no. 23 (a. 651). **4.** *flotte — fleet.* [Adversus] gentem . . . Frigionum . . . rebellantem . . . princeps . . . navale[m] evectione[m] praeparat. Contin. ad FREDEG., c. 17, *Scr. rer. Merov.*, II p. 176. Ibi saepe.
**evectus** (decl. iv). Loc. evectus navalis: flotte — fleet. Dani . . . evectu navale per mare Gallias appetunt. GREGOR. TURON., Hist. Franc., lib. 3 c. 3. Mummolus cum . . . Constantinopolitani itineris viam navali evectu sulcaret. Id., Glor. mart., c. 30, *Scr. rer. Merov.*, I p. 506. Item id., V. patrum, c. 17 § 5, p. 732. Ibis cum eis terrenum exercitum, et ego . . . vadam evicto navale. FREDEG., lib. 2 c. 62, ib., II p. 87. Ibi saepe.
**evegium** (< evehere): *charroi — carting.* Ipso vino cum nostro evegio perducamus usque . . . *CD. Langob.*, no. 186 col. 314 C (a. 854).

Evegamus eum [vinum] . . . ubi pars ipsius monasterii nobis jusserit ad nostro evegio. Ib., no. 374 col. 621 C (a. 897).

**evenire**: **1.** *échoir — to fall to one's share.* Quicquid illum [i. e. illi] in partem a coheredibus suis evenit. BITTERAUF, *Trad. Freising*, I no. 291 p. 253 (a. 809). Ebeniat in vestra[m] potestatem. *CD. Cavens.*, I p. 52 (a. 855). Hereditatem meam . . . quicquid de W. mihi evenit. RAGUT, *Cart. de Mâcon*, no. 73 p. 61 (a. 941-954). **2.** *être disponible — to be available.* Dabitur 30 libre ubi primum in episcopatu evenerit. BORMANS-SCHOOLMEESTERS, *Cart. de Liège*, I no. 26 p. 41 (a. 1079). **3.** *aboutir à, tendre à — to result, to redound.* Ad laudem evenire. Pass. Chrysanthi (s. v-vi), MOMBRITIUS[2], I p. 272. Eveniret in scandalum. ATTO VERCELL., Pressur., ed. BURONTIUS, p. 331.

**eventilare**: **1.** *chasser — to drive away.* Venefici aut magi vel latrones . . . eventilentur a patria. Leg. II Cnut, tit. 4[a], vers. Consil. Cnuti, LIEBERMANN, p. 311 col. 3. **2.** **critiquer, examiner, éplucher — to criticize, to examine, to sift.* **3.** *discuter, traiter de* qqch. *— to discuss, to deal with* a subject.

**eventio**: **1.** *événement — event.* **2.** *succès — success.* **3.** plural.: *bénéfices casuels — casual profits.* S. xiii.

**eventus** (decl. iv): *arrivée — arrival.* V. Aridii, *Scr. rer. Merov.*, III p. 594 l. 21.

**eversio**: **1.** **désordre moral — moral disorder.* **2.** **reniement de la foi, schisme, hérésie — apostasy, schism, heresy.* **3.** **réfutation — refutation.*

**eversor**: **1.** **bandit — gangster.* **2.** **dissipateur — spendthrift.* **3.** *séducteur — seducer.*

**evertere**: **1.** **tromper — to deceive.* **2.** **corrompre — to pervert.* **3.** **détourner de la foi — to make to lapse.* **4.** **gaspiller — to squander.*

**evidentia**: *preuve — proof, evidence.* S. xii.

**evigilare,** transit.: **réveiller — to wake.*

**evigorare**: **énerver — to deprive of strength.*

**evindicare, 1.** aliquid: *obtenir en justice l'adjudication de la chose revendiquée, avoir gain de cause — to get an award, to make out a case at law.* Qui contra hanc epistola[m] presumpserit, quod repetat nullo congenio evindecare non valeat. F. Andecav., no. 58, *Form.*, p. 25. Ita persaepe, e. g.: Qui [leg. quod] repetit, nullatinus valiat evindicare. PARDESSUS, II no. 412 p. 210 (a. 690). Hereditatem absque repetitione ipsius hominis omni tempore habeat elitigatam atque evindicatam. F. Turon., no. 39, *Form.*, p. 157. [Villas] omni tempore habiant evindecatas. *D. Merov.*, no. 34 (a. 658). Ita saepe. Omni alode, mecum exinde altercantes, per ipsam epistolam quam feceramus contra nos evindicastis et in vestra potestate omne alode recipistis. MARCULF., lib. 2 no. 9, *Form.*, p. 81. Mancipia evindicatas [i. e. evindicata] habuisset in palatio regis ante comitem palatii contra illo episcopo et tale cartam evindicatam exinde accepisset, qualiter ipsa mancipia in ipso palatio evindicasset. F. Emmeram. fragm. 3, ib., p. 464. Res per legem et justitiam in palatio evindicaverunt. *D. Arnulfing.*, no. 23 p. 109 (ca. a. 751). Sicut missi nostri super Alpadum ad opus nostrum visi sunt evindicasse. *D. Karolin.*, I no. 165 (a. 790). [Servos per legitimam actionem] ad nostram evindicet possessionem. Capit. missor. a. 821, c. 3, I p. 300. Ipsas res . . . evindicare meruit et ad jus suae sedis aecclesiae . . . retinere. G. Aldrici, c. 6, *SS.*, XV p. 313. **2.** loc. judicium evindicatum: *jugement adjudicatif — award.* F. Turon., no. 33, inscr., *Form.*, p. 155. Juditium evindicatum de silva juxta F., quam Romani voluerunt habere, quod A. episcopus nobilibus viris adtestantibus . . . conquisivit s. Petro. HAUTHALER, *Salzb. UB.*, I p. 50 (a. 700-798). Judicium evindicatum quod acceperat ostendit ad relegendum. *D. Arnulfing.*, no. 21 p. 107 (a. 749). **3.** aliquid: *obtenir en fait, l'emporter les armes à la main dans une contestation — to carry, to hold one's own in a contest.* Karolus [rex] . . . comitatum Bituricum . . . a Gerardo comite abstulit et Acfrido dedit. Sed isdem Acfridus super Gerardum eundem comitatum evindicare non valuit. Ann. Bertin., a. 867, ed. WAITZ, p. 90. Contra similem vestrum honorem vestrum evindicaretis pro viribus. HINCMAR., opusc. 13 § 7, ed. SIRMOND, II p. 198. Regnum paternum evindicare armis. REGINO, Chron., a. 885, ed. KURZE, p. 123. [Rex regno suo expulsus] adiit imperatorem Hludowicum, postulans ut ejus auxilio uti mereretur, quo regnum suum denuo evindicare valeret. RIMBERT., V. Anskarii, c. 7, ed. WAITZ, p. 26. **4.** aliquem: *condamner — to condemn.* Qua poena . . . evindicati fuerint. Ib., c. 18, p. 38.

**evindicatio**: *jugement adjudicatif — award.* Notitia evindicationis. PÉRARD, *Rec. Bourg.*, p. 149 (a. 870).

**evindicatus** (decl. iv): *jugement adjudicatif — award.* Hunc evindicatum fieri et firmare rogaverunt. D'HERBOMEZ, *Cart. de Gorze*, p. 142 no. 78 (a. 886).

**evirare**: **émasculer — to emasculate.*

**evocatio**: **1.** **citation à comparaître — summons to appear.* **2.** **vocation religieuse — religious vocation.*

**evolutio**: *laps de temps — process of time.* Ne temporum evolutione . . . valeat in irritum vocari. VAN DEN BERGH, *OB. Holland*, I no. 168 p. 105 (ca. a. 1180).

**aevum**: **1.** **le siècle, le monde d'ici-bas, la vie présente — seculum, the earth beneath, present life.* **2.** **l'éternité — eternity.*

**ewa,** eoa (germ.): *loi barbare — tribal code.* Secundum ewa Saxonum. Capit. Saxon. a. 797, c. 10, I p. 72. Secundum eoa Baiwariorum vel lege. Capit. Baiwar. (ca. a. 810 ?), c. 5, p. 159. Secundum legem et ewam illi [i.e. illius] cujus domus fuerit infracta. Karoli M. capit., p. 160 c. 2. Secundum ewa Fresonum. LACOMBLET, *UB. Niederrh.*, I no. 65 p. 30.

**ex**: **relativement à* (p. e. dans la locution: ex parte) *— as to* (e. g. in the phrase: ex parte).

**exabundare**: **1.** **regorger* de qqch. *— to overflow* with. **2.** **surabonder — to be superfluous.*

**exacta** (femin.): *exaction — exaction.* De necuciantes nullo telloneo . . . nec nulla exacta nec consuetudines . . . exigere presumatis. *D. Karolin.*, I no. 6 (a. 753).

**exactare**: *réclamer, faire rentrer — to collect, to gather in.* Nec freda exactanda praesumat. PARDESSUS, I p. 32 (a. 497). Ad causas audiendum aut aliquid exactandum. *D. Merov.*, no. 15 (a. 635). Censa nostra [i. e.



census nostros] exinde diligenter exactent. Capit. de villis, c. 36. Ad exercitum promovendum et heribannum exactandum. F. imper., no. 7, *Form.*, p. 292.

**exactatio**: *exaction — exaction.* A nullo rei publicae ministro quamcumque violentiam vel oppressionem aut exactationem patiantur. Capit. missor. Silvac. a. 853, c. 9, II p. 273.

**exactio**: **1.** *exaction — exaction.* Remota officialium omnium potestate, nullas functiones vel exactionis [i. e. exactiones] de ipsa facultate non requirantur. MARCULF., lib. 2 no. 1, *Form.*, p. 72. Ab omni publica functione et judiciaria exactione immunem. F. imper., no. 29, *Form.*, p. 308. Personam servili jugo notabilem vel publicis exactionibus debitam. Coll. Sangall., no. 1, ib., p. 396. Nullis indictionibus, exactionibus, operibus vel angariis comes, vicarius vel vilicus . . . populos adgravare presumant. Lex Visigot., lib. 12 tit. 1 § 2. **2.** *administration — management.* Patrimonium illud s. Romanae ecclesiae curae tuae commissum, cujus exactionem per nostrum dispositum fecisse dinosceris. Lib. diurnus, c. 103, ed. SICKEL, p. 136. **3.** *demande en justice — claim at law.* Si placitum sit furti vel exaccionis hujusmodi. Leg. Henrici, tit. 49 § 7, LIEBERMANN, p. 572. Alii sunt accusatores, alii defensores, alii testes, alii judices . . . nulla simul exactione permixti. Ib., tit. 5 p. 548. Iterum tit. 6 § 6, p. 553.

**exactionalis**: *relatif à une action civile — concerning a civil suit.* Nulli . . . necesse sit de causis exaccionalibus . . . inprovise respondere. Leg. Henrici, tit. 61 § 19, LIEBERMANN, p. 582.

**exactionare**: *pressurer — to extortionate.* S. xiii.

**exactionarius** (subst.): *percepteur d'impôts — tax-collector. D. Karls III.*, no. 120 (a. 885). Concil. Ansanum a. 994, BERNARD-BRUEL, *Ch. de Cluny*, III no. 2255.

**exactivus**: *qui a le caractère d'une exaction — extortionary.* Malas quasdam et exactivas consuetudines. LUCHAIRE, *Louis VII*, p. 370 no. 126 (a. 1143/1144).

**exactor**: **1.** **percepteur d'impôts — tax-collector.* **2.** *fonctionnaire qualifié pour faire des réquisitions et pour exiger des prestations en travail — officer having power to exact purveyances and services for public purposes.* Per alium exactorem [quam rectorem ecclesiae] ecclesiastici homines ad opera [sc. ad pontes construendos vel reliqua similia] non conpellentur. Capit. Mantuan. II a. 787, c. 7, I p. 197. Exactores singularum civitatum studium habeant [ut] plateae et cloacae emundentur. Karoli M. capit. Ital., c. 3, p. 216. Totam publicam functionem, que ab aliquo exactore publico per antiquam consuetudinem exigi solet, videlicet a comite vel vicecomite, a sculdasio vel decano, a saltario vel vicario, predicte s. Parmensi ecclesie . . . concedere . . . dignaremur. *D. Ugo*, no. 15 p. 44 (a. 928). **3.** *receveur de péage — toll-gatherer.* Rei publicae administratoribus sive exactoribus infra pagum Parisiacum thelonea recipientibus. D. Ludov. Pii (a. 814-819), *Hist. de Fr.*, VI p. 468. Conductores vel procuratores sive exactores fiscalium rerum vel redituum aut vectigalium. Synod. Pap. a. 850, c. 18, *Capit.*, II p. 122. Neque familia ipsius ecclesie . . . conjectos aliquos aut tributa vel freda exsolvat vel solvere cogatur aut ad aliquod castelli opus ab exactoribus vectigalium impleatur. *D. Ottos I.*, no. 86 (a. 947). **4.** *agent fiscal, régisseur d'un fisc — fiscal agent, administrator of a royal estate.* Venerabilem virum A. exactorem palatii Ingilenheim. BEYER, *UB. Mittelrh.*, I no. 62 p. 70 (a. 835). DRONKE, *CD. Fuld.*, no. 651, p. 300 (a. 906). **5.** gener.: *agent du roi, fonctionnaire public — royal agent, public officer.* Exactor judiciariae potestatis. *D. Karolin.*, I no. 87 (a. 774). Rei publicae exactor. Ib., no. 88 (a. 774/775). F. imper., no. 20, *Form.*, p. 301. **6.** *plaignant, partie adverse — plaintiff, adversary.* Domnus F. comes Andecavensis, exactor noster [i. e. contra nos agens], tutor et testis eorum. BERTRAND, *Cart. d'Angers*, I no. 108 p. 127 (a. 1098).

**exactorius** (adj.): *qui a le caractère d'une exaction — extortionary.* Ab omni tallia et exactoria consuetudine immunes existant. LECOY, *Œuvres de Suger*, p. 360 (ch. a. 1145).

**exactura**: **1.** *charge de percepteur d'impôts — office of tax-collector.* Eum in accione instituerunt. . . . Qui accipiens honoris terrenus [i. e. honores terrenos] exercebat exactura[m] commissam sibi. V. Wandregisili (s. vii ex.), c. 3, *SRM.*, V p. 14. **2.** *exaction — exaction.* Nullus . . . audeat ad publicam exacturam . . . homines compellere. *D. Heinrichs III.*, no. 142 (a. 1045). Omnes consuetudines malas . . ., exacturas, vestituras etiam de omnibus terris . . . perdonavit. BERNARD-BRUEL, *Ch. de Cluny*, III no. 2682 p. 712 (a. 1011).

**exaggerare**: **1.** **dépasser — to surpass.* **2.** **exacerber, aigrir — to arouse, to embitter.* **3.** **dire en exagérant — to exaggerate in saying.*

**exaggeratio**: **exagération — exaggeration.*

**exagium,** ess-, ass-, -aj-, -azi-, -a, sazium, sazum (gr.): **1.** **pesée — weighing.* **2.** **vérification des poids — assay of weights.* **3.** *un poids — a weight.* Uncias tres et exaja dua. *CD. Cajet.*, I p. 162 (a. 991). **4.** *essayage des métaux — assay of metals.* [Monetarius] fidelitatem tam de pondere quam de exagio, hoc est de metalli sinceritate, rite faciat. LESORT, *Ch. de S.-Mihiel*, no. 58 p. 200 (a. 1099). **5.** *ordalie — ordeal.* Petierunt sibi alium spatium in quo possent facere exagium. Quo peracto, Dei juditium contra se videntes . . . GUÉRARD, *Cart. de Marseille*, no. 27 (ca. a. 1020).

**exagus,** exaga, exagius, exavus (<exagellum?): *espace enclos — fenced-in space.* Curtes, exagae et regressae, terras et vineas. MABILLON, *Ann.*, II p. 719 col. 2 (ch. s. ix p. pr.). In casis, casaliciis, curtis, exagis, ortis, oglatis. GERMER-DURAND, *Cart. de Nîmes*, no. 3 p. 7 (a. 879). Casa ad sisca coperta cum curte et orto et ipso exavo. Ib., no. 17 p. 28 (ca. a. 916). Dono casales et exagos et terris cultis et incultis . . . Vineis, casales et mansiones et exagis et ortis. DE BOÜARD, *Manuel*, II pl. 15 no. 1 (a. 981, Arles). Cum aedificiis, cortiferis, exavis, ortis, vineis. Chron. Novalic., MURATORI, *Scr.*, II pt. 2 col. 746. Mansum unum . . . cum curte et exago suo. D'ACHÉRY, *Spic.*[2], III p. 389 (ch. a. 1024, Prov.).

**exalbare**: **blanchir — to whitewash.*

**exaltare**: **1.** **élever, exhausser, dresser, hausser — to raise, to lift, to erect.* **2.** **faire surgir —*

to arouse. 3. *exalter, honorer, louer — to magnify, to celebrate, to praise.

**exaltatio**: 1. *action d'élever, de hausser, de dresser — raising, lifting. 2. *exaltation, glorification, prédication — magnifying, celebrating, preaching. 3. *rang élevé, position exaltée — high position. 4. *orgueil, fierté, hauteur — pride, conceit, haughtiness.

**exambire**: *briguer, solliciter — to intrigue for something.

**examen**: 1. ordalie — ordeal. Examen aquae frigidae, calidae. Capit. Wormat. a. 829, c. 12, II p. 16. Ad locum ubi ipsum examen peragatur. Ord. judic. Dei no. $8^{d}$, Form., p. 613. Ibi saepe. Approbare ... ignitorum vomerum examine. REGINO, Chron., a. 887, ed. KURZE, p. 127. Eat ad triplex ordalium, id est judicium vel examen. Leg. II Cnut, tit. 30 § 3, vers. Quadrip., LIEBERMANN, p. 333 col. 1. 2. le jugement dernier — the last judgment. Examinis diem. Chron. Salernit., c. 11, SS., III p. 479.

**examinare**: 1. *faire subir un interrogatoire — to put to trial. 2. faire subir une épreuve judiciaire — to try by ordeal or single combat. Ad novem vomeres ignitos judicio Dei examinandus accedat. Capit. legib. add. a. 803, c. 5, I p. 113. Si [testes] discordaverint, secundum constitutionem [i. e. per duellum] examinentur. Capit. missor. a. 819, c. 2, p. 289. Judeos ad nullum judicium examinandos. F. imper., no. 30, Form., p. 310. 3. refl. se examinare: subir une épreuve judiciaire ou une compurgation — to undergo an ordeal or compurgation. Semetipsum cum tribus examinet. Concil. Mogunt. a. 852, c. 8, II p. 188. Judicio Dei se examinet. Edict. Pist. a. 864, c. 13, p. 315. 4. faire subir un examen universitaire — to hear in an academic examination. Nisi examinatus, si examinari soleat per cancellarium, insufficiens repertus fuerit. DENIFLE, Chart. Univ. Paris., I p. 103 no. 45 (a. 1222).

**examinatio**: 1. *examen, recherche, enquête — investigation, research, enquiry. 2. interrogatoire — trial by hearing. 3. épreuve judiciaire — trial by ordeal. Examinatio crucis. Capit. eccles. a. 818/819, c. 27, I p. 279. Hoc judicium atque examinationem. Ordin. judic. Dei, no. $16^{a}$, Form., p. 618. Ibi pluries. Ferri vel aque vel alias legis examinaciones. Leg. Henrici, tit. 62 § 1, LIEBERMANN, p. 583.

**examinator**: 1. examinateur universitaire — academic examinator. Magistri presentantes et ipsi bachellarii ... nec gratiam ab examinatoribus nec a nascione nec ab universitate petent. DENIFLE, Chart. Univ. Paris., I no. 201 p. 227 (a. 1252). 2. contrôleur municipal de l'industrie — municipal trades inspector. Examinator pannorum. KEUTGEN, Urk. st. Vfg., no. 278 (ca. a. 1280, Speyer).

**examitum**, xam-, sam-, -et-, -itt-, -a (gr. ἑξάμιτος: "tissé à six fils — woven with six threads"; > teuton. sammet): velours — velvet. LEO OST., Chron. Casin., lib. 3 c. 18, SS., VII p. 711 l. 3. GUILL. TYR., lib. 13 c. 27, MIGNE, t. 201 col. 577 B; rursum lib. 21 c. 23, col. 837 B. Chron. Reichersperg., SS., XVII p. 512. ARNOLD. LUBEC., lib. 1 c. 5, ed. LAPPENBERG in us. sch., p. 20. PETR. BLESENS., epist. 66, MIGNE, t. 207 col. 196 C.

**1. examplare**, ess-, -emplare (verb.): défricher — to clear land. Quidquid [forestae] eo vivente extirpatum et quod post mortem ejus quorumcumque invasionibus fuisset exemplatum. MÉTAIS, Cart. de Vendôme, no. 7 (a. 1032), I p. 20.

**2. examplare**, examplarium (subst.): essart — clearance, reclaimed area. Villam C. cum examplariis, aedificiis, casticiis et vineis. D. Ludov. Balbi reg. Fr. a. 878, Hist. de Fr., IX p. 410 B. Domos et messes et quicquid invenit in hujus forestis examplaribus. MÉTAIS, Cart. de Vendôme, no. 6 (ca. a. 1032), I p. 18.

**examplatio**, exem-, -pliatio: essart — clearance. Terram veterem ... cum novalibus et exemplationibus quae postmodum ibi facta sunt. DC.-F., III p. 358 col. 1 (ch. a. 1040, Anjou). Unam mediaturam terre cum pratis que ad illam pertinent et exampliationes bosci de B. Actes Phil. Ier, no. 34 (a. 1067), p. 101.

**examplatorium**, -em-: essart — clearance. Cum exemplatorio, silvis et insulis. D. Charles le Chauve, no. 443 (a. 877, Languedoc).

**examplum**, -em- (< 1. examplare): essart — clearance. Quidquid de exemplis, que post mortem R. fuerant facta, reperit. MÉTAIS, Cart. de Vendôme, no. 7 (a. 1032), I p. 20. Iterum ib., no. 68 (post a. 1047). De examplis ejusdem ville decimas. Actes Phil. Ier, no. 7 (a. 1060), p. 23. Omnem decimam de illis exemplis ad jus s. Albini pertinere. BERTRAND, Cart. d'Angers, I no. 302 p. 343 (a. 1082-1106).

**exaperire**: *expliquer — to explain.

**exaquari**: débarquer — to disembark. RICHER., lib. 2 c. 58, ed. LATOUCHE, p. 222.

**exaquatio**: écoulement, drainage — draining. S. xiii, Holl.

**exarchatus** (decl. iv): territoire dominé par l'Exarque — Exarchate. [Papa Langobardorum regem] deprecaretur pro gregibus sibi a Deo commissis et perditis ovibus, scilicet pro universo exarchato Ravennae atque cunctae istius Italiae provinciae populo. Lib. pontif., Steph. II, § 15, ed. DUCHESNE, I p. 444. Rursum ib., § 26 p. 448; § 44 p. 453.

**exarchus** (gr.): commandant militaire, en même temps gouverneur civil, des territoires romains d'Italie, résidant à Ravenne — military commander as well as civil governor of the Roman provinces in Italy, residing at Ravenna. GREGOR. M., lib. 5 epist. 19, inscr., Epp., I p. 301. Ibi pluries. Lib. pontif., Gregor. I, ed. MOMMSEN, p. 161.

**exarcia**, sarcia (gr.): agrès — rigging. S. xiii, Hisp.

**exardere** (intr.): *brûler — to burn.

**exasperatio**: 1. *exaspération, colère — irritation, anger. 2. *révolte violente — fierce resistance.

**exauditio**: *action de prêter l'oreille, d'exaucer — hearing a prayer.

**exaurare**: dorer — to gild. Gabatam ... exauratam. Lib. pontif., ed. DUCHESNE, II p. 79.

**exbannire**: mettre au ban de l'Empire ("Acht") — to banish from the Empire. Christianus [archiepiscopus Moguntinus] exbannivit Pisanos et diffidavit et eos privilegiis privavit. Breviar. hist. Pisan., a. 1172, MURATORI, Scr., VI col. 186. Comes [Boloniae] de terris suis expellitur et de regno Franciae auctoritate regia exbannitur. NICOL. TRIVET., Chron., a. 1212, D'ACHÉRY, Spicil.$^{2}$, III p. 183. PETR. DE VINEA, lib. 5 epist. 111 sq.



**exbonnare** (< bodina): délimiter — to delimit. DC.-F., III p. 341 col. 2 (ch. a. 1161).

**exbrancatura**, es-: branchages — outer branches of trees. S. xii.

**excadentia**, excidentia, esc-, esch-, -ahen-, -ean-, -aan-, -an-, -en-, -cia, -chia (< excadere): 1. retour d'un fief au suzerain — escheat. Quoniam S. sine herede masculo decedente decima, quam idem ab ecclesia ... titulo homagii possidebat, ad dictam ecclesiam de jure sit reversa et per excadentiam devoluta. VAN DEN BERGH, OB. Holland, I no. 461 p. 252 (a. 1248). 2. mainmorte — mortmain. Habent excidencias de illis suis hospitibus vel hominibus qui non habent heredes. BOURGIN, Soissons, p. 438 no. 17 c. 6 (a. 1224/1225). 3. succession — inheritance. Totam excadentiam, quae ipsi J. ex parte patris et matris poterat obvenire. DC.-F., III p. 341 (ch. a. 1261, Corbie).

**excadere**, escadere, eschadere, escaire, excidere: échoir — to fall to one's share. Si terra bladata excadat ..., sicut erit bladata ad propinquiorem heredem deveniet. DC.-F., III p. 341 col. 3 (ch. a. 1229, Meaux).

**excaduta**, excaëta, esc-, esch-, asc-, asch-, -eta, -eita, -euta, -uta, -oeta, -oita, -ata, excasuta (cf. voc. excasura), excaduca (< excadere): 1. retour d'un fief au suzerain par défaut de succession ou par confiscation, de sorte que le seigneur touche les revenus jusqu'à nouvelle attribution — escheat, relapse of a fief to the feudal lord by lack of a successor or forfeiture, the revenue accruing to the lord until reconferment. Eschaete vulgo dicuntur que, decedentibus hiis qui de rege tenent in capite, cum non extet ratione sanguinis heres, ad fiscum relabuntur. Dial. de Scacc., lib. 2 c. 10, ed. JOHNSON, p. 94. 2. mainmorte — mortmain. In escheitis nullam habet portionem advocatus. Mém. et doc. de la Suisse Romande, t. 7 p. 7, c. 6 (a. 1144, Lausanne). 3. déchéance au seigneur des épaves et des héritages d'étrangers et de bâtards — lapse of strayed property or of property left by strangers and bastards to a baron. 4. part de succession échéant à un autre que l'héritier direct — portion of a heritage falling to a person who is not the direct heir. Miles [filius] primogenitus feodum lorice integrum habebit, et non partietur; ceteri vero escaetas habebunt equaliter. Consuet. Normann. veterr., pt. 1 (s. xii ex.), c. 8 § 2, ed. TARDIF, p. 8. 5. gener.: succession — inheritance.

**excaëtare**, esc-: percevoir les revenus des fiefs qui ont fait retour au seigneur féodal — to escheat. S. xiii.

**excaëtor**, esc-, exch-, esch-, -ator (< excaduta): fonctionnaire chargé de la recherche et de la perception des échoites — escheator. S. xiv, Angl.

**excaldatus**, esc-, esch-, -aud-, -etus: pain cuit au bain mari — bread baked on hot water. S. xiii.

**excambialis**, esc-, sc-, -angialis (adj.): d'échange — exchange. Dono vobis in locum scangiale ancilla[m] mea[m] ... pro alia ancilla. BERNARD-BRUEL, Ch. de Cluny, I no. 108 (a. 909). Rursum no. 654 (a. 944).

**excambire**, exqu-, esc-, esch-, sc-, -ambiare, -angire, -angiare, -ammiare, -amiare (cf. voc. cambire): 1. échanger réciproquement — to exchange. Mancipia inter se commutare vel excamiare deberent. TARDIF, Cartons, no. 118 p. 82 (ch. a. 824, Argenteuil). Abbates ... predictas terras excambierunt. LUCHAIRE, Louis VII, p. 387 no. 271 (a. 1152). 2. donner en échange — to barter. Ego G. et uxor ejus C. escaminiamus [leg. excammiamus] vobis vineas duas. BERNARD-BRUEL, Ch. de Cluny, II no. 1339 p. 412 (a. 973/974). R. vicedominus exquamiavit ... campum unum. PÉRARD, p. 62 (s. x in., Dijon).

**excambitio**: échange — exchange. MIRAEUS, II p. 829 col. 1 (ch. a. 1169).

**excambitor**, escam-, -biator: changeur — money-changer. S. xii.

**excambitus**, sc- (decl. iv): change monétaire — money exchange. Nulle alie monete currant apud C. preterquam Divionensem et Lingonensem ad scambitum. GARNIER, Ch. Bourgogne, p. 340 no. 185 § 27 (a. 1206).

**excambium**, esc-, sc-, -ammium, -amium, -angium, -annicum (< cambium): 1. échange — exchange. De campis inter se scammium conscribere voluerint. BERNARD-BRUEL, Ch. de Cluny, I no. 263 (a. 926). 2. chose donnée ou reçue en échange — a thing given in exchange or obtained by an exchange. Accepit ab eo scamium in Nivernensi pago, et dedit ei hereditatem suam quam habebat in B. Ib., II no. 1547 p. 595 (ca. a. 980). Propter hoc, quod istud excangium prope erat monachis et illud sanctimonialibus. GRASILIER, Cart. de Saintes, no. 235 p. 154 (ca. a. 1047). Illi scangium similem vel meliorem daret. BERTRAND, Cart. d'Angers, I no. 227 (a. 1039-1055). 3. compensation — compensation. Si aliquid inde [sc. de re divisa] haberent supra medietatem, unde ipse H. escannicum non haberet. DC.-F., III p. 296 col. 2 (ch. a. 1079, Mâcon). 4. change monétaire — money exchange. Pro redditibus nostris ..., scilicet pro omnibus ville illius tonleis, pro transverso ... necnon pro scambio. Priv. comm. Montisdesiderii a. 1195, c. 30, Actes Phil.-Aug., no. 495, II p. 28.

**excapitare**: décapiter — to behead. Jussit eum excapitari. HENRIC. HUNTENDUN., lib. 6 c. 14, ed. ARNOLD, p. 186.

**excapium**, escapium (< ex cappa): 1. fuite — escape. S. xiii. 2. amende à cause d'une fuite — fine for escape. S. xiii.

**excapulare**, scapellare (cf. voc. capulare): détruire — to destroy. Si quis molinum alterius scapellaverit aut aratrum alienum iniquo animo scapellaverit. Ed. Rothari, c. 150. Si quis vitem alienam de una fossa asto animo scapellaverit. Ib., c. 299.

**excarpsus**, scarsus (decl. iv): extrait — abstract. Excarpsu capituli domno imperatoris Karoli. Capit. missor. Theodonisv. a. 805, inscr., I p. 120 l. 40. Canones scarsus quaternio uno. PÉRARD, Bourg., p. 26 (ch. ca. a. 840).

**excasura**, esc-, -assura (< excadere): 1. mainmorte — mortmain. Dederunt ... censum manusfirmae cum omni justitia et dominatione et cum excassura, si forte evenerit. MARTÈNE, Coll., I col. 887 (ch. a 1172). 2. héritage — inheritance. Franchi homines suas habent in integrum excasuras. BALUZE, Misc., VII p. 326 (a. 1104, Auxerre). Quidquid de escasura ipsius comitis ad eam jure

hereditario devenit. BRUSSEL, *Examen*, I p. 7 (a. 1204).

**excausarius** (< excasura ?): *agent domanial chargé de la perception des profits de la justice — collector of dues deriving from jurisdiction.* GUIBERT, *Doc. de Limoges*, I no. 124 p. 112 sqq. (ch. s. x, vel potius s. xii ?).

**excedere, 1.** mente: *perdre la raison — to wander in mind.* Ei . . . talis potio data est, quae eum mente excedere faceret; atque ex eo tempore numquam pleni sanique sensus fuit. PAUL. DIAC., Hist. Langob., lib. 4 c. 42, ed. WAITZ, p. 169. **2.** absol.: **commettre une faute, pécher — to offend, to sin.* Excedentes ad viam recti itineris correctio pastoralis adducat. Guntchramni edict. a. 585, *Capit.*, I p. 11 l. 41. Si quis quid excesserit in refectorio, mox a priore veniam petat. Capit. monast. a. 817, c. 41, p. 346. **3.** transit.: *transgresser — to infringe.* Complures comperimus . . . ea quae praecepta fuerant excessisse. Lex Burgund., tit. 54 § 1.

**excellentia.** Loc. excellentia vestra: titre honorifique — title of honour. Pour l'empereur — for the emperor: Episcop. ad Ludov. P. rel. a. 829, c. 16, *Capit.*, II p. 34. Concil. Vern. a. 844, c. 11, p. 385. Eos recipiens ejus excellentia denuo reppedavit Papiam. Lib. pontif., Hadr., ed. DUCHESNE, I p. 496. Excellentia nostra [sc. imperator]. D. Loth. I imp. a. 840, *Capit.*, II p. 136 l. 26. Idem, sc. rex: Capit. Tolos. a. 844, c. 8, p. 257.

**exceptare**: *excepter — to except.* GREGOR. CATIN., Chron. Farf., ed. BALZANI, II p. 263.

**excepto, 1.** (praepos.): **excepté — with the exception of.* **2.** *ainsi que, outre — as well as, besides.* Tradidit mansos 104 excepto terra salica et mancipia 300. *D. Ludwigs d. Deutsch.*, no. 90 (a. 858). **3.** (adverb.): *en outre — moreover.* Tres mulieres habuit, quod ei non licuerat; excepto perpetravit alia adulteria. Vis. Baronti (s. vii ex.), c. 12, *SRM.* V p. 386.

**excerebrare**: **1.** **faire sauter la cervelle à* qq'un *— to knock out* a person's *brains.* **2.** **mettre la tête à l'envers à* qq'un, *faire perdre la raison — to make one's head turn, to make insane.*

**excessio**: **1.** **mort — death.* **2.** **faute, péché — offence, sin.* JULIAN., Hist. Wambae, c. 1, *SRM.*, V p. 530 l. 18.

**excessive**: *excessivement — excessively.* S. xiii.

**excessivus**: *excessif — excessive.* S. xiii.

**excessus** (decl. iv): **1.** **digression — digression.* **2.** **extase, folie — trance, folly.* **3.** *vision, apparition — vision, appearance.* **4.** **excès, exubérance — excess, going beyond the mean.* **5.** **faute, péché — offence, sin.* **6.** *délit, crime — transgression, crime.* Quicunque . . . emendare neglexerint juxta quod conditiones causarum aut excessus personarum exegerint. Guntchramni edict. a. 585, *Capit.*, I p. 12 l. 1. Districtione legali uniuscujusque emendetur excessus. Lex Visigot., lib. 12 tit. 1 § 2. Praeteritorum excessuum veniam humiliter postulante. Ann. Bertin., a. 839, ed. WAITZ, p. 20.

**excidentia, excidere,** v. excad-.

**exclamare**: **1.** intrans.: *pétitionner — to make a request.* Exclamavi ad W. comite . . . ut mihi . . . dedisset largietatem de rebus meis venundandi. FICKER, *Forsch.*, IV no. 12 p. 18 (a. 843, Piacenza). **2.** intrans.: *présenter une demande — to institute a prosecution.* In Rorici advocati placito super hec exclamavi atque secundum legem . . . adquisivi. BEYER, *UB. Mittelrh.*, I no. 305 p. 357 (ca. a. 1033). **3.** transit. : *réclamer — to claim.* Illos [fevos] quos [milites] non tenuerint et exclamaverint. Usat. Barchin., usualia (ca. a. 1058), c. 57, WOHLHAUPTER, p. 206.

**exclamatio**: *huée — hue and cry.* Si quis furi obvius factus fuerit et illum sponte abire permiserit sine exclamatione. Leg. II Cnut, tit. 29, vers. Consil. Cnuti, LIEBERMANN, p. 331 col. 3.

**excludere**: *barrer — to dam up.* Viam . . . nullus . . . excludat. Lex Visigot., lib. 8 tit. 4 § 25. Flumina majora . . . nullus . . . excludat. Ib., § 29.

**exclusa,** escl-, scl-, -ausa (< excludere; cf. voces clausa et clusa): **1.** *barrage* dans un fleuve, y compris la vanne et le bief — *weir*, including lock and millrace. Visum est ei molinum in ipso Angeris fluvii alveo stabilire; defixisque per flumen palis, adgregatis lapidum magnorum acervis, exclusas fecit atque aquam canale collegit. GREGOR. TURON., V. patrum, c. 18 § 2, *SRM.*, I p. 735 l. 1. Si quis sclusam de farinario ruperit. Lex Sal., tit. 22 addit. 2. Si quis . . . sclusa[m] ruperit. Edict. Rothari, c. 150. Flumina majora . . . nullus ad integrum . . . excludat; sed usque ad medium alveum . . . sepem ducere non vetetur . . . Si quis contra hoc fecerit, exclusa ipsius . . . rumpatur. Lex Visigot., lib. 8 tit. 4 § 29. Si quis sclusam dimiserit, quando suus comes ei commendat facere. Ewa ad Amorem, c. 38. Materiamen quod ad illum molinum emendandum pertinet, sclusam emendare, molas adducere . . . Adalhardi Corbej. stat. (a. 822), c. 7, ed. LEVILLAIN, *LMA.*, t. 13 (1900), p. 359. Priv. Joh. VIII pap. a. 878, DUVIVIER, *Rech. Hainaut*, no. 17 p. 319. Do eis partem piscationis quae ad me pertinet in exclusa ejusdem loci et de silva mea ad ipsam exclusam reedificandum quantum sufficit. *Gall. chr.*[2], XIV instr. col. 66 no. 45 (a. 1020, Tours). Exclausam quam fecerat in fluvio Sagone destrueret. BERNARD-BRUEL, *Ch. de Cluny*, V no. 3726 p. 75 (a. 1097). Inundatio fluminum . . . sclusas vivariorum et structuras molendinorum rapido impetu secum ferret. Contin. Aquicinct. ad SIGEB., a. 1178, *SS.*, VI p. 417 l. 20. **2.** *partie canalisée d'un fleuve — canalized stretch of a river.* Sclusam Scarpi a Marcineis usque prope silvam de Somania. Priv. Eug. III pap. a. 1146, PFLUGK-HARTTUNG, *Acta*, I no. 205 p. 188. **3.** *col, défilé — mountain-pass.* Ut ipsos [peregrinos] per nullam occasionem ad pontes vel ad exclusas aut navigio non deteneatis. Pippini reg. capit. (a. 754-755), c. 4, I p. 32. **4.** *ouvrage fortifié qui domine une route enserrée par des montagnes — fortification blocking a mountain road.* Pippinus . . . ad sclusas Langobardorum pervenit, illisque dirutis et Heistulfum cum Langobardis in fugam expulsis Papiam civitatem obsedit. Ann. Mett. prior., a. 754, ed. SIMSON, p. 47. Rursum ib., a. 773, p. 60.

**exclusaticus**: *redevance exigée à l'endroit où la navigation passe un barrage — a duty from ships passing a weir. D. Karolin.*, I no. 93 (a. 775). BERTRAND, *Cart. d'Angers*, I no. 227 p. 274 (a. 1039-1055).



**exclusator**: *garde d'un barrage — weir keeper.* MARCHEGAY, *Arch. d'Anjou*, III p. 76 no. 100 (ca. a. 1080).

**exclusatorium**: *barrage — weir.* Ripam per terram nostram concedimus illis ad exclusatoria jactare. RÉDET, *Cart. de Poitiers*, no. 197 p. 129 (ca. a. 1100).

**exclusor**: **1.** **sertisseur — enchaser.* **2.** *fondeur — metal founder.*

**exclusura**: *droit de barrage — right to have a weir.* Dederunt apud B. terram arabilem, molendinum, prata et fluvium . . . et duos solidos in eadem terra de exclusura unoquoque anno solvendos. TARDIF, *Cartons*, no. 253 p. 160 col. 2 (a. 992-1012, Corbeil).

**excolentia**: *administration — management.* Unus [fratrum] semper propter domesticam curam atque rerum communium excolentiam remaneat. Capit. Olonn. mundan. a. 825, c. 6, I p. 330.

**excolere**: **1.** *défricher, mettre en culture — to clear, to reclaim* land. Ad habitandum atque excolendum deserta loca acceperunt. Ludov. Pii const. de Hisp. II a. 816, *Capit.*, I p. 263 l. 28. Unum novale . . ., quantum ibidem . . . tam territorii quam silvarum adjacentiis circumquaque excolere videbatur. WARTMANN, *UB. S.-Gallen*, I no. 334 p. 308 (a. 830). **2.** *posséder en usufruit, exploiter — to hold in usufruct, to exploit.* Ipsa[m] villa[m] nobis ad beneficium usufructuario ordine excolendum tenere permisistis. MARCULF., lib. 2 no. 5, *Form.*, p. 78. Monasterium cum ceteris villis et possessionibus diebus vitae suae usu atque fructuario ordine excolere liceat. *D. Ludwigs d. Deutsch.*, no. 34 (a. 844). [Abbatiam] precario more excolendam suscepit. *D. Charles le Simple*, no. 84 (a. 916).

**excommunicare**: **expulser de la communauté chrétienne — to shut out from the Christian community.*

**excommunicatio**: **expulsion hors de la communauté chrétienne — exclusion from the Christian community.*

**excommunicatorius**: *qui comporte une excommunication — purporting an excommunication.* Excommunicatoriam epistolam. Leonis IV pap. (a. 847-855) epist., *Epp.*, V p. 586.

**excommunio**: *excommunication — excommunication.* Jam excommunionem minaris. GREGOR. TURON., V. patr., c. 17 § 1, *SRM.*, I p. 729.

**excommunis**: *excommunié — excommunicated.* Si quis episcoporum . . . ad sinodum venire distulerit, . . . a fratribus et conprovincialibus maneat excommunis. Concil. Turon. a. 567, c. 1, *Conc.*, I p. 123. Ibi pluries. Clericus inter epulas cantans . . . excommunis sit. Canon. Hibern. (s. viii ?), MARTÈNE, *Thes.*, IV col. 2. A liminibus omnibus sanctis excommunus [!] resistat. BITTERAUF, *Trad. Freising*, I no. 36 p. 64 (a. 769-776).

**excomparatio**: *achat — purchase.* Rebus suis, quae habere visi est [i. e. sunt] in fundo C., quas eos per chartam excomparationis advenerunt. *CD. Langob.*, no. 251 col. 427 A (a. 871, Bergamo). Alode nostro . . . qui nobis advenit de excomparatione. *Hist. de Languedoc*[3], V pr. no. 65 col. 170 (a. 936, Arles).

**excondicere**, excondire, escondire. **1.** refl. se excondicere: *réfuter une revendication ou une accusation — to refute a reclamation or an impeachment.* Ad mallum veniant et ibi aut se legaliter . . . excondicant aut, si se excondicere non potuerint, quod mala fecerint legaliter emendant. Capit. Caris. a. 873, c. 3, II p. 344. Si quis negaverit factum, si comprobatus non fuerit, propria manu juramento se excondicat. Capit. Vern. a. 884, c. 4, p. 373. **2.** transit.: même sens — same meaning. Ille miles accusavit Motbertum . . . dicens quod caballum quendam deberet ei prestare . . . per consuetudinem. Hoc excondivit Motbertus per sacramentum. BERTRAND, *Cart. d'Angers*, I no. 303 p. 344 (ca. a. 1090). **3.** *s'excuser — to excuse oneself.* Fratri H. . . . missaticum tuum commiseris . . . de quo missatico non se excondixit. HINCMAR., opusc. 31, ed. SIRMOND, II p. 339.

**excoriare** (< corium), **excorticare** (< cortex), esc-, sc- (les deux mots, d'origines différentes, se sont confondus — these words, etymologically distinct, have become mixed up): *meurtrir de coups — to flay.* Excoriari te facio. Lib. pontif., Vigilius, ed. MOMMSEN, p. 151. Flagellatus et scorticatus videatur. Karlmanni capit. a. 742, c. 6, I p. 26. Qui meretriculas jubent ad stipites excoriandas ligare. RATHER., epist. 16, ed. WEIGLE, p. 97. Scopis et forcipe excorietur et tondeatur. Frid. I imp. const. de pace a. 1152, *Const.*, I no. 140. Qui . . . combusserit vel decapitaverit vel excoriaverit. Leg. Henrici, tit. 92 § 19, LIEBERMANN, p. 609.

**excredere**: *relâcher sous cautionnement — to admit to bail.* Scultetus civem detentum debeat excredere sub fidejussoria cautione. *Const.*, IV pt. 2 no. 999 p. 1042 (a. 1313).

**excrementum**: *excédent, surplus, accroissement — excess, surplus, increase.* Damus terram . . . cum omnibus excrementis et melioramentis. Ch. Phil. Aug. reg. Fr. a. 1207 ap. DC.-F. III p. 351 col. 3.

**excrescentia**: *excédent, surplus, accroissement — excess, surplus, increase.* S. xiii.

**excrescere**: **1.** **augmenter — to increase.* **2.** *excéder — to exceed.* Quicquid de redditibus . . . deductis expensis excreverit. VAN DEN BERGH, *OB. Holland*, I no. 197 p. 120 (a. 1204).

**excruciatio**: **torture, martyre — torture, martyrdom.*

**excrustare**: **1.** *dédorer — to strip of gilt.* **2.** *dénuer, dépouiller — to strip, to despoil.* CALMET, *Lorr.*, II col. 324 (ch. a. 1146). *Ann. Praemonstr.*, I col. 660 (ch. a. 1163, Toul).

**excubare**: *célébrer la vigile, l'office nocturne — to perform vigils, to officiate at night.*

**excubiae**, scu-, -vi-, -fi- (femin. plural.), -a (femin. singul. et neutr. plural.): **1.** **offices ecclésiastiques nocturnes — nightly worship.* **2.** *obsèques — funeral service.* **3.** (etiam singul. excubia) *garde des châteaux — castle ward.* Scubia publica, quod ad utilitatem regni nostri pertinet, praecepta inmunitatum inpedimentum non praestent, set adjutorium. Memor. Olonn. (a. 822/823), c. 11, *Capit.*, I p. 319. Pro omni excubia et expeditione tam palatina quam hostili. Priv. Marini pap. a. 883, UGHELLI, IV p. 896. Liceat . . . possidere remota omni publica excubia vel totius potestatis inquietudine. *D. Lotario*, no. 15 p. 285 (a. 950). Nec ipsi in exceptitum [leg. exercitum] pergant nec excubias publicas faciant. *D. Berengario II*, no. 5 p. 307

(a. 952). Ibunt homines Maironi in excubiam castelli. BERTRAND, *Cart. d'Angers*, I p. 279 no. 233 (post a. 1087). **4.** *corvées — labour service.* Aliut redditum non facias nec angarias nec nulla scufias ad ipsa Dei eclesia, nisi tantum per singulus annus quattuor modia granu. SCHIAPARELLI, *CD. Longob.*, I no. 94 p. 273 (a. 748, Lucca). Nos et parentes nostri b. m. W. duci et filiis ejus scuvias facere solemus et servitium per condicionem, traendo cum nave tam granum quam et salem. Ib., II no. 223 p. 261 (a. 768, Lucca).

**excupare** = scopare ("balayer — to broom the floor").

**excurrere**: *passer* le temps — *to spend* time. S. xii.

**excursus** (decl. iv): **1.** **développement* d'une discussion — *expatiation.* **2.** *issue, poterne — exit, sallyport.* GALBERT., c. 27, ed. PIRENNE, p. 47. **3.** *rayon dominé par un château — castle district.* Addo etiam decimas omnium consuetudinarum [i.e. consuetudinum] mearum de castello meo intus et foris, scilicet mercati mei, pedagii mei, quantum excursus ejus tenet subtus et intus et supra castellum meum. BERTRAND, *Cart. d'Angers*, I no. 317 p. 359 (ante a. 1080).

**excurtare**: *couper la queue — to cut the tail.* Si quis caballo alieno excurtaverit. Lex Sal., tit. 38 addit. 8. Si equo ... oculum excusserit aut excurtaverit. Lex Alaman., tit. 63 § 1.

**excusabilis**: *qui peut s'exonérer — enjoying exemption.* Tradidit ... tres ancillas suas ... ea conditione, ut censum persolverent ad ecclesiam s. Bonifatii per singulos annos et ab alia servitute excusabiles fierent. DRONKE, *CD. Fuld.*, no. 466 p. 205 (a. 826).

**excusare**: *obtenir l'impunité,* comme condition de l'extradition, en faveur d'un dépendant coupable qui s'est réfugié hors du pouvoir de son maître — *to obtain impunity* as a condition of extradition on behalf of a dependant guilty of some offence who has flown from his master. Quodsi cujuslibet servus deserens dominum suum ad ecclesiam confugerit, ubi primum dominus ejus advenerit, continuo excusatus reddatur, futurum ut, si de precium convenerit, non negetur. Decret. Chloth. I, c. 15, *Capit.*, I p. 6. Nullus alterius leudes nec sollicitet nec venientes excipiat. Quodsi forsitan pro aliqua a[d]missione partem alteram crediderit expetandam, juxta qualitatem culpae excusati reddantur. Pactum Guntchr. et Childeb. II a. 587, ib., p. 14 l. 30. Si [quis clericus] pro qualebit causa ad principem expetierit et cum ipsius principis epistola ad episcopo suo [i.e. episcopum suum] fuerit reversus, excusatus recipiatur. Chloth. II edict. a. 614, c. 3, p. 21. [Servus et ancilla] conjuncti pariter aeclesiam petierunt. Quod cum R. conperisset, accedit ad sacerdotem loci; rogat sibi protinus reddi suos famulos excusatus [i.e. excusatos]. GREGOR. TURON., Hist. Franc., lib. 5 c. 3. Deprecans ut eum debeam recipere excusatum. Ib., lib. 5 c. 49. Ut homicidas aut caeteros reos, qui legibus mori debent, si ad ecclesiam confugerint, non excusentur neque eis ibidem victus detur. Capit. Harist. a. 789, c. 8, I p. 48. Si pro his mortalibus criminibus latenter commissis aliquis sponte ad sacerdotem confugerit et confessione data ageri [i. e. agere] poenitentiam voluerit, testimonio sacerdotis de morte excusetur. Capit. de part. Sax. (a. 775-790), c. 14, p. 69.

**excusatorius**: *qui comporte une excuse d'absence — in excuse of non-attendance.* Corporali praesentia occurrere non valentes suam tamen per excusatorias litteras exhibuerunt praesentiam. Concil. Ingelh. a. 840, *Conc.*, II p. 809. Subst. femin. **excusatoria** (sc. epistola): *lettre d'excuse d'absence — letter in excuse of non-attendance.* Lib. diurnus, no. 43 sq., inscr., ed. SICKEL, p. 31 sq.

**excusatus**, scusatus (subst.): **1.** *un individu qui, s'ayant soustrait au pouvoir de son maître primitif, s'est mis sous la garde d'un autre seigneur — a person who has flown from his master and put himself under the protection of another lord.* Excusatos vel offertos, qui in prefatis monasteriis legitime jam subjecti sunt vel qui devote offerre se cum suis rebus voluerint. *D. Karolin.*, I no. 157 (a. 787). Liceat comiti scusatos habere, sicut lex Langubardorum continet. Memor. Olonn. (a. 822/823), c. 13, *Capit.*, I p. 319. Cartulati seu et excusati ad publica placita nullatenus ire cogantur. *D. Berengario I*, no. 114 p. 180 (a. 908). Cum ... servis et ancillis, scusatis, aldionibus et aldianis. *D. Ugo*, no. 11 (a. 928), p. 36. Nullus ... eundem episcopum ... aut suos liberos vel commendatos aut excusatos vel servos ... molestare presumat. Ib., no. 22 (a. 929), p. 67 l. 24. **2.** *un individu exempte des charges publiques et astreint aux seules obligations domaniales — a person who is exempt from public duties and liable to manorial obligations only.* S. xi, Hisp.

**excussio**: **1.** *battage du blé — threshing.* Concil. Aurelian. III a. 538, c. 31, *Conc.*, I p. 82. **2.** *soustraction à une saisie — withdrawal from distraint.* Leg. Henrici, tit. 40 § 2, LIEBERMANN, p. 567. **3.** un *impôt* — a *tax.* S. xiv, Ital.

**excussor**: *batteur en grange — thresher.* GREGOR. TURON., Glor. mart., c. 83, *SRM.*, I p. 545 l. 1.

**excussorium**: *aire — place for threshing.*

**excussura**: *battage du blé — threshing.* Polypt. Derv., c. 32, LALORE, *Ch. de Montiérender*, p. 106. GLORIA, *CD. Padovano*, III p. 312 (a. 1175).

**excutere**: **1.** *battre* le blé — *to thresh.* Adalhardi Corbej. stat. (a. 822), lib. 2 c. 9, ed. LEVILLAIN, *LMA.*, t. 13 (1900), p. 372. Polypt. s. Remigii, c. 17 § 22, ed. GUÉRARD, p. 45 col. 1. **2.** *teiller* le lin — *to break* flax. CIPOLLA, *CD. Bobbio*, I p. 216 (a. 862). **3.** *couper, trancher — to hew off.* Digitum de pede excutere. Edict. Rothari, c. 114 sqq. Manum, pedem. Lex Sal., pluries. Lex Ribuar., tit. 26. **4.** *enlever, arracher — to rob, to snatch.* Si quis pecora ... expellere aut excutere praesumpserit. Lex Sal., tit. 9 § 5. **5.** *soustraire à une saisie — to withdraw from distraint.* Leg. Henrici, tit. 51 § 8, LIEBERMANN, p. 573. **6.** *mettre en liberté* le prisonnier d'autrui — *to set free* another man's captive. Si quis furem captum aut reum alicui excusserit. Lex Visigot., lib. 7 tit. 2 § 20. **7.** *délivrer* un château assiégé — *to relieve* a besieged castle. Suum obsessum castrum excutere voluerit. Consuet. Bigorr. a. 1097, c. 15, GIRAUD, p. 22. **8.** refl. se excutere: *se dérober — to evade.* Multi eorum



a culpa se excutiunt. Epist. Wormat. (s. xi med.), no. 25, ed. BULST, p. 47.

**exdux**: *ancien duc — former duke.* G. abbatum Trudon., contin., lib. 12 c. 8, *SS.*, X p. 308.

**exedra** (gr.): **1.** **abside, chœur surélevé d'une église — absis, elevated choir in a church.* WALAFR., Exord., c. 6, *Capit.*, II p. 480 l. 10. **2.** *reliquaire — reliquary.* G. pontif. Autissiod., c. 43 (s. x), ed. DURU, p. 372.

**exemplar**, exemplarium: **1.** **image, représentation, tableau — picture, image, drawing.* **2.** **modèle, préfiguration — pattern, draught, sketch.* **3.** *archétype, original — archetype, original.* Cf. Th. SICKEL, *Acta Karolin.*, I p. 14 sq., 404 sq.

**1. exemplare**: **1.** *recopier — to copy.* Cui libet exinde aliqua exemplando faciat. MARCULF., lib. 1, praef., *Form.*, p. 37. [Libellum] velociter exemplavit. GREGOR. TURON., Glor. mart., c. 63, *SRM.*, I p. 531. Si quis haec legens ... exemplare voluerit. V. Eligii, praef., ib., IV p. 665. Ego S. ... hanc cartulam ex autentico fideliter exemplavi. SCHIAPARELLI, *CD. Longob.*, I no. 16 p. 46 (a. 713/714). De scrinio aecclesiae vestrae [sc. Romanae] exemplare jubetis et mihi transmittere. Bonif. et Lull. epist. 109 (a. 752/753), ed. TANGL, p. 236. Visionem Wettini ... versibus exametris furtim exemplare coactus sum. WALAFR., Vis. Wettini, praef., *Poet. lat.*, II p. 302. **2.** *rédiger un brouillon — to draft.* Pass. Praejecti, c. 37, *SRM.*, V p. 246. Qui epistolam vult scribere alicui, primum exemplat, postea emendat et jam emendata conscribit. JOH. AMALPH., Mir., prol., ed. HUBER, p. 1.

**2. exemplare**, v. examplare.

**1. exemplatio**: *copie — copy.* Mittimus ... domni imperatoris exemplationis cartam [i. e. exemplationem cartae]. Wiccardi epist. ad Frothar. (a. 821-842), *Epp.*, V p. 297.

**2. exemplatio**, v. examplatio.

**exemplator**: *correcteur* de textes recopiés — *corrector* of copies of a text. *Chart. Studii Bonon.*, VIII p. 205 (a. 1268).

**exemplatorium**, v. examplatorium.

**exemplificare**: **1.** *citer, montrer par un exemple — to adduce as an example, to show by example.* His, que feliciter exemplificare jubentur, miserabiliter auditum avertunt. Epist. Wormat. (s. xi med.), no. 36, ed. BULST, p. 67. **2.** *recopier — to copy.* S. xiii.

**1. exemplum**: **1.** *parabole, fable, proverbe — parable, fable, proverb.* **2.** *image, représentation, tableau — picture, image, drawing.* Cod. Carolin., epist. 81, *Epp.*, III p. 614. Lib. pontif., Leo III, ed. DUCHESNE, II p. 4.

**2. exemplum**, v. examplum.

**exemptio**: **1.** *exemption,* statut d'exception qui met une personne ou une institution à part d'une autorité ou d'un régime — *exemption,* exceptional condition exempting a person or an institution from the dominion of a ruler or a code of law. Ad indicium susceptae a Romana ecclesia exemptionis, aureum unum quotannis singulis Lateranensi palatio solvetis. Pasch. II pap. priv. a. 1110, MIGNE, t. 163 col. 271 (J.-L. 6263). **2.** *rachat* d'une peine — *buying off* a penalty. Panifices [i. e. panes panificum] qui violaverint hoc statutum, proiciuntur in lutum, nisi tunc exemptione pecuniaria per gratiam judicis exsolvantur. KEUTGEN, *Urk. st. Vfg.*, no. 230 (s. xiii).

**exemptus** (adj.): *exempt de l'autorité épiscopale — exempt from episcopal jurisdiction.* Capellam ... decerneremus esse liberam et a jurisdictione ecclesie tue [vid. Trece sis episcopi] omnino exemptam. Alex. III pap. litt. a. 1171/1172, PFLUGK-HARTTUNG, *Acta*, I no. 271 p. 251 (J.-L. 12068).

**exenium**, v. xenium.

**exenodochium**, v. xenodochium.

**exepiscopus**: *ancien évêque — ex-bishop.* P. temerator fidei, exepiscopus Constantinopolitanus. Martini pap. epist. a. 649, ap. V. III Amandi, *SRM.*, V p. 455. Sacrilegi illi contumaces A. et G. et C. exepiscopi. Bonif. et Lull. epist. 77, *Epp.*, III p. 349.

**exaequare**: **comparer — to compare.*

**exequitare**: *désarçonner — to unsaddle.* ERCHEMPERT., c. 61, *Scr. rer. Langob.*, p. 259. PETR. DIAC., Chron. Casin., lib. 4 c. 61, *SS.*, VII p. 791.

**exercitalis** (adj.): **1.** *qui concerne l'ost — concerning a military expedition.* Eodem anno nullum iter exercitale factum est. Ann. regni Franc., a. 792, ed. KURZE, p. 92. De banno domni imperatoris et regis, quod per semetipsum consuetus est bannire, id est ... de exercitali placito instituto. Capit. missor. spec. a. 802, c. 18, I p. 101. Constitutam a nobis exercitalis itineris jussionem. Capit. missor. de exerc. prom. a. 808, c. 7, p. 138. Haribannum aut aliquod conjectum pro exercitali causa comites ... requirere non praesumant. Capit. missor. Ital. (a. 781-810), c. 13, p. 207. De pace in exercitali itinere servanda. Admon. ad omnes ord. (a. 823-825), c. 16, p. 305. De his qui ... expeditionem exercitalem facere possint. Capit. ab episc. tract. a. 829, c. 7, II p. 7. Item capit. missor. a. 829, c. 5, p. 10. Qui in exercitalem ire possunt expeditionem. Capit. pro lege hab. Wormat. a. 829, c. 7, p. 20. Exercitalis expeditio. D. Ludov. Pii, *Hist. de Fr.*, VI p. 553. Item D. Loth. imp., MURATORI, *Ant.*, II p. 53. Pro persona libertatis suae iter exercitale sicut caeteri homines faciat. D. Karlomanni a. 884, *Hist. de Fr.*, IX p. 434 C. **2.** (d'un homme) *qui fait partie de l'ost, qui est de condition libre — partaking in the host, having the status of a freeman.* [Pippinus rex] praemittens ... aliquos ex suis proceribus et cum eis exercitales viros, ad custodiendum proprias Francorum clusas. Lib. pontif., Steph. II (a. 752-757), § 34, ed. DUCHESNE, I p. 450. De exercitali gradu illum eminentissimum consulem, illum et illum magnificos tribunos. Lib. diurnus, c. 61, ed. SICKEL, p. 56. Quod ad liberum et exercitalem populum pertinet. D. Ludov. Pii, a. 818, GIORGI-BALZANI, *Reg. di Farfa*, II no. 237 p. 194. Cunctos viros exercitales spoliavit. ERCHEMPERT., c. 34, *Scr. rer. Langob.*, p. 247. **3.** *qui est astreint au service de l'ost avec son seigneur — liable to perform service in the host with his lord.* Tradidit ... dux in pago S. villa[m] nuncupante[m] A. cum mansis 30 ... et exercitales viros et quod ad ea[n]dem villam pertinuit. Indic. Arnonis (a. 790), c. 7 § 2, HAUTHALER, *Salzb. UB.*, I p. 13. [Villam] cum commanentibus ibidem servis et aliis exercitalibus hominibus 30. Breves notit Salzb., c. 4 § 2, ib.,

p. 23. Subst. mascul. **exercitalis**: **1.** *homme libre* qui jouit du plein droit du citoyen et qui fait donc partie de l'ost — *a freeman* enjoying complete civil rights and partaking in the host. Chez les Visigots — with the Visigots: Lex Visigot., lib. 9 tit. 2 § 9. Chez les Lombards, comme synonyme de "arimannus" — with the Longobards as a synonym of "arimannus": Si quis de exercitales [i. e. exercitalibus] ducem suum contempserit. Edict. Rothari, c. 20. Si dux exercitalem suum molestaverit injuste. Ib., c. 23. Si servus regis . . . culpa[m] minorem fecerit, ita conponat sicut aliorum exercitalium . . . conponuntur. Ib., c. 373. SCHIAPARELLI, *CD. Longob.*, I no. 19 p. 71 (a. 715, Siena). Comis . . . distringat [clericos saeculares] in omnibus ad suam partem sicut et alios exercitales. Pippini reg. Ital. capit. (a. 782-786), c. 2, I p. 191. **2.** *serf astreint au service de l'ost avec son seigneur — a serf who is liable to perform service in the host with his lord.* Tradidit . . . dux in pago S. . . . villa[m] q. v. T., et in ea mansos 60 inter vestitos et apsos et inter exercitales et barscalcos. Indic. Arnonis, c. 7 § 7, HAUTHALER, I p. 14.

**exercitaliter**: *avec l'ost — with the host.* Exercitaliter ire possis, id est cum armis atque utensilibus necnon et cetero instrumento bellico. Karoli M. epist., *Capit.*, I p. 168. Pandonulfus . . . exercitaliter super Calvum profectus est. ERCHEMPERT., c. 45, *Scr. rer. Langob.*, p. 254.

**exercitare**: **1.** *marcher avec l'ost — to move with the host.* Contra eclesiam sanctam Dei ejusque populum peculiarem non exercitamus. Cod. Carolin., no. 2, *Epp.*, III p. 478. Ubi volueritis exercitare. Sicardi Benev. pact. cum Neapol. a. 836, c. 19, *LL.*, IV p. 217. Princeps [Sicardus] . . . cum non paucis ex Salernitana urbe foras ad exercitandum deveniret. Chron. Salernit., c. 71, *SS.*, III p. 503. **2.** *s'acquitter du service de l'ost — to serve in the host.* Nullus presumat . . . fidejussorem pignerare . . . ad 12 dies antequam exeat ad exercitandum. Edict. Langob., Aistulf., c. 21 (a. 755). Qualiter ordinavimus . . . ut de ultra Sequane omnes exercitare debeant. Memor. de exerc. praep. a. 807, inscr., *Capit.*, I p. 134. [Liberi homines] juxta qualitatem proprietatis exercitare debeant. Capit. missor. Ital. (a. 781-810), c. 7, p. 206.

**exercitium**: **1.** **maniement* d'un outil, *travail — handling* a tool, *work.* **2.** **pratique morale, ascèse, exercice spirituel — moral practice, asceticism, spiritual exercise.* **3.** **épreuve, tourment — trial, torment.* **4.** *œuvre littéraire, exercice de rhétorique — literary work, exercise in rhetoric.*

**exercitus**: **1.** *ost*, expédition militaire de l'armée constitutée par l'ensemble des guerriers d'un royaume ou d'une partie considérable de celui-ci — *military expedition* of the army formed by the whole of the warriors of a realm or of a major portion of it. Cum in exercito Winidi contra Chunus fuissent adgressi, Samo negucians . . . cum ipsos in exercito perrexit. FREDEG., lib. 4 c. 48, *SRM.*, II p. 144. Si quis in exercitu aliquid furaverit. Lex Baiwar., tit. 2 c. 6 § 1. In eodem anno [reges] nullum fecerunt exercitum. Ann. regni Franc., a. 745, ed. KURZE, p. 4. Servis Dei . . . in exercitum et in hostem pergere omnino prohibuimus. Karlmanni capit. a. 742, c. 2, I p. 25. De exercitu nullus super [i. e. contra] bannum domini regis remanere praesumat. Capit. Saxon. a. 797, c. 1, p. 71. Si judex in exercitu aut in wacta seu in ambasiato vel aliubi fuerit. Capit. de villis, c. 16. Homines fidelium nostrorum, quos nobiscum . . . domi remanere jussimus, in exercitum ire non compellantur. Capit. missor. de exerc. prom. a. 808, c. 9, p. 138. Romam pergens, vel vadens in exercitum in Gallis vel Francia vel Norico contra hostes. Coll. Sangall., no. 9, *Form.*, p. 402. **2.** *l'ost féodal — feudal military expedition.* Homines s. Albini . . . contra hostes in exercitum meum [i. e. comitis Andegavorum] ibunt. TEULET, *Layettes*, I no. 15 p. 17 (a. 1006-1027). Si dominus Monsterioli perrexerit in exercitum comitis Andecavensis et duxerit secum milites suos. BERTRAND, *Cart. d'Angers*, I p. 279 (s. xi ex.). Exercitus servicium est principi cum armis faciendum. Summa de legib. Normann., tit. 22[bis] § 1, ed. TARDIF, p. 68 sq. **3.** *ost*, l'armée constituée par l'ensemble des guerriers — *host*, the whole of the warriors. Quod actum fuerit vel praeceptum omni exercitui nostro, priusquam in patria Gotorum ingrederemur. Chlodowici epist. (a. 507-511), *Capit.*, I p. 1 l. 20. Pippinus exercitum universalem Francorum adunare precepit. Ann. Mett. prior. a. 692, ed. SIMSON, p. 13. Conpulsores exercitus. Lex Visigot., lib. 9 tit. 2 § 2. Rex . . . subpeditante illi fortium militum manu, exercitus [genet.] quoque innumera multitudine. WIDUKIND., lib. 1 c. 21. **4.** *l'ensemble des hommes libres, la nation rassemblée* même pour un motif extramilitaire — *the body of freemen, the nation when rallied* even for peaceful purposes. Rex baptizatus est, de exercitu ejus baptizati sunt tria milia. GREGOR. TURON., Hist. Franc., lib. 2 c. 31. Adstante exercitu universo, in conspectu gloriosi nostri domni [regis] . . . judicandus adsisteret. JULIAN., Hist. Wambae, c. 5, *SRM.*, V p. 533. Regem atque omnem ejus exercitum tunc s. Amandus magno replevit gaudio. V. prima Amandi (s. viii p. post.), c. 17, ib., p. 442. In loco q. d. Rungalle, ubi totus exercitus convenire solet. Hist. Welforum, c. 10, *SS.*, XXI p. 461. **5.** *la nation — the nation.* Pro imperatore . . . et conjuge sua . . . et pro liberis regalibus sive pro universo exercitu eorum . . . orare . . . studerent. G. Aldrici, c. 4, *SS.*, XV p. 313. Congregatis principibus et natu majoribus exercitus Francorum. WIDUKIND., lib. 1 c. 26. **6.** *territoire d'une unité ethnique — territory of a tribe.* Quicquid hereditatis vel proprietatis habuit in villis ac mercan [i. e. marchis] G. H. . . . aut in omni orientali exercitu [i. e. Ostfalen]. ERHARD, *Reg. Westfal.*, I CD. no. 87 (a. 1015), c. 11, p. 67. Quicquid hereditatis . . . suscepit . . . in exercitu Angariorum [Engern] et in exercitu Orientalium [Ostfalen]. Tradit. a. 1015 ap. V. Meinwerci, c. 46, ed. TENCKHOFF, p. 40. Quicquid habuit in villa et in marca I. in exercitu Asterliudi [Ostfalen]. Ib., c. 52, p. 43. **7.** *l'ensemble des hommes libres* ("exercitales", équivalent de "arimanni") *d'une cité — the body of free citizens of a city.* Quia certum est Deo et omniorum sacerdotio vel exercitum [i.e.



exercitui] Senensium civitatis notum est. SCHIAPARELLI, *CD. Longob.*, I no. 50 p. 165 (a. 730, Siena). **8.** *service militaire obligatoire de l'ost — compulsory military service in the host.* Si homines mei ibidem manentes exercitus meos vel equitaturas non fecerint sicut debent. DUCHESNE, *Guines*, pr. p. 242 (s. xii).

**exfaidus** (cf. voc. faida): *composition qui met un terme à la vengeance — fine to cease a feud.* Ut in exfaido et fredo solidos 15 fidem facere debirit. *D. Merov.*, no. 66 (a. 693).

**exfestucare**, effes-, efes- (cf. voc. festuca): **1.** *déguerpir — to forego.* Quicquid nobis cum eis ipsisque nobiscum disconvenerat, invicem exfestucavimus. MULLER-BOUMAN, *OB. Utrecht*, I no. 280 p. 257 (a. 1108). Me regnum et omnia regalia exfestucare. SIGEB. GEMBLAC., Chron., a. 1106, *SS.*, VI p. 371 l. 7. Jus investiturarum episcopalium ab imperatore exfestucatur. Contin. Praemonstr. ad SIGEB., a. 1123, ib., p. 448. Omnino exfestucatis inter se redemptionibus [rançons — ransom] et sacramentis . . . ad oscula currerent. Mir. Ursmari per Flandriam, c. 12, *SS.*, XV p. 840. Potestatem, quam jure advocatiae super ministeriales ecclesiae Frisingensis habere videbatur . . ., secundum consuetudinem curiae omnino exfestucavit. D. Conr. III reg. Germ. a. 1143. DC.-F., III p. 454 col. 2. Conditio pacis talis fuit, ut B. ducatum exfestucaret. OTTO FRISING., G. Friderici, lib. 1 c. 8, ed. WAITZ-SIMSON, p. 24. [Romani] patriciatus dignitatem exfestucarent. Id., Chron., lib. 7 c. 34, ed. HOFMEISTER, p. 367. Eandem domum et quicquid in ea juris habuerunt omnes heredes efestucaverunt. HOENIGER, *Kölner Schreinsurk.*, II p. 125 c. 18 (a. 1178-1183). **2.** *résilier* un lien d'hommage — *to break* a bond of homage. Fidem et hominia, quae hactenus vobis servavimus, exfestucamus, damnamus, abjicimus. GALBERT., c. 38, ed. PIRENNE, p. 63. Hominia, quae inviolabiliter hactenus vobis servaverunt, exfestucare non differunt. Ib., c. 95, p. 140.

**exfestucatio**: *l'action de jeter la fétu* en signe de déguerpissement — *throwing the "festuca"* in token of abandonment. Cum exfestucatione werpire. DC.-F., III p. 454 col. 3 (ch. a. 1177, Thérouanne).

**exfortiamentum**: *spoliation — despoliation.* S. xiv.

**exfortiare**, eff- (< fortia), **1.** aliquem: *user de violence contre* qq'un — *to apply violence against* a person. Veniens una cum aliis hominibus . . . venisset super homines in sua forcia ex villa C. et exforciasset et eos batuisset injuste. DE MONSABERT, *Ch. de Nouaillé*, no. 14 p. 27 (a. 834). **2.** *forcer — to force.* Dominus rex me non effortiabit de me maritanda. MARTÈNE, *Coll.*, I col. 1143 (a. 1219). **3.** aliquid: *ravir — to ravish.* Quicumque homo super suum parem aliquid abstraxerit aut exfortiaverit. Pippini capit. Aquit. a. 768, c. 7, I p. 43. Dum in hoste . . . aliquis fuerit, et de suis res [i.e. rebus] aliquit exforciaverit vel disvestiverit. Breviar. missor. Aquit. a. 789, c. 8, p. 65. Dicens quod ipse ipsiu exforciavit et tulit mali [i.e. malo] ordine contra lege. BERNARD-BRUEL, *Ch. de Cluny*, I no. 3 (a. 814, Vienne). **4.** aliquid: *fortifier — to fortify.* Liceat . . . castra . . . condirigere et efforsare. D'ACHÉRY, *Spic.*, XIII p. 319 (a. 1165, Narbonne). Ad firmandum et efforciandum villam suam. BRUNEL, *Actes de Pontieu*, p. 299 no. 197 (a. 1210). **5.** *renforcer, rendre plus fort — to reinforce, to make heavier.* Efforciati nummi. DC.-F., III p. 233 col. 3 (ch. a. 1151 et 1168, Saintes).

**exfortium**, effortium: **1.** *accablement, ravissement — forceful despoliation.* Mulum aut mulam et caballum et equam . . . per exfortium non tollam Sacram. pacis Belvac. (ca. a. 1023), c. 5, PFISTER, *Robert*, p. lx. **2.** *butin — spoil.* S. xiv, Ital. **3.** *bande de guerriers — band of warriors.* S. xiii.

**exfrediare** (< fredus; > frg. *effrayer*): *troubler la paix du ménage — to disturb domestic peace.* Si quis ad arma prosiliat et domum exfrediet. Leg. Henrici, tit. 81 § 4, LIEBERMANN, p. 598.

**exfretare**: *traverser* un fleuve — *to cross* a river. Iste fluvius, si quando imbres incumbant, in tantum excrescere solet, ut absque navigio effretari non posset. G. pontif. Camerac., lib. 1 c. 98, *SS.*, VII p. 441 l. 16.

**exfructuare**, exfructare: *exploiter — to cultivate.* Curtem . . . habeamus ad usum fruendi, laborandi, exfructuandi. Chron. Casaur., MURATORI, *Scr.*, II pt. 2 col. 953. Usuare et exfructuare. DE MARCA, *Marca hisp.*, col. 789 (a. 855). Ad usumfruendum et exfructandum. SAVINI, *Cart. Teram.*, p. 103 (a. 963).

**exfundare**: **1.** *enlever* un bien-fonds au propriétaire — *to take* real property *away* from the owner. Omnes res exfundatas, quae fuerunt de hominibus qui ex hoc saeculo absque haerede migraverunt. UGHELLI, VIII col. 604 (s. x p. post., Capua). Ipse [i. e. ipsi] jamdictis terris [i. e. jamdictae terrae] exfundatae fuissent et ei legibus pertinerent. FICKER, *Forsch.*, IV no. 25 p. 31 (a. 964). **2.** refl.: *se dessaisir — to part with.* Si censilis homo . . . voluerit exfundare se de ipso fundo. Arechis Benev. pact. cum Neapol., *LL.*, IV p. 214.

**exgardium**, es-, -guar-, -dum (< wardire; > frg. *égard*, angl. *award*): **1.** *contrôle, recherche — inspection, search.* S. xiv. **2.** *jugement* basé sur une enquête — *award.* S. xiii.

**exgravator**: *juge d'appel — judge of appeal.* S. xiii, Ital.

**exheredare**, aliquid: *aliéner, enlever aux héritiers naturels — to alienate, to withdraw from the natural heirs.* Licentiam vendendi [alodium] non alicui extraneo, sed proximo generis sui . . . ne alodium placiti videatur exheredari. MARTÈNE, *Coll.*, I col. 382 D (a. 1020, Arras).

**exhereditare**: **déshériter — to disinherit.*

**exhereditatio**: *déshéritement — disinheriting.* S. xii.

**exhibere**: **1.** **tenir, accomplir* une promesse — *to fulfil* a promise. **2.** **exercer, fournir, s'acquitter de* qqch. — *to show, to offer, to perform, to carry out.* **3.** **rendre* un service — *to render* a service. **4.** **dépenser, payer* de l'argent — *to spend, to pay* money. **5.** **entretenir, procurer la subsistance — to support, to provide for* a person. **6.** *défrayer — to defray.* De illius prebende fructibus ornamenta altaris et vestimenta et libri ecclesie necessarii exhibeantur. *Actes Phil.-Aug.*, no. 578 (a. 1198), II p. 126. **7.** refl. se exhibere, absol.: *obéir, se régler sur* un conseil — *to follow up.* Ille non statim se exhibuit nostro consilio. RAGUT, *Cart. de Mâcon*, no. 327 p. 190 (a. 996-1018).

**exhibernare**: *passer l'hiver* — *to pass winter.* Papam ... in Parisio apud venerabilem monasterium b. Dionisii ad exhibernandum pergere rogavit. Lib. pontif., Steph. II (a. 752-757), § 27, ed. DUCHESNE, I p. 448.
**exhibitio**: **1.** **production* de preuves ou de témoins — *bringing before a court.* **2.** **action de montrer* — *display.* **3.** **offre* — *offer.* **4.** **accomplissement* d'une promesse — *fulfilment* of a promise. **5.** **acquittement* d'un devoir — *performance* of a duty. **6.** **entretien, subsistance* — *furnishing of food.* **7.** *redevance* — *tribute.* Ut nullus ... aliquas injustas et importunas exhacciones sive exhibiciones inponere temptet. *D. Ugo*, no. 12 (a. 928), p. 39.
**exhibitor**: *porteur* d'une lettre — *bearer* of a letter. S. xiii.
**exhilarescere**: *se réjouir* — *to rejoice.* Surgens canis exhilarescit. Ruodlieb, fragm. 13 v. 96.
**exhomologesis**, v. exomologesis.
**exhonorare**: **1.** **déshonorer* — *to dishonour.* **2.** *déposséder* — *to dispossess.* Ne vos atque ego exhonorati simus de beneficio, quod fideli servulo vestro E. de manu imperatoris accipere contigit. RATHER., epist. 18, ed. WEIGLE, p. 108.
**exhorrere**: **avoir en horreur* — *to abhor.*
**exhortamentum**: **exhortation* — *exhortation.*
**exhortatorius** (adj.): **d'exhortation* — *hortatory.* BEDA, Hist. eccl., lib. 1 c. 23.
**exhospitatus** (adj.): *dénué de tenanciers* — *devoid of tenants.* Villas omnino rapinis exhospitatas rehospitari fecimus. SUGER., De admin. sua, c. 15, ed. LECOY, p. 176.
**exhumare**: *exhumer* — *to exhume.* S. xiii.
**exidoncare**, exadoniare (< idoneare): **1.** *réfuter une action intentée contre qq'un* — *to refute a claim against a person.* Si ... parentes ejus non exadoniaverunt eam, ut libera fuisset. Lex Alamann., tit. 17 c. 2. **2.** refl. se exidoneare: *se purger* d'une inculpation — *to clear oneself* of a charge. Liceat illo ... cum tracta spata exidoniare se. Ib., tit. 43.
**exigentia**: **1.** *action de droit* — *claim.* De omnibus exigentiis, quas ab ea exigebat. DC.-F., III col. 3 (ch. a. 1183). **2.** *demande* — *request.* Nos poterit denunciare ... ad exigenciam dictorum decani et capituli. KETNER, *OB. Utrecht*, III no. 1364 (a. 1255). **3.** *besoin, nécessité* — *exigency, necessity.* S. xii.
**exigere**: **nécessiter, provoquer, occasionner* — *to necessitate, to produce, to occasion.*
**exiguus**: **humble* — *humble.*
**exiliare**, **1.** transit.: *exiler* — *to exile.* Exiliet eum de provincia. Lex Alamann., tit. 35 § 1. Hoc in potestate regis vel patris sui erit, ut exiliet eum si vult. Lex Baiwar., tit. 2 c. 9 § 1. Etiam tit. 1 c. 10 § 3. Ibidem comprehensi sunt et exinde exiliati. Ann. Naz. cont., a. 786, *SS.*, I p. 42. Fraudelentissimos eorum in Franciam exiliavit. Ib., a. 787, p. 43. Districtionem carcerandi, exiliandi. Capit. Aquisgr. (a. 801-813), c. 12, I p. 171. Alios exiliari, alios jussit attondi. ASTRON., V. Ludovici, c. 30, *SS.*, II p. 623. Patroni membra devia peccantium incolarum meritis exiliata. Mir. Bavonis, lib. 1 § 22, *AASS.*, Oct. I p. 296E. Joh. papa de Roma exiliatus venit Capuam. LEO OST., Chron. Casin., lib. 2 c. 9, *SS.*, VII p. 635. **2.** passiv. exiliari et intrans. exiliare: *vivre en exil* — *to live in exile.* A patria dulci quod debuit exiliari. Ruodlieb, fragm. 1 v. 64. Rursum ib., fragm. 5 v. 232.
**exilium**: **1.** *peine de prison* — *imprisonment.* In exsilium retruduntur. GREGOR. TURON., Hist. Franc., lib. 9 c. 38. Eam in unam turrem exilio trudit. FREDEG., lib. 4 c. 51, *SRM.*, II p. 145. **2.** *dévastation, destruction, ruine* — *waste, destruction, ruin.* S. xiii, Angl.
**eximere**: *percevoir* — *to raise* a tax. Solidus [i. e. solidos] cento eximtis de Massilia civetati, sicut ad cellario fisci potuerant esse exactati. *D. Merov.*, no. 61 (a. 692).
**exinanire**: **1.** **rendre vain, réduire à néant* — *to reduce to nothing.* **2.** *délivrer, vider de qqch.* — *to free* from, *to empty* of something.
**1. exire**: **1.** *se désister* — *to desist.* Quicquid predicta vindictione [i. e. venditione] ei vendidit, ... visus fuit tradidisset et per suum fistucum contra ipso illo exinde exitum fecit. Cart. Senon., no. 7, *Form.*, p. 188. Per sua fistuca ipsa femina de ipsas res se exita ex omnibus esse dixit. Ib., no. 34, p. 200. Nec aliquit inibi juri suo ... reservasse professus est, set dixisset [i.e. dixit] se et suos omnes inde exisset [i. e. exisse]. SCHIAPARELLI, *CD. Longob.*, I no. 38 p. 132 (a. 726, Pistoia). Similia ib., II no. 226 p. 273 (a. 769, Pavia). De ipsis rebus se dixit exitam. *D. Arnulfing.*, no. 18 p. 105 (a. 747). Per suam festucam se exinde contra abbatem F. ... dixit esse exitum. *D. Karolin.*, I no. 1 (a. 752). Iterum no. 110 (a. 775). **2.** exire ad judicium etc.: *subir une ordalie ou un duel judiciaire* — *to undergo* an ordeal or judicial combat. Si qua mulier reclamaverit quod vir suus numquam cum ea mansisset, exeant inde ad crucem. Decr. Vermer. (a. 758-768), c. 17, *Capit.*, I p. 41. Ejus homo ad judicium Dei ... exivit. Synod. Franconof. a. 794, c. 9, p. 75. Si per sacramentum quis se aedoniare [i. e. idoneare] voluerit et fuerit aliquis qui contra eum contendere velit ..., exeant in campum cum fustibus. Capit. de latron. (a. 804-813), c. 3, p. 180. Ad hominem qui debet exire in aquam frigidam. Ordin. judic. Dei, no. 20ª, *Form.*, p. 622. Advocatus tuus, qui pro te exire debet ad judicium. Ib., no. 21ᵈ, p. 623. **3.** de aliquo: (de la progéniture) *descendre* — (of offspring) *to issue.* **4.** *provenir, se produire* — *to proceed, to be produced.* Vinum exinde exierit. *CD. Cajet.*, I p. 181 (a. 997). **5.** *être dû comme redevance* — *to be due as a tribute.* Villam ... una cum adjacentia sua vel servos vel tributa quod exinde exire debet annis singulis. DONIOL, *Cart. de Brioude*, no. 25 p. 48 (a. 756-766). Habet accolas 2 unde exeunt in toto dinarii 14. Polypt. s. Remigii Rem., c. 22 § 44, ed. GUÉRARD, p. 87 col. 1. Accipient quicquid de molendino exierit. BERTRAND, *Cart. d'Angers*, I no. 117 p. 144 (a. 1127-1149). A venna ... exeunt decem anguillae, et ab alia venna ... exeunt quindecim anguillae, et alia venna ... quinque debet anguillas. *Etudes Courtoy*, p. 254 (ch. < a. 919 >, spur. s. xii). **6.** *dépendre, être rattaché comme tenure* — *to depend, to be subordinate as a holding.* Mansum indominicatum in eadem villa, unde exeunt jornales 8 cum omnibus suis apenditiis. ROSEROT, *Ch. Hte-Marne*, no. 15 p. 27 (a. 935, Langres).
**2. exire** = exuere (praesertim in loc. hominem exire: * mourir — to die).



**existere**: **1.** **être* (comme copule) — *to be* (as a copula). **2.** *être* (dans n'importe quelle construction) — *to be* (in any construction). E. g.: Mancipia quorum hec existunt vocabula. MULLER-BOUMAN, *OB. Utrecht*, I no. 59 p. 66 (a. 828).
**exita**: *enchère* — *bid, advance.* S. xiv.
**exiticius**: *qui s'est exilé* — *who has gone into exile.* S. xiv.
**exitura**: **1.** *droit d'issue* — *fine exacted from residents moving elsewhere.* Annuit illis [sc. monachis] omnem decimam redditus fori et feriarum ... praeter exituram personae. PROU-VIDIER, *Ch. de S.-Benoît-s.-Loire*, I no. 92 p. 242 (a. 1083). **2.** *droit de sortie* — *export-duty.* Mercimonia sua absque omni datione, solutione seu exitura libere vendat. DC.-F., III p. 364 col. 3 (a. 1092, La Cava).
**exitus** (decl. iv); notione prima etiam: exius, exeus, exivus. **1.** *sortie, voie d'accès* d'un champ ou d'un domaine — *exit, road of approach* to a field or a manor. Capit. I legi Sal. addit., c. 9. In multis chartis, e.g. BERNARD-BRUEL, *Ch. de Cluny*, I no. 58 (a. 895). **2.** *expédition militaire* — *military expedition.* Fuero de Nájera, a. 1076, c. 64, WOHLHAUPTER, p. 88. **3.** *droit d'issue* — *fine exacted from residents moving elsewhere.* In theloneis et in foragiis et in stalagiis et in winagiis et in introitibus et in exitibus. DUVIVIER, *Actes*, II no. 49 p. 98 (ch. a. 1180). Qui voluerit curtillum et domum suam vendere, vendat cui vult, et quatuor denarios debet pro exitu. *Actes Phil.-Aug.*, no. 528 (a. 1196), c. 8, II p. 70. **4.** *droit de sortie* — *export-duty.* Nullum transitum vel exitum, nullum denique publicum terra aquave vectigal ... persolvant. *D. Lothars III.*, no. 119 (a. 1137). **5.** *descendance* — *offspring.* S. xiii, Angl. **6.** *revenu* — *revenue.* Cum vacaverit ... episcopatus ... de dominio regis, debet esse in manu ipsius et inde percipiet omnes redditus et exitus sicut dominicos. Const. Clarendon. a. 1164, c. 12, STUBBS, *Sel. ch.*⁹, p. 166. Dimidiabimus per omnia redditus et exitus omnes et justicias. Ch. Ludov. VII reg. Franc. a. 1177, LUCHAIRE, *Inst. monarch.*, II p. 327 no. 25. Terra et redditus emantur, de quorum exitu vidua vivat. Consuet. Norm. veterr., pt. 1 (s. xii ex.), c. 5 § 5, ed. TARDIF, p. 5. **7.** *dépenses* — *expenditure.* In fine eorum consulatus introitum et exitum reipublice totum, quomodo et unde receperant, sicuti et ubi distribuerant, ... ostenderunt. CAFFAR., Ann. Genuens., a. 1163, ed. BELGRANO, I p. 74.
**exlegalitas**: *la condition d'avoir été mis hors la loi* — *outlawry.* Audierunt eum calumpniari de exlegalitate. Leg. Edw. Conf., tit. 38 § 2, LIEBERMANN, p. 669 col. 1. Truncas manus portantes in signum damnationis et exlegalitatis suae. Chron. s. Trudonis, D'ACHÉRY, *Spic.*, VII p. 421.
**exlegare**: *mettre hors la loi* — *to outlaw.* FLORENT. WIGORN., a. 1017, ed. THORPE, I p. 181. Ibi pluries.
**exlex** (adj. et subst.): *qui a été mis hors la loi* — *outlaw.* Non propter sacerdotum judicium, sed accusatorum testimonium saeculares exleges fieri poterunt. Concil. Tribur. a. 895, can. extrav. 13, *Capit.*, II p. 249. Vult [imperator] ... omnes clericos ... exleges et exheredes efficere. Epist. Wormat. (s. xi med.), no. 58, ed. BULST, p. 98. [Usurarius] omnes possessiones suas perderet et pro exlege haberetur. Leg. Edw. Conf., tit. 37, LIEBERMANN, p. 668 col. 1. Iterum tit. 19 § 2, p. 645 col. 1. Discoli et exleges Dei et hominum a patria discedant. Leg. II Cnut, tit. 4 § 1, vers. Consil. Cnuti, ib., p. 311 col. 3. Ibi pluries. Exlex et excommunicatus habeatur. Contin. ad FLORENT. WIGORN., a. 1127, ed. THORPE, II p. 87. Quod si fecerit [sc. fidem violaret], omni tempore velut exlex despicabilis erit. ORDER. VITAL., lib. 10 c. 7, ed. LEPRÉVOST, IV p. 49. Falsarius exlex vel infamis erit, quod vulgariter echtlos dicitur. KEUTGEN, *Urk. st. Vfg.*, no. 152 (a. 1219, Goslar).
**exmembrare**, emembrare: *mutiler* — *to maim.* Pro amore Christi emembrari, crucifigi ... FULCHER., Hist. Hierosol., praef., MIGNE, t. 155 col. 824. Majores civitatis aut exmembrare aut captivos ducere. RATHER., epist. 1, ed. WEIGLE, p. 17. Rursum epist. 7, p. 40.
**exmerare**, es- (< merus): *purifier* l'or ou l'argent — *to purify* gold or silver. [Monetarii] contra eos, quorum argentum ad purgandum acceperint, ipsum argentum exmerent. Edict. Pist. a. 864, c. 13, *Capit.*, II p. 315. Accepimus ... in argento bono optimo esmeratos [sc. denarios] libram. MURATORI, *Antiq.*, II col. 840 (ch. a. 936, Subiaco).
**exmonachare**: *défroquer* un moine — *to unfrock* a monk. S. xiii.
**exnunc**: **dès maintenant* — *from now on.*
**exoccupare**: **1.** **désœuvrer, débarrasser* — *to relieve, to discharge.* Exoccupatis manibus. Benedicti regula, c. 5. Laborabat exoccupari ulterius curis vitae hujus. LAMBERT., V. Heriberti Colon., c. 7, *SS.*, IV p. 745. Si majoribus [magistratibus] ... eos exoccupari contigerit. JOH. SARISBER., Policr., lib. 1 c. 4, ed. WEBB, p. 34. **2.** aliquid: *dégager, libérer de toute occupation, évacuer* — *to disengage, to evacuate.* Promisit ... quandam se daturum ecclesiam, si eam posset aliquo modo exoccupare suis militibus. DC.-F., VII p. 366 col. 2 (ch. a. 1031-1060, Montierender). Nec licet alicui in eis [wariscapiis] aliquid occupare; vel si occupatum forte fuerit, exoccupare debet ad suam voluntatem. ROUSSEAU, *Actes de Namur*, p. 89 (a. 1147-1164).
**exomologesis**, exho- (gr.): **1.** **confession de péchés* — *confession of sins.* **2.** **pénitence* — *penance.*
**exoniare**, essoniare (< sunnis; la forme *exoniare* paraît suggérée par une étymologie supposée: ex + onus — the form *exoniare* may have been prompted by a supposed origin: ex + onus): *recevoir une excuse, accorder une prorogation* — *to accept an excuse, to grant prorogation.* Recognitione exoniari non potest, nisi semel. Cons. Norm. veterr., pt. 1 (s. xii ex.), c. 42 § 3, TARDIF, p. 36. (In Karoli Magni capit. de Judaeis, c. 6, *Capit.*, I p. 259, *exoniet* sine dubio male legitur pro *exidoniet*; cf. voc. exidoneare).
**exoniator**: *celui qui demande une prorogation à cause d'empêchement* — *one who asks for prorogation on the ground of hindrance.* Cons. Norm. veterr., pt. 1 (s. xii ex.), c. 42 § 5, TARDIF, p. 36.
**exonium**, v. sunnis.

**exorbitare**: **sortir de la voie droite, dévier* — *to deviate from the right track, to stray*. [Presbiteros] a suo ministerio multis modis exorbitasse et se diabolo mancipasse. Episc. relat. a. 829, c. 15, *Capit.*, II p. 34. Quidam nostri fideles a nostra debita fidelitate exorbitantes vitam et regnum nobis auferre moliti sunt. Karoli III capit. de Tungr. episc. a. 920, c. 1, II p. 378. [Manichaei] multos a fide exorbitare fecerunt. ADEMAR., lib. 3 c. 49, ed. CHAVANON, p. 173.
**exorcismus** (gr.): **exorcism, action de conjurer les démons* — *exorcism, driving out of evil spirits*.
**exorcista** (mascul.) (gr.): **exorciste, troisième des ordres ecclésiastiques* — *exorcist, third ecclesiastical degree*.
**exorcizare** (gr.): **exorciser, bénir* — *to exorcize, to bless*.
**exordinare, 1.** aliquid: *désordonner* — *to put into disorder*. Neque ipsam aliquando congregationem exordinare vel injuste perturbare audeat. MABILLON, *De re dipl.*, p. 525 no. 79 (ch. ca. a. 836). Eadem verba: *D. Karls III.*, no. 125 (a. 885); *D. Konrads II.*, no. 200 (a. 1033). Ordinabat si quid ex suis exordinatum fuisset. GERARD. GRANDIS-SILVAE, V. Adelardi (s. xi p. post.), c. 9, AASS., Jan. I p. 116. **2.** aliquem: *dégrader, destituer* — *to degrade, to dismiss*. Prior ordinatus fuit, subito exordinatum et excommunicatum. SIGEBERT. GEMBLAC., Epist. Leodiens. a. 1103, *Libelli de lite*, II p. 454 l. 26. Alios episcopos exordinant, alios . . . ordinant. Id., V. Landiberti, c. 10, *SRM.*, VI p. 394. Si diaconus hominem occidat, exordinetur et 7 annis peniteat. Leg. Henrici, tit. 73 § 3, LIEBERMANN, p. 591.
**exordinatio**: **1.** *désordre* — *disorder*. Benedicti regula, c. 65. **2.** *dégradation* — *degrading*. Consensit operam dare tante exordinationi [sc. abbatis]. Cantat. s. Huberti, c. 73, ed. HANQUET, p. 177. Rursum c. 75, p. 179.
**exortus** (decl. iv): *source* d'une rivière — *spring* of a river. *D. Konrads II.*, no. 135 (a. 1029). Inter duo flumina . . . ab exortu usque ad concursum eorum. *D. Heinrichs III.*, no. 24 (a. 1040).
**exosus**: **détesté, odieux* — *detested, hated*.
**expallum**, v. spatula.
**expalmare**: **souffleter* — *to slap*.
**expandare**: *saisir des gages* — *to seize as a pawn*. S. xiii.
**expatriare**: *se rendre à l'étranger* — *to go abroad*.
**expatriatus** (subst. decl. I): *un exilé* — *an exile*. DUVIVIER, *Actes*, I p. 371 (a. 1170-1189, Hainaut).
**expaveus**, esp-, sp-, -avius, -avus (adj.) (< expavidus): *égaré* — *stray*. S. xiii. Subst. neutr. plural. et femin. singul. **expavea**, esp-, -avia, -ava: *épave* — *strayed property*. Habent . . . esracias et espavas. BOURGIN, *Soissons*, p. 437 no. 17 c. 3 (a. 1224/1225).
**expavium**, espa-, spa-, -gium (< expaveus): *droit d'épave* — *right to seize strayed property*. DC.-F., III p. 546 col. 3 (ch. a. 1142, Champagne).
**expectabilis** = spectabilis.
**expectaculum** = spectaculum.
**expectare** = spectare.
**expeditio**: **1.** *ost* — *major military expedition*. Qui in hac expeditione tardi fuerant, damnarentur. GREGOR. TURON., Hist. Franc., lib. 7 c. 42. In itinere pergens aut in expeditione publica. Lex Visigot., lib. 2 c. 5 § 11. Missi nostri inquirant, quanti homines liberi . . . per se possint expeditionem facere. Capit. ab episc. tract. a. 829, c. 7, II p. 7. Comes et pagenses de qualibet expeditione hostili reversi. Capit. missor. Wormat. a. 829, c. 13, p. 16. De diversis expeditionibus quas in regno fecit. Episc. relat. a. 833, c. 6, p. 55. Apostolico adjutorium . . . navali expeditione faciant ad opprimendos . . . Sarracenos. Loth. capit. de exp. contra Sarrac. a. 846, c. 12, p. 67. De hac expeditione a nobis absolutus. F. Augiens., coll. C no. 5, *Form.*, p. 367. Ab illo abbate nulla umquam hostilis expeditio exigatur. *D. Ludwigs d. Jüng.*, no. 18 (a. 880). Advocati ab omni publica expeditione sint semper immunes. *D. Karls III.*, no. 47 (a. 882). Proxima nobis in Sclavorum instabat expeditio. *D. Heinrichs II.*, no. 83 (a. 1004). Cum in expeditionem aut in palatium vel in aliud servitium nostrum iter arripuerit. Ib., no. 256 (a. 1013). Nemo ex . . . potentibus . . . in expeditionem aliquando transeuntibus. G. pontif. Camerac., lib. 2 c. 29, *SS.*, VII p. 461 l. 40. Labores et itinera sive ad curtem [regiam] sive in expeditione . . . strenue complevit. RATPERT., Cas. s. Galli, c. 9, *SS.*, II p. 71 l. 18. Ab omni censu, expeditione, villae vel urbis munimine et petitione precaria liberos et immunes. DC.-F., III p. 370 col. 2 (ch. a. 1142, Bremen). **2.** *la nation rassemblée* — *the nation in assembly*. Expeditio nostra te regem accipiat. JULIAN., Hist. Wambae, c. 2, *SRM.*, V p. 502. **3.** *chevauchée* — *patrol service on horseback*. Si extra provinciam exercitum duxerit, homines villae . . . expeditionem ei tantum faciant. DC.-F., III p. 370 col. 3 (ch. a. 1124, Vermandois). Si minister ducis homines . . . submoneat sive ad exercitum sive ad expeditionem sive ad obsidionem. GARNIER, *Ch. de Bourg.*, I p. 332 sq. no. 180 (a. 1182).
**expeditionalis** (adj.): **1.** *qui est astreint au service de l'ost* — *liable to service in the host*. Servum . . . ministerialem sive expeditionalem. Lex Burgund., tit. 10 § 1. **2.** *qui est exigé à titre de l'ost* — *exacted on the score of military service*. Mulnerii s. Marie erant quieti ab omni expeditionali costuma. MARCHEGAY, *Arch. d'Anjou*, III p. 78 no. 101 (a. 1118).
**expeditionaliter**: *avec l'ost* — *with the host*. Rex Warmatiam simpliciter, non expeditionaliter venit. ASTRON., V. Hludow., c. 5, *SS.*, II p. 609.
**expendere**: **consumer, épuiser* — *to use up*. CASSIOD., Var., lib. 8 epist. 22 § 2, *Auct. ant.*, XII p. 253. Rursum lib. 11, praef., § 8, p. 327.
**expendibilis**: *ayant cours* — *current*. Auris [i. e. auri] soledos numero sex boni Lucani stellati, expendivilis. SCHIAPARELLI, *CD. Longob.*, I no. 69 p. 213 (a. 739, Lucca). Auri solidos bonos Lucanos numero quinque, tales quales tunc facti fuerint expendibiles. Ib., II no. 283 p. 409 (a. 773, Lucca).
**expendium**: **1.** *dépense, frais* — *expense, outlay*. Auri solidos in expendium dederunt. V. Sabe, ed. ERMINI, *Arch. Soc. Rom. di Stor.*, t. 40 (1917), p. 128. Si aliquod expendium factum fuerit, vel pro placitis vel pro adquisitione honoris. *Gall. chr.*², VI instr. col. 33 (a. 1127). De propriis facultatibus vehemens passi



sunt expendium. DC.-F., III p. 371 col. 1 (ch. a. 1152, Vienne). **2.** *distribution* — *dole*. Impediebatur in expendio et distributione pauperum. JOH. AMALPH., Mir., ed. HUBER, p. 73.
**expensa**, spensa (neutr. plural. et femin. singul.): **1.** **dépense, frais* — *expense, outlay*. **2.** *fourniture obligatoire de provisions* — *compulsory supply of food*. CASSIOD., Var., lib. 5 c. 13 sq., *Auct. ant.*, XII p. 150 sq. Rursum lib. 12 c. 23, p. 379. Qui legationes ad nos directas in suis mansionibus aut male recipiunt aut constitutam a nobis expensam non tribuunt. Admon. ad omnes ord. a. 823/825, c. 18, *Capit.*, I p. 305. Villas et cortes, unde regis expensa ministrari solita sit. Lotharii capit. missor. a. 832, c. 6, II p. 64. Neque paraveredos aut expensas aut hospitum susceptiones recipiant. Constit. de partit. s. Dionys. a. 832, *Conc.*, II p. 693. Neque ullum cogantur solvere expensam. D. Zwentiboldi a. 899, BEYER, *UB. Mittelrh.*, I no. 148 p. 213. **3.** (> teuton. *speise*) *provisions* — *victuals*. [Carra] cum ipsa expensa quae intus fuerit transire flumina possint. Capit. de villis, c. 64. Has omnes . . . deferre facito expensas. Constr. Farf. (post a. 857), c. 5, ed. BALZANI, *Il Chron. Farf. di Greg. di Cat.*, I p. 7. Ut regis spensa in carra ducatur . . ., farinam, vinum, baccones . . . Capit. Aquisgr. (a. 802/803), c. 10, I p. 171. Navis nostra expensam vehens. LUP., epist. 111, ed. LEVILLAIN, II p. 156. Assumptis spoliis et expensis. ANAST. BIBL., Chron., ed. DE BOOR, p. 256. **4.** *prébende* — *prebend*. Propter omnem expensam [i. e. loco omnis expensae] quam prius consuete de anno in annum accipiebant, concederemus prefatis canonicis nominatam terram, unde . . . possint vivere. *D. Ugo*, no. 7 p. 23 (a. 927).
**expensabilis**: (de denrées) *de qualité courante* — (of commodities) *of the ordinary sort*. I sextarium de vino expensabili. Const. dom. reg. (a. 1135-1139), CH. JOHNSON, *Dial. de Scaccario*, ad calc., p. 129.
**expensare**: *dépenser* — *to spend*. Nihil expensavit. *CD. Cajet.*, I p. 8 (a. 831?).
**expensarium**: **1.** *dépense, magasin* — *store-house*. CAMERA, *Memor. di Amalfi*, I p. 125 (a. 907). **2.** *dépense, frais* — *expense, outlay*. *CD. Cavens.*, II p. 100 (a. 976).
**experimentum**: *renseignement* — *information*. Aliud experimentum inveni de isto B. ex veteribus libris veterum nostrorum. NENN., Hist. Britt., c. 17, ed. LOT, p. 160.
**experiri**: **1.** *découvrir, connaître* — *to ascertain*. Causas examinis censura experiri. JOH. VENET., Chron., ed. MONTICOLO, *Cron. Venez.*, p. 91. **2.** *porter plainte* — *to indict*. Cremonenses et Placentini inter eos, qui sibi . . . litem commovebant, acrius caeteris adversus sese experiebantur. RAHEW., G. Friderici, lib. 4 c. 11, ed. WAITZ-SIMSON, p. 246. Experientur adversus ipsos sacramenta irrita facta, fedus ruptum. Ib., c. 25, p. 268. Adversum se experientibus judicio sisti curarent. Ib., c. 47, p. 288.
**expers** = expertus.
**expertus** = expergitus.
**expetere**: *se rendre à un lieu* — *to go to* a place. B. Martini templum expetiit. GREGOR. TURON., Hist. Franc., lib. 5 c. 14. Qui ejectus, ad hospites suos iterum in Biturigo expetiit, deprecans se occuli ab eis. Ib., lib. 5 c. 49 in fine. Italiam expetens. FREDEG., lib. 4 c. 36, *SRM.*, II p. 138. Hunc peregrinationis locum expetii [i. e. expetivi]. IONAS, V. Columb., lib. 1 c. 3, ed. KRUSCH, p. 156.
**expiare** (germ., cf. teuton. *spähen*, belg. *spieden*): *guetter, épier* — *to watch, to spy upon*. Castra expiare. Chron. Salernit., c. 38, *SS.*, III p. 489 l. 29. Civitatem undique expiavit. Ib., c. 59, p. 498 l. 14.
**expignorare**: **1.** *racheter* un gage — *to redeem* from pawn. Dedit vadium Rachinaldus . . . Odelberti [i. e. Odelberto] . . . ut daret ei argentum din. sol. 65, sed ipsa vadia non expigneravit. *CD. Langob.*, no. 259 col. 437 D (a. 875, Milano). 700 libras in expignorando possessiones Ravennatis ecclesiae expendit. Append. ad AGNELL., MURATORI, *Scr.*, II p. 208 col. 1. **2.** *saisir des gages, exécuter* — *to seize as a pawn, to distrain*. S. xiii.
**expilare**: *épiler* — *to pull out* hair. Si quis alium ceperit et . . . crines ejus aut barbam expilaverit. Frid. I imp. const. de pace a. 1152, *Const.*, I no. 140.
**explacitare, 1.** refl.: *se purger* — *to clear oneself*. Alius dies ponatur ei [sc. reo] et tunc explacitet se vel emendet. Leg. Henrici, tit. 50 § 3, LIEBERMANN, p. 573. In curia regis de seditione convenirentur; si se possent explacitare, illaesi abirent. WILL. MALMESBIR., G. Anglorum, lib. 2 § 199, ed. STUBBS, p. 242. **2.** aliquid: *obtenir en droit* — *to gain at law*.
**explectabilis** (adj.): **1.** *soumis au chevage* — *liable to pay poll-money*. Quaerebat homines s. Radegundis sibi expletabiles. FLACH, *Orig.*, I p. 394 n. 2 (a. 1140, Bourgogne). Giraldum esse suum servitorem et expletabilem hominem dicebat. Ib. (a. 1147). **2.** *sujet à un pouvoir justicier* — *subservient to some judicial authority*. S. xiv.
**explectare**, espl-, spl-, -echare, -enchare, -eitare, -etare, -icare (< explectum): **1.** *signifier un exploit* — *to serve a writ*. S. xiii. **2.** *mettre en culture, cultiver* — *to reclaim, to cultivate*. Terram arabilem, quantum poterit explicare per omnes sationes una carruca integra cum tria paria boum. DC.-F., III p. 374 col. 3 (ch. a. 1137). Poterunt terras predictas extirpare et excolere, vineas in eisdem terris edificando vel bladia seminando vel alias explectando. D. Ludov. VII reg. Fr. a. 1140, ap. *Actes Phil.-Aug.*, I p. 20. **3.** *avoir l'usage d'une forêt* — *to exercise easement of a wood*. In dictis forestis . . . capiant et explectent quidquid ad usum et aedificationem ipsorum . . . viderint expedire. MARTÈNE, *Thes.*, I col. 572 (ch. a. 1172). **4.** *recevoir les revenus* d'un bien-fonds ou d'une fonction — *to enjoy the revenue from* a fund or an office. S. xiii.
**explectatio**: **1.** *arrestation* de personnes — *attachment* of persons. S. xiv. **2.** *saisie* de biens — *distraint* of goods. S. xiv.
**explectum**, espl-; -ict-, -ech-, -ench-, -echi-, -enchi-, eci-, -et-, -ent-, -eti-; -a (< explicitum): **1.** *action exécutoire* — *executory action*. S. xii. **2.** *droit de justice, faculté de percevoir des amendes* — *jurisdiction, the power to exact fines*. Laudavit ad Guillelmum . . . totos suos honores et totas suas expletas. *Hist. de Languedoc*³, V col. 667 (ca. a. 1080). Donator sum . . . illa alberga et illa esplecta que habeo in ipsa villa q. v. L. DESJARDINS,

*Cart. de Conques*, p. 395 (a. 1087). [Renuntiavit] tailladam et expletum totum quod habebat vel requirere poterat. CHAMPEVAL, *Cart. de Tulle*, no. 370 p. 210 (a. 1085). **3.** *saisie — distraint.* **4.** *meubles, objets saisissables — chattels, distrainable property.* S. xiii. **5.** *taille — tallage.* Vendimus molnare ... sine omni usu et explicta et quista et retinemento. DC.-F., III p. 375 col. 1 (ch. a. 1096, Marseille). Domini non habent quistam neque talliam neque per vim explecham in hominibus habitantibus villam. Ib., p. 372 col. 2 (ch. a. 1208). **6.** *corvée — labour service.* **7.** *droit d'usage des terres vagues et des eaux — easement* of waste land and water. De nemoribus dedi eis ignem et glandem et expletam legitimam. LACAVE, *Cart. d'Auch*, p. 10 no. 6 (ca. a. 1060). **8.** *terre vague, forêt — waste land, woodland.* In explenta que dicitur regis Francie habet b. Martinus dimidium et comes dimidium pro custodia. *Actes Phil.-Aug.*, no. 361 (a. 1190), § 17, I p. 440. Homines et eorum animalia in terris meis, pascuis et expletis deambulabant. DC.-F., III p. 374 col. 1 (ch. a. 1199, Angoulême). **9.** plural.: *revenus, profits — esplees, profits, rents.* Partem Britanniae ... retinuit; et de expletis, quae inde habuit ... Chron. Namnet., c. 37, ed. MERLET, p. 108.

**explectura,** espl-, -etura: *revenu — revenue.* Res camerarias custodiebat C. earumque esplecturam procuratrici camere reddebat. MARCHEGAY, *Arch. d'Anjou*, III p. 28 no. 34 (s. xi ex.) Mittet ... de his que necessaria erunt ad opus furni terciam partem, et terciam expleture partem recipiet. Ib., p. 55 no. 62 (a. 1116).

**explere:** *achever — to achieve.* Opus hoc ... in sex codicibus explevi. GREGOR. M., lib. 5 epist. 53ª, *Epp.*, I p. 355 l. 32. Cursus sui metam explevit. JORDAN., Getica, c. 14 § 82, *Auct. ant.*, V pt. 1 p. 78 l. 4. Expleta missarum sollemnia. BENED. SANTANDR., ed. ZUCCHETTI, p. 45.

**expletio:** **accomplissement, achèvement — completion, fulfilment.*

**explicare,** v. explectare.

**explicere.** Loc. explicit: *(à la fin d'un écrit) ici finit ... — (at the end of a writing) here ends ...

**expolium** = spolium.

**exponderius,** es-: *situé à la frontière — lying near the frontier.* S. xiii.

**exponere: 1.** *produire* des titres — *to produce* documents. Cum R. abbas exposuisset litteras istas in placito. BONGERT, *Cours laïques*, p. 284 (a. 1095, Beauvais). **2.** *exposer en vente — to offer for sale.* Aliquando exposuimus vinum nostrum venale ad bannum. FLACH, *Orig.*, I p. 277 n. 1 (ca. a. 1100, Marmoutier). **3.** *dépenser — to spend.* [Augustensis] moneta Ratisbonensi monete equiperetur similiterque exponatur et accipiatur. *D. Heinrichs IV.*, no. 71 (a. 1061). **4.** **déposer, abandonner, délaisser — to cast off, to put off, to lay aside.* **5.** *livrer, remettre — to yield, to deliver.* Nortmannis inmensum pondus auri et argenti expositum est, et tali tenore fines regni excedunt. REGINO, Chron., a. 882, ed. KURZE, p. 120. **6.** *extrader — to extradite.* Si reus cum rebus suis non exponatur. WAITZ, *Urk. dt. Vfg.*, no. 12 (a. 1115-1123, S.-Dié). [Reus] nuntio nostro cum omnibus bonis suis exponi debet a suis concivibus. HÖHLBAUM, *Hans. UB.*, I no. 411 (a. 1251). **7.** *refiler, aider à une spoliation — to help to despoil.* Si quis servum aut ancillam, caballum, bovem, ovem vel cujuscunque generis animal vel quodcunque homo ad usum necessarium in potestate habuerit, arma, vestem, utensilia quaelibet et pecuniam, alii ad auferendum exposuerit, si ille qui abstulit patria profugerit, expositor tertiam portionem compositionis exsolvat. Lex Fris., tit. 2 § 11 (addit. Wulemari). **8.** aliquem: *trahir, aider à un homicide — to betray, to help to put to death.* Si nobilis nobilem per ingenium alio homini ad occidendum exposuerit, et is qui eum occidit patria relicta profugerit, qui eum exposuit tertiam partem leudis componat. Lex Fris., tit. 2 (inscr.: Forresni). In hoc titulo passim. **9.** *mettre à la disposition* de qq'un — *to place at* a person's *disposal.* [Rex Francorum et filius ejus] amicicie, auxilii et consilii dextras [papae] dederunt, regnum exposuerunt. SUGER., V. Ludov. Gr., c. 10, ed. WAQUET, p. 56. **10.** *engager, remettre en gage — to pawn, to surrender at pawn.* E. et filius suus et filie sue exposuerunt Constantino ... statiunculam ... pro 6 marcis, ita quod annuatim 18 sol. inde recipiat. HOENIGER, *Koelner Schreinsurk.*, I p. 58 c. 3 (a. 1172-1178). Ibi saepe. [Nemo] quicquam de ornatu ecclesie exponendum concedat. D. Frid. I imp. a. 1188, *Const.*, I no. 320, c. 4. Nemo neminem vadiare potest pro debito ... nisi per majorem sua exposuerit. BOURGIN, *Soissons*, p. 433 no. 15 c. 22 (s. xii ex.). Si suus frater ... suam terram exposuit vel vendidit vel permutavit. RICHTHOFEN, *Fries. Rq.*, p. 18 (s. xii ex.). Universas res illius [rei] ... eidem ecclesie ... trademus et exponemus ... ad capiendum donec ipsi ecclesie sit satisfactum. *Actes Phil.-Aug.*, no. 649 (a. 1200), II p. 209. **11.** *engager, mettre au jeu — to engage, to set at stake.* Ad promovendum negotium ejus deberes tam res exponere quam personam. Innoc. III pap. reg., no. 49, ed. W. HOLTZMANN, p. 75. **12.** *léguer, laisser après son décès — to bequeath.* Unicuique filiorum pater exponere tenetur 3 marcas et scutum et gladium et lanceam, si sit facultas exponendi. Aeltestes Schleswiger Stadtrecht (ca. a. 1200), c. 8, THORSON, *Stadtrechte*, 1855, p. 3 sqq. **13.** **interpréter, commentarier — to expound, to interpret.*

**expositio: 1.** *engagement — pawning.* S. xiii. **2.** **interprétation, exégèse, éclaircissement — explanation of a text, interpretation, exegesis.*

**expositor:** **commentateur, exégète, interprète — commentator, exegete, interpreter.*

**expotestare:** *déposséder — to dispossess.* [Non] expellere neque expotestare. *CD. Cajet.*, I p. 62 (a. 934).

**expressare:** *exprimer, mentionner — to express, to mention.* S. xiv.

**expresse:** **expressément — in definite terms.*

**expressio:** **paroles emphatiques, emphase — emphatic utterance, emphasis.*

**exprimere:** *empreindre — to imprint.* Sigillum expressum. Lib. pontif., Sergius I (a. 687-701), ed. MOMMSEN, p. 213 l. 17. *CD. Cajet.*, I p. 37 (a. 906).

**expugnare: 1.** **attaquer, assiéger — to attack, to besiege.* Si quis villam alienam expugnaverit et res ibi invaserit. Lex Sal., tit. 42 § 5. Oppidum expugnantes, tandem non sine mora capiunt FLODOARD., Ann., a. 948, ed. LAUER, p. 116. Lib. pontif., Steph. II, § 41, ed. DUCHESNE, I p. 451. Castellum expugnamus, donec per vim eum optineamus. Chron. Salernit., c. 139, *SS.*, III p. 541. LEO OST., Chron. Casin., lib. 1 c. 25, *SS.*, VII p. 598 l. 20. HELMOLD., lib. 1 c. 25, ed. SCHMEIDLER, p. 49. Ibi passim. **2.** *chasser, expulser — to drive away.* Langobardus [i. e. Langobardos] de Italia expugnaret. FREDEG., lib. 3 c. 92, *SRM.*, II p. 118. Si aliquis inimicus terras nostras ... invaderet, burgenses ... mecum expugnare adjuvarent. GRASILIER, *Cart. Saintonge*, I p. 42 no. 54 (a. 1075-1108). **3.** *tenir à main armée — to keep out of the enemy's hands.* [Custodes sanctissimi] defendant et expugnent ab hoste. Vers. de Verona, str. 19, *Poet. lat.*, I p. 121. **4.** intrans.: *se battre — to fight.* Invicem expugnarunt. ANAST. BIBL., Chron., ed. DE BOOR, p. 247. Viriliter contra plurimos expugnavit. ATTO VERCELL., Press., ed. BURONTIUS, p. 336.



**expugnatio:** *attaque — attack.* Videres his qui in municione erant gravissimam inferri expugnationis jacturam. HELMOLD., lib. 1 c. 64, ed. SCHMEIDLER, p. 121. Ibi saepius.

**expurgare:** *défricher — to clear* land. Cepit ibi hunc locum expurgare, ecclesiam construere ... Breves notit. Juvav. (ca. a. 790), c. 2, HAUTHALER, *Salzb. UB.*, I p. 19. Silvam in augmentum territorii expurgare. Trad. Juvav., Cod. Odalberti, no. 69 (a. 928), ib., p. 130.

**exquirere: 1.** *exiger, demander, revendiquer, réclamer — to demand, to require, to claim.* Nec familia se a praedictis operibus subtrahere posset, neque a senioribus amplius eis exquireretur. Capit. in pago Cenom. dat. a. 800, I p. 81 l. 36. Non sit vobis necesse ... majores, quam ratio postulat, paratas exquirere. Epist. synod. Caris. a. 858, c. 14, II p. 438 l. 3. [Seniores ecclesiarum] amplius ... a presbyteris non exigant vel exquirant. Capit. Pist. a. 869, c. 9, p. 335 l. 16. Nullus aliquas publicas functiones exquirere audeat. *D. Karlmanns*, no. 21 (a. 879). Supra id quod debet, censum a nobis atque navigium exquirit. *CD. Langob.*, no. 417 col. 702 C (a. 905). **2.** *prétendre à* qqch., *revendiquer en justice, se mettre en instance pour* qqch. — *to claim at law, to lay claim to* a thing. Quod ab eis fuit injuste abreptum de potestate s. Emmerammi quodque B. episcopus et advocatus ejus I. exquesierunt ab eis in mallo publico. WIDEMANN, *Trad. S.-Emmeram*, no. 19 p. 23 (a. 822). **3.** *recouvrer, récupérer — to recover, to regain, to vindicate as one's own.* Quaedam mancipia ... ex servitio se praefati monasterii subtraxissent, ex quibus jam pars major per judicium et testimonia exquisita esset. D. Ludov. II imp. a. 861, *CD. Langob.*, no. 218 col. 364 B. Mancipia ... noviter ad cameram regiam exquisita. *D. Ottos I.*, no. 30 (a. 940). **4.** *acquérir — to acquire.* Qualiter ... hereditatum a parentibus et a nobis elaboratum aut exquisitum sit. DRONKE, *CD. Fuld.*, no. 88 p. 54 (a. 788). Haec omnia infrascripta, tam exquisita quam inexquisita, ... vendo. D. Ludov. Pii a. 835, ap. DC.-F., III p. 377 col. 1.

**exquisitio: 1.** **recherche, investigation, enquête — research, inquiry, investigation.* [Papa] per exquisitione[m] sua[m] repperuisset monasterium ... in nimia[m] desolatione[m] ... evenire. Lib. pontif., Hadr. I, § 68, ed. DUCHESNE, I p. 506. **2.** *enquête judiciaire, inquisition — inquest.* Factus est publicus conventus P. comitis ... factaque est exquisitio magna in eodem conventu de terminis monasterii. DRONKE, *CD. Fuld.*, no. 456 p. 201 (a. 825). [Comes] misit exinde exquisitionem inter pagenses illius territorii, qui veritate[m] exinde dicerent. *Hist. de Languedoc*[3], II pr. no. 80 col. 178 (a. 832, Arles). **3.** **invention, découverte — invention, discovery.* **4.** *exaction — exaction.* Monasterii fratres ab omni vectigalium exquisitione securi permaneant. *D. Ludw. d. Jüng.*, no. 6 (a. 877). **5.** (cf. belg. *vonnis*) *sentence — verdict.*

**exsartare,** exart-, escart-, eschart-, essart-, sart- (< exsartum): *essarter, défricher, gagner à la culture — to clear, to break up, to reclaim* land. Observandum viam publicam ... nec possideri nec intercludi nec essartari posse. Lex Roman. Burgund., tit. 17 § 1, ed. SALIS, p. 140. De illa silva ... tantum exartent, quantum podent [i. e. possint] in eorum conpendio et ad eorum opus. WARTMANN, *Urkundenbuch S.-Gallen*, I p. 80 no. 85 (a. 779). In silva ... sibi locum et licentiam dari ad exartandi sive concidendi atque emundandi sive procurandi tanti spacii terram ad edificandam ibi cellam. *D. Charles le Chauve*, no. 171 (a. 854/855), I p. 452. Quoddam villare ... a quibusdam Gotis et Guasconibus exartatum et de eremi solitudine ad culturam perductum. Ib., no. 290 (a. 866). De terra exartata, parata scilicet ad arandum, mansos integros 8. *D. Ludw. d. Deutsch.*, no. 115 (a. 864).

**exsartarius,** exart- (subst.): *défricheur — one who breaks up land.* Exartarius pro fossorio 3 den. dabit. DC.-F., III p. 581 col. 2 (ch. s. xii p. post., Aquit.).

**exsartatio,** exart-: *défrichement — breaking up land.* Silvam ad exsartationes et ad porcorum pastiones et ad urendum. FLACH, *Orig.*, I p. 311 (a. 1130, Laonnais). Ex dono O. ducis Burgundie in foresta ejus plenaria usuaria in omnibus preter exartationem. Priv. Alex. III pap. a. 1163/1164, PFLUGK-HARTTUNG, *Acta*, I no. 253 p. 237.

**exsartum,** exart-, escart-, essart-, assart-, sart-, -us, -a (femin.), -is (< exsarire "défricher — to clear", cf. voc. sarire "sarcler — to weed"): **1.** *essart, espace défriché, nouvelle culture — clearance, broken-up field.* Pratum vel agrum vel exartum. Lex Baiwar., tit. 17 § 1. Conferremus stirpes vel, ut vulgo dicitur, exartes quosdam, quos ... ipsi proprio labore de heremo ad agriculturam perduxisse noscuntur. *D. Charles le Chauve*, no. 265 (a. 864). Habent ibi exartos unde recipitur undecima garba. Polypt. Derv., c. 1, LALORE, *Ch. de Montiérender*, p. 90. De silvis ubi partem habent et de exartis nullus ... terraticum accipiat. D. Rodulfi reg. Burg. a. 927, BERNARD-BRUEL, *Ch. de Cluny*, I no. 285. Alodum ... in exsarto et partem ecclesiae ... in villa H. *D. Ottos I.*, no. 290 (a. 965). Per summum illius pigatum exsartum. G. abb. Fontan., c. 6, ed. LOEWENFELD, p. 23. **2.** *essartage, défrichement — clearing, breaking up.* Si quis ... in silva communi exartum fecerit. Lex Burgund., tit. 13. Si quis in exarto suo focum

fecerit. Ib., tit. 41 § 1. De opere rurali, id est arata vel vinea vel sectione, messione, excussione, exarto vel saepe. Concil. Aurelian. a. 538, c. 31, *Conc.*, I p. 82. Exartus facere. Concil. Cabillon. (a. 639-654), c. 18, ib., p. 212.

**exsecramentum**: 1. *abomination, erreur exécrable — accursed thing, hideous error*. 2. *imprécation, malédiction — cursing*.

**exsecutio**: 1. *poursuite judiciaire — judicial prosecution*. 2. *fonction d'exécuteur testamentaire — executorship of a will*. S. xiii.

**exsecutor**: 1. *délégué royal chargé de l'exécution d'un jugement conciliaire — royal delegate who has to execute a judgment given by a church council*. GREGOR. M., lib. I epist. 42, *Epp.*, I p. 65 l. 17. Concil. Milev. II a. 416, c. 16, MANSI, t. 4 col. 331. Concil. Tolet. IV a. 633, c. 3, ib., t. 10 col. 617 A. 2. *fonctionnaire quelconque chargé de tâches exécutives — any official charged with executive actions*. Ut nullus comes nec aliquis reipublicae nostrae executor vel qualiscumque exactor ... infringere praesumat. *D. Heinrichs I.*, no. 16 (a. 927). 3. *exécuteur testamentaire — executor of a will*. S. xii.

**exsequiae, exsequium**: *cérémonie funèbre — funeral ceremony*. Devulgantes ... viri Dei merita in sollemnem exequium. ARBEO, V. Corbiniani, c. 13, *SRM.*, VI p. 570.

**exsolutio**: *sentence d'acquittement — acquittal*. Patefacere judicii exsolutionem. EDD. STEPH., V. Wilfridi, c. 53, *SRM.*, VI p. 247 l. 11.

**exsolvere**: *acquitter* un accusé — *to acquit*. [Wilfridum] ab occultis delictis exsolutum sciat. EDD. STEPH., V. Wilfridi, c. 53, *SRM.*, VI p. 249 l. 11.

**exspectare**: 1. *considérer, tenir compte de qqch. — to take into consideration*. In eligendo marito quatuor res expectare. Chron. Salernit., c. 67, *SS.*, III p. 501. 2. pass.: *échoir, être dû — to become due*. Causas regalis [i. e. regales] unde conpositio expectatur. Liutpr. leg., c. 78. 3. *regarder comme un contribuable — to consider as a taxable subject*. Hi, quos puplicus census expectat, sine permissu principis vel judicis se ad religione[m] sociare non audeant. Concil. Clippiac. a. 626/627, c. 8, *Conc.*, I p. 198.

**exspirare**: (d'un terme) *expirer — (of a term) to run out*. S. xiii.

**exspoliare**: 1. *dévêtir — to unclothe*. Expoliat se planita qua est indutus. Ordo Rom. IV (s. viii ex.), c. 10, ANDRIEU, II p. 158. Expoliabant se indumenta sollemnia. LEO OST., Chron. Casin., lib. 1 c. 32, *SS.*, VII p. 602 l. 28. 2. *dépouiller, piller — to rob, to plunder*.

**exspoliatio**: *spoliation, pillage — robbery, depredation*.

**exspoliator**: *spoliateur, déprédateur — robber, depredator*.

**exspolium** = spolium.

**exspondere, se**: *promettre de ne plus faire des prétentions, se désister — to promise not to make any more pretensions, to desist*. Exponderunt se ipsi ... ut, si unquam ... de predictis rebus omnibus adversus eundem monasterium agere aut causare ... presumpserint ..., tunc componant suprascriptis omnibus rebus [i. e. suprascriptas res] in duplum. FICKER, *Forsch.*, IV no. 63 p. 87 (a. 1050, Piacenza).

**exstare**: *être* (copule) *— to be (copula)*. [Salus vestra] mihi mea carior extat. LIUDPR. CREMON., Legatio, ed. BECKER, p. 181.

**exstasis** = ecstasis.

**exstimare** = existimare.

**exstipulare**: *déguerpir — to forego*. Cunctis aliis [rebus] que L. possidebat, W. renuntiaret et extipularet. BEYER, *UB. Mittelrh.*, I no. 445 p. 505 (a. 1121).

**exstruere**: 1. *exploiter, cultiver — to exploit, to till*. Quandiu vixero, teneam et possideam et exstruam adque excolam. RÉDET, *Cart. de S.-Cyprien de Poitiers*, no. 271 p. 174 (a. 1031). 2. *dévaster — to lay waste*. Civitate Cremonensi in sue ecclesie possessionibus paganorum incursione exstructa. *D. Bereng.* I, no. 112 p. 287 (a. 916).

**exsufflare**: 1. *exorciser en soufflant sur qq'un — to exorcize by blowing upon a person*. 2. *repousser avec mépris — to push aside with scorn*. 3. *faire disparaître en soufflant, éteindre — to blow away, to extinguish*. 4. *darder — to shoot, to flash*.

**exsumptuare**: *appauvrir — to impoverish*. Domesticos exsumptuavit, locupletabat alienigenas. G. pontif. Camerac., lib. 1 c. 120, *SS.*, VII p. 454 l. 17.

**exsurdare**: *assourdir — to deafen*. Si quis aurem alterius absciderit et non exsurdaverit. Lex Alamann., tit. 57 § 1.

**exsurgens** (subst. neutr.): *l'orient — the East*. Latere tenente da exorgente fini signa posite. SCHIAPARELLI, *CD. Longob.*, II no. 161 p. 95 (a. 762, Lucca).

**exsurgere**: *surgir, se produire — to arise, to occur*.

**extaliatus, st-, -alliatus**: *preneur à bail — leaseholder*. UGHELLI, VII p. 704 (ch. a. 1179). Ib., IX p. 102 (ch. a. 1182).

**extalium, st-, -allium, -allum**: *bail — lease*. S. xii, Ital.

**extaediari**: *être tourmenté, être accablé de chagrin — to be vexed, afflicted*. Moleste ferens talibus extaediari. ASTRON., V. Ludov., c. 54, *SS.*, II p. 640 l. 9. Extaedientur aliorum mentes vel aures. V. Deoderici Mettens., c. 7, *SS.*, IV p. 468.

**extendere**: *évaluer, arpenter — to survey, to value*. S. xii, Angl.

**extensio**: 1. *action d'étendre, de répandre — extending, spreading*. 2. *étendue, expansion — extension, expanse*. 3. *arpentage, évaluation — extent, survey, valuation*. S. xiii, Angl.

**extensorium**: *registre de notaire contenant les actes rédigés dans la forme étendue en vue de l'expédition de grosses — notary's roll of full tenor instruments for making out engrossment copies*. S. xiii.

**extenta**: *arpentage, évaluation — extent, survey, valuation*. S. xii, Angl.

**extentorium**: *rame pour étendre les draps — cloth frame*. S. xiii.

**exterminare**: 1. *exterminer, tuer, dévaster, ruiner — to annihilate, to kill, to destroy, to ruin*. 2. *délimiter — to delimit*. Alodium meum ... totum ad integrum sicut est exterminatum. LALORE, *Ch. de Montiérender*, no. 14 p. 137 (ca. a. 968).

**exterminatio**: *limite — boundary*. Cum ... omnibus legitimis exterminacionibus. *D. Charles le Chauve*, no. 275 (a. 864). Item *D. Ludov. Balbi* a. 878, *Hist. de Fr.*, IX p. 403 B. Cum ... finibus ac exterminationibus legitimis. *D. Karls III.*, no. 94 (a. 884). Ipsum alodum ... legitima exterminatione constat. *D. Gerbergae reginae* a. 968, *Hist. de Fr.*, IX p. 666 D.

**exterminium**: *ruine, dévastation, destruction — ruin, devastation, destruction*.

1. **extimare** = aestimare.
2. **extimare** = existimare.

**extimaria**, v. aestimaria.

1. **extimatio** = aestimatio.
2. **extimatio** = existimatio.

**extimator** = aestimator.

**extolium** = stolium.

**extollentia**: *orgueil, arrogance, hauteur — pride, conceit, haughtiness*.

**extollere**. 1. refl. se extollere et passiv. extolli: *s'enorgueillir — to be proud, conceited*. 2. se extollere de aliqua re: *résilier ses obligations — to fail to meet one's liabilities*. Conponat ille, qui se extullere [i. e. extulerit] de sua conveneniatie, ad parte conservaturis [i. e. conservatoris] res ipsa [i. e. rem ipsam]. *CD. Langob.*, no. 87 col. 163 C (a. 812, Milano). Quis ex ipsis [partibus] ... se de hac convenentia extollere aut remutare quesierint. Ib., no. 226 col. 379 D (a. 863, Milano).

**extolneare** (< teloneum): *dédouaner — to clear in*. [Negotiatores] monstrabant res suas et extolneabant. Leg. IV Aethelred, tit. 2 § 6, LIEBERMANN, p. 232.

**extornare**: *résilier — to break a pledge*. CAMERA, *Memor. di Amalfi*, I p. 168 (s. xii?).

**extorris**: *éloigné de, privé de, dépouillé de — apart from, deprived of, stripped of*.

**extorsio**, extortio: *extorsion, concussion — extortion*.

**extractio**: *enlèvement — removal*. S. xiii.

**extractum, -ta** (femin.), **-tus** (decl. iv): *extrait, copie partielle — estreat, partial copy*.

**extraeria**, v. estraeria.

**extrafamiliare**: *faire sortir de la communauté familiale — to emancipate from the parental household*. Si ... sit de manupastu patris vel matris sue ... Si autem filius eorum ... extrafamiliatus fuerit. *Actes Phil.-Aug.*, no. 228 (a. 1188), c. 3, I p. 278.

**extraneare**: *aliéner — to alienate*. Nullus de nus [i. e. nobis] ipsa[m] Dei ecclesia[m] vel res eidem pertinente[s] alivi [i. e. alibi] extraneare possant [i. e. possint]. SCHIAPARELLI, *CD. Longob.*, II no. 127 p. 9 (a. 757, Lucca).

**extraneus**: *expulsé — banished*. A sancta communione efficiatur extraneus. Coll. Avell., *CSEL.*, t. 35 p. 168. De palatio nostro sit omnino extraneus. Childeb. II decr. a. 596, c. 2, *Capit.*, I p. 15. Item ATTO VERCELL., epist., ed. BURONTIUS, p. 296.

**extraordinarius**: (de certaines leçons universitaires) *extraordinaire — (of academic lessons) extraordinary*. Nulli liceat legere lectiones ordinarias pluras duabus nec eas extraordinarias facere. DENIFLE, *Chart. Univ. Paris.*, I no. 246 p. 278 (a. 1255).

**extravagans** (adj.): (d'une constitution pontificale) *qui n'est pas incorporé dans le corps des Décrétales — (of a papal constitution) not embodied in the collection of the Decretals*. S. xiii.

**extrema** (neutr. plural.): *agonie — deathstruggle*.

**extrena** = trena.

**extrinsecus** (adj. et subst.): *exilé — exile*. S. xiii.

**extruncare**: *défricher — to clear land*. DC.-F., III p. 383 col. 1 (ch. a. 1138, Amiens).

**extunc**: *depuis lors — from then*.

**exuberatio**: *surabondance — overflow*.

**exuere**: 1. *libérer — to free*. Ecclesiam Dei ab haereticorum latrociniis atque contagiis exuatis. Simplicii pap. epist. 6 (a. 477), § 4, ed. THIEL, p. 189. Italiam eorum ab effreitate exuit. JOH. NEAPOL., V. Athanasii, *Scr. rer. Langob.*, p. 440 l. 16. 2. refl. se exuere: *se purger d'une incrimination — to clear oneself of a charge*. Istud si fecerit, exuit se de latrocinio. Lex Sal., tit. 47. Aut convictus reddat latronem aut cum duodecim personas se ex hoc [crimine] sacramento exuat. Childeb. II decr. a. 596, c. 12, *Capit.*, I p. 17. Se mundum exuit numquam se in morte Silvestri mixtum fuisse. GREGOR. TURON., Hist. Franc., lib. 5 c. 5. Ego me exuo. V. Caesarii, lib. 1 c. 54, *SRM.*, III p. 478.

**exulare**, transit., 1. aliquem: *exiler — to banish*. ROBERT. DE TORINN., Chron., a. 1102, *SS.*, VI p. 481. Ibi pluries. 2. aliquem: *détenir en exil — to detain in exile*. Captivos, quos ... Syrigenorum exulabat efferitas. V. Athanasii Neapol., c. 4, *Scr. rer. Langob.*, p. 444. 3. aliquid: *abîmer, détruire — to waste, to destroy*. S. xiii.

**exulatus** (decl. iv): *exil — exile*.

**exulitas**: *exil — exile*. Homines venundari atque exulitatis captivitatisque pena damnari. V. Boniti, c. 3, *SRM.*, VI p. 121.

**exustio**: *destruction par le feu, combustion — destruction by fire, combustion*.

**exuviae**: 1. *meilleur catel — heriot*. Cum quis moreretur, exuviae de eo non sumerentur, sed heredes relictam hereditatem indivisam possiderent. V. Gebehardi Constant. (s. xii), c. 19, *SS.*, X p. 588. Nec a mortuis exuviae accipiantur. NEUGART, *CD. Alem.*, I p. 634. 2. *dépouilles, reliques — mortal remains, relics*.

**exuviare**, aliquem: *dépouiller — to strip*. Prostrati ..., exuviati armis bellicis jacuerunt. JOH. VICTOR., lib. 3, ed. SCHNEIDER, I p. 356.

**exvacuare, exvacuatio**, v. evacuare, evacuatio.

# F

**fabaria**, favaria: *champ semé de fèves — beanfield*. Lex Sal., tit. 27 § 7.

**fabellare**: *souffler mot — to breathe a word*. Non presumemus favellare. SCHIAPARELLI, *CD. Longob.*, I no. 19 p. 71 (a. 715, Siena).

**faber**, spec.: *forgeron — blacksmith*.

**fabrateria**: *fiction, invention — fiction, forgery*. Qui nunc Hierosolymis exsulat pro suorum mendaciorum fabrateria. ABBO FLORIAC., epist. 11, MIGNE, t. 139 col. 437 B. Qui volunt exsequi in fabrateria mendacii cupiditates suas pravas. AIMOIN., V. Abbonis Floriac., MABILLON, *Acta*, VI p. 1 p. 44.

**fabrefacere** (class. "bâtir — to build"): 1. *con-*

*fectionner, fabriquer avec art — to manufacture.* **2.** spec.: *forger, ouvrager — to forge.*

**fabrefactorius**: *du forgeron — of a smith.* [Aurum] in ornamentis fabrefactorio opere insitum erat. V. Lantberti Fontanell. (s. ix in.), c. 1, *SRM.*, V p. 608.

**fabrefactura**: *travail en métal, objet forgé — metal work, forged article.* Cantat. s. Huberti, c. 87, ed. Hanquet, p. 216.

**fabrefieri**: **être confectionné avec art — to be manufactured.*

**fabrica**: **1.** **travaux de construction — building operations.* Gregor. M., lib. 2 epist. 38, *Epp.*, I p. 138 l. 5. **2.** spec.: *la fabrique; la construction et l'entretien des bâtiments d'une église — the fabric; erection and repair of the buildings of a church.* Quarum [decimae portionum] sit una pontificis, altera clericorum, pauperum tertia, quarta fabricis applicanda. Pelag. pap. epist. 14, Migne, t. 69 col. 56 C. Decimae populi dividantur in quattuor partes; id est una pars episcopo, alia clericis, tertia pauperibus, quarta in eclesiae fabricis applicetur. Stat. Rhispac. a. 799/800, c. 13, *Capit.*, I p. 228. Item Lib. diurnus, ed. Sickel, p. 5. Capella . . . quicquid . . . impendere debuit, . . . ad jus et profectum ejusdem monasterii devote persolvat, quatinus fabrice ceterisque ejus emolumentis deserviat. D. Lotharii II (a. 855-869), Wampach, *Echternach*, I pt. 2 no. 151 p. 228. **3.** **édifice, bâtiment — building, edifice.* Una cum casis et hedificiis et universis fabricis suis. DC.-F., III p. 386 col. 2 (ch. a. 1048). Habitatio nulla erat omnino neque fabrica aliqua. Joh. Amalph., Mir., ed. Huber, p. 36. **4.** spec.: *bâtiment d'une église — church building.* **5.** *atelier,* spéc. *forge — workshop,* esp. *smithy.* Si in ecclesia vel infra curtem ducis vel in fabrica vel in mulino aliquid furaverit. Lex Baiwar., tit. 9 c. 2 § 1. **6.** **création — creation.*

**fabricare**: **1.** *construire, bâtir — to build.* Oratorium fabricantes. Pass. Felicis (s. vi ?), ed. Mombritius[2], I p. 544. Aecclesias mirifice fabricaverunt. Concil. Mantuan. a. 827, *Conc.*, II p. 589. **2.** *forger, truquer — to forge, to counterfeit* (jam ap. Plaut.). Consilia artis diabolicae fabricata. Pass. I Stephani, ed. Mombritius[2], II p. 496 l. 53.

**fabricatura**: **1.** *bâtiment — building, edifice.* Omnes edificias vel fabricatura inibi constructas. *CD. Langob.*, no. 402 col. 676 B (a. 903, Milano). **2.** *art du forgeron — smith's work.* Ad faciendum omne opus artificum, tam in fabricatura quam in sculptura et celatura et aratura fabrili. Cod. Eberhardi, c. 32[b], Dronke, *Trad. Fuld.*, p. 63. **3.** *joaillerie, joyau, taillanderie — jewellry, jewel, small forgings.* Aurum, argentum, species, vestimentum, fabricaturas. F. Andecav., no. 32, *Form.*, p. 14. Aurum et argentum, fabricaturas, drappus, vestimenta. Marculf., lib. 1 no. 12, ib., p. 50. Rursum lib. 2 no. 10, p. 82. Dono tibi . . . in fabricaturas aurum tantum, argentum tantum, vestimenta. F. Turon., no. 14, ib., p. 143. De fabricaturia auro, argento in solidos tantos. Cart. Senon., no. 25, ib., p. 196. In fabricaturis, id est inter auro et argento solidos tantos valente. F. Sal. Lindenbr., no. 7, ib., p. 271. Tam aurum quam argentum vel reliquas fabricaturas. Coll. Flavin., no. 8, ib., p. 477. Fabricaturas ecclesiarum auro argentoque. Gysseling-Koch, *Dipl. Belg.*, no. 21 (a. 800, S.-Bertin). Dedit . . . aurum multum et argentum, fabricaturas speciosissimas. Lib. hist. Franc., c. 13, *SRM.*, II p. 259. **4.** *produits d'un atelier monétaire — coinage.* Fabricatura alterius numismatis non debet esse dativa in Colonia nisi tantum moneta Coloniensis. Keutgen, *Urk. st. Vfg.*, no. 147 (a. 1258).

**fabricina**: *forge — smithy.* H. faber prosolvit medietatem mansi de fabricina sua. Irminonis polypt., br. 13 c. 104.

**fabricinium**: *orfèvrerie — jewellry.* Si quis inventus fuerit aurum vel argentum vel quodcumque fabricinium ex auro vel argento mixtum ad vendendum portare. Edict. Pist. a. 864, c. 23, *Capit.*, II p. 320.

**fabricus**: *forgeron — smith.* S. xiii, Ital.

**fabrire** (< faber): **1.** *construire, bâtir — to build.* Fortun., lib. 2 carm. 8 v. 23, *Auct. ant.*, IV pt. 1 p. 37. Ecclesia[m] . . . fabrire visi sumus. Schiaparelli, *CD. Longob.*, II no. 127 p. 7 (a. 757, Lucca). Casam favritam. *CD. Cavens.*, I p. 44 (a. 853). **2.** *forger — to forge.* Una torre [i. e. ciborium?] de auro fabrita. Schiaparelli, o. c., I no. 108 p. 311 (a. 753, Lucca). In argento fabrito lib. 8. *CD. Langob.*, col. 158 A no. 84 (a. 807, Brescia).

**fabula, 1.** gener.: *accord oral — verbal agreement.* Postquam fabulam firmam de mercedis [i. e. mercede] pro suo lucro suscepit. Edict. Rothari, c. 144. **2.** spec.: *contrat nuptial — marriage-contract.* Post sponsalias factas et fabola firmata. Ib., c. 178. Accipiat eam spunsam spunsus, sicut in priori fabula stetisset. Ib., c. 179.

**fabulatio**: **conversation, entretien — conversation, interview.*

**facella** (< fax): *torche — torch.* Cum cereis ac facellarum luminibus. Addit. Nivial. de Fuilano, *SRM.*, IV p. 451.

**facere**: **1.** **passer un temps, demeurer, vivre — to spend time, to dwell, to live.* **2.** *léguer — to bequeath.* De eo qui filiam in capillo in casa habuerit et filium non reliquerit legetimum, ut de rebus suis amplius per nullum titulum cuiquam per donationem aut pro anima sua facere possit nisi partis duas; tertia[m] vero relinquat filiae suae. Liutpr. leg., c. 65 (a. 725). Nunquam ipsas res habeam licentiam neque vendendi neque donandi nec alienandi vel in ecclesia alia faciendi. Schiaparelli, *CD. Longob.*, II no. 197 p. 193 (a. 766, Lucca). **3.** *concéder en tenure — to lease.* **4.** alicui aliquid: *payer — to pay.* S. xiii. **5.** *réparer — to repair.* S. xiii. **6.** ad aliquid: **être en faveur de, se rapporter à, contribuer à — to tend, to contribute, to bear upon.* **7.** adversus aliquid: *être contraire à — to tell against.* **8.** c. infin.: **faire* (avec infin.), *amener* une action, *donner l'ordre pour* une action — *to let* (with infin.), *to have* (with past partic.).

**facetergium,** v. facitergium.

**facetia**: *courtoisie — courtesy.* S. xii.

**facetus**: *courtois, cultivé, instruit — courteous, refined, cultured.* Quosdam canonicorum, qui sibi minus urbani minusque faceti videbantur, ab ecclesia Constantiensi radicitus, tanquam illiteratos et inutiles, extrudit. *Gall. chr.*[2], XI instr. col. 218 C (s. xi ex.).

**facheria,** facharia: *métairie — lease in return for a share of the crop.* S. xiii, Prov.



**facherius**: *métayer — holder of a lease in return for a share of the crop.* S. xiii, Prov.

**faciale**, facialis: **serviette, mouchoir — towel, handkerchief.*

**facienda**, fazienda, fazenda (<facere): **1.** *l'action d'exploiter une terre — cultivation of land.* Accipio de P. monacho propter hujus terrae faciendam 35 sol. Desjardins, *Cart. de Conques*, p. 53 (a. 1076). **2.** *chose* (champ, bâtisse) *qui fait partie d'une exploitation agricole — anything forming part of an estate.* In agris, in vineis, in furnis et in totis faciendis. Martène, *Thes.*, I col. 245 (a. 1084, Aragon). **3.** *exploitation agricole — estate, farm.* S. xiii.

**facies**: *champ* (terme d'héraldique) — *field* (in heraldry). Comes portabat in prima facie scuti arma Hanonie et in secunda facie arma Flandrie. Jac. de Guisia, lib. 19 c. 3, *SS.*, XXX p. 240 l. 18.

**facillagium,** v. falcillagium.

**facinus**: **péché — sin.*

**faciolus** = phaseolus ("fève — bean").

**facitergium,** face-, facie-, facis- (< facies, tergere): **1.** *serviette, mouchoir — towel, handkerchief.* Isid., Etym., lib. 19 c. 26 § 7. Id., Regula, c. 14. Regula magistri, c. 17 et pluries. Caesar., Regula virginum, c. 45, ed. Morin, p. 17. Gregor. Turon., V. patrum, c. 8 § 8, ib., I p. 698. Employé comme symbole d'investiture — used as an investiture symbol: Thévenin, *Textes*, no. 61 p. 74 (a. 780). **2.** *serviette* pour l'usage liturgique — *towel* for liturgical purposes. Fortun., V. Radegundis, lib. 1 c. 2, *SRM.*, II p. 365. Bonif. et Lulli epist. 90, *Epp.*, III p. 376. G. abb. Fontanell., c. 17, ed. Loewenfeld, p. 53. Bernard-Bruel, *Ch. de Cluny*, IV no. 3518 p. 640 (a. 1078).

**facitergula**, facis-, -terculum: *mouchoir — handkerchief.* Transl. Liborii, c. 24, *SS.*, IV p. 155 col. B l. 38. Neugart, *CD. Alemann.*, I p. 549 (a. 908, S.-Gallen). Hariulf., Chron., lib. 3 c. 3, ed. Lot, p. 88.

**facticium**: *sujétion volontaire — voluntary subordination.* Sub obtentu seu occasione commendationis atque facticii clericos illius [ecclesiae] ac laicos . . . recipientes. *D. Ottos III.*, no. 206 (a. 996).

**facticius** (subst.): *individu qui s'est soumis de libre volonté à un seigneur — one who has put himself voluntarily under a lord's power.* Nemo massarios aut libellarios aut aldiones sive factitios eorum distringere . . . audeat. *D. Berengario II*, no. 10 (a. 958), p. 324 l. 26. Ipsius terram colentes aut habitantes aut faticios [!] *D. Ottos III.*, no. 267 (a. 998). Castellum Romanianum cum facticiis s. Zenonis. *D. Heinrichs II.*, no. 309 (a. 1014).

**1. factio**: **1.** **action factieuse, intrigue, machination* (même de caractère non politique) — *factious action, plot, scheme* (otherwise than in politics). Ut nemo per simoniacam heresim regiminis locum obtineat quacumque factione, calliditate, promissione. Concil. Meld. a. 845/846, c. 43, *Capit.*, II p. 409. Per talias vel alias hujusmodi factiones [sc. servos opprimendi, eos per angarias affligendi etc.]. Epist. synod. Caris. a. 858, c. 14, ib., p. 437. **2.** *péché — sin.* Quam facile lacrimis poenitentialibus factionum suarum promeruerint remissionem. V. Godebertae (s. xi?), *AASS.*, Apr. II p. 33. 3. *prestation en travail — labour service.* Nostris arimannis de Monticulo nullos alios usus vel factiones deinceps requisierit. Ughelli, II col. 217 (ch. a. 1114). Nullam . . . reservo potestatem ibidem hospitandi seu aliquam factionem faciendi quovismodo, sed sit libera et absoluta a nobis ab omni angaria et servitute. Muratori, *Ant. Est.*, p. 318 (ch. a. 1115).

**2. factio** = fautio.

**factiosus** (subst.): *celui qui est engagé dans une guerre privée — one who is involved in a feud.* Si quis factiosus incurrat [ecclesiam] vel ad eam confugiat. Leg. Aelfred, tit. 5, vers. Quadrip., Liebermann, p. 51 col. 2.

**factivus**: *réel — actual.*

**1. factor**: **1.** *délégué, agent — attorney.* Tam ea et suus maritus . . . quam sui factores a calumnia . . . defecerunt. Bertrand, *Cart. d'Angers*, I no. 70 p. 88 (a. 1067-1109). **2.** *facteur commercial, associé actif — factor, commercial agent.* S. xiv.

**2. factor** = fautor.

**factum**: **1.** *donation — bestowal.* Curte et senodochio . . . qui fuerunt quondam A. . . ., quia legibus de datum et factum eidem [i. e. ejusdem] A. a parte [i. e. ad partem] eidem monasterii deberit pertinere. *CD. Langob.*, no. 207 col. 341 D (a. 859, Milano). **2.** *charte qui concerne le transfert d'une propriété — deed* (document). S. xiii, Angl. **3.** *cause, affaire, intérêt — cause, concern, interest.* Cum Dominus factum regis ipsius [sc. Ottonis IV] manuteneat justitia exigente. Innoc. III registr., no. 99, ed. W. Holtzmann, p. 154. Nec negligas in aliquo factum tuum, set omni diligentia studeas promovere. Ib., no. 105 p. 158. **4.** *exploitation agricole — estate.* S. xiii. **5.** *une redevance — a tax.* Factum canapis omnino remittitur. Ryccard. de S. Germano, a. 1232, ed. Pertz in us. sch., p. 118.

**factura**: **1.** **création — creation.* **2.** **créature — creature.* **3.** **homme — man.* Donat. Antr., V. Ermenlandi, c. 21, *SRM.*, V p. 705. **4.** **facture, structure — make, texture.* **5.** *bâtisse — structure.* In mansis casis, pomariis, vineis com omnia factura, campis, pratis . . . Zeuss, *Trad. Wizenb.*, no. 97 (a. 784). **6.** *stature, taille — shape, stature.* Equum . . . factura compositum. Ruric. Lemovic., lib. 1 epist. 14, *Auct. ant.*, VIII p. 307. **7.** *façon, main-d'œuvre, salaire — charge for making.* S. xiii. **8.** *magie — magic.* S. xiv.

**factus**: *unité d'exploitation agricole* analogue au manse — *agricultural unit* comparable to the "mansus". Factus illos ubi M. servus ipsorum mansisse visus est. Pardessus, II no. 253 p. 10 (a. 631). Quicumque quartam facti teneret, seniori suo unum diem in campo dominico araret. Capit. in pago Cenom. dat. a. 800, I p. 81. Concedimus eidem loco factos sex ibidem aspicientes, consistentes in villa q. v. C., cum manso indominicato. *D. Charles le Chauve*, no. 78 (a. 845). Casam dominicatam . . . cum vineis . . . et factos decem; curtilem desertum cum suis appendiciis et factos quinque et medium cum omnibus eorum integritatibus. Ib., no. 79 (a. 845). Factos septem et medium cum corte dominica et vinea silvaque. Ib., no. 134 (a. 850). Habet in ipsa villa factos, id est mansos, 60. Polypt. Fossat ap. Guérard, *Irminon*, II, app., p. 287.

**facultare**: *rendre possible — to make possible.* Illius id matre fieri nimium cupiente atque facultante, quod vellent, sermocinare. Ruodlieb, fragm. 9 v. 61.

**facultas**: **1.** *patrimoine,* la fortune héritée par opposition aux biens acquis — *patrimony,* inherited fortune as contradistinguished from acquired property. Quicquid . . . legibus . . . jure facultatis seu etiam adquisitionis habere videtur. BITTERAUF, *Trad. Freising,* I no. 375 p. 319 (a. 817). **2.** *un genre d'études, un groupe de disciplines — a branch of study, a department of science.* Cum Parisius doceat fratres de ordine Praedicatorum in theologica facultate. DENIFLE, *Chart. Univ. Paris.,* I no. 44 p. 101 (a. 1221). Magistri et scolares theologie in facultate quam profitentur se studeant laudabiliter exercere, nec philosophos se ostentent. Ib., no. 79 p. 138 (a. 1231). **3.** *faculté universitaire — academic faculty.* Cancellarius . . . ad regimen theologie ac decretorum . . . secundum statum civitatis et honorem ac honestatem facultatum ipsarum nonnisi dignis licentiam largietur. Ib., no. 117 p. 163 (a. 1237). Modus repetendi scolares captos talis erit apud magistros artium . . . In aliis autem facultatibus . . . Ib., no. 197 p. 223 (a. 1251). Si . . . gradum non attigerit, qui ad honestatem status et facultatis exigitur. Ib., p. 231 no. 202 (a. 1252). Propter periculum, quod in facultate nostra [sc. magistrorum artium] imminebat. Ib., p. 278 no. 246 (a. 1255).

**facultatula**: **faibles moyens, petites ressources — small means, scanty property.*

**facundia**: **1.** **érudition, savoir, culture — learning, knowledge, culture.* **2.** *faculté, pouvoir — faculty, power.* Nulla[m] habeat facundiam de ipsam rem loquendi. Edict. Rothari, c. 361. Liutpr. leg., c. 16 (a. 720). Nullam facundiam abeant . . . de superscripti edosthicos loquendi vel causandi. SCHIAPARELLI, *CD. Longob.,* I no. 17 p. 51 (a. 714, Siena). Nullatenus habeamus facondia alique [i. e. aliquid] de ris ipsa suptraendum. Ib., II no. 206 p. 220 (a. 767, Pistoia). Facundiam de servitio illius dicendi non habeat. Capit. Pap. in leg. data a. 855, c. 2, II p. 89.

**fagetum**, fagidum: *hêtraie — beechwood. D. Charles le Chauve,* no. 399 (a. 872-875), II p. 386 l. 18. *D. Konrads II.,* no. 156 (a. 1030). *Gall. chr.*², XV instr. col. 308 no. 5 (ca. a. 1146, Savoie).

**fagidus**, v. faidus.

**fagina**: *faîne — beechnut.* Si contigerit quod illo anno glandis vel fagina non est. Chrodegangi regula canonic., c. 22. Si pro tempore felicitatis [leg. felicitas] silvae occurrerit et esus glandium vel faginae fuerit. DC.-F., III p. 395 col. 2 (ch. a. 1027, Montiérender). Dedimus eis . . . usum fagine et glandium et ferrarie in banno de S. PONCELET, *Actes Hug. de Pierrepont,* no. 7 (a. 1202).

**fagotum**, fagottum, fagettum: *fagot — faggot.* S. xii.

**fagus**: *droit de prendre des fagots dans une forêt — right to take faggots in a wood.* S. xiii.

**faicia**, v. fascia.

**faida**, faidia, cum notione 2 etiam: faidus: **1.** *vengeance, guerre privée, vendetta — vengeance, feud.* De feritas et conpositionis [i. e. -ibus] plagarum, quae inter hominis liveros [i. e. liberos] eveniunt, per hoc tinorem . . . conponantur, cessantem [i. e. cessante] faida, hoc est inimicitia. Edict. Rothari, c. 45. In omnis istas plagas aut feritas superius scriptas, quae inter hominis liberos evenerint, ideo majorem conpositionem posuimus quam antiqui nostri, ut faida, quod est inimicitia, post accepta suprascripta conpositione postponatur et amplius non requiratur nec dolus teneatur, sed sit sibi causa finita amicitia manentem [i. e. permanente]. Ib., c. 74. Si fuerint filii legitimi et naturales duo aut plures, et contegerit casus ut unus ex naturales occisus fuerit, tollant legitimi fratres pro conpositione illius partes duas, naturalis vero qui remanserint partem tertiam . . . Ideo ita previdemus propter faida postponenda, id est inimicitia pacificanda. Ib., c. 162. Si caballus cum pede . . . hominem intrigaverit . . ., ipse conponat homicidium aut damnum cujus animales [i. e. animal] fuerit, cessante in hoc capitulo faida, quod est inimicitia, quia muta res fecit, nam non hominis studium. Ib., c. 326. Filiae [hominis occisi] non possunt faidam ipsam levare. Liutprandi leg., c. 13. Excrevit vicium hoc in gentem nostram . . . et ideo eum resegare volumus, ut inimicidias cessent et faida non habeant. Ib., c. 119 (a. 731). Melius est ut se vivo conponat wirigild suum, quam de mortuo crescat faida inter parentis. Ib., c. 135 (a. 733). Litus si per jussum vel consilium domini sui hominem occiderit . . ., dominus conposicionem persolvat vel faidam portet. Lex Saxon., c. 18. Si qui propter faidam fugiunt in alias patrias. Decr. Compend. a. 757, c. 21, *Capit.,* I p. 39. Ubicumque culpa contigerit unde faida crescere potest. Pippini capit. Ital. (ca. a. 790), c. 4, p. 201. Si quis . . . homicidium conmisit, comes . . . et conpositionem solvere et faidam per sacramentum pacificari faciat. Ludov. Pii capit. legib. add. a. 818/819, c. 13, I p. 284. Si latro ibi occisus fuerit, qui eum occiderit leudem inde non solvat, et nullus illi inde faidam portare praesumat. Capit. miss. Silvac. a. 853, c. 5, II p. 272. Ne faidam homines vestri jurarent. Hincmari epist. ad Karol. reg., MIGNE, t. 126 col. 96 D. [Si praedones] mortui fuerint, neque faida inde crescat neque compositio aliquando requiratur. Widonis imp. capit. Pap. legib. add. a. 891, c. 1, II p. 107. [Rebellis] occideretur, constrectis insuper parentibus ejus ne aliquam super hoc faidam allevare praesumant. Concil. Tribur. a. 895, praef., rec. B, ibid., p. 212 l. 20. Qui hominem . . . pro vindicta parentum, quod faidam dicimus, . . . occiderit. REGINO, Syn. caus., lib. 2 c. 5 § 1, ed. WASSERSCHLEBEN, p. 208. Unusquisque cum sotio suo juret cum una manu; si propter faidam erit, cum 7. Lex famil. Wormat. (a. 1023-1025), c. 18, *Const.,* I no. 438. Si quis posthac hominem occidat, ipse sibi portet homicidii faidiam. Leg. Henrici, c. 88 § 12, LIEBERMANN, p. 604. Si quis propter faidiam vel causam aliquam de parentela se velit tollere. Ib., § 13. Filiae . . . a successione feudi removentur, quia neque faidam levare vel pugnam facere possunt. Libri feudor., antiq., tit. 1 c. 2, ed. LEHMANN, p. 85. Inimicus de mortali faida. WARNKOENIG-GHELDOLF, *Flandre,* II p. 423 (ca. a. 1178). Omnes homines comitis Barrensis et comitis Namucensis et



coadjutores eorum, qui propter guerram habitam inter eos inciderunt in faidiam vel in odium cujusquam. WAMPACH, *UB. Luxemb.,* I no. 550 p. 774 (a. 1199). Propter faidas sibi multas undique nactas a patria dulci quod debuit exiliari. Ruodlieb, fragm. 1 v. 63. Rursum v. 88; fragm. 5 v. 233. **2.** *composition pour racheter la vengeance — sum of money paid to buy off vengeance.* Si puella libera aut vedua sine volontatem parentum ad maritum ambolaverit, libero tamen, tunc maritus qui eam accepit uxorem conponat anagrip sol. 20 et propter faida alius [i. e. alios] 20. Edict. Rothari, c. 188. Item c. 190. Si quis hominem liberum casum facientem [i. e. casu faciente] nolendo occiderit, conponat eum sicut adpretiatus fuerit, et faida non requiratur eo quod nolendo fecit. Ib., c. 387. Si quis vasso ad ministerium . . . occiderit . . ., 1200 den. . . . culpabilis judicetur. Inter freto et faido sunt 1800 den. . . . excepto capitale et dilatura. Lex Sal., tit. 35 § 6 sq. Juxta modum culpae inter freto et faido [v. l.: fedo] conpensetur. Pactus Childeb. et Chloth. (a. 511-558), c. 12, *Capit.,* I p. 6. Si quis pro faida precium recipere non vult. Capit. Harist. a. 779, c. 22, p. 51. Si animal quodlibet damnum cuilibet intulerit, ab eo cujus esse constiterit conponatur excepta faida. Lex Saxon., c. 57. Item c. 59.

**faidimentum**: *composition pour se racheter de l'exil — a fine to redeem banishment.* S. xiii, Occit.

**faidire**, faidiare, **1.** intrans.: *rebeller — to rebel.* Si aliquis homo vel femina de Tolosa faidiat, ut guerram faceret comiti. DC.-F., III p. 397 col. 2 (ch. a. 1181). **2.** aliquem: *considérer comme un rebelle, exiler — to treat as a rebel, to banish.* His qui eicerentur a civitate seu faidirentur. *Hist. de Nîmes,* I pr. p. 49 col. 1 (a. 1210).

**faiditus**, feiditus, feditus (< faida): **1.** *celui qui est engagé dans une guerre privée — one who is involved in a feud.* S. xiii, Angl. **2.** *un exilé — an exile.* S. xiii, Occit.

**faidosus**, feidosus (adj. et subst.) (< faida): **1.** *celui qui est exposé à la vengeance* à cause d'un homicide qu'il a commis — *one who is under threat of revenge,* having committed homicide. Si quis hominem per jussionem regis vel ducis sui . . . occiderit, non requiratur ei nec feidosus sit, quia jussio domini sui fuit et non potuit contradicere jussionem. Lex Baiwar., lib. 2 tit. 8. Ut superius faidosus permaneat, donec in gratiam cum propinquis occisi revertatur. [Ante: inimicitias propinquorum occisi patiatur, donec cum eis in gratiam revertatur.] Lex Fris., tit. 2 § 7. Homo faidosus pacem habeat in ecclesia, in domo sua . . . Ib., addit. sap., tit. 1 § 1. Si morddotum [leg. mordrum?] quis fecerit, componatur . . . et ille ac filii ejus soli sint faidosi. Lex Saxon., c. 19. Asserens se ad hanc remansionem magna cogi necessitate pro eo quod faidosus sit et cum inimicis suis et his qui vitae ejus insidiantur hoc iter agere non audeat. EGINHARD., epist. 42, *Epp.,* V p. 131. Ut nemo quamvis culpa faidosus tollere presumat arma. Pax Dei Colon. a. 1063, c. 2, *Const.,* I no. 424. **2.** *celui qui se livre à une guerre privée, qui menace ses ennemis d'hostilités — one who wages a private war, who fights his enemies.* Si faidosus sit . . ., distringantur ad pacem. Capit. miss. Theodonisv. II a. 805, c. 5, I p. 123. De faidosis hominibus, qui solent incongruas commotiones facere. *Capit.,* I p. 175 c. 2 (a. 813).

**1. faidus**, fagidus, fehitus (< faida): *celui qui est exposé à la vengeance — one who is under threat of revenge.* Fagidis quicumque . . . commotionem fecerit, vitae incurrat periculum. Ludov. II const. de exp. Benev. a. 866, c. 7, *Capit.,* II p. 96.

**2. faidus**, v. faida.

**fairia**, v. feria.

**faisantia**, fesancia (< frg. *faire*): *corvée — labour service.* S. xiii, Norm.

**faiscia**, faissia, faissa, faixa, v. fascia.

**fala**, phala, falla: *halle — hall.* Ordinaverunt confraternitatem phale Valencenensis . . . prout patet in cartis phale Valencenensis. JACOB. DE GUISIA, lib. 15 c. 3, *SS.,* XXX p. 193 l. 32. Cum pervenisset ante fallas. Id., lib. 21 c. 76, p. 332 sq. Rursum c. 77.

**falanga** = phalanx.

**falcabilis**: *de fauchage — for mowing.* Pratum falcabile. S. xiv.

**falcagium**: *corvée de fauchage* ou redevance qui la remplace — *mowing service* or payment in stead. Concesserunt michi consuetudines meas de croee et de falcagio et de furca ad reficiendum fossetum. BRUNEL, *Actes de Pontieu,* p. 312 no. 206 § 6 (a. 1210).

**falcare** (< falx): *faucher — to mow.*

**falcastrum**: *serpe — lopping-knife.* ISID., Etym., lib. 20 c. 14 § 5. GREGOR. M., Dial., lib. 2 c. 6. V. Leutfredi, c. 21, MABILLON, *Acta,* III pt. 1 p. 591. V. Egwini Wigorn. (s. xi), c. 18, MABILLON, t. c., p. 336.

**falcata**: *mesure de prairie,* la superficie qu'on peut faucher dans une journée — *measure for hayfields,* the surface representing a day's work at mowing. *Gall. chr.*², XV instr. col. 139 no. 17 (a. 1137, Lausanne). ROUSSEAU, *Actes de Namur,* no. 5 (a. 1135-1139).

**falcatio**: idem quod falcata. Urbar. Egmund. s. xii, OPPERMANN, *Fontes Egmund.,* p. 80. Ibi pluries.

**falcatura**: *journée de fauchage — day's work at mowing.* S. xiv.

**falcicula**, fau-, fa-, -cill-, -cell-, -um, falcile (< falx): **faucille — sickle.* Brev. ex., c. 7, *Capit.,* I p. 252. Rursum c. 25, c. 30, p. 254 sq. Adalhardi Corbej. stat., lib. 2 c. 1, ed. LEVILLAIN, *LMA.,* t. 13 (1900), p. 361. Faber qui vendit falcillas. GUIMANN., Cart. s. Vedasti, ed. VAN DRIVAL, p. 168.

**falcidia**, fauci-, -cia, -dium: **1.** la *portion légitime* d'un quart de la succession qui revient aux héritiers naturels en vertu de la Lex Falcidia et ne peut être léguée — the *lawful share* of a quarter of the inheritance which lapses to the natural heirs in virtue of the Lex Falcidia and cannot be bequeathed. Relinquimus propriis eredibus nostris in falcidio alias villas nostras. *Hist. de Languedoc*³, II pr. no. 4 col. 44 (a. 680, Moissac). Reservavimus in faucidia heredibus nostris Pagaciacum . . . Test. Wideradi Flavin. a. 721, PARDESSUS, II no. 514 p. 325. De proprietate nostre [i. e. nostra], quod pro falcidia, se [i. e. si] nos [i. e. nobis] ipsa vel heredis sui [nomin.] superstites fuerint, estare aut per lege recipere potuissent, eis praesentialiter de proprietatis portione nostrae loca

dominata [i. e. denominata], quem [i. e. quae] in pactionis nostrae [i. e. pactione nostra] contine[n]tur et scripte, in falcidia reputata dimisimus. Test. Abbonis Novalic. a. 739, ib., II no. 559 p. 375. Donamus vobis res que in falcidia nobis reservatam [h]abeamus. BERNARD-BRUEL, *Ch. de Cluny*, I no. 23 (a. 880). **2.** *un quart* d'un héritage — *a quarter* of an inheritance. Et falsicia exinde in alia nostra terra in roncale, et falsicia de illum cortinum. GOLDAST, *Rer. Alam. scr.*, II p. 35 no. 33 (ch. a. 932). Cf. TAMASSIA, *La falcidia nei più antichi documenti del Medio Evo. Memor. R. Ist. Veneto di Sc.*, t. 27 no. 4 (1905).

**alcillagium,** fac-, -ila- (< falcicula): *corvée de coupage du blé* ou redevance qui la remplace — *reaping service* or payment in stead. De denariis qui pro facillagio dantur a messoribus. GUIMANN., Cart. s. Vedasti, ed. VAN DRIVAL, p. 299. Libera falcilagia per totam terram suam, si precio nummorum fratres messuerint, dimisit; si vero pretio manipulorum messuerint, falcillagia sua a messoribus accipiet. BRUNEL, *Actes de Pontieu*, p. 171 no. 112 (a. 1185).

**falcina**: *faucille — sickle.* TORELLI, *Carte Reggiane*, p. 237 (s. x).

**falcio,** falz-, fals-, fauci-, fauch- (genet. -onis), -onus (< falx): *espèce de couteau — sort of knife.* S. xiii, Ital.

**falco,** falcho, fauco (genet. -onis), falcus: **faucon — falcon.*

**falconagium** (< falco): *redevance* qui consistait primitivement dans la livraison de faucons — a *tribute* which consisted originally in a supply of falcons. S. xiii.

**falconarius** (subst.): *fauconnier — falconer.* Capit. de villis, c. 47. Karoli ad Pipp. epist. (a. 806-810), *Capit.*, I p. 211. Capit. de reb. exerc. a. 811, c. 4, p. 165. HINCMAR., Ordo pal., c. 16, ib., II p. 523.

**1. falda**, felda, fauda (germ.): *parc à brebis — sheep-fold.* S. xiii.

**2. falda,** fauda (germ.): **1.** *drap plié — folded cloth.* S. xiii, Ital. **2.** *ourlet, rebord — hem.* S. xiii, Ital.

**faldare** (< **1.** falda): *fumer* la terre — *to manure.* S. xiii, Angl.

**faldistolium,** fau-, -de-, -te-, -stali-, -stori-, -a, -us (germ. "siège pliant — folding-chair", > frg. *fauteuil*): *siège de cérémonie — chair of state.* LEO OST., Chron. Casin., lib. 3 c. 18, *SS.*, VII p. 711 l. 6. ROMUALD. SALERNIT., Chron., a. 1177, ed. GARUFI, p. 286 l. 4. Interpol. ad ADEMAR., lib. 3 c. 22, cod. Paris. lat. 5926 (s. xii), ed. CHAVANON, p. 142. Consuet. Fructuar., lib. 2 c. 12, ALBERS, IV p. 150. Iterum c. 15, p. 186. BERNARD. MORLAN., Cons. Cluniac., c. 47, HERRGOTT, p. 240. CENCIUS, c. 57 § 30, ed. DUCHESNE, I p. 297 col. 1.

**faldo,** faldao (genet. -onis) (germ.): *siège pliant — folding-chair.* FREDEG., lib. 4 c. 34, *SRM.*, II p. 134. Brev. ex., c. 6, *Capit.*, I p. 251. THEODULF., carm. 62, inscr., *Poet. lat.*, I p. 555.

**phaleramentum.** Plural. phaleramenta: **1.** *ornements — ornaments.* IONAS, V. Columb., passim. Omnibus ecclesiasticis phaleramentis decoratum. V. Eustasii Luxoviens., *AASS.*, Mart. III p. 788. **2.** *vanités — vanities.* Non oblectabant ejus animam faleramenta divitiarum. V. Remigii Rotom., MARTÈNE, *Thes.*, III col. 1667. Spretis phaleramentis seculi. V. Salabergae Laudun., § 11, *AASS.*, Sept. VI p. 525 B.

**phalerare**: **orner, embellir — to adorn, to embellish.*

**falisia,** falesia, faleisia (germ., cf. teuton. *fels*): **1.** *rocher — rock.* Ex cacumine falisiae [prope Namucum] sese praecipitem dedit. Virt. Eugenii Bronii ostens. (s. x), c. 27, *SS.*, XV p. 652. **2.** *falaise — cliff.* S. xi.

**falla,** v. fala.

**fallacia**: **1.** *négligence, omission, défaillance — negligence, omission, shortcoming.* S. xiii. **2.** *erreur, méprise, échec — error, mistake, failure.* S. xiii.

**fallere,** fallire, falliare, fallare, **1.** intrans. et passiv.: *manquer, échouer, se méprendre — to fail, to go wrong, to be at fault.* Si quis alterum voluerit occidere et colpus falierit. Lex Sal., tit. 17 § 1. Si quis, dum pronuntiat psalmum, ... fallitus fuerit. Benedicti regula, c. 45. Qui per ignorantiam in aliquod, ut homo, fefellerint. Leonis III pap. ad Karolum epist. 3 a. 808, *Epp.*, V p. 91 l. 32. **2.** transit.: *manquer à* son devoir, *négliger, omettre — to forsake, to neglect.* Qui fallierit hostes vel cavalcatas seniori suo cui eas facere debuerit. Usat. Barchin., usualia (ca. a. 1058), c. 34, WOHLHAUPTER, p. 198.

**fallimentum** (< fallere): *non-acquittement d'un devoir — dereliction of duty.* Usat. Barchin., usualia (ca. a. 1058), c. 34, WOHLHAUPTER, p. 198.

**fallitus** (adj.): *oublieux de son devoir — neglectful of one's duty.* S. xiii.

**fallum** (< fallere): *manque — fail.* Loc. sine fallo, absque fallo. S. xiii, Angl.

**falsare**: **1.** **fausser, falsifier, altérer — to falsify, to adulterate, to counterfeit.* [Moneta] per hoc est falsat[a]. Capit. de mon. (ca. a. 820?), c. 4 (lectio incerta), I p. 299. Panatariae quae pondus panis falsaverint. Concil. Legion. a. 1012, c. 34, MANSI, t. 19 col. 340. **2.** *porter atteinte à* une disposition — *to encroach upon* a deed. Si quis hanc donationem falsare temptaverit. BERNARD-BRUEL, *Ch. de Cluny*, II no. 1516 p. 566 (a. 980). Si quis ... hanc cartam falsare voluerit. DC.-F., III p. 406 col. 1 (ch. a. 996-1031, Bourges). **3.** *déclarer faux, infirmer — to declare* a document *to be forged.* Si servus cartam ingenuitatis adtulerit, si servus ejusdem carte auctorem legitimum habere non potuerit, domino servi ipsam cartam falsare licet. Capit. legi Sal. add. a. 819, c. 11, I p. 293. Si quis hoc [testamentum] refragare voluerit vel falsare, cancellarius ... idoneare studeat. Lex Ribuar., tit. 59. **4.** *récuser* un témoin — *to challenge* a witness. Interrogavit rex de persona testium, si quem illorum potuissent falsare; qui professi sunt se non posse quemquam illorum proicere. *D. Ludw. d. Deutsch.*, no. 66 (a. 853?). **5.** *réprouver, prouver la fausseté* d'une accusation — *to disprove, prove false.* Qui aliquem injuste superdicere presumet, ... lingue sue reus erit, si accusatus se idoneare et accusationem falsare poterit. Leg. III Eadgar, tit. 4, vers. Quadrip., LIEBERMANN, p. 203 col. 2. **6.** *contester la véracité* d'un tribunal — *to attack the veracity of* a court. Qui judicium curie recusat, curiam falsat, et qui curiam falsat, principem dampnat. Usat. Barchin., c. 80, ed. D'ABADAL-VALLS TABERNER, p. 35.



**falsaria** (subst.): *l'action de falsifier — counterfeiting.* Leg. Henrici, tit. 10 § 1, LIEBERMANN, p. 556. Iterum tit. 47, p. 571

**falsator**: **1.** **falsificateur, faussaire — counterfeiter, forger.* Falsator monetae. Capit. de moneta (ca. a. 820?), c. 4, I p. 299. Dilatus in falsatura falsator. F. Senon., addit. 5, *Form.*, p. 226. **2.** **menteur, faux témoin — lier, false witness.* Si quis alterum dilatorem aut falsatorem clamaverit. Lex Sal., tit. 30 § 7.

**falsegravius** (germ.): *comte du palais — count palatine. Const.*, I no. 297 (a. 1184).

**falsetum**, fausetum (< falsus): *fausset, voix de tête — falsetto.* S. xii.

**falsificare**: **1.** *fausser, falsifier, altérer — to falsify, to adulterate, to counterfeit.* Monetam Lucensem, quam maliciose cudebant et falsificabant. OTTOBON. SCRIBA, Ann. Genuens., a. 1175, ed. BELGRANO, II p. 9. **2.** judicium, curiam: *fausser* le jugement d'une cour — *to contest* the judgment of a court. Praedictos judices pro ipsorum judicio falsificando ad nostram audientiam invitavit. D. Ludov. VI reg. Fr. a. 1132, BALUZE, *Miscell.*, V p. 403. **3.** *réfuter, infirmer, prouver la fausseté — to disprove, prove false.* Horum [servorum] probationes aut liberi suscipiant aut contradicendo falsificent. D. Ludov. VI reg. Fr. a. 1110 ap. DC.-F., III p. 407 col. 1. Qui alium de iniquitate accusare voluerit, ... si tunc alius id quod sibi imponitur falsificare quiverit. Leg. II Cnut, tit. 16, vers. Consil. Cnuti, LIEBERMANN, p. 321 col. 2.

**falsigraphus**: *celui qui écrit des choses fausses — one who writes falsely.* S. xiii.

**falsiloquium**: **mensonge — lie.*

**falsina**: *falsification — forging, counterfeiting.* S. xiii.

**falsitas**: **1.** **fourberie — deceit.* Notarii jusjurandum praebeant, ut nullatenus falsitatem vel colludium scribant. Loth. capit. miss. a. 832, c. 5, II p. 64 **2.** **falsification — counterfeiting.* Auctor falsitatis [i. e. monetae falsae]. Edict. Pist. a. 864, c. 16, II p. 316. Non consentiant falsitatem monete mee. Henrici I reg. Angl. ch. a. 1100/1101, c. 1, LIEBERMANN, p. 523. **3.** *faux témoignage — false testimony.* Si partes testium inter se dissenserint, eligantur duo ex ipsis, qui in campo decertent utra pars falsitatem, utra veritatem sequatur. Capit. legib. add. a. 826, c. 1, I p. 268. **4.** *faux jugement — false judgment.* Qui judices communie de falsitate judicii comprobare voluerit. Phil. Aug. reg. priv. commun. Ambian. a. 1190, c. 20, GIRY, *Doc.*, p. 27.

**falso,** v. falcio.

**falsonarius**: *faux-monnayeur — false coiner.* De ipso falsonario fiat justicia mea. Henrici I reg. Angl. ch. a. 1100/1101, c. 2 sq., LIEBERMANN, p. 523. Si quis falsonarius inventus et captus fuerit. DC.-F., III p. 408 col. 1 (ch. a. 1194).

**falsoneria**: *faux-monnayage — forgery of coins.* Assis. Clarendon. a. 1176 ap. PS.-BENED. PETROBURG., ed. STUBBS, I p. 108.

**phalta,** phaltena, phaltina, v. palta.

**falvellus,** favellus (< falvus): *fauve* (couleur) — *fallow, dun.*

**falvus,** favus (germ.): *fauve* (couleur) — *fallow, dun.*

**falx**: **1.** *journée d'ouvrier employé au fauchage des prés — day's work at mowing.* In mense Julio [quarterium debet] falcem et furcam. PERRIN, *Seigneurie*, p. 712, app. 3 c. 1 § 1 (a. 1109-1128, Chaumousey). Salvis corvea et falce et furca et aliis consuetudinibus. *Gall. chr.*$^{2}$, IV instr. col. 191 (ch. a. 1182). **2.** *journée d'ouvrier employé à la moisson — day's work at reaping.* Mense Augusto [quarterium] debet duas falces autumnalis annonae. PERRIN, l. c. **3.** *mesure pour les prairies de fauche — measure for hayfields.* Quatuor falces prati. BRUNEL, *Actes de Pontieu*, p. 245 no. 160 (a. 1203). **4.** *le droit de faucher avec une faux dans les communaux — right to mow on the common with one scythe.* Ille mansus habuit duas falces in pratis juxta L. DE FREMERY, *OB. Holland*, suppl., no. 48 (a. 1205-1233).

**falzo,** v. falcio.

**famare.** Refl. se famare: *se faire un nom — to make a name for oneself.* Rem pejorasti cum te famare cupisti. Ruodlieb, fragm. 3 v. 4.

**famatus** (adj.): *renommé — of name.*

**famella** (< famula): *petite servante — servant-girl.*

**famellus** (< famulus): *petit valet — boy-servant.* Chron. Salernit., c. 28, *SS.*, III p. 485.

**famen** (< fari): *parole, dires — word, utterance.* FORTUN., V. Martini, lib. 4 v. 549, *Auct. ant.*, IV pt. 1 p. 365. ALDHELM., pluries. V. metrica Galli, v. 666, *Poet. lat.*, II p. 446; v. 1156, p. 458. G. Apollonii, v. 593, ib., p. 501. ABBO, Bell. Paris., v. 144, ib., III p. 102. ASSER., G. Aelfredi, c. 79, ed. STEVENSON, p. 64. FRIDEGOD., V. Wilfridi, v. 270, ed. RAINE, *Hist. of York*, I p. 117. THIETMAR., lib. 2 c. 32. G. abb. Sithiens., *SS.*, XIII p. 614 l. 42.

**famescere**: **être affamé — to be starved.*

**familia**: **1.** *l'ensemble des serfs qui dépendent d'un seigneur — the aggregate serfs who are subservient to a lord.* Te ex familia nostra a praesente die ab omni vinculum servitutis absolvimus. MARCULF., lib. 2 no. 32, *Form.*, p. 95. De familiis ecclesiae id ... convenit observari, ut familiae Dei leviorem quam privatorum servi opere teneantur. Concil. Aspasii Elus. a. 551, c. 6, *Conc.*, I p. 114. Puerulus unus ex familia eclesiae Turonicae. GREGOR. TURON., Glor. conf., c. 22, *SRM.*, I p. 762 l. 16. In quo monasterio ... praedia et dona atque familiam largitus est. Lib. pontif., Gregor. III (a. 731-741), § 9, ed. DUCHESNE, I p. 419. Episcopi et abbates si aliquos ex familia ad presbiteratus ordinem promoveri velint, prius eos libertate donent. F. Senon. rec. no. 9, *Form.*, p. 215. Quem servilis conditio hactenus addictum tenuit inter hujus ecclesiae familiam. Ib., p. 216. Te famulum meum ex benefitio illius aeclesiae ejusque familia ortum. F. imper., addit. 2, ib., p. 328. Quendam servum de propria familia mea. F. Sangall. misc., no. 6, ib., p. 382. Quandocumque de familia ecclesiae utilis inventus aliquis ordinandus est ... libertatem consequatur et ad gradus ecclesiasticos promoveatur. Capit. eccles. a. 818/819, c. 6, I p. 277. **2.** *l'ensemble des dépendants de diverses catégories qui dépendent d'un seigneur — the aggregate dependants of different kinds subservient to a lord.* Unusquis-

que ... suum pauperem de beneficio aut de propria familia nutriat. Capit. miss. Niumag. a. 806, c. 9, I p. 132. Unusquisque de suo beneficio suam familiam nutricare faciat, et de sua proprietate propriam familiam nutriat. Ib., c. 18. Monasteria ... eorum pauperes et familias ... nutrire faciant. Capit. nota fac. (a. 805-808), c. 6, p. 141. Licitum sit episcopis de thesauro eclesiae familiae et pauperibus ejusdem eclesiae juxta quod indiguerint erogare. Concil. Turon., a. 813, c. 11, *Conc.*, II p. 288. Propter pacem conservandam et propter fruges colligendas et familiam constringendam ... dimissi fuerunt. Capit. miss. a. 819, c 27, I p. 291. **3.** *l'ensemble des dépendants de diverses catégories qui se trouvent sur un domaine — the aggregate dependants of different kinds residing within an estate.* Familiam [coenobii] circummanentem ... persequebatur. IONAS, V. Columb., lib. 2 c. 17, ed. KRUSCH, p. 269. Ad familiam ejusdem patrimonii ... precepta direximus. Lib. diurnus, c. 52, ed. SICKEL, p. 43. Ut nec familia se a praedictis operibus subtrahere posset. Capit. Cenom. a. 800, I p. 81. Familia regalis [i. e. ad fiscum quendam pertinens]. HINCMAR., Ordo pal., c. 23, *Capit.*, II p. 525. His curtibus subjecta familia trifarie secernitur: prima ministerialis ..., secunda vero censualis et obediens ..., tercia nichilominus que servilis et censualis dicitur. Chron. Ebersheim., c. 3, *SS.*, XXIV p. 433. **4.** *l'ensemble des dépendants qui sont attachés au centre d'exploitation d'un domaine — the aggregate dependants living at a manor.* Puella quaedam de domo Medardi Meglidonensis familia. Ps.-FORTUN., V. Germani, c. 16, *SRM.*, VII p. 383. Quod superest illius familiae necessitatem, hoc libere vendat. Synod. Franconof. a. 794, c. 4, *Capit.*, I p. 74. **5.** familia sancti illius, familia ecclesiae: *l'ensemble des tributaires d'église (sainteurs) qui jouissent d'un statut privilégié — the group of ecclesiastical tributaries* enjoying a specially privileged status. Puella quaedam de familia s. Servacii. EGINHARD., Transl. Marcellini et Petri, lib. 4 c. 14, *SS.*, XV p. 261. [Ancillae] dum se de familia ipsius sancti esse proclamarent. WALAFR., V. Galli, lib. 2 c. 3, *SRM.*, IV p. 315. Clerici qui sunt de familia ecclesiae ex liberis mulieribus filios procreant, ancillas ecclesiae fugientes. Synod. Papiens. a. 1022, *Const.*, I no. 34 p. 71. Familiam s. Petri dilacerabant. Lex famil. Wormat. (a. 1023-1025), *Const.*, I no. 438 p. 640. Censum capitalem a familia s. Vedasti, servis et ancillis scilicet, annuatim colligere. VERCAUTEREN, *Actes de Flandre*, no. 108 (a. 1122). **6.** *l'ensemble des "ministeriales" et des dépendants d'ordre inférieur qui dépendent d'un seigneur — the "ministeriales" together with the more humble dependants subservient to a lord.* Familia ministerialis, censualis, servilis. Hist. Novient. monast., MARTÈNE, *Thes.*, III col. 1128. Et ingenuos et eos qui essent ex fideli familia aecclesiae. ANSELM., G. episc. Leod., c. 29, *SS.*, VII p. 205 l. 23. ZAHN, *UB. Steiermark*, I no. 137 p. 146 (ca. a. 1130). Post multas ... fratribus et familiae benivolentiae constitutiones. EKKEH., Cas. s. Galli, c. 1, *SS.*, II p. 82 l. 11. **7.** *les vassaux libres, les "ministeriales" et les dépendants d'ordre inférieur qui dépendent d'un seigneur — the free vassals together with the "ministeriales" and the more humble dependants subservient to a lord.* Omnem familiam servilem et ingenuam illo pertinentem. *D. Ottos III.*, no. 33 (a. 987). Urbis [Mogontiae] familia, tam nobiles tam ministeriales. Ann. Hildesheim., a. 1115, ed. WAITZ, p. 64, haustum ex Ann. Patherbr., ed. SCHEFFER-BOICHORST, p. 131. Generose natus de libertate et familia Lovaniensium. G. abb. Trudon., lib. 4 c. 12, *SS.*, X p. 251. Eo potitus jure, quo liberior familia ipsius ecclesiae. LACOMBLET, *UB. Niederrh.*, I no. 243 p. 157 (a. 1079-1089). Homo liber vel de libera familia. *D. Ottos II.*, no. 323 (< a. 977>, spur. s. xii, Murbach). Libera familia ecclesiae ... annali placito [debet] interesse. CALMET, *Lorraine*, V pr. col. 140. **8.** *les dépendants d'ordre inférieur* à l'exclusion des vassaux et des "ministeriales" — *the more humble dependants*, excluding the vassals and "ministeriales." Ipsi ministeriales majori praeposito serviant ..., familia autem tota ad fratres omnino pertineat. STIMMING, *Mainzer UB.*, I no. 566 p. 481 (a. 1130). Si liber est ..., si ministerialis ..., si ex familia ... Chron. Lauresham., *SS.*, XXI p. 424. N.B. Il est souvent malaisé de distinguer exactement les acceptions 1 à 8. Une attribution différente de plusieurs de nos références peut être soutenue. — In many cases the separation of the senses 1-8 is difficult. A different repartition of some of the passages quoted above is conceivable. **9.** *l'ensemble des habitants d'un monastère,* y compris les moines — *the whole of the residents in a monastery,* including the monks. Facto signo, tota familia in unum conveniens. EDD. STEPH., V. Wilfridi, c. 23, *SRM.*, VI p. 217. [Abbas] familiam in eodem monasterio Domino militantem suoque dominatui subjectam corrigat et nutriat. *D. Ludw. d. Deutsch.*, no. 67 (a. 853). **10.** *un seul ménage de non-libres — a single household of serfs.* Dono familias tres in vico ubi dicitur P., id est Vectore, Joanne et Marino massarii. SCHIAPARELLI, *CD. Longob.*, I no. 14 p. 37 (a. 710, Treviso). Triginta duas familias ... in proprietatem ... concedimus. D. Ludov. Pii a. 832, ERHARD, *Reg. Westfal.*, CD. no. 7 p. 8. In W. desolatum est; ibi fuit aecclesia et 5 familie. KÖTZSCHKE, *Urbare Werden*, p. 39 (s. ix ex.). Abbatiam ... Cauciacum, quae septingentarum familiarum esse perhibetur, ... dedit. ODILO SUESS., Transl. Sebastiani, c. 43, MIGNE, t. 132 col. 616 A. Substantiam aecclesiasticae proprietatis ... distribuens per villas, curtes, familias et decimas. Chron. Hildesheim., c. 6, *SS.*, VII p. 851. **11.** terra unius familiae: unité d'exploitation agricole comparable au manse — a hide. Donavit terram 50 familiarum ad construendum monasterium. BEDA, Hist. eccl., lib. 4 c. 3. Ibi pluries.

**familiaris** (subst.): **1.** *dépendant domanial* de n'importe quelle catégorie juridique — *manorial dependant,* irrespective of personal status. Ut unusquisque propter inopiam famis suos familiares et ad se pertinentes gubernare studeat. Capit. e canon. exc. a. 813, c. 11, I p. 174. **2.** *"ministerialis"*. Tam liberos quam familiares et servos. SCHÖPFLIN, *Alsatia*, I p. 196 no. 247 (a. 1120, Marmoutier). *UB. d. L. ob der Enns*, II no. 81 p. 117 (a. 1082). Omnibus hominibus meis nobilibus et familiaribus, servientibus et burgensibus. WAMPACH, *UB. Luxemb.*, I no. 476 p. 656 (a. 1163). **3.** familiaris regis, regalis, regius: terme indiquant une dignité bien définie à la cour du roi de Sicile — term denoting a particular dignity at the court of the Sicilian king. Familiares regales. D. Will. reg. Sic. a. 1172 ap. DC.-F., III p. 410 col. 1. HUGO FALCAND., c. 25, ed. SIRAGUSA, p. 90 et pluries. **4.** *celui qui a été admis à la communauté des bonnes œuvres d'un monastère — one who has been received into the community of good deeds of a monastery.* DC.-F., III p. 410 col. 2 (ch. a. 1124, Mons). Ib. (s. xii in., Bec).



**familiaritas**: **1.** *protection accordée par le roi à un monastère — protection of a monastery afforded by the king.* [Karolus Magnus] idem monasterium ... in sua familiaritate ac defensione ... suscepit. *D. Charles le Chauve*, no. 7 (a. 846). Monasterium in tutela ac familiaritate nostra suscepimus. *D. Charles le Simple*, no. 41 (a. 901). **2.** *la condition de dépendant privilégié* (tributaire, sainteur) *d'une église — the status of a specially privileged dependant* (tributary) *of a church.* Ut familiaritatem ad rectores prefati monasterii et ad familias eorum habeamus. WARTMANN, *UB. S.-Galler*, II no. 537 p. 150 (a. 868). **3.** *la condition de "ministerialis" — the status of a "ministerialis".* Episcopus ... militem F. ad familiaritatem et servicium Trajectensis ecclesie conduxit. HEERINGA, *OB. Utrecht*, II no. 648 (a. 1217).

**familiola**: **petite domesticité — small retinue.*

**famositas**: **infamie, mauvaise renommée — disrepute, ill name.*

**famosus**: *qui est soupçonné d'un crime — person suspected of a crime.* Si quis aliquem dixerit famosum, si hoc conprobare non potuerit, non credatur; et si ipse qui famosus est hoc jurare potuerit aut ad judicium exire, nihil patiatur. Capit. de latron. (a. 804-813), c. 2, I p. 180.

**famulamen**: *service — service.* Abbatissa cum congregatione nulli umquam aliquid terreni famulaminis coacta persolvat. *D. Heinrichs II.*, no. 44 (a. 1003). Famulamina P. duci nulla impertitus est. JOH. VENET., Chron., ed. MONTICOLO, *Cron. Venez.*, p. 156. Fidum vel promptum subjectorum famulamen. Ruodlieb, fragm. 4 v. 136. Ibi pluries.

**famulare**, **1.** aliquem: **asservir — to enslave.* **2.** depon. famulari et intrans. famulare: *rendre le service vassalique — to perform vassalian service.* Vassi nostri nobis famulantes. Admon. ad omnes ord. (a. 823-825), c. 26, *Capit.*, I p. 307. **3.** item: *se rendre à la cour d'un prince pour y accomplir les devoirs honorifiques — to attend, to be present at court for attendance.* [Imperator episcopo] mandat, ut in die sanctae Paschae sibi famulaturus ... ad aecclesiam Leodecensium adveniret. G. pontif. Camerac., lib. 3 c. 2, *SS.*, VII p. 466 l. 21. **4.** Deo: **servir Dieu,* en particulier par la vie monachale — *to serve God,* especially by monastic life.

**famulatio**: **1.** **servitude, condition servile — servitude, servile status.* **2.** **service — service.*

**famulatus** (decl. iv): **1.** *obédience au roi, loyauté, fidélité — obedience to the king, allegiance.* Jurat Paulus ... illum se regem non posse habere nec in ejus ultra famulatu persistere. JULIAN., Hist. Wambae, c. 8, *SRM.*, V p. 507. [Recta] agere sub famulatu recti regiminis vestri [sc. regis] studebimus. Epist. synod. Caris. a. 858, c. 15, *Capit.*, II p. 438 l. 36. Nullus erit adeo superbus ... qui illi debitum famulatum detrectet impendere, quem de carne vestra ad regni noverit gubernacula procreatum. *Hist. de Fr.*, XVI p. 128 (epist. a. 1165). **2.** *vasselage, dépendance vassalique — vassalage, vassalian subserviency.* Renovata fide ... famulatui regis ... se subjugavit. WIDUKIND., lib. 3 c. 11. T. comitis famulatui se mancipaverunt. MÉTAIS, *Cart. de Vendôme*, I no. 122 p. 220 (a. 1058). Hi omnes transfretaverunt ad Boamundi famulatum. ANON., G. Francorum, c. 4, ed. BRÉHIER, p. 20. **3.** *service vassalique — vassalian service.* Ob fidelitatis assiduum famulatum. D. Lud. Pii a. 836, BEYER, *UB. Mittelrh.*, I no. 64. Quidquid G. sub ipso habebat cum famulatu ejusdem. GAUFRED. MALATERRA, lib. 4 c. 4, ed. PONTIERI, p. 87. **4.** *charge de sergent* dans un domaine — *office of bailiff* in a manor. DC.-F., III p. 410 col. 1 (ch. a. 1165, Mons; ch. a. 1183, Chartres).

**famulentus** (< fames): *affamé — starving.* PAUL. DIAC., Carm. 28 v. 6, *Poet. lat.*, I p. 64.

**famulitium**: **1.** **domesticité — retenue.* **2.** **travail servil — servile labour.* **3.** *servitude — serfdom.* Quisque alterum mox ut ceperit in jus famulicii vel socio vendit vel barbaro. ADAM BREM., lib. 4 c. 6, ed. SCHMEIDLER, p. 233. **4.** *service, prébende — service, prebend.* Aeclesiae s. Stephani ... in stipendiarium famulitium fratribus Deo ibidem servientibus omne predium ... in proprium addiximus. *D. Ottos III.*, no. 189 (a. 996).

**famulus**: **1.** *serf — serf.* Quidam in E. vico de fiscalibus famulis. Ps.-FORTUN., V. Germani, c. 14, *SRM.*, VII p. 382. Homines vel famuli memorati monasterii [Anianensis] per diversa loca consistentes. D. Ludov. Pii a. 822, *Hist. de Fr.*, VI p. 526. Juris nostri famulos. *D. Ottos I.*, no. 99 (a. 948). **2.** *vassal — vassal.* Mir. Dionysii, c. 10, MABILLON, *Acta*, IV pt. 2 p. 346. Cum convocatis aecclesiae meimet famulis ... loquebar. THIETMAR., Chron., lib. 6 c. 42. **3.** *"ministerialis"*. Famulum suum esse rex asseruit. BRUNO MAGDEB., Bell. Saxon., c. 16, ed. WATTENBACH, p. 11. Famuli s. Petri. BEYER, *UB. Mittelrh.*, I no. 171, p. 235 (a. 929). Abbas praeter famulos aecclesiae nullam miliciam majorem assumat. LACOMBLET, *UB. Niederrh.*, I no. 203 p. 132 (spur. s. xii). BITTERAUF, *Trad. Freising*, no. 1442, II p. 301 (a. 1039-1047). ZAHN, *UB. Steiermark*, I no. 103 p. 122 (ca. a. 1120). Qui per hominium, sive liberi sive servi sive famuli, dominis suis adhaeserint. Const. de exped. Rom. (spur. ca. a. 1160, Reichenau), *Const.*, I no. 447 c. 4. Famulos ecclesiae feodatos et praebendarios. BALUZE, *Capit.*, app. col. 1560 (ch. a. 1163, Toul). **4.** *écuyer, gentilhomme non chevalier — squire, non-knighted nobleman.* G. pontif. Camerac., lib. 1 c. 98, *SS.*, VII p. 441. Selectos equites trecentos et famulos in equis tria millia. GUILL. BRITO, Phil., lib. 7 v. 146 sq., ed.

DELABORDE, II p. 182. **5.** Dei famulus: **serviteur de Dieu — servant of God.*

**fanaticus** (adj.): **païen, de rite païen — pagan, of pagan ritual.* Fanaticam pinum succidere. FORTUN., lib. 10 carm. 6 v. 43, *Auct. ant.*, pt. 1 p. 235. Arbores fanaticas incendere. CAESAR., Serm., ed. MORIN, I p. 224. Fanaticae gentilitatis caeremonias. ALDHELM., Virg., c. 30, *Auct. ant.*, XV p. 269. Erat ille adhuc fanaticis erroribus involutus. GREGOR. TURON., Hist. Franc., lib. 2 c. 27. Ubi erant templa fanatica. V. Lupi Senon. (s. ix), c. 11, *SRM.*, IV p. 182. Superstitionis ritu fanatice omnimodis abjecto. Leg. VI Aethelred, tit. 1 § 1, vers. lat. (s. xi in.), LIEBERMANN, p. 247. Subst. mascul. **fanaticus**: **1.** **prêtre païen — pagan priest.* **2.** **païen — heathen.* CASSIOD., Var., lib. 3 epist. 52 § 8, *Auct. ant.*, XII p. 108. [Deum] quem fanatice [i. e. fanatici] nominant Wodanum. FREDEG., lib. 3 c. 65, *SRM.*, II p. 110. Erat ipse [Chlodovechus] tunc fanaticus et paganus. Lib. hist. Franc., c. 10, ib., p. 252.

**fano,** phano (genet. -onis), fanonus (germ.): **1.** *pièce d'étoffe, chiffon — piece of cloth, rag.* Si testa transcapulata fuerit, ita ut cervella appareant, ut medicus cum pinna aut cum fanone cervella tetigit. Lex Alam., tit. 57 § 6. Levent illam terram . . . et commendent in sua manu; ille involvat in fanone et ponat sigillum. Ib., tit. 81. **2.** *manipule — maniple.* Mappula sive mantile sacerdotis indumentum est, quo[d] vulgo fanonem vocant. HRABAN., Inst. cleric., lib. 1 c. 18, ed. KNOEPFLER, p. 34. Sagiam unam, fanones duos, albas viginti octo. G. abb. Fontan., c. 16, ed. LOEWENFELD, p. 47. Ut nullus presbyter absque amictu, alba et stola et fanone et casula praesumat missam celebrare. REGINO, Syn. caus., lib. 1 c. 81, ed. WASSERSCHLEBEN, p. 60. [Dat] sol. 100 et stola et phanon. DE MARCA, *Marca Hisp.*, app. col. 899 (a. 972). Pro signo fanonis vel mappulae manicam sinistram . . . parum deorsum trahe. WILLELM., Const. Hirsaug., lib. 1 c. 19, MIGNE, t. 150 col. 950. In anniversario meo casulis meis, stola, fanone et alba divina celebrentur. MULLER-BOUMAN, *OB. Utrecht*, I no. 465 p. 417 (a. 1169). **3.** *drap liturgique* sur lequel le cocélébrant offre le pain eucharistique — *liturgical cloth* on which the cocelebrant proffers the eucharistic bread. Fanones lineos serico paratos ad offerendum ad altare. Brev. ex. c. 4, *Capit.*, I p. 251. Stolas duas, manipulas duas, corporales duas, . . . uno fanono viridi cum brusdo, uno de gliso, uno estuno. PÉRARD, *Rec. de Bourg.*, p. 26 (ch. ca. a. 840). Cum fanonibus offerunt. AMALAR., Eclogae de off. missae, lib. 1 c. 22, ed. HANSSENS, III p. 250. Offerunt cum fanonibus candidis. Ordo Rom. V (s. ix ex.), c. 44, ed. ANDRIEU, II p. 219. Fanones ad offerendum auro parati 14, ex brandeo 3, ex pallio 15. HARIULF., Chron., lib. 3 c. 3, ed. LOT, p. 88. Fanones de pallio auro paratos decem. Id., V. Angilberti, MABILLON, *Acta*, IV pt. 1 p. 116. Fanonem cum quo solita es offerre. V. Wiboradae, ib., V p. 51. Fanones aurei pro subdiaconibus 3. PETR. DIAC., Chron. Casin., lib. 3 c. 74, *SS.*, VII p. 753 l. 33. **4.** *drapeau, fanion — banner, vane.* Sub fanone nostro, hoc est imperiali vexillo. *D. Ottos II.*, no. 280 (a. 982) Comes E. . . . cum fanone civitatem exiens. WIPO, G. Chuonradi, c. 13, ed. BRESSLAU, p. 34. **5.** *gonfalon d'église — church banner.* In altaribus, capsis, crucibus, velis, fanonibus, palleonis, tapetiis. Stat. Andlav. (a. 888-906), BRUCKNER, *Reg. Alsatiae*, no. 656 p. 393. Euangelio et crucibus et fanonibus . . . pergebat. GERHARD., V. Oudalrici August., c. 4, *SS.*, IV p. 391 l. 28. Famuli debent portare fanones. GUIDO, Disc. Farf., lib. 1 c. 67, ALBERS, *Cons. mon.*, I p. 67. Fanonus deauratus. HUGO FLAVIN., ad a. 1097, *SS.*, VIII p. 476. **6.** un *vêtement masculin*; pantalon? — an *article of man's dress*; trousers? Sanctaemoniales non induantur virilia indumenta, id est rocho vel fanones. Stat. Rhispac. a. 799/800, c. 28, *Capit.*, I p. 229.

**phantasia** (gr.): **1.** **image mentale — image of the mind.* **2.** **la faculté de l'imagination — power of imagination.* **3.** **vision, rève, cauchemar — vision, dream, nightmare.* **4.** **fantasmagorie, mirage — illusion, delusion.* **5.** **fantôme, spectre, apparition — phantom, ghost, apparition.* **6.** *magie — magic.* Leg. II Cnut, tit. 5 § 1, vers. Quadrip., LIEBERMANN, p. 313 col. 1. **7.** *bon plaisir, caprice — liking, fancy.* Postquam tibi ex voto violenti regni fantasia cessit. GILDAS, Excid., c. 34, *Auct. ant.*, XIII p. 45. **8.** *parure, pompe, apparat — attire, pomp, state.* Processit cum summa phantasia. EUSTOCH., V. Pelagiae, c. 2, *AASS.*, Oct. IV p. 262 B. Cum magno apparatu magnaque fantasia. GILDAS, c. 67, p. 64.

**phantasma** (genet. -atis) (gr.): **1.** **image de l'esprit, idée, imagination — image of the mind, idea, imagination.* **2.** *fantasmagorie, mirage — delusion.* Ad effugandam omnem potestatem inimici et omne fantasma diaboli. Judic. Dei, IV c. 2 (exorcismus), LIEBERMANN, p. 409.

**phantasticus** (gr.): **imaginaire, irréel, abstrait — imaginary, unreal, abstract.*

**fanum**: *temple païen — pagan sanctuary.* GREGOR. TURON., V. patrum, c. 6 § 2, *SRM.*, I p. 681 l. 15. COLUMBAN., Poenitent., c. 2 § 24, ed. SEEBASS, *Zs. f. Kchg.*, t. 14 (1894), p. 446. Indic. superstit., c. 4, *Capit.*, I p. 223.

**fao** (genet. -onis), v. feo.

**fara**, phara (germ.): **1.** *lignage — lineage, clan.* Liber homo potestatem habeat . . . cum fara sua megrare ubi voluerit. Edict. Rothari, c. 177. Langobardorum faras, hoc est generationes vel lineas. PAUL. DIAC., Hist. Longob., lib. 2 c. 9, ed. WAITZ, p. 91. De ipsa phara filiorum Guarnerii. *D. Konrads II.*, no. 72 (a. 1027). **2.** *peuple en migration — nation on the move.* A. rex Langobardorum . . . cum mulieribus vel omni populo suo in fara Italiam occupavit. MARIUS AVENTIC., *Auct. ant.*, XI p. 238. **3.** *habitat, domaine — settlement, manor.* Obtulit in hoc monasterio eandem faram, quae continens est insimul 5800 modiorum terrae. LEO OST., Chron. Casin., lib. 1 c. 45, *SS.*, VII p. 611 l. 35. Ubi fara aedificata fuit modiorum 500. Chron. Farf., contin., MUR., *Scr.*, II pt. 2 col. 534 C.

**pharalicius** (< pharus): i. q. pharalis. AGNELL., c. 36, *Scr. rer. Langob.*, p. 299.

**pharalis** (< pharus): *d'une couronne de lumière — of a chandelier.* Coronas argenteas farales. Lib. pontif., Xystus III, ed. MOMMSEN, p. 97 l. 15.

**farcinare**: **1.** **farcir, bourrer — to stodge, to stuff.* **2.** figur.: *remplir — to fill.* Erat . . . divinis dogmatibus farcinatus. CASSIOD., Hist., lib. 9 c. 3, MIGNE, t. 69 col. 1124 B. Iterum c. 13, col. 1129 B.



**fardellus** (< arab. *farda*): *fardeau, balle — parcel, wallet.* S. xiii.

**farinale**: *moulin à farine — corn-mill. D. Heinrichs II.*, no. 104 (a. 1005).

**farinaria**, -us: *moulin à farine — corn-mill.* Lex Sal., tit. 22 § 1. MARCULF., lib. 1 no. 14[d], *Form.*, p. 52. PARDESSUS, II no. 257 p. 16 (a. 632). *D. Merov.*, no. 39 (a. 662). Capit. de villis, c. 18.

**farinarius**: *meunier — miller.* RICHER., Hist., lib. 2 c. 57, ed. LATOUCHE, p. 220. GUÉRARD, *Cart. de Chartres*, I p. 634 (ch. ca. a. 1112).

**pharmacia** (gr.): *remède — drug.* Corruptum quem biberant aerem farmatiis propellendum. OTTO FRISING., G. Friderici, lib. 2 c. 34, ed. WAITZ-SIMSON, p. 143.

**pharmacum** (gr.): **1.** **poison — poison.* **2.** **remède — drug.*

**farragium** = farrago.

**farsa,** farsia (> frg. *farce*): *comédie introduite dans un mystère — a comedy inserted into a mystery-play.* S. xiii.

**pharus**: **1.** *couronne de lumière* dans une église — church *chandelier.* Lib. pontif., Silvester I pap., ed. MOMMSEN, p. 53. Ibi saepe. GREGOR. TURON., Hist. Franc., lib. 2 c. 27. BEDA, Ratio temp., c. 26, MIGNE, t. 90 col. 410. ARDO, V. Benedicti Anian., c. 25, *SS.*, XV p. 210. WALAFR., V. Galli, c. 34, *SRM.*, IV p. 332. ODILO SUESS., Transl. Sebastiani, c. 44, MIGNE, t. 132 col. 618 B. HUBERT. LOBIENS., V. Gudulae, c. 18, *AASS.*, Jan. I p. 518 col. 2. Suppl. ad vitam Medardi (s. ix), c. 2 § 20, *AASS.*[3], Jun. II p. 86. GUIDO, Disc. Farf., lib. 1 c. 57, ALBERS, I p. 57. **2.** *clarté, lumière éblouissante, éclat — blaze, sheen of light.* Pharus ignea . . . visa est ei tamquam super se advenire. GREGOR. TURON., lib. 2 c. 37. Pharus magna per caelum discurrens, quae . . . late mundum inluminavit. Ib., lib. 7 c. 11. Aspicit . . . farum igneam . . . alta caeli sublimiter scandere. V. Condedi (s. ix), c. 2, *SRM.*, V p. 647.

**fasanus** = phasianus.

**fascia**, faiscia, faissia, feissia, faicia, faissa, feissa, fessa, faisa, faxia, faixa, faxa, fexa: *bande de terre en terrasse — terraced strip of arable.* Dono eis mansum unum cum ipsa curte et orto, et faxam unam de terra et dimidium campum. MARTÈNE, *Thes.*, I col. 103 (ch. a. 989, Narbonne). [Dono] unam fexam cum suis mansionibus et cum suis ortis et cum exiis et regressiis et cum omni superposito suo . . . et aliam fexam cum mansionibus meis, ubi ego sto. DC.-F., III p. 481 col. 2 (ch. a. 1108, S.-Germain-des-Prés). Ipsam faixam, quae se jungit cum alia faixa . . ., et in eadem faixa est mansus . . . *Hist. de Languedoc*,[3] V pr. no. 593 col. 1158 (a. 1152). Profiteor me tenere . . . unam faisciam de terra. CASSAN-MEYNIAL, *Cart. d'Aniane*, p. 306 no. 170 (a. 1175). Ibi saepius. Concedimus . . . quidquid juris habemus in fascia quae est inter nemus et aquam. DC.-F., III p. 418 col. 1 (ch. a. 1194, Rochefort).

**fasciare** (< fascis): *panser, enrouler, entortiller — to bind up, to bandage, to wrap.*

**fascinare**: **ensorceler, séduire — to bewitch, to delude.*

**fasciola**: *bandelette, molletière, courroie de soulier — puttees, shoe-latch.* Regula Magistri, c. 81, MIGNE, t. 88 col. 1030 C. Capit. monast. a. 817, c. 22, I p. 345. Brev. ex., c. 7, *Capit.*, I p. 252. Fasciolis crura, et pedes calciamentis constringebat. EGINHARD., V. Karoli, c. 23, ed. HALPHEN, p. 68. MONACH. SANGALL., lib. 1 c. 34, *SS.*, II p. 747. Mir. Dionysii, lib. 1 c. 14 (ante a. 835), MABILLON, *Acta*, III pt. 2 p. 347. BERNARD. MORLAN., Cons. Cluniac., c. 3, HERRGOTT, p. 142. UDALR., Cons. Cluniac., lib. 3 c. 11, MIGNE, t. 149 col. 752 C. WILLELM., Const. Hirsaug., lib. 1 c. 16, ib., t. 150 col. 947 B.

**fascium**, fascius, fassis, fassus, fassius = fascis.

**fastiditas**: *dégoût, ennui — disgust, tedium.* CASSIOD., Var., lib. 7 epist. 1 § 5, *Auct. ant.*, XII p. 202.

**1. fastus**: **1.** **gloire d'une position élevée — splendour of high position.* **2.** *orgueil, ambition — haughtiness, ambition.* Ob sessionis fastum simultas inrepserit. LIUDPR. CREMON., Antap., lib. 5 c. 22, ed. BECKER, p. 144.

**2. fastus** (germ.): *jeûnes — fasting.* Ob diei continentiae fasti. ARBEO, V. Corbiniani, c. 18, *SRM.*, VI p. 575.

**fatare** (< fatus): *prophétiser — to prophesy.*

**fateri**: **confesser* comme un confesseur de la foi — *to profess* one's faith.

**fatiga**: **1.** *peine, fatigue — pains, trouble, tiredness.* **2.** *procédure dilatoire — procrastination of justice.* S. xiii, Hisp.

**fatigabilis**: **qui fatigue — wearisome.*

**fatigare, 1.** refl. se fatigare et passiv. fatigari: **se donner la peine d'un déplacement, voyager — to take the pains of going abroad, to travel.* **2.** aliquem: **railler, harceler, vexer — to mock, to tease, to vex.* **3.** aliquem: **procéder, former une instance contre* qq'un — *to bring an action, to lodge a complaint against* a person. **4.** aliquem: *faire tort à* qq'un, *porter atteinte à* ses droits — *to encroach upon* a person's rights. Si quis dixerit se esse fatigatum de justicia in principem . . ., si hoc probare nequiverit . . . Usat. Barchin., c. 121, ed. D'ABADAL-VALLS TABERNER, p. 54. **5.** refl. se fatigare: *se plaindre, présenter une complainte — to make complaint.* Non distringant eos [sc. reos] nisi per solum directum; et tamen hoc non fiat nisi prius querelando se fatigaverint. Synod. Tulug. a. 1065, c. 5, *Hist. de Languedoc*[3], V pr. col. 186 no. 442. Donec querelatores malefacti ad episcopum . . . se fatigaverint. Concil. Auson. a. 1068, c. 1, MANSI, t. 19 col. 1073. Emparamentum quod fecerit princeps . . . nemo sit ausus desemparare, nisi primum fatigaverit se de directo in principem. Usat. Barchinon., c. 66 p. 27.

**fatigatio**: **1.** **effort, soin, peine, fatigue — effort, care, trouble, fatigue.* **2.** *gêne, importunité, harcèlement, vexation — importunity, vexation, causing trouble.* Si aliqua pars fuerit aut aliqua inquietudo aut fatigatio. *D. Arnulfing.*, no. 3 p. 93 (a. 702). **3.** *plainte en justice — complaint at law.* De praedicta pace et treuga Domini querela ad episcopum . . . seu fatigatio omni tempore fiat. Synod. Tulug. a. 1065, *Hist. de Languedoc*[3], V no. 186 p. 442. Exspectetur terminus fatigationis triginta dierum, antequam episcopus et canonici sedis faciant in malefactore. Concil. Auson. a. 1068, MANSI, t. 19 col. 1073. **4.** *représailles — reprisals.* Malum quod factum est per fatigacionem

directi nullatenus debet esse emendatum. Usat. Barchin., c. 104, ed. D'ABADAL-VALLS TABERNER, p. 47. Etiam c. 47.

**fatigium**: *peine, effort, fatigue — trouble, pains, fatigue.* Liutprandi leg., c. 31 (a. 723). PASCHAS. RADB., Epit. Arsenii, lib. 1 c. 2, ed. DÜMMLER, p. 23. Iterum lib. 2 prol., p. 60; c. 11, p. 77. Transl. Mennatis (a. 1094), MARTÈNE, *Coll.*, VI col. 983. LEO OST., Chron. Casin., lib. 3 c. 26, *SS.*, VII p. 17.

**fatus** (decl. iv): **oracle, prophétie — oracle, prophecy.*

**faucidia**, v. falcidia.

**faucilla**, v. falcicula.

**faucio**, fauchio, v. falcio.

**fauco**, v. falco.

**fauda**, v. falda.

**faudestola**, faudestolium, v. faldistolium.

**fausetum**, v. falsetum.

**fautrum**, v. filtrum.

**favaria**, v. fabaria.

**favellus**, v. falvellus.

**favere**: (du seigneur féodal) *donner son consentement pour l'aliénation d'un fief par le feudataire* — (of a feudal lord) *to consent to alienation of a fief by the tenant.* MÉTAIS, *Cart. de Vendôme*, I no. 128 p. 230 (a. 1059).

**favor**: *consentement du seigneur féodal pour l'aliénation d'un fief par le feudataire — consent of a feudal lord to alienation of a fief by the tenant.* MÉTAIS, *Cart. de Vendôme*, I no. 187 p. 324 (a. 1068).

**favus**, v. falvus.

**faxa**, v. fascia.

**faxianus**, faxanus = phasianus.

**faxiolus**, faxulus = phaseolus.

**faxis**, faxius, faxus = fascis.

**fazenda**, fazienda, v. facienda.

**feadum**, v. feodum.

**febrilis**: *fiévreux — feverish.*

**febrire**: **avoir la fièvre — to be fevered.*

**1. fecundus.** Femin. fecunda: *enceinte — pregnant.*

**2. fecundus** = facundus.

**foederatio**: **alliance, confédération — alliance, league.*

**foederare**: **unir, lier — to join, to unite.* Passiv. foederari: **s'allier, s'unir — to unite, to federate.*

**feditus**, feiditus, v. faiditus.

**fedium**, fedum, v. feodum.

**fegatum**, v. ficatum.

**fegum**, v. feodum.

**fehitus**, v. 1. faidus.

**feidosus**, v. faidosus.

**feidum**, v. feodum.

**feira**, feiria, v. feria.

**feissa**, feissia, v. fascia.

**felagus** (scandin.): *compagnon, associé — comrade, sworn brother.* Si [murdratus] parentes non haberet, dominus ejus eas [sc. 6 marcas pretii hominis occisi] haberet aut felagus, si haberet. Leg. Edw. Conf., tit. 15 § 7, LIEBERMANN, p. 641 col. 1.

**felcarius** (originem vocis nescio): *dépendant* d'une certaine catégorie, comparable aux affranchis — kind of *dependant* in a position like that of freedmen. Omnes eorum homines, liberi et servi, libellarii atque felcarii. *D. Karls III.*, no. 85 (a. 883), unde hausit *D. Ottos I.*, no. 256 (a. 963).

**felda**, v. 1. falda.

**felgaria**, v. filicaria.

**felicitas**: **le bonheur des cieux — heavenly beatitude.*

**feliciter**: **sous d'heureux auspices*; terme employé dans la date d'un acte — *under good omens*, with reference to dating of events.

**felix**: **bienheureux — blessed.*

**fellitus** (< fel): **amer — bitter.*

**fello**, fillo (genet. -onis) (etym. incert.): **1.** *vilain, rustre — knave, villain.* Non tibi sit curae, rex, quae tibi referunt illi fellones atque ignobiles. Epist. synod. Caris. a. 858, *Capit.*, II p. 440. **2.** *fripon, gredin, criminel — rogue, bandit, evil-doer.* Dampnant fellones, cruciant furcisque latrones. DONIZO, V. Mathildis, lib. 1, v. 85, *SS.*, XII p. 354. Nolit ministrum vel capellanum habere, quem fillonem non audet appellare. RATHER., Qual. conj., c. 2, MIGNE, t. 136 col. 324 A. **3.** *lâche, couard — coward.* Fillones illi fugitivi. EKKEHARD., Cas. s. Galli, c. 3, *SS.*, II p. 110 l. 47. **4.** *vassal infidèle — untrue vassal.* Vellet eum [castrum] tenere pro suo gratu, sicut pro uno fellone, quia per donum imperatoris ... illud, cum mentiretur, teneret. RATHER., o.c., c. 9, col. 533 A. Cum nemo possit ferre ut malum audiat aliquem dicere de suo seniore, nisi qui maximus fello convincitur esse. Ib., c. 11, col. 535 C. Me fellonem, bausiatorem atque perjurum appellavit. Id., epist. 33, ed. WEIGLE, p. 184.

**fellonia**, felonia (< fello): **1.** *fourberie, crime — villainy, knavery, crime.* De predictis facinoribus, felloniis ac criminibus. *Const.*, IV pt. 2 no. 768 p. 759 (a. 1312). **2.** *prise au dépourvu, attaque perfide — surprise attack, treacherous assault.* Assaltavit in felonia et verberavit me. Leg. Normann., LUDEWIG, *Reliq.*, VII p. 284. **3.** *rupture de la foi vassalique, négligence des devoirs d'un vassal, félonie — breach of vassalian faith, neglect of a vassal's obligations, felony.* Domino committente feloniam, ut ita dicam, per quam vasallus amitteret feudum, si eam committeret, responsum est proprietatem feudi ad vasallum pertinere. Libri feudor., vulg., lib. 2 tit. 26 § 24, ed. LEHMANN, p. 153. Item ib., tit. 37 sqq., p. 166 sqq. Qui proditor domini sui fuerit, quicunque ab eo in obviacione hostili ... fugerit, vel victus erit vel feloniam fecerit. Leg. Henrici, tit. 43 § 7, LIEBERMANN, p. 569. Ibi pluries. Nisi feloniam fecerint per quam debeant amittere. *Hist. patr. mon.*, Chart., I no. 575 col. 898 (a. 1180, Torino). Si de tradicione et felonia eum appellaverint. Frid. I imp. conv. cum com. Barcin. a. 1162, *Const.*, I no. 215, § 7.

**felonice**: *félonieusement — feloniously.* S. xiv.

**felonicus**: *félonieux — felonious.* S. xiv.

**feltrare**, v. filtrare.

**feltrum**, v. filtrum.

**femellus**: (d'animaux et d'êtres humains) *du sexe féminin* — (of animals and human beings) *female.*

**femina**: **1.** *épouse — wife.* Si altercatio horta [i. e. orta] fuerit inter virum et feminam de conjugali copulatione. Stat. Rhispac. a. 799/800, c. 46, *Capit.*, I p. 230. [Liber qui se servituti adstringeret] si liberam feminam habuerit. Capit. legib. add. a. 803, c. 8, ib., p. 114. Si ... femina maritum aut maritus feminam accepit. Edict. Pist. a. 864, c. 31, ib., II p. 324 l. 11. **2.** *serve* ou femme qui appar-



tient à une autre catégorie de dépendants — *female serf* or *villain.* Femina regia aut ecclesiastica. Lex Ribuar., tit. 16 § 1. Ut feminae nostrae [sc. imperatoris], quae ad opus nostrum sunt servientes ..., faciant sarciles et camisiles. Capit. Aquisgr. (a. 801-813), c. 19, I p. 172. Mansiones feminarum [i. e. gynaecea] 3. Brev. ex., c. 32, ib., p. 255. 6 regales mansos ... cum tribus feminis O. Y. et M. nuncupatis et illarum filiis unoque servo M. dicto. *D. Ottos I.*, no. 71 (a. 945). Etiam *D. Ottos II.*, no. 101 (a. 975). **3.** *vassale — female vassal.* Femina ligia. *Actes Phil.-Aug.*, no. 587 (a. 1198/1199), II p. 137. [Rex] recepit B. comitissam de eodem comitatu in feminam suam sicut de ballio. BRUNEL, *Actes de Ponthieu*, p. 368 no. 250 (a. 1216).

**femoralia** (neutr. plural.; quandoque singul. femorale): **caleçons, braies — breeches, drawers.* Habent fratres nostri duplicia femoralia. *Epp.*, IV p. 513 (a. 787-797). Femoralia duo paria. Capit. monast. a. 817, c. 22, I p. 345. Lineis non induatur vestibus, nisi tantum femoralibus. Concil. Tribur. a. 895, c. 55, *Capit.*, II p. 242. Nudi, femoralibus tantum tecti. THANGMAR., V. Bernwardi, c. 23, *SS.*, IV p. 769. Curtum femorale. Paneg. Bereng., lib. 4 v. 66, *SS.*, IV p. 208.

**fenagium**: *redevance en foin* ou en argent au lieu de foin — *a tribute consisting of hay* or payment in stead. S. xii.

**fenare**: *faucher — to make hay.* DC.-F., III p. 431 col. 2 (ch. a. 1157, Auxerrois).

**fenaria**, fene-, -rius: *fenil, meule de foin — haybarn, haystack.* S. xiii.

**fenarium**: *fenaison — hay-harvest. Ordonn.*, V p. 600 (a. 1248).

**fenatio**: *fenaison — hay-harvest.* S. xiii.

**feneralis**: *lucratif; commercial ou industriel — lucrative, trading.* Sacerdotes feneralia aut rustica ministeria non exerceant. Concil. Roman. a. 826, c. 12, *Capit.*, I p. 373.

**fenerarius**: **usurier — usurer.*

**fenestra**: *vitrine, boutique — shop window, shop.* Fenestram unam ad opus nummulariorum super Pontem Magnum [Parisius] constitutam. LUCHAIRE, *Louis VII*, p. 362 no. 81 (a. 1141/1142). Unam fenestram qua panis venditur. DC.-F., III p. 432 col. 3 (ch. a. 1171, Paris). Portas et fenestras erigere ad vendendum et hospitandum. Ib., (ch. a. 1197, Chartres).

**fenestragium**: *redevance due pour les boutiques à vitrine — a tax on shop-windows.* ROUSSEAU, *Actes de Namur*, p. 90 (a. 1047-1064).

**feneus**: (meton.) **futile, sans valeur — worthless.*

**phoenicium** (gr.): *couleur écarlate, étoffe écarlate — scarlet colour, scarlet cloth.*

**fenile**: *fenil, meule de foin — haybarn, haystack.* Si quis sutem cum porcis aut scuria[m] cum animalibus vel fenile incenderit. Lex Sal., codd. fam. 2 necnon text. Herold. et Emend. Ad ... fenile, granicam vel tuninum recuperando [i. e. reparandum]. Lex Baiwar., lib. 1 tit. 13 § 1. Secat pratum et componens deducit ad fenile. Polypt. s. Remigii Rem., c. 26 § 17, ed. GUÉRARD, p. 95 col. 1.

**feo**, fao, foo (genet. -onis), feonus (< fetus): *faon — fawn.* S. xiii.

**feodagium**, feud- (< feodum): *terre dans la mouvance d'un seigneur féodal — land held from a feudal lord.* Concesserunt ... in feudagiis suis perpetuam libertatem acquirendi sine aliqua fraude [leg. laude, recte addiderunt Benedictini] et consensu et sine aliquo usiatico et dominio. *Gall. chr.*², IV instr. col. 23 (ch. a. 1184, Val-Benoît).

**feodalis**, feudalis, fevalis (adj.) (< feodum): **1.** *qui est muni d'un fief — enfieffed.* Feudales milites. DC.-F., III p. 478 col. 1 (ch. a. 993-1032, Cahors). Petrum ... Baldwini abbatis manibus junctis fore feodalem hominem. *Engl. Hist. Rev.*, t. 42 (1927), p. 247 (a. 1066-1087). **2.** *féodal — feudal.* Feodali jure. *Mon. Boica*, XIII p. 143 (a. 1123, Bamberg). Jure feudali possidebat. ZAHN, *UB. Steiermark*, I p. 189 no. 180 (a. 1140). Quitquit feodalis juris in his possederat. JORDAN, *Urk. Heinr. d. Löw.*, no. 5 p. 8 (a. 1143/1144). Subst. mascul. **feodalis**: *vassal muni d'un fief, feudataire — enfieffed vassal, feudal tenant.* [Dono] Scalas castrum meum cum omni caslania et cum universis fevalibus et cum ecclesias. CHAMPEVAL, *Cart. de Tulle*, no. 14 p. 27 (ca. a. 930). Comutamus a domna nostra s. Maria et ad [i. e. ab] ipso fevale qui tenet ipsa[m] terra[m] aliquid de alode nostro ... GERMER-DURAND, *Cart. de Nîmes*, no. 93 p. 180 (a. 1016). Donamus ... aecclesiae nostrae [i. e. ecclesias nostras] quae site sunt in fundo juris nostri ... cum tres condaminis in dominio et quarta cum fevale ... et cum quinque mansos qui sunt in eadem villa ..., ex quibus duo sunt in dominio et tres cum fevale. DESJARDINS, *Cart. de Conques*, no. 80 p. 76 sq. (ca. a. 1019). Pacta vel placita .. de ipsa villa q. v. B. et de ipsa parrochia et de ipsum fevum, ipsa modiata sive alium servicium quod a comite [i. e. ad comitem] debent facere vel a vicario [i. e. ad vicarium] ipsi fevales. *Hist. de Languedoc*³, V pr. no. 212 col. 429 (a. 1037, Béziers). Dono eis totum alodium ... et omnes feudales, ut quicquid aliquis in parrochia habuerit, ita teneat de manu clericorum sicut de mea faciebat. DOUAIS, *Cart. de Toulouse*, no. 205 p. 146 (ca. a. 1050). Donamus ecclesiam nostram ... cum totum censum et servicium illius loci et cum totos fevoalios. DESJARDINS, *Cart. de Conques*, p. 12 (a. 1051). Dederunt ... praedium ...; et absolverunt fevales suos ut, si illis placeret, similiter darent. CHAMPEVAL, *Cart. d'Uzerche*, no. 261 p. 184 (ca. a. 1053). Dat mansum de quo fevalis erat A. Ib., no. 304 (a. 1070). Quod si quid ... de omnibus fevalibus meis, de honore omni vel de ecclesiis ... [monachi] acquirere potuerint, ego ... laudo et dono ad proprium alodem Deo et monasterio s. Pontii. TEULET, *Layettes*, I no. 23 p. 28 col. 1 (a. 1080, Toulouse). Dimittimus et laudamus quicquid fevales mei de honore s. Vincentii ... dimittere voluerint. GERMER-DURAND, o.c., no. 97 p. 154 (s. xi p. post.) Fideles feodalesque nostri. GUÉRARD, *Cart. de Chartres*, II p. 499 (a. 1094). Subst. neutr. **feodale**: *fief — fief.* Marchia seu comitis possessio sive ducatus integra permaneant, feudalia caetera multis participanda patet. Ligurin., lib. 8 v. 638, MIGNE, t. 212.

**feodaliter**: *féodalement, par un contrat féodal, selon le droit féodal — feudally, by feudal contract, according to feudal law.* Possessiones suas tenent feodaliter. VERCAUTEREN, *Actes de Flandre*, no. 17 (a. 1093).

**feodare,** feudare, fevedare, fedare, fevare (< feodum), **1.** aliquem: *munir d'un fief — to enfeoff.* Nulli liceat cedere nec fedare exinde vel in aliquo criminari. *Hist. de Languedoc*[3], V pr. no. 82 col. 200 (a. 945, Pallars). Casamenta unde meos homines fevedaveram. DE LA BOUTETIÈRE, *Cart. de Talmond*, p. 14 (a. 1057, Vendée). Qui de decima illa fevatus erat. BERTRAND, *Cart. d'Angers*, I no. 167 p. 192 (ca. a. 1060). Miles a nobis feodatus. MARCHEGAY, *Arch. d'Anjou*, I p. 403 (a. 1066). Qui eis feodatus est. DUVIVIER, *Hainaut*, p. 440 (a. 1084). Abbates . . . res temporales ipsius ecclesie cuiquam dare vel commutare . . . aut etiam inde aliquem feodare absque advocati atque tocius capituli colla[u]datione vel subscriptione non possint. VERCAUTEREN, *Actes de Flandre*, no. 17 p. 57 (a. 1093; an genuinum?) De redditibus telonei milites sui feodati fuerant. GALBERT., c. 88, ed. PIRENNE, p. 132. Simonem de predictis comes feodavit. G. episc. Camerac. abbrev., c. 18, *SS.*, VII p. 508. Decem mensuris terre, quibus B. feodatus est. DUVIVIER, *Actes*, I p. 243 (a. 1164, Flandre). **2.** aliquid: *concéder en fief — to grant as a fief.* Auferre, minuare, fedare vel aliquam vexacionem inferre. VILLANUEVA, *Viage literario*, X p. 223 (a. 924, Pallars). Quod feodatum est, deficientibus filiis, fratres [i. e. monachi] possideant. WAMPACH, *UB. Luxemb.*, I no. 301 p. 448 (a. 1083). Laicis feodavit. Catal. I abb. Epternac., *SS.*, XIII p. 740. De omnibus officiis non feodatis. *D. Lothars III.*, no. 70 (a. 1135).

**feodatarius,** feu-, -dotarius, -darius (adj.): *muni d'un fief — provided with a fief.* Juraverunt . . . sicut feudotarii milites jurant dominis suis. GUÉRARD, *Cart. de Marseille*, I p. 248 no. 223 (a. 1182). Dederunt in eleemosynam . . . terram suam . . . cum omnibus pertinentiis suis praeter homines feodarios. MIRAEUS, I p. 193 (a. 1176, Flandre). Subst. mascul. **feodatarius,** feud-, fev-, fiv-, -atorius, -arius: *féodataire, vassal muni d'un fief — feudatary, enfeoffed vassal.* Fivatorios qui ipsos honores tenent. *Hist. de Languedoc*[3], V pr. no. 413 col. 776 (a. 1103). De illis feudatariis qui duas partes decimae a dicto comite retinebant. *Gall. chr.*[2], XVI instr. col. 149 (a. 1124, Genève). Dominus feudi potest pignorare auctoritate propria feudatarium pro censu vel alio jure feudi. TEULET, *Layettes*, I no. 86 p. 59 col. 1 (ca. a. 1144, Rodez). Praedictus fevatarius non debet istud feodum dare ad feodum. DC.-F., III p. 480 col. 2 (ch. a. 1183, Toulouse).

**feodatio**: *concession en fief — enfeoffment.* Aliqua largitione aut feodatione. HERBORD., V. Ottonis Babenb., lib. 1 c. 24, ed. PERTZ in us. sch., p. 23.

**feodator,** fevator: *feudataire — feudatary.* Fevatores qui tunc temporis reliquas partes ejusdem ecclesiae tenebant. DC.-F., III p. 480 col. 2 (ch. a. 1056).

**feodatus,** feudatus, fevatus (adj.): *qui possède des fiefs — possessing fiefs.* Miles quidam . . . qui et ipse in pago Vindocinensi honorifice fevatus erat. MÉTAIS, *Cart. de Vendôme*, I no. 16 (a. 1039). Cum tribus militibus, qui ex parte fundi ipsius fevati erant. GUÉRARD, *Cart. de Chartres*, I p. 219 no. 95 (a. 1078). Barones ecclesie nostre feodati. SUGER., V. Ludov. Gr., c. 32, ed. WAQUET, p. 264. Si miles hominem feodatum in civitate habuerit. Phil. Aug. priv. pro Tornac. a. 1188, *Actes*, no. 224, c. 18. Subst. mascul. **feodatus,** feudatus, fevatus: *feudataire — feudatary.* Omnes feudati in supradicta munitione . . . commanentes. D. spur. Roberti II reg. Fr. < a. 989 > ap. FLACH, *Orig.*, I p. 154 n. DC.-F., III p. 480 col. 2 (ch. a. 1056, Tournus). Confirmo dona quae fecerunt . . . fevati mei ex hac re. CHAMPEVAL, *Cart. d'Uzerche*, no. 74 p. 115 (a. 1068). Dans licentiam fevato meo G. ut et ipse s. Martino relinqueret quicquid de me habebat in praedictis mansis. CHAMPEVAL, *Cart. de Tulle*, no. 177 p. 105 (a. 1070). Omnia illi tribuens quae non solum sibi sufficerent soli, verum de quibus more magnatorum fiodatos faciens, nonnullos sibi servientes acquireret. Hist. Walciod. (s. xi ex.), *SS.*, XIV p. 532. Quidquid feodati mei . . . dederunt. CALMET, *Lorraine*, V pr. col. 196 (a. 1135, Metz). His qui sunt de familia abbatis, videlicet ministris et feodatis. Ib., col. 312 (ca. a. 1140, S.-Evre). Secundum judicia principum et feodatorum terrae. GALBERT., c. 102, ed. PIRENNE, p. 148. Rex Francorum Ludovicus . . . in eum [sc. Henricum regem Anglorum] semper tanquam in feodatum suum efferebatur. SUGER., V. Ludov. Gr., c. 26, ed. WAQUET, p. 184. Ministerialibus et feodatis ecclesiae suae propria jura . . . [episcopus] conservavit. HERBORD., V. Ottonis Babenb., lib. 1 c. 23, ed. PERTZ in us. sch., p. 23. Servos et ancillas comitis . . . ad conversionem . . . possit suscipere, necnon et feodatos comitis. *Ann. Soc. Arch. Namur*, t. 5 (1857/1858), pp. 430-434 (spur. <a. 1131>, Brogne).

**feodifirma**: *censive — feefarm, freehold held at an annual rent.* Domesday.

**feodifirmarius**: *tenancier d'une censive — one who holds a feefarm.* S. xiii, Angl.

**feodum,** feu (indecl.), feo, feus, feuz, fevus, fevum, fivum, fievum, fevium, fegum, fiodum, feadum, feidum, foedum, feudum, feuodum, fedum, fedium, fetum (étymologie généralement acceptée — commonly accepted origin: < francic. *fëhu*, cf. got. *faihu* "bétail, instrument d'échange, bien meuble — cattle, means of exchange, chattel", > teuton. *Vieh.* On est aujourd'hui d'accord pour considérer les formes avec *d* comme secondaires — the forms with a *d* are now generally regarded as secondary. Autres hypothèses — divergent opinions: < lat. *foedus*, V. BRÖMDAL, *Moyen-latin feudum, Donum natalicium Schrijnen*, Nijmegen 1929, p. 447 sqq.; < lat. *fiscus*: H. KRAWINKEL, *Feudum, Jugend eines Wortes*, Weimar 1938. Cf. M. BLOCH, *Histoire d'un mot: fief, Annales*, t. 11 (1939), pp. 187-190. < germ. *faw* (got. *fawai*, angl. *few*) + *ôd* "possession faible, imparfaite — scant or imperfect possession": M. GYSSELING, *Enkele Oudnederlandse woorden in het Frans*, in: *Mededelingen Vereniging voor Naamkunde te Leuven*, 29e jaargang 1953, blz. 81): **1.** *bien meuble* consistant soit en argent soit en objets de valeur ou en denrées — *movable property*, either money, chattels or wares. Per singulos annos dibiat donare 12 dinarius [a]ut tale feo qui illus valiat. WARTMANN, *UB. S.-Gallen*, I no. 105 (a. 786). Censimus tibi den. 4 aut in alio feo. Ib., no. 133 (a. 792). Accepimus precio



sicut inter nos convenit, in argento vel in feos compreciato valentes sol. 2. BERNARD-BRUEL, *Ch. de Cluny*, I no. 24 p. 29 (a. 881, Lyon). Iterum ib. no. 36 (a. 889, Lyon) et saepius. Accepimus de te precio . . . in feos cumpreciatus valentem solidus 40. Ib., no. 103 (a. 909, Mâcon). **2.** *allocation de moyens de subsistance* en argent ou en denrées, particulièrement comme rémunération pour des services rendus; *salaire — allowance of means of subsistence* in money or kind, especially in recompense of services; *wages.* In istum censum predictum habebat B. et P. frater suus unum agnum et denarios 9 ad fevum. GERMER-DURAND, *Cart. de Nîmes*, no. 51 p. 88 (a. 936-954). Comites convenerunt ad praedictum G., ut darent ei fevum ducentorum modiorum; et omnes alodes quos habebant in comitatu Narbonense teneret in bajulia. *Hist. de Languedoc*[3], V pr. col. 232 no. 106 (ca. a. 959, Carcassonne). I. episcopus et G. praepositus Gamevillae dederunt ad fevum B. clerico et fratri suo P. clerico guardam toto decimo [i. e. totae decimae] b. Stephani Tolosae. . . . Et in hoc fevo dedit illis totam siglicem et totum milium et balagium. *Gall. chr.*[2], XIII instr. no. 5 col. 6 (a. 985, Toulouse). Ex censali publico quod vulgus feum nominat aliquid oblatum fuerit. VILLANUEVA, *Viage literario*, XV p. 266 (a. 1003, Catal.). Non debet [h]omo illorum [sc. excausariorum] gallinas dimittere usque ad unum annum rusticis nostris et postea ad caput anni duos den. vel 4 gallos accipere; set gallinas suas accipiat tantum que de fevo eorum sunt. GUIBERT, *Doc. de Limoges*, I p. 114 (s. xii?). Venit S. vicarius cum suos homines dominicos, que [i. e. quos] tenet pro feo in Monte Canudo, qui ibidem manent in ipsa dominicaria. *Hist. de Languedoc*[3], V pr. no. 175 col. 366 (a. 1018, Catal.). [Vini custos] inde [i. e. de suo officio] habet in feodum, id est in beneficio, vinum quod per totum annum de vasis vinariis stillat. BERNARD. MORLAN., Consuet. Cluniac., c. 8, ed. HERRGOTT, p. 152. Abbas . . . pro molendino suo unoquoque anno solvat militibus quibus contingit beneficium, quod vulgo dicitur feodum, 5 modios . . . annonae. DUVIVIER, *Actes*, II no. 6 p. 18 (a. 1087, Hainaut). Praebendam quam decanus ejusdem ecclesiae [sc. s. Mariae Tornacensis] pro feodo sui decanatus obtinebat, in manu episcopi esse constitui liberam. MIRAEUS, II p. 952 (a. 1090). Ille qui honorem meum tenuerit, quem ego habeo de s. Petro ad fevum, aliam consuetudinem non mittat neque aliquid accipiat, nisi quod rectum est ad fevum, sine malo ingenio. Si vero fecerit, seniores ipsius loci omne illud fevum accipiant usque rectum faciat. DELOCHES, *Cart. de Beaulieu*, p. 148 (s. xi?). Feodum quod ab eodem acceperat monasterio [c.-à-d. deux muids d'avoine par an, un pain et un demi sestier de vin par jour]. GUÉRARD, *Cart. de Chartres*, II p. 58 (a. 1093). Custodes qui singulis noctibus per annum vigilantes castellum s. Audomari custodiunt et qui, preter feodum suum et prebendam sibi antiquitus constitutam in avena et caseis et in pellibus arietum, injuste et violenter ab unaquaque domo in eadem villa . . . in natali Domini panem 1 et den. 1 aut duos den. exigere solent. VERCAUTEREN, *Actes de Flandre*, no. 127, c. 14, p. 297 (a. 1127). **3.** loc. ad fevum, in fevum, per fevum donare, concedere: *concéder un bien-fonds ou une autre source de revenu, cette concession tenant lieu d'une allocation de moyens de subsistance, d'un salaire — to grant a property or any other source of revenue instead of an allowance of means of subsistence, by way of a salary.* Non habeat licentiam episcopus nec nullus homo ipsum alodem supranominatum donare per fevum ad nullum hominem. ROUQUETTE-VILLEMAGNE, *Cart. de Maguelone*, I no. 3 p. 4 (a. 898). Licentiam . . . non habeant . . . nec vindere nec concambiare nec beneficiare nec in feo donare. DESJARDINS, *Cart. de Conques*, no. 262 p. 217 (a. 916). Eadem verba ib., no. 340 p. 265 (a. 961). Si ullus episcopus ad fevum donaverit vel abstrahere voluerit de illorum alimonia, ad proprinquos meos revertant ipsas res [i. e. ipsae res]. GERMER-DURAND, o.c., no. 44 p. 78 (a. 943). Nullus abba . . . nec possit commutare nec alienare neque a fevo donare. *Hist. de Languedoc*[3], V pr. no. 137 IV col. 299 (ca. a. 984, Vabre). S. monachus teneat ipsum mansum in vita sua . . . in vesticione Geraldus abba [i. e. Geraldi abbatis] . . . Et ipsum mansum S. monachus dare nec vendere nec alienare nec a fevum nec ad alodem ad nullum hominem nec ad nullam feminam non possit. CASSAN-MEYNIAL, *Cart. de Gellone*, no. 174 p. 155 (ca. a. 984). **4.** loc. ad fevum, in fevum habere, tenere: *tenir un bien-fonds ou une autre source de revenu par une concession qui tient lieu d'une allocation de moyens de subsistance — to hold a property or any source of revenue by a grant equivalent to an allowance of means of subsistence.* Titulo s. Pauli habet in feo vineam . . . Corte de Cammina, quem habet Isalfredus in feo. GUIDI-PELLEGRINETTI, *Inventari di Lucca*, p. 9 sq. (s. ix ex.). Illo alode de L., quod G. habet a feo et F. habet a feo de R. *Hist. de Languedoc*[3], V no. 111 col. 241 (a. 961, Rouergue). Mansum quae G. tenet ad fevum in vita sua, post mortem ejus remaneat s. Petro de Albia. Ib., no. 126 col. 278 (a. 972, Albi). Vindimus tibi alodem nostrum proprium . . ., id est ecclesia de s. Stephani . . ., quod tu tenes per fevum comitale et per fevum de castrum Gurbo, sic vindimus tibi ad tuum proprium alodem. DE MARCA, *Marca Hisp.*, app. no. 113 col. 900 (a. 972). Quoniam non habuerunt in promptu haereditatem aut denarios, dederunt de terra, quam habebant ad feudum de ipso abbate et fratribus, in pegnas [i. e. pignus] mansos tres. CHEVALIER, *Cart. de Monastier*, no. 159 p. 73 (a. 991, Le Puy). Tali tenore damus tibi unum sedile de mola . . ., ut ipsum sedile aedifices et bene construas ad molam faciendum, et post peractam molam habeas in feum ex parte b. Pauli et nostra . . . ZANGEMEISTER, *Bibliotheken Englands*, p. 17 (s. x? Ital.). Abbas . . . qui advocatiam predicte curie . . . in feodo a me tenebat. BEYER, *UB. Mittelrh.*, I p. 354 (a. 1030, Trèves). Qui eandem advocatiam in feodum a me . . . obtineret. LACOMBLET, *UB. Niederrh.*, I p. 106 no. 169 (a. 1033). Facio werpitionem de manso . . . quem habebat supradictus G. in feudo de monachis. BERNARD-BRUEL, *Ch. de Cluny*, IV no. 2912 p. 112 (a. 1036, Mâconnais). In villa q. v. S. dono ego F. totum quod habeo monasterio s. Victoris

ad alodem, consentiente P. et R., qui tenet ipsam villam ad fevum. *Hist. de Languedoc*[3], V pr. no. 247 II col. 491 (a. 1058, Marseille). **5.** la *jouissance* d'une terre ou d'une source de profits *en tenure concédée en rémunération de certains services* — *tenure* of land or of sources of revenue *based on a grant accorded in return for services.* Nullus de ipsis rebus feu nec precariam inde habere presumat, nisi tantum ad mensam fratrum. BERNARD-BRUEL, o.c., I no. 728 p. 684 (a. 948, Romans). **6.** la *tenure* elle-meme *qui a été concédée en rémunération de certains services* ou à charge de tels services — the *holding granted in return for services.* De feo Adamari, quod est s. Michahel [i. e. ecclesia s. Michaelis], habet mansione una. GUIDI-PELLEGRINETTI l. c. Ego R. vicechomiti [i. e. vicecomes] comendo ad vobis . . . ipso kastro [i. e. ipsum castrum] de S., et dono vobis E. [quendam hominem] cum ipso fevo quod tenet de kastro S. et cum suos milites. Similiter concedo vobis ipsos kastros de M. et de C., et dono vobis B. cum ipso feu, que tenet de ipso chomitatu, et suos milites. Et de aliis cavallariis, qui remanent, dono vobis ipsa[m] medietate[m] cum ipsos fevos que tene[n]t de vicechomitatu. Et dono vobis quarta[m] parte[m] de fevo de vicechomite a tu in dominico. *Hist. de Languedoc*[3], II pr. col. 421 (a. 954, Catal.). Per istos excambios et per istam convenientia[m] debet B. facere solvi [i. e. absolvi] ad [i. e. a] vicecomite B. et ad vicecomitissa G. et ad Bernardus [i. e. a Bernardo] cujus erat feuz. *Hist. de Languedoc*[3], V pr. no. 100 col. 224 sq. (a. 956, Nîmes). Illo alode de B. Raymundo filio meo . . . remaneat, in tali vero ratione, quod tenea[n]t ipso castello et ipso feo A. et I., quod habent de ipso alode, si tale forsfactum non faciunt . . . de quod ipso feo habere non debeant. Ib., V no. 111 col. 241 (a. 961, Rouergue). De suprascripta peticione et de jamdicto alode me evacuavi, [eo] quod in nullo modo pro feo hoc probare non potui. Ib., no. 175 col. 367 (a. 1018, Catal.). Pactum vel placita . . . de ipsa villa . . . et de ipsa parrochia et de ipsum fevum, ipsa modiata sive alium servicium, quod a comite [i. e. ad comitem] debent facere vel a vicario [i. e. ad vicarium] ipsi fevales et ipsa parrochia, tam de fevo quam de dominico sive de fevum discaptum sive de quascumque voces comes ibidem debet habere. Ib., no. 212 col. 429 (a. 1037, Béziers). Curtis s. Saturnini fevum fuit O. de C., qui forfecit contra F. comitem et perdidit totum fevum suum. MÉTAIS, *Cart. de Vendôme,* I no. 67 p. 124 (ante a. 1047). Le fief opposé à l'alleu — the fief as opposite to full property: Illo feo quod S. habet, remaneat ad ipso S. ad alode. *Hist. de Languedoc*[3], V no. 111 col. 241 (a. 961, Rouergue). Quantum infra istas afrontationes includunt, sic comutamus vobis quantum ibidem habemus, sive alode, sive fevo, sive fisco vel per qualicumque voce. VILLANUEVA, *Viage liter.*, X p. 272 (a. 988, Catal.). Dedit F. de suum feo . . . campo 1 . . . Sicmiliter dedit W. de suo proprio tantum et dimedium tantum. *Hist. Patr. mon.*, Chartarum I, p. 367 (a. 1008, Nyon). Nec per alodem nec per fevum. CASSAN-MEYNIAL, *Cart. d'Aniane,* p. 399 (a. 997-1031). Si quis de familia mea vel de rusticis alodum suum vel feodum, quod a me tenet, . . . Dei servis dare voluerit. CALMET, *Hist. de Lorraine*, III pr. col. 36 (a. 1096, Metz). Tam allodium ejus quam feodum. BERNOLD., Ann., a. 1089, *SS.*, V p. 449. *Feodum* considéré comme synonyme de *beneficium* — the words *feodum* and *beneficium* treated as synonyms: A. vir nobilis, miles meus, tenebat aquam quamdam cum piscatione in flumine Somena . . .; tenebat, inquam, aquam illam ex me loco beneficii sub nomine feodi. HEMERAEUS, *Augusta Viromanduorum*, p. 111 (ante a. 1025, S.-Quentin). Totum ex integro fevum suum forsfecerat, quod de G. comitis beneficio tenebat. MÉTAIS, *Cart. de Vendôme*, I p. 34 sq. no. 16 (a. 1039). Ad fevum et ad beneficium. GERMER-DURAND, *Cart. de Nîmes,* no. 132 (a. 1043/1060). Licentiam benigne concessit, si quas decimas de suo beneficio vel fevo emere potuerint, licenter emant. *BEC.*, t. 36 p. 401 (ca. a. 1070-1075, Angers). Ecclesiam quam de eo [sc. episcopo Lemovicensi] in fevo tenebam; aliam ecclesiam . . . quam de ipsis [sc. episcopo et clericis] similiter in beneficium habebam. CHAMPEVAL, *Cart. d'Uzerche*, no. 48 p. 83 (a. 1085). In feodum sive beneficium . . . personis aliquibus dare. Urbani II pap. priv. a. 1098, *Fontes rer. Austriac.*, VIII p. 257 (J.-L. 5698, Göttweig). Illud de manu imperatoris sibi beneficiatum et in feodo tenuissent. G. episc. Camerac. abbrev., c. 11, *SS.*, VII p. 506. [Concedo] possessiones in benefitio feudi. BÖHMER, *Acta*, no. 208 p. 190 (a. 1196, Polirone). Quelques textes qui montrent la diffusion du mot *feodum* — some texts showing how the word *feodum* spread: Nec liceat abbatibus vel censum ipsum . . . in feodum dare vel alio quocumque modo . . . alienationem inde facere. Leonis IX pap. priv. a. 1049, HALKIN-ROLAND, *Ch. de Stavelot,* I no. 112 p. 233. Ab abbatissa . . . in pheodo teneam curtem G. . . . ac advocatiam. *CD. Saxoniae,* I p. 337 no. 144 (a. 1074). In fisco, id est fiedo. *Hist. de Metz*, IV p. 104 (a. 1097). Dederunt monachi Ingelbaudo illius molendini medietatem in fevo et hominatione et sub censu 2 solidorum. *Cart. de la Couture du Mans*, p. 36 (s. xi). Castrum . . . in feodum recepit. Cantat. s. Huberti, c. 24, ed. HANQUET, p. 69. Villas . . . in feodo tenebat de illo. G. Gerardi II episc. Camerac., c. 6, *SS.*, VII p. 499. Ann. Rodens., *SS.*, XVI p. 693; p. 704. Flandria generosa, c. 10, *SS.*, IX p. 320. SIMON, G. abb. s. Bertini, lib. 2 c. 80, *SS.*, XIII p. 651. DONIZO, lib. 2 c. 1, v. 293, *SS.*, XII p. 385. RUDOLF., G. abb. Trudon., lib. 5 c. 4, ed. DE BORMAN, p. 69. COSMAS, lib. 1 c. 40, ed. GÜTERBOCK, p. 75. Iterum lib. 2 c. 21, p. 113. HUGO FLAVIN., *SS.*, VIII p. 476 sqq. **7.** *la mouvance* d'un seigneur féodal, l'ensemble des fiefs qui dépendent de lui — *the aggregate fiefs* held from a feudal lord. Abbas . . . venit ad G. . . . et deprecatus est eum ut auctorizaret donum quod H. et fratres ejus . . . s. Martino fecerant de terra quae M. vocatur; erat quippe de fevo ipsius G. *BEC.*, t. 36 (1875), p. 388 (ca. a. 1045, Marmoutier). Possessiones quas milites sui stipendiarias tenebant se nec velle nec posse subtrahere tenentibus; A. vero et C. . . ., que nullius erant feodi, elemosine patris sui se recognoscere et confirmare. Cantat. s. Huberti, c. 23, p. 65. Omnia quae illis de feodo nostro



data sunt, unde ipsi saisiti sunt. D. Ludov. VI reg. Fr. a. 1125 ap. DC.-F., III p. 464 col. 1. **8.** *tenure libre héréditaire chargée de cens, censive — freehold, lease at an annual rent.* In terris, quos ab ipsa [sc. ecclesia s. Bavonis] ad censum in perpetuum tenebant feodum. WARNKOENIG, *Flandr. St.- u. Rechtsg.*, III, UB. no. 48 p. 83 a. 1218). **9.** *le fief d'un "ministerialis", fief de service* (allem. "Dienstlehn") — *tenancy of a "ministerialis".* Si ministerialis ecclesie feodum, quod habet ab ecclesia jure ministerialium, filio suo, qui non est sue conditionis, possit concedere. D. Heinr. VI imp. a. 1192, *Const.*, I no. 352. Abbas . . . excludebat eum . . . a fiodo, quod [ejus avunculus] possederat legitimum. Chron. s. Trudon., lib. 11 c. 15, ed. DE BORMAN, I p. 227 sq. **10.** *tenure servile — holding of a serf.* Dedi servum unum G. nomine cum toto suo fevo. CANAT, *Cart. de S.-Marcel-lès-Chalon*, no. 47 (a. 1074). Mancipiis ecclesiae servilia tantum feoda concedantur. Lex fam. Ebersheim. (s. xii p. pr.), c. 6, ed. DOPSCH, *MIOeG.*, t. 19 (1898), p. 613. Tradidit illud cuidam servo ecclesiae nostrae in feodo. G. abb. Trudon., lib. 9 c. 15, *SS.*, X p. 285. **11.** *possession* quelconque, même celle d'alleux — any *possession,* even in full property. Dedit et concessit Deo et ecclesiae b. Mariae Fontebr. quidquid habebat vel habere poterat uxor sua et heredes sui in feodo alodii, sito apud S. MITTEIS, *Lehnrecht*, p. 110 n. 11 (s. xii p. post., Fontevrault). **12.** fevum presbyterale: l'ensemble de bienfonds affecté à la subsistance du prêtre qui dessert une église — property appointed to the subsistence of the priest who administers a church. Feni [leg. fevi] presbiteratu. GUIGUE, *Cart. de S.-Sulpice en Bugey*, p. 17 (a. 977). In fevo presbiterali. LEROUX, *Cart. de l'aumônerie de S.-Martial*, p. 7 (a. 1022, Périgueux). Ut saeculares viri ecclesiastica beneficia, quod fevos presbyterales vocant, non habeant super presbyteros. Concil. Bitur. a. 1031, c. 21, MANSI, t. 19 col. 505. Sub hac condicione donamus ecclesiam: sicut S. presbiter habuit et tenuit, et P. habet et tenet, hoc est ex integro quod vulgo in nostra provincia vocatur fevus presbiteralis. MORIS-BLANC, *Cart. de Lérins*, no. 84 (a. 1046-1052). DUBY, *Société,* p. 177 n. 1 (a. 1067, Mâcon). Dedit . . . foevum presbiterale totum, quod duo ibidem tenent sacerdotes, tali tenore ut . . . post amborum obitum aut discessum omne ecclesiae illius presbiterale monachi possideant beneficium. *BEC.*, t. 36 (1875), p. 399 (ca. a. 1068, Angers). Omnia que ad fedum presbiteralem pertinent. RÉDET, *Cart. de S.-Cyprien de Poitiers*, p. 86 n. 1 (ca. a. 1090?). **13.** feodum ecclesiae: la dotation d'une église — endowment of a church. Si [reus] in fugiendo ad domum sacerdotis vel ad curiam ejus diverterit, eandem securitatem . . . ibidem inveniat quam apud ecclesiam, dum tamen sacerdotis domus et curia in feudo ecclesie consistant. Leg. Edw. Conf., tit. 5 § 1, LIEBERMANN, p. 630 col. 1. **14.** *fief-rente* en nature ou en argent (acception à rapprocher de l'acception 2) — *feudal annuity* in money or kind (meaning derived from meaning 2). 2 quadrigatas vini in feudo tenebat singulis annis. ORDER. VITAL., lib. 6 c. 7, ed. LEPRÉVOST, III p. 37. Jam in curia comitis R. idem feodum [sc. 3 librarum singulis annis solutarum] abjudicatum fuerat. GUÉRARD, *Cart. de S.-Bertin*, p. 32 (a. 1096). Semper vicecomes [Biterrensis] et successores ejus facerent hominium et omnes convenientias archiepiscopo [Narbonensi] propter fevum et propter talem pecuniam, quam dedit G. [archiepiscopus] P. avo ejus [sc. B. vicecomitis]. *Hist. de Languedoc*[3], V pr. col. 345 (a. 1107). Quidam B., habens quoddam feodum ab ecclesia s. Petri in parrochia de M., unde sibi solvebatur singulis annis modius unus siliginis et altilia, ipsum feodum vendidit tribus marcis argenti et dimidia E. presbitero . . . B. ergo abbati, a quo actenus hoc tenuit, cum festuca in manibus optulit, et abbas statim consequenter illud presbitero dedit. FAYEN, *Lib. trad. s. Petri Blandin.*, no. 169 p. 171 (a. 1163).

**feoffamentum**: *inféodation — feoffment.* S. xii, Angl.

**feoffare** (< frg. *fief*): *inféoder — to enfeoff.* S. xii, Angl.

**feoffatio**: *inféodation — feoffment.* S. xiii, Angl.

**feoffator**: *seigneur féodal — feoffer.* S. xiii, Angl

**1. fera,** spec.: *bête fauve, cerf — red deer.* S. xii.

**2. fera**, v. feria.

**feralis** (< fera; à distinguer du mot feralis "d'un cadavre, funèbre, mortel" — to be distinguished from feralis "of a corpse, funeral, mortal"): **de bête sauvage, sauvage — of wild animals, savage.* Ille feralis Attila et inmitis. V. Lupi (s. viii med.), c. 5, *SRM.*, VII p. 298.

**1. feraliter**: *d'une manière fatale, mortelle — fatally, mortally.*

**2. feraliter**: *sauvagement, cruellement — savagely, brutally.*

**feramen**: *bête sauvage, gibier — wild animal, game.* Lex Sal., capit. add. (Leiden, cod. Voss. lat. 119), c. 3 § 3. *D. Karolin.*, I no. 28 (a. 768). Capit. missor. gener. a. 802, c. 39, I p. 98. Capit. de villis, c. 36. EGINHARD., epist. 47, *Epp.*, V p. 133. Capit. Caris. a. 877, c. 32, II p. 361.

**ferarium**: *parc à gibier — game-park.*

**ferbannire,** v. forbannire.

**fercia** (pers.): *dame* du jeu d'échecs — *queen* of chess.

**ferdingus,** ferling-, -a: *quart de denier — farthing.* Domesday.

**ferdo** (genet. -onis), v. ferto.

**ferdwita,** fyrdwita (anglosax.): *amende pour avoir manqué au devoir de l'ost — fine for not going with the fyrd.* Domesday.

**fere**: **comme, par exemple — like, for instance.*

**feretrum** (class.: "civière, lit mortuaire — bier, death-bed"): **1.** *sarcophage, tombeau — coffin, tomb.* **2.** *reliquaire, châsse — reliquary.*

**feria**, feiria, fairia, feira, fera, fira (formes altérées qui s'emploient seulement au sens 2 — altered forms occuring with sense 2 only): **1.** feria secunda, tertia, quarta, quinta, sexta: *lundi, mardi, mercredi, jeudi, vendredi — Monday, Tuesday, Wednesday, Thursday Friday. **2.** *foire — fair.* Nullus de Cadurcino ad istas ferias in Rutenico vel vicinas urbes non praesumat exire. Desiderii Cadurc. lib. 2 epist. 20, *Epp.*, III p. 214. Dederunt b. Juliano unam feriam in civitate Cenomannensi in anniversario die consecra-

tionis matris ecclesie, tribus continuis diebus celebrandam. Actus pontif. Cenom., c. 35, ed. Busson-Ledru, p. 416. Si aliquot [i. e. aliquod] merchatum aut feriam [i. e. feria] ibi fuerit factum. Cais, *Cart. de Nice*, no. 21 p. 29 (a. 1066). Preceperat fieri nundinam, que vulgo vocatur feria. Tardif, *Cartons*, no. 291 p. 182 col. 1 (a. 1075, Berry). De parte illa quam habeo in illa feria que Croismare convenit annua. Vernier, *Ch. de Jumièges*, I p. 106 (ca. a. 1080). Concedo ecclesie Dei . . . habere . . . unam feriam in anno ad illum terminum, quem abbas et monachi . . . elegerint. Haskins, *Norman inst.*, p. 287 no. 3 (a. 1101-1105). Habeant feriam quoque anno . . . cum omnibus illis consuetudinibus quas feria debet habere, et pacem habeant venientes ad feriam et redeuntes. Desjardins, *Cart. de Conques*, p. 370 (a. 1108). Per unumquemque annum ad Andegavinam feriam 2 solidi de censu reddentur. Marchegay, *Arch. d'Anjou*, III p. 78 no. 102 (ante a. 1120). Feriam quandam apud s. Columbam cum omnibus consuetudinibus atque justiciis . . . donavimus a vigilia festivitatis s. Lupi usque ad octavum diem quotannis in posterum celebrandam. Newman, *Dom. royal*, p. 242 (a. 1145). Magna populi multitudo, que illuc propter feriam, que illuc celebrabatur, convenerat. Romuald. Salernit., Chron., a.1177, ed. Garufi, p. 271.

**ferialis**: 1. *férié, chômé — free, kept holy.* In omnibus vigiliis et ferialibus festis. Pax Dei s. xi ex., c. 1, *Const.*, I no. 426. 2. *qui contient la liturgie des jours fériés — containing the liturgy of festal days.* Collectarium ferialem unum. Camera, *Memor. di Amalfi*, p. 221 (a. 1007). Subst. neutr. plural. **ferialia**: *la semaine qui précède Pâques — the week before Easter.* Ebdomada ferialium. Caffar., Ann., a. 1101, ed. Belgrano, I p. 9.

**feriare**, 1. depon. feriari: *chômer, jouir d'une relâche — to cease working, to enjoy a holiday, a pause. Pontifex . . . ab insolentiis premissi F. minime feriabatur. G. pontif. Camerac., lib. 1 c. 116, *SS.*, VII p. 452 l. 18. Ibi saepe. 2. feriare, transit.: *célébrer, chômer — to celebrate, to keep as a holiday.* Feriandi per annum isti sunt dies. Haitonis Basil. capit. (a. 807-823), c. 8, *Capit.*, I p. 363. Dies octo sacrosanctae paschalis festivitatis omnibus christianis feriatos esse decernimus ab omni opere. Concil. Meld. a. 845/846, c. 80, ib., II p. 420. Dominici dies . . . feriantur. Leg. I Cnut, tit. 14 § 2, vers. Inst. Cnuti, Liebermann, p. 295 col. 1. 3. feriare, intrans.: *visiter une foire — to go to a fair.* Justitia, viaria et conductus omnium feriantium. DC.-F., III p. 438 col. 1 (ch. a. 1184, Dreux).

**feriaticus**: *férié — festal.* Fiscalia negotia dici etiam feriaticis diebus licebit. Lex Rom. Burgund., tit. 11 § 6. Tam in dominicis diebus quamque et aliis solemnitatibus, sicuti et in feriaticis diebus. Karoli M. capit. a. 813, c. 2, I p. 175.

**feriatus**. 1. plural. dies feriati: *la semaine de Pâques — the Easter week. 2. dies feriatus: jour férié — festal day. Feriatos dies venerari omnimodis studeant. Capit. missor. Suession. a. 853, c. 8, II p. 269. Ut feriatum habeant hunc diem injungimus. Beyer, *UB. Mittelrh.*, I no. 178 p. 240 (a. 943). Populo praecipue feriatis diebus aedificationi oportuna deferente. Fragm. veter. hist. s. Florentii Salmur. (s. xi med.), Marchegay-Mabille, *Chron. d'Anjou*, p. 215.

**fericida** (mascul.): *braconnier — poacher.* S. xii.

**ferire**, 1. aliquem: *punir, châtier — to punish, to chastise. 2. intrans.: *atterrir — to put in* (of ships). Pisani cum . . . galeis 31 ferierunt ad litus Albingane civitatis. Obert., Ann. Genuens., ed. Belgrano, I p. 180. Ibi pluries.

**ferita**, -ut-, -id-, -um, -is (< ferire): *coup — blow, stroke.* Nec plaga nec ferita in ipso homine . . . fecisset. Edict. Rothari, c. 12. Ibi pluries. Talem Authari feritam facere solet. Paul. Diac., Hist. Langob., lib. 3 c. 29, ed. Waitz, p. 135. Fecerit ibi plagam et feritam ad hominem abbatis. Ficker, *Forsch.*, IV no. 36 p. 54 (a. 994, Sabina). Feritam illius evasit. Chron. Salernit., c. 113, *SS.*, III p. 530.

**feritare**: 1. *frapper, donner des coups — to strike, to deal blows.* Robert. de Torinn., Interpol. ad. Guill. Gemmetic., lib. 2 c. 6, ed. Marx, p. 212. 2. *se battre — to fight.* Nulla gens auderet feritare cum Ricardidis. Dudo, lib. 2 c. 101, ed. Lair, p. 263.

**feritor**. Plural. feritores: *troupes de choc — vanguard troops.* S. xiv, Ital.

**ferla**, v. ferula.

1. **ferlingus**: une *mesure de terre — ferling,* measure of land. S. xii, Angl.

2. **ferlingus**, v. ferdingus.

**fermalium**, fermallium, v. firmaculum.

**fermentarius**: *débitant du mélange d'herbes employé pour la fermentation de la bière — grouter.* S. xiii.

**fermentator**: i.q. fermentarius. S. xiii.

**fermentum**: 1. *fragment du pain eucharistique distribué par l'évêque aux prêtres des paroisses — *piece of eucharistic bread* with which parish priests are provided by the bishop. Fecit, oblationes consacratas per ecclesias ex consacratum episcopi dirigeretur, quod declaratur fermentum. Lib. pontif., Miltiades, ed. Mommsen, p. 46. Constituit ut nullus presbiter missas celebraret . . . nisi consecratum episcopi loci designati susciperet declaratum, quod nominatur fermentum. Ib., Siricius, p. 85, text. P. Deportatur a subdiacono oblationario particula fermenti, quod ab apostolico consecratum est et datur archidiacono. Ordo Rom. II (s. vii ex.), c. 6, ed. Andrieu, II p. 115. 2. *mélange d'herbes employé pour la fermentation de la bière — grout.* Unam marcam . . . de fermento cerevisie, quod vulgo grut nuncupatur, annuatim exsolvendam. Sloet, *OB. Gelre*, no. 475 p. 480 (a. 1224).

**fermina**, v. firmina.

**fermisona**, fermesona, v. firmisona.

**pheronymus**, for- (gr.): *qui fait honneur à son nom — bearing one's name with honour. Qui feronymi fuerant, congruum nominis meritum a Deo pertulerint. Transl. Athanasii Neapol. (s. ix-x), Capasso, *Memor. della chiesa Sorrentina*, p. 286. Ruotger., V. Brunonis, c. 28.

**ferperius**, v. friparius.

**ferquidis**, -que-, -dus (adj.) (germ.): *semblable, de même valeur — similar, of equal value.* Reddat ille, qui [porcos] occisit, ipsos porcus ferquidus [i. e. ferquidos]. Liutprandi leg., c. 151. Subst.: *chose semblable, compensation, réparation — similar object, compensation.* Ipse qui portavit damnum conponat ferquido, id est similem. Edict. Rothari, c. 147. Reddat ei ferquido, id est similem, quales [i. e. qualis] in illa diae fuit quando donatum est. Ib., c. 175. Si post [canem] jactaverit et eum occiderit, reddat ferquido, id est similem. Ib., c. 330. Similia c. 337, c. 349. Spundeo tibi esse restauratur [i. e. restaurator] ferquidem talem res de quod superius legitor. Schiaparelli, *CD. Longob.*, I no. 108 p. 312 (a. 753, Lucca). Prosolbamus [i. e. persolvamus] justitia[m] quod est ferquidem. *CD. Cavens.*, I p. 19 (a. 837). Loc. in ferquidis loco: à titre de compensation — by way of compensation. Ispondimus nus . . . conponiturus . . . in duplum res meliorata[s], de quod agitur, in ferquede loco. Schiaparelli, no. 84 p. 250 (a. 744/745, Volterra). Conponamus . . . in dupla terra et res meliorata, in ferquidem locum, sum [i. e. secundum?] stimationem. Ib., no. 91 p. 264 (a. 747, Lucca). Item no. 105 p. 302 (a. 752, Lucca).



**ferraginile**, -ginale, -gile, -gale (< ferrago): *prairie artificielle, champ semé de fourrage — artificial pasture, field sown with green forage.* Mansos quatuor . . . cum ortis et cum aliis cassalibus et ferraginiles. Rouquette, *Cart. de Béziers*, no. 23 p. 16 (a. 946).

**ferrago** (genet. -inis), ferragina (cf. voc. farrago): *prairie artificielle, champ semé de fourrage — artificial pasture, field sown with green forage.* Dono . . . casale . . . et ipsam medietatem de ipsa feragine. Germer-Durand, *Cart. de Nîmes*, no. 25 p. 47 (a. 925). Manso uno . . . cum ipsa ferragine et cum ipsas terras et cum ipsas vineas. Rouquette, *Cart. de Béziers*, no. 43 p. 43 (ca. a. 978).

**ferrantus**, ferrandus (< ferrum): *couleur de rouille — rust-coloured.* Laxo . . . caballum meum ferrandum. DC.-F., III p. 442 col. 3 (ch. a. 996-1031, Conques).

**ferrare**: 1. *ferrer* un cheval — *to shoe* a horse. De equo aut equa non ferrata 1 den.; de ferrato 2. Bertrand, *Cart. d'Angers*, I no. 221 p. 263 (a. 1080-1082). Palefredum . . . argento ferratum. Guill. Tyr., lib. 13 c. 27, Migne, t. 201 col. 577 B. 2. gener.: *ferrer, armer de fer — to studd, to mount with iron.*

**ferrarium**, -ria (femin.) (class. "mine de fer — iron-mine"): *forge — smithy.*

**ferrarius** (subst.): *forgeron — blacksmith. Lex Burgund., tit. 21 § 2. Brevium exempla, c. 29, *Capit.*, I p. 255.

**ferrator**: *maréchal ferrant — farrier.* S. xiii.

**ferratum**, ferrata: *tonneau cerclé de fer — iron-hooped cask.* S. xiii.

**ferratura**, ferrura: 1. *ferrure, fers à cheval — horse shoeing.* Ferraturas equorum de curia ipsa percipiat. Miraeus, II p. 1189 col. 2 (ca. a. 1184). 2. collect.: *taillanderie — iron-work.* Molinum conciatum cum ferratura et mola. *CD. Cavens.*, I p. 300 (a. 934). 3. *armes de fer — iron weapons.* Ratchis leg., c. 4 (a. 745/746).

**ferrea**: *chaîne de fer — iron chain.* Gregor. Turon., Glor. conf., c. 86, *SRM.*, I p. 804. Fortun., V. Germani, c. 64, ib., VII p. 411.

**ferrebannire**, v. forbannire.

**ferreolum** (< ferrum): *tonneau cerclé de fer — iron-hooped cask.* Brev. ex., c. 36, *Capit.*, I p. 256.

**ferreum**: *fer à cheval — horse-shoe.*

**ferripedare**: *ferrer* un cheval — *to shoe* a horse. S. xiii.

**ferro** (genet. -onis), ferronus, ferronnus, ferrunnus (< ferrum): *forgeron — blacksmith.*

**ferrofusura**: *gueuse — pig of cast iron.* Haistoldi duo qui solvunt ferrofusuras 4. Duvivier, *Rech. Hainaut*, no. 32 bis p. 362 (s. x).

**ferrum**: 1. *fer à cheval — horse-shoe.* 2. *fer employé dans les ordalies — piece of iron for ordeals.* Cum ferro ignito se exoniet. Karoli M. capit. de Jud., I p. 259, c. 6. Per ignem candenti ferro examinetur. Concil. Tribur. a. 895, c. 22, ib., II p. 225. Benedictio ferri judicialis. Ord. judic. Dei, no. $9^a$, *Form.*, p. 615.

**ferrura**, v. ferratura.

**fertallus**, fir-, fier-, -tal-, -tell-, -tel-, -dell-, -a (germ.): 1. *quart de manse,* mesure de terre — *fardel,* measure of land. Urbar. Egmund. s. xii, Oppermann, *Fontes Egmund.*, p. 74. Ibi pluries. Lib. camerae eccl. majoris Traject. (ca. a. 1200), ed. Muller, p. 46. 2. *mesure de liquides — liquid measure.* Unam firtellam serevisie. Guill. de Ryckel, ed. Pirenne, p. 63 (a. 1263).

**ferto**, firto, ferdo, firdo (genet. -onis) (germ. ?): 1. *poids d'un quart d'un marc — weight of a quarter of a mark.* Si carradam cupri emerint, [solvant] unum firtonem [sc. cupri]. Fairon, *Rég. de Liège*, I no. 1 p. 2 (a. 1103, Cologne). Es venale afferentes fertonem [sc. aeris] de quolibet last solvant. D. Heinr. V <a. 1122>, spur. s. xii ex., Muller-Bouman, *OB. Utrecht*, I no. 309 p. 284 § 6. 2. *valeur d'un quart d'un marc d'argent — value of a quarter of a mark of silver.* Quatuor marcis uno fertone minus. Hauthaler-Martin, *Salzb. UB.*, II no. 106 p. 176 (a. 1074-1088). Tres firtones abstulit. *SS.*, X p. 327 (a. 1122, S.-Trond). Sub annua pensione unius aurei vel fertonis argenti. Chron. Montis Sereni, a. 1127, *SS.*, XXIII p. 141. Singulis annis reddatur de marca ferto. Hoeniger, *Koelner Schreinsurk.*, II p. 102 c. 1 (a. 1170-1178). De singula navi firtonem tantum Coloniensium denariorum . . . solvere debeat. Martène, *Thes.*, I col. 590 (ch. a. 1177, Trier). Sex firdones publici ponderis sive 30 siclos Argentinensis monetae. D. Ludov. Pii <a. 824>, spur. s. xii, Bruckner, *Reg. Alsatiae*, no. 461 p. 289. Fertonem argenti. Kötzschke, *Urbare Werden*, p. 164 (s. xii). 3. *un quart de telle mesure de terre — a quarter of a certain measure of land.* De terra nostra in S. circiter undecim mensuras . . . preter unum fertonem. De Fremery, *OB. Holland*, suppl., no. 58 p. 36 (a. 1220-1226).

**ferula**, ferl-, -us: 1. *béquille — crutch.* Erat claudus pede dextro, ita quod ire non poterat sine ferla. Mir. Simonis, *AASS.*, Apr. II p. 720. [Claudus] cum diu ferulis sustentantibus se . . . traxisset. Mir. Berthol., ib., Jul. VI p. 488 col. 1. 2. *crosse — crosier.* Caesar. Arelat., Regula monach., c. 11. Obtinuit ut ei ipse pontifex leenam [i. e. sagum] et palmam ac ferulam daret. Hincmar., Ann. Bertin., a. 869, ed. Waitz, p. 100. [Papa] misit ei bacculum pastorale qui ferula nuncupatur. G. Aldrici, c. 44, *SS.*, XV p. 323. Per ferulam, pittacium et anulum. Hadr. II pap. (a. 867-872) epist., VI p. 744 l. 28. Cum pontificali ferula quam manu gestabat. Liudprand. Cremon., G. Ottonis, ed. Becker, p. 175. [Leo papa] ferulam pastoralem manu ejus [sc. Benedicti] arreptam coram omnibus in

frusta confregit. ADALBERT., Contin. ad REGINON., a. 964, ed. KURZE, p. 174. Ferula apostolica. THANGMAR., V. Bernwardi Hildesheim., c. 22, SS., IV p. 769. EKKEHARD., Cas. s. Galli, c. 10, SS., II p. 120 l. 44. ADAM BREM., lib. 1 c. 51, ed. SCHMEIDLER, p. 52. PETR. DIAC., Chron. Casin., lib. 3 c. 66, SS., VII p. 749.

**feruta**, v. ferita.
**ferventia**: *ferveur, ardeur — fervour, ardour*. Ferventia fidei. Canones, MIGNE, t. 56 col. 757 A. Amoris ferventiam. Hadr. I pap. (a. 772-795) epist., *Epp.*, III p. 600.
**fervide**: **avec* *ardeur, vivement — ardently, strongly*.
**fesancia**, v. faisantia.
**fesantus** = phasianus.
**fesorata**, fessoriata, fessorada, v. fossoriata.
**fessa**, v. fascia.
**festa**, festum (germ.): *faîte, fût de faîtage — ridge, ridge-tree*. In vivo [nemore] capiant furcam et festam. *Actes Phil.-Aug.*, no. 697 (a. 1201/1202), II p. 261.
**festagium** (< festa): *redevance due pour chaque maison habitée — a tax assessed on houses*. *Actes Phil.-Aug.*, no. 361 (a. 1190), § 9, I p. 439.
**festare**, festaria: *champ clôturé — fenced-in field*. *CD.Cajet.*, I p. 79 (a. 945); p. 126 (a. 974).
**festinantia**: **hâte, empressement — haste, speed*.
**festine** (adv.): *en hâte — hastily*. CASSIOD., Var., lib. 3 epist. 40, *Auct. ant.*, XII p. 99. GREGOR. M., Dial., pluries. Id., lib. 7 epist. 5, *Epp.*, I p. 448 l. 17.
**festivare**: *fêter, célébrer — to celebrate, to keep holy*. [Dies] festivatur in ecclesiis sanctorum. PAUL. DIAC., Homil., MIGNE, t. 95 col. 1486 C. Cujus dies transitus solemniter festivatur. Mir. Ambrosii Senens., *AASS.*, Mart. III p. 245.
**festivitas**: **fête d'Eglise — Church festival*. GREGOR. TURON., Hist. Franc., lib. 5 c. 48.
**festivus**: *férié — festal*. In dominicis vel festivis diebus. Capit. missor. Suession. a. 853, c. 7, II p. 269. [Quinta feria] festiva erat veluti dominica. WALAFR., Exord., c. 21, *Capit.*, II p. 494 l. 32. In die annuali festivo ejus. RAMPERT. BRIXIENS., Transl. Philastri, *AASS.*, Jul. IV p. 393 A.
**festuca**, fistuca: *fétu*, symbole employé dans divers actes juridiques — *the rod used as a symbol in performing various legal actions*. Fistucam in laisum jactet. Lex Sal., tit. 46. Cum fistuca fidem faciat. Lex Ribuar., tit. 30 § 1. In senextra [i. e. sinistra] manu fistucam teneat et dextera manu auferat [i. e. offerat, sc. fidem]. Chilperici edict. (a. 561-584), c. 7, *Capit.*, I p. 9. Villas nobis per fistuca visus est lesewerpisse vel condonasse. MARCULF., lib. 1 no. 13, *Form.*, p. 51. Iterum lib. 2 no. 14, p. 84; lib. 2 no. 18, p. 88. Per fistuca visus est achramnisse. D. *Merov.*, no. 59 (a. 691). Per suam festucam se exinde dixit esse exitum. D. *Karolin.*, I no. 1 (a. 752). Per festucam ... easdem res legaliter guarpiverunt. PÉRARD, *Rec. de Bourg.*, p. 32 (a. 885, S.-Benoît-s.-Loire). Fidem talem fecit sua fistuca jactante incontra F., ut ipsam notitiam suam manibus firmare ... faciat. *Hist. de Languedoc*³, II pr. no. 201 col. 402 (a. 878, Albi). Per hanc chartulam donationis sive per festucam [villam] ad opus sanctorum tradimus. MIRAEUS, I p. 141 col. 2 (ch. a. 950, Gembloux). Cum festuca ab eodem semet exivit predio. D. *Ottos III.*, no. 235 (a. 996). [Francorum proceres] festucas manibus projicientes rejecerunt eum [sc. Karolum Simplicem], ne esset eis ultra senior. Interpol. ad ADEMAR. lib. 3 c. 22, cod. Paris. lat. 5926 (s. xii), ed. CHAVANON, p. 142. Cf. K. AMIRA, *Der Stab in der germanischen Rechtssymbolik*³, 1913.
**festucare** (< festuca): *déguerpir — to forego*. Legitima donatione tradidimus, coram his testibus festucavi. DUCHESNE, *Guines*, p. 667 (ch. a. 1151). Fundum ... ecclesie ... contulerunt et quicquid juris in eo videbantur habere, ... sponte sua festucaverunt. VAN DEN BERGH, *OB. Holland*, I no. 167 p. 105 (ca. a. 1180). Festucantur omnia. GERARD. GRANDIS-SILVAE, V. Adalhardi, MABILLON, *Acta*, IV pt. 1 p. 353.
**festucatio**: *investiture par la remise de la fétu — saisin by handing a rod*. Curtem ... ad altare legitima festucatione tradiderunt. LACOMBLET, *UB. Niederrh.*, I no. 328 p. 218 (a. 1138).
**festum**, v. festa.
**fetare**, transit.: **féconder — to fecundate*.
**fetosus** (adj.). 1. femin. fetosa: **enceinte — pregnant*. 2. *fécond — fecund*.
**fetum**, v. feodum.
**fetura**: 1. *progéniture — offspring*. 2. *créature — creature*.
**feu** (indecl.), feus, v. feodum.
**feudum**, feuodum et derivata, v. feod-.
**feugeria**, v. filicaria.
**feutrum**, v. filtrum.
**fevum**, feuvum, fevus et derivata, v. feod-.
**faex**: *mélange d'herbes* employé pour la fermentation de la bière — *grout*. Sextarius fecis cervisialis. BEYER, *UB. Mittelrh.*, I no. 431 p. 492 (a. 1115).
**fexa**, v. fascia.
**fibulatorium**: *vêtement muni d'une agrafe — a garment with a clasp*. Lib. pontif., Gregor. III (a. 731-741), § 7, ed. DUCHESNE, p. 417. Rursum lib., Leo IV (a. 847-855), § 104, II p. 132. LEO OST., Chron. Casin., lib. 1 c. 19, SS., VII p. 595.
**fibus**: *castor — beaver*. Fibus sive castor. SALIMBENE, ed. HOLDER-EGGER, p. 142.
**ficatum**, fegatum: *foie — liver*.
**fico** (genet. -onis): *chaussure — shoe*. V. Cuthberti, lib. 4 c. 14, ed. COLGRAVE, p. 132. V. Aidani, c. 2 § 13, *AASS.*, Jan. II p. 1113 col. 2.
**1. ficta**: *point de côté, douleur — stitch in the side, cramp*. GREGOR. TURON., Hist. Franc., lib. 5 c. 5. Id., Virt. Martini, lib. 3 c. 10, *SRM.*, I p. 635.
**2. ficta**, ficha, fichia (< figere): *barrage — weir*. Ficta molendini. GADDONI-ZACCHERINI, *Chart. Imolense*, II no. 710 (a. 1198).
**fictalicius** (< 2. fictum): *de louage, de bail — of hire, of lease*. S. xiv, Ital.
**fictalis** (subst.) (< 2. fictum): *fermier, leaseholder*. CIPOLLA, *CD. Bobbio*, I p. 206 (a. 862).
**fictio**: **action de feindre, tromperie, hypocrisie, apparence trompeuse — feigning, deceit, hypocrisy, delusion*.
**fictorium**, v. fixorium.
**1. fictum** (< fingere): **fausseté, mensonge — falsehood, lie*.

**2. fictum**, fictus (< figere): 1. *loyer, fermage — rental*. Petiam de terra ... habeat ... ad fictum sub censu reddendo libellario nomine usque ad annos 29 expletos. Cart. Longob., no. 7, *LL.*, IV p. 596 col. 2. De ipso ficto, quod in corte domno regi dare devemus. SCHIAPARELLI, *CD. Longob.*, II no. 249 p. 327 (a. 770, Piacenza). Dedit ... abbatissa eidem E. vel ad suos heredes ad censum vel fictum reddendum libellario nomine, hoc est dues porciones de ecclesia una. CD. *Langob.*, no. 463 col. 799 A (a. 915). Habet sortem ... super quam sedent manentes 3; et reddunt ad fictum in argento sol. 5, pullos 2, ova 10. Ib., no. 419 col. 706 D (s. x in., Brescia). Maso [i. e. mansum] unum ad fictum. CIPOLLA, *CD. Bobbio*, I p. 377 (s. x). [Cives episcopo] districtum suum tollant et fictum de molendinis, ac de navibus censum. D. *Konrads II.*, no. 251 (a. 1037?). Que camerarius ex conditione, ficto et reditibus terre et rerum abbacie recipit. Consuet. Fructuar. (s. xi), lib. 2 c. 8, ALBERS, IV p. 143. Persolvat annualiter nomine ficti ... bixantium unum. FICKER, *Forsch.*, IV no. 135 p. 177 (a. 1164, Monza). Pactum pontis Padi et fictum ejusdem pontis et regalium. D. Frid. I imp. a. 1183, *LL.*, II p. 172.

**fidantia**: 1. *remise d'un gage* par un inculpé comme sûreté de sa soumission à la justice — *giving security* for submission to judgment. Si aliquis sub potestate abbatis ... adversum eum surrexerit et fidanciam et justitiam si debet dare noluerit vel negaverit. Gall. chr.², XIII instr. col. 153 C no. 5 (a. 1075, Languedoc). Si querelam de eo habuerimus, fidantias nobis donet et justitiam persolvat. Ib., col. 89 C no. 3 (a. 1111, Pamiers). 2. *le droit d'exiger des gages à titre de redevance coutumière — right to exact securities* by way of customary exaction. Aufferebat eis fidancias et justitias habitantium hominum in praedicta villa. *Hist. de Languedoc*³, V pr. col. 1134 (a. 1153). 3. *serment* par lequel on s'engage à tenir un bien-fonds en fief relevant d'un seigneur et à défendre ce fief à son profit — *oath* to the effect of pledging oneself to hold an estate as a fief from a lord and to defend it on his behalf. Faciant fidantias et sacramentos tales ad praedictam L. quales homo debet facere ad suum seniorem de cui tenetur [i. e. tenet] suorum castros. DE MARCA, *Marca hisp.*, app., col. 1120 (a. 1060). 4. *promesse de sûreté, sauf-conduit, sauvegarde — promise of safety, safeguard*. S. xiii.

**fidantiare**: *garantir — to warrant*. S. xiii, Ital.
**fidedatio**: *promesse solennelle, parole d'honneur, foi — solemn promise, faith, pledge*. S. xiii.
**fidedicere**: **s'engager — to go bail*. Cod. Carolin., no. 45, *Epp.*, III p. 562.
**fidefactum**: *promesse solennelle, foi — solemn promise, faith*. De la promesse de soumission à la justice — *of the promise* to submit to judgment: De illis fidefactis quod nostri pagenses ... vobis fecerunt. PARDESSUS, II no. 517 (a. 721, Maine).
**fideicommissarius**: *fidéicommissaire — trustee*. Fidei vero commissarii mei hec [i. e. hi] esse debeant. *CD. Langob.*, no. 162 col. 279 A (a. 847, Brescia).
**fideimanus** (cf. teuton. *treuhänder*): *fidéicommissaire — trustee*. Allodium ... in fideimanus ecclesie traderet ... De qua re fideimanus hi sunt ... ; fidejussores hi sunt ...; testes vero hii sunt ... WAMPACH, *UB. Luxemb.*, I no. 294 p. 437 (a. 1067).
**fidejussio**: 1. *cautionnement* par lequel un tiers se porte garant pour la comparution d'un inculpé — *suretyship* by a third person for the appearance of the accused. Fugitivus [servus] sub illius, aput quem inventus est, fidejussione tamdiu consistat ... Lex Visigot., lib. 9 tit. 1 § 12. Sub fidejussione ad palatium nostrum venire compellatur. Capit. missor. Wormat. a. 829, c. 6, II p. 15. 2. *garantie de la possession tranquille — warranty of undisturbed possession*. Ipse [donator] per se fidemjussionem faciat ejusdem vestiturae [sc. rerum ecclesiae datarum], ne heredi ulla occasio remaneat hanc traditionem inmutandi. Capit. addit. a. 818/819, c. 6, I p. 282.
**fidejussor**: 1. *celui qui se porte garant pour l'accomplissement des obligations d'un tiers vis à vis de l'autorité publique*, en particulier pour sa comparution devant un tribunal et pour sa soumission à la justice — *one who stands pledge for the fulfilment of another person's duties towards public authorities*, in particular for his appearance before a court and his submission to judgment. [Cultores idolorum] datis fidejussoribus ... non aliter discebant, nisi in nostris obtutebus praesententur. Childeb. I praec. (a. 511-558), *Capit.*, I p. 2. Ipso illo per fidejussores posito tunc ad nostram diregire studeatis presentiam. MARCULF., lib. I no. 27, *Form.*, p. 60. Homo ille eum adsallisset ... et ob hoc vobis per nostra ordinatione talis datus habuisset fidejussores, ut kalendas illas ex hoc in nostri presentia debuisset adstare causantes. Ib., no. 37, p. 67. Item F. Turon., no. 33, p. 155. Ipsos homines per fidejussoribus positus super noctes tantas ante nos facias advenire. Cart. Senon., no. 18, p. 193. Dedit M. fidejussorem nomine A. de sua praesentia. PÉRARD, *Rec. de Bourg.*, p. 35 no. 18 (a. 816, Autun). Ad audiendas altercationes ingredire aut freta de qualibet causas exigere nec mansiones aut paratas vel fidejussoraes tollere non presumatis. MARCULF., lib. I no. 3, p. 43. Similia e.g. D. *Karolin.*, I no. 5 (a. 753). Si antruscio antruscione pro qualibet causa maniret aut fidejussorem quaesierit. Capit. II legi Sal. add., tit. 8 § 2. Obtinuit cum principe, ut missos ex latere dirigeret, qui eum per fidejussores mitterent in aula regis facerent presentari. Pass. Praejecti, c. 23, *SRM.*, V p. 239. Si aliquis ...

presbyterum ... contradixerit, tunc comes ipsam personam per fidejussores positam [leg. positos] ante regem faciat ... venire. Pippini reg. capit. (a. 754-755), c. 3, I p. 32. Missi ... illum per fidejussores mittere faciant, ut ipse similiter veniat infra noctes 21 ante nos in rationes. *D. Karolin.*, I no. 88 (a. 774/775). [Latrones] aut per fidejussores aut sub custodia serventur, donec missi ibidem revertunt. Capit. Mantuan. (a. 781?), c. 10, p. 191. [Comites] tales [sc. qui fidelitatem jurare noluerint] aut per fidejussores mittant [i. e. dimittant] aut, si ipsi fidejussores non habuerint qui in praesentia domni regis illos abducant [i. e. adducant], sub custodia servent. Capit. missor. (a. 792 vel 786), c. 4, I p. 67. De his qui legem servare contempserint, ut per fidejussores ad praesentiam regis deducantur. Capit. missor. a. 803, c. 4, p. 115. [Malefactores] sub fidejussoribus ad nostrum placitum veniant. Capit. missor. Wormat. a. 829, c. 7, II p. 15. **2.** *caution, garant* de droit privé — *bail, surety* in civil law. Qui se porte garant pour l'exécution d'un engagement financier — who guarantees the fulfilment of a pecuniary liability. Fidejussorem pro ipsos soledos aliquem hominem illum oblegaverunt. F. Turon., no. 32, *Form.*, p. 155. Si wadiam suam solvendam quispiam liber homo tres fidejussoris habuerit liberus homines. Liutprandi leg., c. 128 (a. 731). Si fidejussor diem statutum [solutionis] non observaberit, tunc ipse tantum damni incurrat quantum manus sua fidejussoris [i. e. summa pecuniae pro qua fidejussit] exstitit; ille autem, qui debitor fidejussori exstitit, duplum restituat, pro eo quod fidejussorem in damnum cadere permisit. Capit. de part. Saxon. (a. 775-790), c. 27, I p. 70. Homo ingenuus qui multa[m] qua[m]libet solvere non potuerit et fidejussores non habuerit. Capit. legi Ribuar. add. a. 803, c. 3, p. 117. Qui garantit la possession tranquille d'un bien-fonds — who warrants the undisturbed possession of real property. Rerum suarum traditionem faciat et fidejussores vestiturae donet, qui ei, qui illam traditionem [i. e. rem traditam] accipit, vestituram facia[n]t. Capit. legib. add. a. 818/819, c. 6, I p. 282. Tradidit quasdam res proprietatis suae ad monasterium Prumiae coram istis fidejussoribus, quorum nomina sunt ... *D. Ludw. d. Deutsch.*, no. 131 (a. 870). Qui répond pour la promesse faite par un tiers de prêter un serment — who vouches for another man's promise to take an oath. Si quis alii wadia et fidejussorem de sacramentum dederit. Edict. Rothari, c. 360. **3.** *avoué*; homme puissant auquel un homme moins puissant abandonne les prétentions qu'il ne peut réaliser tout seul — *advocate*; powerful man to whom a less powerful person surrenders claims he cannot carry unaided. Sunt qui justitiam legibus recipere debent et in tantum fiunt in quibusdam locis fatigati, usque dum illorum justitiam per fidejussorum manus tradant, ita ut aliquid vel parvum possint habere et forciores suscipiant majorem porcionem. Capit. missor. Niumag. a. 806, c. 8, I p. 132. **4.** *exécuteur testamentaire, fidéicommissaire — executor of a will, trustee.* Brevem divisi[o]nalem facio ... fidejussoribus meis ... Isti omnes suprascripti licentiam habeant in omnibus distribuendi atque confirmandi omnes facultates meas eclesiis Dei sive clericis sive pauperibus atque omnibus cui ego injunxero. DOUAIS, *Cart. de Toulouse*, no. 280 p. 191 (a. 960-992). **5.** le *parrain* dans sa qualité de garant pour la foi chrétienne du filleul ou de la filleule — the *godfather* who stands sponsor for the Christian faith of the godchild. Homil., D'ACHÉRY, *Spicil.*, V p. 212. Ut ... patrini eos, quos de fonte lavacri suscipiunt, erudire summopere studeant, ... quia pro eis fidejussores existunt. Concil. Arelat. a. 813, c. 19, *Conc.*, II p. 252. Filios et filias spiritales, quos in baptismate suscipiunt et eis fidejussores et sponsores fidei existunt. Haitonis Basil. capit. (a. 807-823), c. 25, *Capit.*, I p. 366.

**fidejussorie**: *à titre de fidéjussion — by way of security.* S. xiii.

**fidejussorius** (adj.): *fidéjussoire — having the character of a security.* Subst. femin. **fidejussoria**: *fidéjussion — security.* Fidejussoriam requirere. JOH. AMALPH., Mir., ed. HUBER, p. 83.

**fidelis** (adj.): **1.** *digne de foi — worthy of belief.* Cum tribus testibus fidelibus et nobilibus. Concil. Dingolf. a. 770, c. 2, *Conc.*, II p. 94. Ut nullus recipiatur in testimonium nisi veraci [i. e. veraces] homines, nec ad sacramenta faciendum nisi fidelis. Capit. missor. (a. 813?), c. 9, I p. 182. **2.** **qui a la foi, croyant — believing.* Subst.: **1.** *fidèle* au sens large, *sectateur, compagnon, client — faithful follower* in general, *companion, retainer.* E.g.: Quae suis fidelibus et alumnis diversis in locis concessit. V. Desiderii Cadurc., c. 29, *SRM.*, IV p. 586. Senodociolum [i. e. xenodochium] ... nutrito ac fideli nostro G. commisimus. PARDESSUS, II no. 438 p. 240 (a. 696). Dono fidele meo P. res illas in pago W. Test. Abbonis Novalic. a. 739, PARDESSUS, II no. 559 p. 377. **2.** *fidèle du roi* (désigne la relation des dignitaires ecclésiastiques et laïques et des autres membres de l'aristocratie vis à vis du roi franc) — *a person who owes fealty to the king* (with regard to ecclesiastical and secular dignitaries and other members of the aristocracy in their relation to the Frankish king). Quicquid antefati reges ecclesiis aut fidelibus suis contulerunt aut adhuc conferre ... voluerint. Pactum Guntchr. et Childeb. II a. 587, *Capit.*, I p. 14. Quae unus de fidelibus ac leodebus sua fide servandum [i. e. servando] domino legitimo visus est perdedisse. Chloth. II edict. a. 614, c. 17, p. 23. Illi fidelis Deo propitio noster in manu nostra trustem et fidelitatem nobis visus est conjurasse. MARCULF., lib. 1 no. 18, *Form.*, p. 55. Una cum consilio fidelium nostrorum [sc. regis]. Ib., no. 32 p. 62. Fidelis noster, vir illustris Desiderius, tesaurarius noster. Dagoberti reg. epist. a. 630 ap. V. Desiderii Cadurc., c. 14, p. 572. Cum nus in palacio nostro una cum ... cunctis fedilebus nostris resederimus. *D. Merov.*, no. 70 (a. 697). Cum adessent nobis, cum singulis episcopis, abbatibus et comitibus, seu et reliqui fideles nostros Francos et Langobardos. Pippini reg. Ital. capit. (a. 782-786), prol., I p. 191. Omnes fideles nostri capitanei ... ad condictum placitum veniant. Memor. de exerc. praep. a. 807, c. 3, p. 135. Homines fidelium



nostrorum, quos [sc. fideles] nobiscum vel ad servitium nostrum domi remanere jussimus, in exercitum ire non compellantur. Capit. missor. de exerc. promov. (a. 808), c. 9, p. 138. Capitula ... cum omnibus fidelibus nostris considerare placuit. Ordin. imp. a. 817, prol., p. 271. Fideles imperii nostri. F. imper., no. 3, *Form.*, p. 289. Per fidelem regis ejus auditibus denuntianda procuret. Lex Visigot., lib. 6 tit. 1 § 5, *Form.*, p. 180. Si quiscumque liber homo in servitio de gasindio regis aut ejus fidelis introierit. Leg. Longob., Ratchis, c. 11. Cf. Ch. E. ODEGAARD, *Vassi and fideles in the Carolingian Empire*, Cambridge (Mass.), 1945. **3.** *fidèle* au sens technique, *recommandé, vassal — a person who has recommended himself and sworn fealty, vassal.* Seniores cum veraciter fidelibus suis haec ... exsequantur. Conv. ap. Marsnam a. 851, c. 8, *Capit.*, II p. 74. Fidelis noster comes S. expetiit ... quatinus cuidam nostro atque suo pariter fideli nomine E. ... quasdam res ... concedere dignemur. *D. Charles le Simple*, no. 99 (a. 919). Omne beneficium, quod ex me nunc vel deinceps nostri fideles habent aut habebunt. DC.-F., III p. 486 col. 3 (ch. a. 927, Bretagne). Oppidum ... quod Gisleberti fideles tutabantur. FLODOARD., Ann., a. 925, ed. LAUER, p. 31. PROU-VIDIER, *Ch. de S.-Benoît-s.-Loire*, I no. 63 (a. 978). [Beneficii possessio] usque ad vitam fidelis produceretur. Lib. feudor., antiq., tit. 1 § 2 (vulg., lib. 1 tit. 1), ed. LEHMANN, p. 84. Ibi saepe. Si contigerit feudum incuria aut fidelis neglectu consortibus applicari. *Const.*, I no. 57 (a. 1047-1056). Ricardi sacramento verae fidei fidelibus effectis, manibus illorum ejus manibus vice cordis datis ... DUDO, lib. 4 c. 128, ed. LAIR, p. 297. Septem principalia beneficia ... morte septem nobilissimorum ecclesiae fidelium in unam personam ... devoluta sunt. Chron. Lauresham., *SS.*, XXI p. 435. Comiti Th. de Ara meo [i. e. archiepiscopi Colon.] fideli. LACOMBLET, *UB. Niederrh.*, I p. 191 no. 292 (a. 1121). **4.** *ecclésiastique subordiné à un évêque* (cette subordination étant assimilée à la vassalité) — *an ecclesiastic who is subordinate to a bishop* (this subserviency being considered as a sort of vassalage). Gerundensis ecclesie presul G. nomine expeciit ... ut fidelibus suis quasdam res ... confirmaremus. Cujus petitionem benigne suscipientes concedimus quibusdam fidelibus suis, videlicet archidiachono suo S. ... *D. Charles le Simple*, no. 117 (a. 922). **5.** **chrétien — Christian.* Cf. H. HELBIG, *Fideles Dei et regis. Arch. f. Kulturgesch.*, t. 33 (1951).

**fidelitas**: **1.** *le devoir de la fidélité* qui incombe aux sujets à l'égard du roi — *the obligation of allegiance* towards the king. Sequebatur eum rustica multitudo, dantes sacramentum fidelitatis. GREGOR. TURON., Hist. Franc., lib. 3 c. 14. Fidelitatis obtento ... rex Eligio ... praecipiebat ut ... donaret sacramentum. V. Eligii, lib. 1 c. 6, *SRM.*, IV p. 673. Fidelitatem ... nobis et leudesamio ... dibeant promittere et conjurare. MARCULF., lib. 1 no. 40, *Form.*, p. 68. De sacramentis fidelitatis causa, quod nobis et filiis nostris jurare debent, quod his verbis contestari debet: Sic promitto ego ille partibus domini mei Caroli regis et filiorum ejus, quia fidelis sum et ero diebus vitae meae sine fraude et malo ingenio. Dupl. legat. edict. a. 789, c. 18, *Capit.*, I p. 63. Isti infideles homines ... inquisiti dixerunt, quod fidelitatem ei [sc. regi] non jurasset. Capit. missor. (a. 792 vel 786), c. 1, p. 66. Omni[s] homo in toto regno ..., qui antea fidelitate[m] sibi regis nomine promisissent, nunc ipsum promissum nomine cesaris faciat. Capit. missor. gener. a. 802, c. 2, p. 92. De sacramento. Ut hi qui antea fidelitatem partibus nostris non promiserunt, promittere faciant, et insuper omnes denuo repromittant. Capit. missor. Niumag. a. 806, c. 2, p. 131. Omnes vos vult salvos esse et sine aliqua occasione omnes vos ad Dei servitium et ad suam fidelitatem adtrahere cupit. Missatic. III ad Aquit. et Franc. a. 856, *Capit.*, II p. 284. Si eum [sc. nostrum infidelem] ad nostram fidelitatem revocare nequiverit. Capit. Pap. a. 876, c. 15, p. 103. Rex ... cogens ad fidelitatem pueri civium turmas. DUDO, ed. LAIR, p. 227. Petrum ... B. abbatis ... fore feodalem hominem ... cum eo ... servicio, tantummodo salva regis fidelitate. *Engl. Hist. Rev.*, t. 42 (1927), p. 244 (a. 1086-1098). Cf. A. DUMAS, *Le serment de fidélité et la conception du pouvoir du Ier au IXe siècle, RHDFE.*, 4e sér. t. 10 (1931), pp. 30-51 et 289-321. F. LOT, *Le serment de fidélité à l'époque franque, RBPH.*, t. 12 (1933), pp. 569-582. A. DUMAS, même titre, ib., t. 14 (1935), pp. 405-426. Ch. E. ODEGAARD, *Carolingian oaths of fidelity. Speculum*, t. 16 (1941), pp. 284-296. F.-L. GANSHOF, *Charlemagne et le serment*, dans *Mélanges Louis Halphen*, 1951, pp. 259-270. **2.** *l'acquittement effectif du devoir de fidélité — the actual performance of the obligation of allegiance.* Ad illius [sc. regis] praesentiam et fidelitatem atque servitium venire. Capit. missa de Caris. a. 856, c. 12, I p. 281. **3.** le *serment de fidélité prêté au roi* par les sujets — *oath of allegiance* to the ruler. De fidelitate facta regi ..., quod omnes episcopi, duces et reliqui principes, milites primi, milites gregarii, quin ingenui omnes, si alicujus momenti sint, regibus fidem faciant. WIPO, G. Chuonradi, c. 4, ed. BRESSLAU, p. 24. Fidelitatem non indebitam de more suscepit. Electio Lotharii regis, c. 7, *SS.*, XII p. 512. **4.** loc. fidelitas vestra: phrase par laquelle le roi s'adresse à ses fidèles — phrase used by the king in addressing his subjects. Admon. ad omnes ord. (a. 823-825), c. 8, *Capit.*, I p. 304. Conv. Leodii hab. a. 854, c. 1, II p. 77. Capit. Papiae pron. a. 865, c. 1, p. 92. **5.** *foi vassalique — vassalian fealty.* In manu nostra trustem et fidelitatem nobis visus est conjurasse. MARCULF., lib. 1 no. 18, *Form.*, p. 55. De juramento: ut nulli alteri per sacramentum fidelitas promittatur, nisi nobis [i. e. imperatori] et unicuique proprio seniori ad nostram utilitatem et sui senioris. Capit. missor. Theodonisv. II a. 805, c. 9, I p. 124. Summo pontifici oboedientiam, vobis [sc. imperatori] autem debemus [sc. episcopi] fidelitatem. ANSELM., G. episc. Leodiens., c. 58, *SS.*, VII p. 224 l. 22. Euangelicum praeceptum servantes jurare illi fidelitatem noluerunt. SIMEON DUNELM., De Dunelm. eccl., lib. 3 c. 22, ed. ARNOLD, I p. 112. [Willelmus rex] milites [baronum] sibi fidelitatem contra omnes homines jurare coegit. FLOR. WIGORN.,

a. 1086, ed. THORPE, II p. 19. Hominium sibi cum sacramento fidelitatis exhibens ducatum ab eo suscepit. OTTO FRISING., *G. Friderici*, lib. 1 c. 21, ed. WAITZ-SIMSON, p. 35. Hominium fecit et fidelitatem juravit. HUGO FLAVIN., *SS.*, VIII p. 479. **6.** *acquittement des devoirs d'un vassal vis à vis du seigneur — performance of a vassal's obligations towards his lord.* W. vassallus noster, suam exequendo fidelitatem ad nos veniens. D. Ludov. Pii a. 833, *Hist. de Languedoc*³, II pr. no. 84 col. 184. **7.** *vasselage, relation vassalique, contrat vassalique — vassalage, vassalian tie, contract of vassalage.* De mediocribus liberis, qui non possunt per se hostem facere, comitum [genet. object., ni fallor] fidelitati committimus ut inter duos aut tres seu quatuor ... uni ... adjutorium praebeant. Capit. Olonn. mund. a. 825, c. 1, I p. 329. Volentes attrahere praedictum A. in nostra fidelitate ... jussimus illi talem precariam fieri. D. Radulfi reg. Fr. a. 925, *Hist. de Fr.*, IX p. 569. Medietatem totius terre nostro usui vellent relinquere partemque alteram ad fidelitatem nostram [genet. obj.] sibi habere. Gregor. VII pap. registr., lib. 8 epist. 10, ed. CASPAR, p. 529. **8.** *serment de fidélité prêté par le vassal au seigneur — oath of fealty sworn by a vassal to his lord.* Qui domino suo fidelitatem jurat, ista sex in memoria semper habere debet: incolume, tutum, honestum, utile, facile, possibile [etc.]. Fulberti Carnot. epist. ad Guill. V Aquit. ducem a. 1020, *Hist. de Fr.*, X p. 463; inserta in Decr. Grat. c. 18 C. XXII q. 5, deinde in Lib. feudor., vulg., lib. 2 tit. 6, ed. LEHMANN, p. 120 sq. Utrum investitura praecedere debeat fidelitatem an fidelitas investituram, quaesitum scio. Lib. feudor., antiq., tit. 8 § 9 (vulg., lib. 2 tit. 4), ib., p. 120. Eos qui excommunicatis fidelitate aut sacramento constricti sunt, apostolica auctoritate a sacramento absolvimus. Gregor. VII pap. registr., lib. 5 no. 14a, c. 15, ed. CASPAR, p. 372. Si feudum a laico sacerdos tenuerit ..., talem faciat ei fidelitatem quod securus sit. Synod. Rotomag. a. 1095 ap. ORDER. VITAL., lib. 9 c. 3, ed. LEPRÉVOST, III p. 473. Fidelitatem episcopo fecit de reliquis bonis. G. Lietberti Camerac., c. 20, *SS.*, VII p. 496. Castellaniam ... hominio facto et fidelitate praestita suscepit. G. pontif. Camerac. abbrev., c. 12, ib., p. 506. Si tale sit beneficium, ut fidelitas sit praestanda. *Const.*, I no. 149 (a. 1154), c. 1. Rex Danorum Petrus ... hominio et fidelitate nobis facta coronam regni de manu nostra suscepit. Frider. imp. epist. a. 1157 ante OTTONIS FRISING. G. Frider., ed. WAITZ-SIMSON, p. 1. Beneficiati ecclesiae ... fidelitatem ei faciunt. RUDOLF., G. abb. Trudon., lib. 3 c. 3, *SS.*, X p. 241.

**fides**: **1.** *fidélité,* notamment la fidélité que le vassal doit à son seigneur — *fealty,* especially the fealty a vassal owes to his senior. Quae unus de fidelibus ac leodibus, suam fidem servandum [i. e. servando] domino legitimo, ... visus est perdedisse. Chloth. II edict. a. 614, c. 17, *Capit.*, I p. 23. Non mutabor a fide quam Theuderico promisi coram Domino conservare. Pass. I Leudegarii, rec. A (s. vii ex.), c. 24, *SRM.*, V p. 306. Qui nobis fidem pollicentur inlesam, nostro tueantur auxilio. MARCULF., lib. 1 no. 18, *Form.*, p. 55. Si quis seniorem suum, cui fidem mentiri non poterit, secutus fuerit. Decr. Vermer. (a. 758-768), c. 9, *Capit.*, I p. 41. Coeperunt fideles Bajoarii dicere, quod Tassilo fidem suam salvam non haberet, nisi [i. e. immo] postea fraudulens apparuit. Ann. regni Franc., a. 788, ed. KURZE, p. 80. Hi qui imperatori fidem promittebant, mentiti sunt. ASTRON., V. Ludov., c. 48, *SS.*, II p. 635. Illi fidem mentiti et Karlo conjuncti. RUODOLF., Ann. Fuld., a. 858, ed. KURZE, p. 51. **2.** *vasselage,* la condition d'un vassal vis à vis d'un seigneur — *vassalage,* the position of a vassal in relation to a senior. Illis qui ad fidem avi et genitoris nostri vel ad nos venerint. Capit. Baiwar. (ca. a. 810?), c. 8, I p. 159. Ad nostram fidem de iniquorum potestate fugiendo confluxerint. Const. de Hisp. I a. 815, c. 5, p. 262. Eisdem Hispanis posteritatique eorum vel ipsis qui postea ad eorum fidem venerint. *D. Charles le Chauve*, no. 40 (a. 844). **3.** *serment de fidélité — oath of fealty.* Fidem dedit is, qui hominium fecerat, prolocutori comitis. GALBERT., c. 56, ed. PIRENNE, p. 89. **4.** *promesse de sauvegarde, de sûreté — promise to safeguard a person.* Nos vobis damus Dei et nostri senioris Karoli fidem et de suis episcopis et fidelibus clericis fidem quia ... sani ambuletis [ad Karolum] et sani cum illo sitis et sani ... retornetis. Capit. missa de Caris. a. 856, c. 14, II p. 282. **5.** gener.: *promesse solennelle, engagement — solemn promise, engagement.* De manu quae fidem fecerat. GREGOR. TURON., Glor. conf., c. 67, *SRM.*, I p. 788. Ejus [sc. servi] praesentiam [i. e. praesentiae] [dominus] cum fistuca fidem faciat. Lex Ribuar., tit. 30 § 1. **6.** spec.: *promesse de paiement — promise to pay a debt.* Si quis ingenuus aut letus alteri fidem fecerit, tunc ille cui fides facta est in 40 noctes — aut quomodo placitum fecerit quando fidem fecit — ad domum illius ... accedere debet. Et si ei noluerit fidem facta[m] solvere, hoc est sol. 15 super debitum quod fidem fecerit culpabilis judicetur. Lex Sal., tit. 50 (ubi inscr.: De fides factas). Si inter ipsas 42 noctes nec fidem facere nec conponere voluerit. Chilper. edict. (a. 561-584), c. 8, *Capit.*, I p. 9. Si de ipso censo neglegens apparueris, fidem exinde facias et ipsas res perdere non debeas. F. Turon., addit. 3, *Form.*, p. 160. In exfaido et fredo solidos quindecem pro hac causa fidem facere debirit. *D. Merov.*, no. 66 (a. 693). Si de isto censu tardus aut negligens apparuero, fidem exinde faciam et ipsum censum solvam. BEYER, *UB. Mittelrh.*, I no. 21 p. 26 (a. 767, Prüm). Ubi fidem ipsi agentes aut reliqui homines memorate ecclesie accipiebant. *D. Karolin.*, I no. 66 (a. 772). Si cuilibet homini sacramentum debet aliquis, ... si jurare contempserit, fidem faciat et sol. 15 componat qui jactivus apparuit. Capit. de partib. Saxon. (a. 775-790), c. 32, I p. 70. Ut unusquisque judex per singulos annos [rationem reddat] ... quid de fide facta vel freda [receperit]. Capit. de villis, c. 62. [Parentes interfecti debent] datam fidem [i. e. data fide] paratam compositionem recipere et pacem perpetuam reddere. Capit. missor. gener. a. 802, c. 32, I p. 97 l. 24. Haribannum nostrum pleniter rewadiet et de solvendo illo secundum legem



fidem faciat. Capit. missor. de exerc. prom. a. 808, c. 2, p. 137. Item ib., c. 5. **7.** *cautionnement — security.* Quimcumque admallatus fuerit ... et necesse est ut initium [leg. mitium, cf. G. WAITZ, *Deutsche Verfassungsgesch.*, II 1³ (1882) p. 429] fidem faciant et non habuerit ... qui pro eum fidem faciat. Chilper. edict., c. 7, *Capit.*, I p. 9. Si A. jam dicto [i. e. dictum] M. non repraesentaret, faciat partibus F. pro fide fracta sicut lex est. PÉRARD, *Rec. de Bourg.*, p. 35 (a. 816, Autun). Nullus in eorum [sc. vicariorum] judicio aliquis in servitio [i. e. servitium] hominem conquirat, sed per fidem remittantur [i. e. remittatur, sc. homo] usque in praesentia[m] comitis. Pippini capit. Ital. (a. 801-810), c. 14, I p. 210. **8.** *caution,* celui qui se porte garant — *bail,* one who goes bail. Posuit exinde fidem Dominicone[m], ... qui oblicavit ... omnes pigneras et boves et reliquas bestias suas. *CD. Langob.*, no. 476 col. 824 B (a. 918, Milano). **9.** *serment judiciaire — judicial oath.* [Dominus] si servum [hominicidam] dare [i. e. tradere] non potuerit, in ipso juramento fide data donet, quod nec ibi sit ubi eum sensit nec scit nec eum atingere possit. Chilper. edict., c. 6, *Capit.*, I p. 8. Illi [sc. testes ad inquisitionem adhibiti] post datam fidem et interrogatione facta dixerunt ... *D. Ludw. d. Deutsch.*, no. 66 (a. 853?). **10.** *serment* quelconque — any *oath.* Fidem sibi fecit per sacramentorum et obsidum pignus, ut ... eum ad dominum et regem publice laudaret statimque coronaret. WIPO, G. Chuonradi, c. 7, ed. BRESSLAU, p. 29. Rex Franciae calumniatur te de fide laesa et perjurio, quia jurasti et fidem dedisti quod venires hodie ad colloquium. ROGER. HOVED., a. 1195, ed. STUBBS, III p. 304. Omnes ad amicitiam pertinentes ville per fidem et sacramentum firmaverunt, quod unus subveniet alteri tanquam fratri suo. Lex amicitiae Aire-sur-la-Lys a. 1188, ESPINAS, *Rec. Artois*, no. 20, c. 2. **11.** *fidéicommis — trusteeship.* Molendinum unum nostri juris ... in fidem et manus commisimus fidelium amicorum nostrorum ... ut, ubi filie mee ... permanserint, eidem loco [i. e. monasterio] predictum contradant molendinum. STIMMING, *Mainzer UB.*, I no. 418 p. 323 (a. 1104). **12.** **foi chrétienne, religion chrétienne — Christian faith, Christian religion.* **13.** **doctrine religieuse — religious doctrine.* **14.** **confession de foi, symbole doctrinal — confession of faith, doctrinal symbol.*

**fidiator** (< fides): *caution — bail.* Qui ... aliquem pignoraverit, nisi debitorem aut fidiatorem suum. Fuero de Leon (a. 1017-1020), c. 47, WOHLHAUPTER, p. 18.

**fiducia**: **1.** *confiance, l'espoir de pouvoir bénéficier de la protection de qq'un — reliance, expectation to be protected by a person.* Cernens ... quod minime potuisset evadere, in fiduciam fratrum suorum venit. Ann. Mettens. prior., a. 741, ed. SIMSON, p. 32. Ispanos qui ad nostram fiduciam de Ispania venientes. *D. Karolin.*, I no. 217 (a. 812). Ut ... qui in nostra fiducia huc veniunt, sive orationis sive negotiandi gratia, salvi esse possint. Capit. Pap. a. 850, c. 1, II p. 86. **2.** *promesse solennelle — solemn promise.* Jurejurando fiduciam mihi dederunt, ne unquam in futurum hec mea emptio et eorum venditio per aliquem de suis heredibus reclamaretur. GRASILIER, *Cart. de Saintes*, no. 225 p. 144 (a. 1047). Optulit illis fidem facere, quod in curia sua tractaret ... Data itaque fidutia ... G. Gerardi II episc. Camerac., c. 2, *SS.*, VII p. 498 l. 21. **3.** *serment de fidélité — oath of fealty.* Clerici trahant causam feodorum in curiam christianitatis, propter hoc quod dicunt quod fiducie vel juramentum fuerunt inter eos. *Ordonn.*, I p. 39 (s. xiii in.) Mandavit imperator comiti ut faceret ei hominium et fiduciam. ANON., G. Francorum, c. 6, ed. BRÉHIER, p. 32. **4.** *crédit, renom, influence — credit, reputation, influence.* Confido quod magnam apud Deum habent fiduciam. Phil. I reg. Fr. epist. (a. 1093), MIGNE, t. 159 col. 839. **5.** *caution,* celui qui se porte garant — *bail,* one who goes bail. S. xiii.

**fiducialiter**: **avec confiance — in confidence.*

**fiduciare**: *promettre de manière solennelle, engager sa foi — to promise upon one's word and honour.* Hoc fiduciavit archiepiscopus et comes et omnes alii. Concil. Arvern. a. 1095, c. 9, MARTÈNE, *Thes.*, IV col. 123. Hanc summam coram nobis fiduciaverunt se reddituros. D. Ludov. VII reg. Fr. a. 1165 ap. DC.-F., III p. 492 col. 2. [Regi] fiduciavit quod communie deinceps non consentiret, sed eam penitus dissiparet. Hist. Ludov. VII reg., c. 24, ed. MOLINIER, p. 175. Nos pro nobis Matheum ducem Lotharingie fecimus hoc fiduciare. Frid. I imp. conv. cum Ludov. rege Fr. a. 1171, *Const.*, I no. 237. Usque ad quinquennium treugas dedimus et fiduciavimus. Innoc. III registr., no. 13, ed. W. HOLTZMANN, p. 24.

**fidus** (adj.): **1.** *plein de confiance — confident.* Fidus de caelesti munere. IONAS, V. Columbani, ed. KRUSCH, p. 184. **2.** *confidentiel, secret — confidential, private.*

**fiertella**, v. firtallus.

**fievum** et derivata, v. feod-.

**figere**: **1.** **affirmer, établir catégoriquement — to assert, to ascertain.* **2.** *valider — to validate.* Ego A. scripsi et testibus fixi. DRONKE, *CD. Fuld.*, no. 103 p. 61 (a. 792).

**figmentum**: **1.** **représentation, image — notion, image.* **2.** **création, créature — creation, creature.* **3.** **fiction, invention poétique — fiction, poetical invention.* **4.** **mensonge, invention fausse — lie, forgery.* **5.** *tromperie, fourberie — deceit.*

**figura**: **1.** **préfiguration, symbole, allégorie — type, symbol, allegory.* **2.** **sens allégorique — allegorical meaning.* **3.** *lettre, caractère — letter, character.* **4.** *chiffre, nombre — cipher, number.* **5.** loc. in figura judicii: dans toutes les formes d'un plaid — by formal legal proceedings (cf. Cod. Justin., 7, 6, 1, 10; Gloss. ad Dig. 38, 16, 2, 1). E.g.: Per sententiam scabinorum in figura judicii ita obtinuit. HOENIGER, *Koelner Schreinsurk.*, II p. 296 c. 7 (a. 1183/1184).

**figuralis**: **figuré, symbolique, allégorique — figurative, symbolical, allegorical.*

**figuraliter**: **en style figuré, allégoriquement — figuratively, allegorically.*

**figurare**: **1.** *frapper, empreindre — to imprint, to stamp.* Solidos auro figuratos. Chron. s. Bened. Casin., *Scr. rer. Langob.*, p. 473. **2.** *sceller — to seal.* **3.** **figurer, représenter allégoriquement, symboliser — to figurate, to represent by allegory, to symbolize.*

**figurate**: *i. q. figuraliter.
**figuratio**: **allégorie, préfiguration — allegory, prefiguration.*
**fihtwita** (anglosax.): *amende pour une rixe — fine for fighting.* S. xii, Angl.
**filacium** (< filum): **1.** *fil, corde — yarn, thread.* S. xiii, Angl. **2.** *liasse — file for documents.* S. xiii, Angl.
**phylacterium**, -a (femin.) (gr.): **1.** **amulette des païens — amulet* used by pagans. **2.** **fragment de parchemin* où étaient inscrits des versets de la Bible et que les Juifs portaient pendant la prière — *strip of parchment* inscribed with scriptural sentences, worn by Jews during prayer. **3.** *bourse à reliques* ou autre reliquaire de dimensions médiocres qu'on portait au cou — *satchel or small box containing relics of a saint,* worn hanging on a necklace. V. Gauzlini (s. xi med.), c. 3, *NA.*, t. 3 (1878), p. 353. Secretarius debet omnibus [monachis] filacteria dare. Consuet. Cluniac. antiq., rec. C, c. 25, ed. ALBERS, II p. 52. Eant fratres et accipiant philacterias de manu secretarii . . . et suspendant sibi ad collum. Sigiberti abb. consuet., c. 36, ib., p. 110. Est filacterium quod vere dicitur s. Landoaldi fuisse proprium, in quo qui perjurare presumit, non impunitus abscedit. HERIGER., Transl. Landoaldi, GYSSELING-KOCH, *Dipl. Belg.*, p. 238. Pallium ejus et phylacteria, sed et balteus ejus consuetudinaliter osculantur. JOH. DIAC., V. Gregorii M., lib. 4 c. 80, MIGNE, t. 75 col. 228 A. Philaterium continens dentem s. Vincentii levite et martyris. RADULF. GLABER, lib. 3 c. 2, ed. PROU, p. 59. Sacerdos phylacterium, quo dens filii Dei continetur, a collo subtractum tenens. *Catal. cod. hagiogr. Bibl. Bruxell.*, I p. 238 (s. xi). HELGALD., V. Roberti, *Hist. de Fr.*, X p. 103. **4.** *petit reliquaire suspendu à une croix — small reliquary fastened to a cross.* Philacteria [singul.] crucis dominice, quam adorare debet tacite pontifex, super eodem altari corporale cooperta esse possint. Ordo Rom. XXX B (s. viii ex.), c. 42, ANDRIEU, III p. 497. Duo phylacteria in cruce pendentia. Test. Everardi a. 867, DE COUSSEMAKER, *Cart. de Cysoing*, p. 2. Crucem eburneam cum duobus philacteriis. Actus pontif. Cenom., c. 37, ed. BUSSON-LEDRU, p. 453. Crux que adoranda est erigatur . . . et suspendatur ei una philacteria ad collum. Sigiberti abb. consuet., c. 31, o.c., p. 96.
**filare** (< filum): **filer — to spin.* Puella quaedam . . . filans die dominico. FORTUN., V. Germani, c. 16, *SRM.*, VII p. 383.
**philargyria** (gr.): **amour de l'argent, cupidité, avarice — love of money, greed, avarice.*
**filaria**: *fileuse — spinner.* S. xiii, Ital.
**filatorium**: *filature — spinning factory.* S. xiv, Ital.
**filatrix**: *fileuse — spinner.* S. xiii.
**filcaria,** filgaria, v. filicaria.
**filectum** = filictum ("fougeraie — ferny field").
**filetum,** filettum: **1.** *fil — yarn, thread.* S. xii. **2.** *filet — net.* S. xiii.
**filex** = filix.
**filia**: *église-fille — daughter-church.* Affirmabant illam [ecclesiam de H.] ad suam ecclesiam pertinere et omnia que debet matri filia ecclesiam de H. ecclesie de S. debere persolvere. MULLER-BOUMAN, *OB. Utrecht*, I no. 273 p. 253 (a. 1105). Ceteras ecclesias, quas filias appellamus. ROUSSEAU, *Actes de Namur*, no. 2 (a. 1121). Ad Saviniacense monasterium tanquam filiae spectant. D. Frid. I imp. a. 1162, *Gall. chr.*², IV instr. col. 19.
**filialis**: *qui concerne la relation entre une église-mère et une église-fille — concerning the relation between a mother-church and a daughter-church.* Ecclesiam . . . liberam . . . facimus, nichil excipientes preter orationem et obedientiam filialem. MULLER-BOUMAN, *OB. Utrecht*, I no. 350 p. 322 (a. 1134).
**filiaster**: **1.** *beau-fils — stepson.* Ann. Mett. prior., a. 830, ed. SIMSON, p. 96. V. Meingoldi, c. 7, *SS.*, XV p. 559. LEO OST., lib. 1 c. 10, *SS.*, VII p. 587. **2.** *fils bâtard — bastard-son.* Si quis filiastrum aut filiastram ante episcopum ad confirmationem tenuerit, separetur ab uxore sua et alteram non accipiat. Decr. Compend. a. 757, c. 15, *Capit.*, I p. 38. **3.** *petit-fils né d'une fille — grandson born from a daughter.* JOH. VICTOR., lib. 3, ed. SCHNEIDER, I p. 377. **4.** *gendre — son-in-law.* S. xiv.
**filiastra**: *belle-fille — stepdaughter.* Canones, MIGNE, t. 56 col. 891 A. Edict. Rothari, c. 185. Decr. Vermer. (a. 758-768), c. 2 et 11, *Capit.*, I p. 40 sq. Arechis Benev. capit., c. 8, *LL.*, IV p. 208. Concil. Mogunt. a. 813, c. 56, MANSI, t. 14 col. 75 C.
**filiatio**: **filiation du Verbe — sonship of the Word.*
**filicaria,** filc-, filg-, felg-, fulg-, fog-, feug-, -eria (< filix): *fougeraie — ferny field.* In brugarias necnon et felgarias. GERMER-DURAND, *Cart. de Nîmes*, no. 5 p. 12 (a. 892). Percursum 100 porcorum in glande et filgeria. CHARLES-MENJOT, *Cart. du Mans*, no. 245 col. 148 (a. 1067-1070).
**filietas**: **filiation du Verbe — sonship of the Word.*
**filiola**: *filleule — goddaughter.* V. Balthildis, recensio A, c. 14, *SRM.*, II p. 500 (rec. B: infantulam quam ex fonte sacri baptismatis susceperat). Filiolus aut filiola spiritalis de fonte aut de conversatione. Haitonis Basil. capit. (a. 807-823), c. 21, *Capit.*, I p. 365.
**filiolatus** (decl. iv), filo-, -ladium, -lagium: *cadeau du parrain au filleul ou à la filleule — present by the godfather to the godchild.* Vineam . . . quam G. dedit matri mee in filiolatu. BERNARD-BRUEL, *Ch. de Cluny*, I no. 322 (a. 927-942). Terram quam mihi B. et W. in filoladium dederunt. Ib., II no. 924 p. 35 (a. 954-994). Dedit ei [sc. regi Danorum] imperator in filiolatu unum comitatum. ADEMAR., lib. 3 c. 11, ed. CHAVANON, p. 126. [Terra] quam ei comes amore filiolatus dederat. Addit ad. G. consul. Andegav., ed. HALPHEN-POUPARDIN, p. 149.
**filiolus**: *filleul — godson.* Regina filium protulit et Eligius eum filiolum habuit. V. Eligii, lib. 2 c. 32, *SRM.*, IV p. 717. V. Dagoberti, c. 12, ib., II p. 519. V. Nivardi Remens. (s. ix), c. 10, ib., V p. 168. NITHARD., lib. 2 c. 2, ed. LAUER, p. 40. RIMBERT., V. Anskarii, c. 19, ed. WAITZ, p. 39.
**fillo,** v. fello.
**philomena** = philomela ("rossignol — nightingale").
**philosophari**: *mener une vie monachale — to live a monk's life.* Ad vicinam insulam, in qua coenobitarum multitudo philosophabatur, tonso ei . . . capite ad philosophandum trans-



mittunt. LIUDPRAND. CREMON., Antap., lib. 5 c. 21, ed. BECKER, p. 142. Iterum c. 22, p. 144.
**philosophia**: *la vie monachale — monk's life.* In monasterio quo sanctus iste phylosophya Benedicti patris nutritus erat. BRUNO, V. Adalberti, c. 27, *SS.*, IV p. 609.
**philosophus**: **1.** *écolâtre — schoolmaster.* A matre . . . magisterio G. philosophi traditur. THIETMAR., lib. 6 c. 58. **2.** *moine — monk.* Religiosos phylosophosque viros non solum amabat, verum etiam fortiter honorabat. LIUDPRAND. CREMON., Antap., lib. 3 c. 19, ed. BECKER, p. 81.
**filtrare,** feltrare (< filtrum): *doubler de feutre — to line with felt.* S. xiii.
**filtrinus** (< filtrum): *de feutre — felt.* Soccos filtrinos 2. Adalhardi Corbej. stat., c. 3, ed. LEVILLAIN, *LMA.*, t. 13 (1900) p. 353. Calcias filtrinas paria 1. MABILLON, *Acta*, III pt. 1 p. 102 (a. 625 ?). Domos filtrinas [des tentes — tents]. ARNOLD. LUBEC., Chron. Slav., lib. 1 c. 9, ed. LAPPENBERG in us. sch., p. 25.
**filtro,** viltro (genet. -onis) (< filtrum): *pantoufle de feutre — felt slipper.* Calceamenta hiemalia, id est filtrones, intrante hieme dantur. Consuet. Fructuar. (s. xi), lib. 2 c. 8, ALBERS, IV p. 143. Duo paria calceorum . . ., unum par viltronum ad hiemem in nocte. UDALRIC., Cons. Cluniac., lib. 3 c. 11, MIGNE, t. 149 col. 752 B.
**filtrum,** pilt-, philt-, vilt-, felt-, feut-, faut-, -rus (germ.): **1.** *feutre, pièce de feutre — felt, piece of felt.* Pars ferro galeas imitatur equestres, pars triplici philtro. Carmen de bello Saxon., lib. 3 v. 106, *SS.*, XV p. 1231. Piltris loricae fiunt. EKKEHARD., Cas. s. Galli, c. 3, *SS.*, II p. 104 l. 39. **2.** *coussin* ou *matelas de feutre — felt pillow* or *mattress.* Cortinae, stragula, tapetia, filtra. Test. Karoli M. a. 811 ap. EGINHARD., V. Karoli, c. 33, ed. HALPHEN, p. 98. Ad salla [i. e. sella] episcopo dossales duos tapecios et feltros duos obtimos. DE MARCA, *Marca hisp.*, app. col. 973 (ch. a. 1010, Urgel). Ad lectum habeto stramen, filtrum . . . BERNARD. CARTH. PORT., epist. 3, MIGNE, t. 153 col. 894 C. Lectus ejus filtrum erat. V. Galterii Pontisar. (post a. 1114), § 10, *AASS.*, Apr. I p. 756 A. **3.** *caparaçon de feutre — felt horse-cloth.* Si quis in exercitu aliquid furaverit, pastorium, capistrum, frenum, feltrum . . . Lex Baiwar., tit. 2 c. 6 § 1. Cavallos 5 cum saumas et rufias et filtros. WARTMANN, *UB. S.-Gallen*, I no. 10 (a. 744). Sub saugmario abscondens se filtro. OTHLO, V. Wolfkangi, c. 35, *SS.*, IV p. 540 l. 8. Somarium bonum cum viltro et sella. KÖTZSCHKE, *Urbare Werden*, p. 90 (s. xi in.) **4.** *tente de feutre — felt tent.* Relictis tentoriis et filtris montana profugi ascenderant. TAGENO PATAV., ed. FREHER-STRUVE, I p. 412. **5.** *arrêt, plaque de feutre pour y appuyer la lance — felt buffer for lance.* Ictu quodam quod vulgariter de feltro dicitur. GISLEBERT. HANON., c. 57, ed. VANDERKINDERE, p. 98. **6.** *filtre — filter.*
**filum**: **1.** *le fil d'un fleuve — the current of a river.* Medio e fluvii filo ad portum . . . pervenit. IONAS, V. Columb., lib. 1 c. 22, ed. KRUSCH, p. 201. **2.** *file — file, row.* Communicat regionarios per ordinem qui in filo steterant. Ordo Rom. I (s. vii ex.), c. 118, ed. ANDRIEU, II p. 105. Etiam c. 64, p. 89.
**fimare** (< fimus): *fumer* la terre — *to manure.* Capit. Aquisgr. (a. 801-813), c. 19, I p. 172. Brevium exempla, c. 8, ib., p. 252.
**fimarium,** fumarium: *fumier — dungheap.* S. xiii.
**finagium** (< finis): **1.** *finage — township.* Ecclesia s. Aniani . . . cunctaque ad ipsam parrochiam pertinencia, oblaciones videlicet et sepulture et omnis decimacio tam grossa quam minuta infra finagium a quolibet elaborata. QUANTIN, *Cart. de l'Yonne*, I p. 207 no. 108 (a. 1101, Tonnerre). Quidquid habebam apud C. et in banno et finagio dictae villae. CALMET, *Lorraine*, V pr. col. 303 (a. 1138, Toul). **2.** une *coutume*, primitivement redevance pour la détermination des limites des parcelles — a *customary tax,* paid originally in return for fixation of boundaries. S. xiii.
**finalis** (adj.): **1.** **relatif aux limites — concerning boundaries.* **2.** **final, de la fin, qui vient à la fin — final, ultimate.* **3.** *qui fait partie d'un domaine — forming part of an estate.* [Dux] dedit . . . R. episcopo eundem locum [sc. Juvavum] ad episcopii sedem cum finalibus locis ibidem adjacentibus. Breves notit. Juvav. (ca. a. 790), c. 2, HAUTHALER, *Salzb. UB.*, I p. 19. Subst. neutr. **finale**: **1.** *frange, pan — fringe, flap.* Pro conciandum paraturie de selle et finali. *CD. Cavens.*, II p. 236 (a. 986). [Fur] medietatem finalium chlamidis regis auferens. HELGALD., c. 7, *Hist. de Fr.*, X p. 101 D. **2.** *parcelle située à l'extrémité du terroir — plot lying at the outskirt of a township.* Cum silvis et forestis et cum omnibus finalibus et mercariis. DC.-F., III p. 501 col. 2 (ch. a. 936, Toulouse). Vinea que terminat . . . a sero finale qui est Alberici. BERNARD-BRUEL, *Ch. de Cluny*, II no. 1573 p. 619 (a. 981/982).
**finaliter**: **à la fin, finalement — at the end, finally.*
**financia**: *une redevance — a tax.* S. xiv.
**1. finare** (< finis): **1.** *payer,* pour terminer un différend, *une somme dont le montant a été déterminé de commun accord — to pay a fine* in order to settle a dispute. S. xiii. **2.** *toucher une somme de même nature — to receive a fine.* S. xiii.
**2. finare** (< finus): *raffiner — to refine.*
**finatio**: *arrangement — compromise.* S. xiii.
**finire**: **1.** *terminer, trancher* un litige par une décision arbitrale ou judiciaire — *to bring* a dispute *to an end, to settle* a dispute by arbitral or judicial sentence, *to adjudicate* a cause. Judex causa finita . . . judicium emittat. Lex Visigot., lib. 2 tit. 4 § 2. Si quislibet post causam legibus finitam se proclamaverit. Capit. Mantuan. I a. 781, c. 4, I p. 190. Causa ipsa ante comite[m] vel judice[m] veniat et ibi secundum legem finiatur. Capit. Mantuan. II a. 787, c. 1, p. 196. Neque comes palatii nostri potentiores causas sine nostra jussione finire praesumat. Capit. de justit. fac. (a. 811-813), c. 2, p. 176. Ad quam contentionis litem finiendam. Concil. Ingelheim. a. 840, *Conc.*, II p. 813. Per bone fidei homines jurejurando [causa] finiatur. *D. Ugo*, no. 24 p. 72 (< a. 929 >, spur. s. x p. post.) Liceat episcopo . . . omnes illorum causas legitime finire. *D. Ottos I.*, no. 259 (a. 963). Ante nostram presentiam veniant et ibi causa juste finiatur. Conradi II imp. edict. de benef. Ital.

a. 1037, *Const.*, I no. 45, c. 2. In placitis . . . prepositus et villicus agent et finient . . . quaecumque ad placita pertinent. *Hist. de Metz*, IV p. 101 (a. 1095, Gorze). **2.** *arrêter, déterminer par commun accord — to agree on, to stipulate by mutual agreement.* Id inter eos [sc. reges] constat fixa deliberatione finitum, ut . . . Guntchr. et Childeb. II pactum a. 587, *Capit.*, I p. 13. Accepit . . . auri sol. 12 nobus [i. e. novos] finito pretio. SCHIAPARELLI, *CD. Longob.*, I no. 36 p. 127 (a. 725, Milano). Ita persaepe. **3.** *valider* (dans la formule notariale de complétion) — *to validate.* Ego A. notarius scriptor hujus cartulae inclausi et finivi. FATTESCHI, *Memor. di Spoleto*, p. 288 (a. 820). **4.** *déguerpir, renoncer à* qqch. — *to forego, to abandon.* Consuetudinem illam . . . Deo et b. Marie prorsus finimus. GRASILIER, *Cart. de Saintes*, no. 1 p. 4 (a. 1047). Existimans se posse quasdam ibi malas consuetudines exercere, quas B. ille in vita sua finierat. DC.-F., III p. 503 col. 2 (ch. a. 1103). **5.** *réparer, expier — to mend, to atone.* Omnes plagas aut feritas . . . que inter eos evenerint, per hoc tinore, sicut suprascriptum est, finiatur. Edict. Rothari, c. 127. **6.** *faire un accommodement, payer une somme fixée par commun accord — to hit upon an arrangement, to pay a fine.* Qui pacem facit cum aliquo de vulnere vel malo quod inflixerit, distincte cum testibus et gratuita parentum ejus unanimitate finiat. Leg. Henrici, c. 70 § 11, LIEBERMANN, p. 588. Inquirendum est quae viduae non finierunt pro se maritandis [leg. maritando]. ROGER. HOVED., a. 1198, ed. STUBBS, IV p. 62. **7.** intrans.: *finir — to end.* Chilperici vitam finisse scripsit. FREDEG., lib. 4, prolog., *SRM.*, II p. 123. Eorum disceptatione haec finiret intentio. Ib., lib. 4 c. 53, p. 147.

**finis**: **1.** *subdivision du pagus* comprenant plusieurs localités — *subdivision of the pagus* comprising more than one village. Quendam locum in foreste Dervo in fine Wasciacinse. *D. Merov.*, no. 31 (a. 673). In loco q. d. Castellionis in pago Virdunensi in fine Vindiniaca. PARDESSUS, II no. 375 p. 165 (a. 675). Ego . . . T. . . . de locus q. v. Campellionis finis Sepriensis. *CD. Langob.*, no. 56 col. 107 C (a. 777, Milano). In pago Scarponinse in fine Teodalciaga. D. Ludov. Pii, a. 815, D'HERBOMEZ, *Cart. de Gorze*, p. 82 no. 45. In pago Lucdunense in fine Blaniacense. THÉVENIN, *Textes*, no. 125 (a. 925). In pago Augustidunense in fine Verliacense. PROU-VIDIER, *Ch. de S.-Benoît-s.-Loire*, I no. 41 p. 106 (a. 932). **2.** *finage*, le territoire d'un village (employé visiblement pour rendre le mot allemand *mark*) — *township.* Quicquid in ipsa fine visus sum habere. ZEUSS, *Trad. Wizenb.*, p. 7 no. 1 (a. 742). Rem propriam quam genitor meus . . . mihi in hereditatem reliquid in villa nuncupante T., vel quod post obitum illius in eadem finem juste adquesivi. BITTERAUF, *Trad. Freising*, I no. 7 p. 33 (a. 754). Terram et silvam que est in illa marcha de B. seu in ipso fine. GLÖCKNER, *Cod. Lauresham.*, I p. 287 no. 10 (a. 770). WARTMANN, *UB. S.-Gallen*, I p. 133 no. 142 (a. 796); p. 195 no. 205 (a. 811); p. 265 no. 283 (a. 824). In fine que pertinet ad W. . . . jornales 3. LACOMBLET, *UB. Niederrh.*, I no. 36 (a. 818, Werden). In fine superius nominatae villae. DRONKE, *CD. Fuld.*, no. 412 p. 185 (a. 823). **3.** *l'étendue de terre qui constitue un domaine — the land belonging to a manor.* Territorium ad T. conjacentem cum colones et pratis necnon et silvas, cum universo fine tam culto quam non culto. BITTERAUF, o.c., I no. 72 p. 97 (a. 776). **4.** *sole — field in the three-course system.* In illis tribus finibus jurnales 38. DRONKE, o.c., no. 106 p. 63 (a. 793). **5.** *accord, arrangement — agreement, settlement.* Fecimus inter nos finem vonam [i. e. bonam]. CAMERA, *Memor. di Amalfi*, p. 167. Brevis de placitum et finem que facit P. episcopus et A. cum R. et G. . . . de ipsas leddas. GERMAIN, *Cart. Montpellier*, no. 149 p. 281 (s. xi in.) De omnibus querimoniis et petitionibus quas ego . . . faciebam adversus te, facio tibi . . . plenarium finem. *Hist. de Languedoc*[3], V pr. no. 497 col. 948 (ch. a. 1128, Montpellier). Finem aut societatem ullam cum eo vel cum ea non habebo. Ib., pr. no. 507 col. 963 (a. 1130). Rusticus cum acceperit malum . . ., clamet ad dominum et simul cum eo accipiat inde justiciam vel directum et faciat inde finem ad illius preceptum. Usat. Barchin., c. 118, ed. D'ABADALS-VALLS TABERNER, p. 53. **6.** *paiement basé sur un accord — fine.* Domesday.

**finita** (subst. femin.): **1.** *finage — township.* Prado petia una juris sui in fundum et finita Coloniascas. *CD. Langob.*, no. 225 col. 377 A (a. 863, Milano). Descendit per ipsa finita de P. *CD. Cajet.*, I p. 121 (a. 963). **2.** *parcelle située à l'extrémité du terroir — plot lying at the outskirts of a township.* Continunt [i. e. continent] suprascripte finite. Ib., p. 66 (a. 936).

**finitimus** (subst.): *membre d'une communauté villageoise — villager.* Adstantibus cunctis finitimus [i. e. finitimis] nemine prohibente. BITTERAUF, *Trad. Freising*, I p. 98 no. 72 B (a. 776).

**finitio**: *conclusion* d'un procès — *decision* of a lawsuit. Nec haec amplius sine finitione causa remaneat. GREGOR. M., lib. 9 epist. 68, *Epp.*, II p. 88.

**finitivus**: *ultime, définitif — final, definitive.* [Causa] usque in presentiam nostram [sc. regis] servetur et ibidem finitivam sententiam debeant accipere. *D. Merov.*, no. 9 (a. 562). De rebus propresis, ut ante missos et comites seu judices nostros veniant et ibi accipiant finitivam sententiam. Capit. Baiwar. (ca. a. 810?), c. 6, I p. 159. Secundum legem et justitiam finitivam accipiant sententiam. *D. Ludw. d. Deutsch.*, no. 20 (a. 837). Sententiam finitivam. ATTO VERCELL., Press., ed. BURONTIUS, p. 324.

**finus** (adj.) (< finis): *raffiné — fine.* 2400 solidos plate fine. Usat. Barchin., c. 81, ed. D'ABADALS-VALLS TABERNER, p. 36. Monetam fecit ad quatuor denarios de fino argento. *Actes Phil.-Aug.*, no. 237 (a. 1188), I p. 291.

**fiodum** et derivata, v. feod-.

**fiolarius** (< fiola): *verrier — glass-blower.* Schola fiolariorum. Fiolarii . . . dare debent de proprio lampades et candelas pro palatio illuminando. CENCIUS, c. 57 (Ordo), § 49, ed. DUCHESNE, I p. 306 col. 1.

**fira**, v. feria.

**firdo**, v. ferto.

**fyrdwita**, v. ferdwita.



**1. firma** (< firmare): *serment judiciaire* prêté par le demandeur — *judicial oath* sworn by the claimant. S. xiii, Hisp.

**2. firma** (anglosax. *feorm* "repas, prestation en nature — meal, prestation in kind". L'évolution sémantique a sans doute subi l'influence du latin *firmus, firmare.* — The semantic development has no doubt been influenced by the latin words *firmus, firmare.*): **1.** *banquet — banquet.* Dani . . . conviviis provincialium, quae vulgo firmam appellant, illecti ad terram egrediuntur. ORDERIC. VITAL., lib. 4 c. 5, ed. LEPRÉVOST, II p. 194. **2.** *gîte — compulsory hospitality.* Firma unius diei; firma unius noctis. Domesday. **3.** *bail à ferme — farm.* [Ecclesiam] nec vendam nec ad firmam ponam. Henr. I reg. Angl. ch. coron. a. 1100, c. 1, STUBBS, *Sel. ch.*[9], p. 117. Prohibemus ne [monachi] redditus, quos obedientias vocant, ad firmam teneant. Concil. Eborac. a. 1195, c. 12, ap. ROGER. HOVED., ed. STUBBS, III p. 296. Do [laicis] mea maneria ad firmam. ANSELM. CANTUAR., lib. 3 epist. 100, MIGNE, t. 159 col. 139. Sciatis me concessisse civibus meis Lundoniensibus tenendum Middlesexe ad firmam pro 300 libris. Ch. Henr. I reg. Angl. (a. 1131-1133), c. 1, LIEBERMANN, p. 524. Tradant grangias, loca et possessiones suas, quando sibi expedire viderint, ad medietariam, redditum vel ad firmam. BRUNEL, *Actes de Pontieu*, p. 55 no. 32 (a. 1145). **4.** *charge ou autre source de revenu concédée à bail — farmed office or other source of revenue.* Omnia debita quae fratri meo debebantur condono, exceptis rectis firmis meis. Henr. I reg. Angl. ch. coron. a. 1100 cit., c. 6. Soca . . . pertinet vicecomitibus et ministris regis in firma sua. Leg. Henrici, tit. 9 § 11, LIEBERMANN, p. 556. Si quis firmam in feodo teneat et homagium inde fecerit. Ib., tit. 56 § 2, p. 575. Clerico qui . . . firmam teneat laicorum. Ib., tit. 57 § 9, p. 577. Si manerium . . . de dominio et firma regis sit. Ib., tit. 91 § 3, p. 607. Duodecim libras in firma nostra [ducis Normanniae] de Argentono. HASKINS, *Norman inst.*, p. 302 no. 11 (a. 1131). **5.** *domaine affermé — farmed manor.* Rex . . . erat ad firmam suam in S. HENR. HUNTENDUN., lib. 6 c. 3, ed. ARNOLD, p. 176. Cf. C. BRINKMANN, *Zwei sprachgeschichtliche Beiträge zur Entwicklung des Wirtschaftsrechts. Aus Sozial- u. Wirtschaftsg., Gedächtnisschr. G. von Below*, 1928, pp. 207-220.

**firmaculum**, firmallus, fer-, -malli-, -mali-, -um: **1.** *boucle, agrafe — brooch, buckle.* V. Roberti Molism. (ante a. 1197), § 14, *AASS.*, Apr. III p. 673 B. **2.** *fermoir — clasp.* Magni voluminis ac bene decoratus liber . . . bina firmalia obtime fabrefacta ex argento habens. MARCHEGAY-MABILLE, *Chron. d'Anjou*, p. 332 (a. 1069).

**firmamentum**: **1.** *toiture — roofing.* Lex Sal., tit. 12, addit. text. Herold. Capit. II legi Sal. addit., c. 9. **2.** *fortification — fortification* (cf. Ps. 88, 41). Silletum [i. e. Senlis] vi irrumpere nitentes, considerato oppidi firmamento, inde amoliuntur. RICHER., lib. 2 c. 56, ed. LATOUCHE, p. 216. Item c. 84, p. 270. Dum firmamenta quaedam in urbe [Lundonia] contra mobilitatem ingentis ac feri populi perficerentur. GUILL. PICTAV., lib. 2 c. 34, ed. FOREVILLE, p. 236. **3.** **firmament — sky.* **4.** *confirmation — confirmation.* Ob cujus firmamenti memoriam hanc cartam conscribi . . . jussimus. *D. Heinrichs II.*, no. 43. Nostrae auctoritatis firmamento stabilire. *D. Heinrichs III.*, no. 72 (a. 1041). **5.** *charte de confirmation — confirmatory charter.* Ostendit aliud firmamentum propria manu Leonis s. m. papae subscriptum. FICKER, *Forsch.*, IV no. 69 p. 95 (a. 1061). **6.** *serment d'abstention d'actes hostiles — oath of refrainment from hostilities.* Ab omnibus qui ita contra nos misfecerunt . . . firmamentum recipiant. Capit. post conv. Confluent. missis trad. a. 860, c. 3, II p. 298.

**firmantia**: **1.** *cautionnement — surety.* De casatis ecclesiae salvam firmantiam ei optuli quattuor milia solidorum. HUGO FLAVIN., Chron., lib. 2, a. 1099, *SS.*, VIII p. 478 l. 5. De cetero alicui habitatori ville s. Antonini firmanciam non queremus, nisi de ipsis nobis aliquis conqueretur. TEULET, *Layettes*, I no. 86 p. 56 col. 2 (ca. a. 1144, Rodez). **2.** *caution, celui qui ce porte garant — bail, one who goes bail.* Hanc . . . donationem inconvulsam fecerunt . . . et firmantias dederunt B. et P. et P., ut monasterio in pace tenere faciant. D'ACHÉRY, *Spicil.*, III p. 196 (a. 1164). De his . . . ex parte comitis C. est firmancia et debitor per sacramentum corporaliter praestitum R. comes Tolosae. DC.-F., III p. 507 col. 2 (ch. a. 1197). **3.** *recette des gages non rachetés des justiciables — revenue from unredeemed pawns.* Questus et albergas et firmantias et tallias. *Hist. de Languedoc*[3], V pr. no. 67 col. 175 (a. 936, Toulouse). Alodem . . . cum firmanciis et justiciis omnium hominum in eis habitantes. ALART, *Cart. Roussillonnais*, no. 10 p. 22 (a. 959).

**firmare**: **1.** *construire — to build.* Pontes lapideos firmatos super flumen. Vers. de Verona, str. 7, *Poet. lat.*, I p. 120. Oppidum . . . obsedit firmatisque duobus castellis . . . ORDER. VITAL., lib. 8 c. 2, ed. LEPRÉVOST, III p. 272. **2.** absol.: *construire des fortifications — to build strongholds.* Neque nos neque rex Anglie poterimus firmare intra metas constitutas. *Actes Phil.-Aug.*, no. 633 (a. 1200), c. 5, II p. 181. **3.** *enclore — to fence off.* Earum [sc. monialium] claustra sint bene firmata. Dupl. legat. edict. a. 789, c. 19, I p. 63. **4.** *enfermer — to confine.* [Mulier] seris et clave firmata sit. Mir. Euphebii (s. x), ed. CAPASSO, *Mon. Neapol.*, I p. 333. **5.** *fermer — to shut.* Firmans ostium sera abiit. V. Alcuini, MABILLON, *Acta*, IV pt. 1 p. 157. Hostium . . . firmavit. SALIMBENE, ed. HOLDER-EGGER, p. 394. **6.** *déclarer sous la foi du serment — to declare on oath.* Ipse comis . . . per sacramentum firmare possit, quod de illorum justitias nulla[m] neglegentia[m] habeat. Capit. Mantuan. (a. 781?), c. 3, I p. 190. **7.** *promettre de manière solennelle — to promise by a solemn pledge.* Tassilo . . . sacramenta juravit . . . et fidelitatem promisit regi Pippino . . . Sic et ejus homines majores natu, qui erant cum eo, firmaverunt sicut dictum est. Ann. regni Franc. a. 757, ed. KURZE, p. 16. Omnes homines debent firmare directum [leur devoir vassalique — their obligations as vassals] senioribus suis. Usat. Barchin., usualia (ca. a. 1058), c. 23, WOHLHAUPTER, p. 190. **8.** *conclure* un traité, une alliance — *to make*

a treaty, *to conclude* an alliance. De conspirationibus: quicumque facere praesumpserit et sacramento quamcumque conspirationem firmaverint. Capit. missor. Theodonisv. II a. 805, c. 10, I p. 124. Hugo dux Francorum cum Nordmannis pactum firmat. FLODOARD., Ann., a. 944, ed. LAUER, p. 91. Ludowicus rex firmatis sibi Aquitanis Laudunum revertitur. Ib., a. 942, p. 83. **9.** *stipuler — to enact.* Haec omnia ita disposuimus atque ex ordine firmare decrevimus, ut ... Div. regn. a. 806, c. 20, *Capit.*, I p. 130. Sicut nos apud Marsnam firmavimus. Conv. ap. Sapon. a. 862, adnunt. Ludov., c. 3, II p. 163. Firmamus ut [abbas a fratribus electus] ab episcopo investiatur. STIMMING, *Mainzer UB.*, I no. 567 (a. 1130). **10.** *valider* un acte, soit par la souscription, soit par l'imposition de la main — *to validate* a document by subscribing or touching it. Qui statuta praesentia suscriptionibus propriis firmaverunt. Concil. Epaon. a. 517, c. 40, *Conc.*, I p. 28. Per hanc auctoritatem a nobis firmatam. *D. Merov.*, no. 2 (a. 528). Concedimus et per strumentum firmamus. Ib., no. 3 (a. 528). Manus nostras firmatus vobis emittenda curavi. F. Andecav., no. 17, *Form.*, p. 10. Hec epistola mano mea firmata firma permaneat. Ib., no. 39, p. 17. Gestis municipalibus adligare adque firmare deberet. F. Arvern., no. 2^b, p. 29. 7 testes qui cartam firmaverunt. Extrav. ad leg. Sal. e cod. Epored. 33, c. 4. Quia nos propter egritudinem in ipsa carta scribere non potuimus, B. conjugem nostram rogavimus et potestatem dedimus ut ipsam firmare ad nostram vicem deberet. *D. Arnulfing.*, p. 96 no. 6 (a. 714). [Scriptura] si non fuerit firmata aut subscripta. Lex Burgund., tit. 99 c. 1. [Testamentum] sacerdotis adque judicis suscriptione firmetur. Lex Visigot., lib. 2 tit. 5 § 11. Decreta synodi firmaverunt. Karlmanni capit. Lipt. a. 743, c. 1, I p. 27. Emunitates a domno nostro [sc. Karolo rege] firmatae. Pippini capit. Pap. a. 787, c. 8, p. 199. Cartae cancellarii manu firmatae. Karoli M. capit., p. 215, c. 7. [Imperator] manu propria firmavit capitula ista, ut omnes fideles manu roborare studuissent. Capit. Aquisgr. (a. 801-813), prol., p. 170. Capitula placuit propriis manibus firmare. Ordo imp. a. 817, p. 271. **11.** *confirmer* des droits existants ou un acte antérieur — *to confirm* existing rights or a previous deed. Quod possedire dinuscetur, [per] nostram auctoretatem firmatur. *D. Merov.*, no. 12 (ca. a. 628). Per hoc nostrae confirmationis decretum firmamus donationes, quas ... Pipinus rex ... et Karolus imperator b. apostolo Petro ... contulerunt. Ludov. Pii pactum cum Pasch. papa a. 817, *Capit.*, I p. 354 l. 6. Constat ... curtiferum a pio antecessore ... concessum. Nos autem ... curtem predictam ... imperpetuum firmamus. *D. Konrads II.*, no. 3 (a. 1024). **12.** *garantir — to warrant.* Spoponde[t] se venditur [i. e. venditor] ..., si non potuerit firmare aut defensare ab unoquemquem homine ... SCHIAPARELLI, *CD. Longob.*, II no. 290 p. 425 (a. 774, Verona). **13.** *faire donation de qqch. — to bestow.* Quod ibidem fuit firmatum vel condonatum. *D. Merov.*, no. 53 (ca. a. 681). Rursum no. 69 (a. 696). Haec loca ... ad monasterium ... firmavi et firmatum in perpetuum esse volo. PARDESSUS, II p. 478 no. 85 (a. 710, Le Mans). Pro remuneratione anime nostre damus tibi atque firmamus in ti [i. e. te] bassilica[m] s. Prosperii. SCHIAPARELLI, *CD. Longob.*, I no. 22 p. 88 (a. 718, Lucca). Illa pecunia in usu ecclesiae ipsius ... ibi sit firmata usque in perpetuum. Lex Baiwar., tit. 1 c. 10. Ad sepulcrum b. Corbiniani firmissima traditione per testes ... prenotatas alodes ... firmaverunt. BITTERAUF, *Trad. Freising*, I no. 64 p. 91 (a. 773). Propter amorem patrie celestis ego H. presbyter trado et firmo ad s. Emmerammum martyrem Dei hereditatem. WIDEMANN, *Trad. S.-Emmeram*, no. 3 p. 3 (a. 765-791). Res tuus, quod tu ... ad monasterium nostrum tradidisti et ad opus fratrum nostrorum delegasti atque firmasti. GYSSELING-KOCH, *Dipl. Belg.*, no. 50 (a. 830, Gand). Ipsam [casam] habeat ... in monasterio introiendum et secum omnia ibi monacha firmandum, ut postea rebus [i. e. res] ibi permaneant. Nam si in monasterio se non firmaverit ... *CD. Langob.*, no. 127 col. 227 A (a. 836, Milano). Firmamus adque transfundimus supprataxatas res cellule s. Salvatoris. *D. Ludw. d. Deutsch.*, no. 31 (a. 842). **14.** *fiancer — to betrothe.* DC.-F., III p. 508 col. 2 (ch. ca. a. 1100). **15.** *promettre de s'abstenir de tout acte hostile — to promise to refrain from any hostility.* Homo suus factus est cum fidelitate et sacramento, tali pacto ut sibi firmavit vitam et membra cum castellis et honoribus ibi pertinentibus, eo quod sibi in damno nichil sit. DE FONT-RÉAULX, *Cart. de Limoges*, p. 179 no. 186 (ca. a. 1060). **16.** *fixer, remplacer une redevance variable par une rétribution fixe — to stabilize, to replace a variable duty by a fixed tax.* Illam [procurationem regi datam], quae fiebat de collecta rusticorum, octo librarum debito singulis annis ... firmavit. SUGER., De rebus gestis, ed. LECOY, p. 175. **17.** *concéder à bail — to lease.* Firmo ego ... vobis ... vel vestri[s] heredibus libellario nomine in casaes [i. e. casis] vel rebus domne A. in juges 25 in ipses cases vel rebus. *CD. Langob.*, no. 273 col. 460 C (a. 877). Firmo ego ... te [i. e. tibi] ... vel tuis heredes [i. e. heredibus] in case vel rebus ... inter campo et silvam jugis vigenti. Ib., no. 334 col. 561 D (a. 885, Cremona). **18.** *confirmer* par le Saint Chrême — *to confirm* by Holy Chrism. Episcopi nolentes ad predicandum vel firmandum suas per annum parrochias circuire. Concil. Tribur. a. 895, extrav., c. 5, *Capit.*, II p. 247.

**firmaria**, v. infirmaria.

**1. firmarius**: **1.** *fermier, preneur à bail* de rentes ou d'impôts — *farmer* of rent or taxes. Domesday. Si inter aliquem et firmarium suum ... de hiis que ad firmam pertinent controversia oriatur. Leg. Henrici, tit. 56, LIEBERMANN, p. 575. Qui municeps erat et vicecomes et firmarius regis. ORDERIC. VITAL., lib. 11 c. 2, ed. LEPRÉVOST, IV p. 169. Molendinarii aut molendinorum firmarii. *Actes Phil.-Aug.*, no. 512 (a. 1195), II p. 47. **2.** *receveur de fermage — rent collector.* S. xiv. **3.** *vicaire de paroisse* qui reçoit un salaire fixe — *vicar in charge of a parish* at a fixed salary. S. xiv.

**2. firmarius**, v. infirmarius.



**firmatio**: **1.** *donation — bestowal.* Si aliquis contra hanc firmationem venire temptaverit. *D. Arnulfing.*, no. 1 p. 91 (ca. a. 650). Si quis hanc firmationem rumpere voluerit. WIDEMANN, *Trad. S.-Emmeram*, no. 5 p. 5 (a. 778). Si aliquis senior hanc firmationem interrumpere conaverit. BRUCKNER, *Reg. Alsat.*, no. 650 (a. 898). **2.** *charte — deed* (document). Professi sunt quod aliud instrumentum nullum vel firmationem magis exinde non haberent. *D. Merov.*, no. 41 (a. 663). Duas inde pari tenore conscriptas firmationes fieri jussimus. D. Ludov. Pii, BALUZE, *Capit.*, I col. 680. **3.** *action de renforcer, de munir d'une sanction — enforcement by a penal clause.* Canonicis data est investitura ... sub firmatione ecclesiastici et mundani banni. FICKER, *Forsch.*, IV no. 68 p. 95 (a. 1061, Firenze). **4.** *construction d'ouvrages fortifiés — erection of fortifications.* Pro commonitione quam fecerint ... pro fossato vel firmatione ville. Phil. Aug. priv. pro Noviom. a. 1181, *Actes Phil.-Aug.*, no. 43, c. 1.

**firmator**: *témoin d'un acte* qui touche la charte de la main — *witness of a deed* who lays his hand on the document. Signum L. et uxoris ejus O., qui hoc testamentum fieri voluerunt et firmare rogaverunt. Ceteri firmatores: ... *Hist. de Languedoc*³, II pr. no. 76 col. 172 (a. 828, Barcelona). Donent quinque homines firmatores ipsius noticie aut alios cognitores ... qui ipsam noticiam legibus jurantes veram adfirment. GERMER-DURAND, *Cart. de Nîmes*, no. 1 p. 4 (a. 876).

**firmatorium**: *fermoir, boucle — lock, clasp.* S. xiii.

**firmatura**: **1.** *serrure, fermoir, boucle — lock, clasp.* S. xiii. **2.** *fortification — fortification.* S. xiii.

**firmina**, fermina: *prison — prison.* S. xii, Angl.

**firmisona**, fer-, -me- (< firmatio): *temps de chasse prohibée — closed season for hunting.* S. xiii, Angl.

**firmitas**: **1.** *renforcement, appui, suffrage — support, countenance.* Unde sibi firmitatem de parte clericorum credebat, detrimentum paciebat [il s'agit d'une élection épiscopale — with regard to a bishop's election]. Pass. Praejecti, c. 13, *SRM.*, V p. 233. **2.** *promesse jurée de s'abstenir de tout acte hostile, garantie de sécurité, sauvegarde — sworn promise to refrain from any hostile action, safety-pledge, safeguard.* Si adhuc dubitatis et aliam firmitatem quaeritis. Capit. missa de Caris. a. 856, c. 15, II p. 282. Frater vester, qui et paterna donatione et vobiscum cum vestris vestrorumque fidelium mutuis firmitatibus regni partem accepit. Epist. synod. Caris. a. 858, c. 7, ib., p. 431. Si mihi firmitatem fecerint quod in regno meo pacifici sint et sic ibi vivant sicut Christiani in Christiano regno vivere debent. Conv. ap. Confl. a. 860, ib., p. 158 l. 24. Firmitas, quam de praedictis hominibus missi nostri debent recipere, ista est: "De ista die inante Karoli ... regnum illi non forconsiliabo neque werribo." Capit. post conv. Confl. missis trad. a. 860, A c. 9, p. 298. Quem pater e vestigio insequens, sub firmitatum conditionem ad se venire facit. HINCMAR., Ann. Bertin., a. 864, ed. WAITZ, p. 73. Hlotharius ... petiit ut in suo regno nullum impedimentum ei facerent, donec ipse Roma rediret. A Karolo autem nullam firmitatem accepit, sed a Hludowico ... firmitatem inde suscipiens, Romam perrexit. Ib., a. 869, p. 98. De filio vestro ... nullam firmitatem aliam quaerimus, nisi hoc. Capit. Caris. a. 877, c. 4, II p. 357 l. 8. Nomina episcoporum, qui ... firmitatem, quam praememorati reges inter se fecerunt, collaudando acceptaverunt. Pactum Karoli et Heinrici regum a. 921, *Const.*, I no. 1, p. 2. **3.** *pacte, traité de paix — compact, peace treaty.* Necesse erat ut inter nos firmitas facta fuisset. Conv. ap. S. Quintin. a. 857, c. 1, *Capit.*, II p. 293. Firmitatem quam gloriosi reges ... inter se fecerunt. Conv. ap. Confl. a. 860, p. 154 l. 9. Facta est firmitas per sacramentum inter patrem vestrum et patruum vestrum. HINCMAR., Opusc. 7 c. 5, MIGNE, t. 125 col. 986 A. **4.** *convention, arrangement — agreement.* Haec convenientia vel firmitas inter Totonem vel filios ejus ... facta est, ut ... BITTERAUF, *Trad. Freising*, I no. 86 p. 106 (a. 777). **5.** *condition, stipulation — condition, proviso.* Ea inter nos pacta firmitate, ut ... DUVIVIER, *Actes*, I p. 20 (a. 906, S.-Amand). **6.** *promesse jurée* quelconque — any *sworn promise.* Spopondens se sub jurejurando ut quod quondam malo ordine commiserat ..., secundum judicium et legem emendare deberet. Hac firmitate suscepta ... Ann. Mett. prior. a. 760, ed. VON SIMSON, p. 51. Secundum quod in pacto et constitutione ac promissionis firmitate Eugenii pontificis continetur. *D. Ottos I.*, no. 235 (a. 962). Cum iniquo munere ... nostros testes ... a nobis per malum ingenium averterunt, qui prius nobis cum firmitate facta rectos testes fuisse promiserunt. ESCHER-SCHWEIZER, *UB. Zürich*, I no. 212 p. 103 (a. 968). **7.** *validité — validity.* Ut auctoritatis [i. e. praecepta regalia] cum justitia et lege competente in omnebus maneant stabili firmitate. Chloth. praec. (a. 511-564), c. 9, *Capit.*, I p. 19. Nulla sententia a quolebet judicum vim firmitatis obteneat, quae modum leges [i. e. legis] adque aequitatis excedit. Ib., c. 1, p. 18. **8.** *donation — bestowal.* Per hanc epistolam firmitatis volo, ut in omni alode meo post meum discessum succedere faciatis. F. Turon., no. 22, *Form.*, p. 147. Fecimus firmitatis pactum et dedimus hobam unam ... F. Augiens., coll. B no. 23, p. 357. Ipsas res, quod per cartam firmitatis ad eclesiam illam dedi. Ib., no. 37, p. 361. Si quis contra hanc cartulam donationis mee venire temptaverit, inferat fisco auri lb. 10 ... manente nichilominus firmitate. Test. Irminae (a. 697/698), WAMPACH, *Echternach*, I pt. 2 no. 3 p. 20. Qui voluerit hoc facere [sc. res suas ad ecclesiam tradere], per cartam de rebus suis ad ecclesia[m] ubi dare voluerit firmitatem faciat. Lex Alamann., tit. 1 § 1. Donantes atque transfundentes seu firmitatem secundum jus Bajoariorum facientes. BITTERAUF, *Trad. Freising*, I no. 5 p. 31 (a. 750). Qui contra hanc firmitate[m] ita veniri timtaverit. WARTMANN, *UB. S.-Gallen*, I no. 14 (a. 751). Rex jussit scribere epistolam firmitatis, ut per regiam auctoritatem deinceps obtinuisset vir Dei cellulam suam. WETTIN., V. Galli, c. 21, *SRM.*, IV p. 268. **9.** *concession en précaire, "praestaria" — precarial grant.* T. canonicus et sacerdos ... [eccle-

siam] longo labore precarie firmitatem [leg. firmitate] a domno M. presule . . . adquisierat. RAGUT, *Cart. de Mâcon*, no. 414 p. 238 (a. 950). Poscentes quatenus dignaretur eis per precarie firmitatem conferre quasdam res. Ib., no. 421 p. 242 (a. 937-954). **10.** *validation* d'une charte par l'attouchement ou bien par la souscription — *validation* of a deed by laying a hand on it or by subscribing. Presens ingenuitas omni tempore firma permaneat cum stipulatione firmitatis connexa. F. Bituric., no. 9, *Form.*, p. 172. Ut firmior per tempora conservetur, manu nostra fratrumque nostrorum subtus firmitatem inseruimus. F. Augiens., coll. B, no. 3, p. 349. Haec notitia stabilis et firma permaneat cum omni firmitate adnixa. *Hist. de Languedoc*[3], II pr. no. 201 col. 400 (a. 878, Albi). **11.** *charte — deed.* Dum servus meus filiam tuam accepisset uxorem, propterea ego eam [i. e. ei] talem epistolam et firmitatem emitto, ut pro hanc causam ad jugum servitute declinare non debeat. F. Augiens., no. 41, p. 363. Simillimas firmitates parique tenore conscriptas cambii sui emitterent. F. Sangall. misc., no. 20, *Form.*, p. 388. Solidius est ut scripturae firmitas emittatur. F. Visigot., no. 12, p. 581. Exceptis in firmitatis [i. e. firmitatibus], quae suis fidelibus . . . concessit, eclesiae Cadurchae haec . . . dedit. V. Desiderii Cadurc., c. 29, *SRM.*, IV p. 585. Firmitatem de ipsis locis manibus suis seu bonorum hominum roboratum manibus exhibeat. BOBOLEN., V. Germani Grandivall., c. 7, *SRM.*, V p. 36. Has firmitates . . . nostri . . . deferentes obtutibus postulaverunt easdem . . . firmari. D. Loth. II reg. a. 865, WAMPACH, *UB. Luxemb.*, I no. 94. Tamquam firmitates et donationes atque oblationes cartarum non fuissent unquam igne combusti. *D. Karls III.*, no. 111 (a. 885). Sacramento firmet quod ipsas firmitates non habuisset. *D. Ottos I.*, no. 260 (a. 963). Sub cartalis firmitatis tuitione . . . largiri. BERTRAND, *Cart. d'Angers*, I no. 271 p. 321 (a. 960-964). Ego L. . . . hanc elemosinarie firmitatem . . . datavi. BERNARD-BRUEL, *Ch. de Cluny*, II no. 1450 p. 505 (a. 978). Tamquam si ipsas cartas aut firmitates propriis retineat manibus. *D. Ottos I.*, no. 413 (a. 972). Scriptum vel firmitatem sive securitatem, per quem contradicere posant [i. e. possint]. *D. Heinrichs III.*, no. 318 (a. 1054). D'un diplôme royal — of a royal charter: Tributum persolvat, nisi forte talem firmitatem de parte dominica habeat per quam ipsum tributum sibi perdonatum possit ostendere. Capit. per se scrib. a. 818/819, c. 2, I p. 287. **12.** *preuve à l'appui* quelconque — any kind of *evidence*. Dicebant advocati A. episcopi, quod C. ea[s]dem colonias tradidisset ad jam dictam ecclesiam S., sed [quod] non habeant firmitatem, nec in litteris nec in testibus. BITTERAUF, *Trad. Freising*, I no. 240 p. 220 (a. 806-810). **13.** *ouvrage de fortification — defence work.* Ubicumque aut fossas aut aliquam firmitatem . . . factam habuerunt. Ann. Lauresham. a. 791, *SS.*, I p. 34. Firmitates hic factas. Edict. Pist. a. 864, adnunt., c. 2, *Capit.*, II p. 311. Firmitates in Sequana, ne Nortmanni per idem fluvium possint ascendere, ibidem fieri jubet. HINCMAR., Ann. Bertin., a. 864, ed. WAITZ, p. 72. Quantum palus vel fossatum aut alia firmitas illius castelli in circuitu occupaverit. BERTRAND, o.c., I no. 306 p. 347 (a. 1047-1060). **14.** *ligne de défense — line of defence.* Saxones . . . maximam inter se et Francos firmitatem statuerunt. Ann. Mett. prior., a. 748, ed. SIMSON, p. 41. Vallum vel firmitatem quam Langobardi firmaverant. Ib., a. 755, p. 48. [Carolus] sub celeritate et nimia festinatione Saxonum caesas seu firmitates subito introivit. Ann. regni Franc., a. 776, ed. KURZE, p. 46. **15.** *forteresse, motte, château, enceinte d'un bourg — stronghold, castle, town rampart.* Qui castella et firmitates et hajas sine nostro verbo fecerint. Edict. Pist. a. 864, post lecta, c. 1, p. 328. In civitate Tornaco firmitatem antiquitus statutam et nunc destructam denuo ei edificare liceret. *D. Charles le Simple*, no. 2 (a. 893-903). Nullus . . . in jam dicta firmitate atque castello potestatem ullam exerceat. *D. Berengario I.*, no. 46 (a. 904), p. 133 l. 19. [Ticinensis episcopus] circa plebem sue ecclesie que nuncupatur Celavinnio quandam munificentiam constitueret . . . Jubemus ut nullus exactor . . . infra eandem firmitatem teloneum accipere . . . presumat. Ib., no. 103 (ca. a. 911-915). Trado magnam firmitatem q.v. S. ROSEROT, *Ch. Hte-Marne*, no. 12 p. 23 (a. 910, Langres). Montem ubi firmitatem facere cupitis. WAMPACH, *UB. Luxemb.*, I no. 151 p. 185 (a. 927). Firmitates quae constructae sunt vel construuntur in territorio ecclesiarum ejusdem sedis. *D. Ottos I.*, no. 338 (a. 967). Firmitas [i. e. firmitatem] Saxonum introivit. BENED. SANTANDR., ed. ZUCCHETTI, p. 82. Domum suam et firmitatem illam, in qua tunc manebat, ab ecclesia Corbejensi se tenere . . . recognovit. DUVIVIER, *Actes*, I p. 146 (a. 1177, Corbie). ROBERT. DE TORINN., Chron., a. 1137, *SS.*, VI p. 493. Ibi saepe. GISLEB. MONT., c. 21, ed. VANDERKINDERE, p. 36. Ibi pluries. **16.** *enceinte urbaine — city rampart.* Alter alteri infra firmitates ipsius ville recte . . . auxiliabitur. Ludov. VII reg. Fr. priv. comm. Belvac. a. 1144/1145, c. 2, LOISEL, *Mém. de Beauvais*, p. 279. Similia verba: Phil. Aug. reg. priv. pro Suession. a. 1181, c. 1, *Actes*, no. 35. Muri et firmitates ville reficientur. Ejusdem priv. pro comm. S. Quintini a. 1195, c. 8, *Actes*, no. 491, II p. 16. **17.** *caisse communale destinée aux frais des remparts urbains — municipal fund for defrayment of city ramparts.* Novem libras, sex scilicet firmitati urbis et communie et tres justicie dominorum, pro redemptione pugni persolvet. Ejusdem priv. pro comm. Ambian. a. 1190, c. 7, GIRY, *Doc.*, p. 23.

**firtella,** v. fertallus.

**firto,** v. ferto.

**fiscalinus,** fiscil-, fisgil- (adj.): **1.** *qui appartient au fisc, qui se trouve dans une position de dépendance vis-à-vis du fisc — belonging to the fisc, subservient to the fisc.* De servis ecclesiae aut fiscalinis vel cujuslibet. Chloth. I decr. (a. 555-558), c. 11, cod. Paris. lat. 4404 (caeteri codd.: aut fisci). De hominibus ecclesiasticis seu fiscalinis. Capit. in pago Cenom. datum a. 800, *Capit.*, I p. 81. De liberis hominibus qui uxores fiscalinas regias, et feminis liberis quae homines similiter fiscalinos regios accipiunt. Capit. missor. Theodonisv. II a. 805, c. 22, p. 125. Homines fiscalini, sive coloni



aut servi, in alienum dominium commorantes. Karoli M. capit. (a. 803-813), c. 4, p. 143. De ecclesiastico et fiscalino et beneficiario servo. Capit. legib. add. (a. 818/819), c. 1, p. 281. L. abbas habeat tres ecclesias . . . quae era[n]t de traditione hominum fiscalinis [i. e. fiscalinorum], et quartam ecclesiam . . . de traditione nobilium hominum. BITTERAUF, *Trad. Freising*, I no. 193[a] p. 184 (a. 804). Tam liberi forestarii quam servi ecclesiastici aut fiscalini. F. imper., no. 43, *Form.*, p. 320. Nostros fiscalinos servos, qui regiae potestati parafridos debita subministratione in expeditionem reddere consueverant. *D. Arnulfs*, no. 158 (a. 898). **2.** *qui se trouve dans la condition privilégiée accordée d'abord aux dépendants du fisc — enjoying the privileged status which was primitively specific to dependants of the fisc.* Femine fiscaline servos acceperunt. Urbar. Prum. a. 893, c. 33, BEYER, *UB. Mittelrh.*, I p. 162. Res quas R. abbas . . . s. Amando . . . tradidit, id est in ipso B. quicquid mortuis heredibus fiscalinis in ejus dominicatum devenit. *D. Charles le Simple*, no. 18 (a. 899). Sicut ceteri pagenses figalini [!] reddant servitium. HALKIN-ROLAND, *Ch. de Stavelot*, I p. 178 (a. 960). Fiscalinis servis qui pertinent ad predicta loca, ut tali deinceps lege utantur quali parentes eorum sub regibus et imperatoribus . . . hucusque usi sunt, . . . concedimus. *D. Ottos II.*, no. 284 (a. 982), p. 331. De weregeldo fisgilini hominis. Lex famil. Wormat. (a. 1023-1025), *Const.*, I no. 438, c. 9. Si fisgilinus homo dagewardam acceperit . . .; si dagowardus fisgilinam mulierem acceperit. Ib., c. 16. **3.** (d'une tenure) *à laquelle n'incombent que les charges modérées des "fiscalini" — (of a holding) subject to just the moderate obligations specific to the "fiscalini".* Donamus ad supradictum mansum dominicatum aspicientia mansa fiscalina 46 cum mancipiis. ROSE-ROUX-SOYEZ, *Cart. d'Amiens*, p. 2 (a. 847). De manso qui fiscalinus dicitur. MENZEL-SAUER, *Nassauisches UB.*, I no. 114 p. 58 (a. 1074). Subst. mascul. **fiscalinus,** fiscil-, -inis: **1.** *serf qui dépend du fisc et qui, de ce chef, jouit d'un statut privilégié — a serf who, being subservient to a fisc, possesses a privileged status.* Sicut infra regna nostra fiscalini habuerunt consuetudinem. *D. Karolin.*, I no. 109 (a. 775). Fiscalini qui mansas habuerint, inde vivant; et qui hoc non habuerit, de dominica accipiat provendam. Capit. de villis, c. 50. Fiscilini et coloni et ecclesiastici adque servi. Capit. missor. a. 792, c. 4, I p. 67. Aldiones vel aldianae ad jus publicum pertinentes ea lege vivant in Italia . . . qua fiscalini vel lites vivunt in Francia. Capit. Ital. a. 801, c. 6, p. 205. Nec colonus nec fiscalinus. Capit. missor. a. 803, c. 10, p. 115. Homo regius, id est fiscalinus, et aeclesiasticus vel litus interfectus 100 solidis conponatur. Capit. legi Ribuar. add. a. 803, c. 2, p. 117. Adhibitis pluribus hominibus et fiscalinis in eadem vicinia commanentibus. F. imper., no. 36, *Form.*, p. 314. Cartulam . . . firmare rogavit assensu liberorum hominum et fiscalinium: . . . Hec iterum sunt nomina fiscalinium ex jam dicto palatio Hingilinheim: . . . BEYER, o.c., I no. 62 p. 70 (a. 835). Mansum unum ex fisco nostro Valentianas, quem V. nomine fiscalinus ad deserviendum possidet, ipsumque cum uxore sua et infantibus illorum . . . largimur . . ., quatinus . . . praescriptae res et mancipia jam fata . . . D. Lotharii II reg. a. 860, TARDIF, *Cartons*, no. 172 p. 109 col. 2. Stabilimus ut omnes nostri fiscalini suas possessiones ad eundem locum, si voluerint, tradant. *D. Charles le Simple*, no. 53 (a. 906). **2.** *dépendant jouissant du statut privilégié qui caractérisait anciennement les serfs du fisc — a dependant who has the privileged status formerly proper to the fisc's serfs.* Homines ecclesiae, tam liberos quam servos, fiscalinos et tabellarios. *D. Ludwigs d. Deutsch.*, no. 149 (a. 873). Concedimus licentiam ut, si quis fiscalinus de alode suo voluerit vendere vel tradere illi sancto loco . . . liberam potestatem id faciendi habeat. *D. Louis IV*, no. 4 (a. 936). Servis et ancillis, ingenuis et fiscalinis [form. pertin.] *D. Heinrichs II.*, no. 5 (a. 1002). De weregeldo fisgilini hominis. Lex famil. Wormat. (a. 1023-1025), *Const.*, I no. 438, c. 9. Curiam antecessorum episcoporum, quam Colonias vocant, fiscalinorum admodum plenam. Actus pontif. Cenom., c. 29 (s. xi), ed. BUSSON - LEDRU, p. 353. Ut regii fiscalini justiciam, quam ab antecessoribus nostris [i. e. regibus] antiquitus habuerunt, firmiter teneant. D. Heinrici V imp., ESCHER-SCHWEIZER, *UB. Zürich*, I no. 259 p. 144. Cum . . . mancipiis, servis et ancillis, colonis et fiscalinis, tam de equestre quam pedestre ordine. D. Lotharii I imp. < a. 845 >, spur. s. xii, WIEGAND, *UB. Strassburg*, I p. 19 no. 25. **3.** *régisseur d'un fisc — manager of a royal manor.* Fiscalini vestri [sc. regis] . . . valde sunt insolentes et temerarii et multa mala contra hunc locum perpetrant. Transl. Germani Paris. (s. ix in.), *SS.*, XV p. 7. Colonus quidam villae Remensis episcopii . . . manebat juxta fiscum regium . . . et nec peculium nec messem vel pratum propter fiscalinorum infestationem quiete habere valebat. HINCMAR., V. Remigii, c. 26, *SRM.*, III p. 322.

**fiscalis** (adj.): **1.** *qui concerne le patrimoine royal, qui se rattache au fisc, qui fait partie du fisc — concerning the king's patrimony, connected with or forming part of the royal fisc.* De fiscalibus et [v. l. ut] omnium domibus censuimus. Childeb. I et Chloth. I pactum (a. 555-558), c. 16, *Capit.*, I p. 7. Si quid de agris fiscalibus vel speciebus atque praesidio . . . conferre voluerit. Guntchr. et Childeb. II pactum a. 587, ib., p. 13 l. 20. Si quis judicem fiscalem, quem comitem vocant, interfecerit. Lex Ribuar., tit. 53 § 1. Iterum tit. 32 § 3. Carcer fiscalis. V. Eligii, lib. 2 c. 14, *SRM.*, IV p. 702. Ab omni fiscali potestate remotus sit. *D. Karolin.*, I no. 141 (a. 782). Conductores vel procuratores sive exactores fiscalium rerum vel redituum aut vectigalium. Synod. Pap. a. 850, c. 18, *Capit.*, II p. 122. Ab omni jure fiscali deinceps sint absoluti. D. Heinrici V imp. a. 1122, WIEGAND, *UB. Strassburg*, I no. 75 p. 60. Fiscale forum. Chron. Ebersperg., *SS.*, XX p. 10. Patrimonium fiscalis advocatus P. manu sua cum accepisset . . . in jus abbatis vendicavit. *D. Heinrichs II.*, no. 230[bis], IV p. 419 (a. 1011). Antistes [Pataviensis] . . . per manum sui fiscalis advocati L. tradidit. *D. Konrads*

*II.*, no. 212 (a. 1034). Rursum no. 213. **2.** *qui concerne un domaine royal, qui fait ou qui a fait partie d'un fisc — concerning a royal manor, forming or having once formed part of a fisc.* Porcarii fescalis [i. e. fiscales] in silvas ecclesiarum ... ingredere non praesumant. Chloth. II edict. a. 614, c. 21, *Capit.*, I p. 23. De unaquaque villa fiscale. MARCULF., lib. 2 no. 52, *Form.*, p. 106. Ager fiscalis. GREGOR. TURON., Hist. Franc., lib. 9 c. 20. Jumenta fiscalia. Ib., lib. 8 c. 40. Adjacebat ei ... area quaedam fiscalis exigua. V. Eligii, lib. 1 c. 17, *SRM.*, IV p. 683. Interficerant quendam fiscalem judicem. Ib., lib. 2 c. 15, p. 702. Licentiam habeant terris [i. e. terras] fiscalis [i. e. fiscales] comparandi. *D. Merov.*, no. 97 p. 88 (a. 744; spur.?). Res quas ex fiscalibus rebus possident. F. imper., no. 16, *Form.*, p. 298. Dedit ... A. [exactor palatii Ingilenheim] ex rebus fiscalibus ex ratione ministerii sui ... curtilem I. BEYER, *UB. Mittelrh.*, I no. 62 p. 70 (a. 835). De nostro fiscali curte. *D. Ottos I.*, no. 67 (a. 945), p. 147. Fiscalem nostrae dominationis terram. Ib., no. 195 (a. 958), p. 276. [Abbas] adiens imperatorem Ottonem quasdam imperio suo contiguas villas impetravit, quibusdam ... remanentibus. Ex quibus duas fischales detinuit episcopus Leodicensis, Calmund et Meldrada cum eorum appendiciis. Othelboldi abb. s. Bavonis epist. (a. 1019-1030), ed. VOET, p. 237. [Saxones ut servi] fiscalia sibi [sc. regi] obsequia impenderent. LAMPERT. HERSFELD., Ann., a. 1073, ed. HOLDER-EGGER, p. 148. In locis fiscalibus, id est ad utilitatem imperatoris singulariter pertinentibus. D. Heinrici V imp., a. 1111, REMLING, *UB. Speyer*, p. 19. **3.** (de personnes) *qui se trouve dans une position de dépendance vis-à-vis d'un fisc* — (of persons) *being in a position of subserviency to a fisc.* Quidam in E. vico de fiscalibus famulis. FORTUN., V. Germani Paris., c. 14, *SRM.*, VII p. 382. Fiscalium servorum. Lex Visigot., lib. 5 tit. 17 § 15. Careant libertate servis fiscalibus adgregandi. Lex Alamann., tit. 39. Homines fiscales. *D. Karolin.*, I no. 45 (a. 769). Item D. Ludov. Pueri a. 902, BEYER, o.c., I no. 150 p. 214. [Feminae] utrum ecclesiasticae an fiscales fuissent. Resp. missis data a. 826, c. 5, *Capit.*, I p. 314. Coloni tam fiscales quam et de casis Dei. Edict. Pist. a. 864, c. 30, ib., II p. 323. **4.** (de personnes) *qui se trouve dans la condition privilégiée accordée d'abord aux dépendants du fisc — enjoying the privileged status which was primitively specific to dependants of the fisc.* Censualem terram liberorum et fiscalium hominum et colonorum ad ecclesiam pertinentem. *D. Ottos III.*, no. 48 (a. 988). Si quis fiscali viro justitiam suam infringere voluerit, id est ad dagowardum [subaudi: eum faciendo] vel ad censum injustum [cogendo], fiscalis vir cum septem proximis suis ... justiciam sibi innatam obtineat. Lex famil. Wormat. (a. 1023-1025), *Const.*, I no. 438 c. 22 (ibi antea "homo fisgilinus" vocatur). **5.** (d'une tenure) *à laquelle incombent seulement les charges relativement modérées des "fiscalini"* — (of a holding) *owing only the moderate obligations specific to the "fiscalini".* Mansos fiscales 12. *D. Arnulfs*, no. 94 (a. 891). Mansus indominicatus, ubi aspiciunt mansa 8: fiscales 6 et servilia 2. Urbar. Prum. a. 893, c. 37, BEYER, *UB. Mittelrh.*, I p. 163. Prefatus vir nobis tradidit mansa fiscalia 2 ex propria hereditate cum familia ibi degente. HALKIN-ROLAND, *Ch. de Stavelot*, I p. 140 (a. 930). Quasdam res meae [sc. archiepiscopi Coloniensis] proprietatis in villa E. dicta, id est fiscalia mansa 2 cum vinea, que emi erga militem meum. LACOMBLET, *UB. Niederrh.*, I no. 102 p. 58 (a. 948). Aspiciunt ibi 4 fiscales mansi. *D. Konrads II.*, no. 166 (a. 1031). Apud S. est curtis dominica ..., mansa dominice terre 16, mansa fiscalia 16, servilia 17. Urbar. Maurimonast. (ca. a. 1120), SCHOEPFLIN, *Alsatia*, I no. 249 p. 199. **6.** *astreint à l'acquittement d'un cens — liable to pay a rent.* Si aequum est episcopum fiscalem esse vel si cathedra episcopalis alicui ecclesiae tributum debeat persolvere. Synod. Barchinon. a. 906, *Hist. de Languedoc*³, V pr. col. 118 sq. Decreverunt non debere episcopum tributarium esse neque cathedram episcopalem ... alicui servitio mancipari, sed liberam esse ab omni jure fiscali. Synod. S. Tiberii a. 907, ib., col. 120. **7.** *patrimonial* (se dit du patrimoine privé d'un évêque, par opposition aux richesses de son église) — *patrimonial.* Praediolum ... quod quondam a predecessoribus meis olim jure fuerat possessum, nunc vero ipsis decedentibus in mea hactenus propria ditione more fiscali reservatum. DE FONT-RÉAULX, *Cart. de Limoges*, p. 182 no. 189 (a. 1000). Subst. mascul. vel femin. **fiscalis**: **1.** *serf qui dépend du fisc et qui, de ce chef, jouit d'un statut privilégié — a serf who, being subservient to a fisc, possesses a privileged status.* De fiscalis [i. e. fiscalibus] vel servis nostris. Capit. de villis, c. 52. Fugitivos fiscales suos [sc. imperatoris]. Capit. missor. gener. a. 802, c. 4, I p. 92. Vir quidam erat fiscalis regio deditus municipatui. Mir. Hucberti, lib. 1 c. 7 (s. ix), *SS.*, XV p. 910. Fiscales quidam dicuntur in Francia, qui nulli censum solvunt nisi soli regi. Glossa ca. a. 1080, Tegernsee, *Sitzungsber. München*, 1873, p. 711. **2.** *dépendant jouissant du statut privilégié qui caractérisait anciennement les serfs du fisc — a dependant possessing the privileged status formerly specific to the fisc's serfs.* Qui dicuntur fiscales vel censuales, qui in proprietate b. Petri habitant. *D. Ottos I.*, no. 287 (a. 965). [Praedium] cum familiis, ita tamen ut in tres dividantur conditiones, id est fiscales, tabularios, servitores. ESCHER-SCHWEIZER, *UB. Zürich*, I no. 233 p. 126 (a. 1044). **3.** *régisseur d'un fisc — manager of a royal manor.* [Res] vendidit fiscali nostro F. abbati, unde ad jus fisci nostri legaliter redactae fuisse noscuntur. *D. Charles le Chauve*, no. 196 (a. 857). Victimas et caetera, quae libebat sponte nolentibus dare fiscalibus, vi quidem auferebant. EKKEHARD., Cas. s. Galli, c. 1, *SS.*, II p. 86. **4.** (cf. voc. fiscus sub 9) *tenancier d'un fief — feudal tenant.* Absolvebant eos qui fiscales erant eorum, ut darent s. Petro et monachis ea que in ipsa ecclesia habebant. Ex quibus B. et D. ... dederunt quartam partem decimarum frumenti et sigilis. CHAMPEVAL, *Cart. d'Uzerche*, no. 52^bis p. 93 (ca. a. 1039). Praecipimus vicecomitibus, vicariis, fidelibus sive omnibus fiscalibus nostris. GUÉRARD, *Cart. de Marseille*,



II p. 3 (a. 1044). Subst. neutr. **fiscale**: **1.** *bien-fonds qui a appartenu au fisc — an estate which has belonged to the fisc.* In vicario V. fiscalia que per donum Karoli regis ... consecuti sunt. *D. Charles le Simple*, no. 37 (a. 901). **2.** plural. fiscalia: *les droits régaliens — regalian rights.* Cuncta regum antiquorum fiscalia. EKKEHARD. URAUG., Ann., a. 1119, *SS.*, VI p. 255. Regalia vel fiscalia. Id., a. 1121, p. 257.

**fiscaliter**: **1.** *à la manière d'un fisc, d'un domaine royal — like a royal manor.* Nemini est justius Favariensis abbatia quam fiscaliter tua [sc. Ottonis I imp.] EKKEH., Cas. s. Galli, c. 8, *SS.*, II p. 114. **2.** *en guise de fief, par inféodation — as a fief, by enfeoffment.* Hoc donum consensu ducis Aquitanorum feci, a quo eum fiscaliter possidebam. RÉDET, *Cart. de S.-Nicolas de Poitiers*, p. 43 (a. 1075). Cadalo a G. duce ... eam [abbatiam] fiscaliter habuerat. THIBAUDEAU, *Hist. du Poitou*, I p. 367 (ch. a. 1081, Poitiers). Quandam domum et quendam ortum fiscaliter de abbate s. Cipriani in vita sua tantum retinuit sub censu den. 2, homo factus abbati pro hoc. RÉDET, *Cart. de S.-Cyprien de Poitiers*, no. 593 p. 346 (ca. a. 1090). Quidam nobilis vir ... quandam terram s. Juniani ... ab abbate et monachis fiscaliter habebat. DE MONSABERT, *Ch. de Nouaillé*, no. 191 p. 300 (a. 1115-1140).

**fiscare**: *confisquer, retirer en faveur du fisc — to confiscate, to seize on behalf of the fisc.* Qui eum [sc. grafionem] rogat ut injuste aliquid fiscare debeat. Lex Sal., tit. 51 § 1, nota ad textum Heroldensem (infiscare, codd. fam. 2). Judiciario jure ad nostrum dominium fiscata sunt. *D. Arnulfs*, no. 154 (a. 897). Quicquid N. in villa M. possederat et judicio scabineorum fiscatum erat. *D. Ottos I.*, no. 52 (a. 942).

**fiscarium.** Plural. fiscaria: *revenus fiscaux — fiscal revenue.* Concedimus ei districta ipsius loci seu redibiciones atque fiscaria et quicquid pars publica in ipsis locis exigere debet. *D. Ottos I.*, no. 244 (a. 962). Cum ... terminis, accessionibus, fiscariis, compariciis ... *D. Heinrichs II.*, no. 320 (a. 1014).

**fiscatus** (subst.) (cf. voc. fiscus sub 9): *féodataire — feudatary.* Auxit ipse abbas fiscatis suis solidos. Vos, *Lobbes*, II p. 434 (epist. s. xii in.)

**fiscilinus**, v. fiscalinus.

**fisco** (genet. -onis), fisconus: *paillasse — straw mattress.* S. xiii.

**fisculus**: *un fisc peu étendu — a small fisc.* Quendam fisculum nostrum B. nomine. *D. Karls III.*, no. 64 (a. 882).

**fiscus**: **1.** *le patrimoine royal — the king's real property.* Omnia quae in fisco suo pater [Theodeberti regis] posuerat de rebus Sigivaldi, patre ejus, ipsi reddi praecepit. GREGOR. TURON., Hist. Franc., lib. 3 c. 24. Facultatibus suis fisco regis Guntchramni dimissis. Ib., lib. 5 c. 5. In illa capella, que est in curte fisci. F. Senon. rec., no. 3, *Form.*, p. 213. Manens juxta regii villam fisci, quam R. vocant. FLODOARD., Hist. Rem., lib. 1 c. 20, *SS.*, XIII p. 436; hausit ex V. Remigii auctore HINCMARO, ubi: juxta fiscum regium qui R. vocatur. **2.** *un domaine royal* ou un *complexe de domaines royaux — a royal estate* or *a group of royal estates.* Terra quae aspicit ad fiscum nostrum Isciacense. *D. Merov.*, no. 5 (a. 556). Dum ille episcopus monasterium in pago illo, aut super sua[m] proprietatem aut super fisco, noscitur aedificasse. MARCULF., lib. 1 no. 2, *Form.*, p. 41. De ipsas terras quod infra mero Attiniacinse infra ipso fisco nostro memoratus abbas comparatum habebat. D. spur. Theoder. III reg. <a. 682>, GYSSELING-KOCH, *Dipl. Belg.*, no. 4. Franci qui in fiscis aut villis nostris commanent. Capit. de villis, c. 4. Ecclesias quae sunt in nostris fiscis. Ib., c. 6. De ingenuis qui per fiscos aut villas nostras commanent. Ib., c. 52. Invenimus in A. fisco dominico. Brev. ex., c. 25, *Capit.*, I p. 254. Ut non solum beneficia ... sed etiam nostri fisci describantur. Capit. de justit. fac. (a. 811-813), c. 7, p. 177. Si servi ... in fiscum nostrum confugerint et a dominis ... eorum repetiti fuerint, si actor fisci nostri intellexerit quod eos juste non possit tenere ..., eiciat illos de eodem fisco. Capit. missor. a. 821, c. 3, p. 300. Fiscus dominicus. BITTERAUF, *Trad. Freising*, I no. 227 p. 210 (a. 806). Item *Mon. Boica*, t. 28 pt. 1 no. 9 p. 9 (a. 800-804). Dedit actor noster de rebus praedicti fisci nostri ... F. imper., no. 36, *Form.*, p. 314. **3.** *le centre d'exploitation d'un fisc — royal manor.* Actum Maddoallo fisco dominico. *D. Merov.*, no. 2 (a. 528). Homo ... de vicinatu R. fisco publico. V. Galli vetustiss., c. 11, *SRM.*, IV p. 256. In fisco regio Atiniaco principibus ab rege ... colloquium habendum indicitur. RICHER., Hist., lib. 2 c. 30, ed. LATOUCHE, I p. 170. Fiscum regium Atiniacum diripit atque comburit. Id., lib. 3 c. 74, II p. 90. **4.** *source de revenus perçus au profit du fisc, autre qu'un domaine — non-manorial source of revenue collected in behalf of the fisc.* Usque Ocianum mare per pagus et civitates fiscum inquerendum dirigunt. FREDEG., lib. 4 c. 24, *SRM.*, II p. 130 l. 11. Saeva illa fuit contra personas iniquitas, fiscum nimium stringens, de rebus personarum ingeniose fisco [i. e. fiscum] vellens implere et seipsum ditare. Ib., lib. 4 c. 27, p. 131 l. 18. [Teloneum] erat enim regius fiscus, sed ... a Karolo rege s. Mariae donatur. G. pontif. Camerac., lib. 2 c. 21, *SS.*, VII p. 460. **5.** *bénéfice concédé par le roi — "beneficium" granted by the king.* Ex fisco quem adsumpsit regale munere. V. Wandregisili, c. 14, *SRM.*, V p. 19. Dedit illi comitatus et fiscos plurimos. Ann. Mett. prior., a. 747, ed. SIMSON, p. 40. In eodem loco de fisco nostro quem W. in beneficium habet. D. Ludov. Pii a. 817, *Hist. de Fr.*, VI p. 509. Fiscum nostrum [sc. regis] sibi in beneficium datum. F. imper., no. 46, *Form.*, p. 322. Abbatia s. Vincentii non esset de jure antedicti episcopi, sed fiscus Hludowici imperatoris esse debebat. G. Aldrici, c. 6, *SS.*, XV p. 313. Concessit ei Arnulfus rex nonnullos fiscos in Alamannia, unde ei alimonia preberetur. REGINO, Chron., a. 887, ed. KURZE, p. 128. Quodsi novo tempore fiscus comitalis in jus ecclesiasticum concessus est. Lamberti capit. a. 898, c. 8, II p. 110. Ecclesia Fossatensis cenobii, quae regali subdita est dominio vesterque fiscus fore videtur. ODO SANMAUR., V. Burchardi, c. 2, ed. BOUREL, p. 8. **6.** *un domaine qui a été autrefois un domaine royal — an estate which has previously been a royal possession.* Ego R. ... dono Deo ... quasdam res meas, quas per preceptum regale adquisivi, hoc est fiscum indominicatum qui vocatur C.

Bernard-Bruel, *Ch. de Cluny*, II no. 1405 p. 464 (a. 974). **7.** *domaine qui fait partie du patrimoine d'un seigneur — an estate forming part of the patrimony of a seignior.* A praefato duce aliquem fiscum suo vocabulo dictum Ad P. ... cum millenis comparavit solidis. V. Hrodberti Salisburg., c. 8, *SRM.*, VI p. 160. Abbatia[m] cum omnibus appendiciis suis et fiscum nostrum [sc. abbatis]. *Hist. de Languedoc³*, II pr. col. 355 (a. 870). Tam rege quam comite sive aliquo principe qui monasterium Vabrense in fisco dominationis tenere voluerit. Ib., col. 377 (a. 874, Albi). **8.** *un domaine quelconque d'une certaine importance — any rather important estate.* In ... loco ... M. ... illum mansum dominicum et omnem illum fiscum ad eum pertinentem. Wampach, *UB. Luxemb.*, I no. 89 p. 88 (a. 853). Ipsius viri Dei [sc. Germani] fiscum vocabulo Vernoilum. Mir. Germani Paris. (s. ix), c. 20, *SS.*, XV p. 9. In ipso pago medietatem fisci mei q. v. S. Van Lokeren, *Ch. de S.-Pierre au Mont Blandin*, no. 25 (a. 942). Tu [comes] petiisti quasdam res nostras [sc. abbatis], scilicet fiscum Francium ... Guichenon, *Bibl. Sebus.*, p. 62 (a. 943, Vaud). Episcopus retradidit feminae moniali apud T. curtiferum cum omni ejusdem fisci portam respiciente decimatione. Bitterauf, *Trad. Freising*, II p. 265 (a. 1022). Maximum fiscum episcopii, id est castrum quoddam cum omnibus pertinentiis suis. V. Eberhardi Salisb., c. 9, *SS.*, XI p. 82. **9.** *fief — fief.* Episcopo qui mihi successerit veto ut nullo homini illos molendinos in fiscum donet, sed semper unam medietatem habeat episcopus, alteram habeant canonici. Nanglard, *Cart. d'Angoulême*, p. 32 (a. 1020; an genuinum?) Nobis vendiderunt quamdam terram, I. dominico vasso auctorizante, de cujus est fisco. Marchegay, *Arch. d'Anjou*, III no. 258 (ca. a. 1035). Postulavit a domino suo H., quatenus ejus favore liceret ei totum fiscum suum praescripto monasterio dare ... Est quidem fiscus iste, sicut supradictus miles tenebat eo tempore ... Métais, *Cart. de Vendôme*, I no. 13 p. 29 (ca. a. 1037). Si ad qualitatem beneficii, quod mihi dedisti, constat quia non est de tuo [sc. Roberti regis] fisco, sed de his quae mihi per tuam gratiam ex majoribus meis haereditario jure contingunt. Migne, t. 141 col. 939 (epist. a. 1024). A. [comitissae] Aquitanorum, de qua in fisco ipsa jugera habebam. Rédet, *Cart. de S.-Nicolas de Poitiers*, p. 40 (a. 1058). Cum auctoramento W. atque N., quorum fiscus erat. De la Boutetière, *Cart. de Talmond*, p. 56 (a. 1070). Concedo quidquid poterunt adquirere in terra mea ... et in omnibus qui habent fiscum meum, sive clericus sive sit laicus, quocumque modo ... possint habere. Tardif, *Cartons*, no. 295 p. 186 col. 2 (a. 1075-1077, Berry). G. servus s. Petri, ab abbate manumissus, fiscum seu feudum, quod a monasterio tenebat, dimittit. Guérard, *Cart. de Chartres*, II p. 294 (a. 1079). In fisco, id est in fiedo. *Hist. de Metz*, IV p. 104 (a. 1097). Castellum quod de me [sc. comite Flandrensi] tenet sub fisci nomine. Vercauteren, *Actes de Flandre*, no. 44 (a. 1110). Dono totum illud quod habeo in fisco ... et totum alium fiscum quem habeo de comite Melgoriensi. *Hist. de Languedoc³*, V no. 450 col. 844 (a. 1114, Montpellier). Terram suam, seu de alodio seu de fisco comitis ... teneret. Calmet, *Lorraine*, III pr. col. 29 (a. 1093). Fiscis fiscos superaddens. Vos, *Lobbes*, II p. 434 (s. xii in.). Qui ipsum locum in fisco tenebat. G. pontif. Camerac., lib. 2 c. 35, *SS.*, VII p. 463 l. 34. Pro fiscis, quibus abunde locupletati sub utriusque regis turgebant ditione. Orderic. Vital., lib. 10 c. 4, ed. Leprévost, IV p. 21. A rege Anglorum recipientes ... fiscum 300 militum. Robert. de Torinn., Chron., a. 1157, addit., *SS.*, VI p. 507 l. 45. **10.** *fief-rente — money fief.* De L. decem solidos [decimae], sed R. tenet in fisco sex denarios. De C. duos solidos, sed abbatissa dedit B. sex denarios in fisco. De la Bigne, *Cart. de Rennes*, p. 96 (a. 1060). **11.** fiscus sacerdotalis: *l'ensemble de biens-fonds qui se rattache à la fonction de prêtre d'une paroisse — real property connected with a parish priest's office.* Concesserunt omnem fiscum sacerdotalem. De Montégut, *Cart. de Vigeois*, p. 6 (a. 1082). Concedimus ... quicquid jure hereditario tam in presbiterali quam in laicali fisco apud U. habemus et possidemus, concedentibus dominis nostris R. filiisque ejus B. et P., ad quos pertinet casamentum. Rédet, *Cart. de S.-Cyprien de Poitiers*, no. 395 p. 241 (a. 1088-1091). Prebeo ecclesiam cum fisco ecclesiae dimidio. Grandmaison, *Chart. s. Jovini*, p. 23 (a. 1090, Poitou). **12.** *trésor d'un seigneur féodal, d'un prince territorial ou d'un établissement religieux — treasury of a feudal lord, a territorial ruler or a religious institution.* Quid advocatus, quid juris fiscus noster [sc. monachorum] ex antiquitate juste retinuisset ... Duas partes fiscus, terciam accipiat advocatus. Wampach, *Echternach*, I pt. 2 no. 197 p. 323 sq. (a. 1095). Ad fiscum nostrum episcopale. Lacomblet, *UB. Niederrh.*, I no. 268 p. 173 (a. 1106). Fiscus episcopalis. Pass. Thiemonis, c. 5, *SS.*, XI p. 55. Vini venditio a die s. Pasche usque in nativitatem s. Marie fiscum episcopalem respexerat. Keutgen, *Urk. st. Vfg.*, no. 19 (a. 1119, Strasbourg). Ex nostro [sc. episcopi] fisco. *UB. d. L. ob der Enns*, II no. 70 p. 89 (a. 1056). In fiscum ducis. Cosmas, lib. 3 c. 57, ed. Güterbock, p. 232. **13.** *cens, spéc. cens en argent, revenu — money rent, revenue.* Possideas sine fisco rura in solum revocata. Cassiod., Var., lib. 2 epist. 33, *Auct. ant.*, XII p. 65. Fiscum persolvere cogantur. Ib., lib. 5 epist. 14, p. 151. Novell. Justin., 29, 2. Unde fiscus exit. Lex Romana Cur., *LL.*, V p. 448. Ipsum censum et fisco [i. e. fiscum], quod exinde exierit et Dominus annue dederit, debeant recipere. *CD. Langob.*, no. 385 col. 639 A (a. 900, Bergamo). Tanto ipso fisco vel censo redere [i. e. reddere] deverit [i. e. deberet] ... qualiter mihi fuerunt consuidudo redere. Ib., no. 90 col. 170 C (a. 914, Milano). Cum censibus cunctis, id est fiscum, ordeum, de accensis ignibus, adjutoria nostrae expeditionis, cincta ceteraque ad imperiale jus pertinentia. Mohr, *CD. Raet.*, I p. 113 (a. 1027). Ecclesiam cum alodiis et terris et oblationibus et fiscis et censibus. *España sagrada*, t. 28 p. 288 (a. 1046, Catal.). Ecclesiam de D. cum quinque solidis et dimidio de fisco et modiis quinque avenae. Calmet, *Lorraine*, II p. 272 (a. 1047). **14.** *une rétribution — a due.* [Colonus domum vendat]



redditis venditionibus ["ventes"] ... et fisco servientis supradicto [vid.: redditis servienti duobus nummis]. Consuet. Capellae s. Odae a. 1073, Tardif, *Cartons*, p. 180.

**fisgilinus**, v. fiscalinus.

**physica**: **1.** *médecine — medical science.* **2.** *remède — drug.*

**physicus**: *médecin — physician.*

**fistuca**, v. festuca.

**fivum** et derivata, v. feodum.

**fixorium**, fictorium (< figere): *borne — boundary-post.* Perquisierunt terminos de ipsa villa, archas et fixorias et vindenates. *Hist. de Languedoc³*, II pr. no. 45 col. 118 (a. 817, Gerona). Dederunt ad ipsa cella terminia et fuerunt [leg. fecerunt?] fixoria et fecerunt caractera, sicut lex Gotorum continet. Ib., no. 80 col. 178 (a. 832, Arles). Termines et fixorios et limites monstrare possum. Ib., no. 90 col. 196 (a. 836, Narbonne). Villam S. cum terminis et fixoriis et omnibus adjacentiis suis. *D. Charles le Chauve*, no. 44 (a. 844). Ordinaverunt ... ut infra ipsas villas ... fixurias vel terminia mitterent quinque petras fixas. Baluze, *Capit.*, addit., no. 118 (ch. a. 884, Catalon.) [Limes] ascendit ... usque in ipso fictorio de monte P. *D. Lothaire*, no. 50 (a. 982).

**flabellum**, flavellum (class. "éventail — fan"): **1.** *éventail ou émouchoir d'usage liturgique — fan or fly-flap for liturgical use.* Descr. Centul. a. 831 ap. Hariulf., Chron., lib. 3 c. 3, ed. Lot, p. 87. De paramento capellae nostrae ... flavellum argenteum unum. Test. Everardi a. 867, De Coussemaker, *Cart. de Cysoing*, p. 2. Bernard. Morlan., Consuet. Cluniac., c. 37, Herrgott, p. 228. **2.** *soufflet — bellows.* **3.** *girouette — weathercock.*

**flaciata**, flasci-, flassi-, flessi-, fleci-, flass-, -ada: *couverture de laine — woollen blanket.* S. xiii.

**flado**, flato, flanto, flanso, flanzo, flavo (genet. -onis), -onus (germ.): *flan — flawn, kind of pancake.* Fortun., V. Radegund., c. 15, *SRM.*, II p. 369. Consuet. Fructuar. (s. xi), lib. 1 c. 11, Albers, IV p. 144. *Actes Phil.-Aug.*, no. 540 (a. 1196), c. 39, II p. 88.

**flagellatio**: **1.** **flagellation — scourging.* **2.** **fléau, catastrophe — affliction, disaster.*

**flagellator**: *batteur — thresher.* S. xiii.

**flagellum**: **1.** **fléau pour battre le blé — flail.* Flagellum excussorium. Transl. Joh. Reomaens., no. 9, *AASS.³*, Jan. III p. 483. Quidam rusticus ... flagellum accipiens, in aream annonam trituraturus temere ingreditur. Donat., V. Ermenlandi, c. 23, *SRM.*, V p. 706. **2.** **fléau, catastrophe, châtiment divin — affliction, disaster, divine correction.*

**flagrantia** = fragrantia.

**flagrare** = fragrare.

**flamen**: *bannière d'église — church banner.* Cum flaminibus et crucibus. Mir. Richarii (paulo post a. 864), lib. 1 c. 11, *SS.*, XV p. 917. Praevia atque signifera flamina. Wolfhard., Mir. Waldburgis (ca. a. 895), lib. 3 § 11, *AASS.³*, Febr. III p. 542 E.

**flanchus** (germ.): **1.** *flanc d'un animal — side of an animal.* S. xiii. **2.** *côté — side.* S. xiv.

**flanso**, flanto, flanzo (genet. -onis), v. flado.

**flasciata**, flassiata, flassata, v. flaciata.

**flasco**, flesco (genet. -onis), flasconus, flascus, flasca, frascia (germ.): *barillet portatif — portable barrel.* Praepararent cuneos et malleos, quatinus in crastino flascones ... inde fierent. Mir. Richarii, lib. 1 c. 2, Mabillon, *Acta*, II p. 214. Ennod., lib. 2 carm. 147, *Auct. ant.*, VII p. 269. Gregor. M., Dial., lib. 2 c. 18. Isid., Etym., lib. 20 c. 6 § 2. Eginhard., Transl. Marcellini, lib. 3 c. 11, *SS.*, XV p. 251. Alcuin., V. Willibrordi, c. 17, *SRM.*, VII p. 130. Walafr. Strabo, V. Othmari, c. 9, *SS.*, II p. 44. Agnell., c. 174, *Scr. rer. Langob.*, p. 390. Ardo, V. Benedicti Anian., c. 30, *SS.*, XV p. 213. Hincmar., V. Remigii, c. 19, *SRM.*, III p. 311. Monach. Sangall., lib. 1 c. 23, *SS.*, II p. 741.

**flascula** (< flasco): *petit barillet portatif — minor portable barrel.* Felix, V. Guthlaci, c. 30, Mabillon, *Acta*, III pt. 1 p. 277. Alcuin., V. Willibrordi, c. 19, *SRM.*, VII p. 131. V. Bernardi, *AASS.*, Maji V p. 268.

**flato** (genet. -onis), v. flado.

**flatus** (decl. iv): **souffle de vie, âme — life-breath, soul.*

**flavellum**, v. flabellum.

**flavo** (genet. -onis), v. flado.

**flebilis**: **en pleurs, plaintif — weeping, plaintive.*

**phlebotomare**: **saigner — to let blood.*

**phlebotomaria**: *charge de phlébotomiste — office of blood-letter.* Bertrand, *Cart. d'Angers*, I no. 79 p. 96 (a. 1082-1106).

**phlebotomarius**: *phlébotomiste — blood-letter.* Consuet. Cluniac. antiq., rec. C, Albers, II p. 33. Hugo Farf., Destr., ed. Balzani, *Il Chron. Farf. di Greg. di Cat.*, I p. 33. Widemann, *Trad. S.-Emmeram*, no. 886 p. 431 (post a. 1160).

**phlebotomia** (gr.): **phlébotomie — letting blood.* Medicus dum fleotomiam exercet. Lex Visigot., lib. 11 tit. 1 § 6. Certum flebotomiae tempus non observent. Capit. monast. a. 817, c. 11, *Capit.*, I p. 344.

**phlebotomum**, -us (gr.): **1.** **lancette à saigner — lancet for letting blood.* **2.** *phlébotomie — letting blood.* Isid.

**phlebotomus**: *phlébotomiste — blood-letter.* Lex Visigot., lib. 11 tit. 1 § 6, inscr. Sigiberti cons. Cluniac., c. 1, Albers, II p. 67.

**flechia**, flecca (germ.): *flèche — arrow-shaft.* S. xiii.

**flechiarius**: *archer — fletcher.* S. xiii.

**flechiator**: *archer — fletcher.* S. xiii.

**fleciata**, flessiata, v. flaciata.

**phlegma**, phleuma (genet. -atis) (gr.): **flegme, humeur, glaire, mucus, morve — phlegm, humour, slime, mucus.*

**phlegmaticus** (gr.): **muqueux, glaireux — mucous, slimy.*

**flesco** (genet. -onis), v. flasco.

**floccus**, flocus, v. hroccus.

**flodus** (germ.): *marée haute — floodtide.* S. xiii, Angl.

**florenus** (< flos): *florin*, monnaie d'or frappé à Florence à partir de 1252 — *florin.*

**floreta** (< flos): **1.** *étoffe décorée de fleurs — floriated material.* S. xii, Ital. **2.** une *monnaie* française — a French *coin.* S. xiv.

**florire** = florere.

**florulentus**: **fleuri, émaillé de fleurs, florissant — having flowers, adorned with flowers, flourishing.*

**flos**: **1.** *farine — flour* (cf. Plin. 18, 20, 2). **2.** plural. flores: **un choix — a selection.*

**flosculum**: **petite fleur — little flower.*

**flota** (anglosax.): _flotte — fleet, navy._ S. xiii, Angl.
**fluba** = fibula.
**fluctuabundus**: *_flottant, hésitant, peu sûr — swaying, hesitating, unstable._
**fluens**, plerumque plural. fluentia, et fluentum, plerumque plural. fluenta: *_fleuve, courant, flot, flux — river, stream, flow, flood._
**fluentare**: _couler — to stream._ Pergis in Augustam, qua Virdo et Licca fluentant. FORTUN., V. Martini, _Auct. ant._, IV pt. 2 p. 642.
**fluor**: **1.** *_écoulement — flowing out._ **2.** _courant — stream._ **3.** _liquide — liquid._
**flustrum.** Plural. flustra et singul. flustrum: *_eaux calmes — quiet waters._
**foagium**, v. focagium.
**focacia**, fu-, fou-, foy-; -ga-, -gua-, -a-; -tia, -zia, -ssia, -sa, -ssa, -cha, -ca (< focus): _fouace_, espèce de pain ou de gâteau cuit dans les cendres de l'âtre (et non au four) — kind of _bread_ or _cake baked in hearth-ashes_, not in the oven. ISID., Etym., lib. 20 c. 2 § 15. Polypt. s. Remigii Rem., c. 1 § 15, ed. GUÉRARD, p. 2 col. 2. DE MARCA, Marca Hisp., app., col. 884 (a. 964). CHIFFLET, _Tournus_, p. 310 (a. 1056). DESJARDINS, _Cart. de Conques_, p. 367 (a. 1087). ALART, _Cart. Roussillonnais_, no. 75 p. 107 (ca. a. 1096).
**focagium**, fouca-, foga-, foa-, fua- (< focus): **1.** _droit de fouage_, redevance qui se payait par feu ou ménage — _hearth-tax._ MARTÈNE, _Thes._, I col. 646 (ch. a. 1192). Consuet. Normann., LUDEWIG, _Reliq._, VII p. 182. **2.** _ramassage de bois à brûler, affouage — gathering firewood._ S. xiii. **3.** _rétribution pour le ramassage de bois à brûler — due for gathering firewood._ S. xiii.
**focale**, foale, fuale, et plural. focalia, foalia, fualia (< focus; > angl. _fuel_): _bois à brûler — firewood._ S. xii.
**focaria** (< focus): **1.** _femme de soldat — soldier's wife._ Cod. Justin., 5, 16, 2. **2.** _concubine — concubine._ ENNOD., opusc. 3 § 7, _Auct. ant._, VII p. 85. **3.** _concubine d'ecclésiastique — an ecclesiastic's concubine._ JOH. SARISBER., epist. 27, MIGNE, t. 199 col. 18 B. RADULF. DE DICETO, Abbrev. chron., a. 1137, ed. STUBBS, I p. 249. Concil. Eborac. a. 1195, c. 14, ap. ROGER. HOVED., ed. STUBBS, III p. 297.
**focarista** (mascul.) (< focaria): _ecclésiastique concubinaire — ecclesiastic who lives in concubinate._ S. xiii.
**focarium**, foari-, fuari-, -a (femin.): _bois à brûler — firewood._ Quicumque ... voluerit focariam de mortua sylva habere. CALMET, _Lorr._, I pr. col. 356 (ch. a. 950).
**focarius** (subst.) (< focus): **1.** _garde-foyer — keeper of the hearth._ Const. dom. reg. (a. 1135-1139), CH. JOHNSON, _Dial. de Scaccario_, ad calc., p. 134. Cf. J. LE FOYER, _L'office héréditaire du "focarius regis Angliae" et l'histoire de ses titulaires normands 1066-1327_, Caen 1931. **2.** _saunier — salt-boiler._ Totum jus saline et ejus focariorum. HAUTHALER-MARTIN, _Salzb. UB._, II no. 113 p. 182 (a. 1090-1101). **3.** idem quod focarista.
**focata** (< focus): _rétribution pour le ramassage de bois à brûler — due for gathering firewood._ S. xiii.
**focis** = fauces.
**focularis** (subst. mascul.), foculare (neutr.) (< focus): **1.** _âtre, réchaud — hearth, brazier._ ALDHELM., Laus virg., c. 38, _Auct. ant._, XV p. 288. Vitae patrum, lib. 5 c. 10 § 94, MIGNE, t. 73 col. 930 A. Edict. Rothari, c. 147. **2.** _foyer, famille — household, family._ Cum familiis vel quatuor focularibus. FATTESCHI, _Memor. di Spoleto_, p. 267 (a. 757). Offerimus ... foculares undecim. GIORGI-BALZANI, _Reg. di Farfa_, II no. 38 p. 47 (a. 757).
**focum** = focus.
**focus**: **1.** (cf. ital. _fuoco_, frg. _feu_) *_feu — fire._ **2.** _foyer, famille — household, family._ Sunt in N. mansi vestiti 6 et dimidius, et alia medietas est absa; sunt per focos 16. Polypt. Irminonis, br. 11, c. 10, ed. GUÉRARD, p. 121. Focis caeteris supradictis. Agap. II pap. (a. 946-955) epist., MIGNE, t. 133 col. 925 A.
**foderagium**, forr-, for-, folr-, furr-, fur-, fourr-, four- (< foderum): **1.** _le droit d'exiger le "fodrum" — the right to exact "fodrum"._ Dedi Deo et s. Albino ... forragium terre monachorum de B. BERTRAND, _Cart. d'Angers_, I no. 332 p. 382 (a. 1157-1189). **2.** _fourrage — forage._ S. xii.
**1. foderare**, fodrare, forare, furrare (< foderum): _soumettre à des réquisitions de fourrage — to exact supply of forage from_ a person. Nec mansiones eorum hospitari vel invadere vel foderare praesumat. Priv. Bened. IX pap. a. 1033, DC.-F., III p. 535 col. 2. Pisani a nulla persona debeant foderari neque hospitari. Frid. I imp. conv. cum Pisan. a. 1162, _Const._, I no. 205, c. 4. Conquesta fuit de R., quod homines de V. injuste fodrat. FICKER, _Forsch._, IV no. 172 p. 215 (a. 1187).
**2. foderare**, fodrare, frodare, folerare, folrare, fourare, forrare, furrare (< fodorus): _fourrer, doubler ou garnir de fourrure — to line or edge with fur._ S. xii.
**foderarius**, fodrarius, forrarius (< foderum): _fourrier, fonctionnaire chargé du réquisitionnement de fourrage — official charged with the requisitioning of forage._ Mittite homines secundum consuetudinem ... qui longius pergant propter fodrarios et curam de pace accipiant. HINCMAR., De coerc. mil. rapin., MIGNE, t. 125 col. 954 sq. O. forrarius volebat mittere consuetudinem forri in illam partem burgi. BERTRAND, _Cart. d'Angers_, I no. 89 p. 103 (a. 1067-1109).
**foderatura**, folerat-, folrat-, forrat-, furrat-, furat-, furrura, furura (< **2.** foderare): _doublure_ ou _garniture en fourrure — fur lining_ or _edging._ S. xiii.
**foderum**, fodorum, fodurum, fodrum, fotrum, forrum, -us (germ.): **1.** _fourrage pour les chevaux — horses' fodder._ Nullus audeat in nocte negotiare ... excepto vivanda et fodro quod iter agentibus necessaria sunt. Capit. post a. 805 add., c. 2, I p. 142. **2.** _avoine — oats._ Fotri cum palea garbas sexies 60, sine palea modios 6. STIMMING, _Mainzer UB._, I no. 306 p. 196 (a. 1063). Ruodlieb, fragm. I v. 23, v. l. **3.** _fourrage réquisitionné pour les besoins d'une armée ou d'un convoi — fodder requisitioned_ in behalf of an army or a train. Super servientes ecclesiae mansionaticos vel foderum nullus audeat prendere. _D. Karolin._, I no. 174 (a. 792). Familia monasterii nullis quibuslibet hominibus foderum daret. D. Ludov. Pii a. 830, GYSSELING-KOCH, _Dipl. Belg._, no. 28. [Ne] quasi per precationem caballos vestros ... ad pastum presbyteris commen-



dare praesumatis neque annoniam vel fodrum ab eis exigatis. HINCMAR., Capit. archidiac. data, c. 6, SIRMOND, I p. 740. Nec fodrum nec parafredos tollere. BEYER, _UB. Mittelrh._, I no. 95 p. 99 (a. 860). **4.** _réquisitionnement de fourrages pour les chevaux_ et quelquefois, par extension, de vivres — _requisitioning of horses' fodder_ and sometimes victuals. Tempore hiemis, quando [missi regis] marascalcos illorum ad fodrum dirigunt. Capit. missor. Silvac. a. 853, c. 13, II p. 274. Hostes, quamvis per fodrum et ad custodiendas undique vias divisos, tamen ad resistendum paratos invenit. THIETMAR., lib. 5 c. 26, ed. HOLTZMANN, p. 251. De Teotonicis vix erant quingenti, et hi partim per fodrum divisi, partim ad vias custodiendas transmissi. ADALBOLD., V. Heinrici II imp., c. 17, _SS._, IV p. 688 l. 28. O. forrarius volebat mittere consuetudinem forri in illam partem burgi. BERTRAND, _Cart. d'Angers_, I no. 89 p. 103 (a. 1067-1109). **5.** spec.: _livraison obligatoire de fourrage et de vivres_ pour les besoins de l'armée royale — _compulsory supply of fodder and victuals_ for the king's host. Nec ab eis mansionaticus aut fodorus penitus accipere vel exigere presumant. D. Lotharii I imp. a. 832, MURATORI, _Antiq._, V col. 977 (BM.² 1033). Inhibuit a plebeis ulterius annonas militares, quas vulgo foderum vocant, dari. ASTRON., V. Hludow., c. 7, _SS._, II p. 610. A nobis neque a successoribus nostris ... fotrum aliqua inferatur molestia. _D. Ottos I._, no. 403 (a. 971). Foderum vel angariam aut aliquam publicam funccionem exigere. _D. Ottos II._, no. 250ᵃ (a. 981). Neque aliqua superinposita ... fiat, scilicet de fodro. _D. Heinrichs II._, no. 303 (a. 1014). Fodrum et angarias, seu publicum servicium in panem et vinum, carnes et annonam ... sibi dare deberent. DC.-F., III p. 535 col. 1 (ch. a. 1027, Aquileia). Cf. N. TAMASSIA, _Le origini storiche del fodro_, _Riv. Stor. Dir. Ital._, 1929. **6.** _le droit d'exiger le "fodrum" — the right to exact "fodrum"._ Recta comandisia est comiti de foduro et carregium. Consuet. Vindocin. s. xi med. ap. BOUREL, _Vie de Bouchard_, p. 35. Dedi illi ecclesiae ... vicariam, foderum omnesque consuetudines quas terra reddere solet. DC.-F., III p. 535 col. 1 (ch. a. 1033, Anjou). Fodrum de castellis, quod nostri antecessores habuerunt, habere volumus. Conradi II imp. edict. de benef. Ital. a. 1037, _Const._, I no. 45, c. 6.
**fodorus**, fodrus (germ.): _fourreau — sheath._ Ipsa mea spada [i. e. spatha] cum auro et ipso fodoro de auro et rengas. DE MARCA, _Marca Hisp._, app. col. 973 (a. 1010, Urgel).
**fogagium**, v. focagium.
**fogeria**, v. filicaria.
**foyassia**, v. focacia.
**folagium**, v. fullagium.
**folare**, v. fullare.
**folerare**, v. 2. foderare.
**foleratura**, v. foderatura.
**folia**, folium: _mesure de liquides — liquid measure._ Nec in eo ... vasculo una folia fuit vini. V. Audomari et soc. (s. ix in.), lib. 2 c. 19, _SRM._, V p. 766.
**foliamen** (< folium): _feuillage — foliage._ Porta ornata est picturis et foliaminibus. Acta Amedei, c. 106, _AASS._, Mart. III p. 894.
**folium**: *_feuille de papyrus_ ou _de parchemin — sheet of papyrus_ or _parchment._ Benedicti regula, c. 42.
**folla**, follum, v. fulla.
**follare**, v. fullare.
**follata**, v. fullata.
**follia** (< follis): _injure — insult._ Si quis alicui criminalem folliam dixerit. Usat. Barchin., usualia, c. 20, WOHLHAUPTER, p. 190.
**follis**, follus (adj.) (< subst. follis "outre, ballon — bag, balloon"): _fou — crazy._ Folle homo. V. Caesarii, lib. 2 c. 42, _SRM._, III p. 498 l. 30. More Gallico sanctum senem increpitans follem. JOH. DIAC., V. Gregor. M., lib. 4 c. 96, MIGNE, t. 75 col. 238 C. Merito follis latiali rusticitate vocaris. RATHER., Invect. de transl. s. Metronis, c. 10, ib., t. 136 col. 464 D. Karolus [Simplex] ... fuit follus. Ann. Vindocin., a. 893, HALPHEN, _Rec. d'ann. angev._, p. 55. Excors, follus eques, abnormis garrulus idem est. Ecbasis, v. 1188, ed. VOIGT, p. 139. Stultos et folles teneo Pisanos. OBERT., Ann. Genuens., lib. 2, ed. BELGRANO, I p. 175.
**follo**, folo, v. fullo.
**folrare**, v. 2. foderare.
**folratura**, v. foderatura.
**fomentum**: **1.** _combustible — fuel._ [Ignis] fomentis accenditur, aqua restinguitur. GREGOR. TURON., Hist. Franc., lib. 4 c. 40. Lignus ... perpetualiter ... resplendet, a nullo fomento [i. e. fomentum] olei scirpique accipiens. Id., Glor. mart., c. 31, _SRM._, I p. 507. **2.** *_excitant, stimulant — stimulus, incentive._
**fomes**: **1.** *tout _combustible_ pour le feu ou pour la lampe — any _fuel_ for fire or light. **2.** *_chaleur, feu — heat, blaze._ **3.** _aliments — food._ V. patr. Jur., lib. 2 c. 12, _SRM._, III p. 150. **4.** *_excitant, stimulant, motif — stimulus, incentive, motive._
**fons**: **1.** *_fonts baptismaux — baptismal font._ Plural. fontes: fonts baptismaux — baptismal font. Ad fontes in basilica. GREGOR. M., lib. 9 epist. 49, _Epp._, II p. 76. Procedunt ad fontes ... ad baptizandum. Sacram. Gelas., lib. 1 c. 44, ed. WILSON, p. 84. [Pontifex] fundit crisma ... intro in fontes super ipsam aquam. Ordo Rom. IX (s. vii), c. 94, ed. ANDRIEU, II p. 445. Episcopus benedicit fontes. Ordo Rom. XV (s. viii), c. 71, ib., III p. 111. Si quis ... ecclesiam ... construxerit ... fontesque in eadem ab episcopo fuerint consecrati. Capit. Olonn. a. 822/823, c. 2, I p. 317. **2.** _droit de baptême — right of baptism._ Canonici S. Crucis fontes baptismales non habebunt. _Actes Phil.-Aug._, no. 384 (a. 1191), p. 475.
**fontana**, fontanea (subst. femin.) (< fons): _source, fontaine — well, fount._ Test. Vigilii (ca. a. 670), PARDESSUS, II no. 363 p. 152. _D. Arnulfing._, no. 3 p. 92 (a. 702). Liutprandi leg., c. 84. _D. Karolin._, I no. 51 (a. 770). _D. Ottos I._, no. 407 (a. 972). _D. Heinrichs III._, no. 317 (a. 1054).
**fontanile** (< fontana): _fontaine — well._ MARCHEGAY-SALMON, _Chron. des comtes d'Anjou_, p. j., no. 1 p. XC (a. 865, Blois). _D. Charles le Chauve_, no. 321 (a. 869).
**foo** (genet. -onis), v. fao.
**1. foragium**, v. foderagium.
**2. foragium**, v. foraticus.
**foralis** (adj.): **1.** _qui concerne la justice séculière — of secular justice._ Cognovimus ... quosdam clericorum ... ad forales reorum sententias

frequenter accedere. Concil. Matiscon. a. 585, c. 19, *Conc.*, I p. 171. A litigiis foralibus monachos submoveri [decet]. GREGOR. M., lib. 1 epist. 67, *Epp.*, I p. 87. **2.** *qui concerne les marchés — of markets.* Quicquid . . . ex omnium commercio vectigalium vel ex jure forali vel districto judiciali possit provenire. *D. Ottos II.*, no. 308 (a. 983). Forum suum cum omnibus foralibus institutis . . . transferendi habeat potestatem. *D. Lothars III.*, no. 29 (a. 1130). Subst. neutr. plural. **foralia**: *redevances de marché — market-dues.* [Mercati] omnes justicias, theloneum, bannum, comitatum, latronem, foralia . . . optinuit. Cantat. s. Huberti, c. 5, ed. HANQUET, p. 17. [Allodium] cum . . . banno, latrone, foralibus et placitis. KURTH, *Ch. de S.-Hubert*, I no. 56 p. 71 (a. 1082)

**foraneitas**: *non-résidence, absentéisme — non-residence, absenteeism.* Foraneitates praebendarum . . . observentur, videlicet ut nullus de substituendis canonicis nisi 20 sol. per annum de praebenda sua recipiat, qui per dimidium annum P. non fecerit mansionem. *Gall. chr.*², XII instr. col. 51 (ch. a. 1176, Sens). Constitutio prebendarum tam super residentia canonicorum quam foraneitate confirmata. PONCELET, *Actes Hug. de Pierrepont*, no. 69 (a. 1209).

**foraneus** (adj.), **1.** d'un chanoine: *non-résident — of a canon: non resident.* Si canonicus foraneum se exhibuerit, nichil de fructibus prebende percipiet. PONCELET, *Actes Hug. de Pierrepont*, no. 20 (a. 1203). Canonicorum tam residentium quam foraneorum. Ib., no. 62 (a. 1209). **2.** officialis foraneus: juge ecclésiastique qui tient séance ailleurs que dans la capitale du diocèse — spiritual judge in session outside the capital of the diocese. Subst. mascul. **foraneus**: *étranger* dans une ville — *foreigner* in a city. Si quis foraneus burgensem verberaverit. Phil. Aug. reg. Fr. priv. pro Atrebat. a. 1194, ESPINAS, *Artois*, no. 108, c. 14.

**forare**, v. 1. foderare.

**forarium**: *promontoire — headland.* S. xiii, Angl.

**foras**, **1.** adverb.: **dehors, à l'extérieur* (sens statique) — *outside.* **2.** praepos. c. accus.: **en dehors de — outside.*

**forasfactum**, v. forisfactum.

**forastare**, v. forestare.

**forasterius** (subst.): *étranger — foreigner.* S. xiv, Ital.

**forasticus** (adj.) (< foras): **1.** *venant d'ailleurs — who has come from elsewhere.* Forasticus presbyter: prêtre non attaché à l'église locale — an ecclesiastic who is not appointed at the local church. MARTIN. BRACAR. (s. vi), Canones, c. 56, *Opera*, ed. BARLOW, p. 137. **2.** *étranger à l'Eglise, séculier — alien to the Church, secular.* Per forasticam potestatem. MARTIN. BRACAR., o.c., c. 37, p. 134. Seculares et forasticae philosophorum disciplinae. ALDHELM., Metra, c. 3, *Auct. ant.*, XV p. 71. [Perversis sacerdotibus] et cum paganis et cum permixta et plebeia multitudine nostri labores et pugnae forasticae videntur esse. BONIF. et LULL. epist. 63, *Epp.*, III p. 329. Ubique in vestro solacio confido, tam divinis quam forasticis rebus. F. Augiens., coll. C no. 22, *Form.*, p. 374. **3.** *situé à l'extérieur — lying outside.* Est mansus 1; in sesso est mappa 1, in olchis mappae 6, de forastica terra mappae 20. Polypt. s. Remigii Rem., c. 14 § 6, ed. GUÉRARD, p. 32 col. 2. **4.** *qui habite dehors — living outside.* Sunt homines, cum intra villam manentes tum forastici, numero 23, qui singuli den. 4 solvunt. Ib., c. 1, addit. ad § 16, p. 2 n. **5.** *qui s'exerce en dehors du monastère — taking place outside a monastery.* [Monachi] administrationes ac officia forastica . . . sortirentur. GUIBERT. NOVIG., De vita sua, lib. 1 c. 8, ed. BOURGIN, p. 23. Subst. mascul. **forasticus**: **1.** *un dépendant qui d'origine n'appartient pas au domaine, hôte — a dependant who does not originally belong to the manor.* In C. mansum ingenuilem tenet B. forasticus. Polypt. cit., c. 6 § 23, p. 8 col. 1. **2.** *laïc — layman.* Non solum inter forasticos, verum etiam inter ecclesiasticos . . . dissentiones oriuntur. *Gall. chr.*², X col. 365 (ch. ca. a. 1050, Noyon).

**forastum**, v. forestis.

**forataneus**, v. foritaneus.

**foraticus** (subst.), foraticum, foragium (< forare "trouer, en part. ouvrir un tonneau de vin — to pierce, esp. to broach a cask of wine"): **1.** *redevance* qui consiste dans une certaine quantité de vin perçue sur chaque tonneau qu'on ouvre pour débiter le vin — a *due* consisting in a definite quantity of wine taken from every cask broached for retail. *D. Merov.*, p. 141, spur. no. 23 (s. ix?). *D. Karolin.*, I no. 6 (a. 753). Cart. Senon., no. 36, *Form.*, p. 201. *D. Louis IV*, no. 5 (a. 937). Decimam partem vini ex mansis ad nostram kameram pertinentibus, quod vinum foraticum vocamus. *D. Ottos I.*, no. 140 (a. 952). In Duaco toloneum, foraticum, stalaticum ab hora nona festivitatis s. Amati usque ad vesperum crastine diei. VERCAUTEREN, *Actes de Flandre*, no. 4 (a. 1076). *Actes Phil. Ier*, no. 80 (a. 1076), p. 439. [Locum liberum a] banno, latrone, inventione, furto, foro, feratico [leg. foratico], teloneo. MIRAEUS, I p. 268 col. 2 (ch. a. 1086, Valenciennes). Foraticum de tabernis. RIVOIRE-VAN BERCHEM, *Samml. Schweiz. Rechtsqu.*, t. 22 pt. 1 p. 2 (a. 1099, Genève). Decimam foratici suae civitatis [sc. Verdun] de vino. Priv. spur. Nic. II pap., PFLUGK-HARTTUNG, *Acta*, I no. 33 p. 31. ROUSSEAU, *Actes de Namur*, no. 9 (a. 1154). Si quis burgensium . . . in eadem villa vinum adduxerit et illud vendiderit, nullum ex eo redditum debet. Si autem ipse vel alius per foragium vinum illud vel aliud vendere voluerit, de quatuor rotis unum sextarium . . . vini dabit. Charte-loi de Prisches a. 1158, c. 4, ed. VERRIEST, *RBPH.*, t. 2 (1923), p. 337. Eadem verba: DUVIVIER, *Actes*, I p. 366 (a. 1170-1189). **2.** *redevance sur les débits de bière — due levied from beer retail.* In V. mansum dimidium et forasticum [leg. foraticum] de camba una. *D. Charles le Simple*, no. 86 (a. 916). Foraticum de cambis. GUÉRARD, *Irminon*, app. p. 340 (ch. a. 985).

**foratio**: idem quod foraticus. Duas areas domorum cum omnibus redditibus que de ipsis consuetudinaliter exeunt, scilicet justicia, sanguine, theloneo, foratione vini, pedachio . . . DEPOIN, *Rec. de S.-Martin-des-Champs*, I p. 127 no. 79 (a. 1096/1097). Hospitalitatem, placitum generale, forationes vini . . . debet [episcopus] ut dominus possidere. RIVOIRE-



VAN BERCHEM, *Samml. Schweiz. Rechtsqu.*, t. 22 pt. 1 p. 2, c. 6 (a. 1124, Genève).

**forator**, v. forrator.

**forbannire**, ferbannire, ferrebannire, forisbannire (germ., cf. teuton. *verbannen*; la forme forisb. est due à une latinisation après coup — the form forisb. must be ascribed to later latinization), **1.** aliquem: *mettre* un inculpé réfractaire *hors la loi* provisoirement — *to outlaw* as a provisional measure an indicted person who shuns trial. Si quis hominem qui forbannitus est in domo recipere praesumpserit. Lex Ribuar., c. 87. De latrone forbannito: . . . qui eum suscepit 15 sol. conponat. Capit. Aquisgr. a. 809, c. 3, I p. 148. Quicumque . . . latronem receperit, maxime autem illum qui forbannitus fuerit, vel qui illos quos missi nostri forbannierunt recepit postquam forbanniti ab eisdem missis nostris fuerunt. Capit. missor. Silvac. a. 853, c. 6, II p. 272. Sub custodia illum [reum] habeat, donec ad illum comitem, in cujus comitatu forbannitus fuerit, illum revenire faciat. Capit. Caris. a. 873, c. 1, p. 343. Eum qui justitiam fugerit sciant omnes esse forbannitum, ita ut nullus eum nisi ad praesentandum recipiat. Karlmanni capit. a. 883, c. 3, p. 371. Si comes forbannitum in sua tuitione habuerit et ad placitum ducere neglexerit. Const. Ranshof. (s. x ex.), c. 4, *LL.*, III p. 484. Ne forisbannitum aut furem . . . impunitum transeant. Leg. Henrici, tit. 59 § 20, LIEBERMANN, p. 579. **2.** aliquem: *requérir le témoignage de* qq'un — *to summon to bear testimony.* Si praesentes fuerint vocati in testimonium et noluerint ea quae noverint jurati dicere et ferbanniti [v. l. forbanniti] fuerint, 600 din. . . . culpabilis judicetur. Lex Sal., tit. 49 § 3. Muniat [i. e. moneat] graphio eum [sc. reum furti]; adducat 7 rachymburgiis ferrebannitus. Edict. Chilperici (a. 561-584), c. 8, *Capit.*, p. 9 l. 29. **3.** aliquid: *interdire — to prohibit.* De toloneis qui jam antea forbanniti fuerunt: nemo tollat nisi ubi antiquo tempore fuerunt. Capit. Harist. a. 779, c. 18, I p. 51. Rapinas et malefacta forbannivimus. Capit. Pist. a. 862, c. 3, II p. 307.

**forbannitorius** (adj.): *qui comporte la mise dans le "bannum" du roi — having the purpose to put a thing under the king's ban.* Notitia traditoria atque forbanditoria peracta a domno Pipino rege. *Hist. de Languedoc*³, II pr. no. 5 col. 45 (< a. 767 >, spur. s. ix?, Rouergue).

**forbannus** (germ., cf. voc. forbannire): **1.** d'une personne: la *mise hors la loi* provisoire comme mesure de contrainte judiciaire — of a person: provisional *outlawry* as a means of judicial coercion. Comes qui latronem in forbanno miserit. Capit. Aquisgr. a. 809, c. 4, I p. 148. Si necesse fuerit, ipse in forbannum mittatur qui ad justitiam reddendam venire noluerit. Edict. Pist. a. 864, c. 6, *Capit.*, II p. 314. Si tales . . . ad mallum adduci non potuerint, in forbannum mittantur. Capit. Caris. a. 873, c. 3, p. 344 l. 22. **2.** de choses: *séquestre* comme mesure de contrainte judiciaire — of things: *distraint* as a means of judicial coercion. Si quis homo fidejussorem invenire non potuerit, res illius in forbanno mittantur usque dum fidejussorem praesentet. Capit. de part. Saxon. (a. 785), c. 27, I p. 70.

**forbatutus** (adj.) (< foris, battuere), du victime d'un homicide: *pour lequel l'acquittement d'un wergeld ne peut pas être exigé* — of a killed person: *for whose death no wergeld is due.* Qui edictum nostrum ausus fuerit contempnere . . ., judex . . . raptorem occidat, et jaceat forbatutus. Childeb. II decr. a. 596, c. 4, *Capit.*, I p. 16. In sua culpa secundum legem ipsum ferrobattudo fecit. F. Turon., no. 30, *Form.*, p. 153. Et ego hodie ipso facio [in] frodanno et ferbatudo infra noctis 42. Cart. Senon., no. 17, ib., p. 192. De homine furbattudo. Lex Ribuar., tit. 77, inscr. (lectio incerta).

**forbex** (genet. -icis) = forfex.

**forbitor**, v. furbitor.

**forcapium**, forscapium, foriscapium (germ.): **1.** *prix de rachat* exigé par celui qui s'est emparé d'un bien meuble égaré d'autrui — *repurchasing price* demanded by one who has taken possession of strayed movables. Ut nemo forcapium de mancipiis aut de qualibet causa recipere praesumat. Capit. per se scrib. (a. 818/819), c. 1, I p. 287. De forcapiis. Si mancipia domos suos fugerint in alienam potestatem, ut propter hoc nullum praemium accipiat ille in cujus potestate fuerint inventa pro eo quod ea vel reddiderit vel foras ejecerit. Pippini capit. Ital. (a. 801-810), c. 19, p. 211. **2.** *redevance* due au seigneur *pour l'exploitation des minéraux — retribution* due to the landlord *for ore-mining.* Emptiones et venditiones argenti et forscapia argentariarum inventarum infra praedictos terminos. *Hist. de Languedoc*³, V no. 661 col. 1290 (a. 1164). **3.** *redevance* due au seigneur *comme prix de la permission d'aliéner une tenure — a tax* due to the landlord *for leave to alienate a holding.* Sunt mansi serviles 5; solvunt vini modios 10; solvunt pullos cum ovis inter totum 183; solvunt forcapii sol. 10. Polypt. Irminonis, br. 7 § 84.

**forcata**: une *mesure de terre — a land measure.* S. xiii, Ital.

**forcatum**, v. furcatum.

**forceps**: *bec d'oiseau — bird's beak.* Volucres avido forcipe pipant. FELIX, V. Guthlaci, c. 11, MABILLON, *Acta*, III pt. 1 p. 267.

**forcerium**, v. forsarium.

**forconsiliare**, forsconsiliare (formation avec préfixe germanique, calquée sur le verbe allemand *verraten* — a word formed with a Germanic prefix in order to render the German *verraten*), **1.** aliquem: *trahir, comploter contre* qq'un — *to betray, to plot against* a person. Nec in vita nec in membris neque in regno illorum eos forconsiliabo. Conv. ap. Confl. a. 860, sacram. Ludov., *Capit.*, II p. 155 l. 5. Nec eum . . . in regno . . . per aliquam fraudem vel subreptionem decipiet aut forconsiliabit. Pact. Aquense a. 870, ib., p. 192. Si milites nostros in eo [castello] manentes forsconsiliare voluerit. *Gall. chr.*², XIII instr. col. 462 (a. 1019, Toul). **2.** aliquid alicui: *conspirer* de manière à faire perdre qqch. à qq'un — *to plot* in order to spoliate a person of a thing. Nemo suo pari suum regnum discupiat aut forsconsiliet. Conv. Marsn. a. 851, c. 2, *Capit.*, II p. 72. Similiter Conv. Furon. a. 878, c. 1, p. 169.

**forefacere** et deriv., v. forisfac-.

**foremundus** (germ.): *tuteur — guardian.* Per

manum F. foremundi sui. PEZ, *Anecd.*, VI pt. 2 p. 61 col. 1 (ch. s. xii).

**1. forensis** (adj.) (< forum): **1.** *relatif au droit séculier* par opposition au droit ecclésiastique — *concerning secular law* as contradistinguished from church law. Secundum jura forensia, qui in precibus [i. e. precariis] fuere mentiti, non illis prosint quae impetraverunt. Synod. Attiniac. a. 874, c. 3, *Capit.*, II p. 460. Legibus non forensibus modo, verum etiam ecclesiasticis regulis. Priv. Joh. XV pap. a. 990, Vos, *Lobbes*, I p. 436. Quoniam secundum jus forense hujusmodi traditio sine nostra confirmatione rata non potuit esse. *D. Heinrichs II.*, no. 416 (a. 1019). In publicum progressus, forenses causas et oppressorum negocia examinabat. THANGMAR., V. Bernwardi, c. 5, *SS.*, IV p. 760 l. 13. Cum nec forenses nec ecclesiasticae leges quicquam valerent. LAMPERT. HERSF., Ann., a. 1059, ed. HOLDER-EGGER, p. 75. Forensi lege. PETR. DAM., lib. 7 epist. 3, MIGNE, t. 144 col. 441. Id., Disc., *Libelli de lite*, I p. 93. Ecclesiarum et clericorum procuratores tocius liberos forensis juris. Cantat. s. Huberti, c. 96, ed. HANQUET, p. 247. Quibusdam ad forensium legum jura convenientibus. Rel. de elev. Bertini, c. 3, *SS.*, XV p. 528. In jus legum forensium advocaverat. Mir. Foillani, c. 16, ib., p. 927. Nullum forense juditium sustinebit. D. Heinrici V reg. a. 1107, BORMANS-SCHOOLMEESTERS, *Cart. de Liège*, I no. 30. Duae domus ... eo legibus forensibus perductae fuerant. G. abb. Trudon., lib. 9 c. 26, *SS.*, X p. 288. Jure forensi. V. Ottonis Babenb., lib. 1 c. 28, *SS.*, XII p. 888. Quicumque forensi lege convictus ... capellam contigisset, addicte pene obnoxius non esset. V. Meinwerci, c. 154, ed. TENCKHOFF, p. 82. Quicquid ad forensem vel civilem justiciam noscitur pertinere. HARENBERG, *Mon. hist. ined.*, p. 707 (a. 1141). **2.** *relatif aux marchés* — *concerning markets*. Mercatum fieri statuimus ... cum banno, monetariis, monetis, theloneis omnibusque forensis juris utensilibus. Firmamus, ut omnes illo causa forensis negotii confluentes ... pace fruantur. *D. Heinrichs IV.*, no. 26 (a. 1057). Incole loci nostri [sc. episcopi], cives videlicet forenses. KEUTGEN, *Urk. st. Vfg.*, no. 77[a] p. 46 (a. 1105, Halberstadt). Curtim in urbe Spira ... juxta forum sitam et omni forensi usui commodam. *CD. Hirsaug.*, p. 89. Forensis villa. V. Altmanni altera, *SS.*, XII p. 243. Forense placitum, quod marktinc vulgo dicitur. JORDAN, *Urk. Heinr. d. Löw.*, no. 92 p. 141 (a. 1171). Subst. mascul. **forensis**: **1.** *laïc* — *layman*. **2.** *marchand* — *merchant*. Cod. Udalrici, no. 260, ed. JAFFÉ, *Bibl.*, V p. 446. *D. Lothars III.*, no. 29 (spur. post a. 1170). Publico more forensium ... merces suas ... exposuerint. D. Frider. I imp., *Mon. Boica*, t. 29 pt. 1 p. 375.

**2. forensis** (adj.) (< foris): **1.** **du dehors, extérieur, étranger* — *from without, exterior, foreign*. **2.** presbyter forensis: un prêtre étranger au diocèse — a priest who does not belong to the diocese. [Clerici] repperientes D. forensem presbyterum sibi consecrari [in episcopum] precibus poposcerunt. GREGOR. M., lib. 6 epist. 13, *Epp.*, I p. 392. Diaconus forensis sibi apostolatus sumpsit culmen. Concil. Roman. a. 769, *Conc.*, II p. 85. Episcopus assumens quendam presbiterum forensem ... obtulit eum ad nostrum monasterium ut abbatem illum constituisset. RATPERT., Cas. s. Galli, c. 5, *SS.*, II p. 64 l. 29. **3.** bona forensia: les biens qui se trouvent en dehors du monastère proprement dit — property outside the monastery. Omnia quaecunque habere poterant, tam in thesauro ecclesiae quam in bonis forensibus, scriberentur. Polypt. Irminonis, prol., ed. GUÉRARD, p. 20 no. 10. Eadem verba: Polypt. Centul. a. 831, ap. HARIULF., Chron., lib. 3 c. 3, ed. LOT, p. 86. [Nortmanni] habitacula circa hunc locum [i. e. monasterium] posita, quae forensibus studiis patebant, ignis patibulo tradunt. HILDEGAR., V. Faronis, c. 130, *SRM.*, V p. 202. **4.** presbyteri forenses: prêtres des paroisses rurales — priests of country parishes. Episcopi ... doceant et regant eorum ministeria, tam in monasteriis virorum quamque et puellarum vel in forensis presbyteris seu reliquo populo Dei. Capit. Baiwar. (a. 803?), c. 2, II p. 158. Singuli episcoporum missam celebre[n]t et unusquisque presbiter in monasterio similiter faciat; presbiteri vero forenses tres missas peragant. Synod. Dortmund. a. 1005, c. 1, *Const.*, I no. 28. Pars episcopii distringat omnes forenses presbyteros sibi pertinentes et clericos. *D. Heinrichs II.*, no. 472 (a. 1022). Affuit venerabilium utriusque ordinis, ecclesiastici scilicet et secularis, forensiumque ... plebium multitudo. Chron. Trenorch., c. 35, ed. POUPARDIN, *Mon. de S.-Philibert*, p. 95. **5.** homines forenses: dépendants qui habitent en dehors du domaine — dependants living outside the manor. Sunt homines forenses 50; debet unusquisque den. 4. Polypt. S. Remigii Rem., c. 12 § 5, ed. GUÉRARD, p. 24 col. 2. Item c. 17 § 60, p. 49 col. 1. **6.** canonici forenses: chanoines non-résidents — non-residing canons. Nullus canonicorum vestrorum forensium perciperet aliquid in distributione predicta, nisi qui divinis officiis assiduus interesset. Lucii III pap. litt. a. 1181, PFLUGK-HARTTUNG, *Acta*, I no. 336. Subst. mascul. et femin. **forensis**: **1.** *un dépendant qui habite à l'extérieur du domaine* — *a dependant living outside the manor*. Forenses prefate ville debentes dies 9 aut din. 4. Polypt. s. Remigii cit., c. 15 § 33, p. 36 col. 1. Etiam c. 9 § 12, inscr., p. 16 col. 1. **2.** *étranger, visiteur étranger au domaine ou à la ville* — *foreigner, a visitant from outside the manor or the city*. Medietatem telonei et justitiae ex forencibus a[d] mercatum venientibus, exceptis hominibus s. Mariae. TARDIF, *Cartons*, no. 258 p. 162 col. 2 (ca. a. 1025, Parisis).

**forefactum,** v. forisfactum.

**forefactura,** v. forisfactura.

**forestagium** (< forestis): **1.** *redevance due pour l'affouage dans les forêts royales ou seigneuriales* — *tax for wood easement in royal and seigniorial forests*. Faciat ibi bosoniam [leg. boscagium?] suam ... quando volet, sine forestagio, et porcos suos ... impinguet sine pasnagio. BERTRAND, *Cart. d'Angers*, I no. 104 p. 116 (a. 1039-1055). Castrum de N., forestagium, pasnaticum, vendam atque pedagium hominum s. Nicolai. DC.-F., III p. 552 col. 2 (ch. a. 1099, Saumur). Ego B. et ego G. ... forestarii praedicti nemoris donamus ... in perpetuam eleemosynam forestagium et omne aliud ex integro, quod habebamus vel requirere poteramus in nemore quod D. vocatur. *Gall. chr.*[2], II instr. col. 202 (ch. a. 1114). **2.** *péage exigé au passage d'un forêt* — *a toll levied on a road passing through a forest*. S. xiii.



**forestalis** (< forestis): *relatif au droit forestier* — *relating to forest law*. Campis, silvis, venationibus forestalibus [form. pertin.]. *D. Heinrichs II.*, no. 111 (a. 1006). Silvam q. d. Harz cum forestali jure. *D. Heinrichs IV.*, no. 378 (a. 1086).

**1. forestare,** forastare (< forestis): *soumettre au droit forestier* — *to afforest*. Silva ... sicut nostri juris publicum forestum tuta ac defensa, munita ac imperpetuum forestata habeatur. *D. Ottos III.*, no. 358 (a. 1000). Bannum super feras ... in ambitu, quo etiam Hugo ... feras forestatas habuit ..., donavimus, eo tenore quatinus ... aecclesia ... in feris praescripto ambitu forestandis pacem ... obtineat. *D. Heinrichs II.*, no. 326 (a. 1014). Similia no. 350 (a. 1016). Quandam silvam ... banno ... constringere et, ut rustice dicunt, forastare concedimus. Ib., no. 379 (a. 1018).

**2. forestare** (< foris): *exiler* — *to banish*. S. xiii.

**forestaria** (< forestarius): *la charge, les pouvoirs d'un forestier* — *the office, the powers of a forester*. Concessimus ... communie [Compendiensi] forestariam Compendii ... propter 260 libras cere et tôtidem gallinas. Ch. Ludov. VII reg. Fr. a. 1179, LUCHAIRE, *Inst. monarch.*, II p. 326 no. 24. Illam nemoris quartam partem ... tanquam meam propriam, ab omni advocatione et villicatione et forestaria et quorumlibet hominum incisione liberam et emancipatam ... donavi. MIRAEUS, I p. 722 (a. 1197, Flandre).

**1. forestarius** (adj.) (< forestis): *qui fait partie de, qui se rapporte à une forêt royale ou seigneuriale* — *forming part of or relating to a royal or seigniorial forest*. Forestum in F. cum forestariis mansis. *D. Konrads II.*, no. 50 (a. 1026). Silvam ... nostro forestario ... juri obnoxiam. BEYER, *UB. Mittelrh.*, I no. 401 (a. 1101). Subst. mascul. **forestarius**, foristarius, forstarius: **1.** *forestier, régisseur d'une forêt royale ou seigneuriale* — *forester*. Jussimus H. domestico cum forestariis nostris ipsa loca mensurare. *D. Merov.*, no. 29 (a. 667). Silva, quicquid ibidem forestariae [i. e. forestarii] nostri usque nunc defensarunt. Ib., no. 71 (a. 697). Forestarios cum ipsorum mansibus in ipsa foreste commanentes. *D. Karolin.*, I no. 28 (a. 768). Regius forestarius. V. Filiberti, c. 16, *SRM.*, V p. 593 l. 20. Forestarii [regis] invaserunt partem de silva ... dicentes quod plus pertineret ipsa silva ad fiscum imperatoris quam ad partem s. Remigii. HINCMAR., V. Remigii, *SRM.*, III p. 323. Majores nostri et forestarii ... vel ceteri ministeriales. Capit. de villis, c. 10. De forestis, ut forestarii bene illas defendant, simul et custodiant bestias et pisces. Capit. Aquisgr. a. 813, c. 18, I p. 172. Forestarios nostros, A. videlicet et pares suos, qui forestem in Vosago praevident. F. imper., no. 43, *Form.*, p. 319. M. colonus s. Germani ... est foristarius de silva et vinea dominica. Polypt. Irminonis, br. 6 § 53. Etiam br. 13 § 99. Quicquid quidam homines, H. videlicet faber et E. forestarius ... ex parte juris nostri hactenus possidere visi sunt. D. Ludov. IV reg. Germ. a. 900, GLÖCKNER, *Cod. Lauresham.*, I p. 339 no. 55. Forestum juxta Sulcipah cum forestario S. nuncupato ... donavimus. *D. Ottos I.*, no. 22 (a. 914). [Villam] excepta una forestarii hoba. *D. Heinrichs II.*, no. 55 (a. 1003). Cum foresto ac forestariis. *D. Kunigund*, no. 2 (a. 1025). **2.** *garde champêtre* — *field-constable*. Singulis annis eligant rustici duos forastarios ad custodiendos campos fideliter. D'HERBOMEZ, *Cart. de Gorze*, p. 26 no. 11 (< a. 765 >, spur.)

**2. forestarius,** foresterius (adj.) (< foris): *relatif à la campagne* par opposition à la ville — — *relating to the flat country*. S. xiii, Ital.

**forestensis** (adj.) (< forestis): **1.** *soumis au droit forestier* — *subject to forest laws*. Per haec loca ... super omnia animalia forestensia foresti [genet.] ad Sulzibach bannus distenditur. *D. Konrads I.*, no. 22 (a. 914). Nullus ... in pago forestensi quod est in comitatu E. cervos, ursos, capreas, apros ... venari ... presumat. *D. Ottos I.*, no. 62 (a. 944). Forestum ... cum forestensibus mansis. *D. Konrads II.*, no. 104 (a. 1027). **2.** jus forestense: *droit forestier* — *forest law*. Trajectensi ecclesie jus servetur forestense utpote nobis in nostris. *D. Ottos I.*, no. 62 cit. Jus forestense eis ... firmavimus. *D. Heinrichs II.*, no. 367 (a. 1017). Subst. mascul. **forestensis**: *forestier* — *forester*. Forestum ... cum omnibus ad idem pertinentibus, cum forestensibus, cum areis, edificiis ... *D. Heinrichs III.*, no. 246 (a. 1049).

**forestica** (neutr. plural.) (< forestis): *droit de chasse et autres droits d'usage dans les forêts* — *right of hunting and easement of forest areas*. Hec regalia esse dicuntur: moneta, vie publice ..., forestica ... D. Frid. I a. 1159, *Const.*, I p. 244.

**forestis,** forast-, -a, -ia (femin.), -us, -um, -e, (< foris, "terrain en dehors de ce qui est affecté à l'usage commun — land outside the area open to common easement"): **1.** *territoire soustrait à l'usage général et dont le roi se réserve la jouissance*, notamment la chasse et la pêche — *area denied to common easement and reserved to the king* especially for hunting and fishing. In foreste nostra nuncupante Arduinna. *D. Merov.*, no. 22 (a. 648). BEYER, *UB. Mittelrh.*, I no. 8 p. 10 (a. 720). Donamus ad basilicam s. Dyonisii ... foreste nostra cognominante A. *D. Karolin.*, I no. 28 (a. 768). Ibi saepe. De forestis: ut forestarii bene illas defendant. Capit. Aquisgr. (a. 801-813), c. 18, I p. 172. F. imper., no. 39, *Form.*, p. 317. Concessimus ... nostram piscationem, scilicet in foresta nostra super fluvium Mosellae. D. Zwentiboldi reg. a. 897, *Hist. de Fr.*, IX p. 378. Basilicam I ... et hobam regalem unam in pago Nahgowe in forasto nostro Wasago nuncupato. *D. Ottos I.*, no. 10 (a. 937). Construerentur infra forestem monasteria sita in pago qui Ardoinna dicitur. V. Remacli, c. 4, *SRM.*, V p. 106 l. 4. **2.** spec.: *forêt royale, territoire de chasse réservée au roi* — *royal forest, hunting-ground reserved to the king*. De feraminibus in forestis nostris sine nostro permisso captis. Capit. de villis, c. 62. Ut in forestes nostras feramina nostra nemine [i. e. nemo] furare audeat. Capit. missor.

gener. a. 802, c. 39, I p. 98. Furando feramina in dominica foraste. EGINHARD., epist. 47, *Epp.*, V p. 133. In quibus forestibus venationem exercere non debeat. Capit. Caris. a. 877, c. 32, II p. 361. Quandam silvam ... in bannum mitteremus et ex ea, sicut Franci dicunt, forestem faceremus.... Omnem silvam quae est intra supradictos terminos per bannum nostrum omnibus prohibemus et ex ea forestem facimus, ... ne deinceps ullus hominum in ipsa bestiam capere quacunque venationis arte absque possessoris ejus licentia praesumat. D. Zwentiboldi reg. a. 896, BEYER, I no. 140 p. 205 sq. **3.** spec.: *forêt royale, territoire dans lequel la glandée est réservée au roi — royal forest, pannage area reserved to the king.* Forestem dimidiam, quae vocabulum habet B., id est ad saginandos porcos duccentos. *D. Ludw. d. Deutsch.*, no. 92 (a. 858). De foreste ubi possunt saginari porci 200. D. Lotharii II reg. a. 861, MARTÈNE, *Coll.*, I col. 178. Forestem ad ipsam villam pertinentem, ubi saginari possint porci tanti. Coll. Patav., no. 6, *Form.*, p. 460. Forestum M. ubi possunt saginari mille porci. *D. Lothaire*, no. 25 (a. 966). **4.** spec.: *pêcherie royale, ensemble d'eaux de pêche réservé au roi — royal fishery, a complex of fishingwater reserved to the king.* Piscationes in utraque parte fluminis [Sequane] sicut nos tenemus et nostra forestis est. D. spur. Childeb. I reg. < a. 556 >, *D. Merov.*, no. 5, p. 7 l. 42. Adtribuimus eis forestem piscationis atque venationis. *D. Charles le Chauve*, no. 220 II, interpol. s. x. Forestem piscium in aqua a ponte Divionis castri usque ad F. Ib., no. 326 (a. 869). Forestem aquaticam. Ib., no. 496 (< a. 873 >, spur. s. x). De foresta regia quae est in Igauna flumine. *D. Lothaire*, no. 35 (a. 974). **5.** *forêt seigneuriale, territoire de chasse réservée à un seigneur — seigniorial forest, hunting-ground reserved to a baron.* De forestibus noviter institutis: ut quicumque illas habet, dimittat, nisi forte ... ostendere possit quod per jussionem sive permissionem domni Karoli ... eas instituisset. Capit. per se scrib. a. 818/819, c. 7, I p. 288. De foreste quam A. comes habere vult, ubi ea prius non fuisse dicitur. Resp. missis data a. 826, c. 3, ib., p. 314. Ut forestum quae ad villam A. pertinet, in qua prius erat communis omnium civium venatio, nullus venandum audeat ingredi nisi licentia abbatis. *D. Ottos I.*, no. 131 (a. 951). Ad Osnabruggensem sedem quoddam nemus vel forestum ... donavimus, ea videlicet ratione ut nullus ... nemus prelibatum, nostro videlicet banno munitum, sine praedicte sedis episcopi ... licentia studio venandi ... praesumat intrare. Ib., no. 302 (a. 965). **6.** gener.: *forêt, région boisée — forest, woodland.* Ad locum quod nominatur L., situm in pago Alsacinse infra forestem que nuncupatur Uosago. *NA.*, t. 32 (1907), p. 215 (ch. < a. 777 >, spur. s. ix/x). Per circumadjacentem forestem exturbabat rabidas feras a suis saltibus. HUBERT. LOBIENS., V. Gudulae, c. 39, *AASS.*[3], Jan. I p. 521.

**foretanus,** v. foritaneus.

**forfacere** et deriv., v. forisfac-.

**forfangium,** foris-, fors- (germ.): *récompense pour la récupération de bêtes volées — reward for the rescue of stolen cattle.* S. xiii, Angl.

**forgerium,** v. forsarium.

**forgia**: *forge — smithy.* HASKINS, *Norman inst.*, p. 297 no. 7 (a. 1118-1126). *Mus. arch. dép.*, p. 89 (s. xii, Marche).

**forgorpire,** v. foriswerpire.

**forifacere** et deriv., v. forisfac-.

**forinsecus** (adj. et subst.): **1.** *de dehors, étranger — from without, foreign.* V. patr. Jur., lib. I c. 17, *SRM.*, III p. 141. **2.** *extérieur — outer.* In castello forinseco 2 curtes. VERCAUTEREN, *Actes de Flandre*, no. 9 (a. 1089, Bruges).

**foris, 1.** adverb.: **dehors, à la porte* (sens du mouvement) — *out, away* (indicating a movement). **2.** praepos. cum accus. et cum ablat.: **hors de — outside.*

**forisbannire,** v. forbannire.

**foriscapiens** (subst.) (< forcapium?): *tenancier qui doit une redevance comme prix de la permission d'aliéner sa tenure — a landholder who is liable to pay a tax for leave to alienate his holding.* Tertiam partem de wadiis de culibertis et de foriscapientibus. DE FONT-RÉAULX, *Cart. de Limoges*, p. 172 no. 178 (s. xi p. pr.).

**foriscapium,** v. forcapium.

**forisdecanus**: *doyen de chrétienté — dean of christianity.* S. xiii.

**forisfacere,** fors-, fori-, fore-, for-, **1.** transit.: *forfaire, perdre par une action délictueuse — to forfeit, to lose by misdoing.* De rebus forfactis per diversos comites [i. e.: in diversorum comitum provinciis], ut ad palatium pertineant. Capit. Ital. a. 787, c. 7, I p. 201. H. res suae proprietatis ... contra nos a nostra fidelitate deviando forfecerit et ob id ad fiscum nostrum ipse res devenerint. *D. Charles le Chauve*, no. 347 (a. 871). Judicatum est quod G. idem totum ex integro fevum suum forsfecerat, quod de G. comitis beneficio tenebat. MÉTAIS, *Cart. de Vendôme*, I p. 34 sq. no. 16 (a. 1039). Fevum suum plane forisfactum ab illo. Ib., p. 115 no. 61 (a. 1045/1046). Si quis in expeditionem summonitus non ibat, totam terram suam erga regem forisfaciebat. Domesday, I p. 56. Si quis occideret hominem pacem regis habentem, et corpus suum et omnem substantiam forisfaciebat erga regem. Ib. Si fevum suum adversus Fulconem forfaceret. MARCHEGAY, *Arch. d'Anjou.* III p. 93 no. 130 (a. 1110-1115). Nemo forisfaciat feodum suum legittimis heredibus suis, nisi propter feloniam vel reddicionem spontaneam. Leg. Henrici, tit. 88 § 14, LIEBERMANN, p. 604. Si [exlex] liberam terram habeat, sit forisfacta in manu regis, cujuscunque homo sit. Leg. II Cnut, tit. 13 § 1, vers. Concil. Cnuti, ib., p. 317 col. 3. Si forisfecerit membrum. Ch. commun. Rotomag. a. 1204, c. 9, *Ordonn.*, V p. 673. **2.** refl.: *encourir une peine capitale — to incur capital punishment.* Si quis peccaverit et seipsum profunde forisfaciat. Leg. II Cnut, tit. 2, vers. Quadrip., LIEBERMANN, p. 309 col. 1. **3.** intrans.: *méfaire, offenser, faire tort — to do wrong, to offend.* Equitans invenisset quendam qui ei forifecerat. ROBERT. DE TORINN., Chron., a. 1163, *SS.*, VI p. 513 l. 25. Amicus in amicum forisfaciens. Lex Amicitiae Aire-s.-la-Lys, a. 1188, ESPINAS, *Artois*, no. 20, c. 16.

**forisfactio** (< forisfacere): **1.** *délit amendable — finable offence.* Cujuscumque forisfactionis rem fecerit. Lex Atrebat. (ca. a. 1180?), ESPINAS, o.c., no. 107, c. 21. **2.** *confiscation, amende — forfeiture, penalty.* S. xii. **3.** *séance



d'un tribunal pour les délits amendables — law session for finable offences.* Quater in anno generales foreste demonstrationes et viridis et veneris forisfactiones ... teneant. Ps.-Cnut de Foresta (ca. a. 1185?), c. 11, LIEBERMANN, p. 622.

**forisfactor**: *délinquant — wrongdoer.* Rex constringet forisfactorem, ut emendet cui forisfecit. Leg. Edw. Conf., tit. 2 § 9, LIEBERMANN, p. 629 col. 1.

**forisfactum,** fores-, foras-, fors-, fori-, fore-, for- (subst.) (< forisfacere): **1.** *délit, atteinte aux droits d'autrui — wrong, injury.* Nulla potestas ... homines ... de ullo forfacto ab eis facto, neque de latrocinio neque de sanguine neque de alio magno aut parvo, audeat distringere. *D. Louis IV.*, no. 25, p. 63 (a. 945; spur.?). Tibi cedo aliquid de haereditate mea per forasfactum quod tibi feci, ut cum te finem habeam. DC.-F., III p. 559 col. 1 (ch. s. x, Apt). Ad antiquam sex forsfactorum consuetudinem, que sunt raptum et incendium, sanguis ac furtum, lepus et pedagium. BERTRAND, *Cart. d'Angers*, I no. 221 p. 261 (a. 1080-1082). Secundum modum forisfacti ita emendabit. Henrici I reg. Angl. ch. coron. a. 1100, c. 8, STUBBS, *Sel. ch.*[9], p. 119. Per 60 libras forisfactum illud emendabit. Lex Atrebat. (ca. a. 1180?), c. 1, ESPINAS, *Artois*, no. 107. **2.** *confiscation, amende — forfeiture, penalty.* Medietatem forfacti apum, quae ex eadem silva furantur. MÉTAIS, *Cart. de Vendôme*, I no. 100 p. 185 (a. 1054). Dederunt omnes reditus ... in civitate vel in burgis, tam in consuetudinibus quam in forfactis. Actus pontif. Cenom., c. 35, ed. BUSSON-LEDRU, p. 416. Forefacta villae nostrae et tertiam totius redditus nostri sibi vi usurpat. DUCHESNE, *Hist. Fr.*, IV, p. 737 epist. 488. Salvis nobis redditibus nostris et forisfactis et justicia illius loci. Phil. Aug. reg. Fr. priv. pro Atrebat. a. 1194, c. 46, ESPINAS, o.c., no. 108.

**forisfactura,** fores-, fore-, fori-, for-, -faitura (< forisfacere): **1.** *délit, atteinte aux droits d'autrui — wrong, injury.* Nullus ... substantiam villani non apprehendat, nisi tantum corpus suum per [i. e. propter] forfacturam quam ipse per se faciat. Concil. Narbon. a. 1054, c. 19, MANSI, t. 19 col. 830. Si presbiter forfacturam fecerit de forestis regis. Concil. Lillebonn. a. 1080, c. 8, TEULET, *Layettes*, I no. 22 p. 26 col. 1. Tantam emendationem restituat, quanta de simili forefactura legibus vel consueto jure terrae vestrae solet restitui. Calixti II pap. litt. a. 1122/1124, PFLUGK-HARTTUNG, *Acta*, I no. 142. Quod si filii senioribus patris sui aliquid forifecerint, pater cogat filios suos ut illam forefacturam ipsis senioribus redirigant et emendent. Usat. Barchin., c. 127, ed. D'ABADAL-VALLS TABERNER, p. 57. Bannos vel emendationes de forisfacturis vix aliquando suscepit. SIMON, G. abb. Sithiens., lib. 2 c. 59, *SS.*, XIII p. 647. **2.** *amende — forfeiture, penalty.* Hoc praeceptum non sit violatum super forisfacturam meam [i. e. mihi solvendam] plenam. Will. I reg. Angl. stat., c. 10, STUBBS, *Sel. ch.*[9], p. 99. Nullam forfacturam ab eis episcopus habebit. Concil. Lillebonn. laud., c. 12, p. 26 col. 2. Reddat episcopo forisfacturas tres. Leg. Edw. Conf., tit. 36 § 5, LIEBERMANN, p. 667 col. 1. Si quis vulneraverit vel occiderit quemquam intra communionem, jurati facient vindictam; forifactura erit episcopi et castellani. Phil. Aug. reg. Fr. priv. pro Noviom. a. 1181, c. 7, *Actes*, no. 43.

**forisfactus,** forfactus (adj.) (cf. voc. forisfacere, refl.): *qui a encouru une peine capitale — having incurred capital punishment.* Conjurit quod eum de vita forfactum interfecisset. Lex Ribuar., c. 77. Similia Leg. Ine, tit. 16, vers. Quadrip., LIEBERMANN, p. 97 col. 2. Si aliquis forisfactus requisierit misericordiam. Leg. Edw. Conf., tit. 18, ib., p. 643 col. 1.

**forisfamiliare**: *émanciper — to free from patriarchical dependence.* S. xii.

**forisfangium,** v. forfangium.

**forisfidare**: *abjurer — to forswear.* S. xii.

**forisjudicare, 1.** aliquid alicui: *déclarer forfait — to declare forfeited.* Teinardo forisjudicaverunt quicquid in illo comitatu usurpare contendebat. VERCAUTEREN, *Actes de Flandre*, no. 120 (a. 1125). **2.** aliquem: *bannir — to banish.* S. xiii.

**forisjurare,** forjurare: **1.** *renoncer à qqch. par serment — to forego by oath.* Si sponsus vidue maritagium vel dotem invadiaverit uxoris sue, ipsa vivente vel forjurante. Consuet. Normann. veterr., pt. 1 (s. xii ex.), c. 4 § 1, ed. TARDIF, p. 3. **2.** *jurer de ne pas rentrer dans un territoire, un endroit — to swear not to reenter a country or a town.* Nunquam de cetero civitatem Cathalaunensem intraret ... villam [i. e. civitatem] in hunc modum forjuravit. DUCHESNE, *Hist. Fr.*, IV, p. 645 epist. 221 (sub Ludov. VII). [Latro] provinciam forisjuret nec redeat. Leg. Edw. Conf., tit. 5 § 3, LIEBERMANN, p. 630 col. 1. Omnem Teutonicam terram, quam nobis Renus dividit, forjuravit ad festum s. Jacobi transiturus nec unquam ... reversurus. JORDAN, *Urk. Heinr. d. Löw.*, no. 35, p. 50 (a. 1157). **3.** *renoncer solennellement à la solidarité du lignage — to disclaim the help of one's kinsmen.* Si quis ... de parentela se velit tollere et eam forisjuraverit. Leg. Henrici, tit. 88 § 13, LIEBERMANN, p. 604. Si homo hominem interfecerit et ille homicida aufugerit, ejus amici et proximi eum abjurare et forjurare debent. MARTÈNE, *Thes.*, I col. 766 (a. 1200, Flandre).

**forismaritagium**: *formariage — merchet.* S. xiii.

**forismaritare,** refl.: *se marier en dehors de la "familia" — to marry a man or woman alien to the "familia".* S. xiii.

**forismaritatio**: *formariage — merchet.* DC.-F., III p. 561 col. 2 (ch. a. 1174, Corbie).

**forismatrimonium**: *formariage — merchet.* S. xiii.

**forispatriatus** (adj. et subst.): *qui séjourne à l'étranger — staying abroad.* S. xiii.

**foristarius,** v. 1. forestarius.

**foriswerpire,** for-, -guerpire, -gorpire, refl.: *se dessaisir — to forgo.* Per festucam me exinde forgorpivi et in omnibus me exinde foras exitum feci. DC.-F., III p. 556 col. 1 (ch. a. 877, Pescara).

**foritaneus,** forataneus, foretanus (subst.) (< foris): *habitant de la campagne — rural resident.* MURATORI, *Ant.*, IV col. 546 § 60 (a. 1107, Pistoia).

**forjurare,** v. forisjurare.

**forlangus,** forlinga, v. furlanga.

**forma**: **1.** **aquaduc, canal — aqueduct, canal.* Prata seu formas. BERNHART, *Cod. Ravenn.*, p. 27 (s. x). In ipsa insula unam formam cavare

et sertora mittere et aquam prehendere. DC.-F., III p. 564 col. 2 (ch. a. 1007, Pescara). Habeamus ... licentiam ipsum sedium [molendini] cabare [i. e. cavare] et formas facere. Ib. (ch. a. 1085, Pescara). **2.** *cintre — arch.* Fecerunt formam integram quinque vitreas continentem. Actus pontif. Cenom., c. 44, ed. BUSSON-LEDRU, p. 491. **3.** *banquette, stalle de chœur — stool, choir-stall.* Facta oratione super genua, non super formas. Consuet. Cluniac. antiq., rec. C c. 6, ed. ALBERS, II p. 36. Ex scriniis et tabulis altarium et formis et scamnis. GALBERT., c. 43, ed. PIRENNE, p. 71. **4.** *fauteuil — arm-chair.* S. xiv. **5.** *sceau — seal.* Dux ... sue majestatis formam ... hic adjungi precepit. JORDAN, *Urk. Heinr. d. Löw.*, no. 4 p. 7 (a. 1143). **6.** forma casei: un fromage — a cheese. Formas casei 40. Test. Adalgisili-Grimonis a. 634, ed. LEVISON, *Frühzeit*, p. 130. **7.** **formes judiciaires, règles, procédure, formule de droit — judicial forms, rules, procedure, legal formula.* **8.** *charte — charter.* Nulla ratione hujus nostrae oblationis formam inervare valeat. F. Visigot., no. 7, *Form.*, p. 578. Rursum no. 8, p. 579. **9.** forma compositionis: traité, accord, convention — treaty, agreement. **10.** **ligne de conduite, règle de vie, norme, exemple, modèle — line of conduct, rule of life, norm, example, model.*

**formagiarius** (< formaticus): *fromager — cheesemonger.* S. xiii.

**formagium,** v. formaticus.

**formare:** **1.** **dresser, rédiger dans les formes — to cast in proper legal form.* **2.** **former, instruire — to educate, to teach.*

**formaria:** *directrice spirituelle de moniales — spiritual leader of nuns.* Non solum matri, sed etiam praepositae, primiceriae vel formariae cum reverentia humiliter oboedite. CAESAR., Reg. virg., c. 35, ed. MORIN, p. 14. Iterum c. 40 et c. 42, p. 15.

**formarius:** *directeur spirituel de moines — spiritual leader of monks.* FERREOL. († a. 581), Regula monach., c. 17, MIGNE, t. 66 col. 965 C.

**formata** (subst. femin.): **1.** **lettre de recommandation* donnée par l'évêque au clerc qui se deplace — *letter of recommendation* given by a bishop to an ecclesiastic going abroad. Sumere formatam vel commendationem. Concil. Carthag. ap. DIONYS. EXIG., MIGNE, t. 67 col. 191 A. Nullum sine formata suscipere peregrinum. Canones, ib., t. 56 col. 795 B. Presbiteri vel quilibet clerici in alterius parrochiam sine formata non recipiantur. Concil. Meld. a. 845/846, c. 50, *Capit.*, II p. 410. [Presbyter] si de alia parochia [est], ostendat literas commendatitias, quas formatam vocant. REGINO, Synod. caus., lib. 1, notitia, § 80, ed. WASSERSCHLEBEN, p. 25. Cf. ib., c. 449-451, p. 199 sqq. Neque alterius [episcopi] dioecenses vel parochianos recipere aut promovere seu retinere praesumat sine canonicis epistolis, quas Nicaeae synodus ... sancivit latino more vocitari formatas. Concil. Ravenn. a. 997, c. 3, MANSI, t. 19 col. 221. **2.** *document qui doit certifier aux clercs et aux fidèles du nouvel évêque que celui-ci a été régulièrement sacré et devient leur pasteur légitime — document drawn up to certify to the clergy and the faithful of a new bishop that he has been ordained in due form and is to be their lawful pastor.* Domnus apostolicus porrigit ei formatam. Ordo Rom. XXXIV (s. viii med.), c. 44, ANDRIEU, III p. 613. Formata quam accipit episcopus. Lib. diurn., c. 7, inscr., ed. SICKEL, p. 7. Ut certius credatis a nobis ipsum ordinatum, hanc epistolam, quam formatam dicimus, concludimus eo tenore, ut credimus a sanctis patribus constitutum esse. F. Turon., addit. 8, *Form.*, p. 162. Aepistola quae formata dicitur sive commendatitia. F. Sangall. misc., no. 7, inscr., ibid., p. 383. Eclesiae et quaelibet pia loca destructa rejacentia, promissae atque susceptae formatae constitutione ... restaurentur. Concil. Roman. a. 826, c. 25, *Capit.*, I p. 375. Epistolis quas mos canonicus formatas appellat. Concil. Paris. a. 829, c. 36, *Conc.*, II p. 635. **3.** *hostie consacrée — consecrated host.*

**formaticus,** formagium (< forma): *fromage — cheese.* Capit. de villis, c. 34; c. 44. Brev. ex., c. 7, *Capit.*, I p. 252. WARTMANN, *UB. S.-Gallen*, I no. 173 (a. 803). F. imper., no. 7, *Form.*, p. 292. D. Ludov. Pii a. 822, DUVIVIER, *Rech. Hainaut*, p. 295. Const. de partit. s. Dion. a. 832, *Conc.*, II p. 690. EGINHARD., epist. 5, *Epp.*, V p. 111. CHRODEGANG., Reg. canon., c. 8. HINCMAR., Capit. archidiaconibus data, c. 4, SIRMOND, I p. 739. CIPOLLA, *CD. Bobbio*, I p. 214 (a. 862).

**formatio:** **création — creation.*

**formellus,** formella: **1.** **fromage — cheese.* Praef. ad GILDAE de paenitentia, *Auct. ant.*, XIII p. 89. Hist. Novient., MARTÈNE, *Thes.*, IV col. 1127. DC.-F., III p. 566 col. 2 (ch. a. 1072). **2.** *aquaduc — aqueduct.* Formellum aquae vivae. Agap. II pap. (a. 946-955) epist., MIGNE, t. 133 col. 918 B.

**formida** (germ.): *droit de relief payé pour une censive — relief for rented land.* Post quintum annum in sexto terrae tocius est redemptio ... quod vocatur formida, nisi forte infra istos annos aliquis moriatur, pro cujus terra alius aliquis formidam statim det. KÖTZSCHKE, *Urbare Werden*, p. 96 (s. xi).

**formortura:** **1.** *transmission d'une tenure à un individu qui n'est pas l'héritier direct — transmission of a tenancy to others than the direct heirs.* **2.** *redevance payée au seigneur pour l'autorisation d'une telle transmission — tax paid to the lord for licence accorded to transmission as referred to.* S. xiii.

**formositas:** **beauté — beauty.*

**formula:** **1.** *couche, lit, sorte de chaise longue — couch, under-frame of a bed, sort of rest-chair.* Cum nocte devota vigilat super formulam et se ad orationem prosternit. FORTUN., V. Radegundis, lib. 2 c. 13, *SRM.*, II p. 386. Nullum habens stratum ... nisi tantum illud quod in textis junci virgulis fieri solet ..., hoc superponens formulae ... GREGOR. TURON., V. patrum, c. 19 § 2, ib., I p. 738 l. 25. Inter psallendum formulae decumberet. Id., Hist. Franc., lib. 8 c. 31. Formulam habens, in qua genua, cum necessitas cogeret, deflectebat. Id., Glor. conf., c. 90, p. 806. Formulae suae incumbens, oratione diutina pascebatur in spiritu. V. patr. Jur., lib. 3 c. 6, *SRM.*, III p. 156. Super formulam quiescentem. Ib., lib. 2 c. 2, p. 144. Posuit [puellam] ante formulam ubi Geredrudis sancta sedere solebat. Virt. Geretrud. contin., ib., II p. 474. Flexo genu incubuit formulae et obdormivit. V. Austregisili, c. 3, ib., IV p. 192. Ad inclinatorium, quod nos formulam dicimus. *Epp.*, IV p. 549 c. 5 (a. 812). **2.** *banquette, stalle de chœur — stool, choir-stall.* **3.** **copie — copy.* **4.** **décret en forme de communication — decree in form of dispatch.* **5.** *charte — charter.* Hanc nostri precepti formulam scribere jussimus. *CD. Langob.*, no. 358 col. 596 B (a. 893, Milano). **6.** *rituel — ritual.* De institutione baptismatis ... formulam postulavit. MARTIN. BRACAR., Opera, ed. BARLOW, p. 256.



**formularius:** *formulaire, recueil de formules — formulary.*

**fornagium,** fornaticus, v. furnaticus.

**fornarius,** fornerius, v. furnarius.

**fornasarius,** fornass-, -erius: *tuilier — tilemaker.* S. xiv, Ital.

**fornata,** forneia, v. furnata.

**fornellum,** v. furnile.

**fornicari** (depon.) et fornicare (< fornix): **1.** *forniquer, s'adonner à la débauche — to fornicate, to indulge in debauchery.* **2.** metaph.: *être infidèle à Dieu, s'adonner à l'idolâtrie — to apostatize, to engage in idolatry.*

**fornicarius** (adj.) (< fornix): **adultère, adonné à la débauche — adulterous, indulging in debauchery.* Subst. mascul. **fornicarius:** **fornicateur, adultère, débauché — fornicator, adulterer, debauchee.* Subst. femin. **fornicaria:** **1.** **prostituée — prostitute.* **2.** **femme adultère — adulterous woman.*

**fornicatio:** **1.** **fornication, débauche, prostitution — fornication, debauchery, prostitution.* **2.** **idolâtrie — idolatry.*

**fornicator:** **fornicateur, débauché — fornicator, debauchee.*

**fornicatrix:** **fornicatrice, prostituée — fornicatrix, prostitute.*

**fornilla,** v. furnile.

**fornimentum,** v. furnimentum.

**fornire,** v. 1. furnire.

**fornix:** **pièce voûtée ou se tenaient les prostituées, bordel — brothel.*

**foronimus,** v. pheronymus.

**forostagiare** (< foris, obstagium): *trahir ses otages — to betray one's hostages.* Comes Cenomannicus bosiavit comiti Gosfrido et fosostagiavit [leg. forostagiavit] obsides suos. MÉTAIS, *Cart. de Vendôme*, I no. 67 p. 124 (post a. 1047).

**forpex** = forfex.

**forragium,** v. foderagium.

**forrago** = farrago.

**forrarius,** v. foderarius.

**forrator,** forator (< 1. foderare): *fourreur — requisitioner.* S. xiii.

**forratura,** v. foderatura.

**forrum,** v. foderum.

**forsarium,** forcerium, forgerium: *boîte, caisse — box, forcer.* S. xiii.

**forscapium,** v. forcapium.

**forsconsiliare,** v. forconsiliare.

**forsfacere,** v. forisfacere.

**forsfactum,** v. forisfactum.

**forsfangium,** v. forfangium.

**forstallare,** foristallare: *accaparer — to forestall the market.* Angl.

**forstallum,** fori-, fore-, -stallium, -stellum (germ.): **1.** *guet-apens — forestel, assault.* S. xi, Angl. **2.** *action d'entraver la récupération de bêtes volées — opposing the search for stolen cattle.* S. xii, Angl. **3.** *accaparement — forestalling the market.* S. xiii, Angl. **4.** *usurpation — encroachment.* S. xiii, Angl. **5.** *annexe, auvent — outbuilding, shed.* S. xiii, Angl.

**forstarius,** v. 1. forestarius.

**fortalicium,** -tel-, -tell-, -til-, -till-, -tar-, -ter-; -iti-, -eci-, -esci-, -esi-, -essi-, -isi-, -iss-, -et-, -ett-; -a (femin.): *fortification — fortification.* D. Ludov. VI reg. Fr. a. 1119, LUCHAIRE, *Inst.*, II p. 56 n. 1. *Gall. chr.*², III instr. col. 1074 (ch. ca. a. 1173).

**fortalitas:** *fortification — fortification. Gall. chr.*², II instr. col. 230 (ch. a. 1095).

**forte** (< fortis): *avec force — strongly.* Dicens satis forte. Rhytm. Pippinian. (s. ix in.), TRAUBE, *Karol. Dichter*, p. 122.

**fortecia,** forteda, fortera, fortesa, fortessia, forteza, fortezia, v. forticia.

**fortia** (femin.) (< neutr. plural. fortia *"force — force"): **1.** *violence, force exercée à tel but, contrainte physique — violence, main force, constraint.* Homo ille eidem servo suo [i. e. servum suum] per forcia tulisset. MARCULF., lib. 1 no. 27, *Form.*, p. 59. Per mala ingenia atque forcia mihi res proprietatis meae tulerunt. F. Bituric., no. 14, p. 174. Ego terra[m] de eorum potestate per fortiam nunquam proprisi. Cart. Senon., no. 21, p. 194. Si quis vero ... de ipso monasterio corpus meum per fortia abstrahere ... voluerit. Test. Amandi a. 674/675, *SRM.*, V p. 484. [Curtem] malo urdene [i. e. ordine] per forcia[m] et inico [i. e. iniquum] ingenium de potestate sua abstraxsissent. *D. Merov.*, no. 70 (a. 697). Ut ita dixerim, fortia a fortioribus raptus. V. Eligii, lib. 2 c. 38, *SRM.*, IV p. 723. Nullus eum per fortia detineat. Pippini capit. Aquit. a. 768, c. 8, I p. 43. Patrem suum dehonestare voluerit per consilium malignorum vel per fortiam. Lex Baiwar., tit. 2 c. 10 § 1. V. comes nos de ipsis rebus per fortiam expulit. FICKER, *Forsch.*, IV no. 6 p. 8 (a. 806, Verona). Mihi rapuit C. comis ipsam causam cum fortia contra lege. BITTERAUF, *Trad. Freising*, I no. 232ᵃ p. 214 (a. 806/807). Omnia, quicquid inde factum esset, per forcia factum fuisset. *D. Karls III.*, no. 25 (a. 880). Nemo ... aliquam venationem aut pabulationem exerceat, unde homines ejus ... aliquam sustineant molestationem vel fortiam. Karoli III praec. pro Venet. a. 883, *Capit.*, II p. 142. Neque per suam fortiam [comes] in mansionem arimanni applicet. Widonis capit. Pap. a. 891, c. 3, ib., p. 108. **2.** *coercition exercée par le pouvoir public — coercion by public authority.* Si quis ... per fortiam hostilem aliquid praedare voluerit. Lex Baiwar., tit. 2 c. 5. Saiones per fortia super eos exactant. *D. Karolin.*, I no. 217 (a. 812). Si comitem aut missum illius audire noluerit, per forciam illud emendare cogatur. Capit. Vern. a. 884, c. 11, II p. 374. **3.** *acte de violence, déprédation violente — act of violence, deforcement.* Si quis regio aut ecclesiastico homine de quacumquelibet rem forciam fecerit et per vim tollerit. Lex Ribuar., tit. 11 § 3. Per suam fortiam eum interfecisset. F. Sal. Merkel., no. 38, *Form.*, p. 256. Malo ordine causas et movilias [i. e. res mobiles] ipsius monasterii tulissent et singulas ibi forcias fecissent. *CD. Langob.*, no. 258 col. 436 A (a. 874, Milano). Populus noster,

qui ibi advenerit, nullum gravamen aut suprapositam vel forcias patiatur. DC.-F., III p. 548 col. 2 (ch. a. 880, Aquileia). Nullam toltam vel forciam faciant. *Gall. chr.*², VI instr. col. 433 (ch. a. 1093). Garpivit ... alberguas et acaptes et dona et omnes forcias. *Hist. de Languedoc*¹, II pr. col. 424 (ch. a. 1123). **4.** *violation de domicile — disturbance of domestic peace.* Raptum et fortiam nec incendium infra patriam quis facere audeat. Capit. Saxon. a. 797, c. 1, I p. 71. **5.** *vaillance, aguerrissement, port d'armes — warlikeness, bearing of arms.* Dum gerebat fortia[m] saeculi, ... diligebat attentius corde Deum. Pass. Ragneberti (s. ix), c. 2, *SRM.*, V p. 209. **6.** *l'action de prêter main forte — succour by force of arms.* Anglarensibus bona fide forciam, adjutorium et consilium ad defendendum se tribuant. FICKER, o.c., IV no. 131 p. 174 (a. 1163, Arezzo). **7.** *vigueur, force, puissance — strength, vigour, power.* Cui Deus dederit fortiam et victoriam. Lex Baiwar., tit. 11 § 5. [Senior] excommunicetur donec suos homines ad poenitentiam reducat; quia melius judicavimus illum excommunicari, per cujus fortiam sui talia faciunt, quam omnes illos qui nec episcopos nec missos reipublicae propter ejus fortiam reverentur. Capit. Pist. a. 862, c. 4, II p. 308. **8.** *le territoire où s'exerce le pouvoir d'un seigneur où d'une collectivité seigneuriale — region under sway of a lord or an institution possessing seigniorial power.* Faciet jurare marchiones, ut Pisani sint securi in eorum fortia cum suis rebus. Frid. I imp. conv. cum Pisanis a. 1162, *Const.*, I no. 205, c. 8. Salvi et securi sint per universum imperium nostrum et per universam terram dominationis nostre et per universam fortiam nostram. Ejusdem pax cum Venetis a. 1177, o.c., no. 273. **9.** *place forte, château — stronghold, castle.* Neque de civitate vestra Carcassona neque de turribus neque de ipsis forciis quae ibi hodie sunt. *Hist. de Languedoc*³, V col. 804 (ca. a. 1107). Murum nec fossatum nec fortiam neque burgum novum facient. Frid. I conv. cum Cremon. a. 1162, *Const.*, I no. 212, c. 9. **10.** *bande armée, armée — armed force, army.* Advocatus ex monasterio N. ... interpellabat aliquem hominem nomine A. ... dum diceret quod ipse A. ... venisset super homines in sua forcia ex villa C. et exforciasset ... DE MONSABERT, *Ch. de Nouaillé*, no. 14 p. 27 (a. 834). Venit ipse R. cum sua fortia et introivit in ipso meo episcopio. *D. Ottos I.*, no. 340 (a. 967). Pisani venient in obsidionem Janue cum fortia sua. Frid. I conv. cum Pisan. a. 1162, *Const.*, I no. 205, c. 10. Si aliam fortiam quam modo habeamus in Lombardia ... habuerimus. Ejusdem conv. cum Mediol. a. 1185, ib., no. 303, c. 7. **11.** *geôle — jail.*

**fortiamentum**: *déprédation violente — deforcement.* S. xiii.

**fortiare**: *ravir — to ravish.* De mulieribus raptis vel fortiatis. FICKER, *Forsch.*, IV no. 193 (a. 1196, Cremona).

**forticia**, -idia, -isia, -ecia, -ezia, -essia, -eza, -esa, -eda, -era (< fortis): *fortification — fortification.* Dono tibi omnia castra et castella et fortedas quae in praedicto comitatu sunt vel erunt. DE MARCA, *Marca Hisp.*, app., col. 1109 (a. 1056). Ipsos muros et ipsos turres et ipsas fortezias quae sunt in Narbona civitate. *Hist. de Languedoc*³, V col. 535 (a. 1066). Castrum A. cum fortesa et fortesas quae modo ibi sunt vel inantea erunt. *Gall. chr.*², XIII instr. col. 89 A no. 3 (a. 1111, Pamiers).

**fortificare**: **fortifier — to fortify.*

**fortis**: **puissant, grand, long, fort* (au sens français), *gros — strong, big, long, stout, bulky.*

**fortiter**: **fortement — strongly, heavily.*

**fortitudo**: **1.** **force physique — physical force.* **2.** *contrainte — compulsion.* Si opus fuerit ad hoc vindicandum, fortitudo et justitia regis vel vicecomitis adhibeatur. Will. I reg. Angl. ordonn. (a. 1070-1076), STUBBS, *Sel. ch.*⁹, p. 100. **3.** (cf. Dan. 8, 10) *armée — army.* Removens hujusmodi Arabicam fortitudinem a civitate. ANAST. BIBL., Chron., ed. DE BOOR, p. 262. Si rex L. in Angliam venerit ... tam parvam fortitudinem hominum secum adducet quam minorem poterit. RYMER, I p. 23 col. 1 (a. 1163). **4.** *(de choses) *solidité* — (of things) *firmness.* **5.** (cf. Jes. 23, 14) *fortification — fortification.* In rupe vel in insula nulli licuit facere fortitudinem. Consuet. Norm. (a. 1091), c. 4, HASKINS, *Norman inst.*, p. 282. Excepta medietate civitatis de Avenione et de castro et fortitudinibus quae ibi sunt vel erunt. DC.-F., III p. 573 col. 3 (ch. a. 1125). Concedo abbati et monachis ... praefatam fortitudinem castelli. FLACH, *Orig.*, II p. 312 n. (Saumur). Fortitudines omnes reddent. *Const.*, I no. 134 (a. 1151). Castrum nec aliquam fortitudinem faciemus. Ib., no. 286 (a. 1183), p. 395. Quicunque eas [sc. rochas] habeat ... non condirigat [i. e. construat] super eas nec juxta eas fortitudinem aliquam, neque castrum neque ecclesiam neque monasterium. Usat. Barchin., c. 73, ed. D'ABADAL-VALLS TABERNER, p. 31.

**fortuna**: **1.** *droit sur les trouvailles de trésors — treasure trove.* Sit comitis bannum et raptum et incendium et inventa fortuna aut silvaticae bestiae captae. DC.-F., III p. 575 col. 1 (ch. a. 990, Mont-S.-Michel). Vicaria et forisfactorum omnium emendationes et fortunae nostrae erunt omnes. Ib., (ch. a. 1080, Vendôme). Fortunam, sicut inventa fuit, infra 15 dies nos habere faciatis. Epist. Ludov. VII reg. Fr., DUCHESNE, *Hist. Fr.*, IV, p. 759 epist. 561. Abjuratio pravarum exactionum ... a duce ... facta esse cognoscitur ..., videlicet ... fortunam, incendium, raptum ... Innoc. II pap. priv. a. 1134, PFLUGK-HARTTUNG, *Acta*, I no. 171 p. 150. **2.** loc. fortuna maris: vicissitudes d'un voyage par mer — sea-risk. S. xiii.

**fortunare**: *risquer, hazarder — to risk, to stake.* S. xiv.

**fortunium** (cf. voc. infortunium): **1.** *fortune, sort — fortune, lot.* Boni malique fortunii. VULGAR., Sillog., 24, *Poet. lat.*, IV pt. 1 p. 428. **2.** *bonheur — luck.* Nescio quo loci fortunio. EKKEHARD., Cas. s. Galli, *SS.*, II p. 105. Ibi pluries. **3.** *danger, risque — danger, risk.* Sub ipsorum proprio fortunio ... Duniam ascenderent. HÖHLBAUM, *Hans. UB.*, I no. 1015 p. 351 (a. 1287, Riga). **4.** *aventure — adventure.* **5.** *joute — tournament.*

**forulus** (< fodorus): **1.** *fourreau — sheath.* Nituntur ad illud quod est impossibile et volunt duos enses in unum fortulum [leg. forulum] mittere. JOH. BERARDI, Chron. Casaur., lib. 3, D'ACHÉRY, *Spic.*², II p. 969. GUILL. BRITO, Philipp., lib. 12 v. 2, ed. DELABORDE, p. 348. **2.** *caisse, coffre — case, chest.*



**forum**, forus: **1.** *l'autorité judiciaire compétente pour telle matière, for — judicial authority having the cognizance of a definite matter.* Contra leges ... pulsatis forum suum putavit auferri. Gelas. pap. epist. 23 (a. 494/495), THIEL, p. 390. Constet eum, qui coelestem militem pulsat, nonnisi ejus forum debere sectari. Id., epist. 24, p. 391. **2.** jus fori, lex fori: *le droit séculier*, par opposition au droit de l'Eglise — *secular law*, as contradistinguished from the law of the Church. Plerumque que jure fori obtinemus, hec jure celi ultro reddere destinamus. *D. Heinrichs III.*, no. 360 (a. 1055). Tam jure caeli quam jure fori. LAMPERT. HERSFELD., a. 1070, ed. HOLDER-EGGER, p. 114. Sacramenta quae tam jure poli quam jure fori principi a milite exhiberi solent. OTTO FRISING., G. Frider., lib. 1 c. 8, ed. WAITZ, p. 24. Jure poli et jure fori. SCHMIDT, *UB. Halberstadt*, I p. 203 no. 236 (a. 1151). Cum adhuc lege fori uteretur. BEYER, *UB. Mittelrh.*, I p. 535 no. 480 (a. 1135). **3.** *loi, règle de droit — law, legal provision.* Fuero de Leon (a. 1017/1020), c. 20, WOHLHAUPTER, p. 10. Non pariet calonia nisi secundum forum quod habetis. Fuero de Jaca a. 1063, c. 3, ib., p. 134. **4.** villae forum: droit de bourgeoisie — citizenship. Nec eidem liberum villae forum conceditur, donec per annum et diem in ea fecerit mansionem. PÉRARD, *Recueil de Bourg.*, p. 299 (a. 1206). **5.** *foire — fair.* Quoddam forum publicumque construere et convocare vellet mercatum. D. Loth. I imp. ap. DC.-F., III p. 576 col. 1. Concederemus teloneum anniversarium de foro in villa V. annuatim agendo. *D. Ottos II.*, no. 308 (a. 983). Postulans ut in duobus suis locis ... forum et monetam sibi liceret aptare et facere. Ib., no. 88 (a. 974). Per foros Italiae annuales ... nullus audebat negotia exercere. Chron. Novalic., lib. 2 c. 10. **6.** la foire comme date de paiement — the fair as a term of payment. Annis singulis ad forum Blesense in censum persolvant denarios 12. BOURASSÉ, *Cart. de Cormery*, no. 29 p. 59 (a. 978). **7.** *l'accès au marché, la liberté d'acheter des denrées — access to the market, liberty to buy provisions.* Si Fridericus imperator noster obsides ... mitteret, transitum [se] ... daturum ... et forum concessurum. TAGENO, ed. FREHER-STRUVE, *Rer. Germ. scr.*, I p. 408. Virorum omnium civitatum atque locorum fidelitatem et forum accepit. CAFFAR., Ann., a. 1154, ed. BELGRANO, I p. 38. **8.** *marchandises, denrées — commodities.* Hilari vultu nos exceperunt, forum pro posse nostro exercitui administraverunt. TAGENO, l. c., p. 141. Si mercator civitatem intraverit et emerit mercatum et portaverit ad exercitum et carius vendiderit in exercitu, camerarius auferet ei omne forum suum et verberabit eum. Lex pacis castr. a. 1158, *Const.*, I no. 173, c. 17. Forum ejus ac distractio populo rudi admirationi fuit. HERBORD., V. Ott. Babenb., lib. 1 c. 36, ed. PERTZ in us. sch., p. 34. **9.** *prix du marché — market-price.* [Unusquisque episcopus] per omnes civitatis legitimus forus [i. e. legitimos foros] et mensuras faciat secundum habundantia temporis. Pippini capit. Suess. a. 744, c. 6, *Capit.*, I p. 30.

**forvex** (genet. -icis) = forfex.

**phosphorus** (gr.): *étoile du matin — morning star.*

**fossa**: **1.** *bief — millrace.* A. VINCENT, *Toponymie de la France*, Brux. 1937, p. 302. **2.** *carrière, minière — quarry, ore-pit.* De ferrariis et scrobis, id est fossis ferrariciis vel aliis fossis plumbariciis. Capit. de villis, c. 62. Fossa lapidum, unde accipiuntur molares lapides. Tradit. Juvav. major. capit., no. 196 (a. 1167-1183), HAUTHALER, *Salzb. UB.*, I p. 676. **3.** *levée de terre, digue — dike, embankment.* Una res erat illis [sc. Frisiis] magno usui: quod campum omnem fossis prefoderant, sive ad defendendum majorem estum maris ... sive ad impediendum iter hostium. ALPERT. METT., Div., lib. 2 c. 21, ed. HULSHOF, p. 51. Usque dum perveniitur ad ipsum locum ubi tres fossae simul adveniunt. Et tunc vadit fossa s. Catuodi quasi ad horam 9. MAÎTRE-BERTHOU, *Cart. de Quimperlé*, no. 102 p. 257 (ca. a. 1009). **4.** *corvée d'entretien des fossés de défense — labour service for moat upkeep.* D. Ludov. VI reg. Fr. a. 1126, *Ordonn.*, XI p. 184. **5.** *fosse, tombeau — grave, tomb.* Servus ipse super fossa ipsius mortui adpendatur, ut in eum vindicta detur. Edict. Rothari, c. 370. **6.** *peine d'être enterré vif — punishment of burying alive.* S. xiii.

**fossagium**: *corvée de creusage — digging service.* Ad opera claustri pertinet ... fossagium de Rapido Ponte. DUVIVIER, *Actes*, I p. 74 (a. 1143-1163, S.-Amand).

**fossale**: *fossé, tranchée, douve — ditch, trench, moat.* S. xiii.

**fossarius** (subst.): *bêcheur, terrassier — digger, trencher.* S. xiii.

**fossatare**, fosso-, fossi-, -dare: *bêcher, creuser — to dig.* Fossado [i. e. fossatum] per terra sua ... ei fossadassit. F. Andecav., no. 28, *Form.*, p. 13. Ipsam terram bene plantare vitis et fossadare et propagare studeat. DC.-F., III p. 578 col. 3 (ch. a. 984, Apt).

**fossataria** (cf. voc. fossatum sub 4): *une redevance de nature militaire — a tax connected with military obligations.* Concil. Legion. a. 1012, c. 23, MANSI, t. 19 col. 339. Fuero de Leon (a. 1017/1020), c. 23, WOHLHAUPTER, p. 10.

**fossatum**, -etum, -eium: **1.** **fossé, canal, tranchée, douve — ditch, trench, canal, moat.* **2.** *levée de terre, digue, rempart — dike, embankment, rampart.* Civitatem ... munivit muro lapideo ... fossatis relevatis. Castellum etiam ... muro ... firmavit, fossato relevato alto et terribili. G. Gerardi II episc. Camerac., c. 5, *SS.*, VII p. 499. Fossatorum castelli sui relevationem. D. Ludov. VII reg. Fr. a. 1148, ap. DC.-F., III p. 580 col. 1. **3.** **camp d'armée fortifié — fortified encampment.* Sacerdotes apud fossatum, in quo in unum convenerant, misit. Lib. pontif., Joh. VI, ed. MOMMSEN, p. 217. Franci ... cunctum fossatum Langobardorum post peractam cedem abstulerunt. Ib., Steph. II, ed. DUCHESNE, I p. 450. **4.** *armée — army.* Qui soliti fuerunt ire in fosatum cum rege. Fuero de Leon (a. 1017-1020), c. 17, WOHLHAUPTER, p. 8. **5.** *forteresse entourée d'un rempart —*

*walled stronghold.* Qui infra ambitum praedicti fossati vestri morabitur. CALMET, *Lorr.*, I col. 533 (ch. a. 1112). **6.** *l'entretien obligatoire des digues — dike-building duty.* Terram... ab omni exactione liberam ... praeter decimam et fossatum. MIRAEUS, I p. 84 col. 1 (a. 1122, Boulogne).
**fossina,** foxina, fuxina, fucina (< officina): *forge — smithy.* S. xiii, Ital.
**fossio:** *minière — ore-pit.* Quasdam venas et fossiones argenti. *D. Konrads II.*, no. 133 (a. 1029).
**fossor:** *paysan cultivant sa terre à la main — tiller with the spade.* Comes ... habeat gerberiam, videlicet in fossore unam gerbam et in aratore duas. DC.-F., IV p. 28 col. 1 (ch. a. a. 1180, Mâcon).
**fossoriata,** fox-, fess-, fes-, -ar-, -ata, -ada (< fossorium): *bêchée,* mesure de terre, en particulier de vignes — *spadeful,* a land measure, especially for vineyards. DESJARDINS, *Cart. de Conques,* p. 284 (s. xi).
**fossorium,** fuss-, -orius (< fodere): *pioche, houe, bêche — mattock, hoe, spade.* ISID., Etym., lib. 20 c. 14 § 7. V. Eligii, lib. 2 c. 6, *SRM.*, IV p. 698. Karoli ad Fulrad. epist. (a. 804-811), *Capit.*, I p. 168 l. 27. Brev. ex., c. 30, ib., p. 255 l. 20. Adalhardi abb. Corbej. stat., lib. 2 c. 1, ed. LEVILLAIN, *LMA.*, t. 13 (1900), p. 361.
**fotrum,** v. foderum.
**fouacha,** v. focacia.
**foucagium,** v. focagium.
**fouragium,** v. foderagium.
**fovea:** **1.** **tanière — den.* **2.** *trésor enfoui — buried hoard.* Si quis foveam invenerit, libere fruatur ea. Lex pacis castr. a. 1158, *Const.*, I no. 173, c. 16. **3.** *minière — ore-pit.* In foveis in quibus solebant fodere operimentum ferri. *D. Ottos I.*, no. 214 (a. 960).
**foxina,** v. fossina.
**foxorada,** v. fossoriata.
**fracta:** *clôture — fence.* FATTESCHI, *Memor. di Spoleto,* p. 266 (a. 756). *CD. Cavens.*, I p. 184 (a. 925).
**fractio:** **1.** *infraction — infringement.* Reus sit fractionis regalis chacee. Ps.-Cnut de Foresta, c. 28, LIEBERMANN, p. 625. **2.** *rupture — breach.* Fractionem votorum ... remittunt. DC.-F., III p. 584 col. 2 (ch. a. 1186).
**fractum** et **fractus** (decl. iv): *frais — expense.* S. xiii.
**fractura:** **1.** *intrusion — intrusion.* Injurias quae fracturae terrae appellantur. DÉLÉAGE, *Actes d'Autun,* no. 20 p. 50 (a. 1098-1112). **2.** *amende pour intrusion — fine for an intrusion.* Immunitatis fracturam illi [sc. episcopo], nobis vero bannum cogatur exsolvere. *D. Ottos I.*, no. 348 (a. 967).
**fradragium,** v. fratriagium.
**fraellum,** freellum: *corbeille, panier — frail, basket.* S. xiii, Angl.
**fragantia** = fragrantia.
**fragilitas:** **faiblesse morale — moral weakness.*
**1. fraglare** = fragrare.
**2. fraglare** = flagrare.
**1. fragrantia:** **1.** **odeur suave — sweet scent.* **2.** spec. *odeur de sainteté — odour of sanctity.*
**2. fragrantia** = flagrantia.
**fragrare,** flagrare, transit.: *sentir — to smell.* Non potuerant cognoscere neque flagrare. HUGEBURC, V. Wynebaldi, c. 10, *SS.*, XV p. 114.
**fralresca,** fraireschia, v. fratresca.
**framea** (class. "framée des Germains — framea of the Germans"), gener.: **épée — sword.* Framea modo contum, modo loricam, modo gladium significat bisacutum. CASSIOD., Compl. in psalm., MIGNE, t. 70 col. 121 B. Adpraehendit scutum ejus ac frameam. GREGOR. TURON., Hist. Franc., lib. 3 c. 15. Cum framea capud ejus dilaceravit. Ib., lib. 7 c. 46.
**francalis** (adj.) (< francus): i. q. ingenuilis, *de la catégorie propre aux tenanciers de statut personnel libre — of the kind suiting personally free tenants.* Eccl siam ... cum francali manso suo. *Gall. chr.*², XIII p. 465 (ca. a. 1040, Toul). Subst. **francalis:** *individu affranchi de certaines redevances — a person exempted from certain taxes.* Donavit duos francales, A. et S., ut isti duo nunquam donarent leddam in mercato. DOUAIS, *Cart. de Toulouse,* no. 135 p. 100 (a. 1004-1010).
**franchire,** franchiare, **1.** aliquem: *affranchir — to manumit.* Franchio, manu et ore manumitto a consuetudine legis Salicae J. hominem meum. DC.-F., III p. 587 col. 2 (ch. a. 1185, Bresse). **2.** aliquid: *doter de franchises — to enfranchise.*
**franchisia,** franc-, frang-, franqu-, -e-, -tia, -sa (< francus): **1.** terme qui indique le statut particulier des terres possédées par des individus appartenant à la classe qualifiée de "homines franci" — tenure of land as proper to "homines franci". [Terrae] aut sint de fisco regali aut de potestate episcopali vel de potestate comitali sive de franchisia. D. Conradi reg. Burg. Transjur. ca. a. 956, *Hist. de Fr.*, IX p. 698. Donamus ... quicquid in ipsa villa visi sumus habere ... nostram hereditatem cum omni franchisia. BERNARD-BRUEL, *Ch. de Cluny,* II no. 899 p. 14 (a. 954-993). **2.** *tenure d'un "homo francus" — holding of a "homo francus".* Dono in ipsa villa unam frangisiam ubi B. visa est manere cum filiis suis. Ib., I no. 312 p. 308 (a. 927-942). Dono ... in M. franchicia ubi D. manet. Ib., II no. 1310 p. 386 (a. 971/972). Dono unum francum M. cum franchisia sua quam tenet. Ib., III no. 2427 p. 515 (a. 997-1031). **3.** *une redevance acquittée par les "homines franci" — a tribute paid by the "homines franci".* Delego ... frangisiam de manso quae [leg. quem] A. tenuit. Ib., I no. 300 p. 300 (a. 927-942). Dono ... omnia que in ipsa villa habeo ... de franchisia mea que ad meam partem pertinet. Ib., II no. 1512 p. 562 (a. 980). Donamus quandam franchisiam quam ipse querelabat servis s. Petri, hoc est G. et heredibus ejus, de quadam sua hereditate que sita est in R. Ib., III no. 2008 p. 221 (a. 993-1048). Francitia et omne servitium quod mihi evenire debet concedo. Ib., no. 1206 p. 288 (a. 966). Dono etiam franchisias et vicarias et omnes consuetudines et comandicias quas mihi parentes mei dimiserunt. Ib., III no. 2483 (a. 999-1027). De hereditate Guineberti, quam donavit s. Petro, in C. villa, dimitto querelam quam habebam de franchisia. Ib., IV no. 2804 p. 7 (a. 1027-1031). [Homo quidam] michi [sc. Rotberto vicecomiti Cabilonensi] persolvebat debita et recepta propter se salvandum, et hoc tamen franchisie voce. CANAT, *Cart. de Chalon,* no. 8 p. 14 (a. 988-999). **4.** *franchise, statut privilégié — franchise, privileged*



*legal state.* Omnes illi qui infra banleucam de Bolonia manebunt et de communia erunt ..., predictam habebunt francisiam. WAUTERS, *Origine,* p. 58 (a. 1203, Boulogne). **5.** *redevance pour concession de franchise — tribute in return for enfranchisement.* S. xiii. **6.** *territoire doué d'un statut privilégié — enfranchised area.* S. xiii.
**francia,** v. frangia.
**francisca:** *la hache d'armes des Francs — battle-axe as used by the Franks.* Secures ... Hispani ab usu Francorum per derivationem franciscas vocant. ISID., Orig., lib. 18 c. 6 § 9. Elevata bipenne, quod est francisca. Lib. hist. Franc., c. 10, *SRM.*, II p. 252.
**francitas,** franquitas (< francus): **1.** *un bien-fonds qui est exempt de certaines obligations de nature publique — a property exempted from certain public taxes.* Francitatem coopertam nemo emat vel discooperire faciat ut postea possit emere; quod si fecerit, servitium comiti sicut quilibet persolvat, aut dimittat. Consuet. Bigorr. a. 1097, c. 36, ed. GIRAUD, p. 24. **2.** *territoire d'une franchise — enfranchised area.* Illa quae pertinent ad franquitatem praedictae villae. DE MARCA, *Marca Hisp.*, app., col. 1038 (ch. a. 1025, Barcelona).
**francumplegium** (mot calqué sur l'anglosaxon *friborg* — formed in order to render *friborg*): *association d'entr'aide — frankpledge, association for mutual security.* S. xi, Angl.
**francus** (subst.): **1.** *individu de condition personnelle libre — freeman.* [Latro] si francus fuerit, ad nostram [i. e. regis] praesentia[m] dirigatur; et si debilioris personas [i. e. debilior persona] fuerit, in loco pendatur. Childeb. II decr. a. 596, c. 8, *Capit.*, I p. 17. A supradicto nobili franco Theganbaldo [antea: ingenuo et nobili homine]. LACOMBLET, *UB. Niederrh.*, I no. 12 p. 8 (a. 799). Homines ipsius monasterii ex judiciaria potestate, francos scilicet aut servos super terram ipsius commanentes vel legitime ad eum pertinentes. *D. Pépin II d'Aquit.*, no. 52 p. 207 (a. 846). Coram testibus multis, francis videlicet atque colonis. DC.-F., III p. 589 col. 1 (ch. a. 861, S.-Remi de Reims). Neque presumat horum quispiam ab eorum servis, colonis seu francis super eorum terram commanentibus exigere ... toloneum. *D. Charles le Chauve,* no. 378 (a. 875). Alodem quem Mathelgodus quidam francus contradidit. *D. Ottos II.*, no. 145 (a. 977). Facio quos [i. e. aliquos] servos meos francos. RAGUT, *Cart. de Mâcon,* no. 195 p. 125 (s. x). Tam francos quam servos et sclavos. *D. Heinrichs II.*, no. 248 (a. 1012). N.B. Il est impossible de faire exactement le départ entre *Francus* indiquant la nationalité et *francus* désignant le statut légal. — An exact separation between *Francus* indicating the nation and *francus* standing for a legal status is impracticable. **2.** *un dépendant qui jouit d'un statut privilégié, qui est libéré de certaines charges seigneuriales — an enfranchised dependant who is exempted from certain manorial obligations.* H. et sui servi et sui franci. PÉRARD, *Rec. de Bourg.*, p. 147 (a. 867). Donationem de helemosina ... videlicet francos, servos et ancillas. BERNARD-BRUEL, *Ch. de Cluny,* I no. 129 p. 140 (a. 910-927). In villa S. francorum et in S. servorum. Ib., II no. 1252 p. 336 (a. 969). Dono ... unum francum nomine G. cum manso suo. Ib., III no. 2501 p. 580 (ca. a. 1000). Villam ... cum omnibus consuetudinariis exactionibus, ab his etiam qui francorum nomine censentur, pro debito exigendis. D. Roberti II reg. Fr. a. 1005, *Hist. de Fr.*, X p. 585. Habebat comes ... omnes francos de V. Consuet. Vindocin. (s. xi med.), BOUREL, *Vie de Bouchard,* p. 37. Servos vel francos, quoscumque ... calumpniando requisivi, ... verpivi. GUÉRARD, *Irminon,* p. 362 (ch. a. 1076, Langres). Consuetudines quas debent ipsi servi et ancillae et etiam illi qui francos se dicunt. Chron. s. Benigni Divion., ed. BOUGAUD-GARNIER, p. 163 sq. Adj. **francus:** **1.** (d'une personne) *de condition personnelle libre* — (of a person) *personally free.* Si francus homo acceperit mulierem et sperat quod ingenua sit, et postea invenit quod non est ingenua, dimittat eam, si vult, et accipiat aliam. Similiter et femina ingenua [faciat]. Decr. Compend. a. 757, c. 7, *Capit.*, I p. 38. Francus homo nomine Aderaldus. *D. Karolin.*, I no. 102 (a. 775). Homines tam franci quam et ecclesiastici. Ib., no. 108 (a. 775). Reliquis francis personis. Cart. Senon., no. 38, *Form.*, p. 202. Homines francos. F. Senon. rec., no. 3, ib., p. 212. Apud 12 homines bene francos salicos hoc conjurare debeat. Ib., no. 5, p. 214. De servis qui francas feminas accipiunt. Resp. missis data (a. 801-814), c. 8, *Capit.*, I p. 145. Si francus homo alterius ancillam in conjugium sumpserit. Capit. legi Sal. add. a. 819, c. 3, p. 292. Quicquid exinde tam de hominibus francis quamque et aecclesiasticis seu servientibus, qui infra agros vel fines seu super terram predicti monasterii degere videntur, fiscus aut freda poterat sperare. D. Ludov. Pii a. 826, BEYER, *UB. Mittelrh.*, I no. 57 p. 63. Mansos seu vineas, quas franci homines in Belna [Beaune-la-Rolande, dép. Loiret] ... delegaverunt. TARDIF, *Cartons,* no. 123 p. 85 col. 2 (a. 832, S.-Denis). De alia terra, quam franci homines in eadem villa in suis proprietatibus commanentes dederunt. HINCMAR., opusc. 33 c. 1, SIRMOND, II p. 390. Advocatus francus suam legem, sed coloni vel servi de sua advocatione legem componat. Const. Caris. de moneta a. 861, *Capit.*, II p. 302. Propter cupiditatem francorum hominum, qui eas [terras] quoquomodo possidebant. DC.-F., III p. 589 col. 1 (ch. a. 926, Tours). Homines ipsius aecclesiae francos, liberos et aecclesiasticos, litones, maalman vel servos. *D. Heinrichs II.*, no. 189 (a. 1009). **2.** (d'un dépendant) *qui jouit d'un statut privilégié, qui est libéré de certaines charges seigneuriales* — (of a dependant) *enfranchised, exempted from certain manorial obligations.* Homines tam ingenuos quam servos vel franchos. *D. Karls III.*, no. 148 (a. 886). A francis hominibus nec a servis in predicta villa commanentibus audeat exactiones ... facere. BERNARD-BRUEL, *Ch. de Cluny,* III no. 1794 p. 49 (ca. a. 988). **3.** *délivré des liens qui entravent la liberté personnelle — released from the bonds impeding personal freedom.* Omnes illi qui communiam jurabunt ..., quando per diem unum et noctem unam absque ulla calumpnia in communia fuerint, ... per redditus suos, quos dominis suis reddent de tenementis, ... quieti erunt et franci. WAUTERS, *Origine,* p. 58 (a. 1203, Boulogne). **4.** (d'un bien-

fonds) *libéré de toute charge seigneuriale* — (of property) *exempt from all manorial obligations.* Portum . . . dono vobis et successoribus vestris per franchum alodium, quod nullus mitat ibi peccora . . . contra vestram voluntatem. ALART, *Cart. Roussillonnais*, no. 11 p. 23 (a. 966). Vendimus tibi . . . ista omnia secura, franca et quieta. MORIS-BLANC, *Cart. de Lérins*, I p. 30 no. 31 (ante a. 1032). Deinde ipsa terra ab omni lege b. Amando franca remaneat. DUVIVIER, *Actes*, I p. 34 (a. 1061, S.-Amand). Fundum monasterii constituo et confirmo liberum et francum. TEULET, *Layettes*, I no. 20 p. 23 (a. 1077, Poitiers). **5.** francum servitium: certaines charges limitées qui incombent aux individus dits "homines franci" — certain limited obligations to which persons called "homines franci" are liable. Dono . . . L. ecclesiam quantum ad ipsam aspicit . . ., in ipsa villa franchicia et servicium que ad me venit; . . . in villa L. meum francum servicium et unam vineam, et in B. unam vineam et servitium francum totum. BERNARD-BRUEL, o.c., II no. 1310 p. 386 (a. 971/972). **6.** *doué d'un statut privilégié — enfranchised.* Ad faciendum inibi novam villam quae villa franca regis dicitur. D. Ludov. VII reg. Fr. a. 1163, *Ordonn.*, VII p. 57.

**frangere**: **1.** *enfreindre — to infringe.* Quicunque in scabinum in bannito placito . . . koram fregerit. VAN DER HEYDEN-MULDER, *Studiet.*, I p. 9 (a. 1217, Middelburg). **2.** placitum, causam: *être débouté — to lose* a lawsuit. Nullus dominus de propria causa sua frangat placitum erga hominem suum, nisi . . . major justicia . . . presit eis. Leg. Henrici, tit. 61 § 3, LIEBERMANN, p. 581. Item tit. 33 § 3, p. 565. Erga eos qui non frangunt causam suam. Ib., tit. 59 § 1, p. 577. **3.** intrans.: (d'un serment purgatoire) *échouer* — (of an oath of purgation) *to miscarry.* Purget de triplici lada; quodsi purgatio fregerit . . . Leg. II Cnut, tit. 18 § 2, vers. Quadrip., p. 315 col. 1. Ibi pluries.

**frangia**, francia (< fimbria): *frange — fringe.*

**frangisia**, franquisia, v. franchisia.

**franquitas**, v. francitas.

**fraragium**, v. fratriagium.

**frareschia**, v. fratresca.

**frasca**: *branche d'arbre — bough.* S. xiii, Ital.

**frascarius** (adj.) (< frasca): *couvert de broussailles — grown with shrubs.* Terra frascario in casale C. SCHIAPARELLI, *CD. Longob.*, I no. 52 p. 173 (a. 735, Borgo S.-Donnino). Pecia una de terra aratoria seo et frascarie. *CD. Langob.*, no. 157 col. 270 B (a. 845, Nonantola). Subst. neutr. **frascarium** et femin. frascaria: *terre couverte de broussailles — shrubbery.* Silva et frascaria. BENASSI, *CD. Parmese*, no. 29 (a. 898). Silva cum frascario. TORELLI, *Carte Reggiane*, p. 123 (a. 935). Silvis, insulis, frascariis, buscariis. *D. Ottos I.*, no. 374 (a. 969).

**frassata**: *étoffe de laine grossière — coarse woollen fabric.* S. xiii, Ital.

**fratalia**, frateria, v. fratria.

**fraternitas**: **1.** *part d'héritage qui revient à un puîné — younger brother's share of an inheritance.* Dono in villa C. fraternitatem meam in campis et silvis, totam partem. BERNARD-BRUEL, *Ch. de Cluny*, III no. 2356 p. 464 (a. 993-1031). Dono vobis [sc. sponsae] de la mea fraternitatem qui de patre et matre me [i. e. mihi] advenerit, la terciam partem. Ib., IV no. 2875 p. 71 (a. 1031-1060). Ego H. trado . . . quendam alodum meum, qui michi ex hereditate matris mee O. accidit extra fraternitatem meam. RÉDET, *Cart. de S.-Cyprien de Poitiers*, no. 384 p. 236 (ca. a. 1015). De illis [bonis] quae fuerunt patris sui quaeque ipsi in partem venerunt ex sua fraternitate. BOURASSÉ, *Cart. de Cormery*, no. 40 p. 82 (ante a. 1070). Ego S. trado . . . alodium meum quod apud villam que B. vocatur habebam, omnia que ad me pertinebant . . .; et insuper fraternitates fratrum meorum W. et P. et partem matris mee A. do, ipsis concedentibus, que michi ipsi . . . dederunt et auctorizaverunt. Ib., no. 344 p. 213 (ca. a. 1100). **2.** **le lien qui relie les coreligionnaires; la communauté des chrétiens — the bond uniting coreligionists; the community of Christians.* **3.** **une communauté religieuse particulière — a particular religious community.* **4.** spec.: *une communauté de prières* ou *de bonnes œuvres — a community of prayers* or *good works.* Honesta a Deo, ut credimus, inspirata fraternitas. DC.-F., III p. 599 col. 3 (ch. a. 894, Flavigny). **5.** *la qualité de membre d'une communauté de prières ou de bonnes œuvres — membership of a community of prayers or good works.* Obtulit Deo et s. Bonifacio regionem suam . . . eo tenore, ut plenam fraternitatem tam vivens quam moriens haberet et sepulture locum post finem vite sue in monasterio obtineret. DRONKE, *CD. Fuld.*, no. 578 p. 260 (a. 861?). Fraternitatem monachorum suscipiens . . . orationibus eorum se commendavit. ADALBERT. BABENB., V. Heinrici II imp., c. 28, *SS.*, IV p. 809. Quamdiu seculari vita vigeam, fraternitatem monachorum Deo et s. Maximino famulantium inviolabiliter teneam. WAMPACH, *UB. Luxemb.*, I no. 265 (a. 1042-1047?). Plerique fideles Christi . . . petunt ut ipsi quoque mereantur habere fraternitatem nostram. BERNARD. MORLAN., Cons. Clun., c. 27, HERRGOTT, p. 200. **6.** *congrégation de moines — congregation of monks.* Per beneficium hoc habuimus de domno J. abbate et fraternitate ipsius monasterii. *Hist. de Languedoc*[3], II pr. no. 72 col. 163 (a. 826, Cannes). **7.** *chapitre de chanoines — chapter of canons.* Una[m] earum [ecclesiarum] . . . pro voluntate sua predicta fraternitas suis usibus . . . constituat, alteram ipse prepositus . . . disponat. MULLER-BOUMAN, *OB. Utrecht*, I no. 293 p. 270 (a. 1119). **8.** *confrérie religieuse de laïcs — religious brotherhood of laymen.* Post mortem amborum fraternitas s. Spiritus obtineat. HOENIGER, *Koelner Schreinsurk.*, I p. 108 c. 22 (a. 1170-1171). **9.** *ghilde marchande* ou *corporation de métier — merchant* or *craft guild.* Fraternitatem textorum culcitrarum pulvinarium. LACOMBLET, *UB. Niederrh.*, I no. 366 p. 251 (a. 1149). In cunctis fraternitatibus aut officiis que civilem respiciunt justitiam. Ib., no. 398 p. 276 (a. 1158). Fraternitas mercatorum gilde. HOENIGER, o.c., II pt. 2 p. 46 (ca. a. 1150). Oppidani de suis fraternitatibus. G. abb. Trudon., lib. 10 c. 13, *SS.*, X p. 295. Nisi in fraternitate et ansa sint oppidanorum. HÖHLBAUM, *Hans. UB.*, I no. 57 p. 31 (a. 1201, Holl.).



**fratresca**, frar-, frair-, -escha, -eschia, -esqua, -ischa (< frater): *part d'héritage qui revient à un puîné — a younger brother's share of an inheritance.* Dono . . . illam partem et frareschiam quam habeo in supradicta villa. BERNARD-BRUEL, *Ch. de Cluny*, I no. 166 p. 162 (a. 910-927).

**fratria**, frateria, fratalia (< frater): **1.** *confrérie, association jurée — confraternity, sworn association.* Per quasdam fratrias et conspirationes. Gundemari reg. Visigot. decr., concil. Tolet., MANSI, t. 10 col. 507. Sunt quidam tam clerici quam laici hujusmodi societatem ineuntes, ut de caetero in quibuslibet causis vel negotiis mutuum sibi praestent auxilium . . . Et quoniam hujusmodi societates seu fraterias . . . . Concil. Rotomag. a. 1189, c. 25, ib., t. 22 col. 585. **2.** *chapitre de chanoines — chapter of canons.* UGHELLI, VII col. 575 (ch. a. 1193, Salerno).

**fratriagium**, fradra- frara- (< frater): *part d'héritage qui revient à un puîné — a younger brother's share in an inheritance.* Illa terra qui ad ipsum mansum aspicit . . . extra tuum fradragium. BERNARD-BRUEL, *Ch. de Cluny*, II no. 1544 p. 593 (ca. a. 980?).

**fratricidium**: **meurtre d'un frère — fratricide.*

**fratruelis**, fratuelis: **1.** **cousin germain issu de la tante maternelle — first cousin, son of mother's sister.* **2.** **cousin germain issu de l'oncle paternel — first cousin, son of father's brother.* **3.** **neveu, fils du frère — nephew, brother's son.*

**fraucis**, v. frecus.

**fraudentia**: *fourberie — deceit.* Cassata et adnichilata est talis fraudentia in vanum incepta. Cod. Eberhardi, c. 46, DRONKE, *Trad. Fuld.*, p. 132.

**fraustus**, frust-, frost-, -um, -a (femin.) (< frustum "morceau — piece", cf. frustare "briser — to break"): *champ cultivable gagné par défrichement — plot of arable obtained by breaking up waste land.* [Mansos] cum ipsos fraustos quos ipsi homines videntur tenere atque operari. CHAMPEVAL, *Cart. de Tulle*, no. 428 p. 234 (a. 950). Reliquit malas consuetudines quas miserat in bosco de G., fraustos scilicet et vineales quos requirebat. Ib., no. 432 p. 236 (a. 1084-1091). Cepit requirere frausdas quae frater suus A. dederat s. Petro. Id., *Cart. d'Uzerche*, no. 60 p. 109 (ca. a. 1091). Adj. **fraustus**, frostus, frustus: *gagné à la culture par défrichement — reclaimed for cultivation.* Tradimus . . . unam villam . . . et alium mansum apsum . . . et terra alia frausta q. d. N. Ib., no. 475 p. 267 (a. 1001).

**fraxinetum**: *frênaie — ashgrove.* GUÉRARD, *Cart. de Mars.*, I no. 517 p. 512 (s. xi).

**frea** (germ.): *femme non mariée — spinster.* Liutprandi leg., c. 94; c. 120.

**frecus**, fretus, frocus, fraucis, frouzus (< fractus, peut-être influencé par — perhaps influenced by froccus, cf. voc. hroccus. Cf. etiam voces fraustus et friscum): *bande de terrain vague et public à l'alentour d'une agglomération — waste belt open to everyone at the outskirts of an inhabited place.* S. xiii.

**freda**: *baldaquin surmontant la sépulture d'un saint — canopy over a saint's tomb.* Fredam super sancto corpore impositam commoveri. V. Austregisili, *AASS.*, Maji V p. 236. SS. martyrum Alexandri et Crisanti pignora . . . in eadem ecclesia decenter condidit fredamque cum cancellis benigno studio exornavit. G. pontif. Autissiod., c. 36 (ca. a. 875), ed. DURU, p. 354. Super b. Germani memoriam . . . regalibus expensis fredam . . . composuit. HERIC., Mir. Germani, c. 39, ed. DURU, p. 134.

**fredus**, freth-, fret-, fredd-, frid-, frit-, fridd-, freid-, fre-, -um (neutr.), -a (femin.) (germ.): **1.** *amende* à payer au pouvoir public qui s'ajoute au paiement d'une composition à la partie lésée, d'abord comme prix de l'intervention du pouvoir public en faveur du rétablissement de la paix, plus tard comme peine pour l'infraction de la loi — *fine* to be paid to the public authority in addition to the payment of an indemnity to the injured party, at first as a reward for the action taken by public authority in behalf of restorement of the peace, later as a punishment for infringement of the law. Si quis vasso ad ministerium . . . furaverit aut occiderit, cui fuerit adprobatum 1200 din. . . . culpabilis judicetur; inter fredo et faido sunt 1800 din. Lex Sal., tit. 35 § 6 sq. Rachineburgii praecium quantum valuerit . . . de furtuna sua illi tollant, et de ipsa secundum legem quae debet duas partes cujus causa est, tertia parte grafio frito ad se recolligat, si tamen fritus jam ante de ipsa causa non fuit solutus. Ib., tit. 50 § 3. Dominus [servi] status [i. e. statum] sui juxta modum culpae inter freto et faido conpensetur. Decr. Chloth. I (a. 555-558), c. 12, *Capit.*, I p. 6. Fretus judici, in cujus provincia est latro, reservetur. Ib., c. 16, p. 7. Nec nullus judex fiscalis de quacumque causa freta non exigat priusquam facinus componatur. . . . Fretum illi judici tribuat qui solutionem recipit. Lex Ribuar., tit. 89. Quisquis de rebus ecclesiae furtivis probatus fuerit, ad partem fisci pro fredo praebeat fidejussorem. Lex Baiwar., tit. 6. Ibi pluries. Compositionem fisco debitam quam illi fretum vocant. GREGOR. TURON., Mir. Martini, lib. 4 c. 26, *SRM.*, I p. 656. Sub omni emunitate omnes fretos concessus [i. e. concessos] debeant possidere. MARCULF., lib. I no. 2, *Form.*, p. 42. Nullus judex publicus ad causas audiendo aut freta undique exigendum non presumat ingredire. Ib., no. 3, p. 43. Sub omni emunitate hoc monasterium sibimet omnes fredos concessos debeat possidere vel quicquid exinde fiscus poterat sperare. *D. Merov.*, no. 15 (a. 635). Nullus judex publicus in curtis ecclesiae suae freda nec sthopha nec herebanno recipere nec requirere non praesumat. Ib., no. 28 (a. 664-666). Ei fuit judecatum ut in exfaido et fredo sol. 15 fidem facere debirit. Ib., no. 66 (a. 693). [Fur] quod abstulit in duplum restituat et ad partem regis 80 sol. pro freda componat, hoc est weregildum suum. Lex Fris., tit. 3 § 1. Quicquid . . . quislibet furto abstulerit, novies conponat quod abstulit, et pro fredo si nobilis fuerit sol. 12, si liber 6, si litus 4. Lex Saxon., c. 36. Undecumque census aliquid ad fiscum pervenerit, sive in frido sive in qualecumque banno. Capit. de part. Saxon. (a. 775-790), c. 16, I p. 69. Quid [receptum fuerit] de fide facta vel freda. Capit. de villis, c. 62. Omnia debita, quae ad partem regis solvere debent, solidis 12 denariorum solvant, excepto freda quae in lege Saliga scripta est; illa eodem solido quo caeterae compositiones solvi debent compona-

tur. Capit. legib. add., c. 9, p. 114. Ut missi nostri census nostros perquirant diligenter, ... similiter et freda. Capit. de just. fac. (a. 811-813), c. 10, p. 177. Sanguinis effusio in ecclesiis facta cum fuste, si presbiter fuerit, triplo conponatur: duas partes eidem presbitero, tertia pro fredo ad ecclesiam, insuper bannus noster. Capit. legib. add. a. 818/819, c. 2, I p. 281. Conpositionis [testium falsorum] duae partes ei contra quem testati sunt dentur, tertia pro fredo solvatur. Ib., c. 10, p. 283 l. 8. Contulimus prefato sancto loco ejusque provisoribus, ut si quelibet persona extranea ejus insidiando servum interemerit, freda, que a publicis exigebantur actoribus, ad ejus ... cedant partem. D. Loth. I imp. a. 855, BEYER, *UB. Mittelrh.*, I no. 89 p. 94. Qui vadem dederit quinque sol. de lege, dabit 30 den. de fredo; et hujus fredi duae partes erunt praepositi, tertiam vero partem habebit major placiti. Const. Leduini abb. s. Vedasti (ca. a. 1025), BRUSSEL, *Examen*, II p. 789. Neque aliquam judiciariam potestatem exercere aut freda vel telonea a quoquam illorum hominum capere nunquam presumat. D. Hugonis reg. Fr. a. 987, *Hist. de Fr.*, X p. 549. [Dedit] freda regalia quae J. habebat annuatim de manu regis Francorum in Tutelensi castro. CHAMPEVAL, *Cart. de Tulle*, no. 481 p. 258 (a. 984-995). Medietatem fori quod statuimus in loco ipsius monasterii kal. Novembris, tam de toloneis quam de justiciis et fredis et omnibus redibitionibus quae in toto tempore ipsius fori jus nostri exigit fisci. *D. Philippe Ier*, no. 30 (a. 1067). Si quis ... infringere temptaverit, ... multam componat ..., emendatione hominis illius, qui eam [traditionem] malo ordine pervertere voluit, sive pro fredo sive pro ecclesia quam lesit secundum leges Alamannorum subsecuta. BAUMANN, *Urk. Schaffhausen*, p. 35 no. 16 (a. 1093). **2.** *une peine corporelle disciplinaire* qui remplace l'amende susdite — *a corporal punishment* inflicted instead of this fine. [Fiscalini] ad reliquos homines justitiam eorum ... reddere studeant, sicut lex est; pro frauda [i. e. freda] vero nostra ... familia vapuletur. Capit. de villis, c. 4. Unusquisque [qui custodiam littoris neglexerit] sol. 20 conponat, medietatem in dominico, medietatem ad populum. Si litus fuerit, sol. 15 conponat ad populum et fredo dominico in dorso accipiat. Capit. missor. Paris.-Rotom. a. 802, c. 13°, I p. 101. **3.** synonyme de *bannus*, amende infligée à cause d'un délit contre le pouvoir public — synonymous with *bannus*, fine exacted on account of an offence against public authority. Fredo in publico solvat sicut lex habet. Lex Alamann., tit. 1 § 2, ubi lectio fam. B codd. 19-37: solvat 60 sol. pro fredo. Qui domum alterius noctu incenderit, damnum triplo sartiat et in fredo sol. 60. Lex Thuring., c. 41. Ad fisco fredum exsolvat 60 sol. WARTMANN, *UB. S.-Gallen*, I no. 205 (a. 811).

**freellum,** v. fraellum.

**phrenesia** = phrenesis.

**frenus** = frenum.

**frequentare**: (cf. OVID., Met. 4, 37; Heroid. 12, 143) **accomplir rituellement, célébrer — to accomplish by ritual, to celebrate.*

**frequentatio**: **1.** **fréquentation — intercourse.* **2.** **abondance, grand nombre — abundance, multitude.*

**frescengia,** frescengius, frescenna, frescinga, freskingia, v. friskinga.

**frescha,** frescus, v. friscum.

**fresella**: **1.** *fraise, collet, col — fraise, collar.* S. xiii. **2.** *ruban, tresse — ribbon, braid.* S. xiii.

**fresengagium,** v. friskingaticus.

**fressenga,** fressinga, v. friskinga.

**fretare**: *traverser — to cross.*

**frethus,** v. fredus.

**1. fretta,** frettum: *fret — freight.* S. xiii, Angl.

**2. fretta,** -um, v. phrygium.

**1. frettare**: *charger, affréter — to freight, to load.* S. xiii, Angl.

**2. frettare,** v. phrygiare.

**1. fretum** (< fretus): *protection — protection.* Equorum meorum pastui modios avenae 4 pro recognitione freti mei praebeant. *Gall. chr.*[2], VII instr. col. 222 (ch. a. 1040, Anjou).

**2. fretum** v. fredus.

**1. fretus,** v. frecus.

**2. fretus,** freus, v. fredus.

**frevela** (germ.): *délit relativement léger — offence.* De furtis vel latrociniis sive frevelis extra septa monasterii perpetratis. Lex famil. Ebersheim. (s. xii p. pr.), c. 2, ed. DOPSCH, *MIOeG*, t. 19 (1898), p. 612. Causidicus judicabit pro furto, pro frevela, pro geltschulda in omnes cives urbis. KEUTGEN, *Urk. st. Vfg.*, p. 93 no. 126 c. 10 (s. xii, Strasbourg). Ibi pluries.

**frexingia,** v. friskinga.

**friborga,** fridborga, frithborga (anglosax.): *association d'entr'aide — frankpledge, association for mutual security.* S. xii, Angl.

**friborgus**: *membre d'une association d'entr'aide — member of a frankpledge.* S. xii, Angl.

**frichia,** frichium, v. friscum.

**frictura,** v. frixura.

**friddus,** fridus, v. fredus.

**frigdor** = frigus.

**frigefacere**: *refroidir — to chill.* S. xiii.

**frigiare,** frizare, frictare, frectare, frettare (< 1. phrygium): *orner de broderies — to adorn with embroidery.*

**phrygiatus,** frigiatus, frixiatus, frizatus, frezatus, frisatus, fresatus (< 1. phrygium): *brodé — embroidered.* Pallium altaris argento phrygiatum. V. Columbae Reatinae, *AASS.*, Maji V p. 396*. Pannum diarodanum frisatum cum auro. LEO OST., lib. 3 c. 31, addit. cod. Casin. 851, *SS.*, VII p. 722. Casula frigiata, cappae frigiatae et absque frigio. Notae monast. Ensdorf., c. 117 (a. 1170), *SS.*, XV p. 1082.

**frigiditas**: **froid — coldness.*

**1. phrygium,** frigium, fre-, -xi-, -zi-, -si-, -x-, -z-, -s-, fressum, frettum, -us (< Phrygia, d'après les étoffes brochées d'or originaires de Phrygie; sans doute il y a eu croisement avec le francique *frisi* "bord, frisure" — < Phrygia, after tissues stitched with gold lace imported from Phrygia; no doubt this word has become mixed up with frankish *frisi* "edging, scroll"): *broderie — embroidery.* Foeminae fresum facienti. Lex Fris., Judic. Wulemari, c. 11. [Pannus de altari] cum cruce ex friso et albis. LEO OST., Chron. Casin., lib. 2 c. 59, *SS.*, VII p. 41.



**2. phrygium** (< Phrygia): *bonnet phrygien* du pape — the pope's *Phrygian bonnet.* Diadema, videlicet coronam capitis nostri, simulque frygium. Donat. Const., c. 14. Capiti ejus [sc. papae] frigium, ornamentum imperiale, instar galee circulo aureo circinatum, imponunt. SUGER., V. Ludov. Gr., c. 32, ed. WAQUET, p. 264. JOH. SARISBER., Policr., lib. 8 c. 23, ed. WEBB, II p. 410. Cf. H. W. KLEWITZ, *Die Krönung des Papstes. ZSRG.*, Kan. Abt., t. 30 (1941).

**frigoriticus** (adj.) (< frigus): *fiévreux — feverish.* Ab accessionibus frigoriticis ... obpraessos. GREGOR. TURON., V. patrum, c. 13 § 1, *SRM.*, I p. 716. A febre frigoritica ... convaluerunt. Id., Virt. Martini, lib. 4 c. 8, p. 651. Subst. mascul.: *qq'un qui souffre de la fièvre — fever patient.* Id., Hist. Franc., lib. 5 c. 10. Id., Glor. mart., c. 5, p. 492. FORTUN., V. Radegundis, c. 20, *SRM.*, II p. 371.

**frigus,** frigor, frigdor, frigora (femin.): **1.** *frisson, fièvre — shudder, fever.* Typum dupliciter incurrens febris et frigoris. FORTUN., V. Germani, c. 20, *SRM.*, VII p. 384. GREGOR. TURON., V. patrum, c. 20 § 3, *SRM.*, I p. 743. Id., Glor. conf., c. 21, ib., p. 761. **2.** **indifférence religieuse, incroyance — religious indifference, disbelief.*

**friparius,** ferperius: *fripier — ragman.* S. xiii.

**frischetum,** frussetum (< friscum): *terre en friche — uncultivated land.* S. xii.

**friskinga,** fre-; -sch-, -sc-, -sg-, -x-, -s-, -ss-, -c-; -eng-; -ia, -ua, -us, -ius (germ.): *cochon de lait* ou *agnelet — sucking-pig* or *sucking-lamb.* WARTMANN, *UB. S.-Gallen*, I no. 3 (a. 716-720). Brev. exempla, c. 8. F. imper., no. 7, *Form.*, p. 292. Friscingas vervecinas 2 et porcinas similiter 2. G. Aldrici, ed. CHARLES-FROGER, p. 61. Friskingas 14: sex ad bacones faciendos, si pascio [i. e. pastio] esset; et si hoc non esset, tunc darentur ei friskingas 20. *D. Ludw. d. Deutsch.*, no. 155 (a. 874). Friskingas 4, duas berbecinas, duas autem reliquas porcinas. WIDEMANN, *Trad. S.-Emmeram*, no. 136 p. 110 (a. 889).

**friskingaticus,** friscing-, freseng-, -agium (< friskinga): *redevance consistant en cochons de lait — tribute of sucking-pigs.* Perdonat comes vaccagium totum et frumentagium et multonagium et friscingagium. MÉTAIS, *Cart. de Vendôme*, I no. 92 p. 167 (a. 1049). BRUNEL, *Actes de Pontieu*, p. 10 no. 8 (a. 1100). BERTRAND, *Cart. d'Angers*, I no. 103 p. 115 (ca. a. 1100).

**friscum,** frescha, frescus, frischium, frichium, frischa, frichia, fruscus (< belg. *vrisch*? Cf. voces fraustus et frecus): *terre en jachère — fallow.* S. xiii.

**friscus** (adj.) (germ.): *frais, non salé — fresh, not salt.* S. xiii. Subst. **friscus**: *fresque — fresco.* S. xiii, Ital.

**frithborga,** v. friborga.

**fritus,** v. fredus.

**frivole**: **inconsidérément, à la légère — thoughtlessly, lightly.*

**frixorium** (< frigere): **1.** *poêle à frire — frying-pan.* SCHIAPARELLI, *CD. Longob.*, I no. 50 p. 169 (a. 730, Siena). **2.** *chaudière à saunage — salt-boiling cauldron.* Curtem cum aedificiis cum loco et frixoria salis. BITTERAUF, *Trad. Freising*, I no. 682 p. 573 (a. 846).

**frixura,** frictura (< frigere): *mets frit — fried dish.*

**1. frocus,** froccus, froggus, v. hroccus.

**2. frocus,** v. frecus.

**frodare,** v. 2. foderare.

**froncina**: *parchemin de veau — calf parchment.* S. xiv.

**frons**: **début d'un écrit — opening section of a writing.*

**fronsare** (germ.): *froncer, plisser — to pleat.* S. xiv.

**frontale,** frontallum, frontellum: **1.** *frontail* de cheval — *frontal* of a horse. S. xiii. **2.** *devant d'autel — altar-cloth.*

**frontaria,** -er-, -ium, -a (< frons): **1.** *frontière — frontier.* DC.-F., III p. 616 (ch. a. 1061, Aragon). **2.** *tête d'une parcelle — frontside of a strip of land.* S. xiii, Occit. **3.** *diadème — diadem.* S. xiv. **4.** *devant d'autel — altar-cloth.* S. xiv.

**frontispicium**: **pignon, cimaise, frontispice — gable, cornice, frontispiece.*

**frontosus**: **effronté, impudent — barefaced, insolent.*

**frostus,** v. fraustus.

**frouzus,** v. frecus.

**fructetum,** fructatum = frutectum.

**fructibilis**: *cultivable, fertile — arable, fertile.* Terra fructibilis usibus humanis satis apta. *Gall. chr.*[2], II instr. col. 472 (a. 1002).

**fructicare**: **fructifier — to bear fruit.*

**fructifer** (adj.): *usufructuaire — usufructuary.* In beneficium accipere ... sub usu fructifero. LACOMBLET, *UB. Niederrh.*, I no. 21 (a. 801, Werden).

**fructificare, 1.** intrans.: **fructifier — to bear fruit.* **2.** transit.: **produire — to bring forth.*

**fructorium**: *fruit — fruit.* Vinum et ipsa fructoria dividere. *CD. Cavens.*, II p. 202 (a. 984).

**fructuagium**: *utilité — utility.* Pasnagia et cetera fructuagia, que ex Dei gratia non singulis annis, sed aliquando ... effunduntur. Cons. Normann., lib. 2 c. 29 § 14, LUDEWIG, *Reliq.*, VII p. 322.

**fructuare**: *récolter — to reap.* Avere [i. e. habere] et fructuare debeat ... ipsas olivas sicut propria sua. SCHIAPARELLI, *CD. Longob.*, II no. 257 p. 350 (a. 771, Brescia).

**fructuarius** (adj.): *usufructuaire — usufructuary.* Cum omni usu fructuario. *D. Merov.*, no. 46 (a. 677). Quicquid in usum fructuarium ... percepit. Lex Burgund., tit. 14 § 6. Fructuario ordine excolere liceat. *D. Ludw. d. Deutsch.*, no. 34 (a. 844). Fructuario jure prestitimus. LACOMBLET, *UB. Niederrh.*, I no. 221 p. 144 (a. 1066-1075). Subst. mascul. **fructuarius**: **1.** *fruitier — fruiterer.* S. xiii. **2.** *agent domanial en charge des fruits — manorial officer having care of fruit.* Const. dom. reg. (a. 1135-1139), JOHNSON, *Dial de Scacc.*, ad calcem, p. 133. Subst. neutr. **fructuarium**: *verger, jardin fruitier — orchard, fruit-garden.* Curtes ... cum ... viverio et fructuario. *Hist. de Languedoc*[3], II pr. no. 4 col. 43 (a. 680, Moissac).

**fructuose**: **profitablement, avantageusement — with profit, to advantage.*

**fructus**: **1.** **profit, utilité, avantage — profit, utility, advantage.* **2.** **produit, rapport, fruit — produce, yield, fruit.* **3.** **postérité — offspring.* Hos tres collibertos dedit cum fructibus suis. MÉTAIS, *Cart. de Vendôme*, I no. 89 p. 161 (a. 1045-1049).

**frugiare,** frudiare, fruitare = frui.

**fruitio**: 1. *_jouissance, puissance_ de qqch. — _enjoyment, possession._ 2. loc. fruitio Dei: *la vision béatifique — the beatific vision.
**frumentarius** (subst.): _agent en charge du grenier domanial — officer having the care of the manorial granary._ Cellarii, frumentarii, thelonearii, forestarii. D. Conradi II imp. a. 1035, _Const._, I no. 43.
**frumentaticus**, frumentagium: _une redevance en froment — wheat duty._ Perdonat comes vaccagium totum et frumentagium et multonagium. FLACH, _Orig._, I p. 391 (a. 1044-1055, Vendôme). Concessit ... decimam frumentagii quod a rusticis ... ad horrea Toarcensis vicecomitis singulis annis defertur. MARCHEGAY-MABILLE, _Chron. d'Anjou_, p. 343 (a. 1103). De terra in qua monachi frumentagium accipiunt, canonici pro parte sua de terragio vinagium ... habeant. BERTRAND, _Cart. d'Angers_, I no. 196 p. 226 (a. 1146).
**frumentum**, spec.: _froment — wheat._ Synod. Franconof., a. 794, c. 4, _Capit._, I p. 74.
**frunda**, fronda, frunza, fronza = funda.
**frunire**, fruniare: _tanner — to tan._
**frunitor**: _tanneur — tanner._
**fruscus**, v. friscum.
**frussiare**, frussare (< friscum): _défricher — to break up_ land. S. xiii.
**frussura** (< friscum?): _défrichement — breaking up land._ S. xiii, Angl.
**frustare** (< frustum, cf. frg. _froisser_): _fouetter — to scourge._ Liutpr. leg., c. 141.
**frustra**: 1. *_sans raison, inconsidérément — without reason, inconsiderately._ 2. _sans conséquences fâcheuses, impunément — without any undesirable effect, with impunity._ Sperantes se sic frustra tradidisse pium comitem Karolum. GALBERT., c. 25, ed. PIRENNE, p. 43.
**frustrare** et depon. frustrari: 1. *_réfuter_ une opinion, la _réduire à néant — to refute._ 2. *_éluder, rejeter, fausser, corrompre — to reject, corrupt, falsify._
**frustum**, frustrum: 1. _objet — piece, article._ Melius frustum in vestimentis ipsorum ... habebit. KREMER, _Akad. Beitr._, II p. 204. 2. _parcelle — plot._ Undecim vinearum frustra. LACOMBLET, _UB. Niederrh._, I no. 246 p. 159 (a. 1091).
**frustus**, v. fraustus.
**frutectum**: *_arbuste, arbrisseau, branchages — shrub, small tree, coppice._
**fuagium**, v. focagium.
**fuale**, v. focale.
**fuarium**, v. focarium.
**fubla**, fubia = fibula.
**fucina**, v. fossina.
**fuga**: 1. _chasse, droit de chasse — hunting, right of hunting._ Retenta ... fuga venatoria. _Actes Phil.-Aug._, no. 643 (a. 1200), II p. 199. 2. _chasse, terrain de chasse — chace, place for hunting._
**fugacia**, v. focacia.
**fugare**: 1. _chasser — to hunt._ Si quis per canes leporarios feram fugaverit. Frid. I imp. lex pacis a. 1158 ap. RAHEW., lib. 3 c. 26, ed. WAITZ, p. 202. 2. _mener_ des bestiaux — _to drive_ cattle.
**fugatio**: _chasse, droit de chasse — hunting, right to hunt._ Cives habeant fugationes suas ad fugandum sicut melius et plenius habuerunt antecessores eorum. Henr. I reg. Angl. ch. pro Londin. (a. 1130-1133), LIEBERMANN, p. 525. De jure fugationis, venationis et haiae. Ch. Phil. Aug. reg. Fr. a. 1207 ap. DC.-F., III p. 622 col. 2.
**fugator**: 1. _cheval_ ou _chien de chasse — hunter_ (dog or horse). S. xii. 2. _charretier, toucheur de bestiaux — driver, drover._ S. xiii.
**fugax**: (d'un serf) _fugitif_ — (of a serf) _runaway._ GREGOR. TURON., Hist. Franc., lib. 6 c. 31. Edict. Rothari, c. 267 sq. Liutpr. leg., c. 44. Pipp. Ital. reg. capit. (a. 782-786), c. 9, I p. 193.
**fugitivus**: *_qui passe, éphémère, de ce monde — flying, transient, of the world beneath._
**fulcrum**, 1. gener.: *_étai, appui, fondement, piédestal — support, base, foundation, pedestal._ A summitate cacuminis usque ad fulcra maceriae casura videretur. V. Boniti, c. 36, _SRM._, VI p. 137. Etiam c. 16, p. 128. 2. *_aide, appui — help, assistance._
**fulgeria**, v. filicaria.
**fulla**, foll-, -um (< fullare): _fouloire — fuller's tub._ S. xiv.
**fullagium**, folagium: _redevance pour l'usage d'un moulin à foulon — due for use of a fulling-mill._ S. xiii.
**fullare**, follare, folare (< fullo): _fouler_ le drap — _to full_ cloth. S. xiii.
**fullaricium**: _moulin à foulon — fulling-mill._ S. xii.
**fullata**, follata: _moulin à foulon — fulling-mill._ S. xiii.
**fullaticus**, fulleraticus. Molendinum fullaticum: moulin à foulon — fulling-mill. S. xiii.
**fullatorius**. Molendinum fullatorium: moulin à foulon — fulling-mill. LUCHAIRE, _Louis VII_, p. 388 no. 273 (a. 1152).
**fullo**, follo, folo (genet. -onis), fullonus, fullus (class. "foulon — fuller"): _moulin à foulon — fulling-mill._ GIULINI, _Memor. di Milano_, III p. 502 (a. 1008). MABILLON, _Acta_, VI p. 724 col. 1 (ch. a. 1149).
**fullonare**: _fouler_ le drap — _to full_ cloth. Pannos suos faciant fullonari. BRUNEL, _Actes de Pontieu_, p. 54 no. 32 (a. 1145).
**fullonarius** (adj.). Molendinum fullonarium: moulin à foulon — fulling-mill. BRUNEL, _Actes de Pontieu_, p. 54 no. 32 (a. 1145). Ch. Ludov. VII reg. Fr. a. 1171, LUCHAIRE, _Inst._, II p. 328 no. 26. _Actes Phil.-Aug._, no. 579 (a. 1198), II p. 128.
**fullonium**, fullonia (femin.): 1. _moulin à foulon — fulling-mill. Gall. chr._$^{2}$, IV instr. col. 21 (ch. a. 1171). 2. _foulage — fulling._ S. xiii.
**fulmen**. Figur., fulmen anathematis: les foudres de l'excommunication — the thunderbolt of anathema. FERRAND. (s. vi), epist. 3 c. 1, MIGNE, t. 67 col. 889 B.
**fulminare**: 1. *_proférer des arguments foudroyants, fulminer — to forward overwhelming arguments, to fulminate._ 2. _lancer les foudres de l'excommunication — to fling the thunderbolt of anathema._
1. **fumarium**: *_cheminée — chimney._
2. **fumarium** = fimarium.
**fumaticus**, fumagium: _une redevance pesant sur le fumage des viandes — a tax on smoke-curing of meat._ Nec silvaticum nec fumaticum nec pulveraticum ... exigere audeat. D. Conradi reg. Burgund. a. 972 ap. DC.-F., III p. 626 col. 1. Domesday. Donavit ... 20 sol. de fumagio Minguenpensi per singulos annos.



DC.-F., III p. 625 col. 2 (ch. a. 1123). Nec friscingaticum nec fumaticum nec vaccaticum. LOBINEAU, _Bretagne_, II col. 236 (ch. a. 1132). Dedi in elemosynam ... fumagium quod habebam in curia de S. _Gall. chr._$^{2}$, XIV instr. col. 155 A no. 14 (a. 1133, Angers).
**fumus**: _foyer, famille — household, family._ Nomine generalis fodri nihil amplius exigatur ab hominibus ejusdem castri ... nisi tantum 12 den. ... de quolibet fumo omni tertio anno. D. Frid. I imp. a. 1185, FICKER, _Forsch._, IV no. 161 p. 203.
**functio**: 1. *_charge imposée par le pouvoir public_ consistant en des services, le prêt de moyens de transport ou la fourniture de denrées — _state exaction_ of labour service, lending means of conveyance or supply of commodities. Remota omnium officialium potestate, nullas functiones vel exactionis ... neque etiam caballorum pastus aut paraverida vel carrarum angaria aut quodcumque functiones titulum [i. e. functionis titulo] dici potest, de ipsa facultate non requiratur. MARCULF., lib. 2 no. 1, _Form._, p. 72. Audivimus aliquos ... exercitu seu alia funccione regali fugiendo [se ad servitium Dei tradere velle]. Capit. missor. Theodonisv. II a. 805, c. 15, I p. 125. Nolumus ut liber homo ad nostros brolios operari cogatur; attamen de aliis publicis functionibus, quas solebant juxta antiquam consuetudinem facere, nemo se pro hac causa excuset. Capit. de funct. publ. a. 820, c. 4, I p. 295. Hostem et reliquas publicas functiones faciant. Capit. Olonn. mund. a. 825, c. 2, p. 330. Forestarios nostros immunes constituimus a quibusdam publicis functionibus, id est a bannis et aribannis et conductum ad legationes sive paravereda danda. F. imper., no. 43, _Form._, p. 319. 2. _impôt_ de tout genre exigé par le pouvoir public — any _tax_ imposed by public authority. Ecclesiae vel clericis nullam requirant agentes publici functionem, qui immunitatem meruerunt. Praec. Chloth. I (a. 555-558), c. 11, _Capit._, I p. 19. Possessor de propria terra unam anforam vini per aripennem redderit; sed et alii [i. e. aliae] functionis infligebantur multi, tam de reliquis terris quam de mancipiis. GREGOR. TURON., Hist. Franc., lib. 5 c. 28. Cum populis tributariam functionem infligere vellent. Ib., lib. 9 c. 30. Nulla[m] functione[m] aut reditus terrae vel pascuario aut agrario, carropera aut quodcumque dici potest exinde solvere debeatis. MARCULF., lib. 2 no. 36, _Form._, p. 97. Homines illos, qui commanunt in M. et O., quantumcumque ipsi ad parti fisco nostro retinebant, tam freda quam reliquas funcciones, V. abbate [i. e. abbati] visi fuimus concessisse. _D. Merov._, no. 30 (a. 673). Nullos redditus terrae nec nullas functiones publicas exigere debeatis. Ib., no. 54 (a. 682). Cuidam obtimati [i. e. quidam optimas], qui tunc functionem fiscali [i. e. fiscalem] administrabat, ... eo usque intulit spoliam, donec poene [i. e. paene] offerre [i. e. auferret] omnem ejus praesidium. Pass. prima Leudegarii, rec. A (s. vii ex.), c. 37, _SRM._, V p. 319. Quicquid fiscus aut de freda vel functionibus potuerat sperare. _D. Karolin._, I no. 74 (a. 773). Nec ullas redibitiones aut publicas functiones vel illicitas occasiones requirendas ingredi audeat. F. imper., no. 4, p. 290. Ab omni publica functione et judiciaria exactione inmunem liberumque reddidissent. Ib., no. 29, p. 308. Salva functione quae tam ex tributo seu vectigalibus vel alia qualibet re partibus palatii nostri venire debet. Coll. Sangall., addit. 3, p. 435. 3. _charge domaniale — manorial burden._ Eosdem fundos ... monasterium tuum ... absque qualibet annuali possideat functione. Lib. diurnus, c. 96, ed. SICKEL, p. 127. Rigas faciant atque censum sive ceteras functiones persolvant. F. imper., no. 43, p. 320. 4. *_mort — death._ 5. _legs — legacy._ De elemosinis vel aliis rebus ac pertinentibus, de oblationibus scilicet atque mortuorum functione. _D. Heinrichs II._, no. 292 (a. 1014).
**funda**: *_bourse, sac — purse, pouch._
**fundare**: 1. *_créer — to create._ 2. _fonder_ un monastère, une église — _to found_ a monastery or a church. Statuo atque instituo, ut a presenti die obitus mei fundetur in curte mea ... oraculo Domini Salvatoris atque sancti Fidelis de rebus meis propriis. SCHIAPARELLI, _CD. Longob._, II no. 231 p. 288 (a. 769, Pavia).
**fundaticum**: _droit d'ancrage — anchorage due._ S. xiv, Ital.
**fundator**: _fondateur_ d'un monastère, d'une église — _founder_ of a monastery or a church. GREGOR. M., lib. 8 epist. 30, _Epp._, II p. 32. Lib. diurn., c. 30, ed. SICKEL, p. 22.
**fundatus**: 1. (de tissus) _mêlé de fil d'or — interwoven with gold wire._ Uno palio [i. e. unum pallium] de fundato. PÉRARD, _Rec. de Bourg._, p. 26 (ca. a. 840). De palleis tyreis atque fundatis fecit vela numero 65. Lib. pontif., Hadr. I, § 46, ed. DUCHESNE, I p. 499. 2. _à bordure d'or — with a golden rim._ Fecit in eadem basilica calicem fundatum argenteum. Ib.
**fundibalarium**, -ul-, -us: _perrière, trébuchet — ballista, catapult._ ADALBERT., Contin. ad REGINON., a. 962, ed. KURZE, p. 171. SUGER., V. Ludov. Gr., c. 18, ed. WAQUET, p. 124.
**fundibalarius**, -ul-: *_frondeur — slinger._
**fundibalator**, -ul-: *_frondeur — slinger._
**fundibalus**, -ul-, -um: *_fronde — sling._
**fundicus** (arab.): _fondaco, établissement commercial — factory, trade settlement._ Fundicum in Amalfi cum pertinentiis suis. PETR. DIAC., Chron. Casin., lib. 3 c. 58, _SS._, VII p. 744 l. 14. CAFFAR., Ann., a. 1143, ed. BELGRANO, I p. 31. Iterum a. 1155, p. 42. Rugam negotiatoribus convenientem cum ecclesia, balneo, fundico et furno. Frid. I imp. conv. cum Januens. a. 1162, _Const._, I no. 211, c. 6. Item _Actes Phil.-Aug._, no. 365 (a. 1190), I p. 448.
**funditor**: _fondeur — founder, caster._ S. xiii.
**fundus**: 1. _finage — township._ Terrula juris mei in fundo M. SCHIAPARELLI, _CD. Longob._, II no. 184 p. 163 (a. 765, Viterbo). Mansos serviciales numero 65 in fundis conjacentes ita nuncupantibus ... MULLER-BOUMAN, _OB. Utrecht_, I no. 105 p. 110 (a. 943). 2. _ancrage — anchorage._ Unaqueque navis dare debeat ... per fundum den. 2. GADDONI-ZACCHERINI, _Chart. Imolense_, II p. 311 (a. 1099).
**funebritas**: _funérailles — funeral._ Quae personae ejus funebritati interfuerant. G. pontif. Camerac., lib. 1 c. 28, _SS._, VII p. 413. Rursum ib., c. 87, p. 433.
**funicellus**: _ficelle — cord._
**funiculus**: 1. *_cordeau d'arpenteur — surveyor's rope._ 2. *_portion, part d'héritage — share of an inheritance._

**funis**: 1. *portion, part d'héritage — share of an inheritance*. 2. *mesure de terre — land measure*. Sorte una et alia sorte, ut fiunt insimul funes quattuor. CD. Cavens., I p. 231 (a. 950).
**furagium**, v. foderagium.
**furatura**, furura, v. foderatura.
**furbire** (germ.): *fourbir — to furbish*. S. xii.
**furbitor**, for-, -bator: *fourbisseur — furbisher*. CIPOLLA, CD. Bobbio, I p. 141 (a. 833). Leg. Aelfred, tit. 19 § 3, vers. Quadrip., LIEBERMANN, p. 61 col. 1.
**furca**: 1. *potence — gallows*. Lex Sal., tit. 41, addit. 1, codd. fam. 3 et Lex emend. Capit. I legi Sal. addit., c. 2 sq. Capit. II, c. 10. 2. *bifurcation — bifurcation*. 3. *corvée de rentrée du foin — hay-making service*. Salvis corvea et falce et furca et aliis consuetudinibus quas ecclesiae s. Benigni praefati homines debent. Gall. chr.², IV instr. col. 192 (a. 1182, Langres). Corvedas ter in anno..., furcam et rastellum in brois habebit. DC.-F., III p. 632 col. 2 (ch. a. 1193, Vallage).
**furcatum**, forcatum: *fourche à foin — hayfork*. S. xiii, Ital.
**furcatura**: *bifurcation — forking, bifurcation*. S. xii.
**furentia**: *fureur — rage*. Nimiam mentis furentiam. Epp., IV p. 499 l. 14 (s. ix in.).
**furettare**: *chasser au furet — to hunt with a ferret*. S. xiii.
**furettarius**, fureterius: *chasseur au furet — ferreter*. S. xiii.
**furettus**, furetus (< fur): *furet — ferret*. S. xiii.
**furgo** (genet. -onis), furgonus: *fourgon — poker*. S. xiv.
**furire** = furere.
**furitas**: *fureur — rage*. Chron. Novalic., lib. 5 c. 37.
**furlanga**, for-, -lung-, -long-, -ling-, -us (germ.): *mesure de terre — a land measure*. Dedit... 20 furlangas in pago D. in villa q. d. W. LACOMBLET, UB. Niederrh., I no. 48 (a. 834, Werden).
**furnale** (< furnus): *four — oven*. CAESAR. ARELAT., Serm., ed. MORIN, I p. 340.
**furnare**, furniare, furnire (< furnus): *cuire au four — to bake in the oven*. S. xiii.
**furnarium**, forn-, -us (< furnus): *fournil — bakehouse*. Mansus indominicatus, ad quem aspiciunt mansi 30, cambae 7, fornarii duo. MIRAEUS, I p. 259 (ch. < a. 946 >, spur., Waulsort). Domum... cum furnario et umbraculo. LACOMBLET, UB. Niederrh., I no. 269 p. 174 (a. 1106).
**furnarius**, forn-, -erius: 1. *boulanger — baker*. 2. *fournier, régisseur du four banal — manager of a seigniorial oven*. MARCHEGAY, Arch. d'Anjou, III p. 55 no. 62 (a. 1116). GUÉRARD, Cart. de Chartres, II no. 54 p. 308 (a. 1101-1129).
**furnata**, forn-, -eia (< furnus): *une fournée — batch of loaves*. GUÉRARD, Cart. de Chartres, II no. 54 p. 307 (a. 1101-1129). SALIMBENE, ed. HOLDER-EGGER, p. 339.
**furnaticus**, forn-, -agium (< furnus): *redevance pour la cuisson au four banal — due for baking in the seigniorial oven*. Homines ibi manentes furno suo coquant et furnagium reddant. BERTRAND, Cart. d'Angers, I no. 379 p. 439 (ca. a. 1060). Dono... medietatem de furno, excepto fornatico de pane monachorum. DESJARDINS, Cart. de Conques, p. 25 (a. 1065).

Si aliquis... ad alium nisi ad s. Dionysii furnum panem coxerit et certum erit, in primis reddito furnatico, legem suam emendabit. TARDIF, Cartons, no. 290 p. 181 col. 1 (a. 1073, Berry). LUCHAIRE, Louis VII, p. 361 no. 63 (a. 1140/1141). Gall. chr.², VI instr. col. 300 (ch. a. 1164). GUÉRARD, Cart. de N.-D. de Paris, I p. 79 (a. 1199).
**furnesia** = fornax.
**furnile**, forn-, -ilium, -illus, -ellus (< furnus): 1. *fournil — bakehouse*. D. Roberti II reg. Fr. a. 1022, MABILLON, Ann., IV p. 707 col. 1. BERTRAND, Cart. d'Angers, I no. 94 p. 108 (a. 1082-1106). MARTÈNE, Coll., I p. 519 (a. 1086). BEC., t. 36 (1875), p. 415 (a. 1094, Marmoutier). MARCHEGAY, Arch. d'Anjou, III p. 28 no. 34 (s. xi ex.). 2. *pièce munie d'un fourneau — room with a furnace*. S. xiii. 3. plural. furnilia, furnilla: *fagots — faggots*. S. xiii.
**furnimentum**, forni- (< 1. furnire): 1. *fourniture de vivres — procurement of victuals*. S. xiii. 2. *ustensiles, fournitures — necessaries, implements*. S. xiv.
1. **furnire**, fornire (germ., cf. frg. fournir): *garnir — to furnish*. De lecto furnito unum den. BERTRAND, Cart. d'Angers, I no. 221, p. 263 (a. 1080-1082).
2. **furnire**, furniare, v. furnare.
**furnus**: *étuve — stove*.
**furo** (genet. -onis): 1. *furet — ferret*. ISID., Etym., lib. 12 c. 2 § 39. 2. *voleur — thief*. MARCULF., lib. 2 no. 22, Form., p. 90. Edict. Rothari, c. 266. Leg. Liutpr. c. 80. Aistulfi leg., c. 9. Sicardi Benev. pact., c. 11, LL., IV p. 220.
**furor**: *erreur, hérésie — error, heresy*.
**furrare**, v. 1. foderare.
**furratura**, furrura, v. foderatura.
**furtare**: *voler — to steal*. Non furtandi animo fecit. Edict. Rothari, c. 16.
**furtus** (decl. iv), furta (fem.) = furtum.
**fusa** (< fusus): *fusée de fil — a spindle-ful of yarn*. Feminae dant censum, unaquaque sex siclas vini et de lino 12 fusas. D. Ludw. d. Deutsch., no. 132 (a. 870). Annis persolverent singulis... 60 fusas lini. HALKIN-ROLAND, Ch. de Stavelot, no. 49 p. 120 (a. 905).
**fusarium**: *aire pour le broyage du chanvre — hemp-breaking floor*. Medietate de ipso fusario. CD. Cavens., I p. 200 (a. 934).
**fusarius**: *fondeur, mouleur — founder, caster*. Adalhardi Corbej. stat. (a. 822), c. 1, ed LEVILLAIN, LMA., t. 13 (1900), p. 352.
**fuscare**: 1. *ternir, entacher — to stain, to disgrace*. 2. *noircir, dénigrer — to blacken, to blame*.
**fuscinula**: *fourchette — small fork*.
**fuscus** (subst.): *homme de couleur — coloured man*. Tempore quo fusci morabantur in castro Frascenedello. Chron. Novalic., lib. 5 c. 18.
**fusilis**: *de métal fondu — cast*.
**fusolus**, fusillus, fusellus (< fusus): *fuseau, pivot — spindle, pivot*.
**fusor**: *fondeur, mouleur — founder, caster*.
**fusorium**: *tuyau — water-pipe*.
**fusorius**: *de métal fondu — cast*.
**fussorius**, v. fossorius.
**fusta**, fustum (< fustis): 1. *poutre — beam*. S. xiii. 2. *tout ustensile en bois — wooden wares*. S. xiii. 3. spec.: *fût, tonneau — cask*. S. xiii.

**fustaneum**, -ani- -eni-, -ian-, -ain-, -ann-, -an-; -us, -a (femin.) (< fustis, "tissu de bois — wooden material", cf. gr. ξύλινα λίνα, teuton. baumwolle): 1. *futaine — fustian*. Duas tunicas de fustania. POUPARDIN, Ch. de S.-Germain-des-Prés, I no. 75 p. 121 (a. 1103-1116). Casulas de fustaneo vel lino sine pallio. Exord. Cisterc. coenob., GUIGNARD, Mon. Cisterc., p. 73. Fustani et purpurae... seu alterius... generis... panni. HERBORD., V. Ottonis Babenb., lib. 1 c. 36, ed. PERTZ in us. sch., p. 33. 2. *blouse ou chemise en futaine — shirt made of fustian*. Conjugi ejus unum fustaneum... dedit. ORDER. VITAL., lib. 5 c. 20, ed. LEPRÉVOST, II p. 456. Adj. **fustaneus**: *en futaine — of fustian*. Fustaneus pannus. DC.-F., III p. 640 col. 1 (ch. a. 1160, Troyes).
**fustare** (< fustis): *fustiger — to fustigate*. Lex Alamann., tit. 11 sq. Liutpr. leg., c. 141, varia lectio cod. Matrit. (caeteri codd.: frustare).
**fusterius** (< fustis): *charpentier — carpenter*. S. xiii.
**fusteus** (adj.) (< fustis): *en bois — wooden*. S. xiv.
**fustigare**: *fustiger — to fustigate*. Concil. Turon. a. 567, c. 20, Conc., I p. 127 l. 25.
**fustis**, spec.: *tronc d'arbre — treetrunk*. Si quis in silvam fustem signaverit et non capulaverit. Lex Sal., tit. 27 § 19, codd. Paris. lat. 18237 et 4403 B. Conscendens cujusdam magnae arboris fustem. Mir. Angilberti, MABILLON, Acta, IV pt. 1 p. 133. Illum esse sacratum fustem. Mir. Richarii, lib. 1 c. 1, ib., II p. 213.
**fustum**, v. fusta.
**fusura**: *écroulement — crumbling down*. Tectum reliquum cessante fusura solidatur. G. pontif. Camerac., lib. 2 c. 2, SS., VII p. 455.
**fuxina**, v. fossina.

# G

**gaanagium**, gaannagium, v. wannagium.
**gaba**, gabia: *voie — road*. S. xiii, Ital.
**gaballus**, v. caballus.
**gabalum**, v. 2. gabulum.
**gabalus**, v. gavalus.
**gabanus**: *manteau sans manches — sleeveless coat*. S. xiv, Ital.
**gabbia**, v. 1. gabia.
**gabella**, cabella (< arab. al-qabâla "impôt — tax", mot d'origine sicilienne à distinguer de gavalus — a term of Sicilian origin, not identical with gavalus): 1. *accise, impôt sur le commerce de denrées diverses — excise, customs*. Ch. Rogerii reg. Sic. a. 1129 ap. MURATORI, Antiq., VI p. 620. 2. spec.: *gabelle, impôt sur le sel — salt-tax*. S. xiii.
**gabellare** (< gabella): 1. *lever la gabelle sur une denrée — to levy the tax called "gabella" from a commodity*. S. xiv. 2. *acquitter la gabelle pour une denrée — to pay the tax called "gabella" for a commodity*. S. xiv.
**gabellarius**: *receveur de la gabelle — gatherer of the tax called "gabella"*. S. xiv.
**gabellinus**: i.q. gabellarius. S. xiv, Ital.
**gabellotus**: i.q. gabellarius. S. xiv, Ital.
1. **gabia**, gabbia (< cavea): 1. *cage, corbeille — cage, hamper*. S. xiii. 2. *hune — crow's nest*. S. xiii.
2. **gabia**, v. gaba.
**gablagium** (< gavalus): *cens en blé — gavel*. S. xii, Angl.
**gablium**, gablum, v. gavalus.
1. **gabulum** (celt.): *croix — cross*. ALDHELM., Virg.², c. 7, Auct. ant., XV p. 235; c. 34, p. 276. Id., Carm. de virg., v. 1638, p. 421. ASSER., G. Aelfredi, c. 89, ed. STEVENSON, p. 75. KEMBLE, CD. Saxon., IV p. 47 (a. 1033).
2. **gabulum**, gabalum, gablum (germ.): *pignon — gable* of a house. S. xii, Angl.
**gabulus**, gablus, v. gavalus.
**gadalis**: *putaine — harlot*. De gadalibus et meretricibus volumus ut... portentur usque ad mercatum, ubi ipsae flagellandae sunt. Capit. de disc. pal. Aquisgr. (a. 820 ?), c. 3, I p. 298.

**gades** (plural.) (germ.): *limite — boundary*. S. xiv.
**gadium**, gadgium, gaegium et derivata, v. wadi-.
**gaenagium**, v. wannagium.
**gaforium** (originem vocis nescio): 1. *provisions — store of food*. De adjutorio et servitio nostro, quo vos indigere per legatum nostrum percoepimus, multis modis pensamus, quomodo facilius sive cum hominibus... seu cum bestiis de nostro gaforio vobis dirigeremus. Epist. Wormat., no. 4 (a. 1038, Arezzo), ed. BULST, p. 20. 2. *réquisition de vivres — compulsory procurement of victuals*. Dicat A. dux... si de cortis sive castellis vel de villis... aut per fodrum aut per ullum superius dictum gaforium ulterius... inquietare vult, aut non? [Ante: Dicebat A. dux... quod de curtis... fodrum et angarias seu publicum servicium in panem et vinum, carnes et annonam, et alias angarias et functiones publicas sibi dare deberent.] FICKER, Forsch., IV no. 49 p. 73 (a. 1027, Verona).
**gageria**, v. wadiaria.
**gagerius**, v. wadiarius.
**gagiolus** (< gahagium): *bosquet — grove*. Gagiolo illo prope ipsa curte O. per sepe circundatus. SCHIAPARELLI, CD. Longob., I no. 50 p. 167 (a. 730, Siena).
1. **gagium** et derivata, v. wadi-.
2. **gagium**, gagius, v. gahagium.
**gahagium**, gagium, gajum, -us (germ., cf. teuton. gehege): *forêt réservée — guarded forest*. Quicumque [apes] invenerit,... habeat sibi, excepto in gahagio regis. Edict. Rothari, c. 319. Si quis de silva alterius accepturis [i.e. accipitres] tulerit, excepto gahagio regis, habeat sibi. Ib., c. 320. Quarta portionem de gagio nostro in M. SCHIAPARELLI, CD. Longob., II no. 178 p. 147 (a. 764, Lucca). Largimur... ex gagio nostro Regense... terra, silva, roncora et prata. D. Desiderii reg. Longob., Bull. Casin., I p. 11. Cum alpes, gagios vel pascua. FATTESCHI, Memor. di Spoleto, p. 274 (ca. a. 772). Gajum nostrum,

quod in eodem loco ... conjacet et nunc noviter excolitur. D. Karolin., I no. 235 (< a. 781 >, spur. ca. a. 880). Inter gajum et costam Finalem. D. Karls III., no. 32 (a. 881). Pecia de silva est sita in gajo de S. D. Arnulfs, no. 125 (a. 894). Montem C. simul cum gajo et mansis inibi pertinentibus. D. Berengario I, no. 42 (a. 904), p. 123 l. 15. In C. mansos duos cum silva ... seu et gajum unum. D. Ugo, no. 7 (a. 927), p. 23 l. 18.

**1. gaida,** gaidis: *rebord d'une robe — hem of a dress.* Otto Morena, ad a. 1158, ed. Güterbock, p. 44.

**2. gaida,** gaidia, gaisdo, v. waisdo.

**gaigium,** gaigum et derivata, v. wadium.

**gaignagium,** gaingnagium, v. wannagium.

**gaiola,** gaola, jaola, geola, giola (< caveola): *geôle — jail.* S. xiii.

**gaiolagium:** *paiement pour l'entretien dans une prison — board-wages for a prisoner.* S. xiv.

**gaiolarius,** gaolarius, geolarius: *geôlier — jailer.* S. xiii.

**gaira,** v. gara.

**gairica,** v. garrica.

**gaita** et derivata, v. wact-.

**gaiwita,** v. gawita.

**gajaria,** gajeria, v. wadiaria.

**gajarius,** v. wadiarius.

**gajufus:** *larron, gredin — rogue, gangster.* S. xiv, Ital.

**gajum,** gajus, v. gahagium.

**galanga,** galenga, galingala, gallingar, calanganum (arab.): *galanga — galingale.* Coll. Sangall., no. 29, Form., p. 415. Gysseling-Koch, Dipl. Belg., no 37 (a. 867, S.-Bertin). Honor. civ. Pap., c. 5, SS., XXX p. 1453.

**galastra** (gr.): *seau à traire — milk-pail.*

**galbanis:** *suc — juice.* Quorum corpora insimul condidit episcopus aromata et galbanum, stacten et argoido, myrra et gutta et cassia et tus lucidissimum. Vers. de Verona, str. 26, Poet. lat., I p. 122.

**1. galea,** gallea, galia, galeia, galida, galeida (arab.): *galère — galley.* De partibus Apulie galeas advenisse. Hugo Falcand., c. 5, ed. Siragusa, p. 17. Duabus galeis armatis insulam ingressus est. Leo Ost., Chron. Casin., lib. 3 c. 25, SS., VII p. 716 l. 16. Gaufred. Malat., lib. 4 c. 25, ed. Pontieri, p. 103. Triremibus et biremibus, quas modo galeas seu sagitteas vulgo dicere solent. Otto Frising., G. Friderici, lib. 1 c. 34, ed. Waitz-Simson, p. 53. Albert. Aquens., lib. 9 c. 19, Migne, t. 166 col. 634 D. Frid. I imp. conv. cum Pisanis a. 1162, Const., I no. 205, c. 5. Guillelm. Brito, Philipp., lib. 7 v. 331, ed. Delaborde, p. 190.

**2. galea,** galeda, v. galeta.

**galeageum,** ja- (< galeta): *droit de jaugeage — gauging due.* Dedit consuetudinem jaleagii quam habebat in cellario dominico monachorum. Bertrand, Cart. d'Angers, I no. 73 p. 99 (a. 1082-1106).

**galeator:** *galérien — galley-rower.* S. xiii.

**galenga,** v. galanga.

**galeo,** galio (genet. -onis), galeonus, galionus (< galea): *galion — galleon.* Adiit Tyrum in modico galeone. Salimbene, ed. Holder-Egger, p. 8. D'Achéry, Spic., VIII p. 377 (a. 1219).

**1. galeota,** galiota (femin.) (< galea): *galiote — galliot.* Caffar., Ann., a. 1162, ed. Belgrano, I p. 71.

**2. galeota,** galiota (mascul.) (< galea): *galérien — galley-rower.* [Castellum] a galiotis suis capi fecit. Romuald. Salernit., Chron., a. 1162, ed. Garufi, p. 251.

**galera** (< galea): *galère — galley.* Guill. Apul., G. Roberti Wiscardi, lib. 5 v. 339, SS., IX p. 297. Ch. Alphonsi reg. Aragon. a. 1130 ap. DC.-F., IV p. 14 col. 3.

**galeta,** gial-, gall-, -eda, galea, jalea (< galo): **1.** *broc — jug.* Venit unus aut duo vel tres de ministris ... portantes galetam cum vino in manibus et infundit unicuique seniori vinum in siphum. Consuet. Fructuar. (s. xi), lib. 1 c. 46, Albers, IV p. 55. Galidam vini liquore abstracto... repleri jubeat. V. Fidoli (s. xi?), c. 10, SRM., III p. 431. **2.** *une mesure de liquides — a liquid measure.* 24 galetas musti de arpenno redderent. Bertrand, Cart. d'Angers, I no. 283 p. 323 (a. 1039-1055). Ibi pluries Duo ... pocula [vini] quorum octo galletam recta complent mensura. Meyer-Perret, Bündner UB., I no. 280 p. 208 (ca. a. 1110-1125, Pfäfers).

**galetum,** v. galletum.

**galia,** galida, v. galea.

**galilaea:** *porche d'une église — church portal.* Bernard. Morlan., Cons. Clun., pt. 1 c. 34, ed. Herrgott, p. 219. Rursum pt. 2 c. 26, p. 338. Guido, Disc. Farf., lib. 1 c. 53, ed. Albers, I p. 44. Rursum lib. 2 c. 1, p. 138. Rupert. Tuit., Div. off., lib. 5 c. 8, Migne, t. 170 col. 131. Hugo Flavin., Chron., lib. 2 c. 9, SS., VIII p. 376. Hist. monast. s. Florentii Salmur., Marchegay-Mabille, Chron. des égl. d'Anjou, p. 312.

**galingala,** v. galanga.

**galio,** galionus, v. galeo.

**galiota,** v. galeota.

**galla:** *\*noix de galle — gall-nut.*

**gallea,** v. galea.

**galleta,** v. galeta.

**galletum,** galetum (< galla): *infusion de noix de galle — gall-nut extract.* S. xiii, Ital.

**galliardus,** v. goliardus.

**gallicantus** (decl. iv): *point du jour — daybreak.* S. xii.

**gallicae** (subaudi: soleae): *\*sandales en bois — wooden sandals.*

**gallicinium:** *\*point du jour — day-break.*

**galliculae,** call- (cf. voc. gallicae): *\*sandales en bois — wooden sandals.* Monach. Sangall., lib. 1 c. 8, SS., II p. 738 l. 31. Etiam lib. 2 c. 8, p. 751 l. 47.

**gallinagium:** *redevance consistant en coqs — a rent consisting in a supply of cocks.* Teulf., Chron. Mauriniac., Duchesne, Hist. Fr. scr., IV p. 360.

**gallingar,** v. galanga.

**galnapis,** gauna-, -bis, -bes: sorte de *couverture ou gros manteau — a sort of blanket or cloack.* Isid., Reg. monach., c. 13 § 1. Id., Etym., lib. 19 c. 26 § 2. Test. Caesarii Arelat., c. 36, Pardessus, I no. 139 p. 104.

**galo** (gen. -onis), galona, -us: une *mesure de liquides — gallon.* 1 galonem de vino. Const. dom. reg. (a. 1135-1139), Ch. Johnson, Dial. de Scacc., ad calc., p. 133.

**galonagium,** -li- (< galo): *redevance sur le vin — duty on wine.* S. xii, Angl.

**gamahalus,** gamalus (germ.): *cojureur contractuel — co-juror by agreement.* Si aliquis de ipsos sacramentalis [i. e. ipsis sacramentalibus] mortuus fuerit, potestatem habeat ille qui pulsat in locum mortui alium similem nominare de proximus legitimus, aut de natus aut de gamahalos, id est confabulatus. Edict. Rothari, c. 362.

**gamaitare:** *engager — to pawn.* Non donandi nec concambiandi nec alicui loco pignoris gamaitandi. Reg. Farf., III p. 57.

**gamaladio** (germ.): *coparticipant — coparcener.* Pippinus rex Chrodoino [comiti palatii] vel suis gamaladionis de ipsa silva manu[m] vestita[m] fecisset. D. Karolin., I no. 51 (a. 770).

**gamallus,** amallus (< mallus): *ressortissant d'un tribunal — a person belonging to a definite legal assembly.* In illo mallo ubi ille est gamallus. Lex Sal., tit. 47. Lex Ribuar., tit. 33 § 1.

**gamba,** camba (class. "jarret — knee-joint"): *la jambe en dessous du genou — underleg.* Cui pes cum magna parte cambae supra talum in pugna abscidebatur. Wipo, G. Chuonradi, c. 13, ed. Bresslau, p. 35. Ruodlieb, fragm. 5 v. 85; fragm. 7 v. 118.

**gambarus:** *écrevisse — crawfish.* S. xiv, Ital.

**gambergae,** gamberiae (< gamba): *jambières — leggings.* DC.-F., IV p. 20 col. 3 (ch. a. 1031). Otto Morena, ad a. 1160, ed. Güterbock, p. 94 l. 21.

**gambesio,** gambiso, v. wambesio.

**gambucium** (< gamba): *pied de porc — pig's trotter.* S. xiii, Ital.

**gamma** (d'après la troisième lettre de l'alphabet grec — from the third letter of the Greek alphabet): *gamme — gamut.* Guido Aretinus ... gammam et regulas cantus composuit. Chron. Turon. ad a. 1033, Martène, Coll., V col. 999.

**ganare** (germ.): *acquérir, s'emparer de qqch. — to acquire, to seize.* Hereditates bonas quas ... ganavimus. De Hinojosa, Doc., p. 4 no. 4 (a. 973, Leon). Si in tempore guerre aliquid ganaverit. Fuero de Nájera a. 1076, c. 26, Wohlhaupter, p. 78.

**ganatum** (< ganare): *bétail — cattle.* Fuero de Nájera a. 1076, c. 73, Wohlhaupter, p. 90.

**ganea** (class. "lupanar — brothel"): *putaine — harlot.* Osbern., V. Dunstani, AASS., Maji IV p. 368.

**ganiveta,** -us, v. canivetum.

**gannatura:** *moquerie, dérision — mockery, derision.* Aldhelm., Virgin., c. 47, Auct. ant., XV p. 302. Iterum c. 51, p. 307. Bonif. et Lull. epist. 1, Epp., III p. 232. Candid., V. metrica Eigilis, c. 14 v. 56, Poet. lat., II p. 106.

**ganta,** gantis, genta: *oie sauvage — wild goose.* Fortun., lib. 7 carm. 4 v. 11, Auct. ant., IV pt. 1 p. 155. V. Pharaildis, p. 288, AASS[3], Jan. p. 172. Mir. Gengulfi, no. 46, ib., Jan. II p. 106. Goscelin., V. Wereburgae, no. 10, ib., Febr. I p. 393. Adso, Mir. Waldeberti, no. 5, ib., Maji I p. 283 D.

**gantus** et derivata, v. wantus.

**gara,** gora, gaira, geira: *parcelle — gore, strip of land.* S. xii, Angl.

**garafio,** v. grafio.

**garalis:** *gobelet — cup.* Test. Everardi a. 867, De Coussemaker, Cart. de Cysoing, p. 3. Arch. Prov. Parmense, 1922, p. 585 (a. 913). Leo Ost., Chron. Casin., lib. 1 c. 24, SS., VII p. 597 l. 25.

**garanna,** v. varenna.

**garantus** et derivata, v. warant-.

**garba,** gerba (germ.): **1.** *gerbe — sheaf.* Decies metens ex aequore garbas. Aldhelm., Virg., v. 124, Auct. ant., XV p. 358. Singulis annis pro investitura censum persolvam 2 garbas. Bernard-Bruel, Ch. de Cluny, I no. 531 (a. 941). **2.** dimidia garba, tertia garba: *la moitié, le tiers de la récolte — a half, a third of the crop.* Habent ibi exartos unde recipitur undecima garba. Polypt. Derv., c. 1, Lalore, Ch. de Montiérender, p. 90. Duo morgani ... reddunt ad messuram tertiam garbam. Beyer, UB. Mittelrh., I no. 378 p. 436 (a. 1083). De omni annona decima garba sancte ecclesie reddenda est. Leg. Edw. Conf., tit. 7, Liebermann, p. 631 col. 1. Duas garbas [decimae] b. Bertinus possideat. Vercauteren, Actes de Flandre, no. 87 (a. 1119). De quibusdam feodis et de omni parrochia tertiam garbam. Priv. Innocc. II pap. a. 1139, Pflugk-Harttung, Acta, I no. 178 p. 156. **3.** garba, nude: *redevance acquittée en gerbes au prorata de la récolte — corn-duty consisting in a share of the crop.* Nullus hominum ... justiciabit se pro abbate s. Benedicti vel pro ejus serviente, nisi pro garba vel pro censu suo forefaceret. Ordonn., IV p. 77 c. 31 (a. 1186). **4.** *mesure d'articles en fer — measure of iron utensils.* Garba ferri. Guimann, Cart. s. Vedasti, ed. Van Drival, p. 168. Garba aceris fit ex 30 peciis. Fleta, lib. 2 c. 12.

**garbagium,** gerbagium (< garba): *redevance acquittée en gerbes au prorata de la récolte — a corn duty consisting in a definite share of the crop.* Terre de H. non dant census, sed gerbagia. Perrin, Seigneurie, p. 738, app. 6 c. 3 (s. xii ex., Lorraine). Garbagiam [leg. garbagium] et decimam, id est quintam garbam a quibuslibet terram ipsam quoquomodo colentium, Beyer, UB. Mittelrh., I p. 713 (a. 1160).

**garbaria,** gerberia (< garba): *redevance acquittée en gerbes au prorata de la récolte — a corn duty consisting in a share of the crop.* Comes in villa de D. ... habeat gerberiam, videlicet in fossore unam gerbam et in aratore duas. DC.-F., IV p. 28 col. 1 (ch. a. 1180, Mâcon).

**garberius,** gerb-, -erium (< garba): *grange à blé — granary.* S. xiii.

**garbus** (< Algarve): *étoffe mi-laine, mi-toile ou chanvre — a half-woollen, half-linen or hempen material.* Tunicas de garbo. Salimbene, ed. Holder-Egger, p. 286.

**garcia,** garsia, gartia (< garcio): *putaine — harlot.* S. xiii.

**garcifer** (< garcio; cf. voc. scutifer?): *écuyer — groom.* S. xiii.

**garcio,** -tio, -zio, -gio, -so, -zo (genet. -onis) (germ.): **1.** *soldat mercenaire, pillard ou assassin à gages — mercenary, hired marauder or murderer.* Propter nimiam garsionum vexationem, qua jugiter praedicti episcopatus territoria devastabantur. V. Theodardi Narbon. (s. xi ex.), no. 24, AASS.[3], Maji I p. 151. Multos nebulones indomitosque garciones ad strages hominum et latrocinia quotidie peragenda sibi asciscebat. Order. Vital., lib. 13, c. 23, ed. Leprévost, V p. 60. Quidam gartio ... occidit ducem. Robert. de Torinn., Chron., a. 1163, SS., VI p. 513 l. 22. Plebecula Nivernensis ejecit garciones Renaudi de D.

propter nimiam oppressionem quam faciebant in civitate. Ann. Nivern., a. 1177, *SS.*, XIII p. 91. Garciones suos s. Genovefae ecclesiam noctu intrare et ostia eorum frangi fecerant. SUGER., epist. 47, MIGNE, t. 186 col. 1373 B. **2.** *valet, serviteur — servant.* Mandavit per quendam garcionem. GALBERT., c. 21, ed. PIRENNE, p. 37. Indignum me feci pane garcionum. THEOBALD., V. Guill. Erem., no. 25, *AASS.*[3], Febr. II p. 459 B. JOH. SARISBER., Policr., lib. 7 c. 12, ed. WEBB, II p. 141. Exeunt de domibus hospitum garsiones cibariis onusti. PETR. BLESENS., epist. 102, MIGNE, t. 207 col. 319 A. SALIMBENE, ed. HOLDER-EGGER, p. 120. **3.** spec.: *écuyer — groom.* Hunc praecedebat cum parma garcio. GUILL. BRITO, lib. 10 v. 168, ed. DELABORDE, p. 288. **4.** *employé d'atelier — craftman's mate.* S. xiii. **5.** *garçon, jeune homme — boy, youth.* S. xiii. **6.** *gamin — mischievous boy.* S. xiii.

**garda** et deriv., v. ward-.

**gardinarius,** gardenarius: *jardinier — gardener.*

**gardingatus** (decl. iv): *fonction de "gardingus" — office of a "gardingus".* Hildigisum sub gardingatus adhuc officio consistentem. JULIAN., Hist. Wambae, c. 7, *SRM.*, V p. 506.

**gardingus** (got., < *gards* "maison — house"): *compagnon de la maisonnée, garde du corps — household companion, life-guard.* Dux aut comes, thiufadus aut vicarius, gardingus vel quelibet persona. Lex Visigot., lib. 9 tit. 2 § 8. Si majoris loci persona fuerit, id est dux, comes aut etiam gardingus. Ib., § 9. De accusatis sacerdotibus seu etiam optimatibus palatii atque gardingis. Ib., lib. 12 tit. 1 § 3. Is qui accusatur . . . in publica sacerdotum, seniorum atque etiam gardingorum discussione reductus. Concil. Tolet. XIII a. 683, c. 2, MANSI, t. 11 col. 1065. JULIAN., Hist. Wambae, c. 5, *SRM.*, V p. 533. V. Fructuosi, c. 16, MABILLON, *Acta*, II p. 587. Cf. C. SANCHEZ ALBORNOZ, *En torno a los origenes del feudalismo*, I, 1942.

**gardinus,** jar-, car-, -dign-, -um, -ium (germ.): *jardin — garden.* In villa B. inter vineam et edificia et gardinium sive cortem bonuarium unum. *D. Charles le Chauve*, no. 112 (a. 849). Mansum dominicatum, casam cum solario . . ., hortum ac gardinium. Polypt. s. Remigii Rem., c. 8 § 1, ed. GUÉRARD, p. 13 col. 1.

**garenna,** v. warenna.

**gargio,** v. garcio.

**garillum,** jar-, ger-, garr-; -ull-, -ell-, -oill-, -oli-, -ulli-; -us: *barrière, palissade — barrier, palisade.* S. xiii, Angl.

**gariola**: *geai — jay.* Pactus Alam., fragm. 5 c. 8.

**garita,** -itta, -etta: *tour de guet — watch-tower.* S. xiii.

**garlanda,** gir-, -lon-, -dum: *guirlande — garland.* S. xiii.

**garnachia,** garm-, guarn-, -acia, -asia, -atia: *manteau — cloak.* S. xiii.

**garnire** et derivata, v. warnire.

**garpire,** v. werpire.

**garrica,** gu-, -ari-, -ga, -gia (< iber. *garric* "chêne — oak"): *taillis de chêne — oak-coppice.* Cedimus sic istum locum cum omni integritate . . ., cum suis guarricis, cultibus et incultibus, terris et vineis, cum rivis, pratis, pascuis . . . *Hist. de Languedoc*[3], II pr. no. 46 col. 119 (ca. a. 817, Conserans). Cum domibus, vineis, pratis, garricis. *D. Charles le Chauve*, no. 48 (a. 844, Toulouse). Villas . . . cum pratis et pascuis, silvis, garricis. DE MARCA, *Marca Hisp.*, app. col. 781 (a. 845). Cum silvis, garrigiis et aquarum decursibus. *BEC.*, t. 24 (1863), p. 162 (a. 864, Rodez). THÉVENIN, *Textes*, no. 127 bis (a. 928, Nîmes). *D. Louis IV*, no. 7 (a. 938, Catal.). Cum pratis, pascuis, silvis, garicis. BERNARD-BRUEL, *Ch. de Cluny*, I no. 532 (a. 941, Auvergne). *D. Lothaire*, no. 49 (a. 982, Catal.).

**garritus** (decl. iv): **bavardage — prattle.*

**garrolium,** v. garillum.

**garrulare** et depon. garrulari: **1.** **bavarder, parler sottement, débiter — to chatter, to talk foolishly, to pretend.* **2.** *dire en insultant — to say insultingly.* Numquam ausus est ea verba, quae prius praesumpserat, garrulare. GREGOR. TURON., V. patrum, c. 8 § 5, *SRM.*, I p. 695 l. 21. Ib., c. 2 § 2, p. 669.

**garrulitas**: **jactance, toupet — insolent language.*

**garsia,** gartia, v. garcia.

**garso,** gartio, v. garcio.

**garuleus**: *cerneau — kernel.* S. xiv, Ital.

**garzare** = cardare.

**garzio,** garzo, v. garcio.

**gasacio** (germ.): *partie adverse — opposing party.* Lex Sal., tit. 50 § 2; tit. 51 § 1, codd. fam. 3; tit. 57 § 1, codd. fam. 3.

**gasalia,** gasalha, gazalhia: *contrat d'engraissage à partage égal des bénéfices — fifty-fifty contract for fattening cattle.* S. xiii, Occit.

**gascaria,** gascheria, gasqueria: *jachère — fallow.* DC.-F., IV p. 39 col. 2 (ch. a. 1193, Beauvais).

**gasindium** (<gasindus, cf. belg. *gezin*, teuton. *gesinde*): *compagnonnage — companionship.* Si alequid in gasindio ducis aut privatorum hominum obsequium donum munus conquisivit. Edict. Rothari, c. 225.

**gasindus,** ca-, cau-, gi-, -sindius, -sindio (germ.): *compagnon armé de la maisonnée d'un seigneur, recommandé, vassal — armed retainer in a lord's household, one who has recommended himself, vassal.* Chez les Lombards — with the Longobards: De gasindiis nostris volumus ut, quicumque minimissimus in tali ordine occisus fuerit, pro eo quod nobis deservire vedetur, 200 sol. fiat conpositus. Leg. Liutpr., c. 62 (a. 724). De gasindiis nostri[s] ita statuere, ut nullus judex eos opremere debeant, quoniam nos debemus gasindios nostros defendere. Leg. Ratchis, c. 14 (a. 746). Contulimus . . . gasindiis ac libertis nostris quos in libertate secundum nostram institutionem manere precepimus. SCHIAPARELLI, *CD. Longob.*, I no. 18 p. 56 (a. 714, Pavia). T. et R. atque G. viri magnifici gasindi regis. Ib., no. 48 p. 158 (a. 730, Pavia). TROYA, *CD. Longob.*, III p. 627 (a. 736). Ib., V p. 195 (a. 762). Comisit scandalum intra sacrum palacium nostrum et occisit inibidem M. gasindum . . . reginae. D. Desiderii reg. Langob. a. 765, *CD. Langob.*, no. 27 col. 54. TROYA, o.c., V p. 534 (a. 770); p. 640 (a. 772). [Langobardus comes] si forsitan attenderit [i.e. propenderet] ad gasindos vel parentes et amicos suos seu premium [receperit] et legem non judicaverit. Pippini Ital. reg. capit. (a. 782-786), c. 7, I p. 192. Quae beneficia dominicus gisindius habuit. Ludov. II capit. missor. a. 865, c. 4, II p. 94. Dum . . . princeps [i.e. rex] cum suis gasindiis et judicibus ceterisque suis fidelibus adesset. *D. Berengario I*, no. 73 (a. 910), p. 197 l. 4. Casindios regis, id est qui palacio regis custodiunt. Glossar. Cavense ad edict. Longob., *LL.*, IV p. 653. Chez les Francs — with the Franks: Omnes causas suas suisque amicis aut gasindus [i. e. suorum amicorum aut gasindorum] . . . in suspenso debeant. MARCULF., lib. 1 no. 23, *Form.*, p. 57. [Abbas monasterii] cum omnibus rebus vel hominebus suis aut gasindis vel amicis seu undecumque ipse legitimo reddebit mittio. Ib., no. 24, p. 58. Viri illi vel reliqui pares aut gasindi eorum. Ib., no. 32 p. 63. Si aliquis servo aut gasindo suo aliquid concedere voluerit. Ib., lib. 2 no. 36, inscr., p. 96. Solet contingere ut, morientibus episcopis, rebus [i. e. res] que pauperibus fuerunt condonatae, majus [i. e. magis] per gasindus quam per sacerdotes dispergatur. Coll. Flavin., no. 44, ib., p. 481. *D. Karolin.*, I no. 7 (a. 754). Ib., no. 14 (a. 760). Per G. et aliis gasindis vestris epistolas dirigentes. Cod. Carolin., no. 93, *Epp.*, III p. 631. Monasterium unacum omnibus rebus vel hominibus suis, gasindis, amicis, susceptis vel qui per ipsum monasterium sperare videntur. *D. Merov.*, no. 4 (<a. 546>, spur.). Mir. Austregisili, c. 10, *SRM.*, IV p. 206. Cf. H. BRUNNER, *Zur Gesch. des Gefolgswesens. ZSRG.*, Germ. Abt., t. 9 (1888), pp. 213-217. P. S. LEICHT, *Gasindi e vassalli. Rendic. Acc. Naz. dei Lincei*, cl. sc. morali, s. 6 a, vol. 3 (1927), pp. 291-307.



**gastaldianus,** castald-, -anus (<gastaldius): *un individu de statut personnel libre, qui n'est astreint qu'aux impôts à acquitter au fonctionnaire public dit "gastaldio" — a person of free status owing tribute only to the public officer called "gastaldio".* Cum rebus suis et famulis utriusque sexus, hominibus etiam liberis, colonis, servis, gastaldianibus ad eum pertinentibus. D. Ludov. II imp. a 861, *CD. Langob.*, no. 218 col. 363 B. Gastaldanus homo. *CD. Cavens.*, I no. 115 (a. 902). Castellum [Archangelo] . . . cum omnibus castaldianis ibi commorantibus, ut . . . sint sub defensione ipsius ecclesie, quatenus a nullo unquam gastaldio . . . molestentur aut pensionem aut censum aut xenia dare . . . *D. Ottos I.*, no. 338 (a. 967).

**gastaldia**: *charge de "gastaldius" — office of a "gastaldius".* [Feudum] quod datur nomine gastaldiae vel guardiae. Libri feudor., antiq., tit. 1 c. 4, ed. LEHMANN, p. 86. Rursum tit. 5 c. 1 § 1, p. 96.

**gastaldiatus,** castal-, -dat- (decl. iv), -um (<gastaldius): **1.** *charge de "gastaldius" — office of a "gastaldius".* Quando A. gastaldatus regendi jura adeptus est. Erchanpert., c. 69, *Scr. rer. Langob.*, p. 261. A. ex Capuano gastaldato jam comes. Chron. s. Bened. Casin., addit. cod. S. Sophiae Benev., *SS.*, III p. 202 l. 20. *CD. Cajet.*, I p. 145 (a. 902). **2.** *circonscription dans laquelle s'exercent les pouvoirs d'un "gastaldius" — district administered by a "gastaldius".* Concedo tibi . . . pacem de integra parte principatus Beneventanae provinciae, quae tibi nominatim evenit per singula et integra gastaldata seu ministeria, quae hic descripta sunt. Divis. ducat. Benev. a. 851, c. 1, *LL.*, IV p. 221. In territorio Pinnensi in castaldato Atrianense. *Reg. Farf.*, no. 340 (a. 898). Terrae peciam . . . in castaldatu Reatino. GREGOR. CATIN., Chron. Farf., ed. BALZANI, I p. 303 (ch. a. 930). In comitatu Camerino in castaldato de Castello Petroso in ducato Spoletano. *D. Ottos II.*, no. 244 (a. 981). In finibus Teanensibus infra fines de castaldato Bantra. GATTULA, I p. 310 (a. 1009). Chron. Salernit., c. 84, *SS.*, III p. 510 l. 49.

**gastaldius,** cast-, -aldeus, -aldehus, -aldus, -allus -aldio (genet. -onis) (germ.): **1.** *régisseur des domaines du fisc — administrator of royal estates.* Gastaldius regis aut sculdahis requirat culpa[m] ipsa[m]. Edict. Rothari, c. 15. Si dux exercitalem suum molestaverit injuste, gastaldius eum solatiet . . . et in praesentiam regis aut certe aput ducem suum eum ad justitiam perducat. Ib., c. 23. Si quis gastaldius exercitalem suum molestaverit contra rationem, dux eum solaciet. Ib., c. 24. Liceat gastaldium regis aut sculdhais ipsam [sc. puellam qui fornicaverit] ad manum regis tollere et judicare de ipsa quod regi placuerit. Ib., c. 189. Si mancipius cujuscumque in curtem regis confugium fecerit, et gastaldius aut actor regis ipsum mancipium . . . reddere dilataverit. Ib., c. 271. Si gastaldius aut quicumque actor regis, post susceptas aut commissas ad gobernandum curtes regis et causas regias, aliquid . . . conquesierit. Ib., c. 375. Gastaldius vel actor curtem regiam habens ad gobernandum. Liutpr. leg., c. 59. Etiam c. 78. Ego E. in civitate gastaldus. BRUNETTI, *CD. Tusc.*, I p. 435 (a. 716, Pistoia). Item SCHIAPARELLI, *CD. Longob.*, I no. 50 p. 165 (a. 730, Siena). Magnificis castaldiis. Gregor. II pap. (a. 715-731) epist., *Epp.*, III p. 266 l. 18. Langobardos pene trecentos [castrum occupantes] cum eorum gastaldio interfecerunt. Lib. pontif., Gregor. II (a. 715-731), vers. I, § 7, ed. DUCHESNE, I p. 400. Iterum ib., Zacharias (a. 741-752), § 11, p. 428. Nullus gastaldius vel actionarius noster. FATTESCHI, *Memor. di Spoleto*, p. 260 (a. 742). R. dudum in castello Felicitatis castaldium. Cod. Carolin., no. 58, *Epp.*, III p. 583. *D. Karolin.*, I no. 134 (a. 781). Suscipiat [justitiam] tam a comitibus suis quam etiam a castaldehis seu ab sculdaissihis vel locipositis. Pippini capit. Ital. (a. 782-786), c. 7, I p. 192. Gastaldiis nostris curtes nostras providentibus. Concess. gener. (a. 823?), c. 4, ib., p. 321. Vulgarum [i. e. Bulgarum] dux Alzeco nomine . . . cum omni sui ducatus exercitu ad regem Grimuald venit, ei se servitürum atque in ejus patria habitaturum promittens. Quem ille ad Romualdum filium Beneventum dirigens, ut ei cum suo populo loca ad habitandum concedere deberet praecepit. [Qui] eisdem spatiosa ad habitandum loca . . . contribuit . . . ipsumque Alzeconem, mutato dignitatis nomine, de duce gastaldium vocitari praecepit. PAUL. DIAC., Hist. Langob., lib. 5 c. 29. **2.** *régisseur de domaines privés — administrator of private estates.* *Mon. Boica*, t. 28 pt. 1 p. 23 no. 25 (a. 785-797). WARTMANN, *UB. S.-Gallen*, I p. 276 no 297 (a. 826). BITTERAUF, *Trad. Freising*, no. 860 (a. 860). KLEINMAYERN, *Juvavia*, p. 61 § 50 (a. 923-934). *D. Ottos III.*, no. 423 (a. 1002). *Gall. chr.*[2], II col. 481 (a. 1047, Saintonge). GUÉRARD, *Cart. de Marseille*, II no. 1076 (a. 1059, Nevers?). Regis satellites et gastaldi Angliam spoliabant. ORDER. VITAL., lib. 10 c. 8, ed. LEPRÉVOST, IV p. 54.

**gastellus**, v. wastellus.
**gasterius**: *garde champêtre — field-constable.* S. xiii, Auvergne.
**gastina**, v. wastina.
**gastrimargia** (gr.): **gloutonnerie — gluttony.*
**gata** = gabata.
**gatgium** et derivata, v. wadium.
**1. gatus**, gattus = catus ("chat — cat").
**2. gatus**, gattus, gata, catta, cattus: *vaisseau — ship.* ANON. BARENS., a. 1071, MURATORI, *Scr.*, V p. 153. Cum galeis 80, cum gatis 35 et cum gulabis 28. CAFFAR., Ann., a. 1119, ed. BELGRANO, I p. 16.
**gaudere** et depon. gauderi: *jouir de* qqch., *posséder — to enjoy, to possess.* Temporalis nos vitae tribue pace gaudere. Sacram. Leonin., ed. FELTOE, p. 2 l. 11. Divina felicitate gaudetur. Pauli I pap. epist., *Epp.*, III p. 507. Au sens juridique — in a legal sense. E.g.: Tam ipsi quam ipsorum heredes jure ministerialium ecclesie illius gaudeant in perpetuum. MULLER-BOUMAN, *OB. Utrecht*, I no. 515 p. 458 (a. 1185).
**gaudimonium**: **joie — gladness.*
**gaudiosus**: *heureux — glad.* G. pontif. Camerac., lib. 2 c. 5, *SS.*, VII p. 457 l. 7. Rursum lib. 3 c. 37, p. 480 l. 24.
**gaudita**, v. gausita.
**gaudium**, v. wadium.
**gaugettum** (cf. voc. galeagium): *jaugeage — gauging wine.* S. xiv, Angl.
**gaugiator**: *jaugeur — gauger of wine* S. xiii, Angl.
**gaulina** = gallina.
**gaunapis**, v. galnapis.
**gausape** (class. "frottoir" et "manteau de pluie" — "rubbing-cloth" and "rain-cloak"): **1.** *nappe, napperon — table-cloth.* LIUDPR. CREMON., Legat., c. 11, ed. BECKER, p. 181. **2.** *devant d'autel — altar-cloth.* S. xiii.
**gausita**, gausida, gaudita (<gaudere): *jouissance, usufruit, revenu — enjoyment, usufruct, revenue.* S. xiii, Occit.
**gavalus**, ca-; -b-; -al-, -all-, -el-, -ell-; -um, gavlus, gablum, gablium (germ., cf. saxon. *gafol*, teuton. *gefälle*): un *cens acquitté en blé* qui pèse sur les terres cultivables — a *corn rent* due from arable land. En Angleterre — in England: Qui ad terminum quod [leg. quo] debebat gablum non reddebat, 10 sol. emendabat. Domesday, I p. 262 b. Querendum est . . ., si quis gablum auxerit, si quis injuste tulerit. Leg. Henrici, c. 56 § 3, LIEBERMANN, p. 575. JOH. SARESBIR., Hist. pontif., c. 24, ed. CHIBNALL, p. 56. Sur le Continent — on the Continent: [Dedit] in foro [Cameracensi] gavalum unum. Necrol. s. Mariae Camerac., *SS.*, VII p. 497 n. 14 (a. 1075). Gablum et consuetudinem culcitrarum, quod in eadem parte burgi habebat, ecclesiae s. Trinitatis ascribit. *Gall. chr*²., IX instr. col. 68 (a. 1082, Caen). Abbas . . . hujusmodi conrodia [i. e. hospitationes comitis ejusque militum] pro gavuli commutatione redemit. . . . Quoniam de gavelo locus incidit, ipsius denotande sunt consuetudines. In villis igitur s. Vedasti que gavelum solvere debent, singula curtilia debent 2 mancaldia avene, 1½ den. ad deductionem, 1 panem ad canes et 1 galmam ad aves comitis. Carruca debet modium avene, dimidia carruca dimidium modium, terra ad unum jumentum 4 mancaldia. Feodi liberi sunt. Terre dominicate s. Vedasti libere sunt a gavelo . . . GUIMANN., Chart. s. Vedasti, ed. VAN DRIVAL, p. 46. Robertus Flandrensis muneribus et beneficio gavalli provocatus ipsum jure castellaniae privavit. G. episc. Camerac. abbrev., c. 2, *SS.*, VII p. 504. Apud B. gablum ab eodem condonatum. Priv. Innoc. II pap. a. 1142, PFLUGK-HARTTUNG, *Acta*, I no. 187 p. 166. Novam illam et nocivam consuetudinem, que vulgo gaulum [leg. gavlum] dicitur, quam injusta usurpatione solet comes Flandrensis exigere. Priv. Eugen. III pap. a. 1147, ib., no. 210 p. 195. In eodem pago [sc. Ostrevanno] villam S. cum vivario, molendino, furno et gaulo [leg. gavlo]. COPPIETERS-STOCHOVE, p. 302 sq. (a. 1162, Marchiennes). In pago Atrebatensi villam B. et gaulum [leg. gavlum] cum omni integritate. MIRAEUS, I p. 712 sq. (a. 1176, Marchiennes). A majore ecclesia b. Virginis et aliis conventualibus ecclesiis per earum villas in comitatu Cameracensi recepimus gavallum . . . hoc determinato, quod in terris episcopi Cameracensis et dominicatis ecclesiarum et feudis earum non poterimus gavallum accipere . . . Haec est autem colligendi gavalli mensura et ordo. Carruca debet dare dimidium modium frumenti et dimidium avenae. Manuoperator qui terram cultivam non habet, debet unum mencaldum frumenti et unum avenae . . ., Cameracique suum tenentur comportare gavallum ad locum eis praedictum. Post messes collectas nostri servientes submoneant ministros ecclesiarum ut infra quindecim dies post submonitionem eorum paratum sit gavallum. MIRAEUS, II p. 1191 (ch. comitis Flandr. a. 1189). *SS.*, XX p. 535 l. 28. BRASSART, *Châtelains de Douai*, pr. p. 57 (a. 1187).
**gavata**, gavessa = gabata ("plat, jatte — dish, bowl").
**gavelikinda**, -ken-, -kon-: *coutume de partage des successions en parts égaux — gavelkind, rule of equal partition among heirs.* S. xii, Angl.
**gaviare**, v. wadiare.
**gavlus**, v. gavalus.
**gawita**, gaiwita (germ.): *arrhes — wardpenny.* S. xii, Angl.
**gazalhia**, v. gasalia.
**gazophylacium** (gr.): **1.** **caisse du trésor* dans un temple juif — *treasure-chest* in a Jewish sanctuary. **2.** **caisse* ou *chambre du trésor* dans une église — *treasure-chest* or *-room* in a church. **3.** **trésor d'église — church treasure.* **4.** *trésor princier — a ruler's treasure.* GREGOR. M., Ezech., MIGNE, t. 76 col. 998 C. AGNELL., c. 30, *Scr. rer. Langob.*, p. 296 l. 17.
**gehenna**: **1.** **enfer — hell.* **2.** **tortures infernales — infernal torture.*
**gehennalis**: **infernal — hellish.*
**geira**, v. gara.
**gelda**, v. gilda.
**geldare**, gildare (<geldus), **1.** transit.: *revaloir, compenser — to repay, to compensate.* Si furetur postmodum, wera sua gildet eum. Leg. II Aethelstan, c. 1 § 4, vers. Quadrip., LIEBERMANN, p. 151. **2.** intrans.: *payer l'impôt dit "geld" — to pay geld.* Civitas de Cestre tempore regis Edwardi geldabat pro 50 hidis. Domesday, I p. 262 b.
**geldinda**: *bélier châtré — wether.* Notitia monast. s. Petri Gandav. (s. ix), ed. GYSSELING-KOCH, *BCRH.*, t. 113 (1948), p. 282.



**geldus**, gild-, guld-, -um (germ.): **1.** *prix — price.* Censum solvant, id est geldum servi unius. WARTMANN, *UB. S.-Gallen*, II no. 408 (a. 849). Quidquid involant, 9 geldos componere faciat. Ewa ad Amorem, c. 24. **2.** *cens — rent.* Iste census . . . ad curtem T. . . . venire debet: . . . isti prenominati plenum geldum, . . . H. dimidium [etc.] ESCHER-SCHWEIZER, *UB. Zürich*, I no. 160 p. 71 (a. 893). De istis suprascriptis villis venire debent geldi 50 ad curtem T. Ib., p. 72. **3.** en Angleterre, *l'impôt public foncier* dit "geld" — *geld.* Terras . . . quietas ab omnibus geldis et ab omni opere . . . concedo. Henrici I reg. Angl. ch. coron. a. 1100, c. 11, STUBBS, *Sel. ch.*⁹, p. 119. **4.** *impôt* quelconque — any *tax.* Ne quisquam . . . monasterium vestrum . . . scutagiis, geldis, passagiis, paagiis . . . audeat infestare. Priv. Urb. III pap. a. 1186 ap. DC.-F., IV p. 67 col. 3.
**gelima**, gelina, geliba: *gerbe — sheaf. Gall. chr.*², III instr. col. 126 (ch. a. 946). DC.-F., IV p. 50 col. 3 (ch. a. 1139, Laon).
**gella**, gello, v. gillo.
**gellagium** (<gillo): *redevance sur le vin — duty on wine. Gall. chr.*², XII instr. col. 116 (ch. a. 1145, Auxerre).
**gellonia**, v. gildonium.
**gemare** = hiemare.
**gemellae**: *charnières — hinges.* S. xiii, Angl.
**gemellio**, gemilio, gemmilio: certain *vase d'usage rituel* — sort of *sacred vessel.* Gemelliones argenteos. Ordo Rom. I (s. vii ex.), c. 21, ANDRIEU, II p. 73. Fundendo vinum in gemellionibus unde confirmantur populi. Ib., c. 115, cod. Sangall. 614, p. 105. Lib. pontif., Gregor. IV, ed. DUCHESNE, II p. 80 et 82.
**gemmarius** (adj.): **de pierres précieuses — of gems.* Venditorum gemmariorum . . . ad nos turba confluebat. SUGER., De admin. sua, c. 31, ed. LECOY, p. 193. Subst. mascul. **gemmarius**: **joaillier — jeweller.* G. Dagoberti, c. 20, *SRM.*, II p. 407.
**gemotum** (anglosax.): *réunion — assembly.* S. xii, Angl.
**genealogia**: **1.** **tableau généalogique, arbre généalogique — genealogical table, family tree.* **2.** *souche, naissance — descent, extraction.* Virum . . . genealogiae [i. e. genealogia] nobilem, apice clarum. V. Boniti, c. 15, *SRM.*, VI p. 127. **3.** *condition héréditaire — native status.* Componere secundum genealogiam suam. Lex Baiwar., tit. 1 c. 8; tit. 2 c. 4 § 1. **4.** *lignage, race — lineage, race.* Lex Baiwar., tit. 3 c. 1. Ad genealogia sua vel subsequente ipsius progenie. *D. Karolin.*, I no. 51 (a. 770). Pro animae meae et genitore meo R. et genetrice mea E. . . . et pro genealogia mea. Test. Fulradi abb. S. Dionysii a. 777, *NA.*, t. 32 p. 209. Pro omni Christo dilecta genealogia vestra. Cod. Carolin., no. 68, *Epp.*, III p. 598. De illis hominibus qui parentes eorum, matrem aut materteram aut patruelem aut quemlibet de sua genealogia occidunt. Capit. de reb. exerc., a. 811, c. 10, I p. 165. Genealogia ejus a quodam homine injuste in servicium addicta fuisset. F. imper., no. 51, *Form.*, p. 324. Suae genealogiae vel regionis consortes. HINCMAR., Ordo pal., c. 18, *Capit.*, II p. 524. Primus ex gente ac genealogia nostra. Ludov. II imp. epist. a. 871, *Epp.*, VII p. 389 l. 11. **5.** *progéniture — offspring.* Quur tanta mala perpetrasti [sc. Brunichildis] et tanta[m] genealogia[m] regale[m] interficere ausa fuisti? Lib. hist. Franc., c. 40, *SRM.*, II p. 310. WIDEMANN, *Trad. S.-Emmeram*, no. 783 p. 364 (ca. a. 1129). **6.** *communauté de village — village community.* Si quis contentio orta fuerit inter duas genealogias de termino terrae eorum. Lex Alamann., tit. 81. Quicquid ad genelogiam quae vocatur Fagana pertinebat. BITTERAUF, *Trad. Freising*, I no. 5 p. 31 (a. 750). In vico et genealogia quae dicuntur . . . curtiles 2. Coll. Patav., no. 5, *Form.*, p. 459. **7.** *nation — nation.* Ego Edwinus praepotens, Angligenae genealogiae sceptro fretus. DUGDALE, *Monast. Angl.*, II p. 841. **8.** *héritage — inheritance.* Donaremus praedicto sancto de genealogiis regalibus apud Areletam civitatem nobilem . . . alodium de nostris genealogiis propriis. *D. Charles le Chauve*, no. 473 (spur. s. x). Donamus eidem sancto Domini Baptistae refugium de nostris propriis genealogiis, castrum scilicet. . . D. Bosonis reg. Burgund. a. 887, MARTÈNE, *Coll.*, I col. 221.
**gener**: **1.** **beau-frère, mari de la sœur — brother-in-law, sister's husband.* ARBEO, V. Haimhrammi, c. 14, *SRM.*, IV p. 486. WIDUKIND., lib. 1 c. 9; c. 22; lib. 2. c. 18, et pluries. THIETMAR., lib. 2. c. 6; lib. 8 c. 9 et pluries. **2.** *beau-frère, frère de la femme — brother-in-law, wife's brother.* GALBERT., c. 59, ed. PIRENNE, p. 96. **3.** *beau-père — father-in-law.* ARNOLD. LUBEC., lib. 1 c. 11, ed. LAPPENBERG in us. sch., p. 29. Rursum lib. 2 c. 22, p. 68.
**generalis** (adj.): **1.** **général, universel, œcuménique — general, universal, oecumenic.* **2.** **commun, de tout le monde, égal pour tous — common, of or for everybody, equal for all.* Subst. neutr. **generale**: *allocation de vivres dans un monastère — monastic allowance of food.* BERNARD. MORLAN., Cons. Clun., c. 48, ed. HERRGOTT, p. 241. UDALR., Cons. Clun., lib. 2 c. 35, MIGNE, t. 149 col. 728. GUIDO, Disc. Farf., lib. 1 c. 67, ed. ALBERS, I p. 69. Ibi pluries. Test. Sugerii abb. s. Dionysii a. 1137, ed. LECOY, p. 336.
**generalitas**: **1.** **ce qui est général, commun, habituel — what is general, common, usual.* **2.** **ensemble de personnes, groupe, corps — multitude of persons, group, body.* E. g.: Universa generalitas populi Romanae urbis. Concil. Roman. a. 769, *Conc.*, II p. 81. **3.** *communauté de religieux — community of ecclesiastics.* Quaedam ecclesia illorum [sc. canonicorum] usibus destinata . . ., ab eorum generalitate fuerat olim injuste substracta. D. Rodulfi reg. Fr. a. 924, DÉLÉAGE, *Actes d'Autun*, no. 5 p. 17. [Ecclesiam] abstractam de fratrum generalitate. D. Roberti reg. Fr. a. 1019, *Gall. chr.*², IV instr. col. 228.
**generare**: **régénérer, faire naître spirituellement — to regenerate, to bring about a person's spiritual birth.*
**generatio**: **1.** **naissance — birth.* **2.** **régénération spirituelle — spiritual rebirth.* **3.** **postérité, progéniture — offspring.* **4.** **descendance, généalogie, origine — descent, genealogy, extraction.* **5.** *race, lignée — race, lineage.* Super tres de generatione matris et super tres de generatione patris. Lex Sal., tit. 58. **6.** singul. et plural.: **espèce d'homme, race*

*d'hommes — human race, humanity.* **7.** **génération — generation.* Homo denarialis non ante haereditare in suam agnationem poterit, quam usque ad terciam generationem perveniat. Capit. legi Ribuar. add. a. 803, c. 9, I p. 118. **8.** *degré de parenté — degree of relationship.* Usque ad quotam generationem fideles debeant cum propinquis sibi conjugio copulari. Gregor. M., lib. 11 epist. 56$^{a}$ c. 5, *Epp.*, II p. 335. Lex Thuring., c. 34. Nullam facultatem conjungendi in quarta generatione damus. Decr. Vermer. (a. 758-768), c. 1, *Capit.*, I p. 40. Conjuges de uno parente in quinta, de altero in quarta generatione mutuam ducerent propagationem. Coll. Sangall., no. 30, *Form.*, p. 416. **8.** **fruit, produit de la terre — produce, fruits of the earth.*

**generositas**: **1.** *naissance, statut personnel héréditaire — birth, native status of a person.* Si [mulier gravida] mortua fuerit, conponat eam secundum generositatem suam. Edict. Rothari, c. 75. **2.** *prestige, influence — high standing, influence.* Imperatorem nobis sua dignitate propitium facit ... quia habet in palatio generositatem. Candid., V. Eigilis, c. 5, *SS.*, XV p. 224. **3.** *race, lignée — race, lineage.* Leg. Henrici, tit. 88 § 11$^{c}$, Liebermann, p. 603.

**geniciaria** (femin.) (<gynaeceum): *esclave féminine travaillant dans un "gynaeceum" — female slave who works in a "gynaeceum".* Concil. Meld. a. 845, c. 78, *Capit.*, II p. 420. Concil. Namnet. (incerti temporis), c. 19, ap. Reginonem, Syn. caus., lib. 2 c. 174, ed. Wasserschleben, p. 281. Idem, lib. 2 c. 5 § 37, p. 211.

**genicium,** v. gynaeceum.

**geniculare** et depon. geniculari: **s'agenouiller — to kneel.*

**geniculatio**: **agenouillement — act of kneeling.* Quamvis geniculationis morem tota servet ecclesia, tamen praecipue huic operi Scottorum insistit natio. Walafr., Exord., c. 26, *Capit.*, II p. 504 l. 34.

**geniculum,** je-, -nu-, -colum, -clum: **1.** **genou* (sens non diminutif) — *knee* (no diminutive meaning). **2.** *degré de parenté — degree of relationship.* Omnis parentilla usque in septimum geniculum. Edict. Rothari, c. 153. Lex. Sal., tit. 44 § 9 sq. Usque quinto genuclo, qui proximus fuerat, in hereditatem succedat. Lex Ribuar., tit. 56 § 4. In tertio jenuculo propinqua illius esse dinoscitur. Bonif. et Luili epist. 50, *Epp.*, III p. 300. In tertio genuclum [i. e. genuclo] separantur. Decr. Vermer. (a. 758-768), c. 1, *Capit.*, I p. 40. Usque ad septimum genuculum. Libri feudor., antiq., tit. 1 c. 3 (vulg., lib. 1 tit. 1 § 3), ed. Lehmann, p. 85. Qui intra sextum geniculum pertineat ei. Leg. I Cnut, tit. 7, vers. Quadrip., Liebermann, p. 290 col. 3.

**genimen**: **1.** **race, progéniture — race, progeny.* **2.** **production, produit, fruit — production, product, fruit.*

**genitalis**: **de naissance, d'origine, natif, ancestral — native, innate, congenital, ancestral.* **2.** **des parents, paternel — parental, paternal.*

**genitura**: **1.** **genèse, origine, création — rise, origin, creation.* **2.** **créature, être créé — creature, created being.* **3.** **la Création, l'Univers — the Creation, the Universe.* **4.** **génération — generation.* **5.** *progéniture — offspring.* Ruodlieb, fragm. 16 v. 16.

**genius**: **1.** **éclat, splendeur — lustre, splendour.* **2.** *caractère — character.* Herculis genium, formae quoque similitudinem referebat. Jordan., Getica, c. 9 § 59, ib., V pt. 1 p. 70.

**gens. 1.** plural gentes: *parents — relatives.* Si nos ipse, quod absit, aut ullus de gentibus nostris aut quislibet ulla opposita persona ... Wartmann, *UB. S.-Gallen*, I p. 80 no. 85 (a. 779). Si non habuerit gentes. Fuero de Sepúlveda a. 1076, c. 28, ed. Saéz, p. 48. **2.** plural. gentes: *compagnons, dépendants, les hommes d'un maître — retainers, dependants, a lord's men.* Cum gentes venientes in Toronica regione misisti ... F. Senon., addit. 2, *Form.*, p. 222. **3.** singul.: *suite, groupe de compagnons — retinue, band of followers.* Si ipse in expeditione regis vel comitis cum omni gente sua ire voluerit. Guérard, *Cart. de Chartres*, II p. 483 (a. 1113-1129). Suam gentem vinctam pre se gradientem cernat. Ruodlieb, fragm. 3 v. 20. **4.** plural. gentes: *soldats mercenaires — hired soldiers.* Si quis huic decreto [pacis et treugae Dei] contraire tentaverit .... in conductitias gentes vel raptores tenendo aut favendo ... Pax Dei Auscit., a. 1140, c. 3, *Hist. de Fr.*, XIV p. 392 sq. **5.** singul.: *armée — army.* Strata fit utrimque per siccum gente meante. Ruodlieb, fragm. 5 v. 525. Infelix imperator jussit suis exercitibus invadere ducem [Godefridum] cum Christi gente. Anon., G. Francorum, c. 3, ed. Bréhier, p. 16. Ibi persaepe. **6.** plural. gentes: *gens, habitants — people, inhabitants.* Donamus res nostras ... monasterio ... ut ipse abbas vel successores ejus seu et gentes ipsius monasterii liberam in omnibus habeant potestatem. D'Herbomez, *Cart. de Gorze*, p. 16 no. 6 (a. 759). Libertatem burgo b. Germani et in eo de [leg. in eodem] gentibus a nobis concessam. De Lasteyrie, *Cart. de Paris*, I no. 489 p. 409 (ca. a. 1170). **7.** plural. gentes: **païens — heathens.* **8.** singul.: **un peuple païen — a heathen nation.*

**genta,** v. ganta.

**gentaculum,** genti-, -cula (neutr. plural. et femin. singul.) = jentaculum ("petit déjeuner — breakfast").

**gentilicius**: **païen — heathen.*

**gentilis**: **1.** **païen — heathen.* **2.** *noble — noble.* Christiani qui a nobis detenti sunt, sunt gentiles et nobiles viri. Radulf. de Dic., Imag., ed. Stubbs, II p. 25. **3.** *qui sied à un gentilhomme, cultivé, élégant — becoming to a nobleman, refined, handsome.* S. xiii.

**gentilitas**: **1.** **paganisme, religion païenne — paganism, pagan belief.* **2.** **les païens — heathendom, the heathens.*

**gentiliter**: **à la façon des païens — in pagan fashion.*

**genu**: *degré de parenté — degree of relationship.* Nullus sibi accipiat de propinquitate usque in quintum genu. Haitonis Basil. capit. (a. 807-823), c. 21, *Capit.*, I p. 365. Nullus Christianus accipiat sibi uxorem infra sextum genu. Leg. I Cnut, tit. 7, vers. Inst. Cnuti et Consil. Cnuti, Liebermann, p. 291 col. 1 et 2.

**genuculum,** genuclum, v. geniculum.

**genuflectere**: **s'agenouiller — to kneel.*

**genuflexio**: **génuflexion — kneeling.*

**genuflexus** (decl. iv): *génuflexion — kneeling.* Longis genuflexibus. Joh. Canap., Pass. Adalberti, *SS.*, IV p. 585.



**geographicus** (adj.): **géographique — geographical.*

**geographus** (gr.): **géographe — geographer.*

**geola** et derivata, v. gaiola.

**geomantia** (gr.): *divination par la terre — divination by use of earth.* Isid., Etym., lib. 8 c. 8 § 13.

**gerarcha** = hierarcha.

**1. gerba** et derivata, v. garb-.

**2. gerba** = herba.

**gerbidus** = herbidus.

**gerfalco,** gero-, giro-, gire-, -falcus (germ.): *gerfaut — gerfalcon.* S. xii.

**germanitas**: *réunion de frères* au sens spirituel — *assembly of brothers* in the spiritual sense. In qua [synodo] germanitas episcoporum priora decreta redintegravit. Ann. Hildesheim., a. 1036, ed. Waitz, p. 40.

**germanitus** (adv.): **sincèrement, à fond — sincerely, deeply.*

**germinare, 1.** intrans.: **pousser, croître, prospérer — to grow, to florish, to sprout.* **2.** trans.: **produire, engendrer — to produce, to put forth.*

**gernetarius,** v. granatarius.

**gernerium,** v. granarium.

**gernettum** = granatum.

**gero** (genet. -onis), v. 1. giro.

**gerontocomium,** gerocomium (gr.): **hospice de vieillards — old men's home.* Gregor. M., lib. 11 epist. 2, *Epp.*, II p. 261 l. 20. Lib. pontif., Gregor. II (a. 715-731), ed. Duchesne, I p. 397. Vitae patrum, V. Euphrosynae, c. 7, Migne, t. 73 sq.

**gersuma**, geres-, girs-, gris-, gress-, -om-, -on-, -ia: *amende — fine.* S. xii, Angl.

**gerula**: **nourrice, gardienne d'enfants — foster-mother, nurse.*

**gerulphus** (germ.): *loup-garou — werwolf.*

**gerullium,** gerullum, v. garillum.

**gerulum,** -a (femin.): *civière, reliquaire portatif — litter, portable reliquary.* V. Eligii, lib. 1 c. 8, *SRM.*, IV p. 675.

**gerulus**: **porteur d'une lettre — letter-carrier.* Hos apices per gerulos presentes distinare presumpsi. Marculf., lib. 2 no. 46, *Form.*, p. 103. Quod verbo explicare nequivimus, epistole gerulo vobis insinuandum in ore posuimus. Epist. episc. Hisp. a. 792/793, *Conc.*, II p. 120.

**gesina**: *accouchement — child-bed.* S. xiii.

**1. gesta** (neutr. plural. et femin. singul.): **1.** **actes publics — public records.* Polliceor me servaturum leges et statuta ... secundum quod praedecessores mei imperatores et reges gestis inseruerunt et omnino inviolabiliter tenenda et observanda decreverunt. Electio Ludov. Balbi a. 877, *Capit.*, II p. 364. **2.** gesta municipalia: *les registres publics des municipes dans lesquelles on insinuait les actes privés — public rolls of the town magistrates in which private deeds were enrolled. Quae lecta sunt, gesta suscipiant. Brandi, *Urkunden*$^{3}$, no. 11 p. 18 (a. 552, Ravenne). Cum testamentum meum apertum fuerit, ipso prosequente gestis municipalibus secundum legem faciat alligari. Test. Bertichramni a. 615, Pardessus, I no. 230 p. 215. Dotem ... gestis municipalibus ... alegassetis. F. Andecav., no. 1, *Form.*, p. 4. Gestis municipalibus ipsa[m] donacione[m] debeam alligare. Marculf., lib. 2 no. 37 p. 97. Cf. F. Martel, *Etude sur l'enregistrement des actes du droit privé dans les Gesta municipalia*, Paris 1877. B. Hirschfeld, *Die Gesta municipalia in römischer und frühgermanischer Zeit*, Marburg 1904. A. Steinwenters, *Beiträge zum öffentlichen Urkundenwesen der Römer*, 1915. **3.** La phrase "gestis municipalibus allegare" se perpétue dans le formulaire de certaines chartes longtemps après la disparition des bureaux municipaux qui avaient tenu les registres — the expression "gestis municipalibus allegare" is being repeated in some charters even when the corresponding institution has perished long since. E.g.: Beyer, *UB. Mittelrh.*, I p. 47 (a. 804, Angers). Tardif, *Cartons*, no. 232 (a. 943, S.-Denis). **4.** **extrait des "gesta municipalia"* authentiqué par les magistrats municipaux — *engrossment of a deed taken from the "gesta municipalia"* and issued by a municipal board. Petimus ut ex his quae acta sunt gesta nobis edi propitii censeatis ... Gesta vobis ex his quae acta sunt competens ex more edere curavit officium. Brandi, l.c. Haec gesta, quomodo est scripta, vestris [manibus] roborata mihi sine mora tradatur. F. Arvern., no. 2$^{b}$, *Form.*, p. 29. Item F. Turon., no. 3, p. 137. **5.** *charte — charter.* Gesta hoc est omnis carta. Lex Rom. Cur., lib. 12 tit. 1 § 1. Haec est gesta sive charta, quae fieri jussit W. comes ... F. presbyter qui hanc gestam vel donationem scripsit. Saénz de Aguirre, *Concil. Hisp.*, III p. 165 (a. 888, Catal.). Per gesta scripturae confirmavit. *D. Louis IV*, no. 8 (a. 938, Catal.). **6.** gesta synodalia: *actes synodaux — proceedings of a synod. Per synodalia gesta ostendi posse. *D. Karolin.*, I no. 211 (a. 811). A quibus statutum est haec synodalium decreta gestorum, quorum capita subter adnexa sunt. Concil. Mogunt., a. 852, *Capit.*, II p. 185. His gestis manibus propriis subter firmare decrevimus. Synod. Vermer. a. 853, c. 1, ib., p. 422 l. 35. **7.** *récit, histoire — story.* Gesta Dagoberti regis, inscr., *SRM.*, II p. 396. Incipiunt gesta sanctorum patrum Fontanellensis coenobii. G. abb. Fontan., inscr., ed. Loewenfeld, p. 11. Ut legitur in gestis episcopalibus [i.e. in Libro Pontificali]. Amalar., Lib. off., lib. 2 c. 16, ed. Hanssens, II p. 237. **8.** *communication, nouvelle — message, piece of intelligence.* Hanc famam vel gestam novam audiens. V. Goaris (s. viii p. pr.), c. 8, *SRM.*, IV p. 419.

**2. gesta,** gestium, gextum, v. 1. gista.

**gestamen**: **habit — suit of clothes.*

**gestatorius** (adj.): **1.** **qui sert à porter — for carrying.* **2.** *qu'on peut déplacer — portable.* Altare gestatorium. Cantat. s. Huberti, c. 23, ed. Hanquet, p. 59. Subst. neutr. **gestatorium** et femin. **gestatoria**: **1.** **litière — sedan chair.* **2.** **civière, brancard — bier.* V. Austregisili, c. 15, *SRM.*, IV p. 199. V. Ansberti, c. 32, ib., V p. 638. Transl. Alexandri et Justini (a. 834), c. 1, *SS.*, XV p. 287. Mir. Adalhardi, lib. 2 c. 3, Mabillon, *Acta*, IV pt. 1 p. 367. **3.** *béquille — crutch.* Ermanric., Sermo de v. Sualonis, c. 7, *SS.*, XV p. 159.

**gestus** (decl. iv): **1.** **action, acte — action, deed.* **2.** **gestion, exercice, administration — management, execution, administration.*

**gialeta,** v. galeta.

**gibbosus**: **bossu — hump-backed.*

**gibettus** (germ.): *gibet — gibbet.* S. xiii.
**gibo,** gibbo, gippo (genet. -onis), gippus (cf. ital. *giubbone*): *redingote — cloack.* JOH. AMALF., Mir., ed. HUBER, p. 81.
**giga** (germ.): *violon — violin.*
**gigans** = gigas.
**gigare** (<giga): *jouer au violon — to play the violin.*
**gigarius** (<giga): *violoniste — violinist.*
**gilda,** gel-, guil-, guel-, gul-, -dia (germ.): **1.** *association de nature magique caractérisée par la beuverie rituelle — magical society manifesting itself in solemn potations.* Fraternitatem quandam, quam gilda vulgo appellant, instituerat. Cod. Udalrici, no. 168, JAFFÉ, *Bibl.*, V p. 298. **2.** *association d'entr'aide — association for mutual help.* Ne collectam faciant quam vulgo geldam vocant contra illos qui aliquid rapuerint. Capit. Vern. a. 884, c. 14, II p. 375. **3.** *ghilde marchande — merchant guild.* Si quis mercator ... in gildam nostram intrare noluerit. PIRENNE, *Villes et inst. urb.*, II p. 190, c. 1 (ca. a. 1080, S.-Omer). Guilda mercatorum debet 24 sol. qui dicuntur de candela, quos scabini solvunt. GUIMANN., Cart. S. Vedasti, ed. VAN DRIVAL, p. 191. Me concessisse ... hominibus de Beverlaco ... suum gilde mercatorum. Ch. Henr. I reg. Angl. (a. 1100-1135), GROSS, *Gild Merchant*, II p. 21. Precipio quod burgenses mei Wiltonie de gilda mercatoria et consuetudine mea Wiltonia habeant omnes quietantias et libertates ... Ch. ejusdem, ib., p. 251. Ch. Henr. II reg. Angl. (a. 1155-1158), Winchester, STUBBS, *Sel. ch.*[9], p. 196. Ch. ejusdem a. 1157, Lincoln, ib., p. 197. Ch. ejusdem a. 1156, Rouen, DELISLE, *Actes d'Henri II*, p. 20. **4.** *corporation de métier — craft guild.* Nos concessisse ... corvesariis Rotomagensibus, ut habeant gildam suam ita bene et honorifice et plenarie de ministerio suo, sicut eam habuerunt ... Ch. Henr. I reg. Angl. (a. 1100-1135) ap. DC.-F., IV p. 68 col. 1. Nulla gilda communis sine episcopi auctoritate statuetur. HÖHLBAUM, *Hans. UB.*, I no. 88 (a. 1211, Riga). **5.** *beuverie d'une ghilde — potation of a guild.* In omni potacione, dacioni, vel empcioni vel gilde [dativus] vel ad quidlibet in hunc modum preparata, primo pax Dei et domini inter eos qui convenerint ... ponenda est. Leg. Henrici, tit. 81 § 1, LIEBERMANN, p. 597. In gildis cum ebriosis bibat et cum eis inebrietur. ANSELM. CANTUAR., lib. 2 epist. 7, MIGNE, t. 158 col. 1155 A. **6.** *la qualité de membre d'une ghilde — membership of a guild.* Omnes qui gildam eorum habent et ad illam pertinent. VERCAUTEREN, *Actes de Flandre*, no. 127 c. 5 p. 295 (a. 1127, S.-Omer). **7.** *commune — commune.* Si quis nativus quiete per unum annum et unum diem in aliqua villa privilegiata manserit, ita quod in eorum communam, scilicet gildam, tanquam civis receptus fuerit, eo ipso a vilenagio liberabitur. GLANVILL., Leg. Angl., lib. 5 c. 5. **8.** *le commun, l'ensemble des roturiers du pays — the common freemen of a country.* Si dominus Monsterioli perrexerit in exercitum comitis Andecavensis et duxerit secum milites suos et gildiam. BERTRAND, *Cart. d'Angers*, I no. 233 p. 279 (post a. 1087). Cf. Ch. GROSS, *The Gild Merchant*, 2 t., Oxford 1890. K. HEGEL, *Städte und Gilden der germanischen Völker im Mittelalter*, 2 t., Leipzig 1891. H. VAN DER LINDEN, *Les gildes marchandes dans les Pays-Bas au moyen âge*, Gand 1896. M. WEIDER, *Das Recht der deutschen Kaufmannsgilden des Mittelalters*, 1931. E. COORNAERT, *Les ghildes médiévales (Ve-XIVe siècles). Définition. Evolution. Revue historique*, ann. 1948, pp. 22-55 et 208-243.
**gildare,** v. geldare.
**gildhalla,** gil-, guil-, gi-, gui-, -halda, -alla, — -alha (germ.): *halle d'une ghilde — guildhall.* GIRY, *S.-Omer*, p. 378 no. 5 (a. 1151); p. 379 no. 6 (a. 1157). BRUNEL, *Actes de Pontieu*, p. 325 no. 214 (a. 1210/1211). Ib., p. 386 no. 264 (a. 1219).
**gildo** (genet. -onis) (cf. voc. gilda): *membre d'une ghilde — freeman of a guild.* S. xiii.
**gildonium,** gildonia, gellonia (femin.) (cf. voc. gilda): *confrérie — brotherhood.* De sacramentis per gildonia invicem conjurantibus [i.e. conjurantium]: ut nemo facere praesumat. Capit. Harist. a. 779, c. 16, I p. 51. De gellonia. Breviar. missor. Aquit. a. 789, c. 16, p. 66. De collectis quas geldonias vel confratrias vulgo vocant. Hincmari Rem. stat. a. 852, SIRMOND, I p. 715.
**gildus,** gildum, v. geldus.
**gillo,** guillo, gello (genet. -onis), gella: *_tonneau — cask._
**gillonarius** (<gillo): *caviste — drawer.* Lex Visigot., lib. 2 tit. 4 § 4.
**gilstrio,** kilstrio (germ.?): *un tributaire de caractère mal défini — a tributary of doubtful nature.* Tertiam partem unius curtis, quam a quibusdam gilstrionibus nostris, G. scilicet et L., emerat. *D. Ludwigs d. Deutsch.*, no. 77 (a. 856). Accepimus quattuor kilstriones cum tributis suis in villa S. et confinio ejus, ut sua servitia et tributa, sicut actenus persolvebant, facere non neglegant. Ib., no. 81 (a. 857).
**gymnasium,** gignasium (gr.): **1.** *_école — school._ **2.** *_étude, formation, exercice intellectuel — studies, education, mental training._ **3.** *_exercice spirituel — spiritual exercise._
**gynaeciales,** geni-: *de gynécée — of the women's workshop.* Adherebat genitialis [i.e. gynaeciali] feminae, s. Mariae famulae, M. nomine, et cum ipsa filium procreavit. BITTERAUF, *Trad. Freising*, I no. 450 p. 385 (a. 821).
**gynaeceum,** ge-, -ni-, -cium (gr.): *_gynécée, bâtiment destiné aux ouvrières employées dans un centre domanial, atelier de tissage — department of a manor where female workers live and work, textiles workshop._ Si ancilla ipsa celararia [fuerit] aut genicium domini sui tenuerit. Capit. I legi Sal. addit., c. 11 § 11. GREGOR. TURON., Hist. Franc., lib. 9 c. 38. Lex Alamann., tit. 75 § 2 sq. BRUCKNER, *Reg. Alsatiae*, no. 127 p. 69 (a. 735-737). Capit. de villis, c. 31; c. 43; c. 49. Brevium exempla, c. 7, *Capit.*, I p. 252 l. 9. De vestimentis quae de pisile vel ginitio veniunt. *CD. Langob.*, col. 168 A no. 89 (a. 813, Verona). Capit. Olonn. a. 822/823, c. 5, I p. 317. MONACH. SANGALL., lib. 2 c. 4, *SS.*, II p. 749. Mir. Bertini (s. x in.), c. 5, MABILLON, *Acta*, III pt. 1 p. 131. BITTERAUF, *Trad. Freising*, I no. 1045 p. 788 (a. 908). HERIG., Transl. Landoaldi, c. 9, GIJSSELING-KOCH, *Dipl. Belg.*, p. 240. ERHARD, *Reg. Westphal.*, I, CD. no. 95 p. 76 (a. 1018). HAUTHALER, *Salzb. UB.*, I p. 245 (ca. a. 1050).



**ginestus** = genista.
**gingiber,** gingiver, gingimer = zingiberi.
**giola,** v. gaiola.
**giostra:** *joute — tourney.* S. xiii, Ital.
**giostrare:** *jouter — to joust.* S. xiv, Ital.
**1. gippus,** gippo, v. gibo
**2. gippus** = gibbus.
**gipsa,** gyps-, -us (cf. voc. dipsas): **1.** *serpent, dragon — snake, dragon.* ALDHELM., Virg., c. 29, *Auct. ant.*, XV p. 266; rursum c. 52, p. 309. Id., Carmen, v. 808, p. 387, et pluries. BONIFAT., Aenigmata, v. 304, *Poet. lat.*, I p. 12. V. IV Bonifatii (s. xi med.), c. 2, ed. LEVISON, p. 94. **2.** *jambe de bois — wooden leg.* J. WERNER, *Lateinische Sprichwörter und Sinnsprüche des Mittelalters*, Heidelberg 1912.
**gyrare** (<gyrus), **1.** intrans.: *_tourner en rond, tourner — to turn round, to revolve._ **2.** *faire la ronde — to go round.* Parmae superpositus rex est levatus; sed cum tertio cum eodem girarent, cecidisse fertur. GREGOR. TURON., Hist. Franc., lib. 7 c. 10. Plebs altisonam fecit girando choream. Ruodlieb, fragm. 5 v. 92. **3.** *pivoter — to spin.* Quandocumque citius molendinum de C. giraverit. VERNIER, *Ch. de Jumièges*, I p. 122 no. 39 (a. 1097). **4.** transit.: *_faire le tour de qqch., parcourir, contourner — to perambulate, to go round about._ Ut omni anno parochias episcopi girent. Capit. Herardi archiepisc. Turon. a. 858, c. 76, *Gall. chr.*[2], XIV instr. col. 43. **5.** *_retourner, renverser — to turn over, to put upside down._ Giravit lectum. Origo Langob. (ca. a. 670), *Scr. rer. Langob.*, p. 2 l. 28. Piscem illum in partem alteram giraret. NOTKER. BALBUL., G. Karoli, ed. BACHMANN, p. 13. **6.** *entourer, investir, cerner — to surround, to encircle, to invest.* Hostili obsidione Ebroicam gyravit urbem. GUILL. PICTAV., lib. 6 c. 3, ed. MARX, p. 100. **7.** *ceindre — to fence round.* Monasterium ... recuperavit et magnis munitionibus giravit. GREGOR. CATIN., Chron., ed. BALZANI, II p. 260 l. 8.
**giratim:** *en tournant — by making a turn.* Giratim pervenitur. *CD. Cajet.*, I p. 138 (a. 979).
**girefalco,** girofalco, v. gerfalco.
**girgillus:** **1.** *poulie — pulley.* ISID., Etym., lib. 20 c. 15 § 2. **2.** *pivot, broche — pivot, spindle.*
**girlanda,** v. garlanda.
**1. giro,** gyro, ghiro, guiro, gero (genet. -onis) (germ.): *pan — skirt.* GUIDO, Disc. Farf., lib. 2 c. 4, ed. ALBERS, I p. 142. UDALRIC., Cons. Clun., lib. 2 c. 11, MIGNE, t. 149 col. 706.
**2. giro** (genet. -onis) (<gyrus): *enceinte — town-wall.* S. xiii, Ital.
**gyrovagari:** **1.** *errer — to wander.* Huc et illuc coepit gyrovagans ambulare. Acta Prudentii Tyrasson., no. 24, *AASS.*, Apr. III p. 592 D. **2.** *jouter — to joust.* Cujus ... fama inter universos milites ... gyrovagantes ... fuit exaltata. GISLEB. MONT., c. 32, ed. VANDERKINDERE, p. 59. Imperatoris filii gyrovagari ceperunt, in quo gyro per estimationem fuerunt milites 20 milia. Ib., c. 109, p. 157.
**gyrovagus** (<gyrus, vagus): *rôdeur, vagabond — wanderer, vagabond.* Benedicti regula, c. 1. Regula Magistri, c. 1. DESID. CADURC., lib. 2 epist. 8, *Epp.*, III p. 207.
**girsuma,** v. gersuma.
**gyrus:** **1.** *les alentours — the environs.* Villa ... cum mansis ... [form. pertin.], tam in giro Moselle quam in giro fluvioli Mortici. D'HERBOMEZ, *Cart. de Gorze*, p. 19 no. 8 (a. 762). RADULF. GLABER, Hist., lib. 3 c. 7, ed. PROU, p. 71. **2.** *enceinte — rampart.* Licentiam circumdandi jam dictam ecclesiam per girum suae potestatis. *D. Lodovico III*, no. 4 p. 13 (a. 900). Nullus intra ejusdem girum castelli quamlibet judiciariam audeat exercere dominationem. *D. Louis IV*, no. 44 (a. 953). Similiter *D. Lothaire*, no. 7 (a. 955). **3.** *carroussel, tournoi — tournament.* GISLEB. MONT., c. 109, ed. VANDERKINDERE, p. 157.
**gisarma** (germ.): *sorte de haubert couvrant les bras — kind of hauberk covering the arms.* S. xiii.
**1. gista,** gest-, gext-, geixt-, -um, -ium, -ius (<jacitum): *gîte, droit de gîte — compulsory lodging and procurement.* Abrenunciavit ... talliis et gistiis, toltis et precibus et omni exactioni. DUVIVIER, *Actes*, I p. 272 (a. 1152, Liège). Salvis gistis nostris. *Actes Phil.-Aug.*, no. 50 (a. 1182), I p. 68.
**2. gista** (anglosax.): *bau — joist.* S. xiii, Angl.
**gistella** (<teuton. *gestell*): *engin de pêche — fishing-tackle.* Cum ... piscationibus, stationibus, id est gistellis piscium quos husones dicimus. *D. Konrads II.*, no. 136 (a. 1029).
**gita,** geta: *un impôt — a tax.* S. xiii, Hisp.
**giwerida** (germ., cf. teuton. *gewere*): *investiture — saisin.* Isti sunt testes qui hoc audierunt et viderunt giweridam. DRONKE, *CD. Fuld.*, no. 448 p. 198 (a. 824).
**glaciae** (plural.) = glacies.
**gladiare** (<gladius): *décapiter — to behead.* BENEDICT. SANTANDR., c. 34, *SS.*, III p. 717.
**gladiator:** **1.** *champion* dans un duel — *champion* in a single combat. WIDUKIND., lib. 2 c. 10. **2.** *bourreau — executioner.* Jussu regio gladiatori decollandus traderetur. RICHER., lib. 2 c. 8, ed. LATOUCHE, I p. 138. **3.** *porte-glaive* d'un prince — a ruler's *sword-bearer.* Ann. Praemonstr., II pr. col. 45 (ch. a. 1195, Bohem.) **4.** *assassin, scélérat — murderer, criminal.* **5.** *fourbisseur — furbisher.* HOENIGER, *Koelner Schreinsurk.*, II p. 132 c. 4 (a. 1180-1185).
**gladiatura:** *chevalerie — knighthood.* [Filius comitis palatini] gladiatura se exuerat et meliori vite se mancipaverat. WIDEMANN, *Trad. S.-Emmeram*, no. 929 p. 461 (a. 1179).
**gladiatus** (adj.): *armé d'une épée — armed with a sword.* GREGOR. TURON., Hist. Franc., lib. 7 c. 29.
**gladius,** meton.: **1.** *_glaive, symbole de la justice — the sword as a symbol of justice._ **2.** spec. gladius spiritualis: *la justice spirituelle — spiritual jurisdiction. Cf. gladius oris: l'anathème — excommunication. Perimendi sunt oris gladio et a communione privandi. Concil. Turon. a. 567, c. 21, *Conc.*, I p. 130. Gladius sacerdotalis. OTTO FRISING., Chron., lib. 6 c. 34, ed. HOFMEISTER, p. 303. **3.** (cf. Luc. 22, 38) les deux glaives, symbole des deux pouvoirs, le séculier et le spirituel — the two swords, symbolizing the secular and spiritual powers. His duobus gladiis vestram venerandam excellentiam dextra levaque divina armavit potestas. ALCUIN., epist. 171, *Epp.*, IV p. 281. Cf. id., epist. 138, p. 206 sqq. Cf. L. LECLERC, *L'argument des deux glaives*,

*Rech. de sc. relig.*, t. 21 (1931). W. LEVISON, *Die mittelalterliche Lehre von den beiden Schwertern, DAGM.*, t. 9 (1951).

**glana, glanare,** v. glen-.

**glandaticus,** clan-, -de- (<glans): **1.** *glandage — pannage.* Vidissent monachos s. Galli ibidem residere et clandaticum tollere. WARTMANN, *UB. S.-Gallen*, II p. 393 no. 15 (a. 814-835). De pastionaticis, id est de glandeticis ... censum legitimum et nonas et decimas ... reddere. D. spur. Ludov. Pii <a. 832>, Le Mans, *Hist. de Fr.*, VI p. 586 C. **2.** *redevance pour le glandage des porcs dans les forêts — pannage-due.* Omnia animalia hujus monasterii ... per pascua publica ... pabulare debeant vel nutriri ... sine omni datico, herbatico, scatico vel glandatico. D. Ludov. Pii a. 820, GIORGI-BALZANI, *Reg. Farf.*, no. 247. *D. Ottos I.*, no. 336 (a. 967). *CD. Cajet.*, I p. 167 (a. 992). Nullum glandaticum, nullum theloneum ... nobis ... dabit. HALKIN-ROLAND, *Cart. de Stavelot*, I no. 165 p. 340 (a. 1138).

**glando** (genet. -inis) = glans.

**glaniare,** v. glenare.

**glans:** *taillis de chêne — oak-coppice.* Vallo ... superius glande, inferius torrentis profunditate pene inexpugnabili. SUGER., V. Ludov. Gr., c. 11, ed. WAQUET, p. 72.

**glauca** (gr.): **chouette — owl.*

**glavis** (originem vocis nescio): **1.** *bûcher — woodrick.* Solvit in censu ... ligna glavem I in latitudine pedes 6, in longitudine pedes 12 ad carrados 12. Urbar. Prum. a. 893, c. 1, BEYER, *UB. Mittelrh.*, I p. 144. **2.** *clôture, perchis — fence.* Debent ... glavem I circa curtem et in messem [facere]. Si quid furatum fuerit in curte per noctem et per sepem exierit, componet ille per cujus glavem exierit; et si per totam, component omnes de villa. Ib., c. 113, p. 196.

**glavius,** glavium, glavia, glavea (<gladius): *lance — lance.* S. xiv.

**gleba,** glaeba, gliba: **1.** **sol — soil.* **2.** **ferme — farm.* **3.** *dotation d'une église — glebe. church-land.* S. xiii, Angl. **4.** *cadavre, dépouilles — corpse, mortal remains.* GREGOR. TURON., Hist. Franc., lib. 1 c. 48. Id., V. patrum, c. 7. IONAS, V. Vedastis, c. 9, ed. KRUSCH, p. 318. V. Bavonis, c. 15, *SRM.*, IV p. 545. *D. Charles le Simple*, no. 155 (a. 912). HARIULF., Chron., lib. 1 c. 23, ed. LOT, p. 36. GALBERT., c. 16, ed. PIRENNE, p. 26.

**glena,** glana (<glenare): **1.** *glane — sheaf of gleaned ears.* S. xiii. **2.** *faisceau de flèches — sheaf of arrows.* S. xiii.

**glenare,** glanare, glaniare (celt.): *glaner — to glean.* Si quis in messem alienam sine consilio glenaverit. Capit. VI addit. Leg. Sal. (cod. Leiden Voss. lat. 119), c. 10.

**glirio** (genet. -onis) = glis (genet. gliris) ("mulot — vole").

**glis** (genet. glitis) (celt.): *terre glaise, marne — clay.*

**glissera:** *table — table.*

**glizinus,** glezinus (<glizzum): *de toile blanche — of white linen.* Camisia glezina. MONACH. SANGALL., lib. 1 c. 34, cod. Moissiac. (alii codices: clizana, cilicina, cilizina), *SS.*, II p. 747. Mensas operimentis mandavit glizinis vestiri. Hist. de fratribus conscriptis (s. xii), GOLDAST, *Scr. rer. Alam.*³, II p. 153.

**glizzum,** glitz-, glids-, glis-, -a (femin.) (germ.): **1.** *toile blanche — white linen.* Uno fanono viridi cum brusdo, uno de gliso. PÉRARD, *Rec. de Bourg.*, p. 26 (ch. ca. a. 840). Corporales de glidsa 2. Polypt. s. Remigii Rem., c. 17 § 123, ed. GUÉRARD, p. 56 col. 2. **2.** *un vêtement en toile blanche — a white linen garment.* Duo saga ... et totidem lintea, quae germanice glitza vocantur. LUP., epist. 77, ed. LEVILLAIN, II p. 22. Glizze due, camisilia duo, stola una. BRUCKNER, *Reg. Alsatiae*, no. 656 (a. 888-906).

**gloccum,** glogga, v. clocca.

**glomex** (genet. glomicis) = glomus (genet. glomeris).

**gloria: 1.** *démonstration d'honneur, vénération — mark of esteem, deference.* Meruisse parte Graeciarum b. Petri apostoli vicarium suscepisse cum gloria. Lib. pontif., Joh. I, ed. MOMMSEN, p. 134 col. 2. Cum gloria magna suscipientes corpus. V. Senti, *AASS.*, Maji VI p. 72. Papa ... veniens Constantinopolim ... cum gloria susceptus est. ANSELM. HAVELBERG., Dial., lib. 3 c. 12, MIGNE, t. 188 col. 1227 A. **2.** **béatitude éternelle — eternal felicity.* Cf. A. J. VERMEULEN, *The semantic development of gloria in early Christian Latin*, 1956 (Latinitas Christianorum Primaeva). **3.** vestra gloria: *titre honorifique — title of honour. **4.** *la gloria,* la doxologie qui termine le chant des psaumes — *the gloria,* verses said after the psalms. Benedicti regula, c. 17. GREGOR. TURON., Hist. Franc., lib. 6 c. 40.

**gloriare,** transit.: **glorifier, louer, exalter — to glorify, praise, exalt.*

**glorificare: 1.** **glorifier, exalter, louer — to glorify, praise, exalt.* **2.** **élever à une dignité — to raise to a dignity.* **3.** **prononcer, déclarer dans une confession de foi — to enunciate, to declare in a profession of faith.*

**glorificatio: 1.** **glorification, exaltation, louange — honouring, exaltation, praise.* **2.** *affirmation, confession de foi — enunciation, profession of faith.* RUSTIC., ed SCHWARTZ, *Acta concil. oecum.*, t. I vol. 4 p. 27; iterum p. 216.

**glorificus:** **plein de gloire, glorieux — full of glory, glorious.*

**glos** (genet. gloris) (class. "belle-soeur — sister-in-law"): *femme du frère — brother's wife.*

**glossa,** glosa (gr.): **1.** **terme obscur à interpréter — difficult word requiring explanation.* **2.** *interprétation d'un terme obscur — elucidation of a difficult word.* ISID., Etym., lib. 1 c. 30 § 1. **3.** *explication ajoutée à un passage d'un texte, glose — explanation added to a passage in a text, gloss.* Liber glosarum. Inscr. in cod. Bern 16 s. ix, vid. G. GOETZ, *Der liber glossarum. Abh. Sächs. Ges. d. Wiss.*, philol.-hist. Cl., t 13 (1893). **4.** *ensemble de gloses, commentaire — series of glosses, commentary.*

**glossare,** glosare (< glossa): *munir de gloses — to add glosses to a text.* Libri glossati. G abb. Lobiens., contin. scripta a. 1156, c. 27, *SS.*, XXI p. 333 l. 14.

**glossarium:** *collection de gloses, glossaire — a series of glosses, glossary.*

**glossator:** *auteur de gloses,* spéc. des gloses du Corpus juris civilis — *maker of glosses,* esp. of the glosses to the Corpus juris civilis. S. xii.

**glossatura,** glosa-: *commentaire — commentary.*

**gluto,** glutto (genet. -onis): **glouton — glutton.*



**gnosticus** (gr.): **1.** **gnostique — gnostic.* **2.** *savant — learned.*

**gobelletus:** *gobelet — beaker.* S. xiv.

**gobelinus** (germ.): *lutin — goblin.* S. xii.

**gogravia:** *pouvoirs d'un "Gaugraf" — jurisdiction of a "Gaugraf".* S. xiii.

**gogravius** (cf. teuton. *Gaugraf*): *juge inférieur* (en Westphalie) — *local judge* (in Westphalia). Omnis causa ... ad judicium pertinet advocati, nisi prius fuerit proclamatum ad judicium rurensis gogravii. KEUTGEN, *Urk. st. Vfg.*, no. 139 (s. xii, Soest).

**golafus,** v. gulaba.

**goliardus,** galliardus: *jongleur, farceur — juggler, buffoon.* S. xiii.

**gomphus,** gumphus, gonfus, gunfus (> frg. *gond*) (class. "cheville, clou — peg, nail"): *gond — hook of a hinge.* [Ostium] gunfis et vertevellis et quatuor clavibus firmabatur. G. cons. Andegav., c. 3 § 26, D'ACHÉRY, *Spicil.*², III p. 243. Usque ad gonfos, seras et pessulos omni substantia atque utensilibus addemnabant. GUIBERT. NOVIG., De vita sua, lib. 3 c. 11, ed. BOURGIN, p. 182.

**gondola:** *gondole — gondola.* S. xiii.

**gonella,** v. gunella.

**gonfano,** gontf- et derivata, v. guntf-.

**1. gonna,** v. 1. gunna.

**2. gonna,** v. 2. gunna.

**gora,** v. gara.

**gordum,** grodum, gortum, gortium, gorgum, gorgia (scandin.): *barrage — weir.* Gordum in fluvio Sequanae emptum a monachis. DC-F., IV p. 87 col. 1 (ch. a 996-1026, Rouen). Dedi piscariam, quod vulgo gordum dicitur, apud O. villam. HASKINS, *Norman inst.*, p. 262 no. 10 (a. 1032-1035, Fécamp).

**gorgerium** (<frg. *gorge*): *gorgerin — gorget.* S. xiii.

**gorpire** et deriv., v. werp-.

**gota,** gotta, v. gutta.

**gotera,** v. guttura.

**gottena,** gottina, v. guttina.

**goza,** v. gussa.

**grabatus,** -atr-, -um (gr.; class. "lit de camp — field-bed"): *civière — bier.* GREGOR. TURON., Mir. Andreae, c. 7, *SRM.*, I p. 831. EIGIL., V. Sturmi, c. 15, *SS.*, II p. 372.

**gradalis** (adj.): *du jour — of daytime.* [Cantus Romanus] per nocturnale vel gradale officium peragatur. Admon. gener. a. 789, c. 80, *Capit.*, I p. 61. In gradali cantu ..., in nocturnali autem ... *Epp.*, V p. 308 l. 1 (a. 819-822). Subst. neutr. **gradale,** graduale: **1.** *psaume graduel, responsorium,* partie de la messe — *gradual, responsorium,* part of the Mass. Sacrament. Gregorian., lib. 1 c. 1, MIGNE, t. 78 col. 25 A. Lectionem recitat vel gradalem vel alleluia ... cantaverit. Lex Alamann., tit. 15 § 2. Psallitur gradale. Ordo Rom. XXXIV (s. viii med.), c. 5, ANDRIEU, III p. 605. Ordo Rom. IX (s. ix ex.), c. 14 sq., ib., II p. 331 sq. Responsorium istud quidam gradale vocant, eo quod juxta gradus pulpiti cantatur. HRABAN., Inst. cleric., lib. 1 c. 33, ed. KNOEPFLER, p. 73. **2.** *livre contenant les chants de la messe — hymn-book.* Quod dicimus graduale, illi [sc. Romani] vocant cantatorium. AMALAR., Prol. antiph., c. 18, ed. HANSSENS, I p. 363.

**gradarius** (adj.): *marchant l'amble — ambling.* S. xii. Subst.: *ambleur — ambling horse.* S. xiii.

**gradus, 1.** plural. et singul.: *ambon, partie surélevée d'une église devant l'autel — elevated part of a church in front of the altar.* [Libellus] praesente omni clero vel plebe in gradu ... est relectus. Hormisdae pap. epist. 59 (a. 519), THIEL, p. 850. Gradus chori. Pass. Theclae, Mir., c. 7, ed. GEBHARDT, p. 172. Clericum qui in gradu in ecclesia publica lectionem recitat. Lex Alamann., tit. 15 § 2. Post euangelii lectionem ascendit ad gradus quasi ad alloquendum populum. MONACH. SANGALL., lib. 1 c. 18, *SS.*, II p. 738. Fecit libellum ad cantandum in gradu sive ante altare. LEO OST., lib. 3 c. 18, *SS.*, VII p. 711 l. 18. **2.** canticum graduum: **psaume graduel — psalm of degrees.* Solemnitatis missam veniant celebrare ... et priusquam introeant omnes in commune 15 psalmos, hoc est cantica graduum, cantent. *D. Charles le Simple*, no. 95 (a. 918). **3.** *escale, port — harbour.* OBERT., Ann. Genuens., a. 1165, ed. BELGRANO, I p. 179 sq. **4.** **rang* (des dignitaires de cour) — *rank* (of court dignitaries). **5.** *ordre ecclésiastique — ecclesiastical order.* Clericum in gradu ... provehere. Concil. Arelat., *Conc.*, I p. 119 l. 15. Periculum gradus. Gregor. IV pap. epist., *Epp.*, V p. 231 l. 31. Ad ecclesiasticum honorem nec ad gradum accedere. Concil. Vern. a. 755, c. 24, *Capit.*, I p. 37. **6.** *ordination, prêtrise — ordination, priesthood.* Si tonsuram clericatus et gradum accipere voluerit. MULLER-BOUMAN, *OB. Utrecht*, I no. 67 p. 74 (a. 850). Concessimus ... abbatiam ... salvo ecclesiastico jure, synodorum scilicet et graduum sacerdotum. DC.-F., IV p. 93 col. 3 (ch. a. 969, Laon). **7.** *l'ensemble des prêtres — the aggregate priests.* Vertit se pontifex et omnis sacerdotalis gradus sive omnis populus fidelis ad orientem. Ordo Rom. V (s. ix ex.), c. 35, ANDRIEU, II p. 216. **8.** *dignité ecclésiastique — ecclesiastical dignity.* Tu facile episcopale[m] gradum ascendes. GREGOR. TURON., Hist. Franc., lib. 6 c. 15. Si hoc fieri praepediret, [pontifex] a suo gradu decederet [v. 1. decideret]. Lib. pontif., Gregor. II, vers. 1, § 17, ed. DUCHESNE, I p. 404 col. 1. Archiepiscopi gradu potitus. BEDA, Hist. eccl., lib. 2 c. 4. **9.** *qualité de moine — monkhood.* Nullus prelatorum prefati monasterii habeat licentiam ... prestare in beneficium alicui laico aut clerico sine gradu monachi. KÖTZSCHKE, *Urbare Werden*, p. 46 (s. x in.) **10.** *degré universitaire — academic degree.* Ad nullum gradum in collegio seu consortio nostro [i.e. magistrorum artium] valeat promoveri. DENIFLE, *Chart. Univ. Paris.*, I p. 259 no. 231 (a. 1254). **11.** *degré de parenté — degree of relationship.* Cod. Euric., c. 335. Lex Visigot., passim. Karoli M. capit., I p. 219, c. 16. **12.** *génération — generation.* Usque in tertium gradum. Ps.-PASTOR, G. Pudentianae, *AASS*³., Maji IV p. 298.

**1. graphia** (gr.): **1.** *inscription — inscription.* AGNELL., c. 66, *Scr. rer. Langob.*, p. 324. **2.** *description — description.* Graphia auree urbis Rome (ca. a. 1030), inscr., ed. SCHRAMM, *Kaiser, Rom und Renovatio*, II p. 73. **3.** *charte — document.* De graphiae prolatore, ut eam adfirmet. Statutum est ut scripturam prolator adfirmet. Addit. III ad Bened. Lev. capit., c. 109, LL., II, pt. 2 p. 144.

2. **grafia** (<grafio): *circonscription d'un "vicarius"* — *district of a "vicarius".* In pago illo, in grafia illa, super fluvium illum. Cart. Senon., no. 31, *Form.*, p. 199. Similia F. Senon. rec., no. 7, p. 214. In pago Ruthenico [Rouergue], in grafia Cabniacense [Cabdenac], villa cujus vocabulum est C. DESJARDINS, *Cart. de Conques*, p. 31 no. 25 (a. 956). Cf. ib., p. XXXV.

**grafio**, garafio, graffio, gravio (genet. -onis) (germ., étymologie controversée — origin matter of controverse): **1.** *fonctionnaire franc qui apparaît primitivement muni de pouvoirs exécutifs et qui, à partir du VIme siècle, se substitue au "thunginus" comme juge présidant le "mallus"* — *Frankish officer who at first is in evidence as possessing executory powers, later, from the sixth century onwards, as superseding the "thunginus" in the presidency of the "mallus".* Roget grafionem ut accedat ad locum ut eum inde expellat. Lex Sal., tit. 45 § 2. Si quis ad placitum legitime fidem factam noluerit solvere, tunc ille cui fides facta est ambulet ad grafionem loci illius in cujus pago manet et adprehendat fistucam et dicat verbum: Tu grafio, homo ille mihi fidem fecit ... Tunc grafio ... cum eos [sc. rachineburgiis] ad casa illius qui fidem fecit ambulet ... Ib., tit. 50 § 3. Iterum § 4; tit. 51 § 1; tit. 53 § 2, § 4; tit. 54 § 1. In proximo mallo ... invitetur graphio, ... ad res suas ambulet et prendat quantum rachymburgii antea odierit [i.e. audiverit]; et graphio ... a[d] casa[m] illius ambulent et pretium faciant et quod graphio tollere debet. Chilperici edict. (a. 561-584), c. 8, *Capit.*, I p. 9. In mallo judici, hoc est comite aut grafione, roget. Capit. I legi Sal. addit., c. 7. Debet judex, hoc est comis aut grafio, ad locum accedere. Ib., c. 9. De eo qui grafionem ad res alienas invitat. Si quis judicem fiscalem ad res alienas tollendas invitare praesumpserit ... Lex Ribuar., tit. 51. De eo qui grafionem interfecerit. Si quis judicem fiscalem quem comitem vocant interfecerit ... Ib., tit. 53, codd. fam. B. Si quis grafionem ad res alienas injuste tollendas invitaverit. Ib., tit. 84. Nullus majordomus, domesticus, comes, grafio, cancellarius ... Ib., tit. 88. Apud ipso garafione vel apud ipsos bonos hominibus, qui in ipsum mallum resedebant. F. Sal. Bignon., no. 9, *Form.*, p. 231. W. duci et E. grafioni. *D. Merov.*, no. 18 (ca. a. 640). Etiam ib., no. 64 (a. 692); no. 66 (a. 693). GYSSELING-KOCH, *Dipl. Belg.*, no. 1 (a. 649). Meroeus ... Ingobode graffione commendatur. FREDEG., lib. 4 c. 42, *SRM.*, II p. 141. De electis viris fortis de Neuster et Burgundia cum ducebus et grafionebus secum habens. Ib., c. 74, p. 158. Vir inlustris G. graffio. V. Eligii, lib. 2 c. 55, *SRM.*, IV p. 730. **2.** *Le "grafio" s'identifie peu à peu avec le "comes" (q.v.) par un processus qui sera terminé vers la fin du VIIIme siècle.* — *Gradually the "grafio" is brought on a level with the "comes" (q.v.) by a process which is completed towards the end of the eighth century.* (Voir, dans l'article *comes*, sub 10, les textes où le "grafio" est distingué du "comes" et d'autres où "comes" et "grafio" sont employés comme synonymes. — See under *comes*, rubric 10, some cases where "comes" and "grafio" are distinct and where the two words are synonymous.) Unusquisque episcopus in sua parrochia sollicitudinem adhibeat adjuvante gravione, qui defensor ecclesiae est, ut populus Dei paganias non faciat. Karlmanni synod. Liptin. a. 742, c. 5, *Capit.*, I p. 25. Ducibus, comitibus, graffionibus. *D. Karolin.*, I no. 6 (a. 753); no. 141 (a. 782). Cum comite Baioariorum, quem illi [i.e. Baioarii] gravionem dicunt. PAUL. DIAC., Hist. Langob., lib. 5 c. 36. [Karolus rex] abstollens [i.e. sumens] secum diversos episcopos, abbates etiam et judices, duces nempe et grafiones, ... Romam ... properavit. Lib. pontif., Hadr. I, § 35, ed. DUCHESNE, I p. 496. **3.** *employé pour le gerefa anglosaxon, le sheriff anglais* — *reeve, sheriff.* In alodo duos habet arpennos a cunctis graphionum insidiis absolutos. *D. Philippe Ier*, no. 12 p. 36 (a. 1061). Gravionum pravitas. Leg. Henrici, c. 7 § 2, LIEBERMANN, p. 553. [Bernevallis possessionem super Normannici littus maris] ... ab oppressione exactorum regiorum, quos dicunt graffiones, ... emancipaveram. SUGER., De admin. sua, c. 23, ed. LECOY, p. 184.

**graphium** (gr., sens primitif "écrit" — original meaning "writing"): *propriété basée sur une charte* — *property held by written deed, bookland.* Rex decimam totius regni sui partem ... in sempiterno graphio in cruce Christi ... uni et trino Deo immolavit. ASSER., G. Aelfredi, c. 11, ed. STEVENSON, p. 9. Confirmata est in sempiterno graphio. BIRCH, *Cart. Saxon.*, II p. 238 (< a. 900>, spur.). Hoc eulogiae fructuosum munusculum in sempiterno graphio ... maneat. Ib., p. 421 (a. 937). Similia ib., III p. 31 (a. 949); p. 46 (a. 946-951). Reciperet C. in sempiterno graphio. Acta Caretoci, *AASS.*, Maji III p. 586.

**gramaculus**, v. cramaculus.

**gramalius**, v. cramala.

**gramita**, gramata: *broderie* — *embroidery.* UGHELLI, VII p. 1275 (ch. a. 1197).

**grammaticus** (adj.): **1.** *latin* — *Latin.* **2.** *littéraire* — *literary.* Subst. femin. **grammatica**: **1.** *le latin* — *Latin.* **2.** *la littérature* — *literature.*

**grammatizare**, -icare: **1.** *pratiquer la grammaire* — *to practise grammar.* **2.** *parler latin* — *to speak Latin.*

**grammulare**: *teiller* le lin — *to break* flax. MURATORI, *Antiq.*, II col. 353 (ch. a. 1133 et a. 1174).

**granarium**, gre-, ger-, -ne-: *grenier* — *granary.* S. xiii.

**granarolus**: *marchand de blés* — *corn-dealer.* S. xiii, Ital.

**granatarius**, granet-, gernet-, granarius (<granarium): *préposé du grenier* — *overseer of the granary.* UDALRIC., Cons. Cluniac., lib. 3 c. 18, MIGNE, t. 149 col. 762 A. Eugen. III pap. priv. a. 1152, PFLUGK-HARTTUNG, *Acta*, I no. 226 p. 210.

**grancea**, granchia, grancia, v. granica.

**grandinare**, transit.: *flageller* — *to scourge.*

**grandis**: **grand* — *big.*

**granea** (<granum): *grenier, grange à blé* — *granary.* Areale unum cum casa dominicata et granea. D. Ludov. Pii a. 823, MIGNE, t. 104 col. 1124 A (BM.$^{2}$ 773). Est ibi domus ... cum granea. Polypt. s. Remigii Rem., c. 15 § 63, ed. GUÉRARD, p. 39. Etiam c. 28 § 1 sq., p. 99.



**grangaticum** (<granica): *redevance perçue sur les granges* — *a due levied from granaries.* [Episcopus] debitum horreorum, id est grangaticum, quod ad se pertinebat, illis habere permisit. G. pontif. Autissiod., c. 49 (s. xi), ed. DURU, p. 391.

**grangiarius**, granch-, -erius (<granica): **1.** *préposé du grenier* — *overseer of the granary.* Tractus decime communis erit ... et granchiarius communi utriusque assensu singulis annis instituetur. *Actes Phil.-Aug.*, no. 100 (a. 1183/1184), I p. 123. **2.** *moine placé à la tête d'une grange cistercienne* — *a monk in charge of a Cistercian grange.* CAESAR. HEISTERBAC., Dial., lib. 5 c. 33, ed. STRANGE, I p. 317. Iterum lib. 7 c. 38, II p. 46.

**granica**, graneca, granchia, gren-, -cia, -cea, -tia, -gia, -gua, -za (<granum): **1.** *grenier, grange à blé* — *granary.* Ad casas dominicas, stabulare, fenile, granicam vel tuninum recuperando [i.e. reparandum]. Lex Baiwar., lib. 1 tit. 13 § 1. Si [quis] domus infra curte incenderit aut scuria aut granica vel cellaria. Lex Alamann., tit. 76 § 2. Cellaria vel camara et granica, quicquid in ea habuit reposita. F. Sal. Bignon., no. 14, *Form.*, p. 233. Casis, casalis, granicis, domibus. BRUCKNER, *Reg. Alsatiae*, no. 160 (a. 747). Silvis, pascuis, grangiis, mancipiis. Ib., no. 207 (a. 768). Spicaria 5, granecas 3. Brev. exempla, c. 30, *Capit.*, I p. 255. Scutit [i.e. excutit] 12 modia de annona in granica dominica. Polypt. Irminonis, br. 25 c. 3. Curtilis ... cum granica. BERNARD-BRUEL, *Ch. de Cluny*, I no. 707 (a. 947-948). Casa dominica cum granica ceterisque edificiis. PERRIN, *Marmoutier*, p. 155 (s. xi). **2.** *grange, maison affiliée d'une abbaye cistercienne* — *outhouse of a Cistercian abbey.* Capitulum eo anno non tunc apud Cistercium, sed postea ... apud grangiam quandam de Fusniaco celebratum est. Contin. Valcellens. ad SIGIB., a. 1162, *SS.*, VI p. 460. WAMPACH, *UB. Luxemb.*, I no. 488 (a. 1171). In omnibus abbatiis [sint] ad minimum 12 monachi cum abbate tredecimo; alioquin vel in grangias redigantur vel ex toto dimittantur. Capitul. gener. ord. Cisterc. a. 1189 ap. MARTÈNE, *Coll.*, I p. 1213 col. 3. In prediis [fratrum] extra abbatiam et grangias statutis. BURCHARD. URSPERG., ed. HOLDER EGGER-SIMSON, p. 94.

**grano**, greno (genet. -onis), granus: *favoris* — *whiskers.* Neque [lectores] granos gentili ritu dimittant. Concil. Bracar. II a. 561, c. 11, MANSI, t. 9 col. 778. Si granonem ictu percussam praeciderit. Lex Fris., tit. 22 § 17. Barbam trahit atque granonem. GODEFR. VITERB., Pantheon, part. 23 c. 29, *SS.*, XXII p. 235 l. 32. Barbati et prolixos habentes granos. D'ACHÉRY, *Spic.*, II p. 435 (ca. a. 1115).

**granum**, cum notione 3 etiam grana (femin.), cum notione 4 etiam granus: **1.** *blé* — *corn.* Tam granum quam et salem. SCHIAPARELLI, *CD. Longob.*, no. 223 p. 261 (a. 768, Lucca). **2.** spec.: *froment* — *wheat.* 10 siclas de cervisa vel totidem modios de grano. WARTMANN, *UB. S.-Gallen*, II no. 402 p. 23 (a. 847). Ab uno manso accipiantur 12 modia grani. KÖTZSCHKE, *Urbare Werden*, p. 18 (s. ix ex.). Ad grani modium 1, hordei et speltae modium 1. Chron. Farf., contin., MURATORI, *Scr.*, II pt. 2 col. 545. Asscendit ... mina grani pretio solidorum decem. OBERT., Ann. Genuens., a. 1171, ed. BELGRANO, I p. 247. **3.** *graine d'écarlate, kermès* — *scarlet grain, kermes.* S. xiii. **4.** *grain, un petit poids* — *grain, small weight.* S. xiii.

**grapa**: *balle, vannures* — *chaff.* S. xiii.

**grapinus**, grapinum: *balle, vannures* — *chaff.* S. xiii.

**grappus**, grapus (germ.): *grappe* — *grape.*

**grasala**, grass-, -ell-, -us: *plat* — *dish.* S. xiii.

**grassus** = crassus.

**grata** = crates.

**gratanter**: **volontiers, avec plaisir* — *gladly, with pleasure.*

**gratare**, cratare (germ., cf. teuton. *kratzen*): *gratter* — *to scratch.* Si quis alium unguibus crataverit. Lex Fris., addit. sap., tit. 3 § 44. In utraque maxillo ferro ad hoc facto etiam candenti bene gratetur et comburatur. *D. Heinrichs II.*, no. 501 (a. 1023). Similia ib., no. 507 (a. 1024).

**gratari**: **être joyeux, heureux* — *to rejoice.*

**grates** = crates.

**gratia**: **1.** *la grâce, la faveur, la condescendance d'un prince* — *a ruler's grace, favour, condescension.* Haec omnia adimplere procuretis, si gratia[m] nostra[m] obtatis habere. MARCULF., lib. 1 no. 11, *Form.*, p. 49. Vobis ob hoc ad gratiam nostram debeat pertinere. Ib., no. 35 p. 66. Qualiter gratia[m] nostra[m] vultis habere. *D. Karolin.*, I no. 77 (a. 772/774). Item no. 88 (a. 774/775). Si gratiam Dei et nostram habere vultis. Ib., no. 172 (a. 791). [Karolus rex] Tasiloni gratuitu animo et culpas perpetratas indulsit et gratia[m] pleniter concessit. Concil. Franconof. a. 794, *Conc.*, II p. 166. Hujus epistolae exemplaria ... dirigi non negligas, si gratiam nostram habere vis. Epist. de litt. col. (a. 780-800), *Capit.*, I p. 79 l. 44. Similiter epist. ad Fulrad. (a. 804-811), p. 168 l. 39. Sicut nostra[m] gratia[m] vel suos honores habere desiderant. Capit. missor. gener. a. 802, c. 21, p. 95. Omnis homo, sicut gratiam Dei et nostram habere desiderat, ita praestet ... reverentiam huic pontifici. Const. Romana a. 824, c. 9, p. 324. Si regiae vel imperialis gratiae particeps esse velit. *D. Ottos II.*, no. 221 (a. 980). Nostre dignitatis gratiam perdere non dubitet. Ib., no. 290 (a. 983). Tibi pro gratia nostra precipimus ... Longe scias te abesse nostre gratie. *D. Ottos III.*, no. 345 (a. 1000). In gratiam clementer recipitur et honori pristino redditur. WIDUKIND., lib. 2 c. 13. Sciat ... nostri graciam numquam consecuturum. *D. Heinrichs II.*, no. 398 (a. 1019). Qui ob irreverentiam sui malefacti ipsius imperatoris amiserat gratiam. BEYER, *UB. Mittelrh.*, I no. 358 (a. 1035). Sub Dei nostreque gratie obtentu imperamus. *D. Konrads II.*, no. 130 (a. 1028). Hoc rege praecipiente sub obtentu gratiae suae. Ann. Altah. maj., a. 1071, ed. OEFELE, p. 83. Qui ferebatur gratiam ducis non habere. Ib., a. 1069, p. 76. Dux B. jussit ... ut ob omnipotentis Dei gratiam et suam in legitimum venirent concilium. ESCHER-SCHWEIZER, *UB. Zürich*, I no. 103 (a. 968). Si homines ecclesie inter se rixati unus alium morte occiderit, 30 sol. abbati ad recuperandam gratiam ipsius reddat. GRANDIDIER, II p. 223 (a. 1115, Mainz). [Ministerialis] graciam nostram [sc. abbatis] merito perdidisse judi-

caretur. CRECELIUS, *Tradit. Werd.*, II p. 6 no. 104. Gratiam domini ducis amisit. KEUTGEN, *Urk. städt. Vfg.*, no. 133 I, c. 12 et 15, p. 119 (ante a. 1178, Freiburg i. Br.) **2.** *le gré, la discrétion, le jugement discrétionnaire* d'un prince — a ruler's *free will, pleasure,* a *discretional judgment* pronounced by a ruler. Sciat se . . . et gratiae jure redargui et detrimentum pati. *D. Ottos III.*, no. 115 (a. 993). Quicumque mansionarius . . . fuerit citatus a villico . . ., si contumax remanserit, terra ipsius . . . in gracia et voluntate abbatis totaliter pro hoc facto remanebit. OPPERMANN, *Fontes Egmund.*, p. 84 (s. xii). **3.** *punition discrétionnaire — discretionary punishment.* 6 solidos vadiabit in gratiam. KEUTGEN, o.c., no. 139 (s. xii, Soest), p. 140 c. 10. Etiam p. 142 c. 39. **4.** annus gratiae: coutume de laisser la jouissance d'une prébende aux héritiers pendant un an après le décès du titulaire — habitual adjudgment of a prebend to the heirs for one year after the death of the titulary. **5.** *privilège — privilege.* Monasterium . . . electionis gratiam et rerum suarum dispensationis libertatem haberet. Synodi Paris. a. 846 priv. pro mon. Corbej., LEVILLAIN, *Ch. de Corbie*, p. 257 no. 28. **6.** **grâce divine — divine grace.* **7.** **état de grâce — state of grace.* **8.** **don du ciel — heavenly gift.* **9.** spec.: **l'Incarnation — the Incarnation.* Annus gratiae: la tantième année de l'ère chrétienne — the n'th year of the Christian era. S. xiii.

**gratiare: 1.** *remercier — to thank.* Gratiando factum collaudavit. Transl. Mederici (a. 884), MABILLON, *Acta*, III pt. 1 p. 14. Gratiant omnes misericorditer te . . . super dono quod forisfactis hominibus concessisti. Leg. IV Aethelstan, tit. 3, LIEBERMANN, p. 170. **2.** *affranchir — to free.* Ecclesiam illam ab omni exactione quaestarum et procurationum et visitationis archidiaconi gratiavimus. *Gall chr.*[2], XII col. 347 (ch. a. 1201, Nevers).

**gratificare: 1.** **gratifier* qq'un, *accorder une grâce à* qq'un — *to favour, to grant a favour to* a person. **2.** **réjouir — to rejoice* a person. **3.** **remercier, rendre grâces — to thank, to give thanks.* **4.** gratificari: **se montrer complaisant* envers qq'un — *to show grace* to a person.

**gratificus: 1.** **bienveillant, complaisant — favourable, benevolent.* **2.** **reconnaissant, qui remercie — thankful, giving thanks.* **3.** **d'action de grâces — of thanksgiving.* **4.** *qui plaît, agréable — gratifying, agreeable.*

**gratis: 1.** **en vain, pour rien — in vain, without any result.* **2.** **sans raison, injustement — without reason, groundlessly.* **3.** *à dessin, intentionnellement — designedly, purposely.* Gratis an oblitus reticeret is officiales. Ruodlieb, fragm. 5 v. 216. **4.** i.q. grate: *de bon gré, volontiers — willingly, gladly.* Vobis gratis juro. D'ACHÉRY, *Spic.*, VIII p. 226 (ch. a. 1205, Aragon). **5.** *à titre de récompense, en reconnaissance — as a reward, thankfully.* **6.** *indemne, sans conséquence fâcheuse — hurtlessly, without doing harm.*

**gratitudo:** **gratitude, bon vouloir — thankfulness, goodwill.*

**gratuite:** **sans raison — without reason.*

**gratuitus: 1.** **qui ne sert à rien, qui ne rapporte rien — useless, unfruitful.* **2.** *spontané, immérité — spontaneous, undeserved.* B. gratuita pietatis Dei clementia episcopus. MULLER-BOUMAN, *OB. Utrecht*, I no. 105 p. 109 (a. 943).

**gratulanter:** **avec des félicitations, avec joie — rejoicingly, joyfully.*

**gratulari:** **se réjouir, se féliciter de* qqch. — *to rejoice, to be happy about* a thing.

**gratulatio:** **action de se féliciter, réjouissance, joie — rejoicing, happiness.*

**gratulatorius** (adj.): **de félicitation — congratulatory.*

**1. gratus:** **joyeux — joyful.*

**2. gratus** = crates.

**grattusia,** grat-, -ugia (cf. voc. gratare): *râpe — rasp.* S. xii, Ital.

**grauaria,** graueria, v. gruaria.

**grauaringus,** v. gruaringus.

**graulus** = graculus.

**grausia,** v. greusia.

**1. grava,** gravia, greva (celt.): **1.** *plage de sable — sandy beach.* Illi curtiles et grava quae sunt in Diva. *D. Charles le Chauve*, no. 407 (a. 876), II p. 409 l. 17. Dedi . . . decem jornalia greve apud R. . . . ad salinam faciendam. BRUNEL, *Actes de Pontieu*, p. 248 no. 162 (a. 1203). **2.** *esplanade sablonneuse — sandy castle-yard.* Duellum . . . in gravia castri tenebitur. *Actes Phil.-Aug.*, no. 361 (a. 1190), § 26, I p. 441.

**2. grava,** gravia (anglosax.): *bosquet — grove.* S. xii, Angl.

**gravamen: 1.** **embarras, peine, douleur — trouble, pain.* **2.** **charge, imposition, exaction — burden, impost, extortion.* **3.** *grief, sujet de plainte, tort — grievance, wrong done.* S. xiii. **4.** *plainte, réclamation — complaint, accusation.* S. xiii.

**gravare: 1.** **accuser — to accuse.* **2.** **réprimander, admonester — to reprove, to warn.* **3.** **attrister — to distress.*

**gravatarius:** *celui qui prend le baptême en danger de mourir — one who has himself baptized when in peril of death.* Non licet absque Paschae sollempnitatem ullo tempore baptizare nisi illos, quibus mors vicina est, quos gravattarios dicunt. Concil. Autissiodor. (a. 573-603), *Conc.*, I p. 181. Hujuscemodi baptizatos, quos vulgaris sermo gravatarios vocat, canonica auctoritas a gradibus ecclesiasticis patenter repellit. Concil. Paris. a. 829, c. 8, ib., II p. 615.

**gravatio: 1.** **maladie — illness.* **2.** *tort, oppression — wrong, oppression.*

**gravedo: 1.** **poids, pesanteur — weight, heaviness.* **2.** **exaction accablante — oppressive imposition.* Neque ab eis praepositi . . . tailliatas, questus vel aliquam hujusmodi gravedinem exigerent. D. Ludov. VI reg. Fr. a. 1119, *Ordonn.*, VII p. 445. **3.** *tort, oppression — wrong, oppression.*

**graveria,** gravera (celt., cf. voc. 1. grava): *plage de sable — sandy beach.* DC.-F., IV p. 107 col. 3 (ch. a. 1146, Montpellier).

**1. gravia,** v. 1. grava.

**2. gravia,** v. 2. grava.

**gravidare: 1.** **rendre enceinte — to impregnate.* **2.** *embarrasser, opprimer — to burden, oppress.*

**gravio,** v. grafio.

**gravitas:** *tort, oppression — injury, oppression* S. xii.

**gravitudo:** *tort, oppression — injury, oppression.*

**graecitas:** **la langue grèque — Greek.*



**graecizare,** graecissare: **parler* ou *chanter grec — to speak* or *sing Greek.* Inter se graecizantes et subridentes, nos autem celantes, multa loqui ceperunt. EDD. STEPH., V. Wilfridi, c. 52, *SRM.*, VI p. 247 l. 24. Hoc post odecolon grecissant kirrie eleison. Ecbasis, v. 924, ed. VOIGT, p. 128.

**gregare:** *rassembler — to collect.* Immensas praedas gregaret. V. Guthlaci, c. 10, MABILLON, *Acta*, III pt. 1 p. 266.

**gregarius.** Milites gregarii (class. "simples soldats — common soldiers"): *guerriers de rang inférieur, guerriers roturiers, chevaliers dans la condition de "ministeriales" — warriors of the rank and file, not belonging to the nobility; knights having the status of "ministeriales".* Illi [sc. milites in comitatu archiepiscopi] gregarios, id est ignobiles, milites pluriores habent quam deceat sub se. ALCUIN., epist. 233, *Epp.*, IV p. 378. Episcopi, duces et reliqui principes, milites primi, milites gregarii. WIPO, G. Chuonradi, c. 4, ed. BRESSLAU, p. 24. ANSELM., G. episc. Leod., lib. 2 c. 55, *SS.*, VII p. 223. Illi astiterunt . . . aliique nobiles multique . . . gregarii milites. *Hist. de Fr.*, XI p. 474 A, c. 9 (a. 1050). [Principes] miliciam detrectabant. Ipse tamen [rex] . . . gregario tantum et privato milite contentus infesto exercitu ingressus est Ungariam. LAMPERT. HERSFELD., Ann., a. 1074, ed. HOLDER-EGGER, p. 198. Miles quidam gregarius, cujus pater in genere suo primus de ignobili cingulum acceperat militare. G. episc. Autissiod., c. 59, *Hist. de Fr.*, XVIII p. 738 D. Gregariis satellitibus collectis. Cantat. s. Huberti, c. 72, ed. HANQUET, p. 174. THIOFRID., Mir. Willibrordi, c. 33, *SS.*, XXIII p. 26. Milites gregarii [oppos.: milites praecipui]. ORDER. VITAL., lib. 4 c. 4, ed. LEPRÉVOST, II p. 181. V. Altmanni, c. 1, *SS.*, XII p. 229. Miles gregarius: einschiltic, vasallus qui non nisi ab uno latere gaudet clypeo militare. Glossa ap. MASSMANN, *Kaiserchronik*, III p. 989 n.

**gremium: 1.** **réunion, congrégation — assembly, congregation.* Post meo obitum in gremio ipsius ecclesie et monastherio sit potestatem [dispensandi] pro alimoniis pauperum et susceptio[ne] peregrinorum vel pro missa mea. SCHIAPARELLI, *CD. Longob.*, I no. 100 p. 289 (a. 750, Lucca). **2.** loc. in gremio matris ecclesiae: *dans le giron de l'Eglise — in the bosom of the Church. **3.** *nef* d'une église — *nave* of a church. In gremio basilicae. Lib. pontif., Silv., ed. MOMMSEN, p. 54. Ibi pluries. In gremio ecclesiae magnae. ANAST. BIBL., Chron., ed. DE BOOR, p. 291. In gremio ejusdem matris ecclesiae in generali sinodo residens. ROSEROT, *Ch. Hte-Marne*, no. 8 p. 17 (a. 904, Langres). Venit in gremium basilicae s. Petri. MABILLON, *Ann.*, III p. 590 (a. 967). In medio ecclesiae gremio positus est. Transl. Gorgonii, c. 8, *AASS.*, Mart. II p. 58 B.

**grenerium,** v. granarium.

**greno** (genet. -onis), v. grano.

**greseus,** gresus, v. grisus.

**gressius** (germ.): *grès, dalle — flag, paving-stone.* S. xiii.

**gressor:** *ambleur — ambling horse.*

**gressuma,** v. gersuma.

**gressus** (decl. iv): *pied — foot.* Cujus gressum dolore nimio podagra contraxerat. GREGOR. M., Dial., lib. 1 c. 6. Catenae disruptae e gressus. V. Sollemnis, c. 12, *SRM.*, VII p. 321. Divitis gressus lacerare podagra. PAUL. DIAC., carm. 29 v. 11, *Poet. lat.*, I p. 64.

**greusia,** grausia, greusa, greugia: *grief — grievance.* S. xiii.

**greva,** v. 1. grava.

**grex: 1.** **le troupeau des fidèles, paroisse — flock of the faithful, congregation.* **2.** *communauté religieuse, congrégation — religious community, chapter.* Pusillus grex s. Salvatoris in Trajecto. MULLER-BOUMAN, *OB. Utrecht*, I no. 443 p. 396 (a. 1164-1169).

**griagium, griaria, griarius,** v. grua-.

**gryphus,** grypho (genet. -onis) = gryps (genet. grypis vel gryphis) ("griffon — griffin").

**grisetus** (<grisus): *étoffe de laine grossière — coarse woollen material.* Indutus tunica illius panni quem Franci grisetum vocant, nos Andegavi buretum. G. cons. Andegav., HALPHEN-POUPARDIN, *Chron. d'Anjou*, p. 40.

**grisuma,** v. gersuma.

**grisus,** cri-, gre-, -x-, -z-, -eus, -eius, -ius (germ.): **1.** *gris — grey.* Crisis poledris. Ruodlieb, fragm. 5 v. 141. **2.** pellicium grisum: vair — gryce. Epist. Wormat., no. 49, ed. BULST, p. 86. Pelliciis crisis, varicosis sive crusennis. Ruodlieb, fragm. 4 v. 6. Varia griseaque pellicea. BERNARD. CLARAEVALL., epist. 2 c. 11, MIGNE, t. 182 col. 86 C. Ex mardrino [opere] grisioque et vario. ALBERT. AQUENS., lib. 2 c. 16, MIGNE, t. 166 col. 419 C. **3.** pannus griseus: drap écru — unbleached cloth. Cappa de griseio panno se superinduit. BALDER. FLORENN., G. Alberonis Treverens., c. 4, *SS.*, VIII p. 246. Subst. neutr. **griseum:** *vair — gryce.* Equos oneratos . . . samitorum et palliorum et grixiorum et variorum. Chron. Placent., a. 1185, MURATORI, *Scr.*, XIV col. 456.

**grochus** = crocus ("safran — saffron").

**grodum,** v. gordum.

**grognum,** v. grunnium.

**groinum,** groinium, v. gruinum.

**gronda, grondalis, grondarium,** v. grund-.

**gronna,** grunna (norveg.): *marécage, lande — marsh, fen.* NENNIUS, Hist. Britt., c. 76, ed. LOT, p. 218. Via facta est eis per montes, silvas et grunnas. V. Aidani Fern., c. 32, ed. DE SMEDT, *Acta sanct. Hiberniae*, col. 479. [Monasterium] permaxima gronna paludosissima et intransmeabili et aquis undique circumcingitur. ASSER., G. Aelfredi, c. 92, ed. STEVENSON, p. 80. Pro firmitate loci gromnarumque oportunitate . . . inibi velint consistere. Mir. Bertini (s. ix ex.), lib. 2 c. 9, *SS.*, XV p. 514. BIRCH, *Cart. Saxon.*, II p. 77 (a. 854); III p. 613 (a. 973). KEMBLE, *CD. Saxon.*, III p. 324 (a. 1002). Grus gruit in gronna. Philomela, v. 23, ed. BAEHRENS, *Poetae lat. min.*, V p. 365 (s. x). Haroldi corpus effodere et in gronnam projicere jussit. SIMEON DUNELM., Hist. regum, § 134, ed. ARNOLD, II p. 160. In gronna deserti cellam aedificavit. V. Carthaci Lismor. (s. xi), c. 4 no. 46, *AASS.*[3], Maji III p. 385 F.

**gronnosus** (<gronna): *marécageux — marshy.* Per sylvestria et gronnosa S. pagae loca. ASSER., G. Aelfredi, c. 41, ed. STEVENSON, p. 41.

**groppus,** gruppus: **1.** *colline — hill. D. Karls III.*, no. 34 (a. 881). **2.** *seing manuel de*

*notaire public* (en forme de monceau) — *notary's handmark* (in the shape of a knoll). S. xiii, Ital.
**grossare** (<grossus): *expédier* un acte — *to engross*. Titulus grossatus et sigillatus fuit. DC.-F., IV p. 115 col. 3 (ch. a. 1197, Clermont).
**grossarius** (adj.) (<grossus). Faber grossarius: forgeron — blacksmith. Fabri grossarii sex, aurifices duo . . . Adalhardi abb. Corbej. stat. a. 822, c. 1, ed. LEVILLAIN, *LMA.*, t. 13 (1900) p. 352.
**grossescere: 1.** *grossir, s'enfler* — *to grow, swell*. ALDHELM., Virg., c. 22, *Auct. ant.*, XV p. 253. **2.** *grandir, augmenter* — *to increase, augment*. In eis culpa grossescit. GREGOR. M., lib. 9 epist. 147, p. 145 l. 19. PAUL. DIAC., Homil., MIGNE, t. 95 col. 1481 A.
**grossities: 1.** *grosseur* — *thickness*. SALIMBENE, ed. HOLDER-EGGER, p. 398. **2.** *grossièreté* — *coarseness*. Grossities ingenii. V. Odae Riveroel. (s. xii p. post.), *AASS.*, Apr. II p. 773.
**grossitudo: 1.** **grosseur* — *thickness*. **2.** (d'une étoffe) *grossièreté* — (of material) *coarseness*. Benedicti regula, c. 55.
**grossus: 1.** *(d'un corps) *gros* — (of a body) *thick*. **2.** silva grossa: le bois lourd, par opposition aux branchages — big wood as contradistinguished from branches. Nullam portionem de silva, nec de grossa nec de minuta, habere deberet. POUPARDIN, *Ch. de S.-Germain-des-Prés*, I no. 22 p. 36 (a. 791; an genuina?) Q. cum silva grossiori et territorio de eadem villa exarato. *D. Ottos I.*, no. 1 (a. 937). **3.** decima grossa: la *grande dîme* des céréales par opposition aux menues dîmes — the *big tithe* (corn tithe) as contradistinguished from the minute tithes. CALMET, *Lorr.*, I col. 575 (ch. a. 1103). Quartam partem decime minute et grosse. ROUSSEAU, *Actes de Namur*, no. 29 (a. 1188). **4.** *(d'une étoffe) *épais, grossier* — (of material) *thick, coarse*. **5.** **grossier, dur, rude* — *coarse, rough, crude*. Annona grossa: les céréales de moindre qualité que le froment (seigle, etc.) — cereals inferior to wheat (like rye). Dimidium modium frumenti et dimidium grosse annone. Innoc. II pap. priv. a. 1139, PFLUGK-HARTTUNG, *Acta*, I no. 178. Triginta sextarios bladi, medietatem frumenti et medietatem grosse annone. *Actes Phil.-Aug.*, no. 646 (a. 1200), II p. 206. **6.** *vaste, grand* — *extensive, big*. Mihi peccatori grossa res data est potius ad indagandum quam ad exponendum. AMALAR., Lib. off., prol., ed. HANSSENS, II p. 26. Subst. mascul. **grossus** (sc. denarius): *gros* (monnaie) — *groat* (coin). S. xiii. Subst. femin. **grossa: 1.** (sc. charta, littera) *grosse, expédition* — *engrossment*. Cum notarius . . . literas notatas secundum arbitrium postulantis et redactas in grossam literarum . . . relegisset. Innoc. III pap. epist., *Concil. Hisp.*, III p. 414. **2.** *grosse* (douze douzaines) — *gross* (twelve dozen). S. xiii. Subst. neutr. **grossum.** Loc. in grossum, in grosso: en gros — wholesale. Licet homini cujus vinum fuerit vendere in navi vel in tabernam vel in grossum. *Actes Phil.-Aug.*, no. 426 (a. 1192), I p. 516. Sagimen quando venditur Pictavis in grosso. AUDOUIN, *Rec. de Poitiers*, I p. 54 no. 28 § 11 (s. xii ex.).
**grotta,** v. crotta.
**grua** = grus.
**gruagium,** griagium (cf. voc. gruarius): *gruerie, pouvoirs exercés par le gruyer dans les forêts, redevance coutumière perçue à ce titre* — *powers of the forest official called "gruyer", customary due exacted by him*. Dicebant se jus habere in griagio hujus nemoris. *Actes Phil.-Aug.*, no. 527 (a. 1196), II p. 67. Habeant . . . bernagium et griagium foreste de A. Ib., no. 694 (a. 1201/1202), p. 258.
**gruaria,** grueria, grauaria, graueria, griaria (<gruarius): idem quod gruagium. Concedo eam [terram] liberam ab omnibus grauariis, bernagiis et omnibus consuetudinibus meis. DC.-F., IV p. 106 col. 3 (ch. a. 1042, Normandie). Has terras reddo et concedo quietas de grauaria et ab omni laicali consuetudine. HASKINS, *Norman inst.*, p. 288 no. 4ª (a. 1088). Ecclesiam de F. in montibus T. terram vastam possidere secus forestam, in qua terra griariam habebamus . . . Griariam nostram, quam in terris ecclesie habebamus, monachis perdonavimus. LUCHAIRE, *Louis VII*, p. 393 no. 298 (a. 1153). Cessimus . . . si quid habebamus nomine griariae in territorio praedictae villae. DC.-F., IV p. 118 col. 2 (a. 1186, Paris). Tam in traverso aque Medunte quam in teloneo ville et griaria foreste. *Actes Phil.-Aug.*, no. 551 (a. 1197), II p. 101.
**gruaringus,** grauaringus: idem quod gruarius. S. xii, Norm.
**gruarius,** gruerius, griarius (germ.): *gruyer*, fonctionnaire préposé aux forêts et terres vagues — *forest official*. S. xiii.
**gruellum:** *bouillie* — *porridge*. S. xiii.
**gruinum,** groinum, groinium (<ruere?): *grouin, grains tombés* — *wasted grains of corn*. DC.-F., IV p. 114 col. 1 sq. (ch. a. 1170, 1177, Cambrai).
**grunda,** gronda (cf. voc. subgrunda): *ruisseau, gouttière* — *gutter*. Medietatem de casa meas infra civitatem cum gronda sua livera, tam solamentum quam ligname[n] fine [i.e. usque] grondas. SCHIAPARELLI, *CD. Longob.*, I no. 23 p. 90 (a. 720, Pisa).
**grundalis,** grondalis (<grunda): *gouttière* — *gutter*. DC.-F., IV p. 114 col. 1 (ch. s. x ex., Capua).
**grundare** (<grunda): *dégoutter* — *to drip*.
**grundarium,** grondarium (<grunda): *gouttière* — *gutter*. S. xiii, Ital.
**grunditus,** grunitus = grunnitus.
**grunna,** v. gronna.
**grunnium,** grunum, grugnum, grognum (<grunnire): **1.** *groin* — *snout*. IONAS, V. Columbani, lib. 2 c. 22, ed. KRUSCH, p. 278. **2.** *langue de terre, cap* — *spit of land, cape*.
**gruppus,** v. groppus.
**grutarius** (<grutum): *débitant du mélange d'herbes employé pour la fermentation de la bière* — *grouter*. G. abb. Trudon., contin. I, ed. DE BORMAN, I p. 159.
**grutum** (germ.): *mélange d'herbes employé pour la fermentation de la bière* — *grout, mash*. S. xii.
**guadium** et deriv., v. wad-.
**guaisda,** v. waisda.
**guaitare** et deriv., v. wact-.
**gualcare** et deriv., v. walc-.
**gualdus** et deriv., v. wald-.
**guantus,** v. wantus.
**guarantus** et deriv., v. warant-.
**guarda** et deriv., v. ward-.
**guarire,** v. warire.



**guarnire** et deriv., v. warn-.
**guarpire** et deriv., v. werp-.
**guaso,** v. waso.
**guastare** = vastare.
**guastum,** v. vastum.
**gubba** = gibbus.
**gubernantia:** *gouvernement* — *rule*. PAUL. DIAC., Homil., MIGNE, t. 95 col. 1235 C.
**gubernium:** *régime, gouvernement* — *rule, sway*.
**guelda,** v. gilda.
**gueregildus,** v. werigeldus.
**guerpire** et deriv., v. werp-.
**guerra** et deriv., v. werr-.
**gueta,** guetta, v. wacta.
**guidare** et deriv., v. wid-.
**guilda,** v. gilda.
**guilhalla,** guihalla, v. gildhalla.
**guillo** (genet. -onis), v. gillo.
**guinnagium,** v. winagium.
**guiro** (genet. -onis), v. 1. giro.
**gula** (class. "gosier — throat"): **1.** *embouchure d'un fleuve* — *mouth of a river*. Ch. fund. abb. Orbisterii a. 1007, ed. BOUTETIÈRE. *Arch. hist. du Poitou*, t. 6 (1877). **2.** *peau du gosier de la martre* — *fur from marten throats*. Gulas, quibus nunc ardet clerus, nescirent. Annalista Saxo, a. 1044, *SS.*, VI p. 686. Crusinam gulis ornatam. BRUNO, Bell. Sax., c. 92, ed. WATTENBACH, p. 68. Murium rubricatas pelliculas, quas gulas vocant. BERNARD. CLARAEVALL., epist. 42 c. 2, MIGNE, t. 182 col. 813 B. [Pellibus agnorum] gulis martherinis in circuitu ornatis imperatorem . . . vestivit. V. Meinwerci, c. 181, ed. TENCKHOFF, p. 103.
**gulaba,** golafus (arab.): certain *vaisseau* — sort of *ship*. CAFFAR., Ann., a. 1119, ed. BELGRANO, I p. 16. GAUFRED. MALAT., lib. 2 c. 8, ed. PONTIERI, p. 76.
**gulatus** (adj.) (<gula): *orné de peaux du gosier de la martre* — *adorned with marten throat-fur*. Pellicium bene valde gulatum. Ruodlieb, fragm. 14 v. 90. Etiam fragm. 13 v. 102.
**gulda,** v. gilda.
**guldum,** v. geldus.
**gumba** = gibbus.
**gumphus,** gunfus, v. gomphus.
**gumma** = gummi (indecl., "gomme, résine — gum, resin").
**gunella,** gonella (< 1. gunna): *tunique* ou *veston de peau* — *fur tunic* or *coat*. Propter precium . . . gonella una de ysimbruno. ALART, *Cart. Roussillonnais*, no. 73 p. 105 (a. 1095). Camerarius non debet sine licentia abbatis dare froccum et gunellam et caligas de velleribus et illas tantum vetulis. Consuet. Fructuar. (s. xi), lib. 2 c. 8, ALBERS, IV p. 143. BERNARD. MORLAN., Cons. Cluniac., c. 3, ed. HERRGOTT, p. 142; c. 32, p. 216. UDALRIC., Cons. Cluniac., lib. 3 c. 5, MIGNE, t. 149 col. 740 B. WILLELM., Const. Hirsaug., lib. 1 c. 16, ib., t. 150 col. 947 B.
**1. gunna,** gonna (celt.): *manteau de peau, pelisse* — *fur cloak*. Bonif. et Lulli epist. 114, *Epp.*, III p. 403. Rursum epist. 116, p. 406. Senibus nostris gunnas pellicias tribuimus. Theodemari epist., ib., IV p. 513 l. 26 (a. 787-797).
**2. gunna,** gonna: *canon* — *gun*. S. xiv, Angl.
**gunnatus** (< 1. gunna): *qui porte des pelisses* — *wearing fur cloaks*. Pauper et gunnata, id est pellicea, Saxonia. LIUDPR. CREMON., Legat., c. 53, ed. BECKER, p. 204.
**guntfano,** gont-, gon-, con-; -fal-, -far- (genet. -onis); -onum (germ.): *étendard, bannière* — *standard, banner*. Sunt in ea [ecclesia] . . . guntfanones 2. BEYER, *UB. Mittelrh.*, I no. 120 p. 125 (a. 882, Prüm). Laici debent portare confanones ante monachos. Consuet. Cluniac. antiq., rec. B, c. 21, ALBERS, II p. 15. Ib., rec. C, c. 20, p. 45. Ante omnes eant famuli portantes confanones. Consuet. Fructuar. (s. xi), lib. 1 c. 56, ib., IV p. 85. Poma guntfanonum 7 ex argento auroque parata. Descr. abbat. Centul. a. 831 ap. HARIULF., Chron., lib. 3 c. 3, ed. LOT, p. 87. Acta Murensia, c. 16, ed. KIEM, p. 50.
**guntfanonarius,** gont-, gon-, con-, -falo-, -ne- (<guntfano): *porte-étendard* — *standard-bearer*. Capit. Tusiac. a. 865, c. 13, II p. 331.
**gupilarius** (< gupillus): *renardier* — *foxhunter*.
**gupillus** = vulpiculus.
**gurbedus:** *terrain inculte* — *waste area*. Areis . . . cum gurbedis et pascuis. *Arch. Prov. Parmense*, 1924, p. 257 (a. 995).
**gurges,** gurgus (sens emprunté à "gordum" — sense taken over from "gordum"): *barrage* — *weir*. V. Galli vetustiss., c. 3, *SRM.*, IV p. 252. DE MARCA, *Marca Hisp.*, app. col. 875 (ch. a. 957). D. Henrici I reg. Fr. (a. 1031-1060) ap. DC.-F., IV p. 140 col. 3. D. Ludov. VII reg. a. 1147, ib. Chron. Farf., contin., MURATORI, *Scr.*, II pt. 2 col. 474.
**gurgulium,** gurgulum = gurgulio.
**gurpire** et deriv., v. werp-.
**gussa,** gossa, guza, goza, guzia: *une machine de guerre* — *a war engine*. Usat. Barchin., c. 93, ed. D'ABADAL-VALLS TABERNER, p. 42.
**gustare,** intrans.: *manger, prendre le souper* — *to dine*. ETHER., Peregr., lib. 4 c. 8.
**1. gutta:** *goutte, rhumatisme articulaire* — *gout*. THIETMAR., lib. 4 c. 72. DONIZO, V. Mathildis, lib. 2 c. 21 v. 58, *SS.*, XII p. 407. BARDO, V. Anselmi Lucc., c. 59, ib., p. 29. Gutta caduca: épilepsie — epilepsy. V. sancti Karoli Magni (a. 1170-1180), lib. 2 c. 22, ed. RAUSCHEN, p. 63. Gutta ciata: goutte sciatique — sciatica. Mir. Edmundi, MARTÈNE, *Thes.*, III col. 1895. HARTMANN., V. Wiboradae, MABILLON, *Acta*, V p. 60.
**2. gutta,** gotta, guta, gota (lat. *gutta* croisé avec — mixed up with germ. *gota*): *ruisseau, rigole, bief* — *gutter, drain, ditch*. Per Garonnam et illam guttam que decurrit per terram nostram. *Hist. de Languedoc*³, II pr. no. 131 col. 275 (a. 847, Bonneval). A medio die gutta que in estate siccat. BERNARD-BRUEL, *Ch. de Cluny*, II no. 1167 p. 255 (a. 963/964). Ibi saepe. Slusam . . . cum gottis suis. MIRAEUS, III p. 61 col. 2 (ch. a. 1183, Flandre).
**gutteria** (<guttur): *goitre* — *goitre*. RATHER., V. Ursmari Lob., c. 8, MIGNE, t. 136 col. 351. HUBERT., V. Gudilae, c. 6 § 23, *AASS.*, Jan. I p. 519.
**guttina,** gott-, -ena (cf. voc. 2. gutta): *ruisseau, rigole* — *gutter, ditch*. De altano infrontat in guttina quae discurrit super ipsa D. *Hist. de Languedoc*³, II pr. no. 173 col. 353 (a. 869/870, Caunes). In alio fron[te] gottena current. BERNARD-BRUEL, *Ch. de Cluny*, II no. 1166 p. 254 (a. 963/964).
**guttura,** guttera, gotera, gutteria (< guttur, croisé avec — mixed up with germ. *gota*, cf. voc. 2. gutta): *ruisseau, gouttière, égout* — *gutter, drain, sewer*. S. xii.
**guza,** guzia, v. gussa.

# H

**habandum**, v. abandum.
**habergellum, habergetum, habergionus**, v. halsberg-.
**1. habere: 1.** *posséder en tenure — to hold as a tenancy.* Si omnis familia servorum, qui haec [sc. mansa] habuere, obierit, sicut sepe accidit, etiam ingenuus quisque par eis obsequium exerceat servile, si contingat ea habere. V. Rigoberti (a. 888-894), c. 3, SRM., VII p. 64. Arvernensis comes Alverniam, quam ego a vobis [sc. rege] habeo, habet. SUGER., V. Ludov. Gr., c. 29, ed. WAQUET, p. 240. **2.** cum infin.: *devoir, avoir à faire — to have to do.* **3.** cum infin.: *aller (verbe auxiliaire, sens du futur) — to shall, to be about to do* (auxiliary verb indicating the future). **4.** cum partic. praet.: *avoir (verbe auxiliaire, sens du passé) — to have* (auxiliary verb indicating the past). **5.** passiv. haberi et reflex. se habere: *se trouver, exister, être — to be extant, to exist, to be.* **6.** impers. habet: *il y a — there is.*
**2. habere** (subst. neutr. indecl.) (cf. voc. avere): *ce qu'on possède, propriété, fortune — assets, property, riches.* Habere magnum et parvum, quod mihi habere pertinuit. FICKER, *Forsch.*, IV no. 29 p. 39 (a. 976, Piacenza). Nunquam donarent leddam in mercato, si suum proprium venderent vel de suo proprio habere comparent aliquid. DOUAIS, *Cart. de Toulouse*, no. 135 p. 100 (a. 1004-1010). Famulo nostro totum habere suum tulit. MÉTAIS, *Cart. de Vendôme*, I no. 173 p. 301 (a. 1060-1064). Omne istud habere, id est duas areas et septem libras denariorum, condonavit. BERTRAND, *Cart. d'Angers*, I no. 66 p. 85 (ca. a. 1084). Clamabant consuetudinem quam tercium appellant de habere dominico monachorum ... si furatum eis esset. Ib., no. 226 p. 273 (a. 1055-1093).
**habilitare, 1.** aliquid: *préparer, arranger — to prepare, to put in readiness.* **2.** aliquem: *préparer, rendre capable, former — to make fit, to enable, to train.*
**habilitas**: *habileté, capacité — ability, power.*
**habitaculum: 1.** *habitation, demeure — dwelling-place.* **2.** spec.: *monastère — monastery.* **3.** *lieu habité, endroit — inhabited place, site.* **4.** *repaire — abode.*
**habitantia**: *action de demeurer, résidence — living, residence.* Homines qui ibi pro habitantia remanserint. Frid. I imp. conv. cum Pisanis a. 1162, Const , I no. 205, c. 8. Juraverunt ... habitantiam facere. MURATORI, *Antiq.*, IV col. 210 (ch. a. 1173).
**habitatio: 1.** *résidence, habitat — dwelling-place.* Factum est regnum Italie habitatio Langobardorum. BENED. SANTANDR., ed. ZUCCHETTI, p. 33. **2.** *demeure rurale, hôtise — rural dwelling, cottage.* Concessit ... habitationes omnes in foresta, hortos et areas et quidquid unquam necessarium erit sumere de ipsa foresta in opus sive utilitatem habitantium in ea. FLACH, *Orig.*, I p. 210 n. 1 (s. xi). **3.** *les habitants — the inhabitants.*

**habitatrix**: *habitante — female inhabitant.*
**habitatus** (decl. iv): *l'action de demeurer — residing.* Habitatu vel natu Francus, eloquio tamen romano clarus. *Hist. de Fr.*, X p. 339 n. (a. 1031).
**habituare**: *habituer, accoutumer — to accustom, habituate.*
**habitudo, 1.** corporis: *extérieur, aspect physique, attitude — outward appearance, stature, bearing.* **2.** *état, manière d'être — state, condition.* **3.** *relation, rapport — relation, connection.* **4.** *nature, propre — nature, character.* Ne causarum habitudine vel aliqua recti destitucione jura pertranseant. Leg. Henrici, tit. 9 § 4, LIEBERMANN, p. 555. **5.** *habitude — habit.*
**habitus** (decl. iv): **1.** *manière de vivre, mœurs, habitude — mode of life, manners, habit.* [Pueri invitis parentibus tonsi] potestatem habeant capitis sui, ut in tali habitu permaneant qualis eis conplacuerit. Capit. legib. add. (a. 818/819), c. 21, I p. 285. **2.** spec.: *la vie selon la règle, la vie monachale — life according to the Rule, monk's life.* In monasterio ubi habitus monachorum inesse videtur. FATTESCHI, *Memor. di Spoleto*, p. 263 (a. 749). Regularem [i.e. regulare] moderaret in sancto habito [i.e. habitu] cenobio [i.e. cenobium]. Notit. de concil. Neuching. a. 772, *Conc.*, II p. 104.
**habulum**, hablum, havla, havra: *port — harbour.* S. xiii.
**hachia**, hacha, hacca (germ.): *hache, hache d'armes — broad-axe, battle-axe.* S. xiii.
**hachetta**, hacc-, hac-, acc-, -eta: *hachette — hatchet.* S. xiii.
**haddocus**: *aigrefin — haddock.* S. xiii, Angl.
**haga**, hagia, haja, haya, heia (germ.): **1.** *haie — hedge.* **2.** *palissade — palisade.* Quicumque castella et firmitates et hajas sine nostro verbo fecerint. Edict. Pist. a. 864, C, c. 1, *Capit.*, I p. 328. **3.** *terrain boisé servant de zône de défense, glacis — woody area used as a defense zone, glacis.* Domino M. si placuerit habere hajam ad tuitionem ville ..., dabitur ei ... de ipso territorio ... haja communis et lata quantum arcus his sagittam unam jacere poterit. FLACH, *Orig.*, II p. 211 (a. 1168, Laonnais). GISLEBERT. MONT., c. 62, ed. VANDERKINDERE, p. 101. Rursum c. 116, p. 176. **4.** *parc clôturé pour le gibier, breuil — covert, shrubby space for game fenced-in with hedges.* In bosco ... facient communiter episcopus et comes hajam factamque communiter custodient. *Gall. chr.*², XII instr. col. 115 (a. 1145, Auxerre). Si aliquod animal ... forestam nostram ... intraverit sive hajam. Lud. VII reg. Fr. priv. pro Lorriac. a. 1155, c. 23, ed. PROU, *RHD.*, t. 8 (1884), p. 450. Si prepositus ... aliquem de villa infra hayam cedentem reppererit. DUVIVIER, *Actes*, I p. 364 (a. 1156, Hainaut). Fecit castrum ... et burgum ... juxta hajam de M. ROBERT. DE TORINN., Chron., a. 1169, SS., VI p. 518 l. 38. **5.** *espace clôturé dans une ville — enclosure in a city.* Domesday.

**hagastalda**, haist-, heist-, hest-, -olda (germ.): *dépendante non mariée qui vit dans la maisnie du seigneur et qui s'acquitte de services quotidiens — a female dependant who, not being married yet, lives in her lord's household and performs daily service.* Descr. Lobiens. a. 866, ed. WARICHEZ, *BCRH.*, t. 78 (1909), p. 257. Ibi pluries. Sunt haistolde 10; solvit unaquaque den. 2. DUVIVIER, *Rech. Hainaut*, no. 32 bis p. 362 (s. x).
**hagastaldus**, haist-, heist-, hest-, -oldus (germ.): *dépendant non marié qui vit dans la maisnie du seigneur et qui s'acquitte de services quotidiens — a dependant who, not being married yet, lives in his lord's household and performs daily service.* Dasgustaldus [leg. hagastaldus] qui voluerint ex ipsis [mancipiis] cum ipso abbate consistere vel basilicae deservire, de rebus s. basilicae dotentur. Testam. Bertichramni a. 615, PARDESSUS, I no. 230 p. 213. In villa M. mansiones dominicales cum appenditiis suis, ubi aspiciunt hestaldi octodecim. DC.-F., IV p. 158 col. 1 (ch. a. 858, Soissons). De centum mansis unum haistaldum, et de mille mansis unum carrum cum 2 bobus ... ad Pistas mitti praecepit, quatenus ipsi haistaldi castellum ... excolerent et custodirent. Ann. Bertin., a. 869, ed. WAITZ, p. 98. Descr. Lobiens. a. 866, ed. WARICHEZ, *BCRH.*, t. 78 (1909), p. 251 sqq. Urbar. Prum. a. 893, c. 11, BEYER, *UB. Mittelrh.*, I p. 150. In villa B. hagistaldos censales 14. *D. Karls III.*, no. 167 (a. 887). Hagastaldi [glossa: id est juvenes] censales. Notit. s. Petri Blandin. s. ix, ed. GYSSELING-KOCH, *BCRH.*, t. 113 (1948), p. 282. Polypt. S. Vitonis (a. 1040-1050), ed. BLOCH, *Jahrb. d. Ges. f. Lothr. Gesch.*, t. 14 (1902), p. 127. DUVIVIER, *Rech. Hainaut*, no. 32 bis p. 362 sq. (s. x). Ad ipsum locum miseros haistoldas [sic] pertinentes. *D. Heinrichs IV.* no. 470ᵃ (< a. 1101>, spur. s. xii ex., Liège). [Jurisdictio] in heistoldorum seu de censu seu de placito negligentiis. BORMANS-SCHOOLMEESTERS, *Cart. de S.-Lambert de Liège*, I no. 32 (a. 1116). Haistaldi vocantur manentes in villa, non tamen habentes hereditatem de curia, nisi areas tantum et communionem in aquis et pascuis. CAESARII glossa ad urbar. Prum., BEYER, o.c., p. 153 n. 10.
**hagiographa** (neutr. plural.): *les livres hagiographiques, troisième partie de l'Ancien Testament — the hagiographic books, third part of the Old Testament.*
**hagiographus**: *auteur d'ouvrages théologiques — author of works of theology.* V. Willibaldi Eichstet. (a. 778), c. 2, SS., XV p. 89. NOTKER. BALBUL., De interpr. script., PEZ, I pt. 1 col. 3.
**hagius**, agius (gr.): *saint — holy.*
**haya**, v. haga.
**haima**, v. ama.
**haimfara**, heim-, hein- (anglosax.): *violation de domicile — housebreach.*
**haira**, heira, hairia (germ.): *toile de crin — haircloth.* Sagia de haira I. MABILLON, Acta, III pt. 1 p. 102 (a. 625 ?).
**hairbannus**, v. haribannus.
**hairo**, hero (genet. -onis), heronus (germ.): *heron — heron.*
**haistalda**, haistolda, **haistaldus**, haistoldus, v. hagastald-.

**haistrus**, hestrus (germ.): *hêtre — beech.* Exceptis quatuor arboribus: quercu et haistro, pomerio et meslerio. BRUNEL, *Actes de Pontieu*, p. 123 no. 85 (a. 1171).
**haja**, v. haga.
**halbannus**, halbanus, v. haribannus.
**halgardum** (anglosax.): *cour, espace clôturé attenant à un manoir — hallgarth.* S. xii, Angl.
**halla**, haulla, hala (germ.): *halle — market-hall.* Comes dedit Geraldimontensibus medietatem hallae in omni jure suo. WARNKOENIG, *Flandr. St.- u. Rechtsg.*, II pt. 2 p. 164 (s. xii ex.). In foro construatur hala ad vendenda ibi mercimonia. *Actes Phil.-Aug.*, no. 540 (a. 1196), c. 40, II p. 88. Burgenses vel communia in platea ista neque stalla neque halas neque herberchagium ... edificabunt. Ib., no. 683 (a. 1201), p. 244. Duas magnas domos quas vulgus halas vocat edificari fecit, in quibus tempore pluviali omnes mercatores merces suas mundissime venderent et in nocte ab incursu latronum tute custodirent. RIGORD., c. 20, ed. DELABORDE, p. 34.
**hallagium** (<halla): *hallage — markethall-dues.* Sint quieti et liberi de thelonio ..., costumis, talleis, corveis, halagio, havagio, bosselagio ... *Gall. chr.*², XIV col. 134 D no. 13 (ca. a. 1145, Le Mans).
**hallimotum**, hali-, hal-, -mota (anglosax.): *tribunal seigneurial qui se tient dans le manoir — hallmoot, baronial court.* Omnis causa terminetur vel hundreto vel comitatu vel halimoto socam habentium. Leg. Henrici, tit. 9 § 4, LIEBERMANN, p. 555. Ibi pluries.
**halsberga**, als-, hal-, hau-, has-, os-; -per-; -c-, -/-, -um, -ium (germ.): **1.** *haubert — hauberk.* Rotardo donate mea[m] bruma[m] [leg. bruniam] cum alsbergo. PÉRARD, *Bourg.*, p. 27 (ch. ca. a. 840). Helmum cum hasbergha. Test. Everardi a. 867, DE COUSSEMAKER, *Cart. de Cysoing*, p. 3. **2.** *chevalier muni d'un haubert — knight wearing a hauberc.* [Principes] distringentes eos [sc. milites] multo plures halspergas de beneficiis suis sibi poterunt, quam illi fraternitur se posse vel jure debere. ... Quot decem mansos in beneficio possident, tot brunias cum duobus scutariis ducant, ita tamen ut pro halsperga tres marcas et pro singulis scutariis singulas marcas accipiant. Constit. de exped. Rom., *Const.*, I no. 447 (ca. a. 1160, Reichenau).
**halsbergatum**, hau-, ha-, aus-, -j-, -otum, -etum, -ettum: *haubergeon — habergeon.* S. xiii.
**halsbergellum**, hal-, al-, hau-, ha-, ho-, -illum, -eolum, -iolum: *haubert — hauberk.* S. xiii.
**halsbergio**, hau-, ha-, -bor-, -go, -jo (germ. -onis), -onus: *haubergeon — habergeon.* S. xii.
**hama**, v. ama.
**hamare** (<hamus): *pêcher à l'hameçon — to angle.*
**hamatus** (<hamus, cf. VERG., Aen., 3, 467): *composé de mailles — made of rings.* Lorica trilici et hamata indutus. Hist. Mosom., c. 8, SS., XIV p. 606 l. 4. Hamata lorica. Walthar., v. 911.
**hameletta**: *petit hameau — small hamlet.* S. xiii.
**hamellum** (< germ. *haim*): *hameau — hamlet.* S. xii.
**hamma**: *terre clôturée — close.* S. xiii, Angl.
**hamsocna** (anglosax.): *violation de domicile — housebreach.* Domesday.
**hamula**, v. amula.

**hanapa,** ana-, hanni-; -pp-, -b-, -ph-, -f-; -us (germ., cf. teuton. *napf*): *coupe, vase — cup, goblet.* Hanappos argenteos deauratos duos. G. abb. Fontan., c. 15, ed. LOEWENFELD, p. 44. Hanappi argentei superaurati 13. ANGILBERT., Relatio de mon. Centul., ap. HARIULFUM, Chron. Centul., lib. 2 c. 10, ed. LOT, p. 68. WOLFHARD. HASER., Mir. Waldburgis, lib. 3 c. 5, *SS.*, XV p. 550. G. pontif. Autissiod., c. 20, ed. DURU, p. 334. GUIBERT. NOVIG., De vita sua, lib. 3 c. 4, ed. BOURGIN, p. 144.

**hanaperium:** *caisse des frais de rôle de la chancellerie royale anglaise — the Hanaper.* S. xiii, Angl.

**hansa,** ansa, ansus, hansia (germ.): **1.** *hanse,* association de marchands domiciliés dans une seule ville ou dans un groupe de villes et s'adonnant au commerce dans une région déterminée éloignée de leur patrie — *hanse,* a union of merchants from a single city or a group of cities trading abroad in a definite country. Illi de Gandavo neminem debent trahere ad hansam suam quam illos qui manent infra quatuor portas de Gandavo. WARNKOENIG-GHELDOLF, *Hist. de Flandre,* III p. 248 (a. 1199). Gildam suam mercariam et hansas suas in Anglia et Normannia. Ch. Joh. reg. Angl. pro Eborac. a. 1200, GROSS, *The Gild Merchant,* II p. 279. Liberum ansum suum tenendum ubi voluerint et quando voluerint. Ch. Will. reg. Scot. (a. 1165-1214), o.c., I p. 197. De omnibus oppidis vel villis ad hansam nostram pertinentibus. Stat. Hansae Flam. de Lond. (ca. a. 1250-1275), c. 4, ed. VAN WERVEKE, *BCRH.,* t. 98 (1953), p. 313. Quicumque . . . confraternitatem istam acquirere voluerit . . ., 60 den. . . . dabit comiti, hanse 2 den. HÖHLBAUM, *Hansisches UB.,* I p. 245 no. 694 (a. 1271, Middelburg). **2.** *la qualité de membre d'une hanse — membership of a hanse.* Quicumque hoc statutum nostrum infregerit, hansa sua sit versus Renum privatus. KETNER, *OB. Utrecht,* III no. 1247 (a. 1251). Omnes illi qui hansam suam lucrari voluerint, debent habere hansam Londoniensem. Statuta laudata, c. 1, p. 311. **3.** la *cotisation* qu'une hanse exige de quiconque veut participer au commerce et jouir des avantages offerts par l'association — *fee* exacted by a hanse from anyone who wants to trade and enjoy the privileges secured by the association. Quisquis eorum ad terram imperatoris pro negotiatione sua perexerit, a nemine meorum hansam persolvere cogatur. Priv. S. Audomari a. 1127, § 6, ed. ESPINAS, *Revue du Nord,* t. 29 (1947), p. 46. Consuetudini quam negotiatores mei hansam vocant non subjaceant, et ubicumque burgenses mei eos invenerint, ab eis hansam non exigant. WARNKOENIG, *Flandr. St.- u. Rechtsg.,* II pt. 2 CD. no. 168 p. 91 (a. 1168). Si quis burgensis, non confrater dicte gulde, tamquam mercator ultra Mosam perrexerit, persolvat hansam. WAUTERS, *Libertés communales,* preuves, p. 235 (a. 1276, Malines). **4.** une *redevance* perçue sur le commerce par les pouvoirs publics — a *due* levied by public authorities from commerce. Hansam, que ad nos [sc. archiepiscopum Bremensem] respectum habuit, arbitrio civium permisimus. *Bremisches UB.,* I no. 58 (a. 1181 vel paulo post). Cum mercibus suis libere eant et redeant per totum ducatum Saxonie absque hansa et absque theloneo . . . Rutheni, Gothi, Normani et cetere gentes orientales absque theloneo et absque hansa ad civitatem sepius dictam veniant. Frid. I imp. priv. pro Lubec. a. 1188, c. 4 et 9, KEUTGEN, *Urk. st. Vfg.,* no. 153 p. 184. Homines nostri de Medunta habent ab antiquo omnes hansas Medunte, tam de villa quam de aqua, suas proprias pro servitio quod nobis faciunt. *Actes Phil.-Aug.,* no. 693 (a. 1201/1202), II p. 256. De hansiis ita dictum est, quod licebit omnibus quibuscumque navibus, de quocumque loco venerint, ire sine condictione [leg. conductione?] ad quemcumque portum voluerint. DC.-F., IV p. 164 col. 3 (ch. a .1220, Dreux). Cf. W. STEIN, *Hansa, Hansische Geschichtsblätter,* 1909. R. DOEHAERD, *A propos du mot hanse, Revue du Nord,* t. 33 (1951), pp. 18-28. H. VAN WERVEKE, *"Hansa" in Vlaanderen en aangrenzende gebieden, Handelingen van het Genootschap "Société d'Emulation" te Brugge,* t. 90 (1953), pp. 5-42.

**hansagium** (<hansa): *contribution exigée par une hanse — fees payable to a hanse.* S. xiii.

**hansare** (< hansa), intrans.: *payer la contribution dite "hansa" — to pay a fee called "hansa".* Quicumque 2 uncias . . . valens de foro ad forum attulit, . . . debet hansare. HÖHLBAUM, *Hansisches UB.,* I p. 245 no. 694 (a. 1271, Middelburg).

**hansgravius:** *un fonctionnaire préposé à une hanse — a hanse official.* KEUTGEN, *Urk. st. Vfg.,* no. 160 p. 198 § 12 (a. 1230, Regensburg). Cf. C. KOEHNE, *Das Hansgrafenamt,* Berlin 1893.

**hansia,** v. hansa.

**haracium** (vascon. < arab.): *haras — stud.* GREGOR. TURON., Hist. Franc., lib. 8 c. 40.

**haraho,** ar-, -acho, -ao: *lieu où se tiennent les plaids — site of a popular court.* Lex Ribuar., tit. 30 § 2. Ibi pluries.

**harbannus,** v. haribannus.

**harella** (<francic. *hari* "armée — army"): **1.** *expédition militaire d'ordre secondaire — minor military expedition.* LOBINEAU, *Bretagne,* II col. 329 (a. 1206). **2.** *bagarre, révolte — riot, uproar.* S. xiv.

**harenga,** harengua, v. arenga.

**harengaria:** *harengaison — herring-season.* DC.-F., IV p. 168 col. 1 (a. 1235, Fécamp).

**harengus,** haring-, -ium (germ.): *hareng — herring.* Nundinam unam que vulgo feria dicitur omni anno quandiu captura haringorum duraverit. HASKINS, *Norman Inst.,* p. 289 no. $4^{b}$ (post a. 1088). Charetee harengorum. GUIMANN., Cart. S. Vedasti, ed. VAN DRIVAL, p. 166. *Ordonn.,* XI p. 212 (a. 1179).

**haribannitor,** -ator (< haribannus): *agent extraordinaire de la royauté chargé de la perception des amendes dites "haribannus" — special royal officer in charge of collection of fines called "haribannus".* Ut illi qui haribannum solvere debent conjectum faciant ad haribannatorem. Capit. missor. a. 803, c. 5, I p. 115. Liberi homines nullum obsequium comitibus faciant . . . excepto servitio quod ad regem pertinet et ad haribannitores vel his qui legationem ducunt. Capit. omnib. cogn. fac. (a. 801-814), c. 2, p. 144.



**haribannus,** ari-, arri-, heri-, eri-, heiri-, hare-, here-, hair-, air-, har-, ar-, hal-, al-, hau-, has-, as-; -vann-; -ban-; -um (germ.): **1.** *amende infligée par le pouvoir public à ceux qui se dérobent au devoir de l'ost;* amende qui se transforme peu à peu en redevance pour rachat de l'obligation de servir dans l'ost — *fine exacted by the public authority for neglect of duty in the host,* later taking the character of a tax paid in stead of duty in the host. Nullus judex publicus ex fisco nostro in curtis ecclesiae suae freda nec sthopha nec herebanno recipere nec requirere non praesumat. *D. Merov.,* no. 28 (a. 664-666). Quicquid tam de ingenuis quam de servientibus super territuriis ipsius monasterii omni commanentibus fisco de freda aut harebannus unde [i.e. inde] poterat sperare. D. Theoder. IV reg. a. 728, BRUCKNER, *Reg. Als.,* no. 114. Neque nos neque juniores nostri neque freta neque stuafa nec haribanno nullumquam tempore non requiramus. ZEUSS, *Trad. Wizenb.,* no. 12 (a. 730-739). Nullum heribannum vel bannum solvere non debeant. *D. Karolin.,* I no. 108 (a. 775). De omnis hostis vel omnibus bannis seu et arribannus sit conservatus. Cart. Senon., no. 19, *Form.,* p. 193. De omnibus hostibus et de omnibus haribanis cuctus [i.e. exoneratus] et securus valeat resedere. F. Sal. Merkel., no. 41, p. 257. Si quis liber, contemta jussione nostra, caeteris in exercitum pergentibus, domi residere praesumpserit, plenum haribannum . . . id est sol. 60 sciat se debere componere. Capit. Ital. a. 801, c. 2, I p. 205. Ut illi qui haribannum solvere debent conjectum faciant ad haribannatorem. Capit. missor. a. 803, c. 5, p. 115. De heribanno volumus, ut missi nostri hoc anno fideliter exactare debeant . . ., id est ut de homine habente libras sex . . . accipiant legittimum heribannum, id est libras tres. Capit. missor. Theodonisv. II a. 805, c. 19, I p. 125. Quicumque fuerit inventus qui nec parem suum ad hostem suum faciendum adjuvit neque perrexit, haribannum nostrum pleniter rewadiet. Capit. missor. de exerc. prom. a. 808, c. 2, p. 137. De heribanno: ut diligenter inquirant missi. Qui hostem facere potuit et non fecit, ipsum bannum componat. Capit. missor. Aquisgr. I a. 810, c. 12, p. 153. Ut haribannum aut aliquod conjectum pro exercitali causa comites de liberis hominibus recipere aut requirere non praesumant, excepto si de palacio nostro . . . missus veniat qui illum haribannum requirat. Capit. missor. Ital. (a. 781-810), c. 13, p. 207. Quicumque liber homo in hostem bannitus fuerit et venire contempserit, plenum heribannum, id est sol. 60, persolvat. Capit. Bonon. a. 811, c. 1, p. 166. Ut vassi nostri . . . qui anno praesente in hoste non fuerunt, heribannum rewadient. Capit. missor. a. 819, c. 27, p. 291. Istos vasallos nostros mittimus ad has partes ad exercitum promovendum et heribannum exactandum. F. Imper. no. 7, *Form.,* p. 292. Cum exactore heribanni, si venerit et eum conpellaverit, . . . se pacificet. EGINHARD., epist. 42, *Epp.,* V p. 131. Heribanni de omnibus Francis accipiuntur. Ann. Bertin., a. 866, ed. WAITZ, p. 81. Nullus fidelium nostrorum ab eis eribannum, quamdiu in ipsa advocacione fuerint, requirere aut exigere presumat. *D. Charles le Chauve,* no. 375 (a. 869-874). **2.** *redevance en argent qui remplace les prestations en nature imposées aux domaines pour les besoins matériels de l'ost — a money tax paid in stead of procurements in kind exacted in behalf of the host from dependent manors.* Quod nihil ibi habuisset proprietatis pro quo heribannum reddere debuisset. WARTMANN, *UB. S.-Gallen,* II p. 393 no. 15 (a. 814-820). Solvunt de airbanno sol. 2. Irminonis polypt., br. 25 c. 20. Solvunt vestiti mansi hairbannum pro duobus bovibus sol. 20, pro homine redimendo de oste sol. 3. Polypt. Fossat., c. 6, GUÉRARD, *Irminon,* II, app., p. 284. Facient ancingas et corvadas et sovincta et airbanno sol. 2 et den. 8. DÉLÉAGE, *Vie rur. en Bourg.,* II p. 1214 (a. 878-938). **3.** *la faculté d'exiger des services de travail — the power to exact labour service.* Mercatum . . . una cum theloneis ac monetis et regio banno . . . et regalem heribannum super milites liberos et servos ejusdem ecclesiae. *D. Ottos III.,* no. 104 (a. 992). Si clamor venerit in villa de aliqua invasione vel forisfacto vel etiam heribani infractione. DUVIVIER, *Rech. Hainaut,* no. 98 p. 498 (a. 1111). **4.** *services de travail — labour service.* Nullam ibi precariam neque heribannum nisi per abbatem accipiant. D. Heinrici V imp., MARTÈNE, *Coll.,* IV col. 1177 (spur. s. xii, Liège). Ab omni consuetudine penitus immunes et quieti perpetuo habeantur, videlicet . . . ab omni expeditione, ab omni harbanno . . . DC.-F., IV p. 166 col. 2 (ch. a. 1137, Bourges). Praepositus atque vigerius, quotiescumque volebant, halbannum submonebant et villanos sese redimere coercebant. Ludov. VII reg. Fr. priv. pro Bituric. a. 1145, *Ordonn.,* I p. 9. **5.** *impôt établi à titre de rachat des services coutumiers de travail — a tax paid in stead of performance of customary labour service.* Assignavimus . . . sex modios vini de haubanno. Ejusdem ch. a. 1154, TARDIF, *Cartons,* no. 530 p. 277. Concessimus burgensibus nostris Parisiensibus, ut quicumque integrum halbanum nobis Parisius debebit, pro integro halbano reddet nobis singulis annis sex sol. . . . Et sic de halbano tantum liber erit et quittus. *Actes Phil.-Aug.,* no. 670 (a. 1201), II p. 227. **6.** ledit impôt pesant en particulier sur l'exercice des métiers et sur le commerce — the same tax as levied especially from crafts and trade. Ab omni consuetudine, videlicet tallia seu equitatione seu hasbanno, . . . liber permaneat dum furnum tenuerit. D. Ludov. VI reg. Fr. a. 1112, TARDIF, *Cartons,* no. 354 p. 203. Hospites jamdictae ecclesiae, qui mercatores sunt et in foro nostro opera venalia exercent, hasbanum, quod caeteri mercatores praeposito nostro persolvunt, ipsi ecclesiae persolvant. Ejusdem ch. a. 1129, *Gall. chr.*$^{2}$, X instr. col. 428 no. 63. Furnisentarii et furnarius ab equitatione et tallia et asbano et exactione nostri praepositi . . . liberi maneant. Ludov. VII ch. a. 1140, SAUVAL, *Antiq. de Paris,* II, pr. p. 7. Quisque carnificum [Parisiensium] debet nobis singulis annis unum haubennum vini in vindemiis. *Actes Phil.-Aug.,* no. 74 (a. 1182/1183), I p. 98. Cf. E. MAYER, *Hansa und hasbannus im nordfranzösischen Recht, Würzburger Festschrift für H. Dernburg,* Leipzig 1900.

**haribergare,** ari-, heri-, har-, ar-, her-, he-, -pergare (< haribergum) (cf. etiam voc.

albergare): **1.** *héberger, procurer le gîte* aux guerriers — *to shelter, tender lodgment* to the army. Nec de wacta nec de scara nec de warda nec pro heribergare heribannum comitis exactare praesumat. Capit. Bonon. a. 811, c. 2, I p. 166. **2.** *exiger le logement, exercer le droit de gîte — to demand lodgment, exercise a right of lodgment.* Nullus ... in castellis, villis vel aliquibus locis ejus [ecclesie] aripergare vel placitum ... tenere ... presumat. *D. Ottos II.*, no. 281 (a. 982). Nullus ... in eorum domos arbergare, toloneum ... dare eos cogat. *D. Heinrichs IV.*, no. 170 (a. 1065). **3.** *peupler, coloniser, ériger des habitations sur* un terrain — *to populate, colonize, build dwellings on* a plot. Placuit patri meo boscum hebergiare. DC.-F., IV p. 179 col. 2 (ch. a. 1161, Auxerre). Quando fecit herbergiari Capellam. Ib., p. 191 col. 1 (a. 1187). Licet eidem ... hanc terram et domum herbergare de ligno et lapide. Ib., p. 190 col. 3 (ch. s. xii, Rouen).

**haribergum,** heri- (germ.) (cf. etiam voc. albergum): *camp d'armée — army camp.* Actum haribergo publico, ubi Lippia confluit. *D. Karolin.*, I no. 143 (a. 782). Heribergum nostrum, quod praeterito anno hic fieri jussimus, ... destruxerunt ... quia in illo ... manere coeperunt; et nunc istud heribergum non sine labore et dispendio fidelium nostrorum fieri fecimus. Edict. Pist. a. 864, c. 37, *Capit.*, II p. 327 sq.

**harimannia,** ari-, eri-, are-, ere-, ar-, -mania, -mandia (< harimannus): **1.** *la condition personnelle des "harimanni" — the personal status of the "harimanni".* Predictis hominibus [sc. eremanis] non liceat ipsam eremanniam suam vendere ... nisi quod [emptores] debitum eremanie predicte Pataviensi ecclesie ... persolvere velint. *D. Heinrichs III.*, no. 352 (a. 1055). Confirmaremus ... cunctis hominibus de vico Viglevani ... cunctisque filiis filiabusque eorum necnon et heredibus eorum omnibus, ut ab harimania exeant, ut nullus scilicet dux ... nullaque regni persona in eorum domus arbergare, toloneum vel aliquam publicam functionem dare eos cogat nec eos ... placitum custodire conpellat ... *D. Heinrichs IV.*, no. 170 (a. 1065). **2.** *l'autorité* tant militaire que judiciaire *sur un groupe de "harimanni"* — military and judicial *power over a group of "harimanni".* Castellum ... et arimaniam de Turri. *D. Konrads II.*, no. 250 (a. 1037). Comitatum et armanniam et quidquid pertinet ad ipsum comitatum [Estensem]. *CD. Padovan.*, I no. 233 (a. 1077). Urbem Pataviensem atque omnem arimaniam ejusdem civitatis omnemque districtum ac quicquid ad nostram imperialem potestatem pertinet ... concedimus. *D. Heinrichs IV.*, no. 414 (a. 1090). Cum omnibus albergariis, aremaniis, angariis ... BACCHINI, *Stor. di Polirone*, p. 94 (a. 1112). Nec nos nec nostri successores ... valeamus [ab] antedicto monasterio ... exigere placitum, districtum, bannum, fodrum, albergariam, praedariam, arimanniam, angariam ... GUICHENON, *Bibl. Sebus.*, cent. 1 c. 93 (ch. a. 1156, Monteferrato). Regalia sunt hec: arimannie, vie publice, flumina navigabilia ... Curia Roncal. a. 1158, *Const.*, I no. 175. Nullus marchionum emat arimaniam alicujus militis alterius marchionis vel quae sit communis. MURATORI, *Antiq. Est.*, p. 348 (a. 1178). Romana ecclesia debet habere pro censu de civitate Ferrariensi ... totam arimanniam de plebe C. et totam arimanniam masse F. CENCIUS, Lib. cens., ed. DUCHESNE, I p. 120. Cf. P. S. LEICHT, *Ricerche sull'arimannia*, Udine 1902. G. P. BOGNETTI, *Arimannie e guariganghe, Wirtschaft und Kultur, Festschrift für A. Dopsch*, Leipzig 1938.

**harimannus,** he-, a-, ae-, e-; -re-; -manus (germ. "homme de l'armée — man in the army"): *homme libre* de souche lombarde qui jouit des pleins droits du citoyen — *freeman* of Longobard extraction enjoying full civic rights. Per ipsos presbiteros et per aremannos veritatem cognovi. SCHIAPARELLI, *CD. Longob.*, I no. 20 p. 81 (a. 715, Tosc.) Si judex ... neclectum fecerit ... arimanno suo mandatum faciendum [i.e. in ... faciendo]. Liutpr. leg., c. 44 (a. 723). Judices nostri neque arimannos nec actoris nostri [i.e. nostros] possunt sic disciplina distringere sicut nos. Liutpr. notit. de actor. reg. a. 733, c. 2, ed. BEYERLE, *Ges. der Langob.*, p. 328. Si quis judex amodo neglexerit arimanno suo diviti aut pauperi vel cuicumque homini justitiam judicare. Leg. Ratchis, c. 1 (a. 745/746). Unusquisque arimannus, quando cum judicem suum caballicaverit, unusquisque per semetipsum debeat portare scutum et lanceam. Ib., c. 4. Tam de arimannis quam et de aliis liberis hominibus. *D. Karolin.*, I no. 207 (a. 808). Cum consensu sacerdotum et arimanus [i.e. arimanorum] hujus Lucanae civitatis. MURATORI, *Antiq.*, I col. 747 (a. 819). Herimannis prefatae ecclesiae filiis. *D. Karls III.*, no. 47 (a. 882). Tributa exigant ab omnibus liberis erimannis et ecclesie filiis. Ib., no. 49 (a. 882). Neque comes neque loco ejus positus neque sculdasius ab arimanis suis aliquid per vim exigat. Guidonis capit. Pap. a. 891, c. 3, *Capit*, II p. 108. Comes loci ad defensionem patriae suos aerimannos hostiliter properare monuerit. Ib., c. 4. Non aldii de nostris personis esse deberemus, nisi liberi homines arimanni. MANARESI, *Placiti*, no. 112, p. 416 (a. 901, Milano). Ut nullus comitum arimannos in beneficio suis hominibus tribuat. Ut homines comitum nullatenus in domibus arimannorum resideant ... Ut ipsi arimanni frequentius quam in lege statutum est ad placitum ire non cogantur, nec a comitibus nec a sculdalisiis [leg. sculdasiis]. Concil. Langob. a. 904, c. 1 sqq., MANSI, t. 18 col. 227. De villa q. v. R. et de omnibus arimannis in ea morantibus omnem districtionem omnemque publicam functionem et querimoniam ... custodiant. *D. Ugo*, no. 53 (a. 940?), p. 160. Castellum ... cum liberis hominibus qui vulgo herimanni dicuntur. *D. Ottos I.*, no. 346 (a. 967). In silva herimannorum. Ib., no. 384 (a. 970). In omnibus liberis et herimannis prefate ecclesie. *D. Ottos II.*, no. 253 (a. 981). Medietatem vicecomitatus ... tam in districto quam in precaria et erimannis. *D. Heinrichs II.*, no. 113 (a. 1006). Cunctos arimannos in civitate Mantua habitantes cum omni eorum hereditate ... coroboramus. Ib., no. 278 (a. 1014). Homines ... in omni succedenti tempore eremani dicuntur et ea consuetudine



qua nunc ceteri eremanni ... utantur. *D. Heinrichs III.*, no. 352 (a. 1055).

**haringus,** v. harengus.

**harlotus,** herelotus: *vagabond, coquin — vagabond, scoundrel.* S. xiii.

**harmiscara,** armi-, harm-, har-, haran-, ali-, -scaria (germ.): *punition* de nature déshonorante infligée d'une manière discrétionnaire par le roi — a dishonouring *punishment* inflicted on the king's discretion. Nos decernamus utrum nobis placeat, ut aut illum bannum persolvant aut aliam harmiscaram sustineant. Capit. Wormat. a. 829, c. 1, II p. 12. Simul cum excommunicatione ecclesiastica nostram harmscaram durissimam sustinebunt. Capit. missor. Suession. a. 853, c. 9, p. 269. Jubeamus depraedatores talem harmiscaram sicut nobis visum fuerit sustinere. Capit. Caris. a. 857, c. 9, p. 287. Hoc emendare cogetur, et in compositione et in harmscara et in poenitentia. Capit. post conv. Confl. missis trad. a. 860, c. 4, p. 299. Per nostram harmiscaram ita castigetur, ne ulterius tali conludio eos delectet opprimere pauperes. Edict. Pist. a. 864, c. 21, p. 319. Quicumque caballum ... tollere ausus fuerit, triplici lege componat et liber cum armiscara, id est sella ad suum dorsum, ante nos a suis senioribus dirigatur et usque ad nostram indulgentiam sustineat ... Ludov. II constit. de exped. Benev. a. 866, c. 9, p. 96. Post debitam emendationem dignam harmiscaram a nobis dispositam sustineant. Capit. Pist. a. 869, c. 9, p. 335 l. 19. Nostram harmiscaram secundum modum culpae et ut nobis placuerit sustineat. Capit. Caris. a. 877, c. 9, p. 358 l. 29. Rapina ... emendetur, et condignam pro hoc harmiscaram is qui eam fecit sustineat. Capit. Compend. de rapinis a. 883, c. 2, p. 371. Mandaverit mihi se velle ad meam mercedem venire et sustinere qualem illi commendassem harmiscaram. Hincmar. Laudun. epist., MIGNE, t. 124 col. 1034 A. Quidam ... misericordiam nostram ... petens venit, ut sibi illam haranscaram cum vadimonio, quam vobis jurejurando promisit, ... dimittatis. Litt. Heinr. IV reg. Germ. (a. 1054-1056), Cod. Udalr., no. 19, JAFFÉ, *Bibl.*, V p. 39. Ad pedes ... sedentium cecidit, harscariam, hominium, emolumentum ad placitum illorum obtulit. V. Meingoldi (s. xii), c. 11, *SS.*, XV p. 559. Emendetur per aliscaram et per hominaticum aut per talionem. Usat. Barcin., c. 6, ed. D'ABADAL-VALLS TABERNER, p. 5.

**harmonia: 1.** **mélodie, chant — melody, singing.* **2.** **son — sound.*

**harmonicus** (subst.): **musicien — musician.*

**harnascha,** arn-, hern-, heren-; -as-, -es-, -ex-, -ez-; -ium, -um (scandin.): **1.** *équipement d'homme d'armes — a warrior's equipment.* Si miles ... litem commoverit, auferetur ei omne suum harnascha et eicietur de exercitu. Frid. I lex pacis castr. a. 1158, c. 1, *Const.*, I p. 239. Rapuerunt hernesia sua, scilicet vestes, palefridos, runcinos et hujusmodi. GISLEB. MONT., c. 100, ed. VANDERKINDERE, p. 140. **2.** spec.: *harnais — harness, trappings.* S. xiii. **3.** *ustensiles, outils — tools, implements.* Si homo ... ad carucam fuerit, virgas de nemoribus meis ad reparandum hernasium suum capere poterit. *RHDFE.*, 4e s. 3e a. (1924), p. 313, c. 14 (a. 1201, S.-Pol). **4.** spec.: *engins de pêche — fishing-tackle.* S. xiv. **5.** *mobilier — furniture.* S. xiv.

**harneschiare,** hern-, -esiare, -isiare, -izare: (< harnascha): **1.** *équiper — to equip.* S. xiii. **2.** *orner, garnir, monter — to decorate, mount.* S. xiv.

**harpa** (germ.): **harpe — harp.*

**harpator** (< harpa): *harpiste — harper.* Lex Fris., Jud. Wulemari, § 10. Ruodlieb, fragm. 9 v. 26.

**harscaria,** v. harmiscara.

**hasbergum,** v. halsberga.

**hashardus** (arab.): *jeu de hasard — game of chance.*

**haspa** (germ.): **1.** *fusée — spool.* S. xiii, Bav. **2.** *tasseau — hasp.* S. xiii, Angl.

**hasta,** asta: **1.** *broche — spit.* **2.** *perche,* mesure de superficie — *rod,* square measure. De astis 7 quas G. tenuit. GUÉRARD, *Irminon*, app., p. 382 (a. 1140). Una hasta terrae arabilis. DC.-F., IV p. 173 col. 2 (ch. a. 1154, Ferrières). Unam astam prati. PÉRARD, *Bourg.*, p. 108 (ch. a. 1134).

**hastalarius,** hastellarius, hastarius (< hasta): *tourne-broche — turn-spit.* Const. dom. reg. (a. 1135-1139), CH. JOHNSON, *Dial. de Scacc.*, ad calcem, p. 132.

**hastata** (<hasta): *perche,* mesure de superficie — *rod,* square measure. Wirpivit hereditatem ... exceptis tribus astatis. BERNARD-BRUEL, *Ch. de Cluny*, II no. 901 p. 16 (a. 954-993).

**hastator** (< hasta): **1.** *artisan confectionneur de lances — lance-maker.* HOENIGER, *Koelner Schreinsurk.*, I p. 31 c. 44 (a. 1142-1156). **2.** *tourne-broche — turn-spit.* S. xiii.

**hastiludiare,** hastiludere: *jouter — to tilt.* S. xiv.

**hastiludium** (< hasta, ludus): *joute — tilt.* Villam exeant ad faciendum hastiludia, torneamenta aut consimilia. Ch. pacis Valencen. a. 1114, *SS.*, XXI p. 608 col. 1 l. 29. Per civitatem cum hastiludio discurrebant. SALIMBENE, ed. HOLDER-EGGER, p. 627.

**hastilusor:** *jouteur — tilter.* S. xiv.

**haubannus,** v. haribannus.

**haubergum** et derivata, v. halsberga.

**haulla,** v. halla.

**havagium** (cf. voc. havata): coutume de la prise d'une poignée de grain ou de sel par sestier — custom of taking a handful of corn or salt from the bushel. Sint quieti et liberi de ... costumis, talleis, corveis, halagio, havagio, bosselagio ... *Gall. chr.*², XIV col. 134 D no. 13 (ca. a. 1145, Le Mans).

**havata,** haveia: **1.** *poignée — a handful.* S. xiii. **2.** *havée,* coutume de la prise d'une poignée de grain ou de sel par sestier — custom of taking a handful of corn or salt from the bushel. Salagium ..., scilicet haveias et boissellos, tam in foris quam in nundinis Trecarum, concedo. DC.-F., IV p. 175 col. 2 (ch. a. 1114). Duas havatas salis quas habetis in foro P. unoquoque sabbato. Priv. Alex. III pap. a. 1160, PFLUGK-HARTTUNG, I no. 246 p. 229.

**havena,** hevena, hevina (scandin.): *mesure de superficie — square measure.* S. xiii, Zélande.

**havere** = habere (subst.).

**havla,** havra, v. habulum.

**havotus:** *mesure de capacité — measure of capacity.* Quinque havotos frumenti. *Gall. chr.*², III instr. col. 52 (a. 1198, Tournai). Dominus habet hanotum [leg. havotum] cervisie. *Ordonn.*, VII p. 692 § 24 (a. 1246, Dreux).

**hebdomadalis** (adj.): **hebdomadaire — weekly.*

**hebdomadarius** (adj.): **1.** *hebdomadaire — weekly.* **2.** *qui est chargé de certains services monastiques pour la semaine — charged with definite monastic duties for a week.* Frater hebdomadarius accipiat mixtum priusquam incipiat legere. Benedicti regula, c. 38. Hebdomadarius lector ad mensas. Regula Magistri, c. 24. **3.** *qui est chargé de l'office pour la semaine — performing divine service for a week.* Constituit sacerdotes ebdomadarios in ecclesia domni Salvatoris. JOH. NEAPOL., V. Athanasii, *Scr. rer. Langob.*, p. 443 l. 34. De hebdomadario cantore. De sacerdote hebdomadario. UDALRIC., Cons. Cluniac., lib. 2 c. 29 sq., inscr., MIGNE, t. 149 col. 714 sq. In Rogationibus . . . canonicus hebdomadarius in altari nostro principali, ac noster in illorum, missa celebrant. GAUFRED. VOSIENS., c. 59, LABBE, *Bibl.*, II p. 311. Cum in ecclesia vestra ebdomadarii sacerdotes in majori altari suis serviant septimanis. Litt. Alex. III pap. a. 1180, PFLUGK-HARTTUNG, *Acta*, I no. 304. Subst. mascul. **hebdomadarius: 1.** **moine en fonction pour la semaine, semainier — monk on duty for the week.* Cum coquinae hebdomadariis et servitoribus. Benedicti regula, c. 38. Accidit ut, juxta quod mos est, ad quoquinae officium ebdomadarius deputaretur. REGINO, Chron., a. 746, ed. KURZE, p. 42. Ebdomadarii coquinae. LANFRANC., Decr., ed. KNOWLES, p. 5. Singulis diebus epdomadario prebenda una detur. BEYER, *UB. Mittelrh.*, I no. 287 p. 339 (a. 1008-1016, Trier). **2.** *prêtre de la semaine, prêtre qui fait l'office pendant une semaine — priest of the week.* [Papa] dat pacem uni episcopo de ebdomadariis et archipresbitero et diaconibus omnibus. Ordo Rom. I (s. vii ex.), c. 49, ANDRIEU, II p. 83. Priv. Leonis IX pap. a. 1049, *SS.*, XV p. 1276. Avus meus et pater meus fuerunt ebdomadarii s. Saturnini antequam essent decani vel prepositi s. Stephani. DOUAIS, *Cart. de Toulouse*, no. 133 p. 98 (ca. a. 1080). **3.** *serf astreint à des corvées hebdomadaires — serf liable to weekly labour service.* Ad proximam curtem vestram in unaquaeque zelga ebdomedarii jurnalem arare debeamus. WARTMANN, *UB. S.-Gallen*, I no. 113 (a. 787). Subst. femin. **hebdomadaria:** *religieuse en fonction pour la semaine, semainière — nun on duty for the week.* Ordo sororum (s. ix), ALBERS, III p. 162.

**hebdomas** (femin., genet. -adis), hebdomada (gr.): **1.** **semaine — week* (jam ap. GELLIUM). **2.** *service de la semaine — duty for a week.* Ebdomadas suas in coquine officio, sicut et alii fratres, in ipso faciebant monasterio. Constr. Farf. (post a. 857), c. 11, BALZANI, *Il Chron. Farf. di Greg. di Cat.*, I p. 16. **3.** **période de sept ans — period of seven years.*

**hebergare**, v. haribergare.

**hebetudo:** **stupidité — dullness of mind.*

**hebitas** (< hebes): *stupidité — dullness of mind.* GREGOR. TUR., Virt. Juliani, c. 2, *SRM.*, I p. 565. V. Pardulfi, praef., ib., VII p. 25 l. 9.

**heda**, hetha, hutha (anglosax.): *abord, embarcadère — hithe, landing-place.* Domesday.

**hegumenus**, eg- (gr.): *abbé — abbot.* VICT. TUN., Chron., a. 553, *Auct. ant.*, XI p. 203. LIBERAT. DIAC., Breviar., c. 18, SCHWARTZ, *Concil.*, II pt. 2 p. 117 l. 11. Cod. Carolin., no. 51, *Epp.*, III p. 572. Lib. pontif., Hadr. I, § 21, ed. DUCHESNE, I p. 493. Iterum ib., Leo III, § 13, II p. 5.

**heia**, v. haga.

**heimfara**, heinfara, v. haimfara.

**heira**, v. haira.

**heiribannus**, v. haribannus.

**heistolda, heistoldus**, v. hagastald-.

**hellingus** (germ.): *obole — halfpenny.*

**helmus**, elmus, hermus (germ.): *heaume — helmet.* Lex Ribuar., tit. 36 § 11. Test. Everardi a. 867, DE COUSSEMAKER, *Cart. de Cysoing*, p. 2. Fuero de Sepúlveda a. 1076, c. 31, ed. SAÉZ, p. 48. CAFFAR., Ann., a. 1146, ed. BELGRANO, I p. 33.

**hemicadium** (gr.): *lampe à huile — oil-lamp.* FOLCUIN., G. abb. Lobiens., c. 29, *SS.*, IV p. 71.

**hemicyclus** (gr.): **demi-cercle — semi-circle.*

**hemicranium**, -a (femin.) (gr.): **migraine — headache.*

**heminagium:** *redevance pour le mesurage avec l'émine — measuring-due. Actes Phil.-Aug.*, no. 79 (a. 1183). DC.-F., IV p. 184 col. 1 (ch. a. 1197, Chartres).

**heminalis:** *mesure de capacité — dry measure.* De omni blado . . . si mensurantur cum sestairale vel eminale. GERMAIN, *Cart. de Montpellier*, p. 210 no. 100 (a. 1103).

**heminata:** *la quantité de terre qu'on ensemence avec une émine de blé — as much arable as is sown with a "hemina" of corn.* S. xiii.

**hemisphaerium:** **hémisphère céleste — hemisphere of the heavens.*

**hengewita** (anglosax.): *amende pour pendaison non autorisée — fine for hanging wrongfully.* Domesday.

**hepar** (genet. -atis) (gr.): **foie — liver.*

**hepaticus** (adj.): **de la foie — of the liver.*

**heptateuchus**, heptaticus: **l'Heptateuque — the Heptateuch.*

**heraldus**, hir-, -audus (germ.): *héraut — herald.* S. xiii.

**herba**, spec.: *herbe vénéneuse ou magique — poisonous or magic herb.* Si quis alteri herbas dederit bibere ut moriatur. Lex Sal., tit. 19 § 1. Herbas haurire. GREGOR. TUR., Hist. Fr., lib. 6 c. 35. Nullus praesumat . . . herbas incantare. V. Eligii, lib. 2 c. 16, *SRM.*, IV p. 706.

**herbare: 1.** *paître — to graze.* Equos educant agasones herbatum potatumque. RICHER, lib. 2 c. 89, ed. LATOUCHE, p. 276. **2.** *épicer — to spice.* Vinum herbatum. BERNARD. MORLAN., Cons. Cluniac., lib. 1 c. 8, HERRGOTT, p. 151.

**herbaria:** *empoisonneuse, sorcière — poisoner, sorceress.* CAESAR. ARELAT., Serm., ed. MORIN, I p. 222 l. 28. FREDEG., lib. 3 c. 56, *SRM.*, II p. 108. Pactus Alam., fragm. 2 tit. 33.

**herbarium: 1.** **herbier — herbal.* **2.** *droit de fenaison — right to make hay.* WARTMANN, *UB. S.-Gallen*, I no. 173 (a. 803). **3.** *jardin légumier — kitchen-garden.* UDALRIC., Cons. Cluniac., lib. 3 c. 8, MIGNE, t. 149 col. 746 D.

**herbarius: 1.** *empoisonneur, sorcier — poisoner, sorcerer.* HALITGAR., Poenit., c. 10, SCHMITZ, II p. 252 sqq. Si quis ariolos, praedicatores vel herbarios veneraverit. Judic. de crimin. (s. ix ?), c. 25, MARTÈNE, *Coll.*, VII col. 32. **2.** *herboriste — herbalist.* S. xiii.

**herbarolus:** *herboriste — herbalist.* S. xiii, Ital.



**herbaticus**, herbagium (< herba): **1.** *redevance pour le pâturage — payment for the right to pasture.* Per pasqua [i.e. pascua] publica nutriantur sine omni dato aut herbatico. FATTESCHI, *Mem. di Spoleto*, p. 274 (ca. a. 772). Ut homines ecclesie de peculio proprio quod in pascuis miserint ullum debeant persolvere herbaticum. *D. Karolin.*, I no. 174 (a. 792). F. imper., no. 31, *Form.*, p. 310. [Solvit] ad tertium annum propter herbaticum germia 1 de vino. Irminonis polypt., br. 5 c. 3. Recipiunt herbaticos duobus vicibus in anno. Polypt. Derv., c. 12, LALORE, *Ch. de Montiérender*, p. 97. *D. Karls III.*, no. 111 (a. 885). D. Rodulfi reg. Fr. a. 927, *Hist. de Fr.*, IX p. 572 A. *D. Ottos I.*, no. 384 (a. 970). **2.** *droit de pâturage — right to pasture.* In F. commune herbagium per camporum hominibus predicte ecclesie. Priv. Innoc. II pap. a. 1142, PFLUGK-HARTTUNG, *Acta*, I no. 187[1] p. 166. Si ceorli habeant herbagium in communi. Leg. Ine, tit. 42, vers. Quadrip., LIEBERMANN, p. 107 col. 1. **3.** *herbe fauchée — mown grass.* Si plus indigeat herbagio. Quadrip., ib., p. 447 col. 2.

**herberg-**, v. alberg- et hariberg-.

**herbidare** (intr.): *se couvrir d'herbes — to grow herby.* Tellus visa est herbidare. G. pontif. Camerac., lib. 1 c. 48, *SS.*, VII p. 418 l. 22.

**hercia,** herchia, hersia, -um (< irpex): **1.** *herse — harrow.* Animal quod trahit hertiam. FLACH, *Orig.*, I p. 404 n. (a. 1185). **2.** *herse, chandelier — herse, frame for candles.* Hercia non illuminatur. BERNARD. MORLAN., Cons. Cluniac., c. 77, HERRGOTT, p. 284.

**herciare,** herceare, herchare (< hercia): *herser — to harrow.* Equi arantes et homines carrucas ducentes et herceatores et equi de quibus herceant . . . perpetua sint in pace. Concil. Rotomag. a. 1096, ap. ORDER. VITAL., lib. 9 c. 3, ed. LE PRÉVOST, III p. 471.

**herebannus,** heribannus, v. haribannus.

**haerecius,** -ri-. Canis haerecius: *chien courant — staghound.* S. xiii.

**heredatus** (adj.): *possessionné — landed.* Quicunque erit scabinus seu senator, debet esse heredatus infra parrochiam de N. et residens in eadem. HOENIGER, *Koelner Schreinsurk.*, II p. 52 c. 2 (ca. a. 1150).

**heredipeta** (mascul.): **coureur d'héritages — heritage-hunter.*

**hereditabilis:** *qualifié pour succéder dans un fief — capable of succeeding to a fief.* De te, domine [rex], valde miror, qui me tam prepropere . . . tuo beneficio judicabas indignum. Nam si respiciatur ad condicionem generis, claret Dei gratia quod hereditabilis sim; si ad qualitatem beneficii . . . . HALPHEN, *A travers l'hist. du m.a.*, p. 242 (epist. ca. a. 1022).

**hereditagium:** *tenure héréditaire — heritable tenancy.* Homines tres . . . cum eorum hereditagiis. MURATORI, *Scr.*, II pt. 2 col. 1012 (ch. a. 1177, Alessia).

**hereditalis: 1.** *qui s'hérite — heritable.* De predio hereditali patrum traditione sibi concesso. WIEGAND, *UB. Strassburg*, I no. 52 (s. xi in.). Si aliquis, qui hereditalem mansum habet, moritur et parvulum heredem reliquerit. Lex famil. Wormat. (a. 1023-1025), *Const.*, I no. 438, c. 2. **2.** *d'une condition personnelle héréditaire — having a hereditary personal status.* Servientes hereditales in obsequium archiepiscopi. BEYER, *UB. Mittelrh.*, I no. 380 p. 438 (a. 1084).

**hereditare, 1.** aliquid: **hériter de* qqch. *— to inherit.* Heredes episcopi res quae ab episcopo sunt adquisitae postquam episcopus fuerit ordinatus, nequaquam post ejus obitum hereditare debeant. Synod. Franconof. a. 794, c. 41, *Capit.*, I p. 77. Res meas quas haereditavi et adquisivi. PÉRARD, *Bourgogne*, p. 25 (ch. ca. a. 840). Quis mortui pecuniam hereditavit. Leg. Ine, tit. 53 § 1, vers. Quadrip., LIEBERMANN, p. 113 col. 1. **2.** intrans.: **être l'héritier* d'une chose *— to be a heir* to a thing. Propinqui illis hereditando succedant. Praec. pro Hisp. a. 844, c. 7, *Capit.*, II p. 260. **3.** aliquem: *recueillir l'héritage de* qq'un *— to inherit from* a person. Si non habuerit gentes [i.e. propinquos], hereditent eum concejo [i.e. concilium] et faciant inde helemosina pro sua anima. Fuero de Sepúlveda a. 1076, c. 28, ed. SAÉZ, p. 48. Si duo contraxerint et ambo sine legittimis heredibus moriantur, propinquus in consanguinitate posterioris hereditabit eos. KEUTGEN, *Urk. st. Vfg.*, no. 134 (a. 1218, Bern). **4.** aliquid: **laisser en héritage — to leave by inheritance.* Jurnales 10, quos mater uxoris meae dereliquit atque hereditavit. ZEUSS, *Trad. Wizenburg.*, no. 176 (ca. a. 820). Quod suus genitor ei hereditavit sive quod ibi concambiavit vel ibi emit. *D. Ludwigs d. Deutsch.*, no. 135 (a. 870?). [Vineam] pater meus per titulum cartarum mihi ereditavit. BERNARD-BRUEL, *Ch. de Cluny*, II no. 1312 p. 388 (a. 972). Tres mansos . . . quos W. dum vixit in sua proprietate retinuit et nobis regali jure hereditavit. *D. Konrads II.*, no. 9 (a. 1025). De eisdem prediis nobis imperiali jure hereditatis. Ib., no. 158 (a. 1031). Terram quam mihi hereditavit pater meus. Cod. Eberhardi, c. 7 § 120, DRONKE, *Trad. Fuld.*, p. 50. Mansos . . . in suos hereditavit filios. Ib., p. 152. Filiis nostris obprobrium sempiternum hereditemus. HELMOLD., lib. 1 c. 38, ed. SCHMEIDLER, p. 75. **5.** aliquem: **faire hériter, instituer comme héritier — to make heir, to designate as a heir.* [Si moriens] hereditet eum in fine . . . et filium sibi constituat de feodo vel alio conquisito. Leg. Henrici, tit. 88 § 15, LIEBERMANN, p. 604. **6.** aliquem aliquid: **faire revenir* qqch. *à* qq'un *— to make fall to* somebody's *share.* Talia predia, qualia B. habuit et nos imperiali jure hereditavit. *D. Konrads II.*, no. 141 (a. 1029). Similia no. 182 (a. 1032). **7.** intrans.: *laisser son pécule aux descendants — to leave one's inheritance to one's progeny.* Homo denarialis non ante haereditare in suam agnationem poterit, quam usque ad terciam generationem perveniat. Capit. legi Ribuar. add. a. 803, c. 9, I p. 118. **8.** intrans.: (de biens) *échoir, revenir, passer par voie d'héritage* à qq'un *— to descend by inheritance.* Proprietas domus illius hereditet in Didericum. HOENIGER, *Koelner Schreinsurk.*, I p. 39 c. 48 (a. 1142-1156). Post mortem eorum hereditas illa ad proximos heredes Cunradi hereditet. Ib., p. 73 c. 3 (a. 1165-1169). Ibi pluries. **9.** aliquem: *munir d'une tenure héréditaire — to provide with a heritable tenancy.* Campis et villis . . . sanctimoniales Deo servientes ibi unde viverent haereditavit. MA-

BILLON, *Ann.*, V p. 654 (epist. a. 1088-1099). [Pippinus rex] duces Aquitanorum ... ab Aquitania expulit, in qua multos proceres Francorum hereditavit. Lib. de comp. Castri Ambas., Halphen-Poupardin, *Chron. d'Anjou*, p. 18. **10.** *doter* une église — *to endow* a church. Querens episcopus [oratorium consecraturus], quomodo [fundator] praedictum oratorium hereditare voluisset; et ille ... statim fatebat se cum 5 mancipiis et 30 jugeras et 12 carradas de pratis ipsum altarem hereditare. Bitterauf, *Trad. Freising*, I no. 330 p. 282 (a. 814). Ibi pluries similia.

**hereditarie:** **par voie d'héritage — by inheritance.*

**hereditarius** (adj.): **1.** *(d'une personne) *qui reçoit par héritage* — (of a person) *who inherits.* De praediorum possessionibus hereditariam facerem sanctam Dei ecclesiam. DC.-F., IV p. 195 col. 3 (ch. a. 846, Chartres). **2.** (d'une personne) *dont la condition personnelle est héréditaire* — (of a person) *having a hereditary personal status.* Hereditarius servus perpetuo erit. Trad. s. Petri Salisb., no. 64, Hauthaler, *Salzb. UB.*, I p. 284. Proprius et hereditarius famulus. Gerhoh., De aedif. Dei, c. 15, Pez, II pt. 2 col. 300. Suam hereditariam ancillam. Trad. Weihensteph., *Mon. Boica*, IX p. 370; iterum p. 378. **3.** (de biens) *allodial* — (of estates) *held in full property.* Quorum possessio est ipsa ecclesia vel hereditario vel beneficiario jure. Theodulfi Aurel. stat. II (ca. a. 813), c. 1 § 10, De Clercq, p. 326. **4.** (de biens) *qui constitue une tenure héréditaire* — (of an estate) *held in heritable leasehold.* Si quis suburbanus clericus domum hereditariam habuerit. Waitz, *Urk. dt. Vfg.*, no. 7 (a. 1107). Hec omnia [bona], seu proprietarie seu hereditarie conditionis sint. Glöckner, *Cod. Lauresham.*, I p. 441 no. 157 (a. 1165). Subst. mascul. **hereditarius: 1.** *héritier — heir.* Nos in ecclesia majore cum funere intrantes amici cum hereditariis omnibus ... suscipiunt. Thietmar., lib. 7 c. 13. Cum hereditarium possessionis suae non haberet. Folcwin., G. abb. Sith., c. 1, *SS.*, XIII p. 608. **2.** *tenancier héréditaire — land-tenant by heritable tenure.* Dederunt alodem suum et terram in A., silvas et planas, servos et ancillas qui hereditarii erant ipsius terre. Rédet, *Cart. de S.-Cyprien de Poitiers*, no. 362 p. 224 (ca. a. 1065). Fuero de Nájera a. 1076, c. 51, Wohlhaupter, p. 84.

**hereditas: 1.** *les immeubles,* hérités ou non, *qu'on possède en propre; les alleux — real estate held in full property,* whether by inheritance or otherwise. Nulli liceat traditionem hereditatis suae facere praeter ad ecclesiam vel regi, ut heredem suum exheredem faciat. Lex Saxon., c. 62. Hereditatem jure et maximam beneficii partem gratuito regis suscepit ex munere. Thietmar., lib. 1 c. 7. Amittat tam beneficii quam hereditatis jus et potestatem. Stimming, *Mainzer UB.*, I no. 519 p. 425 (a. 1124). **2.** *droit allodial,* le droit de propriété sur des immeubles et particulièrement le droit de pleine propriété, par opposition à tout droit dérivé de possession et surtout au fief — *right of property* concerning real estate, in particular full right of property as contradistinguished from any derived possessory right, especially from the fief. [Res] de nostro jure in eorum perpetualiter transeant hereditatem. *D. Arnulfing.*, no. 2 (a. 691). Quicquid emere potuimus in hereditatem de istis hominibus ..., id est territorium, prata, pascua, silva. Bitterauf, *Trad. Freising*, I no. 109b (post a. 792). Illam comprehensionem quam ipse H. in propria hereditate ... legibus conprehendit. Lacomblet, *UB. Niederrh.*, I no. 21 (a. 801, Werden). Qui beneficium domni imperatoris et aecclesiarum Dei habet, nihil exinde ducat in suam hereditatem ut ipsum beneficium destruatur. Capit. a misso cogn. fac. (a. 803-813), c. 3, I p. 146. Quorundam [locorum venerabilium] predia multipliciter divisa [laici] in hereditatem sibi dari fecerunt. Concil. Vern. a. 844, c. 12, II p. 386 l. 12. Non beneficiario jure sed proprie hereditatis ab eis uteretur arbitrio. *D. Charles III le Simple*, no. 124 (< a. 907 >, spur.) Suscepit in propriam hereditatem ab Ottone rege quicquid habuerunt antecessores sui in beneficio. Ann. Egmund., a. 985, ed. Oppermann, p. 127. Memorati loci jam nunc trado in hereditatem. Métais, *Cart. de Vendôme*, I no. 8 (a. 1032-1034). **3.** *alleu,* un immeuble particulier, hérité ou non, qu'on possède en propre — a particular *real estate held in full property,* whether by inheritance or otherwise. Ubi et ubi in regione nostra hereditas detur, sicut et reliqua loca [i.e. in reliquis locis] ut et Turrovaninsis hereditatem dare debent et accipere. Chilperici edict. (a. 561-584), c. 1, *Capit.*, I p. 8. Trado ad s. Dei martyrem Emmeranum haereditatem juris mei in loco q. v. H., quicquid ibi visus sum habere vel parentes mei mihi dimiserunt. Pardessus, II p. 466 no. 68 (a. 740). Trado ... duas capturas ... et integram hereditatem quam videor habere in villa H. et ad ipsam marcam pertinentem. Dronke, *CD. Fuld.*, no. 391 p. 177 (a. 820). Zuendibolch Reginarium honoribus, hereditatibus quas in suo regno habebat, interdictis, eum extra regnum secedere jubet. Regino, Chron., a. 898, ed. Kurze, p. 145. De jamdictas res que [Frotherius] illic [i.e. monasterio s. Cypriani] dederat vel que de rebus s. Petri a nobis [sc. episcopo Pictavensi] in beneficio acceperat, ad ipsam cellulam ... dotem ... concederemus. ... De alodibus vero hec sunt ... Ecce supradicti hereditas. De beneficio etiam s. Petri et nostro ... Rédet, *Cart. de S.-Cyprien de Poitiers*, no. 65 p. 59 (a. 938). Nullus emat haereditatem servi eclesiae seu regis vel cujuslibet hominis. Fuero de León (a. 1017-1020), c. 7, Wohlhaupter, p. 4. Haereditatibus et beneficiis privantur. Ann. August., a. 1077, *SS.*, III p. 129. **4.** *domaine, immeuble quelconque,* abstraction faite du statut juridique — any *estate of land,* regardless of legal condition. A. dedit uxori sue G. domum suam ... Item A. disposuit et dedit uxori sue G. totam aliam hereditatem suam quam modo habet et posthac habiturus est, et omnem mobilem pecuniam. Hoeniger, *Koelner Schreinsurk.*, I p. 76 c. 14 (a. 1165-1172). **5.** *tenure héréditaire,* en particulier la tenure à cens — *heritable tenancy,* especially rental leasehold. Quoniam in quibusdam locis coloni, tam fiscales quam et de casis Dei, suas hereditates, id est mansa quae tenent, ... vendunt. Edict. Pist. a. 864, c. 30, *Capit.*, II p. 323. Commoti fuerunt in placito ... de terra eorum, quod plus debuisset esse indominicata quam ad suam hereditatem esse. D'Herbomez, *Cart. de Gorze*, no. 78 (a. 886). Quitquid predii vel hereditatis a monasterio fratribusque in Magdeburg ... habere videbatur. *D. Ottos I.*, no. 327 (a. 966). Mancipia juris nostri ..., uno tantum filiorum cujusque eorum ... sibi ad optinendam suam hereditatem excepto, in proprium condonavimus. *D. Konrads II.*, no. 51 (a. 1026). Tota villa hominibus nostris aut hereditate aut allodio competebat. Halkin-Roland, *Ch. de Stavelot*, I no. 165 p. 339 (a. 1138). Omnes urbis hereditates dominus habet episcopus justiciare. Reinecke, *Cambrai*, p. 264 c. 15 (a. 1185). **6.** *fief héréditaire — heritable fief.* Wiegand, *UB. Strassburg*, p. 51 no. 62 (a. 1097). **7.** **les descendants — offspring.* Tam tu ipse quam hereditas tua [mansum] valeas possidere. F. Sal. Bignon., no. 11, *Form.*, p. 232. **8.** **le péché originel — the original sin.*



**hereditatio:** *héritage — inheritance.* S. xii.

**hereditatus** (adj.): *possessionné, qui possède des immeubles en tenure héréditaire — landed, possessing estate by heritable tenure.* Si per unum virum hereditatum convictus fuerit. Warnkoenig-Gheldolf, *Hist. de Flandre*, III p. 228 no. 6 c. 7 (a. 1192, Gand).

**hereditorius:** *qui contient l'institution d'un héritier — purporting the designation of a heir.* Hanc cartolam hereditoria[m] in te fieri et adfirmare rogavi. Cart. Senon., no. 42, *Form.*, p. 204.

**heredium:** *héritage — inheritance.* Heredium successionis et discessionis ... post se tribus in eodem reliquerat abbatibus. V. II Macarii (ca. a. 1070), c. 7 § 57, *AASS.*, Apr. I p. 890.

**herelotus,** v. harlotus.

**heremita** et derivata, v. eremit-.

**heremus,** v. eremus.

**herenesium,** v. harnascha.

**heres: 1.** *propriétaire foncier — landed proprietor.* Placuit inter domno H. abbate ... et ejus monachis, et heredes de villa B., id est S.G.G.S., ut inter utrasque partes de ipso monasterio seu de predicta villa divisio, ne contentio fieret, scriberetur. Cassan-Meynial, *Cart. d'Aniane*, p. 195 no. 55 (a. 829-840). **2.** *tenancier à titre héréditaire — tenant possessing land by heritable tenure.* Omnes heredes terrae meae, si quis ex ipsis ad habitandum ad hanc ecclesiam vel in omnem sibi terram adjacentem advenerint, ex parte mea licentiam eundi habeant et habitandi. Champeval, *Cart. de Tulle*, no. 350 p. 204 (ca. a. 1000). Illius loci minister cuicumque ex familia mansum illum dederit, hic postea firmus heres erit. Lex famil. Wormat. (a. 1023-1025), *Const.*, I no. 438 c. 2. Ego A. abbas ... aream et vineas in S. hobariis atque curtariis, preter ea que jam in servitio habuerunt, sub annua ... pensione jure hereditario contradidi ... Persolvere autem debent hobarii ..., curtarii vero ..., nostre autem constitutionis novi heredes ... Glöckner, *Cod. Lauresham.*, I p. 413 no. 139 (s. xi p. post). **3.** *un mineur, ayant-droit sur un fief — a minor who is entitled to succession to a fief.* DC.-F., IV p. 152 col. 3 (ch. s. xi, Marmoutier).

**haereseus** (subst.) (gr.): *hérétique — heretic.* Sacram. Gelas., lib. 1 c. 86, ed. Wilson, p. 131. Ionas, V. Columbae, lib. 1 c. 30, *SRM.*, IV p. 107 l. 1.

**haeresiacus** (adj.) (gr.): **hérétique — heretical.* Subst. mascul. **haeresiacus:** *un hérétique — a heretic.*

**haeresiarcha** (mascul.), -us (gr.): **chef d'une secte hérétique — leader of a heretical sect.*

**haeresis** (gr.): **1.** **doctrine hérétique — heretical doctrine.* **2.** **secte hérétique — heretical sect.* **3.** *amende infligée à cause d'hérésie — fine for heresy.* S. xiii.

**haereticalis:** *hérétique — heretical.* S. xiv.

**haereticare,** aliquem: *rendre hérétique, gagner à l'hérésie — to make heretical, to win to heresy.* Heretici ... habebant cimiteria, in quibus quos hereticaverant publice tumulabant. Guill. de Podio s. Laur., Hist. Albig., prol., ed. Beyssier, p. 120.

**haeretice:** **de manière hérétique — in an heretical manner.*

**haereticus** (adj.) (gr.): **hérétique — heretical.* Subst. mascul. **haereticus:** **un hérétique — a heretic.* Subst. femin. **haeretica:** **une hérétique — a female heretic.* Subst. neutr. plural. **haeretica:** **opinions hérétiques — heretical ways of thinking.*

**haeretizare** (gr.): *soutenir, préconiser des doctrines hérétiques — to cherish or advocate heretical doctrines.* Quidam Britonum nominetenus praesules haeretizabant. V. II Aldhelmi (s. xii in.), c. 2 § 14, *AASS.*, Maji VI p. 87.

**hergewadus,** v. herwada.

**heribannus,** v. haribannus.

**heribergare, heribergus,** v. hariberg-.

**herilis,** erilis (altération de sens sous l'influence du mot francique *hero* "maître, seigneur" — meaning altered by attraction of Frankish *hero* "lord"): **1.** *seigneurial — of a lord.* [Episcopi] tum forte herilis [i.e. regii] servitii gratia curti aderant. V. Godeh., c. 35, *SS.*, XI p. 193. Carm. de Cassiano, lib. 1 v. 128, *Poet. lat.*, IV p. 184 **2.** *du Seigneur — of the Lord.* Herili auxilio fultus. Paul. Diac., Carm. 25 v. 56, *Poet. Lat.*, I p. 61. Concedimus altari s. Salvatoris et herili Crucis ligno. Cassan-Meynial, *Cart. de Gellone*, no. 153 p. 131 (a. 1077); cf. ib. no. 151 p. 128: dominice Crucis ligno. Subst. mascul. **herilis:** *seigneur — lord.* Vos et fratres vestri, heriles nostri, in mutua dilectione consistatis. Ionas Aurel., De inst. reg., epist. ad Pippinum reg. Aquit., Migne, t. 106 col. 283 D. Subst. femin. **herilis:** *demoiselle noble — noble young lady.* Ruodlieb, fragm. 9 v. 47. Ibi pluries.

**herilitas** (cf. voc. herilis): *noblesse, dignité — nobleness, dignity.* Intuens herilitatem staturae illius. Gerhard., V. Udalrici, *SS.*, IV p. 387.

**herimannus,** v. harimannus.

**heriotum,** herietum: *droit de meilleur catel — heriot.* S. xii, Angl.

**hermale** (<eremus): *friche — waste.* S. xiv, Occit.

**hermina,** hermenum, v. ermina.

**hermus,** v. helmus.

**hernasium,** hernesia, v. harnascha.

**hernesiare,** v. harneschiare.

**hero** (genet. -onis), v. hairo.

**herodius** (gr.): **héron — heron.*

**heros: 1.** (acception due à l'influence du mot francique *hero* "maître, seigneur" — by attraction of Frankish *hero* "lord") *seigneur,*

*baron* — *lord, baron.* Oportet vestram advertere pietatem, tam judicum quam et ceterorum undique confluentium heroum. WIDEMANN, *Trad. S.-Emmeram,* no. 214 p. 195 (ca. a. 980-985). Unus nobilium heroum L. nominatus. Ib., no. 261 p. 218 (ca. a. 1000). Praesul consilium iniit cum parochianis et heroibus terrae. Actus pontif. Cenom., c. 31 (s. xi p. post.), ed. BUSSON-LEDRU, p. 365. Quidam heroes ob invidiam ... ad invicem commiserunt. ANDR. STRUM., V. Joh. Gualberti (s. xi ex.), c. 94, *SS.*, XXX p. 1104 l. 9. Heroes qui per dies septem concilium [i.e. curiam] celebravere. GAUFRED. VOSIENS., c. 67, LABBE, *Bibl.*, II p. 319. **2.** **saint,* en part. *martyr* — *saint,* esp. *martyr.*

**herpex, herpica** = irpex ("herse — harrow").

**hersia,** v. hercia.

**herwada,** herge-, -wadus, -wadium (< teuton. *heergewäte*): *part prélevée par le seigneur féodal sur l'héritage de son vassal décédé,* consistant primitivement dans un équipement de chevalier — *a feudal lord's share in the heritage left by a vassal at his death,* originally consisting in a knight's equipment. S. xiii, Germ.

**hestaldus,** hestoldus, v. hagastaldus.

**hesterna** (subst. femin.) (subaudi: dies): **la veille, hier* — *the day before, yesterday.*

**hestrus,** v. haistrus.

**heterodoxus** (gr.): *hétérodoxe, hérétique* — *heterodox, heretical.* Coll. concil. Palat., SCHWARTZ, *Concil.*, I pt. 5 p. 163.

**hetha,** v. heda.

**hyacinthinus** (gr.): **de soie couleur bleue de violette* — *of silk dyed blue-violet.*

**hyacinthus** (gr.): **soie de couleur bleue de violette* — *silk dyed blue-violet.*

**hyalinus** (gr.): **1.** **de verre* — *of glass.* **2.** **de couleur verte de verre* — *green like glass.*

**hyalus** (gr.): **couleur verte de verre* — *green colour as of glass.*

**hibernalis:** **d'hiver* — *of winter.*

**hibernaticus** (adj.): *d'hiver, hivernal* — *in winter.* Arat ad hibernaticam sationem mappam I. Polypt. s. Remigii Rem., c. 1 § 2, ed. GUÉRARD, p. 1 col. 1. Ibi pluries. Subst. neutr. **hibernaticum,** i-, -ver-, -nagium: **1.** *semailles du blé d'hiver* — *sowing of winter-corn.* Arant ad hibernaticum perticas 4, ad tremisium perticas 2. Irminonis polypt., br. 3 c. 2. Ibi persaepe. De terra arabili ubi possunt seminari ad hibernaticum modios 200, ad tremesium modios 130. Descr. Lobiensis a. 868, ed. WARICHEZ, *BCRH.*, t. 78 (1909), p. 262. **2.** *récolte du blé d'hiver* — *harvest of winter-corn.* G. ALDRICI, c. 62, ed. CHARLES-FROGER, p. 158. GISLEB. MONT., c. 16, ed. VANDERKINDERE, p. 29. *Actes Phil.-Aug.*, no. 84 (a. 1183), I p. 109. BRUNEL, *Actes de Pontieu,* p. 246 no. 161 (a. 1203).

**hibernum,** hiberna, hibernus: **hiver* — *winter.*

**hida** (anglosax.): *unité d'exploitation rurale* comparable au manse — *hide.* [Inquirunt] quomodo vocatur mansio ..., quot hidae, quot carrucae in dominio ... Inquis. comit. Cantabrig., ed. HAMILTON, p. 97. Rex ... de unaquaque hida per Angliam 6 sol. accepit. FLORENT. WIGORN., Chron., ad. a. 1084, ed. THORPE, II p. 17. Omnes carrucatas, quas Angli hidas vocant, funiculo mensus est et descripsit. ORDER. VITAL., lib. 8 c. 8, ed. LE PRÉVOST, III p. 311. Ethelwulfus ... decimam omnium hidarum infra regnum suum Christi famulis concessit. GUILLELM. MALMESBIR., G. reg. Angl., lib. 2 § 109, ed. STUBBS, I p. 109. Hida Anglice vocatur terra unius aratri culturae sufficiens per annum. HENRIC. HUNTENDUN., lib. 6 c. 4, ed. ARNOLD, p. 176.

**hidagium** (< hida): *taxe grevant l'unité d'exploitation rurale nommée "hide"* — *hidage, land-tax.* Dono hidagium quod exigebatur de 20 hidis ad eamdem urbem pertinentibus. D. Henr. I reg. Angl., DUGDALE, I p. 185. Sunt communes quaedam praestationes ... sicut sunt hidagia, carragia et caruagia ... BRACTON, lib. 2 c. 16 § 8.

**hidata** (< hida): une *mesure de terre* basée sur le "hide" anglosaxon — *hidate,* measure of land. S. xiii, Angl.

**hydria,** ydria: une *mesure de liquides* — a *liquid measure.* Acta Murensia, c. 20, ed. KIEM, p. 63.

**hydromel** (genet. -ellis), -ellum = hydromeli (genet. -elitis).

**hiemalis:** **pour l'hiver* — *for use in winter.*

**hierarcha,** ier- (mascul.), -us (gr.): *dignitaire d'Eglise* — *Church dignitary.* Titre honorifique employé pour un évêque — honorary title for a bishop: MARTÈNE, *Coll.*, I col. 230 (epist. a. 890). Pour l'abbé du Mont Cassin — for the abbot of Monte Cassino: ib., II p. 165 (s. ix). Ille beatissimus hierarcha [sc. s. Ambrosius]. V. Severi Ravenn. (s. xi ex.), MURATORI, *Scr.*, II pt. 1 p. 192 C.

**hierus** (adj.) (gr.): **saint* — *saint.*

**hilarescere,** transit.: *égayer* — *to gladden, delight.*

**hilariter:** **gaiement* — *joyfully.*

**hyle** (gr.): **matière* (terme philosophique) — *matter* (in philosophy).

**hylicus** (gr.): **matériel* — *pertaining to matter.*

**hiltiscalcus,** -chus (germ. *hilt* "combat — fight", *schalk* "serviteur — servant"): *dépendant non-libre* analogue au ministerialis, astreint à des services militaires — *unfree dependant* comparable to the "ministerialis", liable to military service. Quidam legitimus ejusdem ecclesie servus que[m] hiltiscalh dicunt. BITTERAUF, *Trad. Freising,* I p. 786 no. 1042 (a. 907-926). Tradidit ... sui proprii juris servum nomine W. et uxorem ejus vocabulo G. ... quos dicunt hiltiscalcos, cum omni propagine sua. WIDEMANN, *Trad. S.-Emmeram,* no. 275 p. 225 (post a. 1006). Duo mancipia ... hereditario jure tradidit ... ut more illorum qui publice hiltiscalcchi dicuntur debita serviminis persolvant. Ib., no. 326 p. 246 (ca. a. 1020-1028). De familia que ad R. pertinet, mansi scilicet seu hiltiscalchi. Ib., no. 393 p. 263 (ca. a. 1030-1031).

**hymnarium,** imn-, -are: **recueil d'hymnes* — *hymn-book.* LEO OST., lib. 2 c. 53, *SS.*, VII p. 662. BERNARD. MORLAN., lib. 1 c. 17, HERRGOTT, p. 170. Stat. Praemonstr. (ante a. 1143), c. 21, ed. VAN WAEFELGHEM, p. 33. V. Meinwerci, c. 28, ed. TENCKHOFF, p. 32.

**hymnidicare:** idem quod hymnificare.

**hymnidicus,** -no- (gr.): **d'hymnes* — *of hymns.* Ab hymnidicis angelorum choris. GREGOR. M., lib. 13 epist. 42, *Epp.*, II p. 404. Cum himnidicis laudibus decenter tumulatus. G. pontif. Autissiod., c. 42 (s. x), ed. DURU, p. 369. Hymnidicam totius cleri harmoniam. WIBERT., V. Leonis IX pap., WATTERICH, I p. 157. Alternantibus hymnodicis angelorum choris. V. Severi Ravenn. (s. xi ex.), MURATORI, *Scr.*, II pt. 1 p. 193 A. Hymnidica monachorum gratulatur caterva. Mir. Adalberti, c. 27, OPPERMANN, *Fontes Egmund.*, p. 21.



**hymnificare,** ymni-, **1.** transit.: **chanter* — *to chant.* Ymnificans Deum. ARBEO, V. Haimhrammi, rec. A, c. 18, *SRM.*, IV p. 490. **2.** intrans.: *chanter des hymnes* — *to sing hymns.* Poene nullus praeterisset dies, in quo missarum sollemnia cum psalmodia hymnificando non complesset laudem. Ib., c. 20, p. 492.

**hymnificus:** *d'hymnes* — *of hymns.* Hymnificas laudes Christo. ADAMN., Loca sancta, lib. 1 c. 10, *CSEL.*, t. 39 p. 238.

**hymnire** (gr.): **chanter des hymnes* — *to sing hymns.*

**hymnista** (mascul.): *celui qui chante des hymnes* — *singer of hymns.* ALDHELM., Virg., c. 18, *Auct. ant.*, XV p. 248. Id., Basil., ed. GILES, p. 116.

**hymnizare,** hymniare (gr.), **1.** intrans.: **chanter des hymnes* — *to sing hymns.* **2.** transit.: **chanter, célébrer par des hymnes* — *to chant, praise by singing hymns.*

**hymnodicus,** v. hymnidicus.

**hymnus,** -um (gr.): **1.** **chant de louange à Dieu, psaume* — *song of praise to God, psalm.* **2.** **hymne métrique* — *metrical hymn.*

**hineum,** hinium, v. ineum.

**hinnulus** (class. "jeune bardot — young hinny"): **1** **faon* — *fawn.* **2.** **toute espèce d'animal jeune* — *any young animal.*

**hypapante,** ypapan-, yppapan-, ypopan-, -ti, hypanti (gr.): *la Chandeleur* — *Candlemass.* [Dies] sancti Symeonis, quod ypapanti greci appellant. Lib. pontif., Sergius I, ed. MOMMSEN, p. 215. RHABAN. MAUR., Inst. cleric., lib. 2 c. 33, ed. KNOEPFLER, p. 121. [Dies] s. Symeonis, quod ypopanti dicitur grece. AMAL., Off., lib. 3 c. 43, ed. HANSSENS, II p. 380. In eadem sollempnitate, hypapanti scilicet Salvatoris. FLODOARD., Hist. Rem., lib. 3 c. 6, *SS.*, XIII p. 480. 4 non. Febr., id est yppapanti Domini. THIETMAR., lib. 5 c. 44, ed. HOLTZMANN, p. 270. Instabat dies hypapanti dictus Achivis, festus in ecclesia pro partu virginitatis. WALDO, V. metr. Ansgarii, c. 105, *AASS.*, Febr. I p. 444 C. Dum sacra solemnitas ypapanti Domini celebraretur. ORDER. VITAL., lib. 13 c. 43, ed. LE PRÉVOST, V p. 126.

**hypatus** (gr.): titre byzantin équivalent à celui de consul, porté en Italie par le gouverneur de Gaète — Byzantine title synonymous with that of consul; in Italy title of the governor of Gaeta. Lib. pontif., Agatho, ed. MOMMSEN, p. 194. Joh. VIII pap. (a. 872-882) epist. 37, *Epp.*, VII p. 36. UGHELLI, I pt. 1 p. 582 (ch. ca. a. 890). LEO OST., lib. 2 c. 37, *SS.*, VII p. 652.

**hyperbolice:** **avec exagération* — *with exaggeration.*

**hyperbolicus** (adj.) (gr.): **hyperbolique, exagéré* — *hyperbolic, exaggerated.*

**hyperperus,** yperperus, perperus (gr.): une *monnaie d'or byzantine* — *a Byzantine gold coin.* GUILL. TYR., lib. 18 c. 24, MIGNE, t. 201 col. 737 B. CAFFAR., Ann. Genuens., lib. 1, a. 1162, ed. BELGRANO, I p. 68.

**hypocausterium** (gr.): *installation de chauffage* — *heating system.*

**hypocrisis** (gr.): **hypocrisie, simulation* — *hypocrisy, feigning.*

**hypocrites,** -ta (mascul.) (gr.): **hypocrite* — *hypocrite.*

**hypocriticus** (adj.): *hypocrite* — *hypocritical.*

**hypogaeum** (gr.): **tombeau, caveau, pièce souterraine* — *tomb, sepulchral vault, cellar.*

**hypostasis** (gr.): **substance, l'une des trois personnes de la Trinité* — *substance, one of the three persons of the Trinity.*

**hypothecare:** *grever d'une hypothèque* — *to mortgage.* S. xiii.

**hypothesis** (gr.): **1.** **résumé, sujet, matière* — *summary, subject, contents.* **2.** **hypothèse* — *hypothesis.*

**hypotheticus** (gr.): **hypothétique* — *hypothetical.*

**hiraldus,** hiraudus, v. heraldus.

**hyssopum,** hysop-, ysop-, -us (gr. < hebr. "plante employée par les Juifs pour la purification — a herb used by the Jews in ritual of purification"): *goupillon* — *holy-water sprinkler.* Sacram. Gelas., lib. 3 c. 76, ed. WILSON, p. 287.

**historia,** istoria, storia: **1.** **le récit historique de l'Ecriture* par opposition à l'interprétation allégorique — *the simple record of facts,* as opposed to allegorical interpretation, *of the Scriptures.* **2.** *fragment des livres historiques de l'Ancien Testament* lu dans l'église — *portion of the historical books of the Old Testament* read in church. **3.** *image, tableau, dessin* — *picture, design.* Optulit vela cum chrisoclavo habentem storiam, leonum figuras numero 40. Lib. pontif., Nicolaus I, § 17, ed. DUCHESNE, II p. 154. Vestem de chrisoclavo ... habentem istoriam Salvatoris et b. Petrum et Paulum et alios apostolos cum arbustas et rosas. Ib., c. 18.

**historialis:** **relatif à l'histoire, historique* — *of history, historical.*

**historialiter:** **1.** **selon les faits, littéralement* (et non allégoriquement) — *according to fact, literally* (as opposed to allegorically). **2.** *en historien* — *as a historian.* Nemo ... extitit ... qui historialiter quippiam posteris scriptum misisset. RADULF. GLABER, lib. 1 c. 1, ed. PROU, p. 1. **3.** *de manière figurative* — *in a pictorial way.* Forinsecus dealbavit illud [delubrum], intrinsecus autem depinxit historialiter. DUDO, lib. 4 § 126, ed. LAIR, p. 291.

**historice:** **selon les faits, littéralement* (et non allégoriquement) — *according to fact, literally* (as opposed to allegorically).

**historicus** (adj.): **historique, qui se base sur les faits, littéral* (par opposition à spirituel, mystique, allégorique) — *historical, founded on fact, literal* (as opposed to spiritual, mystical, allegorical).

**historiographia:** une *histoire générale* — a *world history.* Historiographiam vel chronographiam ... instituit. LEO NEAPOL., V. Alexandri M. (ca. a. 942), ed. PFISTER, p. 2.

**historiographus:** **historiographe, chroniqueur* — *writer of history, chronicler.*

**historiola:** *petite histoire* — *short history.* ISID., Vir. ill., c. 46.

**historiuncula,** stor-: *petite histoire, récit* — *short history, story.* In modum storiunculae ... gesta ... collegere. JORDAN., Rom., § 6, *Auct. ant.*, V p. 3. Ad martirii ejus revelationem hystoriuncula nostra perveniat. RADBOD., V. Bonifatii, c. 11, ed. LEVISON, p. 71.

**histrio:** **1.** *jongleur* — *juggler.* **2.** *bouffon de cour* — *court-jester.*

**histrionicus:** **de comédien, d'acteur* — *of an actor.*

**hoba,** huoba, huba, hova, huva (germ., cf. teuton. *hufe*): **1.** *unité d'exploitation rurale* comparable au manse, comprenant la maison avec ses annexes, les champs, prés, etc. — *rural homestead,* including house, barns, fields, meadows etc. Dedimus hobam unam in villa q.v. illa. F. Augiens., coll. B no. 23, *Form.*, p. 357. Trado unam hobam in loco illo sitam, in qua ille servus habitat. Coll. Sangall., no. 21, p. 407. In loco q. d. A. hobam unam et in C. hobam unam. *D. Ludwigs d. Deutsch.*, no. 6 (a. 831). Hobas 3 et dimidiam, et ad unamquamque hobam pertinent jornales 60 et ad dimidiam 30. Ib., no. 123 (a. 867). Dedimus ... ecclesiam cum ... 7 hobis de terra, scilicet cum parscalcis. *D. Arnulfs,* no. 12 (a. 888). Tres hobas regales. *D. Konrads I.*, no. 7 (a. 912). 6 hobas serviles. Ib., no. 10 (a. 912). Dans certains textes, la "hoba" paraît plus importante que le manse. — Some passages apparently consider the "hoba" as larger than the "mansus". Dedimus ... hobas 21 ac mansos 4 cum ... [form. pertin.] et cum omnibus ... ad easdem hobas pertinentibus. *D. Arnulfs,* no. 55 (a. 889). Similia no. 83 (a. 891). Donavimus ... hobam salicam et ecclesiam et 11 mansos serviles. D. Zwentiboldi reg. a. 898, LACOMBLET, *UB. Niederrh.*, I no. 81. In Thuringia villam q. d. G.; et sunt in illa hubun 70, mansus 43. Villam q. d. W., et sunt in illa hube 40, mansus 33. WEIRICH, *UB. Hersfeld*, no. 38 c. 1 p. 71 (s. ix). D'autres textes, en revanche, semblent connaître une "hoba" plus petite que le manse. — In other passages the "hoba" appears to be smaller than the "mansus". Ad S. mansus 7 medii, hube 3 ... Ad B. mansus 1 plenus, dimidii 2, hube 2 ... Ad E. mansus pleni 9, dimidii 4, hube 5. Cod. Eberhardi, c. 44 § 39 sqq., DRONKE, *Trad. Fuld.*, p. 127. Ad R. mansus 23, hube minores 12. Ib., § 65, p. 128. **2.** *les champs, prés et autres terres, ainsi que les droits d'usage, qui se rattachent à une unité d'exploitation rurale,* exclusion faite de la maison avec ses annexes — *the fields, meadows and other lands and easements belonging to a homestead,* not including the house itself with its outbuildings. Dono ... una arialis et una hoba, quod est 30 jugera terrae araturiae. STENGEL, *UB. Fulda,* I no. 85 p. 156 (a. 778). Hubas serviles 16 et hubam et mansum indominicatum vel quicquid ad ipsos mansos vel hubas aspicit. GLÖCKNER, *Cod. Laureshamm.*, I p. 291 no. 13 (a. 788). Aream unam cum omni aedificio et illam hobam, quam noster homo A. habuit ... et quicquid ad illa area et ad illa hoba pertinet. DRONKE, *CD. Fuld.*, no. 147 p. 83 (a. 797). In L. marcu areas tres cum totidem hobis. Ib., no. 604 p. 271 (ca. a. 870). In villa G. unam curtem dominicalem cum sua huba legitima et alteram servilem cum sua huba. GLÖCKNER, o.c., p. 383 no. 110 (a. 855). In loco R. nominato 5 hobas de terra arabili et casas cum curtis ceterisque edificiis atque cum silvaticis marchis ad easdem pertinentibus. WARTMANN, *UB. S.-Gallen,* II no. 576 (a. 873). Mansos quatuor apud B. cum huobis, plaustris et aratris ab his dependentibus. MIRAEUS, III p. 304 col. 1 (a. 1059, S.-Quentin). **3.** *un ensemble de champs, prés etc. d'une certaine étendue* qui pourrait suffire à former une unité d'exploitation rurale — *a certain amount of fields, meadows etc.* suitable for a homestead. Mansum indominicatum cum edificiis ... habentem hobas tres, et hubas serviles 19, et silvam ... GLÖCKNER, I p. 317 no. 33 (a. 866). Hobas 3 pleniter emensas. *D. Ludwigs d. Deutsch.*, no. 103 (a. 861). Hubas in dominicum tres et serviles hubas 17. Ib., no. 126 (a. 868). 1 hobam plenam de terra culta. Ib., no. 158 (a. 875). Inter silvas et agros ac prata aestimationem duarum hobarum. THEVENIN, *Textes,* no. 111 (a. 887, Alsace). **4.** *la quantité de terre arable* qui convient à une unité d'exploitation rurale, à l'exclusion des prés, bois etc. — the *amount of fields* suitable for a homestead, not including meadows, woods etc. Dedit ... casam unam et de terra hobas 2, de pratis ubi possunt colligi de foeno carradas 20. WIDEMANN, *Trad. S.-Emmeram,* no. 31 p. 38 (a. 847-860). Cf. F. LÜTGE, *VSWG.*, t. 30 (1937); H. KLEIN, *MOeIG.*, t. 54 (1942); H. Th. HOEDERATH, *ZSRG.*, Germ. Abt., t. 68 (1951).

**hobarius,** huo-, hu- (< hoba): *tenancier d'un manse — land-tenant holding a hide.* ESCHER-SCHWEIZER, *UB. Zürich,* I no. 197 p. 89 (a. 946). GLÖCKNER, *Cod. Laureshamm.*, I no. 139 p. 412 sq. (a. 1052-1101). Acta Murensia, c. 20, ed. KIEM, p. 62.

**hobellarius,** -l-, -r- (> frg. *hobereau*): *sergent, cavalier ayant un équipement léger — hobeler, light horseman.* S. xiii.

**hobinna,** huo-, -bunna, -bonia, -vinum (germ., cf. voc. hoba): *manse — hide.* In loco M., W. cum uxore et infantibus, cum terris duas hobinnas. WAMPACH, *Echternach,* I pt. 2 no. 31 p. 75 (a. 721/722). Quicquid in W. marcu nos simul habuimus ... absque tribus hobunnis. DRONKE, *CD. Fuld.*, no. 100 p. 60 (a. 791). In villa H. et in ipsa marca aream unam et unam hobunnam. Ib., no. 381 p. 173 (a. 819). Hobonia una in pago Salzpurcgawe in loco H. cum domibus, edificiis, cum curtiferis, cum wadriscapis ... Trad. Lunaelac., no. 134 (a. 828), *UB. d. L. ob der Enns,* I p. 79. Quicquid proprium habeo in villa q. v. B., et familias 30, 15 de litis et 15 de servis, et illis 30 familiis 30 huobunnas. Et si ille huobunnae plenae non sunt in B., restituentur in O. et in E. WEIRICH, *UB. Hersfeld,* no. 35 p. 62 (a. 882). Duo hovina terrae in R. ... concessi. *Gall. chr.*[2], III instr. col. 116 (a. 1136, Flandre).

**hodiernus:** **d'à présent, actuel — present, of nowadays.*

**hodoeporicum** (gr.): **1.** **itinéraire, relation de voyage — itinerary, account of a journey.* **2.** *voyage — journey.* Hodoeporico licet difficulter expleto. ODILO, Transl. Sebastiani, c. 14 § 69, *AASS.*[3], Jan. II p. 653. Adj. **hoedoeporicus:** *de voyage — of a journey.* Odeporicas incommoditates vitando. V. Rigoberti, c. 28, *SRM.*, VII p. 77.

**hodus,** hodius, hodium, hotus (germ.): *mesure de capacité* pour les matières sèches — a *dry measure.* VERCAUTEREN, *Actes de Flandre,* no. 6 p. 18 (a. 1085). MIRAEUS, I p. 552 (a. 1187, Flandre).

**holarius,** v. hullarius.

**holca,** v. olca.

**holmus,** hulmus (anglosax.): *laye — river-meadow.* S. xii, Angl.



**holoberus,** olo-, -verus (gr.): *teint en pourpre — dyed purple.* Pallia olovera blattea. Lib. pontif., Hormisd., ed. MOMMSEN, p. 131. Iterum ib., Joh. II, p. 141.

**holocaustoma** (neutr., genet. -atis) (gr.): **1.** **holocauste, sacrifice où l'on brûle la victime entière — whole burnt-offering.* **2.** gener.: *sacrifice — offering.*

**holocaustum** (gr.): **1.** **holocauste,* sacrifice où l'on brûle la victime — *burnt-offering.* **2.** **victime pour l'holocauste — beast for burnt-offering.* **3.** *le sacrifice de la messe — the sacrifice of Mass.* FORTUN., lib. 3 carm. 6 v. 53, *Auct. ant.*, IV pt. 1 p. 56. Id., V. Martini, lib. 3 v. 54, ib., p. 331. **4.** *donation pieuse — pious bestowal*

**holochrysus** (gr.): *en or massif — made of solid gold.* Crux holocrysa. GREGOR. TUR., Virt. Juliani, c. 44, *SRM.*, I p. 581. Subst. neutr. **holochrysum:** *or massif — solid gold.* Turres [i.e. capsas] olocriso tectas. Id., Hist. Fr., lib. 10 c. 31 § 13.

**holocrystallinus** (gr.): *en plein cristal — all crystalline.* Fecerat unum phylacterium olocristallinum. HELGALD., V. Roberti, c. 11, *Hist. de Fr.*, X p. 103 C.

**holographus** (adj.) (gr.): **entièrement autographe — written entirely in the author's hand.* Holographum testamentum. ISID., Etym., lib. 5 c. 24 § 7. Nov. Valent. III de testam., lib. 2 c. 21 const. 2.

**holosericus** (adj.) (gr.): **en pure soie — all silk.* Subst. neutr. plural. et femin. singul. **holoserica:** **habits de soie — silk garments.*

**holovitreus:** *en plein verre — all-glass.* Ps.-AMBROS., Acta Sebastiani, c. 16 § 54, MIGNE, t. 17 col. 1045 A. Ps.-PRIMASIUS, Comm. in epist. ad Hebr., c. 10, ib., t. 68 col. 749 D. Subst. neutr. **holovitreum:** *vase de verre — glass flagon.* V. Odilonis, MABILLON, *Acta,* VI pt. 1 p. 669.

**homagialis** (subst.): *vassal — vassal.* S. xiii.

**homagiatus** (subst.) (< hominaticus): *vassal — vassal.* Omnes homagiati dominum suum debent plegiare. Leg. Normann., c. 62 § 12, LUDEWIG, *Reliq.*, VII p. 265.

**homagium,** v. hominaticus.

**homata,** v. hominata.

**homelia,** v. homilia.

**homeliare,** v. homiliare.

**homenaticus,** v. hominaticus.

**homenescum,** v. hominiscum.

**homicidalis:** *relatif à un homicide — concerning manslaughter.* Cum ... de sola pejeratione homicidalis perageretur causa. RATHER., D'ACHÉRY, *Spic.*, II p. 216. Subst. neutr. **homicidale:** *péché mortel — deadly sin.* Compellente qua vos diligo caritate celare vobis homicidale computo, quantum ... Id., epist. 27 (a. 967), ed. WEIGLE, p. 156.

**homicidium: 1.** *amende pour homicide — penalty for manslaughter.* Homicidia ... omnium ingenuorum hominum regi integra reddantur. Concil. Legion. a. 1012, DE AGUIRRE, *Concil. Hispan.*, III p. 190. Eadem verba: Fuero de León (a. 1017/1020), c. 8, WOHLHAUPTER, p. 4. Leges vel consuetudines, id est sanguinem, raptum, incendium, homicidium et alias leges quae solent exsolvi. D. Roberti reg. Fr. a. 1022, *Hist. de Fr.*, X p. 605. Ad causas ... audiendas vel freda exigenda ... aut bannum seu incendium aut homicidium vel raptum requirendum. D. spur. Hugonis Cap. <a. 988>, Sens, ib., p. 554. Dono ad praefato coenobio ... omnes apparatus sive albergas sive census sive usaticos sive homicidia. DE MARCA, *Marca hisp.*, app., col. 1162 (ch. a. 1071). **2.** *carnage — wholesale slaughter.* Factum est homicidium Bari mense Dec. inter cives. LUPUS PROTOSPATHA, De rebus Neapol. (s. xii in.), a. 946, MURATORI, *Scr.*, V p. 39 B. Fecit ibi grande homicidium. Id., a. 1042, p. 43 B.

**homileticus** (adj.) (gr.): **homilétique — of homilies.*

**homilia,** homelia (gr.): **homélie, sermon familier — homily, chat-sermon.*

**homiliare,** om-, -elia-, (subst. neutr.), -rium: *recueil d'homilies — book of homilies.* Omeliare ejusdem [sc. Augustini] continens sermones 147 volumen unum. G. abb. Fontan., c. 12, § 2, ed. LOHIER-LAPORTE, p. 88.

**hominata,** homata (< homo): *mesure de superficie pour les vignes*: ce qu'un homme peut cultiver — *measure for vineyards* corresponding to a man's labour. S. xiv, Laonnais, Anjou.

**hominaticus,** omin-, homen-, homan-, homon-, -iaticum, -atgium, -agium, homagium, hommagium (< homo): **1.** *hommage vassalique — vassalian homage.* Teneat eam [sc. ecclesiam] Bernardus ... per manum filii mei Berengarii et per suum donum, et [Berengarius] habeat inde hominaticum. D'ACHÉRY, *Spic.*, VI p. 434 (testam. a. 1035, Cerdagne). Noluit suum homenaticum accipere. MIQUEL ROSELL, *Liber feudorum major,* II no. 587 p. 92 sq. (a. 1069, Cerdagne). Hominaticum ... in omnibus firmitatem obtinere. Usat. Barcin., c. 76, ed. D'ABADAL-VALLS TABERNER, p. 33 (antea: recipiat eum ad hominem manibus comendatum). Si multis homagium fecerit. Leg. Henrici (a. 1114-1118), tit. 43 § 6[a], LIEBERMANN, p. 569. Si quis firmam in feodo teneat et homagium inde fecerit. Ib., tit. 56 § 2, p. 575. Coram Lothario genua flexerunt, homagium illi fecerunt. ORDER. VITAL., lib. 12 c. 43, ed. LEPRÉVOST, IV p. 470. Facto hominagio pro suscepta terra. G. cons. Andegav., HALPHEN-POUPARDIN, *Chron. d'Anjou,* p. 58. Hominagium domno abbati W. fecerunt et fidelitatem domno abbati et aecclesiae juraverunt. Notae Stabulens., a. 1148, *SS.*, XV p. 966. Fecit regi propter hoc [feodum] hommagium. ROBERT. DE TORINN., a. 1158, *SS.*, VI p. 508 l. 29. Ibi saepe. Cf. F. L. GANSHOF, *Note sur l'apparition du nom de l'hommage, particulièrement en France. Aus Mittelalter und Neuzeit,* Festschrift Gerhard Kallen, Bonn 1957, pp. 29-41. **2.** *vassalité, la condition d'un vassal — vassalage, the position of a vassal.* Permaneamus in ominatico abbate [i.e. abbatis] s. Cucufati, et nullum alium seniorem exinde eligamus nec proclamemus. RIUS SERRA, *Cart. de S. Cugat del Vallés,* II no. 479 p. 128 (a. 1020). Quartam partem curtis ... de abbate et capitulo s. Albani in fidelitatem hominagii teneat. BERTRAND, *Cart. d'Angers,* I no. 1 p. 3 (a. 1037). De hominiatico ac de potestate et servitio et de fidelitate semper teneant ... supradictam ordinationem. DE MARCA, *Marca hisp.*, app. no. 270 col. 1143 (a. 1068). **3.** *suzeraineté, le droit de recevoir l'hommage des vassaux, mouvance — feudal lordship, right*

*to receive homage from vassals.* [Rex possedit] comitatum Hesdiniensem et Lensensem, hominagium Bolonie et Sancti Pauli et Gisnense et Lilense. Contin. Aquicinct. ad SIGEBERT., a. 1192, *SS.*, VI p. 428 l. 24. **4.** *hommage de paix — homage of peace.* Emendetur per aliscaram et per hominaticum aut per talionem. Usat. Barcin., usualia, c. 6, p. 5. Etiam ib., c. 7. **5.** *hommage de confirmation d'un accord — homage confirmatory of an agreement.* Per finem quam faciat B. ad P. et cum omnes homines per suum ad eum [lectio corrupta] sine inganno et per hominaticum suum. *Hist. de Languedoc*[3], V, pr. no. 206 col. 415 sq. (ca. a. 1035). **6.** *hommage servile — homage of serfdom.* Non faciant aliquem dominum per homagium corporis et servitutis. *Gall. chr.*[2], VI col. 446 (ch. a. 1231).

**hominatio** (< homo): *hommage vassalique — vassalian homage.* Neque hominationem neque fidelitatem sibi faciant. *Actes Phil. Ier*, no. 37 (a. 1067), p. 108. Regi . . . hominatione et fidei non fictae pactione firmissime confoederatus. BERTHOLD., Ann., a. 1077, *SS.*, V p. 295. Dederunt monachi Ingelbaudo molendini medietatem in fevo et hominatione et sub censu . . . *Cart. de S.-Pierre de la Couture*, p. 36 (s. xi).

**hominatus** (decl. iv) (< homo): *hommage vassalique — vassalian homage.* Ego I. concedo de casamentis meis quicquid datum fuerit b. Marie et b. Cypriano, excepto ne ita detur ut ex toto perdam hominatum meum. RÉDET, *Cart. de S.-Cyprien de Poitiers*, no. 218 p. 141 (ca. a. 1085). Ut si aliquis fenatorum [leg. fevatorum] de fevo ipsius centum solidatos [leg. solidatas], vel tantum ut suum hominatum non perderet, donare voluisset, concessit. Ch. a 1097 ap. Chron. Andrense, c. 35, *SS.*, XXIV p. 698; melius ed. MIRAEUS, I p. 367.

**hominicatus** (< homo): *hommage vassalique — vassalian homage.* Quicquid ex casamentis eorum excepto hominicatu adquirere potuissent. RÉDET, *Cart. de S.-Cyprien de Poitiers*, no. 283 p. 180 (a. 1088). Iterum ib., no. 484 (ca. a. 1095).

**hominicium** (< homo): *hommage vassalique — vassalian homage.* Hominicio facto s. martyri et in recognitionem hominicii vovens se oblationem ad ecclesiam ejusdem singulis annis, dum viveret, oblaturum. V. Rufini, *AASS.*, Aug. VI p. 819 col. 1 (a. 1212).

**hominiscum,** homenescum (< homo): *hommage vassalique — vasalian homage.* Qui castellum et vicariam habuerit, faciat hominiscum domino Montispessulani et juret ei castellum, vitam et membra et totum honorem suum GERMAIN, *Cart. de Montpellier*, no. 100 p. 211 (ch. a. 1103).

**hominium** (< homo, cf. voc. hominaticus; mot formé sur le modèle de dominium — formed on the pattern of dominium): **1.** *hommage vassalique — vassalian homage.* Ego J. episcopus omnes istos homines et alios per hominium et sacramentum recepi ad fidelitatem sanctae ecclesiae. *SS.*, XXX p. 1467 (ch. a. 1079, Chieti). Clamor abbatis Aureliacensis cenobii . . . auribus nostris insonuit, videlicet super quibusdam personis, que injuste detinent beneficia predicti monasterii a predecessoribus suis sub fidelitate et hominio pro defensione ecclesie sibi et suis antecessoribus olim concessas. Litt. Greg. VII pap. a. 1080, Registr., lib. 7 no. 19, ed. CASPAR, p. 494 (J.-L. 5162). Hominium fecit et fidelitatem juravit. HUGO FLAVIN., a. 1099, *SS.*, VIII p. 479. Ibi pluries. Ne quis omnino clericus hominium faciat laico, aut de manu laici ecclesias aut ecclesiastica bona suscipiat. Paschal. II pap. epist. a. 1102, MANSI, t. 20 col. 1020 (J.-L. 5908). Etiam col. 1021 (J.-L. 5909). Me hominium imperatori Theutonico fecisse. Roberti II com. Flandr. epist. a. 1103, *Hist. de Fr.*, XV p. 196 C. De quibusdam hominium debitum accipiendo. CLAR., Chron. s. Petri Vivi (a. 1108/1109), ed. DURU, *Bibl. de l'Yonne*, II p. 519. Si episcopis faciendum est regibus hominium et sacramentum de regalibus, aptius est ante consecrationem. Tract. de invest. episc. (a. 1109), *Lib. de lite*, II p. 501. Pro quibus omnibus et singulis facio hominium et fidelitatem manibus et bucca tibi prefato domino meo. TEULET, *Layettes*, I no. 39 (a. 1110, Carcassonne) Presul Galcherus omnium rogat fidem, sacramentum et etiam hominium. G. Galcheri Camerac. (ca. a. 1110), c. 16 v. 344, *SS.*, XIV p. 199. Regi hominium fecerat. GUIBERT. NOVIG., De vita sua, lib. 3 c. 14, ed. BOURGIN, p. 201. Hominium abbati fecit. DUVIVIER, *Hainaut*, p. 498 no. 98 (a. 1111). In hominio facto sive in jurisjurandi obligatione. JAFFÉ, *Bibl.*, III p. 391 (epist. a. 1119, Mainz). Facto nobis hominio. HALKIN-ROLAND, *Ch. de Stavelot*, I no. 143 p. 291 (a. 1124). A nullo spiritalium [principum], ut moris erat, hominium vel accepit vel coegit. Electio Lotharii (a. 1125), c. 7, *SS.*, XII p. 512. Non sit seculare negotium, si clericus laico fecerit hominium. GUILL. MALMESBIR., G. reg. Angl., lib. 5 c. 420, *SS.*, X p. 479. Hominium fecerunt ita: comes requisivit si integre vellet homo suus fieri, et ille respondit: volo, et junctis manibus, amplexatus a manibus comitis, osculo confederati sunt. GALBERT., c. 56, ed. PIRENNE, p. 89. Nobis facere non potuit hominium. WAITZ, *Urk. dt. Vfg.*[2], no. 22 p. 54 (a. 1127). [Milites] fecerunt episcopis hominium, ut essent aecclesiae defensores. GERHOH., Aedif., c. 15, *Lib. de lite*, III p. 145. Quibus tocius hujus provinciae valentiores . . . confoederati erant hominii conjunctione. G. Trevir., addit., c. 4, *SS.*, VIII p. 177 (ca. a. 1132). Dux nobis hominium faciat. Priv. Innoc. II pap. a. 1133, *Const.*, I no. 117. Cathedram in qua . . . reges Francorum, suscepto regni imperio, ad suscipienda optimatum suorum hominia primum sedere consueverant. SUGER, De admin. sua, c. 34, ed. LECOY, p. 204. Suscepta regis Anglie militia, hominio obligati, regnum impugnare jurejurando firmaverunt. Id., V. Ludov. Gr., c. 1, ed. WAQUET, p. 10. Optimates suos hominium et fidelitatem promittere fecit. HERIMANN., Restaur. s. Martini Tornac., c. 12, *SS.*, XIV p. 280. [Polanorum dux] de Pomeranis et Rugis hominium sibi [sc. regi] faceret subjectionemque perpetuam sacramento firmaret. OTTO FRISING., Chron., lib. 7 c. 19, ed. HOFMEISTER, p. 336. Cf. F. L. GANSHOF, opusc. laud. s. v. hominaticus. **2.** *vassalité, la condition d'un vassal — vassalage, the position of a vassal.* Spondeo in fide mea me fidelem fore



amodo comiti W. et sibi hominium integraliter contra omnes observaturum fide bona et sine dolo. GALBERT., l.c. Que . . . nomine pheodi vel jure hominii habuerit. *UB. d. L. ob der Enns*, II p. 167 (a. 1125, Steiermark). In hominium et feodum quempiam non poterit investire. MARTÈNE, *Coll.*, I p. 708 (a. 1131, Liège). 35 jugera terre, que Th. de ecclesia in hominium se possidere dicebat. DUVIVIER, *Actes*, I p. 219 (a. 1157, Hainaut). **3.** *suzeraineté, le le droit de recevoir l'hommage des vassaux — feudal lordship, the right to receive homage from vassals.* Brussellam cum castello, hominiis et omnibus pertinentiis. MIRAEUS, I p. 106 col. 2 (ch. a. 1179). **4.** *hommage d'assujettissement — homage of allegiance.* Omnes nobiles et cuncta plebs [Romae] hominium nobis fidelitatemque fecerunt. Anacl. antipap. epist. a. 1130, MIGNE, t. 179 col. 709 (J.-L. 8390). **5.** *hommage de sécurité — homage of security.* Constituit . . . comes . . . monachorum familiae defensorem virum nobilem pro se, quem fideli hominio ammonebat, ut familiam . . . honestius tractaret, sicubi opus esset adjuvaret. Fundat. I monast. Bosonisvillae (paulo post a. 1123), *SS.*, XV p. 978. **6.** *hommage de confirmation d'un accord — homage confirmatory of an agreement.* Hominium ejusdem H. ob fidem et fidelitatem super hac re ex utraque parte firmiter tenendam libenter suscepimus. LACOMBLET, *UB. Niederrh.*, I no. 317 (a. 1126-1133).

**hommagium,** v. hominaticus.

**homo: 1.** **l'homme, la nature humaine — man, human nature.* **2.** (pronomen indef.) **on — people.* **3.** homo illius: *agent, délégué, homme de confiance — substitute, agent, proxy.* Theodosio homini suo Theodahadus rex. CASSIOD., Var., lib. 10 epist. 5, inscr., *Auct. antiq.*, XII p. 301. Disposuimus hominem nostrum, qui vos possit tueri atque regere, . . . ad regem . . . transmittere. GREGOR. M., lib. 5 epist. 31, *Epp.*, I p. 311. Ad ejusdem patrimonioli regimen proprius ecclesiae homo transmissus est. Ib., lib. 6 epist. 5, p. 384. Quod si causa inter personam publicam et hominibus ecclesiae steterit. Chlothar. II edict. a. 614, c. 5, *Capit.*, I p. 21. Quicumque seu per se sive per hominem suum . . . [servum] reddere distulerit. Lex Visigot., lib. 9 tit. 1 § 16. **4.** homo illius: un *dépendant* de n'importe quel genre — any kind of a *dependant.* Quicquid fiscus de eorum hominebus, aut de ingenuis aut servientes, in eorum agros commanentes, poterat sperare. MARCULF., lib. 1 no. 2, *Form.*, p. 42. De presbiteris statuerunt, quod si aliquid eis aut eorum hominibus quis contrarium facere aut tollere praesumpserit. Capit. Saxon. a. 797, c. 6, I p. 72. Homines ipsius monasterii tam ingenuos quam et servos. D. Ludov. Pii imp. a. 818, WARTMANN, *UB. S.-Gallen*, I no. 234. Misit in ipsum villare suos homines ad abitandum his hominibus . . . THÉVENIN, *Textes*, no. 71 (a. 834, Narbonne). Homines ac famuli monasterii pacem habeant. F. imper., no. 15, *Form.*, p. 297. Homo, nude: même sens — same meaning. Illa colonica in A. . . . cum ipso homine qui supra commanet nomine S. et uxore sua leda nostra vel infantes eorum. Test. Wideradi Flavin. a. 721, PARDESSUS, II no. 514 p. 325. Mansis . . . cum hominibus ibidem commanentes vel aspicientes tam servos, ancillas, colonos, colonas. BEYER, *UB. Mittelrh.*, I no. 41 p. 46 (a. 804, Prüm). **5.** homo illius: *serf — serf.* E. g.: Abbatem cum ipso monasterio vel ominis [i.e. hominibus] suis et omnes causas suas sub nostro recepimus mundeburde . . . Nullus jam dicto abbate vel ipsius monasterii nec homines nec rebus suis, quae ad presens habere videntur, inquietare presumatis. MARCULF., addit. 2, *Form.*, p. 111. Homo, nude: même sens — same meaning. Donamus hominem unum cum mansos duos. *D. Karolin.*, I no. 144 (a. 782). [Episcopium] cum cellulis sibi subjectis et rebus vel hominibus ad se pertinentibus. F. imper., no. 28, p. 306. Unum mansum cum hominibus desuper manentibus. *D. Ludwigs d. Deutsch.*, no. 154 (a. 874). Ut nemo presumat quis hominem vendere aut comparare nisi presentia comitum aut missorum illorum. Pippini capit. Ital. (a. 801-810), c. 18, I p. 211. Vineae 3 et manselli 2 . . . et quidquid ad eas respicit et homines cum uxoribus et omni eorum posteritate. *D. Ottos I.*, no. 92 (a. 947). Même pour des serves — even for female serfs: Forastici homines O. ingenua . . ., D. soror ingenua . . . Summa . . . homines forastici 2. Polypt. s. Remigii Rem., c. 2, § 4 sq., ed. GUÉRARD, p. 3 col. 2. **6.** homo illius: *compagnon armé — armed retainer.* Vallatus in domo sua ab hominibus regis. GREGOR. TURON., Hist. Fr., lib. 8 c. 11. Ejectis de civitate hominibus Childeberthi. Ib., lib. 7 c. 13. Suis cum hominibus ad habitandum suscipitur. Chron. s. Bened. Casin., *Scr. rer. Langob.*, p. 469. **7.** homo illius: *vassal — vassal.* Omnibus episcopis . . . seo homines vassos nostros. Cart. Senon., no. 35, *Form.*, p. 200. Abbati [i. e. abbates] legitimi [h]ostem non faciant, nisi tantum hominis [i. e. homines] eorum transmittant. Concil. Suession. a. 744, c. 3, *Conc.*, II p. 34. Quisquis hominem principis sibi [i. e. principi] dilectum occiderit ob injuriam principis. Concil. Dingolf. a. 770 (?), ib., p. 95. Sive pagenses, sive episcoporum et abbatissarum vel comitum homines et reliquorum homines. Capit. missor. a. 792/793, c. 4, I p. 67 l. 7. Omnes fideles nostri capitanei cum eorum hominibus . . . ad condictum placitum veniant. Memor. de exerc. praep. a. 807, c. 3, p. 135. De hominibus comitum casatis. Capit. missor. de exerc. prom. a. 808, c. 4, p. 137. De hominibus nostris et episcoporum et abbatum, qui vel beneficia vel talia propria habent . . . Ib., c. 5. Beneficia quae nostri et aliorum homines habere videntur. Capit. de caus. div. (a. 807?), c. 4, p. 136 l. 10. Cujuslibet homo sit, sive domni imperatoris sive cui[us]libet filiorum et filiarum vel ceterorum potentium hominum. Capit. de missor. off. a. 810, c. 5, p. 155. Domnici vassalli . . . remaneant; eorum homines, quos antea habuerunt [et] qui propter hanc occasionem eis se commendaverunt, cum eorum senioribus remaneant. Capit. de exped. Corsic. a. 825, c. 1, p. 325. Advenit in ipso placito liber homo Ternodi, nomine H., ab eodem Ternodo directus. WIDEMANN, *Trad. S.-Emmeram*, no. 20 p. 26 (a. 822). Pro necessitate N. quondam hominis nostri, nunc autem hominis domni Lotharii. EGINH., epist. 1, *Epp.*, V p. 109. Iterum ib., epist. 6 sq., p. 112; epist. 51,

p. 135; epist. 65, p. 141. Suis [sc. episcopi] hominibus S.F.G. et S. . . . Praefati vassalli sui . . . *D. Ludwigs d. Deutsch.*, no. 92 (a. 858). Si alterius homo fuerit, senior cujus homo fuerit illum regi praesentet. Capit. missor. Silvac. a. 853, c. 4, II p. 272. Abbates vel abbatissae si plenissime homines suos non direxerint. Const. de exped. Benev. a. 866, c. 4, p. 96. Si aliquis episcopus . . . suo homini contra rectum et justitiam fecerit. Capit. Pist. a. 869, adnunt. Karoli, c. 2, p. 337. Jubemus ut . . . fideles nostri hominibus suis similiter conservare [i. e. observare] studeant. Capit. Caris. a. 877, c. 9, p. 358. Adjunctis ei suis hominibus. HINCMAR., Ann. Bertin., a. 864, ed. WAITZ, p. 68. Homines illorum quosdam. Ann. Fuld., contin. Ratisb., a. 884, ed. KURZE, p. 111. Omnes res monasterii per suos homines distribuerit. Joh. VIII pap. epist. 197 (a. 879), *Epp.*, VII p. 158. Per manus acceptionem hominem regis fieri. V. Rimberti, c. 21, ed. WAITZ, p. 97. Irent ad dominum Carolum Francorum regem et sui efficerentur homines; per ejus datum eorum retinerent beneficia. Actus pontif. Cenom., c. 17 (s. ix), ed. BUSSON-LEDRU, p. 263. [Episcopi] qui ad ecclesias suas remanent, suos homines bene armatos nobiscum [i.e. cum rege in hostem] . . . dirigant. BENED. LEV., lib. 3 c. 141, *LL.*, II p. 110 l. 29. Même pour un vassal qui est un seigneur puissant — even when speaking of a powerful baron. Per Cobbonem illustrem ducem, hominem Ludowici Bewariorum regis. Mir. Germani in Norm. adv. facta (s. ix med.), c. 15, *SS.*, XV p. 13. Ibi veniens Zwentibaldus dux . . . homo, sicut mos est, per manus imperatoris efficitur, contestatus illi fidelitatem juramento. Ann. Fuld., contin. Ratisb., a. 884, p. 113. Goffridus [comes Andegavensis] . . . regem Franciae Henricum adiit eique humo [! leg. homo] deveniens, de manu ipsius dono suscepit praedictum honorem [sc. comitatum Vindocinensem]. Origo com. Vindocin. (s. xi med.?), *Hist. de Fr.*, XI p. 31 D. Posuit imperator coronam in caput ejus, ut esset rex Obotritorum, recepitque eum in hominem. HELMOLD., lib. 1 c. 49, ed. SCHMEIDLER, p. 97. Homo, nude: même sens — same meaning. F. vassus domini Carolimanni regis . . . G. similiter homo dominicus. D'HERBOMEZ, *Cart. de Gorze*, p. 33 no. 13 (a. 770). De illos homines, qui . . . eorum seniores dimittunt. Pippini capit. Pap. a. 787, c. 5, I p. 199. Fidelis sum domno Karolo . . . sicut per drictum debet esse homo domino suo. Capit. missor. spec. a. 802, epil., p. 101 l. 35. [Obsequium] quale nostrates homines de simili beneficio senioribus suis exhibere solent. Const. de Hisp. prima a. 815, c. 6, p. 262. Liberos homines [dux] non nos habere permittet, sed tantum cum nostros servos facit nos in hoste ambulare. MANARESI, *Placiti*, no 17 p. 54 (a. 804, Istria). Volumus ut eulogias preparari faciatis . . . sicut solet homo ad opus dominicum facere. EGINHARD., epist. 26, *Epp.*, V p. 123. [Praedia coenobiorum] contradunt dominationi potentium ac dominicorum [i.e. regis] hominum. G. abb. Fontan., c. 6 § 3, ed. LOHIER-LAPORTE, p. 51. Fidelis ero seniori meo Karolo, sicut homo per rectum seniori suo debet esse. HINCMAR. REM., epist., MIGNE, t. 126 col. 575. Nullus homo seniorem suum sine justa ratione dimittat. Conv. ap. Marsnam a. 847, c. 2, *Capit.*, II p. 71. Vassalli nostri cum tantis hominibus, sicut eis commoditas fuerit, nobiscum remaneant et nobiscum pergant. Edict. Pist. a. 864, sect. C, c. 2, p. 328. Res . . . quae olim beneficiis hominum quorundam mancipatae fuisse noscuntur. *D. Charles III le Simple*, no. 11 (a. 898). Hugonem . . . preparavit sibi hominem et amicum tam per fidem quam per sacramentum. G. Gerardi II Camerac., c. 1, *SS.*, VII p. 498. Même pour une femme vassale — even when speaking of a woman who is a vassal. S. xiii. Cf. G. KURTH, *Etudes franques*, I, 1919, p. 166. **8.** homines: les vassaux et les "ministeriales" — vassals and "ministeriales" taken together. Presentibus nostris hominibus, clericis et laicis, liberis et ministerialibus. LACOMBLET, *UB. Niederrh.*, I no. 283 p. 185 (a. 1117). **9.** homo sancti illius: *tributaire d'église (sainteur) — ecclesiastical tributary.* S. Martini homines hii sunt; nihil eis quicquam inferatis injuriae . . . GREGOR. TURON., Hist. Fr., lib. 7 c. 42. Homines s. Petri [Treverensis]. D. Zwentiboldi reg. a. 899, BEYER, *UB. Mittelrh.*, I no. 148 p. 212. Homines s. Martini [Trajectensis]. MULLER-BOUMAN, *OB. Utrecht*, I no. 486 p. 434 (a. 1176). **10.** *remplaçant* dans une ordalie ou un duel judiciaire, *champion — substitute* in an ordeal or a judicial combat, *champion*. Episcopus dum cum quibus juraret non invenisset, elegit sibi ipse ut suus homo ad Dei judicium iret. Concil. Francof. a. 794, c. 9, *Conc.*, II p. 167. Vult . . . hominem Theutbergae ad monomachiam impellere. Nicolai I pap. epist. 48 (a. 867), *Epp.*, VI p. 330. Tradiderunt secundum sententiam judicum unum hominem ad probandum per judicium quod . . . *BEC.*, t. 36 (1875), p. 402 (ch. ca. a. 1070-1080, Saumur). **11.** homo de corpore: dépendant non-libre lié par sa personne à son seigneur — bondman. Servos nostros et ancillas, quos homines de corpore appellamus, . . . manumittimus et ab omni jugo servitutis . . . absolvimus. D. Ludov. VII reg. Fr. a. 1180, *Ordonn.*, XI p. 214. Quod nullus hominum ac mulierum de burgo s. Petri . . . homo noster sit aut femina de corpore. *Actes Phil.-Aug.*, no. 443, I p. 531 (a. 1193). **12.** homo de capite: dépendant non-libre astreint au chevage — bondman paying poll-money. Quandam vineam quam ss. martiribus Vincentio et Laurentio pro monachatu suo dederat G., quamque H. comes annuerat, quia isdem G. suus homo de suo capite erat. CHARLES-MENJOT, *Cart. du Mans*, no. 74 p. 54 (a. 1093-1097). **13.** homo fraternitatis: membre d'une confrérie — member of a brotherhood. Quicumque vir vel mulier homo fraternitatis [carpentariorum] existens de hac vita decesserit. KEUTGEN, no. 256 (a. 1178-1182, Köln).

**homoligius,** -le- (cf. voc. ligius): *vassal lige — liege vassal*. Si voluerit, unum locare poterit de vassallis seu homolegiis. Priv. majus Austriac. < a. 1156>, spur. a. 1358/1359, c. 9, ALTMANN-BERNHEIM, *Urk.*[4], p. 366.

**homousius** (gr.): **consubstantiel — of the same being.*

**honestare: 1.** **enrichir — to enrich.* **2.** *réparer, aménager — to repair, fit up.* Mandavit suis militibus honestare palacium et castellum



ANON., G. Francorum, c. 34, ed. BRÉHIER, p. 178. **3.** figur.: *accommoder — to settle.* Omnes causae vera consilii ratione discutiende sunt a judicibus . . . vel, si facultas admiserit, potius pace honestande. Leg. Henrici, tit. 3, LIEBERMANN, p. 547.

**honestas: 1.** **richesse — riches.* **2.** *profit, avantage, intérêt — benefit, good.* Nihil ab eadem villa . . . requiratur . . . sed quicquid exinde fieri potest, in honestatibus ejusdem loci . . . proficiat. *D. Charles II le Ch.*, no. 76 (a. 845).

**honeste:** **abondamment, richement — liberally, richly.*

**honestus:** **riche — rich.*

**honor,** honos, onos, honus: **1.** *fidélité vassalique — vassalian fealty.* Talem honorem tibi observabo, qualem Lotharienses milites dominis suis. G. pontif. Camerac., lib. 3 c. 40, *SS.*, VII p. 481. **2.** *cadeau d'honneur — present of honour.* Nullus episcoporum, cum suas dioeceses perambulant, praeter honorem cathedrae suae, id est 2 sol., aliquid aliud per ecclesias tollat. Concil. Bracar. a. 572, c. 2, D'ACHÉRY, *Spic.*, IX p. 111. [Non episcopus], non archidiaconus, non ecclesiae judices nec censum mittere neque pastum neque honorem in rebus monasterii requirere non audeant. *D. Merov.*, no. 95 (a. 727; an verax?). Episcopi praevideant quem honorem presbyteri pro ecclesiis senioribus tribuant. Capit. q. d. Ingelheimense (a. 810-813 ?), c. 3, I p. 178. [Ne] censum aut honorem aut dona quilibet ab eisdem servis Dei presumat requirere. *D. Charles II le Ch.*, no. 156 (a. 853), I p. 413. Item no. 269 (a. 864), II p. 108. Inter tres festivitates . . . [est] honorandus abba ejusdem loci a fratribus per annum de libras argenti sex, in hoc computati honores [i. e. computatis honoribus] qui ei dabantur per praedictas festivitates. Ib., no. 247 (a. 862), p. 63 l. 31. Ut presbyteri parochiani suis senioribus debitam reverentiam et competentem honorem atque obsequium secundum suum ministerium impendant. Capit. Pist. a. 869, c. 8, II p. 334. **3.** *compétence, pouvoir — competence, power.* Eadem ecclesia nullum alium honorem nisi tantummodo divinum officium usurpet, et non decimam, non baptisterium, non sepulturam. F. Paris., no. 2, *Form.*, p. 264. Veraciter edicerent cujusmodi esset honor comitatus hujus urbis, qualiter tenuerunt illum antiqui comites. WAITZ, *Urk. dt. Vfg.*, no. 2 (a. 1069, Toul). **4.** *rang social — social rank.* Illis [genealogiis] duplum honorem concedamus et sic duplam conpositionem accipiant. Lex Baiwar., tit. 3 § 1. **5.** *intégrité des droits et des biens, situation bien établie — unassailable state of rights and property, well-established legal condition.* De vassis regalibus, ut honorem habeant et per se aut ad nos aut ad filium nostrum caput teneant. Capit. missor. Ital. (a. 781-800), c. 9, I p. 207. Ut vassi et austaldi nostri in nostris ministeriis, sicut decet, honorem et plenam justitiam habeant. Pippini capit. Ital. (a. 801-810), c. 10, p. 210. Proprium suum et hereditatem . . . salva justitia cum honore et securitate secundum suam unusquisque absque injusta inquietudine possideat. Ordin. imp. a. 817, c. 9, p. 272. Liceat illi . . . absque cujuslibet impedimento unacum rebus et hominibus suis cum honore residere et quieto ordine vivere. F. imper., no. 32, *Form.*, p. 311. Item no. 55, p. 327. Neminem cujuslibet ordinis aut dignitatis deinceps nostro inconvenienti libitu aut alterius calliditate vel injusta cupiditate promerito honore debere privare [leg. privari], nisi justitiae judicio et ratione atque aequitate dictante. Conv. in villa Colonia a. 843, c. 3, II p. 255. **6.** spec.: *l'intégrité, l'inviolabilité des églises et de leurs biens — the unassailable character of churches and their property.* Ex timore Dei honorem ecclesiae inpendat et sacerdotem ecclesiae interpellet pro servo suo [fugitivo qui in ecclesiam confugerit]. Lex Alamann., tit. 3 § 1. De ecclesiis quae sub illorum [regum] fuerint potestate precipimus, ut justitiam suam et honorem habeant et pastores atque rectores venerabilium locorum habeant potestatem rerum quae ad ipsa pia loca pertinent. Div. regn. a. 806, c. 15, *Capit.*, I p. 129. De ecclesiis quae inter coheredes dividuntur et tali occasione proprio honore carent. Capit. eccles. a. 818/819, c. 29, p. 45. De honore ecclesiarum. Si quis . . . hominem in ecclesia interfecerit . . . Si vero foris rixati fuerint et unus alterum in ecclesiam fugerit et ibi se defendendo eum interfecerit . . . Capit. legib. add. a. 818/819, c. 1, p. 281. Ut antiquae ecclesiae honorem suum habeant. Ecclesiae antiquitus constitutae nec decimis nec aliis possessionibus priventur, ita ut novis oratoriis tribuatur. Capit. e concil. exc. (a. 826/827 ?), c. 4, p. 312. Ut ecclesiae Christi per omne eorum regnum pristinam dignitatem honoremque retineant; et quicquid superstite domno Hlud. imperatore jure legitimo possederunt, absque ulla deminutione recipiant. Conv. ap. Marsnam a. 847, c. 4, II p. 69. **7.** spec.: *le statut protégé des clercs — the guarded position of ecclesiastics.* De honore ecclesiarum ac servorum Dei et de rapinis atque aliis malis seu praesumptionibus . . . compescendis. Capit. Pist. a. 862, c. 4, p. 307. Volumus ut ecclesiae et casae Dei et episcopi et Dei homines, clerici et monachi et nonnae, talem mundeburdem et honorem habeant, sicut tempore antecessorum nostrorum habuerunt. Conv. ap. Confl. a. 860, adnunt. Ludov., c. 4, p. 157. Consideravimus de honore ecclesiarum et sacerdotum ac servorum Dei et immunitate rerum ecclesiasticarum, ut nullus sibi de ipsis rebus contra auctoritatem praesumat. Edict. Pist. a. 864, B, c. 1, p. 312. Archiepiscopi et episcopi et ceteri sacerdotes ac servi et ancillae Dei, quique vel quaeque in ordinis sui dignitate, honorem atque immunitatem secundum sacras leges et canones habeant. Capit. Pist. a. 869, c. 1, p. 333. **8.** *une *charge publique élevée — an important public office.* Remoto ab honore J. rectore Provinciae, A. in loco ejus subrogatur. GREGOR. TURON., Hist. Franc., lib. 4 c. 43. Rex in ira commotus E. . . . ab honorem [ducatus] removet. Ib., lib. 5 c. 14. Comes . . . se amplius honoris gloriosi supercilio jactitat. Ib., c. 48. [Rex] per quem donantur honores. FORTUN., lib. 9 carm. 1, *Auct. antiq.*, IV pt. 1 p. 205. Cui successit W. in honorem ducati. FREDEG., lib. 4 c. 13, *SRM.*, II p. 127. [Filius] post patris obitum in ejus honore [sc. ducis] est suffectus. IONAS, V. Columbani, lib. 1 c. 14, ed. KRUSCH, p. 176. Si quis talibus communionem dederit, honore

privetur. Concil. Roman. a. 743, c. 5, *Conc.*, II p. 31. [Judex] amittere debeat honorem suum. Edict. Langob., Ratchis, c. 1 (a. 745/746). Si comis [latronem] absconderit . . ., honorem suum perdat. Capit. de part. Saxon. (a. 785), c. 24, I p. 70. Vassus noster, si hoc non adimpleverit, beneficium et honorem perdat. Capit. Harist. a. 779, c. 9, p. 48. [Comes] honorem suum perdat. Ib., c. 11, p. 49. Omnibus episcopis, abbatibus, vicariis et exactoribus publicis infra pagum Parisiacum honores habentibus. *D. Karolin.*, I no. 88 (a. 774/775). De palatino honore [sc. majoris domus] fuerat pulsus. V. Filiberti, c. 24, *SRM.*, V p. 596. Doctoris [i. e. ducis] honorem adeptus est. Paul. Diac., Hist. Langob., lib. 2 c. 9, ed. Waitz, p. 91. Qui honor [sc. majoris domus] non aliis a populo dari consueverat quam his. Eginh., V. Karoli, c. 2, ed. Waitz-Holder Egger, p. 4. Episcopus, abba aut comes . . . honore priventur. Capit. missor. Aquisgr. II a. 809, c. 7, I p. 152. [Reges] in cunctis honoribus intra suam potestatem distribuendis propria potestate potiantur, tantum ut in episcopatibus et abbatiis ecclesiasticus ordo servatur et in ceteris honoribus dandis honestas et utilitas servetur. Ordin. imp. a. 817, c. 3, p. 271. Ubicumque missi aut episcopum aut abbatem aut alium quemlibet quocumque honore praeditum invenerint qui justitiam facere vel noluit vel prohibuit. Capit. missor. a. 819 (potius 817), c. 23, p. 291. Saeculares honores saeculares possideant, ecclesiasticos ecclesiastici sortiantur. Concil. Vern. a. 844, c. 12, *Capit.*, II p. 386 l. 28. Si comes aliquem . . . dimiserit, honorem suum perdat. Const. de exp. Benev. a. 866, c. 3, p. 95. Nefarium malum est seniorem ducatus sui privari honore. *D. Karls III.*, no. 77 (a. 883). Quod si factum fuerit [sc. oppressio ex parte publica], legaliter per comitem ipsius loci emendetur, si suo voluerit deinceps potiri honore. Guidonis capit. elect. a. 889, c. 5, II p. 105. Nullus judex publicus vel quilibet ex judiciaria potestate supradictorum honorum, videlicet episcopus, abbas, dux, comes, vicecomes, vicarius, thelonearius vel quilibet rei publicae actionarius . . . ingredi audeat. *D. Lothaire*, no. 27 (a. 967). Honorem suum [sc. quosdam comitatus] sibi restituit. Wipo, G. Chuonradi, c. 21, ed. Bresslau, p. 41 (a. 1027). Otto Baiwariorum dux . . . hostis judicatus est, et honor ejus ad alios translatus. Ann. Weissenburg., a. 1071, Holder-Egger, *Lamperti Hersfeld. opera*, p. 55. Honores publicos [sc. ducatum Carinthiae et quosdam comitatus]. Lampert. Hersfeld., a. 1073, ib., p. 153. **9.** *l'exercice d'une charge élevée — tenure of a high office.* Nostri honoris tempore. Vercauteren, *Actes de Flandre*, no. 123 p. 284 (a. 1119-1127). **10.** *dignité ecclésiastique élevée — an important ecclesiastical dignity.* De ipso onos [i.e. honore] episcopato [i.e. episcopatus] a malis hominibus ejectus fuit. Marion, *Cart. de Grenoble*, p. 44 (a. 739). [Episcopus] honorem suum perdat. Concil. Vern. a. 755, c. 5, *Capit.*, I p. 37. Si quis ad summum pontificalem honorem [i.e. papatum] ascendere voluerit. Concil. Roman. a. 769, *Conc.*, II p. 88. Pristinis honoribus [sc. episcopalibus] eum ditavit, nec passus eum esse sine honore. Concil. Francof. a. 794, c. 9, ib., p. 167. De abbatissis, quae regulariter non vivunt, . . . ut ab honore priventur. Ib., c. 47, p. 171. Nullus episcopatus, nullus ecclesiasticus honor. Wido Ferrar., lib. 1 c. 15, *SS.*, XII p. 164. Donum honoris [i.e. episcopatus] Azelino obnixe poposcerunt. G. pontif. Camerac., lib. 1 c. 122, *SS.*, VII p. 454. Conferens ei archidiaconatum et praeposituram . . . His acceptis honoribus . . . G. Lietberti Camerac., c. 1, ib., p. 489 l. 27. Honorem [i. e. episcopatum] receperat s. Cameracensis ecclesiae. G. Gerardi II Camerac., c. 2, ib., p. 498 l. 9. Ut de honoribus sileam [i.e. de episcopatibus et abbatiis]. Guibert. Novig., De vita sua, lib. 1 c. 7, ed. Bourgin, p. 21. **11.** *fonction ecclésiastique quelconque — any ecclesiastical ministration.* Clerecus quolibet honore monitus [i.e. munitus]. Chloth. II edict. a. 614, c. 3, *Capit.*, I p. 21. Ut per pecunias nullus ad ecclesiasticum honorem nec ad gradum accedere non debeat. Concil. Vern. a. 755, c. 24, p. 37. Ut episcopi, abbates, presbiteri, diaconus nullusque ex omni clero canes ad venandum . . . habere presumant . . . Qui autem presumserit, sciat unusquisque honorem suum perdere. Capit. missor. gener. a. 802, c. 19, p. 95. **12.** *ordre sacré — holy orders.* [Libertum] ecclesiastici dignitas sublimavit honoris. Lex Visigot., lib. 5 c. 7 § 18. Si quis praeter statuta agere praesumpserit, gradus sui honore privetur. Concil. Roman. a. 743, c. 12, *Conc.*, II p. 18. Episcopi, quos consecravit [papa schismaticus], si quidem presbyteri prius fuerunt aut diaconi, in eodem pristino honore revertantur. Concil. Roman. a. 769, ib., p. 86. [Filius meus] ad honorem si accesserit . . . Sin autem . . . sublimare [i. e. sublimari] sacerdotalis [i. e. sacerdotalibus] neglexerit gradibus . . . Bittërauf, *Trad. Freising*, I no. 65 p. 92 (a. 774). Si quis clericus . . . qui uxorem habuit, et post honorem iterum eam cognoverit, sciat se adulterium commisisse. Sacram. Gallic., Migne, t. 72 col. 575 A. Tu quomodo potes ecclesiam tenere, qui honorem tuum pro tuis nequitiis amisisti? Manaresi, *Placiti*, no. 16 p. 46 (a. 803, Lucca). **13.** pour une *charge séculière* peu importante — for a rather modest *worldly charge.* Celle d'un délégué du comte — that of a count's substitute: Homo liber vel ministerialis comitis honorem, qualemcumque habuerit, sive beneficium amittat. Capit. legib. add., c. 16, I p. 284. Celle d'un agent domanial — that of a manorial bailiff: Deloche, *Cart. de Beaulieu*, no. 50 p. 93 (ca. a. 971). V. Meinwerci, c. 151, ed. Tenckhoff, p. 80. **14.** *bénéfice, fief — benefice, fief.* Quicumque homo nostros honores habens in ostem bannitus fuerit. Capit. Bonon. a. 811, c. 3, I p. 166. Si quis litteras nostras dispexerit . . ., honores quos habet amittat. Capit. legib. add. a. 818/819, c. 16, p. 284. [Pontes] reficiantur ab his, qui honores illos tenent, de quibus ante pontes facti vel restaurati fuerunt. Capit. missor. Attin., a. 854, c. 4, II p. 277. Omnes in honoribus et in alodis vestris interim consistatis exceptis his, quorum honores senior noster datos habet. Missat. III ad Aquit. et Franc. a. 856, *Capit.*, II p. 285 l. 10. Qui de isto regno amplos habebant et habent honores. Epist. synod. Caris. a. 858, c. 6, p. 431 l. 25. De illis alodibus, quos de mea donatione habuerunt, et etiam



de honoribus. Conv. ap. Confl. a. 860, adnunt. Karoli, ib., p. 158 l. 28. Legem et justitiam [unusquisque fidelium nostrorum] et in se et in suis proprietatibus et in suis honoribus habeat. Conv. Sapon. a. 862, adnunt. Ludov., c. 3, p. 163. Quodsi comes [i. e. comites] aut bassi [i. e. vassi] nostri . . . remanserint . . ., ipsi suos honores perdant; et eorum bassalli et proprium et beneficium perdant. Const. de exp. Benev. a. 866, c. 4, p. 96. Si aliquis . . . seculo renuntiare voluerit et filium . . . habuerit . . ., suos honores . . . ei valeat placitare. Capit. Caris. a. 877, c. 10, p. 358. Si honores, quos idem in Burgundia habuit, eidem donare vellet, ut se illi commendaret praecepit. Nithard., lib. 3 c. 2, ed. Lauer, p. 84. Promittens unicuique honores a patre concessos se concedere et eosdem augere velle. Id., lib. 2 c. 1, p. 38. Perdidit ergo suos illic Wilelmus honores. Abbo Sangerm., Bell. Paris., lib. 2 v. 551, ed. Waquet, p. 108. Libuit celsitudini nostrae tam ex M. quam et ex A. comitum honoribus quendam fidelem nostrum de quibusdam rebus et mancipiis proprietatis nostrae munerare. *D. Karls III.*, no. 155 (a. 887). [Episcopi et comites] nullum praedonem . . . permittant morari in suis sedibus vel concessis honoribus. Guidonis capit. Pap. a. 891, c. 1, *Capit.*, II p. 107. Clericus G. tamdiu ipsas res denominatas teneat, usque dum abbas et monachi . . . aut ecclesiam aut talem alium honorem ei concedant, ut secundum clericatus sui officium vivere possit. Deloche, *Cart. de Beaulieu*, no. 71 p. 123 (a. 904-926). Quosdam honoribus privat. Flodoard., Ann., a. 951, ed. Lauer, p. 131. Quidam Virdunenses honoribus privantur. Hugo Flavin., a. 952, *SS.*, VIII p. 364. Honorem quem dederas mihi tollere nisus es. Halphen, *A travers l'hist. du m.a.*, p. 242 (epist. ca. a. 1022). Ecclesiam . . . pertinentem ad honorem W. comitis Pictavensis, et est in beneficio G. comitis Toarcense castro [c.-à-d. tenue en fief de G. et en arrière-fief de W. — held as a fief from G. and by subinfeudation from W.] . . . Tres mansos . . . quod est ex honore et beneficio G. Andecavensis comitis. Marchegay, *Arch. d'Anjou*, I p. 369 (a. 1040-1045). Adepto itaque honoris sui [sc. castellanatus] gubernaculo. G. Lietberti Camerac., c. 16, *SS.*, VII p. 494. **15.** *fief presbytéral,* l'ensemble de bien-fonds affecté à la subsistance du prêtre qui dessert une église — *glebe,* property appointed to the subsistence of the priest in ministration of a church. Cedimus etiam et pratum ad honorem praefatae capellae. De Charmasse, *Cart. d'Autun*, I no. 45 p. 74 (a. 850-865). Ecclesiam s. Marie cum salinis et cum honore ecclesiastico. *Hist. de Languedoc*[3], V pr. no. 149 p. 315 (a. 990). [Medietatem ecclesiae] cum medietatem de ipsis decimis et primitiis atque oblationibus et cum medietatem de ipsum honorem ecclesiasticum. Ib., no. 151 col. 321 (a. 990). In omni territorio prenotato nulla ullius persona loci adquirendi aliquid . . . in ullo tam in laicali honore quam etiam in ecclesiastico . . . licentiam auctoritatis habeat. Marion, *Cart. de Grenoble*, p. 78 no. 34 (ca. a. 1040). Consortes honoris predicte ecclesie. Moris-Blanc, *Cart. de Lérins*, no. 181 (a. 1028-1046). Relinquimus aecclesiasticum et totum honorem quae ad ipsam ecclesiam pertinet de s. Columba, hoc est decimas et primicias et honorem sacerdotalem. Desjardins, *Cart. de Conques*, no. 76 p. 72 (ca. a. 1055). Dono . . . tam praedictam aecclesiam quam aetiam totum aecclesiasticum honorem qui ad senioratum de M. pertinet. Ib., no. 444 p. 324 (a. 1099). **16.** *tenure paysanne — villain's holding.* Dederunt . . . unum rusticum cum toto honore suo ubi vocant ad C. Lacave, *Cart. d'Auch*, I no. 27 p. 26 (ca. a. 1090). Redeant ad mansos et honores b. Petri, existentes homines ipsius ibique agriculture insistentes imperpetuum remaneant. Teulet, *Layettes*, I no. 70 p. 50 col. 2 (a. 1140, Montpellier). **17.** *territoire — territory.* Haberet quique [sc. Lotharius et Karolus Calvus] honores quos pater illis dederat. Nithard., lib. 3 c. 3, ed. Lauer, p. 96. Pippin sive sui et Francorum mixta caterva arma ferunt, vastant undique gentis honos [i. e. honores]. Ermold., v. 2013, ed. Faral, p. 152. Cur, ut audistis nos in tuos honore venisse, obviam non cucurreris. Joh. VIII pap. epist. no. 121 (a. 878), *Epp.*, VII p. 110. **18.** *le temporel d'une église épiscopale — the temporalities of a bishopric.* Ut episcopi, abbates et abbatissae breves de honoribus suis, quanta mansa quisque haberet, . . . deferre curarent. Hincmar., Ann. Bertin., a. 869, p. 98. Honorem hujus eclesiae [sc. Gerundensis episcopii] ab antecessoribus collatum omnes fideles regni nostri custodiant. *D. Charles III le Simple*, no. 120 (a. 922). **19.** *principauté territoriale — principality.* Ego P. comes Melgoriensis . . . dono . . . meipsum et omnem honorem meum, tam comitatum Substancionensem quam episcopatum Magalonensem omnemque honorem eidem episcopatui appendentem. Rouquette-Villemagne, *Cart. de Maguelone*, no. 14 (a. 1085). Communem habuerunt totum honorem eorum [i. e. comitatum Engolismae]. Ademar., lib. 3 c. 23, ed. Chavanon, p. 145. Dolens . . . se . . . omni honore Flandriae a patre suo et fratre exclusum penitus esse. Chron. s. Andreae Castri Camerac., lib. 2 c. 33, *SS.*, VII p. 537. Si rex hec omnia non observaverit, ipsi [principes imperii] cum honoribus suis ad domnum papam se tenebunt. *Const.*, I no. 83 (a. 1111). Omnia allodia mea et omnes familias meas infra honores et comitatus de Namuco et de Rocha et de Lusceleburc et de Durbui. Rousseau, *Actes de Namur*, no. 15 (a. 1163). **20.** *seigneurie — seigniory.* Ego M. nomine, quae hereditario jure honoris Alogiae divino nutu domna esse videor. Guérard, *Cart. de Chartres*, p. 194 (a. 1033-1069). Ego et milites totius Conteiensis honoris. Thierry, *Tiers état*, I p. 19 (a. 1069, Amiens). Ut de honoris divisione mei inter heredes meos pax haberetur. Guigue, *Cart. Lyonnais*, no. 10 (ca. a. 1080). Tradidit castellum cum omnibus ad honorem illum respicientibus. Bormans-Schoolmeesters, *Cart. de Liège*, I no. 29 (a. 1096). De honore quem tenet de eo, qui honor est inter Ercium flumen et Gironem. Douais, *Cart. de Toulouse*, no. 260 p. 181 (a. 1128). Totum illum honorem nostrum, terris, vineis, cultis et incultis et albergas et usaticis . . . ubicumque ipse honor et jus nostrum ibi sit vel quid sit. Germain, *Cart. de Montpellier*, no. 231 (a.

1139). Honorem Montis Leheri et Meduntensis castri . . . ab eodem optinuisset. SUGER., V. Ludov. Gr., c. 18, ed. WAQUET, p. 122. **21.** pour un *"honour"* anglais — *honour.* Si [placitum] est inter vavasores alicujus baronis mei honoris, tractetur placitum in curia domini eorum. Ch. Henr. I reg. Angl. (a. 1109-1111), c. 3, LIEBERMANN, p. 524. Si residens est ad remocius manerium ejusdem honoris unde tenet, ibit ad placitum. Leg. Henrici, c. 55 § 1, ib., p. 575. **22.** *bailliage — shire.* Ex benignitate vestra [sc. regis] contigit ut mihi honorem Dolensem regendum committeretis. Factum est autem ut, dum terram illam regerem . . . LOBINEAU, *Bretagne,* II p. 307 (a. 1167). **23.** *domaine — estate of land.* Beatum virum cum omni propinquitate ejus exilio deputaret honoresque eorum quasdam [i. e. quosdam] propriis usibus adnecteret, quasdam vero suis satellitibus comularet. V. Eucherii (s. viii med.), c. 7, *SRM.,* VII p. 49. Notum sit . . . hunc onorem a me possessum tam ex horiginali parte quam etiam ex adquisitione absque ullius persone querimonia. CASSAN-MEYNIAL, *Cart. de Gellone,* p. 145 no. 160 (a. 804). Monasterio Concacensi hunc honorem damus post obitum nostrum, quem de R. ac de B. suo fratri 300 sol. empsimus. DESJARDINS, o.c., p. 10 no. 7 (a. 910). Decrevi ex meis propriis honoribus hunc locum accrescere. DE MARCA, *Hist. Beneharn.,* lib. 3 c. 11 n. 5. Predia et honores patris mei. GRANDMAISON, *Cart. s. Jovini,* p. 2 (a. 1038). Monachi pretium aut in honorem aut in pecuniam habeant. CHASSAING, *Spicil. Brivatense,* no. 4 (a. 1078-1091). Cum sanctus vir in quemdam honorem monasterii sui hospitandi gratia devenisset. V. Pontii, MABILLON, *Acta,* VI pt. 2 p. 496. Multis honoribus ac prediis comparando illum locum [i. e. monasterium] suo in tempore auxit. GUILL. GEMMETIC., lib. 6 c. 2, ed. MARX, p. 99. **24.** *l'ensemble des appartenances d'un bien-fonds — the aggregate appurtenances of an estate.* Unum mansum in I. de fevo cum omni honore et beneficia, ut teneant; et unum mansum de vicaria in T. cum omni honore. BOUDET, *Cart. de S.-Flour,* p. 30 (a. 1000-1031). **25.** *privilège — privilege.* Comes . . . beneficium atque honorem, quod ab atavo suo . . . in eodem opido . . . traditum fuerat, . . . confirmavit et renovavit, videlicet ut nullus ex omnibus nobis subjectis teloneum vel munus aliquod dedisset causa alicujus mercati. MIRAEUS, I p. 267 col. 2 (a. 1080, Namur). **26.** *souveraineté — sovereignty.* Cumas et Laudam civitates ad honorem imperii relevari non prohibebunt. Frid. I imp. conv. cum Mediolan. a. 1158, *Const.,* I no. 174, c. 1.

**honorabilis:** *honoré, respectable — *honoured, respected.*

**honorabilitas:** *marque d'honneur — mark of honour.* Paratus sum cum tali caritate et honorabilitate illum recipere sicut christianus rex christianum regem. Conv. ap. Sapon. a. 862, c. 9, *Capit.,* II p. 162. Non cum apostolica mansuetudine et solita honorabilitate, sicut episcopi Romani reges consueverant in suis epistolis honorare. HINCMAR., Ann. Bertin., a. 865, ed. WAITZ, p. 75.

**honorabiliter:** **honorablement — honourably.*

**honoranter:** *honorablement — honourably.* S. xii.

**honorantia: 1.** *une fonction importante, une dignité — a major office, a dignity.* S. xiii, Ital. **2.** *un droit essentiel — a primary right.* Honorancie civitatis Papie: titulus spurius saeculi XIV parte priore libello de institutis regum Longobardorum asscriptus. *SS.,* XXX p. 1450.

**honorare: 1.** **honorer, salarier, payer pour des services rendus — to salary, pay a fee or wages to* a person. Quanto plus sunt laboraturi, tanto plus in stipendio, in vestitu, in equitatu prae caeteris sunt honorandi. D. Karoli III imp. a. 885 ap. DC.-F., IV p. 230 col. 2. **2.** **soutenir, entretenir — to entertain, provide for* a person. Dum idem fidelis noster D. decanus advixerit, ex eadem causa sit adjutus et honoratus. COURTOIS, *Cart. de Dijon,* no. 18 p. 34 (a. 904). **3.** *doter* une église — *to endow.* De ecclesiis quae inter coheredes divisae sunt, considerandum est quatenus, si . . . ipsi coheredes eas voluerint tenere et honorare, faciant. Capit. Wormat. a. 829, c. 2, II p. 12. **4.** *charger de fonctions — to invest with office.* Quos honorarit muneribus, quos ab honore depellerit. GREGOR. TURON., Hist. Franc., lib. 7 c. 33. Omnes episcopi molesti fuerunt ei, et maxime hi qui [leg. quos] ex vilissima servili conditione honoratos habebat. THEGAN., V. Hludowici, c. 43, *SS.,* II p. 599. Filius [comitis defuncti] per nostram concessionem de illius honoribus honoretur. Capit. Caris. a. 877, c. 3, II p. 362. **5.** *munir de fiefs — to provide with fiefs.* Servi qui honorati beneficia et ministeria tenent vel in bassallatico honorati sunt cum domini[s] sui[s]. Capit. missor. (a. 792 vel 786), c. 4, I p. 67 l. 8. Vassalli, qui a parte illius [sc. imperatricis] in eadem abbacia beneficiis honorentur. *D. Karls III.,* no. 42 (a. 881). Ipse princeps omnem terram suam [sc. comitatum Flandriae] in manu regis dedit, ita tamen ut ipse in vita sua inde honoratus existeret. FLODOARD., Ann., a. 962, ed. LAUER, p. 153. Fideles nostros debitis honoremus beneficiis. *Const.,* I no. 118 (a. 1136). **6.** *gratifier par une donation — to confer things to* a person. Libuit quendam nostrum de quibusdam rebus honorare atque in ejus juris potestatem conferre. *D. Ludwigs d. Deutsch.,* no. 12 (ca. a. 833).

**honorator:** *seigneur féodal,* celui qui remet l' "honor" — *feudal lord,* grantor of a honour. In conventu secundum canones peticione populi, electione cleri, assensu honoratoris [electionem episcopi] proferre. SUGER., V. Ludov. Gr., c. 10, ed. WAQUET, p. 58.

**honoratus** (adj.): **1.** *qui a été investi d'un "honor",* c.-à-d. d'une charge publique élevée ou d'un important bénéfice — *recipient of a "honor",* i. e. a high public office or a major benefice. [Dux] interemptus est cum multis honoratis viris. GREGOR. TURON., Hist. Franc., lib. 8 c. 42. Honoratus vir. V. Ansberti Rotomag. (s. viii ex.), c. 34, *SRM.,* V p. 639. Homo peccans et intercessione indigens vel ad loca sancta vel ad honoratos homines confugiat et inde justam intercessionem mereatur. Div. regn. a. 806, c. 7, *Capit.,* I p. 128. Clari et honorati viri per Septimaniam et Provinciam consistentes de me incessanter obtrectando loquantur. AGOBARD., epist. 5, *Epp.,* V p. 166. **2.** *qui a été investi d'un office de cour — recipient of a court office.* De kamerariis et pincernis aliisque honoratis abbatum



servitoribus. Decr. Heinr. II imp. a. 1024, *Const.,* I no. 36, c. 10. **3.** (d'un bien-fonds) *qui est considéré comme un "honor"* au sens d'une tenure qui convient à un homme de marque — (of landed property) *regarded as a "honor"* in the sense of a tenancy fit for a person of esteem. Donavit [s. Albino terram quandam] ita honorata[m] sicut ipse habebat, nichil in ea sibi retinens. BERTRAND, *Cart. d'Angers,* I no. 269 p. 310 (a. 1060-1067). Quae omnia habeo et teneo de te ad feodum francum et honoratum, ita quod nullum supradictorum castrorum vel villarum tibi vel tuis . . . reddere teneor. DC.-F., III p. 470 col. 1 (ch. a. 1189, Montpellier). Subst. mascul. **honoratus: 1.** *celui qui occupe un rang social élevé — one who ranks among the higher class of society.* Super altare pro quorundam honoratorum animabus sacrificium offertur. ADAMNAN., Loca sancta, lib. 1 c. 5, *CSEL.,* t. 39 p. 233. Pass. I Leudegarii, rec. C (s. viii ex.), c. 3, *SRM.,* V p. 286. **2.** *celui qui est investi d'un "honor" — recipient of a "honor".* Si populus portionis meae . . . ierint in exercitu quocumque, et quolibet modo occiderint vel apprehenderint vestros honoratos ac vassallos. Radelchis Benev. capit., c. 27. Cf. P. S. LEICHT, *Gli "honorati" della divisio beneventana, Studi medievali,* 1935. Coram Audulfo et multis aliis in Bajoaria honoratis. BITTERAUF, *Trad. Freising,* I no. 397[c] p. 338 (a. 819).

**honorificare: 1.** **honorer, louer — to pay honour to* a person, *to praise.* **2.** **entretenir, faire vivre — to support, provide for* a person. **3.** *enrichir, doter — to enrich, endow.*

**honorificentia: 1.** **témoignage d'honneur — mark of honour.* **2.** *honneur, dignité, grandeur — honour, dignity, greatness.*

**1. honus** (genet. -oris) = honor.

**2. honus** (genet. -eris) = onus.

**honustus** = onustus.

**1. hora.** Plural. horae: **1.** **les heures canoniales — the canonical hours.* [Monachi] ibidem cursum regulariter cotidianis horis cernuntur implere. *D. Merov.,* no. 23 (a. 651). Clericos in W., qui canonicas horas ibi frequentent. MULLER-BOUMAN, *OB. Utrecht,* I no. 67 p. 74 (a. 850). **2.** *les prières des heures canoniales — prayers said at the hours.* In octava assumptionis b. Marie . . . missa cum horis omnibus cantetur. Ib., no. 440 p. 393 (a. 1163).

**2. hora** = ora.

**horama,** o-, -ro- (neutr., genet. -atis) (gr.): **vision — vision.* In oromate visionis raptus. ALDHELM., Metr., c. 2, *Auct. ant.,* XV p. 66. Raptus in oromate extaseos. Id., Virg., c. 7, p. 235. Ibi pluries. Post haec, recedente oromate . . . Bonif. et Lulli epist. 115, *Epp.,* III p. 405. Oroma gentilis qua viderat ipse supernum nocte soporata. ALCUIN., De sanctis Eubor., v. 93, *Poet. Lat.,* I p. 171. Intempesta noctis quiete caeleste in somnis vidit oroma. Id., V. Willibrordi, c. 2, *SRM.,* VII p. 117. Puer . . . matri in oromate praemonstratus. FOLCUIN., G. abb. Lobiens., c. 2, *SS.,* IV p. 56. ERMANRIC., V. Sualonis, c. 9, *SS.,* XV p. 160. OLBERT. GEMBLAC., Inv. Veroni, c. 2, *AASS.,* Mart. III p. 846 E. GERARD., Mir. Adalhardi, MABILLON, *Acta,* IV pt. 1 p. 362.

**horarius** (adj.) (<hora): *qui sert de récompense pour l'acquittement des heures canoniales — spent as a fee for saying hours.* Redditus scolastrie in denarios horarios convertentur. PONCELET, *Actes Hug. de Pierrep.,* no. 185 (a. 1220). Subst. mascul. **horarius:** *un clerc au service d'un chanoine pour l'acquittement des heures — ecclesiastic employed by a canon for saying hours.* S. xiv.

**hordamentum, hordare,** v. hurd-.

**horologium,** hori-, hore-, hor- (gr.): **1.** *horloge — clock.* **2.** *clocher — clock-tower.*

**horoscopium** (gr.): **1.** **astrolabe,* instrument des astrologues — *apparatus for casting nativities.* **2.** *horoscope — nativity.* **3.** *horloge — clock.* Eis signum surgendi praeberet horoscopium. FOLCARD., V. Joh. Beverl., *AASS.,* Maji II p. 194.

**horoscopus** (gr.): **1.** **horoscope — nativity.* **2.** *horloge — clock.* Jam horoscopo pulsante excitati [canonici] ad laudes persolvendas sese praevenire contenderent. RICHER., lib. 3 c. 24, ed. LATOUCHE, II p. 32.

**horrentia:** **horreur, effroi — terror, fright.*

**horrere, 1.** transit.: **avoir en horreur — to abhor, loathe.* **2.** intrans., alicui: **faire horreur à* qq'un, *dégoûter — to terrify, repugn.*

**horribiliter:** **horriblement — in a horrifying way.*

**horridicus: 1.** *horrible — horrid.* **2.** *hostile, menaçant — inimical, threatening.*

**horripilare:** **être saisi d'effroi, d'épouvante — to shudder with fear.*

**horror:** **horreur, répulsion — aversion, abhorrence.*

**horsus** (germ., cf. angl. *horse*): *cheval — horse.* STEPELIN, Mir. Trudonis, c. 98, *SS.,* XV p. 829.

**hortale,** ort- (neutr.), -alis (femin.) (< hortus): *jardin — garden.* [Casa] cum fondamento, corte, istationem, ortalia. SCHIAPARELLI, *CD. Longob.,* II no. 193 p. 182 (a. 765, Lucca). Etiam no. 254 p. 337 (a. 771, Lucca). Villas . . . cum casalibus et hortalibus. DE MARCA, *Marca hisp.,* app., col. 781 (ch. a. 845). Tam casis cum edificiis, curticis, hortaleis, pomiferis. *CD. Langob.,* no. 454 col. 784 B (a. 914, Como). De sedimen pecia una cum edificias casarum super habente . . .; ortalle ibi prope est . . . Ib., no. 465 col. 806 A (a. 915, Bergamo). *Hist. de Languedoc*[3], V pr. no. 176 (a. 1019).

**hortaliclum:** *jardin — garden.*

**hortatorius** (adj.): **qui encourage — encouraging.*

**hortellus:** *petit jardin — small garden. D. Berengario I,* no. 14 (a. 896); no. 34 (a. 901).

**horticellus:** *petit jardin — small garden.* MARINI, *Pap. dipl.,* p. 147 (a. 625). FÉLIBIEN, *Hist. de S.-Denis,* p. xxvii (a. 755).

**hortifer,** orti- (subst.) (<hortus, cf. voc. pomifer?): *jardin — garden.* Pecoribus, ortiferis, pumiferis [i. e. pomiferis]. WARTMANN, *UB. S.-Gallen,* I no. 10 (a. 744). Ibi saepe. Cum domibus, tectis, curtis, ortis, ortiferis. DE FONT-RÉAULX, *Cart. de Limoges,* p. 21 no. 5 (a. 884). Vinea cum casualo, cum ortifero et cortifero. BERNARD-BRUEL, *Ch. de Cluny,* II no. 1542 p. 591 (ca. a. 980 ?).

**hortilis** (subst.) (<hortus): *jardin — garden.* In Massilia res nostras proprias, casas et ortiles. Test. Abbonis Novalic. a. 739, PARDESSUS, II no. 559 p. 374. Casis, casualis, curtilis, ortilis. WAMPACH, *Echternach,* I pt. 2 no. 101 p. 169 (a. 789/790).

**hortivus** (adj.) (< hortus): **1.** *cultivé dans le potager — produced in the garden.* [De] rabaa et [h]ortiva causa, si seminatum fuerit, nullum

renditum [i. e. nullus redditus] fiat. *CD. Langob.*, no. 303 col. 515 A (a. 881, Cremona). **2.** *utilisé comme jardin — used as a garden.* Una pecia nostra de terra quod est ortiva. Ib., no. 187 col. 315 C (a. 854, Bergamo).

**hortulanus**, -tol-: **jardinier — gardener.*

**hortus**: *tenure rurale* de dimensions modestes comprenant une habitation et un jardin légumier et fruitier — a small *rural holding* including homestead and kitchengarden. S.xiii.

**hosae,** hossae (plural. femin.), hosi (mascul.) (germ.): *pantalon — trousers.* Coeperunt osis [v. l. hosis] uti. PAUL. DIAC., Hist. Langob., lib. 4 c. 22, ed. WAITZ, p. 155. Diripuerunt . . . hosos. *SS.*, XV p. 168 (s. ix).

**hosarius** (< hosae): *culottier — hosier.* S. xiii.

**hoscha,** v. olca.

**1. hospes: 1.** *guerrier barbare établi en territoire romain* selon les règles de la "hospitalitas" — *barbarian warrior settled on Roman soil* according to the "hospitalitas" principle. Quotiens de agrorum finibus, qui hospitalitatis jure a barbaris possidentur, inter duos Romanos fuerit mota contentio, hospites eorum non socientur litigio. Lex Burgund., tit. 55 § 2. **2.** "*gastaldus*". [Romani] per hospites divisi, ut tertiam partem suarum frugum Langobardis persolverent tributarii efficiuntur. PAUL. DIAC., Hist. Langob., lib. 2 c. 32. Populi . . . adgravati per Longobardos hospites partiuntur. Ib., lib. 3 c. 16. Cf. L. GENUARDI, *I Longobardi hospites nella cronaca di P. Diacono, Archivio Giuridico*, t. 93 (1925), pp. 110-113. **3.** *resséant établi sur le domaine d'un seigneur dont il ne dépend pas du point de vue de son statut personnel — inhabitant of an estate who is not personally subservient to the lord.* Hospites 8 qui faciunt in unaquaque ebdomada diem 1. Irminonis polypt., br. 9 c. 158. De E. . . . de hospitibus 5 sol. et 1 den. Polypt. s. Remigii Rem., c. 13 § 13, ed. GUÉRARD, p. 26 col. 2. QUANTIN, *Cart. de l'Yonne*, I p. 39 (a. 833, Vareilles). Ceteras [mansas] quae in illa villa sunt, que ad hospites pertinent et ad Sclavos liberos. *D. Arnulfs*, no. 145 (a. 896). **4.** *manant* résidant dans le territoire d'une seigneurie et soumis pour cela à sa coutume — a *villain* who lives within the area of a seigniory and for that reason is liable to the obligations imposed by its customary law. Unum hospitem in unaquaque villa cum manso uno. *Gall. chr.*[2], XIII instr. p. 457 sq. (a. 971, Toul). Equalem libertatem habebunt omnes hospites potestatum, tam advena quam indigena. WARNKOENIG, *Flandr. St.- u. Rechtsg.*, III, pr. p. 5 no. 155 (a. 1038, Marchiennes). Locum ipsum faciant aedificari, tam ad opus fratrum suorum . . . quam ad opus omnium hospitum. D'ARBOIS, *Hist. de Champagne*, I, p. j., p. 512 sq. (a. 1096, Marmoutier). Curtem quam [monachi] habent . . . liberam feci . . . cum hospitibus ad eam pertinentibus. VERCAUTEREN, *Actes de Flandre*, no. 50 p. 128 (a. 1111). Comitatum de terra et de submanentibus sive hospitibus quos s. Bertinus habet in predicta castellaria. Ib., no. 87 p. 196 (a. 1119). Dominatum omnium hospitum qui Parnis degebant ita monachis concessit. ORDER. VITAL., lib. 3 c. 12, ed. LE PRÉVOST, II p. 132. Ibi pluries. [Hospites ecclesiae] nec in exercitum vadant nisi per abbatis nuntium moniti, quando comitis hospites per nuntium ejus moniti iverunt. MIRAEUS, I p. 705 (a. 1165, Flandre). Homines id [sc. se servos ecclesie s. Genovefe esse] penitus negaverunt et sese tantum hospites ecclesie et coloni esse confessi sunt. LUCHAIRE, *Inst. mon.*, II p. 323 no. 21 (ch. a. 1179). **5.** *hôte*, tenancier de statut personnel libre, muni d'une tenure à cens relativement modeste — *cottar*, personally free tenant of a small holding at quit-rent. Dedit carucam terrae apud N. ad quatuor hospites. MIRAEUS, I p. 945 (ch. ca. a. 1000, Béthune). In ipsa villa Fiscanno tertiam partem hospitum quos colonos vocant cum terra arabili quae ad ipsam tertiam partem pertinet. HASKINS, *Norman inst.*, p. 254 no. 2 (ch. a. 1006, Fécamp). Unum masnilum q. d. R. cum hospitibus quinque. *Gall. chr.*[2], XIV instr. col. 131 A no. 11 (ca. a. 1015, Le Mans). Concedo de T. villa terciam partem hospitibus exceptis duo . . . cum illorum duabus salinis. THÉVENIN, *Textes*, no. 149 (ante a. 1028, Chartres). Ea que respiciunt ad praedictum praedium [Verberie] sunt haec: duae ecclesiae cum quatuor molendinis, 53 habitatores hospites cum 44 arpennis vinearum et cum $40\frac{1}{2}$ arpennis pratorum. Denique inter hospites et ceteras legitimas exactiones persolvit unoquoque anno sub nomine census duas libras den. et octo sol. D. Roberti reg. Fr. a. 1029, MOREL, *Cart. de Compiègne*, p. 38 no. 14. Hospites alodii illius. DUVIVIER, *Rech. Hainaut*, no. 42 p. 382 (a. 1034-1047). Mortuum lucum quantum sufficit ad usum monachorum et hospitum suorum. *D. Phil. Ier*, no. 63 (a. 1073). Villa omnis pene de R., scilicet ad 25 hospites, qui singulatim divisi hospitantur super decem curtilia. DUVIVIER, *Actes*, I p. 326 (a. 1110, Noyon). Cf. H. SÉE, *Les "hôtes" et les progrès des classes rurales en France au moyen âge, RHDFE.*, t. 22 (1896), p. 116 sqq. Ch. BROUARD, *Les hôtes dans le haut moyen âge, Posit. des thèses de l'Ec. des Ch.*, 1925. **6.** *tenure d'un hôte, hôtise — cottar's holding.* Ego F. apud C. quendam s. Petro reddo hospitem, quem pater meus H. . . . quondam contulerat eis; ipse . . . post mei patris mortem temerario ausu eum invasi. VERNIER, *Ch. de Jumièges*, I p. 19 no. 7 (a. 1012). Donando concedo in L. septem quidem hospites plenarios cum quadam parte bosci. D. Henr. I reg. Fr. a. 1055 ap. DC.-F., IV p. 237 col. 1. Alodium suum . . . in silva et terra et hospitibus . . . tradidit. DUVIVIER, *Actes*, I p. 36 (a. 1061, S.-Amand). 11 hospites et unius hospitis duas portiones. *D. Phil. Ier*, no. 80 (a. 1076), p. 440. In villa I. duas carrucatas et triginta hospites et dimidium molendinum. Priv. Pasch. II pap. a. 1104, PFLUGK-HARTTUNG, *Acta*, I no. 89 p. 80 (Anchin). Apud A. octo hospites et dimidium et octavam partem territorii et silve. Priv. ejusdem a. 1104, ib., no. 90 p. 81 (Douai). Apud V. quartam partem totius ville in terra et bosco et hospitibus preter propriam mansionem. Priv. Innoc. II pap. a. 1139, PFLUGK-HARTTUNG, no. 178 p. 157 (Eu en Norm.). **7.** gener.: *immigrant — immigrant.* Viderunt urbem dilatari, populum crescere et multiplicari, hospites multos confluere . . . GUIMANN., Cart. s. Vedasti, ed. VAN DRIVAL, p. 163. **8.** *aubain, étranger de passage dans une ville — foreign visitor to a town.* HÖHLBAUM, *Hans. UB.*, I no. 223 (a. 1227, Lübeck). **9.** *soldat mercenaire — mercenary soldier.* Ab hospitibus, quos nunc solidarios dicimus. OTTO FRISING., G. Friderici, lib. 1 c. 32, ed. WAITZ-SIMSON, p. 51. Tres armatas quas vocant hospitum legiones. COSMAS, lib. 3 c. 42, ed. BRETHOLZ, p. 216. **10.** **hôtelier — innkeeper.* Si quis cum armis portas intrare voluerit, . . . arma detineantur, . . . quousque ab hospite suo . . . pacificus esse testetur. PIRENNE, *Villes et inst. urb.*, II p. 192, c. 26 (ca. a. 1080, S.-Omer).



**2. hospes** = obses.

**hospita**: **hôtesse, aubergiste — hostess, landlady.*

**hospitagium,** hostagium, ostagium (< hospitare): **1.** *hôtise, emplacement qui constitue la tenure d'un hôte — cottar's holding.* Confirmamus vobis hostagia quae dedit vobis R. *Gall. chr.*[2], III instr. col. 354 (ch. a. 1154). Pars civitatis . . . antiquitus pomerius et hortus s. Vedasti fuit, sed, cum civitas incredibiliter multiplicari inciperet, . . . in hortos et hostagia divisum hospitibus ad manendum contraditum fuit. GUIMANN., Cart. s. Vedasti, ed. VAN DRIVAL, p. 155. Villam de M. cum districtu et ostagiis et totam ipsius ville terram. Priv. Lucii III pap. a. 1181, PFLUGK-HARTTUNG, *Acta*, I no. 337 p. 299 (Cambrai). **2.** *cens pesant sur les hôtises — rent from cottar's holdings.* Annualia hostagia persolvebant et debita furnagia ad furnum ecclesie. DC.-F., IV p. 242 col. 1 (ch. a. 1083, Cambrai). Theloneum . . . et hostagia domorum unusquisque secundum antiquam consuetudinem ecclesie exsolvat. Priv. Alex. III pap. a. 1169, ap. GUIMANN., p. 93. Terras de quibus hostagia debentur. Ib., praefat., p. 7. Cf. ib., p. 193 sq. **3.** *droit de gîte — compulsory lodging and procurement.* S. xiii. **4.** *le droit de prendre du bois de construction — right to fetch timber for dwellings.* S. xiii.

**hospitalagium** (< hospitale): **1.** *frais de séjour — board.* S. xiii. **2.** *droit de gîte — compulsory lodging and procurement.* S. xiii. **3.** *redevance pour l'usage des boutiques — shop-rent.* Quidquid habebant de ventis, et ostellagium quod mihi debent panifici et calciamentorum constructores. PÉRARD, *Bourg.*, p. 245 (a. 1172).

**hospitalaria,** hostal-, hostell-, hostill-, hostel-, -arium (< hospitalarius): **1.** *hospice, hôpital — hospice, hospital.* Decem [raserias frumenti] ad mensam monachorum, quinque autem ad infirmariam, quinque vero ad hostellariam. MIRAEUS, I p. 382 (a. 1130, Andres). **2.** *auberge, hôtel — inn.* S. xiv.

**hospitalarius,** hostal-, hostell-, hostill-, -erius, -aris (< hospitale): **1.** *gardien de l'hôpital d'un monastère — monastic hostiller.* Adalhardi Corbej. stat., lib. 1 c. 4, ed. LEVILLAIN, *LMA.*, t. 13 (1900), p. 354. CIPOLLA, *CD. Bobbio*, I no. 36 p. 141 (a. 833-835). WARTMANN, *UB. S.-Gallen*, I no. 364 p. 339 (a. 837). MIGNE, t. 126 col. 661 (a. 876, S.-Médard de Soissons). **2.** *aubergiste, hôtelier — landlord, innkeeper.* Nullus mercator, nullus hostalerius. FICKER, *Forsch.*, IV no. 171 p. 214 (ch. a. 1187). **3.** *chevalier de l'ordre des Hôpitaliers — Knight Hospitaller.* S. xiii. **4.** *receveur des cens dûs par les hôtes — collector of rent paid by tenants.* Medietatem ville de C. . . . preter census quos ibi accipiunt hospitalarii ab hospitibus suis. Priv. Alex. III pap. a. 1180, PFLUGK-HARTTUNG, *Acta*, I no. 306 p. 274 (Molesme).

**hospitale** (neutr.), hospitalis (femin.): **1.** **hospice*, '*xenodochium*'' — *hospice, asylum.* Hospitales qui per calles Alpium siti sunt pro peregrinorum susceptione. Hadr. I pap. epist. (a. 784-791), *Epp.*, III p. 623. Lib. pontif., Leo III, § 90, ed. DUCHESNE, II p. 28. De hospitalibus, quae . . . ordinata et exculta fuerunt et modo ad nichilum sunt redacta. Concil. Meld. a. 845/846, c. 40, *Capit.*, II p. 408. Hospitalia peregrinorum, sicut sunt Scottorum. Epist. syn. Caris. a. 858, c. 10, ib., p. 434. Hospitales pauperum, tam in montanis quam et ubicumque fuisse noscuntur, . . . restaurentur. Capit. missor. a. 865, c. 5, p. 94. Hospitale pauperum cum appendiciis suis. *Mus. Arch. Dép.*, p. 20 sq. (a. 864, Auxerre). Hospitalem pauperum in Brema constitutum. RIMBERT., V. Anskarii, c. 35, ed. WAITZ, p. 69. Hospitalem b. Petro apostolo . . . a fundamentis noviter construens diversa illic domorum aedificia decoravit. Lib. pontif., Leo III, ed. DUCHESNE, II p. 28. Hospitale s. Benedicti in Monte Longo. *D. Ottos III.*, no. 267 (a. 998). **2.** *hôpital d'un monastère — monastic hospital.* BEDA, Hist. eccl., lib. 4 c. 29. Constituimus ad hospitale pauperum quotidie dare panes. ADALHARD. CORBEJ., Stat., lib. 1 c. 4, ed. LEVILLAIN, p. 354. Decimas . . . ad hospitale ejusdem coenobii dare contendant. D. Lotharii II reg. a 862, HALKIN-ROLAND, *Ch. de Stavelot*, I no. 34 p. 85 (BM.[2] 1296). Hospitalis nobilium accipiat nonam . . . et hospitalis peregrinorum accipiat decimam. DC.-F., IV p. 238 col. 3 (ch. a. 871, Soissons). Ad hospitale ejusdem coenobii. *D. Charles II le Ch.*, no. 435 (a. 877), II p. 474. Hospitale matris ecclesiae. *D. Charles III le Simple*, no. 31 (a. 900). **3.** *maison de l'ordre des Hôpitaliers — house of the Knights Hospitallers.* S. xiii. **4.** *demeure temporaire, gîte, auberge — abode, inn.* [Fures] ad Burdegalensim civitatem venientes . . . De hospitale eorum argentum . . . vel pallea sunt extracta. GREGOR. TURON., Hist. Fr., lib. 6 c. 10. Causa extiterat ut F. . . . Cavillonensem urbem adiret, idemque apud basilicam s. martyris Marcelli hospitalem habebat, ab abbate loci victus stipendia capiens. Id., Glor. mart., c. 52, *SRM.*, I p. 525. Qui ad hospitalia remanserant. FLODOARD., Hist. Rem., lib. 4 c. 10, *SS.*, XIII p. 575. **5.** *gîte, droit de gîte — compulsory lodging and procurement.* Neque in mansionibus ipsorum . . . hospitalia contra voluntatem ipsorum exigere audeat. D. Odonis reg. Fr. a. 889, QUANTIN, *Cart. de l'Yonne*, I p. 122 no. 61. **6.** *hôtise — cottar's holding.* Dedit . . . viginti hospitalia domibus faciendis. MÉTAIS, *Cart. de Vendôme*, I no. 118 p. 213 (a. 1057).

**hospitalicium: 1.** *gîte, droit de gîte — compulsory lodging and procurement.* Nec in domibus eorum violenter hospitalicia fiant. *D. Phil. Ier*, no. 108 (a. 1082), p. 275. **2.** *hôpital — hospital.* LE GLAY, *Gloss.*, p. 37 (a. 1122). **3.** *hôtise — cottar's holding.* Quorum [sc. hospitum] unusquisque terciam partem agripenni terre ad hospitalicium suum habebit. DE LÉPINOIS-MERLET, *Cart. de Chartres*, I p. 193 no. 88 (ca. a. 1175).

**hospitalis** (subst. mascul.): *gardien de l'hôpi-*

*tal — warden of a hospital.* NENN., Hist. Britt., c. 35, ed. LOT, p. 174.

**hospitalista** (mascul.): *membre de l'ordre des Hôpitaliers — a Knight Hospitaller. Gall. chr.*², XIII instr. col. 181 A no. 1 (a. 1121).

**hospitalitas: 1.** **action de recevoir des hôtes — receiving guests.* **2.** **hospitalité, qualité de celui qui est accueillant — hospitality, willingness to receive guests.* **3.** *séjour — sojourning.* Tempore hospitalitatis [monachi] potuit ejus vita dignosci. Benedicti regula, c. 61. **4.** *demeure temporaire — abode.* In domo hospitalitatis suae. GREGOR. TURON., Virt. Juliani, c. 15, *SRM.*, I p. 571. **5.** le *régime de l'hospitalité* qui détermine l'établissement des barbares sur les domaines des Romains — the *principle of hospitality* governing the settlement of barbarians on Roman estates. De agrorum finibus, qui hospitalitatis jure a barbaris possidentur. Lex Burgund., tit. 55 c. 2. Etiam tit. 54 c. 1. Cf. F. LOT, *Du régime de l'hospitalité*, *RBPH.*, t. 7 (1928), pp. 975-1011. **6.** *droit de gîte — right of lodging and procurement.* Quisquis clericorum . . . mansiones suas infra claustra aedificare voluerit, securus adimplere possit absque cujuslibet hospitalitatis oppressione. BALUZE, *Capit.*, II app. no. 117 col. 1511 (ch. a. 883; an verax?). Neque per vim neque per vicariam neque per districtionem ibi ullam hospitalitatem accipiat. Concil. Narbon. a. 1054, c. 16, MANSI, t. 19 col. 830. Derelinquo penitus illam, quam ab ecclesia s. Nazarii videbar habere, consuetudinem, quae videlicet consuetudo hospitalitas appellabatur. DC.-F., IV p. 239 col. 3 (ch. a. 1112, Autun). Hospitalitatem, placitum generale . . . debet [episcopus] ut dominus possidere. RIVOIRE-VAN BERCHEM, *Samml. Schweiz. Rechtsq.*, t. 22 pt. 1, c. 6 (a. 1124, Genève). **7.** *baraque — shelter.* Tres hospitalitates cum treginta militibus. VIGNATI, *CD. Laudense*, p. 17 (a. 935 ?).

**hospitamentum: 1.** *habitation, faculté de s'établir à demeure — dwelling, freedom to settle.* Anno 1156 rex Ludovicus confirmavit ecclesiae s. Petri Vivi transitum et hospitamentum mercatorum in burgo. Chron. s. Petri Vivi, D'ACHÉRY, *Spic.*, II p. 776. **2.** *hôtise, tenure d'un hôte — cottar's holding.* Hospites canonicorum cum eorum hospitamentis ab omni majoratus consuetudine et oppressione liberat. DC.-F., IV p. 237 col. 1 (ch. a. 1164, Parisis).

**hospitare, 1.** depon. hospitari, intrans.: **être reçu comme un hôte, être hébergé — to be given reception, to be sheltered.* **2.** idem: *se camper, prendre les quartiers — to encamp, take quarters.* Dux Godefridus . . . Constantinopolim venit cum magno exercitu, . . . et hospitatus est extra urbem, donec iniquus imperator jussit eum hospitari in burgo urbis. ANON., G. Franc., c. 3, ed. BRÉHIER, p. 14. **3.** idem: *occuper un bien-fonds* de manière symbolique — *to take possession of landed property.* Canonico super ipsam terram bis quiete hospitato, tunc tercio per vim ejecerunt. FICKER, *Forsch.*, IV no. 108 p. 153 (a. 1138, Padua). **4.** *demeurer, être établi comme habitant — to dwell, to be settled as an inhabitant.* Omnibus illis qui apud Stampas in foro novo nostro hospitati vel hospitandi sunt. D. Ludov. VI reg. Fr. a. 1123, *Ordonn.*, XI p. 183. Hospites, qui in soccis [i. e. terminis juris dicendi] hospitantur, nulli dent consuetudines nisi illi cujus socca fuerit. Ch. Henr. I reg. Angl. (a. 1131-1133), c. 6, LIEBERMANN, p. 525. **5.** depon. hospitari, transit.: *recevoir comme un hôte, héberger — to entertain as a guest, to shelter.* Si aliquis hospitatur aliquem . . . duabus noctibus. Leg. Edw. Conf., tit. 23, LIEBERMANN, p. 648 col. 1. **6.** hospitare, aliquem: *faire valoir le droit de gîte pour* qq'un *— to exact a right of lodging and procurement for* people. Clamabat [i. e. vindicabat] erga monachos s. Albini . . . quandam consuetudinem, scilicet hospitandi se et suos missos . . . Andecavis et in omnibus obedientiis s. Albini. BERTRAND, *Cart. d'Angers*, I no. 254 p. 297 (a. 1060-1081). **7.** idem: *établir sur des tenures, munir de hôtises — to settle as a landtenant, provide with a holding.* De silva nostra dominica tantum delegamus ad complanandum et hospitandum cultores. GRASILIER, *Cart. de Saintes*, no. 1 p. 2 (a. 1047). Ad homines hospitandos terram que est prope ecclesiam. *D. Phil. Ier*, no. 96 (a. 1078/1079), p. 250. Terram illam tenueram ad burgenses hospitandos. D. Ludov. VII reg. Fr. (a. 1139-1140), MARTÈNE, *Thes.*, I col. 391 sq. Hominibus qui in nemore quod T. dicitur hospitare volunt, arpentum terrae . . . tali ratione ad eos hospitandos concedimus . . . D. Ludov. VII reg. Fr. a. 1160, DC.-F., IV p. 237 col. 2. **8.** hospitare, aliquid: *loger, séjourner dans* un lieu — *to stay, abide in* a place. Hospitium in abbatia et servitium sibi demandat ab hominibus villae a se hospitatae ministrari. D. Roberti reg. Fr. a. 1016, BRUSSEL, *Examen*, II p. 788. **9.** idem: *occuper* un lieu, *se camper dans* un lieu — *to occupy* a place, *to encamp in* a place. Guerram . . . exercens, terram canonicorum . . . cum manu militum hospitatus est. DC.-F., IV p. 240 col. 2 (ch. a. 1159, Nevers). Que porta ipsa die a comite . . . hospitata fuit. ANON., G. Franc., c. 8, ed. BRÉHIER, p. 36. **10.** idem: *coloniser, peupler, diviser en hôtises — to colonize, populate, share out by holdings.* [Monachi dederunt cuidam militi] quandam partem terre . . . ad hospitandam [leg. hospitandum] inter nos et illum . . . POUPARDIN, *Ch. de S.-Germain-des-Prés*, II no. 69ter p. 233 (a. 1063-1082). Canonicis . . . partem quandam de bosco nostro . . . concessimus hospitandam. *D. Phil. Ier*, no. 155 (a. 1106), p. 389. Terram quandam . . . que usque tunc inhospitata permanserat, hospitari faceremus. D. Ludov. VII reg. Fr. a. 1142, LUCHAIRE, *Inst. mon.*, II p 324 no. 22. Terram . . . dedimus ad hospitandum. D. ejusdem a. 1169, *Ordonn.*, VII p. 684. Villam novam hospitari et inhabitari concessimus. D. ejusdem a. 1177, ib., p. 697. **11.** idem: *habiter — to inhabit.* In civitate Lincolia erant tempore regis Edwardi 970 mansiones hospitatae. Domesday, I [fo. 336. Quicumque in futurum facient domos in illis terrae mansuris quae nunquam ante fuerunt hospitatae. DC.-F., IV p. 240 col. 3 (ch. a. 1083, Caen). In J. habet s. Vedastus . . . curtilia 7, singula 6 den. 2 panes 2 capones debentia, si hospitata fuerint; si vero hospites recesserint . . . GUIMANN., Cart. s. Vedasti, ed. VAN DRIVAL, p. 398.

**hospitarius:** *gardien de l'hôpital d'un monastère — monastic hostiller.* WARTMANN, *UB. S.-Gallen*, I no. 269 p. 254 (a. 821). F. Sangall. misc., no. 20 sq., *Form.*, p. 389. Coll. Sangall., no. 7, ib., p. 401; no. 21, p. 408. BERNARD. MORLAN., Cons. Clun., c. 10, HERRGOTT, p. 155. G. abb. Sithiens., contin. II, c. 2, *SS.*, XIII p. 667. FAYEN, *Lib. trad. Blandin.*, p. 165 (a. 1162).



**hospitaticum** (<hospitare): **1.** *colonie barbare fondée sur le droit d'hospitalité — barbarian settlement* on a "hospitalitas" base. Si horta [i. e. orta] fuerit intentio de fundis exfundanis . . ., non sit inde sacramentum . . .; inquiratur diligenter ad qualia hospitatica fuerunt pertinentia antiquitus. Arechis pactum cum Neapol. (post. a. 774), c. 11, *LL.*, IV p. 214. **2.** *redevance pour l'usage des logements publics destinés aux voyageurs — due for use of public lodgings for travellers.* Nullus judex publicus audeat a famulis . . . ipsius loci hospitaticum, montaticum, rotaticum . . . exigere. D. Karlmanni reg. ca. a. 880, DE MARCA, *Marca Hisp.*, app., col. 812. Hospitatico, navatico, salutatico, rotatico. D. Henr. I reg. Fr. a. 1055/1056, Tournus, ap. DC.-F., IV p. 240 col. 2.

**hospitatio:** *gîte — compulsory lodging and procurement.* In supradictis burgis nunquam habebit G. neque pecuniae neque ciborum creditionem neque militum suorum faciet hospitationem. *BEC.*, t. 36 (1875), p. 400 (ca. a. 1070-1075, Angers). Per singulos annos duae hospitationes, una in hieme cum civada, altera in aestate sine civada. *Hist. de Languedoc*³, V no. 493 col. 939 (a. 1125, Moissac). Exactiones et tallias . . . sive hospitationes regia censura penitus interdicimus. D. Conradi II imp. a. 1145, MARTÈNE, *Coll.*, I col. 778.

**hospitatura** (<hospitare): *habitation — dwelling.* Unam terrae carrucatam . . . cum una hospitatura in T. et cum una area . . . in qua monachi sufficienter possent hospitari. DC.-F., IV p. 240 col. 3 (ch. ca. a. 1133, Chartres).

**1. hospitatus** (decl. iv) (<1. hospes): *droit de gîte — right of lodging and procurement.* Nullam omnino aliam consuetudinem in praedicta villa habeat, neque receptum, neque hospitatum . . . Irminonis polypt., br. 12 c. 51.

**2. hospitatus** (decl. iv) (< 2. hospes): *prise d'otages — hostageship.* Filio Aregiso inde in ospitatum recepit. Ann. Lauresham., a. 786, *SS.*, I p. 33 col. 2.

**hospitiatus** (decl. iv) (< hospes): *la condition d'un hôte — the status of a cottar.* Homines hospiciatum et colonatum ecclesie cognoscebant [i.e. se hospites ecclesiae esse fatebant]. Ch. Ludov. VII reg. Fr. a. 1179, LUCHAIRE, *Inst. monarch.*, II p. 323 no. 21.

**hospiticium,** host-, -is-, -ia (femin.) (< hospes): **1.** *demeure — dwelling.* Cum mobilibus suis poterunt transire . . . ad dominium alterius, relicta hereditate et hostisia priori domino suo. Statuts de Pamiers a. 1212, c. 27, *Hist. de Languedoc*³, VIII p. 631. **2.** *hôtise, tenure d'un hôte — cottar's holding.* Hostitia 4 quae solvunt den. 4 unumquodque. Irminonis polypt., br. 24 c. 159. In villa q. d. G. . . . 4 hosticia et 5 arpennis de vineis. *D. Charles II le Ch.*, no. 399 (a. 872-875), II p. 389 l. 8. De unaquaque hospitisia duos sextarios avene. FLACH, *Orig.*, I p. 403 n. 2 (a. 1173, Orléans). Colentes terram . . . vel hostisias in villis habentes. LUCHAIRE, *Inst. monarch.*, p. 191 n. 4 (a. 1178). Tensamentum michi assignaverunt, tale scilicet: ad festum s. Remigii de unaquaque hospitisia duos sextarios avenae. DC.-F., IV p. 241 col. 1 (ch. a. 1183, Orléans). Terram nostram de M., in qua nemus olim fuisse dinoscitur, ad hostisias dedimus et ad censum, tali modo quod quaelibet hostisia habebit 8 arpennos terrae cultibiles et unum arpennum ad herbagium faciendum. GUÉRARD, *Cart. de N.-D. de Paris*, I p. 78 (a. 1199).

**hospitiolum,** hostiolum, hostilia (femin.) (< hospitium): **1.** **petit logis, demeure — small dwelling.* Hos omnes [servos] cum omni peculiare eorum, tam areolas, hospitiola, hortellos vel vineolas . . . liberos liberasque esse praecipio. Testam. Erminethrudis a. 700, PARDESSUS, II no. 452 p. 257. Nullus domum, grangiam, penitus aliquam hostiliam circa ecclesiam infra subnotatas metas praesumat erigere *Ann. Praemonstr.*, II col. 644 (a. 1151, Blois). **2.** *auberge — inn.* Inquirendum . . . si suspiciosa in circuitu hostiola sint. REGINO, Synod. caus., lib. 1, notit., § 17, ed. WASSERSCHLEBEN, p. 21.

**hospitium,** ospitium: **1.** *gîte, droit de gîte — compulsory lodging and procurement.* Quando episcopos, abbates vel comites seu fidelium nostrorum quempiam in propria villa morari contigerit, cum suis in suis maneant domibus, ne sub obtentu hospitii vicinos opprimant vel eorum bona diripiant. Capit. Pap. pron. a. 865, c. 3, II p. 92. Item capit. Pap. a. 876, c. 13, p. 103. Ut in domibus ecclesiarum neque missus neque comes vel judices quasi pro consuetudine neque placitum neque ospitium vindicent, sed . . . secundum antiquam consuetudinem hospitentur. Capit. Ravenn. a. 898, c. 11, p. 110. [Advocatus] hospitia in curtibus nostris . . . quotiens vult accipit. BEYER, *UB. Mittelrh.*, I no. 406 p. 463 (ca. a. 1103). Nulla omnino hospicia habebit advocatus. VERCAUTEREN, *Actes de Flandre*, no. 106 (a. 1122). Infra muros civitatis nullus hospitetur, neque de mea familia neque de alia vi alicui hospitium liberetur. Ch. Henrici I reg. Angl. (a. 1131-1133), c. 4, LIEBERMANN, p. 525. Nec liceat eis in possessionibus . . . monasterio pertinentibus hospitia, placita, precarias, exactiones facere. Priv. Pasch. II pap. a. 1167, PFLUGK-HARTTUNG, *Acta*, I no. 327 p. 291. **2.** *hôpital d'un monastère — monastic hospital.* Hospites qui sunt peregrini . . . custos hospitii cum omni recipit benignitate. UDALRIC., Consuet. Cluniac., lib. 3 c. 22, MIGNE, t. 149 col. 764 A. In hospitio comedat. Charta charitatis Cisterc. (a. 1114), c. 2, MIGNE, t. 166 col. 1379. **3.** *demeure, habitation — dwelling, residence.* Pestis in hospitio non manet ista meo. PAUL. DIAC., Carm., ed. NEFF, p. 16. Canonicos, qui in propriis hospiciis degentes tantum sua curabant, jure communitatis vivere instruxit. RICHER., lib. 3 c. 24, ed. LATOUCHE, II p. 30. Si quis illorum [sc. canonicorum] serviens hospicio et convictu alicujus eorum cotidiano participans . . . injusticiam fecerit. *D. Heinrichs IV.*, no. 466 (a. 1101). Induxit eum in villa G. nuncupata; inibique milites ejus vicenos et duodenos decenosque singula duxit per hospicia. Encom. Emmae, lib. 3 c. 4, ed. CAMPBELL, p. 42. **4.** *hôtise, tenure d'un hôte — cottar's holding.* E. tenet hospitium. Solvit inde in anno pullum 1, ova 5. Irminonis polypt., br. 1 c. 35. A. et R. coloni s. Germani

... tenent hospicium habens de terra arabili antsingam 1, de vinea aripennum 1½. Ib., br. 6 c. 48. Ibi saepe. In summa sunt mansa 190 et hospitia 19. QUANTIN, *Cart. de l'Yonne*, I no. 21 p. 41 (a. 833). Sunt ibi hospitia 7, que solvunt pullos cum ovis et quartam partem modii de umblone; faciunt corvadam, beneficia, waitas. Polypt. Derv., c. 2, LALORE, *Ch. de Montiérender*, p. 91. Dono ... mansum juris mei in loco q. d. M. in pago Parisiaco, habentem de terra arabili bunuaria 9, et hospitia duo ad eundem mansum deservientia ... TARDIF, *Cartons*, no. 157 p. 101 col. 2 (a. 848). In pago Stampinse in loco q. d. A. mansum dominicatum cum alium mansum unum et dimidium et ospicia quinque. *D. Charles II le Ch.*, no. 168 (a. 854). Item no. 174 (a. 855), p. 460. De unoquoque manso ingenuili exiguntur 6 denarii et de servili tres et de accola unus et de duobus hospitiis unus denarius. HINCMAR., Ann. Bertin., a. 866, ed. WAITZ, p. 81. Dedit ... in villa q. d. A. hospicia octo et in villa q. d. G. hospicia viginti, et inter utrasque terram arabilem quantum sufficit duabus carrucis. VERNIER, *Ch. de Jumièges*, I p. 35 no. 12 (a. 1027). Hospitia, id est arbergemens, quae ibi fient, omnia erunt nostra. FLACH, *Origines*, I p. 211 n. 1 (s. xi, S.-Jean-d'Angély).

**hossae,** v. hosae.

**1. hostagium,** v. hospitagium.

**2. hostagium,** hostaticus, et deriv., v. obstaticus.

**hostal-,** hostel-, hostell-, hostil-, v. hospital-.

**hostalicius,** v. hostilicius.

**hostaticus** (< hostis): idem quod hostilense. Reddunt pro hostatico sol. 2. Polypt. Derv., c. 17, LALORE, *Ch. de Montiérender*, p. 99. Urbar. Prum. a. 893, c. 36, BEYER, *UB. Mittelrh.*, I p. 163. Nulla ... publice actionis persona eos ostaticum facere compellat. *D. Berengario I*, no. 51 p. 148 (a. 904).

**hostia,** ostia: **1.** **hostie, victime eucharistique — eucharistic sacrifice.* Oblata a nobis hostia sacra. GREGOR. M., In euangel. homil., lib. 2 homil. 37 c. 8, MIGNE, t. 76 col. 1279 C. Sacrament. Leonin., ed. FELTOE, p. 3. Confrangant hostias. Ordo Rom. I (s. vii ex.), c. 102, ed. ANDRIEU, II p. 100. **2.** *bête de boucherie — beast for slaughter.* Dabunt de carro quatuor denarios, de sauma quatuor, de ostiis quatuor. FAIRON, *Rég. de Liège*, I no. 1 (a. 1103, Cologne).

**hosticum** (< hostis): **1.** *expédition militaire — military expedition.* In hostico illo multa scelera ... patrata sunt ab eis. Contin. Gemblac. ad SIGEB., a. 1148, *SS.*, VI p. 390 l. 8. **2.** *armée, ost — host.* Villam et ecclesiam ab hostico episcopali contigit concremari. LAURENT., G. episc. Virdun., c. 9, *SS.*, X p. 496. Iterum c. 26, p. 505. Cortem ... ab hostico Namucensi incensam. GODESC., G. abb. Gemblac., c. 66, *SS.*, VIII p. 548. Eminebant in hoc Dei hostico dux Lotharingiae Godefridus et fratres ejus. ANDREAS MARCIAN., Chron., a. 1096, ed. DE BEAUCHAMP, p. 815. Qui in hostico vel familia regis pacem fregerit. Leg. Henrici, tit. 12 § 3, LIEBERMANN, p. 558. Si rex in hostico vel in ipso sit comitatu. Ib., tit. 68 § 2, p. 586. Si in ... exercitu vel hostico regis faciat aliquis homicidium. Ib., tit. 80 § 1, p. 596.

**hostilense,** hostiliense (< hostis): *service de charroi pour les bagages de l'armée qui pesait sur les manses des colons et des lites — service of army baggage transport exacted from holdings of coloni and liti.* Excepto hostilense, id est de bobus et conjecto ad carros construendos. *D. Karolin.*, I no. 265 (< a. 802 >, spur. ca. a. 835-840, Le Mans). Eadem verba: D. Ludov. Pii a. 832, BM² 912 (spur., Le Mans). De opere et restauratione ecclesiarum constitutum est, ut de frugibus terrae et animalium nutrimine < et cunctis censibus exceptis hostiliensibus > persolvantur. BENED. LEVITA, lib. 1 c. 277, *LL.*, II pt. 2 p. 61 (haustum ex Capit. Wormat. a. 829, c. 9, verbis uncis inclusis additis).

**hostilia,** v. hospitiolum.

**hostilicius,** hosta- (adj.) (< hostis): *qui se rapporte à l'ost — concerning a military expedition.* Neque in eorum mansionibus ... quisquam ... hostalicium presumat mansionaticum peragere. *D. Lotario*, no. 7 (a. 948), p. 266 l. 5. Subst. neutr. **hostilicium,** ost-, -el-, -al- et femin. hostilicia: idem quod hostilense. Nullus ... aut paratas aut lidimonium aut hostilicium aut alias quaslibet redhibitiones exigere ... praesumat. D. Ludov. Pii a. 830 ap. HARIULF., Chron., lib. 3 c. 2, ed. LOT, p. 85. Irminonis polypt., br. 4 c. 35. Ibi saepe. Donat annis singulis in hostelitia den. 20. Polypt. s. Remigii Rem., c. 1 § 2, ed. GUÉRARD, p. 1 col. 2. Pro hostalitio den. 10. Polypt. Derv., c. 34, LALORE, *Ch. de Montiérender*, p. 99. Urbar. Prum. a. 893, c. 1, BEYER, *UB. Mittelrh.*, I no. 135, p. 145. Ibi pluries. De eodem fisco Compendio totius conlaboratus nostri nonam partem, ... necnon etiam de hostilitio nostro. *D. Charles le Simple*, no. 95 (a. 918). Ab omni ostilicio et secularium exactionum negotio ipsum monasterium liberum et immune esse constituit. V. Meinwerci, c. 213, ed. TENCKHOFF, p. 126.

**hostilis,** ostilis. **1.** loc. expeditio hostilis, iter hostile: ost, expédition militaire — military expedition. Comes et pagenses de qualibet expeditione hostili reversi fuerint. Capit. missor. Wormat. a. 829, c. 13, II p. 16. Pro persona ingenuitatis suae itinera hostilia exerceant. D. Karlmanni reg. a. 884, *Hist. de Fr.*, IX p. 434 C. Ad iter hostile ... viaticum praeparari. WALAHFR., V. Galli, lib. 2 c. 16, *SRM.*, IV p. 324. Itinera hostilia cum milicia episcopali in voluntatem imperatoris peragerent. GERHARD., V. Oudalrici, c. 3, *SS.*, IV p. 389. Nec ad aliquod iter impelli vel ad supplementum itineris hostilis aliquid ab eo exquirere praesumant. PHILIPPI, *Osnabr. UB.*, I no. 196 p. 167 (a. 1082-1084). **2.** *qui se rapporte à l'ost — concerning a military expedition.* Adunata hostile plebe. Contin. ad FREDEG., c. 9, *SRM.*, II p. 174. Coram duce disciplinae hostili subjaceat. Lex Baiwar., tit. 2 § 4. Ostilia carra. Admon. gener. a. 789, c. 81, I p. 61. Ut ostile bannum domni imperatori[s] nemo pretermittere presumat. Capit. missor. gener. a. 802, c. 7, p. 93. Omni hostili apparatu [i. e. omnem hostilem apparatum] secum deferant. Const. de exp. Benev. a. 866, c. 6, II p. 96. Subst. neutr. plural. **hostilia:** *les diverses obligations qui se rattachent au devoir de l'ost — the obligations connected with the duty of service in the host.* Neque heribannum aut alios bannos, qui pro hostili-



bus exigere [i. e. exigi] solet [i. e. solent], ab eo exigere faciatis neque eum in hostem ire conpellatis. Coll. Patav., no. 3, *Form.*, p. 458.

**hostilitas: 1.** **hostilité — enmity.* **2.** *bande ennemie — enemy troops.* [Episcopi] ab hostilitate de urbibus suis expulsi fuerant. GREGOR. TURON., Hist. Fr., lib. 10 c. 31 § 10. Illa [in civitate Biturigensi] quae hostilitati restiterant, [incendio] perierunt. Ib., lib. 6 c. 39. **3.** *incursion guerrière — hostile inroad.* Ob cladem hostilitatis nec in civitate nec in ecclesia tua est cuiquam habitandi licentia. GREGOR. M., lib. 3 epist. 13, *Epp.*, I p. 172. Nulla abbatissa ... extra monasterium licentiam [habeat] exire, nisi hostilitate cogente. Concil. Vern. a. 755, c. 6, *Capit.*, I p. 34. **4.** *expédition militaire — military expedition.* [Annus] sine hostilitate ulla. Ann. Nazar., a. 740, *SS.*, I p. 27 col. 2. **5.** *l'ost féodal — the feudal host.* [Advocatus] adjutorium tempore obsidionis vel hostilitatis generalis quatuor vel quinque hebdomadarum accipiet in potestatibus [ecclesiae]. WARNKOENIG, *Flandr. St.- u. Rechtsg.*, III, pt. 1, Nachtrag, p. 5 no. 155 (a. 1038). In hac pace nullus nisi comes terre caballicationem aut hostilitatem faciat. Pax Teruanensis a. 1063, SDRALEK, *Wolfenbüttler Fragmente*, p. 143 sq.

**hostiliter,** ost-: **1.** *en expédition militaire — by way of a military expedition.* Rex partibus Auster hostiliter visus fuit ambolasse. *D. Merov.*, no. 68 (a. 695). Partibus Brittannici[s] austiliter ordine ad specie mea fuisti. F. Andecav., no. 37, *Form.*, p. 16. Quicumque in itinere pergit aut hostiliter vel ad placitum. Pippini capit. Aquit. a. 768, c. 6, I p. 43. Multum colligerunt hostiliter populum. Pass. Leudegarii prima, rec. C (s. viii ex.), c. 19, *SRM.*, V p. 301. Regnum Italiae [Karolus] hostiliter adquisivit. *D. Karolin.*, I no. 187 (a. 799). In Brittanniam hostiliter pergeret. Ann. Mett. prior., a. 830, ed. SIMSON, p. 95. Ibi hostiliter venit Lotharius contra eos. Ann. Xant., a. 842, ed. SIMSON, p. 12. Mox, ut ipse jusserit, praeparati movere hostiliter possint. HINCMAR., Ann. Bertin., a. 867, ed. WAITZ, p. 87. Secus Rhenum hostiliter contra nepotem suum perrexit. Ib., a. 876, p. 132. **2.** *avec l'équipement requis pour ceux qui s'acquittent du devoir de l'ost — with the outfit obligatory for the warriors of the host.* Omnes generaliter hoc anno veniant hostiliter in solatio domni regis. Capit. missor. (a. 792/793), c. 6, I p. 67. Unusquisque hostiliter sit paratus. Capit. Aquisgr. (a. 802-803), c. 10, p. 171. Annunciatum est placitum generale kal. Sept. Aurelianis habendum, ibique unumquemque liberum hostiliter advenire. Ann. Bertin., a. 832, ed. WAITZ, p. 5. Dum hostiliter omnes banniti fuissent in regis servitium. HINCMAR. LAUDUN., epist., MIGNE, t. 124 col. 1032 A. Si ex precepto imperiali comes loci ad defensionem patriae suos aerimannos hostiliter properare monuerit. Capit. Pap. legib. add. a. 891, c. 4, II p. 108. **3.** *en assemblée générale du royaume — in a general assembly of the realm.* Super Salernitanam civitatem, in qua residebat supradictum imperatorem [i. e. supradictus imperator] cum suis honoratibus ostiliter. *D. Ottos II.*, no. 266 (a. 981).

**hostiolum,** v. hospitiolum.

**hostis,** ostis (mascul. et femin.): **1.** *incursion guerrière — hostile inroad.* Tantas praedas tantaque homicidia ac caedes perpetravit, ut hostem propriae regione [i. e. regioni] putaretur inferre. GREGOR. TURON., Hist. Fr., lib. 10 c. 3. Quid de Hunorum hoste dominus rex acturus sit. ALCUIN., epist. 6, *Epp.*, IV p. 31. Ut nullus baptizet nisi statuto tempore, nisi causa infirmitatis eveniat seu timor hostis. Capit. missor. (haud a. 813, sed s. ix ex.), c. 5, I p. 182. **2.** une *armée* quelconque — any *army.* Huc perrexerit ipsa hostis. GREGOR. M., lib. 2 epist. 32, *Epp.*, I p. 129. Hostem collectam habet. Ib., epist. 33, p. 130. Illum cum sua hoste ad propriis reppedare fecit. Lib. pontif., Joh. VI, ed. MOMMSEN, p. 217. Hostem maximum collegit. Lib. hist. Franc., c. 23, *SRM.*, II p. 279. Ibi saepe. Contra hostem Pippini ducis G. consurgens. Contin. ad FREDEG., c. 4, ib., p. 171. In Histria provincia contra hostem Grasoulfi deliberavimus ambulare. Epist. Austras., no. 41, *Epp.*, III p. 147. Hoste[m] moverunt ex adverso. Pass. Leudegarii prima, rec. C (s. viii ex.), c. 21, *SRM.*, V p. 302. Venerunt illi tres hostes insimul. Chron. Moissiac., a. 805, *SS.*, I p. 308. [Basilius imperator] per annos 15 cum hoste super eos [Bulgaros] laborans. ADEMAR., lib. 3 c. 32, ed. CHAVANON, p. 155. Navalis hostis: flotte — fleet. Dux cum navale hoste per mare usque Andegavis civitate venit. Lib. hist. Franc., c. 8, p. 250. **3.** plural. hostes: *les guerriers — the warriors.* Tu praecedis catervas hostium. GREGOR. TURON., Hist. Franc., lib. 2 c. 34. Conmoto exercitu Pectavus dirigit ... Pars hostium per territurium Turonicum transiebat. Ib., lib. 2 c. 37. Rex commovit maximo [i. e. maximum] exercitu[m] hostium Francorum. Lib. hist. Franc., c. 8, p. 250. **4.** *ost*, expédition militaire de l'armée constituée par l'ensemble des guerriers d'un royaume ou d'une partie considérable de celui-ci — *military expedition* of the army formed by the whole of the warriors of a realm or of a major portion of it. Chilpericus rex in hostem cum Sighiberto ... contra Saxones ambulassent. Lib. hist. Franc., c. 31, p. 292. De ista proxima hoste venimus. F. Sal. Merkel., no. 55, *Form.*, p. 260. Ipse annum [i. e. annus] transiit sine hoste. Ann. Lauresham., a. 790, *SS.*, I p. 34. Qui homini in hoste vel de hoste ad palatio pergenti malum aliquod fecerit. Lex Sax., tit. 37. Hostem machinantes in Sclavos. Ann. Xant., a. 863, ed. SIMSON, p. 20. Nec prefatus abbas ejusque successores aliquando in hostem ire cogantur. *D. Arnulfs*, no. 3 (a. 887). Arnulfus in hostem [sic, subaudi: perrexit]. Ann. Alam. a. 889, *SS.*, I p. 52. **5.** *l'acquittement du devoir de prendre part à l'ost — performance of the duty of marching with the host.* Si quis ... in hoste bannitus fuerit et minime adimpleverit, 60 sol. multetur. Lex Ribuar., tit. 65. De omnis hostis vel omnibus bannis et aribannus sit conservatus. Cart. Senon., no. 19, *Form.*, p. 193. Abbati [i. e. abbates] legitimi ostem non faciant, nisi tantum hominis eorum transmittant. Pippini capit. Suession. a. 744, c. 3, I p. 29. Hostem hominibus suis non requirant. *D. Karolin.*, I no. 20 (a. 763-766). Faciat hostem ut ceteri laici. Stat. Rhispac. a. 799/800, c. 44, *Capit.*, I p. 230. De his qui

hostem facere debiti sunt [i.e. debent]. Capit. missor. gener. a. 802, c. 7, p. 93. Qui nec parem suum ad hostem suum faciendum secundum nostram jussionem adjuvit. Capit. missor. de exerc. prom. a. 808, c. 2, p. 137. Hostem et reliquas publicas functiones faciant. Capit. Olonn. a. 825, c. 2, p. 330. Nisi fecerint hostem Romae. Lib. feudor., antiq., tit. 3 (vulg., lib. 1 tit. 7 § 1), LEHMANN, p. 93. **6.** *ost*, l'armée constituée par l'ensemble des guerriers — *host*, the whole of the warriors. [Rex] hostem patriae redire jubet ad propria. GREGOR. TURON., Hist. Fr., lib. 2 c. 32. Si quis hominem in hostem interficeret, treplecem weregildum culpabilis judicetur. Lex Ribuar., tit. 63 § 1. Si quis centenarius, dimittens centenam suam in hostem [i. e. hoste], ad domum suam refugerit. Lex Visigot., lib. 9 c. 2 § 3. Pugna orta fuerit infra propria oste. Lex Alamann., tit. 25 c. 1. Neque ullo tempore in hostem pergat. Coll. Patav., no. 3, *Form.*, p. 458. Servis Dei ... in exercitum et in hostem pergere omnino prohibuimus. Karlmanni capit. a. 742, c. 2, I p. 25. Nemo alterius [h]erbam defensionis tempore tollere praesumat, nisi in hoste pergendum [i. e. pergendo] aut missus noster sit. Capit. Harist. a. 779, c. 17, p. 51. Dum in hoste aut in aliqua utilitate nostra [sc. regis] aliquis fuerit. Brev. miss. Aquit. a. 789, c. 8, p. 65. De his qui ad palatium seu in hostem pergunt. Capit. legib. add. a. 818/819, c. 17, p. 285. Pippinus ... hostem Karoli valde prostravit. Ann. Xant., a. 844, p. 13. **7.** *l'ost féodal* — *feudal host*. Imperator, relicta circa montem obsidione, Romam versus cum hoste pergit. ADALBERT., Contin. ad REGINON., a. 963, ed. KURZE, p. 172. Imperator ... terram Balduini hosti suae devastandam distribuit. G. Lietberti Camerac., c. 11, *SS.*, VII p. 493. Non cum hoste, sed domesticorum militari manu [rex] fines illos ingressus. SUGER., V. Ludov. Gr., c. 12, ed. WAQUET, p. 78. Rediit ad suam hostem. ANON., G. Franc., c. 14, ed. BRÉHIER, p. 76. **8.** *vengeur* — *avenger*. Perpetrato scelere non inveniebatur hostis. FOLCUIN., G. abb. Lobiens., c. 1, *SS.*, IV p. 56 l. 11. **9.** *loc.* hostis antiquus: le diable — the devil. GREGOR. M., Euangel. homil., lib. 2 homil. 27 c. 2, MIGNE, t. 76 col. 1205 C. IONAS, V. Columb., lib. 1 c. 3, ed. KRUSCH, p. 155. hostium et deriv. = ostium.
**hostorius**, hostoarius (< frg. *autour*): *épervier* — *hawk*. S. xiii.
**hotus**, v. hodus.
**houcia**, housia, v. hulcia.
**hova**, v. hoba.
**hovinum**, v. hobinna.
**hroccus**, r-, fr-, fl-; -okk-, -oc-, -oqu-, -och-, -ogg-; -um (germ.): **1.** *vêtement masculin*, *tunique* — *man's garment, tunic*. Ut sanctaemoniales non induantur virilia indumenta, id est rocho vel fanones. Stat. Rhisp. a. 799/800, c. 28, *Capit.*, I p. 299. Roccum martrinum et lutrinum [et] sismusinum. Capit. cum prim. const. a. 808, c. 5, p. 140. Roccum subdiaconilem 1. G. abb. Fontan., c. 13 § 4, ed. LOHIER-LAPORTE, p. 102. Diripuerunt in domo ejus duos rokkos majores, duos sagos ... *SS.*, XV p. 168 l. 12 (s. ix med.). Hrocci serici 15, lanei 11, sericus albus 1, persi serici 2, roccus pectoralis 1. Descr. Centul. a. 831 ap. HARIULF., Chron., lib. 3 c. 3, ed. LOT, p. 88. Roccus ille s. Martini, quo pectus ambitus nudis brachiis Deo sacrificium obtulisse ... comprobatur. MONACH. SANGALL., lib. 2 c. 17, *SS.*, II p. 760. Pro rocho suo quae ibi donare rogavi. PÉRARD, *Bourg.*, p. 26 (ch. ca. a. 865). Quae egenis dem ..., roccas videlicet et camisias ... EKKEH., Cas. s. Galli, c. 10, *SS.*, II p. 121 l. 42. [Rex] exuens se vestimento purpureo quod lingua rustica dicitur rocus. HELGALD., V. Roberti, c. 26, *Hist. de Fr.*, X p. 111 C. Reicientes froccos et pellicias ac staminia ... Exord. Cisterc. cenob., GUIGNARD, p. 71. **2.** *froc de moine* — *monastic frock*. Capit. monast. a. 817, c. 22, I p. 345. Hroccus sive cuculla de sago unde hroccus fieri possit. Adalhardi Corbej. stat., lib. 1 c. 3, ed. LEVILLAIN, *LMA.*, t. 13 (1900), p. 354. Floccum domini abbatis ... negligenter fuisset repositum. V. Petri Cavens., no. 12, *AASS.*, Mart. I p. 332 A. [Secretarius] lectorium portet ... indutus frocco suo. Consuet. Cluniac. antiq., rec. C c. 21, ALBERS, II p. 50. [Camerarius] dat froccos novos et cucullas tempore necessario unicuique. Consuet. Fructuar. (s. xi), lib. 1 c. 8, ib., IV p. 142. Ibi pluries. Vos qui simplici flocco et cucullа contenti esse non vultis. PETR. VENERAB., lib. 1 epist. 28, MIGNE, t. 189 col. 123 A. **3.** *vêtement féminin, jupe* — *woman's garment, skirt*. GERHARD., Mir. Oudalrici, c. 20, *SS.*, IV p. 422 col. B l. 41.
**huba**, v. hoba.
**hubarius**, v. hobarius.
**hucia**, hugia v. hutica.
**hucusque: 1.** *jusqu'à présent* — *till now*. **2.** *jusqu'alors* — *till that time*.
**huesium**, v. hutesium.
**hujusmodi**, pronom. indecl.: **1.** *tel* — *such*. **2.** *ce ... ci* — *this*.
**hulcia**, hucia, houcia, housia, huscia, hussia (germ.): **1.** *mantelet* — *coat*. S. xiii. **2.** *housse* — *saddle-cloth*. S. xiii.
**hulcus** (germ.): un *vaisseau* — *hulk* (ship) S. xii, Angl.
**hullarius**, holarius (germ.): *houilleur* — *coal-miner*. S. xiv.
**hulmus**, v. holmus.
**humanare**. Passiv. humanari: *se faire homme*, *s'incarner* — *to take flesh, to be incarnated*. Anno humanati verbi nongentesimo. V. Winnoci (s. x), c. 16, MABILLON, *Acta*, III pt. 1 p. 312.
**humanitas: 1.** *vivres, entretien* — *victuals, livelihood*. CASSIOD., Var., pluries. Si quis fugitivum susceperit et ei humanitatem dederit. Lex Visigot., lib. 9 tit. 1 § 4. Eisdem a vobis eveccio semul et humanitas ministretur. MARCULF., lib. 1 no. 11, *Form.*, p. 49. [Abbas] in refectorio omnem eis [sc. hospitibus] humanitatem manducandi ac bibendi exhibeat. Capit. monast. a. 817, c. 27, I p. 345. **2.** *consolation spirituelle* — *spiritual consolation*. Circa exitum vitae hanc consequatur humanitatem ut viaticum accipiat eucharistiam. Theodulfi Aurel. stat. II (ca. a. 813), c. 4 § 20, DE CLERCQ, p. 330. **3.** *le genre humain*, *l'humanité* — *human kind, humanity*. **4.** *l'humanité assumée par le Christ, l'Incarnation* — *Christ's taking flesh, the Incarnation*.
**humectus**: *marécageux* — *marshy*. Collocant se in humectis locis, ut sic fugere valerent Chron. Novalic., lib. 5 c. 10. Subst. neutr.

**humectum**: *marécage* — *marsh*. Juxta B. in humecto, quod vulgo dicitur breuc, 5 rep terrae. D. Phil. Ier, no. 22 (a. 1065), p. 62.
**humerale**, v. umerale.
**humerulus**, v. umerulus.
**humidare**: *mouiller* — *to wet*.
**humiditas**: *humidité* — *moistness*.
**humiliare**, humilare: **1.** *abaisser à terre, baisser, renverser* — *to cast down, lower, overturn*. **2.** *humilier, rendre humble* — *to humble, humiliate*. **3.** refl. se humiliare et passiv. humiliari: *s'abaisser, s'humilier* — *to humiliate oneself*. **4.** *confondre, assujettir, appauvrir* — *to confound, subdue, reduce to poverty*. **5.** *outrager, avilir* — *to disparage, outrage*. **6.** *vaincre, réduire* — *to get the better of*. Telesinum possidens castrum sitim [i. e. siti] humiliabit [i. e. humiliavit]. Chron. s. Bened. Casin., *Scr. rer. Langob.*, p. 473 l. 25.
**humiliatus**: *membre de la secte des "humiliati"* — *member of the "humiliati" sect*. S. xiii.
**humiliatio: 1.** *action d'abaisser, humiliation, oppression* — *humiliation, abasement, oppression*. **2.** *le fait de mater, de rendre humble, humilité* — *mortification, reducing to humility, humility*.
**humilis**: *humble (au sens spirituel)* — *humble (in spiritual sense)*.
**humilitare**: *humilier, abaisser* — *to humiliate, abase*. GREGOR. TURON., Hist. Fr., lib. 3 c. 33.
**humilitas: 1.** *état humble, modeste; pauvreté* — *lowliness, simple state of life*. **2.** *oppression, humiliation, opprobre* — *oppression, humiliation, abasement*. **3.** *humilité, modestie* — *humility, modesty*.
**humolo**, humulo, humilo, humlo, humblo, umlo, umblo (genet. -onis), humulus (germ.): *houblon* — *hop*. Adalhardi Corbej. stat., c. 7, ed. LEVILLAIN, *LMA.*, t. 13 (1900), p. 359. Irminonis polypt., br. 20 c. 30. Ibi pluries. Ansegisi const., MABILLON, *Acta*, IV pt. 1 p. 640. Polypt. s. Remigii Rem., c. 19 § 9, ed. GUÉRARD, p. 64 col. 2. Polypt. Derv., c. 13, LALORE, Ch. de Montiérender, p. 97. Descr. Lobiens. a. 868, ed. WARICHEZ, *BCRH*., t. 78 (1909), p. 250. DUVIVIER, Rech. Hainaut, no. 32 bis, p. 362 (s. x).
**humularium** (< humolo): *houblonnière* — *hopfield*. Pomerium cum humulario. BITTERAUF, *Trad. Freising*, I no. 833 p. 666 (a. 859-875). Ibi pluries.
**hunaria** (germ.): *tribunal de centène* — *hundred court*. BEYER, *UB. Mittelrh.*, I p. 641 (a. 1163).
**hundredus**, hundret-, -um, -a (germ.): **1.** *centène* — *hundred*. Domesday. Ipsi comitatus in centurias ... distinguntur, centuriae vel hundreta in decanias ... Leg. Henrici, tit. 6 § 1, LIEBERMANN, p. 552. **2.** *tribunal de centène* — *hundred court*. Nullus burgensium judicetur ... nisi ... in hundredo suo vel quolibet alio placito infra muros burgi. STUBBS, *Sel. ch.*[9], p. 260 (a. 1189).
**hunno** (genet. -onis) (germ.): *juge de centène* — *judge of a hundred*. Servientes ... nulli advocato vel hunnoni subjaceant, sed tantum abbati suisque prepositis ... respondeant. D. Heinrichs III., no. 372 A (spur. s. xii in.). Illi qui hunnones in quibusdam locis dicuntur non nisi in tertio tantum anno ... placitare debeant. D. Heinr. V imp. a. 1112, BEYER, *UB. Mittelrh.*, I no. 423 p. 484. Nullius advocati vel hunnonis placitum ... respiciant. D. ejusdem a. 1116, ib., no. 434 p. 496. Cf. A. BACH, *Ahd. hunto, hunno, húntari, mlat. hunria, mhd. hunri sprachlich betrachtet, Rhein. Vierteljahrsbl.*, t. 18 (1953), pp. 17-29.
**huoba**, v. hoba.
**huobarius**, v. hobarius.
**huobunna**, v. hobinna.
**hupa** (germ.): *houblon* — *hop*. S. xiv.
**hurdamentum**, hor- (< hurdare): *treillis* — *trellis-fence*. S. xiii.
**hurdare**, hor-, -diare (germ.): *munir de claies, de treillis* — *to fit with hurdles*. GUILL. BRITO, Phil., lib. 1 v. 601, ed. DELABORDE, p. 31.
**hurdicium** (germ.): *treillis* — *trellis-fence*. S. xiii.
**hurtardus** (anglosax.): *bélier* — *ram*. S. xiii, Angl.
**husbandria** (<husbandus): *agriculture* — *agriculture*. S. xiv, Angl.
**husbandus** (anglosax. < scandin.): *paysan* — *husbandman*. S. xiii, Angl.
**huscarla** (scandin.): *compagnon armé* — *armed retainer*. Domesday. OSBERN., Transl. Elphegi, MABILLON, *Acta*, VI pt. 1 p. 124. FLORENT. WIGORN., a. 1041, ed. THORPE, I p. 195. SIMEON DUNELM., Hist. reg., § 147, ed. ARNOLD, II p. 178.
**huscia**, v. hulcia.
**husgabulum** (anglosax.): *loyer* — *house-rent*. S. xiii, Angl.
**hussia**, v. hulcia.
**hutesium**, huesium: *huée, clameur au flagrant délit* — *hue, clamour of pursuit*. S. xi, Angl.
**hutha**, v. heda.
**hutica**, hucia, hugia (germ.): *huche, caisse* — *chest, box*. Quaedam cista vulgo hutica dicta, quantitate magnitudinis ampla. OLBERT. GEMBLAC., Inv. Veroni, c. 2, *AASS.*, Mart. III p. 846 E. Stimulos et cavillas et hucias. DE TRÉMAULT, Cart. de Marmoutier pour le Vendômois, no. 129 p. 222 (ca. a. 1060). Consuetudinem quam olim in mansionibus de B. repetebat, ut hugiae suae et cuppae semper ibi essent ... Gall. chr.[2], XIV instr. col. 152 D no. 12 (a. 1106, Angers).

# I

**ibi** (pron. pers.): *lui, à celui-ci (sens du datif)* — *to it (sense of dative)*.
**ibidem** (pron. pers.): *au même (sens du datif)* — *to the same (sense of dative)*.
**icon** (genet. -onis), icona, iconia, iconica (gr.): *image, représentation, effigie* — *image, picture*. GREGOR. M., lib. 13 epist. 1, *Epp.*, II p. 365. GREGOR. TUR., Hist. Fr., lib. 6 c. 2. Id., Glor. mart., c. 21, *SRM.*, I p. 501. Id., V. patrum, c. 12 § 2, p. 713 l. 21. Lib. pontif., Sergius II (a. 844-847), § 37, ed. DUCHESNE, II p. 96. JOH. DIAC., V. Gregorii M., c. 83, MIGNE,

t. 75 col. 229. Arnold. de s. Emmeram., lib. 2 c. 18, *SS.*, IV p. 562 col. 2 l. 40.

**iconisma** (neutr., genet. -atis) (gr.): **figure, comparaison — simile, comparison.*

**iconomus** = oeconomus.

**ictuare** (< ictus): *frapper, blesser — to hurt, wound.* In via ictuatus sanguine [i. e. apoplexi], vix accedere quo jussus est valuit. Gregor. Turon., Hist. Fr., lib. 6 c. 35 in fine. Cognoscatis C. episcopum ictuatum et jam fati munus implisse. Desiderii Cadurc. lib. 2 epist. 12, *Epp.*, III p. 209. Gravibus ictuata vulneribus. Ionas, V. Columbani, lib. 2 c. 13, ed. Levison, p. 263.

**ictus** (decl. iv): *la justice des coups — jurisdiction regarding blows.* In his locis et vicis possidet ecclesia bannum et justitiam, impetum et burinam, ictum et sanguinem. Miraeus, I p. 93 col. 2 (a. 1131, Liège). Eadem verba repetita: *D. Heinrichs I.*, no. 43 (< a. 932 >, spur. s. xii). Habet ecclesia bannum et justitiam, impetum et burinam, ictum et sanguinem et letum. Rousseau, *Actes de Namur*, no. 9 (a. 1154).

**idem: 1.** (pron. demonstr.) *ledit, ce — the said, this.* Benedicti regula, c. 22; c. 39. Sacram. Gregor., c. 29. **2.** (pron. pers.) **il, elle, cela — he, she, it.*

**identitas:** **identité — sameness.*

**ideoque:** **aussi, c'est pourquoi — so, therefore.*

**idioma** (neutr., genet. -atis) (gr.): **1.** **idiotisme, façon de parler — idiom, way of speaking.* **2.** *langue — language.* Britannico idiomate. Mir. Teclae, c. 1, ed. Gebhardt, p. 169.

**idiota,** ideota (mascul.) (gr.): **1.** **un ignorant, simple, illettré — a person illiterate, simple, unlearned.* **2.** **un nouveau converti — a recently converted person.* **3.** *frère convers — convert, lay brother.* Joh. Roman., V. Odonis, lib. 2 c. 20, Migne, t. 133 col. 71 D. Udalric., Cons. Cluniac., lib. 2 c. 10, ib., t. 149 col. 706 C. Petr. Damiani, lib. 2 epist. 12, ib., t. 144 col. 281 B. **4.** *un simple particulier — a private person.* DC.-F., IV p. 284 col. 2 (ch. a. 1090-1116, Chartres).

**idoleum,** idolium (gr.): **1.** **temple d'idoles, lieu d'un culte idolâtre — temple dedicated to idols, place of a cult of idols.* **2.** *idolâtrie, paganisme — idolatry, paganism.*

**idololatres,** idolatres, -tra (mascul.), (gr.): **idolâtre — idolater, worshipper of images.*

**idololatria,** idolatria (gr.). **idolâtrie — worship of images.*

**idololatriare,** idola-, -trare (gr.): **adorer des idoles — to worship idols.*

**idolothytum** (gr.): **sacrifice fait aux idoles — sacrifice to the images of false gods.*

**idolum** (gr.): **idole, image d'un faux dieu — idol, image of a false god.*

**idoneare,** edon-, edun-, adun-, etun-, -iare (< idoneus), **1.** aliquid: *avérer, prouver — to evidence, aver.* Si poterit aduniare livertate[m] sua[m], aut per cartulam aut per testimonia. Manaresi, *Placiti*, no. 9 p. 27 (a. 796, Pisa). Dixit . . . quod menime ejus livertate[m] . . . perportare vel aduniare poterit. *CD. Langob.*, col. 181 B no. 98 (a. 822, Milano). **2.** *faire valoir en droit — to prove to be valid.* Cancellarius cum sacramentum . . . [cartam] etuniare studeat. Lex Ribuar., tit. 59 § 2. Etiam § 3-5. Judicaverunt eam [notitiam] idoneari duodecim juratoribus . . . Omnes isti juraverunt veram et idoneam esse illam noticiam. Muratori, *Antiq. Est.*, p. 315 (ch. a. 1115). **3.** aliquem: *purger d'une imputation, disculper — to purge, exculpate.* Non est possibile ut homo possit eduniare quem rex occidere jusserit. Edict. Rothari, c. 2. [Heres] omnem factum ejus idoniare studeat. Lex Ribuar., tit. 67 § 1. **4.** reflex. se idoneare: *se purger d'une imputation, se disculper, se justifier — to purge, exculpate oneself.* Liceat ei qui accusatus fuerit cum sacramentum satisfacere et se eduniare. Edict. Rothari, c. 9. Etiam c. 272; c. 345. Cum sacramento se edoniare studeat. Lex Ribuar., tit. 71. Per judicium Dei se exinde idoniaverunt. *D. Karolin.*, I no. 181 (a. 797). Cum suis juratoribus liber homo se idoniare faciat. . . . Servus aut ad aquam ferventem aut ad aliud judicium se idoniare faciat Karoli M. capit. (a. 810/811 ?), c. 5, I p. 166. Si per sacramentum quis se aedoniare voluerit. Capit. de latron. (a. 804-813), c. 3, p. 180. Si liber homo de furto accusatus fuerit . . ., liceat ei prima vice per sacramentum se secundum legem idoneare. Capit. legib. add. a. 818/819, c. 15, p. 284. Were sue sit reus, nisi se possit idoneare. Leg. II Aethelstan, tit. 20 § 8, vers. Quadrip., Liebermann, p. 163 col. 1. Si accusatus se idoneare et accusationem falsare poterit. Leg. III Eadgar, tit. 4, vers. Quadrip., p. 203 col. 2.

**idoneitas:** **aptitude, capacité, faculté — ability, aptitude, skill.*

**idoneus: 1.** (d'un accusé) *disculpé, innocent* — (of a culprit) *exculpated, innocent.* Prius habita audientia, si idonei inveniebantur, sic regis praesentiam mererentur. Gregor. Turon., Hist. Fr., lib. 5 c. 20. Aut idoneam redde filiam tuam [adulterii crimine notatam], aut certe moriatur. Ib., c. 32. Idoneus inventus a crimine [adulterii]. Ib., lib. 10 c. 31 § 4. Coepit ab ea extorquere, ut se per juramentum ab hac suspicione idoneam redderet. V. Eligii, lib. 2 c. 77, D'Achéry, *Spic.*², II p. 122. Cum una alteri de causa reputata esset obnoxia, jusjurandum constituit ut se ad sepulcrum s. Eparchii consignaret ydoneam. V. Eparchii, *SRM.*, III p. 562 l. 15. Confracta catena ex collo cecidit . . . et apparuit idonea, qui fuerat absque noxa poena punita. Ursin., Pass. II Leudegarii, c. 27, ib., V p. 350. Ad judicium Dei idoneus exivit. Synod. Franconof. a. 794, c. 9, *Capit.*, I p. 75. Liceat ei cum sacramento se idoneum facere. Capit. Ludov. Pii, p. 334, c. 6. Donec se ab illis que ei inpingebantur idoneum redderet. Conv. Suession. a. 853, c. 6, II p. 266 col. 1. Si quis reputatus fuerit mensuram adulterasse . . ., secundum suam legem se inde sacramento idoneum reddat. Edict. Pist. a. 864, c. 20, p. 318 l. 21. **2.** (d'un témoin) *idoine, digne de foi, irrécusable* — (of a witness) *worthy of belief, unchallengeable.* Si eum cum idoneis hominibus Fredegundis ab hac actione qua inpetitur inmunem fecerit, abscedat liber. Gregor. Turon., Hist. Fr., lib. 9 c. 13. Nec ulla . . . lex unius testimonio etiam idonei quempiam condempnet vel justificet. Paulin. Aquil. epist. (a. 794?), *Epp.*, IV p. 521. Unusquisque clamator . . . ad comitem suum se proclamet et inde idoneos homines habeat, qui hoc veraciter sciant quod proclamasset. Capit. Mantuan. (a. 781 ?), c. 2, I p. 190.



Jurent cum idoneis juratoribus hoc pro malo non fecisse. Capit. missor. Theodonisv. II a. 805, c. 11, p. 124. Si aliquis Judeus super christiano . . . aliquid interpellaverit . . ., 3 testes idonei cristiani illi sufficiant. Capit. missor. Aquisgr. II a. 809, c. 13, p. 152. Adhibeat sibi vel de suis pagensibus vel de aliis qui eadem lege vivant qua ipse vivit testes idoneos, vel, si illos habere non potuerit, tunc de aliis quales ibi meliores inveniri possint. Capit. legib. add. a. 818/819, c. 6, p. 282. Si . . . a septem usque ad tres idoneis testibus convincitur praevaricasse. Capit. Olonn. eccl. II a. 825, c. 5, p. 328. Cum 12 sacramentalibus, sex suis propinquis, se septimo, et quinque aliis idoneis. Guidonis capit. Pap. a. 891, c. 6, II p. 108. Testimonium perhibent huic rei viri idonei: . . . Erhard, *Reg. Westf.*, I pt. 2 no. 179 p. 138 (a. 1109). **3.** *capable d'ester en justice — qualified to appear in court.* Ingenuum te constituo, ea conditione servata, ut ingenuus in patrocinio mihi persistas et ut idoneus semper adhereas. F. Visigot., no. 3, *Form.*, p. 576. (Cf. Legem Visigot., lib. 6 tit. 1 § 5). **4.** loc. idonea aetas: majorité — majority. Cum ad etatem idoneam adulescentes venerint, tunc legitimo possint conubio copulari. Synod. Pap. a. 850, c. 22, *Capit.*, II p. 122. **5.** (d'une charte) *authentique* — (of a document) *authentic.* Si notarius superfuerit et testes, ipsi eam [chartam] veram et idoneam faciant. Capit. Pap. pro lege ten. a. 856, c. 6, p. 91. Cartae ostensor cum 12 sacramentalibus . . . ipsam cartam veram et idoneam efficiat. Guidonis Capit. Pap. legib. add. a. 891, c. 6, p. 108.

**igneum,** v. ineum.

**ignire: 1.** **enflammer, allumer — to set on fire, kindle.* **2.** **mettre au feu, chauffer, faire ardent — to put over the fire, to heat, to make aglow.*

**ignis: 1.** *feu, ménage — hearth, household.* De unoquoque igne illius villae . . . unum sextarium avenae habebit. DC.-F., IV p. 289 col. 2 (ch. a. 1138, Paris). **2.** *affouage — right to gather fuel.* In eodem nemore dedit monachis . . . ignem et materiam. Ch. Henr. I reg. Angl. a. 1126, *Gall. chr.*², XI instr. col. 235.

**ignitegium** (< ignis, tegere): *cloche du couvre-feu — curfew-bell.* Si clamor magnus succreverit in villa in tantum, quod ignitegium unacum campana banni pulsentur. Ch. pacis Valencen. a. 1114, *SS.*, XXI p. 607 col. 2 l. 44.

**ignitus** (adj.): **1.** *ardent, rougi au feu — red hot.* Ad novem vomeres ignitos judicio Dei examinandus accedat. Capit. legib. add. a. 803, c. 5, I p. 113. Cum ferro ignito se exoniet. Capit. de jud., c. 6, p. 259. Judicium igniti ferri. Vercauteren, *Actes de Flandre*, no. 79 (a. 1116). Ignitum judicium. Bertrand, *Cart. d'Angers*, II p. 11 no. 404 (a. 1082-1093). **2.** **enflammé, ardent, fervent — ardent, vehement, fervid.*

**ignobilitas:** *bassesse, caractère ignoble — meanness, base character.*

**ignobiliter:** **de manière ignoble — basely.*

**ignominiare:** *gêner, nuire à* qq'un *— to damage, hamper.* Nula guera Mediolanenses ignominavit [sic]. Landulf. Mediol. jun., c. 57, *SS.*, XX p. 45.

**ignominiose:** **honteusement — disgracefully.*

**ignoranter:** **à son insu, inconsciemment — not knowingly, unconsciously.*

**ignorantia:** **erreur, péché — error, sin.* Post ignorantiam paenitendo converti desideravit. Gregor. Turon., V. patrum, c. 10, prol., *SRM.*, I p. 705.

**ignotus:** **ignorant* de qqch. — *ignorant* of a thing.

**illassabilis:** **infatigable — unwearied.*

**illatio: 1.** **sacrifice, offrande — sacrifice, offering.* **2.** **taxe, impôt — tax, tribute.* **3.** **action d'infliger — infliction.*

**ille, illa, illud, 1.** (pron.) **un tel, une telle* (dans les formules) — *so-and-so* (in formulas). **2.** (art.) **le, la — the.*

**illecebrare:** **charmer, séduire, captiver — to allure, mislead, captivate.*

**illectare:** **attirer, séduire — to entice, allure.*

**illectivus:** *séduisant — alluring.* S. xiii.

**illegalis:** *mis hors la loi — outlawed.* Exheredes et inlegales sunt adjudicati. *D Ottos I.*, no. 331 (a. 966).

**illegitimus: 1.** *illégal — unlawful.* **2.** *illégitime, injuste — illegitimate, abusive.* **3.** (de la naissance) *illégitime* — (of birth) *illegitimate.*

**illaesio:** *intégrité — safety.* De immunitate atque illaesione euntium. Agathonis pap. (a. 678-681) epist., Migne, t. 87 col. 1165 C. Urbani . . . vitam deposcunt et pro urbis illesione supplicant. Richer., lib. 3 c. 5, ed. Latouche, II p. 12.

**illaesus:** **intact — untouched.*

**illibate:** **intégralement, sans rien perdre — with integrity, without any loss.* Gregor. M., lib. 8 epist. 32, *Epp.*, I p. 34.

**illibatus:** **pur, intègre, irréprochable — pure, untouched, immaculate.*

**illic** (pron. pers.): *lui, à celui-là* (sens du datif) — *to it* (sense of dative). Quae . . . in eodem sancto loco largita atque oblata sunt aut in postmodum illic concessa fuerint Lib. diurn., c. 86, ed. Sickel, p. 113.

**illicitatio:** **séduction, attrait — allurement, enticement.*

**illicite:** **d'une manière illicite — unallowedly.*

**illuc:** *là — there.*

**illudere, 1.** aliquid: **produire en faisant illusion — to produce by delusion.* **2.** aliquem: *tromper — to deceive.*

**illuminare: 1.** **allumer — to light.* Candelas . . . illuminant. Bernard. Morlan., Cons. Cluniac., lib. 1 c. 46, ed. Herrgott, p. 238. Focum illuminare. Guido, Disc. Farf., lib. 2 c. 21, Albers, I p. 161. **2.** **redonner la vue à* qq'un *— to heal from blindness.* Caeci illuminantur. Pass. Clementis pap., Mombritius ², I p. 344 l. 42. [Caecus] ipso die inluminari meruit. Ermentar., Mir. Filiberti, lib. 1 c. 25, ed. Poupardin, *Mon. de S.-Philibert*, p. 33. **3.** *enluminer — to illuminate* a manuscript. **4.** **éclairer par la lumière de la vérité religieuse, baptiser — to enlighten by the light of religious truth, to baptize.*

**illuminatio: 1.** *enluminure — miniature.* Martène, *Itin.*, II p. 149 (a. 1097). In illuminationibus capitalium litterarum . . . peritum. Cantat. s. Huberti, c. 8, ed. Hanquet, p. 24. **2.** **apparition, vision — appearance, vision.* **3.** **lumière de la vérité religieuse, inspiration, conversion — radiance of religious truth, inspiration, conversion.* **4.** **baptême — baptism*

**illuminator: 1.** *enlumineur — book-illuminator.* Praecipuus scriptor et librorum illuminator. Order. Vital., lib. 3 c. 5, ed. Le Prévost,

II p. 77. 2. **celui qui répand la lumière de la vérité religieuse — he who sheds the light of religious truth.*

**illusio:** 1. **moquerie, dérision — ridicule, mockery.* 2. **illusion, tromperie, mirage — delusion, trickery, deception.*

**illusor:** 1. **railleur, moqueur — jester, mocker.* 2. **trompeur, imposteur — trickster, impostor.*

**illusorius:** 1. **dérisoire — ridiculous.* 2. **trompeur, illusoire — deceptive, delusive.* Ne forte inlusoria esset visio. BEDA, Hist. eccl., lib. 5 c. 9.

**illustrare:** 1. *orner — to adorn.* Pulcris figuris [ciborium] illustravit. Chron. Salernit., c 97, ed. WESTERBERGH, p. 98. 2. **couvrir de gloire — to cover with glory.* 3. **éclairer par la lumière de la vérité religieuse — to enlighten by the light of religious truth.*

**illustratio:** 1. **gloire, faste — splendour, exalted position.* 2. **éclat, apparition — sheen of light, appearance.* 3. **illumination de l'âme, inspiration — enlightenment, inspiration.*

**illustrator:** **celui qui éclaire l'âme par la vérité religieuse — one who enlightens the soul.*

**illuvio:** **débordement, inondation — flood, inundation.*

**imaginaliter:** **en imagination — by imagination.*

**imaginare:** 1. *sceller — to seal.* Sigilli nostri inpressione jussimus imaginari. *D. Heinrichs II.*, no. 23 (a. 1002). 2. *simuler — to simulate.* Imaginavit ... ad impietatis similitudinem. PAUL. DIAC., Homil. de sanctis, homil. 38, MIGNE, t. 95 col. 1489 C.

**imaginarie:** **d'une manière imaginaire, fictive — pretendedly, in imagination.*

**imaginarius:** 1. **qui représente l'image de qqch., allégorique, symbolique — figurative, allegorical, symbolical.* 2. **relatif aux images, aux effigies — concerning images, pictures.* Ut corpus Domini in altari non imaginario ordine, sed sub crucis titulo componatur. Concil. Turon. II a. 567, c. 3, *Conc.*, I p. 123.

**imaginatio:** 1. *image, effigie — image, statue.* CASSIOD., Var., lib. 10 epist. 30, § 8, *Auct. ant.*, XII p. 318. 2. **réflexion dans un miroir — reflexion in a mirror.* 3. *apposition d'un sceau — sealing.* Charta ... sigilli nostri imaginatione firmata est. MIRAEUS, I p. 165 col. 2 (a. 1096, Cambrai). Similia ib., p. 81 (a. 1108, Cambrai). 4. **esquisse, aperçu — sketch, outline.* 5. **vue, apparence — view, appearance.* 6. **image, préfiguration, symbole — figure, likeness, prefiguration.* 7. *image, langage figuré — metaphor, figurative language.* CASSIOD., Psalm., MIGNE, t. 70 col. 119 D.

**imaginatus:** *orné de figures, d'images — adorned with figures or pictures.* Jubeo turriculum et imaginatum calicem fabricari. Test. auctius Remigii, PARDESSUS, I p. 86. Diptagos [i. e. diptycha] argenteos inmaginatos et deauratos. DE YEPEZ, *Coron. ord. s. Ben.*, V fol. 424 (ch. a. 892). Altare ... auro argentoque imaginatum. Descr. Trudon. a. 870 ap. RODULF., G. abb. Trudon., lib. 1 c. 3, *SS.*, X p. 230.

**imago:** 1. *sceau — seal.* Anulo imaginis nostrae jussimus insigniri. *D. Arnulfs*, no. 25 (a. 888). Nostrae imaginis anulo consignari praecepimus. Coll. Sangall., no. 2, *Form.*, p. 397. Imaginis impressione jussimus sigilari. *D. Ottos II.*, no. 213ª p. 885 (a. 980). Protulit epistolam regis imagine sigillatam. BRUNO MERSEB., Bell. Saxon., c. 13, ed. WATTENBACH, p. 8. Apposita sub imagine nostra hujus nostri decreti paginam confirmamus. MIRAEUS, III p. 35 col. 2 (ch. a. 1127, Cambrai). Paginam ... nostra imagine fecimus communire. MULLER-BOUMAN, *OB. Utrecht*, I no. 505 p. 451 (a. 1181). Scripto sigilli nostri ymagine roborato. WAMPACH, *UB. Luxemburg*, I no. 540 p. 759 (a. 1182-1190). 2. *effigie d'une monnaie — type of a coin.* 3. *étendard — standard.* Neapolitani cum magno obsequio cum signis et imaginibus eos suscipientes. Cod. Carolin., no. 82, *Epp.*, III p. 616 (cf. ib. no. 83 p. 618: cum banda et signa).

**imbaxiata, imbaxiator,** v. ambasc-.

**imbolare,** imbulare, v. involare.

**imboscamentum:** *embuscade — ambush.* S. xiv.

**imboscare** (< boscus), se: *se mettre en embuscade — to lie in ambush.* S. xiv.

**imboscata,** imbosca: *embuscade — ambush.* V. Attonis Pistor. († a. 1155), *AASS.*, Maji V p. 200.

**imbrigare** (< briga): 1. *engager — to mortgage.* Nec imbotavit, impegnavit [i. e. impignorabit] nec imbrigavit [i. e. imbrigabit]. VIGNATI *CD. Laudense*, p. 15 (a. 924). 2. *tenir en gage — to keep in mortgage.* Que tenentur vel imbrigantur aliquo modo ab aliqua persona. FICKER, *Forsch.*, IV no. 215 p. 266 (a. 1208, Mantua). 3. *impliquer, entraver, embarrasser — to entangle, impede.* S. xiii. 4. *intercepter, prendre au passage — to capture.* S. xiii.

**imbutum,** em- (< imbuere): *entonnoir — funnel.*

**imitari:** 1. *réaliser dans la pratique un modèle théorique — to actualize a theoretical model.* Cf. J. DE GHELLINCK, *Imitari, imitatio*, *ALMA.*, t. 15 (1940/1941), pp. 151-159. 2. (de choses inanimées) *ressembler — (of lifeless things) to resemble.*

**immaculatus:** **pur, exempt de péché, immaculé — pure, sinless, unstained.*

**immaniter:** **d'une façon féroce, cruelle, horrible — ferociously, cruelly, terribly.*

**immarcescibilis:** **incorruptible, impérissable — unfading, everlasting.*

**immatriculare:** *incorporer — to incorporate.* Immatriculans huic monasterio ecclesias de E. et de U. DC.-F., IV p. 300 col. 1 (ch. a. 1138, Lausanne).

**immeabilis:** **infranchissable — impassable.*

**immediate:** *immédiatement — immediately.* S. ix.

**immediatus:** **immédiat, direct, le plus proche — immediate, direct, next.*

**immensitas:** 1. **grandeur énorme — hugeness.* 2. **abondance — abundance.* 3. **éternité — eternity.*

**immensurabilis:** **qu'on ne peut mesurer, immense — immeasurable.*

**immensuratus:** **immense, excessif — immeasurable, excessive.*

**immerciare** (< angl. mercy): *punir d'une amende discrétionnaire — to punish by an amercement.* S. xii, Angl.

**imminentia,** 1. **menace — threat.* 2. *approche, imminence — approach, imminence.* Pro imminentia hiemalis temporis. GREGOR. M., lib. 7 epist. 6, *Epp.*, I p. 449.

**imminere,** 1. impers. imminet: **il faut, il est nécessaire, urgent — it must, it is necessary, pressing.* 2. alicui: **s'imposer à qq'un,*



*être à faire — to urge itself upon a person, to be a duty.* 3. aliquem: **attendre, être imminent — to await.*

**imministrare:** *desservir — to administer.*

**immissio:** 1. **action de laisser faire, de donner accès, admission — allowing to act, letting in, admission.* 2. *investiture, saisine — livery, seizin.* VON RICHTHOFEN, *Fries. Rechtsq.*, p. 40 (s. xiii in.). 3. **le fait de susciter, de machiner, instigation, action sournoise — bringing about, contriving, stirring up, plotting.* Ut se non subdant urbis [i. e. urbes] illae dicione [i. e. ditioni] meae, ejus hoc immissio facit. GREGOR. TURON., Hist. Fr., lib. 9 c. 32. Haec omnia mala per iniquas inmissiones Desiderii Langobardorum regis provenerunt. Lib. pontif., Steph. III, § 33, ed. DUCHESNE, I p. 480. A germano illius [sc. donatoris] et sobolis quibus pestiferis inmissionibus vel temptationibus ad rumpendum passa sit haec alodes, stilo dificile est depromere. BITTERAUF, *Trad. Freising*, I no. 60 p. 87 (a. 773). 4. **affliction, fléau — nuisance, affliction.* 5. *accusation subreptice — malicious incrimination.* Vigil. pap. (a. 537-555) const., MIGNE, t. 69 col. 150 BC. 6. *exaction, usurpation — extortion.* GREGOR. M., lib. 1 epist. 60, *Epp.*, I p. 83. Etiam lib. 8 epist. 17, II p. 19.

**immittere:** *mettre en possession de* qqch. — *to seize* a person of a thing. S. xiii, Germ.

**immixtio:** **mélange — mixture.*

**immobilitas:** 1. **immobilité — immobility.* 2. **immutabilité — unchangeableness.* 3. **impassibilité — sluggishness.*

**immoderanter:** **avec excès — excessively.*

**immoderantia:** **intempérance, immodération — intemperance, excess.*

**immolare:** **consacrer, offrir, dédier, faire donation de* qqch. — *to offer, dedicate, donate, bestow.*

**immolaticius:** **immolé en sacrifice — destined for immolation.*

**immorari,** alicui rei vel aliquid: *séjourner, demeurer dans, habiter — to sojourn, stay, dwell in* a place.

**immoratio:** **arrêt, délai — stop, delay.*

**immundare:** **souiller — to befoul.*

**immunditia:** **péché d'impureté, luxure — foulness, lust.*

**immundus:** 1. **impur moralement, entaché de péchés — morally unclean, sinful.* 2. **diabolique, néfaste — diabolical, evil.*

**immunire:** *douer du privilège d'immunité — to favour with an immunity privilege.* Ipsam ecclesiam omnino immunivit. DC.-F., IV p. 301 col. 2 (ch. a. 1114, Chartres).

**immunis,** inmunis, emunis: 1. *innocent, non complice — guiltless, not implicated.* Seipsum vult a talibus immunem ostendere. Capit. Pist. a. 862, c. 4, II p. 308 l. 41. 2. *doué du privilège d'immunité — enjoying immunity.* Locus ille emunis sit. *D. Heinrichs IV.*, no. 89 (a. 1062). 3. *à usage propre, sans droit d'usage de tiers — for private use, not subject to easement by others.* A patre suo sibi nemus inmune vel aliquam silviculam relictam habet propriam vel cum suis heredibus communem. F. Sangall., lib. 3 no. 10 (a. 871), *Form.*, p. 403. 4. *privé, dépouillé de qqch. — deprived of a thing.* Ne ecclesia nostra de toto inposterum alienetur et inmunis fiat ab eisdem bonis. SLOET, *OB. Gelre*, no. 716 p. 712 (a. 1250).

**immunitarius** (adj.): *du privilège d'immunité — of an immunity privilege.* Institutiones immunitarias de rebus ... in supradicto monasterio concessis nostra renovaremus auctoritate. D. Conradi reg. Burgund. a. 971, *Hist. de Fr.*, IX p. 702 D. Subst. mascul. **immunitarius:** *tributaire d'Eglise (sainteur) — ecclesiastical tributary.* In C. atque B. eos quos immunitarios dicunt cum redditione census quem annis singulis solvere noscuntur, id est mel et ceram. D. Ludov. Pii a. 833, G. Aldrici, ed. CHARLES-FROGER, p. 32.

**immunitas,** emunitas, munitas: 1. *le privilège d'immunité,* qui consiste d'abord dans l'exemption des charges publiques, puis dans l'interdiction de l'ingérence des agents royaux à l'intérieur du domaine immuniste — the *privilege of immunity,* which meant originally freedom from state impositions, and later a ban on interference of royal officers inside the immunitary area. Ecclesiae vel clericis nullam requirant agentes publici functionem, qui avi vel genetoris nostri immunitatem meruerunt. Chloth. I praec. (a. 511-561), c. 11, *Capit.*, I p. 19. Ecclesiarum res, sacerdotum et pauperum, qui se defensare non possunt, a judicibus publecis ... defensentur, salva emunitate praecidentium domnorum [i. e. regum], quod [i. e. quam] ecclesiae aut potentum [i. e. potentibus] vel cuicumque visi sunt indulsisse pro pace atque disciplina facienda. Chloth. II edict. a. 614, c. 14, p. 22. Sub omni emunitate monasterius sibimet omnes fretus concessus [i. e. fredos concessos] debeant possidere. MARCULF., lib. 1 no. 2, *Form.*, p. 42. Eadem verba: *D. Merov.*, no. 15 (a. 635). Sub integra emunitatis nomine valeant dominare. MARCULF., lib. 1 no. 3, p. 43. Eadem verba: *D. Merov.*, no. 31 (a. 673). Ipsa[m] villa[m] illa[m] antedictus vir ille ... in integra emunitate absque ullius introitus judicum de quaslibet causas freta exigendum [i. e. exigentium] perpetualiter habeat concessa. MARCULF., lib. 1 no. 14, *Form.*, p. 52. Sub emunitatis nomine absque introitus judicum memoratus C. abba ad parte predicti monasthiriae suae s. Dionisiae ... habiat concessa. *D. Merov.*, no. 51 (a. 688). Ut de restauratione ecclesiarum vel pontes faciendum aut stratas restaurandum omnino generaliter faciant ... et non anteponatur emunitas nec pro hac re ulla occasio proveniat. Pippini reg. Ital. capit. (a. 782-786), c. 4, I p. 192. De his qui per occasionem inmunitatis justitiam facere rennuunt. Capit. missor. a. 819, c. 9, p. 289. Volumus ut scubia [i. e. excubiae] publica, quod ad utilitatem regni nostri pertinet, praecepta inmunitatum inpedimentum non praestent, set adjutorium. Memor. Olonn. comit. dat. a. 822/823, c. 11, p. 319. Licentiam eos [sc. liberos homines qui res suas ecclesiis delegant nec hostem et reliquas publicas functiones faciunt] distringendi comitibus permittimus per ipsas res, nostra non resistente emunitate. Capit. Olonn. mund. a. 825, c. 2, p. 330. Cf. E. STENGEL, *Grundherrschaft und Immunität*, *ZSRG.*, Germ. Abt., t. 25 (1901), 26 (1905). M. KROELL, *L'immunité franque*, Paris 1910. E. STENGEL, *Die Immunität in Deutschland bis zur Mitte*

*des 11. Jhdts.*, Bd. I: Diplomatik der deutschen Immunitätsurkunden, Innsbruck 1910. H. Hirsch, *Die Klosterimmunität seit dem Investiturstreit*, 1913. G. Salvioli, *Storia delle immunità delle signorie e delle giustizie delle chiese in Italia*, Napoli 1917. L. Levillain, *Note sur l'immunité mérovingienne*, *RHDFE.*, 1927, pp. 38-67. **2.** l'immunité conçue comme un statut des personnes et des terres jouissant de la protection royale — immunity as a condition of persons and estates specially guarded by the king. Liceat servis Domini ibidem consistentibus sub nostra defensione et immunitatis tuitione perpetuo tempore quiete residere. D. Ludov. Pii a. 815, *Hist. de Fr.*, VI p. 480. Possessiones Dei consecratas atque ob honorem Dei sub regia immunitatis defensione constitutas. Concil. Mogunt. a. 847, c. 6, *Capit.*, II p. 177. De monasteriis quae Deum timentes in suis proprietatibus aedificaverunt et, ne ab heredibus eorum dividerentur, parentibus et praedecessoribus nostris sub immunitatis defensione tradiderunt. Capit. missor. Suession. a. 853, c. 2, p. 268. Dans le sens de la protection royale, l'immunité s'étend à toutes les églises sans exception, ainsi qu'aux ecclésiastiques — as a royal protection, immunity obtains with all the churches and the clergy. Ut omnes ecclesiae et presbyteri sub inmunitate ac privilegio ... permaneant. Capit. missor. Suession. a. 853, c. 4, II p. 268. Consideravimus de honore ecclesiarum et sacerdotum ac servorum Dei et immunitate rerum ecclesiasticarum, ut nullus sibi de ipsis rebus contra auctoritatem praesumat. Edict. Pist. a. 864, c. 1, p. 312. Ut eclesiae Dei per totius regni nostri fundatae terminos sub nostrae inmunitatis tuitione securae cum rebus et familiis permaneant. Capit. Papiae optimat. pron. a. 865, c. 2, p. 92. Archiepiscopi et episcopi et ceteri sacerdotes ac servi et ancillae Dei, quique vel quaeque in ordinis sui dignitate, honorem atque immunitatem secundum sacras leges et canones habeant. Capit. Pist. a. 869, c. 1. p. 333. L'immunité protectrice est accordée également à certaines catégories de laics et à leurs biens — protective immunity is being granted also to certain groups of laymen and their possessions. [Hispanos] complacuit mansuetudini nostrae sub immunitatis tuitione defensionisque munimine benigne suscipere ac retinere. Praec. pro Hisp. a. 844, *Capit.*, I p. 259 l. 5. Sicut et illae res ac facultates, de quibus vivunt clerici, ita et illae sub consecratione inmunitatis sunt, de quibus debent militare vasalli. Epist. syn. Caris. a. 858, c. 7, II p. 432 l. 30. Eorum qui nobiscum vadunt beneficia et villae sub immunitate maneant. Capit. Caris. a. 877, c. 20, p. 360. **3.** *le territoire qui jouit du privilège d'immunité, domaine immuniste — the area favoured with the immunity privilege, immunitary estate.* Ut latrones de infra inmunitatem illi judicis [i. e. judices] ad comitum placita praesentetur [i. e. praesentent]. Capit. Harist. a. 779, c. 9, I p. 48. Si quis in emunitatem damnum aliquid fecerit ... Si autem homo quodlibet crimen foris committens infra emunitatem fugerit. Capit. legib, add. a. 803, c. 2, p. 113. Si latro in emunitate fugerit, mandent hoc missi nostri domino ejusdem emunitatis ut eum foris ejiciat. Capit. de latr. (a. 804-813), c. 5, p. 181. Eo modo conponatur quod in atrio conmittitur, sicut conponi debet quod in inmunitate violata conmittitur. Capit. legib. add. a. 818/819, c. 1, p. 281. Qui pontes faciunt, aut de inmunitatibus aut de fiscis aut de liberis hominibus. Capit. de funct. publ. a. 820, c. 3, p. 294. Ecclesiis quae sunt in emunitate s. Martini et in parrochia vestra. Alcuin., epist. 298, *Epp.*, IV p. 457. Mancipia aliena, quae intra inmunitates fugiunt aut intra fiscum nostrum aut aliorum potestatem et a dominis suis insecuntur, ... reddantur. Alloc. missi Divion. a. 857, c. 4, *Capit.*, II p. 292. Si falsus monetarius ... in fiscum nostrum vel in quamcumque immunitatem aut alicujus potentis potestatem vel proprietatem confugerit. Edict. Pist. a. 864, c. 18, p. 317. Si fiscalinus noster ita infamis in fiscum nostrum confugerit vel colonus de immunitate in immunitatem confugerit. Capit. Caris. a. 873, c. 3, p. 344 l. 25. Villas aliasque res suae ecclesiae competentes ex castellis, monetis, mercatis ac immunitatibus ... adquisivit. Roserot, *Ch. Hte-Marne*, no. 19 p. 33 (a. 887, Chalon-s.-Saône). **4.** *diplôme accordant le privilège d'immunité — charter granting immunity.* Emunitate regia. Marculf., lib. 1 no. 3, inscr., *Form.*, p. 43. Ipsam emunitatem nobis protulit relegendam. *D. Merov.*, no. 55 (a. 683). Si quis legatarium regis ... hospicio suscipere contempserit, nisi emunitas regis hoc contradixerit. Lex Ribuar., tit. 65 § 3. Illa inmunitas, quae antea ad ipsam casam Dei facta fuit, sit igne concremata. *D. Arnulfing.*, no. 17 p. 104 (a. 743). Inspectas ipsas emunitates. *D. Karolin.*, I no. 125 (a. 779). Emunitatem nostram ei conscribere jussimus. Ib., no. 133 (a. 781) Detulit serenitati nostre emunitates ... regum predecessorum nostrorum. *D. Charles II le Chauve*, no. 33 (a. 844). A quo [imperatore] mox munitatem percepit. Ardo, V. Benedicti Anian. (ca. a. 850), c. 18, *SS.*, XV p. 207. **5.** *amende pour infraction de l'immunité — fine for breach of immunity.* De depraedationibus, quae ... defunctis episcopis a diversis hominibus factae sunt in rebus ecclesiasticis, ut qui eas fecerunt legaliter emendent cum emunitate nostra. Lotharii capit. missor. a. 832, c. 11, II p. 64. Noverit se poena dampnandum ad partem predictae ecclesiae emunitatem quam ceteris ecclesiis concessam habemus, hoc est triginta libras argenti. D. Ludov. II imp. a. 861, Meyer-Perret, *Bündner UB.*, I no. 70 p. 62. Sancimus ut nullus ... intra prefixos terminos aliquam molestiam vel invasionem amodo facere presumat. Quod quicumque facere presumpserit, duplicem immunitatem ecclesie persolvat. *D. Charles II le Chauve*, no. 40[illegible] (a. 876). Quod si quisquam fecerit [sc. res s. Petri depraedaverit], restitutis male praesumptis immunitatem ipsius ecclesiae [sc. Romanae] persolvat et bannum nostrum tripliciter componat. Karoli II capit. Pap. a. 876, c. 3, II p. 101. Bannum et inmunitatem ... componere cogatur. D. Ludov. II imp. a. 874, Ughelli[1], I col. 1334. **6.** *immunité claustrale*, l'inviolabilité d'un lieu saint qui est par sa nature soustrait à l'action de tout pouvoir séculier, en particulier celle du



terrain d'un monastère ou d'une maison de chanoines à l'intérieur de l'enceinte claustrale — *precinctal immunity*, the inviolability of a sacred place where no temporal authority may exert any action, especially of the enclosed area of a monastery or a house of canons. Emunitate et mansioni canonicorum descripsimus [i. e. dedimus] [quandam terram]. Boos, *Qu. Worms*, I no. 43 p. 34 (a. 1016). Illos extra emunitatem oratorii ... eiceret. *SS.*, XXX p. 1096 l. 41 (epist. a. 1068, Firenze). Curtes fratrum [i. e. canonicorum], in quibus ipsi habitant, ita sub firmissima consistant immunitate, ut si forte vel urbis prefectus vel tribunus vel alius aliquis edes vel curtem alicujus fratris, in quibus habitat, vel violenter irruperit vel aliquem ibi ceperit vel in aliquo leserit, secundum legem immunitatis episcopo 600 sol. cum episcopali banno triplici et ei qui lesus est triplici ipsius composicione emendet. *D. Heinrichs IV.*, no. 466 (a. 1101, Speyer), p. 631 l. 37. Familia ... ad placitum advocati debent convenire ... exceptis his qui sunt constituti in munitate. Ib., no. 473 (a. 1102). Infra emunitatem claustri vel atrii vel aecclesiae. D. Heinrici V imp. < a. 1109 >, spur. s. xii med., Waitz, *Urk. dt. Vfg.*, p. 23. Fundum curti nostrae conterminum ad immunitatem pertinentem. Lacomblet, *UB. Niederrh.*, I no. 275 p. 178 (a. 1112). Castrum et ejusdem castri ambitum ... immutavimus, ut exinde esset ... immunitas atque cimiterium, jacientes in eodem ecclesie fundamentum. Erhard, *Reg. Westfal.*, I, CD. no. 190 p. 149 (a. 1122). Domum, cujus tercia pars in emunitate claustri consistit. D. Heinr. V reg. a. 1109, Böhmer, *Acta*, no. 75, p. 70. Officialem familiam, quae infra munitatem cottidie servire debet ad usus fratrum. *D. Lothars III.*, no. 86 (a. 1136). Cf. K. Hofmann, *Die engere Immunität in den deutschen Bischofsstädten des Mittelalters*, Paderborn 1914 (Görres-Ges., Heft 20).

**immuniter,** emuniter: *au titre privilégié de l'immunité — in the condition determined by the immunity privilege.* Ipsum [servum] omnibus diebus vitae tuae emuniter debeatis possedere. Marculf., lib. 2 no. 36, *Form.*, p. 97.

**immunitio** (< immunis): *privilège d'immunité — immunity privilege.* Usat. Barchin., c. 133 (a. 1163), ed. D'Abadal-Valls Taberner, p. 61.

**ymnus** et derivata = hymnus.

**impalpabilis:** **impalpable — untouchable.*

**impar** (cf. voc. par): *qui n'est pas de la même catégorie de dépendants — who does not belong to the same class of dependents.* Pro maritandi licentia, si in paribus fit conjunctio, nichil detur; et si in imparibus, licentia ab abbate pro velle ejus requiratur. Piot, *Cart. de S.-Trond*, no. 21, I p. 28 (a. 1095).

**imparare** et derivata, v. ampar-.

**imparitas:** **inégalité — inequality.*

**impartibilis,** imper-, -tilis: **indivisible — indivisible.*

**impassibilis:** **impassible, qui est sans passions — impassive, subject to no feelings.*

**impassibilitas:** **impassibilité, état de celui qui est sans passions — impassibility, state of him who is not subject to passions.*

**impatiens:** **qui désire impatiemment — desiring impatiently.*

**impatienter:** **1.** **impatiemment, ne voulant pas attendre — impatiently, with undue haste.* **2.** **sans résignation, en s'opposant — reluctantly, with dislike.*

**impatientia:** **désir impatient — eagerness.*

**impeccantia:** **impeccabilité, état de celui qui est sans péché — freedom from sin.*

**impeciare:** *diviser* un texte *en "peciae"* pour les besoins du recopiement — *to divide* a text *into "peciae"* for copying purposes. S. xiv, Ital.

**impectorare** (< pectus): *apprendre par cœur — to learn by heart.* Inpectoratum retines [verbum Dei]. V. Caesarii Arelat. (s. vi ex.), lib. 1 c. 61, *SRM.*, III p. 482.

**impediens** (subst.): *défendeur — defendant.* S. xiii, Angl.

**impeditor:** *défendeur — defendant.* S. xiii, Angl.

**impendere:** **1.** **distribuer, procurer, accorder, faire donation de* qqch., *donner en offrande — to distribute, procure, assign, grant, donate.* **2.** *mettre à la charge* de qq'un, *imposer, donner pour tâche — to impose, set a task, to command.* **3.** refl. se impendere: **s'adonner, faire un effort, se mettre en peine — to devote, exert oneself, to strive.*

**impaenitens,** -poe-: **qui ne se repent pas — unrepentant.*

**impaenitentia:** **persistance dans le péché — obstinate sinfulness.*

**impensa** (< impendere): **1.** **matériau, ingrédient, matière première — raw material, ingredient, needments.* Tradidit ei copiosam auri inpensam. V. Eligii, lib. 1 c. 5, *SRM.*, IV p. 672. **2.** *fourniture — procurement.* Quarto anno archidiacono infra parroechiam illam synodalia jura exercenti consueta amministretur impensa. Gysseling-Koch, *Dipl. Belg.*, no. 143 (a. 1096, Tournai).

**impensio:** **1.** **dépense, emploi, sacrifice — spending, expenditure, surrender.* Ordinum gradus ... munerum impensione conquirat. Concil. Tolet. VI a. 638, c. 4, Mansi, t. 10 col. 664. **2.** *impôt — tax.* Libertos nostros in valle A. ... ad memorata[m] ecclesia[m] heredem meam ut aspiciant et inpensionem faciant volo. Pardessus, II no. 559 p. 372 (a. 739, Novalese). Cum omnibus redditibus et exhibitionibus, impensionibus et functionibus. *D. Heinrichs II.*, no. 336 (a. 1015). Omnes impensiones advocationis meae, quas in supradicta accipiebam villa. Ch. a. 1067, Ponthieu, ap. Hariulf., Chron., lib. 4 c. 22, ed. Lot, p. 236. **3.** *donation — donation.*

**imperare:** **1.** *régner en empereur — to reign as an emperor.* Imperante Arguasto. Concil. Roman. a. 743, *Conc.*, II p. 30. Imperante Arnulfo. Widukind., lib. 1 c. 19. Gloriosi Othonis tunc temporis imperantis. Mir. Liutwini, c. 9 (paulo ante a. 1095), *SS.*, XV p. 1264. **2.** *exercer un droit de libre disposition — to exercise a right of free disposal.* Volo ut in ipso monasterio vel ejus res nulla [persona] licentia[m] habeat inperandi. Schiaparelli, *CD. Longob.*, II no. 145 p. 54 (a. 760, Pescia).

**imperatio:** *libre disposition — free disposal.* De rebus meis ... nulla[m] posset avere [i. e. habere] vel inperatione[m] facere. Schiapa-

RELLI, CD. Longob., I no. 96 p. 279 (a. 748, Pistoia). In tua . . . sit potestate ividem ordinatione[m] et inperatione[m] faciendo [i. e. faciendi] . . . qualiter Deo et vobis recte et melius apparuerit. Ib., II no. 170 p. 127 (a. 763, Lucca). Per 30 annos parentes ejus et ipse volumtate[m] et inperationem fecisset de presbiteris suprascripte Dei ecclesie. MANARESI, Placiti, no. 20 p. 66 (a. 807, Lucca).

**imperatissa:** impératrice — empress. Ann. Guelferb., a. 799, SS., I p. 45.

**imperative:** *en guise d'ordre — commandingly.

**imperatrix:** *impératrice — empress.

**imperatura:** dignité impériale — emperorship. Philippum in imperaturam Romani solii elegimus. Innoc. III pap. registr., no. 14, ed. W. HOLTZMANN, p. 25.

**imperceptibilis:** imperceptible — imperceptible. S. xiii.

**imperfectio:** *imperfection, état imparfait — incompleteness, unfinished state.

**imperialis** (adj.): *impérial — imperial. Subst. mascul. **imperialis**: une monnaie d'or — a gold coin. S. xii ex., Ital. Subst. neutr. **imperiale:** tissu en soie bleue — a blue silk fabric. S. xiii. Subst. neutr. plural. **imperialia:** les insignes de la dignité impériale — the imperial insignia. S. xiii.

**imperialitas:** autorité d'empereur — imperial authority. Imperialitatis nostrae sanctione precipientes jubemus. D. Arnulfs, no. 174 (a. 899).

**imperialiter:** comme empereur — as an emperor. Cod. Justin., 6, 51, 1, 14[a]. Hardecnut recepto regno . . . divitiis ampliando regnum imperialiter optinuit. Encom. Emmae, argum., ed. CAMPBELL, p. 8. Imperialiter interdicimus. D. Heinrichs III., no. 203 (a. 1047).

**imperium:** **1.** règne d'un roi — a king's reign. In anno secundo sub imperio Dagoberti regis. Inventio Memmii Catalaun. (s. vii ex.), c. 1, SRM., V p. 365. Sub cujus [sc. Dagoberti] dominationis imperio . . . militabat. V. Audoini (s. ix in.), c. 2, ib., p. 555. **2.** règne d'un maire du palais — reign of a majordomo. Cumque Carli [Martelli] ducis gloriosi temporale finitum esset regnum, et filiorum ejus Carlomanni et Pippini roboratum est imperium. WILLIBALD., V. Bonifatii, c. 7, ed. LEVISON, p. 40. **3.** royaume — kingdom. Anglorum imperii sceptra gubernanti Aethilbaldo regi. Bonif. et Lulli epist. 73, Epp., III p. 340. **4.** principauté territoriale — principality. Convenientes imperii nostri [sc. Guillelmi ducis Normannorum] excellentissimi pontifices. Gall. chr.[2], XI instr. col. 59 (a. 1066).

**impermutabilis:** *immuable — unchangeable.

**imperscrutabilis:** *insondable — unfathomable.

**impersonatus** (adj.): exempt de l'autorité d'une "persona" — not subject to control by a "persona". [Quaedam altaria] libera et impersonata, salvis nimirum nostris ministrorumque nostrorum debitis, perpetuo jure possidenda concedimus. MIRAEUS, II p. 969 col. 1 (ch. a. 1147, Cambrai).

**imperspicabilis:** *inscrutable — not to be seen through.

**impertibilis,** impertilis, v. impartibilis.

**impertinens:** non pertinent — irrelevant. S. xiii.

**impertitio:** *action de faire part de qqch., d'accorder — giving, conferring.

**imperturbabilis:** *qu'on ne peut troubler — which cannot be disturbed.

**imperturbatio:** *impassibilité — undisturbed state of mind.

**impetens** (subst.): demandeur — plaintiff. Contra probationem impetentis per solam manum suam se deculpabit. Priv. Ludov. VII reg. Fr. pro Lorriac. a. 1155, c. 32, ed. PROU, RHDFE., t. 8 (1884), p. 451.

**impetere:** **1.** *attaquer, s'en prendre à qq'un — to go at someone, to call to account. **2.** *accuser, inculper — to impeach, to bring a charge against someone. [Guntchramnus] de morte Theodoberthi inpetebatur. GREGOR. TURON., Hist. Fr., lib. 5 c. 4. Iterum ib., c. 14. **3.** aliquid: exiger, réclamer, revendiquer — to claim, demand, require. [Nullus] aliquas impetat exactiones, id est neque bannum neque districtum. D. Lothaire, no. 68 (spur. s. xi ex., S.-Père de Chartres). Episcopum juste possidere illa que comes impetit. MULLER-BOUMAN, OB. Utrecht, I no. 528 p. 468 (a. 1187/1188).

**impetitio:** **1.** attaque, agression — attack, assault. **2.** action de droit — impeachment, claim. MULLER-BOUMAN, OB. Utrecht, I no. 422 p. 380 (a. 1157-1164).

**impetitor:** **1.** *celui qui attaque — assailant. Contra impetitores. Sacram. Leonin., ed. FELTOE, p. 27. **2.** demandeur — plaintiff.

**impetitus** (subst.): accusé — culprit. Impetitorum vita discuteretur. [MOX: vitas accusatorum discutiendas.] CASSIOD., Hist. trip., lib. 5 c. 34, CSEL., t. 71 p. 268.

**impetus:** la justice criminelle des violations de domicile — jurisdiction in the matter of disturbance of domestic peace. In his locis et vicis possidet ecclesia bannum et justitiam, impetum et burinam, ictum et sanguinem. MIRAEUS, I p. 93 col. 2 (a. 1131, Liège). Eadem verba repetita: D. Heinrichs I., no. 43 (< a. 932 ., spur. s. xii). Habet ecclesia bannum et justitiam, impetum et burinam, ictum et sanguinem et letum. ROUSSEAU, Actes de Namur, no. 9 (a. 1154).

**impiare:** *profaner — to treat impiously.

**impiatio:** profanation — impious treatment. Mir. Germani Autissiod., AASS., Jul. VII p. 267 col. 1.

**impietas:** **1.** *péché — sin. **2.** hérésie — heresy. **3.** *incroyance — disbelief.

**impignorare:** engager, hypothéquer — to mortgage, pledge. Nobis prestitisti solidos 5; pro ipso precio inpinnoravimus vinea[m] una[m]. BERNARD-BRUEL, Ch. de Cluny, I no. 22 (a. 878). Impignoravimus nos vobis vinea[m] in locum caucione [i. e. in loco cautionis] . . ad annos 5 pro solidos 4. Ib., no. 679 (a. 946). Nulli liceat feudum vendere vel impignorare vel quoquomodo alienare. Frid. I reg. const. Roncal. a. 1154, Const., I no. 148.

**impingere,** **1.** aliquid alicui: *jeter sur qq'un, reprocher, imputer — to impute, lay to a person's charge. CASSIOD., Acta synod., Auct. ant., XII p. 426. GREGOR. M., Moral., lib. 13 c. 2 § 2. **2.** intrans., in aliquam rem: *donner dans, tomber sur qqch., s'échouer — to stumble upon, fall upon, be driven against. **3.** absol.: trébucher — to stumble. GREGOR. M., Ezech., MIGNE, t. 76 col. 95 A. PAUL. AQUIL., carm. 3 str. 12, Poet. lat., I p. 134.

**impinguare:** **1.** *engraisser — to fatten. **2.** *enrichir — to enrich. **3.** *oindre, graisser — to oil, anoint.

**implanare:** *faire dévier de la voie droite, induire en erreur, séduire — to lead astray, deceive, mislead.



**implementum** (< implere): récolte, stock — emblements, stock. S. xii, Angl.

**implere:** **1.** *parachever, traiter complètement — to achieve, treat fully. **2.** acquitter, régler — to pay off. Tributa Francorum regibus . . . impleverat. FREDEG., lib. 4 c. 33, SRM., II p. 133. **3.** *accomplir une prophétie, réaliser — to fulfill a prophecy, to make true.

**impletio:** **1.** *action de remplir, de combler — filling. **2.** *action d'accomplir, de réaliser — act of fulfilling, actualizing.

**implex:** voile — veil. Invent. suppell. Prum. a. 1003, HONTHEIM, I p. 350 col. 1.

**implicamentum:** *embarras, besogne — entanglement.

**implicare:** **1.** réduire, impliquer, compromettre — to reduce, entangle, involve. Si quis ingenuus ancillam alienam in conjugium acceperit, ipse cum ea in servitio inplicetur. Lex Sal. emend., tit. 14 § 11. **2.** (> frg. employer) dépenser, employer, appliquer — to spend, use, apply. **3.** impliquer, entraîner — to imply, entail. S. xiii.

**imploratus** (decl. iv): imploration — imploration. Juxta petitoris imploratum. Zachariae pap. epist. (a. 747), Epp., III p. 484.

**impluvium:** pluie — rain. Cartis per impluvium perfusis. EKKEH., Cas. s. Galli, c. 10, SS., II p. 131 l. 19. [Intemperies] tanto et tam horribili inpluvio . . . totam terram . . . turbavit. SUGER., V. Ludov. Gr., c. 4, ed. WAQUET, p. 22.

**imponere:** **1.** entonner — to intone. In oraturio psalmum aut antefanam [i. e. antiphonam] non imponat. Benedicti regula, c. 24 § 8. Post abbatem praepositi . . . imponant antiphonas. Regula Magistri, c. 46, MIGNE, t. 88 col. 1008. Antephonam dignaretur inponere. GREGOR. TUR., V. patrum, c. 4 § 4, SRM., I p. 676. Mox imposito psalmo. V. I Austrebertae, c. 3, MABILLON, Acta, III pt. 1 p. 32. **2.** imputer, faire grief de qqch. — to impute, lay to a person's charge. Si quis liber liberum [v. l. libero] crimen aliquod, quod mortale est, inposuerit. Lex Alamann., tit. 43. De istis criminibus falsis, quibus [i. e. que] super me inposuerunt Romani . . ., scientiam non habeo. Lib. pontif., Leo III, § 22, ed. DUCHESNE, II p. 7. Crimina si super eum imponere voluerit, probare cogatur. Ludov. II capit. Pap. a. 855, c. 1, II p. 89. Cuicumque violatio pacis imposita fuerit. Pax Dei (s. xi ex.), c. 5, Const., I no. 426. Wormatienses quosdam infra urbem obtruncant, imponentes eis imperatorem factione eorum gravem et adversum eis effectum. Ann. Patherbr., a. 1124, ed. SCHEFFER-BOICHORST, p. 144. Si quis cuiquam imposuerit quod incendiarium receperit. Frid. I const. de incend. a. 1186, c. 5, Const., I no. 318.

**importabilis:** **1.** *qu'on ne peut porter — unbearable. **2.** *insupportable — unendurable.

**importabiliter:** d'une manière insupportable — unendurably. Omnia contra eos facientes importabiliter. CASSIOD., Hist. trip., lib. 7 c. 29, CSEL., t. 71 p. 429. Attila . . . ad Italiam importabiliter pergit. VICTOR TON., Chron., Auct. ant., XI p. 185.

**importunare:** importuner, inquiéter — to importune, trouble. S. xiii.

**importunitas:** instance, sollicitation pressante — insistence, urgency.

**importunium:** importunité, oppression — obtrusion, pressure. Quicunque . . . potentum importunia non sustinens suae gremium matris ecclesiae petierit. Concil. Matiscon. II a. 585, c. 8, Conc., I p. 168.

**imposita,** imposta: impôt — tax. Mihi solvisti pro inposta Senensium consulum. FICKER, Forsch., IV no. 245 p. 293 (a. 1210, Siena).

**impositio,** **1.** manus, manuum impositio: *imposition des mains (dans la liturgie) — laying of hands on (as a liturgical act). Cum Hessorum jam multi, catholica fide subditi ac septiformis spiritus gratia confirmati, manus inpositionem acciperunt. WILLIBALD., V. Bonifatii, c. 6, ed. LEVISON, p. 30. Per solam manus inpositionem tradantur eis omnia dona spiritalia. Conv. ap. ripas Danub. a. 796, Conc., II p. 176. **2.** levée d'impôts — exaction of tribute. JULIAN., Epit. novell. Justin., const. 124 § 8, ed. HAENEL, p. 174. **3.** redevance — due. Nulla impositio propter ordinationem ecclesie quesierit. GIULINI, Memor. di Milano, I p. 465 (a. 871). **4.** imputation, grief — accusation, charge. S. xiii.

**impossibilis:** *incapable, impuissant — powerless.

**impossibilitas:** *incapacité — inability.

**impostor:** *imposteur, trompeur — deceiver, impostor.

**impostura:** *imposture, tromperie — deceit, imposture.

**imposturare:** falsifier, altérer de manière subreptice — to falsify, sophisticate. Quidam ipsas scripturas verbis inlicitis imposturaverunt. HINCMAR. REM., opusc. 33, c. 18, SIRMOND, II p. 449. Ne antiquae religionis nobilitas aliqua adinventionis novitate inposturetur. Epist. paulo ante a. 1051, ap. G. pontif. Camerac., lib. 3 c. 28, SS., VII p. 476 l. 48.

**impostus** (decl. iv): imposture, tromperie — deceit, imposture.

**impotens:** sans ressources, incapable de se défendre — helpless, unable to hold his own. De viduis et orfanis et pauperibus vel omnibus inpotentibus. Capit. cum episc. Langob. delib. (a. 780-786), c. 7, I p. 189. Si alicujus pauperis aut inpotentis personae causa fuerit. Capit. de just. fac. (ca. a. 820), c. 1, p. 295.

**imprecamen:** malédiction — execration.

**imprecari:** *prier, invoquer Dieu — to invoke, pray to God.

**imprecatio:** *prière, invocation, bénédiction — prayer, invocation, bless.

**imprecatorius:** de malédiction — invoking curses. S. xiii.

**impraegnare:** *féconder, imprégner — to fertilize, impregnate.

**impressio:** **1.** effigie d'une monnaie — type of a coin. **2.** sceau — seal. Lex Visigot., lib. 2 tit. 1 § 5. **3.** oppression — oppression. Questus est de injuriis et impressionibus, quas G. . . . sibi faciebat. LOBINEAU, Bretagne, I col. 456 (a. 1081, Angers).

**impraetermisse:** *sans interruption — uninterruptedly.

**impretiabilis:** inestimable — priceless. CASSIOD., Var., pluries.

**imprimere:** **1.** sceller — to seal. Sigillo domini A. Leodiensis episcopi imprimi impetravimus. MIRAEUS, I p. 682 col. 2 (a. 1126). **2.** *insister

*sur* qqch., *inculquer, imposer — to push through, imprint, enforce.* **3.** *opprimer, réduire en servitude — to oppress, enslave.* Liberti . . . a sacerdotibus defensentur . . . Quodsi quis . . . eos inpremere voluerit aut ad puplicum revocare . . . Concil. Paris. a. 614, c. 7, *Conc.*, I p. 187.

**imprisa,** in-, em-; -pre-; -za, -sia, -zia (< in-prehendere): *entreprise, attaque, emprise — act of violence, attack, encroachment.* S. xii.

**imprisus,** imprisius (< in-prehendere): *sectateur, allié — adherent, partisan.* Nos habemus eum pro homine et pro imprisio nostro de omnibus possessionibus de quibus saisitus erat die [tali]. *Actes Phil.-Aug.*, II p. 361 (a. 1204).

**improbabilis:** **qui ne peut être prouvé, incertain improbable — that cannot be proved, uncertain, improbable.*

**improbare,** aliquem: *critiquer, blâmer, condamner — to censure, blame, condemn.*

**improperare, 1.** intrans., alicui: **faire des reproches à* qq'un, *insulter, outrager — to reproach, insult, outrage.* **2.** transit., alicui aliquid: **reprocher — to impute.* Dolorem lateris, quem ab inpulsu superbiae ejus clerici incurrerat, clementer inproperat. GREGOR. TUR., V. patrum, lib. 6 c. 3, *SRM.*, I p. 682 l. 30. Quod solus a consortio omnium inani fide aberraret, verbis multiplicibus improperarent. RIMBERT., V. Anskarii, c. 19, ed. WAITZ, p. 40.

**improperium: 1.** **reproche, injure, affront — reproach, abuse, outrage.* **2.** *déshonneur, tache d'ignominie — shame, disgrace.*

**improvidentia:** **inconsidération — rashness.*

**improvise:** **à l'improviste — suddenly.*

**impudoratus:** **éhonté, impudent — shameless.*

**impugnantia:** *attaque — attack.* S. xiii.

**impugnare:** *battre, défaire — to beat, defeat.* Hostiliter advenit yemis tempore, Saracenos temptans impugnare; nihilque proficiens . . . ERCHEMPERT., Hist. Langob. Benev., c. 66, *Scr. rer. Langob.*, p. 260.

**impugnatio: 1.** **invective, accusation — upbraiding, impeachment.* Adversus omnem quae ex invidia nascitur inpugnationem. ENNOD., lib. 6 epist. 3, *CSEL.*, t. 6 p. 151. **2.** *perturbation, atteinte — disturbance, quarrel.* Absque ullius inpugnatione liceat familiam Dei quieto ordine residere. *D. Merov.*, no. 29 (a. 667).

**impugnator:** **adversaire, celui qui porte atteinte à* qqch. *— opponent, assailant.*

**impugnatorius:** *de siège — for a siege.* Machinas impugnatorias instrui precepit. SUGER., V. Ludov. Gr., c. 4, ed. WAQUET, p. 22.

**impulsare: 1.** **exciter — to arouse, impel.* **2.** *attaquer — to attack.* Daemonibus saepius impulsatus est, sed victor in certamine perstitit. GREGOR. TUR., V. patrum, c. 16 § 3, *SRM.*, I p. 726. **3.** *actionner, incriminer — to sue, impeach.* Inpulsatus deinceps a J. ut removeretur [ab episcopatu]. Id., Hist. Fr., lib. 6 c. 7. Si quis te de statu ingenuitatis tuae inpulsare voluerit. MARCULF., lib. 2 no. 52, *Form.*, p. 106.

**impulsatio:** *action de droit — prosecution.* S. xiii.

**impulsio:** *réclamation — pretension.* Absque . . . ullius hominis impulsione . . . possideat. *D. Charles III le Simple*, no. 64 (a. 910-911). Absque alicujus contradictione et inpulsione . . . roboramus. *D. Ugo*, no. 21 (a. 929), p. 64 l. 20.

**impulsus** (decl. iv): *réclamation — pretension.* Possideat absque alicujus inquietudinis impulsu. *D. Charles II le Chauve*, no. 427 (a. 877).

**imputare: 1.** **compter parmi, mettre au nombre* de telle catégorie *— to number along* with, *reckon among* a definite category. **2.** **attribuer à* qq'un *le mérite de* qqch. *— to ascribe* a result to a person, *to give credit* to a person *for* a thing.

**imputatio:** **imputation, accusation, reproche — charge, accusation, reproach.*

**imputribilis:** **imputrescible, incorruptible — incapable of decay.*

**imus** (sine sensu superlativo): **1.** *profond — deep.* **2.** *haut — high.*

**inaccessibilis:** **inaccessible, qu'on ne peut atteindre — impassable, unattainable.*

**inacte:** *sans avoir rien fait — without having attained one's end.* Wirciburgenses . . . obsedit, sed . . . inacte regreditur. EKKEH. URAUG., a. 1077, *SS.*, VI p. 203. Ibi pluries.

**inactus:** *qui n'a obtenu aucun succès — not having attained one's end.* Recesserunt inacti. JOH. IPER., Chron. Sith., *Hist. de Fr.*, IX p. 72 D.

**inadibilis:** **inaccessible — unapproachable.*

**inadvertens:** **inattentif — distracted.*

**inadvertenter:** *par distraction — inattentively.*

**inadvertentia:** *inadvertence — inadvertency.* S. xiv.

**inaffectio:** **manque d'affection — want of love.*

**inalbare.** Refl. se inalbare: *mettre l'aube — to put on the alb.* GUIDO, Disc. Farf., lib. 1 c. 17, ALBERS, I p. 13.

**inalienare:** *aliéner — to alienate.* Non habeat potestatem vel licentiam inalienare eundem locum. Bened. VI pap. priv. a. 972, *Hist. de Fr.*, IX p. 241 D.

**inalpare:** *mener paître dans les alpages — to feed on mountain meadows.* S. xiii, Ital.

**inaltare:** **exhausser, élever, relever — to raise, heighten, lift.*

**inalterabilis:** *inaltérable — unchangeable.*

**inambulatorius:** (d'une route) *impraticable — impassable.* LEO NEAPOL., V. Alex. M., ed. PFISTER, p. 3.

**inamorari:** *tomber amoureux — to fall in love.* S. xiii.

**inanimatus:** **inanimé, sans vie — lifeless.*

**inanire, 1.** aliquid: **épuiser, anéantir, rendre ineffectif — to make vain, useless, to exhaust, frustrate.* **2.** aliquem: *contrarier, faire échouer — to thwart, check.*

**inante** (adv.): **1.** *en avant — forward.* Relicum vulgus inante . . progressum est. GREGOR. TURON., Hist. Fr., lib. 7 c. 35. **2.** *au devant — at the front.* [Ecclesia] inante absidam rotundam habens. Ib., lib. 2 c. 16. **3.** **d'avance — beforehand.* **4.** **à l'avenir — in the future.*

**inantea: 1.** *en avant — forward.* Exercitus ab urbe P. remotus inantea post proficiscitur. GREGOR. TUR., Hist. Fr., lib. 7 c. 28. Inantea perambulate! Chron. Salernit., c. 12, ed. WESTERBERGH, p. 19. Extendebat fines inantea. *CD. Cajet.*, I p. 166 (a. 992). **2.** *auparavant — previously.* Ante hos tres annos . . . seu inantea. GREGOR. M., lib. 1 epist. 14[a], *Epp.*, I p. 15. **3.** *dorénavant, désormais — henceforward.* Habeat sibi inantea absque portione fratrum. Edict. Rothari, c. 167. Victoriam . . . tribui et inantea tribuam. Cod. Carolin., no. 10, *Epp.*, III p. 503. Inantea magnam



habeto fiduciam. Ib., no. 53, p. 575. Inantea taciti et confusi maneamus. *CD. Cavens.*, I p. 25 (a. 843). Quod amodo inantea parare potuero. BELTRAMI, *Doc. Longob.*, p. 5 (a. 965). **4.** *bientôt — soon.* Statim illi daemones vires perdiderunt et duo in terra ceciderunt; et inde alii duo inantea similiter fecerunt. Vis. Baronti, c. 7, *SRM.*, V p. 383. **5.** *plus tard, à l'avenir — later, in the future.* Quod . . . non credit esse factum, . . . bene vidit inantea comprobatum. V. Menelei, lib. 2 c. 9, ib., p. 153. Secundum quod inantea plenius enarrabimus. Chron. Salernit., prol., p. 1.

**inantestare** (< 2. antestare): *garantir — to warrant.* S: . . . ego . . . ab unoquaemque homine . . . inantestare minime potuero. SCHIAPARELLI, *CD. Longob.*, II no. 146 p. 56 (a. 760, Sovana). *CD. Cavens.*, I p. 3 (a. 798).

**inaquosus:** **aride — parched.*

**inargellare** (< argilis): *endiguer — to embank.* S. xiii, Ital.

**inargentare:** *vendre — to sell.* Omnem annonam, quae . . . reposita servatur, inargentabis. HERBORD., V. Ottonis Babenb., lib. 1 c. 36, ed. PERTZ in us. sch., p. 33.

**inarmare:** *munir de ferrures — to mount with ironwork.* S. xiii.

**inarrhare,** aliquem: *étrenner — to pay earnest-money to* a person. S. xiii.

**inartificiosus:** *non qualifié — unskilful.* S. xiii.

**inauctorabilis:** *qu'on ne peut autoriser, inadmissible — not to be authorised, inadmissible.* Si quid forte distortum et inauctorabile apparere poterat. ROSEROT, *Ch. Hte-Marne*, no. 8 p. 18 (a. 904, Langres).

**inaugurare: 1.** **fonder, établir, ériger — to set up, found, establish.* **2.** **inaugurer, consacrer — to inaugurate, consecrate.*

**inbannire,** inbannare (< bannus): **1.** *convoquer en vertu du pouvoir public — to summon by virtue of public authority.* Nullus . . . homines . . . distringere . . . vel inbannire . . . audeat. *D. Ottos III.*, no. 192 (a. 996). Abbas vel nuntius suus placitum inbanniens. BEYER, *UB. Mittelrh.*, I no. 244 p. 300 (< a. 973 >, spur.) **2.** aliquid: *saisir, séquestrer — to seize, sequester.* Res episcopii Laudunensis ecclesiae mihi commissae, immo quicquid habebam in isto regno . . . esse inbannata. HINCMAR. LAUDUN., Schedula, MIGNE, t. 124 col. 1025. Rex . . . conrodia [gîte — procurement] in ecclesia s. Vedasti extrui mandavit, sed [episcopus] negavit. Quamobrem rex . . . bona nostra de A. inbannivit. GUIMANN., Cart. s. Vedasti, ed. VAN DRIVAL, p. 47. **3.** aliquem: *mettre hors la loi, bannir — to outlaw, banish.* Si aliquis inbannitus fuerit in villa pro aliquo delicto . . . ROUSSEAU, *Actes de Namur*, p. 90 (a. 1047-1064). De mansuariorum, si usque dum inbanniantur rebelles sint, injustitiis. BORMANS-SCHOOLMEESTERS, *Cart. de Liège*, I no. 32 (a. 1116). Quodsi pro eadem culpa imbannitus fuerit. WAITZ, *Urk. dt. Vfg.*, no. 12 (a. 1115-1123, S.-Dié). Prius ipsum ordine judiciario evocatum tandem juste inbannivimus. MULLER-BOUMAN, *OB. Utrecht*, I no. 462 p. 413 (a. 1169). Per tres annos imbannitus villam relinquet. Ch. commun. Tornac. a. 1188, c. 15, *Actes Phil.-Aug.*, no. 224, I p. 271. **4.** aliquid: *mettre sous le ban, interdire la lésion d'un objet ou la violation d'un lieu — to put under ban, to prohibit any injury to* a thing *or any infraction of* a place. [Terminos] in suo legitimo placito seculari banno, sicut fieri solet, inbannavit. *Wirttemberg. UB.*, I no. 284 p. 362 (a. 1125-1127, Schwarzwald). **5.** aliquem: *excommunier — to excommunicate.* Illos me fateor imbannitos ab his maledictionibus non solvisse. ERDMANN-FICKERMANN, *Briefsamml.*, no. 16 p. 36 (ca. a. 1074, Bremen). **6.** *frapper de l'interdit — to put under interdict.* Si tota patria offensis aliquorum inbanniatur, remotis saecularibus laicis ecclesia non cesset, sed sub silentio cantet. MIRAEUS, I p. 371 (ch. a. 1112, Cambrai). Si inbannitur terra, . . . haec cantet ecclesia clausis januis. Ib., p. 97 col. 1 (ch. a. 1132, Cambrai). Inter episcopum et cives Atrebatenses . . . ortis simultatibus, episcopus civitatem inbannivit; et in hoc banno abante Ascensionem usque in vigiliam Pentecostes civitas permansit. Aliis ergo cessantibus ecclesiis, cum ecclesia s. Vedasti . . . laudes Dei celebraret . . . GUIMANN., p. 50. Ecclesiam s. Foillani . . . abbas noster de Villari fecerit imbanniri. BERNARD. CLARAEVALL., epist. 253 § 9, MIGNE, t. 182 col. 457 B.

**inbeneficare** (< beneficium): *munir de bénéfices — to provide with benefices.* [Marchenses Italici] regi se praesentavere, sed praesumptuose se inbeneficari ultra modum jactantes omnes capti sunt. Ann. Fuld., contin. Ratisbon., a. 894, ed. KURZE, p. 124.

**inbeneficiare** (< beneficium), **1.** aliquid: *concéder en bénéfice, inféoder — to grant as a benefice, to enfeoff.* Quod Amalo inbeneficiatum habuimus seu quod servus noster Bertoinus per beneficium nostrum visus est habere. BRUCKNER, *Reg. Alsatiae*, no. 127 (a. 735-737). Terras . . . inbeneficiavit homine [i. e. homini] suo condam T. *Hist. de Languedoc*[3], II pr. no. 150 (a. 858, Elne). Si . . . aliqua potestas injusta idem monasterium vel res suas alicui alteri monasterio vel persone inbeneficiare vel in proprietatem donare voluerit. *D. Heinrichs II.*, no. 230 (a. 1011). Nec alicui successorum nostrorum . . . liceat eam [abbatiam] . . . alteri . . . inbeneficiare. *D. Heinrichs III.*, no. 56 (a. 1040). [Archiepiscopus] plurima bona de mensa et elemosina episcopali inbeneficiavit. D. Frid. I reg. a. 1153, *Const.*, I no. 146. Deprecor . . . ut nunquam alicui hominum inbeneficientur, sed ad generales usus fratrum perpetuo conserventur. STIMMING, *Mainzer UB.*, I no. 187 p. 116 (< a. 910 >, spur. s. xii). **2.** aliquem: *munir d'un bénéfice, d'un fief — to provide with a benefice, a fief.* Ministeriales suos, quos inbeneficiatos habebat. BEYER, *UB. Mittelrh.*, I no. 458 p. 515 (a. 1128). Nunquam inbeneficiandi essent [censuales] juxta legem censualium, nec erant inbeneficiati . . . Trad. s. Emmeram, no. 120, p. 135 (a. 1132). Cunctis inbeneficiatis a Coloniensi archiepiscopo baronibus et ministerialibus. D. Frid. I reg. a. 1153, *Const.*, I no. 146. Predium . . . quo ab imperatore F. inbeneficiatus fuit. JORDAN, *Urk. Heinrichs d. Löwen*, no. 71 p. 105 (a. 1166). Item ib., no. 97 p. 148 (a. 1174). Homini suo ab eo inbeneficiato. Sententia Frid. I imp. a. 1195, *Const.*, I no. 367.

**inbeneficiatus** (subst.): *fieffé — grantee of a fief.* De predicta possessione nec ministerialibus

nec inbeneficiatis meis . . . quicquam concessi. BAUMANN, *Urk. Schaffhausen*, no. 65 p. 110 (a. 1127). Sculteti, villici et omnes inbeneficiati in comitatu illo manentes. VAN DEN BERGH, *OB. Holland*, I no. 197 p. 120 (a. 1204).

**inbladamentum** (< inbladare): *emblavage — sowing with corn.* S. xiii.

**inbladare,** inblavare (< bladum): *emblaver — to sow with corn.* S. xii.

**inbladatura** (< inbladare): **1.** *emblavage — sowing with corn.* S. xiii. **2.** *emblavure — field sown with corn.* S. xiii.

**inbojare** (< 1. boja): *mettre aux fers — to put in irons.* Omnibus qui in consilio cum ipso fuerunt inbojatis. Lib. pontif., Theodorus, ed. MOMMSEN, p. 178.

**inbreviamentum:** *minute, registre de minutes — record, register.* S. xiii.

**inbreviare** (< breve), **1.** gener.: *coucher par écrit — to take down.* Si non habuerit unde componere valeat, rewadiatum fiat et inbreviatum. Capit. missor. Aquisgr. a. 810, c. 12, I p. 153. Missis nostris hoc notum faciant, et hoc ab eisdem missis nostris diligenter inbrevietur et nobis renuntietur. Edict. Pist. a. 864, c. 22, II p. 319. **2.** spec.: *enregistrer — to list.* Quicumque vobis rebelles aut inobedientes fuerint . . ., inbreviate illos quanticumque fuerint et . . . remandate. Capit. a missis dom. ad com. dir. (a. 802-808), c. 3, I p. 184. Missi cum ipso episcopo illa [sc. xenodochia a laicis possessa] imbrevient in nostra presentia. Capit. Olonn. eccles. II a. 825, c. 7, p. 329. Missos . . . per singulos comitatus regni vestri mittatis, qui omnia diligenter inbrevient quae tempore avi ac patris vestri vel in regio specialiter servitio vel in vassallorum dominicorum beneficiis fuerunt, et quid vel qualiter aut quantum exinde quisque modo retineat, et secundum veritatem renuntietur nobis. Concil. Meld. a. 845/846, c. 20, II p. 403. Ut unusquisque presbyter inbreviat in sua parrochia omnes malefactores . . . et eos extra ecclesiam faciat. Alloc. missi Divion. a. 857, c. 8, p. 292. [Missi regis] omnes qui firmitatem fecerint . . . diligenter inbrevient. Capit. post conv. Confl. missis trad. a. 860, sect. A c. 5, p. 298. Unusquisque comes de comitatu suo omnia mercata inbreviari faciat, et sciat nobis dicere quae mercata tempore avi nostri fuerunt. Edict. Pist. a. 864, c. 19, p. 318. Cum nos [hostilem apparatum] inbreviare fecerimus. Const. Benev. a. 866, c. 6, p. 96. Vassalli dominici comitum beneficia et comites vassallorum beneficia inbreviarent. HINCMAR., Ann. Bertin., a. 869, ed. WAITZ, p. 98. **3.** spec.: *inventorier — to inventory.* Catal. abb. s. Eugendi, *SS.*, XIII p. 744 (a. 820). Praecipimus Pl. vassallo nostro, ut . . . perspiceret easdem res petitas . . . et inbreviatam ad nostram deferret notitiam, quod ita et fecit. DRONKE, *CD. Fuld.*, no. 523 p. 231 (a. 839). Mensuraret easdem res, earum quantitatem et qualitatem inspiceret et inbreviatam ad nostram referret notitiam. F. imper., no. 36, *Form.*, p. 314. Thesaurum ac vestimenta seu libros [ecclesiae] inbrevient et breves nobis reportent. Capit. missor. Suession. a. 853, c. 1, II p. 267 l. 25. Missi regii per civitates et singula monasteria . . . inquirant . . . et thesaurum ac vestimenta seu libros diligenter imbrevient et breves regi reportent. Imbrevient quid unusquisque ecclesiarum praelatus, quando praelationem ecclesiae suscepit, ibi invenerit et quid modo exinde minus sit vel quid et quantum sit superadditum. Concil. ap. S. Macram a. 881, c. 4, MANSI, t. 17 col. 541. **4.** *dresser une description — to draw up a description.* Mitterent pariter per universum imperium et imbreviaretur. NITHARD., lib. 4 c. 5, ed. LAUER, p. 136.

**inbreviatio:** *liste — list.* Fit apud nos inbreviatio non inutilis . . ., scilicet ut qui servierunt in coquina, omnes per ordinem conscribantur. BERNARD. MORLAN., Cons. Cluniac., lib. 1 c. 14, HERRGOTT, p. 163.

**inbreviator:** *notaire chargé de l'administration domaniale — scribe in charge of manorial administration.* VERCAUTEREN, *Actes de Flandre*, no. 31 (a. 1104).

**inbullare** (< bulla): *sceller d'une bulle, mettre dans une bulle — to seal with a bull, to embody in a bull.* S. xiv.

**inbursare** (< bursa), **1.** pecuniam: *embourser, percevoir — to cash, receive.* S. xiv. **2.** *s'approprier — to appropriate.* S. xiv. **3.** intrans.: *payer la pension — to pay board-wages.* S. xiv.

**incalciare** (< calx): *poursuivre — to pursue.* Fuero de Nájera a. 1076, c. 70, WOHLHAUPTER, p. 90. Rursum c. 79 sq., p. 92.

**incalciatus** (< calceus): *nu-pieds — barefooted.* GERHARD., V. Udalrici, *SS.*, IV p. 407 l. 33.

**incanavare,** incannipare (< canaba): *mettre en cave — to lay up* wine. S. xiii, Ital.

**1. incantare:** **ressasser, répéter avec emphase — to repeat again and again.*

**2. incantare,** v. inquantare.

**incantatio:** **enchantement, sortilège, incantation — enchantment, spell, sorcery.*

**incantator:** **magicien, sorcier — sorcerer, magician.*

**incantatrix:** *magicienne, sorcière — sorceress.*

**incantus,** v. inquantus.

**incapabilis:** **incompréhensible — incomprehensible.*

**incapax:** **incapable de saisir, de comprendre — unfit to grasp, to understand.*

**incappare** (< cappa): *revêtir d'une chape — to clothe with a cape.*

**incapsare,** incassare (< capsa): *déposer dans une châsse — to deposit in a reliquary.*

**incarcerare:** **emprisonner — to imprison.*

**incardinare** (< 1. cardo): *rattacher un prêtre, d'une manière permanente, à une église déterminée — to appoint* an ecclesiastic *permanently at a definite church.* In hac, in qua et a nobis incardinatus es, debeas ecclesia permanere. GREGOR. M., lib. 2 epist. 37, *Epp.*, I p. 133. A. episcopo de Fundis, qui nunc incardinatus est Terracina. Id., lib. 3 epist. 13, p. 172. Stephanus . . . Neapolitano episcopio incardinatus est. AUXIL., Defens. Stephani, c. 5, ed. DÜMMLER, p. 101. Synodale ut episcopus alterius civitatis in alia ecclesia possit incardinari. Lib. diurn., no. 8, inscr., ed. SICKEL, p. 7. Frotharium . . . coepiscopum nostrum in sede Bituricensi praeficiendum ordinavimus sacerdotem, ita ut in ea incardinatus . . . jura . . . dispenset. Joh. VIII pap. epist. 14 (a. 876), *Epp.*, VII p. 13. Decernimus . . . Actardum [Nannetensem episcopum] ecclesiae, quae forte suo fuerit viduata rectore, penitus incardinari, quatenus in ea constitutus et officia episcopalia . . . exerceat. Hadr. II pap. epist. 8 (a. 868), ib., t. 122 col. 1270 B. Civitatum desolatarum pontifices Gregorius vacantibus civitatibus incardinare curabat. JOH. DIAC., V. Gregorii M., lib. 3 c. 15, ib., t. 75 col. 139. Si locus de metropoli adveniret, ibi incardinaretur. FLODOARD., Hist. Rem., lib. 3 c. 21, *SS.*, XIII p. 516 l. 11. Cui [sc. Leodiensi cathedrae] Ratherius est incardinatus. FOLCUIN., G. abb. Lobiens., c. 23, *SS.*, IV p. 64 l. 37. In eadem regione Sconia nemo adhuc episcopus fuit incardinatus, nisi quod ab aliis partibus quidam venientes interdum illam procurabant diocesim. ADAM BREM., lib. 4 c. 7, ed. SCHMEIDLER, p. 235.



**incardinatio:** *rattachement d'un clerc à une église déterminée — appointment of an ecclesiastic at a definite church.* GREGOR. M., lib. 1 epist. 81, *Epp.*, I p. 100.

**incariamentum,** incarioramentum (<incariare): *enchère — bid at an auction sale.* S. xiv.

**incariare,** incariorare (< carius): *enchérir — to bid at an auction sale.* S. xiv.

**incarnare.** Passiv. incarnari: **s'incarner — to be incarnated.*

**incarnatio:** **1.** **l'Incarnation — the Incarnation.* **2.** *le millésime selon l'aire de l'Incarnation — the year as reckoned by the era of the Incarnation.* S. xiii.

**incartulatus,** v. inchartulatus.

**1. incassare** (< incassus): *anéantir, faire échouer, rendre vain — to annihilate, foil, nullify.*

**2. incassare,** v. incapsare.

**incassus:** **vain, inutile — vain, useless.*

**incastellare:** **1.** *fortifier, entourer d'une enceinte, transformer en forteresse — to fortify, wall in, change into a fortress.* Ecclesias a laicis incastellari aut in servitutem redigi auctoritate apostolica prohibemus. Concil. Lateran. a. 1123, *Const.*, I no. 401, c. 12. Tribus dehinc mensibus incastellata [est] ecclesia nostra, ejectis de loco et domibus canonicis. Ann. s. Mariae Traject., a. 1135, *SS.*, XV p. 1302. Qui . . . ecclesiam incastellatam retinebat. HENR. HUNTENDUN., Hist. Angl., lib. 8 § 22, ed. ARNOLD, p. 277. Ecclesiam b. Petri, omnium ecclesiarum caput, incastellare sacrilege ac profanissime non metuunt. OTTO FRISING., Chron., lib. 7 c. 31, ed. HOFMEISTER, p. 360. Pontes duos, quos ipsi armaverant et incastellaverant. Id., G. Friderici, prol., ed. WAITZ-SIMSON, p. 2. Ipsam domum Dei, ecclesiam majorem, quod a seculo non est auditum, incastellaveritis. V. Arnoldi Mogunt., JAFFÉ, *Bibl.*, III p. 641. **2.** *munir de forteresses — to garnish with fortresses.* Regnum Hibernicum, quod aestate imminente tam incastellare quam firma stabilire pace statuerat. GIRALD. CAMBR., Expugn. Hibern., lib. 1 c. 37, BREWER, V p. 285. **3.** refl. se castellare: *se retrancher dans une forteresse — to entrench oneself in a fortress.* Rocca de P., ubi nos . . . per [i. e. contra] gentes nefandas incastellare consuevimus. DESJARDINS, *Cart. de Conques*, p. 2 no. 1 (a. 801). **4.** aliquem: *emprisonner dans une forteresse — to imprison in a fortress.*

**incastigatus:** **indiscipliné, immodéré, prolixe — undisciplined, immoderate, profuse.*

**incastrare** (< 1. casto): *sertir — to imbed.* S. xii.

**incastratura:** **tenon — tenon.*

**incathedrare** (< cathedra): **1.** *inthroniser comme évêque — to enthrone as a bishop.* Privilegium inthronizandi et incathedrandi Romanum pontificem in apostolica sede. Priv. Bened. IX pap. a. 1033, UGHELLI, I p. 124. **2.** *investir d'une chaire de faculté — to install in an academic chair.* S. xiii.

**incathedratio:** *inthronization* d'un évêque — *enthronement* of a bishop. S. xii.

**incatenare:** *enchaîner — to chain up.* S. xiv.

**incausare:** *actionner, accuser — to implead, charge.* Si . . . [homicidium] faciant et postea negare velint, incausentur omnes. Leg. Aelfred, tit. 31 § 1, vers. Quadrip., LIEBERMANN, p. 65 col. 1.

**incaustum,** incaustrum, inclaustrum = encaustum.

**incautare** (< cautus): *avertir — to warn.* S. xiv.

**incaute:** **inopinément — unawares.*

**incautela:** **imprudence, défaut de précaution — rashness, lack of circumspection.*

**incautionare** (< cautio): *engager, hypothéquer — to mortgage.* Si vendere vel incaucionare volueris. BERNARD-BRUEL, *Ch. de Cluny*, I no. 451 (a. 936). Res . . . vobis incautionamus ad annos 30 pro solidos 12 et usque in diem solutionis. Ib., no. 749 (a. 949). Incaucionavimus vobis vinea[m] . . . ad annos 5 pro una libera [i. e. libra] de argenti. Ib., II no. 908 p. 21 (a. 954-994).

**incaveare:** *creuser — to dig in.* Castrum rupe sublimi incaveatum. SUGER., V. Ludov. Gr., c. 17, ed. WAQUET, p. 112.

**incendiare:** *incendier — to set on fire.* S. xiv.

**incendiarius:** **incendiaire — fire-causing.*

**incendium:** **1.** *incendie criminel — arson.* **2.** *justice des incendies criminels — jurisdiction in the matter of arson.* Leges vel consuetudines, id est sanguinem, raptum, incendium, homicidium et alias leges quae solent exsolvi. D. Roberti reg. Fr. a. 1022, *Hist. de Fr.*, X p. 605. Ad causas . . . audiendas vel freda exigenda . . . aut bannum seu incendium aut homicidium vel raptum requirendum. D. spur. Hugonis Cap. reg. Fr., ib., p. 554 B (s. xi, Sens). Leg. Henrici, tit. 10 § 1, LIEBERMANN, p. 556.

**incenium,** incennium, v. encaenium.

**incensare:** **1.** **brûler de l'encens — to burn incense.* Moris est singulis annis . . . per totum mandati spatium ab acolito incensari. LEO OST., lib. 2 c. 33, *SS.*, VII p. 649. **2.** transit.: *encenser — to incense.* Debet sacerdos . . . incensare altaria. Cons. Cluniac. antiq., rec. C, c. 5, ALBERS, II p. 35.

**incensifer** (< incensum): *porteur de l'encensoir — incensory bearer.* Cons. Fructuar. (s. xi), lib. 1 c. 48, ALBERS, IV p. 67.

**incensitus** (< incensum): *censitaire qui doit une redevance en encens — tributary owing incense.* Vel a mansariis vel a castellanis vel a plectitiis vel incensitis. *D. Ottos I.*, no. 348 (a. 967). Quibusdam incensitis monasterii b. Marie . . . concedimus . . . omnes pinsiones . . . Ib., no. 384 (a. 970). Laicos incensitos vel libellarios seu commendaticios. *D. Heinrichs IV.*, no. 414 (a. 1090).

**incensorium,** -ar-, -ius (< incensum): *encensoir — incensory.* Incensoria argentea auro parata 4. Angilberti relatio ap. HARIULF., Chron., lib. 2 c. 10, ed. LOT, p. 68. *Hist. de Languedoc*[3],

V pr. no. 42 col. 135 (a. 915, Elne). Leo Ost., lib. 2 c. 95, *SS.*, VII p. 693.

**incensum**, -us (< incendere): **1.** **brûlement d'encens — burning incense.* **2.** *encens — incense.* Cinnamomum, costum, piper et incensum pariter direximus. Bonif. et Lulli epist. 84, *Epp.*, III p. 366. Habet ibi sedilios 10; veniunt in incensum de argento sol. 8½. Polypt. s. Bertini a. 844-864, Gysseling-Koch, *Dipl. Belg.*, no. 34 p. 61. Ibi pluries. Imagines statuebant ponebantque lucernas coram eis simul et incensum adolebant. Concil. Paris. a. 825, *Conc.*, II p. 478 l. 40.

**incensus** (< census): *cens — rent.* Absque omni censo. *CD. Cavens.*, I p. 12 (a. 821). A nullo homine [i. e. nulli homini] . . . reddat rationem aut incensum. Kehr, *Urk. Norm.-Sic. Kön.*, p. 461 no. 32 (a. 1067).

**incentivus**: **qui excite — urging.* Subst. neutr. **incentivum**: **stimulant, excitant, excitation — incitement, stimulus, excitation.*

**incentor**: **1.** *chantre — precentor.* Rudolf. s. Sepulcri, V. Lietberti, c. 3 § 18, *AASS.*, Jun. IV p. 593 col. 1. **2.** **instigateur* (sens péjor.) *— inciter to evil.*

**inceptare**: *inaugurer — to start.* Mercatum omni die legitimum, monetam . . . construi et adprime incoeptari concessimus. *D. Ottos III.*, no. 197 (a. 996).

**inceptio**: *leçon d'inauguration — inception.* S. xiv.

**inceptum**: *minute de tabellionage — public notary's minute.*

**incertitudo**: *incertitude — uncertain state.* Gregor. M., pluries.

**incessabilis**: **incessant — unceasing.*

**incessabiliter**: **sans cesse — unceasingly.*

**incessans**: **incessant — unceasing.*

**incessanter**: **1.** **sans cesse — unceasingly.* **2.** *sans délai — without delay.* Cod. Justin., 11, 42, 10. Gregor. M., Ezech., lib. 1 c. 8 § 10.

**incessio**: *promenade symbolique autour d'un terrain comme acte d'investiture — symbolical perambulation of a piece of land in the act of seizin.* Confirmatione banni et incessione populi terminum ejusdem loci hoc modo pretitulavimus. Glöckner, *Cod. Laurescham.*, I p. 408 no. 134 (a. 1094).

**incestator**, incestor: **celui qui commet un inceste — incestuous person.* Gregor. Turon., Hist. Fr., lib. 2 c. 29. Matris incestor. Gerbaldi Leodiens. stat. II, c. 4, De Clercq, p. 358.

**incestus** (decl. iv): **inceste — incest.*

**inchartare**, -car-, -quar- (< charta): **1.** *consigner un acte juridique dans une charte — to record a transaction in a written deed.* Quidquid vendatur aut donetur, litteris alligetur, schedulis incartetur. DC.-F., IV p. 324 col. 1 (a. 1035, Marseille). Antiquitus valebat datum nec tamen incartatum. Ib., col. 2 (ca. a. 1040, Marseille). **2.** *transférer un bien-fonds au moyen d'une charte — to convey property by written deed.* Villas et allodiis quod . . . ad filiam nostram A. nos donamus et incartamus. Pardessus, I no. 196 p. 157 (ch. a. 587, Lyon; an verax?). Quod mihi mater mea inquartavit. Prou-Vidier, *Ch. de S.-Benoît-s.-Loire*, I no. 31 p. 87 (a. 889). De illas res que nos . . . ad filia[m] nostra[m] G. incartavimus. Bernard-Bruel, *Ch. de Cluny*, I no. 43 (a. 891, Mâcon). Frater illorum incartavit ipsas res s. Petri [i. e. s. Petro]. Ib., no. 764 (a. 950). Incartavimus at ipsum locum . . . villam nostram. Ib., II no. 970 p. 66 (a. 955). Ipsum curtilum, preter tres petiolas quas incartatas habeo, ad ipsam casam Dei dono. Ragut, *Cart. de Mâcon*, no. 121 p. 91 (a. 886-927). Omnia vobis confirmo ab integro, ex [i. e. praeter] illa qui [i. e. quae] jam ad G. incartavit [i. e. incartavi]. De Hinojosa, *Doc.*, no. 7 p. 10 (a. 1001, León).

**inchartatio**: *des biens qui ont été transférés au moyen d'une charte — property conveyed by written deed.* Ipse locus cum omni suo grege . . . necnon incartationibus omnium bonorum hominum quas ibidem habuerunt. *Hist. de Fr.*, VIII p. 361 (ch. a. 847). Faciatis exinde de ista omnia [i. e. omni] incartatione . . . quitquit volueritis. Bernard-Bruel, *Ch. de Cluny*, I no. 99 (a. 908, Lyon). Aliquid de ipsa incartatione tenet malo ordine et injuste. Ib., no. 719 (a. 948).

**inchartulatio** (< chartula): *charte — written deed.* Haec donationis inchartulatio deinceps . . . firma et stabilis permaneat. DC.-F., II p. 292 col. 2 (ch. a. 958, Sauxillanges).

**inchartulatus**, -car- (< chartula): idem quod chartulatus. Servi et libertini et coloni et incartulati. Gregor. Catin., Chron., ed. Balzani, II p. 147.

**inchoatio**: **commencement — beginning.*

**incibatus** (< cibus): *qui est à jeun — who has not broken his fast yet.* V. Drausii (s. x), § 2, *AASS.*, Mart. I p. 406 A. V. Abbonis Floriac., *Hist. de Fr.*, X p. 337. V. Joh. Laudens., *AASS.*, Sept. III p. 164 col. 1.

**incidens**. Subst. neutr. plural. incidentia: *remarques, observations — remarks, observations.* S. xii.

**incidenter**: *incidemment — incidentally.* S. xiii.

**1. incidere** (incīdere), **1.** transit.: **tomber dans ou sur, être la victime de* qq'un ou qqch. *— to fall into, among, to become entangled in* things or persons. **2.** **encourir, contracter, éprouver — to incur, contract, suffer.* **3.** **se rendre coupable* d'un crime, *encourir, commettre — to bring on oneself, incur, commit.* **4.** intrans.: *échouer — to lose a lawsuit.* Si quis sacramentum alicui facere debuerit et ante arramitionem sacramenti se in negotium suum iturum dixerit, propter illud faciendum de itinere suo non remanebit nec ideo incidet. Priv. commun. Suession. a. 1181, c. 3, *Actes Phil.-Aug.*, I no. 35.

**2. incidere** (incīdere): **1.** *invalider* un acte écrit *au moyen d'incisions — to invalidate* a document *by cutting.* Cartula . . . reproba et falsidica inventa fuit et ibi incisa. Ficker, *Forsch.*, IV no. 47 p. 70 (a. 1017, Treviso). Item ib., no. 42 p. 63 (a. 1013, Verona). **2.** *vendre* du drap *au détail — to retail* cloth. Si pannos . . . attulerit, videat ne incidat, sed integros vendat. Libertas London. (ca. a. 1133-1154), c. 8, Liebermann, p. 675. Pannum licite possunt incidere in domibus suis et vendere. Jordan, *Urk. Heinr. d. Löw.*, no. 70 p. 104 (ante a. 1166).

**incincta** (subst.): *femme enceinte — pregnant woman.* Isid., Etym., lib. 10 c. 151.

**incinerare**: **1.** *mettre en cendres — to burn to ashes.* Radicitus incineravit [castrum]. Guill. Brito, Philipp., lib. 1 v. 541, ed. Delaborde, p. 29. Caesar. Heisterb., Mir., lib. 4 c. 99,



ed. Strange, I p. 270. **2.** *incinérer un mort — to incinerate a dead body.* Saxo Gramm., lib. 4 c. 1 § 4, ed. Olrik-Raeder, p. 86.

**incipere**: **1.** *entamer un procès — to engage in a lawsuit.* Si quid in eos ab aliquo exigatur, coram archiepiscopo vel advocato suo . . . incipiatur, et determinando progrediendo ad finem usque peroretur. *D. Heinrichs II.*, no. 139 (a. 1007). **2.** *donner sa leçon d'inauguration — to incept at a university.* Nullus incipiat licentiatus a cancellario vel ab alio data ei pecunia. Denifle, *Chart. Univ. Paris.*, I p. 79 no. 20 (a. 1215). **3.** *(verbe auxiliaire, sens du futur) *devoir, être sur le point de, aller* — (auxiliary verb, future sense) *to have to, be about to, be going to.*

**incipiens** (subst. mascul.): **1.** **novice — novice.* **2.** **disciple — pupil.*

**incippare** (< cippus): *emprisonner — to put in the stocks.* Captus est . . . et in castrum S. incippatus. Geneal. duc. Brunsvic., Leibnitz, *Scr. rer. Brunsvic.*, II p. 20.

**incircumscriptus**: **illimité, sans bornes — unbounded, boundless.*

**incircumspecte**: **d'une manière inconsidérée, étourdiment — heedlessly, rashly.*

**incircumspectus**: **irréfléchi — heedless, rash.*

**incisa** (cf. voc. caesa): *bande de bois taillis autour d'un champ, bocage — strip of coppice surrounding a piece of arable.* Campo cum incisa. *CD. Langob.*, no. 339 col. 569 B (a. 887, Milano). Iterum no. 371 col. 615 C (a. 896-898); no. 547 col. 935 A (a. 936).

**incisio**: **1.** **action de couper — cutting.* **2.** **moisson — harvest.* **3.** *coupe de bois — wood-cutting.* Arborem . . . ad diversas necessitatum utar incisiones. Gregor. Turon., Glor. conf., c. 23, *SRM.*, I p. 763. **4.** *droit d'abatage de bois — right to cut wood.* In termino ejusdem silve ligni incisionem ad unum carrum. Widemann, *Trad. S.-Emmeram*, no. 59 p. 60 (ca. a. 863-885). Hobam unam cum territorio et pratis et cum incisione ligni. Trad. Juvav., Cod. Odalberti, no. 3 (a. 927), Hauthaler, *Salzb. UB.*, I p. 70. In silva incisionem lignorum et saginationem porcorum. Bitterauf, *Trad. Freising*, II no. $1092^{a}$ p. 34 (a. 937-957). Piscationibus, venationibus, zidalweidis, pascuis et lignorum incisionibus. *D. Heinrichs II.*, no. 459 (a. 1021). Absque venationibus et saginationibus ac sine lignorum incisionibus in foresto. D. Kunigundae imp., no. 2, *Dipl.*, III p. 695 (a. 1025). **5.** *vente au détail de drap — retail of cloth.* [Mercator foranus] videat ne ad incisionem merces suas vendat. Libertas London. (ca. a. 1133-1154), c. 8, Liebermann, p. 674. **6.** **incision, coupure, entaille — incision, place cut into.* **7.** *taille — tallage.* Quandam consuetudinem, . . . quam [!] vulgo tallia nuncupatur, nos incisionem nominamus. De Courson, *Cart. de Redon*, no. 370 p. 323 (a. 1112). Inscisionibus [!] vel petitionibus eos [sc. rusticos] gravare . . . tam comitibus et ducibus quam advocatis . . . interdicimus. D. Heinrici V imp. a. 1112, Beyer, *UB. Mittelrh.*, I no. 423 p. 485. Nullus eorum per incisiones aut petitiones homines gravare . . . presumat. *D. Heinrichs III.*, no. 372 B (spur. s. xii). **8.** **action de graver, de sculpter — engraving, sculpturing.* **9.** **séparation, scission — seperation, splitting-up.* **10.** **partie, chapitre* (d'un livre) *— part, section* (of a book). **11.** *césure, silence* (dans la musique) *— caesura, rest* (in music). Bernard. Morlan., Cons. Cluniac., lib. 2 c. 15, Herrgott, p. 310. Udalric., Const. Cluniac., lib. 1 c. 5, Migne, t. 149 col. 648 D.

**incisor**: **1.** *drapier qui vend au détail — retail clothier.* Van den Bergh, *OB. Holland*, I no. 181 p. 111 (a. 1200). Keutgen, *Urk. st. Vfg.*, no. 263 (a. 1231, Stendal). **2.** *tailleur — tailor.* Hoeniger, *Koelner Schreinsurk.*, II p. 112 c. 6 (a. 1172-1180). **3.** *graveur de poinçons — die-cutter.* S. xiii.

**incisorium** (< 2. incidere): **1.** *billot — carving-table, trencher.* S. xiii. **2.** *rasoir — razor.* Petr. Cell., lib. 2 epist. $162^{bis}$, Migne, t. 202 col. 606 D.

**incisura** (< 2. incidere): **1.** *droit d'abatage de bois — right to cut wood.* Silvis, saginis, venationibus, incisuris . . . *D. Heinrichs II.*, no. 138 (a. 1007). Etiam *D. Heinrichs III.*, no. 195 (a. 1047). **2.** *taille — tallage.* D'Achéry, *Spicil.*[1], IX p. 356 (ch. a. 1100-1137, Guines).

**incitator**: **instigateur . . arouser.*

**incitatrix**: **instigatrice — arouser.*

**incivilitas**: **violence, brutalité — roughness, violence.*

**inclamare**: **1.** **appeler à l'aide, supplier — to call in* a person's *aid, to beseech.* **2.** *citer en justice — to implead, prosecute.* Si eum de his quibus inclamatus est conscientia non accusat. Gregor. M., lib. 6 epist. 26, *Epp.*, I p. 405 l. 3. **3.** aliquid: *revendiquer — to claim.* Dimisit . . . quicquid ipsi inclamabant. *BEC.*, t. 36 (1875), p. 413 (a. 1093, Saumur).

**inclamatio**: **1.** **exclamation, apostrophe — lament, invective.* **2.** **cri, appel — calling out.* **3.** *réclamation — contestation.* Omni controversia sive inclamatione sopita. Wampach, *UB. Luxemb.*, I no. 274 p. 395 (a. 1052). Traditionem liberam et ab omni inclamatione securam. Gysseling-Koch, *Dipl. Belg.*, no. 225 (a. 1096, Looz).

**inclamitare**: **1.** *invoquer — to invoke.* Coepit nomen ejus crebrius atque insolentius inclamitare. V. Eligii, lib. 2 c. 12, *SRM.*, IV p. 701. **2.** *nommer — to name.* Neque nominatim inclamitans montes ipsos. Gildas, Excid., *Auct. ant.*, XIII p. 29.

**inclamosus**: *qui prononce des reproches — reproachful.* Quos excipiens episcopus inclamosa voce et gravi indignatione ait . . . Rudolf., G. abb. Trudon., lib. 4 c. 9, ed. De Borman, p. 59.

**inclaudere**, inclausio, inclausus = inclu-.

**1. inclaustrum**, inclastrum (cf. voc. claustrum): *enclos, enceinte, cloître — close, cloister.* Lignarium . . . positum est in inclastro s. Autberti. G. Lietberti Camerac., c. 16, *SS.*, VII p. 495.

**2. inclaustrum**, -clas-, -clos- = encaustum.

**inclinare**: **1.** *subjuguer — to subdue.* Alamannicos populos caesis fortioribus inclinatos victrici dextera subdidistis. Cassiod., Var., lib. 2 epist. 41 § 1, *Auct. ant.*, XII p. 73. Inclinavit Suavos sub regno Langobardorum. Origo Langob. (ca. a. 670), *Scr. rer. Langob.*, p. 9 l. 22. **2.** *asservir, réduire en servitude — to enslave.* Si saecularis dominus amplius eum voluerit inclinare. Concil. Aurel. a. 549, c. 6, *Conc.*, I p. 102. Si ad servicium caput eorum inclinatur. F. Andecav., no. 59, *Form.*, p. 25. Dum te ipsa[m] et agnationem

tuam in meo inclinare potueram servitio. MARCULF., lib. 2 no. 29, ib., p. 94. Mundeburde vel defensionem aliubi penitus non requiratur nisi ad sancti illius ad defendendum, non ad inclinandum. F. Sal. Lindenbr., no. 11, p. 274. Nullatenus permittimus eum in servicio inclinari, sed . . . liber permaneat. Lex Ribuar., tit. 57 § 1. Sunt et alii, qui de ipsa genealogia non debent esse inclinati, attamen fiunt propter illam occasionem inclinati. Capit. de reb. exerc. a. 811, c. 10, I p. 165. Ad [i. e. ab] H. actionario ad fiscum nostrum q. v. R. injuste ad servicium inclinata fuisset. F. imper., no. 9, *Form.*, p. 293. Genealogia ejus injuste in servicium addicta et ad jus fisci regalis inclinata fuisset. Ib., no. 51, p. 324. [Saeculares] eum [praepositum ecclesiae Viennensis] . . . in servitium inclinare nituntur. Concil. Valent. III a. 855, c. 23, MANSI, t. 15 col. 12. **3.** intrans.: *s'asservir, entrer en servitude — to submit to a lord.* Nullam habeo substantiam, unde me redimere debeam, nisi tantum formam et statum meum, quem libero et injenuo [i. e. ingenuum] videor habere; et in servitio vestro pro hac causa debeam inclinare. F. Arvern., no. 5, *Form.*, p. 31. **4.** *forcer, contraindre — to force, compel.* Nec per oppressionem potentium personarum ad consensum faciendum cives aut clirici . . . inclinentur. Concil. Aurel. cit., c. 11, p. 104. Nequaquam inclinantur justitiam b. Petri restituere. Pauli I pap. (a. 757-767) epist., *Epp.*, III p. 512 l. 11. **5.** aurem: **prêter l'oreille — to lend ear.* **6.** pass. inclinari et refl. se inclinare: **s'incliner, s'abaisser, condescendre — to stoop, humble oneself, deign.*

**inclinatio: 1.** **condescendance — condescendence.* **2.** *assujettissement — subdueing.*

**inclinatorium:** *couche, chaise longue — couch, rest-chair.* Ad inclinatorium quod nos formulam dicimus. *Epp.*, IV p. 549 c. 5 (a. 812).

**inclinis:** **enclin — willing.*

**inclitus:** *entier — whole.* Circuiret civitatem inclitam. V. Severi Neapol., CAPASSO, *Mon. Neapol.*, I p. 271. Ecclesia s. Cristine cum inclitis territoriis suis et cum reliquis finibus. *D. Ottos II.*, no. 266 (a. 981). Totum et incritum . . . concessimus. MURATORI, *Antiq.*, I col. 185 (a. 1010, Salerno). Reddidit . . . inclitam curtem de P. LEO OST., Chron. Casin., lib. 1 c. 47, *SS.*, VII p. 614 l. 26.

**inclusa,** inclausa (subst.): **1.** *barrage — weir.* Decimam piscium et decimam molendinorum cujusdam incluse nostre, quam noviter edificavimus. MARCHEGAY, *Arch. d'Anjou*, III p. 85 no. 114 (a. 1123). **2.** *clôture, enceinte — close, enclosure.* S. xiii.

**inclusio,** inclausio: **1.** *siège d'une ville — blockade.* CASSIOD., Var., lib. 10 epist. 18 § 3, *Auct. ant.*, XII p. 309. **2.** *condition de reclus — recluseship.* GREGOR. M., lib. 11 epist. 55, *Epp.*, II p. 329. **3.** *hermitage d'un reclus ou d'une recluse — recluse's cell.* In qua inclusione in omni abstinentia . . . commoratur. GREGOR. TUR., Hist. Fr., lib. 7 c. 1. De ipsa eum extrahentes inclusione, ad monasterium . . . perduxerunt. Constr. Farf. (post a. 857), c. 12, BALZANI, *Il Chron. Farf. di Greg. di Cat.*, I p. 18. In qua inclusionis habitatione per 40 traditur annos Deo militasse. FLODOARD., Hist. Rem., lib. 2 c. 3, *SS.*, XIII p. 449 l. 50. **4.** *reclusion monastique — monastic reclusion.* Nos sorores promittendo laudamus inclusionem, sicut hactenus habuerunt Scafhusenses sanctimoniales, et infra hanc inclusionem imitari et observare in quantum possumus ordinem et consuetudinem Hirsowensium monachorum. STIMMING, *Mainzer UB.*, I no. 405 p. 310 (a. 1095-1102).

**inclusive:** *inclusivement — inclusively.* S. xiii.

**inclusor:** **joaillier, sertisseur — lapidary.*

**inclusorium:** *hermitage d'un reclus ou d'une recluse — cell of a recluse.* S. xiii.

**inclusorius:** *cloisonné.* Vas . . . inclusorio s. Eligii opere constat ornatum. SUGER., De admin. sua, c. 34, LECOY, p. 207. In sarcophago arte inclusoria mirifice fabricato. *SS.*, XXX p. 956 l. 3 (a. 1146).

**inclusus** (adj.). **1.** loc. pascha inclusum: *Pâques closes — Low Sunday.* MARCHEGAY, *Arch. d'Anjou*, III p. 65 no. 84 (a. 1119). **2.** *reclus — recluse.* In M. monte . . . per annos deguit multos inclausus. Constr. Farf. (post a. 857), c. 12, BALZANI, *Il Chron. Farf. di Greg. di Cat.*, I p. 18. Qui inclusi erant. JOH. AMALPH., Mir., ed. HUBER, p. 40. Subst. mascul. **inclusus,** inclausus: *reclus — recluse.* V. Eligii, lib. 2 c. 31, *SRM.*, IV p. 716. Lib. pontif., Agatho, ed. MOMMSEN, p. 198. ANAST. BIBL., Chron., ed. DE BOOR, p. 145. Subst. femin. **inclusa:** *recluse — recluse.* GREGOR. TURON., Hist. Fr., lib. 6 c. 29. *D. Ottos I.*, no. 186 (a. 956).

**incognoscibilis:** **inconnaissable — unknowable.*

**incoinquinatus:** **sans souillure — unstained.*

**incolatus** (decl. iv): **1.** **résidence, séjour, habitation — residing, sojourning, living.* **2.** *établissement, l'action de s'installer — settling.* Egressus vir sanctus cum suis vicesimo anno post incolatum heremi illius. IONAS, V. Columbani, lib. 1 c. 20, ed. KRUSCH, p. 197. Propriis derelictis alienas incolatus gratia terras expetant. Concil. Paris. a. 829, c. 53, *Conc.*, II p. 645. Hildericus . . . Agrippinam invadens, ejectis inde . . . Romanis < positisque suis [sc. Francis], ex Francorum incolatu > Coloniam eam vocavit. OTTO FRISING., Chron., lib. 4 c. 32, ed. HOFMEISTER, p. 225 (verba ab Ottone Frutolfi textui adjecta).

**incolere: 1.** *observer, effectuer — to heed, perform.* Diversos sacrificandi ritus incoluerunt. WILLIBALD., V. Bonifatii, c. 6, ed. LEVISON, p. 31. [Bonifatius] messem multam [ad fidem christianam conversorum] cum paucis admodum messoribus incoluit. Ib., p. 33. **2.** refl. se incolere: *se vouer à une tache — to devote oneself to a task.* Quorum [presbyterorum] alii religioso Dei se omnipotentis cultu incoluerunt. Ib., c. 5, p. 23.

**incolpare,** v. inculpare.

**incombrare,** -cum-, -gom-, -berare (< combrus): **1.** *engager, hypothéquer — to mortgage.* De tota ista honore non donet nec incombret ullam rem ad nullum hominem. *Hist. de Languedoc*[3], V pr. no. 284 (a. 1068). Non vendant neque alienent nec incombrent. DE MARCA, *Marca Hisp.*, app., col. 1157 (a. 1070). **2.** *entraver, incommoder, grever — to incumber, hinder.* S. xiii.

**incombratio,** -cum-: *entrave — encumbrance.* S. xiii, Angl.

**incombrium,** -cum-, -brum (cf. voc. incombrare): *entrave, obstacle*; en particulier tout acte juridique qui assure à un tiers un droit sur un bien-fonds et en empêche la libre



disposition — *encumbrance*; any transaction affording to another person a title impeding the free disposal of a property. Sine nullo incombrio et sine nulla contrarietate. ROUQUETTE, *Cart. de Béziers*, no. 72 p. 91 (post a. 1061). Plivirunt . . . quod de prescripto alode non habeant factum illum incombrium nec inantea faciant. Ib., no. 79 p. 102 (a. 1071). In toto isto honore non possit aliquis . . . aliquod incombium [leg. incombrium] mittere. *Gall. chr.*[2], VI instr. col. 133 (a. 1092). Numquam valeam dare vel vendere aut impignorare vel incumbrum aliquod facere. Ib., col. 432 (a. 1093).

**incommodare:** **gêner, empêcher — to burden, hinder.*

**incommoditas: 1.** **maladie — illness.* **2.** plural.: *malheurs, ennuis — reverse, ill luck.* Coll. Avell., *CSEL.*, t. 35 p. 220 l. 10. GILDAS, Excid., c. 1, *Auct. ant.*, XIII p. 25 l. 4.

**incommodus:** **malade — ill.* V. Boniti (s. viii), c. 11, MABILLON, *Acta*, III pt. 1 p. 92; c. 26, p. 97.

**incommunicare:** *concéder en pariage — to grant by a parage contract. Gall. chr.*[2], IV instr. col. 180 (ch. a. 1160, Dijon).

**incommunicatus: 1.** *qui ne jouit pas de la communion — not enjoying the Christian communion.* Coll. canon. Quesnell., MIGNE, t. 56 col. 707 A. **2.** *qui n'a pas reçu le viatique avant de mourir — not having received the last sacrament before death.* S. xiii.

**incompetens** (adj.): **qui ne convient pas, mal à propos, indu — unsuitable, out of place.* Quod mihi durum atque incompetens videtur. GREGOR. M., lib. 1 epist. 42, *Epp.*, I p. 67 l. 22. Horis incompetentibus. Benedicti regula, c. 48.

**incompetenter: 1.** **d'une manière inconvenante, indûment — unsuitably, improperly.* **2.** *à tort, illégitimement — wrongfully, unjustly.* Quibus incompetenter damna fecerunt. CASSIOD., Var., lib. 5 epist. 14 § 3, *Auct. ant.*, XII p. 151.

**incompetentia:** *impuissance, incapacité — inability, impotence.* Concil. Meld. a. 845/846, c. 27, *Capit.*, II p. 405.

**incompletio:** *défectuosité — incompleteness.* S. xiii.

**incompletus** (adj.): **non accompli, imparfait, incomplet — unfulfilled, imperfect, defective.*

**incompositus** (adj.): **1.** **non composé, simple — not compound, simple.* **2.** **imparfait, incomplet, inachevé — imperfect, defective, unfinished.* GREGOR. TURON., Hist. Fr., lib. 5 c. 46. **3.** *(de personnes) *indiscipliné, désordonné* — (of persons) *undisciplined, dissolute.* **4.** *pour lequel on ne paie pas de wergeld — for whose death no wergeld is paid.* Si quis . . . ibidem interfectus sit, incompositus jaceat. Capit. Ital. Karolo M. adscr., c. 7, I p. 217. Item Capit. Loth. vel Lud. II adscr., c. 1, II p. 97.

**incomprehensibiliter:** **d'une manière insaisissable — in an incomprehensible manner.*

**incomprehensus:** **incompréhensible — beyond comprehension.*

**inconceptibilis:** **qu'on ne peut concevoir — inconceivable.*

**inconcusse:** **inébranlablement — unshakably.*

**inconfessus:** *sans confession — unshriven.* S. xii.

**inconfusibilis:** **qu'on ne peut confondre, déconcerter — which cannot be abashed.*

**incongrue:** **improprement — unfittingly.*

**incongruenter:** **d'une manière inconvenante — unsuitably.*

**incongruentia: 1.** **défaut de rapport logique, contradiction — want of agreement, discrepancy.* **2.** *inconvénience — unsuitability.*

**incongruitas:** *idem quod incongruentia.

**incongruus: 1.** **qui ne s'accorde pas — conflicting.* **2.** **impropre, inconvenant — improper, unsuitable.*

**inconscius:** **qui ne sait pas — not knowing.* Loc. eo inconscio: *à son insu — without his knowledge. CASSIOD., Var., lib. 10 c. 4 § 1, *Auct. ant.*, XII p. 299. JORDAN., Getica, c. 55 § 282, ib., V pt. 1 p. 131.

**inconsequens:** **inconséquent, illogique — illogical, inconsistent.*

**inconsequenter:** **illogiquement — illogically.*

**inconsideratio:** **défaut de réflexion, inattention — heedlessness, thoughtlessness.*

**inconsolabiliter:** **d'une manière inconsolable — inconsolably.*

**inconsolatus:** *inconsolé — disconsolate.* PAUL. DIAC., MIGNE, t. 95 col. 1302 A. V. Drausii, c. 2, *AASS.*, Mart. I p. 405.

**inconsonus: 1.** **dissonant — ill-sounding.* **2.** **en contradiction — contradictory.*

**inconsultus:** **qu'on n'a pas consulté — whose advice has not been asked.*

**inconsummatio:** **imperfection — imperfection.*

**inconsummatus:** **inachevé, incomplet, imparfait — unfinished, imperfect.*

**inconsutilis:** *(de la tunique du Christ) *sans couture* — (of the tunic of Christ) *unsewn.*

**incontaminabilis:** **qu'on ne peut souiller — which cannot be stained.*

**incontinenter** = in continenti.

**incontrectabilis:** **insaisissable — not to be handled.*

**inconvenienter: 1.** **sans convenance, d'une manière irrationnelle — unsuitably.* **2.** *à tort — unduly.*

**inconvenientia:** **incohérence — disagreement.*

**inconvertibilis:** **qui ne peut être changé — unchangeable.*

**inconvertibiliter:** **immuablement — unalterably.*

**inconvulse:** *inébranlablement — unshakably.* Coll. Avell., *CSEL.*, t. 35 p. 291 l. 28. Cod. Justin., 1, 1, 8, 30.

**inconvulsibilis:** *inébranlable — unshakable.* RUSTIC., Contra Acephal., MIGNE, t. 67 col. 1184.

**inconvulsus:** **non ébranlé, non détruit, non abrogé — unshaken, not repealed.*

**1. incordare** et depon. incordari (< cor): *inspirer — to inspire.* Sicut Deus vobis incordaverit. GREGOR. M., lib. 9 epist. 9, *Epp.*, II p. 47. Sorori dignatus est Dominus incordari, ut . . . V. Rusticulae, c. 19, *SRM.*, IV p. 347.

**2. incordare** (< corda): *monter avec une corde — to fit with a bow-string.* S. xiii.

**incoronare:** *couronner, faire roi — to crown, make a king.* Gregorius papa eum [sc. Heinricum] incoronaret [sc. in imperatorem]. BERNOLD., Chron., a. 1083, *SS.*, V p. 438 l. 35. Ibi pluries.

**incorporalis:** **incorporal, immatériel — incorporeal, immaterial.*

**incorporaliter:** **immatériellement — immaterially.*

**incorporare, 1.** aliquid alicui: faire rentrer dans les biens de qq'un — to add to a person's fortune. Incorporanda militi nostro ... restituas. CASSIOD., Var., lib. 1 epist. 7, Auct. ant., XII p. 17. **2.** aliquem: *faire entrer dans un corps, une association, adjoindre — to have a person received into a community. Filium meum potestatem habeam ipsius monasterii congregationi incorporare, et ipse filius meus habeat suum locum inter fratres. WARTMANN, UB. S.-Gallen, II no. 639 p. 245 (a. 884). Quia igitur sic est unita et incorporata huic ecclesie illa [ecclesia] [d'une communauté de prières — of a prayer community]. MULLER-BOUMAN, OB. Utrecht, I no. 286 p. 265 (a. 1116). Vos ipsos omnium fratrum Cluniacensium orationibus incorporastis. MARTÈNE, Thes., I col. 395 (epist. a. 1142). **3.** incorporer une église à un établissement religieux — to incorporate a church with a religious house. S. xiii. **4.** pass. incorporari: *s'incarner — to take flesh.

**incorporatio:** *incarnation — incarnation.

**incorreptus:** *non corrigé, non puni — unreproved, unpunished.

**incorrigibilis:** incorrigible — incorrigible. ISID., Sent., lib. 3 c. 46 § 4. GREGOR. M., Moralia, lib. 33 c. 55, MIGNE, t. 76 col. 709 A.

**incorrigibiliter:** incorrigiblement — incorrigibly. ISID., Sent., lib. 3 c. 2 § 6. GREGOR. M., Moral., lib. 2 c. 83. Ibi pluries.

**incorruptela:** *incorruptibilité — incorruptibility.

**incorruptibilis:** *incorruptible — incorruptible.

**incorruptibilitas:** *incorruptibilité — incorruptibility.

**incorruptibiliter:** *d'une manière incorruptible — incorruptibly.

**incorruptio: 1.** *nature incorruptible — imperishable nature. **2.** *intégrité, pureté — untouchedness, pureness.

**incortinare,** -cur-: orner de tapisseries — to adorn with hangings. S. xiii.

**incrassare,** ingr-: *engraisser — to fatten.

**incrassatus** (adj.): *(du cœur) lourd, endurci, insensible — (of the heart) obese, hardened, unfeeling.

**increatus:** *incréé — uncreated.

**incredentia:** incrédulité — unbelief. S. xii.

**incredibilis: 1.** non digne de foi — not worthy of belief. Qui fuerit accusationibus infamatus et populo incredibilis. Leg. III Eadgar, tit. 7, vers. Quadrip., LIEBERMANN, p. 205 col. 2. **2.** *incroyant — unbelieving.

**incredulitas: 1.** *le fait de ne pas croire à telle chose — incredulity. **2.** *irréligion, incrédulité — unbelief.

**incredulus: 1.** *incroyant, irréligieux — unbelieving. **2.** *incroyable — incredible. Et ne cuicumque incredulum videatur, manu propria firmavimus. D. Roberti reg. Fr. a. 1021, Gall. chr.$^{2}$, X instr. col. 361.

**incrementare:** *augmenter — to augment.

**incrementum: 1.** accroissement — accretion. S. xiii. **2.** plus-value de monnayage — coinage profits. Monetam ... comiti liberam reddiderunt ... et insuper ... eidem sua incrementa celerius redderent. WARNKOENIG-GHELDOLF, Hist. de Flandre, II p. 414 (a. 1128, S.-Omer).

**increpatio: 1.** *reproche, blâme, réprimande — rebuke, reproof. **2.** *châtiment — chastisement. **3.** réclamation — contestation. Nullus ex judiciario ordine juxta easdem increpationes aliquando judicium proferat. D. Berengario I., no. 31 (a. 900), p. 95.

**increpativus:** *qui blâme, réprimande — reproachful, reproving.

**increpatorius:** idem quod increpativus.

**increpere** = increpare.

**incretum,** increpitum (< crescere): lande, terrain buissonneux, friche — heath, brushwood, waste. Donamus res nostras ... hoc est terris, silvis, incretis, cultis et incultis. Gall. chr.$^{2}$, XII instr. col. 297 (ch. a. 817). De uno frunte incretum. COURTOIS, Cart. de Dijon, no. 15 p. 28 (a. 898). Cum omnibus appenditiis suis, vineis, campis, pratis et silve increpitum. BERNARD-BRUEL, Ch. de Cluny, II no. 1578 p. 623 (a. 981/982). Adj. **incretus,** increpitus: ayant le caractère d'une lande; couvert de buissons — heathy, shrubby. Terminat a mane bosco increpito. Ib., no. 1147 p. 237 (a. 963?). Vinea qui [h]abet fines: ... ex quarta parte terminum incretum [v. l. increpitum]. Ib., no. 1461 p. 515 (a. 978/979).

**incriminare** et depon. incriminari: accuser — to accuse. Lib. pontif., Symmachus, ed. MOMMSEN, p. 96. GREGOR. TURON., V. patrum, c. 6 § 5, SRM., I p. 683. F. extrav., ser. II no. 1, Form., p. 551.

**incrocare** (< crocia): pendre — to hang. Si quis hominem ... de furcas abaterit aut de ramum ubi incrocatur. Capit. I legi Sal. add., c. 2, ed. BEHREND$^{2}$, p. 131.

**incubare:** *détenir sans droit, usurper — to appropriate unlawfully.

**incubatio:** possession illégitime, usurpation — unlawful possession, usurpation. Cod. Justin., 7, 38, 3. Coll. Avell., CSEL., t. 35 p. 128 l. 19. Simplic. pap. epist. 3 § 7, THIEL, p. 182.

**incubator:** *possesseur illégitime, usurpateur — unlawful possessor, usurper.

**incubitor:** idem quod incubo.

**incubo** (genet. -onis), incubus: *incube, cauchemar, satyre — incubus, nightmare, satyr.

**inculcare:** *fouler au pieds, mépriser, faire fi de qqch. — to trample under foot, scorn.

**inculpabilis:** *irréprochable, innocent — blameless, guiltless.

**inculpabiliter:** *d'une manière irréprochable — blamelessly.

**inculpare,** -col-: **1.** *blâmer, inculper, faire grief à qq'un — to blame, upbraid, charge with a thing. **2.** accuser — to accuse. Pactus Childeb. et Chloth. (a. 555-558), c. 4 sq., Capit., I p. 5. Lex Romana Burgund., tit. 7 § 3. Lex Ribuar., tit. 31 § 1.

**inculpatio:** accusation — accusation. Leg. Henrici, tit. 9 § 2, LIEBERMANN, p. 555.

**incumbere,** alicui: **1.** *incomber à qq'un — to be incumbent on, to be due from a person. **2.** appartenir à, être dû à qq'un — to belong to, to be due to a person. S. xiii.

**incumbrare,** incumberare, et derivata, v. incombr-.

**incunctans:** *qui n'hésite pas — unwavering.

**incunctanter:** *sans hésitation, sans retard — unwaveringly, without delay.

**incurabilis:** *incurable — incurable.

**incurare,** aliquem: commettre la charge d'âmes d'une paroisse à un prêtre — to charge a priest with the cure of souls of a parish. S. xiii.

**incurialitas:** manque de culture, de politesse — lack of refinement, uncourtliness. S. xiii.



**incuriositas:** *insouciance, négligence — carelessness.

**incurrere, 1.** intrans., in aliquid vel aliquem: *se heurter à, rencontrer, donner dans qq'un ou qqch. — to come across, stumble upon, fall into a person or a thing. **2.** transit.: *rencontrer, tomber sur qq'un ou qqch. — to meet with, hit upon a person or a thing. **3.** *attirer sur soi, encourir (peine, malheur, condamnation) — to incur, bring on oneself (pains, mishap, sentence). **4.** aliquem: offenser — to offend. Ob hoc maxime regem incurrerat, quod ei saepius fallacias intulisset. GREGOR. TUR., Hist. Fr., lib. 8 c. 2. **5.** aliquid: forfaire — to forfeit. Terra sua erit incursa et corpus suum in manu et misericordia comitis. Consuet. com. Montisfortis a. 1212, MARTÈNE, Thes., I col. 836. **6.** *commettre (péché, crime) — to commit (sin, crime).

**incurrimentum,** -cor-, -re-, -ra-: confiscation — forfeiture. S. xiii.

**incursatio:** incursion — inroad. Ab hoste obsessam aut hostium incursatione detritam. JULIAN., Hist. Wambae, c. 8, SRM., V p. 529.

**incursio:** amende discrétionnaire — amercement. S. xiii, Angl.

**incursus:** confiscation — forfeiture. S. xiii.

**incurtare:** écourter — to shorten. S. xiii.

**incurtinare,** v. incortinare.

**incurvare:** *humilier, courber, abaisser — to humble, bend, abase. Refl. se incurvare: *s'incliner — to make obeisance.

**incustodia:** insouciance, négligence — carelessness. Si quis quideles [i. e. intestatus] ex hac vita discesserit ... vel per incustodiam vel per mortem inprovisam. Leg. II Cnut, tit. 70, vers. Quadrip., LIEBERMANN, p. 357 col. 1.

**indages** (genet. -is): *recherche — search.

**indago** (genet. -inis) (class. "réseau de chasse — trap for game"): parc à gibier — game-park. Ad precidendas indagines silvae, quae Boemiam a Saxonia disterminant. Ann. Hildesheim., a. 1126, ed. WAITZ, p. 66. MIRAEUS, I p. 542 (a. 1167, Brabant).

**indebitare, 1.** aliquid: grever de dettes, hypothéquer — to encumber with debt, to mortgage. Nullus presbyter ... decimas vendere aut dare vel pignorare aut indebitare praesumat. BENED. LEVITA, addit. IV c. 144, LL., II pt. 2 p. 156 col. 1. **2.** aliquem: endetter — to involve in debt. S. xiii.

**indebite: 1.** *indûment, injustement — unduly, wrongly. **2.** *d'une manière imméritée — undeservedly. **3.** gratuitement — freely, not as a due.

**indecisus:** non tranché, indécis — undecided, unsettled. Indecisa inter partes contentio remansisset. GREGOR. M., lib. 14 epist. 8, Epp., II p. 427 l. 16.

**indeclinabiliter:** *sans fléchir — inflexibly.

**indegus** = indicus (color), indicum ("indigo").

**indefectivus:** qui ne cesse pas — unfailing. BEDA, Homil., Arch. Wölfflin, t. 3 (1886), p. 253. Pascua ... indefectiva amoenitate vernantia. PAUL. DIAC., Homil. de temp., hom. 108, MIGNE, t. 95 col. 1319 C. Animae ... indefectivam beatitudinem. V. Gangulfi (s. ix ex. vel x in.), c. 10, SRM., VII p. 164.

**indefesse:** *sans se lasser — unweariedly.

**indeficiens:** *qui ne s'arrête jamais, sans défaut — that never stops, unfailing.

**indeficienter:** *inlassablement, sans jamais manquer — unfailingly.

**indemnis:** *qui ne fait pas de mal — harmless.

**indemnitas: 1.** *préservation de tout dommage, sauvegarde, sûreté — immunity from injury or loss, safeguard. **2.** *indemnité, dédommagement — indemnification, compensation.

**indemniter: 1.** *sans dommage — without injury. **2.** sans causer de dommage — without doing harm. Novell. Justin., 29, 3.

**indemutabilis:** *immuable — unchangeable.

**indemutatus:** *immuable — unchangeable.

**indentare:** séparer les deux exemplaires d'un chirographe par une section en dents de scie — to indent documents. Carta indentata. Fleta, lib. 1 c. 18 § 4.

**indentura:** chirographe — indenture. S. xiv, Angl.

**indesinens:** *perpétuel — unending.

**indesinenter:** *perpétuellement — unendingly.

**indeterminabilis:** *illimité — unlimited.

**indeterminate:** *d'une manière indéterminée — indefinitely.

**indevotio: 1.** irrévérence, manque de respect, de dévouement — irreverence, want of respect, of devotedness. **2.** *manque de foi, infidélité à Dieu — lack of faith, infidelity to God.

**indevotus:** *irrévérencieux, désobéissant, infidèle — disrespectful, disobedient, unfaithful.

**index:** cloche — bell. Regula Magistri, pluries.

**indicare: 1.** *(d'un mot) signifier — (of a word) to mean. **2.** *raconter — to tell. **3.** (cf. voc. indicere) ordonner, enjoindre — to command. Secundum antiquam consuetudinem praeparatio ad hostem faciendam indicaretur et servaretur, id est victualia de marca ad tres menses et arma atque vestimenta ad dimidium annum. Capit. Bonon. a. 811, c. 8, I p. 167. Generale triduanum jejunium ... celebrandum indicetur et generaliter ab omnibus ... observetur. Ludov. et Loth. epist. gener. a. 828, red. A, ib., II p. 5 col. 1 l. 5.

**indicativus** (adj.): qui indique — pointing out. ISID., Etym., lib. 2 c. 21 § 17.

**indicere: 1.** attirer, infliger, occasionner — to bring upon one, to inflict. Quod vobis quidem maerorem possit indicere. CASSIOD., Var., lib. 8 epist 8 § 1, Auct. ant., XII p. 237. Multa[m] incommoditate[m] Romanis et apostolicae sedis [i. e. sedi] indixit. Chron. Salernit., c. 169, ed. WESTERBERGH, p. 172. **2.** annoncer, ordonner une foire — to announce, organize a fair. Satis ingens populus et indicti commercii et votivae orationis causa in hunc locum [Nivelles] conveniret. Elev. Wicberti (paulo post a. 1110), c. 4, SS., VIII p. 617.

**indicibilis:** *indicible — unspeakable.

**indictamentum:** mise en accusation — indictment. S. xiii, Angl.

**indictare:** accuser — to indict. S. xiii, Angl.

**indictio: 1.** *indiction, période de 15 ans — indiction, cycle of 15 years. **2.** *le quantième d'une année dans cette période — the -th year of a cycle of indiction.

**indictum: 1.** *ordre, décret — order, decree. **2.** parole — word. Assentiebat indictis ejus. JOH. AMALPH., Mir., ed. HUBER, p. 66. **3.** diplôme — royal charter. Nostre donationis vel emunitatis indictum ... [in]tactum per-

maneat. *D. Karolin.*, I no. 234 (< a. 781 >, spur. s. x, Reggio). **3.** *foire publique — public fair.* Constituit ... ut ... indictum publicum celebraretur unoquoque anno. DC.-F., IV p. 342 col. 2 (ch. a. 1096, Anjou). Omnes qui venient ad indictum s. Trinitatis de Fiscano singulis annis. Ch. Henrici I reg. Angl., ib. Indictum sicut hactenus Corbejensis ecclesia celebrare consuevit. Priv. Innoc. II pap. pro monast. Corbejensi, ap. DC.-F., l.c. [Rex] indictum exterius in platea ... libentissime reddidit. SUGER., V. Ludov. Gr., c. 28, ed. WAQUET, p. 228. De indicto, quod dominus Ludovicus pater b. Dionysio dedit, 300 sol. Id., De admin. sua, c. 1, LECOY, p. 157. Iterum c. 25, p. 186.

**indiculus,** -um: **1.** **brève lettre — short letter.* E.g.: Mittens indicolos dolositate plenus [i. e. plenos]. GREGOR. TURON., Hist. Fr., lib. 8 c. 2. **2.** *mandement — mandate.* Coll. Avell., *CSEL.*, t. 35 p. 513 l. 16. Hormisd. pap. epist. 7, inscr., THIEL, p. 748. Indiculum direxit ut Alboenus ... Warnacharium interfecerit. FREDEG., lib. 4 c. 40, *SRM.*, II p. 140 l. 20. Quem vero indiculum manus nostrae subscriptione ... decrevimus roborare. Litt. Dagoberti reg. (a. 630), ap. V. Desiderii Cadurc., c. 14, *SRM.*, IV p. 573. Indecolum regis ad episcopum, ut alium benedicat. MARCULF., lib. 1 c. 6, inscr., *Form.*, p. 46. Ib., lib. 1 no. 26 et 29, p. 59. F. Marculfi aevi Karol., no. 18, inscr., p. 120. Jussione dominica cum indiculo aut sigillo ad palatium venire cogantur. Capit. Aquisgr. a. 809, c. 14, I p. 149. Ut comites palatini omnem diligentiam adhibeant, ut clamatores, postquam indiculum ab eis acceperint, in palatio nostro non remaneant. Capit. de disc. pal. Aquisgr. (ca. a. 820?), c. 6, p. 298. Ubicumque [latrones] fugerint, illuc indiculus transmittatur, ut comes illos distringat. Lotharii et Karoli conv. ap. Valent. a. 853, c. 3, II p. 75. Dederunt mihi indiculum ex nomine vestro [sc. imperatoris] praecipientem ut ... AGOBARD., De insol. Jud., MIGNE, t. 104 col. 70 C. Inde regis indiculum adportavit, ut suum beneficium illi redderet. HINCMAR. REM., opusc. 34 § 4, SIRMOND, II p. 593. [Rex] transmisit ad me indiculos, qui me ad eum equitare festinarent. ASSER., G. Aelfredi, c. 79, ed. STEVENSON, p. 65. **3.** *procès-verbal* d'un serment ou de la déposition d'un témoin — *protocol* containing the wording of an oath or a deposition. Quicquid ... juratum fuerit secundum indiculum qui subter adnexus est. GREGOR. M., lib. 6 epist. 31, *Epp.*, I p. 409 l. 26. Solita quae ab universis in scrinio episcoporum [i. e. episcopis) fient indicula. Lib. pontif., Constant., ed. MOMMSEN, p. 225 l. 4. Hoc indiculum sacramenti ego ille episcopus manu propria subscripsi. Lib. diurn., c. 75, ed. SICKEL, p. 79 sq. Hoc indiculum sacramenti ego Bonifatius ... manu propria scripsi. Bonif. et Lulli epist. 16 (a. 722), *Epp.*, III p. 266. Indiculum juramenti ubi [presbyteri] juraverunt ad predictam sedem. SCHIAPARELLI, *CD. Longob.*, I no. 17 p. 50 (a. 714, Siena). Unacum ... indiculo scripto quomodo ipsa inquisitio vel testium testificatio sit. FICKER, *Forsch.*, IV no. 5 p. 7 (a. 800, Spoleto). Indiculum sacramenti, quomodo juravit universus clerus seu populus Romanus. Const. Rom. a. 824, inscr., *Capit.*, I p. 323. **4.** **liste — list.* Unusquisque illorum quorum nomina in hoc indiculo subter scripta repeperiuntur. Nomina episc. Attin. congr. (a. 760-762), ib., p. 221 l. 15. **5.** *formule — formula.* Indiculus aepistolae faciendae. Lib. diurn., c. 1, inscr., p. 1. **6.** *étiquette* attachée à un cierge pascal — *label* attached to an Easter candle. Romana et apostolica ecclesia hanc se fidem tenere et ipsis testatur indiculis, quae suis in cereis annuatim scribere solet, ubi, tempus dominicae passionis in memoriam populis revocans, numerum annorum ... adnotat. BEDA, Temp. rat., c. 47, ed. JONES, p. 266

**indifferenter:** **1.** **sans distinguer — indiscriminately.* **2.** **sans différer, sans tarder — without postponement, without delay.*

**indigentia:** **1.** **manque, défaut — lack, want.* **2.** *indigence, privation, pénurie, misère — shortage, need, hardship, famine.*

**indigeries:** **mauvaise digestion — indigestion.*

**indigestio:** **mauvaise digestion — indigestion.*

**indigetamenta,** -gi- (neutr. plural.): **rituel, livres liturgiques — ritual, books of ritual.*

**indigetare,** -gi- (par fausse étymologie — by mistaken etymology): **indiquer, désigner — to indicate.*

**indignans:** (de choses) *indigne* — (of things) *unworthy.*

**indignanter:** **avec indignation — indignantly.*

**indignare** (transit.): *faire perdre sa valeur, humilier, avilir — to humiliate, abase.*

**indignatio:** *déconsidération, mépris — disdain, disregard.* Non imperatorem, sed ob indignationem ῥῆγα vocabat. LIUDPR. CREMON., Legatio, ed. BECKER, p. 176.

**indigne:** **sans raison, injustement, à tort — without reason, unduly, wrongfully.*

**indigus** = indicus (color), indicum ("indigo").

**indilate:** *incessamment — without delay.* SS., XXI p. 606 col. 1 l. 5 (ch. a. 1114, Hainaut).

**indiminute:** *sans diminution — undiminishedly.* Concil. Lateran. a. 649, c. 5, MANSI, t. 10 col. 1154. Adeodat. pap. (a. 672-676), epist. ad episc. Gall., MIGNE, t. 87 col. 1144 B.

**indirecte:** i. q. indirecto.

**indirecto:** *indirectement — indirectly.* FORTUN., lib. 5 carm. 6, prol. § 14, *Auct. ant.*, IV pt. 1 p. 115.

**indiruptus:** **non violé, intact — unviolated.*

**indisciplinate:** **d'une manière déréglée — in a disorderly way.* Ne indisciplinate vivendo auctorem suum offendant. Capit. e concil. exc. (a. 826/827?), c. 9, I p. 313.

**indisciplinatio:** **1.** **indiscipline — licence.* **2.** **manque d'instruction, d'éducation — illiterateness, lack of education.*

**indisciplinatus:** **1.** **indiscipliné, dissolu, effréné — licentious, disorderly.* **2.** **sans éducation, illettré — unlearned.*

**indiscrete:** **1.** **sans examen, sans distinguer — without judgment, indiscriminately.* **2.** *sans se rendre compte, d'une manière indiscrète — carelessly, indiscreetly.*

**indiscretus:** **1.** **indifférent, sans importance — indifferent, of no importance.* **2.** **non raisonné, sans discernement — inconsiderate. indiscriminate.* **3.** *indiscret, insoucieux — careless, indiscreet.* **4.** *étourdi, pétulant. déréglé — rash, wanton, dissolute.*

**indiscusse:** **sans examen — without examination.*



**indisputabilis:** **incontestable — incontestable.*

**indisrupte:** **sans interruption — without a break.*

**indisruptus:** **ininterrompu, inséparable — unbroken.*

**indissociabilis:** **indissoluble — indissoluble.*

**indissolubilis:** **insoluble — that cannot be solved, unanswerable.*

**indius** = indicus (color), indicum („indigo").

**individualis** (adj.): *individuel — individual.* S. xiii.

**individuare:** *individualiser — to make individual.* S. xiii.

**individue:** **inséparablement — inseparably.*

**individuitas:** *invididualité — individuality.* S. xiii.

**indivisibilis:** **inséparable — inseparable.*

**indivisim:** *par indivis — in state of undividedness.* S. xiii.

**indoles:** **1.** *adolescent — youth.* CASSIOD., Var., lib. 2 c. 1, *Auct. ant.*, XII p. 46. FORTUN., V. Martini, lib. 4 v. 427, ib., IV pt. 1 p. 362. IONAS, V. Joh. abb., praef., ed. LEVISON, p. 326. V. Arnulfi Mett., c. 3, *SRM.*, II p. 433. V. Desiderii Cadurc., c. 2, ib., IV p. 564. **2.** comme titre honorifique pour un jeune prince — as a title of honour for a young ruler. Pro vestra indole omnipotenti Deo gratias egerunt. Capit. episc. Pap. (a. 845-850), c. 1, II p. 81. Epistolam ad vestram indolem direxit. MONACH. SANGALL., lib. 2 c. 10, *SS.*, II p. 754. **3.** *progéniture — offspring.* Hist. Daretis, c. 3, *SRM.*, II p. 199.

**indolescere,** transit.: **sentir avec douleur — to be grieved at* a thing.

**indominicalis:** *qui fait partie de la réserve seigneuriale — demesne.* Villam ... unde sine terra indominicali sunt 14 mansi. BEYER, *UB. Mittelrh.*, I no. 368 (a. 1069, Toul). Viginti bonaria terrae indominicalia, et de terra censuali solidos 41. MIRAEUS, I p. 277 col. 1 (a. 1124, Liège).

**indominicare** (< dominicus): *rattacher à la réserve seigneuriale, soumettre à la mise en valeur directe — to add to the demesne, to addict to home exploitation.* Haec omnia ... ad jam dictum monasterium volo esse indominicatum, ut ibidem in perpetuo proficiat in augmentum. PARDESSUS, II no. 369 p. 159 (a. 673, Champagne). Has villas et res nullus abbas neque ulla potestas sibi indominicari neque alicui beneficiari praesumat. *D. Charles III le Simple*, no. 35 (a. 900). Bona ex sententia scabinionum judiciario ordine indominicata fuerint. WAMPACH, *UB. Luxemb.*, I no. 385 p. 551 (a. 1135).

**indominicatio:** *réserve seigneuriale — demesne.* Duas berquereias de indominicatione comitisse. *D. Phil. Ier*, no. 24 (a. 1066). Decima tocius Amberlacensis fisci, videlicet indominicationis. Cantat. s. Huberti, c. 58, ed. HANQUET, p. 130.

**indominicatura:** **1.** *réserve seigneuriale — demesne* as contradistinguished from manorial holdings. Curtem nostram in S. cum tota indominicatura absque decima. HALKIN-ROLAND, *Ch. de Stavelot*, I no. 117 p. 241 (a. 1085). **2.** *les biens non concédés en bénéfice ou en fief — demesne* as contradistinguished from fiefs. In predicta abbatia indominicaturam quam ibi habemus et usus et usaticos retineamus. BERNARD-BRUEL, *Ch. de Cluny*, II no. 3410 (a. 1066). Episcopo ex sua indominicatura prebente mihi prestituras et beneficia. BORMANS-SCHOOLMEESTERS, *Cart. de Liège*, I no. 26 (a. 1079).

**1. indominicatus** (adj.) (cf. voc. indominicare): **1.** (de bâtiments) *qui constitue le chef-manse, le centre d'exploitation d'un domaine,* ou qui s'y rattache étroitement — (of buildings) *forming a manor or part of it.* Invenimus in eodem loco curtem et casam indominicatam cum ceteris aedificiis ad praefatam ecclesiam respicientem [i. e. respicientes]. Brevium exempla, c. 7, *Capit.*, I p. 251. Causam [i. e. casam] indominicatam. F. imper., no. 1, *Form.*, p. 328. Ad villam q. d. A. curtem indominicatam cum mansis, edificiis ... *D. Karls III.*, no. 103 (a. 884). Cumeram [grange — granary] indominicatam frumenti frangere laborarent et depredari. Mir. Foillani (ca. a. 1100), c. 15, *SS.*, XV p. 926. **2.** (de biens-fonds) *qui se trouve dans la main du seigneur, qui fait partie de la réserve seigneuriale* — (of estates) *held by a lord, demesne.* A l'intérieur du domaine, par opposition aux tenures rurales — within a domain, in contradistinction to the rural holdings: Dono ... illum mansum indominicatum et ipsam ecclesiam ad ipsum mansum pertinentem. QUANTIN, *Cart. de l'Yonne*, I p. 24 no. 10 (a. 643 vel 709, Sens). Donavimus villam, mansum videlicet indominicatum cum omnibus adjacentiis ad se pertinentibus. *D. Merov.*, no. 2, p. 9 (a. 692). In loco q. d. S. aecclesie ... cum omni appenditia suisque adjacentiis, manso indominicato, cum aliis mansis et mancipiis ibi pertinentibus. TARDIF, *Cartons*, no. 101 p. 74 (ch. a. 811, Paris). De terris censualibus et potestate ecclesiae suae et culturis indominicatis et absitatibus et manufirmatis major ecclesia ... decimam recipiat; similiter et de carruca indominicata. Capit. Pist. a. 869, c. 12, II p. 336 sq. Episcopi, abbates, comites ac vassi dominici ex suis honoribus de unoquoque manso indominicato donent den. 12; de manso ingenuili ... de servili vero ... Edict. Compend. de trib. Nordm. a. 877, red. B, ib., p. 354 col. 2 l. 13. De terra indominicata modiatas 50; habet ibi de terra apsa modiatas 60. D. Ludov. II a. 876, *Gall. chr.*², IV col. 271. Relativement à un ensemble de bien-fonds, par opposition aux biens concédés en fief — with regard to a complex of estates, in contradistinction to enfieffed lands. Cum censu qui ... de molendinis et cambis debet exire, ..., sive indominicatae sive in beneficio donatae fuerint. D. Ludov. Pii a. 832, *Hist. de Fr.*, VI p. 580 A. Ad opus indominicatum episcopi colonias 6. *D. Ludwigs d. Deutsch.*, no. 112 (a. 864). Villae nostrae indominicatae. Edict. Pist. a. 864, c. 5, *Capit.*, II p. 313. [Vineae] sive sint indominicati [leg. indominicatae], sive in beneficium quibuslibet dati. *D. Charles II le Chauve*, no. 363 (a. 872), II p. 310 l. 19. Quicquid ibidem videtur nostra esse possessio vel dominatio, tam ea quae nos indominicata habemus, quam etiam ea quae vassalli nostri subter inserti de nostro alodo in beneficio habere videntur. PROU-VIDIER, *Ch. de S.-Benoît-s.-Loire*, I no. 27 p. 76 (a. 876). Concessit duci ... tempore vitae suae ... tenere abbatias Medii Monasterii et Sancti Deodati, retinens in vestitura indominicata monasteria et decem mansos de utroque coenobio.

WIDRIC., V. Gerardi Tull., c. 21, *SS.*, IV p. 503 l. 18. **3.** (de revenus) *qui revient au seigneur* — (of revenue) *accrueing to the lord.* Decimas indominicatas de villis . . . *D. Ottos II.*, no. 22[a] (a. 972). **4.** (d'une propriété quelconque) *qui se rattache à une propriété plus importante* — (of any estate) *appurtenant to a more considerable property.* Duas aecclesias cum capella indominicata. G. episc. Virdun., c. 9, *SS.*, IV p. 49 l. 3. **5.** (d'un bénéfice) *qui constitue la tenure qui se rattache à une fonction publique* — (of a benefice) *forming the grant connected with a public office.* Pagum Florinensem cum integro suo banno et indominicatum beneficium ex eodem banno liberaliter trado. Hist. Walciodor., c. 29, *SS.*, XIV p. 519. **6.** (de personnes) *qui appartient à la maisnie d'un seigneur* — (of persons) *being a member of a lord's household.* Teudericus missus indominicatus domni regis. BERNARD-BRUEL, *Ch. de Cluny*, II no. 1437 p. 493 (a. 977). A clericis nostris et equitibus quos casatos vocant et servientibus indominicatis, id est bubulcis et porcariis, vacariis, vinitoribus, furnariis . . . FLACH, *Orig.*, I p. 263 n. 2 (a. 1089, Montier-en-Der). Subst. mascul. **indominicatus:** *vassal direct — tenant in chief.* Rotbertus . . . dux omnibus fidelibus nostris cujuscumque ordinis, indominicatis scilicet et vavassoribus. HASKINS, *Norman Inst.*, p. 258 no. 7 (a. 1028, Fécamp). Subst. neutr. plural. **indominicata** (cf. voc. 2. indominicatus): *réserve seigneuriale — demesne.* Decimam de indominicatis suis, culturis videlicet propriis, quas ipsius propria carruca colet. ROUSSEAU, *Actes de Namur*, no. 28 (a. 1188). Si ecclesia de suis indominicatis, silvis, pratis . . . aliquos mansuarios fecerit. *D. Heinrichs II.*, no. 517 (< a. 1012 >, spur. s. xii, Florennes).

**2. indominicatus** (decl. iv): **1.** *réserve seigneuriale — demesne* as contradistinguished from manorial holdings. Cum decimis arengalium et stirpalium et indominicatuum. LESORT, *Ch. de S.-Mihiel*, no. 43 p. 165 (a. 1085). **2.** *les biens non concédés en bénéfice ou en fief,* sur lesquels s'exerce directement l'autorité du seigneur — *demesne* as contradistinguished from benefices and fiefs. Proprietas illorum in nostrum indominicatum recipiatur donec isti in nostram praesentiam veniant. Capit. Tusiac. a. 865, c. 3, II p. 330. De nostro indominicato aut de rebus quas adhuc multi per nostrum beneficium retinent. CALMET, *Lorraine*[2], II p. 130 (ch. a. 858-875, Metz). Omnem decimam totius abbatiae, tam de indominicatu quam de sororum seu fratrum causa et de beneficiatis. *D. Charles II le Chauve*, no. 433 (a. 877). Quidquid ibi de nostro indominicato est. *D. Karls III*, no. 144 (a. 886). [Praedium sub usu fructuario concessum] cum omni inmelioratione ad nostrum revertatur indominicatum. PROUVIDIER, *Ch. de S.-Benoît-s.-Loire*, I no. 35 p. 96 (a. 907). Tam ex beneficiis militaribus quam et nostro indominicato. DE LÉPINOIS-MERLET, *Cart. de Chartres*, no. 8 p. 79 (ca. a. 949). **3.** *pouvoir qu'un seigneur exerce sur un serf — the control a lord has over a serf.* Eam [ancillam] et infantes ejus nulli unquam homini daremus aut commutaremus, sed eos semper in nostro indominicato teneremus. PROUVIDIER, o.c., I no. 48 p. 123 (ca. a. 941).

**indormitabilis:** **sans cesse en éveil — always vigilant.*

**indorsamentum:** *endossement — endorsement.* S. xiii.

**indorsare** (< dorsum): *munir d'une notice dorsale, endosser — to endorse.* S. xiii.

**indotare** (< dos): *munir d'une dotation — to provide with an endowment.* [Praedium] quo pater eorum Gandersheimensem eclesiam indotaverat. Annalista Saxo, a. 907, *SS.*, VI p. 592.

**indotatus** (adj.): *non assigné en dot — not granted as a dowry.* Quicquid indotatum reliquerit, proximi heredes possideant. Lex Famil. Wormat. (a. 1023-1025), *Const.*, I no. 438, c. 4.

**indubitanter:** **1.** **sans doute — doubtlessly.* **2.** **sans hésitation — unhesitatingly.*

**indubitatus:** **qui ne doute pas, assuré — not doubting.*

**inducere:** **1.** *véhiculer* la récolte *jusqu'à la maison — to carry* the crop *home.* **2.** aliquem: *mettre en possession* d'un bien-fonds — *to seize* a person *of* a property. Domus . . . in proprietatem Heinrici . . . cessit, inducentibus ipsum prefectis. HOENIGER, *Koelner Schreinsurk.*, I p. 33 c. 19 (a. 1142-1156). H. et uxor sua T. exposuerunt Hildegero et H. terciam partem domus sue pro 10 marcis usque ad festum s. Walburgis. Si tunc non solvant proprio argento suo, Hildegerus inducatur in proprietatem suam. Ib., p. 80 c. 5 (a. 1163-1167). **3.** (cf. Genes. 20, 9) peccatum super aliquem: **faire retomber* sur qq'un — *to lay* on someone else. **4.** malum super aliquem: **amener* sur qq'un, *attirer — to bring* on somebody, *to inflict.*

**induere,** refl.: *posséder — to possess.* [Rerum traditarum] habeatis potestatem . . . vobis ad roborandum et vos ad induendum. DRONKE, *CD. Fuld.*, no. 113 p. 73 (a. 796).

**indulcare:** **rendre doux, adoucir — to sweeten.*

**indulgentia:** **1.** **pardon* pour des méfaits — *pardon* for misdeeds. Veniam rogans pro commissis culpis, indulgentiam ut ab eo mereretur accipere. Concil. Franconof. a. 794, c. 3, *Conc.*, II p. 166. Indulgentia commissorum. Conv. ap. Confl. a. 860, c. 7, *Capit.*, II p. 156. **2.** **rémission* de péchés, *absolution — remission* of sins, *absolution.* **3.** **remise* de charges, d'impôts — *remittal* of duties or taxes. **4.** *remise* d'une peine — *remittal* of a penalty. Aut solvant legale placitum, aut per indulgentiam sibi impetrent perdonari. Capit. Pist. a. 862, c. 2, *Capit.*, II p. 306. **5.** *remise* de devoirs religieux, de pénitence — *remittal* of religious obligations, of penance. His [clericis] qui in hoste vel in itinere sunt constituti . . . indulgentiam [abstinendi a carne et vino] concedimus. Stat. Rhispac. a. 799/800, c. 5, *Capit.*, I p. 227. Poenitentia eorum accepta, populo Deum pro eis inclamante, indulgentiam eis·dedit. EKKEH., Cas. s. Galli, c. 2, *SS.*, II p. 93. **6.** *concession, donation — grant, donation.* Quicquid exinde fiscus potuerit sperare, ex nostra indulgentia in luminaribus ecclesiae proficiat. *D. Arnulfing.*, no. 17 p. 104 (a. 743). Per hanc nostram auctoritatis indulgentiam. *D. Karolin.*, I no. 206 (a. 807). **7.** *indulgence ecclésiastique — ecclesiastical indulgence.* S. xiii.

**indulgentiarius:** *vendeur d'indulgences — seller of indulgences.* S. xiii.



**indulgere,** **1.** intrans., alicui: **pardonner — to grant pardon.* **2.** transit., alicui aliquid: *pardonner — to forgive, condone.* Ne crimen indultum iteraretur. GREGOR. TURON., Glor. mart., c. 87, *SRM.*, I p. 547. Deus indulgeat peccata vestra. Gregor. II pap. (a. 715-731) epist., *Epp.*, III p. 275 l. 10. **3.** *remettre, faire remise d'un devoir, d'une charge — to remit, let off* a duty, a task. Incursione vastatis fiscum . . . serenitas regalis indulsit. CASSIOD., Var., lib. 12 epist. 7 § 1, *Auct. ant.*, XII p. 366. Ubicumque telloneo fiscus noster exigere consuevit, habeant hoc monachi . . . indultum simulque concessum. *D. Merov.*, no. 38 (a. 660). **4.** *ne pas exiger — to omit to require.* Cunctis juratoribus [i. e. consacramentalibus] indultis ipse singulus . . . jurando eam [terram] vindicet. V. Eligii, lib. 2 c. 58, *SRM.*, IV p. 731. Indulsit sacramentum [purgationis]. THÉVENIN, *Textes*, no. 96 (ca. a. 863, Vienne). **5.** *concéder, faire donation de* qqch. — *to grant, donate.* Ad basileca[m] rem ipsa[m] volemus esse translatum adque indultum [i. e. translatam atque indultam]. F. Andecav., no. 46, *Form.*, p. 20. Quae pro compendio animarum ad loca ecclesiarum probamus esse indultum [i. e. indulta]. MARCULF., lib. 1 no. 4, p. 44. Hoc ipse pontifex vel successores sui habeant indultum. Ib., suppl., no. 1, p. 107. Sicut ab antecessores fuit concessum atque indultum. Cart. Senon., no. 35, p. 201. **6.** *redonner — to give back.* Illa fructa [i. e. fructus], hoc est vinus [i. e. vina] vel annonas aut fenus, quod exinde missi sui devastaverunt, ei indulgire debirit. *D. Merov.*, no. 70 (a. 697).

**indultor:** **1.** *celui qui favorise qq'un, accorde qqch. à qq'un — favourer, dispenser.* **2.** *celui qui pardonne — pardoner.* ISID., Vir. ill., lib. 8 c. 10. FORTUN., V. Martini, lib. 4 v. 578, *Auct. ant.*, IV pt. 1 p. 366.

**indultum** (subst.): **1.** **concession, faveur — concession, favour.* **2.** spec.: *indulte — indult.* S. xiii. **3.** *indulgence ecclésiastique — ecclesiastical indulgence.* S. xiii.

**indultus** (decl. iv): idem quod indultum.

**induplare:** *payer le double — to pay twice the sum.* Si non persolverit ad terminum, induplare debet. CIPOLLA, *CD. Bobbio*, II p. 114 (a. 1156).

**indurare,** **1.** transit.: **endurcir, rendre insensible — to harden, make obstinate.* **2.** intransit.: **avoir le cœur endurci — to be hard-hearted.*

**induratio:** **endurcissement du cœur — hardening of heart.*

**indusiare:** **1.** **habiller — to clothe.* Laicis non timent vestibus indusiari. RATHER., Praeloq., lib. 5 c. 6, MIGNE, t. 136 col. 290 D. **2.** *investir — to vest.* Dignitatis honore indusiatus. GERARD. SILVAE MAJ., V. Adalhardi, c. 14, *AASS.*, Jan. I p. 113.

**indutiae:** **1.** *trêve, suspension d'une guerre privée prononcée par un magistrat urbain — truce between contending parties* imposed by town magistrates. Quicumque duobus seu pluribus scabinis refutaverit inducias. Lex Atrebat. (ca. a. 1180 ?), ESPINAS, *Rec. d'Artois*, no. 107, c. 15. **2.** **sursis, délai accordé — deferment.* Ne in hoc biennii spatio quicquam de credita summa existiment postulandum, quatenus sub induciis supradictis datam possint reparare pecuniam. CASSIOD., Var., lib. 2 epist. 38 § 3, *Auct. ant.*, XII p. 67. Iterum lib. 5 epist. 34 § 1, p. 161; lib. 12 epist. 2 § 5, p. 361. [Rex] hec parva munuscula paternitati vestrae [i. e. papae] distinavit, inducias postolans interim dum meliora sanctitati vestrae praeparare potuerit. Memor. miss. ad papam Hadr. leg. (a. 785?), c. 8, *Capit.*, I p. 225. Absque ulla induciarum praestatione cogantur exsolvere. Lex Burgund., tit. 45. Quod si per has duas inducias peccunia non persolvatur. KÖTZSCHKE, *Urb. Werden*, p. 110 (ante a. 1036). Quando Romana expeditio . . . preparetur, ad . . . preparationem annus cum 6 ebdomadibus ["Jahr und Tag"] pro induciis detur. Const. de exp. Rom. (ca. a. 1160, Reichenau), *Const.*, I no. 447, c. 2. Habet inducias debiti ad 14 dies. KEUTGEN, *Urk. st. Vfg.*, no. 133 (s. xii, Freiburg i. Br.). **3.** *délai dans une procédure, prorogation — stay in proceedings, prorogation.* Respondendi inducias usque in mensem septimum praebet. Coll. Sangall., addit. 1, *Form.*, p. 434. Ipse comes dedisset eidem M. inducia usque ad alium placitum. MANARESI, *Placiti*, no. 89 p. 321 (a. 880, Pavia). Rogo vos, date mihi indutias, quia modo non sum paratus ad legem. *D. Ottos III.*, no. 278 (a. 998). Pro quacumque re [Judaei] regiam appellaverint presenciam, inducie eis concedantur. Frid. I imp. const. Jud. a. 1157, *Const.*, I no. 163. **4.** *ajournement — summons to appear at a set date.* Ammonitus semel et iterum usque tercio per convenientes inducias si non resipuerit . . . Priv. Gregor. VII pap. a. 1078, PFLUGK-HARTTUNG, *Acta*, I no. 52. Mediolanenses . . . judicis officio per legittimas inducias citandos esse. RAHEW., G. Friderici, lib. 3 c. 29, ed. WAITZ-SIMSON, p. 204. Si reus effugerit, per trinas 14 dierum inducias citetur. Pax Franciae Rhenens. a. 1179, *Const.*, I no. 277, c. 6. **5.** *date fixée d'avance pour une réunion — set date for an assembly.* Episcopi certis induciis vocati synodum spreverunt. Gregor. V pap. synod. Papiens. a. 997, *Const.*, I no. 381. In placito suo per legitimas inducias indicto. MEICHELBECK, *Hist. Frising.*, I p. 122. **6.** *laps de temps — space of time.* Transacto . . . itineris meatu, quam ille . . . in 7 annorum indutia lustrando adiebat. V. Willibaldi (ca. a. 780), c. 6, *SS.*, XV p. 105.

**indutiare** et depon. indutiari (< indutiae), **1.** intrans.: *conclure une trêve, accorder une suspension d'armes — to conclude an armistice, to grant a suspension of hostilities.* Perorabo pro vobis, quatenus usque in dominicam proximam [comes] induciet de vobis ne aliquam inferat vobis molestiam. GALBERT., c. 100, ed. PIRENNE, p. 145. **2.** *accorder une prorogation, un ajournement — to grant a stay in proceedings.* Deinde indutiatum est usque ad alteram diem. *D. Ottos III.*, no. 278 (a. 998). Tunc indutiatum est in alteram diem. GREGOR. CATIN., Chron., ed. BALZANI, II p. 22. Si fieri potest, inducietur. BERNARD. CLARAEVALL., epist. 303, MIGNE, t. 182 col. 505 C. **3.** *accorder un sursis — to grant a delay, a deferment.* De patrimonio vel hereditate in potestatem judicis vendicatis annualiter et diurne ["Jahr und Tag"] inducianduin fore concedimus. KEUTGEN, *Urk. st. Vfg.*, no. 135 (a. 1164, Hagenau). **4.** *obtenir un sursis — to obtain an adjournment.* In cras

induciat his ut responsa rependat. Ruodlieb, fragm. 4 v. 119. Qui debitor est, ante [dies jejuniarum] persolvat, vel induciet donec dies isti transeant. Leg. Henrici, tit. 62 § 2, LIEBERMANN, p. 583. **5.** transit.: *interrompre par une trève — to interrupt by an armistice.* [Imperator] discordiam inter marchionem et civitatenses induciavit a festo Jacobi venturo usque ad festum Jacobi futuri anni. Chron. s. Petri Erford. mod., a. 1333, HOLDER-EGGER, *Mon. Erphesf.*, p. 362. **6.** *ajourner, proroger — to adjourn, prorogue.* Non ea re concessi causam de qua agitis hesterno induciari. G. Anselmi, *AASS.*, Apr. II p. 910. Unicuique domino licet induciare placitum hominum suorum. Leg. Henrici, tit. 61 § 9, LIEBERMANN, p. 581. Cuncta [sc. placita] in crastinum induciari praecepit. EADMER., V. Lanfranci, c. 1 § 12, *AASS.*[3], Maji VI p. 840 B. Placita ad alios quam praescriptum est terminos induciare non potest. MARTÈNE, *Coll.*, I col. 893 (a. 1176, Hainaut). **7.** *différer — to postpone.* Multitudo signatorum induciaverunt expeditionem ad festum s. Walpurgis. Chron. s. Petri Erford. mod., a. 1197, p. 198.

**indutum:** *vêtement — garment.* S. xiv.

**induviare** (< induviae): *mettre* un vêtement, *endosser* l'armure — *to put on* clothes or armour. S. xiii.

**inebriatio:** **enivrement — intoxication.*

**inedicibilis:** *inexprimable — unspeakable.* Gaudio inedicibili. V. Livini, MIGNE, t. 89 col. 877 D.

**inaedificatus:** (d'un terrain) *non bâti* — (of a plot) *empty of buildings.* S. xiii.

**ineffabilis** (class., de mots "qu'on ne peut prononcer" — of words "unpronounceable"), *de choses: *indicible, indescriptible* — of things: *unspeakable, ineffable.*

**ineffabiliter:** **d'une manière ineffable — inexpressibly.*

**ineligibilis:** *inéligible — ineligible.* S. xiii.

**inemendabilis: 1.** **incorrigible — incorrigible.* **2.** **irrémédiable — incurable.* **3.** *irréparable, qu'on ne peut expier — irretrievable, which cannot be expiated.*

**inemendatus: 1.** **non corrigé — uncorrected.* **2.** *non compensé — not compensated.* Si [furtum] inemendatum remanserit. Pax Ital. a. 1077, c. 2, *Const.*, I no. 68.

**inenarrabiliter:** **d'une façon inexprimable — indescribably.*

**ineptitudo:** *incapacité — unfitness.* S. xiii.

**inaequalis: 1.** **injuste — wrongful.* Ad justa judicia discernenda et inaequalia destruenda. *Gall. chr.*[2], XII instr. col. 313 (ch. a. 903). **2.** *insuffisant, imparfait, défectueux — insufficient, imperfect, defective.*

**inaequalitas: 1.** **infériorité, défectuosité, défaut — inferiority, bad state, defect.* **2.** **indisposition, malaise, maladie — weakness, physical mishap.*

**inaequiperabilis:** *inégalable — unattainable.* Inaequiparabilis pulchritudo. GILDAS, Excid., c. 67, *Auct. ant.*, XIII p. 64.

**inergia** = energia.

**inergumenus** = energumenus.

**ineruditio:** **manque de science, ignorance — want of knowledge, unlearnedness.*

**inaestimabilis: 1.** **innombrable — innumerable.* **2.** **incompréhensible, prodigieux — incomprehensible, miraculous.* **3.** *qu'on ne peut s'imaginer — worse than you could imagine.* Suppliciis inestimabilibus affligentes. Hormisd. pap. (a. 514-523) epist., THIEL, p. 816.

**inaestivare** (< aestiva): *mener paître en été — to pasture in summer.* S. xiii.

**ineum,** inium, igneum, hineum, hinium, enea (< aënum, cf. adj. aëneus): **1.** *fourneau à saunage — salt-boiler.* Aream cum sessu suo, ubi hinnium [v. l. hinium] ipsi fratres possint habere. D'HERBOMEZ, *Cart. de Gorze*, p. 9 no. 3 (a. 754), cf. p. 6 no. 2. Contuli . . . duas partes unius enee cum totidem partibus unius sessus. Ib., p. 215 no. 118 (a. 987). **2.** *chaudière d'ordalie — kettle used for an ordeal.* Si quis ad hineum admallatus fuerit. Lex Sal., tit. 53 § 1. Aut ad hineo ambularet aut fidem de conpositone faceret. Ib., tit. 56.

**inevitabiliter:** **inévitablement — unavoidably.*

**inexceptionaliter:** *sans réserve — unreservedly.* Inexceptionaliter tradimus et possidendum praebemus. *D. Merov.*, no. 1 (a. 510).

**inexcogitabilis:** **inimaginable — inconceivable.*

**inexcusabilis:** **qu'on ne peut décliner — inescapable.*

**inexcusabiliter:** **d'une façon inexcusable — without possible plea.*

**inexperientia:** **inexpérience — inexperience.*

**inexquisitus:** *non déterminé, non précisé — ill defined, not stated.* Villa . . . cum domibus inexquisitis, cum mancipiis, aedificiis, campis, pratis. Test. Adalgiseli-Grimonis a. 634, LEVISON, *Frühzeit*, p. 127. Cum domibus . . . [form. pert.], omnem rem inexquisitam et quidquid dici aut nominari potest. Test. Wideradi Flavin. a. 721, PARDESSUS, no. 514, II p. 325.

**inexscrutabilis:** **insondable — unsearchable.*

**inexterminabilis:** **indestructible, impérissable — imperishable.*

**inexstinguibilis:** **inextinguible — inextinguishable.*

**inextimabilis** = inaestimabilis.

**infaidiare** (< faida): *menacer d'une vengeance — to involve in a feud.* Qui aliquem eorum infaidiabit qui in ea questione fuerint [i. e. qui furem persequerentur], sit inimicus regis. Leg. III Em., tit. 2, Quadrip., LIEBERMANN, p. 190.

**infaldare** (< 1. falda): *parquer* les bêtes — *to fold* animals. S. xiv, Angl.

**infalsare: 1.** **falsifier, altérer de manière subreptice — to falsify, interpolate.* Eam, quam ad nos misistis, . . . infalsavit epistolam. JOH. DIAC., V. Gregor. M., lib. 4 c. 15, *AASS.*, Mart. II p. 205. **2.** *forger — to forge.* Libellum de translatione et miraculis sanctorum infalsare praesumpserint. Inv. Wlframni, ib., Mart. III p. 149 A.

**infamare: 1.** *dénoncer ouvertement, diffamer — to denounce overtly, to defame.* Homicidio nec infamari poterit nec adfligi. Lex Visigot., lib. 6 tit. 5 § 8. De A. presbytero infamato. Synod. Pontig. a. 876, inscr., *Capit.*, II p. 350 l. 22. Si quis liber aliquo crimine infamatur. Concil. Tribur. a. 895, c. 22, inscr., ib., p. 224. Sit omnis homo credibilis, qui non fuerit accusationibus infamatus. Leg. II Cnut, tit. 22, Quadrip., LIEBERMANN, p. 325 col. 1. **2.** refl. se infamare: *se rendre odieux — to give offence.* Cognoscens quod se graviter apud homines infamasset. RUDOLF., G. abb. Trudon., lib. 3 c. 15, ed. DE BORMAN, p. 49.



**infamatio:** *diffamation — defamation.* Nec laici clericos in suis accusationibus vel infamationibus debent recipere. Leg. Henrici, tit. 5 § 8, LIEBERMANN, p. 549.

**infamator:** **diffamateur — defamer.*

**infamia: 1.** *tare — slur.* [Filii ex sceleratis nuptiis nati] non habeantur legitimi heredes, sed infamia sint notati. Lex Sal., tit. 13 § 9 addit. 2. **2.** **diffamation — defamation.* Suam infamiam [accusatus de latrocinio] ad Dei judicium purget. Capit. Caris. a. 873, c. 3, II p. 344 l. 28. Si quis fidelis libertate notabilis aliquo crimine aut infamia deputatur. Concil. Tribur. a. 895, c. 22, p. 225. **3.** *reproche, réfutation — challenge.* Contra ipsam scripturam aliquam inferre potuissem infamiam. *Hist. de Languedoc*[3], II pr. no. 189 col. 383 (a. 875, Elne).

**infamis:** *notoirement suspect — subject to public suspicion.* De illis liberis hominibus qui infames vel clamodici sunt de testeiis vel latrociniis et rapacitatibus et assalturis. Capit. Caris. a. 873, c. 3, II p. 343.

**infancio,** infanço (< infans): **1.** *enfant — child.* DE HINOJOSA, *Doc.*, no. 8 p. 11 (a. 1007). Fuero de Sepúlveda a. 1076, c. 4, ed. SAÉZ, p. 46. **2.** *hobereau, membre de la couche inférieure de la noblesse — squire, country gentleman.* S. xii, Hisp.

**infans: 1.** un *enfant* dans son rapport avec les parents, *fils* ou *fille* — a *child* in its relation to its parents, a *son* or *daughter.* Quicumque uxorem acceperit et infantes inter se non habuerint. Chilperici edict., c. 5, *Capit.*, I p. 8. Ancilla mea nomen illa unacum infantes suos illus et illus. F. Arvern., no. 3, *Form.*, p. 30. Utrum, ubi colonam servus cujuslibet uxorem acceperit, infantes illorum pertinere deberent ad illam colonam an ad illum. Resp. misso data (a. 801-814?), c. 1, *Capit.*, I p. 145. Talem fidem . . . unusquisque infantibus fratris sui . . . conservabit. Conv. ap. Marsnam a. 851, c. 3, *Capit.*, II p. 73. Infantes qui ante malefactum generati fuerint. Leg. Edw. Conf., tit. 19 § 2, LIEBERMANN, p. 645. **2.** *jeune prince, jeune homme de naissance royale — young prince, young man of royal birth.* R. infans Garsiae regis filius. DC.-F., IV p. 351 col. 2 (ch. a. 1080, Castil.). Aquitaniae ducatum tenente Guillelmo infante Pictavorum comite. Ib. (ch. a. 1088). Guilelmum infantem [i. e. clitonem]. ORDERIC. VITAL., lib. 11 c. 37, ed. LE PRÉVOST, IV p. 292. Infans Apuliae a domno papa Honorio sublimatur in imperatorem. Chron. mon. Mortui Maris, ad a. 1219, ap. DC.-F., IV p. 351 col. 2.

**infanta** (< infans): *princesse — princess.* DE SAÉNZ, *Concil. Hisp.*, III p. 325 (a. 1077). D'ACHÉRY, *Spic.*, VIII p. 176 (a. 1132, Castil.).

**infantaticum** (< infans): *héritage princier — a prince's heritage.* S. xii, Hisp.

**infantilis:** **d'enfants, enfantin — childly, childish.*

**infantiliter:** **en enfant, comme un enfant — as a child, like a child.*

**infantissa:** *princesse — princess.* S. xii, Hisp.

**infascinare:** *ensorceler — to bewitch.* S. xiii.

**infatigabiliter:** **infatigablement — indefatigably.*

**infatuare:** **vicier, énerver — to spoil, debilitate.*

**infatuus:** *point imbécile — not stupid at all.* LIUDPR. CREMON., Antapod., ed. BECKER, p. 4.

**infectio: 1.** *infection, empoisonnement — infection, poisoning.* **2.** **influence, action* sur qq'un ou qqch. — *influence, impact.*

**infectivus:** *infectant, vénéneux — infecting, poisoning.* S. xiii.

**infeodare,** -feu- (< feodum): **1.** aliquid: *inféoder, concéder en fief — to enfeoff, to grant as a fief.* Infeudare aut invadiare seu inbeneficiari. USSERMANN, *Wirceb.*, p. 28 (a. 1097). Trad. S. Stephani, no. 15, *Mon. Boica*, IX p. 60 (a. 1100). Alicui infeodatum fuerit. *UB. Hochst. Halberstadt*, no. 146 p. 112 (a. 1109-1120). Ne aliquis . . . advocatiam praesumat alienare aut ullomodo alicui infeudare. LEIBNITZ, *Orig. Guelf.*, II p. 472 (a. 1120, Weingarten). Si que ita inpheodata sunt, ut necessarie transeant ad successiones decendentium vasallorum. JORDAN, *Urk. Heinr. d. Löwen*, no. 112 p. 169 (a. 1179. Si contigerit allodium aliquod, etiam infeudatum, conferri ecclesiae. Libri feudor., vulg., lib. 2 tit. 53 § 12, ed. LEHMANN, p. 179. **2.** aliquem: *munir, investir d'un fief — to provide, invest with a fief.* Neque de servis et ancillis ecclesie dominum quempiam . . . possum infeodare aut de bonis omnimodis ecclesie. ROUSSEAU, *Actes de Namur*, no. 9 (a. 1154). Sicut pater ab ipso rege . . . infeodatus fuerat. GISLEB. MONT., c. 69, ed. VANDERKINDERE, p. 109. **3.** aliquem: *traiter comme un dépendant qui fait partie d'un fief — to treat as a dependant belonging to a fief.* [Domina tradidit servum suum] ad s. Emmerammi altare ea conditione, ut 5 nummorum censu dato nullius infestetur vel infeudetur dominio. WIDEMANN, *Trad. S.-Emmeram*, no. 908 p. 447 (a. 1175). Censu 5 nummorum annuatim dato ab omni libera sit servitute et nullius infeudetur dominatione. Ib., no. 913 p. 451 (a. 1177).

**infeodatio,** -feud-, -foed-: *inféodation — grant of a fief.* Inpheodacionibus, confirmationibus et beneficiis. KRÜHNE, *UB. Kl. Mansfeld*, IV no. 3 (a. 1064-1084). Non liceret episcopo decimam per infeodacionem sive vendicionem ab ecclesia sua alienare. D. Heinrici VI a. 1190, *Const.*, I no. 328. Quicquid per infoedationem alienatum est. Casuum s. Galli contin. II, c. 8, *SS.*, II p. 161 l. 6.

**infeodatus,** -feud- (subst.): *fieffé — grantee of a fief.* Si quis infeudatus feudi investituram non petierit. Frid. I reg. const. Roncal. a. 1154, *Const.*, I no. 149.

**infeofamentum:** *concession d'un fief — enfeoffment.* S. xiv, Angl.

**inferax:** **infertile, stérile — barren.*

**inferenda** (neutr. plural. et femin. singul.), -dum (neutr. singul.) (< inferre): **1.** une *redevance* en nature ou en argent exigée chaque année par le fisc — a *tribute* in kind or money exacted yearly by the fisc. Nec condemnare nec inquietare nec inferendas sumere praesumatis. *D. Merov.*, no. 4 (a. 546). Annis singulis inferendam solidos sex inferendales in fisci ditione solvebant. Ib., no. 74 (a. 705). Rex vaccas cento soldaris, quod in inferenda de pago Cinomaneco in fisce [i. e. fisci] diciónebus sperabatur, ad ipsa sancta basileca annis singolis concessisset. Ib., no. 84 (a. 716). G. dux de inferendis vel undicumque juvamen nobis ut praestare non cessat. PARDESSUS, addit. no. 85, II p. 478 (a. 710, Le Mans). Quicumque vicarii vel alii ministri comitum tributum quod inferenda vocatur

majoris pretii a populo exigere praesumpsit quam ... constitutum fuit. Capit. missor. Wormat. a. 829, c. 15, II p. 17. Nullus ... exigere presumat freda, non tributa, non mansiones nec paratas nec theloneum nec inferendas. *D. Charles II le Chauve*, no. 21 (a. 843). Ut nullus comes ... inferendas ab eo [cenobio] exigere presumat. *D. Charles III le Simple*, no. 32 (a. 900). **2.** *don annuel fait aux églises et monastères — a present given every year to churches and monasteries.* Illas inferendas vel omnia exactum, quod ex ipsa villa ad partem s. Gervasii reddere debetur. PARDESSUS, II no. 517 p. 330 (a. 721, Maine). Si quiscumque liber homo ancillam suam ... vestam religiosam induerit, ut ei, sicut consuitudo terrae istius est, inferendam aut oblationem per loga sanctorum deveat deportare. Liutprandi leg., c. 95 (a. 727).

**inferendalis:** *de la qualité requise pour les redevances dues au fisc dites "inferenda" — good enough to be delivered as a tribute.* Quinnentas vaccas inferendalis [i. e. inferendales] annis singolis ... censiti reddebant. FREDEG., lib. 4 c. 74, *SRM.*, II p. 158. Vaccas cento inferendalis [i. e. inferendales], quod annis singolis in fisce diccionebus sperabatur, ad baselica[m] concessit. *D. Merov.*, no. 84 (a. 716).

**inferiorare:** *détériorer — to debase.* S. xiii.

**infernalis:** **de l'enfer — of hell.* Subst. neutr. plural. **infernalia:** *l'enfer — hell.* S. xii.

**infernus,** -um: **l'enfer — hell.*

**inferre:** *proférer, dire, répondre — to utter, say, reply.* Quaestionem. BOET., Contra Eutych., c. 8, ed. PEIPER, p. 214. Intulit verba dicens ... ARBEO, V. Haimhrammi, rec. A c. 14, *SRM.*, IV p. 486. Intulistis quorumdam relacione merore affectos. Gregor. IV pap. (a. 827-844) epist., *Epp.*, V p. 229 l. 33. Non sit vobis oneri quod illaturus sum. LUP., epist. 89, ed. LEVILLAIN, II p. 88. His inferens post alia dicit ... ANAST. BIBL., Chron., ed. DE BOOR, p. 73.

**infertilis:** **stérile — barren.*

**infertor:** *sénéchal,* l'un des grands officiers de cour — *steward,* one of the chief court ministers. Majorem, infestorem [leg. infertorem], scantionem, mariscalcum ... Lex Sal., tit. 10 § 2, text. Herold. *D. Ludwigs d. Deutsch.*, no. 96 (a. 859). *D. Heinrichs II.*, no. 427 (a. 1020). Lex famil. Wormat. (a. 1023-1025), *Const.*, I no. 438, c. 29. Infertor ciborum imperatoris. WIPO, G. Chuonradi, c. 37, ed. BRESSLAU, p. 57. Etiam ib., c. 4, p. 24. Signum O. infertoris dapium sive seneschalci. DC.-F., p. 353 col. 3 (ch. a. 1110, Grenoble).

**infertorium:** *plateau* pour servir les mets — *dinner-tray.*

**inferus** et plural. inferi: **l'enfer — hell.*

**infestatio:** **attaque, hostilité — attack, assault.*

**infeudare** et derivata, v. infeod-.

**1. inficere:** **provoquer, causer — to give rise to.*

**2. inficere:** *ne pas faire, laisser inachevé — to leave undone, unfinished.* S. xii.

**infidelis: 1.** *déloyal, coupable d'un acte d'infidélité, de trahison — unfaithful, guilty of a breach of faith, traitorous.* Rex ... jussit B., qui sibi semper fuerat infidelis, gladio percuti. GREGOR. TURON., Hist. Franc., lib. 8 c. 11. Infidelis apparuisti domino nostro rege [i. e. regi]. Ib., c. 43. Regi infidelis de vita componat. Lex Ribuar., tit. 60 § 6. Isti infideles homines magnum conturbium in regnum domni Karoli regi[s] voluerint terminare [i. e. interminari] et in ejus vita[m] consiliati sunt. Capit. miss. (a. 792/793), c. 1, I p. 66. Si quis domino regi infidelis apparuerit, capitali sententia punietur. Capit. de partib. Saxoniae (a. 785), c. 11, p. 69. Juraret ... quod ille in mortem regis sive in regno ejus non consiliasset nec ei infidelis fuisset. Synod. Franconof. a. 794, c. 9, p. 75. Quicumque ... latroni mansionem dedit, ... quasi latro et infidelis judicetur; quia qui latro est, infidelis est noster et Francorum. Capit. per miss. cogn. fac. (a. 803-813), c. 2, p. 156. Pro infidele teneatur, quia sacramentum fidelitatis quod nobis promisit irritum fecit, et ideo ... dijudicandus est. Capit. legib. add. a. 818/819, c. 20, p. 285. [Si in inquisitione] aliter quam se veritas habeat dixisse aliquis deprehensus fuerit, sciat se inter infideles esse reputandum. Capit. de missis instr. a. 829, II p. 8 l. 27. Quando missi vel comites nostri latronem vel aliquem malefactorem vel infidelem nostrum forbannierint. Capit. Caris. a. 873, c. 1, p. 343. Ut nemo fidelium nostrorum quodammodo aliquem celet, quem nostrum scierit infidelem esse. Capit. Pap. a. 876, c. 15, p. 103. **2.** *peu digne de foi — whose word is not trustworthy.* S. xii. **3.** **incrédule, infidèle, païen — unbelieving, infidel, heathen.*

**infidelitas: 1.** *déloyauté, infidélité — unfaithfulness, disloyalty.* **2.** *acte de déloyauté, manque de foi, trahison — breach of faith, treason.* [Episcopi] in infidilitate nostro [!] fuerant inventi. *D. Merov.*, no. 48 (a. 677). In regis Francorum infidelitate foris patria ad infideles se sociavit. *D. Arnulfing.*, no. 12 p. 100 (a. 726). Ne alicui infidelitate [i. e. infidelitati] illius [sc. regis, genet. object.] consentiant aut retaciat [i. e. reticeant]. Capit. miss. gener. a. 802, c. 2, I p. 92. Ne forte [qui regis beneficium habent] in aliqua infidelitate inveniantur. Capit. miss. Niumag. a. 806, c. 7, p. 131. Si quilibet homo de uno regno hominem de altero regno de infidelitate contra fratrem domini sui apud dominum suum accusaverit. Div. regn. a. 806, c. 14, p. 129. De rebus quae ad rem publicam pertinent si comes aut ministerialis rei publicae cuiquam concesserit, pro infidelitate computetur. Capit. Ital. Karolo M. adscr., c. 9, p. 217. Si ... timet aliquis de vobis quod noster senior alicui de vobis reputare inantea debeat hoc factum aut pro sua infidelitate aut pro sua desinhonorantia. Capit. missa de Caris. a. 856, c. 7, II p. 280. Juro ... quod ... fidelis sum et ero ... A. imperatori et nunquam me ad illius infidelitatem cum aliquo homine sociabo. Juram. Romanorum a. 896, ib., p. 123. **3.** *manque de parole, violation de serment — breach of promise, violation of one's oath.* Quibuscumque per legem propter aliquam contentionem pugna fuerit judicata, praeter de infidelitate, cum fustibus pugnent. Capit. Olonn. mund. a. 825, c. 12, I p. 331. **4.** **manque de foi, incroyance, infidélité religieuse — lack of faith, unbelief.*

**infidiare** (< fides): *mettre hors la loi, bannir — to outlaw, banish.* Mulier ... non capiatur nec judicetur nec infidietur absente viro suo. Fuero de León (a. 1017-1020), c. 42, WOHLHAUPTER, p. 18.



**infiduciare:** *engager, remettre en gage — to pledge, mortgage.* Si infans ... res suas cuicumque dederit aut infiduciaverit. Liutpr. leg., c. 58 (a. 724). Res illas ... quas A. liber homo infiduciatas aut in pignus tenuit a servis nostri palatii. DC.-F., III p. 492 col. 2 (ch. ca. a. 820, Benev.). Nullam habeat potestatem quolibet modo alienandum neque infiduciandum neque venundandum. Capitula data presbyteris, c. 9, BALUZ., *Capit.*, append., II col. 1375.

**infigere:** *arrêter, édicter — to resolve, enact.* Hoc decretum a nobis infixum qui fuerit ... transgressus. Concil. Matiscon. a. 585, c. 9, *Conc.*, I p. 169.

**infimus.** Lex infima: *la basse justice — lower jurisdiction.* Tam de alta quam infima lege placitaret. VERCAUTEREN, *Actes de Flandre*, no. 120 (a. 1125).

**infinitivus:** **innombrable — innumerable.*

**infinitus:** **innombrable, très nombreux — innumerable, very many.*

**infirmans,** subst.: **un malade — a patient.*

**infirmare: 1.** *invalider, canceller — to invalidate, cancel.* Omnes chartas et scripta super institutione vel confirmatione communie facta ... penitus infirmamus. *Actes Phil.-Aug.*, no. 369 (a. 1190/1191), I p. 455. **2.** passiv. infirmari: **être malade — to be ill.*

**infirmaria,** firmaria: *infirmerie d'un monastère — monastic infirmary.* Consuet. Fructuar., lib. 1 c. 47, ALBERS, IV p. 59. MIRAEUS, I p. 382 col. 2 (a. 1130, Andres).

**infirmarius** (subst.): *infirmier dans un monastère — monastic infirmarer.* Consuet. Fructuar., lib. 2 c. 12, ALBERS, IV p. 176 l. 40. BERTRAND, *Cart. d'Angers*, I no. 297 p. 341 (ca. a. 1070).

**infirmis:** **faible — weak.*

**infirmitans** (adj.): *malade — ill.* Sanans infirmitantum languores. GREGOR. TURON., V. patr., c. 15 § 2, *SRM.*, I p. 722. Pluries apud eundem.

**infirmitas:** **débilité, maladie — invalidity, illness.*

**infirmitorium,** -ma-: *infirmerie d'un monastère — monastic infirmary.* Chron. Montis Sereni, ad a. 1170, *SS.*, XXIII p. 153. CAESAR. HEIST., Dial., lib. 1 c. 35, ed. STRANGE, I p. 44; lib. 9 c. 2, II p. 168.

**infirmus: 1.** **malade — ill.* **2.** *caduc, sans valeur — invalid, null and void.* Infirma esse sancivit quae contra religionem fuerant cogitata vel gesta. CASSIOD., Hist. Trip., lib. 1 c. 9, *CSEL.*, t. 71 p. 24.

**infiscare** (< fiscus): **1.** *retirer, saisir en faveur du fisc, confisquer — to seize in behalf of the fisc, to confiscate.* Anime sue incurrat periculum et res illius infiscentur. Edict. Rothari, c. 1. Ibi saepe. Edict. Langob., Ratchis, c. 9 (a. 746). Res ejus infiscentur in publico. Lex Alamann., tit. 24. Eadem verba: Lex Baiwar., tit. 2 § 1. Res suas contradicere nec minuare nec contangere nec infiscare non praesummatis. *D. Merov.*, no. 48 (a. 677). Possessiones vero vel agros eorum omnes infiscati esse noscuntur. Ann. Nazar., contin., a. 786, *SS.*, I p. 43. Placet nobis ut res eorum infiscentur quousque, venientes ad audientiam, justiciam faciant. Capit. Olonn. mund. a. 825, c. 5, I p. 330. De vita componat et omnes res ejus infiscentur. Edict. Pist. a. 864, c. 25, cod. 3, ib., II p. 321 l. 37. Post judicium mortis omnia quae illorum erant infiscari praecepit. HINCMAR., Ann. Bertin., a. 871, ed. WAITZ, p. 116. Qui suo regi est infidelis convictus, juxta sanccitam legem res ejus infiscentur. *D. Berengario I*, no. 62 (a. 905), p. 171 l. 1. **2.** (cf. voc. fiscus sub 9): *inféoder — to enfeoff.* [Villam] a rege V. sibi postulat dari. Quod ubi rex annuisset, audiens domnus Hincmarus praesul ... hanc infiscari villam ... FLODOARD., Hist. Rem., lib. 1 c. 24, *SS.*, XIII p. 444 l. 30. Canonicorum monasterium ... viris militaribus infiscatur. G. pontif. Camerac., lib. 2 c. 18, *SS.*, VII p. 460. Abbatiola ... militaribus viris beneficio infiscatur. Ib., c. 41, p. 464.

**infitiator:** *faux dénonciateur — false denouncer.* GREGOR. TURON., Hist. Fr., lib. 5 c. 49.

**infitiatrix:** *fausse dénonciatrice — false denouncer.* HEPIDANN., V. Wiboradae (s. xi ex.), c. 2 § 11, *AASS.*³, Maji I p. 302 E.

**inflatio:** **orgueil — pride.*

**inflictus** (decl. iv): **1.** **heurt, choc — thrust, blow.* **2.** **action d'infliger — inflicting.*

**influentia:** *influence — influence.* S. xiii.

**influus:** **abondant — abundant.*

**infoderare,** inforrare (< fodorus): *fourrer, doubler ou garnir de fourrure — to line or edge with fur.* S. xiv.

**inforestare** (< forestis): *soumettre au droit forestier — to afforest, place in a forest status.* In silvis ... quas ille ... noviter inforestat. *D. Ottos III.*, no. 43 (a. 988). Genus ferarum, quod inforestatum jure banni interdicitur lege. *D. Heinrichs III.*, no. 237 (a. 1049).

**informare: 1.** *disposer, organiser — to arrange, instate.* Regulari institutione loco [i. e. monasterio] informato. V. Joh. Gorz., c. 53, *SS.*, IV p. 352. **2.** aliquem: **instruire — to instruct.* **3.** *guider — to guide.* His informatus exemplis. *D. Ugo*, no. 46 p. 140 (a. 937). **4.** *informer, mettre au courant — to inform, post.* S. xiii. **5.** *remettre en possession — to reinstate.* Absque ulla dilatione in predictis rebus eum informaret. GERMER-DURAND, *Cart. de Nîmes*, no. 5 p. 11 (a. 892). **6.** aliquid: *redonner, restituer — to give back, restore.* Altaria quaedam et decimas, quae aliquamdiu per peccatum tenuimus, ad honorem et servitium Dei informare curavimus. MIRAEUS, II p. 1156 col. 1 (a. 1120, Guines).

**informatio: 1.** *disposition — arrangement.* S. xii. **2.** **enseignement, instruction — teaching, instruction.* **3.** *action de guider, gouverne — guidance, directive.* Litterarum exemplaria pro tua informatione transmisimus. GREGOR. M., lib. 9 epist. 167, *Epp.*, II p. 166. **4.** *information — information.* S. xiii.

**informativus:** *de formation — formative.* S. xiii.

**informator:** **celui qui instruit, maître — teacher.*

**informitas:** **informité — formlessness.*

**infortiamentum:** *fortification — fortification.* S. xiii.

**infortiare** (< fortia): **1.** *fortifier, munir d'une enceinte — to fortify, wall in.* Nos nec dictam villam inforciare poterimus. DC.-F., III p. 573 col. 1 (ch. a. 1093-1105). Andeliacum non poterit infortiari. Ch. Rich. reg. Angl. a. 1195, BRUSSEL, *Examen*, II p. XVI. Ad villam claudendam et inforcendam ... omnes ... ponunt. BOURGIN, *Soissons*, p. 432 no. 15 c. 12 (s. xii ex.). **2.** *renforcer, munir*

*de nouvelles fortifications — to reinforce, fit with new defence works.* Cum castellum suum contra illius violentiam infortiare vellet. BERTRAND, *Cart. d'Angers*, I no. 327 p. 374 (ca. a. 1100). In comitatu Pontivi nec nos nec heredes nostri aliquam novam forterciam faciemus nec aliquam veterem inforciabimus. BRUNEL, *Actes de Pontieu*, p. 420 no. 287 (a. 1231). **3.** absol.: *construire des fortifications — to erect fortifications.* Faciet et inforciabit in terra illa ... sicut voluerit tanquam de sua. *Actes Phil.-Aug.*, no. 517 (a. 1196), c. 11, II p. 55. **4.** *renforcer, augmenter le poids* d'une monnaie — *to reinforce* a coinage. Mille quinque centum libras denariorum infortiatorum Cremone. *Const.*, I no. 310 (a. 1186). **5.** *renforcer, amplifier* un corps — *to reinforce* a body with additional members. S. xiii. **6.** *violer* une femme — *to violate* a woman. De raptu quod dicitur adulterium, de muliere infortiata ... QUANTIN, *Cart. de l'Yonne*, II p. 260 no. 242 (a. 1174).

**infortis:** **lâche — cowardly.*

**infortuitus:** *malheureux — unlucky.* S. xiii.

**infossare:** *entourer d'un fossé — to enclose with a ditch.* S. xii.

**infra** (praepos.): **1.** *à l'intérieur de — within* a space. Arbor inclausus infra oratorium. Ps.-ANTON. PLACENT, Itin., c. 15, *CSEL.*, t. 39 p. 169. Infra murus [i. e. muros] Ravenne urbis ... recipere. FREDEG., lib. 4 c. 69, *SRM.*, II p. 155. Infra urbe. Pass. Praejecti, c. 26, *SRM.*, V p. 241. **2.** *pendant — during.* Infra actionem [i. e. canonem missae]. Sacram. Gelas., passim. **3.** *en moins de — within* a time. Infra dierum octo. LIUDPRAND. CREMON., G. Ottonis, ed. BECKER, p. 173. Infra paucum tempus. JOH. VENET., Chron., ed. MONTICOLO, *Cron. Venez.*, p. 66.

**infractio:** **1.** *effraction — burglary.* **2.** *amende pour une effraction — fine for burglary.* Sanguinem, infractionem, bannum seu aliquam prorsus consuetudinem non requirimus. D. Lud. VI reg. Fr. a. 1120, MENAULT, *Morigny*, p. 26. **3.** *infraction — breach.* Infractio immunitatis: infraction d'immunité — breach of immunity. Infractiones immunitatum et incendia et assalituras. Capit. Pist. a. 862, c. 4, II p. 309 l. 19. Infractio pacis: rupture de la paix — breach of the peace. Domesday. Infractio urbis: rupture de la paix urbaine — breach of the peace of a town. BOURGIN, *Soissons*, p. 440 no. 17 c. 10 (a. 1224/1225). Infractio ordinis: acte de violence commis contre un ecclésiastique — violence done to a person in holy orders. Quadrip., LIEBERMANN, p. 467 col. 1.

**infractura:** **1.** *effraction — burglary.* F. Sal. Bignon., no. 27, inscr., *Form.*, p. 237. Fecisti furtum aut sacrilegium aut infracturas vel rapinam? REGINO, Syn. caus., lib. 1 c. 304, ed. WASSERSCHLEBEN, p. 143. **2.** *justice des effractions — jurisdiction regarding burglary.* Furtum, taxiam, infracturam, assaltus ... QUANTIN, *Cart. de l'Yonne*, I p. 170 (ch. a. 1035, Auxerre). Donamus ... bannum omnemque infracturam, et si quae sunt aliae consuetudines legum. *D. Charles II le Chauve*, no. 479, II p. 596 (< a. 860 >, spur. s. xi in.). **3.** *infraction — breach.* Infractura ecclesiae, atrii: acte de violence commis dans un lieu saint — violence done inside holy precincts. De ecclesiarum infracturis atque clericorum dehonorationibus. Capit. post conv. Confluent. missis trad. a. 860, sect. E c. 7, II p. 301. Ne pro aliqua re vel infractura intermittatur aliquando divinum officium in eadem ecclesia. BERTRAND, *Cart. d'Angers*, I no. 20 p. 36 (a. 972). Infractura ecclesie vel atrii. VERCAUTEREN, *Actes de Flandre*, no. 127 (a. 1127). Infractura ordinis: acte de violence commis contre un ecclésiastique — violence done to a person in holy orders. Redduntur duae librae pro infractura ordinis. Leg. Henrici, tit. 68 § 5, LIEBERMANN, p. 587. Infractura immunitatis: infraction d'immunité — breach of immunity. Prepositus meus [sc. ducis Aquitaniae] fecerat infracturam in burgum s. Cypriani, et alii servientes mei in quasdam obedientias sancti. RÉDET, *Cart. de S.-Cyprien de Poitiers*, no. 321 p. 200 (a. 1088-1091). Infractura pacis: rupture de la paix — breach of the peace. De infracturis ceterisque forisfactis quae in terris infra communiam fiebant. Lud. VI reg. Fr. priv. pro Suession. a. 1136, BOURGIN, *Soissons*, no. 12, p. 422. Si quis in chemino in alium violenter manus injecerit ..., infracturam chemini forisfactor 7 solidis emendabit. Ch. commun. Meldensis a. 1179, TEULET, *Layettes*, I no. 299. Quicumque intra pacem civitatis infracturam fecerit de raptu vel de furto vel de plage. Phil. II Aug. priv. pro Atrebat. a. 1194, ESPINAS, *Artois*, no. 108, c. 8. **4.** *justice au sujet des actes de violence commis dans un lieu protégé — jurisdiction regarding violence done within a guarded space.* Prioratum ... cum atrio et infractura ejus. MABILLON, *Ann.*, VI, app. p. 723 col. 2 (ch. a. 1149, Champagne).

**infractus:** **non abattu, non rompu — unbeaten.*

**inframittere:** **1.** aliquem in aliqua re: *mettre en possession — to seize* a person of a thing. **2.** refl. se inframittere: *se mêler de* qqch. — *to interfere, meddle with* a thing. Ut quivis abhinc episcoporum, si de clericorum se inframitteret rebus, anathemate foret damnatus. RATHER., Apolog., c. 7, MIGNE, t. 136 col. 639 A.

**inframuraneus** (adj.): *sis à l'intérieur de l'enceinte — located inside the walls.* GREGOR. TURON., Hist. Fr., lib. 2 c. 34; lib. 7 c. 22. Id., Vit. patr., lib. 7 c. 3, *SRM.*, I p. 689.

**infrangibilis,** -fring-: **qu'on ne peut briser, inviolable — unbreakable, inviolable.*

**infrigidare:** **refroidir — to cool.*

**infringere:** **1.** *cambrioler — to burgle.* Casa[m] sua[m] infregisset et res suas exinde deportassit. F. Andecav., no. 39, *Form.*, p. 17. Cellarium vel spicarium vestrum infregi et exinde annonam furavi. F. Sal. Bignon., no. 27, p. 237. Si quis domum alienam infregerit. *Capit.*, I p. 160 c. 2 (a. 810/811?). Qui rapinas exercent, domos infringunt. Alloc. missi Divion. a. 857, c. 3, ib., II p. 292. **2.** legem, ordinem, caet.: **briser, enfreindre, contredire, bouleverser — to break, infringe, contradict, upset.* **3.** spec.: *commettre une infraction d'immunité*, un acte de violence dans un lieu protégé ou contre une personne privilégiée — *to perpetrate breach of immunity*, to do violence within a guarded place or to a privileged person. Ut aecclesia, viduae, orfani vel minus potentes pacem rectam habeant; et ubicumque fuerit infractum, 60 sol. conponatur.



Capit. ad leg. Baiwar. add. (a. 803), c. 1, I p. 157. Qui monasteria atque sacrata loca vel ecclesias infringunt et deposita vel alia quaelibet exinde abstrahunt. Concil. Meld. a. 845, c. 60, ib., II p. 412. Quisquis ... possessiones Dei consecratas atque ... sub regia immunitatis defensione constitutas inhoneste tractaverit vel infringere praesumpserit. Concil. Mogunt. a. 847, c. 6, ib., p. 177. De his qui immunitates infringunt et qui incendia et voluntaria homicidia et adsalituras in domos faciunt. Capit. miss. Silvac. a. 853, c. 3, p. 272.

**infrontare** (< frons): (d'une terre) *confiner* par la tête à une autre terre — (of a field) *to border* at the front on another field. Campus ... infrontat de parte occidentis ... CASSAN-MEYNIAL, *Cart. d'Aniane*, p. 266 no. 123 (a. 829-840). Infrontat vel inlaterat ipsa terra deab undique ... *Hist. de Languedoc*[3], II pr. no. 172 col. 352 (a. 869, Elne).

**infrontate:** **impudemment — pertly.*

**infrontatus:** *effronté — bold.* Filiis congerrones [accapareurs — engrossers] infrontati omnia congerunt. Concil. Papiense (a. 1012-1024), praef., MANSI, t. 19 col. 343. Infrontati ab ecclesia thesaurum ecclesiae tollunt. BRESSLAU, *Jahrb. Heinr. II.*, III p. 344 (s. xi, Vercelli).

**infructuose:** **infructueusement, sans résultat, inutilement — fruitlessly, in vain.*

**infugare:** *mettre en fuite — to put to flight.* Claudius dux vix cum 300 viris 60 ferme milia Francorum noscitur infugasse. JOH. BICLAR., ad a. 589, *Auct. ant.*, XI p. 218. V. Arthellaidis, c. 3, *AASS.*, Mart. I p. 264 A. Direxerimus eos quocumque vel infugaverimus. Radelchisi Benev. capit., c. 16, *LL.*, IV p. 223.

**infulae** (femin. plural.), infula (singul.): **1.** **bandeau* comme insigne d'une charge — symbol of a dignity in the form of a *ribbon.* **2.** gener.: *les insignes d'une charge — the symbols of a dignity.* Infula sacerdotalis honoris decorati. F. cod. Laudun., no. 8, *Form.*, p. 517 l. 20. Infulae ecclesiasticae [habit de moine — monk's garb]. ODILO SUESS., Transl. Sebastiani, MABILLON, *Acta*, IV pt. 1 p. 396. **3.** meton.: *charge importante — august dignity.* Mox ut adeptus est ... infulas principales [i. e. imperiales]. Hormisd. pap. epist. 44, THIEL, p. 833. Glorioso in infolis regalibus excelenti. F. Bituric., no. 11, *Form.*, p. 173. Archiepiscopatus infula sublimato. Bonif. et Lull. epist. 78, inscr., *Epp.*, III p. 374. [Imperator Constantinopolitanus] suffragio civium et praetorianorum militum studio infulas imperii suscepisse dicitur. Ann. regni Franc., a. 821, ed. KURZE, p. 155. Zwentibaldus filius regis infulam regni a patre suscipiens. Ann. Fuld., contin. Ratisb., a. 895, ed. KURZE, p. 126. Pontificalibus infulis succederet. GUIBERT. NOVIG., De vita sua, lib. 3 c. 2, ed. BOURGIN, p. 131. **4.** meton.: *statut privilégié — privileged status.* Monasterium ... privilegii sedis apostolicae infulis decoretur. Zachar. pap. priv. a. 751, *Epp.*, III p. 374 col. 1. Eadem verba: Lib. diurn., no. 32, ed. SICKEL, p. 23. **5.** spec.: *chasuble — chasuble.* S. xiii.

**1. infulatus** (adj.) (< infulae): **1.** *revêtu des insignes d'une charge — adorned with the symbols of a dignity.* Formosum infulatum in tribunali constituerunt. Invect. in Romam (ca. a. 928), DÜMMLER, *G. Berengarii*, p. 141. Die sancto solito more W. antistes infulatus processit. SIGEBOTO, V. Paulinae (s. xii med.), c. 34, *SS.*, XXX p. 926 l. 47. **2.** meton.: *qui a été investi d'une charge — vested with a dignity.* [Gerardum] episcopali munere infulatum. G. pontif. Camerac., lib. 3 c. 1, *SS.*, VII p. 465.

**2. infulatus** (decl. iv) (< infulae): *charge — dignity.* Papa ... sacrum illi pontificatus tradidit infulatum. RADBOD. TRAJECT., V. altera Bonifatii, c. 10, ed. LEVISON, p. 69.

**infundere:** **inspirer — to inspire.*

**infusorium:** **broc — jug.*

**ingadiare,** ingagiare, ingazare, ingaziare, inguadiare, v. inwadiare.

**ingannare,** inganare (< ingannum): *tromper, désavantager — to deceive, swindle.* De prescripto placito clericos vel canonicos prescriptos non inganent. ROUQUETTE, *Cart. de Béziers*, no. 79 p. 102 (a. 1071). De praedicta convenientia et dono non ingannem te umquam. *Hist. de Languedoc*[3], V no. 519 col. 982 (a. 1128).

**ingannatio:** *supercherie, escroquerie — cheating, swindle.* Ne ad ipsum infantulum aliqua ingannatio facta non fuisset. FICKER, *Forsch.*, IV no. 12 p. 18 (a. 843, Piacenza).

**ingannum,** en-, -ganum (< ingenium): *dol — deceit.* Reddo et guerpio sine inganno ... villam. CASSAN-MEYNIAL, *Cart. d'Aniane*, p. 404 no. 278 (a. 1022). Item *Gall. chr.*[2], XIII instr. col. 88 C no. 3 (a. 1111, Pamiers).

**ingeniare:** **1.** *rédiger d'une manière fallacieuse — to draw up with a deceptive aim.* Hoc sacramentum non habemus ingeniatum nec inantea pro ingeniato tenebimus. BERNARD-BRUEL, *Ch. de Cluny*, no. 3779, V p. 129 (ca. a. 1100). **2.** *inventer, effectuer par artifice — to invent, operate by a special device.* Interfeci in vestris forestibus lupos 240; interfeci dico, quia me jubente et ingenuante [leg. ingeniante] capti fuerunt. Frothar. Tull. epist. 1, *Epp.*, V p. 277. Fecit ... fieri quoddam ligneum castrum ...; quod castrum ingeniatum et edificatum erat super 4 rotas. ANON., G. Francorum, c. 33, ed. BRÉHIER, p. 172. **3.** *s'emparer de* qqch. *par artifice — to capture in a tricky way.* Si aliquo modo vel ingenio civitatem acquirere vel ingeniare potuerit. Ib., c. 20, p. 100. Etiam c. 38, p. 200.

**ingeniarius,** en-; -ze-; -nie-, -gne-, -ne- (< ingenium): *technicien spécialisé pour les machines de siège — siege-machine engineer.* S. xiii.

**ingeniator:** idem quod ingeniarius. S. xii.

**ingeniculare,** intrans.: **s'agenouiller — to kneel.*

**ingeniculatio:** *agenouillement — prostration.* ADAMN., V. Columbae, lib. 2, c. 32, ed. FOWLER, p. 145. Id., Loca sancta, lib. 3 c. 4, *CSEL.*, t. 39 p. 292.

**ingeniolum:** **faible talent — slight talents.*

**ingeniose:** *par astuce — maliciously.* Ob vitandam reipublicae utilitatem fraudolenter ac ingeniose res suas ecclesiis delegant. Capit. Olonn. mund. a. 825, c. 2, I p. 330. Quicumque liber ingeniose se in servicio tradiderit. Ib., c. 10, p. 331. [Civitatem] ingeniose, quibusdam fraudulenter consentientibus, fuisset ingressus. Actus pontif. Cenom., c. 26, ed. BUSSON-LEDRU, p. 342.

**ingeniosus** (adj.): **1.** *rusé — cunning.* Vocans

eos saepius vulpis ingeniosas. GREGOR. TURON., Hist. Fr., lib. 7 c. 6. **2.** *fallacieux — deceptive.* Amplius per ingeniosas machinationes a presbyteris non exigant. Capit. Pist. a. 869, c. 9, II p. 335 l. 15. Subst. mascul. **ingeniosus:** idem quod ingeniarius. S. xiii.

**ingenitus** (adj.): **non engendré — unbegotten.*

**ingenium: 1.** *moyen, procédé — means.* Nova semper ad ledendum populum ingenia perquaerebat. GREGOR. TURON., Hist. Fr., lib. 6 c. 46. Quocumque ingenio exercitum illuc ire prohiberet. Ib., lib. 8 c. 28. **2.** *titre de droit — legal title.* [Ne] quolibet ingenio vel tempore repetantur. Pact. Andel. a. 587, *Capit.*, I p. 14 l. 8. Tam de alode quam et de comparatu vel de qualibet [i. e. quolibet] ingenio mihi legibus obvenit. BRUCKNER, *Reg. Alsat.*, no. 108 (a. 693-725). Quaecunque acquisivit ... de quocunque ingenio conquisita. Test. Tellonis a. 766, MEYER-PERRET, *Bündner UB.*, I p. 15 l. 12. Quicquid ... aliquo ingenio ... ad publicam partem exigi aut pertinere potuit. *D. Berengario I*, no. 112, p. 287 l. 23. **3.** *motif, raison — ground, reason.* [Si judex] eos non condemnaverit aut premium tolerit ... vel pro qualicumque genio [leg. ingenio] absolserit [i. e. absolverit]. Liudpr. leg., c. 85. Nec fraternitas nec christianitas nec quodlibet ingenium salva justicia ut pax inter nos esset adjuvare posset. Ludov. et Karoli pactum Argentor. a. 842, *Capit.*, I p. 171 l. 24. **4.** *prétexte — pretext.* Petiit ut ... redire permitteretur ad patriam. Quod ille per ingenia dissimulans ... GREGOR. TURON., lib. 4 c. 28. [Rex] cum in multis ingeniis eos exinde auferre niteretur, et illi, dolose eum potantes [i. e. putantes] facere, non crederent ... Ib., lib. 5 c. 2. Clericus cum diversis ingeniis se eidem [reginae] commendavit. Ib., lib. 7 c. 20. Nullus ... hec a vobis auferre quovis ingenio aut occasione temptet. Lib diurn., c. 96, ed. SICKEL, p. 127. Ne comites sub mala occasione vel ingenio res pauperum tollant. Concil. Arelat. a. 813, c. 23, *Conc.*, II p. 253. Nullus quislibet missus noster ... justitiam dilatare praesumat ..., neque praemia pro hoc a quolibet homine per aliquod ingenium accipere praesumat. Capit. Aquisgr. a. 809, c. 7, I p. 149. Quos patres vel matres ... exheredes fecerunt, aliorum scilicet suasionibus aut petitionibus vel aliquo ingenio. Capit. e concil. exc. (a. 828/829 ?), c. 1, I p. 312. Homines christianos de potestate vel regno dominationis vestre scientes non emamus nec venundamus nec pro quolibet ingenio transponamus ut captivitatem paciantur. Lotharii pactum cum Venetis a. 840, c. 3, II p. 131. **5.** **ruse, artifice, machination, mauvais dessein — trick, craft, malice, mischievous plot.* GREGOR. M., lib. 6 epist. 29, *Epp.*, I p. 407 l. 30. Absque ullo dolo malo vel fraudis ingenio inviolabiliter serviturus. Pact. Andel. laud. Rex novo nunc ingenio eam [sc. fidem catholicam] nititur exturbare. GREGOR. TURON., lib. 6 c. 18. Saepius hic ingenia quaereret qualiter eum ab episcopatu deiceret. Ib., lib. 6 c. 22. Si quis per malo ingenio in curte alterius ... de furto [i. e. rem furto captam] miserit. Lex Sal., tit. 34 § 4. Nec per meum nullum ingenium ipso jumento numquam perdedit. F. Andecav., no. 11[b], *Form.*, p. 8. Nec per quolibet ingenium ipsa villa de ipso monasthirio abstraatur. *D. Merov.*, no. 57 (a. 688). Per iniqua cupiditate seu malo ingenio ... abstractas. *D. Arnulfing.*, no. 23 (ca. a. 751), p. 108. Pontifex in ipso monasterio [i. e. ipsum monasterium] per nullum ingenium nullamque occasionem abbatem mittat, nisi ... Concil. Compend. a. 757, *Conc.*, II p. 62. Qui per ingenio fugitando de comitatu ad aliud comitatu[m] se propter ipsum sacramentum distulerit. Capit. missor. (a. 792/793), c. 4, I p. 67. Nemo per ingenium suum vel astutiam perscriptam legem ... marrire audeat. Capit. missor. gener. a. 802, c. 1, p. 92 l. 5. Pro conculcanda justitia ingenium tale facere ausus fuit. Ludov. II capit. Pap. in legem data a. 855, c. 1, II p. 89. **6.** *guet-apens — trap.* A R. duce facto ingenio cum satellite allegatur [i. e. alligatur, "fut fait prisonnier — was captured"]. GREGOR. TURON., lib. 8 c. 26. Interfecerunt illum per ingenium. Chron. s. Bened. Casin., *Scr. rer. Langob.*, p. 487 l. 28. **7.** **invention, chose inventée, artifice — invention, contrivance.* Proferebant regulas aeris incisas pro auro, quas quisque videns non dubitabat aliud nisi quod aurum ... esset: sic enim coloratum ingenio nescio quo fuit. GREGOR. TURON., lib. 4 c. 42. **8.** *appareil — instrument.* De piscariis quartam noctem de ingeniis quorumcumque. VERNIER, *Ch. de Jumièges*, I p. 37 no. 12 (a. 1027). **9.** *machine de siège — siege-machine.* Applicitis ingeniis ... muros perforant. ALBERT. AQUENS., lib. 1 c. 30, MIGNE, t. 166 col. 409 B. Petrariis et ingeniis, quibus urbem vallaverat, incensis. Contin. Aquicinct. ad Sigeb., a. 1193, *SS.*, VI p. 430 l. 43.

**ingenuare, 1.** aliquem: *affranchir — to manumit.* Cum servis istis ... foris illo majore, quem ingenuamus. DE YEPEZ, *Coron. ord. s. Ben.*, VI fo. 449 v° (ch. a. 1044, Hisp.). **2.** aliquid alicui: *douer d'une franchise en plaçant sous la protection d'autrui — to enfranchise and place under another person's guardianship.* Ego ... ingenuo villam M. Deo et s. Petro Cluniacensi et s. Fidei hujus loci. CADIER, *Cart. de Ste-Foi de Morlas*, p. 9 no. 3 (a. 1101). **3.** refl. se ingenuare: *prétendre à la liberté personnelle — to claim personal freedom for oneself.* De his qui se fraudulenter ingenuare volunt. Capit. missor. a. 808, c. 4, I p. 140. Item ib., p. 185, c. 4.

**ingenuatio:** *affranchissement — manumission.* DESJARDINS, *Cart. de Conques*, p. 407 (a. 1076).

**ingenue:** *à titre allodial — in full property.* Ita ingenue et immuniter haberet ipsam terram, sicuti eam comes hactenus possederat. BERTRAND, *Cart. d'Angers*, I no. 113 p. 138 (ca. a. 1117).

**ingenuilis: 1.** *qui convient à un individu libre — characteristic for a freeman.* Ingenuili ordine servicium vel obsequium inpendere. F. TURON., no. 43, *Form.*, p. 158. **2.** (d'une tenure) *qui convient à un tenancier de statut personnel libre; qui rentre dans la catégorie des tenures concédées primitivement aux tenanciers libres* (mais non pas nécessairement détenues par des tenanciers libres) — (of a tenancy) *fitting a personally free tenant; of the class of holdings originally granted to free tenants* (later often held by unfree tenants). Sunt mansi inter ingenuiles et lidiles et serviles



81. Irminonis polypt., br. 13 c. 99. Respiciunt ad eandem curtem mansi ingenuiles vestiti 23 ..., serviles vero mansi vestiti 19. Brev. ex., c. 8, *Capit.*, I p. 252. Mansum ingenuilem 1, serviles 2. WAMPACH, *Echternach*, I pt. 2 no. 141 p. 211 (a. 835/836). Mansum ingenuilem quem tenet N. cum heredibus suis. *D. Charles II le Chauve*, no. 157 (a. 853). De unoquoque manso ingenuili exiguntur sex denarii, et de servili tres. HINCMAR., Ann. Bertin., ed. WAITZ, a. 866, p. 81. Accolam ingenuilem tenet G. servus. Polypt. s. Remigii Rem., c. 28 § 22, ed. GUÉRARD, p. 101 col. 2. In villa B. mansum et sortem ingenuilem 1. D'HERBOMEZ, *Cart. de Gorze*, p. 126 no. 69 (a. 874). De manso ingenuili 4 den. de censu dominicato et 4 de sua facultate, de servili vero ... Edict. Compend. de trib. Nordm. a. 877, *Capit.*, II p. 354. In villa E. sortes ingenuiles 3 cum omnibus suis appendiciis. BEYER, *UB. Mittelrh.*, I no. 134 p. 141 (a. 893). Villam ... [cum] casa dominicali cum 12 mansis ingenuilibus et 20 servilibus. WAMPACH, *UB. Luxemb.*, I no. 207 p. 292 (a. 996). Quot mansos habeat [ecclesia] ingenuiles et quot serviles. REGINO, Syn. caus., lib. 1, notit., § 15, ed. WASSERSCHLEBEN, p. 20. Aspiciunt ad supradictum mansum mansi ingenuili [!] vestiti 14. DUVIVIER, *Hainaut*, no. 32bis p. 362 (s. x). Subst. **ingenuilis:** *homme libre — freeman.* Gens omnis [Saxonum] in tribus ordinibus divisa consistit ..., hoc sunt nobiles, ingenuiles atque serviles. NITHARD., lib. 2 c. 4, ed. LAUER, p. 120.

**ingenuitas: 1.** *la condition personnelle de l'affranchi — the personal status of a freedman.* Si de servis ecclesiae libertos fecerit ..., in ingenuitate permaneant. Concil. Aurel. a. 541, c. 9, *Conc.*, I p. 89. Mancipium ... ad ingenuitatem ... redimendi. Concil. Matiscon. a. 583, c. 16, p. 159. Libertis meis, quibus per cartulam vel denarium manum misi, ut in ingenuitate integra maneant. Ch. Eligii a. 632, *SRM.*, IV p. 747. Familiae suae partem maximam ingenuitate donavit. FLODOARD., *Hist. Rem.*, lib. 2 c. 4, *SS.*, XIII p. 451. **2.** *l'action d'affranchir — manumission.* Libertus cujuscumque ingenuorum a sacerdotibus, juxta [quod] textus cartarum ingenuetatis suae contenit, defensandus. Chloth. II edict. a. 614, c. 7, *Capit.*, I p. 22. Quos de servientebus meis per aepistolam ingenuetatis laxavi. PARDESSUS, II no. 413 p. 212 (ca. a. 690). Exceptis ingenuitatibus, quas pro animae nostrae remedio fecimus. Test. Wideradi a. 721, ib., no. 514, p. 323. Modus absolutionis et manumissionis illius talis esse debet: scribatur ei libellus perfectae et absolutae ingenuitatis ... Ludov. Pii epist. ad Hetti a. 819, *Capit.*, I p. 356 l. 33. **3.** *acte écrit d'affranchissement — deed of manumission.* Inspectas eorum ingenuitates. THÉVENIN, *Textes*, no. 57 (a. 749, Flavigny). Signum R. qui hanc ingenuitatem fieri perfecit ... Ego W. hanc ingenuitatem scripsit et subscripsit. ZEUSS, *Trad. Wizenb.*, no. 191 (a. 797-810). Signum A. comitisse que hanc ingenuitatem fieri jussit. GYSSELING-KOCH, *Dipl. Belg.*, no. 56 (a. 955, Gand).

**ingenuus** (adj.): **1.** *noble — noble.* Non mediocribus regiones [i. e. regionis] suae ortus parentibus, sed valde ingenuis. GREGOR. TURON., Hist. Fr., lib. 10 c. 29 in exord. **2.** *affranchi — freed.* Servo suo per manu sua jactante denario demisit ingenuum. MARCULF., lib. 1 no. 22, *Form.*, p. 57. Si quis ... alienum letum extra consilium domini sui ante rege per dinario ingenuum dimiserit. Lex Sal., tit. 26 § 1. Si quis servo alieno ... ingenuum dimiserit. Ib., § 2. Si quis per cartam ingenuus dimissus fuerit. Capit. Karolo M. adscr., c. 7, I p. 215. Subst. mascul. **ingenuus:** *un affranchi — a freedman.* De his qui a litterarum conscriptione ingenui fuerint. Capit. Aquisgr. (a. 802-803), c. 6, I p. 171. Subst. femin. **ingenua:** *une affranchie — a freedwoman.* Ingenua[m] nostra[m] nomen R. ... te habere volo. PARDESSUS, II no. 559 p. 371 (a. 739, Novalese).

**ingerere: 1.** **apporter, présenter — to offer, present.* **2.** **inspirer — to inspire.* **3.** **amener, provoquer, causer — to bring about, occasion, cause.* **4.** *exposer, faire connaître — to declare, make known.* Quicquid expetendum ... credimus, vestris ante sensibus ingeramus. CASSIOD., Var., lib. 10 epist. 20 c. 2, *Auct. ant.*, XII p. 310. **5.** *imputer — to impute.* Cum eo qui reginae crimen ingesserat pro castitate suae dominae monomachia dimicaret. PAUL. DIAC., Hist. Langob., lib. 4 c. 47, ed. WAITZ, p. 172. Aut ille qui crimen ingerit aut ille qui se defendere vult. Capit. Ital. Karolo M. adscr., c. 8, I p. 217.

**inglandare** (< glans): *mener au glandage — to tend at pannage.* Porcos qui annue in casalibus ... inglandati fuerint. Lib. pontif., Hadr. I, § 54, ed. DUCHESNE, I p. 502.

**ingloria:** *déshonneur — disgrace.* Post hanc ingloriam hujus regni et improperium. V. Faronis (s. ix p. post.), c. 123, *SRM.*, V p. 200.

**inglutire:** *avaler — to swallow.* ISID., Orig., lib. 4 c. 9 § 9.

**ingomberare,** v. incombrare.

**ingrassare,** v. incrassare.

**ingrassari:** *ravager, dévaster — to ravage, lay waste.*

**ingratitudo: 1.** **ingratitude — unthankfulness.* **2.** *mauvaise volonté — malevolence.* CASSIOD., Var., lib. 5 epist. 8 § 1, *Auct. ant.*, XII p. 148. **3.** *mécontentement, déplaisir — discontent, displeasure.* Ib., lib. 1 epist. 30 § 2, p. 30. GREGOR. M., lib. 6 epist. 59, *Epp.*, I p. 434.

**ingratus: 1.** **sévère, hostile — stern, unfriendly.* Ingrata in Dei timore mens. ALCUIN., epist. 186 (a. 799), *Epp.*, IV p. 312. **2.** *qui s'oppose, rebelle — unwilling, restive.*

**1. ingravare: 1.** **endurcir* le cœur — *to harden* the heart. **2.** *accuser — to accuse.* Omnes infamati et accusationibus ingravati. Leg. III Eadmund., tit. 7, Quadrip., LIEBERMANN, p. 191.

**2. ingravare** (germ.): *engraver — to engrave.* S. xii.

**ingredi:** *entrer en possession, assumer — to enter* into property or rights. S. xiii.

**ingremiare:** *comprendre dans son sein — to encompass.*

**ingressa** (subst. femin.): *introït — introit.* Sacram. Gallic. (s. vii), MIGNE, t. 72 col. 115 A. Missale Ambros., ed. RATTI-MAGISTRETTI, p. 234.

**ingressus** (decl. iv): **1.** **entrée, lieu d'entrée — entrance.* **2.** *entrée en possession — entry* into property or rights. S. xiii.

**ingrossare: 1.** *grossoier — to engross, copy.*

S. xiii. **2.** *échanger — to exchange.* S. xiv, Ital. **3.** passiv. ingrossari: *grossir — to swell.* S. xiii.
**ingruentia: 1.** **approche de dangers, imminence — drawing near, impendence.* **2.** *attaque — attack.*
**inguadiare,** inguagiare, v. inwadiare.
**inguarda,** v. inwarda.
**inguinarius:** *inguinal — of the groin.* Cum lues illa quam inguinariam vocant per diversas regiones desaeviret. GREGOR. TURON., Hist. Franc., lib. 4 c. 5. Ibi saepius.
**ingulare** (< gula): *avaler — to swallow.* S. xii.
**inhabilitare:** *désapprouver, rejeter — to disqualify.* S. xiv.
**inhabilitas:** *incapacité — disability.* S. xiii.
**inhabitare,** intrans.: **demeurer — to dwell.*
**inhabitatio:** **demeure — dwelling.*
**inhabitator:** **habitant — inhabitant.*
**inheredare** (< heres): **1.** *hériter — to inherit.* Praedium quod Thietmari fuit antea et nos post mortem ejusdem viri secundum legem inheredare debuit [i. e. oportuit]. *D. Ottos II.*, no. 180 (a. 978). **2.** *accorder en héritage — to allot by inheritance.* Filie ejus . . . proprietas sua inheredari debuisset. *D. Ottos III.*, no. 7* (a. 985).
**inhereditare:** *mettre en possession — to possess* a person of a thing. S. xiii.
**inhianter:** **avec avidité — eagerly.*
**inhibere:** *prohiber — to forbid.* S. xiii.
**inhibitio:** *défense — prohibition.*
**inhibitorius:** *prohibitif — inhibitory.* S. xiii.
**inhonestas: 1.** **honte, abaissement, mépris — shame, abasement, contempt.* **2.** **laideur — ugliness.*
**inhonor:** *déshonneur — dishonour.* S. xii.
**inhonorabilis:** **abaissé, méprisé — reprobate, despised.*
**inhonorantia:** *déshonneur — dishonour.* Hadr. II pap. (a. 867-872) epist., *Epp.*, VI p. 752.
**inhonorare: 1.** **traiter avec dédain, mépriser — to hold in contempt.* **2.** *déshonorer, outrager — to dishonour, insult.*
**inhonoratio: 1.** **déshonneur — dishonour.* **2.** *atteinte, préjudice — encroachment, derogation.* Si talis causa . . . horta [i. e. orta] fuerit, quae aut ad inhonorationem regni aut ad commune damnum pertineat. Admon. ad omnes ord. (a. 823-825), c. 15, *Capit.*, I p. 305. Res ecclesiarum . . . sub integritate et immunitate absque aliqua inonoratione permanere concedam. Odonis regis promissio a. 888, II p. 376.
**inhonorificare:** *dépouiller — to spoil.* Si quis res suas ad ecclesiam commendatas habuerit, et aliquis eas exinde rapuerit, . . . ecclesiae quam inhonorificavit 36 sol. componat. Lex Alamann., tit. 5 § 1, codd. B 15 caett.
**inhorrere:** *fulminer contre* qq'un *— to inveigh against* a person.
**inhospitatus:** *dépourvu d'habitations — unbuilt on, uninhabited.* S. xii.
**inhumanare.** Passiv. inhumanari: **s'incarner — to take flesh.*
**inhumanatio:** **incarnation — taking flesh.*
**inignire:** *éclairer — to light up.* S. xiii.
**inimicabilis:** *hostile — inimical.* S. xii.
**inimicalis:** **d'inimitié, hostile — of enmity, hostile.*
**inimicaliter:** *d'une manière hostile — hostilely.*
**inimicari:** **avoir des dispositions hostiles — to have hostile feelings.*
**inimicitia:** *guerre privée, vendetta — blood feud.* Inimicitias propinquorum hominis occisi patiatur, donec . . . eorum amicitiam adipiscatur. Lex Fris., tit. 2 § 2. Parentes interfecti nequaquam inimicitia super commissum malum adaugere audeant. Capit. miss. gener. a. 802, c. 32, I p. 97. Putant sibi licere ob inimicitiarum vindictas, quod nolunt ut rex faciat propter Dei vindictam. Episc. ad Ludov. rel. a. 829, c. 29, II p. 39 l. 31. Neque ullas inimicicias a parentibus [latronis occisi] . . . sustineat. Ludov. II capit. Pap. a. 850, c. 3, II p. 86 l. 36. Peccunia, que pro pace vel inimicitia vadiata est. Leg. Henrici, tit. 59 § 4, LIEBERMANN, p. 578. Si alius erga alium inimiciciam incurrerit. Priv. Ludov. VII reg. Fr. pro Lorriac. a. 1155, c. 12, ed. PROU, *RHDFE.*, t. 8 (1884), p. 447.
**inimicus: 1.** *celui qui est engagé dans une guerre privée — one involved in a blood feud.* Placitum de morte inimicorum. Leg. Henrici, tit. 59 § 4, LIEBERMANN, p. 578. **2.** **le Diable — the Devil.* Heretiquorum principes contra fidem nostram, inimico inpellente, crassantur [i. e. grassantur]. GREGOR. TURON., Hist. Franc., lib. 1 c. 30. Ibi saepe.
**inintelligibilis:** **inintelligible — unintelligible.*
**ininterpretabilis:** **inexplicable — inexplicable.*
**iniquare:** *traiter d'une manière inique, faire tort à* qq'un *— to wrong, be unfair towards* a person.
**iniquitas:** **péché, crime — sin, crime.*
**inire:** *subir — to undergo.* Sciat se apud Deum districtum inire judicium. MULLER-BOUMAN, *OB. Utrecht*, I no. 62 p. 69 (a. 834).
**initiare** et initiari (depon.): **commencer, inaugurer — to begin, start.*
**initiator:** **initiateur — initiator.*
**initium:** **base, fondement — base, foundation.*
**inium,** v. ineum.
**injectio.** Manuum injectio: action de s'attaquer à qq'un ou qqch. — laying violent hands on a person or a thing. S. xiii.
**injudicatus:** *dont on n'a pas disposé par testament — not included in a bequest.* BRUNETTI, *CD. Tosc.*, I p. 616 (a. 770). UGHELLI, VIII col. 83 (a. 953, Benev.).
**injunctio:** *ordre — order.* FORTUN., V. Albini, c. 18 § 51, *Auct. ant.*, IV pt. 2 p. 32. Concil. Matiscon. a. 583, prol., *Conc.*, I p. 155. F. Bituric., no. 15[d], *Form.*, p. 176.
**injunctum:** *ordre — order.* Ex injuncto imperialis auctoritatis. *Epp.*, V p. 316 (a. 828, Grado).
**injungere:** *ordonner — to order.* Benedicti regula, c. 31. Ea quae per illos [sc. missos] injungimus agere non neglegatis. Admon. ad omnes ord. (a. 823-825), c. 13, I p. 305.
**injuria: 1.** *attentat, voies de fait — assault.* Si quis episcopum aliquam injuriam fecerit vel placaverit vel fustaverit vel mancaverit. Lex Alamann., tit. 11. De injuriis sacerdotum in ecclesiis factis [sc. sanguinis effusio, ictus sine sanguinis effusione]. Capit. leg. add. a. 818/819, c. 2, inscr., I p. 281 l. 21. **2.** *amende pour attentat — fine for assault.* Omnium istarum rerum consuetudines, redditus, injurias, rectitudines . . . monachis attribuo. DC.-F., IV p. 366 col. 3 (ch. a. 1025). **3.** passive: *ombrage, rancune — taking amiss, thirst for revenge.*
**injuriare** et depon. injuriari: **1.** **injurier, outrager — to insult, affront, revile.* GREGOR.



M., lib. 2 epist. 47, *Epp.*, I p. 149. **2.** *maltraiter, sévir contre, commettre des voies de fait contre* qq'un *— to ill-treat, assail.* Firminum a comitatum [i. e. comitatu] urbis graviter injuriatum abegit. GREGOR. TURON., Hist. Fr., lib. 4 c. 13. Conprehensus . . . in medium civitatis tenetur et graviter injuriatus tandem laxatus est. Ib., lib. 6 c. 11. Graviter episcopum tunc injuriatum reliquid. Ib., lib. 7 c. 26. Si quis presbyterum parochianum injuriaverit aut fustaverit aut mancaverit. Lex Alamann., tit. 12. Si quis ministros ecclesiae . . . injuriaverit aut percusserit vel plagaverit. Lex Baiwar., tit. 8. De his qui ecclesiis vim inferunt aut clericos injuriare praesumunt. Herardi Turon. capit. a. 858, c. 138, *Gall. chr.*², XIV instr. col. 46. Si in atrio ecclesiae quislibet injuriaverit aliquem presbyterorum. Concil. Tribur. a. 895, c. 4, forma B, *Capit.*, II p. 216 col. 2 l. 2. **3.** **porter préjudice à, faire tort à* qq'un *— to wrong, prejudice.* Eum de inquesitis occansionibus injuriare nec inquietare non presumatis. MARCULF., lib. 1 no. 24, *Form.*, p. 58. Injuriare nec inquietare praesumatis. *D. Ludwigs d. Deutsch.*, no. 20 (a. 837).
**injuriatio:** *tort, endommagement — injury, damage.* S. xiii.
**injuriator:** *qq'un qui fait tort — wrongdoer.* S. xii.
**injuriosus:** **injurieux — offensive.*
**injussus.** Placitum injussum: plaid non convoqué — legal assembly held without summons. Tria injussa placita querat in anno. Lex famil. Wormat., c. 29, *Const.*, I p. 643.
**injustitia: 1.** *tort, préjudice — wrong, act of prejudice.* Ubicumque aliquis homo sibi injustitiam factam ab aliquo reclamasset. Capit. miss. gener. a. 802, c. 1, I p. 92 l. 14. [Regalis ministerii] studium . . . esse debet primo ut nulla injustitia fiat; deinde si evenerit, ut nullomodo eam subsistere permittat. Concil. Paris. a. 829, lib. 2 c. 2, *Conc.*, II p. 651. Nullus aliquam injustitiam facere praesumat. *D. Ludwigs d. Deutsch.*, no. 110 (a. 863). De his injustitiis . . . sibi inlatis. ALPERT. METT., Divers., lib. 2 c. 7, ed. HULSHOF, p. 34. Omnis injusticia corrigetur. Decr. Heinr. II imp. a. 1023, *Const.*, I no. 35, c. 3. In rectum staret de injustitia sua. G. Lietberti Camerac., c. 21, *SS.*, VII p. 496. Decreto sapientum cujus jus aut injustitia esset, patesceret. CONSTANT., V. Adalberonis Mett., c. 28, *SS.*, IV p. 669. **2.** *délit, attentat — act of violence, assault.* De homicidiis vel aliis injustitiis, quae a fiscalinis nostris fiunt. Capit. miss. Wormat. a. 829, c. 9, II p. 16. De rapinis et violentiis et ceteris injustitiis, quas . . . in regno nostro fecerunt. Capit. post conv. Confl. missis trad. a. 860, c. 6, II p. 298. Ad justiciam advocati pertinet temeritas, injusticia, monomachia. KEUTGEN, *Urk. st. Vfg.*, no. 125 (a. 1156, Augsburg).
**inlagare** (< laga): *délivrer de la mise hors la loi — to free from outlawry.* S. xii, Angl.
**inlanda,** -um (anglosax.): *réserve domaniale — demesne land.* S. xii, Angl.
**inlaterare:** *confiner — to border.* Alter campus . . . inlaterat: de parte cerci . . . CASSAN-MEYNIAL, *Cart. d'Aniane*, p. 266 no. 123 (a. 829-840). *Hist. de Languedoc*³, II pr. no. 172 col. 352 (a. 869, Elne). GERMER-DURAND, *Cart. de Nîmes*, no. 4 p. 9 (a. 889).
**1. inlegiare** (< lex): *mettre hors la loi — to outlaw.* [Reus] ne disseisiatus vel inplegiatus vel illegiatus . . . judicetur. Leg. Henrici, tit. 5 § 3, LIEBERMANN, p. 548. Iterum tit. 53 § 3, p. 574.
**2. inlegiare.** Refl. se inlegiare: *se libérer d'un bannissement — to free oneself from outlawry.* Regi precium nativitatis sue reddat et ita se inlegiet. Leg. Henrici, c. 11 § 1, LIEBERMANN, p. 556.
**inmajorare:** *agrandir — to enlarge.* Quasi a novo restruxit atque inmelioravit inmajoravitque. G. Aldrici, ed. CHARLES-FROGER, p. 49.
**inmancatio** (< mancus): *peine de mutilation — mutilatory punishment.* Precamus vobis, ut vita[m] et inmancatione[m] et disciplina[m] corporale[m] ei concedere jubeatis. F. Sal. Bignon., no. 23, *Form.*, p. 236.
**inmantare** (< mantus): *revêtir de la mante pontificale* comme symbole d'investiture *— to clothe with the papal cloack* as an investiture symbol. Rolandum cancellarium inmantaverunt. Epist. a. 1159 ap. RAHEW., lib. 4 c. 62, ed. WAITZ-SIMSON, p. 306. Octavianus . . . electus et inmantatus est et in kathedra b. Petri collocatus est. Concil. Pap. a. 1160, *Const.*, I no. 188, c. 1. Octavianum in patriarchio Lateranensi immantatum Victorem appellaverunt. Contin. Aquicinct. ad SIGEB., a. 1160, *SS.*, VI p. 409 l. 20. Cardinalibus . . . in electione Ruolandi . . . concordantibus et eum immantare cupientibus. Chron. reg. Colon., rec. I, a. 1161, ed. WAITZ, p. 105.
**inmeliorare:** *augmenter la valeur de, ajouter des améliorations à* un bien-fonds *— to increase the value of, add betterments to* an estate. Ut hi qui beneficium nostrum habent, bene illud inmeliorare in omni re studeant. Capit. Aquisgr. (a. 802-803), c. 4, I p. 171. Detur [hominibus] silva ad stirpandum, ut nostrum servitium inmelioretur. Ib., c. 19 p. 172. Post eorum omnium discessum eaedem res inmelioratae reddantur. *D. Karls III.*, no. 154 (a. 887). Quantumcumque inibi adtrahere et inmeliorare valeant. BEYER, *UB. Mittelrh.*, I no. 180 p. 242 (a. 943).
**inmurare: 1.** *emmurer — to immure.* Lemovicenses cives, qui . . . Christi lilium inmuratum tenent. V. Deicoli, prol., *SS.*, XV p. 675. **2.** *entourer d'une enceinte — to wall in, enclose.* S. xii. **3.** intrans.: *se retrancher — to entrench oneself.* Ad castro W., ubi plurima manus forcium Venedorum inmuraverant. FREDEG., lib. 4 c. 68, *SRM.*, II p. 155.
**innamiare** (< namium): *saisir — to distrain.* S. xii, Angl.
**innamium:** *saisie — distraint.* S. xiii, Angl.
**innectere.** Loc. aures innectere: dresser l'oreille — to prick one's ears. Insolito clamore aures innecteret. Chron. Salernit., c. 16, ed. WESTERBERGH, p. 21. Iterum c. 24, p. 27.
**inniti,** c. infin.: *s'appliquer à — to be bent upon.* Hoc imminuere innisus fuerit. Joh. X pap. (a. 912-928) epist., MIGNE, t. 132 col. 802 D.
**innocens:** **innocent, naïf, qui ne pense pas à mal — harmless, ingenuous, innocent.*
**innocivus:** *inoffensif — harmless.* S. xiv.
**innodare: 1.** **attacher, nouer, lier — to tie, fasten, attach.* **2.** **entraver, impliquer — to*

*entangle, involve.* Sciat se anathematis vinculis esse innodatum. Priv. Leonis IX pap. a. 1049, PFLUGK-HARTTUNG, *Acta*, I no. 15 p. 12. Ita innumera privilegia pontificum Romanorum.

**innormare** (< norma): *soumettre à une règle — to subject to a rule.* Regulae ejusdem aemulatores innormans ad nutum apostolicum, dicit ... AMAL., De reg. Bened., § 18, ed. HANSSENS, III p. 277. Locum secundum regulam s. Benedicti innormandum suscepit. *Gall. chr.*², I instr. p. 44 col. 1 (a. 1074, Cahors). Nonnulla, in quibus fervor ordinis tepuerat, monasteria ... innormarunt. GUIBERT. NOVIG., De vita sua, lib. 1 c. 8, ed. BOURGIN, p. 23. [Abbatem] juxta Cluniaci consuetudinem viriliter innormandum. Chron. Mauriniac., lib. 3 c. 6, ed. MIROT, p. 83.

**innormis,** inormis: **énorme, démesuré, excessif — enormous, boundless, excessive.*

**innormiter:** *en s'éloignant de la voie droite, d'une manière irrégulière — off the right path, in an irregular way.* Qui in ejus absentia in episcopatum inormiter missi sunt. EDD. STEPH., V. Wilfridi, c. 31, *SRM.*, VI p. 227. Fideles innormiter pergentes recto tramite ducere. Chron. Salernit., c. 106, ed. WESTERBERGH, p. 106.

**1. innotare** (< nota): **marquer, noter, censurer — to mark, brand, censure.*

**2. innotare** (< notum): *communiquer, insinuer — to impart, tender.* Cum summa diligentia ei suam innotaverunt querimoniam. LOBINEAU, *Bretagne*, I pr. col. 406 (ca. a. 1055).

**innotescere** (transit.): **faire connaître, notifier — to make known, to notify.*

**innovare: 1.** **renouveler, rénover, changer — to renew, renovate, change.* **2.** **innover* (sens péjoratif) — *to innovate* (pejorative). **3.** **inaugurer, entreprendre, amorcer — to undertake, start, set going.* **4.** *défricher — to break up* land. De forestibus ... quicquid agrorum vel vinearum ad presens innovatum est vel deinceps innovatum fuerit. LACOMBLET, *UB. Niederrh.*, I no. 232 p. 150 (a. 1082).

**innovatio:** **renouvellement, innovation — renewal, innovation.*

**innoxiare:** *disculper, innocenter — to prove innocent, to clear of guilt.* Si quis sine judicio occidatur, et parentes ejus innoxiare velint, quod innocens et sine merito sit occisus. Leg. Henrici, tit. 64 § 5, LIEBERMANN, p. 584. [Qui murdrum fecerit et mortuus fuerit], si parentes vel amantes non habeat qui eum innoxiare velint. Ib., tit. 92 § 3.

**innoxius:** *non lié — not bound.* Ut sui fierent fideles innoxii sacramento. *Const.*, I no. 1 (a. 921).

**innuere: 1.** **montrer, désigner, signifier — to show, denote, mean.* **2.** *suggérer, conseiller — to suggest, advise.* Ei innuas ut filiam suam mihi in matrimonium tradat. Chron. Salernit., c. 96, ed. WESTERBERGH, p. 96. **3.** *accorder, consentir — to grant, concede.*

**innumerosus:** **innombrable — innumerable.*

**inoboediens:** **désobéissant — disobedient.*

**inoboedienter:** **sans obéir — disobediently.*

**inoboedientia:** **désobéissance — disobedience.*

**inoboedire:** **désobéir — to disobey.*

**inobviare,** aliquem: *démentir, réfuter — to belie, confute.* Interrogatus est ipse A. advocatus, si haberet amplius homines per [i. e. ad] inquisitionem, aut testem aut ullam firmitatem, per quam ipsorum [i. e. ipsos] ... de suorum [i. e. eorum] libertate inobviare aut eos in servitium et aldiaricia curtis P. replicare possit. MANARESI, *Placiti*, no. 110 p. 409 (a. 900, Milano).

**inofficiosus:** (d'une charte) *non valable en droit* — (of a deed) *null and void.* Ipsam scripturam ante se legere fecerunt, et in ea invenerunt quod inofficiosa erat, non bona. GERMER-DURAND, *Cart. de Nîmes*, no. 9 p. 19 (a. 902).

**inolescere** (intrans.): *(d'un usage) *se fixer, s'enraciner* — (of habits) *to gain currency, take root.*

**inolitus** (adj.): **invétéré — inveterate.*

**inoperari,** aliquid: **1.** **opérer, effectuer, manifester, produire — to bring about, effect, show, bring forth.* **2.** *engranger — to house.* Faciunt caplim dies 15. Ipsum carrucant et inoperant. Polypt. s. Remigii Rem., c. 28 § 2, ed. GUÉRARD, p. 99.

**inopinabilis: 1.** **inconcevable, extraordinaire — inconceivable, strange.* **2.** *inopiné, surprenant — unexpected, surprising.*

**inopinate:** **à l'improviste — unexpectedly.*

**inopportunitas:** **circonstances défavorables — trouble, reverse.*

**inopportunus:** **qui ne convient pas — unsuitable.*

**inordinate** **d'une façon indisciplinée, contrairement à la loi divine, à la règle ecclésiastique — in a disorderly way, at variance with divine law or with the rule of the Church.*

**inordinatus:** *intestat — intestate.* Si inhordinatus moriens filios legitimos non reliquerit. Lex Visigot., lib. 5 tit. 7 § 14. Ubi Veneticus inordinatus, quod nos sine lingua dicimus, obierit. GUILL. TYR., lib. 12 c. 25, MIGNE, t. 201 col. 546 A.

**inormis,** v. innormis.

**inpacabilis,** -pag- (< pacare): *hors de cours, inusité pour les payements — not payable, not current.* S. xiii.

**inpaginare:** *coucher par écrit, inscrire — to record, put in writing.* S. xii.

**inpalare:** *embrocher, empaler — to impale.* Si caballus aut quislibet peculius in clausura alterius intus saliendum [i. e. saliendo] se inpalaverit. Edit. Rothari, c. 304. Si quodlibet animal, dum de messe ... expellitur, inpalaverit. Lex Burgund., tit. 23 § 2. Quod si in sepem animal [se] inpalaverit ... Si autem de intus sepe in virga se inpalaverit. Lex Ribuar., tit. 70 § 3 sq.

**inparcamentum:** *parcage de bétail — impounding.* S. xii, Angl.

**inparcare** (< parcus): *parquer* des bêtes — *to impound.* S. xiii, Angl.

**inpauperare, 1.** intrans.: **devenir pauvre — to become poor.* **2.** transit.: *appauvrir — to impoverish.*

**inpedicare** (< pedica): *enchaîner — to chain.* Si inpedicato caballo ingenuus pedicam tulerit. Lex Burgund., tit. 4 § 6.

**inpejorare:** *détériorer, empirer — to make worse, spoil.* S. xiii.

**inpennare:** *plumeter — to feather.* S. xiii.

**inpensionare:** *donner à bail — to put out to lease.* S. xiv.

**inpersonare, 1.** altare: *incorporer — to incorporate.* Altaria que [abbas s. Amandi] in episcopio nostro hactenus sub personatu tenuerat ..., libera et impersonata ecclesie s. Amandi



concedimus. DUVIVIER, *Actes*, I p. 51 (a. 1105). Altaria ab ... episcopis coenobio H. ... impersonata. DC.-F., IV p. 307 col. 2 (Ch. a. 1164, Cambrai). B. ecclesiam altari de G. perpetuo impersonavit et investivit. MIRAEUS, III p. 356 col. 1 (a. 1187, Liège). **2.** aliquem: *investir d'une église — to invest with a church.* S. xii, Angl.

**inplacitare** (< placitum): **1.** *actionner — to sue, implead.* Si quid ... deliquerit, ... in communi capitulo a canonicis inplacitatus restituet. DUVIVIER, *Actes*, I p. 196 (a. 1081, Douai). Si quis plures mansiones de diversis dominis habeat et ab aliquo eorum inplacitetur. Leg. Henrici, tit. 41 § 3, LIEBERMANN, p. 568. Ibi pluries. Omnis commentatio implacitandi Anselmum compressa, omissa est. EADMER., V. Anselmi, lib. 2 c. 2 § 16, *AASS.*, Apr. II p. 909 F. Nullus civium debet alium implacitare de catallo, nisi coram justicia nostra et scabinis. Phil. II Aug. priv. pro Atrebat. a. 1194, ESPINAS, *Rec. d'Artois*, no. 108, c. 34. **2.** *citer en justice — to summon to appear in court.* Nulli episcoporum suorum concessum iri permittebat, ut aliquem de baronibus suis ... nisi ejus praecepto implacitaret aut excommunicaret. EADMER., V. Lanfranci, c. 1 § 2, *AASS.*, Maji VI p. 848. Si quis civium de placitis coronae implacitatus fuerit. Ch. Henr. I reg. Angl. pro London. (a. 1130-1133), STUBBS, *Sel. ch.*⁹, p. 129. Praepositus noster [i. e. regis] homines de castellania sine praeposito abbatis non poterit implacitare. LUCHAIRE, *Inst. monarch.*, p. 328 no. 27 (a. 1173). Si archidiaconus aliquem implacitaverit, nisi clamator ante venerit ... non ei respondebit. Phil. II Aug. priv. pro Suession. a. 1181, *Actes*, no. 35 c. 4. Si episcopus implacitaverit aliquem pro aliqua forifactura. Ejusdem priv. pro Noviom. a. 1181, ib., no. 43, c. 10.

**inplacitatio: 1.** *citation en justice — summons to appear in court.* Si quis forte causam habeat contra dominum suum, remanere potest infirmitatis vel legis inoperacionis vel regis inplacitationis excusationibus. Leg. Henrici, tit. 61 § 6, LIEBERMANN, p. 581. **2.** *faculté de citer en justice — right to summon.* Neque episcopus neque castellanus habent ibi aliquid justicie vel implacitationis. Phil. II Aug. priv. pro Noviom. a. 1181, *Actes*, no. 43, c. 1.

**inplegiare** (< plegius): *relâcher sous caution — to bail out.* Leg. Henrici, tit. 5 § 3, LIEBERMANN, p. 548. Rursum tit. 53 § 3, p. 574.

**inpossidere** (cf. teuton. *inhaben*): *avoir en tenure — to hold as a tenancy.* 12 viros proprii juris ... cum beneficiis quibus [leg. quae] inpossederant ... tradidi. LACOMBLET, *UB. Niederrh.*, I no. 159 p. 98 (a. 1014-1021).

**inpotionare: 1.** *empoisonner — to poison.* ORDER. VITAL., lib. 4 c. 12, ed. LE PRÉVOST, II p. 252. **2.** *droguer — to drug.* S. xiii.

**inpraetermisse:** **sans interruption, de suite — incessantly, at a stretch.*

**inprimitus:** *d'abord — at first.* Inprimitus cum quendam sene ... habitavit non multum tempore. V. Wandregisili (s. vii ex.), c. 6, *SRM.*, V p. 15.

**inprisonamentum:** *emprisonnement — imprisonment.* S. xii.

**inprisonare,** -sio-: *emprisonner — to imprison.* S. xii.

**inprisonatio:** *emprisonnement — imprisonment.* S. xiii.

**inpublicare: 1.** *promulguer, édicter — to proclaim, enact.* De illo, quod jam nostrum tempore inpublicatum est, ut ... Liutprandi notit. de act. reg. a. 733, c. 1, BEYERLE, p. 328. **2.** *confisquer — to confiscate.* Res ejus tollere et inpublicare faciat. Liutprandi notit. laud., c. 5, p. 332. Fecimus ... omnes res ejus ... inpublicare. D. Desiderii reg. Longob. (a. 757-774), *Bull. Casin.*, II p. 8. [Res et familiae] impublicatae vel retulte sunt a singulis hominibus. GREGOR. CATIN., Chron. Farf., ed. BALZANI, I p. 279.

**inpunitus:** *qui entraîne telle peine — entailing a definite punishment.* Furtum morte inpunitum. Leg. Henrici, tit. 10 § 1, LIEBERMANN, p. 556.

**inquantare,** incantare (< in quantum): *vendre* ou *louer aux enchères — to sell* or *let by auction.* S. xiii, Ital.

**inquantus,** incantus *vente aux enchères — auction-sale.* S. xiii.

**inquerelare:** *actionner — to sue, implead.* S. xiv.

**inquesta:** *enquête judiciaire — judicial inquest.* S. xiii.

**inquestare:** *scruter par enquête judiciaire — to ascertain by a judicial inquest.* S. xiv.

**1. inquestio** (< queri): *plainte en justice — legal complaint.* Si iste homo innocens sit de hujus rei inquestione, quam inter nos ventilamus. Coll. judic. Dei, no. 5, *Form.*, p. 665.

**2. inquaestio** (< inquirere): *enquête judiciaire — judicial inquest.* Inquaestione facta et veritate ... inventa. HINCMAR., De villa Novilliaco, *SS.*, XV p. 1168.

**inquaestus,** inquistus (decl. iv) (< inquirere): *enquête judiciaire — judicial inquest.* Dixit juratum, qualiter ipsi homines per ipsum inquestum juraverunt, quod sic esset veritas. MANARESI, *Placiti*, no. 59 p. 215 (a. 854, Piacenza). Interrogatum per istos [missos dominicos] fuit Leutbaldo, ... per illum sacramentum, quid de veritatem de isto inquisto ... sciebant, veritatem exinde dixissent. PROU-VIDIER, *Ch. de S.-Benoît-s.-Loire*, I no. 24 p. 58 (a. 866-875). Quaerelas ... causarum per inquestus definiri precipimus. *D. Berengario I*, no. 22 (a. 898), p. 67 l. 22.

**inquietare,** absol.: *revendiquer en servitude — to claim as a bondman.* Judices dixerunt Laurentio, qui est inquietatus pro se et parentes suos: Qui[d] ad hec respondis? *Hist. de Languedoc*³, II pr. no. 185 col. 374 (a. 874, Cuxa).

**inquietudo: 1.** **agitation, trouble — disturbance.* **2.** **inquiétude, état inquiété, anxiété — annoyance, anxiety.* **3.** *contestation, revendication — reclamation, contestation.* Si aliqua pars fuerit aut aliqua inquietudo aut fatigatio. *D. Arnulfing.*, no. 3 (a. 702), p. 93. Proprium suum et hereditatem ... cum honore et securitate secundum suam legem unusquisque absque injusta inquietudine possideat. Ordin. imp. a. 817, c. 9, *Capit.*, I p. 272.

**inquilinus: 1.** **étranger — foreigner.* **2.** *hôte, tenancier libre — cottar, free tenant.* Cum mansionariis, originariis, inquilinis ac servis vel acolanis ibidem commorantibus. Ch. Eligii a. 632, *SRM.*, IV p. 746.

**inquinamentum:** **souillure morale — defilement.*

**inquirere, 1.** aliquid ab aliquo: **demander* qqch. à qq'un — *to ask* someone something.

**2.** aliquem: **interroger, questionner — to question, interrogate*. De servo fugace ... judex potestatem habeat eum inquirendum unde ipse est; et si inventus fuerit quod servus sit aut fur ... Si autem post causam inquisitam ipse homo qui conprehensus aut [i. e. et] inquisitus fuerit, liber apparuerit ... Liutprandi leg., c. 44. Breve de singulos presbiteros, quos per jussionem ... Liutprandi regis ego G. notarius in curte regia Senense inquisibi de dioceas [i. e. dioecesis] illas et monasteria, de quibus intentio ... vertebatur. SCHIAPARELLI, *CD. Longob.*, I no. 19 p. 61 (a. 715, Siena). Nullus alterius presbyterum recipiat, antequam ab episcopo loci illius examinatus vel inquisitus sit. Capit. Mantuan. (a. 781?), c. 5, I p. 190. Infideles homines ... in ejus [sc. Karoli] vita[m] consiliati sunt, et inquisiti dixerunt quod fidelitatem ei non jurasse[n]t. Capit. miss. (a. 792/793), c. 1, p. 66. **3.** aliquid: *scruter au moyen d'un interrogatoire de témoins inquisitionnels — to ascertain by sworn inquest.* Justitias nostras, quae in vestro ministerio adjacent, pleniter inquirere faciatis. F. Marculfi aevi Karolini, no. 1, *Form.*, p. 115. Comes hoc per veraces homines circa manentes per sacramentum inquirat, ut, sicut exinde sapiunt, hoc modis omnibus dicant. Capit. cum primis const. a. 808, c. 3, I p. 139. De libertatibus et rebus reddendis ... primo per optimos quosque inquiratur; et si per illos inveniri non possit, tunc per eos qui post illos in illa vicinia meliores sunt. Capit. miss. a. 819, c. 2, p. 289. Quae res dum ab eisdem missis diligenter perscrutata et per homines bone fidei veraciter inquisita esset, inventum est ita verum esse. F. imper., no. 9, p. 293. **4.** causam: *instruire un procès au moyen de l'interrogatoire de témoins inquisitionnels — to inquire into a case by sworn inquest.* Comus [i. e. comes] palati nostri testimoniavit quod [h]ac causa sic acta vel inquesita fuisset. *D. Merov.*, no. 76 (a. 709). Missos ibidem directos habuimus, per quos omnem causam liquidius inquirentes omnem veritatem exinde cognovimus. *D. Karolin.*, I no. 159 (a. 787). Causa[m] per testes veraces inquisivimus. F. Marculfi aevi Karolini, no. 32, p. 127. Pagenses per sacramenta aliorum hominum causas non inquirantur [i. e. inquirant], nisi tantum dominicas. Capit. de justit. fac. (ca. a. 820), c. 1, I p. 295. Ego totam causam, qualiter a vobis apud veraces homines inquisita est, ... domno imperatori indicavi. EGINHARD., epist. 7, *Epp.*, V p. 112. **5.** *demander* une sentence, *semoncer — to require* a verdict. Si hoc ab aliis judicibus inquisitum fuerit, quod ille juste judicavit. Lex Alamann., tit. 41 § 2. Rex inquisivit principes sub sacramento regalis justiciae quod justum esset ... Quorum judicio reus majestatis esse decernitur. Ann. Altah. maj., a. 1070, ed. OEFELE, p. 79. Aliquo casu emergente, de quo jurati per se diffinire nescient et judicium dicere, apud Tornacum ire deberent judicium inquisituri. WAUTERS, *Origine*, p. 58 (a. 1203, Boulogne). **6.** aliquem: *prier, requérir — to beg, request.* Non prius eum pignoret, donec eum amicabiliter inquirat; et si emendare noluerit ... Cons. Bigorr. a. 1097, c. 43, GIRAUD, p. 25. **7.** *visiter, se rendre à un lieu — to visit, resort to* a place. Omnibus ... mercatum inquirentibus pacificum aditum ac reditum ... sancimus. *D. Ottos III.*, no. 197 (a. 996).

**inquisitio: 1.** *enquête — inquiry.* Ubicumque census novus impie addetus est et a populo reclamatur, juxta inquaesitione misericorditer emendetur. Chloth. II edict. a. 614, *Capit.*, I p. 22. Me C. cum rectoribus monasterii s. Galli ... pro rebus subter ... denominatis ... habere inquisitionem rectam contingebat ... Cujus inquisitionis vestitura ... recte perpendentes me vestierunt. WARTMANN, *UB. S.-Gallen*, I no. 221 (a. 816). Mir. Martini Vertav., c. 6, MABILLON, *Acta*, I p. 376. **2.** spec.: *enquête par interrogatoire de témoins inquisitionnels — sworn inquest.* De rebus sive mancipiis, quae dicuntur a fisco nostro esse occupata, volumus ut missi nostri inquisitionem faciant sine sacramento per veratiores homines pagi illius circummanentes. Capit. missor. a. 821, c. 2, I p. 300. Inquisitio hoc modo fiat: Eligantur per singulos comitatus qui meliores et veratiores sunt. ... Et tunc instruendi sunt ... ut, quicumque ex his talem causam scit ..., omnino ... manifestum faciat. Et si post talem ammonitionem et contestationem aliter quam se veritas habeat dixisse aliquis deprehensus fuerit, sciat se inter infideles esse reputandum. Capit. de missis instr. a. 829, II p. 8. Volumus ut omnis inquisitio, quae de rebus ad jus fisci nostri pertinentibus facienda est, non per testes qui producti fuerint, sed per illos qui in eo comitatu meliores et veraciores esse cognoscuntur, per illorum testimonium inquisitio fiat. Capit. missor. a. 829, c. 2, p. 10. Ut in omni comitatu hi, qui meliores et veratiores inveniri possunt, eligantur a missis nostris [tamquam scabini] ad inquisitiones faciendas et rei veritatem dicendam. Capit. missor. Wormat. a. 829, c. 3, p. 15. Ubicumque fama est tales [sc. latrones] habitare, inquisitio per sacramentum per omnem populum circa manentem fiat. Ludov. II capit. Pap. a. 850, c. 3, p. 87. **3.** spec.: *enquête judiciaire par interrogatoire de témoins inquisitionnels — sworn inquest of a judicial character.* Si inde [sc. de possessione ecclesiae] crebro repetitum fuerit, fiat diligens inquisitio; et si eum qui repetit juste quaerere patuerit ... Capit. a sacerd. prop. (a. 802?), c. 17, I p. 107. Comites ... [eos] quos noverunt causa de qua ... agitur comperta esse, ... faciant ad eandem causam venire, et per eorum inquisitionem fiat definita. Pippini capit. Ital. (a. 801-810), c. 12, p. 210. Comes loci per verissimam inquisitionem faciat unumquemque illorum veritatem dicere. F. imper., no. 31, *Form.*, p. 310. Cum jurejurando studiosissime fiat inquisitio, quatenus rei veritas lucide clarescat. *D. Karls III.*, no. 89 (a. 883). Per inquisitionem et sacramentum trium liberorum hominum liceat eum affirmare quod ... inde investitus fuerit. *D. Ottos I.*, no. 251 (a. 962). Episcopus facta sinodali inquisitione, quo loco [ecclesia] fundata, qualiter dotata, quando diruta fuisset, si vestitura ejus L. monasterio ... juste ac legitime adtineret, canonico judicio et septem illustrium ex eodem comitatu virorum juramento diligenter investigavit. GLÖCKNER, *Cod. Lauresham.*, I p. 357 no. 75 (a. 969). Cf. H. BRUNNER, *Zeugen- und Inquisitionsbeweis, SB. Wien*, t. 51 (1865). Id., *Die Entstehung der Schwurgerichte*, Berlin 1871. R. SCHMIDT, *Herkunft des Inquisitionsprozesses*, 1902. E. MAYER, *Geschworenengericht und Inquisitionsprozess*, 1916. E. MEYERS, *Trial by jury, Tijdschr. v. Rechtsg.*, t. 7 (1927), p. 361 sqq. **4.** une *redevance de nature publique* — a *state duty.* Nemo episcoporum pro regiis inquisitionibus exhibendis parochialium ecclesiarum jura contingat, nec quascunque exinde inquisitiones aut evectiones exigere audeat. Concil. Tolet. XVI a. 693, praef., MANSI, t. 12 col. 62 C. Quem inquisitio vel census vel vectigalis, quod omni lunari mense Christi nomine solvere cogitur, retinuerit. LEOVIGILD. CORDUB. (s. ix med.), ap. DC.-F., IV p. 373 col. 1. **5.** *instance — legal claim.* Acceperunt inde septem sol. de argento, et nullam amplius inquisitionem hujus silve se habituros ... conplacitaverunt. BITTERAUF, *Trad. Freising*, no. 268 p. 238 (a. 807/808). De ceteris inquisitionibus [praeter eas de ingenuitate aut de hereditate] per districtionem comitis ad mallum veniant. Capit. legi add. a. 816, c. 3, I p. 270. Homo quidam ... absque ulla inquisitione et mallo seu judicio ... villam B. invasit. GERMER-DURAND, *Cart. de Nîmes*, no. 5 p. 10 (a. 892). Si postmodum ab eodem archiepiscopo vel successorum ejus aliquo ejusdem decimationis inquisitione constringatur. Trad. Juvav., cod. Balduini (a. 1041-1060), no. 11, HAUTHALER, *Salzburger UB.*, I p. 236. **6.** *poursuite — prosecution.* Ipse comes veniens licentiam habeat ipsum hominem infra emunitatem quaerendi, ubicumque eum invenire potuerit. Si autem statim in prima inquisitione comiti responsum fuerit quod reus infra emunitatem quidem fuisset, sed fuga lapsus sit ... Capit. legib. add. a. 803, c. 2, I p. 113. **7.** *acquisition, chose acquise — acquiring, acquisition.* Trado ... quicquid ad M. conquisitum habeo ..., id est juchos 10 inquisitionis meae. WARTMANN, I no. 378 (a. 839). Tradiderunt [praedium] ..., extra dimittens autem ... territorii jugera 30 atque extraneas inquisitiones, quicquid precaptum fuisset. WIDEMANN, *Trad. S.-Emmeram*, no. 40 p. 46 (a. 863/864). Servum una cum filiis suis necnon et omni acquisitione vel inquisitione sua. *D. Heinrichs II.*, no. 119 (a. 1006). **8.** *effort, objectif, intention — endeavour, study, aim.* De monasteriis ... quae secundum regulam s. Benedicti ... disposita esse debent, quia inspiratio omnipotentis Dei, ut credimus, ad hanc inquisitionem cor vestri moderaminis [i. e. regis] incitavit, Ipsi gratias referimus. Capit. episc. Pap. ed. (a. 845-850), c. 8, II p. 82. **9.** *requête, instigation — request, suggestion.* Augustinus scribit ad inquisitionem Januarii. Attonis Vercell. epist., ed. BURONTIUS, p. 298.

**inquisitor: 1.** *témoin inquisitionnel — juror in an inquest.* S. xiii. **2.** *inquisiteur — inquisitor.* S. xiii.

**inquistus,** v. inquaestus.

**inrotare:** *rouer — to break upon the weel.* S. xiv.

**inrotulare,** inrollare (< rotulus): *enregistrer dans un rôle — to enrol, enter on a roll.* S. xiii.

**inrotulatio:** *enregistrement — enrolment.* S. xiii.

**insaccare:** *emballer — to pack up.* S. xiii.



**insaginare:** *engraisser — to fatten.* Decimas porcorum, qui in forestis insaginantur. *D. Merov.*, no. 24 (ca. a. 653). Bifangum unum ubi possunt ... insaginari porci mille. D. Loth. II reg. a. 867, BEYER, *UB. Mittelrh.*, I no. 108 p. 113.

**insaisire,** -seis- (cf. voc. saisire): *investir — to seize* a person of a thing. Dono decimam ... et terragium ... His autem insessivi [leg. inseisivi] b. Mariam super altare cum textu quodam. MARCHEGAY, *Arch. d'Anjou*, III p. 107 no. 158 (ca. a. 1170).

**insanabiliter:** **d'une manière irrémédiable — incurably.*

**inscalare** (< scala): *escalader — to take by escalade.* S. xiv.

**inscietas:** *ignorance — ignorance.* Errant pueri: debetis ignoscere inscietate. PAUL. DIAC., Homil. de temp., hom. 74, MIGNE, t. 95 col. 1222 B.

**insciolus:** *ignorant — ignorant.* Qui tam insciolus est. GUIDO, Disc. Farf., lib. 2 c. 58, ALBERS, I p. 200.

**inscissura:** *haillon — tatter.* GREGOR. TURON., Hist. Fr., lib. 10 c. 16.

**inscontrum:** *échange — exchange.* S. xiii, Ital.

**inscontrus** (subst.): *remplaçant — substitute.* S. xiii, Ital.

**inscribere, 1.** aliquem: *former une instance contre* qq'un *— to take legal proceedings against* somebody. Inscripserint nos tanquam in duos filios dividentes unum Dominum. SCHWARTZ, *Concil.*, I pt. 5 p. 316 l. 12. Non licet presbytero nec diacono quemquem inscribere. Concil. Autissiod. (ca. a. 573-603), c. 41, *Conc.*, I p. 183. Persona inferior nobiliorem a se vel potentiorem inscribere non presumat. Lex Visigot., lib. 6 tit. 1 § 2. Rursum lib. 7 tit. 2 § 23; lib. 12 tit. 3 § 1. Si servus ... in tormentis confessus non fuerit, is qui eum inscripsit domino suo reddat. Lex Burgund., tit. 7 § 1. Ipse qui eum [sc. servum] inscripsit, secundum legem cartam ipsam [manumissionis] falsam efficiat et servum suum conquirat. Capit. Karolo M. adscr., c. 7, I p. 215. **2.** *concéder en tenure — to grant as a tenancy.* Nullus ... facultatem habeat res ecclesie distribuere per libellos seu per aliqua munimina aut per infiteosin [i. e. emphyteusin] alicui inscribere. *D. Ottos I.*, no. 349 (a. 967). **3.** *écrire — to write.* Nostrae auctoritatis apices inscribi jussimus. *D. Ugo*, no. 3 p. 12 (a. 926). Librum quem Fulbertus doctor karissimus de vita s. Autberti ... inscripserit. G. pontif. Camerac., lib. 1 c. 78, *SS.*, VII p. 430. Cartam hanc inscribi feci. MULLER-BOUMAN, *OB. Utrecht*, I no. 381 p. 344 (a. 1141).

**inscriptio: 1.** **acte d'accusation — bill of indictment.* Ut nullus adversus presbyterum inscriptionem factam extra duos aut tres testes accipiat. CASSIOD., Hist. trip., lib. 2 c. 24, *CSEL.*, t. 71 p. 125. Inscriptio in ea firmata aboleatur. Pass. Aureae (s. vi), *AASS.*, Aug. IV p. 759. Trium testium suscriptione roborata inscriptio fiat, et sic questionis examen incipiat. Lex Visigot., lib. 6 tit. 1 § 2. Nulli Judeo ... licere contra christianum ... testimonium dicere neque pro qualibet actione aut inscriptione christianum inpetere. Ib., lib. 12 tit. 2 § 9. Quotiens servus vocatus in crimine necesse est ut judici sub inscriptione tradatur. Lex Burg., tit. 77 c. 1. Apud me in responsum

introire noluisti, nisi, sicut lex edocet, tibi inscriptionem de sumptis et expensis confirmassem. F. Turon., no. 29, *Form.*, p. 152. Qui crimen intendit, in judicium episcopale veniat, nomen rei indicet, vinculum inscriptionis arripiat. BENED. LEVITA, lib. 3 c. 436, *LL.*, II p. 130. ATTO VERCELL., Press., D'ACHÉRY, *Spic.*, VIII p. 47. **2.** *adresse* d'une lettre — *address* of a letter. LIUDPRAND. CREMON., Legat., c. 47, ed. BECKER, p. 200. **3.** *souscription — subscription.* Chyrografi inscriptione. ATTO VERCELL., epist., ed. BURONTIUS, p. 312. **4.** *charte — deed, document.* Prolatae sunt inscriptiones monasterii. Concil. Clovesh. a. 800, MANSI, t. 13 col. 1040. De cartis vel quibuscumque inscriptionibus, quae a quibusdam personis falsae appellantur. Guidonis capit. a. 891, c. 6, II p. 108. Antecessorum nostrorum edictis inscriptionibusque. *D. Arnulfs*, no. 92 (a. 891). Que pridem ... nostri praecepti inscriptione proprietario jure habenda ac possidenda contulimus ... Quae nostrae inscriptionis dono ... contulimus. D. Ludov. III imp. a. 901, *CD. Langob.*, no. 398 col. 671 A. Presenti inscriptione ... concedimus. *D. Berengario I.*, no. 53 (a. 905). Hac nostra regali inscriptione ... damus. *D. Lotario*, no. 7 p. 266 (a. 948). Hanc inscriptionem fieri ... jussimus. *D. Ottos I.*, no. 422 (a. 972). Collata sive per traditiones sive per cartularum inscriptiones sive per aliquo legali ingenio. *D. Konrads II.*, no. 85 (a. 1027). **5.** *description — description.* Magis proprii et lati codicis indigent inscriptione. Chron. s. Andreae Castri Camerac., lib. 3 c. 21, *SS.*, VII p. 545.

**inscrutabilis:** **insondable — unfathomable.*

**insecutio:** **persécution — persecution.* Hormisd. pap. epist. 34 (a. 517), THIEL, p. 809. GREGOR. M., lib. 6 epist. 59, *Epp.*, I p. 434.

**insecutor:** **persécuteur — persecutor.*

**inseisire,** v. insaisire.

**insellare:** *seller — to saddle.* S. xiii.

**insensatus:** **1.** **insensé, stupide — insensate, stupid.* **2.** *dément — insane.*

**insensibilis:** **1.** **imperceptible — unperceivable.* **2.** **insensible, stupide — impassive, stupid.*

**insententiare:** *condamner — to sentence.* Insententiari de neglectu metuens. Chron. Reinhardsbr., a. 1191, *SS.*, XXX p. 548 l. 31.

**insequenter:** **tout de suite — instantly.*

**insequi:** **accomplir, effectuer — to accomplish, bring about.*

**insercere:** *exercer — to exert.* Quanta malitia insercuit. BENED. SANTANDR., ed. ZUCCHETTI, p. 7.

**inserere.** Scriptis, litteris, paginae inserere: *coucher par écrit — to take down.*

**inserta** (< inserere): *pomme — apple. CD. Cavens.*, I p. 203 (a. 936).

**insertae** (femin. plural.): *reliques — relics.* Basilica ubi requiescunt insertas. Lex Sal., tit. 55 addit. 4.

**insertetum,** -tatum (< inserta): *pommeraie — appletree-orchard. CD. Cavens.*, I p. 13 (a. 822). *AASS.*, Aug. VI p. 704 col. 2 (a. 1093).

**insertio:** **1.** **action de greffer, greffe — grafting, graft.* **2.** **insertion* (dans un écrit) — *insertion* (in a text).

**insertitus** (adj.): *cloisonné.* Candelabros 6 argenteos et alio insertito. *Mus. Arch. Dép.*, p. 39 (a. 980, Clermont).

**inservire,** aliquem: *asservir, réduire en servitude — to enslave.* Nullum liberum sine mortali crimine liceat inservire. Lex Baiwar., tit. 7 § 5. Qui eum voluit inservire. Lex Ribuar., tit. 57 § 3. Si quis ingenuus homo ancillam uxorem acceperit pro ingenua, si ipsa femina postea fuerit inservita. Decr. Vermer. (a. 758-768), c. 6, I p. 40. Si quis ... a domino suo legitime libertatem est consecutus ..., si aliquis eum injuste inservire temptaverit. Capit. legib. add. a. 803, c. 7, p. 114. Nullus eos [advenas] inservire praesumat, eo quod loco mercenarii apud aliquem manserint. Capit. missor. Silvac. a. 853, addit. ad c. 9, II p. 273. Si quis eos inservire voluerit. F. Augiens., coll. B no. 41, *Form.*, p. 363. Voluit ibi inservire quandam feminam nomine G. cum infantibus suis. DUVIVIER, *Actes*, I p. 306 (a. 941, Cambrai).

**insidere** (indic. praes. insideo), **1.** rem: *occuper, prendre gîte dans* un domaine comme acte de saisine — *to stay in* an estate by way of seizin. De ipsa villa ... manalitis [représentants — proxies] ... abbatis ... simulque et T. advocatum ipsius monasterii revestivit; et ipsi easdem res triduo secundum legem insiderunt. WAMPACH, *UB. Luxemb.*, I no. 83 (a. 842). Cf. H. BRUNNER, *Zur Rechtsgesch. d. röm. u. germ. Urk.*, p. 296 sq. **2.** absol.: *camper — to encamp.* Super [Varim] ... insidentem repperit. Chron. Salernit., c. 142, ed. WESTERBERGH, p. 149.

**insidiator:** *le Diable — the Devil.* Hormisd. pap. epist. 75, § 2, THIEL, p. 869. GREGOR. M., lib. 2 epist. 27, *Epp.*, I p. 123. Ib., lib. 9 epist. 141, II p. 139.

**insigillare:** *sceller — to seal up.* Insigilletur manus ejus [in judicio Dei]. Quadrip., LIEBERMANN, p. 387 col. 2.

**insigillatio:** *apposition du sceau — sealing.* Per nostri sigilli insigillationem. JORDAN, *Urk. Heinr. d. Löwen*, no. 96 p. 147 (a. 1174).

**insigne,** insignium: **1.** *bannière — banner.* Ibi eum abbas et equo optimo et armis praecipuis cum insigne pulcherrimo donans, monasterii defensorem illum constituit. LEO OST., lib. 2 c. 74, *SS.*, VII p. 681. **2.** *blason — blazon.* S. xiii. **3.** *diplôme — royal charter.* Hoc regiae immunitatis insigne manu propria firmavimus. *D. Heinrichs II.*, no. 8 (a. 1002) Ibi saepe.

**insignire:** **1.** *instruire — to teach.* Droctoveum insignire studuit scemate monastico. GISLEMAR., V. Droctovei, c. 8, *SRM.*, III p. 539. **2.** *orner, appareiller, embellir — to adorn, garnish, embellish.*

**insignitas:** *qualité supérieure, excellence — distinction, excellence.* S. xiii.

**insilire:** **attaquer — to attack.*

**insilium** (cf. voc. consilium): *inconsidération, déraison — inconsiderateness, unwisdom.* Rex Danorum S. per insilium, incuriam et traditionem Normannici comitis H. ... civitatem E. infregit. FLORENT. WIGORN., Chron., ad a. 1003, ed. THORPE, I p. 156.

**insimul:** **1.** **en même temps — at the same time.* **2.** *en même lieu — in the same place.* **3.** *au total — in all.* Domesday. **4.** *ensemble, en bonne intelligence, de concert — together, in concord, in unison.* Hoc inter se principes confirment, ut ipsi insimul permaneant. *Const.*, I no. 106 (a. 1121).



**insimulatus** (adj.): **1.** **non simulé, vrai — not feigned, true.* **2.** *non ambigu, clair — unambiguous, clear.*

**insinuare,** **1.** alicui aliquid: **inculquer, enseigner, expliquer — to inculcate, teach, explain.* Depraecans ut regi verbum salutis insinuaret. Quem sacerdos arcessitum secritius coepit ei insinuare ut Deum verum ... crederit, idola neglexerit. GREGOR. TURON., Hist. Fr., lib. 2 c. 31. **2.** aliquid: *conseiller, recommander — to advise, recommend.* Flagitantes a sancto ut quid agere poterent clementer insinuaret. GREGOR. TURON., lib. 6 c. 6. Consilium meum, quod pro Dei intuitu simpliciter insinuavi, dolose suscipiens. Ib., c. 32. His se passionibus sequi ipsa via insinuat. AUTPERT., V. Paldonis, *Scr. rer. Langob.*, p. 548 l. 6. **3.** **déclarer, faire savoir, communiquer — to proclaim, make known, impart.* **4.** *annoncer — to announce.* Fons sanguinis largissime fluxit, subsecuturam cunctis patenter ruinam insinuans. LIUDPRAND. CREMON., Antap., lib. 4 c. 5, ed. BECKER, p. 105. **5.** *mentionner — to mention.* Tantummodo illos memorans, quorum nomina vel chartae vel quaelibet pittaciola insinuare videbantur. HARIULF., Chron., lib. 4 c. 17, ed. LOT, p. 218. **6.** *souffler, dire en calomniant — to tell slanderously.* Regi haec et alia hujuscemodi insinuans vindictam ... poposcit. GREGOR. TURON., lib. 5 c. 39. Insinuans de A. patricio. ANON. VALES., ed. CESSI, p. 2. **7.** *ordonner, stipuler — to order, provide.* Hanc authenticam ... diligenter, sicut missi nostri eis insinuaverint, transcribi percenseas. Ludov. Pii ad archiepisc. epist. a. 816/817, *Capit.*, I p. 340 col. 2 l. 11. [Lex] qualis transgressoribus poena debeatur insinuat. ATTO VERCELL., epist., ed. BURONTIUS, p. 320. **8.** *insinuer, enregistrer — to enter, enroll.*

**insinuatio:** **1.** **enseignement, inculcation — teaching, instilling.* **2.** **persuasion, recommandation, instance — advice, recommendation, insistence.* **3.** **communication, notification — communication, notification.* **4.** *rapport — report.* CASSIOD., Var., lib. 1 epist. 2 § 1, *Auct. ant.*, XII p. 11. **5.** *requête — petition.* Ib., lib. 4 epist. 12 § 3, p. 120. **6.** *enregistrement —, entering.* Justiniani novella 15 c. 3.

**insipiditas:** *insipidité — insipidity.* S. x.

**insipidus:** **1.** **insipide — insipid.* **2.** *ignorant, illettré — ignorant, unlearned.*

**insipitudo:** *insipidité — insipidity.* ARDO, V. Bened. Anian., c. 2, *SS.*, XV p. 202.

**insistere:** **1.** **insister, tenir à* qqch., *poursuivre — to insist, stick fast to, pursue.* **2.** alicui: *faire pression sur* qq'un — *to push, be urgent with* a person. Nobis violentus insistat de his ... propositionibus. RUSTIC., ap. SCHWARTZ, *Concil.*, I pt. 4 p. 91 l. 21.

**insolubilis:** **1.** **indissoluble — indissolvable.* **2.** **irrémissible — unforgivable.* **3.** *non susceptible d'une réparation à titre de wergeld — not liable to compensation by payment of wergeld.* Consil. Cnuti, LIEBERMANN, p. 347 col. 3.

**insomnitas,** insomnietas: *insomnie — sleeplessness.* V. Carilefi, c. 3 § 27, *AASS.*, Jul. I p. 97.

**insonare,** intrans.: **1.** **retentir, être prononcé — to sound, be uttered.* **2.** *se répandre — to spread.* Fama insonuit quod Pisani hostem preparaverant. OTBERT., Ann. Genuens., a. 1165, ed. BELGRANO, I p. 178.

**insortiare** (cf. voc. sortiarius): *ensorceler — to bewitch.* Leg. Henrici, c. 71, LIEBERMANN, p. 590.

**inspectio:** *contrôle des digues* (néerlandais "schouw") — *dike inspection.* Inspectionis aggerum forefactum. OPPERMANN, *Fontes Egmund.*, p. 248 (ch. a. 1215).

**inspectivus:** **théorique, contemplatif — theoretical, contemplative.*

**insperate:** **d'une façon inespérée, soudain — unexpectedly, suddenly.*

**inspicere,** aliquem: **veiller sur* qq'un, *protéger — to guard, watch over* a person.

**inspiramen:** **inspiration — inspiration.* Inspiramine [v. l. spiramine] summi Dei ... ardore fidei inflammatus. Concil. Toletan., VI a. 638, c. 3, MANSI, t. 10 col. 663. Superno inspiramine ... decreverat. ARBEO, V. Haimhrammi, rec. A c. 7, *SRM.*, IV p. 479. V. Gaudentii, c. 3, *Arch. Wölfflin*, I p. 281.

**inspirare:** **inspirer* (sens religieux) — *to inspire* (religious sense).

**inspiratio:** **1.** **souffle, haleine — breath.* **2.** **inspiration, influence — inspiration, influence.* **3.** **révélation — revelation.* **4.** *le souffle vital — last breath.*

**instabilitas:** **1.** **instabilité — instability.* **2.** **inconstance — inconstancy.*

**installare** (< stallus): *installer* dans une prébende — *to install* in a prebend. [Prepositus noviter creatus] a decano in loco suo installatus. Ann. Erphord. fr. praed., a. 1236, HOLDER-EGGER, *Mon. Erphesf.*, p. 91.

**installatio:** *installation* dans une prébende — *installing* in a prebend. S. xiii.

**instantaneus:** *instantané — instantaneous.* S. xiii.

**instanter:** **1.** *en hâte, avec empressement — hastily, urgently.* Instanter O. ducem adivit. JOH. VENET., ed. MONTICOLO, *Cron. Venez.*, p. 102. **2.** *tout de suite — immediately.* S. xiii.

**instantia:** **1.** **demande pressante, instance — earnest request, insistence.* **2.** **violence, véhémence, pression — force, vehemence, pressure.* **3.** *urgence, caractère pressant — instance, urgency.* S. xiii. **4.** *objection — objection.* S. xiii. **5.** *exemple, cas — instance, example.* **6.** *instance, ressort — instance, resort.*

**instar** (subst. neutr.): **1.** **patron, modèle, spécimen — pattern, model, sample.* **2.** *copie — copy, transcript.* Domni Gregorii pape constitutione omnia haec ... amputata sunt ... Cujus instar ... dirigere maturavimus. Bonif. et Lulli epist. 51 (a. 743), ed. TANGL, p. 91. Ibi pluries. Ecce infra has litteras ... earum instar direxisse. Cod. Carolin., no. 31, *Epp.*, III p. 537. Rursum ib., no. 40, p. 553.

**instare:** **être pressant — to be pressing.*

**instauramentum:** *ustensiles, inventaire — stock, tools.* Curtes et omne instauramentum suum videbatur periturum. Ch. Ludov. VII reg. Fr. a. 1158, D'ACHÉRY, *Spic.*², III p. 527.

**instaurare:** **1.** *guérir — to cure.* Lunaticos instaurabat. G. Caeciliae (s. vii), MOMBRITIUS, I pt. 2 p. 336. **2.** refl. se instaurare: *se rétablir — to recover.* **3.** **organiser, arranger — to organize, arrange.* **4.** **combler, suppléer à* qqch., *rétablir — to fill up, supply, set right.* **5.** **récapituler, résumer — to recapitulate, sum*

up. **6.** *pourvoir — to provide.* In Flandris quatuor ovilia instaurata pascuis. MIRAEUS, I p. 152 (ch. a. 1063). **7.** *outiller — to stock.* S. xii.

**instauratio:** **réparation, restauration — repair, restoration.*

**instaurum:** *ustensiles, inventaire — stock, tools.* S. xiii, Angl.

**instigatio:** **instigation, provocation — incitement, provocation.*

**instinctus** (decl. iv): **impulsion, tendance naturelle, instinct — impulse, propensity, instinct.*

**instipulare:** *déguerpir — to renounce.* Se guerpierunt et instipulaverunt et in terra jactantes jactaverunt et calcaverunt. GUÉRARD, *Cart. de Marseille*, no. 290 (a. 967, Arles).

**instita** (< institor): *mercerie, boutique — mercer's shop.* S. xiii.

**institor: 1.** *marchand — merchant.* Negotiatores ejusdem incolas loci [sc. Bremen] ... tali patrocinentur tutela et potiantur jure quali ceterarum regalium institores urbium. *D. Ottos I.*, no. 307 (a. 965). Magontinum institorem ditissimum. LIUDPRAND. CREMON., Antap., lib. 6 c. 4, ed. BECKER, p. 154. **2.** spec.: *mercier — mercer.* Si institores de mercimoniis suis que cramgiwant dicuntur tantum duxerint. KEUTGEN, *Urk. st. Vfg.*, no. 86 p. 54 (a. 1192).

**instituere: 1.** *édicter, statuer — to ordain, decree.* In quo [concilio] multa ob propagandam ecclesiasticam dignitatem ... diligenter tractata atque instituta sunt. Ludov. Pii epist. ad archiepisc. a. 816/817, *Capit.*, I p. 339 col. 1 l. 5. [Imperator] instituit, si liber homo seipsum ad servitium implicat pro aliquibus causis, si liberam feminam habuit aut infantes, ipsi in eorum libertatem permaneant. Memor. Olonn. (a. 822/823), c. 1, p. 318. **2.** *promulguer — to enact.* (Cf. CIC., Mur. 28). De illo edicto quod domnus et genitor noster Pipinus instituit. Breviar. missor. Aquit. a. 789, c. 1, p. 65. Incipit capitula quod domnus Lotharius imperator sexto anno imperii sui, indictione tertia, instituit in curte M. Capit. de exped. Corsic. a. 825, inscr., p. 325. Similiter Capit. Olonn. eccles. I a. 825, inscr., p. 326. **3.** *ordonner — to order.* Precarias de ipsis rebus, sicut a nobis dudum in nostro capitulare institutum est, accipere neglegitis. Karoli epist. in Ital. emissa (a. 779-781), p. 28. De filia cujus pater ... omnes servos suos jussit fieri liberos ... instituimus quod ipsa filia in tertiam portionem de praefatis servis iterum introire possit. Karoli M. capit. Ital. a. 787, c. 9, p. 201. Instituimus, sicut domnus rex Karolus demandavit, de illos monachos qui de Francia vel aliunde venerunt ... ut presentialiter illis partibus revertantur ad monasteria. Pippini capit. Ital (a. 787?), c. 2, p. 198. **4.** aliquem: *instruire, charger — to instruct, direct.* Modestiam tuae religionis instituimus atque praecipimus ut ... Gregor. II pap. epist. a. 719, *Epp.*, III p. 258. [Formula canonicae institutionis] qualiter diligenter studioseque, distincte et aperte transcribatur, illos [sc. missos imperatoris] satis instituimus. Ludov. Pii epist. ad archiepisc., *Capit.*, I p. 339 col. 2 l. 41.

**institutio: 1.** *construction — building.* Tabernaculi institutione. ATTO VERCELL., epist., ed. BURONTIUS, p. 310. **2.** *institution, fondation — establishing, founding.* **3.** **création — creation.* **4.** *disposition légale, prescription, ordonnance, règlement — legal provision, rule, ordinance, regulation.* Episcopos quos in vicem metropolitanorum constituimus: ut ceteri episcopi ipsis in omnibus oboediant secundum canonicam institutionem. Concil. Vern. a. 755, c. 2, *Capit.*, I p. 33. Omnes presbyteri ad concilium episcopi conveniant; et si hoc ... facere contempserint, secundum canonicam institutionem judicentur. Ib., c. 8, p. 35. Gentis suae institutiones legum. Concil. Neuching. a. 772, *Conc.*, II p. 104. Aliqua capitula ex canonicis institutionibus, quae magis nobis necessaria videbantur, subjunximus. Admon. gener. a. 789, prol., *Capit.*, I p. 53 l. 42. Ut monasteria secundum canonicam institutionem fiant custodita. Concil. Franconof. a. 794, c. 32, *Conc.*, II p. 169. [Advocati] tales sint, quale eos canonica vel regularis institutio fieri jubet. Capit. missor. gener. a. 802, c. 13, I p. 93. Juxta [s. Benedicti] institutionem vivere. Concil. Cabillon. a. 813, c. 22, *Conc.*, II p. 278. De institutione vitae canonicorum, quam ... pia misericordia vestra ordinavit. Episc. ad Ludov. relatio (ca. a. 820), c. 9, *Capit.*, I p. 367. Si quis post haec hujus sancti concilii institutionem parvipendens ... Concil. Tribur. a. 895, c. 39, *Capit.*, II p. 236 l. 21. **5.** *usage liturgique — liturgical custom.* Crescente in processu temporum religionis honore, institutionum ecclesiasticarum usque ad plenitudinem decus crevisse. WALAFR., Exord., c. 27, *Capit.*, II p. 509 l. 18. **6.** *ordre — order.* Quicumque contra hanc institutionem [in hostem pergendi] remanere presumpserit. Const. de exp. Benev. a. 866, c. 2, *Capit.*, II p. 95. Post poenitentiam sua [i. e. episcopi] institutione peractam si se continere non possint. Concil. Tribur., c. 41, p. 237 l. 21. **7.** *diplôme — royal charter.* Si quis autem hujus nostre dapsilitatis institucionem infringere ... temptaverit. *D. Ugo*, no. 11 p. 36 (a. 928). Ibi pluries. *D. Berengario II.*, no. 8 p. 316 (a. 953). **8.** *contract — contract.* Si quis ... hanc institutionem vel precariam ... infringere voluerit. DC.-F., IV p. 383 col. 2 (ch. a. 942, Flavigny). **9.** *impôt — tax.* Si major et jurati super res burgensium aliquam fecerint institutionem. Priv. comm. S.-Quintini a. 1195, c. 43, *Actes Phil.-Aug.*, no. 491, II p. 20. Nos nullum bannum nec aliquam institucionem super res burgensium facere poterimus. Ib., c. 51, p. 21. **10.** *investiture — investiture.* S. xii. **11.** *installation — institution to a benefice.* S. xii.

**institutor: 1.** **auteur, fondateur — author, founder.* [Xenodochia] juxta institutorum decreta per heredes vel pertinentes ... regi debent. Synod. Pap. a. 850, c. 15, *Capit.*, II p. 121. **2.** **créateur — creator.* **3.** **précepteur, maître — teacher.*

**institutum: 1.** **disposition légale, prescription, ordonnance, règlement — legal provision, rule, ordinance, regulation.* Recuperare ... instituta canonica. Concil. Vern. a. 755, prol., *Capit.*, I p. 33. Placuit juxta instituta sanctorum patrum, ut ... Ib., c. 13, p. 35. Sanctorum patrum et canonum instituta. Concil. Roman. a. 769, *Conc.*, II p. 83. Sanctorum patrum canonicis institutis inhaerentes. Admon. gener. a. 789, c. 60, *Capit.*, I p. 57. Principum institutis damnatus fiat. Concil. Roman. a. 826, c. 8, *Conc.*, II p. 557. Canonum instituta. AUXIL., Defens. Stephani, ed. DÜMMLER, p. 96. **2.** *ordre — order.* Si quis ... instituta nostra violet aut infringat. Rudolfi reg. Burg. praec. pro Venetis a. 924, *Capit.*, II p. 149 l. 39. **3.** *mandement — writ.* Nos ... haec instituta partibus vestris direximus. Praecipientes enim jubemus ... Karoli M. epist. in Ital. emissa (a. 779-781), ib., I p. 203 l. 31.



**instructio:** **enseignement, instruction — teaching, instruction.*

**instructorius:** *d'enseignement, pour l'enseignement — of or for instruction.* S. xii.

**instructus** (decl. iv): **1.** **appareil, équipement, attirail, mobilier — stock, equipment, implements, furniture.* **2.** **conseil — advice.* Instructu nostro ... ecclesiam aedificavit. G. abb. Gemblac., D'ACHÉRY, *Spic.*, VI p. 524.

**instruere: 1.** **enseigner — to teach.* **2.** *instruire, donner mission — to instruct, direct.* Instruxit duos quosdam nequam accusare Macedonium. ANAST. BIBL., Chron., ed. DE BOOR, p. 124. **3.** *informer — to inform.* Haec vos, ut omnia scietis, instruximus. Hormisd. pap. epist., THIEL, p. 808.

**instrumentare:** *protocolariser, consigner dans un instrument de tabellionat — to protocol, embody in a public notary's instrument.* S. xiii.

**instrumentum: 1.** **instrument, appareil — instrument, apparatus.* **2.** **livre saint, partie de l'Ecriture — holy book, part of the Scriptures.* Praedicavit illis [dativ.] verbis divinis et euangelicis instrumentis. V. Bertuini [s. ix p. pr.], c. 4, *SRM.*, VII p. 180. **3.** *enseignement, leçon — teaching, lesson.* Collationes patrum .. sunt ... instrumenta virtutum. Benedicti regula, c. 73. Fortunas et infortunia mea ad aliorum ... instrumentum decrevi contexere. GUIBERT. NOVIG., De vita sua, lib. 2 c. 3, ed. BOURGIN, p. 113.

**insubulum:** *ensouple de tisserand — beam of a loom.* ISID., Etym., lib. 19 c. 29 § 1.

**insudare:** **s'appliquer à qqch. — to exert oneself in something.* (Cf. HORAT., Sat., 1, 4, 71). Mediocribus fascibus insudans. CASSIOD., Var., praef., § 7, *Auct. ant.*, XII p. 4. Bonis operibus insudare. GREGOR. M., Hom. euang., lib. 13 c. 1. Id., lib. 11 epist. 39, *Epp.*, II p. 312. ARBEO, V. Haimhrammi, rec. A c. 20, *SRM.*, IV p. 492.

**insufficiens:** **insuffisant — insufficient.*

**insufficienter:** **insuffisamment — insufficiently.*

**insufficientia:** **insuffisance — insufficiency.*

**insufflare:** **insuffler avant le baptême — to insufflate before baptism.*

**insulanus:** **insulaire — insular.*

**insularis:** **insulaire — insular.*

**insultanter:** **avec moquerie, insolence — mockingly, insolently.*

**insultare:** *attaquer, assaillir — to assault, attack.* S. xiii

**insultus** (decl. iv): **1.** *attaque — attack.* Si forte rex Francie insultum fecerit imperio. Heinr. VI conv. cum duce Burgund. a. 1186, *Const.*, I no. 325, c. 3. **2.** *outrage, insulte — affront, insult.*

**insumere: 1.** *voir se réaliser un désir — to obtain a wish.* **2.** *s'engager à se battre en duel — to accept a single combat.* De hac controversia duellum utrimque insumptum est. *BEC.*, t. 36 (1875), p. 403 (ca. a. 1070-1080, Saumur). Omnibus duellis vel sacramentis que ... insumpta vel arramissa fuissent. DC.-F., IV p. 385 col. 1 (s. xii).

**insuperatus:** **non vaincu — unbeaten.*

**insurgere: 1.** **se dresser contre un régime, une autorité, s'insurger — to stand up, revolt against a domination, a ruler.* **2.** *surgir, se produire — to arise, occur.* S. xii.

**insurrectio:** **révolte, soulèvement — rising, insurrection.*

**insuspicabilis:** **insoupçonné, inattendu — unexpected.*

**insustentabilis:** **insupportable — unbearable.*

**intabulare:** *enregistrer, inscrire — to register, record.* S. xiv.

**intalliatus,** en-, -talla-, -talia-, -taglia-, -talea- (< talliare): *gravé, sculpté — cut, engraved.* Plagelle duo serici cum liste ad intallato. CAMERA, *Memor. di Amalfi*, p. 151 (a. 993).

**intaminare** (cf. voc. contaminare): **1.** *toucher à des biens, dissiper — to encroach upon, waste.* Si res ecclesiasticas episcopus ... usurpare voluerit et lucra ecclesiae vel fructus agrorum ... intaminaverit. MARTIN. BRACAR., Capit. ex orient. patr. syn. coll., ed. BARLOW, p. 128. Iterum c. 17, p. 129. **2.** *aborder, entamer — to touch upon, set about.* S. xiii.

**intarta** (mascul.) (< antartes): *rebelle, révolté — rebel, insurgent.* [Neapolis] tenebatur a J. intarta. Lib. pontif., Deusdedit, ed. MOMMSEN, p. 166. Ibi pluries. Bellum inter Karolum exarchum et Ragenfridum intartam. G. abb. Fontan., c. 3 § 1, ed. LOHIER-LAPORTE, p. 23.

**intartizare:** *rebeller — to rebel.* Lib. pontif., Theodorus (a. 642-649), ed. MOMMSEN, p. 178 l. 7. Ib., Deusdedit (a. 672-676), p. 190 l. 6.

**intassare,** intaxare: *entasser — to stack.* S. xii.

**integer: 1.** **survivant, vivant — surviving, safe and sound.* **2.** *entier — entire.* Facere integras septimanas jejuniorum. ETHER., Peregr., *CSEL.*, t. 39 p. 28 l. 3. Quod nos ... septimana integra persolvamus. Benedicti regula, c. 18. Loc. ad integrum: **entièrement — entirely.*

**integraliter:** **entièrement, intégralement — wholly, completely.*

**integrare: 1.** **compléter — to complete.* **2.** *achever — to finish.* Cepit aedificare cenobium ... quod postea integravit filius ejus. ADEMAR., lib. 3 c. 21, ed. CHAVANON, p. 141.

**integritas:** **l'ensemble, la totalité — whole, entirety.* E. g.: [Villae quaedam] cum integritate et quicquid ad ea loca pertinere videtur. MULLER-BOUMAN, *OB. Utrecht*, I no. 67 p. 74 (a. 850).

**intellectibilis:** **qui est l'objet de l'intellect — forming the object of the intellect.*

**intellectualis: 1.** **doué d'intelligence — intelligent.* **2.** **de l'intellect — of the intellect.* **3.** **spirituel — spiritual.*

**intellectus** (decl. iv): *aveu, connivence — privity, connivance.* S. xiii.

**intelligentia,** -leg-: **1.** **opinion, façon de comprendre, signification, interprétation — opinion, manner of understanding, sense, meaning.* **2.** *intelligence, bonne entente, concert, commun accord — intelligence, understanding, concord, agreement.*

**intelligere:** **avoir à cœur, songer à qqch., se soucier de qqch. — to care about, take interest in, think of a thing.*

**intelligibilis,** -leg-: **intelligent, avisé, doué de raison — intelligent, sensible, reasonable.* Loc. aetas intelligibilis: l'âge de discrétion — the years of discretion. Benedicti regula, c. 2; c. 59. Lup., epist. 78, ed. Levillain, II p. 24. Loc. tempus intelligibilis: idem. Capit. monast. a. 817, c. 36, I p. 346.

**intemperantia:** *intempérie — intemperateness.* Per summam caeli intemperantiam. Saxo Gramm., lib. 8 c. 12 § 1, ed. Olrik-Raeder, p. 236.

**intendentia:** *asservissement, sujétion — attendance, submission.* S. xiii.

**intendere: 1.** **regarder, faire attention à* qqch., *comprendre, considérer, remarquer — to attend to, take notice of* a thing, *to mind, consider, remember.* **2.** **écouter, prêter l'oreille à* qq'un, *entendre — to listen, lend ear to* a person, *hear.* Ille vero me tacitum intendens. Gregor. Turon., Hist. Fr., lib. 7 c. 22. Diligenter intendebam quae loquerentur ad invicem. Anast. Bibl., Pass. Demetrii, Migne, t. 129 col. 723 B. Intendentem verbis Dei. Orderic. Vital., lib. 2 c. 2, ed. Le Prévost, I p. 239. **3.** *se livrer à, s'appliquer à* une chose, *exercer — to apply oneself, devote oneself to* a thing, *to practise.* Alii auguria et auspicia intendebant. Willibald., V. Bonifatii, c. 6, ed. Levison, p. 31. **4.** *viser, faire allusion à* qqch., *entendre — to hint at, aim at* a thing, *mean.* Beatum Paullum vos intendere credimus. Atto Vercell., epist., ed. Burontius, p. 302. **5.** alicui: **veiller sur* qq'un *— to watch, guard.* **6.** alicui: *faire sa cour à* qq'un, *servir — to attend, wait upon, serve.* S. xiv. **7.** absol.: *rivaliser — to vie.* Plerique intendebant propter episcopatum, offerentes multa, plurima promittentes. Gregor. Turon., lib. 4 c. 35. **8.** *se disputer, être en litige, procéder — to quarrel, contend, altercate, be at law.* Cum uterque in praesentia regis intenderent. Ib., lib. 10 c. 10. Dum inter se intenderent, fuit judicatum ... Marculf., lib. 1 no. 38, *Form.*, p. 68. Dum sic intenderent, ipsi viri decreverunt judicium. F. Turon., no. 39, p. 157. Dum in ipsa causacione intenderent. *D. Merov.*, no. 35 (ca. a. 658). Dum inter se intenderint, sic ... fuit inventum. Ib., no. 83 (a. 716). **9.** aliquid alicui: *contester, dénier, refuser — to dispute, challenge, deny, withhold.* Malo ordine ipso servitio [i. e. ipsum servitium] partibus monasterii effugibat vel intendebat. F. Senon. rec., no. 3, *Form.*, p. 212. Ipsas tascas et decimas, quod vobis exinde dare debuimus, ipsas vobis intendimus et nihil vobis exinde dedimus prefatos bannos. *Hist. de Languedoc*[3], II pr. col. 64 (a. 802, Caunes).

**intendimentum: 1.** *signification, ce qu'on veut dire, interprétation — meaning, point, interpretation. Const.*, I no. 362 (a. 1194). **2.** *intention cachée, malice — by-aim, hidden purpose, malice.* Loc. absque intendimento aliquo. S. xiii.

**intenebrare:** **obscurcir — to darken.*

**intensivus:** *intensif — intensive.* S. ix.

**intensus** (adj.): **attentif — attentive.*

**intentamentum:** *menace — threat.* Persecutorum callida blandimenta sive aspera crudelitatis intentamenta. Paul. Diac., Homil. 26, Migne, t. 95 col. 1482 B.

**ntentare: 1.** *être attentif à, s'occuper de* qqch. — *to pay attention to, be busy about* a thing. **2.** *accuser, incriminer — to accuse, charge.* Quadrip., Liebermann, p. 67 col. 2.

**intentatio:** **menace — threat.*

**intentio: 1.** **intention, but, visée — aim, purpose, intent.* **2.** *application, zèle — effort, zeal.* Semper nobis provida intentione placuisti. Cassiod., Var., lib. 1 epist. 16 § 3, *Auct. ant.*, XII p. 23. **3.** **dévotion — devotion.* **4.** **objection, grief — objection, grievance.* **5.** **formule exposant les prétentions du demandeur — exposition of the plaintiff's claims.* In judicio praesentiam tui facias intentionemque actoris suscipias. F. extrav., ser. 1 no. 7, *Form.*, p. 537. **6.** *instance, demande en justice, accusation — legal claim, prosecution, impeachment.* Ne fortasse quelibet ad futurum ex hoc intentio moveatur. Lex Visigot., lib. 2 tit. 1 § 23. Si que contra minorum personas adverse accesserint actiones, his intentionibus tutor ... debeat parare responsum. Ib., lib. 4 tit. 3 § 3. Si ... intentio pro hoc fuerit excitata. Liutprandi leg., c. 8. Illa aput illo litis intencione[m] [h]abuit de illo rapto. F. Andecav., no. 26, *Form.*, p. 12. Si, aliqua intentione facta, episcopus Treverensis ... contra ecclesia Virdunense de ipsa loca ... venerint aut contrarii extiterint. Test. Adalgiseli-Grimonis a. 634, Levison, *Frühzeit*, p. 135. Cognovimus Petrum ... de prefata corte ... monasterio intentionem fecisse. *D. Heinrichs II.*, no. 301 (a. 1014). Si aliquo tempore aliqua intentio contra idipsum monasterium exorta fuerit. *D. Konrads II.*, no. 73 (a. 1027). **7.** *litige, procès — lawsuit.* Si inter episcopos de rebus terrenis ... nascatur intentio. Concil. Aurel. a. 541, c. 12, *Conc.*, I p. 90. Solet inter heredes aut vicinos possessores intentio exoriri. Lex Visigot., lib. 2 tit. 4 § 8. Si aliqua ... orta fuerit intentio. Edict. Rothari, c. 146. Etiam c. 172. [Portio] unde inter eus [i. e. eos] orta fuit intencio. *D. Merov.*, no. 49 (a. 679). Pro amputanda intentione omnium hujus notitiam judicatus ... scripsi. Ficker, *Forsch.*, IV no. 1 p. 2 (a. 776, Spoleto). Dum inter nobis jugis intentio verteretur. F. Visigot., no. 33, *Form.*, p. 590. Etiam no. 41, p. 594. Dum ... in judicio resideret I comes ... ad singulas deliberandas intentiones. *D. Berengario I.*, no. 88 (a. 913), p. 235 l. 5. Habeant licentiam diffinire omnes lites et intentiones per pugnam et legale juditium. *D. Heinrichs II.*, no. 308 (a. 1014). **8.** *dispute, querelle — quarrel, strife.* Cum intentio inter Guntchramnum et Sygiberthum regis verteretur. Gregor. Turon., Hist. Fr., lib. 4 c. 47. Ibi saepe. Inter Chlotharium et filium suum Dagobertum gravis horta fuit intencio. Fredeg., lib. 4 c. 53, *SRM.*, II p. 147. Ibi saepe. Notitiam pro amputandas intentiones fieri jussimus. Karoli M. notit. Ital. (a. 776), *Capit.*, I p. 188. Si causa vel intentio sive controversia talis inter partes propter terminos aut confinia regnorum orta fuerit. Div. regn. a. 806, c. 14, ib., p. 129. Intentio inter Pipinus et Carlomagno. Bened. Santandr., ed. Zucchetti, p. 70. Si contigerit ut duo [abbates] ibi per intentionem eligantur. *D. Heinrichs II.*, no. 369 (a. 1017). **9.** *vendetta — feud.* Tam uxor mortem mariti ... quam etiam maritus [mortem uxoris] ... licitum habebit ... ulciscendum insistere,



ita ut, si manente adversus reum tali intentione maritus et uxor vitam finierint ... Lex Visigot., lib. 6 tit. 5 § 14. **10.** *attaque, agression — attack, assault.* Ne desolatio propter intentionem iniquorum hominum monachis fieret. *D. Karolin.*, I no. 72 (a. 772/773). Utreque acies forti intentione pugnarent. Joh. Venet., ed. Monticolo, p. 82.

**intentionare:** *prétendre à* qqch., *revendiquer — to claim, lay claim to* a thing. Si ipsa[s] res intentionare aut in alico molestare presumserimus. Schiaparelli, *CD. Longob.*, I no. 105 p. 302 (a. 752, Lucca). Si ... tibi ... intentionare aut retrahere volueremus. Ib., no. 108 p. 312 (a. 753, Lucca). Si ipse ... aliquod scriptum ... habet, per quas nobis suprascriptis rebus [i. e. suprascriptas res] intencionare posset. *D. Heinrichs III.*, no. 339 (a. 1055).

**intentus** (decl. iv): **1.** *intention, but, visée — aim, purpose, intent.* Aequitatis intentu. Gregor. M., lib. 9 epist. 70, *Epp.*, II p. 89 l. 28. De tali heretico intentu recederet. Lib. pontif., Martin. I, ed. Mommsen, p. 181. Ionas, V. Columbani, passim. V. Gaugerici, c. 12, *SRM.*, III p. 656. **2.** *contestation, prétention — contestation, claim.* Quod fieri non crido nec fiat, si ipsa res [i. e. de ipsis rebus] ego aut meus [i. e. mei] heredis tibi intentum ficero. Schiaparelli, *CD. Longob.*, I no. 87 p. 256 (a. 746, Lucca). **3.** *accusation — impeachment.* Si dampnificatus potest per duos homines pacis probare intentum aut per appellationem duelli, reus suspendetur. Ch. pacis Valencen. a. 1114, *SS.*, XXI p. 606 col. 1 l. 45.

**inter** (praepos.): *tant pour* ceci *que pour* cela, *y compris, en tout — for* this *as well as* that, *including, in all.* Inter freto et faido conpensetur. Pactus Childeb. et Chloth. (a. 511-558), c. 12, *Capit.*, I p. 6. Sunt inter omnes jurnales 240. Bruckner, *Reg. Alsat.*, no. 481 (a. 829-830). 12 inter caecos et claudos fuere curati. Flodoard., Hist. Rem., lib. 1 c. 4 in fine, *SS.*, XIII p. 417.

**interaffinis,** interrafinis (cf. voc. affinis): *borne-limite — boundary-stone.* Territorio ... certis interrafinis. Fantuzzi, *Mon. Ravenn.*, I p. 89 (a. 870). Interrafines de suprascripto fundo. Bernicoli, *Doc. di Ravenna*, no. 10 (a. 942).

**interagere:** *servir de médiateur — to mediate.* S. xiii.

**intercapedo:** **intervalle d'espace, distance — intervening space, distance.*

**intercedere** (class. "se porter garant — to go bail"): **intercéder — to intercede.* L. abbas Hludowicum regem postulavit intercedentibus E. et A., ut ... Trad. Lunaelac., no. 139 (a. 829), *UB. d. L. ob der Enns*, I p. 82. Sitis accessibiles omnibus recta suggerentibus et pro aliis intercedentibus. Conv. Mantal. a. 879, Ad Bosonem legatio, *Capit.*, II p. 366 l. 36.

**interceptio: 1.** *attaque — attack* Interceptionibus circunstantium in manu potenti resistens. G. pontif. Autissiod., c. 58, ed. Duru, p. 438. **2.** *infraction, contravention, violation — infringement, violation.* S. xiii.

**intercessio** (class.: "cautionnement — bailment"): **1.** **intercession* (sens religieux) — *intercession* (religious sense). **2.** (gener.) *intercession, entremise — intercession, intervention.* Eos qui ad ecclesiam confugerint ... loci reverentia et intercessione defendi. Concil. Arausic. I a. 441, c. 5, Mansi, t. 6 col. 437. Pro intercessione sanctitatis vestrae acolitum fecimus. Gregor. M., lib. 8 epist. 2, *Epp.*, II p. 2. Qui violentiam potentiorum passi ideo ad nos venerint ut per nostram intercessionem justitiam accipere mereantur. Pactum Ludov. Pii cum Paschali papa a. 817, *Capit.*, I p. 354. Ne aliquis hominem fratris sui pro culpis ad se confugientem suscipiat nec intercessionem pro eo faciat. Div. regn. a. 806, c. 7, ib., p. 128.

**intercessorius.** Litterae intercessoriae: lettre d'intercession — intercessory letter. S. xiii.

**intercessus** (decl. iv): **entremise, intercession — intervention, intercession.*

**intercipere: 1.** **empêcher — to hinder.* **2.** *écarter — to prevent, preclude.* Moras. Cassiod., Var., lib. 11 epist. 33, *Auct. ant.*, XII p. 348. **3.** *commettre — to commit.* Remisit quicquid comites contra seipsum interceperant et quocumquemodo deliquerant. Gisleb. Mont., c. 232, ed. Vanderkindere, p. 313. **4.** intrans.: *forfaire, commettre un délit — to trespass, offend.* Intelleximus quod vos interceperatis contra episcopum Attrebatensem in capiendo G. in districto ejusdem episcopi arrestatum pro furto. *Actes Phil.-Aug.*, no. 505 (a. 1195), II p. 39. Si comes Bolonie non serviret nobis, ... si in aliquo interciperet erga nos ita quod interceptio illa manifesta esset. Ib., no. 580 (a. 1198), p. 128. Quodsi aliquis de juratis ville erga nos interceperit, ... major illum juri habere debet. Wauters, *Origine*, p. 58 (a. 1203, Boulogne). **5.** *attaquer — to attack.* Richardus regis Anglorum filius adversus regem Francorum intercepit. Gisleb. Mont., c. 131, p. 197.

**intercisio:** **séparation, coupure — division, cut.*

**intercludere, 1.** idem quod complere: *valider un acte en ajoutant la souscription — to validate* a deed *by subscribing.* Quod ego ... pro eis subscripsi et interclusi. *CD. Cavens.*, I p. 231 (a. 950). **2.** *joindre à une lettre — to enclose.* [Transscriptum litterarum] tibi presentibus mittimus interclusum. Reg. Innoc. III pap., no. 48, ed. W. Holtzmann, p. 74.

**intercommunicare,** alicui: *fréquenter — to have intercourse with* a person. S. xiv.

**interconciliaricum:** *droit d'usage des communaux — right of common. CD. Langob.*, no. 136 col. 240 A (a. 840, Milano).

**interconcilium:** *droit d'usage des communaux — right of common. CD. Langob.*, no. 147 col. 256 D (a. 842, Brescia).

**intercursus: 1.** *accord relatif au statut des enfants nés de parents qui relèvent de deux seigneurs différents — agreement about the status of the offspring of parents from two different seigniories.* Pérard, *Bourg.*, p. 263 (ch. a. 1190). Priv. Alex. III pap., Calmet, *Lorr.*, II col. CCCLXXXIII. **2.** *accord relatif aux dépendants d'une seigneurie qui s'installent à demeure dans une autre seigneurie — agreement about dependants migrating from one seigniory to another. Actes Phil.-Aug.*, no. 921, II p. 513 (a. 1205). **3.** *accord au sujet des revenus que perçoivent les vassaux d'un seigneur dans le territoire d'un autre — agreement about payment of revenue due to a baron's vassals from possessions situated in another barony.* Brussel, *Examen*, II p. 1023 (a. 1215, Langres).

**interdianus: 1.** **de jour, diurne — of daytime.* **2.** *qui dure toute la journée — lasting all day.*

**interdicere, 1.** spec.: *interdire* l'exercice du culte — *to interdict* divine worship. Si [presbyteri] hoc non reddidissent, ex vestra [sc. episcopi] auctoritate [missi episcopi] interdictum haberent [i. e. interdixissent] missas non cantare in ecclesiis nostris. ALCUIN., epist. 298, *Epp.*, IV p. 457. **2.** *placer sous l'interdit — to put under an interdict.* Nisi [clericus] redderetur, [episcopus] totum exercitum interdixit. ORDER. VITAL., lib. 8 c. 16, ed. LE PRÉVOST, III p. 365. Pontificali rigore totam terram ejus interdixit. Ib., c. 24, p. 422. **3.** aliquem: *excommunier — to excommunicate.* [Philippus I rex Fr.] fere 15 annis interdictus fuit. Ib., c. 20, p. 389.

**interdictio: 1.** *excommunication — excommunication.* Sub anathematis interdictione. Agap. II pap. (a. 946-955) epist., MIGNE, t. 133 col. 905 B. **2.** *interdit — interdict.*

**interdictus** (decl. iv), interdictum, **1.** gener.: **défense, prohibition — prohibition.* **2.** spec.: *prohibition accompagnée d'une sanction religieuse — prohibition under threat of religious sanctions.* [Papa] tali omnes interdictu et excommunicationis lege constrinxit, ut numquam de alterius lumbis regem in aevo presumant eligere. Nota de unctione Pippini, *SS.*, XV p. 1. Ubi [conjugium] post interdictum factum fuerit inventum, separetur. Concil. Mogunt. a. 813, *Conc.*, II p. 273. Quosdam presbiteros [i. e. presbyteri] contra interdicta sanctorum canonum feminas in domibus suis habitare ... faciunt. Episc. ad Ludov. Pium relatio a. 829, c. 12, II p. 33. **3.** spec.: *défense de fréquenter un excommunié — prohibition to have intercourse with an excommunicated person.* Quodsi post interdictum cum iis quisquam praesumpserit manducare. Concil. Aurel. a. 511, c. 11, *Conc.*, I p. 5. **4.** *excommunication — excommunication.* Sub interdictu excommunicationis. GREGOR. M., In infr. chr., MAI, p. 211. Ne, quod absit, periculum interdicti anathematis ... incurratis. Concil. Meld. a. 845/846, c. 78, II p. 419. Anathematis interdicto. Agap. II pap. (a. 946-955) epist., MIGNE, t. 133 col. 896 B. **5.** *interdit — interdict.* Eos absolutos et ab omnibus interdicti vel excommunicationis tue nexibus liberos esse. Reg. Greg. VII pap., lib. 2 no. 69, ed. CASPAR, p. 228. Archiepiscopus ... interdicto totam terram subjecit. G. episc. Camerac. abbrev., c. 8, *SS.*, VII p. 505.

**interdonare:** *faire donation mutuelle entre époux — to donate mutually among husband and wife.* Dum pariter, stante conjugium, amabiliter vivimus, pertractavimus consilium ut aliquid de rebus nostris inter nos interdonare deberimus. F. Sal. Merkel., no. 16, *Form.*, p. 247.

**interdonatio:** *donation mutuelle entre époux — mutual donation among husband and wife.* MARCULF., lib. 1 no. 12, inscr., *Form.*, p. 50. Ibi pluries.

**interdum:** **pendant ce temps — meanwhile.*

**interemptio:** **homicide — manslaughter.*

**interesse** (subst. indecl.): **1.** *dédommagement pour la résiliation d'un contrat — damages claimed on account of annulment of contract.* Si vasallus feudum alienaverit ignorans, non domino sed ipsi vasallo feudum restituendum est. Ad interesse vero emptori ignoranti condemnandus est vasallus. Libri feudor., vulg., lib. 2 tit. 26 § 20, ed. LEHMANN, p. 153. Si facta de feudo investitura poeniteat dominum antequam possessionem transferat, an praestando interesse vasallo liberetur [dominus], quaesitum fuit. Ib., § 15, p. 152. **2.** *intérêt d'un capital — interest of capital.* S. xiii.

**interfinium:** *ligne de démarcation — boundary.* ISID., Etym., lib. 11 c. 1 § 48. Dixerunt se veraciter scire ita interfinium esse et marcham infra hos terminos consistere. *D. Ludwigs d. Deutsch.*, no. 66 (a. 853?).

**intergressus:** **intervention — intervention.*

**interim, 1.** adverb.: **pour le moment, provisoirement, en attendant — just now, for the time being, provisionally.* **2.** conjunc.: *jusqu'à ce que — until.* Monuit ne ab urbe discederet, interim de Bulgarorum finibus ... reverteretur. JOH. VENET., Chron., a. 1004, *SS.*, VII p. 36 l. 17.

**interlineare:** *écrire entre les lignes — to interline.* S. xiii.

**interlinearis:** *interlinéaire — interlinear.* S. xii.

**interlineatura:** *intercalation interlinéaire — interlinear addition.* S. xiii.

**interlocutio: 1.** **jugement interlocutoire — interlocutory judgment.* **2.** **intervention dans un débat — speech in a debate.*

**interloqui: 1.** **prononcer une sentence interlocutoire — to pronounce an interlocutory sentence.* **2.** *s'adresser à* qq'un, *consulter — to imparl, consult.* S. xiii.

**interludium:** *intermède — play, interlude.* S. xiii.

**intermansum,** intro-: *relief — relief.* HEMERAEUS, *Augusta Viromand.*, p. 156 (ch. a. 1131). Ibi pluries.

**intermediatus:** *intermédiaire — intermediate.* S. xiii.

**interminabilis:** **interminable, infini — interminable, endless.*

**interminatio: 1.** **menace — threat.* **2.** *limite — boundary.* Habet ipsas villas consortes vel interminationes ... MARTÈNE, *Coll.*, I col. 333 (ch. a. 984).

**intermittere** = intromittere.

**internupta** (subst.): **femme remariée — woman who has contracted a second marriage.* De bigamis aut internuptarum maritis. Concil. Agat. a. 506, MANSI, t. 8 col. 323. Concil. Arelat. a. 524, c. 3, *Conc.*, I p. 37. Concil. Aurel. a. 541, ib., p. 89. CAESAR. ARELAT., Serm., ed. MORIN, p. 13 l. 3.

**interpellare: 1.** **intercéder auprès de* qq'un — *to intercede with* a person. **2.** **recourir à, en appeler à* un juge, un tribunal — *to apply to, appeal to* a judge or a court. Interpellare publicum. Concil. Epaon. a. 517, *Conc.*, I p. 22. Ter sedem apostolicam interpellaverat. Leo IV pap. (a. 847-855) epist., *Epp.*, V p. 605. [Judex] qui interpellatus est ut hic aliquam causam debeat diffinire, instet usquequo diffinita sit ratio de qua interpellatus habetur. Edict. Pist., a. 864, sect. C c. 2, *Capit.*, II p. 328. [Episcopus] per litteras suas apostolicam sedem interpellat, quid de eo [clerico falsario] sit faciendum. Concil. Tribur. a. 895, c. 30, ib., p. 231. Interpellavit super nos atque ostendit privilegia. Agap. II pap. epist. 4 (a. 947), MIGNE, t. 133 col. 894 A. **3.** **réclamer auprès de, faire appel à* qq'un — *to insist with, call on* a person. **4.** **mettre en demeure, adresser une sommation à* qq'un — *to dun, garnish.* **5.** *actionner, former une instance, intenter une action contre* qq'un — *to sue, take legal proceedings, institute a prosecution against* a person. I. ad placitum ... advenit et per triduum usque occasum solis observavit. Sed cum hii non venissent neque de causa ab ullo interpellatus fuisset, ad propria rediit. GREGOR. TURON., Hist. Fr., lib. 7 c. 23. Cum ad placitum ... convenisset et G. de his interpellatus nullum responsum dedisset. Ib., lib. 8 c. 21. Homo interpellabat homine[m], quasi servicium ei redeberit. F. Andecav., no. 10, *Form.*, p. 8. Ibique veniens fimena [i. e. femina] nomene A., Amalgario [i. e. -um] interpellavit, dum diceret eo quod ... *D. Merov.*, no. 49 (a. 679). Etiam no. 59 (a. 691). *D. Arnulfing.*, no. 10 (ca. a. 717), p. 98. Si quis interpellatus ante ducem de qualecumque causa. Lex Alamann., tit. 42 c. 1. Fulradus Gislemarum interpellabat, repetens ab eo ... *D. Karolin.*, I no. 1 (a. 752). Ubicumque de justitiis monasterii [aliquis] vobis condixerit vel interpellaverit. Ib., no. 172 (a. 791). Si quis ad mallum mannitus fuerit et non venerit, ... possessio ejus in bannum mittatur donec veniat et de re qua interpellatus fuerit justitiam faciat. Capit. legi Ribuar. add. a. 803, c. 6, I p. 118. Si quis de libertate sua fuerit interpellatus et timens ne in servitium cadat ... Capit. legib. add. a. 803, c. 5, p. 113. De hereditate paterna vel materna si aliquis eum interpellare voluerit. Capit. legi Sal. add. a. 819, c. 5, p. 293. [Nullus presbyter eat] ad palatium causa interpellandi ... sine permissione ... episcopi sui. Haitonis Basil. capit. (a. 807-823), c. 18, p. 365. **6.** *accuser — to impeach.* Actor jurabit, quod aliam ob causam non interpellat eum de furto nisi quod putat eum culpabilem. Lex pacis castr. a. 1158, *Const.*, I no. 173, c. 10. **7.** *semoncer — to summon to do justice.* In legalibus placitis 12 senatores [i. e. scabini] nostre parochie super hereditates nostras jura dicent et dijudicabunt, postquam episcopus aut suus potens nuntius eos interpellaverit. HOENIGER, *Koelner Schreinsurk.*, II p. 52 c. 5 (ca. a. 1150).

**interpellatio: 1.** **intercession — intercession.* Per interpellationem Hemme conjugis nostre quasdam res concessimus. *D. Ludwigs d. Deutsch.*, no. 128 (a. 868). **2.** **appel en justice — appeal at law.* **3.** **appel, sollicitation — instance, request.* **4.** **mise en demeure, sommation — dun, garnishment.* **5.** *réclamation, instance, action — reclamation, prosecution.* Aliquem injusta interpellatione pulsare. Concil. Aurel. a. 549, *Conc.*, I p. 106 l. 13. De interpellatione servorum: Quodsi quis in judicio pro servo interpellatus fuerit. Lex Ribuar., tit. 30. Si quis contra hanc traditionis cartam aliquam injustam interpellationem facere voluerit. *D. Arnulfing.*, no. 12 (a. 726), p. 100. Qui possessionem per 30 annos sine alicujus interpellatione tenuerit, jure perpetuo possideat. Capit. a sacerd. propos. (a. 802?), c. 17, I p. 107. Ut de rebus ecclesiarum, quae ab eis per triginta annorum spatium sine ulla interpellatione possessae sunt, testimonia non recipiantur. Capit. Wormat. a. 829, c. 8, II p. 13. Inde nullam repetitionem aut interpellationem auctoritate canonica facere valeam. Ebbonis Rem. resign. a. 835, ib., p. 58. Absque ullius inquietudine vel injusta interpellatione possidere valeant. F. imper., no. 17, *Form.*, p. 298. Eadem verba: *D. Ludwigs d. Deutsch.*, no. 55 (a. 849?).

**interpellator:** *demandeur — plaintiff.* Interpellator formidat negotii sui casum. CASSIOD., Var., lib. 6 epist. 17 § 3, *Auct. ant.*, XII p. 189. Si interpellator ... victus fuerit et hoc quod voluerit efficere non potuerit. Capit. Karolo M. adscr., I p. 215 c. 7. Interpellator ... juret quod ... justam rationem exquirat. Guidonis capit. Pap. a. 891, c. 6, ib., II p. 108.

**interpolare:** **interrompre — to interrupt, interpose.*

**interpolatim:** *avec interruptions — at intervals.* S. xiii.

**interpolatio:** *intervalle, interruption — interval, intermission.* S. xii.

**interpolator:** **interpolateur, falsificateur — interpolator, falsifier.*

**interponere:** *stipuler, convenir — to condition, agree on* something. Sic itaque interpositum est. SCHIAPARELLI, *CD. Longob.*, II no. 196 p. 191 (a. 766, Viterbo).

**interpositio: 1.** **entremise, intervention, médiation — intermediary, intervention, agency.* Auctoritatis sedis apostolicae interpositione. Coll. Avell., *CSEL.*, t. 35 p. 355. **2.** *menace — threat.* Decernentes apostolica censura sub anathematis interpositione. Pauli pap. epist. (a. 761?), *Epp.*, III p. 524.

**interpositor:** *intercesseur, médiateur — intercessor, mediator.*

**interprendere:** *altérer, falsifier — to falsify.* Puto ut, sicut in nomine interprisum est, ita sit et in ambasciato. Hincmari Rem. epist. a. 881, SIRMOND, II p. 196.

**interpresura:** *représaille — reprisal.* Vadium in domo illius capere faciam ad valorem unius mine avene sine lege et interpresura. BRUNEL, *Actes de Pontieu*, p. 314 no. 206 § 25 (a. 1210).

**interpretare: 1.** **traduire, interpréter, expliquer — to translate, interpret, expound.* **2.** (sens passif) *signifier — to mean.*

**interpretator: 1.** **traducteur — translator.* **2.** **interprète, commentateur — explainer, commentator.*

**interprisa,** -sia: *représaille — reprisal.* S. xiii.

**interprisio:** *représaille — reprisal.* Confessus est hujusmodi interprisionem et praesumptionem in omnibus esse veram. THÉVENIN, *Textes*, no. 96 (ca. a. 863, Vienne).

**interrare:** *enterrer — to inter.* Interrent eum sicut christianum. Leg. Edw. Conf., tit. 36, LIEBERMANN, p. 667.

**interrasilis:** **ciselé — ciseled.*

**interrogare: 1.** **demander, réclamer — to demand, claim.* **2.** *mettre en demeure — to dun, garnish.*

**interrogatio: 1.** *audience, séance — hearing, session.* Ante obitum ... Pippini regis causae commissae ... salvae usque ad interrogationem nostram reserventur. Capit. de just. fac. (a. 811-813), c. 1, I p. 176. [Quaestionem] si ecclesiastici aut beneficiarii servi sicut liberorum tradi aut dimitti possunt, ad interrogationem domni imperatoris reservare voluerunt. Capit. legi Sal. add. (a. 819 vel paulo post), c. 7, p. 293. **2.** *mise en demeure — dun, garnishment.* S. xiii. **3.** *contestation, prétention — claim, pretension.* Abrenunciaverunt ... de omni interrogatione super M. de bono

fratris. HOENIGER, *Koelner Schreinsurk.*, II p. 92 c. 13 (a. 1164-1176). **4.** *taille* — *tallage.* A tailliis, interrogationibus, reiis et quibusdam corveiis ... redderemus absolutos. GUÉRARD, *Cart. de Paris*, I p. 389 (a. 1157).

**intersedare:** *insérer* — *to insert.* Deinde quarumdam epistolarum decreta virorum apostolicorum intersedavimus. Ps.-ISID., praef., c. 4, ed. HINSCHIUS, p. 17.

**intersignum,** -ne, -nium: **1.** *signe placé au milieu* — *a sign half-way.* Judic. Pictav. a. 590 ap. GREGOR. TURON., Hist. Fr., lib. 10 c. 16. **2.** *marque faite au fer rouge* — *brand.* Habebit intersignium comitis candens in fronte. Ch. pacis Valencen. a. 1114, *SS.*, XXI p. 608 col. 1 l. 8. **3.** *cri d'armes* — *battle-cry.* Exclamavit unusquisque intersignum suum. G. consul. Andegav., c. 13 § 5, ed. HALPHEN-POUPARDIN, p. 158. **4.** *sceau* — *seal.* **5.** *assignation scellée* — *sealed writ of summons.* In totam terram superscriptam nullus vicarius nec ullus praepositus nullum intersignum mittat; et si quis miserit, nullus hominum horum ad ipsum pergat, sed ante monachum judicium fiat. DC.-F., IV p. 397 col. 2 (a. 1074, Poitiers). **6.** *preuve écrite* — *piece of evidence.* S. xiii. **7.** *blason* — *blazon.* Militum equos cum intersignibus. GUILL. DE PODIO s. LAUR., Hist. Albig., c. 1, ed. BEYSSIER, p. 120.

**interstes** (adj., genet. -itis): **intermédiaire* — *intermediary.*

**interstitium:** **1.** **intervalle d'espace, distance* — *intervening space, distance.* **2.** **intervalle de temps* — *interval.* **3.** *césure, pause, paragraphe* — *caesura, pause, section.*

**intertiare** (cf. loc. in tertiam manum mittere): *mettre en séquestre* un bien volé ou dérobé comme acte initial de la procédure de recouvrement — *to sequestrate* a stolen or robbed object, by which action a recuperative procedure was started. Ista omnia in illo mallo debent fieri ubi ille est gamallus super quem res illa primitus fuit agnita aut intertiata. Lex Sal., tit. 47. Si quis rem suam cognoverit, mittat manum super eam. Et sic illi [i. e. ille] super quem interciatur tercia[m] manu[m] querat. Lex Ribuar., tit. 33 § 1. Si auctor venerit et rem interciatam recipere rennuerit, campo vel cruce contendatur. Capit. legi Ribuar. add. a. 803, c. 7, I p. 118. Si res interciata furto ablata fuerit. Ib., c. 12. Leg. Henrici, c. 57, LIEBERMANN, p. 576. Si contigerit aliquem aliquid interciare de suo super latronem vel falsonarium in R. captum et convictum, et possit ostendere legali testimonio vicinorum suum esse quod clamat. Etabl. de Rouen, c. 10, ed. GIRY, p. 16 (a. 1160-1170). Si quis super aliquem aliquid quod suum est interciaverit, et ille qui accusabitur responderit se illud non a latrone scienter emisse ... Phil. II Aug. priv. comm. Ambian. a. 1190, c. 32, GIRY, *Doc.*, p. 30. Pour des bien-fonds envahis — with regard to estates unlawfully seized: Ut servo, campo ... per decem annos quicumque inconcusso jure possedit, nullam habeat licentiam interciandi. Childeb. II decr. a. 596, c. 3, *Capit.*, I p. 15 sq. Cf. K. RAUCH, *Spurfolge und Anefang in ihren Wechselbeziehungen*, Wien 1908. S. J. FOCKEMA ANDREAE, *Die Intertiatio im fränkischen Fahrnisprozesse*, *ZSRG.*, Germ. Abt., t. 33 (1912), pp. 129-138. E. GOLDMANN, *Tertia manus und Intertiation im Spurfolge- und Anefangsverfahren des fränkischen Rechtes*, ib., t. 39 (1918), pp. 145-222; t. 40 (1919), pp. 199-235.

**intertiatura:** *séquestre* — *sequestration.* Form. ap. MURATORI, *Scr.*, I pt. 2 p. 172 D.

**interula:** **chemise* — *shirt.*

**intervenire:** *intercéder* — *to intercede.* Interveniat pro nobis, qui nobiscum orare consueverat. CASSIOD., Inst. div., lib. 1 c. 23, MIGNE, t. 70 col. 1137 C. Intervenientibus suffragiis. Steph. II pap. (a. 752-757) epist., *Epp.*, III p. 503 l. 42.

**interventio** (class. "cautionnement — bailment"): **1.** **intercession* — *intercession.* GREGOR. M., lib. 9 epist. 212, *Epp.*, II p. 197. **2.** *présence, immixtion* — *presence, interference.*

**interventor** (class. "répondant — bail"): **intercesseur* — *intercessor.* Coll. Avell., *CSEL.*, t. 35 p. 701 l. 9.

**interventus** (decl. iv) (class. "cautionnement — bailment"): **1.** **intervention, intercession, secours* — *intervention, intercession, help.* **2.** *entremise, moyen* — *agency, means.* Si interventu pecunie aut per simoniam cum heresi promotus fuerit. SCHNEIDER, *Reg. Senense*, p. 10 no. 24 (a. 1001).

**intestatio:** *succession ab intestat* — *abintestate heritage.* S. xiii, Occit.

**intestatus** (adj.): **1.** *qui meurt sans avoir fait l'aumône pour le salut de son âme* — *who dies without any almsgiving for his soul.* Dedecorose tandem et intestatus expiravit. Chron. Lauresham., *SS.*, XXI p. 443. Quicumque sive testatus sive intestatus, id est sive confessus sive non, morietur. Ludov. VII reg. Fr. priv., DC.-F., IV p. 399 col. 2. Morbo subitaneo praeventus opprimitur et obstruso linguae officio moritur intestatus. GUILL. NANG., a. 1202, ed. GÉRAUD, I p. 118. Cf. G. BARIL, *Le droit de l'évêque aux meubles des intestats, étudié en Normandie au moyen âge*, Caen 1911. **2.** de biens: *non légué par testament* — of property: *not bequeathed by will.* Res ipsas, quantum post tuum discessum intestatum remanserit. MARCULF., lib. 2 no. 7, *Form.*, p. 79. Item no. 17, p. 87. A. servum cum omnibus quos intestatos reliquero tuo dominio vindicabis. Test. auctius Remigii, PARDESSUS, no. 119, I p. 84. **3.** d'une charte: *non attesté* — of a deed: *lacking witnesses.* Vacua et intestata chartula. *CD. Cajet.*, I p. 174 (a. 994).

**intimare:** **1.** **inculquer, faire pénétrer dans l'esprit* — *to inculcate, impress.* **2.** **faire entendre, communiquer, annoncer* — *to give to understand, impart, announce.* **3.** **intimer, signifier* — *to notify, serve* upon a person. **4.** *saisir* d'une cause — *to prefer, submit.* Quicumque deinceps causam suam contra alium regio intimaverit culmini decernendam. Lex Visigot., lib. 2 tit. 2 § 10. Ibi pluries. **5.** **insinuer, enregistrer* — *to enter, enroll.* **6.** *raconter, décrire* — *to tell, relate.*

**intimatio:** **signification, notification* — *serving* a writ upon a person.

**intitulare:** **1.** **intituler* un écrit — *to entitle, superscribe.* **2.** aliquem: *habiliter, conférer un droit à* qq'un — *to entitle, empower.* S. xiii. **3.** clericum: *rattacher à une église déterminée* — *to appoint at a definite church.* S. xiii.



**intonare:** *entonner* un chant — *to intone.* Expos. liturg. Gall., MARTÈNE, *Thes.*, V col. 93.

**intortitium** (< tortus): *torche* — *torch.* S. xiv.

**intoxicare:** *empoisonner* — *to poison.* S. xiii.

**intrada,** v. intrata.

**intragium,** introgium: **1.** *droit d'entrée* — *import duty.* S. xiii. **2.** *prix d'acquisition de citoyenneté* — *entrance fee.* S. xiii. **3.** *droit de relief* — *relief.* S. xiii.

**intramuralis:** idem quod intramuranus. S. xiii.

**intramuranus,** -neus: **sis à l'intérieur de l'enceinte* — *located within the walls.*

**intranea,** intrania, intralia = interanea.

**intrare, 1.** intrans.: *être à son début* — *to be in its beginning.* Tertio die intrante mense februarii. Ann. Barenses, a. 868, *SS.*, V p. 52 l. 38. **2.** transit.: *livrer* des otages — *to deliver* hostages. S. xii. **3.** transit.: *rentrer* la récolte — *to bring in* crops. S. xiii. **4.** *défricher* des terres — *to reclaim* land. S. xiii. **5.** *insinuer, enregistrer* — *to enter, enroll.* S. xiii.

**intrata,** en-, -da (neutr. plural. et femin. singul.): **1.** *entrée* — *entry.* DC.-F., IV p. 405 col. 1 (ch. a. 1086, Navarra). FANTUZZI, *Mon. Ravenn.*, II p. 173 (a. 1199). **2.** *droit d'entrée* — *import duty.* S. xiii. **3.** *revenu* — *revenue.* S. xiii. **4.** *relief* — *relief.* S. xiii.

**intreugare** (< treuwa). Bellum intreugare: *interrompre par une trêve* — *to suspend by a truce.* S. xiii.

**intrinsecus** (adj.): **du dedans, intérieur* — *internal, interior.* Subst. neutr. **intrinsecum:** *mobilier, inventaire* — *furniture.* Medietatem de casa mea, ubi avitare [i. e. habitare] videor, cum fundamento, cum omnem intrisico [sic] suo. SCHIAPARELLI, *CD. Longob.*, I no. 42 p. 144 (a. 728/729, Lucca). Tam case quam et intrinsicus case, curte, territuriis. *CD. Cavens.*, I p. 1 (a. 792, Salerno). Casas et casale ... cum omnem intrensicus suos. MANARESI, *Placiti*, no. 81 p. 293 (a. 877, Verona).

**intro** (praepos. c. accus.): **à l'intérieur de* — *inside.*

**introducere: 1.** *initier* — *to initiate.* His remediis lectoris animus introductus. CASSIOD., Inst. div., lib. 1 c. 6, MIGNE, t. 70 col. 1118 C. **2.** *saisir* qq'un d'un bien-fonds — *to seize* a person of a property. Vos ... introduxi et vestituram juxta Saligam legem de ipsis rebus feci. GIORGI-BALZANI, *Reg. di Farfa*, II no. 298 p. 250 (a. 856). [Aream] juste in proprietatem suam consecuti sunt et in ejus possessionem sunt introducti. HOENIGER, *Koelner Schreinsurk.*, II p. 163 c. 25 (a. 1188-1203).

**introductio:** *saisine* — *seizin.* Placuit eis ut de ipsis rebus [commutandis] traditionem vel introductionem locorum secundum legis ordinem facerent. BOURASSÉ, *Cart. de Cormery*, no. 15 p. 31 (a. 844). Placuit ... ut ipsum mansum [i. e. de ipso manso] b. Paulo apostolo vel ipsius monachis ... traditionem vel introductionem locorum secundum legem Romanam facere deberet. Ib., no. 26 p. 55 (a. 865).

**introductorius:** **qui introduit, qui initie* — *introductory, initiating.*

**introgium,** v. intragium.

**introire** in rem: *se saisir* d'un bien — *to take possession* of a property. De filia, cujus pater ... omnes servos suos jussit fieri liberos, ... instituimus quod ipsa filia in tertiam portionem de praefatis servis iterum introire possit. Karoli M. capit. Ital. a. 787, c. 9, I p. 201. Ipse P. abbas ibi ... legibus introire aut comprendere potuit; de omnia exinde a parte ipsius monasterii abendum vestitura[m] conpreinsit. *CD. Langob.*, no. 191 col. 321 C (a. 856, Milano).

**introitio:** *saisine* — *seizin.* Breve illo introicionis et vestiture, qualiter ipse P. abbas ... de predictis casis et rebus ... a parte ipsius monasterii abendum vestitura[m] conpreinsit. *CD. Langob.*, no. 191 col. 321 B (a. 856, Milano).

**introitus** (decl. iv): **1.** *entrée en charge* — *entry upon a dignity.* Nulli census a presbyteris loco muneris ad introitum, ut dicunt, ecclesiarum exquirantur. Concil. Vienn. a. 892, c. 4, MANSI, t. 18 A col. 122. Neque abbatia seu archidiaconatus aut decanatus aut ecclesia parochialis ematur aut vendatur nec aliquid pro introitu ecclesiae expectetur. Concil. Rotomag. a. 1074, c. 1, ib., t. 20 col. 398. Controversia que de introitu ejus in episcopatum orta est. Registr. Gregor. VII pap., lib. 5 no. 22, ed. CASPAR, p. 386. Ibi saepius. **2.** *relief* — *relief.* Qui voluerit curtillum et domum suam ["sa hôtise"] vendere, vendat cui vult, et 4 den. debet pro exitu; qui emit, 2 sol. de introitu. *Actes Phil.-Aug.*, no. 528 (a. 1196), c. 8, II p. 70. Ville major et scabini tot jugera quot voluerint ... ad censum 6 den. et ad introitum quibus voluerint tradere poterunt. BRUNEL, *Actes de Pontieu*, p. 334 no. 222 (a. 1211). **3.** *droit d'entrée* — *import duty.* Calumpnias ... quietas clamavit ..., scilicet presbiteratum ecclesie et introitum porte eorum. BERTRAND, *Cart. d'Angers*, I no. 383 p. 442 (a. 1082-1106). In theloniis et in foragiis et in stalagiis et in winagiis et in introitibus et in exitibus. DUVIVIER, *Actes*, II no. 49 p. 98 (ch. a. 1180). **4.** *revenu* — *revenue.* S. xiv. **5.** *introït* — *introit.* Ad introitum antiphona. Sacrament. Gregor., MIGNE, t. 78 col. 25 A. Antiphonas ad introitum dicere Caelestinus papa instituit. WALAFR., Exord., c. 23, *Capit.*, II p. 497. Officium quod vocatur introitus missae habet initium a prima antiphona, quae dicitur introitus, et finitur in oratione quae a sacerdote dicitur ante lectionem. AMALAR., Off., lib. 3 c. 5, HANSSENS, II p. 271.

**intromissio:** *entremise, intervention* — *intromission, intervention.*

**intromittere, 1.** aliquem: *saisir* qq'un d'un bien — *to seize* a person of a property. Genitor ejus omnes res suas venundavit, vel pro debito suo creditoribus suis dederit, aut [creditores] a puplico intromissi fuerent [in res ejus]. Liutprandi leg., c. 57. Missos eis deputavit ... castaldios, qui eos in ipsas res intromitterent. GIORGI-BALZANI, *Reg. di Farfa*, II p. 208 no. 251 (a. 821). Arramivit ... ut super ipsas res ambulet et ipsum advocatum revestire faciat et eum intromittat. GERMER-DURAND, *Cart. de Nîmes*, no. 8 p. 18 (a. 898). **2.** refl. se intromittere: *se mêler de, s'ingérer dans* une chose — *to meddle with, concern oneself with* a thing. Non possum me intromittere amplius de officio s. Hilarii. *Hist. de Fr.*, X p. 490 B (epist. ca. a. 1030). **3.** se intromittere: *s'insinuer dans, s'emparer de* qqch. — *to interfere, intrude into* a thing. [Nemo] se intromittere vel devestire presumat. *D.*

*Berengario I.*, no. 15 p. 51 (a. 896). Nullus . . . districtionem predicti castelli vel piscationem pretaxati fluvii se audeat intromittere. *D. Ottos III.*, no. 182 (a. 995). Itali suaserunt mihi et filio meo nos intromittere de regno Italiae. *Hist. de Fr.*, X p. 483 C (epist. a. 1024). Ne quis de bonis ecclesie . . . traditis . . . se intromitteret ac violenter in suos usus redigeret. Muller-Bouman, *OB. Utrecht*, I no. 233 p. 212 (a. 1075-1081). **4.** aliquid: *usurper, envahir — to usurp, lay hands on* a thing. Ego eam [terram] habui et detinui, et ipse V. . . . per vim eam intromisit et michi contendit. Ficker, *Forsch.*, IV no. 43 p. 65 (a. 1013, Ravenna). Contra leges praescriptam terram intromittere fecit. Ib., no. 68 p. 94 (a. 1061, Firenze).

**inthronizare** (gr.): **1.** *introniser, installer — to enthrone, induct.* D'un évêque — of a bishop: Liberat., Breviar., c. 14 sqq., Migne, t. 68 col. 1016 sqq. Proclum [episcopum Constantinopolitanum] inthronizare prohibuerunt. Cassiod., Hist. trip., lib. 12 c. 8, *CSEL.*, t. 71 p. 673. Rustic., Schwartz, *Concil.*, II pt. 3 p. 494 l. 2. D'un abbé — of an abbot: De Marca, *Marca Hisp.*, app. col. 963 (a. 1006, Besalù). Ekkeh., Cas. s. Galli, c. 10, *SS.*, II p. 135 l. 50. D'un roi — of a king: Ubi rex tota Anglorum patria est intronizatus. Encom. Emmae, lib. 1 c. 5. **2.** *ériger — to erect.* D'un siège épiscopal — of a bishop's see: Ex quo praesulari urbs ipsa meruit, inthronizari cathedra. DC.-F., IV p. 402 col. 2 (ch. a. 973, Laon). **3.** poenitentes: *réadmettre à la communion — to readmit to communion.* S. xiii. **4.** sponsam: *introduire dans l'église pour la cérémonie du mariage — to usher into the church* for marriage solemnity. S. xiii.

**inthronizatio:** *intronisation — enthronement.* D'un évêque — of a bishop: *Hist. de Languedoc*[3], V pr. no. 35 col. 125 (a. 908, Girone). D'un prince — of a ruler: Chron. Grad., ed. Monticolo, *Cron. Venez.*, p. 43.

**intrusio:** **1.** *intrusion, excès, empiètement — intrusion, trespass, usurpation.* S. xii. **2.** *emprisonnement — imprisonment.*

**intrusor:** *celui qui commet une intrusion, un excès — intruder, trespasser.* S. xii.

**ntuitio:** **vue, regard — look, sight.*

**intuitus** (decl. iv): **1.** **considération, manière de voir, vue, opinion, jugement — look, regard, view, consideration, opinion, judgment.* **2.** **considération, égard, compte tenu, raison — consideration, respect, account, reason, making allowance.* **3.** **but, intention, fin — aim, intent, purpose.* Loc. intuitu alicujus rei: *en vue de, du chef de, à cause de — for the sake of, on account of, in view of.

**intumbare** (< tumba): *ensevelir — to bury.* S. xiii.

**inturbare:** *empêcher — to thwart.* Omnibus Mediolanensibus . . . venationem inturbavit, id est ut nemo venaretur cum cane aut rete. G. Federici, ad a. 1164, ed. Holder-Egger, p. 59.

**inturrare:** *emprisonner dans un donjon — to imprison in a dungeon.* S. xiii.

**inunctio:** **1.** *onction royale — anointment of a king.* Die inunctionis nostre in regem. *D. Charles II le Chauve*, no. 236 (a. 861). **2.** *extrême onction — extreme unction.* DC.-F., IV p. 419 col. 2 (ch. a. 1178, Compiègne).

**inundantia:** *inondation — overflowing.* Beda, Hist. eccl., lib. 3 c. 24.

**inungere:** **1.** *oindre* roi — *to anoint* as a king. In regem inunguitur. Regino, Chron., a. 879, ed. Kurze, p. 114. Contin. III ad Pauli Diac. Hist. Langob., *Scr. rer. Langob.*, p. 209. **2.** *administrer l'extrême onction — to administer extreme unction.* Debilitate correptus . . . inunctus est. V. Hervei (a. 1111), D'Achéry, *Spic.*, II p. 517.

**inutilis:** **1.** **non capable, inapte — not capable, unfit.* Inutilis ad tantam dignitatem. Anast. Bibl., Chron., ed. De Boor, p. 320. [Filii comitis] parvuli et inutiles extitissent. Galbert., c. 69, ed. Pirenne, p. 112. Ad hujusmodi [sc. magica facienda] inutilis judicatus sum. Joh. Saresbir., Polycr., lib. 2 c. 28, ed. Webb, I p. 164. **2.** *incapable, malhabile, qui faillit à sa tâche — unskilful, awkward, deficient.* Clericus cui cura erat baculum illius portare . . . oblitus est; in quo ministerio inutilis ego serviebam. V. Caesarii, lib. 2 c. 22, *SRM.*, III p. 492 sq. **3.** *mal intentionné, malin, dangereux — wicked, evil-minded, dangerous.* Quorundam inutilium virorum impulsu excitatus. Vercauteren, *Actes de Flandre*, no. 75 (a. 1111-1115). **4.** *mauvais, défavorable, mal fondé, faux, futile — bad, inadmissible, groundless, false, futile.* Haec [condiciones de pace factae] tamquam inutilia ab eo spreta atque rejecta sunt. Astron., c. 32, *SS.*, II p. 624. Petitionem inutilem intervenientes. *Gall. chr.*[2], XII instr. col. 250 (a. 892). A satellite suo in quadam silva ob inutilem causam occisus est. Thietmar., lib. 4 c. 69, ed. Holtzmann, p. 210.

**inuxoratus** (adj.): *non marié — unmarried.* Si inuxoratus obierit. Trad. S. Petri Juvav., no. 160[c] (a. 1116-1125), Hauthaler, *Salzb. UB.*, I p. 334.

**invacare:** **1.** *s'appliquer à, vaquer à* qqch. — *to see to, exert oneself to.* Invacare nos debeamus ut faciamus vobis salicetum. *CD. Cavens.*, II p. 202 (a. 984). **2.** *être vacant — to be in abeyance.* Mansum illum quem U. . . . in officium habuit, qui eodem U. mortuo invacabat. *Ann. Praemonstr.*, II col. 287 (a. 1188, Bamberg).

**invadabilis:** *inguéable — unfordable.* Athesis fluvius invadabilis. Otto Fris., G. Friderici, lib. 2 c. 39, ed. Waitz-Simson, p. 147.

**invadalis:** *inguéable — unfordable.* Normannorum marchia invadalium fluminum decursu cingebatur. Suger., V. Ludov. Gr., c. 2, ed. Waquet, p. 186.

**invadere:** **s'emparer de* qqch., *usurper, dérober, s'approprier par la force — to seize, usurp, rob, appropriate by violence.* E. g.: Si quis villam expugnaverit et res ibi invaserit. Lex Sal., tit. 42 § 5.

**invadiare** et derivata, v. inwadi-.

**invaginare:** *rengainer — to sheathe.* S. xii.

**invalescentia:** *force, puissance — strength, power.* S. xiii.

**invalescere:** *(absol.) *l'emporter* sur un autre, *prévaloir, rivaliser — to win, gain the upper hand, prevail, outdo.*

**invalidus:** *non valable, nul — void, invalid.* S. xiii.

**invasio:** **1.** **attaque, violence — attack, violence.* **2.** **usurpation, appropriation violante, occupation illégitime — usurpation, violent appropriation, unlawful seizure.*



**invasivus:** *offensif — offensive.* S. xiii.

**invasor:** **celui qui occupe violemment, envahisseur, usurpateur — one who seizes property by force, invader, usurper.*

**invasorius** (adj.): *déprédateur — predatory.* S. xiii.

**invectio:** **1.** **invective, apostrophe — scolding.* **2.** *réprimande publique* comme punition disciplinaire — *rebuke dealt in public* as a disciplinary punishment. Presbiteri qui feminas secum habitare permittunt canonica invectione feriantur. Capit. eccles. a. 818/819, c. 17, I p. 278. [Si episcopi ecclesias] gravare praesumpserint, . . . canonica invectione a nobis promulgata feriantur. Capit. de reb. eccles. a. 825, c. 4, p. 332. **3.** *dispute, querelle — dispute, quarrel.* **4.** *attaque armée — assault.*

**invectivus:** **injurieux, objurgateur — insulting, inveighing.* Subst. femin. **invectiva:** *invective, calomnie — invective, slander.* S. xiv.

**invenire:** **1.** *être d'avis, trouver bon, résoudre, arrêter — to think fit, resolve, decide, provide.* Usque dum nos ad generale placitum cum fidelibus nostris invenerimus et constituerimus, qualiter in futurum de his fieri debeat. Capit. missor. a. 829, c. 1, II p. 9. Quae in praedicto conventu fideliter quaesita et veraciter inventa et ordinabiliter exsecuta sunt. Agobardi chart. a. 833, ib., p. 56 l. 28. Tandem ab omnibus concorditer atque unanimiter inventum atque firmatum est, ut, illorum factionibus divino auxilio cassatis . . . [Ludovicus] deinceps . . . imperator et dominus ab omnibus haberetur. Ann. Bertin., a. 835, ed. Waitz, p. 10. Sicut melius . . . invenire potuerimus, exinde agere volumus. Conv. ap. Marsnam I a. 847, adnunt. Ludov., c. 1, *Capit.*, II p. 70. Juxta quod preterito sancti patres in nostro placito invenerunt, unusquisque servare studeat. Ludov. II capit. a. 850, c. 1, p. 84. Propter tales causas, quae inter nos conjacuerant, invenimus cum communibus fidelibus nostris quia necesse erat ut inter nos firmitas facta fuisset. Conv. ap. S. Quint. a. 857, c. 1, p. 293. Misimus hoc super episcopos et ceteros fideles nostros ut illi hoc invenirent qualiter nos . . . adunaremus . . . Sicut illi invenerunt et scripto nobis ostenderunt ad invicem adunati sumus. Conv. ap. Confluent. a. 860, adnunt. Ludov., c. 2, p. 157. Cum episcopis et ceteris . . . fidelibus tractavimus quid nobis esset agendum; et quod cum eis inde invenimus ac constituimus, praesenti edicto decrevimus. Edict. Pist. a. 864, c. 34, p. 326 l. 2. In acquirendo ac in dividendo [regno], sicuti plus aequaliter aut nos aut nostri communes fideles invenerint. Pact. Mett. a. 867, p. 168. Multa consilia, que de utilitate civitatis invenerant. Caffar., Ann., a. 1154, ed. Belgrano, I p. 38. **2.** (cf. teuton. *das Urteil finden*) *juger, prononcer, rendre arrêt — to pass judgment, pronounce.* Partes a judice ad civitatem deductae causas proprias prolocuntur, inventumque est a judicibus ut . . . Gregor. Turon., Hist. Franc., lib. 7 c. 47. Dum inter se intenderint, sic a procerebus nostris fuit inventum, ut . . . *D. Merov.*, no. 83 (a. 716). Ab ipsis racimburgis fuit inventum et definitum. F. Senon. rec., no. 1, *Form.*, p. 211. Quid unanimitas patrum inveniret, statuisset, confirmaret. Concil. Franconof. a. 794, *Conc.*, II p. 160. Missi nostri rei veritatem inquirant, et juxta quod justum invenerint, ex nostra auctoritate definiant. Resp. missis data a. 826, c. 3, *Capit.*, I p. 314. Contemptum [i. e. facinus], sicut secundum leges divinas et humanas invenerimus, emendare curemus. Edict. Pist. a. 864, c. 3, ib., II p. 313. Ut hi qui merito proprietatem illorum . . . perdiderint, ita judicentur sicuti temporibus antecessorum nostrorum inventum fuerit. Conv. Furon. a. 878, c. 9, p. 170. Rectores . . . invenerunt et decreverunt ut . . . Ratpert., Cas. s. Galli, a. 854, *SS.*, II p. 68 l. 43. Inventum est in sancta synodo ei tanti criminis participi imponere poenitenciam. Synod. Roman. a. 999, *Const.*, I no. 25. **3.** *etablir, découvrir — to ascertain.* Inquisitionem facere juberet et justiciam ipsius episcopati Aretinensis inveniret. Manaresi, *Placiti*, no. 92 p. 335 (a. 881, Siena). [Si] miles sic dixerit, quod investitus fuerat a domino suo, et dominus negaverit, adhibeantur pares illius et per illos inveniatur veritas; et si pares non fuerint, veritas inveniatur per dominum. Lib. feudor., antiq., tit. 6 c. 13 (vulg., lib. 1 tit. 22), ed. Lehmann, p. 108. **4.** *se procurer, s'acheter, se pourvoir de* qqch. — *to acquire, obtain, buy.* S. xii. **5.** *procurer, fournir — to procure, furnish.* S. xii.

**inventarium,** -orium: **inventaire — inventory.* Gregor. M., lib. 4 epist. 11, *Epp.*, I p. 244. Ibi pluries.

**inventicius:** **1.** *inventé, fantaisiste — invented, fanciful.* Miseras atque inventicias superstitiones. Anast. II pap. (a. 496-498) epist., Thiel, p. 637. **2.** *épave — strayed.* De caballis inventiciis. Lex Burgund., tit. 4 § 7.

**inventio:** **1.** *droit d'épave — right to seize strayed property, flotsam.* Decima navium, que illuc procellarum impetu feruntur, ac inventionis ad s. Martinum pertinet. Muller-Bouman, *OB. Utrecht*, I no. 49 p. 45 (ca. a. 900). Ab omni saeculari lege vel consuetudine liberum, banno scilicet, latrone, inventione, furto, foro . . . Miraeus, I p. 268 col. 2 (ch. a. 1086, Hainaut). In terra . . . suas esse debere inventiones et justitiam. DC.-F., IV p. 409 col. 2 (ch. a. 1157, Langres). Littus et aqua et incrementa ripe et inventiones et census aque sunt juris regis Francie. *Actes Phil.-Aug.*, no. 361 (a. 1190), § 38, I p. 443. **2.** (cf. voc. invenire sub 2) *sentence — sentence.* [Comes] cum inventione principum regali banno precepit, ut . . . [servi] fratrum subditi fuissent servituti. Escher-Schweizer, *UB. Zürich*, I no. 209 p. 99 (ca. a. 964-968).

**inventor:** *arbitre — arbitrator.* Debent habere illi de Brugis octo inventores. Stat. hansae London. Flandring. (a. 1242-1285), c. 3, ed. Van Werveke, *BCRH.*, t. 118 (1953), p. 312.

**inventum:** *droit d'épave — right to seize strayed property.* Cum justitia, banno, legibus, theloneo, invento. Priv. Eugen. III pap. a. 1146, Pflugk-Harttung, *Acta*, I no. 205 p. 189 (Artois).

**inveritare:** *établir, prouver — to establish, evidence.* Qui furem occiderit, debet inveritare cum juramento quod illum culpabilem occidisset. Leg. Ine, c. 16, Quadrip., ed. Liebermann, p. 97. Ibi pluries.

**invernare:** *éclore, verdoyer — to bud, green.*

**1. investigabilis:** **qu'on peut découvrir, pénétrer — traceable, comprehensible.*

**2. investigabilis:** **qu'on ne peut découvrir, insondable — untraceable, unsearchable.*

**investigator:** *limier — sleuth.* Ruodlieb, fragm. 1 v. 45.

**investimentum:** *prise de possession — appropriation.* Reducentes omnia privilegia et invasiones atque investimenta que supra terrimenta Tusculani facta sunt. Ch. a. 1191 ap. CENCIUM, Lib. cens., ed. DUCHESNE, I p. 405 no. 126.

**investire: 1.** *couvrir d'un revêtement — to coat.* Investivit corpus b. Petri apostuli tabulis argenteis deauratis. Lib. pontif., Pelag. II, ed. MOMMSEN, p. 160. Investivit regias in ingressu ecclesie . . . ex argento. Ib., Honor. I, p. 170. **2.** *investir, mettre en possession* d'une propriété, d'une tenure, d'une charge ou d'une dignité — *to invest* a person with, *seize* a person of a property, a tenancy, an office or a dignity. Per suos wadios advocatum [de quodam praedio] investiverunt. *D. Karolin.*, I no. 138 (a. 781). Per suum wadium de ipsis mansis abbatem investivit. Ib., no. 204 (a. 806). Tradimus res nostras . . . ad parte[m] s. Galli pro remedium anime nostre . . ., a die presente investimus. WARTMANN, *UB. S.-Gallen*, I no. 353 (a. 835). Hec ad perficienda et investienda tunc dirigebatur. *D. Ludwigs d. Deutsch.*, no. 152 (ca. a. 874). Si a clero et populo quis eligatur episcopus, nisi a rege laudetur et investiatur, a nemine consecretur. Leo VIII pap. (a. 963-965) epist., MIGNE, t. 134 col. 994 A. Damus tibi cum abbatiam de Eiham, tum etiam res que infra dicentur solempni dono et hac pariter scriptura investimus. GYSSELING-KOCH, *Dipl. Belg.*, no. 156 (a. 1063, Flandre). Imperator H. per virgam et annulam . . . Odonem de episcopatu liberaliter investivit. G. episc. Camerac. abbrev., c. 11, *SS.*, VII p. 506. Ea [praebenda] decani [canonicorum] episcopali manu solebant investiri. MULLER-BOUMAN, *OB. Utrecht*, I no. 352 p. 324 (a. 1134). Dux . . . marchiones . . . cum vexillo investivit . . . de omnibus terris. JORDAN, *Urk. Heinr. d. Löwen*, no. 30 p. 43 (a. 1154). Hi, quorum interest exercitum campo ductare, congrue investiuntur per vexillum. GERHOH., Comm. in ps. 64, *Lib. de lite*, III p. 440. Archiepiscopum portione ducatus, sue collata ecclesie, vexillo imperiali sollempniter investivimus. D. Frid. I imp. a. 1180, *Const.*, I no. 279. Villicum burgenses eligant, qui a nobis [sc. episcopo] investiatur. KEUTGEN, *Urk. st. Vfg.*, no. 129 (a. 1190, Worms). Quatuor officiatos in quibus urbis gubernatio consistit episcopus manu sua investit, scilicet scultetum, burcgravium, thelonearium et monete magistrum. Ib., no. 126 (s. xii, Strasbourg). Imperator a summo pontifice benedicitur, coronatur et de imperio investitur. Registr. Innoc. III, no. 29, ed. W. HOLTZMANN, p. 44.

**investitiamentum:** *reconnaissance de la propriété éminente — recognition of lordship.* [Vineam] tibi dono in tale tenore: domodo [i. e. dummodo] A. vivit, usum et fructum [A. habet]; et de investigiamenta [sic, leg. investitiamento] receperis [i. e. recipies] sextarios quatuor. BERNARD-BRUEL, *Ch. de Cluny*, II no. 1330 p. 405 (a. 973).

**investitio:** *investiture — investiture.* Breve de ipsa investitione quam fecit I. missus. *D. Ottos I.*, no. 353 (a. 967). Quecumque . . . collata sunt . . . legalis scriptionis munimine aut personali investitione. *D. Heinrichs II.*, no. 369 (a. 1017). Per anulum ac scripture paginam investicionem tradidit. Chron. Grad., ed. MONTICOLO, p. 29 col. 1. Imperialia jura et regalia semel aecclesiis tradita crebra regum et imperatorum investicione firmentur. GUIDO FERRAR., lib. 2, *SS.*, XII p. 177. [Episcopi] post investitionem canonice consecrationem accipiant. Priv. Pasch. II pap. a. 1111, *Const.*, I no. 96. Feudum sine investitione nullomodo constitui posse. Lib. feudor., antiq., tit. 7 § 1, cod. 80 (caeteri codices et rec. vulg.: investitura), ed. LEHMANN, p. 109.

**investitor:** *celui qui investit — investor.* Misit cum investitore [i. e. misit investitorem] . . . ut corporaliter eum investiret. FICKER, *Forsch.*, IV no. 90 p. 135 (a. 1094, Sinigaglia). Investitor . . . tenetur investito [sc. possessionem transferre]. Lib. feudor., antiq., tit. 4 § 2 (vulg. lib. 1 tit. 9), ed. LEHMANN, p. 95. Ibi pluries. Si duo homines pro uno beneficio contendunt et unus super eodem beneficio investitorem producit, illius testimonium, cum investitor donum investiturae recognoscit, comes primo recipiat. Frid. I imp. const. de pace a. 1152, *Const.*, I no. 140, c. 8.

**investitura: 1.** *végétation, blé en herbe — vesture, crop.* S. xiii. **2.** *investiture, saisine, mise en possession* d'une propriété, d'une tenure, d'une charge ou d'une dignité — *investiture, seizin, livery* of a property, a tenancy, an office or a dignity. Ibi fui et vidi ipsam investituram. GIORGI-BALZANI, *Reg. di Farfa*, II p. 212 no. 258 (a. 824). Legitima investitura ad ejusdem ecclesie partem ascribimus. *D. Berengario I.*, no. 31 p. 95 (a. 900). Per investituram et commendationem. *D. Ottos I.*, no. 357 (a. 968). Decernimus de investitura episcopatus. Leo VIII pap. (a. 963-965) epist., MIGNE, t. 134 col. 993 B. Spatharii honoris investituram contulit. JOH. VENET., Chron., ed. MONTICOLO, *Cron. Venez.*, p. 113. Per anulum ac scripture paginam investituram tradidit. Chron. Grad., ib., p. 29. Tribucum tenemus per imperialem investituram. HUGO FARF., Querim., ed. BALZANI, *Il Chron. Farf.*, I p. 76. Omnia aliquo inscriptionis titulo seu investitura actinus donata. *D. Konrads II.*, no. 292 (spur. paulo post a. 1050, Modena). Ut nullus clericorum investituram episcopatus vel abbatiae vel ecclesie de manu imperatoris vel regis vel alicujus laice persone, viri vel femine suscipiat. Registr. Greg. VII pap., lib. 6 no. 5 (concil. Roman. a. 1078), c. 3, ed. CASPAR, p. 403. Si quis imperatorum . . . vel quilibet saecularium potestatum investituram episcopatuum vel alicujus ecclesiasticae dignitatis dare praesumpserit. Greg. VII concil. Roman. a. 1080, *Const.*, I no. 391, c. 2. Investitura proprie quidem dicitur possessio; abusivo autem modo dicitur investitura quando hasta aut quodlibet corporeum porrigitur a domino feudi, se investituram facere dicente. Lib. feudor., antiq., tit. 8 § 3 (vulg., lib. 2 tit. 2), ed. LEHMANN, p. 116. Virgula quam manu consul tenebat investituras donavit. GALBERT., c. 56, ed. PIRENNE, p. 89. Investituram hujus concessionis [i. e. donationis] nostre recepit a manu nostra quidam frater cenobii . . . a parte abbatis sui et tocius capituli. MULLER-BOUMAN, *OB. Utrecht*, I no. 423 p. 381 (a. 1157-1169). Cf. A. SCHARNAGL, *Der Begriff*



*der Investitur in den Quellen und der Literatur des Investiturstreites*, 1908. **3.** *possession* (teuton. *Gewere*) — *possession.* Quod investitura[m] inde preterito tempore non habuerint. *D. Ottos I.*, no. 339 (a. 967). Qua ratione clamatis Campiniacum ad jus monasterii vestri pertinere: testibus an investitura an carta? BERTRAND, *Cart. d'Angers*, I no. 106 p. 120 (a. 1074). Alodium in propria investitura jure hereditario habeat et teneat. VERCAUTEREN, *Actes de Flandre*, no. 68 (a. 1115). **4.** *propriété éminente — landlordship.* Dedimus monasterio s. Germani . . . res proprietatis nostre . . . vel quicquid fidelis noster G. et modo I. ex nostro proprio per nostrum prestitum beneficium visi sunt habuisse, ea videlicet ratione ut predictus I. nullatenus omni tempore vite sue memoratas res amittat, . . . omnibus tamen annis festivitate s. Germani kal. octobr. sol. 3 pro hac investitura in censum persolvere studeat. *D. Charles II le Chauve*, no. 200 (a. 859). Quandiu vixero usumfructuarium ex his habeam et per singulos annos . . . pro investitura sextarios 8 de vino persolvam. BERNARD-BRUEL, *Ch. de Cluny*, I p. 524 (a. 941). In beneficium reciperet . . . et annis singulis . . . tres den. pro investiture respectu persolveret. BEYER, *UB. Mittelrh.*, I no. 383 p. 441 (a. 1085). Investitura sibi retenta, medietatis molendini tantum fructus concessit civi nostro F. PONCELET, *Actes H. de Pierrepont*, no. 66 (a. 1209). **5.** *la fonction de l' "investitus" d'une église* et les pouvoirs qui s'y rattachent — *the function of an "investitus" of a church* and the powers connected with it. Confirmamus ecclesie decimam que ad investituram ecclesie non pertinebat, illius salvo jure investiture ejusdem ecclesie investito. PONCELET, o. c., no. 185 (a. 1220). Investitura ecclesie M. a nobis recepta cum cura animarum et custodia reliquiarum. KETNER, *OB. Utrecht*, III no. 1229 (a. 1251). Investituram ecclesie in Y. cum duabus partibus decime [dono]. BEYER, *UB. Mittelrh.*, I no. 244 p. 300 (< a. 973 >, spur. s. xiii). **6.** *symbole de la souveraineté — symbol of sovereignty.* Regale et investitura regni Grecorum. BERTHOLD., Narr. s. Crucis, c. 4, *SS.*, XV p. 769.

**investitus** (adj.): *qui est investi d'une église, qui la tient en bénéfice — who has been invested with a church and holds it as a benefice.* Loco persone investite, qua [leg. quo] hactenus sacerdotes investiebantur, ipse abbas investituram et personatum . . . suscipiat. DESPY, *Ch. de Waulsort*, no. 40 p. 386 (a. 1166). Subst. mascul. **investitus:** *celui qui tient une église en bénéfice — possessor of a benefice, parson.* DESPY, o. c., no. 36 p. 377 (a. 1163). ROUSSEAU, *Actes de Namur*, no. 32 (a. 1189-1196). PONCELET, *Actes H. de Pierrepont*, no. 26 (a. 1204).

**invigilare,** alicui vel alicui rei: **veiller sur* qq'un ou qqch. — *to watch over* a person or a thing.

**invincibilis:** **invincible — invincible.*

**invindicare:** *revendiquer — to claim.* Si quis . . . fortasse invendicare voluerit et non defensavimus quod vobis vendidimus. D'HERBOMEZ, *Cart. de Gorze*, p. 20 no. 8 (a. 762). Item ib., p. 35 no. 14 (a. 771).

**inviolabiliter:** **inviolablement — inviolably.*

**inviscerare:** (figur.) **enraciner, fixer profondément dans l'esprit — implant deeply in* somebody's *mind.*

**invisibilitas:** **invisibilité — invisibility.*

**invitatorius** (adj.): *d'invitation — of invitation.* Ut psalmus invitatorius [i. e. ps. 95] et gloria pro defunctis non cantetur. Capit. monast. a. 817, c. 66, *Capit.*, I p. 347. Subst. neutr. **invitatorium: 1.** *invitatoire* (dans la liturgie) — *invitatory* (in liturgy). Ad [p]sallendum parati ingrediuntur monaci . . . Cantat statim cui jussum fuerit invitatorio [i. e. invitatorium], quod est "Venite, exultemus Domino", cum antephona, ceteris respondentibus. Ordo Rom. XVIII (s. viii ex.), c. 17, ANDRIEU, III p. 207. Cumque a cantore ad invitatorium elevatus fuerit. Ordo Rom. IX (s. ix ex.), c. 3, ib., II p. 329. Consuet. Cluniac. antiq., rec. B, c. 39, ALBERS, II p. 28. **2.** *un livre liturgique — a liturgical book.* LANDULF. SENIOR, Hist. Mediol., lib. 2 c. 6, ed. CUTOLO, p. 34.

**invitus,** pass.: *désagréable, importun, mal supporté — loathsome, troublesome, hardly bearable.*

**involare,** imbolare, imbulare: **voler, dérober — to steal, rob.* Si quis porcum . . . furaverit . . . Si vero tres aut amplius imbulaverit . . . Lex Sal., tit. 2 § 5-7. Ibi saepe. Si servus minus tremisse involaverit. Pactus Childeb. I (a. 555-558), c. 6, *Capit.*, I p. 5. [Qui] sine lege involavit, sine lege moriatur. Decr. Childeberti II a. 596, c. 7, p. 17. Lex Ribuar., tit. 43. Lex Visigot., lib. 7 tit. 2 § 3 sq. Lex Burgund., tit. 70 § 3. Pactus Alamann., fragm. 2 c. 43. Ewa ad Amorem, c. 24.

**involator:** *voleur — thief.* V. Gerardi Broniens., c. 17, *SS.*, XV p. 667.

**involucrum:** **balle* de marchandises — *bale.*

**involuntarie:** **involontairement — unwillingly.*

**involuntarius:** **involontaire — unwilling.*

**involvere: 1.** *voûter, mettre sous toit — to vault, roof.* S. xiii. **2.** passiv. involvi, involutus esse aliqua re: **être empêtré, enlacé* de qqch. — *to be implicated, involved* in a thing.

**inwadiamentum,** -va-, -ga-; -gi- (< inwadiare): **1.** *détention en gage — holding in pledge.* Duos aripennos vinearum qui propter 40 sol. in illius ingagimento erant. MÉTAIS, *Cart. de Vendôme*, I no. 81 p. 152 (a. 1040-1049). **2.** *revenu des saisies-gageries — revenue from distraint.* Praeposituram . . . cum omni jure ad eamdem pertinente, videlicet justiciis, relevaminibus, mortuis manibus, invadiamentis . . . DC.-F., IV p. 408 col. 1 (ch. a. 1224, Corbie).

**inwadiare,** -va-, -ga-, -gua-; -giare, et depon. inwadiari (<wadium): **1.** *engager, mettre en gage — to pledge, mortgage.* Nullomodo . . . cuilibet hoc predium invadiare. WAITZ, *Urk. dt. Vfg.*, no. 1 (a. 1063, Liège). F. invadavit quondam monachis . . . duas olchias . . . super 8 solidos. *BEC.*, t. 36 (1875), p. 404 (ca. a. 1075, Anjou). Ivo paternum honorem in Anglia primo aliquandiu tenuit, sed postmodum . . . Rodberto . . . invadiavit. ORDER. VITAL., lib. 8 c. 28, ed. LE PRÉVOST, III p. 456. Cum pene omnes res ecclesie oppignorate essent . . . et . . . laboraretur ut et illud [praedium] latricis invadiaretur. WAMPACH, *Echternach*, I pt. 2 no. 204 p. 337 (a. 1140). Cottidiana servicia ad episcopalem mensam pertinentia nequaquam inbeneficiari vel invadiari jure possint. D. Frid. I reg. a. 1153, *Const.*, I no. 146. Th. allodium apud quendam nomine P. pro 22 marcis invadiavit. ROUSSEAU, *Actes de*

**Namur**, no. 13 (ca. a. 1160). Quia [fundus] pro decem marcis apud cognatos suos invadiata erat in jus perpetuum. DESPY, *Ch. de Waulsort*, no. 35 p. 374 (a. 1161). Si quis hereditatem suam ... invadiare voluerit. WARNKOENIG-GHELDOLF, *Hist. de Flandre*, III p. 230 no. 6 c. 19 (a. 1192, Gand). **2.** *prendre en gage — to take in pledge.* Si quis emerit vel invadiaverit terram vel redditus. *Ordonn.*, IV p. 57 (ch. a. 1184, Pontieu). Nullus emere potest vel invadiare redditus vel feodum episcopi. Compos. Rogeri Camerac. a. 1185, REINECKE, *Cambrai*, p. 264, c. 25. **3.** *s'engager à payer une dette — to pledge oneself to pay a debt.* Quicunque judici suo pro excessu 20 libras invadiaverit, praedium suum pro pignore illi tradat et infra quatuor septimanas invadiatam pecuniam persolvat. Frid. I reg. const. de pace a. 1152, *Const.*, I no. 140, c. 5. **4.** refl. *se inwadiare: se faire otage — to surrender oneself as a hostage.* ANSEGIS., lib. 3, c. 65, varia lectio ap. MURATORI, *Scr.*, I pt. 2 p. 98 col. 1. **5.** refl. *se inwadiare et pass. inwadiari: s'engager à fournir des preuves — to bind oneself to produce evidence.* Inguadiaverunt se ambo partes et posuerunt fidejussores. MANARESI, *P.aciti*, no. 24 p. 75 (a. 811, Camerino). Statim taliter inwadiati sunt et habierunt. D. Ludov. II imp. a. 869, CD. *Cavens.*, I p. 88.
**inwadiatio**, -va-: **1.** *mise en gage — pledging.* DC.-F., IV p. 408 col. 1 (ch. a. 1182, Troyes). **2.** *revenu des saisies-gageries — revenue from distraint.* Recognoverunt se ... nullum omnino jus habere ... nec in venditionibus nec in invadiationibus. DC.-F., l.c. (ch. a. 1219, Corbie).
**inwadiator**, -va-: *metteur en gage — pledgor.* Judex ... invadiatori ... ut vadium suum redimat precipiet. Priv. comm. Brusthem. a. 1175, c. 12, ed. GESSLER, p. 90.
**inwarda**, inguarda (anglosax.): *service de garde — watch and ward.* Domesday.
**inwarennare** (< warenna): *placer dans la condition spéciale des garennes — to place land in a warren status.* S. xiii, Angl.
**inwerpire** (cf. voc. werpire): *saisir qq'un d'un bien-fonds — to seize a person of an estate.* DC.-F., IV p. 409 col. 3 (ch. a. 889).
**inzegnerius**, inzignerius, v. ingeniarius.
**ypapanti**, ypopanti, yppapanti, v. hypapante.
**yperperus**, v. hyperperus.
**ippillorium**, v. pillorium.
**ipse**, **1.** pron. subst.: *il — he* (idem quod ille, hic, is). **2.** pron. adj.: *ce — this.* **3.** artic.: *le — the.*
**irascibilis**: *irascible — full of anger.*
**ire**, cum supino vel participio: *devenir — to become.* E. g.: Notum eat universis ... quod ... MULLER-BOUMAN, *OB. Utrecht*, I no. 410 p. 371 (a. 1155).
**iricius** = ericius.
**irquus** = hircus.
**irradiare**, **1.** (intrans.): *briller, étinceler — to gleam, glitter.* **2.** (transit.): *illuminer — to light.*
**irrationabilis**: **1.** *déraisonnable — unreasonable.* **2.** *irrationnel — void of reason.* **3.** *non fondé, non justifié — groundless, unjustifiable.*
**irrationabilitas**: *état d'un être dénué de raison — state of beings lacking reason.* **2.** *déraison — unwisdom.* **3.** *argument déraisonnable — assertion void of reason.* Rotulam mendaciis et irrationabilitatibus ac improperiis ... repletam. HINCMAR. REM., epist. 12, *Hist. de Fr.*, VII p. 534.
**irrationabiliter**: *d'une manière déraisonnable — unreasonably.*
**irreconciliatus**: (d'une église) *non réconcilié — (of a church) unreconciled.* S. xii.
**irrectitudo**: *injustice — injustice.* RATHER, epist. 7, ed. WEIGLE, p. 41.
**irrecuperabilis**: *irrémédiable — irrecoverable.*
**irrecuperabiliter**: *irréparablement — irrecoverably.*
**irrecusabilis**: *irrésistible — irresistible.*
**irregularis**: *irrégulier, contraire aux préceptes du droit canon — irregular, contrary to the provisions of canon law.* RUSTIC., ap. SCHWARTZ, *Concil.*, I pt. 3 p. 104.
**irregulariter**: *d'une manière irrégulière, contraire aux préceptes du droit canon — irregularly, in variance with the provisions of canon law.* RUSTIC., ap. SCHWARTZ, *Concil.*, I pt. 3 p. 111; pt. 4 p. 76.
**irremediabiliter**: *irrémédiablement — incurably.*
**irremissibilis**: *impardonnable — unpardonable.*
**irremissus**: *sans relâche, ininterrompu, implacable — unremitting, unrelenting.*
**irremotus**: **1.** *immobile, immuable — immovable.* **2.** *sans relâche, impitoyable — unceasing, relentless.* Irremotam afflictionem ... pati Nicol. I pap. epist. 45 (a. 867), *Epp.*, VI p. 320 l. 5.
**irreparabiliter**: *irréparablement — irreparably.*
**irreprehensibilis**: *irréprochable — irreproachable.*
**irreprehensibiliter**: *d'une manière irréprochable — irreproachably.*
**irrequisitus**: *non recherché, non demandé unsought, not asked for.*
**irretitus** (adj.), absol.: *inculpé, impliqué dans un procès — charged, impleaded.* S. xiv.
**irreverens**: *qui ne craint pas la loi, qui ne recule devant rien, rebelle — who does not respect the law, who does not shrink from anything, lawless.* Per vagos et tyrannica consuetudine inreverentes homines pax et quies regni perturbari solet. Conv. ap. Marsnam a. 851, *Capit.*, II p. 73. Seditiones in regno nostro per homines inreverentes coeperunt crebescere Libell. adv. Wenilonem a. 859, c. 4, ib., p. 451.
**irrisorius** (adj.): *railleur — derisive.*
**irritare**: *rendre vain, caduc, annuler, résilier — to make void, invalidate, cancel.*
**irrumpere**: *violer, rompre un vœu, un pacte, enfreindre une loi — to violate, break a vow, to infringe a law.* Obliviscens promissionis suae, volens inrumpere quod fecerat GREGOR. TURON., *Hist. Fr.*, lib. 5 c. 26.
**irsutus** = hirsutus.
**iscabinus**, v. scabinus.
**isdem** = idem (mascul.).
**isicius**, isix, isox = esox ("esturgeon — sturgeon").
**ysopus**, v. hyssopum.
**istoria**, v. historia.
**iter**: **1.** *expédition militaire — military expedition.* Constituta a nobis exercitalis itineris jussionem. Capit. missor. de exerc. prom. a. 808, c. 7, I p. 138. [Qui] illud demississet iter. Ib., c. 3, p. 137. De pace in exercitali itinere servanda. Admon. ad omnes ord. a. 825, c. 16, p. 305. Omnes homines per totum regnum nostrum qui exercitalis itineris debitores sunt. Ludov. et Loth. epist. gener. I a. 828, II p. 5 col. 1. Episcopum aliquando ad iter hostile sibi de ipsius monasterii sumptibus viaticum praeparari jussisse. WALAFR., *V. Galli*, lib. 2 c. 16, *SRM.*, IV p. 324. **2.** *tournée des juges itinérants — eyre, circuit of judges.* S. xii, Angl.
**iterans** (subst.): *voyageur — traveller.* Valvae ... sunt iterantibus patefactae. V. Germani Grandivall., c. 9, *SRM.*, V p. 37. De iterantibus qui ad palacium pergunt. Capit. Harist. a. 779, c. 17, I p. 51. Infra regna ... nostra omnibus iterantibus nullus hospitium deneget. Capit. omnib. cogn. fac. (a. 802/803), c. 1, p. 144. [Thelonea] in quibus nullum adjutorium iterantibus praestatur. Capit. missor. Theodonisv. II a. 805, c. 13, p. 124. Die dominico nullas audeant operationes mercationesque peragere, praeter in cibariis rebus pro iterantibus. Concil. Roman. a. 826, c. 30, ib., p. 376. JOH. VENET., Chron., MONTICOLO, *Cron. Venez.*, p. 159.
**iterare**: *voyager — to travel.* FORTUN., V. Germani, c. 49, *SRM.*, VII p. 403. V. Arnulfi, c. 6, ib., II p. 433. Edict. Rothari, c. 300; c. 347. WOLFHARD. HASER., Mir. Waldburgis, lib. 3 c. 5, SS., XV p. 550. LEO NEAPOL., V. Alex. M., ed. PFISTER, p. 3 l. 27. BRUNO QUERFURT., V. Adalberti, c. 30, SS., IV p. 610 l. 21.
**iterato**: *une seconde fois — once more.*
**iterum** (copula): *d'autre part, puis, mais — however, further, but.* Benedicti regula, c. 48.
**itinerari** (depon.): *voyager — to travel.*
**itinerarius** (adj.): *de voyage — of travel.* Subst. mascul. **itinerarius**: **1.** *un dépendant astreint à des services de courrier — a dependant performing messenger service.* Exceptis 2 itineraiis [leg. itinerariis] eorumque agris. D. Heinrichs II., no. 133 (a. 1007). Cum esset homo itinerarius. EKKEH. SANGALL., c. 40, SS., II p. 97. **2.** *voyageur — traveller.* S. xiii. Subst. neutr. **itinerarium**: **1.** *relation de voyage — account of a journey.* **2.** *itinéraire — itinerary.*
**itinerator**: *voyageur — traveller.* Mir. Eadmundi, MARTÈNE, *Coll.*, VI col. 833.

# J

**jabus**: *un poids équivalent à onze onces — weight of eleven ounces.* Ovis tribus unciis, atque vaca jabo tollebatur. RICHER, lib. I c. 5, ed. LATOUCHE, p. 18.
**jacentia**: *séjour des otages conventionnels dans un lieu déterminé jusqu'à ce que les obligations contractées soient accomplies* (allem. *Einlager*) *— stay of hostages in the agreed place until engagements are met.* S. xiii.
**jacentivus**: (de branchages) *tombé — windfall.* Ligna ad usus suos de jacentivis et sine fructu arboribus in ... silva. Lex Burgund., tit. 28 § 1.
**1. jacere** (jacēre): *déposer — to wash up.* Decimas novales totius terre vi marini fluctus jacte vel postmodum jaciende. HEERINGA, *OB. Utrecht*, II no. 960 p. 348 (a. 1240).
**2. jacere** (jacēre): **1.** *gîter, exercer le droit de gîte — to sojourn, avail oneself of a right to lodging and procurement.* A consuetudine jacendi totam cellam ... absolvimus retento herbergagio nostro super rusticos ville ..., sed de cetero jacere nostrum nichil constabit monachis. D. Ludov. VII reg. Fr. a. 1153, GUÉRARD, *Cart. de Chartres*, II p. 647 sq. **2.** *faire un séjour obligatoire en otage conventionnel — to reside as a contractual hostage.* S. xiii. Subst. indecl. **jacere**: *gîte — compulsory lodging and procurement.* Vide locum jam laudatum.
**jactanter**: *avec arrogance — boastfully.*
**jactare**: **1.** *jeter* (non fréquentatif) *— to cast* (not frequentative). GREGOR. TURON., Hist. Fr., lib. 1 c. 10. Quicumque se propria voluntate in aqua[m] jactaverit. Concil. Autissiod. (a. 573-603), c. 17, *Conc.*, I p. 181. **2.** *abandonner, renoncer à* une chose par le jet de la fétu *— to surrender* by throwing away a festuca. Super suos debet illa[m] [terra[m] jactare. Lex Sal., tit. 58. Guirpiverunt et in terra jactaverunt. GUÉRARD., *Cart. de S.-Victor de Marseille*, no. 654 (a. 978 seu 984). **3.** *expulser,* chasser *— to expel, drive away.* Damnaverunt et jactaverunt de ecclesia. Lib. pontif., Damasus, ed. MOMMSEN, p. 84. [Judex] de sua potestate vel de suo ministerio ipsum latronem non jactasset. Capit. Harist. a. 779, forma Langob., c. 9, I p. 48. **4.** *rejeter sur qq'un, abandonner à qq'un — to cast upon, leave to a person.* **5.** passiv. jactari: *être tourmenté, ahuri; hésiter — to be afflicted, vexed, to waver.* **6.** idem quod jactare: *manier — to handle.* Molas, dolatorias, secures ... et illos homines qui exinde bene sciant jactare. Capit. Aquisgr. (a. 801-813), c. 10, I p. 171.
**jactire** (cf. voc. jactivus): idem quod abjectivit. Salacus placitum suum legibus custodivit et Tingulfo ibidem jactivit vel solsedivit. D. Karolin., I no. 216 (a. 812).
**jactitare** (cf. voc. jactare): *se vanter — to boast.* Refl. se jactitare: *se vanter — to boast.*
**jactitio** (cf. voc. jactare): *déguerpissement — surrender.* Per dimissiones vel jactitiones. DE MARCA, *Marca hisp.*, app. col. 1153 (a. 1070).
**jactivus**, ject-, geit-: **1.** *épileptique — epileptic.* Ancilla ... non fuit jectiva neque cadiva, sed in Dei mente et omne corpora [l. in omni corpore] sana. DE MONSABERT, *Ch. de Nouaillé*, no. 23 p. 42 (a. 897). **2.** *qui manque à sa promesse de fournir certaines preuves processives et notamment de prêter un serment purgatoire; qui fait défaut — who fails to produce counter-evidence and especially to swear an oath of purgation, defaulting.* Homo ille mihi fidem fecit, quem legitime habeo jactivo aut admallatum. Lex Sal., tit. 50 § 3. Si quis ... legitime eum jactivum aut admallatum non habuerit. Ib., tit. 51 § 1. Nul[l]atenus juravit, sed exinde se jectivum in omnibus dimisit. F. Turon., addit. 6, *Form.*, p. 161. Nec ipse ad eum placitum venit et placito

suo neglexit et jactivos e[x]inde remansit. Cart. Senon., no. 10, p. 189. In ipso mallo ob hoc jurare debuisset, et de ipso sacramento jectivus remansit. F. Senon. rec., no. 1, p. 211. Nec cartam evindicatam representavit nec tale judicium, per quod ipsa mancipia habere potuisset, sed exinde jactivus apparuit. F. s. Emmerami, fragm. I no. 3, p. 464. Si sacramentum debet aliquis, si jurare contempserit, fidem faciat et sol. 5 componat qui jactivus apparuit. Capit. de part. Saxon. (a. 775-790), c. 32, I p. 70. Mittat comes missum suum, qui sacramenta auscultet, ne ipsi homines jectivi inveniantur. Edict. Pist. a. 864, c. 32, *Capit.*, II p. 324. **3.** gener.: *qui manque à ses obligations, reste en défaut — who fails to meet his liabilities, omissive.* Diceret de caput suum legibus esse servus ipsius eclesiae, et propter hoc de ipso servitio neglegens atque jectivus adesse videretur quod genitor suus vel genetrix sua fecerunt. F. Sal. Lindenbr., no. 21, p. 282. F. Senon. rec., no. 4, p. 213. F. Sal. Bignon., no. 27, p. 238. F. Pith., no. 75, p. 598. In festivitate s. Michaelis quinque solidos denariorum pars nostra persolvat; et si inde jectivi fuerimus, legem faciamus et nostram precariam habeamus. LESORT, *Ch. de S.-Mihiel*, no. 20 p. 99 (a. 903-904). Subst. femin. **jectiva** (sc. charta): *acte d'un jugement adjudicatif à cause de défaut — record of an award on account of default.* Scriptos, judicios, notitias et jectivas perhennis temporibus confirmatas haberent. *Hist. de Languedoc* [3], II pr. no. 201, col. 401 (a. 878, Albi).

**jactura. 1.** loc. jactura maris: *épaves de mer — jetsam.* S. xii. **2.** *déguerpissement — surrender.* Terram quam injuste pervaserat s. Albino ejusque monachis ... concessit, malens in presenti seculo de terrenis rebus jacturam facere quam in futuro penam raptoris incurrere. BERTRAND, *Cart. d'Angers*, I no. 330 p. 379 (a. 1056-1060). **3.** *peine forfaitaire — forfeiture.* Quorum sibi vitam donasset, nullam in his jacturam ultionis exerceret. JULIAN., Hist. Wambae, c. 22, *SRM.*, V p. 519. Perseverantes honoris jactura periclitari debere. Concil. Forojul. a. 796/797, c. 3, *Conc.*, II p. 190. Eandem accusatoribus reprobatis imponentes jacturam, quam convicti pati debuerant accusati. ATTO VERCELL., Press., D'ACHÉRY, *Spicil.*, VIII p. 46.

**jactus**, jectus: **1.** *jetée, môle — pier, jetty.* OBERT., Ann. Genuens., lib. 2, a. 1171, ed. BELGRANO, I p. 245. **2.** *apports maritimes — accretion.* S. xiii. **3.** *droit de jet, de pêche — fishing right.* Juxta fluvium Dornoniae piscatoriis, ripaticis, jectis sive tractis. DELOCHE, *Cart. de Beaulieu*, no. 185 p. 257 (a. 823). **4.** *comble — surplus.* Sub trecensu 20 sextariorum frumenti ad mensuram Roceii sine jactu. DC.-F., IV p. 277 col. 1 (ch. a. 1139, Laon). **5.** (cf. voc. jactivus) *amende pour défaut en justice — fine for making default at law.* Edict. Chilperici (a. 561-584), c. 8, *Capit.*, I p. 9.

**jaculum:** **flèche — arrow.*

**jalea,** v. galeta.

**jalo,** v. galo.

**jamundilingus** (germ.): individu appartenant à une catégorie spéciale de *dépendants non-libres — kind of unfree dependant.* Si aliquis ex libertis voluerit jamundling vel litus fieri. *D. Ottos I.*, no. 11 (a. 937, Hamburg). In hominibus monasteriorum, litis videlicet et colonis atque jamundilingis. *D. Ottos II.*, no. 61 (a. 973, Hamburg).

**janitor:** **portier* (dernier des ordres ecclésiastiques) — *porter* (the undermost of holy orders).

**jantaculum** = jentaculum.

**januarius:** *portier — doorkeeper.* V. Willibaldi (ca. a. 780), c. 4, *SS.*, XV p. 99.

**jaola,** v. gaiola.

**jardinum,** v. gardinum.

**jarolium,** v. garillum.

**jarrigia,** v. garrica.

**jascheria,** v. gascaria.

**jaularius,** jeu-, v. gaiolarius.

**jectio** (cf. voc. jactivus): *amende pour défaut en justice — fine for making default at law.* Edict. Pist. a. 864, c. 33, *Capit.*, II p. 325.

**jectiscere** (cf. voc. jactivus): idem quod abjectire. Edict. Pist. a. 864, c. 33, *Capit.*, II p. 325.

**jectus,** v. jactus.

**jehenna** = gehenna.

**jejunare, 1.** intrans.: **jeûner — to fast.* **2.** transit.: **s'abstenir de* telle nourriture — *to abstain from* this or that food. **3.** **se priver de, se tenir à l'écart de* qqch. — *to part with, keep away from* a thing.

**jejunatio:** **jeûne — fasting.*

**jejunator:** **celui qui jeûne — one who fasts.*

**jejunium:** *jeûne — fasting.*

**jejunus:** **qui s'abstient, se tient à l'écart, prive, dépourvu — who abstains, holds aloof, deprived, destitute.*

**jerbus:** *marécage — marsh.* Pecia una de terra, quod est in parte prato et in parte jerbo seu in parte silva. MURATORI, *Antiq.*, I col. 409 (a. 1014, Pavia). Per ipsum jerbum seu paludem. *D. Ottos I.*, no. 460 (spur. s. xii)

**jerocomium,** jhe-, -ri-, -cho- = gerocomium

**joaria,** v. jugeria.

**jobago,** jobb-, -agio: *serf — serf.* S. xiii, Hung.

**jocale** (< jocus): *bijou — jewel.*

**jocari: 1.** *jouer — to play.* In domi fenestra jocabatur parvula. BONIF. CONSIL., Mir. Cyri, ed. MAI, *Spic. Rom.*, III p. 161. Infans jocabat et currebat huc illucque. Virt. Geretrudis, c. 11, *SRM.*, II p. 470. **2.** *jouter — to tilt.* Dum apud Monasteriolum jocaretur. ORDER. VITAL., lib. 3 c. 2, ed. LE PRÉVOST, II p. 25.

**jochus,** v. juchus.

**jocista** (mascul.): *jongleur, bouffon — juggler, entertainer.* Jocistae scurraeque ritu dicacitate temeraria loquentium. ALDHELM., epist. 5, *Auct. ant.*, XV p. 493. Hos versus jocistae more caraxatos repperietis. Bonif. et Lulli epist. 98, *Epp.*, III p. 385.

**jocularis** (subst.): *bouffon, jongleur — juggler, entertainer.* Turpissimos et vanissimos joculares. AGOBARD., Dispens., c. 30, MIGNE, t. 104 col. 249 A. JOH. SIGNIENS., V. Beraldi, UGHELLI, I col. 970. Cantor jocularis. Triumph. Remacli, lib. 2 c. 19, *SS.*, XI p. 456.

**jocularitas: 1.** **humeur railleuse, enjouement — cheerfulness, wittiness.* **2.** *plaisanterie — joke.* Qui facetias quasdam ... aut jocularitates moverent. ODO CLUNIAC., V. Geraldi, § 21, *AASS.*, Oct. VI p. 306 D.

**joculator:** **bouffon, jongleur — juggler, entertainer.* Concil. Agat., c. 70, MANSI, t. 8 col. 236. Cupplas canum non habeant nec falcones nec accipitres nec joculatores. Dupl. legat.



edict. a. 789, c. 31, *Capit.*, I p. 64. Contigit joculatorem ad Karolum venire et cantiunculam a se compositam de eadem re rotando in conspectu suorum cantare. Chron. Novalic., lib. 3 c. 10.

**joculatorius:** *d'un bouffon, d'un jongleur — of a juggler, entertainer.* S. xii.

**joculosus:** *railleur, facétieux — jesting, jocose.* Omnibus admirantibus super responsis inutilibus et joculosis ejus sermonibus. V. Norberti, *AASS.*, Jun. I p. 840 col. 2.

**jocundus** et derivata = jucund-.

**jocus:** *jeu hippique, joute — tournament, tilt.* Ad Urbem vastissimam silvam profectus est ibique se jocis et venationibus exercere coepit. PAUL. DIAC., Hist. Langob., lib. 5 c. 39, ed. WAITZ, p. 203.

**joncetum,** jonchetum = juncetum.

**joppa,** v. jupa.

**jornale,** jornalis, v. diurnalis.

**jornarius,** v. diurnarius.

**jornata,** jorneta, jorneia (< diurnare): **1.** *journel,* mesure de terre — a *land measure,* the surface ploughed in one day. DC.-F., IV p. 424 col. 3 (ch. a. 1160, Rama). **2.** *journée, marche de jour — day's march.* S. xiii. **3.** *journée, salaire de jour — day's wages.* S. xiii.

**josta,** jostra, v. 2. justa.

**jotum:** *mesure de superficie — measure of land.* Jotum prati. BERTRAND, *Cart. d'Angers*, I no. 143 p. 171 (ca. a. 1097). Item ib., no. 215 p. 249 (a. 1138).

**juaria,** v. jugeria.

**jubere:** *vouloir bien, trouver bon, daigner — to be ready, think fit, deign.* Gratiae suae jubeat nobis adjutorium ministrare. Benedicti regula, prol. Quod si jusserit suscipi. Ib., c. 54. Jubete scripta suscipere. Hormisd. pap. epist. 7 § 3, THIEL, p. 749. Ut ea me dignatione jubeatis peculiarius confovere. Desiderii Cadurc. lib. 1 epist. 4, *Epp.*, III p. 195. Ut nos piis obsecrationibus memores jubeatis poscentes. Epist. Austras., no. 31, ib., p. 141. Jubeas ... tuum missum ... dirigere. Cod. Carolin., no. 2, ib., p. 478. Ibi saepius. Postulans benedictionem dicat: Jube, domne, benedicere. Sacram. Gregor., MIGNE, t. 78 col. 242 D.

**jubilare, 1.** intrans.: **chanter des cantiques de joie — to sing joyful hymns.* **2.** **être dans la joie, exulter — to rejoice, exult.* **3.** transit.: **faire retentir* un chant de louange — *to sound* a song of praise.

**jubilarius:** *qui a été pendant 50 ans dans une charge — who has occupied a post for 50 years.* Quinquagenarius canonicus et jubilarius ut vocant. GUDEN., *CD. Mogunt.*, II p. 889 (a. 1182).

**jubilaeus** (hebr.): **1.** subst. et adj. in loc. annus jubilaeus: **jubilé, année jubilaire, 50me année — jubilee, year of jubilee, 50th year.* Comme période de prescription — as a term of limitation: Canon. Hibern., lib. 35 c. 7 sq.; lib. 41 c. 7. **2.** *un quinquagénaire — a quinquagenarian.* Quid ille jubeleus — sic enim appellabatur propter aetatis prolixitatem s. Remigius — facere vellet. HINCMAR., V. Remigii, c. 22, *SRM.*, III p. 315.

**jubilus,** -um: **1.** **cris de joie, chant de joie — shouts of joy, song of joy.* **2.** un *chant liturgique — a liturgical hymn.* EKKEH. IV, Cas. s. Galli, c. 3, *SS.*, II p. 102.

**juccata,** juca-, -tus (< juchus): une *mesure de superficie — a measure of land.* Alodus ... habentem in se plus minus ... juccatos 3. DE MONSABERT, *Ch. de Nouaillé*, no. 33 p. 59 (a. 904).

**juchus,** jochus, juccus, jucus, juctus, junctus (germ. "paire de bœufs — team of oxen"): *mesure de superficie,* ce qu'on laboure avec une paire de bœufs — a *measure of land,* the amount of land ploughed with a team of oxen. Campo arativo juchos tantos. F. Augiens., coll. B no. 24, *Form.*, p. 358. WARTMANN, *UB. S.-Gallen*, I no. 3 (a. 716-720). Ibi saepe. DE MONSABERT, *Ch. de Nouaillé*, no. 16 p. 30 (a. 848). ZEUSS, *Trad. Wizenburg.*, no. 181 (a. 840-870). 20 juchos de terra arabili. *D. Ludw. d. Deutsch.*, no. 159 (a. 875). Decimas de juchos nostros in villa V. *D. Karls III.*, no. 60 (a. 882). *D. Arnulfs*, no. 151 (a. 897). RÉDET, *Cart. de S.-Cyprien de Poitiers*, no. 28 p. 29 (ca. a. 1032). Employé pour les vignes — used for vineyards: Viniola plus minus juctus tantus. F. Andecav., no. 4, *Form.*, p. 6. Iterum no. 22, p. 11. Habet ibi de vinea indominicata juctos, id est aripennos, 100. Polypt. Fossat., c. 9, ap. GUÉRARD, *Irminon*, II p. 284. Juctum unum vine[ae]. DE COURSON, *Cart. de Redon*, no. 75 p. 59 (ca. a. 861). Plus minus jucco uno et medio inter vinea et terra vagante [i. e. vacantem]. DE MONSABERT, o.c., no. 19 p. 36 (a. 880). Duos juctos de vinea. RÉDET, o.c., no. 29 p. 29 (ca. a. 1000?). Pour les prés — for hayfields: Ad fenum in pratis 12 juchos. F. Sangall. misc., no. 2, *Form.*, p. 380. Juncti 4 de prato. Ch. a. 892 in pancarta nigra s. Martini Turon., DC.-F., IV p. 433 col. 1.

**jucundare:** **réjouir — to gladden.* Passiv. jucundari: **se réjouir — to rejoice.*

**judaismus:** *juiverie, quartier juif, communauté juive — Jewry, Jewish quarter or community.*

**judaizare:** **observer les rites juifs — to live in observance of Jewish rites.*

**judearia:** *juiverie, quartier juif — Jewry, Jewish quarter.* Domum ... in Senonis sitam in judearia. *Actes Phil.-Aug.*, no. 665 (ca. a. 1200), II p. 223.

**judex: 1.** *tout *officier public,* du plus élevé jusqu'au "comes civitatis" — any *state official,* from the highest down to the "comes civitatis." In praeceptionibus quas [rex] ad judicis [i. e. judices] pro suis utilitatibus dirigebat. GREGOR. TURON., Hist. Fr., lib. 6 c. 46. Edictum a judicibus datum est. Ib., lib. 7 c. 42. Si quis ex judicibus hunc decretum violare presumpserit. Chloth. I decr. (a. 555-558), c. 18, *Capit.*, I p. 7. Quicumque judex aut saecularis presbyterum ... injuria[m] inferre praesumpserit. Concil. Autissiod. (a. 573-603), c. 43, *Conc.*, I p. 183. Similia Concil. Matiscon. a. 583, c. 7, p. 157. Si quis centenario aut cuilibet judice [i. e. judici] noluerit ad malefactorem adjuvare. Childeb. II decr. a. 596, c. 9, *Capit.*, I p. 17. Ut nullum [i. e. nullus] judicum de qualebit ordine clerecus [i. e. clericos] de civilibus causis ... distringere aut damnare audeat. Chloth. II edict. a. 614, c. 4, p. 21. Ut judices secundum scriptam legem juste judicent [antea: comites et centenarii]. Capit. missor. gener. a. 802, c. 26, p. 96. **2.** plural. judices: *les magnats, les grands, l'aristocratie — the magnates, the great men, the aristocracy.* Introivit Mauricius [chartularius] cum judices qui inventi sunt cum ipso in consilio. Lib.

pontif., Severinus, ed. Mommsen, p. 175. Omnes judices seu exercitus Romanus, qui prius se cum Mauricio sacramenta constrinxerant. Ib., Theodorus, p. 178. Ubi denominatus conjungeret pontifex, omnes judices ita eum honorifice susciperent, quasi ipsum praesentialiter imperatorem viderent. Ib., Constantinus, p. 223. Direxit in ejus [sc. Karoli Magni] occursum universos judices. Ib., Hadrianus, § 35, ed. Duchesne, I p. 496. Alaor per Hispaniam lacertos judicum mittit, atque debellando et pacificando ... Anon. Cordob., aera 754, *Auct. ant.*, XI, p. 356. Judices ejus prerepti cupiditate ita blandiendo in eam [Hispaniam] inrogant maculam. Ib., aera 772, p. 362. Judices unacum populo veniebant cum signa et cum magno eum [sc. patriarcham] recipiebant honore. Manaresi, no. 17 p. 51 (a. 804, Istria). Quem omnium Dei sacerdotum et judicum seu totius Capuane plebis voto ... electum habetis. Joh. VIII pap. epist. 213 (a. 879), *Epp.*, VII p. 192. **3.** *comte — count.* Ad deprecandum judici ... prosternitur ad pedes comitis. Gregor. Turon., Hist. Franc., lib. 6 c. 8. Irruentibus Bituricis cum judice loci. Ib., lib. 5 c. 50. Judices locorum terribiliter commonens ut ipsos cum armatis custodire debeant. Ib., lib. 10 c. 15. Fiscalis judex. V. Eligii, lib. 2 c. 15, *SRM.*, IV p. 702. Judex provintiae illius. F. Turon., no. 24, *Form.*, p. 148. Fretus [i. e. fredus] judici in cujus provincia est latro reservetur. Childeb. I et Chloth. I pactus, c. 16, *Capit.*, I p. 7. Si judex alequem contra legem injuste damnaverit, in nostri absentia ab episcopis castigetur. Chloth. I praec. (a. 511- 61), c. 6, ib., p. 19. Cuncti judices justa ... studeant dare judicia. ... Non vicarios aut quoscunque de latere suo per regionem sibi commissam instituere vel destinare praesumant, qui ... venalitatem exerceant. Guntchr. edict. a. 585, p. 12 l. 10. In cujuslibet judicis pago admissum fuerit. Childeb. II decr. a. 596, c. 4, p. 16. Etiam ib., c. 3. Cum litteris comitis sui veniat ... ad illum judicem cujus territorio res illa continetur. Lex Burgund., addit. 2, c. 13. Judicem fiscalem quem comitem vocant. Lex Ribuar., tit. 53. Cf. tit. 32 et 84. Si presbiter crisma dederit, ab episcopo degradetur et postmodum ad judicem manu[m] perdat. Capit. missor. Aquisgr. I a. 809, c. 21, I p. 150. Contin. ad Fredeg., c. 18, *SRM.*, II p. 177. V. Gaugerici, c. 8, ib., III p. 655. Non sit illis molestus comes quicquam seu fiscalis judex aut centenarius. V. Nivardi (s. ix), c. 10, ib., V p. 169 (haustum e diplomate Childerici regis). V. II Fidoli (s. ix), § 7, *AASS.*, Maji III p. 589. V. Lupi Cabillon. (s. ix?), c. 2 § 7, ib., Jan. II p. 778. Chez les Lombards, le "judex civitatis" est un officier comparable au comte franc. — In the Longobard kingdom the "judex civitatis" is an officer analogous with the Frankish count. Ducat ad judicem qui in hoc loco ordinatus est. Edict. Rothari, c. 343. Si quis in aliam civitatem causam habuerit, vadat cum epistola de judice suo ad judicem qui in loco est. Liutpr. leg., c. 27. Etiam ib., c. 35. Unusquisque judex in civitate sua faciat carcerem. Ib. c. 80. Ratchis leg., c. 10. Judex unusquisque per civitatem faciat jurare ad Dei judicia homines credentes. Pippini Ital. reg. capit., (a. 782-786), c. 8, I p. 192. En Angleterre, l'officier royal qui préside le tribunal du shire — reeve of the shire. Birch, *Cart. Saxon.*, no. 443 (a. 844, Mercia). **4.** *duc — duke.* De duce Alamanniae: Wettin., V. Galli, c. 15, *SRM.*, IV p. 265. De duce Wasconiae: Transl. Faustae (a. 864), Mabillon, *Acta*, IV pt. 2 p. 73. **5.** *agent du comte* chargé de fonctions judiciaires — *delegate of a count* performing judicial functions. De mancipia quae vendunt, ut in praesentia episcopi vel comitis sit aut in praesentia archidiaconi aut centenarii aut in praesentia vicedomni aut judicis comitis. Capit. Harist. a. 779, c. 19, I p. 51. Ut omnes [sc. episcopi et comites] bonos et idoneos vicedominos et advocatos habeant et judices. Capit. missor. spec. (a. 802?), c. 58, p. 104. Ut comites, unusquisque in suo comitatu, carcerem habeant; et judices atque vicarii patibulos habeant. Capit. Aquisgr. (a. 802/803), c. 11, p. 171. Ut judices, advocati, praepositi, centenarii, scabinii, quales meliores inveniri possunt ..., constituantur. Capit. Aquisgr. a. 809, c. 11, p. 149. Ut nullus quislibet missus noster neque comes neque judex neque scabineus cujuslibet justitiam dilatare praesumat. Ib., c. 7. Postquam quisque [i. e. quisquam] ad mortem fuerit judicatus, neque judex fiat neque scabinius neque testis. Ib., c. 28, p. 151. Comites et eorum judices non dimittant testes habentes mala[m] famam testimonium perhibere. Pippini capit. Ital. (a. 801-810), c. 12, p. 210. Quicumque proprium suum episcopo, abbati vel comiti aut judici vel centenario dare noluerit. Capit. de reb. exercit. a. 811, c. 3, p. 165. Dilectis in Christo fratribus et amicis N. comiti, N. judici, gloriosis missis domni imperatoris. Eginhard., epist. 51, *Epp.*, V p. 135. Tales comites et sub se judices constituere debet, qui avaritiam oderint et justitiam diligant. Hincmar., Ordo pal., c. 10. **6.** *régisseur d'un domaine du fisc — bailiff of an estate of the fisc.* D. Merov., no. 2 (a. 528). Capit. de villis, passim. Judices villarum regiarum constituite qui non sint cupidi. Epist. synod. Carisiac. a. 858, c. 14, II p. 437. Si fiscalinus noster ita [i. e. de latrocinio] infamis in fiscum nostrum confugerit vel colonus de immunitate in immunitatem confugerit, mandet comes judici nostro [i. e. judici fisci] vel advocato casae Dei ut talem infamem in mallo suo praesentet. Capit. Caris. a. 873, c. 3, II p. 344 l. 25. **7.** *régisseur d'un domaine privé — manager of a private estate.* Episcopi vel potentes qui in alias possedent regionis. judicis [i. e. judices] vel missus discursoris [i. e. missos discursores] de alias provincias non instituant, nisi de loco ... Agentes igitur episcoporum aut potentum ... Chloth. II edict. a. 614, c. 19 sq., *Capit.*, I p. 23. Ut latrones de infra inmunitatem illi judicis [i. e. judices] ad comitum placita praesentetur [i. e. praesentent]; et qui hoc non fecerit, beneficium et honorem perdat. Capit. Harist. a. 779, c. 9, p. 48 col. 1. Nullus judex aut comes ... praedictae aecclesiae ministros ... in mallo publico accusare praesumat, antequam conveniat ministros rerum et judices villarum atque hominum. D. spur. Ludov. Pii a. 840, ap. G. Aldrici, ed. Charles-Froger, p. 55. **8.** *assesseur qui prononce le*



*jugement — doomster.* Si quis alium mallare vult de qualecumque causa, in ipso mallo publico debet mallare ante judice suo, ut ille judex eum distringat secundum legem. Lex Alamann., tit. 36 § 2. Ibi pluries. Comes secum habeat judicem qui ibi constitutus est judicare. Lex Baiwar., tit. 2 c. 14. Ibi saepe. **9.** *échevin — scabinus.* Si quis furonem ... [non] ad praesentiam ducis aut comitis ... adduxerit et de hoc facto vel nequitia posthac in praesentia judicum convictus fuerit. Capit. Ital. a. 801, c. 7, I p. 205. Si quis hominem in judicio injuste contra alio altercantem adjuvare per malum ingenium praesumpserit atque inde coram judicibus vel comite increpatus fuerit. Capit. legib. add. a. 803, c. 4 p. 113. Ut per placita non fiant banniti liberi homines, excepto si aliqua proclamacio super aliquem venerit aut certe si scabinus aut judex non fuerit. Karoli M. capit. missor. Ital. (a. 781-810), c. 12, p. 207. De judicibus inquiratur, si nobiles et sapientes et Deum timentes constituti sunt. Jurent ut juxta suam intellegentiam recte judicent. Lothar. capit. missor. a. 832, c. 5, II p. 64 (cf. Ludov. Pii capit. Wormat. a. 829, c. 2-4, p. 15, ubi: scabini). Facta haec traditio in conventu publico in villa S. coram comite et judicibus suis. Dronke, *CD. Fuld.*, no. 388 p. 175 (a. 819). *Hist. de Languedoc*[3], II pr. col. 332 (a. 862, Narbonne). In publico mallo ... in praesentia C. comitis ... ac judicum. Schannat, *Hist. Wormat.*, pr. no. 18 p. 17 (a. 914-948). Predium ... justo atque legali judicum judicio nobis acquisitum. *D. Heinrichs II.*, no. 499 (a. 1023). Si aliquis mansus in manum episcopi judicio judicum pervenerit. Lex famil. Wormat. (a. 1023-1025), c. 2, *Const.*, I p. 640. Wauters, *Libertés*, pr., p. 8 (a. 1094, Flandre). Cod. Lauresham., no. 532, ed. Glöckner, p. 223. Wenck, *Hess. Landesg.*, II p. 50. **10.** *assesseur* dans le tribunal royal lombard — *assessor* in the Longobard king's court. Troya, *CD. Longob.*, no. 340 (a. 674); no. 408 (a. 715); no. 873 (a. 767). Judex sacri palatii. Manaresi, *Placiti*, no. 61 p. 222 (a. 857, Lucca); no. 63 p. 226 (a. 859, Piacenza). Deinde saepe. Cipolla, *Monum. Novalic.*, I p. 32 (a. 880). Judex domnorum regum. Muratori, *Antiq.*, I col. 500 (a. 941). Depuis la fin du $X^{me}$ s. les "judices et missi domni regis (imperatoris)" s'opposent aux "judices sacri palatii" nommés par le comte du palais. Ceux-ci sont avant tout des tabellions et des procureurs. — From the late tenth cent. onwards the "judices et missi domni regis (imperatoris)" are to be distinguished from the "judices sacri palatii", the latter being appointed by the count palatine and acting mainly as public notaries and solicitors. E. g.: Ego L. notarius et judex sacri palacii. *D. Ottos I.*, no. 269 (a. 964). **11.** "*roi*" de l'un des deux "royaumes" de la Sardaigne — "*king*" of one of the two "kingdoms" of Sardinia. Imperator Fridericus ... coronavit Parazonem in judicem Arboreae. Bernard. Marango, Chron. Pisanum, a. 1165, Ughelli, III col. 886 B.

**judicabilis: 1.** **contestable, litigieux — disputable, litigious.* **2.** *qu'on peut juger, critiquer — subject to judgment or criticism.* Gregor. M., Moral., lib. 31 c. 25, Migne, t. 75 col. 587 A; lib. 34 c. 38, col. 739 B.

**judicamen:** *jugement — sentence.* CD. Cajet., I p. 194 (a. 990).

**judicamentum: 1.** *jugement — sentence.* Me ... rectum judicamentum de causa ista fecisse. Bertrand, *Cart. d'Angers*, I p. 236 no. 203 (a. 1082-1096). **2.** *procédure — plea.* Fecit comes de hoc judicamentum fieri, quod tenuerunt homines isti. Marchegay, *Arch. d'Anjou*, III p. 33 no. 38 (a. 1063).

**judicare, 1.** causam: *trancher, juger — to settle, adjudicate.* Ut comites ... ad eorum placita primitus orfanorum vel viduarum seu ecclesiarum causas audiant et definiant ..., et postea alias causas per justitia[m] rationabiliter judicent. Concil. Vern. a. 755, c. 23, *Capit.*, I p. 37. Si quis causam judicatam repetere in mallo praesumpserit ..., quindecim ictus ab scabinis qui causam prius judicaverunt accipiat. Capit. legib. add. a. 803, c. 10, p. 114. Nos in omni ebdomada unum diem ad causas audiendas et judicandas sedere volumus. Capit. missor. Wormat. a. 829, c. 14, II p. 16. Nec popularibus conventibus eos [sc. excommunicatos] misceri oportet ... nec quorumlibet causas judicare. Synod. Pap. a. 850, c. 12, p. 120. **2.** poenam: *imposer, prononcer — to inflict, pronounce.* In quarta conjunctione [i. e. conjuges in quarto gradu consanguinitatis] si inventi fuerint, eos non separamus, sed poenitentiam eis judicamus. Decr. Vermer. (a. 758-768?), c. 1, I p. 40. Si bannus [i. e. proscriptio] ei [sc. latroni] judicatus fuerit. Capit. Aquisgr. (a. 802/803), c. 13, p. 172. **3.** *ordonner* par une sentence interlocutoire — *to ordain* by an interlocutory sentence. Quibuscumque per legem propter aliquam contentionem pugna fuerit judicata. Capit. Olonn. mund. a. 825, c. 12, p. 331. Judicata sunt exinde [sc. de altercatione] inter nos sacramenta. Camera, *Memor. di Amalfi*, I p. 166 (s. x). **4.** *adjuger, reconnaître — to award, recognize.* Inventum est a judicibus ut ... medietatem praetii, quod ei fuerat judicatum, amitteret. Gregor. Turon., Hist. Fr., lib. 7 c. 47. Terram ... audito clamore et querimonia eorum ... justo judicio eis judicatam et recognitam. Muller-Bouman, *OB. Utrecht*, I no. 333 p. 306 (a. 1131). **5.** aliquem: **faire justice à qq'un, défendre — to do justice to* a person, *to guard.* **6.** **exercer des droits de justice sur, gouverner — to wield jurisdiction over, to govern.* Dioceses 15, quas primum quidem Gothi tenuerant, nunc vero D. Rutenensis episcopus judicat. Gregor. Turon., Hist. Fr., lib. 5 c. 5. [Sedes s. Donati] eas [ecclesias] liceat canonico ordine judicare et ordinare. Schiaparelli, *CD. Longob.*, I no. 17 p. 51 (a. 714, Siena). **7.** aliquid: *disposer de* qqch. — *to dispose of* a thing. Quod de sibi debitis rebus judicare elegerit. Lex Visigot., lib. 4 tit. 3 § 4. Non licere ei [sc. liberto] de peculio suo aliquid judicare. Ib., lib. 5 tit. 7 § 14. Ibi pluries. Potestatem habeat judicandi de rebus suis quomodo aut qualiter voluerit. Liutpr. leg., c. 5. Etiam c. 102. Numquam ego ... [h]anc mea[m] donationis offerta[m] possit disrumpere nec alio tenore se removere ac judicare. Schiaparelli, o.c., II no. 171 p. 131 (a. 763, Pisa). Quicquid de ipsis vel in ipsis [rebus] facere vel judicare voluerint,

liberam habeant potestatem faciendi quicquid elegerint. *D. Ludw. d. Deutsch.*, no. 2 (a. 830). Quicquid exinde facere aut judicare volueritis, vendendi, cedendi seu comutandi . . . habeatis plenissimam potestatem. CASSAN-MEYNIAL, *Cart. d'Aniane*, p. 437 no. 318 (a. 889). **8.** spec.: *léguer — to bequeath.* In omnia [i. e. omnibus] rebus meis, quantum ad ecclesias judicavi aut quod injudicatum remanset. SCHIAPARELLI, o.c., I no. 90 p. 262 (a. 747, Lucca). Si quis Langobardus decedens uxori suae usumfructum de rebus suis judicare voluerit. Edict. Langob., Aistulf., c. 14 (a. 755). De omni mea substantia, quas [i. e. quam] habere vel possidere visus fui in vico T., judicavi et dedi in jure et potestate s. Alexandri. *CD. Langob.*, col. 197 no. 109 (a. 828, Bergamo). Non sit mihi . . . licenciam . . . in alia parte vendere, donare, comutare, pro anima judicare nec ulla tradicione aut conscripcione facere. Ib., no. 260 col. 438 D (a. 875, Milano). Tenendi, possidendi, vendendi, pro anima judicandi aut quicquid voluerit inde faciendi. *D. Heinrichs IV.*, no. 344 (a. 1082). Casam suam . . . judicavit T. uxori sue in vita dumtaxat ipsius. LEO OST., Chron. Casin., lib. 1 c. 14, *SS.*, VII p. 590 l. 41. Judicavit et tradidit quatuor castella. PETR. DIAC., ib., lib. 4 c. 16, p. 769 l. 42. Donare seu pro anima judicare vel in dotem pro filia dare. Libri Feudor., antiq., tit. 8 c. 15 (vulg., lib. 2 tit. 9), ed. LEHMANN, p. 126. **9.** *stipuler dans un testament — to provide by will.* Ego G. judico, ut ecclesia quam ego noviter aedificavi . . . *CD. Langob.*, no. 308 col. 521 A (a. 881). Ego . . . dispono et judico atque ordino pro remedio et mercede animae meae presentem cartam judicati. Ib., no. 454 col. 784 A (a. 914, Como). **10.** *disposer librement de, posséder l'usage de* ses membres — *to have the control of* one's limbs. Nec poterat quemquam judicare membrorum. GREGOR. TURON., Virt. Martini, lib. 2 c. 3, *SRM.*, I p. 610. Item id., Glor. conf., c. 40, p. 773 l. 7. Valde infirmatus a cinctura deorsum se judecare non poterat. Id., Hist. Fr., lib. 4 c. 10.

**judicatio: 1.** **jugement — sentence.* **2.** *circonscription judiciaire — judicial district.* Nullus marchionum de cetero faciat . . . aliquam forticiam extra castra eorum in tota eorum judicatione. MURATORI, *Antiq. Est.*, p. 348 (ch. a. 1178).

**judicativus:** *judiciaire — judicial, judicative.* S. xiii.

**judicator: 1.** **celui qui juge — one who judges.* **2.** *assesseur dans un tribunal — doomster.* GISLEB. MONT., c. 136, ed. VANDERKINDERE, p. 202; c. 140, p. 213. **3.** *régisseur d'un patrimoine — manager of estates.* Quicquid exinde facere vel judicare voluerint judicatores monasterii. CASSAN-MEYNIAL, *Cart. d'Aniane*, p. 201 no. 61 (a. 873 vel 875).

**judicatum** (subst. neutr.), -us (mascul.): **1.** *acte rapportant un jugement — record of a sentence.* Cum judicati exemplaribus. Lex Visigot., lib. 2 tit. 3 § 2. Judex . . . judicatum suum emittat. Liutpr. leg., c. 75 (a. 726). Ego T. episcopus hunc judicatum a nobis factum adque dictatum vel relectum subscripsi. SCHIAPARELLI, *CD. Langob.*, no. 20 p. 84 (a. 715, Tosc.). Hujus notitiam judicatus . . . scripsi. FICKER, *Forsch.*, IV no. 1 p. 2 (a. 776, Spoleto). Judicata duo, unum contra S. et alterum contra P. nobis ostenderunt. *D. Karolin.*, I no. 146 (a. 782). Inspecto judicato Hugoni comitis. Ib., no. 205 (a. 807). Qui anc judicatum fieri rogavit. WARTMANN, *UB. S.-Gallen*, I no. 354 (a. 800-820). Ut nullus cancellarius pro ullo judicato aut scripto aliquid amplius accipere audeat nisi dimidiam libram argenti. Lotharii capit. Pap. a. 832, c. 13, II p. 62. Pre manibus ostenderunt de predicta villa judicatos. Chron. Novalic., lib. 3 c. 18. **2.** *testament* ou *acte de donation post mortem — last will* or *deed of donation post mortem.* SCHIAPARELLI, o.c., I no. 114 p. 335 (a. 754, Lucca). Ostenderunt judicatum, ubi emiserat omnes res suas in ipso sancto monasterio. FICKER, o.c., no. 7 p. 9 (a. 806, Viterbo). [Curtes] per suum judicatum in ipsum contullit monasterium pro anima sua. *CD. Langob.*, no. 258 col. 436 A (a. 864, Milano). Monasterium in ipso statu persistat . . . quo . . . A. suo judicato statuit. *D. Arnulfs*, no. 141 (a. 896). Confirmassemus omnes scriptiones . . . tam precepta . . . quam et offersiones, judicatos reliquasque . . . donationes. *D. Ottos I.*, no. 403 (a. 971). Faciens de quibusdam [bonis] scriptum quoddam, quod nominant judicatum, id est decretum, pauperioribus clericis . . . ecclesiae. RATHER., De discordia inter ipsum et clericos, c. 8, MIGNE, t. 136 col. 628. Veluti in charta judicatus a G. diacono edita continetur. *D. Heinrichs II.*, no. 305 (a. 1014). Inde faceret legale testamentum quod appellatur judicatus. UGHELLI, IV col. 1493 B (a. 1017, Fruttuaria).

**judicatura: 1.** *frais de tribunal — judicial fee.* Nullus judex . . . de sententia diffinitiva ultra 12 den. de libra ab actore vel a reo accipiat . . ., de sententia vero possessionis 6 den. de libra. Quae judicatura sic percipienda est. Const. Auximana a. 1177, *Const.*, I no. 275, c. 1. Vocabant comitem praedictum et consortes, ut venirent ad hoc et adjuvarent distringere homines; et quando veniebant, debebant habere terciam banni et judicature. FICKER, *Forsch.*, IV no. 159 p. 202 (a. 1185, Piacenza). **2.** *justice — jurisdiction.* S. xiii. **3.** *circonscription judiciaire — judicial district.* S. xiii.

**judicatus** (decl. iv) (cf. etiam voc. judicatum): **1.** *justice, pouvoir justicier — jurisdiction.* S. xiii. **2.** *circonscription judiciaire — judicial district.* S. xiii.

**judicialis:** *d'une ordalie — of an ordeal.* S. xii.

**judicialiter:** **comme un juge, par jugement — as a judge, by judgement.*

**judiciarius** (adj.): **1.** *d'un procès, d'une procédure judiciaire — of legal proceedings.* Si quaecumque persona . . . suasu malivola vel impulsu judiciario perturbare temptaverit. Radegundis epist. (a. 575-587) ap. GREGOR. TURON., Hist. Fr., lib. 9 c. 42. Legaliter in palatio F. judiciario jure . . . fiscata sunt. *D. Arnulfs*, no. 154 (a. 897). Judiciario jure obtinuerunt. *D. Lothars III.*, no. 37 (a. 1131). **2.** loc. vir judiciarius: juriconsulte, praticien — lawyer. Cuidam judiciario viro vidua quedam nobilis quasi defensori sua seque commisit. PASCH. RADB., Epit. Arsenii, lib. 1 c. 26, ed. DÜMMLER, p. 55. **3.** *de la classe dans laquelle sont pris les échevins* ("schöffenbarfrei") *— of the class from which scabini are taken.*



De parentibus natus liberis judiciariae dignitatis. Trad. Reinhardsbr., SCHANNAT, *Vindem.*, I no. 15 p. 115 (a. 1122). Subst. mascul. **judiciarius: 1.** *échevin — doomster.* HOENIGER, *Koelner Schreinsurk.*, II p. 298 c. 2 (cf. c. 1) (a. 1150-1180). **2.** *justiciable, sujet d'une autorité judiciaire — person liable to a jurisdiction.* Cum universis rebus . . . ad easdem cortes respicientibus, massariciis, aldionariciis, libellariis, judiciariis, conditionariis, vicarialibus. D. Ludov. II imp. a. 870, *CD. Langob.*, no. 248 col. 423 B. Subst. neutr. plural. et femin. singul. **judiciaria**, judicaria: **1.** *plaid, procès — legal proceedings, plea.* Nullus monachus foris monasterio judiciaria teneat. *Capit.*, I p. 79 (interpol. s. xii?). **2.** *acte rapportant un jugement — record of a sentence.* Praeceptiones et judiciaria nobis obtullerunt ad relegendas. *D. Karolin.*, I no. 43 (a. 769). **3.** *justice, pouvoir justicier — jurisdiction.* Omnem judicariam in valle nuncupate A. . . . episcopio concedere dignaremur. *D. Ugo*, no. 6 p. 21 (a. 926). Ministeriales sui curtium suarum ministeria, id est judiciarias et villicationes, per feodum et hereditario jure vellent obtinere. D. Conradi III reg., HALKIN-ROLAND, *Ch. de Stavelot*, I no. 170 p. 349 (a. 1140) (St. 3405). **4.** *circonscription judiciaire — judicial district.* [Judex] distringat hominem illum de sub sua judiciaria . . . in presentiam regis venire. Liutpr. leg., c. 27 (a. 721). De servo fugace . . . si in alia judiciaria inventus fuerit. Ib., c. 44 (a. 723). Edict. Langob., Ratchis, c. 13 (a. 746). Judicaria Lucense. SCHIAPARELLI, *CD. Longob.*, I no. 116 p. 340 col. 1 (a. 754). *CD. Langob.*, no. 51 col. 100 (a. 774, Verona). Ib., no. 92 (a. 816, Bergamo). Judiciaria A. gastaldi nostri. UGHELLI, X col. 435 (a. 815, Luceria). In fine vel judiciaria Bajowariense. BITTERAUF, *Trad. Freising*, I no. 400[a] p. 342 (a. 818). In eorum judiciaria partibus Ravennae. Cod. Carolin., no. 75, *Epp.*, III p. 606. In locis et fundis V. et V. judiciarias [i.e. judiciariae, genet.] istius Mediolanensis. GIULINI, *Memor. di Milano*, I p. 473 (a. 879). **5.** *fruits de la justice, amendes — profits of jurisdiction, fines.* Omnem judiciariam vel omne teloneum de curte ecclesiae concedere. *D. Karolin.*, I no. 207 (a. 808). Concedimus, . . . omnia decima, freda et judiciaria vel omnem compositionem et exibitionem publicam. D. Ludov. II imp. a. 853, *MIOeG.*, t. 5 (1884) p. 386 (BM² 1194). Omnia freda et judiciaria. *D. Guido*, no. 18 p. 45 (a. 892). Cum decimis et fredis et judiciariis. *D. Ottos I.*, no. 267 (a. 964).

**judicium: 1.** *séance judiciaire, plaid — judicial assembly.* Cum comes in judicio residebat. GREGOR. TURON., Hist. Fr., lib. 5 c. 48. Constituemus super eos [sc. episcopos] archiepiscopus [i. e. archiepiscopos] . . . , ut ad ipsos vel judicia eorum de omne necessitate ecclesiastica recurrant. Pippini capit. Suession. a. 744, c. 3, I p. 29. Ut nullus clericus ad judicia laicorum publica non conveniat. Concil. Vern. a. 755, c. 18, p. 36. Comites nostri veniant ad judicium episcoporum. Synod. Franconof. a. 794, c. 6, p. 74. Dum . . . resedissem ego B. comes palatii in judicio . . . ad singulorum hominum causas audiendum vel deliberandum, ibique veniens . . . FICKER, *Forsch.*, IV no. 4 p. 5 (a. 800). Similia saepe. [Nullus sacerdos] derelicta propria lege ad secularia judicia accedere praesumat. Capit. a sacerd. propos. (a. 802?), c. 16, I p. 107. Ut in publicis judiciis non dispiciantur [viduae et orfani] clamantes, sed diligenter audiantur. Capit. missor. Theodonisv. II a. 805, c. 2, p. 122. Si latro in emunitate[m] fugerit . . . [dominus emunitatis] eum foris ejiciat et veniat in juditium et legibus fiat judicatus. Capit. de latron. (a. 804-813), c. 5, p. 181. [Ne] quislibet de cleros . . . ad publica vel secularia juditia traantur. Capit. Mantuan. II a. 813, c. 1, p. 196. Si in juditio comitum prius miserorum causae . . . terminandae sint, ac deinde potentiorum. Capit. Papiae a Ludov. II prop. a. 850, c. 10, II p. 85. Si quis judicibus nostris in juditio residentibus minas . . . intulerit. Guidonis capit. Pap. a. 891, c. 9, p. 109. [Rex] separatim habuit sinodale concilium ac populare judicium. Ann. Altah. a. 1046, ed. OEFELE, p. 42. **2.** *tribunal — body of doomsters.* Leg. Henrici, tit. 31, LIEBERMAN, p. 564. **3.** *acte rapportant un jugement — record of a sentence.* F. Andecav., no. 31, *Form.*, p. 14. Deinde saepe. Judicio [i. e. judicium] R. [auditoris] mano firmato vel de anolo G. majorem domus nostri sigellatum. *D. Merov.*, no. 78 (a. 710). Judex . . . duo judicia de re discussa conscribat, que simili textu et suscriptione roborata litigantium partes accipiant. Lex Visigot., lib. 2 tit. 1 § 23. Quecumque [i. e. quicumque] in causa victur extiterit, semper judicium conscriptum accipiat. Lex Ribuar., tit. 59 § 7. Sicut in ipso juditio resonat quod A. abbas appraehendit ante F. missum [regis]. *D. Charles le Chauve*, no. 340 (a. 870). Ego H. notarius hoc judicium scripsi. D. Conradi reg. Burg. a. 943, BERNARD-BRUEL, *Ch. de Cluny*, I no. 622. **4.** **justice, équité, impartialité — justice, righteousness, impartiality.* Facere judicium alicui: rendre justice à q'un — to do justice to a person. **5.** *la loi, le droit en vigueur — the law.* Secundum judicium et legem patrie. LACOMBLET, *UB. Niederrh.*, I p. 205 no. 309 (a. 1130). Secundum judicium civitatis. WIEGAND, *UB. Strassburg*, I p. 474, c. 60 (s. xii). **6.** judicium Dei, divinum: duel judiciaire — judicial combat. Tu, o rex, ponas hoc in Dei judicio ut ille discernat cum nos . . . viderit dimicare. GREGOR. TURON., Hist. Fr., lib. 7 c. 14. Judicium Dei his duobus confligentibus cognuscatur utrum hujus culpae reputationis G. sit innoxia an fortasse culpabelis. FREDEG., lib. 4 c. 51, *SRM.*, II p. 146. Rex . . . jussit eos ex hoc in campo certare, ut, quis falleret, Domini judicio monstraretur. V. Austregisili, c. 4, *SRM.*, IV p. 193. Per camphionem causa ipsa, id est per pugnam, ad Dei judicium decernatur. Edict. Rothari, c. 198. Si ad conflictum causae descenderint et divino judicio falsus relator pugnans occubuerit. Lex Burgund., tit. 80. Suus homo ad Dei judicium iret. Concil. Franconof. a. 794, c. 9, *Conc.*, II p. 167. **7.** judicium Dei et nude judicium: *ordalie — ordeal.* Ad ipso judicio vel ad ipsa[m] cruce[m] eum convincuit. F. Sal. Bignon., no. 13, *Form.*, p. 233. Si quis hominem in mordro occiderit, tunc exeat ad judicium. Ewa ad Amorem, c. 46. Iterum c. 48. Ut nullus praesumat hominem in juditio mit-

tere sine causa. Capit. missor. a. 803, c. 11, Capit., I p. 115. PASCH. RADB., Epit. Arsenii, lib. 2 c. 26, ed. DÜMMLER, p. 55. Ut chrisma pro subvertendis judiciis nemini detur. Capit. Herardi Turon. a. 858, c. 22, Gall. chr.$^2$, XIV instr. col. 41. Decem homines aqua calida . . . ad judicium misit. HINCMAR., Ann. Bertin., a. 876, ed. WAITZ, p. 132. Aut judicii examine aut sacramenti protestatione se expurget. Concil. Mogunt. a. 888, c. 23, MANSI, t. 18 A col. 70. Per duellum, si liber est, si vero servus per judicium se defendat. Heinr. III imp. const. de venef. a. 1052, Const., I no. 52. Optulit se contra monachos ad portandum judicium. MENJOT D'ELBENNE, Cart. du Mans, col. 437 no. 769 (a. 1056-1068). Suscepit duo judicia. GRASILIER, Cart. de la Saintonge, p. 148 no. 228 (a. 1100-1107). Si probare voluerit judicio aut duello. Will. I reg. art. 6, LIEBERMANN, p. 487. Cf. J. DECLAREUIL, Les preuves judiciaires dans le droit français du V$^e$ au VIII$^e$ siècle, Paris 1890. **8.** fer d'ordalie — iron bar for ordeals. **9.** loc. jurare ad Dei judicia: jurer sur l'Evangile — to swear on the Gospels. Judex unusquisque per civitatem faciat jurare ad Dei judicia homines credentes. Capit. Mantuan. (a. 781?), c. 8, I p. 192. **10.** *disposition testamentaire — bequest. De suis rebus ferre judicium proiberi non poterunt. Lex Visigot., lib. 2 tit. 5 § 9. Lucrum, quod judicio testatoris . . . fuerat habiturus. Ib., lib. 7 tit. 5 § 5. Ad mortem veniens judicium fecit in hoc monasterio de omnibus quae sibi jure haereditario pertinebant. PETR. DIAC., Chron. Casin., lib. 3 c. 41, SS., VII p. 733 l. 32. **11.** peine disciplinaire infligée à un moine — correctional punishment inflicted upon a monk. BERNARD. MORLAN., Cons. Cluniac., lib. 1 c. 74 § 47, ed. HERRGOTT, p. 278. GUIDO, Disc. Farf., lib. 2 c. 14 sqq., ALBERS, I p. 148 sq. WILLELM. HIRSAUG., Const., lib. 1 c. 52, MIGNE, t. 150 col. 984 A. Rursum c. 72, col. 1000 D; lib. 2 c. 2 sq., col. 1041 B. LANFRANC., Decr., c. 10, ed. KNOWLES, p. 112. **12.** *le Jugement Dernier — the Last Judgment.

**jugalis** (subst.), mascul.: *mari — husband. Femin.: *épouse — wife. Plural. jugales: *les époux — married couple.

**jugalitas**: état de mariage — married state. ALDHELM., Virg., c. 8, Auct. ant., XV p. 236. Ibi pluries. GUIBERT. NOVIG., De vita sua, lib. 1 c. 11, ed. BOURGIN, p. 36.

**jugatum** (< jugum): une mesure de terre — a land measure. S. xiii.

**juge**: *sans cesse — continuously.

**jugeralis**: qui se mesure par le "jugerum" — measured by the "jugerum". Terra jugeralis que fuit domini L. BEYER, UB. Mittelrh., I no. 378 p. 436 (a. 1083).

**jugeria**, juweria, juaria, joaria (< frg. juge): **1.** charge d'un officier judiciaire local — a local judge's office. Ne jure hereditario villici vel judices fiant, sed utrumque ministerium, id est villicature et juwerie, in potestate abbatis . . . consistat. D. Lothars III., no. 35 (a. 1131). WIBALD., epist. 18, ed. JAFFÉ, p. 99. **2.** circonscription judiciaire — judicial district. DC.-F., IV p. 445 col. 2 (ch. a. 1172, Bourges). **3.** juridiction — jurisdiction. S. xiii. **4.** redevance due à cause de la justice — a tax based on jurisdiction. S. xiii.

**jugerum** = jugum (per confusionem).

**jugialis**: qui se rapporte à la mesure de superficie dite "jugum" ou "jugis" — connected with the measure of land called "jugum" or "jugis". Prato esse per mensura justa tabolis jugialis sexaginta. GIULINI, Memor. di Milano, I p. 470 (a. 876). Terra que est per mensuram pertiches [i. e. perticas] sex legitimas jugialis. D. Karls III., no. 29 (a. 880).

**jugis**, jugium, jugeum, jugia, jugea (< jugum): une mesure de superficie — a measure of land. Per mensuram justam simul in unum juges numero mille duae. MURATORI, Scr., II pt 2 col. 440 (ch. a. 756). D. Karlmanns, no 16 (a. 878); no. 21 (a. 879). D. Ottos I., no 256 (a. 963). D. Konrads II., no. 95 (a. 1027).

**jugitas** (< jugis): **1.** *continuité, perpétuité — permanence. **2.** persévérance — persistence. Hoc quod efficere moliebatur perseverantia quadam ac jugitate perfecto fine concluderet. EGINH., V. Karoli, c. 5, ed. HALPHEN, p 18.

**jugiter**: *sans cesse — continuously.

**jugulum**: *meurtre, action d'égorger, assassinat — murder, cutting the throat, slaughter.

**juisium**, juisa = judicium ("ordalie — ordeal").

**jujer** = jugerum.

**jumentarius** (adj.): *de bête de somme — of a beast of burden. Subst. mascul. **jumentarius**: dépendant astreint à des services de transport par bête de somme — a dependant performing pack-horse service. D. Ludov. Pii a. 833, Hist. de Fr., VI p. 587 C. MURATORI, Antiq., V col. 513 (ch. a. 867).

**jumentum** (neutr.), jumenta (femin.): jument — mare. Si quis . . . jecto fecerit prignum [i. e. praegnans] jumentum, et ipsa abortivum fecerit, jectans ipsum puletrum mortuum Lex Alamann., tit. 66. Chron. s. Bened. Casin., Scr. rer. Langob., p. 478 l. 14. CD Cavens., II p. 30 (a. 966).

**juncaria**, junque-, junche-, -rium (< juncus) jonchaie — field of rushes. Hist. de Languedoc$^3$, V no. 591, 5, col. 1154 (a. 1153).

**juncta**: **1.** une mesure de capacité (ce qu'on peut prendre manibus junctis?) — a dry measure. In unoquoque foro unam junctam salis. DC.-F., IV p. 448 col. 2 (ch. a. 1081 1082, Saumur). **2.** jointure — joint. S. xiii. **3.** assemblée judiciaire et militaire — judicial and warlike assembly. Bis in anno eat . . . ad junctam. Fuero de León (a. 1017/1020), c. 26, WOHLHAUPTER, p. 12.

**junctata** (cf. voc. juncta): une mesure de capacité — a dry measure. De unoquoque cestario [i. e. sextario] [annonae] . . . canonici unam junctatam suscipiant. Hist. de Languedoc, V col. 755 (a. 1098, Toulouse).

**junctorius**: d'attelage — forming a team. Boves junctorios. Lib. Papiens., LL., IV p. 362.

**junctura**: engagement, escarmouche — encounter skirmish. Plures et infinitae fiebant in invicem juncturae. GALBERT., c. 114, ed. PIRENNE, p. 163.

**jungere**. **1.** refl. se jungere: atteindre, se rendre à un lieu — to repair to, arrive at a place. Junximus nos ad Mare Rubrum. ETHER. Peregr., CSEL., t. 39 p. 46 l. 14. Jungentes nos ad fluvium. LEO NEAPOL., V. Alex. M. ed. PFISTER, p. 3 l. 27. **2.** se jungere cum aliquo: rencontrer — to encounter. JORDANES, Rom., § 38, Auct. ant., V p. 8.



**3.** intrans.: se rendre à un lieu — to repair to a place. S. xiii. **4.** intrans.: fréquenter qq'un — to hold intercourse with a person. S. xiii. **5.** passiv. jungi: se rassembler — to assemble. Tota congregatio jungitur. Capit. monach. (a. 817 vel paulo post), c. 7, Epp., V p. 303.

**junior** (adj.): subordonné, d'un rang inférieur — subaltern, of an inferior rank. D'un moine dans sa relation vis à vis du prieur — of a monk as being subordinated to a prior: Benedicti regula, c. 68. Episcopis, ducibus, comitibus, vicariis, domesticis vel omnibus agentibus junioribus nostris. Bonif. et Lulli epist. 22, Epp., III p. 270. Subst. mascul. **junior**: **1.** aide, sous-ordre, serviteur, agent — subordinate, servant, agent, assistant. En général — in general: Rex de pauperibus et junioribus eclesiae vel basilicae bannos jussit exigi pro eo quod in exercitu non ambulassent. GREGOR. TURON., H. Fr., lib. 5 c. 26. Erat . . . mitis omnibus, inter nobiles humilis, junioribus quasi aequalis. V. Aldegundis (s. vii), c. 1 § 3, AASS., Jan. II p. 1036. Ait vir Dei Landibertus . . . ad juniores suos. V. vetust. Landiberti, c. 15, SRM., VI p. 368. Pastor porcarius, qui . . . habet cano [i. e. canem] docto et cornu et juniore[m]. Lex Alamann., tit. 72. Junior in ministerio, si ingenuus fuit . . . Capit. Remedii (ca. a. 790-806), c. 3, LL., V p. 182. Ut unusquisque judices suos distringat, ut melius oboediant mandatis imperialibus. Capit. missor. Aquisgr. a. 810, c. 17, I p. 153. Junior ille qui cum eo erat. Chron. Gradense, MONTICOLO, Cron. Venez., p. 28. De l'appariteur d'un comte ou d'un autre officier public — of a beadle in the service of a count or some other state official. MARCULF., lib. 1 no. 3, Form., p. 43. Deinde saepe. D. Merov., no. 9 (a. 562); no. 21 (a. 644). Nec vos nec juniores vestri contrarietate[m] facere non presumatis. Coll. Flavin., addit. 3, Form., p. 490. Juniores comitis. F. Sal. Bignon., no. 24, ib., p. 237. Nullus comis nec juniores eorum nullatenus presumat alicui homini sua testimonia tollere. Pippini capit. Pap. (a. 787?), c. 12, I p. 199. Ut comites et centenarii . . . juniores tales in ministeriis suis habeant, in quibus securi confident. Capit. missor. gener. a. 802, c. 25, p. 96. Tam vos ipsi [sc. comites] quamque omnes juniores seu pagenses vestri episcopo vestro . . . obedientes sitis. Capit. a missis dom. ad com. dir. (a. 802-808), c. 1, p. 184. Aliqui duces et eorum juniores, gastaldii, vicarii, centenarii seu reliqui ministeriales. Karoli ad Pipp. Ital. reg. epist. (a. 806-810), p. 211. Quod multas obpressiones sustineant de parte vestra [sc. comitum] et juniorum vestrorum. Praec. pro Hisp. a. 812, p. 169 l. 19. Juniores comitum vel aliqui ministri rei publice sive etiam nonnulli fortiores vassi comitum. Capit. Mantuan. II a. 813, c. 6, p. 197. Alius census neque a comite neque a junioribus et ministerialibus ejus exigatur. Ludov. Pii const. de Hisp. I a. 815, c. 1, p. 262. De l'aide d'un officier du palais — of the assistant of a court officer: Mansionarius faciat [inquisitionem de latronibus et meretricibus] cum suis junioribus. Capit. de disc. pal. Aquisgr. (ca. a. 820?), c. 2, p. 298. Sub ipsis [sc. camerario, comite palatii, senescalco, buticulario, comite stabuli, mansionario, venatoribus, falconario] aut ex latere eorum alii ministeriales fuissent . . . vel quorumcunque ex eis juniores aut decani fuissent. HINCMAR., Ordo Pal., c. 17. Du sous-ordre d'un régisseur domanial — of the subordinate of a manorial official: Nos . . . junioris [i. e. juniores] A. agente [i.e. agentis] de villa vestra. PARDESSUS, II no. 517 (a. 721, Maine). Si judex [fisci] in exercitu . . . vel aliubi fuerit et junioribus ejus aliquid ordinatum fuerit et non conpleverint. Capit. de villis, c 16. Ipse judex de suo eos [sc. catellos regis] nutriat aut junioribus suis, id est majoribus et decanis vel cellerariis, ipsos commendare faciat. Ib., c. 58. [Judices] junioribus eorum omnia absque ulla indignatione requirere studeant. Ib., c. 63. **2.** clerc subordonné — ecclesiastic of an inferior rank. Juniores suos [i. e. archipresbyterorum]. Concil. Turon. II a. 567, c. 20, Conc., I p. 128. Quicumque . . . presbyterum aut diaconum aut quemlibet de clero aut de junioribus . . . injuria[m] inferre praesumpserit. Concil. Autissiod. (ca. a. 580), c. 43, ib., p. 183. Ut nullus judicum neque presbyterum neque diaconem aut clericum aut juniores ecclesiae . . . distringat. Concil. Paris. V a. 614, c. 6, p. 187. Subdiaconibus solidos 12, lectoribus, hostiariis et junioribus sol. 8 jubeo dari. Test. Remigii auctius, PARDESSUS, I p. 86. Testibus mihi diaconis ejus [episcopi] et aliis nonnullis junioris [i. e. junioribus] ejus. V. Willibaldi, c. 6, SS., XV p. 105. Ibi victum et vestitum habeam, sicut primus illorum juniorum. WARTMANN, UB. S.-Gallen, II no. 572 (a. 873). Junior monasterii. V. Bavonis, c. 6, SRM., IV p. 539. **3.** tenancier rural — landholder. Fuero de León (a. 1017-1020), c. 9, WOHLHAUPTER, p. 4.

**junioratus** (cf. voc. junior sub 2): prébende d'un clerc qui est personnellement subordonné à l'évêque — prebend of an ecclesiastic in personal subserviency to the bishop. Beneficia presbyterorum que apud vos junioratus vocantur. LÉPINOIS-MERLET, Cart. de Chartres, I p. 110 (ca. a. 1100). Presbyteri qui junioratum ab ecclesiae abbatissa susceperint. DC.-F., IV p. 449 col. 3 (ch. a. 1103, Noyon). Dedimus junioratum ecclesiae de P. cum omnibus dominibus nostris. IVO CARNOT., epist. 286, MIGNE, t. 162 col. 294 D.

**jupa**, juppa, joppa, jupo, juppo (genet. -onis) (arab.): jupe ou manteau — skirt or coat. S. xiii.

**jura** (femin.): banlieue des villes italiennes — pale subject to an Italian city.

**juramentum**: *serment — oath.

**juraria**: citoyenneté, droit de bourgeoisie basé sur le serment — citizenship obtained by oath. S. xiii.

**jurata**, jurea: **1.** serment prêté avec des cojureurs — oath sworn with oath-helpers. Per juream 12 legalium hominum . . . monstrabit saisinam patris, qualis fuit die qua obiit. Consuet. Normann. veterr., pt. 1 (s. xii ex.), c. 7 § 1, ed. TARDIF, p. 7. Rursum c. 54, p. 44. **2.** jury — jury, body of jurors. S. xiii.

**juratio**: **1.** *serment — oath. F. Visigot., no. 5, Form., p. 577. Ibi pluries. Jurationis sacramentum . . . debeamus quoquomodo facere. Epist. synod. Caris. a. 858, c. 15, Capit., II p. 439 l. 35. **2.** pejor.: *jurement — swear.

**jurator**, 1. gener.: **celui qui jure — swearer.* Si accusator contendere voluerit de ipso perjurio [rei se purgantis], stent ad crucem; et si jurator vicerit, legem suam accusator emendet. Capit. Harist. a 779, c. 10, I p. 49 col. 1. Qui semel perjuratus fuerit . . . , nec in sua causa vel alterius jurator existat. Admon. gener. a. 789, c. 64, p. 58. **2.** *cojureur — oath-helper.* Cum 25 juratores medius electus [i. e. mediis electis] exsolvat. Lex Sal., tit. 42 § 5. Ibi saepius. Duodecim juratores medios electos dare debet quod furtum quod obicit verum sit. Childeb. I pactus (a. 555-558), c. 2, *Capit.*, I p. 4. Lex Ribuar., tit. 31 § 5. Cum tribus juratoribus se excuset. Lex Frision., tit. 1 § 4. Ibi pluries. Nec ipsum sacramentum juravit neque juratores sui. F. Turon., addit. 6, *Form.*, p. 161. Rogo ut, cunctis juratoribus indultis, ipse singulus . . . jurando eam vindicet. V. Eligii, lib. 2 c. 58, *SRM.*, IV p. 731. Jurent cum idoneis juratoribus [se] hoc pro malo non fecisse. Capit. missor. Theodonisv. II a. 805, c. 10, I p. 124. Retraat manum desuper altare antequam juratores sui jurent. Capit. de latron. (a. 804-813), c. 3, p. 180. Cum suis juratoribus . . . se idoniare faciat. Karoli M. capit., c. 5, p. 160. Quantae sint librae [debiti], tanti sint juratores. Lotharii imp. pactum cum Venet. a. 840, c. 34, ib., II p. 135. **3.** *témoin de partie déposant sous serment — sworn witness* produced by one of the parties to a lawsuit. Juratores omnes sigillatim jurent. Capit. Olonn. mund. a. 825, c. 8, I p. 331. [Terra] jurata et monstrata per ipsis juratori [i. e. ipsos juratores] a pars [i. e. parte] de suprascripto monasterio. FICKER, *Forsch.*, IV no. 48 p. 71 (a. 1022, Chiusi). **4.** *témoin inquisitionnel assermenté — juror in an inquest.* Si de eis aliqua contentio orta fuerit et ad juramentum causa pervenerit, secundum seriem pacti diffiniatur per electos duodecim juratores. *D. Guido*, no. 9 (a. 891), p. 23 l. 22. De juratoribus synodi. REGINO, Syn. caus., lib. 2 c. 2 et 4, inscr., ed. WASSERSCHLEBEN, p. 207. *SS.*, IV p. 38 (s. x, Verdun).

**juratus** (subst.): **1.** *celui qui a juré fidélité — one who has sworn fealty.* In nostram et depositionem et mortem consilium et auxilium . . . dedit, non recordatus quod noster miles, marchio et consanguineus et, quod majus est, noster juratus fuit. *D. Heinrichs IV.*, no. 402 (a. 1089). **2.** *membre d'une commune jurée — member of a sworn commune.* Tam L. major quam ceteri jurati qui ibi aderant. D. Ludov. VI reg. Fr. a. 1136, BOURGIN, *Soissons*, p. 422 no. 12. Si juratus communie juratum suum occiderit. Etabl. de Rouen, c. 11, ed. GIRY, p. 18. Unusquisque jurato suo fidem . . . observabit. Phil. II Aug. priv. comm. Ambian. a. 1190, c. 1, GIRY, *Doc.*, p. 21. Servientes clericorum, qui non sunt jurati de communia [Noviomensi]. *Actes Phil.-Aug.*, no. 343 (a. 1190), I p. 414. **3.** *juré, membre d'un magistrat municipal — jurat, municipal officer.* Jurati pacis jurabunt de forisfactis quorumlibet hominum. Frid. I imp. priv. pro Camerac. a. 1184, c. 15, REINECKE, *Cambrai*, p. 261. In communia Tornacensi debent haberi triginta jurati, de quibus duo erunt prepositi. *Actes* laud., no. 224 (a. 1188, Tournai), c. 29. **4.** *témoin assermenté — juror, sworn witness.* S. xii.

**jurgare** et depon. jurgari: **plaider sa cause, être en procès — to carry on a lawsuit.*

**juridicialis** (adj.): *investi de pouvoirs judiciaires — possessing judicial powers.* Nullus comes aut aliqua juridicialis persona inquietare . . . praesumat. *D. Heinrichs II.*, no. 210 (a. 1009).

**juridicus**: **1.** **relatif à la justice; qui rend la justice — concerning jurisdiction, administering justice.* **2.** *légitime — lawful.* S. xiii. Subst. mascul. **juridicus**: *assesseur* dans un tribunal qui formule la sentence, *échevin — doomster.* [Rex] habito generali conventu tam causas populi ad se perlatas justo absolvit examine quam ad se pertinentes possessiones juridicorum gentis decreto recepit. RUDOLF., Ann. Fuld., a. 852, ed. KURZE, p. 42. Dum residerémus . . . justicie causa judicatumque esset a circumsedentibus juridicis . . . *D. Ottos I.*, no. 86 (a. 947). Priv. Leonis IX pap., CALMET, *Lorr.*, II p. 296. D. Heinrici V imp., HERRGOTT, *Mon. Austriac.*, p. 135. Facta sunt hec lege et judicio juridicorum publico et legitimo popularium concilio. STUMPF, *Acta Mogunt.*, no. 10, p. 12 (a. 1124).

**jurificare**: *rendre la justice — to administer justice.* DE YEPEZ, *Coron. Bened.*, V fo. 456 (a. 972).

**jurifice**: *conformément à la loi — in accordance with the law.* Recte scimus, jurifice sapimus. DE HINOJOSA, *Doc.*, no. 5 p. 7 (a. 987? León).

**jurisdictio**: **1.** un *droit subjectif — a particular right.* Tradidimus . . . quicquid in usum utensiliis jureditioni nostrae esse videntur. BITTERAUF, *Trad. Freising*, I no. 89 p. 109 (a. 778). Sicut per duellum victum juridictio alterius diffinitur, ita per ora 12 legalium hominum juratorum alterius diffinitur juridictio in perpetuum. Consuet. Norm. veterr., pt. I (s. xii ex.), c. 20 § 2, ed. TARDIF, p. 21. **2.** une *circonscription judiciaire — a judicial district.* S. xiii.

**jurista**: *jurisconsulte — lawyer.* S. xiii.

**jurnale**, jurnalis, v. diurnalis.

**jurnus**, jornus (subst.) (< diurnus): *journée de travail — day's work.* Masculi den. 4, foeminae 2 de capite annis singulis [reddant], simul et jornos duos. DUCHESNE, *Vergy*, preuves, p. 21 (a. 902, Flavigny).

**jus**: *redevance — tax.* E. g.: Nullus advocatus aliquod jus vel exactionis judiciarie vel postulationis violente in his prediis vel mancipiis habeat. MULLER-BOUMAN, *OB. Utrecht*, I no. 473 (a. 1172).

**juscellum**: **jus, bouillon — broth.*

**jussio**: **1.** **ordre, commandement, ordonnance — order, command, ordinance.* **2.** *mandement — mandate.* Augusta misit jussiones ad V. patricium. Lib. pontif., Silverius, ed. MOMMSEN, p. 146. Rursum ib., Vigilius, p. 151. Novell. Justiniani, 114. Dilectionem tuam presentibus jussionibus ammonendam. Lib. diurnus, c. 15, ed. SICKEL, p. 12. Ibi pluries. Adeptis praeceptionibus Arvernum redit, ostendit judici jussionem regis. GREGOR. TURON., Hist. Fr., lib. 4 c. 46. Per auctoritatem et preceptum s. Petri jussionibus apostolicis fundate et stabilite sint tres in Germania episcopales sedes. Bonif. et Lulli epist. 50 (a. 742), ed. TANGL, p. 81. Detulit nobis sacram jussionem . . . regis, in qua contenebatur ut nos eum expulissemus . . . MANARESI, *Placiti*, no. 16 p. 45 (a. 803, Lucca). **3.** **volonté du testateur — last will.* **4.** *libre disposition, possession — disposal, possession.* Villa N. decidit in nostram jussionem; quinquiennio tenui solutam et quietam. D. Henr. I reg. Fr. a. 1035 ap. LUCHAIRE, *Inst. mon.*, I p. 321 n. 6.



**jussorium**: *mandement — mandate.* CAESAR. ARELAT., Serm., ed. MORIN, p. 40 l. 25. Cum . . . per jussorium . . . regis convenissemus. Concil. Burdegal. (a. 663-675), prol., *Conc.*, I p. 215. Jussorium vestrum accepimus. DESID. CADURC., lib. 2 epist. 16, *Epp.*, III p. 211.

**1. justa** (femin.) (cf. neutr. plural. justa "ration", CIC., Off., 1, 13): **1.** *ration,* surtout pour les boissons — *ration,* especially of drinks. Habebo cotidie ex sumptu ecclesie unam libram panis et justam vini. CHARLES-MENJOT, *Cart. du Mans*, no. 102 col. 70 (a. 1067-1078). Unam panem et justam cerevisiae, quotiescumque illuc accessero. VERCAUTEREN, *Actes de Flandre*, no. 5 p. 16 (a. 1080). **2.** *gobelet* employé pour le débit des boissons — *joust, flagon.* Leonem, justam et cantarum. Actus pontif. Cenom., c. 36, ed. BUSSON-LEDRU, p. 452. Sciphos et justas et caetera vasa refectorii. LANFRANC., Decr., c. 8, ed. KNOWLES, p. 85.

**2. justa**, josta, jostra (< justare): **1.** *escarmouche — skirmish.* Temptavere primo regii proludium pugne facere, quod justam vocant, quia tali periti erant arte. GUILL. MALMESBIR., Hist. nov., lib. 3 § 489, ed. POTTER, p. 49. **2.** *joute — joust, tilt.* S. xiii.

**justare** (< juxta): *jouter — to joust.* S. xiv.

**justificabilis**: *qui est du ressort d'un tribunal — cognizable.* S. xiv.

**justificare**, **1.** aliquem: **traiter avec justice, rendre justice à qq'un — to treat with equity, to do justice to* a person. **2.** aliquem: *ramener à la justice, contraindre à s'incliner devant la justice — to try at law, to bring to justice.* [Advocatus] homines s. Eligii neque sibi neque alii justificabit nisi de ea re quam sibi debent. FLACH, *Orig.*, II p. 118 (a. 1046, Noyon). Si quispiam . . . aliquid injuste fecerit . . . , per manum monachi justiffficetur. Ib., I p. 181 n. (a. 1092, Poitou). **3.** aliquem: *juger, exercer la justice sur* des individus — *to judge, to administer justice over* persons. Conquerentes super R. qui eos novis et inauditis legibus justificabat. DE CHARMASSE, *Cart. d'Autun*, I no. 40 p. 63 (a. 1076). Neque [praepositus] masuarios justificabit de his que ad mansos pertinent. DUVIVIER, *Actes*, I p. 49 (a. 1082, S.-Amand). Eadem verba: VERCAUTEREN, *Actes de Flandre*, no. 81 p. 183 (a. 1116). **4.** facinus: *juger, connaître d'un délit — to judge, take cognizance of* a crime. Si quis . . . deliquerit, . . . hoc loci prepositus justificandum ac definiendum habeat. LACOMBLET, *UB. Niederrh.*, I no. 242 p. 155 (a. 1079-1089). Si quilibet pugnaret, furtum aut rapinam faceret, ipse [advocatus] cum abbate sedens justificaret. GYSSELING-KOCH, *Dipl. Belg.*, no. 142 (a. 1071-1093, Gand). Si aut ipse advocatus injuriam nobis inferret aut ab aliis illatam justificare sive nollet sive non praevaleret. MIRAEUS, I p. 671 col. 1 (a. 1099, Brabant). Qua vindicta et quo rigore justitia [le pouvoir justicier du comte — the count's judicature] hoc facinus justificaret. GALBERT., c. 10, ed. PIRENNE, p. 16. **5.** litigium: *juger, terminer — to adjudicate, settle.* Si centurio exortam casu justitiam [i. e. causam] justificare non posset, ante abbatem deferatur. LACOMBLET, o.c., I no. 139 p. 86 (a. 1003). [Ancillae ecclesiae datae] si proclamati [!] fuerint, ipsa abbatissa judicio fidelium suorum justificet. GYSSELING-KOCH, o.c., no. 225 p. 377 (a. 1096). **6.** alicui: *rendre satisfaction, se justifier — to atone, show cause.* De omnibus ad se proprie pertinentibus, si haec violaverit, ipsemet justificabit. DC.-F., IV p. 472 col. 2 (ch. a. 1055, Corbie). Tortitudines quas faciebat et unde mihi justificavit notari precepi. WAITZ, *Dt. Vfg.*, VII p. 423 no. 2 (ch. a. 1063-1076, S.-Amand). Si deliquisset et ad justiciam venire admonitus esset, infra tres hebdomadas mihi justificaret. G. pontif. Camerac., lib. 3 c. 45, *SS.*, VII p. 482. **7.** refl. se justificare: *comparaître en justice — to stand trial.* Nullus . . . justificabit se pro [i. e. coram] abbate s. Benedicti . . . nisi . . . forifecerit. Ludov. VII reg. Fr. priv. pro Lorriac. a. 1155 c. 31, ed. PROU, *RHDFE.*, t. 8 (1884), p. 451. **8.** aliquem: **justifier, déclarer juste, innocent, pardonner, absoudre — to justify, represent as righteous, innocent, to forgive, absolve.* **9.** aliquem: *acquitter — to acquit.* [Synodus] causas discutiat et pro merito aut justificet aut culpet. Concil. Matisc. a. 585, c. 9, *Conc.*, I p. 169. Sancta mater ecclesia . . . [eos] evidenter justificat et omni laude dignis aeternae beatitudinis praemia promittit. *Hist. de Fr.*, VII p. 595 (a. 867). **10.** *reconnaître comme idoine — to acknowledge as lawful.* Quamvis ipse D. presbiter testimonia ipsa [i. e. testes illos] justificaret. MANARESI, *Placiti*, no. 7 p. 22 (a. 786, Lucca). **11.** aliquem: **justifier, sauver, rendre digne du bonheur céleste — to justify, sanctify, render worthy of heavenly bliss.* **12.** aliquid: *corriger, régulariser, ajuster — to correct, set right, put straight.* S. xiii.

**justificatio**: **1.** *l'action de ramener à la justice — bringing to justice.* Episcopis . . . in cunctis justificationibus obedientes esse debemus. Leg. IV Eadgar, tit. 1 § 8, LIEBERMANN, p. 209 col. 1. **2.** *paiement à titre de réparation — compensation, redress.* Advocatus . . . 2 den. districtionis accipiet cum tercia parte justificationis. LESORT, *Ch. de S.-Mihiel*, no. 41 p. 160 (a. 1080). **3.** *disculpation, l'action de se purger d'une accusation — purgation, clearing oneself of a charge.* BRUSSEL, *Examen*, I p. 337 (epist. a. 996-1031). **4.** **justification de l'homme auprès de Dieu — justification of man for God.*

**justitia**: **1.** la notion augustinienne de l'*ordre* et de l'*harmonie* qui doivent régner dans la société chrétienne — the Augustinian idea of *order* and *harmony* as characteristics of Christian society. De pace et justitia infra patriam, sicut saepe . . . jussi, adimpletum fiat. Capit. missor. Aquisgr. I a. 810, c. 10, I p. 153. Pax et justitia in omni generalitate populi nostri conservetur. Admon. ad omnes ord. (a. 825), c. 2, p. 303. In his quae ad pacem et justitiam totius populi pertinent et ad honorem regni et communem utilitatem. Ib., c. 15, p. 305. Si populus per suam [i. e. comitis] neglegentiam et desidiam justitia et pace

careat. Capit. de missis instr. a. 829, II p. 9 l. 6. Ecclesia Dei suum honorem debitum habere possit et populus suam legem et justitiam habeat. Conv. ap. Marsnam I a. 847, adnunt. Ludov., c. 6, p. 71. De missis directis per regnum, ut populus pacem et justitiam habeat. Conv. ap. Valent. a. 853, c. 1, p. 75. **2.** *le Droit*, l'ensemble des lois (écrites ou non) en vigueur — *Law*, the whole of legal regulations, either written or not, which are in force. Quidquid parentis nostri anterioris principis [i. e. principes] vel nos per justicia[m] visi fuemus concessisse et confirmasse. Chloth. II edict. a. 614, c. 16, *Capit.*, I p. 23. Si aliquid eis [sc. presbyteris] aut eorum hominibus quis contrarium facere aut tollere praesumpserit contra justitiam, omnia in duplum restituat ei et conponat. Capit. Saxon. a. 797, c. 6, p. 72. De oppressione pauperum liberorum, ut non fiant a potentioribus per aliquod malum ingenium contra justitiam oppressi. Capit. missor. Theodonisv. II a. 805, c. 16, p. 125. Quod si de his statutis ... aliquid ... fuerit irruptum, praecipimus ut ... secundum justitiam emendare studeant. Div. regn. a. 806, c. 16, p. 129. Judices ... pro nulla persona justitiam immutare audeant. Ludov. II capit. a. 850, c. 2, II p. 84. **3.** *un système juridique particulier — a particular body of law.* Mercatores ibidem negotiantes finitimorum mercatorum ... justitiis utantur. *D. Heinrichs IV.*, no. 89 (a. 1062). Audiat universitas antiquam et electam Susatiensis oppidi justitiam. SEIBERTZ, *CD. Westphal.*, p. 28 (a. 1120, Soest). Eisdem per omnia justitiam Magdeburgensium civium concessimus. RIEDEL, *CD. Brandenb.*, ser. 1 t. 15 no. 3 p. 6 (ca. a. 1150, Stendal). **4.** la réalisation du Droit envisagée du point de vue du judiciaire, l'application des préceptes légaux, l'*administration de la justice* — the actualization of Law as viewed from the standpoint of the judiciary, the putting of the regulations of law into practice, the *administration of justice*. G. rex omnia, quae fidelis [i. e. fideles] regis C. non recte diversis abstulerant, justicia intercedente restituit. GREGOR. TURON., Hist. Franc., lib. 7 c. 7. MARCULF., lib. 1 no. 23, *Form.*, p. 57. Domnus rex nobis commendavit ut justitias vel drictum in nostro ministerio facere debeamus. F. Sal. Merkel., no. 51, ib., p. 259. Ut nullus episcopus nec abbas nec laicus pro justitias faciendum sportolas contra drectum non accipiat. Concil. Vern. a. 755, c. 25, *Capit.*, I p. 37. Si comis in suo ministerio justitias non fecerit, misso nostro de sua casa soniare faciat usque dum justitiae ibidem factae fuerint. Capit. Harist. a. 779, c. 21, p. 51. De justitiis ecclesiarum Dei, viduarum, orfanorum, minus potentium volumus ... ut omnes episcopi et abbates et comites secundum legem pleniter justitiam faciant et recipiant. Capit. Mantuan. (a. 781?), c. 1, p. 190. Unusquisque comes in suo ministerio placita et justitias faciat. Capit. de part. Saxon. (a. 785), c. 34, p. 70. Quod quesivi, cum justitia ... in hereditatem obtinere non potui. BITTERAUF, *Trad. Freising*, I no. 166ª p. 162 (a. 793). Episcopi justitias faciant in suis parroechiis. Concil. Franconof. a. 794, c. 6, *Conc.*, II p. 166. Legatos regios, qui tunc ad justitias faciendas apud eos conversabantur, comprehendunt. Ann. Tiliani, a. 798, *SS.*, I p. 222 col. 2. Coram ... missis dominicis, qui tunc ad justitias faciendas in provincia fuerint ordinati. Capit. legi Ribuar. addit. a. 803, c. 8, p. 118. Ut nullus quislibet missus noster neque comes neque judex neque scabineus justitiam dilatare praesumat, si statim adimpleta poterit esse secundum rectitudinem. Capit. Aquisgr. a. 809, c. 7, p. 149. Comites plenam justitiam de latronibus faciant per eorum ministeria. Pippini capit. Ital. (a. 801-810), c. 13, p. 210. [Comes palatii] ad pauperum et minus potentium justitias faciendas sibi sciat esse vacandum. Capit. de just. fac. (a. 811), c. 2, p. 176. Si servi invicem inter se furtum fecerint et in una fuerint potestate, domini eorum habeant licentiam faciendi justitiam. Capit. de latron. (a. 804-813), c. 9, p. 181. Ad justitias faciendas et oppressiones popularium relevandas legatos in omnes regni sui partes dimisit. Ann. regni Franc., a. 814, ed. KURZE, p. 141. F. Imper., no. 43, *Form.*, p. 319. Crimina si super eum pro dilatanda justitia imponere voluerit. Ludov. II capit. Pap. in leg. data a. 855, c. 1, II p. 89. Sicut fidelis rex suos fideles per rectum honorare et salvare et unicuique competentem legem et justitiam in unoquoque ordine conservare. Sacram. Caris. a. 858, ib., p. 296 l. 32. Reddite subditis judicium cum misericordia, justitiam cum aequitate. Epist. synod. Caris. a. 858, c. 12, p. 436 l. 18. Contigit ... W. Reminsem episcopum legatione a domno Carolo sibi injuncta justitias in Rhetia Curiense faciendas ad ipsum pagum venisse. RATPERT., Cas. s. Galli, c. 5, *SS.*, II p. 64. **5.** *question de droit, cause, litige, action — question of law, suit, plea, action.* Illas justitias nostras, quae in vestro ministerio adjacent, inquirere faciatis. F. Marculf. aevi Karol., no. 1, *Form.*, p. 115. Illas justitias ecclesiae sancti illius, que ad nos pertinere videntur, vestro [sc. comitis] examine [i. e. examini] presententur Ib., no. 21, p. 122. In nostro comitatu pleniter ipsa[s] justitias, que ante te veniunt inquiras. F. Sal. Merkel., no. 51, p. 259. Omnes justitias, quos [!] rex ... ei mandaverat, in placito instituto facere deberet. Contin. ad Fredeg. c. 41, *SRM.*, II p. 186. Propter justitias quae usque modo de parte comitum remanserunt quatuor tantum mensibus in anno missi nostri legationes suas exerceant. Capit. de just. fac. (a. 811), c. 8, I p. 177. Si ipsae justitiae, quas [vos, sc. comites] sine nobis [sc. missis dominicis] facere potestis, ... tamdiu retractae fuerint donec nos veniamus. Capit. a miss. dom. ad com. dir. (a. 801-813), c. 6, p. 184. Comites et judices vulgi justitias perquirentes. Concil. Mogunt. a. 813, *Conc.*, II p. 2[illegible]. Si centurio exortam casu justitiam justificare non posset, ante abbatem deferatur. LACOMBLET, *UB. Niederrh.*, I no. 139 p. 86 (a. 1003). Justitiam illam tenuit Lanfrancus archiepiscopus, qui ... placitavit et totum dirationavit. DC.-F., IV p. 473 col. 2 (a. 1070-1089, Angl.) **6.** *sentence, jugement — sentence, judgment.* Cum resedisset ... comes ... in mallo publico ... ad rectas justicias judicandas seu diffiniendas. RAGUT, *Cart. de Mâcon*, no. 284 p. 169 (a. 888-898). Possessiones ecclesiarum, que in werra ista amissa sunt, consilio principum



vel justitia ut reddantur adjuvabo. Concord. Wormat. a. 1122, *Const.*, I no. 107. Cum ... amicabili aliqua compositione diffinire non posset, finem imponere rei vellet per justiciam quam sententia dictaret. MULLER-BOUMAN, *OB. Utrecht*, I no. 461 p. 412 (a. 1169). **7.** *exécution — execution.* Qui [communionem] jurare noluerit, illi qui juraverunt de domo ipsius et de pecunia justitiam facient. Ch. commun. Compend. a. 1153, *Ordonn.*, XI p. 240. Spec.: l'exécution de la peine de mort — capital punishment. S. xiii. **8.** *lieu patibulaire — place of execution.* S. xiv. **9.** la réalisation du Droit envisagée du point de vue de l'individu — the actualization of Law as viewed from the standpoint of the individual. **a.** *l'action de satisfaire* au droit d'autrui, *de se justifier, de s'incliner devant la justice — atonement, complying* with another person's right, *submission to justice.* Sculdhais tollat bobes aut caballos ipsus et ponat eos post [i. e. penes] creditorem, dum usque [debitor] ei [sc. creditori] justitia[m] faciat. Edict. Rothari, c. 251. De justicia facienda. Ut omnes justiciam faciant, tam publici quam ecclesiastici. Pippini capit. (a. 754/755), c. 7, I p. 32. Unicuique de reputatis conditionibus justitiam reddant. *D. Karolin.*, I no. 14 (a. 760). Nomina michi homines meos qui tibi malum illum fecerunt: ego tibi de illos justitias facio. Pippini Ital. reg. capit. (a. 782-786), c. 8, p. 193. Ut comites et centenarii ad omnem justitiam faciendum conpellent. Capit. missor. gener. a. 802, c. 25, p. 96. Si quis ad mallum legibus mannitus fuerit et non venerit, ... possessio ejus in bannum mittatur donec veniat et de re qua interpellatus fuerit justitiam faciat. Capit. legi Ribuar. add. a. 803, c. 6, p. 118. Si alicui [sc. reo] post judicium [capitis damnandi] scabiniorum fuerit vita concessa, et ipse in postmodum aliqua mala perpetraverit et justitiam reddere noluerit, dicendo quod mortuus sit et ideo justitiam reddere non debeat. Capit. Aquisgr. a. 809, c. 2, p. 148. [Clerici] a suis episcopis adjudicati justitias faciant. Capit. Mantuan. II a. 813, c. 1, p. 196. [Servi, aldiones, libellarii ecclesiae], si de crimine aliquo accusantur, episcopus primo compellatur, et ipse per advocatum suum secundum quod lex est, juxta conditionem singularum personarum, justitiam faciat. Capit. Mantuan. II a. 813, c. 5, p. 196. Episcopi, abbates et abbatissae eorum advocatos habeant et pleniter justicias faciant ante comitem suum. Mem. Olonn. (a. 822/823), c. 7, p. 319. Quodsi non obaudierint, provisor ejusdem loci comitem adhibeat ut ad justitiam distringatur. F. Sangall. misc., no. 9, *Form.*, p. 384. Si quid contra te peccavero et ex parte tui de satisfactione facienda monitus fuero, talem justitiam tibi ... faciam qualem Lotharienses milites suis dominis ... faciunt. G. pontif. Camerac., lib. 3 c. 40, *SS.*, VII p. 481. **b.** *le fait de recevoir satisfaction, d'obtenir gain de cause — receiving satisfaction, asserting one's right.* Si ... intra 12 dies ... justitiam non invenerit qui proclamavit. Liutpr. leg., c. 25. Homo noster ad suum exinde debeat pervenire justitiam. Cart. Senon., no. 27, *Form.*, p. 197. Vestrum est ad ordinandum que [i. e. quam] exinde justitiam recipere debeamus. Ib., no. 44, p. 205. Unusquisque clamator tertiam vicem ad comitem suum se proclamet et inde idoneos homines habeat, qui hoc veraciter sciant quod proclamasset et nullam exinde justitiam habere potuisset. Capit. Mantuan. (a. 781?), c. 2, I p. 190. Quis ubique [i. e. ubicumque] justitias quaesierit, suscipiat tam a comitibus suis quam etiam a castaldehis. Pippini Ital. reg. capit. (a. 782-786), c. 7, p. 192. Qui in tantos annos justitiam habere non potuerit. Ib., epil., p. 193 l. 26. Sunt ... qui justitiam legibus recipere debent et in tantum fiunt in quibusdam locis fatigati, usque dum illorum justitiam per fidejussorum manus tradant. Capit. missor. Niumag. a. 806, c. 8, p. 131 sq. Ut vassi et austaldi nostri ... honorem et plenam justitiam habeant et, si presentes esse non possunt, suos advocatos habeant qui eorum res ante comitem defendere possint. Pippini capit. Ital. (a. 801-810), c. 10, p. 210. Quicumque auctorem damni sibi praeterito anno inlati nominatim cognoscit, justitiam de illo quaerat et accipiat. Admon. ad omnes ord. (a. 825), c. 16, p. 305. Les deux aspects en juxtaposition — the notion turned both ways: Episcopi vel potentes, qui in alias possedent regionis, judicis vel missus discursoris de alias provincias non instituant nisi de loco, qui justicia[m] percipiant et aliis reddant. Chloth. II edict. a. 614, c. 19, *Capit.*, I p. 23. De vassis regalis [i. e. regalibus], de justitiis illorum: ut ante comitem suum recipiant et reddant. Capit. Mantuan. (a. 781?), c. 13, p. 191. Ubicumque pontifex substantiam habuerit, advocatum [h]abeat in ipsu comitatu qui absque tarditate justitias faciat et suscipiat. Pippini Ital. reg. capit. (a. 782-786), c. 6, p. 192. **10.** *la justice, le pouvoir judiciaire — jurisdiction, judicial authority.* Mercatum praefati loci de teloneo et omnem justiciam ibi peragendam tertia parte delegamus. *D. Louis IV.*, no. 8 (a. 938, Catal.). Ad ... synodalis justitie executionem archidiacono suum detur servitium. MULLER-BOUMAN, o.c., I no. 258 p. 232 (a. 1094). Censum, decimam et omnem secularem justiciam ... contuli. Ib., no. 280 p. 258 (a. 1108). Episcopus Trajectensis, sub cujus justicia et in cujus episcopatu eadem terra jacet. Ib., no. 339 p. 311 (a. 1132). **11.** *circonscription judiciaire, territoire où s'exerce le pouvoir d'un seigneur justicier — area of jurisdiction.* Omne servicium quod ecclesia [s. Martini] ... debuit habere in A. et in aliis justiciis in circuitu. MULLER-BOUMAN, I no. 462 p. 413 (a. 1169). Quicquid habet infra justiciam communie Tornacensis. Phil. II Aug. reg. Fr. priv. pro Tornac. a. 1188, *Actes*, no. 224, c. 1. **12.** le *pouvoir judiciaire* en tant qu'ensemble d'institutions, les *tribunaux* — the *judiciary*, the *lawcourts*. Tamdiu illum justicia ecclesiastica coherceri fecit, donec villam in vadium designaret. ROUSSEAU, *Actes de Namur*, no. 13 (ca. a. 1160). Justicia nostra eum capiet et submonebit scabinos ut eum judicent. Phil. II Aug. reg. Fr. priv. pro Atrebat. a. 1194, c. 3, ESPINAS, *Rec. d'Artois*, no. 108. **13.** un *juge* investi du pouvoir judiciaire souverain — a *judge* vested with sovereign jurisdictional power. A rege vel justitia ejus ... submoneatur. Leg. Henrici, c. 42, LIEBERMANN, p. 568. R. dapifer et justicia totius Normanniae. ROBERT. DE

TORINN., Chron., a. 1159, *SS.*, VI p. 510 l. 23. Discordias quae emerserant inter clerum et justitias domini regis. Const. Clarendon. a. 1164, praeamb., STUBBS, *Sel. ch.*[9], p. 164. Reus et catallus tradentur justiciis domini regis ad faciendum de eo justiciam. Etabl. de Rouen, c. 10, ed. GIRY, p. 18 (a. 1160-1170). Justiciis comitis et ministris earum ... arma ferre licebit. WARNKÖNIG-GHELDOLF, *Flandre*, II p. 420 c. 17 (a. 1190, Bruges). Excommunicati non erunt duce vel ejus capitali justicia nesciente. Consuet. Normann. veterr., pt. 1 (s. xii ex.), c. 2, ed. TARDIF, p. 1. **14.** *l'ensemble des titres de droit* d'un individu ou d'une personne morale, son *droit* — *the whole of* a person's or a corporate body's *rights*, his or her *right*. Si sanctus Petrus cognovisset quod nostra justicia non fuisset, hodie in isto bello nobis adjutorium non prestitisset. Ann. Mett. prior., a. 743, ed. SIMSON, p. 35. De eclesiis et monasteria et senodochia que ad mundio palatii pertine[n]t aut pertinere debent: ut unusquisque justitiam dominorum nostrorum regum et eorum rectum consentiat. Capit. episc. Langob. (a. 780-790), c. 5, I p. 189. Nemo ... sibi [i. e. regi] suam justitiam marrire audeat vel prevaleat. Capit. missor. gener. a. 802, c. 1, p. 92 l. 6. His qui justitiam domni imperatoris annuntiant nihil lesionis vel injuria[e] quis machinare praesumat. Ib., c. 31, p. 97. [Dominus immunitatis] juret quod ipse eum [sc. reum fugitivum] ad justiciam cujuslibet disfaciendam fugire non fecisset. Capit. legib. add. a. 803, c. 2, p. 113. [Ecclesiae] justitiam suam et honorem habeant. Div. regn. a. 806, c. 15, p. 129. [Missis dominicis] de nostra [i. e. regis] justitia inquirentibus aut emendantibus vicia. Pippini reg. Ital. capit. (a. 800-810?), c. 4, p. 208. Audi ergo, princeps, ... pauca de tua ac de mea justicia. OTTO FRISING., G. Friderici, lib. 2 c. 29, ed. WAITZ-SIMSON, p. 136. **15.** un *titre* particulier *de droit* — a particular *right*. Villas cum omnibus justiciis et dominiis. *D. Merov.*, no. 16 (a. 635, spur.?). Undecumque ... nostrae fuit possessionis justicia. GYSSELING-KOCH, *Dipl. Belg.*, no. 5 (a. 685, S.-Bertin). [Aistulfus] omnes justicias s. Petri se redditurum esse promitteret. Ann. Mett. prior., a. 754, p. 47. Pippinus rex, cernens W. ducem Aquitaniorum minime consentire justitias ecclesiarum partibus quae erant in Francia, consilium fecit cum Francis ut iter ageret supradictas justitias quaerendo in Aquitania. Ann. regni Franc., a. 760, ed. KURZE, p. 18. Pro exigendis a D. rege Langobardorum justitiis b. Petri, quas obdurato corde reddere sanctae Dei ecclesiae nolebat. Lib. pontif., Steph. III (a. 768-772), § 28, ed. DUCHESNE, I p. 478. Justitias b. Petri juxta ut repromiserat non reddidit. Ib., Hadr., § 8, p. 488. Omnem justitiam et res proprietatis, quantum illi [sc. Tassiloni] aut filiis vel filiabus suis in ducato Baioariorum legitime pertinere debuerant, gurpivit atque projecit. Synod. Franconof. a. 794, c. 3, *Capit.*, I p. 74 l. 10. Tam de justitiis nostris [i. e. imperatoris] quamque et justitias ecclesiarum, viduarum, orfanorum, pupillorum et ceterorum hominum inquirant et perficiant. Et quodcumque ad emendandum invenerint, emendare studeant. Capit. missor. spec. a. 802, c. 19, p. 101. Habeant aecclesiae earum justitias, tam in vita illorum qui habitant in ipsis ecclesiis, quamque in pecuniis et substantiis eorum. Capit. Baiwar. (a. 803?), c. 1, p. 158. De justitiis domni imperatoris ... certamen habeatis. Capit. a missis dom. ad com. dir. (a. 801-813), c. 1, p. 184. Hoc [sc. crucis judicium] de timidis adque inbecillibus sive infirmis, qui pugnare non valent, ut nullatenus propter hoc justitias suas careant, censuimus faciendi [i. e. faciendum]. Capit. legi add. a. 816, c. 1, p. 268. [Actor villae fiscalis] si se putat ad ea [mancipia] repetenda justitiam habere, repetat et secundum legem adquirat. Capit. per se scrib. (a. 818-819), c. 6, p. 288. De manso quem G. episcopus a L. comite requirit: ut, si missi nostri invenerint eum justitiam habere, non permittant L. ... justitiam ejus impedire. Resp. missis data a. 826, c. 2, p. 314. Tutor ... rationem reddere compellatur ... de aliis omnibus justitiis ad eum [sc. puerum] pertinentibus. Capit. pro lege hab. Wormat. a. 829, c. 4, II p. 19. Ut etiam nostris temporibus justitia ab eis [sc. antecessoribus nostris] concessa fruantur. *D. Konrads I.*, no. 16 (a. 913). **16.** spec.: *le droit de propriété* — *right of ownership*. Quanto B. de nostra justitia avit [ i. e. habet] contra lege, tam de terras quam familias seo scherfas vel peculias aut qualiscumque res ad nos pertenente. SCHIAPARELLI, *CD. Longob.*, I no. 72 p. 218 (a. 740, Bergamo). Propriam hereditatem, quod ei maritus suus ... ad justitiam et proprietatem seu etiam et filii sui tradiderunt atque demiserunt. BITTERAUF, *Trad. Freising*, I no. 392 p. 333 (a. 818). Mater ejus omne quod ad justitiam propriam de marito accepit, ... filio suo R. condonavit. Ib., no. 591 p. 506 (a. 830). Die illa, quando te sponsavi, promiserim tibi dare justiciam tuam secundum legem meam in dotis widancia. *CD. Langob.*, no. 494 col. 851 B (a. 921, Milano). **17.** spec.: un *titre de droit d'ordre pécuniaire* — a *right to payment of certain dues*. Unde nos interrogastis de justitiis dominorum nostrorum ... dicimus veritatem: de civitate P. solidi mancosi 66 ... MANARESI, *Placiti*, no. 17 p. 52 (a. 804, Istria). **18.** une *redevance* ou une autre *charge* de nature soit personnelle, soit réelle — a *due* of a personal or real nature. Parte mea in loco q. n. T. et L. ... cum casas, terris ... et homines qui in ipsas casas redeunt [i. e. resedent] cum qualem justitia [i. e. cum justitia qualem] persolvere consueti sunt. SCHIAPARELLI, o.c., I no. 108 p. 312 (a. 753, Lucca). [Casam] mihi ad laborando et gubernando dedisti in tali tenure [i. e. tenore], ut per omnem annum justitia[m] ipsei [i. e. ipsius] case reddere debeam porco uno ... et uno pullo et quinque ovas. Ib., II no. 166 p. 119 (a. 762, Grosseto). Ut nullus negotium suum infra mare exercere presumat, nisi ad portura legitima [i. e. portus legitimos] ... propter justitiam domni imperatoris et nostram [i. e. thelonea et similia]. Memor. Olonn. (a. 822/823), c. 17, *Capit.*, I p. 319. Eandem justitiam servitutis faciant quam regio juri exhibere et solvere debuerunt. *D. Ottos III.*, no. 98 (a. 992). Si quis in civitate hereditalem aream habuerit, ad manus episcopi dijudicari non poterit nisi [per] tres annos censum et aliam suam justitiam inde super-



sederit. Lex famil. Wormat. (a. 1023-1025), c. 26, *Const.*, I no. 438. Tributalem justitiam 5 denariorum singulis annis obtinuerunt. Trad. Lunaelac., no. 181, *UB. d. L. ob der Enns*, I p. 98. Justiciam quam vel de capitibus suis vel de prediorum ... reditibus persolvere debent. STIMMING, *Mainzer UB.*, no. 565 p. 480 (a. 1130). Major natu de eadem familia duos persolvat denarios ad ecclesiam annualiter ... Quo mortuo, proximus ei natu in prefatam duorum denariorum transeat censualem justitiam, ceteris ... de prefata justicia nihil debentibus. LACOMBLET, *UB. Niederrh.*, I no. 324 p. 216 (a. 1136). Liberos ipsos decerno ab omni onere, angaria, perangaria ... et omni justitia transitus per totam terram meam. MIRAEUS, II p. 821 (a. 1140). Justicias censuum, redituum atque serviciorum exinde solvat. SCHOEPFLIN, *Alsatia*, I p. 226 no. 275 (a. 1127-1146, Marmoutier). Tributarii ... ad H. curtem justiciam suam solvunt. Cod. Eberhardi, c. 43 § 67, DRONKE, *Trad. Fuld.*, p. 124. De A. 5 lidi, 5 mansos habentes, reddunt totidem porcos et alias justicias quas alii lidi reddunt ubique. Ib., c. 45 § 16, p. 130. **19.** *fruits de justice, amendes* — *jurisdictional profits, fines*. Nostri missi caveant et diligenter inquirant, ne per aliquod malum ingenium subtrahant nostram justitiam [i. e. heribannum], alteri tradendo aut commendando. Capit. missor. Theodonisv. II a. 805, c. 19, p. 125. Si quis ... [episcopum] dehonestaverit, ... presbyteri non occisi triplicem compositionem cum justitiis quae in superiori capitulo scripta et confirmata esse videntur, componat. Capit. de cleric. percuss., c. 4, I p. 362. Si aliquis contra istis hominibus aliquas justitias requirere aut exactare voluerit. *D. Ludw. d. Dtsch.*, no. 64 (a. 853). Quicquid ibi ... ad regalem usum pertinere videbatur in wadiis aut freda solutioneque negotiatoria seu justiciis legalibus. *D. Heinrichs II.*, no. 64 (a. 1004). Pro forisfacto ille [advocatus] quartam partem justitiae debet recipere. *Hist. de Fr.*, XI p. 581 (a. 1047). Si qua contigerit justitia ..., ipse [comes] accipiet tertiam partem justitiae et episcopus duas. WAITZ, *Urk. dt. Vfg.*, no. 2 (a. 1069, Toul). Si ... [advocatus] in placito sederit, terciam partem justiciarum accipiat. FLACH, *Orig.*, I p. 405 n. 2 (s. xi, Montier-en-Der). Tertiam partem justiciarum advocatus habebit. D. Heinr. V imp. a. 1114, SCHÖPFLIN, I p. 191. Nec de placitorum mulctis, quas justitias vocant, supra tertiam partem ... [advocatus] accipiat. Priv. Honor. II pap. a. 1125, PFLUGK-HARTTUNG, *Acta*, I no. 144 p. 128. **20.** la *condition personnelle* d'un individu ou d'un groupe d'individus — the *personal status* of an individual or a group. Dederunt se in proprium ... s. Paulo sueque familie regulari ad eandem justiciam obtinendam quam habent pertinentes ad prepósituram. ERHARD, *Reg. Westfal.*, I, CD., no. 181 p. 140 (a. 1110). Ut regii fiscalini justiciam, quam ab antecessoribus nostris antiquitus habuerunt, firmiter teneant. D. Heinr. V imp., ESCHER-SCHWEIZER, *UB. Zürich*, I no. 259 p. 144. Censuale justitia ad altare s. Emmerammi pertinentes. WIDEMANN, *Trad. S.-Emmeram*, no. 171 p. 176. Duram antiquae servitutis litonum justiciam ... relevavit. V. Meinwerci, c. 146, ed. TENCKHOFF, p. 78. **21.** **droiture, équité, perfection morale, charité* — *righteousness, equity, moral honesty, charity*. Non potest virgo integritatem suam perdere si non consenserit a justitia declinare. Pass. Rufinae, MOMBRITIUS[2], II p. 445. **22.** **justification divine, état de grâce* — *divine justification, state of grace*. **23.** (cf. voc. 1. justa) *ration*, en part. de boissons — *ration*, especially of drinks. Die qua deferent vinum ... debetur illis [servis] sua justicia, unicuique staupus [vini] et duo oblata panis. BEYER, *UB. Mittelrh.*, I no. 326 p. 381 (ca. a. 1040). Justitia panis et vini, cum in hanc villam venerit. BALUZE, *Misc.*, VI p. 520 (ch. a. 1062). Ad victum quaque die libram unam panis et dimidiam, et de vino justitiam unam et dimidiam. BERTRAND, *Cart. d'Angers*, I no. 74 p. 91 (a. 1056-1081). Accipiant mixtum unusquisque de uno pane ... et de justicia sua bibant. Consuet. Fructuar. (s. xi), lib. 1 c. 4, ALBERS, IV p. 13. Ibi pluries. Pauperibus erogandam ... justitiam panis et vini. Chron. Cavense, MURATORI, *Scr.*, VII col. 961. Justitiis quas nos praebendas vocamus priventur. Chron. s. Petri Vivi, D'ACHÉRY, *Spic.*, II p. 756. **24.** *gobelet* employé pour les distributions des boissons — *joust*, cup used in distributing drink rations. Eant bibitum cum justiciis suis. Consuet. Cluniac. antiq., rec. C c. 13, ALBERS, II p. 41. Si opus habet justitiam suam et pateram lavare. UDALRIC., Consuet. Cluniac., lib. 2 c. 20, MIGNE, t. 149 col. 709 B. Jubebat tolli de loco mensae justitiam ipsius et poni in pavimento. LEO OST., Chron. Casin., lib. 2 c. 57, *SS.*, VII p. 666.

**justitiabilis: 1.** *justiciable* — *subject to jurisdiction*. S. xiv. **2.** *qui possède un droit de justice* — *having jurisdiction*. S. xiv.

**justitiare, 1.** aliquem: *ramener à la justice, contraindre à s'incliner devant la justice* — *to try at law, to bring to justice*. Nisi justiciaveris nobis T. et N. qui nostros boves expulerunt et bubulcum ceciderunt. DC.-F., IV p. 475 col. 3 (ch. a. 993, Marseille). [Judex] justiciet eum [sc. reum] ad satisfactionem venire. Const. Clarendon. a. 1164, c. 10, STUBBS, *Sel. ch.*[9], p. 166. Nos eosdem ad hoc, si opus fuerit, ad petitionem prioris justitiabimus. LOBINEAU, *Bretagne*, II col. 316 (ch. a. 1182). **2.** aliquem: *juger, exercer la justice sur* des individus — *to judge, administer justice over* persons. De nullo forisfacto aliquem hominem non justiciabit, nisi de illis forisfactis quae superius sunt scripta. GUÉRARD, *Cart. de N.-D. de Paris*, I p. 324 (ca. a. 1045). Episcopus molendina per se, per serjantos suos et justiciam suam et scabinos habet justiciare. REINECKE, *Cambrai*, p. 264, c. 3 (a. 1185). **3.** refl. se justitiare: *comparaître en justice* — *to stand trial*. Servientes episcopi et quotquot erunt de familia ejus numquam justitiabunt se per comitem. QUANTIN, *Cart. de l'Yonne*, I no. 247 p. 395 (a. 1145). Neque pro preposito sive viario neque pro alio se justiciabunt nisi pro corpore regis. Ch. Ludov. VII reg. Fr. a. 1160, LUCHAIRE, *Inst. mon.*, II p. 326 no. 23. Ipsi ante nos ... se justiciabunt. *Actes Phil.-Aug.*, no. 30, I p. 41 (a. 1181). Nemo aliquem ... capere poterit quandiu per majorem se

**justiciare** voluerit. BOURGIN, *Soissons*, p. 433 no. 15 c. 19 (s. xii ex.).   **4.** *aliquid: saisir, arrêter — to seize, distrain.* S. xiii.   **5.** intrans.: *exercer la justice — to administer justice.* S. xiii.

**justitiaria:** la charge d'un "justitiarius" — *justiciarship.* S. xiii.

**justitiariatus** (decl. iv): **1.** *la charge d'un "justitiarius" — justiciarship.* S. xiii.   **2.** *circonscription d'un "justitiarius" — district of a justiciar.* S. xiii.

**justitiarius: 1.** *juge ayant un pouvoir d'origine publique — judge invested by ruling power.* Liceat [hominem captum] ad justitiarii domum adducere. Ch. commun. Laudun. a. 1128, c. 2, *Ordonn.*, XI p. 185. Publicarum justiciarius compellationum. Chron. monast. de Abingdon, ed. STEVENSON, II p. 43.   **2.** *juge quelconque qui préside un tribunal — any judge presiding a court.* Justiciarii hundredi. Ib., II p. 118. Justiciariis et ministris de R. BIGELOW, *Placita anglo-norm.*, p. 165. Comitibus et baronibus et justitiariis et vicecomitibus. Henr. I reg. Angl. ch. (a. 1130-1133), STUBBS, *Sel. ch.*[9], p. 129.   **3.** *officier de la "curia" royale chargé de pouvoirs judiciaires — officer of the king's court invested with judicial authority.* Baroni et justitiario meo. Litt. Stephani reg. Angl., MADOX, *Exchequer*, p. 135. Rex Roggerius ... pro conservanda pace camerarios et justitiarios per totam terram [Siciliae] instituit. ROMUALD. SALERNIT., Chron., a. 1137, ed. GARUFI, p. 226.   **4.** *en Angleterre, le juge suprême, l'un des principaux ministres du roi — chief justiciar.* Justitiarius fuit totius Angliae et secundus a rege. HENR. HUNTENDUN., Hist., lib. 7 § 35, ed. ARNOLD, p. 245. GUILL. MALMESBIR., G. regum, lib 5 § 408, ed. HARDY, II p. 637. Coram me vel capitali justitiario meo. Litt. Henr. I reg Angl., RYMER, *Foedera*, I p. 12.

**justitiatio:** *pouvoir judiciaire — judicial authority.* Justiciationem habet dominus super omnia feoda que tenentur de ipso, sive mediate teneantur sive immediate. Summa de leg. Norm., tit. 27 § 7, ed. TARDIF, *Cout. de Norm.*, II p. 96.

**jusum**, josum, jusu, josu, juso: *vers le bas — downwards.* Pausat [v. l. pausant] arma sua juso. Lex Alamann., tit. 44 § 2. Deinde adversus juso de ambabus partibus rivas L. usque in insola. MANARESI, *Placiti*, no. 67 p. 243 (a. 865, Milano). Inde jusum juxta Reganam D. Karls III., no. 59 (a. 882).

**juvamen:** *aide — help.* Quod pro [i. e. ad] eorum quietem vel juvamen pertinet. D Merov., no. 2 (a. 528).

**juvamentum:** *aide — help.*

**juvencula:** *jeune fille — maiden.*

**juvenculus:** *jeune homme — youth.*

**juvenulus** (subst.) (< juvenis): *tout jeune homme — lad.* GREGOR. TURON., V. patrum, c. 19 § 3, *SRM.*, I p. 739. PAUL. DIAC., Hist. Langob., lib. 5 c. 7, ed. WAITZ, p. 187 sq.

**juweria**, v. jugeria.

**juxta: 1.** *à proximité de — near.* **2.** *conformément à, d'après, suivant — after, according to, conformably to.* **3.** *par — per.* Ibique juxta pagos vel civitates reges crinitos super se crevisse [tradunt]. GREGOR. TURON., H. Fr., lib. 2 c. 9.   **4.** *selon — in proportion to.* Nec juxta personam suam ei honor debetur inpenderetur. Ib., lib. 8 c. 32.

# K

**keminus**, v. 2. caminus.
**kernellare**, kernellus, v. quarn-.
**kerno**, cherno (genet. -onis) (germ.): *seigle — rye.* Maldra de chernone. WARTMANN, *UB. S.-Gallen*, I no. 93 (a. 780). Ibi saepius.
**kevilla**, v. cavilla.
**kidellus**, ke-, ka- (anglosax.): *treillis à pêche — fish-trap.* Magna charta a. 1215, c. 33, STUBBS, *Sel. ch.*[9], p. 297.
**killagium:** *droit de mouillage — keelage.* S. xiii, Angl.
**kilstrio**, v. gilstrio.
**kyrialis** (< kyrius): *de Dieu — of God.* V. metrica Wilfridi, MABILLON, *Acta*, IV pt. 1 p. 725.
**kyrie-eleison** (gr.): *chant du kyrie eleison — singing of kyrie eleison.* ETHER., Peregr., ed. PÉTRÉ, p. 24. Sacram. Gregor., MIGNE, t. 78 col. 25. GREGOR. M., lib. 9 epist. 26, *Epp.* II p. 59 l. 13.
**kyrius** (gr.): *seigneur — ruler.*
**knapo** (genet. -onis) (< teuton. *knappe*): *écuyer — squire.* S. xiii.

# L

**labarum**, -us (< laureum, subaudi: vexillum; cf. H. GRÉGOIRE, *Byzantion*, t. 4, 1929, p. 477; t. 12, 1937, p. 277): **1.** *l'étendard au monogramme du Christ — the ensign bearing Christ's monogram.* ALDHELM., Virg., c. 25, *Auct. ant.*, XV p. 259 (haustum ex G.Silvestri).   **2.** *trophée — trophy.* Compta triumphorum sortitus labara princeps. Id., Carm. de virg., v. 2096, p. 439.   **3.** *étendard — banner.* Pagani [sc. Dani] in collis cacumine principale vexillum, quod labarum vocari fertur, ... infixerunt. Mir. Bertini (s. ix ex.), lib. 2 c. 11, *SS.*, XV p. 516. Profligatis adversariis tria illorum revehuntur labara. G. pontif. Autissiod., c. 42 (s. x), ed. DURU, p. 369. Arripit ... labarum eo de ordinis sui dominum antecedendi. EKKEH., Cas. s. Galli, c. 3, *SS.*, II p. 97 l. 1.   **4.** *lance — lance.* Labari cuspide in terra defixa. ANSELM. CANTUAR., Acta Fingaris, c. 1 § 4, *AASS.*, Mart. III p. 457 A.   **5.** *une croix procession- nelle — procession cross.* Dans ei potestatem ... in processionibus ante se ferre hastam puram deargentatam et labarum imperiale, id est crucem auream cum gemmis et unionibus. PETR. DIAC., Epitome chron. Casin., MURATORI, *Scr.*, II p. 365.   **6.** *le signe de la Croix — the sign of the Cross.* Saxo candenti ... insculpsit labarum roseo fulgore decussum. [Post alia: crux.] Carm. de s. Cassiano (s. ix p. post.), v. 558, *Poet. lat.*, IV p. 196. Turba ... subito concussa tumultu vix labara opperiens. G. Berengarii, lib. 2 v. 117, *Poet. Lat.*, IV p. 377. Territus exsanguis vis illico perdidit anguis ad Christi labarum quo deposuit dominatum. GERARD. SUESSION., V. metrica Romani Rotomag. (ca. a. 950), MIGNE, t. 138 col. 177 D. Vexillum demonstra, labarum porrige. RATHER, Praelog., ib., t. 136 col. 228 A. Crucis labarum signant gesta orsaque patrum. ODO CLUNIAC., Occup., ed. SWOBODA, p. 124.

**labascere**, labescere: *(du temps) s'écouler, glisser, passer — (of days) come and go, slip by.*

**1. labellum**, -vell-, -us (class. "lèvre — lip"): *pan, basque — lappet, flap.* Ornamentum quod erat ... dependens a genibus et quod nos lingua rustica labellos vocamus. HELGALD., V. Roberti, c. 4, *H. de Fr.*, X p. 101 B.

**2. labellum** (class. "godet — bowl"): **1.** *cuve à vin — wine-vat.* CAMERA, *Memor. di Amalfi*, p. 253 (a. 1069). UGHELLI, VII p. 396 sq. (ch. ca. a. 1091, Amalfi).   **2.** *cercueil, sarcophage — coffin, sarcophagus.* In marmoreo lavello. V. Anselmi Nonant., c. 7, *Scr. rer. Langob.*, p. 569 l. 47. Labellum ... in quo sancta membra reconderentur. Acta Bernardi Menthon. (s. xii?), *AASS.*, Jun. II p. 1085.

**labens** (adj.): *périssable, transitoire — perishable, transient.* Labentia gaudia mundi. WALAHFR., Vis. Wettini, v. 754, *Poet. lat.*, II p. 328. Rerum non vos fieri appetitorem labentium. *Epp.*, V p. 358 no. 34 (ante a. 846, Fulda).

**labi:** *déchoir, glisser, pécher — to stumble, lapse, sin.*

**labilis: 1.** *glissant, fugitif — sliding, fleeting.* **2.** *sujet à la chute, caduc — slipping easily, decrepit.*   **3.** *mobile, instable, peu sûr — moving, unstable, insecure.*   **4.** *périssable, transitoire — perishable, transient.* E.g.: Videns seculum labilem. DE COURSON, *Cart. de Redon*, p. 310 (ante a. 1037).

**labilitas:** *inconstance, instabilité, propension à verser dans le péché — instability, slipperiness, propensity to lapse in sin.* Fragilitatem humane labilitatis. BERTRAND, *Cart. d'Angers*, I no. 28 p. 48 (a. 1056). Labilitas peccandi. GUIBERT. NOVIG., De incarn., MIGNE, t. 156 col. 494 C. Quantacumque sit labilitas subjectorum [i. e. creaturarum]. JOH. SARISBIR., Polycr., lib. 2 c. 21, ed. WEBB, I p. 121.

**labina**, lavina: **1.** *avalanche — avalanche.* Factae sunt lavinae; possessionum vel villarum, hominumque pariter et animantium magnus interitus. PAUL. DIAC., Hist. Langob., lib. 3 c. 23.   **2.** *torrent — torrent.* Quando discurserit labina. *CD. Cavens.*, IV p. 58 (a. 1005).   **3.** (figur.) *chute, catastrophe — downfall.*

**labinarium:** *torrent — torrent. CD. Cavens.*, II p. 290 (a. 990); IV p. 162 (a. 1010); VI p. 32 (a. 1035).

**1. labium** (class. "lèvre — lip"): **1.** *bouche, parole — mouth, speech.* **2.** *langue, langage — tongue, language.* **3.** *bord d'un vase, extrémité — rim of a vessel, edge.*

**2. labium** (cf. voc. lăbrum): *bassin, vasque — basin.* CASSIOD., Var., lib. 2 epist. 39 § 2, *Auct. ant.*, XII p. 67.

**labor, 1.** spec.: *le travail agricole — field-labour.* Cultura laboris. GREGOR. M., lib. 9 epist. 203, *Epp.*, II p. 191. Labores in isto campo semper ego tuli ..., exaravi, mundavi. Lex Baiwar., tit. 17 c. 2 § 2. Qui in campum aut in vitis vel in prado aut in silva suum laborem faciebat. Liutpr. leg., c. 134 (a. 733). Quando judices nostri labores nostros facere debent, seminare aut arare, messes colligere, fenum secare aut vindemiare. Capit. de villis, c. 5. Proprietatem meam, quam labore proprio de incultis silvis extirpavi. ESCHER-SCHWEIZER, *UB. Zürich*, I no. 141 p. 60 (ca. a. 880).   **2.** spec.: *le labourage — ploughing.* De annona sua quam de labore suo vel de labore suorum quorumcumque animalium habuerit. Ludov. VII reg. Fr. priv. pro Lorriac. a. 1155, c. 2, ed. PROU, *RHDFE.*, t. 8 (1884), p. 445.   **3.** *fruits du travail, gains, acquêts — proceeds from labour, winnings, earnings.* Patri ... de communi facultate et de labore suo cuilibet donare liceat. Lex Burgund., tit. 1 § 1. Si de illo laborem [i. e. labore] conparaverit quod postea laboravit aut fecit. Liutpr. leg., c. 133 (a. 743). De justis laboribus suis victum indigentibus subministrat. Sacram. Gelas., lib. 3 c. 48, ed. WILSON, p. 261. Decimam partem substantiae et laboris sui ecclesiis donent. Capit. de partib. Saxon. (a. 785), c. 17, I p. 69. Trado ... omnem laborem meum et substantiam, sive in auro vel in argento aut in quoque metallo seu in qualibet re. DRONKE, *CD. Fuld.*, no. 101 p. 60 (a. 791). Comparavit ecclesie de suo labore tres calices argenteos. Cod. Eberhardi, c. 72, DRONKE, *Trad. Fuld.*, p. 150.   **4.** *amélioration d'un bien-fonds — betterment of a real estate.* Recipiat res suas [i. e. praedia sua] sicut modo invenerit eas, anteposito [i. e. praeter] aedificiis aut labores qui postea ibi factae sunt ipse qui fecit tollat. Karoli M. notit. Ital. (a. 776), c. 2, *Capit.*, I p. 188. Fuero de León (a. 1017/1020), c. 25, WOHLHAUPTER, p. 12.   **5.** *produits agricoles, récolte — crop, agricultural produce.* Qualem laborem accipiam, qui non messui? Vitas patrum, lib. 5 c. 17 § 20, MIGNE, t. 73 col. 976 D. Collecta manu cives depopulant, labores exhauriunt omnisque provincia Galliae depraedatur. JULIAN., Hist. Wambae, c. 6, *SRM.*, V p. 506. Si quis res alienas ... malo ordine possederit et ... convictus et expulsus fuerit, aliud exinde non conponat nisi retro tempus reddat frugis [i. e. fruges] et laboris [i. e. labores] ... ab illo die quod exinde conpellatio facta et manifestata est. Liutpr. leg., c. 90 (a. 727). Repromittemus ... [quasdam res] lavorare et meliorare et persolvere lavore [i. e. laborem] ... id est segale tertio modio, panigo similiter tertio modio, et vino mediaetate; pro selva et prado den. 12. *CD. Langob.*, col. 160 C no. 85 (a. 808, Milano). Rendamus [i. e. reddemus] vobis exinde singulis annis de seligene, segale, ordio modio tercio, vinum congio tercio, alio omnes labores modio quarto. Ib., no. 188 col. 316 D (a. 855, Cremona). Donamus illi eccle-

siae lisidas de omni labore quem laboraverint homines. DC.-F., V p. 75 col. 2 (ch. a. 1056, S.-Nicolas-s.-Mer). Coeperunt in circuitu sui praedationes agere, non suos labores in suos usus comportare. BRUNO MERSEB., c. 16, ed. WATTENBACH, p. 11. **6.** spec.: *blé — corn.* Per omnem annum justitia ipsei case [i. e. ipsius casae] reddere debeam porco uno ..., vinum et labore[m] secundum consuetudinem ipsei case. SCHIAPARELLI, *CD. Longob.*, II no. 166 p. 119 (a. 762, Grosseto). Ubi est consuetudo venire laborem et salem de ipsa casa [antea: tam granum quam et salem]. Ib., II no. 223 p. 261 (a. 768, Lucca). Omnia usumfructum ex ipsis rebus, id est laborem et vinum et faenum. Ib., no. 256 p. 344 (a. 771, Lucca). **7.** *terre cultivée* de tout genre — any kind of *cultivated land.* Germaniae nationibus acsi propriis lavoribus imperavit. JORDAN., Getica, c. 23, *Auct. ant.*, V pt. 1 p. 89. Equi ejus ac pecora per segites pauperum vineisque dimittebantur. Quod si expellebantur ab his quorum evertebant labores ... GREGOR. TURON., H. Fr., lib. 7 c. 22. Si cujus pecora de damno cum alios labores vastantur aut inclaudantur aut in domum minantur. Lex Sal., tit. 9 § 5, text. Herold. (verba "cum alios labores" nonnisi in hoc textu). Si ... sepem alienam aperuerit et in messe, in prato, in vinia vel qualibet laborem pecora miserit. Ib., tit. 9 addit. 2. Nullum laborem habentes, quia nec habent ubi, eo quod totum harena sit. PS.-ANTONIN., Itin., *CSEL.*, t. 39 p. 186. Si quis messem suam aut pratum seu qua[m]libet clausura[m] vindicanda[m] homini prohibuerit ... ut non ingrediatur, non sit culpabilis ..., eo quod laborem suum vindicavit. Edict. Rothari, c. 29. Asto et iniquo animo feminam ipsam ambulare per laborem alterius fecisset. [Antea: mulierem ... per campum suum seminatum ambolantem.] Liutpr. leg., c. 146 (a. 735). **8.** *terre récemment gagnée à la culture — newly broken-up land.* Donamus ... in loco nuncupante Mogontia totum laborem nostrum, quicquid ibidem ad presens dinoscitur pervenisse, id est servum istum nomine L. cum omni labore suo et H. cum omni labore suo et quicquid postea laboraverint et quicquid deinceps elaborare poterimus. STENGEL, *UB. Fulda*, I no. 69 p. 125 (a. 775). **9.** *labour, champ labourable — arable field.* Eunt cum cruce et patrocinio et aqua sancta per singulos labores. STURM., Ordo off. Fuld., MIGNE, t. 89 col. 1260 B. Dimisisset aratri necessaria ... in suo labore. DUDO, lib. 3 c. 32, ed. LAIR, p. 172. Fuero de Nájera a. 1076, c. 54, WOLHHAUPTER, p. 84. Monachi de laboribus, quos propriis manibus excolunt ac sumptibus, dare decimas non cogantur. Innoc. II pap. concil. Pisan. a. 1135, *Const.*, I no. 402, c. 1. Decimas laborum nostrorum, quos circa monasterium laboramus. HERIMANN., Rest. s. Martini Tornac., c. 87, *SS.*, XIV p. 316 l. 11. Circa Alexandriam discurrebat, ejus labores et vineas devastabat. ROMUALD. SALERNIT., Chron., a. 1175, ed. GARUFI, p. 264.

**laborantia,** laboranza: **1.** *produits agricoles, récolte — agricultural produce, crop.* Reddimus ... laborantiam de ipsa mesada de terras. ROUQUETTE, *Cart. de Béziers*, no. 102 p. 142 (a. 1097). Imperpetuum dabitis nobis ... de illa pecia predicte terre quartum de omnibus laboranciis. CASSAN-MEYNIAL, *Cart. d'Aniane*, p. 422 no. 298 (a. 1152). **2.** *champ labourable — arable field.* Donare faciamus ... quarto de ipso laborantia ab integrum, cum exio et regresio suo, a proprio. RIUS, *Cart. del Vallès*, I no. 113 p. 92 (a. 976). De meas laboranzas et radizes [i. e. praediis] et totos meos peculiares. DC.-F., V p. 4 col. 2 (ch. a. 1061, Aragon).

**laborare, 1.** intrans.: *travailler, peiner — to work, toil.* Quicumque nostrum beneficium habet, bene ibi labored et condirgat. Pippini capit. Aquitan. a. 768, c. 5, I p. 43. In uno loco permaneant laborantes et servientes et paenitentiam agentes. Admon. gener. a. 789, c. 79, p. 61. Opera servilia diebus dominicis non agantur ..., vel in petris laborare ... nec in [h]orto laborare. Ib., c. 81. Unusquisque judex praevideat quatenus familia nostra ad eorum opus bene laboret et per mercata vacando non eat. Capit. de villis, c. 54. Nisi manibus laborent, nullus eis [sc. mendicis] quicquam tribuere praesumat. Capit. missor. Niumag. a. 806, c. 9, p. 132. Quoniam fideles nostri in istis ... operibus laborant. Edict. Pist. a. 864, c. 37, II p. 327. **2.** spec.: *labourer — to plough, till.* Dedimus illis boves ad lavorandum et jumenta ad deserviendum eis. Ps.-Testam. Odoarii episc. Lugens. (Lugo, s. x), ed. L. VAZQUEZ DE PARGA, *Hispania*, t. 10 (1950), p. 663. Arator in aratione sua non disturbabitur, licet aliquis in alterius terra injuste laboret. Cons. Norm. vetust., pt. 1 (s. xii ex.), c. 16, ed. TARDIF, p. 17. **3.** transit.: *cultiver, exploiter — to cultivate, exploit.* Aliquas villas, quas ipsi laboraverunt, laboratas illis abstractas habeatis. Praec. pro Hisp. a. 812, *Capit.*, I p. 169 l. 24. Qui tale beneficium habent ut ad medietatem laborent. Capit. eccles. (a. 810-813?), c. 18, p. 179. Sciret monachos s. Galli ipsas res tenere et dominare et laborare. WARTMANN, *UB. S.-Gallen*, II p. 393 no. 15 (ca. a. 820). Terra absens quam servi laborant. GIULINI, *Memor. di Milano*, I p. 441 (a. 835). Laborent et excolant terras et vineas in tempore cum debita sollicitudine. Epist. synod. Caris. a. 858, c. 14, *Capit.*, II p. 437. Quandam sortem ... contulit, quae laboratur per B. liberum hominem. *D. Ugo*, no. 32 p. 100 (a. 933). Mansum unum in loco q. d. A. laboratum per Andream massarium. Ib., no. 82 p. 242 (a. 946). Habeat potestatem tenendi, laborandi et quicquid ... eorum decreverit animus faciendi. *D. Ottos I.*, no. 145 (a. 952). **4.** *travailler, confectionner, préparer — to work, manufacture, make.* Quicquid manibus laboraverint aut fecerint, id est lardum, siccamen, sulcia, niusaltus, vinum, acetum ... Capit. de villis, c. 34. **5.** *produire en agriculture — to raise, cultivate.* Decimas de quantumcumque ibidem laboraverint, episcopo aut missis suis reddant. RAGUT, *Cart. de Mâcon*, no. 67 p. 55 (a. 751-768). Octava [pars] tam de vino quam et de annona diversi generis et legumina [i.e. legumine] sive feni ... detur ... familiis in nostris villis ... commanentibus, quae ea suis sudoribus laboraverunt. Test. Aldrici a. 837/838, ap. G. Aldrici, ed. CHARLES-FROGER, p. 101. Decunt ad monasterium omnem decimam, quicquid ad opus laborant



indominicatum. Polypt. Derv., c. 14, LALORE, *Ch. de Montiérender*, p. 98. Salvent et dispensent laborata [in terris et vineis] cum fideli discretione. Epist. synod. Caris. a. 858, c. 14, *Capit.*, II p. 437. Quicquid in domo coltili ... laborare curaverit. *D. Berengario I.*, no. 38 p. 113 (a. 903). None partes cunctarum rerum que laborari atque singulis annis exigi videntur. *D. Heinrichs I.*, no. 23 (a. 930). De fructu qui in ipsis villis laborari dinoscitur. *D. Ottos I.*, no. 101 (a. 948). **6.** *gagner, acquérir par le travail — to gain, obtain by labour.* Quia legem noluit audire, quod ibi laboravit demittat. Lex Sal., tit. 45 § 2. Omni corporae facultatis, tam quod antecessores abbatis [i. e. abbates] ibidem laboraverunt vel ille abba visus est augmentasse aut comparasse. MARCULF., lib. 1 no. 35, *Form.*, p. 65. Peculiare quod habet aut deinceps laborare potuerit. F. Bituric., no. 8, p. 172. [Argentum] quod praesens [i. e. in praesenti] habere videor vel adhuc laborare potuero. Test. Bertichramni a. 615, PARDESSUS, I no. 230 p. 207. Quidquid a nobis fuerat laboratum, tam in agris quam mobilibus et immobilibus. Ib., p. 209. Inantea quicquid ibidem laborare aut augmentare vel adtrahere potuerit. *D. Arnulfing.*, no. 15 p. 102 (a. 746). Dono ... omnem elaboratum meum et insuper memetipsum, ut quicquid deinceps laboravero vel acquisiero ad eum [sc. monasterium] pertineat. DRONKE, *CD. Fuld.*, no. 419 p. 188 (a. 823).

**laboratio: 1.** *travail — labour.* De negotiis et laborationibus die dominico non faciendis. Concil. Roman. a. 826, c. 30, *Conc.*, II p. 580. Quamdam cellam ... facultatis sue laboratione et manuum operatione restauravit. D. Ludov. Pueri a. 904, LESORT, *Ch. de S.-Mihiel*, no. 21 p. 100. Donamus tibi de vineas modiatas 5 ... tali pactu ... ut ... pro tua laboratione habeas tres partes de ipso fructu. ROUQUETTE, *Cart. de Béziers*, no. 24 p. 18 (a. 955). Que pro loci sui erectione laboratione sudavit. FOLCUIN., G. abb. Sithiens., *SS.*, XIII p. 608 l. 7. **2.** *terre cultivée — cultivated land.* Curte nostra ... cum omni laboratione sua, terris aratoriciis, vineis, pratis, pascuis ... SCHIAPARELLI, *CD. Langob.*, II no. 162 p. 102 (a. 762, Nonatola). Omnes cellas seu laborationem que in ipsa valle sunt. HARTMANN, *Zur Wirtschaftsg. Italiens*, p. 129 (a. 834-836). Omnes laborationes que [i.e. quas] fecerimus. *CD. Cavens.*, I no. 64 p. 83 (a. 868). Decimam de dominicis laborationibus. *D. Karls III.*, no. 143 (a. 886). De ipso pane et vino quos Deus dedit et inantea dederit de ista laboratione ipsa[m] tercia[m] parte[m]. ALART, *Cart. Roussillonnais*, no. 48 p. 72 (a. 1067). **3.** *produits agricoles, récolte — agricultural produce, crop.* De villis unde nonae et decimae [i.e. nonas et decimas] domui homines reddere debent ..., id est omnes laborationes, vinum, annonas ... *Gall. chr.*[2], IV instr. col. 128 (a. 794, Langres). Postquam cognoverimus de praesenti anno quantum sit nostra laboratio. Capit. de villis, c. 28. Omnis laboratio quae per manipulos decimari potest. Adalhardi Corbej. stat., lib. 2 c. 9, ed. LEVILLAIN, p. 372. Ipsas decimas qui ibidem fuerunt de ipsa laboratione. GERMER-DURAND, *Cart. de Nîmes*, no. 20 p. 37 (a. 921).

**laborativus:** *labourable — arable.* De terra laborativa modiatas 60. *Hist. de Languedoc*[3], II pr. no. 65 col. 149 (a. 824, Arles). Vendimus tibi terra[m] laborativa[m]. GERMER-DURAND, *Cart. de Nîmes*, no. 15 p. 26 (a. 913).

**laborator:** *laboureur*, agriculteur disposant d'un attelage — *ploughman*, tiller of the soil. Non episcopus vel canonicus libellum aut aliquod scriptum alicui homini faciant, nisi laboratoribus qui fructum terrae aecclesiae et canonicis ipsius loci reddant. *D. Ugo*, no. 33 p. 104 (a. 933). Nullus ... facultatem habeat res ecclesie distribuere ... nisi laboratoribus qui propriis manibus terram laborant. *D. Ottos I.*, no. 349 (a. 967). Laboratores quidam E. et cum infantibus suis A. et D. MARION, *Cart. de Grenoble*, no. 9 p. 16 (a. 1003). Laboratoribus qui in feno [leg. fevo] presbiterali ... permanent. LEROUX, *Cart. de l'aumônerie de S.-Martial*, no. 7 (s. xi, Limoges).

**laboratorius: 1.** *labourable — arable.* Duo petzioli de prato et uno de terra lavoraturia. SCHIAPARELLI, *CD. Langob.*, I no. 102 p. 295 (a. 752, Lucca). Curtem meam ... et terram laboratoriam et vineam. MURATORI, *Scr.*, II pt. 2 col. 940 C (ch. a. 873, Aquila). *D. Lotario*, no. 7 p. 263 sq. (a. 948). **2.** *mis à fructifier — yielding a profit.* De precio laboratorio valiente lib. 200 den. MOROZZO-LOMBARDO, *Doc. del commercio venez.*, I no. 22 p. 25 (a. 1095).

**laboratura:** *essart — clearing.* Tres laboraturas silvae. DRONKE, *CD. Fuld.*, no. 354 p. 167 (s. xi in.).

**1. laboratus** (adj.): *labourable — arable.* De terra laborata peciam unam. *D. Lotario*, no. 6 p. 261 (a. 948).

**2. laboratus** (decl. iv): **1.** *effort — labour.* Trado ... terram in loco vel villa nuncupante W.... cum omnibus que ibidem hereditario jure vel laboratu legitime possidere visus sum. WAMPACH, *Echternach*, I pt. 2 no. 11 (a. 704). **2.** *objets ouvragés — finely manufactured articles.* Non minori laboratu nobilitavit synergium. FORTUN., V. Radegundis, lib. 1 c. 13, *SRM.*, II p. 369. **3.** *fruits du travail, gains, acquêts, pécule — proceeds from labour, winnings, earnings, peculium.* Sibi vivat, sibi laborat atque laboratum suum omni tempore possideat. F. Augiens., coll. B no. 34, *Form.*, p. 360. Iterum no. 41, p. 363. Has casatas, ibidem manentes cum omni peculio vel laboratu eorum, quod habent vel habere noscuntur, totum tibi ad integrum trado. WAMPACH, o.c., no. 8 p. 30 (a. 704). Non praesumant ... alicui homini suam causam tollere nec suum laboratum. Pippini capit. Pap. (a. 787 ?), c. 4, I p. 199. Duo mancipia ... cum duobus infantibus et omnem laboratum eorum. GLÖCKNER, *Cod. Lauresham.*, no. 172 (a. 791). **4.** *produits agricoles, récolte — crop, agricultural produce.* Argentum de nostro laboratu ... deferre studeant. Capit. de villis, c. 28. Debet quartum de suo laborato et medietatem de vineas. DOUAIS, *Cart. de Toulouse*, p. 163 (a. 1045). **5.** *exploitation agricole, tenure — holding.* Dedit decimam de laboratu suo. BERNARD-BRUEL, *Ch. de Cluny*, V p. 244 no. 3895 (ca. a. 1110). **6.** *terre récemment gagnée à la culture — newly broken-up land.* Missi nostri per singulos pagos

praevideant . . . beneficia: casas cum omnibus appenditiis earum et laboratu sive adquisitu. Capit. de caus. div. (a. 807 ?), c. 4, I p. 136. Tradidit . . . in villa R. omnem laboratum et cultum suum, id est capturam unam cum omnibus appendiciis et familiis. Cod. Eberhardi, c. 6 § 142, DRONKE, *Trad. Fuld.*, p. 41.

**laborerium:** *travail — labour.* S. xiii, Ital.

**laboricare:** *défricher — to break up* land. Per nostram datam licentiam erema loca sibi ad laboricandum propriserant. Praec. pro Hisp. a. 812, *Capit.*, I p. 169 l. 31.

**laboricium:** *travail — labour.* S. xiii, Ital.

**laborivus** (adj.): *labourable — arable.* Sex modiatas de terra lavoriva. GUÉRARD, *Cart. de Mars.*, I no. 303 (a. 1076). Subst. neutr. **laborivum:** *terre labourable — arable.* Dono . . . totum meum laborivum de A. GERMAIN, *Cart. de Montpellier*, no. 129 p. 264 (a. 1156).

**1. labrum:** *bord* d'un vase — *brim* of a vessel. [Modium] unum culmum et alium per labra. Lib. largit. Pharph., ed. ZUCCHETTI, I p. 112 (a. 953).

**2. labrum: 1.** *fonts baptismaux — font.* Templi et tabernaculi introitus ab oriente fuit, ubi et altare et labrum erat. WALAHFR., Exord., c. 4, *Capit.*, II p. 477 l. 31. **2.** *cercueil — coffin.* Corpus illius . . . positum est . . . in labro porfiretico. Chron. Venet., *SS.*, XIV p. 62 l. 45. In labro porphyretico sepultus. LEO OST., Chron. Casin., lib. 2 c. 9, *SS.*, VII p. 635 l. 29.

**labulum** (< 2. labrum): *tonnelet — portable cask.* DONAT., V. Ermenlandi, c. 12, *SRM.*, V p. 698.

**lacar,** lagar, lagare (< lacus): *pressoir — winepress. Portug. mon.*, Dipl., I p. 4 (a. 870) et pluries.

**1. lacca,** laca, lacis (arab. < pers.): *laque, gomme — lac, gum.* S. xiii.

**2. lacca,** laccum (anglosax.): *défaut* de poids ou de qualité — *defect* in weight or material. Qui falsum et lacum [v. l. laccum, lactum] afferunt ad portum. Leg. IV Aethelred, tit. 7, LIEBERMANN, p. 236. Pipe roll I Rich. I, p. 229 (a. 1189).

**laccha,** v. lacha.

**laceatus,** v. laqueatus.

**laceolus** ( < laqueus): *lacs de chasse — snare, springe.* Ut nemo venaretur cum cane aut rete neque pedicam aut laceolos poneret. G. Federici, ed. HOLDER EGGER, p. 59.

**laceratio:** *critique, réprimande — criticism, invective.* Pia laceratione nos reparas. ENNOD., Euch., *CSEL.*, t. 6 p. 394. Proximi famam mordaci laceratione non carperet. CASSIOD., Expos. in ps., ps. 14 c. 7, MIGNE, t. 70 col. 110. Pro laceratione vitiorum. GREGOR. M., Moralia, lib. 5 c. 31, ib., t. 75, col. 695 D.

**lacessere,** lacescere: *blâmer — to blame.* Tuam lacessit neglegentiam. Coll. Avell., *CSEL.*, t. 35 p. 98.

**lacha,** laccha (germ.): *étang — lake.* Excepta una lacha ad piscandum. GLÖCKNER, *Cod. Laureshim.*, no. 381 (a. 851). In rivis et in lacchis. CASSAN-MEYNIAL, *Cart. de Gellone*, no. 35 (a. 1027-1032).

**lachus,** laicus, lacha, laia (germ.): *borne-limite — boundary-mark.* Incisio arborum . . . que vulgo lachus apellatur. Chron. Laurisham., a. 770, *SS.*, XXI p. 350 l. 48. Silvis definitis terminis qui vulgo dicuntur lâchae. *SS.*, XVII p. 638 l. 34 (ch. a. 1109, Bamberg). Laici facti sunt in arboribus. MUSSET, *Cart. d'Angély*, p. 156 (a. 1080). Predium . . . quod his lachis concluditur. *D. Heinrichs IV.*, no. 481 (< a. 1103 >, spur. s. xii p. post., Reinhardsbrunn).

**lacina** (germ.): **1.** *action de barrer la route — waylay.* Lex Sal., tit. 14 c. 4; tit. 34, inscr. **2.** *faussement de serment — challenge of an oath.* Lex Ribuar., tit. 71.

**laciniosus:** **compliqué, prolixe, ennuyeux — intricate, prolix, tiresome.*

**lacis,** v. 1. lacca.

**lacrimabilis:** **accompagné de larmes, larmoyant — uttered with tears, weeping.*

**lacrimabiliter: 1.** **lamentablement, d'une manière déplorable — lamentably, deplorably.* **2.** **avec des larmes, tristement — with tears, sadly.*

**lactans,** lactens (adj. et subst.): **nourrisson — infant at the breast.*

**lactare:** **nourrir de son lait, allaiter — to suckle, nurse.*

**lactatio:** **allaitement — suckling.*

**lacteus:** **doux, suave, pur — sweet, pure.*

**lacticinium: 1.** *laiterie — dairy farming.* Quoddam predium lacticinio deputatum delegavit . . . ut videlicet annuatim centum inde casei persolvantur. Trad. Juvav. maj. capit., no 268 (ante a. 1196), HAUTHALER, *Salzburger UB.*, I p. 711. **2.** *laitage — milk-meat.* Abstinent a lacticiniis. Consuet. Trevir., c. 44, ALBERS, V p. 54.

**lactifer** (adj.): *qui donne du lait — giving milk.* Fundens frugem lactiferam. V. Filiberti, c. 7, *SRM.*, V p. 588 l. 8.

**lactineus,** -inius, -inus: *blanc comme le lait — milk-white.* CAESAR. AREL., Regula virg., c. 41. Ibi pluries. FERRAND., V. Fulgentii, c. 18 § 37, MIGNE, t. 65 col. 136. FORTUN., lib. 8 carm. 1 v. 27, *Auct. ant.*, IV pt. 1 p. 179.

**1. lacuna,** laguna, lagona: *étang — lake.* Ad pisces . . . in piscatoriis seu lacunis . . . adquirendos. *D. Charles II le Ch.*, no. 247, II p. 65 (a. 862). Iterum ib., no. 379, p. 349 (a. 875).

**2. lacuna,** v. lagena.

**lacus: 1.** **fosse, tombe — grave, tomb.* **2.** **fosse de chasse — trench for game.* **3.** **fosse aux lions — den.* **4.** **lieu de détention, prison, enfer — place of confinement, prison, hell.*

**lada** (anglosax.): *serment purgatoire — oath of purgation.* Leg. Henrici, lib. 1 c. 64 § 9, LIEBERMANN, p. 585.

**ladiare,** laidare ( < lada). Refl. se ladiare: *se justifier par un serment purgatoire — to clear oneself by an oath of purgation.* Leg. Henrici, lib. 1 c. 56 § 2, LIEBERMANN, p. 585.

**ladmon** (sive ladmen) (genet. ladmonis) (originem vocis nescio) : *travail de tissage imposé aux serves* — compulsory *weaving labour.* Polypt. Sith. (a. 844-864), GYSSELING-KOCH, *Dipl. Belg.*, p. 58 sqq., multoties.

**1. laga** (anglosax. et belg. < norveg.): **1.** *droit coutumier — customary law.* Aliquando fuit in Anglorum laga, quod populus et leges [leg. reges ?] consilio regebantur. Concil. Gratelean. a. 928, MANSI, t. 18 A col. 358 A. **2.** *loi, disposition légale — law, legal provision.* Murdra . . . emendentur secundum lagam regis Eadwardi. Ch. coron. Henrici I reg. Angl. a. 1100, c. 9, STUBBS, *Sel. ch.*[9], p. 119. Ego vobis concedo tales lagas et rectitudines et consuetudines. *Registr. cathedr. Lincoln.*, I p. 47 (a. 1101). Lagas seu consuetudines subscriptas eis concedo. VERCAUTEREN, *Actes de Flandre*, no. 127 (a. 1127, S.-Omer). [Comes] lagas suas eis [sc. burgensibus] libentius ratas teneret. GIRY, *S.-Omer*, p. 377, no. 4 c. 22 (a. 1128). **3.** *communauté de droit — legal community.* Ubi tainus habet duas optiones, amicitie vel lage, et amicitiam eligit. Leg. III Aethelred, tit. 13, vers. Quadrip., LIEBERMANN, p. 232 col. 2. Ne aliquis emere presumat, nisi fuerit in luva et lagha burgensium. BALLARD, *Brit. borough charters*, p. 212 (a. 1180).

**2. laga,** v. lagia.

**lagamannus,** lage- (anglosax. < norveg.): *assesseur* dans un tribunal — *doomsman.* In S. erant 12 lagemanni, qui habebant infra domos suas sacam et socam super homines suos. Domesday, I fo. 336. Inquiret justicia per lagemannos et per meliores homines de burgo vel de hundredo vel villa. Leg. Edw. Conf., tit. 38 § 2, LIEBERMANN, p. 669.

**laganum** (scandin.): *épave de plage — jetsam.* Si laganum evenerit in comitatu b. Judoci, et homines . . . fuerint accusati apud comitem de lagano aliquid usurpasse. BRUNEL, *Actes de Pontieu*, p. 251 no. 163 § 9 (a. 1204). Quietos clamavimus a lagano maris burgenses S. Audomari et eorum res, que in terram nostram de Bolonesia et in terram nostram de Merc venient ad laganum. GIRY, *S.-Omer*, p. 403 no. 29 (a. 1206).

**lagar,** lagare, v. lacar.

**lagena,** laguena, languena, laguna, lagona, lacuna (class. "jarre — jar"): *une mesure de liquides — a liquid measure. D. Karls III.*, no. 92[a], p. 152 l. 11 (a. 882). BERTRAND, *Cart. d'Angers*, I no. 299 p. 1342 (s. xi). UGHELLI, VII p. 564 (ch. a. 1137, Salerno).

**lagia,** laga, laia: *sentier — path.* UGHELLI, I p. 815 (ch. a. 857).

**1. lagona,** laguna, v. lacuna.

**2. lagona,** laguna, v. lagena.

**1. laia,** v. lachus.

**2. laia,** v. lagia.

**laicalis** (adj.): **1.** *de laïc, laïque — lay.* Vinclis laicalibus absoluta, . . . ad relegionis normam . . . translata. Radegundis epist. (a. 575-587) ap. GREGOR. TUR., H. Fr., lib. 9 c. 42. Adhuc in laicali proposito constitutus. FORTUN., V. Hilarii, c. 3 § 8, *Auct. antiq.*, IV pt. 2 p. 2. De facultate laicali . . . ad haeredes legitimos deferre. PARDESSUS, II no. 257 p. 16 (a. 632). Nullus clericus vestimenta laicalia portet. Concil. Rispac. a. 798, c. 1, *Conc.*, II p. 197. Laicalis ordo. *D. Karolin.*, no. 207 (a. 808), p. 277 l. 37. Item Capit. Olonn. mund. a. 825, c. 3, I p. 330. De sacris rebus in laicales usus inlicite translatis. AGOBARD., epist. 5 (a. 823/824), *Epp.*, V p. 167 l. 39. In laicali habitu. ARDO, Comment. in reg. Ben., c. 58, MIGNE, t. 102 col. 904 A. **2.** lingua laicalis: langue parlée — vernacular. Lingua nostra loqui non sufficit laicalis. LAMBERT. ARD., Hist. Ghisn., *SS.*, XXIV p. 618 l. 21.

**laicaliter:** *en laïc — as a layman.* Triginta annis sic laicaliter vixit antequam militiam Christi exerceret. V. Mochuae, c. 1, *AASS.*, Jan. I p. 45.

**laicare,** aliquem: *faire laïc — to laïcize.* S. xiii. Passiv. laicari et intrans. laicare: *se faire laïc — to become a layman.* S. xiii.

**laicatus** (decl. iv): *état laïque — quality of layman.* Timothei monachi vestri, qui in laicatum [i.e. laicatu] Taurus vocabatur. MURATORI, *Ant.*, V col. 455 (ch. ca. a. 965, Napoli). Nulli servorum ecclesiae sive in clericatu sive in laicatu. Synod. Pap. a. 1022, c. 5, *Const.*, I p. 76.

**1. laicus** (adj.): **1.** **commun, pour le peuple — common, for the many.* Loc. panis laicus: *pain non consacré — unconsecrated bread. **2.** *(de personnes) *laïque* — (of persons) *lay.* **3.** *(de choses) *propre aux laïcs* — (of things) *specific to laymen.* Ex laico ad religiosum migrassem officium. GREGOR. M., lib. 11 epist. 15, *Epp.*, II p. 276 l. 9. Vir in laico habitu . . . positus. BEDA, Hist. eccl., lib. 5 c. 13. Item V. Sadalbergae, c. 9, *SRM.*, V p. 54 l. 25. Tibi concedo laicam communionem. HINCMAR., Ann. Bertin., a. 869, ed. WAITZ, p. 100. Canonici . . . laico more vivere malverunt. *D. Ottos I.*, no. 45 (a. 942). **4.** lingua laica: langue parlée — vernacular. S. xiii. Subst. mascul. **laicus** et femin. **laica: 1.** **laïc — layman, laywoman.* **2.** *homme non lettré, femme non lettrée — unlearned man or woman.* Monachus, quia laicus est, non latina, quam non didicit, lingua sed materna respondet. GOFFRID. VINDOCIN., lib. 3 epist. 8, MIGNE, t. 157 col. 110 B. **3.** *frère lai, sœur laie, convers* ou *converse — lay brother* or *sister.* Laicorum numerus, quos conversos vocamus, sexdecim statutus est. GUIGO, Consuet. Carthus., c. 78 § 2, MIGNE, t. 153 col. 753 sq. Duae ex eodem monasterio, quarum altera Deo sacrata, altera laica fuit. Mir. Dionysii, lib. 2 c. 25, MABILLON, *Acta*, III pt. 2 p. 356.

**2. laicus,** v. lachus.

**laidare,** v. ladiare.

**laisare,** laixare, v. laxare.

**laissa,** laixa, v. laxa.

**lama** (orig. incert.): *marécage, vallée humide, étang, broussailles — marsh, swampy valley, slough, shrubs.* Eum de piscina, quae eorum lingua [sc. Langobardica] lama dicitur, abstulit. PAUL. DIAC., Hist. Langob., lib. 1 c. 15. Lib. largit. Pharph., ed. ZUCCHETTI, I p. 96 (a. 939). *CD. Cavens.*, II p. 79 (a. 973); p. 160 (a. 981). Locus . . . ad arvalis lamae videbatur planitiem coaequatus. PETR. DAM., Laudatio Mauri Caesenat., c. 1 § 5, *AASS.*, Jan. II p. 334 col. 2. Cf. *ALMA.*, t. 20 (1950), pp. 261-267.

**lambire** = lambere.

**lambruscare,** -iscare, -escare, -ucare: *lambrisser — to panel.* S. xiii.

**lambruscum,** -uchium ( < labrusca): *lambris, plafond — panel, ceiling.* S. xiii.

**lambruscura,** -bres-: *lambrissure — panelling.* S. xiii.

**lamentari:** *porter plainte* en justice — *to lodge a complaint. D. Ottos II.*, no. 261 (a. 981). *D. Lothars III.*, p. 230 no. 3 (a. 1136).

**lamentatio:** *plainte en justice, instance — legal complaint, action. D. Karolin.*, I no. 270 p. 399 l. 7 (spur. s. xi, Aquileia). UGHELLI, IV col. 1208 D (ch. a. 1184, Genova).

**lammina, lamma** = lamna, lamina.

**lampabilis:** (figur.) *brillant, éclatant — bright, splendid.* CASSIOD., Expos. in ps., ps. 17, MIGNE, t. 70 col. 23 C. SEDUL., carm. 42 v. 3, *Poet. lat.*, III p. 207. FRITHEGOD., V. Wilfridi,

ed. CAMPBELL, p. 55. THEODER. TREVER., Transl. Celsi, c. 2, *SS.*, VIII p. 207.

**lampada** = lampas.

**lampadarius:** *candélabre — chandelier.* S. xiii.

**lampare, 1.** intrans.: *briller — to shine.* Ad instar soli ejus [sc. Hieronymi] ab oriente nobis lamparet eloquium. CASSIOD., Inst. div. lect., lib. 1 c. 21, ed. MYNORS, p. 59. Angelum ... cujus claritas in toto orbe lampavit. Id., Compl. in Apoc., c. 26, MIGNE, t. 70 col. 1414. **2.** transit.: *illustrer, éclairer — to enlighten.* Lampavit orbem lumine. BEDA, Hymn. 4 v. 12, ib., t. 94 col. 621.

**lampas** (genet. -adis), lampada: **1.** *éclat, splendeur — brilliance, lustre.* Morum lampade lucere. CASSIOD., Var., lib. 6 epist. 12 § 5, *Auct. ant.*, XII p. 186; epist. 20 § 1, p. 192. Meriti pro lampade summi. PAUL. DIAC., carm. 2 v. 149, *Poet. lat.*, I p. 41. Bonorum operum lampas. HRABAN., epist. 13, *Epp.*, V p. 401 l. 26. Vestri nominis lampas. HUCBALD., V. Rictrudis, praef., *SRM.*, VI p. 94 l. 2. **2.** *personnage rayonnant — brilliant personality.* Decus atque lampas, victor inormis. SEDUL., carm. 39 v. 3, *Poet. lat.*, III p. 202. Pontificum decus, ecclesie clarissima lampas. Epitaph. Egberti Trever. († a. 993), ib., V p. 313. Lampas ardens. THIETMAR., lib. 7 c. 56, ed. HOLTZMANN, p. 468.

**lampreda,** -id-, -ad-; -um, -us; lamproia, -ea, -etra, lampredo (genet. -onis): *lamproie — lamprey.* Pisces qui vulgo lampredi vocantur. BERNARD-BRUEL, *Ch. de Cluny*, III p. 255 (a. 993-1048). CHEVALIER, *Cart. de Romans*[2], p. 104 (a. 1044). BERTRAND, *Cart. d'Angers*, I no. 80 p. 96 (post a. 1082). FULCHER., Hist. Hierosol., ed. HAGENMEYER, p. 777.

**lana:** *toison — woolfell.* Casei formas 30, porcos in lardo 20, lanas 100. Chron. Farf., contin., MURATORI, *Scr.*, II pt. 2 col. 441.

**lanagium:** *lainages — woollens.* S. xiv.

**lanarius** (subst.): **1.** _*ouvrier en laine — craftsman of the woollen industry._ **2.** *marchand de laine — woolmonger.*

**lanarolus:** *marchand de laine — woolmonger.* S. xiv, Ital.

**lancea,** lancia: **1.** *guerrier armé de la lance et accompagné de ses sous-ordres — man-at-arms with his retinue.* S. xiv. **2.** *mesure agraire de longueur, perche — agricultural measure of length, rod.* DC.-F., V p. 21 col. 2 (ch. a. 1180 et 1193, Vermandois). Ib., col. 3 (ch. a. 1184, Bourgogne).

**lanceare,** lanciare, **1.** intrans.: _*manier la lance — to thrust with the lance._ Cum consodalibus suis sese lanceando exercuisset. ORDER. VITAL., lib. 3 c. 2, ed. LE PRÉVOST, II p. 29. **2.** transit., aliquid: *lancer — to launch.* Quem ... voluit occidere, ... lanceans illi sex vicibus suam hastam. DE TRÉMAULT, *Cart. de Marmoutier pour le Vendômois*, p. 146 (a. 1063). **3.** aliquem: _*transpercer d'une lance — to pierce with a lance._ Tabula Othiniensis (a. 1095), GERTZ, *Vitae sanctorum Danorum*, p. 61 l. 2. ANSELM. GEMBLAC., Contin. ad SIGEBERTI Chronograph., *SS.*, VI p. 381 l. 24.

**lancearius,** lanciarius, lancerius: **1.** _*lancier — spearman._ Dux lanciariorum. CASSIOD., Hist. tripart., lib. 6 c. 35, *CSEL.*, t. 71 p. 357. Sagittarios et lancearios suo loco sequestrat. SUGER., V. Ludov. Gr., c. 11, ed. WAQUET, p. 76. **2.** *fabricant de lances — spearmaker.* In civitate Pictavensi ... domus A. lancearii. RÉDET, *Cart. de S.-Cyprien de Poitiers*, no. 33 p. 31 (ca. a. 1000).

**lanceatus** (adj.): *muni d'une lance — armed with a lance.* S. xiii.

**lancifer** (subst. mascul.): *porteur de la lance sacrée du roi — bearer of the king's sacred lance.* THIETMAR., lib. 3 c. 20, ed. HOLTZMANN, p. 124.

**landa,** landis (celt.): *lande — moor.* DE COURSON, *Cart. de Redon*, no. 148 p. 113 (a. 838/839). Ib., no. 77 p. 60 (a. 861 vel 867). Iter suum carpserunt usque ad landas nobilium, quae terra dicitur infertilis et deserta. V. Leonis Rotomag. (a. 900), *AASS.*, Mart. I p. 94. DE LA BOUTETIÈRE, *Cart. de Talmont*, p. 21 (a. 1058-1074, Vendée). Domesday, I fo. 254. WAQUET, *Ch. de Clairvaux*, I no. 17 p. 39 (a. 1147). DELISLE, *Actes Henri II*, I no. 36 p. 43 (a. 1151-1153). PS.-TURPIN., V. Caroli M., c. 11, ed. CASTETS, p. 19.

**landegravius,** landgravius, v. lantgravius.

**landgavelum,** lan-, -gabulum, -gablum (anglo-sax., cf. voc. gavalus): *impôt foncier — landgavel.* S. xii, Angl.

**lanea** (subst. femin.): *vêtement en laine — woollen garment.* Nudis pedibus et lanea singulari induta. V. Landradae (s. xi), *AASS.*, Jul. II p. 626 C. Discalciatus et laneis indutus. EKKEH. URAUG., Chron., c. 20, *SS.*, VI p. 202.

**1. laneus** (subst. mascul.): *drap de laine — woollen cloth.* Quisque vir unciam vel 3 laneos et mulier pannum lineum sive 3 laneos debent. EBERH. FULD., c. 43 § 21, DRONKE, *Trad. Fuld.*, p. 118.

**2. laneus:** *tenure paysanne — peasant's holding.* S. xiii, Bohem., Polon.

**langellum** (cf. frg. *lange* < lanea): **1.** *lange — napkin.* S. xiii. **2.** *vêtement de dessous en laine — woollen undergarment.* S. xiii.

**langor** = languor.

**languena,** v. lagena.

**languens** (adj. et subst.): _*malade — ill._

**languidus: 1.** _*malade — ill._ **2.** *souffrant d'une infirmité qui suffit à excuser l'absence d'un plaideur — suffering from an illness that is ground for essoin.* S. xiii, Angl.

**languire** = languere (praes. langueo).

**languor: 1.** *infirmité qui suffit à excuser l'absence d'un plaideur — illness that is ground for essoin.* Videatur utrum infirmitas illa sit languor vel non. GLANVILL., lib. 1 c. 18. **2.** _*faiblesse morale, péché — moral weakness, sin._

**laniare:** *blâmer, critiquer — to blame, criticize.* (Cf. OVID., Rem. am., 367). Per totum Romanum imperium patris sui mores laniabat. EKKEH. URAUG., Chron., a. 1099, *SS.*, VI p. 211.

**lanio** (genet. -onis): **1.** _*boucher — butcher._ **2.** _*bourreau — executioner._ ABBO SANGERM., Bell. Paris., lib. 1 v. 472, ed. WAQUET, p. 50.

**lanista** (mascul.): **1.** *boucher — butcher.* Descr. Centul. a. 831, ed. LOT, *Hariulf, Chron. de l'abb. de S.-Riquier*, app., p. 307. **2.** _*bourreau — executioner._ WALTER. SPIR., Pass. metr. Christoph. (ca. a. 982/983), lib. 5 v. 233, *Poet. lat.*, V p. 55; lib. 6 v. 98, p. 58.

**lanisterium:** *industrie lainière — woolcraft.* Lanisterii opus [i.e. opere] praegravatus. AGNELL., c. 17 *Scr. rer. Langob.*, p. 285.



**lantgravia:** *femme investie d'une dignité de landgrave — a female landgrave.* S. xiii.

**lantgraviatus** (decl. iv): *territoire d'un landgrave — a landgrave's territory.* S. xiii.

**lantgravius,** land-, lande-, lan- (germ.): *landgrave — landgrave.* LEIBNITZ, *Orig. Guelf.*, II p. 494 (a. 1129). GRANDIDIER, *Alsace*, II p. 289 (a. 1135). *Mon. Boica*, XIV p. 164 (a. 1143). OTTO MORENA, ad a. 1161, ed. GÜTERBOCK, p. 135. Ibi saepe. ALBERT. STAD., ad a. 1105, *SS.*, XVI p. 317.

**lanutus** ( < lana). Loc. pellis lanuta: *toison — wool-fell.* S. xiii.

**lanx. 1.** loc. aequa, aequali lance dividere: *diviser en portions égales — to partition by equal parts.* Tu cum ipsis equalis lanciae devidere facias. F. Andecav., no. 37, *Form.*, p. 17. [Uxor] equo lante [i.e. lance] cum filiis meis dividere debias. MARCULF., lib. 2 no. 12, ib., p. 83. Tinsaurum [i.e. thesaurus] ... aequa lanciae [i.e. lance] devidetur. FREDEG., lib. 4 c. 85, *SRM.*, II p. 164. **2.** *patène — paten.* V. Wlframni, c. 5, *SRM.*, VII p. 665 l. 12. HARIULF., Chron., lib. 4 c. 17, ed. LOT, p. 217.

**lanzo** (genet. -onis), lanzonus: *une lance de grandes dimensions — a heavy lance.* S. xiii, Ital.

**lapicidium** = lapicidina ("carrière — quarry").

**lapidarius** (subst.) (sc. liber): *lapidaire, traité des pierres précieuses — book on precious stones.* S. xiii.

**lapidicina,** lapidicinia, lapidicinium = lapicidina ("carrière — quarry").

**lapsura:** *écroulement — downfall.* Lapsura parietis. Mir. Pirminii, c. 3, *SS.*, XV p. 32 l. 11.

**1. lapsus** (subst. decl. i): **1.** _*apostat, renégat — fallen Christian, backslider._ **2.** *hérétique — heretic.* Concil. Agat., c. 60, MANSI, t. 8 col. 334. **3.** *pécheur — sinner.* S. xii.

**2. lapsus** (decl. iv): **1.** *cascade de pêche — fish trap.* Intra lapsum, quod ... ad capiendorum piscium necessitatem praeparaveram. GREGOR. TURON., H. Fr., lib. 8 c. 10. Lapsus noster in quo pisces decidere soliti sunt. Id., V. patrum, c. 17 § 4, *SRM.*, I p. 731. Invenit inmanem esocem in lapsum suum. Id., Gl. conf., c. 5, p. 752. Cum lapsu qui est in Mosella. WAMPACH, *UB. Luxemb.*, I no. 275 p. 398 (a. 1052). **2.** *glissière — slide.* Machinam ... lapsibus factis propellentes. ANNALISTA SAXO, *SS.*, VI p. 774 l. 51. **3.** *écoulement* du temps, *ruine* de ce monde — *slipping by* of time, *downfall* of this world. Ultima jam quoniam monstrantur tempora lapsu. WALAHFR., lib. 5 carm. 88 v. 17, *Poet. lat.*, II p. 421. **4.** *déclin — decline.* Cotidie catholicorum fit honoris lapsus. VULGAR., Causa Formos., ed. DÜMMLER, p. 129. **5.** _*péché — sin._

**laqueare:** *fermer de nœuds — to tie.*

**laqueatus,** laceatus: *galonné — trimmed with lace.* S. xiii.

**laqueus: 1.** *lac* de chanvre ou de soie ou *languette* de parchemin pour y attacher un sceau — hemp or silk *string* or parchment *strip* for fastening a seal. S. xiii. **2.** *lacet, galon — tag, lace.* S. xiii.

**larbalis,** v. larvalis.

**lardalis:** *qui rend du lard — yielding pork.* In mense januarii porcos lardales 4. GREGOR. CATIN., Chron., ed. BALZANI, I p. 221.

**lardare:** *larder — to lard.* Effice lardatam de multra farreque pultam. Waltharius, v. 1441.

**lardarius** (adj.): *qui rapporte du lard — yielding pork.* Lardarium porcum. Trad. Ebersberg., no. 101, OEFELE, *Scr. rer. Boicar.*, II p. 29. Subst. neutr. **lardarium: 1.** *lardier — larder, bacon store-room.* [Baccones] infra ipsum lardarium suspendantur. Adalhardi Corbei. stat. (a. 822), lib. 2 c. 12, ed. LEVILLAIN, p. 382. Bachones ... in lardario appendendos. G. abb. Lob., contin. (a. 1162), c. 18, *SS.*, XXI p. 321 l. 5. **2.** *provision de lard — store of bacon.* Debet condere lardarium comitis. Minist. cur. Hanon. (a. 1212-1214), VANDERKINDERE, *La chron. de Gislebert de Mons*, p. 340. **3.** *redevance pesant sur la confection du lard — duty on bacon-making.* Ludov. VII reg. Fr. priv. pro commun. Laudun. a. 1177, TEULET, *Layettes*, no. 279.

**lardarolus:** *charcutier — pork-butcher.* S. xiii, Ital.

**larderarius,** lardi-, -narius: *charcutier — larderer.* FLORENT. WIGORN., ed. THORPE, II p. 51.

**lardinus** (adj.): *de lard — of pork.* Oleum lardinum. WALTH. MAP, Nugae, ed. JAMES, p. 37.

**largare: 1.** *élargir — to broaden.* Basilicam ultro citroque spatiose largans. Lib. pontif., Hadr. I, § 72, ed. DUCHESNE, I p. 507. **2.** *augmenter — to enlarge.* Deveatis largare ipsam portionem nostram de ipsa mola. FILANGIERI, *CD. Amalf.*, p. 48 (a. 1013).

**largientia: 1.** *donation — donation.* DE ROSSI, *CD. Barese*, I p. 7 (a. 962). **2.** *autorisation — authorisation.* Largientiam venundandum [i.e. venundandi] tribuit. MOREA, *Chart. di Conversano*, p. 25. Ibi pluries.

**largifluus:** *accordé avec générosité — lavishly granted.* Ut vos largiflua pietate sua servet incolumes. Pelagii I pap. (a. 555-560) epist., MIGNE, t. 69 col. 412. Largifluam caritatem. V. I Sigiramni, *SRM.*, IV p. 612. Largiflua dona. V. Gangulfi, c. 13, ib., VII p. 166 l. 15. Largiflua elemosinarum datio. LIUTGER., V. Gregorii Traject., c. 13, *SS.*, XV p. 77 l. 37.

**largimentum:** _*don — gift._ Divine largimentum gratie. SEDUL., Rector., MIGNE, t. 103 col. 299 C. Hoc nostre munificentie largimentum. *D. Karls III.*, no. 80 (spur. s. x, Verona).

**largitari** (depon.), transit.: _*accorder, répandre — to grant, dispense._

**largitas,** largietas: **1.** *donation — bestowal.* Quaecumque ecclesiae ... a ... principibus munificentiae largitate conlata sunt. Chloth. I praec. (a. 511-561), c. 12, *Capit.*, I p. 19. Quod ex nostra [sc. regis] largitate ibidem est devoluta possessio. MARCULF., lib. 1 no. 2, *Form.*, p. 42. In monasteriis quae [abbates et laici] ex nostra largitate habent. Admon. ad ord. (a. 825), c. 10, *Capit.*, I p. 305. **2.** *objet d'une donation — gift.* [Monasterium] supra nostra est ... largitate constructum. [Antea: super fiscum nostrum ... videtur esse constructum.] *D. Merov.*, no. 15 p. 16 (a. 635). **3.** *autorisation, faculté — license, liberty.* Haberent immolandi sacrificiorum largitatem. Pass. Eusebii Vercell. (s. ix), UGHELLI[2], IV col. 758 C. [Comes] mihi [sc. homini minoris aetatis] ex auctoritatem publicam dedisset largietatem de rebus meis venundandi. FICKER, *Forsch.*, IV no. 12 p. 18 (a. 843, Piacenza). Quicquid de ipsis rebus facere volueritis ..., vendendi, donandi in omnibus

firmissimam habeatis potestatem et plenissimam vestram largitatem. Giorgi-Balzani, *Reg. di Farfa*, III no. 372 p. 79 (a. 920). Ibi pluries. **4.** *largeur — width*. S. xiii.

**largitio: 1.** *charte de donation — record of a donation*. Aliam largitionem edidit de patrimonio M. Ionas, V. Wlframni, c. 3, *SRM.*, VII p. 663 l. 26. Veluti largitiones ejusdem loci, quae adhuc in monasterio Fontanella servantur, apertissime declarant. V. Ansberti, c. 10, ib., V p. 626. Edita est haec regia largitio Arlauno . . . palatio. V. Lantberti Fontan., c. 3, ib., V p. 611. Hec nostra promulgatio sive largitio. *D. Karlmanns*, no. 21 p. 315 (a. 879). **2.** plural. largitiones: *richesses — riches*. Heu me infelicem et miserum, qui tantas in vanum largitiones consumpsi. Potui vero esse beatus si ea pauperibus disperserim. Adam Brem., lib 3 c. 69, ed. Schmeidler, p. 215.

**largitudo:** *largeur — width*. S. xiv.

**largitus** (decl. iv): **1.** *libéralité — free-handedness*. Divino Romanum pontificium largitu enitet universis. Joh. VIII pap. epist. 100 (a. 878), *Epp.*, VII p. 93. **2.** *concession en précaire ou en fief — grant of a tenancy*. Quas [res] per vestrum largitum et a jure monasterii vestri detineo. Ficker, *Forsch.*, IV no. 43 p. 66 (a. 1013, Ravenna).

**largor:** *largeur — width*. S. xiii.

**largus:** *large, ample — broad, wide*. Largos rivos. Walahfr., Cult. hort., v. 174, *Poet. lat.*, II p. 341. Sepulchrum . . . inter largissima cripta celebratum. Inv. Baudelii (paulo post a. 878), Ménard, *Nîmes*, I pr. p. 4 col. 1. In largissimis vestimentis michi apparuit. Mir. Eupli (s. xi), Capasso, *Mon. Neapol.*, p. 330 l. 12. Subst. neutr. **largum:** *largeur — width*. Per longum passi sex et per largum passi tres. *CD. Cajet.*, I p. 17 l. 22 (a. 835).

**larrocinium,** v. latrocinium.

**larus** (gr.): **mouette — seagull*.

**larva:** **démon — demon*.

**larvalis,** larba-, -ris: *de démon, démoniaque — of a demon, demoniac*. Larvali arreptione vexatus. Pass. Firmi, Ruinart, p. 548. Non larvalia . . . sed deifica . . . virtutum miracula. Pasch. Radbert., Expos. in euang. Matth., Migne, t. 120 col. 411 D. Nec deinde in se ullum larvalis fantasmatis sensit horrorem. Transl. Liborii, c. 16, *SS.*, IV p. 153 l. 42.

**larvaricus:** *diabolique — devilish*. Larvarica . . . seductus cavillatione. Kemble, *CD. aevi Saxon.*, no. 570 (a. 972). Etiam no. 655 (a. 986).

**larvatus** (subst.): *un possédé — one possessed*. Larvatos et comitiales . . . pristinae sanitati restituit. Aldhelm., Virg., c. 52, *Auct. ant.*, XV p. 310.

**larveus:** *diabolique — devilish*. Larveus hostis. Mir. Romani Autissiod., Mabillon, *Acta*, I p. 86.

**larvula:** *fantôme — ghost*. Aldhelm., Aenigm., carm. 100 v. 9, *Auct. ant.*, XV p. 145. Pass. Christoph., str. 225, *Poet. lat.*, IV p. 830.

**lascivia:** **luxure — wantonness*.

**lascus,** v. 2. latus.

**lassabundus:** **fatigué — weary*.

**1. lassare,** intrans.: **se fatiguer — to become weary*. Ennod., epist., *CSEL.*, t. 6 p. 62. Caesar. Arelat., Serm., ed. Morin, p. 93. V. Caesarii, lib. 2 c. 33, *SRM.*, III p. 496. Candid., V. Eigilis, c. 19, *SS.*, XV p. 231.

**2. lassare** = laxare.

**lastagium,** lest- ( < lastus): *droit de tonnage — lastage, toll*. Murdro et lestagio et opere pontium. Madox, *Form. Anglic.*, p. 176 (ca. a. 1095). Sint quieti et liberi . . . de theolonio et passagio et lestagio et omnibus aliis consuetudinibus. Henr. I reg. Angl. ch. pro London (a. 1130-1133), Stubbs, *Sel. ch.*[9], p. 129. Similia Delisle-Berger, *Actes Henri II*, I no. 6 p. 98 (a. 1155, Angl.).

**lastra,** lasta (celt.): *bloc de pierre — stone-block*. Agnell., c. 73, *Scr. rer. Langob.*, p. 328. Ibi pluries. Chron. Venet., *SS.*, XIV p. 11 l. 39.

**lastus,** lest-, -a, -um, lasto (genet. -onis) (germ.): *mesure de tonnage — last*. Lesta alecium. Martène, *Thes.*, I col. 632 (ch. a. 1188, Flandre). Domesday.

**laszus,** v. 2. latus.

**1. lata:** *amende pour défaut de paiement — fine for default of payment*. S. xiii.

**2. lata,** v. latta.

**latare:** *évacuer — to clear*. [Leo] in aliam partem devertit et latabat illis viam. Hugeburc, V. Willibaldi, c. 4, *SS.*, XV p. 100. Agresta silvarum loca suo labore latans arbores cedebat. Id., V. Wynnebaldi, c. 7, p. 111.

**latebrare,** intrans.: *se cacher — to be in hiding*. Hostes latebrantes lapidibus exturbabant. Gregor. Turon., Virt. Martini, lib. 1 c. 14, *SRM.*, I p. 597. Latebrando latitans. V. Fructuosi, c. 8, Mabillon, *Acta*, II p. 585.

**lateralis** (subst.). **1.** mascul. plural. laterales: *gens de l'entourage d'un prince — courtiers*. Egregium dominum lauti decorant laterales. Egbert. Leod., Ratis, lib. 1 v. 681, ed. Voigt, p. 127. Regis laterales. Ann. Rom. a. 1111, Duchesne, *Liber pontificalis*, II p. 342 sq. Sedem apostolicam . . . suam aut lateralium suorum quaerere commoditatem. Ivo Carnot., epist. 109, Migne, t. 162 col. 127. [Karolus Magnus] ei majorem a suis lateralibus impendi decernebat honorem. V. Hugonis Rotom., Migne, t. 166 col. 1167 B. Laterales et familiares eorum [sc. potestatum] sollicitant. Joh. Sarisbir., Polycr., lib. 7 c. 19, ed. Webb, II p. 172. **2.** femin. singul.: *épouse — spouse*. D'un roi — of a king: Interventu nostre lateralis Agnetis regine. *D. Heinrichs III.*, no. 134 (a. 1045). D'un simple roturier — of a private person: I. de G. cum sua laterali. Muller-Bouman, *OB. Utrecht*, I no. 485 p. 433 (a. 1176).

**lateraliter: 1.** *latéralement — sidelong*. Ps.-Boeth., Geometr. (s. xi), ed. Friedlein, p. 417. **2.** *côte à côte — side by side*. Arctissimo tramite qui binos lateraliter ire non patiebatur. Order. Vital., lib. 4 c. 5, ed. Le Prévost, II p. 195. **3.** *à côté — alongside*. S. xiii.

**lateranea** (subst. femin.): *reine — queen-consort*. Birch, *Cart. Saxon.*, no. 1143, III p. 393 (a. 964).

**lateratim: 1.** *latéralement — sidelong*. Huic lateratim contiguum. Métais, *Cart. de Vendôme*, I p. 133 (a. 1047). **2.** *sur le côté — on his side*. Quocunquemodo recumbens jaceat, videlicet vel supernus vel lateratim. Guill. Hirsaug., Const., lib. 1 c. 70, Migne, t. 150 col. 999 B. **3.** *côte à côte — side by side*. Has [quadrupedes] facit in medio lateratim flumine mergi. Guill. Brito, Philipp., lib. 7 v. 112, ed. Delaborde, p. 18[illegible].



**lateratio:** *tenants et aboutissants — adjacencies*. Silvam secundum dimensionem et cum lateracionem superius prescriptam. D. Ludov. Pii a. 820, Beyer, *UB. Mittelrh.*, I no. 52 p. 59. Mansum unum cum terminis et laterationibus suis. Lesort, *Ch. de S.-Mihiel*, p. 68 (a. 824). Pascua . . . cum [i. e. cum] terminis et laterationibus earum. Moris-Blanc, *Cart. de Lérins*, no. 246 p. 260 (a. 824). Quarum rerum circumjacenciae et laterationes in commutationes [i.e. chartis commutationum] . . . pleniter continentur. *D. Charles le Ch.*, no. 108 (a. 848).

**laterculum: 1.** *table du cycle pascal — Easter table*. Diversa observantia laterculorum paschalis festivitatis. Concil. Tolet. IV a. 633, Mansi, t. 10 col. 618. Sanctum Pascha secundum laterculum Victori . . . celebretur. Concil. Aurel. IV a. 541, c. 1, *Conc.*, I p. 87. Isid., Etym., lib. 6 c. 17 § 4. **2.** *ère — era*. Regnante . . . Ihesu Christo, cujus incarnationis humane anni laterculo [i.e. anno laterculi] 987. Kemble, *CD. aevi Saxon.*, no. 661, III p. 233. **3.** *laps de temps — age*. Per innumera seculorum latercula. Birch, *Cart. Saxon.*, no. 227, I p. 309 (a. 760).

**latere,** transit.: *cacher — to hide*. Eum [sc. lapidem] latere non potest. Coll. Avell., epist. 244 c. 23, *CSEL.*, t. 35 p. 749 l. 26. Dum [id] latere volebat. Ruotger., V. Brunonis, c. 30, ed. Ott, p. 30. [Herbam] silva latet. Walahfr., Cult. hort., v. 282, *Poet. lat.*, II p. 345.

**lateria:** *briqueterie — brickyard*. *D. Ottos II.*, no. 211 (a. 980).

**latericium,** -ecium-, -icum, -iscum: *côte couverte de verdure — verdant slope*. *Actes Phil.-Aug.*, I no. 113 p. 142 (a. 1184); no. 197 p. 236 (a. 1186).

**latericius:** *de brique — made of brick*. Septum latericio pariete structum. Wandalb., Mir. Goaris, lib. 2 c. 1, *SS.*, XV p. 364. [Palatium] turrim lateritiam . . . exstructam habens. Aimoin., Mir. Bened., lib. 2 c. 1, ed. De Certain, p. 96. Reconditorium lateritio opere ac caemento pene indissolubile. *SS.*, XV p. 531 l. 4 (epist. a. 1052, Thérouanne).

**latialiter:** **en latin — in Latin*.

**latinare: 1.** **écrire en latin, latiniser, traduire en latin — to write in Latin, latinize, translate into Latin*. **2.** *parler latin — to speak Latin*.

**latinarius:** *interprète — interpreter*. Domesday, I fo. 50 b.

**latinitas: 1.** **le latin — Latin*. **2.** *la chrétienté latine — Latin Christendom*. Anast. Bibl., epist., Migne, t. 129 col. 560 A. Anselm. Cantuar., Proc. spir. s., ib., t. 158 col. 317 B. Order. Vital., lib. 10 c. 11, ed. Le Prévost, IV p. 68.

**latinizare: 1.** **traduire en latin, latiniser — to translate into Latin, latinize*. **2.** *écrire latin, s'exprimer en latin — to write Latin, express oneself in Latin*. S. xiii.

**latinum** (subst.): *le latin — Latin*.

**lato** (genet. latonis) (etym. inc.): *laiton — brass*. Duos bacinos de latone. Guérard, *Cart. de Mars.*, I p. 177 (a. 1057).

**latomus** (gr.): **carrier, tailleur de pierres — quarryman, stonemason*.

**lator: 1.** **courrier, messager — courier, messenger*. Cassiod., Var., lib. 1 epist. 1 § 6, *Auct. ant.*, XII p. 11. Gregor. M., epist., saepissime. Martini pap. epist. a. 649, *SRM.*, V p. 453. **2.** *porteur* d'une lettre — *bearer* of a letter. Latores presentes, quos illic usque distinavimus, solacium prebere non dedignetis. Marculf., lib. 2 no. 47, *Form.*, p. 103. Presentium latores . . . petierunt ut a nobis relaxati valeant ad propria remeare; ideoque precipimus quatenus . . . solatium eis ac consultum impertientes eos absolvere debeatis. Lib. diurn., c. 50, ed. Sickel, p. 40.

**latrabilis:** **qui aboie — barking*.

**latria** (gr.): **culte, adoration — worship*.

**latro: 1.** *voleur, larron — thief*. Ille qui non venerit . . ., ille erit latro [i. e. habebitur pro latrone] illius qui agnoscit. Lex Sal., tit. 47. Oportet latronum crimina resecari . . . Quicumque . . . caballos aut boves furto abstulerit. Lex Burgund., tit. 47 § 1. Si quis ingenuam personam per furtum ligaverit et negator exteterit, 12 juratores . . . dare debet, quod furtum quod obicit verum sit. Et sic latro redimendi se habeat facultatem. Si quis furtum suum invenerit et occulte sine judice compositionem acceperit, latroni similis est. Pact. Childeb. I (a. 555-558), c. 2 sq., *Capit.*, I p. 5. Si quis occulte de re sibi furata a quolibet latrone compositionem acceperit, utraque [i. e. uterque] latronis culpam [i. e. culpae] subjaceat; fures [leg. fur] tamen judicibus presentetur. Decr. Chloth. I (a. 555-558), c. 13, p. 6. Intempesta nocte . . . vineam . . . latro capiendus expetiet [i. e. expetiit]. Ps.-Fortun., V. Medardi, c. 4 § 11, *Auct. ant.*, IV pt. 2 p. 69. A latrone sepultura mea expoliare [i. e. spoliari] dinoscitur. V. Gaugerici (s. vii ex.), c. 15, *SRM.*, III p. 658. Si quis latro de uno furto probatus fuerit, unum oculum perdat. Capit. Harist. a. 779, forma Langob., c. 12, I p. 49 col. 2. Si cum furto conprehensus fuerit, accipiat judex de rebus ipsius latronis hoc quod super se habet. Capit. de latron. (a. 804-813), c. 7, p. 181. A latronibus nocte furtim ablata est. Lib. pontif., Leo IV, § 17, ed. Duchesne, II p. 110. Joh. VIII pap. epist. 143 (a. 878), *Epp.*, VII p. 123. Helgald., V. Roberti, c. 7, *Hist. de Fr.*, X p. 101 D. Giry, *S.-Omer*, p. 390 (ch. a. 1168). **2.** *justice criminelle concernant les actes de larcin et de brigandage — criminal jurisdiction regarding larceny and rapine*. Omnes justicias — theloneum, bannum, comitatum, latronem, foralia — . . . optinuit. Cantat. s. Huberti, c. 5, ed. Hanquet, p. 17. Nihil sibi omnino retinuit in villa, nec justitiam nec sanguinem nec latronem nec talliam. DC.-F., V p. 37 col. 2 (ch. a. 1060, Beauvais). Abbati A. socam, teloneum et latronem . . . habere concedo. Ib., col. 3 (ante a. 1089, Normandie). Locum illum ab omni saeculari lege vel consuetudine liberum, banno scilicet, latrone, inventione, furto . . . tradidi. Miraeus, I p. 268 col. 2 (a. 1086, Hainaut). Nemo accipiat leges illas quas vocant bannum et latronem [nisi abbas]. Vercauteren, *Actes de Flandre*, no. 124 (a. 1119-1120). Concedo ipsis monachis suum duellum et suum sanguinem et suum latronem. Brunel, *Actes de Pontieu*, p. 70 no. 45 (a. 1149). **3.** **démon, esprit malin — demon, evil spirit*.

**latrocinaliter:** **en brigand, par un acte de brigandage — like a brigand*.

**latrocinator:** *brigand — brigand*. *D. Charles II le Ch.*, no. 242, II p. 49 l. 20 (a. 862).

**latrocinium,** larrocinium: **1.** *vol, larcin — theft, larceny.* Istud si fecerit, exuit se de latrocinio. Lex Sal., tit. 47. Si familia nostra partibus nostris aliquam fecerit fraudem de latrocinio aut alio neglecto. Capit. de villis, c. 4. Si servi invicem inter se furtum fecerint et in una fuerint potestate . . . Si vero de foris accusatur [i. e. accusator] adversus eum surrexerit quae ad latrocinium pertinent . . . Capit. de latron. (a. 804-813), c. 9, I p. 181. HELGALD., V. Roberti, c. 9, *Hist. de Fr.*, X p. 102 D. **2.** *justice criminelle concernant les actes de larcin et de brigandage — criminal jurisdiction regarding larceny and rapine.* Dicunt se habuisse . . . latrocinium suum usque ad 4 den. Domesday, I fo. 204. **3.** *objet volé — stolen goods.* Si latrocinia vel furta aut preda ipsa inventa fuerit. Pippini Ital. reg. capit. (a. 782-786), c. 8, I p. 193. Si scutifer hujus patrie furetur aliquid, . . . ipse latrocinium integrum restituet. *SS.*, XXI p. 606 col. 1 l. 53 (ch. a. 1114, Valenciennes). Si latrocinium invenitur in manu vel in potestate alicujus qui se non poterit excusare. Leg. II Cnut, tit. 23, vers. Inst. Cnuti, LIEBERMANN, p. 327 col. 2.

**latronissa:** *larronnesse — female thief.* S. xiii.

**latrunculus: 1.** **soldat mercenaire — hired soldier.* ANAST. BIBL., Chron., ed. DE BOOR, p. 266. **2.** **brigand — highwayman.* **3.** *voleur, larron — thief.* Vaccam furto abstrahentes . . . latrunculi. WALAHFR., V. Galli, lib. 1 c. 8, *SRM.*, IV p. 290. **4.** **usurpateur — usurper.* Tyranni vel potius latrunculi. ERCHANBERT., Breviar., *SS.*, II p. 330.

**latta,** lata (germ.): *latte, poutre — lath, beam.* DE KERSERS, *Cart. de Bourges*, p. 235 (ca. a. 1100). Pipe Roll 31 Henr. I, p. 128 (a. 1130). CASSAN-MEYNIAL, *Cart. de Gellone*, no. 523 p. 444 (a. 1163).

**1. latus** (genet. lateris). **1.** loc. a latere, ex latere, de latere alicujus: *de la part de — from. Se dit en particulier du délégué, de l'envoyé d'un prince — especially used to designate a ruler's representative. Quem a latere nostro transmiserimus. GREGOR. M., lib. 5 epist. 31, *Epp.*, I p. 312. Rursum lib. 9 epist. 11, II p. 49. Non vicarios aut quoscunque de latere suo [judices] per regionem sibi commissam instituere vel destinare studeant. Guntchramni edictum a. 585, *Capit.*, I p. 12. Misso nostro, quem ex nostro latere illuc direximus. MARCULF., lib. 1 no. 40, *Form.*, p. 68. Misit rex Imnacharium et Scaptharium primus [i. e. primos] de latere suo. GREGOR. TURON., H. Fr., lib. 4 c. 13. Rex dirigens de latere suo personas. Ib., lib. 5 c. 28. Comites e regio latere habere. IONAS, V. Columbani, lib. 1 c. 26, ed. KRUSCH, p. 209. [Rex] missos ex latere dirigeret. Pass. Praejecti, c. 23, *SRM.*, V p. 239. Missis a latere vestro [sc. regis] probatae fidei legatis. Concil. Vern. a. 844, c. 2, *Capit.*, II p. 384. Missus e latere regis vir Dei. V. Lupi Senon., c. 15, *SRM.*, IV p. 183. Ex latere caesaris missi sunt qui eos . . . introducerent. MONACH. SANGALL., lib. 2 c. 6, *SS.*, II p. 750 l. 30. Papa directis ad nos ex latere suo episcopis nostram communuit clementiam. *D. Karls III.*, no. 81 (a. 883). [Papa] suum legatum . . . e latere suo direxerat. FLODOARD., Hist. Rem., lib. 3 c. 11, *SS.*, XIII p. 486 l. 44. **2.** par rapport à l'union conjugale — with respect to wedlock. Eam . . . lateri suo uxorem sociari. Pass. Bonosae (s. vi), *AASS.*, Jul. IV p. 21 l. 63. Regina non aderat regis lateri. WETTIN., V. Galli, c. 22, *SRM.*, VI p. 268 l. 14. Lateri vestro eam sociate. Chron. Salernit., c. 66, ed. WESTERBERGH, p. 64.

**2. latus** (decl. 1), lazus, lazzus, lazzis, laszus, lascus, lazcus (germ., cf. voc. litus): *lite*, individu appartenant à une classe intermédiaire entre celle des hommes libres et celle des serfs (dans les régions saxonnes et frisonnes) — *lite*, person belonging to a group between those of the freemen and the serfs. Homines tam liberos quam et latos, qui super terram ejusdem monasterii consistunt. D. Ludov. Pii (a. 826-833), WILMANS-PHILIPPI, *Kaiserurk. Westfalen*, I p. 28. Gens omnis [Saxonum] in tribus ordinibus divisa consistit: sunt etenim inter illos qui edhilingi, sunt qui frilingi, sunt qui lazzi illorum lingua dicuntur, Latina vero lingua hoc sunt nobiles, ingenuiles atque serviles. NITHARD., lib. 4 c. 2, ed. LAUER, p. 120. Moris erat [apud Saxones] ut semel in anno generale consilium agerent . . . Solebant ibi . . . convenire ex pagis singulis 12 electi nobiles totidemque liberi totidemque lati. V. Lebuini, c. 4, *SS.*, XXX p. 793. Cum familiis 60, quae lingua eorum [sc. Saxonum] lazi dicuntur. *D. Ludw. d. Deutsch.*, no. 93 (a. 858). Tradidit . . . duos latos. CRECELIUS, *Trad. Werdin.*, *Zs. Berg. Gesch.ver.*, t. 6 (1869) p. 42. Tradidit . . . hominem latum cum uxore et filiis. WIGAND, *Trad. Corbej.*, no. 327, p. 68. *D. Konrads II.*, no. 216 (a. 1035). *D. Heinrichs III.*, no. 106 et 112 (a. 1043). Urbar. Corbej. (a. 1106-1128), § 1, KINDLINGER, *Münster. Beitr.*, II p. 119.

**laubia,** laupi-, lobi-, lovi-, logi-, loge-, lotgi-, log-, loj-, loz-, -um (germ.): *auvent, galerie, arcade, portique, loggia — lodge, penthouse, gallery, arcade, portico.* Casam cum laubia et cellario et caminata et quoquinam. Polypt. s. Remigii Rem., c. 6 § 1, ed. GUÉRARD, p. 7 col. 1. Dum . . . civitate Mediolanium in curte ducatus in laubia in judicio resedisemus. MANARESI, *Placiti*, I no. 67 p. 242 (a. 865). Civitate Placentia ad basilicam . . . intus caminata magiore qui exstat prope laubia. Ib., no. 99 p. 356 (a. 892). In laubia magiore ipsius palacii. *D. Lodovico III*, no. 6 p. 20 (a. 901). *D. Berengario I*, no. 70 p. 189 (a. 906-910). In capite laubie longanea solarii. *D. Ugo*, no. 55 p. 165 (a. 941). Obumbraculum ad temperandum solis aestum, quod lobiam vocant. FOLCWIN., G. abb. Lob., c. 1, *SS.*, IV p. 56 l. 5. Logiae feriarum [i. e. nundinarum]. DC.-F., V p. 137 col. 3 (ch. a. 1148, Nivernais). [Episcopus] stans in lobi domus episcopalis. V. Meinwerci, c. 150, ed. TENCKHOFF, p. 79.

**laudabilis: 1.** comme épithète honorifique — as an epithet of honour. Adstante viro illo laudabile defensore. MARCULF., lib. 2 no. 37, *Form.*, p. 97. **2.** *de la qualité requise — of standard quality.* 13 modios frumenti optimi et laudabilis. BONGERT, *Cours laïques*, p. 155 (a. 1140).

**laudagium:** *frais de justice — law-fee.* S. xiii Ital.

**laudamen:** *consentement — assent.* Se heredem esse ejusdem predii nec potuisse eandem



proprietatem absque suo consensu vel laudamine transferri in potestatem ecclesie. WIDEMANN, *Trad. S.-Emmeram*, no. 925 p. 458 (a. 1179).

**laudamentum: 1.** *approbation — approval.* Nunquam . . . papatum . . . [aliquem] suscipere patereris absque assensu et laudamento [imperatoris]. Cod. Udalrici, no. 49 (a. 1076), ed. JAFFÉ, *Bibl.*, V p. 105. Inde Wirziburgensis episcopus . . . sententiam cum laudamento et assensu communi protulit. SPON, *Genève*, II p. 30 (ch. a. 1162). Matrimonium nisi de consensu et laudamento B. comitis . . . contrahere non potuit. GISLEB. MONT., Chron., c. 36, ed. VANDERKINDERE, p. 70. **2.** *consentement donné par les parents aux aliénations de bien-fonds — assent of kinsmen to alienation of real estate.* Donavi . . . ad locum Cluniacum per laudamentum fratrum meorum quandam vineam. BERNARD-BRUEL, *Ch. de Cluny*, I no. 317 p. 311 (a. 927-942), Quaedam domina . . . per laudamentum mariti sui dedit . . . vineam. BERNARD, *Cart. de Savigny*, I p. 467 no. 886 (a. 1113). WIDEMANN, *Trad. S.-Emmeram*, no. 960 p. 485 (a. 1181/1182). **3.** *consentement donné par le seigneur aux aliénations de tenures — assent of a landlord to transfer of fief or holding.* Predictum donum faciat Artallus ad Luciam ad laudamentum de comitem Raimundum. ROSELL, *Lib. feud. maj.*, no. 37 (ca. a. 1060, Catal.). Pro quo laudamento . . . receperunt 400 sol. BERNARD-BRUEL, V no. 3681 p. 35 n. 2 (a. 1094). Vendicionem assensu et laudamento roboravimus. JORDAN, *Urk. Heinr. d. Löwen*, no. 28 p. 40 (a. 1154). Duci . . . comes Namurcensis laudamento comitis Campanie totam terram suam . . . vadio tenendam concessit. GISLEB. MONT., c. 148, p. 228. **4.** *conseil, volonté, gré, discrétion — counsel, will, liking, pleasure.* Debeat mittere castellanum vel castellanos in predicto castro ad voluntatem et laudamentum comitis. ROSELL, o.c., no. 227 (a. 1063). Ibi talia pluries. **5.** (cf. voc. laudare, sub 4) *donation — donation.* De laudamento Arnaldi et de laudatione et concessione predictorum consulum. DOUAIS, *Cart. de Toulouse*, p. 508 (a. 1198). **6.** *acte de donation — record of a donation.* Placuit conscribi laudamentum quod B. episcopus fecit monasterio de quadam femina. BERNARD, *Cart. de Savigny*, I no. 810 p. 427 (ca. a. 1088). **7.** *reconnaissance d'un prince, prestation de foi et hommage — recognition of a ruler, swearing allegiance.* Communi suffragio et laudamento dominum sibi et ducem . . . confirmaverunt. BERTHOLD., Ann., a. 1079, *SS.*, V p. 319. Ibi pluries. **8.** *sentence d'arbitrage — arbitration.* Ista batalia sit facta . . . ad laudamentum de quatuor hominibus bonis, quos eligant ex ambabus partibus. ROSELL, o.c., no. 821 (a. 1070). Istud consilium et hoc laudamentum fecit supradictus G. GERMER-DURAND, *Cart. de Nîmes*, no. 1194 p. 309 (ca. a. 1108). Pacto amicabili hujusmodi laudamentum et consilium dederunt super hoc, dicentes . . . *Hist. de Languedoc*[3], V pr. no. 582 col. 1122 (a. 1150). **9.** *jugement — judgment.* Persone eorum cum omni honore et avere veniant in manu principis ad faciendam suam voluntatem secundum consilium et laudamentum ipsius curie. Usat. Barcinon., c. 66, ed. D'ABADAL-VALLS TABERNER, p. 27. Nemo miles sine convicta culpa beneficium suum amittat, si . . . convictus non fuerit . . . per laudamentum parium sui. Libri feudor., antiq., tit. 6 c. 10 (vulg., lib. 1 tit. 20), ed. LEHMANN, p. 105. Secundum laudamentum missorum comitissae. FICKER, *Forsch.*, IV no. 91 p. 135 (a. 1098). Ad laudamentum Senensium consulum . . . emendabo. Ib., no. 124 p. 167 (a. 1156, Siena). Interrogatus per imperatorem residentem pro tribunali, si . . . Qui ad suprascriptam interrogationem tale laudamentum fecit. *Const.*, I no. 321 (a. 1188). Burgenses s. Audomari homines domini regis Francorum nequaquam suscipere voluerunt quousque inde in curia domini regis laudamentum . . . habuerunt. GISLEB. MONT., c. 175, p. 259. **10.** *estimation, fixation d'un taux — assessment.* [Judicia] sint . . . ad laudamentum judicis bene assecurata per pignora ut sint facta. Usat. Barcinon., usualia, c. 28, p. 13. Infractiones . . . redrecet [i. e. penset] eis cum laudamento episcopi de Helna. *Hist. de Languedoc*[3], V pr. no. 599 col. 1172 (a. 1154). **11.** (acception suggérée par les mots allemands *geloben* et *gelöbnis* venant de *loben* "louer" — meaning influenced by german *geloben* and *gelöbnis* as derivations of *loben* "to praise") *promesse — promise.* Contra laudamentum in verbo Domini factum . . . cum Siculo Willehelmo . . . federati sunt. GERHOH. REICHERSP., Invest., lib. 1 c. 53, *Lib. de lite*, III p. 361 l. 34. Laudamentum a papa accepisse . . . ut . . . pictura talis de medio tolleretur. RAHEWIN., lib. 3 c. 10, ed. WAITZ-SIMSON, p. 177. Accepto de hac probabili petitione fideli laudamento. Ib., lib. 4 c. 14, p. 251. Manu propria in manu ducis posita laudamentum quasi jusjurandum fecit; . . . fratres nunquam se amplius . . . vexaturum . . . promisit. Cod. trad. Neocell. (ca. a. 1190), *Mon. Boica*, IX p. 559. Laudamentum de constructione monasterii multociens ab eo sibi factum . . . ad effectum perduceretur. Fund. Baumburg. (s. xii ex.), *SS.*, XV p. 1062. **12.** *accord, convention — agreement.* Rex tale laudamentum cum comite instituit, quod post decessum avunculi illius colliget eum in familiaritatem suam. *Const.*, I no. 326 (a. 1188). **13.** *acte concernant une convention — record of an agreement.* Laudamentum hoc jussu praenominati R. . . . G. episcopo dictante P. scripsit. MABILLON, *Dipl.*, p. 618 (a. 1096).

**laudare: 1.** *approuver, acquiescer à* qqch. — *to approve of, acquiesce in* a thing. Actum in palacio T. coram domno rege confirmante et laudante. *D. Ugo*, no. 19 p. 54 (a. 929). C. imperatoris missus leto animo interfui, laudavi atque subscripsi. FICKER, *Forsch.*, IV no. 39 p. 59 (a. 998). Legati apostolici a me et archiepiscopo Moguntino . . . sub magna districtione exegerunt ut synodum fieri laudaremus. ERDMANN-FICKERMANN, *Briefsamml.*, no. 15 p. 34 (a. 1075, Bremen). Hereditatem quam mihi pater te laudante tradidit [sc. regnum], guberno. Encom. Emmae, lib. 2 c. 2, ed. CAMPBELL, p. 18. **2.** *consentir comme parent à l'aliénation d'un bien-fonds — to give one's assent as a kinsman to an alienation of real estate.* Hanc donationem

laudaverunt haeredes nostri G. et G. comites. Quantin, *Cart. de l'Yonne*, I p. 105 no. 54 (a. 878, Sens). Consentiente et laudante filio meo. Bernard-Bruel, *Ch. de Cluny*, I no. 156 (s. x). Quantum ad victus et sui vestitus necessaria suppetebat, ex sua proprietate, laudantibus hoc suimet filiis, concessit. Thietmar., lib. 1 c. 21, ed. Holtzmann, p. 28. Cumque audisset hanc donationem G., calumpniatus est. Tunc [monachi] dederunt illi 100 sol. et unum equum pro laudatione. Laudavit. Canat, *Cart. de S.-Marcel lès Chalon*, no. 68 p. 66 (ante a. 1079). **3.** *consentir en seigneur à l'aliénation d'une tenure — to give one's assent as a landlord to transfer of fief or holding.* Quod ut laudaret, dedit ei ... 30 sol. Bernard-Bruel, V no. 4331 p. 695 (a. 1188). **4.** *déguerpir, céder, faire donation* de qqch. — *to abandon, renounce, donate.* Damus, laudamus et concedimus ... domno abbati ... totum allodium. *Hist. de Languedoc*[3], V pr. no. 67 col. 175 (a. 936). Laudavit michi terram per quam [aquae] cursum facerem et fecit michi traditionem et vestituram. D'Herbomez, *Cart. de Gorze*, no. 132 p. 234 (a. 1055). Fratribus ... concedo et laudo usque in perpetuum illa duo altaria. Prou-Vidier, *Ch. de S.-Benoît-s.-Loire*, I no. 84 p. 220 (a. 1075). Donamus, transfundimus, laudamus et tradimus. Rouquette, *Cart. de Béziers*, no. 93 p. 125 (a. 1093). **5.** *engager — to mortgage.* Predictam garrigam laudaverunt in hoc pignore. Douais, *Cart. de Toulouse*, p. 263 (a. 1149). **6.** *confirmer* une élection, *reconnaître — to confirm* an election, *to recognize.* [Victorem IV papam] ab ipso [rege Heinrico IV] laudatum audierant. Ann. Altah., a. 1061, ed. Oefele, p. 58. Cum Teutones sibi Chuonradum eligerent, [Aribertus] eumdem ipsum laudavit omniumque in oculis coronavit. Arnulf. Mediolan., lib. 2 c. 2, *SS.*, VIII p. 12. Monachis ... preesse precepi et votis omnibus laudavi atque laudando pastorem animarum ibi fore decrevi. Bernard, *Cart. de Savigny*, I p. 309 (s. xi). Metropolites noster solus ex omnibus episcopis Alemanniae ... Alexandrum papam laudavit. V. Eberhardi Salisburg. (ca. a. 1180), c. 8, *SS.*, XI p. 81. **7.** *élire, désigner par élection, acclamer — to elect, designate by election, to acclaim.* Leontium imperatorem laudaverunt. Anast. Bibl., Chron., ed. De Boor, p. 235 (ap. Theophanem: εὐφήμησαν). Cf. E. Mayer, Εὐφημεῖν = *laudare*, *ZSSRG.*, Germ. Abt., t. 26 (1905), pp. 272-280. Ad Pragam properans ab incolis ... introducitur communiterque in domnum [i. e. ducem Bohemiae] laudatur. Thietmar., lib. 5 c. 30, p. 255. Omnes nos in presentiam venientes, examinatione regis, ipso primitus eum laudante, predictum patrem elegimus [sc. in archiepiscopum Magdeburgensem]. Ib., lib. 6 c. 67, p. 356. Abnegat archiepiscopus, sub jurejurando asserens se neminem alium in regem ... laudare vel benedicere. Encom. Emmae, lib. 3 c. 1, ed. Campbell, p. 40. Cum singuli deberent eum [sc. Rodulfum] regem laudare ..., hac lege eum super se levarent regem ... Bruno Merseb., c. 91, ed. Wattenbach, p. 67. Cf. G. Seeliger, *MIOeG.*, t. 16 (1895), p. 51 sqq. Th. Lindner, *Der Elector und die Laudatio bei den Königswahlen in Frankreich*, ib., t. 19 (1898), pp. 401-416. **8.** *conseiller — to advise, recommend.* Nihil tale reperimus quod vobis laudare praesumamus. Eigil., V. Sturmi, c. 6, *SS.*, II p. 368 l. 37. Comes ... convocavit ad consilium suum optimates suos ... qui omnes pariter laudaverunt comiti, ne turbaret elemosinam antecessorum suorum et suam. Mabille, *Cart. de Marmoutier pour le Dunois*, no. 94 p. 85 (a. 1114). Laudatum est regi quatenus consuetudines justas ... non auferret. Leg. Edwardi Conf., retract., tit. 39, Liebermann, p. 671 col. 2. Laudo ... ut nunc universa revolventes videamus. Order. Vital., lib. 6 c. 10, ed. Le Prévost, III p. 108. Ibi pluries. Laudaverunt comiti Fulconi ut per quendam, quem rex cognosceret, regi responderet. Hugo de Cleeriis, De majoratu, Halphen-Poupardin, *Chron. d'Anjou*, p. 243. **9.** *prononcer une sentence d'arbitrage — to arbitrate.* Sicut laudatum erit inter nos juste a duobus meis hominibus et aliis duobus tuis. Rosell, *Lib. feud. maj.*, no. 687 (a. 1068-1095). **10.** *prononcer un jugement — to pass judgment.* Judicato justo judicio prescripti judices [i. e. a praescriptis judicibus] inter eos, laudaverunt pariter comes et vicecomes omnem eorum judicium. Rosell, o.c., no. 595 (a. 1061, Catal.). Laudamus nos, quod vicecomitissa recuperaret totam ipsam partem ... in castello de M. ... Laudamus iterum l. reddere B. ipsum avere quod in ipso castello ... inventum fuerat. DC.-F., V p. 43 col. 1 (ca. a. 1080). Ita laudatum est et ordinatum est ab eis [judicibus], scilicet quod ... Ficker, *Forsch.*, IV no. 97 p. 142 (a. 1120). A. [consul] in concordia sociorum ejus ... dixit et laudavit quod ante imperatorem hoc judicium diffiniatur. Ib., no. 113 p. 156 (a. 1140, Milano). Imperator interrogavit dominum O. falsegravium ut laudaret quid juris esset. Qui laudavit dicens ... *Const.*, I no. 297 (a. 1184). **11.** *déterminer, fixer — to determine, appoint.* Donat ei mille uncias ... per terminos quos ambo laudabunt. Rosell, no. 218 (a. 1090). **12.** (cf. vocabula teutonica *loben* "laudare" et *geloben* "polliceri") *promettre, accorder — to promise, concede.* Fidissimum esse quod ille ei et laudasset et spopondisset. Rimbert., V. Anskarii, c. 24, ed. Waitz, p. 52 l. 16. Hoc laudabant nostri. Thietmar., lib. 4 c. 12, p. 146. Ter mihi succumbas in mercedem volo laudas. Ruodlieb, fragm. 7 v. 85. Ibi saepe. Colloquium cesaris cum rege Danorum ... habitum est ... Ubi sub optentu federis contra Saxones arma laudata sunt. Adam Brem., lib. 3 c. 60, ed. Schmeidler, p. 206. Laudatum esse regia sponsione ut ... confirmarentur ei omnia. Ib., c. 61. Legalem guarentiam laudaverunt. Douais, *Cart. de Toulouse*, p. 131 (a. 1060). **13.** *convenir de, s'engager mutuellement à* qqch. — *to agree on* a thing. Retulit ... regem Anglorum cum illo W. concordiam laudasse. Galbert., c. 49, ed. Pirenne, p. 78. Factum est ex consilio utriusque partis ut laudaretur pax usque post biduum. Helmold., lib. 1 c. 27, ed. Schmeidler, p. 54. Sicut laudatum fuerat, occurrit ad locum placiti. Ib., c. 50, p. 99. Ibi saepius.

**laudaticus:** une *redevance* de nature non déterminée pesant sur le commerce ou la circulation — a *trade tax*, the nature of which is not clear. *D. Merov.*, no. 23 (a. 629). *D. Karolin.*, I no. 96 (a. 775). F. imper., no. 20, *Form.*, p. 301. D. Lud. Pii a. 831, Wiegand, *UB. Strassburg*, I p. 18 no. 23 (BM.[2] no. 890). *D. Charles II le Ch.*, no. 60, I p. 172 (a. 843).



**laudatio: 1.** *approbation — approval.* Donavi ... cum assensu et laudatione regis Sancii ecclesias. Desjardins, *Cart. de Conques*, no. 72 p. 68 (a. 1086). **2.** spec.: *consentement donné par les parents aux aliénations de bien-fonds — assent of kinsmen to alienation of real estate.* Quidam vir R. cum laudatione fratrum suorum V. et E. ... tradidit. Notit. a. 1015 ap. V. Meinwerci, c. 77, ed. Tenckhoff, p. 50. Consensu et laudatione fratris sui in elemosinam dedit. Rousseau, *Actes de Namur*, no. 20 (a. 1179). **3.** spec.: *consentement donné par le seigneur aux aliénations de tenures — a landlord's assent to transfer of holdings.* **4.** paiement pour obtenir ce consentement, *droit de mutation*, les *lods* des lods et ventes — payment for this assent, *transfer due.* Laudationes et venditiones sicut hactenus habite sunt reddentur. *Actes Phil.-Aug.*, no. 156, I, p. 188 (a. 1185/1186) **5.** *cession, dessaisissement — cession, relinquishment.* De terra de S. laudationem non faciat ulli hominum. Bernard-Bruel, *Ch. de Cluny*, no. 597, I p. 564 (a. 942-954). **6.** *donation — bestowal.* Quam laudationem in manu episcopi confirmatam pro sacramento habemus. Marion, *Cart. de Grenoble*, p. 90 no. 13 (a. 1108). Propter hanc donacionem sive laudacionem. Rosell, *Lib. feud. maj.*, no. 852 (a. 1150, Catal.). **7.** *concession — grant.* Et ut hec laudatio rata et stabilis permaneat. *D. Heinrichs III.*, no. 134 (a. 1045). **8.** *confirmation — confirmation.* Haec confirmatio atque laudatio facta est ... Bernard-Bruel, o.c., no. 4082, V p. 436 (post a. 1144). **9.** *jugement — judgment.* Matilda comitissa ... laudatione judicum ... misit bannum super eosdem. Ficker, *Forsch.*, IV no. 77 p. 104 (a. 1078). Parium laudatione beneficium amittat. *Const.*, I no. 56 (s. xi ?).

**laudator: 1.** *répondant qui affirme l'idonéité d'un témoin* (allemand "Leumundszeuge") — *one who testifies to a witness's status as law-worthy.* Dedit vadimonium de probare, et modo paratus est cum testibus et testium laudatoribus. Tunc testibus et laudatoribus adstantibus ibi interrogetur adversarius antequam testes laudantur, si vult aliquem testium criminari. Si dixerit: nolo, tunc interrogetur unusquisque laudatorum quid sapiat de testibus. Form. ap. Muratori, *Scr.*, I pt. 2 col. 127. **2.** *qq'un qui prononce sont assentiment à un acte — one who gives assent to a deed.* Laudatores et firmatores hii sunt. Bernard-Bruel, *Ch. de Cluny*, IV no. 2844 p. 45 (a. 1030). Isti sunt testes, laudatores et auditores. Ib., no. 3269 p. 378 (a. 1049).

**laudemium,** -di-: *paiement pour obtenir le consentement du seigneur à l'aliénation d'un fief ou d'une tenure — payment for the lord's assent to transfer of a fief or holding.* Equitaturas, laudimia, relevamenta, tallias, corveias, biannos. DC.-F., V p. 41 col. 2 (ch. a. 1136, Maine). In donationibus ... illarum rerum, que ab aliquo in feudum ... tenentur, laudimium domino feudi non detur vel consilium ipsius non requiratur. Teulet, *Layettes*, I no. 86 p. 58 col. 2 (a. 1144, Rodez).

**laudis,** v. 2. leudis.

**laudum** ( < laudare): **1.** *acte rapportant un jugement — record of a judgment.* Ad difiniendas lites et laudum dein scriptum. Ficker, *Forsch.*, IV no. 29 p. 39 (a. 976, Piacenza). **2.** *record de droit — finding, award.* Laudo et consilio suorum proborum hominum ... constituit et misit usaticos. Usat. Barcin., usualia, c. 3, ed. D'Abadal-Valls Taberner, p. 2. Veniens comes ante presentiam imperatoris ipsum rogavit inquirere laudum unum super hoc, scilicet ut si in comitatu suo castrum sine contradictione edifficare posset an non. *Const.*, I no. 297 (a. 1184). **3.** *représaille — reprisal.* [Bononienses] tulerunt iniquum laudum de confinibus Mutinae. Ann. Mutin., a. 1204, Muratori, *Scr.*, XI col. 56.

**lauga,** v. leuca.

**launa,** lona: *terre inondée, marécage — swamped or marshy land.* Guérard, *Cart. de Mars.*, II p. 509 (a. 979). Rouquette, *Cart. de Béziers*, no. 114 p. 159 (a. 1110). Cassan-Meynial, *Cart. d'Aniane*, p. 246 (a. 1161).

**laupia,** v. laubia.

**laureare: 1.** *couronner de lauriers — to crown with laurels.* Infantum agmina ... niveis cicladibus et laureatis capitibus ovantes. V. Sadalbergae, c. 26, *SRM.*, V p. 65. **2.** *honorer — to honour.* [Deus] volens athletam suum laureare multum. Bobolen., V. Germani Grandivall., c. 10, ib., V p. 37.

**laus: 1.** *approbation — approval.* Abbas ... convenientem personam ad presentiam episcopi deducat, et per laudem archidiaconi et decani [ab episcopo] curam animarum suscipiat. Lesort, *Ch. de S.-Mihiel*, no. 34 p. 141 (a. 1051). Quicquid [pares communiae] de forefacturis acceperint, ad laudem nostram ad villam firmandam mittent. Ch. commun. Bullarum in Belvac. a. 1181, § 27, DC.-F., V p. 41 col. 1. **2.** *consentement des parents aux aliénations de bien-fonds* et exceptionnellement de meubles — *assent of kinsmen to alienation of real estate* and sometimes of movables. G. quidam cum laude sui filii nomine A. donavit Deo et Beato ... unum mansum. Chassaing, *Cart. de Chamalières*, p. 63 no. 126 (a. 967). Emerunt caldariam a conjuge ipsius comitis per laudem filii ejus R. Chron. s. Benigni Divion., ed. Bougaud, p. 162 (a. 1002-1004). [Otto imperator] tradidit ... ineffabilia Deo munera invictissimoque ejus duci Mauricio in prediis, in libris, ... confirmans omnia ... tradicione scripturarum, presentia et laude inperatricis et filii. Thietmar., lib. 2 c. 30, ed. Holtzmann, p. 76. Civitatem fratris suimet filio nomine Th. ea racione dedit, ut cum laude sua, quia heres suimet fuit et aliter hoc legitime fieri non potuit, liceret sibi tribus suis filiabus predium omne quod remansit tradere. Ib., lib. 7 c. 50, p. 460. Cum consensu et laude filii sui ... duo curtilia ... ecclesie ... tradidit. Erhard., *Reg. Westfal.*, I, CD., no. 145 p. 114 (a. 1052). **3.** *paiement pour obtenir le consentement du seigneur à l'aliénation d'une tenure, droit de mutation*, les *lods* des "lods et ventes" — *payment for the lord's leave to transfer of a holding.* Si alii donent vel vendant, jamdictus abbas vel

successores ejus pro laude vel vendis inde exigant . . . DC.-F., V p. 41 col. 1 (ch. a. 1159, Velay). **4.** *cession, déguerpissement — cession, relinquishment.* Facta est haec laus sive concessio in claustro s. Marii de M. Ib., p. 40 col. 3 (ch. a. 1150, Prov.). **5.** *jugement — judgment.* [Possessio] a quodam domni H. imperatoris legato per laudem judicum et principum . . . judicata et nobis confirmata. FICKER, *Forsch.*, IV no. 89 p. 134 (post a. 1091, Bergamo). Pro laude baronum ipsius civitatis [forefactum] emendabunt. Lud. VII reg. Fr. priv. pro Bituric. a. 1145, *Ordonn.*, I p. 10. **6.** *acte rapportant un jugement — record of a judgment.* Publici testes, qui se scribunt in laudibus et in contractibus. CAFFAR., Ann., a. 1126, ed. BELGRANO, I p. 23. Terram . . . de qua habeo laudem per consules. OBERT. SCRIBA, doc. 40, ed. CHIAUDANO-MOROZZO, p. 15. **7.** *arbitrage — arbitration.* De discordia . . . in laude Januensium consulum staret. CAFFAR., a. 1154, p. 40. **8.** *estimation, prisée — assessment.* Non faciam aliquam destruccionem . . .; quod si fecero . . ., redirigam ad laudem tuorum nobilium hominum. ROSELL, *Lib. feud. maj.*, no. 714 (a. 1125, Catal.). Ad laudem duorum vel trium virorum . . . precium [pro carnibus requisitis] . . . restituet. TARDIF, *Cartons*, no. 290 p. 181 col. 1 (s. xii med., Berry). Rex Angliae assignabit ei in terra sua ad laudem et consilium regis Franciae et archiepiscopi Remensis 50 libratas [terrae]. ROGER. HOVED., ad a. 1193, ed. STUBBS, III p. 218. **9.** *décret — decree.* Laus personat imperialis: imperii jussu . . . munitur transitus omnis. GUILL. APUL., G. Rob. Wisc., lib. 4 v. 316, *SS.*, IX p. 285. **10.** *cris de joie, applaudissements — cheers, applause.* Episcopus ad regem deductus nec culpabilis inventus ad civitatem suam redire permissus, cum grandi est a civibus laude susceptus. GREGOR. TURON., H. Fr., lib. 6 c. 11. Ut [ductorem] festa laude salutent. Walthar., v. 361. Imperatoris vexillum . . . in arcem . . . cum ingenti laude imponi precepit. PETR. DIAC., Chron. Casin., lib. 4 c. 105, *SS.*, VII p. 817 l. 42. **11.** plural. laudes: *acclamation* accompagnant l'accueil triomphal d'un prince — *acclamations* chanted in honour of a ruler at his arrival. Ingrediuntur utrique civitatem, dux scilicet et episcopus, cum signis et laudibus diversisque honorum vexillis. GREGOR. TURON., H. Fr., lib. 6 c. 11. Cum gloria et laudes ingressi sunt [Constantinopolim]. Lib. pontif., Hormisdas, ed. MOMMSEN, p. 129 col. 1. Laudes illi omnes canentes, cum adclamationum earundem laudium vocibus ipsum Francorum susceperunt regem. Ib., Hadr., § 35, ed. DUCHESNE, I p. 497. Pontifex missarum sollemnia caelebrans . . . Carulo excellentissimo regi Francorum . . . laudes reddere fecit. Ib., § 40, p. 498. Rex alia die cum hymnis et laudibus ingrediens [Papiam]. Chron. Lauriss. breve, c. 4 § 6 (a. 774), *NA.*, t. 36 (1911) p. 31. Omnis senatus Romanorum . . . cum vexillis et crucibus ad pontem Malvium venientes regem honorifice cum ymnis et laudibus suscipientes ad Urbem perduxerunt. Ann. Fuld., contin. Ratisbon., a. 896, ed. KURZE, p. 128. [Otto imperator filiusque ejus Otto rex] Romam tendentes tercio ab urbe miliario maximam senatorum multitudinem cum crucibus et signis et laudibus obviam habuerunt. ADALBERT., contin. ad REGINONEM, ad a. 967, ed. KURZE, p. 179. **12.** singul. et plural.: *acclamation qui constitue l'élection d'un évêque — acclamation to the effect of electing a bishop.* C. presbyter continuo a clericis de episcopatu laudes accepit. GREGOR. TURON., H. Fr., lib. 4 c. 5. Adclamante laudem clero vel populo D. pontifex debeat consecrari. *D. Merov.*, no. 13 (a. 629). [Plebs] concrepat laudibus: Ecce Solemnis! Dignus est! Episcopus ordinetur! Ad quorum laudes exierunt epicopi . . .; dixerunt: Dignus est! Episcopus consecretur! V. Sollemnis, c. 5, *SRM.*, VII p. 315. [Rex] capellano suimet U. cum laude advenientium, etsi non spontanea, episcopatum dedit. THIETMAR., lib. 6 c. 89, p. 380. De manu regis baculum pontificii suscepit, et rediens . . . susceptus est cum laudibus. LAURENT. LEOD., G. episc. Virdun., c. 15, *SS.*, X p. 499. D'un pape — of a pope: Omnes judices una cum primatibus exercitus pariter ad ejus salutationem venientes in ejus laude omnes simul adclamaverunt. Lib. pontif., Conon (a. 686/687), ed. MOMMSEN, p. 207. In Lateranense episcopio cum laude adclamationibus deduxerunt. Ib., Sergius (a. 687-701), p. 210. Quem omnes sincera mente cum laudis praeconiis in basilica Salvatoris . . . deportaverunt. Ib., Steph. II (a. 752-757), § 3, ed. DUCHESNE, I p. 440. Cum vocibus adclamationum laudibus in Lateranensem deportaverunt patriarchium. Ib., Steph. III (a. 768-772), § 11, p. 471. [Rex] Romam veniens gloriose nepotem suum Brunonem . . . in loco Johannis papae nuper defuncti cum omnium laude presentium statuit. THIETMAR., lib. 4 c. 27, p. 165. **13.** plural.: *acclamation qui constitue l'élection d'un roi ou d'un empereur — acclamation to the effect of electing a king or an emperor.* Mauricius indutus diademate et purpora ad circum processit adclamatisque sibi laudibus, largita populo munera, in imperio confirmatur. GREGOR. TURON., H. Fr., lib. 6 c. 30. Processit in obviam ejus [sc. regis] inmensa populi turba cum signis adque vixillis, canentes laudes. Ib., lib. 8 c. 1. Ob hoc enim mihi hodie laudes adulaturias adclamabant, ut me cunctae gentes quasi dominum adorarent. Ib. Leo papa coronam capiti ejus [sc. Karoli] imposuit et a cuncto Romanorum populo adclamatum est . . . Et post laudes ab apostolico . . . adoratus est. Ann. regni Franc., a. 801, ed. KURZE, p. 112. Cf. Ann q.d. Einhardi hoc anno, p. 113, ubi: Post quas laudes. Post laudes dictas [in coronatione Kar. M. in imperatorem]. POETA SAXO, lib. 4 v. 20, *Poet. lat.*, IV p. 46. Hac in festivitate [sc. celebratio paschae] [Heinricus] a suis publice rex appellatur laudibusque divinis attollitur. THIETMAR., lib. 4 c. 2, p. 132. Langobardi . . . eum super se regem constituere cupiebant. Qui prudenter cavens . . . diu placitum tenens cum ducibus Italiae nec in eis fidem reperiens, laudem et honorem eorum pro nihilo duxit. ADEMAR., lib. 3 c. 62, ed. CHAVANON, p. 188. **14.** *acclamation de cérémonie* d'un roi ou d'un empereur — *ceremonial acclamation* of a king or an emperor. [Papa] excelsa voce cum clero suo fecit ei



[sc. regi] laudes regales. THEGAN., c. 16, *SS.*, II p. 594. **15.** *acclamation approbatoire* à l'occasion de l'élévation d'un duc — *acclamation of approval* contingent upon a duke's raising. Habito regali placito militi suimet generoque H. . . . cum omnium laude presentium cumque hasta signifera ducatum dedit. THIETMAR., lib. 6 c. 3, p. 276. **16.** laudes Dei, divinae, gener.: le culte divin — divine worship. Numquam fuit ante nec post . . . in divinis laudibus et in negociis secularibus omnia plenius . . . peracta. THIETMAR., lib. 4 c. 18, p. 152. **17.** laudes divinae: hymne — hymn. Quamvis in quibusdam ecclesiis ymni metrici non cantentur, tamen in omnibus generales ymni, id est laudes, dicuntur. WALAHFR., Exord., c. 26, *Capit.*, II p. 506 l. 7. Cum laudibus et melodiis congruis. GERHARD. AUGUST., V. Udalrici, c. 15, *SS.*, IV p. 405 l. 2. **18.** l'*Alléluja* qu'on chante après la lecture de l'Epître — the *Alleluja* chanted after reading of the Epistle. Laudes post apostolum decantantur. Concil. Tolet. IV a. 633, c. 12, MANSI, t. 10 col. 622. Laudes, hoc est alleluja, canere. ISID., Eccl. off., lib. 1 c. 13 § 1, MIGNE, t. 83 col. 750. **19.** *conclusion de l'office divin — lauds.* Laude dicta solutus est coetus. ANAST. BIBL., Chron., ed. DE BOOR, p. 83. **20.** nocturna(e), matutina(e) laus, laudes: matines — matins. Benedicti regula, c. 10 § 2. V. Cerbonii, UGHELLI[2], III col. 708 A. BEDA, Hist. eccl., lib. 3 c. 12. V. Pardulfi, c. 7, *SRM.*, VII p. 29 l. 1. HRABAN., epist. 33, *Epp.*, V p. 465 l. 27. **21.** vespertina(e) laus, laudes: vêpres — vespers. EUGIPP., V. Severini, *CSEL.*, t. 9 pt. 2 p. 8. CANDID., V. Eigilis, c. 15, *SS.*, XV p. 230. Lib. pontif., Leo IV, § 12, ed. DUCHESNE, II p. 108. RUOTGER, V. Brunonis, c. 45, ed. OTT, p. 48. **22.** *bréviaire, livre de prières — breviary, prayer-book.* Laudes divine quas inter manus habuerat. Epist. Hannov., no. 38 (a. 1054-1079), ed. ERDMANN, p. 82.

**lautum,** lautus (arab.): *luth — lute.* S. xiii, Ital.

**lavacrum: 1.** **lavage — washing.* **2.** **baptême — baptism.* **3.** *fonts baptismaux — baptismal font.* Eum de lavacro exeuntem suscepisse. BEDA, Hist. eccl., lib. 3 c. 7. Ex lavacro eduxit. ANAST. BIBL., Chron., ed. DE BOOR, p. 98. Lavacrum battismi in ipsa ecclesia aedificatum est. MURATORI, *Scr.*, I pt. 2 p. 388 (a. 839, Benevent.).

**lavandarius** (adj.): *de lavage — of washing.* Domus lavandaria episcopi. URSEAU, *Cart. d'Angers*, no. 80 p. 152 (s. xi in.). Subst. mascul. **lavandarius,** lavend-, -erius, -arus, -erus et femin. **lavandaria,** -ara: *blanchisseur, blanchisseuse — washer.* Personas quattuor manuales, pistores quoque et cocum atque lavandarium et bifulcum. PASQUI, *Doc. di Arezzo*, I no. 30 (ca. a. 840). Sediolum unum ad officium peragendum lavandorum vestimentorum cum G. lavendario qui in eo habitare videtur. *D. Charles le Ch.*, no. 251, II p. 74 (a. 863). MURATORI, *Antiq.*, V col. 514 (a. 867). REGINO, Synod. causae, lib. 1 c. 69, ed. WASSERSCHLEBEN, p. 56. Subst. neutr. **lavandarium,** -erium, et femin. lavandaria, lavend-, -eria: *lavoir, blanchisserie — lavatory, laundry.* Clerici septem; ex his ad cellarium duo, ad lavendariam fratrum unus, ad curticulam abbatis unus. Adalhardi Corbei. stat. a. 822, c. 1, ed. LEVILLAIN, *LMA.*, **t. 13** (1900), p. 352.

**lavare:** **baptiser — to baptize.*

**lavarium: 1.** *lavoir — lavatory.* Trad. Juvav. maj. capit., no. 87 (post a. 1151), HAUTHALER, *Salzb. UB.*, I p. 627. **2.** *fonts baptismaux — baptismal font.* VAN LOKEREN, *Ch. de Gand*, I no. 12 p. 19 (a. 858).

**lavator:** *blanchisseur — washer. D. Heinrichs III.*, no. 372 (a. 1056). Domesday, II fo. 372.

**lavatorium:** *lavoir — lavatory. D. Charles le Simple*, no. 102 p. 242 (a. 919). EKKEH., Cas. s. Galli, c. 11, *SS.*, II p. 132 l. 6. LANFRANC., Decr., ed. KNOWLES, p. 4. Consuet. Fructuar., lib. 1 c. 33, ALBERS, IV p. 34. BEYER, *UB. Mittelrh.*, II no. 37 p. 23 (a. 1095, Lorsch). Hist. Salmur., MARCHEGAY-MABILLE, *Chron. d'Anjou*, p. 210.

**lavatrina:** *lavoir — lavatory.* D. Aistulfi reg. Longob. a. 753, UGHELLI, II col. 105.

**lavatura:** *eau sale, lavure — water that has been used for washing.* V. Petri Abrinc., c. 13, *Anal. Boll.*, t. 2 p. 496. EADMER., V. Anselmi Cantuar., lib. 1 c. 21, ed. RULE, p. 337. GUILLELM. MALMESBIR., G. regum, ed. STUBBS, I p. 54.

**lavendarius**, lavenderius, v. lavandarius.

**lavina,** v. labina.

**laxa,** laixa, lexa, lexia, laissa, lessa, -um ( < laxare): **1.** *donation — bestowal.* Brevem de laxa quam fecit H. sancte Fidi. DESJARDINS, *Cart. de Conques*, p. 327 (a. 1035-1065). Hic est laxa uxoris sue: mansum . . . DELOCHE, *Cart. de Beaulieu*, no. 82 p. 135 (a. 1059). Hanc laxam fecit cum consilio viri sui. CHAMPEVAL, *Cart. de Tulle*, no. 493 (a. 1097). Ibi pluries. **2.** *legs — bequest.* Qui impugnare praesumpserint donationes et laxas quas illi faciunt qui ad dominici sepulcri liberationem vadunt. *Gall. chr.*[2], II instr. col. 230 (a. 1096, Toulouse). Concedo ad uxor mea . . . alodium . . . exceptus [i.e. excepto] ipsa lexa que ad predicta ecclesia abeo facta. FONT-RIUS, *Cart. de S. Cugat*, no. 856 (a. 1121). Medietatem oblationum, tam in omnibus laissis mortuorum quam in omnibus oblationibus vivorum. DC.-F., V p. 16 col. 1 (ch. a. 1174, Troyes). **3.** *bail à ferme — lease.* Dimisit G. et uxor sua Y. sanctimonialibus domum suam et dimidium arpentum vinee, quod erat de lessa eorum. MARCHEGAY, *Arch. d'Anjou*, III p. 99 no. 139 (ca. a. 1100-1105).

**laxare,** lassare, laixare, laisare: **1.** *abandonner, lâcher, renoncer à* qqch. — *to relinquish, give up, renounce.* Omne quod circuivi [le territoire conquis — conquered lands] laxare non potero. GREGOR. TURON., Hist. Fr., lib. 4 c. 16. Si exteriora nostra pro Christo non laxamus. WETTIN., V. Galli, lib. 1 c. 2, *SRM.*, IV p. 258 l. 20. **2.** *déguerpir, céder — to abandon, convey.* Abrenuntiaverunt se portioni eidem et sic laxaverunt eam ad s. Emmerammum. WIDEMANN, *Trad. S.-Emmeram*, no. 67 p. 64 (ca. a. 863-885). Quae vobis in isto pacto [commutationis] laxavi. GIORGI-BALZANI, *Reg. di Farfa*, II no. 278 p. 215. Istos homines . . . guirpivit et laxavit G. ad s. Salvatorem et abbatem P. CASSAN-MEYNIAL, *Cart. d'Aniane*, p. 286 no. 146 (a. 1031-1060). Guirpivit et laxavit in communia s. Nazarii et canonicis . . . hoc. ROUQUETTE, *Cart. de Béziers*, no. 72 p. 90 (post a. 1061). Relinquo et laxo . . .

illas medaculas [i. e. obolos]. DOUAIS, *Cart. de Toulouse*, p. 102 (a. 1082). **3.** *faire don de qqch. — to donate*. Cedo vel dono alodem meum ... Et hoc laxo pro anima mea et pro peccatis meis. DESJARDINS, *Cart. de Conques*, p. 30 no. 24 (a. 902). **4.** *léguer — to bequeath*. Post mortem meam laxo s. Juliano vineas tres ... sicut lex et authoritas est. DONIOL, *Cart. de Brioude*, no. 47 p. 70 (s. x). Laxavit duo candelabra argentea. ADEMAR., lib. 3 c. 66, ed. CHAVANON, p. 193. Ad filium jam dicti comitis, cui ipse dederit ipsum honorem in vita sua aut lacxaverit post obitum suum. ROSELL, *Lib. feud. maj.*, no. 275 (a. 1072, Catal.). **5.** *concéder en tenure — to grant as a tenancy*. Tua fuit petitio ut ipsam alodem per beneficium nostrum tibi et uxorem tuam [i. e. uxori tuae] H. prestitissemus; quod ita et fecimus et H. et filiis vestris laxavimus. GYSSELING-KOCH, *Dipl. Belg.*, no. 51 p. 140 (a. 839, Gand). **6.** *délaisser, laisser en tel état — to leave things as they are*. Si molendinum feceritis paratiorem ... Sed si hunc molendinum incultum laxaveritis ... CASSAN-MEYNIAL, *Cart. d'Aniane*, p. 277 no. 134 (a. 1120). **7.** aliquem: *laisser aller, relâcher, élargir, délivrer — to let go, release, dismiss, set free*. GREGOR. M., lib. 9 epist. 234, *Epp.*, II p. 229. Captivum. GREGOR. TURON., H. Fr., lib. 6 c. 8 et 11. Si judex comprehensum latronem laxaverit. Childeb. II decr. a. 596, c. 7, codd. Sangall. 729 et Varsov. (caeteri codd.: convictus fuerit relaxasse). Jubet illum ... laxare leonem. WALAHFR., V. Mammae, str. 23 v. 22, *Poet. lat.*, II p. 293. **8.** *affranchir — to manumit*. Ab jugo servitutis te laxare voluero. DRONKE, *CD. Fuld.*, no. 417 p. 187 (a. 823). **9.** **accorder, concéder* (paix, pardon, réconciliation etc.) — *to grant, concede* (peace, pardon, reconcilement etc.). **10.** **pardonner — to forgive*. [Judex] debita nostra laxaret. CASSIOD., Inst. div. litt., c. 32, MIGNE, t. 70 col. 1148 C. [Ordinationem episcopi subrepticiam] ex corde laxavi. GREGOR. M., lib. 5 epist. 39, *Epp.*, I p. 329 l. 6. **11.** *permettre, laisser — to let, allow*. Minarentur sibi caesariem ad crescendum laxare. GREGOR. TURON., lib. 2 c. 41. Lassate eundem abbatem ordinare eundem locum. *D. Ottos I.*, no. 344 (a. 967).

**laxatio: 1.** **relâchement, adoucissement, relâche, détente — alleviation, relief, relaxation*. **2.** *legs — bequest*. Advenit michi ... per ... laxatione[m] quod michi fecit E. uxor mea. FONT-RIUS, *Cart. de S.-Cugat*, no. 679 (a. 1074). **3.** *donation — donation*. Ista laxatio in ista convenientia stet. DONIOL, *Cart. de Brioude*, no. 146 p. 162 (a. 1030). Laxationem fecimus et firmamus. ROUQUETTE, *Cart. de Béziers*, II no. 110 p. 153 (a. 1108). **4.** loc. carnis laxatio: i. q. carnisprivium. LÜNIG, *Cod. Ital. diplom.*, IV col. 1536 (a. 1094, Venezia).

**lazarus** (subst.): *lépreux — leper*. MERLET, *Cart. du Grand-Beaulieu-lès-Chartres*, p. 4 (a. 1135). LAURENT. LEOD., G. episc. Virdun., c. 32, *SS.*, X p. 513 l. 24.

**lazcus**, lazus, lazzis, lazzus, v. 2. latus.

**lebeta** (femin.) = lebes.

**lebeton**, lebiton, leviton (genet. -onis) (gr.): *cilice — cilice*. V. Ionae, *AASS.*, Febr. II p. 520. PASCHAS., V. patr., lib. 7 c. 12, MIGNE, t. 73 col. 1035. Apophthegm. s. Poemen., *AASS.*, Aug. VI p. 34 col. 2.

**lebitonarium**, -vi- (< lebeton): *cilice — cilice*. ISID., Etym., lib. 19 c. 22 § 24. BENED. ANIAN., Concord., MIGNE, t. 103 col. 1238 A et 1343 D.

**lecacitas: 1.** *gloutonnerie — gluttony*. Incontinentes de locacitate [leg. lecacitate] sua redarguebantur. ORDER. VITAL., lib. 9 c. 14, ed. LE PRÉVOST, p. 594. **2.** *insolence — impudence*. Sanatus est ... lecacitate. GUILLELM. MALMESBIR., G. pontif., lib. 5 c. 275, ed. HAMILTON, p. 439.

**leccaria:** *débauche — dissipation*. Remota a me omni leccarie occasione. Epist. Hannover., no. 36, ed. ERDMANN, p. 78.

**leccator,** lecator, licator: **1.** *gourmand, ivrogne — lecher*. Vade hinc, obscoene leccator! GUIBERT. NOVIG., De vita sua, lib. 3 c. 5, ed. BOURGIN, p. 148. Si aleatores, leccatores aliquid commiserint. WAUTERS, *Orig.*, p. 17 (a. 1142, Hainaut). Consuetudinarium conturbatorem vel lecatorem. Phil. II Aug. priv. pro Ambian. a. 1190, c. 6, GIRY, *Doc.*, p. 23. **2.** *adulateur — wheedler*. Perjuris lecatoribus ea tradiderat. ORDER. VITAL., lib. 12 c. 23, ed. LE PRÉVOST, IV p. 401. Terras et pecunias in lecatorum suorum abusum consumpsit. GUILLELM. MALMESBIR., G. pontif., lib. 2 c. 91, ed. HAMILTON, p. 197. Populo Dei non predicatorem verbi Dei, sed placitatorem, ne dicam leccatorem preesse conspicimus. GERVAS. DOROB., Chron., ed. STUBBS, p. 540.

**leccatria:** *gloutonnerie — gluttony*. Leccatriae suae sic cum eo satisfaciebant. RODULF., G. abb. Trudon., lib. 6 c. 14, *SS.*, X p. 259.

**lechinus** = lychnus.

**lecythus,** lecitus, licitus, lechitus (gr.): **flacon à huile, ampoule — oil-flask, phial*. V. Pirminii, c. 7, *SS.*, XV p. 28. PAUL. DIAC., carm. 2 v. 93, *Poet. lat.*, I p. 39.

**lectaria,** lectuaria, lectualia (neutr. plural. et femin. singul.), lectarium, lectuarium (neutr. singul.): *literie, couverture, couvre-pieds — bedding, blanket, quilt*. CAESAR. ARELAT., Reg. virg., c. 41 (44). AURELIAN. ARELAT., Reg. mon., c. 27, MIGNE, t. 68 col. 391. V. Caesarii, lib. 1 c. 20, *SRM.*, III p. 464. GREGOR. TURON., V. patrum, c. 6 § 6, *SRM.*, I p. 684. V. Eligii, lib. 1 c. 15, ib., IV p. 681. FORTUN., V. Paterni, c. 9 § 28, *Auct. ant.*, IV pt. 2 p. 35. V. Lupicinii, *SRM.*, III p. 144 l. 3. Fructuosi regula, c. 4, MIGNE, t. 87 col. 1102. F. Andecav., no. 1[c], *Form.*, p. 5. Capit. I legi Sal. add., c. 7, ed. BEHREND[2], p. 134. Cart. Senon., no. 25, *Form.*, p. 196. Test. Erminethrudis, PARDESSUS, II no. 452 p. 256. V. Desiderii Cadurc., c. 34, *SRM.*, IV p. 591. Capit. de villis, c. 42. Brev. ex., c. 36, *Capit.*, I p. 256.

**lecteria,** let-, lit-, -erium, -era (< lectus): *litière, paille — litter, straw*. Lecterias ad opus animalium. DC.-F., V p. 51 col. 1 (ch. a. 1007, Poitou).

**lectica: 1.** **civière — litter, bier*. V. Ansberti, *SRM.*, V p. 637 l. 11. **2.** *couche, lit — couch, bed*. V. Liutbirgae, c. 24, ed. MENZEL, p. 27. Cons. s. Pauli Rom., c. 22, MIGNE, t. 150 col. 1225 C. **3.** *cercueil — coffin*. HARIULF., Chron., lib. 4 c. 32, ed. LOT, p. 265. **4.** *reliquaire portatif — portable reliquary*. LETALD., V. Juliani, MIGNE, t. 137 col. 794 D. AIMOIN., Mir. Bened., ed. DE CERTAIN, p. 372. HELGALD., V. Roberti, *H. de Fr.*, X p. 110 D.



SUGER., V. Lud. Gr., c. 28, ed. WAQUET, p. 228. V. Urbani Lingon., *AASS.*, Jan. II p. 492. HARIULF., Chron., lib. 3 c. 8, ed. LOT, p. 112. Rursum c. 24, p. 156.

**lectio: 1.** **leçon, texte, version, libellé — wording, lection, text, version*. **2.** *interprétation — interpretation*. Secundum historicam lectionem. CASSIOD., Expos. in ps., prol., MIGNE, t. 70 col. 19 A. **3.** *ouvrage, exposé — writing, treatise*. De situ loci illius ... aliqua huic inseram lectione [i. e. lectioni]. GREGOR. TURON., H. Fr., lib. 1 c. 10. Ibi pluries. **4.** *l'art de lire, la connaissance d'une langue écrite — the art of reading, the knowledge of a written language*. Qui latinam ignorant lectionem. Lib. pontif., Zacharias (a. 741-752), § 29, ed. DUCHESNE, I p. 435. **5.** **texte lu, lecture — text read, reading*. **6.** spec.: **lecture liturgique de l'Ecriture — liturgical reading from the Scriptures*. Lectiones apostolicas vel euangelicas quis ante celebrationem sacrificii statuerit, non adeo certum est. WALAHFR., Exord., c. 23, *Capit.*, II p. 499. Cf. D. GORCE, *La "lectio divina"*, I, Wépion-Paris, 1925. **7.** **passage de l'Ecriture* (évangile, épître, textes de l'Ancien Testament) *lu à la messe* ou aux différents offices, *péricope — section of the Scriptures* (gospel, epistle, or chapter from the Old Testament) *read during Mass* or in any other service. Recitetur lectio una. Benedicti regula, c. 17. In duobus voluminibus per totius anni circulum congruentes cuique festivitati ... obtulit lectiones. Karoli M. epist. gener., *Capit.*, I p. 81. Quando officium mortuorum celebratur, priusquam lectio completorii legatur, bibant. Capit. monast. a. 817, c. 12, p. 344. Habet et [ecclesia] librum lectionum ex divinis libris ... collectum. AGOBARD., Corr. antiph., c. 19, MIGNE, t. 104 col. 338 C. **8.** spec.: *épître apostolique — apostolic epistle*. Seriem lectionum et euangeliorum. HRABAN., epist. 50, *Epp.*, V p. 505 l. 26. **9.** *l'Ecriture — the Scriptures*. Divina nos ammonet lectio, ut ... DÉLÉAGE, *Actes d'Autun*, no. 1 p. 6 (a. 696). **10.** *exégèse biblique — biblical exegesis*. Capitula lectionum in Pentateucum Mosi. BEDA, Hist. eccl., lib. 5 c. 24. **11.** *homélie lue à l'office — homily read during divine service*. [Galliarum ecclesias] curamus praecipuarum insignire serie lectionum. Karoli M. epist. gener. (a. 786-800), *Capit.*, I p. 80 l. 33. Lectiones fuerunt: vitas patrum sanctorum et liber s. Gregorii. GERHARD. AUGUST., V. Udalrici, c. 26, *SS.*, IV p. 411 l. 38. **12.** *lecture sainte faite pendant le repas monastique — sacred reading at monastic meals*. Sacra lectio ante mensam ejus recitetur. Concil. Turon. a. 813, *Conc.*, II p. 287 l. 18. **13.** *leçon, instruction — lesson, teaching*. Lectionis vestre ducatum prestitistis. *Epp.*, V p. 358 l. 14 (ca. a. 840, Fulda). Ad scolam vel ad lectiones suas remearent. V. Machutis, ed. LOT, *Mél. d'hist. bret.*, p. 297. Singulas lectiones quas in scolis et in diversis libris exponebam ... intento auditu captabat. THANGMAR., V. Bernwardi, c. 1, *SS.*, IV p. 758 l. 24. Ut magistralis lectio edocet. WAZO (?), Comment. in Gerberti regulas, BUBNOV, *Gerberti opera math.*, p. 278. In lectione danda. Epist. Hannov., no. 36, ed. ERDMANN, p. 78. **14.** *cours universitaire — lecture at a University*. Facere possunt magistri et scolares ... constitutiones ... de lectionibus et disputationibus. DENIFLE, *Chart. Univ. Paris.*, I p. 79 no. 20 (a. 1215). Liceat vobis ... suspendere lectiones. Ib., p. 138 no. 79 (a. 1231).

**lectionarius** (adj.): *qui contient les leçons liturgiques, les péricopes — containing the liturgical lessons, the pericopes*. Liber lectionarius. Brev. ex., c. 5, *Capit.*, I p. 251. Subst. mascul. **lectionarius** et neutr. **lectionarium:** *livre de péricopes pour toute l'année — book of pericopes for the year*. BONIF.-LULL., epist. 91, ed. TANGL, p. 207. Ghaerbaldi Leod. capit. (a. 802-810), c. 9, *Capit.*, I p. 243. Capit. eccl. (a. 818/819), c. 28, p. 279. *Epp.*, V p. 339 l. 8 (a. 825-838). Polypt. s. Remigii Rem., ed. GUÉRARD, p. 62. BITTERAUF, *Trad. Freising*, no. 742 (a. 855). G. Aldrici, *SS.*, XV p. 317 l. 20. V. Ansegisi, MABILLON, *Acta*, IV pt. 1 p. 634.

**lectisternium: 1.** *couverture, couvre-pieds — blanket, quilt*. Benedicti regula, c. 22 § 2. GREGOR. M., lib. 7 epist. 23, *Epp.*, I p. 468 l. 6. Ibi pluries. Irminonis polypt., br. 12 c. 50. ANAST. BIBL., Chron., ed. DE BOOR, p. 200 l. 29. V. Findani, c. 3, *SS.*, XV p. 505. **2.** *couche, lit — couch, bed*. MILO, V. II Amandi, c. 8, *SRM.*, V p. 482. ARDO, Comment. in reg. Bened., MIGNE, t. 102 col. 844 B. JOH. NEAPOL., V. Athanasii, *Scr. rer. Langob.*, p. 443. WOLFHARD. HASER., V. Waldburge, lib. 1 c. 13, *SS.*, XV p. 542 l. 27.

**lector: 1.** **lecteur, clerc du deuxième des ordres mineurs — lector, ecclesiastic of the second of minor orders*. **2.** *moine chargé de la lecture divine pendant le repas monastique — a monk charged with divine reading during monastic meals*. De hebdomadario lectore. Benedicti regula, c. 38. Capit. monast. a. 817, c. 29, *Capit.*, I p. 346. Stat. Murbac., c. 24, ALBERS, III p. 90. Mensae lector. UDALRIC., Cons. Cluniac., lib. 2 c. 34, MIGNE, t. 149 col. 725. Cons. Trevir., c. 26, ALBERS, V p. 24. **3.** *notaire, scribe — scribe*. PARDESSUS, no. 241, I p. 228 (a. 627). WARTMANN, *UB. S.-Gallen*, no. 32, I p. 35 (s. viii p. post.). **4.** *instituteur, écolâtre — teacher, schoolmaster*. ALCUIN., epist. 7, *Epp.*, IV p. 32 n. *a*. ETHELWOLF., De abbat. Lindisfarn., MABILLON, *Acta*, IV pt. 2 p. 320.

**lectoratus** (decl. iv): *ordre de lecteur, le deuxième des ordres mineurs — order of reader, the second of minor orders*. Concil. Bracar. II a. 563, c. 20, MANSI, t. 9 col. 779. MARTIN. BRACAR., Canones, c. 43, ed. BARLOW, p. 135.

**lectoriale**, lectorile: *lutrin — lectern*. GILLEB. LUNICENS. (s. xii in.) ap. DC.-F., V p. 53 col. 2.

**lectorinum,** lectrinum, letrinum, luitrinum: *lutrin — lectern*. Stat. Murbac., ALBERS, III p. 92. PROU-VIDIER, *Ch. de S.-Benoît-s.-Loire*, p. 65 (a. 876). Thes. eccl. Claromont. a. 980 ap. DC.-F., V p. 53 col. 3.

**lectorium:** *lutrin — lectern*. V. Eligii, lib. 1 c. 32, *SRM.*, IV p. 689. Angilberti relatio ap. HARIULF., Chron., lib. 2 c. 10, ed. LOT, p. 67. HINCMAR., Ann. Bertin., a. 876, ed. WAITZ, p. 128. Lib. pontif., Leo III, § 64, ed. DUCHESNE, II p. 16. Chron. Salernit., c. 97, ed. WESTERBERGH, p. 97.

**lectricum,** letri-, -cium: *lutrin — lectern*. Cons. Cluniac. antiq., rec. B c. 23, ALBERS, II p. 21. RUPERT. TUIC., Div. off., lib. 1 c. 36, MIGNE, t. 170 col. 31 B.

**lectualia,** lectuaria, lectuarium, v. lectaria.

**lectulus: 1.** *civière — bier.* BEDA, Hist. eccl., lib. 4 c. 17. **2.** *tombeau — tomb.* ADAMN., Loca sancta, lib. 1 c. 2, *CSEL.*, t. 39 p. 229. V. Filiberti, c. 8, *SRM.*, V p. 589. **3.** *vallée — valley. D. Konrads II.*, no. 235 p. 320 (a. 1037).

**lectum** = lectus.

**lectura: 1.** *lecture — reading.* S. xiv. **2.** *études, érudition — study, learning.* S. xiv. **3.** *commentaire juridique — legal treatise.* S. xiv.

**lectus: 1.** **civière — bier.* **2.** *châsse — reliquary.* ADREVALD., Mir. Benedicti, lib. 1 c. 26, ed. DE CERTAIN, p. 60. Mir. Gorgonii, c. 14, *SS.*, IV p. 243 col. 1 l. 47. **3.** *cercueil, tombeau — coffin, tomb.* V. Landiberti vetust., c. 23, *SRM.*, VI p. 376. DONAT., V. Trudonis, c. 26, ib., p. 295. WETTIN., V. Galli, c. 38, ib., IV p. 278 l. 24. **4.** *vallée — valley.* De fine fluvio Atise, ubi Rupta Adelmi capud ponit, seu per lectum de ipsa Rupta usque in mediam paludem. MANARESI, *Placiti*, no. 18 p. 59 (a. 806, Verona). Collem de P. cum poio et lecto. *D. Heinrichs III.*, no. 186 (a. 1047).

**1. leda,** ledda, leddis, ledia, v. lisida.

**2. leda,** v. lita.

**ledalis,** ledilis, v. lidilis.

**leddaria,** v. lesdaria.

**ledo,** lido (genet. -onis), liduna (gr.): *morte-eau, reflux de la mer — neap-tide, ebb.* Ps.-AUGUSTIN., Mirab. scriptur. sanctae (s. vii, Irlande), lib. 1 c. 7, MIGNE, t. 35 col. 2159. BEDA, Temp. rat., c. 29, ed. JONES, p. 234. Id., Nat. rer., c. 39, ed. GILES, VI p. 116. WILLIBALD., V. Bonifatii, c. 9, ed. LEVISON, p. 56. V. Condedi, c. 6, *SRM.*, V p. 648. ERMENTAR., Mir. Filiberti, lib. 1 c. 1, ed. POUPARDIN, p. 25. RADULF. GLABER, lib. 3 c. 10, ed. PROU, p. 60. GUILLELM. MALMESBIR., G. regum, ed. STUBBS, II p. 213.

**laedoria,** -um (gr.): **outrage — verbal abuse, reviling.* Quadrip., praef., p. 24, LIEBERMANN, p. 531. JOH. SARISBIR., Polycr., lib. 7 c. 25, ed. WEBB, II p. 223. GIRALD. CAMBR., Descr., c. 14, ed. DIMOCK, p. 190.

**ledus,** v. 1. litus.

**leaena,** lena (gr.): **lionne — lioness.*

**lega,** v. leuca.

**legalis: 1.** **juridique, légal — juridical, legal.* Contentiones legales, quae alibi ortae propter aequitatis judicium palatium aggrediebantur. HINCMAR., Ordo pal., c. 21, *Capit.*, II p. 524. Regionem a latronibus purgavit et in tantum disciplina legali instruxit ut summa ratio summaque pax illis in partibus locum tenerent. WIDUKIND., lib. 2 c. 36. **2.** *qui relève du droit séculier* par opposition au droit ecclésiastique — *ruled by secular law* as opposed to church law. Juxta quod conditiones causarum aut excessus personarum exegerint, alios canonica severitas corrigat, alios legalis poena percellat. Guntchramni edict. a. 585, *Capit.*, I p. 12 l. 2. Distringat legalis ultio judicum quos non corrigit canonica praedicatio sacerdotum. Ib. Ut capitula ecclesiastica a domno Karolo Magno imperatore ... promulgata obnixe observari praecipiantur, sicut et legalia observanda esse noscuntur. Concil. Meld. a. 845, c. 81, *Capit.*, II p. 420. [Balduinum] post legale judicium episcopi regni nostri excommunicaverunt. Conv. ap. Sapon. a. 862, c. 5, ib., p. 160. Canonica et legalia ... capitula. FLODOARD., Hist. Rem., lib. 4 c. 7, *SS.*, XIII p. 572. **3.** *qui est contenu dans une loi barbare — stipulated in one of the tribal law codes.* Secundum legem quae ibi malefacta habent, emendent: aut solvant secundum legale placitum, aut per indulgentiam sibi impetrent perdonari. Capit. Pist. a. 862, c. 2, II p. 306. Si missi nostri talem causam ... invenerint, quam ad debitum finem nec per ista capitula nec per capitula progenitorum nostrorum neque per legalia capitula perducere possint. Capit. Tusiac. a. 865, c. 15, p. 332. **4.** *qui relève du droit écrit* par opposition au droit coutumier — *ruled by written law* as contradistinguished from customary law. Decrevi ut locus ille cum oppido Gemblacensi jus legale et consuetudinarium in omnibus haberet. MIRAEUS, I p. 172 col. 2 (a. 1123, Brabant). Tam legale jus quam morale. D. Heinrici V reg. (spur. s. xiii ?), OPPERMANN, *Unters.*, I p. 246. **5.** *conforme au droit — conformable to law.* Dedit sororibus suis partem earum legalem [hereditatis]. THEGAN., c. 8, *SS.*, II p. 592. **6.** *valable en droit, en règle, formel — valid, regular, formal.* Legalis vestitura. *D. Karls III.*, no. 89 p. 147 l. 15 (a. 883). Cartae legales. BERNARD-BRUEL, *Ch. de Cluny*, I no. 764 p. 720 (a. 950). Carta legali affirmatione roborata. HEUWIESER, *Trad. Passau*, no. 92 (a. 985-991). Donatio legalis. BERNARD, *Cart. de Savigny*, I p. 45 (s. x). Regem [puerum] [dux ut] patronus legalis ... suscepit. THIETMAR., lib. 4 c. 1, p. 132. **7.** *justifié — well-founded.* Damna legalia quae [comites] debitoribus infligunt. HAITO, Vis. Wettini, c. 13, *Poet. lat.*, II p. 271. Calumpnia . . non est legalis. BERTRAND, *Cart. d'Angers*, III no. 414 p. 24 (a. 1090-1106). **8.** *légitime — legitimate.* Cum legali viro. V. Sadalbergae, *SRM.*, V p. 60 l. 7. Legales filii. BITTERAUF, *Trad. Freising*, no. 518 (a. 825). Item, BERNARD-BRUEL, *Ch. de Cluny*, II no. 917 p. 29 (a. 954-994). Ad annos legales pervenit. *D. Karls III.*, no. 77 (a. 883). Si sine legali herede mortuus fuerit. BERNARD-BRUEL, I no. 160 p. 159 (s. x). **9.** *idoine, digne de foi, irrécusable — lawful, worthy of belief, unchallengeable.* Coram legalibus testibus. *Epp.*, VI p. 243 sq. (a. 870, Mainz). Coram testimonii legalis hominibus. METAIS, *Cart. de Vendôme*, I no. 11 (ante a. 1037). Multi interfuere legales viri, quorum ista sunt nomina. DUVIVIER, *Actes*, I p. 263 (a. 1047, Cateau-Cambrésis). Hunc eorum clamorem quidam legalis homo S. nomine calumpniatus est, qui de hoc testem se fecit et paratus probare fuit. BERTRAND, *Cart. d'Angers*, I no. 180 p. 210 (a. 1075). [Testes] neque perjurio neque traditione neque falso testimonio neque homicidio neque sacrilegio neque adulterio probati, neque servi ullius hominis, neque corrupti pecunia, neque de parentela sua neque de familia sua essent, et fuissent omnino legales testes. DE COURSON, *Cart. de Redon*, p. 295 (a. 1084). Vicecomes ... faciet jurare 12 legales homines ... quod inde veritatem ... manifestabunt. Constit. Clarendon. a. 1164, c. 6, STUBBS, *Sel. ch.*[9], p. 165. Duo de legalioribus parochianis. *Actes Phil.-Aug.*, no. 123, I p. 153 (a. 1184). Usque ad centum de legalioribus et melioribus urbis



Astensis ibi convocentur. FICKER, *Forsch.*, IV no. 198 p. 250 (a. 1197). Ad cujus ... sepulchrum multa signa facta feruntur; quae assertores ejus, viri quoque legales, vera, detractores vero falsa esse contendunt. Chron. s. Andreae Castri Camerac., lib. 3 c. 31, *SS.*, VII p. 547. Cf. Ch. ODEGAARD, *Legalis homo*, *Speculum*, t. 15 (1940), pp. 186-193. **10.** *qui possède les pleins droits de citoyen — law-worthy, of legal status.* Expurgent se ... judicio Dei; et si misericordia Dei et rectum suum eas salvaverit, remaneant legales. Leg. Edwardi Conf., tit. 19, LIEBERMANN, p. 644 col. 1. Si quis delegiatus [i. e. exlex] legalem hominem accuset. Leg. Henrici, c. 45 § 5, ib., p. 570. **11.** *qui a atteint sa majorité — of age.* Suscipiant [in monachum] unum de filiis meis ..., non tamen infantem, sed hominem legalem quindecim annorum aetatis aut amplius. MUSSET, *Cart. d'Angély*, II no. 472 p. 133 (ca. a. 1091). **12.** *qui jouit d'un statut privilégié régi par une coutume spéciale — enjoying a privileged status determined by a particular body of law.* Viri legales ministri, et femine legales habeantur pedisseque. BITTERAUF, *Trad. Freising*, no. 1463, II p. 315 (a. 1058). Legalis ministri jure et condicione. Ib., no. 1468 p. 318 (a. 1064). Legalium servientium jure utatur. WIDEMANN, *Trad. S.-Emmeram*, no. 783 (ca. a. 1129). **13.** *loyal — loyal.* Credulus fidei eorum, quos probissimos et legales noverat. ORDER. VITAL., lib. 10 c. 17, ed. LE PRÉVOST, IV p. 99. Legales providique barones domino suo fideliter connectebantur. Ib., c. 18, p. 106. Neque enim et perjurus esse et legalis simul manere poterit. BERNARD. CLARAEVALL., epist. 121, MIGNE, t. 182 col. 266 B. [Rex] R. et M. viros utique legales, providas [leg. providos] et discretos [reginae] et filiorum suorum consiliarios et familiares esse disposuit. ROMUALD. SALERNIT., Chron., a. 1166, ed. GARUFI, p. 253. **14.** *usuel, normal, courant — generally used, normal, current.* Tradidit ... silvam, quattuor perticas legales. BITTERAUF, o.c., no. 332, I p. 284 (a. 815). Hobam 1 legalem. Ib., no. 1167, II p. 90 (a. 957-972) et ibi saepe. Unam perticam terre legalem. DE LASTEYRIE, *Cart. de Paris*, I p. 4 (a. 1002-1005). **15.** *approprié, convenable — suitable, convenient.* Ut per omnes dioceses legalia baptisteria constituantur. Stat. Rhispac. (a. 799/800), c. 32, *Capit.*, I p. 229. Legalem aecclesiae locum. BITTERAUF, no. 1156, II p. 82 (post a. 957). **16.** loc. legale placitum: le plaid général (allem. "echtes Ding") par opposition au plaid extraordinaire ("gebotenes Ding") — regular legal assembly. In legali placito. *D. Heinrichs II.*, no. 319 (a. 1014). Advocatus ter in anno ... legale placitum habeat. *D. Ottos III.*, no. 38 ( < a. 987 > , interpol. s. xii ?, Ellwangen). **17.** *qui est fondé en la Loi Mosaïque, en l'Ancien Testament* par opposition à ce qui est contenu dans l'Evangile ou dans le Nouveau Testament — *founded on the Mosaic Law or on the Old Testament* as distinguished from the Gospel or the New Testament. Non solum euangelicis, sed etiam legalibus ad Christi cultum ... instruamur traditionibus. HRABAN., epist. 9, *Epp.*, V p. 395. Legalia, prophetica et euangelica atque apostolica ... documenta. AMALAR., Reg. canon., lib. 1 c. 114, MIGNE, t. 105 col. 913 B.

**legalitas: 1.** *l'ensemble des droits qui se rattachent à une propriété ou à une fonction — the aggregate rights pertaining to a property or a dignity.* Comitatum ... cum omni legalitate ... largimur. *D. Heinrichs II.*, no. 225 (a. 1011). Proprietatem ... cum omni legalitate qua usi fuimus, hoc est ... [sequitur formula pertinentiarum]. Ib., no. 356 (a. 1016). **2.** *la capacité d'ester en justice — status as law-worthy.* In causa symoniae, ubi nulla requiritur legalitas. HUGO FLAVIN., Chron., lib. 2, ad a. 1100, *SS.*, VIII p. 491 l. 2. Non sit amplius dignus stare aut portare testimonium, quia legalitatem suam perdidit. Inst. Cnuti, LIEBERMANN, p. 339. Universo jure et honore et legalitate sua privatus habeatur, ita ut in ferendo testimonio vel ad causandum de cetero nequaquam sit admittendus. Frid. I imp. const. de incend. a. 1186, *Const.*, I no. 318, c. 10. **3.** *loyauté — loyalty.* Hoc [sc. hominium Heinrico IV imp. praestitum] factum esse ... absque meae christianitatis legalitatisve violatione. Roberti II com. Flandr. epist. a. 1103, *Hist. de Fr.*, XV p. 196 C. Magnam legalitatem tuam, domine Rogeri, qua tempore patrum meorum magnifice viguisti, multis attestantibus optime novi. ORDER. VITAL., lib. 8 c. 13, ed. LE PRÉVOST, III p. 339. Omnis probus et aequitate pollens, dum videt amicum pressuris impeti, si legalitate vult probabilis haberi, indigenti dilecto debet ... suffragari. Ib., lib. 10 c. 18, IV p. 112. Grandis debet esse utilitas quam christiani et vestri hominis legalitati preponere debeatis. BERNARD. CLARAEVALL., epist. 1, MIGNE, t. 182 col. 74 C. Fidelem et magne legalitatis virum. CAFFAR., ad a. 1162, ed. BELGRANO, I p. 66. **4.** *hommage lige — liege homage.* Ligantiam sive legalitatem de omnibus hominibus tocius provincie debet habere. Cons. Norm., c. 13, LUDEWIG, VII p. 177. **5.** *alloi — alloy.* Monetam ... juraverunt ... in jamdicto pondere et legalitate conservandam. *Actes Phil.-Aug.*, no. 237, I p. 291 (a. 1188).

**legaliter: 1.** **conformément à la loi — according to law.* Legaliter convictus. CASSIOD., Var., lib. 2 epist. 13, *Auct. ant.*, XII p. 53. Legaliter ... vestivit. BITTERAUF, *Trad. Freising*, no. 556[c], I p. 479 (a. 826). Juste ac legaliter ... adquisivit. *D. Karls III.*, no. 22 (a. 880). **2.** *selon toute la rigueur de la loi — in rigorous application of the law.* Nullus ... raptum facere praesumat; aut, si fecerit, legaliter puniatur. Conv. ap. Marsnam I a. 847, c. 8, *Capit.*, II p. 69. Decimas ... legaliter constricti persolvant. ADAM BREM., lib. 1 c. 12, ed. SCHMEIDLER, p. 14 l. 20.

**legare: 1.** *envoyer — to send.* Salutes. *Poet. lat.*, III p. 321 l. 2. Similia regi Franciae mandata [i. e. verba] legavit. ADAM BREM., lib. 3 c. 32, ed. SCHMEIDLER, p. 174 l. 20. **2.** *faire donation de* qqch. — *to donate.* Quedam due libere mulieres ... semetipsas legaverunt. Trad. s. Petri Juvav., no. 91 (a. 1090-1104), HAUTHALER, *Salzb. UB.*, I p. 297. Predium ... simul cum vestitura legavit. Ib., no. 140 (a. 1104-1116), p. 318.

**legatarius** (adj.): **testamentaire — provided in a will, concerning a will.* Donationes et chartae legatariae. FOLCUIN., G. abb. Lob., c. 8, *SS.*, IV p. 59 l. 22. Subst. mascul. **legatarius: 1.** *délégué, envoyé — representative, envoy.*

Misit pro pace petenda legatarium. Cassiod., Hist. trip., lib. 11 c. 15, *CSEL.*, t. 71 p. 649. Epist. Austras., no. 19 (a. 534-547), *Epp.*, III p. 132. Tracturia ligatariorum. Marculf., lib. 1 no. 11, *Form.*, p. 49. Si quis legatarium regis ... hospitio suscipere contempserit. Lex Ribuar., tit. 65 § 3. Fredeg., lib. 2 c. 58, *SRM.*, II p. 83. Ibi saepe. V. Pardulfi, c. 9, ib., VII p. 29 l. 23. Bonif. et Lull., epist. 105, ed. Tangl, p. 230. V. Goaris, c. 3, *SRM.*, IV p. 412. V. Ansberti, c. 15, ib., V p. 629. V. Sigiramni, c. 13, ib., IV p. 614 l. 5. G. abb. Fontan., ed. Lohier-Laporte, p. 85. Loth. imp. pact. cum Venetis a. 840, c. 18, *Capit.*, II p. 133. Walahfr., V. Galli, lib. 1 c. 3, *SRM.*, IV p. 287 l. 7. Hincmar., V. Remigii, ib., III p. 293 l. 15. **2.** *procureur — attorney.* Per ligatarius [i. e. legatarios] vestros apud domno rege ipsa[m] causa[m] placitasetis. F. Bituric., no. 18, *Form.*, p. 178. **3.** *exécuteur testamentaire — executor of a will.* Viros illos quos in hanc pagina testamenti nostri legatarios instituimus. Marculf., lib. 2 no. 17, *Form.*, p. 86. Recognitis sigillis, inciso ligno [i. e. lino] ... per inluster vir A. quem in hac pagina testamenti nostri legatarium institui. Test. Wideradi a. 721, Pardessus, II no. 514 p. 323.

**legatio: 1.** *la mission d'un "missus dominicus" — the mandate given to a "missus dominicus".* Anno 21 regni nostri actum est hujus legationis edictum. Dupl. leg. edict. a. 789, *Capit.*, I p. 62. Domnus imperator in istis partibus injunctam nobis habuit legationem suam ... ut nos ... et Dei et suam voluntatem in ipsa legatione agere decertaremus. Capit. ad com. dir. (a. 802-808), p. 183. [Missi imperatoris] omnibus generaliter notum faciant qualis sit eorum legatio. Commem. missis data a. 825, c. 2, ib., p. 308. Contigit ... W. Reminsem episcopum legatione a domno Carolo sibi injuncta justitias in Rhetia Curiense faciendas ad ipsum pagum venisse. Ratpert., Cas. s. Galli, c. 5, *SS.*, II p. 64. **2.** *l'exercice de la mission d'un "missus dominicus", sa fonction — the discharge of a "missus dominicus" 's mandate, his office.* Nullatenus sine comite de ipso pago istam legationem perficiant. Capit. missor. (a. 792/793), c. 5, I p. 67. Servitio quod ad regem pertinet et ad haribannitores vel his qui legationem ducunt. Capit. cogn. fac. (a. 802/803), c. 2, p. 144. Tales sint missi in legatione sua sicut decet esse missos imperatoris strenuos. Capit. de miss. off. a. 810, c. 1, p. 155. Quatuor tantum mensibus in anno missi nostri legationes suas exerceant. Capit. de justit. fac. (a. 811), c. 8, p. 177. Missi nostri suam incipiant legationem peragere octavas paschae. Const. de synod. a. 828, *Capit.*, II p. 3. **3.** *le ressort où s'exerce la mission d'un "missus dominicus" — the district covered by a "missus dominicus" 's mandate.* Quantum [sc. quot beneficia] de nostro in uniuscujusque legatione habeamus. Capit. de justit. fac. (a. 811), c. 7, p. 177. Omnibus notum faceremus qui in nostra legatione manere videntur. *Epp.*, V p. 277 no. 2 (a. 817, Trier). Ut hoc missi nostri omnibus in sua legatione constitutis notum faciant. Capit. missor. a. 819, c. 5, p. 289. Conventum in duobus aut tribus locis congregent, ubi omnes ad eorum legationem pertinentes convenire possint. Commem. missis data a. 825, c. 2, p. 308. De monasteriolis puellarum in legatione Autgarii. Capit. in plac. tract. a. 829, c. 3, II p. 7. **4.** *les personnes du "missus dominicus" et des serviteurs de sa suite — the company of a "missus dominicus" with his retinue.* Qui antiquitus consueti fuerunt missos aut legationes soniare [i. e. procurare]. Capit. de villis, c. 27. De legationibus a domno imperatore venientibus. Capit. missor. gener. a. 802, c. 28, I p. 96. De suis rebus legationes illuc venientes suscipiat. Capit. legib. add. a. 818/819, c. 16, p. 284. **5.** *la dignité de margrave — the dignity of a margrave.* [Sigifridi] legationem sibi vendicasset Thancmarus. Widukind., lib. 2 c. 9. **6.** *marche, ressort d'un margrave — margravate, district of a margrave.* In comitatu et legatione H. comitis. *D. Ottos I.*, no. 205 (a. 959). **7.** *la mission, la charge, la compétence d'un légat apostolique — mission, office, jurisdiction of a papal legate.* Legatio sancte sedis apostolicae, Romanae videlicet ecclesiae, qua fungebatur. Ann. regni Franc., a. 826, ed. Kurze, p. 169. Episcopos qui sedis apostolicae legatione ... fungere debeant. Martini pap. epist. a. 649 ap. Milonem, V. Amandi, *SRM.*, V p. 456. Legatus Stephani papae nomine D., episcopus Romae [locat.] ob hanc legationem peragendam ordinatus, in Franciam venit. Flodoard., Ann., a. 942, ed. Lauer, p. 83. Mandatum legationis apostolicae, quam dudum R. archiepiscopus ... susceperat. Ib., a. 948, p. 108. **8.** gener.: *pouvoir délégué — delegate power.* [Praesulibus ac comitibus] legationem imperatoris dedit. Thangmar., V. Bernwardi, c. 27, *SS.*, IV p. 771 l. 11. Regia legatione functus ibat potens per Italiam quasi perfecturus regis negotium. Triumph. Remacli, lib. 1 c. 22, *SS.*, XI p. 448. **9.** _*ordre, mandat — order, mandate._ Huic sanissimae legationi nostra parvitas deserviret. *Epp.*, V p. 305 no. 5 (a. 817 vel paulo post, Reichenau). **10.** *donation — donation.* Haec ... donationis legatio. Bernard-Bruel, *Ch. de Cluny*, no. 3265, IV p. 376 (a. 1049).

**legator: 1.** *messager — messenger.* M. praepositus et H. decanus fuerunt legatores hujus facti apud comitem missi a M. abbate. DC.-F., V p. 58 col. 3 (ch. a. 990, Mont-s.-Michel). Legatores 12 ad Guntrannum et Childebertum destinant. Chron. s. Benigni Divion., a. 1052, ed. Bougaud-Garnier, p. 34. **2.** *fondé de pouvoirs, avoué* (allem. "Salman") — *deputy, attorney.* Quidam presbiter G. nomine per manum legatoris sui liberi hominis E. predium ... legitime contradidit. Heuwieser, *Trad. Passau*, no. 184 p. 116 (a. 1090-1120).

**legatus: 1.** *"missus dominicus".* Legatos regios [sc. qui tunc ad justitias faciendas apud eos [sc. Nortalbingos] conversabantur, conprehendunt. Ann. regni Franc., a. 798, ed. Kurze, p. 102. [Imperator] ad justitias faciendas et oppressiones popularium relevandas legatos in omnes regni sui partes dimisit. Ib., a. 814, p. 141. Per praefectos Saxonici limitis et legatos imperatoris. Ib., a. 819, p. 149. [Imperator] legatos strenuos delegavit, ut ... flagitia malorum hominum punirent. Episc. ad Lud. rel. a. 829, prol., *Capit.*, II p. 28 l. 7. Hetti ... archiepiscopus Treforensis necnon et legatus Hluduvici serenissimi imperatoris. *Epp.*, V p. 277 no. 2 (a. 817). Per omnes provincias regni ... legatos mitteremus, qui omnia pravorum comitum ... facta ... investigarent. F. imper., no. 14, *Form.*, p. 296. Dederim ... in orbem legatos, populos qui pietate regant. Ermold., In hon. Lud., lib. 2 v. 1159, ed. Faral, p. 90. Iterum v. 1180, p. 92. Caetera [negotia] ... praefectis provinciarum, comitibus etiam atque legatis perficienda commisit. Einhard., V. Karoli, c. 13, ed. Holder Egger, p. 15. Missis a latere vestro probatae fidei legatis. Concil. Vern. a. 844, c. 2, *Capit.*, II p. 384. Destinaturi ... legatos strenuos. Capit. Pap. pron. a. 865, c. 7, p. 93. Actum ... in praesentia legatorum imperatoris. Wartmann, *UB. S.-Gallen*, no. 656, II p. 260 (a. 886). **2.** *margrave — margrave.* Widukind., lib. 1 c. 36. **3.** *commissaire impérial — imperial commissioner.* Hec per R. comitem et domini regis legatum facta sunt. Ficker, *Forsch.*, IV no. 115 p. 159 (a. 1147). Rainaldus Dei gratia s. Coloniensis ecclesie electus, Italie archicancellarius, imperatoris majestatis legatus. Ib., no. 131 p. 173 (a. 1163). **4.** *légat apostolique — papal legate.* Lib. pontif., Hormisdas, ed. Mommsen, p. 129 col. 1 l. 24. Pelagii II pap. epist. (ca. a. 586), *Epp.*, II p. 463 l. 28.

**legenda** (femin.): **1.** *lecture, leçon sainte — reading, divine lesson.* In cottidiana legenda. Sacram. Gallic., Migne, t. 72 col. 451. Etiam Lection. Gallic., ib., col. 174. **2.** *légende, vie de saint — legend, saint's life.* Hujus legendae limitem [i. e. finem] ... imponere delectat. V. Liutbirgae, c. 36, ed. Menzel, p. 45. **3.** *recueil de vies de saints — collection of saint's lives.* S. xiii.

**legendarius** (subst. mascul.): *recueil de vies de saints — collection of saint's lives.* Joh. Beleth, Rationale, c. 60, Migne, t. 202 col. 66 A.

**legente** (ablatif pétrifié — petrified ablative): *où l'on lit telle inscription — where it reads as follows.* Patena aurea [nomin.] ... legente: KAROLO. Lib. pontif., Leo III (a. 795-816), § 24, ed. Duchesne, II p. 8. Ibi pluries.

**legere: 1.** *enseigner — to teach.* Cum tecum aliquot diebus legendi gratia in monasterio tuo demorarer. Beda, epist. ad Egbert., c. 1, Plummer, p. 405. **2.** *expliquer les auteurs, donner des cours — to expound the authors, lecture.* Petenti licentiam legendi de decretis vel legibus non possit cancellarius denegare si major pars legentium de decretis vel legibus dicant ... quod idoneus sit ad hoc. Denifle, *Chart. Univ. Paris.*, I p. 76 no. 16 (a. 1213). Constitutiones ... de modo et hora legendi et disputandi. Ib., p. 137 no. 79 (a. 1231). **3.** *apprendre, recevoir des leçons — to be taught.* Suasu ... cujusdam Bawarii apud me legentis. Epist. Wormat., no. 42 (a. 1031-1035), ed. Bulst, p. 78 l. 22. Audivi quod ab illo H. ... legere proposueris. Epist. Hannov., no. 36, ed. Erdmann, p. 78. Audivi quod legas a domino A. Anselm. Cantuar., epist. 55, Migne, t. 158 col. 1124 C.

**legeus**, v. ligius.

**legia**, v. leuca.

**legibilis**: _*lisible — readable._

**legifer** (subst.): _*législateur — law-giver._

**legio: 1.** *corps d'armée composé de mille guerriers montés — army section numbering a thousand mounted men.* Ipsi [sc. Mercii] 30 legiones ... in bello habuere. Beda, Hist. eccl., lib. 3 c. 24. Aciem ordinat, ducibus singulas legiones commendat. Ann. Mettens. prior., a. 690, ed. Simson, p. 11. Misit 4 legiones in Saxoniam. Ib., a. 774, p. 62. His innumerabilibus legionibus tota Hispania contremuit. Ib., a. 778, p. 67. Numero quasi 8 legiones. Widukind., lib. 3 c. 44. Etiam ib., lib. 1 c. 24; lib. 3 c. 2. Plus quam 3 legiones interfectorum. Thietmar., lib. 9 c. 27, ed. Holtzmann, p. 524. Ter denas legiones singulas millenis taxatas militibus. Thiofrid., V. Willibrordi, c. 35, *SS.*, XXIII p. 27. Hostium decem legiones fuerunt. Ann. Altah., a. 1042, ed. Oefele, p. 30. 4 legiones militum in arma ducebant. Chron. Polon., lib. 1 c. 21, *SS.*, IX p. 438. **2.** *division d'armée d'un effectif indéterminé — army section of indefinite strength.* Chron. Moissiac., *SS.*, I p. 295 l. 23. Regino, Chron., a. 887, ed. Kurze, p. 125. Widukind., lib. 1 c. 38; lib. 2 c. 3; lib. 3 c. 44. Richer., lib. 1 c. 28, ed. Latouche, I p. 64.

**legirupus** (adj.): _*qui viole les lois — overriding the law._

**legisdoctor**, legodoctor, legisdoctus: **1.** _*docteur de la loi (juive), jurisconsulte — (Jewish) lawyer, jurist._ **2.** *échevin — doomster.* Sicut proceres nostri seu comites palacii nostri vel reliqui legisdoctores judicaverunt. *D. Arnulfing.*, no. 23 p. 108 (ca. a. 751). Ibi [sc. in loco consueto] scabini et legisdoctores cum reliquis conveniant et ibi mallos habeant. Ansegis., Capit., addit. codicis Rivip., *Capit.*, I p. 440. H. episcopus, A. comes missus dominicalis et L. comes et alii multi legodoctores judicia recta decernenda. Bitterauf, *Trad. Freising*, I no. 579 p. 495 (a. 829). Quidam Wastinensis regionis legisdoctor. Adrevald., Mir. Benedicti, lib. 1 c. 25, ed. De Certain, p. 57. Dum ... residerent domno B. comes ... cum his etiam comitibus adque residentibus causidicis ...: R. legisdoctus, S. legisdoctus Anconitano cive ... Ficker, *Forsch.*, IV no. 90 p. 134 (a. 1094).

**legislatio**: _*législation — legislation._

**legislator: 1.** *connaisseur de la loi — legal specialist.* [Imperator] congregavit duces, comites et reliquo christiano populo cum legislatoribus. Ann. Lauresham., a. 802, *SS.*, I p. 39. Atto Vercell., epist., ed. Burontius, p. 302. Pour un "asega" frison — for a Frisian "asega": Trad. Egmund. (s. ix), Oppermann, *Fontes Egmund.*, p. 64. **2.** *échevin — doomster.* Propter invidiam inimicorum suorum, qui sedem legislatorum possidebant. Meginhard. Fuld., Transl. Alexandri, c. 6, ed. Krusch, p. 431. Marchegay-Salmon, *Chron. d'Anjou*, p. j. no. 3 p. xcv (a. 905, Tours).

**legisperitus**: _*jurisconsulte — lawyer._

**legista** (mascul.): *légiste — legist.* Burgensis Cluniacensis legistam advocatum habere poterit. Bernard-Bruel, *Ch. de Cluny*, V no. 4329 p. 691 (a. 1188). Iste probat se legistam. Walth. Map, Carm., ed. Wright, p. 219.

**legitimare, 1.** ecclesiam: *munir d'une dotation — to provide with a glebe.* Aecclesiam ... aedificare coepit ... Et dote legitimatam presbitero ... commendavit. Gerhard. August., V. Oudalrici, c. 20, *SS.*, IV p. 407 l. 14. **2.** filium vel filiam: *légitimer — to legitimize.* S. xiii.

**legitimitas:** *naissance légitime — legitimacy.* S. xiii.
**legitimus, 1.** loc. aetas legitima, anni legitimi: majorité — full age. Expectans ut C. ad legitimam perveniret aetatem. GREGOR. TURON., H. Fr., lib. 6 c. 4. Legitima aetas est postquam filii duodicem annus [i. e. annos] habuerint. Edict. Rothari, c. 155. Etas legitima . . . ad episcopum instituendum . . . expectetur. Concil. Latun. (a. 673-675), c. 5, *Conc.*, I p. 218. Quando ad legitima[m] etate[m] veniunt, legitimam ducant uxorem. Missi admon. (a. 801-812), *Capit.*, I p. 240 l. 9. Si alicui illorum contigerit nobis decedentibus ad annos legitimos juxta Ribuariam legem nondum pervenisse. Ordin. imp. a. 817, c. 16, ib., p. 273. Hoc observetur . . . usque ad annos legitimos. Capit. legib. add. (a. 818/819), c. 6, p. 282 l. 22. **2.** d'une personne: *majeur* — of a person: *of age.* Intra decem et octo annos non sit legitimus homo res suas alienandum. Liutpr. leg., c. 19 (a. 721). Puella in duodecimo anno legetima sit ad maritandum. Ib., c. 112 (a. 729). **3.** *idoine, digne de foi, irrécusable — lawful, worthy of belief, unchallengeable.* Per testes legitimos. Lex Visigot., lib. 5 tit. 4 § 13. Traditionem faciat coram testibus legitimis. Capit. legib. add. a. 803, c. 6, I p. 114. Cum duodecim conjuratoribus legitimis per sacramentum adfirmet. Capit. legib. add. (a. 818/819), c. 1, p. 281 l. 6. Testes legitimi. BITTERAUF, *Trad. Freising*, no. 394, I p. 335 (a. 818). Cum legitimis sacramentalibus 12. Guidonis capit. Pap. a. 891, c. 6, II p. 108. Per legitimos et cognitiores testes. DE ABADAL, *Dipl. Catal.*, I p. 73 l. 14 (a. 936). Per quatuor legitimos viros . . . probabit. GIRY, *S.-Omer*, p. 377 (a. 1128). Homines legitimi de ipsa terra . . . juraverunt . . . quia injuste hoc pedagium acciperet. DC.-F., IV p. 226 col. 1 (ch. a. 1138, Chartres). Sex vel quatuor legitimos burgenses in eo burgo commorantes. MÉTAIS, *Cart. de Nogent-le-Rotrou*, p. 45 (a. 1166). **4.** *qui jouit d'un statut privilégié régi par une coutume spéciale — enjoying a privileged status determined by a particular body of law.* Legitimus [Frisingensis] ecclesie servus que[m] hiltiscalh dicunt. BITTERAUF, no. 1042, I p. 786 (a. 907-926). Legitimorum aecclesiae servientium jure et lege vivant. Ib., no. 1474, II p. 326 (a. 1078-1091). Jure legitimi servientis. WIDEMANN, *Trad. S.-Emmeram*, no. 688 (a. 1090-1095). Eo jure quo legitimi ministeriales utuntur. Trad. Augiens., no. 4 (ca. a. 1125), *Mon. Boica*, I p. 131. **5.** mallus legitimus, placitum legitimum: le plaid général (allem. "echtes Ding") par opposition au plaid extraordinaire ("gebotenes Ding") — regular legal assembly. Ante regem vel legitimo mallo publico. Lex Sal., tit. 46. Advocatus . . . rationem reddat . . . in mallo legitimo vel regali placito. D. Lud. Pii a. 821, *H. de Fr.*, VI p. 525 A. Ad tria legitima placita invitetur. Lex famil. Wormat. (a. 1023-1025), c. 26, *Const.*, I no. 438. **6.** d'une tenure: *à laquelle se rattachent les pleins droits d'usage* — of a holding: *accommodated with full rights of easement.* Mansum unum legitimum, quem B. tenuit. BRUCKNER, *Reg. Alsatiae*, no. 101 (a. 723, Honau). Curtiles legitimas. *D. Ludwigs d. Deutsch.*, no. 92 p. 133 l. 25 (a. 858). De legitimis curtilibus talem usum habuimus, qualem unusquisque liber homo de sua proprietate juste et legaliter debet habere in campis, pascuis, silvis lignorumque succisionibus atque porcorum pastu. WARTMANN, *UB. S.-Gallen*, II p. 281 no. 680 (a. 890). **7.** de mesures: *étalon — standard.* De terra aratoria campum I quod habet legitimos jurnales 12. ZEUSS, *Trad. Wizenb.*, no. 108 p. 111 (a. 766). Perticae legitimae. BITTERAUF, no. 259, p. 232 (a. 807). Item *D. Karls III.*, no. 18 (a. 880). **8.** *normal — normal.* Terrae araturiae jugera 15 exceptis duabus legitimis areis. DRONKE, *CD. Fuld.*, no. 461 p. 203 (a. 825). De unaqueque navi legittima, id est quam tres homines navigant. Inquis. Raffelst. (a. 903-906), c. 7, *Capit.*, II p. 251. Cum una legitima molendina. BITTERAUF, no. 1437 (a. 1031-1039). **9.** *usuel, courant, habituel — usual, generally used, habitual.* Aliubi [theloneum] non tollatur nisi ad locis antiquis legitimis. Capit. Mantuan. (a. 781 ?), c. 8, I p. 190. Ut nullus negotium suum infra mare exercere presumat, nisi ad portura legitima [i. e. portus legitimos] secundum more antiquo. Memor. Olonn. (a. 822/823), c. 17, p. 319. 3 annos in penitentia exigat per legitimas ferias et 3 quadragesimas. Concil. Mogunt. a. 852, c. 9, *Capit.*, II p. 189. Legitima via. BITTERAUF, no. 538[a], p. 459 (a. 826). Item *D. Ludw. d. Deutsch.*, no. 90 p. 129 l. 32 (a. 858). Legitima strata. *D. Ottos III.*, no. 370 (a. 1000). Subst. femin. **legitima:** *épouse — wife.* Duos fertur rex habuisse filios . . . Alter natus est a concubina . . .; [alterum] rex a legitima genuit. ADAM BREM., lib. 2 c. 59, ed. SCHMEIDLER, p. 119. C. et sua legitima F. HEUWIESER, *Trad. Passau*, no. 184 p. 116 (a. 1090-1120). Item JORDAN, *Urk. Heinr. d. Löw.*, no. 127 p. 184 (ca. a. 1190). Subst. neutr. plural. **legitima: 1.** **lois, régime juridique — body of law, legal order.* **2.** *héritage — inheritance.* Sacius sibi esse mori in bello quam amissis patrum legittimis perjurus vivere. LAMPERT. HERSF., a. 1069, ed. HOLDER-EGGER, p. 108. Si . . . de suo [i. e. advocati] jure aut de legitimis eorum [sc. fratrum] discordia oriatur. *D. Heinrichs I.*, no. 34 ( < a. 932 >, interpol. s. xii, Fulda). **3.** *propriété — property.* Antiquitus tradita monasteriis suis legittima rata inconvulsaque manere sineret. LAMPERT. HERSF., a. 1073, p. 142. [Imperator principi Danorum] partem Fresiae concessit, quae [i. e. quem] adhuc Dani reposcunt quasi legitima juris sui. ADAM BREM., lib. 1 c. 15, addit. codd. famil. BC, p. 21.
**legius** et derivata, v. lig-.
**legodoctor,** v. legisdoctor.
**legua,** v. leuca.
**leida,** leyda, leidis, leisda, v. lisida.
**leydarius,** v. lesdarius.
**leigiatio,** v. ligiatio.
**lembus** = limbus.
**lemnia,** lempnia (orig. incert.): *lisière de bois — skirt of a forest* (ni fallor). Foreste cum certis finibus, videlicet contra pagum M. pervenit lemma [leg. lemnia] . . . Secunda lemma contra pagum P. . . . Tertia lemma contra pagum P. *D. Karolin.*, I no. 87 (a. 774). Iste alodus sic est circumcinctus: de uno fronte et uno latus est lempnia de B. . . . DE MONSABERT, *Ch. de Nouaillé*, no. 74 p. 123 (a. 989 vel 993).



**1. laena** (class. "manteau — cloak"): *couverture de lit, couvre-pieds — blanket, quilt.* Benedicti regula, c. 55. BEDA, Hist. eccl., lib. 4 c. 30. BERNARD. MORLAN., Cons. Cluniac., lib. 1 c. 17, HERRGOTT, p. 170. GUIDO, Disc. Farf., lib. 2 c. 47, ALBERS, I p. 180. GUILLELM., V. Sugerii, lib. 2, LECOY, p. 393.
**2. lena,** v. leaena.
**lenteamen** = linteamen.
**lenticula:** **vase, cruche — vase, jar.*
**leoda,** v. lisida.
**1. leodis,** leodum, v. 1. leudis.
**2. leodis,** v. 2. leudis.
**leonatus** (adj.): *orné de figures de lions — adorned with figures representing lions.* Vela serica leonati nonaginta. Lib. pontif., Steph. V, § 13, ed. DUCHESNE, II p. 194. Cupas duas leonatas. *Hist. de Languedoc*[3], V pr. no. 164 col. 350 (a. 1005). Dorsalem leonatum. GREGOR. CATIN., Chron. Farf., ed. BALZANI, II p. 309 l. 15.
**leowa,** v. leuca.
**lepidulus:** **assez agréable — rather nice.*
**leporarius** (adj.). Loc. canis leporarius et subst. mascul. leporarius, femin. leporaria: *lévrier, lévrière — greyhound.* Si quis . . . veltrem [i. e. canem] leporarium, qui et argutarius dicitur, furatus fuerit. Lex Sal. emend., tit. 1 addit. 1. Const. dom. reg. (a. 1135-1139), JOHNSON, *Dial. de scacc.*, ad calcem, p. 135. Si quis per canes leporarios feram fugaverit. Frid. I lex pacis castr. a. 1158, c. 23, *Const.*, I no. 173 p. 241.
**leprosia:** *léproserie — leper-house.* S. xiii.
**leprosoria,** -aria: *léproserie — leper-house.* S. xiii.
**leprosus** (adj. et subst.): **lépreux — leprous, leper.*
**lescivia** = lixivia.
**lesda,** v. lisida.
**lesdabilis,** leuda- ( < lisida): *astreint au paiement des redevances dites "lesdae" — liable to payment of dues called "lesdae".* S. xiii.
**lesdalarius** ( < lisida): *receveur de redevances dites "lesdae" — gatherer of dues called "lesdae".* GERMAIN, *Cart. de Montpellier*, no. 149 p. 282 (s. xi in.).
**lesdare** ( < lisida): *dédouaner — to clear* goods. De blado vendito et lesdato. DC.-F., V p. 68 col. 2 (ch. a. 1215, Avignon).
**lesdaria,** ledd- ( < lisida): *redevance de marché — market-due.* Dedit . . . decimum de leddaria mercati et de via. *Hist. de Languedoc*[3], V pr. no. 394 col. 746 (a. 1096).
**lesdarius,** letd-, leyd-, leud- ( < lisida): *receveur des redevances dites "lesdae" — gatherer of dues called "lesdae".* GERMAIN, *Cart. de Montpellier*, no. 100 p. 209 sq. (a. 1103).
**laesio: 1.** **lésion, blessure — lesion, wound.* **2.** **tort, dommage, injustice, offense — wrong, damage, injustice, injury.* **3.** laesio majestatis: lèse-majesté — lese-majesty. Ps.-BENED. PETROB., G. Henrici II, ed. STUBBS, I p. 249. **4.** *violation — breach.* Laesio fidei. AELRED. RIEVALL., V. Edwardi, MIGNE, t. 195 col. 777 D. Laesio pacis: infraction de la paix — breach of the peace.
**1. lessa:** *laisse* de chiens — *leash.* S. xiii.
**2. lessa,** v. laxa.
**1. lesta,** v. lastus.
**2. lesta,** v. lisida.
**lestagium,** v. lastagium.
**laesura: 1.** **blessure — lesion.* **2.** **dommage, privation — damage, injury.* **3.** **tort, injustice — wrong, harm.* **4.** *violation — breach.* Laesura fidei. HUGO CANTOR., Hist., RAYNE, *York*, II p. 171.
**leta** (anglosax.): **1.** *circonscription, sous-division du hundred* (en Norfolk et Suffolk) — *leet.* Domesday, II fo. 119 b; fo. 212 b. **2.** *tribunal* de cette circonscription — *court leet.* DUGDALE, *Monast. Anglic.* (ed. 1817-1830), III p. 330 (a. 1107).
**letalis: 1.** **qui entraîne la perte de l'âme — leading to perdition of one's soul.* **2.** *funèbre — of mourning.* Post letalia funera mortuorum. ADSO, Hist. Tull., CALMET, I pr. col. 128. **3.** *mortel, périssable — mortal, perishable.* Divina que gerebat carne letali miracula. Mir. Genovefae (s. ix), ed. SAINTYVES, p. 113. **4.** *d'un cadavre — cadaverous.* Letali pallore ac squalore deformis. Pass. Marciane, *AASS.*, Nov. III p. 58.
**letaliter:** **mortellement, en encourant la perte de l'âme — mortally, in a way leading to perdition of the soul.*
**laetaminare:** *engraisser, fumer — to dung.* HEUWIESER, *Trad. Passau*, I no. 17 p. 33 (a. 895).
**letania,** v. litania.
**laetanter:** **avec joie — joyfully.*
**letda,** v. lisida.
**letdarius,** v. lesdarius.
**leteria,** v. lecteria.
**leteus** = lethaeus.
**letia,** v. lisida.
**letifer:** **qui entraîne la mort de l'âme — leading to perdition of the soul.*
**letilis,** v. lidilis.
**letimonium,** v. litimonium.
**letricum,** v. lectricum.
**letrinum,** v. lectorinum.
**letum: 1.** *justice criminelle concernant les homicides — criminal jurisdiction concerning manslaughter.* Neque de banno neque de latrone neque de sanguine neque de letho partem aliquam ab illis hominibus requireret. MABILLON, *Ann.*, IV p. 690 (ch. a. 1008, Reims). In leto et sanguine nihil habet advocatus. DC.-F., V p. 70 col. 1 (ch. a. 1139, Paris). Concedimus . . . manum mortuam et sanguinem et letum. D. Lud. VII reg. Fr. a. 1156, ib., col. 2. **2.** *mainmorte — mortmain.* DC.-F., V p. 70 col. 2 (ch. a. 1090-1116, Chartres). **3.** *mort de l'âme — perdition of the soul.* Anathematis letum . . . evadant. RATHER., Praeloq., MIGNE, t. 136 col. 308 D.
**letus,** v. 1. litus.
**leuca,** leuga, lauga, leugua, leuwa, leowa, lega, legua, ligua, legia, leva, levia, lewa, leuza (celt.): **1.** **lieue,* mesure itinéraire de 1500 pas (selon ISID., Etym., lib. 15 c. 16), soit $1\frac{1}{2}$ mile romaine ou 2250 mètres — *league,* $1\frac{2}{5}$ British miles. GREGOR. TURON., Virt. Juliani, c. 18, *SRM.*, I p. 572. ALCUIN., epist. 207, *Epp.*, IV p. 343. EGINHARD., Transl. Marcellini, *SS.*, XV p. 243 l. 19. NITHARD., lib. 4 c. 4, ed. LAUER, p. 134 (les distances données dans ce texte donnent de 3 à $3\frac{1}{2}$ km. pour la lieue — statement turning out to about 2 miles for a league). **2.** *mesure de superficie* employée pour l'arpentage des forêts — *square measure* used for surveying forests. De sua foreste duodecim leugas undique mensuratas . . . concessisset. D.

Ludov. Pii a. 814, HALKIN-ROLAND, *Cart. de Stavelot*, I no. 25 p. 64. Habet ibi ... de silva, sicut aestimatur, per totum in giro lewa I. Irminonis polypt., br. 2 c. 1. MÉTAIS, *Cart. de Marmoutier pour le Blésois*, p. 38 (a. 1059-1064). BERTRAND, *Cart. d'Angers*, no. 889, II p. 364 (a. 1098). **3.** *zone d'une lieue de rayon soumise à la justice établie dans un château fort — lowy, area within a radius of one league subject to an authority seated in a castle.* Donavi apud Argentias [Argences, Calvados] leuvam [leg. lewam] juxta morem patriae nostrae propter mercatum ipsius villae. HASKINS, *Norman inst.*, p. 262 no. 10 (a. 1032-1035). Castellum extruxi; quo facto multa illi [sc. castello] ... attribui, videlicet leugam cum sanguine et teloneo et mercatum. PROU-VIDIER, *Ch. de S.-Benoît-s.-Loire*, I no. 78 p. 204 (a. 1067). In leuga Brionnii. PORÉE, *Hist. du Bec*, I p. 647 (ch. a. 1077). In tota Briocensi leuca. VERNIER, *Ch. de Jumièges*, I p. 99 no. 32 (ca. a 1080). Homagium castelli de T. cum adjacenti leuga. GERVAS. DOROBERN., Chron., a. 1163, ed. STUBBS, I p. 174. **4.** *zone d'une lieue de rayon jouissant du statut favorisé d'une église — area within a radius of one league enjoying the privileged condition of a church.* Concedo eidem ecclesiae leugam circumquaque adjacentem liberam et quietam ab omni geldo et scoto et hydagio et denegeldis et opere pontium et castellorum et parcorum. Ch. Will. I reg. Angl. ap. DC.-F., V p. 73 col. 2. Ecclesia illa cum lauga circumquaque adjacente libera sit ab omni dominatione ... episcoporum. Ch. ejusdem, ib., I p. 560 col. 1. **5.** *banlieue* d'une ville — *pale* subject to urban authority. Infra leugam civitatis. Domesday, I fo. 263 b. Si quis ... infra laugam ejusdem villae forisfecerit. BOURGEOIS, *Mouv. comm. Champ.*, p. 116 c. 5 (a. 1179, Meaux). Si ... aliquis ei aliquid forifecerit infra leucam istius ville. Phil. II Aug. reg. Fr. priv. pro Suession. a. 1181, *Actes*, no. 35, c. 8.

**leucata,** leugata ( < leuca): **1.** *mesure de superficie — a square measure.* MÉTAIS, *Cart. de Marmoutier pour le Blésois*, p. 52 (a. 1061). Domesday, II fo. 118. BERTRAND, *Cart. d'Angers*, no. 889, II p. 365 (a. 1098). **2.** *zone d'une lieue de rayon soumise à la justice établie dans un château fort — lowy.* Maneria tenet ... comes ... cum pertinenciis et totam leucatam. DUGDALE, *Monast. Anglic.*, ed. 1817-1830, I p. 104 l. 38 (a. 1080). **3.** *zone d'une lieue de rayon jouissant du statut favorisé d'une église — area within a radius of one league enjoying the privileged condition of a church.* Infra unam leugatam circa ecclesiam. Chron. Rameseiens., ed. MACRAY, p. 214. **4.** *banlieue* d'une ville — *pale.* Detinebitur fide data ... quod a leugata ville ... non recedet. Dial. de scacc., lib. 2 c. 21, ed. JOHNSON, p. 116.

**1. leuda** (germ., cf. voc. leudis): *lignage — race.* Cum 12 sacramentalibus juret de leuda sua. Lex Baiwar., tit. 9 § 3. Cf. ib., tit. 8 § 15: cum 12 sacramentalibus juret de suo genere nominatos.

**2. leuda,** v. lisida.

**leudabilis,** v. lesdabilis.

**leudarius,** v. lesdarius.

**leudesamio** (germ.): *sujétion — submission.* [Pagenses] fidelitatem ... nobis et leudesamio ... dibeant promittere et conjurare. MARCULF., lib. 1 c. 40, *Form.*, p. 68.

**1. leudis,** leodis, liudis, leudus (germ. "homme — man"): **1.** *un individu de la dernière catégorie des hommes libres — a person of the undermost class of freemen.* Quicumque Burgundio alicujus [i. e. aliquis] optimatis aut mediocris cum filia se copulaverit ... Si vero leudis hoc praesumpserit facere ... Lex Burgund., tit. 101. **2.** plural.: *compagnons — companions.* Ni leudes nostri et equi fierent fessi ob nimietatem itineris. F. Augiens., coll. C no 21, *Form.*, p. 374. **3.** plural.: *les fidèles du roi, les membres de l'aristocratie qui forment l'entourage du roi — the great men bound by fealty to the king.* Convenit ut rebus [i. e. reipus ?] concederemus omnibus leodibus nostris. Edict. Chilperici (a. 561-584), c. 2, *Capit.*, I p. 8. Leodis [i. e. leodes] qui patri nostro fuerunt, consuetudinem qua[m] habuerunt de hac re intra se debeant [subaudi conservare]. Ib., c. 4. Leudes illi qui domno Guntchramno ... sacramenta primitus praebuerunt. Pactum Guntchr. et Childeb. II a. 587, ib., p. 14 l. 12. Nullus [rex] alterius leudes nec sollicitet nec venientes excipiat. Ib., l. 28 (ubi synon.: fideles). Hoc convenit [nobis] una cum leodos nostros: decrevimus ... Childeb. II decr. a. 596, c. 2, p. 15. Quia unus de fidelibus ac leodibus, sua[m] fide[m] servando domino legitimo ... visus est perdedisse. Edict. Chloth. II (a. 614), c. 17, p. 23. Haec [Rachnagarius] dedit leudibus ejus. GREGOR. TURON., H. Fr., lib. 2 c. 42. [Theudebertus] a leodibus suis defensatus est et in regnum stabilitus. Ib., lib. 3 c. 23. Ut credo, alicujus ex leudibus nostris sit filius. Ib., lib. 8 c. 9. [Theudericus] [h]ortabatur a leudibus suis ut ... pacem iniret. FREDEGAR., lib. 4 c. 27, *SRM.*, II p. 131. Chlotharius cum proceribus et leudibus Burgundiae Trecassis conjungetur. Ib., c. 54, p. 148. Omnes leudis de Neuster et Burgundia eum M. villa sublimant in regno. Ib., c. 79, p. 161. Ibi saepe. Quodsi inter leudes quicumque nec regis beneficiis aliquid fuerit consecutus, sed in expeditionibus constitutus de labore suo aliquid adquisierit. Lex Visigot., lib. 4 tit. 5 § 5. Ibique [in "Lügenfeld"] leudes imperatoris conjurationes suas [i. e. juramenta fidelitatis] postposuerunt, relinquentes autem eum solum. Ann. Xant., a. 833, ed. SIMSON, p. 8. Cf. E. MAYER, *leudes — curiales*, *ZSSRG.*, Germ. Abt., t. 36 (1915), pp. 438 sq. A. DOPSCH, *Die Leudes und das Lehenswesen*, in: *Verf.- u. Wirtsch.-gesch. des MA.s, Ges. Aufsätze*, 1928, pp. 1-10. **4.** plural.: *les hommes libres du royaume en général — the whole of the freemen of the realm.* [Rex] universis leudibus quos regebat in Auster jobet in exercito promovere. FREDEGAR., lib. 4 c. 56, *SRM.*, II p. 148. [Dagobertus] inter universis leudibus suis tam sublimis quam pauperibus judecabat justiciam. Ib., c. 58, p. 149. (Ex FREDEGARIO hauserunt G. Dagoberti, c. 21, ib., p. 407: universis sibi subditis tam sublimibus quam pauperioribus). Ponteficibus et procerebus ... seo et citeris leudibus. Ib. Jusso Sigyberti omnes leudis Austrasiorum in exercitum gradiendum banniti sunt. Ib., c. 87, p. 164. Dilectit ... [pro] chunctis leodis nostris



Domini meserecordia[m] deprecare. D. *Merov.*, no. 81 (a. 716). Eadem verba D. *Karolin.*, I no. 6 p. 10 (a. 753). **5.** *dépendant, tenancier — dependant, tenant.* Que sui ... leudebus Francorum inlecete perpetraverant. FREDEG., lib. 4 c. 78, p. 160. **6.** *vassal — vassal.* GODESCALC., G. abb. Gemblac., contin., c. 54, *SS.*, VIII p. 544.

**2. leudis,** leodis, liudis, laudis, leudum, leodum, leudus, leuda (germ., idem vox atque 1. leudis): **1.** *cadavre d'un homme tué — corpse of a slain man.* Leode contra legem ibi burisset [i. e. sepelisset]. F. Sal. Bignon., no. 9, *Form.*, p. 231. **2.** *wergeld,* réparation pour un homme tué à payer aux parents de la victime pour racheter la vengeance — *wergeld.* indemnification for a slain man paid to the victim's kinsmen. Ista redemptio de manu redemenda usque ad leudem sic permanet. Lex Sal., tit. 53 § 4. Si vero leodem alteri impotaverit et eum ad hinneum admallatum habuerit. Ib., § 5. Si de praecipitio periculo mortis evaserit, medietate leudis suae conponatur qua conponi debuerat si mortuus fuisset. Nam et si mortuus fuerit, unusquisque secundum modum leodis suae conponatur. Lex Sal emend., tit. 41 addit. 6. Media[m] conpositione[m] [hominis occisi] filius habere debet; alia[m] medietate[m]: exinde ei debet [medietatem matri, cf. H. BRUNNER, *ZSSRG.*, t. 3 p. 33 sq.], ut ad quarta de leude illa adveniat. Capit. II legi Sal. addit., c. 3. Si talis fuerit causa unde 60 sol. aut certe amplius usque ad leudem conponere debet. Ib., c. 8. Ad illum ... ultio proximi et solucio leudis debet pertinere. Lex Thuring., c. 27. Si nobilis nobilem ... alio homini ad occidendum exposuerit, ... qui eum exposuit tertiam partem leudis componat. Lex Fris., tit. 2 § 1. Ewa ad Amorem, c. 12 et pluries. Cart. Senon., no. 11, *Form.*, p. 189. F. Sal. Bignon., no. 8, ib., p. 231. F. Sal. Lindenbr., no. 19, p. 280. Compositio illa de ipso homicidio componatur, cui legibus leudo ipso pertinuerit. Pippini Ital. reg. capit. (a. 782-786), c. 10, I p. 193. Componat ... usque adsuper plenam leudem liberi hominis. Karoli M. capit. (a. 803-813), c. 1, p. 143. De omnibus debitis solvendis ... per 12 den. solidus solvatur ..., excepto leudes, si Saxo aut Friso Salicum occiderit, per 40 din. solidi solvantur. Capit. legi add. a. 816, c. 2, p. 270. Leudem interfecti ... cogatur solvere. Capit. pro lege hab. Wormat. a. 829, c. 1, II p. 18 l. 8. Si latro ibi occisus fuerit, qui eum occiderit leudem inde non solvat. Capit. missor. Silvac. a. 853, c. 5, II p. 272. Leudem quam homines ... persolvere debebant pro quodam clerico interfecto. D. Loth. I imp. a. 855, BEYER, *UB. Mittelrh.*, I no. 88 p. 93. Judicatum fuerit ut eisdem leudem rewadiaret. HINCMAR., epist., MIGNE, t. 126 col. 97 A. Propter leodo componendo de A. servo s. Stephani donamus ad ipsa casa pratum. COURTOIS, *Cart. de Dijon*, no. 5 p. 13 (a. 882). De leude et de sanguine facto aliisque injuriis, si abbas aut praepositus ... per se rectum adquirere potuerit, inde nihil advocatus habeat. MARTÈNE, *Thes.*, I p. 188 (a. 1065-1070, Verdun). De leuda hominis interfecti solus villicus placitabit, accipiens ad opus abbatis leudam. D'HERBOMEZ, *Cart. de Gorze*, p. 246 no. 140 (a. 1095). **3.** *réparation pour une moindre offense — indemnification for a minor injury.* [Advocatus] de leude effusi sanguinis suum tertium habebit. Priv. Leonis IX pap., spur. s. xii, PFLUGK-HARTTUNG, *Acta*, I no. 26 p. 23 (S.-Vanne de Verdun).

**1. leudus** (germ., cf. teuton. *lied*): **1.** *chant guerrier — warlike song.* Barbaros leudos [h]arpa relidens. FORTUN., Carm., praef., § 5, *Auct. ant.*, IV pt. 1 p. 2. Dent barbara carmina leudos. Ib., lib. 7 carm. 8 v. 69, p. 163. **2.** gener.: *chanson — song.* Si canerem multos dulci modulamine leudos. FROUMUND., carm. 32 v. 39.

**2. leudus,** v. 1. leudis.

**3. leudus,** v. 2. leudis.

**leuga,** leugua, leuwa, leuza, v. leuca.

**leugata,** v. leucata.

**leusda,** leuzda, v. lisida.

**1. leva** ( < levare): **1.** *insurrection — revolt.* Ph. cum O. fratre suo cum omnibus abbacie levam fecit. Chron. Sublac., ed. MORGHEN, p. 21 l. 34. Iterum ib., p. 22 l. 23. Seditiones quas dicunt levas seu depraedationes, quas hic in abbatis dormitione [i. e. obitu] fieri solere expertus fuerat, ... interdixit. LEO OST., Chron. Casin., lib. 2 c. 93, *SS.*, VII p. 692 l. 38. **2.** *impôt — tax.* S. xiv.

**2. leva,** levia, v. leuca.

**levagium:** *une redevance pesant sur le commerce — a trade tax.* Concedo levagium salis, de quo monachi debent habere duas partes et ego unam. AUDOUIN, *Rec. de Poitiers*, I p. 22 no. 13 (a. 1126).

**levans** (subst.): *l'Est, le Levant — the East, the Levant.* S. xiii, Genova.

**levare:** **1.** *lever* un nouveau roi *sur le pavois — to lift* a new king *on the buckler.* Extinguitur Theodatus tyrannus et levatur rex Witigis. Lib. pontif., Silverius, ed. MOMMSEN, p. 144. Eruli intarsia fecerunt et levaverunt sibi regem Ginduald. Ib., Joh. III, p. 157. Ab omnibus in regnum aput Mediolanum levatus est. PAUL. DIAC., Hist. Langob., lib. 3 c. 35. Levatus est Adaloaldus rex super Langobardos aput Mediolanum in circo. Ib., lib. 4 c. 30. Item lib. 5 c. 33; lib. 6 c. 55. **2.** **élever au thrône* un roi ou un pape — *to place on the throne* a king or pope. Hic [papa] levatus est a tyranno Theodato sine deliberatione decreti. Lib. pontif., l. c. Levaverunt Desiderium in regem. BENED. SANTANDR., ed. ZUCCHETTI, p. 81. Levatus est domnus Gerbertus archiepiscopus in apostolatum. Ann. s. Dion. Rem., a. 999, *SS.*, XIII p. 82. Hugo dux simul cum filio suo Rotberto levantur in regnum Francorum. Ann. Vindocin., a. 997, ed. HALPHEN, p. 59. Pars cardinalium Petrum ... in pontificem levaverunt. ROMUALD. SALERNIT., Chron., a. 1130, ed. GARUFI, p. 220. **3.** *élever à une dignité, nommer — to raise to a dignity, to nominate.* De praesentia regis lebavit judicem qui inter eos examinaret judicii veritatem. V. Fructuosi, c. 17, MABILLON, *Acta*, II p. 588. Levatur archiepiscopus. RADULF. DE DICETO, ed. STUBBS, I p. 143. **4.** **élever* des reliques — *to elevate* relics. Hic constituit ut acolythus non praesumat reliquias sanctorum martyrum levare nisi presbiter. Lib. pontif., Bonif. V, ed. MOMMSEN, p. 168. Placuit abbatissae levari ossa ejus et in locello novo posita in

ecclesiam transferri. BEDA, Hist. eccl., lib. 4 c. 17. Levata sunt corpora apostolorum Petri et Pauli. PS.-CORNEL. PAP., MIGNE, t. 3 col. 867 B. WIDUKIND., lib. 1 c. 34. HARIULF., Chron., lib. 3 c. 5, ed. LOT, p. 101. **5.** chartam: lever du sol la matière subjective destinée à la confection de la charte (pour les contrats entre individus non-lombards conclus en territoire lombard) — to raise from the ground the piece of parchment prepared for writing a charter. Ex. gr.: Bergamena cum agramentario et fistuco nodatum de terra levavi et B. notario ad conscribendum dedi. BENASSI, CD. Parmense, p. 70 (a. 892). Pone cartulam in terram, et super cartam mitte cultellum ... et atramentarium ..., et levet de terra. Cart. Langob., no. 2, LL., IV p. 595 col. 2. Cf. K. ZEUMER, Cartam levare, ZSSRG., Germ. Abt., t. 4 (1883). E. GOLDMANN, Cartam levare, MIOeG., t. 35 (1914). **6.** recopier — to copy. Ego L. illum autenticum vidi et legi, unde ista exsempla levata est. ... Et ego G. notarius huic exempla [i. e. hoc exemplar] de vero autentico levavi. CD. Langob., no. 136 col. 240 C (a. 840, Milano). **7.** dresser, écrire une charte — to draw up, write a charter. Actum ..., ubi fuit levata [alibi: ubi firmata fuit]. POUPARDIN, Ch. de Saint-Germain-des-Prés, I no. 21 p. 35 (a. 790). Actum ..., ubi levata fuit [alibi: ubi scriptum est]. LACOMBLET, UB. Niederrh., I no. 29 p. 16 (a. 811). Hujus facti scriptum in pleno mallo levaretur. THÉVENIN, Textes, no. 132 (a. 957, Gorze). **8.** arma, colla contra, adversus aliquem: *dresser contre qq'un — to raise against someone. Si quis ... contra judicem suum seditionem levaberit. Liutpr. leg., c. 35. Si quis seditionem excitaverit ..., per quem inprimis fuerit levatum, conponat ... Lex Baiwar., tit. 2 c. 3 § 1. Bernhardus rex Italiae seditionem levavit contra imperatorem. Ann. Lauriss. min., cod. Fuld., a 817, SS., I p. 122. Carmulam [i. e. rebellionem] levavit. Ann. Juvav. max. et Ann. s. Emmerammi maj., a. 818, SS., XXX p. 738 sq. **9.** se levare: se dresser contre qq'un, s'insurger — to stand up against someone, rise in arms, rebel. Ut numquam se contra eum possit levare. WIDUKIND., lib. 1 c. 10. **10.** *entonner — to intone. Laus creatoris ... levabatur. WETTIN., V. Galli, c. 41, SRM., IV p. 280. Levat ipse prior hunc voce valenter hymnum. CANDID. FULD., V. metr. Eigilis, str. 17 v. 51, Poet. lat., II p. 110. Responsorium. EKKEH., Cas. s. Galli, c. 9, SS., II p. 114 l. 31. Antiphonam. HARTMANN., V. Wiboradae, MABILLON, Acta, V p. 50. **11.** jejunium: observer — to keep. Greci a sexagesima [sc. die ante Pascha] de carne levant jejunium; monachi vero et Romani devoti vel boni christiani a quinquagesima levant; rustici autem et reliquus vulgus a quadragesima. Ordo Rom. XV (s. viii), c. 82, ANDRIEU, III p. 115. Sex diebus jejunium levat. PELAG., Vitas patrum, lib. 5 c. 17 § 18, MIGNE, t. 73 col. 976. Etiam c. 8 § 4, col. 905. **12.** intenter un procès — to institute a plea. Requisi[vi]t D. particulam terrae ... Et levaverunt placitum coram principibus plebis, et ibi judicatum est ... DE COURSON, Cart. de Redon, no. 46 p. 37 (a. 854 vel 865). Etiam ib., no. 144 p. 110 (a. 865-870). **13.** ériger, construire — to erect, build. Ubi ... casas habuit levatas et terras. SCHIAPARELLI, CD. Longob., II no. 217 p. 248 (a. 768, Farfa). In ipso fundamento levare ... salam. Ib., no. 237 p. 303 (a. 770, Lucca). [Ecclesiam] levavi in proprio territurio meo. Mem. di Lucca, V^b no. 179 (a. 780). Macellum necnon et forum ibi est levatum. V. Vincentiani Avolc. (s. x), c. 31, SRM., V p. 128. Molendina. D. Ottos II., no. 173 (a. 978). Incepti operis moles a fronte levata est. ADAM BREM., lib. 3 c. 4, ed. SCHMEIDLER, p. 146. Lucenses ... levaverunt castrum M. cum aedificiis magnis. Breviar. hist. Pisan., ad a. 1173, MURATORI, Scr., VI col. 186 D. **14.** mettre en culture, aménager — to lay out, plant. Vineam. CD. Cavens., II p. 76 (a. 972). **15.** voler, dérober — to steal, rob. Si ille qui in domum alienam violenter ingressus fuerat, aliquid exinde rapuerit, undecupli satisfactione que levabit [i. e. levavit] cogatur exolvere. Lex Visig., lib. 6 tit. 4 § 2. GREGOR. TURON., Glor. mart., varia lectio, SRM., VII p. 732. **16.** enlever, ravir — to ravish. Si ... fratres sororem suam raptori tradiderint vel raptori levandam consenserint. Lex Visig., lib. 3 tit. 3 § 4. **17.** emporter — to carry away. Reliquos thesauros ... thesaurarii levaverunt et ad Childeberthum regem ... transierunt. GREGOR. TURON., H. Fr., lib. 7 c. 4. Tanta fuit multitudo rerum, ut aurum argentumque vel reliqua ornamenta quinquaginta plaustra levarent. Ib., lib. 6 c. 45. **18.** s'obliger à payer — to undertake, pledge oneself to pay. De rebus ecclesiasticis subtraditis [i. e. subtractis] monachi consolentur; et quod superaverit, census levetur. Concil. Suession. a. 744, c. 3, Conc., II p. 34. Pro usu fructuario de ipsas res nobis censum levasti, ut annis singulis ... dare debeas den. 2. GYSSELING-KOCH, Dipl. Belg., no. 50 p. 139 (a. 830, Gand). Similia ib., no. 51 p. 141 (a. 839). Ipsum L. levare fecimus in aureus valentes libras tres. MANARESI, Placiti, no. 43 p. 141 (a. 838, Ravenna). Haec patrimonia comes R. ... jure precarii accepit, unde censum levavit omni anno ... sol. 60 persolvendum. G. abb. Fontanell., c. 6 § 2, ed. LOHIER-LAPORTE, p. 50. **19.** lever, imposer — to raise, levy. Quae [sc. custumas] injuste praesumpserat et levaverat. D. Henr. I reg. Fr. a. 1047, MABILLON, Dipl., p. 584 no. 155. Consuetudinem. BERNARD, Cart. de Savigny, I p. 338 (s. xi). Nostros ministeriales ... super homines ecclesie malas consuetudines levasse. Ch. Lud. VII reg. Fr. a. 1153, LUCHAIRE, Inst. mon., II p. 319 no. 16. **20.** percevoir — to cash. Reddemus Andeliacum et ea que interim exinde levaverimus. Actes Phil.-Aug., no. 517 c. 17, II p. 56 (a. 1196). Reddent malefactorem majori ... ad levandum de eo usque ad 60 sol. BOURGIN, Soissons, p. 440 no. 17 c. 11 (a. 1224/1225). **21.** s'élever à telle somme — to amount to. Audivimus occasione accepta pro rewadiato banno quosdam plus a pauperibus accepisse quam bannus levet. Edict. Pist. a. 864, c. 21, Capit., II p. 319 l. 20.

**levata**, levada, leveia, levea: **1.** barrage — weir. HEUWIESER, Trad. Passau, I no. 42 p. 62 (a. 954). ROUQUETTE-VILLEMAGNE, Cart. de Maguelonne, I p. 8 (a. 1055). BERTRAND, Cart. d'Angers, I no. 151 p. 177 (ca. a. 1140). **2.** une levée des nasses — a draught at fishing.



**3.** récolte — harvest. S. xiii. **4.** un impôt — a tax. S. xiii, Prov.

**levatio**: **1.** une levée des nasses — a draught at fishing. DC.-F., V p. 72 col. 3 (ch. a. 1106, Angoulême). **2.** élévation à une dignité — raising to a dignity. Heinrici regis levatio in regnum Francorum. Ann. Vindocin., a. 1032, ed. HALPHEN, p. 61. **3.** élévation de reliques — elevation of relics. V. Hiltrudis, MABILLON, Acta, III pt. 2 p. 426. Transl. Judoci, ib., V p. 546. **4.** *élévation du ton, arsis — raising of the voice. **5.** absolution des péchés — remission of sins. Transl. Gentiani, MABILLON, IV pt. 2 p. 488.

**levatorius** (adj.). Pons levatorius: pont-levis — draw-bridge. HARIULF., V. Arnulfi Suess., lib. 2 c. 19, SS., XV p. 889.

**levatura**: mélanges d'herbes employé pour la fermentation de la bière — grout, mash. Decima levaturae cervisiarum. D. Henr. I reg. Fr. a. 1042, Gall. chr.², X instr. col. 284.

**levatus**. Panis levatus: pain levé — swollen bread. DOUAIS, Cart. de Toulouse, p. 538 (a. 1173).

**levea**, leveia, v. levata.

**leviare** (< lĕvis): **1.** alléger, réduire — to lighten, lessen. Carnis gravedinem per vim magnae abstinentiae leviaret. V. Alferii († a. 1050), § 14, AASS., Apr. II p. 99 E. **2.** affaiblir la monnaie — to debase the coinage. Monetam in lege vel pondere leviare. DC.-F., V p. 76 col. 2 (ch. a. 1188). **3.** alléger, adoucir — to relieve, alleviate. Labor itineris leviatur. GREGOR. M., Moralia, lib. 5 c. 5 § 7, MIGNE, t. 75 col. 683 C. Ad levandam [v.l.: leviandam] fratris sui infirmitatem. FORTUN., V. Leobini, c. 23 § 73, Auct. ant., IV pt. 2 p. 80. **4.** prendre à la légère, dédaigner — to take lightly, to attach scant importance to. Ne, dum plorata iterum culpa committitur, in conspectu justi Judicis ipsa etiam lamenta levientur. HINCMAR., V. Remigii, SRM., III p. 272 l. 41.

**leviga** (femin.) (< lēvigare, sed cf. voc. lixivia): lessive, eau de savonnage — soap-suds. HINCMAR., Ann. Bertin., a. 862, ed. WAITZ, p. 59.

**levigare** (< lĕvis, à distinguer de — to be separated from lēvigare, class. "polir — to polish"): **1.** *alléger, adoucir — to relieve, alleviate. Pondus sollicitudinis. GREGOR. M., lib. 9 epist. 162, Epp., II p. 162. Molestiam ... corporalem. AGIUS, V. Hathumodae, c. 10, SS., IV p. 170. Paupertatem. LACOMBLET, UB. Niederrh., I no. 123 (a. 989). **2.** réduire, relâcher — to diminish, slacken. Si per necessitatem furtum fecerit, [poenitentia] levigetur. Theodulfi Aurel. stat. II (ca. a. 813), c. 6 § 31, DE CLERCQ, I p. 334. **3.** traiter légèrement, fermer les yeux sur qqch., prendre à la légère — to treat lightly, deal leniently with a thing, to extenuate. Ne ... asperrima facinora levigaret. CASSIOD., Var., lib. 11 epist. 40 § 9, Auct. ant., XII p. 355. GREGOR. M., lib. 3 epist. 1, Epp., I p. 159 l. 15. Culpa per ignorantie excusationem levigatur. RICHARD. SANVICT., Stat. int. hom., c. 40, MIGNE, t. 196 col. 1148 D. **4.** exonérer, débarrasser — to relieve one of a burden. Visum nobis est quasdam earumdem ecclesiarum sinodali reditu levigare. BERNARD-BRUEL, Ch. de Cluny, I no. 484 p. 468 (a. 938).

**levigatio**: allégement, rémission partielle — extenuation, partial condonation. Culpae levigatio non acceptione personae decernenda est. PS.-GREGOR. M., Comment. in libr. I reg., lib. 5 c. 4 § 56, MIGNE, t. 79 col. 393 A.

**levipendere** (cf. voc. parvipendere): faire peu de cas de qqch. — to make light of a thing. MARBOD., Pass. Laurentii, MIGNE, t. 171 col. 1611 A. Chron. Mauriniac., ed. MIROT, p. 84.

**levir**: **1.** *beau-frère, frère du mari — brother-in-law, husband's brother. **2.** beau-frère, frère de la femme — brother-in-law, wife's brother. BITTERAUF, Trad. Freising, no. 1631, II p. 466 (a. 1078-1098). HOENIGER, Koelner Schreinsurk., I p. 26 c. 43 (a. 1142-1156).

**levita** (mascul.) (gr. < hebr.): **1.** *lévite juif — Jewish levite. **2.** *diacre — deacon. **3.** gener.: clerc des ordres mineurs — ecclesiastic of the minor orders.

**levitalis**, -aris: diaconal — diaconal. Levitale officium. JOH. NEAPOL., Chron., Scr. rer. Langob., p. 424 l. 31. Id., Pass. Januarii, AASS., Sept. VI p. 874 col. 2. Transl. Cyriaci, ib., Aug. II p. 334.

**leviter**: facilement, sans difficulté — easily, without any trouble. Ex insidiis prosilientes eos leviter trucidabant. LIUDPR. CREMON., Antap., lib. 2 c. 50, ed. BECKER, p. 61. Cum monachis supradictis, omnibus aliis postpositis emptoribus, levius concordarent. JUÉNIN, Hist. de Tournus, pr. p. 125 (ch. a. 1056).

**leviticalis**: diaconal — diaconal. Leviticali officio. JOH. NEAPOL., V. Athanasii, Scr. rer. Langob., p. 442 l. 31.

**leviticus** (adj.): *diaconal — diaconal.

**leviton, levitonarium**, v. lebet-.

**lewa**, v. leuca.

**lex**: **1.** un système juridique, un code légal — a body of law. Lex Romana: le droit romain — Roman law. Secundum legem Romanam, quam ecclesia vivit. Lex Ribuar., tit. 58 § 1. Secundum legem Romanam ut majestatis rei capitis dampnati sunt. Ann. regni Franc., a. 801, ed. KURZE, p. 114. Ut omnis ordo aecclesiarum secundum legem Romanam vivat. Lib. leg. Langob. Lud. Pii, c. 53, LL., IV p. 539. Salicae legis judices ecclesiasticas res sub Romana constitutas lege discernere perfecte non possent. ADREVALD., Mir. Benedicti, SS., XV p. 490. Sicut lex precepit Romana. D. Ottos III., no. 339 (a. 999). Lex Romana tales decrevit decollari. THIETMAR., lib. 8 c. 3, ed. HOLTZMANN, p. 494. Sed plural. leges Romanae: Inter Romanos negutia causarum Romanis legibus praecepemus terminari. Chloth. I praec. (a. 511-561), c. 4, Capit., I p. 19. Lex, nude: le droit romain, en particulier les Nouvelles de Justinien, par opposition au Code — Roman law, in particular Justinian's Novellae as distinguished from his Code. Liber legum [i. e. Justiniani novellae]. ABBO FLORIAC., Canon., c. 13, MIGNE, t. 139 col. 485. Ibi saepe. Plural. leges, nude: le droit romain — Roman law. [Imperator] habens quatuor judices ..., viros ... in lege doctissimos legumque in civitate Bononiensi doctores et multorum auditorum preceptores. RAHEWIN., G. Frid., lib. 4 c. 6, ed. WAITZ-SIMSON, p. 239. Petenti licentiam legendi de decretis vel legibus non possit cancellarius denegare. DENIFLE, Chart. Univ. Paris., I no. 16 p. 76 (a. 1213). **2.** spec.: une loi barbare, le droit national d'un peuple germanique —

*one of the Germanic tribal laws.* E.g.: In hoc quod lex Salega ait. Lex Sal., tit 50 § 2. Franci duas habent leges [sc. Salicam Ribuariamque] in plurimis locis valde diversas. EGINHARD., V. Karoli, c. 29, ed. HOLDER-EGGER, p. 33. Apud plures inveniatur lex Saxonica diligenter descripta. WIDUKIND., lib. 1 c. 14. Plural. leges: les lois barbares en général — the tribal laws as a whole. Fecit omnes leges in regno suo legi et tradi unicuique homini legem suam et emendare ubicumque necesse fuit et emendatam legem scribere. Ann. Laurisham., a. 802, *SS.*, I p. 39. Legibus capitula quaedam pernecessaria, quia deerant, conscripta atque addita sunt. Ann. regni Franc., a. 819, ed. KURZE, p. 150. [Karolus Magnus] cunctorum sui regni leges populorum collegit. POETA SAXO, lib. 5 v. 543, *Poet. lat.*, IV p. 68. Habent reges et rei publicae ministri leges, quibus in quacunque provincia degentes regere debent; habent capitula christianorum regum ... quae generali consensu fidelium suorum tenere legaliter promulgaverunt. HINCMAR., Ordo pal., c. 8, *Capit.*, II p. 520. Lex: le droit national, par opposition au droit créé par les capitulaires — tribal law, as distinguished from law established by the capitularies. Si aliqua causatio vel necessitas ei advenerit, que per legem definiri non potuerit, usque ante nos [sc. majorem domus] quietus vel conservatus esse debeat. BONIF.-LULL., epist. 22 (a. 723), ed. TANGL, p. 38. Ubi lex est, praecellat consuetudinem; et nulla consuetudo superponatur legi. Karoli M. capit. Ital. (a. 787), c. 10, I p. 201. Solidi qui in lege habentur. Concil. Rem. a. 813, c. 41, *Conc.*, II p. 257. [Comites] quando sperant aliquid lucrari, ad legem se convertunt; quando vero per legem non aestimant acquirere, ad capitula confugiunt. HINCMAR., Admon. ad Karlomannum, c. 15, SIRMOND, II p. 224. **3.** la loi barbare considérée sous l'aspect de la personnalité des lois, *le droit qui s'applique pour tel individu* — a tribal law with reference to the personality of law, *the kind of law obtaining for a definite person.* Sicut lex loci contenet ubi natus fuerit, sic respondeat; quodsi damnatus fuerit, secundum legem propriam, non secundum Ribuariam, damnum sustineat. Lex Ribuar., tit. 31 § 3 sq. Ut omnes homines eorum legis habeant, tam Romani quam et Salici; et si de alia provincia advenerit, secundum legem ipsius patriae vivat. Pippini capit. Aquit. a. 768, c. 10, I p. 43. Juxta legem ipsorum exinde procedat judicium. Karoli M. notit. Ital. (a. 776), c. 4, p. 188. [Missi dominici] per singulos inquirant quale[m] habeant legem ex nomine [leg. natione ?]. Capit. missor. a. 792, c. 5, p. 67. Franci qui in fiscis aut villis nostris commanent, quicquid commiserint, secundum legem eorum emendare studeant. Capit. de villis, c. 4. Laici ... recte legibus suis uterentur absque fraude maligno. Capit. missor. gener. a. 802, c. 1, p. 92 l. 12. Ut comites et judices confiteantur qua lege vivere debeant et secundum ipsam judicent. Capit. missor. spec. (a. 802 ?), c. 48, p. 104. Si quis domum alienam cujuslibet infregerit, quicquid ... furaverit, secundum legem et ewam illi [i. e. illius] cujus domus fuerit infracta et spoliata in triplum componat. Karoli M. capit. (a. 810/811 ?), c. 2, p. 160. Tunc interrogatum fuit M. sub quale lege vivebat; et ipsius [i. e. ipse] sibi a lege Salica adnunciavit. PÉRARD, *Bourg.*, no. 18 p. 35 (a. 816). Cf. J. PÉTRAU-GAY, *La notion de "lex" dans la coutume salienne et ses transformations dans les capitulaires*, Grenoble 1920. **4.** le *wergeld*, réparation pour un homme tué déterminée par sa loi nationale — *wergeld*, indemnification for a slain man fixed by his tribal law. Si quis hominem occiderit et tota facultate data non habuerit unde totam legem compleat. Lex Sal., tit. 58 § 1. Ledus ... medietatem ingenui legem [i. e. legis] componat. Pactus Childeb. I (a. 555-558), c. 8, *Capit.*, I p. 5. Si quis ... antea [sc. quam ter ad comitem proclamaverit] ad palacium se proclamaverit, legem suam conponat. Capit. Mantuan. (a. 781 ?), c. 2, p. 190. [Conspiratores] si liberi sunt ... suam legem conponant. Capit missor. Theodonisv. II a. 805, c. 10, p. 124. Si invitam eam [sc. viduam] duxit, legem suam ei conponat. Capit. legib. add. (a. 818/819), c. 4, p. 281. [Qui causam injuste impedierit], illi cui adversatus est donet wadium suum pro lege sua. Capit. de just. fac. (ca. a. 820), c. 5, p. 296. **5.** *composition*, réparation pour d'autres méfaits que l'homicide conforme aux taux des lois nationales — *indemnification* for other offenses but manslaughter as provided by the tribal laws. [Dominus servi de crimine convicti] si ... servum suum noluerit suppliciis dare, omnem causam vel compositionem dominus servi in se excipiat; non quale servus, sed quasi ingenuus hoc admisit, totam legem super se soluturum suscipiat. Lex Sal., tit. 40 § 9. [Familia regis] pro lege recipiat disciplinam vapulando, nisi tantum pro homicidio et incendio. Capit. de villis, c. 4. Totam legem quam abba rewadiavit et missus noster in causa nostra legibus super eum evindicavit. *D. Karolin.*, I no. 203 (a. 806). Marito cui uxor contra legem substracta fuerat, ... cum lege suprascripta, id est 200 sol., reddita fiat. Capit. legi Sal. add. (a. 819), c. 4, I p. 292. Qui nonas et decimas dare neglexerit, ... illas cum lege sua [sc. 6 sol.] restituat. Capit. per se scrib. (a. 818/819), c. 5, p. 288. Comes vel missi hoc, quod inde [sc. ab ecclesia] subtractum est, presbyteris cum sua lege restituere faciant. Capit. Wormat. a. 829, c. 4, II p. 12. Si aliquis ... hanc traditionem ... irritam facere temptaverit ... legem suam reddere, quod sunt 15 sol. eidem domui Dei compellatur. DRONKE, *CD Fuld.*, no. 534 p. 238 (a. 841). Quod si inquietasset, totam hereditatem redderet cum lege. DE COURSON, *Cart. de Redon*, no. 29 p. 24 (s. ix med.). Quicumque ... mobilia tollere ausus fuerit, triplici lege componat. Const. de exp. Benev. a. 866, c. 9, *Capit.*, II p. [illegible] Triplicem legem et triplicem bannum nostrum exsolvat. Karoli II capit. Pap. a. 876, c. [illegible] p. 102. **6.** *le droit traditionnel* impliquant le recours aux moyens de preuve formels, par opposition à l'enquête — *the ancestral law* characterized by the use of formal modes of proof as opposed to the sworn inquest. Ab adventu Domini usque ad octabas Epiphanie ... non est tempus leges faciendi, id est vel jusjurandum pro fidelitate domini, vel concordia, vel bellum, vel ferri vel aquae vel aliis



legis examinaciones tractari. Leg. Henrici, tit. 62, LIEBERMANN, p. 583. Hec autem omnia non per legem sed per veritatem tractanda sunt. GISLEB. MONT., c. 67, ed. VANDERKINDERE, p. 106. **7.** *ordalie — ordeal.* Purificet se ad legem Dei. Liutpr. leg., c. 21 (a. 721). Sum presto probare contra B. ... per legem apparentem, per unum meum hominem, quod ... BERTRAND, *Cart. d'Angers*, I no. 87 p. 103 (a. 967-1040). Requisito loco ubi legem illam fieri oporteret. Ib., II no. 404 p. 11 (a. 1082-1093). Apostolicus non legem per ipsum presbiterum datam et sacramento et igne notatam laudavit, sed gratiam et officium presbiteratus in illo firmavit. LANDULF. MEDIOL. JUN., c. 20, ed. CASTIGLIONI, p. 14. Post legem de eo factam ignitam. Ib., c. 26, p. 16. Lex ignea. ATTO PISTOR., V. Joh. Gualberti, c. 56, *AASS.*[3], Jul. III p. 357 F. Si quid bello vel lege sacramentali ... vel etiam judiciali repetatur. Leg. Henrici, tit. 9 § 6, LIEBERMANN, p. 555. **8.** *duel judiciaire — judicial combat.* Falsa mensura et latro et lex campalis ... et cetera ad comitatum appendentia. MARTÈNE, *Coll.*, IV p. 1175 (a. 1081, Liège). Propter calumniam illam ... legem accepimus. Cum autem ad tempus legis venirem, habui hominem meum paratum ad legem perpetrandam; defecit calumniator ille qui legem acciperet. DC.-F., V p. 84 col. 3 (ch. s. xii, Angoulême). **9.** *serment probatoire — evidential oath.* Aramivit adjurare cum sua lege. THÉVENIN, *Textes*, no. 109 (a. 887, Mâcon). In presentiam propositi T. veniens, ut sibi legem concederet suppliciter expetiit ... Cujus petitionibus annuens ... concessit ei ipsam cum sacramento probare terram. D'HERBOMEZ, *Cart. de Gorze*, p. 216 no. 119 (a. 986). Si plana lex erit facienda, ibi fiat ubi placitum prius fuit. Concil. Lillebonn. a. 1080, c. 40, ap. ORDER. VITAL., lib. 5 c. 5, ed. LE PRÉVOST, II p. 322. Judicatum [est] ut ipsi colliberti lege aperta dominicos homines s. Albini se esse probarent. BERTRAND, *Cart. d'Angers*, I no. 65 p. 83 (a. 1082-1106). Calumpniam intulit abbati ... Unde etiam legem sumpsit [i. e. promisit] contra abbatem et monachos in curia episcopi ... Sed antequam legem portasset ... [abbas] fecit concordiam cum eo. Ib., no. 137 p. 165 (a. 1082-1106). Leg. Henrici, tit. 9 § 6 (locus jam laudatus sub 7). Si lex domino vadietur, differat cetera placita donec lex deducatur [i. e. praestetur]. Ib., tit. 46 § 1, p. 570. **10.** *la coutume, le droit coutumier d'un pays — the customary law of a region.* Si aliquid super illum clamaverint, aut secundum legem aut secundum concordiam in ratione et judicio erit. G. pontif. Camerac., lib. 3 c. 42, *SS.*, VII p. 481 l. 45. Legetimo heredi secundum legem patriae [castellaturam] donaverat. G. Lietberti Camerac., c. 12, ib., p. 493. **11.** *les prestations et services pesant sur certains dépendants — prestations and services owed by dependants.* Capellam ... cum familia, sive in servientibus sive in censualibus, singulis leges suas servientibus. STIMMING, *Mainzer UB.*, I no. 395 p. 299 (a. 1097). Omnis equitandi lex ab eis impleatur que ad equites pertinet. KEMBLE, *CD. aevi Saxon.*, no. 1287, VI p. 125 (s. xi). **12.** i. q. familia, *le groupe de dépendants d'un même statut personnel — a group of dependants in one and the same personal condition.* Si censualis s. Vedasti uxorem ducit sue legis ... Si vero homo s. Vedasti uxorem extra legem suam ducit ... GUIMANN., Cart. s. Vedasti, ed. VAN DRIVAL, p. 178. Homo de generali placito ... si uxorem ex lege sua accepit ...; si extra legem suam uxorem acceperit ... Ib., p. 257. Pro mortua manu, si [servus] uxorem duxerit non de sua lege, quidquid habuerit ... in jus monasterii veniat. MABILLON, *Ann.*, V p. 28 (ch. a. 1070). **13.** *statut juridique personnel — personal legal condition.* Nulli sacerdotum liceat fidejussorem esse neque derelicta propria lege ad secularia judicia accedere praesumat. Capit. a sacerd. propos. (a. 802), c. 16, I p. 107. Se vixisse lege et usu libertatis. Ott. III capit. de servis, *Const.*, I no. 21 p. 47. Si ipsa ... se ... absolvere vellet ab illius traditionis [sc. propriae personae ad ecclesiam factae] lege. GYSSELING-KOCH, *Dipl. Belg.*, no. 89 (a. 1031-1034, Gand). Ipsi et omnis posteritas eorum sub ea lege permaneant qua omnes similem censum ad altare solvunt. LACOMBLET, *UB. Niederrh.*, I no. 192 p. 124 (a. 1057). Abbatiam ... in alienas leges violentia potius quam justitia cessisse. *D. Heinrichs IV.*, no. 249 (a. 1072). Non habens heredem vel sue legis uxorem. STIMMING, o.c., I no. 566 p. 481 (a. 1130). **14.** *légitime, part d'héritage — legitimate share of an inheritance.* [Filiae] habeant legem suam sicut in hoc edictum legitur. Grimoaldi leg. (a. 668), c. 5. Offeruerat monasterii [i. e. monasterio] ... mundium et frea G. et G. filiae suae cum omnes leges et pertinentias earum, qualiter eis pertinuerunt. MANARESI, *Placiti*, I no. 19 p. 61 (a. 806, Pistoia). **15.** *droit d'usage — right of easement.* Dedit ... jugera 12 cum omni lege perpetualiter retinendum. BITTERAUF, no. 1345 (a. 994-1005). Predium ... cum omni lege et utilitate ad idem predium pertinente. *D. Konrads II.*, no. 214 (a. 1034). **16.** *l'administration de la justice — the administration of justice.* Cui judicatum est ut adduceret ipsum preceptum, et quicquid lex esset exinde faceret. MANARESI, no. 65 p. 236 (a. 860). Ad legem venire nolebat de quibusdam abbatiis ... [quas] potestatis auctoritate ceperat. FLODOARD., Ann., a. 928, ed. LAUER, p. 42. Nemo episcoporum ... monachos ... lege canonica tangere presumat. *D. Ottos I.*, no. 4 (a. 936). Ad placitum veniat mecum exinde in lege standum. Ib., no. 416, p. 568 l. 22 (a. 972). Quod si aliquis ... inquietare voluerit, ... approbatis testibus stet in lege. BERNARD, *Cart. de Savigny*, p. 100 (s. x). Rege ... omnibus aliqua necessitate laborantibus benigne legem dare cupiente. THIETMAR., lib. 5 c. 27, ed. KURZE, p. 122. Nullus ibi comes aut judex legem facere presumat. *D. Konrads II.*, no. 206 (a. 1034). Cunctis reclamantibus legem fecit imperator. WIPO, c. 35, ed. BRESSLAU, p. 55. Admonitus legem dare judicii recte judicat. Triumph. Remacli (a. 1071), c. 13, *SS.*, XI p. 443. Nec homo capietur a nobis ... nisi legem facere prohibuerit. *D. Heinrichs IV.*, no. 336 (a. 1081). Contristati petierunt a majoribus terrae inde fieri legem. Cod. Udalrici, no. 108 (a. 1101/1102), JAFFÉ, *Bibl.*, V p. 196. **17.** *l'action de plaider — legal proceedings.* Rogo vos, date

mihi indutias, quia modo non sum paratus ad legem. *D. Ottos III.*, no. 278 (a. 998). Intra hujus legis diffiniendae terminum. G. pontif. Camerac., lib. 1 c. 10, *SS.*, VII p. 407 l. 23. **18.** *sentence, jugement — sentence, judgment.* Quia legem noluit audire, quod ibi laboravit demittat. Lex Sal., tit. 45 § 2. Si quis rachineburgii ... dum causam inter duos discutiant, et legem dicere noluerint, debet eis dicere [i. e. dici] ab illo qui causa[m] prosequitur: Hic ego vos tancono ut legem dicatis. Ib., tit. 57 § 1. Si quis in mallum alterum per lege[m] vicerit. Ib., tit. 56, addit. text. Herold. Habeat licentia[m] causam ejus agere et usque ad legem perducere. Ratchis leg., c. 11 (a. 746). Propterea nobis ... optimo comparuit lex; ideo judicavimus ut ... MANARESI, I no. 19 p. 64 (a. 806, Pistoia). Cunctus populus clamavit una voce hoc legem fuisse. BITTERAUF, no. 466, I p. 400 (a. 822). In judiciali loco ... judiciariam legem finiebant. Libell. de imp. pot., ed. ZUCCHETTI, p. 199. Die super hac questione ventilanda determinando, ecclesia ... non solum jure ecclesiastico, sed etiam lege tocius curie mee, que possederat, jure perpetuo possideret. VERCAUTEREN, *Actes de Flandre*, no. 26 p. 82 (a. 1101). **19.** *l'action de satisfaire au droit d'autrui, de se justifier, de s'incliner devant la justice — atonement, complying with another person's right, submission to justice.* Si istas ecclesias habere vis, veniat advocatus tuus in praesente et faciat inde legem et conquiratur ... Concil. Tegerns. a. 804, *Conc.*, II p. 232. [Missus ad eos directus fuit] ut ad placitum venissent et legem inde fecissent, set semper venire contempserunt. *CD. Langob.*, no. 500 col. 860 D (a. 923, Bergamo). Homines s. Petri qui in eadem villa sunt manentes non facient justitiam aut legem nisi ante ipsum abbatem. VAN LOKEREN, *Ch. de Gand*, no. 133 p. 95 (a. 1056). Res que illum [i. e. ille] detinet de jure s. Crux [i. e. Crucis] et contendit sine lex. FICKER, *Forsch.*, IV no. 90 p. 134 (a. 1094, M. Ancon.). **20.** *le fait de recevoir satisfaction, d'obtenir gain de cause — receiving satisfaction, asserting one's right.* Ad publicum ... comitis mallum ... [ad] legem ac justitiam exigendam vel perpetrandam pergat. *D. Arnulfs*, no. 32 (a. 888). Si quis ab eis legem poposcerit, in presencia episcopi ... justitiam quam exegerit accipiet. *D. Ottos II.*, no. 144 (a. 976). **21.** *justice, compétence judiciaire — jurisdiction.* Villam ... cum banno et lege antiqua et cum omni utilitate ... reddidi. WAMPACH, *UB. Luxemb.*, I no. 302 p. 451 (a. 1085). Scabinos abbas ibidem habebit, per quos tam de alta quam infima lege placitaret. VERCAUTEREN, no. 87 p. 196 (a. 1119). Nullus unquam placitaret nisi ad virscarnam [i.e. tribunal] abbatis ... de furibus, de furtis et latrociniis ac prorsus de omni lege et forisfactura, tam maxima quam infima. Ib., no. 120 p. 278 (a. 1125). **22.** *peine infligée — penalty imposed.* Severissimam legem ex canonica incurrat sententia. Chloth. II edict. a. 614, c. 10, *Capit.*, I p. 22. De hiis quae emendavit, omnes leges perdonavi. G. pontif. Camerac., lib. 3 c. 44, *SS.*, VII p. 482. Item c. 45. **23.** spec.: *amende*, peine pécuniaire d'un taux fixe qui se rattache à une compétence judiciaire déterminée — rigidly tariffed *fine* connected with a definite judicial power. Si jurator [de perjurio accusatus] vicerit, legem suam [sc. juratoris: l'amende à laquelle il aurait été astreint en cas de condamnation pour parjure — the fine he would have incurred, had he been convicted of perjury] accusator emendet [i. e. solvat]. Capit. Harist. a. 779, c. 10, I p. 49 col. 1. Legem quam statuit P. rex ... coactus exsolvat. *D. Charles le Simple*, no. 91 (a. 917). Si forte ... ipsae emunitates alicubi inruptae fuerint, priscorum lege, id est solidis 600, multetur. *D. Lothaire*, no. 56 p. 133 (a. 979). Damus ... sylvam cum legibus quae ex ea fiunt. D. Roberti reg. Fr. a. 1008, TARDIF, *Cartons*, no. 250 p. 159 col. 1. Sibi sumtus ex advocatione ... nec aliam legis justiciam in abbatia habeat, nisi ... abbas eum invitaverit ... et de ipsa lege tertiam partem habeat. *H. de Fr.*, X p. 599 (a. 1016). Qui vadem dederit 5 sol. de lege, dabit 30 den. de fredo. BRUSSEL, *Examen*, II p. 789 (ca. a. 1025, Arras). Ex justicia, quam vulgo vocant legem, tertiam tantum partem. *H. de Fr.*, XI p. 578 (a. 1045). Mensuram vini sive annone ... nemo augmentare vel minuere presumat; quod si fecerit, legem emendabit. TARDIF, *Cartons*, no. 290 p. 180 col. 1 (s. xii med., Berry). Si abbas vel prior distulerit justitiam facere, in potestate ministrorum civitatis sit capitale et legem accipere. *Gall. chr.*[2], XV instr. col. 15 (a. 1092, Besançon). Emendationem occisorum quae vulgo lex appellatur. DÉLÉAGE, *Actes d'Autun*, no. 20 p. 51 (a. 1098-1112). Canonici excommunicent et absolvant de suis propriis forisfacturis et legem excommunicationis [paiement pour racheter l'excommunication — payment to buy off a church ban] habeant. DC.-F., V p. 83 col. 2 (ch. a. 1099, Beauvais). Nuncius pacis ville expensas proprias suscipiet de legibus pacis judicatis. *SS.*, XXI p. 606 col. 2 l. 31 (a. 1114, Valenciennes). Leges vulgales, quas plenas dicunt inter se, decem nummorum constituimus. LECOY, *Oeuvres de Suger*, p. 361 (ch. a. 1145, S.-Denis). Ab aliis omnibus consuetudinibus et exactionibus liberi et immunes ... erunt ..., excepta plena lege, quae 12 tantum denariis emendabitur. *Ordonn.*, VII p. 276 (a. 1174). Mulctam quam vulgariter bannum et legem appellamus, dabit, septem scilicet solidos. Ch. lib. Brusthem, a. 1175, ed. GESSLER, c. 2. Lege duorum solidorum emendari debent. DUVIVIER, *Actes*, I p. 369 (a. 1170-1189, Hainaut). Leges vel consuetudines, id est sanguinem, raptum, incendium, homicidium et alias leges quae solent exsolvi, in suis terris accipiant. *D. Philippe Ier*, no. 77 p. 193 (< a. 1075 >, spur. s. xii ex.). **24.** *tribunal urbain — urban lawcourt.* Si quis alicujus domum, nisi per legem villae, assilierit. *Ordonn.*, V p. 160 (a. 1207, Péronne). **25.** *alloi — alloy.* Monetam meam Divionis non possum fortiorem facere quam ad legem 5 denariorum. GARNIER, *Ch. de Bourg.*, I no. 5 § 36 p. 12 (a. 1187). 20 millia marcarum sterlingorum ad pondus et legem in quo fuerint. *Actes Phil.-Aug.*, no. 633 c. 12, II p. 182 (a. 1200). **26.** *intérêt* d'un capital — *interest* of capital. Cum legis beneficium cogatur restituere. Lex Ribuar., tit. 60 § 4. Cum ligis beneficium reddere studiat. *D.*



*Merov.*, no. 66 (a. 693). Censum ... non negligat reddere; quodsi neglexerit, cum legis beneficio hoc emendari faciat. GLÖCKNER, *Cod. Lauresham.*, I p. 290 no. 12 (a. 786). De ipso censu [pro precaria solvendo] si tardus aut negligens apparuerit, cum lege restituat et ipsam precariam non perdat. D'HERBOMEZ, *Cart. de Gorze*, p. 115 no. 63 (a. 864 ?). **27.** **la loi mosaïque — the Mosaic Law.* **28.** **le Pentateuque — the Pentateuch.* **29.** **l'Ancien Testament* en entier — the entire *Old Testament.* **30.** sanctae leges: **l'Ecriture — the Scriptures.* **31.** **la loi chrétienne, la religion chrétienne — the Christian law, the Christian religion.* **32.** *telle confession chrétienne — a particular Christian creed.* Quomodo [Hrodehildis] domnum Hlodoveum ad legem catholicam adduxerit. Nicetii epist. (ante a. 568 ?), *Epp.*, III p. 122. **33.** **le droit divin — divine law.*

**lexa,** lexia, v. laxa.

**lexda,** lezda v. lisida.

**lexivia,** lexiva = lixivia.

**lezta,** v. lisida.

**liba** (femin.) = libum.

**libanus** (gr.): **encens — frankincense.*

**libare:** **toucher, effleurer* un sujet, *mentionner — to touch upon, allude to* a matter, *mention.*

**libatorium:** **vase pour les libations — vessel used in libations.*

**libeldos** (genet. -otis) (< libellus dotis, cf. voc. libellus sub 8): *don de l'époux à l'épouse, douaire — the bridegroom's gift to the bride, dower.* [Dono] mansum unum ... de libeldute mea, quod mihi maritus meus secum more legum tradidit ad possidendum. ZEUSS, *Trad. Wizenb.*, no. 6 p. 14 (a. 713). Excepto quod ego mea uxore [i. e. meae uxori] in libeldote condonavi. Ib., no. 128 p. 125 (a. 773).

**libellare:** *donner à bail — to lease.* Licentiam comutandi, libellandi. GIULINI, *Mem. di Milano*, III p. 503 (a. 1008). Item DC.-F., V p. 88 col. 3 (a. 1053, Milano). BERNARD-BRUEL, *Ch. de Cluny*, no. 3658, V p. 4 (a. 1091). Peciam unam de terra libellata. GLORIA, *CD. Padovano*, no. 337 (a. 1138).

**libellarie:** *à titre d'emphytéose — by long-term lease.* Dedit ... eidem ... ad laborandum libellarie pecias duas. GLORIA, *CD. Padovano*, no. 134 (a. 1038).

**libellaris:** **écrit, fait par écrit — written, documentary.*

**libellarius,** livell- (adj.) (< libellus): **1.** *affranchi* au moyen d'une charte dite "libellus" — *manumitted* by written deed. Colonicas meas ... quae regitur [i. e. reguntur] per libellarios liberis hominibus [i. e. liberos homines]. *CD. Langob.*, no. 215 col. 355 B (a. 861, Verona). Homines ejus ... liberos, commenditos, libellarios ac cartulatos. *D. Berengario I.*, no. 12 p. 45 (a. 894). **2.** *relatif à un contrat de bail dit "libellus", emphytéotique — of a long-term lease.* Praedia ... honesto viro T. libellario titulo commisisse. CASSIOD., Var., lib. 5 epist. 7 § 1, *Auct. ant.*, XII p. 148. [Terrulam] libellario nomine habere concede. GREGOR. M., lib. 2 epist. 3, *Epp.*, I p. 103. Liber homo in terra aliena resedens livellario nomine. Liutpr. leg., c. 92 (a. 727). Per cartulam livellario ordine ... dedisset eis ad censum persolvendum. MANARESI, *Placiti*, no. 57 p. 200 (a. 853, Lucca). Quae a rectoribus ecclesiae ... alicui libellario vel enfiteoticario jure ecclesiae amissae videntur. Karoli II capit. Pap. a. 876, c. 10, II p. 102. Abbas concessit Ageltrudae ... libellario more diebus tantum vitae ipsius duas cellas. LEO OST., Chron. Casin., lib. 1 c. 47 ex charta a. 887 circ., *SS.*, VII p. 614 l. 18. Sortes quattuor, unam ... que fit laborata et directa per L. et A. libellario nomine. *D. Arnulfs*, no. 125 (a. 894). Licet abbati quibuscumque personis tradere immobilia monasterii libellario nomine. GERBERT., epist. 3, ed. HAVET, p. 3 (a. 983). In divisione sanctuarii Dei secundum libellarias leges facta. Id., epist. 12, p. 10. [Fidelis] si libellario nomine amplius quam medietate[m] feudi dederit. Lib. feud., antiq., tit. 2 c. 2 § 1, LEHMANN, p. 90. Quod libellario nomine sub vilissima duorum denariorum pensione conceditur utendum. Ib., tit. 8 c. 15 § 2, p. 126. Cf. P. S. LEICHT, *Livellario nomine, Studi Senesi*, t. 22 (1905), p. 283 sqq. **3.** *concédé en emphytéose — granted by long-term lease.* Libellaria terra. *D. Lothars III.*, no. 102 (a. 1136). Subst. mascul. **libellarius:** **1.** *affranchi* qui a reçu une charte d'affranchissement dite "libellus" — *freedman* recipient of a written deed of manumission. Trado curte[m] quamque et omnibus rebus ad ipsam pertinentibus, libellariis, angarialibus, vineis, silvis ... BRUNETTI, *CD. Tosc.*, I p. 649 (a. 724, Firenze). Servi, aldiones, libellarii antiqui vel illi noviter facti. Capit. Mantuan. II a. 813, c. 5, I p. 196. Homines monasterii tam ingenuos quam servos, libellarios ... D. Ludov. Pii a. 820, GIORGI-BALZANI, *Reg. di Farfa*, II p. 205 no. 266 (BM[2] no. 716). Homines tam ingenuos, libellarios quamque et servos super terram ipsius aecclesie commanentes. *D. Karlmanns*, no. 8 (a. 877). In commenditis eorum liberis ac servis, massariis, libellariis, aldionibus. Ib., no. 21 (a. 879). Cum familiis utriusque sexus, aldionibus et aldianis, libellariis et comenditis. *D. Karls III.*, no. 47 (a. 882). Utriusque sexus libellariis. GLORIA, *CD. Padovano*, no. 31 (a. 918). Castellum, de quo tenebamus partem tertiam et alias duas nostri libellarii. HUGO FARF., Except., ap. BALZANI, *Il Chron. Farf. di Greg. di Cat.*, I p. 65. **2.** *emphytéote — leaseholder.* Omnium residentium supra prefatae ecclesiae terram, sive libellariorum sive precariorum. *D. Ottos I.*, no. 239 (a. 962). Rursum ib., no. 248 (a. 962). Subst. femin. **libellaria** et neutr. **libellarium:** **1.** *contrat d'emphytéose — long-term rental contract.* Neque commutationem aut libellariam aut precariam absque voluntate canonicorum [episcopus] facere presumat. *D. Karls III.*, no. 85 (a. 883). Per commutationis paginam aut libellariae. *D. Ottos I.*, no. 270 (a. 964). Decreta, precaria, commutaciones, libellaria ... inordinate factas frangere. *D. Ottos II.*, no. 231 (a. 980). Omnes commutationes, precarias, libellarias ... ei liceat dissolvere. *D. Ottos III.*, no. 237 (a. 997). Que homines per cartulas illuc contulerunt aut per libellaria. Ib., no. 340 (a. 999). Omnem vestrum conquisitum, tam proprietatis quamque et preceptarias atque livellarias. *D. Ugo*, no. 10 p. 34 (spur. s. xi in.). Quicquid per cartulam libellarii nunc tenent, sine molestatione teneant. *D. Heinrichs II.*, no. 24 (a. 1002). Annullamus omnes scriptiones, videlicet libellarias, precarias, commutationes.

Ib., no. 300 (a. 1014). Commutationis vel libellarii nomine. RATHER., Qual. conj., MIGNE, t. 136 col. 529 A. Decrevit sancta synodus . . . de rebus aecclesiarum libellaria penitus nulla fieri. Synod. Lombard. a. 1077, *Const.*, I no. 67 p. 116. **2.** *terre emphytéotique — land held by long-term lease.* Cum curtilibus, castris, domibus, edificiis, libellariis, precariis. *D. Karolin.*, I no. 264 (a. 802). Cunctas res et proprietates illorum seu libellarias et precarias et omnia que . . . tenent. *D. Karls III.*, no. 93, p. 153 l. 1 (a. 883). Nulla persona . . . episcopum de libellariis, precariis, commutationibus aliisque rebus aliquo scriptionis titulo adquisitis inquietare . . . presumat. *D. Ottos I.*, no. 248 (a. 962). In universis hereditatibus eorum sive adquisitis necne libellariis. Ib., no. 335 (a. 967). Villas, libelarias, piscationes, venationes. *D. Heinrichs II.*, no. 303 (a. 1014). Inter filiam defuncti et agnatos ejus de quodam praedio quaestio mota est, agnatis feudum, filia vero allodium sive libellarium esse asserentibus. Lib. feud., vulg., lib. 2 tit. 26 § 1, LEHMANN, p. 150.

**libellulus:** **opuscule — booklet.*

**libellus,** livellus: **1.** (cf. JUVENAL., 6. 243; PAUL., Dig., 48, 2, 3) *libelle accusatoire — accusatory libel.* Libellos accusationis accepit. GREGOR. M., lib. 5 epist. 36, *Epp.*, I p. 318. Libellus editus est . . . de manifestatione criminum suorum. Agobardi ch. a. 833, *Capit.*, II p. 56 l. 37. Libellus proclamationis. Concil. Ingelheim. a. 840, *Conc.*, II p. 813 l. 16. Rex . . . libellum accusationis adversus G. porrigit. PRUDENT., Ann. Bertin., a. 859, ed. WAITZ, p. 52. Dantes querimoniam in libellis super J. archiepiscopum. Lib. pontif., Nicol., ed. DUCHESNE, II p. 157. Libellus proclamationis ecclesiae Remensis adversus H. regem C. imperatori oblatus in synodo. *Capit.*, II p. 350, inscr. (a. 876). **2.** *libelle diffamatoire — slanderous libel.* Si qui inventi fuerint libellos famosos in ecclesia ponere. BENED. LEV., lib. 2 c. 316, *LL.*, II pt. 2 p. 88. **3.** *sentence écrite — condemnatory notice.* Libellos anathematis . . . incendio consumpsit. Lib. pontif., Agap. I (a. 535-536), ed. MOMMSEN, p. 142. **4.** *aveu écrit — written avowal of guilt.* Sub gesta synodi cum fletum sub satisfactione libelli purgatum M. episcopum revocavit. Ib., Gelas. (a. 492-496), ed. MOMMSEN, p. 116. [Patriarcha Constantinopolitanus] libellum obtulit cum sua supscriptione apostolicae nostrae sedis [i. e. sedi], . . . condemnans in eodem libello omnia quae a se . . . scripta vel acta sunt adversus inmaculatam nostram fidem. Ib., Theodor. (a. 642-649), § 3, p. 179. Libellum in quo objecta sibi confiteretur capitula coactus est . . . porrigere. GREGOR. M., lib. 3 epist. 7, *Epp.*, I p. 167. Libellus erroris sui. JOH. VENET., Chron., ed. MONTICOLO, p. 74. Libellus abdicationis. GERBERT., epist. 191, ed. HAVET, p. 179. **5.** *promesse écrite de fidélité — written promise of fealty.* Libellum fidelitatis ab A. quondam regibus de habenda fide porrectum. RICHER., lib. 4 c. 59, ed. LATOUCHE, II p. 244. Cf. ib., c. 60, p. 246, inscr.: Textus libelli fidelitatis Arnulfi. **6.** **profession écrite de foi — written profession of faith.* BIRCH, *Cart. Saxon.*, no. 315, I p. 441 (ca. a. 804). **7.** *acte écrit d'affranchissement — deed of manumission.* Scribatur ei libellus perfectae et absolutae ingenuitatis. Ludov. Pii ad Hetti praec. a. 819, *Capit.*, I p. 356 l. 33. **8.** *instrument de traité — treaty document.* [Legati Nicephori imperatoris] pacti seu foederis libellum a Leone papa susceperunt. Ann. regni Franc., a. 812, ed. KURZE, p. 136. **9.** *acte écrit de donation entre époux — deed concerning a matrimonial gift.* Quantumcumque ego per libellum dotis de ipsa villa conjugis mee . . . ei condonavi vel affirmavi. D'HERBOMEZ, *Cart. de Gorze*, no. 14 p. 35 (a. 771). Res illa, quicquid S. jugalis meus mihi ad libellum dotis condonavit. ZEUSS, *Trad. Wizenb.*, no. 87 p. 92 (a. 782). Haec omnia . . . per hunc libellum osculi tibi cedo ad habendum. DC.-F., V p. 89 col. 1 (ch. ca. a. 1020). Dotis titulo et conditionis libello dono ei [sc. sponsae] per hanc dotis chartulam . . . MIRAEUS, I p. 662 col. 1 (a. 1057, Brabant). **10.** *acte écrit de donation — deed of donation.* [H]unc livello offersionis et confirmationis T. notarium scrivere rogavi. SCHIAPARELLI, *CD. Longob.*, II no. 275 p. 390 (a. 772, Lucca). Trado terram hujus libelli pro remedio anime mee. KEMBLE, *CD. aevi Saxon.*, no. 303, I p. 421 (a. 801). Dederunt libellum traditionis hereditatis illorum in manus B. abbatis. STIMMING, *Mainzer UB.*, no. 120 p. 64 (a. 815). Per suum libellum tradidit donum cenobio. *Hist. de Languedoc*[3], V pr. no. 167 col. 355 (a. 1007). **11.** *instrument d'emphytéose — document containing a long-term rental contract.* Voluerat possessionem juris ecclesiastici sub libellorum speciem tenere. GREGOR. M., lib. 9 epist. 78, *Epp.*, II p. 95. Factis libellis ei vineolam ipsam locare debeas. Ib., epist. 194, p. 182. Ecce livello pre manibus [h]abeo, quomodo ipse mihi dedit ad lavorandum omnia res sua illa. MANARESI, *Placiti*, I no. 29 p. 90 (a. 815, Lucca). Res quas per praecepta vel per emfiotheseos munima [i. e. munimina] vel libellos vel qualemcumque scripturam adquisierint. *D. Karls III.*, no. 171 (a. 887). Unde duo libelli uno tinore scripti sunt. *CD. Langob.*, no. 523 col. 891 A (a. 927, Cremona). Abbates . . . [res ecclesiarum] per libellos ceterisque inscriptiones ad solvendos decem solidos censualiter laicis traderent. *D. Ottos* I., no. 349 (a. 967). Omne scriptum, sive si libelli nomine sive emphiteosis prolatum fuerit. Capit. Pap. a. 998, *Const.*, I no. 23 p. 50. Nescio quibus codicibus quos libellos dicunt totum sanctuarium Dei venundatum est. GERBERT., epist. 3, ed. HAVET, p. 2. **12.** *emphytéose — long-term lease.* [Qui] res ecclesiasticas sub usu beneficii . . . adquirere voluerit, . . . in nomine praestariae sive libelli eas tenere sub censo decem et novem annis debeat. MURATORI, *Antiq.*, III col. 155 (ch. a. 870). Quicquid aliis per libellos sive precarias prestitum habebat. *D. Arnulfs*, no. 131 (a. 895). Tuscis consuetudo est ut, recepto ab aecclesia libello, in contumatiam convertantur contra ecclesiam, ita ut vix aut numquam constitutum reddant censum. *D. Ugo*, no. 33 p. 104 (a. 933). Quod P. per libellum et inphiteosin de jure prefate aecclesiae habuit. Ib., no. 36 p. 110 (a. 933). Libellarius qui inde [i. e. a terra] exire voluerit, penam sui libelli exsolvat. Ib., no. 40 p. 123 (a. 935). Per libellum sive per beneficium vel quolibet modo a canonicorum usu alienare



voluerit. Ib., no. 48 p. 146 (a. 938). Habeat potestatem . . . libellos et precarias faciendi. *D. Ottos I.*, no. 248 (a. 962). Mansum . . . quem Hugo marchio per libellum dederat monasterio. *D. Ottos III.*, no. 423 (a. 1002). Nullus senior de beneficio suorum militum cambium aut precariam aut libellum . . . facere presumat. Conr. II edict. a. 1037, c. 5, *Const.*, I no. 45. Si clientulus fecit libellum in perpetuum de feudo suo alicui ecclesiae. Lib. feud., antiq., tit. 5 c. 3 (vulg., lib. 1 tit. 12), LEHMANN, p. 97. **13.** *terme d'un emphytéose — term of a lease.* At [i. e. ad] expletum libelli licentiam et potestatem [h]abeo ego . . . cum omni nostro aquisto exinde foris exire. *CD. Langob.*, no. 545 col. 932 A (a. 934, Modicia). **14.** *terre concédée par emphytéose — land held by long-term lease.* Super ipsum libellum habeat aream et ortum. GLORIA, *CD. Padovano*, no. 633 (a. 1155). In libello et in orto. OBERT. SCRIBA, ed. CHIAUDANO-MOROZZO, no. 48 p. 18 (a. 1186). **15.** *assignation de paiement — assignment.* S. xiii.

**1. liber** (subst.): *charte — charter.* BIRCH, *Cart. Saxon.*, no. 379, I p. 520 (a. 824). Ibi pluries. FONT-RIUS, *Cart. de S.-Cugat*, no. 427, II p. 71 (a. 1010).

**2. liber** (adj. et subst.). Nous renonçons à tout essai d'analyse et nous nous bornons à renvoyer le lecteur à quelques études relatives aux notions médiévales de liberté. — I abstain from attempting to outline the different senses of this word and just mention some studies relative to the subject. O. VON DUNGERN, *Comes, liber, nobilis in Urkunden des 11. bis 13. Jahrhunderts, AUF.*, t. 12 (1932). H. FEHR, *Zur Lehre vom mittelalterlichen Freiheitsbegriff, insbesondere im Bereich der Marken, MOeIG.*, t. 47 (1933). G. TELLENBACH, *Libertas: Kirche und Weltordnung im Zeitalter des Investiturstreits*, 1936. A. WAAS. *Die alte deutsche Freiheit*, 1939. *Das Problem der Freiheit in der deutschen und schweizerischen Geschichte*, Mainau-vorträge 1953, Lindau-Konstanz 1955.

**liberalis: 1.** *qui est propre à un homme de statut personnel libre — specific to a freeman.* Liberali valeat uti propria potestate. *D. Karls III.*, no. 161 p. 263 l. 6 (a. 887). Praedium meum ex ingenuorum manu atque liberali potestate mihi traditum. BEYER, *UB. Mittelrh.*, I no. 341 p. 397 (a. 1053, Trier). Predia sua liberali potestate tenendi. *D. Heinrichs IV.*, no. 120 p. 159 l. 33 (a. 1064). Advocatus potestatem non habeat super servos ecclesie beneficium tenentes de manu liberali. BORMANS-SCHOOLMEESTERS, *Cart. de Liège*, I no. 26 (a. 1079). **2.** *de statut personnel libre — personally free.* Mulierum . . . nobilium, liberalium et ancillarum. ANNALISTA SAXO, a. 906, *SS.*, VI p. 591. Ex liberali prosapia genitus. STUMPF, *Acta Magunt.*, p. 10 no. 9 (a. 1122). Miles liberalis. Trad. s. Georgii, no. 50, *SS.*, XV pt. 2 p. 1014. Testimonio . . . multorum liberalium. QUIX, *CD. Aquensis*, no. 80 p. 54 (a. 1136). [Testes] quamplures tam liberales quam ministeriales. D. Konradi III reg. a. 1140, MENZEL-SAUER, *CD. Nassoicus*, I no. 198 p. 135. **3.** *qui jouit d'un statut privilégié — having a privileged status.* Dignitate liberalis abbatie. *D. Ottos III.*, no. 318 (a. 999). Subst. neutr. plural. **liberalia:** *les arts libéraux — the liberal arts.* GERARD. SILVAE MAJ., V. Adalhardi, MABILLON, *Acta*, IV pt. 1 p. 346. NALGOD. CLUNIAC., V. Odonis, ib., V p. 189.

**liberalitas: 1.** *le statut d'un homme libre — the status of a freeman.* Careat et ordine et liberalitate sua et vadat in exilium. Inst. Cnuti, LIEBERMANN, p. 341. **2.** *un statut privilégié — a privileged status.* Monachi . . . tali . . . sicut ceteri monachi in regalibus et publicis abbatiis liberalitate fruantur. *D. Ottos I.*, no. 280 (a. 965). **3.** *instruction — education.* Septiformis facundiae liberalitate ditavi. BENED. CRISP., Medic. lib. (ante a. 681), MAI, *Class. auct.*, V p. 391. Ignorantiam liberalitate repellant. BERNARD. CLARAEVALL., Gradus humil., MIGNE, t. 182 col. 952 A.

**liberaliter: 1.** *librement — freely.* Quicquid ei libuerit . . . liberaliter per nostram auctoritatem peragat. *D. Karls III.*, no. 161 (a. 887). **2.** *en homme libre — like a freeman.* [Manumissi] in quascumque mundi partes voluerint, liberaliter pergant. DESJARDINS, *Cart. de Conques*, p. 172 (a. 1060). **3.** *de manière privilégiée — in a privileged way.* Liceat abbati . . . res suas . . . liberaliter possidere. *D. Heinrichs IV.*, no. 179 (a. 1066).

**1. liberare,** librare, liverare, livrare (< adj. liber): **1.** **délivrer du mal, sauver, racheter — to deliver from evil, save, redeem.* **2.** *sauver,* même en parlant de choses — *to save,* even things. Qui . . . de ruina aut incendio vel hostilitatis naufragio . . . sua omnia liberaverit. Cod. Euric., c. 282. **3.** *dégager, racheter — to redeem from pawn.* Si . . . ille pignum [i. e. pignus] suum justitiam faciens et debitum reddens non liberaverit. Edict. Rothari, c. 252. Si quis [reus] pro causam suam aliquid judici . . . dederit, et viventem eum [i. e. vivente eo, sc. reo] [petitor] requisierit dicendo quod [pignus] liberatum non sit, [reus] faciat illi justitiam. Liutpr. leg., c. 96 (a. 728). **4.** *garantir* contre toutes prétentions de tierces personnes — *to warrant, stand to warrant.* Donec terram . . . liberet. MIRAEUS, I p. 383 col. 1 (a. 1130, Artois). Si quis hoc donum contraire vel infringere voluerit . . . penitus liberabit. Ib., III p. 39 col. 1 (a. 1142, Flandre). **5.** aliquem: *cautionner — to answer for* someone. K. et W. contradiderunt Regenburgi filie sue et marito ejus Adolfo proprietatem domus sue . . . ea conditione, quod si quis voluerit molestare predictum Adolfum, fratres Regenburgis liberabunt eum. HOENIGER, *Koelner Schreinsurk.*, II p. 85 c. 22 (a. 1163-1169). **6.** *remettre, livrer — to hand over, deliver up.* Pro dona [imperatori] liberanda. Capit. Caris. a. 877, c. 4, II p. 363. **7.** *extrader — to extradite.* Ipsum latronem missis Janue liberavit et tradidit. OGER., Ann. Genuens., a. 1211, ed. BELGRANO, II p. 120. **8.** *aliéner, céder — to alienate, convey.* Quidquid facere vel judicare volueritis, liberandi habeatis potestatem. *Hist. de Languedoc*[3], V pr. no. 132 col. 290 (a. 979). **9.** (cf. COLUM. 3, 3) *payer — to pay.* De pretio 60 unciis [i. e. unciarum] auri . . . quod vos mihi dedistis et liberastis. BLATT, *Nov. gl.*, col. 121 l. 50 (ch. a. 1084, Hisp.). Istas libras 5 liberabo et assignabo tibi. OBERT. SCRIBA, ed. CHIAUDANO-MOROZZO, no. 226 p. 83 (a. 1186). **10.**

aliquem: *distribuer la prébende à ceux qui sont de la maisonnée — to ration, provender.* Liberandi sunt secundum quod ... ille qui praeest eis singulis dare jusserit. Isti vero 150 uno semper tenore ... liberandi sunt, sicut hodie per singulas officinas liberantur. Adalhardi Corbej. stat. a. 822, c. 1, ed. LEVILLAIN, *LMA.*, t. 13 (1900), p. 352. **11.** *fournir — to furnish.* Hospitibus et omnibus qui in monasterio ad equos praebendam recipiunt, ipse librat eam. BERNARD. MORLAN., Cons. Cluniac., lib. 1 c. 12, HERRGOTT, p. 157. **12.** *procurer le hébergement — to procure* housing. Si comes perrexerit ad curiam domini regis, senescallus precipiet marescallis domini regis ut preparent et liberent hospitia comiti. HUGO DE CLEERIIS, HALPHEN-POUPARDIN, *Chron. d'Anjou*, p. 244. Neque ... vi alicui hospitium liberetur. Henr. I reg. Angl. ch. pro London. (a. 1130-1133), STUBBS, *Sel. ch.*$^{9}$, p. 129.

**2. liberare** (< libra): *décider* d'un litige, *trancher — to decide upon* a case, *adjudicate.* Ut [missus regis] ipsa[m] causa[m] diligenter inquireret et ea[m] secondo leggi vel justiza liberare fecisset. FICKER, *Forsch.*, IV no. 10 p. 14 (a. 827, Torino). In placito resedentes ... pro singulorum hominum justitia[m] fieri faciendam vel liberandam intentione[m]. MANARESI, *Placiti*, I no. 103 p. 374 (a. 897, Teramo).

**liberata,** librata ( < 1. liberare): **1.** *livrée, prébende, solde — livery, allowance.* Liberate facte per breve regis originale. Dial. de Scacc., lib. 1 c. 6, ed. JOHNSON, p. 33 Militibus de prestito super liberatam suam. Pipe roll 14 Henr. II p. 210 (a. 1167). **2.** *hebergement, cantonnement — quartering.* S. xiv.

**liberatio** (< 1. liberare): **1.** **rédemption, salut — deliverance, salvation.* **2.** *tradition, livraison — livery, conveyance.* Karta vendicionis et liberationis. *Hist. de Languedoc*$^{3}$, V pr. no. 132 col. 290 (a. 979). **3.** *inféodation — enfeoffment.* Tenet ex liberatione regis. Domesday, II fo. 140. **4.** *livrée, prébende, solde — livery, allowance.* Concessisse ministerium cum liberatione que pertinet. *Engl. Hist. Rev.*, t. 24 p. 230 (ch. a. 1155). Panetarius mittet comiti duos panes atque vini sextarium, et coquus frustum carnis et unum hastum: haec est enim liberatio senescalli in illo die. HUGO DE CLEERIIS, HALPHEN-POUPARDIN, *Chron. d'Anjou*, p. 245. Liberationum quedam sunt indigentium. Dial. de Scacc., lib. 2 c. 6, ed. JOHNSON, p. 86. Boni homines in illo loco servitio Dei vacantes singulis diebus de liberatione perciperent quatuor panes. *Actes Phil.-Aug.*, no. 18 (a. 1180), I p. 19. Liberationem suam habeat, scilicet singulis diebus 4 panes, ½ sextarium vini et 2 den. pro coquina. *Actes Phil.-Aug.*, no. 176, I p. 211 (a. 1186). **5.** *loyer de véhicules — rent for vehicles.* Nullus vicecomes ... capiat equos vel caretas alicujus pro cariagio faciendo, nisi reddat liberationem antiquitus statutam, sed et pro careta ad tres equos 10 den. per diem. Ch. Henr. II reg. Angl. a. 1155, BRUSSEL, *Examen*, II p. iv. **6.** *hébergement, cantonnement — quartering.* Vi vel liberatione vel consuetudine hospitari. Libertas London. (a. 1133-1154), LIEBERMANN, p. 673. Nemo capiat hospitium per vim vel per liberationem marescalli. BALLARD, *Borough ch.*, p. 87 (ch. a. 1155, London). Infra muros burgi nullus hospitetur de familia nostra neque de alia, vi aut liberatione marescallorum. STUBBS, *Sel. ch.*$^{9}$, p. 260 (a. 1189).

**liberatura,** libratura: *livrée, prébende, solde — livery, allowance.* S. xiii.

**libertare: 1.** *affranchir — to manumit.* Ante 15 aetatis annos eis [sc. minoribus] libertare nec vendere nec donare liceat. Lex Burgund., tit. 87 § 1. Qui manumisit, dicat quod sub alio placito eum [sc. servum] libertaverit. Lex Visigot., lib. 5 tit. 7 § 9. Si ... dominus ancillae eam libertaverit et amund fecerit. Leg. Liutpr., c. 98 (a. 728). Rem mobilem ... pro anima sua dare et homines suos livertare. MANARESI, *Placiti*, I no. 20 p. 66 (a. 807, Lucca). Potestatem ... vendendi, commutandi etiam et de familiis libertandi. GLORIA, *CD. Padovano*, no. 42 (a. 954). Neque ipsi praesidentes aecclesiis [servos] poterunt libertare. Ott. III capit. de servis, c. 4, *Const.*, I no. 21. **2.** *doter d'un statut privilégié — to endow with a privileged status.* Libertaremus ecclesia[m]. *CD. Cavens.*, I no. 87 p. 111 (a. 882). Monasterium ... in nostram potestatem libertandi gratia transfudit. *D. Heinrichs II.*, no. 230 (a. 1011). [Willelmus abbas Hirsaugiense monasterium] privilegio sedis apostolicae sub Gregorio papa in perpetuum libertavit. BERNOLD., Chron., a. 1091, *SS.*, V p. 451. Quod coenobium comes in honore b. Joh. Euang. constructum sub apostolicae sedis auctoritate libertavit. Chron. Gozec., lib. 2 c. 14, *SS.*, X p. 154. Oppidum perpetuo libertamus. HEERINGA, *OB. Utrecht*, II no. 803 (a. 1230).

**libertas: 1.** *charte d'affranchissement — deed of manumission.* Conlata servo fisci libertas nullatenus valeat, nisi regie manus fuerit stilo suscripta. Lex Visigot., lib. 5 tit. 7 § 15. Inspecta [i. e. inspectis] eorum libertates [i. e. libertatibus], pro ingenuos conmanent. Coll. Flavin., no. 8, *Form.*, p. 476. Eadem verba: test. Wideradi a. 721, PARDESSUS, II no. 514 p. 325. **2.** *congé donné à un prêtre par son évêque pour qu'il puisse être investi d'un bénéfice par un autre évêque — leave* given by a bishop to a priest of his diocese enabling him to receive a benefice elsewhere. HINCMAR., epist. 7 (ed. Labbe), ap. DC.-F., V p. 94 col. 1. **3.** *statut privilégié d'une église garanti par le pouvoir protecteur du roi — privileged status of a church* as guaranteed by the king's protective authority. Monasterio talem concederemus libertatem, qualem ab antecessoribus nostris ... accepisse dinoscitur. *D. Ottos I.*, no. 3 (a. 936). Libertatem concessimus ... ne ... alicui liceat res illorum abstrahere. Epist. Tegerns., no. 27 (a. 999), ed. STRECKER, p. 31. Hanc libertatis graciam huic ecclesie annuimus, ut neque urbis villici preceptis subjaceat, nec quisquam cogat inferre quod displiciat. *D. Heinrichs III.*, no. 134 (a. 1045). **4.** *privilège, charte conférant un statut privilégié — charter of liberties.* Ut hec nostra traditio, confirmatio sive libertas stabilis ... permaneat. *D. Heinrichs II.*, no. 29 (a. 1002). **5.** *franchise, exemption — franchise, exemption.* Utilitati publice minus prospiciens placere cuique intendit. Hinc libertates, hinc publica in



propriis usibus distribuere suasit. NITHARD., lib. 4 c. 6, ed. LAUER, p. 142. Thelonei libertatem ... habere volo. MIRAEUS, II p. 1312 col. 1 (a. 1100, Boulogne). Ipsum conquestum [essart — reclaimed area] ... et herbergariam quod in conquestu fecerat in ea libertate quam ibidem Ph. habebat. D. Ludov. VII reg. Fr. a. 1160, DE BARTHÉLEMY, *Ch. de Montmartre*, p. 96. **6.** *privilège urbain — grant of urban liberties.* Si ... prescriptam libertatem vel aliqua jura eorum ... infringere temptaverit. FAIRON, *Chartes confisquées*, p. 447 (a. 1066, Huy). **7.** *territoire soumis au droit urbain — pale, area of an urban franchise.* Si monasteria quamlibet terram de libertatibus acquisiverint. Cons. Bigorr. a. 1097, c. 8, ed. GIRAUD, p. 21. Quicumque allodium Sonegiarum infra libertatem inhabitare venerint. WAUTERS, *Origine*, p. 17 (a. 1142). **8.** *souche noble — noble descent.* Generose natus de libertate et familia Lovaniensium. RUDOLF., G. abb. Trudon., lib. 4 c. 12, ed. DE BORMAN, p. 63. **9.** *générosité — freehandedness.* [Ecclesiam] qua libertate construxit. THANGMAR., V. Bernwardi, c. 51, *SS.*, IV p. 779 l. 25. Libertatis vestre fiducia ... subsidium ... a vobis ... flagitamus. MEGINHARD., epist. 34 (a. 1065), ed. ERDMANN, p. 233. **10.** *franchise, candeur — frankness, open-heartedness.* Respondit cum magna libertate. HELMOLD., lib. 1 c. 39, ed. SCHMEIDLER, p. 79.

**libertaticus:** *redevance pesant sur un affranchi — tribute owed by a freedman.* Neque servitio nec litimonio nec libertatico nec patrocinium repedire [i. e. repetere] non debeamus. Cart. Senon., no. 43, *Form.*, p. 204.

**libertinitas:** **condition d'affranchi — status of an enfranchised person.* Libertus fiat et ipsas colonicas sub nomin[e] libertinitatis habeat. Test. Abbonis a. 726, CIPOLLA, *Mon. Novalic.*, I no. 2 p. 31. Servos meos vel ancillas meas ... sint ingenui ... ut nulli heredum ac proheredum meorum numquam debeant inservitium nec libertinitatis obsequium. ZEUSS, *Trad. Wizenb.*, no. 68 p. 73 (a. 797). Libertinitatis obsequium eis [i. e. ab eis, sc. manumissis] non requiratur. *CD. Langob.*, no. 518 col. 885 A (a. 926, Bergamo).

**libitum** (cf. voc. seq.) (ap. TACIT. plural. libita), singul.: *gré, caprice, bon plaisir — caprice, pleasure, liking.* E. g. HRABAN., Inst. cleric., lib. 3 c. 16, ed. KNOEPFLER, p. 219.

**libitus** (decl. iv): **gré, caprice, bon plaisir — caprice, pleasure, liking.*

**libra,** comme unité de poids pour les métaux précieux — as a standard weight of gold or silver. E. g.: Auri liberas 5, argento pond[er]a 10 coactus exsolvat. F. Andecav., no. 41, *Form.*, p. 19.

**libramen: 1.** **équilibre, juste milieu — balance, poise, middle course.* **2.** **délibération, considération — deliberation, consideration.* Peritorum libramine responsa recepit. IONAS, V. Columbani, lib. 2 c. 2, ed. KRUSCH, p. 155. Etiam ib., prol., p. 147. Libramine sententiam suam temperat, WALAHFR., Exord., c. 21, *Capit.*, II p. 495.

**1. librare:** *frapper — to hit.* Evaginato gladio, ut capud ejus libraret. GREGOR. TURON., H. Fr., lib. 2 c. 37. Ibi saepe.

**2. librare,** v. 1. liberare.

**librarius** (adj.): *érudit — learned.* Habuit in comitatu suo virum librarium Wigfrithum. FELIX, V. Guthlaci, c. 46, ed. COLGRAVE, p. 142. Subst. mascul. **librarius: 1.** **professeur élémentaire — primary schoolmaster.* **2.** *auteur — author.* Nulla unquam ... gloriosior materia prodiit quam nostris nunc Dominus poetis atque librariis tradidit. ORDER. VITAL., lib. 9 c. 1, ed. LE PRÉVOST, III p. 458. Scriptores qui librarii dicuntur. THEODOR., Ann. Palid., prol., *SS.*, XVI p. 51 l. 47. **3.** *bibliothécaire — librarian.* Abbas H. fidelissimus noster atque ministerialis noster librarius. *D. Charles le Ch.*, no. 370, I p. 323 (a. 874). Electionem ... decani, cantoris, librarii atque custodis ecclesie. *D. Heinrichs III.*, no. 368 (a. 1056). **4.** *clerc de chancellerie — chancery clerk.* Rex ... accersitis librariis scripsit omnibus praefectis et principibus. *H. de Fr.*, XII p. 340 (a. 1166).

**1. librata** (< libra): **1.** *le poids d'une livre — a pound's weight.* Quatuor libratas ovium emendi causa ab illa accepit. MÉTAIS, *Cart. de Vendôme*, I no. 93 p. 170 (a. 1049). **2.** *la valeur d'une livre — a pound's value.* Deferet ... singulis annis decem libras denariorum aut decem libratas. *D. Phil. Ier*, no. 128 p. 325 (a. 1092). **3.** *une quantité de n'importe quoi ayant la valeur d'une livre — a pound's worth* of anything. Undecim libras denariorum ... aut duodecim libratas aedificamenti ... monachis restitueret. BERTRAND, *Cart. d'Angers*, I no. 318 p. 362 (ca. a. 1099). Pro triginta libratis culcitrarum, quas burgenses ... emunt ad opus nostrum. *Actes Phil.-Aug.*, no. 614 (a. 1199/1200), II p. 160. **4.** *l'étendue de terre qui fournit une livre de rente annuelle — amount of land returning an annual yield of one pound.* Ducentas libratas ... monasterium nostrum perdidit. GOFFRID. VINDOCIN., lib. 2 epist. 30, MIGNE, t. 157 col. 102 A. Rursum lib. 3 epist. 10, col. 112 B; epist. 15, col. 122 B. Centum libratas terre ei assignavit. GISLEB. MONT., c. 180, ed. VANDERKINDERE, p. 267. De terra supradicta poterit comitissa dare in helemosinam usque ad centum libratas reddituum. *Actes Phil.-Aug.*, no. 399, I p. 490 (a. 1191/1192).

**2. librata,** v. liberata.

**libratura,** v. liberatura.

**licator,** v. leccator.

**licea,** v. licia.

**licenter:** *avec permission, licitement — permissibly, lawfully.* CASSIOD., Var., lib. 12 epist. 17 § 1, *Auct. ant.*, XII p. 374. ADEODAT., Epist. ad episc. Gall., MIGNE, t. 87 col. 1144 C.

**licentia, 1.** spec.: *licence de mariage — marriage license.* Licentiam nullam quereret. GYSSELING-KOCH, *Dipl. Belg.*, no. 90 p. 194 (a. 1031-1034, Gand). **2.** licentia docendi: *licence universitaire — academic degree.* S. xiv. **3.** *congé — leave of absence.* Nec ordinentur sine commendaticiis litteris et sui episcopi vel abbatis licentia. Admon. gener. a. 789, c. 3, *Capit.*, I p. 54. Quicumque absque licentia vel permissione principis de hoste reversus fuerit. Capit. Bonon. a. 811, c. 4, p. 166. Dimisso exercitu absque jussione vel licentia regis. Capit. Ital. a. 801, c. 3, p. 205. Sic datur a cunctis sat amica licentia nobis. Ruodlieb, fragm. 4 v. 169. **4.** *dispense d'obligations imposées par la règle monastique*

— *dispensation of monastic duties.* Licentias interdum . . . tanquam novitiis dare. EKKEH., Cas. s. Galli, c. 7, *SS.*, II p. 113. **5.** *loisir — leisure.* Quando aetatem et licentiam atque suppetentiam discendi habebat, magistros non habuerat. ASSER., c. 25, ed. STEVENSON, p. 21. Quandocumque aliquam licentiam haberet, libros ante se recitare talibus imperabat. Ib., c. 77, p. 63.

**licentiare: 1.** *permettre — to grant leave, allow.* Dixit juveni: Vis ut ostendam abbati? et licentiavit ei. CAESAR, HEISTERB., Mir., dist. 2 c. 10, ed. STRANGE, I p. 76. **2.** *congédier — to grant leave to depart, to dismiss.* Licentiatus et accepta vestre benedictionis gratia recedebam. PETR. BLES., epist. 52, MIGNE, t. 207 col. 158 A. Utque velint exire licentiat omnes. GUILL. BRITO, Philipp., lib. 7 v. 494, ed. DELABORDE, p. 196. Die quo licentiatus est a rege. Contin. Aquicinct. ad SIGEB., a. 1224, *SS.*, VI p. 437. **3.** *licencier — to license.* Antequam [cancellarius] quemquam licentiet, . . . de vita, scientia et facundia . . . inquirat. DENIFLE, *Chart. Univ. Paris.*, I no. 79 p. 137 (a. 1231).

**licentiatus** (subst.): *licencié — licenciate.* Diem ad incipiendum licientiato assignet. DENIFLE, *Chart. Univ. Paris.*, I no. 231 p. 259 (a. 1254).

**licere** (subst., genet. -is): *droit d'usage — right of easement.* Talem licerem habeamus in predictam fontanam. *CD. Cavens.*, I p. 250 (a. 956). Duos passus de terra . . . unacum omnem licerem et pertinentia. MURATORI, *Antiq.*, I col. 198 (a. 1065).

**lichinus,** lichinum = lychnus.

**licia,** licea, licium (germ.): *palissade, barrière — fences, lists.* S. xiii.

**liciatorium** (< licium): **ensouple* du métier des tisserands — *beam* in a loom.

**licinium,** luc- (< licium): *mèche* d'une chandelle — *candle-wick.* ALEX. NECK., Nat. rer., lib. 1 c. 17, ed. WRIGHT, p. 61.

**licite:** **licitement — permissibly.*

**1. licitus** (decl. iv): *autorisation — licence.* ERMOLD. NIGELL., Carm. in hon. Hlud., v. 2509, ed. FARAL, p. 190. *D. Ottos II.*, no. 313 (a. 983). *D. Ottos III.*, no. 136 (a. 993).

**2. licitus,** v. lecythus.

**licopium** (germ.): *arrhes — earnest-money.* S. xiii.

**lictor:** **bourreau — executioner.* WALAHFR., V. Mammae, str. 2 v. 4, *Poet. lat.*, II p. 278. ABBO FLORIAC., Pass. Eadmundi, MIGNE, t. 139 col. 514 B. V. Leonis Rotom., *AASS.*, Mart. I p. 95. COSMAS, lib. 1 c. 42, ed. BRETHOLZ, p. 79.

**1. lida,** lidda, lidia, v. lisida.

**2. lida,** lidia, v. lita.

**liddo,** liddus, v. 1. litus.

**lidemonium,** v. litimonium.

**lidgius,** v. ligius.

**lidilis,** ledilis, lidialis, ledalis, letilis, litalis (< litus): **1.** (d'une tenure) *qui convient à un tenancier-lite; qui rentre dans la catégorie des tenures concédées primitivement aux tenanciers-lites* (mais non pas nécessairement toujours détenues par des tenanciers-lites) — (of a tenancy) *suitable for a lite; of the class of holdings granted at first to lites* (later not always held by lites). Isti duo tenent mansum 1 lidilem. Irminonis polypt., br. 13 c. 41. Ibi pluries. Curtem cum mansis letilibus et servilibus. BORMANS-SCHOOLMEESTERS, *Cart. de Liège*, I p. 2 (a. 826). Dono mansos ledales 4 vestitos cum terris . . . WAMPACH, *Echternach*, I pt. 2 no. 143 p. 215 (a. 832-838). *D. Karls III.*, no. 64 (a. 882). Urbar. Prum. a. 893, c. 31, BEYER, *UB. Mittelrh.*, I p. 160. LACOMBLET, *UB. Niederrh.*, I no. 93 p. 52 (a. 941). *D. Ottos I.*, no. 216 (a. 960). **2.** (d'un dépendant) *dont le statut est celui des lites* — (of a dependant) *having the status of a lite.* Mancipiis letilibus. HEINEMANN, *CD. Anhalt.*, I no. 47 p. 36 (a. 970, Köln).

**lidimonium,** v. litimonium.

**lidis,** lidus, v. 1. litus.

**lido,** v. ledo.

**lidorium** (gr.): *brique — brick.* CLARIUS, Chron. s. Petri Vivi, ad a. 1068, ed. DURU, p. 509.

**liduna,** v. ledo.

**liegancia,** v. ligiantia.

**liemarius,** v. limarius.

**lienteria,** clienteria (gr.): * *dysenterie — dysentery.* RADBERT., Epit. Arsenii, lib. 2 c. 6, ed. DÜMMLER, p. 67. REGINO, Chron., a. 867, ed. KURZE, p. 93. G. Ambaz., HALPHEN-POUPARDIN, *Chron. d'Anjou*, p. 123.

**1. liga** (< ligare): *alliance — league.* S. xiii.

**2. liga** (< lex): *alloi — alloy.* S. xiv.

**1. ligamen** (< ligare): **1.** (cf. COLUM. 12, 8) *botte d'herbes* qu'on applique à un malade — *bunch of simples* applied to a patient. GREGOR. TURON., Virt. Martini, lib. 4 c. 36, *SRM.*, I p. 658. **2.** *balle de marchandises — parcel of goods.*

**2. ligamen** (< ligius): *ligesse — ligeance.* S. xiii.

**ligare: 1.** *cercler* les barriques — *to hoop* vessels. S. xiii. **2.** *monter* les cerceaux des roues — *to fix* a metal tire on a wheel. S. xiii. **3.** *allier* les métaux — *to alloy* metals. S. xiv.

**ligator: 1.** *tonnelier — cooper.* S. xiii. **2.** *relieur — book-binder.* S. xiv.

**ligatura: 1.** **paquet, botte — parcel, bunch.* **2.** spec.: **botte d'herbes* qu'on applique à un malade — *bunch of simples* applied to a patient. GREGOR. TURON., Virt. Juliani, c. 46, *SRM.*, I p. 582 l. 10. ISID., Etym., lib. 8 c. 9. Indic. superstit. (s. viii ex. ?), c. 10, *Capit.*, I p. 223. ALCUIN., epist. 290, *Epp.*, IV p. 448. BENED. LEVITA., lib. 2 c. 2, *LL.*, II pt. 2 p. 77 l. 49. **3.** *redevance d'amarrage — mooring due.* Toloneum et curaturam et redhibitionem ipsius ripariae et ligaturam navium et quicquid pars publica inibi habere et exigere potest. *D. Berengario II*, no. 2 p. 295 (a. 951). **4.** *reliure — book-binding.* MARTÈNE, *Itin.*, II p. 149 (a. 1097, Stavelot).

**ligeia** (< ligius): *ligesse — ligeance.* S. xiii.

**ligeus,** liggius, v. ligius.

**ligialiter:** *par ligesse — by ligeance.* S. xiii.

**ligiantia,** lige-, lig-, lieg-, litg-, lij-, liz-; -ancia, -anchia, -encia, -ensia, -ecia, -ascia (< ligius): *hommage lige — liege homage.* Fecit ei homagium et ligantiam de omni terra sua. ROBERT. DE TORINN., a. 1175, *SS.*, VI p. 524 l. 23. Accipientes fidelitates et ligancias a comitibus. PS.-BENED. PETROB., G. Henr. II, ed. STUBBS, I p. 3. Regi Anglorum tanquam principali domino hominium cum ligiantia, id est sollemni cautione standi cum eo et pro eo contra omnes homines, . . . fecerunt. GUILL. NEUBRIG., lib. 2 c. 38, ed. HOWLETT, p. 198. Capitales domini, id est illi quibus ligeantiam



debent sicut de primis eorum feodis. GLANVILL., lib. 7 c. 10, ed. WOODBINE, p. 108.

**ligiatio,** legi-, leigi- (< ligius): **1.** *hommage lige — liege homage.* Hominagium et leigiationem regi coram omni curia fecit. G. cons. Andegav., addit. 1, HALPHEN-POUPARDIN, *Chron. d'Anjou*, p. 139, Etiam ib., p. 136. Terram suam de manu consulis suscepit, hominagio et leigiatione facta. Hist. Gaufredi, ib., p. 206. **2.** *ligesse — ligeance.* De 27 libris monete, quas W. per ligiacionem de me tenebat. BRUNEL, *Actes de Pontieu*, no. 258 p. 378 (a. 1218).

**ligie** (< ligius): **1.** *à titre de fief lige — as a liege fief.* [Pensionem] cum alio feodo suo tenebunt ab episcopo ligie. *Actes Phil.-Aug.*, no. 145, I p. 176 (a. 1185). Villa quam a comite Hanoniensi tenebat ligie. GISLEB. MONT., c. 52, p. 92. **2.** *indissolublement — inseparably.* Omnes Judei sub tutela et defensione regis ligie debent esse, neque aliquis eorum potest se subdere alicui diviti sine licentia regis, quia ipsi Judei et omnia sua regis sunt. Leg. Edwardi Conf., tit. 25, LIEBERMANN, p. 650.

**ligietas,** le-, -gii-, -gei- ( < ligius): **1.** *ligesse — ligeance.* Medietatem illam a nobis in feodo et in ligietate hominii teneat. D. Lud. VI reg. Fr. a. 1123, TARDIF, *Cartons*, no. 388. Salva ligeitate domini regis. QUANTIN, *Cart. de l'Yonne*, II no. 233 p. 249 (a. 1174). **2.** *hommage lige — liege homage.* Hominium nobis facies et legiitatem de tota terra. Heinr. VI imp. conv. cum duce Burgund. a. 1186, c. 1, *Const.*, I no. 325.

**ligio** (genet. -onis) (< ligius): *ligesse — ligeance.* S. xiii.

**ligitudo** (< ligius): *ligesse — ligeance.* S. xiii.

**ligius,** lidgius, liggius, ligeus, legius, legeus, lijus (< teuton. ledig "non entravé, inoccupé, qui peut librement aller où il veut — unhampered, unengaged, free to go where he likes"; minus verisimile: < liticus "dans une position analogue à celle d'un lite — in a situation similar to that of a lite"): **1.** (d'un vassal) *lige* — (of a vassal) *liege.* G. quidam . . . cum esset lidgius homo Salomonis de L. ex beneficio G. comitis [c.-à-d. qu'il tenait en arrière-fief du comte — which he held by sub-infeudation from the count]. MÉTAIS, *Cart. de Vendôme*, I no. 62 p. 117 (document rédigé vers 1080 et se rapportant à des faits qui se sont déroulés en 1046 — document written about 1080 referring to events which occurred in 1046). [Ab] episcopo, cujus homo ligius erat, . . . expetiit. *D. Phil. Ier*, no. 82 p. 212 (a. 1076). Comitem [Flandrensem], cujus ligius miles erat. G. Lietberti Camerac. (paulo post a. 1076), c. 9, *SS.*, VII p. 493. Lijus homo noster. HUGO FLAVIN., Chron. (a. 1090-1102), *SS.*, VIII p. 476. Homo ligius. G. Galcheri Camerac., c. 6, *SS.*, XIV p. 190. Per fidem suam, quam in manibus meis misit, devenit hominem meum ligium. DEL GIUDICE, *Nuovi studi*², 1913, p. 195 (a. 1109, Napoli). Si homo de pluribus dominis et honoribus teneat, quantumcumque de aliis habeat, ei plus debeat et ejus residens per judicium erit, cujus homo ligius erit. Leg. Henrici, tit. 55 § 2, LIEBERMANN, p. 575. Robertus dux ad Alexandrum papam proficiscens liggius ejus homo devenit . . . Huic jusjurandum fecit et per vexillum ab eo terram cum honore ducatus accepit. ROMUALD. SALERN., a. 1062, *SS.*, XIX p. 406. G. Halberst., ad a. 1134, *SS.*, XXIII, p. 106. MIRAEUS, IV p. 201 col. 1 (a. 1142, Flandre). BEYER, *UB. Mittelrh.*, I p. 611 (a. 1148, Trier). Comitis Hanoniensis hominem bis ligium, qui continuum in Montibus stagium pro terra Avethnis et continuum in Valencenis pro terra Brabancie debebat. GISLEB. MONT., c. 113, ed. VANDERKINDERE, p. 169. Miles crucem non habens domino suo crucem habenti, ei cujus erit homo ligius, dabit decimam . . . Si autem ab eo nullum tenebit feudum . . . RIGORD., G. Phil. Aug., *Hist. de Fr.*, XVII p. 26. Effecti sumus ligius homo, quod theutonice dicitur ledigman, comitis Gelrie. KETNER, *OB. Utrecht*, III no. 1314 p. 100 (a. 1253). Feodum Eremburgis de I. femine ligie. *Actes Phil.-Aug.*, no. 587, II p. 137 (a. 1198). Cf. H. PIRENNE, *Qu'est-ce qu'un homme lige ?*, *Bull. Acad. R. de Belg.*, Cl. des Lettr., 1909, pp. 46-60. DOROTHEA ZEGLIN, *Der homo ligius und die französische Ministerialität*, 1915 (*Leipziger Hist. Abhandl.*, no. 39). C. PÖHLMANN, *Das ligische Lehensverhältnis*, 1931 (*Heidelberger Rechtswiss. Abh.*, no. 13). H. MITTEIS, *Lehnrecht und Staatsgewalt*, 1933, p. 557 sqq. W. KIENAST, *Lehnrecht und Staatsgewalt im Mittelalter*, *Hist. Zeitschr.*, t. 158 (1938), pp. 27-39. **2.** hominium ligium, fides, fidelitas ligia: hommage lige, ligesse — liege homage, ligeance. Comes M. domni G. archipraesulis homeliges factus est et ligiam fidelitatem juravit. MARLOT, *Metrop. Remensis hist.*, II p. 113 sq. (a. 1055). Ne episcopus vel sacerdos regi vel alicui laico ligiam fidelitatem faciat. Concil. Claromont. a. 1095, MANSI, t. 20 col. 817. Fecit fidelitatem ligiam jurejurando. ROUND, *Calendar*, I no. 1435 p. 530 (a. 1087-1100). Ligium mihi hominium fecit. GUÉRARD, *Cart. de Chartres*, p. 277 (a. 1127). Ligiam fidelitatem et hominium facere. G. Burchardi Camerac., c. 5, *SS.*, XIV p. 214. Hominium ligium, sicut casamentum exigebat, nobis obtulit. BOURGIN, *Soissons*, p. 407 no. 2 (a. 1141). Facti homines ejus [sc. papae] ligii juraverunt ei ligiam fidelitatem. BERNARD. CLARAEVALL., epist. 317, MIGNE, t. 182 col. 523 A. Vobis ligium hominium fecimus. Pactum Benev. a. 1156, c. 13, *Const.*, I no. 414. De jure archidiaconatus hominio mihi et fide ligia tenebatur obnoxius. ARNULF. LEXOV., epist. 127, MIGNE, t. 201 col. 147 A. Ligium hominium de dominio ipsius castri. Lucii III pap. priv. a. 1184. PFLUGK-HARTTUNG, *Acta*, I no. 355 p. 312. Sub una manu et uno hominio ligio universa allodia sua . . . ab episcopo Leodiensi receperunt. GISLEB. MONT., c. 8, p. 12. Ibi pluries. **3.** dominus ligius: seigneur féodal par rapport à un homme lige — feudal lord with respect to a liege vassal. [Miles juramento] tenetur domino proprio ligio. *SS.*, XXI p. 606 col. 1 l. 4 (a. 1114, Valenciennes). Dominus ejus qui vulgo ligius dicitur. Dial. de Scacc., lib. 2 c. 4, ed. JOHNSON, p. 83. Contra ligium dominum suum. BEYER, o.c., II p. 101 (a. 1169-1183). Comes Hanoniensis comitem Flandrie ad omnes homines juvaret, excepto domino suo ligio Leodiensi episcopo. GISLEB. MONT., c. 59, p. 100. **4.** feodum ligium: fief tenu par

hommage lige — a tenancy held by liege homage. Comes Hanoniensis ... omnia allodia ... in manus domini regis reportaret, et ipse rex ei in feodo ligio daret. Gisleb. Mont., c. 148, p. 229. Hec omnia concedimus eisdem ... libere in ligium feodum perpetuo possidenda. Guilhermoz, p. 180 n. 21 (a. 1219). **5.** *non concurrencé, seul attitré — unimpaired, paramount.* De bono s. Martini in Somnia legius est comes advocatus. Rousseau, *Actes de Namur*, p. 90 (a. 1047-1064). **6.** *non entravé, discrétionnaire, indépendant — unimpeded, acting singly, independent.* Quas terras praedicta O. in ligia viduitate sua mihi ... dedit et concessit. Hart, *Hist. et cart. Gloucestriae*, I no. 215 p. 269 (a. 1148-1179). Ego M. filia et haeres W. in mea ligia potestate et plena aetate dedi ... Ib., no. 242 p. 289 (s. xii ex.). Cartam fecit in ligia potestate sua et in bona sanitate et non in languore. *Curia regis roll*, VII p. 138 (a. 1214). **7.** d'un serf: *sans aucun autre lien, complètement à la disposition du maître* — of a serf: *free of any other bond, entirely to his lord's disposal.* Homo ligius de corpore. Flach, *Orig.*, II p. 528 n. 1 (a. 1075, S.-Maixent). Homo ligius et servus meus. De Reiffenberg, *Mon. de Namur*, II p. 107 (a. 1196). Quatuor uxores, quas quatuor mei ligi homines desponsaverunt, ... abonavit. Quantin, *Rec.*, p. 59 no. 131 (a. 1213). Homo ligius de corpore. Cons. Tolos. (s. xiii ex.), c. 154, ed. Tardif, p. 75. **8.** *ininterrompu — uninterrupted.* Juramentum de facienda residentia quae ligia nuncupatur. Litt. Honor. III pap. (a. 1216-1227), ap. DC.-F., V p. 107 col. 2. Ligia residentia. Ib. (ch. a. 1239, Meaux). **9.** *de plein droit, absolu, intégral — full, absolute, integral.* Ligium allodium. Zeerleder, *Urk. Bern*, I p. 373. Medietatem censuum T. qui communes esse solebant inter ipsos et dominum H., et censum ligium quem habent in dicto loco ... vendiderunt. Guilhiermoz, *Nobl.*, p. 326 n. 7 (a. 1259). Magnum pondus Autissiodorense est ligium comitis. DC.-F., V p. 107 col. 3 (ch. ca. a. 1290). Subst. mascul. **ligius:** *vassal lige — liege vassal.* Sub hoc subjectionis tenore, quod tuus deinceps specialis et, ut ita dicam, ligius indubitanter haberetur. Castan, *Orig. de Besançon*, 1858, p. 325 (s. xi ex.). Quotcunque dominos aliquis habeat vel quantumcumque de aliis teneat, ei magis obnoxius est et ejus residens esse debet cujus legius est. Leg. Henrici, tit. 43 § 6, Liebermann, p. 569. Ibi saepe.

**1. lignagium,** v. lignaticum.

**2. lignagium,** v. lineagium.

**lignamen: 1.** *bois de charpente — timber.* Edict. Rothari, c. 283. Schiaparelli, *CD. Longob.*, II no. 127 p. 8 (a. 757, Lucca). Hadr. I pap. epist., Cod. Carolin., no. 65, *Epp.*, III p. 593. Synod. Franconof. a. 794, c. 26, *Capit.*, I p. 76. Giulini, *Mem. di Milano*, I p. 453 (a. 865). Anast. Bibl., Chron., ed. De Boor, p. 247 l. 8. Kehr, *Urk. Norm.-Sic. Kön.*, p. 412 no. 2 (a. 1085). **2.** *bois à brûler — firewood.* Bitterauf, *Trad. Freising*, no. 166 (a. 793). Loth. imp. pactum cum Venet. a. 840, c. 25, *Capit.*, II p. 134.

**lignamentum:** *bois de charpente — timber.* Gregor. Catin., Chron. Farf., ed. Balzani, I p. 226. Cassan-Meynial, *Cart. de Gellone*, no. 470 p. 382 (a. 1110).

**lignaricia:** *redevance pour rachat de services de transport de bois — payment in stead of wood transport service.* Irminonis polypt., br. 5 c. 78.

**lignarium,** lignare: **1.** **bûcher — wood-rick.* Edict. Rothari, c. 281. Capit. VI legi Sal. add., c. 6, ed. Behrend$^{2}$, p. 158. Capit. de villis, c. 62. Polypt. s. Remigii Rem., c. 20 § 2, ed. Guérard, p. 66 col. 1. G. Lietberti Camerac., c. 16, *SS.*, VII p. 495. Suger., De adm. sua, c. 11, Lecoy, p. 168. **2.** *bois à brûler — firewood.* Lignaris carra 4. Polypt. Derv., ed. Lalore, p. 8. **3.** *service du bois à brûler — fuel procurement.* Gararii duo; ad liguarium [leg. lignarium] in pistrino unus. Adalhardi Corbej. stat., lib. 1 c. 1, ed. Levillain, p. 352. **4.** *redevance pour rachat de fourniture de bois — payment in stead of fuel procurement.* G. Aldrici, ed. Charles-Froger, p. 163. Urbar. Prum. a. 893, c. 43, Beyer, *UB. Mittelrh.*, I p. 166. DC.-F., V p. 109 col. 1 (ch. a. 937, Autun).

**lignarius,** lignearius: **de bois — wooden.*

**lignaticum,** lignagium: **1.** *droit de couper du bois — right to cut wood.* An ... herbagium vel lignagium vel causam aliquam in nemus habeat. Leg. Henrici, tit. 90 § 2, Liebermann, p. 605. **2.** *redevance pour la coupe de bois — payment for woodcutting.* Monasterium ... ab omni plateatico, herbatico lignaticoque per totum regnum nostrum Sicilie penitus sit immune. Kehr, *Urk. Norm.-Sic. Kön.*, p. 447 no. 25 (a. 1178). **3.** *service de fourniture de bois — wood procurement service.* Brunel, *Actes de Pontieu*, no. 206 § 21, p. 314 (a. 1210).

**lignatura:** *redevance en bois — wood due.* Priv. Anast. IV pap. a. 1154, *Gall. chr.*$^{2}$, X instr. col. 315.

**lignerare,** lignorare: *couper du bois — to cut wood.* S. xiii.

**lignicius:** *de bois — wooden. CD. Cavens.*, I no. 36 p. 43 (a. 853). *CD. Cajet.*, I p. 138 l. 4 (a. 979).

**lignum: 1.** *forêt — forest.* De agris, pratis et ligno fertili jugera 192. Trad. Juvav., cod. Odalberti, no. 59, Hauthaler, *Salzb. UB.*, I p. 121 (a. 925). Proprietatis spacium ... cum dimidia parte ligni illius montis. *D. Ottos II.*, no. 292 (a. 983). **2.** **potence, gibet — gallows.* Pendentem in ligno latronem. Petr. Diac., carm. 41 v. 58, *Poet. lat.*, I p. 75. Meginhard., Ann. Fuld., a. 866, ed. Kurze, p. 65. Chron. Salernit., c. 69, ed. Westerbergh, p. 67. Rather., Contempt. can., inscr., Migne, t. 136 col. 485. *Hist. de Languedoc*$^{3}$, V pr. no. 211 col. 497 (a. 1059). **3.** *cep, pilori — stocks.* In interiorem carcerem missi sunt eorumque pedes in ligno constricti sunt. Order. Vital., lib. 2 c. 1, ed. Le Prévost, I p. 223. **4.** *fétu — rod.* Per lignum quod imperator in sua tendebat manu. *D. Heinrichs IV.*, no. 365 (a. 1084). Dedit ... per quo[d]dam lignum, quod huic pergameno conjunctum est, quidquid alaudi habebat. Musset, *Cart. d'Angély*, I p. 119 (ca. a. 1085). Per lignum in manu prioris donaverat. Chevrier-Chaume, *Ch. de Dijon*, no. 394 p. 172 (a. 1100). **5.** **navire — ship.* **6.** **la Croix — the Cross.*

**ligonizare:** *bêcher, travailler à la houe — to spade.* S. xiii.



**ligua,** v. leuca.

**ligura:** *leurre — decoy.* Apprehensum per liguras accipitrem. Anon. Haser., c. 21, *SS.*, VII p. 259 l. 21.

**liguritor:** **gourmand — glutton.*

**ligurius** = lyncurius.

**lijancia,** v. ligiantia.

**lijus,** v. ligius.

**lilium,** -us, -a: **1.** **collier — necklace.* **2.** *ornement architectural* en forme de lis — lily-shaped *ornament on buildings.* Gregor. M., lib. 1 epist. 66, *Epp.*, I p. 87. Leo Ost., Chron., lib. 3 c. 26, *SS.*, VII p. 717 l. 11.

**1. lima** = limus ("boue — mud").

**2. lima,** v. limma.

**3. lima:** *sorte d'épée — kind of sword.* S. xiv.

**limare** et depon. limari ( < limus, adj.; cf. voc. collimare): *regarder de travers — to look askance at* a person. Typo superbiae ignitus limat circumstantes. V. Theodulfi, § 12, *AASS.*$^{3}$, Maji I p. 101 B. Bona ... Wicberti obliquo oculo limabant. Sigebert., V. Wicberti, c. 11, *SS.*, VIII p. 512.

**limarius,** liem-, -erius (< ligamen): *limier — limehound.* Lib. nig. Scacc., ed. Hearne, I p. 357 (ca. a. 1135).

**limate:** **avec soin — carefully.*

**limator.** Limator ensium: fourbisseur — furbisher. Widemann, *Trad. S.-Emmeram*, no. 807 p. 383 (a. 1142/1143).

**limbare:** *ourler — to hem.* Crusinam ... fibro limbatam lato. Ruodlieb, fragm. 13 v. 126. Ne in altaribus nostris habeantur mappe limbate. Statut. Cisterc. a. 1199, Martène, *Thes.*, IV col. 1293.

**limbus** = lembus.

**limen. 1.** limina apostoli [sc. Petri], apostolorum [sc. Petri et Pauli]: le tombeau et la basilique de Saint-Pierre à Rome, le Saint-Siège — St. Peter's tomb and church at Rome, the Holy See. Invisis beati apostoli liminibus. Ennod., opusc. 49 § 89, *Auct. ant.*, VII p. 61. Rursum opusc. 449 § 3, p. 308. Ad sancti Petri limina duxisses. Pass. Alexandri (s. vi), Mombritius$^{2}$, I p. 49. B. Petri ... limina revidere festinet. Gregor. M., lib. 8 epist. 22, *Epp.*, II p. 23. Ad apostolorum limina properare festinet. Ib., lib. 9 epist. 150, II p. 151. Lib. pontif., Theodor. (a. 642-649), § 3, ed. Mommsen, p. 179. Deinde ibi saepe. Liminibus beatorum principum apostolorum presentati. Lib. diurn., c. 50, ed. Sickel, p. 40. V. Audoini, c. 9, *SRM.*, V p. 559. Romam venire ad videnda atque adoranda beatorum apostolorum ac martyrum Christi limina cogitavit. Beda, Hist. eccl., lib. 5 c. 9. Concil. Roman. a. 743, *Concil.*, II p. 10. Haitonis Basil. capit. (a. 807-823), c. 18, *Capit.*, I p. 365. Ad limina seu sedem confluens apostolicam. Nicol. I pap. epist. a. 863 ap. Hincmar., Ann. Bertin., ed. Waitz, p. 63. **2.** limina sancti: église où se trouve le tombeau de tel saint — church where the saint in question is buried. [Rex] limina b. Martini expetiit; et adveniens Toronus ... Gregor. Turon., H. Fr., lib. 4 c. 21. Ambulaturos ad Pectavinam urbem et limina s. Hilarii visitaturos. Visio Baronti, c. 18, *SRM.*, V p. 392. Ab b. Quintini martiris limina. Ann. Mett. prior., a. 690, ed. Simson, p. 12. Trado ad s. Petri et s. Remacli limina in Stabulaus mansum 1. Halkin-Roland, *Ch. de Stavelot*, I no. 23 p. 60 (a. 770-779). Ad b. Benedicti limina. Chron. s. Bened. Casin., *Scr. rer. Langob.*, p. 487. Limina b. Martini [Turonensis] expetii. *Gall. chr.*$^{2}$, XIV instr. col. 54 D no. 38 (a. 895). Limina bb. Remigii vel Dionisii datur vobis copia videndi. Gerbert., epist. 17, ed. Havet, p. 14. **3.** limina sancta: une église quelconque — any church. Priusquam limina sancta contingerit. Gregor. Turon., lib. 3 c. 10. Similia lib. 10 c. 10. **4.** limina ecclesiae: l'Eglise en général — the Church in general. [Ludowicum Pium a] liminibus ecclesiae pepulerunt, ita ut nullus cum eo loqui auderet ... Ann. Bertin., a. 833, ed. Waitz, p. 7. Sacrilegum ... ab ecclesiae liminibus et coetu Christianorum excommunicatum et anathematizatum habemus. Epist. ca. a. 883 ap. Actus pontif. Cenom., c. 25, ed. Busson-Ledru, p. 340. Interfectores episcopi damnaverunt et a liminibus sanctae matris aecclesiae extorres reddiderunt. Ann. Vedastini, a. 900, ed. Simson, p. 82.

**limes:** *marche, province* placée sous l'autorité d'un marquis — *margravate.* Brittanici limitis praefectus. Eginhard., V. Karoli, c. 9, ed. Holder Egger, p. 12. Italici ... dux limitis. Poeta Saxo, lib. 3 v. 531, *Poet. lat.*, IV p. 43. Dux Sorabici limitis. Ann. Fuld., a. 849, ed. Kurze, p. 38. Custodibus Danici limitis. Ib., a. 852, p. 42. Duces quibus custodia commissa erat Pannonici limitis et Carantani. Ib., a. 861, p. 55. Marchisis Britannici limitis. Adrevald., Mir. Benedicti, c. 33, *SS.*, XV p. 493. Limes Saxoniae. Adam Brem., lib. 2 c. 18, ed. Schmeidler, p. 73.

**lymphaticus:** **d'eau, par eau, comme de l'eau — of water, by water, like water.*

**liminare** (neutr.): **1.** **seuil — threshold.* Pass. Marcellini (s. vi ?), Mombritius$^{2}$, II p. 181. Gregor. M., Homil. in Euang., Migne, t. 76 col. 1178 B. Lex Baiwar., tit. 11 c. 4. **2.** *église — church.* A liminaribus ecclesiae debeat esse exclusus. *Epp.*, VI p. 232 l. 35 (a. 866/867). Ecclesie s. Petri liminaribus. Chron. Namnet., ed. Merlet, p. 47. **3.** *piédestal — pedestal.* Cecidit Apollo de liminari suo. Acta Thyrsi, c. 4 § 20, *AASS.*, Jan. II p. 827. **4.** *marge —margin. Epp.*, V p. 343 (ca. a. 825-840).

**liminium** (cf. voc. postliminium): *exil — exile.* Post liminium quod Adam contraxerat. V. Egwini, ed. Giles, p. 386. Si Deus filiis aut filiabus nostris de liminio vel de captivitate revertere jubet. DC.-F., V p. 113 col. 1 (ch. a. 902, Apt).

**liminius:** *celui qui revient d'exil — one who comes home from exile.* Omnes omnino tricenaria lex excludat praeter pupillum et liminium. Childeb. II decr. a. 596, addit. cod. Sangall. 731, *Capit.*, I p. 16 n.

**limitaneus:** **placé aux frontières — situated on the frontier.* Comes limitaneus: **1.** *gouverneur d'une province frontière — governor of a frontier district.* Maxim., Chron., a. 590, Migne, t. 80 col. 631. **2.** *marquis — margrave.* Comes quem genitor noster super Vasconiam limitaneum constituit. *Hist. de Languedoc*$^{3}$, II pr. no. 127 col. 261 (a. 845).

**limitarium,** limitare (neutr.), limitaris (mascul.): *seuil — threshold.* Pactus Alam., fragm. 3 c. 16. Leo Neapol., V. Alex. M., ed. Pfister, p. 3.

**limma,** lima (neutr., genet. -atis) (gr.): **demiton — semitone.*

**limo** (genet. -onis): *brancard* d'un chariot — *shaft* of a cart. S. xiii.
**limpsana,** v. lipsana.
**limus:** *moule, creux — casting-mould.* Fibula grandis in limo fusa, non malleolis fabricata. Ruodlieb, fragm. 5 v. 341.
**linagium,** v. lineagium.
**linarium,** linare (neutr.), linaria (femin.), linaris (mascul.): *linière — flax-ground.* SERRANO, *Cart. de la Cogolla,* no. 10 p. 15 (a. 867). FONT-RIUS, *Cart. de S.-Cugat,* I no. 11 p. 14 (a. 924). *Hist. de Languedoc*³, V pr. no. 132 col. 290 (a. 979). GUÉRARD, *Cart. de Mars.,* I p. 284 (a. 1014).
**linarolus,** -lius: *linger — linen-draper.* GUILL. CASIN., ed. HALL, I no. 146 p. 60 (a. 1190-1192, Genova).
**linchinum,** linchus = lychnus.
**lincus** = lynx.
**1. linea: 1.** **ligne de parenté, lignée — line of relationship, lineage.* **2.** **ligne d'écriture — line of writing.* **3.** *ère, âge — era, age.* Per longas temporum lineas. V. abb. Acaun., *SRM.,* VII p. 329 l. 38. Consummata millenarii linea numeri. THIETMAR., lib. 6 c. 1, ed. HOLTZMANN, p. 274.
**2. linea,** lineum (< lineus): **1.** **chemise — shirt.* V. Eligii, lib. 1 c. 12, *SRM.,* IV p. 678. V. Severi Neapol., ed. CAPASSO, p. 273. PAUL. FULD., V. Erhardi, lib. 2 c. 2, *SRM.,* VI p. 16. **2.** *tunique de lin* d'usage liturgique, *aube — alb.* GREGOR. M., Dial., lib. 1 c. 9. ISID., Etym., lib. 19 c. 21 § 1. Ordo Rom. I, c. 34, ed. ANDRIEU, II p. 78. WALAHFR., Exord., c. 25, *Capit.,* II p. 504 l. 20. WIDUKIND., lib. 2 c. 1.
**lineagium,** linagium, lignagium (< 1. linea): *lignée, lignage, famille — lineage, kin.* Heredi de lignagio suo. BERTRAND, *Cart. d'Angers,* I no. 73 p. 90 (a. 1060-1081).
**linealiter: 1.** **par traits de plume — by means of lines (strokes).* **2.** *en ligne droite — in a straight line.* S. xiii.
**lineamentum,** linia- (< 1. linea): *ligne de parenté, lignée — line of relationship, lineage.* Concil. Tolet. II a. 531, MIGNE, t. 84 col. 336 D. Poenitent., D'ACHÉRY, *Spic.,* XI p. 68. *Capit.,* II p. 207 n. (s. x ?). *Epp.,* VI p. 213 l. 25 (a. 862).
**1. lineare,** liniare (< 1. linea): **1.** **rayer — to stripe.* Laqueariorum cameras colorum fuscis lineavit. MILO, V. pros. Amandi, *SRM.,* V p. 463 l. 32. **2.** *mesurer, relever — to measure, survey.* S. xii.
**2. lineare** (< lineus): *doubler — to line.* S. xiii.
**lineatim: 1.** *par lignes — with lines.* **2.** *en ligne directe* (de lieu) *— straight.* DE LASTEYRIE, *Cart. de Paris,* I p. 179 (ca. a. 1110). **3.** *en ligne droite* (en généalogie) *— by direct descent.* GUILL. MALMESBIR., G. regum, ed. STUBBS, I p. 18.
**lineatura:** *doublure — lining.* S. xiii.
**lineatus:** **rayé — striped.*
**lineum,** v. 2. linea.
**lingua, 1.** lingua campanae: *battant — clapper.* MURATORI, *Antiq.,* V col. 223 (ch. a. 1092). Hist. custod. Aretin. (s. xii in.), c. 8, *SS.,* XXX p. 1479 l. 10. **2.** **nation — nation.* Omnes nationes et provincias Brittanniae, quae in 4 linguas, id est Brettonum, Pictorum, Scottorum et Anglorum, divisa est. BEDA, Hist. eccl., lib. 3 c. 6. Omnem orbem, quacumque Christi ecclesia diffusa est, per diversas nationes et linguas. Ib., c. 25.
**linguagium,** lingagium: *une langue — a language.* V. Leonis Rotom. (s. xii ?), *AASS.,* Mart. I p. 94.
**linguaticus** (subst.): *compatriote — countryman.* Cesarem cum suis linguaticis prope occiderunt. BRUNO QUERFURT., V. quinque fratrum, c. 7, *SS.,* XV p. 723.
**linguatus** (adj.): **1.** *orné de pans — lappeted.* Incisas vestes sive linguatas ab inferiori parte. Concil. Montispessul. a. 1195, MANSI, t. 22 col. 670 D. **2.** **éloquent, bavard — eloquent, talkative.*
**linguere** = lingere.
**linguosus:** **bavard, verbeux — talkative.*
**1. liniamentum,** v. linimentum.
**2. liniamentum,** v. lineamentum.
**liniare,** v. 1. lineare.
**linificium:** *tissage du lin — linen-weaving.* Istae, si datur linificium, faciunt camsilos. Irminonis polypt., br. 13 c. 109. RAINER., Mir. Gisleni (s. xi in.), c. 19, *Anal. Boll.,* t. 5 (1886), p. 268.
**linimentum,** linia-: **1.** **onction médicale — liniment.* **2.** *onction consécratoire — anointing.* HILDEG. MELD., V. Faronis, *SRM.,* V p. 195 l. 17.
**linire** = lenire.
**linitio:** **action d'oindre — unction.*
**linostemus,** -sti- (adj.) (gr.): **en drap de lin et laine — half-woollen, half-linen.* Linostema pallea. Lib. pontif., Silvester, ed. MOMMSEN, p. 50. Ib., Zosimus, p. 91. ISID., Etym., lib. 19 c. 22 § 17. Regula Magistri, c. 81. G. episc. Neapol., *Scr. rer. Langob.,* p. 405 l. 19.
**linosum,** linosa, linusa: *graine de lin — linseed.* DC.-F., V p. 118 col. 3 (ch. a. 1103, Montpellier).
**linquere: 1.** *laisser après soi — to leave behind.* Mundo discessit ab isto Italiae regnum linquens ... reginae. HROTSV., G. Ottonis, v. 469. Linquens hic post se tunc contectalis amicae pignus. THIETMAR., lib. 2, prol., v. 20, ed. HOLTZMANN, p. 38. **2.** aliquem: *congédier — to dismiss.* O rex, linque hominem justum. V. Erasmi, v. 190, *Poet. lat.,* V p. 86. Oscula fert more, grandi nos liquit amore. Ruodlieb, fragm. 4 v. 167. **3.** c. infin.: *permettre — to allow.* Ne linquas laedere quemquam reginam fraude. HRABAN., carm. 4 str. 1 v. 13, *Poet. lat.,* II p. 166.
**linteamen: 1.** **toile de lin — linen.* **2.** **linceul — shroud.* **3.** *vêtement de lin — linen garment.* Linteamina levite. Rhytm. de Pippini vict. Avar. (post a. 796), *Poet. lat.,* I p. 116. **4.** *corporal — corporal.* Linteamina in usum altaris ad tegendum involvendumque corpus et sanguinem Filii. Sacram. Gelas., lib. 1 c. 88, ed. WILSON, p. 134. **5.** *nappe d'autel — altar-cloth.* ADAMNAN., Loca sancta, lib. 1 c. 3, *CSEL.,* t. 39 p. 232. Brev. ex., c. 4, *Capit.,* I p. 251. Capit. eccles. (s. ix p. pr.), c. 7, ib., p. 178.
**linteolum,** lintole-, -us (class. "mouchoir, serviette — handkerchief, towel"): **1.** *linceul — shroud.* AGIUS, V. Hathumodae, c. 28, *SS.,* IV p. 175 l. 39. **2.** *nappe d'autel — altar-cloth.* ULMAR., Mir. Vedasti, MABILLON, *Acta,* IV pt. 1 p. 604. **3.** *drap de lit — bed-cloth.* SENNEVILLE, *Cart. d'Aureil,* no. 267 p. 199 (ca. a. 1096). **4.** *toile — linen.* ERMOLD. NIG., Carm. in hon. Hlud., v. 1118, ed. FARAL, p. 86.



**linteum** (class. "mouchoir, serviette — handkerchief, towel"): **1.** **linceul — shroud.* **2.** *tunique — tunic.* HRABAN., epist. 25, *Epp.,* V p. 436 l. 20. V. Segolenae, MABILLON, *Acta,* III p. 544. JOH. AMALF., ed. HUBER, p. 59 l. 26.
**linum: 1.** *corde — rope.* **2.** *filet — net.* Dum pisces de maculis lini absolvunt. WALAHFR., V. Galli, lib. 1 c. 12, *SRM.,* IV p. 294 l. 14.
**linusa,** v. linosum.
**lippis** = lippus.
**lipsana,** limpsana (neutr. plural. et femin. singul.), lipsanum (neutr. singul.) (gr.): **1.** *dépouille, reliques — remains, relics.* Humatae sunt ... lypsanae beatae sanctorum. Pass. VII monach. (s. vi ?), c. 16 (7), *CSEL.,* t. 7 p. 114. Lib. pontif., Hadrian. (a. 772-795), § 91, ed. DUCHESNE, I p. 512. *Hist. de Languedoc*³, II pr. no. 127 col. 262 (a. 845). EULOG., Lib. apol. (a. 857), c. 32, MIGNE, t. 115 col. 867. Transl. Eugenii, *Anal. Boll.,* t. 3 (1884), p. 30. V. Deicoli, MABILLON, *Acta,* II p. 108. HALKIN-ROLAND, *Ch. de Stavelot,* I no. 103 p. 217 (a. 1040). **2.** lipsanum: *châsse — reliquary.* Transl. Martialis, *Cat. cod. hag. Paris.,* III p. 534. V. Eusebiae Hamat., MABILLON, *Acta,* II p. 989. Triumph. Remacli, lib. 1 c. 14, *SS.,* XI p. 444.
**liquamen: 1.** **jus de fruits — fruit-juice.* **2.** **sauce — sauce.*
**lis:** *bataille, guerre — battle, war.* Lis facta est inter Theodericum et Theodebertum juxta Tulbiacense castrum; ibique praelio inito ... V. Magni (s. ix ex.), ap. DC.-F., V p. 120 col. 3 (recensio ap. *AASS.,* Sept. II p. 738 D: ortum est bellum). Ravennates litem cum exercitu regis commovebant et ... exercitum de civitate expellere conati sunt. WIPO, G. Chuonradi, c. 13, ed. BRESSLAU, p. 34. Lite in horam noctis protracta miles ad castra revertitur. RAHEW., lib. 3 c. 39, ed. HOFMEISTER, p. 213.
**lisca** (germ.): *laîche — sedge.*
**liseria:** *lisière* de drap *— list, border* of cloth. S. xiii.
**lisida,** lisda, leisda, leusda, lesda, lexda, lezda, lizda, leuzda, lesta, lezta, letda, ledda, lidda, leda, lida, leida, leyda, leoda, leuda, ledia, letia, lidia, leddis, leidis (< licita "permission — leave"): **1.** *redevance de marché ou de foire — market-due.* Donavit O. leddam de sale de duas saumatas tantum in unoquoque mercato. DOUAIS, *Cart. de Toulouse,* no. 135 p. 100 (a. 1004-1010). Pedagium, leidas, falsas monetas, latrocinia et omnia forisfacta que fierent in feria. TARDIF, *Cartons,* no. 291 p. 182 col. 1 (a. 1075, Berry). De ipsa ledda qui antea exierit de ipso mercato. ROSELL, *Lib. feud. maj.,* no. 471 (a. 1064, Catal.). Leddam festo s. Saturnini et censum, quem episcopus in festis ab eadem ecclesia ... accipere solitus erat. Pasch. II pap. priv. a. 1100, PFLUGK-HARTTUNG, *Acta,* I no. 78 p. 71. Usagii quos ab antiquis temporibus abbas in villa F. habuit sunt isti: omnes lisdae et justitiae septem solidorum obolo minus et feda ... *Gall. chr.*², XIII instr. col. 88 D no. 3 (a. 1111, Pamiers). **2.** *redevance de transport, péage — custom, toll.* Placitum ... de ipsas leddas que [i.e. quas] dare debent homines de Monte Pestillario a Narbona per mare, neque per terra[m]. GERMAIN, *Cart. de Montpellier,* no. 149 p. 282 (s. xi in.). Leuda navigiorum et navium. *Hist. de Languedoc*³, V pr. no. 298 col. 584 (a. 1070). Leuda de coriis. MARION, *Cart. de Grenoble,* p. 165 (ca. a. 1100). Quelques textes de date reculée pour lesquels on ne saurait choisir entre les deux sens — some early sources where it is impossible to ascertain the exact meaning: Donavimus ... ecclesiam ... cum lisdis et curvatis et cum omni districtu suo. *D. Ugo,* no. 16, p. 46 l. 23 (a. 928). Cedimus ... omnes leudas. *Hist. de Languedoc*³, V pr. no. 67 col. 175 (a. 936).
**lista,** listra (germ.): **1.** *lisière, ourlet, bordure — list, border, hem, edging.* Vela rubea ... cum lista. Lib. pontif., Leo III, § 32, ed. DUCHESNE, II p. 10. Ibi saepe. [Tetravelum habet] in circuitu lista[m] de chrisoclabo. Ib., p. 51, p. 14. Velamen cum auro et gemmis atque listis ornatum. JOH. NEAPOL., Chron., *Scr. rer. Langob.,* p. 434 l. 37. Planeta serica cum lista de auro. *CD. Cavens.,* II no. 425 p. 300 (a. 990). Tunicam unam cum lista aurea. LEO OST., Chron. Casin., lib. 1 c. 19, *SS.,* VII p. 595 l. 17. **2.** *bord, cordon — rim, edge.* Coclearem unam ..., habet ... in gyro listram. G. pontif. Autissiod., c. 20 (s. ix), ed. DURU, p. 334. De auro ... duas listas tabulae majoris altaris ... perfecit. ODILO CLUNIAC., epist. 2, MIGNE, t. 142 col. 942 B. **3.** *une mesure agraire — a measure of land.* Duas listas de vinea. BERNARD, *Cart. de Savigny,* no. 16 (s. x). Item DONIOL, *Cart. de Sauxillanges,* no. 93 p. 105 (ca. a. 980). Listam terre. BERNARD-BRUEL, *Ch. de Cluny,* no. 3020, IV p. 214 (a. 1049).
**listare:** *ourler — to border, edge.* S. xiii.
**lita,** lida, leda, lidia (cf. voc. litus): *femme lite — female lite.* Capit. I legi Sal. add., c. 11 § 9. Test. Wideradi a. 721, PARDESSUS, II no. 514 p. 325. Lex Fris., tit. 9 § 2; § 10; § 13. Irminonis polypt., br. 13 c. 76; c. 110.
**litalis,** v. lidilis.
**litania,** letania (gr.): **1.** **prière, supplication — prayer, supplication.* **2.** *procession solennelle avec chants — solemn procession accompanied by singing.* Sacram. Gelas., lib. 1 c. 42 et 44, ed. WILSON, p. 79 et 87. Sacram. Gregor., c. 71, MIGNE, t. 78 col. 88 C. GREGOR. M., lib. 2 epist. 2, *Epp.,* I p. 102. Ibi saepe. **3.** litania major: procession du jour de Saint Marc, le 25 avril — procession held on Saint Marc's day, the 25th of April. Sacram. Gregor., c. 695, col. 688 C. Chron. Moissiac., *SS.,* I p. 303. Ann. regni Franc., a. 799, ed. KURZE, p. 106. AGOBARD., Contra Amal., MIGNE, t. 104 col. 339 A. WALAHFR., Exord., c. 29, *Capit.,* II p. 513 l. 19. **4.** litania minor et plural. litaniae: les Rogations, les trois jours qui précèdent l'Ascension — the Rogations. Concil. Aurel. a. 511, c. 27, *Conc.,* I p. 8. Sacram. Gallic., MIGNE, t. 72 col. 513. Concil. Clovesh. a. 746, c. 16, HADDAN-STUBBS, III p. 365. ARDO, Comment. in reg. Bened., MIGNE, t. 102 col. 891 C. AGOBARD., o.c., col. 340 B.
**litera,** v. lecteria.
**litgantia,** v. ligiantia.
**liticus:** *de lite — of a "litus".* Litica prius servitute soluto. Trad. Werdin., ed. CRECELIUS *Zs. Berg. Gesch.ver.,* t. 7 (1871) p. 21.

**litigare** et depon. litigari: *se battre — to fight.* Coeperunt adinvicem totis nisibus litigare. LEO OST., Chron., lib. 1 c. 25, *SS.*, VII p. 598.
**litigatio:** **litige, procès — lawsuit.*
**litimonium,** letim-, lidim-, lidem-, litm- (< litus): *cens dû par les lites à leur seigneur — a tribute to be paid by lites to their lord.* Nihil debeant servicio nec letimonium nec honus patronati. F. Arvern., no. 3, *Form.*, p. 30. Nullum debeant servitium nec litimunium nec libertinitatis aut patrocinatus obsequium. F. Bituric., no. 9, ib., p. 172. Nullus de ipsis [libertis] lidemonium nostris heredibus reddant. Test. Wideradi a. 721, PARDESSUS, II no. 514 p. 325. Eadem verba: Coll. Flavin., no. 8, *Form.*, p. 476. Iste sunt lide ... Iste solvunt den. 4 de litmonio. Irminonis polypt., br. 11 c. 14. Nullus ... aut paratas aut lidimonium aut hostilicium aut alias quaslibet redhibitiones exigere ... praesumat. D. Lud. Pii a. 830 ap. HARIULF., Chron., lib. 3 c. 2, ed. LOT, p. 85.
**litonalis:** *d'un lite — of a "litus".* S. xiii.
**litoraria,** littor-, -alia (neutr. plural.): **1.** *eaux côtières — coastal waters.* Lib. pontif., Vitalian., ed. MOMMSEN, p. 186. Hadr. I pap. epist., *Epp.*, III p. 585 l. 12. **2.** *littoral — littoral.* Pippini Ital. reg. capit. (a. 782-786), c. 9, I p. 193. PAUL. DIAC., Hist. Langob., lib. 5 c. 6, ed. WAITZ, p. 186. Capit. missor. Paris. a. 802, c. 13ª, I p. 100. Leonis III pap. epist. a. 808, *Epp.*, V p. 88 l. 23.
**litra** (gr.): *une mesure de liquides — a liquid measure.*
**litterae: 1.** *charte privée — deed.* E.g.: Cart. Senon., no. 16, *Form.*, p. 191. **2.** *diplôme royal — royal charter.* MARCULF., addit. 2, ib., p. 111. *D. Karolin.*, I no. 69 (a. 772). Capit. missor. Theodonisv. II a. 805, c. 8, I p. 124. F. imper., no. 37, *Form.*, p. 315. *D. Heinrichs II.*, no. 88 (a. 1004).
**litteralis: 1.** *couché par écrit — written.* Litterale testamentum. BERTRAND, *Cart. de S.-Victeur au Mans*, no. 11 (a. 992-1015). Litteralibus praeceptis confirmare. *D. Konrads II.*, no. 70 (a. 1027). Litteralis commendationis autoritas. *D. Heinrichs III.*, no. 208 A (a. 1047). **2.** *littéraire, érudit, savant — literary, learned.* Mogonciam ... litteralis immunem studii. MEGINHARD. FULD., Pass. Ferrutii, c. 11, *SS.*, XV p. 149. Litteralis industrie traditione. ADSO, Mir. Waldeberti, *SS.*, XV p. 1171. Capax in studio discipline litteralis. V. Mathildis posterior, lib. 2 c. 3, *SS.*, IV p. 285 l. 34. Litteralibus studiis traditus. FULBERT., V. Autberti, c. 1, MIGNE, t. 141 col. 358 B. Literalibus disciplinis sub magistro erudiendi. G. pontif. Camerac., lib. 1 c. 29, *SS.*, VII p. 413. Litteralis scientiae peritia indiget. Gregor. VII pap. registr., lib. 9 epist. 2, ed. CASPAR, II p. 571. Litteralibus erudiebatur studiis. ADAM BREM., lib. 2 c. 66, ed. SCHMEIDLER, p. 126. **3.** *littéral,* par opposition à allégorique — *literal,* as contradistinguished from allegorical. Litteralis sensus. REMIG. AUTISSIOD., Enarr. in ps., MIGNE, t. 131 col. 838 B. Litteralis scientia. BRUNO CARTHUS., Expos. in epist. Pauli, ib., t. 153 col. 126 B. Litteralis intellectus. ANSELM. LAUDUN., Enarr. in euang. Matth., ib., t. 162 col. 1244 B.
**litterare, 1.** aliquid: **exprimer par écrit, décrire — to couch in writing, to describe.* **2.** aliquem: *instruire — to teach.* Ad litterandum eum quibusdam commisit patribus. ODBERT. TRAJECT., Pass. Friderici, *SS.*, XV p. 344 l. 37.
**litterarius: 1.** **littéraire — literary.* **2.** *couché par écrit — written.* Citius ... poterit oblivisci quicquid litterariae commissum non fuerit scriptioni. BEYER, *UB. Mittelrh.*, no. 190, I p. 251 (ca. a. 948-950).
**litteratio:** **étude de la grammaire, de la langue latine — study of grammar, of Latin.*
**litteratorie: 1.** *par écrit — in writing.* Quodsi [episcopi ad concilium] non potuerint occurrere, excusationes suas literatorie conscribant. GRATIAN., Decr., dist. 18 c. 10 (cf. Concil. Cartag. V, c. 10: excusationes suas in tractatoria conscribant). Litteratorie simul et viva voce inhibitiones obtulissent. ADAM EYNSHAM., V. Hugonis Lincoln., lib. 5 c. 13, ed. DIMOCK, p. 299. **2.** *en latin — in Latin.* Ut canonici in claustro et capellani in curia literatorie loquantur. Laurentii archiepiscopi Strigonensis [Gran] capitula synodalia a. 1114, c. 5, MANSI, t. 21 col. 100. In loco qui litteratorie Clarus Fons est dictus, vulgari autem nomine Clarefontanus. Ann. Rodenses, a. 1111, *SS.*, XVI p. 696. Verba, que ipse [papa] litteratorie proferebat, fecit per patriarcham Aquileje in lingua Teotonica evidenter exponi. ROMUALD. SALERNIT., Chron., a. 1177, ed. GARUFI, p. 285.
**litteratorius: 1.** *couché par écrit — written.* Litteratoriis apicibus roboravi. KEMBLE, *CD. aevi Saxon.*, no. 418, II p. 277 (a. 948). **2.** **grammatical, littéraire, savant — grammatical, literary, learned.* Non defore mihi locum quempiam commanendi tantum ob litteratoriam notionem. RADULF. GLABER, lib. 5 c. 3, ed. PROU, p. 116. **3.** *latin — Latin.* Litteratoriis verbis res retinendas. BERTRAND, *Cart. d'Angers*, I no. 366 p. 424 (a. 1082-1106).
**litteratura** (class. "grammaire, enseignement de la grammaire — grammar, teaching of grammar"): **1.** **littérature — literature.* **2.** **érudition, science — learning.* **3.** *texte, exposé — wordings, writ.* [Conventionem] per hujus [scripti] litteraturam successoribus nostris judicavimus notificandum. CHEVRIER-CHAUME, *Ch. de Dijon*, II no. 295 p. 79 (a. 1030). In hujus litterature continetur serie, quemadmodum ... Leg. IV Eadgar, prol., vers. lat., LIEBERMANN, p. 207. Subsequens declarat litteratura. Ann. Rodenses, a. 1110, *SS.*, XVI p. 695 (705), l. 46. **4.** *lettre, épître — letter, epistle.* Vestrae almitatis litteraturam usque ad nos ... delatam. BONIFAT.-LULL., epist. 129, ed. TANGL, p. 266. **5.** *sens littéral — literal sense.* Horum versuum litteratura exposita, allegoriam eorundem attingamus. BRUNO CARTHUS., Expos. in ps., MIGNE, t. 152 col. 1054 C.
**litteratus** (adj.): *muni d'une inscription — lettered.* S. xiii.
**littoraria,** v. litoraria.
**liturgia:** **culte — worship.*
**1. litus,** letus, lidus, lidis, ledus, liddus, lito, liddo (genet. -onis) (germ., cf. voc. *laetus et vide voc. 2. latus): **1.** *lite,* individu appartenant à une classe intermédiaire entre celle des hommes libres et celle des serfs — *lite,* person belonging to a group between those of freemen and serfs. Lex. Sal., tit. 26 § 1 et pluries. Pactus Childeb. I (a. 555-558), c. 8, *Capit.*, I p. 5. Lex Ribuar., tit. 62 § 1. Pactus Alamann., fragm. 2 c. 27 et pluries. Ewa ad Amorem, c. 5, c. 44 sq. Lex Saxon., tit. 50 et pluries. Capit. de partib. Saxon. (a. 785), c. 15, I p. 69. Capit. Saxon. a. 797, c. 3, p. 71. Lex Frision., tit. 11 c. 1 et pluries. Cart. Senon., no. 42, *Form.*, p. 204. *D. Arnulfing.*, no. 4 p. 94 (a. 706). MULLER-BOUMAN, *OB. Utrecht*, I no. 35 p. 25 (a. 723). *D. Karolin.*, I no. 127 (a. 779). Chron. Moissiac., ad a. 780, *SS.*, I p. 296. GYSSELING-KOCH, *Dipl. Belg.*, no. 200 (a. 794). Capit. Ital. a. 801, c. 6, I p. 205. Capit. missor. Paris. a. 802, c. 13ᵇ, p. 101. Capit. legi Ribuar. add. a. 803, c. 2, p. 117. Irminonis polypt., passim. Cod. Eberhardi, c. 6 § 21, DRONKE, *Trad. Fuld.*, p. 34. Iterum c. 43 § 1, p. 115. *D. Ludwigs d. Deutsch.*, no. 57 (a. 849 ?). Descr. Laubiens. a. 868, ed. WARICHEZ, *BCRH.*, t. 78 (1909), p. 255. Cf. H. BOOS, *Liten und Aldionen nach den Volksrechten*, Diss. Göttingen 1874. M. KROELL, *Etude sur l'institution des lites en droit franc* Etudes d'hist. jurid. off. à P. GIRARD, 1913, II pp. 125-208. **2.** *tenancier* astreint à l'acquittement de certaines corvées ainsi qu'au paiement d'un cens — a *land-tenant* owing labour service and quit-rent. PHILIPPI, *Osnabr. UB.*, I no. 139 p. 120 (a. 1037-1052). Chron. Hildesheim., c. 20, *SS.*, VII p. 855 (a. 1146). D. Friderici I imp. a. 1188, *Const.*, I no. 320, c. 6. BODE, *UB. Goslar*, I no. 301 p. 324 (a. 1174-1195).
**2. litus:** *canal d'écoulement — drainage canal.* Area salinarum cum litis, vasis atque morariis suis. FEDERICI, *Reg. di S. Apollinare Nuovo*, no. 30 (a. 1068).
**1. liudis,** v. 1. leudis.
**2. liudis,** v. 2. leudis.
**livellum** (< libella): *niveau — level.* S. xiii.
**livellus** et derivata, v. libell-.
**liverare,** v. 1. liberare.
**lividare: 1.** *entâcher, déshonorer, tarer — to dishonour, stain.* Memor esto ... parentum nostrorum, ne lividaveris in aliquo titulum Francorum. G. cons. Andegav., ed. HALPHEN-POUPARDIN, p. 42. **2.** *flétrir, critiquer, blâmer — to defile, criticise, blame.* Librum illum vel laudare vel lividare supersedeo. BALDRIC. BURGUL., prol. ad vitam Hugonis Rotom., MIGNE, t. 166 col. 1164 B.
**livido** (genet. -inis) = libido.
**lividum:** *meurtrissure — bruise.* De livide [leg. livido] et sanguine facto. CALMET, *Lorr.*, I col. 451 (ch. ca. a. 1060).
**livor: 1.** *meurtrissure — bruise.* Si quis hominem liberum ... percusserit et liborem aut vulnus fecerit. Edict. Rothari, c. 43. Livor et tumor 60 sol. ... Si sanguinat 120 sol. Lex Saxon., tit. 2 sq. **2.** *blessure sanglante — bloody wound.* Evaginato gladio super eum venit et super ipsum livores vel capulationes misit. F. Turon., no. 30, *Form.*, p. 153. Ibi bellum contigerit, livores et homicidium fecerunt. DE YEPEZ, *Coron. Bened.*, V p. 444 (ch. a 978, Hisp.). Fuero de Nájera a. 1076, c. 7, WOHLHAUPTER, p. 74.
**livorare: 1.** *meurtrir de coups — to bruise.* Eum in via adsallisetis et graviter livorassetis et rauba sua eidem tullesetis. MARCULF., lib. 1 no. 29, *Form.*, p. 60. Ille mihi adsallivit vel livoravit et colaphis super me posuit. F. Turon., no. 31, ib., p. 154. **2.** *blesser — to wound.* Propter luricam qua indutus erat eum non livoraverunt. Lib. hist. Franc., c. 17, *SRM.*, II p. 269.
**livrale,** v. librale.
**livrare,** v. 1. liberare.
**lixare** (< lixa): *cuire — to cook.*
**lixis** = lixa.
**lixus** (adj.) (cf. voc. elixus): *bouilli — boiled.* JOH. AMALF., Mir., ed. HUBER, p. 116.
**lizanchia,** v. ligiantia.
**lizda,** v. lisida.
**lobia,** v. laubia.
**loca** (femin.), v. locus.
**locagium:** *loyer — hire.* Concedo eis dimidietatem locagiorum que solventur de stallis carnificum. URSEAU, *Cart. d'Angers*, p. 226 (a. 1136-1140).
**localis,** log-, -ale, -aris, -arium: *emplacement* occupé par des bâtiments ou destiné à y bâtir — *plot* with buildings or intended for building. GUÉRARD, *Cart. de Mars.*, I p. 563 (a. 1058). Ib., II p. 98 (a. 1070). DESJARDINS, *Cart. de Conques*, no. 19 p. 25 (a. 1065-1090). Ib., p. 306 (s. xi). DOUAIS, *Cart. de Toulouse*, p. 149 (a. 1108). CASSAN-MEYNIAL, *Cart. d'Aniane*, no. 119 p. 262 (a. 1138). Ib., no. 155 p. 295 (a. 1158). ROUQUETTE, *Cart. de Béziers*, no. 157 p. 215 (a. 1146).
**locare, 1.** passiv. locari: *se coucher — to go to bed.* Domino domus locato et familia ejus soporis gratia locata. Mir. Bertholdi Garst. (s. xii p. post.), *AASS.*, Jul. VI p. 491 B. **2.** aliquos: *établir sur des tenures — to settle on holdings.* In terra locati sunt Romanorum. ANAST. BIBL., Chron., ed. DE BOOR, p. 103 l. 27. Cum mancipiis ... in predicto predio hereditario jure locatis. ACHT, *Trad. Tegerns.*, no. 194 p. 156 (a. 1127). Utilius estimantes colonos inibi locari. JORDAN, *Urk. Heinr. d. Löw.*, no. 2 p. 2 (a. 1142). Quoscunque agrorum cultores prenominati viri ibidem locaverint. KÖTZSCHKE, *Qu. ostd. Koloni.*, p. 32 no. 14 (a. 1166, Magdeburg). Cf. R. KOEBNER, *Locatio, Zeitschr. d. Ver. f. Gesch. u. Altert. Schlesiens*, t. 63 (1929). **3.** aliquem: *embaucher, louer — to engage, hire.* Si quis in furtum [i. e. clam] alium locaverit [ut hominem interficiat, addunt codd. aliquot]. Lex Sal., tit. 28 § 1. Auctor sceleris hujus si ipse hoc fecit ... vel alium ademptum faciendi locaverit. Lex Sal. emend., tit. 55 § 3. Liceat [Judeis] homines christianos ad eorum opera facienda locare, exceptis festis et diebus dominicis. F. imper., no. 30, *Form.*, p. 309. Miles qui habuerit ... homines locatos de suo honore. Usat. Barcin., usualia, c. 6, ed. D'ABADAL-VALLS TABERNER, p. 5. Legatos Constantinopolim ad locandos artifices destinat. LEO OST., Chron. Casin., lib. 3 c. 27, *SS.*, VII p. 718 l. 18. Ministros locare, qui suam partem [reddituum] colligant, ... potestatem habeant. WAMPACH, *Echternach*, I pt. 2 no. 192 p. 311 (a. 1063). **4.** *préposer — to appoint.* Urbes servare receptas Francorum comites, quos ipse locabat in illis, jussit. POETA SAXO, lib. 1 v. 280, *Poet. lat.*, IV p. 13. M. miles imperatoris ... praesidio locatus fuerat ne dux E. praedas aut incendia faceret in regione. WIPO, G. Chuonradi, c. 28, ed. BRESSLAU, p. 46. **5.** pecuniam: *placer, affecter — to invest, affect.* 3 libras

denariorum animae meae servitio destinavi, unde 30 solidi ... ad luminare non deficiens locabuntur. MIRAEUS, I p. 664 col. 1 (a. 1073, Nivelles). [Alodium] distraxi pretiumque ejus in reditu meliore locavi. Ib., p. 74 col. 1 (a. 1088, Hainaut). Census iste sic locabitur, ut in capella ... singulis noctibus lumen inde habeatur. Ib., IV p. 199 col. 1 (a. 1133, Brabant). **6.** aliquid: *louer, prendre à loyer — to hire, rent.* Hanc terram colunt burgenses et locant. Domesday, I fo. 203 a. Qui forum locaverit, 60 sol. nobis dabit. *Actes Phil.-Aug.*, no. 473 c. 37, I p. 568 (a. 1194). **7.** alicui aliquid: *allouer, accorder — to assign, allot.* Reliquam partem ... in pignus suae conjugi. Epist. Hannov., no. 47, ed. ERDMANN, p. 92 (a. 1074). [Episcopus] prebendam suam in [majori] ecclesia [decano] perpetuo locavit. MULLER-BOUMAN, *OB. Utrecht*, I no. 290 p. 268 (a. 1118). Monasterium canonicis voluisset locare. *D. Heinrichs II.*, no. 358 (< a. 1016>, spur. s. xii). **8.** *concéder — to grant.* Episcopus talem ... teneat potestatem hanc [sc. abbatiam] ad sedis utilitatem locandam, qualem ceterarum habet illuc rerum collatarum. *D. Ottos I.*, no. 127 (a. 950).

**locaris,** locarium, v. localis.

**locarius** (adj.): *de location — rental.* Naves quas ... locario jure conduxerat. HINCMAR., Ann. Bertin., a. 862, ed. WAITZ, p. 58. Subst. mascul. **locarius** et neutr. **locarium: 1.** *loyer — hire.* De tabernis ... locarius ille, qui annis singulis exinde speratur. Test. Bertichramni a. 615, PARDESSUS, I no. 230 p. 202. **2.** *solde, prix payé pour obtenir le concours militaire, subside — pay, price for military support, subsidy.* [Ad Danorum] locarium 5000 libras argenti cum animalium atque annonae summa non modica de regno suo, ne depraedaretur, exigi Karolus praecepit. HINCMAR., o.c., a. 861, p. 55. Hlotharius ... de omni regno suo 4 den. ex omni manso colligens, summam denariorum cum multa pensione farinae atque pecorum ... R. Normanno ... ac suis locarii nomine tribuit. Ib., a. 864, p. 67. Partis illius regni quae ipsi Hludowico in locarium data fuerat. Ib., a. 882, p. 152. **3.** *prêt, capital fourni en prêt — loan, capital lent.* Constat me a vobis accepisse solidos tantos ... Ad duplum ipso locario vobis reddere spondeo. MARCULF., lib. 2 no. 26, *Form.*, p. 92. Potestatem tenendi, donandi, vendendi, commutandi aut posteris quibuscumque in pignus et locarium linquendi. *D. Ottos II.*, no. 169 (a. 977).

**locata:** *emplacement — site.* S. xiii.

**locaticius:** **loué — hired.*

**locator:** *entrepeneur de l'établissement d'une colonie agricole — undertaker of a rural colonist settlement.* S. xiii.

**locellus** (plural. locella), locella (femin. singul.): **1.** *petite place, endroit — small place, spot.* Dijejunandi ... aptus ... locellus. WOLFHARD. HASER., Mir. Waldburgis, lib. 3 c. 17, MIGNE, t. 140 col. 1100 B. Laubaci repetit deserta locelli. HERIG., V. Ursmari, lib. 1 v. 135, *Poet. lat.*, V p. 183. **2.** *petit emplacement — small plot.* Locellus pertinens ad patellam q. v. I. Trad. s. Petri Juvav., no. 167 (a. 1125-1147), HAUTHALER, *Salzb. UB.*, I p. 338. **3.** *petit domaine — small manor.* [Concedimus] locello noncupante illa in pago illo. F. Andecav., no. 46, *Form.*, p. 20. *D. Merov.*, no. 3 (a. 528); no. 20 (a. 656); no. 58 (a. 691). Contradidit ... praedium aliquod ... necnon et locella alia. Ch. a. 715 ap. G. abb. Fontan., c. 3 § 6, ed. LOHIER-LAPORTE, p. 33. ZEUSS, *Trad. Wizenb.*, no. 45 p. 47 (a. 719). Vendidi ... curtilem meum cum casa superposita et sepe clausa ... Ipsum locellum suprascriptum ... vobis tradidi. WAMPACH, *Echternach*, I pt. 2 no. 110 p. 178 (a. 796). Nullus ex vobis locella s. Austregisili presumat contingere. Mir. Austregisili, c. 8, *SRM.*, IV p. 204. Donatum esse volo ... locellum qui adjacet secus fluenta. HEUWIESER, *Trad. Passau*, no. 57ᵇ (a. 803). **4.** *petit monastère — small monastery.* BAUDOT, *Cart. de Brioude*, no. 35 p. 136 (a. 945). *D. Louis IV*, no. 32 (a. 949); no. 40 (a. 952); no. 65 (a. 952). MARTÈNE, *Thes.*, I col. 88 (a. 966, Tours). Ib., col. 92 (a. 973, Tours). V. Landelini, c. 6, *SRM.*, VI p. 442 l. 14. **5.** (cf. voc. loculus) *cercueil — coffin.* Ps.-ANTONIN. PLACENT., Itin., *CSEL.*, t. 39 p. 188. BEDA, Hist. eccl., lib. 4 c. 17. PAUL. DIAC., Hist. Langob., lib. 2 c. 10. ALCUIN., V. Willibrordi, c. 25, *SRM.*, VII p. 135. LEO OST., Chron. Casin., lib. 1 c. 7, *SS.*, VII p. 585. **6.** *châsse — reliquary.* V. Hiltrudis, c. 2 § 19, *AASS.*, Sept. VII p. 467 A. HINCMAR., V. Remigii, c. 29, *SRM.*, III p. 326. LAMBERT. BLANDIN., Transl. Florberti, *SS.*, XV p. 643. RADULF. GLABER, V. Guillelmi Divion., c. 15, MIGNE, t. 142 col. 710 B. G. pontif. Camerac., lib. 1 c. 30, *SS.*, VII p. 414.

**lociposítus,** v. locopositus.

**lociservator, 1.** gener.: *tenant-lieu, représentant, délégué — substitute, deputy, representative.* Lociservator praetoris. GREGOR. M., lib. 3 epist. 49, *Epp.*, 1 p. 206. Ib., lib. 2 epist. 38, p. 136. Lociservatores papae. ANAST. BIBL., Chron., ed. DE BOOR, p. 106. **2.** idem quod locopositus: *sous-ordre d'un duc ou d'un comte* dans le royaume lombard — in the Longobard kingdom, *a duke's or a count's subordinate.* PAUL. DIAC., Hist. Langob., lib. 6 c. 3. Etiam c. 24. Furonem ... ad praesentiam ducis aut comitis vel lociservatoris, qui missus comitis est, adduxerit. Capit. Ital. a. 801, c. 7, I p. 205. MANARESI, *Placiti*, I no. 6 p. 16 (a. 785, Lucca); no. 7 p. 18 (a. 786, Lucca). *Memor. del princ. Lucchese*, V pt. 2 no. 347 (a. 815).

**locitenens** (adj.): *investi d'un pouvoir délégué — having delegate powers.* Nullus ex fidelibus nostris [sc. ducis Beneventani] quisquam locitenentibus. TROYA, IV no. 690 (ca. a. 755).

**locopositus,** lociposítus (subst.): *sous-ordre d'un duc ou d'un comte — a duke's or a count's subordinate.* Liutprandi leg., c. 96 (a. 728). Pippini reg. Ital. capit. (a. 782-786), c. 7, I p. 192; iterum c. 9, p. 193. MANARESI, *Placiti*, I no. 9 p. 25 (a. 796). *CD. Langob.*, no. 117 col. 212 B (a. 833, Milano). THEGAN., c. 6, *SS.*, II p. 591; c. 13, p. 593. *MIOeG.*, t. 5 (1884), p. 387 (ca. a. 853). Guidonis capit. Pap. legib. add. a. 891, c. 3, II p. 108. *D. Ottos I.*, no. 372 (a. 969).

**locotheta,** v. logotheta.

**loculus: 1.** **cercueil — coffin.* **2.** *châsse — reliquary.* Ann. regni Franc., a. 826, ed. KURZE, p. 171. HINCMAR., V. Remigii, c. 33, *SRM.*, III p. 258. DROGO, Mir. Winnoci, *AASS.*, Nov. III p. 281. **3.** *tombe — grave.* ISID., Etym., lib. 20 c. 9. **4.** *petit monastère — small monastery.* *H. de Fr.*, X p. 562 (ch. a. 994). CONSTANTIN. METT., V. Adalberonis II, c. 13, *SS.*, IV p. 662.



**locupletatio:** **richesse — riches.*

**locupletus** = locuples.

**locus,** locum (neutr. singul.), loca (femin. singul.): **1.** *domaine — manor.* Si quis ... mancipia vel loca sanctis ecclesiis vel monasteriis offerri curaverit. Concil. Aspasii Elus. a. 551, c. 6, *Conc.*, I p. 114. Ubicumque ... per suum comitatum vel in sua propria loca ambulabat. V. Pardulfi, c. 5, *SRM.*, VII p. 27. Aliquod locum facultatis mei in pago D. in villa cui vocabulum est S. ... trado. WARTMANN, *UB. S.-Gallen*, I no. 62 p. 61 (a. 771 vel 774). Pro ... locis et rebus ipsius monasterii ubicumque adjacentibus. *D. Karls III.*, no. 26 (a. 880). Bachatus in loca et homines episcopi. THANGMAR., V. Bernwardi, c. 38, *SS.*, IV p. 775. **2.** **niche de catacombes — catacomb niche.* **3.** **tombe — grave.* **4.** locus sancti, loca sanctorum: église annexée à la sépulture d'un saint, église où sont conservées des reliques de saints — church adjacent to a saint's tomb, church where relics of saints are preserved. Castrum T. ... ubi pro Dei reverentia loca sanctorum aedificavi. Test. Adalgiseli-Grimonis a. 634, LEVISON, *Frühzeit*, p. 131. Sanctorum loca veneratione condigna. Test. Vigilii a. 680, QUANTIN, *Cart. de l'Yonne*, I no. 8. Quotiescumque ad loca sanctorum concedimus atque donamus. LEVISON, *Bonner Urk.*, no. 5 p. 236 (a. 692). Quod ad loca sanctorum ad congregatione[m] monachorum confertur. F. Andecav., no. 46, *Form.*, p. 20. Quisquis ad Dei partes vel ad loca sanctorum aliquid de rebus suis dare vel delegare voluerit. WAMPACH, *Echternach*, I pt. 2 no. 17 (a. 710). Loca sancta in diversis regionibus, quae clerus Bryttonum ... deseruit. EDD. STEPH., V. Wilfridi, c. 17, *SRM.*, VI p. 212. [Daemoniacum] per sacra loca sanctorum martyrum deduci precepit. HINCMAR., Ann. Bertin., a. 873, ed. WAITZ, p. 123. Cf. H. DELEHAYE, *Loca sanctorum, Analecta Bollandiana*, t. 48 (1930). **5.** locus venerabilis, sanctus, sacer, Deo dicatus: église, en particulier monastère — church, esp. monastery. Qui sancta loca vel monasteria ... coinquinaverunt. Concil. Liptin. a. 743, c. 1, *Capit.*, I p. 28. Pastores atque rectores venerabilium locorum habeant potestatem rerum quae ad ipsa loca pia pertinent. Div. regn. a. 806, c. 15, ib., p. 129. Is qui pastor vel magister cujuscumque venerabilis loci esse debet. Capit. de caus. tract. a. 811, c. 11, p. 164 l. 2. Res quae ... locis Deo dicatis conferuntur. Capit. Olonn. eccl. I a. 825, c. 3, p. 326. Quodsi pontifex ... ad ipsum sanctum locum [i.e. ecclesiam consecrandam] ambulare minime potuerit. Capit. e canon. coll., c. 5, p. 232. Colebat, prae caeteris sacris et venerabilibus locis, apud Romam ecclesiam b. Petri apostoli. EGINHARD., V. Karoli, c. 27, ed. HOLDER-EGGER, p. 32. Nisi eis illa loca sacra donaret, ab eo deficerent. Epist. synod. Caris. a. 858, c. 8, *Capit.*, II p. 434 l. 7. **6.** locus, nude: *monastère — monastery.* Benedicti regula, c. 64. Episcopi ad cujus diocense pertinet locus ille. Capit. missor. gener. a. 802, c. 18, I p. 95. [Sanctimonialis] quae in ipso loco firmiter in Dei servitio perseverare voluerit. Capit. eccl. ad Salz data (a. 803/804), c. 6, p. 119. Monachi per verbum episcopi et per regimen abbatis ... regulariter vivant, prout loca locata sunt. Capit. Aquisgr. (a. 801-813), c. 1, p. 170. [Monachi] potestatem habeant ... ex sese ejusdem loci prestituendi atque eligendi sibi ... ad consensum proprii loci abbatem. *D. Charles II le Ch.*, I no. 172 p. 452 (a. 854/855). Nihil a loco, nihil ab abbate et a monachis ... exigatur. GYSSELING-KOCH, *Dipl. Belg.*, no. 157 p. 269 (a. 1064). **7.** locus dominicalis: le monastère comme centre domanial — the monastery as a manor. Ducit unusquisque duo[s] modios frumenti ... ad locum dominicale monasterii. Polypt. s. Remigii Rem., c. 13 § 9, ed. GUÉRARD, p. 26 col. 1. **8.** *église collégiale — collegiate church.* MULLER-BOUMAN, *OB. Utrecht*, I no. 277 p. 255 (a. 1108). **9.** **siège épiscopal, cité — episcopal see, city, capital of a bishopric.* Concil. Matiscon. I a. 583, c. 7, *Conc.*, I p. 157. Episcopus loci. GREGOR. TURON., Hist. Franc., lib. 5 c. 33. Sive loci cives sive etiam extraneos. V. Caesarii, c. 17, *SRM.*, III p. 463. G. quondam loce ipsius Parisiace comis. *D. Merov.*, no. 77 (a. 710). Coram episcopo aut advocato quem ejusdem loci episcopus elegerit. *D. Ludw. d. Jüng.*, no. 19 (a. 881, Paderborn). Tullensem locum. *D. Ottos III.*, no. 2 (a. 984). **10.** *"pagus".* Comes loci. GREGOR. TURON., lib. 4 c. 47; lib. 7 c. 29. Judices locorum [i. e. comites]. Guntchramni edict. a. 585, *Capit.*, I p. 11. Nullus judex de aliis provinciis aut regionibus in alia loca ordinetur. Edict. Chlothar. II a. 614, p. 22. Iterum ib., c. 19, p. 23. Locorum comites. Lex Burgund., tit. 49. **11.** *ville — town.* In loco regio Magdeburg. *D. Ottos II.*, no. 93 (a. 975). Audierant Brudgenses quod comes ... satageret descendere Bruggas. Contradixerunt ei locum et castrum suum. GALBERT., c. 98, ed. PIRENNE, p. 143. **12.** *ressort* à tel tribunal — *recourse* to a lawcourt. Si ... aliqua infestatio contra ipsam casam Dei surrexerit, habeat locum usque ad nos, ut a nostra serenitate dirimatur ... causa. *D. Charles II le Ch.*, no. 21 (a. 843). **13.** in loco illius rei: à ce titre — on that account. [Res] vobis dono in loco elemosina[e]. BERNARD-BRUEL, *Ch. de Cluny*, II no. 1441 p. 496 (a. 977). Ibi pluries similia. Vobis daturus esse promitto in consimili loco. *D. Berengario I*, no. 37 p. 110 (a. 903). **14.** in aliquo loco: sous n'importe quel rapport — in any respect. Qui ... vicecomitem ... in aliquo loco deshonoraverit. Usat. Barcin., usualia, c. 4, ed. D'ABADAL-VALLS-TABERNER, p. 4. **15.** *faculté d'être enterré — right to interment.* Ut ... locum mihi ibi donent et societatem in ipso monasterio. BERNARD-BRUEL, o.c., II no. 897 p. 13 (a. 954). Donamus ... pro anima B. matris mee et in locum sepulture. Ib., no. 1466 p. 519 (a. 979). Ut locum meum habeam in ipso monasterio. Trad. Lunaelac., *UB. d. L. ob der Enns*, I p. 126. **16.** *prébende — prebend.* Locum in eodem monasterio cum disciplina et procuratione regulari habeat. WARTMANN, III p. 689 no. 9 (a. 898). Illum meum veterem locum apud s. Martinum,

quem jam audivi melioratum. Epist. Wormat., lib. 1 no. 44 (a. 1030-1036), ed. Bulst, p. 81. **17.** *degré de parenté — degree of relationship.* Si duo in tercio loco sibi pertinent ... aut unus in tercio et alter in quarto. Decr. Compend. a. 757, c. 4, *Capit.*, I p. 38.

**locutio: 1.** **l'usage de la parole — power of speech.* Locutionis ministerium. Gregor. M., lib. 5 epist. 53[a], *Epp.*, I p. 357. Puerulus mutus ... locutionem accipere possit. Ermentar., Mir. Filiberti, lib. 2 c. 3, ed. Poupardin, p. 64. **2.** *langue — language.* Secundum proprietatem lingue tue et naturalem parentum tuorum locutionem. Liudger., V. Gregorii Traject., c. 2, *SS.*, XV p. 68 l. 11. Putantes nichil eum illorum de locutione [sc. Gallica] scire. V. Alcuini, c. 18, ib., p. 193. Sclavis qui ... sua locutione Welatabi dicuntur. Eginhard., V. Karoli, c. 12, ed. Holder-Egger, p. 15. Non solum latinae, sed etiam barbaricae locutionis cognitionem. Walahfr., V. Galli, lib. 1 c. 6, *SRM.*, IV p. 289 l. 9. Latinitatis locutio. Gerhard. August., V. Udalrici, c. 23, *SS.*, IV p. 408 l. 19. **3.** *langage, paroles — utterance.* Tali locutione roboravit. Candid. Fuld., V. Eigilis, c. 6, *SS.*, XV p. 225. Pro distribuendis pravis locutionibus iniquorum. *D. Ottos II.*, no. 255 (a. 981). Auditis tyranni locutionibus. Chron. Namnet., ed. Merlet, p. 34. **4.** *récit, exposé — story, tale.* Libet et illud referre et inserere locutioni nostre. Liudger., o.c., c. 12, p. 77 l. 9. Ne diu fatigeris ... in ambagibus locutionis hujus. *Epp.*, V p. 540 l. 35 (ca. a. 854). **5.** *conversation, action de parler de qqch. — conversation, mention.* Cum locutio evenerat de illorum causa. Hugeburc, V. Willibaldi, c. 4, *SS.*, XV p. 95. **6.** *pourparlers — negociation.* Cum ... milites ... longa inter se locutione contenderent. Gerhard., o.c., c. 28, p. 416. **7.** *assemblée — assembly.* Regalem locutionem cum populis diversarum provinciarum habuit. Ib., c. 3, p. 389. **8.** *convention — agreement.* Daret ipsum fedum ... tali loquucionis modo, ut ... Richard, *Ch. de S.-Maixent*, I no. 131 p. 162 (a. 1074).

**locutorium:** **parloir — conversation-room.* Bongert, *Cours laïques*, p. 69 n. 6 (a. 1050-1070, Saumur). Métais, *Cart. de Vendôme*, I no. 119 p. 215 (ca. a. 1058). Id., *Cart. blésois de Marmoutier*, I no. 23 p. 55 (a. 1063/1064). Lanfranc., Decr., ed. Knowles, p. 88. Hist. s. Flor. Salmur., ed. Marchegay-Mabille, p. 293. Qui de ecclesia non oratorium sed locutorium ... faciunt. Petr. Damiani, opusc. 56 c. 5, Migne, t. 145 col. 814 C.

**lodix,** lodex (cf. Martial., 14, 148; Juvenal., 6, 194): *couverture de lit — blanket.* Decimam vestimentorum sive cujusque generis pannorum necnon et lodicum. Lacomblet, *UB. Niederrh.*, I no. 192 p. 124 (a. 1057). Unusquisque [lidus debet] unum porcum et 1 pannum vel 1 lodicem duplicem. Cod. Eberhardi, c. 43 § 12, Dronke, *Trad. Fuld.*, p. 117. Etiam ib., c. 13 § 3, p. 55.

**loga,** logea, v. laubia.

**logalis,** v. localis.

**logerium,** loguerium, loerium, loherium = locarium. S. xiv.

**logia,** v. laubia.

**logicalis:** *relatif à la logique — concerning logic.* S. xiii.

**logicare:** *raisonner — to reason.* Hic bonum dormitasse Homerum aristotelico more sic logicat. Petr. Cell., lib. 2 epist. 172, Migne, t. 202 col. 822 D.

**logium** (gr.): **1.** **plastron de prêtre juif — breast-cloth of a Jewish priest.* **2.** *pectoral, rational — pectoral.* Gregor. Turon., H. Fr., lib. 3, prol. Antistes in celebratione missarum sollempnibus diebus utebatur logio, id est rationali. Sigebert., V. Deoderici Mett., c. 9, *SS.*, IV p. 468 l. 43. Hildebert., De myst. missae, Migne, t. 171 col. 1189 B.

**logotheta,** loco- (mascul.) (gr.): *chancelier impérial byzantin — Byzantine imperial chancellor.* Anast. Bibl., Chron., ed. De Boor, p. 147. Rather., Praeloq., lib. 1 c. 16, Migne, t. 136 col. 161 D. Petr. Diac., Itin., *CSEL.*, t. 39 p. 116.

**loja,** v. laubia.

**lolligo** (germ.): *brême — bream.* Ecbasis, v. 167, ed. Voigt, p. 81. Joh. Sarisbir., Polycr., lib. 5 c. 10, ed. Webb, I p. 323.

**lona,** v. launa.

**longanea,** longania: *galerie — gallery.* Angilberti inst. offic., c. 5, ap. Lot, *Hariulf*, p. 297. *D. Ugo*, no. 55 p. 165 (a. 941).

**longanimis,** -us: **patient — long-suffering.*

**longanimitas:** **longanimité, patience — forbearingness, patience.*

**longanimiter:** **avec longanimité, avec patience — with long-suffering, patiently.*

**longare:** *prolonger — to lengthen.* Fortun., lib. 7 carm. 12 v. 70, *Auct. ant.*, IV pt. 1 p. 167. Ruodlieb, fragm. 5 v. 517.

**longaria,** longoria: *bande de terre — strip of land.* Quattuor camporas cum una longoria in caput de ipso campo. *CD. Langob.*, no. 191 col. 322 A (a. 856, Milano). Iterum ib., no. 244 col. 410 D (a. 867, Milano).

**longaevitas: 1.** **longue durée — long duration.* **2.** **longévité, grand âge — longevity, old age.*

**longaeviter: 1.** *longuement — a long time.* Paul. Diac., Homil., Migne, t. 95 col. 1156 A. **2.** *avec une longue vie — with a long life.* Lib. diurn., c. 59, ed. Sickel, p. 49. Steph. III pap. (a. 768-772) epist., *Epp.*, III p. 560.

**longaevus:** **qui dure longtemps, ancien — lasting long, old.*

**longia:** *bande de terre — strip of land.* Longia qui habet per longo dextros 43 et per lato 9 ... Et ibi prope alium campum ... Germer-Durand, *Cart. de Nîmes*, no. 22 p. 39 (a. 923).

**longitudo: 1.** **distance — distance.* **2.** *longitude cosmographique ou géographique — geographical or cosmographical longitude.* Cassiod., Artes liber., c. 7, Migne, t. 70 col. 1217 C.

**longiturnitas:** **longue durée, longueur — length (of time).*

**longiturnus:** **de longue durée — lasting long.*

**longiuscule:** **à quelque distance — at some distance.*

**longoria,** v. longaria.

**loquacitas: 1.** **éloquence — eloquence.* **2.** *l'usage de la parole — power of speech.* Demptis linguae obstaculis loquacitatem meruit obtinere. Mir. Richarii, lib. 2 c. 14, Mabillon, *Acta*, II p. 226. Muti loquacitatem [potiantur]. V. Eusebii Vercell., Ughelli[2], IV p. 760 D.



**loquela: 1.** **langage, paroles — utterance.* Memento hujus temporis ac loquellae nostrae. Beda, Hist. eccl., lib. 2 c. 12. **2.** *éloquence — eloquence.* Gerhard. August., V. Udalrici, c. 28, *SS.*, IV p. 418 l. 30. **3.** *déclaration — pronouncement.* Sine loquela et consensu ipsorum hominum. *D. Ottos II.*, no. 291 (a. 983). **4.** *prétention — claim.* Si ullam habuissent ad ipsum predium loquelam. Escher-Schweizer, *UB. Zürich*, I no. 200 p. 92 (a. 949-954). **5.** *action de droit — prosecution.* Non poterit loquelam suam ponere in alia curia. DC.-F., V p. 141 col. 2 (ch. a. 1125, Bec). Si aliquis burgensis de aliqua loquela appelletur, non placitabit extra burgum. Stubbs, *Sel. ch.*[9], p. 133 (s. xii). **6.** *procès, litige — suit, action.* Si qua loquela orta fuerit inter forestarium et burgenses, terminetur ... Ballard, *Brit. borough ch.*, I p. 53 (a. 1153-'95). **7.** *faculté de statuer — power to pronounce a judgment.* Dederunt ei licentiam et loquelam, ut diceret sententiam de ista lite sine scriptis. Ficker, *Forsch.*, IV no. 255 p. 302 (a. 1212, Verona).

**loquentia: 1.** *éloquence — eloquence.* V. II Liudgeri, lib. 1 c. 18, ed. Diekamp, p. 95 l. 22. **2.** *sentence arbitrale — award by arbiters.* Per loquentiam bonorum hominibus [i. e. hominum]. Ficker, III p. 265 (a. 952, Napoli).

**loquerium** = locarium.

**loqui** super, versus aliquem: *actionner — to implead.* Leg. Henrici, tit. 56 § 5, Liebermann, p. 575.

**loramentum: 1.** **courroies, harnais — strappings, harness.* Aeramentis, ferraturis, loramentis, vasis, utensilibus. Test. Tellonis a. 765, Meyer-Perret, *Bündner UB.*, I no. 17 p. 21. **2.** **assemblage de bois, charpente — wooden structure.*

**lorenga,** lorenna, loranum, lorenum (< lorum): *rêne — bridle-rein.*

**lorica: 1.** *guerrier muni d'un haubert, chevalier — warrior wearing a coat of mail, knight.* Militibus qui per loricas terras suas deserviunt. Henrici I reg. Angl. ch. a. 1100, c. 11, Stubbs, *Sel. ch.*[9], p. 119. In mille ducentis loricis. Ann. Weingart. Welf., a. 1135, *SS.*, XVII p. 309. Dominus per singulas loricas unum equum det. Cod. Udalrici, Jaffé, *Bibl.*, V p. 52. Profectus est dux in Longobardiam cum mille loricis. Helmold., lib. 1 c. 87, ed. Schmeidler, p. 170. **2.** feudum loricae: *"fief del haubert"*, fief pour lequel est dû le service d'un chevalier — *knight's fee.* Robert. Torinn., a. 1159, ed. Delisle, I p. 321. Delisle, *Cart. normand*, passim. Miles primogenitus feodum lorice integrum habebit, et non partietur. Consuet. Normann. vetust., pt. 1 c. 8 § 2, ed. Tardif, p. 8.

**loricarius:** *confectionneur de hauberts — armourer.* Haskins, *Norman inst.*, p. 307 no. 21 (ca. a. 1130-1135).

**loricatus** (adj.): *muni d'un haubert — wearing a coat of mail.* Trecentis militibus loricatis. Thietmar., lib. 4 c. 46, ed. Holtzmann, p. 184. Subst. mascul. **loricatus:** *guerrier muni d'un haubert, chevalier — warrior wearing a coat of mail, knight.* Tria millia loricatorum. Anast. Bibl., Chron., ed. De Boor, p. 249. Cod. Udalrici, no. 93, Jaffé, *Bibl.*, V p. 181. Helmold., lib. 1 c. 33, ed. Schmeidler, p. 63. Guillelm. Tyr., lib. 16 c. 19, Migne, t. 201 col. 661. Burchard. Ursperg., ad a. 1159, ed. Holder Egger-Simson, p. 46.

**lorimarius,** lorem-, lorm-, -erius (< lorum): *lormier*, fabricant d'articles de harnachement — *lorimer.* Domesday, II fo. 94; fo. 117. Pipe Roll 4 Henr. II p. 172 (a. 1157). Guimann., Cart. s. Vedasti, ed. Van Drival, p. 335.

**lotamen** = laetamen ("engrais — dung").

**lotgia,** v. laubia.

**lottare:** *payer l'impôt dit "lot" — to pay lot.* S. xi, Angl.

**lottum** (anglosax.): *part d'impôt, cote — lot, share of taxation.* Quietum dico et liberum de scotto et lotto et geldo et danegeldo. Steph. reg. Angl. ch. a. 1159, Dugdale, *Monast.*, ed. 1655-'73, I p. 779.

**lotum,** lotus, loto (genet. -onis) (germ.): **1.** *une mesure de liquides — a liquid measure.* Pirenne, *Villes et inst. urb.*, II p. 191, c. 17 sq. (ca. a. 1080, S.-Omer). Warnkoenig-Gheldolf, *Flandre*, III p. 223 no. 3 (a. 1183, Eename). **2.** *le poids d'une demi-once — weight of half an ounce.* S. xiii.

**lovia,** loza, v. laubia.

**lubricare:** **glisser* dans l'erreur ou dans le péché — *to slip* dogmatically or morally.

**lubricus:** **impudique, lascif — lewd.*

**lucarius:** *forestier — forester.* Ipsius silvae custos quem lucarium vocant. Mir. Opportunae, Mabillon, *Acta*, III pt. 2 p. 238.

**lucellus** = locellus.

**lucerna: 1.** (cf. Luc. 11, 34) *œil — eye.* Dimittat in fronte lucernas. Serrano, *Cart. de la Cogolla*, no. 12 p. 17 (a. 871). **2.** *lucarne — dormer-window.* S. xiii.

**lucernaris,** -rius (adj.): **de l'heure où l'on allume, du soir — of the hour when candles are lit, at evening.* Subst. neutr. **lucernare,** -rium et femin. **lucernaria: 1.** **office du soir, vêpres — Vespers.* Regula Magistri, c. 34 et pluries. Alcuin., Enchir., Migne, t. 100 col. 618 A. **2.** *complies — complin.* **3.** *chandelle, lampe — candle, lamp.* Lantbert. Tuit., Mir. Heriberti, c. 16, *SS.*, XV p. 1253. **4.** *lucarne — dormer-window.* S. xiii. Subst. mascul. **lucernarius:** *lampiste — lamplighter.* Cipolla, *CD. Bobbio*, I p. 141 (a. 833).

**lucida** (femin.): *lustre — chandelier.* Gerhard. August., V. Udalrici, c. 1, *SS.*, IV p. 387 l. 40. Iterum c. 13, p. 403 l. 27.

**lucidare:** **expliquer — to explain.*

**lucifluus:** **lumineux — shedding light.*

**lucinium,** v. licinium.

**lucius,** lut-, -eus: **brochet* (poisson) — *luce, pike* (fish).

**lucrabilis:** *qui rapporte, fertile — yielding, profitable.* S. xii.

**lucrari: 1.** *mettre en culture — to reclaim* land. Lucrari cum carrucis. Lobineau, *Bretagne*, II col. 290 (ch. a. 1117). **2.** *exploiter — to make profit from.* S. xiii. **3.** **gagner à la foi, convertir — to gain over to religion, convert.*

**lucratio: 1.** **gain — gain.* **2.** *acquêts — acquisitions.* Quicquid ibi de paterno vel materno jure nobis convenit habere, simul et lucrationem, omnia condonamus. Zeuss, *Trad. Wizenb.*, no. 78 p. 85 (a. 791). Omnia supradicta meae alodis vel lucrationis. Bitterauf, *Trad. Freising*, I no. 207 p. 198 (a. 804-806). Suam propriam conparationem

seu lucrationem ... tradidit. Ib., no. 399ᵃ p. 340 (a. 818).

**lucratura:** *produit, revenu — yield, revenue.* DC.-F., V p. 148 col. 1 (ch. a. 1185, Corbie).

**lucrifacere:** *gagner à la foi, convertir — to win over to belief, convert.*

**lucrifactus** (decl. iv): *acquêt, essart — acquisition, clearance.* Dono vobis quidquid acquirere poteritis in dicto bosco ... et omnem vestrum lucrifactum quem modo ibi habetis vel habebitis in futuro. Hist. de Languedoc³, V pr. no. 647 III, col. 1256 (a. 1163, Foix).

**lucrificare:** *gagner à la foi, convertir — to win over to belief, to convert.*

**lucrum: 1.** *produit, récolte — produce, crop.* De lucris et de aliis exitibus de illo manere. Gall. chr.², XI instr. col. 225 (ch. a. 1056). **2.** *revenu casuel — casual revenue.* De omni justicia ad fiscum regium due lucri partes cedant. OTTO FRISING., G. Frid., lib. 1 c. 32, ed. HOFMEISTER, p. 50 l. 26. **3.** *argent — money.* Consiliatoribus suis magna lucrorum munera dedit. Chron. Namnet., ed. MERLET, p. 141. **4.** *intérêt, usure — interest, usury.* S. xiii.

**lucta** (class. "lutte d'athlètes — wrestling-match"), gener.: *lutte, combat — struggle, battle.* Quas sibi ad luctam sufficere credebant adunaverant phalanges. Encom. Emmae, lib. 2 c. 5, ed. CAMPBELL, p. 20. Etiam ib., c. 8, p. 24.

**luctamen,** gener.: *lutte, combat — struggle, battle.*

**luctuare:** *se lamenter — to mourn, moan.* Luctuantem et proclamantem in doloribus. Mir. Agrippini (s. x), CAPASSO, Mon. Neapol., I p. 328.

**luctuosus.** Hereditas luctuosa: héritage qui revient aux parents par le décès de leur enfant — *a heritage which lapses to the parents by the death of their child.* Quantumcumque de filio meo de luctuosa hereditate mihi obvinit. Cart. Senon., no. 31, Form., p. 199. Lex Visigot., lib. 4 tit. 2 § 18. Advenerunt mihi ... jamdicta omnia ... per luctuosam haereditatem jamdicti filii mei R. comitis. Hist. de Languedoc³, V pr. no. 300 col. 587 (a. 1071, Carcassonne). Subst. neutr. **luctuosum** et femin. **luctuosa**: idem quod hereditas luctuosa. Duas partis de ipsa villa, [quae] tam ex luctuoso quam undique ad nos pervinit. Ch. Chlothildis a. 673, ed. LEVILLAIN, BEC., t. 105 (1944), p. 43. [Quod possidebat] de luctuosa quondam filiae suae. MABILLON, Ann., II p. 406 (a. 813). De ipsa luctuosa filiorum meorum de hereditate illorum. DE MARCA, Marca Hisp., app. col. 802 (a. 878). Portionem quam ibidem habebat per ... luctuosa filii sui. Ib., col. 808 (a. 879). Per luctuosum quondam filie mee. FONT-RIUS, Cart. de S. Cugat, no. 617 (a. 1059). **2.** *meilleur catel — heriot.* His qui servilis conditionis jugum sustinent ... redditus solitos qui fossatoria et luctuosa nuncupantur relaxamus, si patrum parentumve suorum haereditates incolunt. Synod. Compostell. a. 1114, c. 8, MANSI, t. 21 col. 120.

**luculentia:** *élégance, éclat — elegance, brilliance.*

**lucus:** *du bois — wood.* Brancas de Laia quantum necesse fuerit ad focum monachorum necnon et mortuum lucum. D. Phil. Ier, no. 63 (a. 1073).

**ludamen** = laetamen ("engrais — dung").

**luder** = lutra ("loutre — otter").

**ludicrum: 1.** *tromperie, ruse — deceit, trick.* HROTSVITA, Pass. Pelagii, ed. STRECKER, p. 271. HARTWIC., V. metr. Emmeramm, v. 95, Poet. lat., V p. 520. Demonum ludicris captus. OTTO FRISING., Chron., lib. 3, praef., ed. HOFMEISTER, p. 130 l. 9. **2.** *jouet — toy.* **3.** *joyau — jewel.*

**ludificatio:** *illusion diabolique — devilish delusion.*

**ludivagus:** *folâtre — playful.* Non ludivaga sermonum voce, sed serie ... dicentem. BONIF.-LULL., epist. 75, Epp., III p. 347. Ludivaga compulsivo: en étant le jouet des vents — *as a sport of the wind.* CASSIOD., Complex. in ps., MIGNE, t. 70 col. 32 D.

**ludria** = lutra ("loutre — otter").

**luitrinum,** v. lectorinum.

**lumbare** (neutr.): *ceinture, caleçon, brayer — loin-cloth, belt.*

**lumbus: 1.** *échinée de porc — chine of pork.* Fuero de León (a. 1017/1020), c. 25, WOHLHAUPTER, p. 12. BRUSSEL, Examen, II p. 728 (ch. a. 1103, Montpellier). BERNARD-BRUEL, Ch. de Cluny, no. 4219, V p. 567 (a. 1164). **2.** *le jaune de l'œuf — yolk.* EGBERT. LEOD., Fec. rat., lib. 1 v. 781, ed. VOIGT, p. 139. **3.** *hampe d'une lance — lance-shaft.* LIUDPRAND. CREMON., Antap., lib. 4 c. 25, ed. BECKER, p. 118. **4.** *partie haute, sommet, colline — upper part, summit, hill.* SERRANO, Cart. de Arlanza, no. 2 p. 7 (a. 912). **5.** *dépendance — appurtenance.* Donamus ... ipsos lumbos de ipsa villa. DOUAIS, Cart. de Toulouse, no. 246 p. 173 (s. xii med.).

**lumen: 1.** *œil, vue — eye, eye-sight.* **2.** *homo de lumine:* tributaire d'église astreint à l'acquittement d'un cens en cire — *ecclesiastical tributary who renders wax tribute to a church.* Solvunt 7 homines de lumine unusquisque de cera valente denarios 2. Polypt. Sithiense (a. 844-864), GYSSELING-KOCH, Dipl. Belg., no. 34, p. 59.

**lumeria:** *flambeau — torch.* S. xiv.

**1. luminare,** -rium (subst. neutr.): **1.** *astre, corps céleste — heavenly body.* **2.** *lampe — lamp.* Luminare ferreum 1. Brev. ex., c. 7, Capit., I p. 252. **3.** neutr. plural. et femin. singul. **luminaria:** *éclairage — lighting service.* Sartis tectis et luminaribus. GREGOR. M., lib. 2 epist. 9, Epp., I p. 108 l. 4. Lex Visigot., lib. 12 tit. 1 § 3. Test. Erminethrudis a. 700, PARDESSUS, II no. 452 p. 257. D. Merov., no. 86 (a. 716). Hadr. I pap. epist. a. 781, Epp., III p. 598. Pippini capit. Ital. (a. 801-810), c. 7, I p. 210. **4.** spec.: *cierge — taper.* Mir. Bavonis, SS., XV p. 592. JOCUND., Transl. Servatii, ed. WILHELM, p. 91. **5.** figur.: *lumière, étoile guide — shining light, guiding-star.*

**2. luminare** (verb.): *pourvoir à l'éclairage — to procure lighting.* Ad luminandum 6 sol. LACOMBLET, UB. Niederrh., I no. 190 p. 122 (a. 1054).

**luminaris** (adj.): *affecté à l'éclairage — affected to lighting service.* Dimisit 15 mancipia ingenua ad basilicam ... sub censu luminario ad den. 4. FOLCUIN., G. abb. Sithiens., c. 117, SS., XIII p. 633. Subst. **luminarius:** *tributaire d'église* astreint à l'acquittement d'un cens en cire — *ecclesiastical tributary* rendering a wax tribute to a church. Luminarii 4; unusquisque solvit de cera valente den. 1. Polypt. Sithiense (a. 844-864), GYSSELING-KOCH, Dipl. Belg., no. 34 p. 58. Ibi saepe.

**luna. 1.** Luna prima, secunda etc.: *lunaison — day of the lunar month.* **2.** dies lunae: *lundi — Monday.*

**lunaris,** -rius (adj.): **1.** *mensuel — monthly.* EULOG. TOLET., Memor. Sanct., lib. 3 c. 5, MIGNE, t. 115 col. 802 D. **2.** *qui dure un mois — lasting a month.* DANIEL BECCLES., ed. SMYLY, p. 56. Subst. mascul.: *un dépendant astreint à des services qui se font le lundi,* probablement dépendant des services de charroi — *a dependant owing labour service on Monday, presumably carting service.* Polypt. Sithiense (a. 844-864), passim, GYSSELING-KOCH, Dipl. Belg., no. 34.

**lunaticus** (adj. et subst.): **1.** *lunatique, maniaque, épileptique, dément — lunatic, maniac, epileptic, insane.* **2.** *éphémère — shortlived.*

**lunatio: 1.** *lunaison — day of the lunar month.* Feriam et lunationem ... cottidie recitari jubebat. THANGMAR., V. Bernwardi, c. 5, SS., IV p. 760 l. 10. BERNOLD., Chron., ib., V p. 394 l. 46. ANNAL. SAXO, ib., VI p. 760 l. 55. **2.** *quantième du jour dans le mois du calendrier julien — number of the day in the month of the Julian calendar.* Attendas mensem mensisque lunationem et horam diei. PETR. BLES., Contra perfid. Jud., c. 18, MIGNE, t. 207 col. 846 A.

**lupanaria:** *prostituée — prostitute.* Pass. Afrae recentior, c. 1, SRM., III p. 61.

**luparius** (subst.): **1.** *louvetier — wolf-hunter.* **2.** *chien pour la chasse aux loups — wolfhound.* Capit. Aquisgr. (a. 802/803), c. 8, I p. 171.

**lupellus:** *louveteau — wolf's whelp.* Capit. de villis, c. 69. EGBERT. LEOD., Fec. ratis, ed. VOIGT, p. 232.

**lupus:** *tuberculose cutanée — lupus.* HEBERN. TURON. († a. 916), Mir. Martini, BALUZE. Misc., VII p. 170. MIRAEUS, I p. 653 (ch. ca. a. 963, Liège).

**lurica** = lorica.

**lustramentum:** *immondices, rebut — rinsing, offscouring.* ALDHELM., Virg., c. 35, Auct. ant., XV p. 279 l. 8.

**lustrivagus:** *qui rôde dans les bois — roaming over the wilds.* LIUDPR. CREMON., Legat., ed. BECKER, p. 181.

**1. luter** (genet. -eris) (gr.): **1.** *bassin, baignoire — washing- or bathing-tub.* **2.** *fonts baptismaux — baptismal font.* ANAST. BIBL., Chron., ed. DE BOOR, p. 235. **2. luter,** lutrus, lutrea, lutreus, lutrius, lutrum = lutra ("loutre — otter").

**luterium** (germ.): *lodier, surcot — surcoat.* FELIX, V. Guthlaci, c. 31, ed. COLGRAVE, p. 45. ORDER. VITAL., lib. 4 c. 15, ed. LE PRÉVOST, II p. 274.

**luteus,** lutius, v. lucus.

**lutrarius.** Canis lutrarius et subst. lutrarius: *loutrier — otterhound.* S. xii.

**lutrinus** (adj.): *de loutre — of otterskin.* Roccum martrinum et lutrinum. Capit. cum prim. const. a. 808, c. 5, I p. 140. Ex pellibus lutrinis vel murinis thorace confecto. EGINHARD., V. Karoli, c. 23, ed. HOLDER-EGGER, p. 28.

**luxuria: 1.** *luxure, débauche, volupté — lust, dissipation.* **2.** *déportement — outburst.* Coeperunt luxuriis enormibus contra indigenarum mansuetudinem debacchari. GUIBERT. NOVIG., G. Dei per Fr., MIGNE, t. 156 col. 705 B.

**luxuriari** et luxuriare: *se livrer à la débauche — to indulge in dissipation.*

**luxuriosus** (adj. et subst.): *débauché, luxurieux — lustful, licentious.*

# M

**maça,** v. matia.

**macarellus,** make-, maque- (orig. incert.): *maquereau — mackerel.* GIRAUD, Essai, I, p. j. p. 41 (ch. a. 1163, Flandre).

**macella, macellus** = macellum.

**macellare:** *abattre des bêtes — to kill beasts.* S. xiii.

**macellarius,** macerarius: *boucher — butcher.* Hist. de Languedoc³, V no. 246 col. 488 (a. 1056).

**macellator:** *boucher — butcher.* KEUTGEN, Urk. städt. Verfg., no. 135 § 26, p. 137 (a. 1164, Hagenau).

**macellum,** -us, -a: **1.** *halle à viande — shambles.* Bannum macelli in proprietate monasterii facti. D. Heinrichs II., no. 214 (a. 1010). KEUTGEN, Urk. st. Vfg., no. 140 p. 145 (a. 1144, Medebach). Ib., no. 126 c. 82 p. 99 (s. xii, Strasbourg). **2.** *étal — butcher's stall.* BODE, UB. Goslar, I no. 301 p. 320 sqq. (a. 1174-1195). **3.** *boucherie — butcher's shop.* KEUTGEN, no. 127 c. 36 p. 105 (a. 1214, Strasbourg).

**macenata,** v. masenata.

**1. macera,** maceria, v. materia.

**2. macera** = machaera.

**macerare: 1.** *mortifier — to mortify.* Qui ... carnem macerant. GREGOR. M., Homil. in euangel., lib. 1 hom. 12 c. 1, MIGNE, t. 76 col. 1119 B. Pass. macerari: se mortifier — *to mortify oneself.* Sacram. GREGOR., ib., t. 78 col. 60 A. **2.** *torturer — to torture.* Duris macerare flagellis. V. metr. Galli, v. 42, Poet. lat., IV p. 430.

**maceratio: 1.** *macération, mortification — maceration, mortification.* **2.** *tourment, supplice — torment, torture.* EUGEN. VULG., Formos., ed. DÜMMLER, p. 135.

**maceria,** maceria, v. materia.

**maceriare:** *maçonner, construire — to build.* Ad edificandum, restaurandum, maceriandum. D. Heinrichs II., no. 103 (a. 1005).

**macerinus,** v. mazerinus.

**macha,** machia, v. matia.

**1. macheria** = maceria.

**2. macheria,** v. materia.

**machina, macina:** *meule — millstone.* Regula Magistri, c. 95.

**machinamen:** *machination — crafty design.*

CASSIOD., Hist. trip., lib. 9 c. 14, MIGNE, t. 69 col. 1130 D.
**machinamentum:** **1.** *bâtiment — building*. Ann. Fuld., Cont. Ratisb., a. 891, ed. KURZE, p. 119. **2.** **ruse, machination, fourberie — trick, fraud, treachery*.
**machinare,** macinare: *moudre — to grind*. Ps.-ANTONIN., Itin., c. 34, *CSEL.*, t. 39 p. 181. Lib. pontif., Hadr., § 59, ed. DUCHESNE, I p. 503 (v. ib. notam). *CD. Cavens.*, I p. 200 (a. 934).
**machinarium,** maci-: *moulin — mill*. Chron. Farf., contin., MURATORI, *Scr.*, II pt. 2 col. 600 et 603.
**machinatio:** **1.** **ruse, machination, fourberie — crafty invention, fraud, treachery*. **2.** (cf. teuton. *vermächtnis*) *legs — bequest*. De predicta domo inter se fecerunt machinacionem: si quis eorum sue concederet nature, alter possideat. HOENIGER, *Koelner Schreinsurk.*, I p. 15 c. 5 (a. 1135-1142). Iterum p. 16 c. 3.
**machinella,** maci-: *meule — millstone*.
**machio,** macio, matio, mattio, mactio, marcio, masco, mazo, maso, maco (mascul., genet. -onis) (germ.): *maçon — mason*. AURELIAN., Reg. monach., c. 19, MIGNE, t. 68 col. 390. Id., Reg. virg., c. 15, col. 401. ISID., Etym., lib. 19 c. 8 § 2. Adalhardi Corbej. stat., lib. I c. 1, ed. LEVILLAIN, p. 352. ODO CLUNIAC., V. Geraldi, lib. 2 c. 4, *AASS.*, Oct. VI p. 316.
**machomeria,** mahom-, mahumm-, -aria: **1.** *mosquée — mosque*. G. Tancredi, MARTÈNE, *Thes.*, III col. 145. **2.** *quartier musulman — Moslim quarter*. GUIBERT. NOVIG., G. Dei, lib. 4 c. 6 § 14, MIGNE, t. 156 col. 745 A.
**macia,** v. matia.
**macilentia:** *maigreur — leanness*. GERHARD. AUGUST., V. Udalrici, c. 1, *SS.*, IV p. 385. RAHEWIN., lib. 3 c. 49, ed. WAITZ-SIMSON, p. 226.
**macina** et derivata, v. machin-.
**macinata,** v. masenata.
**macredo** (genet. -inis) (< macer): *maigreur — leanness*. ERHARD, *Reg. Westfal.*, I, CD. no. 165 p. 129 (a. 1090).
**mactio,** v. machio.
**macula,** macla: **1.** *maillon* d'une chaîne — *link*. Disruptas maculas catenarum. GREGOR. TURON., V. patrum, c. 8 § 6, *SRM.*, I p. 697. **2.** *maille* d'une cotte de mailles — *mail* of a coat of mail. S. xiii.
**maculare:** **1.** *mutiler — to maim*. Si labium superiorem alicujus maculaverit. Lex Alamann., tit. 57 § 18. Etiam § 12 et § 57. Item Lex Baiwar., tit. 4 c. 15. [Animalia] si se in stipitem maculaverint . . . et ibi mortui fuerint. Ib., tit. 14 c. 1. Ibi pluries. **2.** *souiller, débaucher — to sully, debauch*. Nondum sponsata nec a parentibus sociata sed in sua libidine maculata. Ib., tit. 8 c. 8. [Senior] uxorem aut filiam [vasalli] maculare [voluerit]. Capit. Aquisgr. (a. 802/803), c. 16, I p. 172.
**maculatus:** **souillé de péchés — stained with sin*.
**maderia,** maeria, v. materia.
**maderinus,** v. mazerinus.
**madidare, 1.** transit.: **mouiller, humecter — to wet, moisten*. **2.** intrans.: **devenir humide — to become moist*.
**madius** = majus [mensis].
**madramen,** v. materiamen.
**1. madrinus,** v. marturinus.
**2. madrinus,** v. mazerinus.
**madrus,** v. martur.
**maëremum,** maher-, mair-, meir-, mar-, mer-, marr-, merr-; -emium, -enum, -ennum, -ennium, -annum, -ianum, -ienum (frg. *mairain* < materiamen): *bois de construction — timber*. BALLARD, *Borough ch.*, p. 55 (a. 1154-1189).
**maforte** (neutr., genet. -is), mav-, -ortium, -orteum, -ortum, -ortis (mascul.), -orium, -ora (femin.) (gr. < hebr.): **1.** **voile de tête — veil*. Mafortem olosyricum . . . muneris causa concesserit. Judic. Pictav. a. 590 ap. GREGOR. TURON., H. Fr., lib. 10 c. 16. Comme marque distinctive à la guerre — as a mark of recognition for warriors: Procedit cum Aquitanis [militibus] frontibus maforto signatis. RICHER., lib. 1 c. 29, rec. prima, ed. LATOUCHE, I p. 66 nota *e*. **2.** **mantelet — mantlet*. FORTUN., V. Radegundis, lib. 1 c. 9, *SRM.*, II p. 368. JOH. AMALF., Mir., ed. HUBER, p. 115. **3.** *voile recouvrant l'ampoule de chrême — veil to cover chrism ampulla*. Accepit [i. e. accipit] . . . ampullas cum balsamo involuta[s] cum mafortio sirico. Ordo Rom. XXX B (s. viii ex.), c. 17, ANDRIEU, III p. 469. **4.** *voile sur le tombeau d'un saint — veil on a saint's tomb*. FORTUN., Virt. Hilarii, c. 12 § 34, *Auct. ant.*, IV pt. 2 p. 11. **5.** *nappe d'autel — altar-cloth*. Maphortem sericum . . . obtulit, deprecans quotiescumque missa ad ejus altare celebraretur, ipsi mensae sacratae ob memoriam sui superponeretur. Mir. Gibriani, *AASS.*, Maji VII p. 628 col. 1. V. Gudilae, c. 6, *AASS.*, Jan. I p. p. 519.
**magarita** (mascul.), -tes (gr.): *apostat qui s'est convertit à la religion musulmane — apostate who has gone over to the Moslim creed*. Joh. VIII pap. epist. a. 876, *Epp.*, VII p. 327 l. 11 (ubi perperam: margaritis). ANAST. BIBL., Chron., ed. DE BOOR, p. 287. Chron. Casin., c. 12, *Scr. rer. Langob.*, p. 473. V. Stephani Sabait., *AASS.*, Jul. III p. 572.
**magarizare** (gr.): *apostasier, se convertir à la religion musulmane — to apostatize, go over to the Moslim creed*. ANAST. BIBL., Chron., ed. DE BOOR, p. 300. Radelgisi et Siginulfi div. duc. Benev., c. 24, *LL.*, IV p. 224.
**magdaliolum:** *pastille — pastille*. AVIT., epist. 87, *Auct. ant.*, VI p. 96.
**magdalium** (gr.): **comprimé, pâte médicinale — lozenge, medicinal paste*.
**mageria,** v. materia.
**magia:** **magie — magic*.
**magica** (femin.): **1.** **magie, sorcellerie — magic, sorcery*. **2.** *sorcière — sorceress*. Ruodlieb, fragm. 15 v. 31.
**magicare:** *ensorceler — to bewitch*. Nefarios homines erroris spiritu magicatos. Synod. Atrebat. a. 1025, praef., MANSI, t. 19 col. 423 C.
**magicus** (subst.): *sorcier — sorcerer*.
**magirus** (gr.): *cuisinier, boulanger — cook, baker*.
**magisca** (< majus): *corvée de charroi à acquitter en mai — service with cart and horses performed in May*. Faciunt dua carra ad vinericiam, et ad magiscam dua carra et dimidium. Irminonis polypt., br. 11 c. 10. Etiam ib., br. 9 c. 201; br. 13 c. 15.
**magister:** **1.** **maître d'esclaves, chef préposé à un groupe de serfs — slave-foreman, chief of*



*a group of serfs*. **2.** *chef des tenanciers dans un domaine — head of manorial land-tenants*. Si habuerit servus noster forinsecus justitias ad querendum, magister ejus decertet pro ejus justitia. Capit. de villis, c. 29. Rursum c. 57. Si magister eorum [sc. servorum] . . . eos vel comiti vel misso nostro jussus praesentare noluerit. Capit. legib. add. a. 818/819, c. 18, I p. 285. Caballum suum habeat ad servitium s. Marie ubicumque ei a senioribus suis vel magistris imperatum fuerit. BITTERAUF, *Trad. Freising*, I no. 608 p. 521 (a. 835). Quicquid de singulis mansis sine licentia dominorum vel magistrorum per quoscumque venditum est. Edict. Pist. a. 864, c. 30, *Capit.*, II p. 323. [Major villae debet] in venationibus magistrorum fogatias 3, pullos 4 . . . Polypt. s. Remigii Rem., c. 1 § 15, ed. GUÉRARD, p. 2. Vilico [i.e. villicum] et magistrum, quas [i. e. qui] supra ipsi [i. e. ipsos servos] constitutum [i. e. constitutus] erat ad regendum. *CD. Langob.*, no. 314 col. 529 D (a. 882, Milano). KÖTZSCHKE, *Urbare Werden*, p. 49 (s. x in.). **3.** *juge local, régisseur de domaine — local judge, manorial officer*. Se ad magistrum loci proclamaverit. Lex famil. Wormat. (a. 1023-1025), c. 12, *Const.*, I no. 438. Magister qui illis ab abbatissa ad accipiendum censum positus est. Boos, *UB. Worms*, I no. 45 p. 36 (a. 1016). Magistrum villae viator appellet. Pax Dei (s. xi ex.), c. 8, *Const.*, I no. 426. Si extra potestatem fugerit vel in tali loco ubi magister ejus justiciam ab eo habere non potest constiterit. *D. Heinrichs IV.*, no. 476 (a. 1103/1104), p. 649 l. 30. G. abb. Trudon., contin., lib. 13 c. 10, *SS.*, X p. 316 l. 43. Magister censualium. *NA.*, t. 1 (1876), p. 195 (a. 1145, Erfurt). Nullum post abbatem capitalem magistrum habeo. PIOT, *Cart. de S.-Trond*, no. 23 p. 33 (a. 1108). **4.** magister fori: officier seigneurial chargé de la justice des marchés — market officer. BEYER, *UB. Erfurt*, I no. 13 p. 6 (a. 1120); no. 25 p. 12 (a. 1144). **5.** magister monetae: officier seigneurial chargé de l'administration du monnayage — mint-master. KEUTGEN, *Urk. st. Vfg.*, no. 17 c. 13 p. 11 (a. 1169, Köln). Ib., no. 126 c. 7 p. 93 (s. xii, Strasbourg). **6.** magister civium: bourgmestre — burgomaster. O.c., no. 17, prol., p. 9 (a. 1169, Köln). Magister scabinorum: idem. Ib., c. 15, p. 11. Magister burgensium: idem. Ib., no. 139 c. 63 p. 144 (s. xii, Soest). Magister, nude: idem. Ib., no. 127 c. 1 sqq. p. 102 (a. 1214, Strasbourg). **7.** *maître d'un groupe de serviteurs, officier préposé à un service ménager — foreman of a body of servants, officer in charge of a household department*. Magister pincernarum. Ann. regni Franc., a. 781, ed. KURZE, p. 58. Item BENED. SANTANDR., ed. ZUCCHETTI, p. 97. Piscatorum ducis magistrum se asserit. RICHER., lib. 2 c. 57, ed. LATOUCHE, p. 220. Ottonem posuit super pistores atque cocos magistrum. COSMAS, lib. 2 c. 15, ed. BRETHOLZ, p. 106. **8.** *maître d'un métier — alderman of a craft guild*. Piscatores in Papia . . . debent habere unum magistrum. . . . Naute . . . debent habere duos bonos homines magistros. Honor. civ. Pap. (ca. a. 1027), c. 9 sqq., *SS.*, XXX p. 1454 sqq. Magister carpentariorum vel latomorum. ONULF., V. Popponis Stabul., c. 33, *SS.*, XI p. 314. Ad officium burcgravii pertinet ponere magistros omnium officiorum fere in urbe, scilicet sellariorum, pellificum, cyrothecariorum, sutorum, fabrorum, molendinariorum . . . KEUTGEN, o.c., no. 126 c. 44 p. 96 (s. xii, Strasbourg). Magister panificum. Ib., no. 135 c. 23 p. 136 (a. 1164, Hagenau). **9.** *artisan spécialisé — skilled craftsman*. Constat me A. magistro calegario . . . vindedisse . . . SCHIAPARELLI, *CD. Longob.*, II no. 278 p. 395 (a. 773, Treviso). Veniant [ad palatium] magistri qui cervisam bonam ibidem facere debeant. Capit. de villis, c. 61. **10.** spec.: *constructeur*; maçon ou charpentier — *builder*; mason or carpenter. Nulla magistri structura intervenit. EUGIPP., V. Severini, ed. KNÖLL, p. 3. Magistros, hoc est villanos qui cum mannarias suas soliti fuerunt in suprascripta curte magisterium facere. MANARESI, *Placiti*, I no. 4 p. 9 (a. 779, Spoleto). Ut aecclesiae baptismales ab hos qui debent restaurentur . . . In quibusdam locis quosdam per pecuniam consentientibus magistris se subtrahentes audivimus. Capit. Mantuan. II a. 787, c. 3, I p. 196. Nobis unum dirigite magistrum qui considerare debeat ipsum lignamen. Hadr. I pap. epist. (a. 779/780), *Epp.*, III p. 593. **11.** *prévôt*, celui qui est préposé à une église desservie par plusieurs ecclésiastiques ou à une communauté monastique sans être abbé — *provost*. De manu episcopali electum nobis magistrum . . . in nostro suscepimus magisterio. BITTERAUF, *Trad. Freising*, I no. 94 p. 113 (a. 779). Is qui pastor vel magister cujuscumque venerabilis loci esse debet. Capit. de causis tract. a. 811, c. 11, I p. 164. Constituit . . . cellas quibus prefectis magistris posuit fratres. ARDO, V. Benedicti Anian., c. 22, *SS.*, XV p. 209. **12.** *gardien en charge des pauvres immatriculés — dole administrator*. Ut super mendicos et pauperes magistri constituantur qui de eis magnam curam et providentiam habeant. Capit. de disc. pal. Aquisgr., c. 7, I p. 298. Adj. **magister,** loc. altare magistrum: maître-autel — chief altar. LAURENT, *Cart. de Molesme*, I no. 173 p. 321 (a. 1108).
**magisterialis:** **1.** *épiscopal — episcopal*. In potestate magisteriali atque sacerdotali. RUSTIC., ap. SCHWARTZ, *Concilia*, I pt. 3 p. 90; pt. 4 p. 21. **2.** *pontifical — papal*. Magisteriali vestro culmini. Epist. synod. Tricass. a. 867, *H. de Fr.*, VII p. 589. **3.** *d'instituteur — of a schoolmaster*. Ad finitima monasteria, magisteriali provocatus penuria, . . . pervenit. WILLIBALD., V. Bonifatii, c. 2, ed. LEVISON, p. 8.
**magisterianus,** -trian-: **ambassadeur byzantin — Byzantine ambassador*. Gelas. I pap., Tract., THIEL, p. 515. Hormisd. pap., epist. 74, ib., p. 868. RUSTIC., SCHWARTZ, *Concilia*, I pt. 4 p. 27. Lib. pontif., Hormisdas, ed. MOMMSEN, p. 127; ib., Sergius, p. 212.
**magisterium:** **1.** *dignité de "magister officiorum" — dignity of "magister officiorum"*. Praelati magisterii dignitas excolenda. Childeberti II epist. a. 584, Epist. Austras. no. 34, *Epp.*, III p. 142. **2.** *autorité du maître sur l'esclave — lordship*. Ab omni subjectione et magisterio praeter solius abbatis . . . absolveret. WARTMANN, *UB. S.-Gallen*, III p. 39 no. 824 (a. 1135). **3.** *charge de bourgmestre — burgomastership*. Coram civibus et magistris

civium tunc magisterium tenentibus. HOENIGER, *Koelner Schreinsurk.*, I p. 18 c. 11 (a. 1135-1142). **4.** *chef de sens — superior court.* Quodsi ... [scabini] magisterium suum consulere et inquisitionem veritatis habere voluerint. DC.-F., V p. 174 col. 1 (ch. a. 1225, Lille). **5.** *charge de maître d'un métier — aldermanship of a craft guild.* Concessimus exnunc in perpetuum T. magisterium tanatorum ... in villa nostra Parisiensi. D. Lud. VII reg. Fr. a. 1160, DE LASTEYRIE, *Cart. de Paris*, I p. 363. **6.** *la faculté de décerner la maîtrise d'artisanat — power to grant the mastership of a craft.* Aurifabris ... magisterium operis sui dedimus et concessimus ... ut nullus contra voluntatem ipsorum et licenciam in opere eorum operando se intromittere presumat, nisi prius statutam eorum justiciam ... eis persolvat. KEUTGEN, *Urk. städt. Vfg.*, no. 261 p. 356 (a. 1231, Braunschweig). **7.** *artifice, précepte d'ordre technique — contrivance, technical device.* [Spiraculo aquaeductus] per magisterium artefecis repulso, civitatem introeunt. GREGOR. TURON., Hist. Fr., lib. 2 c. 33. **8.** *direction de travaux de construction — direction of building operations.* Ecclesia miro opere magisterio domni episcopi constructa. RIMBERT., V. Anskarii, c. 16, ed. WAITZ, p. 37. **9.** *corvée de construction — building service.* Villanos qui ... soliti fuerunt in suprascripta curte magisterium facere ..., qui de ipsis subtraxerunt se de suo magisterio. MANARESI, *Placiti*, I no. 4 p. 9 (a. 779, Spoleto). **10.** *grade de maître, licence — degree of master, license to teach.* S. xiii. **11.** *autorité spirituelle — spiritual power.* [Canonici] non per vicos neque per villas ... sine magisterio vel disciplina [vagentur]. Capit. missor. gener. a. 802, c. 22, I p. 96. Nullus [tonsus sit] absolutus sine magisterio episcopali, vel presbiter aut diaconus vel abbas. Capit. de exam. eccl. (a. 802 ?), c. 11, p. 110. Qualiter ad pastorale magisterium veniendum, qualiter in eo vivendum. Episc. ad Lud. imp. rel. a. 829, c. 7, ib., II p. 31. Sit ipsa canonica ... sub magisterio et regimine L. archidiaconi et D. archipresbiteri. *D. Ugo*, no. 33 p. 104 (a. 933). Sub ejus [sc. abbatis] magisterio multa fratrum caterva ... vigebat. HUGO FARF., Destr., ed. BALZANI, *Il Chron. Farf. di Greg. di Cat.*, I p. 29. Coenobia nonnulla ejusdem [sc. Odilonis] magisterio tradidit. ADEMAR., lib. 3 c. 41, ed. CHAVANON, p. 164. Sibi ... locum [Muri] commendatum in suum magisterium suscipiens [abbas Einsiedlensis]. Acta Murensia, c. 3, ed. KIEM, p. 21.

**magistra: 1.** *supérieure d'un couvent — governess of a nunnery.* Monasteria puellarum firmiter observata sint ... neque [sanctimoniales] in nullo magistris et abbatissis inhobedientes vel contrariae fieri audeant. Capit. missor. gener. a. 802, c. 18, I p. 95. Concil. Aquisgr. a. 816, c. 22, *Conc.*, II p. 452. **2.** *écolâtresse — schoolmistress.* MIRAEUS, I p. 682 col. 2 (a. 1126, Nivelles). **3.** *gouvernante — children's governess.* DC.-F., V p. 174 col. 1 (ch. a. 1226, Champagne).

**magistrare: 1.** **diriger, conduire — to direct, conduct.* Olberto dictante et magistrante [Burchardus] magnum illud canonum volumen centonizavit. SIGEB., G. abb. Gemblac., c. 27, *SS.*, VIII p. 538. **2.** **instruire, enseigner des élèves — to teach, instruct.* **3.** *remplir les fonctions d'un gouverneur auprès d'un prince mineur — to act as a mentor of a minor prince.* Pippino juniori ad regendum [Italiam] magistraret. GERARD. SILVAE MAJ., V. Adalhardi, MABILLON, *Acta*, IV pt. 1 p. 349. **4.** *construire — to build.* Quicquid de lignis faciendis vel de stagno [i. e. stanno] procurando vel aliis rebus esset procurandum [in usum molendini], ipsi E. ... erit vigilandum faciendi et conducendi, monachis vero stabilire et magistrare. RÉDET, *Cart. de S.-Cyprien de Poitiers*, no. 591 p. 345 (ca. a. 1075 ?). Ad quod opus magistrandum etiam invitati sunt fratres. Mir. Winnoci (s. xi in.), *SRM.*, V p. 781.

**magistratio:** *maîtrise d'une profession — professional skill.* COLUMBAN., Instr., c. 4, MIGNE, t. 80 col. 239 B.

**magistratus** (decl. iv) : **1.** *enseignement — teaching.* Prematuri magistratus tyrocinia. MEGINHARD. BAMBERG., epist. 24, ed. ERDMANN, p. 220. **2.** *fonction d'écolâtre — schoolmastership.* Me ... magistratus cura implicueris. *Epp.* VI p. 163 (a. 850-862). **3.** *l'ensemble des écolâtres — schoolmasters in general.* Copia magistratus defitiente. BALTHER. SECK., V. Fridolini, *SRM.* V p. 354.

**magius** = majus [mensis].

**maglata,** maliata, maleata, majata (< macula): *cotte de mailles — coat of mail.* S. xiii.

**magnalia: 1.** **exploits — feats.* **2.** **miracles — miracles.*

**magnanimis** = magnanimus.

**magnanimiter:** **courageusement, avec persévérance — bravely, unwaveringly.*

**magnas** (genet. -atis), magnatus (decl. i), **1.** plural. magnates, magnati: **les grands — the great men.* Pour les grands d'un royaume — of the great men of a realm: Ann. Maxim. a. 796, *SS.*, XIII p. 22. THEGAN., c. 36, *SS.*, II p. 597. PASCH. RADBERT., Epit. Arsenii, lib. 1 c. 10, ed. DÜMMLER, p. 74. *D. Ludwigs d. Deutsch.*, no. 66 (a. 853 ?). FLODOARD., Ann., a. 953, ed. LAUER, p. 135. Pour les barons d'une région, d'une principauté territoriale — of the barons of a district or a principality: Qui erat de magnatorum terrae illius prosapia oriundus. FOLCUIN., G. abb. Lob., c. 23, *SS.*, IV p. 65. In presentia magnatum nostrorum [sc. comitis Flandriae]: abbatum ..., nobilium ... GYSSELING-KOCH, *Dipl. Belg.*, no. 156 p. 268 (a. 1063). Aliquis filius magnatum terrae tam majorum quam minorum. Concil. Auson. a. 1068, c. 6, MANSI, t. 19 col. 1073. **2.** singul.: *vassal, baron — vassal, tenant in chief.* Cuidam magnati regis. FLODOARD., Hist. Rem., lib. 4 c. 38, *SS.*, XIII p. 591. Manutenebo te et defendam tanquam nobilem magnatem meum. Lib. feud. maj., ed. ROSELL, p. 31 (a. 1192).

**magnificare: 1.** **augmenter, agrandir — to increase, enlarge.* **2.** **rendre grand, glorieux — to make great, glorious.* **3.** pass. magnificari: **exulter — to rejoice.*

**magnificentia: 1.** **honneur, gloire — honour, glory.* **2.** *titre honorifique — title of honour. Du roi — of the king: GREGOR. TURON., H. Fr., lib. 5 c. 18. Karoli Calvi praec. pro Hisp. a. 844, *Capit.*, II p. 258. De l'empereur — of the emperor: Capit.



episc. Pap. (a. 845-850), c. 1, ib., p. 81. Joh. VIII pap. epist. 31, *Epp.*, VII p. 30. **3.** **œuvre merveilleuse, miracle — feat, prodigy.*

**magnificus.** Vir magnificus: homme libre de bonne naissance — a well-born freeman. GREGOR. TURON., H. Fr., lib. 4 c. 16. Ibi pluries. MARCULF., lib. 1 no. 10, *Form.*, p. 48. F. Lindenbr., no. 19, p. 280.

**magniloquium:** **emphase, jactance — grandiloquence, brag.*

**magnisonus:** **qui fait un grand bruit — making much noise.*

**magnitudo: 1.** titre honorifique — title of honour. ENNOD., opusc. 7 § 8, *Auct. ant.*, VII p. 11. CASSIOD., Var., lib. 9 epist. 13, ib., XII p. 277. **2.** *bienveillance — benevolence.* Tante magnitudinis fuit ... ut omnem hominem a majore usque ad minimum libenter susciperet. Lib. pontif., Adeod., ed. MOMMSEN, p. 190. **3.** *droit inhérent à la souveraineté — prerogative.* Nostra regalia et magnitudines dignaremur concedere. *D. Heinrichs III.*, no. 387 (< a. 1041 >, spur. s. xi, Bergamo).

**magonellus,** v. manganellus.

**magus:** **sorcier, augure, faiseur d'horoscopes — sorcerer, fortune-teller, astrologer.*

**mahamiare,** me-, -hamare, -hagniare, -hemiare, -hennare, maamiare, maimare (anglosax.): *mutiler — to maim.* S. xiii, Angl.

**mahamium,** me-, -hamum, -haimium, -hagnium, -hainium, -hemium, -hegnium, maamium (anglosax.): *mutilation — mayhem, maiming.* GLANVILL., lib. 14 c. 1.

**maheremium,** v. maëremum.

**maheria,** v. materia.

**mahomeria,** mahummaria, v. machomeria.

**maimodina,** v. masmodina.

**mainagium,** v. mansuagium.

**mainamentum,** v. mansionamentum.

**mainare** (< masnata): *établir à demeure — to settle.* In hac terra mainaverunt monachi rusticos qui reddunt eis quartum terrae. *Gall. chr.*², II instr. col. 270 E (ca. a. 1040, Bordelais).

**mainata,** v. masenata.

**mainerius,** maign-, mein- (< mansionarius): *domestique, serviteur de ménage — valet, domestic servant.* S. xiii.

**mairemium,** v. maeremum.

**mairia,** mairria, v. majoria.

**maisagium,** maisnagium, v. mansuagium.

**maisnada,** maisnata, v. masenata.

**maisnilum,** v. 1. mansionilis.

**majalis** (mascul., sc. porcus), majale (neutr.) (< majus [mensis]): *porc châtré — gelded hog.* Lex Sal., tit. 2 § 12 sq. Polypt. s. Remigii Rem., c. 27 § 6, ed. GUÉRARD, p. 98.

**majata,** v. maglata.

**majera,** v. materia.

**majestas: 1.** *titre honorifique d'un empereur, d'un roi, d'un pape — title of honour. CASSIOD. Var., lib. 6 epist. 12 § 4, *Auct. ant.*, XII p. 186. **2.** *souveraineté,* en parlant d'un sceau qui symbolise le pouvoir souverain — *sovereignty,* in clauses mentioning a seal as a token of sovereign power. Anulus nostrae majestatis. D. Roberti reg. Fr. a. 996, PFISTER, *Catal.*, no. 3. Anulus regiae majestatis. D. ejusdem (ca. a. 1000), ib., no. 10. Sigillum majestatis tuae [sc. episcopi] accepi. *H. de Fr.*, XV p. 153 D (epist. a. 1091-1096). Litteras majestatis nostrae [sc. comitis Campaniae] sigillo consignari feci. MARLOT, *Hist. de Reims*, II p. 231 (a. 1114). R. tunc Viromandorum comes fecit litteris annotari et suae majestatis insigniri sigillo. DC.-F., V p. 180 col. 1 (ch. a. 1115, Compiègne). **3.** *image du Christ en trône — image of Christ on the throne.* Casulam ... inter scapulas majestatem veri pontificis [i. e. Christi] continentem. HELGALD., V. Roberti, c. 14, *H. de Fr.*, X p. 104 D. Cf. F. VAN DER MEER, *Maiestas Domini*, Théophanies de l'Apocalypse dans l'art chrétien, 1938 (Studi di Antichità Cristiana, 13). **4.** *reliquaire — reliquary.* Hunc locum precipue s. Marii ... aurea majestas et s. Amantii ... aurea majestas et s. Saturnini martiris aurea capsa ... et s. Fidis aurea majestas decorabant. Mir. Fidis, lib. 1 c. 28, ed. BOUILLET, p. 72.

**majestativus: 1.** *fondé sur la souveraineté royale — based on royal prerogative.* Jure quodam majestativo possessiones ... invaserat. BERTHOLD. CONST., Ann., a. 1075, *SS.*, V p. 279. **2.** *majestueux — majestic.* Majestativa quadam gravitate precellens. Act. pont. Cenom., ed. BUSSON-LEDRU, p. 456.

**majolius,** majolus, majola, v. malleolus.

**major** (adj.). **1.** major ecclesia: église cathédrale — cathedral church. V. Desiderii, c. 16, *SRM.*, IV p. 575. Capit. Mantuan. I a. 813, c. 11, I p. 195. Capit. episc. Pap. (a. 845-850), c. 3, II p. 81. Major monasterium: idem. ERHARD, *Reg. Westfal.*, I CD. no. 165 p. 129 (a. 1090). **2.** major praepositus: prévôt de la cathédrale — provost of a cathedral chapter. MULLER-BOUMAN, *OB. Utrecht*, I no. 293 p. 270 (a. 1119). Major domus prepositus: idem. ADAM BREM., lib. 2 c. 63, ed. SCHMEIDLER, p. 123. **3.** causae majores, res majores: les cas réservés à la justice hautaine — law cases falling under superior judicial authority. Haec de minoribus causis observandum; de majoribus vero rebus aut de statu ingenuitatis secundum legem custodiant. Capit. Harist. a. 779, c. 10, I p. 49. Pro majoribus causis, sicut sunt homicidia, raptus, incendia, depraedationes, membrorum amputationes, furta, latrocinia, alienarum rerum invasiones. Const. de Hisp. I a. 815, c. 2, p. 262. Comites missos suos praeponunt popularibus, qui minores causas determinent, ipsis majora reservent. WALAHFR., Exord., c. 32, ib., II p. 515. Major districtio: la justice hautaine — superior judicial authority. [In terra S.] si comes dixerit se habere comitatum cum majori districtione. MULLER-BOUMAN, o. c., I no. 528 p. 468 (a. 1187/1188). **4.** major advocatus: avoué supérieur — supreme ecclesiastical advocate. Noster [sc. monasterii s. Trudonis] major advocatus estis. MIRAEUS, I p. 62 col. 2 (epist. ca. a. 1130). **5.** **majeur — of age.* Subst. mascul. **major, 1.** major domus: *maître d'hôtel — head of the household. AVIT., epist. 38, *Auct. ant.*, VI pt. 2 p. 67. GREGOR. M., lib. 11 epist. 53, *Epp.*, II p. 328. Dominus rei ordinat majores familiae ..., id est vicedominum, villicum, salutarium et majorem domus. BENED. ANIAN., Concord. regul., c. 28 § 2, MIGNE, t. 103 col. 952. Una cum majoribus domus ecclesiae Romanae. Ordo Rom. I (s. vii ex.), c. 26, ANDRIEU, p. 75. Concil. Roman. a. 861, MURATORI, *Scr.*, II

pt. 1 p. 204 B. Major, nude: *idem. Si quis majorem, infestorem [leg. infertorem], scantionem, mariscalcum, stratorem, fabrum ferrarium . . . furaverit. Lex Sal., tit. 10 addit. 4, text. Herold. GREG. M., lib. 9 epist. 17, II p. 52. MANARESI, *Placiti*, no. 17 p. 51 (a. 804, Istria). **2.** plural. majores palatii, domus regiae: dignitaires du palais — court dignitaries. G. et B. sublimes viros majores domus nostrae [sc. regis Ostrogotorum]. Synod. Rom. a. 501 ap. MOMMSEN, *Cassiodori Variae*, ad calcem, p. 422. Majores palatii. Lex Visigot., lib. 6 tit. 1 § 7. Sciant obtimates, consiliarii, domestici et majores domus nostrae. Lex Burgund., prol., § 5. Consiliarii aut majores domus qui praesentes fuerint. Ib., tit. 107. Majores, nude: idem. Epistolam manu majorum C. regis subscriptam protulit. GREGOR. TURON., H. Fr., lib. 6 c. 24. Comitibus, domesticis, majoribus atque nutriciis vel omnibus qui ad exercendum servicium regale erant necessarii. Ib., lib. 9 c. 36. **3. major domus,** domus regiae, et **majordomus**: *maire du palais — majordome.* Chez les Vandales — with the Vandalians: GENNAD., Script. eccl., c. 97, MIGNE, t. 58 col. 1117. Chez les Ostrogots — with the Ostrogoths: CASSIOD., Var., lib. 10 c. 18 § 2, *Auct. ant.*, XII p. 309. Chez les Lombards — with the Longobards: SCHIAPARELLI, *CD. Longob.*, I no. 17 p. 48 (a. 714). Ib., II no. 163 p. 111 (a. 762). Chez les Francs — with the Franks: Sub mundeburde vel defensione inlustris vero [i. e. viri] illius majores [i. e. majoris] domi nostri. MARCULF., lib. 1 no. 24, *Form.*, p. 58. DESIDER. CADURC., lib. 1 epist. 2, *Epp.*, III p. 194. *D. Merov.*, no. 21 (a. 644); no. 31 (a. 673). Test. Leodegarii a. 676, PARDESSUS, II no. 382 p. 174. FORTUN., V. Germani, c. 44, *Auct. ant.*, IV pt. 2 p. 20. GREGOR. TURON., H. Fr., lib. 6 c. 9; lib. 7 c. 27; lib. 9 c. 30. Pass. Praejecti, c. 22, *SRM.*, V p. 238. Vir inlustris Ebroinus palatii praepositus quod vulgo dicitur major domus. V. Eligii, lib. 2 c. 56, ib., IV p. 730. Palatii majordomus. FREDEGAR., lib. 4 c. 24 et 84, *SRM.*, II p. 130 et 163. Gradus honoris majorem domi [i. e. majoris domus] in palacio Sigyberto . . . in mano Grimoaldo confirmatum est. Ib., c. 88, p. 165. Cf. E. HERMANN, *Das Hausmeieramt, ein echt germanisches Amt*, 1880 (*Unters. z. dt. St.- u. Rechtsg.* hg. v. O. Gierke, no. 9). **4.** major domus: sénéchal — steward. WIPO, G. Chuonradi, c. 4, ed. BRESSLAU, p. 24. DC.-F., V p. 183 col. 2 (ch. a. 1077). ADAM BREM., lib. 3 c. 63, ed. SCHMEIDLER, p. 179. PETR. GUILLELM., Mir. Egidii (s. xi ex.), *SS.*, XII p. 317 col. 1 l. 57. D. Lud. VI reg. Fr. a. 1138, *Ordonn.*, VII p. 414. *Mus. Arch. Dép.*, p. 76 (a. 1149, Castilla). Chron. Mauriniac., lib. 2 c. 12, ed. MIROT, p. 42. Major domus regiae, quem nos vulgariter senescallum vel dapiferum vocamus. Hist. Odonis, *H. de Fr.*, XII p. 789. **5.** major domus: vidame — "vicedominus", a bishop's substitute. Karolus rex abbatiam ipsius monasterii [sc. s. Dionysii] sibi retinuit, causas monasterii et conlaborationem per praepositum et decanum atque thesaurarium, militiae quoque curam per majorem domus sua commendatione geri disponens. HINCMAR., Ann. Bertin., a. 867, ed. WAITZ, p. 86. BEYER, *UB. Mittelrh.*, I no. 391 p. 448 (a. 1097, Koblenz). ROBERT. WALCIOD., V. Forannani, MABILLON, *Acta*, V p. 598. **6.** major domus: avoué — ecclesiastical advocate. ANNALISTA SAXO, a. 1040, *SS.*, VI p. 684 l. 35. LAMPERT. HERSFELD., Ann., a. 1066, ed. HOLDER-EGGER, p. 103. *Mon. Boica*, VIII p. 299 (s. xii p. post., Bavière). **7.** major: *régisseur de domaine — manorial officer.* Majores amplius in ministerio non habeant nisi quantum in una die circumire aut previdere potuerint. Capit. de villis, c. 26. Etiam ib., c. 10; c. 36; c. 58; c. 60. De ministerio illius majoris. Brev. ex., c. 25, inscr., *Capit.*, I p. 254. Irminonis polypt., br. 2 c. 2. Ibi passim. Major villae. Polypt. s. Remigii Rem., c. 17 § 122, ed. GUÉRARD, p. 56 col. 1. Major de fisco B. D. Ludov. Pii a. 831, *H. de Fr.*, VI p. 569. BEYER, *UB. Mittelrh.*, I no. 62 p. 70 (a. 835). Major regiae villae. WANDALBERT., Mir. Goaris, lib. 2 c. 5, *SS.*, XV p. 365. Coll. Sangall., no. 36, *Form.*, p. 419. Villarum regiarum majores. HINCMAR., opusc. 35, SIRMOND, II p. 606. Ut presbiteri curas seculares nullatenus exerceant, id est ut neque judices neque majores villarum fiant. BENED. LEVITA, c. 174, *LL.*, II pt. 2 p. 55. Urbar. Prum., c. 2, BEYER, o.c., I p. 147. PÉRARD, *Bourg.*, p. 60 (a. 912-923, Dijon). Mansum unum cum mansionario ac majore nomine F. aliisque mancipiis numero 12. *D. Louis IV.*, no. 36 (a. 950). **8.** *juge local, maire de village — local judge, village bailiff.* Majoris ville nomine L. et scabiniorum auctoritate. D'HERBOMEZ, *Cart. de Gorze*, p. 211 no. 115 (a. 977). Fredi duae partes erunt praepositi, tertiam vero partem habebit major placiti. Const. Leduini Atrebat. (ca. a. 1020), BRUSSEL, *Examen*, II p. 789. Majores locorum . . . arma gestare incoeperant. EKKEH., Cas. s. Galli, c. 3, *SS.*, II p. 103 l. 12. G. pontif. Camerac., lib. 3 c. 22, *SS.*, VII p. 472 l. 44. DUVIVIER, *Actes*, I p. 138 (a. 1158, Corbie). **9.** *maire de commune — mayor.* BOURGIN, *Soissons*, p. 422 no. 12 (a. 1136). ESPINAS, *Rec. Artois*, no. 108, c. 9 (a. 1194, Arras). **10.** *maître d'une gilde — alderman of a merchant guild.* Major de gilda eorum. VERCAUTEREN, *Actes de Flandre*, no. 52 (a. 1111, Arras). **11.** **abbé — abbot.* Benedicti regula, c. 2; c. 5. **12.** majores natu: les grands, les nobles — the great men, the baronage. Concil. Arvern. a. 535, c. 15, *Conc.*, I p. 69. GREGOR. TURON., H. Fr., lib. 5 c. 32; lib. 7 c. 32; lib. 8 c. 30. Lib. hist. Franc., c. 45, *SRM.*, II p. 318. Contin. ad FREDEGAR., c. 20, ib., p. 178. Ann. regni Franc., a. 757, ed. KURZE, p. 16. En parlant de la classe supérieure d'une localité — speaking of the upper class of a district: Centenarii generalem placitum frequentius non habeant propter pauperes; sed . . . cum majoribus natu . . . frequenter placitum teneant. Capit. Karolo M. adscr., c. 4, I p. 214. A majoribus natu vici illius. Coll. Sangall., no. 30, *Form.*, p. 416. Majores natu Senensis civitatis et territorii. Catal. reg. Langob. Aret. (ca. a. 1060), *SS.*, XXX p. 1435 l. 12. Majores, nude: idem. A quibusdam civitatis majoribus. GREGOR. TURON., Glor. conf., c. 60, *SRM.*, I p. 783. Ad omnem populum Veneticorum, majores, mediocres et minores, a maximo usque ad minimum. FICKER, *Forsch.*, IV no. 29 p. 39 (a. 976). **13.** major



scholae: écolâtre — schoolmaster. *D. Ottos I.*, no. 253 (a. 963).

**majoralis** (subst. mascul.). Plural. majorales: les grands — the great men. GUÉRARD, *Cart. de Mars.*, I p. 245 (a. 1082). Ibi pluries.

**majorare:** *augmenter — to increase.* Pro hac utriusque ecclesiae majorata emendatione. *D. Charles le Ch.*, no. 364 (a. 872). Devotionis ardens flamma meum majorabit apud vos studium. PAUL. FULD., V. Erhardi (a. 1054-1073), lib. 1 c. 11, *SRM.*, VI p. 16 l. 6.

**majoratus** (decl. iv): **1.** *dignité de sénéchal — stewardship.* [Robertus rex Gaufrido comiti Andegavensi] et successoribus suis jure hereditario majoratum regni et regie domus dapiferatum . . . constituit. HUGO DE CLEERIIS, HALPHEN-POUPARDIN, *Chron. d'Anjou*, p. 241. **2.** *mairie — mayorship.* Majoratus villicationem in vita sua. GUÉRARD, *Cart. de Chartres*, I p. 430 (a. 1079-1101).

**majordomatus** (decl. iv) (< majordomus): **1.** *dignité de maire du palais — mayoralty of the palace.* Lib. Hist. Franc., c. 42, *SRM.*, II p. 315. Contin. ad. FREDEG., c. 4, ib., p. 170 sq. Pass. Ragneberti, c. 3, *SRM.*, V p. 210. Majordominatu [!] in aula regia fascibus excellebat. V. II Gaugerici, c. 2 § 9, *AASS.*, Aug. II p. 674 A. **2.** *charge de vidame — office of substitute of a bishop* ("vicedominus"). Qui majordomatu ceteris praestabat in urbe sub pontificali auctoritate. G. pontif. Camerac., lib. 1 c. 93, *SS.*, VII p. 438.

**majordomus,** v. major.

**majorens.** Plural. majorentes: membres d'une "schola" romaine qui figurent comme cavaliers de cortège — members of a Roman "schola". Majorentes qui vocantur Scola Stimulati. CENCIUS, c. 57 (Ordo), § 33, ed. DUCHESNE, I p. 298 col. 1. Iterum ib., § 42, p. 304 col. 1; § 47, p. 305 col. 2.

**1. majoria,** mairia, mairria, marria (< major): **1.** *mairie, charge de maire de village — mayorship, office of a village bailiff.* Singulis annis debet comes unum pastum . . . in ministerio marriae. MIRAEUS, I p. 161 (a. 1070, Boulogne; an verax ?). Concessimus ei majoriam ut libero homini in vita sua nullo succedente herede habendam. GUÉRARD, *Cart. de Paris*, I p. 383 (a. 1134). Post decessum ejus nulli filiorum vel heredum in majoria aliquid reclamare liceat. D. Lud. VII reg. Fr. a. 1142, LUCHAIRE, *Inst. mon.*, II p. 324 no. 22. D. ejusdem, *Ordonn.*, VI p. 120. Sub quadam iniqua haereditate majoriae — servitii et servitutis suae oblitus — adversus monachos se erexit. *Hist. de Fr.*, t. 15 p. 711 (epist. a. 1147/1148). Joarias, majorias et villicationes . . . quae ab . . . abbate acceperunt. WIBALD., epist. 18, JAFFÉ, *Bibl.*, I p. 99. In possessionibus ipsius monasterii nullus viariam vel majoriam vel villicationem hereditario seu feodi jure per successionem teneat. Pasch. III pap. priv. a. 1167, PFLUGK-HARTTUNG, *Acta*, I no. 327 p. 291. **2.** *l'ensemble des redevances dues au maire — the dues to be paid to a village bailiff.* Nullus in praedicta eleemosyna vel allodio retinet majoriam vel aliquam exactionem. MIRAEUS, I p. 559 (a. 1199, Hainaut). Dedit . . . sex modiatas terrae a majoria et omni exactione liberas. DC.-F., V p. 185 col. 3 (ch. a. 1199, Cambrésis).

**2. majoria,** v. medietaria.

**majorinus,** merinus: *"merino", délégué royal ayant des attributions judiciaires — "merino", delegate of the king invested with judicial power.* [Ecclesia] concedat majorino regis vocem judicii. Fuero de León (a. 1017-1020), c. 5, WOHLHAUPTER, p. 4. Dominus me constituit ultorem et majorinum ipsius [sc. Rudesindi]. Mir. Rudesindi, MABILLON, *Acta*, V p. 543. Omnes comites seu majorini regales populum sibi subditum per justitiam regant. Concil. Coyacense a. 1050, c. 7, varia lectio ap. DC. (cf. MANSI, t. 19 col. 792 D, ubi: regales villici). Fuero de Sepúlveda a. 1076, c. 12, ed. SAÉZ, p. 46. Neque majorinus neque sagio ibi amplius intret. *Mus. arch. dép.*, p. 76 (a. 1149, Castilla).

**majorissa: 1.** (cf. voc. major, subst., sub 1) *ménagère*, contre-maîtresse des esclaves féminines employées dans le ménage — *housekeeper*, chief of female slaves in a household. Lex Sal., tit. 10 addit. 4, text. Herold. **2.** *femme de maire* ou *maire féminin — bailiff's wife* or *female bailiff.* S. xiii.

**majoritas: 1.** *augmentation — increase.* Ad majoritatem boni operis valeant provenire. V. Vitalis, *AASS.*, Mart. II p. 28*. **2.** *supériorité — superiority.* Suos sectatores ad majoritatem . . . docuit pervenire. BERNOLD., Chron., a. 1091, *SS.*, V p. 453. **3.** *majorité — full age.* **4.** *charge de maire — office of mayor.* D. Lud. VI reg. Fr. a. 1119, *Ordonn.*, VII p. 445.

**majus** (subst. neutr.). Loc. ad majus: *tout au plus — at most.* Martius ad majus 9 dies carnium habet. Lib. cam. eccl. Traject. (ca. a. 1200), ed. MULLER, p. 44.

**makerellus,** v. macarellus.

**mala,** malis (germ., cf. angl. *mail*, frg. *malle*): *ballot, sac — bag.* Honoranciae civ. Papiae, c. 3, *SS.*, XXX p. 1452 l. 9. DUDO, lib. 1, epil., ed. LAIR, p. 138.

**maladeria,** -daria, -dria: *léproserie — leper-house.* S. xiii.

**maladia:** *maladie — illness.* S. xiii.

**malandrinus,** -endr-, -adr-, -edr-; -enus: *malandrin — rogue.* S. xiv, Ital.

**malannus:** une *maladie des yeux — an eye-trouble.* ALCUIN., epist. 79, *Epp.*, IV p. 121 l. 8.

**malare,** v. 1. mallare.

**malatolta,** malatolla, v. maletolta.

**maldratum,** maldre-, -ta: *l'étendue de terre qu'on ensemence avec un "maldrum" de blé — the amount of land sown with a "maldrum" of corn.* LUDEWIG, *Reliq.*, I p. 25 (ch. a. 1205).

**maldrinus** (< maldrum): une *mesure de céréales — a corn measure.* HOENIGER, *Koelner Schreinsurk.*, II p. 52 c. 4 (ca. a. 1150).

**maldrum,** maldarus, maldarium, maltrum, maltare, maltera, maldius (germ.): *une mesure de capacité — a solid measure.* WARTMANN, *UB. S.-Gallen*, I no. 39 (a. 763). Coll. Sangall., no. 34, *Form.*, p. 418. BITTERAUF, *Trad. Freising*, I no. 405 p. 349 (a. 819). BEYER, *UB. Mittelrh.*, I no. 173 p. 236 (a. 936). LACOMBLET, *UB. Niederrh.*, I no. 158 p. 98 (a. 1021). Addit. ad polypt. s. Remigii Rem., § 6, ed. GUÉRARD, p. 108. Lib. feudor., vulg., lib. 2 tit. 27 § 11, LEHMANN, p. 157.

**maleata,** v. maglata.

**malebergus,** v. mallobergus.

**malecredere:** *soupçonner, se méfier de* qq'un — *to suspect, hold in ill repute.* S. xiii.

**maledicere,** alicui vel aliquem: **maudire — to curse.*
**maledictio:** **malédiction — curse.*
**maledictum:** *condamnation — condemnation.* Se maledictum legis pavescere. Ludov. III imp. epist. (ca. a. 880), ap. Chron. Salernit., c. 107, ed. WESTERBERGH, p. 108.
**maledrinus,** v. malandrinus.
**malefactor:** *criminel — malefactor.* De furis et malefactoris [i. e. malefactoribus] ita decrevimus observare. Childeb. II decr. a. 596, c. 7, *Capit.*, I p. 16. Latronum et malefactorum scelera a te reprimantur. MARCULF., lib. 1 no. 8, *Form.*, p. 48. Capit. Harist., forma Langob., c. 8, I p. 48 col. 2. Capit. de partib. Saxon., c. 24 p. 70. Capit. missor. Theodonisv. II a. 805, c. 16, p. 125. Capit. nota fac. (a. 805-808), c. 4, p. 141.
**malefactum,** -a (femin.): *méfait, délit — offence.* Pro eorum malefactis rationem reddant. Lib. Pap., Karol. M., c. 127, *LL.*, IV p. 511. Ob latrocinia et malefacta eorum. *D. Ottos I.*, no. 320 (a. 966). Emendet ipsum malefactum in duplum. ROSELL, *Lib. feud. maj.*, no. 821 (a. 1070, Catal.).
**maleficare:** **ensorceler — to bewitch.* Duo pueri cum cultris validis ... infectis vinino, maleficati a Fredegundae regina, ... utraque ei latera feriunt. GREGOR. TURON., H. Fr., lib. 4 c. 51. Etiam c. 25.
**maleficium:** **1.** **sorcellerie, maléfice — witchcraft, bewitchment.* **2.** **poison de sorcier — sorcerer's poison.*
**maleficus,** -cius (adj.) (cf. TACIT., Ann., 2, 69): *magique — magic.* Maleficia ars. ISIDOR., vers. lat. concil. Ancyrit., ap. TURNER, *Mon.*, II p. 112 a, b. Herbae maleficiae. Cart. Senon., no. 22, *Form.*, p. 195. Subst. mascul. **maleficus:** **sorcier — sorcerer.* Malarum artium conscii, id est malefici. Edict. Theoderici, c. 108, *LL.*, V p. 164. GREGOR. TURON., H. Fr., lib. 6 c. 35. Lex Ribuar., tit. 82. Edict. Rothari, c. 371. Subst. femin. **malefica:** **sorcière — sorceress.* GREGOR. TURON., l. c.; rursum lib. 7 c. 14. Synod. Pap. a. 850, c. 23, *Capit.*, II p. 122.
**maleloquium, maleloquus,** v. maliloqu-.
**malendrinus,** v. malandrinus.
**maleollus,** v. malleolus.
**malesanus** (subst.): *lépreux — leper.* Juxta domos malsanorum. G. Federici imp., ed. HOLDER EGGER, p. 31.
**maletolta,** mala-, mal-, -tota, -tolla (< tollere): *tribut, taille — tribute, arbitrary taxation.* CHAMPEVAL, *Cartulaire d'Uzerche*, p. 95 (a. 1096).
**maletractare:** **maltraiter — to maltreat.* In turpe et derisiculum ipsius eum maletractavit. Edict. Rothari, c. 41. Qui eam [sc. fream suam] maletractaverit. Liutprandi leg., c. 120.
**malevantia,** v. manulevantia.
**malheolus,** malholhus, v. malleolus.
**maliata,** v. maglata.
**malignare,** **1.** aliquid: **préparer méchamment — to scheme evilly.* **2.** aliquem: *maltraiter — to maltreat.* Leg. Henrici, c. 11, LIEBERMANN, p. 557. **3.** intrans. et depon. malignari: **se conduire méchamment — to act evilly.*
**malignus,** subst.: **le diable — the devil.*
**maliloquium,** male-: **médisance — slander.*
**maliloquus,** male-: **médisant — disparaging.*
**malina,** mallina (celt.): **grande marée — high tide.* PS.-AUGUSTIN., Mirabil. scriptur. s. (s. vii, Irlande), lib. 1 c. 7, MIGNE, t. 35 col. 2159. BEDA, Nat. rer., c. 39, ib., t. 90 col. 258. Id., Temp. rat., c. 29, ed. JONES, p. 234. WILLIBALD., V. Bonifatii, c. 9, ed. LEVISON, p. 56. DONAT., V. Ermenlandi, c. 3, *SRM.*, V p. 691. NENN., Hist. Britt., c. 72, ed. LOT, p. 215. G. abb. Fontan., c. 1 § 5, ed. LOHIER-LAPORTE, p. 7. V. Wlframni, c. 8, *SRM.*, V p. 667. V. Maglorii, c. 21, *AASS.*, Oct. X p. 789 B. RADULF. GLABER, lib. 3 c. 10, ed. PROU, p. 60.
**maliolus,** v. malleolus.
**malis,** v. mala.
**malitia:** **1.** **ennuis, malheur, affliction — reverse, ill luck, disaster.* **2.** **péché, propension au péché — sin, sinfulness.* **3.** *crime — crime.* Edict. Pist. a. 864, c. 7, *Capit.*, II p. 314.
**mallardus:** *malart — wild duck.* S. xiii.
**1. mallare,** malare (< mallus). **1.** intrans.: *intenter une action* dans le plaid, *porter plainte — to sue, lodge a complaint* in the folkmoot. Si quis casa[m] qua[m]libet super homines dormientes incenderit, quanti ingenui intus fuerint mallare debent. Lex Sal., tit. 16 § 1. Si [debitor] noluerit componere, [creditor] debet eum ad mallum manire; et sic ... mallare debet: Rogo te, thungine, ut ... Ib., tit. 50 § 2. **2.** causam: *introduire* une demande, *intenter* une action dans le plaid — *to institute* proceedings at law, *to lodge* a complaint. Si quis hominem in puteum ... inpinxerit ... et ipse exinde vivus evaserit et ipse causam suam possit mallare. Ib., tit. 41 § 9, codd. fam. 3. Ei cui causa est liceat legibus causam suam mallare. Capit. I legi Sal. add., c. 12. Si quis causam mallare debet, et sic ante vicinos causam suam notam faciat ... Chilperici edict., c. 10, *Capit.*, I p. 10. Causas suas in vicem illius ad mallandum vel prosequendum recipere deberit. MARCULF., lib. 1 no. 21, *Form.*, p. 56. Item lib. 2 no. 31, p. 95. Mandatarius S. comite [i. e. comitis] causas perquirere vel mallare [i. e. causis perquirendis vel mallandis]. *Hist. de Languedoc*[3], II pr. no. 169 col. 346 (a. 868). Tam mallandi quam jurandi seu etiam ... testificandi ... liberam obtineas potestatem. Prol. ad serv. ingenuand. (s. x), ed. GARCÍA VILLADA, *Anuar. Inst. Est. Catal.*, t. 4 (1911/12), p. 540. **3.** aliquem: *actionner* qq'un dans le plaid — *to sue, implead* in the folkmoot. Si quis ad hineum mallatus fuerit. Lex Sal., tit. 53 § 1, codd. fam. 3, text. Herold. et Lex Emend.; codd. fam. 1 et 2: admallatus. Si quis in mallum alterum per lege conjunxerit ..., ille qui eum mallavit ... Ib., tit. 56, addit. cod. Guelferbit. et text. Herold. De illas res unde tu me mallasti, ego de illas te mallare non redebeo. Capit. II legi Sal. add., cod. Leid. Voss. Lat. 119. Si quis grafione[m] ad res alienas tollendas invitaverit et legitime eum jactivum aut mallatum non habuerit. Septem causae, c. 6 § 6, BEHREND[2], p. 176. Si quis aliquem ad servitium mallaverit. Extrav. ad leg. Sal. ex cod. Epored., ib., p. 165. Ut in presente legitime mallatus fuerit. Lex Ribuar., tit. 58 § 21. Quicumque ingenuus ... mallaverit [i. e. mallatus fuerit] de qualibet causa, ... lege[m] directa[m] sic facere debet. ... Agens [i. e. grafio] et qui mallat, ipsum [reum]



ad nos adducant. Chilperici edict. (a. 571-574), c. 8, *Capit.*, I p. 9. Si quis liber alicui libero qui eum mallat de qualicumque re dedignabitur justitiam facere. Lex Baiwar., tit. 13 c. 2. Etiam tit. 1 c. 10. Si quis alium mallare vult de qualecumque causa, in ipso mallo publico debet mallare. Lex Alamann., tit. 36 § 2. Rursum tit. 94. Homo homene[m] mallavit pro res suas. F. Andecav., no. 43, *Form.*, p. 19. Me ille homo in mallo publico malabat quod ego terra[m] sua[m] proprisi aut pervasi. Cart. Senon., no. 21, ib., p. 194. Ibi adveniens M. advocatus H. comiti[s] ... mallavit hominem aliquo nomine D., quod servus erat domno Karolo de suum beneficium. PROU-VIDIER, *Ch. de S.-Benoît-s.-Loire*, I no. 9 p. 24 (a. 796). Hoc jam ante pridem fuisse quam [i. e. quod] eum H. aut defensor ejus pro hoc mallarent. BITTERAUF, *Trad. Freising*, I no. 475 p. 406 (a. 822). Venit B. in placitum publicum ... et ibi mallavit B. Baturicum episcopum et I. advocatum ejus. WIDEMANN, *Trad. S.-Emmeram*, no. 20 (a. 822). Comis eum mallavit quod ipse villares suus beneficius esse debebat. THÉVENIN, *Textes*, no. 71 (a. 834, Narbonne). Si quis aliquem de aliquo mallaverit negotio et ille qui mallatus fuerit dicat ideo ei respondere nolle quia ... Lud. II capit. Pap. in legem data a. 855, c. 1, II p. 89. Ibi pluries. **4.** *citer* d'office *à comparaître dans le plaid — to summon to appear in the folkmoot, put on trial.* Missi nostri colonos et servos pauperes cujuslibet potestatis non mallent [bonorum denariorum rejectorum causa] ... sed advocatus eorum ... malletur. Const. Caris. de Moneta a. 861, *Capit.*, II p. 302.
**2. mallare,** v. marlare.
**mallatio:** **1.** *action de droit, instance portée devant le plaid — reclamation, prosecution in the folkmoot.* Omnem adquisitionem vel mallationem quam habuit inquirendum. BITTERAUF, *Trad. Freising*, I no. 563 p. 483 (a. 828). Advocatus s. Dionisii ante regis excellentiam quendam mallavit hominem ..., dicens quod servitium ... s. Dionisii debitum contradiceret atque reddere neglexisset injuste. Interrogatus ... hanc mallationem minime denegavit, sed servum s. Dionisii ... se esse dixit. *D. Charles II le Ch.*, no. 314 I (a. 868). Similia TARDIF, *Cartons*, no. 202 p. 130 col. 2 (a. 868). Quicquid ad praefatum monasterium cause seu juste mallationis ab advocato vel rectoribus ejus fuerit perquirendum. *D. Arnulfs*, no. 111 (a. 893). Illam mallationem ego ipse reconciliavi, pro qua semper ab illis mallatione et fatigatione aggressus fueram. WARTMANN, *UB. S.-Gallen*, II no. 560 (a. 872). Si quis deinceps de hac re querelam aut mallacionem faceret. Ib., III no. 779 (a. 920). Nullam deinceps de praedicta silva questionem sive mallationem illi facere liceret. F. Sangall. misc., no. 5, *Form.*, p. 382. **2.** *intimation* de par le pouvoir public — *summons* by public authority. Missi ... quasdam adinventiones ... et in mallatione [de denariis rejectis] et in exactione [banni] intromittunt. Const. Caris. de moneta a. 861, *Capit.*, II p. 301.
**mallator:** *demandeur — plaintiff.* Confessus est verba mallatoris esse vera. THÉVENIN, no. 96 (ca. a. 863, Vienne).
**mallatura:** *frais de justice* à payer par le demandeur — *law-fees* to be paid by the plaintiff. Concessimus advocatum [i. e. advocato] ipsius ecclesie, ut nullus ejus mallaturam querere audeat, sed liceat ei pleniter ... causas ejusdem ecclesie querere et omnem legalem justitiam adquirere. D. Ludov. II imp. a. 862, *CD. Langob.*, no. 221 col. 370 C. Nullam mallaturam [i. e. nulla mallatura] ab advocato ipsius monasterii penitus requiratur nec etiam bannum nostrum pro qualibet causa a parte monasterii ... exigatur. *D. Charles II le Ch.*, no. 401 (a. 875). Nulla[m] mallatura[m] quod est tortum a parte prefati advocatores seu et ad ipsi decem homines de parte ipsius monasterii quislibet querere adeat [i. e. audeat]. *D. Berengario II*, no. 5 p. 307 (a. 952). Nullus homo audeat respondere mallaturam advocato ejus. *D. Ottos II.*, no. 249 (a. 981). Nullus mallaturam persolvat advocato ejus. *D. Heinrichs III.*, no. 186 (a. 1047) (emploi abusif ? — misused ?)
**malleare:** *marteler — to hammer.* S. xiii.
**malleator:** **forgeron — smith.* BITTERAUF, *Trad. Freising*, I no. 14[b] p. 42 (a. 759).
**mallenses** (< mallus): *hommes du plaid — mootmen.* Mallensibus undique ad seniorem confluentibus jubet reum adduci. ODO CLUNIAC., V. Geraldi, lib. 1 c. 19, *AASS.*, Oct. VI p. 307.
**malleolus,** maleo-, malheo-, malio-, malo-, malho-, majo-; -ll-, -li-, -lh-; -um, -a (femin.) (class. "mailleton, bouture de vigne — vineshoot"): *vigne nouvellement plantée — recently planted vineyard. Hist. de Lang.*[3], II pr. no. 201 col. 401 (a. 878, Albi). Ib., V pr. no. 72 col. 182 (a. 938, Elne). ROUQUETTE, *Cart. d'Agde*, no. 11 p. 22 (a. 962). Id., *Cart. de Béziers*, no. 76 p. 95 (a. 1068).
**malleria,** v. marlaria.
**mallevantia,** v. manulevantia.
**mallidicus** (adj.) (< mallus): *où se tiennent les plaids — of the folkmoot.* Advocatus ... justiciam de familia reddat infra comitatum in mallidicis locis. *D. Ottos I.*, no. 86 (a. 947).
**mallina,** v. malina.
**mallo** (genet. -onis) (gr.): *mèche de cheveux — lock of hair.* Suscepit mallones capillorum domni Justiniani. Lib. pontif., Bened. II (a. 684/685), § 3, ed. MOMMSEN, p. 204.
**mallobergus,** malli-, male-, -bergius (germ.): *plaid — folkmoot.* In mallo publico legitimo, hoc est in mallobergo. Lex Sal., tit. 46. Iterum ib., tit. 54 § 4; tit. 56; tit. 57. In illo malebergo respondere aut convenire debeat. Capit. II legi Sal. addit., c. 8. Nec homines eorum per mallobergiis nullus deberet admallare. *D. Karolin.*, no. 66 (a. 772). Eadem verba no. 91 (a. 775).
**mallonus** (cf. voc. mala): *grande malle — large bag.* S. xiii.
**mallus,** mal-, -um (germ.): **1.** *plaid, assemblée judiciaire — folkmoot, judicial assembly.* Si quis ad mallum legibus dominicis mannitus fuerit. Lex Sal., tit. 1 § 1. Eadem verba: Lex Ribuar., tit. 36 § 1. Si quis ... [regis praeceptum] abbundivit [i. e. produxerit] in malum publico. Lex Sal., tit. 14 § 4. Saepe in legib. Sal. et Ribuar. [Dominus servum inculpatum] in mallum praesentet. Pactus Childeb. (a. 555-558), c. 5, *Capit.*, I p. 5. Quicumque in mallo praesumpserit farfalium minare.

Childeb. II decr. a. 596, c. 6, p. 16. PARDESSUS, I no. 237 p. 223 (a. 625). In mallo publico ante vir illo comite vel reliquis quamplures bonis hominibus. Cart. Senon., no. 10, *Form.*, p. 189. In mallo interfecit. FREDEG., lib. 4 c. 83, *SRM.*, II p. 163. WARTMANN, *UB. S.-Gallen*, I no. 11 (a. 745). Si aliquis homo ... [causam suam] ab illum comitem non innotuerit in mallo. Pippini capit. (a. 754-755), c. 7, *Capit.*, I p. 32. Hominem in mallo productum demittat. Capit. legib. add. a. 803, c. 8, p. 114. Nullus alius de liberis hominibus ad placitum vel ad mallum venire cogatur exceptis scabinis et vassis comitum. Capit. Aquisgr. a. 809, c. 5, p. 148. In locis ubi mallos publicos habere solent. Ib., c. 13, p. 149. Ut nullus ad mallum vel ad placitum infra patria arma ... portet. Capit. cogn. fac. (a. 803 -813), c. 1, p. 156. Ad comitis sui mallum omnimodis venire non recuset. Const. de Hisp. I a. 815, c. 2, p. 262. Per districtionem comitis ad mallum veniant. Capit. legi add. a. 816, c. 2, p. 270. In mallo publico ad praesentiam comitis veniant. Capit. legib. add. (a. 818/819), c. 10, p. 283. Ne malla vel placita ... in dominicis vel festivis diebus tenere praesumant. Capit. missor. Suession. a. 853, c. 7, II p. 269. Dum resedisset B. vicecomes in judicio in mallo publico in curte ducati civitate Astense. MANARESI, *Placiti*, I no. 88 p. 316 (a. 880). Wormatie in publico mallo officium advocationis traditum est. BEYER, *UB. Mittelrh.*, I p. 230 no. 166 (a. 926). Tam in malis publicis quam etiam coram nostra presentia. *D. Louis IV*, no. 1 (a. 936). [Villam] in publico mallo ... legaliter acquisivi. DUVIVIER, *Rech. Hainaut*, no. 23 p. 337 (a. 939). Notitia wirpitionis apud Matisconum ... in mallo publico. BERNARD-BRUEL, *Ch. de Cluny*, I no. 632 (a. 943). Mallum apud villam ... haberetur, ad quod praedictum fratrem ... causa praedictae traditionis consummandae mitteremus. Transl. Eugenii (s. x p. pr.), c. 40, *Anal. Boll.*, t. 5 p. 393. Residens ... [missus dominicus] ad injuncta sibi definienda judicia cum quibusdam comitibus in mallis publicis. FLODOARD., Hist. Rem., lib. 2 c. 18, *SS.*, XIII p. 465 l. 36. In comitatu et in mallo publico. Inquis. regalium Bawar. a. 1027, *Const.*, I no. 439. [Carta] recensita mallo T. advocati. BEYER, o.c., I no. 320 p. 374 (a. 1043). Ubi quidam comes ... concioni praesidebat quod rustici mallum vocant. V. Walarici, c. 12, *SRM.*, IV p. 165. Loco q. d. Broilus ubi placita et mallos tenebat. DC.-F., V p. 200 col. 1 (ch. a. 1076, Vermandois). In mallo G. comitis. ERHARD, *Reg. Westfal.*, I, CD. no. 189 p. 148 (a. 1121). In generali ejus [sc. burgravii Ratisbonensis] mallo ... eandem causam sic determinavit. WIDEMANN, *Trad. S.-Emmeram*, no. 973 p. 492 (a. 1183). Cf. S. BIDAULT DES CHAUMES, *Etude sur le mallum*, Paris 1906. F. N. ESTEY, *The meaning of "placitum" and "mallum" in the capitularies, Speculum*, t. 22 (1947), pp. 435-439. **2.** spec.: *plaid général du comte — regular shiremoot.* De homicidium istud vos admallo ut in mallo proximo veniatis. Capit. I legi Sal. add., c. 9, Latro ... tribus mallis parentibus offeratur. Pactus Childeb., c. 2, *Capit.*, I p. 5. In proximo mallo ... sic invitetur graphio. Chilperici edict., c. 8, p. 9. Si comes infra supradictarum noctium numerum [sc. 40] mallum suum non habuerit, ipsum spatium usque ad mallum comitis extendatur. Capit. legi Sal. add. a. 819, p. 292. Si quis alium mallare vult de qualecumque causa, in ipso mallo publico debet mallare ante judice suo. Lex Alam., tit. 36 § 2. Etiam tit. 17 § 2. Ut ad mallum venire nemo tardet, unum circa aestatem et alterum circa autumnum. BENED. LEVITA, lib. 3 c. 133, *LL.*, II pt. 2 p. 110. Ut conlimitanei et vicini comites in una die, si fieri potest, mallum non teneant. Edict. Pist. a. 864, c. 32, *Capit.*, II p. 324. A tribus principalibus mallis, qui vulgo ungeboden ding vocantur. GLÖCKNER, *Cod. Lauresham.*, I p. 399 no. 131 (a. 1071). **3.** *lieu où se tiennent les plaids — meeting-place of the folkmoot.* Prosequi et admallare debeas per mallos, vicos, castella, oppida et civitates. F. Senon. rec., no. 10, *Form.*, p. 216. In pago T. in mallo publico qui vocatur T. *D. Karolin.*, I no. 138 (a. 781). In mallo Remis isti juraverunt. Capit. missor. Attiniac. a. 854, *Capit.*, II p. 278. **4.** *ceux qui sont présents dans le plaid — the people standing in the folkmoot.* In audientia Francorum ante mallum, in sedili comitis sedente H. comite et circumsedentibus undique scabineis. LESORT, *Ch. de S.-Mihiel*, no. 26 p. 118 (a. 943). **5.** *procès — legal proceedings.* Homo quidam ... absque ulla inquisitione et mallo seu judicio ... villam B. invasit. GERMER-DURAND, *Cart. de Nîmes*, no. 5 p. 10 (a. 892). **6.** *redevance pour rachat de l'obligation d'assister aux plaids — tribute to redeem the duty of being present in legal assemblies.* Neque ullum mallum tolletur de praedicta terra. MURATORI, *Antiq. Est.*, p. 340 (ch. a. 1173).

**malolus,** v. malleolus.

**maloserius:** *courtier — broker.* S. xiii, Ital.

**malosum:** *courtage — brokerage.* S. xiii, Ital.

**malta,** molta: *mortier — mortar.* HUGO DE S. VICTORE, Cerem. eccl., lib. 1 c. 8, MIGNE, t. 177 col. 387 B.

**maltare,** maltera, v. maldrum.

**maltollectum** (cf. voces maletolta et collecta): *tribut — tribute.* Frid. I imp. conv. cum Ravenn. a. 1162, *Const.*, I no. 213, c. 6. GADDONI-ZACCHERINI, *Chart. Imolense*, II p. 377 (a. 1189).

**maltota,** v. maletolta.

**maltrum,** v. maldrum.

**malum:** *battant de cloche — bell-clapper.* Fecit ... campanilem et posuit campana cum malo ereo. Lib. pontif., Leo IV, § 55, ed. DUCHESNE, II p. 119.

**malus** (subst.): **le Diable — the Devil.*

**mambretus,** mambrinus, v. marbrinus.

**mamma:** **nourrice — nurse.*

**mammare:** **1.** **allaiter — to suckle.* **2.** **têter — to suck.*

**mammona** (mascul.), -as (genet. -ae) (gr. < aram.): **1.** **le dieu de l'avarice — the god of greed.* **2.** **richesses — riches.*

**mammoneus:** **d'avarice — of greed.*

**mammoniticus:** *d'avarice — of greed.* ANDR. FLORIAC., Mir. Benedicti, lib. 6 c. 10, DE CERTAIN, p. 232.

**mamzer,** v. manzer.

**managium,** v. mansuagium.



**manamen:** **courant, cours d'eau — stream, current.*

**manamentum,** v. mansionamentum.

**manareta** ( < manuaria): *hachette — hatchet.* S. xiii, Ital.

**manaria,** v. manuaria.

**manartifex:** *artisan — handicraftsman.* S. xii.

**manberga** (germ.): *cotte de mailles — coat of mail.* SALIMBENE, ed. HOLDER EGGER, p. 592.

**mancaldata,** men-, -col-: *mesure de terre,* l'étendue que l'on ensemence avec un "mencaud" de blé — *land measure,* the amount sown with a "mancaldus" of grain. GUIMANN., Cart. s. Vedasti, ed. VAN DRIVAL, p. 239.

**mancaldus,** men-, -ch-, -old-, -aud-, -oud-, -a (celt.): **1.** *mesure de capacité — solid measure.* GUIMANN, Cart. s. Vedasti, ed. VAN DRIVAL, p. 141. Charte-loi de Prisches a. 1158, c. 1, ed. L. VERRIEST, *RBPH.*, t. 2 (1923), p. 337. G. episc. Camerac. abbrev., c. 25, *SS.*, VII p. 510. Fund. monast. Arroas., contin., *SS.*, XV p. 1124. **2.** *mesure de terre,* l'étendue que l'on ensemence avec un "mencaud" de blé — *land measure,* the amount sown with a "mancaldus" of grain. HAIGNERÉ, *Cart. de S.-Bertin*, I p. 78 (a. 1140).

**mancare** (< mancus): *mutiler — to maim.* Lex. Sal., tit. 29 § 2 et 4. Lex Ribuar., tit. 68 § 5. Lex Alamann., tit. 12-14. Capit. ad legem Alamann., c. 8 sq. Divisio regn. a. 806, c.18, *Capit.*, I p. 130.

**mancatio:** *mutilation — mutilation.* In omni mancatione, si membrus mancus pependerit. Lex Ribuar., tit. 5 § 6. Sive in vulneribus sive in percussionibus sive in mancationibus. Lex Fris., tit. 22 § 90. [Monachi] non orbentur nec mancationes alias habeant nisi ex auctoritate regulae. Dupl. legat. edict. a. 789, c. 16, *Capit.*, I p. 63.

**manceps:** **geôlier, bourreau — jailer, executioner.*

**mancipare, 1.** alicui: **assujettir, traduire dans le pouvoir* de qq'un — *to subject, bring into the power* of a person. **2.** aliquem custodiae sim.: enfermer — to confine. Quem Chlodovechus receptum custodiae mancipare praecipit. GREGOR. TURON., H. Fr., lib. 2 c. 27. Vivens sepulturae fuerat mancipatus. Ib., lib. 4 c. 12. Multi [Christiani] ... carcere [i. e. carceri] mancipati ... sunt. Ib., lib. 5 c. 38. **3.** aliquem Deo: *vouer à, consacrer à Dieu — to vow, devote to God. Cum [episcopus] ad officium dominicum fuisset mancipatus. Ib., lib. 2 c. 23. **4.** aliquid alicui rei: **donner* à, *soumettre* à, *livrer* à — *to give* to, *subject* to, *abandon* to. Loc. effectui mancipare: effectuer — to carry into effect. Quidquid ... precepisset, ... effectui manciparent. JORDAN., Getica, c. 11 § 69, *Auct. ant.*, V pt. 1 p. 74. GREGOR. M., lib. 9 epist. 89, *Epp.*, II p. 102. Iterum epist. 183, p. 176. [Petitiones] volumus obaudire et effectui mancipare. *D. Merov.*, no. 12 (a. 628). Etiam no. 51 (a. 681). Id quod exposcitur effectui mancipamus. Lib. diurn., c. 32, ed. SICKEL, p. 23. Ibi pluries. Pass. effectui mancipari: arriver à son effet, se réaliser — to take effect, materialize. Hormisd. pap. epist. 114, § 2, THIEL, p. 915. Theodor. pap. epist., MIGNE, t. 87 col. 99 B. **5.** in aliquid, ad aliquid, alicui rei: *subordonner* à, *utiliser* à, *tourner au profit* de, *affecter* à — *to submit* to, *apply* to, *destine* for, *affect* to. Tributum ... divino cultui mancipavit. WIDUKIND., lib. 1 c. 39. Curtim ... aliis usibus mancipatam. MULLER-BOUMAN, *OB. Utrecht*, I no. 410 p. 371 (a. 1155). **6.** *faire donation de* qqch. — *to donate.* Ipsam terram praefato sanctuario mancipamus atque largimur. *D. Karlmanns*, no. 21 (a. 879). Se et omnia sua ecclesie s. Marie mancipasse. MULLER-BOUMAN, o.c., no. 458 p. 410 (a. 1168). **7.** i. q. emancipare: *libérer — to set free.* Allodium meum ... ab omni nostra vel laica potestate omnimodo mancipatum. MIRAEUS, I p. 104 col. 1 (a. 1139, Flandre).

**mancipatio:** *charge grevant une propriété — burden incumbent on an estate.* Sine banno atque servicio ac omni mancipatione senioris. *D. Ottos III.*, no. 261 (a. 997). [Concessit terram] sine mancipatione servitii vel alicujus redditus. DC.-F., V p. 208 col. 2 (ch. a. 1183, Corbie).

**mancipatorius** (subst.): *délégué accomplissant l'acte de saisine — substitute in the act of livery.* Quidam miles ... cum fratribus suis manuque mancipatorii sui tradidit proprietatem suam. WIDEMANN, *Trad. S.-Emmeram*, no. 827 p. 396 (ca. a. 1147).

**mancipia** (femin.): *serve — female serf.* Una mancipia ancilla mea. *CD. Cajet.*, p. 113 (a. 962). Mancipias 6 his nominibus. ZEUSS, *Trad. Wizenburg.*, no. 200 (a. 847).

**mancipiolum:** **serf de peu de valeur — a serf of slight value.* Concil. Agat. a. 506, MANSI, t. 8 col. 325. Concil. Turon. II a. 567, c. 20, *Conc.*, I p. 128.

**mancipium:** **1.** le terme comprend diverses catégories de dépendants — the word comprises various groups of dependants. Mancipiis quoque diversi generis vel condicionis. *D. Ludwigs d. Deutsch.*, no. 26 (a. 840). Mancipiis letilibus. HEINEMANN, *CD. Anhalt.*, I no. 47 p. 36 (a. 970, Köln). Cum mancipiis utriusque sexus sua conditione designatis debiteque servituti attitulatis. GRANDIDIER, *Alsace*, II no. 512 (a. 1099). **2.** le terme s'emploie même pour des tributaires d'église grevés d'obligations serviles très réduites — the word is used even for ecclesiastical tributaries whose serfdom is marked by rather slight charges. Ista sunt censualia mancipia. BEYER, *UB. Mittelrh.*, I no. 120 p. 126 (a. 882). Fecit seipsam mancipium ecclesiae. DRONKE, *CD. Fuld.*, no. 766, p. 372 (a. 1079). Cf. A. E. GIFFARD, *Rev. de philol.*, 1937, pp. 396-400; H. DUBLED, *Rev. du moyen âge latin*, t. 5 (1949), pp. 51-56. **3.** *chevage — poll-money.* Annuale mancipium, denarios scilicet 5, pro ipsa vos daturos esse promittite. *SS.*, XI p. 95 n. (s. ix).

**mancipius** (mascul.): *serf — serf.* Lex Rom. Cur., lib. 4 tit. 9, *LL.*, V p. 346. F. Augiens., coll. B no. 39, *Form.*, p. 362.

**mancusus,** mancosus, mancussus (adj.) (DOZY: < arab. partic. praet. *manqūsh* "gravé, frappé — engraved, struck". GRIERSON: < lat. mancus "défectueux — deficient"). Solidus mancusus: pièce d'or, de provenance soit arabe, soit italo-byzantine — gold coin, either of arab or italo-byzantine origin. Promittimus componere vobis ... auri solidos mancosos centum. GIORGI-BALZANI, *Reg. di Farfa*, II no. 141 p. 119 (a. 786). In auri solidos mancusos numero 200. Lib. pontif., Hadr. I, § 77, ed. DUCHESNE, I p. 509. Solidi

mancosi. Ughelli[2], V col. 1098 (ca. a. 810, Istria). Subst. mascul. **mancusus**, -uss-, -os-, -oss-, -usi-, -a, mancusis, manco (genet. -onis), -onus, mancus, manca: **1.** idem quod solidus mancusus. Tantos mancusas [Petro] apostolo . . . emittere. Leonis III pap. epist. a. 797 ap. Alcuin., epist. 127, *Epp.*, IV p. 189. Aut manculos [leg. mancusos] viginti aut quinquaginta solidos argenti. D. Lud. Pii a. 816, Ughelli[2], V col. 706. Pro sex mancusis solum ab uno homine sacramentum recipiatur. Loth. I imp. pactum cum Venetis a. 840, c. 34, *Capit.*, II p. 135. Duo milia mancusos venundaretur episcopium. Lib. pontif., Serg. II (a. 844-847), § 43, II p. 98. Volumus ut habeat spatas 3, mancosos 100, balteum 1. Test. Everardi a. 867, De Coussemaker, *Cart. de Cysoing*, p. 3. Repperimus de thesauro aecclesiae s. Trudonis . . . mancosos 5 pensantes denarios 6. Ch. a. 870 ap. G. abb. Trudon., lib. 1 c. 3, *SS.*, X p. 231. 300 mancusos auri optimi . . . exsolvat. *D. Karlmanns*, no. 25 (a. 879). Mancusi auri. Kemble, *CD. aevi Saxon.*, VI no. 1223 p. 13 sqq. (a. 959; passus forte genuinus chartae spuriae). Ad ipsam [filiam meam] remaneant ipsi nodelli mei cum ipsos mancusos et inaures. Test. Adalaidis a. 978, Martène, *Thes.*, I col. 97. Aut mancusos 20 aut solidos 50 accipiat. *D. Heinrichs II.*, no. 309 (a. 1014). **2.** poids d'or égalant la pièce dite "solidus mancusus" — the weight in gold of a "solidus mancusus". Duo milia mancosos auri obrizi. *D. Arnulfs*, no. 123 (a. 894). **3.** la valeur d'un "solidus mancusus" utilisée comme monnaie de compte en argent — the value of a "solidus mancusus" used as a money of account in silver. In auro aut in argento vel pannis valentes mancoses decem. Giorgi-Balzani, o.c., II no. 163 p. 136 (a. 799). Multos ei in argento mancosos praebuit. Lib. pontif., Leo IV, § 102, II p. 132. Censu 25 millium in argento mancusorum annualiter. Joh. VIII pap. epist. no. 89 a. 878, *Epp.*, VII p. 85. Cf. Ph. Grierson, *Carolingian Europe and the Arabs: the myth of the mancus*, *RBPH.*, t. 32 (1954), pp. 1059-1074.

**mandamen: 1.** *message, avis — word sent, notice.* Semet humili mandamine per legatos suos imperatori subditurum promisit. Ann. Hildesheim., a. 1031, ed. Waitz, p. 36. Ingrata imperatori . . . deferri jussit mandamina. Anselm., G. episc. Leodiens., c. 65, *SS.*, VII p. 228 l. 46. **2.** *appel — call.* Cujus mandamine venit. Hrotsv., G. Ottonis, v. 653. Tali vocatus mandamine. Wolfher., V. Godehardi, c. 30, *SS.*, XI p. 189.

**mandamentum: 1.** *ordre — injunction.* Secundum voluntatem et mandamentum de predictos comite et comitissa. Rosell, *Lib. feud. maj.*, no. 73 (a. 1079, Catal.). Ad mandamentum domni abbatis et monachorum se placitarent. D'Achéry, *Spic.*, VIII p. 196 (a. 1164). **2.** *notification d'un ordre en vertu du pouvoir judiciaire — notice given of a legal injunction.* Pertinent ad vicariam omnia mandamenta et omnes vetationes propter placita. Brussel, *Examen*, II p. 727 (ch. a. 1103, Montpellier). **3.** *pouvoir banal — public coercive power.* In eodem manso habebamus . . . justitiam et mandamentum et albergarias. Guérard, *Cart. de Marseille*, II p. 107 (a. 1064). De ipsa omnia que ad honorem de predictum castrum pertinent, sive ad suum mandamentum sive ad suum imperamentum. Alart, *Cart. Roussillonnais*, no. 56 p. 83 (ca. a. 1074 ?). In illam nostram dominicaturam habeatis vos . . . omnem destrictum et mandamentum. Font-Rius, *Cart. de S. Cugat*, no. 730 (a. 1088). **4.** *circonscription où s'exerce un pouvoir banal — district subject to a public coercive power.* Veni ego de alio territorio et intravi in vestro mandamento. De Hinojosa, *Doc.*, no. 4 p. 4 (a. 973, León). Iterum ib., no. 8 p. 11 (a. 1007). Si aliquis sajo pignuram [i. e. pignorationem] fecerit in mandamento alterius sajonis. Fuero de León (a. 1017/1020), c. 16, Wohlhaupter, p. 8. Castella cum ecclesiis et parrochiis et totis mandamentis suis. Marion, *Cart. de Grenoble*, p. 2 no. 1 (a. 1107). Dono . . . castrum de B. quod est alodium meum cum mandamento ejusdem castri. Teulet, *Layettes*, I no. 69 p. 49 col. 2 (a. 1138). Similia *Gall. chr.*[2], XVI instr. col. 185 (a. 1146, Die). Quidquid in civitate Diensi et in mandamento ejus habeo. Ib., col. 188 (a. 1167). *Actes Phil.-Aug.*, no. 103, I p. 129 l. 27 (a. 1183/1184, Lyonnais). Cf. L. Letonnelier, *Essai sur les origines des châtelains et des mandements en Dauphiné*, *Ann. Univ. de Grenoble*, Lettres, 1925. **5.** amende infligée en vertu du poivoir banal — fine inflicted by public authority. Dono tertiam partem de omnibus placitis et . . . destrictos et mandamentos. Udina, *Llibre blanch de S. Creus*, no. 38 (a. 1134).

**mandare: 1.** **envoyer, diriger* des personnes — *to send, despatch* persons. In monasterium prelibatum . . . monacos regulares mandasset. Hugo Farf., Destr., ed. Balzani, *Il Chron. Farf. di Greg. di Cat.*, I p. 40. **2.** *envoyer, expédier* des objets — *to send, forward* things. Charta quaedam mandata sit. Anast. Bibl., Apol. pro Honor. pap., Migne, t. 129 col. 566 A. Per suum missum mandans 12 solidos. Hugo Farf., Exc., ed. Balzani, p. 64. Mandavit episcopo Noviomensi litteras, quibus excusationem suam obtulit. Galbert., c. 25, ed. Pirenne, p. 43. Consilium acciperent quomodo mandarent mercatum [des provisions — provisions] gentibus que erant ultro Nicenam civitatem. Anon., G. Franc., c. 7, ed. Bréhier, p. 34. **3.** *envoyer* une salutation, *faire part* d'une communication — *to send* greetings, tidings. Mihi salutem mandare. Vulgar., Syll., *Poet. lat.*, IV pt. 1 p. 416. In omnibus quae mandasti salutaria tibi mandavimus. Steph. II pap. epist., *Epp.*, III p. 487. Excusationem impossibilitatis suae illuc veniendi mandavit. Hincmar. Rem., opusc. 29, Sirmond, II p. 317. **4.** **annoncer, déclarer par message — to announce, declare by message.* Quicquid voluit per legatos mandavit. Ann. regni Franc., a. 804, ed. Kurze, p. 118. Obviam Bernardo, sicut mandaverat, Nivernensem urbem petit. Nithard., lib. 2 c. 5, ed. Lauer, p. 50. [Vicarius] vocabat ad se villanos monachorum ut venirent facere rectum pro quolibet forsfacto, non mandans eis forsfactum pro quo vocati erant. Bertrand, *Cart. d'Angers*, I no. 226 p. 272 (a. 1055-1093). Diem . . . mandat quo haec facere deliberaverit. Anselm., G. episc. Leod., c. 61, *SS.*,



VII p. 225 l. 48. **5.** *faire savoir par un message, faire part de — to let know by message.* Judex . . . teneat [servum fugitivum] . . . et mox mandet ad judicem unde fugire coepit quatinus eum recipiat. Edict. Rothari, c. 264. Qui [servos] fugitivos corripiunt, dominis mandare debent. Lex Burgund., tit. 20 § 3. Mittens ad Aedilberctum mandavit se venisse de Roma. Beda, Hist. eccl., lib. 1 c. 25. Dignati fuistis illi mandare per . . . missos et . . . aepistola[m] vestra[m] de vestra . . . sanitate. Memor. ad pap. Hadr. (a. 785 ?), c. 3, *Capit.*, I p. 225. Mandant hoc nobis missi nostri. Capit. de latron. (a. 804-813), c. 5, I p. 181. Mandat vobis noster senior quia . . . R. illi de vestra fidelitate nuntiavit. Capit. missa de Caris. a. 856, c. 1, II p. 279. **6.** *promettre par message, faire connaître sa volonté de* faire qqch. — *to promise by message, hold out a prospect.* Romilda . . . mandavit ut, si eam in matrimonium sumeret, ipsa eidem civitatem . . . traderet. Paul. Diac., Hist. Langob., lib. 4 c. 37, ed. Waitz, p. 162. Eum se divitem futurum . . . mandabat. Anon., G. Franc., c. 20, p. 100. **7.** **envoyer demander, faire demander — to send word asking* something. Scribit mandans per I. episcopum, rogans ut . . . Gelas. I pap. (a. 492-496), Tract., Thiel, p. 516. Mandantes si oportet. Rustic., Schwartz, *Concil.*, I pt. 4 p. 178. **8.** *mander, faire venir — to send for* a person. Mandat te festinanter ut ad ipsum . . . sine mora venias. V. Goaris, c. 4, *SRM.*, IV p. 414. **9.** *exiger, faire rentrer — to exact, get in.* Cernens se nil dominii rei peculiaris preter victum et vestitum ex regno, unde coronatus fuerat, posse mandare. Radulf. Glaber, Hist., lib. 3 c. 9, ed. Prou, p. 81. **10.** avec négation: *interdire* — with a negation: *to forbid.* Opera servilia diebus dominicis non agantur, sicut . . . genitor meus in suis synodalibus edictis mandavit. Admon. gener. a. 789, c. 81, *Capit.*, I p. 61. **11.** **autoriser, donner pouvoir* à faire qqch. — *to empower.*

**mandataria,** -eria: **1.** *mission, exécution d'une tâche — mission, performance.* Propter mandaterias et servitios bonos que nobis fecisti et promitis [i. e. promittis] facere. De Hinojosa, *Doc.*, p. 3 no. 3 (a. 951-957, León). **2.** *office d'un agent en charge d'une banalité — office of a "banalité" executory officer.* Dono . . . ipsam mandatariam de praedicto furno ad fevum. *Hist. de Languedoc*[3], V pr. no. 547 col. 1047 (a. 1141).

**mandatarius** (subst.): **1.** *fondé de pouvoirs, avoué — substitute, attorney.* In constituto die aut per se aut per mandatarios suos presti [i. e. praesentes] sint in judicio. Lex Visigot., lib. 2 tit. 2 § 4. **2.** *avoué ecclésiastique — ecclesiastical advocate.* [Reus] a nemine distringatur nisi a jamdicti loci mundatario [leg. mandatario]. *D. Pépin II d'Aquit.*, no. 53 p. 213 (a. 847). In presentia . . . stans J. qui est advocatus vel mandatarius A. sedis Nemausensis episcopi. Germer-Durand, *Cart. de Nîmes*, no. 8 p. 17 (a. 898). Etiam ib., no. 12 (a. 834).

**mandaticium:** *lettre de créance — credentials.* Ad praesentiam papae et imperatoris cum epistolis ac mandaticiis missus. Thangmar., V. Bernwardi, c. 34, *SS.*, IV p. 773 l. 32.

**mandatio: 1.** *patronage — patronage.* Quodsi aliquis homo, qui sit de mandatione regis, moratur in domo s. Andraea, sit absolutus ab imperio regis. D. Ferdin. reg. Castil. a. 1043 ap. DC.-F., V p. 211 col. 3. **2.** *seigneurie — seigniory.* Junior [i. e. villanus] qui transierit de una mandatione in aliam. Fuero de León (a. 1017-1020), c. 9, Wohlhaupter, p. 6.

**mandator:** *garant — warranter.* Clergeac, *Cart. de Gimont*, p. 25 (a. 1156). *Hist. de Lang.*[3], V pr. no. 658 col. 1282 (a. 1164).

**mandatorius** (adj.): *de mandat, d'ordre — of a mandate, of an order.* Cod. Justinian., lib. 8 tit. 40 c. 19. Rustic., ap. Schwartz, *Concil.*, I pt. 5 p. 364 l. 16.

**mandatum** (subst.): **1.** *mandement — mandate.* Temeratorem hujus nostri mandati vindicta coercere decrevimus. F. imper., no. 15, *Form.*, p. 297. Per hoc confirmationis mandatum . . . possideant. *D. Konrads I.*, no. 22 (a. 914). **2.** *territoire où s'exerce un pouvoir banal — district subject to an authority having coercive power.* Castrum . . . cum mandato suo. *Hist. de Languedoc*[3], V pr. no. 546 col. 1044 (a. 1140). **3.** *obédience ecclésiastique — ecclesiastical obedience.* Paratus erat ad mandatum ecclesie Romane redire. Innoc. III pap. registr., no. 90, ed. W. Holtzmann, p. 143. **4.** *exhortation, suggestion, remarque — push, hint, remark.* Haec mandata accipiens. Gregor. Turon., H. Fr., lib. 7 c. 38. **5.** *avis, nouvelle — tidings, notice.* Si . . . ad . . . mandatum faciendum [judici loci] unde ipse homo [sc. servus fugitivus] est, distulerit. Liutpr. leg., c. 44 (a. 723). Conjunxit [i. e. venit] mandatum quod jamfatus Desiderius abstulisset civitatem Faventinam. Lib. pontif., Hadr., § 6, ed. Duchesne, I p. 488. **6.** (cf. Joh. 13, 34) *lavement rituel des pieds — ritual washing of the feet, maundy.* Benedicti regula, c. 53. Schiaparelli, *CD. Longob.*, no. 24 p. 94 (a. 720 ? Lucca). Ordo off. in domo s. Bened. (s. viii), Albers, III p. 21. Capit. monast. a. 817, c. 24, I p. 345. Joh. Roman., V. Odonis Cluniac., lib. 2 c. 23, Migne, t. 133 col. 73 C. Sigiberti abb. consuet., c. 30, Albers, II p. 95. Ekkeh., Cas. s. Galli, c. 1, *SS.*, II p. 90 l. 18. Folcard., V. Bertini, no. 38, *AASS.*[3], Sept. II p. 610 F. Cencius, c. 57 (Ordo), § 27, ed. Duchesne, I p. 295 col. 2, p. 296 col. 1. Leo Ost., lib. 2 c. 33, *SS.*, VII p. 649 l. 36.

**mandatus** (subst.): *fondé de pouvoirs — substitute.* Pro sex libris . . . de censiva, reddendis annuatim . . . abbati vel mandato ejus. *Actes Phil.-Aug.*, no. 515, II p. 51 (a. 1195).

**mandibula:** **mâchoire — jaw.*

**mandola** = amygdala.

**mandra,** -us (class. "troupeau — herd"): *communauté monastique — monastic community.* Coll. Avell., *CSEL.*, t. 35 p. 566 l. 23. Mir. Martini Vertav., c. 9, *SRM.*, III p. 573. Alcuin., V. metr. Willibrordi, lib. 2 str. 12, *Poet. lat.*, I p. 211. V. Ethelwoldi, Mabillon, *Acta*, V p. 615.

**mandrita** (mascul.) (gr., < mandra): **1.** *berger — shepherd.* Ermanric., V. Sualonis, c. 9, *SS.*, XV p. 160. **2.** *évêque — bishop.* Egilward., V. Burchardi, lib. 1, prol., *SS.*, XV p. 52. **3.** *abbé — abbot.* Walahfr., V. Otmari, c. 1, *SS.*, II p. 42.

**manducabilis:** **mangeable — eatable.*

**manducare** (subst.), -rium: *repas — meal*. Pascat tres pauperes ad unum manducare. D'ACHÉRY, *Spic.*, VI p. 428 (a. 1000, Arles). Consuetudinibus ..., manducare scilicet, circadis et synodo ... exceptis. LOBINEAU, *Bretagne*, II p. 122 (a. 1086). Redditus ... 9 panes et 2 manducaria. DE COURSON, *Cart. de Redon*, p. 252 no. 301 (s. xii ex.).

**mane**. Loc. a mane: vers l'est — *on the east side*. E.g.: A mane fossa currente. *D. Konrads II.*, no. 65 (a. 1026).

**manedia** ( < manere): *parcelle de terre* concédée à un tenancier, dont le produit est destiné à son entretien et pour laquelle il ne doit qu'un cens réduit — *strip of land* granted to a landholder to procure his living, subject to a small quit-rent only. Donamus vobis predictum mansum cum prefata sua alodia exceptus [i. e. excepto] modiata una et media de terra que nos vobis donamus per manedia. FONT-RIUS, *Cart. de S.-Cugat*, no. 691 (a. 1077).

**manens** (adj.): *chasé — settled on a holding*. Portiones meas in agros ... cum servis manentibus et ancillas, mancipiis ... Test. Vigilii Autissiod. (ca. a. 670), PARDESSUS, II no. 363 p. 153. Dedit ... unum servum manentem cum omni possessione sua. Breves notit. Juvav. (ca. a. 790), c. 18, HAUTHALER, *Salzb. UB.*, I p. 46. Etiam ib., c. 7, p. 27. Subst. **manens: 1.** *habitant — inhabitant*. CASSIOD., *Var.*, lib. 4 epist. 30 § 2, *Auct. ant.*, XII p. 127. **2.** *tenancier* de statut personnel libre ou servile — *land-tenant*, either freeman or serf. Ad villas manentium. GREGOR. TURON., *V. patrum*, c. 1 § 1, *SRM.*, I p. 664 l. 16. [In] V. ... inter ingenuos et servos: manentes 74; in R. manentes 70. RAGUT, *Cart. de Mâcon*, no. 67 p. 54 (a. 751-768). Cum mancipiis infra domum et manentibus servilibus. WIDEMANN, *Trad. S.-Emmeram*, no. 27 p. 34 (a. 834). **3.** *serf chasé — serf having a holding*. Dono ... casis, curticlis, campis ... cum manentibus ibidem aspicientibus 10. WAMPACH, *Echternach*, I pt. 2 no. 28 p. 69 (a. 718). Hec sunt nomina manentum cum reliquis mancipiis. WIDEMANN, no. 1 p. 1 (ca. a. 760). Casa cum domibus ..., mancipiis, servos, manentes ... WARTMANN, *UB. S.-Gallen*, I p. 66 no. 67 (a. 772). Villam ... cum manentibus 14 cum omnibus appendiciis suis. Breves notit. Juvav., c. 4, p. 24. Sive in mancipiis seu in manentibus. F. Salzburg., no. 4, *Form.*, p. 441. Tam de actis quam de presidiis quam et de manentes vel uxores et infantis eorum. BEYER, *UB. Mittelrh.*, I no. 41 p. 47 (a. 804, Prüm). Tam ecclesia quam domus manentesque et mancipia. WIDEMANN, o.c., no. 13 p. 12 (a. 814). Quidquid ibidem aspicit, tam in mancipiis singularibus quam in manentibus. Ib., no. 17 p. 20 (a. 820/821). Sunt mansa duo et manentes 12; nomina vero mancipiorum haec sunt: H. cum uxore sua H. et cum infantibus eorum ... D. Lud. Pii a. 820, BEYER, o.c., I no. 52 p. 59. Villam juris mei ... cum manso meo et aliis mansiunculis ubi ipsi manentes commanent. DE COURSON, *Cart. de Redon*, no. 5 p. 5 (a. 833). Conferens ... in C. angariales seu in F. et manentes ejus. D. Lud. II imp. a. 853, *MIOeG*, t. 5 (1884), p. 384. Villam S. cum aliis villulis juxta eam adjacentibus cum manentibus 30. G. Aldrici, ed. CHARLES-FROGER, p. 60.

Corticellam cum manentibus decem. *D. Arnulfs*, no. 125 (a. 894). Cf. G. SALVIOLI, *Massari e manenti nell'economia italiana medievale. Aus Sozial- u. Wirtschaftsg.*, Gedächtnisschr. f. G. von Below, 1928, pp. 1-15. **4.** *manse — hide, manse*. Addidit ... terram in Remense campania decem manentium. BOURASSÉ, *Cart. de Cormery*, no. 4 p. 10 (a. 804). Susciperet ... terram centum manentium. Concil. Cloveshoense a. 822, MANSI, t. 14 col. 402. Res a nobis sibi abstractas, hoc est in comitatu Toarcinse villam T. et in comitatu Andegavino manentes 6 cum omni integritate. D. Pippini reg. Aquit. a. 838, VERNIER, *Ch. de Jumièges*, I p. 4 no. 2. Condonavimus ... aliquam telluris partem, id est 5 manentium. BIRCH, *Cart. Saxon.*, II no. 524 p. 141 (a. 869). Manentes duos, quos G. comitissa predicto sancto loco obtulit D. Berengario I, no. 11 (a. 893). In M. manentem unum, in C. absentem unum. Ib., no. 60 (a. 909). *D. Ugo*, no. 31 p. 96 (a. 932). **5.** *résidant* dans une ville dépourvu du droit de citoyenneté — *non-enfranchised inhabitant* of a city. S. xiii. Cf. G. ESPINAS, *Les manants dans le droit urbain en Flandre au moyen âge. Mélanges P. Fournier*, Paris 1929, pp. 203-217.

**maneopera**, v. manuopus.

**1. manere: 1.** *demeurer, habiter — to dwell, live*. **2.** in aliqua re, super aliquam rem: *posséder en tenure — to hold as a tenancy*. In hec [i. e. hoc] loco ..., quod [i. e. quo?] ibi maniant aut ingenui aut servi. WARTMANN, *UB. S.-Gallen*, I no. 16 (a. 752). Curtile unum et illo servo [i. e. illum servum] super ipsam curtile manentem nomine H. ZEUSS, *Trad. Wizenb.*, no. 54 (a. 774). Mancipia [tam] in domo tam [i. e. quam] in villis manentibus. BITTERAUF, *Trad. Freising*, I no. 75 p. 100 (a. 776). Cum servis et ancillis ibidem manentibus sive in domo deservientibus. Ib., no. 151 p. 153 (a. 792). Trado ... unum servum nomine E. in pago G. manentem. DRONKE, *CD. Fuld.*, no. 423 p. 190 (a. 824). Vendidimus ... hoc est mansus noster ubi A. visus est manere. DE MONSABERT, *Ch. de Nouaillé*, no. 21 p. 39 (a. 886). Curtem cum omnibus mancipiis ibidem manentibus. HAUTHALER, *Salzb. UB.*, I p. 119 no. 57 (a. 927). **3.** transit., aliquid: *posséder en tenure — to hold as a tenancy*. Curtilem indominicatam, quod mihi pater meus tradidit ... sicut ipse manebat. ZEUSS, o.c., no. 25 p. 31 (a. 805). **4.** *dépendre, mouvoir — to be dependent from*. De cujus fevo jamdicta terra manebat. BERTRAND, *Cart. d'Angers*, I no. 96 p. 111 (ca. a. 1100). **5.** *être redevable* après règlement de comptes — *to owe* after adjustment of accounts. S. xiii. **6.** cum aliqua: *dormir avec une femme — to besleep*. Si quis cum matre et filia in adulterio mansit. Decr. Compend. a. 757, c. 17, I p. 39. Decr. Vermer. (a. 758-768), c. 2, p. 40.

**2. manere** (subst.), manerium, manerum, manerius, maneria (femin.): *manoir, demeure, domaine — manor, dwelling, estate*. F. dedit ... 12 aripennos alodiorum cum suo manere ... et dimidium arpennum alodii in suo manere ... et sex arpennos extra manere. MÉTAIS, *Cart. de Vendôme*, no. 39 (ante a. 1040), I p. 51. Concedo ... donum de

manerio de V. HASKINS, *Norman inst.*, p. 285 no. 1 (ch. post a. 1087, Cotentin). Dedit duos manerios. Ch. Guillelmi reg. Angl. a. 1081 ap. ORDER. VITAL., lib. 6 c. 5, ed. LE PRÉVOST, III p. 25. Ipsum manerium de V. BRUNEL, *Actes de Pontieu*, p. 69 no. 42 (a. 1119). Leg. Henrici, tit. 19 sq., LIEBERMANN, p. 560. Qui de civitate vel castello vel burgo vel dominico manerio domini regis fuerit. Const. Clarendon. a. 1164, c. 10, STUBBS, *Sel. ch.*[9], p. 166. Tradiderunt ad firmam manerum suum de C. *Actes Phil.-Aug.*, I no. 381, p. 471 (a. 1191).

**maneria**, v. maniura.

**maneries**, maneria: **1.** *manière d'agir, façon, habitude — manner, way, habit*. SCHANNAT, *Vind.*, I p. 63 (a. 1104, Würzburg). BERNARD. CLARAEVALL., epist. 152, MIGNE, t. 182 col. 614 B. **2.** *sorte, espèce — sort, kind*. Hi exponunt genera, id est manerias. ABAELARD., *De gener. et spec.*, ed. COUSIN, p. 523.

**maniacus**, maniaticus (adj.): *démoniaque — demoniac*. Morbo maniaco depressus. Mir. Dionysii, MABILLON, *Acta*, III pt. 2 p. 353. A morbo maniaco ... praegravata. Mir. Eadmundi, MARTÈNE, *Thes.*, III col. 1885. Subst.: *un possédé — one possessed*. Cognoscitur aut daemoniacus esse aut maniaticus. HINCMAR., epist. 24, MIGNE, t. 126 col. 70 D. Diversae maniacorum passiones. Mir. Apri, MARTÈNE, o.c., III col. 1035.

**maniamentum**, v. mansionamentum.

**manibilis**: *manuel — manual*. Operas pro omni anno manibilis dies sex, et ipsas operas facere debeat in O. *CD. Langob.*, no. 217 col. 361 C. (a. 861, Nonantola).

**manica**, -cum: **1.** *poignée, manche — hilt*. Inversam gladii manicam in os ejus misit. V. Juvenalis, c. 3, *AASS.*[3], Maji I p. 392 E. **2.** *manicle*, bracelet — *armlet, bracelet*. Mir. Fidis, ed. BOUILLET, p. 56. **3.** *aile, transept — aisle, transept*. Tumulatur ... in australi manica. THIETMAR., lib. 6 c. 74, ed. HOLTZMANN, p. 362.

**manicanter**: *de bon matin — early in the morning*. Mir. Bertini (s. ix ex.), c. 9, *SS.*, XV p. 514.

**manicare**: *partir de bon matin — to start early in the morning*.

**manicatio**: *levée matinale — rising early*. Toto Augusto manicationes fiant, quia festivitates sunt et missae. Concil. Turon. II a. 567, c. 19, *Conc.*, I p. 127. Orto jam sole ... manicatione summa jam facta solus incederet. V. Attractae, *AASS.*, Febr. II p. 297 F.

**manicula** ( < manus): *croc, crochet — hook*. GALBERT., c. 58, ed. PIRENNE, p. 94.

**maniera**, manieria, v. maniura.

**manifestare. 1.** refl. se manifestare et passiv. manifestari: *se révéler — to appear*. **2.** *déclarer — to declare*. Ministrum se regis fuisse manifestans. BEDA, *Hist. eccl.*, lib. 4 c. 20. Forte cartula ipsa [venditionis] manifestaverit [venditionem factam esse] tempore necessitatis famis. Capit. Karoli M. notit. Ital. (a. 776), c. 2, *Capit.*, I p. 188. Ipse A. clericus respondit atque manifestavit dicens ... MANARESI, *Placiti*, I no. 20 p. 67 (a. 807, Lucca). **3.** *prouver — to prove*. Ubi manifestari potest quemlibet hominem perpetrasse homicidium. Concil. Moguntin. a. 852, c. 13, *Capit.*, II p. 190. **4.** *avouer, confesser — to own, confess*. Tunc ibi ... manifestaberunt in judicio ante nos ipsos quia ... nulla[m] consignationem [démonstration — proof] ... facere non potemus. FICKER, *Forsch.*, IV no. 3 p. 5 (a. 796, Pisa). Manifestabit [i. e. manifestavit] per nullis modi[s] nobiscum exinde contendere. *CD. Cavens.*, I p. 47 (a. 854). Illud presbyteri et laicis cum luctu non modico manifestantes. ANAST. BIBL., Chron., ed. DE BOOR, p. 73. **5.** *proclamer — to proclaim. D. Ottos III.*, no. 16 (a. 985). **6.** aliquem: *extrader, présenter — to extradite, bring in*. Quod presbyteri de confessionibus

[sanctuaires — sanctuaries] accepto pretio manifestent latrones. Karoli M. capit. (a. 813/814), c. 1, I p. 175. Sine exceptione alicujus personae ... ullus latronem celet, sed illum missis illorum manifestet. Capit. missor. Silvac. a. 853, c. 4, II p. 272.

**manifestatio:** 1. *_apparition, révélation — apparition, revelation_. 2. *_action de bien faire voir — bearing out_. 3. *_signe, preuve — sign, proof_. 4. _témoignage — evidence_. Interogati fuerunt tres bonos omines [i. e. boni homines ]. .. sub sacramentum ... Illi vero diceba[n]t ... Cum ipsis [i. e. ipsi] ... taliter manifestacio[nem] facta[m] abiset [i. e. habuissent] ... FICKER, _Forsch._, IV no. 70 p. 97 (a. 1066, Verona). 5. _confession, l'acte de passer condamnation — avowal, pleading guilty, declaring oneself beaten._ Professione vel manifestatione facta paruit ad suprascriptis audidoribus et ida [i. e. ideo] judigaverunt ut secundum ipsius D. professione vel manifestatione revistirit [leg. revestiri] deverit [i. e. deberet]. _CD. Langob._, no. 98 col. 181 B (a. 822, Milano). Etiam ib., no. 156 col. 269 B (a. 844, Milano). _D. Ugo_, no. 39 p. 122 (a. 935). _D. Lotario_, no. 80 p. 237 (a. 945). 6. _donation entre vifs — donation inter vivos_. Ego T. in hunc judicati [i. e. hoc judicato] manifestationis a me facto manu mea subscripsi. _CD. Langob._, no. 80 col. 153 D (a. 806, Bergamo).

**manifestum:** 1. _déclaration — statement_. Ipsum P. exinde quiescere fecimus secundum suum manifestum. MANARESI, _Placiti_, I no. 109 p. 405 (a. 899, Teramo). 2. _preuve — piece of evidence_. Inveni hoc manifestum. JOH. AMALF., Mir., ed. HUBER, p. 101.

**manile** (< manus, cf. voc. aquamanile): _cuvette — wash-hand basin_. Urceum ad manus sacerdotum abluendas, manile etiam et labrum ad aquas de manibus abluencium suscipiendas. FRODO, G. pontif. Autissiod., c. 51 (s. xi ex.), ed. DURU, p. 394.

**manimola,** v. manumola.

**manipula:** _meneuse d'un aveugle — blind man's conductress_. Append. ad AGNELL., MURATORI, _Scr._, II p. 195. Transl. Sebastiani, c. 33, MIGNE, t. 132 col. 603.

**manipulare:** _guider_ un aveugle _à la main — to conduct_ a blind man _by the hand_. GONZO, Mir. Gengulfi, _AASS._, Maji II p. 655.

**manipularius,** -ris: _serviteur de ménage — household servant_. Ob suae fidei et prudentiae meritum ... manipularem sibi delegavit. Lib. pontif., Steph. V (a. 885-891), § 2, ed. DUCHESNE, II p. 191. AGNELL., c. 111, _Scr. rer. Langob._, p. 350; rursum c. 125, p. 360.

**manipulus,** 1. i. q. orarium vel sudarium: linge que le prêtre portait pour essuyer la sueur de son visage — towel for a priest to wipe off perspiration. Sacram. Gregor., append., MIGNE, t. 78 col. 241 A. 2. _manipule_, ornement que les prêtres portent au bras gauche en disant la messe — _maniple_. Missale Ambrosian., ed. MAGISTRETTI, p. 224. PÉRARD, _Rec. de Bourg._, p. 26 (ch. ca. a. 840). Test. Riculfi Helen. a. 915, _Hist. de Languedoc_$^{3}$, V pr. no. 42 col. 135. LANFRANC., lib. 1 epist. 13, MIGNE, t. 150 col. 520 D. LEO OST., lib. 3 c. 18, _SS._, VII p. 711 l. 5. 3. _serviette, plastron, tablier — towel, apron, pinafore_. BERNARD. MORLAN., Cons. Cluniac., pt. 1 c. 11, ed. HERRGOTT, p. 156. 4. _vasque employé pour la saignée — bowl for blood-letting_. ODO FOSSAT., V. Burchardi, c. 11, ed. BOUREL, p. 27.

**manire,** v. mannire.

**manitergium,** v. manutergium.

**maniura,** maniera, manieria, maneria: _auge_ ou _musette_ pour les chevaux — _manger_ or _nose-bag_ for horses. S. xiii.

**manlevare** et deriv., v. manulevare.

1. **manna:** *matière odoriférante produite par les dépouilles de saints — fragrant matter emanating from the remains of saints. GREGOR. TURON., Glor. mart., c. 30, _SRM._, I p. 505.

2. **manna,** v. manua.

**mannina** (< mannire): _instance, action de droit — impleading_. De manninis vero, nisi de ingenuitate aut de hereditate, non sit opus observandum. Capit. legi add. a. 816, c. 3, cod. Epor. 34 (cod. Guelferbyt.: mannitionibus). Per tres mannitas [leg. manninas?]. Lex Sal., tit. 50 § 2, codd. fam. 3, text. Herold. et Lex emend. Quia [litigantes] prius per manninas veniebant, [comites et vicarii] excogitarunt ut per bannos venirent ad placita, quasi propterea melius esset ne ipsas manninas alterutrum solverent. HINCMAR., opusc. 15 c. 15, SIRMOND, II p. 224.

**mannire,** manire (germ.): 1. _actionner — to sue, implead_. Si quis ad mallum legibus dominicis mannitus fuerit et non venerit. Lex Sal., tit. 1 § 1. Eadem verba: Lex Ribuar., tit. 32 § 1. Tunc manniat eum ad mallum. Ib., tit. 45. Si ... qui admallatus est, ad nullum placitum venire voluerit, tunc rex ad quem mannitus est extra sermonem suum ponat eum. Ib., tit. 56 in fine. Si ... testes noluerint ad placitum venire, ille qui eos necessarium habet manire illos debet ut testimunium quod sciunt jurati dicant. Lex Ribuar., tit. 50 § 1. Si quis ... ad placitum mannitus venire contempserit. Capit. Saxon. a. 797, c. 5, I p. 72. [Pauperes] ut saepius non fiant manniti ad placita. Capit. missor. Theodonisv. II a. 805, c. 16, I p. 125. Ut de statu suo ... conpellandus juxta legis constitutionem manniatur. De ceteris vero causis unde quis rationem est redditurus ... Capit. legi add. a. 816, c. 4, p. 268. Capit. legib. add. a. 818/819, c. 12, p. 284, his verbis post "redditurus" addunt: non manniatur sed per comitem banniatur. [Homines qui devastati sunt a Nortmannis] non habent domos ad quas secundum legem manniri et banniri possint. Edict. Pist. a. 864, c. 6, _Capit._, II p. 313. Non advocato meo ad mallum, ut publicae se habent leges, pro rebus ipsis mannito. HINCMAR. LAUDUN., epist., MIGNE, t. 124 col. 1030 D. 2. _citer d'office à comparaître — to summon to appear in court_. Apud nostro signaculo [i. e. per regis signaculum] homine[m] mannitum habuisset ut super noctes tantas ante nos debuisset venire. Cart. Senon., no. 26, _Form._, p. 196. De his qui prima, secunda, tertia vice maniti ad vestram [sc. missi] praesentiam venire nolunt. Resp. misso data (a. 801-814?), c. 4, _Capit._, I p. 145. A tribus principalibus mallis ... quibus ad curtim L. [familia] annuatim manniebatur. GLÖCKNER, _Cod. Lauresham._, I p. 399 no. 131 (a. 1071). Si [quis a domino suo] ita expresse



sit mannitus, ut ei placitum nominetur. Leg. Henrici, c. 50, LIEBERMANN, p. 573.

**mannitio:** _instance — impleading_. Ille qui mannitur spatium mannitionis suae per 40 noctes habeat. Capit. legi Sal. add. a. 819, c. 1, I p. 292. De mannitione vel bannitione legibus comprobari ... non possunt. Edict. Pist. a. 864, c. 6, II p. 313.

**mannua,** v. manua.

**manopera** et derivata, v. manuopus.

**mansa,** v. mansus.

**mansarius,** v. mansuarius.

**mansata,** mas-, mass-, maz-, -atum, -ata (< mansus): 1. _les terres qui se rattachent à une exploitation rurale — the lands appertaining to a rural homestead_. Pro manso et pro massato quae ego dedi s. Martino. _Gall. chr._$^{2}$, VI instr. col. 271 (ch. a. 987). In ipso loco donamus duos masos et duas masadas. DOUAIS, _Cart. de Toulouse_, no. 232 p. 163 (ca. a. 1040). _Hist. de Languedoc_$^{3}$, V pr. no. 535 col. 1023 (a. 1137). 2. _mesure agraire_, l'étendue qui correspond à celle d'un manse — _square measure_, as much as is contained in a manse. Una masada de terra arabile, id est modiatas 16. GUÉRARD, _Cart. de Mars._, I p. 296 (ca. a. 1030).

**mansellus** (< mansus): 1. _tenure_ faisant partie d'un domaine, de dimensions modestes, souvent tenure d'un serf — small _holding_ depending from a manor, often a serf's holding. Mansellus alicus [i. e. mansellos aliquos] in loca noncopantis S., N. seu et A., ubi S. servos [i. e. servus] commanire viditur. _D. Merov._, no. 47 (a. 677). Mansi ingenuiles 36 ..., mansi lidorum 4, ... manselli serviles 4. Descr. Lobb. a. 868, ed. WARICHEZ, _BCRH._, t. 78 (1909), p. 255. Aspiciunt ibi mansa ingenilia [i. e. ingenuilia] vestita 4 et dimidium ... Sunt ibi 10 manselli. Polypt. Derv., c. 18, ed. LALORE, _Ch. de Montiérender_, p. 99. Alodum nostrum condonamus ... habentem plus minus mansellos 44. Pancarta nigra s. Martini Turon., ap. DC.-F., V p. 231 col. 1. Mansellos viginti. _D. Charles III le Simple_, no. 38 (a. 901). Alodum ... cum terris ... et mansellos serviles 4. _BEC._, t. 30 (1869), p. 446 (ch. a. 904, Tours). 2. tenure normale, _manse_ — regular holding, _manse_. Transcrivimus tibi mansello nostro illo super terraturio vir inluster illo, et hoc cum domebus, mancipiis, viniis, silvis, pratis ... quantumcumque ibidem nos tenire visi sumus. F. Andecav., no. 37, _Form._, p. 16 sq. Cedimus tibi ... locello nuncupante illo, aut manso illo infra termino villa nostra illa, cum omni adjacentia ad ipso locello aut mansello aspicientem. MARCULF., lib. 2 no. 36, Form., p. 96 sq. In loco q. d. V. mansellum absum unum cum terrulis et silvolis ad eum aspicientibus. D. Lud. Pii a. 832, MARTÈNE, _Coll._, I col. 88. Volumus ut manselli qui sunt ad B. instituta [leg. instituti] compleant servitia. D. Rodulfi reg. Fr. a. 930, MARTÈNE, _Thes._, I col. 66. 3. exploitation autonome d'une certaine importance, _petit domaine — small manor_. Mansellus [i. e. mansellos] duos ... conparassit. _D. Merov._, no. 76 (a. 709).

**manser,** v. manzer.

**mansile,** v. mansionilis.

**mansio:** 1. *_gîte d'étape, séjour de nuit — overnight stay, stage_. Veniens ad vicum mansionem accepit. GREGOR. TURON., H. Fr., lib. 2 c. 1. Sua expensa legatis una nocte praeparet mansionem. Lex Burgund., tit. 38 § 6. Omnibus iterantibus nullus hospitium deneget, mansionem et focum tantum. Capit. cogn. fac. (a. 802/803), c. 1, p. 144. Quicumque ... latroni mansionem dedit. Capit. cogn. fac. (a. 803-813), c. 2, p. 156. Ad providendas mansiones, in quibus legati suscipi debent, ... ire debeo. FROTHAR., epist. 12, _Epp._, V p. 284. Loc. mansionem facere, accipere, requirere: faire valoir un droit de gîte — to exercise a right of lodging. De ipsa villa freda exigendi, mansiones faciendi liberam habeat potestatem. _D. Merov._, no. 25 (ca. a. 661). Nec mansiones aut paratas faciendum [in formula immunitatis]. MARCULF., lib. 1 no. 3, _Form._, p. 43. _D. Merov._, no. 58 (a. 691), deinde saepe. _D. Karolin._, I no. 5 (a. 753) et saepe. [Ad imperatorem pergentes] a populo in quorum domibus mansiones accipiunt, ... necessaria per vim tollant. Lud. II capit. Pap. a. 850, c. 4, II p. 87. Nullus fidelium nostrorum in illorum mansionibus sibi mansionem accipere audeat. _D. Karls III._, no. 79 (a. 883). Loc. mansionem parare, praebere: obtempérer au droit de gîte — to comply with a right of lodging. Sunt quidam episcopi ... qui exigant ut mansiones, quibus in profectione uti debuerant, alio pretio redimant qui parare debent. Canon. extrav. Concil. Tribur. a. 895 addicti, c. 5, _Capit._, II p. 248. Si talis [leg. hiemale] tempus fuerit, mansionem nullus [in hostem aut ad placitum pergenti] vetet. Pippini capit. Aquit. a. 768, c. 6, I p. 43. De missis nostris discurrentibus, ... ut nullus mansionem contradicere praesumat. Capit. missor. a. 803, c. 17, p. 116. Quando census colligitur, [mansionarii] mansionem parant. KÖTZSCHKE, _Urb. Werden_, p. 38 (s. ix ex.). Annuatim abbati Werthinensi det duas mansiones. LACOMBLET, _UB. Niederrh._, I no. 317 p. 210 (a. 1126-1133). 2. _gîte, la chambre qui sert de gîte — abode, sojourn_. Ingressus mansionem domini sui. GREGOR. TURON., lib. 3 c. 15. Ibi saepe hoc sensu. Rex ... venit ad apostolici mansionem, et cum eo familiariter locutus ... HINCMAR., Ann. Bertin., a. 878, ed. WAITZ, p. 143. 3. _demeure, chez soi — home_. Ad ejus mansionem perrexit. FREDEG., lib. 2 c. 59, _SRM._, II p. 109. Etiam lib. 4 c. 78, p. 160. Domesticos suos, id est eos qui cum ipsis sunt in sua mansione. Karoli M. capit. de presb. admon., c. 7, I p. 238. Qui legationes ad nos directas in suis mansionibus male recipiunt. Admon. ad ord. (a. 825), c. 18, p. 305. Solemus ... de itineribus reverti ad mansiones nostras. Capit. Pist. a. 862, c. 1, II p. 305 l. 29. Dum ... venissem ... ad Mosomum, unde non longe sua distabat mansio. HINCMAR. LAUDUN., epist., MIGNE, t. 124 col. 1032 A. 4. *_maison, logis — house, dwelling_. Nullo tempore quaelibet persona ipsam forestem audeat irrumpere aut mansiones aut domos aedificare. _D. Merov._, no. 22 (a. 648). Dedit eis mansionem in civitate D. BEDA, H. eccl., lib. 1 c. 25. Ibi saepe. Mansiones ubi habitabant. Ann. Lauresham., a. 797, _SS._, I p. 37. Canonicis proprias licitum sit habere mansiones. Concil. Aquisgr. a. 816, c. 142, _Conc._, II p. 417. Per mansiones et agros et vineas [aquam bene-

dictam] ... conspergant. Hincmari capit. ad presb. a. 852, c. 5, SIRMOND, I p. 711 (ca. 740?). Ubi comes curiam habuit et mansiones. *D. Ludw. d. Deutsch.*, no. 112 (a. 864). Canonici in suis mansionibus vel areis intra claustra positis. *D. Karls III.*, no. 146 (a. 886). Quandam mansionem in civitate Papia. *D. Berengario I*, no. 99 (a. 915), p. 260 l. 29. Mansiones ... intra murum noviter circa monasterium instructum et deforis ac intra civitatis muros stabilitas. *D. Louis IV.*, no. 18 (a. 942). Censum quod accipitur de mansionibus que site sunt in portu Gandavo. GYSSELING-KOCH, *Dipl. Belg.*, no. 53 (a. 941). In civitate Papia terram in foris magna cum mansionibus et aedificiis. *D. Ottos I.*, no. 268 (a. 964). Mansos duos cum mansionibus et curtis et hortis ... DONIOL, *Cart. de Brioude*, no. 91 p. 109 (a. 986). In civitate Lincolia erant tempore regis Edwardi 970 mansiones hospitatae. Domesday, I fo. 336. **5.** *chambre — living-room.* Repperimus in illo fisco dominico domum regalem ex ligno ... constructam: cameram 1, cellarium 1, stabolum 1, mansiones 3, spicaria 2, coquinam 1. Brev. ex., c. 34, *Capit.*, I p. 256. Non debere sanctimoniales in propriis mansionibus cum masculis bibere sive comedere, sed in auditorio agatur. Concil. Cabillon. a. 813, c. 61, *Conc.*, II p. 285. **6.** *habitat rural* moins important que la villa — *rural settlement* smaller than a villa. Mansiones in Wastinense, quas ... pro villa C. percepimus. Test. Bertichramni a. 616, Actus pontif. Cenom., ed. BUSSON-LEDRU, p. 107. Jona villa ... Pariter et mansionem prope ipsa Jona, quem L. quondam tenuisse visus fuit. Ib., p. 159 (a. 643). QUANTIN, *Cart. de l'Yonne*, I no. 8 p. 20 (ca. a. 680). **7.** *tenure domaniale, unité d'exploitation, manse — manorial holding, manse.* In qua pagina sunt mansiones C. V. et R. HAVET, *Œuvres*, I p. 232 (ch. a. 626, Limousin). [Villas] cum omni merito earum, cum domibus, aedificiis, terris cultis et incultis, mansiones ... GYSSELING-KOCH, *Dipl. Belg.*, no. 1 (a. 649, S.-Bertin). Terra 30 mansionum. EDD. STEPH., V. Wilfridi, c. 8, *SRM.*, VI p. 201. (Cf. BEDA, H. eccl., lib. 5 c. 19, ubi: terra 40 familiarum). Daret ... terram 110 mansionum, 60 cassatorum, videlicet in loco q. d. F. Concil. Clovesh. a. 800, MANSI, t. 13 col. 1042. Mansionis [i. e. mansiones] quattuor his nominibus ... Notit. s. Petri Gand. s. ix, GYSSELING-KOCH, *BCRH.*, t. 113 (1948), p. 293. Homines tam ingenuos, libellarios quamque servos in possessionibus vel mansionibus ... prefatae ecclesiae commanentes. *D. Berengario I*, no. 47 p. 139 (a. 904). Item *D. Ugo*, no. 3 p. 13 (a. 926). Mansionem unam cum curtis et hortis et exiis et vineam unam. DONIOL, *Cart. de Brioude*, no. 100 p. 117 (a. 916). In C. ad curtem s. Bonifatii ... pertinent mansi 12, ex his veniunt libre 12 ... Ibique sunt due mansiones; ex una debentur sol. 30, et de altera 19. Cod. Eberhardi, c. 3 § 16, DRONKE, *Trad. Fuld.*, p. 6. Quandam mansionem terre et unum bordagium. CHARLES-MENJOT, *Cart. du Mans*, no. 201 col. 126 (ca. a. 1090). **8.** *palais — palace.* Parcum et mansionem regiam fecit. ROBERT. DE TORINN., Chron., a. 1161, *SS.*, VI p. 511 l. 39.

**mansiolum**, mas- (< mansus): *exploitation rurale — farm.* Masiolum unum, que sunt modiatas duas et amplius. ROUQUETTE, *Cart. de Béziers*, no. 45 p. 47 (a. 984).

**mansionamentum**, mainamentum, manam-, maniam-: *demeure rurale — rural homestead.* S. xiii.

**mansionare** (cf. voc. mansionaticus): *exiger le droit de gîte — to assert a right of lodging.* [N]ullus noster mansionarius infra ejusdem monasterii claustra et loca damnare vel mansionare praesumat. D. Ludov. Pii a. 821, *H. de Fr.*, VI p. 526. Nullus judex, nullus saeculi principatus mansionare aut servitium exigere ... presumat. *D. Karls III.*, no. 188 (spur. s. xi, Nevers).

**mansionaria** (< mansionarius) *chapellenie — chapelry.* Donamus ... ad mansionariam, quam G. genitor noster constituit in eadem ecclesia. MURATORI, *Antiq.*, IV col. 807 (ch. a. 1073).

**mansionarius** (adj.) (< mansio): **1.** *d'un sacristain — of a sexton.* Quatuor beneficia, quae mansionaria noncupantur, in ecclesia U. posuit, quarum mansionarii missas ... cantant. Append. ad. AGNELL., MURATORI, *Scr.*, V p. 211. **2.** *qui relève d'un manse, propre à un manse — appertaining to a manse.* Tradidit ... quicquid ... in beneficium habuit in ambabus cortibus q. d. R. cum hobis mansionariis ad illas duas cortes pertinentibus. Trad. Juvav., Cod. Fridarici, no. 13 (a. 976), HAUTHALER, *Salzb. UB.*, I p. 178. Tradidit ... unum mansionarium locum in villa P. Ib., cod. Hartwici (a. 991-1023), no. 16, p. 198. Villa ... et 12 mansos cum curtilibus mansionariis, radis, pratis, silvis ... RAGUT, *Cart. de Mâcon*, no. 2 p. 2 (a. 1018-1030). Si non claustralis sedis sed mansionarie terre domus fuerint. D. Heinr. V reg. a. 1107, BORMANS-SCHOOLMEESTERS, *Cart. de Liège*, I no. 30. **3.** *qui est tenancier d'un manse — holding a manse.* Eadem curtis et homines mansionarii illius habebunt omne jus in silvis. LACOMBLET, *UB. Niederrh.*, I no. 290 p. 190 (a. 1119). De unoquoque quartario terrae qui extra manum ecclesiae tenetur a mansionariis incolis. *Ann. Soc. Arch. Namur*, t. 5 (1857/1858), p. 433 (a. 1131, Brogne). Item ROUSSEAU, *Actes de Namur*, no. 9 p. 26 (a. 1154). Subst. mascul.

**mansionarius: 1.** *officier du palais royal chargé des logis — officer of the king's court having the care of housing.* *Capit.*, I p. 355, subscriptio (a. 817). Capit. de disc. pal. Aquisgr. (ca. a. 820 ?), c. 2, I p. 298. Nec ullus noster mansionarius infra monasterii claustra et loca damnare vel mansionare praesumat. D. Ludov. Pii (ca. a. 821), *H. de Fr.*, VI p. 526 C. F. Augiens., coll. C no. 7 (a. 822-824), *Form.*, p. 368. Jubeat pietas vestra ut nullus de mansionariis vestris ibi praesumat dari mansiones. Indic. Thiathildis, no. 3 (a. 819-840), *Form.*, p. 526. Sacrum palatium per hos ministros disponebatur: per camerarium videlicet et comitem palatii, senescalcum, buticularium, comitem stabuli, mansionarium, venatores ... HINCMAR., Ord. pal., c. 16. Mansionarius intererat, super cujus ministerium incumbebat ... ut in hoc maxime sollicitudo ejus intenta esset, ut ... actores ... quo tempore ad eos illo vel illo in loco rex



venturus esset, propter mansionum praeparationem, oportuno tempore praescire potuissent. Ib., c. 23. REGINO, Chron., a. 895, ed. KURZE, p. 143. Neque quilibet mansionarius cuiquam mansionem ibidem praebeat. *D. Charles le Simple*, no. 10 (a. 898). *D. Berengario I*, no. 88 p. 239 (a. 913). Non mansionarius noster neque aliquis nostrae ditioni subjectus dare mansiones nec accipere praesumat. D. Hugonis Cap. reg. Fr., *H. de Fr.*, X p. 549. **2.** *concierge, gardien* chargé des bâtiments et de leur inventaire — *house-warden.* BITTERAUF, *Trad. Freising*, I no. 226 p. 209 (a. 806). G. mansionario scolae confessionis b. Petri. Agap. II pap. epist., MIGNE, t. 133 col. 918 A. GERHARD., Mir. Udalrici, c. 7, *SS.*, IV p. 420 col. 1 l. 45. Consuet. Cluniac. antiq., rec. B, c. 23, ALBERS, II p. 16. LACOMBLET, *UB. Niederrh.*, I no. 167 p. 104 (a. 1032). GUIMANN., Cart. s. Vedasti, ed. VAN DRIVAL, p. 294. MULLER-BOUMAN, *OB. Utrecht*, I no. 285 p. 264 (a. 1116). PETR. DIAC., Chron. Casin., lib. 4 c. 109, *SS.*, VII p. 823. **3.** *sacristain, marguiller — sexton, church warden.* SCHWARTZ, *Concil.*, II pt. 3 p. 532. GREGOR. M., lib. 4 epist. 30, *Epp.*, I p. 264. Id., Dial., lib. 1 c. 5. Ibi pluries. Lib. pontif., Bened. II (a. 684/685), § 5, ed. MOMMSEN, p. 204. Iterum Joh. V, p. 206; Gregor. II, § 25, ed. DUCHESNE, I p. 410. Ordo Rom. I (s. vii ex.), c. 21, ANDRIEU, II p. 73. Ordo XIX (s. viii), c. 32, ib., III p. 222. Lex Visigot., lib. 5 tit. 4 § 17. Cod. Carolin., no. 37, *Epp.*, III p. 548. Chron. Novalic., lib. 5 c. 48, ed. CIPOLLA, p. 281. **4.** *chanoine résidant — residing canon.* Duodecim mansionarii, qui sunt custodes in ecclesia s. Syri. Honor. civ. Pap. (ca. a. 1027), c. 16, *SS.*, XXX p. 1457. In b. apostolorum principis ecclesia erant sexaginta et eo amplius mansionarii ... qui eandem ecclesiam per vices suas die noctuque custodiebant. BONIZO, Lib. ad amicum, lib. 7, *Lib. de lite*, I p. 603. DC.-F., V p. 227 col. 3 (ch. a. 1130, Noyon). [Canonici] nolunt esse mansionarii vel in predicta ecclesia, prout deceret, assidue deservire. Alex. III pap. litt. (a. 1170-1172), PFLUGK-HARTTUNG, *Acta*, I no. 266 (Amiens). Tantundem canonici absentes quantum mansionarii fere de redditibus ipsius ecclesie percipiunt annuatim. Ib., no. 309 (a. 1180, Cambrai). **5.** individu appartenant à une catégorie de dépendants mal déterminée — a dependant of an ill-defined category. Cum mansionariis, originariis, inquilinis ac servis vel acolanis ibidem commorantibus. Ch. Eligii a. 632, *SRM.*, IV p. 746. **6.** *tenancier d'un manse — tenant of a manse.* Mansum unum cum mansionario ac majore nomine F. aliisque mancipiis numero 12. *D. Louis IV.*, no. 36 (a. 950, Gand). Mansionariis, barscalcis, aureariis, bruniariis. *D. Ottos I.*, no. 126 (a. 950). Quorum progenitores ... in subscribta villa fuerant mansionarii. FOLCUIN., G. abb. Sithiens., c. 38, *SS.*, XIII p. 613. Quicumque mansionarius vel partem mansi incolens inibi obierit. HANAUER, *Camp. d'Alsace*, p. 56. ANSELM., G. episc. Leod., c. 52, *SS.*, VII p. 221 l. 22. Neque mansionarius aliquis [pro culpa aliqua coram advocato veniat] nisi in curte ad quam pertinet. *D. Heinrichs IV.*, no. 476 p. 649 l. 26 (a. 1103/1104). Ex mansionariis qui circa urbem vel in aliis longe vel prope positis curtibus commanent. D. Heinr. V imp. a. 1112, BEYER, *UB. Mittelrh.*, I no. 423 p. 484. Prebendarii sive mansionarii fratrum circa monasterium infra miliare unum e vicino manentes. D. ejusdem a. 1116, ib., no. 434 p. 496. Nec quisquam terram eidem villae adjacentem, nisi in ea mansionarius fuerit, excolendam suscipiat. LECOY, *Œuvres de Suger*, p. 361 (ch. a. 1145). Oppidani et mansionarii villae b. Dionysii. Ib., p. 321 (a. 1125). Abbas ... [possessiunculam] ex indominicata cultura in villa P. nobis jure mansionarii cessit et ... censum solvere precepit. DESPY, *Ch. de Waulsort*, no. 25 p. 356 (a. 1147). Mansionarii ejusdem terre et villicus quem de eisdem mansionariis ibidem constituetis, jure perpetuo ecclesie vestre ... subserviant. Ib., no. 33 p. 372 (a. 1160). Pene quasi mansionarii sui essent, jussit sibi servire, scilicet in agricultura sua. Acta Murensia, c. 22, ed. KIEM, p. 68. Quicumque ..., sive liber sive ministerialis comitis, mansionarius ecclesie Ecmundensis fuerit. Urbar. Egmund. (s. xii), OPPERMANN, *Fontes Egmund.*, p. 84. **7.** individu appartenant à la catégorie des dépendants dont certains sont pourvus de tenures — villain, dependant belonging to the category incidentally provided with tenancies. Quisque mansionarius tenetur dare advocato ..., sive collocatus [chasé — provided with a tenancy] fuerit sive non ... 2 den. Lex famil. Ebersheim. (s. xii p. pr.), c. 11, ed. DOPSCH, *MIOeG.*, t. 19 (1898), p. 613. **8.** *habitant — inhabitant.* De singulis domibus quae proprium habent mansionarium. *Actes Phil.-Aug.*, no. 237, I p. 291 (a. 1188, Nevers).

**mansionaticus** (< mansio): **1.** *gîte d'étape, séjour de nuit — overnight stay, stage.* In illis locis ubi modo via et mansionatici ... per capitulare ordinati sunt. Admon. ad ord. (a. 825), c. 19, *Capit.*, I p. 306. Per parroechiam vestram nobis congruas mansionaticas praeparate. Joh. VIII pap. epist. 126, *Epp.*, VII p. 113. Inde [i. e. a villa Duziaco] [rex] per Attiniacum et consuetos mansionaticos Compendium adiit. Ann. Bertin., a. 874, ed. WAITZ, p. 125. Debet ad proximum mansionaticum senioris aut cum carro vel cum caballo quicquid ei precipitur portare. Urbar. Prum. a. 893, c. 114, BEYER, *UB. Mittelrh.*, I p. 197. **2.** *hébergement obligatoire, réquisitionnement de logement, droit de gîte — compulsory housing.* Nullus episcopus ullius civitatis ... de praedicto monasterio s. Praejecti nullum praesumant exercere dominatum, non ad mansionaticos aut repastus exigendo ... Test. Wideradi, PARDESSUS, II no. 514 p. 326 (< a. 721 >, spur.). Ut nullus ... missus episcoporum ... [in] ipsum monastirium ... per preceptum et jussionem regum ... mansionaticus preparandum nec faciendum [praesumat]. *D. Karolin.*, I no. 89 (a. 775). Ibi pluries. Ut nullus judex mansionaticos ad suum opus nec ad suos canes super homines nostros atque in forestes nullatenus prendant. Capit. de villis, c. 11. Quando missi vel legatio ad palatium veniunt vel redeunt, nullomodo in curtes dominicas mansionaticas prendant, nisi specialiter jussio nostra aut reginae fuerit. Ib., c. 27. [Ministeriales] per singula territoria habitantes ac discurrentes mansionaticos et

paraveredos accipiant. Karoli M. epist. ad Pippinum (a. 806-810), *Capit.*, I p. 211. [Ne comites] eos [sc. Hispanos] sibi vel hominibus suis aut mansionaticos parare aut veredos dare ... cogant. Ludov. Pii const. de Hisp. I a. 815, c. 5, *Capit.*, I p. 262. Vidissent P. monachum mansionaticum facere W. episcopo quando Romam pergebat. Wartmann, *UB. S.-Gallen*, II, Anh. no. 15, p. 393 (ca. a. 820). Neque teloneum aut paravereda aut mansionaticum aut pulveraticum ... exigere praesumat. F. imper., no. 30, *Form.*, p. 309. Nullum ibidem presumant exercere dominatum, non ad mansionaticos aut repastos exigendo ... Coll. Flavin., no. 43, ib., p. 480. Ne ullas ... exactiones aut mansionaticos inde exigant. Constit. de partitione s. Dionysii a. 832, *Conc.*, II p. 693. Nemo illi [leg. ibi] mansionaticum faciat, nec in hostem vadens nec iterans. D. Ludov. Balbuli a. 870 ap. Hariulf., Chron., lib. 3 c. 13, ed. Lot, p. 124. Nemo in villis nostris vel in villis uxoris nostrae mansionaticum accipiat. Capit. Caris. a. 877, c. 20, II p. 360. Nec teloneum aut conjectum seu mansionaticum aut fredus a ministerialibus nostris exigetur. D. Zwentiboldi a. 896, Gysseling-Koch, *Dipl. Belg.*, no. 187 p. 327.

**mansionator:** *stagiste — someone performing castle-guard.* Quodsi [beneficia] proservire fideliter voluerit, sicut caeteri milites nostri, et assiduus mansionator in castello nostro T. fuerit. *Gall. chr.*², XIII instr. col. 462 C (a. 1019, Toul).

**1. mansionilis** (femin.), -ile (neutr.), -illum, -ale, masinile, masnile, maxn-, maisn-, mesn-, man-, mans-, -ilium, -ilum, -illum (< mansio): **1.** *demeure, maison — house, dwelling.* Alodum ... cum mansili et hortulo et viridario. *BEC.*, t. 30 (1869), p. 447 (ch. a. 904, Tours). Una vinea et unus campus cum manilo superposito ... Faciant de jamdicto masnilo et vinea et campo quod melius voluerint. Bernard-Bruel, *Ch. de Cluny*, II no. 1183 p. 269 (a. 964/965). **2.** *petit domaine subordonné à un domaine plus vaste — small manor forming part of a large estate.* In villis capitaneis pullos habeant non minus 100, ... ad mansioniles vero pullos habeant non minus 50. Capit. de villis, c. 19. De mansionilibus quae ad suprascriptum mansum aspiciunt. In G. invenimus mansioniles dominicatas ... Brev. ex., c. 26, *Capit.*, I p. 254. Villam ... cum mansionilibus et appendiciis suis. *D. Lothaire*, no. 3 (a. 955). **3.** *petit domaine* indépendant — *small independent manor.* Wampach, *Echternach*, I pt. 2 no. 24 p. 59 (a. 714). Notit. s. Petri Gand. (a. 820-822), ed. Gysseling-Koch, *BCRH.*, t. 113 (1948), p. 284. D. Lud. Pii a. 822, Duvivier, *Rech. Hainaut*, no. 11 p. 294. *D. Charles le Ch.*, no. 273 (a. 863). Partem maximam silvae in Vosago pretio comparavit et mansioniles ibidem constituit. Hincmar., V. Remigii, c. 17, *SRM.*, III p. 309. *D. Charles III le Simple*, no. 10 (a. 898). Bernard-Bruel, *Ch. de Cluny*, I no. 721 (a. 948). *D. Louis IV*, no. 35 (a. 950). *D. Ottos I.*, no. 289 (a. 965). *D. Lothaire*, no. 55 (a. 986). Flodoard., Hist. Rem., lib. 3 c. 26, *SS.*, XIII p. 544 l. 18. D. Roberti reg. Fr., Martène, *Thes.*, I col. 109. **4.** habitat rural moins important que la villa, *hameau — rural settlement, hamlet.* Cedimus in ipso aice Terlonensi, in cultura de villa quae nominatur V., ad illud mansionile quod nominatur B., mansum unum. Doniol, *Cart. de Brioude*, no. 102 p. 119 (a. 892). Morabatur Pipinus in pago Laudunensi et loco q. d. Gerniaca cortis; et non illic ut hodie villa, sed exiguus mansionilis fuerat. V. Rigoberti (a. 888-894), c. 4, *SRM.*, VII p. 65. **5.** *hôtise — cottar's holding.* [Homines familie] 60 mansionalia, que et curtilia vocitantur, hereditarie dicuntur possidere. Wampach, *UB. Luxemb.*, I no. 268 p. 386 (a. 1042-1047). 7 mensuras terre arabilis et 3 mansioniles cum domibus suis superedificatis. Fayen, *Lib. trad. s. Petri Bland.*, p. 203 (a. 1183). **6.** *emplacement urbain — town site.* In ipso portu omnes mansioniles. D. Lotharii II reg. a. 963, Duvivier, *Rech. Hainaut*, no. 26 p. 345. In Attrebato mansionalia tria. *D. Konrads II.*, no. 201 (a. 1033). Censum de mansionilibus qui sunt in ipso portu [Gandensi]. D. Heinr. I reg. Fr. a. 1038, Gysseling-Koch, *Dipl. Belg.*, no. 92. Adj. **mansionilis:** *occupé par une demeure rurale — used as a homestead.* De terra arabili sive mansionili ... bonuaria 24. *D. Charles II le Ch.*, no. 112 (a. 849).

**2. mansionilis** (mascul.): *tenancier d'un manse — tenant of a manse.* Mansionilibus in agricultura laborantibus ... stipendia non negentur. Lacomblet, *UB. Niederrh.*, I no. 253 p. 163 (< a. 1096 >, spur. ca. a. 1140).

**mansis,** v. mansus.

**mansiuncula:** **1.** **maisonnette — small house.* **2.** *tenure modeste — small holding.* De Courson, *Cart. de Redon*, p. 5 (a. 833).

**mansor:** **1.** **habitant — inhabitant.* Praefati viculi mansoribus ejus ad festa se praeparantibus. Mir. Gengulfi, *AASS.*, Maji II p. 651. **2.** *tenancier d'un manse — land-tenant.* Mansum unum cum mansore suo. Trad. Lunaelac., no. 149 (a. 972-994), *UB. d. L. ob der Enns*, I p. 87. Urbar. Ratisbon. a. 1031, Dollinger, *Cl. rur. en Bav.*, p. 511, c. 44. **3.** *stagiste, membre d'une garnison de château — castle-guardsman.* Comes ... exercitum suum a se recedere permisit, mansores autem suos contra ducem in ... [castellis] posuit. Dux etiam suos mansores in N. et in suis munitionibus ... contra comitem .. . posuit. Gisleb. Mont., c. 155, ed. Vanderkindere, p. 241. **4.** *résidant dans une ville dépourvu du droit de citoyenneté — non-enfranchised resident in a city.* S. xiii.

**mansorium:** *demeure rurale — rural homestead.* Mansorium et terram appendicem Garini. Vercauteren, *Actes de Flandre*, no. 124 p. 287 (a. 1119-1120). Unum mansorium terramque ei pertinentem. Pflugk-Harttung, *Acta*, I no. 139 (a. 1123, Thérouanne).

**mansuagium,** masua-, masa-, maisa-, massa-, masna-, maisna-, messua-, mesua-, messa-, mesa-, mesna-, maina-, mana-, mena- (il paraît que deux mots, l'un dérivé de mansus, l'autre de mansio à l'accusatif mansionem, se soient croisés — apparently two distinct words derived from mansus and mansio respectively have become mixed up): **1.** *demeure, maison — house, home.* Unam modiatam de terra et plassitium cum maisnagio. Bertrand, *Cart. d'Angers*, I no. 91 p. 105 (a. 1080-1120). Vidua dotem suam habebit usque ad terciam partem hereditatis donatoris, excepto capitali masnagio, quod heredi remanebit; si vero aliud masnagium datum fuerit vidue in dotem, illud habebit, preter turrem vel castellum. Consuet. Normann. vetust., pt. I (s. xii ex.), c. 3 § 1, ed. Tardif, p. 2. Soror primogenita habebit masnagium capitale, et de ea tenebunt alie sorores. Ib., c. 9 § 1, p. 9. **2.** *tenure rurale,* en part. *tenure de défrichement, hôtise — holding, esp. reclaim holding.* [Delego] ecclesiae s. Vedasti Atrebatensi tria managia apud H. Miraeus, III p. 304 col. 2 (a. 1059, S.-Quentin). Concessi ... capellam ... cum masagio sex acrarum in foresta B. et carrucatam terrae. De la Roque, *Hist. de Harcourt*, IV p. 1346 (ch. a. 1183, Fécamp). **3.** *famille, ménage — family.* S. xiii.

**mansualis** (adj.) (< mansus): *réparti en manses — allotted to manorial holdings.* Mansi censuales 27, vinee mansuales 12, alie 4. Cod. Eberhardi, c. 43 § 4, Dronke, *Trad. Fuld.*, p. 115. De dominica terra nostra ... De terra autem mansuali ... DC.-F., V p. 233 col. 3 (ch. a. 1127, S.-Quentin). Subst. **mansualis:** *tenancier — land-tenant.* Conquerens quosdam mansuales suae ecclesiae civitatem nostram inhabitare. Trad. s. Stephani Wirceburg., Schannat, *Vindem.*, I no. 55 p. 78.

**mansuarius,** mas-, mass-; -oarius, -oerius, -arius (< mansus; cf. etiam vocem massarius. Fortasse voces mansuarius et massarius quandoque confundebantur): *tenancier d'un manse — tenant of a manse.* Mansuarii qui a jugo servitutis nuscuntur esse relaxati. Marculf., lib. 1 no. 22, *Form.*, p. 57. Similia F. Senon., no. 12, p. 190. Pullos et ova quos servientes vel mansuarii reddunt per singulos annos. Capit. de villis, c. 39. Haec terra [sc. mansus unus] est tota divisa per mansoarios. Irminonis polypt., br. 12 c. 13. Similia c. 14. Fidelium vestrorum mansuarios ... gravare. Epist. synod. Carisiac. a. 858, c. 14, *Capit.*, II p. 438 l. 4. Non ... a mansuariis vel ab his qui censum debent major modius, nisi sicut consuetudo fuit, exigatur. Edict. Pist. a. 864, c. 20, ib., p. 318. Donent ... de manso ingenuili 4 den. de censu dominicato et 4 de facultate mansuarii; de servili vero manso 2 den. de censu indominicato et 2 de facultate mansuarii. Edict. Compend. a. 877, ib., p. 354. Vel a mansariis vel a castellanis vel a plectitiis vel incensitis. *D. Ottos I.*, no. 348 (a. 967). Apud D. terram ad dimidiam carrucam ... et 30 massarios omnino quietos. *D. Phil. Ier*, no. 79 p. 202 (a. 1075/1076, Ponthieu). Neque masuarios justificabit de his que ad mansos pertinent. Duvivier, *Actes*, I p. 49 (a. 1082, S.-Amand). Déléage, *Actes d'Autun*, no. 20 p. 50 (a. 1098-1112). Miraeus, I p. 388 col. 1 (a. 1140, Brabant).

**mansuetare:** **apprivoiser — to tame.*

**mansuetudo:** *titre d'honneur — title of honour. Pour un roi — of a king: Concil. Roman. a. 502, *Auct. ant.*, XII p. 427 l. 71.

**mansulus:** *petit domaine — small estate.* De mansulo quodam C. nomine. Bertrand, *Cart. d'Angers*, I no. 3 p. 10 (a. 974).

**mansura,** masura, mazura (< manere): **1.** *séjour, l'exercice du droit de gîte — stay, having recourse to a right of housing.* Advocatus ejusdem ecclesie in cortibus ad locum respicientibus non presumat mansuras aut paraturas facere. *D. Heinrichs III.*, no. 51 (a. 1040). Placita tenere, mansuras aut precarias facere, redhibitiones vel freda exigere. Priv. Leonis IX pap. a. 1094, Martène, *Coll.*, II col. 68. Justitiam et mansuras et teloneum ... in perpetuum possidenda dedisse. Quantin, *Cart. de l'Yonne*, II no. 93 p. 101 (a. 1159, Troyes). **2.** *maison, demeure — house, dwelling.* Mansure que sunt in portu Gandavo site. *D. Louis IV*, no. 36 (a. 950). Unum clibanum in macello [Verdunensi] aliasque mansuras. *D. Heinrichs III.*, no. 53 (a. 1040). In Broburg ... mansuram G. prepositi. Duvivier, *Actes*, I p. 247 (a. 1170). **3.** *courtil, demeure rurale avec son enclos — rural homestead and yard.* In villa R. inter mansuram et terram arabilem bunuaria 10. *D. Charles le Ch.*, no. 112 (a. 849). Similia *SS.*, VII p. 420 l. 43 (ch. a. 874/875, Cambrai). Perrin, *Seigneurie*, p. 708 app. 2 (a. 1096-1103, Metz), cf. ib., p. 371. **4.** *tenure domaniale, manse — manorial holding.* Cassatus septem cum omnibus mansuris et omni peculiare. *D. Arnulfing.*, no. 13 p. 101 (a. 715-739). Tercia pars de una mansura et quicquid ad ipsa[m] aspicere videtur. Zeuss, *Trad. Wizenb.*, no. 123 p. 120 (a. 788). "Vendidi terram", ... si mansura est: "cum adpenditiis ejus". F. Augiens., coll. B no. 39, *Form.*, p. 362. Alias mansuras novem in eadem villa habentes de terra arabili inter totos bunuaria 23, de prato aripennos 6, de pasturas bonuaria 5. Irminonis polypt., br. 12 c. 15. B. villa mansum 1 ... et in urbe et extra alias mansuras cum arabili terra et vineam. *D. Konrads II.*, no. 40 (a. 1025). Omnes mansure ipsius ville debent censum b. Waldetrudi. Gisleb. Mont., Chron., c. 14, ed. Vanderkindere, p. 23. **5.** *l'étendue de terre qui correspond à un manse — the amount of land corresponding to a manse.* Duas arabilis terrae ... mansuras super O. fluvium existentes. Marchegay, *Cart. du Bas-Poitou*, p. 150 (ca. a. 1035). De Monsabert, *Ch. de Nouaillé*, no. 119 p. 194 (a. 1060-1078). Dedit unam mansuram optimae telluris, id est quantum quatuor ... boves arare possunt. Bertrand, *Cart. d'Angers*, II no. 746 p. 237 (a. 1087). Lobineau, *Bretagne*, II p. 182 (ch. a. 1095). Flach, *Origines*, I p. 360 (s. xi, Le Mans). Actus pontif. Cenom., c. 34 (ca. a. 1100), ed. Busson-Ledru, p. 394. **6.** *hôtise — cottar's holding.* Quisque hospitum de propria masura quoque anno ... sex den. reddet censuales. D. Lud. VII reg. Fr. a. 1142, Luchaire, *Inst. mon.*, II p. 324 no. 22. Cf. P. Errera, *Les masuirs*, 2 vol., Bruxelles 1891.

**mansus** (decl. 4 et 1), mansis, mansum, mansa (femin.), masus, masa, massus, massa (< manere): **1.** *demeure, maison — dwelling, house.* Crastina ... veniet ... ad mansum. V. patrum Jurens. (s. vi p. pr.), *SRM.*, III p. 162. Mansum qui est infra muros civitatis Laudunensis. Pardessus, I no. 350 p. 133 (a. 664). Tam domibus quam edificiis, mansis, mancipiis, vineis ... Wampach, *Echternach*, I pt. 2 no. 3 (a. 697/698). Hoba una cum mansis, casis, aedificiis. Zeuss, *Trad. Wizenb.*, no. 4 p. 11 (a. 753). Ita persaepe ibidem. Trado in Mogontia civitate publica unam arialem cum duabus mansis [glossa: id est cum duabus casis]. Dronke, *CD. Fuld.*, no. 94 p. 57 (a. 789). Vineam ... cum servitore

et superposito manso. D'Herbomez, *Cart. de Gorze*, no. 62 p. 113 (a. 864). Curtilus unus cum vinea insimul tenente et manso superposito. Ragut, *Cart. de Mâcon*, no. 314 p. 183 (a. 923-927). Qui loco illo, novo scilicet manso, obsequiis b. confessoris tenebantur. V. Godegr., *AASS.*, Sept. I p. 771 col. 1. **2.** *centre d'exploitation rurale*, la maison avec ses annexes et son enclos — *homestead*, rural dwelling with annexes and yard. Manso et terra vel viniolas quantumcumque possedire vidimur in fundo illa villa in se super terra ecclesiae Andecavis. F. Andecav., no. 25, *Form.*, p. 12. Terra ad ipso maso aspiciente bunoaria 15 una cum adjecencias earum. *D. Merov.*, no. 25 (a. 639-657). [Dono] mansum unum et terra arabilia ad ipso manso aspiciente jurnales 8. Zeuss, o.c., no. 6 p. 14 (a. 713). [Forestarium] una cum mansus quod ... tenire viditur vel terras ad ipsus [i. e. ipsos] mansus aspicientes. *D. Merov.*, no. 87 (a. 717). Has casas ... cum omnis apendiciis eorum, tam curtis et mansas, casis, domibus ... Pardessus, II p. 449 (a. 717/718, Saumur). Donamus ad C. vineas tres cum vinitoribus et illorum uxores et illorum mansos vel illorum sortes. Ib., no. 586 p. 398 (a. 745, Metz). In pago L. in villa q. d. S. mansa una et de terra jurnales 30. Stengel, *UB. Fulda*, I no. 38 p. 66 (a. 763). Trado ... in villa q. d. A. res meas proprias ..., hoc est mansa et terra, pratis, aquis ... Wartmann, *UB. S.-Gallen*, I no. 161 (a. 800). Unicuique molinario mansus et 6 bonuaria de terra dentur. Adalhardi Corbej. stat. (a. 822), lib. 1 c. 7, ed. Levillain, p. 358. Terre arabiles ad ipsos 4 mansos, ad unumquemque mansum jurnales 60. D'Herbomez, o.c., p. 89 no. 50 (a. 848). In villa N. dimidium mansum cum dimidia sorte. Ib., no. 59 p. 105 (a. 858). Mansos 6, ad unumquemque mansum jugera 60. *D. Karls III.*, no. 112 (a. 885). Mansos duos cum edificiis et cum duobus servientibus ... et cum centum jornalibus ad eosdem mansos pertinentibus. *D. Charles le Simple*, no. 71 (a. 912). **3.** *emplacement pour un centre d'exploitation rurale — site for a homestead*. De terra araturia jurnales 21 et de prata carradas 4 et manso 1 ubi servus casam et scuriam vel ortum stabilire potest. Zeuss, o. c., no. 83 p. 89 (a. 787). **4.** *le centre d'exploitation rurale et la terre labourable qui s'y rattache — a homestead with the arable tied up with it*. Omnes res meas ..., tam manso, vinea, prata, peculio seu reliqua suppellectile domus mei. Marculf., lib. 2 no. 13, *Form.*, p. 83 sq. Dono unum mansum cum una vinea et cum mansione que in eo est. Bernard-Bruel, *Ch. de Cluny*, I no. 332 (a. 927-942). **5.** *exploitation rurale* autonome comprenant le centre d'exploitation, les champs, prés, droits d'usage etc. — independent *estate*, comprising a manor, arable, hayfields, easements etc. In villa quae P. dicitur mansum unum optimum cum omnibus appenditiis suis. *D. Merov.*, no. 42 (a. 664). De mansionilibus quae ad suprascriptum mansum aspiciunt. Brev. ex., c. 26, *Capit.*, I p. 254. Dedit ... mansum unum situm in pago S. in A. villa habentem in longitudinem perticas 6 et pedes 11, de ambabus frontibus perticas 6. D'Herbomez, no. 64 p. 117 (a. 868). Saepe in loc. mansus dominicatus, indominicatus: le centre d'exploitation d'un domaine avec la réserve domaniale — a manor with its demesne land. Dono ... illum mansum indominicatum et ipsam ecclesiam ad ipsum mansum pertinentem ... qui conjacet ipse mansus et illa ecclesia et illae res in pago L. in villas nuncupantes R. sive P. Quantin, *Cart. de l'Yonne*, I no. 10 p. 24 (a. 694, Sens). Donavimus villam, mansum videlicet indominicatum cum omnibus adjacenti s ad se pertinentibus. *D. Merov.*, no. 2 p. 9 (a. 692). Mansum dominicatum in loco q. d. O. *D. Karolin.*, I no. 126 (a. 779). Mansum indominicatum cum edificiis atque omnibus utensilibus, habentem hobas tres, et hubas serviles 19 et silvam ... Glöckner, *Cod. Lauresham.*, I p. 317 no. 33 (a. 866). Est in villa B. mansus indominicatus cum mansione 1. Descr. Lob. a. 868, ed. Warichez, *BCRH.*, t. 78 (1909), p. 265. Mansum meum indominicatum ... una cum mansione et curtim, vineis, pratis, terris ... De Monsabert, *Ch. de Nouaillé*, no. 38 p. 69 (a. 911-916). **6.** *tenure qui fait partie d'une villa, tenure domaniale — manorial holding*. Cedimus tibi a die presente locello nuncupante illo aut manso illo, infra termino villa nostra illa, cum omni adjacentia ad ipso locello aut mansello aspicientem. Marculf., lib. 2 no. 36, *Form.*, p. 96. In pago Senonico in villa B. ... mansos 7 cum adjunctis, appendiciis ... Test. Vigilii (ca. a. 680), Quantin, *Cart. de l'Yonne*, I no. 8. Ut majores nostri et ... ministeriales rega faciant et sogales donent de mansis eorum. Capit. de villis, c. 10. Fiscalini qui mansas habuerint, inde vivant; et qui hoc non habuerit, de dominica accipiat provendam. Ib., c. 50. De mansis absis. Ib., c. 67. Ubi majores facultates sunt ecclesiae, verbi gratia tria aut quatuor aut certe octo et eo amplius milia mansi. Concil. Aquisgr. a. 816, c. 122, *Conc.*, II p. 401. Servi vel ancillae conjugati et in mansis manentes. Wartmann, I p. 220 (a. 817). Unum mansum cum mansione et orto et vinea et arboribus et viro qui super ipsum manet. Bernard-Bruel, o.c., II no. 1303 p. 379 (a. 971). Mansus plenus: manse ayant les dimensions normales — a manse of normal size. In R. mansum plenum cum pratis et in silvam porcos 6. Glöckner, *Cod. Lauresham.*, I p. 382 no. 105 (a. 815). Tradidit in D. Liudulbum et mansum plenum ...; Waldgerum quoque in G. et mansum ejus non plenum. Kötzschke, *Urbare Werden*, p. 44 (a. 890). Mansos 30 tantae magnitudinis ut unusquisque mansus jugera 60 habeat in mensura. *D. Arnulfs*, no. 106 (a. 892). Le manse fractionné — the manse as divided into portions, e. g.: Aspiciunt ibi mansus ingeniles 8: duo et dimidium vestiti, ceteri apsi. Polypt. Derv., c. 22, Lalore, *Ch. de Montiérender*, p. 102. Le manse occupé par deux ou trois familles — the manse with two or three families living on it: In pago Senonico in villa q. d. O. mansum indominicatum ... cum aliis mansis quinque; mansum scilicet Gervini et Adalberti et Aldulfi; mansum Agenbaldi et Advardi ... D. Karlmanni reg. Fr. a. 882, Quantin, o. c., I p. 108 no. 56. Mansum unum cum 3 servos, quorum hec sunt nomina: C. cum uxore sua et filios suos, B. cum uxore sua et infantibus suis, M. cum



uxore sua et infantibus suis. Bernard-Bruel, o.c., II no. 1505 p. 556 (a. 979/980). Mansus regalis: un manse de grandeur extraordinaire — an unusually large manse. Capit. Aquisgr. (a. 801-813), c. 9, I p. 172. *D. Ottos I.*, no. 51 (a. 942). 24 regales mansi ... Et scitote quod ad nostram [i. e. regis] hobam [i. e. mansum] pertinent 90 jugera. *D. Ottos III.*, no. 154 (a. 994). Cf O. Tulippe, *Le manse à l'époque carolingienne. Ann. Soc. Scientif. de Bruxelles*, série D, sc. écon., t. 56 (1936). F. Lütge, *Hufe und Mansus in den mitteldeutschen Quellen der Karolingerzeit, Vierteljahrschrift für Sozial- und Wirtschafsgesch.*, t. 30 (1937), pp. 105-128. E. Schmieder, *Hufe und Mansus*, ib., t. 31 (1938), pp. 348-356. P. de Saint-Jacob, *Etudes sur l'ancienne communauté rurale en Bourgogne*, II: La structure du manse, *Ann. de Bourgogne*, t. 15 (1943), pp. 173-184. C.-E. Perrin, *Observations sur le manse dans la région parisienne au début du IXe siècle, Mélanges d'hist. soc.* (Annales, t. 8), 1945, p. 39 sqq. **7.** *ensemble de terres équivalent à celui qui constitue un manse — as much land as amounts to a manse*. On l'emploie pour déterminer l'étendue de la réserve domaniale — it is used to express the size of a demesne. A W. venerabili viro 7 et semis mansi et unum molendinum in loco q. d. E. Wampach, o. c., no. 23 (a. 698-714). Ad unamquamque ecclesiam curte[m] et duos mansos terrae pagenses ad ecclesiam recurrentes condonant. Capit. de part. Saxon. (a. 785), c. 15, I p. 69. Vendimus vobis curtilo cum manso indominicato cum omnibus apenditiis suis. Bernard-Bruel, I no. 36 (a. 889, Lyon). Apud S. est curtis dominica cum ecclesia ceterisque edificiis, mansa dominice terre 16, mansa fiscalia 16, servilia 17. Urbar. Maurimonast. (ca. a. 900), Perrin, *Essai*, p. 159. Villam ... cum omnibus ad se pertinentibus ... quae omnia in toto sunt 25 mansi. *D. Lothaire*, no. 20 (a. 964). Dono ... terra[m] valente uno manso, quantum ... circumierunt et terminaverunt. Cassan-Meynial, *Cart. de Gellone*, p. 122 no. 143 (a. 996-1031). Ou bien pour déterminer l'étendue de la totalité des tenures — also to indicate the size of the aggregate holdings. Obtulit ... quoddam praediolum situm juxta fluvium A. vocabulo H., habens mansos 15 et vinearum aripennes 9. Eginhard., Transl. Marcellini, lib. 2 c. 6, *SS.*, XV p. 247. Curtilem 1 cum terris ac vineis ... quorum omnium summa constat mansa plena 8 et unus servilis. Beyer, *UB. Mittelrh.*, I no. 58 p. 65 (a. 844, Prüm). Bifangum unum ubi possunt edificari mansa centum necnon insaginari porci mille. D. Lotharii II reg. a. 867, ib., no. 108 p. 113. Pertinent ad istos quatuor prefatos alodos ... tantum de culturis dominicatis et aliis terris, unde possunt confici vel colligi per quartas, si pax fuerit, mansi reddentes quinque. *BEC.*, t. 30 (1869), p. 447 (ch. a. 904, Tours). In A. dicto loco esset quedam terra ... absa ... Occurrit quidam ... petens ... ut ei ad censum concederemus ... Concessimus ei quod petebat ac fecimus mansum dimidium et jornales 5. D'Herbomez, no. 121 p. 219 (a. 995). Praedia et curtes et familias ad trecentos mansos condonavit. Chron. Hildesheim., c. 13, *SS.*, VII p. 852. Praedium quoddam nomine S. et ad hoc de beneficiis G. et R. addentes, quoadusque 30 mansi computentur ... tradendo firmavimus. *D. Heinrichs IV.*, no. 297 (a. 1077). Curtem nostram nomine Werla et villas eodem pertinentibus ... cum omnibus appendiciis ... dedimus ... Illa autem supradicta bona pro mansis 200 dedimus. Ib., no. 378 (a. 1086). Quandam villam ... et ad hoc tantum, ut 30 mansus pleniter ibi habeantur. Ib., no. 431 (a. 1093). De terra quantam sufficit mansibus octo. Moris-Blanc, *Cart. de Lérins*, p. 54 no. 55 s. xi in.) Tradidit ... in C. areas 2, mansos 3; in E. areas 2, mansos 2; in R. aream 1, mansum 1. Erhard, *Reg. Westfal.*, I, CD. no. 185 p. 143 (a. 1119). **8.** *mesure de superficie*, l'étendue qui correspond à celle d'un manse — *square measure*, as much as is contained in a manse. Aecclesiae ... tres mansos integros ejusdem silvae segregatos in usum et perpetuam possessionem ... contradidimus ... Usum nempe predictorum trium mansorum abbas suis concedet vicaneis in vico B. Foerster, *Ann. Hist. Ver. Niederrh.*, Heft 121 (1932), p. 131 sqq. (ch. a. 1124, Köln). Terre deserte et inculte 30 mansos. Fichtenau-Zöllner, *UB. Babenberger*, I no. 16 p. 23 (< a. 1141 >, spur. ante a. 1188). Silva dominicalis ad mensuram mansi unius. Perrin, *Seigneurie*, p. 728, app. 5 c. 4 (s. xii p. post., Bouzonville). Abbas W. emit ... mansum prati et pascuam sex vaccarum. Oppermann, *Fontes Egmund.*, p. 88 (a. 1130-1161). **9.** *mesure de longueur — measure of length*. Partem allodii unum habens in longitudine mansum et in latitudine dimidium. Poncelet, *Actes H. de Pierrepont*, no. 144 (a. 1216). **10.** *hôtise* dans une ville neuve, tenure consistant en la maison et le jardin — *cottar's holding*. Quicumque tenuerit mansum in villa de P. Charte-loi de Prisches a. 1158, ed. Verriest, *RBPH.*, t. 2 (1923), p. 337.

**mantele,** -ile, -ela, -elus, -ellum, -ellus, -eolum (class. "essuie-main — napkin"): **1.** **nappe — table-cloth*. **2.** *drap de lit — bed-cloth*. Brev. ex., c. 34, *Capit.*, I p. 256. **3.** *manteau — cloak*. Test. Everhardi a. 867, De Coussemaker, *Cart. de Cysoing*, p. 2. Concil. Mett. a. 888, c. 6, Mansi, t. 18 col. 79. Manaresi, *Placiti*, I no. 107 p. 399 (a. 898, Piacenza). **4.** *manipule — maniple*. Hincmar., Test. Remigii, *SRM.*, III p. 338. Hraban., Inst., lib. 1 c. 18, ed., Knoepfler, p. 34.

**mantus** (decl. iv, femin.; decl. 1, mascul.), manta (femin.): **1.** *manteau — cloak*. Isid., Etym., lib. 19 c. 24 § 15. Caesarii testam. spur., Pardessus, I no. 139 p. 107. Theodemari Casin. epist. (a. 787-797), *Epp.*, IV p. 512. **2.** spec.: *mante, manteau de cérémonie du pape — the pope's mantle of state*. Quae fuerat indutus exueret ..., mantum, armilausiam, balteum ... Lib. pontif., Greg. II (a. 715-731), red. B, § 22, ed. Duchesne, I p. 408 col. 2. Post septem dies ... sponte mitram et mantum refutavit atque deposuit. Boso, Vitae papar., Honor. II, ib., II p. 379. Electum ... papali manto ... induerunt. Id., Alex. III, p. 397. Oblato ei, ut mos est, ... manto, rubea videlicet illa cappa quae insigne papale est. Gerhoh. Reichersp., De investig., lib. 1 c. 53, *Lib. de lite*, III p. 360.

**manua,** mannua, manna (? leg. manua ?) (< manus) : **1.** **une poignée — a handful.* **2.** **gerbe — sheaf.* **3.** spec.: *botte de lin — sheaf of flax. CD. Langob.*, no. 129 col. 230 C (a. 837, Nonantola). BENASSI, *CD. Parmense*, no. 9 (a. 854). MURATORI, *Antiq.*, I col. 721 (a. 869). FANTUZZI, *Mon. Ravenn.*, I p. 91 (a. 889).

**manualis** (adj.): **1.** (d'animaux) *domestique* — (of animals) *tame.* Pecum [i. e. pecudem] manualem. Pactus Alamann., fragm. 5 c. 6. **2.** (de personnes) *qui est employé pour rendre des services quotidiens* — (of persons) *performing everyday service.* Angilberctum manualem nostrae [sc. regis] familiaritatis auricolarium. Alcuini epist. 93, *Epp.*, IV p. 137. Servos et ancillas manuales. GIORGI-BALZANI, *Reg. di Farfa*, II p. 145 doc. 175 (a. 804). Ego E. indignus presbiter et manualis notarius hanc donationem jubente domno J. episcopo scripsi. *SS.*, VII p. 421 l. 21 (ch. a. 874/875, Cambrai). Petiam terre ... et unum servum manualem. GREGOR. CATIN., Chron., ed. BALZANI, I p. 207. Subst. mascul. **manualis**: **1.** *serviteur confidentiel — confidential servant.* Quoniam specialiter noster es et manualis. Joh. VIII pap. epist. 146, *Epp.*, VII p. 125. **2.** *cultivateur qui travaille la terre à la main — tiller with the spade.* Decima terrarum quas manuales laborant ad suas manus et servi et libertini et coloni. GREGOR. CATIN., II p. 147. Subst. neutr. **manuale**: **1.** **manuel — handbook.* **2.** *livre contenant des textes liturgiques à l'usage quotidien du prêtre — liturgical book for a priest's daily use.* Obtulit ... libros ecclesiasticos, scilicet psalterium, comitem, antiphonarium, manuale orationum passionum sermonum ordinum precum et horarum. MABILLON, *Ann.*, III p. 303 (ch. a. 888, León). **3.** **serviette — towel.* **4.** *manipule — maniple. CD. Cavens.*, II p. 299 (a. 990). **5.** *tête de bétail — head of cattle.* Praedia et manualia vel quidquid illud est quod olim praedabiliter indivisum retemptabat. ISID. PAC., Chron., aera 757, MIGNE, t. 96 col. 1267 B. Manualia per singula castella et boum paria eis sufficientia. GREGOR. CATIN., II p. 209. Manualia nostra et terrarum vicendas ... abstulit. BALZANI, *Il Chron. Farf.*, II, app. I p. 312 (a. 1119-1125). Decima manualium suorum. PETR. DIAC., Chron. Casin., lib. 3 c. 58, *SS.*, VII p. 744 l. 13.

**manualiter: 1.** *à la bêche — with the spade.* Ponimus media semente [i. e. medium semen] et laboramus manualiter. *CD. Cavens.*, I no. 91 p. 117 (a. 882). **2.** *par la remise des mains — by reaching out one's hands.* Hominium nobis manualiter fecerunt. WATTENBACH, *Iter*, p. 70.

**manuaria,** manaria, mannaria (< manus): *hache, houe — axe, mattock.* MANARESI, *Placiti*, I no. 4 p. 9 (a. 779, Spoleto). Ferramentum quod vulgo manariam vocant afferret quatenus arbuscula ipsius agri succideret. Mir. Columbani (s. x med.), c. 27, *SS.*, XXX p. 1014 l. 1. *CD. Cavens.*, II no. 384 p. 236 (a. 986). TORELLI, *Carte Reggiane*, no. 93 p. 236 (s. x).

**manuata,** manata, manada, manaia (< manus): **1.** *une poignée — a handful.* S. xiii. **2.** *le droit de prendre une poignée de sel ou de blé — right to take a handful of salt or corn.* S. xiii.

**manuatim:** *par la remise des mains — by reaching out one's hands.* Homines ejus fuerant manuatim et interpositis sacramentis ... confoederati. G. abb. Trudon., lib. 12 c. 14, *SS.*, X p. 311.

**manubrium:** *paume* (mesure) — *palm* (measure). Trabiculus noster duorum manubriorum mensura brevior esse videtur. V. Amati, c. 4, *SRM.*, IV p. 217.

**manucapere:** *s'engager, se porter garant — to undertake, go bail.* Memoratas conventiones hinc inde tenendas manucapimus. *Actes Phil.-Aug.*, no. 64, I p. 85 (a. 1182/1183). Prefatam communiam manucapimus conservandam et manutenendam. Ib., no. 101, p. 124 (a. 1183/1184). Conventiones benigne concessimus et manucepimus quod eas inconcusse faceremus observari. Ib., no. 481, II p. 5 (a. 1194). Ego manucapio quod milites et servientes, quos ego ei mittam, bene et fideliter ei servient. VAN DEN BERGH, *OB. Holland*, I no. 232 p. 137 (a. 1213).

**manucaptio:** *garantie, cautionnement — bail, mainprise.* S. xiii.

**manucaptor:** *caution, garant — bail, mainpernor.* BALLARD, p. 140 (a. 1147-1153).

**manufactile:** *objet manufacturé — hand-made article.* Si quis homo a ligno seu a quolibet manufacteli fuerit interfectus. Lex Ribuar., tit. 70 § 1.

**manufidelis** (subst.) (cf. voc. manus sub 8): *exécuteur testamentaire — executor of a will.* VAN DEN BERGH, *OB. Holland*, I no. 235 p. 138 (a. 1213). HEERINGA, *OB. Utrecht*, II no. 687 p. 144 (ca. a. 1220). PONCELET, *Actes H. de Pierrepont*, no. 266 (a. 1229). Sitis executores mei et manufideles qui vulgo dicuntur truuhant. KETNER, *OB. Utrecht*, III no. 1354 (a. 1255). Cf. F. BEYERLE, *Die Treuhand im Grundriss des deutschen Privatrechts*, 1932.

**manufidus** (cf. voc. manus sub 8): *subrogé — attorney.* Traditionem ... cespite et ramo et preelecto manufido ... ordinavi ... per manum filii mei. GYSSELING-KOCH, *Dipl. Belg.*, no. 225 p. 376 (a. 1096, Looz).

**manufirma,** v. manusfirma.

**manufirmatio:** *validation d'un acte par l'attouchement — validation of a document by laying a hand on it.* Subscriptiones et manufirmationes suas in ipsis capitulis faciant. Capit. missor. a. 803, c. 19, I p. 116.

**manufirmitas:** *concession en précaire — precarial grant.* Destruunt ... sedes episcopales et monasteria, praedis scilicet, rapinis, precariis falsidicis, manufirmitatibus iniquis. ABBO SANGERM., Sermo 5 (s. x in.), MIGNE, t. 132 col. 774 B. Deprecans nos ut ... scriptum manufirmitatis sub censo denariorum 12 concederemus. RÉDET, *Cart. de S.-Cyprien de Poitiers*, no. 309 p. 193 (ca. a. 995).

**manulevantia,** manle-, malle-, male-: *crédit obligatoire pour le fournissement de denrées à un seigneur — compulsory credit for provisions furnished in behalf of a lord. Hist. de Languedoc*[3], V pr. no. 415 col. 782 (a. 1103). Ib., no. 636 col. 1237 (a. 1160).

**manulevare,** manlevare, **1.** aliquem: *se porter caution pour qq'un — to go bail for a person. Hist. de Languedoc*[3], V no. 488 col. 917 (a. 1125). **2.** *réquisitionner — to requisition.* GERMAIN, *Cart. de Montpellier*, p. 220 (a. 1139).



**manulevatio:** *crédit obligatoire pour le fournissement de denrées à un seigneur — compulsory credit for provisions furnished in behalf of a lord.* Consentio [i. e. concedo] ... manulevationem ciborum et vestimentorum in C. *Gall. chr.*[2], XIII instr. col. 89 B no. 3 (a. 1111, Pamiers).

**manulevator,** manlevator: *caution, otage — bail, mainpernor. Lib. jur. reip. Genuens.*, I no. 7 col. 14 A (a. 1102). *Hist. de Languedoc*[3], V no. 488 col. 917 (a. 1125, Carcassonne).

**manuliber** (subst.): *affranchi — freedman.* Trad. Wessofont., *Mon. Boica*, VII p. 338.

**manumissicia** (femin.): *affranchie — freedwoman.* Lex Visigot., lib. 3 tit. 2 § 4.

**manumissio: 1.** *validation d'un acte par l'attouchement — validation of a document by laying a hand on it.* Manumissionis sue munimine eam [conscriptionem] corroborare. BERNARD-BRUEL, *Ch. de Cluny*, II no. 1004 p. 99 (a. 956). Ut haec auctoritas firmior habeatur, manu mea et senioris mei O. comitis atque suorum fidelium manumissione corroborandum tradidi. GUÉRARD, *Cart. de Chartres*, I p. 90 (s. x ex.). **2.** *subrogation — authorization.* A. et A. nos pariter elemosinarii Droctelmo per manumissionis suae [i. e. manumissionem suam] et per hunc fideicommissum. *BEC.*, t. 24 (1863), p. 171 (a. 937, Rodez). **3.** *déguerpissement — abandonment.* Traditionem vel manumissionem aeclesiarum jam dictarum ... confirmo. GYSSELING-KOCH, *Dipl. Belg.*, no. 159 p. 273 (a. 1085, Tournai). [Terrae] quas in vadimonio seu in beneficio alii de illo habebant, quomodocumque, seu per eorum qui eas tenebant eleemosynariam manumissionem ad ecclesiam devenire possent. MIRAEUS, II p. 953 col. 2 (a. 1094, Tournai). Illam manumissionem de naufragiis et de substantia morientium, quam comes in nostra manu deposuit. HILDEBERT. LAVARD., epist. 65, MIGNE, t. 171 col. 253 C.

**manumissor: 1.** **celui qui affranchit — manumittor.* **2.** *celui qui valide un acte par l'attouchement — one who validates a document by laying a hand on it.* Totum textum et manumissoris [i. e. manumissores] epistola[e] scribantur. MARCULF., lib. 2 no. 38, *Form.*, p. 98. His presentibus, qui hujus traditionis manumissores extiterant. F. Augiens., coll. A no. 16, ib., p. 346. Coram testibus ac manumissoribus. GYSSELING-KOCH, *Dipl. Belg.*, no. 199 (a. 793, Westfalen). **3.** *exécuteur testamentaire — executor of a will.* Nos G. et T. et T., qui sumus manumissores de fratre nostro B. qui fuit quondam; et injunxit nobis ... ROUQUETTE, *Cart. d'Agde*, no. 5 p. 14 (a. 922). Fiant manumissores mei, id est A. et F. et T.; et precipio vobis ut, si ... a seculo migravero, dividere faciatis omnes res meas. ALART, *Cart. Roussillonnais*, no. 12 p. 24 (a. 967). Qui michi advenit hec omnia per manumessores de quondam Undilani. FONT-RIUS, *Cart. de S.-Cugat*, no. 87 (a. 967). CASSAN-MEYNIAL, *Cart. d'Aniane*, p. 374 no. 248 (a. 972).

**manumissoria:** *exécution d'un testament — execution of a will.* Nobis advenit hec omnia per manumissoria de quondam B. vicecomiti, quod ille nobis jussit vel firmavit in suum testamentum. FONT-RIUS, *Cart. de S. Cugat*, no. 57 (a. 959). Ibi talia pluries.

**manumissura:** *empoignade — grapple.* De sanguine et ictu et leto et manumissura nullomodo se intermittet. DUVIVIER, *Actes*, I p. 49 (a. 1082, Hainaut).

**manumittere: 1.** *engager — to pledge.* Inpignoramus seu manumittimus. CHEVALIER, *Cart. de Vienne*, no. 65 (a. 975). **2.** *déguerpir — to abandon.* Montem ... quem jure feodi de nostra manu tenuerat, manumittens. LACOMBLET, *UB. Niederrh.*, I no. 280 p. 182 (a. 1116). 15 jugera terre cultilis jure beneficii possederat, que manumittens domino suo W. resignavit. Ib., no. 324 p. 216 (a. 1136). [Spolia episcoporum mortuorum] succedentibus episcopis possidendum libere et quiete manumittimus et confirmamus. GUÉRARD, *Cart. de Paris*, I p. 36 (a. 1143). HOENIGER, *Koelner Schreinsurk.*, II p. 147 c. 9 (a. 1183-1192). Ann. Rodens., ed. ERNST, p. 13. **3.** *léguer — to bequeath.* Gerdrudis manumisit Cunrado viro suo, si ipse eam supervixerit, omnem substantiam tam mobilem quam immobilem. HOENIGER, o.c., I p. 108 c. 22 (a. 1170/1171).

**manumola,** mani-, -mula: *moulin à bras — quern.* S. xiii.

**manuoperarius,** manoperarius (adj.). Mansus manoperarius: *tenure domaniale dont le tenancier travaille les champs à la bêche — holding worked by spading.* Sunt mansi integri reperti numero 1313, medii 238, manoperarii 18. Descr. Fontanell. a. 787 ap. G. abb. Fontanell., c. 15, ed. LOHIER-LAPORTE, p. 82. Habet in N. mansos carroperarios 18 et manoperarios 6½. Polypt. Fossat., c. 1, GUÉRARD, *Irminon*, II p. 283. Ibi talia saepe. Subst. mascul. **manuoperarius:** *dépendant astreint à des corvées de main-d'œuvre — a dependent performing handiwork service.* Constit. de partit. s. Dionys. a. 832, *Conc.*, II p. 693. *D. Ch. II le Ch.*, no. 247, II p. 63 (a. 862).

**manuoperatio,** manuperatio, manoperatio: *corvée de main-d'œuvre — handiwork service.* VERCAUTEREN, *Actes de Flandre*, no. 13 (a. 1093); no. 24 (a. 1100).

**manuopus** (genet. manuoperis), manuopera, maneopera, manopera (neutr. plural. et femin. singul.): **1.** *corvée de main-d'œuvre, sans attelage — handiwork service.* Ut majores nostri et ... ministeriales rega faciant et sogales donent de mansis eorum, pro [au lieu de — in stead of] manuopera vero eorum ministeria bene praevideant. Capit. de villis, c. 10. [Facit] curvadas, caplim, caroperas, manuoperas ubi ei injungitur. Irminonis polypt., br. 5 c. 3. H. ingenuus tenet mansum ... [Facit] caroperas et manoperas. Polypt. s. Remigii Rem., c. 1 § 2, ed. GUÉRARD, p. 1 col. 2. Ibi passim. Coloni tam fiscales quam et ecclesiastici qui, sicut in polypticis continetur, ... carropera et manopera ex antiqua consuetudine debent. Edict. Pist. a. 864, c. 29, *Capit.*, II p. 323. Faciunt omni ebdomada de manuopere dies ... Descr. Lob. a. 868, ed. WARICHEZ, *BCRH.*, t. 78 (1909), p. 258. **2.** *objets volés — mainour, stolen goods.* S. xiii, Angl.

**1. manupastus** (decl. 1): *celui qui est de la maisnie, qui reçoit l'entretien dans le ménage du maître — one of the household, one who gets sustenance from his lord.* Si clericus raptum fecerit ... aut manupastus ejus aut habitator

atrii. Concil. Lillebonn. a. 1080, c. 19, TEULET, *Layettes*, I no. 22 p. 27 col. 1. Concessimus ut manupastos suos laicos quietos habeat. DC.-F., V p. 248 col. 1 (ch. a. 1082, Bec). Si manupastum alicujus accusetur de furto, solus paterfamilias emendare potest. Leg. Henrici, c. 66, LIEBERMANN, p. 586.

**2. manupastus** (decl. iv): *ménage, maisonnée — household.* [Quieti sint de] fouagio hominum de manupastu eorum. Ch. Henr. I reg. Angl. (a. 1100-1135), DC.-F., V p. 248 col. 1. Si miles crucem habens ... sit de manupastu patris vel matris sue. *Actes Phil.-Aug.*, no. 228 c. 2, I p. 277 (a. 1188). Liberi ... existentes de manupastu et familia patris. BRUSSEL, *Examen*, II p. 1008 (ch. a. 1188, Bourgogne). Dum pueri manebunt cum patre, existentes de manupastu et familia patris. PÉRARD, *Rec. de Bourg.*, p. 298 (a. 1206).

**manupes** (genet. manupedis): *pied,* mesure linéaire — *standard foot,* measure of length. S. xii, Angl.

**manuprisa:** *cautionnement, élargissement sous caution — mainprise, bailment.* S. xiii, Angl.

**manus.** Nous donnons un choix de locutions qui se rapportent à — here are some expressions concerning: **1.** la possession — possession. Undecumque manu vestita habuimus et nostrae fuit possessionis justicia. GYSSELING-KOCH, *Dipl. Belg.*, no. 5 p. 16 (a. 685, S.-Bertin). Omnia ista dux ad suum tenet manum. MANARESI, *Placiti*, I no. 17 p. 53 (a. 804, Istria). Ex eo quod ipse manu sua tenebat 60 mansos addidit. *D. Lothaire*, no. 6 (a. 955). Roccam desursum tenebat ad suam manum abbas. HUGO FARF., Exc., BALZANI, *Il Chron. Farf. di Greg. di Cat.*, I p. 62. Illud beneficium ... jure hereditario et firma manu tenuerat. D. Heinr. V reg. a. 1107, ed. NIERMEYER, *Bijdr. Vad. Gesch.*, 7e reeks, t. 8 (1937), p. 33. De unoquoque quartario terre qui tenetur extra manum ejus [sc. ecclesiae] ab incolis mansionariis. ROUSSEAU, *Actes de Namur*, no. 9 (a. 1154), p. 26. Loc. manus firmata (cf. voc. manusfirma): concession en précaire — precarial grant. Ut autem hec manus firmata pleniorem ... optineat firmitatem. DE MONSABERT, *Ch. de Nouaillé*, no. 40 p. 72 (a. 917-922). Item ib., no. 58 p. 100 (a. 953-956). Partem molendinorum ... manu firmata ab episcopis tenens. FRODO, G. pontif. Autissiod., c. 52 (s. xi ex.), ed. DURU, p. 400. Manus morientium (cf. loc. manus mortua): mainmorte — heriot. Advocationem nobis retinuimus, videlicet ... res de manu morientium. ROUSSEAU, o.c., no. 2 (a. 1121). Loc. manus mortua: **a.** transmission après décès — passing into other hands by death. Ubicumque [commutationes] inutiles et incommodae [ecclesiis Dei] factae sunt, dissolvantur ... Ubi vero mortua manus interjacet aut alia quaelibet causa quae rationabilis esse videtur inventa fuerit, diligenter describatur et ad nostram notitiam perferatur. Capit. missor. Wormat. a. 829, c. 5, II p. 15. **b.** mainmorte, droit de succession en vertu duquel le seigneur hérite de la totalité ou d'une part des biens du serf qui meurt sans enfants vivant en communauté avec lui — the lord's right to inherit all or part of the assets left by a serf without children boarding with him. Pro [au lieu de — in stead of] mortua manu, si [servus] uxorem duxerit non de sua lege, quidquid habuerit vel possederit in jus monasterii veniat. MABILLON, *Annales*, V p. 28 (ch. a. 1070). Duo fratres qui erant ex familia s. Vedasti de dimidia possessione pro mortua manu [appartenant à la classe de ceux qui doivent, au décès, s'ils ne laissent pas d'enfants, la moitié de leur avoir — of the category of serfs half the assets of which lapse to the lord at their childless death]. DUVIVIER, *Actes*, I p. 339 (a. 1068-1104). [Servi] omnino commeatum uxorum ducendarum et partem suarum pecuniarum quam vulgo mortuam manum dicimus se daturos denegarent. DC.-F., V p. 251 col. 3 (ch. a. 1102, Valois). Nec ipse [rex] nec servientes sui aliquas mortuas manus requirerent quae ante septem annos retroactos evenissent. Priv. Lud. VII reg. Fr. pro Aurel. a. 1137, ed. BIMBENET. Exactio consuetudinis pessimae, quae mortua manus dicitur. SUGER., Ch. libert. villae s. Dionysii a. 1125, LECOY, p. 320. Nec cuiquam licebit ab aliquo vel ab aliqua de communia manum mortuam exigere. Phil. Aug. reg. Fr. priv. pro Suession. a. 1181, c. 19, *Actes*, no. 35. Cf. P. PETOT, *L'origine de la main-morte servile*, *RHDFE.*, ann. 1940/1941, pp. 275-309. **c.** le droit de percevoir la mainmorte — the right to levy "mainmorte". Emptione centum librarum manum mortuam in perpetuum concessi possidendam. DC.-F., V p. 251 col. 2 (ch. a. 1198, Champagne.) **d.** meilleur catel — heriot. Pro mortuamanu quod in domo est carius animal vel ornamentum detur. FLACH, *Orig.*, I p. 463 n. 1 (ch. a. 1174, Hainaut). **e.** une rétribution fixe à payer au décès d'un non-libre — a fixed due to be paid at death. Familia ... persolvat de respectione capitis sui 2 den., de mortua vero manu 6. MARTÈNE, *Coll.*, I p. 362 (a. 1002, Flandre). Tradidi me sub hac lege, ut tam ipsa quam tota progenies mea ... singulis annis pro capitali censu 1 den. persolveremus, pro mortua manu tantundem. MIRAEUS, I p. 348 (a. 1003, Brabant). Preter censum capitis neque placitum neque precariam neque quod vulgo dicitur mortuam manum aliquis habeat requirere. DUVIVIER, *Rech. Hainaut*, p. 380 (a. 1040). Homo si mortuus fuerit, 5 sol. de mortua manu dabit. GUIMANN., Cart. s. Vedasti, ed. VAN DRIVAL, p. 258. **f.** droit d'aubaine — seizure of movables left by a deceased alien. S. xiii. **g.** main morte, propriété ecclésiastique — mortmain. S. xiii. **2.** le pouvoir — power. Sub manu pontificis ipse res habeat, teneat, possideat. *D. Merov.*, no. 3 (a. 528). In loco q. v. Gorzia ... ubi T. abbas sub manu nostra [sc. episcopi Mettensis] preesse videtur. D'HERBOMEZ, *Cart. de Gorze*, p. 29 no. 12 (a. 770). Meminisse debent, qui res ecclesiae atque familiam sub manu sua habent, non eos debere severe et crudeliter cum eis agere. Concil. Aquisgr. a. 836, c. 61, *Conc.*, II p. 722. Sub cujus manu navium est omnis potestas. LIUDPR. CREMON., Legatio, ed. BECKER, p. 193. Bremam longo prius tempore potestatibus ac judiciaria manu compressam ... libertate fecit donari. ADAM BREM., lib. 2 c. 2, ed. SCHMEIDLER, p. 62. Si alter alterum interfecerit, ... cum possessione sua in manu dominorum erit. WAUTERS, *Origine*, p. 17 (a. 1142, Hainaut). Nec licet



mihi ... homines ecclesiae ... a manu propria in aliam aliquam transferre. ROUSSEAU, l. c. **3.** un acte de tradition, d'investiture — a deed of conveyance, of seizin. Haec omnia valente manu, nemine contradicente, trado. BITTERAUF, *Trad. Freising*, I no. 120 p. 132 (a. 788). Abba cum consensu fratrum et cum manu advocati ... F. Sangall. misc., no. 3, *Form.*, p. 381. Tibi a manu beatitudinis nostre ... suscipienti castrum concedimus. THEINER, *CD. s. Sedis*, I p. 6 (a. 1010). Possideat illas villas per manum fratris sui S. quasi per me [en fief — as a fief]. Test. Ranimiri reg. Arag. a. 1061 ap. DC.-F., V p. 249 col. 1. Ecclesiam quam de manu regis in feodum teneo. ROUSSEAU, o.c., no. 8 (a. 1152). Tradidit predium suum ... potenti manu super aram s. Pancratii in proprium. Trad. Ranshof., no. 6 (ca. a. 1150), *Mon. Boica*, III p. 238. Communi manu: par un acte perpétré en commun (allem. *zu gesamter Hand*) — by a joint deed. Peracta[m] traditione[m] pariter manu commune cum filio meo iterando firmavi. BITTERAUF, o.c., I no. 30 p. 58 (a. 769). Hanc traditionem communis [i. e. communibus] manibus peregimus ego H. et filius meus S. Ib., no. 48 p. 77 (a. 772). A. dux et marchio Lotoringie et I. uxor mea ... communi manu ... donamus. BEYER, *UB. Mittelrh.*, I no. 309 p. 363 (a. 1037). T. E. G. E. duo bonnaria ... ecclesiae vendiderunt communi manu. MIRAEUS, III p. 710 col. 1 (a. 1147, Liège). **4.** un lien féodal — a feudal connection. Ecclesia[m] de M. teneat Bernardus de C. per manu[m] filii mei B. et per suum donum. ROSELL, *Lib. feud. maj.*, no. 693 (a. 1035, Catal.). Teneat hec omnia in servicio s. Cucuphatis per manum ejus [sc. abbatis]. FONT-RIUS, *Cart. de S.-Cugat*, no. 571 (a. 1044). Commendat R. comite [i. e. comes] ad A. comite[m] ipso kastro de L. ... per sua mane [i. e. manum] et per suo fevo. ROSELL, o.c., no. 51 (a. 1094). **5.** le geste de la remise des mains, l'hommage — the act of reaching out one's hands, homage. Ibique Tassilo venit dux Bajoariorum in vasatico se commendans per manus. Ann. regni Franc., a. 757, ed. KURZE, p. 14. [Rex Danorum] se in manus illius [Ludov. Pii] commendavit, quem ille susceptum in Saxoniam ire jussit. Ib., a. 814, p. 141. Postquam manus suas in ejus [sc. senioris manus] commendaverit. Karoli M. capit., I p. 215 c. 8. In manibus nostris [sc. imperatoris] se commendavit. D. Lud. Pii, *H. de Fr.*, VI p. 472. Item F. imper., no. 52, *Form.*, p. 325. Neustriae provintiae primores Karolo [Calvo] manus dederunt. ASTRON., V. Lud. Pii, c. 59, *SS.*, II p. 644. Mox manibus junctis regi se tradidit ultro ... Caesar at ipse manus manibus suscepit honestis. ERMOLD. NIG., In hon. Lud. carm., v. 2481 sqq., ed. FARAL, p. 188. Ad Karolum veniens ... datis manibus suscipitur. PRUDENT., Ann. Bertin., a. 851, ed. WAITZ, p. 41. [Duces] manus ei [Ottoni] dantes ac fidem pollicentes. WIDUKIND., lib. 2 c. 1. Post manus nobis datas et sacramenta nobis facta. *D. Heinrichs II.*, no. 321 (a. 1014). **6.** la validation d'un acte par l'attouchement ou la souscription — validation of a document by touching or subscribing. Manu propria confirmavimus. *D. Merov.*, no. 2 (a. 528). Relatione[m] bonorum hominum manibus roborata nobis protulit. MARCULF., lib. 1 no. 33, *Form.*, p. 63. Manu mea propria hanc cautionem subter firmavi. F. Turon., app. 1, ib., p. 163. Illi testes qui manus eorum in carta[m] miserunt. Lex Alamann., tit. 2 § 2. Presentibus quorum hic signacula contenuntur vel per quorum manibus [i. e. manus] missas confirmavimus. WARTMANN, *UB. S.-Gallen*, I p. 61 no. 62 (a. 771 vel 774). S[ignum] Bonus qui hanc chartulam vel donationem istam scribere et firmare rogavit manu sua firma. DE BOÜARD, *Manuel*, II, planches, pl. 9 (a. 971, Marseille). **7.** un serment, une promesse faite en touchant dans la main — an oath, a promise by giving one's hand. Manus suas ... ibidem fecissent. MURATORI, *Antiq.*, VI col. 369 (a. 715). Repromecto et spondeo atque manus meam facio tivi. Ib., col. 411 (a. 746). Rata reddat debita pro quibus fixerat manus. Canon. Hibern., lib. 34 c. 4, ed. WASSERSCHLEBEN, p. 122. Manu septima: avec six cojureurs — with six oath-helpers. Ipsi homo aput [i. e. cum] homines 12, mano sua 13, ... conjurare deberet. F. Andecav., no. 10, *Form.*, p. 8. Ille apud tres et alios tres, sua manu septima ... debeat conjurare. MARCULF., lib. 1 c. 38, ib., p. 68. Similia *D. Merov.*, no. 49 (a. 679); no. 60 (a. 692). Liceat ei ... cum sacramento quod posuimus manu propria singula se idoneum facere. Capit. Lud. Pii, I p. 334, c. 6. **8.** une subrogation, un fidéicommis — an attorneyship, a fideicommissum (cf. etiam voces manufidelis et manufidus). Quicquid conquirere potui ... per firmam manum Sigiboti ... tradidi. ZEUSS, *Trad. Wizenb.*, no. 100 p. 104 (a. 788). Dederunt B. et E. tercii manus vice A. patris sui ... quicquid G. habuit. GYSSELING-KOCH, no. 40 p. 72 (a. 868, S.-Bertin). Omnis supradicta hereditas nobis ... in fida manu commissa fuit, quatinus post mortem ipsorum memorato traderemus loco. Ib., no. 68 p. 170 (< a. 981 >, spur. ca. a. 1035, Gand). Predium meum ... istis hominibus ... in fidelem manum commendavi in hec scilicet verba: ut, quando ego viam universe carnis ingrederer ... STIMMING, *Mainzer UB.*, I no. 275 p. 172 (a. 1028). Interim res aecclesiae per fidei manus disponuntur. ANSELM. LEOD., c. 69, *SS.*, VII p. 232. **9.** une mainmise — laying hands on something. Comes manum mittere non deberet in decimas. SLOET, *OB. Gelre*, no. 435 p. 443 (a. 1213-1215). **10.** la classe sociale (chez les Anglosaxons) — social rank. Plures mediae manus [homines]. RADULF. DE DICETO, ad. a. 1186, ed. STUBBS, II p. 43. Inferioris manus homo. Ib., ad a. 1138, I p. 250. Infimae manus homo. Ib. ad a. 1185, II p. 34.

**manuscriptio:** *souscription — signature.* Testamenta domni apostolici et duorum imperatorum ... manuscriptione ac sigilli impressione confirmata. BERTHA, V. Adelheidis Vilic., c. 3, *SS.*, XV p. 758.

**manuscriptum:** *charte — charter.* Manuscriptum fieri jussimus. *D. Heinrichs III.*, no. 4 (a. 1039). Traditionem quo firmior esset manuscripto nostro corroborare postulavit. *D. Heinrichs IV.*, no. 118 (a. 1064). Predium quale idem C. cum manuscripto habuit. Ib.,

no. 137 (a. 1064). Hoc manuscripto traditionem nostram confirmamus. LACOMBLET, *UB. Niederrh.*, I no. 224 p. 145 (a. 1073-1075). Sigilli nostri impressione istud manuscriptum confirmavimus. MULLER-BOUMAN, *OB. Utrecht*, I no. 244 p. 221 (a. 1081).

**manusfirma** (accus. manumfirmam vel manusfirmam), manufirma: **1.** *concession en précaire, à une ou plusieurs vies, moyennant un cens récognitif — precarial grant* for duration of one or more lives in return for a quit-rent. [Manso] per manufirmam concesso. *D. Charles II le Ch.*, no. 124 (a. 850). Petens sibi suoque filio ... eorum [sc. comitissae Cabilonensis ejusque filii] largicione quasdam terrulas ex ratione s. Marcelli martiris sub manufirma largiri. CANAT, *Cart. de Chalon*, no. 27 p. 28 (a. 924). Ut autem manufirma ... obtineat firmitatis vigorem. QUANTIN, *Cart. de l'Yonne*, I no. 73 p. 142 (a. 938). Precatus est nos ut aliquid ex nostro beneficio ... sub manufirma ... dignaremur concedere. DE MONSABERT, *Ch. de Nouaillé*, no. 56 p. 96 (a. 943-952). Monachis ... quandam terram ... ad manumfirmam censualiter concedimus. VERNIER, *Ch. de Jumièges*, I p. 15 no. 5 (a. 984). Item MÉTAIS, *Cart. de Vendôme*, I no. 27 (a. 1002-1008). Postulavit nos quidam homo ... ut ei et duobus successoribus suis arpennum unum ... ad censum concederemus ... [Signum] R. abbati[s] huic manuifirme. BERTRAND, *Cart. d'Angers*, I no. 33 p. 57 (a. 993). Terram ... quam tenebat solummodo in vita sua sub manufirma cum redditione census. HARIULF., Chron., lib. 4 c. 21, ed. LOT, p. 233 (ch. a. 1046). **2.** *concession en tenure censale héréditaire — grant by hereditary rental tenure. D. Louis IV*, no. 5 (a. 937). **3.** *concession en tenure censale aliénable — grant by alienable rental tenure.* THÉVENIN, *Textes*, no. 138 (a. 968, Chartres). **4.** *un bien-fonds possédé en précaire — an estate held by precarial tenure.* Quandam manufirmam quae est apud R., reddentem ei 6 sol. in censu quos ei monachi ... singulis annis persolvebant. D. Lud. VI reg. Fr. a. 1110, NEWMAN, *Domaine*, p. 231. **5.** *exploitation rurale*, abstraction faite du statut juridique — *estate of land*, without regard to legal status. Dedit jamdicto loco unam manufirmam apud S. MÉTAIS, o.c., no. 26, I p. 47 (ante a. 1040). Unam manufirmam, cui nomen C., emimus ... cum ecclesia quae in ipsa manufirma est cum omnibus quae pertinent ad ecclesiam et ad manufirmam. Ib., no. 117 p. 212 (ca. a. 1057). Sunt autem res quas ego dono ..., id est manusfirmam que B. dicitur, sicut eam possedit pater meus. *D. Phil. Ier*, no. 56 p. 149 (a. 1071). Salvis certis censivis ecclesie vinearum, terrarum, nemorum et manufirmarum. *Actes Phil.-Aug., no.* 156, I p. 189 l. 2 (a. 1185/1186). **6.** *donation — donation.* [Fundus] quem G. quondam archiepiscopus ipsis canonicis per suam manumfirmam dedit. *D. Charles II le Ch.*, no. 399, II p. 388 l. 6 (a. 872-875). Hec manufirma firma et stabilis permaneat omni tempore. BERTRAND, o.c., I no. 36 p. 60 (a. 924).

**manusfirmata**, manuf- : **1.** *concession en précaire — precarial grant.* RICHARD, *Ch. de S.-Maixent*, I no. 17 p. 30 (a. 948). **2.** *bien-fonds concédé en précaire — estate held by precarial tenure.* Capit. Pist. a. 869, c. 12, II p. 336.

**manustergium,** v. manutergium.

**manutenementum:** *maintien, appui — maintenance, support.* S. xiii.

**manutenentia:** *maintien, protection — maintenance, protection.* Accipio supradictam ecclesiam et familiam ... in mea potestate et manutenentia de me et de caeteris amicis meis. *Gall. chr.*², XIII instr. col. 90 B no. 4 (a. 1145, Foix).

**manutenere: 1.** *appuyer, soutenir — to support, back up.* Me et meos semper manuteneatis et deffendatis. ALART, *Cart. Roussillonnais*, no. 14 p. 28 (a. 976). Si senior voluerit militem suum injuste affligere vel honorem ei tollere, potestas debet eum inde defendere et manutenere. Usat. Barcin., usualia (ca. a. 1058), c. 44, WOHLHAUPTER, p. 202. Nec aliquem hominem ... contra ecclesiam manutenere vel juvare debet. *Actes Phil.-Aug.*, no. 103, I p. 131 l. 6 (a. 1183/1184). Spoliantem contra spoliatum ... non manutenebit nec defendet. MULLER-BOUMAN, *OB Utrecht*, I no. 528 p. 468 (a. 1187/1188). **2.** *maintenir — to maintain.* Ob honorem imperialis corone promovendum et manutenendum. D. Frid. I imp. a. 1180, ed. HALLER, *MIÖG*, t. 3 (1911), p. 449. **3.** *gouverner — to govern.* Yolendis comitisse [leg. Yolende comitissa] patriam Hanonie manutenente. JAC. DE GUISIA, lib. 17 c. 3, *SS.*, XXX p. 206 l. 42. **4.** *posséder — to possess.* Donavimus quicquid terre et nemoris manutenebamus et possidebamus. LUCHAIRE, *Louis VII*, p. 379 no. 177 (a. 1146/1147).

**manutentio:** *maintien, appui — maintenance, support.* S. xiii.

**manutergium,** mani-, manus-: *serviette — towel.* Comme linge liturgique — as a liturgical cloth: ISID., Etym., lib. 19 c. 26 § 7. Sacram. Gelas., lib. 1 c. 95, ed. WILSON, p. 145. Ordo Rom. I (s. vii ex.), c. 110, ANDRIEU, II p. 106. *Epp.*, IV p. 514 l. 1 (a. 787-797). Pour l'usage domestique — for household purposes: Fund. Werthin., app., *SS.*, XV p. 168.

**manutertius:** *exécuteur testamentaire — executor of a will.* Descripsit ... qualiter suas res manutercii sui disponerent. FOLCUIN., G. abb. Sith., c. 117, *SS.*, XIII p. 634.

**manutradere:** *transférer — to convey.* Manutradimus, concedimus atque confirmamus ... omne jus ... DC.-F., V p. 254 col. 2 (ch. a. 1128, Capua).

**manutraditio:** *transfert — conveyance.* Atrium ... regali constipulatione ac manutraditione illi concessimus. MULLER-BOUMAN, *OB Utrecht*, I no. 209 p. 191 (a. 1050). Ipsam manutraditionem innovans ... transferret. WIDEMANN, *Trad. S.-Emmeram*, no. 984 p. 497 (ca. a. 1185).

**manzer,** mam-, -zar, -ser (genet. -eris) (hebr.): **bâtard — bastard.* ANSEGIS., app. II, inter capit. Lud. Pio adscr., c. 8, *Capit.*, I p. 334. BENED. LEVITA, lib. 2 c. 49, *LL.*, II pt. 2 p. 76. ADEMAR., lib. 3 c. 39, ed. CHAVANON, p. 161.

**1. manzerinus** (< manzer): *adultérin — adulterous.* Prisci coenobitae religione florentes nos manzerinos haeredes habuere. GAUFRED. VOSIENS., lib. 1 c. 73, LABBE, *Bibl.*, II p. 325.



Jerusalem ... a populis manzerinis [i.e. Agarenis] profanabatur. ORDER. VITAL., lib. 9 c. 15, ed. LE PRÉVOST, III p. 597.

**2. manzerinus,** v. mazerinus.

**1. mappa,** mapa: **carte géographique — map.* Inter hos [libros] etiam unam mappam mundi subtili opere patravit. RATPERT., Cas. s. Galli, c. 10, *SS.*, II p. 72.

**2. mappa** (originem vocis nescio): *lot-corvée — tillage allotment.* Campi 46 continentes mappas 100, ubi possunt seminari de frumento modii 24. Polypt. s. Remigii Rem., c. 1 § 1, ed. GUÉRARD, p. 1 col. 1. Arat ad hibernaticam sationem mappam 1 continentem in longitudinem perticas 40, in latitudine perticas 4; ad estivaticam similiter. Ib., § 2.

**mappale:** *drap — cloth.* S. xiii.

**mappalia** (neutr. plural.), mappale (singul.) = mapalia.

**mapparius:** *linger — naperer.* Linteo [i. e. linteum], quod rex lotis manibus tergere solitus erat, ipse proferret; et ob hoc mapparius vocabatur. V. Austrigisili, c. 1, *SRM.*, IV p. 191.

**mappaticus,** mapa-, napa-, -tica (cf. voc. 2. mappa): *lot-corvée — tillage allotment.* [Mansus] debet napaticas 11 habente unaquaque in longum perticas 40 et in transversum 4. Polypt. Fossat. ap. GUÉRARD, *Irminon*, p. 285. De mapaticis 8 modios de sigalo et 4 sextarios, et de avena similiter. Polypt. s. Remigii Rem., c. 13 § 18, ed. GUÉRARD, p. 27 col. 2. De terra indominicata ad S. T. mappaticos quatuor. *D. Charles le Simple*, no. 53 p. 116 (a. 906).

**mappula: 1.** **serviette, mouchoir — towel, handkerchief.* Benedicti regula, c. 55. CAESAR. ARELAT., Regula virg., c. 42. GREGOR. M., Dial., lib. 2 c. 19. Fructuosi regula, c. 4. Ordo Rom. I, c. 11, ed. ANDRIEU, II p. 71. Ansegisi const. (a. 829) ap. G. abb. Fontan., ed. LOHIER-LAPORTE, p. 119. **2.** *écharpe, mantelet — scarf, mantlet.* ISID., Regula monach., c. 12 § 3, MIGNE, t. 83 col. 882. ARDO, V. Benedicti Anian., c. 30, *SS.*, XV p. 215. **3.** *manipule de cérémonie — ceremonial maniple.* GREGOR. M., lib. 3 epist. 66, *Epp.*, I p. 228. Sacram. Gregor., MIGNE, t. 78 col. 484 D. WALAHFR., Exord., c. 25, *Capit.*, II p. 504. Chron. Novalic., lib. 2 c. 6, ed. CIPOLLA, p. 134.

**mappularius,** mapu- (< mappula): *linger — naperer.* CENCIUS, c. 57 (Ordo), § 45, ed. DUCHESNE, I p. 305 col. 1.

**mappulus:** *housse d'honneur — horse-cloth of state.* Mappulum ad cavalicandum uti licentiam ei concessit. Lib. pontif., Conon (a. 686/687), § 4, ed. MOMMSEN, p. 208. Cum sellares imperiales, sellas et frenos inauratos simul et mappulos ingressi sunt civitatem. Ib., Constantin. (a. 708-715), § 5, p. 223. [Concedimus] super sellam equitanti mappulum. Steph. II pap. epist., MIGNE, t. 89 col. 1017 D.

**maquerellus,** v. macarellus.

**mara,** maris, mare, marea, masra (germ.): *étang, lac, marécage — mere, lake, marsh.* D. Ludov. Pii a. 832, *H. de Fr.*, VI p. 580 C. DC.-F., V p. 296 col. 1 (ch. a. 871, Soissons). *Gall. chr.*², XI instr. col. 231 (ch. a. 1080).

**marabetinus,** mar-, mora-, moro-, mor-; -bo-, -bu-, -ba-, -pe- (arab.): une *monnaie d'or — a gold coin.* DC.-F., V p. 256 col. 3 (ch. a. 1104, Lusit.). *Gall. chr.*², I instr. p. 46 (ch. a. 1134). DE MARCA, *Marca hisp.*, app. col. 1273 (ch. a. 1131); col. 1314 (a. 1152). Frid. I imp. conv. cum Barcin. a. 1162, *Const.*, I no. 215, c. 5. CENCIUS, c. 57 § 4, ed. DUCHESNE, I p. 291 col. 1.

**maracio** (orig. incert., cf. voc. matrocis): probablement *canal d'amenée* d'une saline — likely *feeder duct* of a saline. RICHARD, *Ch. de S.-Maixent*, I no. 6 p. 17 (a. 892). Ibi saepe. DE MONSABERT, *Ch. de Nouaillé*, no. 51 p. 90 (a. 938-945). Ibi pluries.

**maranatha** (aram., cf. 1 Cor. 16, 22). Loc. sit anathema maranatha, formule de malédiction — cursing formula. E. g.: Quicumque hanc donationem infringere presumpserit, nisi condigna resipuerit penitentia, auctoritate Patris et Filii et Spiritus Sancti et omnium sanctorum sit anathema maranatha. VERCAUTEREN, *Actes de Flandre*, no. 64 p. 153 (a. 1114).

**marantia,** v. marrentia.

**marascalcus** et derivata, v. mariscalc-.

**marascus,** v. mariscus.

**maratio,** v. marritio.

**marbrinus,** mal-, man-, mam-, -brunus, -bretus, -bratus: *un tissu — a material.* S. xiii.

**1. marca,** marka, marcha, markia, marchia, margia (germ.): **1.** *borne-limite — boundary-mark.* BOUGAUD-GARNIER, *Chron. de Dijon*, p. 251 (ch. a. 816). Trad. Lunaelac., no. 62, *UB. d. L. ob der Enns*, I p. 37 (a. 823). **2.** *limite — boundary.* Pour les limites d'un domaine — of the boundaries of an estate: Si infra testamentum regis aliquid invaserit, aut cum sex juret quod infra terminationem testamenti nihil invasisset, aut ... Quod si extra marca in sortem alterius fuerit ingressus ... Lex Ribuar., tit. 60 § 3-5. Deinde per M. aqua usque ubi nobis obtingit legitimo, usque ad W. curte, usque ad illa marca qui nobis obtingit. Ch. Bertradae a. 722, PARDESSUS, II no. 516 p. 329. In marca ubi Radpoti et Rihharii comitatus confinunt. *D. Ludwigs d. Dtsch.*, no. 38 (a. 844). Infra praedicta terminia et marka, ubi res s. Petri et s. Hemmerammi noscuntur pertinere. Ib., no. 64 (a. 853). Totum sicut a predicta marca occidentali versa [i. e. versus occidentem] habuit. Ib., no. 90 (a. 858). Pour les bornes d'un chenal — of the limits of a channel: Mittimus nuntios nostros ad terminandam et dilatandam marcam seu navalem viam in alveo fluminis 24 pedum latitudinis. *D. Lothars III.*, no. 36 (a. 1131). **3.** *frontière — frontier.* Pour la frontière d'une région ethnique — of the limit of a tribal territory: Si quis servum alienum ad fugiendum suaserit et foras terminum eum duxerit, hoc est foras marca. Lex Baiwar., tit. 13 c. 9. Si quis alterum ligat et foris marcha eum vindit [i. e. vendit]. Pactus Alam., fragm. 3 c. 12. De feminis liberis, si extra marcha vendita fuerit. Lex Alamann., tit. 46. Pour les frontières du royaume — of the frontiers of the kingdom: Foris marca nemo mancipium vendat. Capit. Harist. a. 779, c. 19, I p. 51. De marcha nostra custodienda terra marique. Capit. cum primis conf. a. 808, c. 9, p. 139. Au pluriel — in the plural: Marcas nostras ... sic debeat fieri ordinatas et vigilatas,

ut inimici nostri ... non possint per eas sculcas mittere. Edict. Langob., Ratchis, c. 13 (a. 746). [Deus] omnia circa vos salubriter disponet, tam marcas quamque confinia. Hadr. I pap. epist. (a. 788), Cod. Carolin., no. 83, *Epp.*, III p. 617. Paganorum gentium circa marcas nostras sedentia bella continua. Karoli M. epist. ad Ghaerbald. a. 807, *Capit.*, I p. 245 l. 38. Sumus adunati ... quia et infra regnum et extra regnum per marcas nostras nobis est necessarium. Conv. ap. Marsnam a. 851, ib., II p. 74 l. 17. Tu socio sine per markas clusasque ruebas. MILO, V. metr. Amandi, lib. 3 c. 6, *Poet. lat.*, III p. 593. Pour une section de frontière — for a frontier section: Populi prope marcam paganorum non perdant legem Christi. BONIF.-LULL., epist. 93, *Epp.*, III p. 380. [Rex Romam perrexit] dimissa marca contra Saxones nulla omnino foederatione [i. e. pace] suscepta. Ann. regni Franc., a. 773, ed. KURZE, p. 36. Rex Carolus ... fines vel marcas Bajoariorum disposuit, quomodo salvas ... contra Avaros esse potuissent. Ib., a. 788, p. 84. (Cf. Ann. Einhardi hoc loco, p. 85: Rex in Bajoariam profectus eandem provinciam cum suis terminis ordinavit atque disposuit.) Imperator ... misit scaras suas ad marchias. Chron. Moissiac., ad a. 809, *SS.*, II p. 258. [Imperator] pacem ... cum eis [sc. filiis Godefridi de Nordmannia] in marca eorum ... confirmari jussit. Ib., a. 825, p. 168. **4.** limite à l'intérieur du royaume au delà de laquelle il y a la zone-frontière — boundary inside the kingdom where the borderlands begin. Secundum antiquam consuetudinem praeparatio ad hostem faciendam indicaretur et servaretur, id est victualia de marca ad tres menses et arma atque vestimenta ad dimidium annum ... Qui trans Renum sunt et per Saxoniam pergunt, ad Albiam marcam esse sciant; et qui trans Ligerim manent atque in Spaniam proficisci debent, montes Pirineos marcam sibi esse cognoscant. Capit. Bonon. a. 811, c. 8, I p. 167. De pace in exercitali itinere servanda usque ad marcham. Admon. ad ord. a. 825, c. 16, p. 305. **5.** *zone-frontière — borderland.* Unus alteri adjutorium [praestet], sive in marcha sive in exercitu, ubi aliquid utilitatis defensione patriae facere debet. Capit. tract. a. 811, c. 2, p. 161. Quomodo marca nostra sit ordinata, et quid per se fecerunt confiniales nostri. Karoli M. capit. missor. Ital., c. 3, p. 206. De placito condicto ad marcam. Ib., c. 4. Qui parati sunt inimicis insidias facere et marcam nostram ampliare. Karoli M. capit. Ital., c. 3, p. 208. In marcha nostra ... explorationes et excubias ... facere non negligant. Const. de Hisp. I a. 815, c. 1, p. 261. Qui in hostem pergere non potuerint ..., in civitate atque in marca wactas faciant. Edict. Pist. a. 864, c. 27, II p. 322. Au pluriel — in the plural: Nullus eorum fratris sui terminos vel regni limites invadere praesumat ... ad conturbandum regnum ejus vel marcas minuendas. Div. regn. a. 806, c. 6, p. 128. Sicut ejusdem Normannie ducatus se porrigit margiis regni collimitans. SUGER., V. Ludov. Gr., c. 1. ed. WAQUET, p. 6. D'une section déterminée de la zone-frontière — of a definite borderland-section: Imperator ... comites ad motus Hispanicae marcae componendos misit. Ann. regni Franc., a. 827, p. 172. Pippinus habeat Aquitaniam et Wasconiam et markam Tolosanam totam. Ordin. imp. a. 817, c. 1, *Capit.*, I p. 271. [Imperator] dispositis markis Hispaniae, Septimaniae sive Provinciae, ad Aquisgrani reversus est. PRUDENT., Ann. Bertin., a. 835, ed. WAITZ, p. 11. Ducatum Toringiae cum marchis suis, regnum Saxoniae cum marchis suis ... Inter Sequanam et Ligerim cum marcha Britannica; Aquitaneam et Wasconiam cum marchis ad se pertinentibus; Septimaniam cum marchis suis. Ib., a. 839, p. 20. In ipsa marca resideat quousque alia vice exercitus illuc pergat. Const. de exped. Benev. a. 866, c. 4, *Capit.*, II p. 96. In ea Normannia, quae antea vocabatur marcha Franciae et Britanniae. ADEMAR., lib. 3 c. 27, ed. CHAVANON, p. 148. In confinio terrarum nostrarum [sc. Flandriae et Hanoniae] quod vulgo marcha dicitur non debemus ... alias construere firmitudines. MARTÈNE, *Thes.*, I col. 586 (a. 1176). Rex et comes cum suis exercitibus in marchis terrarum suarum conveniunt. Contin. Aquicinct. ad SIGEB., a. 1184, *SS.*, VI p. 422 l. 23. Cum rex Francorum aliquantulas villulas in marca inter M. et P. combussisset. ROBERT. DE TORINN., ed. DELISLE, I p. 365. Rex, ordinatis ubique in marchia contra comitem Flandrie militibus ... GISLEB. MONT., c. 99, ed. VANDERKINDERE, p. 136. Ibi saepe. **6.** région frontière placée sous le commandement d'un marquis; *marche — borderland district governed by a margrave, margravate.* W. comes qui in marcam Brittanniae praesidebat una cum sociis comitibus. Ann. regni Franc., a. 799, p. 108. C. comitem et marcae Forojuliensis praefectum. Ib., a. 818, p. 149. B. comitem Barcinonae, qui eatenus in marca Hispaniae praesidebat. Ib., a. 829, p. 177. Bernardum ... in Gotiam mittens, partem ipsius markiae illi committit. HINCMAR., Ann. Bertin., a. 865, ed. WAITZ, p. 75. Marca Veronensis et Aquilejensis. ADALBERT., contin. ad REGINON., a. 952, ed. KURZE, p. 166. Filio suimet W. beneficium patris et marcam ... acquisivit. THIETMAR., lib. 7 c. 26. Cf. M. LIPP, *Das fränkische Grenzsystem unter Karl dem Grossen*, Breslau 1892. A. HOFMEISTER, *Markgrafen und Markgrafschaften im italischen Königreich, MIOeG.*, Ergbd. VII (1906). E. KLEBEL, *Herzogtümer und Marken bis 900, DAGM.*, t. 2 (1938). **7.** *territoire délimité — circumscribed territory.* D'un royaume — of a kingdom: In marcam Childiberti regis ... confugit. MARIUS AVENTIC., a. 581, *Auct. ant.*, XI p. 239. Quicquid proprietatis in marca vel regno Danorum ad ecclesias ... pertinere videtur. *D. Ottos I.*, no. 294 (a. 965). D'une province — of a province: Quae civitas, quae solitudo, quae marka quae hujus doctoris non senserit beneficia? Acta Isidori Hispal., *AASS.*, Apr. I p. 338. Omnis qui infra marcham supranominatam [sc. regionem Grapfelt] aliquid proprietatis haberet. OTLOH., V. Bonifatii, lib. 2 c. 17, ed. LEVISON, p. 203. Res in ipsa marcha [sc. Avarorum] ad jus regium pertinentes. *D. Ludwigs d. Dtsch.*, no. 2 (a. 830). D'un pagus — of a "pagus": In marcha Hassorum. Breviarium s. Lulli (s. ix in.), WENCK, *Hess. Landesg.*, II, UB. no. 12



p. 15. In marcha Argungaunensium. *D. Ludwigs des Deutschen*, no. 103 (a. 861). D'une cité — of a "civitas": In civitate quae vocatur Davantri curtem dominicatum ... et in ipsa marca de terra salaritia mansam. *D. Ottos I.*, no. 216 (a. 960). D'un domaine — of an estate: Balneas cum omnibus et cum ipsa marcha ad ipsas Balneas pertinente. *D. Merov.*, no. 44 (a. 675). Cum omnibus terminis et marchis suis. *D. Karolin.*, I no. 82 (a. 774). Factus est conventus ad dividendam marcham inter fiscum regis et populares possessiones. Coll. Sangall., no. 10, *Form.*, p. 403. Jussimus eandem marcham ad praefatum cenobium pertinentem fideles nostros circumducere. *D. Arnulfs*, no. 75 (a. 890). Circa ipsam marcam, quam Pippinus quondam imperator utilitati et servitio eorum sub emunitatis firmatione contradidit. *D. Ottos II.*, no. 15 (a. 967, interpol. s. xi). D'un finage — of a township: Si quis caballum, hominem vel qua[m]libet rem in via propriserit aut eum secutus fuerit, per tres marchas ipsum ostendat, et sic postea ad regis stapulum. Lex Ribuar., tit. 75. In fine vel in marca Hagenbache. ZEUSS, *Trad. Wizenburg.*, no. 1 (a. 742). In marca vel in villa L. in pago Alisacinse. Ib., no. 77 (a. 787). In pago Spirense in villa q. v. T., quicquid in ipsa villa vel in marca visus sum habere. Ib., no. 24 p. 30 (a. 798). Dono ... omnia in ipsa villa et in ipsa marca. WARTMANN, *UB. S.-Gallen*, I no. 38 (a. 763). Donamus vineam in M. villa et in ipsa marca. STENGEL, *UB. Fulda*, I no. 52 p. 87 (a. 771). Dono ... portionem quam mihi in T. villa contigit, ... quicquid in ipsa et infra marcam ejus habere visus sum. DRONKE, *CD. Fuld.*, no. 113 p. 67 (a. 796). Dono rem illam in villa D. ... quicquid in ipsa villa vel in ipsa marca ... habuit. D'HERBOMEZ, *Cart. de Gorze*, p. 63 no. 32 (a. 793). In pago H. in villa S. necnon et in pago A. in villa C., quantumcumque in ipsis pagis vel marcas visus fuit habere. *D. Karolin.*, I no. 198 (a. 802). In ipsa marca una ecclesia fabricari debuisset, hoc est ad S. WIDEMANN, *Trad. S.-Emmeram*, no. 14 p. 14 (a. 814). In pago S. in villa q. d. O. casam indominicatam ... cum omnibus adjacentiis suis ..., quicquid in marca prefate villule aliquando visus fuisti habere. WAMPACH, *Echternach*, I pt. 2 no. 141 p. 211 (a. 835/836). In villa vocata ita et in eadem marcha ... In villa N. et in omni marcha illius. F. Sangall. misc., no. 16, *Form.*, p. 387. In pago illo, in marcha illa, in loco illo. Coll. Patav., no. 6, p. 459. Quicquid in marcha istarum villarum habere visus fuerat. *D. Ludw. d. Deutsch.*, no. 87 (a. 857). D'une paroisse — of a parish: Jussimus totam marcham illam ad matricem aecclesiam in B. spectantem ... per singula loca nominatim litteris signiri et huic carte inscribi. *D. Heinrichs I.*, no. 35 (a. 933). D'une tenure rurale — of a rural holding: In omnibus adjacentiis ad marcham illius hobe. WARTMANN, o.c., II no. 560 (a. 872). In villa M. et R. mansos sedecim cum marchis suis sic determinatis. BEYER, *UB. Mittelrh.*, I no. 245 p. 301 (a. 975). **8.** spec.: *territoire forestier* ou autrement inculte affecté à l'usage communautaire ou individuel (allemand "gemarkung") — wooded or waste area used as a common or as a private estate. De terra arabili jurnales 10 in campo uno simul cum marca de silva. ZEUSS, o.c., no. 186 (a. 712). Silvis, marcas vel fines, campis, pratis ... [form. pertin.]. *D. Karolin.*, I no. 13 (a. 760). Aliqua loca silvestria in pago A. ex marca fisco nostro [i. e. fisci nostri] Q. donamus. Ib., no. 84 (a. 774). Similia D. Lotharii I imp. a. 854, BM.[2] no. 1167. Marcam silvae dedit illi in loco qui nunc vocatur P. V. Pirminii (s. ix in.), c. 8, *SS.*, XV p. 28. [Locum] qui Eihloha nuncupatur ... trado, ita ut ab illo loco undique in circuitu, ab oriente scilicet et ab occidente, a septentrione et meridie, marcha per quatuor millia passuum tendatur. EIGIL., V. Sturmi (s. ix in.), *SS.*, II p. 370. In V. ... hobas 3 et jurnales 24 et illam marcam silvaticam. ZEUSS, o.c., no. 69 p. 75 (a. 820). Usum lignorum vel materie, pascuarium in communi marcha, sicut mihi et progenitoribus meis competit. F. Sangall. misc., no. 18, p. 388. Agris, pratis, silvis, marchis. Coll. Sangall., no. 8, p. 402. 5 hobas de terra arabili ... cum silvaticis marchis ad easdem pertinentibus. *D. Ludw. d. Deutsch.*, no. 158 (a. 875). In altercatione fuit marca in foreste nostro quae pertinuit ad s. Stephanum. *D. Karls III.*, no. 134 (a. 886). Silvis atque silvarum marchis. Ib., no. 136 (a. 886). Usque in illam communem marcham Nordgauensium. *D. Arnulfs*, no. 72 (a. 889). Nulla persona audeat in illa propria marcha monasterii ... in silvis ... porcos saginare, feras capere. D. Ludov. IV, *Mon. Boica* t. 31 a p. 178 no. 90. Similia *D. Ottos II.* no. 15 (a. 967). Tradidit ... omnem hereditatem suam in B. ... et 15 scaras in Rolinkhusaro marca. KÖTZSCHKE, *Urbare Werden*, p. 159 (s. x). Tradidit ... 25 jugera et silvaticam marcam ad eadem jugera pertinentem. Cod. Eberhardi, c. 42 § 20, DRONKE, *Trad. Fuld.*, p. 104. Scabinii ... cum juramento marcham Loboduburgensem, pro qua contenderunt, a marcha quae respicit ad Ephenheim distinguerent. *D. Heinrichs II.*, no. 247 (a. 1012).

**2. marca,** marcha, marha, marcus (germ.): *marc*, poids de métaux précieux — *a mark* (of gold or silver). Arcus argenti, calices marco struit auri. FLODOARD., De sanctis Roman. carmen, lib. 11 c. 9, MIGNE t. 135 col. 807 A. Pro banno mihi [sc. comiti Flandriae] ... 12 marcas auri persolvet. GYSSELING-KOCH, *Dipl. Belg.*, no. 156 p. 268 (a. 1063). 40 libras et 3 marcas argenti. Ib., no. 116 p. 213 (a. 1070, Gand). VERCAUTEREN, *Actes de Flandre*, no. 5 p. 13 (a. 1080). ADAM BREM., lib. 3 c. 42, ed. SCHMEIDLER, p. 184. Domesday, I fo. 10 b.

**3. marca,** marcha, marqua, mercha: *gage saisi à titre de représailles — goods seized by way of reprisal. Hist. de Lang.*[3], V pr. no. 595 col. 1164 (ch. a. 1152, Toulouse).

**marcanus,** marchanus, marchianus (adj.) (< 1. marca): *de la frontière — of the frontier.* Gens marchana. GUILL. APUL., G. Rob. Wisc., lib. 2 v. 109, *SS.*, IX p. 255. Subst. **marcanus:** *habitant d'une région-limite — marcher, dweller in a border-land.* Quod si suspicio fuerit ut [servi fugaces] per consensum marchanorum nostrorum per nostras marcas extra terram nostram exierint, satisfiat ab ipsis marcanis. Radelgisi et

Siginulfi div. Benev. a. 851, *LL.*, IV p. 223.
**1. marcare**: *marquer, poinçonner — to mark, stamp.* Omne pondus sit marcatum ad pondus quo pecunia mea recipiatur. Leg. IV Aethelred, c. 9, LIEBERMANN, p. 236.
**2. marcare**, marchare, marchiare ( < 3. marca): *saisir des gages à titre de représailles — to seize goods by way of reprisal.* S. xiii.
**marcata**, mercata, merchata ( < 2. marca): *la valeur d'un marc — mark's-worth.* DC.-F., V p. 352 col. 1 (ch. a. 1067, Tours).
**marcensis**, v. marchensis.
**marceschia**, march-, -escha, -esca, -isca, -essa ( < mars): *marsage — summer-crop.* LUCHAIRE, *Louis VII*, p. 397 no. 325 (a. 1137-1154). *Actes Phil.-Aug.*, no. 84, 1 p. 109 (a. 1183).
**marcgravius**, margravius, marchravius: *marquis — margrave.* Chron. reg. Colon., pars IV, a. 1179, ed. WAITZ, p. 130. Ann. Marbac., a. 1189, ed. BLOCH, p. 60. ARNOLD. LUBIC., lib. 2 c. 20, ed. LAPPENBERG in us. schol., p. 62.
**1. marcha**, v. 1. marca.
**2. marcha**, v. 2. marca.
**3. marcha**, v. 3. marca.
**marchamentum**: *représailles — reprisals.* S. xiii.
**marchanus**, v. marcanus.
**marchare**, v. 2. marcare.
**marchensis**, marcensis, marchiensis (subst.) ( < 1. marca): **1.** *marquis — margrave.* ADO VIENN., Breviar., a. 799, t. 123 col. 129 C. Lib. pontif., Sergius II (a. 844-847), § 44, ed. DUCHESNE, II p. 99. Contin. Ratisbon. ad ann. Fuld., a. 893, ed. KURZE, p. 122. Ibi pluries. **2.** *habitant d'une région frontière — marcher, dweller in a border-land.* S. xiii.
**marcheschia**, v. marceschia.
**marchialis** (adj.) ( < 1. marca): *qui se tient en marche, c.-à-d. dans la région-limite de deux pouvoirs — held in a border-land.* Audivi . . . eos venturos ad marchiale colloquium. ERDMANN-FICKERMANN, *Briefs.*, no. 25 p. 60 (a. 1073, Hildesheim).
**marchia**, v. 1. marca.
**marchianus**, v. marcanus.
**1. marchiare** ( < 1. marca): *habiter une région -limite — to dwell in a border-land.* S. xiii, Angl.
**2. marchiare**, v. 2. marcare.
**marchicomes**, marchiocomes ( < 1. marca, comes): *marquis — margrave.* WIDEMANN, *Trad. S.-Emmeram*, no. 210 p. 190 (a. 975-980). ARNOLD., Mir. Emmerammi, lib. 1 c. 16, *SS.*, IV p. 553 col. B l. 23. Id., Memor. Emmerammi, lib. 2 c. 1, MABILLON, *Acta*, VI pt. I p. 6. *D. Konrads II.*, no. 233 (a. 1036). *Gall. chr.*[2], VI instr. col. 277 (ch. a. 1122).
**marchicomitissa**: *marquise — margravine.* Obituar. Superior. Monast. Ratisbon., BÖHMER, *Fontes rer. Germ.*, III p. 486.
**marchiensis**, v. marchensis.
**marchio**, markio (genet. -onis) ( < 1. marca): **1.** plural.: *guerriers chargés de la défense des frontières — frontier-guardsmen.* De illis hominibus non recipiendis a marchionibus nostris, qui seniores suos fugiunt. Karoli M. capit. missor. Ital., c. 5, I p. 206. In ea portione Hispaniae quae a nostris marchionibus in solitudinem redacta fuit. Const. de Hisp. a. 815, p. 261. Cum in confiniis Nordmannorum de foedere inter illos et Francos confirmando . . . tractandum esset et ad hoc totius pene Saxoniae comites simul cum markionibus illo convenissent. Ann. regni Franc., a. 828, ed. KURZE, p. 175. Landbertus cum Brittonibus quosdam Karoli markionum . . . interceptos perimit. PRUDENT., Ann. Bertin., a. 844, ed. WAITZ, p. 30. Relictis tantum marchionibus, qui fines regni tuentes omnes . . . hostium arcerent incursus. THEGAN., V. Hludow., c. 4, *SS.*, II p. 609. Quidam ex vicinis nostris quos marciones solito nuncupatis. Joh. VIII pap. epist. 22, *Epp.*, VII p. 20. Cf. M. LIPP, *Das fränkische Grenzsystem unter Karl dem Grossen*, Breslau 1892. **2.** *marquis — margrave.* Banzlegbus comes et Saxoniae patriae marchio noster. D. Ludov. Pii a. 838, *H. de Fr.*, VI p. 617 D. Rex markiones, Bernardum scilicet Tolosae et iterum Bernardum Gothiae itemque Bernardum alium, suscepit. HINCMAR., Ann. Bertin., a. 868, ed. WAITZ, p. 97. Rex imperator . . . marchiones suos, L. scilicet et A. comitem, una cum ceteris fidelibus suis parti [Moraviorum] quae ad se spem ac confugium habuit, auxilium . . . transmisit. Contin. Altah. ad ann. Fuld., a. 898, ed. KURZE, p. 132. Gero marchionum nostri temporis optimus et precipuus obiit. REGINO, a. 965, ed. KURZE, p. 176. Gero orientalium marchio. THIETMAR., lib. 2 c. 14 (9), ed. HOLTZMANN, p. 54. Cf. E. KLEBEL, *Herzogtümer und Marken bis 900*, *DAGM.*, t. 2 (1938). **3.** titre donné à certains grands (comtes ou ducs) dont le territoire n'est pas situé à la frontière — title used for particular dynasts (counts or dukes) whose dominions do not confine on the frontier. Joh. VIII pap. epist. 87 à. 878, *Epp.*, VII p. 82 (Toscana). PASQUI, *Doc. di Arezzo*, 1 p. 69 (BM.[2] 1612) (a. 881, Friuli). *D. Berengario I.*, no. 8 p. 34 (a. 890, Torino). LIUDPRAND. CREMON., Antap., lib. 2 c. 33, ed. BECKER, p. 52 (Ivrea). Cf. A. HOFMEISTER, *Markgrafen und Markgrafschaften im italischen Königreich*, MIOeG., Ergbd. 7, 1906. En France — in France: FLODOARD., Ann., a. 921, ed. LAUER, p. 5 (Bourgogne). BERNARD-BRUEL, *Ch. de Cluny*, I no. 484 (a. 939, id.); no. 738 (a. 949, id.). Ib., no. 276 (a. 926, Auvergne). *Gall. chr.*[2], VIII col. 484 (a. 930, id.). *Hist. de Languedoc*[3], V no. 56 col. 160 (a. 933, Toulouse); no. 63 col. 171 (a. 936, id.). *Gall. chr.*[2], VIII col. 486 (a. 975, Francie). D'ARBOIS, *Hist. de Champagne*, I p. 458 (a. 978, Champagne). **4.** *habitant d'une région-frontière — marcher, dweller in a border-land.* S. xiii, Angl.
**marchiocomes**, v. marchicomes.
**marchionalis** ( < marchio): *d'un marquis — of a margrave.* Marchionales turmae. BERTHOLD., Ann., a. 1079, *SS.*, V. p. 320.
**marchionatus** (decl. iv) ( < marchio): **1.** *fonction de marquis — office of margrave.* Danesne Karolo marchionatum administramte in Flandria. MIRAEUS, I p. 84 (ch. a. 1122). COSMAS, lib. 3 c. 52, a. 1123, ed. BRETHOLZ, p. 225. **2.** *marquisat — margravate.* Totus marchionatus [sc. Flandriae] cessit Roberto. RODULF., V. Lietberti Camerac., c. 58, *SS.*, XXX p. 863 l. 1.
**marchionensis** (subst.): *marquis — margrave.* Lib. feud. maj., ed. ROSELL, no. 352 (a. 923).
**marchionissa**, -cio- ( < marchio): **1.** *épouse d'un marquis — a margrave's wife.* SCHIAPA-
RELLI-BALDASSERONI-CIASCA, *Carte di Firenze*, p. 3 (a. 967). **2.** *marquise — marchioness.* BERTHOLD., Ann., a. 1080, *SS.*, V p. 326. BERNOLD., Ann., a. 1092, ib., p. 453; rursum a. 1097, p. 465. Ann. Mellic., a. 1071, *SS.*, IX p. 499 sqq. Ann. Marbac., a. 1089, ed. BLOCH, p. 36. CALMET, *Lorr.*, II col. 275 (ch. a. 1124).
**marchionita** (mascul.) ( < 1. marca): *magistrat d'une communauté forestière* (allem. "Markrichter") — *common wood authority.* Marchionitae ligna cuique pro sua portione partiuntur. Ann. Praemonstr., pr. col. 698 (ch. a. 1166, Ravensberg).
**marchionium** ( < marchio): *marquisat — margravate.* Ann. Corbej., a. 1114, *SS.*, III p. 8.
**marchire** ( < 1. marca): *confiner — to border.* Ad illo termino que [i. e. qui] marchit ad L. BITTERAUF, *Trad. Freising*, I no. 548 p. 470 (a. 827).
**marchisa**, marchisia, marchissa (cf. voc. marchisus): *marquise — marchioness.* Cantat. s. Huberti, c. 9, ed. HANQUET, p. 26. Ibi passim. EKKEHARD. URAUG., Chron., a. 1101, *SS.*, VI p. 221 l. 51; rursum a. 1104, p. 226 l. 21. ANSELM. GEMBLAC., contin. ad SIGEB., a. 1116, *SS.*, VI p. 376. Ann. Foss., a. 1116, *SS.*, IV p. 30. Chron. reg. Colon., a. 1117, ed. WAITZ, p. 57. LEIBNITZ, *Orig. Guelf.*, IV p. 535 (a. 1117). Chron. s. Andreae Castri Camerac., lib. 3 c. 11, *SS.*, VII p. 542. LAURENT. LEOD., G. Virdun., c. 8, *SS.*, X p. 491.
**marchisia** ( < marchisus): *marquisat — margravate.* Pour le comté de Flanders — for the county of Flanders: Auctar. Affligem. ad SIGEB., ad a. 1030, ed. GORISSEN, p. 113.
**marchisus**, -ki-, -qui-, -que-, -chy-, -ky-, -ci-, -sius ( < 1. marca): **1.** *homme de guerre chargé de la défense de la frontière — frontier-guardsman.* Si inter marchisos in qualibet regni parte ad aliud tempus dextrae datae fuissent. HINCMAR., Ordo pal., c. 30, *Capit.*, II p. 527. **2.** *marquis — margrave.* ADREVALD. FLORIAC., Mir. Benedicti, c. 33, *SS.*, XV p. 493. *D. Charles III le Simple*, no. 50 (a. 905). **3.** titre donné à certains grands (comtes ou ducs) dont le territoire n'est pas situé à la frontière — title used for particular dynasts (counts or dukes) whose dominions do not confine on the frontier. GYSSELING-KOCH, *Dipl. Belg.*, no. 53 p. 146 (a. 941, Flandre). *D. Lothaire*, no. 24 (a. 966, id.), ed. GRIERSON, p. 26 sqq. (id.). Actus pontif. Cenom., c. 33 (s. xi ex.), ed. BUSSON-LEDRU, p. 376 (Ital.).
**marchomannicus**, v. marcomannicus.
**marchonaticus** ( < 1. marca): *redevance dont le produit sert à l'entretien des troupes de frontière — tribute* affected to the maintenance of the frontier-guard. Nec paratas nec marchonaticos nec teloneos nec ullam redibitionem . . . ibi requirat. *Hist. de Languedoc*[3], II pr. no. 23 col. 80 (ca. a. 813, Narbonne).
**marchus**, v. 1. marcus.
**marciaticum**, marciagium ( < mars): *marsage — summer-crop.* G. Federici imp., ed. HOLDER EGGER, p. 59.
**marcio**, v. machio.
**marcionissa**, v. marchionissa.
**marcisus**, v. marchisus.
**1. marcus**, marchus (germ.): *marc du vin — lees.* S. xiii.
**2. marcus**, v. 2. marca.
**mardarinus**, mardelinus, mardrinus, mardurinus, v. marturinus.
**mare**, marea, v. mara.
**mareare**, mariare: *naviguer sur la haute mer — to sail the high seas.* S. xiii.
**marecagium**, v. mariscagium.
**maremium**, marenum, marennum, v. maëremum.
**marepahis**, mar-, -pazis, -pagis, -pas (langob.): *maréchal — marshall.* Qui eidem strator erat, quem lingua propria marpahis appellant. PAUL. DIAC., Hist. Langob., lib. 2 c. 9. Iterum lib. 6 c. 6. UGHELLI, VIII p. 34 (a. 774). MANARESI, *Placiti*, I no. 9 p. 25 (a. 796, Pisa). CD. Cavens., I p. 56 (a. 856). Chron. s. Bened. Casin., *Scr. rer. Langob.*, p. 474 l. 9.
**marepahissatus** (decl. iv): *fonction de maréchal — marshallship.* ERCHEMPERT., c. 21, *Scr. rer. Langob.*, p. 242 l. 30.
**marescalcus** et derivata, v. mariscalc-.
**marescum**, maresium, v. mariscus.
**maretum**, mareum ( < mara): *marécage — marsh.* QUANTIN, *Cart. de l'Yonne*, I no. 383 p. 548 (a. 1156).
**margia**, v. 1. marca.
**margila**, marla, marna (celt.): *marne — marl.* Edict. Pist., a. 864, c. 29, *Capit.*, II p. 323. ROUSSEAU, *Actes de Namur*, no. 9 (a. 1154).
**margo**: *bord* d'un vaisseau — *board* of a ship. Celocis celeriter marginem scandens. WILLIBALD., V. Bonifatii, c. 5, ed. LEVISON, p. 20. Marginem scandentes navem competebant. V. Wynnebaldi, c. 2, *SS.*, XV p. 107.
**margravius**, v. marcgravius.
**marha**, v. 2. marca.
**marhmannus**, v. marcomannus.
**mariagium**, v. maritagium.
**mariare**, v. mareare.
**maricium**, v. mariscus.
**maricus**: *syndic — municipal attorney.* MURATORI, *Antiq.*, IV col. 177 (ch. a. 1199, Treviso).
**marimentum**, v. marrianum.
**marina** (subst. neutr. plural. et femin. singul.): *régions maritimes — littoral.* GREGOR. M., lib. 5 epist. 38, *Epp.*, I p. 335.
**marinarius**, -erius: **1.** *marin, matelot — sailor.* Illa expensa magis videretur constituta marinariis quam canonicis. Concil. Roman. a. 1059, MABILLON, *Annales*, IV p. 749. Last. Barcinon., c. 64, ed. D'ABADAL-VALLS TABERNER] p. 26. EKKEHARD. URAUG., Chron., a. 1090, *SS.*, VI p. 213 l. 43. BERNARD. CLARAEVALL., De modo bene vivendi, c. 57, MIGNE, t. 184 col. 1285 D. KEHR, *Urk. Norm.-Sic. Kön.*, p. 435 no. 16 (a. 1160). Breviar. hist. Pisan., ad a. 1163, MURATORI, *Scr.*,

VI col. 173. *Actes Phil.-Aug.*, no. 367, I p. 452 (a. 1190). **2.** *passager — passenger.* S. xiv.

**marinus** (subst.): *marin — sailor.* DC.-F. V p. 281 col. 1 (ch. a. 1127, Aragon).

**maris,** v. mara.

**mariscagium,** marec-, -adium (< mariscus): **1.** *droit d'usage des marécages — right of easement of marshes.* S. xiii. **2.** *marécage — marsh. Gall. chr.*$^2$, X instr. col. 324 (ch. a. 1185).

**mariscalcatus,** maresc- (decl. iv): *fonction de maréchal — office of marshall.* S. xiii.

**mariscalcia,** mare-, mar-; -sch-; -alchia, -alsia, -aucia, -allia, -alia (< mariscalcus): **1.** *prestation en fourrage exigée par le maréchal — forage procurement* exacted by a marshall. Marescalciam bladi. RAGUT, *Cart. de Mâcon,* no. 479 (a. 1031-1060). Relaxo ... percursus, mariscalcias, brennarias, arbergarias ... et quicquid consuetudinis atque exactionis ... duces ab hominibus ipsius ville exigere solebant. CHEVRIER-CHAUME, *Ch. de Dijon,* II no. 402 p. 181 (a. 1102). In villa q. d. N. nihil sibi retinuit praeter marischachiam [leg. marischalchiam, cf. PFLUGK-HARTTUNG, *Acta,* I no. 217] et brennariam. *Gall. chr.*$^2$, IV instr. col. 172 (ch. a. 1140). **2.** *écurie — horse-stable.* Sala de P. episcopo, quae est in civitate Carcassona, cum ipsas cambras et cum ipsas coquinas et cum ipsas marscalcias. *Hist. de Languedoc*$^3$, V col. 405 (ca. a. 1034). Dono ... per feudum ipsum solarium cum ipsa curte et cum ipsa marscalcia. ROUQUETTE, *Cart. de Béziers,* no. 65 p. 76 (ca. a. 1050). **3.** *maréchalat — marshallship.* S. xii. **4.** *maréchalerie — farriery.* S. xiii.

**mariscalcire:** *ferrer* des chevaux — *to shoe* horses. S. xiv, Ital.

**mariscalcus,** maris-, mare-, mara-, mar-; -sch-, -squ-; -alchus, -alquus, -allus (germ.): **1.** *valet d'écurie, piqueur — groom, stable-man.* Si quis majorem, infestorem [leg. infertorem], scantionem, mariscalcum, stratorem, fabrum ferrarium ... furaverit aut occiderit. Lex Sal., text. Herold., tit. 10 add. 4. Si mariscalco [i. e. mariscalcum] alicujus, qui super 12 caballos est, occiderit, 40 sol. conponat. Lex Alamann., tit. 74 § 2. SCHIAPARELLI, *CD. Longob.*, II no. 253 p. 334 (a. 771, Chiusi). Capit. Aquisgr. (a. 802/803), c. 10, I p. 171. Capit. missor. Silvac. a. 853, c. 13, II p. 274. *D. Ottos III.*, no. 180 (a. 995). *Gall. chr.*$^2$, II instr. col. 351 (ch. a. 1077, Poitiers). Lex pacis castr. a. 1158, *Const.*, I no. 173, c. 11. CENCIUS, c. 57 (Ordo), § 57, ed. DUCHESNE, I p. 306 col. 2. **2.** *maréchal,* dignitaire de cour en charge des réquisitions et du logement — *marshall,* court dignitary having care of requisitions and housing. D. Henrici I reg. Fr., a. 1047, *Hist. de Fr.*, XI p. 582 A. *D. Philippe Ier,* no. 30 p. 94 (a. 1067). DC.-F., V p. 277 col. 3 (ch. a. 1076). HUGO DE CLEERIIS, HALPHEN-POUPARDIN, *Chron. d'Anjou,* p. 244. D. Frid. I imp. a. 1185, PURICELLI, *Ambros. basil.*, p. 1030. PETR. BLES., epist. 14, MIGNE, t. 207 col. 48 A.

**mariscus,** -esc-, -asc-; -a, -um, -ium; marisium, -es-, -ic-; -eum (germ.): *marécage — marsh.* BRUCKNER, *Reg. Alsat.*, no. 167 (a. 749). D. Ludov. Pii a. 822, DUVIVIER, *Rech. Hainaut,* no. 11 p. 294. GYSSELING-KOCH, *Dipl. Belg.*, no. 26 (a. 826, S.-Bertin). *D. Charles II le Ch.*, no. 173, I p. 458 (a. 855). Polypt. s. Remigii Rem., c. 26 § 27 sq., ed. GUÉRARD, p. 96. Notitia s. Petri Gand. s. ix, ed. GYSSELING-KOCH, *BCRH.*, t. 113 (1948), p. 282. DE MONSABERT, *Ch. de Nouaillé,* no. 51 p. 90 (a. 938-945). VERNIER, *Ch. de Jumièges,* I p. 40 no. 12 (a. 1027). DC.-F., V p. 281 col. 2 (ch. a. 1030, Mont-S.-Michel). STUBBS, *Sel. ch.*$^9$, p. 132 (ch. ca. a. 1130). Cf. Ch. VERLINDEN, *Les mots "mariscus" et "morus" dans les chartes flamandes antérieures à 1200, Mém. du Ier Congr. Int. de Géogr. Hist.*, II, Bruxelles 1931, pp. 304-310.

**maritalis:** *matrimonial — matrimonial.* Hujusmodi ... personis copula maritalis in sempiternum subtrahitur. Haitonis Basil. capit. (a. 807-823), c. 21, *Capit.*, I p. 365. Quam ... duxerat lege maritali. D. Roberti II reg. Fr. a. 989, ap. FLACH, *Orig.*, I p. 153 n. 1. Pro maritali licentia persolvant 6 den. DUVIVIER, *Rech. Hainaut,* no. 32 $^{bis}$, p. 364 (a. 1009).

**maritanus** (adj.): *maritime — maritime.* S. xiii.

**maritare, 1.** aliquam: *munir d'une dot — to dower.* Omnem honorem Aimari habeant post mortem suam per tale conventum, ut maritent filiam Aimari. GRASILIER, *Cart. de Saintes,* no. 14 p. 25 (a. 1067-1086). Si aliquis heres aliquam habeat sororem, eam maritabit de parte terre patris sui vel de pecunia juxta posse suum. Consuet. Norm. vetust., pt. 1 (s. xii ex.), c. 10 § 1, ed. TARDIF, p. 10. **2.** *épouser — to marry.* Rex ... maritavit Chunigundam. Ann. Altah., a. 1036, ed. OEFELE, p. 20.

**maritaticus,** maritagium, mariagium: **1.** *dot — dowry.* Asserens eam [terram] suae conjugi in maritaticum datam. DC.-F., V p. 284 col. 1 (ch. a. 1062, Tours). De ipsa area dimidia pars de maritagio ipsius, quod ei H. pater suus dederat, ... fuerat. BERTRAND, *Cart. d'Angers,* I no. 132 p. 161 (a. 1060-1087). Decimam ... dederat ei in mariagium cum filia sua. Ib., no. 276 p. 318 (ca. a. 1080). Filiam suam ... Heliae ... conjugem dedit et Archas in mariagio tribuit. ORDERIC. VITAL., lib. 8 c. 9, ed. LE PRÉVOST, III p. 320. Nos sororem nostram A. dilecto nostro comiti Pontivi damus in uxorem, et cum ea in maritagio comitatum A. *Actes Phil.-Aug.*, no. 508, II p. 42 (a. 1195). Rex Francorum A. sororem suam ... michi in uxorem dedit et cum ea in maritagio quidquid apud V. habebat. BRUNEL, *Actes de Pontieu,* p. 212 no. 141 (a. 1196). **2.** *douaire — jointure.* Post mortem Roberti, Editha in libero maritagio suo plurimas terras praefatis canonicis in C. dedit. DC.-F., V p. 282 col. 2 (ch. a. 1129, Angl.). Totam terram et omnes redditus quos M. soror sua in mariagio possederat apud S. *Actes Ph.-Aug.*, no. 382, I p. 472 (a. 1191). Remaneant legales cum maritagiis suis et dotibus. Leg. Edw. conf., c. 19, LIEBERMANN, p. 644. **3.** *contrat de mariage — deed of settlement.* [Terra] de qua W. saisitus erat in die illa qua mariagium illud factum fuit. LOBINEAU, *Hist. de Bretagne,* I col. 797 (ch. ca. a. 1204). **4.** *intervention du seigneur féodal dans le mariage d'une femme vassale — a feudal lord's interference with the marriage of female vassals.* S. xiii. **5.** *paiement pour rachat de cette intervention — payment to buy off this interference, merchet.* S. xiii.



**maritatio: 1.** *douaire — jointure.* Quod contingit ex capite matris meae, meae maritationis sorte offerendum credo ... praedium mihi competens jure matrimonii. MIRAEUS, I p. 458 (a. 1088). Si mortuo marito uxor ejus remanserit et sine liberis fuerit, dotem suam et maritationem habebit. Henr. I reg. Angl. ch. libert. a. 1100, c. 3, STUBBS, *Sel. ch.*$^9$, p. 118. **2.** *aide féodale* à l'occasion du mariage de la fille ainée du seigneur — *feudal aid* exacted on account of the wedding of the lord's eldest daughter. LOBINEAU, *Hist. de Bretagne,* II p. 157 (ch. a. 1153). **3.** *intervention du seigneur féodal dans le mariage d'une femme vassale — a feudal lord's interference with the marriage of female vassals.* S. xiii. **4.** *paiement pour rachat de cette intervention — payment to buy off this interference, merchet.* S. xiii.

**maritima** (subst. femin.; cf. maritima, neutr. plural., class.): *région maritime — littoral.

**marka,** markia, v. 1. marca.

**markio,** v. marchio.

**markisus,** v. marchisus.

**marla,** v. margila.

**marlare,** marliare, mallare (< margila): *marner — to marl.* Terram marliatam a primo die marliationis usque ad 15 annos libere obtineant. DC.-F., V p. 284 col. 3 (ch. a. 1127, S.-Quentin). 14 bonaria terre marlate. Fund. monast. s. Nic. de Prat. Tornac. (ca. a. 1165), c. 7, *SS.*, XV p. 1116. Vineas plantaverit vel terram mallaverit. Consuet. Norm. vetust., pt. 1 (s. xii ex.), c. 13 § 1, ed. TARDIF, p. 14.

**marlaria,** marleria, marlera, marneria, malleria (< margila): *marnière — marl-pit.* Henr. III reg. Angl. ch. de forest. a. 1217, c. 12, STUBBS, *Sel. ch.*$^9$, p. 347.

**marmorare:** *revêtir de marbre — to face with marble. Lib. pontif., Leo III, § 31, ed. DUCHESNE, II p. 9.

**marna,** v. margila.

**marpahis,** v. marepahis.

**marqua,** v. 3. marca.

**marquesus,** marquisus, v. marchisus.

**marratio,** v. marritio.

**marrentia,** marrantia, marantia (< marrire): **1.** *négligence* dans le service divin — *neglect* in divine service. S. xiii. **2.** *amende* pour celle-ci — *fine* for the same. S. xiii.

**marria,** v. majoria.

**marrianum,** marrienum, v. maëremum.

**marrimare** (cf. voc. maëremum): *se procurer du bois de construction — to fetch timber.* Per totum bannum ... dederunt pasturas, piscaturas, vias et usueria ligna ad marrimandum et ignes. CALMET, *Lorr.*, II col. 353 (ch. a. 1157).

**marrimentum** (< marrire): *embarras — hindrance.* Habeant licentiam faciendi quod voluerint de predicto castro B. ... sine marrimento et sine ira de predicto D. ROSELL, *Lib. feud. maj.*, no. 472 (a. 1062). Similia pluries ibi.

**marrire** (germ.): *contrecarrer, enfreindre — to thwart, infringe.* Presumptor qui eam [cartulam] marrire presumpserat. F. Augiens., coll. A no. 15, *Form.*, p. 345. Nemo ... legem vel suam justitiam marrire audeat vel prevaleat, neque ecclesiis Dei neque pauperibus nec viduis nec pupillis. Capit. missor. gener. a. 802, c. 1, I p. 92. Nullum bannum vel preceptum domni imperatoris nullus omnino in nullo marrire praesumat. Ib., c. 8, p. 93.

**marritio,** marra-, mara- (< marrire): **1.** *entrave, embarras, résistance, objection — hindrance, impediment, resistance, objection.* Ipsas [i. e. ipsae] res sine ulla marricione ad ipsum monasterium revertantur. WARTMANN, *UB. S.-Gallen,* I no. 50 (a. 766). Similia in contractibus precarialibus: BEYER, *UB. Mittelrh.*, I no. 19 p. 24 (a. 765, Prüm). F. Augiens., coll. B no. 4, *Form.*, p. 350. *Gall. chr.*$^2$, XVI instr. col. 10 no. 12 (a. 883, Vienne). Postea sine ulla marritione atque contradictione perpetua stabilitate permaneret. BITTERAUF, *Trad. Freising,* I no. 506 p. 432 (a. 824). Ibi locum meum et nutrimentum habeam quamdiu vivam, sine ullius marratione. MEYER VON KNONAU, *Urk. Rheinau,* p. 8 no. 4 (a. 855). **2.** *hostilité, action nuisible — thwarting, injury.* Ipsi ... aliquod damnum aut aliquam marritionem non faciat. Capit. Caris. a. 856, c. 13, II p. 282. **3.** *délai, retard — postponement, delay.* Integra[m] justitia[m] sine ulla maratione ei facias exinde. Cart. Senon., no. 18, *Form.*, p. 193. Justitiam reddere studeatis absque ulla marritione vel dilatione. *D. Karolin.*, I no. 172 (a. 791). Sine marriotione [!] ei de omni causa ... plenam justitiam facere fecissemus. MANARESI, *Placiti,* I no. 32 p. 101 (a. 821, Spolet.). Absque ulla marritione vel dilatione reddere. D. spur. Ludov. Pii <a. 832>, G. Aldrici, ed. CHARLES-FROGER, p. 43.

**marscalcus** et derivata, v. mariscalc-.

**marsupa,** marsuppa, marsus: *marsouin — marswine, porpoise.* Multitudo piscium quos marsuppas vocant, venerunt in alveo. ERMENTAR., V. Filiberti, c. 28, ed. POUPARDIN, p. 17.

**martalus,** martarus, v. martur.

**martellus:** *marteau — hammer.* Ruodlieb, fragm. 5 v. 316.

**marterinus,** v. marturinus.

**marteror,** martror (indecl.) (< martyrorum): *Toussaint — All Saint's day.* DC.-F., V p. 289 col. 1 (ch. a. 1095, Foix).

**martilogium,** -legium, -lagium = martyrologium.

**martyr** (genet. -yris) (gr. μάρτυς "témoin — witness"): *martyr — martyr.

**martyra:** *une martyre — woman martyr. Missale Gothicum, c. 13, MABILLON, *Lit. Gall.*, p. 215. Sacram. Gelas., lib. 2 c. 9, ed. WILSON, p. 166. Ps.-ANTONIN., Itin., c. 22, *CSEL.*, t. 39 p. 174.

**martyralis,** martyrialis: *d'un martyr — of a martyr.

**martyrarius:** *gardien des reliques — keeper of relics.* Concil. Aurel. II a. 533, c. 13, *Conc.*, I p. 63. [Res pretiosas] praedictis martyrariis ad custodiendum tradidimus. Test. Aredii a. 572, PARDESSUS, I no. 180 p. 140. GREGOR. TURON., Hist. Fr., lib. 4 c. 11. Id., Virt. Juliani, c. $46^b$, *SRM.*, I p. 582. F. Andecav., no. 49, *Form.*, p. 21. Mir. Martialis, lib. 2 c. 2 (s. viii ex.), *SS.*, XV p. 280 sq., ubi: mathorarius (lectio corrupta) et marthararius.

**martyriare,** -tur-: *tuer d'une manière cruelle — to put to death in a cruel manner.* Isti marturiati sunt ea morte qua aliquos perisse nus-

quam legimus. G. Federici imp., ed. HOLDER EGGER, p. 38.

**martyrium** (gr.): **1.** **martyre — martyrdom.* **2.** **célébration de la mémoire d'un martyr — commemoration of a martyr.* Pridie martyrium die. ETHER., Peregr., ed. PÉTRÉ, p. 20. **3.** *relique d'un martyr — a martyr's relic.* Pretiosi celebritate martyrii. Sacram. Leonin., ed. FELTOE, p. 308. Qui ferebant tam praeclarissima martyria. Mir. Florent., *AASS.*, Sept. VII p. 426 col. 2. **4.** *église consacrée à un martyr — church dedicated to a martyr.* Factum est concilium sanctum episcoporum in martyrium s. Eufemiae. Lib. pontif., Leo I (a. 440-461), ed. MOMMSEN, p. 102 col. 2. In martyrio sanctae et venerabilis martyris Euphymiae. Vigil. pap. (a. 537-555) epist., MIGNE, t. 69 col. 143 C. Ecclesiae civitatis vel vici vel martyrii, qui ordinandus est, declaratus fuerit. Coll. Quesnell., MIGNE, t. 56 col. 540 A. Martyria vocabantur ecclesiae quae in honore aliquorum martyrum fiebant. WALAHFR., Exord., c. 6, *Capit.*, II p. 480 l. 19. Synodo conprovinciali apud martyrium ss. Crispini et Crispiniani secus civitatem Suessionis. HINCMAR., Ann. Bertin., a. 861, ed. WAITZ, p. 56. Apud martyrium s. Macrae . . . convenimus. Id., epist. a. 881, SIRMOND, II p. 188.

**martyrizare**, -sare, **1.** passiv. martyrizari et intrans. martyrizare: *subir le martyre — to suffer martyrdom.* THEODOS. (s. vi), Itin., c. 2, *CSEL.*, t. 39 p. 137. Pass. Petri, Andreae et soc., c. 6, RUINART[2], p. 160. Acta Longini, *AASS.*, Mart. II p. 377. Acta Theodorae, ib., Apr. I p. 5. ALDHELM., Virg., c. 47, ib., XV p. 301. **2.** act., gener.: *torturer — to torture.* Cur me tandiu martyrizas? Mir. Walarici, *AASS.*, Apr. I p. 26. Quid succensebas, quod eum sic martirizabas. Ruodlieb, fragm. 8 v. 25. **3.** act., gener.: *mettre à mort — to put to death.* Cito illos punientes martyrizarent. HUGEBURC, V. Willibaldi, c. 4, *SS.*, XV p. 101.

**martyrizatio**: *martyre — martyrdom.* Deprope loco martyrisationis. HERIMANN., Mir. Eadmundi, MARTÈNE, *Coll.*, VI col. 823.

**martyrologium**, martilogium, -legium, -lagium (gr.): **1.** *martyrologe — martyrology.* **2.** *obituaire — obituary.* [Donatoris] nomen idcirco in martirologio scriptum est. CHAMPEVAL, *Cart. de Tulle*, no. 180 p. 112 (ca. a. 1071). Similia RICHARD, *Ch. de S.-Maixent*, I no. 136 p. 167 (a. 1077).

**martror**, v. marteror.

**martulus** = marculus ("marteau — hammer").

**martur** (genet. marturis), martarus, martalus, madrus, et femin. martura, martira, martrix (genet. martricis) (germ.): **1.** *martre — marten.* Bestiola quam martiram vocant. EADMER., G. Anselmi, lib. 2 § 57, ed. RULE, p. 412. **2.** *pelisse en peau de martre — marten fur coat.* Munerat . . . pulchris madris crisisve poledris. Ruodlieb, fragm. 5 v. 141. Pro laneis indumentis . . . illi offerunt tam preciosos martures. ADAM BREM., lib. 4 c. 18, ed. SCHMEIDLER, p. 246.

**marturinus**, martir-, marter-, mardur-, mardar-, mardel-, martr-, mardr-, madr- (< martur): *de peau de martre — of marten fur.* Roccum martrinum et lutrinum. Capit. cum prim. const. a. 808, c. 5, I p. 140. DE MARCA, *Marca hisp.*, app. col. 1020 (ch. a. 1020, Cerdagne). MÉTAIS, *Cart. de Vendôme*, I no. 93 p. 170 (a. 1049). Ruodlieb, fragm. 13 v. 130. Domesday, I fo. 262 b. ADAM BREM., lib. 4 c. 18, ed. SCHMEIDLER, p. 246.

**masa**, v. mansus.

**masada**, v. mansata.

**masagium**, v. mansuagium.

**masarus**, v. mazer.

**masata**, v. mansata.

**masca** (arab. ?): *sorcière — hag.* ALDHELM., Carm. de virg., v. 2858 sq., *Auct. ant.*, XV p. 469. Si quis . . . [mulierem] strigam, quod est mascam, clamaverit. Edict. Rothari, c. 197. Rursum c. 376.

**mascara**: *masque — mask.* S. xiii, Ital.

**mascea**, v. matia.

**masco**, v. machio.

**masenata**, masin-, macen-, macin-, maxen-, maxin-, maisn-, masn-, mesn-, main-, mein-, menn-; -ada, -eda, -adia (< mansio): **1.** *la domesticité, le groupe des personnes qui participent au ménage d'un seigneur, la "maisnie" — a lord's retinue, his household.* Ibi corpora nostra, heredum et ex masnadibus sepelire. SCHNEIDER, *Reg. Senense*, no. 24 p. 10 (a. 1001). Quodsi tu volueris staticam facere cum tua mesnada in civitate I. DE MARCA, *Marca hisp.*, app. col. 1177 (ch. a. 1085). Exceptis . . . militibus et maxenadis et ministris ejusdem monasterii. MURATORI, *Antiq.*, IV col. 221 (ch. a. 1173). Regiae privatae maisnedae constabularius. Ch. Will. reg. Sic. a. 1177 ap. PS.-BENED. PETROB., ed. STUBBS, I p. 171. Summi pontificis familia, que alio nomine vocatur masnada. Boso, Vitae paparum, Alex. III, ed. DUCHESNE, II p. 416 l. 12. **2.** *la suite armée d'un seigneur, l'ensemble des vassaux faisant des services quotidiens — body of armed retainers of a lord, of vassals performing daily service.* Comes . . . precepit masnadie sue, Burchardo scilicet de J. et Gaufrido F. cum aliis pluribus. BERTRAND, *Cart. d'Angers*, I no. 178 p. 206 (a. 1056-1060). Per quantas [vices] voluerint stare in predicto castro ipsi aut eorum mennada. ROSELL, *Lib. feud. maj.*, no. 472 (a. 1062, Catal.). Convenit Bernardus comiti et comitisse ut sit eorum solidus et fidelis et de eorum mainada, sicut homo debet esse de suo meliori seniori. Ib., no. 425 (a. 1078-1082). Eum in curtibus suis habere feodum suorum villanorum . . . et hominium de sua masnata. DC.-F., V p. 188 col. 1 (ch. a. 1162, Piacenza). Hominibus suis de masinada terciam partem feodorum, que ab eo tenebant, in proprietatem dedit. FICKER, *Forsch.*, IV no. 131 p. 173 (a. 1163, Arezzo). **3.** *bande armée (sans rapport à un seigneur) — any band of warriors.* Omnes haeretici, Aragonenses, familiae quae mainatae dicuntur, piratae . . . [sub anathemate posuit]. Concil. Montispessul. a. 1195, MANSI, t. 22 col. 668.

**maseria**: i. q. masura, mansura. S. xiii.

**maserinus**, v. mazerinus.

**masia**, v. matia.

**masinile**, v. 1. mansionilis.

**masiolum**, v. mansiolum.

**masmodina**, mase-, masu-, masse-, massa-, mai-; -mutin-, matin-; -us (arab.): *une monnaie d'or arabe — an Arab gold coin.* S. xii.

**masnada**, masnata, v. masenata.

**masnadarius**, mais-, mes- (< masenata): *soldat — soldier.* S. xiii, Aragon.



**masnagium**, v. mansuagium.

**masnile**, masnilum, v. 1. mansionilis.

**maso**, v. machio.

**masoerius**, v. mansuarius.

**maspilus**: *bouton — button.* S. xiv, Ital.

**masra**, v. mara.

**1. massa** (class. "pâte, masse — dough, mass"): **1.** *patrimoine, ensemble de domaines appartenant à un grand propriétaire ou laissé par lui après décès et formant un tout plus ou moins cohérent — patrimony, a more or less compact group of estates held or left behind by an important proprietor.* Conferre dignatus est fundum A. . . . necnon et partem fundi D. . . . adque partem fundi P. . . . ex corpore massae Pyramitanae in provincia Sicilia, Syracusano territorio, constitutos. BRANDI, *Urk. u. Akt.*[3], no. 8 p. 11 (a. 489, Ravenna). Pallentianam massam, quam eis . . . largitas nostra transfuderat. CASSIOD., lib. 5 epist. 12 § 2, *Auct. ant.*, XII p. 150. Massas subter annexas, tot solidos pensitantes, ex patrimonio quondam magnificae feminae . . . Ib., lib. 8 epist. 23, p. 254. Cum possessoribus atque conductoribus diversarum massarum. Ib., lib. 8 epist. 33 § 2, p. 262. Iterum lib. 9 epist. 3 § 2, p. 270. Massa Gariliana in territorio Suessano, praestans singulis annis sol. 400. Lib. pontif., Silvester, ed. MOMMSEN, p. 54. Utile judicavimus eandem massam quae Aqua Salvias nuncupatur cum omnibus fundis suis, id est cella vinaria . . . [etc.] ejus [sc. b. Pauli] . . . luminaribus deputare. GREGOR. M., lib. 14 epist. 14, *Epp.*, II p. 433 sq. Etiam ib., lib. 1 epist. 42, I p. 62; lib. 5 epist. 31, p. 311. **2.** *finage — township.* Donaverat ei casas tredecim, novem positas in massa Amiternina, et in massa Eciculana quatuor. MANARESI, *Placiti*, I no. 32 p. 101 (a. 821, Spoleto). Foresto de T. quod est in jam dicto comitatu Aretino in massa Verona. *D. Ottos I.*, no. 352 (a. 967). **3.** *domaine — estate.* Donationem in scriptis de duabus massis, quas N. et N. appellant, juris existentes publici, eidem s. papae . . . jure perpetuo direxit possidendas. Lib. pontif., Zacharias, § 20, ed. DUCHESNE, I p. 433. Deprecantes ut masas illas, quas ei concessistis, per vestram auctoritatis largitatem possideat. Hadr. I pap. epist. (a. 774), *Epp.*, III p. 570. Territorium cum massis sibi pertinentibus. Ejusdem epist., *Epp.*, III p. 603. Ut patrimonia seu suburbana atque massae et colonitiae necnon civitates, quae contra rationem . . . largita sunt, petimus, reddantur. Synod. Ravenn. a. 898, c. 8, *Capit.*, II p. 125. Predium . . . quod . . . antistes ex massa sancte Lauriacensis ecclesie patrimonii . . . tradidit. *D. Ottos II.*, no. 167[a] (a. 977). Ecclesiam in Lemovicino cum omnibus adjacentiis et massis. ADEMAR., lib. 3 c. 24, ed. CHAVANON, p. 146. **4.** **une foule de gens — a crowd.*

**2. massa**, v. mansus.

**3. massa**, v. matia.

**massagium**, v. mansuagium.

**massamutinus**, v. masmodina.

**massaricius**, massalicius, massalicus (adj.) (< massarius, subst.): **1.** propre à un "massarius" — specific to a "massarius". Mihi seu et ad filiis meis livellario et massaricio nomine ad lavorando . . . dare nobis jubeatis rem juris sacri monasterii vestri. *CD. Langob.*, no. 129 col. 230 A (a. 837, Nonantola). Cf. B. PARADISI, *Massaricium ius.* Studio sulle terme "contributariae" e "conservae" nel medio evo con particolare riguardo alle terre massaricie della Lombardia, Bologna 1937 (*Bibl. della Riv. di Stor. del Dir. It.*, no. 13). **2.** *qui constitue la tenure d'un "massarius", qui a été concédé à des "massarii" — held by a "massarius", granted to "massarii".* Tam case avitacionis [i. e. habitationis] mee quam case masaricie. SCHIAPARELLI, *CD. Longob.*, I no. 96 p. 278 (a. 748, Pistoia). Cum casis massariciis et aldiariciis. GIORGI-BALZANI, *Reg. di Farfa*, II no. 74 p. 71 (a. 768). Casas massaricias et aldionaricias. *CD. Langob.*, col. 152 no. 80 (a. 806, Bergamo). Tam [res] domnicatas quam et massaricias. MANARESI, *Placiti*, I no. 73 p. 266 (a. 873, Lucca). Cum universis cohortibus et casis massariciis, aldionariciis . . . *D. Karls III.*, no. 21 (a. 880). Curtem . . . cum duodecim sortibus massariciis. *D. Ottos II.*, no. 276 (a. 982). Donamus . . . curtem . . . cum 28 similiter casis massalicis. MARTÈNE, *Coll.*, I col. 347 (ch. a. 993). Et rebus ipsis tam dominicatis quam et massariciis seu aldionariciis et tributareis. MURATORI, *Antiq. Est.*, p. 195 (ch. a. 1011). Mansis tam domnicalibus quam massaritiis. *D. Konrads II.*, no. 80 (a. 1027). Subst. neutr. **massaricium**, femin. **massaricia** et mascul. **massaricius**, massal-, massil-, masser-, masar-, quandoque mansar-, manser- (e. g. CAIS, *Cart. de Nice*, no. 20 p. 26, a. 1081: mansaricium; formes dûes à l'influence du mot mansus — forms prompted by the word mansus): **1.** *tenure d'un "massarius" — holding of a "massarius".* Una massaricia cum germanis et familia sua et tres casas alias aldericias. *D. Karolin.*, I no. 155 (a. 786/787). Tradavit . . . casa illa masaricia . . . ea racionem ut . . . predicto massaricio in ejus persistat potestatem. *CD. Langob.*, no. 127 col. 226 C (a. 836, Milano). [H]abere eam statuo ususfructuario nomine casas et massaricias. GIULINI, *Mem. di Milano*, I p. 457 (a. 870). Corticellam . . . cum omnibus ibique aspicientibus massariciis. D. Ludov. II imp. (a. 855-875), *MIOeG.*, t. 5 (1884), p. 392. Curticellas duas cum omnibus massaritiis ad prefatas curtes pertinentibus. *D. Karls III.*, no. 48 (a. 882). Cum omni integritate . . . cum massariciis vel familiis. *D. Berengario I*, no. 1 p. 6 (a. 888). Inibi pertinere debeant massaritios tres juris mei, que habere videor in loco et fundo B., cum casis et omnibus rebus ad ipsorum tres massaritios pertinentes. *CD. Langob.*, no. 402 col. 676 C (a. 903, Milano). In loco O. duas massaricias regales. *D. Ottos I.*, no. 259 (a. 963). Causa illorum, cum . . . non mediocris sit, ita per massaritias et alia hujusmodi extat divisa, ut quidam illorum inde valde ditescant, multitudo vero paupertate languescat. RATHER., De discordia inter ipsum et clericos, MIGNE, t. 136 col. 620 C. Massaliciam quendam, quod vulgariter huba dicitur. *Mon. Boica*, t. 13 p. 314 no. 9 (ca. a. 1040). In A. massiliciam I [glosa: 1 hobam] quam tunc presbiter J. habebat; in G. massiliciam I que inhabitabatur per W. BITTERAUF, *Trad. Freising*, II no. 1619 p. 460 (a. 1053-1078, Ital.). Decimam . . . [de] 10 massariciis jure episcopi traditis redemit. HAUTHALER-

MARTIN, *Salzb. UB.*, II no. 94 p. 161 (a. 1060-1064). **2.** *mobilier, ustensiles de ménage — movables, furniture.* Hist. belli Forojul., MURATORI, *Antiq.*, III col. 1212.
**massariolus:** i. q. massaricium. Quendam massariolum juris regni nostri . . . pertinentem de curte nostra quae L. vocitatur cum universis ad eundem massariolum pertinentibus. *D. Berengario I.*, no. 59 p. 164 (a. 905).
**1. massarius** (adj.) (< 1 massa), **1.** servus massarius: serf ayant une tenure qui fait partie d'une "massa" — serf provided with a tenancy forming part of a "massa". De servo massario occiso. Si quis servum alienum massario [i. e. massarium] occiderit. Edict. Rothari, c. 132. Servus massarius licentiam habeat de peculio suo . . . in socio dare aut in socio recipere; vindere autem non, nisi quod pro utilitatem casae ipsius est. Ib., c. 234. **2.** casa massaria: i. q. casa massaricia, tenure d'un "massarius" — holding of a "massarius". Homo qui habet septem casas massarias habeat loricam suam. Edict. Langob., Aistulf., c. 2 (a. 750). Subst. mascul. **massarius** (cf. etiam voc. mansuarius): **1.** *tenancier* ayant une tenure qui fait partie d'une "massa" — *land-tenant* whose holding forms part of a "massa". Dono familias tres in vico ubi dicitur P., id est V., J. et M. massarii cum omnia quidquet da eus pertinere videtur, qualiter eorum censo fecimus. SCHIAPARELLI, *CD. Longob.*, I no. 14 p. 37 (a. 710, Treviso). [Aripertus rex] concesserat in ipsa basilica [s. Laurentii prope Bergomatum] casa[m] unam tributariam . . . quae tunc regebatur per Th. massarium. D. Aistulfi reg. Langob. a. 755, CHROUST, *Langob. Königs- u. Herzogsurk.*, p. 211 no. 2. Casa . . . qui regitur per S. massario homine livero [i. e. libero]. SCHIAPARELLI, II no. 178 p. 147 (a. 764, Lucca). De massariis de nostra curte in B. pertinente [i. e. pertinentibus] statuo exinde habere era una massaricia in R. exercente [i. e. qui exercitur] per G. massario, et alia exercente per V. massario. *CD. Longob.*, no. 51 col. 98 C (a. 774, Bergamo). Casale qui regitur per J. massarium. *D. Karlmanns*, no. 23 (a. 879). Districtiones in liberos massarios super ecclesiasticas res residentes. *D. Karls III.*, no. 49 (a. 882). [Fundus] regitur esse [i. e. regi] videtur per G. masario libero homo. MANARESI, *Placiti*, I no. 107 p. 398 (a. 898, Piacenza). Mansum . . . prout a jam nominato U. massario colitur. *D. Berengario I*, no. 53, p. 153 l. 8 (a. 905). **2.** *dépendant* d'une catégorie qui s'élève au-dessus de celle des serfs — *dependant* of a class higher than that of the serfs. Curte nostra una cum fundo omnibusque massariis et rebus ac praediis. *D. Karolin.*, I no. 113 (a. 776). In commenditis eorum liberis ac servis, massariis, libellariis, aldionibus. *D. Karlmanns*, no. 21 (a. 879). Ecclesias, cappellas, curtes cum massariis et omnibus ibi adherentibus vel pertinentiis. *D. Berengario I*, no. 9, p. 93 l. 10 (a. 898). Cf. G. SALVIOLI, *Massari e manenti nell' economia italiana medievale, Aus Sozial- u. Wirtsch.gesch.*, Festschr. G. von Below, 1928, pp. 1-15. **3.** *trésorier, économe — treasurer, purser.* S. xiii, Ital. **4.** *intendant d'un arsenal — arsenal keeper.* S. xiv, Ital.
**2. massarius,** -erius (< matia): *porte-masse — macebearer.* S. xiv.
**3. massarius,** v. mansuarius.
**massatum,** v. mansata.
**massemutinus,** v. masmodina.
**massus,** v. mansus.
**mastellum:** *cuve — tub.* S. xiii, Ital.
**masticare** (gr.): **1.** **mâcher — to chew.* **2.** *méditer — to meditate.*
**mastigia,** -um (gr.): **1.** **fouet — whip.* ALDHELM., Virg., c. 36, *Auct. ant.*, XV p. 282. Servus . . . 150 ictibus publice nudatus . . . mastigia feriatur. D. spur. s. xii, DOUBLET, *Hist. de S.-Denys*, p. 736. Transl.: Quosdam relinquentes praepositos — indigenarum dorsis mastigias, cervicibus jugum. GILDAS, Excid., c. 7, *Auct. ant.*, XIII p. 30. **2.** *ceinture — belt.* V. Mochoemoci seu Pulcherii abb., no. 25, *AASS.*, Mart. II p. 284 F. Mastigia clamidis. GUIBERT. NOVIG., De vita sua, lib. 3 c. 5, ed. BOURGIN, p. 147. **3.** *courroie — strap.* Non etiam ferreis constringeretur nexibus aut ligaretur mastigia. AIMOIN., Hist., lib. 2 c. 6, *H. de Fr.*, III p. 48 E.
**mastigialis:** *d'une courroie — of a strap.* Mastigiale vinculum. Mir. Agili, lib. 1 c. 5 (s. xi ex.), MABILLON, *Acta*, II p. 315.
**mastillio,** v. mistilio.
**mastinus,** mastivus (adj.). Canis mastinus, mastivus, et subst. mastinus, mastivus: *mâtin, dogue — mastiff.* S. xii.
**mastus:** *mât — mast* of a ship. S. xiii, Angl.
**masuagium,** v. mansuagium.
**masuarius,** v. mansuarius.
**masumatinus,** v. masmodina.
**masura,** v. mansura.
**masus,** v. mansus.
**mata,** matha: *buisson — brushwood.* BALUZE, *Capit.*, app. no. 104 (a. 876, Hisp.). DE MARCA, *Marca hisp.*, app. col. 1043 (a. 1030).
**matapanus:** *monnaie d'argent vénitienne — Venetian silver coin.* S. xii ex.
**matarazum,** mater-, matr-, matal-, matall-; -acium, -atum, -assium, -ascum, -itium (arab.): *matelas — mattress.* S. xiii.
**matare: 1.** *mater — to mate.* Pro ludo scacorum, quo eum ipsa uxor sepius mataverat, ipsam verberaverat. RICHER. SENON. (s. xiii med.), lib. 3 c. 14, *SS.*, XXV p. 293. **2.** *tuer — to kill.* DC.-F., V p. 302 col. 2 (ch. a. 734, Lusit.).
**mater: 1.** **abbesse, supérieure — abbess, matron of a nunnery.* CAESAR. ARELAT., Regula virg. GREGOR. M., lib. 9 epist. 86, *Epp.*, II p. 100. V. Balthildis, c. 7, *SRM.*, II p. 490 l. 2. Pass. Praejecti, c. 32, ib., V p. 244. V. Boniti, c. 7, *SRM.*, VI p. 127 l. 5. **2.** mater ecclesia: cathédrale — cathedral. [Episcopus] edificavit prope matrem aecclesiam domus geminas. V. Desiderii Cadurc., c. 16, *SRM.*, IV p. 574. In predicta civitate et in ipsa matre aecclesia . . . episcopus est consecratus. G. Aldrici, c. 1, *SS.*, XV p. 310. Primo tamen ipsam matrem ecclesiam . . . ditavit. V. II Audoini, § 24, *SRM.*, V p. 556 n. 4. Sue [i. e. episcopi] sancte matris ecclesie. *D. Louis IV*, no. 1 (a. 936). Domum matris ecclesiae succendit. RICHER., lib. 2 c. 85, ed. LATOUCHE, p. 272. H. prepositus matris ecclesiae. ERHARD, *Reg. Westfal.*, I, CD. no. 127 p. 100 (a. 1036). Mater, nude: Non procul a matre . . . habitabat. Acta Gaugerici (s. xi med.), *AASS.*, Aug. II p. 689 col. 2.



**3.** mater ecclesia: église d'une grande paroisse primitive, église baptismale dont dépendent des chapelles — parish church of a large primeval parish, baptismal church to which chapels are subordinated. Est ibi mater ecclesia, quam A. habet cum decima de illa villa. Urbar. rer. fiscal. Rhaeticae Curiensis (s. ix p. pr.), MEYER-PERRET, *Bündner UB.*, I p. 380. Mater, nude: Ecclesiarum . . . quarum matres, videlicet he . . ., aliquando . . . tradite fuerant. WAMPACH, *Echternach*, I pt. 2 no. 192 p. 310 (a. 1063). Tam in membris quam in matribus. MIRAEUS, III p. 20 col. 1 (a. 1090, Tournai). **4.** mater ecclesia: église ayant les pleins droits paroissiaux, sans rapport à des églises ou des chapelles dépendantes — any church having full parochial competence, irrespective of subordinate churches or chapels. Datis . . . septem mansis . . . cum matre ecclesia et dote sua apud L. MIRAEUS, I p. 809 col. 2 (a. 1031, Liège). Dedit ejusdem ville matrem ecclesiam. Ib., III p. 303 col. 1 (a. 1046, Liège). Matres ecclesias duas M. ville. *D. Heinrichs III.*, no. 205 (a. 1047). Dicebant ecclesiam suam B. vocatam matrem esse per se liberam et ecclesie de S. non debere esse subditam. MULLER-BOUMAN, *OB. Utrecht*, I no. 273 p. 253 (a. 1105). Hanc eis concedens potestatem, ut ubicumque in hoc predio ibi eligerent, matrem ecclesiam et ab omni episcopali jure liberam edificarent. Ib., no. 280 p. 258 (a. 1108).
**materacium,** v. matarazum.
**materia,** maderia, maëria, maheria, macheria, mageria, majera, maceria, macera: **1.** *mélange d'herbes employé pour la fermentation de la bière — grout, mash.* Scrutum [leg. grutum] ejusdem oppidi, hoc est potestatem ponere et deponere [i. e. ponendi et deponendi] illum qui materiam faceret unde levarentur cervisiae. MIRAEUS, I p. 63 (a. 1064, S.-Trond). Fermenti cerevisiam [leg. cerevisiae] quod majera vulgo dicitur potestatem . . . obtinebant. DC.-F., V p. 166 col. 1 (ch. a. 1098, Tournai). **2.** *le droit banal du débit dudit mélange — grout monopoly.* Molendinum unum et totius villae maderiam. *Gall. chr.*[2], X instr. col. 290 (ch. a. 1066). MIRAEUS, I p. 73 col. 2 (a. 1086, Brabant). Ib., p. 75 col. 1 (a. 1089, Cambrai). *D. Ottos I.*, no. 82 p. 163 l. 24 (< a. 948>, spur. s. xi, Brabant). *Gall. chr.*[2], V instr. col. 376 (a. 1126, Picardie). MIRAEUS, I p. 379 col. 1 (a. 1126, Flandre). DUVIVIER, *Actes*, I p. 76 (a. 1143-1163, Flandre).
**materiamen,** matriamen, madramen (cf. etiam voc. maëremum): *bois de construction — timber.* Si quis in silva alterius matriamen furatus fuerit. Lex Sal., tit. 7 addit. 11 (codd. fam. 3). Capit. VI legi Sal. addit., c. 6. Lex Ribuar., tit. 76. Lex Baiwar., tit. 12 § 11. Habet ipsa casa matriamen tantum. F. Turon., no. 42, *Form.*, p. 158. De plumbo et materiamine navigio adducere. Coll. s. Dion., no. 17, ib., p. 505. Donamus . . . de illa silva ubi illi fratres vel illorum homines . . . madramen possint facere. PARDESSUS, II no. 586 p. 398 (a. 745). Quid de lignariis et faculis, quid de axilis vel aliud materiamen. Capit. de villis, c. 62. De materiamine ad naves faciendum. ANSEGIS., app. 2 c. 33, *Capit.*, I p. 449. Omne materiamen quod ad illud molinum emendandum pertinet. Adalhardi Corbej. stat., c. 7, ed. LEVILLAIN, p. 359. HILDEGAR., V. Faronis, c. 112, *SRM.*, V p. 197 l. 16.
**materiamentum,** merreamentum, merram-, merrem-, marram-, meram-: i. q. materiamen.
**maternicus** (adj.): *maternel — maternal.* Quicquid . . . de hereditate maternica habere visus sum. MEYER VON KNONAU, *Cart. Rheinau*, no. 4 p. 8 (a. 855). Subst. neutr. **maternicum:** *héritage maternel — maternal heritage.* Quidquid mihi genitor meus . . . vel mater mea . . . de eorum paternico vel materníco seu conquisto aut conparato mihi dereliquerunt. WARTMANN, *UB. S.-Gallen*, I no. 12 (a. 745). Similia ib., no. 39 p. 41 (a. 763). ZEUSS, *Trad. Wizenburg.*, no. 98 p. 102 (a. 783).
**maternum** (subst.): *héritage maternel — maternal heritage.* Villam . . . mihi . . . de materno suo . . . condedit. Test. Bertichramni a. 615, PARDESSUS, I no. 230 p. 210. Ex successione parentum nostrorum, hoc est paterno vel materno. ZEUSS, *Trad. Wizenburg.*, no. 46 p. 48 (a. 695).
**matertera: 1.** *tante paternelle — father's sister.* S. xiii. **2.** *cousine — cousin.* S. xiii.
**matia,** macia, machia, masia, mazia, macha, maca, mascea, maza, mazza; -um (orig. incert.): **1.** *massue — club.* Fuero de Jaca a. 1063, c. 11, WOHLHAUPTER, p. 138. **2.** *masse de cérémonie — mace.*
**mathibernus,** mati- (celt.): *un magistrat local — a local magistrate.* Chron. Namnet., c. 31, ed. MERLET, p. 93. DC.-F., V p. 305 col. 3 (ch. a. 1087, Bretagne).
**matio,** v. machio.
**mato,** matto (genet. -onis), matonus: *brique — brick.* Chron. Astense, ad a. 1190, MURATORI, *Scr.*, XI col. 147. Elev. Secundi Astensis, *AASS.*, Mart. III p. 808.
**matracium,** matratum, v. matarazum.
**matriamen,** v. materiamen.
**matricialis** (< matrix): *d'une église-mère — of a mother-church.* A matricialibus ecclesiis vel baptismalibus se subducunt. Concil. Ravenn. a. 877, c. 12, MANSI, t. 17 col. 339.
**matricula: 1.** **registre d'une église où sont inscrits les clercs qui ont droit à une rémunération périodique — roll containing the names of the clergy who are beneficiaries of a church.* Rescripti in matricula. Concil. Agat., c. 2, BRUNS, II p. 146. Clerici . . . quorum nomina in matricula ecclesiastica tenentur scripta. Concil. Aurelian. IV a. 541, c. 13, *Conc.*, I p. 90. **2.** *liste des pauvres secourus d'une manière continuelle par une église — list of the poor receiving permanently a dole from a church.* Mane pauperibus qui ad matriculam illam erant cibum potumque protulit. GREGOR. TURON., Virt. Juliani, c. 38, *SRM.*, I p. 580. Pauperibus in matricola positis ante fores aecclesiae exspectantibus stipem. Test. Remigii a Hincmaro conf., *SRM.*, III p. 337. **3.** singul. matricula et plural. matriculae: *les pauvres enregistrés d'une église — the poor who are on the alms list.* Cum ad matricolam illam, quam sanctus suo beneficio de devotorum elymosinis pascit, cotidie a fidelibus necessaria tribuantur. GREGOR. TURON., Virt. Martini, lib. 1 c. 31, p. 603 l. 4. [Matrona] cum matriculam quae ibidem congregata est

pasceret. Ib., lib. 2 c. 22, p. 616. Cotidianam mensam, qua refovebat matriculam. Fortun., V. Radegundis, lib. 1 c. 17, ib., II p. 370. Mulier e matriculis. Gregor. M., lib. 3 epist. 44 sq., *Epp.*, I p. 201 l. 20. Fratribus nostris et matricolabus s. Petri qui sub regimine suo esse noscuntur. Test. Bertichramni a. 615, lectio ap. Mabillon, *Anal.*, III p. 127 (ap. Pardessus, I no. 230 p. 206: matricolariis). Peregrinorum sive matricularum receptiones et refocillationes devotissime supplevit. G. Bertichramni, Mabillon, *Analecta*, III p. 111. Collectis infirmis et matriculis ad portam civitatis. V. Eparchii, c. 10, *SRM.*, III p. 556. Ad matriculas 24 qui in ipsis synodochiis debent residere. *D. Ottos I.*, no. 101 ex charta s. vii med. **4.** *la table à laquelle sont distribuées les aumônes — table for doling out alms.* Nos qui ad matricola[m] sancti illius resedire videmur. F. Andecav., no. 49, *Form.*, p. 21. Ad matricularios domni Dionysii martyris . . . qui ad ipsa basilica vel infra ejus atrio ad matriculas residere videntur . . . concessimus. *D. Merov.*, no. 36 p. 154 (a. 635, genuinum). Ante ecclesiae matricolam in medio pauperum consedit. Lib. Hist. Franc., c. 11, *SRM.*, II p. 254. Quantum in alimonia pauperum ejus extetit praecipua cura, . . . testantur opera vel matricola quae ab eodem instituta residet ad ecclesiae januam. Pass. I Leudegarii, rec. C (s. viii ex.), c. 2, ib., V p. 285. **5.** *la maison où l'on recueille les pauvres — alms-house.* Villas . . . in statum matriculae nostrae, quam ad ostium ecclesiae s. Nazarii fabricavimus, . . . delegamus. Ch. Leodegarii a. 677, De Charmasse, *Cart. d'Autun*, I no. 50 p. 81 (an genuina ?). Matriculam . . . ad hoc ibidem instituit, ut pauperes . . . elemosinis sustentati, qui vellent, in servitio ecclesiae . . . permanerent. G. Dagoberti, c. 29, *SRM.*, II p. 411. Exenodochia matriculasque instituit sufficientemque alimoniam ibi habitantibus largitus est. V. altera Audoeni, ib., V p. 556 n. 4. Wandalbert., V. Goaris, Mabillon, *Acta*, II p. 285. **6.** *fonds pour les pauvres secourus par une église — fund for the poor receiving alms from a church.* Quicumque votum habuerit, . . . matricole ipsum votum aut pauperibus reddat. Concil. Autissiod. (a. 573-603), c. 3, *Conc.*, I p. 179. Villa quae sub tuitione sancti matricolae habebatur. Gregor. Turon., Virt. Martini, lib. 3 c. 14, p. 635. Omni tempore et matricula ipsa, sicut ipse nunc meis temporibus stipendia promeruit, semper ut inantea . . . alatur. Test. Bertichramni laud., p. 203. Hic matriculam b. Martini Turonensis in beneficii jure . . . tenuit. G. abb. Fontanell., c. 11 § 1, ed. Lohier-Laporte, p. 79. Custodes thesauri et matriculae. Tardif, *Cartons*, no. 173 p. 110 (a. 860, S.-Denis). Complacuit . . . quasdam villas . . . b. martyris Dionisii . . . matriculae vel thesauro . . . tradere. Ib., no. 238 (a. 862). [Odo comes] cuncta quae juri subjacebant ecclesiae Aurelianensis, matricula excepta, . . . in propriam molitur redigere potestatem. Adrevald., Mir. Benedicti, c. 20, *SS.*, XV p. 487. Cf. E. Lesne, *La matricule des pauvres à l'époque carolingienne. Revue Mabillon*, t. 24 (1934), pp. 105-123; réimprimé dans: *Hist. de la prop. eccl. en Fr.*, VI, 1943, pp. 153-172. **7.** *trésor d'église — church treasure.* Priv. Bened. VIII pap. a. 1022, ap. Guimann., Cart. s. Vedasti, ed. Van Drival, p. 57. **8.** *un droit à percevoir dans une paroisse*, peut-être sur les offrandes faites à la fabrique ou au trésor — *a due levied from a parish*, perhaps on oblations to the church fabric or treasure. Doniol, *Cart. de Sauxillanges*, no. 666 p. 485 (a. 949). Richard, *Ch. de S.-Maixent*, I no. 125 p. 157 (a. 1070). **9.** ecclesia matricula vel nude matricula (cf. voces matrix, mater): cathédrale — cathedral. Te ejusdem matriculae [sc. Augustanae] decet esse pastorem. Gerhard., V. Udalrici, c. 1, *SS.*, IV p. 387. Omnes simul Deum laudantes ad aecclesiam matriculam pervenerunt. Ib., p. 392. Advocatus matricole Tyberine civitatis. Trad. Altah. Sup., no. 1 (a. 1104), *Mon. Boica*, t. XII p. 15. **10.** *compte-rendu — proceedings.* Matricula hujus concilii. Epist. a. 525, Mansi, t. 8 col. 639. **11.** *calendrier des offices hebdomadaires — list of divine services for the week.* DC.-F., V p. 306 col. 2 (ch. a. 1199, Paris). **12.** *minute de notaire public — public notary's register.* S. xiv.

**matricularia: 1.** *femme inscrite à une église comme appartenant à la congrégation des veuves — woman who is on the list of members of the congregation of widows.* Mulieres quae apud Graecos presbyterae appellantur, apud nos autem viduae seniores, univirae et matriculariae nominantur. Coll. Quesnell., c. 60, Migne, t. 56 col. 716 A. **2.** *femme chargée de l'entretien d'une église — woman in charge of the upkeep of a church.* Sanctimonialis matricularia in coenobio s. Lamberti Leodii famulans. Mir. Remacli, c. 17, *SS.*, XV p. 442. [Vinea] ad opus matriculariarum predicti monasterii pertineret. Beyer, *UB. Mittelrh.*, I no. 120 p. 261 (a. 956). **3.** *marguillerie — sextonship. Actes Phil.-Aug.*, no. 346, I p. 421 (a. 1190).

**matricularis** (adj.): **1.** (cf. voces matrix, mater) *ayant les pleins droits paroissiaux — having full parochial competence.* In villa nuncupata L. ecclesiam matricularem unam et capellam ad ipsam ecclesiam aspicientem in loco q. d. S. Beyer, *UB. Mittelrh.*, I no. 134 p. 141 (a. 893). Ecclesiam . . . dedicavit, videlicet ut sit publica et perpetualiter habeatur matricularis ac legitima. *D. Konrads II.*, no. 212 (a. 1034) **2.** (cf. voc. matrix sub 6) *de la maison principale* d'une abbaye — *of the chief house* of an abbey. Matricularis advocatus. Trad. Tegerns., no. 9 (a. 1034), ed. Acht, p. 10.

**matricularius,** matrigolarius, mareglarius, mariglerius, marguellarius, marrelarius (< matricula): **1.** *individu inscrit sur la liste des pauvres soutenus d'une manière continuelle par une église — one who is on the list of the poor receiving permanently a dole from a church.* Nonnulli matricolariorum et reliquorum pauperum. Gregor. Turon., H. Fr., lib. 7 c. 29. Nos in Dei nomine matricularii s. Martini. F. Turon., no. 11, *Form.*, p. 141. Matricolariis s. Petri, qui sub tuo regimine esse noscuntur. Test. Bertichramni a. 615, Pardessus, I no. 230 p. 206. Ad matricularios domni Dionysii martyris . . . qui ad ipsa basilica vel infra ejus atrio ad matriculas residere videntur. *D. Merov.*, no. 36 p. 154 (a. 635, genuinum). Matricularii seu caeteri



pauperes. V. Arnulfi, c. 14, *SRM.*, II p. 438. Ad matrigolarius prefati sancti basileci domni Dioninsis. *D. Merov.*, no. 32 (a. 656-670). Omne patrimonium . . . ad stipem mancis et matriculariis . . . contulerunt. Aldhelm., Virg., c. 52, *Auct. ant.*, XV p. 308. Trado jamdictae basilicae vel monachis et matriculariis qui ibidem conversari noscuntur. Pardessus, II no. 491 p. 300 (a. 715, Dijon). Omnes omnino matricularii statutis diebus ad lectionem veniant. Chrodegang., Regula, rec. Angilramni, c. 34, Migne, t. 89 col. 1118. Lib. hist. Franc., c. 17, *SRM.*, II p. 271. V. Goaris, c. 7, ib., IV p. 417. Ad opus matriculariorum s. Stephani altaris pertinencium. De Font-Réaulx, *Cart. de Limoges*, III p. 18 (a. 851). Matricularios a ministro meo constitutos de illa matricula ejecisti. Hincmari epist. ap. Flodoard., H. Rem., lib. 3 c. 26, *SS.*, XIII p. 542 l. 34. Id., Capit. de can., c. 17, Sirmond, I p. 717. Id., Capit. syn. Rem., c. 2, p. 734. Id., Capit. archidiac., c. 12, p. 741. Id., De presb. crim., c. 34, II p. 800. Prius . . . non eis dabatur canonicus panis et non erant, ut sunt hodie, canonici, sed sicut matricularii. V. Rigoberti, c. 2, *SRM.*, VII p. 63. Quo in loco in famulitium ejusdem sancti aliquot deputati mansitabant clericuli, regularis disciplinae prorsus ignari, et non ut hodie sunt canonici, sed erant sicut matricularii. V. Gerardi Broniens., c. 15, *SS.*, XV p. 665. **2.** Ces pauvres sont employés comme serviteurs pour l'entretien de l'église — these poor men act as servants for the upkeep of the church. Quatuor matricularios, qui ad ipsum oratorium . . . deserviunt. Test. Anseberti a. 696, Déléage, *Actes d'Autun*, no. 1 p. 7. Vir habitans prope ecclesiam s. Trudonis propter excubium sacratissimae aulae, quem nos matricularium vulgo vocamus. Donat., V. Trudonis, c. 26, Mabillon, *Acta*, II p. 1037. Famulorum vel matriculariorum, qui semper aequaliter habendi sunt. Adalhard. Corbej. stat., c. 1, ed. Levillain, p. 353 sq. Etiam c. 6, p. 358 sqq. Matriculariis et servitoribus ecclesiae. G. Dagoberti, c. 35, *SRM.*, II p. 414. Cf. ib., c. 42, p. 420. De matriculariis, qui . . . ad predictam . . . capellam usque nunc deservierunt. D. Lotharii I imp. a. 847, Beyer, *UB. Mittelrh.*, I no. 77. Ad stipendia matriculariorum quos nonones vocant. *Mus. arch. dép.*, p. 18 (a. 864 vel paulo post). In usus luminariorum, matriculariorum et ceteris que ecclesiis in prefato monasterio positis necessaria fuerint. *D. Charles II le Ch.*, no. 304 (a. 867), II p. 174. Suscitavit unum de matriculariis. Mir. Richarii, Mabillon, *Acta*, V p. 572. Hincmar., De eccl. et cap., ed. Gundlach, p. 101. Matricularii . . . in jam dicta ecclesia excubant. De Lasteyrie, *Cart. de Paris*, I no. 52 p. 71 (ante a. 888). Ad usus pauperum et matriculariorum s. Privato quotidie servientium et oblationes quotidie offerentium. D. Zwentiboldi a. 896, Tardif, *Cartons*, no. 217 p. 139. **3.** *marguiller, serviteur laïque d'église — sexton.* Aimoin., Mir. Benedicti, lib. 3 c. 3, ed. De Certain, p. 131. Rainer., Mir. Gisleni, c. 13, *SS.*, XV p. 585. D. Heinr. I reg. Fr. a. 1038, Gysseling-Koch, *Dipl. Belg.*, no. 92 p. 198. Champeval, *Cart. d'Uzerche*, no. 842 p. 364 (a. 1048). G. pontif. Camerac., lib. 1 c. 33, *SS.*, VII p. 414 l. 45. Anselm., G. episc. Leod., c. 14, ib., p. 197 l. 18. Custodem ecclesie et mareglarium, qui ecclesie honorifice serviat, statuere [debet praepositus]. Duvivier, *Actes*, I p. 195 (a. 1081, Douai). Chevrier-Chaume, *Ch. de Dijon*, II no. 360 p. 139 (a. 1084). Hariulf., prol. ad mir. Richarii, Mabillon, *Acta*, V p. 558. His quos matricularios vocant, qui gazas ecclesiae familiarius asservabant. Guibert. Novig., De vita sua, lib. 3 c. 15, ed. Bourgin, p. 206. **4.** *clerc ayant la garde du sanctuaire — ecclesiastic acting as a church warden.* Garnier, *Ch. bourguign.*, no. 75 p. 111 (a. 873, Dijon). In Bajocensi ecclesia quidam clericus nomine A. matricularius habebatur. Hariulf., Chron., lib. 3 c. 28, ed. Lot, p. 163. Clerici matricularii. Suger., De adm. sua, c. 5, ed. Lecoy, p. 163. Item ch. ejusdem (ca. a. 1144), ib., p. 356. **5.** *moine* ou *chanoine* (désignation d'humilité) — *monk* or *canon* (humility formula). Alcuin., epist. 253, *Epp.*, III p. 408. Ibi pluries. *Epp.*, IV p. 564 l. 7 (s. ix p. pr.). Wlmar., Mir. Vedasti, lib. 2 c. 9, *SS.*, XV p. 401. Adam Brem., lib. 3 c. 4, ed. Schmeidler, p. 146. **6.** (cf. voc. matricula sub 9) *évêque — bishop.* H. episcopus matricularius s. sedis Frisingensis. Bitterauf, *Trad. Freising*, I no. 550[a] p. 472 (a. 827). **7.** (cf. idem) *chanoine de la cathédrale — cathedral canon.* Cursus cottidianus cum matriculariis in choro ejusdem matriculae ab eo caute observabatur. Gerhard., V. Udalrici, c. 3, *SS.*, IV p. 389 l. 37.

**matriculus: 1.** *individu inscrit sur la liste des pauvres soutenus d'une manière continuelle par une église — one who is on the list of the poor receiving permanently a dole from a church.* Casa . . . quam a matriculis comparavi, ad ipsos matriculos revertatur. Test. Adalgiseli-Grimonis a. 634, Levison, *Frühzeit*, p. 128. Deprecati fuerunt matriculi et pauperes. V. Eparchii, c. 2, *SRM.*, III p. 561. **2.** (cf. voc. matricula sub 9): *chanoine de la cathédrale — canon of a cathedral chapter.* Gerhard. August., V. Udalrici, c. 4, *SS.*, IV p. 393 l. 11.

**matrimoniare:** *épouser — to marry.* Si quis ancillam suam propriam matrimoniare voluerit sibi ad uxorem. Edict. Rothari, c. 222.

**matrimonium: 1.** *dot — dowry.* Dederunt ei terram cum Amelina in matrimonium. Bertrand, *Cart. d'Angers*, II no. 878 p. 350 (a. 1082-1106). Beatrix marito suo R., dum nubebat ei, domum dimidiam in matrimonium dedit. Hoeniger, *Koelner Schreinsurk.*, II p. 77 c. 9 (a. 1150-1165). **2.** *héritage maternel — maternal heritage.* [Maritum] legitime ductum cum omni hereditate patrimonii et matrimonii sui. Muller-Bouman, *OB. Utrecht*, I no. 184 p. 173 (a. 1026-1044). Supplementum rei familiaris ex propriis matrimoniis haberent. Sigeboto, V. Paulinae (s. xii med.), c. 10, *SS.*, XXX p. 915 l. 22.

**matrina,** matrinia, matrigna: **1.** *marraine — godmother.* Ordo Rom. XI (s. vii), c. 12, Andrieu, II p. 420. Pippini reg. It. capit. a. 754/755, c. 1, I p. 31. Ordo Rom. XXVIII A (s. ix in.), c. 7, Andrieu, III p. 422. Walahfr., Exord., c. 27, *Capit.*, II p. 512. **2.** *belle-mère, marâtre — stepmother.* Qui incestas nuptias

contrahunt, id est matrinam, cognatam vel socrum aut filiastram. Coll. Quesnell., c. 4, MIGNE, t. 56 col. 891 A. Si [filius] cum matrinia sua, id est noberca, peccaverit. Edict. Rothari, c. 169. Etiam c. 185. Qui de incesto matrimonio nascuntur, ex nuverca, id est matrinia. Aregis Benev. capit., c. 8, _LL._, IV p. 208. _CD. Cavens._, II no. 434 p. 311 (a. 990).

**matrix:** 1. *_souche, origine, source_ — _stock, origin, spring._ 2. *_église-mère_ — _mother-church._ 3. _cathédrale_ — _cathedral._ Ut suae provinciae [Aquileiensis] aecclesias, quas barbarorum incursus a sua matrice segregaverat, percipere mereretur. Concil. Mantuan. a. 827, _Conc._, II p. 585. Repperimus praedictam basilicam sub titulo matricis ecclesiae antiquitus consecratam. Concil. Tull. a. 838, ib., p. 783. Sicut ipse [episcopus] matrici preest, ita archipresbiteri presint plebeis [sc. ecclesiis]. Synod. Pap. a. 850, c. 13, _Capit._, II p. 120. Censum annuale, quod solis episcopis et matricis [i. e. matricibus] ecclesiis eorum solvere solitum est. Concil. Barchinon. a. 906, _Hist. de Languedoc_³, V pr. no. 32 col. 116. ERHARD, _Reg. Westfal._, I, CD. no. 151 p. 118 (ca. a. 1060). ADAM BREM., lib. 1 c. 31, ed. SCHMEIDLER, p. 36. 4. _église d'une grande paroisse primitive_ dont dépendent des chapelles — _parish church of a large primeval parish_ to which chapels are subordinated. Oratorium ... edificari perfecit ... ut hi qui longe sunt remoti a ... matrice ecclesia ... illic baptismum et sepulturam ... recipiant ... salva in omnibus auctoritate ac sinodali lege matricis ecclesie. LACOMBLET, _UB. Niederrh._, I no. 217 p. 141 (a. 1073). Qui ad capellam de F. et ad capellam de U. assignati sunt, ... ad synodum in ecclesia de G. tanquam in matrici ecclesie ... subjecti sint. MULLER-BOUMAN, _OB. Utrecht_, I no. 487 p. 434 (a. 1176). 5. _église ayant les pleins droits paroissiaux_ — _any church having full parochial competence._ Cathedraticos et synodales redditus episcopo ministrisque ejus, sicut de matrice ecclesia, hilariter solvere procuret. MIRAEUS, III p. 28 col. 1 (a. 1111, Arras). Ecclesiam ... nulli alteri ecclesie quoquomodo subjectam sed ut matricem se libere constantem. LACOMBLET, o.c., I no. 148 p. 91 (< a. 1015 >, spur. s. xii). 6. _abbaye-mère_ par rapport aux maisons affiliées — _mother-abbey_ with reference to daughter-houses. Abbas ... ecclesiam ... nostro regimini ... substituit, nil juris ... sibi reservans, preterquam si minus ordinate quid egerint, ... secundum tenorem matricis ecclesie corripiat et emendet. MULLER-BOUMAN, o.c., I no. 350 p. 322 (a. 1134).

**matrizare:** _tenir de sa mère_ — _to take after one's mother._ Matrizat, non patrizat. JOH. NEAPOL., Transl. Severini, _Scr. rer. Langob._, p. 453.

**matrocis** (originem vocis nescio, cf. voc. maracio): certain accessoire d'une saline — part of a saline. Villares ... cum illorum salinas et matroces et cortoriis. _D. Charles III le Simple_, no. 25 (a. 899, Narbonne). Piscatoria fluminis et mari seu rivis atque salinis cum cortoriis et matrocibus et planitiis. _Hist. de Lang._³, V pr. no. 239 col. 479 (a. 1034, Béziers).

**matroneum:** _place réservée aux femmes dans une église_ — _women's compartment in a church._ Lib. pontif., Symmachus, ed. MOMMSEN, p. 124. Ib., Greg. IV, ed. DUCHESNE, II p. 80.

**matta:** *_natte_ — _mat._

**mattio,** v. machio.

**matto,** v. mato.

**mattula:** *_natte_ — _mat._ HERIGER., V. Berlendis, c. 9, MABILLON, _Acta_, III pt. 1 p. 19.

**mattum:** _mat_ (au jeu d'échecs) — _checkmate._ Scaccum mattum. SALIMBENE, ed. HOLDER-EGGER, p. 372.

**mattus:** _botte_ — _sheaf._ Debent solvere pensionem denariorum 3, pullum 1, mattum canape 1. GREGOR. CATIN., Chron., ed. BALZANI, p. 274.

**maturitas:** (cf. Ps. 119 v. 147) _minuit_ — _midnight._ EKKEHARD., Cas. s. Galli, c. 3, _SS._, II p. 98.

**matutinalis:** 1. *_du matin_ — _of the morning._ 2. *_de l'office du matin_ — _of the morning service._ Subst. mascul. **matutinalis** et neutr. **matutinale:** _livre pour l'office des laudes_ — _book of lauds._ HUTER, _Tiroler UB._, I no. 13 p. 9 (a. 1022-1055).

**matutinarius** (adj.): _de l'office du matin_ — _of the morning service._ Matutinarium b. Virginis decantabat cursum. HUGO FLAVIN., ad a. 961, _SS._, VIII p. 365 l. 9. Subst. mascul. **matutinarius:** 1. (sc. psalmus) _psaume de l'office du matin_ — _psalm sung at morning service._ CAESAR. ARELAT., Regula monach., c. 21. Id., Regula virg., c. 69. 2. (sc. liber) _livre pour l'office des laudes_ — _book of lauds._ HUTER, _Tiroler UB._, I no. 99 p. 50 (a. 1080).

**matutinus** (adj.): *_de l'office du matin_ — _of the morning service._ Subst. mascul. **matutinus** (sc. cursus) et plural. matutini, femin. **matutina** (sc. hora) et plural. matutinae: 1. *_laudes matinales, matines_ — _morning lauds, matins._ Benedicti regula, c. 8. CAESAR., Regula virg., c. 69. Signum ad matutinus [i. e. matutinos] motum est. GREGOR. TURON., H. Fr., lib. 3 c. 15 in fine. Clericis matutinas in ecclesia celebrantibus. Ib., lib. 5 c. 20 in fine. Surge crastina die ad matutinum. Id., Glor. mart., c. 74, _SRM._, I p. 538. Etiam id., V. patrum, c. 8 § 4, p. 694. Matutina dicebatur. FORTUN., V. Radegundis, lib. 2 c. 27, ib., II p. 394. Dictis matutinis. V. Arnulfi Mett., c. 20, ib., p. 441. Postquam expleverunt matutinos. Vit. patr., lib. 3 c. 195, MIGNE, t. 73 col. 803 B. [Monachi] tribus per diem vicibus [laudes] et noctu matutinos dicerent. Lib. pontif., Gregor. II (a. 715-731), rec. I, § 3, ed. DUCHESNE, I p. 397. 2. _vigile_ — _vigil._ In diebus festis ad matutinum sex antiphonae binis psalmis explicentur. Concil. Turon. II a. 567, c. 18, _Conc._, I p. 127 l. 6.

**mausoleare:** _déposer dans un mausolée_ — _to deposit in a vault._ Mausoleatus ... in villa S. HERIMANN. Mir. Eadmundi, MARTÈNE, _Coll._, VI col. 823.

**mausoleum,** mauseolum: _châsse_ — _reliquary._ V. Godebertae (s. xi ?), _AASS._, Apr. II p. 36.

**mavorte,** v. maforte.

**maxenata,** maxinata, v. masenata.

**maxnile,** v. 1. mansionilis.

**maxuca,** v. mazuca.

**maza,** v. matia.

**mazada,** v. mansata.

**mazer** (genet. -eris), masarus (germ.): 1. _bois d'érable_ — _maplewood._ Anapo corneo majore cum illo de masaro. PÉRARD, _Rec. de Bourg._,



p. 26 (ch. ca. a. 840). Scyphum pretiosi mazeris. WIBERT., V. Leonis IX pap., lib. 2 c. 6, WATTERICH, p. 157. 2. _écuelle en bois d'érable_ — _mazer, maplewood bowl._

**mazerinus,** maser-, macer-, mazel-, mader-, madr-, madel- (< mazer): _en bois d'érable_ — _of maplewood._ Sciphum mazerinum. VERNIER, _Ch. de Jumièges_, I p. 85 no. 30 (a. 1077).

**mazia,** v. matia.

**mazo,** v. machio.

**mazuca,** maxuca (< lat. vulg. matteuca): _massue_ — _club._ Quidam enormis staturae ferens ingentem maxucam ... super caput ejus levato vecte ... ORDER. VITAL., lib. 8 c. 17, ed. LE PRÉVOST, III p. 368.

**mazura,** v. mansura.

**mazza,** v. matia.

**mechanicum:** _charpente_ — _structure, scaffolding._ Si homo cadat ab arbore vel quolibet mechanico super aliquem. Leg. Henrici, c. 90, LIEBERMANN, p. 606.

**mechanicus:** _sorcier_ — _sorcerer._ Se mechanicum esse et nicromantiae praestigiis inquinatum. HILDEBERT. CENOMANN., V. Hugonis Cluniac., no. 16, _AASS._, Apr. III p. 639.

**mechita,** v. meschita.

**meda,** v. medo.

**medacula** (< medala): _obole_ — _halfpenny._ DESJARDINS, _Cart. de Conques_, p. 173 (a. 1065).

**medala,** mez-, mes-, mess-, -alla, -alia, -allia, -alea, -alha (orig. incert.): _monnaie_ ayant le poids de trois-quarts d'un denier — _coin._ DC.-F., V p. 319 col. 1 (a. 1103, Montpellier). _Hist. de Languedoc_³, V no. 497 col. 948 (a. 1128). Ib., no. 521 col. 984 (ca. a. 1132).

**medalata,** medaliata, medialada (< medala): une mesure de terre, probablement la vingt-quatrième partie d'une perche — a measure of land, presumably a twenty-fourth of a rod. Tres dinariatas de vinea et una medaliata cedo. DESJARDINS, _Cart. de Conques_, p. 271 no. 352 (a. 902). Ibi pluries.

**medela:** 1. *_guérison_ — _recovery._ 2. medela animae: salut — salvation. Tradidit ... mansam 1 pro medela anime sue. OPPERMANN, _Rhein. Urkundenst._, I p. 438 no. 2 (s. x, Köln).

**medema,** medena (germ.): une _redevance_ grevant certaines terres et consistant en un septième de la récolte — a _tribute_ on land of one-seventh of the crop. Monetam, theloneum, tributum atque medemam agrorum. D. Ludovici Pueri a. 902, BEYER, _UB. Mittelrh._, I no. 150 p. 214 (BM.² no. 2002). Orta contentione de quodam tributo ex ... eorum silvis [sc. ex novalibus silvarum] quod vulgo medena vocatur. Ib., no. 252 p. 308 (a. 979). Est autem medena septena de agris. Ib., no. 378 p. 436 (a. 1083).

**medetaria,** v. medietaria.

**medialada,** v. medalata.

**medialis** = meridialis.

**mediamna,** mediamnis (cf. PRISCIAN.): _île ou haut-fond dans un fleuve_ — _island or bank in a river._ S. xiii.

**medianetum:** _tribunal connaissant des litiges entre les resséants de deux circonscriptions judiciaires distinctes_ — _a lawcourt for cases between inhabitants of different judicial districts._ Quales homines pecierint contra illos judicium, aut illos ad alios, in R. habeant medianedo. Fuero de Sepúlveda a. 1076, ed. SAÉZ, p. 45. Fuero de Nájera a. 1076, c. 78 sq., WOHLHAUPTER, p. 92. Fuero de Calatayud a. 1131, c. 1, ib., p. 142.

**medianus** (adj.): 1. _de la classe sociale moyenne_ — _of the middle class of society._ Medianus Alamannus. Pactus Alamann., fragm. 2 c. 37 et 39. 2. _le deuxième_ de trois unités — _the second_ of three. Si quis porcellum lactantem furaverit de chranne prima aut mediana ... Si vero in tertia chranne fuerit ... Lex Sal., codd. fam. 2. Lotharius medianus [Chlotharius II]. V. Eligii, lib. 2 c. 1, _SRM._, IV p. 694. 3. _de valeur moyenne_ — _of medium value._ Medianus caballus, medianus bos. Lex Alamann., tit. 70 § 3, tit. 78. Mediana equa. Capit. ad leg. Alamann., c. 22. 4. mediana annona: méteil — meslin. DC.-F., V p. 320 col. 2 (ch. a. 1185, Soissons). 5. septimana mediana paschae: la semaine du dimanche Laetare — the week of Sunday Laetare. Pelag. I pap. (a. 556-561) epist., MIGNE, t. 69 col. 416 D. 6. dominica mediana: le dimanche Laetare — Sunday Laetare. A dominica quam sedis apostolica mediana voluit nuncupari. Ordo Rom. XXVI (s. viii med.), c. 1, ANDRIEU, III p. 325. Sexta feria ante dominicam quam vocant medianam octavam. FOLCUIN., Mir. Ursmari, c. 14, MABILLON, _Acta_, III pt. 1 p. 261. Subst. mascul. **medianus:** _médiateur_ auquel, dans une élection disputée, les parties en cause abandonnent leur droit de vote — _middleman_ chosen by contending parties at an election. S. xiii. Subst. femin. **mediana:** _la semaine du dimanche Laetare_ — _the week of Sunday Laetare._ Feria IV in mediana. Lectionar. Wirciburg. (s. vii p. pr.), ed. MORIN, _Rev. Bénéd._, t. 27 (1910), p. 52. Ordinationes ... medianae vespere sabbati ... celebrandas. Lib. diurn., c. 6, ed. SICKEL, p. 6. Sabbato mediane me ordinavit presbiterum. SUGER., V. Ludov. Gr., c. 27, ed. WAQUET, p. 212. Cf. C. CALLEWAERT, _La semaine Mediana dans l'ancien carême romain et les quatre-temps_, _Rev. Bénéd._, t. 36 (1924), pp. 200-228.

**mediaplantaria** (cf. voc. medius sub 1): _charte au sujet d'un contrat de complant_ — _instrument of a "complant" contract._ Campum ... concederemus per cartam quae mediaplantaria dicitur. THÉVENIN, _Textes_, no. 77 (a. 845, Brioude).

**mediare,** 1. transit.: *_couper par moitié_ — _to halve._ 2. transit.: _parcourir à mi-chemin_ — _to go halfway._ Iter jam prope mediatum. V. Faronis, c. 118, _SRM._, V p. 198. 3. intrans.: *_être au milieu_ d'un laps de temps — _to be in the middle_ of a period of time. 4. intrans.: *_s'interposer, aider en s'interposant, intercéder_ — _to interpose, be helpful, intercede._ Vestra benignissima pietate mediante. Agathonis pap. (a. 678-681) epist., MIGNE, t. 87 col. 1228 C. 5. intrans.: _servir d'intermédiaire, de médiateur_ — _to act as a middleman, a mediator._ Ab utraque parte ... electis presbyteris ... atque mediantibus. Concil. Turon. a. 567, c. 2, _Conc._, I p. 123. A. et C. mediantibus. GREGOR. M., lib. 9 epist. 218, _Epp._, II p. 209 l. 32. 6. transit.: *_procurer en servant d'intermédiaire_ — _to procure by intercession._ 7. transit.: _négocier, effectuer par médiation_ — _to negotiate, mediate._ Mediantibus inter eos [sc. reges] domesticis et amicis illorum placitum. HINCMAR., Ann. Bertin.,

a. 863, ed. Waitz, p. 61. Confirmata inter eos pace G. imperatrice haec omnia mediante. Wipo, G. Chuonradi, c. 21, ed. Bresslau, p. 41. **8.** illo mediante: par le fait de, par l'initiative, les soins de, grâce à — through the intermediary of, by the action of, thanks to. Dilatata est in Perside christianitas M. episcopo . . . mediante. Anast. Bibl., Chron., ed. De Boor, p. 98. **9.** illa re mediante: par l'effet de, par voie de, au moyen de — by way of, by means of, by bringing to bear. Pars quae contra partem injuste exarserat justicia mediante conponerit. Gregor. Turon., H. Fr., lib. 7 c. 2. Mediante decreto. Bened. VIII pap. (a. 1012-1024) epist., Migne, t. 139 col. 1632 C. Mediante gratia largitatis quam in omnes habuit. Adam Brem., lib. 3 c. 18, ed. Schmeidler, p. 161. Contentionem justitia mediante terminavimus. Muller-Bouman, *OB. Utrecht*, I no. 321 p. 293 (a. 1127).

**mediastinus: 1.** *situé au milieu — centrally situated.* In partibus Angliae mediastinis. Transl. Guthlaci, *AASS.*, Apr. II p. 59. **2.** *situé à mi-chemin — lying halfway.* Ad Corsicam insulam, quae mediastina est inter Constantinopolim et Romam. V. Jacobi Eremitae, Mabillon, *Acta*, IV pt. 2 p. 148.

**mediatio:** **médiation, entremise — mediation, interposition.*

**mediator: 1.** **médiateur, negociateur — mediator, negotiator.* Admon. gener. a. 789, c. 21, *Capit.*, I p. 55. Conv. Sapon. a. 862, adnunt. Ludov., c. 2, ib., II p. 163. Concil. Tribur. a. 895, red. A, ib., p. 212 l. 10. **2.** (cf. Jud. 11, 10) *intermédiaire, garant, caution — middleman, warranter, bail.* Guadia nobis dedit . . . et mediatorem nobis posuit . . . et obligavit se nobis. *CD. Cavens.*, I no. 11 p. 12 (a. 821). Similia ib., II no. 236 p. 31 (a. 966). Da michi antiphonitim, id est mediatorem vel fidejussorem. Joh. Amalf., Mir., ed. Huber, p. 10. Etiam ib., p. 3. **3.** *métayer — landtenant at half the crop.* S. xiii.

**mediatoria** (cf. voces mediatura, medietaria): *tenure héréditaire à demi-fruit — hereditary holding at half the crop.* Dono unam terram ad unam mediatoriam. Martène, *Coll.*, I col. 420 (ch. ca. a. 1050). Contentio orta est . . . super servitio quod interrogabat super mediatoriam de villa S. Marchegay, *Arch. d'Anjou*, III p. 109 no. 162 (a. 1179).

**mediatrix: 1.** **médiatrice — female mediator.* **2.** *garante, caution — female warranter or bail.* Seipsa[m] posui[t] mediatrice[m], ut si taliter omnia suprascripta non adimpleverit, componere[t] mihi . . . *CD. Cavens.*, II p. 235 (a. 986).

**mediatura,** medie- (cf. voces mediatoria et medietaria): *tenure héréditaire à demi-fruit — hereditary holding at half the crop.* Tribuit . . . 2 mediaturas, unam cum 3 arpennis pratorum, alteram cum 4. Charles-Menjot, *Cart. du Mans*, no. 180 col. 110 (a. 1028-1031). Similia: *D. Phil. Ier*, no. 34 p. 101 (a. 1067). Redecimationes de universis mediaturis nostris dominicis. Grasilier, *Cart. de N.-D. de Saintes*, no. 1 p. 2 (a. 1047). Decima quadrugarum et mediaturarum et vinearum dominicarum Rannulfi. Bertrand, *Cart. d'Angers*, I no. 378 p. 438 (a. 1067-1109).

**medicatura:** *frais d'un traitement médical — cost of medical treatment.* Si Salicus Salicum castraverit . . ., 200 sol. culpabilis judicetur excepto medicaturas sol. 9. Capit. II legi Sal. add., c. 6.

**medietaria,** mediat-, medit-, medet-, meit-, meet-, met-, mit-, mej-, -eria. **1.** *tenure héréditaire à demi-fruit — hereditary holding at half the crop.* Dedit . . . mediatariam. *Gall. chr.*², XIV instr. col. 261 B no. 1 (a. 1084, Bretagne). Donavit . . . medietariam apud G. que appellatur Terra Hugolini cum universis ad eam pertinentibus. Bertrand, *Cart. d'Angers*, I no. 315 p. 355 (a. 1104). Decimam dono, vel sit de medietaria sive de dominicatura. Bourassé, *Cart. de Cormery*, no. 49 p. 101 (a. 1070-1110). Medietarias quas habetis apud B., apud C. et apud G. Pflugk-Harttung, *Acta*, I no. 246 p. 229 (a. 1160, Pontoise). Dedi . . . totum nemus meum et totum dominium meum de B. preter homines et medietarias. Brunel, *Actes de Pontieu*, p. 122 no. 84 (a. 1163-1171). Utrum terra sit hereditas vel metaria. Consuet. Norm. vetust., pt. 1 (s. xii ex.), c. 20 § 1, ed. Tardif, p. 21. **2.** *bail à terme à demi-fruit, métairie — term lease at half the crop.* Concedo quod tradant grangias, loca et possessiones suas . . . ad medietariam, reditum vel ad firmam et quod omnes qui in locis, grangiis, medietariis sive aliis possessionibus eorumdem . . . manebunt . . ., habeant usagium. *Gall. chr.*², XIV instr. col. 134 C no. 13 (ca. a. 1145, Le Mans). **3.** *la moitié d'une rente fixe — one half of a fixed rent.* S. xiii.

**medietarie:** *à partage égal — to be shared by equal parts.* Vobis cedimus sestariatas quatuor de campo ad complantandum medietarie. Thévenin, *Textes*, no. 77 (a. 845, Brioude).

**medietarius** (adj.): **1.** *concédé en tenure à demi-fruit — granted as a tenancy at half the crop.* In M. vineolae medietariae modiorum 60. *D. Charles II le Ch.*, no. 293 (a. 866). **2.** *qui est tenancier à demi-fruit — holding land at half the crop.* Habuit in eadem terra . . . duos rusticos medietarios proprios. Bertrand, *Cart. d'Angers*, I no. 113 p. 138 (ca. a. 1117). Subst. mascul. **medietarius,** medit-: **1.** *qq'un qui ne doit que la moitié de la dîme — one who owes only half tithe.* Decimas de S. totum ad integrum exceptis tribus medietariis his nominibus . . . : de istis tantum medietatem, de caetero cum integritate. Bourassé, *Cart. de Cormery*, no. 23 p. 50 (a. 860). **2.** *tenancier héréditaire à demi-fruit — hereditary landtenant at half the crop.* Sive sint praedictis F. et successoribus suis propria animalia, sive medietariis suis partionaria. DC.-F., V p. 323 col. 1 (a. 1007, Vendée). Bertrand, *Cart. d'Angers*, I no. 167 p. 192 (ca. a. 1060). **3.** *preneur d'un bail à terme à demi-fruit, métayer — lessee of a term lease at half the crop.* S. xiii. **4.** *qq'un qui reprend la moitié des droits et des obligations d'un preneur de bail — one who takes over one half of the rights and liabilities of a leaseholder.* DC.-F., V p. 323 col. 3 (ch. a. 1149-1155, Chartres).

**medietas: 1.** **la moitié — one half.* **2.** terram ad medietatem tenere, laborare etc.: tenir à demi-fruit — to hold at half the crop. Qui tale beneficium habent ut ad medietatem laborent. Capit. eccles. q. v. Capit. Ingelheim. (a. 810-813 ?), c. 18, I p. 179. Omnes isti laborant ad medietatem. Irminonis polypt., br. 12 c. 10. Arat eam [terram] ad medietatem. Ib., c. 19. Tenet [leg. tenent] idem clericus et monachi supradicti tres campos . . . ad medietatem. Chevrier-Chaume, *Ch. de Dijon*, II no. 276 (a. 1021). Vineas dedit mihi ad faciendum et accipiendum ad medietatem. Bertrand, *Cart. d'Angers*, I no. 364 p. 422 (ca. a. 1090). Predicta ecclesia fere universam terram quam possidet sub terragio vel sub annuo censu vel ad medietatem excolendam accepit. Brunel, *Actes de Pontieu*, p. 94 no. 62 (a. 1160). **3.** aliquem ad medietatem colligere, recipere: contracter un pariage avec qq'un — to conclude a "pariage" contract with someone. Collegerunt nos ad medietatem praedictarum villarum. *Ordonn.*, XI p. 203 (a. 1155). Ad medietatem nos [i. e. regem] recepit. Quantin, *Cart. de l'Yonne*, II p. 233 (a. 1171). **4.** *terre intermédiaire — interjacent site.* Mansos quinque . . . post triginta mansos episcopi nulla medietate proximos. Muller-Bouman, *OB. Utrecht*, I no. 374 p. 337 (a. 1139).



**medietura,** v. mediatura.

**medificare:** *empoisonner — to poison.* Transmissum, ut ajunt, venenum [i. e. transmisso veneno] in potu maedificavit. Gregor. Turon., H. Fr., lib. 4 c. 25. Ibi pluries.

**mediocris** (adj.): *de la classe sociale moyenne — of the middle class of society.* Per mediocres personas . . . rei veritas inquiratur. *D. Berengario I.*, no. 124 p. 325 (a. 920). Subst. plural. **mediocres: 1.** **des gens peu fortunés — people of slight means.* Faverunt . . . majores una cum mediocribus. Beda, Hist. eccl., lib. 3 c. 26. Primoribus, mediocribus et exiguis. Anast. Bibl., Chron., ed. De Boor, p. 326. **2.** *des libres non-nobles — non-noble freemen.* Lex Burgund., tit. 2 § 2; tit. 26 § 1-3; tit. 101 § 1 sq. Coram primis et mediocribus pagi. Wartmann, *UB. S.-Gallen*, III p. 687 no. 7 (a. 854). Mediocres et nobiles. Ekkeh. Sangall., Cas. s. Galli, c. 89, *SS.*, II p. 122. Nobilibus et mediocribus. Schmidt, *UB. Halberstadt*, I no. 1 p. 9 (a. 1087). Anselm. Leod., lib. 2 c. 30, *SS.*, VII p. 206. Bruno Merseb., c. 93, ed. Wattenbach, p. 69. Ekkehard. Uraug., ad a. 1066, *SS.*, VI p. 199. V. Altmanni, c. 37, *SS.*, XII p. 240. Ortlieb., lib. 1 c. 20, *SS.*, X p. 84. G. abb. Gemblac., contin., c. 59, *SS.*, VIII p. 545.

**medionarius** (adj.): *concédé en tenure à demi-fruit — granted as a holding at half the crop.* Mansos medionarios 2 in B. et V. *D. Charles II le Ch.*, no. 178, I p. 473 (a. 855).

**meditare, 1.** intrans.: *se livrer à la méditation — to meditate.* Benedicti regula, c. 48. **2.** meditare et depon. meditari, transit. (cf. Plin., 10, 29, 83): *imiter — to imitate.* Fulgorem astrorum meditantur tecta metallo. Fortun., lib. 3 carm. 7 v. 41. Rursum lib. 8 carm. 3 v. 45 et 78. Conficit duos libros quasi Sedulium meditatus. Gregor. Turon., H. Fr., lib. 6 c. 46. Cujus ibi subscriptio meditata tenebatur. Ib., lib. 10 c. 19.

**meditaria, meditarius,** v. medietar-.

**medius** (adj.). **1.** loc. medium plantarium: vigne exploitée en vertu d'un contrat de complant — vineyard which is the object of a "complant" contract. Excepto medio uno plantario, quem frater meus B. in me et se complantavit. Cassan-Meynial, *Cart. d'Aniane*, p. 438 no. 319 (a. 831). **2.** ad medium plantum dare: conceder une terre en vertu d'un contrat de complant — to grant land on the basis of a "complant" contract. Vinea mea quam ego data habeo a medio planto. Desjardins, *Cart. de Conques*, p. 176 no. 208 (a. 932). [Donavit] unum campum ad medium plantum . . . ut ad quinque annos vinea edificata sit; et post[quam] quinque annos vinea edificata fuerit, unusquisque medietatem suam recipiat. Ragut, *Cart. de Mâcon*, no. 43 p. 35 (ca. a. 1012). Medium plantum facere: exploiter une vigne en vertu d'un contrat de complant — to conduct a vineyard on the basis of a "complant" contract. Dedit eis supradictam terram in tali convenientia ut medium plantum faciant. Bernard-Bruel, *Ch. de Cluny*, no. 2147, III p. 325 (a. 993-1048). **3.** loc. pentecostes media: mercredi après le dimanche Jubilate — the Wednesday following Sunday Jubilate. Solemnitas agebatur sanctae mediae pentecostes. Anast. Bibl., Rel., Migne, t. 129 col. 622 B. Subst. mascul. **medius:** *un individu appartenant à la classe sociale moyenne — a person belonging to the middle class of society.* Lex Alamann., tit. 60 c. 3.

**medo** (genet. -onis), medus, meda (germ.): **1.** *hydromel — mead.* Fortun., V. Radegundis, lib. 1 c. 15, *SRM.*, II p. 369. Isid., Etym., lib. 20 c. 3 § 13. Rihcolfi epist. a. 810, *Capit.*, I p. 249. Capit. de villis, c. 34 et 62. Concil. Mogunt. a. 852, c. 11, *Capit.*, II p. 189. *D. Ottos I.*, no. 153. Thietmar., lib. 7 c. 23, ed. Holtzmann, p. 424. Ruodlieb, fragm. 11 v. 17 et pluries. **2.** *une quantité déterminée d'hydromel — a definite quantity of mead.* In unoquoque eorum [locorum] tres medones duasque cervisas. *D. Ottos I.*, no. 105 (a. 948 ?).

**medullatus** (adj.): **plein de moelle, gras, riche — full of marrow, fat, rich.*

**meeteria,** v. medietaria.

**mehagnare,** mehaignium, v. maham-.

**meinata,** v. masenata.

**meinerius,** v. mainerius.

**meinprisa:** *cautionnement — mainprise.* S. xii, Angl.

**meiremium,** v. maëremum.

**1. meiteria,** mejaria, v. medietaria.

**2. meiteria,** v. meterium.

**melarius** (gr.): *pommier — apple-tree.* Lex Sal. emend., tit. 27 addit 2. Aldhelm., Metr., c. 113, *Auct. ant.*, XV p. 152. Meyer-Perret, *Bündner UB.*, I no. 29 p. 31 (a. 768-800).

**melequinus,** mo-, -la-, -ch- (arab.): une monnaie — a coin. Cencius, c. 57 (Ordo), § 4, ed. Duchesne, I p. 291 col. 1.

**meletum** (gr.): *pommeraie — appletree-orchard.* Giorgi-Balzani, *Reg. di Farfa*, II p. 230 (a. 834).

**melica,** meliga: *blé sarrasin — buckwheat.* S. xiii.

**melificare** (< melos): *versifier — to write in verse.* Sigebert. Gemblac., Script. eccl., c. 171, Migne, t. 160 col. 587.

**melior.** Meliores homines: les vassaux de marque — vassals of note and standing. Tassilo . . . sacramenta multa juravit Pippino . . .; similiter et ejus homines meliores fecerunt. Regino, ad a. 756, ed. Kurze, p. 46 (cf. ann. regni Franc. a. 757, unde Regino hausit, ed. Kurze, p. 16: ejus homines majores natu). Subst. plural. **meliores:** *les*

*gens de bien, de quelque importance, d'une certaine aisance — people of note and standing, well-to-do people*. Senatores vel reliqui meliores loci. GREGOR. TURON., H. Fr., lib. 1 c. 31. Etiam lib. 4 c. 12. Omnes meliores natu regni Chilperici regis. Ib., lib. 7 c. 19. Etiam lib. 6 c. 45. Primo per optimos quosque inquiratur; et si per illos inveniri non possit, tunc per eos qui post illos in illa vicinia meliores sunt. Capit. missor. a. 819, c. 2, 1 p. 289. Inquisitio hoc modo fiat: eligantur per singulos comitatus qui meliores et veratiores sunt. Capit. de missis instr. a. 829, *Capit.*, II p. 8 l. 19. Prepositus et sacerdos et 4 de melioribus ville assint [in placito comitatus]. Leges Henrici, c. 7 § 7, LIEBERMANN, p. 553. Ex unaquaque vicinia circa nos et ex civibus Bruggensibus meliores et magis fideles ... jurare precepit. GALBERT., c. 87, ed. PIRENNE, p. 131.

**melioramentum: 1.** *amélioration, plus-value — betterment*. De melioramento facto in tota domo. GABOTTO, *Cart. de Pinerolo*, p. 87 (a. 983). **2.** *avantage successoral — advantagement* in matters of inheritance. S. xiii.

**meliorare: 1.** *\*améliorer, augmenter la valeur de qqch. — to better, raise the value of* a thing. **2.** *corriger, changer en mieux — to correct, mend*. Ubi aliter quam recte et juste in lege aliquit esset constitutum, hoc ... donante Deo meliorare cupit. Capit. missor. gener. a. 802, c. 1, I p. 92. **3.** *guérir — to cure*. Melioratum reciperet jumentum. BEDA, Hist. eccl., lib. 3 c. 11. Passiv. meliorari: *se rétablir — to recover*. Sin autem senserit se continuo meliorari. Addit. ad legem Visigot., ed. ZEUMER (in-4°), p. 376 l. 33. **4.** *réparer — to repair, mend*. Naves meliorantes exercitum restauraverunt. Encom. Emmae, lib. 2 c. 2, ed. CAMPBELL, p. 18. **5.** *aliquem: gratifier — to endow*. Tertiam partem [i. e. tertia parte] substantiae suae possit meliorare eum qui ei bene ... servierit. Liutpr. leg., c. 113 (a. 729). Servus [i. e. servos] qui bene serviunt, melioratus vidimus et remuneratus a dominis suis. Ib. **6.** *avantager un héritier — to benefit* a heir above the others. Nec meliorandi quemcumque nepotum amplius quam decimam partem hujus rei habeant potestatem. Lex Visigot., lib. 4 tit. 2 § 18. Ibi pluries. **7.** *aliquid: faire donation de qqch. — to donate*. Licet unicuique de rebus suis tam ad sanctum loca seu parentum [i. e. parentes] meliorare. F. Andecav., no. 37, *Form.*, p. 16. MARCULF., lib. 2 no. 11, inscr., ib. p. 82. Carta qui suo nepote aliquid meliorare voluerit. MARCULF., lib. 2 no. 11, inscr., *Form.*, p. 82. **8.** intrans.: *s'améliorer — to improve*. Integrum pretium et quantum mancipium melioravit acceptum a domino recipiat. Lex Visigot., lib. 5 tit. 4 § 21. **9.** intrans.: *faire des progrès, se corriger — to do better*. Electum nequaquam in cura regiminis ... meliorare vel proficere, sed potius deficere cernebamus. Chron. Farf. contin., MURATORI, *Scr.*, II pt. 2 col. 624.

**melioratio: 1.** *amélioration, plus-value — betterment*. Ad opus suum aedificet, quia non est recipiendum ad meliorationem terrarum, sed ad quantitatem. DC.-F., V p. 331 col. 2 (ch. a. 1076, Mâcon). **2.** *avantage successoral — advantagement* in matters of inheritance. BALUZE, *Capit.*, app., col. 1558 (a. 1135).

**melioratus** (decl. iv): *plus-value — betterment*. Post nostrum ... discessum cum omni melioratu et superaugmentatione illuc ... reverterentur. LACOMBLET, *UB. Niederrh.*, I no. 87 (a. 927). Similia BERTRAND, *Cart. d'Angers*, I no. 37 p. 61 (a. 996).

**mella:** une *mesure de capacité pour les céréales — a corn measure*. DC.-F., V p. 332 col. 1 (ch. a. 1190, Soissons).

**melletus,** -um (< frg. *mêler*): *tissu mélangé — motley, mixed material*. S. xiii.

**mellificium:** *apiculture — bee-keeping*. S. xiii.

**mellifluus:** *\*doux, suave — sweet*.

**mellita** (< mel): *hydromel — mead*. Concil. Autissiod., *Conc.*, I p. 180 l. 11. Theodor Cantuar. capit., c. 1, MIGNE, t. 99 col. 935 D. ADAM BREM., lib. 2 c. 69, ed. SCHMEIDLER, p. 131.

**melodia** (gr.): *\*mélodie, chant, chanson — melody, singing, song*.

**melodus** (adj.) (gr.): *\*mélodieux — melodious*. Subst. mascul. **melodus:** *chanteur — singer*. MILO ELNON., V. metr. Amanci, lib. 2 c. 5, *Poet. lat.*, III p. 581. V. Romani Rotomag., MARTÈNE, *Thes.*, III col. 1663.

**melos** (gr.): *\*chant — song*. RICHER., lib. 3 c. 110, ed. LATOUCHE, II p. 142.

**melota**, melotes (gr.): *blaireau — badger*. S. xiii.

**melote** (femin., genet. -es vel -is), melotes (genet. -ae), melota, melotis (genet. -idis) (gr.): *\*habit de moine, primitivement une peau de brebis ou de chèvre — monk's cloak, originally a sheepskin or goatskin*. GREGOR. M. Dial., lib. 2 c. 7. ISID., Etym., lib. 19 c. 24 § 19. V. Fructuosi, no. 4, *AASS.*, Apr. II p. 432 B. Illud vestimentum quod a Gallicanis monachis cuculla dicitur et nos cappam vocamus ... melotem appellare debemus, sicut et actenus in hac provincia a quibusdam vocatur Theodemari Casin. epist. (a. 787-797), *Epp.*, IV p. 512. Indutus melotis quasi peregrinus. Chron. Reinhardsbr., a. 1034, *SS.*, XXX p. 518 l. 33.

**membrana,** -um: *charte — charter*. Si quis cartolam falsam scripserit aut quodlibet membranum. Edict. Rothari, c. 243. Membrana haec nihilominus firma et stabilis permaneat. BITTERAUF, *Trad. Freising.*, I no. 41 p. 69 (a. 771).

**membrum,** -us, -a: **1.** *quartier de bœuf — rump of beaf*. DESJARDINS, *Cart. de Conques*, no. 55 p. 41 (a. 1060). **2.** *annexe, dépendance, out-building*. Cedo tibi membro de casa ... in fundo illa villa. F. Andecav., no. 40, *Form.*, p. 17. Habet ipsa casa in giro membra tanta F. Turon., no. 42, ib., p. 158. **3.** *aile d'une église — aisle* of a church. Integras duas membras qui sunt inferioras. CAPASSO, *Mon. Neapol.*, ib. p. 120 (a. 970). Altare de dextro membro ... Altare de sinistro membro ... BOURASSÉ, *Cart. de Cormery*, no. 35 p. 70 (a. 1054). Fragm. veter. hist. s. Florenti Salmur. (s. xi ex.), MARCHEGAY-MABILLE, *Chron. d'Anjou*, p. 210. **4.** *église-fille, église dépendante — daughter-church, subordinate church*. Unusquisque presbiter unum solummodo habeat ecclesiam, nisi forte antiquitus habuerit capellam vel membrum aliquod adjacens sibi. Synod. Mettens. a. 888, BEYER, *UB. Mittelrh.*, I no. 127, c. 2. Quae ecclesia membrum est ecclesiae de R. MIRAEUS, I p. 664 col. 1 (ca. a. 1073, Nivelles). [Census] in bissextili anno tam in menbris quam in matribus dupplicetur. GYSSELING-KOCH, *Dipl. Belg.*, no. 171 p. 299 (a. 1089, forte spur. paulo poster.).

**memorari** (depon.) et memorare: *\*se rappeler — to remember*.

**memorativus:** *commémoratif — commemorative*.

**memoratorium: 1.** *charte-notice — simple record*. Memoratorium facio ego U. vovis [i. e. vobis] neputi mei de morganicapu matri vestre. SCHIAPARELLI, *CD. Longob.*, I no. 70 p. 214 (a. 739, Lucca). Notitia brevis memoratorii, qualiter nos P. abbas ... constitutum habuimus ... quatinus judicium ... haberemus. MANARESI, *Placiti*, I no. 1 p. 1 (a. 776, Spoleto). Memoratorium factum a me domno A. ... quia conjunsimus per bona conbenientia cum A. CD. *Cavens.*, I no. 11 p. 11 (a. 821). **2.** *notice, mémoire — memorandum*. Memoratorium qualiter ordinavimus ... ut ... omnes exercitare debeant. *Capit.*, I p. 134 (a. 807). Memoratorium qualiter ... Ansegisus abba disposuit vestimenta et calciamenta. Const. Ansegisi († a. 833), ap. G. abb. Fontan., c. 13 § 8, ed. LOHIER-LAPORTE, p. 118.

**memoratus** (adj.): *\*ledit — the said*.

**memoria: 1.** *\*rappel, mémoire que l'on fait dans les prières — remembrance, commemoration in prayers*. **2.** *messe des morts, obit — mass for the dead, obit*. Sancta sic tenet ecclesia, ut quisque pro suis mortuis vere christianis offerat oblationes quatinus presbiter eorum faciat memoriam. Bonif. et Lull. epist. 28 (a. 732), ed. TANGL, p. 51. Celebratis ejus memoriis. ANAST. BIBL., Chron., ed. DE BOOR, p. 337. Habentes memoriam nostram in die obitus nostri. MARCHEGAY-SALMON, *Chron. d'Anjou*, p. j. 7 p. CIII (a. 931, Tours). **3.** *\*monument funéraire, tombeau d'un saint, lieu où sont conservées ses reliques — mortuary monument, a saint's tomb, shrine containing a saint's relics*. Sepultus est ... in memoriam quam sibi ipse prius fabricaverat in qua Zachariam ac Symeonem sepelierat. GREGOR. TURON., Gl. mart., lib. 1 c. 26, *SRM.*, I p. 503. Ibi ... venerabile memoria servatur amplius cotidie venerandus. V. Landiberti vetust., c. 27, *SRM.*, VI p. 382. Eorum memoriam insigni ornamento decoravit. V. Eligii, lib. 2 c. 7, *SRM.*, IV p. 700. Ibi pluries. Prostravit se in terram inter altare et confessoris memoriam. Ib., c. 2 c. 15, p. 704. Ut nulli novi sancti colantur nec memoria [i. e. memoriae] eorum per vias erigantur. Synod. Francon. a. 794, c. 42, *Capit.*, I p. 77. Memorias sanctorum per singula altaria orando circuivit. RUDOLF. FULDENS., V. Leobae, c. 22, *SS.*, XV p. 130. Servos Dei ante memoriam ejus [sc. Leutfredi] die noctuque excubantes. Mir. Leutfredi, c. 1, *SRM.*, VII p. 17. **4.** *autel dédié à un saint — altar dedicated to a saint*. Aedificavit ... basilicam ... in qua et memoriam constituit sancti confessoris Walarici. V. Condedi, c. 7, *SRM.*, V p. 649. Ceram ... ad memoriam inclitae Virginis Mariae deferens. AIMOIN., Mir. Benedicti, lib. 3 c. 3, ed. DE CERTAIN, p. 132. In medio ecclesiae memoria fidelium defunctorum ... aedificata. V. Bertulfi Rentic. (s. xi), MABILLON, *Acta*, III pt. 1 p. 58. Cum solito more altaria orando circumiens venisset ad s. Salvatoris memoriam. HARIULF., Chron., lib. 4 c. 30, ed. LOT, p. 257. **5.** *\*relique — relic*. Transl. Launomari, MABILLON, II pt. 2 p. 248. **6.** *charte-notice — simple record*. Memoriam recordationis facimus qualiter venit ... MITTARELLI, *Ann. Camaldul.*, I p. 47 (a. 951). **7.** *notice, mémoire — memorandum*. Memoria quod domnus imperator suis comites [i. e. comitibus] praecepit. Memor. Olonn. (a. 822/823), inscr., *Capit.*, I p. 318.

**memoriale: 1.** *\*monument funéraire, tombeau — obituary monument, tomb*. Sarcophagum non humo terrae condidit, immo etiam in memoriale quoddam posuit, quo ... miris ornamentorum structuris ... aedificatum conspicimus. FELIX, V. Guthlaci, c. 51, ed. COLGRAVE, p. 162. **2.** *rappel, mémoire qu'on fait dans les prières — remembrance, commemoration in prayers*. Constitueretur ejus memoriale sempiternum. CD. *Langob.*, p. 368 C (a. 862). Ejus memoriale in orationum precatibus semper habereture. Odo Fossat., V. Burchardi, c. 5, ed. BOUREL, p. 14. Mille ecclesiis ... perpetuo celebre erit G. regis memoriale. GUILL. PICTAV., lib. 2 c. 31, ed. FOREVILLE, p. 224. **3.** *obit — obit*. Post obitum meum quotannis nostrum teneant memoriale. CHEVRIER-CHAUME, *Ch. de Dijon*, II no. 358 p. 137 (a. 1082-1095). **4.** *régalade commémorative, pitance — commemorative distribution of food, pittance*. In perpetuum meum sit memoriale ut fruges ipsas ... in ipsorum monachorum ... usu et sumptu persistant. D. Ugo, no. 19 p. 53 (a. 929, sed postea interpol.). Hoc constituit memoriale, quatinus quotannis ... detur una libra den. pauperibus eroganda ... et ... clericorum congregacio convivium habeat. Notae Aschaffenb. (s. x), *SS.*, XXX p. 757 l. 36. Sit singulis annis idem census in festo s. Martini nostrum memoriale et remedium peccatrici anime. MULLER-BOUMAN, *OB. Utrecht*, I no. 244 p. 221 (a. 1081). **5.** *mémoire, souvenir laissé par qq'un — memory, remembrance*. Cujus memoriale clarum usque nunc intra Saxoniam habetur. BRUNO QUERFURT., V. Adalberti, rec. II, c. 5, *SS.*, IV p. 597. **6.** *charte-notice — simple record*. Breve memoriale qualiter veniens in Spoleto G. fecit querelam. GIORGI-BALZANI, *Reg. Farf.*, II p. 130 no. 154 (a. 791). **7.** *diplôme — royal charter*. Memoriale istud inde fieri et nostri nominis caractere et sigillo nostro signari et corroborari precepimus. D. Phil. Ier, no. 79 p. 202 (a. 1075/1076). Ibi pluries. **8.** *notice, mémoire — memorandum*. Hoc memoriale conscribere libuit ut, si aliqua altercatio deinceps exorta fuerit, qualiter haec res acta sit, per hoc memoriale declaratum appareat. G. Aldrici, ed. CHARLES-FROGER, p. 137. **9.** *mémento, registre — notebook, roll*. [Missi regis] in suis memorialibus adnotent. Capit. Tusiac. a. 865, c. 12, II p. 331.

**memorialis.** Memorialis liber: *obituaire — obituary*. In libro memoriali ... facit notari. GUILL. HIRSAUG., Const., lib. 2 c. 17, MIGNE, t. 150 col. 1059 B.

**mena:** *contrat — contract*. Ego P. in ista mena manu mea subscripsi. GADDONI-ZACCHERINI, *Chart. Imolense*, II p. 311 (a. 1099).

**menagium,** v. mansuagium.

**menamentum:** *accord — agreement*. Cum P. finem vel menamentum vel concordiam non

faciemus. FICKER, _Forsch._, IV no. 201 p. 255 (a. 1198, Arezzo).
**menata:** _canal_ — _canal_. S. xiii, Ital.
**mencaldus,** mencoldus, mencaudus, mencoudus, v. mancaldus.
**menceps:** _*dément_ — _insane_.
**mendacitas:** _*habitude de mentir_ — _mendacity_.
**mendaciter:** _*d'une manière mensongère, faussement_ — _mendaciously, falsely_.
**mendicans:** _moine mendiant_ — _friar_. S. xiii.
**mendositas:** **1.** _*incorrection, fausse lection_ — _false reading_. **2.** _*mensonge_ — _lie_.
**mendosus:** _*menteur, trompeur_ — _fallacious, deceptive_.
**mendum:** _*mensonge, tromperie_ — _lie, deceit_. Cognitumque est mendum esse quod dixerat se esse catholicum. GREGOR. TURON., H. Fr., lib. 6 c. 40.
**menestrellus** (< ministerialis): _ménestrel_ — _minstrel_. S. xiii.
**mengerium,** v. mangerum.
**mennada,** v. mansenata.
**mensa. 1.** mensa ecclesiae, mensa canonicorum: table à laquelle les chanoines d'une église prennent les repas en commun — table of meals taken in common by canons. [Argentum] ecclesiae mensae reliquerat. V. Caesarii, lib. 1 c. 32, _SRM._, III p. 469. Hic [episcopus] instituit mensam canonicorum. GREGOR. TURON., H. Fr., lib. 10 c. 31. Convivium mensae canonicae. Id., V. patrum, lib. 9 c. 1, _SRM._, I p. 703. Etiam ib., p. 683. Lectaria par uno et vestimenti mei pareclo uno fratribus ad minsa baselicae s. Dionisii dari praecipio. Test. Erminethrudis a. 700, PARDESSUS, II no. 452 p. 257. Separatione mensae. VARIN, _Arch. de Reims_, 1re partie, I p. 31 (ante a. 833). **2.** mensa pauperum: table à laquelle on distribue l'aumône pour les pauvres inscrits à la matricule d'une église — table for alms distribution to the poor who are on the dole list of a church. Construatur inibi mensa pauperum. _CD. Langob._, col. 74 C (a. 769). **3.** mensa fratrum, canonicorum, capitularis: l'ensemble de biens formant un fonds à part affecté à l'alimentation d'une communauté canoniale ou monastique — a number of estates forming a separate fund affected to the sustenance of a community of canons or monks. Ad mensam fratribus destinavit. ESCHER-SCHWEIZER, _UB. Zürich_, I no. 37 p. 9 (a. 820 ?). Has res fratres hoc habere debeant ad mensam et ad opus eorum. GYSSELING-KOCH, _Dipl. Belg._, no. 50 p. 139 (a. 830, Gand). Ad mensam clericorum. D. Ludov. Pii a. 834, _Hist. de Fr._, VI p. 596. Ad mensam fratrum . . . transeat in aucmentum. ROSEROT, _Ch. Hte-Marne_, no. 1 p. 10 (a. 851, Langres). In benefitio res ipse nulli concedantur, sed solummodo absolute ad mensam eorum [sc. monachorum] jugiter deserviant. _D. Ludwigs d. Deutsch._, no. 93 (a. 858). Villam ex dominicatu ejusdem [sc. abbatis] potestatis . . . fratribus monasterii ad mensam suam. _D. Charles le Ch._, no. 372 (a. 874). Res ad mensas fratrum pertinuissent. _D. Karls III._, no. 9 (a. 878). Concessimus . . . fratribus ad mensam ipsorum. D. Ludov. Pueri a. 902, LACOMBLET, _UB. Niederrh._, I no. 82. Quasdam res ejusdem ecclesie aliquandiu ab eorum [sc. canonicorum] communione et mensa injuste fuisse sublatas. COURTOIS, _Cart. de Dijon_, no. 20 p. 37 (a. 909). In eorum proprios usus et victui quotidiano in refectorii mensam. CHEVALIER, _Cart. de S.-André-le-Bas_, append., I no. 20 p. 230 (a. 927). Presul constituit ut, quicquid ad mensam fratrum pertineret, hoc abbas previderet. D'HERBOMEZ, _Cart. de Gorze_, p. 169 no. 92 (a. 933). [Res] ad mensam fratrum . . . dedit. _D. Ottos I._, no. 70 (a. 945). Ib., no. 104 (a. 948); no. 318 (a. 966). Ipsas res ad jus ecclesie s. Petri Cluniacensi vel ad proprietatem et in refectorii mensam restituantur et revocentur. BERNARD-BRUEL, _Ch. de Cluny_, II no. 1429 p. 486 (a. 976). Nec episcopus . . . det quicquam in beneficium, sed veniant omnia ad mensam fratrum. _D. Heinrichs III._, no. 239 (a. 1049). Hec omnia . . . dono ad mensam vel communionem fratrum [i. e. canonicorum Matisconensis ecclesiae]. RAGUT, _Cart. de Mâcon_, no. 28 p. 24 (a. 1031-1060). Cf. E. LESNE, _L'origine des menses dans le temporel des églises et des monastères de France au IXe siècle_, Lille 1910 (_Mém. et trav. des Fac. Cath. de Lille_, VII). **4.** mensa episcopi, episcopalis: ensemble de biens affecté aux frais de la cour épiscopale — a number of estates affected to the maintenance of the bishop's household. Quartam partem fisci . . . mensae episcopi . . . destinavit. G. pontif. Camerac., lib. 3 c. 49, _SS._, VII p. 484 l. 27. Cf. A. PÖSCHL, _Bischofsgut und mensa episcopalis_, 2 t., Bonn 1909. **5.** ensemble de biens affectés à la subsistance d'un prince laïque et de son entourage — a number of estates affected to the sustenance of a baronial household. Habeant judices binas libras auri a mensa praefecti praetorio. Lex Rom. canonice compta, c. 180, ed. MOR, p. 249. Ecclesia Eihamensis . . . de mensa nostra beneficia quibus monachi vivere debeant accepit. MIRAEUS, I p. 153 col. 1 (a. 1064, Flandre). **6.** _*pierre tombale_ — _grave-stone_. Ad sacratissimum corpus . . . accederet mensamque sublevaret. Mir. Columbani, c. 9, MABILLON, _Acta_, II p. 45. **7.** _autel_ — _altar_. ANAST. BIBL., Chron., ed. DE BOOR, p. 113. ODO GLANNEFOL., Mir. Mauri, c. 3, _SS._, XV p. 468. **8.** _étal_ — _market-stall_. Duas mensas forenses. _Ann. Praemonstr._, I pr. col. 274 (a. 1143).
**mensalis** (adj.): _*de table_ — _of the table_. Subst. neutr. **mensale** et mascul. **mensalis:** _nappe_ — _table-cloth_. Test. Brunonis Colon., _SS._, IV p. 274 l. 23. GUIDO, Disc. Farf., lib. 2 c. 48, ALBERS, I p. 182. Ruodlieb, fragm. 11 v. 28. Cod. Eberhardi, c. 44 § 18, DRONKE, _Trad. Fuld._, p. 126.
**mensata** (< mensis): _livraison mensuelle_ pour la subsistance des moines — _monthly purveyance_ of victuals for monks. Mensatas hoc in coenobio constituit, deputatis videlicet villis quae per unumquemque mensem sufficientem praeberent alimoniam. G. abb. Fontan., c. 4 § 2, ed. LOHIER-LAPORTE, p. 42.
**mensualis** (adj.): _*mensuel_ — _monthly_. Subst. **mensualis,** mensalis: _prestation mensuelle_ — _monthly purveyance_. [Dent monachis] mensalem de duodecim villis melle et cera, id est unoquoque mense [mellis] sextaria quattuor et cera libras duas. D. Ludov. Pii a. 829, POUPARDIN, _Ch. de S.-Germain-des-Prés_, I no. 28 p. 45.
**mensuatim:** _mensuellement_ — _monthly_. Villae



fratribus mensuatim per totum annum servire deberent. _D. Karolin._, I no. 97 (a. 775).
**mensum:** une mesure de terre (flamand _gemet_) — a measure of land. Apud H. 6 mensa terrae. GYSSELING-KOCH, _Dipl. Belg._, no. 162 p. 279 (a. 1066).
**mensura:** une mesure de terre (flamand _gemet_) — a measure of land. GYSSELING-KOCH, _Dipl. Belg._, no. 165 (a. 1072, Flandre). VERCAUTEREN, _Actes de Flandre_, no. 61 p. 146 (a. 1113). WAMPACH, _Echternach_, I pt. 2 no. 207 p. 344 (a. 1156).
**mensurabilis:** **1.** _*mesurable, limité, court_ — _measurable, limited, short_. **2.** _ayant la mesure prescrite_ (le poids prescrit) — _having the standard measure_ or weight. Mensurabiles panes. Edict. Pist. a. 864, c. 20, _Capit._, II p. 319.
**mensuragium:** _droit de mesurage_ — _measurage dues_. Consuetudines quas utelagia et mensuragia dicebantur, quia in mensurationibus segetum accipiebantur. GISLEB. MONT., c. 229, ed. VANDERKINDERE, p. 311.
**mensurare, 1.** transit.: _*mesurer_ — _to measure_. **2.** intrans.: _mesurer_ — _to measure_. [Petiam] mensurantem perticas 60. SCHNEIDER, _Reg. Volaterr._, p. 35 (a. 1004).
**mensurarius** (subst.): _mesureur_ — _meter, measurer_. S. xiv.
**mensurate:** _modérément_ — _moderately_.
**mensuratio:** _*arpentage_ — _surveying_.
**mensurnus:** _*mensuel_ — _monthly_.
**mentalis:** _*de l'âme, de l'intellect_ — _of the soul, of the mind_.
**mentio:** _mensonge_ — _lie_. Si mentionem suadet frequenter. Regula Magistri, c. 15. Composita mentione . . . fraus haeretica . . . subripuit. FORTUN., V. Hilarii, c. 8 § 26, _Auct. ant._, IV pt. 2 p. 4. Quod esset amens aliis mentionibus affirmabat. V. Sigiramni, c. 7, _SRM._, IV p. 610.
**mentionare:** _mentionner_ — _to mention_. S. xiii.
**mentiosus** (adj.): _menteur_ — _mendacious_. Lex Alamann., tit. 41 § 1. Conversio Afrae, c. 7, _SRM._, III p. 60.
**mentiri,** intrans., alicui: _*tromper_ qq'un, _lui manquer de parole_ — _to deceive, break faith_ towards a person.
**merallus,** mar-, mir-, -ellus (orig. incert.): _jeton, méreau_, symbole de présence ou d'acquittement — _counter, jetton, token_, presence or acquittance symbol. DC.-F., V p. 347 col. 2 (ch. a. 1167 et 1173, Nevers).
**mercadantia,** mar- (femin.): _marchandise_ — _merchandise_. S. xiii, Ital.
**mercalis:** _commercial_ — _commercial_.
**mercandaria:** _marchandise_ — _merchandise_. Venientibus vel exeuntibus cum mercandariis. LÜNIG, _CD. Ital._, I p. 2494 (a. 949).
**mercandisia,** mar-, -chan-, -disa, -gisa: _marchandise_ — _merchandise_. S. xii.
**mercantia,** mar-, -ch-, -ancia, -ansa, -asia, -andia (femin.): **1.** _commerce, transaction commerciale_ — _trade, commercial transaction_. Ps.-AUGUSTIN., Serm. ad fratr. in herem., lib. 3 c. 36, MIGNE, t. 47 col. 1239. **2.** _marchandise_ — _merchandise_. S. xii. **3.** spec.: _mercerie_ — _mercery_. S. xiii.
**mercare** = mercari.
**mercari:** _mériter, acquérir_ — _to merit, gain_. Commenta meritum a relatore mercantur. ENNOD., lib. 1 epist. 5, _Auct. ant._, VII p. 14 l. 10. Studet in terris mercari regna Tonantis. ALDHELM., Carm. de virg., v. 68, ib., XV p. 356. Si sequitur legem, mercabitur undique laudem. Ecbasis, v. 525, ed. VOIGT, p. 101.
**mercata,** v. marcata.
**mercatalis,** -tilis: _du marché_ — _of the market_. Sestarium unum mercatale de ordeo. ROUQUETTE, _Cart. de Béziers_, no. 75 p. 94 (ca. a. 1067). In unaquaque die mercatile. DC.-F., V p. 348 col. 3 (ch. a. 1082, Carcassonne).
**mercatio:** **1.** _*achat, vente, transaction_ — _purchase, sale, deal_. **2.** _marchandise_ — _merchandise_. Juxta estimationem mercationis . . . exsolvat. Inquis. Raffelst. (a. 903-906), c. 8, _Capit._, II p. 252. **3.** _impôt sur le commerce_ — _custom_. Theloneum cum omnibus districtionibus, ripaticum cum universis mercationibus. _D. Berengario I._, no. 60 p. 166 l. 12 (a. 905). Etiam ib., no. 105 p. 298 l. 27 (a. 917). **4.** _marché, foire_ — _market, fair_. Liceat eis mercationes ubique incedere et que necesse fuerint exercere. _D. Karls III._, no. 47 (a. 882). Sancto loco roboramus mercationes que per singulos menses in eodem loco fiunt. _D. Berengario I._, no. 68 p. 184 l. 23 (a. 908). Donamus potestatem inibi faciendi annuales mercationes. Ib., no. 94 p. 250 (ca. a. 902-913). In villa B. publicas mercationes fieri concessimus. _D. Ottos I._, no. 177 (a. 956). Etiam ib., no. 430 (a. 973).
**mercator.** Mercatores: ceux qui s'adonnent au commerce, à l'industrie ou à tout autre métier non-agraire — people exercizing any trade, craft or other non-agricultural calling. Quicquid Merseburgiensis murus continet urbis cum Judeis et mercatoribus. THIETMAR., lib. 3 c. 1, ed. HOLTZMANN, p. 98. Mercatoribus Genae ob spontaneam coniventiam sua linquendi hucque migrandi id dono concessi, ut que septa cum areis quisque insederit, perpeti jure sine censu possideat. _D. Konrads II._, no. 194 (a. 1033, Naumburg). Tali deinceps lege ac justitia vivant quali mercatores de Goslaria et de Magdeburga . . . usi sunt. _D. Heinrichs III._, no. 93 (a. 1042, Quedlinburg). Maxima pars ejus [exercitus] ex mercatoribus erat. BRUNO MERSEB., c. 95, ed. WATTENBACH, p. 69. Sexcenti aut eo amplius mercatores opulentissimi ex urbe profugi ad regem se contulerunt. LAMPERT. HERSF., a. 1074, ed. HOLDER-EGGER, p. 192. Unicuique mercatori haream in constituto foro ad domos in proprium jus edificandas distribui. KEUTGEN, _Urk. st. Vfg._, no. 133 p. 177 (a. 1120, Freiburg i. B.).
**mercatorium,** -a (femin.): **1.** _marchandise_ — _merchandise_. Nemini licet aliquam mercatoriam Parisius per aquam adducere, nisi . . . D. Ludov. VII reg. Fr. a. 1171, _Ordonn._, II p. 433. **2.** _lot de marchandise_ — _lot of goods_. 8 modios siliginis cum totidem modiis hordei et unum mercatorium leguminis annuatim persolventem. LACOMBLET, _UB. Niederrh._, I no. 266 p. 172 (a. 1081-1105, Werden).
**mercatura:** _marchandise_ — _merchandise_. De pannis et majoribus mercaturis theloneum. GUIMANN., Cart. s. Vedasti, ed. VAN DRIVAL, p. 166. Quando homines de Lorriaco ibunt Aurelianis cum mercatura sua. Ludov. VII reg. Fr. priv. pro Lorriac. a. 1155, c. 20, ed. PROU, _RHDFE._, t. 8 (1884), p. 450. Si [mercatores] super aliquam mercaturam venerint communiterque eam emerint. GIRY, _S.-Omer_, p. 383 (a. 1164/1165). Quicunque

ligna vel alias [leg. aliam] mercaturam vendiderit. KEUTGEN, *Urk. st. Vfg.*, no. 256 p. 353 (a. 1178-1182, Köln). Si quis de navi una in alteram navim mercaturas suas transposuerit. Ib., no. 126 c. 50, p. 96 (s. xii, Strasbourg).

**mercatus**, mar-, -ch-, -ad- (decl. iv), -um (neutr.): **1.** *place du marché — market-place.* In mercatum adducatur et ibi . . . flagelletur. Capit. de disc. pal. Aquisgr. (ca. a. 820 ?), c. 3, I p. 298. In magna hac civitate [Kiew] . . . plus quam 400 habentur eclesiae et mercatus 8. THIETMAR., lib. 8 c. 32, ed. HOLTZMANN, p. 530. Mansionem prope mercatum Florentine civitatis. *D. Konrads II.*, no. 273 (a. 1038). Etiam ib., no. 267 (a. 1038). **2.** *le droit de tenir un marché — right to have a market.* E. g.: Mercatum evindicaverunt . . . Concessum omni tempore habeant. *D. Karolin.*, I no. 88 (a. 774/775). Cf. P. HUVELIN, *Essai historique sur le droit des marchés et des foires*, Paris 1897. F. CARLI, *Il mercato nell'alto Medioevo*, Padova 1934. **3.** gener.: *le droit régalien des marchés et des foires — the regalian prerogative of markets and fairs.* Regalia, id est civitates, ducatus, marchias, comitatus, monetas, teloneum, mercatum. *Const.*, I no. 85 (a. 1111). **4.** *achat, vente, transaction — purchase, sale, deal.* Naves . . . ubicumque sedere voluerint et mercatum habere. Inquis. Raffelst. (a. 903-906), c. 1, *Capit.*, II p. 250. Vendo monachis . . . de terra 2 perticatas . . . Ut istum nostrum mercatum laudaret. BERNARD-BRUEL, *Ch. de Cluny*, I no. 171 (a. 910-927). Nullus . . . theloneum vel munus aliquod dedisset causa alicujus mercati. DESPY, *Ch. de Waulsort*, no. 18 p. 346 (a. 1080). Si homo sancti [Benigni] de mercato se intromiserit. DUCHESNE, *Hist. de Bourg.*, I pr. p. 34 col. 1 (ch. a. 1101). Mercatum quod ad octo denarios non ascendit, theloneum non habebit. Phil. II Aug. reg. Fr. priv. pro Noviom. a. 1181, *Actes*, I no. 43, c. 15. **5.** *marchandise — merchandise.* Si quis . . . mercatum aliquid . . . taxaverit et alius . . . supervenerit, si voluerit in mercato illo porcionem habebit. PIRENNE, *Villes et inst. urb.*, II p. 191, c. 3 (ca. a. 1080, S.-Omer). Omnes mercatores cum magno seu cum parvo mercato. Concil. Lateran. a. 1097-1099, c. 1, PFLUGK-HARTTUNG, *Acta*, II no. 203 p. 167. Quicunque petierint civitatem W. cum mercatu suo. STUBBS, *Sel. ch.*$^{9}$, p. 261 (a. 1190). **6.** spec.: *denrées, provisions — commodities, provisions.* Naves nostre venerunt . . . deferentes maximum mercatum, scilicet frumentum, vinum et carnem et caseum et hordeum et oleum. ANON., G. Francorum, c. 35, de. BRÉHIER, p. 188. Etiam ib., c. 5, p. 28. Si mercator civitatem intraverit et emerit mercatum et portaverit ad exercitum et carius vendiderit in exercitu. Lex pacis castr. a. 1158, c. 17, *Const.*, I no. 173.

**mercennarius**, -ena- (adj.): *qui exerce un métier, qui fait un commerce ou une industrie — practising a trade.* Unus ex mercennariis curialibus. LACOMBLET, *UB. Niederrh.*, I no. 312 p. 206 (a. 1131). Est genus hominum mercennariorum, quorum officium est ex lino et lana texere telas. G. abb. Trudon., contin., lib. 12 c. 1, *SS.*, X p. 309. Subst. mascul.

**mercennarius**: **1.** *employé de commerce, commis-voyageur, facteur — a merchant's servant, commercial agent, factor.* Si quid cum discipulis vel mercenariis tabernariorum vel cujuslibet officinae actum fuerit. Lex Rom. Visig., ed. CONRAT, p. 252. Si quis transmarinus negotiator mercennarium de sedibus nostris pro vegetando [i. e. vehitando] commercio susceperit. Lex Visigot., lib. 11 tit. 3 § 4. Cf. L. JORDAN, *Der mercennarius der Westgotengesetze und seine Nachkommen. Zeitschr. f. Soz.- u. Wirtsch.gesch.*, t. 17 (1924), pp. 337-346. **2.** *preneur de bail, locataire — leaseholder, lessee.* Mansum sibi locari exoraret et eo jure quo mercennarii dominicalem terram excolendam possidere queunt in firmam hereditatem . . . reciperet. BEYER, *UB. Mittelrh.*, I no. 393 p. 450 (a. 1097 ?). **3.** *mercier — mercerer.* S. xii.

**mercennaria**, -cena-: *marché — market.* S. xiii.

**merceria**, merzaria: *mercerie — mercery.* S. xiii.

**mercerius**, mercerus, merciarius: *mercier — mercerer.* Tam mercerii quam negociatores. Usat. Barchin., c. 62, ed. D'ABADAL-VALLS TABERNER, p. 24. BERTRAND, *Cart. d'Angers*, I no. 83 p. 98 (a. 1082-1106).

**merces**: **1.** *faveur, bienveillance, pitié — good-will, favour, pity.* Tam de nos . . . quam et de cunctos fideles integram dignamini habere mercedem. DESIDER. CADURC., lib. 1 epist. 3, *Epp.*, III p. 194. Oratores vestros tam vivos quam defunctis [i. e. defunctos] in vestra mercede commemorare faciatis. BONIF. et LULL., epist. 133, ib., p. 419. Sicut mercedem habuisti semper de fratribus qui degunt in monasterio Aniano. BENED. ANIAN., epist., MIGNE, t. 103 col. 1382 A. Erga me semper in sua mercede fecit sicut et illum decuit et mihi necesse fuit. Conv. ap. Sapon. a. 862, adnunt. Hlothar., *Capit.*, II p. 164. **2.** *la grâce, la condescendance d'un prince — a ruler's grace, condescension.* Locus qui et gloriosam mercedem nostram et senatus amplissimi laudabilia decreta contineat. CASSIOD., Var., lib. 9 epist. 16, *Auct. ant.*, XII p. 281. Ubi preest venerabilis vir per divinam misericordiam et mercedem domni Caroli excellentissimi regis Arn episcopus. Indic. Arnonis a. 790, prol., HAUTHALER, *Salzb. UB.*, I p. 4. Deo juvante et mercede vestra [sc. imperatoris] annuente ita in Lugdunensi ecclesia restauratus est ordo psallendi. Leidradi epist. (ca. a. 813/814), *Epp.*, IV p. 543. H. Bajocacensis ecclesie episcopus venit ad meam [sc. ducis Normanniae] mercedem . . . Deprecatus est autem mercedem meam ut apud ipsius monasterii monachos impetrarem . . . HASKINS, *Norman inst.*, p. 259 no. 7 (a. 1028, Fécamp). **3.** *une grâce, une marque de faveur — a grace, a mark of favour.* [Genitor noster] villam condonasset . . . Ut autem haec genitoris nostri ac nostra merces . . . in perpetuum valeat . . . *D. Charles II le Ch.*, no. 93 (a. 847). Requirit mercedem [a comite], ut investiatis eum de ipsa petia de terra. Cartul. Longobard., no. 21, *LL.*, IV p. 601 col. 2. **4.** *le gré, la discrétion, le jugement discrétionnaire d'un prince* — a ruler's *free will*, his *pleasure*, a *discretional judgment* pronounced by him. Per wadia emendaverit quod misfactum habebat, mandaveritque mihi se velle ad meam mercedem venire et sustinere qualem illi commendassem harmiscaram. HINCMAR. LAUDUN., epist., MIGNE, t. 124 col. 1034 A. Confitemur venisse ad mercedem et pietatem comunis Janue pro offensione forestarie quam feceramus. *Lib. jur. reipubl. Genuens*, I no. 7 col. 13 B (a. 1102). Romani posuerunt se in mercedem regis et pape. CAFFAR., Ann., a. 1133, ed. BELGRANO, I p. 27. **5.** plural. mercedes: *grâces, remerciements — thanks.* Legatos dirigere qui . . . multiplices replicent mercedes, quod tam pie . . . nobis . . . munimen porrigere decrevistis. *Hist. de Fr.*, VII p. 594 (epist. a. 867, Metz). Multas vestrae caritati mercedes referimus. ATTO VERCELL., epist., ed. BURONTIUS, p. 315. Refero gratiarum mercedes. RATHER., epist. 5, ed. WEIGLE, p. 30. Multiplices . . . referimus grates atque mercedes de tanto . . . erga nos amore. DC.-F., V p. 351 col. 3 (epist. ante a. 972). **6.** *la récompense céleste, le salut de l'âme — heavenly reward, salvation.* Aeternam mercedem perpendite. GREGOR. M., lib. 9 epist. 237, *Epp.*, II p. 233. Aliquid offerre volunt in eleemosynam monasterio pro mercede sua. Benedicti regula, c. 59. Ex quo facto copiosa eam valde merces exspectat. V. vetustior Balthildis, c. 6, *SRM.*, II p. 488. Pro mercide et remedio anime patri[s] nostro . . . damus. SCHIAPARELLI, *CD. Longob.*, I no. 51 p. 172 (a. 732, Lucca). In nostra mercede et remedio animae domni genitoris nostri Karoli donamus. *D. Karolin.*, I no. 8 (a. 755). In domni regis mercede ipsa elemosina fiat facta. Capit. Ital. a. 787, c. 8, I p. 201. **7.** *donation pour le salut de l'âme — pious gift.* Hanc mercedem atque eleemosynam quam facio propter amorem summi Regis aeterni. *H. de Lang.*$^{3}$, V no. 130 col. 286 (a. 978, Narbonne).



**mercha**, v. 3. marca.

**merchata**, v. marcata.

**merchetum**, marche-, -ta: *formariage, redevance pour une licence de mariage — merchet.* Domesday.

**merciamentum** (< merciare): *amende discrétionnaire — amercement.* S. xiii.

**merciare**: i.q. admerciare. S. xiii.

**mercimonium**: **1.** *commerce — commerce. **2.** *achat, vente, transaction — purchase, sale, deal.* Concedimus . . . mercatum facere . . . ita quidem, ut quicquid ex mercimoniis quam ex quacumque causa ad nostram regiam partem . . . exigi debuit . . . *D. Berengario I.*, no. 106 p. 274 (ca. a. 912-915). **3.** *marché — market.* Ducebat eos ad aecclesiam per mercimonium, ut de rebus venalibus viderent quid eorum mente[m] delectaret. HUGEBURC, V. Willibaldi, c. 4, *SS.*, XV p. 94. Etiam c. 3, p. 91. Cum sumptuis atque stipendiis ad loca venerunt venalia quod est mercimonium. Id., V. Wynnebaldi, c. 2, p. 107.

**merellus**: *un petit vin — poor wine.* S. xiii, Ital.

**merennium**, v. maëremum.

**1. merentia** (< merere): *mérite — merit.* Donamus tibi . . . pro bona merencia vestra agrum. WARTMANN, *UB. S.-Gallen*, I no. 258 (a. 820).

**2. maerentia** (< maerere): *chagrin — sorrow.* Ineluctabili maerentia . . . contristabantur. V. Livini, MIGNE, t. 89 col. 876 C.

**merere**, aliquid: *récompenser — to reward.* Suum servitium, quod illi [sc. regi] et ante fecit et adhuc Deo juvante faciet, [rex] debite et rationabiliter vult illi [sc. fideli] mereri. Capit. missa de Caris. a. 856, c. 7, *Capit.*, II p. 280. Vestram fidelitatem et vestrum adjutorium . . . vobis sic merere possimus sicut antecessores nostri vestris antecessoribus in bono meruerunt. Conv. ap. S. Quint. a. 857, tertia adnunt. Karoli, ib., p. 295.

**meretricari**: *faire le métier de prostituée — to whore.

**meridiana** (subst. femin.): *méridienne — midday rest.* Kalendis Octobris dimittatur meridiana. Consuet. Cluniac. antiq., c. 1, ALBERS, II p. 1.

**merinus**, v. majorinus.

**merisi**, merissi, merisse (gr.): *partage d'une succession — division of a heritage.* CAPASSO, *Mon. Neapol.*, I p. 22 (a. 921). FILANGIERI, *CD. Amalf.*, p. 6 (a. 939). *CD. Cajet.*, I p. 71 (a. 941).

**meritorium**: **1.** *auberge — inn. **2.** *maison de débauche — brothel.

**meritum**: **1.** *rang, dignité, charge — rank, dignity, office. Pontificale meritum [d'un évêque — of a bishop]. Sacram. Leonin., ed. FELTOE, p. 147. **2.** les *droits profitables* qui se rattachent à un bien — all the *benefit* pertaining to a property. Locello . . . pro [i. e. cum] omni merito suo volemus esse translatum. F. Andecav., no. 46, *Form.*, p. 20. Villa cum omni merito et termino suo. MARCULF., lib. 1 no. 14$^{d}$, ib., p. 52. Ibi pluries. Villam cum omni merito vel adjecencias suas. *D. Merov.*, no. 64 (a. 692). Iterum no. 67 (a. 695). Villa una cum omni merito vel soliditate ad se pertinente. Ib., no. 89 (a. 717). Porcionem meam in loco q. v. D. . . . cum omni merito suo. ZEUSS, *Trad. Wizenb.*, no. 18 p. 25 (a. 724). Una cum . . . mobile et inmobile omneque genus pecudum et universum meritum. *D. Karolin.*, I no. 7 (a. 754). Villas nostras . . . una cum merito et terminis vel appenditiis earum. Ib., no. 16 p. 23 (a. 762). Foreste cum omni merito et soliditate sua, quicquid ad ipsa silva aspicere videtur. Ib., no. 28 (a. 768). Mansum indominicatum . . . cum omni merito et terminis suis. BEYER, *UB. Mittelrh.*, I no. 105 p. 110 (a. 866). Cum omni merito et termino suo. *CD. Langob.*, no. 382 col. 633 B (a. 899, Reggio). **3.** *richesses acquises, pécule — gains, riches.* De ipso locello mediaetatem . . . cum domebus . . . [form. pertin.], movele et inmovele utriusque sexus [!] et omne meretum earum ad ipsa loca aspicientis. Ch. Chrothildis a. 673, ed. LEVILLAIN, *LMA.*, t. 105 (1944), p. 44. Cum servis et colonis et merita libertorum. *Hist. de Languedoc*$^{3}$, II pr. no. 4 col. 44 (a. 680, Moissac). Tam in terris . . ., acolabus, merita acolanorum, vineis . . . [form. pertin.]. Cart. Senon., no. 42, *Form.*, p. 204. Tam mansis, domibus . . ., mancipias [!], servos, acolabus, meritum acolanorum, pecunias . . . BITTERAUF, *Trad. Freising*, I no. 418$^{b}$ p. 358 (a. 819). Acolabus, libertis, libertas cum omni peculiares eorum et merita. Coll. Flavin., addit. 3, *Form.*, p. 490. **4.** *valeur, prix — value, price.* Ejusdem meriti rem aut pretium repensare cogetur. Cod. Euric., c. 312. Alium paris meriti servum . . . reformare. Lex Visigot., lib. 5 tit. 4 § 17. Ibi saepe. **5.** *bien cédé à titre d'échange — bartered property.* Quarum rerum ac mancipiorum merito dedit . . . de rebus juris nostri . . . hobas decim. DRONKE, *CD. Fuld.*, no. 523 p. 231 (a. 839)

In compensatione hujus meriti donat atque commutat ... vineam. RAGUT, *Cart. de Mâcon*, no. 244 p. 150 (a. 886-927). In hujus recompensatione meriti reddit W. ... mansos 4½. LESORT, *Ch. de S.-Mihiel*, no. 27 p. 121 (a. 962). **6.** *bien meuble qui sert de moyen de paiement — goods used as a medium of exchange*. Accepimus a vobis pro ipsa vinea hoc est in argento et in alio merito solidos tantos. *Form.*, p. 598, c. 101. **7.** *don réciproque fait par le bénéficiaire d'une donation* (en lombard *launigild*) — *return gift by the recipient of a donation*. Pro suprascripta mea donazione recepi merito cavallo uno ad fenito [i. e. finito] merito. PASQUI, *Doc. di Arezzo*, p. 87 (a. 936). In merito venditionis receperunt duos equos infrenati et insellati. MITTARELLI, *Ann. Camaldul.*, I p. 80 (a. 969). **8.** *relique — relic*. Transl. Baudelii (a. 878), MÉNARD, *Hist. de Nîmes*, pr. p. 4 col. 2.

**merlatus** (adj.) ( < merulus): *crénelé — crenellated*. Cum altissimo muro merlato. G. Federici, contin., ad a. 1201, ed. HOLDER-EGGER, p. 65.

**merlengus**, -ling-: *merlan — whiting*. S. xiii.

**merremum**, merrenum, v. maëremum.

**mersio**: **immersion de baptême — baptismal immersion*. GREGOR. M., lib. 1 epist. 41, *Epp.*, I p. 57. Coll. Quesnell., MIGNE, t. 56 col. 148 A. Haitonis epist. (a. 807-823), c. 7, *Capit.*, I p. 363.

**merula**, merl-, -us, merulium (lat. "merle — blackbird"): *créneau — crenel*. Licentiam hedificandi castellum ... cum omnibus instrumentis que ad idem castellum necessaria noscuntur, videlicet merulos, fossata, bertiscas atque spizatas. *D. Berengario I.*, no. 94 p. 249 (ca. a. 902-913). Licentiam suum castellum ... confirmari et muniri merulis et propugnaculis, bertistis atque fossatis. Ib., no. 137 p. 353 (a. 922). Licentiam construendi castella ... cum muris, merulis, pertiscis ... *D. Lotario*, no. 7 p. 266 (a. 948). Fecerunt in ipso muro [civitatis] merlos mille septuaginta, tam pro formositate et fortitudine muri quam pro comoditate et tuicione civitatis et civium. CAFFAR., Ann., a. 1159, ed. BELGRANO, I p. 54.

**merum** (gr.?): *territoire — pale*. Quod infra mero Attiniacense de fisco nostro comparatum habebat. *D. Merov.*, no. 54 (a. 682). Dono ... in mero quod respicit ad H. castellum ... tam campis quam pratis, pascuis ... WAMPACH, *Echternach*, I pt. 2 no. 26 p. 64 (a. 717). Villam cum omni mero et soliditate sua. *D. Arnulfing.*, no. 19 p. 99 (a. 722).

**merus**: *portion de vin pur — allowance of sheer wine*. Regula Magistri, c. 27. Caesarii regula ad virg., c. 12. Adalhardi Corbej. stat., lib. 2 c. 2, interpol. (s. x ?), ed. LEVILLAIN, p. 362.

**mesa**, meisa (germ.): une *mesure de capacité — a solid measure*. 15 mese frumenti. JORDAN, *Urk. Heinr. d. Löw.*, no. 60 p. 88 (a. 1163). De qualibet mesa wede. HÖHLBAUM, *Hans. UB.*, I no. 277 (a. 1236, Hamburg).

**mesagium**, v. mansuagium.

**mesalha**, mesallia, v. medala.

**mesalis** (subst.) ( < metiri): **1.** *droit de mesurage — measurage due*. RICHARD, *Ch. de S.-Maixent*, I no. 126 p. 158 (a. 1070). **2.** *mesure de capacité — a solid or liquid measure*. S. xiii.

**mesaticum**, mesagium ( < metiri): *ration de nourriture — food ration*. S. xiii.

**meschita**, mech-, mesqu-, mesk-, mosch-, musch-; -ida, -eta, -eda, -ea (arab.): *mosquée — mosque*. *Gall. chr.*², I instr. p. 54 (ch. a. 1101, Aragón). CAFFAR., Ann., a. 1101, ed. BELGRANO, I p. 12. GUILLERM. APUL., G. Roberti, lib. 3 v. 333, *SS.*, IX p. 272.

**mescla**, v. mislata.

**mesclania**, mesclana, mescalia ( < misculare): *blé méteil — meslin*. S. xiii.

**mesfacere**, v. misfacere.

**mesgeicus**: *mégissier — whit-tawyer*. Ch. Lud. VII reg. Fr. a. 1160, LUCHAIRE, *Inst.*, II p. 326 no. 23.

**meskinus**, mez-, mis-, -chinus (arab.): *serf — serf*. DC.-F., V p. 408 col. 1 (ch. a. 1032, León; a. 1097, Aragón).

**meskita**, v. meschita.

**meslea**, mesleia, mesleta, v. mislata.

**mesleiare** (cf. voc. mislata): *se chamailler — to tussle*. Rixando vel mesleiando ... aliquem ... percusserit. LOBINEAU, *Hist. de Bretagne*, I col. 805 (a. 1206).

**mesnada**, mesnata, v. masenata.

**mesnagium**, v. mansuagium.

**mesnillum**, v. 1. mansionilis.

**mespilarius**, meslerius: *néflier — medlar-tree*. Capit. de villis, c. 70. BRUNEL, *Actes de Pontieu*, p. 123 no. 85 (a. 1171).

**mespiletum**: *buisson de néfliers — medlar-orchard*. DC.-F., V p. 362 col. 2 (ch. a. 1199).

**mespileus**. Arbor mespileus: néflier — medlar-tree. ORDERIC. VITAL., lib. 8 c. 17, ed. LE PRÉVOST, III p. 367.

**mesquita**, v. meschita.

**messagaria**, messe-, -geria, messaria, messeria ( < 1. messagium): *redevance pour la garde des blés sur pied — due for field-watch*. S. xiii.

**1. messagarius**, messe-, -gerius ( < 1. messagium): *garde-champêtre — field-watchman, hayward*. S. xiii.

**2. messagarius**, messe-, -gerius ( < missaticum): *messager — messenger*. S. xiii.

**1. messagium** ( < messis): **1.** *garde des blés sur pied — field-watch*. S. xiii. **2.** *redevance pour cette garde — due for the same*. S. xiii.

**2. messagium**, v. mansuagium.

**messagius**, v. 2. missaticus.

**messala**, v. medala.

**messarius**, messerius ( < messis): *garde-champêtre — field-watchman, hayward*. H. silvarius et messarius. Polypt. s. Remigii Rem., c. 1 § 12, ed. GUÉRARD, p. 2 col. 1.

**messetus**, v. missitus.

**messio**: *une redevance en blé — a corn due*. D. Ludov. VII reg. Fr. a. 1172 ap. DC.-F., V p. 365 col. 1. *Actes Phil.-Aug.*, no. 156, I p. 189 l. 1 (a. 1185).

**messionagium**: *une redevance en blé — a corn due*. PÉRARD, *Rec. de Bourg.*, p. 244 (a. 1170). Messionagium seu annonagium. BERNARD-BRUEL, *Ch. de Cluny*, no. 4277, V p. 639 (a. 1180).

**messis**: **1.** *moisson sur pied — standing crop*. Videte quanto opere hominum terrena messis assurgat. Hormisd. pap. epist., THIEL, p. 804. Qui ... pecora volumtarie in vineam vel messem miserit alienam. Lex Visigot., lib. 8 tit. 3 § 10. Ibi pluries. Si cujuscunque porci damnum faciunt ... in messibus cultis. Lex Burgund., tit. 23 § 4. Si aliquis caballos in sua



messe invenerit. *Capit.*, I p. 160 c. 6 (a. 810/811 ?). **2.** *blé — corn*. Petiola [terrae] quem modo messe seminata[m] habeo. SCHIAPARELLI, *CD. Longob.*, I no. 65 p. 205 (a. 738, Lucca). **3.** une *redevance en blé — a corn due*. S. xiii.

**messivus**: **de la récolte — of harvest*. Messivo tempore. Ann. Vedastini, a. 893, ed. SIMSON, p. 74.

**messuagium**, v. mansuagium.

**messura**: **récolte — harvest*.

**mestallum**, mestellum, mestillium, mestillo, v. mistilio.

**mesterium** = ministerium.

**maestificare**: **attrister, affliger — to grieve, afflict*.

**mestillium**, mestilo, v. mixtilio.

**mestiva**, mestivia ( < mixtivus, ni fallor): *redevance coutumière* qui porte sur les céréales et dont le taux est déterminé par le nombre de bêtes de labour que possède le tenancier — a *customary tribute in corn*, the amount being proportional to the number of plough-oxen the land-tenant has. Ugo dapifer Liziniaci causa mestive predam fecit in terra elemosine s. Maxentii apud L. ... Libenter illam malam consuetudinem mestive in perpetuum reliquid. RICHARD, *Ch. de S.-Maixent*, I no. 144 p. 174 (ca. a. 1079). MUSSET, *Cart. d'Angély*, I no. 18 p. 44 (a. 1085-1096). RÉDET, *Cart. de S.-Cyprien de Poitiers*, no. 225 p. 146 (ca. a. 1100). GRASILIER, *Cart. de la Saintonge*, II p. 146 no. 227 (a. 1100-1107). LUCHAIRE, *Louis VII*, p. 370 no. 126 (a. 1143/1144). Lud. VII reg. Fr. priv. pro Bituric. a. 1145, *Ordonn.*, I p. 10. *Actes Phil.-Aug.*, no. 361, I p. 438, § 8 (a. 1190).

**mestivare**: *exiger la redevance dite "mestiva" — to exact the tribute called "mestiva"*. Si monachus mestivare voluerit, parochianos suos sacerdos diligenter admoneat ne monacho de segetibus suis donet. DC.-F., V p. 367 col. 2 (ch. a. 1160, Angoulême).

**mestivarius**: *receveur de la redevance dite "mestiva" — collector of the tribute called "mestiva"*. DELISLE-BERGER, *Actes Henri II*, I no. 83* p. 89 (ca. a. 1154, Anjou).

**mestolium**, v. mistilium.

**mesuagium**, v. mansuagium.

**1. meta**, mita: **1.** *moyette, javelle — corn-stack*. Metas annonae quae aderant elidit. GREGOR. TURON., Hist. Fr., lib. 4 c. 46. De mita si illam detegerit vel incenderit. Lex Baiwar., tit. 10 c. 2. De annona ... acervos quos metas dicimus fecit. HINCMAR., V. Remigii, c. 22, *SRM.*, III p. 315. Duabus segetum metis ... exustis. FLODOARD., Ann., a. 937, ed. LAUER, p. 66. Acervus frugum quem metam vulgo dicimus. AIMOIN., Mir. Benedicti, lib. 2 c. 9, ed. DE CERTAIN, p. 111. **2.** *décès — death*. Post nostram vero metam ad communem fratrum utilitatem remeantur. WAMPACH, *UB. Luxemb.*, I no. 150 (a. 926).

**2. meta** (germ., cf. teuton. *miete*): **1.** *contrat de mariage* stipulant la somme du douaire à fournir par l'époux — *marriage-bond* by which the wedding-gift to be paid by the bridegroom is fixed. Spunsum [i. e. sponso] cujus spunsatam fuit, omnia, quae in meta dictum fuit quando eam sponsavit, in dublum [i. e. duplum] ei conponatur ab illo qui illi de spunsata sua turpe fecit. Edict. Rothari, c. 190. **2.** *douaire — jointure*. Adinpleat metam illam quae in diae sponsaliorum promisit. Ib., c. 178. Ibi saepe. Pro ... rebus ... quibus [i. e. quae] mihi debentur pro meta nomine. *CD. Langob.*, no. 117 col. 212 C (a. 833, Milano). [Res] que ei [mulieri] ab suprascripto A. jugalie suo in meta et morgincap dicebat datis fuisset [i. e. datas fuisse]. Ib., no. 257 col. 433 D (a. 874, Milano).

**metaphysicalis** (adj.): *métaphysique — metaphysical*. S. xiii.

**metaphysicus** (adj.): *métaphysique — metaphysical*. S. xiii. Subst. mascul.: *métaphysicien — metaphysician*. S. xiii.

**metanoea**, -nea, -nia (gr.): **1.** *résipiscence — repentance*. Cum ad culpae agnitionem veramque metanoeam adduceret. V. Vindiciani, *AASS.*, Mart. II p. 79. **2.** *prosternation — prostration*. Misit [i. e. fecit] metanoeam. ANAST. BIBL., Disp., MIGNE, t. 129 col. 656 A. Illi mitterem metaniam. JOH. AMALF., Mir., ed. HUBER, p. 80. Transigebat plerasque noctium ... metaneas agendo juxta altare. G. pontif. Autissiod., c. 48 (s. xi), ed. DURU, p. 385. PETR. DAMIANI, opusc. 39, MIGNE, t. 45 col. 647 B; opusc. 49, col. 724 C. BERNARD. MORLAN., Cons. Cluniac., pt. 1 c. 72, HERRGOTT, p. 264.

**metari** et metare: *faire étape, passer la nuit — to stay, pass the night*. Cellula in qua vir Dei metatus erat. IONAS, V. Columbani, lib. 1 c. 22, ed. KRUSCH (in 8°), p. 203. Ibi pluries. Qui ei locum metandi in sua concesserat domo. AIMOIN., Mir. Benedicti, lib. 3 c. 3, ed. DE CERTAIN, p. 131.

**metaria**, v. medietaria.

**metatio**: **1.** **demeure, maison — dwelling, house*. Ut suae metationis subiit limitem. RADULF. TORTAR., Mir. Benedicti, lib. 8 c. 23, ed. DE CERTAIN, p. 313. **2.** *l'exercice du droit de gîte — exaction of housing and purveyance*. Parochiae praedium assidua exinanibat metatione. AIMOIN., Mir. Benedicti, lib. 2 c. 5, l. c., p. 105.

**metatus** (decl. iv), -um: **1.** *hébergement, hospitalité, séjour — stay, lodging*. Nullus illic ulterius metatum accipiat. GREGOR. M., lib. 9 epist. 207, *Epp.*, II p. 195. RUSTIC., ap. SCHWARTZ, *Concil.*, I pt. 4 p. 33. Ad basilicam b. Juliani martyris metatum habebam. GREGOR. TURON., H. Fr., lib. 9 c. 6. Item lib. 10 c. 23. **2.** *bâtiment où l'on loge, gîte — shelter, abode*. Ad metatum regressus est. Ib., lib. 3 c. 7. Ibi saepe. [Hungari] ibi metatum suum constituentes. FLODOARD., H. Rem., lib. 2 c. 3, *SS.*, XIII p. 451. **3.** *maison d'habitation, demeure — dwelling, home*. A metatu suo ad regis colloquium ... proficisci soleret. FLODOARD., Hist. Rem., lib. 4 c. 10, *SS.*, XIII p. 575. Ad metatum suum ... secesserat. AIMOIN. FLORIAC., V. Abbonis, c. 20, MIGNE, t. 139 col. 412 A. **4.** *écurie ou étable — stable*. C. vaccario cum armento suo et cum metato suo in loco T. SCHIAPARELLI, *CD. Longob.*, I no. 30 p. 110 (a. 722, Lucca). Domum ... cum metatu suo et horticello. Steph. II pap. priv. a. 755, MIGNE, t. 89 col. 1013 B. Cortis duabus cum furnu et metatu. ALLODI-LEVI, *Reg. Sublac.*, p. 171 (a. 952). Ubi est metatus L. cavallarii. GREGOR. CATIN., Chron., ed. BALZANI, I p. 159.

**metaxa**, mat-, -assa (gr.): **1.** **soie grège — rough silk*. **2.** *bourre — stuffing*. Albas de

matassa bambacii octo. LEO OST., Chron. Casin., lib. 3 c. 58, *SS.*, VII p. 743.
**meteria,** v. medietaria.
**meteriata,** mit- (< meterium): *mesure de terre labourable — arable measure.* D. Lud. VII reg. Fr. a. 1172, *Gall. chr.*², IV col. 1073 E (Mâcon).
**meterium,** meit-, meyt-, mit-; -eria, -erius: une *mesure de céréales — a solid measure.* S. xiii, Bourgogne, Savoie, Lyonnais, Bresse.
**metfio,** mitf-, mef-, meff-, -ium (germ., cf. voc. 2. meta): *douaire — jointure.* Edict. Rothari, c. 199. Liutprandi leg., c. 103; c. 129. *CD. Cavens.*, II no. 272 p. 77 (a. 972). MOREA, *Chartul. Convers.*, p. 63 (a. 992).
**metibilis,** v. mittibilis.
**meto,** meteo (genet. -onis), metonnus: une *mesure de céréales — a solid measure.* S. xiii, Champagne.
**metralis:** *en vers — in verse.* Sanctorum gesta partim prosa, partim metrali ratione conscripsit. PAUL. DIAC., Hist. Langob., lib. 2 c. 13.
**metrica** (fem.): **la poétique — theory of verse composition.*
**metricanus** (subst.): *poète — poet.* HERIGER., G. episc. Leod., c. 21, *SS.*, VII p. 173 l. 5.
**metricare:** *versifier — to versify.* S. xiii.
**metrice** (adv.): *en vers — in verse.* S. xiii.
**metricus** (subst.): *poète — poet.* S. xiii.
**metrificare:** *versifier — to put into verse.* S. xiii.
**metrificator:** *poète — poet.* S. xiii.
**metrista** (mascul.): *poète — poet.* S. xiii.
**metropolis** (gr.): **1.** **métropole, capitale — metropolis, capital.* **2.** **église métropolitaine — metropolitan church.* **3.** (masc. gen.) *métropolitain, évêque d'une métropole — metropolitan, bishop of a metropolitan see.* Metropolis et comprovinciales sui in loco quo deliberatio metropolis elegerit, . . . conveniant. Concil. Turon. a. 567, c. 1, *Conc.*, I p. 122. Concil. Paris. (a. 556-573), c. 8, ib., p. 145. Absque metropolis consilium benediceretur. GREGOR. TURON., H. Fr., lib. 4 c. 26. Ibi pluries. V. Desiderii Cadurc., c. 15, *SRM.*, IV p. 573.
**metropolita** (mascul.), -tes: *métropolitain, évêque d'une métropole — metropolitan, bishop of a metropolitan see.* JUSTINIAN., Novell., 6, 2; 31, 2. FORTUN., lib. 3 carm. 6 v. 20, *Auct. ant.*, IV pt. 1 p. 55.
**metropolitanus** (adj.): **1.** **d'une métropole — of a metropolis.* **2.** **d'un métropolitain — of a metropolitan.* Multotiens et per litteras metropolitanas et ex apostolicae sedis auctoritate minas ei inculcare curavi. HINCMAR. REM., opusc. 17, SIRMOND, II p. 248. Subst. mascul. **metropolitanus:** **métropolitain — metropolitan.* Symmach. pap. epist., THIEL, p. 688. GREGOR. M., lib. 11 epist. 39, *Epp.*, II p. 312. Concil. Franc. a. 747, *Conc.*, II p. 48. Subst. femin. **metropolitana:** *église métropolitaine — metropolitan church.* Convenire omnes in unum civitatis ad metropolitanam. Lex Rom. canon. compta, c. 87, ed. MOR, p. 120.
**metropoliticus:** *d'un métropolitain — of a metropolitan.* Metropolitica auctoritas. *Ann. Hist. Ver. Niederrh.*, t. 126 p. 37 no. 4 (a. 1189, Köln). Metropolitica dignitas. Innoc. III pap. registr. sup. neg. Rom. imp., no. 78, ed. W. HOLTZMANN, p. 118.
**mettura,** metura, v. mixtura.
**meuta,** v. 1. mota.
**mextadaria,** v. medietaria.
**mezadria,** mezadra: *métairie — holding at half the crop.* S. xiii, Ital.
**mezadrus:** *métayer — land-tenant at half the crop.* S. xiii, Ital.
**mezalla,** v. medala.
**mezanum:** *terrain enserré par les deux bras d'un fleuve — land between two branches of a river.* OTTO MORENA, ad a. 1160, ed. GÜTERBOCK, p. 127.
**mezibannus,** meze- (germ.): *une forme modérée de proscription — a moderate kind of proscription.* De meziban: ut unusquisque comes alio mandet ut nullus eum recipere audeat. Capit. missor. Aquisgr. I a. 809, c. 11, I p. 150. Eundem ad synodum canonice vocavi et venire nolentem et ea que justitie erant subterfugientem mezebanno ligavi. ERDMANN-FICKERMANN, *Briefs.*, no. 47 p. 92 (a. 1074, Hildesheim).
**mezina,** mezz-, meg-, -en-, -us: **1.** *une mesure de capacité — a solid measure.* MITTARELLI, *Ann. Camald.*, I p. 81 (a. 969). **2.** *flèche de lard — side of bacon.* S. xiii, Ital.
**mica,** micha, michia, michea (class. „miette — crumb"): *petit pain — roll of bread.* DELISLE, *Actes Henri II*, I no. 27 p. 35 (a. 1151-1158).
**michalatus,** -chel-: *monnaie d'or* de l'empereur byzantin Michel Paléologue — *a gold coin of the Byzantine emperor Michael Palaeologus.* PETR. DIAC., Chron. Casin., lib. 3 c. 58, *SS.*, VII p. 743. RADULF. CADOM., G. Tancredi, MARTÈNE, *Thes.*, III col. 103.
**micio,** v. mithio.
**micrologus:** *résumé, abrégé — abstract, compendium.* DONIZO, V. Mathildis, lib. 1 v. 4, *SS.*, XII p. 362. V. Thiofridi, c. 15, *AASS.*, Oct. VIII p. 529 A.
**migale** (gr.): *hermine — ermine.*
**migalinus:** *d'hermine — of ermine.* Crusinam migalinam. Ruodlieb, fragm. 15 v. 97.
**migeria,** v. mitgeria.
**migma** (neutr., genet. -atis) (gr.): **1.** **mélange de grains* servant de nourriture pour les bêtes *— mixed cereals, hash.* **2.** *boisson aromatique — spiced drink.* Singulis annis 13 talenta pigmentorum darentur ad migma faciendum. Acta Murensia, c. 24, ed. KIEM, p. 75. Waltharius, v. 299, ed. STRECKER, p. 18.
**migranea,** migrana = hemicrania.
**migrare** (absol.): *mourir — to die.* Audio eum fuisse migratum. GREGOR. M., lib. 5 epist. 4, *Epp.*, I p. 284. Migravit post Vogladinse bellum anno quinto. GREGOR. TURON., H. Fr., lib. 2 c. 43. Ibi saepe. V. Senti, *AASS.*, Maji VI p. 72. Suo migrante abbate licentiam haberent alium eligendi. *D. Charles le Ch.*, no. 3 (a. 841).
**migratio:** **décès — decease.* GREGOR. TURON., H. Fr., lib. 3 c. 2.
**milega,** v. milica.
**miles:** **1.** *guerrier par vocation,* qq'un qui s'adonne à la vie guerrière, au métier des armes — *professional warrior,* one who leads a warlike life, who follows the military calling. De milite factus fuerat monachus. BEDA, H. eccl., lib. 5 c. 11. *Abh. Ak. München*, t. 12 pt. 1 (1874), p. 196 (a. 757, Freising). Test. Tellonis a. 765, MEYER-PERRET, *Bündner UB.*, I p. 22. Tamen iste laicus, quisquis fuit, sapiens est corde, etsi manibus miles. ALCUIN., epist. 136, *Epp.*, IV p. 205. GUÉRARD, *Cart. de S.-Bertin*, p. 86 et 88 (a. 839). *D. Ottos I.*, no. 290 (a. 965). D'un "thegn" anglo-saxon — for a thane: Baptizatus est ergo [rex] . . . cum omnibus qui secum venerant comitibus ac militibus eorumque famulis universis. BEDA, lib. 3 c. 22 (versio anglosaxonica auctore Alfredo: cyninges thegnum). Primos provinciae duces ac milites. Ib., lib. 4 c. 13. Ibi saepe. BIRCH, *Cartul. Saxon.*, no. 124, I p. 182 (a. 709). Ib., no. 460, II p. 48 sq. (a. 850). Quid ei in comitatu suo tantus numerus militum ? . . . Item et illi [milites nobiles] gregarios, id est ignobiles, milites pluriores habent quam deceat sub se. ALCUIN., epist. 233, p. 378. Des "burgmannen" saxons — for the Saxon "burgmannen": Ex agrariis militibus nonum quemque eligens in urbibus habitare fecit ut caeteris confamiliaribus suis octo habitacula extrueret . . . WIDUK., lib. 1 c. 35. Cf. ad hunc locum C. ERDMANN, *Die Burgenordnung Heinrichs I.*, *DAGM.*, t. 6 (1943), p. 59-101. **2.** milites: *guerriers montés* par opposition aux fantassins — *mounted warriors* as contradistinguished from footmen. Quotquot ex Aquitania potuit edicto regio congregari praecepit milites peditesque. RICHER., lib. 1 c. 7, ed. LATOUCHE, I p. 20. Et alii fere 140 milites cum innumeris peditibus capti sunt. ORDERIC. VITAL., lib. 10 c. 7, ed. LE PRÉVOST, IV p. 49. **3.** *chevalier,* guerrier monté et muni de l'équipement qui caractérise le chevalier — *knight,* mounted warrior wearing the full equipment characteristic of a knight. Quidam comes nomine E., optimus miles de Baioaria. WIPO, G. Chuonradi, c. 13, ed. BRESSLAU, p. 34. Milites nostri erant quingenti, exceptis illis qui militari nomine non censebantur, tamen equitantes. FULCHER. CARNOT., G. Franc. lib. 2 c. 32, ed. HAGENMEYER, p. 496. **4.** *chevalier,* membre de la classe chevaleresque — *knight,* a member of the knightage. BERNARD-BRUEL, *Ch. de Cluny*, no. 1297, II p. 374 (a. 971). PROU-VIDIER, *Ch. de S.-Benoît-s.-Loire*, I no. 61 p. 149 (a. 975). A. miles concessit . . . alodem suum. RÉDET, *Cart. de S.-Cyprien de Poitiers*, no. 454 p. 283 (ca. a. 1010). RADULF. GLABER, lib. 2 c. 10 § 21, ed. PROU, p. 48. Ib., lib. 4 c. 2 § 5, p. 94. Qui convicia in alium dixerit, si miles, baculis multetur, si rusticus, scopis verberetur. Pax Dei (s. xi ex.), *Const.*, I no. 426, c. 10. Facultas pugnandi [duello] ei non concedatur, nisi probare possit quod antiquitus ipse cum parentibus suis natione legitimus miles exsistat. Frid. I imp. const. de pace a. 1152, ib., I no. 140, c. 10. **5.** miles de aliquo loco: *seigneur-chevalier — a knighted lord.* Alter [monachus] unus ex militibus de Rupe Cavardi. GAUFRED. VOSIENS., Chron., lib. 1 c. 22, ed. LABBE, *Bibl.*, II p. 289. Ibi pluries. A. miles de G., W. miles de O., K. miles de T. HUBER, *Tiroler UB.*, I no. 91 p. 47 (a. 1074). **6.** miles alicujus: *compagnon armé,* un dépendant qui rend des services militaires, de statut personnel servile ou libre — *armed retainer,* either a bondman or a freeman. Venit illuc duce B. milite regis Aeduini fortissimo. BEDA, o.c., lib. 2 c. 20. Divertit ipse cum uno tantum milite sibi fidissimo. Ib., lib. 3 c. 14. Elevastis super vos militem istum imperatoris superbum atque elatum. Lib. hist. Fr., c. 7, *SRM.*, II p. 249. [Si quis] Romanum ingenuum vel tributarium aut militem [occiderit]. Capit. VI ad leg. Sal., c. 1, ed. BEHREND², p. 157. Milites aulae regiae. ARDO, V. Benedicti Anian., c. 29, *SS.*, XV p. 211. Qui suis justisque stipendiis ducat post se milites. PASCHAS. RADBERT., Epit. Arsenii, lib. 2 c. 15, ed. DÜMMLER, p. 83. Haec sunt nomina eorum qui [pro rege] hoc juraverunt: de comitibus . . . de militibus . . . Ann. Bertin. a. 865, ed. WAITZ, p. 77. De donis annuis militum . . . ad reginam praecipue . . . pertinebat. HINCMAR., Ordo pal., c. 22. Absque ministeriis expediti milites. Ib., c. 27. [Rex praedia] militibus propriis distribuere studuit. ADREVALD., Mir. Benedicti, lib. 1 c. 14, DE CERTAIN, p. 35. DE COURSON, *Cart. de Redon*, no. 241 p. 189 (a. 869). [Episcopus] ditissimorum militum cohortibus septus. MONACH. SANGALL., lib. 1 c. 18, JAFFÉ, *Bibl.*, IV p. 648. Iterum c. 30, p. 661. Duo a regione Tyringia Burchardi comitis milites. WOLFHARD. HASER., Mir. Waldburgis, lib. 3 c. 10, *SS.*, XV p. 551. Ejus [sc. praesulis] juvenis miles F. est ictus gladio. ABBO SANGERM., Bell. Paris., lib. 1 v. 70, ed. WAQUET, p. 20. Cujus [sc. Rotberti] erat miles tantum obsequio modo solus. Ib., v. 443, p. 48. Heribannum super milites liberos et servos ejusdem ecclesiae. *D. Ottos III.*, no. 104 (a. 992). Milites ecclesiae tam ministeriales quam nobiles viri. Chron. Lauresham., *SS.*, XXI p. 414. Probi milites, videlicet omnes eorum servientes. Trad. Altah. Sup., *Mon. Boica*, XII p. 16. Servientes . . . quos scaremannos vocamus . . . cum ceteris nostre familie militibus servire debent. BEYER, *UB. Mittelrh.*, I no. 382 p. 439 (a. 1082-1084, Trier). Talis ille cum in claustro fuisset, laicis quidem et militibus et famulis longe alius erat. EKKEHARD., Cas. s. Galli, c. 16, *SS.*, II p. 142. Archiepiscopus 30 milites de familia sua de novo vestire debet. Jura ministerialium Colon. (ca. a. 1154), c. 11, ALTMANN-BERNHEIM, *Urk.*⁴, no. 83 p. 169. Proprii sui milites. ZAHN, *UB. Steiermark*, I no. 207 p. 213 (a. 1141). Etiam ib., no. 169 p. 168 (a. 1135). Cf. O. VON ZALLINGER, *Ministeriales und milites*, Innsbruck 1878. **7.** *vassal — vassal.* Cum quodam nobis dilecto vassallo B. nuncupato . . . Noster dilectus miles B. *D. Ottos I.*, no. 223 (a. 961). Ib., no. 165 (a. 953). Cuicumque fidelium suorum [sc. episcopi] et nostrorum, militum vel amicorum, dari illum [comitatum] censuerint. *D. Ottos III.*, no. 16 (a. 985). Ex beneficio G. comitis quam idem venerabilis comes concesserat H. cuidam militi suo. BERTRAND, *Cart. d'Angers*, I no. 34 p. 57 (a. 976). [Hincmari epistola ad Ysaac Lingonensem episcopum] pro quodam regio milite ab ipso excommunicato. FLODOARD., H. Rem., lib. 3 c. 23, *SS.*, XIII p. 529 l. 23. Confert [rex] cum patre meo consilium, eo quod ejus esset miles. RICHER., lib. 2 c. 87, ed. LATOUCHE, I p. 274. Ambabus in unum complicatis manibus militem se . . . tradere. Ann. Quedlinburg., a. 985, *SS.*, III p. 67. DUDO, lib. 4 c. 95, ed. LAIR, p. 253. [Exigo] commendationem vestrorum militum qui de nostro casamento beneficium tenent, salva fidelitate vestra. FULBERT., epist. 5 (a. 1020), *H. de Fr.*, X p. 447 C. Nullus dehinc episcopus . . . ullam habeat potestatem . . . abalienare vel inde milites suos beneficiare. *D. Konrads II.*, no.

114 (a. 1028). Ut nullus miles episcoporum, abbatum, abbatissarum aut marchionum vel comitum vel omnium qui beneficium de nostris publicis bonis aut de ecclesiarum prediis tenet ..., tam de nostris majoribus valvasoribus quam et eorum militibus, sine ... culpa suum beneficium perdat. Conr. II reg. edict. de benef. Ital. a. 1037, *Const.*, I no. 45 p. 90. Tam fidelis illi maneret quam miles seniori esse deberet. Ann. Altah. maj., a. 1041, ed. OEFELE, p. 27. Castellanus H. milesque ejus W. DUVIVIER, *Actes*, I p. 182 (a. 1031-1051, Douai). Talem honorem tibi observabo qualem Lotharienses milites dominis suis. G. pontif. Camerac., lib. 3 c. 40, *SS.*, VII p. 481. Beneficium ... in presentia mea et meorum militum michi reddidit. GUÉRARD, o.c., p. 195 (a. 1075). Quicunque miles domino suo in prelio properante se subtraxerit, ... accepti beneficii commodum merito sibi corruisse dinoscitur. Gregor. VII pap. registr., lib. 1 no. 43, ed. CASPAR, p. 66. Iterum ib., lib. 9 no. 3, p. 574. Per manus in militem accepit. BERNOLD., Chron., a. 1093, *SS.*, V p. 457. Coram plerisque beneficiatis militibus suis. HAIGNERÉ, *Ch. de S.-Bertin*, I no. 94 p. 36 (a. 1096). Sacramentum quod ut miles domino juraverat. SIGEBERT. GEMBLAC., Chronogr., a. 1106, *SS.*, VI p. 370. Les "milites" (vassaux libres) se distinguent expressément des "ministeriales" — the "milites" or free vassals are explicitly separated from the "ministeriales". Quisquis vel ex militibus vel ex servientibus nostris nobis fideliter ... servierit. *D. Heinrichs III.*, no. 247 (a. 1050). Milites et ministeriales ecclesiae. Cod. Udalrici, no. 260, ed. JAFFÉ, p. 445. Intererant testes ... Milites ... Servientes ... LACOMBLET, *UB. Niederrh.*, I no. 196 p. 126 (a. 1061). Le mot s'emploie même pour des vassaux de rang élevé — even powerful men are styled "miles". Hugo dux Francorum et pene totius imperii potentissimus, ac Gislebertus Burgundiae comes praecipuus praenotati miles Hugonis fortissimus. *D. Lothaire*, no. 2 (a. 954). Principes isti [sc. duces Beneventanus et Capuanus] apprime nobiles, et domini mei [sc. Ottonis imperatoris] sunt milites. LIUDPRAND. CREMON., Legatio, c. 36, ed. BECKER, p. 194. Militi suimet generoque Heinrico ducatum [Bavariae] dedit. THIETMAR., lib. 6 c. 3, p. 276. [Bolislavus dux Polonorum] manibus applicatis [regis] miles efficitur. Ib., c. 91, p. 382. [Dux Burgundiae] miles est regis in nomine et dominus in re. Id., lib. 7 c. 30, p. 434. Hujus [sc. imperatoris] miles egreius atque fidelis dux [Lotharingiae Superioris]. Ib., lib. 8 c. 34, p. 532. Aliter sollers Arduinus non valens tenere comitatum illum, manibus vi nexis militem [i. e. miles] fit Rodulfi. Chron. Novalic., lib. 5 c. 8, ed. CIPOLLA, p. 250. Filium Baldwini [comitis Flandriae] militem per manus accepit. Ann. Altah. maj., a. 1045, p. 39. [Comes Flandriae] nomine siquidem Romani imperii miles fuit, re decus et gloria summa consiliorum. GUILLELM. PICTAV., lib. 1 c. 22, ed. FOREVILLE, p. 48. [Comes Cenomannensis duci Normanniae] manibus sese dedit, cuncta sua ab eo, ut miles a domino, recepit. Ib., c. 37, p. 88. Dux Godefridus [Lotharingiae Inferioris] miles effectus est domni episcopi Dietwini. Infeodatio comitatus Hanoniae a. 1071, *Const.*, I no. 441. Militem nostrum [sc. Rodulfum ducem Sueviae], quem ipse [Gregorius VII papa] perjurum super nos regem ordinavit. Heinrici IV imp. epist., JAFFÉ, *Bibl.*, V p. 501. Ut [dux Saxoniae] qui hostis erat, miles [archiepiscopi Bremensis] efficeretur, offerens ei de bonis ecclesiae mille mansos in beneficium et amplius. ADAM BREM., lib. 3 c. 49, ed. SCHMEIDLER, p. 192. Roudulfus dux et miles regis Heinrici. BERTHOLD. AUG., Ann., a. 1078, *SS.*, V p. 307. G. Constantiensis episcopus W. ducem Bajoariae per manus in militem recepit. BERNOLD., a. 1093, ib., p. 457. [Rex Franciae] militis sui [sc. Fulconis comitis Andegavensis] uxorem sibi in conjugium sociavit. Id., a. 1095, p. 464. Herimannus [comes de Salm], miles Herimanni episcopi [Mettensis], corona sibi imposita ... SIGEBERT. GEMBLAC., o.c., ad a. 1082, *SS.*, VI p. 364. Nos facturos expeditionem in Flandriam supra tam praesumptuosum hostem, qui noster miles debet esse. Mandatum Heinr. V reg. a. 1107, *Const.*, I no. 81. Parfois, au contraire, on entend par "milites" les barons et on les oppose aux grands féodaux, comme les ducs et les comtes — sometimes, however, the barons being styled "milites" are contradistinguished from great feudataries like dukes and counts. Comitibus ceterisque nobilissimis ducibus fortissimisque militibus. DE COURSON, o.c., no. 241 p. 189 (a. 869). Vel dux sive comes seu miles sive minister. Waltharius, v. 409, *Poet. lat.*, VI p. 41. Lectum [funebre] regnorum primates deferebant ... Milites etiam ... suo ordine prosequebantur. RICHER., lib. 3 c. 110, II p. 142. Non solum a principibus ... sed etiam ex militibus. GERBERT., epist. 59, ed. HAVET, p. 57. Constipatus dignissime comitibus militibusque condignis. DUDO, lib. 3 c. 38, p. 183. Comitum et militum frequentia constipatus. Ib., lib. 4 c. 86, p. 241. Nullus presulum, nemo comitum, ne quis militum presumat ... D. Roberti reg. Fr., TARDIF, *Cartons*, no. 243 p. 153. Omnes episcopi, duces et reliqui principes, milites ..., quin ingenui omnes. WIPO, c. 4, p. 18. **8.** (femin. gener.) d'une femme vassale — of a female vassal. Beatrici sue militi facte pro legitima precaria ... tantum commodavit. *Neue Mitth. aus dem Geb. hist.-antiq. Forsch. hg. v. d. thür-sächs. Ver. f. Erforschung des vaterl. Altertums*, t. 10 pt. 1 (Halle 1863), p. 131 (a. 1100, Magdeburg).

**miletum,** milletum: *millet* — *millet.* S. xiii.

**milia** (neutr. plural.) (< mille, sc. passuum): (tant de) *milles* — (so many) *miles.* CASSIOD., Var., lib. 11 epist. 14 § 2, *Auct. ant.*, XII p. 343. ANON. PLACENT., Itin., c. 7. EGER., Peregr., passim. GREGOR. TURON., H. Fr., lib. 5 c. 33. Ibi saepe.

**miliare,** miliarium = milliar-.

**miliarensis,** miliarisus, -um: *une monnaie d'argent* — *a silver coin. CD. Cavens.*, I no. 200 p. 258 (a. 958). NITTO, *CD. Barese*, I p. 6 (a. 959). JOH. AMALF., Mir., ed. HUBER, p. 63.

**milica,** me-, -le-, -ga (<milium): *blé sarrasin* — *buckwheat.* TIRABOSCHI, *Memor. Modenesi*, p. 15 (a. 813). *CD. Langob.*, no. 419 col. 709 D (a. 905/906, Brescia). TORELLI, *Carte Reggiane*, p. 235 (s. x).



**militare: 1.** (cf. voc. miles sub 2 sq.): *chevaucher* — *to ride on horseback.* Cum ... per unam leugam militassent. Chron. Mauriniac., lib. 2 c. 14, ed. MIROT, p. 53. **2.** (cf. voc. miles sub 7) *accomplir le service vassalique, être vassal* — *to perform vassalian service, to be a vassal.* Parentes ejus ... [eum] regiam introduxerunt in aulam atque regi Francorum eum ... militaturum commendaverunt. DONAT., V. Ermenlandi, c. 1, *SRM.*, V p. 684. Sicut et illae res ac facultates, de quibus vivunt clerici, ita et illae sub consecratione inmunitatis sunt de quibus debent militare vasalli. Epist. synod. Caris. a. 858, c. 7, *Capit.*, II p. 432 l. 30. O. archiepiscopus ... locum ... in manus predicti E. et E. seu A. ... tradidit in proprietatem usque in finem vite illorum ea ratione ut ipse A. quamdiu vivat ad sedem Juvavensem militet. Trad. Juvavens., cod. Odalberti, no. 31 (a. 927), HAUTHALER, *Salzb. UB.*, I p. 95. Regis manibus sese militaturum committit fidemque spondet ac sacramento firmat. RICHER., a. 927, lib. 1 c. 53, ed. LATOUCHE, I p. 104. Ibi pluries. [Monasterium accepit] ex beneficio episcopi cui militabat. JOH. METT., V. Joh. Gorz., c. 36, *SS.*, IV p. 347. Ambabus in unum complicatis manibus militem se et vera ulterius fide militaturum tradere non erubuit. Ann. Quedlinburg., a. 985, *SS.*, III p. 67. Juramento sacrae fidei illi se colligaverunt manusque suas manibus illius vice cordis dederunt, voveruntque se militaturos contraque finitimas gentes debellaturos. DUDO, lib. 3 c. 38, ed. LAIR, p. 182. Dux C. fidus et bene militans imperatori et filio suo H. regi, quousque vixerat, permansit. WIPO, G. Chuonradi, c. 21, ed. BRESSLAU, p. 41. Castellanus ... episcopum precatus est ut filio suo ... terram suam beneficiaret eique filius salvo usu paternae hereditatis militaret. G. pontif. Camerac., lib. 1 c. 117, *SS.*, VII p. 453 l. 11. Principes Sclavorum ... pacifice ad Hammaburg venientes duci ac presuli militabant. ADAM BREM., lib. 2 c. 71, ed. SCHMEIDLER, p. 133. **3.** (d'un fief) *mouvoir, dépendre par un lien féodal* — *to be held in fief.* Brittanniam minorem quae est Galliae contigua atque militans. RICHER., lib. 1 c. 4, ed. LATOUCHE, I p. 14. **4.** **exercer une fonction*, en part. une fonction publique — *to hold an office*, esp. a public one. Saeculo militare: se vouer aux choses de ce monde — to pursue a secular career. Ne militando saeculo alienentur a militia caelesti. LEO NEAPOL., V. Alexandri, praef., c. 1. **5.** Deo: **servir Dieu* — *to serve God.* Ut quicumque ad gradus ecclesiasticos condigne ascendere voluerit, unusquisque intellegeret qualiter in eo gradu, ubi constitutus est, Deo militare et se ipsum valeret custodire. Concil. Rem. a. 813, c. 3, *Conc.*, II p. 254. **6.** absol.: *servir comme moine* — *to serve as a monk.* Monachorum quattuor esse genera ... Primum coenobitarum, hoc est monasteriale, militans sub regula vel abbate. Benedicti regula, c. 1. Legatur ei haec regula per ordinem et dicatur ei: Ecce lex sub qua militare vis. Ib., c. 58. **7.** ecclesiae, in ecclesia, ad ecclesiam: *accomplir le service ecclésiastique, s'acquitter d'une fonction ecclésiastique* — *to perform divine service, to discharge an ecclesiastical office.* Non licere clericum in duarum pariter civitatum ecclesiis militare. Coll. Quesnell., MIGNE, t. 56 col. 542 A. Hic ab ineunte aetate sua ecclesiae militavit. Lib. pontif., Bened. II, ed. MOMMSEN, p. 203. In ecclesia Senense ad calica militavi. PASQUI, *Doc. di Arezzo*, p. 12 (a. 715). Si quis sive a clerico sive ab aliquo militante admonitionem susceperint. Lex Rom. canon. compta, c. 56, ed. MOR, p. 49. [Chrodegangus] normam eis [sc. canonicis] instituit qualiter in ecclesia militare deberent. PAUL. DIAC., G. episc. Mett., *SS.*, II p. 268. De clericis qui ... ad ecclesiam seu ad episcopum non militant. Guidonis capit. (a. 889-891), II p. 106. **8.** transit., aliquem: *asservir, vouer au service* — *to make subservient.* In quo [monasterio] sub monachico habitu ... filiam nostram devotissime militavimus. TROYA, *CD. Longob.*, I no. 18 p. 56 (a. 714, Pavia). **9.** aliquem: *faire chevalier, adouber* — *to knight.* S. xiv. **10.** aliquid (cf. voc. militia sub 2): *gagner comme salaire* — *to earn.* Quicquid militare poterat, aut [advenis et monachis] in elemosinam dabat aut captivorum in praetia distrahebat. V. Eligii, lib. 1 c. 10, *SRM.*, IV p. 677.

**militaris** (adj.): **1.** *d'un chevalier, chevaleresque* — *of a knight, knightly.* Unus ad obsequium abbatis ... semper et ubique presto assit more ingenuitatis et militaris manus. BERTRAND, *Cart. d'Angers*, I no. 193 p. 223 (a. 970-977). A pueritia militari disciplina instructus. CHARLES-MENJOT, *Cart. du Mans*, I no. 363 (a. 1035-1055). Puer longe adhuc infra militares annos. LAMPERT. HERSFELD., ad a. 1076, ed. HOLDER-EGGER, p. 273. Quousque militaribus armis inheserit. MENZEL-SAUER, *Nassauisches UB.*, I no. 128 p. 70 (a. 1071, Mainz). Vir, homo militaris: chevalier — knight. Quidam militaris homo. BODMANN, *Rheingauische Altert.*, I p. 92 (a. 1009). GERBERT., epist. 208, ed. HAVET, p. 197. Filio suo aeque [ac pater] militari viro. EKKEH. URAUG., Chron., a. 1070, *SS.*, VI p. 200. Cum innumerabilibus tam nobilium quam infimorum militaribus viris. Ann. s. Disibodi, a. 1075, *SS.*, XVII p. 7. Vir quidam militaris. Trad. s. Georgii, no. 7, *SS.*, XV p. 1008 (a. 1083). H. frater F. comitis Westfaliae, vir militaris. Chron. reg. Colon., a. 1111, ed. WAITZ, p. 50. Militaris ordo: la chevalerie — the knighthood. Edicto regio omnibus qui de militari ordine valebant accitis. RICHER., lib. 1 c. 57, ed. LATOUCHE, I p. 110. Uxorem de militari ordine sibi imparem duxerit. Ib., lib. 4 c. 11, II p. 160. Qui in militari ordine potiores erant [oppos.: principes]. Ib., c. 28, p. 188. Libri feudor., antiqua, tit. 6 § 7, ed. LEHMANN, p. 18. Plerosque militaris ordinis ad se ... vocabat [oppos.: principes Saxoniae]. BRUNO MERSEB., c. 37, ed. WATTENBACH, p. 24 sq. Beneficium militare: fief d'un chevalier-vassal — knight's fee. Tam ex beneficiis militaribus quam ex nostro indominicato. LÉPINOIS-MERLET, *Cart. de Chartres*, I no. 8 (ca. a. 949). Militari beneficio habeam ... decem ex vobis ditatos. RATHER., Itin., c. 4, MIGNE, t. 136 col. 585 A. Pene omnia ... in beneficium militare delegavit. FOLCUIN., G. abb. Lobiens., c. 7, *SS.*, XXI p. 313. 5 mansos ... jure beneficii militaris possidebat. WIEGAND, *UB. Strassburg*, no. 107 p. 88 (a. 1156). Omnis proprietas A.

cujusdam ingenui militis nostri et uxoris ejus G. cum beneficio militari. OPPERMANN, *Rhein. Urk.stud.*, I p. 443 no. 6 (spur. s. xii, Köln). **2.** *d'un vassal, vassalique — of a vassal, vassalian.* Proceres sibimetipsi militari servimine subditos. Trad. s. Petri Juvav., no. 1 (a. 1004), HAUTHALER, *Salzb. UB.*, I p. 254. Praeclari proceres militari jure protomartyri Stephano servientes. Ann. Quedlinb., a. 1024, *SS.*, III p. 89. Nobilitate militari [i.e. vassis] ac familia utriusque partis id adprobantibus. BITTERAUF, *Trad. Freising*, no. 1438a, II p. 293 sq. (a. 1034). Beneficia que militari obsequio erga ... pontificem deservivit. REDLICH, *Trad. Brixen*, no. 135 p. 51 (a. 1050-1065). Militaris disciplinae munia observare sacramenti militaris religione cogerentur. LAMPERT. HERSFELD., ad a. 1075, ed. HOLDER-EGGER, p. 233. Secundum militaria sacramenta, quibus ... obligati tenebantur. V. Balderici Leod., c. 9, *SS.*, IV p. 728. Milites saeculi, beneficia temporalia a temporalibus dominis accepturi, prius sacramentis militaribus obligantur. IVO CARNOT., sermo 23, MIGNE, t. 162 col. 604. Sibi eos [sc. majores provinciae] ... sacramento militari conjunxit. JOCUND., Transl. Servatii, c. 21, *SS.*, XII p. 99. **3.** *féodo-vassalique — concerning a vassal's fief.* Ex rebus sibi jure hereditario sive militari beneficio [pertinentibus]. D. Roberti II reg. Fr. (a. 1005/1006), CHEVRIER-CHAUME, *Ch. de Dijon*, II no. 235. Ab episcopo requireret beneficium ipsa vel filius vel filia ... Quod si ... ab episcopo non requisierint militari jure ... Infeod. comit. Hanoniae a. 1071, *Const.*, I no. 441. Post vitam ipsius ejus uxor [beneficium] eodem militari jure retineat. PHILIPPI, *Osnabr. UB.*, no. 188 p. 162 (a. 1080). Villam ... a comite B. ... jure militari tenebat. DUVIVIER, *Hainaut*, p. 512 (a. 1114/1115). A rege L. muneris militaris et paterne hereditatis donum [sc. comitatus Flandriae] adeptus. WALTER: TERUAN., c. 5, *SS.*, XII p. 541. **4.** *d'un "ministerialis" — of a "ministerialis".* Prima [familia] ministerialis, que etiam militaris directa dicitur. Chron. Ebersh., c. 3, *SS.*, XXIII p. 433 l. 35. Militares ministri. GERHOH., De aedif. Dei, c. 51, PEZ, II p. 461. Tam mancipiis quam et militaribus utriusque sexus hominibus. ZAPF, *Mon. anecd. hist. Germ.*, p. 467. Familia tota, sive militaris sive censualis vel et servilis. D. Lud. Pii (spur. s. xii, Ebersheim), BRUCKNER, *Reg. Alsatiae*, no. 442 p. 275. Viri militares qui dicuntur ministeriales. *D. Heinrichs IV.*, no. 263 (spur. s. xiii in.). **5.** *de l'état, de l'autorité laïque — of the state, of lay power.* Ecclesiastica disciplina et militari soluta [ablat.] ... regio ... vastata est. Conv. Suession. a. 853, c. 5, *Capit.*, II p. 265. Subst. mascul. **militaris: 1.** *chevalier — knight.* Arma militaribus apta [ei praebuit]. ODO CLUNIAC., V. Geraldi, lib. 1 c. 3, *AASS.*, Oct. VI p. 312 E. Quidam S. militaris. VAN LOKEREN, *Ch. de Gand*, no. 57 p. 53 (a. 982). Ab agricolis ad militares ... ascendit. BRUNO MERSEB., c. 16, p. 11. GRANDIDIER, *Alsace*, II p. 127. Marchio A., egregie indolis juvenis et militaris. ANNALISTA SAXO, ad a. 1126, *SS.*, VI p. 763. **2.** *vassal — vassal.* Nullum ei per vos aut militares ecclesiae vestrae praestiteris suffragium. Epist. synodalis concilii ap. Saponarias a. 859, MANSI, t. 15 col. 530 D. [Villae] ubi aliqui militares s. Richarii beneficii quidpiam habebant. HARIULF., Chron., lib. 3 c. 3, ed. LOT, p. 94. **3.** *"ministerialis".* Nullum de militari familia sine justa sociorum suorum deliberatione dampnet ... Qui militares vel alio nomine ministeriales optimo jure perfruantur quo Fuldenses vel Augenses pociuntur. *D. Karolin.*, I no. 219 (spur. s. xii, Ottobeuren).

**militatio:** *action de servir comme vassal — performance of vassalian service.* Fidem obsequentis famulatus et militationis facientes spoponderunt ... DUDO, lib. 4 c. 68, ed. LAIR, p. 222. Ibi pluries.

**militia: 1.** *aide, appui — help, support.* Adjuvante ei, ut credo, diabolicae partis militia. GREGOR. TURON., H. Fr., lib. 8 c. 34. **2.** *salaire, gain — wages, earnings.* (Cf. Dig., 31, 1, 22 et 32, 1, 102 in fine). Relicta defuncti ... res ... tamquam proprias retenebat, dicens: Militia haec fuit viri mei. GREGOR. TURON., lib. 8 c. 39. Quae de illa [i.e. illis, sc. in episcopi thesauro repertis] iniquitatis militia erant. Ib., lib. 10 c. 19 in fine. **3.** saecularis militia: **la carrière civile (par opposition à la vocation ecclésiastique) — secular career.* Relicta saeculari militia monastyrio expetivit. Ib., lib. 7 c. 1. [Episcopus] militias saeculares exercere non cessabat. Ib., lib. 8 c. 39. **4.** **fonction, en part. fonction publique — office, esp. a public one.* Quos militiae fascibus ... sustollitis. AVIT., epist. 78, *Auct. ant.*, VI pt. 2 p. 93. Illa nobis [sc. regi Burgundionum] magis claritas putaretur quam vestra [sc. imperatoris] per militiae titulos porrigeret celsitudo. Ib., epist. 93, p. 100. M. a rege G. patriciatum promeruit; de cujus militiae origine altius quaedam repetenda potavi. GREGOR. TURON., lib. 4 c. 42. Fori, loci militiaeque perscribtione [i.e. praescriptione] [exclusa]. TJÄDER, *Pap.*, no. 16 p. 322 (ca. a. 600, Ravenna). Spec.: dignité de cour — court dignity. In palatio habere militiam ... licentiam non habebunt. Concil. Clippiac. a. 626/627, c. 10, *Conc.*, I p. 198. Palatinam militiam ... administravit. V. Valentini, *H. de Fr.*, III p. 411. **5.** *service vassalique — vassalian service.* Praedia ... his qui miliciam exercerent concessit. ANSELM., G. episc. Leod., c. 29, *SS.*, VII p. 205. Marcham ejus Boëmico duci [imperator] in praemium exactae militiae dedit. LAMPERT. HERSFELD., ad a. 1075, ed. HOLDER-EGGER, p. 232. Publica militiae vasallus munera justae non renuat. GUNTHER., Ligurin., lib. 8 v. 608, MIGNE, t. 212 col. 447 C. **6.** *la condition de chevalier — the status of a knight.* Et conjugium et miliciae cingulum ... quanto magis regnum, abdicare censeretur. LAMPERT. HERSFELD., ad a. 1073, p. 142. Virtute militiae circumquaque famosus. Chron. s. Andreae Castri Camerac., lib. 3 c. 8, *SS.*, VII p. 541. Nepotes admodum enutritos et tandem militia precinctos. GALBERT., c. 13, ed. PIRENNE, p. 23. Armis militiae depositis. MENZEL-SAUER, *Nassauisches UB.*, I no. 139 p. 79 (a. 1091, Mainz). Deposito secularis militie cingulo ... seipsum s. Pancratio obtulit. SCHMIDT, *UB. Hochst. Halberstadt*, I no. 136 p. 101 (a. 1112). Similia ORTLIEB., lib. 1 c. 5, *SS.*, X p. 74. A militia pellantur. Frid. I imp. const. de incend.



a. 1186, c. 20, *Const.*, I no. 318. Cum G. annorum esset circiter 16 et instaret tempus milicie ejus. GISLEBERT. HANON., c. 34, ed. VANDERKINDERE, p. 67. **7.** *la condition d'un vassal — the status of a vassal.* Si in militia qualibet patria militaverimus. WARTMANN, *UB. S.-Gallen*, I no. 146 p. 138 (a. 797). Numquam deseruimus militiae vestrae servitutem. PASCHAS. RADBERT., Epit. Arsenii, lib. 2 c. 17, ed. DÜMMLER, p. 86. Regem adeunt atque fidem [leg. fidam?] pacti miliciam jurant. RICHER., lib. 2 c. 28, ed. LATOUCHE, I p. 168. Sese ei committens fidem pro militia accomodat. Ib., lib. 3 c. 11, II p. 20. Omnibus ... in miliciam a rege susceptis. THIETMAR., lib. 5 c. 12, ed. HOLTZMANN, p. 234. Quos ... suscepturus erat in militiam. ADALBOLD., V. Heinrici, c. 3, *SS.*, IV p. 684. **8.** *l'ensemble des compagnons armés — the aggregate retainers.* Omnes pariter cum sua militia corruerunt. BEDA, Hist. eccl., lib. 2 c. 5. Occisus est ibi inter alios de militia ejus [sc. regis] juvenis vocabulo I. Ib., lib. 4 c. 20. Quanto sunt amplius latronibus constipati, tanto potentiores ... Sed quamvis militia augeatur ... PASCHAS. RADBERT., o.c., lib. 2 c. 15, p. 83. **9.** *armée féodale* formée par les vassaux d'un seigneur — *feudal army* consisting of a baron's vassals. Acies Coloniensis atque Trajectensis militiae ... fugit. WALTRAMN., lib. 2 c. 28, ed. SCHWENKENBECHER, p. 99. Non sine militia comitis Cameracum intrare. G. Gerardi II Camerac., c. 2, *SS.*, VII p. 498 l. 18. **10.** *l'ensemble des vassaux qui dépendent d'un même seigneur — the aggregate vassals subordinate to a baron.* Pontifices, si quid ad usus militie exhibendum est, sic exhibeant. PASCHAS. RADBERT., lib. 2 c. 3, p. 65. [Abbatiae s. Dionysii] militiae curam [rex] per majorem domus ... geri disponens. HINCMAR., Ann. Bertin., a. 867, ed. WAITZ, p. 86. Militiam coenobii ..., id est vassallos ejusdem abbatis, ... in hostem ire compellant. *D. Arnulfs*, no. 155 (a. 897). Acclamationibus procerum militiaeque Francorum sublimatus [in regem]. FLODOARD., Ann., a. 948, ed. LAUER, p. 112. Monachorum turba et sibi satis fida ecclesiae milicia. FOLCUIN., G. abb. Lobiens., c. 25, *SS.*, IV p. 66 l. 22. Curtes quae regni erant ..., militiam et castra. Pasch. II pap. promiss. a. 1111, *Const.*, I no. 85 p. 139. Quelquefois, avec les vassaux libres on y comprend les "ministeriales" — sometimes the "ministeriales" as well as the free vassals are included. Itinera hostilia cum milicia episcopali .... peragerct. GERHARD. AUGUST., V. Udalrici, c. 3, *SS.*, IV p. 389. A clero et a populo et a meliori et majori parte aecclesiasticae militiae electus. BERTHOLD. AUG., Ann., a. 1078, *SS.*, V p. 309. Iterum a. 1079, p. 323. ADALBERT. MOGUNT., JAFFÉ, *Bibl.*, III p. 593. Quicunque de militia Osnaburgensis curiae sive liber sive ministerialis existens. ERHARD, *Reg. Westf.*, II no. 252 p. 41 (a. 1146). **11.** *une armée composée essentiellement de chevaliers — an army mainly of knights.* Wilelmus Normannorum comes ... assumpta magna militia mare pertransiit. Chron. s. Andreae Castri Camerac., lib. 2 c. 32, *SS.*, VII p. 537. **12.** *chevalerie*, l'ensemble des chevaliers d'une région déterminée — *knighthood*, the aggregate knights of a definite country. Laudata illa et cunctis seculis praedicata Lothariensis militia. FOLCUIN., G. abb. Lobiens., c. 25, *SS.*, IV p. 66 l. 20. Nos ... clerus, populus atque militia, elegimus virum [in episcopum]. *H. de Lang.*[3], V no. 234 col. 468 (a. 1053, Le Puy). Militiam Anglici regni rex Willelmus conscribi fecit et 60 millia militum invenit. ORDER. VITAL., lib. 7 c. 11, ed. LE PRÉVOST, III p. 201. Placentinorum militia egressa eos [sc. Cremonenses] ad certamen provocaverat quod modo vulgo turnementum vocant. RAHEWIN., G. Friderici, lib. 4 c. 11, ed. WAITZ-SIMSON, p. 246. **13.** *fief de chevalier — knight's fee.* Recognovit se tenere ... castrum de P. ..., item ... omnes militias que ab ipso tenentur, ubicumque sint. *Arch. hist. de la Gironde*, III p. 25 no. 96 (a. 1274, Gascogne). **14.** *ordre de chevalerie — order of chivalry.* Militia Templi Dei. MULLER-BOUMAN, *OB. Utrecht*, I no. 419 p. 377 (a. 1157). **15.** *adoubement — dub.* S. xiv. **16.** **le service de Dieu*, la condition de celui qui s'est voué au service de Dieu — *divine worship*, the status of one devoted to divine worship. [Sanctimoniales] postquam se Domino in hac militia devinxerint. Concil. Aquisgr. a. 816, c. 8, *Conc.*, II p. 444. Si contigerit quod unus eorum [fratrum] ecclesiasticae miliciae sit mancipatus. Capit. Olonn. mund. a. 825, c. 4, I p. 330. Relicta spiritualis militie exercitia. DE LÉPINOIS-MERLET, *Cart. de Chartres*, no. 8 p. 79 (ca. a. 949).

**milities:** *armée — army.* Talis milicies scansis ratibus intrat pelagus. Encom. Emmae, lib. 2 c. 5, ed. CAMPBELL, p. 20.

**militissa:** *femme de souche chevaleresque — a woman of knightly birth.* S. xiv.

**millarola,** meill-, -air-, -er-, -eir-: *mesure de liquides — a liquid measure.* S. xiii, Marseille.

**mille-artifex:** *diable — devil.* V. Menelei (s. xii?), lib. 1 c. 13, *SRM.*, V p. 143. Addit. ad ADALBERTI vitam s. Heinrici imp. (s. xiii in.), *SS.*, IV p. 819 col. 1 l. 35.

**millenarius** (adj.): **qui contient mille — containing a thousand.* Subst. mascul. **millenarius:** *officier qui commande mille soldats*, puis *gouverneur de province — official in command of a troop of a thousand soldiers*, later *head of a province.* Chez les Vandales — with the Vandals: Fuit hic Vandalus de illis quos millenarios vocant. VICTOR VIT., Persec. Vandal., lib. 1 c. 10, *CSEL.*, t. 7 p. 13. Chez les Visigoths — with the Visigoths: Ad millenarium vel ad comitem civitatis aut judicem referre non differant. Cod. Euric., c. 322. Lex Visigot., lib. 2 tit. 1 § 26 (alibi in hac lege "thiuphadus" vocatur). ISID., Etym., lib. 9 c. 3. Chez les Ostrogoths—with the Ostrogoths: CASSIOD., Var., lib. 5 c. 27. Ibi saepius. Id., Hist. trip., lib. 6 c. 35, MIGNE, t. 69 col. 1054 D. Chez les Francs — with the Franks: WALAHFR., Exord., c. 32, *Capit.*, II p. 516 l. 7. Subst. neutr. **millenarium: 1.** *millénaire, période de mille ans — period of a thousand years.* PRIMAS., In Apocal. comment., MIGNE, t. 68 col. 914 D. **2.** *poids de mille livres — weight of one thousand pounds.* [Signum] in quo duo millenaria metalli et sexcentae librae fuerit. HELGALD., V. Roberti, c. 26, *H. de Fr.*, X p. 111 D. **3.** *millier — one thousand.* Unum millenarium de allectiis. Priv. Alex. III pap.

a. 1180, Pflugk-Harttung, *Acta*, I no. 306 p. 274.

**milletum,** v. miletum.

**milliare,** mili-, -arium: **1.** **un mille — a mile.* **2.** *un millénaire — period of a thousand years.* **3.** *un millier — one thousand.* Miliare sepiarum venditum debet ... Audouin, *Rec. de Poitiers*, p. 54 no. 28 § 15 (s. xii ex.).

**milvellus,** v. mulvellus.

**mimologus**, mimilogus: **comédien, jongleur — comedian, juggler.* V. prima Amandi, c. 20, *SRM.*, V p. 444.

**1. mina** (< hemina): **1.** *une mesure de capacité pour les céréales — a dry measure.* DC.-F., V p. 390 col. 1 (ch. a. 1140, Beauvais). Ib., col. 2 (ch. a. 1141, Parisis). Priv. Eugen. III pap. a. 1145, Pflugk-Harttung, *Acta*, I no. 200 p. 182 (Troyes). Phil. II Aug. reg. Fr. priv. pro Bituric. a. 1181/1182, c. 12, *Actes*, no. 40. **2.** *cuite d'une émine de blé — as much bread as is baked from a "hemina" of grain.* V. Lanfranci, *AASS.*, Jun. IV p. 621 col. 1. **3.** *droit de mesurage du blé — right of corn measurage.* Concessimus communie [Compendii] minas nostras in perpetuum tenendas. Ch. Lud. VII reg. Fr. a. 1179, Luchaire, *Inst. monarch.*, II p. 326 no. 24. **4.** *une mesure de liquides — a liquid measure.* Ordo Ambros. (ca. a. 1130), Muratori, *Antiq.*, IV col. 873.

**2. mina,** mena (celt.): **1.** *minerai — ore.* Locum ... ad fodiendam minam plumbi congruum. D. Lud. Pii a. 816, *H. de Fr.*, VI p. 498. **2.** *minière — ore-mine.* Argenti fodine et mine aliorum metallorum. Muratori, *Antiq.*, VI col. 62 B (a. 1183). Dedit ... terciam partem de sua mina ad faciendum ferrum. Cod. Lauresham., no. 3701[c] (a. 780/781), ed. Glöckner, III p. 193.

**3. mina** (< minari): *guet-apens — ambush.* Ebruinus ... Ermfredo Franco minas parat rebusque propriis tollere [i.e. spoliare] disponit. Contin. ad Fredeg., c. 4, *SRM.*, II p. 170 (hausit e Lib. hist. Fr., ubi: insidias parare desimulat).

**4. mina** (e loco Verg., Aen. 4, 88, male intellecto). Plural. minae: *créneaux — battlements.* Murum ... laesissent et minas desuper dilapidando plures diruissent. Fulcher. Carnot., lib. 3 c. 17 § 4, ed. Hagenmeyer, p. 663. Iterum c. 22 § 3, p. 730.

**1. minagium** (< 1. mina, cf. voc. heminagium): **1.** *redevance pour le mesurage du blé — corn measurage due.* DC.-F., V p. 390 col. 3 (ch. a. 1048, S.-Jean-d'Angély). Cons. Vindocin. (s. xi med.), ap. Bourel, *Vie de Bouchard*, p. 38. Lud. VI reg. Fr. priv. pro Stampens. a. 1123, *Ordonn.*, XI p. 34. Lud. VII reg. Fr. priv. pro Lorriac. a. 1155, c. 2, ed. Prou, p. 129. **2.** *redevance pour le mesurage du sel — salt measurage due.* Bourgin, *Soissons*, p. 407 no. 2 (a. 1141).

**2. minagium** (< 2. mina): *travail minier forcé — compulsory mining labour.* Ab omni terreno servitio, talliis, auxiliis, minagiis, fossagiis, avenagiis, gardis ... Brunel, *Actes de Pontieu*, p. 111 no. 74 (a. 1119).

**1. minare,** menare (< minari): **1.** **pousser, mener* des animaux — *to drive* animals. **2.** **conduire* un véhicule — *to drive* a vehicle. **3.** *conduire* une armée — *to lead* an army. Imperator exercitum contra C. minabat. Anast. Bibl., Chron., ed. De Boor, p. 199. Iterum p. 269. Postremam catervam Boamundus sollerter minavit. Fulcher. Carnot., lib. 1 c. 23 § 1, ed. Hagenmeyer, p. 255. **4.** *gouverner* un vaisseau — *to steer* a ship. Conto quo navem minavit. Bruno Querfurt., V. Adalberti, c. 25, *SS.*, IV p. 608 l. 19. **5.** remos: *ramer — to row.* Debent minare remos. *CD. Langob.*, no. 126 col. 224 B (ca. a. 835, Limonta). **6.** *propulser, actionner — to propel, set in motion.* Offero ... aquarium ..., rem jamdicte ecclesie introeundum ipsa aqua ad minandum ipso molinum. *CD. Cavens.*, I no. 61 p. 76 (a. 865). **7.** *contraindre à un travail forcé — to put to compulsory labour.* Omnes parentes suos in ipsa angaria minabant pro servos. Manaresi, *Placiti*, I no. 58 p. 207 (a. 854, Valva). Non habeat licentiam hominem vel peculium in angaria minare. Capasso, *Mon. Neapol.*, I p. 5 (a. 944). **8.** **chasser, expulser — to drive away.* Spec.: évincer un tenancier de sa tenure — to expel a landtenant from his holding. Si eum ... menare volueris. Schiaparelli, *CD. Longob.*, I no. 57 p. 184 (a. 735/736, Siena). Si ... ante suprascripto constitutum [i.e. terminum] ... minare presumpserimus. *CD. Langob.*, no. 374 col. 621 C (a. 897, Milano). Si exinde menare aut expellere voluero. Gloria, *CD. Padov.*, p. 36 (a. 898). **9.** causam: *poursuivre, gérer — to pursue, take in hand.* Deveas maenare omnis causas nostra[s] cum eum tamquam nos ipsi. Schiaparelli, *CD. Longob.*, I no. 72 p. 218 (a. 740, Bergamo). Peragere debeam et minare [causas] pariter tamquam per proprias meas causas. Troya, IV no. 718 p. 658 (a. 757). De aliis personis vel rebus habeat sicut suum proprium menandum et gubernandum. Capasso, I p. 152 (a. 832-839). Omnia in bicem [i.e. vicem] nostram ipso menatis et contendites [i.e. menetis et contendatis]. *CD. Cavens.*, I no. 71 p. 93 (a. 872).

**2. minare,** mineare (< 2. mina): **1.** *creuser des mines — to practise mining.* Facient de praedictis duabus partibus [nemoris] quicquid voluerint extirpando, minando, arando, metendo. DC.-F., V p. 391 col. 3 (ch. a. 1211, Bourgogne). **2.** *aller à la sape — to sap.* Incipientes minare instar talparum conantur invadere civitatem. Guillelm. de Podio Laurentii, c. 41, ed. Beyssier, p. 161. **3.** transit.: *saper — to sap.* Certantque minare arte sibi nota latus et fundamina turris. Guillelm. Brito, Philipp., lib. 7 v. 703, ed. Delaborde, p. 204.

**minarium,** me-; -ne-; -ria, -ra (< 2. mina): **1.** *minerai — ore.* Minerae, aquae et similia quae in locis civium inveniuntur. Ch. Rogerii I reg. Sic. a. 1129, Muratori, *Scr.*, VI col. 623. Quod si in illis [terris] vel sub illis quid inventum fuerit, ut est marla, minaria, scallia, argentum et aurum, omne metallum. Rousseau, *Actes de Namur*, no. 9 (a. 1154). **2.** *minière — ore-mine. D. Lothaire*, no. 46 p. 106 (a. 981). Oppermann, *Rhein. Urkundenst.*, I p. 437 no. 2 (s. x, Köln). *Hist. de Languedoc*[3], V no. 125 col. 273 (ca. a. 972, Toulouse). Concedimus ... omnes minerias totius episcopatus Lodovensis, quecumque jam aperte vel postmodum aperiende sunt. *Actes Phil.-Aug.*, no. 242 (a. 1188), I p. 297. Dedit .... mineriam ferri quae sita est supra Mosam. Miraeus, I p. 720 (ch. a. 1192, Liège). **3.** *sape — sap.* S. xiii.



**1. minarius,** minerius (< 1. minare): *gardeur d'animaux, pâtre, berger, vacher — herdsman. Hist. de Lang.*[3], VIII no. 75 col. 412 (a. 1191).

**2. minarius** (< 2. minare): *sapeur — sapper.* Rigord., ad a. 1189, ed. Delaborde, p. 95.

**1. minata,** menata (< 1. minare): **1.** *l'action de chasser, d'ébranler des animaux — rousing up animals.* Animalia per sua menata heos [?] dicere habuisset [i.e. perdidisset], et ipsa animalia per sua menata aliquas mortas [i.e. mortua] fuerant. F. Andegav., no. 24, *Form.*, p. 12. **2.** *pâte — dough.* Furnile ... ubi coquerent pauperes homines suas minatas. Bertrand, *Cart. d'Angers*, I no. 160 p. 185 (a. 1056-1060).

**2. minata,** mineata, mineta (< 1. mina): *l'étendue de terre qu'on ensemence d'une émine de blé — the amount of land sown with a "hemina" of corn.* Bertrand, *Cart. d'Angers*, I no. 320 p. 365 (ca. a. 1100).

**1. minator** (< 1. minare): *gardeur d'animaux, ânier, vacher — driver of animals, herdsman.* Asinum cum minatore ejus. Germain, *Cart. de Montpellier*, no. 100 p. 207 (a. 1103). Bovum minatores. Hauthaler-Martin, *Salzb. UB.*, II no. 114 p. 183 (s. xii).

**2. minator**, mineator, miniator, minitor (< 2. minare): **1.** *mineur — miner.* S. xiii. **2.** *sapeur — sapper.* S. xiii.

**minellus** (< 1. mina): *mesure de capacité — a solid measure.* S. xiii.

**minera,** v. minarium.

**mineralis** (adj.) (< minarium): *minéral — mineral.* S. xiii.

**minerius,** v. 1. minarius.

**mineta,** v. 2. minata.

**miniare:** *relever en vermeillon — to touch up with red colour.* S. xiii.

**minimellus**: *petit doigt — little finger.* Articulus ille quem medici auricularem, vulgus vero minimellum noncupant. V. Walarici, c. 10, *SRM.*, IV p. 164.

**ministellus** = ministerialis, subst. ("menestrel — minstrel").

**minister: 1.** *dignitaire du palais royal — royal court dignitary.* Cum nos in palatio nostro una cum episcopis, obtimatibus caeterisque palatii nostri ministris resideremus. *D. Merov.*, no. 41 (a. 663). Minister regis [i.e. major domus]. V. Balthildis vetustior, c. 3, *SRM.*, II p. 485 col. 1. [Rex] accitis ad se tribus ministris suis, A. camerario et G. comite stabuli et W. comite palatii, praecepit ... Ann. q. d. Einhardi, a. 782, ed. Kurze, p. 61. Palatini ministri. Episc. ad Lud. rel. a. 829, c. 32, *Capit.*, II p. 39. Consiliarii et dignitatis vestrae [sc. imperatoris] ministri. Ib., c. 59, p. 49 l. 20. Quicquid ... cuiquam ministrorum injungendum erat expediebat. Eginhard., V. Karoli, c. 24. Divisionem thesaurorum ... coram amicis et ministris suis ... fecit. Ib., c. 33. Ministri aulici. Astron., V. Lud. Pii, c. 58, *SS.*, II p. 643. Constituite ministros palatii qui Deum cognoscant, ament et metuant. Epist. synod. Caris. a. 858, c. 12, *Capit.*, II p. 436 l. 26. Per hos ministros omni tempore [palatium] gubernabatur. Hincmar., Ordo pal., c. 13. Pour l'époque post-carolingienne, à titre d'exemple — for post-Carolingian times, e.g.: Cunctis ministris palatii videntibus multisque Francigenis principibus presentibus. *D. Phil. I*[er], no. 44 (a. 1065-1069). **2.** *officier public — state official.* Juniores comitum vel aliqui ministri rei publice. Capit. Mantuan. II a. 813, c. 6, I p. 197. Judex publicus seu ministri publici. Concess. gener. (a. 823?), c. 2, p. 320. A ministris rei publicae distringantur. Capit. Olonn. eccles. I a. 825, c. 8, p. 327. Quicumque comes vel quilibet publicus minister. Lud. II capit. Pap. a. 850, c. 1, ib., II p. 86. Nil ab eis quisquam publicus minister exigere presumat. D. Ludov. III reg. a. 900, Ughelli, II col. 255. Ad cujuscumque regalis ministri quicquam inde ministerium pertineret. *D. Ludwigs d. Kindes*, no. 30 (a. 904). Nullus ... dux, marchio, comes, vicecomes aut aliquis rei publicae minister. *D. Ottos I.*, no. 356 (a. 968). De jure nostro et ministrorum nostrorum in jus et dominationem episcopi Leodiensis et ministrorum ejus ... transfundimus. *D. Ottos II.*, no. 308 (a. 983). Comites reliquosque publici juris ministros. *D. Heinrichs III.*, no. 291 (a. 1052). **3.** *sous-ordre d'un comte — a count's subordinate.* [Comites] ministros, quos vicarios et centenarios vocant, justos habere debent. Concil. Cabillon. a. 813, c. 21, *Conc.*, II p. 278. Ut placita publica vel secularia nec a comite nec a nullo ministro suo vel judice in ecclesia ... tenea[n]tur. Capit. Mantuan. II a. 813, c. 4, I p. 196. Comites ... timentes Deum et justitiam diligentes per se ministros constituant. Epist. synod. Caris. a. 858, c. 12, II p. 437. **4.** *appariteur judiciaire — beadle.* Minister episcopi et minister comitis justificent reos et leges aequaliter dividant. DC.-F., V p. 395 col. 3 (a. 1015, Beauvais). **5.** *membre de la domesticité, dignitaire de cour — household official, court dignitary.* Monachi in monasterio qui vicibus ordinantur praepositi, decani, portarii, cellerarii ceterique ministri. Stat. Rhispac. (a. 799/800), c. 40, *Capit.*, I p. 230. Ministris curie: A. dapifero, W. pincerna, G. panetario; ministerialibus ... Muller-Bouman, *OB. Utrecht*, I no. 444 p. 397 (a. 1165). **6.** *soldat domestique* (le "thegn" anglosaxon) — *thane.* Birch, *Cart. Saxon.*, I no. 22 p. 40 (a. 664). Ibi saepe. L. minister regi amicissimus. Beda, Hist. eccl., lib. 2 c. 9 (versio anglosax. auctore Alfredo: cyninges thegn). Etiam lib. 3 c. 14. Id., Hist. abb., c. 1 et 8, Plummer, p. 364 et 371. Id., Epist. ad Egbert., c. 13, ib., p. 416. Unus ex ministris, pontifici nostro valde devotus, quem ille ab ... incunabulis enutrivit. Edd. Steph., V. Wilfridi, c. 47, ed. Raine, I p. 66. **7.** *agent domanial, régisseur de domaine — manorial officer, estate manager.* Servitium cotidianum ... semper fecisset sicut alii ministri nostri de nostris curtibus faciunt. Bitterauf, *Trad. Freising*, I no. 229 p. 212 (a. 806). Si episcopus aut ministri episcoporum pro criminibus colonos flagellaverint. Capit. missor. Suession. a. 853, c. 9, *Capit.*, II p. 269. De 43 villis de omni conlaboratu ... pars nona a ministris ipsarum villarum ... tribuatur. *D. Arnulfs*, no. 31 (a. 888). Illius loci minister cuicumque ex familia mansum illum dederit. Lex fam. Wormat. (a. 1023-1025), *Const.*, I no. 438, c. 2. Villae ejusdem minister ministerium a praeposito et fratribus teneat. Vercauteren, *Actes de*

*Flandre*, no. 6 (a. 1085). In nullis M. hospitantibus aliquis praepositorum vel ministrorum nostrorum aliquas justitias vel exactiones inferre audeat. D. Lud. VI reg. Fr. a. 1117, FLEUREAU, *Antiq. d'Estampes*, p. 483 sq. F. minister de Bruxella. MIRAEUS, I p. 174 (a. 1134). **8.** *"ministerialis"*. Praedium ... ministri nostro P. ... in proprium tradidimus. *D. Heinrichs III.*, no. 113 (a. 1043). De clericorum et ministrorum prediis et beneficiis. DRONKE, *CD. Fuld.*, no. 764 p. 371 (a. 1069). Omnes ministri ad episcopatum [Paderborn] pertinentes. ERHARD, *Reg. Westf.*, I no. 151 p. 118 (a. 1060-1076). Presentibus laicis liberis ...; assistentibus etiam ministris testibus idoneis. BEYER, *UB. Mittelrh.*, I no. 387 p. 444 (a. 1092). Etiam ib., no. 433 p. 495 (a. 1116); no. 435 p. 497 (a. 1117); no. 488 p. 542 (a. 1136). TABOUILLOT, *Hist. de Metz*, III p. 109 (a. 1130). Exceptis feodis 2 liberorum ... et 4 ministrorum. SLOET, *OB. Gelre*, no. 259 p. 253 (a. 1131). Ipsi milites qui dicuntur ministri. GERHOH., De aedif. Dei, c. 13, PEZ, II pt. 2 p. 289. **9.** *artisan membre d'un corps de métier — craftsman belonging to a trade corporation.* De omnibus istis ministeriis nullus homo debet illorum ministerium facere nisi illi qui ministri sunt. Honor. civ. Pap. (ca. a. 1027), c. 17, *SS.*, XXX p. 1457. **10.** **ecclésiastique d'un ordre inférieur au prêtre*, en part. *diacre — ecclesiastic below the order of priest*, esp. *deacon*. Ministri altaris Dei. Admon. gener. a. 789, c. 72, *Capit.*, I p. 59. Cultus divinus per ministrorum insolentiam saepe provenisset conlapsus. Concil. Aquisgr. a. 836, c. 48, *Conc.*, II p. 750. De simplici ministrorum et sacerdotum ornatu. Concil. Carisiac. a. 838, ib., p. 776. **11.** **ecclésiastique d'un ordre inférieur au diacre — ecclesiastic below the order of deacon.* Ministros ecclesiae, id est subdiaconum, lectorem, exorcistam, acolitum, ostiarium. Lex Baiwar., tit. 8. **12.** *ecclésiastique subalterne* (par rapport à l'évêque ou à un prêtre) — *subordinate ecclesiastic* (in relation to the bishop or a priest). In vestra [sc. episcopi] aut ministrorum vestrorum sacri ordinis praesentia. Karoli M. ad Ghaerbald. epist. (a. 802-805), *Capit.*, I p. 241 l. 23. Si nescientibus episcopis aut abbatibus ministri eorum, quilibet videlicet in clero, hoc fecisse convincuntur. Concil. Cabillon. a. 813, c. 7, *Conc.*, II p. 275. Presbiteris extra monasterium sit locus et ecclesia, ubi cum ministris suis habitent et divinae servitutis obsequium expleant. Concil. Aquisgr. a. 816, c. 27, ib., p. 455. Ibi ab episcopo — id est in civitate — sive a suis bene doctis ministris ... instruantur de sacris lectionibus et divinis cultibus et sanctis canonibus. BENED. LEVITA, lib. 3 c. 231, *LL.*, II pt. 2 p. 116. Et per municipalem archipresbiterum et [per] reliquos ex presbiteris strenuos ministros procuret episcopus [ut peccata confiteantur]. Synod. Pap. a. 850, c. 6, *Capit.*, II p. 118 l. 29. **13.** *substitut de l'évêque, officier de l'administration épiscopale* (chorévêque, archiprêtre, archidiacre) — *a bishop's substitute, episcopal officer* ("chorepiscopus", archpriest, archdeacon). Ministros vero, id est archipresbyteros et archidiaconos ... tales constituat [episcopus] qui oderint avaritiam. HINCMAR. REM., ap. BALUZE, *Capit.*, II col. 624. Episcoporum ministros, id est chorepiscopos, archipresbiteros et archidiaconos. Episc. ad Lud. rel., c. 10, p. 324. Presbyteri ... debitam dispensam archipresbyteris aut episcoporum ministris convehant. Capit. Tolos. a. 844, c. 3, II p. 256. **14.** *évêque* (formule d'humilité) — *bishop* (humility formula). Ego G. Dei misericordia Trajectensis ecclesie humilis minister et episcopus. MULLER-BOUMAN, I no. 320 p. 293 (a. 1126).

**ministerialis** (adj.): **1.** *(d'un serf) *employé dans la domesticité du maître* — (of a serf) *serving in his master's household*. De aldius et servus menisteriales [i.e. de aldiis et servis ministerialibus]. De illos vero menisteriales dicimus qui docti, domui nutriti aut probati sunt. Edict. Rothari, c. 76 (oppos.: servi rusticani, ib., c. 103). De servo minsteriale occiso. Si quis servum alienum ministerialem occiserit, probatum ut supra aut doctum ... De alio vero minesteriale, qui secundus ei inveniatur, tamen nomen minesteriale habet ... Ib., c. 131 (oppos.: servus massarius, bubulcus, servus rusticanus, c. 132 sqq.). Si quis servum ministerialem in mortis periculum inmiserit. Recapit. leg. Sal., text. cod. Montispess., c. 11. Si quis hominem misterialem in pelago inpinxerit. Ib., text. cod. Paris. lat. 4629, c. 13. Servum ... lectum ministerialem sive expeditionalem. Lex Burgund., tit. 10 c. 1 (oppos.: aratorem aut porcarium). Sic tamen ... volo de servis vel mancipias minesterialis. SCHIAPARELLI, *CD. Longob.*, II no. 214 p. 241 (a. 768, Lucca). **2.** (d'une tenure) *concédé à un agent domanial* — (of a tenancy) *granted to a manorial agent*. Sunt mansi ingenuiles 31 et dimidius. Solvunt de hostilicio ..., absque ministerialibus 6. Irminonis polypt., br. 13 c. 99. Curtiferos 2 cum beneficiis ministerialibus 4. FRIEDLÄNDER, *Cod. trad. Westf.*, I p. 6 (a. 851). **3.** *relatif à l'organisation domaniale — concerning manorial management.* Nemine inquietante, non abbate nec ulla ministeriali vel etiam judiciaria potestate. *D. Charles III le Simple*, no. 38 (a. 901). Curtem ... cum ministerialibus hominibus subnotatis: K. cum uxore sua et filiis et cum omnibus sibi in ministerium commissis. *D. Ludw. d. Kind.*, no. 64 (a. 908). **4.** ministerialis homo, vir: *qui appartient à la classe des "ministeriales" — belonging to the "ministeriales" class.* Inter ministeriales homines sunt mansa 13. Urbar Maurimonast. (s. xi in.), PERRIN, *Essai sur la fortune de Marmoutier*, p. 154. Exceptis ministerialibus ejus hominibus. ERHARD, *Reg. Westf.*, I no. 95 p. 76 (a. 1018). Castrum ... cum ministerialibus viris et eorum beneficiis. Ib., II no. 198 p. 4 (a. 1126, Korvei). Familia ministerialis que etiam militaris directa dicitur. Chron. Ebersheim., c. 3, *SS.*, XXIII p. 433 l. 35. **5.** *propre à la classe des "ministeriales" — specific to the "ministeriales" class.* Quedam mulier ... venit in potestatem s. Emmerammi per aliam mulierem [i.e. pro alia muliere] nomine L., que pro ea tradita est, utraque cum omni ministeriali jure. WIDEMANN, *Trad. S.-Emmeram*, no. 674 p. 327 (ca. a. 1090-1095). Quendam de suis familiaribus ... ad jus ministeriale ... super altare delegavit. Trad. Garst., no. 136, *UB d. L. ob der Enns*, I p. 164. [Femina] ministeriali jure potiretur. WENCK, *Hess. Landesg.*



II, *UB.* no. 44 p. 53 (a. 1105, Hersfeld). Gerhardus sub ministeriali jure ad s. Liudgerum pertinens. Trad. Werdin., ed. CRECELIUS, t. 7 p. 19 (ca. a. 1110). Curiam Gerberti ... que prius ministerialis exstitit, ... liberiorem constitui. BEYER, *UB. Erfurt*, I no. 13 p. 5 (a. 1120). [Feminam] quandam sibi in beneficium a s. Emmerammo ... injuste usurpaverat, sed postea ... ministeriali jure remisit. WIDEMANN, o.c., no. 754 p. 352 (ca. a. 1120). Tradidit mancipium unum ... ad ministeriale servitium. Trad. Ebersperg., no. 194, ed. OEFELE, p. 39 (s. xii med.). **6.** (cf. voc. ministerium sub 23) *qui sert au culte — for divine service.* Donavit calices ministeriales. Lib. pontif., Silv., ed. MOMMSEN, p. 48. [Episcopus consecrationem ecclesiae] ita per ordinem compleat sicut in libro ministeriali habetur. Synod. Celchyt. a. 816, c. 2, MANSI, t. 14 col. 356. Subst. mascul. (quandoque femin., vide infra sub 9) **ministerialis,** ministralis, ministrallus, misterialis, ministralis: **1.** *serviteur employé dans la domesticité du maître*, de statut personnel libre ou non — *servant active in his master's household*, whether personally free or unfree. Cum tuis [sc. regis] ministerialibus bonas fabulas habueris. *Epp.*, III p. 458 l. 41 (ca. a. 645). Stabula vel coquinae atque pistrina seu torcularia studiose praeparatae fiant, quatenus ibidem condigne ministeriales nostri officia eorum bene nitide peragere possint. Capit. de villis, c. 41. Ut unusquisque judex ... bonos habeat artifices, id est fabros ferrarios et aurifices vel argentarios, sutores, tornatores, carpentarios, scutarios, piscatores, aucipites ..., saponarios, siceratores ..., pistores ..., retiatores ... necnon et reliquos ministeriales. Ib., c. 45. Ministeriales non invenimus, aurifices neque argentarios, ferrarios neque ad venandum neque in reliquis obsequiis. Brev. ex., c. 29, *Capit.*, I p. 255. [Ministri comitum] ministerialibus missorum nostrorum eam [dispensam in tractoria contentam] reddant. Capit. Tusiac. a. 865, c. 16, II p. 332. Ministerialibus fratrum, pistoribus videlicet et cocis, ortulanis et carpentariis, fullonibus et portariis. GRANDIDIER, *Alsace*, I p. 232 (a. 1031, Strasbourg). A cottidianis claustri ministerialibus. BEYER, *UB. Mittelrh.*, I no. 244 p. 299 (a. 973). Viles ministeriales. Ruodlieb, fragm. 5 v. 179 (oppos.: officiales). Il s'agit d'un individu libre dans le texte suivant — the following passage refers to a freeman: Complacitatio inter T episcopum et Richperonem suum ministerialem. Quidam igitur liber nomine Richpero una cum uxore sua E. tradiderunt ... WIDEMANN, *Trad. S.-Emmeram*, no. 170 p. 129 (a. 894-930). Le mot s'emploie également pour le moine en charge d'un office domestique — a monk filling a household post in a monastery is so styled. Ministeriales, id est camerarius, cellerarius et senescalcus. Adalhardi Corbej. stat., lib. 1 c. 1, ed. LEVILLAIN p. 352. Prepositus ceterique ministeriales nequaquam fiant nisi ex ipsis fratribus per electionem eorum et consensu abbatis. *D. Charles le Chauve*, no. 430, II p. 462 l. 20 (a. 877). S. Bonefacii ministerialis fratrum. BEYER, I no. 163 p. 228 (a. 923). Mais surtout on désigne par "ministeriales" des non-libres qui jouissent d'un statut supérieur à celui des serfs ordinaires — however, the word is used more frequently with regard to unfree persons of a higher rank than that of common serfs. Fiscum ... cum ... servis, inquilinis, libertis, ministerialis, preter illos quos nos ingenuos esse precipimus. *D. Merov.*, no. 5 (a. 558). Ministeriales nostros post se retinere videtur. DESIDER. CADURC., lib. 2 epist. 2, *Epp.*, III p. 204. Si quis majorem, infestorem [leg. infertorem], scantionem, mariscalcum, stratorem, fabrum ferrarium, aurificem sive carpentarium, vinitorem vel porcarium vel ministerialem furaverit. Lex Sal., tit. 10 addit. 4, text. Herold. Accolabus, mancipiis ..., libertinis, ministerialis ... [form. pertin.]. F. Turon., addit. 2, *Form.*, p. 160. Mancipiis, ministerialibus, libertis, accolabus ... [form. pertin.]. BRUCKNER, *Reg. Alsatiae*, no. 127 p. 68 (a. 735-737, Murbach). **2.** En dehors du ménage seigneurial, le "ministerialis" est employé parfois pour des services de messager. — Outside the household the "ministerialis" sometimes performs messenger service. F. Salisburg., no. 39, *Form.*, p. 448. Plus souvent il est en charge d'un office domanial. — More often he acts as a manorial bailiff. Quicquid fratres vel illorum ministeriales elegerint [de quodam fundo], liberam faciendi habeant potestatem. *D. Arnulfing.*, no. 13 p. 101 (a. 717-739). Colonicas in G. quem ministerialis noster B. in beneficio habuit. Test. Abbonis a. 739, CIPOLLA, *Mon. Novalic.*, I p. 28. Domini eorum [sc. episcopi et abbates] qui eos [sc. homines eorum] domi remanere permiserint, vel ministeriales eorum qui ab eis precium acceperunt. Capit. missor. de exerc. prom. a. 808, c. 5, I p. 137. [Ministeriales episcoporum et abbatum] hi sunt: falconarii, venatores, telonearii, praepositi, decani ... Capit. de rebus exerc. a. 811, c. 4, p. 165. Si quis praepositus aut ministerialis res ecclesiae, quas praevidere debet, concesserit. Karoli M. capit. in libri Papiensis c. 121 serv., p. 217. Cum ministerialibus duobus, id est forstario et decano. Irminonis polypt., br. 13 c. 99. Edict. Pist. a. 864, c. 20, II p. 319. De même en parlant d'un moine chargé d'une obédience. — As well for a monk in charge of an "oboedientia". Quosdam homines nostros de villa F. ... nostros ministeriales, monachos videlicet et laicos, sepius illuc directos adisse cum muneribus et servitiis, ut aliquid terre sibi concederent. D'HERBOMEZ, *Cart. de Gorze*, no. 114 p. 207 (a. 977). **3.** *officier du palais royal — royal court official.* Venatores et falconarii vel reliqui ministeriales qui nobis in palatio adsidue deserviunt. Capit. de villis, c. 47. Alii ministeriales fuissent, et [leg. ut?] ostiarius, saccellarius, dispensator, scapoardus ... HINCMAR., Ordo pal., c. 17. Souvent il s'agit de dignitaires du palais d'un rang élevé. — Often important court dignitaries are meant. Inluster vir A. menesterialis noster. *D. Merov.*, no. 68 p. 60 (a. 695). Missi nostri qui episcopi vel abbates vel comites sunt ... Vassi vero nostri et ministeriales qui missi sunt ... Capit. missor. a. 817, c. 26, p. 291. Agentes vel ministeriales nostri indicent quid de hac inquisitione factum habeant. Capit. de disc. pal. Aquisgr. (ca. a. 820?), c. 8, p. 298. Ad tres ministeriales: senescalcum,

buticularium et comitem stabuli ... pertinebat. HINCMAR., o.c., c. 23. Etiam ib., c. 26; c. 32. Puis, le rang d'un "ministerialis" royal est concédé comme titre honorifique à des personnalités qui ne résident pas continuellement à la cour. — Later the grade of a royal "ministerialis" is being granted as a title of honour to great men who do not permanently attend. Matfridus fidelis ministerialis noster. D. Loth. imp. a. 845, BEYER, I no. 71 p. 79. Fidelem quendam nostrum Berengarium comitem et ministerialem nostrum. *D. Charles le Chauve*, no. 87 (a. 846). Similia no. 119 (a. 849). Wito ministerialis regis fuit, princeps super omnes forestes. *D. Ludwigs d. Deutsch.*, no. 152 (ca. a. 874). Fideli ac dilecto presbitero necnon ministeriali nostro nomine R. *D. Karls III.*, no. 38 (a. 881). E. dilectus episcopus [Pataviensis] et ministerialis noster. *D. Arnulfs*, no. 76 (a. 890). Propter petitionem A. vasalli ac ministerialis nostri. *D. Konrads I.*, no. 28 (a. 916). H. Dei sacerdos simulque ministerialis nostrae sublimitatis, ex quo vocatur justiciarius. *D. Charles le Simple*, no. 109 (a. 921). **4.** *officier public — state official.* De comitibus vel centenariis, ministerialibus nostris. Capit. missor. gener. a. 802, c. 40, I p. 99. Cunctis ministerialibus rem publicam administrantibus. D. Lud. Pii a. 822, *H. de Fr.*, VI p. 532 E. Omnibus episcopis, abbatibus, comitibus, vicariis, centenariis seu ceteris ministerialibus nostris. F. imp., no. 52, *Form.*, p. 325. Sicut usque nunc eaedem possessiones ad nos [i.e. regem] et nostros ministeriales aspectabant. Coll. Sangall., no. 2, p. 397. Ut comites et missi ac vassi nostri et ministeriales regni nostri ... juste omnes ... judicent. Capit. Pist. a. 869, c. 11, II p. 336. Nullum censum nostre parti seu publico ministeriali persolvant. *D. Guido*, no. 11 p. 30 l. 8 (a. 891). [Rex] missos suos direxit nomine ... et ceteros ministrales. D. Rodulfi I reg. a. 908, ROTH, *Cart. de Lausanne*, no. 175. Publici ministeriales Brixiensis comitatus ... placita custodire, mansionatica facere ... querebant. *D. Berengario I*, no. 112 p. 287 l. 15 (a. 916). Nemo inibi publicis ministerialibus teneat placitum aut mansionaticum faciat. Ib., no. 137 p. 353 l. 16 (a. 922). Nullus dux, marchio, comes, vicecomes vel aliquis ministerialis. *D. Ugo*, no. 17 p. 49 (a. 928). Precor ... reges, principes, comites atque omnes ministeriales, ut istam sententiam ... observent. RAGUT, *Cart. de Mâcon*, no. 72 p. 61 (a. 941-954). Villa ... immunis maneat ab omni querela comitis sive regalium ministerialium. *D. Lothaire*, no. 42 (a. 977). **5.** *sous-ordre d'un comte, appariteur judiciaire — a count's subordinate, beadle.* Jubente comite vel ministerialibus ejus propter se redimendum pretium dederunt. Capit. missor. de exerc. prom. a. 808, c. 6, I p. 138. Duces et eorum juniores, gastaldii, vicarii, centenarii seu reliqui ministeriales. Karoli M. epist. ad Pippin. (a. 806-810), p. 211. Alius census ab eis neque a comite neque a junioribus et ministerialibus ejus exigatur. Lud. Pii const. de Hisp. I a. 815, c. 1, p. 262. Capit. legib. add. a. 818/819, c. 16, p. 284. Juniores ac ministeriales vestri [sc. comitum]. F. imp., no. 15, *Form.*, p. 297. [Advocatus] cum ministerialibus ... [reos] castiget. Const. Caris. de mon. a. 861, *Capit.*, II p. 302 l. 24. [Filius comitis mortui] cum ministerialibus ipsius comitatus ... eundem comitatum praevideat. Capit. Caris. a. 877, c. 9, p. 358. Tales comites et sub se judices constituere debet ... et sub se hujusmodi ministeriales substituant. HINCMAR., Ordo pal., c. 10. [Res] quas H. ministerialis predicti comitis ... tunc habere videbatur. *D. Ludw. d. Kind.*, no. 33 (a. 904). **6.** *agent domanial, régisseur de domaine — manorial officer, estate manager* (cf. sub 2). Ut nullus ... ejusdem loci ministerialis ... aliquam presumat facere inquietudinem. *D. Charles le Simple*, no. 62 (a. 909). [Monachorum] ministeriales omnes res suprascriptas potestative teneant. *D. Ludw. d. Kindes*, no. 35 (a. 904). Dum ministerialis jam dicti loci debuit esse, quasi sub censu sibi detinuit et usurpavit. *D. Louis IV*, no. 4 (a. 936). Ministralis vel missi [leg. missus] abbatissae que [i.e. qui] ibi [sc. in curte] modo est. *D. Berengario II*, no. 3 p. 300 (a. 951). Ligna in nostro foresto ..., ministerialium nostrorum omni molestia remota, ... concedentes. *D. Ottos II.*, no. 152 (a. 977). Advocatum quem ipsa [abbatissa] elegerit aut suos ministeriales. *D. Heinrichs II.*, no. 44 (a. 1003). Coram archiepiscopo vel advocato suo aut aliis ministerialibus ... [causa] incipiatur. Ib., no. 139 (a. 1007). Advocatus vel ministerialis ecclesiae, quem episcopus sibi elegerit aut constituerit. Ib., no. 438 (a. 1021). Ministerialis ipsius ecclesie ... presit predicto comitatui ac de ejus utilitatibus provideat. Ib., no. 440 (a. 1021). Advocatum et ministeriales quos episcopus et fratres ... eidem loco prefecerint. *D. Konrads II.*, no. 4 (a. 1024). VERCAUTEREN, *Actes de Flandre*, no. 81 p. 183 (a. 1116). **7.** *tenancier servile astreint à des services spécialisés, soit domestiques, soit domaniaux — land-tenant of servile status bound to perform specialized services* of a household or manorial character. [Praedium] una cum ingenuis ..., una cum ministrale nostro J. et infantes suos, L. cum infantes suos ... Test. Abbonis a. 739 laud., p. 21. **8.** "*ministerialis*" au sens technique, individu appartenant à la classe des "ministeriales" — "*ministerialis*" in the technical sense. Legitima ministerialium beneficia. Silv. II pap. priv. a. 999, DRONKE, *CD. Fuld.*, no. 728 p. 342. Cum consilio fratrum ac misterialium sive totius familiae. WIDEMANN, *Trad. S.-Emmeram*, no. 303 p. 240 (ca. a. 1010-1020). S. ministerialis sui [sc. imperatricis]. *D. Kunigund*, no. 4, *Dipl.*, II p. 697 (a. 1030-1033). Tradidit ... servum suum ... ut ministerialium jure fruatur. WIDEMANN, no. 563 p. 297 (ca. a. 1060-1068). C. sacerdos cum ministerialis regni esset et H. imperatoris capellanus. Ann. Rod., a. 1108, *SS.*, XVI p. 704 (recte 694). Laicis qui dicebantur ministeriales ecclesiae. ERHARD, *Reg. Westf.*, I no. 182 p. 145 (a. 1118). A familia principum qui ministeriales dicuntur. OTTO FRISING., Chron., lib. 7 c. 8, ed. HOFMEISTER, p. 318. Militares vel alio nomine ministeriales. *D. Karolin.*, I no. 219 (spur. s. xii, Ottobeuren). Episcoporum, comitum, liberorum atque ministerialium nostrorum. D. Heinr. VI imp. a. 1195, HÖHLBAUM, *Hans. UB.*, I no. 41. Omnibus amicis suis, tam liberis quam ministerialibus. HELMOLD., lib. 1 c. 72, ed. SCHMEIDLER, p. 138. Cf. F. L. GANSHOF, *Etude sur les ministériales en Flandre et en Lotharingie*, Bruxelles 1926 (Ac. roy. de Belg., Cl. d. lettr., Mém., coll. in-8°, t. 20 fasc. 1). M. BLOCH, *Un problème d'histoire comparée: la ministérialité en France et en Allemagne*, *RHDFE.*, 4e s. t. 7 (1928), pp. 46-91. K. BOSL, *Die Reichsministerialität der Salier und Staufer*, 2 vol., Stuttgart 1950, 1951 *(Schr. der Monum. Germ. Hist.*, t. X). J. P. RITTER, *Ministérialité et chevalerie*, Lausanne 1955. **9.** femin. gen.: *une femme qui appartient à la classe des "ministeriales" — a woman belonging to the "ministeriales" class.* W. fideli nostrae ministeriali. *D. Heinrichs I.*, no. 18 (a. 928). Eticho ... genuit ex quadam ministeriali sua ... filios. Geneal. Welf., *SS.*, XIII p. 734 l. 3. **10.** *sacristain — sexton.* Ad luminaria reliquiis sancte Virginis procuranda a proprio ministeriali ejusdem capelle. *D. Charles le Simple*, no. 93 (a. 918). **11.** *artisan membre d'un corps de métier — craftsman belonging to a craft guild.* Fuere ministrales saponarii in Papia, qui faciebant saponum et qui dabant fictum omni anno in camera regis libras ... centum saponi ... eo quod nullus alius saponum facere debet in Papia. Honor. civ. Pap. (ca. a. 1027), c. 14, *SS.*, XXX p. 1456. [Textores Stampenses] constituent ... quatuor de probis ministerialibus illorum, per quos ipsi se justificabunt ... *Actes Phil.-Aug.*, no. 785, II p. 359 (a. 1204/1205).



**ministerialitas:** *la condition d'un "ministerialis" — the capacity of a "ministerialis".* Ministeriales ipsius palatini ... bona que hactenus a palatino tenuerant jure ministerialitatis, modo jure feodali ab eo receperunt. LAPPENBERG, *Hamburg. UB.*, I no. 432 p. 375 (a. 1219).

**ministerium:** **1.** *charge domestique — household post.* Ipsa monasterii ministeria per fratres ordinentur, id est pistrinum, hortus, bratiarium, coquina, agricultura et cetera ministeria. *Epp.*, IV p. 550 c. 16 (a. 812). Ut praepositus, decanus, cellararius de eorum ministerio, nisi causa utilitatis aut necessitatis, non removeantur. Capit. monast. a. 817, c. 56, I p. 347. Non dapifer, non praepositus, non mariscalcus, non serviens aut in aliquo ministerio positus. Ch. Wilh. duc. Aquit. a. 1076 ap. DC.-F., V p. 399 col. 3. **2.** *office qui se rattache au palais royal — royal court office.* A. palatii nostri comite, qui de ipso ministerio ad praesens nobis deservire videbatur. *D. Merov.*, no. 41 p. 38 (a. 663). Diversis in palacio honoribus et ministerio primus floruit. V. Arnulfi, c. 5, *SRM.*, II p. 433. Post diutina palatii Francorum ministeria. V. Desiderii Cadurc., c. 1, ib., IV p. 564. Regalibus ministeriis deserviret. V. Ebrulfi Utic., *Hist. de Fr.*, III p. 438. Nullius antecessoris sui [regis] ministeria [sc. infertoris, pincernae etc.] aptius provisa memini. WIPO, G. Chuonradi, c. 4, ed. BRESSLAU, p. 24. **3.** (jam ap. TACIT.) *fonction publique — public office.* Ut judices, advocati, praepositi, centenarii, scabinii, quales meliores inveniri possunt ... constituantur ad sua ministeria exercenda. Capit. Aquisgr. a. 809, c. 11, I p. 149. Neque missus discurrens aut aliquis mundanae actionis ministerio fungens. D. Lud. Pii a. 817, *H. de Fr.*, VI p. 503 E. De la charge comtale — of a count's office: De tuo ministerio, quod tibi commandavimus, bonum certamen habeas. F. Merkel., no. 51, *Form.*, p. 259. Si aliquis de filiis meis dignus fuerit ut ad ministerium comitis pervenerit. BITTERAUF, *Trad. Freising*, I no. 313 p. 269 (a. 814). De omni re, quantum ad ministerium vestrum pertinet. Capit. a missis dom. ad comites directa (a. 801-813), I p. 184 l. 2. De la fonction d'écoutète — of the post of a "scultHetus": Villae ejusdem minister ministerium a praeposito et fratribus teneat. VERCAUTEREN, *Actes de Flandre*, no. 6 p. 18 (a. 1085). Illa ad ministerium pertinent. OPPERMANN, *Fontes Egmund.*, p. 64 (s. xi). De la fonction d'avoué — of the post of an advowee: De ministerio advocati s. Bertini. VERCAUTEREN, no. 29 ( < a. 1102> , spur. s. xii). D'une fonction domaniale — of a manorial charge: Ut majores nostri et forestarii, poledrarii, cellerarii, decani, telonarii vel ceteri ministeriales ... pro manuopera [i.e. loco operum manualium] eorum ministeria bene praevideant. Capit. de villis, c. 10. Fiscilini et coloni et ecclesiastici atque servi qui honorati beneficia et ministeria tenent. Capit. missor. (a. 792/793), c. 4, I p. 67. [L. major] donat de ipso ministerio ... multones 2. Irminonis polypt., br. 22 c. 2. Monetarii jurent quod ipsum ministerium, quantum scierint et potuerint, fideliter faciant. Edict. Pist. a. 864, c. 13, *Capit.*, II p. 315. Du "ministère" royal ou impérial — of the "ministry" of a king or an emperor: Perfectio ministerii vestri maxime in hujuscemodi consistit officio. Episc. rel. (ca. a. 820), c. 8, *Capit.*, I p. 367. Quamquam summa hujus ministerii in nostra persona consistere videatur. Admon. (a. 823-825), c. 3, p. 303. Quicquid in vobis ... id est in persona et ministerio vestro ... corrigendum inveneritur. Episc. rel. a. 829, II p. 27. **4.** *le statut personnel d'un "ministerialis" — the personal status of a "ministerialis".* Spontanea voluntate matris in ministerium s. Dei genitricis adducti inter optimos ecclesie ministeriales computati sunt. BEYER, *UB. Mittelrh.*, I no. 389 p. 446 (a. 1095). **5.** **le service de Dieu, le culte, l'administration des sacrements — divine worship, ministration of the sacraments.* Calicem istum in usum ministerii tui. Sacram. Gelas., lib. 1 c. 88, ed. WILSON, p. 135. Propter divinum ministerium, missarum scilicet solemnia adinplenda et sanctorum patrocinia portanda. Concil. German. a. 743, c. 2, *Capit.*, I p. 25. Omnis ... clerus ... promiserunt se velle ecclesiastica jura moribus et doctrinis et ministerio recuperare. Synod. Liptin. a. 743, c. 1, p. 28. Ut supervenientes ... presbyteri de aliis regionibus non suscipiantur in ministerio ecclesiae, nisi prius fuerint probati ab episcopo. Capit. Suession. a. 744, c. 5, p. 29. Nec ipsae Deo dicatae in ullo ministerio altaris intermisceantur. Haitonis Basil. capit. (a. 807-823), c. 16, p. 364. **6.** *sacrement — sacrament.* Ut ministerium sacrosancti baptismatis ... praefixis ... temporibus ... celebretur. Episc. rel. (ca. a. 820), c. 2, p. 367. [Presbyteri] assidue apud suas ecclesias esse studeant propter sacra misteria vel ministeria fidelibus exhibenda. Concil. Meld. a. 845/846, c. 36, p. 407. **7.** *charge d'âmes, ministère pastoral — cure of souls, pastoral care.* Sanctarum animarum ministerium haberet [abbas].

Pass. Praejecti, c. 10, *SRM.*, V p. 231. Nec episcopale ministerium super eos aliquid ditionis obtineat. Priv. Bened. II pap. a. 855, MARINI, *Pap.*, no. 14 p. 19 l. 25 (J.-L. 2663). [Willibrordus episcopus] sibi corepiscopum ad ministerium implendum substituit. BONIF.-LULL., epist. 109 (a. 755), *Epp.*, III p. 395. [Comes episcopo] adjutor sit qualiter infra suam parrochiam canonicum possit adimplere ministerium. Pippini capit. Ital. (a. 801-810), c. 5, I p. 210. **8.** *dignité ecclésiastique*, surtout épiscopale ou presbytérale — *church dignity*, esp. that of a bishop or a priest. De ministerio ecclesiarum omnium praecepimus, ut nullus ad subripiendum in aliquo conaretur. Chlodow. epist. (a. 507-511), *Capit.*, I p. 1. [Presbyter] rationem et ordinem ministerii sui, sive de baptismo sive de fide catholica sive de precibus et ordine missarum episcopo reddat. Concil. German. a. 743, c. 3, p. 25. Ut episcopi de presbiteris et clericis infra illorum parrochia vel de suo ministerio potestatem habeant. Capit. Harist. a. 779, forma Longob., c. 4, p. 47 col. 2. In regno ejus vestrum [sc. episcopi] ministerium debitam semper venerationem optineat. LUP., epist. 26, ed. LEVILLAIN, I p. 126. Studium bonum . . . in ministerio suo [sc. diaconatus] . . . habebat. G. Aldrici, c. 1, *SS.*, XV p. 309. Pour la dignité pontificale — for the papal dignity: Quae secundum sacrum ministerium suum auctoritate apostolica decreverit. Capit. Pap. a. 876, c. 2, *Capit.*, II p. 101. [Papa] secundum sibi a Deo ministerium creditum decerneret. Synod. Pontigon. a. 876, capit. ab Odone prop., c. 2, p. 351. Pour la dignité abbatiale — for an abbot's dignity: Si intellexerint abbatem neglegentem [leg. neglegenter] suum ministerium agere. Capit. de insp. monast. (a. 823/824?), c. 2, p. 321. Pour la charge prévôtale — for a provost's office: [Prepositus] ad injunctum ministerium bonam habentem gratiam. *D. Heinrichs II.*, no. 318 (a. 1015). Pour la charge archidiaconale — for the office of an archdeacon: Inferiora ministeria, utpote decanatus, archidiaconatus et alia. Concil. Lateran. a. 1179, c. 3, MANSI, t. 22 col. 219. **9.** *circonscription où s'exercent les fonctions d'un officier public* — *district administered by a public officer*. In vestris ministeriis [sc. missorum regis, comitum, judicum, vassorum regis, vicariorum, centenariorum] pontifices nostros talem potestatem habere non permittatis . . . Karoli epist. in It. missa (a. 779-781), *Capit.*, I p. 203. Inquirant inter episcopos, abbatis sive comites vel abbatissas atque vassos nostros qualem concordiam et amicitiam ad invicem habeant per singula ministeria. Capit. missor. spec. a. 802, c. 18, p. 101. Ubicumque in vestra ministeria vel potestate advenerit. *D. Karolin.*, I no. 172 (a. 791). Justitias nostras quae in ipso vestro [sc. episcopi, abbatis vel comitis] ministerio adjacent. F. Marculf. aevi Karolin., no. 1, *Form.*, p. 115. Pour le territoire où s'exerce l'autorité d'un "missus dominicus" — for the territory placed under the jurisdiction of a "missus dominicus": Parata servitia habeant ipsi missi una cum comitibus qui in eorum ministeriis fuerint. Capit. missor. (a. 792/793), c. 6, I p. 67. Ut missi nostri et unusquisque [sc. missus] in suo ministerio haec capitula relegi faciant. Lud. Pii capit., p. 334 c. 7. Pour le comté — for a county: Res in vestro [sc. comitis] ministerio [sitas]. F. Senon., no. 18, *Form.*, p. 193. Que [i.e. qui] in vestro ministerio commanent. F. Sal. Bignon., no. 25, p. 237. Dedimus potestatem comitibus bannum mittere infra suo ministerio. Capit. de part. Saxon. (a. 785), c. 31, I p. 70. Si comis in suo ministerio justitias non fecerit. Capit. Harist. a. 779, c. 21, p. 51. Presbiteros . . . quos comites sui[s] in ministeriis habent. Capit. missor. gener. a. 802, c. 21, p. 95. Quanta ministeria unusquisque comes habuerit. Capit. missor. de exerc. prom. a. 808, c. 4, p. 137. In ministerio A. comitis. WARTMANN, *UB. S.-Gallen*, I no. 164 (a. 802). *D. Karolin.*, I no. 142 (a. 782). BITTERAUF, *Trad. Freising*, I no. 484 p. 414 (a. 823). D. Lud. Pii a. 817, WARTMANN, no. 226, I p. 217. In praesentia comitum in cujus ministeria res . . . esse noscuntur. D. Lud. Pii, ERHARD, *Reg. Westf.*, CD. no. 6 p. 7. Absolute, hoc sensu: Unusquisque missorum nostrorum per singula ministeria considerare faciat . . . Memor. de exerc. praep. a. 807, c. 3, p. 135. Quando [missi regis] tale aliquid in cujuslibet ministerio ad legationem suam pertinente ortum esse cognoverint. Commem. missor. a. 825, c. 2, p. 309. Recipi debeant per singula ministeria ab eo [sc. imperatore] directi legati. Capit. missor. a. 865, c. 4, II p. 93. Pour la viguerie ou la centène — for the district administered by a "vicarius" or a "centenarius": Indiculum de comite ad vicarium . . . In nostro comitatu vel in tuo ministerio pleniter ipsas justitias facias. F. Merkel., no. 51, *Form.*, p. 259. Comites et centenarii . . . absque ulla mora eant per ministeria eorum. Capit. missor. gener. a. 802, c. 28, I p. 96. Hoc unusquisque vicarius singulis comitatibus in suo ministerio . . . praevideat. Capit. de caus. div. (a. 807?), c. 4, p. 136. Comes in cujus ministeriis haec facienda sunt. Capit. missor. de exerc. prom. a. 808, c. 8, p. 138. De Francis hominibus in isto comitatu et in meo mynisterio commanentibus. Capit. missor. Silvac. a. 853, sacram. centenariorum, II p. 274. Unusquisque comitum nostrorum vel vicariorum in singulis comitatibus et ministeriis. *D. Arnulfs*, no. 111 (a. 893). Absolute, hoc sensu: In pago Ruthenico in ministerio Betonico in villa F. *BEC.*, t. 24 (1863), p. 165 (a. 856). In pago Rutenico . . . in ministerio Curiense. *Hist. de Languedoc*[3], II pr. no. 203 col. 406 (a. 883). In pago Tolosano in ministerio Dalmatianense. Ib., V no. 116 I col. 257 (a. 965). Pour la circonscription administrée par un gastaldius — for the district administered by a "gastaldius": Per singula et integra gastaldata seu ministeria quae hic descripta sunt. Divis. ducat. Benev. a. 851, c. 1, *LL.*, IV p. 221. Absolute, hoc sensu: Case et res in ministerio Stazonense. MANARESI, *Placiti*, I no. 45 p. 149 (a. 823-840, Milano). Infra territorio Aprutiense et infra ministerio Firmano. SAVINI, *Cart. Teram.*, p. 55 (a. 1018). Pour celle d'un écoutète (flamand et hollandais *ambacht*) — for the one of a "sculthetus": Ambitus castelli . . . per potestates et ministeria ad perficiendum distributus. Mir. Bertini (s. ix ex.), c. 8, *SS.*, XV p. 513. In loco q. d. E. in ministerio Furnensi. VERCAUTEREN, *Actes de Flandre*,



no. 32 p. 97 (a. 1105). Terram quam b. Bertinus infra ministerium de M. possidet. MIRAEUS, I p. 84 col. 1 (a. 1122, Boulogne). Liceat abbati . . . illum tenere et ad justiciam trahere, in cujuscumque ministerio sit. OPPERMANN, *Fontes Egmund.*, p. 222 (spur. s. xii). Pour celle d'un avoué — for an advowee's: [Judex immunitatis] jurare debet quod . . . pro causa dilatationis de sua potestatem vel de suo ministerio ipsum latronem non jactasset. Capit. Harist., forma Longob., c. 9, p. 48. Homines qui per ministeria eorum [sc. vicedominorum, advocatorum] commanere videntur. Karoli M. capit., p. 214, c. 5. Mansiones que sunt in ministerio advocati. VERCAUTEREN, no. 127 (a. 1127). **10.** *ensemble domanial confié à la gestion d'un "villicus"* — *manorial unit managed by a bailiff*. Majores amplius in ministerio non habeant nisi quantum in una die circumire aut previdere potuerint. Capit. de villis, c. 26. Ibi pluries. De ministerio illius majoris. Brev. ex., c. 25, inscr. [Novi monachi] non statim foras ad ministeria monasterii mittantur antequam intus bene erudiantur. Admon. gener. a. 789, c. 73, *Capit.*, I p. 60. R. actor per suum ministerium, id est per domos servorum nostrorum tam in Aquis quam in proximis villulis nostris . . . inquisitionem faciat. Capit. de disc. pal. (ca. a. 820?), c. 2, p. 298. De ministerio Rosontione fabarum modios tres. Ansegis. Fontan. const., ap. G. abb. Fontan., c. 13 § 8, ed. LOHIER-LAPORTE, p. 119. Sunt in M. in ipso ministerio mansa ledilia 44. Urbar. Prum. a. 893, c. 23, BEYER, *UB. Mittelrh.*, I p. 153. Ad C. ex ministerio Engilhari de arabili terra . . . et de ministerio Williperti de pratis . . . BITTERAUF, *Trad. Freising*, I no. 994 p. 752 (ca. a. 887-895). KÖTZSCHKE, *Urb. Werden*, p. 28 (s. ix ex.) et saepius. Proprium . . . in comitatu Marchwardi . . . in ministerio Waltramni quod ad nostram pertinet cameram. *D. Konrads I.*, no. 31 (ca. a. 917). Tradidit . . . curtim nomine A. et quicquid ad ministerium Liutfridi pertinet . . . cum ministris in eodem ministerio habitantibus et inde beneficium habentibus. HAUTHALER, *Salzb. UB.*, I p. 246 (ca. a. 1050). **11.** *circonscription ecclésiastique*, diocèse ou paroisse — *church district*, diocese or parish. Ut omnes episcopi potestative secundum regulam canonicam doceant et regant eorum ministeria. Capit. Baiwar. (a. 803?), c. 2, I p. 158. [Presbyter] eos quos habet in suo ministerio cognoscat. Karoli M. capit. de presb. admon., c. 1, p. 237. **12.** *ensemble de biens concédés à un officier public en guise de rémunération* — *group of estates granted to a public officer by way of salary*. Comes de suo ministerio . . . omnia eis [sc. missis regis vel legatis] necessaria . . . soniare faciat. Capit. de villis, c. 27. Villam . . . W. comes in ministerium habuit ad opus regis, et post eum B. comes. Cod. Lauresham., no. 6[a], ed. GLÖCKNER, I p. 278 (post a. 773). De fisco nostro quem H. comes in ministerium habet. D. Lud. Pii a. 817, *Hist. de Fr.*, VI p. 509 B. Eorum [sc. comitum] ministri si aliquem dimiserint, et proprium et ministerium perdant. Const. de exp. Benev. a. 866, c. 3, *Capit.*, II p. 95. Quasdam res proprietatis nostre . . ., hoc est curtem nostram S. vocatam, quam ipse archiepiscopus tunc in ministerium habere visus est, potestative in proprietatem concessimus. *D. Ludw. d. Kind.*, no. 64 (a. 908). Donavimus quicquid Poppo . . . habuit in ministerium in eodem comitatu [sc. Hunrogi comitis] et in villa A., proprietario jure habendum. *D. Ottos III.*, no. 312 (a. 999). [Villam] R. totam, quicquid M. ibi in ministerio visus est obtinere. *D. Heinrichs II.*, no. 55 (a. 1003). **13.** *accueil* qui comporte le hébergement et la fourniture d'aliments — *treat of a visitor* comprising housing and purveyance. Unus episcopus debet ad P. super 12 noctes advenire, et ideo praepara illi ministerium. Coll. Sangall., no. 35, *Form.*, p. 418. **14.** *fourniture d'aliments* — *food supply*. Censum hobe unius apud E. habeant in potestate, que annuatim persolvet ovem cum agno, 8 modios avene . . . cum adjuncto ministerio 10 modiorum tritici ac totidem siliginis. WIDEMANN, *Trad. S.-Emmeram*, no. 498 p. 283 (a. 1044-1048). Fratres Deo et s. Emmerammo servientes diem . . . pleno officio quotannis celebrent et illis ipso die consuetum karitatis ministerium . . . ex eadem huoba persolvatur. Ib., no. 577 p. 300 (ca. a. 1060-1068). Praedia sua . . . contradiderunt in ministerium vel in ecclesia Deo militantium vel in hospitali repausantium. MIRAEUS, III p. 309 col. 2 (a. 1092, Liège). **15.** *groupement d'unités domaniales dont les revenus sont affectés à un même service* — *group of estates the revenue of which has been assigned to a definite household department*. Dedit . . . ad monasterium s. Maximini et ad ministerium porte mansum unum. BEYER, *UB. Mittelrh.*, I no. 163 p. 227 (a. 923). Censum reddam singulis annis . . . in ministerio hospitarii. WARTMANN, III no. 810 p. 27 (a. 965). Villas ad fratrum usus pertinentes . . . absque his quae in aliis ministeriis erant distributae vel quae militibus et cavallariis erant beneficiatae. G. abb. s. Bertini, c. 63, *SS.*, XIII p. 619. Rursum ib., c. 8, p. 622. Cf. F. L. GANSHOF, *ALMA.*, t. 2 (1925), p. 92 sq. **16.** (cf. PLIN., 16, 84, 1) *artisanat* — *handicraft*. Muliercula quae textricis fungebatur officio . . . habebat cooperatricem quae ejusdem erat ministerii. RADULF. TORTAR., Mir. Bened., lib. 8 c. 33, ed. DE CERTAIN, p. 330. Nullus faciat ministerium eorum [sc. corduanariorum] nisi per eos. DELISLE, *Actes Henri II*, I no. 16 p. 22 (a. 1150/1151, Rouen). **17.** *corporation de métier* — *craft guild*. Ministerium monete . . . Auri levatores . . . piscatores . . . corarii . . . Sunt eciam alia ministeria. Honor. civ. Pap. (ca. a. 1027), c. 14, *SS.*, XXX p. 1454 sqq. Ch. commun. Peron. a. 1209, c. 25, *Ordonn.*, V p. 162. **18.** **service de table, vaisselle, vases* — *table requisites, plates and dishes*. **19.** *buffet, dressoir* — *buffet, sideboard*. Si miscere jussum fuerit a[d] fratres ut bibant, vadit minister ad ministerium et tangit digito suo calice[m]. Ordo Rom. XIX (s. viii), c. 23, ANDRIEU, III p. 221. [Altare] ministerium calciamentorum et paterarum seu scutellarum efficiebatur. FOLCUIN., G. abb. Lob., c. 26, *SS.*, IV p. 68. Ante tabulam scutellarum, quae alio nomine ministerium potest appellari. BERNARD. MORLAN., pt. 1 c. 46, HERRGOTT, p. 237. **20.** *étage* — *stock*. Dedit . . . quandam partem sue domus, a terra usque ad fastigium, ubi sunt duo ministeria constructa et possunt adhuc

alia fieri. BERTRAND, *Cart. d'Angers*, I no. 55 p. 75 (a. 1082-1106). **21.** *ustensiles — implements.* Salina cum omni maratione vel sua ministeria. RICHARD, *Ch. de S.-Maixent*, I no. 6 p. 17 (a. 892). **22.** *mobilier — furniture.* Sanctuaria seu ministeria tam in ecclesia quam in vestario [monasterii] ab igne conflata sunt. Lib. pontif., Hadr. I, § 91, ed. DUCHESNE, I p. 512. **23.** singul. et plural.: *_objets du culte — liturgical implements_. Altaris ministeria praecepit auferri. EUGIPP., V. Severini, ed. KNÖLL, p. 62. CASSIOD., Var., lib. 9 epist. 15 § 10; lib. 12 epist. 20 § 3. GREGOR. M., lib. 1 epist. 66, *Epp.*, I p. 87; lib. 3 epist. 41, p. 198. De quadam eclesia urceum .. abstulerant cum reliqua eclesiastici ministerii ornamenta. GREGOR. TURON., H. Fr., lib. 2 c. 27. Ibi saepe. Test. Aredii a. 572, PARDESSUS, I no. 180 p. 139. Quidquid ... in agris, mancipiis, ministerium, sacris voluminibus vel quibuslibet speciebus quae ad ornatum divini cultus pertinere noscuntur ... conlata sunt. Ib., II no. 355 p. 139 (a. 666, Soissons). Si de ministerio ecclesiae aliquid furaverit, id est calicem aut patenam vel pallam. Lex Baiwar., tit. 1 c. 3 § 3. Cappellam, id est ecclesiasticum ministerium. Test. Karoli M. a. 811, ap. EGINHARD., V. Karoli, c. 33. Pour les vêtements et les tapisseries liturgiques — for church garments and tapestry: Ne pallis vel ministeriis divinis defunctorum corpuscula obvolvantur. Concil. Arvern. a. 535, c. 3, *Conc.*, I p. 67. **24.** spec.: *vases sacrés, le calice et la patène — sacred vessels, chalice and paten.* Habens ad collum ... ministerium cotidianum, id est patenulam parvam cum calice. GREGOR. TURON., Glor. conf., c. 22, *SRM.*, I p. 761. Si quis episcopus ... ministeria sancta frangere presumpserit. Concil. Clippiac. a. 626, c. 25, *Conc.*, I p. 200. Libris vel vestimenta seu et ministeria aecclesiae. Coll. Flavin., no. 43, *Form.*, p. 480. Nec ferens secum amplius nisi ministerium sacerdotale et bipennem. V. Wlmari, c. 4, MABILLON, *Acta*, III pt. 1 p. 235. Facere inde [sc. de argento] ministerium: calicem et patenam. *Epp.*, IV p. 581 (ca. a. 800-814). Ecclesia 1 cum signis tribus, velamina linea 2 et palliolum 1, libri 3, sacerdotale ministerium 1, cruces 2. OPPERMANN, *Rhein. Urk.-stud.*, I p. 437 no. 2 (s. x, Köln).

**ministralia**, menestralia, mistralia (femin.) (< ministerialis): *la charge d'un appariteur judiciaire et les revenus qui en découlent — the post of a bailiff and the income connected with it.* In isto castro tenet G. per s. Victorem et per abbatem ipsam castellaniam et ministraliam et ecclesiam et furnum et tascham. GUÉRARD, *Cart. de Mars.*, I no. 135 p. 160 (ca. a. 1010). L. ministralis omnia que habebat in castro B. per ministraliam et per castellaniam, dedit et vendidit. Ib., no. 119 p. 148 (a. 1065). Guirpisco ... istos districtos et ipsos censos et ipsas ministralias et ipsas quistas ... de villa P. ROUQUETTE, *Cart. de Béziers*, no. 63 p. 72 (a. 1036). Ego P. abbas ... dono tibi ... ministraliam in toto honore que modo habemus in villa de P. et in ejus terminio. CASSAN-MEYNIAL, *Cart. d'Aniane*, p. 216 no. 78 (a. 1136).

**ministralis**, ministrallus, v. ministerialis (subst.).

**ministrare**, intrans.: **1.** *aider, porter secours à qq'un — to help, assist, support.* Angelus ... ministrabat ad salutem nostram. RUSTIC., SCHWARTZ, *Concil.*, I pt. 3 p. 157. Si quis ministraverit sanctis qui propter nomen Christi agonizantur. Pass. Bonif. mart., *AASS.*, Maji III p. 281. Dominus transiens nobis ministrabit. PAUL. DIAC., Homil., MIGNE, t. 95 col. 1559. **2.** *comparaître — to enter an appearance.* Econtra monachi s. Eugendi monasterii Lurensis, Q. videlicet prepositus, M., ministrabant. RAGUT, *Cart. de Mâcon*, no. 359 p. 207 (a. 906). **3.** *officier — to officiate.* Vestimenta in quibus ... ministraverat. GREGOR. M., Ezech., MIGNE, t. 76 col. 918 C. Coll. Quesnell., ib., t. 56 col. 542 A; 593 A. [Episcopi vagantes] in alterius parrochia ministrare nec ullam ordinationem facere non debeant. Concil. Vern. a. 755, c. 13, *Capit.*, I p. 36. **4.** alicui: *servir à l'autel — to assist in church ritual.* Quendam presbyterum suum qui sibi ministraverat. ANAST. BIBL., Chron., ed. DE BOOR, p. 96. [Diaconus] pontifici missam celebranti juxta morem ministravit. REGINO, Chron., a. 870, ed. KURZE, p. 102.

**ministratio**: *mets, repas, plat — dish, meal.* Si aliam ministrationem ministrentur. Ordo Rom. XIX, c. 8, ANDRIEU, III p. 218. Sororibus ap[p]osuerunt ministrationes diversas. JOH. AMALF., Mir., ed. HUBER, p. 116. Monachi concesserunt dominae R. unam ministrationem monachalis praebendae. MIRAEUS, II p. 816 col. 1 (a. 1120, Cambrai).

**minitor**, v. 2. minator.

**minofledus**, minoflidus (germ.): *petit propriétaire de statut personnel libre — freeholder.* Capit. 9 legi Sal. add. Pact. Alam., fragm. 2 c. 36 et 39.

**minor** (adj.), **1.** loc. causae minores: les causes judiciaires d'ordre secondaire, en particulier les causes criminelles qui impliquent une amende inférieure à celle du ban royal — minor law cases, especially criminal cases involving fines lesser than the king's "bannus". Haec de minoribus causis observandum; de majoribus vero rebus ... Capit. Harist. a. 779, c. 10, I p. 49. De minoribus causis comitis bannum in solidos 15 constituimus. Capit. de part. Sax. (a. 775-790), c. 31, p. 70. Pro majoribus causis ... ad comitis sui mallum omnimodis venire non recusent; ceteras vero minores causae ... inter se mutuo definire non prohibeantur. Const. de Hisp. I a. 815, c. 2, p. 262. Comites quidam missos suos praeponunt popularibus, qui minores causas determinent, ipsis majora reservent. WALAHFR., Exord., c. 32, ib., II p. 515 l. 33. **2.** ecclesia minor: église paroissiale — parish church. Utrum [i.e. an] episcopi in circumeundo parrochias suas ceteras minores ecclesias gravent. Capit. de missis instr. a. 829, II p. 9. **3.** ecclesia minor: église-fille — daughter-church. Sacerdos minoris ecclesie sacerdotibus matricis ecclesie id denuntiare procurabit. MULLER-BOUMAN, *OB. Utrecht*, I no. 493 p. 439 (a. 1176-1203). **4.** minores personae: les individus appartenant à la classe sociale inférieure — people of the humbler class of society. Lex Visigot., lib. 7 tit. 2 § 20 (oppos.: majoris loci persona). Ib., tit. 5 § 1 (oppos.: honestior persona). Rursum lib. 8 tit. 4 § 30. Lex Burgund., tit. 2 § 2 (oppos.: optimas



nobilis, aliquis in populo mediocri). Lex Alamann., tit. 39. **5.** frater minor: frère mineur — friar minor. Nullus vocetur prior, sed generaliter omnes vocentur fratres minores. Francisci regula, c. 6. Subst. **minor: 1.** *mineur — one under age.* Lex Visigot., lib. 4 tit. 3 § 4. Lex Burgund., tit. 85 § 2; tit. 87 § 1. **2.** *serviteur — servant.* Neque vos vestrique minores nec ullus quilibet de judiciaria potestate. *D. Merov.*, spur. no. 1 (Réom). Salutatus a suis minoribus. Pass. Genesii, MOMBRITIUS, I$^2$ p. 597. **3.** plural. minores: *les individus appartenant à la classe sociale inférieure — people of the humbler class of society.* CASSIOD., Var., lib. 1 epist. 23 § 3; epist. 27 § 3; lib. 3 epist. 34 § 2. Minores populi. Lex Baiwar., tit. 2 c. 3.

**minorare**: **1.** *_amoindrir, affaiblir, appauvrir, diminuer — to lessen, weaken, impair, diminish_. Vaccaritiae vel carrucae nullo modo minoratae sint. Capit. de villis, c. 23. Quodsi [pistores] inventi fuerint [panes] adulterare vel minorare. Edict. Pist. a. 864, c. 20, *Capit.*, II p. 319. Quodsi novo tempore fiscus comitalis in jus ecclesiasticum concessus est, augeatur stipendium imperiale ab ecclesia juxta quod res publicae fuerint minoratae. Capit. Ravenn. a. 898, c. 8, p. 110. **2.** *nuire à, porter préjudice à qqch., enfreindre — to harm, encroach upon, infringe.* Nullam potestatem subtrahendi aut minorandi vendicamus. Ib., p. 354 (a. 817). Publica non minoretur utilitas. Capit. Olonn. mund. a. 825, c. 3, I p. 330. Nullo hanc nostram traditione[m] in aliqua parte minorante. *D. Karlmanns*, no. 25 (a. 879). Nulla potestas ei quicquam minorare presumat. *D. Karls III.*, no. 48 (a. 882). **3.** *_abaisser, humilier — to abase, humiliate_.

**minoratio**: **1.** *_amoindrissement, diminution — lessening, diminution_. Res istae numero kanonichorum sexagenario absque alicujus rectoris contradictione vel minoratione deserviant. *D. Karls III.*, no. 124 (a. 885). **2.** *tort, préjudice, atteinte — encroachment, injury, derogation.* Nullus ... aliquam minorationem contra legem facere audeat. Praec. pro Hisp. a. 844, c. 8, *Capit.*, II p. 260. Remota totius potestatis inquietudine et minoratione. *D. Berengario I*, no. 16 p. 53 (a. 896). [Si] ullam porcionem [i.e. partitionem] aut minorationem ... facere quererent. *D. Ugo*, no. 75 p. 222 (a. 944). **3.** *_abaissement, humiliation — abasement, humiliation_.

**minoritas**: **1.** *minorité, bas âge — minority, state of being under age.* S. xiii. **2.** *décroissance, diminution, moindre quantité — decreasing, decrease, lesser amount.* S. xiii.

**minuare** = minuere.

**minuatio**: *tort, préjudice, atteinte — encroachment, injury, derogation.* Absque ullo prejuditio ecclesiae nostrae vel minuatione aliqua ... locella excolere debeatis. MARCULF., lib. 2 no. 40, *Form.*, p. 100. Nec loci minuationem formident. *CD. Cajet.*, I p. 169 (a. 993). Si ... de ipsis rebus aliqua[m] minuacionem fecerint. VIGNATI, *CD. Laudense*, p. 37 (a. 994).

**minuere**, minuare: *_saigner — to let blood_.

**minuitas**: **1.** *tort, préjudice — derogation.* Ne ... eadem ecclesia aliquam minuitatem patiatur. Joh. VIII pap. epist. 225 (a. 879), *Epp.*, VII p. 200. Medietatem tradimus sine minuitate. *CD. Cavens.*, II p. 263 (a. 989). **2.** *minorité — minority.* Nec hoc tempore minuitatis vivere possim. MOREA, *Chart. Convers.*, p. 65 (a. 994).

**minus**, **1.** loc. minus venire: manquer — to be missing. Minus veniunt tres psalmi. Benedicti regula, c. 18. **2.** impers. minus venit de aliquo: il disparaît, meurt — he vanishes, dies. Quodsi minus venerit de vobis. ROSELL, *Lib. feud. maj.*, no. 257 (a. 1038). Ibi pluries.

**minuta**, -um: *obole — obolus.* Polypt. s. Remigii, c. 13 § 4, ed. GUÉRARD, p. 25 col. 1. Polypt. Derv., c. 38, LALORE, *Ch. de Montiérender*, p. 108. AIMOIN., Mir. Bened., lib. 3 c. 3, ed. DE CERTAIN, p. 131.

**minutalia** (subst. neutr. plural.): **1.** *_choses sans importance, menus objets — unimportant things, small objects_. **2.** *intestins d'animaux abattus, charcuterie — entrails, offal of meat.* Illa minutalia atque interanea ... dentur ad illam familiam. EGINHARD., epist. 5, *Epp.*, V p. 111.

**minutia**. Plural. femin. minutiae et plural. neutr. minutia: **1.** *_petits fragments — small pieces_. **2.** *menus articles — minor commodities.* Cardones, saponem, unctum, vascula vel reliqua minutia quae ibidem necessaria sunt. Capit. de villis, c. 43. Iterum c. 44. **3.** *abats de boucherie, intestins, charcuterie — offal, entrails, sausages.* De lardo baccones 20 pariter cum minutiis. Brev. ex., c. 7. Ibi pluries. Baccones cum plena minutia eorum. Adalhard. Corbej. stat., lib. 2 c. 11, ed. LEVILLAIN, p. 379. **4.** *petites taxes — small dues.* CASSIOD., Var., lib. 11 epist. 37 § 2. GREGOR. M., lib. 1 epist. 42, *Epp.*, I p. 64. **5.** *_petits détails, minuties — small matters, minutiae_.

**minutio**: *phlébotomie — blood-letting.* S. xii.

**minutor**: *phlébotomiste — one who lets blood.* S. xiii.

**miolus**, miulus, miolius: *récipient — recipient.* S. xiv, Ital.

**mirabile**. Subst. neutr. plural. mirabilia: *_miracles — miracles_.

**miraculose**: *_miraculeusement — miraculously_.

**miraculosus**: *_miraculeux — miraculous_.

**miraculum**: **1.** *_miracle — miracle_. **2.** *pièce-miracle — miracle-play.* S. xiii.

**myrias**: *_myriade, dix mille — myriad_.

**myrice** (genet. -es), myrica (class. "bruyère (plante) — heather"): *bruyère, lande — heath, moor.*

**mirificare**: *_rendre merveilleux, exalter, magnifier — to make marvellous, to exalt, magnify_.

**myrmicoleon** (mascul., genet. -onis) (gr.): *_fourmi-lion — ant-lion_.

**myrta** = myrtus.

**misa**, misia, missa (< mittere): **1.** *dépense — outlay.* Decem burgenses ... eligant ... ut ... negocia ville, misas scilicet, procurent. *Actes Phil.-Aug.*, no. 30, I p. 42 (a. 1181). **2.** *cotisation — poll-tax.* Si communia pro auxilio meo [sc. comitis Trecensis] vel expeditione vel quacumque de causa collectam aliquam vel misiam fecerit. BOURGEOIS, *Mouv. comm. Champagne*, p. 118 c. 20 (a. 1179, Meaux). Si quis communie missam vel talliam super se positam solvere noluerit. BOURGIN, *Soissons*, p. 432 no. 15 c. 6 (s. xii ex.).

**miscella**, v. mislata.

**miscere.** Refl. se miscere et passiv. misceri: **1.** *s'immiscer — to meddle, interfere.* Se miscere negotiis. GREGOR. M., lib. 4 epist. 9, *Epp.*, I p. 241. Se in causis sacerdotalibus miscere non soleat. Ib., epist. 20, p. 254. **2.** **être mêlé à, tremper* dans, *être impliqué* dans un crime, une erreur — *to be mixed up* with, *involved* in, *accessory* to a crime, an error. Quemquam . . . mixtum laesionibus inveniri. CASSIOD., Var., lib. 11 epist. 9 § 4, *Auct. ant.*, XII p. 339. Juravit de omnibus quae adversus eum dicta . . . fuerant mixtum se non esse. GREGOR. M., lib. 8 epist. 36, II p. 39. Clerici qui sceleri huic mixti fuerant. GREGOR. TURON., H. Fr., lib. 6 c. 11. Loquebantur . . . M. tribunum in hoc scelere mixtum fuisse. Ib., lib. 7 c. 23. Purificet se maritus . . . quod mixtus in morte ipsius mulieris non fuisset. Edict. Rothari, c. 166. Quanti in ipso homicidio misti fuerint. D. Loth. I imp. a. 840, BM.$^{2}$ no. 1067. Facinore mistus. ATTO VERCELL., ed. BURONTIUS, p. 301.

**miscla,** v. mislata.

**misculare: 1.** *mêler — to mix.* Faber qui . . . comprobatus fuerit aurum vel argentum . . . adulterasse vel misculasse. Edict. Pist. a. 864, c. 23, *Capit.*, II p. 320. **2.** refl. se misculare: *se mêler* de qqch. — *to allow oneself to become mixed up* with a thing. De istis rapinis atque depredationibus nihil vos debeatis misculare. HINCMAR. REM., De coercendis militum rapinis, SIRMOND, II p. 145.

**misculatio:** *usurpation — encroachment.* Res ipsas quae juste ad domnum regem Karolum obtingebant in alode, Antener adhaberet per ipsam misculationem. GUÉRARD, *Cart. de Mars.*, I no. 31 p. 45 (a. 780).

**misellaria** (< misellus): *léproserie — leper-house.* S. xiii.

**misellus** et **misella:** *lépreux, lépreuse — leper.* DC.-F., V p. 409 col. I (ch. a 1165, Melun).

**miser** (adj.): *misérable — wretched.* Misera anima daemonibus quasi prostituta subjicitur. PAUL. DIAC., Homil., MIGNE, t. 95 col. 1226. Subst.: *un misérable — a wretch.* Nec sic confusus est miser. ANAST. BIBL., Chron., ed. DE BOOR, p. 263. Ve illis miseris quos haec cenosa inficit pravitas. VULGAR., Form., ed. DÜMMLER, p. 135.

**miserari:** *(de Dieu) *faire miséricorde* — (of God) *to grant mercy.*

**miseratio: 1.** **miséricorde de Dieu, grâce divine — divine mercy.* **2.** *absolution — absolution.* Neque [monachi] sacerdotalem miserationem aliquando exhibeant. BERNARD-BRUEL, *Ch. de Cluny*, V no. 4212 p. 559 (a. 1163).

**misereri** alicui: **avoir pitié* de qq'un — *to pity.*

**misericordia: 1.** **miséricorde de Dieu, démonstration de la bienveillance divine — God's mercifulness, testimony of His benevolence.* **2.** *bienveillance, condescendance, grâce* d'un prince — a ruler's *benevolence, condescendence, grace.* Nos ornatos vestra misericordia. LIUDPR. CREMON., Legat., c. 2, ed. BECKER, p. 176. Misericordia vestra: titre honorifique pour l'empereur — title of honour in addressing the emperor. Episc. rel. (ca. a. 820), c. 5, *Capit.*, I p. 367. **3.** **faveur, marque de faveur, grâce* accordée par qq'un — *favour, mark of favour.* De la concession d'un avantage successoral — with reference to the advantagement of an heir. [Filii de ancilla nati] non accipiant portionem inter fratres nisi tantum quantum ei per misericordiam dare voluerint fratres ejus. Lex Baiwar., tit. 15 c. 9. De la dispense d'une prescription de la règle monastique — with reference to a dispensation from a provision of the monastic rule. Quicunque amplius quid . . . habere voluerit, hoc nec pro justitia nec pro misericordia, sed pro magna censetur superfluitate. UDALRIC., Cons. Cluniac., lib. 3 c. 11, MIGNE, t. 149 col. 752 C. D'un pardon, d'une rémission, d'une levée de punition — with reference to a condonation, a remittal of punishment, an amnesty. Ut illis hominibus, qui . . . in nos peccaverunt . . ., rationabilis misericordia impendatur non solum in indulgentia commissorum et in concessione proprietatum, verum etiam et in largitione honorum. Conv. ap. Confl. a. 860, capit. ab omnib. cons., c. 7, II p. 156. Similia Sacram. Caris. a. 858, p. 296 l. 30. Jam a prioribus nostris [res remanentium ab exercitu] tultae fuerunt, sed pro misericordia recuperare meruerunt. Const. de exp. Benev. a. 866, c. 2, II p. 95. Villam abjurabit usque ad misericordiam dominorum et hominum ville. WAUTERS, *Origine*, p. 17 (a. 1142, Hainaut). D'une absolution, de l'allégement d'une pénitence infligée — with reference to an absolution, an alleviation of a penance imposed on a person. Vir si duxerit uxorem et concumbere cum ea non valens frater ejus clanculo eam vitiaverit . . ., separentur. Considerata autem imbecillitate misericordia eis impertiatur ad conjugium. Concil. Tribur. a. 895, forma brevior, c. 41, *Capit.*, II p. 237 col. 2. Etiam ib., c. 55, p. 243. D'un désistement de prétentions en droit — with reference to the waiving of claims. Ut omnia quae wadiare debent . . . pleniter . . . rewadiata fiant; et in postmodum vel domnus rex vel ille cujus causa est [i.e. actor] juxta quod ei placuerit misericordiam faciat. Capit. missor. a. 803, c. 13, I p. 116. **4.** discrétion, la faculté de punir oui ou non et de déterminer le taux de la peine, le *pouvoir discrétionnaire — mercy, discretion to amerce.* Ad misericordiam ejus venienti reddere jussisset. D. Lud. Pii a. 816, *MIOeG.*, t. 1 (1880), p. 282. Cui cum H. respondisset quod ei de hoc in misericordia sua rectum faceret. BERTRAND, *Cart. d'Angers*, I no. 178 p. 207 (a. 1056-1060). Cui [lanceae] si aliquid obstiterit in altitudine vel in latitudine, autoritate regia deicitur vel satisfactione ad misericordiam comitis redimitur. ROUSSEAU, *Actes de Namur*, p. 89 (a. 1047-1064, Dinant). Per pecuniam emendavit in misericordia domini Normannie. Cons. Normann. (a. 1091), c. 2, HASKINS, *Norman inst.*, p. 282. Si quis . . . forisfecerit, non dabit vadium in misericordia pecuniae suae [comme signe que toute sa substance est à la discrétion du roi — as a token that all his assets are in the king's mercy] . . . sed secundum modum forisfacti emendabit. Ch. coron. Henr. I reg. Angl. a. 1100, c. 8, STUBBS, *Sel. ch.*$^{9}$, p. 119. Defecit et recusabit [i.e. recusavit] judicia [sc. Dei] mittens se in misericordia abbatisse et relinquens illi furnum et terram. GRASILIER, *Cart. de Saintonge*, no. 228 p. 148 (a. 1100-1107). Qui scienter fregerit [pacem] . . . corpus suum in misericordia regis. Leg. Edw. conf., c. 12 § 3, LIEBERMANN, p. 638. Erit in misericordia domini regis. Const. Clarend. a. 1164, c. 10, STUBBS, p. 166. A suo officio deponetur et in communie misericordia remanebit. Etabl. de Rouen, c. 2, ed. GIRY, p. 8 (a. 1160-1170). Qui . . . de hoc convictus fuerit, erit in misericordia comitis de 60 libris. WARNKOENIG-GHELDOLF, *Hist. de Flandre*, III p. 220 no. 1 c. 6 (a. 1178). Catalla erunt in misericordia prepositi regis et majoris. Phil. II Aug. reg. Fr. priv. commun. Ambian. a. 1190, c. 15, *Actes*, no. 319, I p. 384. Si aliquem vulneraverit, in misericordia nostra erit perdendi pugnum. Ejusdem priv. pro Atrebat. a. 1194, c. 10, ib., no. 473, I p. 566. **5.** *amende discrétionnaire — amercement.* Homo Londoniarum non judicetur in misericordia pecuniae nisi ad suam were. Henr. I reg. Angl. ch. pro London. (a. 1130-1133), STUBBS, p. 130. Habuerunt . . . omnia placita et omnia cautalla foresfacta et omnes misericordias. DELISLE-BERGER, *Actes Henri II*, I no. 39* p. 45 (a. 1151-1153). Sua misericordia duplicabitur. Etabl. de Rouen, c. 19, p. 26. Omnes misericordie et omnia gagia que ad manum majoris veniunt. Ib., c. 43, p. 46. Si quis ordinis infracturam faciat, emendet hoc secundum ordinis dignitatem: wera, wita, lahslite et omni misericordia. Leg. II Cnut 49, vers. Quadrip., LIEBERMANN, p. 347 col. 1. **6.** *l'équité* par opposition au droit strict — *equity* as opposed to rigid justice. Causa que coram preposito mota fuerit et terminata vel per justiciam vel per misericordiam, ab alio judice retractanda non est. KEUTGEN, *Urk. st. Vfg.*, no. 139 c. 6 p. 140 (s. xii p. pr., Soest). Similia ib., no. 141 c. 1 p. 145 (a. 1165, Medebach). **7.** **aumône — alms.* Loc. in misericordia alicujus (cf. loc. in elemosyna alicujus): pour le salut de son âme — for the salvation of his soul. Qualiter omnes lites et jurgia in sua misericordia terminum habere potuissent. Concil. Remense II a. 813, c. 43, *Conc.*, II p. 257. Quatenus in sua piissima misericordia, si qua necessaria sunt, augeantur. Ib., c. 44, p. 258. **8.** *miséricorde*, distribution extraordinaire d'aliments aux moines ou aux chanoines — *extra food allowance* for monks or canons. Per totam aestatem in diebus dominicis ad coenam impenditur illis misericordia de lacte. UDALRIC., lib. 3 c. 8, col. 744 C-D. Qui cum aliis in communi refectionis loco hac misericordia couti omiserit. MULLER-BOUMAN, *OB. Utrecht*, I no. 374 p. 337 (a. 1139). **9.** *miséricorde* d'une stalle — *misericord.* Super misericordiam sedilis sui, si opus habet, quiescit. WILLELM., Const. Hirsaug., lib. 2 c. 2, MIGNE, t. 150 col. 1039 C. **10.** *parloir claustral — monastic parlour.* S. xiii. **11.** *miséricorde, poignard — dagger.* Abstracto gladio qui misericordia vocatur crudeliter militi infixit. GAUFRED. VOSIENS., Chron., lib. 1 c. 44, LABBE, *Bibl.*, II p. 302. Cultellis quos improprie misericordias vocant. Contin. Aquicinct. ad Sigeb., a. 1192, *SS.*, VI p. 428 l. 34. Cultellum cum cuspide vel curtam spatulam vel misericordiam vel hujusmodi arma multritoria. Phil. Aug. priv. pro Atrebat. laud., c. 10.



**misericorditer:** **avec compassion, avec miséricorde — compassionately.*

**misevenire** (praefix. germ.): *échouer* dans l'expurgation d'une accusation — *to miscarry, fail* to compurgate oneself. Si compellatio [de adulterio] sit, et [mulier] in emundando miseveniat. Leg. II Cnut 53, Quadrip., LIEBERMANN, p. 348 col. 1.

**misfacere,** mesf-, meff- (praefix. germ.): *méfaire — to do wrong.* Perdono quod contra me misfecerunt. Conv. ap. Confl. a. 860, *Capit.*, II p. 158. Per wadia emendaverit quod misfactum habebat. HINCMAR. LAUDUN., ap. DC.-F., IV p. 168 col. 3. Si homo suus misfaciat sine posse vel velle suo. Leg. Henrici, c. 86 § 2, LIEBERMANN, p. 601.

**misia,** v. misa.

**mislata,** mesl-, mell-, medl-; -eta, -eia, -ea; miscla, mescla, miscella (< misculare): *mêlée, rixe — affray.* Cons. Norm. (a. 1091) c. 3, HASKINS, *Norman inst.*, p. 282. GARNIER, *Ch. de communes en Bourgogne*, I p. 339 no. 185 § 20 (a. 1206).

**misprendere** (praefix. germ.): *commettre un délit — to offend.* Qui in isto regno mispriserunt, si . . . deinceps . . . pacifici esse voluerint. Capit. post conv. Confl. missis trad., sect. C c. 2, II p. 299.

**1. missa** (< mittere): **1.** **congédiement, renvoi* des fidèles à la fin de la Messe — *dismissal* of the faithful at close of the Mass. Ite missa est. Ordo Rom. I, ANDRIEU, II p. 124. **2.** **oraison de conclusion* à la fin d'un office — *prayer in conclusion* of an office. **3.** **oraison* quelconque — any *prayer.* GREGOR. TURON., H. Fr., lib. 2 c. 22. **4.** **office divin* en général — any *divine office.* In conclusione matutinarum vel vespertinarum missarum. Concil. Agat. a. 506, c. 30, MANSI, t. 8 col. 330. **5.** *lecture liturgique — liturgical reading.* CAESAR., Reg. monach., c. 20, MIGNE, t. 67 col. 1102. Id., Reg. virg., c. 66 et 68. AURELIAN., Reg. virg., c. 38, MIGNE, t. 68 col. 404. **6.** **la Messe — Mass.* CASSIOD., Exp. in ps., c. 25, MIGNE, t. 70 col. 185 B. Vigil. pap. (a. 537-555) epist. 2 § 4, MIGNE, t. 69 col. 18 C. Concil. Autissiod. (a. 573-603), c. 10, *Conc.*, I p. 180. Coll. Avell., *CSEL.*, t. 35 p. 672 et 688. GREGOR. TURON., V. patrum, c. 16 § 2, *SRM.*, I p. 725. Cf. F. PROBST, *Die abendländische Messe vom 5. bis zum 8. Jhdt.*, Münster 1896. **7.** *messe des morts — mass for the dead.* Pro alimoniis pauperum et susceptio[ne] peregrinorum vel pro missa mea. SCHIAPARELLI, *CD. Longob.*, I no. 100 p. 289 (a. 750, Lucca). **8.** *messe en l'honneur d'un saint — mass in honour of a saint.* Missam s. Johannis in crastinum celebraturi. NITHARD., lib. 2 c. 10, ed. LAUER, p. 74. Comme indication chronologique — as a means of dating: Missa s. Martini. CHRODEGANG., Reg. canon., c. 34, MANSI, t. 14 col. 332. Missa s. Martini hyemale. Capit. de villis, c. 15. Censum solvas autumni tempore ante missam s. Martini. DRONKE, *CD. Fuld.*, no. 212 p. 113 (a. 803). Actum est hoc . . . ad missam s. Martini. WIDEMANN, *Trad. S.-Emmeram*, no. 19 p. 24 (a. 822). Nativitas Domini, Theophania, missa domnae Balthildae. Adalhard. Corbej. stat., lib. 1 c. 2, ed. LEVILLAIN, p. 353. Post missam s. Martini Aquis venit. Ann. Bertin., a. 831, ed. Waitz, p. 3. Annis singulis . . . in censum reddat den. 4 ad missam s. Martini. BITTERAUF, *Trad. Freising*, no. 608 (a. 835). Missa s. Bavonis. EGINHARD., epist. 56, *Epp.*, V p. 137. Mercatum qui in missa s. Hilariani celebratur. PASQUI, *Doc. di Arezzo*, p. 48 (a. 843). **9.** *lettre missive — letter.* Detulit

nobis ad relegendum monimen et missam ab Gaidualdo. BRUNETTI, *CD. Tosc.*, I p. 397 (a. 812). **10.** *confluent — confluence.* MITTARELLI, *Ann. Camald.*, I p. 55 (a. 954).
**2. missa**, v. misa.
**missalis** (adj.) (< missa): *de la Messe — of Mass.* De ordinatione et dispositione missalis libelli. ALCUIN., epist. 226, *Epp.*, IV p. 370 l. 15. Misi cartulam missalem vobis . . . ut habeatis singulis diebus quibus preces Deo dirigere cuilibet placeat. Ib., no. 250, p. 405 l. 37. Ad praestationem istius juramenti adfuerunt missales 50 presbyteri et presbyteri alii 160. Concil. Clovesh. a. 824, MANSI, t. 14 col. 488. Tam vespertinale quam matutinale seu missale officium dedicationis aecclesiae. G. Aldrici, c. 20, ed. CHARLES-FROGER, p. 62. Missalia vestimenta 2. BITTERAUF, *Trad. Freising*, I no. 654 p. 552 (a. 842). Item OTHLO, V. Wolfkangi, c. 23, *SS.*, IV p. 536. Ex vestris missalibus libris. Greg. V pap. (a. 996-999) epist., MIGNE, t. 137 col. 920 C. Ornamentum missale. HUGO FARF., Except., BALZANI, *Il chron. Farf. di Greg. di Cat.*, I p. 63 l. 11. Ad ecclesiam meam . . . missale officium et baptismi sacramentum . . . celebretur. STIMMING, *Mainzer UB.*, I no. 303 p. 194 (a. 1059). Fecit . . . codicem missalem. LEO OST., Chron. Casin., lib. 1 c. 53, *SS.*, VII p. 618. Missalia linthea in solenpnitatibus super altaria ponenda. Acta Murensia, c. 16, ed. KIEM, p. 50. Missalibus indutus vestibus. Annalista Saxo, ad a. 996, *SS.*, VI p. 641 l. 4. Subst. mascul. **missalis** et neutr. **missale**: *missel — missal.* Euangelium, psalterium et missale scribere. Admon. gener. a. 789, c. 72, *Capit.*, I p. 60. Sicut in missale habetur. Concil. Rispac. a. 800, c. 43, *Conc.*, II p. 212. Missas aliquas de nostro tuli missale. ALCUIN., epist. 296, p. 455 l. 1. Missalis quod vocatur Gregorianum. AMALAR., Lib. offic., lib. 3 c. 40, ed. HANSSENS, II p. 374. Missalem Gregorii volumen 1. Polypt. s. Remigii Rem., c. 6 § 17, ed. GUÉRARD, p. 8 col. 2. THÉVENIN, *Textes*, no. 99 (a. 867).
**missaticum** (< missus): **1.** *commission, course, voyage qu'on fait en délégué, en messager — errand, mandatory journey.* Nec episcopus nec abbas vel quilibet alius eos [sc. monachos] veredariorum more in missaticis transmittat. Concil. Meld. a. 845/846, c. 57, *Capit.*, II p. 412. [Mansus ingenuilis facit] missaticum quocumque necesse fuerit. Polypt Derv., c. 1, LALORE, *Ch. de Montiérender*, p. 90. Pergunt in missaticum. Ib., c. 12, p. 96. [Mansionarius] facit missaticum infra regnum, ubicumque ei precipitur. Cod. Laureshам., no. 3672, ed. GLÖCKNER, III p. 174 (a. 830-850). De omnibus viis et missaticis, que eatenus facieba[n]t, amodo liberi erunt. DUVIVIER, *Actes*, I p. 363 (a. 1156). **2.** *voyage de service — official journey.* Ut in illius comitis ministerio idem missi nostri placitum non teneant qui in aliquod missaticum directus est, donec ipse fuerit reversus. Capit. missor. a. 819, c. 25, I p. 291. D'une mission diplomatique — with reference to a diplomatic mission: Ad se post expletionem missatici [sc. pallium impetrandi ab apostolico ex jussu archiepiscopi] in Franciam reverteretur. V. Alcuini, c. 9, *SS.*, XV p. 190. Si tale missaticum haberem sicut vos habetis. HINCMAR., epist., ed. SIRMOND, II p. 287. Privilegium quod per nostram jussionem et per missaticum O. Belvacensis episcopi beatissimus papa . . . concessit. *D. Charles le Chauve*, no. 423, II p. 446 (a. 877). Abbates missaticum regium peragere soliti erant. *D. Karls III.*, no. 158 (a. 887). De missatico suo, quod executus est [Hincmarus] apud Lotharium imperatorem et Ludowicum Transrenensem . . . pro pacto pacis . . . componendo. FLODOARD., Hist. Rem., lib. 3 c. 18, *SS.*, XIII p. 509 l. 44. De la tournée d'un "missus dominicus" — with reference to the official tour made by a "missus dominicus". Si quis missum dominicum occiderit quando in missaticum directus fuerit. Ewa ad Amorem, c. 8. Dum ad potestatem [i.e. a potestate] domni L. imperatoris missis [i.e. missi] directi fuissemus . . . una cum R. R. T. judicibus imperiales [i.e. imperialibus] qui cum ipsis ad ipsum missaticum aderant. MANARESI, *Placiti*, I no. 68 p. 247 (a. 865). **3.** *fonction de "missus dominicus" — office of a "missus dominicus".* Omnes breves episcopus de missatica sua hic dimisit. F. Laudun., no. 2, *Form.*, p. 514. **4.** *dignité de légat apostolique — dignity of an apostolic legate.* Marino Constantinopolitanum missaticum devotissime . . . sortito. Lib. pontif., Hadr. II, § 62, ed. DUCHESNE, II p. 185. **5.** *la circonscription où s'exercent les fonctions d'un "missus dominicus" ou d'une commission de "missi dominici" — district covered by action of one or more "missi dominici".* Ut unusquisque in suo missatico maximam habeat curam . . . Capit. missor. Niumag. a. 806, c. 1, I p. 131. [Missi imperatoris] habeant descriptum quanti adventicii sunt in eorum missatico. Capit. per missos cogn. fac. (a. 803-813), c. 4, p. 157. Quicquid ille missus in illo missatico aliter factum invenerit quam nostra sit jussio. Capit. de just. fac. (a. 811-813), c. 9, p. 177. Tale conjectum missi nostri accipiant quando per missaticum suum perrexerint. Tractoria a. 829, II p. 11. Ut missi nostri omnibus per illorum missaticum denuntient . . . Capit. missor. Suession. a. 853, c. 12, p. 270. Missi et pagi per missaticos qualiter fuerunt tunc ordinati. Capit. missor. Silvac. a. 853, p. 275. Episcopi quinque in suis parochiis et missi in illorum missaticis comitesque in eorum comitatibus. Capit. Caris. a. 857, c. 2, p. 286. Fideles nostri . . . de uno missatico se in unum adunare procurent. Capit. Tusiac. a. 865, c. 13, p. 331. Omnia quae ibi habuit [quidam comes] . . . sine misso vel litteris aut verbo regis in sua parochia et missatico illi per violentiam abstulit. Concil. Duziac. I, pt. 5, MANSI, t. 16 col. 679. Ibat per missaticum injunctum a rege. Lib. Pap., *LL.*, IV p. 299 l. 25. **6.** *message, communication — message, notice.* Nobis indicare valeat missaticum tuum. F. Salzburg., no. 39, *Form.*, p. 448. Missaticum regis simul cum ipsis audiat. Hincmari Rem. epist. ap. FLODOARD., Hist. Rem., lib. 3 c. 26, *SS.*, XIII p. 543 l. 49. Venit ad me . . . comminister noster . . . dicens mihi ex tua parte missaticum. Ejusdem epist., SIRMOND, II p. 593. Dominus papa aequanimiter nostra non fert missatica. ODILO SUESS., Transl. Sebastiani, c. 8, *SS.*, XV p. 383. Hujusmodi . . . affaminis tam salubri missatico gloriosissimi reges . . . congratulantes.



Synod. Ingelheim. a. 948, *Const.*, I no. 6 p. 14. [Rex comiti], ut illuc usque sua proferat missatica, collocutione commendat amica. V. Gerardi Bron., c. 5, *SS.*, XV p. 658. **7.** *note diplomatique — diplomatic note.* Quia illud missaticum non suscepimus, aliud missaticum nobis sui missi dixerunt. Conv. ap. Confl., adnunt. Karoli, *Capit.*, II p. 154. Istum missaticum transmisit domnus rex . . . per A. abbatem et R. Ib., p. 283, inscr. (a. 856). Pro novis causis emergentibus ex . . . missatico domni apostolici H. et missatico H. nepotis vestri. Capit. Caris. a. 877, c. 4, p. 356. **8.** *la mission, la tâche confiée à un "missus dominicus" — the mission, the mandate given to a "missus dominicus".* Si quis super missum dominicum cum collecta et armis venerit et missaticum illi injunctum contradixerit. Karoli M. capit. (a. 810/811?), I p. 160. Missi nostri qui per omne regnum nostrum constituti sunt, missaticum nostrum prout eis opportunum fuerit agere non negligant. Capit. Caris. a. 877, c. 18, II p. 360. **9.** transl.: *vocation — calling.* Cognoscens ea quae in animo b. Aicadri abbatis versabantur pro suo sancto missiatico. V. Aicardi, c. 13, MABILLON, *Acta*, II p. 959.
**1. missaticus** (adj.) (< missa): *de la Messe — of Mass.* Episcopum . . . missatico apparatu vestitum. GERHARD. AUGUST., V. Oudalrici, c. 1, *SS.*, IV p. 388 l. 3.
**2. missaticus**, mess-, -agius (subst.) (cf. voc. missaticum): **1.** *messager, envoyé — messenger, envoy.* Missatici . . . supervenere. V. Deicoli, c. 13, *SS.*, XV p. 679. Aut per se aut per suos missaticos. RIUS SERRA, *Cart. de S.-Cugat*, no. 599 (a. 1010-1053). ANON. BARENS., Ann., a. 1053, MURATORI, *Scr.*, V p. 152. [Vicarius] mandat ei [sc. reo] per missagium suum forsfactum pro quo eum vocat. BERTRAND, *Cart. d'Angers*, I no. 226 p. 272 (a. 1055-1093). Per missaticos suos ea . . . sibi usurpans. RUDOLF., G. abb. Trudon., lib. 3 c. 16, ed. DE BORMAN, p. 49. Ibi pluries. V. Menelei, c. 23, *SRM.*, V p. 148. **2.** *"missus dominicus".* Omnes publicas actiones et functiones . . . sicut nobis debent vel nostro comiti aut nostro missatico. FICKER, *Forsch.*, IV no. 14 p. 19 (a. 872, Pavia). Ipsi episcopi singuli in suo episcopio missatici nostri potestate et auctoritate fungantur. Capit. Pap. a. 876, c. 12, II p. 103.
**missibilia** = missilia.
**missio**: **1.** *mise à la glandée — drove of animals.* Dimiserunt omnes consuetudines . . . et missiones porcorum suorum vel extraneorum. RÉDET, *Cart. de S.-Cyprien de Poitiers*, no. 225 p. 146 (ca. a. 1100). **2.** *mission — mission.* Missionis suae responsa regibus reddenda communi disponerent consilio. EKKEH., Cas. s. Galli, c. 10, *SS.*, II p. 132. **3.** *frais, dépense — cost, expense.* Habeant . . . redditas omnes missiones quas senior fecerit. Usat. Barcin., usualia, c. 29, D'ABADAL-VALLS TABERNER, p. 13. Tertiam partem . . . de denariis exeuntibus a dicto placito, tractis [i.e. substractis] missionibus . . . quae erunt factae in placito placitando. *Hist. de Lang.*³, V no. 302 III, col. 592 (a. 1071). Faciant terciam partem omni missione [i.e. omnis missionis]. ROSELL, *Lib. feud. maj.*, no. 758 (a. 1149). Si missio operum fuerit necessaria castello vel pro gaitis castelli, illam missionem faciant . . . FLACH, *Orig.*, II p. 308 n. 2 (a. 1155, Grandselve). **4.** *oblation au prêtre qui célèbre la Messe — offering to the officiating priest.* Sacerdos missionem . . . suscipiat. *Gall. chr.*², XII instr. col. 41 (a. 1154). **5.** *déguerpissement — abandonment.* Omnes . . . consuetudines . . . dereliquit. Quam videlicet missionem . . . jurans . . . fecit. Urbani II pap. priv. a. 1096, *Hist. de Lang.*³, V pr. no. 393 II col. 745.
**missitus**, mess-, -etus: *courtier — broker.* S. xiii, Ital.
**missorium**, mensorium: *plateau, large plat — salver, tray.* CASSIOD., Hist. trip., lib. 10 c. 15, *CSEL.*, t. 71 p. 609. FORTUN., V. Germani, c. 13 § 44, *Auct. ant.*, IV pt. 2 p. 14. Id., V. Radegundis, lib. 1 c. 19, *SRM.*, II p. 370. GREGOR. TURON., H. Fr., lib. 6 c. 2; lib. 7 c. 4. FREDEG., lib. 4 c. 73, *SRM.*, II p. 158. ISID., Etym., lib. 20 c. 4 § 10. Test. Erminethrudis a. 700, PARDESSUS, II no. 452 p. 257.
**missus** (subst.): **1.** *messager, courrier — messenger, courier.* Ad eum missi veniunt de fratris obitu nuntiantes. GREGOR. TURON., H. Fr., lib. 4 c. 51. Si necesse est de eorum [sc. monasteriorum sanctimonialium] necessitate ad domnum regem vel ad sinodum aliquid suggerere, eorum propositi vel missi hoc debeant facere. Concil. Vern. a. 755, c. 6, *Capit.*, I p. 34. [Judex villae regiae] missum bonum de familia nostra . . . dirigat. Capit. de villis, c. 5. [Sarciles et camisiles] perveniant ad cameram nostram . . . per vilicis nostris aut a missis ejus a se transmissis. Capit. Aquisgr. (a. 802/803), c. 19, p. 172. Si aliquid de omni illo mandato . . . dubitetis, ut celeriter missum vestrum bene intelligentem ad nostras [leg. nos] mittatis qualiter omnia bene intelligatis. Capit. ad comites dir. (a. 802-808), c. 4, p. 184. **2.** *envoyé chargé d'une mission diplomatique, ambassadeur — envoy, ambassador.* Rex inpellentibus missis imperialibus . . . exercitum in Italia diregit. GREGOR. TURON., lib. 8 c. 18. Venerunt missi [imperatoris], quos miserat . . . in Persida. Chron. Moissiac., a. 802, *SS.*, I p. 307. Si ad illum [regem] de quacumque parte missi directi fuerint. Ordin. imp. a. 817, c. 8, *Capit.*, I p. 272. Beneventanorum principem G. non quidem venientem sed missos suos mittentem pacto et sacramentis constrinxit. ASTRON., V. Lud., c. 23, *SS.*, II p. 619. Missi quin etiam lecti mittuntur honore, qui revehant Stephanum in sua regna sacrum. ERMOLD., In hon. Lud., lib. 2 v. 1131, ed. FARAL, p. 88. Communiter missos nostros ad Nortmannos pro pace accipienda mittimus. Conv. ap. Marsnam a. 847, adnunt. Lud., c. 3, *Capit.*, II p. 70. **3.** *délégué royal chargé d'une mission spéciale — commissioner sent by the king for a particular purpose.* Calumniantibus regalibus missis quod . . . [Antea: rex dirigens de latere suo personas]. GREGOR. TURON., lib. 5 c. 28. [Rex] missus [i.e. missos] in Burgundia et Neuster direxit ut suum deberint regimen eligere. FREDEG., lib. 4 c. 56, *SRM.*, II p. 148. Ibi saepe. Missi de palatio nostro discurrentes. *D. Merov.*, no. 50 (a. 673-681). Ut missus de palatio nostro ad hoc inter eos dividendum accedere deberet. MARCULF., lib. 1 no. 20, *Form.*, p. 56. Presente misso nostro quem ex nostro latere illuc pro hoc direximus. Ib., no. 40, p. 68. Omnes

misus nostros discurrentibus. Ib., addit. 2, p. 111. Omnes missus nostros de palacio ubique discurrentes. *D. Karolin.*, I no. 6 (a. 753). Ibi saepe. Ante comitibus palatiis aut missis discurrentibus vel cunctos officialis omnium juditium. F. Turon., append. 4, p. 165. Peto ut talem missum habuissem, qui mihi [i.e. me] exinde in locum protectionis vestrae [sc. regis] defensare et munburire fecisset. F. Bituric., no. 14, p. 174. [Rex] missos ex latere dirigeret, qui eum ... in aula regis facerent praesentari. Pass. Praejecti, c. 23, *SRM.*, V p. 239. Nemo alterius [h]erbam defensionis tempore tollere praesumat, nisi in hoste pergendum [leg. pergens] aut missus noster sit. Capit. Harist. a. 779, c. 17, I p. 51. De hereditate inter heredes si contentiose egerint, et rex missum suum ad illam divisionem transmiserit. Capit. Aquisgr. (a. 802/803), c. 7, p. 171. Ut omnes praeparati sint ad Dei servitium et ad nostram utilitatem, quandoquidem missus [noster] aut epistola nostra venerit. Capit. nota fac. (a. 805-808), c. 3, p. 141. Si vel comes vel actor dominicus vel alter missus palatinus hoc perpetraverit. Capit. missor. a. 819, c. 1, p. 289. Karolus ... missos suos ad recipiendos civitates et castella in Gothiam misit. Ann. Bertin., a. 864, ed. WAITZ, p. 67. Pour le délégué d'un duc — when speaking of a duke's substitute: Si quis missum ducis infra provintia occiderit. Lex Alamann., tit. 29. **4.** missus dominicus, regis (imperatoris), regalis (imperialis): *"missus dominicus"* au sens technique — in the technical sense. Quicquid missi nostri cum illis senioribus patriae ad nostrum profectum vel sanctae ecclesiae melius consenserint, nullus contendere hoc praesumat. Pippini capit. Aquit. a. 768, c. 12, I p. 43. Si ... missus dominicus ipsas causas [sc. unde compositiones ad palatium pertinent] coeperit requirere. Karoli M. capit. Ital. a. 787, c. 5, p. 201. Nostros ad vos direximus missos qui ex nostri nominis auctoritate una vobiscum corrigerent quae corrigenda essent. Admon. gener. a. 789, prol., p. 53. Ut missi nostri provideant beneficia nostra. Dupl. legat. edict. a. 789, c. 35, p. 64. De illo edicto quod ... pro [i.e. per] nostros missos conservare et implere jussimus. Breviar. missor. Aquit. a. 789, c. 1, p. 65. Si in presentia missorum regalium causae definitae fuerint. Capit. Saxon. a. 797, c. 4, p. 71. Coram rege vel coram comite et scabineis vel missis dominicis, qui tunc ad justitias faciendas in provincia fuerint ordinati, traditionem faciat. Capit. legi Ribuar. addit. a. 803, c. 8, p. 118. Missus, nude, hoc sensu: Ut praedicti missi per singulas civitates et monasteria ... praevideant. Capit. missor. Niumag. a. 806, c. 3, p. 131. Eligit extemplo missos quos mittat in orbem ... qui peragrent celeres Francorum regna per ampla. ERMOLD., lib. 2 v. 824, ed. FARAL, p. 64. Cf. V. KRAUSE, *Gesch. des Instituts der Missi dominici*, *MIOeG.*, t. 11 (1890). J. W. THOMPSON, *The decline of the missi dominici in Frankish Gaul*, Chicago 1903 (The decennial publ. of the Univ. of Chicago, first series, no. 4). Pour un puissant seigneur investi du pouvoir missatique dans une région étendue — with reference to a magnate possessing missatic power over a large area: Signum Bosonis ducis et missi Italiae atque sacri palatii archiministri. Capit. Pap. a. 876, II p. 104. Cunibertum statuimus nostrum missum in toto episcopatu Astensi et in comitatu Bredulensi inter Tanarum et Sturam. *Const.*, I no. 47 (a. 1040-1043). **5.** *sous-ordre d'un comte, "vicarius" — a count's subordinate.* Conventus ... fiat in omni centena coram comite aut suo misso. Lex Alamann., tit. 36 § 1. Missus noster vel comitis. *D. Karolin.*, I no. 88 (a. 774/775). Distringat illum comes aut per missum suum aut per epistolam suam. Pippini Ital. reg. capit. (a. 782-786), c. 6, I p. 192. Si quis latronem ... [non] ad praesentiam ducis aut comitis vel lociservatoris qui missus comitis est adduxerit. Capit. Ital. a. 801, c. 7, p. 205. De latronibus ... habeant providentiam ... una cum missis illorum [sc. comitum] qui in exercitu sunt. Capit. nota fac. (a. 805-808), c. 5, p. 141. Ut nemo presumat quis hominem vendere aut comparare nisi presentia comitum aut missorum illorum. Pippini capit. Ital. (a. 801-810), c. 18, p. 211. Liceat Hispanis ... nobis ... [expeditiones excubiasque] tam cum comite suo quam cum missis ejus ... exhibere. Const. de Hisp. I a. 815, c. 5, p. 262. Coheres ejus ... aut per comitem aut per missum ejus distringatur ut divisionem cum illo faciat. Capit. legib. add. (a. 818/819), c. 6, p. 282. Capitula ... comites ... per se aut per suos missos accipiant. Admon. a. 825, c. 26, p. 307. Venit vassus atque missus E. comitis ad idem coenobium ... et eandem rem tradidit. WIDEMANN, *Trad. S.-Emmeram*, p. 11 no. 10 (a. 810). Rursum ib., no. 15 p. 15 (a. 819); no. 16 p. 15 (a. 819). Missus rei publicae, id est minister comitis. Epist. syn. Caris. a. 858, c. 7, *Capit.*, II p. 432 l. 13. Pour le sous-ordre d'un "gastaldius" — with reference to the subordinate of a "gastaldius": Breve inquisitionis quod fecerunt A. et A. missi G. gastaldius [i.e. gastaldii]. GIULINI, *Mem. di Milano*, I p. 439 (a. 935). **6.** *délégué d'un évêque — a bishop's substitute.* Episcopus eclesiae illius missus [i.e. missos] ad regem dirigit, poscens ... GREGOR. TURON., H. Fr., lib. 2 c. 27. Rursum lib. 8 c. 28. Comes ipsam personam ... ante regem faciat una cum misso episcopi venire. Pippini capit. (a. 754/755), c. 3, p. 32. Ut nullus archidiaconus aut missus episcoporum ipsum monastirium mansionaticum faciendum presumant. *D. Karolin.*, I no. 89 (a. 775). Episcopo vestro sive praesenti seu per missum suum mandanti ... obedientes sitis. Capit. ad com. dir. (a. 802-803), c. 1, p. 184. Illum [sc. missum imperatoris] in tua vel conprovincialium tuorum diocesi morari et discurrere una cum misso tuo [sc. archiepiscopi] jussimus. Lud. epist. (a. 816/817), p. 342 col. 1 l. 6. Episcoporum missi cum missis rei publicae ... faciant. Edict. Pist. a. 864, c. 31, II p. 323. Ut nemo nisi consentiente proprio episcopo aut ejus misso jejunium ... sibi imponat. Conv. Erford. a. 932, c. 5, *Const.*, I p. 4. [Decimatio neglecta] coram episcopo ejusve misso corrigatur. Conv. August. a. 952, c. 10, ib., p. 19. **7.** *légat apostolique — papal legate.* [Debeas] legatus et missus esse ... sedis apostolicae. BONIF.-LULL., epist. 80 (Zachar. pap. epist. a. 748), ed. TANGL, p. 180. Constituimus super eos archiepiscopum Bonifatium qui est missus s. Petri. Concil. German. a. 743, c. 1, *Capit.*, I p. 25. S. presbiter missus domni Zachariae papae. Ann. Mett. pr., a. 743, ed. SIMSON, p. 34. Tunc missi sunt duo missi ab apostolico supradicto, hi sunt F. et D. episcopi, ad Tassilonem ducem. Ann. regni Fr. a. 781, ed. KURZE, p. 58. Dignati fuistis illi [sc. regi] mandare per decorabiles missos ... Memor. (a. 785?), c. 3, *Capit.*, I p. 225. A pontificii nostri latere venientibus missis. Nicolai I pap. epist. 36, *Epp.*, VI p. 269. S. Romanae ecclesiae missum et aprocrisiarium. Synod. Pontigon. a. 876, capit. ab Odone prop., c. 5, *Capit.*, II p. 351. S. Petri et domini Johannis papae missus. Synod. Altheim. a. 916, *Const.*, I no. 433 p. 620. Missus Romanae aecclesiae. Joh. XIII pap. (a. 965-972) priv., BEYER, *UB. Mittelrh.*, I no. 232 p. 288. Vicarius et missus in cunctis regionibus totius Germaniae. Leonis VIII pap. (a. 963-965) epist., JAFFÉ, *Bibl.*, III p. 337. **8.** *procureur, fondé de pouvoirs — attorney.* De ipsas res misso ipsius puellae nomine illo traditionem facere deberem. F. Turon., no. 15, *Form.*, p. 143. Cart. Senon., no. 8, p. 188. F. Sal. Lindenbr., no. 21, p. 282. Ipsi [i.e. ipse] nec vinisset ad placitum nec misso [i.e. missum] in vice sua derixsisset. *D. Merov.*, no. 60 (a. 692). Missus presbyteri. Lex Alamann., c. 21. [Abbatissa] antea non moveat de suo monasterio, antequam suum missum ad domnum regem transmittat. Concil. Vern. a. 755, c. 6, *Capit.*, I p. 34. Venientes missi et advocati s. Dionisii ad condictum placitum. *D. Karolin.*, I no. 12 (a. 759). Unusquisque pro sua causa ... ratione[m] reddat, nisi aliquis isti [leg. sit] infirmus aut rationes [leg. rationis] nescius, pro quibus missi vel priores qui in ipso placito sunt ... ratione[n]tur. Capit. missor. gener. a. 802, c. 9, I p. 93. **9.** *agent domanial — manorial agent.* Episcopi vel potentes, qui in aliis possident regionibus, judicis vel missus discursoris de alias provincias non instituant, nisi de loco. Edict. Paris. a. 614, c. 19, *Capit.*, I p. 23. Quomodo missi ipsius basileci ad vos vinerint, ... eis dare faciatis. *D. Merov.*, no. 61 (a. 692).



**misterialis**, v. ministerialis (subst.).

**1. mysterium** (gr.): **1.** **mystère, chose secrète — mystery, hidden thing.* **2.** **secret du plan divin, mystère eschatologique, rédemption — secret of God's scheme, eschatological mystery, redemption.* **3.** **symbole, signe allégorique — symbol, allegorical sign.* **4.** **révélation par symbolisme, enseignement sacré, l'Écriture Sainte — revelation by symbolism, sacred teaching, the Holy Scripture.* **5.** **rites* (en général) — *rites* (in general). **6.** **l'Eucharistie, la Messe — the Eucharist, Mass.* **7.** *miracle — miracle.* Sepelierunt illud [corpus sancti] ubi mysteria operatur. V. Senti (s. vii vel viii), *AASS.*³, Maji VI p. 72. **8.** plural. mysteria: *reliques — relics.* Juro per haec omnia Dei mysteria. Ann. Fuld., contin. Ratisbon., a. 896, ed. KURZE, p. 128. Legibus vobis juremus per Dei misteria. *CD. Cavens.*, I no. 109 p. 138 (a. 897). Sacra misteria abstulit. Chron. Salernit., c. 6, ed. WESTERBERGH, p. 8 (hausit ex Libro Pontificali, Steph. II, § 41, ubi: sacra cymiteria). Sacra misteria ... deferebantur. Ib., c. 98, p. 98.

**2. misterium** = ministerium.

**mysticare:** *symboliser — to symbolize.* S. xii.

**mystice:** **allégoriquement, symboliquement — allegorically, symbolically.*

**mysticus: 1.** **mystique, symbolique, allégorique — mystical, symbolical, allegorical.* **2.** *sacré — sacred.* Mysticos psalmorum cantus. GREGOR. M., Dial., lib. 4 c. 11. Mysticus adhortationis sermo [i.e. praedicatio]. Guntchr. edict. a. 585, *Capit.*, I p. 11 l. 41.

**mistilio,** mistiolum, mistolium, v. mixtilio.

**mistralia,** v. ministralia.

**mistralis,** v. ministerialis (subst.).

**mistum,** v. mixtum.

**mistura,** v. mixtura.

**mitana,** mitanna: *mitaine — mitten.* S. xii.

**mithio,** mitio, micio, mittio, mitigo (indecl.), mithius, mithium (germ.): **1.** *responsabilité du seigneur pour les actes de ses dépendants — the master's liability for the doings of his dependants.* Qui per ipsum monasterium sperare videntur vel unde legitimo redebet mitio. *D. Merov.*, no. 4 (a. 546). Omnes causas suas suisque amicis aut gasindis [i.e. suorumque amicorum et gasindorum] seu undecumque ipse legitimo redebit mitio. MARCULF., lib. 1 no. 23, *Form.*, p. 57. Cum omnibus rebus vel hominebus suis aut gasindis vel amicis seu undecumque ipse legitimo reddebit mittio. Ib., no. 24 p. 58. Villas ... quod ad ipsam ecclesiam legitimo redibit mitio. *D. Karolin.*, I no. 5 (a. 753). Ibi talia saepe. **2.** *l'ensemble des dépendants pour lesquels un seigneur est responsable — the group of dependants for whose doings a master is answerable.* Si aliquas causas [i.e. aliquae causae] adversum ipsum monasterium aut mitio ipsius abbatis ortas fuerint. *D. Merov.*, no. 50 (a. 673-681). Quicquid de ipso locello ipsi [i.e. ipse] A. aut mithius suos exinde abstraxit. Ib., no. 66 (a. 693). Abbatibus mitio [accus.] potestatis inquietare [non] praesumatis. *D. Karolin.*, I no. 2 (a. 752). **3.** *le territoire dans lequel s'exerce la responsabilité d'un seigneur pour les actes de ses dépendants — the region within which a master's liability for the doings of his dependants obtains.* Hanc securitate[m] in ipsa villa vel mitigo suo fieri et adfirmare rogaverunt. Cart. Senon., no. 51, *Form.*, p. 207. Ingenuos et servos qui super eorum terras vel micio commanere videntur. *D. Karolin.*, I no. 17 (a. 762/763). Ut nec colonus nec fiscalinus foras mitio possint aliubi traditiones facere. Capit. missor. a. 803, c. 10, I p. 115. Cf. H. BRUNNER, *Mithio und sperantes. Festgabe für G. Beseler*, 1885. E. HERMANN, *Noch ein Wort über Mithio. Eine rechtsgeschichtliche Studie*, Leipzig 1890.

**mitra** (gr.): **1.** **coiffure de femme — woman's headgear.* **2.** *coiffure de moniale — a nun's headgear.* Mitra est pileum Phrygium caput protegens, quale est ornamentum capitis devotarum. ISID., Etym., lib. 19 c. 31. **3.** **mitre* du grand prêtre hébreu — *mitre* of the Hebrew highpriest. **4.** *mitre* des évêques et en part. du pape — *mitre* of bishops, especially of the pope. Illius [sc. papae] ergo caput resplendens mitra tegebat. THEODULF. AUREL., carm. 2, *Poet. lat.*, I p. 458. Caput tuum [sc. episcopi] mitra permittimus insigniri. Anast. III pap. epist. (a. 913), MIGNE, t. 131 col. 1186 A. Romana mitra caput vestrum [sc. archiepiscopi Treverensis] insignivi-

mus. Leonis IX pap. priv. a. 1049, BEYER, *UB. Mittelrh.*, I p. 384 no. 329. Ad signum intime dilectionis, quod laicae personae tribui non consuevit, [papa regi Bohemiae] mitram direxit. Gregor. VII registr., lib. 1 epist. 38, ed. CASPAR, p. 60. [Papa] Babenbergensibus hoc privilegium dedit, ut in summis festivitatibus tum ministri altaris, tum etiam caeteri seniores mitram habeant in capitibus. ANON. HASER., c. 36, *SS.*, VII p. 264. **5.** *bonnet — cap.* Pro mitra galeam rutilam gestat. Ruodlieb, fragm. 1 v. 25. Nimis incursando superbe in curtem mitram non deponebat. Ib., fragm. 7 v. 45. Capiti ligato insolitos mitrae mirantur adesse rotatus. GUILL. APUL., G. Rob. Wisc., lib. 1 v. 16, *SS.*, IX p. 241.

**mitratus** (adj.): *coiffé d'une mitre — wearing a mitre.* Si forte aliquis abbas mitratus presens fuerit. Cencius, c. 57 (Ordo), § 4, ed. DUCHESNE, I p. 291 col. 2. Oddo coronatus imperator, vestitus imperialibus vestimentis sacratis, mitratus et coronatus, ivit. Ann. Ceccan., a. 1209, *SS.*, XIX p. 298.

**mittere: 1.** **mettre, poser — to put, set, lay.* **2.** *mettre* des vêtements — *to put on* clothes. Misit sibi vestimenta. V. Patrum, lib. 3 c. 47, MIGNE, t. 73 col. 767A. Mitti ei pallium. Lib. diurn., c. 57, ed. SICKEL, p. 47. Coeperunt osis uti, super quas equitantes tubrugos birreos mittebant. PAUL. DIAC., Hist. Langob., lib. 4 c. 22. **3.** *mettre par écrit, noter — to write down.* Misit in pitaciolo certam quantitatem stipendii. RATHER., epist. 7, ed. WEIGLE, p. 36. **4.** *imposer — to impose.* Usaticis novis quod ipse comes misit in ipso merchato. ROSELL, *Lib. feud. maj.*, no. 382 (a. 1113). Consuetudines pravas, injustas et malas, quas G. in ea [abbatia] miserat. ODORANN., Chron. s. Petri Vivi, ad a. 1046, D'ACHÉRY, *Spic.*, II p. 744. **5.** *fixer, déterminer — to fix, settle.* Fines inter eos miserunt. *CD. Cajet.*, p. 147 (a. 981). Misit terminum usque ad diem alium. FICKER, *Forsch.*, IV p. 54 (a. 994). Mensuram vini sive annone quam prior miserit, nemo augmentare vel minuere presumat. Cons. Capellae Audae (s. xii med.), c. 11, ed. VAN DE KIEFT, p. 241. **6.** *statuer, ordonner — to adjudicate, ordain.* Dedimus potestatem comitibus bannum mittere infra suo ministerio ... in sol. 60. Capit. de part. Sax. (a. 785), c. 31, I p. 70. Inaequalis est arbiter qui sententiam mittit in casum. KANDLER, *CD. Istriano*, I p. 25 (a. 538). Misimus judicatum. FICKER, *Forsch.*, IV p. 24 (a. 894). Miserunt bannum domni imperatoris in mancosos aureos duo milia super ipsis casis et rebus. MANARESI, *Placiti*, I no. 102 p. 372 (a. 897, Firenze). Ego mitto suo [i.e. suum, sc. imperatoris] bandum in totis ipsis rebus. *D. Ottos I.*, no. 340 p. 466 (a. 967). Misit bandum domni imperatori[s] in mancosos aureos mille super Petrum. GLORIA, *CD. Padovano*, no. 18 p. 138 (a. 1017). **7.** *légiférer — to decree.* Constituit et misit usaticos cum quibus fuissent omnes querimonie et malefacta in eis inserta districte et placitate et judicate. Usat. Barchin., usualia, c. 3, ed. D'ABADAL-VALLS TABERNER, p. 2. Principes ... utilem miserunt usaticum, quod illi tenuerunt et successoribus suis tenere ... mandaverunt. Ib., c. 124, p. 56. **8.** *produire* des témoins — *to marshal* witnesses. Non ideo tantos testes mittendos dicimus. Capit. Mantuan. II a. 787, c. 8, I p. 197. Ut non mittantur testimonia. Capit. missor. a. 803, c. 9, I p. 115. **9.** *désigner, nommer — to appoint.* Ut nullus ibi abbatem mittere debeat. ZAHN, *CD. Austriaco-Frising.*, I no. 3 p. 4 (a. 772). Fuisset potestati [i.e. potestas] abatem ibidem mitendi. *D. Berengario I*, no. 85 p. 229 (a. 912). Conventionem de abbate mittendo. MÉTAIS, *Cart. de Vendôme*, I no. 98 p. 181 (a. 1050-1055). [Ei liceat] non abbatem mittere aut ordinare neque a nobis missum proicere. D. Henr. I reg. Fr. a. 1058, TARDIF, *Cartons*, no. 272 p. 169 col. 2. Comes Engolismensis pro Dei timore facto habitaculo monachorum in ecclesia B. et ibi misso reverendo abbate nomine F., ... sepultus est. ADEMAR., lib. 3 c. 35, ed. CHAVANON, p. 157. Pontifex in ipso monasterio per nullum ingenium ... quemlibet abbatem mittat nisi qui eos secundum ordinem sanctum regat. D'HERBOMEZ, *Cart. de Gorze*, p. 12 no. 4 (< a. 756>, spur.) **10.** aliquid super aliquem: *enjoindre, confier — to enjoin, depute.* Misimus hoc super episcopos et ceteros fideles nostros ut illi hoc invenirent qualiter nos ad haec ... exequenda adunaremus. Conv. ap. Confl. a. 860, adnunt. Ludov. c. 2, *Capit.*, II p. 157. **11.** refl.: *s'impliquer, tremper* dans une chose — *to entangle oneself.* Ut se in perjuria[m] mittant. Pippini It. reg. capit. (a. 800-810), c. 4, I p. 208. **12.** *prendre, adopter — to take up.* Coepit ... in consuetudinem mittere ut ... missam canebat. V. Cerbonii, UGHELLI², III col. 705 D. **13.** *affecter, aliéner — to destine, alienate.* Nullus abba ... presumat aliubi mittere nec prestare nec propriis nec extraneis. ZEUSS, *Trad. Wizenb.*, no. 63 p. 69 (a. 774). Nemo jam dictam villam ... ad alium opus mittat. PÉRARD, *Bourg.*, no. 5 p. 25 (ca. a. 840). Quos [solidos] vos recepistis et in utilitatem ... monasterii misistis. GIORGI-BALZANI, *Reg. di Farfa*, III p. 57 no. 382 (a. 947). **14.** *soumettre — to subject.* De rebus basilicae: nemo ausus sit in divisione aut in sorte mittere. Capit. missor. gen. a. 802, c. 15, I p. 94. Nec vendere nec donare nec in divisione mittere. Ann. Camaldul., a. 881, ed. MITTARELLI, p. 27. **15.** *léguer — to bequeath.* Facio at monesterio s. Gallonis pro anima de mea matre G. et mei fratris P., et pro mea anima mito at ipsum monesterio, hoc est ... WARTMANN, *UB. S.-Gallen*, III no. 790 p. 11 (a. 933). **16.** *donner — to donate.* Terra quam miserunt pro anima parentum illorum. GIORGI-BALZANI, *Reg. di Farfa*, III no. 475 p. 156 (a. 1000). Mittamus eam [sc. petiam terrae] at potestatem vestram. FILANGIERI, *CD. Amalfit.*, p. 51 (a. 1018). **17.** *contribuer — to contribute.* In molis terciam partem mitterent monachi. RÉDET, *Cart. de S.-Cyprien de Poitiers*, no. 591 p. 345 (ca. a. 1075?). **18.** *mettre, employer, dépenser — to spend.* Multos dies in illius [sc. regis] servitio misit. Capit. missa de Caris. a. 856, c. 6, II p. 280. Precipiens ut mitterent studium de caballis. LEO NEAPOL., V. Alexandri, lib. 1 c. 18, ed. PFISTER, p. 57. **19.** *fournir — to supply, furnish.* Volo ut racionem mittatis pro qua rem eam invadiste [i.e. invadistis]. FICKER, *Forsch.*, IV no. 11 p. 16 (a. 828). Plenam securitatem mittimus ... vobis. ROMANIN, *Storia di Venezia*, I p. 388 (a. 1009). **20.** *acquérir — to acquire.* Seo conquisito sive actracto vestro quod ibi miseritis vel [h]abueritis. SCHNEIDER, *Reg. Senense*, no. 31 p. 12 (a. 1012). **21.** **imputer — to impute.* Ille cui crimen misit. Edict. Rothari, c. 198. Miserunt super me gravia crimina. Leonis III pap. sacram. a. 800, *Epp.*, V p. 63. Super quem ... infidelitatem miserat. HINCMAR., Ann. Bertin., a. 862, ed. WAITZ, p. 59. Iterum a. 863, p. 66. **22.** *soulever, causer, faire — to raise, occasion, make.* V. patricius misit bellum cum W. regem Gothorum. Lib. pontif., Vigilius, ed. MOMMSEN, p. 148. Matrimonium dissolvatur et nullo repudio misso. Lex Rom. canon. compta, c. 107, ed. MOR, p. 150. Si ... bobis [i.e. vobis] causationem mittere presumserimus. *CD. Cavens.*, I no. 27 p. 32 (a. 847). Quidam multas volentes mittere occasiones. BOSELLI, *Ist. Piacentine*, I p. 283 (a. 902.) Si qualivet omo molestia[m] mittat. PASQUI, *Doc. di Arezzo*, p. 107 (a. 977). **23.** *tenir* une entrevue — *to hold* a meeting. [H]odie inter nos exinde constitutum placitum missum est. *D. Karls III.*, no. 25 (a. 880). Similia MANARESI, *Placiti*, I no. 110 p. 408 (a. 900, Milano). **24.** intrans.: *s'étendre, se diriger — to stretch out, lead up to.* Ager [i.e. agger] publicus quod mittit de Thebaida in Pelusio. EGER., Peregr., lib. 9 c. 3. Juxta viam S. quae mittit ad P. Pass. Anthimi (s. vi), *AASS.*³, Maji II p. 616. [Via] directe mittit in flumine de G. *CD. Cajet.*, I p. 77 (a. 945). Mittit usque in ipsa forma. Ib., p. 138 (a. 979).

**mittibilis,** metibilis: *ayant cours — current.* 5000 sol. Melgorienses bonos et rectos, metibiles et percurribiles. *Hist. de Lang.*³, V pr. no. 593 col. 1158 (a. 1152).

**mittio,** v. mithio.

**miulus,** v. miolus.

**mixtilio,** mist-, mest-, mast-; -illio, -illo, -ilo (genet. -onis), -illium, -illum, -ellum, -allum, -olium, -iolum, -eolum (< mixtus): *blé méteil — maslin.* S. xiii.

**mixtum,** mistum: *déjeuner des moines — monastic breakfast.* (Cf. Benedicti regula, c. 38). Mixtum de pane et potu accipiant. CHRODEGANG., Regula canon., c. 21. BERNARD. MORLAN., c. 32, HERRGOTT, p. 216. WILLELM., Const. Hirsaug., lib. 1 c. 97, MIGNE, t. 150 col. 1030 C. Consuet. Fructuar., lib. 1 c. 4, ALBERS, IV p. 13. LEO OST., lib. 1 c. 12, *SS.*, VII p. 590. EADMER., De Anselmi simil., c. 46, MIGNE, t. 159 col. 625 C.

**mixtura,** mistura: **1.** *alliage — alloy.* Nullus ... mixturam auri vel argenti ad vendendum facere ... praesumat. Edict. Pist. a. 864, c. 23, II p. 320. **2.** *blé méteil — maslin.* Irminonis polypt., br. 16 c. 1. Polypt. Derv., c. 27, LALORE, *Ch. de Montiérender*, p. 104. *CD. Langob.*, no. 419 p. 725 A (a. 905/906, Brescia).

**mixturare:** *mélanger — to mix.* Incensum ... mixturatum mirra balsamoque. AGNELL., c. 26, *Scr. rer. Langob.*, p. 291.

**mobilis.** Subst. neutr. plural. **mobilia:** **biens meubles — movables.* Subst. femin. singul. **mobilia,** mascul. **mobilis** et neutr. **mobile: 1.** *biens meubles — movables.* Perdedit et pecunia[m] sua[m] et mobele suo. F. Andecav., no. 31, *Form.*, p. 14. Qui in aliena[m] potestate[m] mobilem suum transferunt. Capit. Olonn. mund. a. 825, c. 5, I p. 330. Ipse case ... absque mobile de intro case. *CD. Cavens.*, I no. 32 p. 38 (a. 848). Res et mancipia vel mobile. Capit. Pist. a. 864, c. 23, *Capit.*, II p. 320. **2.** *un bien meuble — a chattel.* S. xiii.

**mobilitas:** *pertinences meubles — chattels.* Mansus indominicatus ... cum omni sua mobilitate, servis videlicet et ancillis. BERNARD-BRUEL, *Ch. de Cluny*, I no. 523 p. 508 (a. 940/941).

**moderantia:** **modération, modestie — moderation, modesty.*

**modernitas:** *l'époque actuelle — our days.* Quo facto nostrorum modernitate nec multorum temporum antiquitate nichil clarius Francia fecit. SUGER., V. Lud. Gr., c. 28, ed. WAQUET, p. 230.

**modernus:** **moderne, récent, actuel, nouveau — modern, recent, present-day, new.*

**modialis,** modiale: une *mesure de terre*, la quantité qu'on ensemence d'un muid de blé — a *land measure*, the amount sown with a "modius" of corn. Agrum ad B. modiales 65. Test. Tellonis a. 765, MEYER-PERRET, *Bündner UB.*, I no. 17 p. 15. WARTMANN, *UB. S.-Gallen*, I no. 247 (a. 820); no. 267 (a. 821); II, Anhang, no. 5, p. 385 (a. 820).

**modiata:** une *mesure de terre*, l'étendue qu'on ensemence d'un muid de blé — a *land measure*, the amount sown with a "modius" of corn. Test. Caesarii spur., PARDESSUS, I no. 139 p. 106. BERNARD-BRUEL, *Ch. de Cluny*, I no. 225 (ca. a. 920); no. 329 (a. 927-942); no. 803 (a. 951). On arpente par la "modiata" même les prés, les vignes etc. — Hayfields, vineyards and so on are also measured by the "modiata". E.g.: De vinea modiatas 12, de prato modiatas 6, de horto modiata una, de terra culta et inculta modiatas 40. D. Lud. Pii a. 825, CASSAN-MEYNIAL, *Cart. d'Aniane*, p. 72 no. 18.

**modiaticus,** moja-, -gium (< modius): **1.** *muidage, redevance de mesurage — measurage-due.* *D. Pépin d'Aquitaine*, no. 17 (a. 831). Capit. Sicardi Benev. a. 836, index capitulorum, c. 34, *LL.*, IV p. 217. **2.** *bail à ferme — rental lease.* S. xiii.

**modiatio: 1.** **action de mesurer — measuring.* **2.** *redevance pour le mesurage du vin — wine measurage due.* Nullus eorum det pro modiatione nisi vinum; et si ... oblata fuerit ministris ducis modiatio, et ipsi eam recipere noluerint ... Priv. civ. Rotomag. a. 1150/1151, DELISLE, *Actes Henri II*, I no. 14 p. 19. 300 modios vini percipiendos singulis annis in modiatione nostra Rotomagensi. Ch. Rich. reg. Angl. a. 1195, MARTÈNE, *Coll.*, I col. 1012. **3.** *une rente fixe en blé — a fixed corn-rent.* *Gall. chr.*², XIV instr. col. 154 C no. 14 (a. 1133, Angers). LUCHAIRE, *Louis VII*, p. 402 no. 361 (a. 1155/1156). DC.-F., V p. 433 col. 2 (ch. a. 1178, Chartres; a. 1191, Le Mans); p. 434 col. 1 (ch. a. 1185, S.-Riquier). *Actes Phil.-Aug.*, no. 330, I p. 399 (a. 1190).

**modice** (adv.): **un peu — a little.*

**modicitas:** **petitesse — smallness.*

**modicum** (adv.): **1.** **un peu — a little.* **2.** **pour un peu de temps — for a while.*

**modicus: 1.** **petit, insignifiant, mince — small, slight, scant.* **2.** **court, bref — short, brief.* Subst. neutr. **modicum: 1.** **petite quantité, petite chose, peu de chose — small amount,*

*small thing, trifle.* 2. **court délai, moment — short lapse of time, instant.*
**modilio,** v. mundilingus.
**modilocus:** une *mesure de terre — a land measure.* SCHIAPARELLI, *CD. Longob.*, I no. 16 p. 44 (a. 713/714, Lucca). Ib., no. 24 p. 94 (a. 720? Lucca).
**modiolus,** -um: **1.** une *mesure de capacité — a solid measure.* De sale modiola 10. Polypt. Sith. a. 867, GYSSELING-KOCH, *Dipl. Belg.*, no. 37. **2.** *gobelet — cup.* Quoties pigmentum datur, ipse modiolis infundit. BERNARD. MORLAN., Cons. Cluniac., pt. 1 c. 12, HERRGOTT, p. 157. WILLELM. HIRSAUG., Constit., lib. 2 c. 49, MIGNE, t. 150 col. 1108 B. **3.** (cf. voc. modius) une *mesure de terre — a land measure.* SCHNEIDER, *Reg. Volaterr.*, p. 8 (a. 947).
**modius:** une *mesure de terre,* l'étendue qu'on ensemence d'un muid de blé — a *land measure,* the amount sown with a "modius" of corn. *D. Ottos I.*, no. 256 (a. 963). On arpente par le "modius" même d'autres terres que les champs de blé — not only cornfields are measured by the "modius", but other pieces of land as well. E.g.: Sedimen unum quod est modia tres, et pecia una de terra ubi vites fuerunt quod est modia novem. MANARESI, *Placiti,* I no. 130 p. 492 (a. 919, Bergamo).
**modo: 1.** **tout de suite — instantly.* **2.** **depuis peu, maintenant — shortly, now.*
**modola,** -us: *chêne-liège — cork-oak.* Edict. Rothari, c. 300.
**modulamen:** **mélodie, chant — melody, song.* Hymnum ... concordi modulamine ... exclamare. Lib. diurn., c. 85, ed. SICKEL, p. 105.
**modulatio:** *mélodie — melody.* Canentes modulationes musicas. ANAST. BIBL., Chron., ed. DE BOOR, p. 150.
**modura,** v. molitura.
**modus: 1.** **façon, sorte, genre — fashion, sort, kind.* **2.** *texte, teneur — wording.* Epistolam hunc modum continentem. LIUDPRAND. CREMON., Leg., c. 13, ed. BECKER, p. 183 l. 23. **3.** *signe — sign.* Euangelium in sinistra, modus crucis in dextra. JOH. ROMAN., V. Greg. M., MIGNE, t. 75 col. 231 A. **4.** *raison — reason.* Pro duobus modis cartulas evacuare judicamus. Ann. Camaldul., a. 1013, ed. MITTARELLI, p. 206.
**moëta,** v. 1. mota.
**mogonellus,** v. manganellus.
**mojaticum,** v. modiaticus.
**mola** (singul.) = molae ("moulin — mill").
**molachinus,** v. melequinus.
**molare** = molere.
**molarium,** molaria, moliarium: *moulin — mill.* BERNARD, *Cart. de Savigny,* no. 62 (a. 948); no. 68 (a. 937).
**molarius:** *meunier — miller.* HUGEBURC, V. Wynebaldi, c. 12, *SS.*, XV p. 115.
**molatura,** molctura, moldura, v. molitura.
**molda,** v. molta.
**molearia,** v. moleria.
**molendarius:** *meunier — miller.* GUÉRARD, *Irminon,* app. 5, p. 305 col. 1. DUVIVIER, *Actes,* I p. 203 (a. 1130, Hainaut).
**molendinare:** *moudre — to grind.* DONIZO, V. Mathildis, lib. 1 c. 10 v. 823, ed. SIMEONI, p. 33.
**molendinarius** (adj.): **d'un moulin — of a mill.* Subst. mascul. **molendinarius:** *meunier — miller.* Ann. Rod., a. 1121, *SS.*, XVI p. 701 l. 12. *Gall. chr.*², IV instr. col. 91 (a. 1171, Bourgogne). Subst. femin. **molendinaria:** *fonction de meunier — a miller's post.* MARCHEGAY, *Arch. d'Anjou,* III p. 84 no. 112 (ca. a. 1150). Subst. neutr. **molendinarium:** *un petit moulin — a small mill. Gall. chr.*², III instr. col. 23 (ch. a. 1084).
**molendinator:** *meunier — miller.* S. xiii.
**molendinatura:** *mouture, redevance de moulinage — milling dues.* S. xiii.
**molendinum,** -us, -a: **moulin — mill. D. Merov.*, no. 1 (a. 510).
**moleria,** molearia: *meulerie — millstone-quarry.* S. xiii.
**molestare:** *contester — to dispute.* Numquam ego vel quolivet [i.e. quilibet] homo ipso conquisito meo da ipso sancto loco subtragi [i.e. subtrahere] aut molestari praesumat. SCHIAPARELLI, *CD. Longob.*, I no. 34 p. 124 (a. 724, Lucca).
**molestatio:** *contestation — dispute.* Absque ullius contradictione seu molestatione. MURATORI, *Antiq.*, VI col. 34 A (a. 882). *D. Guido,* p. 42 no. 16. (a. 892). *D. Berengario I,* no. 23 p. 70 (a. 898).
**molestia: 1.** *maladie — illness.* Fractus longa molestia stomachus. GREGOR. M., Homil. in Euang., MIGNE, t. 76 col. 1174 C. Ut in cholicam molestiam caderem. *CD. Langob.*, col. 1267 B (a. 792). Molestia preventus anima migravit ad gloriam. JOH. VENET., Chron., ed. MONTICOLO, p. 124. **2.** *contestation — dispute.* Sine molestia vel contradictione aliqua. PASQUI, *Doc. di Arezzo,* p. 86 (a. 936).
**moletura,** v. molitura.
**moliarium,** v. molarium.
**molimentum:** *mouture, redevance de moulinage — milling dues.* MARCHEGAY, *Arch. d'Anjou,* III p. 84 no. 112 (ca. a. 1150).
**molina,** mulin-, -um, -us: **moulin — mill.* Cf. P. AEBISCHER, *Les dénominations du moulin dans les chartes italiennes du m. â. ALMA.*, t. 7 (1932), pp. 49-63.
**molinagium,** moln-, moun-, mon-: *mouture, redevance de moulinage — milling dues.* DC.-F., V p. 448 col. 3 (ch. a. 1183). MARTÈNE, *Thes.*, I col. 649 (ch. a. 1192).
**molinarius** (adj.): *d'un moulin — of a mill.* Servus molinarius. Lex Sal., tit. 11 § 5. Ferrum molinarium. Pactus Alam., fragm. 5 c. 14. Subst. mascul. **molinarius,** mulin-, moln-, muln-, mongn-, mugn-, monn-, mon-, mun-, -erius: *meunier — miller.* GREGOR. TURON., H. Fr., lib. 7 c. 14. Test. Adalgiseli-Grimonis a. 634, ed. LEVISON, *Frühzeit,* p. 129. BITTERAUF, *Trad. Freising,* I no. 1031 p. 775 (a. 899). Subst. mascul. et femin. **molinaris,** moln-, mascul. -rius, femin, -ria, neutr. -re, -rium: *emplacement d'un moulin — site of or for a mill.* DRONKE, *CD. Fuld.*, no. 169 p. 96 (a. 801). *Gall. chr.*², XVI instr. col. 9 no. 12 (a. 883, Vienne). BERNARD-BRUEL, *Ch. de Cluny,* I no. 201 (a. 916). Ib., II no. 1097 p. 190 (a. 960/961). *H. de Lang.*³, V no. 123 col. 270 (a. 972, Albi). *Mus. arch. dép.*, p. 38 (a. 989, Cerdagne).
**molinator,** mulin-: *meunier — miller. CD. Cavens.*, I no. 199 p. 256 (a. 957).
**molire** = molere.



**molitura,** molet-, molat-, molt-, molct-, mult-, malt-, mout-, maut-, mot-, mott-, mut-, mold-, mod- (< molere): **1.** *la recette d'un moulin à farine — the yield of a corn-mill.* Habet farinarios 22 qui reddunt de multura inter totos 1490 [modios] de viva annona, de braciis modios 177. Irminonis polypt., br. 9 c. 2. Ibi pluries. Cum molitura de molendinis et portoribus usque in caput Addue. D. Lotharii I imp. a. 841, *CD. Langob.*, no. 139 col. 244 C. Memoro A. episcopum habentem molituram molinorum ... et ego de meo molino in hanc domum Cremonensem meam molituram vexi. Ib., no. 143 col. 251 B (a. 842, Cremona). [Padi fluvii] naulum, ripaticum, molituram, palifixuram et piscationem. D. Lud. II imp. a. 872, *MIOeG.*, t. 5 (1884), p. 394. Cum molendinis et molatura eorum. *D. Ottos III.*, no. 204 (a. 996). **2.** *le droit banal de moulin — mill monopoly.* Quicquid ... habere dinoscitur in silvis, in pratis, in vineis, in aquis, in multuris et in salinis. *D. Lothaire,* no. 46 (a. 981). Ville A. ... omnem multuram ... possideant in tantum videlicet ut a predicta villa A. usque B. nulla omnino alia molendina intersint. VERCAUTEREN, *Actes de Flandre,* no. 28 (a. 1102). **3.** *le blé qui vient au moulin — the corn brought to a mill.* [Molinarius] illam molturam salvam faciat. Adalhardi Corbej. stat., lib. 1 c. 7, ed. LEVILLAIN, p. 358. Unum molendinum ubi tota molitura de G. debet venire. *Gall. chr.*², XI instr. col. 14 (ch. a. 1059). **4.** *mouture, redevance de moulinage — milling dues.* [Molendinarii] non accipiant propter suam molduram ultra sexdecimam partem. *H. de Languedoc*³, V no. 596 col. 1166 (a. 1152, Toulouse). **5.** *malt — malt.* 5 bostellos, duos scilicet frumenti et tres molture. DUVIVIER, *Actes,* I p. 203 (a. 1130, Hainaut).
**molitus,** molutus (adj.). Loc. arma moluta: armes à tranchant aiguisé à la meule — weapons with edges ground on a grindstone. De sanguine qui fundetur per arma moluta. BERTRAND, *Cart. d'Angers,* I no. 182 p. 215 (a. 1087). Frid. I imp. priv. pro Camerac. a. 1184, c. 4, REINECKE, *Cambrai,* p. 260. WARNKOENIG-GHELDOLF, *Flandre,* II p. 418 no. 3 c. 3 (ca. a. 1190, Bruges). *Actes Phil.-Aug.*, no. 408, I p. 499 (a. 1192).
**mollus,** v. 1. mullo.
**molnagium,** molnarius, v. molin-.
1. **molta,** mouta, molda (< molere): *droit banal de moulin — mill monopoly.* Gratanter donaret eis [monachis] moltam totius terre sue. NEWMAN, *Domaine royal,* p. 225 no. 1 (a. 1053-1083, Angers). Habent monachi in praefato castro omnem moltam et redditus furnorum. PROU-VIDIER, *Ch. de S.-Benoît-s.-Loire,* I no. 92 p. 242 (a. 1083). O. episcopus habuit moltam de Baiocis. DELISLE-BERGER, *Actes Henri II,* I no. 22 p. 116 (a. 1156). Medietatem molendini ... cum tota molta. BRUNEL, *Actes de Pontieu,* p. 111 no. 74 (ante a. 1171). **2.** *mouture, redevance de moulinage — milling dues.* Si ... ad aliud molendinum moluerit ..., moltam reddet. *Actes Phil.-Aug.*, II no. 688 p. 250 (a. 1201/1202). **3.** *le blé qui vient au moulin — corn brought to a mill.* Sua dominica molta et [molta] de sua tota terra veniat ad molinum monachorum. BERTRAND, *Cart. d'Angers,* I no. 244 p. 290 (a. 1067-1106).
2. **molta,** v. malta.
**molto,** v. multo.
**moltonagium,** v. multonagium.
**moltura,** v. molitura.
**molutus,** v. molitus.
**mombordis** et derivata, v. mundiburd-.
**momentana** (femin.): *balance — pair of scales.* GREGOR. TURON., Virt. Martini, lib. 1 c. 11, *SRM.*, I p. 595 l. 26. Id., Glor. mart., c. 27, p. 504. ISID., Etym., lib. 16 c. 24 § 4.
**momentaneus:** **momentané, éphémère, passager — momentary, ephemeral, passing.*
**monacha:** **moniale — nun.*
**monachalis:** **monacal — of monkhood.*
**monachare:** *faire moine — to make a monk.* Si forte alibi monachari ... voluerit. BERTRAND, *Cart. d'Angers,* I no. 219 p. 255 (a. 1056-1060). CHRISTIAN., V. Geraldi Silvae Maj., § 27, *AASS.*, Apr. I p. 428 D. Voluit monachari in ordine nostro. BERNARD. CLARAEVALL., epist. 261, MIGNE, t. 182 col. 468 A.
**monachatio:** *admission comme moine — admission to monkhood.* Ne merces ... recipiatur pro moniacatione [leg. monacatione]. Concil. Lateran. III a. 1179, tit. de simonia, MANSI, t. 22 col. 274 A.
**monachatus: 1.** *l'état de moine — status of a monk.* GREGOR. M., lib. 1 epist. 40, *Epp.*, I p. 55; lib. 4 epist. 11, p. 244. Conversus pervenit ad monachatus ordinem. Vis. Baronti, c. 1, *SRM.*, V p. 377. **2.** *l'action de prendre le froc — becoming a monk.* Quae ab illo audierunt dum loqui poterat, sive de poenitentia, sive de barba tondenda, sive de monachatu. Theodulfi Aurel. stat. II (ca. a. 813), c. 10 § 72, DE CLERCQ, I p. 347. Sicut tempore consecrationis nostri monacatus promisimus. HUGO FARF., Destr., BALZANI, *Il Chron. Farf. di Greg. di Cat.*, p. 50 l. 9. [Terram] s. Vincentio pro monachatu suo dedisset. CHARLES-MENJOT, *Cart. du Mans,* col. 167 no. 282 (a. 1080-1100). Item BERTRAND, *Cart. d'Angers,* I no. 142 p. 171 (a. 1100). Conversos laicos ... in vita et morte, excepto monachatu, ut semetipsos tractaturos. Exord. Cisterc., GUIGNARD, *Mon.*, p. 72. Monachatum a B. archimandrita requisivit et impetravit. ORDER. VITAL., lib. 7 c. 12, ed. LE PRÉVOST, III p. 218. Post monachatus susceptionem. GUIBERT. NOVIG., De vita sua, lib. 1 c. 10, ed. BOURGIN, p. 29. **3.** *l'ensemble des moines — the aggregate monks.* Regula monachatus. JOH. ROMAN., V. Gregorii M., MIGNE, t. 75 col. 112 C.
**monachia,** -um (< monachus): **1.** *bien-fonds qui a été donné à un monastère — estate bestowed upon a monastery.* Maneat illam terram [i.e. illa terra] ad D. in hereditate in monachium sine censu, sine tributo, sine ullo opere alicui homini usque in finem mundi. ROSENZWEIG, *Cart. de Morbihan,* I no. 1 p. 1 (a. 797-814, Redon). Dedit ... locum saline ... pro anima sua et pro regno Dei in elemosina sua et in monachia sempiterna. DE COURSON, *Cart. de Redon,* no. 22 p. 19 (a. 854). Ib., no. 21 p. 18 (a. 868). **2.** *état de moine — monastic status.* Sub monachia positus. GUIBERT. NOVIG., De vita sua, lib. 1 c. 9, ed. BOURGIN, p. 27.
**monachicalis** (adj.): *monacal — of monkhood.* Monachicalis vitae monarchiam. HUGEBURC, V. Willibaldi, c. 2, *SS.*, XV p. 89.
**monachice:** *en moine — as a monk.* Vivere. Admon. gener. a. 789, c. 73, *Capit.*, I p. 60.

Giulini, _Memor. di Milano_, I p. 461 (a. 870). Degere. _D. Ottos II._, no. 159 (a. 977). Chron. Salernit., c. 5, ed. Westerbergh, p. 6.
**monachicus:** _monacal — of monks._ Justin. novell. 133, c. 5. Vita. Cassiod., Hist. trip., lib. 5 c. 32, _CSEL._, t. 71 p. 263. Ibi pluries. Gregor. M. saepe. Subst. neutr. **monachicum:** _habit de moine — monk's cowl._ Monasterium ... adisset monachicumque ibi sumpsisset. Rédet, _Cart. de S.-Cyprien de Poitiers_, p. 311 n. (ch. a. 1003).
**monachilis** (adj.): _monacal — of monkhood._ Conversationis monachilis vita. Justin. novell. 5, praef. Habitus monachilis. Rustic., ap. Schwartz, _Conc._, I pt. 4 p. 75. Monachile cingulum ... professus. Odilo Suess., Transl. Sebastiani, Mabillon, _Acta_, IV pt. 1 p. 385. Depositis monachilibus indumentis. Odo Fossat., V. Burchardi, c. 2, ed. Bourel, p. 7.
**monachismus:** _état de moine — monkhood._ Monachismum profiteretur. De la Roque, _Hist. de Harcourt_, IV p. 1302 (ch. a. 1163).
**monachitas:** _état de moine — monkhood._ Monachi satisfecerunt ei de milite suo recipiendo in monachitatem. Bertrand, _Cart. d'Angers_, I no. 328 p. 376 (a. 1060-1067).
**monachizare:** _faire moine — to make a monk._ Senior ejus in proprio monasterio ... eum monachizari fecit. V. Findani, prol., _SS._, XV p. 504. Hariulf., Chron. Centul., lib. 4 c. 36, ed. Lot, p. 257. Despy, _Ch. de Waulsort_, no. 43 p. 392 (a. 1178).
**monachulus:** _petit moine — little monk._ Gregor. Turon., V. patrum, c. 20 § 3, _SRM._, I p. 742. _D. Merov._, no. 33 (ca. a. 657/658). V. Richmeri, c. 17, Mabillon, _Acta_, III pt. 1 p. 232*.
**monachus** (gr.): **1.** _*anachorète, moine solitaire — hermit, solitary monk._ **2.** _*cénobite, moine vivant en commun — cenobite, monk living in a monastic community._
**monagium,** v. molinagium.
**monarcha** (mascul.), -es, -us, -ius (gr.): _prince territorial — ruler of a principality._ Du comte de Flandre — for the count of Flanders: V. altera Winnoci (s. x), c. 16, Mabillon, _Acta_, III pt. 1 p. 311. Miraeus, I p. 268 col. 1 (a. 1086). Vercauteren, _Actes de Flandre_, no. 12 (a. 1093). Du duc de Normandie — for the duke of Normandy: Haskins, _Norman inst._, p. 255 no. 3 (ch. a. 1017-1025).
**monarchia:** _principauté — principality._ Archiepiscopo H. Coloniensis aecclesiae monarchiam regente. Sloet, _OB. Gelre_, no. 136 p. 135 (a. 1014-1017). Flandrensium monarchiam moderante Balduino glorioso marchyso. Gysseling-Koch, _Dipl. Belg._, no. 96 p. 202 (a. 1047). Willelmo illustri comite tenente Nortmanniae monarchiam. Mabillon, _Ann._, IV p. 536 (ch. a. 1052). Cum monarchiam Forijulii strenue regisset. Chron. Nonantul., ed. Bortolotti, p. 129. Per totam illam monarchiam [i.e. provincia Camerina]. Petr. Damiani, V. Romualdi, c. 60, Mabillon, _Acta_, VI pt. 1 p. 299.
**monas** (femin., genet. -adis) (gr.): _*unité — unit._
**monasterialis** (adj.): _*monastique — monastic._ Genus monachorum. Benedicti regula, c. 1. Vita. Gregor. Turon., H. Fr., lib. 10 c. 29. Grex. Id., V. patrum, c. 9 § 3, _SRM._, I p. 704. Officia. Fortun., V. Radegund., lib. 1 c. 23, ib., II p. 372. Disciplinae. Beda, H. eccl., lib. 4 c. 1. Vota. Ib., lib. 5 c. 23. Septa. Lib. diurn., c. 96, ed. Sickel, p. 126. Presbyteri. G. Aldrici, ed. Charles-Froger, p. 63. Subst. mascul. et femin. **monasterialis:** _religieux, religieuse — conventual._ Ancillae Dei monasteriales. Karlmanni capit. a. 742, c. 7, I p. 26. Concil. Clovesh. a. 747, c. 21, Mansi, t. 12 col. 401 E. Alcuin., epist. 233, _Epp._, IV p. 378 l. 29.
**monasterialiter:** _au monastère — in a monastery._ Minime saeculariter, sed monasterialiter ac regulariter alitus est. Anso, V. Ursmari (s. viii ex.), c. 3, Mabillon, _Acta_, III pt. 1 p. 248. Quendam monasterialiter ac regulariter adprime eruditum. Ratio fund. Blandin., ed. Gysseling-Koch, _BCRH._, t. 113 (1948), p. 273.
**monasteriolum:** _petit monastère — small monastery._ _D. Merov._, no. 69 (a. 696). _D. Karolin._, I no. 45 (a. 769). Capit. in plac. tract. a. 829, c. 3 sq., II p. 7.
**monasterium:** **1.** _*ermitage — hermitage._ **2.** _*monastère — monastery._ En parlant de l'institution monastique par opposition à l'ensemble de bien-fonds qui constitue l' "abbatia" — with reference to the monastic institution as contradistinguished from the whole of the estates forming the "abbatia": Concedimus ... infra ipsum monasterium mansos duos, molendinum unum, cambas duas. _D. Charles le Ch._, no. 433 (a. 877). Concessit duci ... tenere abbatias Medii Monasterii et S. Deodati, retinens in vestitura indominicata monasteria et decem mansos de utroque coenobio. Widric., V. Gerardi Tull., c. 21, _SS._, IV p. 503 l. 18. **3.** _communauté monastique — community of monks._ Conveniebant monasteria monacorum. Pass. Ansani (s. vi?), ap. Baluze, _Misc._, ed. Mansi, IV p. 66. **4.** _l'ensemble des domaines qui se rattachent à un monastère — the whole of the estates belonging to a monastery._ Est terminus ecclesie et monasterii s. Salvatoris ...: primum in orientali plaga ... Stengel, _UB. Fulda_, I no. 6 p. 9 (< a. 747>, spur. ca. a. 822-824). Facta est exquisitio [i.e. inquisitio] ... de terminis monasterii quod nuncupatur Hunafeld. Dronke, _CD. Fuld._, no. 456 p. 201 (a. 825). De episcopatibus seu de monasteriis quae beneficia regis sunt. Hincmar., De eccl. et cap., ed. Gundlach, p. 107. Res ad monasterium s. Genesii ... pertinentes ... firmaremus ... Est autem initium ipsius monasterii in via vallis ... _D. Lothaire_, no. 46 (a. 981). **5.** _église collégiale — collegiate church._ In monasteriis canonicorum, monachorum seu puellarum. Concil. Turon. III a. 813, c. 31, _Conc._, II p. 290. Canonicus in monasterio s. Stephani. De Font-Réaulx, _Cart. de Limoges_, II p. 32 (a. 909). Canonicos ... jure communitatis vivere instruxit, unde et claustrum monasterio addidit. Richer., lib. 3 c. 24, ed. Latouche, II p. 30. Egregium monasterium simul et claustrum canonicorum ... extra muros Moguntinae civitatis construxit. V. Burchardi Wormat., c. 2, _SS._, IV p. 833. Novum et egregium ibi constituens monasterium et viginti canonicorum ... obsequium. V. IV Bonifatii (s. xi med.), c. 12, ed. Levison, p. 105. **6.** _église cathédrale — cathedral church._ Episcopo de monasterio illo quod est constructum infra muro illius civitatis. F. Sal. Lindenbr., no. 3, _Form._, p. 268. Monasterium s. Mariae et s. Lantperti, ubi illius episcopii domus



est principalis. _D. Ludwigs d. Kindes_, no. 55 (a. 907). Eidem monasterio [sc. Spirensi ecclesiae] ... immunitatis tuicionem fieri juberemus. _D. Ottos I._, no. 379 (a. 969). Vasa ... deferantur ... de majori monasterio ad celebrandae stationis locum. Ordo Rom. VI (s. x?), c. 7, ed. Andrieu, II p. 242. Monasterium Mogonciacense ... periit incendio. Ann. Hildesheim., a. 1009, ed. Waitz, p. 30. Thangmar., V. Bernwardi, c. 19, _SS._, IV p. 767. G. pontif. Camerac., lib. 2 c. 1, _SS._, VII p. 455. Major monasterium in Babenberc. Cod. Udalrici, no. 25 (a. 1057-1064), Jaffé, _Bibl._, V p. 51. Anon. Haserens., c. 13, _SS._, VII p. 257. Badaebrunna civitas cum duobus monasteriis, id est episcopatus et monachorum, ... igne consumitur. Marian. Scott., ad a. 1080, _SS._, V p. 558. V. Meinwerci, c. 49, ed. Tenckhoff, p. 42. Ibi pluries. **7.** _église abbatiale — abbey-church._ V. anon. Geraldi Silvae Majoris (s. xi ex.), § 12, _AASS._, Apr. I p. 417 B. Ad augmentandum et amplificandum nobile manuque divina consecratum monasterium. Suger., De adm. sua, c. 25, Lecoy, p. 186. Ingressi monasterium coram ipso [Benedicto] terrae prosternamur. RaduLf. Tortar., Mir. Benedicti, lib. 8 c. 14, ed. De Certain, p. 295. **8.** _église paroissiale — parish church._ Corpus ejus delatum est ad b. Petri monasterium. V. Protadii (s. x?), § 9, _AASS._, Febr. II p. 414. Sponsus et sponsa jejuni a sacerdote jejuno in monasterio benedicantur. Concil. Rotomag. a. 1072, c. 14, Mansi, t. 20 col. 38 C. **9.** _chapelle attenante à une église — chapel adjacent to a church._ Ad latera ipsius basilicae monasteria parva subjunxit. Agnell., c. 72, _Scr. rer. Langob._, p. 328.
**monasticus:** _monacal, monastique — monastic._ Disciplina. Gregor. M., lib. 5 epist. 49, _Epp._, I p. 349. Conversatio. Beda, Hist. eccl., lib. 3 c. 27. Ibi pluries.
**mondebordis** et derivata, v. mundiburd-.
**mondus,** v. mundium.
**monerius,** v. molinarius.
**moneta:** **1.** _droit de monnayage — right of coining._ Dono ... episcopatum Albiense et civitatem et moneta[m] et mercatum. _Hist. de Lang._[3], V pr. no. 211 col. 428 (a. 1037). Trado ... alodium ... cum moneta, cum teloneo et macera et districto. Miraeus, I p. 75 (ch. a. 1089, Cambrai). **2.** _redevance de monnayage — mintage._ Nullus comes ... ad causas audiendas vel freda aut tributa seu monetam vel theloneum exigendum ... ingredi audeat. _D. Heinrichs III._, no. 147 (a. 1045). Eidem ... terrae propriae decimamque monetae vovit. Donizo, V. Mathildis, lib. 1 c. 2 v. 415, ed. Simeoni, p. 20.
**monetare:** _monnayer — to coin._ Denarii qui modo monetati sunt. Capit. miss. Theodon. II a. 805, c. 18, I p. 125. Monetarii ... mixtum denarium ... non monetent. Edict. Pist. a. 864, c. 13, II p. 315. Denariorum solidos 5 de argento monetatos. Giorgi-Balzani, _Reg. di Farfa_, III no. 382 p. 58 (a. 947). In libra argenti 30 denarii plus ... monetentur. _D. Heinrichs IV._, no. 71 (a. 1061).
**monetarius** (adj.): _*de monnaie — of money or coining._ Turris monetaria. _Hist. de Lang._[3], V pr. no. 489 III col. 921 (a. 1125, Carcassonne). Subst. **monetarius:** _*monnayeur — minter._
**monetaticus,** moned-, -agium: **1.** _bénéfice de monnayage — revenue from mintage._ Ut nullus ex eadem [moneta] ipsorum minister de ipsorum proprio argento monetaticum accipiat. _D. Charles III le Simple_, no. 101 (a. 919). Adjunximus donis nostris monetam et monetagium per cambitum [leg. ambitum] totius episcopatus Xantonensis. _Gall. chr._[2], II instr. col. 480 (ch. a. 1047). **2.** _redevance pour rachat du décri de monnaie — a due for redeeming coinage debasement._ Monetagium commune quod capiebatur per civitates et comitatus ... ne amodo sit, omnino defendo. Henr. I reg. Angl. ch. coron. a. 1100, c. 5, Stubbs, _Sel. ch._[9], p. 118. **3.** _monnayage — coining._ S. xiii. **4.** _espèce de monnaie — coinage, kind of money._ S. xiii.
**monetator:** _monnayeur — moneyer._ Edict. Pist. a. 864, c. 16, _Capit._, II p. 316.
**mongnerius,** v. molinarius.
**monialis** (femin.): _moniale — nun._ [Isidorus] doctor et sustentator monachorum ac monialium. Ildephons. Tolet., aera 674, Migne, t. 96 col. 319 B.
**1. monimen:** _admonition — admonition._ Salubri monimini satisfacere nolentem. Nic. I pap. epist. 47, _Epp._, VI p. 328.
**2. monimen,** v. munimen.
**1. monimentum:** _admonition — admonition._ Post me monimenta relinquo venturis descripta. Paulin. Aquil., carm. 1 v. 132, _Poet. lat._, I p. 129.
**2. monimentum,** v. munimentum.
**monitio:** **1.** _sommation — summons._ Si in tertia munitione contradictor perseveraverit. Capit. de latron. (a. 804-813), c. 5, I p. 181. **2.** _prétention — claim._ Si qua[m]vis requesitionem aut monitionem facere temtaverimus. Camera, _Mem. de Amalfi_, p. 96 (a. 860). **3.** _expédition militaire — campaign._ Contra eum decrevit facere moniccionem. Chron. Salernit., c. 44, ed. Westerbergh, p. 46. Ibi pluries.
**monitorium:** _précepte — precept._ Juxta monitorium b. Benedicti. Candid., V. Eigilis, c. 10, _SS._, XV p. 227.
**monobilis,** monub- (gr.): _*monolithique — monolithic._ Monobiles archas. V. Caesarii, lib. 1 c. 57, _SRM._, III p. 480.
**monoculus:** _*borgne — one-eyed._
**monogamus** (gr.): _*celui qui ne s'est marié qu'une fois — one who has married only once._
**monogramma** (neutr., genet. -atis) (gr.): **1.** _*monogramme du Christ — Christ's monogram._ **2.** gener.: _monogramme du nom d'une personne — monogram containing the name of a person._ Nonogramma [sic!] nostrum inserere curavimus. _D. Pépin II d'Aquit._, no. 54 (a. 847). In denariis novae nostrae monetae ex una parte nomen nostrum habeatur in gyro, et in medio nostri nominis monogramma. Edict. Pist. a. 864, c. 11, _Capit._, II p. 315. Manu propria in monogrammate nostri nominis notam subter fecimus. _D. Zwentibolds_, no. 13 (a. 897). Etiam no. 8 (a. 896). Patena patris sui magni Karoli monogrammate insignita. Odilo Suess., Transl. Sebastiani, c. 43, _SS._, XV p. 388. Rex ipse [Chlodovech] favens subscripsit et, suo monogrammate facto, anulo regio insigniri jussit. Mir. Baboleni (s. xi med.), _H. de Fr._, III p. 569 D. Facto testamento monogramate

firmatur. ODO FOSSAT., V. Burchardi, c. 4, ed. BOUREL, p. 12.
**monomachia** (gr.): **1.** **combat singulier — single combat.* **2.** *duel judiciaire — judicial combat.* ADALBERT. TREVER., contin. ad REGINON., a. 950, ed. KURZE, p. 164. Mir. Trudonis, lib. 1 c. 4, *SS.*, XV p. 823. Ann. Altah., a. 1056, ed. OEFELE, p. 52. **3.** *rixe — scuffle.* Nullus advocatus debeat habere placitum ... nisi pro monomachia et sanguinea percussura. BEYER, *UB. Mittelrh.*, II no. 37 p. 23 (a. 1095). Ad justiciam advocati pertinet temeritas, injusticia, monomachia. KEUTGEN, *Urk. städt. Vfg.*, no. 125 (a. 1156, Augsburg).
**mons: 1.** *terrain minier — mining area.* Decima montis Goslariae. Chron. Brunsvic., c. 2, *SS.*, XXX p. 23 l. 14. **2.** loc. da monte, da montes: vers le nord (du côté des Alpes) — on the northern side. E.g.: Inter adfines: da mane ..., da medio die et sera ..., da montes ... *CD. Langob.*, no. 79 p. 150 B (a. 805, Bergamo).
**monstra,** mostra (< monstrare): **1.** *tour pour montrer un bien-fonds* (dans l'acte de saisine) — *perambulation of an estate* (in the act of livery). Fecit percalcum vel monstram videntibus monachis. GRASILIER, *Cart. de Saintes*, no. 123 p. 99 (ca. a. 1047). **2.** *production de preuves écrites — producing pieces of evidence.* Si quis in duello victus fuerit ..., firmare non potest nec testimonium in causa portare nec aliquam monstram facere. BOURGIN, *Soissons*, p. 433 no. 15 c. 17 (s. xii ex.). **3.** *montre, revue militaire — muster, review.* S. xiii.
**monstrantia** (femin.): *ostensoir — monstrance.* S. xiii.
**monstrare: 1.** *prouver — to evidence.* Cum dux tenorem ducatus ... se ... habuisse non posset monstrare. GISLEB. MONT., c. 170, ed. VANDERKINDERE, p. 252. **2.** *passer en revue* des soldats — *to muster* troops. S. xiii.
**monstrata,** monstreia, mostra: *parcelle dans un bois — forest allotment.* S. xiii.
**montagium,** v. montaticus.
**montana,** -nea, -nia (femin.) (class. neutr. plural. "pays de montagnes — mountainous country"): **montagne — mountain.*
**montanaricus** (adj.): *montagnard — dwelling in the mountains.* Coloni. *D. Ottos I.*, no. 209 (a. 960).
**montanarius,** -ten- (subst.): *montagnard — mountaineer. CD. Langob.*, no. 419 col. 712 A (s. x in., Brescia).
**montanea,** montania (neutr. plural.) = montana.
**montanus** (subst.): **1.** *montagnard — mountaineer.* Perfidia montanorum in insidias deducti. Ann. regni Fr., a. 824, ed. KURZE, p. 166. **2.** *anachorète — hermit.* Rhabanus ... montanus efficitur. ANNALISTA SAXO, a. 840, *SS.*, VI p. 575 l. 12.
**montare:** *monter à, valoir — to amount to.* S. xiii.
**montaticus,** montagium: *péage qui frappe les bateaux remontant le fleuve — toll from ships sailing up the river.* Ch. Karlomanni reg. Fr. (ca. a. 880), DE MARCA, *Marca hisp.*, app., col. 812.
**montatus** (adj.): *monté, muni d'une monture — mounted.* S. xiii.
**monticellus:** **colline — hill.*
**monticulus:** **colline — hill.*
**monto,** v. multo.
**monubilis,** v. monobilis.
**monumentum: 1.** *cimetière — grave-yard.* Ecclesia cum monumento suo. Ann. Camaldul., a. 954, ed. MITTARELLI, p. 56. Iterum a. 994, p. 123. **2.** *"gesta municipalia".* Donatio insinuatione monumentorum non indiget. JULIAN. ANTECESS., Const., tit. 110 § 1. Monumentis intimentur donationes. Capit. e lege Rom. exc., *Capit.*, I p. 311.
**1. mora,** morra, moria, muria, muira: *saumure — pickle.* DREI, *Carte di Parma*, p. 290 (a. 1000). DC.-F., V p. 521 col. 1 (ch. a. 1177).
**2. mora,** v. morus.
**morabotinus,** morapetinus, v. marabotinus.
**moraliter: 1.** **au figuré, dans l'esprit — figuratively, spiritually.* Moraliter primogenita nostra Deo offerenda sunt. PAUL. DIAC., Homil., MIGNE, t. 95 col. 1202. **2.** **du point de vue moral, avec une intention morale — from the moral point of view, with a moral purpose.* Quem rex ... clementer suscipiens ac moraliter nutritum ... MEGINHARD., Transl. Alexandri, c. 4, ed. KRUSCH, p. 427. **3.** *à titre coutumier — on a customary basis.* Comitatum ... prout actenus moraliter habebatur. *D. Konrads II.*, no. 143 (a. 1029).
**moralla:** *moraillon — lock-bolt.* MABILLE, *Cart. de Marmoutier pour le Dunois*, no. 93 p. 84 (a. 1111/1112).
**morari:** **habiter — to dwell.*
**1. morarius** (< morum): *mûrier — mulberry-tree.* Capit. de villis, c. 70. Brev. ex., c. 29 et 38.
**2. morarius** (< 1. mora): certain *ustensile d'une saunerie — saltern implement.* FANTUZZI, *Mon. Ravenn.*, I p. 180 (a. 973). Ann. Camaldul., a. 974, ed. MITTARELLI, p. 93. MURATORI, *Antiq.*, V col. 419 (ch. a. 1010, ubi perperam mortario).
**morator:** *habitant — inhabitant.* Omnis morator civitatis. Fuero de León (a. 1017-1020), c. 33, WOHLHAUPTER, p. 16.
**moratorius:** **dilatoire — dilatory.*
**1. moratum,** moretum (< morum): *vin mélangé de jus de mûre — wine mixed with mulberry-juice.* Capit. de villis, c. 34 et 62. GUÉRARD, *Irminon*, app. 5 p. 305.
**2. moratum,** moretum (< Maurus): *drap brun — murrey, brown cloth.* S. xiii.
**morbidare:** *rendre malade — to make ill.* Acta Valeriani, *AASS.*, Apr. II p. 206.
**morbotinus,** v. marabotinus.
**mordacium** (< mordax): *boucle — clasp.* S. xiii.
**mordridare** (< mordridum): *assassiner — to murder.* De episcopo J. inhoneste et inaudite mordridato. Concil. Theodonisv. a. 821 (spur. ca. a. 900), prol., *Capit.*, I p. 360.
**mordridum,** murd-, -re-, -t-, -a, -us (germ.): **1.** *meurtre — murder.* Si quis ... Ribuarium interficerit et eum ... celari voluerit, quod dicitur mordridus. Lex Ribuar., tit. 15. Si quis liberum occiderit furtivo modo ... quod Baiwarii murdrida dicunt. Lex Baiwar., tit. 18 § 2. Si quis hominem occiderit et absconderit, quod mordritum vocant. Lex Frision., tit. 20 § 2. **2.** *justice des meurtres — jurisdiction concerning murder.* Sint quieti ... de murdredis et de variis ad murdredum pertinentibus. Henr. II reg. Angl. ch. a. 1156, DC.-F., V p. 526 col. 1.
**mordrire,** mur-, mul-; -tr-; -are (germ.): *assassiner — to murder.* Servum mordritum [conponat] tripliciter. Judicatum Karolo M.



adscr., *Capit.*, I p. 257. Quando aliquis alicubi murdratus reperiebatur. Leg. Edwardi Conf., c. 15 § 1, LIEBERMANN, p. 641. Murdritus homo dicebatur antiquitus cujus interfector nesciebatur. Leg. Henrici, tit. 92 § 5, ib., p. 608. [Pater] si inique filium muldrierit. Consuet. Norm. vetust., pt. 1 (s. xii ex.), c. 35 § 1, TARDIF, p. 29.
**mordrita** (mascul.) (< mordrire): *assassin — murderer.* Ruodlieb, fragm. 8 v. 20.
**mordritor,** mur-, -tri-, -di-, -dra- (< mordrire): *assassin — murderer.* Leg. Edwardi Conf., tit. 15 § 5, LIEBERMANN, p. 641. GISLEB. MONT., Chron. Hanon., c. 142, ed. VANDERKINDERE, p. 216.
**mordrum,** mur-, mul-, -thrum, -trum, -trium, -dum (germ.): **1.** *meurtre — murder.* Si quis hominem in mordro occiderit. Ewa ad Amorem, c. 46. Si Francigena appellaverit Anglum de perjurio aut murdro, furto, homicidio ... Wilh. I reg. Angl. stat., c. 6, STUBBS, *Sel. ch.*[9], p. 98. Qui murdrum fecerit. Leg. Henrici, tit. 92 § 3, LIEBERMANN, p. 607. De multro, traditione et occisione gloriosi Karoli comitis Flandriarum. GALBERT., inscr., ed. PIRENNE, p. 1. Murdrum proprie dicitur mors alicujus occulta, cujus interfector ignoratur. Murdrum enim idem est quod absconditum vel occultum. Dial. de Scacc., lib. 1 c. 10, ed. JOHNSON, p. 52. Si quis bannitus est pro aliquo forisfacto, excepto multro, homicidio ... Phil. Aug. priv. pro. Ambian. a. 1190, c. 51, *Actes*, I no. 320 p. 388. Banniti de furto et multro et raptu. Ejusdem priv. pro Atrebat. a. 1194, c. 43, ib., I no. 473 p. 568. Cf. Ph. ALLFELD, *Die Entwicklung des Begriffes Mord bis zur Carolina*, Erlangen 1877. **2.** *justice des meurtres — jurisdiction concerning murder.* Habeant et teneant ista 4 maneria ... quieta ab omni geldo et danegeldo et murdro et omni consuetudine et placito et querela. DELISLE, *Actes Henri II*, I no. 18 p. 112 (a. 1156, Angl.). Neque furtum neque sanguinem neque multria neque bataliam [requirere poterimus]. THAUMASSIÈRE, *Cout. du Berry*, p. 73 (a. 1177). **3.** *cadavre d'un assassiné — corpse of a murdered person.* Si murdrum ab eo loco ubi fuerit inventum alias deportetur. Leg. Henrici, tit. 92 § 2, p. 607.
**morellus:** *moreau — morel, dark brown* (of horses). S. xiii.
**1. moretum,** v. 1. moratum.
**2. moretum,** v. 2. moratum.
**morganatica:** *une femme qui reçoit un douaire — a woman provided with a jointure.* Quod Mediolani dicitur "accipere uxorem ad morganaticam", alibi "lege Salica". Lib. Feudor., vulg., lib. 2 tit. 29, ed. LEHMANN, p. 160.
**morganatio** (cf. voc. morginegiva): *attribution d'un douaire — providing with a jointure.* Que pro morganationis carta mihi pollicitus existit dare. FICKER, *Forsch.*, IV no. 29 p. 39 (a. 976, Piacenza).
**morganatus** (decl. iv) (cf. voc. morginegiva): *attribution d'un douaire — providing with a jointure.* Que pro morganado mihi donavit. FICKER, *Forsch.*, IV p. 39 (a. 976). Per anc cartula morganati dare previdi. SCHNEIDER, *Reg. Senense*, no. 21 p. 8 (a. 994).
**morganus** (germ.): *journel,* mesure de terre — a *land measure* (teuton. *morgen*). BEYER, *UB. Mittelrh.*, I no. 378 p. 436 (a. 1083).
**morginegiva,** mer-; -ch-, -c-; -ini-, -in-, -i-, -ani-, -ane-, -an-, -ene-; -giba, -gefa, -gaba, -gab, -cap, -caph, -caput (germ.): *don nuptial* du nouveau marié à l'épouse, *douaire* — a bridegroom's *wedding-gift* to his bride, *jointure.* Quae Gailesoindam [i.e. -da] ... tam in dote quam in morganegiba, hoc est matutinale donum, ... certum est adquisisse. Pact. Andeliac. a. 587, *Capit.*, I p. 13. Quicquid ei [sc. mulieri] in morgangaba traditum fuerit. Lex Ribuar., tit. 37 § 2. De morginegiva [synon.: donatio nuptialis]. Lex Burgund., tit. 42 § 2. Maritus meus dedit mihi morginaghepha. Lex Alamann., tit. 56 § 2. Habeat mulier et morgenegab et quod de parentes adduxit. Edict. Rothari, c. 182. Ibi pluries. Si quis Langobardus morgingap conjugi suae dare voluerit. Liutpr. leg., c. 7 (a. 717). SCHIAPARELLI, *CD. Longob.*, I no. 30 p. 110 (a. 722, Lucca). *CD. Cavens.*, I no. 1 p. 1 (a. 792). BERNARD-BRUEL, *Ch. de Cluny*, I no. 189 (a. 912).
**mori:** *être tué — to be killed.* Homicidas aut caeteros reos qui legibus mori debent. Capit. Harist. a. 779, c. 8, I p. 48. Mortuus est a Nicolao. Ann. Barens., a. 987, *SS.*, V p. 56 l. 8.
**moria,** v. 1. mora.
**morigeratus** (adj.): **1.** *ayant tel naturel, enclin à — having such a turn of mind, prone to.* Non est sic morigeratus ut quid verborum soleat mutare suorum. Ruodlieb, fragm. 2 v. 28. **2.** *d'un bon naturel — of good character.* Si in consanguinitatis linea aliquis tali offitio [sc. regis] dignus non inveniatur, saltem in alia bene morigeratus ... assumatur. THIETMAR., lib. 1 c. 19, ed. HOLTZMANN, p. 24.
**morina,** v. murena.
**morio,** murio, muro (genet. -onis): **1.** **sot, imbécile — fool.* **2.** *rustre, fripon, scélérat — knave, rogue, villain.* Exsurgens turba murionum. GREGOR. TURON., H. Fr., lib. 9 c. 41. Furi atque muronis. F. Senon., addit. 5 v. 5, *Form.*, p. 226.
**morobatinus,** v. marabotinus.
**morose:** *lentement — slowly.* Benedicti regula, c. 43.
**morositas:** *long délai — procrastination.* Mir. Bertini, c. 10, *SS.*, XV p. 515.
**morosus** (< mora): **1.** **qui tarde, tardif, lent à venir — tardy, dragging, slow to come.* **2.** **indolent, paresseux, engourdi — sluggish, lazy, dull.*
**morra,** v. 1. mora.
**mors: 1.** *peine de mort — capital punishment.* Mortis periculum incurrat. Childeb. decr. a. 596, c. 2, *Capit.*, I p. 15. [Reus] morte moriatur. Capit. de part. Saxon. (a. 785), c. 3, p. 68. Judicatus fuit ad mortem. Capit. Aquisgr. a. 809, c. 1, p. 148. Ad poenam vel ad mortem judicetur. Capit. e canon. exc. a. 813, c. 15, p. 174. [Latro] dignus sit morte. Capit. de latron. (a. 804-813), c. 3, p. 180. Qui ad mortem dejudicatus fuerit. Ib., c. 6, p. 181. **2.** *homicide, mort violente — manslaughter, death by violence.* Ad morte sepedicto numquam consentisset nec eum occessisset. F. Andecav., no. 50, *Form.*, p. 22. De ipsa morte germano nostro nec a me nec ab heredibus meis damnietate[m] habere non pertimiscas. MARCULF., lib. 2 no. 18, ib., p. 89. Si qua mulier mortem viri sui cum aliis hominibus consiliavit. Decr. Vermer. (a. 758-768), c. 5, *Capit.*, I p. 40. Si quis comitem interficerit vel de ejus morte consilium dederit. Capit. de part. Saxon.

(a. 785), c. 30, I p. 70. In mortem regis ... non consiliasset. Synod. Franconof. a. 794, c. 9, p. 75. De morte illius tractare conati sunt. MURATORI, *Antiq.*, VI col. 278 C (ca. a. 1004). Multiplicata sunt mala multa in terra, depredaciones, incendia et mortes hominum. HELMOLD., lib. 1 c. 22, ed. SCHMEIDLER, p. 45. Ibi pluries. 3. ******épidémie, mortalité — plague.* Pestilens mors ... veluti quidam ignis depascens. ANAST. BIBL., Chron., ed. DE BOOR, p. 276.
**morsellus,** -um: *petit morceau — small piece.* S. xiii.
**morsus** (decl. iv): *boucle — clasp.* S. xiii.
**mortalagium:** *le droit de recevoir des legs — right to receive bequests.* Donamus ecclesias ... cum omnibus que ad easdem ecclesias pertinent, id est cum primitiis, offerendis, mortalagium. GUÉRARD, *Cart. de Mars.*, I no. 584 p. 575 (ca. a. 1060).
**mortalia,** mortaillia: *mainmorte — "mainmorte".* THAUMASSIÈRE, *Coutumes du Berry*, p. 79 (ch. a. 1213).
**mortalis: 1.** *qui entraîne la peine de mort — entailing capital punishment.* Culpa mortalis. Lex Visigot., lib. 6 tit. 1 § 3. Si quis liber liberum crimen aliquod quod mortale est inposuerit. Lex Alamann., tit. 43. Si quis servum ecclesiae sine mortali culpa occiderit. Lex Baiwar., lib. 1 c. 5. Ut nullum liberum sine mortali crimine liceat inservire. Ib., lib. 7 c. 5. Pro his mortalibus criminibus latenter commissis. Capit. de part. Saxon. (a. 785), c. 14, I p. 69. **2.** *(d'un péché) *qui entraîne la mort de l'âme, mortel* — (of a sin) *causing perdition, mortal.*
**mortalitas: 1.** **épidémie, mortalité, carnage — pestilence, mortality, slaughter.* **2.** *le droit de recueillir des legs — right to receive bequests.* Ecclesias ... cum omnibus decimis et primitiis et mortalitatibus territorii ipsius villule. GUÉRARD, *Cart. de Mars.*, II no. 777 p. 123 (a. 1122). Ibi pluries.
**1. mortarium,** -erium: **1.** *mortier — mortar.* Mortaria marmorea dua. MARINI, *Pap.*, p. 125 (a. 564). **2.** *petite lampe, lampion — small lamp, cresset.* S. xiii.
**2. mortarium,** v. mortuarium.
**morticinum,** -na, -nium: **1.** **charogne — carrion.* **2.** **cadavre humain — human corpse.* **3.** *maladie mortelle — fatal disease.* Mir. Gengulfi, § 12, *AASS.*, Maji II p. 650. **4.** *mainmorte — "mainmorte".* Morticinia quae "vel" dicuntur de hominibus monasterii, ubicunque defuncti fuerint, monasterio salva sint. D. Frid. I imp. a. 1153, HUNDT, *Metrop. Salisb.*, II p. 262.
**morticium:** *déshérence — escheat.* Ex parte mortitii ad nostras pervenit manus. UGHELLI, IX p. 67 (ch. a. 1185).
**mortificare: 1.** **tuer — to kill.* **2.** **mortifier, réprimer — to mortify, keep down.* **3.** passiv. mortificari alicui rei: **être mort à, délivré de* qqch. — *to be impassible to, delivered from* a thing. **4.** *donner la trempe à* un objet en fer — *to temper* iron. S. xiii. **5.** *amortiser — to amortize.* S. xiii.
**mortificatio: 1.** **mortification — mortification.* **2.** *amortissement — amortization.* S. xiii.
**mortimanus: 1.** *mainmorte — "mainmorte".* Ab anteriori domini sui exactione et mortimanu ... absolvantur. MARTÈNE, *Coll.*, I col. 709 A (a. 1131, Brogne). Habet [ecclesia] etiam mortimanus et abmatrimonia. ROUSSEAU, *Actes de Namur*, no. 9 (a. 1154). **2.** *déshérence, épave — escheat.* Si quis alienigena in villa manens vita decesserit, si heredem ad minus in tertia linea non habuerit, illius mortimanus ad abbatem perveniet. Ib.
**mortimentum:** *mainmorte — "mainmorte".* Tractum terre ... cum jure mortimenti. KURTH, *Ch. de S.-Hubert*, no. 1 p. 2 (<a. 687>, spur. s. xii).
**mortuarium,** mortarium: *mainmorte — "mainmorte". Wirttemberg. UB.*, I no. 251 p. 301 (a. 1098). *Mon. Boica*, VII p. 111 (a. 1200, Benedictbeuern).
**mortuus.** Loc. mortua manus, v. s.v. manus.
**morulare:** *demeurer — to dwell.* Dux bonus et comes almus eris indigenae morulanti hic. DUDO, lib. 2 c. 68, ed. LAIR, p. 222. Cumque diu morulans Walgras depopularet. ROBERT. TORINN., interpol. ad GUILLELM. GEMMETIC., lib. 2 c. 8, ed. MARX, p. 215.
**morus,** muarus, murus, mora (germ.): *marécage, tourbière — moor, marsh. D. Heinrichs II.*, no. 380 (a. 1018); no. 392 (a. 1018). LACOMBLET, *UB. Niederrh.*, I no. 162 p. 100 (a. 1027). VERCAUTEREN, *Actes de Flandre*, no. 38 (a. 1109). DELISLE-BERGER, *Actes Henri II*, I no. 48* p. 54 (a. 1153). Cf. Ch. VERLINDEN, *Les mots "mariscus" et "morus" dans les chartes flamandes, Mém. du Ier Congrès Int. de Géogr. Hist.*, II, 1931, p. 304-310.
**mosa:** *marécage — moor. CD. Langob.*, no. 872 col. 1544 B (a. 993, Cremona). FICKER, *Forsch.*, IV p. 58 (a. 998).
**mosaicus,** v. musaicus.
**mosarabes** (arab.): *chrétiens qui vivent sous la domination maure — christians living under Moorish rule.*
**moscheda,** moscheta, v. meschita.
**1. mostra,** v. monstra.
**2. mostra,** v. monstrata.
**1. mota,** mueta, meuta, moeta: *meute — pack of hounds.* Const. dom. reg. (a. 1135-1139), ap. JOHNSON, *Dial. de Scacc.*, ad calc., p. 135.
**2. mota,** motta (germ.): **1.** *motte de terre — clod of earth.* Per mota[m] terre ipsius ... vestitura[m] conpre[h]insit. *CD. Langob.*, no. 266 col. 446 B (a. 876, Milano). **2.** *motte de tourbe — lump of peat.* Licebit hominibus de B. in ... arpennis marisiorum motas trahere vel ortos facere. *Actes Phil.-Aug.*, no. 639, II p. 190 (a. 1200). **3.** *motte, élévation artificielle qui sert de fortification — mound of earth forming a stronghold.* MÉTAIS, *Cart. de Vendôme*, no. 36, I p. 65 (a. 1040). Lib. de comp. castri Ambaz., HALPHEN-POUPARDIN, *Chron. d'Anjou*, p. 21. G. Ambaz. dom., ib., p. 126. Ch. Stephani reg. Angl. a. 1153, DELISLE-BERGER, *Actes Henri II*, I no. 56* p. 63. Turrim illius [castri] magnam in altiori mota constitutam. GISLEB. MONT., c. 81, ed. VANDERKINDERE, p. 121. Motam altissimam sive dunionem eminentem in munitionis signum firmavit. LAMB. ARDENS., c. 109, *SS.*, XXIV p. 613. **4.** *tour fortifiée — castle-tower.* Cum intus castellum muro cinctum tuto non sufficeret presidio, in mota, scilicet turre lignea superiori, se recepit. SUGER., V. Lud. Gr., c. 19, ed. WAQUET, p. 140. ORDER. VITAL., lib. 10 c. 7, ed. LE PRÉVOST, IV p. 47.



**5.** *digue — dike.* DC.-F., V p. 531 col. 3 (ch. a. 1188, Solignac).
**motaticum,** motagium (< 2. mota): *redevance pour le coupage de tourbes — due for digging peat.* S. xiii.
**motetus:** *motet — motet.* S. xiii.
**motio: 1.** *expédition militaire — campaign.* Generalis facta Francorum motio contra Sarracenos. Lib. pontif., Gregor. II (a. 715-731), vers. I, § 11, ed. DUCHESNE, I p. 400 col. 1. Super nos ... inruere cupiunt et motionem facere. Cod. Carolin., no. 30, *Epp.*, III p. 30. ANAST. BIBL., Chron., ed. DE BOOR, p. 247. Generaliter motionem faciens. ERCHEMPERT., Hist. Longob. Benev., c. 44, *Scr. rer. Langob.*, p. 254. Jerusalem cum reliqua multitudine in illa prima quae tunc fuit motione ierit. BOURASSÉ, *Cart. de Cormery*, no. 51 p. 104 (a. 1096-1103). Quocumque banno motio agatur, firmissimam pacem cunctos in procedendo et redeundo pariter habere. GIRY, *S.-Omer*, p. 390 no. 14 c. 35 (a. 1168). Eadem verba: Frid. I imp. priv. pro Camerac. a. 1184, c. 24, REINECKE, *Cambrai*, p. 262. **2.** *insurrection — revolt.* ANAST. BIBL., p. 170. **3.** *prétention — claim.* Fatebat se nullam inde ulterius amplius motionem fecisse. BITTERAUF, *Trad. Freising*, I no. 463 p. 394 (a. 822). Si ... inde aliqua motio ei suisque successoribus advenerit. THÉVENIN, *Textes*, no. 89 (a. 857).
**motivus:** *qui incite, pousse — moving, prompting.* S. xiii. Subst. neutr. **motivum:** *motif, raison — motive, reason.* S. xiii.
**motonagium,** v. multonagium.
**motorius** (adj.): **de mouvement — of movement.*
**motta,** v. 2. mota.
**motura,** mottura, moutura, v. molitura.
**mounagium,** v. molinagium.
**mousturangia,** mouturangia, v. multurangia.
**mouta,** v. molta.
**moutonagium,** v. multonagium.
**movere, 1.** intrans., et passiv. moveri: *s'en aller, partir en voyage — to set out, start.* Movimus inde. EGER., Peregr., *CSEL.*, t. 39 p. 52. PS.-ANTON., Itin., ib., p. 183. Mox ut ipse [rex] jusserit praeparati movere hostiliter possint. Ann. Bertin., a. 867, ed. WAITZ, p. 87. Abbas movit et Cluniacum tetendit. ODORANN., Chron. s. Petri Vivi, D'ACHÉRY, *Spic.*, II p. 755. **2.** de, ab aliquo: *mouvoir, dépendre par un lien féodal — to be held in fief* of a lord. Medietatem [decimariae] ei convenientiaverat post mortem Odonis de N., de quo movebat. BERTRAND, *Cart. d'Angers*, I no. 318 p. 361 (ca. a. 1099). Terram illam, que a me movetur quamque ipsi de me in feodum tenebant, resignaverunt. ROUSSEAU, *Actes de Namur*, no. 21 (a. 1179). Terra illa de nobis movebat. *Actes Phil.-Aug.*, no. 172, I p. 207 (a. 1186).
**mox** (adverb.): **aussitôt, tout de suite — at once, directly.* Mox ut, et nude: mox (conj.): **aussitôt que — as soon as.*
**muarus,** v. morus.
**mucare,** muccare (< mucus): *se moucher — to blow one's nose.* Lex Ribuar., tit. 5 § 2. ORIBAS., Syn., lib. 7 c. 20 § 18, ed. MOLINIER, p. 155.
**mucatus,** muccatus (cf. voc. mucare): *nez — nose.* Lex Ribuar., tit. 68 § 5.
**mucere:** *murmurer — to grumble.* ATTO VERCELL., Perp., ed. GOETZ, p. 18 et 37. Cf. E. BESTA, *ALMA.*, t. 2 (1925), p. 43.
**muctum,** muttum, mutum (< mucere; > frg. *mot*): *grognement, cri, son inarticulé de mécontentement — grumbling, squeak, cry.* Nullus ... sermonem movebatur aut muttum. V. patrum Jurens., lib. 3 c. 3, *SRM.*, III p. 155. Nec muttum tibi dixi. AMALAR., epist. ad Guntard., D'ACHÉRY, *Spic.*², III p. 331 (ubi perperam: multum; corr. muttum ap. MABILLON, *Ann.*, II p. 595). Non patrem claro saltem mutto vocavit. BONIF. CONSIL. et ANAST. BIBL., Mir. Cyri, MAI, *Spic.*, III p. 602. Si est qui summo pontifici saltem unum faciat muctum, congruo profecto illius non carebit responso. Ludov. II imp. epist. a. 871, *Epp.*, VII p. 389. Aliquid mutum responderet eis aspere. JOH. ROM., V. Odonis, MABILLON, *Acta*, V p. 167. Dum nec spiritum nec muttum quidem facientis impio hauriret auditu. GUIBERT. NOVIG., De pignor., lib. 1 c. 2, lectio ap. DC.-F., V p. 562 col. 2 (ap. MIGNE, t. 156 col. 618 C: motum). Cf. E. BESTA, *ALMA.*, t. 2 (1925), p. 43.
**mueta,** v. 1. mota.
**muffulae,** muffolae, mufflae: *mitons* ou *mitaines — mittens, mufflers.* Wantos ... in aestate, et in hieme vero muffulas vervicinas. Capit. monast. a. 817, c. 22, I p. 345. Wantos 2 et muffolas 2. Adalhardi Corbej. stat., lib. 1 c. 3, ed. LEVILLAIN, p. 354.
**mugnerius,** v. molinarius.
**muira,** v. 1. mora.
**muldio,** v. mundilingus.
**muldrire,** v. mordrire.
**mulettus:** *mulet* (poisson) — *mullet* (fish). S. xiii.
**mulina** et derivata, v. molin-.
**1. mullo,** mullio (genet. -onis), mullonus, mollus, mulus (celt. ?): *meule de foin — mow, cock of hay.* ORDER. VITAL., lib. 13 c. 16, ed. LE PRÉVOST, V p. 42.
**2. mullo** (genet. -onis) = mullus ("rouget — sea-cock").
**mulnarius,** mulnerius, v. molinarius.
**mulomedicus:** **vétérinaire — veterinary surgeon.* V. Eligii, c. 47, *SRM.*, IV p. 726.
**mulsa** = mulsum.
**multimodus:** **multiple — manifold.*
**multo,** molto, monto, mutto, muto (genet. -onis) (celt.): *mouton, bélier châtré — wether.* Brev. ex., c. 1; c. 31, 33, 35. Irminonis polypt., br. 1 c. 16 et saepe.
**multonagium,** molt-, mout-, mot-, -una-, -ana- (< multo): une *prestation en moutons — a tribute of wethers.* Vaccagium et frumentagium et multonagium et friscingagium. MÉTAIS, *Cart. de Vendôme*, I no. 92 p. 167 (a. 1049). Multonagium et fodrum. MARCHEGAY, *Arch. d'Anjou*, III p. 84 no. 112 (ca. a. 1065).
**multoties:** **maintes fois — many times.*
**multra** = mulctra.
**multrare,** v. mordrire.
**multrarius** (< mordrum): *meurtrier — murderer.* Phil. Aug. reg. Fr. priv. pro Sanquintin. a. 1195, c. 4, *Actes*, no. 491, II p. 15.
**multritorius** (< mordridum): *fait pour tuer — appropriated for killing.* Arma multritoria. Phil. Aug. reg. Fr. priv. pro Atrebat. a. 1194, ESPINAS, *Rec. Artois*, no. 108, c. 10.
**multrium,** multrum, v. mordrum.
**multura,** v. molitura.
**multurangia,** moutur-, moustur-, -engia: *farine*

*mélangée à la mouture — meal mixed in the mill.* S. xiii.
**mulus,** v. 1. mullo.
**mumburdis,** mumbordis, munburdis, munbordis et derivata, v. mundiburd-.
**munboratus** (subst. decl. i) (cf. voc. mundiburdire): *un protegé — one enjoying protection.* Irminonis polypt., br. 12 c. 9 et 27.
**mundanus** (adj.): *_de ce monde, du siècle, humain, terrestre — of this world, secular, human, earthly._ Lex mundana: le droit séculier, par opposition au droit ecclésiastique — secular law as contradistinguished from church law. Legis mundanae capitulis inserenda. Capit. eccles. (a. 818/819), c. 21, I p. 278. Quid in legibus mundanis addenda. Lud. Pii prooemium ad capit., ib., p. 275. Capitula domni Karoli imperatoris mundana. ANSEGIS., app. II, inscr., p. 447. Post mundanae legis judicium canonicam ... depromi sententiam fecit. FLODOARD., Hist. Rem., lib. 3 c. 12, *SS.*, XIII p. 489 l. 3. Subst. **mundanus** et **mundana**: *un laïc, une laïque — a layman or laywoman.* CASSIOD., Var., lib. 8 no. 24 § 6, *Auct. ant.*, XII p. 255.
**mundare:** 1. *_guérir — to cure._ 2. *_purifier l'homme entaché de péchés — to cleanse of sin._ 3. *_effacer les péchés — to wipe out sins._ 4. *défricher — to clear.* [Campum] exaravi, mundavi. Lex Baiwar., tit. 17 § 2. 5. *démolir les constructions érigées sur la terre d'autrui — to pull down buildings standing on another man's land.* Ib., tit. 12 § 9.
**mundbordis,** mundburdis, mundeburdis et derivata, v. mundiburd-.
**mundialis:** 1. *_du monde, de l'univers — of the world, of the universe._ 2. *_de ce monde, du siècle, terrestre, profane — of this world, secular, earthly, profane._ GREGOR. TURON., H. Fr., lib. 7 c. 1. Leges mundiales. Hincmari epist. ap. FLODOARD., Hist. Rem., lib. 3 c. 12, *SS.*, XIII p. 489 l. 34.
**mundiare** (< mundium): *soumettre à sa tutelle — to bring under one's tutelage.* Ut [i.e. si] etiam [maritus] non habeat eam [sc. uxorem] mundiatam. Liudprandi leg., c. 139.
**mundiata:** *femme soumise à une tutelle — woman in tutelage.* SCHIAPARELLI, *CD. Longob.*, I no. 29 p. 107 (a. 721, Piacenza).
**mundiator:** *tuteur — guardian.* SCHIAPARELLI, *CD. Longob.*, II no. 284 p. 411 (a. 773, Bergamo).
**mundiburdialis,** mund-, -bordalis, -buralis (< mundiburdis): 1. *de protection — of guardianship.* Vestrae regalis clementiae cartam mundburalem. F. Bituric., no. 14, *Form.*, p. 174. Hoc decreti nostri mundiburdiale institutum. *D. Berengario I*, no. 83 p. 224 l. 11 (a. 912). Imperiali nostro preceptali ac mundiburdiali edicto. *D. Ottos III.*, no. 360 (a. 1000). 2. *dû à titre de reconnaissance d'une autorité protectrice — due in token of recognition of protective power.* [Censum] tam de praescriptis rebus quam pro capitibus vestris, id est duobus diebus [leg. denariis? cf. WAITZ, *Deutsche Verf.gesch.*, $V^2$ p. 278 n. 2, "Mundschatz"] mundbordalibus. GYSSELING-KOCH, *Dipl. Belg.*, no. 32 (a. 853, S.-Bertin).
**mundiburdire,** munburire: *garantir — to guarantee.* Peto ... ut ... per misericordia[m] vestra[m] [sc. regis] talem missum habuissem, qui mihi exinde in locum protectionis vestrae defensare et munburire fecisset. F. Bituric., no. 14, *Form.*, p. 174. Defendere et mundiburdire. Ann. Camaldul., a. 867, ed. MITTARELLI, p. 23.
**mundiburdis,** mundo-, munde-, mund-, munt-, mun-, mum-, monde-, mom-, mandi-, mande-, man-, mani-, manu-, mam-; -burdus, -burda, -burdum, -burdium, -burdo, -bordis, -bordium, -burgis, -burgum, -burgium, -borgium, -burnium, -burnia, -bornia (germ.): 1. *tutelle des mineurs et des femmes — guardianship of minors and women.* Exeunte me de Flandrensium comitis Balduini mundiburdio. *D. Phil. Ier*, no. 28 (a. 1066). Collaudatione Bernhardi, in cujus eram tutela et mundibordio, ... tradidi. ERHARD, *Reg. Westfal.*, I, CD. no. 191, p. 150 (a. 1123). 2. *protection accordée normalement par le roi aux veuves, aux orphelins et aux autres "personae miserabiles" — protection afforded regularly by the king to widows, orphans and other "personae miserabiles".* De mundeburde ... viduarum et orphanorum seu minime potentium. Capit. missor. gener. a. 803, c. 40, I p. 98. Ut viduae, orfani et minus potentes sub Dei defensione et nostro mundeburdo pacem habeant. Capit. Baiwar. (a. 803), c. 3, p. 158. Si quis ingenuam puellam vel mulierem qui in verbo regis vel ecclesiastica est, ... de mundepurdae abstulerit. Lex Ribuar., tit. 35 § 3. 3. *protection accordée par le roi à certains moines et clercs ainsi qu'à certaines institutions ecclésiastiques — protection afforded by the king to definite ecclesiastics and ecclesiastical institutions.* Venerabilem virum cum omnibus monachis suis et res ad se pertinentes in nostro mundeburde vel tuitione recepisse et tenere. *D. Merov.*, no. 2 (a. 528). Sub nostro mundiburdio vel defensione persistant. *D. Arnulfing.*, no. 5 (a. 706). Ipsum [abbatem] et congregationem ejus in nostro mundeburdo suscepimus. *D. Karolin.*, I no. 2 (a. 752). Quicumque ex clero seculari mundeburdo [subaudi: subjectus] vel familiare est. Concil. Burdegal. (a. 663-675), c. 2, *Conc.*, I p. 215. [Episcopum vel abbatem] sub sermonem tuicionis nostre visi fuimus recipisse, ut sub mundeburde vel defensione inlustris vero [i.e. viri] illius, majores [i.e. majoris] domi nostri, quietius dibeat resedere. MARCULF., lib. 1 no. 24, *Form.*, p. 58. Venerabilem virum illo abbatem cum ipso monasterio vel [h]ominis suis et omnes causas suas ... sub nostro recepimus mundeburde vel defensione. Addit. ad MARCULF., no. 2, p. 111. Ex qua die nos [i.e. monasterium nostrum] ille [i.e. illi] beneficiasti et nos de vestro mundeburdo discessimus. F. Sal. Merkel., no. 61, p. 262. BONIF.-LULL., epist. 22, *Epp.*, III p. 270. *D. Karolin.*, I no. 69 (a. 772). 4. *protection accordée par le roi à certains individus — protection afforded by the king to definite individuals.* Mundeburdem vulgo quoddam genus regalis vocant tuitionis, quod qui habuerit speciali quodam privilegio ita regia tuetur auctoritate plerumque, ut nec vi nec judicio aliquid, etiam in culpa deprehensus, ab aliquo patiatur antequam in praesentia ejusdem majestatis audiatur. RATHER., Praeloq., lib. 4 c. 12, MIGNE, t. 136 col. 259. Si quis hominem regium, tam baronem quam feminam, de mundeburde regis abstulerit. Lex Ribuar., tit. 58 § 12. 5. *protection assurée par le seigneur au vassal — protection afforded by a lord to a vassal.* Mihi decrevit voluntas ut me in vestrum mundoburdum tradere vel commendare deberem. F. Turon., no. 43, *Form.*, p. 158. 6. *protection assurée par un monastère en faveur des tributaires du saint patron — protection afforded by a monastery to the tributaries of the patron saint.* Qui tabulariam vel ecclesiasticam feminam seu baronem de mundeburde ecclesiae abstulerit. Lex Ribuar., tit. 58 § 13. Defensione[m] vel mundeburdo aecclesiarum aut bonorum hominum, ubicumque se eligere voluerit, licentiam habeat ad conquirendum. Cart. Senon., no. 1, *Form.*, p. 185. Defensionem vel mundebordo ecclesiae nostrae ille habere sibi cognuscat. F. Bituric., no. 8, p. 172. Ipse sibi mundeburdum ad Wizunburgo monasterio elegat. ZEUSS, *Trad. Wizenb.*, no. 102 p. 105 (a. 788). Mundoburdum vel defensionem vobis de ipsa ecclesia habere cognoscatis. WAMPACH, *Echternach*, I pt. 2 no. 104 p. 171 (a. 789/790). Ut mundburdum ab ipso monasterio abeam. WARTMANN, *UB. S.-Gallen*, no. 425, II p. 44 (a. 853/854). 7. *avouerie ecclésiastique — advowson.* Quemcumque de heredibus nostris vestra elegerit voluntas in mundiburdo vel tuitione. BALUZE, *Hist. de Tulle*, col. 309 (a. 824). Ipsa bona B. comiti de B. sub mundiburdio commendavimus. USSERMANN, *Bamberg*, p. 84. Sub cujus tunc mundiburdio manebat. *D. Heinrichs III.*, no. $273^a$ (<a. 1051>, spur. s. xii, Brauweiler). 8. *protection en général — any kind of protection.* Ubicumque homines ipsius monasterii ... in imperio ... nostro advenerint, nullum teloneum requirere aut exactare faciatis, etiam et eis auxilium vel mundoburdo praebeatis. D. Lud. Pii a. 819, WAMPACH, I pt. 2 no. 138 p. 206. Defensionem et momburgium singulis exhibentes. Conv. Mantal. a. 879, *Capit.*, II p. 366. 9. *garantie — guarantee.* Deprecans ut ipsam precariam ... per nostram mandeburdam et licentiam diebus vitae suae ... habere potuisset. D. Lud. Pii a. 815, *H. de Fr.*, VI p. 477 C. 10. *état protégé, intégrité des droits et des possessions — safeguarded position, integral preservation of rights and properties.* Volumus ut ecclesiae et casae Dei et episcopi et Dei homines, clerici et monachi et nonnae, talem mundeburdem et honorem habeant sicut tempore antecessorum nostrorum habuerunt. Conv. ap. Confl. a. 860, adnunt. Ludov., c. 4, *Capit.*, II p. 157. 11. *droit de propriété — right of property.* Eandem abbaciam mundiburdio E. Bremensis archiepiscopi subdit. THIETMAR., lib. 2 c. 42, ed. HOLTZMANN, p. 91. Sub mundeburdo vel defensione s. Petro vel monasterio Wizunburgo [i.e. s. Petri vel monasterii] hanc basilicam [i.e. haec basilica] s. Martini ... resedeat. ZEUSS, *Trad. Wizenb.*, no. 41 p. 42 (a. 715). De propria hereditate mea ... 34 mansos ... mundiburdio ejusdem ecclesie tradidimus. ERHARD, I, CD. no. 137 p. 109 (a. 1042). 12. *pouvoir seigneurial — seigniorial supremacy.* Bannus ipsius allodii cum omni mundiburde sua in ipsam curtim pertinet, viis scilicet et inviis, exitibus et reditibus, ... BRUCKNER, *Reg. Alsatiae*, I no. 442 p. 275 (D. Lud. Pii spur. s. xii). In V. ... curtis dominica cum omni mundiburge sua, ecclesia videlicet cum decimis suis, salica terra, mansus serviles et censuales ... MARTÈNE, *Thes.*, III col. 1132 E (ca. a. 1235, Alsace).



**mundiburditio,** munboratio: *protection — protection.* Qui per cartam munborationem s. Germani habet. Irminonis polypt., br. 9 c. 268. Donat pro sua monboratione de cera valentem den. 1. Ib., br. 12 c. 27. Recipimus marchionem A. sub nostri mundburditione. *D. Ottos I.*, no. 339 (a. 967).
**mundiburdus,** munde-, mun-, mum-, man-, mam-; -bordus, -burdius, -boro, -burnus (germ.): 1. *tuteur d'un mineur ou d'une femme — guardian of a minor or a woman.* *D. Merov.*, no. 66 p. 59. Virgines quae ante 12 annos insciis mundiburdis suis sacrum velamen capiti suo imposuerunt. Concil. Tribur. a. 895, c. 24, versio B, *Capit.*, II p. 226. Lex famil. Wormat., c. 23, *Const.*, I no. 438. THANGMAR., V. Bernwardi, c. 13, *SS.*, IV p. 764 l. 27. Mundiburdi mei ac mariti ... assensu. ROUSSEAU, *Actes de Namur*, no. 3 (a. 1109-1127). Laudante domino B. ejusdem Berte marito et mundiburdo. ERHARD, *Reg. Westfal.*, I, CD. no. 189 p. 148 (a. 1121). 2. *avoué, procureur — attorney, trustee.* Qualem communiter voluerint munburdum et causedicum habeant. D. Rodulfi reg. Fr. a. 930, BALUZE, *Hist. de Tulle*, col. 328. Mundebordem vel defensorem alibi non requiramus nisi ad supradicti sancti altare, ad defendendum scilicet, non ad inclinandum. MULLER-BOUMAN, *OB. Utrecht*, I no. 184 p. 173 (a. 1026-1044).
**mundicors:** *_qui a le cœur pur — pure-hearted._
**mundilingus,** mundelingus, mundilio, modilio, muldio (genet. -onis), mundilionus, mundalius, mundialis, mundela (germ.): 1. *dépendant soumis à une autorité protectrice (allemand mundmann) — dependant subject to the protective power of a lord.* HALKIN-ROLAND, *Ch. de Stavelot*, I no. 23 p. 60 (a. 770-779). Ann. s. Germani Autisiod., a. 861, *SS.*, XIII p. 80. Urbar. Prum. a. 893, c. 43, BEYER, *UB. Mittelrh.*, I p. 165. CALMET, *Lorr.*$^2$, II pr. col. 187 (ch. a. 940, Metz). *Mus. arch. dép.*, p. 31 (a. 967, Lorraine). D'HERBOMEZ, *Cart. de Gorze*, no. 116 p. 212 (a. 984). Ib., no. 11 p. 25 (< a. 765 >, spur.). *D. Heinrichs II.*, no. 52 (a. 1003); cf. *D. Ottos III.*, no. 57, ubi perperam: iamundilingis. BAUR, *Hess. Urk.*, V p. 2 (a. 1070, Metz). CALMET, o.c., V pr. col. 140 (a. 1121). Ib., col. 213 (ca. a. 1140). 2. *mineur en tutelle — one under age, ward.* ERHARD, *Reg. Westfal.*, I, CD. no. 167 p. 132 (a. 1096). HOENIGER, *Koelner Schreinsurk.*, I p. 81 c. 16 (a. 1163-1167). Ib., p. 110 c. 9 (a. 1171)
**munditia:** *_pureté morale — moral purity._
**mundium,** mundius, mundum, mundus, mondus, mundio (genet. -onis) (germ.): 1. *tutelle d'une femme — tutelage of a woman.* Si quis mulieri libere ... aliqua[m] injuria[m] intulerit, 90 sol. conponat, medietatem regi et medietatem cui ipsa injuria inlata fuerit aut mundius de ea pertenuerit. Edict. Rothari, c. 26. Si quis dixerit de uxorem alienam quod mundius ad ipsum pertineat, nam non ad maritum ... Ib., c. 165. [Ne mulier libera] aliquid de res mobiles aut inmobiles sine voluntate illius, in cujus mundium fuerit, habeat potestatem donandi aut alienandi.

Ib., c. 204. Si maritum [i.e. maritus] uxorem suam dimittet, 40 sol. ipse componat et de mondo suo non habeat potestatem. Pactus Alamann., fragm. 3 c. 3. Mulier sine . . . consensu parentum suorum vel illi[us] in cujus mundio fuerit, de rebus suis nichil stabile facere poterit. CD. Cavens., I no. 21 p. 22 (a. 842). **2.** *tutelle* sur un mineur — *tutelage* of a minor. Lex Alamann., tit. 50. **3.** *protection* exercée par un seigneur — *protection* afforded by a lord. Confirmo ut omnes servos et ancillas meas sint aldiones; et perteneat mundium eorum ad ipso exenodochium. CD. Langob., no. 56 col. 108 B (a. 777, Milano). Monasteria virorum et puellarum, tam que in mundio palatii esse noscuntur vel etiam in mundio episcopales [i.e. episcopali] seu et de reliquis hominibus esse inveniuntur. Pippini It. reg. capit. (a. 782-786), c. 3, I p. 192. **4.** *protection* assurée par le roi — *protection* by the king. Sit ipsa [puella] cum rebus suis in mundio palatii. Liudprandi leg., c. 12. De eclesiis et monasteria et senodochia que ad mundio palatii pertine[n]t. Capit. Ital. (a. 782-786), c. 5, p. 189. **5.** *prix payé* par l'époux *pour obtenir la cession du "mundium"* de l'épouse par le père ou le parent qui le détient — *price paid* by the bridegroom *for abandonment of guardianship* by the bride's father or kinsman. Si quis pro libera mulicre aut puella mundium dederit, et convenit ut ei tradatur ad uxorem . . . Edict. Rothari, c. 183. Ib., c. 160 sq., c. 182. **6.** *prix payé par l'acquéreur d'un protégé au vendeur — price paid by one who acquires protective power over a dependant.* Accepit auri solidos nomero duos et uno trimisse, fenidum pretio mundium [i.e. definitum pretium mundii] pro mancipio numine Scolastica . . . Et repromitto me . . . ipsa[m] suprascripta[m] Scolastica[m] sorure[m] mea[m] ab omne homine defensare . . . SCHIAPARELLI, CD. Longob., I no. 53 p. 176 (a. 735, Como). [Terra] et mancipio [i.e. mancipium] una nomine Theodoruna pro aldiane, habente soledos sex mundio. Ib., II no. 231 p. 291 (a. 769, Pavia). **7.** *prix payé par l'intéressé pour obtenir la liberté personnelle — price paid by the party concerned in return for release from bondage.* Dent mundio [i.e. mundium] per capud tremisse unum . . . et vadant, soluti ab omni jus patronati, ubi voluerint. SCHIAPARELLI, o.c., I no. 83 p. 247 (a. 745, Verona). Filii ipsorum colonorum, qui liberi sunt, de ipsa positione si exire voluerint, mundionem quem nobis dare debent, in monasterio s. Marie persolvant. GIORGI-BALZANI, *Reg. di Farfa*, II no. 63 (a. 764). De mancipia palatii nostri et ecclesiarum nostrarum nolumus mundium recipere, sed nostras ipsas mancipias habere. Capit. Ital. Karoli M. (ca. a. 790), c. 12, I p. 201.

**mundius** (cf. voc. mundium): *tuteur — guardian.* Est consuetudo feminarum illarum, que sunt divites, que non habent tutorem nec mundium . . ., quod debent venire et deprecari magistrum camere ut ille . . . donet eis tutorem et mundium. Honor. civ. Pap. (ca. a. 1027), c. 15, SS., XXX p. 1456.

**mundualda,** mundoalda (germ.): *femme en tutelle — woman under tutelage.* FICKER, *Forsch.*, IV no. 34 p. 48 (a. 988, Bergamo). Lib. Papiens., LL., IV p. 301 l. 30.

**mundualdus,** mundoaldus (germ., cf. voc. mundium): *tuteur — guardian.* Liudprandi leg., c. 12. Ibi saepe. Capit. Ital. Karolo M. adscr., I p. 215. CD. Langob., no. 112 col. 204 A (a. 830, Bergamo). MANARESI, *Placiti*, I no. 76 p. 275 (a. 873, Pescara).

**1. mundus** (adj.): **1.** *net — net.* Tradiderunt venditores . . . per mundum precium incontra sol. 10. WARTMANN, *UB. S.-Gallen*, III no. 791 p. 12 (a. 933). **2.** **pur* (sens spirituel) — *pure* (spiritual sense). **3.** *lavé d'un blâme, innocent — clear of guilt, innocent.* Leg. VI Aethelstan, tit. 1, LIEBERMANN, p. 173.

**2. mundus** (subst.): **1.** *une foule — a crowd.* Ut mundi fieri concursus ab omni parte putaretur. Carm. de transl. XII fratr. (s. viii-ix), AASS., Sept. I p. 155. Festinat mundus undique ad Heinricum currere. LEO VERCELL., Vers. de Ott., v. 27, ed. BLOCH, *NA.*, t. 22 (1896), p. 120. **2.** **le monde, le siècle, les choses temporelles, la vie séculière — the world, things temporal, secular life.*

**3. mundus,** v. mundium.

**munerius,** v. molinarius.

**munia** (neutr. plural.) = moenia.

**municeps:** **1.** *châtelain — castellan.* Hi [milites regii] . . . non omnes castrorum municipes vel domini existebant. HARIULF., Chron., lib. 4 c. 21, ed. LOT, p. 230. Municeps Clarimonti castri. GUIBERT. NOVIG., De vita sua, lib. 1 c. 7, ed. BOURGIN, p. 19. **2.** plural. municipes: *membres de la garnison d'un château — members of a castle garrison.* ORDER. VITAL., lib. 8 c. 24, ed. LE PRÉVOST, III p. 417. Ibi saepe.

**municipatus** (decl. iv): **1.** *dignité comtale — office of a count.* Genesius eo tempore . . . in prefatam urbem municipatum optineret. Pass. Praejecti, c. 14, SRM., V p. 234. **2.** *comté — county.* V. Hucberti (a. 743-750), c. 20, SRM., VI p. 495. **3.** *fonction de vicomte — reeveship of a borough.* ORDER. VITAL., lib. 4 c. 7, ed. LE PRÉVOST, II p. 222. **4.** i.q. mundiburdis: *autorité protectrice — protective power.* Municipatum habeant et tutelam. Coll. Sangall., no. 16, *Form.*, p. 406. Regni municipatu . . . extollere. HARENBERG, *Gandersheim*, p. 138 (ch. a. 851-874). Vir quidam erat fiscalis, regio deditus municipatui. Mir. Hucberti, lib. 1 c. 7 (s. ix), SS., XV p. 910. Nostro . . . municipatui subjectum. D. Heinrichs I., no. 12 (a. 926). Item D. Ottos I., no. 418 (a. 972). Municipatum loco illi providentes. JAKOBS, *Ilsenburger UB.*, I p. 3 (a. 996-1023).

**municipium:** **1.** *chef-lieu d'une "civitas", cité — capital of a "civitas", city.* GREGOR. TURON., H. Fr., lib. 4 c. 42 (Auxerre). Id., Glor. conf., c. 71, SRM., I p. 790 (Aix-en-Provence). V. Eligii, lib. 2 c. 72, ib., IV p. 736 (Noyon). Ibi pluries. V. Desiderii, c. 20, ib., p. 578 (Cahors). **2.** *lieu fortifié qui n'est pas une cité — walled town.* V. Eligii, lib. 2 c. 2, p. 695 (Gand, Courtrai). Conv. ap. Marsnam a. 847, inscr., *Capit.*, II p. 68 (Maastricht). **3.** *enceinte urbaine — town wall.* Domus ecclesiarum per Gallias universae, preter quas municipia civitatum vel castrorum servarunt, omnimodis dehonestate . . . sunt. RADULF. GLABER, lib. 1 c. 5 § 19, ed. PROU, p. 19. Tria altaria quorum duo habentur infra municipium urbis. VERCAUTEREN, *Civitates*, p. 352 (ch. a. 1047, Laon). **4.** *château fort — castle.* BEDA, Hist. eccl., lib. 3 c. 1. D. Ottos I., no. 232a (a. 961). Ib., no. 386 (a. 970). D. Ottos II., no. 30 (a. 973). G. pontif. Camerac., lib. 3 c. 19, SS., VII p. 471 l. 9. G. Lietberti Camer., c. 19, ib., p. 495. ARNULF. MEDIOLAN., lib. 2 c. 8 et 13, SS., VIII p. 14 sq. D. Ludov. VI reg. Fr. a. 1111, GUÉRARD, *Cart. de Chartres*, II p. 719. Chron. reg. Colon., a. 1114, ed. WAITZ, p. 54. ANNALISTA SAXO, a. 1115, SS., VI p. 751. Munitio quaedam quam castrum vel municipium dicere possumus. WALTER. TERUAN., V. Joh. episc. Teruan., c. 12, SS., XV p. 1146. **5.** *camp retranché — entrenched camp.* ORDER. VITAL., lib. 7 c. 10, ed. LE PRÉVOST, III p. 196. **6.** *retranchement — entrenchment.* Castrum cingit, . . . municipiis quatuor aut quinque castrum concludit. SUGER., V. Ludov. Gr., c. 15, ed. WAQUET, p. 94. **7.** *évêché suffragan — suffragan bishopric.* [Laudunum] semper fuit Remensis provinciae municipium sicut hodieque et alia municipia in Remensi parrochia quae in subjectionis loco ac nomine permaneant. HINCMAR., epist. ap. FLODOARD., Hist. Rem., lib. 3 c. 22, SS., XIII p. 523 l. 9. **8.** *monastère — monastery.* D. Ottos II., no. 283 (a. 982). **9.** i.q. mundiburdis: *protection — protection.* [Ancillas relaxavi ingenuas]; municipium vero vel defensionem habeant ad sacrum monasterium . . . ZEUSS, *Trad. Wizenb.*, no. 166 p. 154 (a. 837).



**munificentia:** **1.** *don, donation — gift, donation.* Per hanc munificentia[e] pagina[m] dono. BRUNETTI, CD. Tosc., I p. 293 (a. 793). Largas Dei geniminum munificentias vili pretio venundare. ANAST. BIBL., Chron., ed. DE BOOR, p. 293. Si sanctis locis munificentiam quamlibet tribuimus. D. Berengario I, no. 95 (a. 919). **2.** *bien-fonds, propriété — estate.* Sicut ceteris alodibus vel munificenciis s. Johannis. MARTORELL, *Arch. Barcelona*, no. 12 p. 124 (a. 900). Item no. 58 p. 189 (a. 918). Similia *Hist. de Lang.*[3], V no. 167 col. 355 (a. 1007, Burgals). **3.** *forteresse, enceinte — fortification, rampart.* [Episcopus] circa plebem sue eclesie . . . munificentiam constitueret. D. Berengario I., no. 103 (ca. a. 911-915).

**munile** = monile.

**munimen:** **1.** *charte — title-deed, muniment.* Quod ei monimen suum absentatum fuisset. Liutprandi leg., c. 54 (a. 724). Iterum c. 115 (a. 729). Cartulam aut aliud quodlibet munimen . . . emittere. Lib. diurn., c. 100, ed. SICKEL, p. 133. SCHIAPARELLI, CD. Longob., I no. 81 p. 237 (a. 721-744?). Tulet secum ipsum monimen per quem ipsa[m] rem emerat. Ib., II no. 182 p. 158 (a. 764, Lucca). Cuicumque P. monachus aliquod munimen emisit, sit irritum. FICKER, *Forsch.*, IV p. 7 (a. 800). Si quis se testem in quocumque munimine . . . subscripserit. Adelchis Benev. capit. a. 866, c. 4, LL., IV p. 211. De muniminibus illorum proprietatum in incendio civitatis crematis. D. Berengario I, no. 135 (a. 921). **2.** plural. munimina: *accessoires — appurtenances.* Fundum . . . et [i.e. cum] omnibus ei pertinentibus vel queque sunt monimina ejusdem fundi. Lib. diurn., c. 33, p. 24. **3.** (cf. voc. mundium) *protection — protection.* Sub suo munimine vel successorum suorum, regum scilicet Francorum. D. Lotharii I imp. a. 840, H. de Fr., VIII p. 369. Climata illa sub custodia et munimine conservanda. ANAST. BIBL., Chron., ed. DE BOOR, p. 298. Sub tuo regali munimine pacifice eamdem regere digne valeat ecclesiam. Joh. IX pap. (a. 898-900) epist., MIGNE, t. 131 col. 32 B.

**munimentum,** monimentum (cf. etiam voc. monumentum): *charte — charter.* Quaedam monimenta cartarum exusta. TORELLI, *Carte Reggiane*, p. 49 (a. 882). Per hoc regale monimentum. D. Heinrichs II., no. 33 (a. 1002). Cum regalibus traditionum munimentis. Chron. Trenorch., c. 24, ed. POUPARDIN, *Mon. de S.-Philibert*, p. 87.

**munio** (genet. -onis): **1.** *châtelain — castellan.* ORDERIC. VITAL., lib. 12 c. 37, ed. LE PRÉVOST, IV p. 451 et pluries. **2.** plural. muniones: *membres d'une garnison de château — members of a castle guard.* Ib., lib. 13 c. 26, V p. 73 et pluries.

**1. munitas:** *sauvegarde, boulevard, abri — safeguard, stronghold, refuge.* Ne silenter [episcopus depositus] . . . Alpina munitate convolaret. V. Eucherii (s. viii med.), c. 9, SRM., VII p. 50. Catholicae fidei munitate [i.e. munitati] rebellantes. WILLIBALD., V. Bonifatii, c. 8, ed. LEVISON, p. 42. Pax populorum est, tutamen patriae, munitas plebis. Ps.-CYPRIAN., De XII abusivis saeculi, ed. HELLMANN, p. 53.

**2. munitas,** v. immunitas.

**munitio:** **1.** *protection — protection.* Privilegia locis ipsis pro quiete et munitione illic degentium . . . indulsimus. GREGOR. M., lib. 13 epist. 7, *Epp.*, II p. 372. Liceat ipsis res suas nostra munitione tuente possidere. D. Ludw. d. Deutsch., no. 93 (a. 858). Si [monasteria] regali tuemur munitione. D. Ludwigs d. Jüng., no. 3 (a. 877). Hac te munitione prospeximus fulciendum. JOH. ROMAN., V. Gregorii M., MIGNE, t. 75 col. 109 C. **2.** *lieu protégé — protected place.* Aretium claustrali munitione clericos contineat. PASQUI, *Doc. di Arezzo*, p. 61 (a. 876). **3.** *charte — charter, muniment.* Dilectioni tuae . . . emissa procuretur cautione munitio, per quam promittat . . . GREGOR. M., lib. 14 epist. 7, *Epp.*, II p. 426. Ib., epist. 13, p. 432. Ingenuitate perpetua absque ullius scripturae munitione manserunt. GREGOR. TURON., Glor. conf., c. 67, SRM., I p. 788. Quae praecepto per illum . . . concessa sunt vel etiam per alias munitiones in eodem pio loco advenerint. Lib. diurn., c. 101, ed. SICKEL, p. 134. Predia illuc per cartarum munitiones pertinentia. D. Ottos III., no. 422 (a. 1002). Quicquid in munitionibus vel preceptis a nostris antecessoribus regibus vel imperatoribus factis continetur. D. Heinrichs II., no. 73 (a. 1004). **4.** *validation* d'un acte — *validation* of a deed. Et hoc cum testium munitione firmavit. BITTERAUF, *Trad. Freising*, I no. 390 p. 331 (a. 818). **5.** *garnison — garrison.* S. xiii.

**muntburdis,** muntbordis et derivata, v. mundiburdis.

**munus:** **1.** *investiture — investiture.* Warinus eleccione et inperatorio munere ungitur [in archiepiscopum Coloniensem]. THIETMAR., lib. 3 c. 4, ed. HOLTZMANN, p. 100. Vestra electione communi et munere regali huic [sc. episcopo Bremensi] indignus succedebam. Ib., lib. 6 c. 88, p. 378. [Rex] in manus eum accepit

munereque pontificatus honoravit. GERHARD. AUGUST., V. Udalrici, c. 1, SS., IV p. 387 l. 25. **2.** *fief — fief.* Pro monasterio B. quod ab eo [sc. episcopo] in munere exposcebatur. ADEMAR., lib. 3 c. 36, ed. CHAVANON, p. 159. Quod si contemnit agendum, munere privetur. GUNTHER., Ligurin., lib. 8 v. 616, MIGNE, t. 212 col. 447.

**muragium:** *impôt pour la construction et l'entretien d'une enceinte — murage, toll for the making and repair of walls.* S. xii.

**murale:** *muraille — stonework.* [Terram] unacum murale coherente. D. Karls III., no. 18 (a. 880). Frisones restauranda muralia procurent. Descr. Wormat. a. 873 ap. Ann. Wormat., SS., XVII p. 37.

**muranus:** *d'un mur — of a stone wall.* Intra muranum ambitum cryptae. Acta Gaugerici, c. 2, AASS., Aug. II p. 689.

**murare, 1.** transit.: *ceindre de murs — to wall in.* Eam [civitatem] muravit. CASSIOD., Hist., lib. 12 c. 2, CSEL., t. 71 p. 660. **2.** intrans.: *maçonner — to do mason's work.* Die dominico nullam operam faciant ... excepto si in murando necessitas incubuerit. Concil. Narbon. a. 589, c. 4, MANSI, t. 9 col. 1015.

**murarius:** *maçon — mason.* Ad castella sua munienda artifices et murarios mittendo. Ann. regni Franc., a. 821, ed. KURZE, p. 155.

**muratus** (adj.): *\*muré, emmuré — walled.* Subst. neutr. **muratum** et femin. **murata:** *mur — stone wall.* Actus pontif. Cenom., c. 26, ed. BUSSON-LEDRU, p. 343.

**murcare:** *tronquer — to cut.* Cutem expoliavit, ungues murcavit. MONACH. SANGALL., lib. 1 c. 32, ed. JAFFÉ, Bibl., IV p. 663.

**murcus:** *\*tronqué — truncated.* Murca cauda [simiae]. Ruodlieb, fragm. 5 v. 131.

**murdrum** et derivata, v. mordr-.

**1. muraena,** murina: *collier de dame — lady's necklace.* GREGOR. M., lib. 3 epist. 62, Epp., I p. 223. ISID., Etym., lib. 19 c. 31 § 14. Lex Thuring., c. 28, text. Herold. (cod. Corveiens.: murenula). ANGILBERT. CENTUL., carm. 6 v. 225, Poet. lat., I p. 371. ROMUALD. SALERNIT., ed. GARUFI, p. 60.

**2. murena,** murr-, mor-, -ina: *peste bovine — murrain.* S. xiii, Angl.

**muraenula:** *\*collier de dame — lady's necklace.*

**muria,** v. 1. mora.

**muricius** (adj.) (< murus): *muré — of masonry.* Sala muricia. Test. Tellonis a. 765, MEYER-PERRET, Bündner UB., I no. 17 p. 15. Subst. mascul. **muricius:** *mur — wall of masonry.* CD. Cavens., I no. 157 p. 201 (a. 935). Hist. de Lang.³, V no. 151 col. 323 (a. 990, Narbonne).

**murilegus:** *chat — cat.* ORDERIC. VITAL., lib. 10 c. 19, ed. LE PRÉVOST, IV p. 124. **2.** *bélier, machine de siège — battering-ram.* S. xiii.

**1. murina,** v. 1. muraena.

**2. murina,** v. 2. murena.

**murio,** muro, v. morio.

**murmur:** *\*plainte, réclamation — complaint, charge.*

**murmuriosus:** *\*qui murmure, récrimine — grumbling, answering back.* Benedicti regula, c. 4.

**murmurium,** murmur.

**murra: 1.** *bois d'érable — maple-wood.* S. xiii. **2.** *écuelle en bois d'érable — mazer, bowl.* S. xiv.

**murtus,** murta = myrtus.

**murus,** v. morus.

**musa:** *cornemuse — bagpipe.* Mir. Dionysii, lib. 3 c. 7, MABILLON, Acta, III pt. 2 p. 362.

**musaicus,** mosaicus (adj.): *de mosaïque — of mosaic.* Sub lapide marmoreo opere musaico Append. ad AGNELL., MURATORI, Ser., II p. 207.

**muscata** (< muscus): *muscade — nutmeg.* S. xiii.

**muschea,** muscheta, v. meschita.

**muscipula:** *chat — cat.* S. xiii.

**muscus,** muscum: **1.** *\*musc* (parfum) *— musk.* **2.** *muscat — muscatine wine.* S. xiii.

**musicare:** *faire de la musique — to make music.* Cum clericis musicantibus otiari. V. altera Landelini, AASS., Jun. II p. 1067.

**musicus** (gr.): *musical, de la musique — musical of music.* CASSIOD., Var., lib. 3 epist. 52 § 3. Auct. ant., XII p. 107. Subst. mascul. **musicus:** *musicologue — expert of musical theory.* Ib., lib. 1 no. 45 § 4, p. 40. Subst. femin. **musica:** *\*théorie de la musique — musical theory.* Subst. neutr. **musicum:** *\*instrument de musique — musical instrument.*

**musileum** = mausoleum.

**musis,** musum (orig. inc.): *museau, mufle, gueule — snout, nozzle.* Oblatrantes canis musibus. Hadriani pap. epist. a. 784, MABILLON, Dipl., p. 492.

**musivarius,** musaearius, musiarius (adj.): *\*de mosaïque — of mosaic.* Subst. mascul. **musivarius:** *\*mosaïste — mosaic-worker.*

**musivum,** musidium, museum, musium (gr.): *\*ouvrage en mosaïque — mosaic work.*

**mussula** (< muscus): *mousse — moss.* GREGOR. TURON., Glor. conf., c. 43, SRM., I p. 775.

**mustaticum:** *moût — must.* De vino modios 11, de mustatico sestaria 11. Irminonis polypt. br. 22 c. 4.

**1. muta** (< mutare): **1.** *droit de mutation — heriot.* S. xiii. **2.** *table de changeur — money-changer's stall.* S. xiii. **3.** *mue des oiseaux — moulting of birds.* S. xii. **4.** *mue, cage pour les oiseaux de chasse — mew for hawks.* S. xii.

**2. muta** (germ., cf. teuton. *maut*): *péage — toll.* Ubicumque tam in eundo quam in redeundo transitum sive accessum habuerint, nullam theloneum neque quod lingua theodisca muta vocatur ab eis exigere praesumatis. D. Ludwigs d. Deutsch., no. 24 (a. 837). D. Karls III., no. 128 (a. 885). D. Berengario I., no. 17 p. 54 (a. 897). Dicentes se injusto theloneo et iniqua muta constrictos. Inquis. Raffelst. (a. 903-906), Capit., II p. 250. D. Ludw. d. Kindes, no. 64 (a. 908).

**3. muta** (germ., cf. teuton. *mutt*): *une mesure de capacité pour les céréales — a dry measure.* S. xiii, Bavar.

**mutaticus:** *une redevance, peut-être pour les relais de voyage — a due, perhaps for changing horses.* D. Karolin., I no. 6 (a. 753). Ibi plures

**mutatorium** et plural. mutatoria: **1.** *\*vêtements de rechange — change clothing.* Nummis mutatoriis ceterisque necessariis vacuus. RICHER., lib. 4 c. 50, ed. LATOUCHE, II p. 226. Non ei vestium mutatoria subesse. JOH. METT., V. Joh. Gorz., c. 131, SS., IV p. 375. [Pauperibus] mutatoria ceteraque necessaria corporis prebuit. THIETMAR, lib. 4 c. 36, ed. HOLTZMANN, p. 173. [Servus monasterii] mutatoria abluat. D. Konrads II., no. 216 (a. 1035). Si habet in promptu mutatorium, mutat qui

est indutus. UDALRIC., Cons. Clun., lib. 2 c. 13, MIGNE, t. 149 col. 707 B. [Quinque] diebus singulis mutatorium insignibus redimitis. Ann. Pegav., a. 1096, SS., XVI p. 246. **2.** *\*pardessus — overall.* Sufficit fratri duo mutatoria, duas cucullas, duo pellicia et unum froccum habere. Cons. Fructuar., lib. 2 c. 12, ALBERS, IV p. 166. **3.** *habit de cérémonie — robe of state.* Accipite ... mutatoria duce digna. COSMAS, lib. 1 c. 5, ed. BRETHOLZ, p. 15.

**muto,** mutto, v. multo.

**mutuare: 1.** *prêter — to lend.* Hi quibus mutuatae dicuntur ipsae pecuniae debent a mutuante constringi. GREGOR. M., lib. 9 epist. 240, Epp., II p. 235. Si quis mutuaverit solidos cuicumque homini per cautione[m]. Liudprandi leg., c. 16. **2.** *échanger — to barter.* Th. comes ... tradidit ... unam mansam, quam mutuavit domnus Th. junior filius prefati Th., dans aliam mansam et dimidiam in villa N. OPPERMANN, Fontes Egmund., p. 61 (s. x ex.). Iterum p. 64. Praedia pro praediis, mancipia pro mancipiis, pro eque bonis vel melioribus debeant mutuari. Conrad. II imp. edict., Const., I no. 39.

**muttum,** mutum, v. muctum.

**mutura,** v. molitura.

# N

**nabulum** (< naulum?): *péage grevant la navigation — toll on shipping.* Cum transfretassent mare, exigebat ab eis nabulum. Pass. Eustachii (s. viii-ix), MOMBRITIUS², I p. 469 l. 9. Naves ... absque ... ulla publica exactione vel nabulo discurrere vel figere liceat. D. Berengario II, no. 3 p. 300 (< a. 951 >, spur. s. xii?).

**nacara,** nacchara, nacaria (arab.): **1.** *espèce de coquille — kind of shell.* S. xiii. **2.** *sonnette — bell.* S. xiv.

**naccus,** nachus (orig. inc.): *housse d'honneur — horse-cloth of state.* Equitando cum nacco per stationes. Bened. VII pap. epist. a. 975, MIGNE, t. 137 col. 322 B. Confirmamus tibi ... insigne festivi equi quem naccum vocant nostri Romani. Leonis IX pap. priv. a. 1052, LACOMBLET, UB. Niederrh., I no. 187 p. 119. [Tibi] super naccum equitare concedimus. Ejusdem priv. a. 1052, STIMMING, Mainzer UB., I no. 293 p. 184. In stationibus festivis super naccum equitandum permittibus tibi. Alex. II pap. priv. a. 1063, PFLUGK-HARTTUNG, Acta, I no. 39 p. 38. B. episcopo Veronensi pallium cum privilegio et nacho concessit. Gregor. VII registr., lib. 1 no. 85ᵃ (a. 1074), ed. CASPAR, p. 123. Equum faleratum cum nacco scarlati. CENCIUS, c. 57 (Ordo), § 6, ed. DUCHESNE, I p. 292 col. 1.

**nacella,** v. navicella.

**nam: 1.** *\*i.q. autem, d'autre part — on the other hand.* **2.** *mais — but.* Audisse quidem haec alios, nam non excogitasse. GREGOR. TURON., H. Fr., lib. 5 c. 49. Vox enim audiebatur; nam qui loqueretur paenitus cerni non poterat. Ib., lib. 7 c. 1.

**namiare,** nammeare, namare, nanneare, nantare, namtiare (cf. voc. namium): *saisir-gager — to seize, distrain.* Si vicecomes injuste aliquem namiet. Leg. Henrici, c. 51, LIEBERMANN, p. 573. Plegium vel securitas illa pro homine de Duno ... data non poterit nantari vel capi, donec judicatum sit ... Actes Phil.-Aug., no. 40 § 4, I p. 54 (a. 1181/1182). Omnes qui ad forum de N. venerint ... non namientur nisi pro firma regis. STUBBS, Sel. ch.⁹, p. 198 (ante a. 1189). Burgenses possunt namiare foris habitantes infra suum forum. Ib., p. 133 (s. xii). Nullus ex Judeis nostris poterit ... aliquem nec aliquid de terra dicti comitis nantare. Actes Phil.-Aug., no. 582, II p. 131 (a. 1198).

**namium,** nammium, namnum, nampnum, namum, nammum, namtum, namptum, nantum, -a, -us (germ.): **1.** *gage saisi — goods distrained.* Si ... namum ceperit aut assultum fecerit aut aliquid saisierit ... Concil. Lillebonn. a. 1080, c. 19, TEULET, Layettes, I no. 22 p. 27 col. 1. Nec infra prescriptos terminos exercitus alicui licuit namum capere. Cons. Norm. (a. 1091), c. 2, HASKINS, Norman inst., p. 282. Nullus homo alium assaliat aut vulneret aut occidat, nullus namium vel praedam capiat. Concil. Rotomag. a. 1096, ap. ORDER. VITAL., lib. 9 c. 3, ed. LE PRÉVOST, III p. 471. Cives, quibus debita sua debent, capiant intra civitatem namia sua. Henr. I reg. Angl. priv. pro London. (a. 1130-1133), ed. STUBBS, Sel. ch.⁹, p. 130. Liberi vavassores ... procedunt cum scuto et lancea cum abbate, si inde fuerint summoniti, ad capiendum nammum vel ad alia negocia. Hist. de Fr., XXIII p. 704 no. 459 (a. 1172). Capi fecit nanta. Actes Phil.-Aug., no. 579, II p. 127 (a. 1198). **2.** *saisie-gagerie — distress, distraint.* [Vineae] in namo [leg. namio] capiantur pro forisfacto. MITTEIS, Lehnrecht, p. 232 n. 101 (a. 1090, Anjou).

**namphilis,** -um (arab.): *cor — horn* (instrument). S. xiv.

**namque:** *\*d'autre part, mais — on the other hand, but.*

**nanneare,** nantare, v. namiare.

**nantum,** v. namium.

**napatica,** v. mappaticus.

**nappa,** nappus, napus (germ.): **1.** *écuelle — cup.* Chron. Novalic., lib. 2 c. 9, ed. CIPOLLA, p. 143. Ann. Camaldul., a. 936, ed. MITTARELLI, p. 39. Waltharius, v. 308, Poet. lat., VI p. 36. **2.** *une mesure de capacité — a measure of capacity.* S. xiii, Ital.

**napparius,** naparius: *serviteur pour le nappage — naperer, keeper of the napery.* Constit. dom. reg. (a. 1135-1139), JOHNSON, Dial. de Scacc., ad calcem, p. 130.

**narrare:** *déclarer — to declare, state.* Venerunt in ratione[m], et ratione[m] narraverunt. DE COURSON, Cart. de Redon, no. 61 p. 49 (a. 836 vel 842). Ipse F. narrabat contra ipso A. ... MANARESI, Placiti, I no. 51 p. 171 (a. 847, Lucca).

**narratio:** *déclaration, plainte orale en justice — count, statement of claim.* Leg. Henrici, tit. 33 § 2, LIEBERMANN, p. 565.

**narrator:** *avocat — barrister*. S. xiii, Angl.
**nasale:** *cache-nez* d'un heaume — *nasal*. Per nasale cassidis. LANDULF. MEDIOL. SEN., lib. 2 c. 25, *SS.*, VIII p. 62.
**nascentia:** 1. **horoscope — nativity*. V. Eligii, lib. 2 c. 16, *SRM.*, IV p. 707. 2. *postérité — offspring*. Est de nascencia eorum una mulier nomine A. Irminonis polypt., br. 24 c. 112 (addit.). Cum omni nascentia ab hac die de se generanda sancto loco serviat. BERNARD-BRUEL, *Ch. de Cluny*, no. 3339, III p. 428 (ca. a. 1050). 3. *plantes cultivées — crop*. Benedicti regula, c. 39.
**nastula** (germ.): *fibule — fibula*. Pactus Alamann., fragm. 3 c. 4. Polypt. s. Remigii Rem., c. 17 § 123, ed. GUÉRARD, p. 56 col. 2. Descr. Centul. ap. HARIULF., lib. 3 c. 3, ed. LOT, p. 88. Sermo de adv. Wandregisili, c. 14, index reliquiarum (s. x), *SS.*, XV p. 629.
**natalicius,** 1. loc. dies natalicius: anniversaire de la mort d'un saint — anniversary of a saint's death. E vicino apostolorum natalitius dies imminebat. GREGOR. M., Homil. in Euang., MIGNE, t. 76 col. 1279 D. 2. *qui a lieu à Noël — held at Christmas-day*. In sollempnitate dominici natalis dux G. natalitiam curiam celebravit. Cantatorium s. Huberti, c. 31, ed. HANQUET, p. 90. Iterum c. 45, p. 112. Subst. neutr. **natalicium:** 1. **anniversaire de la mort d'un saint — anniversary of a saint's death*. 2. *anniversaire du sacre d'un évêque — anniversary of a bishop's ordination*. Celebrante V. Tricastinorum episcopo sollemnitatem natalitii sui. GREGOR. TURON., H. Fr., lib. 5 c. 20. In natalitio episcopi. Sacrament. Gelas., lib. 1 c. 101, inscr., ed. WILSON, p. 154. 3. *fête annuelle* quelconque — any *annual festivity*. A natalicio quo concipit innuba virgo. Ecbasis, v. 836, ed. VOIGT, p. 120. 4. *naissance, statut personnel natif — birth, standing determined by birth*. Secundum inculpati natalicium perneget. Leg. Henrici, tit. 53 § 1, LIEBERMANN, p. 574.
**natalis** (adj.): *de l'anniversaire de la mort d'un saint — of the anniversary of a saint's death*. Merito beatorum martyrum passiones natales vocamus dies . . . per quos . . . renascuntur in gloriam, vitae perennis initium de mortis fine sumentes. CAESAR. ARELAT., Homil. 50, *AASS.*, Aug. V p. 131. Subst. mascul. **natalis** et neutr. **natale:** 1. **nativité du Christ, Noël — birth of Christ, Christmas*. 2. **anniversaire de la mort d'un saint — anniversary of a saint's death*. CASSIOD., Var., lib. 8 epist. 33 § 1, *Auct. ant.*, XII p. 262. Sacram. Leonin., ed. FELTOE, p. 50. Ordo Rom. XIII A (s. viii p. anter.), c. 21 sq., ed. ANDRIEU, II p. 488. 3. **anniversaire de l'entrée en fonctions ou du sacre — anniversary of entry into office, of assumption of holy orders*. Post hunc triduum natalis episcopati ejus esse consueverat. GREGOR. TURON., Virt. Martini, lib. 1 c. 6, *SRM.*, I p. 592. Dies in quo episcopatus mei [sc. papae] est natalis, adproperat. Lib. diurn., c. 42, ed. SICKEL, p. 31. Natale episcoporum. Sacram. Leonin., p. 123. In natale consecrationis diaconi. Sacram. Gelas., lib. 1 c. 97, ed. WILSON, p. 149. 4. *fête annuelle* quelconque — any *annual festivity*. In natali omnium apostolorum. Sacram. Gelas., lib. 2 c. 35, p. 185. Natale reliquiarum protomartyris Stephani. Martyrol. Hieronym., *AASS.*, Nov. II pt. 2 p. 412. Usque natalem calicis quod est Domini caena. V. Genovefae, c. 34, *SRM.*, III p. 229. Natalis Cathedrae [sc. Petri] hodie colitur. PAUL. DIAC., Homil., MIGNE, t. 95 col. 1464. Plural. natales: les quatre fêtes principales (Toussaint, Noël, Pâques, Pentecôte) — the four chief festivities. DC.-F., V p. 572 col. 2 (ch. a. 1136-1167). 5. *souche — extraction*. A regibus Galliae atque Germaniae natales deducebat. GUILL. PICTAV., lib. 1 c. 22, ed. FOREVILLE, p. 46. 6. *naissance, statut personnel natif — birth, standing determined by birth*. Leg. Henrici, c. 64 et 68, LIEBERMANN, p. 584 et 587.
**natatilis:** **qui nage, flottant — swimming, floating*.
**natio:** 1. **génération, âge — generation, age*. 2. plural. nationes: **les gentils, les païens — the pagans*. 3. *postérité — offspring*. Servis . . . tam ipsis qui sunt vel hanc natio [i.e. huic nationi] eorum qui fuerint. *CD. Langob.*, no. 162 col. 278 C (a. 847, Brescia). Semper qui major fuerit ex natione habeat ipsam ordinationem. MURATORI, *Ant.*, I col. 343 (ch. a. 1029). 4. *naissance, statut personnel natif — birth, standing determined by birth*. Aut de ingenuis aut de servientibus ceterisque nationibus qui sunt infra agros predictae ecclesiae conmanentes. MARCULF., lib. 1 no. 3, *Form.*, p. 43. Similia: *D. Karolin.*, I no. 5 (a. 753); no. 85 (a. 774). Ingenuetas nationis. MARCULF., no. 7, p. 47. Conponatur pro liberum hominem aut secundum nationem suam. Edict. Rothari, c. 374. Hominibus tam ingenuis quam servis, cujuscumque sint nationis. *D. Ludwigs d. Deutsch.*, no. 80 (a. 857). 5. *nation* dans une université, corps de docteurs et d'étudiants formé à base de la nationalité — *nation* in a university, doctors' and students' corporation on national lines. DENIFLE, *Chart. Univ. Paris.*, I no. 141 p. 181 (a. 1245); no. 187 p. 215 (a. 1249); no. 201 p. 227 (a. 1252).
**nativitas:** 1. **naissance — birth*. 2. nativitas Domini, dominica: Nativité du Christ, Noël — Nativity of Christ, Christmas. GREGOR. M., lib. 8 epist. 29, *Epp.*, II p. 31. Sacram. Gelas., lib. 1 c. 3, ed. WILSON, p. 3. Sacram. Gregor., MIGNE, t. 78 col. 30 C. 3. *anniversaire de la mort d'un saint — anniversary of a saint's death*. Sacram. Gregor. laud., col. 33 A. 4. **génération — generation*. 5. *naissance, statut personnel natif — birth, standing determined by birth*. Si quis comes . . . occisus fuerit, in tres weregildos, sicut sua nativitas est, componere faciat [c.-à-d. trois fois le wergeld qui correspond à sa condition originaire — thrice his native wergeld]. Ewa ad Amorem, c. 7. Secundum illius nativitatem tripla compositione solvatur. Karoli ad Pippinum epistola (a. 806-810), *Capit.*, I p. 212. Ex nativitate ingenui esse debemus. VARIN, *Arch. de Reims*, I no. 14 p. 36 (a. 847). 6. *servitude — neifty, serfdom*. S. xii ex., Angl. 7. **horoscope — nativity*. 8. **plantes cultivées — crop*.
**nativus:** *originaire* de — *a native* of. Bononia ex cujus territorio es nativus. Hincmari Rem. epist., ed. LABBE, no. 7. Mulier S. nativa de civitate Bari. MOREA, *Chart. Conversan.*, p. 23 (a. 938). Interrogatus de qua provincia vel civitate esset nativus. GERHARD. AUGUST., V. Udalrici, c. 1, *SS.*, IV p. 387. Subst. **nativus** et **nativa:** *serf — neif, serf*. S. xii, Angl.



**natta** = matta.
**natura:** *naissance, origine — extraction*. Natura Germanus erat. ADREVALD., Mir. Benedicti, lib. 1 c. 26, ed. DE CERTAIN, p. 59.
**naturalis** (adj.): 1. (d'un dépendant) *dont la condition est déterminée par la naissance* — (of a dependent) *of a status defined by birth*. [Dono alodium] cum hominibus et foeminabus inde naturalibus. *Hist. de Lang.*[3], V no. 77 col. 191 (a. 942, Albi). Naturalis villani ejusdem sancti. LEX, *Eudes comte de Blois*, p. 126 (a. 992-995). Servos qui vulgo naturales vocantur. EADMER., De s. Anselmi sim., c. 73, MIGNE, t. 159 col. 644 A. 2. (d'un prince) *né, naturel, dont le droit est fondé sur la naissance* — (of a ruler) *born, entitled to power by birth*. Regum naturalium, qui apud Francos semper hereditarii habebantur, deficiente successione. FOLCUIN., G. abb. Lobiens., c. 16, *SS.*, IV p. 61 l. 34. Ipsi eidem ut naturali domino fideliter amodo servirent. ORDER. VITAL., lib. 8 c. 2, ed. LE PRÉVOST, III p. 274. Ibi saepe. Hominia fecerunt ei et securitates, sicut prius predecessoribus suis naturalibus principibus terrae et dominis. GALBERT., c. 55, ed. PIRENNE, p. 87. Vos heredem naturalem et dominum terrae justum . . . susceperint. Ib., c. 104, p. 150. 3. *pleinement qualifié — fully authorized*. Naturales monachi. BALUZE, *Misc.*, VI p. 519 (ch. a. 1063). Naturales carnifices. Lud. VII reg. Fr. ch. a. 1162, *Ordonn.*, III p. 258. 4. (d'une obligation) *due à cause de la naissance* — (of a duty) *incumbent on account of birth*. Colonus vel servus [clericus factus] ad naturale servitium . . . redeat. Capit. de monast. s. Crucis Pict. (a. 822-824), c. 7, I p. 302. 5. filius, filia naturalis: *fils naturel, fille naturelle, bâtard(e) — natural son or daughter, bastard. Pater naturalis: *père naturel — natural father. Subst. **naturalis:** *enfant naturel — natural child*. ADREVALD., Mir. Benedicti, lib. 1 c. 16, ed. DE CERTAIN, p. 39.
**naucella,** v. navicella.
**nauda,** nausa, noa, noia (orig. inc.): *marécage, herbage humide — marsh*. F. cod. s. Emmerammi, pt. 1 no. 4, *Form.*, p. 464. *D. Ottos I.*, no. 289 (a. 965, Toul). LOBINEAU, *Bretagne*, II col. 250 (s. xi in., Vannes). *Gall. chr.*[2], XI instr. col. 141 (a. 1195, Evreux).
**naufragare,** naufragiare (class. intrans. "faire naufrage — to suffer shipwreck"), transit.: *gâcher, abîmer, gaspiller, perdre, ruiner — to spoil, deteriorate, waste, muddle away, bring to ruin*. Mancipia, pecunia vel reliquas ris [i.e. res] quampluris exinde naufragiassent vel devastassent. *D. Merov.*, no. 70 (a. 697). Si pratum defensum a pecoribus naufragetur. Lex Visigot., lib. 8 tit. 3 § 12, inscr. [Infantes] res suas non deveant naufragare aut disperdere. Liudprandi leg., c. 117 (a. 731). Ipsas res . . . aliubi nec dare nec vendere nec commutare nec alienare nec naufragare potentiam habeam. GYSSELING-KOCH, *Dipl. Belg.*, no. 15 (a. 745, S.-Bertin). Nullam res [i.e. rem] exinde dare aut naufragare possam [i.e. potero] absque tua [voluntate]. SCHIAPARELLI, *CD. Longob.*, I no. 99 p. 286 (a. 749/750, Lucca). Ad usufructuandum . . . nam non vindendum vel naufragandum. Ib., II no. 194 p. 185 (a. 765, Lucca). Non aliquid naufragendi neque alienandi [habeas potestatem]. BRUNETTI, *CD. Tosc.*, I p. 253 (a. 782). [Judices villarum] praevidere faciant quod [vinum] nullo modo naufragatum sit. Capit. de villis, c. 8.
**naufragium:** 1. *droit d'épave de plage — right to wreckage, jetsam*. Medietatem . . . telonei, portatici et raficae seu naufragii. D. Karlomanni reg. a. 881, *H. de Fr.*, IX p. 421. Cf. D. Odonis reg. pro eccl. Narbon. a. 890, *Hist. de Lang.*[3], V no. 13 col. 86: Medietatem . . . telonei, portatici et raficae . . . seu classis naufragiorum. 2. *gaspillage, perte, ruine — dissipation, loss, ruin*. [Res] quas tibi usufructuario ordine beneficiavimus, non liceat aliubi nec vindere nec donare nec alienare nec in nullo modo distrahere nec in naufragium ponere. F. Turon., addit. 3, *Form.*, p. 160. Ipsas locas [in beneficium receptas] nec vendere nec alienare nec nullum naufragium imponere. BITTERAUF, *Trad. Freising*, I no. 177 p. 170 (a. 799). Similia JAKSCH, *Mon. Carinth.*, I p. 6 (a. 822). GYSSELING-KOCH, *Dipl. Belg.*, no. 50 p. 139 (a. 830).
**naufragus** (adj.): *dissipateur — wasteful*. Homo qui est prodicus aut naufracus, qui vendederit aut dissipaverit substantiam suam. Liutprandi leg., c. 152 (a. 735). Ratchis leg., c. 8 (a. 746).
**naulizare,** -sare, -giare, -gare (< naulum): *noliser — to charter* a ship. S. xiii.
**naulum** (gr.): 1. **fret, prix de passage — fare, freight*. 2. *redevance de passage par un bac — ferryboat passage-money*. *D. Merov.*, no. 1 (a. 510).
**naupreda:** *un poisson — a fish*. POLEM. SILV., *Auct. ant.*, IX p. 544. DONAT. ANTR., V. Ermenlandi, c. 8, *SRM.*, V p. 696. BERTRAND, *Cart. d'Angers*, I no. 124 p. 152 (a. 1039-1055).
**nausa,** v. nauda.
**nauseare:** 1. *causer la nausée — to cause sickness*. Manna in gutture nauseabat. PAULIN. AQUIL., Contra Felicem, MIGNE, t. 99 col. 360 A. 2. *avoir la nausée — to be sick*. Nauseat omni tempore bucca. LEO VERCELL., Metrum, 6, 22, 25, ed. BLOCH, *NA.*, t. 22 (1897), p. 131.
**nauticus** (subst.): *homme du bord — one of the crew*. [Navis] cum nauclero et universis nauticis suis. LEO OST., Chron. Casin., lib. 2 c. 84, *SS.*, VII p. 685.
**nautor** = nauta.
**navaliter:** *avec des forces navales — with a naval force*. Cum eo navaliter pugnat. ANAST. BIBL., Chron., ed. DE BOOR, p. 217. Exierunt super eos navaliter. JOH. NEAPOL., V. Athanasii, *Scr. rer. Langob.*, p. 446 l. 37.
**navata,** navada: *cargaison — shipload*. Unam navadam salis. DC.-F., V p. 576 col. 2 (ch. a. 1179, Limousin). De unaquaque navata vini. *Actes Phil.-Aug.*, I no. 206 p. 250 (a. 1187).
**navaticus:** *une redevance qui frappe les navires — a toll on ships*. *D. Charles le Ch.*, no. 378, I p. 346 (a. 875). D. Henrici I reg. Fr. a. 1059, *Hist. de Fr.*, XI p. 600.
**navicella,** naucella, nacella: **nacelle — small boat*.
**navicula:** *encensoir — incense-boat*. S. xiii.
**navigium,** navilium: 1. *flotte, escadre — fleet, squadron*. De navigia praeparanda circa littoralia maris. Capit. missor. spec. a. 802, c. 13[a], I p. 100. Quandoque navigium mittere volumus, ipsi seniores in ipsis navibus pergant. Capit. Bonon. a. 811, c. 11, p. 167. Circumsepti sunt a Karolo navigio mirabili. V. Faronis, c. 125, *SRM.*, V p. 201. 2. *bac, passage*

*à bac — ferry-boat, ferry.* [Peregrinos] per nullam occasionem ad pontes vel ad exclusas aut navigio non deteneatis. Capit. Pippini (a. 751-755), c. 4, I p. 32. De collectas super iterantibus vel de pontibus aut navigiis, qui orationis causa vadunt. Breviar. missor. Aquit. a. 789, c. 17 p. 66. Justa telonea a negotiatoribus exigantur tam de pontibus quam et de navigiis seu mercatis. Capit. Theodonisv. II a. 805, c. 13, p. 124. Nullus homo praesumat teloneum ... accipere nisi ubi antiquitus pontes constructi sunt et ubi navigia praecurrunt. Capit. omnib. cogn. fac. (a. 801-814), c. 7, p. 144. Castro munito navigium, mercatum, teloneum ceteraque negotia statuerunt. G. pontif. Camerac., lib. 2 c. 45, *SS.*, VII p. 465. **3.** *redevance de passage — passage-money.* Neque . . . theloneos vel navigios, portaticos, pontaticos, rivaticos, rotaticos ... exactare potuerit. *D. Merov.*, spur. no. 23 p. 141. **4.** *canal de navigation — ship-canal.* Chron. Patav., ad a. 1189, Muratori, *Ant.*, IV col. 1123. **5.** **navigation, voyage de mer — navigation, sea-voyage.* **6.** i.q. navaticum: *redevance pesant sur les bateaux — navage, duty on ships.* S. xii, Angl.

**navis: 1.** *voûte — vault.* Sarta tecta basilicae b. Petri apostoli, id est navem majorem seu et aliam navem super altare ... restauravit. Lib. pontif., Leo III, § 3, ed. Duchesne, II p. 1. Iterum Bened. III, § 29, p. 146. **2.** *nef d'une église — nave of a church.* Fenestras ... in navi 21, in titulo 6. Leo Ost., Chron. Casin., lib. 3 c. 26, *SS.*, VII p. 717. Mediam ecclesiae testitudinem [leg. testudinem] quam dicunt navim. Suger., De admin. sua, c. 29, Lecoy, p. 191. Exterius tabernaculum, quod ecclesie navis a populo vocatur, consummationis perfectionem acceperat. Chron. Mauriniac., lib. 2 c. 8, ed. Mirot, p. 31. **3.** *gouttière — gutter.* S. xiii, Ital. **4.** *encensoir — incense-boat.* S. xiii.

**nebula:** *gaufre, oublie — wafer, obley.* Doniol, *Cart. de Brioude*, no. 106 p. 123 (a. 1011-1031). Bernard. Morlan., Cons. Clun., lib. 2 c. 2, ed. Herrgott, p. 284.

**nebulare:** **obscurcir — to darken.*

**nebularius:** *pâtissier — confectioner.* Const. dom. reg., ap. Johnson, *Dial. de Scacc.*, ad calc., p. 131.

**necare,** negare, **1.** transit., spec.: **tuer par noyade — to kill by drowning.* Nonnulli in flumine Garonnae necati. Gregor. Turon., Glor. mart., c. 104, *SRM.*, I p. 559. Uxorem ejus legato ad collum saxo in aqua negare rogavit. Lib. hist. Franc., c. 11, ib., II p. 254 (hausit e Greg. Tur. H. Fr., lib. 2 c. 28, ubi: aquis inmersit). Si qua mulier maritum suum ... dimiserit, necetur in luto. Lex Burgund., tit. 34 § 1. [Mater puerulos] in piscinam projecit negandos. Paul. Diac., Hist. Langob., lib. 1 c. 15. Vidimus ... plerosque affixos tabulis in flumen projectos et necatos. Agobard., De grandine, Migne, t. 104 col. 158 A. Diabolus ... perdidit hunc negando; suffocavit enim eum in gurgitem aquae. Chron. Novalic., lib. 5 c. 47, ed. Cipolla, p. 280. In flumen Ticinum ab aquis negatus est. Andr. Bergom., *Scr. rer. Langob.*, p. 223 l. 19. **2.** intrans.: *se noyer — to be drowned.* Si aliquis aliquam clausuram in aqua fecerit, et ipsa aqua inflaverit et ibi alicujus pecus negaverit. Lex Alamann., tit. 73 § 3. Necavit Pao in mari. Ann. Barens., a. 940, *SS.*, V p. 54.

**necatio:** *noyade — drowning.* Infinita mala quae fecit ipsum flumen Padi . . . tam in necationibus hominum et bestiarum quam aliter. Chron. Ast., Muratori, *Scr.*, XI col. 280.

**necdum:** *i.q. nondum, *pas encore — not yet.*

**necessarius: 1.** **opportun, utile, convenable — apt, serviceable, convenient.* Equum necessarium ad sellam beati viri donasset vehiculum. Fortun., V. Germani, c. 22, *SRM.*, VII p. 385. **2.** loc. necessaria loca: *cabinet — privy.* Gregor. Turon., V. Martini, lib. 1 c. 37, *SRM.*, I p. 605. Subst. femin. **necessaria** et neutr. **necessarium:** *cabinet — privy.* Regula Magistri, c. 30. Mir. Austregisili, *SRM.*, IV p. 202. Marini, *Pap.*, p. 190 (a. 616). Chron. Laurisham., a. 948, *SS.*, XXI p. 390. Hincmar. Rem., opusc. 24, Sirmond, II p. 292.

**necessitas: 1.** *besoins — needs.* Usus est clementiae principalis nicessitatem provincialium ... tractare. Chloth. praec. (a. 511-561), c. 1, *Capit.*, I p. 18. De eorum [sc. monachorum] necessitate ad domnum regem ... aliquid suggerere. Concil. Vern. a. 755, c. 6, p. 34. Quod superest illius familiae necessitatem, hoc libere vendat. Concil. Franconof. a. 794, c. 4, *Conc.*, II p. 166. Non haberent ad ciborum seu vestimentorum necessitatem qualiter . . . deservire possent. *D. Ugo*, no. 7 (a. 927). **2.** *contrainte — coercion.* Redarguebant eum super violentia et necessitate quam ab ipso pertulerant. Anast. Bibl., Chron., ed. De Boor, p. 108.

**necessitudo:** *besoins — needs.* Eas [feminas] quas propter solas necessitudinum causas habitare cum eisdem [sc. clericis] synodus Nicaena permisit. Atto Vercell., epist., ed. Burontius, p. 306. Omnia sua usibus eorum nemora ... ad necessitudinem ignis. *Gall. chr.*², IV instr. col. 164 (ch. a. 1130).

**necestuosus:** *indigent — needy.* Quicunque necestuosi palatium adierint, ... patrem et consolatorem ... vos videre accurrant. Epist. synod. Caris. a. 858, c. 12, *Capit.*, II p. 436 l. 27. Necestuosorum vicissitudinibus ... pro sibi votivis supplicatibus praeberet effectum. Mir. Bertini (s. ix ex.), lib. 2 c. 8, Mabillon, *Acta*, III pt. 1 p. 134. Pro defensandis advenis et necestuosis. Flodoard., Hist. Rem., lib. 3 c. 26, *SS.*, XIII p. 546 l. 47.

**necne:** *i.q. necnon, *également, aussi — likewise, also.*

**1. negare:** **renier, désavouer — to disown, disavow.*

**2. negare,** v. necare.

**negatio: 1.** **reniement — renouncement.* **2.** *refus — refusal.* Praemii petitio et negatio. Cassiod., Inst., lib. 2 c. 2 § 3, ed. Mynors, p. 98.

**negotium: 1.** *litige, procès — lawsuit.* Inter Romanus negutia causarum Romanis legebus praecepemus terminari. Chloth. praec. (a. 511-561), c. 4, *Capit.*, I p. 19. Nullum judicum ... clerecus de civilibus causis, praeter criminale [i.e. criminalia] negucia, per se distringere ... praesumat. Chloth. II edict. a. 614, c. 4, p. 21. De omnis causas meas vel negotiis. F. Arvern., no. 2, *Form.*, p. 29. Negotia tam in palatio quam in pago. Marculf., praef., ib., p. 37. Propria propalarentur negotia. F. Visigot., no. 40, p. 593. [Judicibus] et criminalia et cetera negotia terminandi sit concessa licentia. Lex Visigot., lib. 2 c. 1 § 15. Ibi saepe. Si Judeus contra Judeum aliquod negocium habuerit, per legem suam se defendat. Karoli M. capit. de Judaeis, c. 6, p. 259. **2.** *marché — market.* Castella ... erigere, negotia constituere, molendina componere. *D. Ottos I.*, no. 265 (a. 964). **3.** *marchandise — merchandise.* Suos vinus vel suus commercius quislibet negotium [i.e. cujuslibet negotii] ... potestate[m] habeant vendendi. F. Sal. Bignon., no. 36, p. 201. Recipiat pretium suum et ipso negotium remaneat in ipsam casam. Liudprandi leg., c. 133. Nullus de victualia et carralia, quod absque negotio est, theloneum praehendat. Pippini reg. capit. (a. 754-755), c. 4, I p. 32. **4.** plural. negotia: *accessoires — appurtenances.* Dedimus sibi 20 hobas ... cum omnibus usibus suis et cum omnibus negotiis suis. *D. Heinrichs II.*, no. 22 (a. 1002).



**nemoreus:** *en bois — wooden.* In sepulchro nemorio. V. Gervini, *AASS.*, Mart. I p. 287.

**neophytus** et neophyta (subst.) (gr.): **1.** **néophyte, nouveau (nouvelle) converti(e) — neophyte, recently converted person.* **2.** *nouveau moine, novice — new monk, novice.* Neophitus habendus est qui repente in religionis habitu plantatus ad ambiendos honores sacros irrepserit. Gregor. M., lib. 9 epist. 118, *Epp.*, II p. 208. Donat. Antr., V. Ermenlandi, c. 1, *SRM.*, V p. 686. Goffrid. Vindocin., lib. 1 epist. 1, Migne, t. 157 col. 34 C.

**neoptolemus** (gr.): *apprenti — apprentice.* V. Neoti, c. 2, *AASS.*, Jul. VII p. 333. Conrad. de Fabar., Cas. s. Galli, c. 14, *SS.*, II p. 176.

**neotericus** (gr.): **1.** **contemporain — contemporary.* **2.** **débutant, inexpérimenté — just starting, inexperienced.* **3.** **novateur, modernisant — pioneering.*

**nepos: 1.** **neveu — nephew.* **2.** *cousin germain — first cousin.* Regino, Chron., a. 892, ed. Kurze, p. 139. **3.** femin. gener.: *nièce — niece.* S. xiii.

**neptena:** *nièce — niece.* Ann. Camaldul., ed. Mittarelli, p. 107.

**neptis,** nepta, neptia, nepota: **1.** **nièce — niece.* **2.** *tante, sœur de mon père — aunt, father's sister.* *D. Ottos I.*, no. 216 (a. 960).

**neptus:** *petit-fils — grandson.* Quaest. jurisp. ad leg. Longob., Muratori, *Scr.*, I pt. 2 p. 163.

**nescientia:** **ignorance — ignorance.*

**nescire,** aliquem: **ne pas connaître — to know not.* Rogitas quasi nescieris me. Ruodlieb, fragm. 7 v. 41.

**nespila** = mespilum.

**nespilus** = mespilus.

**neuma** (genet. -atis), v. pneuma.

**neumenia,** num- (gr.): **fête de la nouvelle lune* (chez les Hébreux) *— feast of the new moon* (with the Hebrews).

**neutrim:** *ni d'un coté ni de l'autre — from neither side.* Pax firmabatur utrimque per juramentum neutrim penitus temerandum. Ruodlieb, fragm. 5 v. 72. Rursum fragm. 16 v. 16.

**niblatus** (adj.): *resplendissant — radiant.* Mitram candentis brandei raritate niblatam Joh. Diac., V. Greg. M., lib. 4 c. 83, Migne, t. 75 col. 230 A.

**nigellatus,** niellatus: *niellé — nielloed.* Scutellas duas ... deauratas, quae habent in medio cruces niellatas. Pardessus, II no. 358 p. 144 (a. 667, Orléans). Anolo aureo nigellato. Ib., no. 452, p. 256 (a. 700). Bacchovicam anacleam circulatam et nigellatam. Heric., G. pontif. Autissiod., c. 20, ed. Duru, p. 334.

**nigellus: 1.** **noir — black.* **2.** *niellé — nielloed.* Scriptum ex litteris puris nigellis. Lib. pontif., Silv., ed. Mommsen, p. 57. Opus nigellum: *émail — enamel.* Columnas vestivit ex argento cum nigello pulcro opere decoratas. Jotsald., V. Odilonis, c. 13, Mabillon, *Acta*, VI pt. 1 p. 687. Subst. neutr. **nigellum:** *émail — enamel.* Laternam argenteam ... cum nigello. Leo Ost., lib. 2 c. 100, *SS.*, VII p. 695. Iterum lib. 3 c. 58, p. 744.

**niger.** Niger monachus: *moine bénédictin — black monk.* Niger, ut sic dicam, monachus album fortuitu occurrentem obliquo sidere respicit. Petr. Venerab., lib. 4 epist. 17, Migne, t. 189 col. 331 D.

**nigromantia** = necromantia.

**nihilominus: 1.** **également, aussi — also, as well.* **2.** *en outre — moreover.* Fidejussores dedit ... Nichilominus antistes sententiam excommunicationis ... promulgavit. Muller-Bouman, *OB. Utrecht*, I no. 485 p. 433 (a. 1176). **3.** *à savoir, c'est-à-dire — namely, to wit.* [Quibusdam rebus fruatur] filius vester ..., in vita nihilominus sua. Ib., no. 105 p. 110 (a. 943).

**nimbus:** *nimbe, auréole — nimbus, aureole.* Isid., Etym., lib. 19 c. 31 § 2.

**nimie** (adv.): **1.** **trop — too.* **2.** **très — very.*

**nimietas: 1.** **excès, violence — vehemence.* **2.** **surabondance, prolixité — overdoing, prolixity.*

**nimius:** **grand, abondant, remarquable, éminent — great, rich, fine, first-rate.*

**nisi: 1.** *(adversative) *mais — but.* E.g.: Nihil de fisco suo rex dare praecepit, nisi omnia de pauperum conjecturis. Gregor. Turon., H. Fr., lib. 6 c. 45. Res suas contradicere non praesummatis, nisi liciat ei res suas donare ... *D. Merov.*, no. 48 (a. 677). Non sit illi heredes [i.e. heres] cujus de anima tractavit, nisi alii parentes proximi. Edict. Rothari, c. 163. Nullus de sedibus nostris eos [sc. transmarinos negotiatores] audire presumat, nisi tantummodo suis legibus audiantur aput telonarios suos. Lex Visigot., lib. 9 tit. 3 § 2. Paruet [i.e. paruit] novis [i.e. nobis] ut non poteret esse liverus [i.e. liber], nisi aldius. Schiaparelli, *CD. Longob.*, I no. 81 p. 237 (a. 721-744?). **2.** (cum comparativo) *que — than.* Non prius nisi ... Lex Romana canon. compta, c. 1 § 7, ed. Mor, p. 38. **3.** i.q. quin, *que ne pas — but.* Ad usum et ministerium [ecclesiae Dei] nichil tam caute et firmiter constituere possumus nisi sint qui infringere moliantur. Muller-Bouman, *OB. Utrecht*, I no. 486 p. 434 (a. 1176). **4.** adverb.: *seulement — only.* Inimicorum ferocitatem quam nisi sola Dei virtus ... conprimit. Lib. diurn., c. 60, ed. Sickel, p. 53.

**nisus:** *autour, épervier — fish-hawk, sparrow-hawk.* S. xii, Angl.

**nitide:** *convenablement — neatly.* Ministeriales nostri officia eorum bene nitide peragere possint. Capit. de villis, c. 41.

**nitidus:** *propre — clean.* Vindemia nostra nullus pedibus praemere praesumat, sed omnia nitida et honesta sint. Capit. de villis, c. 48.

**nitor:** *convenance, propreté — neatness, cleanness.* Quicquid manibus laboraverint ... omnia cum summo nitore sint facta vel parata. Capit. de villis, c. 34.

**nivescere:** **devenir blanc comme la neige — to become as white as snow.*

**nixum:** *mèche — lamp-wick.* Lib. pontif., Silv., ed. MOMMSEN, p. 55.

**noa,** v. nauda.

**nobilis** (adj. et subst. mascul.). Le problème de l'origine de la noblesse médiévale étant fort controversé et de nombreux textes étant susceptibles d'interprétations différentes, nous nous bornons à quelques indications très sommaires. — As the origin of the medieval nobility is a much-debated problem and much of the source material admits of different interpretations, I shall merely give a few unpretentious hints. **1.** *en parlant de la noblesse sénatoriale romaine — for the Roman senatorial nobility. **2.** en parlant de l'aristocratie de sang chez certains peuples germaniques où le noble s'oppose à l'homme libre non-noble — for the lineage aristocracy of some Germanic peoples characterized by the juxtaposition of a class of nobles and a class of simple freemen. Si obtimatem nobilem occiderit ... 150 sol., si aliquem in populo mediocri 100 sol., pro minore persona 75 sol. praecipimus numerari. Lex Burgund., tit. 2 § 2. Cf. ib., tit. 26 § 1. Si quis de nobili genere de hereditate sua voluisset dare ad sanctuarium Dei. Concil. Dingolf. a. 770, c. 6, *Conc.*, II p. 95. (Cf. Legem Baiwar., tit. 1 § 1: Si quis liber persona voluerit et dederit res suas ad ecclesiam ...). Cum tribus testibus fidelibus et nobilibus testificetur. Ib., c. 2, p. 94. Legem quam habuerunt ... nobiles et liberi et servi. Ib., c. 5. Si nobilis nobiles occiderit ... Si nobilis liberum occiderit ... Si nobilis litum occiderit ... Lex Fris., tit. 1 § 1-4. Ibi saepe. Pro fredo si nobilis fuerit sol. 12, si liber 6, si litus 4. Lex Saxon., c. 36. Ibi saepe. Inter 120 homines, nobiles et ingenuis [i.e. ingenuos] similiter et litos. Capit. de part. Saxon., c. 15. Ubicumque Franci secundum legem sol. 15 solvere debent, ibi nobiliores Saxones sol. 12, ingenui 5, liti 4 conponant. Ib., c. 3. [Saxonum] gens omnis in tribus ordinibus divisa consistit. Sunt enim inter illos qui edhilingi, sunt qui frilingi, sunt qui lazzi illorum lingua dicuntur, latina vero lingua hoc sunt nobiles, ingenuiles atque serviles. NITHARD., lib. 4 c. 2, ed. LAUER, p. 120. **3.** En d'autres cas, le mot s'emploie comme synonyme de "liber" ou "ingenuus" — in other instances the word is used as a synonym of "liber" or "ingenuus". Unacum inlustribus veris obtimatibus meis ... vel universis nobilibus Langobardis. Liudprandi leg., c. III praef. (a. 720). Ille nobilis vasallus illius. F. Augiens., coll. C no. 15, *Form.*, p. 371. Si inter ipsos canonicos ingenui et nobiles homines ... fuerint inventi. Coll. Sangall., no. 1, ib., p. 395. Nullus praelatorum seclusis nobilibus viles tantum in sua congregatione admittat personas. Concil. Aquisgr. a. 816, c. 119, *Conc.*, II p. 399. Quisquis liber libertam ... in matrimonium duxerit, ulterius habere debebit tamquam unam ex nobili genere progenitam. Concil. Tribur. a. 895, c. 38, *Capit.*, II p. 235. Nobilis homo vel ingenuus dum in synodo accusatur. Ib., c. 22ª (forma brevior), p. 225 (cf. ib. c. 22, forma vulgata: fidelis libertate notabilis). Volens accipere uxorem, ... obtinuit [quidam proprius ecclesiae] ut nobilem quandam acciperet ... tamquam et ipse esset liber. Trad. Richersperg., no. 161, *UB. d. L. ob der Enns*, I p. 371 (ante a. 1190). Quamplures nobiles et servilis condicionis relicta Flandria, ... Hanoniam inhabitaverunt. GISLEB. MONT., c. 8, ed. VANDERKINDERE, p. 11. Comes ... acceptis hominum suorum tam nobilium quam servilis conditionis fidelitatibus. Ib., c. 68 p. 107. **4.** Certains textes font apparaître une noblesse déterminée par la naissance, sans qu'il soit possible d'établir avec précision son statut — some documents allude to a nobility based on birth, its legal status remaining an open question. Intercedentibus nobilibus atque bene natis viris te mihi in conjugium copularem. F. Visigot., no. 14, *Form.*, p. 581. Nobilis natu erat, hoc est filia nepotis E. regis. BEDA, Hist. eccl., lib. 4 c. 23. Quidam miles nobili parentum prosapia progenitus. MULLER-BOUMAN, *OB. Utrecht*, I no. 145 p. 140 (a. 996). **5.** Parfois le terme "nobiles (viri, personae)" s'emploie comme synonyme de "boni homines" (cf. voc. bonus). Il paraît qu'il s'agit là plutôt d'une classe sociale que d'une noblesse de sang. — Sometimes the word "nobiles (viri, personae)" has the sense of "boni homines" (cf. voc. bonus), apparently a social group, not a nobility based on lineage. Cartam confirmatione plurimorum nobilium testium confirmatam. *D. Karolin.*, I no. 170 (a. 791). [Venditionem] in publico coram comite et judicibus et nobilibus civitatis facere debebit. Concil. Arelat. a. 813, c. 23, *Conc.*, II p. 253. Ego ille episcopus ... quendam ecclesiae nostre famulum ... nobilium virorum in praesentia civem Romanum ... statuo. F. imper., no. 33, *Form.*, p. 312. Similia F. cod. Laudun., no. 14, p. 518. Omnis presolis [i.e. praesulibus] et nobilis [i.e. nobilibus] personis comprovincialibus nostris cognitum est, quod ego ille ... monasterium edificavi. Coll. Flavin., no. 43, p. 480. Et cartas et testimonia, nobiles viros, habemus. F. extrav., ser. 1 no. 1, p. 533 (ca. a. 840). Nobilium virorum astipulatione firmare rogavit. Ib., no. 9 p. 539. Sub praesentia episcopi vel sacerdotum ibi consistentium ac nobilium laicorum. F. extrav., ser. 1 no. 18, p. 544. Andegavae civitatis nobiles. AIMOIN., Mir. Bened. (ca. a. 1005), lib. 3 c. 14, ed. DE CERTAIN, p. 160. **6.** Dans certains textes se rencontre le comparatif "nobilior" ou bien le superlatif "nobilissimus". On les considère généralement comme l'indice d'une signification plutôt sociale que juridique du mot. — Several documents contain the comparative "nobilior" or the superlative "nobilissimus". These are often regarded as proof of a social rather than a legal connotation. Quicumque ingenuorum regiam jussionem contemnere invenitur, si nobilior persona est, tres libras auri fisco persolvat; si autem talis sit qui non habeat unde hanc rei summam adinpleat ... Lex Visigot., lib. 2 tit. 1 c. 31. Cf.: Si ex nobilibus idoneisque personis fuerit ... Nam si de vilioribus humilioribusque personis fuerit ... Ib., c. 9. Juraverunt nobiliores terrae illius ut edicerent veritatem. *D. Karolin.*, I p. 162 n. 1 (ch. a. 777, Fulda). Inquisitio a nobilioribus homines [i.e. hominibus] circummanentibus fiat. Capit. de reb. eccl., c. 2, I p. 186. De traditione quondam novilissimi viri nomine D. Concil. Baiwar. a. 805, *Conc.*, II p. 232 l. 15. Nobiliores popularium et natu provectiores. Coll. Sangall., no. 10, *Form.*, p. 403. Definienda judicavi coram supradictis nobilioribus viris. MANARESI, *Placiti*, I no. 104 p. 380 (a. 897, Benev.). Ditissimi et longe nobilissimi W., cujus majores magnam partem Germanie ... tenebant, filiam. ALPERT. METT., Div., lib. 1 c. 1, ed. HULSHOF, p. 5. **7.** En revanche, un certain nombre de textes, de provenance surtout allemande, fait distinction entre les "liberi", d'une part, et les "nobiles", d'autre part. Ils semblent désigner par ce dernier terme une classe juridiquement déterminée qu'on peut qualifier de noblesse féodale. — On the other hand, we find in a number of documents, mainly german, a distinction made between "liberi" and "nobiles". By the latter term these passages seem to indicate a definite legal class which we may call the feudal nobility. Coram presentia ... omnium nobilium et ingenuorum in circuitu commanentium. MULLER-BOUMAN, *OB. Utrecht*, I no. 165 p. 155 (a. 1012-1023). Si liber vel nobilis eam [pacem] violaverit. Pax Dei Colon. a. 1083, c. 6, *Const.*, I p. 604. Qui pugno percusserit, si nobilis est ..., si liber aut ministerialis ..., si servus ... Pax Dei s. xi ex., c. 2, ib., p. 608. Precepimus principibus, nobilibus, liberis et ministerialibus. Pax Franciae Rhen. a. 1179, c. 16, ib., p. 382. D'autres textes opposent les "nobiles" soit aux "ministeriales", soit aux "milites" — other documents distinguish the "nobiles" either from the "ministeriales" or from the "milites". Nobilis et miles cum 12 comparibus suis sacramento se purget. Pax Dei Suession. a. 1091, *ZSSRG.*, Germ. Abt., t. 12 (1891) p. 114. Nobiles complures et milites strennuissimos. RAHEWIN., G. Friderici, lib. 4 c. 18, ed. WAITZ, p. 204 sq. Principes imperii et alios nobiles et ministeriales. GISLEB. MONT., c. 162, p. 246. Regi ... residenti ... cum multis principibus et nobilibus et militibus. Ib., c. 170, p. 250. Quesivit ... si ministeriales principis alicujus cum nobilibus habeant judicare. Ib., p. 254. [Pacem] viri nobiles et alii milites juramentis suis assecuraverunt. *Const.*, II p. 566 (a. 1200). **8.** L'expression "nobilis (vir) de X.", accolée à un nom de personne, sert à désigner un seigneur d'une catégorie déterminée (allem. *Edelherr*) — the title of "nobilis (vir) de X." in addition to a personal name denotes a special kind of a seignior. Inter fideles nostros [sc. archiepiscopi Coloniensis] H. virum nobilem de A. burgravium Coloniensem. LACOMBLET, *UB. Niederrh.*, I p. 302 (a. 1169). Nobili viro B. de N. BURCHARD. URSPERG., ed. HOLDER-EGGER-SIMSON, p. 92. Ego G. vir nobilis de D. LACOMBLET, II p. 419 no. 718 (a. 1278). W. nobilis de H. Ib., no. 497 p. 281 (a. 1260). Nos ... C. nobilis de S. Pax Patherbr. a. 1265, c. 8, *Const.*, II p. 611. Cf. G. GUILHERMOZ, *Essai sur l'origine de la noblesse en France au moyen âge*, Paris 1902. O. VON DUNGERN, *Comes, liber, nobilis in Urkunden des 11. bis 13. Jhdts.*, *AUF.*, t. 12 (1932), pp. 181-205. OTTO, *Adel und Freiheit im deutschen Staat des frühen Mittelalters*, 1937. M. BLOCH, *La société féodale*, II, Paris 1940, pp. 1-98. L. VERRIEST, *Noblesse, chevalerie, lignages*, Bruxelles 1959. L. GÉNICOT, *L'économie rurale namuroise au Bas Moyen-Age*, II: La noblesse, Louvain 1960. **9.** (adj.) hoba nobilis: un manse ayant l'étendue des tenures qui sont assignées en principe à des tenanciers de condition personnelle libre — a holding of the type held as a rule by personally free tenants. In loco q.d. S. terre arabilis hobas 2 nobiles. BITTERAUF, *Trad. Freising*, II no. 1251 p. 153 (ca. a. 977). Ibi deinde saepe; aliter: hoba unius nobilis viri. Trad. Ebersperg., ed. OEFELE, *Rer. Boic. script.*, II no. 18 p. 22. Ibi pluries.



**nobilitare:** *anoblir — to ennoble.* S. xiii.

**nobilitas:** **1.** titre honorifique — title of honour. Joh. VIII pap. epist. 1, *Epp.*, VII p. 1. **2.** *la noblesse, l'ensemble des nobles — the nobility, the aggregate noblemen.* Juxta procerum nostrorum [sc. imperatoris] seu cunctae nobilitatis Francorum generale judicium. F. imp., no. 8, *Form.*, p. 293. Nobilitate militari ac familia ... id adprobantibus. BITTERAUF, *Trad. Freising*, no. 1438ª, II p. 293 sq. (a. 1034). Obviam haberent ... omnem nobilitatem. V. IV Bonifatii (s. xi med.), c. 11, ed. LEVISON, p. 103. Nobilitati exterminium machinaretur. LAMPERT. HERSFELD., Ann., a. 1076, ed. HOLDER-EGGER, p. 277. **3.** *château, demeure d'un noble — castle, manor.* Omnes capitanei, derelicta civitate, terras et nobilitates suas inhabitantes. Chron. Mediol. ad a. 976, MURATORI, *Antiq.*, IV col. 160.

**nocibilis:** **nuisible — injurious.*

**noctanter:** *nuitamment — at night.* FULCHER. CARNOT., Hist. Hieros., lib. 3 c. 55 § 3, ed. HAGENMEYER, p. 802. MARTÈNE, *Coll.*, I col. 958 (a. 1182, Liège).

**noctare:** *faire étape — stop for a night.* In omnibus locis in quibus contigit meridiare sive noctare. V. IV Bonifatii (s. xi med.), c. 11, ed. LEVISON, p. 103.

**noctivagus** (subst.): *rôdeur de nuit — nightwanderer.* S. xiii.

**nocturnalis** (adj.). Nocturnale officium: **office nocturne — divine service at night.* Admon. gener. a. 789, c. 80, *Capit.*, I p. 61. Epist. gener. (a. 786-800), p. 80 l. 33. Subst. mascul. **nocturnalis** et neutr. nocturnale: livre des offices nocturnes — liturgical book for night service. Polypt. s. Remigii Rem., c. 6 § 17, ed. GUÉRARD, p. 8 col. 2. WIDEMANN, *Trad. S.-Emmeram*, no. 48 p. 52 (a. 863-885). Subst. plural. **nocturnales,** nocturnalia: *souliers de nuit — night shoes.* Cons. Cluniac. antiq., rec. B, c. 38, ALBERS, II p. 28. LANFRANC., Decr., ed. KNOWLES, p. 28 et pluries.

**nocturnus.** Subst. mascul. plural. **nocturni,** mascul. singul. nocturnus et femin. singul. nocturna: *office nocturne — divine service at night.* Explicias nocturnos cum galli cantu. GREGOR. TURON., Curs. stell., c. 36, *SRM.*, I p. 870. Ibi pluries. Jam hora est ad nocturnos? V. Caesarii, lib. 2 c. 6, *SRM.*, III p. 486. Post nocturnam hujus noctis. WETTIN., V. Galli, c. 26, *SRM.*, IV p. 271. Statim nocturnum sonare jussit. Chron. Salernit., c. 98, ed. WESTERBERGH, p. 99. Fratres ad nocturnos surgerent. Ann. Vindocin., a. 1077, ed. HALPHEN, *Rec. d'ann. angev.*, p. 65. Subst. femin. **nocturna:** *droit de pêche pendant une*

*nuit — right of fishing for one night*. D. Ludov. Pii a. 816, POUPARDIN, *Ch. de S.-Germain-des-Prés*, I no. 26 p. 40.
**nocumentum,** nocimentum: **dommage, préjudice, tort, nuisance, mal — harm, injury, nuisance.*
**noda,** noia, v. nauda.
**nogareda,** nojereta, v. nucarieta.
**nogarius,** nogerius, v. nucarius.
**nogeria,** nogueria, nojeria, v. nucaria.
**nola: 1.** (jam ap. AVIAN., Fab., 7, 8) *sonnette — little bell.* Minora [vasa] quae et a sono tintinnabula vocantur, nolas appellant a Nola civitate Campaniae, ubi eadem vasa primo sunt commentata. WALAHFR., Exord., c. 5, *Capit.*, II p. 479. ERMANRIC., MABILLON, *Anal.*, IV p. 336. V. Hiltrudis, MABILLON, *Acta*, III pt. 2 p. 428. **2.** *cloche — bell.* V. Rigoberti, c. 15, *SRM.*, VII p. 72.
**nolarium:** *clocher — belfry.* LESORT, *Ch. de S.-Mihiel*, no. 25 p. 112 (a. 943/944).
**nomen: 1.** *titre* impliquant pouvoir, *dignité — title* entailing power, *dignity.* Nostros ad vos direximus missos, qui ex nostri nominis auctoritate . . . corrigerent quae corrigenda essent. Admon. gener. a. 789, prol., *Capit.*, I p. 53. Filium suum primogenitum Hlotharium coronavit et nominis atque imperii sui socium sibi constituit. Ann. regni Fr., a. 817, ed. KURZE, p. 146. Quando filium vestrum participem nominis vestri facere curastis . . . Consortem nominis vestri factum . . . AGOBARD., epist. 15, c. 4, *Epp.*, V p. 224 sq. **2.** *titre de droit — legal title.* [Terrulam] libellario nomine habere concede. GREGOR. M., lib. 2 epist. 3, *Epp.*, I p. 103. Propriethario nomine [h]abendum. GLORIA, *CD. Padov.*, p. 59 (a. 950). **3.** *manière — manner.* Si quis violento nomine tullerit uxorem. Edict. Rothari, c. 187. Securo nomine valeat possidere. FATTESCHI, *Mem. di Spoleto*, p. 274 (ca. a. 772). **4.** nomen illius: *personne — person.* Sex nomina pauperum . . . reficia[n]tur. *CD. Langob.*, no. 39 col. 74 C (a. 769). Omnia ad meo nomen pertenire provantur. BRUNETTI, *CD. Tosc.*, I p. 236 (a. 780). De nomine meo in nomine tuo precariam fieri petisti. RAGUT, *Cart. de Mâcon*, no. 360 (a. 814-850). Quantum . . . datur ex proprio, duplum [in precariam] accipiatur ex rebus ecclesiae in suo tantum qui dederit nomine. Concil. Meld. a. 845/846, c. 22, *Capit.*, II p. 404. A nomine meo legibus pertinet. GAUDENZI, *Nonantola*, p. 59 (ca. a. 970).
**nomenculator: 1.** *dignitaire de la Curie pontificale,* l'un des sept judices palatini, qui recevait les pétitionnaires et les ambassadeurs — *dignitary of the papal court,* one of the seven "judices palatini", who had to receive petitioners and envoys. Lib. pontif., Agatho, ed. MOMMSEN, p. 193. Ib., Constantin., p. 223. Ordo Rom. I (s. vii ex.), ed. ANDRIEU, II p. 70. Concil. Roman. a. 745, *Conc.*, II p. 38. Lud. Pii pactum cum Pasch. pontif. a. 817, *Capit.*, I p. 355. **2.** *dignitaire de la cour royale française — a dignitary at the royal court of France. Hist. de Fr.*, IX p. 664 A (a. 905).
**nominalis** (adj.): *nominaliste — nominalistic.* Nominalis secte acerrimus impugnator. JOH. SARISBIR., Metalogicon, lib. 2 c. 10, ed. WEBB, p. 78.
**nominare:** *fixer — to appoint.* Qua de re nominato apud s. Hubertum inter utrumque colloquio. Cantat. s. Huberti, c. 39, ed. HANQUET, p. 101.
**nominative: 1.** *par le nom — by name.* Nominatim nominative duos filios suos adclamans. Chron. Salernit., c. 45, ed. WESTERBERGH, p. 47. Ibi plures. **2.** *expressément — explicitly.* Si [fidejussor] obligatae [i.e. obligatus] fuerit nominative. Liudprandi leg., c. 67. Judex . . . faciat jurare homines illos . . . quod ipse nominative dixerit, et dicant exinde veritatem. Pippini reg. Ital. capit. (a. 782-786), c. 8, I p. 193. [Reges] potestatem habeant nominativae demandare. Capit. ad leg. Baiwar. add. (a. 803 ?), I p. 158. Que hic nominative posita esse videntur. VIGNATI, *CD. Laudense*, p. 4 (a. 997). **3.** *par son titre — by title.*
**nominativus: 1.** *dénommé — named.* Sunt locora ipsa nominativa: locum q. d. T. . . FILANGIERI, *CD. Amalf.*, p. 25 (a. 997). **2.** *qui porte le nom, conserve la mémoire de qq'un — bearing a person's name, serving as memorial.* Construite mausoleum mihi in secula nominativum. COSMAS, lib. 1 c. 12, ed. BRETHOLZ, p. 28.
**nominatus:** **renommé — renowned.*
**nomisma,** numisma (neutr., genet. -atis) (gr.) (class.: "pièce de monnaie — coin"): **empreinte d'une pièce de monnaie — coin-type.* Si [denarii] nominis nostri nomisma habent. Synod. Franconof. a. 794, c. 5, *Capit.*, I p. 74.
**nona** (subst. femin.): **1.** **la neuvième heure du jour — the ninth hour, noon.* **2.** plural. nonae **prière de la neuvième heure, nones — prayer at noon, nones.* **3.** *redevance d'une neuvième de la récolte* due pour les propriétés ecclésiastiques tenues en précaire ou en bénéfice (après prélèvement de la dîme) — *duty of one ninth of the crop* previously diminished by the tithe, exacted from church lands held in precarial or beneficial tenure. De rebus ecclesiarum decima et nona cum censu sit soluta. Capit. Harist. a. 779, c. 13, I p. 50. Synod. Franconof. a. 794, c. 25, p. 76. Capit. missorum spec. (a. 802 ?), c. 56, p. 104. Capit. q. d. Ingelheim. (a. 810-813 ?), c. 18, p. 179. De nonis et decimis considerandum est, ut de frugibus terrae et animalium nutrimine persolvantur. Capit. per se scrib. (a. 818-819), c. 5, p. 287. De omni conlaboratu et de vino et foeno ab omnibus nona et decima persolvantur. Admon. a. 823-825, c. 23, p. 307. F. imper., no. 21, *Form.*, p. 301. BENED. LEV., lib. 1 c. 278, *LL.*, II pt. 2 p. 61. Concil. Tull. a. 859, c. 13, MANSI, t. 15 col. 539 E. *D. Charles le Ch.*, no. 79 (a. 845). Joh. VIII pap. epist. 93, *Epp.*, VII p. 88. MURATORI, *Antiq. Est.*, p. 211 (a. 884). **4.** Plus tard on considérait les "nonae" comme une pertinence de la réserve domaniale — later, the "nonae" are treated as a revenue appurtenant to the manorial demesne. Nonam indominicatam de supradicto fisco. *D. Charles III le Simple*, no. 86 (a. 916). D. Radulfi reg. a. 935, *Gall. chr.*², XII instr. col. 314. Basilica possidebat nonam de nostris indominicatis culturis et pratis et silvarum pascuis et pecudum nutrimentis et de molendinis. ROUSSEAU, *Actes de Namur*, no. 2 (a. 1121). De villa H et ex indominicatis beneficiis nonam sibi retinuit. V. prima Forananni, § 11, *AASS.*, Apr. III p. 818 A.



**nonalis:** *qui a lieu après les nones — taking place after nones.* Nonales fratrum . . . biberes. EKKEHARD., Cas. s. Galli, c. 10, *SS.*, II p. 132 l. 10. Etiam c. 9, p. 117 l. 36.
**noncupare** = nuncupare.
**nonna,** nunna, nonnanis, nonnana (lat. vulg. "maman — mamma"): **nonne, moniale — nun.* FORTUN., V. Radegundis, lib. 2 c. 4, *SRM.*, II p. 381. Karlmanni capit. a. 742, c. 6, I p. 26. Capit. Liptin. a. 743, c. 1, p. 28. Concil. Roman. a. 743, c. 5, *Conc.*, II p. 13. Concil. Ascheim. a. 756, c. 9, p. 58. WARTMANN, *UB. S.-Gallen*, I no. 85 p. 80 (a. 779). Dupl. legat. edict. a. 789, c. 19, p. 63. Karoli M. capit. post a. 805 add., c. 1, p. 142. Concil. Mogunt. a. 813, c. 20, *Conc.*, II p. 267. BENED. LEV., lib. 1 c. 143, *LL.*, II pt. 2 p. 54. WALAHFR., V. Galli, c. 16, *SRM.*, IV p. 296. G. Aldrici, ed. CHARLES-FROGER, p. 100 (ch. a 837).
**nonnaicus:** *d'une nonne — of a nun.* Puella in habitu nonnaico. RUDOLF., V. Leobae, c. 23, *SS.*, XV p. 131.
**nonno,** nunno (genet. -onis), nonnus (lat. vulg. "bon papa — grandad"): **1.** **appellation honorifique — deferential appellative.* Pour Saint-Pierre — for Saint Peter: Claviculario communi omnium nonno. COLUMBAN., epist. 5, *Epp.*, III p. 175. Pour un moine âgé et vénérable — for an old and venerable monk: Juniores priores suos nonnos vocent, quod intelligitur paterna reverentia. Benedicti regula, c. 63. Qui praeponuntur nonni vocentur, hoc ex paterna reverentia. Capit. monast. a. 817, c. 54, I p. 347. **2.** *moine — monk.* Monachi sive nunnones. Concil. Clovesh. a. 747, c. 19, MANSI, t. 12 col. 401 B. RIMBERT., V. Anskarii, c. 10, ed. WAITZ, p. 31. BERNARD-BRUEL, *Ch. de Cluny*, I no. 425 (a. 935 ?). KÖTZSCHKE, *Urb. Werden*, p. 159 (s. x). **3.** *pauvre de la matricule d'une église — one of the poor of a "matricula".* Ad stipendium matriculariorum quos nonnos vocant. QUANTIN, *Cart. de l'Yonne*, I no. 45 p. 89 (a. 863). Ad stipendium pauperum quos nonnones vocant. *D. Charles le Ch.*, no. 269, II p. 107 l. 20 (a. 864).
**norma: 1.** *règle monastique — monastic rule.* A quibus normam disciplinae regularis didicerat. BEDA, Hist. eccl., lib. 3 c. 23. Ad restaurandam normam regularis vitae. Karlmanni capit. Lipt. a. 743, c. 1, *Capit.*, I p. 28. Turbam monachorum sub sancta norma vitam degentium coacervavit. *Gall. Chr.*³, XIII instr. col. 376 (a. 770, Gorze). Regularis norma. Karoli epist. de litt. col. (a. 780-800), *Capit.*, I p. 79 l. 13. **2.** *communauté monastique — monastic community.* Ubi C. abba cum norma plurema monachorum preesse viditur. *D. Merov.*, no. 57 (a. 688). Item no. 89 (a. 717). [Ubi] illuster illa abbatissa unacum norma plurimarum ancillarum . . . custrix preesse videtur. Cartae Senon., no. 31, *Form.*, p. 199. Ubi norma[m] monachorum sub religionis ordine spiritale et regula s. Benedicti custodiendis . . . conlocavimus. Test. Abbonis Novalic., a. 739, CIPOLLA, *Mon. Noval.*, I p. 20. V. Eucherii, c. 13, *SRM.*, VII p. 52. *D. Karolin.*, I no. 67 (a. 772).
**normalis:** *d'une règle monastique — of a monastic rule.* Fratribus Cassini summae divinitatis normali rubrica . . . cluentibus. Epist. monachorum s. Remigii Rem. ad Casinenses, *SRM.*, III p. 348. [Abbas] ipsam casam Dei et monachos ibidem degentes cum normali honore custodiendo tractet. *D. Lothaire*, no. 65 (< a. 979 >, spur. s. xii).
**normiter: 1.** *comme règle de droit — as a legal regulation.* Antiquarum legum in institutionibus normiter repetitur sancitum. Ann. Camaldul., a. 1013, ed. MITTARELLI, p. 209. **2.** *selon la règle monastique — according to the rule of monks.* Fratrum . . . ibidem normiter degentium. RAGUT, *Cart. de Mâcon*, no. 235 p. 145 (s. x).
**normula:** *règle monastique — monastic rule.* Liceat sororibus . . . regularem normulam . . . observare. *CD. Langob.*, no. 48 col. 91 C (a. 772, Brescia).
**norna,** v. nurna.
**northus** (germ.): *le nord — North.* Terminatur mansus a mane . . ., a medio die . . ., a sero . . ., a northo . . . RAGUT, *Cart. de Mâcon*, no. 24 p. 20 (a. 1060-1108).
**noscere, 1.** aliquam: *coucher avec une femme — to besleep.* Mulierem non novi. EKKEHARD., Cas. s. Galli, c. 3, *SS.*, II p. 100 l. 2. **2.** *pouvoir — to be able.* Deus qui mentiri, ut est veritas, non novit. AUTPERT., V. Paldonis, *Scr. rer. Langob.*, p. 547 l. 18. **3.** passiv. nosci, comme un verbe auxiliaire, *comme tout le monde sait — like an auxiliary verb, to be known to . . .* Pagus et civitates . . . nuscetur concessisse. FREDEG., lib. 4 c. 57, *SRM.*, II p. 149. Ibi saepius.
**nosocomium** (gr.): **hôpital — hospital.*
**nota: 1.** **note musicale — note in music.* **2.** *notation musicale — staff-notation.* Omnes Francie cantores didicerunt notam Romanam. ADEMAR., lib. 2 c. 8, ed. CHAVANON, p. 82.
**notamen: 1.** *inscription — inscription.* Pro foribus petrae superpositae praefixa erant notamina quorum interius busta jacebant. ADREVALD., Transl. Benedicti et Scholasticae, § 7, *AASS.*, Mart. III p. 303 D. **2.** *charte-notice — record.* Judicium seu et notamen donationis. THÉVENIN, no. 80 (a. 845, Marseille).
**notare: 1.** *munir de notes musicales — to add musical notation to* a text. Antiphonarios . . . notaverat nota Romana. ADEMAR., lib. 2 c. 8, ed. CHAVANON, p. 81. Ad notandum antiphonarium. ANSELM. CANTUAR., lib. 1 epist. 21, MIGNE, t. 158 col. 1087 A. [Graduale] musice notatum est. Acta Murensia, c. 15, ed. KIEM, p. 53. **2.** *mettre en accusation — to impeach.* Ipse notabitur de infracta pace et cogetur ad solutionem 60 solidorum. Ch. pacis Valenc. a. 1114, *SS.*, XXI p. 606 col. 1 l. 32.
**notaria:** *notariat — notariate.* S. xiii.
**notariatus** (decl. iv): *notariat — notariate.* S. xiii.
**notarius** (< nota "sténographie — shorthand"): **1.** ** scribe* (esclave ou employé) *exercé à la sténographie — clerk* (either slave or wageworker) *skilled in shorthand.* Quas [sc. notas] qui didicerunt, proprie jam notarii appellantur. ISID., Etym., lib. 1 c. 22. **2.** **scribe dans les bureaux impériaux — clerk in the offices of the imperial government.* **3.** **scribe de la chancellerie pontificale — clerk in the papal chancery.* Hanc epistolam P. notario ecclesiae nostrae scribendam dictavimus. GREGOR. M., lib. 5 epist. 26, *Epp.*, I p. 307. Hanc donationem notario nostro

perscriptam relegimus atque subscripsimus. Id., lib. 9 epist. 98, II p. 108. In schola notariorum atque subdiaconorum . . . sunt regionarii constituti. Id., lib. 8 epist. 16, p. 18. Primus notariorum apostolicae sedis. Concil. Roman. a. 649, MANSI, t. 10 col. 867. Notario et scriniario sedis nostrae. Lib. diurn., no. 103 sq., ed. SICKEL, p. 137 sq. Cf. R. L. POOLE, *Lectures on the history of the papal chancery*, Cambridge 1915, p. 12 sqq. A. DE BOÜARD, *Les notaires de Rome au moyen âge, Mél. d'Arch. et d'Hist.*, t. 31 (1924), pp. 291 sqq. Auprès de l'église de Ravenne — at the church of Ravenna: Primicerius notariorum. MARINI, *Pap.*, no. 74 p. 115 (s. vi med.). **4.** *scribe de la chancellerie royale — clerk in the royal chancery*. Chez les Lombards — with the Longobards: [Exemplar] quod per manus A. notario nostro scriptum aut recognitum seu requisitum fuerit, qui per nostram jussionem scripsit. Edict. Rothari, c. 388. Regis Langobardorum notarium. IONAS, V. Columbani, lib. 2 c. 9, ed. KRUSCH (in 8°), p. 247. TROYA, *CD. Longob.*, II no. 340 p. 534 (a. 673). D. Berthari a. 697, ib., III no. 352 p. 13. D. Ariberti a. 706/707, ib., no. 377 p. 87. SCHIAPARELLI, *CD. Longob.*, I no. 17 p. 51 (a. 714). Notario sacri nostri palatii conprehendenda et ordinanda precipimus. Liudpr. leg. de anno primo, in fine. Misit rex Agilulf S. notarium suum Constantinopolim. PAUL. DIAC., Hist. Langob., lib. 4 c. 35. Cf. L. SCHIAPARELLI, *Note diplomatiche sulle carte longobarde*, I: I notai nell' età longobarda. *Arch. stor. ital.*, serie 7 vol. 17 (1932), pp. 1 sqq. Chez les Francs — with the Franks: Childeb. II epist. ad Mauric. imp. a. 584, *Epp.*, III no. 25 p. 139. IONAS, o.c., lib. 2 c. 9, p. 246. Ann. regni Franc., a. 801, ed. KURZE, p. 116. Notarius imperialis. Ch. a. 819 ap. Chron. Lauresham., *SS.*, XXI p. 360. Rex adscribi jussit per E. capellanum et notarium suum. Lib. pontif., Hadr. II, c. 42, ed. DUCHESNE, I p. 498. D. notarius ad vicem Fridugisi recognovit et supscripsit. D. Lud. Pii a. 821, *H. de Fr.*, VI p. 525. Notarius sacri palatii. HINCMAR., De praedest., c. 2, SIRMOND, I p. 21. D'un scribe du tribunal palatin du roi — for a clerk at the king's court: *D. Karolin.*, I no. 138 (a. 781). Summus notarius: chancelier — chancellor. Sacri palatii nostri notarius summus. D. Loth. imp. (ca. a. 841), *H. de Fr.*, VIII p. 376 A. **5.** *scribe d'un tribunal comtal — clerk of a count's lawcourt*. ZEUSS, *Trad. Wizenb.*, no. 38 (a. 693). THÉVENIN, no. 58 p. 70 (a. 749, Flavigny). GLÖCKNER, *Cod. Laure-sham.*, II no. 447 p. 116 (a. 766). TROUILLAT, *Mon. de Bâle*, I no. 44 p. 84 (a. 787, Metz). BRUCKNER, *Reg. Alsatiae*, no. 372 p. 236 (a. 796). [Comes] omnia notarium suum scribere faciat. Capit. Mantuan. (a. 781?), c. 3, I p. 190. Ut missi nostri scabinios, advocatos, notarios per singula loca elegant. Capit. missor. a. 803, c. 3, p. 115. Concil. Tegerns. a. 804, *Conc.*, II p. 233. De notariis, ut unusquisque episcopus aut abbas vel comes suum notarium habeat. Capit. Theodonisv. I a. 805, c. 4, cod. Guelferb. inter Blankenb. 130, 52, I p. 121 n. Notarii legibus eruditi et bonae opinionis constituantur. Loth. capit. Pap. a. 832, c. 5, II p. 64. Cf. H. BRESSLAU, *Urkundenbeweis und Urkundenschreiber im älteren deutschen Recht, Forsch. z. deutsch. Gesch.*, t. 26 (1886), pp. 3 sqq. D. P. BLOK, *Een diplomatisch onderzoek van de oudste particuliere oorkonden van Werden*, Assen 1960, pp. 122-149: Het probleem van de Frankische gerechtsschrijver. **6.** *scribe d'une église épiscopale — clark of a bishopric*. Notarius s. Viennensis ecclesie. CHEVALIER, *Cart. de Vienne*, no. 10* (a. 895). THÉVENIN, no. 70 p. 85 (a. 833, Verona). **7.** *scribe privé*, notamment scribe monastique — *private clerk*, especially of a monastery. **8.** notarius regis, imperatoris: scribe d'un tribunal public, puis fonctionnaire public indépendant qui reçoit des actes à titre de jurisdiction gracieuse (en Italie lombarde) — clerk of a public lawcourt, later an independent public official recording deeds by way of gracious jurisdiction. THÉVENIN, no. 105 p. 152 (a. 872, Pescara). Notarius sacri palatii: idem. Ib., no. 136 p. 200 (a. 967, Torino); no. 143 p. 209 (a. 988, Cremona). **9.** notarius publicus: notaire — notary. S. xii. Cf. A. DE BOÜARD, *Manuel de diplomatique française et pontificale*, II, Paris 1948, pp. 153-292.

**notescere,** transit.: *faire connaître — to notify*. Excellentiae domini nostri per has nostras notescimus humiles syllabas, quod . . . Lib. diurn., no. 59, ed. SICKEL, p. 49. Monasterium . . . porrecta petitione notuisti possedisse . . . fundos. Ib., no. 96, p. 126. Christianitati vestrae notescimus pervenisse ad nos . . . Hadr. I pap. epist., *Epp.*, III p. 583. Notescimus vobis, quod . . . Concil. Paris. a. 829, c. 93, *Conc.*, II p. 679.

**notitia: 1.** **liste, relevé — list, account*. Expensarum fidelem notitiam . . . dirigere. CASSIOD., Var., lib. 12 epist. 2 § 6, *Auct. ant.*, XII p. 361. Notitia de res G. quondam liberti, id est . . . TJÄDER, *Pap.*, no. 8 p. 242 (a. 564, Ravenna). Notitia testium. Ib., no. 6 p. 222 (a. 575, Ravenna). Ibi pluries. Sub notitia atque [verbum delendum?] de suscepto . . . deponas [vasa sacra]. TROYA, *CD. Longob.*, I p. 306 (a. 593). **2.** *document — document*. En parlant d'une supplique — with reference to a petition: Clementiae regni nostri detulerunt notitia[m], ut aliqua locella inter se commutare deberent. *D. Merov.*, no. 39 (a. 662). D'une charte-notice — for a simple record: Notitia qualiter et quibus presentibus veniens homo alicus nomine ille . . . visus est comparasse. Cart. Senon., no. 9, *Form.*, p. 189. Si comes de notitia solidum unum accipere deberet et scabinii sive cancellarius. Resp. misso data (a. 801-814 ?), c. 2, *Capit.*, I p. 145. Hec ratio vel notitia manifestat de marca nostra . . . WIDEMANN, *Trad. S.-Emmeram*, no. 15 p. 15 (a. 819). Constat nos plurima perdidisse per notitiarum scribendarum retardationem. MÉTAIS, *Cart. de Vendôme*, I no. 104 p. 189 (a. 1056). D'une charte au sens technique — for a charter. Hanc noticia[m] bonorum hominum manibus roboratas [i.e. roboratam]. F. Andecav., no. 12, *Form.*, p. 9. Noticiam bonorum hominum manu firmatam accipere deberet. *D. Karolin.*, I no. 138 (a. 781). Hanc notitiam fieri jussi et manu propria firmavi. MULLER-BOUMAN, *OB. Utrecht*, I no. 105 p. 111 (a. 943). Des actes d'une synode — for the proceedings of a synod. B. notarius hanc notitiam subscripsit. Concil. Tegerns. a. 804, *Conc.*, II



p. 233. D'un libelle accusatoire — for an accusatory libel. Accusator . . . judici notitiam tradat . . . de re qua accusat. Lex Visigot., lib. 6 tit. 1 § 2. D'un acte de procédure — for a legal document. Notitia qualiter et quibus presentibus veniens homo alicus nomen ille . . . in mallo publico . . . repetebat . . . Cart. Senon., no. 10, p. 189. D'un acte de jugement — for a written judgment. E.g.: Unde et pro securitate eidem monasterio N. hanc noticiam facere commonuimus. MANARESI, *Placiti*, I no. 31 p. 97 (a. 820). Quorum judicio nos gratantissime assensum prebentes, hanc nostre auctoritatis notitiam fieri jussimus. *D. Charles le Simple*, no. 84 p. 189 (a. 916).

**notitialis:** *d'une charte-notice — of a record*. Ut haec notitiales litterae . . . firmitatem . . . obtineant. GUÉRARD, *Cart. de Chartres*, I p. 56 (a. 965).

**notorius:** *notoire, prouvé par notoriété — notorious, evidenced by notoriety*. Ubicumque clara luce . . . duo exercitus congregantur, . . . quidquid ibi pugnatum fuerit in vulneribus et in mortuis, tunc debet illud totum notorium . . . esse. VON RICHTHOFEN, *Fries. Rechtsqu.*, p. 32 (s. xii ex.).

**notula: 1.** *note musicale — musical notation*. JOH. SARISBIR., Metalogicon, lib. 1 c. 20, ed. WEBB, p. 49. **2.** *charte — deed*. S. xiii. **3.** *minute notariée — notary's minute*. S. xiv.

**novare:** *défricher — to break up* land. Novandi, colendi vel mutandi illam [silvam]. BEYER, *UB. Mittelrh.*, I no. 401 p. 457 (a. 1101). [Novalia] quecunque in eadem silva W. a quocunque tunc novata fuerunt vel postmodum novabuntur. Ib., no. 465 p. 524.

**novatianus:** i.q. novicius. Ut novatiani qui veniunt in monasterio non recipiantur antequam . . . Concil. Rhispac. a. 800, c. 19, *Conc.*, II p. 210.

**novella: 1.** **jeune pousse, jeune plante — shoot, young plant*. **2.** *terre récemment mise en culture — newly broken-up land*. CAESAR. ARELAT., Serm., ed. MORIN, p. 34. SCHIAPARELLI, *CD. Longob.*, I no. 82 p. 241 (a. 745). **3.** *nouvelle, communication — piece of news, tidings*. S. xiii.

**novellare, 1.** vineam: **renouveler — to plant anew*. **2.** vineam: *planter — to plant*. Omnium deinceps novellandarum vinearum decimationem. *MIOeG.*, t. 29 (1908), p. 60 (ch. a. 1186, Regensburg). **3.** terram: *défricher — to reclaim*. Montem . . . ad novellandum, colonis locandum, vineis vel agris conserendum . . . donamus. GLÖCKNER, *Cod. Laure-sham.*, I p. 434 no. 153 (a. 1148). **4.** absol.: *effectuer un défrichement — to break up land*. Novellabam nuper in agro. HILDEBERT. LAVARD., V. Hugonis, *AASS.*, Apr. III p. 646.

**novellus** (adj.): **nouveau — new*.

**novena: 1.** une *mesure de capacité — a dry measure*. GUÉRARD, *Cart. de Mars.*, II no. 981 p. 432 (a. 1010-1040). **2.** *neuvaine*, messes de requiem lues pendant neuf jours successifs — *masses for the dead* read on nine days in succession. S. xiv.

**novenarius:** *série de neuf psaumes chantés aux matines — sequence of nine psalms sung at matins*. BERNARD. MORLAN., Cons. Clun., pt. 2 c. 15, ed. HERRGOTT, p. 310. UDALRIC., Cons. Clun., lib. 1 c. 12, MIGNE, t. 149 col. 657 B.

**novicius:** **novice monastique — monastic novice*. Benedicti regula, c. 58, inscr.

**novigeldus,** -gild- (germ.): *compensation nonuple — ninefold compensation*. Si quis res ecclesiae furaverit . . . tres novigildos solvat. Lex Alamann., tit. 6. Quidquid debebat . . . novigildi solutione pars victoris reddatur indempnis. Lex Burgund., tit. 45. Ibi pluries. Sacrilegium novem novigeldis componatur. Synod. Confluent. a. 922, c. 17, *Const.*, I no. 434.

**novissimo** (adv.): **finalement — at last*.

**novitas:** **nouveauté, innovation, changement — novelty, innovation, change*.

**noviter: 1.** **nouvellement, récemment — recently*. **2.** *à nouveau, de nouveau — anew, once more*. V. Caesarii, lib. 1 c. 57, *SRM.*, III p. 480. Priv. Agap. II pap. a. 946, LACOMBLET, *UB. Niederrhein*, I no. 55 (J.-L. 3635).

**novus:** *autre, de plus — more*. Cum novi viginti anni intercesserint. Lex Rom. can., c. 84, ed. MOR, p. 117. Loc. de novo: **1.** comme une chose nouvelle — as something new. Monasterium . . . de novo construxit. *D. Ottos III.*, no. 88 (a. 992). **2.** récemment — recently. **3.** à nouveau — anew. Loc. a novo: à nouveau — anew. A novo donamus. ZAHN, *CD. Austr.*, p. 31 (a. 992).

**nox.** Loc. tot noctes: tant de jours — so many days. In tres noctes . . . [bovem aut caballum] emisse . . . dixerit. Lex Sal., tit. 37. Ad 20 noctes ipsum in mallum praesentet. Pact. Childeb. (a. 555-558), c. 5, *Capit.*, I p. 5. Dominus servi inter 10 noctes mittat servum ad sortem. Chilperici edict. (a. 571-574), c. 8, p. 9. Si quis mancipium fugacem in casa sua . . . super novem noctes habuerit. Edict. Rothari, c. 274. Supra 40 noctes cum 12 Francos . . . jurare debuisset. F. Sal. Lindenbr., no. 21, *Form.*, p. 282. Si plus de tribus noctibus [rem] habuerit post se. Lex Baiwar., tit. 16 c. 9. Ad majora opera quatuordecim noctes veniant. ZEUSS, *Trad. Wizenb.*, no. 63 (a. 774). Missus noster . . . super noctes 21 ante nos . . . venire faciat in rationes. *D. Karolin.*, no. 88 (a. 774/775). [Si quis latronem] septem noctibus secum detenuerit. Capit. de part. Saxon. (a. 785), c. 24, p. 70. Conputare faciat si servitium debeat multiplicare vel noctes. Capit. de villis, c. 7. Rex illum super viginti noctes ad se venire praecepit. V. Goaris, c. 10, *SRM.*, IV p. 421. Adesse eum . . . super duodecim noctes. WETTIN., V. Galli, c. 15, ib., p. 264. Post 30 noctes illum juramentum . . . deductum est. Concil. Clovesh. a. 874, MANSI, t. 14 col. 487 C.

**noxialis: 1.** **funeste, qui entraîne la punition — injurious, involving punishment*. Noxialis criminis malo dediti. GREGOR. TURON., Virt. Martini, lib. 4, praef., *SRM.*, I p. 649. A judice noxialis culpae damnatione concessa. Id., V. patrum, c. 8 § 7, p. 697. **2.** *coupable — guilty*. Causatus . . . nec noxialis inventus. Id., H. Fr., lib. 10 c. 5. Timeo ne noxialis appaream, si ea tamquam fraudulentus abscondam. Id., Virt. Martini, lib. 3, praef., p. 632.

**nubere: 1.** **se marier* (en parlant de l'homme) — *to marry* (the man being subject). **2.** *accomplir l'acte nuptial — to perform the conjugal act*. Si vir et mulier conjunxerint se in matrimonium, et postea dixerit mulier de viro non posse illum nubere cum ea. BENED. LEV., lib. 2 c. 55, *LL.*, II pt. 2 p. 76.

**nubilare:** *assombrir, obscurcir — to darken, obscure.

**nubilus:** *aveugle — blind.* AIMOIN. SANGERM., Transl. Georgii, MABILLON, Acta, IV pt. 2 p. 56.

**nucaria,** nogueria, nogeria, nojeria: *noiseraie — nut-orchard.*

**nucarieta,** nogareda, nojereta: *noiseraie — nut-orchard.*

**nucarius:** nog-, -erius: *noyer — walnut-tree.* Capit. de villis, c. 70. Brev. ex., c. 29, *Capit.*, I p. 255. MEYER-PERRET, *Bündner UB.*, I no. 29 p. 31 (a. 768-800). HUTER, *Tiroler UB.*, I no. 13 p. 8 (a. 1022-1055). BERTRAND, *Cart. d'Angers*, I no. 275 p. 317 (a. 1060-1081).

**nucerinus:** *en bois de noyer — made of walnut-wood.* Ruodlieb, fragm. 7 v. 12.

**nuclearius:** *noyer — walnut-tree.* BERNARD. MORLAN., Cons. Clun., pt. 1 c. 75, ed. HERRGOTT, p. 280. DC.-F., V p. 619 col. 3 (ch. a. 1140).

**nude:** *en paroles simples, franchement — undisguisedly, baldly.*

**nudipedalia** (neutr. plural.): *marche nu-pieds — barefooted walk.* LAMPERT. HERSF., Ann., a. 1064, ed. HOLDER-EGGER, p. 92.

**nuditas: 1.** *nudité — nakedness.* **2.** *dénuement, misère — privation, hardship.*

**nudus** (cf. voc. vestitus): *dépourvu d'un tenancier — not held by a tenant.* Sunt ibi 20 mansi vestiti et 2 nudi. Polypt. s. Remigii Rem., c. 13 § 22, ed. GUÉRARD, p. 28 col. 1. Rursum ib., § 5, p. 25 col. 2.

**nugacitas:** *frivolité, légèreté d'esprit — folly, light-mindedness.*

**nugeculus** (< nugae): *futile — trifling.* Acta Molingi, AASS., Jun. III p. 407. Transl. Hymerii (ca. a. 970), SS., III p. 266 l. 46.

**nullatenus:** *nullement, pas du tout — in no way, not at all.*

**nullificare:** *ne faire aucun cas de qqch., mépriser — to despise.*

**numblus,** numbulus, numbilis: *flèche de lard — side of bacon.* Actes Phil.-Aug., I no. 361 § 13 p. 440 (a. 1190).

**numerositas:** *grand nombre, foule — multitude, large number.*

**numisma,** v. nomisma.

**nummata: 1.** *la quantité d'une denrée qui se vend pour un denier — a pennyworth of an article.* Singulis annis . . . duas nummatas cere . . . persolverent. LACOMBLET, *UB. Niederrh.*, I no. 15 p. 9 (a. 794-800). **2.** *denrée, marchandise qui se vend au détail — commodity sold by pennyworth.* S. xiii. **3.** *la somme, la valeur d'un denier — a pennyworth, the value of one penny.* Dedit 2 modios frumenti et 40 nummatas et 8 panes. MIRAEUS, II p. 446 col. 1 (ch. ca. a. 1000, Béthune). De porco nummatam, de bove vero duas dabit. Cons. Capellae Audae (s. xii med.), c. 19, ed. VAN DE KIEFT, p. 242. **4.** *une mesure de terre, probablement la douzième partie d'une perche — a land measure, presumably a twelfth of a rod.*

**nummulata:** *la quantité d'une denrée qui se vend pour un denier — a pennyworth of an article.* 2 nummulatas carnis. PERRIN, *Seigneurie*, p. 727, app. 5 c. 3 (s. xii p. post.).

**nummus:** *i.q. denarius.

**nuncupamen:** *nom — name.* Predium nuncubamine W. WIDEMANN, Trad. S.-Emmeram, no. 269 p. 223 (post a. 1006). Ibi pluries.

**nuncupative:** *par façon de parler — by way of speaking.*

**nuncupativus: 1.** *ainsi appelé — so-called.* **2.** *nominal, irréel — nominal, not real.* **3.** *oral — oral.* Testamentum nuncupativum S. xiii.

**nundinae: 1.** *foire — fair.* V. Annonis Colon. lib. I c. 29, SS., XI p. 478. TABOUILLOT, *Hist. de Metz*, III pr. col. 79 (a. 967) EKKEHARD URAUG., Chron., a. 1121, SS., VI p. 256 HERBORD., V. Ottonis Babenb., lib. I c. 36, ed. PERTZ in us. sch., p. 33. **2.** *tournoi que l'on organise à l'occasion d'une foire — tournament* held in connection with a fair. Detestabiles illas nundinas vel ferias, in quibus milites ex condicto convenire solent et ad ostentationem virium suarum et audacia temerariae congrediuntur. Concil. Claromont. a. 1130, c. 9, MANSI, t. 21 col. 439. Maledictas illas nundinas . . . praefixerunt . . . ut irruant et interficiant semetipsos. BERN. CLARAEVALL., epist. 386, MIGNE, t. 182 col. 581. Velut tyrocinium celebraturi quod modo nundinas vocare solemus. OTTO FRISING., G. Friderici, lib. 1 c. 26, ed. WAITZ-SIMSON, p. 43.

**nundinator:** *marchand qui fréquente les foires — merchant trading at fairs.* Negociatores sive nundinatores undecumque venientes. D. Lud. VII reg. Fr. a. 1156/1157, LUCHAIRE, *Louis VII*, actes inédits, no. 370 p. 405.

**nundinum:** *marché, transaction — deal.* Si quis sacerdotium per pecuniae nundinum . . . quesierit. Concil. Aurel. a. 533, c. 4, *Conc.*, I p. 62.

**nunna,** v. nonna.

**nunno,** v. nonno.

**nuntiare: 1.** *dénoncer — to denounce.* Si quid contra rem publicam . . . agi cognovero, . . . domino meo apostolico . . . nuntiabo. Lib. diurn., c. 75, ed. SICKEL, p. 79. **2.** *citer en justice — to summon to appear.* Chilperici edict. (a. 571-574), c. 9, *Capit.*, I p. 10.

**nuntium:** *mission — mission.* Si quis in nuncium regis eat et breve ejus deferat. Leg. Henrici, tit. 79 § 2, LIEBERMANN, p. 595.

**nuntius: 1.** *témoin — witness.* Nuncii illius concambii erant . . . BITTERAUF, *Trad. Freising*, II no. 1211 p. 125 (a. 957-972). **2.** *fondé de pouvoirs — proxy.* S. xiii. **3.** *missus imperatorius:* "missus dominicus". FICKER, *Forsch.*, IV no. 54 p. 78 (a. 1037, Imola). **4.** *appariteur judiciaire — beadle.* Si nuncius judicis probaverit . . . quod tres vocationes ore ad os fecerit. KEUTGEN, *Urk. städt. Vfg.*, no. 126 § 27 p. 95 (s. xii, Strasbourg). **5.** *ange — angel.*

**nurna,** norna (cf. class. nurus): *bru — daughter-in-law.* CD. Langob., no. 154 col. 266 A (a. 844, Milano), ubi perperam: noruae. CD. *Cajet.*, I p. 42 (a. 914). CAPASSO, *Mon. Neapol.*, I p. 40 (a. 942).

**nurus:** *belle-sœur — sister-in-law.* COSMAS, lib. 2 c. 15, ed. BRETHOLZ, p. 106; c. 45, p. 151.

**nusca** (germ.): *fibule — fibula.* Lex Thuring., c. 28. MURATORI, Antiq. Est., p. 203 (ch. a. 1053). SCHANNAT, Vindemiae, p. 9 (s. xi med., Weissenburg). BALZANI, *Il Chron. Farf. di Greg. di Cat.*, append. p. 292 (a. 1119).

**nutricamentum:** *croît du bétail — brood of cattle.* DC.-F., V p. 627 col. 2 (ch. a. 1116, Laon).

**nutricatio:** *croît du bétail — brood of cattle.* MIRAEUS, I p. 967 col. 1 (ch. a. 1139, Cambrai). DC.-F., V p. 627 col. 3 (ch. a. 1144 et 1167, Reims).

**nutricius: 1.** *mentor, conseiller d'un prince en bas âge — mentor, adviser* of a young ruler. GREGOR. TURON., H. Fr., lib. 5 c. 46; lib. 9 c. 36. D. Ludw. d. Kind., no. 4 (a. 900). FLODOARD., Hist. Rem., lib. 3 c. 24, SS., XIII p. 537. D. Ottos II., no. 99 (a. 975). ADAM BREM., lib. 2 c. 9, ed. SCHMEIDLER, p. 67. **2.** *élève — pupil.* S. Anscarius . . . s. Adalardi adjutor fuit et nutricius. GERARD. SILV. MAJ., V. Adalhardi, prol., SS., XV p. 859. Suum a puero nutritium abbatem successorem ordinavit. FOLCARD., V. Bertini, § 40, AASS., Sept. II p. 611 B.

**nutrimen: 1.** *postérité — offspring.* Reddat caput [i.e. mancipium] cum notrimen suum. Edict. Rothari, c. 229. **2.** *croît du bétail, bétail — brood, cattle.* Cum notriminas magioris et menuris. SCHIAPARELLI, CD. Longob., II no. 193 (a. 765). Comuniter sua nutrimina cum ipsius monasterii pascerent. BRUNETTI, CD. Tosc., I p. 596 (a. 766). Duas casas meas massaricias . . . cum rebus et hominibus et notriminas. MURATORI, Antiq., III col. 561 (a. 790). Lardum vetus de anno preterito baccones 80, novo [i.e. novum] de nutrimine baccones 100. Brev. ex., c. 30, *Capit.*, I p. 255. Loca eis congrua atribuunt, in quibus nutrimina fiant unde necessaria pulmenta habeant. Concil. Aquisgr. a. 816, c. 22, *Conc.*, II p. 402. De nutrimine pro decima sicut hactenus consuetudo fuit ab omnibus observeri. Admon. ad ord. (a. 825), c. 23, *Capit.*, I p. 307. [Decima] de A. curte de omni ejus nutrimine. Polypt. s. Remigii Rem., c. 10 § 11, ed. GUÉRARD, p. 20 col. 1. **3.** *les élèves — the pupils.* Ex cujus [coenobii] sacro nutrimine puer insignis pullulat. V. Deodati Bles., AASS., Apr. III p. 274.

**nutrimentum: 1.** *nourriture, aliments — food, victuals.* GREGOR. M., Dial., lib. 1 c. 9. Laborant et excolant terras . . ., faciant nutrimenta congrua et necessaria. Epist. synod. Caris. a. 858, c. 14, *Capit.*, II p. 437. De nutrimento quod in praedicta terra fecerint. Gall. chr.², II instr. col. 15 (a. 1121, Clairvaux). **2.** *croît du bétail, bétail — brood, cattle.* Coepit enutrire animalia . . . Nam et puellarum nutrimenta plurima congregavit. VULFIN., V. Juniani (s. ix), § 23, AASS., Aug. III p. 43. De nutrimento in curte dominicata, id est equoritia, vaccaritia, verviarii, porcaritia, pullos, anutus et aucas. CD. Langob., no. 1006 col. 1778 B (ante a. 1000).

**nutritor: 1.** *éducateur — educator.* Quae a nutritorum suorum ore suxerunt. GREGOR. M., lib. 7 epist. 23, *Epp.*, I p. 467. Magister quondam meus et nutritor amantissimus B. BEDA, Hist. eccl., lib. 5 c. 9. **2.** *mentor, conseiller d'un prince en bas âge — mentor, adviser* of a young ruler. GREGOR. TURON., H. Fr., lib. 8 c. 22. D. rois de Provence, no. 1 (a. 856). D. Ludw. d. Kind., no. 4 (a. 900). JOH. NEAPOL., V. Athanasii, Scr. rer. Langob., t. 1 p. 37. Ann. Altah., a. 1069, ed. OEFELE, p. 96. Chron. Laurisham., SS., XXI p. 383. **3.** *celui qui procure l'entretien — dispenser of sustenance.* Vitam . . . domini et nutritoris mei Karoli. EGINHARD., V. Karoli, prol., ed. HALPHEN, p. 2.

**nutritura: 1.** *entretien* procuré à un compagnon — *nurture* dispensed to a follower. Amici mei vel fideles servientes semper memores sint nutriturae meae vel benefactorum meorum quae circa illos impendi. Test. Bertichramni a. 615, PARDESSUS, I no. 230 p. 212. **2.** *croît du bétail — brood of cattle.* Tocius culture decimas ac nutriture . . . persolvent. D. Karolin., I no. 245 (spur. s. x, Bremen).

**nutritus** (adj.): *qui est entretenu dans le ménage du maître — receiving sustenance in a lord's household.* Wandregisilus in aula Dagoberti nutritus et suis ministeriis adscitus. V. alt. Wandregisili, c. 6, MABILLON, Acta, II p. 536. Pocula miscentem nutritum pone clientem. Ecbasis, v. 968, ed. VOIGT, p. 16. Subst. mascul. **nutritus: 1.** *compagnon ou serviteur nourri par le maître — servant who is being nurtured by his lord.* [Xenodochium] nutrito ac fideli nostro G. commisimus. PARDESSUS, II no. 438 p. 240 (a. 696). De vilis hominibus unum ex nutritis Magnicharii acceperat marito. FREDEG., lib. 3 c. 56, SRM., II p. 108. **2.** *oblat,* moine élevé depuis l'enfance dans un monastère — *oblate,* monk brought up from childhood in a monastery. Haec est obedientia quam ex more nullus meretur nisi nutritus. UDALRIC., Cons. Clun., lib. 3 c. 10, MIGNE, t. 149 col. 748 D. Juvenes, tam nutriti quam de saeculo venientes. LANFRANC., Decr., c. 21, ed. KNOWLES, p. 117. De conversis et nutritis congregatur ordo monachorum. EADMER., De s. Anselmi sim., c. 78, MIGNE, t. 159 col. 649 C. R. hujus ecclesiae professus et ab infantia nutritus. SUGER., Admin., c. 33, LECOY, p. 203. **3.** *ecclésiastique entretenu dans la maisnie épiscopale — ecclesiastic living in the bishop's household.* Vos ipsos et vestros nutritos in maledictionem simoniacae haereseos traditis. HINCMAR. REM., Capit. in syn. Rem. a. 874 data, c. 5, SIRMOND, I p. 737. V. presbyterum ejusque [sc. episcopi] nutritum. D. Ch. le Simple, no. 102 (a. 919).

# O

**obambulatorium:** *galerie d'un cloître — cloister gallery.* FOLCUIN., G. abb. Lob., c. 29, SS., IV p. 70.

**obaudientia** = oboedientia.

**1. obaudire:** *écouter, exaucer — to comply with, give effect to* a request. Petitionibus servorum Dei libenter obaudimus. D. Merov., no. 2 (a. 528). Vestram obaudientes petitionem. D. Aistulfi reg. Longob. a. 756, ap. GREGOR. CATIN., Chron. Farf., ed. BALZANI, I p. 278.

**2. obaudire** = oboedire.

**obauditio:** *obéidence — obedience.*

**obdictus:** *objection — objection.* Ubicumque utilitas dictaverit . . . figere [navem] absque obdictu. CD. Langob., no. 595 col. 1019 B (a. 951).

**obducere: 1.** *obscurcir, mettre à mal, accabler — to obfuscate, drive into a corner, overwhelm.* **2.** *convaincre en réfutant, réfuter — to refute, confute.*

**obdulcare:** 1. **rendre doux* — *to sweeten.* 2. **adoucir* — *to soothe.*

**obdurare:** **endurcir, rendre insensible* — *to harden, make insensible.*

**obduratio:** **endurcissement* du cœur — *hardening* of one's heart.

**oboedientia:** 1. *discipline* — *discipline.* De causis propter quas homines exercitalem oboedientiam dimittere solent. Capit. de reb. exerc. a. 811, inscr., I p. 164. 2. spec.: **obéissance monastique* — *monastic obedience.* 3. *vœu d'obéissance* — *vow of obedience.* Prohibeo ne post factam obedientiam aliquid proprium . . . liceat habere. MIRAEUS, I p. 98 col. 1 (a. 1133, Cambrai). 4. *tâche* confiée à un moine ou à un chanoine en vertu de l'obéissance monastique — *task* imposed upon a monk or canon on account of monastic obedience. [Monachi itinerari] non permittantur, nisi obedientiam abbatis sui exerceant. Concil. Vern. a. 755, c. 10, *Capit.*, I p. 35. Ad opera ubi eis injungitur exeant et . . . oboedientiam suam expleant. CHRODEGANG., Reg. canon., c. 9. Nec [monachi] sub praetextu obedientiae diutius villicationibus inserviant. Concil. Meld. a. 845/846, c. 57, *Capit.*, II p. 412. Rector coenobii injunxit ei causa obedientiae boum fratrum curam gerere . . . Ille vero promto animo injunctam sibi obedientiam exercebat. V. Wlmari (s. ix med.), c. 2, MABILLON, *Acta*, III pt. 1 p. 234. 5. une *charge* monastique ou canoniale — a monastic or canonial *ministry.* Dicatur a domno abbate vel ceteris quibus oboedientia injuncta est, quicquid necessarium fuerit et utile. Ordo monast. (s. ix in.), ALBERS, III p. 31. Qui de monachis per talem manum [sc. laici] obedientiam regularem susceperit. Concil. Meld. laud., c. 10, p. 401. Quandiu ipse viveret, utrasque res ad officium scolae s. Martini teneret, et post eum M. et G. in praedicta obedientia. *BEC.*, t. 30 (1869), p. 428 (a. 879, Tours). Aream molendini pertinentem ad obedientiam hospitalitatis. POUPARDIN, *Ch. de S.-Germain-des-Prés*, I no. 40 p. 67 (a. 914). Clausum . . . ad obedientiam attinens ipsius portarii. D'HERBOMEZ, *Cart. de Gorze*, no. 115 p. 210 (a. 977). Obedientia cellarii. WIDRIC., V. Gerardi Tull., c. 3, *SS.*, IV p. 493. Haec [sc. praecentoris et armarii] est obedientia quam ex more nullus meretur nisi nutritus. UDALRIC., Cons. Cluniac., lib. 3 c. 10, MIGNE, t. 149 col. 748 D. Elegit [episcopus] quosdam quos gratis canonicos ad prefinitam obedientiam constituit: presbyterum scilicet dignum et idoneum . . ., aurifabrum mirabilem, pictorem doctum, vitrearium sagacem, alios necnon, qui singuli, prout cuique erat facultas, in officio suo deservirent. FRODO, G. pontif. Autissiod., c. 50 (s. xi ex.), ed. DURU, p. 396. A J. abbate obedientiam praepositurae monasterii hujus suscepit. LEO OST., Chron. Casin., lib. 2 c. 51, *SS.*, VII p. 661. Obedientia camerarii, cellerarii, sacristae, elemosinarii . . . CHEVRIER-CHAUME, *Ch. de Dijon*, II no. 422 p. 199 (a. 1107-1113). Ut prepositura, decania vel aliqua claustralis obedientia pro beneficio habeatur . . . aecclesiae nostrae consuetudo non patitur. MULLER-BOUMAN, *OB. Utrecht*, I no. 297 p. 273 (ca. a. 1120). 6. *charge* d'un moine ou d'un chanoine qui consiste en la gestion de certains intérêts extérieurs et, en particulier, domaniaux — *ministry* of a monk or canon charged with the care of outer concerns and especially of manorial management. [Senior custos] mansos . . . teneat in obedientia. *D. Charles III le Simple*, no. 95 (a. 918). Ista . . . in manu teneat per obedientiam et canonicis s. Juliani ut fidelis administret. DONIOL, *Cart. de Brioude*, no. 30 p. 54 (a. 922). Ugo levita . . . teneat eum [mansum] ad obedientiam. MÉNARD, *Hist. de Nîmes*, I pr. p. 2[illegible] col. 2 (ch. a. 936). Teneat ipsam ecclesiam A. in beneficio . . .; [mansos decem] teneat R. praepositus in obedientiam. *BEC.*, t. 27 (1866), p. 505 (a. 945-970, Brioude). Me forensibus injunctae obedientiae rebus occupato. GONZO FLORIN., Mir. Gengulfi (a. 1045), c. 33, *SS.*, XV p. 795. F. monachus s. Albini, qui tunc Legionem per obedientiam habitabat. BERTRAND, *Cart. d'Angers*, I no. 167 p. 192 (ca. a. 1060). [Praepositus] tenuit praedictam ecclesiam . . . in obedientia. LEO OST., Chron. Casin., lib. 1 c. 45, *SS.*, VII p. 612 l. 3. 7. *domaine* ou ensemble domanial appartenant à une maison religieuse, dont la régie est confiée à un moine ou à un chanoine — *estate or land* belonging to a religious house and administered by one of the monks or canons. Si necessitas sit ad aliquam obhedientiam aliquis [monachus] foris pergere. Capit. missor. gener. a. 802, c. 17, I p. 94. Omnes [monachi] . . . in obedientia, ubi injungitur, pergant . . . Decani . . . provideant, ne quid vel in ipsa obaedientia vel illuc eundo vel inde revertendo . . . inconveniens fiat. Capitula novitiorum (a. 816/817), c. 14, ALBERS, III p. 99. De senioribus . . . quidam cum fratribus in oboedientiam exeant. Capit. monast. a. 817, c. 33, I p. 346. Postica quam [fratres] causa egrediendi ad diversas fecerunt obedientias. *D. Charles III le Simple*, no. 10 (a. 898). Fratribus ad obedientiam profectis. V. Aicardi, c. 5, *AASS.*, Sept. V p. 95. Frater qui in obedientia sibi injuncta manebat. ANDREAS PALAT., V. Walfridi, MABILLON, *Acta*, III pt. 2 p. 18[illegible]. Erant dies vindemiae, quibus fratres ad obedientias dimissi sunt per vineas. EKKEH., Cas. s. Galli, c. 3, *SS.*, II p. 97 l. 36. Fratres quibus injuncta cura hobedientiae. Cons. Cluniac. antiq., c. 1, ALBERS, II p. 2. Oboedientias ecclesiae ceteraque beneficia que sibi communi consensu fratrum adquisiverat. Gregor. VII pap. registr., lib. 6 no. 36, ed. CASPAR, p. 452. A. monachus tunc prepositus obedientiae Buziaci. THÉVENIN, no. 167 (a. 1070, Tours). Nemo ministrorum . . . villam introeat, sed monachus cui ipsa obedientia fuerit injuncta . . . [censum] studeat liberare. BRUNEL, *Actes de Pontieu*, p. 7 no. 5 (a. 1053-1075). Unus fratrum eligatur, cui . . . hujus obediencie cura ingeratur, qui fideli dispensatione fratrum commoditati prevideat. ERHARD, *Reg. Westfal.*, I CD no. 157 p. 121 (a. 1075). Consuetudinem hospitandi se et suos missos Andecavis et in omnibus obedientiis s. Albini. BERTRAND, *Cart. d'Angers*, I no. 254 p. 297 (a. 1060-1081). Tam his qui habitant in monasterio quam his qui sunt per obediencias. TEULET, *Layettes*, I no. 20 p. 24 (a. 1077, Poitiers). Monacho qui hobedientiam tenuerit quasi unus ex villanis. DE MONSABERT, *Ch. de Nouaillé*, no. 158 p. 251 (a. 1087). 8. *circonscription* où s'exerce l'autorité d'un officier princier — *district* administered by a state official. Hoc et ego [sc. dux Aquitaniae] teneho . . . et similiter per omnes obedientias illorum a meis hominibus teneri precipio. AUDOUIN, *Rec. de Poitiers*, I no. 13 p. 23 (a. 1126). 9. *autorité spirituelle* — *spiritual power.* Nostre [sc. episcopi] ecclesie debita servetur obedientia. MULLER-BOUMAN, no. 305 p. 280 (a. 1122). [Abbas] ecclesiam illam ab omni sua . . . obedientia et commodo temporali penitus absolutam nostro [sc. episcopi] regimini et obedientie substituit. Ib., no. 350 p. 322 (a. 1134).



**oboedientialis:** 1. (de choses) *qui est imposé en vertu de l'obéissance monastique* — (of things) *imposed on account of monastic obedience.* Vicissitudinis villarum propriarum singulis annis obedientialis curis [i.e. curae] commissio ab abbate determinata. Concil. Neuching. a. 772, *Conc.*, II p. 105. 2. (de personnes) *qui garde l'obéissance monastique* — (of persons) *who observes monastic obedience.* Suadente diabolo ut aliquis de monasterio fugiat, nullum consortium cum ceteris habere debet qui obedientiales remanent. Cons. Fructuar. (s. xi), lib. 2 c. 12, ALBERS, IV p. 173. 3. *à qui incombe une charge monastique, une "obédience"* — *charged with a monastic ministry.* Cum frater obedientialis fieret. FAYEN, *Lib. trad. Blandin.*, p. 165 (a. 1162). Subst. mascul. **oboedientialis:** *obédiencier monastique ou canonial* — *monastic or canonial obedientiary.* Illas [terras] laborarent per laudationem et preceptum obediencialis vel ministri. RAGUT, *Cart. de Mâcon*, no. 10 p. 9 (a. 1074-1078). CASSAN-MEYNIAL, *Cart. d'Aniane*, p. 424 no. 303 (a. 1128). PETR. DIAC., Chron. Casin., lib. 4 c. 102, *SS.*, VII p. 816.

**oboedientiarius** (adj.): *à qui incombe une charge monastique, une "obédience"* — *charged with a monastic ministry.* Monachus oboedientiarius. FLACH, *Orig.*, I p. 266 n. 1 (a. 1099-1108, Bourg.). DE MONSABERT, *Ch. de Nouaillé*, no. 200 p. 311 (paulo post a. 1116). Subst. mascul. **oboedientiarius:** *obédiencier monastique ou canonial* — *monastic or canonial obedientiary.* H. monachus qui tunc erat obedientiarius Legionis. BERTRAND, *Cart. d'Angers*, I no. 172 p. 196 (a. 1082-1106). Iterum no. 218 p. 253 (a. 1060-1067). Omnes obedientiarii qui in claustro sunt. UDALRIC., Cons. Cluniac., lib. 3 c. 6, MIGNE, t. 149 col. 741 B. Obedientiario qui in aliqua occupatione detentus fuit. Cons. Fructuar., lib. 2 c. 12, ALBERS, IV p. 162. MIRAEUS, I p. 370 (a. 1111, Arras). De monacho quem obedienciarium fecerit, respondeat abbas ejus. Leg. Henrici, tit. 23 § 4, LIEBERMANN, p. 561. *Actes Phil.-Aug.*, I no. 103, p. 131 l. 31 (a. 1183/1184). Subst. femin. **oboedientiaria:** *moniale en charge d'une "obédience"* — *a nun having charge of an "obedience".* Abbatissa seu obedientiaria placitabit et justificabit eos. GRASILIER, *Cart. de la Saintonge*, II no. 214 p. 137 (a. 1083-1085).

**oboeditio:** **obéissance* — *obedience.*

**obeissantia,** -sen-: *prestation vassalique, mouvance* — *vassalian service, feudal dependence.* S. xiii.

**obfirmare:** 1. *fortifier* — *to fortify.* Castrum quod olim Dani in Eboraco obfirmaverant. GUILLELM. MALMESBIR., G. reg. Angl., lib. 2 § 134, ed. STUBBS, I p. 147. 2. *fixer* — *to settle.* Comprehensionem . . . circuierunt et novis signis obfirmaverunt. LACOMBLET, *UB. Niederrhein*, I no. 64 (a. 848, Werden).

**obicere:** **objecter* — *to object.*

**obitus** (decl. iv): *obit,* messe anniversaire pour le repos de l'âme d'un défunt — *obit,* anniversary service for the dead. Pro cujus eleemosynae largitione septem speciales obitus . . . singulis annis debent fieri. DC.-F., VI p. 6 col. 1 (ch. a. 1197, S.-Bertin).

**objectare:** **objecter, reprocher* — *to object, reproach.*

**objectio:** 1. **accusation, reproche* — *charge, blame.* Quicumque alium de homicidii crimine periculosa vel capitali objectione pulsaverit. Lex Rom. Visig., Cod. Theod. lib. 9 tit. 1 § 8, interpr., ed. HAENEL, p. 172. 2. **objection* — *objection.*

**objectus** (decl. iv), -um: 1. **accusation* — *charge.* 2. **objection* — *objection.*

**oblata,** in sententiis 4 et 5 etiam oblita, oblicta, oblia, obliga, 1. plural. oblatae: les pains minces offerts par les croyants pour servir d' hosties — wafers offered by the faithful to be used as hosts. Oblatae quae in sancto offeruntur altario. Concil. Arelat. V a. 554, c. 1, MANSI, t. 9 col. 701. Ordo Rom. I (s. vii ex.), c. 83, ed. ANDRIEU, II p. 94. Ordo Rom. XXIII (s. viii p. pr.), c. 5, ib., III p. 269. De oblatis quae offeruntur a populo et consecrationi supersunt. HINCMAR. REM., Capit. presb. data a. 852, c. 7, SIRMOND, I p. 711 sq. Ut [laici] oblatas offerant certo numero, id est infra denarium aut 7 aut 5 aut 3 vel unam. Canones extrav. concilio Triburiensi addicti, c. 9, *Capit.*, II p. 248. Oblatas decenter excoxit, in buxula reposuit. WOLFHARD. HASER., Mir. Waldburgis, lib. 3 c. 1, *SS.*, XV p. 549. 2. *hostie non-consacrée* — *non-consecrated host.* Oblata mea, ubi meum requiescit corpusculum, vel luminaria annis singulis debeas procurare. MARCULF., lib. 2 no. 34, *Form.*, p. 96. G. et G. in suprascriptam villam, quem baselicae domni Sinfuriani deligavi, ita jubeo ut laborent, unde ad ipsa baselica oblata cotidiae ministretur. Test. Erminethrudis a. 700, PARDESSUS, II no. 452 p. 257. Ministrante eis custode ipsius aecclesie oblatas et vinum sufficienter ibi per singula altaria. Ch. a. 837 ap. G. Aldrici, ed. CHARLES-FROGER, p. 82. Vidua quae sacrum velamen sibi inponit et inter velatas publice oraverit et oblatas fecerit. Concil. Tribur. a. 895, c. 25, versio brevior, *Capit.*, II p. 227 (vers. vulg.: in ecclesia inter velatas oblationem Deo obtulerit). Ex ipso tritico fiant oblatae ad divinorum misteria peragenda. Acta Murensia, c. 33, ed. KIEM, p. 100. 3. *gâteau mince, oublie* — *thin cake, waffle.* Unam oblitam et decimam vini, sicut unus canonicus, . . . habeant. Actus pontif. Cenom., c. 36, ed. BUSSON-LEDRU, p. 440. Pro censum . . . dare nobis . . . unum pario [i.e. par] de obblate et unum cereum. *CD. Cavens.*, II no. 382 p. 234 (a. 986). Vinum et oblatas fratribus dari. Casuum s. Galli contin. II, c. 6, *SS.*, II p. 155. 4. *une redevance qui consiste en gâteaux* — *a prestation of cakes.* De res meas . . . in villa q. d. C. . . . de ecclesia, de vineas, de pratis, de censum, de frixingas, de obligas et de

omnibus reddituris tibi medietatem dabo. MÉTAIS, *Cart. de Vendôme*, no. 12 (ca. a. 1037). Oblias ... quas dare debuerint illi homines pro suis casalibus sive aliis honoribus quos ibi acceperint. FLACH, *Orig.*, II p. 308 n. 2 (a. 1155, Grandselve). **5.** *repas — meal.* In anniversario . . . plena servitus quod et ipsi oblatam nominant . . . fratribus daretur. BEYER, *UB. Mittelrh.*, I no. 351 p. 409 (a. 1058).

**oblatio: 1.** **présent, cadeau — present, gift.* **2.** *bien-fonds qui a fait l'objet d'une donation pieuse — estate which has been bestowed piously on a church.* Ut oblationis [i.e. oblationes] defunctorum ecclesiis depotate nullorum conpetitionebus auferantur. Chlotharii praec., c. 10, *Capit.*, I p. 19. [Oblationes] non ab aliis dispensentur nisi cui episcopus ordinaverit. Synod. Franconof. a. 794, c. 48, ib., p. 78. Presbyteri ... non de decimis neque de oblationibus fidelium . . . aliquod servitium faciant. Capit. eccles. a. 818/819, c. 10, p. 277. Similia p. 333 c. 4 (Lud. Pii ?). Si quis oblationes, id est eleemosynam parentum defunctorum, injuste retinet. REGINO, Synod. caus., lib. 2 c. 5 § 54, ed. WASSERSCHLEBEN, p. 213. **3.** *l'ensemble des bien-fonds destinés à l'entretien d'une église — property affected to the maintenance of a church, glebe.* Non modicam stipendii et oblationis nostrae patimur penuriam. Cod. Udalrici, no. 95 (a. 1100), JAFFÉ, *Bibl.*, V p. 184. [Villas] cum omnibus tam ad oblationem quam ad stipendium eorum pertinentibus eisdem fratribus [sc. canonicis] legitima traditione stabilivit. *D. Heinrichs IV.*, no. 483 (a. 1104). **4.** *cadeau d'honneur* en nature offert au maître d'un domaine, bientôt tourné en redevance — *present of deference* for the lord of an estate, soon becoming a due. Major ejusdem villae ... debet nativitate Domini et Pascha venerari seniores in monasterio ex his oblationibus: de melle buticulas 2, de vino 2 . . . Polypt. s. Remigii Rem., c. 17 § 122, ed. GUÉRARD, p. 56. Ibi pluries. Apud L. sunt mansa 55 que debent oblationem integram. Polypt. Derv., pars recentior, c. 42, LALORE, *Ch. de Montiérender*, p. 109. Terram quotannis reddentem 20 hod frumenti et 12 hod avene et tres plenas oblationes. DUVIVIER, *Actes*, I p. 248 (a. 1170, Flandre). **5.** *cadeau d'honneur* offert par le prêtre d'une paroisse à son évêque, mué en redevance — *present of respect* given by a parish priest to the diocesan bishop, soon becoming a due. Medietatem habeant ecclesiarum ... liberam ab omni servicio episcopali: neque circaturam neque oblaciones episcopo . . . prebeant. WAMPACH, *Echternach*, I pt. 2 no. 192 p. 310 (a. 1063). Dedi ecclesiam in F. . . . liberam a circatu, a censu, a denariis quos oblationes vocant. MULLER-BOUMAN, *OB. Utrecht*, I no. 245 p. 221 (a. 1085). Ibi talia pluries. **6.** **offrande de pain ou de vin* destinés au saint sacrifice — *offering of bread or wine* for the Eucharist. Ad missas cuilibet christiano cum oblationibus est currendum. Concil. Tribur. a. 895, forma vulg., c. 35, *Capit.*, II p. 234. **7.** *le total des offrandes* de pains, de primeurs etc. apportées par les fidèles — *the whole of the offerings* in bread, first fruits and the like presented by the faithful. Altare cum oblatione tota et sepultura tota. BERTRAND, *Cart. d'Angers*, I no. 355 p. 411 (ca. a. 1057). **8.** *hostie non consacrée — non-consecrated host.* Oblationes suis manibus faciens locis venerabilibus incessanter dispensavit. FORTUN., V. Radegundis, lib. 1 c. 16, *SRM.*, II p. 370. Ordo Rom. XXIII (s. viii p. pr.), c. 6, ANDRIEU, III p. 269. Ad ecclesie luminaria concinnanda et vinaticum ac oblationes istas res habeant concessas. *D. Charles le Ch.*, I no. 160 p. 424 (a. 853/854). Ad oblationem unde eucharistia dominici corporis super ara altaris conficitur cotidie, usu cotidiano [mansus] permaneat. D. Odonis reg. Fr. a. 894, TARDIF, *Cartons*, no. 216 p. 138 col. 2. **9.** **le sacrifice eucharistique, la Messe — the eucharistic sacrifice, Mass.* [Episcopus] in una basilica interdiceret cursum vel oblationem, quousque ipse juberet, celebrari. V. Eligii, lib. 2 c. 21, *SRM.*, IV p. 713.

**oblationarius** (adj.): *qui est chargé du soin des "oblationes"* (du pain et du vin destinés au saint sacrifice) — *in charge of the "oblationes"* (bread and wine for the Eucharist). De subdiacono oblationario. Ordo Rom. I (s. vii ex.), c. 79, ed. ANDRIEU, II p. 93. Lib. pontif., Gregor. III (a. 731-741), ed. DUCHESNE, I p. 421. Subst.: dignitaire de la cour pontificale en charge des "oblationes" — dignitary of the papal court having the care of the "oblationes". Ordo Rom. XXI (s. viii med.), c. 4, III p. 247. Ordo Rom. IV (s. viii ex.), c. 7, II p. 158. ODILO SUESS., Transl. Sebastiani, c. 12, MIGNE, t. 132 col. 592 C. LIUDPRAND. CREMON., Hist. Ottonis, c. 9, ed. BECKER, p. 166. *D. Ottos III.*, no. 278 (a. 998).

**oblatorium** (< oblata): *gaufrier — wafer-iron.* Mir. Wandregisili, MABILLON, *Acta*, II p. 558.

**oblatrix:** *femme en charge des "oblatae"* (*hosties*) — *a woman having the care of the "oblatae".* Beneficium ministerialium foeminarum majoris ecclesiae quas oblatrices dicunt. VARIN, *Arch. de Reims*, I p. 218 no. 33 (ca. a. 1067).

**oblatus** (adj.): *qui a été offert dès l'enfance à un monastère — who has when a child been given to a monastery.* Subst. mascul. **oblatus** et femin. **oblata**: *oblat, oblate — oblate.* Polypt. s. Remigii Rem., c. 9 § 5, ed. GUÉRARD, p. 14 col. 2; § 7, p. 15 col. 1. Si in hoc loco oblati venerint, Vabrensis monasterii [i.e. Vabrensi monasterio] offerantur. *Hist. de Lang.*³, V no. 78 III col. 193 (a. 943). Cf. M. P. DEROUX, *Les origines de l'oblature bénédictine*, Ligugé 1927.

**oblia,** oblicta, obliga, v. oblata.

**oblialis,** obligialis: *qui concerne la redevance dite "oblia" — concerning the due called "oblia".* S. xiii.

**obligare:** *lier* par l'excommunication — *to bind* by excommunication. Reconciliavit Grecos qui obligati erant sub anathemate. Lib. pontif., Hormisdas, ed. MOMMSEN, p. 126. Vinculo anathematis quo illam . . . obligavimus. Nic. I pap. epist. 18, c. 4, *Epp.*, VI p. 286.

**obligatio:** **obligation* (en droit) — *legal obligation.*

**obligator:** *faiseur de pansements magiques — maker of magic bandages.* Admon. gener. a. 789, c. 65, *Capit.*, I p. 59.

**obligatorius:** **qui concerne une obligation* (*en droit*) — *concerning a legal obligation.*

**obligatus** (subst. decl. I): individu qui appartient à une catégorie mal définie de dépendants — person belonging to a class of dependants, the nature of which is unknown. Subdole . . . servos et ancillas vel obligatos vel alias res subtractas esse de ipso monasterio. MANARESI, *Placiti*, I no. 72 p. 262 (a. 872, Valva).



**obliquare: 1.** *pratiquer obliquement — to fit askew.* Per fenestram in gradibus turris obliquatam. GALBERT., c. 74, ed. PIRENNE, p. 118. **2.** *abâtardir — to bastardize.* Heribertus filius Hugonis ducis ... ex concubina Raingarda nomine nobilitatem paternam materna disparitate obliquavit. G. pontif. Autissiod., c. 47 (s. xi), ed. DURU, p. 382.

**oblique:** *subrepticement — in an underhand way.* Pro comitatu oblique tradito. GALBERT., c. 120, ed. PIRENNE, p. 174.

**oblita,** v. oblata.

**oblocutio: 1.** **contradiction, reproche — contradiction, reproach.* **2.** *médisance, calomnie — obloquy, abuse.* Concil. Agat. a. 506, c. 28, MANSI, t. 8 col. 329. Concil. Aurel. III a. 538, c. 4, *Conc.*, I p. 74.

**obloquium:** **blâme, reproche, médisance — blame, reproach, obloquy.*

**obmallare** (< mallus), **1.** causam: *introduire* une demande, *intenter* une action dans le plaid — *to institute* proceedings at law, *to lodge* a complaint. Omnes causas lui [i.e. illi] ubicumque prosequire [i.e. prosequi] vel obmallare debeat. MARCULF., lib. 1 no. 21, *Form.*, p. 56. **2.** aliquem: *actionner* qq'un dans le plaid — *to sue, implead.* AUXIL. (?), Causa Formosi, MABILLON, *Analecta*², p. 29. **3.** refl.: *se présenter* devant le plaid, *se justifier* en justice — *to appear* before a court of law, *to plead.* Potest se obmallare ut hoc [sc. leudem] non solvat. Lex Sal., tit. 35 § 5, codd. fam. 2. Eadem verba: Capit. VII legi Sal. add., c. 7. Quomodo se contra illum sibi obmalavit. F. Sal. Merkel., no. 28, *Form.*, p. 252.

**obnoxiare: 1.** **assujettir, soumettre — to submit, put in a state of dependence.* **2.** spec.: *céder* un bien-fonds *à titre de "precaria oblata" — to surrender* property *by way of "precaria oblata".* Conplacuit villas nostras illas per hanc epistolam obnoxiacionis vobis obnoxiasse, ita ut deinceps illas per vestro benefitio excolere debeam. MARCULF., lib. 2 no. 9, *Form.*, p. 81. Vobis . . . [quasdam res] vendo . . . liberis [i.e. liberas] ab omni nexu publico privatove, nulli alii venditis, donatis, alienatis, obnoxiatis vel traditis nisi vobis. THÉVENIN, no. 105 p. 150 (a. 872, Chieti). Eadem verba: *CD. Langob.*, no. 526 col. 895 B (a. 928, Pavia). **3.** statum suum: *entrer en servitude — to surrender oneself into serfdom.* Statum ingenuitatis mei vobis visus sum obnoxiasse. MARCULF., lib. 2 no. 28, p. 93. Placuit mihi ut statum ingenuitatis meae in vestrum deberem obnoxiare servicium. F. Turon., no. 10, ib., p. 140. **4.** passiv.: **être sujet à — to be liable to.*

**obnoxiatio: 1.** i.q. "*precaria oblata*". Per hanc epistolam obnoxiacionis. MARCULF., lib. 2 no. 9, *Form.*, p. 81. **2.** *entrée en servitude, "autotradition" — surrender into serfdom.* Facta obnoxiatione tunc sub die illo. Ib., no. 28, p. 93. Obnoxiatione[m] de capud ingenuitatis meae in te fieri et adfirmare rogavi. Cart. Senon., no. 4, ib., p. 187.

**obnoxietas: 1.** **sujétion, soumission — subjection, submission.* **2.** *état de servitude, condition d'esclave — state of serfdom, slavery.* V. Caesarii, lib. 1 c. 32, *SRM.*, III p. 469.

**obolata** (< obolus): **1.** *la quantité d'une denrée qui se vend pour une obole — a halfpennyworth of a commodity.* Omnes stalli vel carete sive vehicula super que victualia vendantur . . . [solvant] unum obolum vel sui venalis obolatum [leg. obolatam]. Guimanni cart. s. Vedasti, ed. VAN DRIVAL, p. 174 (ch. a. 1036). Unicuique staupus [vini], et duobus obolata panis [detur]. BEYER, *UB. Mittelrh.*, I no. 326 p. 381 (ca. a. 1040). Obolatam vini dabit. DUVIVIER, *Actes*, I p. 366 (a. 1170-1189, Hainaut). **2.** une *mesure de terre*, probablement la 24ᵉ partie d'un arpent — a *land measure.* 4 arpenta vinearum et obolatam. DC.-F., VI p. 18 col. 1 (ch. a. 1169, Auxerre).

**obryzatus** (adj.) (< obryzum): **en or fin — of fine gold.*

**obryzeus,** obricius (adj.) (< obryzum): **en or fin — of fine gold.* FARIT., V. Aldhelmi, *AASS.*, Maji VI p. 90. Auri uncie [i.e. uncias] sex obricias. MURATORI, *Antiq.*, I col. 166 (ch. a. 956).

**obryziacus** (gr.): **en or fin — of fine gold.* MARINI, *Pap.*, no. 114 p. 173 l. 42 (a. 539 vel 546). GLORIA, *CD. Padov.*, p. 5 (a. 673). SCHIAPARELLI, *CD. Longob.*, I no. 66 p. 207 (a. 738).

**obryzum** et obryza (femin.) (gr.): **or fin — fine gold.* Cf. E. BENVENISTE, *Le terme obryza et la métallurgie de l'or. Revue de Philologie*, t. 27 (1953), pp. 122-126.

**obscultare** = auscultare.

**obsecratorius.** Litterae obsecratoriae: requête adressée au métropolitain pour le prier de consacrer un évêque — petition directed to a metropolitan who is requested to consecrate a bishop. Contin. Rom. ad PAUL. DIAC., *Scr. rer. Langob.*, p. 201.

**obsecundatio:** **soumission, obéissance, déférence — willingness, amenableness, respect.*

**obsequi,** absol.: *accomplir les devoirs d'un vassal — to perform service as a vassal.* Per legatos iterum iterumque monitus ad obsequendum. GUILL. PICTAV., lib. 1 c. 40, ed. FOREVILLE, p. 96.

**obsequialis** (subst. mascul. et femin.): *serviteur, servante — servant.* SCHIAPARELLI, *CD. Longob.*, II no. 143 p. 49 (a. 760, Lucca). MANARESI, *Placiti*, I no. 7 p. 19 (a. 786, Lucca).

**obsequiare,** intrans.: *officier — to officiate.* Mensuram unius calicis quam obsequiaturi fratres . . . solent accipere. *Epp.*, IV p. 511 l. 21 (a. 787-797).

**obsequiae,** obsequium (cf. voc. exequiae): *obsèques — funeral.* Funus ad dignas obsequias reddere non valet. Lex Baiwar., tit. 18 c. 2 § 1. Non est . . . solito cum obsequiis more ad sepulchra ferendus. Nic. I pap. resp. ad Bulgaros, c. 98, *Epp.*, VI p. 598. Digno obsequio sepeliret. GAUDERIC. VELIT. († a. 879), V. Cyrilli, *AASS.*, Mart. II p. 21 C. V. Rusticulae, c. 25, *SRM.*, IV p. 350. Occurrente sanctis ejus obsequiis cuncto populo. JOH. NEAPOL., V. Athanasii, *Scr. rer. Langob.*, p. 449 l. 18.

**1. obsequium: 1.** **service d'un client auprès du patron — a client's service in behalf of his patron.* In obsequium regis aut judicis aliquas res adquesiverit. Edict. Rothari, c. 167. Trado . . . servos . . ., sed et liberos qui obsequium ibi [i.e. in quadam villa] faciunt.

PARDESSUS, II no. 439 p. 241 (a. 696, Vienne). Tibi servicium vel obsequium inpendere debeam. F. Turon., no. 43, _Form._, p. 158. **2.** _service d'ordre public — service towards the state._ Ut [pauperes liberi homines] non fiant a potentioribus ... oppressi, ... ne ... regale obsequium minuatur. Capit. missor. Theodonisv. II a. 805, c. 16, I p. 125. Ut vestris [sc. imperatoris] obsequiis et regni adjutorio solatium debitum minime subtrahatur. Episc. rel. a. 829, c. 62, II p. 51. Cum nos, ut jussum est, citius [ad] obsequium pii augusti properamus. F. Augiens., coll. C no. 4, _Form._, p. 366. Obsequium ad rem publicam pertinens [ab episcopo debitum] qualiter exsequatur. Concil. Meld. a. 845/846, c. 47, _Capit._, II p. 410. Cum ad nostrum [sc. imperatoris] quislibet nostrorum fidelium properat obsequium. Capit. Pap. a. 865, c. 5, p. 92. Homines qui in villis habitant tale obsequium vel tale servitium episcopo faciant, quale ad comites nostros facere consueverunt. _D. Karls III._, no. 148 (a. 886). Subditi nobis debita non possunt exhibere obsequia. Capit. Ticin. a. 998, _Const._, I no. 23 p. 50. Cum in Germaniam propter obsequium caesaris [episcopus] profectus aliquandiu moraretur. G. pontif. Camerac., lib. 1 c. 81, _SS._, VII p. 431 l. 35. **3.** _service vassalique — vassalian service._ Sciat se de illo [beneficio] tale obsequium seniori suo exhibere debere. Const. de Hisp. a. 815, c. 6, _Capit._, I p. 262. Beneficia que militari obsequio erga ... pontificem deservivit. REDLICH, _Trad. Brixen_, no. 135 p. 51 (a. 1050-1065). **4.** _corvée — labour service._ Liberi homines nullum obsequium comitibus faciant ... neque in prato neque in messe neque in aratura aut vinea. Capit. omnib. cogn. fac. (a. 802-803), c. 2, I p. 144. Nec ulla opposita persona paratas nec censum nec aliquod obsequium a sanctimonialibus exigat. _D. Karls III._, no. 138 (a. 886). **5.** *_service d'esclave, de serf — service to which a serf is liable._ Nullius tibi [i.e. nullus tuorum] heredum ... nec servicium nec nullum obsequium tradebere [leg. redebere] cognuscas. F. Andecav., no. 20, _Form._, p. 11. F. Turon., no. 12, p. 142. F. Bituric., no. 9, p. 172. Eundem manumittere debebit nulli ... obsequio reservato. Lex Visigot., lib. 12 tit. 2 § 14. Remota de medio omni libertate legitimum servitium et obsequium perpetualiter perficiant. _D. Karolin._, I no. 159 (a. 787). **6.** *_service divin — divine service._ **7.** _clientèle, dépendance libre, vassalité — clientship, dependence in freedom, vassalage._ Si quis buccellario arma dederit vel aliquid donaverit, si in patroni sui manserit obsequio ... Cod. Euric., c. 310. Quodsi homo aut ingenuos [i.e. ingenuus] in obsequium [i.e. obsequio] alterius inculpatus fuerit. Lex Ribuar., tit. 31 § 1. Si sui [sc. senioris] vel in suo obsequio manentes talia fecerint. Capit. Pist. a. 862, c. 3, II p. 308 l. 30. Multos in obsequium traxisset egentes. ADAM BREM., lib. 3 c. 36, ed. SCHMEIDLER, p. 178. Nobiles ... contulerunt se obsequio Romani imperatoris. Ann. Rodens., _SS._, XVI p. 689. **8.** _subordination militaire — military subordination._ Cognoscat unusquisque omnes qui in suo obsequio in tali itinere pergunt, sive sui sint sive alieni, ... Admon. ad ord. a. 825, c. 17, _Capit._, I p. 305. **9.** _servitude — serfdom._ Qui filios suos in obsequium eclesie conmendaverint. Lex Visigot., lib. 5 tit. 1 § 4. **10.** _charge domestique — domestic ministry._ Ministeriales non invenimus aurifices neque argentarios, ferrarios, neque ad venandum, neque in reliquis obsequiis. Brev. ex., c. 29, _Capit._, I p. 255. Si abbas quenpiam in suo obsequio habere voluerit, faciens eum dapiferum aut pincernam sive militem suum. _D. Konrads II._, no. 216 (a. 1035). **11.** _conduite, compagnie, escorte — company, escort._ In cujus obsequio tres comites misit. GREGOR. M., Dial., lib. 2 c. 14. De palatio caballos stratos dirigeret cum obsequio pietas imperialis. Lib. pontif., Agatho, ed. MOMMSEN, p. 194. **12.** *_suite, clientèle, train de cour — retinue._ Convenientibus in unum Aquis palatii in ejus [sc. regis] obsequio episcopis et abbatibus seu ... comitibus. Capit. Saxon. a. 797, c. 1, I p. 71. Jam ibi omnia obsequia palatina omnemque regiam dignitatem ... praeparatam se repperit expectari. PAUL. DIAC., Hist. Langob., lib. 5 c. 33. [Papa] direxit ... universa obsequia militiae ad regem. Lib. pontif., Hadr. I, § 40, ed. DUCHESNE, I p. 497. Exiit imperator ... cum omni obsequio regio. ANAST. BIBL., Chron., ed. DE BOOR, p. 185. Palatini qui in regio morantur obsequio. Guidonis capit. a. 889, c. 6, II p. 105. **13.** _pompe — pomp._ In cujus [sc. consecrationis Philippi I regis Francorum] obsequio ... [Remensium] praesul expendit non modicum apparatum. Fragm. chron. Floriac. ap. DUCHESNE, _H. Fr. scr._, IV p. 88. Plural. obsequia: insignes — insignia. Canonici ... venirent ... cum crucibus et reliquis divinis obsequiis et ornamentis. G. Aldrici, c. 20, _SS._, XV p. 317. **14.** _pourvoyance, fourniture de provisions — purveyance._ Ubi ... recipi debeant ... ab eo [sc. imperatore] directi legati, unde eis administrentur obsequia, unde paraveredi. Ludov. II capit. missor. a. 865, c. 4, II p. 93. Obsequia solita impensa percipere. ANAST. BIBL., p. 272. Nulla redibitio seu pensio inde exigatur ..., non alicujus rei inde exigatur obsequium. VARIN, _Arch. de Reims_, I p. 226 no. 37 (ca. a. 1068 ?). **15.** _repas — meal._ Dedit ... mansum I ad exhibendam refectionem et commune obsequium. Martyrol. Autissiod., MARTÈNE, _Coll._, VI col. 692. In anniversario suo ... habeant sufficiens obsequium. Trad. Ebersperg., no. 175, OEFELE, _Scr. rer. Boic._, II p. 37. **16.** _subsistance — sustenance._ Unde annualiter viginti librarum precium in obsequium fratrum habere possent. _D. Ottos I._, no. 349 (a. 967). [Villa] unum erat ex principalibus abbatiae membris et abbatis obsequium [leg. obsequio] erat deputata. FOLCUIN., G. abb. Sithiens., c. 108, _SS._, XIII p. 630 l. 7. **17.** _ustensiles — tools._ De obsequio brandi catenas super focos numero sex. SCHIAPARELLI, _CD. Longob._, I no. 50 p. 169 (a. 730).

**2. obsequium,** v. obsequiae.

**observantia: 1.** *_observation, respect_ de la loi — _observance, respect_ of laws. **2.** _disposition, réglementation, loi — provision, regulation, law._ Tantum quartam partem [decimae] secundum usus Romanorum pontificum et observantiam s. ecclesiae Romanae habere volumus. Haitonis capit. (a. 807-823), c. 15, I p. 364. Novam observantiam constituit, scilicet ecclesias ... cessare a divino cultu [en cas d'infraction de la Paix de Dieu — in case of breach of the Peace of God]. ADEMAR., lib. 3 c. 35, _SS._, IV p. 132. Quatuor tempora posuerunt in tali observantia [sc. treugae Dei]. Synod. Tulug. a. 1065, c. 7, _Hist. de Lang._[3], V no. 186 col. 442. Sub hac observantia arcus et sagittae ... postposita sunt. GALBERT., c. 1, ed. PIRENNE, p. 4. Precepimus antique institutionis et observantie modum [de theloneo exigendo]. D. Heinr. V imp. < a. 1122 >, spur. s. xiii in., MULLER-BOUMAN, _OB. Utrecht_, I no. 309 p. 284. **3.** *_observance_ de la loi divine, des devoirs religieux, des rites — _observance_ of divine law, of religious duties and rites. Multis annis ... eidem monasterio strenuissime et in observantia disciplinae regularis ... praefuit. BEDA, Hist. eccl., lib. 4 c. 10. **4.** _régulation d'ordre rituel, rite — regulation concerning ritual, ritual._ Permansit hujusmodi observantia paschalis apud eos tempore non pauco. BEDA, o.c., lib. 3 c. 4. Ibi talia saepe. Hujus observantia diei solemnizabatur in templis idolorum. PAUL. DIAC., Homil., MIGNE, t. 95 col. 1486. Cum juxta morem christianae observantiae kal. Jan. dominicae circumcisionis celebritas immineret. ADSO, V. Frodoberti (a. 970-990), c. 22, _SRM._, V p. 79. **5.** _office divin — divine worship._ [Canonici] circas et vigilias non faciant propter perpetuas ecclesie observantias. _D. Heinrichs III._, no. 368 (a. 1056). De ejus elemosina ... fuit empta ... hereditas ad prefatam observantiam perpetuo ... servitura. BEYER, _UB. Mittelrh._, I no. 411 p. 471 (a. 1103-1124). **6.** _règle de vie,_ en part. _règle monastique ou canoniale — rule of life,_ esp. _rule of monks or canons._ Universis ecclesiasticis hanc observantiam damus, quam quisquis praeterierit communionis jacturam habebit. Concil. Tolet. IV a. 633, c. 15, MANSI, t. 10 col. 623. Canonicae observantiae ordines vel monachici propositi congregationes. Admon. gener. a. 789, c. 72, _Capit._, I p. 59. Ad hanc regularis vite observantiam pervenire potuissent. Leidradi Lugdun. epist. (a. 813/814), _Epp._, IV p. 544. [Abbates] qui post me futuri sunt in Dei servitio et regulari observantia. Constit. de partit. bon. s. Dion. a. 832, _Conc._, II p. 690. [Abbas] familiam in monasterio Domino militantem disciplinis regularibus et observantiae monasterialis institutione corrigat et nutriat. _D. Ludwigs d. Deutsch._, no. 67 (a. 853). [Virgines velatae] in eadem religionis observantia se permanere cognoscant. Concil. Tribur. a. 895, c. 24, forma brevior, _Capit._, II p. 226. Regularis observantie non impar custos. RADULF. GLABER, Hist., lib. 3 c. 5, ed. PROU, p. 68. Fratribus ... canonicam vitam professis eorumque successoribus in eadem observantia permansuris. MIRAEUS, III p. 328 col. 1 (a. 1129, Reims). Ne ... censura claustralis observantiae lentesceret. SIGEBOTO, V. Paulinae, c. 49, _SS._, XXX p. 934.

**observare: 1.** _occuper, défendre_ un lieu fort — _to occupy, defend_ a stronghold. Illam [rupem], nisi forte ab eis observetur, si incautis preripere poteris. OTTO FRISING., G. Frid., lib. 2 c. 40, ed. WAITZ-SIMSON, p. 148. **2.** _conserver, tenir en bon état — to keep up._ Opservata ... omnia ... reverta[n]tur in eclesie ... potestatem. SCHIAPARELLI, _CD. Longob._, II no. 171 p. 131 (a. 763). **3.** _maintenir, continuer — to preserve, stick to._ Emphyteusis, unde dampnum aecclesiae patiuntur, non observetur sed ... destruatur. Lib. Pap., Ludov. P., c. 53, _Capit._, I p. 335. **4.** _soigner — to nurse._ Quem suscipiens ... utiliter eum in ipsa aegritudine observavit. FLODOARD., Ann., a. 951, ed. LAUER, p. 130. **5.** _détenir en prison — to detain._ Si se emendare noluerit, in palatio nostro observetur. Capit. de disc. pal. Aquisgr. (ca. a. 820 ?), c. 1, I p. 298. Tenuit eas et observavit in dominico monasterio. ANAST. BIBL., Chron., ed. DE BOOR, p. 183. **6.** _garder, garantir — to guard, preserve._ Propriis expensis debeo eos observare indempnes. DC.-F., VI p. 20 col. 3 (ch. a. 1211, S.-Wandrille). **7.** *_garder_ une promesse — _to keep_ a promise. **8.** _assister à_ une réunion — _to attend._ Liberi homines in anno tria solummodo generalia placita observent. Capit. missor. a. 819, c. 14, I p. 290. Ecclesie de S. deberent subditi esse, synodum ibi observare. MULLER-BOUMAN, _OB. Utrecht_, I no. 273 p. 253 (a. 1105). **9.** *_célébrer — to celebrate._ Quem [diem] observare debemus. PAUL. DIAC., Homil., MIGNE, t. 95 col. 1168. **10.** intrans.: *_officier — to officiate, say mass._ Ne presbyter terretorii alieni ... praesumat baselicis aut oratoriis observare. Concil. Epaon. a. 517, c. 5, _Conc._, I p. 20. Ad reparationem basilicae aut observantum ibi substantia[m] depotetur. Concil. Aurel. a. 538, c. 5, p. 74. **11.** refl. et intrans.: *_se garder de — to guard against._

**observatio: 1.** _pratique conforme aux prescriptions — practice conformable to regulations._ Vita monachi quadragesimae debet observationem habere. Benedicti regula, c. 49. Inbuebantur ... studiis et observatione disciplinae regularis. BEDA, Hist. eccl., lib. 3 c. 3. De eorum testibus sit canonica observatio. Synod. Franconof. a. 794, c. 45, _Capit._, I p. 77. **2.** _règle, précepte, loi — rule, regulation, law._ Si quis adversus istam observationem mulierem in sua domo habuerit. Lex Rom. can. compta, c. 57, ed. MOR, p. 52. Emphyteuseos contractum sub hac observatione sanctus constituat locus. Ib., c. 71, p. 98. **3.** *_cérémonie religieuse, rite — religious ceremony, ritual._ Observationes sacras annua devotione recolentes. Missale Lateran., ed. DE AZEVEDO, p. 148. [Scottos] in observatione sancti paschae errasse conpererat. BEDA, o.c., lib. 2 c. 19. Omnes, quaecumque sint, paganorum observationes prohibeant. Karlmanni capit. a. 742, c. 5, I p. 25. De arboribus vel petris vel fontibus, ubi aliqui stulti luminaria vel alias observationes faciunt. Admon. gener. a. 789, c. 65, p. 59. **4.** *_culte, observance, religion — cult, observance, religion._ **5.** _règle monastique — monastic rule._ Monachi qui coeptam observationis viam relinquunt. Concil. Andegav. IV a. 453, c. 8, MANSI, t. 7 col. 901. **6.** _coutume, pratique — custom, practice._ Nigredinem vestium aliasque observationes sumpserunt. ORDER. VITAL., lib. 8 c. 27, ed. LE PRÉVOST, III p. 452.

**observire:** _être utilisé — to be used._ [Scindulae] foco observiebant. FOLCUIN., G. abb. Lob., c. 29, _SS._, IV p. 71.

**obses: 1.** _caution, fidéjusseur — security, bail._ DC.-F., VI p. 20 col. 1 (ch. a. 1055, Corbie). VERCAUTEREN, _Actes de Flandre_, no. 81 p. 183 (a. 1116). **2.** _otage conventionnel — contract-_

*ual hostage.* DC.-F., VI p. 21 col. 1 (ch. a. 1080-1120, Chalon-s.-Saône).

**obsessus** (adj.): **possédé* par le diable — *possessed* by the devil. Subst. **obsessus:** **un possédé — one possessed.*

**obsidatus,** -dia- (decl. iv): **1.** **condition d'otage — position of a hostage.* Petentes Romualdum ... in obsidiatum. Hadr. I pap. epist., *Epp.*, III p. 617. De obsidatu, in quem missus fuerat contra G., se perjuravit. MÉTAIS, *Cart. de Vendôme*, 1 no. 66 p. 123 (ca. a. 1046). **2.** *les otages —-hostages.* Rex Otho eorum [sc. episcoporum] secum detinebat obsidatum. FLODOARD., Ann., a. 939, ed. LAUER, p. 72.

**obsidere: 1.** *prendre possession* d'un bien-fonds par un séjour symbolique — *to acquire seisin* of landed property by a symbolic stay on the land. Episcopus proprium famulum supramemorati domui [i.e. domus, sc. cathedralis] hanc rem obsidere fecit ad praedictum domum genetricis Dei Mariae. BITTERAUF, *Trad. Freising*, I no. 370 p. 315 (a. 817). Etiam ib., no. 363 p. 310 (a. 816); no. 435[c] p. 374 (a. 820). **2.** *posséder — to possess.* Qui eandem [abbatiunculam] eatenus jure beneficiali obsederat. *D. Ludw. d. Kind.*, no. 38 (a. 905). **3.** *présider — to preside.* A tribus generalibus placitis comitis, quae in D. obsidet singulis annis. D. Conradi IV imp. a. 1146, MIRAEUS, IV p. 203.

**obsidio** (< obses): *condition d'otage — position of a hostage.* Multi tunc filii senatorum in hac obsidione dati sunt. GREGOR. TURON., Hist. Fr., lib. 3 c. 15. Accepit eorum [sc. Saxonum] terciam partem in obsidionem. Ann. Xant., a. 795, ed. SIMSON, p. 2.

**obsoletare:** **détruire, flétrir, abolir — to destroy, defile, shut out.*

**obsoniare** (< sunnis): *prendre soin de* qqch. — *to keep in repair.* Vicus sellariorum cunctas abbati et fratribus ibi degentibus obsoniat sellas. Descr. Centul. a. 831 ap. LOT, *Hariulf, Chronique*, p. 307.

**obsoniari** (< obsonium): *banqueter — to feast.* In sollempnitate s. Augustini ... quo scilicet die Angli festive obsoniari solebant. WILLELM. MALMESB., G. reg. Angl., lib. 2 § 144, ed. STUBBS, I p. 159.

**obsonium** (la dérivation supposée de *sunnis* altère le sens — meaning changes as it is believed to be derived from *sunnis*): **1.** *festin — banquet.* Quam largis et multiplicibus obsoniis consecratio celebrata constiterit. Cantat. s. Huberti, c. 40, ed. HANQUET, p. 102. Si abbatem ... ad partes illas venire contigerit, sacerdos cereos de more competentes ... in obsonium vespertinum dabit. DUVIVIER, *Actes*, I p. 141 (a. 1145-1164). **2.** *régalade, hospitalité — entertainment, board.* Ingressi viam, Rome pascha celebrare certabant; sed tardantibus eos quibusdam qui obsonia episcopo certatim impendebant ... Cantat. laud., c. 25, p. 71. Sequens pascha H. rex Leodii celebravit. Ibi maximis obsoniis apud eum O. [episcopus] effecit, ut ... Ib., c. 97, p. 250. Quamdiu Aquisgrani erat, eunti illuc et moranti ibi, episcopus obsonium illi dabat. RUDOLF., G. abb. Trudon., lib. 5 c. 7, ed. DE BORMAN, p. 71. **3.** *fourniture obligatoire du nécessaire à l'entretien — compulsory purveyance of victuals.* Archidiaconus ... ut in synodo ageret, ... Andaginum venit et Wiredo, ut sibi et suis obsonium faceret, mandavit. Wiredus ... indebitum ei recusavit servitium. Cantat., c. 94, p. 243. Etiam c. 16, p. 40. De me in feodo quedam obsonia avene possidebat in pago Tornacensi. VERCAUTEREN, *Actes de Flandre*, no. 86 (a. 1118). Curtis ab obsoniis, pernoctationibus et omnibus exactionibus a comite receptis sit libera. PONCELET, *Ch. Hugues de Pierrepont*, no. 117 (a. 1214). **4.** *redevance* grevant les paroisses et tenant lieu de la fourniture de victuailles pour l'entretien de l'évêque à l'occasion de la synode diocésaine — *a tribute* imposed on parish churches instead of purveyance of victuals for the bishop at his synod. Ab ecclesia episcopali jure nullam consuetudinem persolvendam statuimus, nisi ut in synodo denarii octo pro obsonio in anno persolvantur. MIRAEUS, I p. 150 col. 1 (a. 1023, Beauvais). [Altaria] concedo fratribus ejusdem loci hac lege tenenda, videlicet sine personis, sine redemptione et obsoniorum persolutione, excepto quod singula eorum per singulos annos 12 den. solvant. Ib., p. 55 col. 2 (a. 1046, Cambrai). Inde hausit *D. Heinrichs III.*, no. 265 (a. 1051). Ecclesia Broniensis ob [leg. ab] omni obsonio episcopis Leodiensibus debito ulterius immunis habeatur. V. Gerardi Bron., c. 13, *SS.*, XV p. 664. Singulis annis obsonia altaris debita solvantur. DUVIVIER, o.c., p. 109 (a. 1089, Hasnon). Duas partes obsoniorum omnium altarium suorum ... in beneficium ... perpetualiter teneat. Ib., p. 265 (a. 1122/1123, Cambrésis).

**obstaticare:** *prendre en gage, occuper — to take as a surety, seize.* Nec muros ... civitatis [Pisae] destruere neque obstaticare ... jubebimus. *D. Heinrichs IV.*, no. 336 (a. 1081), p. 442 l. 28.

**obstaticum,** osta-, hosta-, -tgium, -gium (< obses, cf. voc. obsidatus; forme influencée par — form influenced by obstare): **1.** *condition d'otage conventionnel — position of a hostage by agreement.* Vicecomes et vicecomitissa ut hec ... fideliter teneant et attendant jamdictis comiti et comitisse ..., mittunt in illorum potestate et ostaticum R. et A. ROSELL, *Lib. feud. maj.*, no. 821 (a. 1070). Miserunt se in ostaticum de ... comite et comitissa ... apud Gerundam. *Hist. de Lang.*[3], V no. 294 col. 576 (a. 1070, Catal.). Juravit G. ... ut si quandoque inde tibi aliquid imminutum vel detractum ... fuerit, ... postquam a te vel tuis commonitus inde fuerit, apud Montem Pessulanum, donec damnum tibi restitueretur, ostatgium teneret. Ib., no. 614 col. 1202 (a. 1157). Apud Novum Castrum hostagia teneret nec inde recederet ... CALMET, *Lorr.*, V p. 203 (a. 1138). **2.** *garantie — surety.* Hi suprascripti taliter intraverunt in ostagium per promissionem fidei suae, ut, si aliquando, quod absit, Guillelmus ab hac convenientia se diverterit, et ipsi suum servitium omne Guillelmo auferant donec eum ad tenendam istam convenientiam reducant. *BEC.*, t. 36 (1875), p. 401 (ca. a. 1070-1075, Angers). **3.** *gage — pledge.* Volo ut det [leg. des] fevum meum in hostaticum, quod jam tibi non serviam ... Accepit H. fevum suum in hostaticum. *H. de Fr.*, XI p. 537 D (ca. a. 1030, Aquit.).

**obstaticus,** ostaticus (cf. voc. obstaticum): **1.** *otage conventionnel — hostage by agreement.* Si ... non attenderit ... conveniencias, ...



predicti ostatici incurrant ... in potestatem de jamdictis comite et comitissa. ROSELL, *Lib. feud. maj.*, no. 403 (a. 1061). Si E. sic non fecerit, obstaticus suus P. in curte monacorum ... revertat in prehensione. CASSAN-MEYNIAL, *Cart. d'Aniane*, p. 219 no. 80 (a. 1036-1060). Homines quos nunc ego mitto in pignora ... incurrant in potestatem R. comitis ... Et si isti praedicti quinque ostatici mortui fuerint ... DE MARCA, *Marca Hisp.*, app. col. 1128 (a. 1064). Commonuerint inde omnes istos ostaticos. *Hist. de Lang.*[3], V no. 294 col. 578 (a. 1070, Catal.). Dedit G. monachis duodecim obsides qui vulgo ostagii dicuntur. *BEC.*, t. 36 (1875), p. 401 (a. 1070, Angers). Breve memoratorium de ostaticos que dedit B. comes ad E. vicecomitissam per placitum de sua filia que dedit ad B. in uxorem. TEULET, *Layettes*, I no. 24 p. 29 col. 2 (a. 1083, Nîmes). **2.** *otage politique — political hostage.* Dabimus vobis ostaticos 8. CAFFAR., Ann., a. 1146, ed. BELGRANO, I p. 34. **3.** *garant — guarantor.* Fidejussores vel hostatici pro pace vel treuga Domini. Synod. Tulug. a. 1065, *Hist. de Lang.*[3], V no. 220 col. 445. Hujus rei ego testis et ostagius ac fidejussor sum. ROUSSEAU, *Actes de Namur*, no. 20 (a. 1179).

**obstinacia,** obstinantia: *entêtement — stubbornness.* V. Deicoli, c. 12, *SS.*, XV p. 677. MARBOD., V. Gualteri Stirp., § 9, *AASS.*, Maji II p. 704. EADMER., De Anselmi sim., *AASS.*, Apr. II p. 897. HELMOLD., lib. 1 c. 25, ed. SCHMEIDLER, p. 48.

**obstrepere:** **s'élever contre, contredire, attaquer — to revolt at, contradict, attack.*

**obtemas,** v. optimas.

**obtemperantia:** **obéissance — obedience.*

**1. obtentus** (decl. iv) (< obtendere). Loc. sub obtentu (vel nude obtentu) alicujus rei (class. "sous le manteau de, sous prétexte de — under cover of, on pretence of"): **1.** au sujet de, à cause de, à l'occasion de — with reference to, in consequence of, on account of. Ut duo abbates in uno monasterio esse non debeant, ne sub obtentu potestatis semultas inter monachos et scandalum non generetur. Concil. Cabilon. (a. 639-654), c. 12, *Conc.*, I p. 210. Nescio quam ob causam, nisi quod facile datur intellegi fidelitatis obtento ... rex ... praecipiebat ei ut ... donaret sacramentum. V. Eligii, lib. 1 c. 6, *SRM.*, IV p. 673. Cum in pago C. res monasterii obtentu necessitudinis pervideret. DONAT. ANTR., V. Ermenlandi, c. 11, ib., V p. 697. **2.** à telle fin, avec telle intention — for the purpose of, in order to. Basilicam ... orationis obtentu ingressus est. DONAT., o.c., c. 2, p. 689. In exilio commendatur, eo scilicet factionis obtentu, ut ... latenter morte perimeretur. Pass. Ragneberti, c. 4, ib., p. 210. Mercedis obtentu eum studerent mandare sepulchro. Ib., p. 211. **3.** en vertu de, en se prévalant de — by virtue of, taking one's stand on. Sub obtentu regiae majestatis precepit. LAMPERT. HERSFELD., ad a. 1071, ed. HOLDER-EGGER, p. 132. **4.** en insistant sur l'enjeu de — threatening the withdrawal of. Hoc rege praecipiente sub obtentu gratiae suae. Ann. Altah. maj., a. 1071, ed. OEFELE, p. 83. Sub optentu gratie mee precipio tibi. JORDAN, *Urk. Heinr. d. Löw.*, no. 49 p. 70 (a. 1161).

**2. obtentus** (decl. iv) (< obtinere), **1.** loc. obtentu illius: par le fait, l'entremise, l'intercession de — through the intermediary of, thanks to the intercession of. Ejus obtentu monastyrio [i.e. monasterium] permansit inlaesum. GREGOR. TURON., H. Fr., lib. 2 c. 37. Obtentu pontificis conjuncti in unum. Ib., lib. 5 c. 11. Ibi saepe. Ut ejus [sancti] obtentu [munera] nobis proficiant ad salutem. Sacram. Gregor., MIGNE, t. 78 col. 136 A. Pro amore omnipotentis Dei et s. Mametis eximii martyris obtentu. *Hist. de Fr.*, IX p. 345 (ch. a. 886). Optentu imperatricis ... in gratia de exilio domum redire promeruit. Ann. Hildesheim., a. 1034, ed. WAITZ, p. 38. Faventis et suffragantis Gisleberti ducis obtentu cathedrae pontificalis praerogativam adeptus est. G. pontif. Camerac., lib. 1 c. 70, *SS.*, VII p. 426. Similia ib., lib. 3 c. 7, p. 468. Cujus [sc. comitis] obtentu venit huc. Acta Murensia, c. 11, ed. KIEM, p. 35. **2.** obtentu alicujus rei: grâce à — thanks to. Obtentu memoriae [i.e. sepulcri] ejus. EUGIPP., V. Severini, *CSEL.*, t. 9 pt. 2 p. 40.

**obtinere: 1.** *arriver à* un lieu — *to arrive at* a place. Littus ... meruit obtinere. Inv. Trophimenae (ante s. xi), *AASS.*, Jul. II p. 234. **2.** *retenir dans la mémoire — to keep in remembrance.* Si meos optinebis sermones. Chron. Salernit., c. 54, ed. WESTERBERGH, p. 55. **3.** *vaincre, battre — to overcome, defeat.* Romani ... obtinent gloriosissime barbaros. ANAST. BIBL., Chron., ed. DE BOOR, p. 167. Pugnaverunt pauci contra innumeros et obtinuerunt Romanos et percusserunt ex eis ad duodecim milia. HELMOLD., lib. 2 c. 106, ed. SCHMEIDLER, p. 208. Etiam lib. 1 c. 93, p. 182. **4.** (d'un sentiment) *prendre, s'emparer de* qq'un — *to seize upon* one. Turbatio ecclesiam obtinebat. ANAST., p. 95. Obtinuerat eos timor atque confusio. Ib., p. 236. **5.** **faire reconnaître, arrêter, décider — to carry, resolve, determine.* Haec ventilata, definita et obtenta sunt in synodo. Synod. ap. Sapon. a. 859, inscr., *Capit.*, II p. 447. **6.** causam: **avoir gain de cause — to hold one's own.* **7.** absol.: **gagner son procès — to gain a lawsuit.* **8.** **avoir raison, vaincre* dans une discussion — *to be put in the right, prevail.* **9.** **prévaloir, l'emporter — to get the upper hand.* **10.** (cf. class. obtineri, passiv.) **être en vigueur, s'appliquer — to be in force, be valid, obtain.* Quod ... diximus, obtineat non solum ... sed etiam ... Lex Rom. can. compta, c. 50, ed. MOR, p. 31. Quod de episcopis sensuemus [i.e. censuimus] obteneat et in clero. Concil. Matisc. a. 585, c. 10, *Conc.*, I p. 169. **11.** *régner — to reign.* Post Claudium Quintillius obtinuit per dies decem et septem. ANAST., p. 76.

**obtutus** (decl. iv). Loc. ad alicujus obtutum: devant les yeux de qq'un — before somebody's eyes. Ad ejus obtutum data recondebantur. V. Desiderii Cadurc., c. 5, *SRM.*, IV p. 566. Loc. alicujus obtutibus praesentare: amener devant qq'un — to bring before a person. In nostris obtutebus praesententur. Childeb. I praec., *Capit.*, I p. 2. Noluit suis obtutibus praesentari. GREGOR. TURON., H. Fr., lib. 5 c. 20. Columbae obtutibus praesentetur. IONAS, V. Columbani, lib. 1 c. 21, ed. KRUSCH, p. 200. Ibi pluries. Eum vestra [sc. majoris domus] industria gloriosi principis domni S.

regis optutibus representet. DESIDER. CADURC. lib. 1 epist. 2, *Epp.*, III p. 194. Jussit omnes ... suis obtutibus presentare. Pass. Praejecti, c. 19, *SRM.*, V p. 237. Principis praesentatus fuisset obtutibus. ARBEO, V. Haimhrammi, c. 4, ed. KRUSCH, p. 33.

**obulus** = obolus.

**obvelare:** **voiler, couvrir — to veil, conceal.*

**obventio:** **revenu — revenue.*

**obviare, 1.** alicui: **aller à la rencontre de* qq'un, *rencontrer — to go to meet, to meet.* Aliquem: idem. Quomodo obviasset eos. Pass. Firmi, MOMBRITIUS$^{2}$, I p. 304. Obviavit episcopum. GEZO DERTON., MIGNE, t. 137 col. 404 B. **2.** alicui rei: **s'opposer à, contredire, réfuter, agir à l'encontre de — to oppose, contradict, refute, withstand.*

**obviatio:** **rencontre, combat — hostile encounter.* Quicunque ab eo [sc. domino suo] in obviacione hostili vel bello campali fugerit. Leg. Henrici, tit. 43 § 7, LIEBERMANN, p. 569.

**oca,** occa, v. osca.

**occasio: 1.** **cause, motif honnête, circonstance — cause, reason, account, circumstance.* **2.** **motif allégué, prétexte, mauvaise raison — pretence, pretext, false allegation.* **3.** *fausse excuse, faux-fuyant — evasion, subterfuge.* Non anteponatur emunitas nec pro hac re ulla occasio proveniat. Pippini reg. Ital. capit. (a. 782-786), c. 4, I p. 192. Solatium prestare debeamus absque ulla occasione. Hloth. I pact. c. Venet. a. 840, c. 7, ib., II p. 132. Criminosi corrigantur ... sine ulla occasione indebita. Capit. missor. Suess. a. 853, c. 9, p. 269. **4.** *regimbement, refus, entrave — resistance, refusal, impediment.* [Rex] sine aliqua occasione omnes vos ad Dei servitium et ad suam fidelitatem adtrahere cupit. Karoli Calvi missat. III ad Aquit. et Fr. a. 856, *Capit.*, II p. 284. Ante se placita teneat et per legem ... diffiniat omnium hominum occasione remota. *Const.*, I no. 47 (a. 1040-1043). Edifficet molendinos, furnos ... sine ulla occasione. Fuero de Nájera a. 1076, c. 37, WOHLHAUPTER, p. 80. **5.** *mauvaise intention — evil purpose.* Quodsi occasione vitandi exercitus aut placiti [res arimannorum] venditae fuerint. Lamberti capit. Ravenn. a. 898, c. 5, II p. 110. **6.** *possibilité, chance fâcheuse — possibility, evil chance.* Baptizatum [leniret] presbiter chrisma [i.e. chrismate] propter occasionem transitus mortis. V. Severi Neapol., CAPASSO, *Mon. Neap.*, I p. 273. **7.** plural. occasiones: *impôts levés à titres divers — taxes exacted on sundry grounds.* Illicitas occasiones perquirendas. D. Lud. Pii a. 814, *Hist. de Fr.*, VI p. 463 (BM$^{2}$. 547). Eadem verba F. imper., no. 4, *Form.*, p. 290. De injustis occasionibus et consuetudinibus noviter institutis, sicut sunt tributa et telonei in media via ..., ut auferantur. Capit. missor. a. 819, c. 4, I p. 289. Ne ... ullas inlicitas occasiones seu ullius praessurae calamitatem ingerere vel exactare praesumat. *D. Arnulfs*, no. 32 (a. 888). Similia *D. Louis IV.*, no. 11 (a. 939). **8.** plural. occasiones: *revenus casuels,* en part. *amendes — casual revenue,* esp. *fines.* Non debent mitti in placitum de occasionibus foreste. DELISLE-BERGER, *Actes Henri II*, I no. 39* p. 45 (a. 1151-1153, Rouen). Habeant quartam partem omnium occasionum et omnium reddituum qui de foresta V. provenient. DC.-F., VI p. 25 col. 2 (ch. a. 1186). **9.** *mort de l'âme, damnation — death of the soul, damnation.* Haec oratio magis ad occasionem quam ad veniam illi esse videtur. ATTO VERCELL., Capit., c. 59, D'ACHÉRY, *Spic.*, VIII p. 22.

**occasionalis:** *occasionnel — occasional.* De ... cunctis occasionalibus exactionibus. *D. Charles le Simple*, no. 104 (a. 919, Prüm: interpunctio editoris rejicienda videtur; textus sine dubio interpolatus).

**occasionare,** aliquem: *importuner par des prétentions injustifiées — to harass by false pretensions.* S. xiii.

**occlamare:** *pousser des cris — to raise a shout.* Illos viriliter agressi sunt occlamantes. G. cons. Andegav., HALPHEN-POUPARDIN, *Chron. d'Anjou*, p. 61. Etiam p. 60.

**occlata,** ho-, u-, -ggl-, -gl- (< occulere?): *clos — enclosure.* In casis, casalicis, curtis, ortis, hoglatis, arboribus ... CASSAN-MEYNIAL, *Cart. d'Aniane*, no. 254 p. 380 (a. 801). Ib., no. 117 p. 260 (ante a. 821) et saepe. *Hist. de Lang.*$^{3}$, II pr. no. 63 col. 145 (a. 823, Uzès). GERMER-DURAND, *Cart. de Nîmes*, no. 3 p. 7 (a. 879). *Hist. de Lang.*$^{3}$, V pr. no. 68 col. 176 (a. 937, Béziers). MORIS-BLANC, *Cart. de Lérins*, I no. 149 p. 137 (a. 1032). GUÉRARD, *Cart. de S.-Victor de Mars.*, no. 376 (a. 1056)

**occubitus: 1.** **coucher du soleil — sunset.* **2.** **mort — death.*

**occupare,** aliquem: *arrêter* pour dettes ou à titre de représaille — *to arrest* for debt or by way of reprisal. S. xiii.

**occupator:** **usurpateur — usurper.*

**occurrere: 1.** *tomber* sur tel jour — *to fall* on a certain day. Cum luna paschalis occurrerit tertia feria septimanae. DIONYS. EXIG., MIGNE, t. 68 col. 1089. **2.** *s'offrir, survenir — to present, arise, occur.* Dum tempus occurreret aptum. PAUL. DIAC., Homil., MIGNE, t. 95 col. 1488. Quando necessitatis ordo ita occurrit. *D. Heinrichs I.*, no. 12 (a. 926). **3.** *avoir cours — to be in currency.* De bonos denarios ... qui per tempore ocurrunt. SCHNEIDER, *Reg. Senense*, p. 6 (a. 969).

**occursus** (decl. iv): **1.** **rencontre, visite — encounter, visit.* **2.** *arrivée — arrival.* Praemittens ante suum occursum aliquos. Lib. pontif., Steph. II, § 33, ed. DUCHESNE, I p. 450. **3.** une *redevance* due par les protégés à leur patron — a *due* to be paid by those who enjoy a lord's protection. Ecclesiae tam illi quam posteri eorum defensione in omnibus potiantur et occursum impendant. Concil. Paris. (a. 556-573), c. 9, *Conc.*, I p. 145. **4.** *droit d'amarrage — mooring dues.* Ubicumque naves eorum aut aliqua conmertia ad quascumque villas aut loca accessum habuerint, nullus exigat de hominibus eorum ullum obcursum aut ullum censum. D. Lud. Pii a. 814, *Hist. de Lang.*$^{3}$, II pr. no. 32 col. 97. D. ejusdem a. 816, *H. de Fr.*, VI p. 495 E. F. imp., no. 20, *Form.*, p. 301. De navibus monasterii ... nemo ... ullum occursum vel ullum censum aut ullam redibitionem accipere ... audeat. *D. Charles le Ch.*, no. 88 (a. 846)

**ocha,** ochia, v. osca.

**octava** (subst. femin. singul. et neutr. plural.), octavae (femin. plural.): **1.** **l'octave de Pâques — the eighth day after Easter.* **2.** *l'octave* d'autres fêtes — the *eighth day* after



any feast-day. Hodie octavas nati [Christi] celebrantur. Sacram. Gelas., lib. 1 c. 9, ed. WILSON, p. 9. In octavis Domini [sc. natalis Domini]. Sacram. Gregor., MIGNE, t. 78 col. 36 D. In octavis Theophaniae. Ib., col. 40 C.

**octena,** octona: **1.** *huitaine, période de huit jours — period of eight days.* GIRY, *Etabl. de Rouen*, p. 32 § 25 (a. 1160-1170). **2.** *la huitième partie d'un manse — one eighth of a "mansus".* DC.-F., VI p. 29 col. 1 (ch. a. 1192, Cambrai).

**octoliata,** octolata: *l'étendue de terre qu'on ensemence d'un "octolium" de blé — the amount of land sown with an "octolium" of corn.* S. xiii.

**octolium,** octalium: une *mesure de capacité* pour les céréales — a *dry measure.* S. xiii.

**octonum,** ottonum: *laiton — brass.* S. xiii, Ital.

**octrimentum** (< auctoramentum, cf. voc. otriare): redevance à payer au seigneur à l'occasion de l'aliénation d'une tenure — due to be paid to the lord on the occasion of the alienation of a tenancy. *RHDFE.*, 4$^{e}$ s. 3$^{e}$ a. (1924), p. 315 sq., c. 30 (a. 1201, Picardie).

**ocularium,** oculare: **1.** *visière* d'un heaume — *eye-hole* in a helmet. S. xiii. **2.** *lunettes — eye-glass.* S. xiv.

**oculatim:** **de ses propres yeux — with his own eyes.*

**oculatus** (adj.): **perspicace, clairvoyant — clear-sighted, gifted with insight.*

**odeporicus,** v. hodoeporicus.

**odiare:** **haïr — to hate.*

**offectus** (decl. iv): *profit — gain.* [Terra] deserta est et absque ullo offectum ea[m] possidemus. *CD. Cavens.*, I no. 150 p. 193 (a. 930). Unde ... paucum offectum evenit. Ib., II no. 317 p. 137 (a. 979).

**offendiculum:** (figur.) **pierre d'achoppement — stone of offence.*

**offensa** (femin.): **1.** **offense, délit — offence, trespass.* **2.** **péché — sin.*

**offensio:** **péché — sin.*

**offerare** = offerre.

**offerenda,** offranda (subst. femin.): **1.** *offrande* de pain et de vin apportée à l'autel pendant la Messe — *offering* consisting in wine and bread brought to the altar during Mass. Tropos Karolo ad offerendam, quam ipse rex fecerat, obtulit canendos. EKKEHARD., Cas. s. Galli, c. 3, *SS.*, II p. 101. Offerendam in primis abbas fecerit. GUIDO, Disc. Farf., c. 17, ALBERS, I p. 157. **2.** *antienne de l'offertoire* chantée pendant que les fidèles apportaient les offrandes — *offertory anthem* sung while the faithful brought their offerings. Ordo Rom. XV, c. 144, ANDRIEU, III p. 123. Sacram. Gregor., MIGNE, t. 78 col. 253 A. BEROLD., ed. MAGISTRETTI, p. 52 et 88. Sequitur offerenda, quae inde hoc nomen accepit quod tunc populus sua munera offerat. Ps.-ALCUIN., Offic., c. 40, MIGNE, t. 101 col. 1251 D. **3.** *partie de la Messe* entre l'évangile et la préface — *portion of the Mass* between gospel and preface. AMAL., Off., lib. 3 c. 36, ed. HANSSENS, II p. 370. **4.** plural. et singul.: *les revenus que la paroisse tire des offrandes apportées par les fidèles — revenue accruing to a parish from offerings by the faithful.* Dono tibi presbiteratum ex racione s. Petri, decimas de ipsa villa et offerendas de ipsa parrochia. BERNARD-BRUEL, *Ch. de Cluny*, II no. 1326 p. 402 (a. 972). Offerendam, sepulturam, baptisterium ... DC.-F., VI p. 32 col. 2 (ch. a. 1061, Bourges). Tercia pars de offerendis panum, luminariorum, denariorum. REDET, *Cart. de S.-Cyprien de Poitiers*, no. 202 p. 132 (ca. a. 1080). In ipsa ecclesia medietatem de offerendis in quatuor principalibus festis. Ib., no. 468 p. 288 (a. 1087-1107).

**offerentia: 1.** *partie de la Messe — portion of the Mass* (i.q. offerenda sub 3). BERNARD. MORLAN., Cons. Clun., c. 5, HERRGOTT, p. 149. **2.** *les revenus que la paroisse tire des offrandes apportées par les fidèles — revenue accruing to a parish from offerings by the faithful.* S. xii.

**offerre, 1.** absol.: **offrir le sacrifice de la Messe, célébrer la Messe — to offer the sacrifice of Mass, to celebrate Mass.* **2.** spec.: *apporter en offrande,* en parlant des fidèles qui apportent le pain et le vin pour la Messe — *to present as an offering,* with reference to the faithful bringing bread and wine for Mass. Oblatio quae altari offertur. ISID., Etym., lib. 6 c. 19 § 24. **3.** *produire* un document — *to produce* a document. Offero carta testamenti. TJÄDER, *Pap.*, no. 4/5 p. 208 (a. 552-575, Ravenna). Ab actoribus ... oblata petitio suscipiatur. Ib., no. 7 p. 228 (a. 557, Rieti). **4.** *donner* un enfant en oblature à un monastère — *to yield* a child as an oblate to a monastery. Ut puerum pater aut mater tempore oblationis offerant altari. Capit. Aquisgr. a. 817, c. 48, *Capit.*, I p. 343. **5.** *présenter* un abbé élu en vue de l'investiture — *to present* an abbot elect for investiture. Elegerunt [in abbatem] quemdam ex propriis, quem et ascitum ... eisdem principibus obtulerunt. Quorum electioni congratulantes ... predictam abbaciam ... eidem ... commisere. *D. Louis IV*, no. 33 (a. 949).

**offerta: 1.** *offrande* de pain et de vin apportée à l'autel pendant la Messe — *offering* consisting in bread and wine brought to the altar during Mass. Medietatem offertas et candelas [i.e. de offertis et candelis] que in ejus festivitatibus ibi datas et offertas fuissent. MANARESI, *Placiti*, I no. 57 p. 200 (a. 853, Lucca). **2.** *les revenus que la paroisse tire des offrandes apportées par les fidèles — revenue accruing to a parish from offerings by the faithful.* Ecclesiam unam cum omni offerta vivorum et mortuorum. ALLODI-LEVI, *Reg. Sublac.*, p. 240 (a. 1010). **3.** *donation pieuse — a gift of property to a church.* De ipsa offerta semper securus possedeas ipsa[m] vinea[m]. SCHIAPARELLI, *CD. Longob.*, I no. 51 p. 172 (a. 732, Lucca). Quis ... contra hac dona vel offerta mea molestare praesumpserit. Ib., no. 103 p. 298 (a. 752, Lucca). Numquam anc mea[m] donationis offerta[m] possit disrumpere. BRUNETTI, *CD. Tosc.*, p. 574 (a. 763).

**offertio,** offersio (< offerre): **1.** *le sacrifice de la Messe — the sacrifice of Mass.* Ponit [vinum] in calice offersionis. BEROLD., ed. MAGISTRETTI, p. 52. **2.** *offrande* de pain et de vin apportée à l'autel pendant la Messe — *offering* consisting in bread and wine brought to the altar during Mass. Aliquid de offertione in altario inlata abstollere. MARCULF., lib. 1 no. 2, *Form.*, p. 42. **3.** *les revenus que la paroisse tire des offrandes apportées par les fidèles — revenue accruing to a parish from offerings by the faithful.* Cum ecclesia et cum offertione sua. NITTO, *CD.*

*Barese*, I p. 13 (a. 983). **4.** *donation pieuse — a gift of property to a church.* Offersionis meis [i.e. meae] pagina[m] R. scrivere rogavi. SCHIAPARELLI, *CD. Longob.*, II no. 189 p. 175 (a. 765, Lucca). Res quas de . . . concessionibus, traditionibus, offersionibus obtinuit. *D. Berengario I*, no. 12 p. 43 (a. 894). Hoc nostre offersionis et confirmationis preceptum. Ib., no. 45 p. 131 (a. 904). [Res] per cartulas offersionis eidem tradidit monasterio. *D. Heinrichs II.*, no. 246 (a. 1012). Traditio cartae offersionis. Trade per hanc pergamenam cartam offersionis de una pecia de terra . . . ad aecclesiam s. Pauli. Cart. Longob., no. 12, *LL.*, IV p. 598 col. 1. **5.** *charte concernant une donation pieuse — deed purporting a bestowal.* In hanc offersione testes subscripsi. CIPOLLA, *Doc. di Treviso*, p. 66 (a. 811). Per precaria et offertiones et chartulas donationis. *D. Ottos I.*, no. 357 (a. 968). **6.** *l'objet d'une donation pieuse — property bestowed on a church.* In dublum ea[n]dem offersio[nem] restituamus. BELGRANO, *Reg. di Genova*, p. 113 (a. 1019). **7.** *oblature — oblateship.* Offeravimus filium nostrum in altarem s. Mariae . . . ut in ipsa offersione cum omni integritate hereditatis nostrae persisteret. BITTERAUF, *Trad. Freising*, I no. 11 p. 39 (a. 758). **8.** *charte concernant une oblature — deed of oblation.* Devotus pater devotissime eum [puerum] offerre curavit; nam in illa quoque offersione sic invenimus continere . . . Chron. Novalic., lib. 3 c. 24, ed. CIPOLLA, p. 191.

**offertor:** *donateur — donor.* SCHIAPARELLI, *CD. Longob.*, II no. 222 p. 259 (a. 768, Pisa).

**offertorium:** **1.** *vase sacré — sacred vessel.* Ordo Rom. I (s. vii ex.), c. 84, ed. ANDRIEU, II p. 94. Offertorium argenteum. Brev. ex., c. 2. Angilberti rel. de mon. Centul., ap. HARIULF., lib. 2 c. 10, ed. LOT, p. 68. Calices argenteos aureosque et offertoria. ARDO, V. Benedicti Anian., c. 30, *SS.*, XV p. 213. Calicem argenteum . . . Offertorium argenteum ejusdem calicis. Alia offertoria argentea cum patenis argenteis eorundem. G. abb. Fontan., c. 13 § 4, ed. LOHIER-LAPORTE, p. 101. De calice et offertorio et patenas 2. *Hist. de Lang.*[3], V no. 130 col. 287 (a. 978, Narbonne). **2.** *voile pour couvrir le calice — veil which is used to cover the chalice.* BERNARD. MORLAN., Cons. Cluniac., pt. 1 c. 55 et 72, HERRGOTT, p. 251 et 264. WILLELM., Const. Hirsaug., lib. 1 c. 50, MIGNE, t. 150 col. 980 A. **3.** *offrande* de pain et de vin apportée à l'autel pendant la Messe — *offering* consisting in bread and wine brought to the altar during Mass. ISID., Etym., lib. 6 c. 19 § 24. **4.** *antienne de l'offertoire — offertory anthem* of the Mass. Offertoria quae in sacrificiorum honore canuntur. ISID., Eccl. off., lib. 1 c. 14, MIGNE, t. 83 col. 751 B. Sacram. Gregor., MIGNE, t. 78 col. 25 A. Ordo Rom. I, c. 86 sq., ANDRIEU, II p. 95. Ordo Rom. XVII (s. viii ex.), c. 41, III p. 181. Oblationes offeruntur a populo et offertorium cantatur a clero, quod ex ipsa causa vocabulum sumpsit, quasi offerentium canticum. HRABAN., Inst. cler., lib. 1 c. 33, ed. KNOEPFLER, p. 75. Offertorium quod inter offerendum cantatur. WALAHFR., Exord., c. 23, *Capit.*, II p. 500. Oblationem unam tantummodo oblatam ad offertorium pro se suisque omnibus unusquisque offerat. REGINO, Syn. caus., lib. 1, notitia, § 75, ed. WASSERSCHLEBEN, p. 24.

**offertus** (subst.): individu qui appartient à une classe de dépendants ecclésiastiques ayant son origine en des actes d'autotradition — a person belonging to a class of ecclesiastical dependants originating in autotradition. Excusatos vel offertos, qui in prefatis monasteriis jam subjecti sunt vel qui devote offerre se cum suis rebus voluerint. *D. Karolin.*, I no. 157 (a. 787). Res quas offerti de ipso monasterio . . . conquisierunt vel eis in portionem aut in hereditatem a parentibus obvenit. D. Lotharii imp. a. 840, GIORGI-BALZANI, *Reg. di Farfa*, doc. 282. Offertos ejusdem monasterii nolumus in seculo vagari. *D. Charles le Ch.*, no. 401 (a. 875). Aldiones vel aldianas, cartulatos vel offertos. *D. Berengario II*, no. 8 p. 314 (a. 953).

**officialis** (adj.): **1.** *de membre d'un corps de métier — concerning membership of a craft corporation.* Si officialis vel curialis conditionis sit, prohibetur episcopus fieri. Lex Rom. canon. compta, ed. MOR, p. 37. **2.** *qui est en charge d'une fonction ecclésiastique spécialisée — having charge of specific liturgical duties.* Egi ut [ecclesia Lugdunensis] clericos officiales habere potuisset. Leidradi epist. (a. 813/814), *Epp.*, IV p. 542. **3.** *qui est en charge d'une fonction domestique ou domaniale — having charge of a household or manorial office.* Super officiales ministros . . . abbatis nullam prorsus constituendi destituendive potestatem habeat [advocatus]. *D. Heinrichs IV.*, no. 476 (a. 1103/1104), p. 649 l. 17. Villici aecclesiae et omnes officiales ministri de villis eorum, et officiales ministri scilicet pistores, coci, cellerarii, bretzedarius, campanarii et ceteri claustrales ministri. WAITZ, *Urk. dt. Vfg.*, no. 8 p. 39 (dipl. spur. Heinr. V reg. s. xii ex., Liège). **4.** *qui sert à l'office divin — used for divine worship.* Liber officialis. Concil. Tolet. IV a. 633, c. 12, MANSI, t. 10 col. 627. AGOBARD., Corr. antiph., c. 19, MIGNE, t. 104 col. 338 C. Libri officiales. BENED. LEV., addit. 3 c. 110, *LL.*, II pt. 2 p. 144. Subst. mascul. **officialis: 1.** *délégué royal, agent investi de pouvoirs d'ordre public — royal official, agent invested with public authority.* Res meas ante comitibus palatiis aut missis discurrentibus vel cunctos officialis omnium juditium ad prosequendi habeas potestatem. F. Turon., app. 4, *Form.*, p. 165. **2.** *dignitaire de cour — court dignitary.* Una cum summis consulibus et sanctis quibusdam episcopis, necnon et cum summis officialibus palatii. RADBERT., Epit. Arsenii, lib. 2 c. 8, ed. DÜMMLER, p. 70. Cnutonis regis intererat officialibus, jam diu illi subditus. Encom. Emmae, lib. 2 c. 7, ed. CAMPBELL, p. 22. Ab officialibus regis. Cod. Udalrici, no. 39, ed. JAFFÉ, p. 83. **3.** *sous-ordre d'un évêque — a bishop's official.* Remota pontificum simulque ecclesiasticorum omnium officialium seu publicorum omnium potestate. MARCULF., lib. 2 no. 1, *Form.*, p. 72. Unus ex officialibus viri Dei [i.e. episcopi] et ostiarius domus. Pass. Praejecti, c. 29, *SRM.*, V p. 243. Mandamus preposito et omnibus officialibus nostris [sc. episcopi] ut unusquisque suum ministerium . . . honeste procuret. ERHARD, *Reg. Westfal.*, CD. no. 1 p. 1 (a. 804-827). Monetam mutabit episcopo [leg. episcopus] consilio suorum officialium sine comite. WAITZ, *Urk. dt. Vfg.*, no. 2 (a. 1069, Toul). **4.** *moine en charge d'un office claustral — monk charged with a specific task.* Signa officialium monasterii: F. decanus. C. cellararius. I. camerarius. O. hospitarius. E. portarius. N. bibliothecarius. A. sacratarius. WARTMANN, *UB. S.-Gallen*, II no. 679 (a. 890). Similia no. 723 (a. 902); no. 749 (a. 907). **5.** *serviteur domestique — household servant.* Super officiales vel mansionarios vel ministros. BEYER, *UB. Mittelrh.*, I no. 301 p. 353 (a. 1026). **6.** *agent domanial — manorial agent.* A sancti confessoris Christi [sc. Galli] officialibus memorata Favariensis cella procuretur, gubernetur ac perpetualiter . . . possideatur. WARTMANN, II no. 761 (a. 909). [Hobam tenebit] sine censu ut alii offitiales fratribus serviendum [i.e. serviendo]. WIDEMANN, *Trad. S.-Emmeram*, no. 209[b] p. 189 (a. 975-980). A. officialis de Burcstat. JORDAN, *Urk. Heinr. d. Löw.*, no. 100 p. 152 (a. 1174). **7.** *appariteur judiciaire — bailiff.* Ipsius monasterii officialibus et advocatis. *D. Heinrichs I.*, no. 12 (a. 926). In eisdem possessionibus . . . ministeriales suos, videlicet villicum et scabinionem et caeteros officiales, constituant. CALMET *Hist. de Lorr.*, II pr. col. 222 (a. 966, Saargau). Cum licentia fiat abbatis vel ejus legitimi officialis. BEYER, *UB. Mittelrh.*, I no. 391 p. 448 (a. 1097). Substantiolis eorum diripiendis [advocati] tam per se quam per officiales suos cotidie insidiantur. VERCAUTEREN, *Actes de Flandre*, no. 119 p. 272 (a. 1125). **8.** *"ministerialis"*. Progeniem illam inter officiales nostros habentes. KLEMPIN, *Pommer. UB.*, I no. 29 p. 11. **9.** *magistrat — magistrate.* Dedit testimonium parrochianis et officialibus. HOENIGER, *Koelner Schreinsurk.*, I p. 26 c. 42 (a. 1142-1156). **10.** *artisan — craftsman.* Tales [pulsantes] ibi ponantur, qui omnes necessitates interiores facere possint . . . et, juxta quod esse potest, ut officiales sint. Adalhardi Corbej. stat., lib. 1 c. 1, ed. LEVILLAIN, p. 352. Omnes officiales officia sua desererent. GUIBERT. NOVIG., De vita sua, lib. 3 c. 7, ed. BOURGIN, p. 163. **11.** *curé — curate.* Officialis ecclesiae s. Johannis . . . qui ibi pro tempore officialis fuerint. *CD. Langob.*, no. 183 col. 310 B (a. 853, Milano). Etiam no. 252 col. 428 B (a. 871, Milano); no. 403 col. 677 B (a. 903); no. 527 col. 899 B (a. 928, Bergamo). **12.** *officiant — officiating ecclesiastic.* Officialis misseque pro defuncto canitur. Cons. Fructuar., lib. 2 c. 15, ALBERS, IV p. 185. **13.** (cf. sub 3) *juge délégué permanent* qui remplace l'évêque dans l'exercice de la justice spirituelle, *official — standing judge-delegate* representing the bishop in ecclesiastical jurisdiction, S. xii ex. Cf. P. FOURNIER, *Les officialités au moyen âge*, Paris 1880. Subst. neutr. **officiale** et mascul. officialis: *un livre liturgique — a book of liturgy.* Missalem, comitem, officialem, antiphonarium. BITTERAUF, *Trad. Freising*, I no. 597 p. 830. Passionalia 2, officiale 1, collectarium 1. WIDEMANN, *Trad. S.-Emmeram*, no. 48 p. 52 (ca. a. 863-885). Turibulum argenteum 1, officiale 1. ZAHN, *CD. Austr.-Fris.*, I p. 36 (ca. a. 990).



**officialitas:** *officialité — officiality.* S. xiii.

**officiare**, intrans.: **1.** *officier — to officiate, say Mass.* In ecclesia nostra . . . offitiaveris vel deservieris puriter et fideliter, sicut decit bonum sacerdos. *CD. Langob.*, no. 227 col. 381 A (a. 863, Milano). Rursum. ib., no. 252 col. 428 A (a. 871, Milano). MANARESI, *Placiti*, no. 78 p. 285 (a. 874, Milano). **2.** *remplir une fonction — to officiate, be in office.* S. xiv.

**officiarius** (subst.): **1.** *serviteur domestique — household servant.* Quem rex majorem domus statueret, quos cubiculariorum magistros, quos infertores et pincernas et reliquos officiarios ordinaret. WIPO, G. Chuonradi, c. 4, ed. BRESSLAU, p. 24. **2.** *agent domanial — manorial agent.* Quicquid est faciendum . . . totum per officiarium fratrum fiat . . . et in usum prebende eorum conferatur. BEYER, *UB. Mittelrh.*, I no. 396 p. 452 (ca. a. 1098). Etiam ib., no. 252 p. 308 (a. 979). **3.** *appariteur judiciaire — bailiff.* Nullus advocatus, nullus omnino secularis officiarius . . . audeat invadere. Ib., no. 375 p. 433 (a. 1075).

**officiator:** *officiant — officiant.* Consuet. Fructuar., lib. 2 c. 12, ALBERS, IV p. 173.

**officiatus** (subst.): **1.** *moine en charge d'un office — monk who is in charge of a monastic office.* G. abb. Trudon., contin. I lib. 8 c. 14, *SS.*, X p. 278. **2.** *artisan — craftsman.* S. xiii.

**officina:** *local de service d'un monastère — monastic outhouse for household service.* Omnibus [monasteriis] unum sit refectorium ac dormitorium seu ceterae officinae ad usus clericorum necessariae. Concil. Rom. a. 826, c. 7, *Capit.*, I p. 373. Per singulas officinas. Adalhardi Corbej. stat., lib. 1 c. 1, ed. LEVILLAIN, p. 352. Cellario cunctisque similibus monasterii officinis. RATPERT., Cas. s. Galli, c. 6, *SS.*, II p. 65. [Ne] claustrum aut claustralia officina ingredi permittat. Stat. Andlav. (a. 888-906), BRUCKNER, *Reg. Alsat.*, no. 656, c. 5, p. 390. Mir. Wilfridi, c. 17, MABILLON, *Acta*, III pt. 1 p. 216*.

**officinalis:** *qui sert de local de service — used as a household storeroom or workshop.* Claustra monasterii et officinales domus. Chron. Mosom., lib. 2 c. 4, *SS.*, XIV p. 613 l. 8.

**officionarius** (subst.): *chef d'un service ménager, officier de cour — head of a household department, court officer.* ODILO SUESS., Transl. Sebastiani, c. 13, MIGNE, t. 132 col. 593 B. Singuli principes suos habeant officionarios speciales, marscalcum, dapiferum, pincernam et kamerarium. Constit. de exp. Rom. (ca. a. 1160, Reichenau), c. 11, *Const.*, I no. 447.

**officiositas:** **1.** *empressement, courtoisie, obligeance — courtesy, obliging disposition or conduct. **2.** *service divin — divine service.* Nocturnae functionis officiositas a fratribus ageretur. HERIC., Mir. Germani Autissiod., lib. 2 c. 2 § 103, ed. DURU, p. 168.

**officium:** **1.** *officier — official. [Cartulam] a competenti officio suscipi jubeatis. TJÄDER, *Pap.*, no. 4/5 p. 210 (a. 552-575, Ravenna). Nullus dux praesumat placitum tenere sive aliquod officium constituere. KANDLER, *CD. Istriano*, I p. 108 (a. 973). **2.** *territoire où l'on exerce une autorité — area ruled by an official.* Si forte [aliquid fraudulenter distractum] extra officium nostrum [sc. episcoporum] alicubi inventum fuerit. Concil. Mogunt. a. 813, c. 6, *Conc.*, II p. 262. **3.** *office monastique — monastic charge.* Officia monasterialia. FORTUN., V. Radegundis, lib. 1 c. 23, *SRM.*,

II p. 372. **4.** *fonction domestique — household ministry.* Dapiferi et pincerne et reliqui qui ministerii locum in domo abbatis tenent, quam dignitatem vulgari nomine officia appellant. *Const.*, I no. 128 (a. 1150). **5.** *les serviteurs, la suite — personnel, retinue.* Omne offitium qui in comitatu episcopi erant, audientes clangorem . . . Pass. Praejecti, c. 29, *SRM.*, V p. 242. Praesul sic suo affatur officio. Acta Vigilii, ed. SFORZA, p. 21. **6.** *fonction domaniale — manorial charge.* Mansum illum quem U. . . . in officium habuit. *Ann. Praem.*, II pr. col. 287 (a. 1188, Bamberg). **7.** *ensemble domanial* régi par un agent — *group of estates* run by a manorial agent. De officio in B. novem mansus addidit. LACOMBLET, *UB. Niederrh.*, I no. 188 p. 120 (a. 1052). De officio Enikonis. KÖTZSCHKE, *Urb. Werden*, p. 125 (s. xi). **8.** *circonscription judiciaire — judicial district.* D. Frid. I imp. a. 1189, MEICHELBECK, *Hist. Fris.*, I p. 380. **9.** *métier — craft.* Textores, fullones, tonsores . . . nisi per annum et diem officiis suis renuntiaverint . . . Stat. hansae Flandr. Londin. (s. xiii med.), ed. VAN WERVEKE, p. 312. Est genus hominum mercennariorum quorum officium est ex lino et lana texere telas. G. abb. Trudon., contin., lib. 12 c. 1, *SS.*, X p. 309. **10.** *corps de métier — craft-guild.* In cunctis fraternitatibus aut officiis que civilem respiciunt justitiam. LACOMBLET, *UB. Niederrh.*, I no. 398 p. 276 (a. 1158). Ponere magistros omnium officiorum fere in urbe. KEUTGEN, *Urk. st. Vfg.*, no. 126 c. 44 p. 96 (s. xii, Strasbourg). **11.** *bureau, comptoir — office, counting-house.* 100 sol. in elemosinam contradidi, singulis annis apud s. Audomarum in officio Simonis dispensatoris mei accipiendos. VERCAUTEREN, *Actes de Flandre*, no. 13 (a. 1093). **12.** un *service divin* quelconque — any *divine service.* Qui ad officium veniebant in ecclesiam. Pass. Januarii, ed. SCHERILLO, p. 292. Peracto euangelici cultus officio. IONAS, V. Columbani, lib. 1 c. 19, ed. KRUSCH (in 8°), p. 192. Post divina officia. ANAST. BIBL., Chron., ed. DE BOOR, p. 259. **13.** *Messe — Mass.* **14.** *prière liturgique, heures — liturgical prayer, hours.* Ad horam divini officii. Benedicti regula, c. 43. Ad nocturnum officium. PAUL. DIAC., epist., *Epp.*, IV p. 510. Audito matutinali officio. V. Severi, CAPASSO, *Mon. Neap.*, I p. 276. Librum officiorum. GUIDI-PELLEGRINETTI, *Inv. di Lucca*, p. 13. **15.** *prière pour un défunt — prayer for the dead.* Mihi cotidie offitias faciant [moniales]. *CD. Langob.*, no. 402 col. 679 A (a. 903, Milano). **16.** les *vases sacrés* et tout ce qui dans l'église a trait au service divin — *sacred vessels* and other furniture for divine worship. Calicem officii. Pass. Donati, MOMBRITIUS[2], I p. 418. [Ecclesia] non in luminariis vel officio depereat. SCHIAPARELLI, *CD. Longob.*, I no. 40 p. 139 (a. 728). [Episcopus de ecclesiis] bonam habeat providentiam, tam de officio et luminaria quamque et de reliqua restauratione. Capit. eccl. ad Salz data (a. 803/804) c. 1, I p. 119. Abeat curam de luminaria et officium ejusdem basilicae. GIULINI, *Mem. di Milano*, I p. 461 (a. 870). Qui missa[m] et officium et luminaria fecerit in eandem meam capellam. Ib., II p. 476 (a. 903). Officium ipsius ecclesie et ipsa cartula deperit. MURATORI, *Antiq.*, V I col. 209 E.

**offranda,** v. offerenda.

**offuscare:** (fig.) **obscurcir, ternir, dégrader — to obscure, blacken, depreciate.*

**olca,** olqua, olcha, olchia (celt.): *ouche, champ fertile* attenant au centre d'exploitation — *fruitful field* near the homestead. Campus tellure fecundus: tales enim encolae olcas vocant. GREGOR. TURON., Glor. conf., c. 78, *SRM.*, I p. 795 l. 4. Concedimus tibi olca in villa nostra illa. F. Pithoei, no. 36, *Form.*, p. 597. D'HERBOMEZ, *Cart. de Gorze*, no. 17 p. 7 (a. 761). Irminonis polypt., br. 11 c. 15. Est mansus 1; in sesso est mappa 1, in olchis mappae 6, de forastica terra mappae 20. Polypt. s. Remigii Rem., c. 14 § 6, ed. GUÉRARD, p. 32 col. 2. *D. Charles II le Ch.*, no. 342 (a. 870). PÉRARD, *Rec. de Bourg.*, p. 159 (a. 881); p. 161 (a. 886). BERNARD-BRUEL, *Ch. de Cluny*, I no. 367 (a. 928). *BEC.*, t. 36 (1875) p. 404 (ca. a. 1075, Anjou). LOBINEAU, *Bretagne*, II col. 227 (a. 1095). QUANTIN, *Cart. de l'Yonne*, I no. 103 p. 199 (ca. a. 1100, Molême). MARCHEGAY, *Arch. d'Anjou*, III no. 74 p. 62 (ca. a. 1116).

**oleare,** oliare (subst. neutr.): *pressoir pour olives — olive oilpress.* CAPASSO, *Mon. Neapol.*, I p. 111 (a. 969); p. 223 (a. 1016).

**olearius** (subst.): *huilier — oil-dealer.* S. xiii.

**olitanus:** *ancien — ancient.* Traditio. Concil. Roman. a. 769, *Conc.*, II p. 83. Cod. Carolin., no. 77, *Epp.*, III p. 609. Fides. Concil. Roman. a. 798, *Conc.*, II p. 204. Tempora. Lib. pontif., Hadr. I, ed. DUCHESNE, I p. 505.

**olivare:** *planter d'oliviers — to plant with olive-trees.* Petiam terre olivate. GADDONI-ZACCHERINI, *Chart. Imolense*, I p. 199 (a. 1154).

**olivarium,** -erium: *olivette — olive-orchard.* GIULINI, *Mem. di Milano*, II p. 477 (a. 903). KEHR, *Urk. Norm.-Sic. Kön.*, p. 430 no. 13 (a. 1148).

**olivarius** (subst.): *olivier — olive-tree.* Bened. VIII pap. (a. 1012-1024) epist., MIGNE, t. 139 col. 1614 B. Synod. Biterr. a. 1168, HUBERTI, *Gottesfr.*, I p. 454.

**oloser icus,** v. holosericus.

**oloverus,** v. holoberus.

**olqua,** v. olca.

**omittere: 1.** *quitter — to leave.* Nondum omissa patria. Pass. XII fratrum (s. viii), *AASS.*, Sept. I p. 139. Karolus Francos inibi omittens. NITHARD., lib. 2 c. 3, ed. LAUER, p. 42. Ad suos, quos circa Parisium omiserat, rediit. Ib., lib. 3 c. 4, p. 98. **2.** *pardonner — to forgive.* Misericors Deus delicta illorum . . . omisit. Chron. Salernit., c. 123, ed. WESTERBERGH, p. 138.

**omnifarius:** **de tout genre — of all sorts.*

**omnimode:** **de toute manière — in every way.*

**omnipotentia:** **toute-puissance — omnipotence.*

**omnis: 1.** *i.q. totus, *tout, entier — whole, entire.* **2.** c. negat.: *i.q. nullus, *aucun — no, not any.*

**onager:** *une sorte de *baliste* — kind of *ballista.*

**onerare:** *mettre à la charge de, porter en compte de* qq'un — *to make answerable* for a thing, *to debit* with a thing. S. xiii.

**onus: 1.** la *charretée de foin* utilisée comme mesure pour les prés — *cartload of hay* as a measure for hayfields. Pradum ad S. onera octo. Test. Tellonis a. 765, MEYER-PERRET, *Bündner UB.*, no. 17 p. 18. Ibi saepe. **2.** *une redevance — a due.* Dono . . . onus annonae et vini, carnis



quoque. DC.-F., VI p. 45 col. 2 (ch. a. 1077, Gascogne).

**onustare:** **charger — to load.*

**onustarius** (adj.): *qui sert au chargement — for loading.* Salinam . . . cum . . . locis onustariis. *D. Ottos I.*, no. 431 (a. 973).

**opera: 1.** (cf. class. "journée de travail agricole — day's field-labour") *journée de travail agricole obligatoire — a day's compulsory field-labour.* Faciant per ebdomata una operas tres. Liutprandi leg., c. 83 (a. 726). Unius hominis anni vertente operas tres. WARTMANN, *UB. S.-Gallen*, I no. 33 (a. 762). Ad duodecim operas, quod sunt dies duodecim manualis. SCHIAPARELLI, *CD. Longob.*, II no. 192 p. 180 (a. 765, Chiusi). Operas pro [i.e. per] omni anno manibiles sex. *CD. Langob.*, no. 217 col. 361 C (a. 861, Milano). Faciunt manentes in anno opera 2850. Ib., col. 706 D (a. 905/906). **2.** gener.: *corvée, travail agricole obligatoire — compulsory field-labour.* Dabo . . . censum . . . et opera in stathum [i.e. statutum] tempus, in messe et fenum duos dies . . . WARTMANN, no. 39 p. 41 (a. 763). Annis singulis dinarios 2 et tres dies in opera. Ib., no. 213 (a. 814). Operas — collectiones frugum, arare, sementare, runcare, caricare, secare vel cetera his similia — a populo . . . exigere consueverunt. Capit. Mantuan. II a. 813, c. 6, I p. 196. Homines . . . deberent facere hoperas et aliud servitium per conditionem a partem suprascripti monasterii. MANARESI, *Placiti*, I no. 49 p. 161 (a. 845). Annue ad ipsam curtem operas fecissemus pro [i.e. per] omnes ebdomatas. Ib., I no. 110 p. 407 (a. 900, Milano). **3.** gener.: *service, travail obligatoire — labour service.* Faciat sibi eum operas facere sicut suum proprium servum. Liutprandi leg., c. 108 (a. 729). Opera quidquid ei inposita fuerit. Lex Alamann., tit. 22 § 1. Communi opera totius populi circumhabitantis ibi pons construatur. Lud. II capit. Pap. a. 850, c. 8, II p. 88. Quicquid eis carricare praecipitur de opera carroperae . . . et quidquid eis de opera manoperae . . . praecipitur. Edict. Pist. a. 864, c. 29, *Capit.*, II p. 323. **4.** *journel,* mesure de terre — a *land measure,* the surface plown in one day. Dedit de prado [i.e. prato] opera una. DE MONSABERT, *Ch. de Nouaillé*, no. 13 p. 25 (a. 831/832). Alodem meum . . . plus minus in toto operam 1. Ib., no. 24 p. 44 (a. 898). Quatuor jugera et una opera vinearum. REDET, *Cart. de S.-Cyprien de Poitiers*, no. 24 p. 28 (a. 923-936). Ibi pluries. De vinea junctum 1 et opera 1. RICHARD, *Ch. de S.-Maixent*, I no. 21 p. 34 (ca. a. 959). Ibi pluries. De vinea nostra . . . plus minus opera 1. DE MONSABERT, no. 70 p. 116 (a. 985). **5.** *œuvre d'une église — church fabric fund.* Dono ad operam b. Mariae centum morapetinos. DE SAÉNZ, *Concil. Hisp.*, III p. 374 col. 2 (ch. a. 1162, Urgel). Domos . . . operae ecclesiae reddi mandavimus. DC.-F., VI p. 45 col. 3 (ch. a. 1163, Marseille).

**operagium:** *travail — labour.* S. xiii.

**operari** et operare, **1.** intrans. (class. "travailler", en part. en parlant du travail agricole — "to work", esp. with reference to field-labour): *acquitter des corvées — to perform labour service.* Operatur annis singulis ebdomades 5. Brev. ex., c. 8, *Capit.*, I p. 252. Per tres dies seniori suo manibus . . . operaretur. Capit. in pago Cenom. dat. a. 800, p. 81. Isti duo . . . ad molendinum aliquid non operassent, sed alium servitium pleniter fecissent. BITTERAUF, *Trad. Freising*, I no. 292 p. 253 (a. 809). Servientes aecclesiarum Dei in eorum opera, id est in vineis et campis seu pratis necnon et in eorum aedificiis faciant operare. Karoli M. epist. ad Pipp. (a. 806-810), *Capit.*, I p. 212. Nolumus ut liber homo ad nostros brolios operari cogatur. Capit. de funct. publ. (a. 820), c. 4, p. 295. Ipsi mansi operantur in ebdomada 3 dies. BITTERAUF, no. 652 p. 551 (a. 842). **2.** **opérer, agir — to operate, act.* **3.** transit.: **fabriquer — to manufacture.* **4.** *construire — to build.* Turrem . . . operarunt. Chron. Salernit., c. 111, ed. WESTERBERGH, p. 123. **5.** *ouvrager — to adorn.* Calicem onichinum mirabiliter operatum. DREI, *Carte di Parma*, p. 585 (a. 913). Casulam auro operatam optimo. HELGALD., V. Roberti, c. 14, *H. de Fr.*, X p. 104 D. **6.** terram: **travailler, cultiver — to till.* Dedit terram . . . quantum sex boves possent operari. MÉTAIS, *Cart. de Vendôme*, I no. 24 p. 45 (ante a. 1040). **7.** **créer — to create.* **8.** **réaliser, produire, effectuer — to effect, produce, accomplish.* **9.** **occasionner, causer, provoquer — to give rise to, bring about, provoke.* **10.** **pratiquer* les bonnes œuvres — *to practise* charity. Quodcumque potest, operatur in Christi miseros. Ruodlieb, fragm. 17 v. 85. **11.** gener.: **pratiquer, exercer — to practise, exercize.* **12.** malo sensu: **commettre — to commit.* **13.** cum adjectivo praedicativo: *rendre — to render.* Per paludem invium, quem Deus pervium operatus est. ANAST. BIBL., Chron., ed. DE BOOR, p. 99.

**operarius** (subst.): **1.** *ouvrier constructeur — building-worker.* B. operarius sit et aedificet domuncula nostra, ubicumque opus sit. BONIF.-LULL., epist. 40, *Epp.*, III p. 289. Ad restaurationem [ecclesiae] operarios conducere. Capit. per se scrib. (a. 818/819), c. 5, I p. 287. **2.** *laboureur — tiller.* Adjutorium tempore obsidionis vel hostilitatis generalis . . . [advocatus] accipiat in potestatibus, id est de carruca 2 sol., de dimidia 1, de operario divite non paupere 3 den. MIRAEUS, I p. 659 col. 2 (a. 1038, Flandre). Operarii, id est homines de eadem [villa], operentur tribus vicibus, id est tribus hebdomadibus per annum, ad castrum. VAN LOKEREN, *Ch. de Gand*, no. 133 p. 95 (a. 1056). **3.** *maître de la fabrique d'une église — warden of a church fabric-fund.* S. xiii.

**operata:** *mesure de terre* pour les vignes qui correspond à une journée de travail — *land measure* for vineyards equal to a day's work. S. xiv.

**operatio: 1.** *corvée — labour service.* Neque servitia ex eis [villis] exactent . . . praeter consuetudinarias operationes ex his villis. TARDIF, *Cartons*, no. 123 p. 86 col. 1 (ch. a. 832, S.-Denis). De advenis . . . ministri rei publicae . . . censum vel operationes exegerunt. Capit. missor. Attiniac. a. 854, c. 6, II p. 277. Nullus . . . annuas in messibus vel pratis dominicis operationes exquirat. Priv. spur. Joh. VIII pap. ap. DC.-F., VI p. 46 col. 1 (Cambrai). Interdicimus exactiones et indebitas castellorum operationes fieri. Concil. Rem. a. 1148, c. 3, MARTÈNE, *Thes.*, IV p. 141. **2.** **acte*

_méritoire, bonnes œuvres, bienfaisance — meritorious act, charity._
**operativus:** *_efficace — operative._
**operator:** _ouvrier — workman._ S. xiii.
**operatorium:** **1.** _atelier — workshop._ Operatoria pellificum, textorum, sutorum, fabrorum. Stat. Praem. (ante a. 1143), c. 65, ed. Van Waefelghem, p. 60. Operatoria et stacionellos et plateas ad predictam domum pertinentes. _Actes Phil.-Aug._, no. 402 (a. 1192), I p. 493. **2.** _bureau, étude — office._ Actum est hoc in operatorio A. notarii. Guérard, _Cart. de Mars._, II no. 960 p. 400 (a. 1204).
**operatorius:** *_efficace — operative._
**operatura:** _mesure de terre_ pour les vignes qui correspond à une journée de travail — _land measure_ for vineyards equal to a day's work. S. xiii, Bourgogne.
**operimentum:** *_vêtement — garment._
**operosus:** _ouvragé — decorated._ Armillae operosae. Ruodlieb, fragm. 5 v. 332. Ibi pluries.
**opertorium:** **1.** *_dalle tumulaire — grave-stone._ Gregor. Turon., Glor. conf., c. 17, _SRM._, I p. 757. **2.** *_vêtement, manteau — garment, cloak._ **3.** _corporal — corporal._ Ne opertorio dominici corporis . . . corpus dum ad tumulum evehetur, obtegatur. Concil. Arvern. a. 535, c. 7, _Conc._, I p. 67.
**opertura:** _housse — horsecloth._ Suger., V. Lud. Gr., c. 10, ed. Waquet, p. 62.
**opidanus** = oppidanus.
**opidum** = oppidum.
**opificium:** **1.** *_métier, industrie — craft._ **2.** _ouvrage — piece of work._ Quod ad unius opificii acceperat usum, ita ex ea duo conposuit. V. Eligii, lib. 1 c. 5, _SRM._, IV p. 672. **3.** _outil — implement._ Medicus quoquendi [i.e. exurendi] ulceris congruum ferri opificium praepararet. Ib., lib. 2 c. 67, p. 734.
**opinabilis:** **1.** _remarquable, célèbre — worthy of note, famous._ Cassiod., Var., lib. 3 epist. 3 § 1, _Auct. ant._, XII p. 79. Ildefons., addit. ad Isidori libellum de vir. ill., Migne, t. 96 col. 201 C. Ekkehard., Cas. s. Galli, _SS._, II p. 88 l. 20; p. 123 l. 24. **2.** _croyable — credible._ Tantis lacrimis inundans . . . ut vix cuiquam opinabile sit. Helmold., lib. 1 c. 42, ed. Schmeidler, p. 85. Similia c. 52, p. 103.
**opinare:** _louer — to praise._ In quorum ore merita electi Christi opinabantur. Wettin., V. Galli, c. 40, _SRM._, IV p. 279.
**opinatus** (adj.; praesertim superl. opinatissimus): *_célèbre — famous._
**opinio:** *_réputation, renommée — repute, fame._ Cassiod., Var., lib. 1 epist. 13 § 2, _Auct. ant._, XII p. 21. Jordan., Getica, c. 5 § 43, ib., V pt. 1 p. 65. Gregor. M., lib. 1 epist. 35, _Epp._, I p. 49. Lex Baiwar., tit. 2 c. 7 § 1. Quos bone vite opinio et optime conversationis meritum commendat. Lib. diurn., c. 70, ed. Sickel, p. 66. Etiam c. 28, p. 20.
**opitulatio:** *_secours, assistance — help, support._
**oplus** = opulus.
**oppidalis:** _urbain — of a city._ Jus opidale. Keutgen, _Urk. st. Vfg._, no. 143 (a. 1213, Hamm).
**oppidanus:** **1.** _habitant d'un château, membre de la garnison d'un château — inhabitant of a castle, member of the castle garrison._ Flodoard., Ann., a. 932, ed. Lauer, p. 53. Alpert. Mett., Div., lib. 1 c. 3, ed. Hulshof, p. 9. Suger., V. Lud. Gr., c. 11, ed. Waquet, p. 70. **2.** _châtelain — castellan._ Gillebert., Mir. Amandi (ca. a. 1070), c. 3, _SS._, XV p. 850. Order. Vital., lib. 3 c. 14, ed. Le Prévost, II p. 150. Ibi saepe. Suger., Hist. Lud. VII, c. 5, ed. Molinier, p. 150. **3.** _habitant d'un bourg rural — inhabitant of a rural town._ Mir. Adalardi, lib. 1 c. 1 (ca. a. 1100), _SS._, XV p. 863 (Corbie). **4.** _habitant d'une ville — inhabitant of a city._ Même en parlant des habitants d'une cité épiscopale — also with reference to the inhabitants of the capital of a bishopric. Guillelm. Malmesbir., G. reg., lib. 2 § 127, ed. Stubbs, I p. 138 (Chartres).
**oppidulum:** _petit château — small castle._ Juxta maenia Tornodori [Tonnerre] opiduli. Quantin, _Cart. de l'Yonne_, I no. 73 (a. 938).
**oppidum:** **1.** (class.) _place forte, lieu habité et emmuraillé — fortified place, town enclosed with walls._ En parlant d'une abbaye fortifiée — with reference to a walled monastery: _D. Ludwigs d. Deutsch._, no. 142 (a. 871). En parlant d'une cité — with reference to the capital of a bishopric: Infra oppedum Parisiorum civetatis. _D. Merov._, no. 11 (ca. a. 627). Sub opidum Senonis civitate. Quantin, _Cart. de l'Yonne_, I no. 6 p. 10 (a. 659/660). Sub opidum Mettensium civitatis. _D. Merov._, no. 89 (a. 717). Sub opidum Parisius civitate. Pardessus, II no. 547 p. 360 (a. 730). In opidum civitate illius. Cartae Senon., no. 41, _Form._, p. 203. Sub opedum Cabiloninsis urbis. _D. Karolin._, I no. 123 (a. 779). Infra muros Albiensis oppidi. V. Desiderii Cadurc., c. 30, _SRM._, IV p. 586. Oppidi Constantiensis episcopus. Coll. Sangall., no. 33, _Form._, p. 417. Oppidum ingreditur [sc. Laudunum]. Flodoard., Ann., a. 949, ed. Lauer, p. 122. Andegavense opidum. Petr. Malleac., Transl. Rigomeri (a. 1014), Mabillon, _Acta_, VI p. 135. Aggerem Bremensis oppidi firmatum [esse]. Adam Brem., lib. 2 c. 48, ed. Schmeidler, p. 108. **2.** _forteresse, château fort — castle._ Flodoard., Ann., a. 948, p. 116. Richer., lib. 2 c. 8, ed. Latouche, I p. 140. Alpert. Mett., Div., lib. 1 c. 2, ed. Hulshof, p. 28. Anselm., G. episc. Leod., c. 25, _SS._, VII p. 203 l. 11. Apogniacum . . . in oppidum erigens firmiter munivit. Frodo, G. pontif. Autissiod., c. 52, ed. Duru, p. 398. Galbert., c. 20, ed. Pirenne, p. 34. Herimann. Tornac., Rest., c. 35, _SS._, XIV p. 288. Cf. J. F. Verbruggen, _Note sur le sens des mots . . . qui désignent des fortifications, RBPH._, t. 28 (1950), p. 153 sq. **3.** _agglomération qui s'accole à un château fort — settlement near a castle._ Capto oppido et incenso, aciem ordinant . . . Ingressi sunt urbem. Widukind., lib. 1 c. 9. Egressus est urbem; cumque pertransisset oppidum . . . Ib., c. 22. Cogens illos intra murum [urbis], oppido potito et incenso. Ib., lib. 3 c. 45. **4.** _franchise, lieu doué d'un statut urbain — enfranchised borough._ Cf. G. Des Marez, _Le sens juridique du mot oppidum dans les textes flamands et brabançons des XIIe-XIIIe s., Festschr. Heinr. Brunner_, Weimar 1910, p. 339 sqq. **5.** _région, pagus — province._ Villiocasinensium opido [i.e. Le Vexin] ingressi. V. Audoini altera, c. 17, _SRM._, V p. 564. **6.** _village — village._ Helmold., passim.
**opponere:** **1.** *_proposer — to propound._ **2.** _imposer — to inflict._ Nullas praestationes vel redibitiones . . . obponere illis vel ab ipsis



exigere audeat. _D. Karls III._, no. 21 (a. 880). **3.** refl. se opponere pro aliquo: _s'employer pour qq'un, défendre — to stand up_ for a person, _to shield._ Opponere se pro oppressis debet. Joh. Rom., V. Gregorii M., Migne, t. 85 col. 211 A. Moyses semetipsum pro populo Israel opponens. Atto Vercell., epist., ed. Burontius, p. 308.
**oppositio:** **1.** _imposition — impost._ Collectam vel angarias seu injustas oppositiones superponere. _D. Konrads II._, no. 219 (a. 1035). **2.** *_opposition, contradiction — opposition, contradiction._ **3.** _disputation — disputation._ Denifle, _Chart. Univ. Paris._, I no. 20 p. 79 (a. 1215).
**opprimere:** *_violer — to ravish._ Si pater sponsam filii sui oppresserit. Decr. Compend. a. 757, c. 13, I p. 38.
**oppugnare:** *i.q. expugnare, _prendre d'assaut — to take by storm._
**optimas,** obtemas, **1.** plural. optimates: _les grands auprès du roi, les dignitaires du palais — the king's great men, dignitaries of the royal court._ Coram positis optimatibus nostris. Lex Burgund., praefat. Rex juravit omnibus optimatibus, quod . . . Gregor. Turon., H. Fr., lib. 7 c. 21. Optimates regis. Ib., lib. 8 c. 2. De quascunque conditiones cum nostris optimatibus pertractavimus. Decr. Childeberti a. 596, praef., _Capit._, I p. 15. Rex et aulici ejus, proceres atque obtimates. V. Praejecti, c. 22, _SRM._, V p. 239. Invenit gratiam in oculis regis et coram cunctis obtimatibus ejus. V. Eligii, lib. 1 c. 5, _SRM._, IV p. 673. Ibi saepe. **2.** sensu stricto: _les grands laïcs_ qui sont les compagnons du roi mérovingien (à l'exclusion des ecclésiastiques); synonyme de "antrustiones" — _the great laymen_ forming the king's retinue or bodyguard. Discussi . . . fuerant a reliquis episcopis et optimatibus regis. Gregor. Turon., H. Fr., lib. 8 c. 2. Pertractantibus . . . cum viris magnificentissimis obtimatibus vel antrustionibus. Chilper. edict. (a. 571-574), c. 1, _Capit._, I p. 8. Nullus de optimatibus nostris praesumat. Childeb. II decr. a. 596, c. 4, p. 16. Deliberationem quem cum ponteficibus vel tam magnis viris optematibus aut fidelibus nostris in synodale concilio instruemus. Chloth. II edict. a. 614, c. 24, p. 23. Obtimates et principes. Desider. Cadurc., lib. 1 epist. 1, _Epp._, III p. 193. Optematis Childeberti regis. Fredegar., lib. 4 c. 8, _SRM._, II p. 125. Optimates palatii. Lex Visigot., lib. 12 tit. 1 § 3. Palatini optimates. Pass. I Leudegarii, c. 13, _SRM._, V p. 296. Erant viri incliti obtimates aulae. V. Eligii, lib. 1 c. 8, p. 676. Quidam ex primis palatii optimatibus. V. Agili, c. 1, Mabillon, _Acta_, II p. 316. Cum nos in palatio nostro unacum . . . episcopis vel cum plures obtimatibus nostris . . . resederemus. Marculf., lib. 1 no. 25, _Form._, p. 59. Consensu episcoporum et optimatum nostrorum. _D. Merov._, no. 31 (a. 673). Una cum consilio ponteficum vel obtimatum nostrorum. Ib., no. 57 (a. 688). Una cum . . . episcopis necnon et inlustris viris R. N. E. optimatis, M. E. gravionebus, necnon et B. et C. seniscalcis. Ib., no. 64 (a. 692). Cum apostolicis viris . . . episcopis seu et inlustribus viris . . . optematis, . . . comitebus, . . . grafionibus, . . . domesticis, . . . refrendariis, . . . seniscalcis. Ib., no. 66 (a. 693). Singulari numero: Inlustro viro sancto Ennodio optimate. Childeberti II reg. epist. ad Mauric. imp. (a. 584), _Epp._, III p. 139. Domino procerumque inlustrem obtimate illo regale gratia sublimatum. Coll. Flavin., no. $117^{b}$, _Form._, p. 486. Similia no. $117^{c}$, p. 487. [Epistolam mittit] domno Desiderio optimate [i.e. domnus D. optimas] verus peccator. Desid. Cadurc., lib. 2 epist. 19, _Epp._, III p. 213. Ante virum apostolicum dominum A. episcopum et illustrem virum C. optimatem vel reliquos abbates. Pardessus, II no. 358 p. 144 (a. 667, Orléans). Ex permisso et coniventia W. obtimatis. Pass. Praejecti, c. 20, _SRM._, V p. 238. Cuidam obtimati qui tunc functionem fiscali administrabat. Pass. Leudegarii prima, rec. A, c. 37, ib., p. 319. **3.** plural. optimates, à l'époque carolingienne: _les grands laïcs du royaume_ en général — in the Carolingian period, _the lay magnates of the realm_ in a general way. Nullus optimatum, major domus, domesticus, comes, grafio, cancellarius . . . Lex Ribuar., tit. 88. Cum consilio servorum Dei et optimatum meorum. Concil. German. a. 743, _Capit._, I p. 24. Una cum consensu episcoporum . . . seu comitibus et obtimatibus [i.e. comitum et optimatum] Francorum conloqui[o]. Pippini capit. Suession. a. 744, c. 2, p. 29. Uxor ejus [Carlomanni] et filii cum parte optimatum in Italiam profecti sunt. Ann. q.d. Einhardi, a. 771, ed. Kurze, p. 33. Cum consilio pontificum vel seniorum optimatum nostrorum. _D. Karolin._, I no. 25 (a. 768). Cum nos una cum obtimatibus vel pontificibus sederemus ad causas audiendas. Ib., no. 63 (a. 771). Cum nos una cum episcopis, abbatibus, ducibus, comitibus seu reliquis obtimatibus ad causas audiendas resederemus. Ib., no. 197 (a. 801). Imperator Karolus elegit ex optimatibus suis prudentissimos et sapientissimos viros. Capit. missor. gener. a. 802, c. 1, I p. 91. Domini nostri omniumque optimatum suorum jussum. Capit. de exam. eccl. (a. 802 ?), c. 17, p. 111. [Expensa] episcoporum, comitum, abbatum et optimatum regis. Capit. Aquisgr. (a. 802/803), c. 10, p. 171. Omnes episcopi, abbates, abbatissae, obtimates et comites seu domestici. Capit. missor. Niumag. a. 806, c. 18, p. 132. Accersitis nonnullis episcopis, abbatibus, canonicis et monachis et fidelibus optimatibus nostris. Proëm. ad capit. a. 818/819, p. 274 l. 37. Venerabilium episcoporum atque abbatum vel etiam optimatum nostrorum sub jurejurando. Pact. Lud. Pii cum Pasch. pap., p. 355. Optimates et amicos [regis]. Eginhard., V. Karoli, c. 22. Singulari numero: Glorioso comiti atque optimati. Eginhard., epist. 18, _Epp._, V p. 119. Per A. fidelissimum optimatem nostrum. _D. Ludovico III_, no. 10 p. 32 (a. 901). **4.** _vassal — vassal._ Dicite, mei fideles meosque optimates. Chron. Salernit., c. 58, ed. Westerbergh, p. 58. De A. quondam optimate nostro [sc. comitis Andegavensis]. DC.-F., VI p. 50 col. 2 (ch. a. 1033).
**1. opus:** **1.** (cf. voc. opera sub 2 et 3) _corvée — labour service._ De alio servili opere libera fuisset. Bitterauf, _Trad. Freising_, I no. 858 p. 679 (a. 860). Opus castelli: corvées de fortification — castle building and repair service. _D. Ottos I._, no. 86 (a. 947). Beyer, _UB_

*Mittelrh.*, I no. 332 p. 386 (s. xi). Urbanum opus: idem. FUCHS, *Trad. Göttweig*, no. 330 (a. 1135). **2.** spec.: *construction — building*. Ex eo [censu] poteris elymosinam tribuere et opus perficere sanctarum aecclesiarum. BONIF.-LULL., epist. 87, *Epp.*, III p. 372. **3.** opus ecclesiae: la fabrique d'une église — church fabric-fund. Operi ecclesiae s. Mariani [lego] scifum argenteum. DC.-F., VI p. 51 col. 1 (ch. a. 1191, Auxerre). **4.** opus Dei, Christi, opus divinum, sacrum, sanctum: service divin, office — divine worship. EUGIPP., V. Severini, c. 4 § 5, *CSEL.*, t. 9 pt. 2 p. 18. Benedicti regula, c. 7, 16, 19. V. patrum, lib. 5 c. 10 § 97, MIGNE, t. 73 col. 930 C. Rursum lib. 6 c. 3 § 2, col. 1006 A. V. Caesarii, lib. 1 c. 15, *SRM.*, III p. 467. GREGOR. M., lib. 6 epist. 38, *Epp.*, I p. 415. WETTIN., V. Galli, c. 38, *SRM.*, IV p. 278. **5.** **acte de charité, aumône — work of charity, alms.* **6.** **miracle — miracle.*

**2. opus.** Loc. ad opus alicujus: au profit de, pour le compte de, pour l'usage de qq'un — in behalf of, for the benefit of, in aid of someone. Nobis aliquid de silva ad opus ecclesiae nostrae . . . restaurandum [leg. restaurandae] dare. F. Marculfi aevi Karolini, no. 1, *Form.*, p. 115. Quando [res] nec ad vestrum [sc. imperatoris] opus fuerunt revocatas. F. Bituric., no. 14, p. 174. Ipsa femina ad opus sancto illo [i.e. sancti illius] habeat evindicata. F. Sal. Bignon., no. 7, p. 230. Ad opus dominicum [i.e. regis] pro fredo sol. 200 componat. Ewa ad Amorem, c. 3. Quindecim solidos conponat ad opus regis. Concil. Franconof. a. 794, c. 5, *Conc.*, II p. 166. Ad opus indominicatum ipsius episcopi colonias 6. *D. Ludwigs d. Deutsch.*, no. 112 (a. 864). In dominicum opus [réserve seigneuriale — manorial demesne] jurnales 230. Invent. Maurimonast. (s. x ex.), PERRIN, *Essai*, p. 138.

**opusculum:** *œuvre littéraire* en général, même importante — any *literary work*, even a major one. Cf. P. LEHMANN, *Fuldaer Studien*, *SB. München*, phil.-hist. Kl., 1925, pp. 7-10.

**ora** (scandin.?): une *unité de poids — a weight.* S. xii, Angl.

**oraculum,** oracula (singul. femin.): **1.** *oratoire, chapelle destinée à la prière — oratory, praying-chapel.* GREGOR. M., Dial., lib. 2 c. 8. Id., lib. 13 epist. 19, *Epp.*, II p. 386. IONAS, V. Columbani, lib. 2 c. 12, ed. KRUSCH (in 8°), p. 260. V. Wandregisili, c. 14, *SRM.*, V p. 20. V. Eligii, lib. 2 c. 68, ib., IV p. 735. Lib. pontif., Martin. I, ed. MOMMSEN, p. 181. V. Desiderii Cadurc., c. 16, *SRM.*, IV p. 575. PAUL. DIAC., Hist. Langob., lib. 6 c. 58. **2.** *chapelle* au sens juridique, église non pourvue des pleins droits paroissiaux — *chapel* in the legal sense, a church which does not possess full parochial powers. Ecclesias baptismales seu oraculas . . . restaurare. Pippini reg. It. capit. (a. 782-786), c. 1, I p. 191. De consecratione . . . baptismalium ecclesiarum aut senodochiorum seu oraculorum. Capit. de reb. eccl. (a. 825 ?), c. 1, p. 332. Omnes presbiteri et parochia Cremonensis tam de plebibus quamque et de oraculis. D. Lotharii I imp. a. 835, *CD. Langob.*, no. 123 col. 220 A. Monasteria et baptisteria cum eorum oraculis seu pertinentiis. PASQUI, *Doc. di Arezzo*, I p. 51 (a. 853). In ecclesias baptismales vel oracula . . . seu reliquas possessiones episcopii. *D. Ludwigs d. Deutsch.*, no. 149 (a. 873). **3.** *monastère — monastery*. Devotio conditoris pie constructionis oraculi. Lib. diurn., c. 32, ed. SICKEL, p. 23. **4.** gener.: *église — church.* Ad veneranda templorum oracula . . . [plebs] congregatur. Guntchramni edict. a. 585, *Capit.*, I p. 11 l. 34. Ad templorum oracula . . . discurreret. PS.-FORTUN., V. Medardi, c. 3 § 8, *Auct. ant.*, IV pt. 2 p. 68. De domo diabolica templum Deo vivo et vero et oracula sanctorum consecraret. ANON., G. Franc., c. 31, ed. BRÉHIER, p. 168. **5.** *récrit impérial — imperial rescript.* Inst. Justin., 1, 11, 11. CASSIOD., Var., lib. 3 epist. 46 § 4, *Auct. ant.*, XII p. 102. **6.** *privilège pontifical — papal privilege.* Coll. Avell., *CSEL.*, t. 35 p. 559. **7.** *diplôme royal — royal charter.* Petiit ut hoc pro nostris oraculis [i.e. per nostra oracula] confirmare deberemus. *D. Merov.*, no. 53 (ca. a. 681). Serenitatis nostre oraculo confirmamus. Lex Visigot., lib. 12 tit. 3 c. 1. *D. Karolin.*, I no. 5 (a. 753). *D. Ludwigs d. Deutsch.*, no. 13 (a. 833). V. Desiderii Cadurc., c. 12, *SRM.*, IV p. 571.

**orale,** oralis (< os, cf. voc. orarium): **1.** *étole — stole.* Sandalia 2 ad missas et oralia ad mensam una cum cappis et omni apparatu. Test. Leodebodi a. 667, PARDESSUS, II no. 358 p. 143. **2.** *voile* d'une femme qui prend le voile — *nun's veil.* WOLFHARD. HASER., Mir. Waldburgis, lib. 2 c. 1, *SS.*, XV p. 544. **3.** *mouchoir — handkerchief.* Acta Julii Dorost., *AASS*[3]., Maji VI p. 655 D. **4.** *mesure de capacité — solid measure.* Per unamquamque navim salis orales quatuor. MURATORI, *Antiq.*, II col. 29 (a. 998). Eadem verba: *D. Konrads II.*, no. 160 (a. 1031). *D. Heinrichs III.*, no. 351 (a. 1055).

**orama** (genet. -atis), v. horama.

**oramen:** *prière, oraison — prayer.* ALDHELM., epist. 5, *Auct. ant.*, XV p. 489. BONIF.-LULL., epist. 70, *Epp.*, III p. 338. Ibi pluries. Transl. Landoaldi, § 18, *AASS.*, Mart. III p. 46 C. THEODORIC. TREVER., Transl. Celsi, § 19, ib., Febr. III p. 399 E. Transl. Audoeni, MARTÈNE, *Thes.*, III col. 1673. Ruodlieb, fragm. 5 v. 190 et 580.

**orarium,** orarius (< os): **1.** **mouchoir, serviette — handkerchief, towel, napkin.* **2.** *étole — stole.* V. Fulgentii Rusp., c. 18 § 38, *AASS.*, Jan. I p. 39 col. 2. Concil. Bracar. a. 563, c. 9, MANSI, t. 9 col. 778. Concil. Tolet. IV a. 633, c. 40, ib., t. 10 col. 629. Lib. pontif., Agatho, ed. MOMMSEN, p. 197. Ib., Steph. III, § 13, ed. DUCHESNE, I p. 472. Ordo Rom. XXXIV (s. viii med.), c. 1, ANDRIEU, III p. 603. Capit. de villis, c. 4. ALCUIN., epist. 282, *Epp.*, IV p. 441. DRONKE, *CD. Fuld.*, no. 157 p. 88 (a. 800). Concil. Mogunt. a. 813, c. 28, *Conc.*, II p. 268. WALAHFR., Exord., c. 10, *Capit.*, II p. 485. G. pontif. Autissiod., c. 33 (ca. a. 875), ed. DURU, p. 351. **3.** *cravate, châle — neck-tie, shawl.* MANARESI, *Placiti*, I no. 16 p. 47 (a. 803, Lucca). JOH. NEAP., V. Athanasii, *Scr. rer. Langob.*, p. 445. **4.** *carreau à prier — kneeler, hassock.* Ordo Rom. XXVII (s. viii p. poster.), c. 15, ANDRIEU, III p. 351.

**oratio: 1.** **prière — prayer.* **2.** spec.: *oraison* de la Messe — *oration* of the Mass. **3.** *bénédiction de congé — valedictory benison.* Quem causa manifesta compulerit, oratione a priore sperata et concessa discedat. Concordia regularum ex regula Pauli et Stephani (s. vi) c. 4, MIGNE, t. 66 col. 951 C. Qui egrediens domum ad orationem poscendam non se humiliaverit et post acceptam benedictionem non se signaverit. COLUMBAN., Regula coenob., c. 3, ed. WALKER, *Columbani opera*, p. 146. Data oratione et benedictione suam mansionem introivit. BEDA, V. Cuthberti, c. 36, ed. COLGRAVE, p. 268. Rex cum admonitione, gratia et oratione . . . pontificis absolutus. Lib. pontif., Steph. II, § 29, ed. DUCHESNE, I p. 448. Accepta a summo pontifice oratione. Contin. Lombarda ad PAULUM DIAC., *Scr. rer. Langob.*, p. 217 l. 7. Ab suis oratione accepta. ALPERT. METT., Div., lib. 1 c. 12, ed. HULSHOF, p. 17.



**orationale** (neutr.), -lis (mascul.): *livre de prières — prayer-book.* Consuet. Vallumbros., c. 1, ALBERS, IV p. 223. BALZANI, *Il Chron. Farf.*, app., II p. 292 (a. 1119). UGHELLI, VII col. 1275 (ch. a. 1176).

**orationarius** (adj.). Liber orationarius: livre de prières — prayer-book. Test. Riculfi Helen. a. 915, *Hist. de Lang.*[3], V no. 42 col. 136.

**orator. 1.** orator illius: celui qui prie pour le salut d'un autre — one who prays for another person's salvation. (Cf. SALVIAN., epist. 8). Tibi [sc. abbati] commissis fidelibus oratoribus nostris. Karoli M. epist. de litt. col., *Capit.*, I p. 79. Orator vester. Odilberti resp. (a. 809-812), ib., p. 247. Episcoporum rel. (ca. a. 820), c. 8, p. 367. **2.** *pèlerin — pilgrim.* WIPO, G. Chuonradi, c. 22, ed. BRESSLAU, p. 41. Concil. Narbon. a. 1054, c. 24, MANSI, t. 19 col. 831 C. Concil. Roman. IV a. 1078, MANSI, t. 20 col. 506 B.

**oratoriolum,** -us: *petite chapelle — small chapel.* Test. Bertichramni a. 615, PARDESSUS, I no. 230 p. 203.

**oratorium: 1.** **oratoire, chapelle — oratory, chapel.* Benedicti regula, c. 38 et 52. Concil. Agat. a. 506, c. 21, MANSI, t. 8 col. 328 C. Concil. Epaon. a. 517, c. 5, *Conc.*, I p. 20. Concil. Arvern. a. 535, c. 15, p. 69. Concil. Aurel. IV a. 541, c. 7, p. 89. Concil. Cabilon. a. 579, c. 14, p. 211. GREGOR. M., epist., saepe. Lib. diurn., no. 14, ed. SICKEL, p. 12. Lib. pontif., Bonif. I, ed. MOMMSEN, p. 93. **2.** *chapelle* au sens juridique, église non pourvue des pleins droits paroissiaux — *chapel* in the legal sense, church which does not possess full parish quality. Nullum . . . aedificare aut construere monasterium vel oratorii domum praeter conscientiam civitatis episcopi. Capit. de exam. eccl. (s. ix in.), c. 17, I p. 111. Capit. omnib. cogn. fac. (a. 802/803), c. 6, p. 144. Concil. Rom. a. 826, c. 21, p. 374. Capit. e concil. exc. (a. 826/827 ?), c. 4, p. 312. **3.** *chapelle attenante à une église — chapel adjacent to a church.* In qua [basilica] antea diaconia et parvum oratorium fuit. Lib. pontif., Gregor. III (a. 731-741), § 12, ed. DUCHESNE, I p. 419. Cepit . . . superiores partes ejusdem basilice . . . preparare, oratorium scilicet quod eorum vocitant. Actus pontif. Cenom., c. 34, ed. BUSSON-LEDRU, p. 393. **4.** *basilique — basilica.* Monasteria atque oratoria apud urbem regiam. VICTOR TUNN., Chron., *Auct. ant.*, XI p. 199 l. 36. Saraceni egressi Romam horatorium totum devastaverunt beatissimorum principis apostolorum Petri. Chron. s. Benedicti Casin., *Scr. rer. Langob.*, p. 472 l. 5. **5.** *église paroissiale — parish church.* Jactabat illos tres titulos . . . in unum locum et fecit oratorium publicum. BITTERAUF, *Trad. Freising*, I no. 234[a] p. 216 (a. 783-811). **6.** *abbatiale — abbey church.* CAESAR. ARELAT., Regula monach., c. 34, 36 et 42. GREGOR. M., lib. 1 epist. 54, *Epp.*, I p. 79. ARDO, V. Benedicti Anian., c. 28, *SS.*, XV p. 210. De monasteriis ubi corpora sanctorum sunt: ut habeat oratorium intra claustra, ubi peculiare officium et diuturnum fiat. Concil. Franconof. a. 794, c. 15, *Conc.*, II p. 168. **7.** *carreau à prier — kneeler, hassock.* Ordo Rom. XXIV (s. viii), c. 30, ANDRIEU, III p. 293.

**oratus** (decl. iv): *prière, oraison — prayer.* Mir. Renati (ante s. xi), CAPASSO, *Mon. Sorrent.*, p. 213. LAURENT. CASIN., MIGNE, t. 133 col. 888.

**orbare,** aliquem, absol. (cf. voc. orbus): *aveugler — to blind.* Lib. pontif., Gregor. II (a. 715-731), vers. I § 18, ed. DUCHESNE, I p. 405 col. 1. Dupl. leg. edict. a. 789, c. 16, I p. 63.

**orbis:** *territoire d'une "civitas" — area of a "civitas".* In orbe Lemovicense in pago Benacense. DELOCHE, *Cart. de Beaulieu*, p. 17 (a. 842). Iterum p. 37 (a. 856). In orbe Arvernico in comitatu Telemitensi. DONIOL, *Cart. de Brioude*, no. 4 p. 30 (a. 929).

**orbus:** **aveugle — blind.*

**orciolus** = urceolus.

**orcium** = urceus.

**ordalium** (germ.): *ordalie — judicial ordeal.* Quadripart., LIEBERMANN, p. 194 col. 2. Ibi pluries.

**ordinabiliter:** **en ordre, en due forme — in due form, regularly, in an orderly way.*

**ordinalis** (adj.). Liber ordinalis, et subst. neutr. ordinale: livre liturgique — liturgical book. S. xiii.

**ordinamentum:** *règlement constitutionnel — constitutional regulation.* S. xiii, Ital.

**ordinare, 1.** aliquem (class. "nommer, installer dans une fonction — to appoint"): **faire entrer dans l'ordre des clercs, installer* un clerc, *ordonner, promouvoir à tel degré ecclésiastique — to range in the order of clergy, to induct, ordain, confer an ecclesiastical degree upon* a person. D'un pape — of a pope: Numquam papam se electuros aut ordinaturos. LIUDPR. CREMON., Hist. Ott., ed. BECKER, p. 164. D'une abbesse — of an abbess: Alia[m] abbatissa[m] ibidem mittere, eligere et hordinare. MITTARELLI, *Ann. Camald.*, I p. 25 (a. 867). D'un moine — of a monk: Quem ego ipse monachum illic ordinavi. ESCHER-SCHWEIZER, *UB. Zürich*, I no. 67 p. 21 (a. 853). D'un roi — of a king: Rex ordinatus est. PAUL. DIAC., Hist. Langob., lib. 4 c. 7. **2.** presbyterum in parochiam, in (ad) ecclesiam: *rattacher* un prêtre à telle église — *to appoint* a priest to a church. Quando presbyteres in parochias ordinantur. Concil. Tolet. IV a. 633, c. 26, MIGNE, t. 84 col. 374 C. Iste A. clericus . . . ab antecessore meus P. episcopus [i.e. meo . . . episcopo] fuit ordinatus in ecclesia nostra s. Petri et in omnia [i.e. omnes] res eidem ecclesie pertinentes. MANARESI, *Placiti*, I no. 6 p. 15 (a. 785, Lucca). Volumtate[m] et inperationem de presbitero qui ibi ordinatus fuerit. Ib., no. 20 p. 66 (a. 807, Lucca). **3.** presbyterum in ordinem: *ranger dans l' "ordo" d'une église épiscopale — to introduce into the*

"*ordo*" *of a cathedral church.* De sacerdotes illos ad eclesia s. Justini de civitate Placencia, qui ad illis dies in ipsa ecclesia pro tempore ordinatis fuerint. Ib., no. 107 p. 399 (a. 898, Piacenza). Sacerdotes illi qui pro tempore ordinati sunt in ordine episcopatus s. Euphemiae. *CD. Langob.*, no. 454 col. 784 B (a. 914, Como). **4.** aliquem in militem: *adouber — to knight.* Comes et comitissa . . . filium suum in militem . . . ordinaverunt. GISLEB. MONT., c. 55, ed. VANDERKINDERE, p. 95. **5.** ecclesiam: *placer sous la direction d'un évêque — to provide with a bishop.* Petis me ut celeriter eandem debeam ecclesiam ordinare. GREGOR. M., lib. 2 epist. 18, *Epp.*, I p. 115. **6.** monasterium: *organiser conformément à la règle monastique — to organize according to monastic rule.* [Suscepit] construendum sive ordinandum monasterium . . . quod opus sibi injunctum non segniter implevit. BEDA, Hist. eccl., lib. 4 c. 23. Episcopus construxit et ordinavit [monasterium]. *D. Ludwigs d. Deutsch.*, no. 140 (a. 871). Edificavit ibi novum monasterium et fecit illud dedicari et ordinari. Cod. Eberhardi, c. 61, DRONKE, *Trad. Fuld.*, p. 139. Tractare . . . cepit quomodo . . . ipsum locum ordinare possent. ODO FOSSAT., V. Burchardi, c. 9, ed. BOUREL, p. 22. Utrum . . . abbatiam . . . annullaret an ordinaret. Cantat. s. Huberti, c. 89, ed. HANQUET, p. 220. **7.** aliquid: **ordonner, prescrire, commander — to order, ordain, command.* Nos ordinamus . . . Chilperici edict. (a. 571-574), c. 8, *Capit.*, I p. 10. Ordinans qualiter ad praesentiam imperatoris accederet. GREGOR. TURON., H. Fr., lib. 10 c. 2. Ibi saepe. Decernemus ordenandum ut . . . *D. Merov.*, no. 47 (a. 677). In vita ipsius eos ordinaveramus insequere. MARCULF., lib. 1 no. 32, *Form.*, p. 63. Non amplius . . . quam fuerint ordinati [multas] praesumant. Lex Burgund., tit. 76 § 4. Ordenans suis pueris circum adpraehendere. FREDEG., lib. 2 c. 62, *SRM.*, II p. 88. Previdere faciatis et ordinare de verbo nostro ut unusquisque homo . . . suam decimam donet. Pippini epist. (a. 755-768), *Capit.*, I p. 42. Folradus ordinavit [in notis tironianis signo recognitionis additis]. *D. Karolin.*, I no. 139 (a. 781). Pauperes . . . alebat . . . quod illi Dominus ordinabat. V. Goaris, c. 2, *SRM.*, IV p. 412. Principe hordinante vel judice. Lex Visigot., lib. 7 tit. 5 § 2. **8.** *enjoindre, imposer la tâche de — to enjoin, charge a person with a task.* [Oblationes] non ab aliis dispensentur nisi cui episcopus ordinaverit. Synod. Franconof. a. 794, c. 48, *Capit.*, I p. 78. **9.** (cf. loc. ordinare testamentum) absol.: *faire des dispositions, tester — to devise, make one's will.* Que tibi de earum patrimonio visa fuerint ordinare, dispone. Joh. XIII pap. (a. 965-972) epist., ed. KEHR, *Abh. Ak. Berl.*, 1926, II p. 42. **10.** aliquid: *disposer de qqch., léguer — to bequeath.* Si quis Langobardus per cartola in sanitatem aut egritudinem suam res suas ordinaverit et dixerit eas habere loca venerabilia. Aistulfi leg., c. 12 (a. 755). Habeat [soror mea] firmissimam potestatem monasterio [i.e. monasterium] hordinare a [i.e. ad] quocumque homine voluerit. GLORIA, *CD. Padov.*, p. 23 (a. 853). Ordinavit a s. Tiberio monasterio [i.e. ad s. Tiberii monasterium] ipsas ecclesias. *Hist. de Lang.*³, V no. 150 col. 317 (a. 990, Béziers). **11.** *affecter à telle fin — to affect to a definite purpose.* [Sacerdoti] concessit ordinare reditus domus ad elemosinam secundum voluntatem suam. MULLER-BOUMAN, *OB. Utrecht*, I no. 285 p. 263 (a. 1116).

**ordinarie:** *comme leçon ordinaire — as an ordinary lesson.* Legant libros Aristotelis de dialectica . . . in scolis ordinarie et non ad cursum. DENIFLE, *Chart. Univ. Paris.*, I p. 78 no. 20 (a. 1215).

**ordinarius.** Liber ordinarius, et subst. mascul. **ordinarius,** neutr. **ordinarium:** livre liturgique pour les services ordinaires — liturgical book for ordinary services. S. xiii. Subst. mascul. **ordinarius: 1.** *chanoine — canon. CD. Langob.*, no. 385 col. 639 A (a. 900, Bergamo); no. 444 col. 767 A (a. 911, Bergamo); no. 527 col. 898 D (a. 928, Bergamo). ADALBERT. TREVER., Contin. ad REGIN., ad a. 925, ed. KURZE, p. 158. RATHER., epist. 26, ed. WEIGLE, p. 144; epist. 33 p. 184. **2.** *moine semainier pour les repas — monk doing weekservice at meals.* EKKEHARD., Cas. s. Galli, c. 3, *SS.*, II p. 97 l. 12. **3.** *juge royal — king's judge.* Ch. Rogerii reg. Sic. a. 1137, UGHELLI, VII col. 564.

**ordinatio: 1.** **action de placer* un prêtre ou un évêque *à un poste, ordination, promotion — installation* of a priest or a bishop, *ordination, promotion.* Vocatis ad se in ministerium ordinationis [comme évêques auxiliaires pour les ordinations de prêtres — as auxiliary bishops in charge of ordinations] aliis duobus episcopis. BEDA, Hist. eccl., lib. 3 c. 22. **2.** *élection — election.* D'un patriarche — of a patriarch: CASSIOD., Var., lib. 9 c. 15 § 7, *Auct. ant.*, XII p. 280. D'un pape — of a pope: Libell. de imp. pot., ed. ZUCCHETTI, p. 195. **3.** *sacre* d'un roi — a king's *anointment.* Actum . . . regnante Philipo rege, anno ordinationis suae 36. *D. Phil. I*[er], no. 132 (a. 1094). **4.** *charge, fonction — office.* Adepta ordinatione ducatus in civitatibus ultra Garonnam. GREGOR. TURON., H. Fr., lib. 8 c. 18. **5.** *circonscription où s'exerce l'action d'un officier — district subject to an officer's competence.* [Comes] fecit pacem in regionem Arverna vel in reliqua ordinationis suae loca. GREGOR. TURON., l.c. Judex ad cujus ordinationem idem petitor pertinet. Lex Visigot., lib. 2 tit. 2 § 7. **6.** **ordonnance, décret — ordinance, decree.* Nostris ordinationibus celerrimus praestatur effectus. CASSIOD., Var., lib. 1 epist. 29 § 1, *Auct. ant.*, XII p. 30. Ibi pluries. Ad omnes domesticos regis ordinatio processit ut . . . MARCULF., lib. 2 no. 52, *Form.*, p. 106. Super [i.e. contra] illam ordinationem quam . . . fieri jussimus. Capit. miss. de exerc. a. 808, c. 2, I p. 137. **7.** *ordre, commandement — order, command.* [Si] aliquis contra ordinationem regis testare praesumpserit. Lex Sal., tit. 14 § 4. Clerici sine ordenatione episcopi sui adire vel interpellare publicum non praesumant. Concil. Epaon. a. 517, c. 11, *Conc.*, I p. 22. Neque ullam novam ordinationem se inflicturum super eos . . . spopondit. GREGOR. TURON., H. Fr., lib. 9 c. 30. Etiam ib., lib. 5 c. 2. Accepta ordinatione iter pergens. V. Severini Acaun., c. 3, *SRM.*, III p. 169. Per nostram [sc. regis] ordinationem jussimus ut in nostra presentia debuissent adstare. F. Turon., no. 33, *Form.*, p. 155. Per nostram ordinationem sic factum est. *D. Merov.*, no. 29 (a. 667). Ex ordinacione dominica [i.e. regis]. PARDESSUS, II no. 253 p. 10 (a. 631, Limousin). Ad judicium Dei neque per regis ordinationem neque per sancta synodo [i.e. sanctae synodi] censuram . . . exivit. Synod. Franconof. a. 794, c. 9, *Capit.*, I p. 75. Juxta rationabilem comitis ordinationem. Const. de Hisp. a. 815, c. 1, ib., p. 261. **8.** *mission, mandat — mandate, commission.* [Episcopus] per ordinationem principis ordinetur. Chloth. II edict. a. 614, c. 1, *Capit.*, I p. 21. Sua praesumcione, sed non per nostra[m] ordenacione[m] aepiscopatum reciperat. *D. Merov.*, no. 48 (a. 677). Per ordinationem s. Petri accepisset curam. Vis. Baronti, c. 11, *SRM.*, V p. 385. **9.** *mandement — writ.* Ordinatione[m] praesenti [i.e. praesentem] ad vos direximus, per qua[m] omnino jobemus . . . MARCULF., lib. 1 no. 28, *Form.*, p. 60. Per presente[m] urdenacione[m] vobis decernemus et omnino jobimmus ut . . . *D. Merov.*, no. 82 (a. 716). **10.** *disposition testamentaire, testament — provision contained in a will, will.* Fecemus nobis relegere exemplar ordinationis quam A. fecerat, ubi legebatur quod de rebus suis senedochio esse statuerat . . . SCHIAPARELLI, *CD. Longob.*, II no. 163 p. 111 (a. 762, Pavia). In mea sit potestatem judicandi, lavorandi, gubernandi, inperandi et iterum ordinationem faciendi qualiter voluero. Ib., no. 186 p. 169 (a. 765, Lucca). Per hanc paginam ordinationis meae disponere et ordinare videor. *CD. Langob.*, no. 287 col. 483 A (a. 879, Milano). **11.** *accessoires — appurtenances.* Lecta numero octo unacum ordinationes suas. SCHIAPARELLI, o.c., I no. 50 p. 169 (a. 730, Siena). Tam ipso molino cum tecto seu omnes lignamen vel omnem suam ordinacionem. MANARESI, *Placiti*, I no. 67 p. 244 (a. 865, Milano).



**ordinator: 1.** *régisseur domanial — manorial bailiff.* [Regina] ordinatores elegit, villas monasterii pervadit . . . GREGOR. TURON., H. Fr., lib. 9 c. 41. **2.** *sous-ordre d'un évêque* en charge des intérêts matériels de l'évêché — *a bishop's delegate* for secular affairs. Omnem rem ecclesiae, tamquam si jam esset episcopus, in sua redegit potestate, ordinatores removet, ministros respuit, cuncta per se ordinat. Ib., lib. 4 c. 5. Quidquid . . . post obitum nostrum invenerit ordinator s. Martini, medietatem pauperibus eroget . . . Test. Aredii a. 572, PARDESSUS, I no. 180 p. 139. Nullus episcoporum aut eorum ordenatores vel qualibet persona possit alequa[m] potestate[m] sibi in ipso monasthirio vindicare. *D. Merov.*, no. 19 (a. 653). Similia ib., no. 15 (a. 635); no. 93 (a. 723). Neque ego [episcopus] nullusque pontifex aut aliquis ex ordine clericorum ordinator Taruanensis ecclesiae . . . presumat. GYSSELING-KOCH, *Dipl. Belg.*, no. 3 (a. 663, S.-Bertin). Nullam aliam potestatem in ipso monastirio . . . nos successoresque nostri episcopi aut archidiaconi seu citeri ordinatores aut qualibet alia persona predictae civitatis habere non presumat. MARCULF., lib. 1 no. 1, *Form.*, p. 40. Item no. 2 p. 42. [Monachi] neque a nobis [sc. episcopo] neque archidiacono nostro neque a ceteris ordinatoribus s. Stephani inquietati esse non debeant. Concil. Compend. a. 757, *Conc.*, II p. 61. Quaecumque ibi a quibusque fidelibus fuerint oblata . . ., sine aliqua exactione alicujus ordinatoris ecclesiae Teruanensis libere possideat praedicti loci abbatissa. MIRAEUS, I p. 65 col. 1 (a. 1065). **3.** i.q. rector ecclesiae. Iste D. presbiter me rectorem et ordinatorem ordinavit et per cartulam in me confirmavit ecclesiam s. Angeli. MANARESI, *Placiti*, I no. 7 p. 19 (a. 786, Lucca). **4.** **celui qui ordonne un prêtre ou un évêque — one who ordains a priest or a bishop.*

**1. ordinatus** (subst. decl. i): *fondé de pouvoirs — proxy.* Nec ego vel mei heredes aut ordinati audeamus ab eis querere datum. MABILLON, *Ann.*, V p. 666 (ch. a. 1085, Monte Caveoso).

**2. ordinatus** (decl. iv): *mobilier — furniture.* Ea quae ad ordinatum ejus [sc. novae basilicae] collata dicis. Lib. diurn., c. 20, ed. SICKEL, p. 15. Ordinatum ecclesiae ministeriaque sacrata. Ib., c. 74, p. 75.

**ordinium** (< ordinare): **1.** *accessoires — appurtenances.* Stabulis . . . vel ordineo quas [i.e. quod] illuc esse videmini. GLORIA, *CD. Padov.*, p. 14 (a. 829). Medietate de mulinu [i.e. molino] . . . cum omnis ordinio suo. MITTARELLI, *Ann. Camaldul.*, I p. 225 (a. 1018). **2.** *disposition testamentaire — provision in a will.* S. xiii.

**ordo: 1.** *manière, mode — manner, way.* Terra sua male [i.e. malo] ordine numquam fossadasset. F. Andecav., no. 28, *Form.*, p. 13. Usufructuario ordine debeat possidere. MARCULF., lib. 1 no. 12, p. 50. Villas nobis volontario ordine visus est lesiwerpisse. Ib., no. 13, p. 51. [Abbas] ibidem sancto ordine gubernare faciat [i.e. gubernet]. Coll. Flavin., no. 43, p. 480. [Loca] ad presens recto ordene assent domenari. *D. Merov.*, no. 12 (ca. a. 628). Inconvulso ordine observetur. Ib., no. 24 (ca. a. 653). [Teloneum] nullis locis nullisque ordinibus exigere non presumatis. Ib., no. 38 (a. 660). [Portionem villae] post se malo ordene retenirit. Ib., no. 49 (a. 679). Qui tiranneco ordine M. imperatore[m] interficerat. FREDEG., lib. 4 c. 63, *SRM.*, II p. 152. Vir qui eam violento ordine tulerit uxorem. Edict. Rothari, c. 187. Si quis alium de rem mobilem aut inmobilem pulsaverit quod malo ordine possedeat. Ib., c. 228. In eo ordine ut . . . Liutprandi leg., c. 152 (a. 735). Hoc eis malo ordine tullerunt. *D. Karolin.*, no. 6 (a. 753). Res aliquas legitimo ordine visus fuit conquisisse. Ib., no. 142 (a. 782). [Res ablata] pristinae potestati competenti ordine restituatur. Hloth. capit. de exp. contra Sarrac. a. 846, c. 5, II p. 66. Liceat . . . sub immunitatis nostrae defensione ordine quieto manere. *CD. Langob.*, no. 394 p. 661 B (a. 901). **2.** *stipulation — proviso.* Eo ordine ut, si necesse esset reverti, sua arva repeterent. Chron. s. Bened. Casin., *Scr. rer. Langob.*, p. 469. **3.** *les dispositions de la loi — legal regulations.* Quod male abstolerit, juxta legis ordine[m] debeat restaurare. Chloth. II edict. a. 614, c. 12, *Capit.*, I p. 22. Tributa vel munera quod contra legis ordine[m] ad Romanos [i.e. a Romanis] requirebant. Contin. ad FREDEG., c. 36, *SRM.*, II p. 183. Si secundum legis ordinem se liberare potuerit. Resp. misso data (a. 801-814 ?), c. 3, *Capit.*, I p. 145. Ut ordo legis deposcit. GLORIA, *CD. Padov.*, p. 77 (a. 969). **4.** *rite, ordre de telle cérémonie — rite, order of a ceremony.* Quomodo ordinem baptismi teneant. Concil. Bracar. III a. 572, c. 1, MANSI, t. 9

col. 838 D. Ordo ad faciendum judicium ad aquam frigidam. *Form.*, p. 622. Ibi pluries. Unusquisque presbiter ... rationem ... de ordine missarum episcopo reddat. Karlmanni concil. German. a. 743, c. 3, *Capit.*, I p. 25. **5.** spec.: *ordre du sacre — coronation-order.* Ordo qualiter K. rex fuit coronatus in Mettis civitate anno 869. *Capit.*, II p. 338. **6.** singul. et plural.: *Messe — Mass.* Quadam die dum ordines ecclesiasticos agerem. RATHER., epist. 7, ed. WEIGLE, p. 38. Quando ... ordines exercuit ecclesiasticos. Id., epist. 13, p. 67. Faciat michi exinde ordinem de defunctum. CAMERA, *Memor. di Amalfi*, p. 223 (a. 1007). **7.** ordo canonicus, ecclesiasticus: règle de droit canonique — rule of church law. Unusquisque episcoporum potestatem habeat in sua parrochia ... ad corregendum et emendandum secundum ordinem canonicam spiritale. Concil. Vern. a. 755, c. 3, *Capit.*, I p. 33. Sacerdotes eas [sc. ecclesias baptismales] sic regant quomodo ordo canonicus exposcit. Capit. It. a. 787, c. 2, p. 200. In episcopatibus et abbatiis [distribuendis] ecclesiasticus ordo teneatur. Ordin. imp. a. 817, c. 3, p. 271. Tales [episcopi] ... eligantur quales et apostolicus sermo et canonicus ordo ... docet. Episc. rel. a. 829, c. 4, II p. 29. [Episcopi plebes] juxta ordinem euangelicum et apostolicum atque ecclesiasticum visitant. Concil. Meld. a. 845/846, c. 29, p. 406. Secundum ordinem canonum ... et excommunicetur et reconcilietur. Concil. Mogunt. a. 847, c. 31, p. 184. **8.** *doctrine — doctrine.* Rectum adque apostolicum in Christi nomine fidei ordinem praedicantes. Concil. Aurel. a. 549, c. 1, *Conc.*, I p. 101. **9.** ordo regularis: règle monastique — rule of monks. In monasthyrio sub regolare ordene conversare dibirit. *D. Merov.*, no. 48 (a. 677). [Clerici] in monasterio sint sub ordine regulari aut sub manu episcopi sub ordine canonica. Concil. Vern. a. 755, c. 11, *Capit.*, I p. 35. Ad monasteria venientes secundum regularem ordinem primo in pulsatorio probentur. Admon. gener. a. 789, c. 73, p. 60. [Monachi] non preponantur ceteris in monasterio antequam regularis vitae ordinem pleniter edoceantur. Stat. Rhisp. (a. 799/800), c. 19, p. 228. Ordo sanctus: idem. Ubi ipse abba unacum turba monachorum sub sancto ordine conversare videtur. *D. Merov.*, no. 4 (a. 546). Monasteria puellarum ordinem sanctum custodiant. Capit. Harist. a. 779, c. 3, I p. 47. Ordo, nude: idem. [Abbas] ibidem secundum ordinem et monita antiquorum patrum conversari debeat. *D. Merov.*, no. 21 (a. 644). Si aliqua monasteria sunt qui eorum ordinem propter paupertatem adimplere non potuerint. Concil. Vern. a. 755, c. 6, p. 34. Jam probati sunt in ... observatione omnium quae ordo exposcit. EADMER., Anselmi simil., c. 79, MIGNE, t. 159 col. 650 B. **10.** *règle canoniale — rule of canons.* Pontifices ordinent et disponant unusquisque suas ecclesias canonico ordine. Pippini reg. It. capit. (a. 782-786), c. 2, I p. 191. Qui in canonica vita degere debuisset, recte et secundum ordinem ... vitam conservasset canonicam. Stat. Rhisp., c. 2, p. 226. Regulam ... canonicis vel sanctimonialibus servandam contradere, ut per eam canonicus ordo ... possit servari. Capit. eccles. (a. 818/819), c. 3, p. 276. **11.** *ordre, commandement — order, command.* [Abbatissa eunuchos] secum habitare imperiali ordine praecipit. GREGOR. TURON., H. Fr., lib. 10 c. 15. Nullus episcoporum natalem Domini aut pascha alibi ... praeter infirmitatis incursum aut ordinem regium celebrare praesumat. Concil. Lugdun. a. 583, c. 5, *Conc.*, I p. 154. Tui ordinis memor efficies. Test. Remigii a. 535, ap. HINCMAR., V. Remigii, *SRM.*, III p. 337. **12.** **curie municipale — "curia" of a Roman "municipium".* **13.** **catégorie de personnes, classe — category of persons, class.* Possunt menses eorum [sc. angelorum] ordines et dignitates intelligi. GREGOR. M., Moralia, MIGNE, t. 75 col. 644 A. Per hos duo ordines martyrum designantur. PAUL. DIAC., Homil., MIGNE, t. 95 col. 1170. Que gens omnis [sc. Saxonum] in tribus ordinibus divisa consistit. NITHARD., lib. 4 c. 2, ed. LAUER, p. 120. **14.** *état, classe de la société, ordre — state, social class, order.* Pro nobis et pro universis ordinibus ecclesiae [i.e. christianitatis] debeat exorare. *D. Merov.*, no. 13 (a. 629). Intromissus in ordinem civium Romanorum. F. Arvern., no. 4, *Form.*, p. 30. Quem accio probata commendat et nobilitatis ordo sublimat. MARCULF., lib. 1 no. 5, p. 46. De gasindiis nostris ... quicumque minimissimus in tali ordine. Liudprandi leg., c. 62 (a. 724). Unusquisque in eo ordine Deo serviat fideliter in quo ille est. Missi admon. (a. 801-812), *Capit.*, I p. 240 l. 1. [Missi] non sibi faciant socios inferioris ordinis homines. Capit. de miss. off. (a. 810), c. 2, p. 155. Secundi ordinis liberi. Capit. de exped. Corsic. a. 825, c. 3, p. 325. Unusquisque vestrum in suo loco et ordine partem nostri ministerii habere cognoscatur. Admon. (a. 825), c. 3, p. 303. Quicumque in omnibus ordinibus imperii vestri Deo displiceret. Episc. rel. a. 829, II p. 27 l. 43. Utrumque ordinem, militarem videlicet et ecclesiasticum. AGOBARD., De comp. reg. eccl. et pol., c. 1, MIGNE, t. 104 col. 291 C. Unumquemque vestrum secundum suum ordinem et personam honorabo. Sacram. Caris. a. 858, *Capit.*, II p. 296. Vir ... in equestri ordine nonnullos precellens. ODO GLANNAF., Mir. Mauri, c. 10, *SS.*, XV p. 470 l. 3. Assumpto quodam ex ordine ministerialium patris [sc. imperatoris]. EKKEH. URAUG., Chron. univ., ad a. 1099, *SS.*, VI p. 211. Conspirantibus tam urbanis Ratisponensibus quam diversarum partium ministerialis ordinis hominibus. Ib., ad a. 1104, p. 225 l. 33. In eodem ordine velle remanere, sufficere sibi conditionem suam [sc. plebei]. OTTO FRISING., G. Frid., lib. 2 c. 23, ed. WAITZ-SIMSON, p. 127. En parlant des deux ordres, le laïque et l'ecclésiastique — with reference to the orders of clergy and laity: Unicuique ordini, canonicorum videlicet, monachorum et laicorum ... consuleremus. Lud. P. prooem. ad capit. (a. 818/819), *Capit.*, I p. 274 l. 38. Sanctae trinitatis fides a tribus prorsus veneratur ordinibus [sc. canonicorum, monachorum, laicorum]. Episc. rel. (post a. 821), c. 1, *Capit.*, I p. 368. In laicali ordine. Capit. Olonn. mund. a. 825, c. 3, p. 330. In utroque ordine [vid. primo pastorum populi, secundo principum et reliqui populi]. Const. de syn. a. 828, II p. 2. Fideles et strenuos missos ex utroque ordine ... mittatis. Concil. Meld. a. 845/846, c. 20, p. 403. Potentes et honorati sive ecclesiastici ordinis



sive secularis. Lud. II capit. Pap. a. 850, c. 4, p. 87. Quicumque ex laicali ordine, tam liberi quam servi. Guidonis capit. Pap. legib. add. a. 891, c. 2, p. 108. **15.** *rang, grade, degré — rank, grade, degree.* Qui aliquid rerum vel ecclesiae vel episcopi vel reliquorum ordinum furto auferret. BEDA, Hist. eccl., lib. 2 c. 5. Episcopi, abbates, presbiteri, diaconi ... se unusquisque in ordine suo canonice vel regulariter custodiant. Capit. missor. gener. a. 802, c. 19, I p. 95. Unusquisque presbyterorum missam cantet, et alterius ordinis clericus ... 50 psalmos cantet. Karoli M. epist. ad Ghaerbald. a. 805, p. 245 l. 26. De uniuscujusque ordinis clerico. Capit. legib. add. (a. 818/819), c. 2, p. 281. Baptismalium aecclesiarum rectores sint presbyteri ..., nam non diaconi vel cujuslibet inferioris ordinis clerici. Capit. Olonn. eccl. II a. 825, c. 1, p. 328. Unusquisque qui rector a nobis populi nostri constitutus est, in suo ordine officium sibi commissum juste ... administret. Legat. capit. (a. 826), p. 310. Unusquisque [ecclesiae pastor], in quolibet ordine positus. Episc. rel. a. 829, prol., II p. 27. Unumquemque, cujuslibet sit ordinis. Ib., c. 56, p. 47 l. 31. Quilibet superioris aut inferioris ordinis rei publice procurator. F. imper., no. 29, *Form.*, p. 308. **16.** *ordre sacré — holy orders.* Si qui sunt clerici extra sacros ordines constituti. GREGOR. M., lib. 11 epist. 56[a], *Epp.*, II p. 333. Sub mei ordinis casu spondeo tibi me numquam ad schisma reversurum. KANDLER, *CD. Istr.*, p. 44 (a. 602). Omnis aecclesiastici ordinis clerus, episcopi et presbyteri et diaconi cum clericis. Karlmanni capit. Liptin. a. 743, c. 1, I p. 27. Ut servum alterius nullus sollicitet ad clericalem vel monachicum ordinem. Admon. gener. a. 789, c. 23, p. 55. Quis in eclesiastico ordine vel clericatus officium. Stat. Rhisp., c. 5, p. 227. [Libertus] si dignus est ad sacrum ordinem accedat. Ib., c. 31, p. 229. [Canonici] digni sint ad sacro ordine promovere [i.e. ad sacrum ordinem promoveri]. Capit. missor. gener. a. 802, c. 22, p. 96. Nullus ex clericali ordine, sacerdotes videlicet aut alii clerici. Capit. ad Salz data (a. 803/804), c. 8, p. 120. Sciat [presbyter] se posthaec a gradu sui ordinis periclitari. Ghaerbaldi capit. (a. 802-810), c. 5, p. 243. [Ministri episcopi] sacri ordinis. Karoli M. epist. ad Ghaerbald., p. 241 l. 23. [Clerici] qui rite ad sacrosanctos ecclesiasticos ordines promoveri possint. Capit. eccles. (a. 818/819), c. 28, p. 279. Ad hunc ordinem [sc. presbyterii] aliquis admitti debeat. Lud. Pii ad Hetti praec. a. 819, p. 356 l. 24. Sacerdos aut quivis alius in ordine eclesiastico provectus. Concil. Roman. a. 826, c. 14, p. 373. Manus ipsius [sc. episcopi] impositione ad ecclesiasticum ordinem ... consecretur. Concil. Meld. a. 845/846, c. 58, II p. 412. **17.** *ordination — ordination.* Episcopus ... ordines fecit. Ann. Patherbr., a. 1105, ed. SCHEFFER-BOICHORST, p. 110. **18.** *dignité ecclésiastique — ecclesiastical dignity.* Deiciatur ordine praepositurae. Benedicti regula, c. 65. Que sibi congregatio eligere voluerit, ipsa in abbatisse ordo [i.e. ordinem] succidat. SCHIAPARELLI, *CD. Longob.*, no. 30 p. 111 (a. 722, Lucca). **19.** *devoirs d'un office ecclésiastique — duties of a church office.* Presbiter ... rationem et ordinem ministerii sui ... episcopo reddat et ostendat. Concil. German. a. 743, c. 3, *Capit.*, I p. 25. Ministerii sui non adimplere ordinem. Pass. Euseb. Vercell., UGHELLI[2], IV col. 750 A. **20.** ordo sanctus, sacer: l'ordre monastique — the monastic order. Ordo monachorum vel ancillarum Dei secundum regula[m] sancta[m] stabiles permaneant. Pippini capit. Suess. a. 744, c. 3, I p. 29. Pro suscipiendis in sancto ordine fratribus. Synod. Franconof. a. 794, c. 16, p. 76. Sacrum monasticum ordinem. Synod. Theod. a. 844, c. 3, II p. 114. **21.** *communauté monastique, monastère — monastic community, monastery.* De suis perecrinis monachis ibidem instituerit cenubio vel sancto ordene [i.e. sanctum ordinem] sub regula b. Benedicti. BRUCKNER, *Reg. Alsat.*, no. 113 (a. 728). Ut novatiani ... non recipiantur in ordine congregationis antequam ... pleniter examinentur. Stat. Rhisp., c. 19, *Capit.*, I p. 228. Monachi qui ordinem suum ... deseruerunt ... suum ordinem repetere compellantur. Loth. capit. de exp. contra Sarrac. a. 846, c. 4, II p. 66. Prius se mori fatentes, quam ... abbatem alterius ordinis susciperent. JOH. ROM., V. Odonis Cluniac., lib. 3 c. 8, MIGNE, t. 133 col. 81A. Ipsarum puellarum ordo viciari ... coeperat. G. pontif. Camerac., lib. 2 c. 26, *SS.*, VII p. 461 l. 6. **22.** *un ordre monastique — a monk's order.* Omnes abbates de ordine nostro singulis annis ... convenient. Carta caritatis ord. Cist., GUIGNARD, *Mon. Cist.*, p. 81. Ne ... locum vestrum a proposito vitae canonicae et regula s. Augustini in alium ordinem aliquatenus mutare praesumat. MIRAEUS, I p. 378 col. 2 (a. 1126, Tournai). **23.** *chapitre de chanoines — chapter of canons.* Ordo canonicus qui secundum b. Augustini regulam in eodem loco noscitur institutus. CAMOBRECO, *Reg. di Siponto*, p. 8. **24.** *le clergé d'une église déterminée — the clergy of a definite church.* Ministri altaris Dei ... seu alii canonice observantiae ordines vel monachici propositi congregationes. Admon. gener. a. 789, c. 72, *Capit.*, I p. 59. Institutionem ... coram ecclesiasticis ordinibus praelegi facias. Lud. Pii epist. II ad archiep. (a. 816/817), *Capit.*, I p. 339 col. 2 l. 21. R. subdiaconus de hordine s. Mediolanensis ecclesie. *CD. Langob.*, no. 402 col. 678 A (a. 903). S. presbiter de ordinem s. Parmense ecclesie. DREI, *Carte di Parma*, p. 574 (a. 905). Adversum sacerdotes reliquumque ordinem jamdicte canonicae. *D. Lotario*, no. 7 p. 266 (a. 948). **25.** *l'ensemble des clercs, le clergé — the aggregate ecclesiastics, the clergy.* Aecclesias ... ordinare et ordinem clericorum disponere. Capit. Mantuan. I a. 813, c. 1, I p. 195. Omnis ordo ecclesiarum secundum Romanam legem vivat. Lib. Pap., Lud. Pii, c. 53, *Capit.*, I p. 335. Aecclesiasticus ordo ... ymnum ... decantaverunt. Capit. de cleric. percuss. (s. ix ex. ?), p. 362. **26.** *mobilier — furniture.* Ecclesia ... cum omni ordine de eadem ecclesia. GATTULA, *Hist. Casin.*, p. 81. **27.** *fondé de pouvoirs — proxy.* Causae ... per ministros et ordines ipsius monasterii deliberatae et definitae fiant. MURATORI, *Antiq.*, V col. 974 (ch. a. 845).

**orexis** (gr.): **appétit, avidité de manger — appetite, eagerness to eat.*

**orphanitas:** *état d'orphelin — orphaned state.*

V. altera Heriberti Colon., § 31, *AASS.*, Mart. II p. 488.

**orphanotrophium** (gr.): **orphelinat — orphanage.* Cod. Justin., 1, 2, 17. JULIAN. ANTEC., Epit. novell., c. 32 (al. const. 7 c. 1). Lib. diurn., c. 97, ed. SICKEL, p. 128 sq.

**orphanotrophus** (gr.): *directeur d'orphelinat — head of an orphanage.* Cod. Justin., 1, 3, 22. Justin., novell. 7. FORTUN., V. Martini, lib. 2 v. 405, *Auct. ant.*, IV pt. 1 p. 327.

**orphanus, orphana** (gr.): **orphelin, orpheline — orphan.*

**organari:** *jouer de l'orgue — to play the organ.* Erudierunt . . . in arte organandi. ADEMAR., lib. 2 c. 8, ed. CHAVANON, p. 82.

**organarius:** **joueur d'instrument, organiste — instrumentalist, organist.*

**organicus:** *organique — organic.* S. xii.

**organista** (mascul.): *organiste — organist.* S. xiii.

**organistrum:** *buffet d'orgue — organ-frame.* In organistro, scilicet in domicilio quodam organorum ecclesiae. GALBERT., c. 17, ed. PIRENNE, p. 29.

**organizare:** **1.** *jouer de l'orgue — to play the organ.* S. xi. **2.** *munir* un corps *d'organes — to provide* a body *with organs.* S. xiii. **3.** *disposer, aménager — to contrive, arrange.* S. xiii.

**organum:** **1.** **orgue à vent — wind-organ.* **2.** **appareil vocal, faculté de la parole — voice organ, power of speech.* **3.** figur.: *porte-voix — mouth-piece.* Organa veritatis sumus. GREGOR. M., Ezech., MIGNE, t. 76 col. 875 A. A sanctis patribus, qui organa erant spiritus sancti. Exord. Cisterc., GUIGNARD, p. 72. **4.** *chant — singing.* Occidentales ecclesiae modulationis organum vitiarunt. JOH. ROM., V. Gregorii M., MIGNE, t. 75 col. 91 B. **5.** *vie, vivacité — life, power to move.* Digitis redditur organum. FORTUN., V. Germani Paris., c. 14, *SRM.*, VII p. 382.

**oridia** = oryza ("riz — rice").

**originalis:** **1.** **primitif, qui remonte à l'origine — primitive, deriving from the spring.* **2.** *(du péché) *originel* — (of sin) *original.* **3.** *(d'un document) *original, authentique* — (of a document) *original, authentic.* **4.** *(d'un dépendant) *originaire, dont la condition personelle est déterminée par la naissance* — (of a dependant) *native, whose status is determined by his birth.* **5.** (des obligations des dépendants) *qui caractérise la condition personnelle héréditaire* — (of charges due by dependants) *inherent to hereditary status.* Ex parte genetricis suae F. originale servitium partibus s. Dyonisii debitor erat facere. *D. Charles le Ch.*, no. 314 II (a. 868). Subst. neutr. **originale:** *original — original.* In originali discerni non poterat. *CD. Cajet.*, I p. 131 (a. 976). Dando licentiam subscribendi et fidem adhibendi prout originali. MITTARELLI, *Ann. Camald.*, p. 181 (a. 1005). Cf. J. DE GHELLINCK, *Originale et originalia, ALMA.*, t. 14 (1939), p. 95.

**originaliter:** *originairement, de par la naissance — natively, by birth.* Comprobaverunt T. et B. originaliter esse servos. VARIN, *Arch. de Reims*, I no. 14 p. 36 (a. 847).

**originarius** (adj.): **1.** *(d'un dépendant) *originaire; dont la condition personnelle est déterminée par la naissance* — (of a dependant) *native; whose status is determined by birth.* Liceat . . . rustica . . . mancipia, etiam si originaria sint, . . . transferre. Edict. Theoderici, c. 142, *LL.*, V p. 166. Servis et ancillis, liberis et colonis, tam originariis quam noviter adquisiti[s]. *D. Ugo*, no. 10 p. 34 (spur. s. xi in.). **2.** *primitif — primitive.* Cessiones quae de originario fisco nostro aliquid serenitas nostra concesserit. *D. Merov.*, no. 23 (a. 651). Subst. mascul. **originarius:** **tenancier héréditaire de condition servile — hereditary land-tenant having a servile status.* Innocentium servum, quem accepi a Profuturo originario meo. Test. Remigii a. 533, ap. HINCMAR., V. Remigii, *SRM.*, III p. 338. Cum mansionariis, originariis, inquilinis ac servis vel acolanis ibidem commorantibus. Ch. Eligii a. 632, *SRM.*, IV p. 746.

**oriolum:** *portique, galerie — porch, gallery.* S. xiii.

**ornamen:** **ornement — ornament.*

**ornaticius:** *d'ornement — ornamental.* Latera carinarum . . . ornatitiis depicta coloribus. Encom. Emmae, lib. 1 c. 4, ed. CAMPBELL, p. 12.

**ornatura:** **ornement — ornament.*

**ornatus** (decl. iv): **1.** *appareillage — equipment.* Cum apparatu et ornatu multo navium illo advenerant. Chron. reg. Colon., a. 1198, ed. WAITZ, p. 165. **2.** *objets cultuels — church utensils.* Unam capellam cum duabus capsis et reliquo ornatu. DRONKE, *CD. Fuld.*, no. 492 p. 218 (a. 836).

**oroma** (genet. -atis), v. horama.

**ortale,** ortalis, v. hortale.

**ortifer,** v. hortifer.

**ortillus,** ortellus (frg. *orteil* < articulus): *griffe, orteil d'animal — claw, toe of an animal's foot.* Henr. III reg. Angl. ch. de forestis a. 1217, c. 6, STUBBS, *Sel. ch.*[9], p. 346.

**orthodoxia:** **orthodoxie — orthodoxy.* Coll. Avell., *CSEL.*, t. 35 p. 523 et 527.

**orthodoxus:** **orthodoxe — orthodox.*

**os** (subst., genet. -oris): *le *tranchant* d'un glaive — the *edge* of a sword.

**osaria,** ausaria, oseria, ozeria, osera (celt.): **1.** *botte d'osiers — osier-bundle.* Irminonis polypt., br. 15 c. 69 et pluries. **2.** *oseraie — osier-ground.* S. xiii.

**osbergum,** v. halsberga.

**osca,** oscha, oschia, ocha, ochia, hochia, occa, oca (orig. inc.): *jardin clos de haies — hedged garden.* Mansionilia mea apud A. et D. cum ochis, arpiniis [leg. aripennis], forestagiis et pascuaticis. MIRAEUS, III p. 304 col. 1 (a. 1059, S.-Quentin). Tria arpenta vinearum et duas oschias terre. MARCHEGAY, *Arch. d'Anjou*, III p. 87 no. 119 (ca. a. 1110). Cf. A. ZIPFEL, *Die Bezeichnungen des Gartens im Galloromanischen*, Borna-Leipzig 1943.

**osceum** (gr.): *scrotum.* S. xiii.

**1. oscillum:** **1.** *trophée de chasse* (primitivement de portée magique) — *hunting-trophy* (originally having a magic purport). STEPHAN. AFR., V. Amatoris, § 24, *AASS.*, Maji I p. 57 F. CONSTANT., V. Germani Autissiod., *AASS.*, Jul. VII p. 200. **2.** *ex-voto* à l'effigie d'une partie malade du corps — *ex-voto* of the shape of a sick part of the body. RADULF. GLABER, Hist., lib. 4 c. 3, ed. PROU, p. 97.

**2. oscillum,** ossellum (< os, ossis): *petit os — small bone.* Detegerunt infantis ossella inibi reposita. Virt. Eugenii, c. 26, *Anal. Boll.*, t. 3 (1884), p. 49.



**osculum:** **1.** *donation de l'époux à l'épouse — a bridegroom's gift to the bride.* Dato sponsae anulo porregit osculum. GREGOR. TURON., V. patrum, c. 20 § 1, *SRM.*, I p. 741. Prius arrarum conjugiae, postmodum osculum intercedentis personarum qualitate concedatur. F. Turon., app. 2, *Form.*, p. 163. Coedo ei, osculum intercedente, anulo circumdata restringente, in die nuptiarum aliquid de rebus propriis. F. extrav., ser. 1 no. 9, ib., p. 539. Alaudos quae per osculum ad me pertinent. MUSSET, *Cart. d'Angély*, I no. 41 p. 66 (ca. a. 990). **2.** *charte au sujet d'une donation de l'époux à l'épouse — deed concerning a bridegroom's gift to the bride.* Haec omnia, sponsa mea, per hunc osculum tibi trado. . . . Signum B. qui istum osculum fieri jussit. F. extrav., l.c. Cf. E. CHÉNON, *Le rôle juridique de l'osculum dans l'ancien droit français. Mém. Soc. Antiq. de France*, 8$^{e}$ s., t. 6 (1919-1923).

**oseria,** osera, v. osaria.

**ospitium,** v. hospitium.

**ossamenta** (plural.): *ossements — collection of bones.* S. xiii.

**ostagium,** ostaticum, v. obstaticum.

**ostare,** hostare (< obstare, > frg. *ôter*): *capturer en route par un guet-apens — to capture by waylaying.* Si quis baronem . . . de via sua ostaverit aut inpinxerit. Lex Sal., tit. 31 § 1. Si quis mulierem . . . de via sua ostaverit aut inpinxerit. Ib., § 2. Si quis porcina[m] de via sua hostaverit. Capit. VI ad leg. Sal., c. 6. Si quis Ribuarius ingenuum Ribuarium de via sua hostaverit. Lex Ribuar., tit. 80. Si porcarius legatus de via ostatus fuerit vel batutus fuerit. Pactus Alamann., fragm. 5 c. 5.

**ostaticus,** v. obstaticus.

**ostendere:** **1.** *faire, effectuer — to do, achieve.* Sanctus martyr multa beneficia usque nunc ostendit. Pass. I Maximi Cumani, *AASS.*, Oct. XIII p. 324 F. **2.** *acquitter — to perform.* Serbitias quas B. in eclesia b. Martini . . . in vita sua ostendere visus fuet. SCHIAPARELLI, *CD. Longob.*, I no. 61 p. 192 (a. 737, Lucca). Propter servitium quot [i.e. quod] contra nos ostendistis. *CD. Cajet.*, I p. 73 (a. 944). **3.** *accorder, rendre — to grant, impart.* Ut alico beneficio [i.e. aliquod beneficium] ostendere debuissim in filio ejus. SCHIAPARELLI, l.c, **4.** *infliger, porter préjudice — to inflict.* Omnibus injuriam fecit et mihi multa mala ostensit. Pass. Julianae, MOMBRITIUS[2], II p. 80. Multis malis ostensis exosum fecit cunctis imperatorem. ANAST. BIBL., Chron., ed. DE BOOR, p. 233.

**ostensio:** **1.** **manifestation, révélation, vision — manifestation, revelation, vision.* **2.** *preuve — evidence.* De his praepositis causis ostensio duntaxat fieri non potest. Arechis Benev. capit. (post a. 774), *LL.*, IV p. 207.

**ostensor:** *exhibeur, porteur* d'un document — *shower, bearer* of a document. Cartae ostensor . . . ipsam cartam veram . . . efficiat. Guidonis capit. a. 891, c. 6, *Capit.*, II p. 108. [Cartam] veram esse ab ostensore probabatur. Capit. Veron. a. 967, *Const.*, I no. 13 p. 28.

**ostia,** v. hostia.

**ostialis,** -le (subst.) (< ostium): **1.** *petite porte — backdoor.* [Monachi e monasterio] per finestras et ostialia . . . evaserunt. Chron. Novalic., lib. 1 fragm. 5, ed. CIPOLLA, p. 111. **2.** *portière — door-curtain.* LEO OST., Chron. Casin., lib. 1 c. 55, *SS.*, VII p. 619 l. 14.

**ostiariatus** (decl. iv): *fonction de huissier — office of usher.* S. xiii.

**ostiarius,** hostiarius: **1.** **portier* (dernier des ordres mineurs) — *doorkeeper* (humblest of minor orders). ISID., Off., lib. 2 c. 14. **2.** *portier, officier de ménage — doorkeeper, household officer.* Chrodegangi regula, c. 27. DRONKE, *CD. Fuld.*, no. 436 p. 194 (a. 824). **3.** *huissier, dignitaire aulique — usher, court dignitary.* A la cour pontificale — at the papal court: Ordo Rom. I (s. vii ex.), c. 33, ANDRIEU, II p. 78. Au palais royal et impérial — at the court of the king or emperor: Magnificus ostiarius. Hadr. I pap. epist. a. 788, Cod. Carolin., no. 82, *Epp.*, III p. 618. Ostiariorum magister. Ann. regni Franc., a. 822, ed. KURZE, p. 159. D. Lud. Pii a. 839, WAMPACH, *UB. Luxemb.*, I no. 76 p. 66. HINCMAR., De villa Noviliaco, *SS.*, XV p. 1168. G. summo sacri palatii ostiario. FROTHAR., epist. 10, *Epp.*, V p. 283.

**ostis** et derivata, v. host-.

**otiose:** **pour rien, inutilement — idly, in vain.*

**otiosus:** **vain, futile — idle, useless.*

**otriare** (< vet. frg. *otreier* > frg. *octroyer*, cf. voc. auctorizare): *consentir à la cession de* qqch., *céder — to assent to the cession of* property, *to cede.* H. otriavit quicquid in fevo ipsius habebant monachi s. Albini in terra de M. BERTRAND, *Cart. d'Angers*, I no. 92 p. 106 (a. 1080-1120).

**ovanter:** **volontiers, avec joie — willingly, gladly.* Ruodlieb, fragm. 16 v. 58.

**ozeria,** v. osaria.

# P

**paagium,** v. pedaticus.

**pabulaticum:** *droit de pâturage — grazing-right.* *D. Ottos III.*, no. 402 (a. 1001). *D. Heinrichs II.*, no. 243 (a. 1012).

**pacabilis:** *vendable, qui répond aux exigences du marché — marketable.* S. xiii.

**pacalia,** pagalia (< pacare): *arrangement à l'amiable — mutual agreement.* Solidus tantus [i.e. solidos tantos] in pagalia [v. l. pacalia] mihi dare debueras. MARCULF., lib. 2 no. 18, *Form.*, p. 88. Pro illud terrretorii pacalia, quod nos . . . interpellavit . . . Si quis . . . contra hanc traditionem et predicta pacalia venire voluerit . . . Signum ipsorum confratrum qui hanc traditionem fecerunt in causa pacalia. WARTMANN, *UB. S.-Gallen*, I no. 244 (a. 819). Apactuarunt parentes que [i.e. quod] de ipsu agru que illi quesirunt, dederunt tercia[m] porcione[m] in pacalia. Ib., no. 354 (a. 800-820). Pagaliam firmitatis fatio . . . ut nec ego nec ullus successorum meorum eis deinceps de sepe jam dicto loco aliquam molestiam interpellationis ingerere presumat. Ib., II no. 439 (a. 855).

**pacare,** pagare: **1.** *réconcilier* les parties en cause, *amener à la paix — to conciliate, make peace between* contending parties. Discutiatur quis e duobus [inimicis] contrarius sit ut pacati sint [i.e. pacentur]. Capit. missor. Theodonisv. II a. 805, c. 5, I p. 123. **2.** *accommoder* un différend, *terminer à l'amiable — to settle, compose* a dispute. De faidis pacandis. Capit. miss. (a. 817), c. 12, I p. 290. **3.** *apaiser, satisfaire* un demandeur, un créancier — *to appease, satisfy* a claimant or creditor. **4.** *payer* une dette — *to pay* a debt. Pagant et refundunt M. militi. CAPASSO, *Mon. Neapol.*, I p. 22 (a. 921). RIUS, *Cart. de S. Cugat*, no. 961 (a. 1145). **5.** *clôturer — to fence round.* Prata . . . ab omni pecore pacata sint. KEUTGEN, *Urk. st. Vfg.*, no. 101 (a. 1159, Bremen).

**pacatio,** pagatio: **1.** *arrangement à l'amiable — mutual agreement.* Placuit inter nos cartam pacationis ex utraque parte allevari quod tiutiscae suonbuoch nominamus. WARTMANN, *UB. S.-Gallen*, II no. 621 (a. 882). **2.** *indemnité — indemnification.* Si quis servientem nostrum vulneraverit vel occiderit, pacatio que congruat persone vel culpe [debet] ipsi servienti persolvi. D. Heinr. V reg. a. 1107, BORMANS-SCHOOLMEESTERS, *Cart. de Liège*, I no. 30. **3.** *paiement — payment.* Inpagatione acceperat auri sol. 10. CAPASSO, *Mon. Neapol.*, I p. 64 (a. 952).

**pacator,** paccator, pagator: *caution, fidéjusseur — surety, bail.* S. xiii.

**paccagium:** *emballage, frais d'emballage — package.* S. xiv, Angl.

**paccator:** *emballeur — packer.* S. xiii, Angl.

**paciarius** (< pax): *juge dans un tribunal de paix de Dieu — judge in a peace-of-God court.* Concil. Montispess. a. 1215, c. 33, MANSI, t. 22 col. 935.

**pacificare: 1.** *pacifier, dompter — to set at rest, subdue.* Misit [imperator] M. cum exercitu ad pacificandos Mauros. ANAST. BIBL., Chron., ed. DE BOOR, p. 148. **2.** *réprimer* des actes de violence — *to quash, stamp out* acts of violence. [Rapinas et violentias] missi nostri pacificare procurent. Capit. post conv. Confluent. missis trad. a. 860, c. 6, II p. 298. **3.** aliquem: *apaiser, satisfaire — to appease, satisfy.* Ipse [Lud. Pius] eos [filios suos] . . . pacificare potuisset. Episc. rel. Compend. a. 833, c. 7, *Capit.*, II p. 55. **4.** *accommoder* un différend, *terminer, trancher — to settle, compose, decide upon* a dispute. Si aliquid est quod episcopus metropolitanus non possit corrigere vel pacificare. Synod. Franconof. a. 794, c. 6, I p. 75. Qualiscumque causa infra patriam [i.e. pagum] cum propriis vicinantibus pacificata fuerit. Capit. Saxon. a. 797, c. 4, p. 71. Si talis aliqua contentio inter eos orta fuerit que per se pacificare non velint aut non possint. Capit. Mantuan. II a. 813, c. 1, p. 196. Comes . . . et conpositionem [homicidii] solvere et faidam per sacramentum pacificari faciat. Capit. legib. add. (a. 818/819), c. 13, p. 284. **5.** *déguerpir — to waive* claims. Definimus et exvacuando pacificamus vobis omnes voces et omne directum que proclamavimus . . . in ipso kastro. ROSELL, *Lib. feud. maj.*, no. 432 (a. 1049). **6.** *céder, garantir* à autrui — *to abandon, resign, warrant.* Definimus . . . et tradimus atque pacificamus hunc alodium. RIUS, *Cart. de S.-Cugat*, no. 626 (a. 1062). Vendimus nos ad vobis istos alodios . . ., pacificamus et exvacuamus et exfiniamus. ROSELL, o.c., no. 314 (a. 1066). **7.** refl. se pacificare: *se réconcilier — to reconcile oneself.* Ut nos bene tecum pacificemus. Ruodlieb, fragm. 5 v. 247. Promisserunt eis ob hoc se pacificare cum jamdictum vicecomitem ad eorum consilio. ROSELL, no. 595 (a. 1061). **8.** intrans.: *faire la paix, négocier un arrangement à l'amiable — to make peace, mediate.* [Papa] per suum brevilegium et preceptum . . . in suum sinodum pacificavi[t] inter . . . MANARESI, *Placiti*, I no. 42 p. 136 (a. 833, Siena).

**pacificatio:** *déguerpissement — waiving claims.* RIUS, *Cart. de S.-Cugat*, no. 545 (a. 1037); no. 626 (a. 1062). ROSELL, *Lib. feud. maj.*, no. 36 (a. 1049).

**pacifice:** **pacifiquement — peacefully.*

**pacificus: 1.** **qui aime la paix, pacifique — peace-loving.* **2.** **salutaire, qui apporte la paix de l'âme — salutary, giving peace for the soul.* **3.** *pacifié, apaisé, réconcilié — pacified, appeased, reconciled.* Promissa sibi amicitia pacifici discesserunt. GREGOR. TURON., H. Fr., lib. 2 c. 35. Ibi pluries. **4.** *placé sous la vigueur d'une "paix", d'un statut protégé — where a special legal condition called "peace" obtains.* Omnia arma postposita sunt in forinsecis locis sicut et in pacificis [sc. in castris et foris]. GALBERT., c. 1, ed. PIRENNE, p. 4.

**pactare,** spec.: *conclure un contrat de bail — to agree on a lease.* S. xiii.

**pactatum** (subst.): *condition, stipulation — proviso.* In tali pactato ut . . . DE MARCA, *Marca hisp.*, app. col. 1144 (ch. a. 1068)

**pactio: 1.** *instrument de traité — treaty document.* Pactione[m] . . . suscripta[m] . . . se pre manibus habere. *D. Merov.*, no. 12 (ca. a. 628). Pactionem praesentabant. Ib., no. 41 (a. 663). **2.** *bail — lease.* Nobis . . . annuam pactionem . . . persolvet. HEERINGA, *OB. Utrecht*, II no. 552 p. 17 (a. 1200).

**pactionarius** (adj.): *de bail — of a lease.* S. xiii, Belg. Subst. mascul. **pactionarius:** *preneur de bail — leaseholder.* HEERINGA, *OB. Utrecht*, II no. 595 p. 59 (a. 1209). OPPERMANN, *Fontes Egmund.*, p. 245 no. 20 (a. 1215).

**pactualis** (subst.): **1.** *ouvrier salarié — wage-worker.* S. xiii, Ital. **2.** *soldat mercenaire — hired soldier.* S. xiii, Ital.

**pactuari** (depon.): **pactiser, contracter — to agree, strike a deal.*

**pactuatio:** *arrangement à l'amiable — mutual agreement.* TROYA, *CD. Langob.*, I p. 481 (a. 753). In pactuationem . . . dederat. D. Lud. P. a. 820, GIORGI-BALZANI, *Reg. di Farfa*, doc 247. Amica pactuacione cupiebant. MANARESI, *Placiti*, I no. 97 p. 351 (a. 890, Piacenza).

**pactum,** pactus: **1.** *instrument de traité — treaty document.* [Quod] in eorum pacto relegitur. *D. Rodolfo II*, no. 12 (a. 925). **2.** *loi nationale barbare — barbarian national law-code.* Quod minus in pactum habebatur idoneo [i.e. idoneum]. Lex Sal., prol. Nullus hereditate sua privetur nisi per tres causas quas [i.e. quae] in pacto scribentur. Concil. Dingolf. a. 770, c. 9, *Conc.*, II p. 95. REGINO, Syn. caus., lib. 1 c. 417, inscr., ed. WASSERSCHLEBEN, p. 189. **3.** *loi édictée par le roi — royal decree.* Pactus Childeberti regis. Inscr., *Capit.*, I p. 4. **4.** *tribut, levée — tribute, levy.* Ut coloni tertiatores non dent in collata nec in pactu. Sicardi Benev. capit. a. 836, c. 32, *LL.*, IV p. 217. Pollicitus annualia se imperatori pacta laturum. ANAST. BIBL., Chron., ed. DE BOOR, p. 224. **5.** (cf. belg. et teuton. *pacht*) *contrat de bail — lease.* Ne [terra] in perpetuum alicui in pactum detur. MULLER-BOUMAN, *OB. Utrecht*, I no. 440 p. 393 (a. 1163). [Terram] singulis annis pro 10 sol. ab ipso quamdiu vivit . . . solvendis in pacto permisimus. Ib., no. 443 p. 396 (a. 1164-1169). Decimam terre in pactum eis stabiliter concessimus eo tenore, ut annuatim . . . 10 sol. . . . persolvant. Ib., no. 520 p. 461 (a. 1190). **6.** *fermage, loyer — rental.* [Theloneum] ad pactum duarum librarum Hollandensium annuatim tenet. OPPERMANN, *Fontes Egmund.*, p. 247 (a. 1215).



**padoentia,** paduentia, v. patuentia.

**padulanus** = paludanus.

**padulis,** patulis = palus (genet. paludis).

**paga,** pagha, pagua, paiga (< pacare): **1.** *paiement — payment.* DC.-F., VI p. 84 col. 2 (ch. a. 1187, Montpellier). **2.** *solde, paye, salaire — pay, wages.* S. xiii.

**pagabilis** (< pacare): *payable — payable.* S. xiii.

**pagamentum** (< pacare): **1.** *paiement — payment.* S. xiii. **2.** *monnaie réelle,* par opposition à la monnaie de compte — *hard money* as contradistinguished from money of account. S. xiii.

**paganensis** (subst.): *paysan — peasant.* V. Eldradi abb. Novalic., c. 9, CIPOLLA, *Mon. Novalic.*, I p. 388.

**pagania: 1.** *rite païen — pagan rite.* Populus Dei paganias non faciat. Concil. German. a. 743, c. 5, *Conc.*, II p. 4. Indiculus superstitionum et paganiarum. *Capit.*, I p. 222, inscr. (s. viii). De iis qui paganias faciunt. Egberti poenitentiale, ap DC.-F., VI p. 90 col. 1. **2.** *le territoire des païens — the land of the heathens.* Per totam paganiam tandem veniunt . . . Ann. Altah., a. 1065, ed. OEFELE, p. 68.

**paganicus:** **païen — pagan.* De istis causis paganiis [v. l. paganicis]. Capit. a misso cogn. fac. (a. 802 vel paulo post), c. 13, I p. 146. Populum paganicis ritibus oberrantem. WILLIBALD., V. Bonifatii, c. 6, ed. LEVISON, p. 27.

**paganismus: 1.** **le paganisme — paganism.* **2.** *culte païen, rite païen — pagan worship or rite.* Ut populus christianus paganismum non faciat. Pippini capit. Suess. a. 744, c. 6, varia lectio. **3.** *le territoire des païens — the land of the heathens.* Coadunatis viribus totius paganismi bello illos exciperent. ORDER. VITAL., lib. 10 c. 19, ed. LE PRÉVOST, IV p. 126. **4.** *la totalité des païens — all the heathens.* Non recolimus paganismum in statu fuisse debiliori. DC.-F., VI p. 90 col. 2 (epist. a. 1216-1227).

**paganitas:** **paganisme — paganism.*

**paganizare:** *participer à des rites païens, vivre en païen — to partake in pagan rites, to live as a heathen.* Coll. Quesnell., MIGNE, t. 56 col. 751 A. Rusticos . . . a paganizandi vanitate removerat. JOH. DIAC., V. Gregorii M., lib. 3 c. 1, MIGNE, t. 75 col. 125B.

**paganus** (adj.): **païen — pagan.* Subst. **paganus** et **pagana:** **un païen, une païenne — a pagan.* Cf. J. ZEILLER, *Paganus, étude de terminologie historique*, 1917 (Col. Friburg.).

**pagare** et derivata, v. pac-.

**pagella** (< pagina): *petit champ — small field.* MARCHEGAY, *Arch. d'Anjou*, III p. 76 no. 100 (ca. a. 1080).

**pagellus** (< pagus): **1.** *subdivision du comté,* vicaria ou centena — *a subdivision of the county,* a "vicaria" or a hundred ("centena"). *D. Karolin.*, I no. 124 (a. 779). *D. Ludwigs d. Deutsch.*, no. 69 (a. 854). F. Augiens., coll. B no. 6, *Form.*, p. 351. **2.** un *pagus* de dimensions médiocres — a rather small "*pagus*". WARTMANN, *UB. S.-Gallen*, I no. 190 (a. 806); no. 487 (a. 861). *D. Charles le Ch.*, no. 28 (a. 843); no. 222 (a. 860).

**pagensalis** (adj.): *d'usage local — for local use.* Incipiunt cartas regales sive [i.e. necnon] pagensalis. F. Sal. Bignon., *Form.*, p. 228, inscr. Subst. **pagensalis:** *habitant d'un pagus — inhabitant of a "pagus".* Qui infra pago nati sunt et pagensales fuerint. Capit. miss. (a. 792/793), c. 4, I p. 67.

**pagensis** (adj.) (< pagus): **1.** *rural — rural.* Casa sancto illo [i.e. sancti illius] paginse. Cart. Senon., no. 8, *Form.*, p. 188. Ecclesia paginsis. Ib., no. 15, p. 191. **2.** *qu'on fait dans la province — which is drawn up in the country.* Tam praeceptiones regales quam cartas pagenses. MARCULF., praef., ib., p. 37. **3.** *du pagus — of the "pagus".* Ille judex vel vicini paginsi ipsius. Cart. Senon., no. 38, p. 202. M. comite pagensi proceribusque ac scabinis pagensibus. BEYER, *UB. Mittelrh.*, I no. 110 p. 116 (a. 868). **4.** *du domaine,* par opposition au monastère — *of the estates,* as contradistinguished from the monastery. Accepit per manus ejusdem monasterii advocatorum, H. videlicet edilis advocati et U. pagensis. *D. Ottos II.*, no. 252 (a. 981). **5.** *de la contrée — of the region.* Nobiles quique pagenses. Chron. s. Andreae Castri Camerac., lib. 2 c. 5, *SS.*, VII p. 541. Subst. mascul. **pagensis, 1.** plural. pagenses: *les habitants d'un vicus ou d'un pagus* en général — *the inhabitants of a "vicus" or a "pagus"* in general. Unus ex his pagensibus [sc. incolis vici Prisciniacensis urbis Toronicae]. GREGOR. TURON., V. patrum, c. 8 § 11, *SRM.*, I p. 700 l. 24. Item id., Glor. conf., c. 56, p. 780. Id., H. Fr., lib. 7 c. 47. [Dux] dum pacem in ipso pago arripuisset sectari, . . . ab ipsis pagensibus interficitur. FREDEG., lib. 4 c. 43, *SRM.*, II p. 87. Tam ex muneribus principum quam ex largitate pagensium. *D. Karolin.*, I no. 17 (a. 762/763). **2.** *les hommes libres d'un pagus — the freemen of a "pagus".* Unacum notitia pagensium, qui hoc cognitum bene habebant. F. Turon., no. 28, *Form.*, p. 202. In ipso placito ante ipso vigario vel ante ipsos pagensis. F. Sal. Bignon., no. 13, p. 233. Cuncta generalitas populi . . . qui ad placita venissent . . ., sive pagenses, sive episcoporum et abbatissarum vel comitum homines. Capit. miss. (a. 792/793), c. 4, I p. 67. Condicto commune placito simul ipsi pagenses veniant. Capit. Saxon. a. 797, c. 8, p. 72. Pagenses testati sunt vidisse . . . *D. Karolin.*, I no. 180 (a. 797). Placito peracto coram supradictis praesulibus ac ceteris pagensibus loci ipsius. Trad. Lunaelac., no. 147 (a. 843), *UB. d. L. ob der Enns*, I p. 86. Per ipsos pagenses viros nobiles attestantes . . . conquisivit. Breves notit. Juvav., c. 14 § 55 (interpol. s. ix ?), HAUTHALER, *Salzb. UB.*, I p. 44. Pagen-

ses comitis: les hommes libres qui ressortissent du tribunal d'un comte — the freemen within a count's resort. Omnes paginsis vestros [sc. comitis] tam Francos, Romanos vel reliqua natione degentibus. MARCULF., lib. 1 no. 40, p. 68. Etiam ib., no. 28, p. 60; no. 37, p. 67. A. comes Sogiontinsis cum paginsebus suis . . . ad . . . pugnandum perrexerunt. FREDEG., lib. 4 c. 87, p. 165. Si castaldius et sculdais seu locipositus . . . de suos pagenses . . . [justitiam] non fecerit. Pippini Ital. reg. capit. (a. 782-786), c. 7, I p. 192. Comites de eorum pagensis [i.e. pagensibus] non habeant potestatem. Capit. de reb. exerc. a. 811, c. 1, p. 164. [Dominus vasallos] cum comite, cujus pagenses sunt, ire [in hostem] permittat. Capit. Bonon. a. 811, c. 7, p. 167. Saxones pagenses illius [comitis]. *D. Karolin.*, I no. 213 (a. 811). [Comes] cum cunctis pagensibus illis adjuvasset ei [sc. duci]. WETTIN., V. Galli, c. 19, *SRM.*, IV p. 267. Pagenses ejus [sc. comitis] paravereda dare recusant. Resp. missis data a. 826, c. 10, I p. 315. Comes et pagenses de expeditione hostili reversi. Capit. miss. Wormat. a. 829, c. 13, II p. 16. Ut pagenses Franci . . . cum suis comitibus in hostem pergant. Edict. Pist. a. 864, c. 26, II p. 321. Pagenses alicujus: co-habitant libre du même pagus — fellow-inhabitant of the same "pagus". Confessi sumus ante C. praeside [i.e. comitem] et ante pagensis nostros. WARTMANN, *UB. S.-Gallen*, I no. 49 (a. 766). Tales [testes] eligantur qui testimonium bonum habeant inter suos pagenses. Pippini capit. Ital. (a. 801-810), c. 12, I p. 210. Adhibeat sibi . . . de suis pagensibus . . . testes idoneos. Capit. legib. add. (a. 818/819), c. 6, p. 282. **3.** *les habitants d'une région plus vaste,* p. e. d'un duché — *the inhabitants of a greater district* such as a duchy. W. dux a paginsibus suis depulsus ducatum [i.e. ducatu] caruit. GREGOR. TURON., H. de Fr., lib. 8 c. 18. **4.** *les habitants d'une circonscription ecclésiastique,* d'un diocèse ou d'une paroisse — *the inhabitants of a church district,* either a diocese or a parish. Episcopus cum clericis et paginsibus urbis suae similia sacramenta dedit. GREGOR. TURON., H. Fr., lib. 10 c. 9. Et vestra [sc. episcopi] et clerum vel paginsium civitatis illius adfuit petitio. Suppl. ad MARCULF., no. 6, *Form.*, p. 109. Hoc inquirere fecimus per confratres nostros [sc. archidiaconi] seu pagenses. F. Sal. Merkel., no. 64, p. 263. Ad unamquamque ecclesiam curte[m] et duos mansos terrae pagenses ad ecclesiam recurrentes condonant. Capit. de part. Saxon. (a. 785), c. 15, I p. 69. Neque illi pagenses neglegentiam habeant de hoc quod ibidem [sc. in ecclesia baptismali] facere debent. Capit. a. 787, c. 2, p. 200. Sacerdos pagensibus suis utrasque missas audire praecepit. GEZO DERTON., MIGNE, t. 137 col. 403 D. **5.** *habitant de la campagne* par opposition à la cité — *inhabitant of the country* as contradistinguished from the city. RIMBERT., V. Anskarii, c. 16, ed. WAITZ, p. 37. AGOBARD., De priv. sacerd., c. 11, MIGNE, t. 104 col. 139 A. **6.** *dépendant non chevalier, serf — non-knightly dependant, villain.* Debet solvere totum censum sicut reliqui pagenses. Irminonis polypt., br. 9 c. 283. In presentia . . . et aliis plures hominibus tam satellites quam pagenses. GUÉRARD, *Cart. de Mars.*, I p. 647 no. 654 (ca. a. 980). Totis nostris hominibus, tam militibus quam etiam pajensibus terrarumque et vinearum cultoribus. Ib., II p. 27 sq., no. 687 (a. 1059). In O. tenet s. Johannes unum pagensem . . . Hic villanus . . . RAYMOND, *Cart. de Sorde*, no. 33 p. 26 (s. xi ex.). Dedit pagensem unum . . . reddentem censum sicut unus ex villanis ipsius ville. Ib., no. 46 p. 35 (s. xii in.). **7.** *roturier, paysan* (sans rapport avec un seigneur) — *husbandman, one of the common people.* Tam procerum quam etiam illustrissimorum virorum et clericorum insignis turma necnon et pagensium utriusque sexus copiosa plebs. Transl. Hilarii (a. 970), *Hist. de Languedoc*[3], V no. 119 col. 262. Mansiones pagensium vel clericorum arma non ferentium . . . ullus homo non incendat. Synod. Tulug. a. 1065, ib., no. 186 col. 442. Omnes homines, . . . magnates et milites, rustici et pagenses, mercerii et negociatores. Usat. Barcin., c. 64, ed. D'ABADAL-VALLS TABERNER, p. 25. Non faciant ibi ullam compram . . . nec de caballario aut de pagense nec de ullo alio homine. ROSELL, *Lib. feud. maj.*, no. 232 (a. 1067). Militum et pagensium coetus. GUÉRARD, o.c., I no. 532 p. 527 (a. 1073). Quidam pagensis . . . illud rus suscepit. ORDER. VITAL., lib. 6 c. 9, ed. LE PRÉVOST, III p. 61.

**pagesia:** *tenure d'un paysan — a peasant's holding.* S. xiii.

**pagesius** (< pagensis): *paysan — peasant.* S. xiii.

**1. pagina: 1.** *charte — charter.* Divisionis pagina. *D. Merov.*, no. 12 (ca. a. 628). MARCULF., lib. 1 no. 1, *Form.*, p. 39; lib. 2 no. 17, p. 86. F. imper., no. 35, p. 313. Coll. Flavin., no. 8, p. 477. Lud. Pii pactum cum Pasch. a. 817, *Capit.*, I p. 353 l. 26. **2.** *texte — text.* In edicti Langobardorum continet [i.e. continetur] pagina. SAVINI, *Cart. Teram.*, p. 7 (a. 926). **3.** pagina sancta, divina: *l'Ecriture sainte — the Holy scriptures. **4.** (cf. Plin. 17, 35, 13) *terrain — piece of land.* In qua pagina sunt mansiones. PARDESSUS, II no. 253 p. 10 (a. 631). Pagena de silva. *D. Merov.*, no. 40 (a. 662). De campo paginam. PÉRARD, *Bourg.*, p. 48 (a. 849). Pagina de prato. *H. de Fr.*, IX p. 714 A (a. 917, Berry). Campi paginas duas. BERNARD-BRUEL, *Ch. de Cluny*, II no. 1204 p. 286 (a. 966). Pratorum paginam. MÉTAIS, *Cart. de Vendôme*, I no. 73 p. 134 (a. 1047). **5.** *place du marché — market-place.* IONAS, V. Columbani, lib. 1 c. 27, ed. KRUSCH, p. 215. **6.** *région — district.* A limite Rheni . . . usque paginem [leg. paginam?] Mausatis. V. patr. Jur., lib. 1 c. 1, *SRM.*, III p. 132.

**2. pagina,** v. pago.

**paginalis:** *épistolaire — epistolary.* ENNOD., epist., pluries. GREGOR. M., lib. 11 epist. 6, *Epp.*, II p. 265 l. 28. IONAS, V. Columbani, c. 27, ed. KRUSCH, p. 217.

**paginula: 1.** **petite lettre — short letter.* **2.** *charte — charter.* Dotalium mei paginola. SCHIAPARELLI, *CD. Longob.*, II no. 126 p. 6 (a. 757). Paginolam testamenti. ZEUSS, *Trad. Wizenb.*, no. 54 (a. 774). **3.** *petit terrain — plot.* Paginolas de terris . . . inter se commutare. PÉRARD, *Rec. de Bourg.*, p. 142 sq. (a. 841). Curtiles ac vineas in diversis paginulis. MARTÈNE, *Coll.*, I col. 189 (a. 868).

**pagnagium,** v. pastionaticus.



**pago** (genet. paginis), pagina (cf. voc. compago): *clôture — fence.* Facit unusquisque . . . corvadas 3, paginas 2 . . . Urb. Prum. c. 9, BEYER, *UB. Mittelrh.*, I p. 149 (ubi comment. Caesarii: Id est mensuras duas, que habent 30 pedes in longitudine, sepem [leg. saepum] ubi eis precipitur debent facere). Facit pagines 7: in venna 1, in curtem 4, in vinea 3. Ib., c. 24, p. 155. Faciunt paginam suam circa prata, vineas, horrea. Polypt. Metlac., BEYER, *UB. Mittelrh.*, II p. 341.

**pagua,** v. paga.

**pagus: 1.** *territoire d'une "civitas" — territory of a "civitas".* In pago Tornacensi. GREGOR. TURON., H. Fr., lib. 5 c. 49. In pago Suessionico. Ib., lib. 6 c. 34. Ex pago Tholosano. Ib., lib. 8 c. 30 in fine. Pectavi pagi. Id., V. patrum, c. 15 § 2, *SRM.*, I p. 721. Pagus Remensis. Id., Virt. Martini, lib. 4 c. 26, p. 655. Pago Turonico. Id., Glor. conf., c. 17, p. 757. Pagum Tholosanum, Cathorcinum, Agenninsem, Petrocorecum et Santonecum. FREDEG., lib. 4 c. 57, *SRM.*, II p. 149. In pago Arvernico. F. Arvern., no. 6, *Form.*, p. 31. In pago Bitorico. F. Bituric., no. 7, p. 171. Ibi saepe. In pago Parisiaco. *D. Merov.*, no. 14 (a. 631/632). Ibi saepe. **2.** *la campagne d'une "civitas"* par opposition à la cité — *the countryside of a "civitas"* as contradistinguished from the city. [Comes] pueros . . . qui in pago egressi fuerant, . . . gladio trucidavit. GREGOR. TURON., H. Fr., lib. 5 c. 14. Dum pagum urbis in hoc officio [sc. comitis] circuiret. Ib., lib. 8 c. 18. Cum . . . per pagum in abbatis sui proficisceretur obsequium. FORTUN., V. Albini, c. 7 § 18, *Auct. ant.*, IV pt. 2 p. 29. Tam infra civitatem quam et a foris in ipso pago. F. Senon., no. 16, *Form.*, p. 191. Neque intra ipsa civitate Parisius neque ad foras in ipso pago. Ib., no. 247, II p. 5 (a. 629). Optimus quisque in pago vel civitate in testimonium adsumatur. Capit. leg. add. a. 803, c. 11, I p. 114. [Mensura quae] legitima per civitatem et pagum atque vicinitatem habetur. Capit. Tolos. a. 844, c. 2, II p. 256. **3.** *territoire d'une unité ethnique* (en Germanie) — *one of the ethnical divisions* (in the German lands). In pago Austrasiorum. *D. Karolin.*, I no. 142 (a. 782). In pago Almania. WARTMANN, *UB. S.-Gallen*, no. 26 p. 30 (a. 762); no. 257 p. 245 (a. 820). Item GLÖCKNER, *Cod. Laureshum.*, III no. 3195 sqq. p. 102 (a. 768). **4.** *"pagus"*, circonscription inférieure à la "civitas" (en Gaule) — *"pagus"*, a smaller district than the "civitas" (in Gaul). Ego illi qui commaneo in pago illo. F. Andecav., no. 9, *Form.*, p. 7. Tibi accionem comitiae . . . in pago illo . . . commissemus. MARCULF., lib. 1 no. 8, p. 47. In pago illo, in grafia illa, in loco q. v. ille. F. Senon. rec., no. 7, p. 214. Cf. A. LONGNON, *Etude sur les pagi de la Gaule*, 2 t. 1869, 1872 (*Bibl. de l'Ec. des Hts Et.*, no. 2 et 11). **5.** *"Gau"*, région (en Germanie) — *"Gau"*, district (in Germanic lands). E.g.: In pago Tulpiacensi. MULLER-BOUMAN, *OB. Utrecht*, I no. 9 p. 6 (a. 699). In pago Texandriae. Ib., no. 18 p. 14 (a. 709). In pago Alsacensi. BRUCKNER, *Reg. Alsatiae*, no. 125 p. 65 (a. 735). In pago Bedinse. BEYER, *UB. Mittelrh.*, I no. 30 p. 35 (a. 776/777). In pago Graffelt. *D. Karolin.*, I no. 116 (a. 777). In pago vel in sito Linzgauwa. WARTMANN, *UB. S.-Gallen*, I no. 100 p. 94 (a. 783). **6.** *comté — county.* Si infra pago in sua ratione fuerit. Lex Sal., tit. 1. Malus homo qui male in pago faciat. Chilperici edict. (a. 571-574), c. 10, *Capit.*, I p. 10. In cujuslibet judicis pago. Childeb. II decr. a. 596, c. 4, p. 16. Omnis causacionis nostras, tam in pago quam et in palacio. F. Andecav., no. 1[b], p. 4. Causas quas in pago . . . defenitas non fuerint, in nostri praesentia reserventur. MARCULF., lib. 1 no. 24, p. 58. Similia *D. Karolin.*, I no. 2 (a. 752). Coram comite pagi illius nomine N. F. Sangall. misc., no. 9, p. 384. In pago illo, ubi ille comis esse videtur. F. Senon. rec., no. 4, p. 213. [Comites nomina eorum qui juraverunt in breve apportent] de illos qui infra pago nati sunt et pagensales fuerint. Capit. miss. (a. 792/793), c. 4, I p. 67. [Missi] nullatenus sine comite de ipso pago istam legationem perficiant. Ib., c. 5, p. 67. De ipso pago, non de altero, testes elegantur, nisi forte longius extra comitatum causa sit inquirenda. Capit. Theodonisv. gener. (a. 805), c. 11, I p. 124. Cf. J. PRINZ, *Pagus und comitatus in den Urkunden der Karolinger*, *AUF.*, t. 17 (1942). **7.** *paroisse — parish.* Episcopi seu presbyteri, in quorum diocisi vel pago actum fuerit. Concil. Clippiac. a. 626/627, c. 10, *Conc.*, I p. 198. Pro qua causa exivit [presbyter] de suo pago seu de sua parochia. F. Sal. Merkel., no. 64, p. 263. Archipresbytero pagi illius. Coll. Sangall., no. 31, p. 416. **8.** gener.: *le plat pays — the country.* Pagi munera diripiunt. ERMOLD. NIG., lib. 1 v. 133, ed. FARAL, p. 14.

**paiga,** v. paga.

**palada,** v. palata.

**palafredus,** palafrenus, palafridus, v. paraveredus.

**palafrenarius,** v. paraveredarius.

**palagium** (< palus): *droit d'amarrage — mooring dues.* SUGER., De admin., c. 11, LECOY, p. 170. FLACH, *Orig.*, I p. 393 (a. 1144).

**palanca:** *pieu — pole.* S. xiii, Ital.

**palancatum,** pale-, -ngatum: *palissade — stockade.* S. xiii, Ital.

**palaris** (adj.). Silva palaris: bois où l'on coupe des échalas — wood used for cutting poles. Dig., lib. 7 tit. 1 leg. 9. Subst. femin. **palaria:** *bois où l'on coupe des échalas — woodland used for cutting poles.* BRUNETTI, *CD. Tosc.*, I p. 282 (a. 790). Petia de vinea . . . cum palaria sua. ALLODI-LEVI, *Reg. Sublac.*, p. 213 (a. 994). *D. Heinrichs III.*, no. 198[a] (a. 1047).

**palata,** palada: *palissade — stockade.* S. xiii.

**palatinatus** (decl. iv): *palatinat, territoire d'un comte palatin — palatinate.* S. xiii.

**palatinus: 1.** **du palais impérial — of the imperial palace.* **2.** *du palais royal — of the royal palace.* Denarii palatini. Capit. cum prim. const. a. 808, c. 7, I p. 140. Comes vel actor dominicus vel alter missus palatinus. Capit. miss. a. 817, c. 1, p. 289. Comites palatini. Capit. de disc. pal. Aquisgr. (ca. a. 820 ?), c. 6, p. 298. Palatini principes. POETA SAXO, ad a. 782, v. 44, *Poet. lat.*, IV p. 19. **3.** *qui appartient au fisc — belonging to the fisc.* [Regis possessio injusta] ne vestitura nominari debet, sive sit in ecclesiasticis sive in palatinis rebus. Resp. de reb. fisc. (ca. a. 820), c. 1, p. 296. Subst. mascul. **palatinus, 1.** plural. palatini: *certains *dignitaires du*

*palais impérial — imperial palace officials.* **2.** plural. palatini: *hommes de cour de l'entourage du roi — courtiers at the king's court.* MARCULF., lib. 2 no. 51, *Form.*, p. 105. ERMANRIC., V. Sualonis, c. 10, *SS.*, XV p. 161. HINCMAR., Ordo pal., c. 32. MONACH. SANGALL., lib. 1 c. 4, ed. JAFFÉ, *Bibl.*, IV p. 634. Guidonis capit. a. 889, c. 6, II p. 105. WIDUKIND., lib. 3 c. 10. *D. Ottos II.*, no. 283 (a. 982). D. Roberti reg. Fr. (ca. a. 1008), *H. de Fr.*, X p. 593 D. Cod. Udalrici, c. 167, JAFFÉ, *Bibl.*, V p. 295. Des textes tardifs distinguent les "palatini" des magnats du royaume — late documents make a distinction between the "palatini" and the great men of the realm. Communicato cum palatinis nostris consilio . . . ibique praesentibus regni nostri optimatibus. D. Lud. VI reg. Fr. a. 1124, TARDIF, *Cartons*, no. 391. **3.** *comte palatin — count palatine.* WEIRICH, *UB. Hersfeld*, I no. 77 p. 147 (a. 1005-1006). D. Heinr. V imp. a. 1112, BEYER, *UB. Mittelrh.*, I no. 421 p. 481. D. Frid. I reg. a. 1154, *Const.*, I no. 147. Hist. Welf., c. 20, ed. PERTZ in us. sch., p. 28. Subst. femin. **palatina**: *comtesse palatine — countess palatine.* BERTHOLD. ZWIFALT., c. 31, *SS.*, X p. 113. HERBORD., V. Ottonis Babenb., lib. 1 c. 17, ed. PERTZ in us. sch., p. 14. Chron. Reinhardsbr., a. 1189, *SS.*, XXX p. 544 l. 26.

**1. palatium: 1.** **la résidence impériale — the imperial residence.* **2.** *la cour du roi, le palais royal — the king's court, the royal palace.* A palatii militia non recedunt. CASSIOD., Var., lib. 1 no. 10 § 1, *Auct. ant.*, XII p. 18. Ibi saepe. De palatio nostro sit omnino extraneus. Childeb. decr. a. 596, c. 2, *Capit.*, I p. 15. Satis nobis est in palatio nostro necessarius. *D. Merov.*, no. 13 (a. 629). De palacio aegiceretur. FREDEG., lib. 4 c. 86, *SRM.*, II p. 164. Ibi saepe. A totius palacii maneat societate seclusus. Lex Visigot., lib. 2 tit. 1 c. 5. Ibi pluries. [Rex] A. archiepiscopum in suo palatio assidue haberet. Synod. Franconof. a. 794, c. 55, I p. 78. De clamatoribus qui magnum impedimentum faciunt in palatio ad aures domni imperatoris. Capit. miss. Aquisgr. I a. 810, c. 1, p. 153. Comes palatii nostri. Capit. de just. fac. (a. 811), c. 2, p. 176. **3.** *le fisc — the fisc.* Ipso loco et castello adquesivimus in palacio nostro. *D. Karolin.*, I no. 8 (a. 755). Ad palatium nostrum bannum componat. Pippini capit. Pap. (a. 787), c. 4, p. 199. De rebus forfactis per diversos comites, volumus ut ad palatium pertineant. Capit. Ital. (a. 787), c. 7, p. 201. De mancipiis palatii nostri et ecclesiarum nostrarum. Ib., c. 12, p. 201. In sacro palatio widrigildum suum componat. Capit. cum Ital. episc. delib. (a. 790-800 ?), c. 6, p. 203. Omnis substantia eorum auferatur ab eis; dimidia quidem pars partibus palatii [tribuatur]. Capit. miss. Theodonisv. gener. a. 805, c. 7, p. 123. De monasteriis et senedochiis . . . ad palatium vel ad quorumcumque jura pertinentibus. Capit. Olonn. eccl. II a. 825, c. 7, codd. Epored. et Guelferb., p. 328. Sciat se ad partem palatii nostri decem libras auri persolvere. F. imper., no. 30, *Form.*, p. 310. [Functio] quae tam ex tributo seu vectigalibus vel alia qualibet re partibus palatii nostri venire debet. Coll. Sangall., addit. 3, ib., p. 435. Semper sub dominatione palatii fuisset et esse deberet. MANARESI, *Placiti*, I no. 104 p. 378 (a. 897, Benevento). **4.** *le pouvoir royal — royal authority.* Quomodo ipse casalis eidem L. per palatium donatus fuisset. MANARESI, o.c., I no. 2 p. 4 (a. 776, Spoleto). De eclesiis et monasteria et senodochia que ad mundio palatii pertine[n]t. Capit. cum episc. Langob. delib. (ca. a. 780), c. 5, p. 189. Monasteria et sinodochia sub defensione sacri palatii posuerunt. Synod. Papiens. a. 850, c. 16, *Capit.*, II p. 121. **5.** *le personnel du palais royal — the personnel of the king's court.* [Episcopus] si de palatio eligitur. Chloth. II edict. a. 614, c. 1, *Capit.*, I p. 21. Francorum regebant palatium. Pass. Leudegarii, c. 2, *SRM.*, V p. 284. [Aega] palatium gobernat et regnum. FREDEGAR., lib. 4 c. 80, ib., II p. 161. Consilium totius palatii quicumque quaereret. HINCMAR., Ordo pal., c. 20. Omni palatio vidente. *D. Phil. Ier*, no. 38 (a. 1068). **6.** *une résidence royale — a royal manor.* [Actum] Stirpiniaco ad vetus palatium. *D. Merov.*, no. 11 (a. 627). Captonnaco in palatio publico. Ib., no. 40 (a. 662). Actum Compendio palatio. Ib., no. 31 (a. 673). Episcopos ad nostro palacio Maslaco villa jussemus advenire. Ib., no. 48 (a. 677). Ad Bitoricas [rex] accessit, palacium sibi edificare jubet. Contin. ad. FREDEG., c. 49, *SRM.*, II p. 190. Actum ad Arestalio palatio publico. *D. Karolin.*, I no. 2 (a. 752). Ad concilium Vernus palatio publico. Concil. Vern. a. 755, prol., *Capit.*, I p. 33. Decretum quod factum fuit ad Vermeriam palatium. Decr. Vermer. (a. 758-768), inscr., p. 40. Actum . . . in Aquis palatio publico. Dupl. leg. edict. a. 789, praeamb., p. 62. Convenientibus in unum Aquis palatii. Capit. Saxon. a. 797, c. 1, p. 71. In palatio Bigargio placitum generale instituit. G. Dagoberti, c. 39, *SRM.*, II p. 416. Cf. W. A. DIEPENBACH, *"Palatium" in spätrömischer und fränkischer Zeit.* Diss. Giessen, 1921. **7.** *demeure d'un dignitaire public* (évêque, comte) — *an official's house.* In palacio s. Parmense ecclesie. MANARESI, o.c., I no. 40 p. 127 (a. 830). Ad palatium comitis nullus miles arma ducat nisi rogatus a comite. Lib. feudor., vulg., lib. 2 tit. 27 § 15, ed. LEHMANN, p. 157. **8.** *manoir d'un prince — a prince's manor.* Considentibus [i.e. considente duce Normanniae] Fiscanni palatio. VERNIER, *Ch. de Jumièges*, I p. 42 no. 12 (a. 1027). [Dux Aquitaniae] librorum copiam in palatio suo servavit. ADEMAR., lib. 3 c. 54, ed. CHAVANON, p. 176. **9.** *hôtel de ville — townhall.* HOENIGER, *Koelner Schreinsurk.*, II p. 215 c. 9 (a. 1165-1185). **10.** *réfectoire pour les hôtes — visitors' diningroom.* PETR. DIAC., Mir. Benedicti, § 29, *AASS.*, Mart. III p. 292. In palatio, sed melius dicitur refectorio. Regula Templariorum, c. 8, Concil Tretense a. 1128, MANSI, t. 21 col. 362 A. Palatium . . . ad recipiendum omnes supervenientes homines . . . ubi aedant. GUIDO, Disc. Farf., lib. 2 c. 1, ALBERS, I p. 138.

**2. palatium**, v. palicium.

**paleagium:** *redevance consistant en paille — a straw tribute.* BERTRAND, *Cart. d'Angers*, I no. 180 p. 212 (a. 1075).

**paleare**, -rium, -ris: *meule de paille — stack of straw. Hist. de Languedoc*[3], V no. 87 col. 205 (a. 947). Synod. Tulug. a. 1065, ib., no. 186 col. 442. V. Endei, § 18, *AASS.*, Mart. III p. 273.



**palearicius**, pall-, -iar-, -ior-: *de chaume — thatched.* Tectoras . . . scandolicias vel palliaricias. *CD. Langob.*, no. 29 col. 57 C (a. 765). Tegia palliaticia [leg. palliaricia]. MURATORI, *Antiq.*, I col. 721 (ch. a. 869, Modena).

**paleatus** (adj.): *au toit de chaume — with a thatched roof.* Casa palliata. BENASSI, *CD. Parm.*, no. 9 (a. 854).

**palefredus**, palefridus, v. paraveredus.

**palefrenarius**, palefrenerius, v. paraveredarius.

**palencatum**, palengatum, v. palancatum.

**paleus**, v. palleus.

**palfredarius**, palfrenarius, v. paraveredarius.

**palicium**, pall-, -atium, palix: *palissade — paling.* Consuet. Norman. (a. 1091), c. 4, HASKINS, *Norman inst.*, p. 282.

**1. palificare** (< palam): *divulguer, révéler, donner à entendre — to make known, announce, give to understand.* Vitam . . . palificare gestientes. V. Severi Ravenn., c. 1 § 1, *AASS.*, Febr. I p. 82 D. Quid nova lex . . . contineat, . . . Christus in euangelio suo palificat. ARNULF. VOCHBURG., Mir. Emmerammi, lib. 2, prooem., *SS.*, IV p. 555 col. 1 l. 27. Quod viva voce nequimus . . ., his signis cupimus vobis palificare. Epist. Wormat., no. 10 (a. 1025-1044), ed. BULST, p. 27. SIGEWARD., V. Mainulfi, lib. 2 c. 5, *SS.*, XV p. 417.

**2. palificare** (< palus): *munir d'un bardis — to fit with a wooden facing.* Fossata nova fuerant palificata. JOH. CODAGN., ad a. 1196, ed. HOLDER-EGGER, p. 23.

**palifictura:** *redevance d'amarrage — mooring dues.* Violentias injuste fecisset de suis [sc. civium Cremonensium] navibus, que adducunt ad portum ipsius civitatis, quod nobis ripaticum et palificturam seu pastum detulisset. MANARESI, *Placiti*, I no. 56 p. 194 (a. 852). *D. Berengario I*, no. 60 p. 166 l. 13 (a. 905). Ibi pluries.

**palinodia** (gr.): **palinodie, rétractation — recantation.*

**palix**, v. palicium.

**palla** (cf. voc. pallium): **1.** *housse, couverture — cover.* V. Galli vetustiss., c. 9, *SRM.*, IV p. 255. **2.** *nappe d'autel — altar-cloth.* Manum pueri involvant palla altaris. Regula Benedicti, c. 59. De palla holoserica [ecclesiae] vestimenta . . . temerarie fecerit. GREGOR. TURON., H. Fr., lib. 10 c. 16. Si de ministerio ecclesiae aliquid furaverit, id est calicem aut patenam vel pallam. Lex Baiwar., tit. 1 c. 3 § 3. In palla altaris offerri previdi ipsi filii mei. BRUNETTI, *CD. Tosc.*, I no. 260 (a. 784). Misi dilectioni vestrae unam pallam storacen et unum vestitum. ALCUIN., epist. 255, *Epp.*, IV p. 413. Pallae altaris lavandae sunt. Haitonis Basil. capit. (a. 807-823), c. 16, *Capit.*, I p. 364. **3.** *linceul — shroud.* Palla sepulchri s. Martini. GREGOR. TURON., H. Fr., lib. 5 c. 48. Pallam holosericam . . . quae sanctum tegebat sepulchrum. Id., Mir., lib. 1 c. 71, *SRM.*, I p. 535. **4.** *corporal — corporal.* Ne pallis vel ministeriis divinis defunctorum corpuscula obvolvantur. Concil. Arvern. a. 535, c. 3, *Conc.*, I p. 67. Non licet ut mulier manum suam ad pallam dominicam mittat. Concil. Autissiod. (ca. a. 573-603), c. 37, p. 182. Corporalis palla. Sacram. Gregor., MIGNE, t. 78 col. 220 B. Palla quae corporalis dicitur. Ordo Rom. II, c. 7, ANDRIEU, II p. 115. Corporales pallae. BENED. LEV., lib. 3 c. 431, *LL.*, II pt. 2 p. 129, col. 1 l. 60. **5.** *globe* (parmi les insignes royaux) — *globe* (one of the royal insignia). GOTHEFR. VITERB., Pantheon, part. 26, c. 4, *SS.*, XXII p. 274.

**palleatus**, v. palliatus.

**pallefredus**, pallefridus, v. paraveredus.

**palleum**, v. pallium.

**palleus**, paleus (< pallium): *de soie — silken.* Plumatios digniores paleos decem. DC.-F., VI p. 115 col. 3 (ch. a. 892, Hisp.). Cortinae palleae novem. D'ACHÉRY, *Spic.*, VI p. 456 (a. 1077).

**pallia**, v. pallium.

**palliare: 1.** *revêtir d'un linceul — to wrap in a shroud.* Corporibus honestissime palliatis, aromatizatis . . . Chron. s. Petri Vivi, D'ACHÉRY, *Spic.*, II p. 745. **2.** *honorer du pallium — to confer the pallium on a person.* Archiepiscopum paternitatis vestrae largitate palliatum. Epist. synod. Suession. a. 866, MANSI, t. 15 col. 728 C. **3.** *obscurcir — to dim.* Dum sol . . . tenebris palliatus lumen subduxerit. Concil. Tolet. IV a. 633, c. 8, MANSI, t. 10 col. 620 C. **4.** **couvrir, cacher, dissimuler, pallier, voiler — to cover, hide, conceal, veil, blur.*

**palliaricius**, v. palearicius.

**palliatura:** *draperie, garnissage — carpeting, upholstering.* Ad renovandas et augmentandas ecclesiae hujus palliaturas. SUGER., Admin., c. 23, LECOY, p. 185.

**palliatus**, palleatus (adj. et subst.): **1.** *voilé — veiled.* Virgines palliatae, hoc est velatae. Canon. Hibern., lib. 45 c. 10, ed. WASSERSCHLEBEN, p. 209. **2.** *qui porte le pluvial — wearing the pluvial.* Palliata agmina clericorum. V. alt. Gaugerici, lib. 1 § 29, *AASS.*, Aug. II p. 681 E. Procedit palliatus ordo monachorum. V. Adalhardi, § 32, MABILLON, *Acta*, IV pt. 1 p. 353. **3.** *paré de draperies — covered with trimmings.* [Papam] albo et palliato equo insidentem educunt, ipsi etiam palliati . . . SUGER., V. Lud. Gr., c. 32, ed. WAQUET, p. 264. **4.** *doublé de soie — lined with silk.* Cappas palliatas et sericas. GALBERT., c. 35, ed. PIRENNE, p. 57. Palliatas culcitras. SUGER o.c., c. 33 p. 274. **5.** *qui a reçu le pallium — invested with the pallium.* Non sit vana gloria palleatis. ALCUIN., epist. 127, *Epp.*, IV p. 188. Vacanti ecclesie incardinatus et palliatus esse. Hadr. II pap. epist. 9 a. 868, *Epp.*, VI p. 710.

**pallicium**, v. palicium.

**palliger** (< pallium): *archevêque — archbishop.* Ann. Hildesheim., a. 1002, ed. WAITZ, p. 28. THANGMAR., V. Bernwardi, c. 13, *SS.*, IV p. 764 l. 3. WOLFHER., V. post. Godehardi, c. 17, *SS.*, XI p. 205 l. 37.

**palliolum:** *petite nappe d'autel — small altar-cloth.* Lib. diurn., no. 22, ed. SICKEL, p. 16. PAUL. DIAC., Homil., MIGNE, t. 95 col. 1524.

**pallium**, palle-, -us, -a (quandoque cum voce palla confunditur): **1.** **froc de moine — monk's garb.* Monachus si in monasterio conversus vel pallium conprobatus fuerit accepisse. Concil. Aurel. I a. 511, c. 21, *Conc.*, I p. 7. **2.** *voile de moniale — nun's veil.* Consecratum pallium accepit. V. Aldegundis Malbod., c. 4, *SRM.*, VI p. 88. **3.** *vêtement liturgique, pluvial — liturgical garment, pluvial.* Ut episcopus sine palleo missas dicere non praesumat. Concil. Matiscon. a. 583, c. 6, *Conc.*, I

p. 157. Numquam sacrae benedictionis pallio indueris absque diaconorum adstantium ministerio. ALCUIN., epist. 114, *Epp.*, IV p. 168. Carolus ad nocturnas laudes pendulo et profundissimo pallio . . . utebatur. MONACH. SANGALL., lib. 1 c. 31, JAFFÉ, *Bibl.*, IV p. 662. Rursum ib., c. 34, p. 665. **4.** *"pallium"*, bande de laine, portée par le pape comme symbole de la succession apostolique et décerné par lui à certains évêques — *pall.* Caritati tuae . . . utendi pallei concessimus facultatem. Symmachi pap. epist. a. 513, *Epp.*, III p. 40. Vigilii pap. epist. a. 543, *Epp.*, III p. 59. Usum pallii tibi . . . concedimus, pariter etiam pallium dirigentes. Pelagii II pap. epist. a. 557, *Epp.*, III p. 74. Concesso pallii privilegio. V. Caesarii, lib. 1 c. 42, *SRM.*, III p. 473. GREGOR. M., lib. 2 epist. 20, *Epp.*, I p. 117 l. 17. Ibi pluries. Hic constituit ut episcopus Hostiae . . . palleum uteretur. Lib. pontif., Marc., ed. MOMMSEN, p. 73. Tulit pallium de collo ejus [sc. papae]. Ib., Silver., p. 147. Cf. C. B. VON HACKE, *Die Palliumverleihungen bis 1143*, Marburg 1898. **5.** *nappe d'autel — altar-cloth.* De palliis altaris . . . camisias sibi et femoralia faciebant. VICT. VIT., Persec. Vandal., lib. 1 c. 12 § 39, *Auct. ant.*, III pt. 1 p. 10. Per isto pallio s. Quirici et euangelia. PASQUI, *Doc. Aret.*, I p. 12 (a. 715). BONIF.-LULL., epist. 15, *Epp.*, III p. 264 l. 32. Invenimus . . . pallia ad altare induenda [i.e. induendum] 8. Brev. ex., c. 4, *Capit.*, I p. 251. Pallium super altare unum. Test. Everardi a. 867, DE COUSSEMAKER, *Cart. de Cisoing*, p. 3. **6.** *corporal — corporal.* Pallium altaris . . . quo sacra munera conteguntur. GREGOR. TURON., H. Fr., lib. 7 c. 32. Corporale pallium. BONIF.-LULL., epist. 32, *Epp.*, III p. 283. **7.** *draperie, tapisserie, ouvrage de parement — drapery, tapestry, ornamental tissue.* GREGOR. M., Dial., lib. 2 c. 37. Donavimus ibi pallia optima 78. ANGILBERT., Rel., ap. HARIULF., Chron., lib. 2 c. 10, ed. LOT, p. 68. Dona praemagnifica . . . in palliis et vasis argenteis. HAITO, Vis. Wettini, c. 12, *Poet. lat.*, II p. 271. Dedit pallia tria pretiosa in ornatu ecclesiae. HELGALD., V. Roberti, c. 15, *H. de Fr.*, X p. 105 D. Ornentur ecclesiae hinc et inde parietes cortinis necne palliis. GUIDO FARF., lib. 1 c. 101, ALBERS, I p. 98. Pallium ex auro contextum quod vulgo dicimus dossalem. *Gall. chr.*², XVI instr. no. 18 col. 14 (a. 920, Vienne). Dedit ecclesiae pallium ingens optimum quod vulgo dorsale dicitur. G. pontif. Autissiod., c. 49 (s. xi), ed. DURU, p. 392. **8.** *tissu de soie ou de brocart — silk or brocade material.* Pendentia vela inter columnas ex palleis siricis fecit. Lib. pontif., Zacharias, § 19, ed. DUCHESNE, I p. 432. Fanones de pallio auro paratas 5. ANGILBERT., p. 68. Optimam cappam de pallio. Actus pontif. Cenom., c. 35, ed. BUSSON-LEDRU, p. 403. Fluxas pallioque ornatas cucullas et tunicas. JOH. ROMAN., V. Odonis, lib. 3 c. 1, MIGNE, t. 133 col. 75 D. Casulas valde bonas de pallio optimo. Cod. Eberhardi, c. 72, DRONKE, *CD. Fuld.*, p. 150. Cappas de pallio pretiosas decem. SUGER., V. Lud. Gr., c. 33, ed. WAQUET, p. 276. Habeo pallium sericum de quo mihi casulam vel planetam facere volo. Contin. ad HERIMANNI Rest. s. Martini, c. 7, *SS.* XIV p. 320. **9.** *pièce de drap, d'étoffe — piece of cloth.* Heribannus . . . exactetur . . . in auro et argento, palleis adque armis et animalibus atque pecoribus. Capit. Bonon. a. 811, c. 2, I p. 166. Lineum pallium sex cubitorum. KÖTZSCHKE, *Urb. Werden*, p. 30 (s. ix ex.). Unum pallium laneum 6 siclorum. Ib., p. 114 (s. xi).

**1. palma.** Plural. palmae: dimanche des Rameaux — Palm Sunday. Dominica in palmas. Sacram. Gelas., lib. 1 c. 37, ed. WILSON, p. 80. Feria II post palmas. Sacram. Gregor., MIGNE, t. 78 col. 77 D. Sabbato ante palmas. Concil. Bajuw. a. 740-750, c. 10, *Conc.*, II p. 53. Sabbato ante palmas. Stat. Rhispac. (a. 799-800), c. 4, *Capit.*, I p. 226. Dominica in palmis quae Osanna dicitur. Capit. de villis, c. 28.

**2. palma** = palmus ("travers de main — handbreadth").

**palmarium:** **salaire d'avocat — counsel's fee.* *Gall. chr.*², IV instr. col. 227 (a. 980, Chalon).

**palmarius:** **1.** *palmier — palmer.* **2.** *palmeraie — palm-grove.* MARTORELL, *Arch. Barcelona*, no. 100 p. 245 (a. 931). **3.** *qq'un qui a fait le pèlerinage de Jérusalem — pilgrim to Jerusalem.* VON RICHTHOFEN, *Fries. Rechtsq.*, p. 18 (s. xii ex.).

**palmata:** **1.** *poignée — handful.* De sale unam junciatam vel palmatam. DOUAIS, *Cart. de Toulouse*, no. 135 p. 100 (a. 1004-1010). De blado, quod . . . vendiderint, . . . non dent palmatam. TEULET, *Layettes*, I no. 86 p. 56 col. 1 (ca. a. 1144, Rodez). **2.** *paumée — slap.* [Peccatum] 100 palmatis emendetur. Ps.-BEDA, Remed. pecc., c. 17, MARTÈNE, *Coll.*, VII col. 47. BURCHARD. WORMAT., Decr., lib. 19 c. 17, MIGNE, t. 140 col. 982 B; rursum c. 25, col. 984 A. JOH. LAUD., V. Petri Damiani, c. 3 § 16, *AASS.*, Febr. III p. 419 B. **3.** *contrat fait en touchant dans la main — bargain by handclasp.* S. xiii.

**palmatus** (subst.): *celui qui a fait le pèlerinage de Jérusalem — pilgrim to Jerusalem.* EKKEH. URAUG., ad a. 1104, *SS.*, VI p. 225.

**palmentaticus:** *redevance pour l'usage du pressoir — due for use of a winepress.* CAPASSO, *Mon. Neapol.*, I p. 23 (a. 921); p. 341 (a. 993).

**palmentum:** *pressoir — winepress.* SCHIAPARELLI, *CD. Longob.*, II no. 269 p. 376 (a. 772, Lucca). BRUNETTI, *CD. Tosc.*, I p. 278 (a. 789).

**palpabilis:** **palpable, tangible, concret — capable of being touched, tangible, concrete.*

**palta,** phal-, -tena, -tina (slav.): *redingote — coat.* *D. Arnulfs*, no. 69 (a. 889). Cod. Eberhardi, c. 43 § 8, DRONKE, *Trad. Fuld.*, p. 116. Ibi pluries. Unusquisque solvit sindonem unam quae vulgo dicitur phalta. SCHANNAT, *Vindem.*, I p. 53 (s. xi, Bamberg). GUDENUS, *CD. Mogunt.*, I p. 50 (a. 1121).

**pampanus** = pampinus.

**pampilio** = papilio.

**1. panagium,** pannagium: une *redevance en pain* ou sur le pain — a *bread tribute* or impost on bread. S. xiii.

**2. panagium,** v. pastionaticus.

**panarium,** pann-, -eri-, -us (< panis): *corbeille à pain, panier — bread-basket.* G. Federici, ad a. 1190, ed. HOLDER-EGGER, p. 86.

**panatarius,** panaterius, v. panetarius.

**panaticum,** -ca (femin.): *vivres — victuals.* S. xiii. Ital.

**pancale** = bancale.



**panceria,** panse-, panze-, -rea (< pantex): *cuirasse — breast-plate.* Stat. Pistoj. a. 1107, MURATORI, *Antiq.*, IV col. 564.

**pancharta,** pancarta (gr.): **1.** *diplôme comportant une confirmation générale des droits et des possessions du destinataire — charter to the effect of a wholesale confirmation of rights and property.* *D. Charles le Ch.*, no. 259 (a. 863). *D. Karls III.*, no. 139 (a. 886). Ib., no. 145 (a. 886). *D. Charles le Simple*, no. 46 (a. 903). *D. Louis IV*, no. 1 (a. 936). *D. Lothaire*, no. 33 (a. 954-972). **2.** *cartulaire — cartulary.* E.g.: Pancharta nigra s. Martini Turonensis.

**pandagium:** *gage — pawn.* S. xiii, Flandre.

**pandare,** pann-, -iare, -ire (germ.): *exécuter une saisie-gagerie — to distrain goods.* Pro censu non persoluto cum advocato pergit pandare. FAYEN, *Lib. trad. Blandin.*, p. 181 (a. 1163). Pro forefacto tali . . . potero pandiare super feodum quod mei homines tenent de me. DUCHESNE, *H. de Guines*, pr. p. 242 (s. xii).

**pandatio,** panditio: *saisie-gagerie — distraint.* Cons. Norman., LUDEWIG, *Reliq.*, VII p. 307.

**pandectes** (gr. "recueil complet — comprehensive volume"): **1.** *bible complète — complete bible.* BEDA, Hist. abb. Wiremuth., c. 15, PLUMMER, p. 379. **2.** plural. pandectae: **les Pandectes — the Pandectae.* GREGOR. M., lib. 13 epist. 50, *Epp.*, II p. 417 l. 12.

**pandere:** **expliquer, commenter, dévoiler — to explain, comment upon, unfold.*

**pandochium,** pantochaeum (gr.): **hôtellerie — inn.* V. Marinae, c. 3, *AASS.*, Jul. IV p. 287 D.

**pandox** (gr.): **cabaretier — publican.* GUIBERT. NOVIG., De vita sua, lib. 3 c. 7, ed. BOURGIN, p. 163.

**pandoxare:** *tenir une auberge — to keep an inn.* S. xiii.

**pandoxator:** *cabaretier — publican.* S. xiii.

**pandus,** pann-, -um (germ.): **1.** *gage, nantissement — pawn, distressed goods.* Preco comitis pandum accipere non debet. VERCAUTEREN, *Actes de Flandre*, no. 63 (a. 1114). De pandorum redemptione nichil pertinet ad me. FAYEN, *Lib. trad. Blandin.*, p. 181 (a. 1163). Licet ecclesie pro censibus suis, si die justo . . . soluti non fuerint, supra ipsas mansuras . . . panna accipere pro censu et pro pena. GISLEB. MONT., c. 14, ed. VANDERKINDERE, p. 24. Si quis . . . panna seu vadia accipere voluerit. MARTÈNE, *Thes.*, I col. 766 (a. 1200, Flandre). **2.** *bûcher — wood-stack.* De pandis et carbonibus terciam partem accipiat. FAYEN, o.c., p. 186 (a. 1168). 4 pandos lignorum, ita quod dicti pandi habeant in latitudine 14 pedes et in altitudine 14 pedes. GUILL. DE RYCKEL, ed. PIRENNE, p. 180 (a. 1252).

**panellus,** v. pannellus.

**1. panetaria:** *boulangère — woman-baker.* Fuero de León (a. 1017-1020), c. 34, WOHLHAUPTER, p. 16.

**2. panetaria,** -teria, -tria: *paneterie — pantry.* CENCIUS, c. 57 (ordo), § 58, ed. DUCHESNE, I p. 306 col. 1.

**panetarius,** panat-, panit-, -erius: **1.** *boulanger — baker.* *D. Phil. Ier*, no. 39 p. 114 (a. 1068). CENCIUS, c. 57 (ordo), § 57, ed. DUCHESNE, I p. 306 col. 2. HUGO DE CLEERIIS, HALPHEN-POUPARDIN, *Chron. d'Anjou*, p. 245. **2.** *panetier — pantler.* GISLEB. MONT., c. 8, ed. VANDERKINDERE, p. 11. Ministeria Hanoniae, ib., p. 339. MULLER-BOUMAN, *OB. Utrecht*, I no. 444 p. 397 (a. 1165).

**pangnagium,** v. pastionaticus.

**panicium** = panicum.

**panifex:** **boulanger — baker.*

**panificare:** *cuire du pain — to make bread.* Justin. novell. 80, c. 5. EADMER., G. Anselmi Cantuar., *AASS.*, Apr. II p. 880.

**panificus** (adj.): **qui cuit du pain — who makes bread.* Subst. mascul. **panificus** = panifex.

**panirium,** v. banderium.

**panis:** **1.** *blé panifiable — bread-corn.* Maldra 4 de pane; de avena maldra 3. Coll. Sangall., no. 34, *Form.*, p. 418. Duas modiatas [terrae] ad panem culturatas. GUÉRARD, *Cart. de Mars.*, II no. 744 p. 93 (a. 1040). Decimas . . . panis, vini, agnorum, porchorum . . . REDET, *Cart. de S.-Cyprien de Poitiers*, no. 64 p. 57 (a. 1069). **2.** **nourriture* (en général) — any *food.* Qui ei . . . aut panem dederit aut hospitalitatem dederit. Lex Sal., tit. 55 § 2. **3.** **le pain eucharistique — the eucharistic bread.*

**panitarius,** v. panetarius.

**panna** (germ.): *chaudron — kettle.* Ad coquendum salem quatuor panne instruantur. LUDEWIG, *Reliq.*, V p. 8 (a. 1178, Magdeburg).

**1. pannagium,** v. pastionaticus.

**2. pannagium,** v. panagium.

**pannare,** v. pandare.

**pannarium,** v. panarium.

**pannarius,** -erius: *drapier, marchand de draps — draper, cloth-merchant.* S. xiii.

**pannellus,** pan-, penn- pen-, -ellum (< pannus): **1.** *pan, panneau — panel, sheet, strip.* S. xiii. **2.** *panneau, filet de chasse ou de pêche — net for fishing or ginning rabbits.* *Ann. Praemonstr.*, I pr. col. 214 (ch. a. 1156, Reims). **3.** *panneau, liste — panel, list.* S. xiii. **4.** *pan aile* d'un bâtiment — *pane, side* of a building. S. xiv.

**1. pannerium,** v. banderium.

**2. pannerium,** v. panarium.

**pannicida** (mascul.): *marchand détaillant de drap — cloth retailer.* S. xiii.

**pannificium:** *industrie drapière — woollen industry.* Ch. commun. Belvac. a. 1182, *Actes Phil.- Aug.*, no. 53 (a. 1182).

**1. pannire,** v. bannire.

**2. pannire,** v. pandare.

**pannum,** v. pandus.

**1. pannus:** **1.** *drap* (étoffe) — *cloth.* De homine habente libras sex in auro, in argento, bruneis, aeramento, pannis integris . . . Capit. miss. Theodonisv. II a. 805, c. 19, I p. 125. **2.** *un drap*, unité d'étoffe manufacturée — measure of cloth, *web of cloth.* Thelonei mensura de singulis pannis in dimidio constat denario. D. Heinr. V imp. a. 1114, KEUTGEN, *Urk. st. Vfg.*, no. 23 p. 17. Quantitatem pannorum qui de Colonia ligati veniunt. Ib., no. 86 c. 18 (a. 1192, Regensburg). **3.** *tapisserie — tapestry.* In ecclesia S. tredecim pannos fecit euangelicam in eis depingens historiam. JOH. DIAC., V. Athanasii Neapol., MURATORI, *Scr.*, II pt. 2 col. 1046. **4.** *pan* d'un vêtement — *flap* of a dress. S. xiii. **5.** *pan* d'un bâtiment — *side* or *pane* of a building. S. xiii.

**2. pannus,** v. 1. bandum.

**3. pannus,** v. bannus.

**4. pannus,** v. pandus.

**panselenus** (gr.): **pleine lune — full moon.*

**panseria,** panserea, panzeria, v. panceria.
**pantanum:** *marécage, terrain inondé — marsh, swamp. CD. Cajet.*, p. 72 (a. 941). FEDERICI, *Reg. di S. Silvestro in Capite*, p. 284 (a. 955). BELGRANO, *Reg. di Genova*, p. 20 (a. 973). ALLODI-LEVI, *Reg. Sublac.*, p. 129 (a. 993). Priv. Bened. pap. a. 1033, UGHELLI, I pt. 1 p. 121.
**pantera,** panteria = panther ("pantière — bird-net").
**papa** (mascul.; genet. papae et papatis) (gr. πάπας "père — father"): **1.** *appellation de déférence employée par les chrétiens en s'adressant à l'évêque du diocèse — honorific denomination used by Christians in addressing their diocesan bishop. **2.** titre d'honneur accolé au nom d'importants dignitaires ecclésiastiques — honorific title added to the names of prominent church dignitaries. A papa Avito. Concil. Turon. a. 567, *Conc.*, I p. 130 et 132. Dadoni papae [sc. episcopo Rotomag.]. Desiderii Cadurc. epist., lib. 1 no. 10, *Epp.*, III p. 199. Ibi saepius. Sulpicio papae [sc. episcopo Biturig.]. Dagoberti epist. a. 630 ap. V. Desiderii Cadurc., c. 14, *SRM.*, IV p. 572. Dominus Desiderius papa. PARDESSUS, II no. 273 p. 37 (a. 635). Avito papae [sc. episcopo Arvernensi]. Pass. Praejecti, c. 17, *SRM.*, V p. 236. Beatissime papa [sc. Ansoaldus episcopus Pictavensis]. URSIN., Pass. II Leudegarii, praef., inscr., *SRM.*, V p. 323. Au pluriel — in the plural: Orate pro me, domini sancti et apostolica sede dignissimi papae. Chlodow. reg. epist. (a. 507-511), *Capit.*, I p. 2. **3.** papa urbis illius: évêque — bishop. Papa urbis Turonicae. GREGOR. TURON., H. Fr., lib. 4 c. 26. Papa, nude, eodem sensu: Quae papa poscit, adimpleam. Ib., lib. 2 c. 27. Item lib. 10 c. 1. D'un patriarche — of a patriarch: Vocatum ad se urbis [Constantinopolitanae] papam. Ib., lib. 5 c. 30. De l'évêque de Rome — of the bishop of Rome: Vigilius papa in urbe regia constitutus. GREGOR. M., lib. 2 epist. 49, *Epp.*, I p. 151. Romanae urbis papam expetiit. Ib., lib. 2 c. 1. Rursum lib. 4 c. 26; lib. 5 c. 20. Papa Urbis consecratus est. Lib. pontif., Steph. IV (a. 816/817), § 1, ed. DUCHESNE, II p. 49. **4.** Après le VIIIe siècle, très rarement pour un dignitaire d'église autre que le pape — since the end of the eighth cent., very seldom for any other church dignitary than the pope. Pour le primicier de l'église de Langres — for the "primicerius" of the church of Langres: QUANTIN, *Cart. de l'Yonne*, I p. 141 no. 73 (a. 938). **5.** universalis papa: le souverain pontife — the pope. In praefatione epistolae ... superbae appellationis verbum, universalem me papam dicentes, imprimere curastis. GREGOR. M., lib. 8 epist. 29, *Epp.*, II p. 31. Donatio Constantini, c. 17, MIRBT[3], p. 86. Lud. Pii pact. c. Pasch. a. 817, *Capit.*, I p. 353. Concil. Roman. a. 826, ib., p. 370. Karoli II capit. Pap. a. 876, c. 2, *Capit.*, II p. 101. ASSER., G. Aelfredi, c. 16, ed. STEVENSON, p. 16. LIUDPR. CREMON., Hist. Ottonis, c. 1, ed. BECKER, p. 159. **6.** papa, nude: idem. In obsequio domni papae ... procedentes. GREGOR. M., lib. 3 epist. 66, *Epp.*, I p. 229 l. 30. Unacum famulo tuo papa nostro illo et antistite nostro illo episcopo. Sacram. Gelas., lib. 3 c. 16, ed. WILSON, p. 234. Nomen domini papae, quicumque sedis apostolicae praefuerit. Concil. Vas. a. 529, c. 4, *Conc.*, I p. 57. Promitto ... vobis, b. Petro apostolorum principi vicarioque tuo b. papae Gregorio successoribusque ejus. BONIF.-LULL., epist. 16 (a. 722), ed. TANGL, p. 28. Missus domni Zachariae papae. Ann. Mett. pr., a. 743, ed. SIMSON, p. 34. Cf. BATIFFOL, *Papa, sedes apostolica, apostolatus, Riv. di archeol. christ.*, t. 2 (1925), p. 99 sqq. P. DE LABRIOLLE, *Papa*, *ALMA.*, t. 4 (1928), pp. 65-92.
**papalardus,** pape-: *hypocrite — hypocrite.* S. xiii.
**papalis:** *pontifical — papal.* Electum ... papali manto ... induerunt. BOSO, V. paparum, Alex. III, ed. DUCHESNE, II p. 397.
**papare:** **1.** *être pape — to be pope.* Innocentio papante, Conrardo feliciter regnante. CALMET, *Lorr.*, II col. 317 (ch. a. 1138). Annus ... septimus Conradi regnantis, primus Lucii papantis. LAURENT. LEOD., G. episc. Virdun., c. 36, *SS.*, X p. 516. Urbano papante, Frederico Romanis imperante. FAIRON, *Rég. de Liège*, I no. 9 (a. 1185). **2.** papari: *se faire pape — to set oneself up as a pope.* Si quis sine assensu Romani principis papari praesumeret, non papa sed apostata ab omnibus haberetur. Synod. Brix. a. 1080, Cod. Udalrici, no. 64, JAFFÉ, *Bibl.*, V p. 134.
**papas** (genet. papatis) (jam ap. JUVENAL., 6, 632): *maître, précepteur — teacher.* Pass. Viti et Modesti, *AASS.*, Jun. II p. 102. BRUNO QUERFURT., V. Adalberti, c. 15, *SS.*, IV p. 602 l. 37. Ibi pluries. PETR. DAMIANI, opusc. 57, MIGNE, t. 145 col. 828 D. LEO OST., Chron. Casin., lib. 2 c. 29, *SS.*, VII p. 646.
**papaticus:** *pontifical — papal.* Confusis papaticis legibus. *D. Ottos III.*, no. 389 (a. 1001).
**papatus** (decl. iv): **1.** *dignité pontificale — papal dignity.* Quintus a b. Petro papatus minister [i.e. papa]. PAUL. DIAC., Homil., MIGNE, t. 95 col. 1489. Sacramento te obligasti quod nunquam papatum habiturus esses. Epist. concil. Wormat. a. 1076, Cod. Udalrici, no. 48, JAFFÉ, *Bibl.*, V no. 105. Papatum Romanum adjutor ero ad tenendum. *Const.*, I no. 389 (a. 1079). Sunt qui illum ... tyrannice papatum sibimet asseverent usurpasse. EKKEHARD. URAUG., Chron. univ., a. 1074, *SS.*, VI p. 201. Ad civitatem Tullum, in qua beatus ille [Leo] ante papatum sederat episcopus. G. pontif. Autissiod., c. 50 (s. xi), ed. DURU, p. 392. Ut dominus papa perdat papatum Romanum. *Const.*, I no. 83 p. 137 (a. 1111). Qui papatum ... affectaverat. Ann. Patherbr., a. 1130, ed. SCHEFFER-BOICHORST, p. 154. Ironice: Novum sibi usurpavit papatum [d'un évêque qui assume certains insignes insolites — of a bishop who adopts certain unwonted insignia]. Cod. Udalrici, no. 28 (a. 1064), p. 55. **2.** *la papauté — the papacy.* S. xiii.
**papilio:** **pavillon, tente — army-tent.*
**papyreus:** **en papyrus — made of papyrus.*
**papyrus:** **1.** **mèche* de lampe ou de cierge — *wick* of a lamp or candle. **2.** *papier* (matière) — *paper* (material). S. xiii. **3.** *papier; feuille, rôle ou cahier de papier — paper; sheet, roll or quire of paper.* S. xiii. Cf. H. G. CHRISTENSEN, *Zur Etymologie des Wortes Papier, Orientalist. Ltzg.*, t. 41 (1938), p. 204 sq.
**par** (subst.): **1.** *collègue* dans une fonction — *colleague* in an office. Si 7 [rachimburgii] venire non potuerint ..., tunc veniant 3 de ipsis qui ... pro paris suos [i.e. paribus suis] sunia nuntiant. Chilperici edict. (a. 571-574), c. 8, *Capit.*, I p. 9. Unus [comes sive episcopus] alteri quaerit quicquid parem suum viderit possidentem. Capit. tract. cum comit. a. 811, c. 3, I p. 161. Unusquisque ministerialis palatinus ... discutiat primo homines suos et postea pares suos. Capit. de disc. pal. Aquisgr. (ca. a. 820 ?), c. 1, p. 298. V. [episcopum] cum ... paribus ejus vos accersire ... volumus [synon.: collegae]. Nic. I pap. epist. 75 a. 866, *Epp.*, VI p. 408. **2.** *compagnon d'armes*, celui qui prend part à l'ost dans son rapport avec ceux de la même troupe — *companion in arms*, one who marches in the host with others. Si quis in exercito pugna commissa fuerit, et dimittit pares suos pugnare et ille fugit ... Lex Alamann., tit. 90. A. comis et G. comis cum pares eorum. Contin. ad FREDEG., c. 44, *SRM.*, II p. 188. Quicumque in itinere pergit aut hostiliter vel ad placitum, nulla super suum pare[m] praendat [i.e. praehendat]. Pippini capit. Aquit. a. 768, c. 6, p. 43. Quicumque homo super parem, dum ad nos fuerit, aliquid abstraxerit. Ib., c. 7. Qui nec parem suum ad hostem suum faciendum ... adjuvit neque perrexit, haribannum ... rewadiet. Capit. miss. de exerc. prom. a. 808, c. 2, p. 137. Quicumque ex his qui beneficium principis habent, parem suum ... in exercitu pergentem dimiserit. Capit. Bonon. a. 811, c. 5, p. 167. Ut in hoste nemo parem suum vel quemlibet alterum hominem bibere roget. Ib., c. 6. Unusquisque episcopus ... suos homines illuc transmiserit cum guntfanonario, qui de suis paribus cum missis nostris rationem habeat. Capit. Tusiac. in Burgund. dir. a. 865, c. 13, II p. 331. **3.** *pair*, qq'un du même rang social qu'un autre — *peer*, one of equal social rank. Dum taliter apud pares vel parentibus nostris [sc. sponsi necnon sponsae] utrisque partibus conplacuit. F. Sal. Lindenbrog., no. 7, *Form.*, p. 271. Qui ... aut comitibus aut vassis nostris aut paribus suis se commendaverunt. [Antea: Ad comites sive vassos nostros vel etiam ad vassos comitum se commendaverunt.] Const. de Hisp. II a. 816, *Capit.*, I p. 264 l. 5. **4.** *collègue vassal*, homme du même seigneur — *co-vassal* of one and the same seignior. [Rex] ante suos pares illum [sc. fidelem inoboedientem] in rectam rationem mittat. Capit. Caris. a. 856, c. 10, II p. 281. Illos vestros pares ... ad suam [sc. regis] fidelitatem ... exhortemini. Missat. II ad Franc. et Aquit. a. 856, c. 4, p. 284. Surtout par rapport au tribunal féodal qui est un tribunal de pairs — especially with regard to feudal courts, these being courts of peers. Nec sibi competere dicebat ut me ad tale judicium exhiberet sine conventu parium suorum. *H. de Fr.*, X p. 501 D (epist. ca. a. 1025). Suum beneficium [non] perdat nisi secundum ... judicium parium suorum. Edict. de benef. Ital. a. 1037, *Const.*, I no. 45, c. 1. Justo judicio suorum parium beneficium quod ex me tenebat fere ei auferre debui. BEYER, *UB. Mittelrh.*, I no. 382 p. 440 (a. 1082-1084). Si inter dominum et vassallum lis oriatur, per pares curiae terminetur. Frid. I imp. const. de Feudis, a. 1158, *Const.*, I no. 177, c. 9. Cf. B. C. KEENEY, *Judgment by peers*, Cambridge (Mass.) 1949 (*Harvard Hist. monogr.*, t. 20). **5.** *collègue colon*, égal dans la dépendance personnelle — *co-colonus*, an equal in personal dependent status. Ibi venientes aliqui homines, nomen A. A. F. et M., tam ipse [i.e. ipsi] quam eorum pares coloni s. Pauli de villa A. ex monasterio Cormaricum. *D. Pépin Ier d'Aquit.*, no. 12 p. 46 (a. 828). Coloni ... suas hereditates, id est mansa quae tenent, non solum suis paribus sed et ... aliis hominibus vendunt. Edict. Pist. a. 864, c. 30, *Capit.*, II p. 323. [Censuales] soli abbati judicio parium suorum respondeant. PIOT, *Cart. de S.-Trond*, I no. 14 p. 20 (a. 1060). [Scaremanni non debent] alicujus nisi parium suorum subjacere judicio. BEYER, I no. 382 (a. 1082-'84). Cum pari suo absque licentia, cum dispari per licentiam matrimonium ineat. LACOMBLET, *UB. Niederrh.*, I no. 239 p. 154 (a. 1086). Servus si uxorem que par ejus non est duxerit. Ch. franc. Brusthem a. 1175, c. 4, ed. GESSLER, p. 89. **6.** *partie contractante* dans un contrat de droit privé — *party* to a private contract. Nullus contra parem suum de istis convenientiis se remutare non posset. BALUZE, *Misc.*, III p. 169 (ch. a. 683). Si fuerit unusquis, qui contra pare[m] suo [i.e. suum] agere aut resultare presumpserit. F. Andecav., no. 8, *Form.*, p. 7. Pars pare [i.e. pari] suo oportuna et congrua beneficia non denegavit. Cart. Senon., no. 5 p. 187. Unusquisque quod a pare suo accepit, hoc habeat. LACOMBLET, o.c., I no. 48 (a. 834, Werden). Tunc simus culpabili et impleturi unusquisque contra parem suum de auri libra[m] una[m]. BERNARD-BRUEL, *Ch. de Cluny*, I no. 74 (a. 901). **7.** *partie contractante* dans un traité de droit public — *party* to a state treaty. Nemo suo pari suum regnum ... discupiat. Conv. Marsn. a. 851, c. 2, *Capit.*, II p. 72. Si aliquis pari suo superstes extiterit. Conv. Leod. a. 854, c. 2, p. 77. Nec in vita nec in membris neque in regno aliquis eorum suum parem forconsiliabit. Conv. Confl. a. 860, sect. B, p. 299. Conv. Furon. a. 878, prol., p. 169. **8.** *participant — co-partner.* A quibus [ecclesia] primo constructa est, hi fuerunt, par partem habentes in ipso loco F. BITTERAUF, *Trad. Freising*, I no. 286 p. 250 (a. 808-811). Qui pare suo supervixerit, ambas res licet habere [de deux précaristes — of two co-partners to a precarial grant]. GYSSELING-KOCH, *Dipl. Belg.*, no. 51 p. 141 (a. 839, Gand). Similia verba: DC.-F., VI p. 154 col. 1 (ch. a. 864, Poitiers). Cuidam villico ecclesie [Treverensis] ... cum suis paribus aliquid juris nostri rerum in proprium largiremur. BEYER, I no. 193 p. 254 (a. 952). **9.** pares: *compagnons en dépendance, suivants, serviteurs — dependent companions, followers, servants.* Ille cum reliquos pares suos qui eum secuti fuerunt, illo [i.e. illum] interfecit. MARCULF., lib. 1 no. 32, *Form.*, p. 62. Tam ipse ille quam pares, gasindi vel amici eorum. Ib., p. 63. Forestariis nostris cum paribus suis. *D. Merov.*, no. 29 (a. 667). Misse [i.e. missi] ipsius baselice ... cum paris suos ad vos vinerint. Ib., no. 82 (a. 716). Si quis rixa orta fuerit inter duos homines ... et unus alium occiderit et postea fugit ille qui occisit, et illi pares [occisi] sequuntur eum. Lex Alamann., tit. 44 c. 1. Quia vos et pares

vestri hoc mihi celastis. Lud. Pii epist., BALUZE, *Misc.*, III p. 138. **10.** pares: *les ecclésiastiques qui appartiennent à une église déterminée — the ecclesiastics attached to a definite church.* Berarius [episcopus] aut pares aecclesiae suae Cenomannicae. *D. Merov.*, no. 87 (spur. s. ix). Ego Chrodegangus ... episcopus ... cum consensu omnium parium nostrorum abbatum, presbyterorum, diaconorum, subdiaconorum seu hominum s. Stephani ecclesiae Metensis. D'HERBOMEZ, *Cart. de Gorze*, no. 1 p. 1 (<a. 745>, spur. s. xii). **11.** pares regis: *les fidèles du roi — the king's trusty men.* Omnes pares et amicos nostros. Addit. ad Marculfi form., no. 2, *Form.*, p. 111. F. Senon., no. 28, p. 197. Cf. Th. SICKEL, *Beitr. z. Dipl.*, III p. 185 sqq. **12.** pares terrae, patriae: *les grands d'une principauté qui constituent le conseil du prince — the great men of a principality* who form the prince's council. Pares et casatos. Priv. Calixti II pap. a. 1119, DUVIVIER, *Rech.*, p. 516. Majores natu et pares sui comitatus [sc. Hanoniae]. DUVIVIER, *Actes*, II no. 5 p. 16 (s. xi p. post.). Comes consilium cum nobilibus et paribus suae terrae subiit. GALBERT., c. 4, ed. PIRENNE, p. 8. [Comes] convocavit pares et barones totius sui comitatus. Ib., c. 69 p. 110. Convenerunt omnes pares patriae. Ib., p. 113. Duo ex paribus et principibus Flandriae. Ib., c. 101, p. 146. RUDOLF. TRUDON., lib. 6 c. 25, *SS.*, X p. 264. Id., lib. 9 c. 8, p. 283. Ante pares Metensis ecclesiae, monachos, clericos, laicos. G. abb. Trudon., contin., lib. 10 c. 11, p. 294. Potentiores qui de paribus habebantur. Ib., lib. 12 c. 15, p. 312. Tam principibus quos pares vocant quam ceteris militibus. LEMAIRE-GIRY, *Arch. de S.-Quentin*, I p. LXXXIV, c. 7 (a. 1158). Duodecim Flandrensis curie paribus et baronibus. LAMBERT. ARDENS., c. 119, *SS.*, XXIV p. 619. Omnes Viromandiae pares, qui tunc temporis majores habebantur, et omnes clerici ... omnesque milites. Priv. commun. S. Quint. a. 1195, *Actes Phil.-Aug.*, II no. 491 p. 15. **13.** pares castri: *les principaux feodataires qui se rattachent à un château — the prominent feudal tenants of a castlery.* H. seniorem ceterosque pares castri. Cantat. s. Huberti, c. 23, ed. HANQUET, p. 64. 12 pares castri Valencienensis. MIRAEUS, I p. 697 (a. 1145). Pares castelli et feodati eorum. GIRY, *S.-Omer*, p. 474 (a. 1150-1175). Militum ejusdem loci [sc. Insulae] qui pares dicuntur. HAUTCŒUR, *Cart. de Lille*, I p. 41 no. 33 (a. 1173). Contentionem ... juramento ... parium ipsius castelli [sc. de S. Audomaro] ... terminari fecerunt. GIRY, *S.-Omer*, p. 392 (a. 1175). Isti sunt pares Ribodimontis qui debent estagium. Ch. Phil. Aug. reg. Fr., *H. de Fr.*, XXIII p. 719 no. 541. Duodecim pares vel barones castro Ardeae appenditios instituit. LAMBERT. ARDENS., c. 111, p. 614. Cf. P. FEUCHÈRE, *Pairs de principauté et pairs de château*, *RBPH.*, t. 31 (1953), pp. 973-1002. **14.** pares communiae: *membres d'un corps municipal — members of a town council.* Ex consilio parium et eorum qui consilium juraverint. Lud. VII reg. Fr. priv. comm. Belvac. a. 1144/1145, c. 1, *Ordonn.*, XI p. 193. Praeposito regis et paribus communitatis ... ostendit. Priv. comm. Namnet. a. 1150, *Ordonn.*, XI p. 197. Illi centum qui pares constituti sunt. *Etabl. de Rouen*, c. 1, ed. GIRY, p. 6 (a. 1160-1170). Major, pares et jurati [Senonensis communiae]. *Actes Phil.-Aug.*, I no. 177 p. 213 (a. 1186). **15.** loc. a pari, a paribus (cf. voc. appar): *(une lettre) expédiée en deux ou plusieurs exemplaires identiques ou presque — (a letter) issued in several identical or nearly identical copies.* A pari aliud facere desusceptum [quittance — receipt] te convenit. GREGOR. M., lib. 3 epist. 49, *Epp.*, I p. 206. A paribus. Ib., lib. 1 no. 24, inscr., p. 28. Ibi pluries. **16.** loc. par litterarum: une lettre — a letter. Frid. I imp. litt. a. 1157 ap. RAHEW., lib. 3 c. 11, ed. WAITZ-SIMSON, p. 178. Comput. a. 1202, BRUSSEL, II p. CLXIV.

**parabola** (gr., > frg. *parole*): **1.** **métaphore, comparaison, parabole — metaphor, simile, parable.* **2.** **proverbe, maxime — proverb, maxim.* **3.** **parole — word.* Parabolas incepit dicere multas. Ruodlieb, fragm. 5 v. 591. **4.** *information, renseignement — piece of information.* Non dixero illas parabolas, quas dixeris et mandaveris mihi ut celem eas, nulli homini vel femine. ROSELL, *Lib. feud. maj.*, no. 236 (a. 1053-1071). **5.** *consentement, autorisation, permission — assent, allowance, permission.* De licentia, parabola, auctoritate et mandato episcopi. Transl. Viti, *AASS.*, Jun. II p. 1040. Dedit et attribuit plenam parabolam et licenciam ... ut ... dare et investire possint. MEYER-PERRET, *Bündner UB.*, I no. 304 p. 225 (a. 1140, Como). Nec facient pacem absque mandato domini imperatoris vel parabola. *Const.*, I no. 172 c. 3 (a. 1158). Se non esse ausos hoc sine consilio et parabola Mediolanensium. OTTO MORENA, ad a. 1154, ed. GÜTERBOCK, p. 13.

**parabolare** (<parabola,> frg. *parler*): **1.** *exprimer par métaphores — to make clear by metaphors.* Quosdam reprehendere nos episcopos et dicere quod volumus tota die per scripturas parabolare. HINCMAR. REM., epist., ap. DC.-F., VI p. 155 col. 2. **2.** *parler — to speak.* Ille nihil homino [i.e. omnino] valuit parabolare. Vis. Baronti, c. 1, *SRM.*, V p. 378. De illo infante parabolante. V. Goaris, c. 8, ib., IV p. 420. Quicquid contra caritatem et fidem debitam cogitavit, parabolavit et fecit. Epist. syn. Caris. a. 858, c. 4, *Capit.*, II p. 429. Similia Concil. ap. s. Macram a. 881, c. 7, MANSI, t. 17 col. 550 E. **3.** spec.: *parler ensemble, conférer — to talk, confer.* Nostri seniores ... parabolaverunt simul et consideraverunt ... de Dei servitio. Capit. miss. Silvac. a. 853, c. 1, p. 271. Non fuit oportunus locus ut ego et iste ... insimul parabolare potuissemus. Conv. ap. s. Quint. a. 857, c. 2, p. 294. **4.** *convenir de qqch. — to agree upon a thing.* Comes faciat ... quomodo fuit parabolatum apud domno comite. ROSELL, *Lib. feud. maj.*, no. 97 (a. 1098-1113). **5.** *défendre sa cause — to stand up for one's cause.* Nec scriptum nec firmitatem habes quod inde parabolare possis? Cart. Langob., no. 17, *LL.*, IV p. 600 col. 1.

**parabolice:** **par parabole, allégoriquement — by parable, allegorically.*

**parabolicus:** **de parabole, allégorique — of a parable, allegorical.*



**paracellarium:** *cave — cellar.* Lib. pontif., Hadr. I, § 54, ed. DUCHESNE, I p. 502. Ib., Greg. IV, § 15, II p. 76.

**paracellarius:** *dépensier — dispenser.* Lib. pontif., Zachar., § 27, ed. DUCHESNE, I p. 435. Ib., Hadr. I, § 54, p. 502.

**paraclesis** (gr.): **consolation — consolation.*

**parada,** v. parata.

**paradisiacus:** *paradisiaque, céleste — of paradise, heavenly.* AVIT., poem. lib. 1 v. 300, *Auct. ant.*, VI pt. 2 p. 211. LUCULENT., MIGNE, t. 72 col. 837 B. FORTUN., lib. 2 carm. 4 v. 9, *Auct. ant.*, IV pt. 1 p. 31.

**paradisus,** sensibus 3 et 4 etiam paravisus, parvisus, parvisius (gr. < pers.): **1.** **le paradis terrestre — the earthly paradise.* **2.** **le paradis céleste, le ciel — celestial paradise, heaven.* **3.** *vestibule, porche, narthex — vestibule, porch, narthex.* Ecclesiae locum qui paradisus dicitur ante basilicam b. apostoli Petri. PAUL. DIAC., Hist. Langob., lib. 5 c. 31. Mir. Richarii, lib. 1 c. 10, *AASS.*, Apr. III p. 449 E. G. Aldrici, ed. CHARLES, p. 164. MEGINHARD., Ann. Fuld., a. 882, ed. KURZE, p. 99. Chron. Lauresham., a. 948 (951), *SS.*, XXI p. 390. HARIULF., Chron., lib. 4 c. 31, ed. LOT, p. 259. **4.** *parvis — parvis, churchyard.* Apud s. Petrum in paradyso juxta oratorium s. Mariae ... sepelitur. ALPERT. METT., Episc. Mett., c. 1, *SS.*, IV p. 699 l. 5. In paradiso hujus ecclesiae ante basilicam b. Petri ap. tumulari rogavit. PETR. DIAC., Chron. Casin., lib. 4 c. 8, *SS.*, VII p. 763.

**paraphernalis** (gr.). Bona paraphernalia: apport de la femme au mariage en dehors de la dot — property brought in by the wife apart from her dot. S. xiv.

**paraphonista** (mascul.) (gr.): *chantre — precentor.* Ordo Rom. I, c. 43, ANDRIEU, II p. 81. Ordo Rom. XXVII, c. 70, ib., III p. 363. MONACH. SANGALL., lib. 1 c. 8, JAFFÉ, *Bibl.*, IV p. 638. GUIDO, Disc., c. 1, ALBERS, I p. 139.

**paragium,** pariagium (< par): **1.** *pairie — peerage.* [Filium ducis Normanniae] Roberto regi Parisius fidelitatem et hominium per paragium praestitisse. *H. de Fr.*, X p. 276. Cf. R. GÉNESTAL, *Le parage normand*, Caen 1911 (*Bibl. d'Hist. du Droit Normand*, t. II). **2.** *pariage — contract of "pariage".* Domesday. MARCHEGAY, *Arch. d'Anjou*, III p. 54 no. 61 (ca. a. 1145). DC.-F., VI p. 159 col. 1 (ch. a. 1183). Cf. L. GALLET, *Les traités de pariage dans la France féodale*, Paris 1935.

**parago** (genet. -ginis), v. parricus.

**paragraphus:** *paragraphe* (signe) — *paragraph-mark.* ISID., Etym., lib. 1 c. 21.

**paralogismus** (gr.): *raisonnement faux, sophisme — logical fallacy.* RUSTIC., Contra aceph., MIGNE, t. 67 col. 1197 D.

**paralogizari** (gr.): *raisonner faussement — to reason falsely.* S. xii.

**paramentarius,** parment-: *tailleur — tailor.* GUIMANN., Cart. s. Vedasti, ed. VAN DRIVAL, p. 191 (a. 1170).

**paramentum:** **1.** *apparat royal, trône — royal state, throne.* Cum corona ... et cum omni paramento regio cultu exculto. HINCMAR., Ann. Bertin., a. 868, ed. WAITZ, p. 97. Antequam de paramento vestro [sc. regis] ad mansiones redeant. Id., opusc. 5, SIRMOND, p. 144; rursum p. 145. **2.** *linceul — shroud.* ARNULF. VOCHBURG., Mir. Emmerammi, lib. 2 c. 23, *SS.*, IV p. 564 col. 2 l. 31. **3.** *costume sacerdotal — sacerdotal dress.* Judico [i.e. lego] ... libras 7 pro uno paramento. MITTARELLI, *Ann. Camaldul.*, p. 47 (a. 951). Pontificalibus paramentis festive infulati. THANGMAR., V. Bernwardi, c. 13, *SS.*, IV p. 764. **4.** plural. paramenta: *objets sacrés — sacred furniture.* Cum codicibus et omnibus paramentis ipsius ecclesie. CAMERA, *Mem. di Amalfi*, I p. 144 (a. 993).

**paramonarius** (gr.): *gardien d'un sanctuaire, sacristain — church warden, sexton.* JUSTIN., Leg., MIGNE, t. 72 col. 1061. Cod. Justin., 1, 3, 45, 3. V. Apollinaris Syncleticae, *AASS.*, Jan. I p. 259. V. Richardi Sanviton., c. 8, *SS.*, XI p. 284 l. 9. V. Gerardi Broniens., c. 15, *SS.*, XV p. 666.

**parana** = porrina ("jardin potager — kitchen-garden").

**parangaria,** per- (gr.): **service de transport* qui s'ajoute à l' "angaria" (q.v.) — *transport service.* Stat. Roncal. a. 1158, *Const.*, I no. 175.

**paranymphus** (gr.): **garçon d'honneur — bridesman.*

**parapectum** (<gr. παρά, lat. pectus): *parapet — parapet.* S. xiii, Ital.

**1. parare:** **1.** *orner, parer — to adorn.* Spata india cum techa de argento parata. *D. Karolin.*, I no. 179 (a. 795). Cruces auro argentoque paratae. ANGILBERT., Rel., ap. HARIULF., Chron., lib. 2 c. 10, ed. LOT, p. 68. Mantellum 1 de auro paratum. Test. Everardi a. 867, DE COUSSEMAKER, *Cart. de Cisoing*, p. 2. Altare unum auro et argento mirabiliter paratum. HELGALD., V. Roberti, c. 26, *H. de Fr.*, X p. 111 D. **2.** *apprendre par cœur — to learn by heart.* CAESAR., Serm., ed. MORIN, p. 515. V. Caesarii, lib. 1 c. 19, *SRM.*, III p. 463. [Cantum] minime ante paraverat. Pass. Praejecti, c. 4, ib., V p. 228. Dum infans psalmos pararet. V. Rusticulae, c. 6, ib., IV p. 342. Totum paraverat psalterium. V. Walarici, ib., p. 161.

**2. parare** (<par): *rendre commun, faire entrer dans une possession en commun — to turn into joint tenure.* Talem hereditatem, sicut habuit de patre et matre, hoc paravit Ludulfus uxori sue, et hoc similiter [uxor] fecit ei, ea conditione ut alter superstes habeat et possideat et pro voluntate utatur. HOENIGER, *Koelner Schreinsurk.*, II p. 223 c. 24 (a. 1165-1185). Etiam ib., I p. 42 c. 6 (a. 1149-1159); p. 108 c. 23 (a. 1170-1171); II p. 219 (a. 1165-1185).

**pararia,** pareria (< 1. parare): *foulerie — fuller's shop.* AUDOUIN, *Rec. de Poitiers*, I p. 59 no. 28 § 64 (s. xii ex.).

**parasceve** (gr.): **1.** **Vendredi saint — Good Friday.* **2.** n'importe quel *vendredi — any Friday.* V. Aldegundis, MABILLON, *Acta*, II p. 815. V. Goaris, c. 2, *SRM.*, IV p. 412.

**parasitus:** *serviteur de ménage — domestic servant.* V. Sori, c. 2 § 10, *AASS.*, Febr. I p. 201 D. PETR. DAMIANI, V. Romualdi, c. 10, MIGNE, t. 144 col. 965 B. ORDER. VITAL., addit. ad GUILLELM. GEMMETIC., ed. MARX, p. 162.

**paraster,** v. patraster.

**parata,** parada, pareda (< 1. parare): **1.** (cf. loc. mansionem, hospitium parare "**fournir des repas aux voyageurs — to procure victuals for travellers*"), plerumque plural. paratae, interdum singul. parata aut paratum (neutr.): *fourniture obligatoire de vivres* aux

officiers royaux en voyage, puis redevance pour rachat de cette obligation — compulsory *purveyance of victuals* to itinerant state officers, later a due paid to redeem this charge. Nec mansiones aut paratum faciendo. *D. Merov.*, no. 58 (a. 691). Nec mansiones aut paratas vel fidejussores tollere non presumatis. MARCULF., lib. 1 no. 3, *Form.*, p. 43. Eadem verba: *D. Arnulfing.*, no. 17 (a. 743). Nec ad pastos nec ad paratas intraret. *D. Merov.*, no. 74 (ca. a. 705). Missis nostris . . . quos . . . illas in partes miserimus aut legatis qui . . . ad nos transmissi fuerint, paratas faciant. Const. de Hisp. I a. 815, c. 1, *Capit.*, I p. 262. Paredas et mala plurima in episcopum repetivit. G. Lietberti Camerac., c. 19, *SS.*, VII p. 495. Intelligimus dominum imperatorem habere . . . fodrum regale et consuetum, et consuetam paratam, cum vadit Romam gratia accipiende corone. *Const.*, I no. 244 c. 9 (a. 1175). **2.** plural. paratae: fourniture semblable à l'évêque qui fait le circuit du diocèse, et redevance correspondante — similar procurement to the bishop during his inspection round, or the corresponding money due. Paratas ex praedictis ecclesiis ab hac die illis [sc. monachis Cormaricensibus] concessimus. *Gall. chr.*[2], XIV instr. col. 47 E no. 33 (a. 859, Tours). Paratarum decimae [antea: decimam partem ex publico reditu qui nobis, i.e. episcopo, et nostris ministris . . . ab omnibus totius dioeceseos nostrae ecclesiis reddebantur]. DE CHARMASSE, *Cart. d'Autun*, I no. 26 p. 43 (a. 920). Tempore synodi in eulogias denarios duos, in parata duodecim persolvat presbiter ibi deserviens. BERNARD-BRUEL, *Ch. de Cluny*, I no. 408 (a. 932-933). Debitum synodale quod ecclesie s. Mammetis debetur, paratam videlicet et eulogias. QUANTIN, *Cart. de l'Yonne*, I p. 144 no. 74 (a. 966, Langres). RAGUT, *Cart. de Mâcon*, no. 265 p. 159 (a. 971-977). Chron. Trenorch., c. 45, POUPARDIN, *Mon. de S.-Philibert*, p. 102. CHEVRIER-CHAUME, *Ch. de Dijon*, II no. 366 p. 145 (a. 1087-1100, Besançon). G. pontif. Autissiod., c. 49 (s. xi), ed. DURU, p. 391. **3.** *machine — machinery*. Ubi aque erumpunt et ebulliunt . . . que in parata molendinorum fluunt. *D. Ugo*, no. 68 p. 204 (a. 943). **4.** *reliquaire de procession — processional reliquary*. Feretrum cum reliquiis sanctorum quod vulgo parata dicitur. Consuet. Fructuar., lib. 1 c. 56, ALBERS, IV p. 85.

**paraticum:** *corporation de métier — craft guild*. S. xiii, Ital.

**parator:** *apprêteur de draps — cloth finisher*. Priv. comm. S. Quint. a. 1195, c. 49, *Actes Phil.-Aug.*, II no. 491 p. 20.

**paratorium:** **1.** *appareil de pêche — fishing apparatus*. CIPOLLA, *Carte di Susa*, p. 93. GUÉRARD, *Cart. de Mars.*, II no. 739 p. 85 (a. 1055). **2.** *vestiaire — vestry*. Ordo Rom. I, c. 112, ANDRIEU, II p. 103.

**paratorius** (adj.): **1.** *de foulage — of fulling*. Molendinum paratorium. CASSAN-MEYNIAL, *Cart. d'Aniane*, no. 155 p. 295 (a. 1158). **2.** *qui sert de quittance — having the force of a receipt*. Presentem brevem paratorio [antea: breve receptorio]. *CD. Langob.*, no. 268 col. 450 B (a. 876, Milano).

**paratura,** paraturia, parura: **1.** **préparations, préparatifs, instrument — preparations, preparatives, instrument*. **2.** *appareil, outillage — apparatus, implements*. Molino unacum . . . omni paratura et conciatura sua. *CD. Langob.*, no. 226 col. 379 A (a. 863, Milano). Una torcla [i.e. torculum] cum omni paratura sua. Ib., no. 374 col. 620 D (a. 897, Milano). **3.** spec.: *appareil de pêche — fishing apparatus*. Una paraturia ad piscandum. CAPASSO, *Mon. Neapol.*, I p. 18 (a. 998). MURATORI, *Antiq.*, I col. 195 (ch. a. 1011). **4.** **apprêt, ornement, arrangement — finish, adornment, outfit*. **5.** *parure — set of finery*. Honor. civ. Papiae (ca. a. 1027), c. 6, *SS.*, XXX p. 1453. **6.** *costume sacerdotal — ecclesiastical apparel*. Paratura missatica se indui festinavit. GERHARD. AUGUST., V. Oudalrici, c. 18, *SS.*, IV p. 406 l. 30. Cum missam celebrare voluerit, sacrista ei solito meliorem paraturam accommodabit. WILLELM. HIRSAUG., Const., lib. 2 c. 15, MIGNE, t. 150 col. 1055 B. Libros et calicem, paraturam et omnia utensilia quae ad officium altaris pertinebant. HERBORD., V. Ottonis Babenberg., lib. 2 c. 17, ed. PERTZ in us. sch., p. 67. **7.** *tapisserie, ouvrage de parement — tapestry, ornamental tissue*. Regula Magistri, c. 81. Chron. Sublac., ed. MORGHEN, p. 7. GERHARD. AUGUST., o.c., c. 26, p. 412 l. 8. EKKEHARD., Cas. s. Galli, c. 8, *SS.*, II p. 113 l. 19. **8.** i.q. parata sub 1. Advocatus . . . in cortibus ad locum respicientibus non presumat mansuras aut paraturas facere. *D. Heinrichs III.*, no. 51 (a. 1040).

**paratus** (adj.): **1.** *décoré — decorated*. Pallia tria de auro et margaritis ornata et alia duo pallia nil parata. *CD. Langob.*, no. 340 col. 571 B (a. 888-915). Capsa argentea . . . gemmis parata. Ib., no. 419 col. 726 D (a. 905-906). **2.** *en costume liturgique — in ecclesiastical apparel*. Sacerdos paratus accedit ad altare. Ordo Beroldus, ed. MAGISTRETTI, p. 66. **3.** loc. parata pecunia, parati denarii: argent comptant — cash. S. xiii. Subst. neutr. **paratum** [sc. frumentum]: *blé préparé soit pour faire du pain, soit pour faire de la bière* — cereals ready for baking or brewing. Dabuntur . . . 2 modia parati ad panem et 6 ad bratium. D'HERBOMEZ, *Cart. de Gorze*, no. 116 p. 212 (a. 984). Redderent furnum . . . ad coquendum paratum. MARCHEGAY, *Arch. d'Anjou*, III p. 54 no. 62 (a. 1116).

**paraveredarius,** parafr- (adj.): *grevé de services de courrier ou de transport à cheval — burdened with messenger or transport services on horseback*. DUVIVIER, *Rech. Hainaut*, no. 32bis, p. 362 (s. x). Subst. mascul. **paraveredarius,** pala-, pale-, pal-; -fred-, -frid-, -fren-: **1.** *serf astreint à des services de courrier ou de transport à cheval — serf performing messenger or transport service on horseback*. Irminonis polypt., br. 9 c. 148; br. 22 c. 92. **2.** *palefrenier — groom*. S. xiii.

**paraveredus,** paravar-, parver-, parvar-, paravr-, parafr-, parefr-, palafr-, palefr-, pallefr-; -et-, -id-, -en-; -a, -um (gr. παρά, lat. veredus: > teuton. *pferd*, belg. *paard*): **1.** **cheval de poste pour les routes secondaires et les chemins vicinaux — post horse for the lesser highways and bypaths*. **2.** *cheval de marche requisitionné* pour les déplacements des officiers publics — *post horse requisitioned* in behalf of itinerant state officers. Eveccio et humanitas ministretur, hoc est viridos sive paraveridos tantos. MARCULF., lib. 1 no. 11, *Form.*, p. 49. Item *D. Merov.*, no. 86 (a. 716). Neque caballorum pastus aut paraverida vel carrarum angaria. MARCULF., lib. 2 no. 1, p. 72. [Coloni et servi] parafredos donent aut ipsi vadant ubi eis injunctum fuerit. Lex Baiwar., tit. 1 c. 13. Nec scaras vel mansionaticos seu conjectos tam de carrigio quamque de parafredos. *D. Karolin.*, I no. 108 (a. 775). [Mansus servilis] scaram facit, parafredum donat. Brev. ex., c. 8, *Capit.*, I p. 252. Missos aut legationes . . . de parveredis et omnia eis necessaria . . . soniare faciant. Capit. de villis, c. 27. [Ministri rei publicae] mansionaticos et parvaredos accipiant non solum super liberos homines . . . Karoli epist. ad Pippin. (a. 806-810), *Capit.*, I p. 211. [Legatis ad imperatorem directis] paravereda dare nolunt. Admon. ad ord. a. 825, c. 18, p. 305. Pagenses ejus [sc. comitis] paravereda dare recusant. Resp. missis data a. 826, c. 10, p. 315. Neque paraveredos aut expensas aut hospitum susceptiones recipiant. Constit. de partit. s. Dion. a. 832, *Conc.*, II p. 693. Missi transeuntes vel stipendia vel paraveredos acciperent. Lud. II capit. Pap. a. 850, c. 9, II p. 88. Mansuarios in carricaturis et paraveredis contra debitum exigendis gravare. Epist. syn. Caris. a. 858, c. 14, p. 438. Nullus . . . Francis . . . caballos tollat, ut hostem facere et debitos paraveredos . . . nobis exsolvere non possint. Edict. Pist. a. 864, c. 26, p. 321. Unde eis [sc. legatis imperatoris] administrentur obsequia, unde paraveredi. Capit. miss. a. 865, c. 4, p. 93. [Servi fiscalini] regie potestati parafridos . . . in expeditionem reddere consueverant. *D. Arnulfs*, no. 158 (a. 897). Parafredum onustum saumate semel in anno abbati in hostem pergenti cum homine ipsum equum trahente prestet. Ib., no. 165 (a. 898). [Familia] parafridos et cetera utensilia regiae potestati, quando usus exigit, in servitium persolverat. *D. Konrads I.*, no. 37 (a. 918). Redimere veredarios vel saumarios, id est parafredos, qui accipiebantur in villa H. dicta in omni expeditione. GYSSELING-KOCH, *Dipl. Belg.*, no. 96 (a. 1047, Gand). Nullus ab eis [sc. Judaeis] exigat palefridos vel angariam [antea: nullus ab eis equum ad profectionem regis vel episcopi . . . requirat]. Frid. I imp. const. a. 1157, *Const.*, I no. 163. **3.** *cheval de marche — palfrey*. Unius tantum parvaredi solatium accepi. RICHER., lib. 4 c. 50, ed. LATOUCHE, II p. 226. Oneravit tres palefridos fortes. GALBERT., c. 85, ed. PIRENNE, p. 130. Accepto palefrido valente marcam. MIRAEUS, III p. 710 col. 1 (a. 1147, Liège). Si extraneus miles pacifice ad castra accesserit sedens in palefrido sine scuto et armis. Lex pacis castr. a. 1158, c. 4, *Const.*, I no. 173. Inermis et palefrido sedens. RAHEWIN., lib. 3 c. 41, ed. WAITZ-SIMSON, p. 215. Pretium equi mei et duorum palefredorum et duarum mularum. BALUZE. *Auvergne*, II p. 500 (a. 1193, Bourges). **4.** n'importe quel *cheval* — any *horse*. Nulli hominum ecclesie parafredum sive bovem aut vaccam vel porcum . . . [advocatus] auferat. *D. Heinrichs IV.*, no. 476 p. 649 l. 27 (a 1103/1104). Cf. H. DANNENBAUER, *Paraveredus — Pferd, ZSSRG.*, Germ. Abt., t. 71 (1954).

**paravisus,** v. paradisus.



**parcarius** (< parricus): *parquier — keeper of a park or pound*. Cons. Norm. veterr., pt. 1 c. 40, TARDIF, p. 34.

**parcella,** v. particella.

**parcenarius,** parcinarius, v. partionarius.

**parcerius,** v. partiarius.

**parcheia,** v. percheia.

**parcitas:** **1.** **économie — sparingness*. **2.** **sobriété — temperance*. **3.** **ménagement, pitié — compliance, pity*.

**parcus,** v. parricus.

**pareclus,** parecolus, v. pariculus.

**pareda,** v. parata.

**paredrus** (adj.) (gr.): *(d'un démon) *obsédant* — (of a malign spirit) *obsessing*. ORDER. VITAL., lib. 2 c. 2, ed. LE PRÉVOST, I p. 234.

**parefredus,** v. paraveredus.

**paregorizare** (gr.): **soulager — to relieve*.

**parens** (subst.). Plural. parentes: **membres de la parenté, proches — relatives, kin*. GREGOR. M., lib. 1 epist. 42, *Epp.*, I p. 67 l. 12. Edict. Chloth. II a. 614, c. 9, *Capit.*, I p. 22. F. Andecav., no. 37, *Form.*, p. 16. QUANTIN, *Cart. de l'Yonne*, I no. 8 (ca. a. 680, Auxerre). *CD. Langob.*, no. 73 col. 133 C (a. 721-744 ?). Decr. Compend. a. 757, c. 6, *Capit.*, I p. 38.

**parenta:** *parente — female relative*. F. Sal. Bignon., no. 17, inscr., *Form.*, p. 234. SCHIAPARELLI, *CD. Longob.*, II no. 175 p. 139 (a. 764, Lucca).

**parentagium:** *parenté — relationship*. Vineam calumpniabatur monachis . . . que per parentagium ad se pertinebat. BERTRAND, *Cart. d'Angers*, I no. 388 p. 447 (a. 1082-1106).

**1. parentatus** (adj.): *d'une famille noble et puissante — belonging to a family of note and standing*. Utpote vir parentatus. ARNOLD. LUBEC., lib. 7 c. 3, ed. LAPPENBERG in us. sch., p. 260. V. Ottonis Babenb., lib. 1 c. 1, *AASS.*, Jul. I p. 381.

**2. parentatus** (decl. iv): *parenté par alliance — relationship by marriage*. Generis ortu clara, parentatu clarior. DC.-F., VI p. 170 col. 3 (epist. a. 1039, Oviedo).

**parentela,** -ella, -illa: **1.** *descendance, naissance, souche — extraction, birth*. CASSIOD., Var., lib. 9 epist. 1 § 1, *Auct. ant.*, XII p. 267. DUDO, lib. 2 c. 88, ed. LAIR, p. 56. Ruodlieb, fragm. 16 v. 15. **2.** *parenté — relationship*. Gratiam parentela provocet. CASSIOD., lib. 1 epist. 3 § 5, p. 13. Quod parentillae redhibemus ex affectu. Childeb. II reg. epist. (a. 584), *Epp.*, III p. 140. Qui propter premia aut parentellam de nostra justitia inquirentibus . . . veritatem obfuscare volunt. Pippini Ital. reg. capit. (a. 800-810 ?), c. 4, I p. 208. **3.** *parenté par alliance — relationship by marriage*. [Imperator] ad regem R. legatos de parentela inter eos componenda mandavit. ROMUALD. SALERNIT., ed. GARUFI, p. 227. Parentela que inter eos contracta erat. Ib., p. 245. **4.** *degré de parenté — degree of relationship*. Qui proximior fuerit . . . secundum parentilla usque ad sextum genuculum. Lex Sal., tit. 44 § 9. Lex Burgund., tit. 85 § 1. Capit. e canon. coll., c. 2, I p. 232. Concil. Mogunt. a. 847, c. 30, ib., II p. 183. **5.** *les parents, les proches — kindred, relations*. Uxoris parentella sit viro sicut et propria parentella. *Capit.*, I p. 336 c. 9 (s. ix?). **6.** *postérité — offspring*. Ego et omnis parentela mea ex me profutura. MULLER-BOUMAN, *OB. Utrecht*, I no. 184 p. 173

(a. 1026-1044). **7.** *corps de métier — craft guild.* Unum solum de tota parentela furnariorum. DC.-F., VI p. 171 col. 3 (ch. a. 1198).
**parentelitas,** -til-: *parenté — relationship.* Abbatissa parentilitate ejusdem ducis illustrabatur. HARIULF., Chron., lib. 4 c. 19, ed. LOT, p. 225.
**parentia: 1.** *rencontre, rendez-vous* pour un duel judiciaire — *encounter, appointment* for a judicial combat. ROSELL, *Lib. feud. maj.*, no. 157 (a. 1018-1026). **2.** *obéissance — obedience.* CASSIOD., Var., lib. 3 epist. 24 § 2, *Auct. ant.*, XII p. 91. Lib. diurn., no. 60, ed. SICKEL, p. 53.
**parere: 1.** *sembler — to seem.* Justum nobis paruit esse. MANARESI, *Placiti*, I no. 6 p. 17 (a. 785, Lucca). **2.** *sembler bon — to seem fit.* De ista pecia de terra faciat quitquit ei paruerit. TROYA, *CD. Longob.*, I p. 225 (a. 767).
**1. pareria** (< par): *pariage — „pariage" contract.* S. xiii.
**2. pareria,** v. pararia.
**parerius,** parierius, pariarius (< par): *coparticipant dans un héritage indivis ou dans un pariage — copartner to a non-partitioned estate or a "pariage".* S. xiii.
**pargia,** v. percheia.
**pargiare, pargiatura,** v. paria-.
**1. paria** (femin.) (< par): **1.** *paire — pair.* S. xiii. **2.** *pairie — peerage.* S. xiii. **3.** *société, fraternité — brotherhood.* S. xiii.
**2. paria** (< pariare): *tribut — tribute.* ROSELL, *Lib. feud. maj.*, no. 489 (a. 1056). Ibi pluries.
**pariagium,** v. paragium.
**pariare,** pargiare, transit.: **1.** **balancer* un compte, *payer, régler — to adjust* an account, *square, pay.* Nihil mihi in amplius pretium reddevire [i.e. redebere] videris, set omnia mihi cumpletus pariasti. SCHIAPARELLI, *CD. Longob.*, I no. 45 p. 150 (a. 730, Pisa). **2.** spec.: *payer comme amende — to pay as a fine.* Pariet mille solidos. Fuero de Jaca a. 1063, c. 3, WOHLHAUPTER, p. 134. Si aliquis homo percusserit Judeum, quales livores fecerit, tales pariat ad integritatem. Fuero de Nájera a. 1076, c. 12, ib., p. 76. Calumpniam pariat regi 60 solidos. Ib., c. 47, p. 82.
**pariatura,** pargiatura (< pariare): *paiement — payment.* CAMERA, *Mem. di Amalfi*, I p. 171 (s. x). CAPASSO, *Mon. Neapol.*, I p. 223 (a. 1016).
**pariculus,** pare-, -colus, -clus (adj.) (< par): **1.** *pareil — similar.* Incipiunt sententias de septem septinas [verbum sine dubio corruptum] hoc sunt pariculas causas [i.e. facinora aequali mulcta punienda]. Remissorium legis Salicae emendatae, inscr., BEHREND[2], p. 177. **2.** loc. charta paricula: charte expédiée en deux exemplaires identiques — document made out in two like-worded copies. Duas epistolas pariculas una tenorum [i.e. tenore] conscriptas inter se fieri et firmare rogaverunt [contrat d'échange — exchange deal]. F. Sal. Bignon., no. 15, *Form.*, p. 234. Ipsas cartas que ibidem parevoles [leg. parecolas] fuerunt. GUÉRARD, *Cart. de Mars.*, I no. 31 p. 44 (a. 780). Notamment en parlant des deux notices d'un jugement interlocutoire délivrés aux deux parties en cause — especially for two copies, one for each party, of an interlocutory sentence. Per eorum noticias paricolas placita inter se habuerunt. *D. Merov.*, no. 60 (a. 692). Carta paricla. MARCULF., lib. I no. 38, inscr. [textus: aequales praeceptiones eis fieri et accipere jussimus], *Form.*, p. 67. Subst. mascul. **pariculus:** *une paire — a pair.* Damus terras cultas ... ad duos pariculos de boves. *Hist. de Languedoc*[3], V no. 303 col. 593 (ca. a. 1072, Lézat).
**parificare:** *assimiler, mettre au même niveau — to put on a level.* Deorum minuunt reverentiam quos parificant sibi. JOH. SARISBIR., Polycr., lib. 3 c. 14, ed. WEBB, I p. 222. Omnis mulier viro parificabitur et econtra. KEUTGEN, *Urk. st. Vfg.*, no. 133 § 10 p. 119 (ante a. 1178, Freiburg i. B.).
**parilitas:** **égalité, ressemblance — likeness.*
**pariliter:** **semblablement, uniformément — likewise, in the same way.*
**paritas:** *pairie — status as a peer, peerage.* S. xiii.
**paritia** (< par): *pairie, fief d'un pair — peerage, a peer's fief.* Duarum paritiarum in Montibus ille par erat. GISLEB. MONT., c. 29, ed. VANDERKINDERE, p. 53.
**parlamentare,** -lia-: *conférer, délibérer, tenir conseil — to confer, deliberate, hold a council.* S. xiii.
**parlamentum,** -lia- (< parabolare): **1.** *parloir — parlour.* BERNARD. MORLAN., pt. 1 c. 53, HERRGOTT, p. 249. **2.** *assemblée des bourgeois* (dans les villes d'Italie) — *meeting of the burgesses* (in Italian towns). CAFFAR., Ann., a. 1101, ed. BELGRANO, I p. 10. Frid. I imp. conv. cum Lucens. a. 1162, *Const.*, I no. 214. **3.** gener.: *réunion, séance, conférence — meeting, session, conference.* In Roncalia expleto parlamento. OTTO MORENA, ed. GÜTERBOCK, p. 14. **4.** spec.: *séance du conseil royal, parlement — session of the royal "curia", parliament.* S. xiii.
**parlatorium** (< parabolare): *parloir — parlour.* BERNARD. MORLAN., pt. 1 c. 4 et 25, HERRGOTT, p. 144 et 199. THÉVENIN, no. 157 (a. 1032-1064, Tours).
**parmentarius,** v. paramentarius.
**parnagium,** v. pastionaticus.
**1. paro:** certain *navire* — sort of *ship.* Mir. Wlframni, pt. 2 § 8, *AASS.*, Mart. III p. 153 A. FLORENT. WIGORN., a. 893, ed. THORPE, I p. 109.
**2. paro,** v. baro.
**parochia,** parr-, -oe-, -ci-, -um, prochia (gr.): **1.** *province ecclésiastique — church province.* Si metropolitani circa paroecias suas ... Hormisd. pap. epist. 25 § 4, THIEL, p. 791. [Metropolitanus] episcopos qui sunt in paroecia sua colligat. Coll. Avell., *CSEL.*, t. 35 p. 533. Nullus in parochiam ejus [sc. metropolitae Rotomagensis] episcopus ... constitueretur, nisi ... V. II Audoeni, c. 35, *SRM.*, V p. 561 n. 2. **2.** **diocèse,* ressort d'une église épiscopale — *diocese,* district of a bishopric. Possessiones eorum in tua [sc. episcopi Aurelianensis] parochia. *D. Merov.*, no. 1 (a. 510). Ne quisquam antistes infra suam paroeciam ... Concil. Tolet. a. 597, MANSI, t. 10 col. 477. Monasteriis tuae [sc. episcopi] parochiae. BEDA, epist. 2, MIGNE, t. 94 col. 665 B. Provinciam in tres parochias discrevimus. BONIF.-LULL., epist. 50, *Epp.*, III p. 299 l. 17. In quattuor partes provinciam illam divisistis, id est quattuor parrochiae, ut unusquisque episcopus suum habeat parrochium. Gregor. III papae epist. a. 739, ib., epist. 45, p. 293. Totam provinciam illam in parochias episcopales divisit. EIGIL., V. Sturmi, c. 22, *SS.*, II p. 376. Cuncto populo parrochiae tuae [sc. episcopi Tullensis]. *H. de Fr.*, VI p. 895 (a. 817). Plures ecclesiae sunt in mea parochia de episcopio Laudunensi. HINCMAR. REM., epist., MIGNE, t. 126 col. 544. Intra parochiam sibi [sc. episcopo Leodiensi] commissam. Transl. Eugenii, c. 7, *Anal. Boll.*, t. 3 p. 34. Episcopus ... parrochiam suam circuibat. G. Lietberti Camerac., c. 22, *SS.*, VII p. 496. **3.** *partie d'un diocèse,* communauté chrétienne en dehors de la cité épiscopale — *part of a diocese,* christian community outside the capital of the bishopric. Cum ipso [episcopo] per parrochias ambulabant. V. Caesarii, lib. 2 c. 19, *SRM.*, III p. 491. Ad Citaristanam parrochiam [Ceyreste, dép. Bouches-du-Rhône] venisset visitandam. Ib., lib. 2 c. 21, p. 492. Parrochias quas numquam Rutina ecclesia tenuisse recolebatur, reciperet. GREGOR. TURON., *H. Fr.*, lib. 6 c. 38. Per omnes parrochias vel monasteria quas mos est episcopis circuire. Concil. Cabilon. (a. 639-654), *Conc.*, I p. 210. Quodcumque [episcopus] de eodem monasterio, sicut de parociis aut citeris monasteriis, muneris causa audeat sperare. MARCULF., lib. I no. 1, *Form.*, p. 40. Ad ecclesias que sub ipsa urbe Treverica vel in parrochias ipsius pontificis constructas esse noscuntur. *D. Karolin.*, I no. 66 (a. 772). Monasteria et sinodochia vel parochias ad ipsam ecclesiam [Aquilegensem] pertinentes. Ib., no. 175 (a. 792). Ut presbyteri per parrochias suas feminis praedicent. Capit. q.d. Ingelheim., c. 7, I p. 178. **4.** *église paroissiale, paroisse — parish church.* De his quae parrochiis in terris, vineis, mancipiis adque peculiis quicumque fedelis obtulerint. Concil. Aurel. a. 511, c. 15, *Conc.*, I p. 6. Quicquid parrochiarum presbyteri de ecclesiastici juris possessione distraxerint. Concil. Epaon. a. 517, c. 7, p. 20. De facultatibus parrociarum vel basilicarum in pagis civitatum constitutis. Concil. Aurel. a. 538, c. 5, p. 75. Si quae parrociae in potentum domibus constitutae sunt. Concil. Aurel. a. 541, c. 26, p. 93. Rusticas parochias. Coll. Quesnell., MIGNE, t. 56 col. 544 B. Cereum benedici non solum in principalibus ecclesiis sed etiam in parochiis constituit. Lib. pontif., Zosimus, § 59, ed. DUCHESNE, I p. 225. Nullis conprobare quiverant testimoniis ut apud monachos parrochiae commodari [leg. commendari ?] deberentur. Concil. Neuching. a. 772, *Conc.*, II p. 104. Ut qui monachico voto est constitutus, nullomodo parroechiam teneat. Stat. Rhispac. (a. 799/800), c. 25, *Capit.*, I p. 228. Qui possessionem aecclesiae vel parochiam per triginta annos ... tenuerit. Capit. a sacerd. prop. (a. 802 ?), c. 17, p. 107. Nullus judex ... audeat ecclesiam vel parrochias, cellas, villas aut agros seu reliquas possessiones predicte sedis [sc. Moguntinensis] [intrare]. *D. Heinrichs IV.*, no. 29 (a. 1057). Trado omnibus comitatuum meorum prochiis unicuique 100 sol. MIRAEUS, III p. 304 col. 2 (a. 1059, S.-Quentin). **5.** *ressort d'une église paroissiale, paroisse — district of a parish church, parish.* Si in parrochia sua aliquis presbyter hominem superbum invenerit. Concil. Rispac. a. 798, c. 5, *Conc.*, II p. 199. Illam parrochiam ad Tankiricha. Concil. Tegerns. a. 804, ib., p. 232. Infra parrochiam eorum [monachorum] ad ecclesiam s. Mychahelis in villa M. appendentem in mea possessione consensu eorum in villa L. ecclesiam construere liceret. WAMPACH, *UB. Luxemb.*, I no. 129 (a. 896). In publicis aecclesiarum parrochiis S., V. ... *D. Heinrichs III.*, no. 279 (a. 1051). **6.** les *droits paroissiaux* et les revenus qui en découlent — *parochial jurisdiction* and revenue deriving from it. Donamus ... ecclesia[m] Darnas cum decimis et parochia. PARDESSUS, I no. 196 p. 157 (ch. < a. 587 >, Lyon; spuria, ni fallor). Ecclesiam s. Johannis euangelistae cum omnibus pertinentiis et adjacentiis suis, cum curte et parochia et cum omnibus illuc concessis, mancipiis, agris ... WIDEMANN, *Trad. S.-Emmeram*, no. 86 p. 78 (a. 876-880). Concedimus ecclesiam s. Stephani in E. et omnem ibi parrochiam adspicientem. QUANTIN, *Cart. de l'Yonne*, I p. 120 no. 60 (ca. a. 888, Langres). **7.** *pagus.* V. Balthildis, c. 7, *SRM.*, II p. 491; cf. B. KRUSCH, ib., p. 568. **8.** *circonscription urbaine* pour l'administration civile — *municipal district* for purposes of civil administration. HOENIGER, *Koelner Schreinsurk.*, passim (s. xii).
**parochialis,** parr-, -oe-, -cialis: **1.** *d'une province ecclésiastique — of a church province.* Paroeciales sacerdotes [i.e. episcopi] tuos [sc. metropolitae]. Hormisd. pap. epist. 23, § 2, THIEL, p. 786. Episcopis suis [sc. metropolitae] paroecialibus. Ib., epist. 49 § 3, p. 840. **2.** *des parties rurales d'un diocèse,* en dehors de la cité épiscopale — *of the countryside of a diocese,* outside the capital. [Episcopus ne] tertiam partem ex oblatione populi in ecclesiis parochialibus requiret. Concil. Bracar. III a. 572, c. 2, MANSI, t. 9 col. 839 A. [Unum cardinalem illic presbyterum et duos diaconos] vel duos parroechiales presbyteros debeas ordinare. GREGOR. M., lib. 1 epist. 51, *Epp.*, I p. 77. Ecclesiae parochiales ... quorundam episcoporum vel insolentia vel incuria horrendam decidant in ruinam. Concil. Tolet. a. 655, c. 2, BRUNS, I p. 292. Omnes provintiales et parrochiales presbiteri. Concil. Baiwar. a. 805, *Conc.*, II p. 233. **3.** *paroissial — parish.* Parochialis ecclesia. G. pontif. Camerac., lib. 2 c. 38, *SS.*, VII p. 464. *Hist. de Languedoc*[3], V no. 286 col. 562 (a. 1069). **4.** *qui ressort des droits paroissiaux — forming part of parish jurisdiction.* Nunquam ibi publice misse fiant ... nec decime vel oblationes aliquae offerantur ... nec corpus sepeliatur, nec omnino aliquid parroechiale agatur. BERTRAND, *Cart. d'Angers*, I no. 199, p. 231 (a. 1087). Subst. neutr. plural. **parochialia:** *taxes à payer pour les services paroissiaux* (baptême, sépulture etc. ...) — *dues paid for ministrations by the parish priest.* S. xii.
**parochianus,** parr-, -oe-, -cianus (adj.): **1.** *du diocèse — of the diocese.* Ut parrociani clerici a pontificibus suis ... statuta canonum ... percipiant. Concil. Aurel. a. 541, c. 6, *Conc.*, I p. 88. Solitus est accipere ipse episcopus [decimam] ad [i. e. a] suos parrochianos presbiteros. Concil. Tegerns. a. 804, ib., II p. 232. **2.** d'un prêtre: *de paroisse — of a priest: parish.* Quidam presbiter ex parrochianis. IONAS, V. Columb., lib. 1 c. 15, ed. KRUSCH, p. 178. Parochianus presbiter. Lex Alamann., tit. 13 § 1. Concil. Cabillon. a. 813, c. 15, *Conc.*, I

p. 277. Concil. Meld. a. 845/846, c. 77, *Capit.*, II p. 419. Capit. Pist. a. 869, c. 8, p. 334. **3.** d'une redevance: *qui revient à la paroisse — of a due: accruing to the parish.* Presbyteri parrochianas decimas accipiant. Concil. Meld., c. 78, p. 419. **4.** d'une église: *paroissial — of a church: parish.* Tribus parrochianis aecclesiis . . . exceptis. *D. Heinrichs II.*, no. 174 (a. 1008). [Ecclesia] cum fuisset parrochiana et presbiterorum tantum servitio contenta. MÉTAIS, *Cart. de Vendôme*, I no. 98 p. 179 (a. 1050-1055). Dedicata est parrochiana aecclesia. Ann. Rod., a. 1108, *SS.*, XVI p. 704 (recte 694). Subst. mascul. et femin.: **1.** *ressortissant d'une province ecclésiastique — resident of a church province.* In parochianos provinciarum aliis metropolitanis commissarum. Elect. Karoli, adnunt. Hincmari, c. 2, *Capit.*, II p. 340. **2.** *ressortissant d'un diocèse — resident of a diocese.* Iste parrochianus noster, in nostra diocese natus. F. Senon. rec., no. 14, *Form.*, p. 218. De illis qui . . . alterius episcopi parrochiani sunt. Capit. Vern. a. 884, c. 6, p. 373. In praesentia tui episcopi cujus parochianus es. REGINO, Syn. caus., lib. 2 c. 240, ed. WASSERSCHLEBEN, p. 308. [Scripsit] H. Meldensi episcopo pro parrochianis ipsius quibusdam. FLODOARD., Hist. Rem., lib. 3 c. 23, *SS.*, XIII p. 531 l. 12. Corpora parroechianorum suorum episcopis consentiat suis. RATHER., epist. 32, ed. WEIGLE, p. 181. Duo milites, parrociani nostri [sc. episcopi Cameracensis]. MIRAEUS, I p. 163 col. 1 (a. 1079). Gregor. VII pap. registr., lib. 2 no. 20, ed. CASPAR, p. 153. **3.** *ressortissant d'une paroisse, paroissien — parishioner.* [Volunt] parrochiam . . . detruncare et parrochianos ejus suis quibusque finibus applicare. Concil. Tull. a. 838, *Conc.*, II p. 783. Ut nullus presbyter alterius parrochianum . . . ad missam recipiat. Capit. q.d. Ingelheim., c. 8, I p. 178. Eadem verba: Capit. Herardi Turon. a. 858, c. 29, *Gall. chr.*², XIV instr. col. 41. REGINO, Syn. caus., lib. 1, notit., § 48, p. 23. Ob deprecacione[m] . . . paroquitanos loci illius commanentibus. UDINA, *Arch. Barcelona*, no. 102 p. 247 (a. 932). Subst. mascul.

**parochianus:** *prêtre de paroisse — parish priest.* Excepta parrochiani prebenda. HAUTHALER-MARTIN, *Salzb. UB.*, II no. 135 p. 205 (ante a. 1127). Chron. Montis Sereni, ad a. 1128, *SS.*, XXIII p. 142 l. 20. A. Bruxellensi parochiano atque canonico. MIRAEUS, I p. 177 (a. 1138). Clericus nomine H. parrochianus de E. WIDEMANN, *Trad. S.-Emmeram*, no. 814 p. 388 (a. 1143-1149). E. parrochianus de L. JORDAN, *Urk. Heinr. d. Löw.*, no. 38 p. 54 (a. 1157). Consilio parrochiani et heredum et civium. HOENIGER, *Koelner Schreinsurk.*, I p. 112 c. 4 (a. 1171-1172). Consensu W. tunc temporis ad K. parrochiani. LACOMBLET, *UB. Niederrh.*, I no. 165 p. 103 (< a. 1028 >, spur. s. xii).

**parochiaticum,** parochiagium: *les revenus d'une paroisse — revenue from a parish.* S. xiii.

**parochiatus** (decl. iv): *territoire d'une paroisse — territory of a parish.* S. xiii.

**parrago** (genet. -ginis), v. parricus.

**parrana,** parranis, parranus = porrina ("jardin potager — kitchen-garden").

**parricus,** parrac-, parroc-, paric-, parich-, parc-, parch-, parchi-, parg-, -um, parrago, parago (genet. -inis) (germ. et celt.): **1.** *clôture — fence.* Lex Ribuar., tit. 45, v. l.; tit. 82 § 1, v. l. Familia jam parracis septus [i.e. saepta]. V. Aniani, c. 10, *SRM.*, III p. 116. Quieti sint . . . de operationibus castellorum et murorum et fossatorum et parcorum et pontium. Henr. II reg. Angl. ch. a. 1156 ap. DC-F., VI p. 169 col. 2. **2.** *pâtis clôturé, parc à bétail — cattle-park, pound.* Qui gregem aequarum in parrico furatus fuerit. Lex Thuring., c. 31. Equarum parcus. V. Alcuini, c. 7, *SS.*, XV p. 188. LACOMBLET, *UB. Niederrh.*, I no. 43 (a. 827, Werden). **3.** *breuil, parc à gibier — covert.* DE LA ROQUE, *Harcourt*, IV p. 1328 (ch. a. 1092). G. cons. Andegav., HALPHEN-POUPARDIN, *Chron. d'Anjou*, p. 156. ROBERT. DE TORINN., ad a. 1161, *SS.*, VI p. 511 l. 39. ROMUALD. SALERNIT., ed. GARUFI, p. 232. **4.** *champ clôturé, enclos, pourpris — enclosure, fenced-in field.* DESJARDINS, *Cart. de Conques*, p. 36 (a. 996). GUÉRARD, *Cart. de Mars.*, I no. 399 p. 401 (ca. a. 1015); no. 437 p. 442 (a. 1010-1046). *Gall. chr.*², I instr. p. 76 (a. 1056, Apt).

**parrochia,** parroechia, parroecia et derivata, v. paroch-.

**pars. 1.** loc. ad dimidiam partem colere: *exploiter à titre de métayage — to hold by a lease at half the crop.* Ad dimidiam partem ipsam [vineam] colendam suscepit. BEYER, *UB. Mittelrh.*, I no. 568 p. 627 (a. 1152, Trier). **2.** loc. ad partem suscipere: *recevoir du bétail à titre de bail à cheptel — to take over cattle on the basis of a breeding contract.* Si . . . bestias in terra G. consistendas ad partem susciperent. BERTRAND, *Cart. d'Angers*, I no. 159 p. 184 (a. 1162-1173). **3.** *portion, héritage — portion, inheritance* (*translate), sensu primo: Vos hoc in partae vestra supputare . . . faciatis. MARCULF., lib. 2 no. 10, *Form.*, p. 82. Quantum a fratre nostro Z. nobis in partem evenit. FATTESCHI, *Mem. di Spoleto*, p. 260 (ca. a. 740). Donamus . . . quicquid michi ibidem parte hereditaria advenit. WAMPACH, *Echternach*, I pt. 2 no. 100 p. 167 (a. 788/789). **4.** partem habere, accipere cum aliquo: *partager son sort — to share his lot.* Partem habeat cum Juda Schariothe qui Dominum tradidit. MULLER-BOUMAN, *OB. Utrecht*, I no. 12 p. 8 (a. 704, Würzburg). Haveat parte[m] cum his qui ad sinistram [Dei] fueri[n]t. BRUNETTI, *CD. Tosc.*, I p. 280 (a. 789). Habere partem in Christo. Pasch. I pap. (a. 817-824) epist., MANSI, t. 14 col. 380. **5.** plural. partes (class. "faction — faction"): *sectateurs, suivants, soldats — partisans, followers, soldiers.* Partes ducis [eos] prostraverunt. GUILLELM. GEMMETIC., lib. 5 c. 10, ed. MARX, p. 85. **6.** partes suas interponere: *intercéder — to intercede.* Ad hoc faciendum partes suas interponere dignaretur. ROMUALD. SALERNIT., ad a. 1177, ed. GARUFI, p. 282. Apud regem interponemus partes nostras, ut te in gratiam regalem admittat. Innoc. III pap. registr., no. 98, ed. W. HOLTZMANN, p. 153. Etiam no. 185 p. 232. **7.** *partie contractante dans un traité de droit public — party to a state treaty.* Si qua pars praesentia statuta . . . transcenderit. Pact. Guntchr. et Childeb. II a. 587, *Capit.*, I p. 14 l. 30. **8.** *partie contractante dans un contrat de droit privé — party to a private contract.*



Hoc invicem pars parte [i.e. parti] tradedisse. MARCULF., lib. 2 no. 14, *Form.*, p. 84. Si fuerit aliqua pars ex nobis ipsis, qui . . . hoc emutare voluerit. F. Sal. Merkel., no. 16, p. 247. **9.** pars alicujus: *celui qui agit en droit — one who takes legal action.* Pars domni Childeberti ea quae pater suus possederat ad se vellet . . . revocare. Pactum a. 587 laud., p. 13 l. 4. Sub integra emunitate pars ipsius monasterii vel omnis congregatio ibidem consistentis [i.e. consistens] possidere valeat. *D. Merov.*, no. 40 (a. 662). Similia no. 45 (a. 677). Accepit pars Childerici regis locellum. Ib., no. 62 (a. 692). Nullam jurisdictionem partem sanctae nostrae ecclesie in eum [mancipium] de cetero habere decernentes. Lib. diurn., c. 36, ed. SICKEL, p. 27. Ubicumque pars ipsius monasterii domum aut agrum habere visus est. ZEUSS, *Trad. Wizenb.*, no. 102 (a. 788). Pars eclesiae quod suum est habeat. Concil. Rem. a. 813, c. 36, *Conc.*, II p. 257. Faciendum exinde pars ecclesiae, aut cui pars ecclesiae dederit, quicquid voluerit. *Const.*, I no. 444 (a. 1102, Ital.). **10.** pars publica: *l'Etat en tant que sujet de droits, le fisc royal — the State as an owner of rights, the royal fisc.* Pars publica a Saracines nimium vastatur. FREDEG., c. 66, *SRM.*, II p. 154. Secundum legem contra comitem vel parte[m] publica[m] conponant. Capit. Mantuan. II a. 813, c. 8, I p. 197. Quicumque . . . a publica parte, id est ab his qui rem publicam agunt, ammoniti fuerint. Guidonis capit. Pap. leg. add. a. 891, c. 2, II p. 108. Nullus . . . publicae partis exactor . . . presumat. *D. Ugo*, no. 1 p. 5 (a. 926). Quidquid fiscus noster vel pars publica sperare potuit. STUMPF, *Acta*, p. 302 (a. 962). **11.** loc. partibus, ad partem, ad partes alicujus: *au profit de, pour le compte de — for the benefit of, in behalf of.* [Terra] requiri poterit et repetentis partibus reformari. Lex Burgund., tit. 79 c. 2. Ad partem regis 200 sol. culpabilis judicatur. Lex Ribuar., tit. 57 § 2. Ad partem fisci pro fredo praebeat fidejussionem. Lex Baiwar., tit. 1 c. 6 § 3. Quicquid ei constat ad parte[m] sua[m] in divisione percipisse. *D. Merov.*, no. 12 (ca. a. 628). Abba vel successores sui ad partem ipsius monasterii valeant possidere. Ib., no. 39 (a. 662). Homines infra ipsum terminum commanentes ad suam partem contradicerent. Ib., no. 41 (a. 663). Redditus terrae partibus ipsius basilicae reddere contempnerent. Ib. Quantumcumque ad partem fisci nostri reddere debuerant. Ib., no. 28 (a. 664-666). Villa[m] pontifex ad partem ecclesiae possidere videatur. MARCULF., lib. 1 no. 16, *Form.*, p. 53. Undecumque ad partibus fisci census sperare [i. e. sperari] videbatur. *D. Karolin.*, I no. 4 (a. 753). Substantia eorum auferatur ab eis, dimidia quidem pars partibus palatii . . . Capit. miss. Theodonisv. II a. 805, c. 7, I p. 123. Dedit M. A. abbatis [i. e. abbati] ad partem monasterii sui mansos. F. imper., no. 36, *Form.*, p. 314. Ipse res magis debite essent partibus s. Spani quam partibus Agintrudis. THÉVENIN, *Textes*, no. 89 (a. 857). **12.** ad partem alicujus: *à l'égard de, vis à vis de — towards.* Neque vos neque juniores vestri ad partem ipsorum monasteriorum ex hoc praesumatis existere contrarii. *D. Merov.*, no. 23 (a. 651). Eam partibus Chlodovei sponsant. FREDEG., lib. 3 c. 18, *SRM.*, II p. 100. Alsatius [i. e. Alsatios] ad parte[m] Theudeberti firmavit. Ib., lib. 4 c. 37, p. 138. **13.** partibus, ad partem alicujus: *fere i. q. alicui.* Qui erga nostris partibus fidelis esse inveniuntur. *D. Merov.*, no. 47 (a. 677). Totam Brittanniam subjugavit partibus Francorum. Ann. Mett. prior., a. 753, ed. SIMSON, p. 44. Sic promitto ego ille partibus domini mei Caroli regis. Dupl. leg. edict. a. 789, c. 18, *Capit.*, I p. 63. De liberis hominibus qui partibus fisci nostri deserviunt. Capit. de villis, c. 62. Justitias parti Romanorum fecisset. Lib. pontif., Hadr. I, § 27, ed. DUCHESNE, I p. 494. Salva eorum ad nostram partem subjectione. THEINER, *CD. s. Sedis*, I p. 3 (a. 817). Ad partem Salici Franci . . . solvere debet. Capit. legi add., a. 816, c. 3, *Capit.*, I p. 268. **14.** ad partem alicujus esse: *appartenir à qq'un — to belong to a person.* Omnes homines magnos aut parvos qui ad partem ipsius sancti fuerint. *D. Louis IV*, no. 25, p. 63 (a. 945). **15.** ex parte, de parte, pro parte alicujus: **au nom de — in the name of.* Jubeo ex parte Dei. Agathonis pap. epist. 2 § 2, MIGNE, t. 87 col. 1214. Si nos vobis de parte ipse [i. e. ipsius] ecclesie intentionaverimus. BRUNETTI, *CD. Tosc.*, I p. 251 (a. 782). Vobis ex parte domni imperatoris juberemus. Capit. a missis dom. ad com. dir. (a. 802-808), prol., I p. 184. Qui est advocatus de parte publica. Leg. Karoli M. ap. MURATORI, *Scr.*, I pt. 2 col. 1. Pro parte ecclesiae se egisse. Concil. Roman. a. 826, c. 22, *Capit.*, I p. 374. **16.** a parte, de parte alicujus: *fere i. q. ab aliquo.* A parte nostra [sc. regis] praeceptionem latam noveritis esse firmandam. Chlodov. epist. (a. 507-511), *Capit.*, I p. 2. Firmitatem [i. e. instrumentum] de parte dominica [i. e. regis] habeat. Capit. per se scrib. (a. 818/819), c. 2, p. 287. **17.** ex hac parte: *pour cette raison — for this reason.* Ex ea parte non sentiebatur labor, quia . . . EGER., Peregr., c. 3 § 2, *CSEL.*, t. 39 p. 39. Ex hac parte mihi ipsi conveniat proficere, quia . . . FORTUN., V. Marcelli, c. 3 § 11, *Auct. ant.*, IV pt. 2 p. 50. **18.** in hac parte: *sous ce respect — in this regard.* Solummodo in hac parte apud ipsum [sc. Deum] discernimur. Benedicti regula, c. 2. Purgationis tuae in hac parte causas aestimo esse. ENNOD., lib. 1 epist. 12, *Auct. ant.*, VII p. 21. **19.** in parte, in partem: *à part — apart.* Secessit in partem. GREGOR. TURON., V. patr., c. 20 § 1, *SRM.*, I p. 741. Posuerunt mihi mattam in parte. Vitas patrum, lib. 6 c. 3 § 2, MIGNE, t. 73 col. 1005 C. Sedit usque dum illi, in partem cedentes, quid de eo facturi sint tractarent. EKKEH., Cas. s. Galli, c. 1, *SS.*, II p. 86 l. 20. In parte nos stare praecipiens. ODO GLANNAFOL., V. Mauri, c. 51, MABILLON, *Acta*, I p. 293.

**parscalcus,** -schal-, -chus, v. barscalcus.

**parservus** (cf. voc. barscalcus): *i. q. barscalcus.* *D. Ottos III.*, no. 25 (a. 986). Trad. Brix., no. 195, ed. REDLICH, p. 71 (a. 1065-1075). Trad. Ebersperg., no. 16, ed. OEFELE, p. 163 (ca. a. 1110).

**parsimonia:** **sobriété, retenue dans le boire et le manger, jeûnes — frugality, temperance, fasting.*

**partagium:** *part d'héritage — share of a heritage.* S. xiii.

**parthenon** (genet. -onis) (gr.): _couvent de femmes — nunnery._ Cod. Udalrici, no. 9, rubr., JAFFÉ, _Bibl._, V p. 31.

**partialis** (adj.): _de parti, partial, factieux — of one party, partial, factious._ S. xiii.

**partialitas:** _esprit de parti, tendance factieuse — party spirit, factiousness._ S. xiii.

**partialiter:** *_partiellement — partially._

**partiariciae:** _bail à part de fruits — lease at a share of the crop._ Vineas suas condam illi ad parciaricias ei dedisset. F. Andecav., no. 30, _Form._, p. 14.

**partiarius,** parcerius (cf. colonus partiarius, Dig., 19, 2, 25), subst: **1.** _métayer — land-tenant at a share of the crop._ Pasch. I pap. (a. 817-824) epist., MURATORI, _Scr._, II p. 220. **2.** _copartageant — co-participant._ Villam ... excepto manso Bobleni cum parceriis suis. _D. Charles le Ch._, no. 379 (a. 875).

**particella,** parcella (< pars): **1.** _part, portion, parcelle — part, portion, parcel._ Vindedi ... particela mea ... in loco q. d. A. SCHIAPARELLI, _CD. Longob._, I no. 111 p. 320 (a. 754, Lucca). **2.** _paragraphe d'une spécification — detail, item._ S. xiii.

**particeps:** _copropriétaire — joint owner._ Consentientibus A. cum fratribus suis et participibus eorum atque consortiis. BITTERAUF, _Trad. Freising_, I no. 5 p. 31 (a. 750).

**participatio: 1.** *_le fait d'avoir part, participation, partage, communion — having part, participation, sharing, community._ **2.** *_le fait d'avoir qqch. en commun, rapport, relation, analogie — having something in common, nexus, relation, analogy._

**participium: 1.** *_participation — having a share._ Impensae mercedis tu quoque participium sortiaris. GREGOR. M., lib. 1 epist. 23, _Epp._, I p. 28. Christianorum participium habiturus sum. Lex Visigot., lib. 12 tit. 3 § 15. Qui [sc. Deus] fideli confessori suo participium sui nominis donavit. PAUL. DIAC., Homil., MIGNE, t. 95 col. 1463. **2.** _droit d'usage communautaire — share in a common easement._ Omne participium in silva et reliquo usurario [leg. usuario] communi. MIREAUS, I p. 77 col. 2 (ch. a. 1096, Affligem).

**particula:** _article d'une spécification — detail, item._ S. xiii.

**particulare:** _spécifier — to particularize._ Eandem forestem et bannum venationis, sicut particulatum est, ... concessimus. _D. Heinrichs II._, no. 235 (a. 1011).

**particularis: 1.** *_particulier — particular._ **2.** *_partiel — partial._

**particularitas:** *_particularité — particularity._

**particulariter:** *_en particulier — in particular._

**partionarius** (adj.): **1.** _qui concerne un partage — concerning a partition._ In [h]ac charta partionaria manu mea scripsi. FEDELE, _Tabul. s. Praxedis_, p. 46 (a. 1010). **2.** _possédé en commun — owned jointly._ Sive sint [eorum] propria animalia, sive medietariis suis partionaria. DC.-F., VI p. 187 col. 1 (ch. a. 1107, Poitou). Subst. mascul. **partionarius,** portion-, parcin-, parcen-: _copropriétaire — parcener, joint owner._ Venerunt R. cum partionariis suis. TROYA, _CD. Longob._, I p. 85 (a. 742). De uno latere fine [i. e. finis] Madelmi et de partionarii ejus. _CD. Cav._, I no. 66 p. 86 (a. 869).

**partire:** _découper_ les deux exemplaires d'un chirographe — _to cut asunder_ the two parts of an indenture. Carta de pacto per alphabetum scripta et partita est. GAUFRED. VOS., c. 45, LABBE, _Bibl._, II p. 303.

**partita,** partida: _quartier urbain — quarter of a city._ S. xiii, Hisp., Occit.

**partiuncula:** *_petite parcelle — small portion._

**parura,** v. paratura.

**parvaretus,** parveretus, v. paraveredus.

**parvipendere:** *_faire peu de cas de_ qqch., _mépriser, dédaigner — to set little store by_ a thing, _to slight, hold in contempt._

**parvisius,** parvisus, v. paradisus.

**parvulus** (subst.): *_enfant — child._

**parvus.** Plural. parvi (adj. et subst.): i. q. pauci, _peu nombreux — few._ EUGIPP., Excerpta, _CSEL._, t. 9 pt. 1 p. 3. EGER., Peregr., c. 49 § 2, ib., t. 39 p. 109. VICTOR TUNN., ad a. 559, _Auct. ant._, XI p. 204. GREGOR. TURON., H. Fr., lib. 4 c. 30; lib. 8 c. 30.

**pascale,** pascua-, pasqua-, -lium, -lis: **1.** *_pâturage — pasture land._ Polypt. s. Remigii Rem., c. 1 § 1, ed. GUÉRARD, p. 1 col. 1. _D. Ottos I._, no. 335 (ca. a. 966). BERNARD-BRUEL, _Ch. de Cluny_, II no. 1347 p. 418 (a. 973/974). _D. Ugo_, no. 10 p. 33 (spur. s. xi in.). **2.** _droit de pacage — right of pasture._ Nec pascualia infra eorum terminos vel eorum villas nec telonea ... exigatur. Praec. pro Hisp. a. 844, c. 2, _Capit._, II p. 259. Pascuale per terras et in silvis ad opus animalium usuaria. _Gall. chr._², IV instr. col. 159 (a. 1126). **3.** _redevance de pâturage — due for pasturage._ In toto ipso nemore quidquid opus fuerit monachis ... ad animalium suorum pascua sine servitio et sine pascalio. Ib., I instr. p. 14 col. 1 (ch. a. 1124). **4.** _glandage des porcs — pannage._ In nemore meo ... pasturale ad universa animalia, et etiam pascale de porcis, si fuerit. RÉDET, _Cart. de S.-Cyprien de Poitiers_, no. 64 p. 57 (a. 1069).

**pascha** (femin., genet. paschae, vel neutr., genet. paschatis, quandoque indecl.) (gr. < hebr.): **1.** *_la Pâque juive — Jewish Passover._ **2.** *_l'agneau pascal_ des Juifs — _the paschal lamb_ of the Jews. **3.** (symbol.) *_l'Agneau pascal, le Christ — the Paschal Lamb, Christ._ **4.** *_Pâques,_ fête chrétienne de la résurrection — _Easter,_ Christian feast of resurrection. **5.** loc. dies paschae: *la semaine de Pâques — the Easter-week.

**paschalis:** *_pascal,_ relatif à Pâques, à la semaine de Pâques ou au carême qui précède Pâques — _concerning Easter,_ the Easter week or Lent.

**pascio,** v. pastio.

**pascua** (femin.): **1.** i. q. pascua, neutr. plural. ("pâturage — pasture"). **2.** _glandage des porcs — pannage._ LACOMBLET, _UB. Niederrh._, I no. 56 (a. 841, Werden). Ib., no. 242 p. 156 (a. 1079-1089). Hist. Novient. monast., MARTÈNE, _Thes._, III col. 1132.

**pascuale,** pascualium, pascualis, v. pascale.

**pascuarium,** pasqua-, pasque-, pasca-, pascha-, pasche-, -rius (< pascuum): **1.** _redevance de pacage — pasturage due._ [Fisci exactor] saltus montenses, ubi ad aestivandum oves abierant, circumiret atque pascuaria quae fisco debebantur inquereret. GREGOR. TURON., Virt. Juliani, c. 17, _SRM._, I p. 571. Agraria, pascuaria vel decimas porcorum. Chloth. praec., c. 11, _Capit._, I p. 19. Nulla functione aut reditus terrae vel pascuario aut agrario. MARCULF., lib. 2 no. 36, _Form._, p. 97. Qui ... aliena pascua absente domino invadit, sine pascuario non presumat. Lex Visigot., lib. 8 tit. 5 c. 5. [Colonus] agrarium ... donet ... et pascuarium desolvat. Lex Baiwar., tit. 1 c. 13. Unacum tertia parte pascuarii et telonei. _D. Charles le Ch._, no. 47 (a. 844). Medietatem de pascuariis et theloneis mercatorumque mercatis. _D. Karls III._, no. 148 (a. 886). Medietatem thelonei et rafice et ex mercato similiter atque pascuarii. _D. Charles le Simple_, no. 15 (a. 898). **2.** _droit de pacage — right of pasture._ Usum lignorum vel materiae, pascuarium in communi marcha. F. Sangall. misc., no. 18, _Form._, p. 388. Ut nullus paraveredum aut pascuarium vel mansionaticum ... exigat. _D. Charles le Ch._, no. 349 (a. 871). **3.** _pâturage — pasture land._ BERNARD-BRUEL, _Ch. de Cluny_, II no. 988 p. 84 (a. 955-985). _CD. Langob._, no. 1005 col. 1776 C (ante s. xi). RIUS, _Cart. de S.-Cugat_, no. 438 (a. 1011). **4.** _redevance de glandage — pannage due._ Concessit monachis pascharium in omnibus silvis que ad eum pertinent, ut non reddant de propriis porcis. RÉDET, _Cart. de S.-Cyprien de Poitiers_, no. 198 p. 130 (ca. a. 1085). Illo anno quo glandes erunt in silva, quia tunc solum pascarium persolvendum est, pro paschario 3 sol. et 3 minutas ... reddat. Ib., no. 388 p. 238 (ca. a. 1100).

**pascuaticus,** pascuagium (< pascuum): **1.** _redevance de pacage — pasturage due._ Nolumus ut ... aliquid telonei, id est pontaticus, ..., pascuaticus ... exigatur. _D. Charles le Ch._, no. 340 (a. 870). Eadem verba: UDINA, _Arch. de Barcelona_, no. 11 (a. 899). CIPOLLA, _Carte di Susa_, p. 79 (a. 1033). MARTÈNE, _Thes._, I col. 573 (ch. a. 1172). **2.** _droit de pacage — right of pasture._ Mansionilia mea ... cum ochis, arpiniis [leg. aripennis], forestagiis et pascuaticis. MIRAEUS, III p. 304 col. 1 (ch. a. 1059, Vermandois).

**pascuatio:** _droit de pacage — right of pasture._ _D. Heinrichs II._, no. $296^b$ (a. 1014).

**pasculum** (< pascuum): _droit de pacage — right of pasture._ Cum finibus ... seo pasculum et usum aque. _CD. Langob._, no. 367 col. 610 C (a. 896, Bergamo). GLORIA, _CD. Padov._, p. 62 (a. 954).

**pasnaticus,** pasnagium, v. pastionaticus.

**pasquale,** pasqualis, v. pascale.

**pasquarium,** pasquerium, v. pascuarium.

**pasqueragium** (< pascuarium): _redevance de glandage — pannage due._ S. xiii.

**passagiarius** (< passaticus): _passeur — ferry-man._ S. xiii.

**passamentum:** _rupture de contrat — breach of contract._ ROSELL, _Lib. feud. maj._, no. 398 (a. 1055).

**passare:** _enfreindre — to break_ a contract. Si ... passaverit predictam convenientiam. ROSELL, _Lib. feud. maj._, no. 398 (a. 1055). Rursum no. 472 (a. 1062).

**passaticus,** passatgium, passagium, passadium: **1.** _droit de passage d'un fleuve — ferry-money._ Teloneum, ripaticum, passagium adque piscariam. _D. Ottos II._, no. 291 (a. 983). **2.** _droit de transit — transit custom._ Decimum de leuda et de passaticum. ROSELL, _Lib. feud. maj._, no. 694 (a. 1094). Censum trium solidorum, quam ecclesia Fossatensis de transitu portus ... nobis reddere pro passagio rerum ecclesie solebat. D. Lud. VI reg. Fr. a. 1110, NEWMAN, _Dom._, p. 229. Liberi sint ab omni teloneo et traverso et passagio. VERCAUTEREN, _Actes de Flandre_, no. 127 (a. 1127). Sint quieti et liberi ... de theolonio et passagio et lestagio. Henr. I reg. Angl. ch. pro Londin. (a. 1131-1133), LIEBERMANN, p. 525. Solutas a teloneo et passagio et omni consuetudine. DELISLE, _Actes Henri II_, I no. 13 p. 18 (a. 1150/1151). **3.** _station de péage — custom-house._ Monasterio remiserim winagia et telonea tocius terre mee, quatinus ejusdem loci fratres per cuncta ditionis mee passagia tam in terra quam in aqua eant et redeant ab omni exactione immunes. ROUSSEAU, _Actes de Namur_, no. 24 (a. 1182). **4.** _traversée d'un fleuve — crossing of a river._ Concessit eis ... passigium [leg. passagium] Sequane quietum. VERNIER, _Ch. de Jumièges_, I p. 109 (ca. a. 1080). **5.** _traversée de mer, expédition d'outre-mer — voyage, expedition abroad._ Passagium quod contra Sarracenos facere intendebat. Chron. Sicil., c. 39, MARTÈNE, _Thes._, III col. 29. Generale passagium ad Terram Sanctam factum est. Ann. Erford. fratr. praed., a. 1227, HOLDER-EGGER, _Mon. Erphesf._, p. 81. **6.** _taxe pour racheter le service militaire d'outre-mer — due paid in lieu of service abroad._ S. xiii, Angl.

**passeria,** v. paxeria.

**passibilis:** *_susceptible de souffrir, passible — liable to suffering, passible._

**1. passio: 1.** *_le fait de subir, de supporter, de souffrir, d'éprouver — undergoing, enduring, experiencing._ **2.** *_souffrance, douleur, maladie, malaise — suffering, pain, illness, discomfort._ **3.** spec.: *_la passion du Christ — the passion of Christ._ **4.** passio Domini: le dimanche Judica, le cinquième du carême — Sunday Judica, the fifth Sunday in Lent. AMALAR., Lib. off., lib. 4 c. 20, inscr., ed. HANSSENS, II p. 467. ANAST. BIBL., Chron., ed. DE BOOR, p. 324. **5.** passio dominica: vendredi saint — Good Friday. ARNOLD. LUBEC., lib. 1 c. 3, _SS._, XXI p. 119. **6.** *_martyre — martyrdom._ **7.** *_récit d'un martyre — tale of martyrdom._ **8.** *_affection, émotion, passion, désir, appétit sensuel — affection, emotion, passion, desire, lust._

**2. passio,** v. pastio.

**1. passionalis,** -le (< 1. passio): _martyrologe — volume of acts of martyrs._ Test. Everardi a. 867, DE COUSSEMAKER, _Cart. de Cysoing_, p. 4. RATPERT., Cas. s. Galli, c. 9, _SS._, II p. 70 l. 29.

**2. passionalis,** v. pastionalis.

**passionarium** (< 1. passio): _martyrologe — volume of acts of martyrs._ GATTULA, _Hist. Cassin._, p. 80 (s. ix). Transl. Dionysii (a. 1049), c. 13, _SS._, XXX p. 834 l. 33.

**1. passivus** (< pati): *_sujet à la passion, à la souffrance, sensible, passible — liable to suffering, vulnerable, passible._

**2. passivus** (< pandere): **1.** *_répandu, commun, ordinaire — frequent, common, ordinary._ **2.** *_errant, vagabond, vacillant — wandering, fluttering._

**passagnium,** v. pastionaticus.

**passus** (decl. iv): **1.** _col, défilé — mountain pass._ JACOB. AQUENS., Chron. ymag. mundi, ap. HOLDER-EGGER, G. Federici, p. 81. **2.** _passage dans un texte — passage of a text._ S. xiii.

**1. pasta** (gr.): **1.** **pâté* — *pasty.* **2.** *pâte — dough, paste.* BERNARD. MORLAN., pt. 1 c. 75, HERRGOTT, p. 282.
**2. pasta** (<pascere): *poularde — crammed hen.* Irminonis polypt., br. 9 c. 158; br. 20 c. 38.
**pastellum,** pastellus = pastillus.
**pastena,** pastenare, v. pastin-.
**pasticiarius,** pasticerius (< 2. pasticium): *pâtissier — pastrycook.* S. xiii.
**1. pasticium** (< pastus): *pâtis — pasture.* BERTRAND, *Cart. d'Angers,* I no. 178 p. 207 (a. 1056-1060).
**2. pasticium** (< 1. pasta): *pâté — pasty.* S. xiii.
**pastillarius:** **pâtissier — pastrycook.*
**pastinagium,** v. pastionaticus.
**1. pastinare,** -ten- (class. "travailler à la houe — to trench"): *aménager* une terre *en vigne ou en verger, emplanter — to make* land *into vineyard or orchard, to plant* (cf. Marc. 12, 1). Ecclesias erigere, domos componere, serere agros, vineas pastinare diligentissime studebat. GREGOR. TURON., H. Fr., lib. 4 c. 36. Tabulam vinee . . . que michi contingit ad pastinandum. SCHIAPARELLI, *CD. Langob.,* II no. 198 p. 195 (a. 766, Viterbo). Etiam ib., no. 184 p. 163 (a. 765). Liceat nos terra[m] pastenare salices. *CD. Cav.,* I no. 159 p. 203 (a. 936). Terra pastinata arboribus olivarum et nucum et ceterorum pomorum. Chron. Farf., contin., MURATORI, *Scr.,* II pt. 2 col. 511.
**2. pastinare,** v. pastionare.
**pastinaticus,** v. pastionaticus.
**pastinator,** -ten- (< 1. pastinare): *vigneron — vintager.* HARTMANN, *Tabul. s. Mar. in Via Lata,* I p. 4 (a. 949). FEDELE, *Tabul. s. Praxedis,* p. 45 (a. 1010). ALLODI-LEVI, *Reg. Sublac.,* p. 218 (a. 1022). Consuet. Januen. (s. xi), *Lib. jur. reip. Genuens.,* I no. 1 col. 4 A.
**pastinellum** (< pastinum): *petite plantation — small plantation.* GIORGI-BALZANI, *Reg. di Farfa,* II doc. 7 p. 28 (a. 740). *CD. Cav.,* I no. 127 p. 162 (a. 911).
**pastinum,** pasten-, -a: **terre aménagée en vigne, vigne — ground trenched for growing vine, vineyard.*
**pastio,** pascio, passio, paissio, paisso, pestio, pesso, peiso: **1.** *paisson, glandage des porcs — pannage, feeding pigs on acorns.* Quando passio non fuerit unde porci debeant saginare. Chloth. II edict. a. 614, c. 23, *Capit.,* I p. 13. Eorum porcus [i.e. porcos], quando pascio est, ad sufficientiam habent potestatem. WARTMANN, *UB. S.-Gallen,* I no. 85 (a. 779). De pastione kal. Sept. indicare faciant si fuerit an non. Capit. de villis, c. 25. Solvit in pastione de vino modios 3, et in alium annum multonem 1, et ad alium annum sol. 2 et den. 3. Irminonis polypt., br. 6 c. 3. Ibi saepe. Custodiant silvas unde habeant pastiones. Epist. synod. Caris. a. 858, c. 14, *Capit.,* II p. 437. Friskingas 14, sex [porcos] ad bacones faciendos, si pascio esset; et si hoc non esset, tunc friskingas 20. *D. Ludw. d. Deutsch.,* no. 155 (a. 874). **2.** *glands — acorns.* Que in arboribus gratis nascuntur, ut est pastio vel diversi generis fructus. Adalhardi Corbej. stat., lib. 2 c. 9, ed. LEVILLAIN, p. 371. **3.** *droit de glandage des porcs — right of pannage.* Tradidi . . . in villa q. d. W. ad 15 porcos pastionem. BLOK, *Oork. Werden,* p. 250 no. 50 (a. 834, Werden). Pastionem quam . . . monachis donaverat in omnibus boscis suis ad opus omnium dominicorum porcorum. BERTRAND, *Cart. d'Angers,* I no. 242 p. 288 (a. 1077). **4.** *redevance de glandage — pannage due.* Solvit inter vinericiam et pascionem de vino mod. 6. Polypt. Fossat., c. 9, ap. GUÉRARD, *Irminon,* II p. 285. De pastionibus et pascuariis. D. spur. Lud. Pii ap. G. Aldrici, ed. CHARLES-FROGER, p. 43. Nullum teloneum . . . aut cenaticum aut pastionem aut laudaticum. F. imper., no. 20, *Form.,* p. 301. Concedimus eis ut de illorum porcis pastio non accipiatur, sed libere . . . per nostram gradiantur silvam. BERTRAND, o.c., I no. 285 p. 326 (a. 964). WAMPACH, *UB. Luxemb.,* I no. 208 p. 295 (a. 993-996).
**pastionalis,** passio- (< pastio): *où se fait la paisson; de chênes — suitable for feeding pigs on acorns.* Habet ibi de silva passionali . . . bunuaria 70 in quibus possunt porci saginari 100. Irminonis polypt., br. 9 sect. 1.
**pastionare,** -tin-, -ten- (< pastio): **1.** *paître* des porcs *à la glandée — to feed* pigs *on acorns.* Forestum ad 50 porcos pastinandos. CALMET, *Lorr.,* I pr. col. 378 (ch. a. 966). De porcis qui ibidem [sc. in silva] incrassati fuerint et pastionati. CHEVALIER, *Cart. de Paray-le-Monial,* p. 91 (s. xi). **2.** *nourrir, affourager — to feed, forage.* [Villicus debet] equum unum pastinare. KOETZSCHKE, *Urb. Werden,* p. 141 (s. xi med.). **3.** pastionari, transl.: *s'empiffrer — to stuff.* Despicabili hic accubitu pastinatur. GOCELIN., Mir. Augustini Cantuar., *AASS.,* Maji VI p. 399.
**pastionaticus,** pastin-, passn-, pasn-, pann-, penn-, pan-, pagn-, pangn-, parn-; -agium (< pastio): *redevance de glandage des porcs — pannage due.* De pastionaticis id est de glandaticis. *D. Karolin.,* I no. 265 p. 387 l. 42 (< a. 802 >, spur. a. 835-840). GUÉRARD, *Cart. de Paris,* I p. 289 (ca. a. 820). *D. Charles le Ch.,* no. 334 (a. 870). D. Roberti reg. Fr. a. 1022, MABILLON, *Ann.,* IV p. 707 col. 2. BOURASSÉ, *Cart. de Cormery,* no. 38 p. 80 (a. 1026-1040). MÉTAIS, *Cart. de Vendôme,* I no. 152 p. 264 (a. 1050-1062). *Gall. chr.*[2], XIV instr. col. 74 A no. 55 (a. 1073, Tours). G. pontif. Autissiod., c. 49 (s. xi), ed. DURU, p. 391.
**pastionatio:** *glandage des porcs — feeding pigs on acorns.* BIRCH, *Cart. Sax.,* I no. 191 p. 271 (a. 762).
**pastionatura,** pasten-: i. q. pastionatio. *CD. Cav.,* II no. 453 p. 337 (a. 992).
**pastophorium** (gr.): **1.** **appartement des prêtres annexe au temple de Jérusalem — priests' premises near the temple at Jerusalem.* **2.** *sacristie — sacristy.* RAHEWIN., G. Friderici, lib. 4 c. 16, ed. WAITZ-SIMSON, p. 255. **3.** *clôture — fence.* Locus . . . modo aggere terrae, modo pastophorio . . . roboratus. Hist. Mosom., c. 7, *SS.,* XIV p. 605 l. 27.
**pastor:** **1.** **pasteur d'âmes, chef d'une communauté chrétienne, évêque — herdsman of souls, head of a community of christians, bishop.* **2.** **abbé — abbot.* Pastores et rectores venerabilium locorum. Div. regn. a. 806, c. 15, *Capit.,* I p. 129. Pastor . . . in monasterio famosissimo Ferrariensi. V. Faronis, c. 118, *SRM.,* V p. 197. **3.** *prêtre de paroisse — parish priest.* Capit. Harist., forma Langob., c. 8, I p. 48. LACOMBLET, *UB. Niederrh.,* I no. 209 p. 136 (< a. 1067 >, spur. s. xii).



**pastoralis:** **1.** **épiscopal — episcopal.* Officium pastorale. MARCULF., suppl. 4, *Form.,* p. 108. **2.** *abbatial — of an abbot.* Relicto pastoralis curae regimine. DONAT. ANTR., V. Ermenlandi, c. 15, *SRM.,* V p. 701. Subst. neutr.
**pastorale,** -tur-: *pâturage, pâtis — pasturage, pasture land. Hist. de Languedoc*[3], V pr. no. 67 col. 175 (a. 936, Toulouse). GYSSELING-KOCH, *Dipl. Belg.,* no. 53 (a. 941, Gand). BERNARD-BRUEL, *Ch. de Cluny,* II no. 1506 p. 557 (a. 979/980). RÉDET, *Cart. de S.-Cyprien de Poitiers,* no. 64 p. 57 (a. 1069).
**pastoralitas:** **1.** *ministère pastoral d'un abbé, abbatiat — an abbot's pastorship, abbacy.* Quam cautus fuerit in commissa sibi pastoralitate. FOLCUIN., G. abb. Lobiens., c. 5, *SS.,* IV p. 58 l. 16. Ordinatus [fuit] in pastoralitate IV id. Febr. Chron. Novalic., lib. 3 c. 19, ed. CIPOLLA, p. 187. **2.** *ministère pastoral, autorité spirituelle d'un évêque — a bishop's pastorship, his spiritual jurisdiction.* B. episcopo pastoralitatem s. Tullensis ecclesiae regente. MABILLON, *Ann.,* IV p. 394 (ch. a. 1034). Neque Romanam sedem neque Remensem ecclesiam neque pastoralitatem vestram [sc. Cameracensis episcopi] erubescit dedecorare. BALUZE, *Misc.,* V p. 319 (epist. ca. a. 1100). Salva tamen Noviomensis episcopi pastoralitate et obedientia. MIRAEUS, III p. 315 col. 2 (ch. a. 1103). **3.** vestra pastoralitas: titre honorifique — title of honour. En s'adressant au pape — in addressing the pope: RATHER., epist. 7, ed. WEIGLE, p. 43.
**pastoraliter:** **en pasteur d'âmes — as a herdsman of souls.* FORTUN., epist., *Auct. ant.,* IV pt. 1 p. 197. GREGOR. M., lib. 5 epist. 3, *Epp.,* I p. 283.
**pastoria:** *corde qui tient un cheval broutant — rope to which a grazing horse is attached.* Edict. Rothari, c. 297. Lex Baiwar., tit. 2 c. 6.
**pastoricium,** -tur-: *pâturage — pasturage.* DE MONSABERT, *Ch. de Nouaillé,* no. 3 p. 5 (a. 775-814). RÉDET, *Cart. de S.-Cyprien de Poitiers,* no. 400 p. 247 (a. 888).
**pastorizare,** -origare, -orgare, -urgare: *mener paître — to graze* animals. S. xiii.
**pastura:** **1.** **pâturage, l'action de faire pâturer — grazing of animals.* **2.** *droit de pacage — right of pasturage.* Per tota illa foreste nostra pastura ad eorum pecunia [i.e. pecudes] concessum habeat. *D. Karolin.,* I no. 84 (a. 774). Habeant pasturam animalibus. *D. Ludw. d. Deutsch.,* no. 103 (a. 861). Concedo pasturam totius terre mee communem pro omnibus animalibus vestris. KEHR, *Urk. Norm-Sic. Kön.,* p. 411 no. 2 (a. 1085). **3.** *pâturage, pâtis — pasture land.* Placuit . . . tradere . . . pastura ad pecora eorum alenda. D. Lud. Pii a. 807, *Hist. de Languedoc*[3], II pr. no. 18 col. 71. De prato aripennos 5, de pastura bunuaria 3. Irminonis polypt., br. 1 c. 40. Ibi saepe. De pastura et silva minuta bunaria 23. Polypt. Sith., GYSSELING-KOCH, *Dipl. Belg.,* no. 34, p. 58. Campis, pratis, pasturis, silvis. *D. Ugo,* no. 19 p. 53 (a. 929).
**pasturagium,** patur-: **1.** *redevance de pacage — pasturage due.* S. xiii. **2.** *pacage — pasturage. Gall. chr.*[2], III col. 33 (a. 1133, Cambrésis).
**pasturale,** v. pastoralis.
**pasturare, 1.** transit.: *faire paître — to graze.* S. xiii. **2.** intrans.: *user d'un droit de pâture — to have a pasture easement.* S. xiii.
**pasturicium,** v. pastoricium.
**pastus** (decl. iv, quandoque decl. i): **1.** *droit de pacage — right of pasture.* Curtile . . . cum pastu plenissimo juxta modulum curtilis ipsius. BLOK, *Oork. Werden,* p. 181 no. 23 (a. 801). [In silva] lignorum materiarumque caesuram pastumque vel saginam animalium habere. F. Sangall. misc., no. 9, *Form.,* p. 383. Communia in lignis cedendis. et sagina porcorum et pastu pecorum. Coll. Sangall., no. 10, p. 403. Pastum de L. homines de M. peccoribus suis . . . habebunt. BERTRAND, *Cart. d'Angers,* I no. 221 p. 262 (a. 1080-1082). **2.** *droit de glandage pour les porcs — pannage, right to feed pigs on acorns.* In silva H. pastus porcorum 30. KOETZSCHKE, *Urb. Werden,* p. 13 (a. 855). BIRCH, *Cart. Sax.,* I no. 197 p. 280 (ca. a. 765?). **3.** *fourniture obligatoire de fourrage ou de paisson — compulsory fodder or pasture procurement.* Neque caballorum pastus aut paraverida vel carrarum angaria. MARCULF., lib. 2 no. 1, *Form.,* p. 72. Mansiones sibi parare aut pastum jumentis suis aut suorum diripere. Coll. Sangall., no. 2, p. 397. Nullus judex publicus nec ad pastos nec ad paratas intraret. *D. Merov.,* no. 74 (ca. a. 705). Non pro pasto exactandum, non pro mansionaticos requirendum. Coll. Flavin., no. 44, *Form.,* p. 481. [Iterantibus] pastum nullus contendere faciat, excepto pratum et messem. Capit. cogn. fac. (a. 802/803), c. 1, I p. 144. Juniores comitum . . . aliquas redibutiones vel collectiones, quidam per pastum, quidam etiam sine pastum, quasi deprecando exigere solent. Capit. Mantuan. II a. 813, c. 6, p. 197. De uno manso ad ecclesiam dato nullus census neque caballi pastus a senioribus de presbyteris requiratur. Capit. Tusiac. a. 865, c. 11, II p. 331. **4.** *fourniture obligatoire d'aliments — compulsory food procurement.* Pastos quod . . . singolis annis episcopis dabatur. *CD. Langob.,* no. 89, col. 168 A (a. 813, Verona). Census et diversos pastus presbyteri earum [ecclesiarum] reddere compelluntur. Concil. Franconof. a. 818/819, c. 5, *Conc.,* II p. 595. [Presbyter] annis singulis ad missa sancti dilectione nobis et pasto soniare debeat, unacum homines tantos una die et nocte pascere faciat. *Form.,* p. 598 c. 108. Pastum unum quod annue ministris . . . solvebatur. *D. Berengario I,* no. 7 (a. 890). Pastus imperatoris ab episcopis et comitibus secundum antiquam consuetudinem solvatur. Lamberti capit. Ravenn. a. 898, c. 8, II p. 110. Censum . . . de pastu ovino et procuratione falchonum. *D. Ottos I.,* no. 209 (a. 960). **5.** *banquet, repas de fête ou de commémoration — feast, festive or commemorative repast.* [Comites] in venationem non vadant illo die quando placitum debent custodire, nec ad pastum. Dupl. leg. edict. a. 789, c. 17, *Capit.,* I p. 63. [Presbyteri] non pastis vel potationibus vacent. Riculfi Suess. const. (a. 889), c. 20, MANSI, t. 18[a] col. 89 B. Argenti sol. 10 ad pisces emendos ad pastum unum fratribus ibidem exibendum. BEYER, *UB. Mittelrh.,* I no. 110 p. 115 (a. 868, Prüm). Per singulos annos ad annuale meum in meam commemorationem pastum optimum persolvant canonicis. DONIOL, *Cart. de Brioude,* no. 142 p. 158 (a. 888-909). Ad pastum duas naupredas et quinquaginta darsos. BERTRAND, I no. 124 p. 152 (a. 1039-1055). Quotannis duos pastus

. . . pro anima S. canonicis s. Marie facerent. DUVIVIER, *Actes*, I p. 309 (a. 1089, Cambrai). 6. *repas — meal*. Unusquisque [judex] 2 habeat de annona pastos per singulos dies ad suum servitium . . . et reliqua dispensa. Capit. de villis, c. 24. 7. une *mesure de liquides — a liquid measure*. De cervisa pastos 6 et siglas 10. Notit. s. Petri Gandav. (s. ix), ed. GYSSELING-KOCH, p. 283.

**patella,** padella, paella: 1. *poêle à saunage — salt-pan*. BRUCKNER, *Reg. Alsatiae*, no. 193 (a. 762). Dono de aeramento omnem portionem meam quod est in illa patella, hoc sunt libras centum. ZEUSS, *Trad. Wizenb.*, no. 206 p. 198 (a. 786). Tradidit . . . fornaces 20 et [i.e. cum] totidem patellis. Indic. Arnonis (a. 790), c. 1 § 3, HAUTHALER, *Salzb. UB.*, I p. 5. Nullo teloneo de illa eorum patella . . . dare nec solvere debeant. D. Loth. I imp. a. 843, *H. de Fr.*, VIII p. 380 (BM.² no. 1101). *D. Zwentibolds*, no. 6 (a. 896). *D. Charles le Simple*, no. 47 (a. 903). In Salina patellam 1 cum servis. Trad. Juvav., cod. Odalberti, no. 76 (a. 930), HAUTHALER, p. 137. JOH. METT., V. Joh. Gorz., c. 89, *SS.*, IV p. 362 l. 24. Tradidit . . . locum unius patelle . . . infra salinam. WIDEMANN, *Trad. S.-Emmeram*, no. 211ᵃ p. 191 (ca. a. 980). Invent. Maurimon. (s. x ex.), PERRIN, *Essai*, p. 146. Cum . . . cortilocis sive patellarum locis quae vulgariter pfansteti vocantur. *D. Heinrichs II.*, no. 157 (a. 1007). Chron. s. Michaelis, c. 3, *SS.*, IV p. 80 col. 2 l. 34. 2. *espèce de lampe — sort of lamp*. BERNARD. MORLAN., pt. 1 c. 3, ed. HERRGOTT, p. 142. Ibi pluries.

**patellaris,** -rius. Locus patellaris: site approprié à l'installation d'une poêle à saunage — plot suitable for establishing a salt-pan. Trad. Juvav., cod. Odalberti, no. 13 (a. 931), HAUTHALER, *Salzb. UB.*, I p. 80. *D. Heinrichs II.*, no. 123 (a. 1006).

**patena:** 1. **patène — paten*. GREGOR. M., lib. 8 epist. 5, *Epp.*, II p. 8. Sacram. Gregor., MIGNE, t. 78 col. 158 D. Sacram. Gelas., lib. 1 c. 88, ed. WILSON, p. 134. Lex Baiwar., tit. 1 c. 3. V. Desiderii Cadurc., c. 17, *SRM.*, IV p. 576. ALCUIN., epist. 102, *Epp.*, IV p. 149 l. 22. 2. *corps de cuirasse — breast-plate*. GUILL. BRITO, Philipp., lib. 3 v. 497, ed. DELABORDE, p. 83. Iterum lib. 11 v. 126, p. 323.

**patens** (adj.). Litterae patentes: lettres patentes, document expédié ouvert (et non pas fermé au moyen du sceau) — letters patent. JOH. SARISBIR., epist. 71, ed. BROOKE, I p. 114. Ps.-BENED. PETROB., ed. STUBBS, I p. 182.

**pater:** 1. **abbé — abbot*. Sub Deodati patris regula. GREGOR. M., Dial., lib. 2 c. 1. Imperante domno C. sancti agminis Gemmeticensium patre. V. Filiberti, c. 1, ed. POUPARDIN, p. 3. Monasterium . . . ubi a nobis pater ibidem preesse videtur H. sacerdos. DE MONSABERT, *Ch. de Nouaillé*, no. 8 p. 12 (a. 799). Multorum ibi monachorum . . . pater effectus. PAUL. DIAC., Hist. Langob., lib. 6 c. 40. Pastores ecclesiae patresque monasteriorum. Capit. de caus. tract. a. 811, c. 2, I p. 162. Ejusdem monasterii pater defuncto me possit existere. WIDEMANN, *Trad. S.-Emmeram*, no. 17 p. 20 (a. 820/821). Pater iste noviter constitutus. CANDID., V. Eigilis, c. 9, *SS.*, XV p. 225. Post obitum hujus abbatis de ipsa congragatione pater eligatur. *CD. Langob.*, no. 153 col. 264 C (a. 843, Milano). Sextus in hac congregatione A. extitit pater. Constr. Farf. (post a. 857), c. 12, ap. BALZANI, *Il Chron. Farf.*, I p. 18. Chrysma si a matre, patre monasterii fuerit postulatum. Coll. s. Dionys., no. 3, *Form.*, p. 499. In Augea monasterio multorum pater extiterat monachorum. REGINO, Chron., ad a. 891, ed. KURZE, p. 138. Coenobium cui modo nominatus pater praeest. WARTMANN, *UB. S.-Gallen*, III no. 817 p. 32 (a. 981). 2. *moine âgé et vénérable — an old and venerable monk*. Miraculum patres ipsius loci vidissent. V. Sabe, ed. ERMINI, p. 126. Hartmannum . . . privilegio electionis patres acceperant abbatem. EKKEHARD., Cas. s. Galli, c. 3, *SS.*, II p. 102 l. 5. Si quis ex patribus voluerit sanguinem minuere. Sigiberti Cluniac. cons., c. 1, ALBERS, II p. 67. 3. **Père de l'Eglise — Father of the Church*. Hormisd. pap. epist. 124 § 4 (a. 520), THIEL, II p. 929. GREGOR. M., lib. 9 epist. 147, *Epp.*, II p. 146. Lib. pontif., Agatho, § 9, ed. MOMMSEN, p. 195. 4. *saint patron — patron-saint*. Iram sanctorum . . . patrum nostrorum Martini et Willibrordi . . . incurrat. WAMPACH, *Echternach*, I pt. 2 no. 192 p. 311 (a. 1063). 5. pater civitatis: i.q. curator civitatis. Patrem civitatis denominare cui civilium pecuniarum administratio committenda sit. Lex Rom. canon. compta, c. 138, ed. MOR, p. 102. *D. Ottos I.*, no. 340 (a. 967). *D. Heinrichs III.*, no. 192 (a. 1047). 6. **parrain — godfather*. Meus est pater ex lavacro. *Epp.*, III p. 116 l. 34 (a. 551/552). In catecumino de baptismate et confirmatione unus potest esse pater, si necesse est. Theodori Cantuar. poenitent., c. 4 § 8, SCHMITZ, *Bussbücher*, I p. 541. Qui pater in lavacro regis fuerat sacrosancto. DONIZO, V. Mathildis, lib. 2 c. 1 v. 84, ed. SIMEONI, p. 58. 7. pater spiritualis: *prêtre qui a administré le baptême — priest who has christened a person. DONAT. METT., V. Trudonis, c. 14, *SRM.*, VI p. 286. HUCBALD., V. Rictrudis, c. 10, *AASS.*³, Maji III p. 82 B. Ann. Romani, ap. DUCHESNE, *Liber pontificalis*, II p. 336. 8. pater spiritualis: *confesseur — confessor*. *D. Ludwigs d. Kind.*, no. 66 (a. 909). PETR. DAM., lib. 4 epist. 7, MIGNE, t. 144 col. 306 D. LEO OST., Hist. Casin., lib. 2 c. 30, *SS.*, VII p. 647. Pater confessionum: idem. V. Bertini, *AASS.*, Sept. II p. 588 col. 1. 9. plural. patres: *les cardinaux — the cardinals*. Lib. pontif., Paschal. II, ed. DUCHESNE, II p. 302 sq.

**paternalis:** **paternel — paternal*.

**paternicus** (adj.): *paternel — paternal*. Haereditas paternica. Lex Alam., tit. 35 § 1. Ibi pluries. Subst. neutr. **paternicum:** *héritage paternel — inheritance from the father*. Quidquid ibidem visus sum habere, tam de paternico quam de maternico. WARTMANN, *UB. S.-Gallen*, I no. 12 (a. 745). Similia BRUCKNER, *Reg. Alsatiae*, no. 187 (a. 760), et ZEUSS, *Trad. Wizenb.*, no. 98 p. 102 (a. 783). Res meas, quas ex paternico mihi de alode legitima contingit. WARTMANN, no. 52 (a. 769).

**paternitas:** 1. *dignité d'abbé — abbotship*. Abbas . . . ab eadem paternitate removeatur et alius . . . substituatur. Synod. ap. Saponar. a. 859, c. 11, *Capit.*, II p. 449. Viro religiosissimo paternitatis beatitudine sublimato. NORBERT. IBURG., V. Bennonis, c. 22, *SS.*, XXX p. 887 l. 41. 2. paternitas vestra: *appellation honorifique — title of honour.



**paternum** (subst. neutr.): *héritage paternel — inheritance from the father*. Ex successione parentum nostrorum, hoc est paterno vel materno. ZEUSS, *Trad. Wizenb.*, no. 46 p. 48 (a. 695). Omnibus quam [i.e. tam] de comparato quam etiam de paterno. BRUNETTI, *CD. Tosc.*, I p. 323 (a. 800).

**pati:** 1. **éprouver moralement, ressentir — to experience mentally, feel*. 2. absol.: *(du Christ et des martyrs) *subir le martyre* — (of Christ and martyrs) *to suffer martyrdom*.

**patibulum:** 1. *la Croix — the Cross*. ADAMNAN., Loca sancta, lib. 3 c. 3, *CSEL.*, t. 39 p. 287. Vers. de Verona, str. 9, *Poet. lat.*, I p. 120. 2. *bâton surmonté d'une croix — cross-shaped staff*. Deferentes patibula cum turabulis. ARBEO, V. Haimhrammi, rec. A, c. 34, ed. KRUSCH (in-8°), p. 77. 3. **potence — gallows*. In patibulo eum suspendi jussit. Contin. ad FREDEG., c. 51, *SRM.*, II p. 191. Judices atque vicarii patibulos habeant. Capit. Aquisgr. (a. 802/803), c. 11, I p. 171. Concil. Moguntin. a. 847, c. 27, *Capit.*, II p. 182. WIPO, G. Chuonradi, c. 18, ed. BRESSLAU, p. 38. COSMAS, lib. 2 c. 2, ed. BRETHOLZ, p. 83. 4. *prison, geôle — dungeon*. Tradendus erit communie judicibus et ab ipsis in patibulo et in cathena mittendus. *Ordonn.*, VII p. 603 § 3 (a. 1208, Poix). 5. *supplice — torture*. Patibulum ignis. Manuale Ambros., ed. MAGISTRETTI, II p. 331.

**patiens** (subst.): **un malade — a sick person*.

**patinus:** 1. *sabot — wooden shoe*. PIRENNE, *Villes*, II p. 191, c. 7 (ca. a. 1080, S.-Omer). SALIMBENE, ed. HOLDER-EGGER, p. 358. 2. *chausson — slipper*. BERNARD. MORLAN., pt. 1 c. 27, HERRGOTT, p. 205.

**patium,** v. patuum.

**patoëntia,** v. patuentia.

**patrare:** *confectionner, construire — to make, build*. Tria sepulcra . . . ex optimo lapide patrata. Inv. Wlframni, c. 2, MABILLON, *Acta*, III pt. 1 p. 367.

**patraster,** paraster (cf. voc. filiaster): **beau-père, second mari de la mère — step-father*.

**patria:** 1. (jam ap. VERGIL., Aen., 1, 539) **pays* (sens vague) — *land, country* (indefinite sense). Diversos reges interfecit, noxias gentes elisit, patrias subjugavit. GREGOR. TURON., H. Fr., lib. 5 prol. Tam in tuo regno [sc. Francorum] quam et in longinquis patriis. *Epp.*, III p. 460 (ca. a. 645). Nec monachi . . . per patrias vacare [i.e. vagari] aut discurrere praesumant. Concil. Latun. (a. 673-675), c. 7, *Conc.*, I p. 218. Ab episcopis ambulantibus per patrias. Decr. Vermer. (a. 758-768), c. 14, *Capit.*, I p. 41. Ut homicidia infra patriam . . . non fiant. Admon. gener. a. 789, c. 67, *Capit.*, I p. 59. 2. *une région déterminée, province, territoire — a definite area, province, territory*. Priusquam in patria Gotorum ingrederemur. Chlodow. epist. (a. 507-511), *Capit.*, I p. 1. Diversas patrias victas atque provincias vastas edomitas. ANON. CORDOB., *Auct. ant.*, XI p. 344 l. 11. De illa patria quae Angulus dicitur [venerunt Angli]. BEDA, Hist. eccl., lib. 1 c. 15. Si de alia provincia advenerit, secundum legem ipsius patriae vivat. Pippini capit. Aquit. a. 768, c. 10, I p. 43. Rex . . . introivit . . . in ipsam patriam [sc. Baioariorum]. Ann. Lauresham., a. 787, *SS.*, I p. 33. In Beneventana diem obisse patria. ALCUIN., epist. 211, *Epp.*, IV p. 351. De Bulgaria: Lib. pontif., Hadr. II, § 49 sq., ed. DUCHESNE, II p. 183. Nobiles illius patriae [sc. Saxoniae]. Ann. Xant., a. 841, ed. SIMSON, p. 12. Quousque novum fructum ipsa patria habere poterit. Const. de exped. Benev. a. 866, c. 6, *Capit.*, II p. 96. In quibuscumque patriis ac provintiis regni nostri . . . esset. Karoli III praec. pro Venet. a. 883, ib. II p. 142. Mercatores . . . undecunque venerint, de ista patria vel de aliis patriis. Thelon. Raffelst. (a. 903-906), c. 9, ib., p. 252. In quibuscumque patriis ac provinciis regni nostri. *D. Rodolfo*, no. 12 (a. 925). 3. *pagus ou comté — "pagus" or county*. Qualiscumque causa infra patriam cum propriis vicinantibus [a comite] pacificata fuerit. Capit. Saxon. a. 797, c. 4, I p. 71. [Reus] si intra patriam non fuerit. Capit. de villis, c. 5. Ut nullus ad mallum vel ad placitum infra patria arma . . . portet. Capit. cogn. fac. (a. 803-813), c. 1, I p. 156. Capitula quae pro justitiis infra patriam faciendis constituta sunt. Capit. de justit. fac. (a. 811-813), inscr., p. 176. Si quis in aliena patria . . . fuerit interpellatus. Capit. legi add. a. 816, c. 2, p. 268. Placitum intra patriam observare non licuit. Resp. miss. data a. 826, c. 4, p. 314. [Invasores] infra patriam emendare cogantur. Capit. Wormat. a. 829, c. 4, II p. 19. Causae que infra patriam . . . definite esse nequiverint. F. imper., no. 31, *Form.*, p. 310. In omni loco vel patria et ante omnem potestatem vel missos requirentes . . . chausare faciatis. D'ABADAL, *Catalunya*, III p. 284 (ch. a. 833, Gerri). Manso meo in patria Ruthenica [Rouergue], in vicaria Dunense, in loco . . . DESJARDINS, *Cart. de Conques*, no. 212 p. 180 (a. 852). Sunt res sitae in patria Arvernica, in aice Ambronensi . . . DONIOL, *Cart. de Brioude*, no. 110 p. 127 (a. 863-866). Ibi saepe. 4. *diocèse — diocese*. Quam longe Verona ab Arelatensi absit patria. RATHER., epist. 7, ed. WEIGLE, p. 39. V. Notgeri (ca. a. 1000), c. 2, ap. G. KURTH, *Notger de Liège*, II p. 11. 5. *principauté — principality*. Eum tanquam defensorem ac rectorem totius patriae [Andegavensis] honorifice receperunt. MARCHEGAY, *Arch. d'Anjou*, I p. 356 (ca. a. 1030). Comes et advocatus patriae Brachbantensis. DC.-F., I p. 110 col. 2 (ch. a. 1086). Emendationem faciant domino patrie secundum consuetudinem patrie illius. SDRALEK, *Wolff. Fragm.*, p. 141 (a. 1092, Soissons). DE MARNEFFE, *Cart. d'Afflighem*, p. 1 et 4 (s. xi ex.). Ego tanquam patriae dominus [sc. dux Brabantiae]. MIRAEUS, III p. 26 col. 1 (a. 1107). Cf. H. KOHT, *A specific sense of the word patria in Norse and Norman Latin*, *ALMA.*, t. 2 (1925) pp. 93-96. F. ARNALDI, *Ancora sul significato di patria*, ib., t. 3 (1927), pp. 30 sq. C. JOHNSON, *Patria*, ib., p. 87.

**patriarcha** (gr.): **patriarche, évêque prominent — patriarch, leading bishop*. En Occident — in the West, Lyon: GREGOR. TURON., H. Fr., lib. 5 c. 20; Concil. Matiscon. a. 585, *Conc.*, I p. 164 l. 17. Bourges: DESID. CADURC., lib. 1 epist. 12, inscr., *Epp.*, III p. 200. Besançon: V. patr. Jur., lib. 1 c. 5, *SRM.*, III p. 134.

Aquileia: RATHER., epist. 33, ed. WEIGLE, p. 187; MURATORI, *Ant. Est.*, p. 552 (a. 971); KANDLER, *CD. Istr.*, p. 111 (a. 976). Trier: ALCUIN., epist. 191, *Epp.*, IV p. 318. Canterbury: Transl. Augustini, MABILLON, *Acta*, VI pt. 2 p. 749. En parlant du pape — for the pope: RATHER., epist. 7, inscr., p. 33. WALDO, V. Anskarii, *AASS.*, Febr. I p. 428 E.

**patriarchalis**: *de patriarche — of a patriarch*.

**patriarchatus** (decl. iv): **1.** *dignité de patriarche — dignity of a patriarch*. Annum agente patriarchatus sui tertium. ANAST. BIBL., Chron., ed. DE BOOR, p. 229. **2.** *patriarcat, siège patriarcal — patriarchate, patriarchal see*. Cum vestro patriarchatu [pactum inivimus]. Pactum Bereng. I cum Venet. a. 888, *Capit.*, II p. 143. Proprietatem de patriarcatu vestri Gradensi. ROMANIN, *Venezia²*, I p. 367 (a. 933).

**patriarchia**: *dignité de patriarche — dignity of a patriarch*. JOH. AMALF., ed. HUBER, p. 80.

**patriarchium** (gr.): **1.** *le palais pontifical du Latran — the papal palace of the Lateran*. Ordo Rom. I (s. vii ex.), c. 18, ed. ANDRIEU, II p. 72. Lib. pontif., Serg., ed. MOMMSEN, p. 210. Ib., Gregor. III, § 17, ed. DUCHESNE, I p. 421. Ib., Zachar., § 18, p. 432. Concil. Roman. a. 745, *Conc.*, II p. 37. Concil. Roman. a. 769, ib., p. 84. Concil. Roman. a. 798, p. 204. **2.** *l'Etat Pontifical — the Pontifical States*. Cunctis religiosis christianis Deo servientibus regno Italico et patriarchio Romano. V. Anselmi Nonant., *Scr. rer. Langob.*, p. 567 l. 44.

**patriare**: *rentrer — to go home*. Placet his patriando reverti. Ruodlieb, fragm. 5 v. 221. Rursum v. 411.

**patricia**: *épouse d'un patrice — wife of a patricius*. Lib. pontif., Silver., § 8, ed. MOMMSEN, p. 147.

**patriciatus** (decl. iv): **1.** *dignité de patrice — dignity of a "patricius"*. En parlant du patrice de Rome — with reference to the patricius of Rome: A Romanis ... patriciati honorem gloriose susceptus est. FREDEG., lib. 2 c. 57, *SRM.*, II p. 79. Anno tertio patriciatus Caroli. AMIANI, *Mem. di Fano*, p. 4 (a. 787). Pro honore vestri patriciati. Hadr. I pap. epist. (a. 788/789), Cod. Carolin., no. 85, *Epp.*, III p. 622. Imperante ... Ludovico ... imperatore anno quarto et patriciatus ejus tertio. Paschal. I pap. priv. a. 817, MABILLON, *Acta*, VI p. 567. En parlant des patrices de Provence et de Bourgogne — with reference to the "patricii" of Provence and Burgundy: V. abb. Acaun., c. 3, *SRM.*, VII p. 331. GREGOR. TURON., H. Fr., lib. 2 c. 9; lib. 4 c. 24 et 42. Pass. Praejecti, c. 23, *SRM.*, V p. 239. Pass. I Leudegarii, c. 9, ib., p. 291. Tibi actionem comitiae, ducatus aut patriciatus in pago illo ... commisemus. MARCULF., lib. 1 no. 8, *Form.*, p. 47. **2.** *circonscription où s'exerce l'autorité d'un patrice — territory ruled by a patricius*. De patriciatus sui termenum. FREDEG., lib. 4 c. 90, *SRM.*, II p. 166.

**patricidium**: *meurtre du père — murder of one's father*. Qui patricidia vel fratricidia fecerit. Capit. missor. genera. a. 802, c. 37, I p. 98. Item Capit. Aquisgr. (a. 802/803), c. 1, p. 170.

**patricius**: **1.** *titre d'honneur accordé à certains hauts dignitaires de la cour impériale — honorary title conferred on high officials of the imperial court*. **2.** titre d'honneur pour l'exarche byzantin de Ravenne — honorary title for the Byzantine exarch of Ravenna. Romanus patricius. ISID. HISPAL., Chron., c. 115, MIGNE, t. 83 col. 1054. Patricius Romanorum. FREDEG., lib. 4 c. 69, *SRM.*, II p. 155. Item PAUL. DIAC., Hist. Langob., lib. 4 c. 38. **3.** titre d'honneur employé dans un sens vague — honorary title vaguely used. Pour le "dux Romae" — for the "dux Romae": Lib. pontif., Zachar., § 4, ed. DUCHESNE, I p. 426. Pour le maire du palais Charles Martel — for the majordome Charles Martel: Gregor. II pap. epist., BONIF., epist. 24, *Epp.*, III p. 274. Cf. G. MAGLIARI, *Del patriciato romano dal sec. IV al sec. VIII*, ap. *Studi e docum. di stor. del dir.*, t. 18 (1897). **4.** patricius Romanorum: dignité impliquant une autorité protectrice sur Rome, conférée par les papes aux rois Pépin le Bref et Charlemagne — dignity connected with a protective power over the city of Rome, as conferred by the popes on the kings Pippin III and Charlemagne. Per manus ... Stephani ... [Pippinus] in regem et patricium unacum ... filiis ... unctus et benedictus est. Claus. de unct. Pipp., *SRM.*, I p. 465. Stephanus ... Pippinum regem Francorum ac patricium Romanorum ... perunxit. Chron. Moissiac., SS., I p. 293. Lib. pontif., Steph. IV, § 16, ed. DUCHESNE, I p. 473 et saepe. Illum [sc. Karolum] ... Stephanus papa unctione sacra liniens in regem ac patricium Romanorum ordinarat. Ann. Mett., a. 773, ed. SIMSON, p. 59. Cod. Carolin., epist. 6, *Epp.*, III p. 488. Ibi saepe. Au Xᵐᵉ siècle, le titre de patricius des Romains est porté par certains membres de la noblesse romaine. — In the tenth cent. some prominent Roman aristocrats bear the title of "patricius Romanorum". En 1046, le roi des Germains Henri III reçoit la dignité de patrice des Romains en même temps que celle d'empereur des Romains. On y attache avant tout le droit de nommer le pape. — In the year 1046 the German king Henry III becomes "patricius Romanorum" as well as emperor of the Romans. This means chiefly that he is entitled to appoint the pope. Cf. L. VON HEINEMANN, *Der Patriziat der deutschen Könige*, Halle 1888. E. FISCHER, *Der Patriziat Heinrichs III. und Heinrichs IV.*, Diss. Berlin 1908. **5.** *gouverneur de province du plus haut rang, dans certains royaumes barbares — governor of a province in an exalted position, in some barbarian monarchies*. Dans le royaume burgond — in the Burgundian kingdom: ARATOR, Carm. de act. apost. (a. 544), MIGNE, t. 68 col. 247. V. Caesarii, lib. 1 c. 49, *SRM.*, III p. 476. GREGOR. TURON., Glor. mart., lib. 1 c. 76, *SRM.*, I p. 539. Mir. Joh. Reomaens., c. 2, MABILLON, *Acta*, I p. 637. Dans le royaume franc — in the Frankish kingdom: Ad mallo ... ante duci patricio vel rege. Lex Ribuar., tit. 50 § 1 D. Merov., no. 19 (a. 653); no. 48 (a. 677). MARCULF., lib. 1 no. 25, *Form.*, p. 59; no. 35 p. 65. En particulier pour les gouverneurs de Bourgogne et pour ceux de Provence. — Especially for the governors of Burgundy and Provence. GREGOR. TURON., H. Fr., lib. 4 c. 24; lib. 9 c. 21 et pluries. DESID. CADURC., lib. 2 epist. 2, *Epp.*, III p. 204. FREDEG., lib. 4 c. 5, *SRM.*, II p. 125; c. 24, p. 130. Pass. I Leude.

**patriensis** (subst.). Plural. patrienses: *les indigènes, les habitants du pays — the countryfolk*. Wasconia et Francis et patriensibus fieret sub permeandi communitate. V. Eusebiae Hamatic., c. 3, *AASS.*, Mart. II p. 452 E. Finitimos mari patrienses. Encom. Emmae, lib. 1 c. 4 ed. CAMPBELL, p. 12. Ibi pluries. Quomodo sit factum ... patriensium memoria quotidie recolitur et cantatur. HARIULF., Chron., lib. 3 c. 20, ed. LOT, p. 141.

**patrimonialis** (subst.). Plural. patrimoniales: *les habitants du Patrimoine de Saint Pierre — the inhabitants of the Patrimony of Saint Peter*. Seditio super eum [sc. rectorem in patrimonio Siciliae] orta a civibus et patrimoniales. Lib. pontif., Conon, ed. MOMMSEN, p. 208.

**patrimoniolum**: *un domaine de l'église romaine d'une étendue médiocre — a minor estate of the Roman church*. Bonif. IV pap. epist. a. 613, *Epp.*, III p. 455 l. 26.

**patrimonium**: **1.** *un domaine de l'église romaine — an estate of the Roman church*. GREGOR. M., lib. 6 epist. 6, *Epp.*, I p. 385; epist. 10, p. 388. Lib. pontif., Joh. V, ed. MOMMSEN, p. 205. Steph. II pap. epist. (a. 757), Cod. Carolin., no. 11, *Epp.*, III p. 506 l. 27. Hadr. I pap. epist. (a. 778), ib., p. 587. Lud. Pii pactum cum Paschal. a. 817, *Capit.*, I p. 353. ANAST. BIBL., Chron., ed. DE BOOR, p. 266. **2.** *l'ensemble des domaines de l'église romaine — the aggregate estates of the Roman church*. Nemo laicorum ecclesiasticum patrimonium procurabat. JOH. DIAC., V. Gregor. M., MIGNE, t. 75 col. 93 A. Omne patrimonium b. Petri ... per Teutonicos ... occupatum fuerat. Boso, V. paparum, Alex. III, ap. DUCHESNE, *Lib. pontif.*, II p. 403. **3.** *un domaine de n'importe quelle église — an estate of any church*. Episc. rel. (post a. 821), c. 5, *Capit.*, I p. 369. Synod. Ravenn. a. 898, c. 8, ib., II p. 125. **4.** un *domaine* quelconque — any *estate*, manor. Ex pago Medantissae [Mélantois] et patrimonio Jelia oriundus. Mir. Wlframni (s. xi), c. 9, MABILLON, *Acta*, III pt. 1 p. 371.

**patrinus**: **1.** *parrain — godfather*. Sacram. Gregor., MIGNE, t. 78 col. 90 C. Ordo Rom. XI (s. vii), c. 12, ANDRIEU, II p. 420. FREDEG., lib. 2 c. 58, *SRM.*, II p. 82. WALAHFR., Exord., c. 27, *Capit.*, II p. 512 l. 12. REGINO, Syn. caus., lib. 2 c. 5 § 74, ed. WASSERSCHLEBEN p. 215. **2.** plural. patrini: *parents spirituels — godparents*. Communicant omnes, vel parentes atque patrini. Ordo Rom. XV (s. viii), c. 118. ANDRIEU, III p. 120. Quicquid ex donationibus patrinorum seu amicorum habuit. Wirttemb. *UB.*, I no. 244 p. 301 (ca. a. 1094, Weingarten). **3.** i.q. patronus. Test. Bertichramni a. 615, ap. BUSSON-LEDRU, *Actus pontif. Cenom.*, p. 119.

**patriota** (mascul.): **1.** *compatriote — fellow countryman*. GREGOR. M., lib. 10 epist. 16, *Epp.*, II p. 252. V. Deicoli, c. 7, *AASS.*, Jan. II p. 202. **2.** *habitant — inhabitant*. ROBERT. WALCIOD., V. Forananni, § 11, *AASS.*, Apr. III p. 817 F.

**patrioticus** (adj.): *de la patrie, du pays — of the country, indigenous*. Responsio patriotica [i.e. vernacula]. CASSIOD., Var., lib. 11 no. 1 § 7, *Auct. ant.*, XII p. 328. Patrioticae possessiones. ib., lib. 12 no. 5 § 6, p. 364. Juxta patrioticam consuetudinem. Concil. Aurelian. a. 549, *Conc.*, I p. 102 l. 21. Peregrinis ... [potius] quam patrioticis amiciuntur ornatibus. RATHER., Praeloq., MARTÈNE, *Coll.*, IX col. 921 A. Subst. mascul. **patrioticus**: *compatriote — fellow countryman*. FORTUN., V. Maurilii, c. 9 § 36, *Auct. ant.*, IV pt. 2 p. 88.

**patrixare**, patrizare = patrissare.

**patrocinatus** (decl. iv): *droit de patronage sur une église — advowson*. S. xii p. post., Normand.

**patrocinialis**: *qui concerne l'acte de se placer sous une autorité protectrice — relating to the action of submitting to protective power*. Ego vobis carta[m] patrociniale[m] de statum meum ... in vos conscribere rogavi. F. Arvern., no. 5, *Form.*, p. 31.

**patrocinium**: **1.** *l'autorité protectrice que le seigneur exerce à l'égard de l'affranchi — protective power of a master over a manumitted slave*. Si quis eo, quem in patrocinio habuerit, arma dederit vel aliquid donaverit. Lex Visigot., lib. 5 tit. 3 c. 1. [Liberti religiosi] non erunt ad hominum patrocinium reducendi. Ib., tit. 7 c. 18. Ibi pluries. Concil. Tolet. IV a. 633, c. 68, MANSI, t. 10 col. 635 E. Lex Burgund. constit. extrav., c. 21 § 3. **2.** *l'autorité protectrice sous laquelle un affranchi a été placé ou sous laquelle s'est placé un libre — protective power to which a manumitted slave has been submitted or to which a freeman has submitted himself*. Se patrocinio Lupi ducis ... commendavit. GREGOR. TURON., H. Fr., lib. 4 c. 46. Ad casam s. Praejecti ubi eorum [sc. libertorum nostrorum] patrocinia et defensionem constituimus. Test. I Wideradi a. 721, PARDESSUS, II no. 514 p. 325. Qui per cartam ingenuitatis dimissi sunt liberi, ubi nullum patrocinium et defensionem non elegerint. Capit. ad leg. Baiwar. add. (a. 803), c. 6, I p. 158. **3.** *l'action de représenter en justice celui sur lequel on exerce une autorité protectrice — sponsoring at law a patronized dependent*. In causa taceat ac prestare causando patrocinium non presumat. Lex Visigot., lib. 2 tit. 2 c. 2. Lex Burgund., tit. 17, inscr. **4.** *relique — relic*. GREGOR. M., Dial., lib. 2 c. 38. ELIG., Praedic., c. 7, *SRM.*, IV p. 753. SCHIAPARELLI, *CD. Longob.*, I no. 4 p. 11 (ca. a. 650, Siena). F. Andecav., no. 50ᵇ, *Form.*, p. 22. ARBEO, V. Haimhrammi, c. 13,

ed. KRUSCH (in-8$^{e}$), p. 45. BITTERAUF, *Trad. Freising*, I no. 63 p. 90 (a. 773). Ordo off. in domo s. Bened. (s. viii), ALBERS, III p. 22. Capita judic. Dei, no. 20, *Form.*, p. 703. Ann. Vedast., a. 892, ed. SIMSON, p. 71. **5.** *miracle — miracle.* Ob crebra ejus patrocinia. DINAM., V. Maximi Reg., c. 15, MIGNE, t. 80 col. 39 D. B. Agrippini patrocinia atque sanitates referre. Mir. Agrippini, CAPASSO, *Mon. Neapol.*, I p. 322.

**patronatus** (decl. iv): **1.** *l'autorité protectrice* que le seigneur exerce à l'égard de l'affranchi — *protective power* of a master over a manumitted slave. Dent mundio per capud tremisse unum . . . et vadant soluti ab omni jus [i.e. jure] patronati. SCHIAPARELLI, *CD. Longob.*, I no. 83 p. 247 (a. 745). [Liberti] nihil debeant servicio, nec letimonium nec honus patronati nec nulla obedientia ipsius [i.e. ab ipsis] non requiratur. F. Arvern., no. 3, *Form.*, p. 30. [Libertus] nullum impendeat servitium nec litemonium vel patronatus obsequium. Cart. Senon., no. 6, p. 188. Etiam no. 43, p. 204. **2.** *droit de patronage* sur une église — *advowson.* VERCAUTEREN, *Actes de Flandre*, no. 86 (a. 1118). Priv. Honor. II pap. a. 1128, WAMPACH, *UB. Luxemb.*, I no. 372 p. 537. Chron. Montis Sereni, ad a. 1171, *SS.*, XXIII p. 154 l. 37. KEUTGEN, *Urk. st. Vfg.*, no. 153 (a. 1188, Lübeck). Cons. Norm. veterr., pt. 1 (s. xii ex.), c. 23 § 2, ed. TARDIF, p. 23. Cf. H. SCHINDLER, *Zur geschichtl. Entw. des Laienpatronats und des geistl. Patronats nach germ. u. kanon. Rechte, Arch. f. kath. Kirchenr.*, t. 85 (1905). P. THOMAS, *Le droit de propriété des laïques et le patronage laïque au Moyen Age*, 1906 (Bibl. Ec. Htes Et., sc. relig., no. 19).

**patronus: 1.** *maître* par rapport aux non-libres — *master* of unfree dependents. Quidquid ab eis [sc. servis, aldionibus, libellariis] juste agendum est, a patrono vel domino suo ordinandum est. Capit. Mantuan. II a. 813, c. 5, I p. 196. **2.** *seigneur* par rapport aux vassaux — *feudal lord.* De liberis hominibus, qui super alterius res resident . . ., ut . . . patroni eorum ad placitum eos adducant. Capit. Pap. a. 856, c. 4, II p. 91. Patronus sive, ut usitatius a multis dici ambitur, senior es? RATHER., Praeloq., lib. 1, MARTÈNE, *Coll.*, IX col. 805. Terram censualem nullus potest sine sui licentia patroni dare. HUGO FARF., Exc., ed. BALZANI, p. 63. Non eligatis alium seniorem neque patronum nisi nos. ROSELL, *Lib. feud. maj.*, no. 257 (a. 1038). **3.** *tuteur* d'une femme ou d'un mineur — *ward* of women or persons under age. Si patronus . . . sanctum propositum [virginis] corrumpere et velatam studuerit repetere. Concil. Tribur. a. 895, c. 24, *Capit.*, II p. 227 col. 1. [Matrona tradidit] curtem . . . adnitentibus sibi filio O. patronoque suo comite F. *D. Konrads II.*, no. 124 (a. 1028). Matrona dedit . . . per manum R. sui patroni unum servum. Trad. Tegerns., no. 10 (a. 1034-1041), ed. ACHT, p. 11. Ibi pluries. Marchio Balduinus meus [Philippi I regis] patronus. *D. Phil. I$^{er}$*, no. 27 (a. 1066). Trad. Ranshof., no. 2 (ca. a. 1085), *Mon. Boica*, III p. 237. **4.** *avoué ecclésiastique — ecclesiastical advocate.* Quisquis heredum ejus . . . castellum tenuisset, . . . ibidem habeatur ejusdem monasterii patronus et advocatus. *D. Ottos I.*, no. 47 (a. 942). Advocatus atque patronus s. Dei casae . . . constitutus. *D. Arnulfs*, no. 163 (< a. 898 >, spur. s. x ex., Passau). Dedit abbati in manus sui patroni H. 4 mansos. Trad. Tegerns., no. 4 (a. 1003-1013), p. 4. MIRAEUS, I p. 670 (a. 1099, Brabant). **5.** *répondant en justice — sponsor at law.* Si abbas vel monachus pro rebus sancti contra aliquem judicium habent facere, A. debet patronus esse. MUSSET, *Cart. d'Angély*, I no. 29 p. 56 (ca. a. 1109). **6.** *propriétaire d'une église privée — owner of a proprietary church.* Taliter inter eos cunplacuit patrunis de ipsa ecclesia W. et R. WARTMANN, *UB. S.-Gallen*, I no. 68 p. 66 (a. 772). *D. Heinrichs III.*, no. 131 (a. 1045). CAPASSO, *Reg. Neapol.*, II pt. 2 p. 95 no. 1 (a. 1053). *CD. Cajet.*, II p. 212 (a. 1061). **7.** *patron d'une église*, celui qui possède le droit de patronage — *advowee.* KEUTGEN, *Urk. st. Vfg.*, no. 153 (a. 1188, Lübeck). **8.** *abbé — abbot.* DE MONSABERT, *Ch. de Nouaillé*, no. 75 p. 126 (a. 991). **9.** *saint patron, saint spécialement révéré — patron saint.* Hereditatem . . . donavit s. Martino suo speciali patrono. MULLER-BOUMAN, *OB. Utrecht*, I no. 145 p. 140 (a. 996). **10.** *chef d'un corps de milice — leader of a body of militia.* Lib. pontif., Hadr. I, § 36, ed. DUCHESNE, I p. 497. Ib., Serg. II, § 9, II p. 88. **11.** *patron* d'un navire — *master* of a ship. S. xiv. **12.** i.q. patrinus: *parrain — godfather.* Quem a se baptizatum ipse . . . suscepit a fonte sacri baptismatis, ut ejusdem patronus fieret. V. Rigoberti, c. 8, *SRM.*, VII p. 66. **13.** *patron, étalon, modèle — pattern, standard, model.* S. xiv.

**patruelis:** i.q. patruus, *oncle paternel — father's brother.* THEGAN., c. 22, *SS.*, II p. 596 l. 7.

**patruus:** *oncle maternel — mother's brother.* Pass. Praejecti, c. 3, *SRM.*, V p. 227.

**patuentia**, pad-, -oentia (< patet): *prairie — pasture-ground.* De ipsis terris, de ipsis pratis et de ipsis patuentiis. *Gall. chr.*$^{2}$, VI instr. col. 177 (ch. a. 1054).

**patule**, patulo (adv.): *ouvertement, manifestement — openly, clearly.* Chron. Novalic., lib. 5 c. 30, ed. CIPOLLA, p. 270.

**patulis**, v. padulis.

**patulum** (< patuum): *cour* d'une maison — *inner court.* MABILLON, *Ann.*, V p. 70 (a. 1070, Blois). *Gall. chr.*$^{2}$, III instr. col. 21 (a. 1081, Cambrai).

**paturagium**, v. pasturagium.

**patuum**, patuus, patium (< frg. *pâtis*, cf. voc. pascuum): *pâturage — pasture.* Concedo ad patuum populo Nemausensi omnes garrigas. *Hist. de Lang.*$^{3}$, V no. 559 col. 1073 (a. 1144). [Insulam] contendebat fore publicum patium et pascuum hominum Sex Furni. GUÉRARD, *Cart. de Mars.*, II no. 1023 p. 482 (a. 1197).

**pauperinus** (subst.). Plural. pauperini: *les pauvres — the poor.* Capit. missor. gener. a. 802, c. 29, I p. 96. Karoli M. summula de bannis, c. 4, p. 224.

**paupertas: 1.** **pénurie, manque* d'une chose — *dearth, want* of a thing. Paupertas chartae finem imponit verbositati. GREGOR. TURON., H. Fr., lib. 5 c. 5. **2.** *le peu qu'on possède — what little one has.* Donamus in vos omnem paupertatem substantie me[e]. BRUNETTI, *CD. Tosc.*, I p. 614 (a. 770). Segetes paupertatis suae ab . . . animalibus defendere. V. Materniani (s. xi ?), § 11, *AASS.*, Apr. III p. 761 A.



**paupertatula**, -acula: **le peu qu'on possède — what little one has.*

**pausa: 1.** *repos, relâche — rest.* Inter pausas somni. V. Caesarii, lib. 2 c. 5, *SRM.*, III p. 485. Quocumque locorum aut pernoctavit aut pausam duxit. HERIC., Mir. Germani Autiss., lib. 1 c. 31, ed. DURU, p. 130. **2.** *tombeau — tomb.* Locum quo pausam membrorum s. Winnocus elegit. V. altera Winnoci (s. xi), c. 18, *AASS.*, Nov. III p. 273 E.

**pausare, 1.** intrans.: **cesser, s'arrêter — to cease, stop.* **2.** *faire étape — to stay overnight.* Milites pervenerunt L. et ibi pausaverunt. AUDELAUS, V. Fortunati Spolet., *AASS.*, Jun. I p. 75. **3.** *faire la méridienne — to have one's midday-rest.* Pausent in lecta sua. Benedicti regula, c. 48. Si necessitas fuerit . . . meridie pausandi tempus praetermittatur. Capit. monast. a. 817, c. 17, I p. 344. Post sextam eant in dormitorium ad pausandum. GUIDO, Disc. Farf., lib. 1 c. 113, ALBERS, I p. 110. **4.** *dormir — to sleep.* Benedicti regula, c. 8 et 22. ALDHELM., Virg., c. 26, *Auct. ant.*, XV p. 260. BEDA, Hist. eccl., lib. 4 c. 9. Rursum c. 23. V. Desiderii Cadurc., c. 50, *SRM.*, IV p. 598. ARDO, V. Bened. Anian., c. 38, *SS.*, XV p. 217. V. Tillonis (s. xi ?), § 22, *AASS.*$^{3}$, Jan. I p. 379. **5.** *être enseveli — to be buried.* BEDA, o.c., lib. 5 c. 17. V. Ansberti, c. 34, *SRM.*, V p. 639. DESPY, *Ch. de Waulsort*, no. 2 p. 324 (a. 946, Namur). **6.** **être mort — to be dead.* Quando recitantur nomina pausantium. Concil. Aurel. I a. 511, c. 5, ap. BURCHARD. WORMAT., lib. 5 c. 50, MANSI, t. 8 col. 365 B. **7.** *mourir — to die.* PAUL. DIAC., Homil. 59, MIGNE, t. 95 col. 1330 C. **8.** transit. (> frg. *poser*): *mettre, déposer — to set down.* Ibique eum [sc. caput] pausavit ubi nunc corpus permanet. Pass. Domnini (s. vi), *AASS.*, Oct. IV p. 992. Pausant arma sua juso. Lex Alamann., tit. 44 c. 2. **9.** refl. se pausare: *se reposer — to repose.* V. Caesarii, lib. 2 c. 33, *SRM.*, III p. 496.

**pausatio: 1.** **pause, arrêt, repos — pause, stop, rest.* **2.** *tombeau — grave.* Fiunt virtutes multae in loco pausationis eorumdem. Mir. Caesarii, *AASS.*, Nov. I p. 129 l. 42.

**pausatorium:** *tombeau — grave.* V. Deicoli, c. 11, *SS.*, XV p. 677. THEOD. TREVER., Inv. Celsi (ca. a. 1007), § 16, *AASS.*, Febr. III p. 398 F. THEOD. AMORBAC., Illat. Bened. (a. 1011-1019), c. 7, MABILLON, *Acta*, IV pt. 2 p. 355.

**pavagium:** *redevance de pavage — pavage-money.* S. xii.

**pavalio**, pavello = papilio.

**pavare:** *paver — to pave.* S. xiii.

**pavensis**, paves-, pavess-, pavex-, pavas-, -ius, -ium (< Pavia): *pavois*, sorte de bouclier — *buckler.* S. xiii.

**pavesarius**, pavex-, pavis-, -erius (< pavensis): *guerrier muni d'un pavois — soldier bearing a buckler.* S. xiv, Ital.

**pavilio**, pavillo = papilio.

**pavo**, pabo (genet. -onis), pavus: *civière en forme de brouette — wheelbarrow-shaped bier.* V. Agili, § 39, *AASS.*$^{3}$, Aug. VI p. 587 A. Acta Marcelli pap., c. 5 § 21, *AASS.*, Jan. II p. 9.

**pax: 1.** *le fait de s'abstenir de tout acte de violence — refraining from violent action.* Ut cum bona pace pergatis . . ., hoc est ut preter herbam et ligna et aquam nichil de ceteris rebus tangere presumatis. Karoli M. epist. ad Fulrad. (a. 806), *Capit.*, I p. 168 l. 30. De pace in exercitali itinere servanda usque ad marcham. Admon. ad ord. (a. 823-825), c. 16, p. 305. **2.** *le fait de terminer une guerre privée par un accommodement — settling a feud by compromise.* [Ne] parentes interfecti . . . pacem fieri petenti denegare [audeant], sed datam fidem [i.e. data fide] paratam compositionem recipere et pacem perpetuam reddere. Capit. missor. gener. a. 802, c. 32, p. 97. **3.** *le maintien de l'ordre public, la répression des actes de violence — enforcement of public order, checking violent action.* In universa regione nostra pacis et concordiae jura proficiant. Guntchr. edict. a. 585, *Capit.*, I p. 12. Ut pax et disciplina in regno nostro sit. Chlothar. II edict. a. 614, p. 22. De pace, ut omnes qui per aliqua scelera ei rebelles sunt constringantur. Capit. missor. Theodonisv. II a. 805, c. 1, p. 122. Qui a comite propter pacem conservandam . . . [a hoste] dimissi fuerunt. Capit. missor. a. 817, c. 27, p. 291. In ministeriis vestris [sc. comitum] pacem et justitiam faciatis. Admon. ad ord., c. 7, p. 304. Cf. R. BONNAUD DELAMARE, *L'idée de la paix à l'époque carolingienne*, Paris 1939. **4.** i.q. fredus: *amende due à l'autorité publique comme réparation d'une infraction de la paix publique — a fine due to the state officials for breach of the public peace.* Regio fisco solvere debuit regium bannum et pacem. *D. Ottos III.*, no. 43 (a. 988). Concessimus abbati . . . pacem et bannum qui regio fisco solvi debuit de interfectis hominibus. Ib., no. 124 (a. 993). **5.** *l'inviolabilité d'un lieu saint, le droit d'asyle — the unassailable character of a holy place, the right of asylum.* Si quis confugiam fecerit in ecclesiam . . . pacem habeat usque dum ad placitum presentetur. Capit. de part. Saxon. (a. 785), c. 2, I p. 68. Si quis ad ecclesiam confugium fecerit, in atrio ipsius ecclesiae pacem habeat. Capit. legib. add. a. 803, c. 3, p. 113. Rectores ecclesiarum pacem et vitam ac membra obtinere eis [sc. reis confugientibus ad ecclesiam] studeant. Concil. Mogunt. a. 813, c. 39, *Conc.*, II p. 271. **6.** *le statut protégé des "personae miserabiles" et des églises — the safeguarded position of "personae miserabiles" and churches.* Qui pacem ecclesiarum Dei, viduarum, orfanorum et pupillorum ac minus potentium inruperit. Capit. Ital. a. 801, c. 2, I p. 205. Ut ecclesiae, viduae, orfani et minus potentes justam et quietam pacem habeant. Capit. Saxon., c. 1, p. 71. Similia: Capit. ad leg. Baiwar. add. (a. 801-813), c. 1, p. 157. Ut ecclesiae, viduae, pupilli per bannum regis pacem habeant. Capit. Aquisgr. (a. 801-813), c. 2, p. 171. Pax ecclesiarum Dei sive illarum servientium in omnibus conservetur. Karoli M. epist. ad Pipp. (a. 806-810), p. 212. **7.** *le statut protégé de ceux qui ont été reçu dans la protection spéciale du roi — the safeguarded position of persons or institutions who have been granted the king's special protection.* De his quos vult domnus imperator . . . [ut] pacem [ac] defensionem habeant in regno suo. Capit. missor. gener. a. 802, c. 30, I p. 96. Omnis homo pacem habeat quam rex ei dabit. Leg. Henrici, tit. 52 § 3, LIEBERMANN, p. 574. **8.** *le statut protégé des marchés et des foires —*

*the safeguarded condition of markets and fairs.* Omnes homines in ejusdem loco mercati invicem negotiantes pacem et securitatem . . . nostri banni et defensionis teneant. *D. Heinrichs II.*, no. 79 (a. 1004). **9.** *sauf-conduit — safe-conduct.* Jubentur a rege episcopus et ipsi [inimici ejus] sub panno pacis ad aulam Magontiae venire. EKKEHARD., Cas. s. Galli, c. 1, *SS.*, II p. 83 l. 38. **10.** *amnestie, rémission de peines encourues — impunity, remittal of penalties incurred.* [Homicida] domini comitis pacem habere non potest, nisi . . . [Antea: misericordiam consequi non potest]. GISLEBERT. MONT., c. 67, ed. VANDERKINDERE, p. 106. **11.** *terme imposé aux parties litigeantes par un édit de la part de l'autorité publique — cessation of hostilities enforced by public power upon the parties to a feud.* Pax data manu regis vel suo brevi vel per suum legatum, si ab aliquo fuisset infracta, inde rex 100 sol. habebat. Domesday, I fo. 262 B. Ego A. Leodiensis ecclesie presul fratribus Walciodorensis ecclesie feci pacem de comite Lamberto de injustitia quam faciebat eis in villa A. DESPY, *Ch. de Waulsort*, no. 22 p. 352 (a. 1125). **12.** *confirmation de la possession légitime d'un bien-fonds par l'autorité judiciaire — ban pronounced by judicial power to the effect of legitimating tenure of real estate.* Aream emerunt, quam . . . banno quod vulgo dicitur pace potestati sue . . . subdiderunt. HOENIGER, *Koelner Schreinsurk.*, I p. 17 (ca. a. 1140). Comes fecit eis bannum et pacem. Ib., p. 20. **13.** *pacte ayant pour but de réprimer les actes de violence*, ceux-ci étant prohibés à l'égard de certaines catégories de personnes, de lieux et d'objets — *a peace regulation designed to check violent action* against definite categories of persons, places and objects. Pactum pacis et justitia a duce et principibus vicissim foederata est. ADEMAR., lib. 3 c. 35, ed. CHAVANON, p. 158. Sacramentum pacis [Belvacense]. PFISTER, *Robert*, p. LX (ca. a. 1023). Recipite et tenete pacem et illam treuvam Dei, quam et nos . . . jam accepimus et firmiter tenemus. Treuga Dei Arelat. a. 1041, *Const.*, I p. 596. Pacem a nobis sive a principibus olim constitutam mandamus sive firmamus, ut ab hodierna die et deinceps ecclesiam nullus hominum infringat neque mansiones quae in circuitu ecclesiarum sunt. Concil. Narbon. a. 1054, c. 11, MANSI, t. 19 col. 829. Haec est pax confirmata ab episcopis et abbatibus et comitibus . . ., videlicet ut ab ista die et deinceps nullus homo ecclesiam non infringat. Synod. Tulug. a. 1065, *Hist. de Languedoc*³, V no. 186 p. 442. **14.** pax Dei: i.q. treuwa Dei, *pacte interdisant les guerres privées* pendant certains jours de la semaine et pendant certaines périodes de l'année — *peace regulation* prohibiting hostilities on certain days of the week and during certain parts of the year. Ambianenses et Corbejenses . . . integram pacem, id est tocius ebdomadae, decernunt. GERARD. SILV. MAJ., Mir. Adalhardi, c. 4, *SS.*, XV p. 861. Ibi [sc. Moguntiae] communi consensu atque consilio constituta est pax Dei. EKKEHARD. URAUG., ad a. 1085, *SS.*, VI p. 205. . . . quae in vulgari nostro pax Dei nuncupatur. Cod. Udalrici, no. 258, JAFFÉ, p. 441. **15.** *association qui se donne pour but d'effectuer une régulation de paix — association for the enforcement of a peace regulation.* Si pax fracta fuerit ab iis qui sunt intra terminos pacis, debet pax fracturam pacis quaerere utroque gladio; et si non poterit recuperare, debet emendare de compenso. Concil. Montispessul. a. 1215, c. 39, MANSI, t. 22 col. 935 sq. Cf. A. KLUCKHOHN, *Gesch. des Gottesfriedens*, Leipzig 1857. E. SEMICHON, *La paix et la trève de Dieu*², Paris 1869. L. HUBERTI, *Studien zur Rechtsgesch. der Gottesfrieden und Landfrieden*, I: Die Friedensordnungen in Frankreich, Ansbach 1892. G. C. W. GÖRRIS, *De denkbeelden over oorlog en de bemoeiïngen voor vrede in de elfde eeuw*, Diss. Nijmegen 1912. E. WOHLHAUPTER, *Stud. z. Rechtsg. d. Gottes- u. Landfrieden in Spanien*, Heidelberg 1933 (*Deutschrechtl. Beitr.*, Bd. 14 H. 2). **16.** pax comitis, ducis: *édit promulgué par un prince territorial et interdisant les actes de violence — decree of a territorial prince prohibiting acts of violence.* [Comes Hanoniae] quandam in Hanonia pacem ordinavit et eam tenendam tam suo proprio quam hominum suorum majorum juramento confirmavit. GISLEBERT. MONT., c. 67, p. 106. Comites vel barones et singuli homines sacramento tenentur pacem ducis servare et ejus legalem justiciam. Consuet. Norm. veterr., pt. 1 (s. xii ex.), c. 37, ed. TARDIF, p. 32. **17.** *paix à laquelle s'engagent les princes d'une région pour une durée déterminée* (allemand *Landfriede*) — *peace regulation agreed upon by the princes of a country for a definite lapse of time.* Imperator Mogontiae pacem sua manu firmavit et instituit . . . per 4 annos. *Const.*, I p. 125 (a. 1103). Principes regni coram imperatore firmissimam pacem domi forisque ad decem annos juraverunt. Chron. reg. Colon., a. 1135, ed. WAITZ, p. 72. **18.** la *paix urbaine*, régime qui se distingue par un système pénal particulièrement sévère — *urban peace*, a legal system characterized by enhanced penalties inflicted upon those who use violence. Pax Deo placens, pax bonis amica et inimica malis instituta atque stabilita esse dignoscitur . . . in Valencenis et in ejusdem opidi precinctu. *SS.*, XXI p. 605 (a. 1114). Pacis institutio. Ch. commun. Laudun. a. 1128, *Ordonn.*, XI p. 185. Qui pacem ville infregerit. DUVIVIER, *Actes*, I p. 363 (a. 11[illegible], Hirson). Qualiter pacem instituerim et juramento manus mee . . . tenendam firmaverim. WAUTERS, *Origine*, p. 26 (a. 1164, S.-Amand). Cives ad imperatorem . . . recurrentes, eliminato communiae nomine, quod semper abominabile existit, sub nomine pacis . . . privilegium . . . reportaverunt. G. episc. Camerac. abbrev., c. 24, *SS.*, VII p. 510 l. 10. Burgensibus pacis institutionem et communiam dedimus. Phil. Aug. priv. pro Tornac. a. 1188, *Actes*, no. 224. **19.** *le territoire à l'intérieur duquel la paix urbaine est en vigueur — the area in which the municipal peace is in force.* Homines pacis extra pacem placitare non compellentur, nisi extra pacem forisfecerint. DUVIVIER, *Actes*, I p. 371 (a. 1170-1189, Buironfosse). Nullus intra pacem civitatis manens. Phil. Aug. priv. pro Atrebat. a. 1194 c. 16, *Actes*, I no. 473 p. 567. **20.** *l'association pour le maintien de la paix urbaine, la commune — association for the enforcement of the municipal peace, commune.* Paci quinque solidis . . . emendabit. WAUTERS, p. 26 (a. 1164, S.-Amand). Si quis in domum suam alienos cum armis contra ecclesiam vel pacem induxerit. Ib. Si quis de hiis qui de pace sunt, debitorem suum convenerit. Frid. I imp. priv. pro Camerac. a. 1184, c. 13, REINECKE, *Cambrai*, p. 261. Eis [sc. burgensibus Hesdini] concessimus pacem et communiam ad usus et consuetudines Perone. *Actes Phil.-Aug.*, I no. 408 p. 499 (a. 1192). Quamdiu custos erit, liber erit et immunis a pace civitatis et communia. Ib., no. 447 p. 543 (a. 1193). Liceat alicui viro probo de pace, si supervenerit . . . DC.-F., VI p. 230 col. 3 (ch. a. 1196, Laon). **21.** *charte de commune — communal charter.* [Comes Valencenis] legem instituit que pax nominatur. GISLEBERT. MONT., c. 44, p. 78. **22.** *amende pour infraction de la paix — fine for breach of the peace.* RICHTHOFEN, *Fries. Rechtsq.*, p. 62 l. 20 et 34 (s. xiii in.). **23.** **baiser de paix — kiss of peace.* [Hospiti advenienti] socientur in pace; quod pacis osculum . . . Benedicti regula, c. 53. Dat pacem omnibus sacerdotibus. Lib. diurn., no. 57, ed. SICKEL, p. 47. Tribuens denuo, ut mos est, pacem. Lib. pontif., Steph. III, § 10, ed. DUCHESNE, I p. 471. Oblationem et pacem in ecclesia facere. BENED. LEV., addit. 3, c. 35, *LL.*, II pt. 2 p. 140. **24.** **réconciliation d'un pénitent avec l'Eglise, absolution — readmission of a penitent to the communion of the Church, absolution.* **25.** (cf. voc. pacare) *paye, solde — pay* of soldiers. [Januenses] solverunt pacem militibus. OBERT., Ann. Genuens., a. 1165, ed. BELGRANO, I p. 184.

**paxagium** (< pax): *redevance pour une garantie de sécurité — tribute paid for an assurance of safety.* S. xiii, Occit.

**paxamadium,** paxe-, paxi-, -matium, -matum (gr.): **biscuit — biscuit.* Poenit. Gildae, c. 1, SCHMITZ, I p. 495.

**paxeria,** pass-, paiss-, prax-, -era (< paxillus): *barrage en bois, estacade — weir built of poles.* Cum omnibus paxeriis tam de piscatoriis quam de molendinis. *Hist. de Lang.*³, V pr. no. 67 col. 175 (a. 936, Toulouse). Ib., no. 77 col. 191 (a. 942, Albi). CASSAN-MEYNIAL, *Cart. de Gellone*, no. 19 p. 22 (a. 1030/1031).

**paxillare:** *échalasser — to fit a vineyard with stakes.* S. xiii.

**peagium,** peatgium, v. pedaticus.

**pecarius,** peccarius, v. bicarius.

**peccamen:** **péché — sin.*

**peccans** (subst.): **pécheur, pécheresse — sinner.*

**peccantia:** *péché — sin.* ADAMNAN., V. Columbae, lib. 1 c. 30, ed. FOWLER, p. 108.

**peccator:** **pécheur — sinner.*

**peccatrix:** **pécheresse — sinner.*

**peccatum** (subst.): **péché — sin.*

**pecha,** v. pectum.

**pecia,** pet-, pez-, pech-, petz-, pect-, pett-, picc-, -ius, -ium (celt.): **1.** *morceau, fragment* d'un objet — *part, fragment* of an object. Quattuor pecias [fustis]. Lex Sal., tit. 60, codd. Paris. lat. 4403 B et 18237. **2.** *lopin de terre — patch of land.* Dono petia[m] de terra harabile. F. Sal. Bignon., no. 12, *Form.*, p. 232. Pecia de manso. F. s. Emmeram. fragm., no. 8, p. 465. Petias de pratis. GIORGI-BALZANI, *Reg. di Farfa*, II doc. 152 p. 127 (a. 792). Ex gualdo nostro . . . petiam unam. Ib., doc. 10 p. 29 (a. 746). Pecias de silvis. *D. Arnulfs*, no. 125 (a. 894). Pecia, nude: lopin de terre — patch of land. In H. piccias 2 et in T. piccias 3. Notit. mon. s. Petri Gandav. a. 822, ed. GYSSELING-KOCH, p. 287. **3.** *pièce d'étoffe — piece of cloth.* Petie due de pannu. CAMERA, *Mem. di Amalfi*, I p. 222 (a. 1007). **4.** *section d'un manuscrit* qui se recopie séparément — *part of a manuscript* copied separately. S. xiii. Cf. P. SELLA, *La "pecia" in alcuni statuti italiani*, *Riv. di stor. del dir. it.*, 1929, pp. 548-551. J. DESTREZ, *La pecia dans les manuscrits universitaires du XIIIe et du XIVe siècle*, Paris 1935. **5.** *pièce de vin — piece of wine.* S. xiii. **6.** *article d'un compte — item of an account.* S. xiii.

**peciatus:** *rapiécé — patched up.* S. xiii.

**peciola,** -um, -us, -is (< pecia): **1.** *morceau — scrap.* Perantiquis membranarum peciolis. FOLCUIN., G. abb. Lobiens., c. 3, *SS.*, IV p. 57 l. 18. **2.** *lopin de terre — patch of land.* TROYA, *CD. Longob.*, I p. 429 (a. 752). BRUCKNER, *Reg. Alsatiae*, no. 315 (a. 786).

**pecorarius** (subst.): *bouvier — herdsman.* Edict. Rothari, c. 136. D. Desiderii reg. Longob., *Bullar. Casin.*, II p. 7. MURATORI, *Antiq.*, V col. 514 (ch. a. 867).

**pectare** (cf. voc. pacare): *payer — to pay.* Fuero de León (a. 1017/1020), c. 47, WOHLHAUPTER, p. 18. Fuero de Sepúlveda a. 1076, c. 5, ed. SAÉZ, p. 46.

**pectia,** v. pecia.

**pectorale** (subst.): **1.** *grillage — railing.* Ex omni parte sacri altaris columpnas et pectoralia. JOH. AMALF., ed. HUBER, p. 34. **2.** *attelle* de cheval — *poitrel.* Habeant in sellis suis pectoralia et postas. BERNARD. MORLAN., pt. 1 c. 9, HERRGOTT, p. 153. **3.** i.q. rationale: *pectoral*, ornement liturgique d'un évêque — *pectoral*, a bishop's liturgical ornament. S. xiii.

**pectum,** pecta, pecha (cf. voc. pectare): *un impôt — an impost.* Fuero de Nájera a. 1076, c. 87, WOHLHAUPTER, p. 94.

**pectura,** v. peditura.

**peculiarina** (quoad suffixum cf. voces rapina, saisina etc.): *appropriation — appropriation.* Res eclesie bene lavorantes et guvernantes absque omnem fraudem vel rapinam et nulla[m] peculiarina[m] facientes. SCHIAPARELLI, *CD. Longob.*, I no. 99 p. 286 (a. 749/750, Lucca). Nec aliqua[m] peculiarina[m] vel subtractione[m] . . . faciam. Ib., II no. 173 p. 134 (a. 763, Lucca).

**peculiaris, 1.** opus peculiare, res peculiares: pécule d'un moine — a monk's private things. Benedicti regula, c. 16 et 55. Permissa fratribus rerum peculiarium et tricliniorum impunitas. FOLCUIN., G. abb. Lobiens., c. 27, *SS.*, IV p. 69 l. 11. **2.** officium peculiare: culte propre aux fêtes religieuses — worship proper to christian festivals. [Monasterium] habeat oratorium intra claustra ubi peculiare officium et diuturnum fiat. Synod. Franconof. a. 794, c. 15, I p. 76. Subst. neutr. **peculiare: 1.** *pécule* d'un serf — *private property* of a serf. Hanc epistolo vindicione de integrum statum [mancipiorum meorum cum] omni peculiare meo [leg. suo] vobis emitten-

dam curavi. F. Andecav., no. 3, *Form.*, p. 6. Cum hominibus ibidem commanentibus et omne peculiare eorum. *D. Merov.*, no. 62 (a. 692). Dono . . . pedeturam unam . . . cum vinitore nostro A. cum omni peculiari suo. Test. Irminae (a. 697/698), WAMPACH, *Echternach*, I pt. 2 no. 3 p. 19. Tres casatas cum mancipiis unacum omni peculiari eorum. Ib., no. 8 p. 30 (a. 704). Cassatus septem cum omnibus mansuris et omni peculiare. *D. Arnulfing.*, no. 13 p. 101 (a. 715-739). Casatus tuus [i.e. casatos duos] cum hobas suas et cum omni peculiare eorum. WARTMANN, *UB. S.-Gallen*, I no. 38 (a. 763). Mancipia . . . cum omni peculiare eorum. Ib., no. 13 (s. viii ex.). Mansum unum cum servo cum omni peculiare vel adquaesitu suo. *D. Karolin.*, I no. 203 (a. 806). De rebus illorum vel peculiare, qui a propriis dominis libertate donantur. Capit. eccles. a. 818/819, c. 6, I p. 276. **2.** *biens possédés en propre, alleu — real estate held in full ownership.* Omnis res que mobilis inmobilisque consistit, cujuscumque fuerit generis sive forme, an peculii, an peculiaris nomen habuerit. Lex Visigot., lib. 10 tit. 1 c. 18. Decimas de vinea et olivas quem havire [i.e. habere] videor de proprio peculiare. SCHIAPARELLI, *CD. Longob.*, I no. 28 p. 103 (a. 720, Lucca). Per beneficium vel per peculiare noluit sustinere distringi. HINCMAR., opusc. 55 capitulorum, c. 43, SIRMOND, II p. 543. **3.** *pécule* d'un moine ou d'une moniale — *private property* of a monk or a nun. Quodsi quis [monachus] . . . peculiare aliquid habere praesumpserit. Concil. Aurel. a. 511, c. 19, *Conc.*, I p. 7. Si monachus in monasterio . . . peculiarem habere praesumpserit. Concil. Autissiod. (a. 573-603), c. 23, p. 181. Nulla monacha in eodem monastirium quippiam peculiare presumat, sed sint illis omnia comunia. Ch. Chrothildis a. 673, ed. LEVILLAIN, *LMA.*, t. 105 (1944) p. 43. Ut monachi . . . non audeant sibi aliqua peculiaria usurpare. Stat. Rhispac. a. 799/800, c. 40, *Capit.*, I p. 230. **4.** i.q. mensa fratrum: *les biens affectés à la subsistance d'une communauté religieuse — the estates affected to the sustenance of a religious community.* Ad peculiare fratrum. MARTÈNE, *Thes.*, I p. 20 (a. 818, Tours). Prout eis . . . placuerit ad sui peculiaris utilitatem universa disponere. *D. Arnulfs*, no. 99 (a. 892). Condonamus . . . domno Martino ad peculiare suorum canonicorum alodum quendam. MARCHEGAY-SALMON, *Chron. d'Anjou*, p. j. no. 4 p. XCVI (a. 909, Tours). Cenobii fratres eundem locum ad alimentum suumque peculiare . . . possideant. *D. Konrads I.*, no. 25 (a. 915). Canonici talem inde habeant potestatem, sicut et de aliis rebus que . . . ad eorum peculiare pertinere videbantur. *D. Heinrichs I.*, no. 30 (a. 931). Omnia loca que . . . in eorum vestitura tenentur ad suum peculiare. *D. Ottos II.*, no. 155 (a. 977). **5.** *pécule* d'un prêtre — a priest's *private property.* De peculiari sacerdotum [morientium] [laici] nihil sibi usurpent. Concil. Tribur. a. 895, extrav., c. 6, *Capit.*, II p. 248. **6.** *bétail — cattle.* Peculiare utriusque sexus. WARTMANN, I no. 257 (a. 820). Peculiarum vestrarum partium grege pascere debeat. GLORIA, *CD. Padov.*, p. 22 (a. 840). De . . . speciali peculiare omnium animantium et jumentorum. *D. Arnulfs*, no. 31 (a. 888).

**peculiaritas: 1.** *pécule* d'un moine — a monk's *private property.* Peculiaritati eorum [monachorum] singulos studere. GREGOR. M., lib. 1 epist. 40, *Epp.*, I p. 55. Rursum lib. 12 epist. 6, II p. 351. Omnis peculiaritatis reculas in medium proferri. Bovo, Inv. Bertini, c. 2, *SS.*, XV p. 527. Peculiaritatis vitium . . . extirpabat. GUILL. MALMESB., G. pontif., lib. 1 § 46, ed. HAMILTON, p. 76. **2.** *biens parafernaux — paraphernalia.* Dimitto domnae G. uxori meae causas peculiaritatis, scilicet villam meam q.v. C. BALUZE, *Hist. de Tulle*, col. 334 (ch. a. 931). **3.** i.q. mensa fratrum: *les biens affectés à la subsistance d'une communauté religieuse — estates affected to the sustenance of a religious community.* Haec loca illis [sc. fratribus] ad suam peculiaritatem perpetualiter habenda, ut ex his victum atque habitum consequantur, . . . concessimus. *D. Arnulfs*, no. 114 (a. 893). **4.** i.q. mensa abbatis: *biens réservés à l'abbé d'un monastère — estates reserved for the abbot of a monastery.* Ne ullus abbas . . . quicquam inde ad suam peculiaritatem redigere . . . presumat. Ib., no. 133 (a. 895). **5.** *fréquentation, commerce — social intercourse.* ILDEPHONS., addit. ad ISIDORI De viris ill., c. 7, MIGNE, t. 96 col. 201 C. Concil. Hispal. II a. 619, MANSI, t. 10 col. 561 A.

**peculium: 1.** *pécule* d'un moine — a monk's *private property.* Peculium suum, quod eum aggregare non puduit. JOH. DIAC., V. Greg. M., MIGNE, t. 75 col. 231 D. **2.** i.q. mensa fratrum: *les biens affectés à la subsistance d'une communauté religieuse — the estates affected to the sustenance of a religious community.* Foris peculium vel res monasterii abbas . . . ordinet qui praevideat. Capit. missor. gener. a. 802, c. 17, I p. 94. **3.** *bien meuble — a movable.* Servus massarius licentiam habeat de peculio suo, id est bove, vacca, cavallo, simul et de minuto peculio, in socio dare aut in socio recipere. Edict. Rothari, c. 234. In mancipio aut in cavallo aut in qualicunque peculio. Lex Baiwar., tit. 16 c. 9. De homine habente libras sex in auro, in argento, bruneis, aeramento, pannis, caballis . . . vel alio peculio. Capit. missor. Theodonisv. II a. 805, c. 19, p. 125. **4.** *bétail — cattle.* Peculium utriusque sexus [in form. pertin.]. MARCULF., lib. 2 no. 3, *Form.*, p. 75. Item Test. Vigilii (ca. a. 670), PARDESSUS, II no. 363 p. 153. Item *D. Arnulfing.*, no. 14 p. 101 (a. 741). Peculium promiscui sexus. WARTMANN, *UB. S.-Gallen*, I no. 127 (a. 790). Hereditatem de sylva et de terra et de mancipiis et de peculio. Ewa ad Amorem, c. 42. Nullam decimam nec de annona aut de peculio, neque de peculio ullum herbaticum. *D. Karolin.*, I no. 174 (a. 792). Capit. de villis, c. 4 et 24. Brev. ex., c. 25, *Capit.*, I p. 254. **5.** *tête de bétail — head of cattle.* Tam in terris, . . ., pascuis, peculiis. *D. Merov.*, no. 20 (a. 656). Cum . . . peculiis utriusque sexu[s]. *BEC.*, t. 99 p. 5 (a. 731/732, Murbach). WARTMANN, no. 7 (a. 741); no. 23 (a. 758). In ipsis silvis . . . peculia pabulaverit. D. Aistulfi reg. Longob. a. 753, UGHELLI, II col. 107. Cum nostris publicis jumentis atque peculiis. GIORGI-BALZANI, *Reg. di Farfa*, II



doc. 58 p. 60 (a. 765). Arripiens . . . plura peculia. Cod. Carolin., no. 87, *Epp.*, III p. 623. Peculia sola remanebant in pascuis, nullo adstante pastore. PAUL. DIAC., Hist. Longob., lib. 2 c. 4. Peculia vestra . . . paschant. MANARESI, *Placiti*, I no. 17 p. 51 (a. 804, Istria). Quidquid . . . in variis peculium generibus enutritur. Adalhardi Corbej. stat., pt. 2 c. 9, ed. LEVILLAIN, p. 371.

**pecunia: 1.** *biens immobiliers — real estate.* De pecunia porciones nostras quas [h]abemus in B. CIPOLLA, *Doc. di Treviso*, p. 39 (a. 710). Carolus [Martellus] monasteriorum multorum eversor et ecclesiasticarum pecuniarum in usus proprios commutator. BONIF.-LULL., epist. 73 (a. 746/747), ed. TANGL, p. 153. Homo qui habet septem casas massarias . . . Item de illis hominibus qui negotiantes sunt et pecunias non habent. Edict. Langob., Aistulf., c. 3 (a. 750). [Cancellarii cartas publicas non conscribant] de pecunia antequam legitimum precium detur. Memor. Olonn. (a. 822/823), c. 12, *Capit.*, I p. 319. **2.** *un domaine — a manor.* Repromitto me . . . resedire in casa quondam M. socero meo . . ., quod nulla[m] conbersationem facias [i.e. faciam] nec in C. nec in alia cibitatem ad [h]abitandum nisi in supradicta pecunia de socero meo M. SCHIAPARELLI, *CD. Longob.*, I no. 104 p. 299 (a. 752, Sovana). **3.** *biens meubles — movables.* Ad filiam pecunia et mancipia, terra vero ad proximum . . . consanguineum pertineat. Lex Thuring., c. 27. Multas feminas inde abduxerunt captivas cum infinita diversi generis pecunia. Ann. Xant., a. 837, ed. SIMSON, p. 10. Omnem ecclesiasticam pecuniam in eodem loco . . . congregatam . . . illic . . . permaneat, nisi forte . . . propter cautelam hostilis incursionis ad tutiorem devehatur locum. WARTMANN, *UB. S.-Gallen*, II no. 697 (a. 895). Filia vestimenta matris et pecuniam operatam accipiat. Lex famil. Wormat., c. 10, *Const.*, I p. 642. A. disposuit et dedit uxori sue G. totam hereditatem suam . . . et omnem mobilem pecuniam. HOENIGER, *Koelner Schreinsurk.*, I p. 76 c. 14 (a. 1165-1172). **4.** *bétail — cattle.* Quidquid ibi tultum fuit, mancipia, pecunia, omnia tripliciter restituat. Lex Alamann., tit. 34 § 1. Mancipia, pecunia vel reliquas ris [i.e. res] quampluris exinde devastassent. *D. Merov.*, no. 70 (a. 697). Sive terra sive vinea sive pecunia sive homines sive argentum sive aurum. *D. Karolin.*, I no. 77 (a. 772-774). Per tota illa foreste nostra pastura ad eorum pecunia concessum habeat. Ib., no. 84 (a. 774). Pecuniae quadrupedis utriusque sexus quicquid sit. DRONKE, *CD. Fuld.*, no. 133 p. 76 (a. 796). Per totam suam forestem . . . pasturam ad pecuniam . . . haberent. D. Loth. I imp. a. 854, GRANDIDIER, *Strasbourg*, II pt. 2 p. 238 (BM² no. 1167). Qui habuerit 30 denariatas vive pecunie . . . in domo sua. Leg. Edw. Conf., c. 10, LIEBERMANN, p. 634. **5.** *tête de bétail — head of cattle.* Homines et peculia de fulgore interirent. Lib. pontif., Adeod., § 5, ed. MOMMSEN, p. 191. Pecuniis, presidiis, farinariis, gregis . . . *D. Merov.*, no. 83 (a. 716). Quicquid in istas villas visus sum habere, picuniis, mancipiis . . . WARTMANN, I no. 18 (a. 754). **6.** *marchandise — commodities.* A teloneo liberi sint . . . qualemcumque pecuniam adduxerint vel abduxerint. GIRY, *S.-Omer*, p. 383 no. 10 (a. 1164/1165). Eadem verba: *Actes Phil.-Aug.*, I no. 475 p. 571 (a. 1194). **7.** *outillage — implements.* Boves et reliquam pecuniam habeat cum quibus laborare possit. Adalhardi Corbej. stat., pt. 1 c. 7, ed. LEVILLAIN, p. 358.

**pecunialis: 1.** **pécuniaire — of money.* **2.** *meuble — movable.* Trado . . . quicquid . . . in peccuniali causa . . . reliquerim, id est caballis . . ., auro argentoque, scuta cum lanceis, vestibus vel omnibus utensilibus. WARTMANN, *UB. S.-Gallen*, I no. 191 (a. 806).

**pecuniare:** *faire argent de* qqch., *vendre — to convert into cash.* S. xiii.

**pedagiare,** aliquem: *exiger le péage de* qq'un — *to levy toll upon* a person. S. xiii.

**pedagiarius** (adj.) (< pedaticus): *de péage — of a toll.* In viis pedagiariis. DC.-F., VI p. 241 col. 1 (ch. a. 1198, Blois). Subst. mascul.

**pedagiarius,** pea-, paa-, -gerius: *péager — toll-keeper.* BERTRAND, *Cart. d'Angers*, I no. 220 p. 259 (a. 1080-1082). GARNIER, *Ch. de communes en Bourg.*, I no. 5 p. 11 § 31 (a. 1187).

**pedagiator** (< pedaticus): *péager — toll-keeper.* LÉPINOIS-MERLET, *Cart. de Chartres*, I no. 88 p. 193 (ca. a. 1175).

**pedale** (subst. neutr.): **1.** *bas — stocking.* 60 paria pedalium ad opus domesticorum vestri fidelium. DE COURSON, *Cart. de Redon*, no. 89 p. 67 (a. 871). **2.** *tapis — carpet.* S. xiv.

**pedalis** (subst.): **1.** *pied,* mesure de longueur — *foot,* measure of length. Habet . . . in alio fronte perticas 3 pedales 3. PÉRARD, *Rec. de Bourg.*, p. 8 (a. 836, Dijon). **2.** *pied,* mesure de quantité de bois — *foot,* measure of quantity for wood. Solvit . . . de carratione pedalem 1. Irminonis polypt., br. 15 c. 3. Facit . . . lignaritia pedalem 1. Ib., br. 18 c. 3.

**pedalum,** v. petalum.

**pedana:** *frange* au bout d'un drap — *fringe* at the end of a piece of cloth. S. xiii, Ital.

**pedare,** pid-, -iare, -uare (< pes): **1.** transit.: *mesurer* une terre en faisant le tour à pied (dans l'acte de saisine) — *to survey* by walking bounds (in the act of seisin). Dono . . . vineas 3 quas vobis piduavi. DE MARCA, *Marca hisp.*, app. col. 788 (a. 855). Pediaverunt ibi condamina. Ib., col. 949 (a. 994). Quantum . . . piduavi et signare feci. Ib., col. 1061 (a. 1035). Donamus unum boscum, sicut est peditum et dinominatum. DOUAIS, *Cart. de Toulouse*, no. 232 p. 163 (ca. a. 1040). [Alaudem] monstravi et pedibus meis pedavi. *Hist. de Lang.*[3], V no. 337 col. 654 (a. 1080). **2.** intrans.: *marcher — to step.* Sic pedat ad mensam comes. Ruodlieb, fragm. 11 v. 10. Ibi pluries.

**pedata.** Pedata terrae: mesure de terre de la largeur d'un pied — land measure of the width of one foot. S. xiii.

**pedaticus,** pid-, pet-, pes-, -agium, -atgium, peagium, peatgium, paagium (< pes, proprie "droit de mettre le pied — right to tread"): *péage — toll.* Pedaticum de asinis. RÉDET, *Cart. de S.-Cyprien de Poitiers*, no. 19 p. 23 (a. 993-1029). Quidquid compararent ad revendendum, . . . darent inde pedagium. FLACH, *Orig.*, I p. 425 n. 2 (ca. a. 1040, Vendôme). Non dabunt pedaticum aut venditionem . . . nisi tantum illi qui vivunt mercatione. HALPHEN, *A travers le Moyen Age*, p. 204 n. 4 (ch. a. 1062, Anjou). In urbe

Pictaviensi ... peatgium salis. Priv. Alex. II pap. (ca. a. 1062), PFLUGK-HARTTUNG, *Acta*, I no. 38 p. 36. Si vinum venundatur, pedagia atque rotagia redduntur. *D. Phil. I^er*, no. 12 p. 36 (a. 1061). Ib., no. 52 p. 141 (a. 1070). Concedo monachis ... vendam et pedagia de rebus suis. TEULET, I no. 20 p. 24 (a. 1077). DE MONSABERT, *Ch. de Nouaillé*, no. 147 p. 232 (a. 1077-1091).

**pedatura,** pedet-, pedit-, pett-, pect-, pitt-, pict-, pet-, peit- (< pes): **1.** **mesurage d'une terre par pieds — survey by the foot.* **2.** **terrain mesuré par pieds — piece of land measuring so many feet.* **3.** spec. pedatura vitium, vineae: *vignoble* mesuré par pieds — *vineyard* measuring so many feet. Vitium pedaturam quae suae jungitur vineae. Test. Remigii a. 533, *SRM.*, III p. 338. Vineas id est pedeturas duas in C. villa. Test. Burgundofarae (a. 627?), *MOelG.*, Ergb. 14 p. 12. De vineis picturas 5. Brev. ex., c. 10, *Capit.*, I p. 253. Vinee pedeturam unam in monte V. Test. Irminae (a. 697/698), WAMPACH, *Echternach*, I pt. 2 no. 3 p. 19. Ib., no. 141 p. 211 (a. 835/836). *D. Charles le Ch.*, I no. 174 p. 460 (a. 855). *D. Ludw. d. Deutsch.*, no. 132 (a. 870). BEYER, *UB. Mittelrh.*, I no. 118 p. 122 (a. 880). *D. Ottos I.*, no. 140 (a. 952). *D. Heinrichs II.*, no. 340 (a. 1015). Nude, eodem sensu: Cum picturis tribus in H. jacentibus. WAMPACH, *UB. Luxemb.*, I no. 149 p. 176 (a. 924). WAMPACH, *Echternach*, no. 170 p. 266 (a. 915-928 ?). BEYER, no. 378 p. 436 (a. 1083). **4.** *répartition de travaux de fortification par pieds courants de mur, corvée publique de fortification — assessment of rampart building works by the foot, public building service.* Ut ... pedaturam murorum omnes in commune subeatis. CASSIOD., Var., lib. 5 epist. 9 § 2, *Auct. ant.*, XII p. 148. Notitia qualem pedaturam murorum Veronensis civitatis pars domus episcopii s. Zenonis praeteritis temporibus facere solita fuerit ... Pars episcopii quartam partem pedaturae accepit et opus illud perfecit. FAINELLI, *CD. Veronese*, no. 147 p. 207 (a. 837). [Rex ad Pistas] castellum mensurans pedituras singulis ex suo regno dedit. Ann. Bertin., a. 868, ed. WAITZ, p. 96. **5.** *répartition des travaux de toiture, de clôture etc. par pieds courants, corvée domaniale de construction — partitioning of roofing and fencing works by the foot, manorial building service.* Ad casas dominicas stabilire, fenile, granicam vel tuninum recuperando, pedituras rationabiles accipiant et quando necesse fuerit omnino conponant. Lex Baiwar., tit. 1 c. 13. Facit pedituram in tecto perticas 2, in sepe perticas 2, ad curtem claudendam perticas 2. Polypt. s. Remigii Rem., c. 7 § 2, ed. GUÉRARD, p. 11 col. 1. Ib., c. 11 § 2, p. 21 col. 1 sq. In villa B. mansa 7 ... et peditura de pratis quas homines monachorum faciunt, qui de eorum villis ad hoc idem agendum more solito conveniunt. *D. Charles le Ch.*, I no. 191 p. 497 (a. 857). Descr. Lob. a. 868, ed. WARICHEZ, p. 262. Mansus quisque duas perticas facit de peitura, ubicumque preceptum fuerit infra potestatem. D'HERBOMEZ, *Cart. de Gorze*, no. 116 p. 212 (a. 984). **6.** i.q. pedalis sub 2: *mesure de quantité de bois — measure of quantity for wood.* De ligna pictura 1. Notitia s. Petri Gandav. s. ix, ed. GYSSELING-KOCH, p. 281. **7.** i.q. pedaticus: *péage — toll.* Cunctis per terram meam iter agentibus ... exactionem quam vulgo pedituram vocant imponerem. FLACH, *Orig.*, I p. 424 n. 1 (ca. a. 1076, Cluny). BERNARD-BRUEL, *Ch. de Cluny*, IV no. 3529 p. 651 (ca. a. 1078). Priv. spur. Leonis IX pap., PFLUGK-HARTTUNG, I no. 25 p. 21 (Verdun).

**pedeplanus** (adj.): *qui n'a que le rez-de-chaussée — consisting in a ground-floor only.* Sala pedeplana. SCHIAPARELLI, *CD. Longob.*, I no. 38 p. 132 (a. 726, Pistoia). Mansio pedeplana. FEDERICI, *Reg. di S. Apollin. Nuovo*, p. 36 (a. 1017). Item FANTUZZI, *Mon. Ravenn.*, I p. 309 (a. 1098).

**pedibulum:** *trépignement* de chevaux, *piétinement* d'êtres humains — *trampling* of horses, *noise of footsteps.* Acta Fructuosi Tarracon., § 1, *AASS.*, Jan. II p. 340. GREGOR. TURON., H. Fr., lib. 3 c. 15.

**pedica: 1.** *pied,* unité pour la répartition des travaux de fortification (cf. voc. pedatura) — *foot,* unit used in assessing rampart building works. [Muros civitatis Romae] omnibus per pedicas dividens. Lib. pontif., Hadr. I, c. 102, ed. DUCHESNE, I p. 513. **2.** *doigt du pied — toe.* S. xiii.

**pediculare:** i.q. pedare sub 1. ALART, *Cart. Roussillonnais*, no. 32 p. 50 (a. 1027).

**pedissequus:** un haut dignitaire à la cour d'un roi anglosaxon — high court official. BIRCH, *Cart. Sax.*, I no. 341 p. 478 (a. 812); II no. 496 p. 101 (a. 858).

**peditare:** *marcher — to walk.* ERMANRIC., V. Sualonis, c. 10, *SS.*, XV p. 161. IDO, Transl. Liborii, c. 23, *SS.*, XXX p. 811.

**pedo** (genet. -onis): **1.** *fantassin — foot-soldier.* ANON., G. Francorum, c. 39, ed. BRÉHIER, p. 208. SIMEON DUNELM., Hist. reg., § 168, ed. ARNOLD, p. 212. CAFFAR., Ann. Genuens., a. 1148, ed. BELGRANO, I p. 87. **2.** *champion qui se bat à pied — foot-champion.* Usat. Barcin., c. 27, ed. D'ABADAL-VALLS TABERNER, p. 12. Rursum c. 56, p. 22; c. 112, p. 50.

**pedules:** *guêtres — putties.* Bened. regula, c. 55. GREGOR. TURON., V. patrum, c. 8 § 5, *SRM.*, I p. 696. ISIDOR., Regula monach., c. 12 § 2 sq., MIGNE, t. 83 col. 882 B. Regula Fructuosi, c. 4, ib., t. 87 col. 1101 C. Poenit. Theodori, lib. 2 c. 3 § 5, SCHMITZ, I p. 540. BITTERAUF, *Trad. Freising*, I no. 19 p. 47 (a. 763). Capit. monast. a. 817, c. 22, I p. 345. Consuet. Cluniac. antiq., c. 4, ALBERS, II p. 4. Ruodlieb, fragm. 13 v. 116.

**peireria,** v. petraria.

**pejorare, 1.** transit.: **détériorer — to deteriorate.* Si forte [equum] pejoratum reddiderit. Addit. ad leg. Frision., tit. 10 § 1. Ecclesias, casis et rebus [i.e. ecclesiae, casae et res] eorum pegiorate sunt. MANARESI, *Placiti*, I no. 57 p. 200 (a. 853, Lucca). **2.** intrans.: **se détériorer — to deteriorate.*

**pejoratio:** *détérioration — deterioration.* Si negligencia aut pegioracionis causa in rebus ipsis facta fuerit. *CD. Langob.*, no. 131 col. 233 A (a. 837, Milano).

**pelagus:** *l'eau d'un fleuve ou d'un lac — the water of a river or a lake.* Qui alium in pellago inpinxerit. Lex Sal., tit. 41 addit. 4 (codd. Guelferb., Paris. 18237 et Paris. 4403 B). Sub pelago [Araris] vivere potuisset. GREGOR. TURON., Glor. mart., lib. 1 c. 69, *SRM.*, I p. 535. Pelago [Araris] operitur. Id., Glor. conf., c. 22, p. 761. Contra adversum pelagus [Ligeris] enatando. ADREVALD., Mir. Bened., lib. 1 c. 19, ed. DE CERTAIN, p. 46. Sequanae ad pelagos concurrite. ABBO SANGERM., lib. 1 v. 105, ed. WAQUET, p. 22. Piscem de pelago [i.e. lacu] illo non vidisse me memini. EKKEHARD., Cas. s. Galli, c. 11, *SS.*, II p. 129 l. 49.



**pelegrinus** = peregrinus.

**pella,** v. perula.

**pelliciarius,** pellicerius, pellitarius, pelletarius, peltarius: *pelletier — pelterer.* MÉTAIS, *Cart. de Vendôme*, I no. 29 p. 50 (ante a. 1040). BERTRAND, *Cart. d'Angers*, I no. 77 p. 95 (a. 1060-1081).

**pellicio,** pellizo (genet. -onis): *pelisse — pilch, fur coat.* DONIZO, V. Mathildis, lib. 1 c. 13 v. 1016, ed. SIMEONI, p. 40. BERTRAND, *Cart. d'Angers*, I no. 165 p. 190 (a. 1080).

**pellicius** (adj.): **en fourrure — furry.* Subst. **pellicia,** peli-, -cea (femin.), -cium, -ceum (neutr.): *pelisse — pilch, fur coat.*

**pellifex:** *pelletier — pelterer.* V. Erconwaldi, § 19, *AASS.*, Apr. III p. 785 A. ROUSSEAU, *Actes de Namur*, no. 6 (a. 1151). *D. Karls III.*, no. 191 (< a. 887 >, spur. s. xii med., Reichenau). WIDEMANN, *Trad. S.-Emmeram*, no. 908 p. 447 (a. 1175). Stat. Cisterc. a. 1195, MARTÈNE, *Thes.*, IV col. 1284. OPPERMANN, *Fontes Egm.*, p. 87 (s. xii).

**pelliparius,** peli-, -perius: *pelletier — pelterer.* In vico q.d. pellipariorum. GUILLELM. TYR., lib. 14 c. 18, MIGNE, t. 201 col. 596 D.

**pellitarius,** peltarius, v. pelliciarius.

**pelloricum,** pellorium, v. pillorium.

**peltrum:** *zinc — zincum.* Calice de peltro. CAMERA, *Mem. di Amalfi*, p. 222 (a. 1007).

**1. poena: 1.** **souffrance, peine, malheur, affliction — suffering, pain, misfortune, affliction.* **2.** *cens, fermage — rental.* Habet alodum ab omni pena relaxatum. *D. Philippe I^er*, no. 12 p. 36 (a. 1061). [Terram] ad poenam tenebit. DC.-F., VI p. 383 col. 1 (ch. a. 1165, S.-Riquier). Terragium trium modiatarum ... et poenam quatuor modiatarum ... reddidit. Ib. (ch. a. 1166, Cambrai).

**2. pena,** v. pinna.

**penardus:** *poignard — dagger.* S. xiv.

**poenare:** **châtier — to chastise.*

**pendens** (adj.): *(d'une cause) *en suspens, pendant* — (of a lawsuit) *pending.*

**pendere:** *pendre, tuer par pendaison — to hang.* Childer. decr. a. 596, c. 8, *Capit.*, I p. 17. Lex Ribuar., tit. 79. Capit. cum prim. const. a. 808, c. 2, p. 139. Ann. Bertin., a. 842, ed. WAITZ, p. 28.

**paene:** **bel et bien, même, voire même — indeed, even.*

**penes** (praepos.): **1.** **aux yeux de — in the eyes of.* **2.** **devant, en présence de — before, in presence of.* **3.** **dans, en — in.* **4.** *à l'égard de — towards, as regards.*

**penetrale** (subst.). Plural. penetralia mentis, cordis: *le fond de l'âme, le cœur, la conscience — the heart of hearts, the mind, the conscience.

**penia,** v. pinna.

**penicellus,** v. pennuncellus.

**peniculus:** *fouet — scourge.* MONACH. SANGALL., lib. 1 c. 8, JAFFÉ, *Bibl.*, IV p. 638.

**paenitens** (subst.): **pénitent public — public penitent.*

**paenitentia: 1.** **pénitence, regret du péché — repentance of sins, compunction.* **2.** **pénitence, acte de pénitence, réparation pour le péché — penance, penitential exercise, amendment of sins.* **3.** *paiement en guise de pénitence — payment in lieu of penance.* Medietate[m] de ipsa dominicatura de ipso episcopatu, excepto sacrationes et missas et poenitentias et receptos. *Hist. de Lang.*³, V no. 214 col. 433 (ca. a. 1038, Albi).

**paenitentialis** (adj.): *de pénitence — of penance.* Psalmi paenitentiales: les sept psaumes pénitentiels — the seven psalms of penance. Egberti poenit., c. 9 § 7, SCHMITZ, I p. 582. Ordo Rom. X (s. x), c. 5, ANDRIEU, II p. 352. Codex paenitentialis: pénitentiel — penitential. Concil. Paris. a. 829, lib. 1 c. 34, *Conc.*, II p. 635. Liber paenitentialis. Concil. Turon. a. 813, c. 22, p. 289. Libellus paenitentialis. Concil. Cabillon. a. 813, c. 38, p. 281. Canon penitentialis. Capit. Haitonis Basil., c. 6, *Capit.*, I p. 363. Subst. mascul. **paenitentialis** [sc. liber] et neutr. **paenitentiale:** *pénitentiel — penitential.* Capit. eccles. (a. 811-813), c. 20, I p. 179. Ib., p. 237 c. 4. PS.-BEDA, Remed. pecc., c. 1, MARTÈNE, *Coll.*, VII col. 41 B. Subst. mascul. **paenitentialis:** *pénitent — penitent.* UGHELLI, IV col. 654 (ch. a. 1141, Milano).

**paenitentiare,** aliquem: *infliger une pénitence à qq'un — to lay a penance upon* a person. Chron. Farf., contin., MURATORI, *Scr.*, II pt. 2 col. 631.

**paenitentiaria:** *charge de pénitencier — office of a penitentiary.* S. xiii.

**paenitentiarius:** *pénitencier — penitentiary.* S. xiii.

**paenitere** et paeniteri (depon.): **se repentir d'un péché, faire pénitence — to repent sins, to do penance.*

**1. paenitudo** (< paenitet): **1.** **regret, repentir — regret, remorse.* **2.** **componction, résipiscence — compunction, repentance.* **3.** *pénitence — penance.* Multos ad agendam ... scelerum suorum paenitudinem provocavit. BEDA, Hist. eccl., lib. 5 c. 14. [De] erroribus penitudinem gerat. Synod. Theodonisv. a. 844, c. 6, *Capit.*, II p. 116. Tempora poenitudinis habita moderatione sunt constituenda. BENED. LEV., lib. 1 c. 133, *LL.*, II pt. 2 p. 53. Ex reatus sui peccamine veram agere penitudinem. Mir. Germani in adv. Norm., c. 2, *SS.*, XV p. 10. Pro facti temeritate debitae satisfactionis penitudinem indicit. ADSO, V. Frodoberti, c. 7, *SRM.*, V p. 77. **4.** *compassion — pity.* Magna super vos penitudine movear. HELMOLD., lib. 1 c. 33, ed SCHMEIDLER, p. 63.

**2. poenitudo** (< poena): *peine, fatigue — pains, weariness.* Itineris penitudine correptus. NITHARD., lib. 1 c. 4, ed. LAUER, p. 16. Sine defectione et absque penitudine omnia explebat. V. Sabe, ed. ERMINI, p. 128.

**penitus** (adv.): **tout à fait, à fond, absolument — wholly, thoroughly, completely.*

**1. penna: 1.** *plume d'oie à écrire — writing-feather.* ISID., Etym., lib. 6 c. 14 § 3. **2.** *chandelier — candlestick.* S. xiii.

**2. penna,** v. pinna.

**pennagium,** v. pastionaticus.

**pennax.** Ignis pennax: feu grégeois — Grecian fire. Lib. pontif., Gelas. II (a. 1118/1119),

ed. DUCHESNE, II p. 314 l. 26. G. Pisanorum, UGHELLI, X, suppl. p. 93.
**penninus:** *ailé — winged.* S. x.
**pennonus,** penonus: *pennon — pennon.* S. xiii.
**pennuncellus,** pennonc-, penonc-, penoc-, penic-, penec-, penc-, -ella (< pennonus): 1. *fanion — pensell, small banner.* S. xiii. 2. *panonceau — escutcheon.* S. xiv.
**poenosus.** Hebdomada poenosa: la Semaine Sainte — the Holy Week. Ann. Vindocin., a. 1067, HALPHEN, *Rec. d'ann. angev.*, p. 64.
**pensa,** notione 2 etiam pesa, pisa, poisa: 1. *poids — weight.* Argenteum discum, cujus pensa ad 60 lb. fungebatur. V. Caesarii, lib. 1 c. 37, *SRM.*, III p. 471. Brev. ex., c. 8, *Capit.*, I p. 252. Sine fraude tam in pensa quam in purgatione denarios concambient. Edict. Pist. a. 864, c. 13, *Capit.*, II p. 315. In quattuor milium libris argenti ad pensam eorum [sc. Nortmannorum]. HINCMAR., Ann. Bertin., a. 866, ed. WAITZ, p. 81. Cum sui corporis pensa et aliis donariis . . . venit. GONZO, Mir. Gengulfi, c. 15, *AASS.*, Maji II p. 648 E. 2. *unité de poids* égalant 75 livres — a *unit of weight.* Lini. Polypt. s. Remigii Rem., c. 13 § 5, ed. GUÉRARD, p. 25 col. 2. Lanae. VERCAUTEREN, *Actes de Flandre*, no. 95 (a. 1120). Ferri. Irminonis polypt., br. 13 c. 108. Farinae. Brev. ex., c. 25, *Capit.*, I p. 254. *Form.*, p. 287. Anguillarum. GUIMANN., Cart. s. Vedasti, ed. VAN DRIVAL, p. 172 (ch. a. 1036). VERCAUTEREN, no. 100 (a. 1121). Butyri. FAYEN, *Lib. trad. s. Petri Bland.*, p. 188 (a. 1169). DUVIVIER, *Actes*, I p. 246 (a. 1170). Uncti, sepi, cerae. ROUSSEAU, *Actes de Namur*, p. 89 (a. 1047-1064). Casei, caseorum, formatici. Brev. ex., c. 25, p. 254. GYSSELING-KOCH, *Dipl. Belg.*, no. 23 (a. 808, S.-Bertin). Constit. Ansegisi, ap. LOHIER-LAPORTE, *G. abb. Fontan.*, p. 119. *D. Charles le Ch.*, no. 114 (a. 849). FAYEN, p. 101 (a. 1003). VERCAUTEREN, no. 8 (a. 1089). 3. *ration — ration.* [Provendarii] pensam secundum caeterorum consuetudinem per mensem . . . accipiant. Adalhardi Corbej. stat., lib. 2 c. 8, ed. LEVILLAIN, p. 369. Etiam ib., lib. 1 c. 6, p. 357; lib. 2 c. 12, p. 382. Victus pensam pauperibus erogabat. FLODOARD., Hist. Rem., lib. 2 c. 3, *SS.*, XIII p. 449. Pensam statutam ad victum fratrum . . . deferre. Transl. Guthlaci (a. 1136), § 10, *AASS.*, Apr. II p. 57D.
**pensamentum** (< pensare): *délibération — discussion.* Pluries inter eos habito pensamento et in capitulo et extra. LÜNIG, *CD. Ital.*, I col. 2492 (ch. a. 949).
**pensans** (adj.) (cf. voc. pensare sub 5): *bien pesant — having the standard weight.* Tres solidos aeque pensantes. Lex Sal., tit. 44 § 1. Auri solidos probus [i.e. probos] atque pensantes numero tantum. MARCULF., lib. 2 no. 22, *Form.*, p. 90. Similia CIPOLLA, *Doc. Treviso*, p. 41 (a. 726). Per libras quingentas de auro pensante. PARDESSUS, I no. 108 p. 72 (spur. s. ix). [Denarii] si pensantes et meri fuerint. Capit. missor. Theodonisv. II a. 805, c. 18, I p. 125. Similia Capit. missor. Aquisgr. II a. 809, c. 7, p. 152. Capit. legib. add. a. 818/819, c. 18, p. 285. Const. Caris. de moneta a. 861, II p. 301. Pensionem integram et pensantem . . . persolvant. JOH. DIAC., V. Greg. M., MIGNE, t. 75 col. 119 B.
**pensare:** 1. *distribuer* des rations — *to dole out.* Oportet principem omnia pensare per manus ministrorum in usus parochiae et subjectorum et pauperum. Canon. Hibern., lib. 37 c. 14, ed. WASSERSCHLEBEN, p. 158. 2. (cf. frg. *penser*) *considérer, méditer, remarquer — to consider, weigh, notice. GREGOR. M., Homil. in Euang., pluries. Quid . . . ageret, anxio corde pensabat. IONAS, V. Columbani, lib. 1 c. 13, ed. KRUSCH, p. 173. Etiam ib., c. 2, p. 154. AGOBARD., Dispens., c. 6, MIGNE, t. 104 col. 231 B. 3. *discuter, délibérer sur — to discuss, deliberate.* Cum de . . . constitutionibus . . . inpensius cogitemus quid . . . conveniret et coram positis obtimatibus nostris universa pensavimus. Lex Burgund. Gundob., prol. 4. *peser, avoir tel poids — to weigh so and so much. Calices ministeriales 5 pensantes singuli libras binas. Lib. pontif., Silvester, ed. MOMMSEN, p. 48. 12 apostulos posuit qui pensabant libras 120. Ib., Symmach., p. 124. GREGOR. TURON., Glor. mart., c. 27, *SRM.*, I p. 504 l. 11. FREDEG., lib. 2 c. 53, ib., II p. 74. Lex Baiwar., tit. 1 c. 10. Synod. Franconof. a. 794, c. 4, *Capit.*, I p. 74. 5. absol.: *avoir le poids requis — to have the standard weight.* Minus forte [solidus] pensaverit. Lex Visigot., lib. 7 tit. 6 § 5. Omne aurum, quodcumque pensaverit, accipiatur. Lex Burgund., const. extrav., tit. 21 § 7, ed. SALIS, p. 120.
**pensatio:** *allocation, dotation — endowment.* Super singulas ecclesias mansus tribueretur unus cum pensatione legitima et servo atque ancilla. ASTRON., c. 28, *SS.*, II p. 622 l. 21.
**pensilaria** (< pensilis): *fileuse — spinner.* Pensilariis regerit, non populo. FREDEG., lib. 3 c. 65, *SRM.*, II p. 10.
**pensilis,** pisi-, pise-, pisa-, pis-, -le, -lum (subst.) (< adj. pensilis, sc. camera, cubiculum): *pièce munie d'une cheminée*, en particulier pièce qui sert d'atelier de tissage (sans doute on a pris le mot pour un dérivé de *pensum*) — *room with a fire-place*, esp. room used as a weaving-shop (the word probably being taken for a derivative of *pensum*). Inclusum in pensilem domus interemunt. GREGOR. TURON., H. Fr., lib. 8 c. 18. Liceat ipsam [mulierem] in curte[m] regis ducere et in pisele inter ancillas statuere. Edict. Rothari, c. 221. Genitia nostra bene sint ordinata, id est de casis, pislis, teguriis. Capit. de villis, c. 49. Solariis totam casam circumdatam cum pisilibus 11. Brev. ex., c. 25, *Capit.*, I p. 254. De vestimentis quae de pisile vel ginitio [i.e. gynaeceo] veniunt. *CD. Langob.*, no. 89 col. 168 A (a. 813, Verona). In piselo tempore quando illo uti necesse est . . . cautela . . . servanda est. Adalhardi Corbej. stat., pt. 2 c. 3, ed. LEVILLAIN, p. 364. Edificavit dormitorium, subtus autem pisalem. Acta Murensia, c. 5, ed. KIEM, p. 23.
**pensio,** pinsio (class. "loyer, fermage — rent, hire"): 1. *intérêt — interest. 2. *impôt — tax. 3. *redevance* quelconque — any *tribute.* De aliis homines pinsiones recolligitis. CIPOLLA, *Doc. di Treviso*, p. 72 (a. 884). Mansionem . . . cum . . . pinsionibus cunctisque reddibitionibus. *D. Bereng. I*, no. 99 p. 261 (a. 915). 4. *pension, annuité, salaire — pension, annuity, salary.* MULLER-BOUMAN, *OB. Utrecht*, I no. 518 p. 460 (a. 1189). 5. i.q.



pensa sub 2: *unité de poids — a unit of weight.* De formatico pensiones 330. TARDIF, *Cartons*, no. 123 p. 84 col. 1 (ch. a. 832, S.-Denis).
**pensionalis:** *grevé d'un cens — owing rent.* Casas massaricias et aldiaritias atque [al]diales et pinsionales. D. Adelchis reg. a. 773, *CD. Langob.*, no. 50 col. 94 D.
**pensionarius** (adj.): *qui concerne un bail — relating to a lease.* Si quispiam chartam fecerint absque libello pensionario. ALLODI-LEVI, *Reg. Sublac.*, p. 236 (a. 952). Subst. mascul. **pensionarius:** 1. *censitaire — tributary.* [Nullus] libellarios et pensionarios [monasterii] ad placitum constringere presumat. *D. Ottos III.*, no. 329 (a. 999). Nullus ejusdem loci agricolas vel pinsionarios inquietare presumat. *D. Konrads II.*, no. 264 (a. 1038). 2. *pensionnaire, bénéficiaire d'une pension — pensioner.* S. xiv.
**pensum:** 1. *poids — weight.* Pensum [le poids exact — full weight] et munditiam panis exigis. CASSIOD., Var., lib. 6 epist. 18 § 1, *Auct. ant.*, XII p. 190. [Denarii potius] penso quam numero vendebantur. Ib., lib. 7 epist. 32 § 3, p. 219. Auri 10 libras ac argenti pondo 20 ad pensum nostri palatii solvere cogatur. *D. Merov.*, spur. no. 47 p. 165 (S.-Denis). Coclearia de argento 3 pondo [v.l.: penso] libre unius. LEO OST., Chron. Casin., lib. 1 c. 55, *SS.*, VII p. 619. 2. *taxe — tax.* GREGOR. M., lib. 1 epist. 42, *Epp.*, I p. 63; lib. 2 epist. 38, p. 134. 3. *cens — rent.* Precariam . . . possident et nichil pensi reddunt. MURATORI, *Antiq.*, VI col. 235 C (ca. a. 1147, Modena). 4. *moyens pécuniaires, argent — resources, money.* Ut tam arduum inciperet opus, nichil fere pensi habebat. V. Victoris III pap., *AASS.*, Sept. V p. 406 col. 2.
**pensus** (decl. iv): i.q. pensio, *cens — tribute.* A vobis . . . pensus nomine . . . 10 sol. annuo . . . persolvatur. Agap. II pap. epist. a. 955, *Gall. chr.*[2], VI instr. col. 104.
**pentacontarchus** (gr.): *chef de cinquante hommes — captain over fifty men.
**pentateuchum,** -us (decl. iv) (gr.): *les cinq premiers livres de la Bible — the initial five books of the Bible.
**pentecoste** (gr.): 1. *la Pentecôte — Whitsun. 2. *espace de temps entre Pâques et la Pentecôte — space of time between Easter and Whitsun. 3. dies pentecostes: les quatre jours de la Pentecôte (du dimanche au mercredi) — the four Easter days (from Sunday to Wednesday).
**pentoma** (originem vocis nescio): *rocher — rock.* ALLODI-LEVI, *Reg. Sublac.*, p. 135 (a. 965). *CD. Cajet.*, p. 192 (a. 999). HARTMANN, *Tab. s. Mar. Lat.*, I p. 38 (a. 1011).
**per:** *pour, à la fin de — for, in view of.
**peraccedere:** 1. *arriver — to arrive.* Sic in Burgundiam peraccessit. GREGOR. TURON., H. Fr., lib. 5 c. 13. In Remensem campaniam peraccessit. FREDEG., lib. 3 c. 78, *SRM.*, II p. 114. Ad regni nostri solium voluit peraccedere. GREGOR. M., lib. 9 epist. 227ª, *Epp.*, II p. 221 l. 5 et 11. 2. *se développer — to develop.* Ad perfectione[m] haec fraus non peraccessit. FREDEG., lib. 4 c. 5, p. 125.
**peragere,** 1. intrans.: *habiter — to dwell.* Tam vos quam qui post vos fuerent, qui digne peragere valeant in eodem loco sanctorum Dei. SCHIAPARELLI, *CD. Longob.*, I no. 7 p. 17 (a. 685, Lucca). 2. transit.: *gérer — to have in hand as a proxy.* Qualescunque causas agendae sunt . . . peragere debeam et minare. GIORGI-BALZANI, *Reg. di Farfa*, II doc. 40 p. 48 (a. 757). Ibi venerunt . . . T. gasindius regis civitatis P., qui causa[m] Rodtrude peragebat. Ib., II no. 163 p. 111 (a. 762, Pavia). Respondebant H. et T. monachi, qui causam ipsius monasterii peragebant. MANARESI, *Placiti*, I no. 8 p. 23 (a. 791, Spoleto). Cujus locum . . . perago et vicem . . . impleo. Lib. diurn., no. 83, ed. SICKEL, p. 92. 3. *dissiper — to remove.* Debilium peregit incommoda. Mir. Apri, *AASS.*, Sept. V p. 70 col. 1.
**peragrare,** intrans.: *aller — to go.* Voluissent ad Sardiniam peragrare. Leonis III pap. (a. 795-816) epist., *Epp.*, V p. 98 l. 25. De loco in locum peragrans. ANAST. BIBL., Chron., ed. DE BOOR, p. 190.
**perambulare,** 1. transit.: *faire le tour de* (dans l'acte de saisine) — *to walk bounds.* Ipsas terminationes perambulassent et signa posuissent. *D. Merov.*, no. 41 (a. 663). 2. intrans.: *aller — to go.* Perambulavit Th. patricius Mediolanum. ANON. VALES., pars post. c. 11, *Auct. ant.*, IX p. 316. Inantea perambulate! Chron. Salernit., c. 12, ed. WESTERBERGH, p. 19. Kalabriae finibus perambulavi. Ib., c. 27, p. 30. Per baratri fluctibus adhuc perambulasti? Ib., c. 44, p. 46.
**perangaria,** v. parangaria.
**peraria,** v. petraria.
**perarius,** v. pirarius.
**perca** = pertica.
**percalcare:** *faire le tour de* (dans l'acte de saisine) — *to walk bounds.* DC.-F., VI p. 265 col. 3 (ch. a. 1096).
**percalcus:** *promenade des limites* (dans l'acte de saisine) — *walking bounds.* Fecit percalcum vel monstram videntibus monachis. GRASILIER, *Cart. de Saintes*, no. 123 p. 99 (ca. a. 1047).
**percamena** = pergamena.
**percantare:** *chanter d'un bout à l'autre — to sing through.* S. xii.
**percata,** v. perticata.
**percellere:** *punir, condamner — to punish, sentence.
**percensere,** -ire: 1. *juger — to deem.* Rogationi . . . rex nullatenus contrarium se existere dignum percensuit. *D. Zwentibolds*, no. 2 (a. 895). 2. *posséder moyennant un cens — to hold at a cess.* Odbertus liceat percensire . . . et ipsum censum debent fratres accipere. GYSSELING-KOCH, *Dipl. Belg.*, no. 50 (a. 830, Gand). Etiam no. 51 (a. 839, Gand).
**perceptibilis:** *perceptible, saisissable — perceptible, noticeable.
**perceptio:** *action de prendre, de recevoir — taking, receiving.
**percha,** perchia, percheia, v. pertica.
**percheia,** par-, -gea, -gia, -geia (< frg. *percer*): *amende pour les bêtes égarées sur le terrain d'autrui — fine for animals straying on alien ground.* GARNIER, *Ch. de comm. en Bourg.*, I no. 180 p. 333 (a. 1182).
**percogitare:** *veiller* à une chose — *to take care* of a thing. Lib. diurn., c. 87, ed. SICKEL, p. 114; c. 100, p. 132. ALLODI-LEVI, *Reg. Sublac.*, p. 63 (a. 938).
**percomplere:** *accomplir — to perform.* Dum

percompletur opus Dei. Benedicti regula, c. 44.

**perconsummare:** *achever — to finish.* Pontifex cum suo perconsummasset officio [i.e. suum ... officium]. Pass. II Leudegarii, *SRM.*, V p. 329.

**perculsio:** *effroi — fright.* DONAT. ANTR., V. Ermenlandi, c. 22, *SRM.*, V p. 706.

**percurrere:** **1.** *être livré périodiquement — to be delivered at regular intervals.* Ex pecunia nostra in quantum illis sufficiat victus adque vestitus percurrat, quatinus sine necessitatem vivant. SCHIAPARELLI, *CD. Longob.*, I no. 83 p. 247 (a. 745, Verona). De omnem frugens [i.e. de omni fruge] ... omni in tempore decima ibique a nostra curte percurrat in ellemosinis pauperum. Ib., no. 82 p. 240 (a. 745, Monza). **2.** (d'un laps de temps) *être en cours* — (of a space of time) *to be running.* Percurente indictione prima. GLORIA, *CD. Padov.*, p. 16 (a. 829). Similia Chron. Salernit., c. 21, ed. WESTERBERGH, p. 27. Constantini vicesimo tertio anno in imperio percurrente. ANAST. BIBL., Chron., ed. DE BOOR, p. 86.

**percurribilis:** *ayant cours — current.* 5 sol. de moneta percurribile. ROUQUETTE, *Cart. de Béziers*, no. 66 p. 80 (a. 1053).

**percursus** (decl. iv): **1.** *droit de parcours des porcs — right to drive pigs into a forest.* Dedit ... in foreste sua de B. pasnagium et percursum 100 porcorum in glande et filgeria. CHARLES-MENJOT, *Cart. du Mans*, no. 245 col. 148 (a. 1067-1070). **2.** *droit d'usage d'eaux — right to use waters.* Concessit ... totum percursum aquarum in omni curte de B. RÉDET, *Cart. de S.-Cyprien de Poitiers*, no. 158 p. 106 (a. 1015-1058). **3.** *droit de chasse dans une forêt réservée — right to pursue game into a forest.* S. xiii. **4.** *droit de réquisitionner de l'avoine pour les chevaux — right to exact oats for horses.* Dominum [Vergei] habere ... percursus in quolibet manso usque ad tres quartellos. *Ordonn.*, IV p. 221 (ch. a 1231). **5.** *accord relatif aux dépendants d'une seigneurie qui s'installent à demeure dans une autre seigneurie — agreement about dependants migrating from one seigniory to another.* BRUSSEL, *Examen*, II p. 1008 (ch. a. 1188). Didicimus percursum esse inter dictas villas. DC.-F., VI p. 267 col. 1 (ch. a. 1205, Auxerre).

**percussio:** **1.** **châtiment, punition — chastisement, punishment.* **2.** *fléau, calamité — plague, disaster.* GREGOR. M., Homil. euang., lib. 1 hom. 1 c. 1, MIGNE, t. 76 col. 1077 C.

**percussorius** (adj.): *de choc, d'avant-garde — of the forefront.* Dux ... qui in acie percussoria fuerat, oppositas sibi acies expugnavit. ROMUALD. SALERN., a. 1137, ed. GARUFI, p. 225. Subst. neutr. **percussorium:** *battant — clapper.* Percussorium tintinnabuli. Mir. Columbani (s. x med.), c. 13, *SS.*, XXX p. 1004.

**percussura:** **monnayage — coinage.* Percussura nomismatis. *D. Charles le Simple*, no. 67 (a. 911) et no. 104 (a. 919). Item D. Rodulfi reg. Fr. a. 930, MARTÈNE, *Thesaurus*, I col. 65. Percussura monetae. *D. Ottos I.*, no. 90 (a. 947). Item SIGEBERT. GEMBLAC., V. Deoderici Mett., c. 12, *SS.*, IV p. 470.

**percutere:** **châtier — to chastise.*

**perdagare** (cf. voc. indagare): **examiner, étudier — to scrutinize, study.* Subtilius cuncta [sc. sanctorum patrum testimonia] perdagantes. Lib. pontif., Steph. III, § 23, ed. DUCHESNE, I p. 476.

**perdebere:** *devoir — to owe.* Solam cunctis nec aliud nisi salutationem perdebere. Lib. diurn., c. 39, ed. SICKEL, p. 30.

**perdere:** **réprouver, condamner — to reprobate, condemn.* Passiv. perdi: **être damné, voué à la perdition — to be damned, doomed to hell.*

**perdica,** v. pertica.

**perdicere:** **réciter jusqu'au bout — to say from beginning to end.*

**perdilectus:** *bien aimé — much beloved.* S. xiii.

**perdita,** perduta, perdida, perdeda (femin.): **perte — loss.* Emendet ei totum dampnum et missiones et perdedas quas senior per illius fallimentum fecerit. Usat. Barcin., c. 34, ed. D'ABADAL-VALLS TABERNER, p. 15.

**perditio:** **1.** **malheur, affliction, ruine — mishap, disaster, downfall.* **2.** **perdition de l'âme — perdition of the soul.* **3.** *perte, préjudice — loss, injury.* S. xiii.

**perditor:** **1.** **celui qui perd, condamne — the one who dooms to perdition.* **2.** *celui qui perd, le vaincu — the loser.* JORDAN., Getica, c. 43 § 227, *Auct. ant.*, V pt. 1 p. 116. CASSIOD., Var., lib. 1 epist. 17 § 4, ib., XII p. 23; lib. 11 epist. 1 § 11, p. 329.

**perdonamentum:** *renonciation — waiving of claims.* ROSELL, *Lib. feud. maj.*, no. 47 (a. 1064). Ibi pluries.

**perdonare:** **1.** *concéder, octroyer* un privilège, une faveur — *to grant* a privilege, *to confer* a favour. Electionem quam petistis hilari vultu perdonavit. CANDID., V. Eigilis, c. 4, *SS.*, XV p. 224. Hoc [sc. liberam electionem abbatis] ita perdonasse cognoscat. *D. Ludwigs d. Deutsch.*, no. 48 (a. 848 ?). Sicut eis perdonavimus, ita liceat unam navem illorum per Renum discurrere. Ib., no. 89 (a. 858). Legem, qualem antecessores nostri vestris antecessoribus concesserunt, nos similiter vobis perdonamus et volumus observare. Conv. Leod. a. 854, c. 3, *Capit.*, II p. 77. Perdonamus ... B. comiti nostram benivolentiam et gratiam omnemque querimoniam, calumniam ... *D. Ottos I.*, no. 130 (a. 976). Perdonamus illis, ut nemo deinceps aliquod fotrum ab illis exigat. *D. Heinrichs IV.*, no. 334 (a. 1081). **2.** *faire grâce de* la vie — *to grant* one his life. Suam vitam illi perdonavemus. *D. Karolin.*, I no. 8 (a. 755). Ut ei [sc. reo] membra perdonentur. EGINHARD., epist. 48, *Epp.*, V p. 134. Vitam illis et integritatem membrorum suorum perdonetis. Leonis IV pap. (a. 847-855) epist., *Epp.*, V p. 597. Si eis jam vita perdonata est propter aliquod malefactum. Capit. Caris. a. 873, c. 3, *Capit.*, II p. 343. **3.** *remettre, lever* une peine — *to remit* a punishment. Sua bona et spontanea voluntate ... cesserunt et perdonaverunt eidem R. ... ipsam compositionem. MANARESI, *Placiti*, I no. 28 p. 88 (a. 814, Spoleto). Per tres jam annos bannum pro rejectione bonorum denariorum perdonavimus. Edict. Pist. a. 864, c. 21, *Capit.*, II p. 319. **4.** *remettre, faire remise de, renoncer à* un droit, une créance, *céder — to relinquish, renounce* a right or a claim. Ripaticum ... perdonamus. TORELLI, *Carte Reggiane*, p. 14 (a. 781). Omnem debitum



gratis perdonatum. BITTERAUF, *Trad. Freising*, I no. 184b p. 177 (a. 802). Tributum sibi perdonatum possit ostendere. Capit. per se scrib. (a. 818/819), c. 2, I p. 287. Hoc [sc. theloneum] ad ... Dei casam perdonatum habemus. *D. Arnulfs*, no. 170 (a. 898). Pontifici ... abbatiunculam ..., consentiente atque perdonante B. illustri marchione, qui eandem eatenus jure beneficiali obsederat, ... in proprium concessimus. *D. Ludw. d. Kindes*, no. 38 (a. 905). Perdonata in eis [sc. mansuris] vicaria et omnibus consuetudinibus illi monasterio. BERTRAND, *Cart. d'Angers*, I no. 241 p. 287 (a. 1007-1027). **5.** *pardonner* un méfait, un crime — *to condone* an offence, *forgive* a crime. Intercedentibus ... amicis ... perdonavimus ei hanc noxam. BITTERAUF, I no. 259 p. 232 (a. 807). Totum perdono quod contra me misfecerunt. Conv. Confluent. a. 860, *Capit.*, II p. 158. Emendent aut per indulgentiam sibi impetrent perdonari. Capit. Pist. a. 862, c. 2, p. 306. Ut haec ei perdonarem petivit. G. pontif. Camerac., lib. 3 c. 44, *SS.*, VII p. 482. Rex perdonavit ei ipsam culpam. HUGO FARF., Destr., ap. BALZANI, *Il Chron. Farf. di Greg. di Cat.*, p. 43. Papa ... perdonavit septimam partem peccatorum. Ann. Vindocin., a. 1095, ed. HALPHEN, *Rec. d'ann. angev.*, p. 67. **6.** *donner, envoyer — to give, send.* Gaudeamus ... in Domino ... qui nobis talem vitae perdonavit doctorem. ALCUIN., V. Willibrordi, c. 32, *SRM.*, VII p. 139 l. 27. **7.** *faire donation de — to donate.* Terram ... a regibus antiquitus pardonatam possederunt. BIRCH, *Cart. Sax.*, I no. 35 p. 59 (a. 675). Monasteria quae mihi ab ipso rege vel aliis quibuslibet pro redemptione animarum suarum perdonata sunt. Epist. a. 704 ap. EDD. STEPH., V. Wilfridi, *SRM.*, VI p. 245 l. 25. Jure proprietario concedimus et perdonamus [terras] ad habendum. GLORIA, *CD. Padov.*, p. 28 (a. 866). Quasdam res ... ad quandam abbatiunculam ... in proprium aeternaliter confirmando perdonavimus. *D. Arnulfs*, no. 116 (a. 893). Ibi pluries. Duas curtes ... roboramus et stabilimus ac perdonamus ipsi cenobio. *D. Ugo*, no. 21 p. 64 (a. 929). Parti ipsius ecclesie funditus donamus et perdonamus. *D. Ottos I.*, no. 144 (a. 952).

**perdonatio:** **1.** *remise, renonciation, cession — relinquishment, renunciation.* *D. Ottos II.*, no. 244 (a. 981). **2.** *pardon — forgiveness.* [Rex] omnibus suam voluntatem et perdonationem ... accognitet. Capit. missa de Caris. a. 856, c. 11, II p. 281. Perdonatio quam dominatio vestra nobis ... perdonavit. Capit. Caris. a. 877, c. 4, p. 356. **3.** *donation — donation.* *D. Berengario I*, no. 33 p. 99 (a. 900).

**perducere:** *introduire* dans une possession (dans l'acte de saisine) — *to lead* into possession. Coram judice per sententiam in proprietatem suam perduxit. HOENIGER, *Koelner Schreinsurk.*, II p. 228 c. 24 (a. 1178-1202).

**perdurare,** **1.** transit: **endurer — to stand, bear.* **2.** intrans.: **persister — to persevere.*

**perduta,** v. perdita.

**pereger** (genet. -gris) (adj.): **qui voyage, étranger — from abroad.* Subst. mascul. **pereger:** *un étranger — an alien.* Susceptor peregrum. FORTUN., lib. 4 carm. 10, *Auct. ant.*, IV pt. 1 p. 86.

**peregre:** *en pèlerinage — on a pilgrimage.* S. xii.

**peregrinari** et peregrinare: **1.** *aller en pèlerinage — to go on a pilgrimage.* Romam peregrinans. V. Severi presb. Ravenn. (s. vii), MURATORI, *Scr.*, I pt. 2 p. 563 C. **2.** *être en exil comme pénitence — to suffer penitencial exile.* Vitam peregrinando finiat. Poenit. Casin., c. 24, suam SCHMITZ, I p. 404. Omnibus diebus vitae suae ignominiosus peregrinando poeniteat. Leg. Henrici, c. 5 § 17, LIEBERMANN, p. 550. **3.** **être dans ce monde* (en parlant de l'exil de cette vie) — *to stay in the present world* (with a view to the exile of earthly life). **4.** *mener la vie monastique — to lead a monastic life.* Me monacham facio ... devota mente paratam peregrinari coram Deo. BIRCH, *Cart. Sax.*, I no. 79 p. 114 (a. 692). Unacum sancta congregacione vestra, quam de diversis provinciis ad peregrinandum propter nomen suum vobiscum Dominus coadunavit. BRUCKNER, *Reg. Alsatiae*, no. 125 (a. 735, Murbach).

**peregrinatio:** **1.** *pèlerinage aux lieux saints — pilgrimage to holy places.* GREGOR. M., lib. 8 epist. 22, *Epp.*, II p. 24. **2.** *exil pénitentiel —penitencial exile.* Cum peregrinatione perenni 7 annos peniteat. Theodori paenitent., lib. 1 c. 2, SCHMITZ, I p. 527. Canon. Hibern., lib. 28 c. 5, ed. WASSERSCHLEBEN, p. 112. [Peccatum] peregrinatione perpetua delendum. BENED. LEV., lib. 2 c. 421, *LL.*, II pt. 2 p. 97.

**peregrinus** (adj.): **1.** *qui est en pèlerinage — being on a pilgrimage.* Obviaverunt pauperibus peregrinis. PETR. PRESB. ap. FEDERICI, *Chron. Vulturn.*, I p. 126 l. 11. **2.** *qui est en exil pénitentiel — banished by way of penance.* 10 annos peregrinus peniteat. Poenit. Valicell. I, c. 19, SCHMITZ, I p. 274. **3.** *d'un pèlerin — of a pilgrim.* In Hibernia cum ... peregrinam pro aeterna patria duceret vitam. BEDA, H. eccl., lib. 3 c. 13. Ibi talia pluries. **4.** *qui fait défaut — failing.* Peregrinae sanitati de praesenti est reddita. FORTUN., V. Germani Paris., c. 28, *SRM.*, VII p. 389. Id., lib. 2 carm. 16 v. 156, *Auct. ant.*, IV pt. 1 p. 48. Subst. mascul. **peregrinus:** **1.** **pèlerin — pilgrim.* Peregrinos qui propter Deum ad Romam vel alicubi vadunt. Pippini capit. (a. 754/755), c. 4, I p. 32. Lib. pontif., Hadr., § 81, ed. DUCHESNE, I p. 510. **2.** *moine — monk.* Pro consolatione peregrinorum ibidem [in monasterio] deservientium. GIORGI-BALZANI, *Reg. di Farfa*, II doc. 1 p. 23 (a. 705).

**peremptio:** **destruction, suppression — destruction, annihilation.*

**peremptorie:** **péremptoirement — peremptorily.*

**peremptorius:** **péremptoire, définitif — peremptory, final.*

**perendinare:** *séjourner, demeurer — to stay, sojourn.* Toto ... tempore ibi perendinans mansit. MABILLON, *Ann.*, IV p. 6 (a. 981). In pace perendinavit ... in regno fratris sui. ROBERT. DE TORINN., ad a. 1101, *SS.*, VI p. 481 l. 48. Quisque advena ... annum unum et diem unum in terra sua perendinaret. LAMBERT. ARD., c. 36, *SS.*, XXIV p. 579.

**perendinatio:** *jouissance du droit de gîte — compulsory housing.* Interdicens ... omnes hospitationes, perhendinationes potentiumque per vim diversiones. D. Roberti reg. Fr. a. 999, DOUBLET, p. 826.

**perennare,** perhennare (transit.): *éterniser — to eternalize.* S. xiii.

**perennis,** perhennis: **éternel, céleste — eternal, heavenly.*
**perennitas,** perhennitas: **la vie éternelle des bienheureux — the eternal life of the blessed.*
**perenniter,** perhenniter: **perpétuellement, pour de bon — for ever, eternally.*
**peraequator: 1.** *répartiteur de l'impôt — assessor of taxes.* Cod. Justin., 10, 25, 1. **2.** *fonctionnaire qui fixe le prix des denrées — official in charge of price fixation.* CASSIOD., Var., lib. 6 epist. 6 § 6, *Auct. ant.*, XII p. 180. **3.** *priseur — appraiser.* SCHIAPARELLI, *CD. Longob.*, II no. 155 p. 81 (a. 761, Pavia). Ib., no. 190 p. 177 (a. 765, Milano).
**perexpedire:** *célébrer jusqu'au bout — to celebrate throughout.* CAESAR. ARELAT., Serm., ed. MORIN, p. 295. Ante [h]ora[m] secunda[m] noctis vigilias perexpedire. Concil. Autissiod. a. 711, c. 11, *Conc.*, I p. 180.
**perexire:** *se déverser — to debouch.* Per canale ... perexiente in flumine. GLORIA, *CD. Padov.*, p. 7 (a. 819).
**perfectio:** **perfection, caractère parfait — perfection, perfect state.*
**perfectum** (subst. neutr.): **achèvement — completion.*
**perfectus** (adj.): **parfait, sans défaut, sans défaillance — perfect, faultless.*
**perfidare:** *manquer à sa foi — to commit perfidy.* [Uxor adulter] perfidare non metuens. JULIAN., Hist. Wambae, insult. in tyr. Galliae, c. 3, *SRM.*, V p. 527. Perfidasse detecti sunt. Concil. Tolet. XVI a. 693, AGUIRRE, *Concil. Hisp.*, II p. 746.
**perfidia:** **incroyance, incrédulité, hérésie — unbelief, disbelief, heresy.*
**perfidus** (adj. et subst.): **incrédule, incroyant, mécréant, païen, hérétique — unbelieving, disbelieving, heathen, heretical.*
**perfinitio:** *décision — decision.* Emunda territorium meum usque ad legis perfinitionem. Lex Baiwar., tit. 12 c. 9.
**performare:** *exécuter — to perform, carry out.* S. xiii.
**perfunctorie:** **sommairement, négligemment — briefly, carelessly.*
**perfunctorius:** **léger, rapide, superficiel — hasty, cursory, superficial.*
**pergamenarius,** parga-, -min-, -ment-, -erius: *parcheminier — parchment-maker.* Adalhardi Corbej. stat., lib. 1 c. 1, ed. LEVILLAIN, p. 352. CIPOLLA, *CD. Bobbio*, I p. 141 (a. 833).
**pergameneus,** -min-: *de parchemin — of parchment.* S. xii.
**pergamenum,** par-, -ca-, -minum, -mentum (< Pergamon): *parchemin — parchment.* CAESAR. ARELAT., Serm., ed. MORIN, p. 21. Ps.-HIERON., *Revue Bénédictine*, 1928, p. 301.
**pergea,** pergeia, pergia, v. percheia.
**pergyrare:** *parcourir — to make the circuit of* an area. Cursores provintiae ... cunctam pergirant regionem. Encom. Emmae, lib. 1 c. 3, ed. CAMPBELL, p. 10.
**pergravare:** *opprimer — to oppress.* Mir. Januarii (s. vi/vii), ed. SCHERILLO, p. 319. GABOTTO, *Carte di Tortona*, p. 3 (a. 883).
**pergula:** *arceau* placé devant l'autel — *arch* in front of the altar. Lib. pontif., Greg. III, § 7, ed. DUCHESNE, I p. 417; Leo III § 49, II p. 13.
**pergularium,** pergol-, -are (< perguia): *vigne en pergole — vineyard in the shape of a bower.* S. xiii, Ital.
**pergulatum,** pergol-: i.q. pergularium. S. xiii, Ital.
**pergus,** pirg-, pigr-, -um, -ium (< pergere ?): **1.** *voie publique — highway.* Ducente se via regio, ut dicunt, pergio substitit. Hist. Mosom., c. 4, *SS.*, XIV p. 602. Jura pigrorum vel viarum ... usurpando ... Neque in omnibus supranominatis locis et districtis pigrisque quibuslibet seu viis interpositis aliquam justitiam ... usurpare audeat. D'ACHÉRY, *Spic.*, XII p. 157 (ch. a. 1076, Vermandois). Forisfacturas quae ibi in pergis et antiquis viis solent evenire. DC.-F., VI p. 274 col. 2 (ch. a. 1172, Laon). **2.** *justice des voies publiques — highway jurisdiction.* [Habet ecclesia] bannum et justitiam, impetum et burinam, ictum et sanguinem et letum, rupturam et pirgium regium. ROUSSEAU, *Actes de Namur*, no. 9 (a. 1154). Eadem verba: MARTÈNE, *Coll.*, I p. 707 (a. 1131).
**perhabere** (a voce perhibere discernendum): *posséder pour jamais — to possess for ever.* Dono, trado ad proprium perhabendum omni tempore. *Hist. de Lang.*³, II pr. no. 16 col. 66 (a. 804, Gellone).
**perhennis,** v. perenn-.
**peribolus,** periv-, -ulus, -olium (gr.): **1.** **levée de terre — entrenchment.* Tyrones peribolum conscendentes. RICHER., lib. 1 c. 50, ed. LATOUCHE, I p. 100. [Locus] possit undique protegi, aut cum stipitibus maceriave vel peribolo. Chron. Novalic., lib. 2 c. 2, ed. CIPOLLA, p. 128. **2.** *breuil, parc clôturé pour le gibier — covert, fenced-in space for game.* Perivolia, id est briolia. LIUDPRAND. CREMON., Legat., c. 37, ed. BECKER, p. 194. **3.** *cloître, enceinte claustrale — monastic precincts.* [Jejunium] excludat diabolum de peribolo s. ecclesiae. AMALAR., Antiph., c. 27, ed. HANSSENS, III p. 61. Juxta ecclesiam b. Albini in quodam suo peribolo. Hist. Juliani Turon. (s. xi), MARTÈNE, *Coll.*, V col. 1076. **4.** *archives — archives.* In peribulis aut scriniis cartarum ejusdem loci. ODO GLANNAF., Mir. Mauri, lib. 3 c. 1, *SS.*, XV p. 465 l. 10.
**periclisis** (gr.): *orfroi — orfrey.* Lib. pontif., Leo III, § 3, ed. DUCHESNE, II p. 1. Ibi saepe.
**periclitari** et periclitare, periculitare, periculare: **1.** **être en danger de mort — to be in peril of one's life.* Si cavallus ... ibidem ceciderit aut homo periclitaverit. Edict. Rothari, c. 305. Praeter pascha et pentecosten baptisma non celebretur excepta necessitate periclitantium. Concil. Tribur. a. 895, c. 12, inscr., *Capit.*, II p. 219. **2.** (d'un navire) *faire naufrage* — (of a ship) *to be wrecked.* RATHER., Praeloq., lib. 5, MARTÈNE, *Coll.*, IX col. 924. **3.** *périr par naufrage — to perish by shipwreck.* DC.-F., VI p. 275 col. 2 (ch. a. 1180, S.-Bertin). **4.** ab aliqua re: *déchoir — to be deprived.* Sciat se ... a gradu sui ordinis periclitari. Ghaerbaldi capit. (a. 802-810), c. 5, I p. 243.
**periclitatio:** *perdition de l'âme — perdition of the soul.* Lib. pontif., Steph. II, § 50, ed. DUCHESNE, I p. 455. Bened. III pap. (a. 855-858) epist., *Epp.*, V p. 613.
**periculum: 1.** **péril, dommage, dam — peril, damage, loss.* **2.** periculum animae: *damnation — damnation.* Propter hoc nobis periculum animae evenire possit. Capit. de miss. instr. a. 829, *Capit.*, II p. 8 l. 24. **3.** periculum gradus, honoris: *déchéance — deprivation, dismissal.* Sui gradus periculum sustinebit. Coll. Quesnell., MIGNE, t. 56 col. 537 A. Periculum [i.e. periculo] sui honoris subjaceat. Ghaerbaldi capit. (a. 802-810), c. 11, I p. 243. Proprii gradus periculo subjaceat. Capit. Olonn. eccl. II a. 825, c. 5, I p. 328.



**peripsema** (neutr., genet. -atis) (gr.): (figur.) **ordure, rebut* (terme de modestie) — *waste, refuse* (expression of humility).
**perire:** **être damné éternellement — to be doomed to hell.*
**peritia:** *renseignement — information.* Hanc peritiam inveni ex traditione veterum. NENN., c. 17, ed. LOT, p. 161. Ibi pluries.
**perivolium,** v. peribolus.
**perjacere:** *être alité — to be bedridden.* Cellas pauperum infirmorum perjacentium. Lib. pontif., Paul. (a. 757-767), § 3, ed. DUCHESNE, I p. 463.
**perla,** v. perula.
**perlator:** **messager, porteur d'une lettre — messenger, letter-carrier.*
**perloqui:** *discuter à fond — to discuss thoroughly.* S. xii.
**perlustrare: 1.** *éclairer — to light.* GREGOR. TURON., H. Fr., lib. 1 c. 39. **2.** *illuminer — to enlighten.* Vir tanta divinitate perlustratus. ATTO VERCELL., Serm., MIGNE, t. 134 col. 852 C.
**permanere** in aliqua re: *posséder en tenure — to hold as a tenancy.* Homines tam ingenuos, liberos quamque servos in possessionibus vel mansionibus ipsius ecclesie permanentes. *D. Ugo*, no. 3 p. 13 (a. 926).
**permittere: 1.** *laisser* une chose en tel état — *to leave* a thing in a definite state. Permittas ostium apertam. Narrat. Favent. (s. viii med.), ed. MITTARELLI, p. 369. **2.** *laisser après soi — to leave behind.* Quasdam res nostrae proprietatis, quas nobis Uda nostra nepta legitime hereditando permisit. *D. Ottos I.*, no. 216 (a. 960). **3.** *donner congé à* qq'un — *to let* a person *go.* Cum caritate eum permisit. GERHARD. AUGUST., V. Oudalrici, c. 26, *SS.*, IV p. 411 l. 46. **4.** *commettre, déléguer — to commit, confide.* Reliquas [homilias] aliis pronuntiare permisit. JOH. DIAC., V. Gregorii M., MIGNE, t. 75 col. 224 C.
**permixtio:** **coït — coition.*
**perna,** v. perula.
**pernoctare:** *ajourner — to put off.* Pernoctare vindictam perpetiare. Ruodlieb, fragm. 5 v. 499.
**pernoctatio: 1.** **action de passer la nuit, veillée — passing the night, night-watch.* **2.** *exercice du droit de gîte — availing oneself of compulsory housing.* LUDEWIG, *Reliq.*, VI p. 52 (ch. a. 1045, Bohème). D. Heinr. V imp. a. 1114 ap. DC.-F., VI p. 278 col. 3.
**pero** (genet. -onis) = pera.
**peroptime:** *très bien — very well.* S. xii.
**peroptimus:** *remarquable — very good.* S. xi.
**perpacare** (cf. voc. pacare): *payer entièrement — to pay in full.* S. xiii.
**perpendere:** **comprendre par réflexion — to understand by thinking.*
**perperus,** v. hyperperus.
**perpetrare** et depon. perpetrari, malo sensu: **commettre — to commit.*
**perpetratio:** **action de commettre — commitment.*
**perpetrator:** **celui qui commet — perpetrator.*
**perpetualiter:** **continuellement — throughout.*
**perpetuare: 1.** *promettre définitivement — to promise lastingly.* Quod ne fieret scripto juramentoque perpetuaverat. AUXIL., MABILLON, *Anal.*, IV p. 613. **2.** *transférer définitivement — to convey finally.* Allodium ... Giselberto ... perpetuavi. GYSSELING-KOCH, *Dipl. Belg.*, no. 233 (a. 1088, Brabant).
**perpetue:** *continuellement — throughout.* CASSIOD., Var., lib. 7 epist. 6 § 3, *Auct. ant.*, XII p. 205. Hormisd. pap. epist. 121 § 3, THIEL, II p. 925.
**perplexitas: 1.** **enchevêtrement — intricacy.* **2.** (figur.) **complication, embarras, ambiguïté — complication, trouble, dubiety.*
**perplures:** **très nombreux — very many.*
**perplurimus:** **très nombreux, très grand — very numerous, very big.*
**perportare, 1.** testimonium: *témoigner — to bear witness.* Nos veri testes sumus et verum testimonium de jam dicto M. perportamus. PROU-VIDIER, *Ch. de S.-Benoît-s.-Loire*, I no. 11 p. 27 (a. 817). **2.** *fournir la preuve* d'une assertion par serment ou par ordalie — *to bear out* an allegation by oath or ordeal. Per legem tricenariam ... ad ipsum beneficium sui senioris aut ad partes domni Karoli regis perportare volebat. GUÉRARD, *Cart. de S.-Victor*, I no. 31 p. 46 (a. 780). Dum conjunti fuessent ambas partis [i.e. ambae partes] ... [ad] perportandum livertate[m] de ipsa L. conjuge sua, qualiter melius potuessent. MANARESI, *Placiti*, I no. 34 p. 107 (a. 822, Milano). Tunc eorum [i.e. a judicibus] judicatum est ut [partes] perportent qualiter dixerunt. Ib., no. 68 p. 248 (a. 865, Como). Volunt jurare et perportare ipsas vineas et ipsos campos, quod melius eis succedere[n]t ... quam ipsi homines [i.e. ipsis hominibus]. THÉVENIN, *Textes*, no. 137 (a. 967, Marseille).
**perprehendere:** *s'approprier — to seize.* Eorum hereditatem injuste haberet perpressam [leg. perpresam]. BITTERAUF, *Trad. Freising*, I no. 258 p. 231 (a. 807).
**perprehensio,** -prensio, -prisio: **1.** *acquêt — acquisition.* [Monachi] faciant perprisiones ubicumque voluerint. DE MARCA, *Marca hisp.*, app., col. 902 (a. 973). **2.** *enclos — enclosure.* Domum meam in civitate Rotomagi cum viridariis atque tota ipsius perprehensione. *Gall. chr.*², XI instr. col. 73 (ch. a. 1082). Unum campum et perprensionem ipsius campi. Ib., VI, instr. col. 432 (ch. a. 1093).
**perpunctum,** pro-, pur-, -poinct-, -us: *pourpoint — doublet.* S. xiii.
**perquirere: 1.** *acquérir — to acquire.* Hoc [sc. pretium mancipii redimendi] non dubitavit [Germanus] vel perquirere vel donare. FORTUN., V. Germani Paris., c. 10, *SRM.*, VII p. 379. Potestatem hoc [h]abeas perquirendum [i.e. perquirendi]; et cum adquisitum hoc [h]abueris ... MARTORELL, *Arch. Barcelona*, no. 63 p. 194 (a. 919). **2.** furem, latronem: *poursuivre, traquer — to trace, prosecute.* Pactus Childeb. et Chloth. (a. 511-558), c. 16, *Capit.*, I p. 7. Lex Visigot., lib. 5 tit. 5 c. 3. Capit. Mantuan. (a. 813), c. 10, p. 191. Capit. Caris. a. 873, c. 7, II p. 345. **3.** *surveiller, traquer — to follow, watch.* Minime me Agareni preter-mittunt, sed indesinenter perquirunt. Chron. Salernit., c. 109, ed. WESTERBERGH, p. 122.

4. *poursuivre* un but — *to strive after, aim at.* Aecclesiasticam utilitatem et populi pacem ... perquirere studeremus. Capit. Pap. pro lege ten. a. 856, c. 1, II p. 90. Assecurabunt quod ... [non] perquirent malum vel damnum regi vel regno. Const. Clarend. a. 1164, c. 4, STUBBS, *Sel. ch.*[9], p. 165.

**perquisitio:** **recherche, investigation — inquiry, research.*

**perquisitum:** *achat, acquêt — purchase, thing acquired.* S. xiii.

**perraria,** v. petraria.

**persatum,** v. 2. persicum.

**perscrutator:** **investigateur — searcher.*

**persecutio:** **persécution* contre les chrétiens — *persecution* of Christians.

**persecutor:** **persécuteur* des chrétiens — *persecutor* of Christians.

**persequi:** **persécuter — to persecute.*

**persetum,** perseum, v. 2. persicum.

**perseverabilis:** **qui dure — lasting.*

**perseverare: 1.** **demeurer* dans un lieu — *to stay* in a place. **2.** *(de choses) *subsister, continuer à exister* — (of things) *to remain in being.* Monasterium hactenus perseverat. EUGIPP., V. Severini, *CSEL.*, t. 9 pt. 2 p. 66. Perseverantia usque ad praesens tempus monumenta. PAUL. DIAC., Homil., MIGNE, t. 95 col. 1533. Ecclesia ... actenus perseverat. PETR. SUBDIAC., Mir. Agrippini, CAPASSO, I p. 325. **3.** (de personnes) *rester* en telle condition — (of persons) *to remain* in a definite position. Sub nostra tuitione ... perseverent. D. Lud. II imp. a. 871, *CD. Langob.*, no. 192 col. 324 (BM.[2] 1214). **4.** (de choses) *rester* en tel état — (of things) *to remain* in a definite state. Hoc preceptum in sua soliditate stabile perseveret. BRUNETTI, *CD. Tosc.*, I p. 506 (a. 742). Imperium nostrum inviolabile perseveret. *D. Ugo*, no. 7 (a. 927).

**perseveratio:** **persévérance — perseverance.*

**persicarius:** *pêcher — peachtree.* Capit. de villis, c. 70. Brev. ex., c. 29 et 40, *Capit.*, I p. 255 sq.

**1. persicum,** -ca: *pêche — peach.* Mitia poma, persica quae vulgi nomine dicta sonant. FORTUN., lib. 7 carm. 14, *Auct. ant.*, IV pt. 1 p. 169. LETHALD., Mir. Maximini Miciac., § 16, MABILLON, *Acta*, I p. 602. GUILL. HIRSAUG., Const., lib. 1 c. 10, MIGNE, t. 150 col. 943 C.

**2. persicum,** persetum, persatum, persium, perseum, persum: **1.** *couleur bleue foncée — perse, dark blue colour.* S. xiii. **2.** *drap bleu foncé — dark blue cloth.* S. xiii.

**persinus** (adj.): *bleu foncé — dark blue.* Vestem persinam. JOH. ROM., Cena, lib. 2 v. 74, *Poet. lat.*, IV p. 879.

**persistentia:** *continuité, permanence — continuance, constancy.* S. xii.

**persistere: 1.** *rester* dans un lieu — *to stay* in a place. Qui in eis habitare voluerit, semper persistant atque permaneant. ROMANIN, *Venezia*, I p. 349 (a. 829). Nec in ipsa [urbe] persistere ausus est. ANAST. BIBL., Chron., ed. DE BOOR, p. 201. Inibi persistens conservatur. ATTO VERCELL., Press., ed. BURONTIUS, p. 201. **2.** *rester* en tel état — *to remain* in a definite state. Perpetuis temporibus stavilitum persistere debeant. BRUNETTI, *CD. Tosc.*, I p. 418 (a. 684). Omnia in perpetuum immutilata persistant. MITTARELLI, *Ann. Camaldul.*, p. 3 (a. 871). **3.** *appartenir d'une manière permanente — to belong for ever.* Fruges ... in monachorum ... usu et sumptu persistant. *D. Ugo*, no. 19 p. 53 (a. 929). Rebus ad ecclesiam ... eternaliter persistendum. BITTERAUF, *Trad. Freising*, II no. 1091 p. 33 (a. 937-957).

**persolutio:** **paiement, acquittement — payment, settlement.*

**persolvere: 1.** *procurer — to procure.* Pro justitia eidem ecclesie persolvenda. *D. Karls III.*, p. 331 (s. ix ex.). **2.** *accomplir — to perform.* Militiae munere persoluto. CASSIOD., Var., lib. 2 epist. 28 § 5, *Auct. ant.*, XII p. 63. Divinum officium humiliter ac devote persolvere. Concil. Aquisgr. a. 816, c. 131, *Conc.*, II p. 408. Nullatenus [opera restaurationum] partibus ecclesiarum persolvatur. Admon. ad ord. (a. 823-825), c. 24, *Capit.*, I p. 307. Layci simul cum clericis ... debitum persolvunt jugiter officium. JOH. NEAPOL., V. Athanasii, c. 1, *Scr. rer. Langob.*, p. 440 l. 36. Dum divina misteria in sancta sede persolvisset. PETR. SUBDIAC., Mir. Agrippini, CAPASSO, I p. 325. Ad vespertinalem persolvendam pergerem synaxim. RATHER., epist. 7, ed. WEIGLE, p. 39 sq.

**persona: 1.** **individu, être humain — individual, man.* Vidit duas personas se invicem salutantes. GREGOR. TURON., H. Fr., lib. 2 c. 7. Filius vel quaecumque persona liberorum. Lex Rom. canon. compta, c. 127, ed. MOR, p. 93. **2.** *personne* (en parlant du statut personnel des non-libres) — *person* (with reference to servile status). Tibi ... de mea portionem, quod est dimidia parte [i.e. pars] persone tuae, tibi cartolam absolutionis emitto. SCHIAPARELLI, *CD. Longob.*, I no. 109 p. 314 (a. 753, Varsi). Ille quinque personas [i.e. personae] a dicto masaricio [i.e. ad dictum mas.] debe[nt] pertinere. *CD. Langob.*, no. 179 col. 302 C (a. 852, Milano). Persona ancilla cum cun[c]ta vestimentola [sua]. Ib., no. 857 col. 1513 A (a. 991). **3.** *personne* (en soulignant l'action personnelle) — *person* (stressing personal action). Nullus albergariam vel placitum ... vel bannum absque regali persona exigat. *CD. Langob.*, no. 434 col. 749 B (a. 909, Roncaglia). Ablativ. persona en personne — in person. Pontifex ... persona sese medium dedit. Lib. pontif., Joh. VI, ed. MOMMSEN, p. 217. Ex persona illius: *au nom de — in the name of. [Missi papae] ex persona vicarii b. Petri eum [sc. regem] deprecati sunt. Ib., Hadr. I, § 19, ed. DUCHESNE, I p. 492. Legatos misit qui ex persona sua veniam peterent. Contin. III ad PAULI DIAC. Hist. Langob., *Scr. rer. Langob.*, p. 211 l. 8. Ut ex persona chagani erat. ANAST. BIBL., ed. DE BOOR, p. 241. Tyranni miserunt ex personis suis judicem. Pass. Bonifatii, *AASS.*, Maji III p. 280. Pro sui persona ad respondendum minime direxerint prosecutorem. Lex Visigot., lib. 2 tit. 1 § 18. Nec ad placetum advenit, nec misso [i.e. missum] in persona sua direxit. F. Andecav., no. 12, *Form.*, p. 9. **4.** *identité — identity.* Cujus personam cum abbas inquireret, et ille fratrem Autbertum nominaret ... RIMBERT., V. Anskarii, c. 7, ed. WAITZ, p. 28. **5.** *personne morale — corporate body.* In persona denominata[e] ecclesia[e] retradimus. MOREA, *Chart. Convers.*, p. 37 (a. 959). **6.** *personnification — personification.* Rachelem ecclesiae esse personam, nemo est qui abnuat. PAUL. DIAC., Homil., MIGNE, t. 95 col. 1176. **7.** *délégué, fondé de pouvoirs — representative, proxy.* Quia personam episcopus non misit qui juraret quod [episcopus] illuc venire non posset. Ann. Bertin., a. 868, ed. WAITZ, p. 96. **8.** persona alicujus: *physique, taille — appearance, stature.* Passi ad justum mensuratum hominis mediocris persona ... numero 17. *CD. Cav.*, I no. 21 p. 22 (a. 842). Homo ad personam satis procerus. LIUDPRAND. CREMON., Legat., c. 2, ed. BECKER, p. 177. Duo viri magnarum et pulcherrimarum personarum. RUDOLF., G. abb. Trudon., lib. 3 c. 10, ed. DE BORMAN, p. 45. **9.** *beauté — fairness.* Virum ... elegante persona [i.e. elegantis personae]. Pass. Hermagorae (s. ix), ed. MOMBRITIUS[2], II p. 8. Non vidi in mulieribus talem personam. JOH. NEAPOL., Pass. Febroniae, ib., I p. 538. **10.** **la qualité d'être reconnu comme personne ayant des droits — legal status.* [Servi] personam legibus non habebant. CASSIOD., Var., lib. 6 epist. 8, *Auct. ant.*, XII p. 181. **11.** *compétence, capacité — competence, qualification.* Cum nec personam judicandi haberet, subrepit. RUSTIC., ap. SCHWARTZ, *Concil.*, II pt. 3 p. 40 l. 17. Res juris alieni sine domini voluntate ab eo qui non habet distrahendi personam alienari non patimur. Lex Visigot., lib. 5 tit. 4 c. 13. **12.** *dignité, rang, importance — dignity, standing.* Non ab eo [sc. abbate] persona in monasterio discernatur. Benedicti regula, c. 2. Laicus quidam magnae personae ad nos veniens. BONIF.-LULL., epist. 50, ed. TANGL, p. 83. Unumquemque vestrum secundum suum ordinem et personam honorabo. Sacram. Caris. a. 858, *Capit.*, II p. 296. Nullius persone homo ausus sit ... confringere. *D. Ludwigs d. Kindes*, no. 64 (a. 908). **13.** *individu d'un certain rang social, personnalité — someone of a certain standing, personality.* Personae ecclesiasticae. GREGOR. M., lib. 3 epist. 32, *Epp.*, I p. 190. De ecclesiasticis [qui incestum commiserint], si bona persona fuerit, perdat honorem suum. Pippini capit. (a. 754/755), c. 2, I p. 31. Si ... illi in quorum praesentia [cavallus] venditus fuerit, sint personae utiles quibus credatur. Sicardi Benevent. pact., c. 15, *LL.*, IV p. 220. Obitus ... sicut pro altioribus personis mos est, celebrabitur. DC.-F., VI p. 283 col. 3 (ch. a. 1073). Personarum probabilium signis in testimonium roboravit. BERNARD-BRUEL, *Ch. de Cluny*, V no. 3732 p. 80 (a. 1099, Reims). **14.** *fonctionnaire — official.* Quodsi causa inter personam publicam et hominibus [i.e. homines] ecclesiae steterit. Chloth. II edict. a. 614, c. 5, *Capit.*, I p. 21. De praedictis personis publicis [sc. comite, locoposito, sculdasio]. Guidonis capit. Pap. a. 891, c. 3, II p. 108. Nullus dux, archiepiscopus, episcopus, marchio, comes, vicecomes, gastaldio, sculdassius nullaque regni persona. *D. Heinrichs IV.*, no. 170 p. 221 (a. 1065). Consilio et assensu personarum nostrarum ... annuimus. MULLER-BOUMAN, *OB. Utrecht*, I no. 305 p. 279 (a. 1122). Consilio personarum nostrarum [sc. episcopi Cameracensis] et laicorum nostrorum attestatione. DC.-F., VI p. 283 col. 2 (ch. a 1141). [Episcopus] cum personis ecclesie sue et primoribus civitatis illi ... occurrerunt. Actus pontif. Cenom., c. 35 (s. xii med.), ed. BUSSON-LEDRU, p. 418. **15.** *dignitaire — dignitary.* Sanctae Dei ecclesiae corpus in duas eximias personas, in sacerdotalem videlicet et regalem, divisum esse. Concil. Paris. a. 829, lib. 1 c. 3, MANSI, t. 14 col. 537. Normam universae religionis atque ecclesiasticae disciplinae in duabus consistere personis, pontificali videlicet atque imperiali. Concil. Aquisgr. a. 836, praef., ib., col. 673. Regum vel imperatorum persona, sicut inter homines est altissima, ita ad deponendum vel judicandum hominibus est periculosissima. *D. Heinrichs IV.*, no. 402 (a. 1089). **16.** *ecclésiastique qui a été investi d'une cure* par l'évêque et qui la tient à vie, à titre personnel (soit qu'il la dessert personnellement, soit qu'il la délègue à un vicaire) — *parson,* an ecclesiastic invested with a cure by the bishop for lifetime. Damus eis [fratribus] in augmento boni tres personas ad hec tria altaria ... tali ratione ut si aliquem horum trium mors prevenerit, priori persone ego eum restauro. GUIMANN, Cart. s. Vedasti, ed. VAN DRIVAL, p. 64 (ch. ca. a. 1030). Personae ab ei [sc. abbate s. Vitonis] presentatae altare supradictum tradidi, dato tenore hujusce privilegii, ut persona defuncta alteri personae ad opus monachorum altare reddatur absque omni pecunia. VARIN, *Arch. de Reims*, I p. 207 no. 9 (a. 1040). Altaria ... aecclesie s. Bertini sub personarum testimonio contradidi, ut videlicet, quamdiu ipse persone advixerint, predicta aecclesia ... teneat altaria que hic cum nominibus personarum subponuntur. HAIGNERÉ, *Ch. de S.-Bertin*, I no. 70 p. 23 (a. 1040, Thérouanne). Prepositus cum consens: abbatis et seniorum personam idoneam eligat, factaque conventione quali inter eos convenerit, archidiacono eum prestet et cura animarum ei ... committatur. D'HERBOMEZ, *Cart. de Gorze*, no. 129 p. 231 (a. 1055). Altare de W. ad mensam sanctimonialium tali pacto concessi, ut mihi [i.e. episcopo] et successoribus meis ... pro restitutione personae ipsius altaris 10 sol. [persolvantur]. MIRAEUS, I p. 65 col. 2 (a. 1065, Thérouanne). Defuncto clerico qui persona loci illius existeret, semper alium qui itidem in personam succederet subrogarent. PÉLICIER, *Cart. de Châlons-s.-Marne*, p. 46 (a. 1078). In predictis aeclesiis id mei [sc. episcopi] juris esse decerno, ut in inmutatione personae earundem aeclesiarum 10 sol. exinde michi persolvantur. GYSSELING-KOCH, *Dipl. Belg.*, no. 159 p. 273 (a. 1085, Tournai). Altare b. Remigii, omni personarum successione sequestrata, tenore perpetuato [ecclesiae s. Remigii] tenendum possidendumque concessimus. VARIN, o.c., no. 67 p. 240 (a. 1089). Ecclesiam ... persona ejusdem ecclesie intercedente ab omni episcopali jure absolvit. GYSSELING-KOCH, no. 235 (a. 1095, Cambrai). Altari de R. ... jus libertatis concedimus ... sub hac tamen conditione, ut persona curam synodi prosequatur. Ib., no. 143 (a. 1096, Tournai). **17.** *droit de personnat,* l'obligation qui incombe au patron d'une église paroissiale de présenter un ecclésiastique à l'évêque après le décès du titulaire — *bond obliging the advowee of a parish to present an ecclesiastic* for investment

in lieu of a deceased parson. Haec quinque [altaria] concedo fratribus ejusdem loci hac lege tenenda, videlicet sine personis, sine redemptione et obsoniorum persolutione. Miraeus, I p. 55 col. 2 (ch. a. 1046, Cambrai). B. ecclesia libera sit amodo a persona et ab omni redemptione. Gysseling-Koch, no. 227 (a. 1073, Cambrai). Ecclesiae libertatem, quam diu amiserat, restitui et altare solutum a persona et ab omni reditu feci. Miraeus, I p. 163 col. 2 (a. 1079, Cambrai). Altare ... ad opus monachorum ... omni exactionis debito liberum concedo ... Aliud quoque altare ... concedo non liberum, sed sub persona. Ib., p. 354 col. 2 (a. 1084, Guines). Concessis sibi his altaribus absque personis. Kurth, *Ch. de S.-Hubert*, I no. 52 p. 66 (a. 1086). Altare de L. ab omni reditu et a persona liberum facerem. Gysseling-Koch, no. 127 (a. 1092, Cambrai). Cf. E. Champeaux, *Quelques observations qui doivent précéder une étude du personat au XIe siècle, Mél. Paul Fournier*, Paris 1929, pp. 53-69. Cf. H. Rheinfelder, *Das Wort "Persona", Geschichte seiner Bedeutung mit bes. Berücksichtigung des franz. u. ital. MA.s*, 1928 (*Zeitschr. f. roman. Philol.*, Beih. 77).

**personalis** (adj.): **1.** **personnel* — *personal.* **2.** *prominent, notable — of note and standing.* Convocans iniquorum hominum aliquos personales. V. Deicoli, c. 15, *SS.*, XV p. 680. Ante G. filium comitis et alios personales viros. DC.-F., VI p. 283 col. 3 (ch. a. 1103, Angers). **3.** *du droit de personnat — concerning presentation of a parson.* Has ecclesias ... ab omni personali redemptione liberas vobis permanere censemus. Pasch. II pap. litt. a. 1107 ap. DC.-F., VI p. 284 col. 3 (Anjou).

**personalitas: 1.** *présence — presence.* Fecit tam personalitate clericorum quam cognitione laicorum quorum nomina subtus denotare ... Gysseling-Koch, *Dipl. Belg.*, no. 149 p. 258 (a. 1067). **2.** *droit de personnat — obligation to present a parson to the bishop.* Impetravit dimissionem personalitatis, ut ordo dispositus liberalitatis [leg. liberalitate?] et absque ullo censu deserviens altari canonice degeret. Miraeus, I p. 60 col. 1 (a. 1063, Tournai; an verax?).

**personaliter: 1.** **avec acception de la personne — with respect of person.* **2.** **en personne — in person.* **3.** **individuellement — individually.* **4.** *sous réserve du droit de personnat — under the obligation to present a parson to the bishop.* [Ecclesia de H.] mihi [sc. episcopo] ac ministris meis personaliter serviebat. Miraeus, I p. 60 col. 1 (a. 1063, Tournai; an verax ?). Altaria quae personaliter tenuerant. Ib., III p. 312 col. 1 (a. 1097, Arras).

**personare** (< persona): **1.** *estimer, honorer — to hold in honour.* Quem plus omnibus aliis personabat. Tudebod. contin., Mabillon, *Museum italicum*, I p. 206. **2.** *se porter caution — to go bail.* Quatuor plegii sumuntur, ut, si unus illorum vixerit, integre personet unde omnes plegii exstiterunt. Pirenne, *Villes et inst. urb.*, II p. 192 c. 23 (ca. a. 1080, S.-Omer). **3.** *investir d'une cure — to institute as a parson.* S. xii.

**personaticum:** *cure — office of a parson.* Cui episcopus personaticum ipsorum altarium ... tribuat. DC.-F., VI p. 285 col. 2 (ch. a. 1057, Soissons).

**1. personatus** (adj.): *prominent, notable — of note and standing.* Liber vel personatus serviens [oppos.: plebejus]. Pax Alsat. (s. xi ex.), § 6, *Const.*, I p. 612. Praetor urbanus, aliis itidem personatis viris conclamantibus ... inquit. Inv. s. Bertini (a. 1052), c. 3, Mabillon, *Acta*, III pt. 1 p. 158. Quidam nobilis homo W. personatus. Zahn, *UB. Steiermark*, I no. 74 p. 83 (ca. a. 1070, Brixen). Ibi pluries. Mercatoribus personatis circumquaque convocatis. Keutgen, *Urk. st. Vfg.*, no. 133 I p. 117 (a. 1120, Freiburg i. Br.). Viros nobiles et personatos. Burchard. Ursperg., ed. Holder Egger-Simson, p. 78. Subst. mascul. **personatus:** *une personnalité — a man of note and standing.* In praesentia ... et aliorum plurimorum personatorum bonorum. *Hist. de Lang.*[3], V no. 287 col. 565 (ca. a. 1058).

**2. personatus** (decl. iv): **1.** *droit de personnat*, l'obligation qui incombe au patron d'une église paroissiale de présenter un ecclésiastique à l'évêque après le décès du titulaire — *bond obliging the advowee of a parish to present a candidate to the bishop* for investment in lieu of a deceased parson. [Praepositus Islensis ecclesiae] obsecravit ut altare de W., quod sub personatu tenebat, eidem ecclesiae ad usus fratrum perpetuo sub personatu tenendum concederemus. Miraeus, I p. 361 col. 1 (a. 1090, Tournai). Altare quod est in M. omni personatu liberum. Ib., p. 99 col. 1 (a. 1134, Cambrai). **2.** *personnat*, bénéfice ecclésiastique viager qui consiste en une paroisse — *a parson's benefice.* Altare quod H. archidiaconus de ecclesia nostra in personatu tenuerat. *Gall. chr.*[2], X instr. col. 313 (a. 1147, Amiens). Personatus quosdam introduxerunt, quorum jure ad alium onera, ad alium referantur emolumenta. Joh. Saresbir., Polycr., lib. 7 c. 17, ed. Webb, II p. 166. Presbiteratum vel personatum parrochialis ecclesiae que est in H. ... ei ... concessimus. Despy, *Ch. de Waulsort*, no. 34 p. 374 (a. 1161). Personatus dicte ecclesie cum decimatione ... fratrum monasterii [erit]. Muller-Bouman, *OB Utrecht*, I no. 505 p. 451 (a. 1181). In perpetuam dedit elemosinam ecclesiam et altare de B. cum eius personatu et cum omni decimacione. Poncelet, *Actes Hug. de Pierrep.*, no. 3 (a. 1202). **3.** n'importe quel *bénéfice ecclésiastique* — any *ecclesiastical benefice.* Quod canonicus regularis aut monachus prebendam aut personatum aliquem aut honorem in ecclesia [b. Mariae Parisiensis] unquam habeat, ... nullo consilio patiemur. *Actes Phil.-Aug.*, I no. 325, p. 395 (a. 1190). In hoc monasterio consuetos ... restitui personatus praeter decanatum. D'Achery, *Spic.*, VIII p. 239 (a. 1253, Avignon).

**perspatiari:** *parcourir — to go through.* Ruodlieb, fragm. 11 v. 23.

**perspectio:** **examen approfondi — thorough examination.*

**perspicacia:** **perspicacité, acuité — insight, sharpness.*

**perspicuus: 1.** **perspicace, pénétrant — clear-sighted.* **2.** **remarquable — outstanding.* Cassiod., Hist. trip., lib. 4 c. 1, Migne, t. 69 col. 957 B. Virum ... vita moribusque perspicuum. Lib. diurn., no. 4, ed. Sickel, p. 5. In divinis laudibus perspicuus. V. Canionis, *AASS.*, Maji VI p. 29.



**perstare:** *rester — to remain.* Ex supradictis mansis perstant in dominico $26\frac{1}{2}$. Urbar. Maurimon. (ca. a. 900), Perrin, *Essai*, p. 160.

**perstruere:** *ordonner — to order.* Presenti auctoritate nostra per omnia perstruimus ut ... D. Lud. II imp. a. 861, *CD. Langob.*, no. 218 col. 366 B.

**persuadere:** *conseiller* (même sans effet) — *to advise* (maybe in vain). Persuasit archiepiscopus V. episcopo, ut ... At ille non consensit. Helmold., lib. 1 c. 73, ed. Schmeidler, p. 139.

**persus** (adj.): *bleu — blue.* Pérard, *Bourg.*, p. 26 (ch. ca. a. 840).

**pertemptare:** *essayer, s'enhardir à — to try, venture.* Ne quid tale agere pertemptent. Concil. Aquisgr. a. 816, c. 143, *Conc.*, II p. 418.

**pertestatus** (adj.): *essayé — assayed.* Auri solidos novos pertestatus acoloratos pensantes nomero trea milia. Schiaparelli, *CD. Longob.*, II no. 137 p. 31 (a. 759, Pavia). Item no. 226 p. 272 (a. 769, Pavia).

**pertica,** par-, -d-, -icha, percha, perchia, percheia: **1.** **verge d'arpenteur — surveyor's rod.* **2.** *perche*, mesure de longueur — *perch*, measure of length. **3.** *mesure de superficie — square measure.* Cf. H. Baulig, *La perche et le sillon: mots et choses. Mél. Ernest Hoepffner*, Paris 1949, pp. 139-149.

**perticata,** parti-, per-, par-, -gata, -chiata (< pertica): **1.** *perche*, mesure de longueur — *perch*, measure of length. Bernard-Bruel, *Ch. de Cluny*, I no. 171 (a. 910-927). **2.** *mesure de superficie — a square measure.* Vernier, *Ch. de Jumièges*, I p. 104 (ca. a. 1080).

**perticatio:** *arpentage à la perche — surveying by the perch.* Pérard, *Rec. de Bourg.*, p. 18 (a. 836, Dijon). Bernard-Bruel, *Ch. de Cluny*, I no. 9 (a. 863). Thévenin, no. 118 (a. 906, Mâcon).

**pertimescere:** *ne pas oser — to shun.* Hoc ipsum facere ... pertimuit. Gregor. M., Ezech., Migne, t. 76 col. 813 D.

**pertinens** (adj.): *de statut personnel non-libre — personally unfree.* Homenis [i.e. homines] pertenentibus [i.e. pertinentes] eorum. Schiaparelli, *CD. Longob.*, I no. 113 p. 330 (a. 754, Lucca). Si pertinentes hominis [i.e. homines] hoc fecerint sine voluntatem domini sui. Edict. Langob., Aistulf., c. 15 (a. 755). Casa ... et homines pertinentes tres. *CD. Langob.*, no. 226 col. 378 A (a. 863, Milano). Ecclesia 1, casa 1 ... Homines autem illo pertinentes solvere debent ... Oppermann, *Rhein. Urkst.*, I p. 437 no. 2 (s. x, Köln). Esset pertinens tam ipsa quam omnis ejus successio ad prefatam ecclesiam censu unius denarii. Gysseling-Koch, *Dipl. Belg.*, no. 218 (a. 1088). Subst. mascul. et femin. **pertinens: 1.** *serf — serf.* Si quis Langobardus pertinentem suum in quarta manu tradiderit [i.e. manumiserit]. Edict. Langob., Aistulf., c. 11 (a. 755). Ipsa L. ... unacum agnitionis suas pertinentis [i.e. pertinentes] monasterii s. Ambrosii esse deverit. Manaresi, *Placiti*, I no. 34 p. 107 (a. 822, Milano). Aviones vel patres vestri pertinentes fuerint Unnoni. Ficker, *Forsch.*, IV p. 14 (a. 827). **2.** un *dépendant* de n'importe quelle catégorie — any *dependant.* Vobis deservire et obidire debeamus ... sicut aldiones aut alii pertinentibus [i.e. pertinentes] ipsius monasterii. *CD. Langob.*, no. 156 col. 269 B (a. 844, Milano). Servos meos et ancillas, aldii, aldiones illorum non dedi, necnon est mea voluntas ut ipsi pertinentes meos habeant. Ib., no. 215 col. 356 B (a. 861, Verona). Nos neque nostri pertinentes non sumus de vestro monasterio, pro eo quia aviones nostri vobis pertinentes non fuerunt. Chron. Novalic., lib. 3 c. 18, ed. Cipolla, p. 186. Servi aut cartulati vel pertinentes ad eandem sanctam sedem. *D. Guido*, no. 11 p. 29 (a. 891). **3.** *agent domanial — manorial agent.* Pertinentes de ipsa corte potestative pignorabant ipsam casam. *CD. Langob.*, no. 126 col. 224 B (ca. a. 835, Lemonta). [Xenodochia] per heredes vel pertinentes ... regi debent. Synod. Pap. a. 850, c. 15, *Capit.*, II p. 121. Subst. neutr. plural. **pertinentia** (cf. voc. pertinentia, femin.): *appendances — appurtenances.* Pertinentia comitatus. Lothar. capit. missor. a. 832, c. 8, II p. 64. Ad illam hobam pertinentia. Coll. Sangall., no. 21, *Form.*, p. 408.

**pertinenter:** **pertinemment, congrûment — to the point, adequately.*

**pertinentia** (femin), **1.** singul.: *les appendances d'un domaine — the appurtenances of an estate.* Cum familiis ibidem aspicientibus ... cum omnibus pecuniolis quas ipsi de pertinentia ejusdem curte [i.e. curtis] habent. D. Loth. I imp. a. 835, *CD. Langob.*, no. 125 col. 222 C. Que pridem ex eadem nostra curte pertinentia [i.e. ex ejusdem nostrae curtis pertinentia] ... contulimus. D. Ludov. III imp. a. 901, ib., no. 398 col. 671 A. Cum cespitibus et omni pertinentia. Capasso, *Mon. Neapol.*, I p. 6 (a. 944). **2.** *un ensemble de domaines, une fortune immobiliaire — the aggregate estates owned by a proprietor.* [Quicquid] nostra pertinentia esse videtur, tam ex jure parentum quam ex comparatione. Giorgi-Balzani, *Reg. di Farfa*, II doc. 92 p. 86 (a. 775). Pertinentiam episcopii. Agap. II (a. 946-955) pap. epist., Migne, t. 133 col. 906 A. Omnem pertinentiam monasterii confirmaremus. Monaci, *Reg. di S. Alessio*, p. 372 (a. 996). Aecclesias ... ad pertinentiam dicti monasterii ... assignavimus. *D. Heinrichs II.*, no. 140 (a. 1007). **3.** plural. pertinentiae: *les appendances d'un domaine — the appurtenances of an estate.* Villare ... cum omnes suos terminios et ajacentias et pertinentias ipsius villare. Thévenin, no. 71 p. 86 (a. 834, Narbonne). Villam ... habentem ... mansos 40 cum pertinentiis suis. D. Loth. I imp. a. 843, Grandidier, *Strasbourg*, II pt. 2 no. 117 p. 222. **4.** singul.: *un domaine subordonné* (allem. *vorwerk*) — *an outlying estate.* Damus vobis villam B. cum sua pertinentia D. Helmold., lib. 1 c. 70, ed. Schmeidler, p. 135. **5.** *territoire qui dépend d'un château — pale of a castle.* Invasit predictum castellum cum tota pertinentia. Hugo Farf., Querim., ap. Balzani, *Il Chron. Farf. di Greg. di Cat.*, p. 74. Monasterium s. Marini quod in pertinentia F. oppidi situm est. Leo Ost., Chron. Casin., lib. 2 c. 95, *SS.*, VII p. 693 l. 49. **6.** *servitude — condition of a serf.* Interrogavi eos si feceset [i.e. fecissent] ipsas scuvias [i.e. excubias] pro pertinentia aut aliquet pro

livertate; set dixet pro liverus [i.e. liberos]. Schiaparelli, CD. Longob., I no. 81 p. 238 (a. 721-744 ?). Dixit quod de eorum pertinentia nihil sciret. CD. Langob., no. 396 col. 667 A (a. 901, Milano). 7. l'ensemble des dépendants d'un seigneur — the aggregate dependents of a lord. Perquisivit qui fuissent de pertinentia sua proprii, qui servi, qui liberi in regno. Galbert., c. 7, ed. Pirenne, p. 12. 8. preuve écrite — documentary evidence. Interrogavimus ... si aliqua[m] pertinentia[m] aut testes de ipsis predictis curtibus haberent. Manaresi, Placiti, I no. 38 p. 120 (a. 829, Roma). Nec cartulam nec scriptum nec ullam investituram nec ullam pertinentiam ego habeo. Ib., no. 74 p. 271 (a. 873, Pescara).

**pertinere**, 1. alicui: (d'une chose) appartenir à, être la propriété de qq'un — (of things) to belong to, be the property of a person. De quanto ... ad me pertinet modo presenti vel per qualecunque ordine exinde pertinere debet. Thévenin, no. 61 p. 74 (a. 780, Treviso). Cum omnibus ... inibi meo juri pertinentibus. Ib., no. 105 p. 151 (a. 872, Pescara). Res ecclesiis Dei pertinentes. Lothar. capit. miss. a. 832, c. 8, II p. 64. Cum mancipiis ceterisque mobilibus quae ad nos pertinere videntur. Test. Everhardi a. 876, De Coussemaker, Cart. de Cisoing, p. 3. 2. revenir, échoir — to lapse, inure. De rebus forfactis ..., volumus ut ad palatium pertineant. Pippini reg. Ital. capit. (ca. a. 790), c. 7, I p. 201. 3. alicui rei: (d'une chose) dépendre de, être annexe à un domaine — (of things) to be appurtenant to an estate. Trado ... terram in loco vel villa nuncupante W. ... et silvam ad eundem locum pertinentem. Wampach, Echternach, I pt. 2 no. 11 p. 35 (a. 703/704). [Villam] cum universis agris illic pertinentibus. Thévenin, no. 57 p. 67 (a. 749, Flavigny). Cum ecclesia ... et cum omnibus res ad eam pertinentem [i.e. rebus ... pertinentibus]. Ib., no. 60 p. 72 (a. 771, Lucca). 4. alicui rei: (d'une terre, d'un pays) confiner à, être contigu à une terre, un pays — (of a field, a country) to border on, confine with a field, a country. Infra praedicta terminia et marka, ubi res s. Petri et s. Hemerammi noscuntur pertinere. D. Ludwigs d. Deutsch., no. 64 (a. 853). Quae Galletia ex praedicta Spania pertinet. Geogr. Ravenn., ed. Pinder-Parthey, p. 9. 5. alicui: (d'une personne) être apparenté à qq'un — (of a person) to be allied to a person. Requirent hominem qui ei non perteneat. Lex Sal., tit. 46. 6. alicui: (d'une personne) être assujetti à qq'un — (of a person) to be subservient to somebody. Homenis [i.e. homines] qui in casas massaricias meas nunc presenti habitant, qui mihi aliquid pertenuerunt aut perteneunt. Schiaparelli, CD. Longob., II no. 131 p. 18 (a. 758, Lucca). Cum consilio et voluntate A. germani mei, in cujus mundio pertineo. Giorgi-Balzani, Reg. di Farfa, II doc. 203 p. 166 (a. 813). De eadem curte L. semper pertenuimus et nunc pertinemus et servi ... sumus. CD. Langob., no. 416 col. 700 D (a. 905). Neque mansionarius aliquis [in domum advocati ... pro ratione reddenda veniat] nisi in curte ad quam pertinet. D. Heinrichs IV., no. 476 p. 649 l. 27 (a. 1103/1104). Postquam annuatim illam [ancillam] tenuisset ... servili conditione ad comitem pertinebat. Galbert., c. 25, ed. Pirenne, p. 44.

**pertingere** (trans. et intrans.): 1. *arriver à, obtenir une faculté, un but — to attain, gain a goal, an attainment. 2. tendre à, servir à — to redound to. [Eleemosyna] mihi pertingerit [i.e. pertingere] possit ad exultationem animole meae. CD. Langob., no. 39 col. 74 C (a. 769, Monza).

**pertractare**, 1. transit.: s'occuper à, vaquer à une chose — to have in hand, be busy doing. Inter varias operationes quae in hac temporali vita pertractantur. Federici, Reg. di S. Silv. in Cap., p. 256 (a. 761). 2. intrans.: *s'étendre, disserter sur un sujet — to expatiate on a subject. 3. délibérer — to deliberate. Pertractantes ... cum ... obtimatibus ... convenit ... Chilper. edict., c. 1, Capit., I p. 8. Dum pro regni stabilitate ... attentius pertractaremus. Guntchr. edict. a. 585, p. 11 l. 14. Cum ... de quascumque condiciones unacum nostris optimatibus pertractavimus. Childeb. II decr. a. 596, p. 15. Pio amore pertractent qualiter ... [liberos] salvent. Ordin. imp. a. 817, c. 14, p. 273. Ibi de ... statu hujus regni sollicite pertractantes. Guidonis capit. elect. a. 889, II p. 106 l. 7.

**pertractus** (decl. iv): transport — transport. Hist. de Lang.³, V no. 192 col. 393 (ca. a. 1029, Aniane).

**pertransire**, 1. intrans.: *(d'un pays) s'étendre — (of a country) to stretch. 2. *(du temps) s'écouler — (of time) to run. 3. *(d'un sentiment) passer, cesser — (of a feeling) to pass, cease. 4. passer d'un état à un autre — to pass from one state to another. A terrenis actibus ad spiritalia pertranseunt. Gregor. M., Ezech., Migne, t. 76 col. 813 A. 5. absol.: mourir — to die. Cum divina vocatione ... pertransierit. Tiraboschi, Nonantola, p. 76 (post a. 989). 6. transit.: *traverser — to go through. 7. *transpercer — to pierce, transfix. 8. *parcourir en lisant — to run over a text. 9. *laisser de côté, passer sous silence — to pass over, omit, jump. 10. surpasser — to outdo. Omnem pertransiens monachicam disciplinam. Paul. Neapol., V. Mariae Aegypt., Migne, t. 73 col. 673 A.

**pertusagium**, pertusiacium (< pertusus): i.q. foraticus, redevance qui consiste en une certaine quantité de vin perçue sur chaque tonneau qu'on ouvre pour débiter le vin — a due consisting in a definite quantity of wine taken from each cask broached for retail. DC.-F., VI p. 290 col. 1 (ch. a. 1114, Montierender). Gall. chr.², IV instr. col. 18 (ch. ca. a. 1157, Lyon).

**pertusus** (< pertundere): 1. pertuis — bung-hole. Transl. Savini (ca. a. 900), Martène, Coll., VI col. 809 E. 2. trou dans un mur — hole in a wall. Mir. Gibriani, § 14, AASS.³ Maji VII p. 633 C.

**perula**, perla, perna, pella (< pirum): perle — pearl. Mala albuginaria quae vulgo perulas nuncupamus. Wolfhard. Haser., Mir. Waldburgis, lib. 2 c. 2, SS., XV p. 545.

**peruti**: abuser — to misuse. [Illius] fiducia perusus erat. Pass. Praejecti, c. 25, SRM., V p. 241.

**pervadare**: passer à gué — to ford. D. Karolin., I no. 153 (a. 786).



**pervadere**: 1. *dévaster, piller — to ravage, sack. 2. *s'emparer de, ravir, usurper — to seize, make oneself master of, usurp. Si [terra] pervasa fuisse dicatur. Lex Burgund., tit. 79 c. 3. Pagus et civitates ... presumpsit contra pactum pervadere. Fredeg., lib. 4 c. 25, SRM., II p. 130. Terra[m] sua[m] numquam proprisi aut pervasi. Cart. Senon., no. 21, Form., p. 194.

**pervasio**: 1. *dévastation, pillage — devastation, sack. 2. *saisie, usurpation — seizure, usurpation. Arguitur ... pro pervasione campi. Gregor. Turon., Glor. conf., c. 78, SRM., I p. 795 l. 9.

**pervasor**: 1. *assaillant — attacker. 2. *usurpateur — usurper.

**pervenire**: advenir — to happen. Nulla malitia nec laesio inter partes perveniat. Kandler, CD. Istr., I p. 84 (a. 840). Si pigneratio pervenerit. Romanin, Venez.², I p. 358 (s. ix).

**perversio**: *dépravation — depravity.

**perversitas**: *fausse doctrine, erreur, hérésie — false doctrine, error, heresy.

**pervigil** (adj.): (figur.) *vigilant — wakeful.

**pervium** (class. "col — mountain pass"): 1. route — road. Quicquid ... in pervio illo rex ... perceperat. Pactum Guntchr. et Childeb. II a. 587, Capit., I p. 13 l. 9. Disterminantur: ab una fronte pervio publico ... D. Charles le Chauve, no. 263 (a. 864). 2. passage, l'action de traverser — way through. Convenit ut in utroque regno utriusque [regis] fidelibus ..., quicumque voluerit ambulare, pervium nullis temporibus denegetur. Pactum laud., p. 14 l. 27. 3. droit de passage — right of thoroughfare. Tam mansis, campis, pratis, pascuis, pervias, domibus ... Wartmann, UB. S.-Gallen, I no. 70 p. 68 (a. 773). De prato optimo aripennum I ... cum pervio suo. Marchegay-Salmon, Chron. d'Anjou, p. j. no. 1 p. XC (ch. a. 865, Blois). Perviis, adjacentiis ... [form. pertin.]. D. Charles le Simple, no. 105 (a. 920).

**pes**: 1. *pied d'une montagne — foot of a mountain. 2. bas bout d'un champ — lower end of a field. Brunetti, CD. Tosc., I p. 522 (a. 746). Giorgi-Balzani, Reg. di Farfa, II doc. 286 p. 241 (a. 845). 3. souche d'un document — foot of a document. S. xiii, Angl.

**pesa**, v. pensa.

1. **pesagium**: redevance de pesage — weighing-money. S. xiii.

2. **pesagium**, v. pedaticus.

**pessimare**: 1. *maltraiter — to ill-treat. 2. *rabaisser, ravaler — to abase.

**pessulum**, peslum: 1. saillie — extension. Bertrand, Cart. d'Angers, I no. 375 p. 435 (a. 1082-1106). 2. fausset, broche — spigot, tap. S. xii.

**pestillus**, pestellus, pestallus = pistillus.

**pestrinum**, v. pistrinum.

**peta**: sol tourbeux — peat. S. xii, Angl.

**petaculum** (< petalum): bâton — staff. Baculum recurvum, quem plerique cambutam, alii petaculum vocant. Folcuin., G. abb. Lob., c. 40, SS., IV p. 73 l. 17.

**petagium**, v. pedaticus.

**petalum** (gr.): 1. *lame d'or portée sur la tête du grand prêtre hébreu — plate of gold worn by Hebrew high priest. 2. lame de métal précieux — silver or gold sheet. Lib. pontif., Serg., § 10, ed. Mommsen, p. 213. Mabillon, Acta, VI pt. 2 p. 604. 3. (par mauvaise interprétation — by misunderstanding) crosse d'évêque — bishop's crosier. G. Servatii antiquiss. ap. Heriger., c. 21, SS., VII p. 172. Rather., Praeloq., lib. 4, Martène, Coll., IX col. 890 D. Sigebert., V. Deoderici, c. 3, SS., IV p. 465 l. 45. Hariulf., V. Arnulfi Suess., lib. 3 c. 15, SS., XV p. 903.

**petaria**, peteria (< peta): tourbière — peat-bog, turbary. S. xii, Angl.

**peten** (genet. -inis) = pecten.

**petens** (subst.): demandeur, plaignant — claimant. Lex Visigot., lib. 2 tit. 2 c. 5 et pluries.

**petia**, v. pecia.

**petinare** = pectinare.

**petitio**: 1. *pétition, requête écrite — memorial, petition. 2. i.q. precaria. Si contra presente[m] petitionis cartule [i.e. cartulam] enfitheoseos ire temtavero. Gloria, CD. Padov., p. 5 (a. 673). 3. taille — tallage (cf. teuton. bede). Advocatus unam tantum per annum petitionem in abbatia faceret. Gysseling-Koch, Dipl. Belg., no. 142 (a. 1071-1093, Gand). [Exactores advocati] peticionibus ... ad ultimam homines nostros pauperiem redegerunt. D. Heinrichs IV., no. 476 (s. xii in.). Petitiones quasdam publicas quas vulgo talliam vocant ... exigendo. D. Phil. Ier, no. 159 (a. 1106). Nulla eis peticio ex potestate episcopali ... exigatur. Muller-Bouman, OB. Utrecht, I no. 313 p. 287 (a. 1125). Coactiva petitio sive incisura. D'Achéry, Spic., IX p. 256 (ch. a. 1100-1137, Guines). 4. loi statutaire — statutory law (cf. belg. keur, fris. kest). Hec est prima petitio et Karoli regis concessio omnibus Frisonibus. Richthofen, Fries. Rechtsqu., p. 2 (s. xii ex.). 5. la requête du novice d'être reçu dans la communauté monastique — the request of a novice who asks to be admitted to the monastic community. Benedicti regula, c. 58 sq.

**petitor**: fondé de pouvoirs, avoué — attorney. CD. Langob., no. 102 col. 186 C (a. 823, Melegnano). Ib., no. 556 col. 948 B (a. 940, Milano).

**petitorius** (adj.): 1. qui concerne une requête — relating to a request. Petitoria nobis insinuatione suggessit quod ... Gregor. M., lib. 9 epist. 58, Epp., II p. 81, et pluries. Eadem verba: Lib. diurn., c. 31, ed. Sickel, p. 22. Petitoria suggestione ... monuerunt. Concil. Meld. a. 845/846, prol., Capit., II p. 396 l. 16. Pro ... nostrae consortis ... petitoria interventione. D. Konrads II., no. 38 (a. 1025). 2. jornale petitorium: lot-corvée, parcelle de la réserve seigneuriale cultivée au moyen de services qu'on réclame d'un serf — plot of arable belonging to the lord's demesne, allotted to a serf for cultivation. Kötzschke, Urb. Werden, p. 17 (s. ix ex.). Subst. neutr. **petitorium**: 1. *requête écrite, supplique — written petition. 2. *plainte écrite, doléance — plaint.

**petium**, v. pecia.

**petiva**: taille — tallage. S. xiii.

**petorritum**, petroritum (class. "char — cart"), male usit.: pierrier, baliste — ballista. G. Ambaz., Halphen-Poupardin, p. 111. Hist. Gaufredi, ib., p. 206.

**petra:** *une unité de poids — a measure of weight.* S. xiii.

**petraria,** perr-, per-, par-, peir-, pret-, pred-, -eri-, -um: **1.** **carrière — quarry.* FOLCUIN., G. abb. Sithiens., c. 117, *SS.*, XIII p. 634 l. 7. **2.** *pierrier, baliste — catapult.* Ann. regni Franc., a. 776, ed. KURZE, p. 44. Lib. pontif., Gregor. IV, § 39, ed. DUCHESNE, II p. 82. Belli machina quam petrariam vocant. PAUL. DIAC., Hist. Langob., lib. 5 c. 8. Machinam quam nos petraria nuncupamus. Chron. Salernit., c. 113, ed. WESTERBERGH, p. 127.

**petrarius:** *tailleur de pierres — stone-cutter.* MÉTAIS, *Cart. de Vendôme*, I no. 74 p. 137 (a. 1047).

**petrinus** (gr.): **de pierre — of stone.*

**petroleus.** Oleum petroleum: huile minérale — mineral oil. Chron. Tegerns., OEFELE, *Scr. rer. Boic.*, I p. 631 col. 2. Subst. neutr. **petroleum:** *huile minérale — mineral oil.* S. xiii.

**petroritum,** v. petorritum.

**pettia,** petzia, pezia, v. pecia.

**pettura,** v. pedatura.

**pexere** = pectere.

**pica,** picha, picea, picca, picta: *hoyau — pick-axe.* GUILL. BRITO, Philipp., lib. 2 v. 332, ed. DELABORDE, p. 53.

**picaria:** *poisserie — pitch-yard.* Test. Bertichramni a. 615, PARDESSUS, I no. 230 p. 207.

**1. picarius:** *goudronnier — pitch-worker.* Test. Bertichramni a. 615, PARDESSUS, I no. 230 p. 207.

**2. picarius,** picherius, picherus v. bicarius.

**picatum,** pigatum: *sommet — mountain-top.* Per summum illius pigatum. G. abb. Fontan., c. 3 § 4 (haustum e D. Dagoberti II reg. a. 715), ed. LOHIER-LAPORTE, p. 29.

**piccia,** v. pecia.

**picciolum,** pizolum: *petit vin — poor wine.* CAPASSO, *Mon. Neapol.*, I p. 84 (a. 960). MITTARELLI, *Ann. Camald.*, I p. 119 (a. 992).

**picea,** picha, picta, v. pica.

**picosa:** *hoyau — pick-axe.* S. xiii.

**picotus:** *mesure de liquides — a liquid measure.* S. xiii.

**picta:** *une monnaie poitevine — a Poitevin coin.* S. xiii.

**pictacium,** v. pittacium.

**pictorius:** **qui concerne la peinture — relating to painting.* Opus pictorium: peinture — painting.

**picturare:** *peindre — to paint.* S. xii.

**pidagium,** v. pedaticus.

**pidellus,** v. bedellus.

**piduare,** v. pedare.

**pie:** **pieusement — piously.*

**pietantia,** pit-, pitt-, pict-, pid-, -entia (< pietas): *distribution extraordinaire de nourriture aux moines* en plus du pain quotidien, le plus souvent d'œufs, de poissons, de fromage — *extra food allowance for monks* in addition to their daily bread, mostly eggs, fish or cheese. UDALRIC., Cons. Clun., lib. 2 c. 35, MIGNE, t. 149 col. 728 A. Cons. Fructuar., lib. 1 c. 24, ALBERS, IV p. 24. LACOMBLET, *UB. Niederrh.*, I no. 260 p. 168 (a. 1102). MARTÈNE, *Coll.*, I pt. 2 p. 69 (ch. a. 1124, Anjou). Test. Sugerii a. 1137, MIGNE, t. 186 col. 1442 A.

**pietantiaria:** *charge de pitancier, service des pitances — office of pittancer, store for pittances.* S. xiii.

**pietantiarius,** pit-, pict-, -en-, -cerius, et **pietantiaria:** *pitancier, pitancière — pittancer.* S. xiii.

**pietas:** **1.** **bonté, charité, bienfaisance, aumône — goodness, charity, beneficence, alms.* **2.** **miséricorde divine — divine mercy.* **3.** *pitié, commisération — pity, compassion.*

**pietosus:** *plein de compassion — compassionate.* Quia pietosae erat mentis, animo indoluit. V. Drausii, c. 14, *AASS.*, Mart. I p. 409 C.

**pigarius,** v. bicarius.

**pigatum,** v. picatum.

**pigmentarium:** *jardin épicier — grocery-garden.* SCHIAPARELLI, *CD. Longob.*, I no. 28 p. 103 (a. 720, Lucca).

**pigmentarius:** *herboriste, épicier — dealer in spices and drugs.* S. xii.

**pigmentatus** (adj.): *épicé — spiced.* Nec baccho [i.e. vino] pigmentato carens. GUILL. PICTAV., lib. 1 c. 7, ed. FOREVILLE, p. 164. Mellitae ac pigmentatae potionis genera. PETR. DAM., lib. 1 epist. 11, MIGNE, t. 144 col. 214 A. Potio pigmentata. UDALRIC., Cons. Cluniac., lib. 2 c. 4, MIGNE, t. 149 col. 704 B.

**pigmentum,** **1.** plural. pigmenta: *épices — spices.* Sepelierunt eam mittentes pigmenta et linteamina biblea. Pass. Victoriae (s. vi), ed. PASCHINI, p. 43. Potuum diversissima genera variis pigmentis aut medicaminibus contemperata. MONACH. SANGALL., lib. 1 c. 18, ed. JAFFÉ, p. 648. Pigmentorum venerem nutrientium frequentior usus. RATHER., Contemt. canon., c. 2, D'ACHÉRY, *Spic.*, II p. 188. Mulsum ... diversis pigmentorum generibus parabatur. PETR. DAM., lib. 6 epist. 32, MIGNE, t. 144 col. 423 C. **2.** singul.: *piment — red pepper.* Tres libras piperis aut pigmenti. BALUZE, *Hist. de Tulle*, col. 380 (a. 984). **3.** singul.: *vin épicé — spiced wine.* UDALRIC., Cons. Clun., lib. 1 c. 52, MIGNE, t. 149 col. 697 D; lib. 3 c. 21, col. 763 D.

**pigna, pignaculum,** v. pinn-.

**pignolatus:** *tissu mélangé de lin et de chanvre — half linen half hempen material.* S. xiii, Ital.

**pignoragium:** *engagement — pledging.* S. xiii.

**pignorare** (class. "mettre en gage — to pawn"), **1.** aliquem: *saisir des gages au dépens de qq'un — to distrain goods at somebody's expense.* Si quicumque pro eo, cum quo causam habere se putat, alium pigneraverit cum quo causam nullam habet. Lex Burgund., tit. 19 c. 3. Si quis debitorem suum ... sine judice pignoraverit, ... cum lege conponat, hoc est capitale reddat et sol. 15 culpabilis judicetur. Capit. I legi Sal. add., c. 10. Si quis aliquem contra legem pignoraverit ..., pignus ... reddat et aliud simile addat. Lex Baiwar., tit. 13 c. 3. [Si debitor] pigneratus fuerit in his rebus in quibus lecitum est pignerandi, nulla calomnia qui pigneraverit patiatur. Liutprandi leg., c. 15 (a. 720). Liceat comiti pro pena prepositum operis pignerare juxta aestimationem vel quantitatem inperfecti operis. Capit. Mantuan. II a. 813, c. 7, I p. 197. Nullus judex publicus ... eos [sc. liberos homines] contra legem audeant pignerare in bovibus. Concess. gener. (a. 823?), c. 2, *Capit.*, I p. 320. De liberis hominibus qui in aliena potestate mobilem suum transferunt, ut causator eorum eos pignerare non possit. Capit. Olonn. mund. a. 825, c. 5, p. 330. Liceat eum pignerare hominem de ipso loco



ubi causa requiritur, ita tamen ut ipsum pignus post peractam justitiam in integro reddatur. Pactum Loth. imp. cum Venetis a. 840, c. 11, *Capit.*, II p. 132. Si quis fidejussor extiterit, si fidem non portaverit de suo proprio pignoretur. Synod. Helen. a. 1065, c. 9, HUBERTI, *Stud. Gottes- u. Landfr.*, p. 344. **2.** aliquem: *contraindre par corps pour dettes — to arrest for debt.* De pignore: ut nullatenus alterum aliquis pignorare praesumat. Capit. de part. Saxon. (a. 785), c. 25, I p. 70. Nullus eos [homines ecclesiae] potestative distringere aut pignorare praesumat. *D. Karlmanns*, no. 21 (a. 879). Nulla ... potestas ... homines ... flagellare nec pignorare praesumat. *D. Ottos I.*, no. 143 (a. 952). [Homines] contra legem omnino fuissent pignorati et servitio additi [leg. addicti ?] humano. Chron. Novalic., lib. 3 c. 18, ed. CIPOLLA, p. 187. **3.** aliquid: *saisir-gager — to distrain.* Potestative pignorabant ipsam casam vel homines. *CD. Langob.*, no. 126 col. 224 B (ca. a. 835, Lemonta). Nullus homo pignoret alterius res pro plivio ... quamvis ille solverit. Synod. Tulug. a. 1065, c. 6, *Hist. de Lang.*[3], V no. 186 p. 442. **4.** absol.: *effectuer une saisie-gagerie — to practise distraint.* Ubi consuetudo fuerit pignerandi. Pipp. reg. It. capit. (a. 782-786), c. 6, I p. 192. Nulla persona sua virtute audeat introire sive pignorare. GLORIA, *CD. Padov.*, p. 40 (a. 911).

**pignoraticius:** *qui concerne une gagerie — relating to seizure.* S. xiii.

**pignoratio:** *saisie-gagerie — distraint.* Ne pignerationis occasio aditum rapine predatoribus prestet. *D. Karls III.*, no. 47 (a. 882). [Nullus] ullam pignerationem facere ibidem deberet. *D. Konrads II.*, no. 92 (a. 1027).

**pignoratorius:** *qui concerne une gagerie — relating to distraint.* S. xiii.

**pignus:** **1.** *un bien-fonds qui a été donné en mort-gage — real estate that has been pledged.* *Hist. de Lang.*[3], V no. 489 IV col. 922 (a. 1126). MARTÈNE, *Thes.*, I col. 411 (a. 1150, Béziers). **2.** *otage — hostage.* Si quis liberum contra legem per vim pro pignore tenuerit. Lex Baiwar., tit. 4 c. 25. Restituantur familiae ... quae in pignere a militia detinebantur. Lib. pontif., Conon, ed. MOMMSEN, p. 208. [Pirrus] misit filium suum caute pignus Boamundo, ut securior fieret de introitu urbis. ANON., G. Francorum, c. 20, ed. BRÉHIER, p. 104. **3.** **relique — relic.* *D. Merov.*, no. 3 (a. 528). GREGOR. TURON., Hist. Fr., lib. 2 c. 6. Id., Glor. conf., c. 20, *SRM.*, I p. 759. Id., V. patrum, c. 13 § 2, ib., p. 716. BOBOLEN., V. Germani, c. 11, *SRM.*, V p. 38. V. Eligii, lib. 1 c. 6, ib., IV p. 673. MARCULF., lib. 1 no. 40, *Form.*, p. 68.

**pigritari** et pigritare: **être lent, tarder — to be slow.*

**pigritudo:** *indolence, lenteur — laziness, sluggishness.* GREGOR. M., Moral., lib. 9 c. 88, MIGNE, t. 75 col. 908 B. ARBEO, V. Corbiniani, c. 41, ed. KRUSCH (in 8°), p. 230.

**pigrus,** v. pergus.

**1. pilare** (verb.): *entasser — to pile up, heap.* S. xiii.

**2. pilare** (subst.), pill-, -iar-, -ear-, -er-, -ium, -ius: *pilier — pillar.* Tumba ejus amplectitur columna quam vulgo pilare dicimus. Transl. Augustini Cantuar. (s. xi ex.), index capitum, *AASS.*[3], Maji VI p. 408 F. Erat columnae apodiatus cuidam quam pilare vocant. GUIBERT. NOVIG., De vita sua, lib. 3 c. 5, ed. BOURGIN, p. 147.

**pilax:** *chat — cat.* V. Samsonis Dolens., lib. 1 c. 16, *AASS.*, Jul. VI p. 578A. Canones Hibern., lib. 51 c. 8, ed. WASSERSCHLEBEN, p. 244.

**pillo,** pilio (genet. -onis), pillonium: *balle — chaff.* S. xiii.

**pillorium,** ipp-, isp-; -ell-, -il-; -ar-, -er-; -icum (orig. inc.): *pilori — pillory.* GIRY, *S.-Omer*, p. 389 no. 14 c. 31 (a. 1168). Stabil. Rotomag., c. 10, ed. GIRY, p. 18. Priv. comm. S.-Quintini a. 1195, c. 29, *Actes Phil.-Aug.*, II no. 491 p. 18.

**pilosus** (subst. mascul.): **monstre poilu, satyre ou démon — hairy monster, satyr or demon.*

**pilotus,** pill-, -ott-, -a: *flèche — arrow.* OTTO MORENA, ed. GÜTERBOCK, p. 86. OBERT., Ann. Genuens., a. 1170, ed. BELGRANO, I p. 238.

**piltrum,** v. filtrum.

**pilum,** pilus: *pieu — pile, stake.* S. xii.

**pincerna** (gr.): **1.** **serveur de vin — wine-servant.* GREGOR. TURON., H. Fr., lib. 2 c. 23. DONAT. ANTR., V. Ermenlandi, c. 3, *SRM.*, V p. 685. Ruodlieb, fragm. 15 v. 16. **2.** *échanson — butler.* V. Sigiramni, c. 2, *SRM.*, IV p. 607. *D. Ludwigs d. Deutsch.*, no. 88 (a. 858). *D. Ottos II.*, no. 91 (a. 974). Ch. a. 1062/1063 ap. HARIULF., Chron., lib. 4 c. 22, ed. LOT, p. 235.

**pincernalis:** *d'échanson — of a butler.* Camerale aut pincernale aut dapiferale servitium. BITTERAUF, *Trad. Freising*, II no. 1244 p. 149 (a. 972-976).

**pincernaria:** *échansonnerie — butlery, office of butler.* S. xiii.

**pincernatus** (decl. iv): *charge d'échanson — office of butler.* Minist. cur. Hanon. (s. xiii in.), VANDERKINDERE, *La chron. de Gisleb. de Mons*, p. 342.

**pinetum:** *pinède — pine-grove. Gall. chr.*[2], II instr. col. 268 (ch. a. 1026, Aquit.).

**pingnus** = pignus.

**pinguamen:** **graisse — grease.*

**pinguedo:** **graisse — grease.*

**pinna,** pigna, penna, penia, pena: **1.** **faîte, haut du mur, pinacle — gable, steeple.* RADULF. GLABER, lib. 2 c. 4 § 7, ed. PROU, p. 34. **2.** *rocher, colline — rock, hill.* V. ss. Voti et Felicis, *AASS.*, Maji VII p. 61. Fuero de Nájera a. 1076, c. 10, WOHLHAUPTER, p. 74.

**pinnaculum,** pigna-: **faîte, pinacle — gable, steeple.*

**pinsio,** v. pensio.

**pinta:** une *mesure de liquides — a liquid measure.* S. xiii.

**pipa:** **1.** *tuyau — pipe, conduit.* Test. Everardi a. 867, DE COUSSEMAKER, *Cart. de Cisoing*, p. 2. **2.** *tonneau, fût — pipe, cask.* S. xiii. **3.** *rouleau — piperoll.* S. xiii, Angl. **4.** *cornemuse — bagpipe.* S. xiv.

**pipio,** pivio: **pigeon — pigeon.*

**pyrale** (gr.): **1.** *cheminée — hearth.* Exorto a pirali ... incendio. Fund. eccl. Hildensem. (ca. a. 1080), c. 5, *SS.*, XXX p. 945 l. 15. **2.** *pièce munie d'une cheminée — room with a hearth.* Veniunt in pirale ... necnon et proximum pirali scriptorium. EKKEHARD., Cas. s. Galli, c. 10, *SS.*, II p. 132 l. 6. Etiam ib., c. 2, p. 95 l. 41.

**pirarium:** *verger de poiriers — peartree-orchard.* MARTORELL, *Arch. Barcelona,* no. 180 p. 356 (a. 976).

**pirarius,** per-: *poirier — pear-tree.* Lex Sal., tit. 27 addit. 2 et 4. *D. Karolin.,* I no. 87 (a. 774). Capit. de villis, c. 70.

**pirata** (mascul.): **1.** *matelot, marin — sailor.* GUILL. APUL., G. Rob. Wisc., lib. 3 v. 113, *SS.,* IX p. 268. Interpol. s. xiii ad ASSERI G. Aelfredi, c. 50, ed. STEVENSON, p. 39. **2.** *brigand* (non pas sur mer) — *any robber.* V. Pardi (s. x), ed. TRIA, p. 633.

**piraterium** (gr.): **1.** **troupe de brigands — gang of robbers.* **2.** *piraterie — piracy.* Ad cujus [sc. Narbonae] portum . . . piraterium exploratores Northmannorum fecerunt. MONACH. SANGALL., lib. 2 c. 14, ed. JAFFÉ, p. 687.

**piratica:** *piraterie — piracy.* Propter . . . latrocinia pyraticamque Northmannorum. MONACH. SANGALL., lib. 2 c. 12, ed. JAFFÉ, p. 682.

**piraticum** (< pirata): *péage — road-tax.* D. Lud. reg. Fr. a. 937, *H. de Fr.,* IX p. 586 E. MURATORI, *Antiq.,* VI col. 44 D (a. 942).

**piratium:** **poiré, cidre fait de poires — cider made of pears.* FORTUN., V. Radegundis, c. 15 et 21, *SRM.,* II p. 369 et 371. Capit. de villis, c. 45. LUP. FERR., epist. 30, ed. LEVILLAIN, I p. 138.

**pirgius,** pirgus, v. pergus.

**pyritegium:** *couvre-feu — curfew.* S. xii.

**pirolus,** pirulus: *écureuil — squirrel.* S. xiii.

**1. pisa** = pisum.

**2. pisa,** v. pensa.

**pisalis,** v. pensilis.

**pisaria,** pissaria: *champ de pois — bean-field.* Lex Sal., tit. 27 § 7.

**pisca:** *droit de pêche — fishing-right.* DC.-F., VI p. 333 col. 2 (ch. s. xii in.).

**piscamen:** *une prise de poissons — a haul of fish. CD. Cav.,* II no. 123 p. 15 (a. 963).

**piscaria** (class. "marché aux poissons — fish-market"): *pêcherie, droit de pêche — fishing-place, right of fishing.* Concil. Roman. a. 761, *Conc.,* II p. 67. *D. Karlmanns,* no. 26 (a. 879). *D. Karls III.,* no. 16 (a. 880). *D. Ottos I.,* no. 235 p. 325 (a. 962).

**piscaricius** (adj.): *relatif à la pêche — of or for fishing.* S. xiii.

**piscarius:** *pêcheur — fisherman.* S. xiii.

**piscaticus,** -agium, -atgium: **1.** *redevance pour l'usage d'une pêcherie — fishing due.* Piscaticum tam maris quam aque currentis. *D. Charles le Chauve,* no. 471 (< a. 848 >, spur. s. x/xi). **2.** *droit de pêche — right of fishing.* S. xii.

**piscatio:** **1.** *pêche, une prise de poissons — a haul of fish.* Si quis de diversis venationibus furtum fecerit . . . Quam legem de venationibus et piscationibus observare convenit. Lex Sal., tit. 33 § 1. Habeant tertiam partem de piscatione quae provenit ad ecclesiam s. Mauri. KANDLER, *CD. Istr.,* I p. 37 (a. 543). Illa piscatio tota ad monasterium erit ducta. *CD. Langob.,* no. 419 col. 717 D (a. 905/906, Brescia). **2.** *pêcherie — fishing-place.* Quasdam piscationes et vennas damus. *D. Karolin.,* I no. 3 (a. 752). *D. Karls III.,* no. 77 (a. 883). In piscatione et venna quadam in R. fluvio constructa. *D. Ottos I.,* no. 169 (a. 953). **3.** *droit de pêche — right of fishing.* Tribuimus licentiam ut ipsa monasteria omne in tempore piscatione[m] habendum [i.e. habeant]. TORELLI, *Reg. Mantovano,* p. 5 (a. 773). Gajum nostrum . . . cum piscationibus per Padum. Id., *Carte Reggiane,* p. 22 (a. 781). Medietatem de ipsa piscatione quae est in I. Concil. Teatin. a. 840, *Conc.,* II p. 790. Nullus eis molestiam facere praesumat de illorum piscatione quam debent habere ad illorum vennam. *D. Ludwigs d. Deutsch.,* no. 145 (a. 873). Piscaciones in alveo Padi. *D. Karls III.,* no. 35 (a. 881).

**piscatoria,** -um: **1.** *pêcherie — fishing-place.* Cum piscatoria que appellatur banna. *D. Merov.,* no. 5 (a. 556). Cum . . . piscatoriis, molendinis . . . PARDESSUS, II no. 393 p. 184 (a. 680, Moissac). Domos ac villas et septa villarum et piscatoria manu facta. F. imper., no. 15, *Form.,* p. 297. Molendinum unum cum piscatorio uno juxta pontem. *D. Charles le Chauve,* no. 230 (a. 861). Ad pisces . . . in piscatoriis seu lacunis . . . adquirendos. Ib., II no. 247 p. 65 (a. 862). Piscatoria super eundem fluvium sita. *D. Charles le Simple,* no. 45 (a. 903). **2.** *droit de pêche — right of fishing.* Concedimus in villa q. d. P. ex piscatoria episcopi unaquaque hebdomada duas noctes. *D. Ottos I.,* no. 92 (a. 947). Insula D. cum suis piscatoriis necnon stagnum D. cum suis similiter piscatoriis. Ib., no. 44 (a. 844). Unam piscatoriam in mari. THÉVENIN, no. 149 (ante a. 1028, Chartres). Piscatoriam L. fluminis adtribuit. HELGALD., V. Roberti, c. 15, *H. de Fr.,* X p. 105 D. Donamus medietatem piscatorie nostre stagni nostri. BERTRAND, *Cart. d'Angers,* I no. 317 p. 359 (ante a. 1080). **3.** *service d'approvisionnement en poissons — fish purveyance service.* Ad . . . necessitates in diversis monasterii officinas subplendas, dormitorii scilicet, cellarii, domus infirmorum, piscatoriam quoque. *D. Charles le Chauve,* II no. 363, p. 309 (a. 872).

**piscatura:** **1.** *pêcherie — fishing-place. D. Heinrichs II.,* no. 340 (a. 1015). **2.** *une fournée de poissons — a lot of fish.* Lib. cam. eccl. maj. Traj., ed. MULLER, p. 34.

**piscina:** **1.** **fonts baptismaux — baptismal font.* Vitas patrum, lib. 1 c. 35, MIGNE, t. 73 col. 584 A. **2.** *cuvette — wash-bowl.* S. xiii.

**piscinale:** *pêcherie — fishing-place.* FERRI, *Carte di Roma,* p. 175 (a. 988); p. 180 (a. 1020).

**piscionarius:** **1.** *fonctionnaire ménager pour la poissonnerie — domestic officer in charge of fish purveyance.* BALUZE, *Misc.,* VII p. 234. **2.** *marchand de poissons — fishmonger.* S. xiii.

**pisele,** piselum, pisile, pisla, v. pensilis.

**pissaria,** v. pisaria.

**pistare:** *cuire du pain — to bake bread.* S. xiii.

**pistica** (gr.): *zèle — diligence.* [Episcopi] benigno studio atque pistica . . . ea defloruit ecclesia. *CD. Langob.,* no. 515 col. 879 D (a. 913-924, Cremona).

**pisticus** (gr.): **1.** *sincère, véridique — upright, truthful.* Vitae ejus pisticus scriptor. ADELELM. SAGIENS., Mir. Opportunae, c. 2, MABILLON, *Acta,* III pt. 2 p. 232. **2.** **non falsifié, pur* (en parlant d'un aromate) — *not faked, pure* (of perfumes).

**pistoria:** **1.** *boulangerie — bakehouse.* Lex Baiwar., tit. 10 c. 3. DESJARDINS, *Cart. de Conques,* no. 4 p. 6 (a. 883). **2.** *charge de boulanger domanial — office of a manorial baker.* PONCELET, *Actes Hug. de Pierrepont,* no. 128 (a. 1214/1215).



**pistorissa,** -essa: *boulangère — baker.* S. xiii.

**pistrare** = pistare.

**pistrinare:** *cuire du pain — to bake bread.* Stat. Murbac. (a. 802-816), c. 5, ALBERS, III p. 84.

**pistrinarius:** *boulanger — baker.* SCHIAPARELLI, *CD. Longob.,* II no. 154 p. 75 (a. 761, Lucca). MITTARELLI, *Ann. Camaldul.,* p. 21 (a. 867).

**pistrinum,** pestrinum (class. "moulin — mill"): *four, boulangerie — bakery, bakehouse.* Capit. de villis, c. 41. Brev. ex., c. 25, *Capit.,* I p. 254.

**pistulla:** *boulangerie — bakehouse.* DONIOL, *Cart. de Brioude,* no. 130 p. 145 (a. 996-1031).

**pittaciolum:** **1.** **petit morceau de parchemin — small piece of parchment.* ALCUIN., epist. 290, *Epp.,* IV p. 448. Hincmari epist. ap. FLODOARD., Hist. Rem., lib. 3 c. 22, *SS.,* XIII p. 524 l. 25. RATHER., epist. 7, ed. WEIGLE, p. 36. HARIULF., Chron., lib. 4 c. 17, ed. LOT, p. 218. THEODER. TREV., Inv. Celsi, § 16, *AASS.,* Febr. III p. 299 A. **2.** *petit morceau d'étoffe — small piece of cloth.* MONACH. SANGALL., lib. 1 c. 34, ed. JAFFÉ, p. 666. V. Burchardi Wormat., c. 18, *SS.,* IV p. 841 l. 22.

**pittacium,** picta-, pita-, -tio (genet. -onis): **petite lettre, petit document, billet — short letter or document.*

**pius:** **pieux, saint — pious, holy, saintly.* En parlant d'un lieu saint, d'un monastère — with reference to a holy place, a monastery: In ipso pio loco permaneat donum nostrum. GIORGI-BALZANI, *Reg. di Farfa,* II doc. 85 p. 80 (a. 770). De subjectis [episcopo] plebibus aliisque piis locis. Concil. Roman. a. 826, c. 16, *Capit.,* I p. 374. Juris supradicti monasterii vel aliorum piorum locorum. FEDERICI, *Reg. di S. Silv. in Cap.,* p. 285 (a. 955). Cui voluerint relinquendi abeant licentiam excepto piis locis. FERRI, *Carte di Roma,* p. 173 (a. 981).

**piviale,** v. pluviale.

**pivio,** v. pipio.

**pyxis** (femin., genet. -idis), pyxida (gr., cf. voc. buxida): **1.** *petite boîte, étui — small box or case.* Ruodlieb, fragm. 17 v. 21. **2.** spec.: *lunule — pyx.* Si pixida semper sit super altare cum sacra oblatione ad viaticum infirmis. REGINO, Syn. caus., lib. 1 notit. § 9, ed. WASSERSCHLEBEN, p. 20. Pixide communionis aperta. EKKEHARD., Cas. s. Galli, c. 2, *SS.,* II p. 93 l. 15.

**pizolum,** v. picciolum.

**1. placabilis:** **propitiatoire, expiatoire — propitiatory, expiatory.*

**2. placabilis,** v. placibilis.

**placatio:** **rançon, apaisement, expiation — ransom, apeasement, atonement.*

**placea,** v. platea.

**placentarius:** *bouffon — buffoon.* PETR. DAM., opusc. 54 c. 1, MIGNE, t. 145 col. 797 A.

**placentia:** **complaisance, bon vouloir — goodwill.*

**placere,** **1.** imperson. placet: **convenir de — to agree upon.* Lex Ribuar., tit. 30 § 2. **2.** transit.: *concéder en tenure — to lease.* Ei eadem terra ad tenendum placita sit. Capit. per se scrib. (a. 818/819), c. 4, I p. 287.

**placetum,** plachetum, v. plaxitium.

**placia,** v. platea.

**placibilis,** placabilis: **1.** **qui plaît, agréable à qq'un — pleasing, agreeable.* Si placibiles fuissent quoram populo civitatis suae. Lib. pontif., Steph. III, § 21, ed. DUCHESNE, I p. 476. Omnino fuisset Deo placebile. FREDEG., lib. 4 c. 58, *SRM.,* II p. 149. Si tibi placabile est et michi oportunum. JOH. AMALF., ed. HUBER, p. 14. **2.** *agréé — agreed.* Pretium . . . in argento quod nobis placabile fuit sol. 30. DC.-F., VI p. 340 col. 2 (ch. a. 841/842). Precium . . . in res placibiles vel preciatas sol. 100. ROUQUETTE, *Cart. de Béziers,* no. 5 p. 3 (a. 888). Vindimus . . . propter precio placibile sol. 20. MARTORELL, *Arch. Barcelona,* no. 104 p. 255 (a. 932). Accepimus caballum nobis placabilem. *CD. Cajet.,* I p. 159 (a. 984). **3.** *ayant cours — current.* Precium quod recepimus de te 300 sol. placibiles. *Hist. de Lang.*[3], V no. 87 col. 205 (a. 947, Pailhas). Accepi de vos precio . . . sol. 200 placibiles. Ib., no. 132 col. 209 (a. 979, Barcelona).

**placidum,** v. placitus.

**placiscere:** *vider à l'amiable — to compose, settle.* Haec omnia fiducialiter placiscere vel finire. Epist. Austras., no. 48, *Epp.,* III p. 152.

**placitalis:** *qui se rend au plaid — attending legal assemblies.* Coram . . . toto placitali populo. SCHÖPFLIN, *Alsatia dipl.,* I p. 225 (a. 1144).

**placitamentum:** *accord — agreement.* [Imperator] placitamento Gotafridum cum suis ut baptismum susciperet et Frisiam . . . reciperet . . . obtinuit. HINCMAR., Ann. Bertin., a. 882, ed. WAITZ, p. 153.

**placitare,** plagitare, notione 12 etiam plaidare, **1.** c. inf.: *s'engager — to pledge oneself.* [Si non fecerit], placitavit conponere sol. 100. SCHIAPARELLI, *CD. Langob.,* II no. 237 p. 303 (a. 770, Lucca). Defensare placitamus. MOREA, *Chart. Convers.,* p. 8 (a. 901). **2.** intrans.: *négocier, marchander — to negotiate, bargain.* [Carlomannus] Th. Saxonem placitando conquisivit. Ann. regni Fr., a. 743, ed. KURZE, p. 4. Venerunt . . . inter se et placitaverunt qualiter illos ad concordiam pacis revocare potuissent. BITTERAUF, *Trad. Freising,* I no. 197 p. 189 (a. 804). Junior Ch. paululum cum Liutharingis placitans, statim reversus . . . WIPO, G. Chuonradi, c. 2, ed. BRESSLAU, p. 19. **3.** *s'entremettre, intercéder — to mediate, intercede.* Predium . . . statim, domino abbate P. placitante, redditum est s. Maximino. *D. Konrads II.,* no. 228[b] (a. 1036). **4.** aliquid (sibi): *impétrer, conditionner, se réserver — to obtain by bargaining, reserve to oneself.* Emendet ei juxta quod placitare potuerit. Lex Saxonum, c. 20. Abbas reddidit episcopo ecclesias parrochiales . . . et placitavit, si aliquis ex propinquis suis dignus extiterit ad sacerdocium, ordinet eum illic episcopus. BITTERAUF, o.c., I no. 181 p. 173 (a. 800). Licuisset Lantfridum ipsa[m] portione[m] patris sui . . . sine conpositione . . . reddere suamque portionem recipere et placitare de ipsa medietate. Ib., no. 184[b] p. 176 (a. 802). Inde censum solvam . . . et heredes mei . . . predictas res . . . recipiant et cum jam plagitato censo proserviant. WARTMANN, *UB. S.-Gallen,* I no. 159 (a. 799). Volo esse traditum . . .; ita tamen volo habere apud vos plagitatum, . . . ut nulli umquam in beneficium concedantur. Ib., no. 365 (a. 837).

Si mihi aliquando conplacuerit monasterium ingredi, tunc volo ut cum istis rebus supradictis locum meum apud vos plagitatum habeam in victu et vestitu. Ib., II no. 393 (a. 845). Si in extraneo nuberent, [solverent] juxta quod preposito placitare possent. FAYEN, *Lib. trad. s. Petri Bland.*, p. 129 (a. 1056). **5.** aliquid alicui: *obtenir, réserver au profit de qq'un — to obtain, reserve in behalf of someone else.* Sequat[ur] eam [sc. viduam] dotis [i.e. dos] legitima et quidquid parentes ejus legitime plagitaverint et quidquid de sede paterna secum adtulit, omnia in potestate habeat secum auferendi. Lex Alamann., tit. 54 c. 1. [Dux] cum nostris donis vadit ad dominum imperatorem, placitat sibi vel filiis suis honorem. MANARESI, *Placiti*, I no. 17 p. 54 (a. 804, Istria). Pater meus partem hereditatis sue ... ad monasterium s. Galli contradidit, mihi videlicet plagitans ad redimendum; quod ego pari modo ... trado. WARTMANN, o.c., II no. 429 (a. 854). Si aliquis ex fidelibus nostris ... seculo renuntiare voluerit et filium vel talem propinquum habuerit qui rei publicae prodesse valeat, suos honores, prout melius voluerit, ei valeat placitare. Capit. Caris. a. 877, c. 10, II p. 358. Canonicis placitavit ut potestatem haberent, si vellent, easdem hobas ... concambiare. GERHARD. AUG., V. Udalrici, c. 28, *SS.*, IV p. 417 l. 49. **6.** aliquid (sibi), spec.: *se réserver en précaire — to bargain out as a precarial grant.* Trado ad monasterium ... omnem conquisitionem meam ... in ea ratione, ut cum ista conquisitione mea plagitare valeam a parte s. Galli traditionem [i.e. res traditas] patris mei ... quam ad s. Gallum traditam habuit. WARTMANN, I no. 203 (a. 809). Si illa D. illam traditionem [i.e. res traditas] sibi placitatam dimittere voluerit. Ib., II no. 406 (a. 849). Cum eisdem rebus plagitatum habeam tantum tempus vitae meae a parte s. Galli beneficium. Ib., no. 490 (a. 862). **7.** aliquid alicui: *réserver en précaire au profit d'un tiers — to bargain out as a precarial grant in behalf of someone else.* Trado ... unam cellam ... ea ratione tradens, ut eas res ad me recipiam et annis singulis censum inde persolvam ... Et si ipsas res alicui meipsum ad nutriendum plagitare voluero, licentiam habeam. Ib., I no. 222 (a. 817). Similia ib., no. 223 (a. 817). [Kunradus] res proprietatis sue ... ad reliquias s. Petri ... tradidit et placitavit G. presbitero. *D. Ottos I.*, no. 151 (a. 952). **8.** *concéder en précaire — to grant by way of precaria.* Quod jam dicta dux [Beatrix] de camera nostra tenuerat et episcopo placitaverat. *D. Ottos II.*, no. 308 (a. 983). **9.** *transiger à l'amiable, composer — to hit upon an arrangement, to compound.* Tali modo eum placitare permisi. BEYER, *UB. Mittelrh.*, I no. 382 p. 440 (a. 1082-1084). **10.** inter se, et refl. se placitare: *trouver un compromis, conclure un accord — to strike a deal, conclude an agreement.* Sicut ipsi inter se placitarunt, ita deinceps permaneat. *D. Ludw. d. Deutsch.*, no. 79 (a. 857). Quod si facere non possent, ad mandamentum domni abbatis et monachorum se placitarent. D'ACHÉRY, *Spic.*, VIII p. 196 (a. 1164). **11.** pactum: *conclure — to conclude.* Signum illorum qui hanc [pactionem dotarii] placitaverunt. THÉVENIN, no. 111 (a. 887, Alsace). Pactum pacis inter se placitaverunt. GERHARD. AUG., V. Udalrici, c. 12, p. 401 l. 8. **12.** intrans.: *tenir une assemblée du royaume — to hold an assembly of the realm.* Ann. Guelferb., a. 799, *SS.*, I p. 45. Placitatur imperator in pratis Roncaliae. ARNULF. MEDIOL., lib. 3 c. 6, *SS.*, VIII p. 18. **13.** intrans.: *tenir un plaid — to hold pleas.* Ad exemplum quod nos cum illis [sc. comitibus] placitare solemus, sic et illi cum suis subjectis placitent et justitias faciant. Capit. de caus. div. (a. 807 ?), c. 1, I p. 135. Nec marchio nec comes ... habeat potestatem placitandi. *D. Ottos I.*, no. 346 (a. 967). Ipso advocante A. ac placitante usque in finem vite sue. *D. Ottos III.*, no. 318 (a. 999). Nullus ... placitare ... aut aliquam publicam functionem exigere presumat. *D. Heinrichs II.*, no. 47 (a. 1003). Advocatus ... in jam dictis castellis et villis placitet. Ib., no. 426 (a. 1020). [Advocati] quandocumque volunt inibi ... placitant. G. abb. Lobiens., c. 11, *SS.*, XXI p. 315. Cum principibus placitandi venerit usus. WIPO, Tetral., v. 193, ed. BRESSLAU, p. 81. Placitum placitare: tenir un plaid — to hold a plea. Placitum cum servientibus ... semper post natale s. Remigii VIII die in M. [advocatus] placitabit. *D. Heinrichs IV.*, no. 476 p. 650 l. 2 (a. 1103/1104). Debetis ... placitare ipsum placitum cum illo bajulo. TEULET, *Layettes*, I no. 40 p. 38 col. 1 (a. 1114). Comitatum placitare: tenir les plaids d'un comté — to hold the pleas of a county. In comitatu B. quem H. comes tenere et potenter videtur placitare. *D. Ottos III.*, no. 311 (a. 999). **14.** intrans.: *assister à un plaid — to attend a plea.* Missi unacum ipsis placitantibus dixerunt. BITTERAUF, *Trad. Freising*, I no. 184b p. 177 (a. 802). Placitare debent cum comite vicecomes et comitores et vasvessores sui necnon et milites, ubicunque eis mandaverit infra suum comitatum. Usat. Barcin., c. 25, ed. D'ABADAL-VALLS TABERNER, p. 11. **15.** de aliqua re, vel transit. aliquid: *exercer la justice au sujet de, juger — to adjudicate.* [Abbas vel villicus] quicquid libuerit sine advocato possent placitare, scilicet de terris, de domibus, de alienis uxoribus ducendis. GYSSELING-KOCH, *Dipl. Belg.*, no. 217 (a. 1065, S.-Trond). Comes Carcassonensis placitet et faciat totas ipsas justicias ... Et si comes non faciebat vel nolebat facere ipsas justicias vel placitare ipsos placitos ... ROSELL, *Lib. feud. maj.*, no. 839 (a. 1068). Advocatus non habeat potestatem placitandi de ea re nisi ad hoc adducatur voluntate villici. BORMANS-SCHOOLMEESTERS, *Cart. de Liège*, I no. 26 (a. 1079). Si quis raptum fecerit ... abbas per suum villicum et ministros inde placitabit. SCHOEPFLIN, *Alsatia*, p. 191. **16.** aliquem: *intimer — to summon.* E. vicecomes ... homines nostros ... de injustitiis ad justitiam vicecomitatus pertinentibus placitare voluit. FLACH, *Orig.*, I p. 272 n. 1 (a. 1117, Verdun). **17.** aliquem: *intenter une action contre* qq'un *— to sue, implead.* Si quis ... ecclesiam de prenominatis rebus ... disvestire vel placitando ultra presumpserit fatigare. *D. Konrads II.*, no. 142 (a. 1029). Nolo ut quis eum placitet de aliqua re unde fuit saisitus ...



nisi coram me [i.e. rege]. HASKINS, *Norman inst.*, p. 296 no. 5 (a. 1106-1120). **18.** intrans.: *comparaître en justice — to stand one's trial.* Publice placitare cogeret fratrem suum. ORDERIC. VITAL., lib. 8 c. 24, ed. LE PRÉVOST, III p. 412. Homines pacis extra civitatem placitare non compellentur. Lud. VI reg. Fr. priv. pro Laudun. a. 1128, *Ordonn.*, XI p. 185. Nec extra villam suam pro quolibet nisi pro abbate placitent. LECOY, *Œuvres de Suger*, p. 360 (ch. a. 1145). Nullus eorum adversus aliquem placitet de aliquo placito extra Rothomagum, nisi ante ducem Normannorum. Priv. civ. Rotomag. a. 1150/1151, DELISLE, *Actes Henri II*, I no. 14 p. 18. Duni manentes apud Dunum tantum ... per praepositum nostrum placitabunt. Lud. VII reg. Fr. priv. pro Dun-le-Roy a. 1175, *Ordonn.*, XI p. 208. Homines pacis extra pacem placitare non compellentur, nisi extra pacem forisfecerint. DUVIVIER, *Actes*, I p. 371 (a. 1170-1189, Hainaut). **19.** aliquid, de aliqua re: *plaider — to plead.* Apud domno rege ipsa[m] causa[m] placitasetis. F. Bituric., no. 18, *Form.*, p. 178. Quem [i.e. quam causam] placitatam et diffinitam ei habebat judicialiter. ROSELL, *Lib. feud. maj.*, no. 595 (a. 106[illegible]). Cum de hac re [abbas] cum eodem W. Cenomannis in curia H. comitis placitasset. BERTRAND, *Cart. d'Angers*, I no. 325 p. 370 (a. 1102). Si dominus placitat contra suum hominem de proprio placito suo. Leg. Henrici, tit. 59 § 11, LIEBERMANN, p. 579. Inter me et illam aut placitandi aut concordiam faciendi respectum ... accepistis. GOFFRID. VINDOCIN., lib. 2 epist. 24, MIGNE, t. 157 col. 90 D. De conventionibus, que infra banleucam facte fuerint, infra villam Bolonie placitabitur. WAUTERS, *Orig.*, p. 58 (a. 1203). **20.** intrans.: *témoigner en justice — to bear witness.* Si aliquando surgeret calumnia de hoc molendino adversus s. Vincentii monachos, ipsi pro monachis contra omnes homines placitarent. CHARLES-MENJOT, *Cart. du Mans*, no. 19 col. 21 (ca. a. 1090).

**placitatio:** **1.** *réserve, condition — proviso.* Trado ... sub ea videlicet plagitatione, ut mihi ... licitum sit ... istam traditionem ... cum 10 de grano modiis ... annis singulis adversum sacrum illum deservire locum. WARTMANN, *UB. S.-Gallen*, I no. 378 (a. 839). In eam placitationem, ut jure et potestate canonicorum ... permaneat. GERHARD. AUG., V. Oudalrici, c. 28, *SS.*, IV p. 418 l. 2. **2.** (cf. voc. complacitatio) *contrat de précaire — precaria contract.* In Retia Curiensi abbatiola ... juxta placitationem traditionis ejusdem, prout facta est. *D. Konrads I.*, no. 5 (a. 912). **3.** *rachat des droits que peut faire valoir un tel — redemption of claims.* Si quid a fratribus ... inventum seu receptum fuerit, liberum et absolutum absque omni placitatione concedo. *Gall. chr.*², IV instr. col. 165 (ch. a. 1135, Langres). **4.** *plaid — plea.* Submonitiones, placitationes, revelationes, emendationes et omnia forisfacta et omnem prorsus justitiam habent. VERCAUTEREN, *Actes de Flandre*, no. 24 (a. 1100). Quicumque in plenis placitationibus dixerit testibus adverse partis: tu mentiris. *SS.*, XXI p. 608 col. 2 l. 32 (a. 1114, Valenciennes). **5.** *redevance pour rachat de l'obligation d'assister aux plaids — tax paid for buying off suit of court.* A placitationibus vel aliis quibuslibet injustis exactionibus ... liber erit. Ch. comm. Brusthem a. 1175, c. 2, ed. GESSLER, p. 83. **6.** *marchandage — chaffering.* Inter missarum solempnia non, ut quibusdam moris est, susurrationibus aut placitationibus intendebat. ARNOLD. LUBEC., lib. 3 c. 5, ed. LAPPENBERG in us. sch., p. 79.

**placitator:** **1.** *assesseur* dans un tribunal *— doomster.* S. xii. **2.** *plaideur — pleader.* S. xiii.

**placitatorius:** *relatif aux plaids, à la justice séculière — relating to lay justice.* Si quis ... in causam ductus non divina sed placitatoria, ut sic dicam, conditione legibus fuisset addictus. GUIBERT. NOVIG., De vita sua, lib. 3 c. 7, ed. BOURGIN, p. 158.

**placite:** **de plein gré — pleasingly.* Deo placite omnia ordinare. *D. Ottos II.*, no. 231 (a. 980).

**placitus** (adj.): **1.** **convenu — agreed.* Qui cavallum ... ad custodiendum mercede placita commendaverit. Cod. Euric., c. 278. Si dissimulaverit implere quod placitum est. Lex Burgund., tit. 19 c. 8. Placitum fuerat ut Trecas ... conjungerent. GREGOR. TURON., H. Fr., lib. 8 c. 13. Rebus debeant servare fidem in placitis. GREGOR. M., lib. 2 epist. 43, *Epp.*, I p. 142. Si contentio orta fuerit quod sacramentum in die placito non conjurasset. Lex Ribuar., tit. 66 § 1. Precio placito et defenito. CIPOLLA, *Doc. di Treviso*, p. 41 (a. 726). Censum placitum ... solvant. *D. Ludwigs d. K.*, no. 8 (a. 901). Placitam mercedem clerico donavit. GERHARD. AUGUST., V. Oudalrici, c. 14, *SS.*, IV p. 404 l. 10. **2.** *statué, décrété — provided.* [Si quis] alio modo fecerit nisi quod nobis et nostris fidelibus placitum est. Pipp. reg. It. capit., c. 2, I p. 208. Subst. neutr. **placitum,** placidum, quandoque mascul. placitus, notione 21 etiam plaitum, plaidum: **1.** (cf. voc. beneplacitum) *bon plaisir, gré, volonté — liking, will, pleasure.* Non secundum placitum hominis, sed secundum Dei voluntatem. BENED. LEV., lib. 3 c. 379, *LL.*, II pt. 2 p. 125. Ei [sc. misso nostro] in suum placitum esse dignetis. Coll. Flavin., no. 117, *Form.*, p. 486. Secundum placitum vendentium interveniente pretio comparaverit. *D. Charles le Ch.*, no. 352 (a. 871). Abbaciam juxta utriusque placitum concambitam. *D. Heinrichs III.*, no. 145 (a. 1045). **2.** **résolution, projet, plan, décision — endeavour, scheme, design, decision.* Secundum placitum archipraesulis sui ad apostatricem gentem pergere coepit. V. Adalberti, c. 25, *SS.*, IV p. 592 l. 37. Sin ... animo indurato in placito tam nefando perstiterit. Gregor. VII pap. registr., lib. 7 no. 9, ed. CASPAR, p. 471. **3.** **permission, consentement — leave, consent.* Placitum egrediendi ... spondit, ut scilicet ... se a finibus Hispaniae removerit. GREGOR. TURON., lib. 2 c. 2. Avenione accessi juxta placita patricii Mummoli. Ib., lib. 7 c. 36. Complacuit mihi cum ... placito monachorum s. Galli ... res, quas nobis P. tradidit, per hanc ei precariam represtare. WARTMANN, *UB. S.-Gallen*, II no. 541 (a. 868). **4.** **engagement, accord — engagement, word given.* Legati ab Hispania venerunt ... placitum accipientes cum C. rege, ut filiam suam ... filio regis L. tradere

deberet in matrimonio. GREGOR. TURON., lib. 6 c. 34. Deprecor ut placita, quae inter nos . . . sunt innexa, custodiantur. Ib., lib. 7 c. 6. Mendacia tua placita sunt. FREDEG., lib. 2 c. 58, *SRM.*, II p. 82. Placitum petentes ut ipsam ad conjugium traderit. Ib., lib. 3 c. 18, p. 100. Facto placito ut, conjuracione facta, cum pace discederint. Contin. ad FREDEG., c. 2, p. 169. Expectantes . . . diebus sex juxta placitum. PAUL. DIAC., Hist. Langob., lib. 3 c. 31. [Sueones] placitum cum rege suo tale constituisse. ADAM BREM., lib. 2 c. 58, ed. SCHMEIDLER, p. 118. **5.** **convention, contrat — agreement, contract.* Fidem placiti [contrat de mariage — deed of settlement] . . . disrumpens. Lex Burgund., tit. 52 c. 3. Quodsi qua pars de placito [une délimitation — fixation of boundaries] resillire voluerit. PARDESSUS, II no. 253 p. 10 (a. 631). Magister commacinus . . . domum ad . . . fabricandum super se, placitum finito de mercedes, susceperit. Edict. Rothari, c. 144. Pacta vel placita que per scripturam . . . facta sunt. Lex Visigot., lib. 2 tit. 5 c. 2. Si inter sponsum et sponse parentes . . . factum placitum de futuro conjugio fuerit definitum. Ib., lib. 3 tit. 4 c. 2. Pretium . . . accepit [i.e. accepi] . . . sicut inter nobis bono animus in placetum convinet [i.e. convenit]. SCHIAPARELLI, *CD. Longob.*, I no. 23 p. 90 (a. 720, Pisa). Si aliquis de successoribus nostris hoc placitum inrumpere temptaverit. F. Augiens., coll. A no. 19, *Form.*, p. 346. Praetium quod in placitum venit nostrum. F. Visigot., no. 11, p. 581. Heredes ipsius placitum condictum [un prêt — a loan] . . . consequantur. WARTMANN, *UB. S.-Gallen*, I no. 208 (ante a. 813). Hoc placitum [contrat de précaire — precaria contract] quod contra idem episcopum conplacitaret. BITTERAUF, *Trad. Freising*, I no. 364 p. 311 (a. 816). Quod . . . rex placitum cum R. duce habeat, videlicet hoc, ut filius regis filiam ipsius ducis accipiat. Gregor. VII pap. registr., lib. 9 no. 11, p. 589. **6.** *acte écrit de contrat — deed concerning an agreement.* Placita vel reliquas scripturas. Lex Visigot., lib. 2 tit. 5 c. 8. Ibi pluries. Facta ista pacta vel placita aut carta vinditionis . . . Signum B. et S. qui ista pacta vel placita rogaverunt scribere et testes firmare. *Hist. de Lang.*[3], V no. 212 col. 430 (a. 1037, Pailhas). **7.** *arrangement à l'amiable — compromise, settlement.* Debitum tuum reddant secundum placito vel legem. F. Augiens., coll. B no. 41, p. 363. Secundum legem quae ibi male facta habent emendent, aut solvant secundum legale placitum. Capit. Pist. a. 862, c. 2, II p. 306. Sive de placitu aut de stricto. STEVENSON, *Doc. di Velletri*, p. 76 (a. 946 ?). Fecerunt tale ibi placitum quod Helie fuit voluntati atque bene gratum. GRASILIER, *Cart. de Saintes*, no. 13 p. 24 (a. 1067-1074). Seu caput rei reddendo seu placitum, quod capitulum gratanter accipiat, exequendo. DÉLÉAGE, *Actes d'Autun*, no. 20 p. 52 (a. 1098-1112). G. pontif. Camerac., lib. 3 c. 42, *SS.*, VII p. 481 l. 42. **8.** *relief d'un fief — relief, money paid for admission to a fief.* Quicunque ad hereditatem venit ex casura, placitum domino faciat de cujus feodo casamentum movet. BOURGIN, *Soissons*, p. 409 no. 4 (a. 1147). **9.** *condition, stipulation — proviso.* Eo tenore et placito, ut . . . HARTMANN, *Tab. Mar. in Via Lata*, p. 17 (a. 985). **10.** *garantie — warranty.* F. Visigot., no. 44 sq., *Form.*, p. 594 sq. **11.** *traité, pacte — treaty, compact.* Cepit castrum q.d. H. per placitum. Ann. regni Fr., a. 743, ed. KURZE, p. 4. Facto placito inter utrosque. ANAST. BIBL., Chron., ed. DE BOOR, p. 212. Placitum concordiae ac pacis rex et H. . . . iniere. FLODOARD., Ann., a. 953, ed. LAUER, p. 135. Alia castella capit per placitum. BENED. SANTANDR., ed. ZUCCHETTI, p. 85. **12.** *rendez-vous — appointment.* Placitum, quod posuerat, prolongaret. GREGOR. TURON., lib. 6 c. 34. Usque in placito, quod inter se G. et C. reges habent, sustenetatis. Ib., lib. 7 c. 13. Veniens . . . ad placitum diem constitutum [i.e. die constituto] ut puellam uxorem copularet. Hist. Daretis, lib. 3, *SRM.*, II p. 198. Nullum mandatum de adventum vestrum suscaepissemus . . . secundum placitum quod inter nos extiterat. Cod. Carolin., no. 60, *Epp.*, III p. 586. Imperator exivit ad eum ad locum placiti. ARNOLD. LUBEC., lib. 2 c. 10, ed. LAPPENBERG in us. sch., p. 48. **13.** *terme fixé pour une séance, une réunion — the day fixed for a meeting.* Istum placitum de isto synodo . . . alio tempore [i.e. ad aliud tempus] visus est inmutasse. DESID. CADURC., lib. 2 epist. 16, *Epp.*, III p. 211. Imperator . . . se generale concilium circa Febr. kal. [Roma] convocaturum condixit . . . Constat tamen nec ipse juxta placitum venisse. EKKEHARD. URAUG., ad a. 1102, *SS.*, VI p. 223 l. 52. **14.** *engagement des litigants pour comparaître à tel jour devant le tribunal — engagement of parties to a lawsuit to make their appearance by then before a court.* Ad eadem septem noctes placitum facere debet. Lex Sal., tit. 40 § 7. In noctes 40 placitum faciant. Ib. tit. 47 [Dominus] ad 20 noctes ipsum [servum inculpatum] in mallum praesentet . . . Quod si placitum sunnis detricaverit, ad alias 20 noctes ita fiat. Pactus Childeb. et Chloth., c. 5, *Capit.*, I p. 5. In 84 noctes postea placitum intendatur. Edict. Chilperici, c. 8, p. 9. Ad placitum veniens in haraho conjurit . . . Lex Ribuar., tit. 30 § 2. Ei placitum super 14 noctes detur. Ib., tit. 33 § 2. Quoties per sponsionem placiti constituendum est tempus quando aut ubi causa dicatur, occurrente uno ad placitum et alio differente . . . Lex Visigot., lib. 2 tit. 2 c. 4. Facto placito in praesentia N. episcopi. GREGOR. TURON., lib. 5 c. 5. Inito placito ad basilicam . . . conveniunt. Ib., c. 32. Placitum in regis C. praesentiam posuerunt. Ib., lib. 7 c. 23. Placitum cum P. patricio ante domno [rege] habemus. DESID. CADURC., lib. 2 epist. 2, *Epp.*, III p. 204 (a. 629/630). Ipsi . . . placitum eorum legebus . . . visi fuerunt custodisse; nam ipsa femena nec ad placetum advenit, nec misso in persona sua direxit. F. Andecav., no. 12, *Form.*, p. 9. Ille ibi in palatio nostro et per triduo seu amplius . . . placitum suum custodisset . . . Ille placitum suum custodire necglexit. MARCULF., lib. 1 no. 37, ib., p. 67. Taliter inter se placitum habuerunt initum; sed venientis ad eo placitum ipsi agentis in ipso palacio nostro, per triduo placitum eorum custodissent. *D. Merov.*, no. 60 (a. 692). Pluris [i.e. plura] placeta inter se pro [h]ac causa habuerunt initas. Ib., no. 66 (a. 693)



Tale placitum statuerunt, ut simul ad noctes legitimas concurrerent in palatio et ante regem istam contentionem definire debuissent. MIGNE, t. 96 col. 1530 (a. 758). **15.** *rendez-vous pour engager un combat — pre-concerted time and place for a battle.* Placetus [i.e. placitos] inter his duos regis, ut Francorum judicio [décision au moyen d'un combat — trial by battle] finiretur [contentio], S. castro [champ de bataille convenu — agreed battlefield] instituunt. FREDEG., lib. 4 c. 37, *SRM.*, II p. 138. Cum denunciatum fuisset placitum, qua die ad preliandum in loco nuncupante T. . . . convenire deberent. Lib. hist. Fr., c. 36, ib., p. 305. Stans paratus ad placitum, ut ad pugnam procederet. Ib., c. 41, p. 312. Cum veniret . . . ad placitum. V. Austregisili, c. 4, ib., IV p. 194. **16.** *échéance d'un paiement — due date.* Si quis rem suam alii praesteterit et placitum indixerit, quod si super placitum rem praestatam retenere praesumpserit . . . Lex Ribuar., tit. 52. Qui arras dederit . . ., pretium cogatur implere; et si non occurrerit ad diem constitutum vel antea non rogaverit placitum ampliorem . . . Lex Baiwar., tit. 16 c. 10. Medio mense Julii ipsa[m] [inferendam] vobis transsolvere spondemus . . . Quod si hoc non fecerimus . . . post ipso placito totum in duplum vobis transsolvere spopondimus. PARDESSUS, II no. 517 p. 330 (a. 721, Maine). Censimus nos annis singulis . . . octava die ante pascha Domini censu libras decem reddere debeam; et si de ipso censu negligens apparuero ante, et post ipso placito infra 40 dies non reddidero . . . BRUCKNER, *Reg. Alsat.*, no. 128 (a. 737). **17.** gener.: *terme, délai — time limit.* Quicquid nos . . . unicuique judici ordinaverimus . . ., ad eundem placitum sicut eis [sc. judicibus] institutum fuerit, impletum habeant. Capit. de villis, c. 16. Per licentiam [e claustris] egressus extra constitutum sibi placitum moras fecerit. Concil. Aquisgr. a. 816, c. 134, *Conc.*, II p. 411. Ni infra constitutum placitum episcopo satisfaceret. G. pontif. Camerac., lib. 3 c. 2, *SS.*, VII p. 467 l. 18. **18.** *réunion, conférence, pourparlers — meeting, conference, negotiation.* In placito quem habemus, cuncta decernimus tractantes quid oporteat fieri. GREGOR. TURON., H. Fr., lib. 7 c. 7. Nonnulli . . . in hoc placito abire [i.e. venire] timuerunt. Ib., c. 33. Cum ad placitum . . . C. cum proceribus suis convenisset et G. de his interpellatus nullum responsum dedisset. Ib., lib. 8 c. 21. Rex Carlus . . . placitum habuit ad P. cum Francis et Saxonibus. Ann. Lauresham., a. 785, *SS.*, I p. 32. R. rex et H. comes iterum ad placitum . . . veniunt. FLODOARD., Ann., a. 928, ed. LAUER, p. 41. Eos ad placitum invitaret. LAMPERT. HERSF., Ann., a. 974, ed. HOLDER-EGGER, p. 42. **19.** placitum generale: l'assemblée générale du royaume — general assembly of the realm. V. Ansberti Rotomag., c. 15, *SRM.*, V p. 629. Capit. missor. a. 803, c. 29, I p. 116. Resp. misso data, c. 2 et 5, p. 145. *D. Zwentibolds*, no. 20 (a. 898). *D. Charles le Simple*, no. 84 (a. 916). Placitum regis, regale: idem. Capit. Harist. a. 779, c. 12, I p. 50. *D. Konrads I.*, no. 3 (a. 912). *D. Heinrichs I.*, no. 2 (a. 920). WIDUKIND., lib. 3 c. 41. ADALBERT. TREVER., Contin. ad REGINONEM, ad a. 956, ed. KURZE, p. 168. RUOTGER., V. Brunonis, c. 35, ed. OTT, p. 36. THIETMAR., lib. 6 c. 3, ed. HOLTZMANN, p. 276. Placitum, nude: idem. In placito quod habemus, cuncta decernimus, tractantes quid oporteat fieri. GREGOR. TURON., lib. 7 c. 7. Etiam ib., lib. 8 c. 21; lib. 10 c. 28. Contin. ad FREDEG., c. 41, *SRM.*, II p. 186. BONIF.-LULL., epist. 107, ed. TANGL, p. 233. REGINO, Chron., ad a. 897, ed. KURZE, p. 145. FLODOARD., Ann., a. 956, ed. LAUER, p. 142. Ann. Altah., a. 1034, ed. OEFELE, p. 19. Du rassemblement de l'ost — of the gathering of the host: Jubet omnes Francos, ut hostiliter placito instituto ad Ligerem venissent. Contin. ad FREDEG., c. 42, *SRM.*, II p. 187. [Bannus] de exercitali placito instituto. Capit. missor. gener. a. 802, c. 40, I p. 98. **20.** *concile — church council.* Placitum apud Triburas haberi decrevisset. Concil. Tribur., rec. B, *Capit.*, II p. 210 (rec. A: concilium). Placitum conventumque synodalem. Conv. August. a. 952, *Const.*, I no. 18. **21.** *séance judiciaire, plaid — session of a lawcourt.* Imperator cum . . . Romanis proceribus pariter et optimis Francis . . . de praedicta accusatione placitum habuit. Lib. pontif., Leo IV, § 111, ed. DUCHESNE, II p. 134. In dominicis diebus conventus et placita publica non faciant. Capit. de partib. Saxon., c. 18, I p. 69. Neque . . . in rebus ipsius ecclesie placitum tenere . . . presumat. *D. Berengario I*, no. 12 p. 45 (a. 894). Pour le plaid comtal — for a session of the count's court. Si quis comes ad placitum suum hominem bannit. Ewa ad Amorem, c. 40. Ut comites vel judices ad eorum placita primitus orfanorum vel viduarum seu ecclesiarum causas audiant. Concil. Vern. a. 755, c. 23, *Capit.*, I p. 37. Ut placita fiant per kalendas . . . ad causas inquirendas. Lex Baiwar., lib. 2 tit. 15 c. 1. Condicto commune placito simul ipsi pagenses veniant. Capit. Saxon. a. 797, c. 8, p. 72. Ingenuos homines nulla placita faciant custodire, postquam illa tria custodiant placita quae instituta sunt. Pipp. capit. It., c. 14, p. 210. Parfois *placitum* s'emploie pour désigner tout particulièrement les plaids comtaux non généraux qui se tiennent après convocation spéciale — sometimes by *placitum* are meant exclusively those sessions of the count's court which are incidentally summoned. Ut nullus ad placitum banniatur, nisi qui causam suam quaerere [velit] aut si alter ei quaerere debet, exceptis scabineis septem qui ad omnia placita praeesse debent. Capit. missor. a. 803, c. 20, p. 116. Ut per placita non fiant banniti liberi homines, excepto si aliqua proclamacio super aliquem venerit aut certe si scabinus aut judex non fuerit. Capit. missor. Ital., c. 12, p. 207. Placitum generale: le plaid général du comte ou "mallus" — the full county court. [Liberi homines] in anno tria solummodo generalia placita observent. Capit. missor. a. 819, c. 14, p. 290. MARTÈNE, *Coll.*, I col. 378 B (a. 1016, Liège). Ib., IV col. 1174 B (a. 1034, Liège). THIOFRID. EPTERNAC., V. Willibrordi, c. 36, *SS.*, XXIII p. 28. D. Heinr. V imp. a. 1108, WAITZ, *Urk. dt. Vfg.*, no. 9 p. 25. Placitum annuale: idem. Advocatus ad tria annualia placita veniat. MARTÈNE,

*Thes.*, I col. 189 E (ca. a. 1060, Verdun). Calmet, *Lorr.*, V pr. col. 140 (a. 1140). Cf. F. N. Estey, *The meaning of "placitum" and "mallum" in the capitularies*, *Speculum*, t. 22 (1947), pp. 435-439. Ceux qui assistent aux plaids généraux, les "homines de generali placito", constituent une classe à part. — The people who owe suit to the full county court, the "homines de generali placito", form a definite class. Homo de generali placito tria placita debet in anno. Guimann., Cart. s. Vedasti, ed. Van Drival, p. 256 sq. (a. 1023-1036). Alodiis quae homines tenent ad placitum generale respicientes. Hugo Flavin., Chron., *SS.*, VIII p. 363 r. 18. En parlant du tribunal de centène — with reference to a hundred court: Conventus ... fiat in omni centena ... Ipse placitus fiat de sabbato in sabbato. Lex Alamann., tit. 36 c. 1. Du tribunal missatique — of a court held by 'missi dominici'. Missi nostri quater in uno mense et in quatuor locis habeant placita sua cum illis comitibus. Capit. de just. fac. (a. 811), c. 8, I p. 177. Ut in illius comitis ministerio missi nostri placitum non teneant, qui in aliquod missaticum directus est. Capit. missor. a. 817, c. 25, p. 291. Missi in illorum missaticis ... placita teneant. Capit. Caris. a. 857, c. 2, II p. 286. Du tribunal d'un avoué ecclésiastique — of the court of an ecclesiastical advocate. Emit ... coram scabinis et omni familia b. Petri in communi placito presente W. advocato. Beyer, *UB. Mittelrh.*, II, Nachtrag, no. 10 p. 346 (s. xi, Mettlach). D'un tribunal ecclésiastique — of an ecclesiastical court. Ad placita ... oboedienter sacerdos recurrat. Concil. Roman. a. 826, c. 21, *Capit.*, I p. 374. Cum episcopus episcopatum circumeundo perrexerit et placitum canonice constitutum decreverit. Concil. Tribur. a. 895, c. 9, ib., II p. 218. **22.** placitum generale: redevance pour rachat de l'obligation d'assister au plaid général — a tax paid for redeeming suit of the county court. Homines ... apud L. commorantes placitum generale monachis predictis reddant. Marion, *Cart. de Longpont*, p. 66 no. 5 (a. 1137). [Ne] tallia et corvade et placita generalia ... a nobis ... ab aliquo hominum in predicto burgo manentium exigantur. De Lasteyrie, *Cart. de Paris*, I no. 489 p. 410 (ca. a. 1170). Omnes homines meos, quicumque in prescripta communia fuerint, quittos et immunes a tallia et a placito quod dicitur generale imperpetuum esse concedo. Teulet, *Layettes*, I no. 299 p. 125 (a. 1179, Troyes). **23.** *le droit de tenir les plaids, la justice — right to hold a court, jurisdiction.* Castellum cum omni placito et datione sua. Allodi-Levi, *Reg. Sublac.*, p. 14 (a. 858-867). Castellum ... cum omni debito, districtione et actione atque placitis nostri et comitis ... donamus. *D. Ottos I.*, no. 346 (a. 967). Concedere dignaremus placitum et districtum. Bened. VIII pap. (a. 1012-1024) epist., Migne, t. 139 col. 1596 C. [Villam] cum placito universo. Muller-Bouman, *OB. Utrecht*, I no. 209 p. 191 (a. 1050). **24.** *une compétence judiciaire déterminée — a specific judicial competence.* De placitis que ad scultedum pertinent non deberet placitari ad virscarnam abbatis. Vercauteren, *Actes de Flandre*, no. 120 (a. 1125). Si juratus juratum menbro aliquo debilitaverit, placitum inde et emendacio erit domini regis. Stabilim. Rotomag., c. 12, ed. Giry, p. 18. Facerent finem ... de istis tribus placitis, scilicet de homicidio et adulterio et perjurio ... quia abbas de istis tribus placitis se intromittere non debet. Ficker, *Forsch.*, IV no. 135 p. 178 (a. 1164, Monza). Placitum spatae, ensis: la justice du sang — jurisdiction implying capital punishment. Nos [sc. dux] tantummodo tria placita, quae de spata vocantur, in illa civitate Lexoviensi [Lisieux] et banleuca habere, videlicet de submonitione exercitus nostri et de via curiae nostrae et de moneta. Martène, *Coll.*, I p. 1022 (ch. a. 1199). Recordationem tenebunt de hiis ... salvo nobis placito ensis. Phil. Aug. ch. commun. Rotomag. a. 1207, c. 4, Giry, *Etabl. de Rouen*, II p. 57. [Rex] nobis et ecclesiae nostrae in perpetuum concedit placitum spadae totius terrae nostrae. Brussel, *Examen*, I p. 263 (ch. a. 1211, Fécamp). Placita coronae: la justice royale — plea of the Crown. Henr. I reg. Angl. priv. pro London. (a. 1131-33), c. 1 et 3, Liebermann, p. 525. Placitum christianitatis: la justice spirituelle — spiritual jurisdiction. Placitum synodale cum integra justitia ad eamdem plebem pertinens altari ... traderem. DC.-F., VI p. 345 col. 1 (ch. a. 1122, Aquileia). Tradimus vobis ... duas plebes ... cum placito christianitatis quod est jus synodandi. Lünig, *CD. Ital.*, IV col. 1551 (a. 1180, Aquileia). **25.** *revenu provenant de l'exercice de la justice — profit from jurisdiction.* Damus vobis medietatem de ipsas justicias et de ipsos placitos suprascriptos. Rosell, *Lib. feud.*, no. 814 (a. 1067). **26.** *litige, procès, action — claim, plea, lawsuit.* Sic namque inter nos finitum est placitum et deliberatum. Hartmann, *Tab. S. Mar. in Via Lata*, I no. 10 (a. 980, Roma). Cum ... vidit se victum ad sua fallacia ..., abstraxit se de ipso placito. Rius, *Cart. de S.-Cugat*, no. 496 (a. 1025). Eligamus judices inter nos qui judicent illud placitum per directum. Rosell, o.c., no. 149 (a. 1063). Placitum habui contra ... Waitz, *Dtsche Vfg.*, VII p. 423 no. 2 (ch. a. 1063-1076, S.-Amand). Ita placitum dimisi ... Et ideo solempniter ... placitum refutavi et jus suum episcopo et ecclesiae dimisi. DC.-F., VI p. 344 col. 3 (ch. a. 1156, Chartres). Si aliquis emerit terram ... et eam tenuerit per annum et unum diem sine calumnia ..., extunc ut inantea bene et in pace teneat eam et sine placito. Stubbs, *Sel. ch.*[9], p. 197 (ca. a. 1157, Lincoln). In palatio sedeant et placita ad eos delata diffiniant. Frid. I imp. conv. cum Mediol. a. 1158, *Const.*, I no. 174, c. 7.

**placor** (< placare): **apaisement, paix, tranquillité — appeasement, peace, quiet.*

**1. plăga,** plagia, plaja, plazia, plagius: **1.** *plage — beach.* Monasterii G. quod situm in plaia est. Gregor. M., lib. 10 epist. 18, *Epp.*, II p. 253. In fluminibus vel in plagia maris piscantes. D. Ludov. Pii a. 822, Cassan-Meynial, *Cart. d'Aniane*, p. 46 no. 3. Barcas que applicaverint per tota ipsa plagia. Capasso, *Mon. Neapol.*, I p. 153 (a. 832-839). Cum ipsa plagia que est in mari [h]abilis ad piscandum. *D. Charles le Simple*, no. 61



(a. 909). **2.** *côte, pente — mountain-slope.* Fine ipso plaio de ipso monte. *CD. Cav.*, I no. 134 p. 172 (a. 917). Sive in monte sive in plagia sive in plano. Mittarelli, *Ann. Camaldul.*, I p. 101 (a. 980). Campis, pascuis, plagis et planitiis. Hartmann, *Tab. s. Mar. in Via Lata*, p. 27 (a. 991). **3.** *sole — field.* Hobam unam legalem, id est in tribus plagis jugera 15. Bitterauf, *Trad. Freising*, no. 1180 (a. 957-972). Item no. 1305; no. 1638 (a. 1078-1098). **4.** *bas-côté — aisle.* Sancta corpora ... in meridiana plaga aecclesiae tumulata. Lib. pontif., Greg. IV (a. 827-844), § 32, ed. Duchesne, II p. 80.

**2. plăga:** **punition envoyée par Dieu, affliction, catastrophe — divine punishment, plague.*

**3. plaga,** v. platea.

**plagare,** plagiare: **1.** **frapper, battre, blesser — to strike, beat, wound.* **2.** **accabler — to afflict.*

**plagatura:** *blessure — wound.* Immensitatem considerabant dolorum et plagaturae ipsius. Chron. Mosomag., c. 4, *SS.*, XIV p. 602.

**plagiare** (< plagium): **1.** *solliciter* un esclave *à l'évasion — to instigate* a slave *to run away from his master.* Si quis ingenuus servum alienum vel ancillam plagiaverit. Lex Visigot., lib. 7 tit. 3 § 2. **2.** *asservir* un homme libre — *to enslave* a freeman. Si quis hominem ingenuo plagiaverit. Lex Sal., tit. 39 § 2 (cf. ib. § 1: Si quis mancipia aliena solicitare voluerit). Qui ingenuum plagiando, id est sollicitando, in alia loca translatum vendiderit. Edict. Theoderici, c. 78, *LL.*, V p. 161.

**plagiator:** *solliciteur d'esclaves évadés — one who instigates slaves to run away.* Si quis nesciens a plagiatore mancipia comparaverit. Edict. Theoderici, c. 81, *LL.*, V p. 161. De plagiatoribus. Lex Sal., tit. 39, inscr.

**plagitare,** v. placitare.

**plagium:** **crime qui consiste dans l'asservissement d'un homme libre ou d'un esclave d'autrui qui s'évade — the crime of enslaving a freeman or another master's runaway slave.*

**plaidare,** v. placitare.

**plaidum,** plaitum, v. placitus.

**plaidura,** v. pleidura.

**plaisaitium,** plaissicium, v. plaxitium.

**plaja,** v. 1. plaga.

**plana:** **1.** *doloire — adze.* Brev. ex., c. 25, 30 et 32, *Capit.*, I p. 254 sq. Guill. Hirsaug., lib. 1 c. 25, Migne, t. 150 col. 956 C. **2.** *planche — plank.* S. xiii, Ital. **3.** *terrain non boisé — field as opposed to wood.* S. xiii.

**planare:** **1.** **raboter — to plane.* **2.** **aplanir, égaliser — to smooth, level.* **3.** *racler, effacer — to scrape, erase.* Libri planati pomice. Gregor. Turon., H. Fr., lib. 5 c. 44. Videt diabolum ... quod scripserat planasse. V. Notkeri Balbuli, § 44, *AASS.*, Apr. I p. 593 A.

**planca,** plancha, plancia, planchia, plancus: **1.** **planche — plank.* **2.** *une mesure de terre — a land measure.* Bernhart, *Cod. Ravenn.*, p. 28 (s. x). Tonini, *Rimini*, II p. 532 (a. 1059). Bertrand, *Cart. d'Angers*, I no. 176 p. 201 (a. 1121-1127). **3.** *fer à cheval — planch, horseshoe.* S. xiii, Angl.

**plancare,** planchare, planchiare, plancheare: *planchéier — to plank, floor.* S. xiii.

**plancatus** (decl. iv): *plancher, étage — floor.* Suger., De admin. sua, c. 16, Lecoy, p. 176.

**plancherium** (< planca): **1.** *palissade, vanne — paling, lock.* S. xii. **2.** *plancher, étage — floor.* S. xiii.

**planchicium** (< planca): *plancher, étage — floor.* S. xiii.

**planco** (genet. -onis) (< planca): *soliveau, chevron — beam.* S. xiii.

**planctoria,** plancturia: i.q. appennis. Thévenin, no. 32 p. 57 (a. 928).

**planctus,** plantus (decl. iv): *plainte, instance — claim, action. Hist. de Lang.*[3], II pr. no. 201 (a. 878, Albi).

**planellare:** *paver — to pave.* S. xiii.

**planellus,** planella: *pantoufle — slipper.* Cencius, c. 57 (Ordo), § 11 sq., ed. Duchesne, I p. 292 col. 1.

**planeta:** **1.** *manteau de pluie* que portent les laïcs — *rain-cloak* worn by laymen. V. Fulgentii (s. vi med.), *AASS.*, Jan. I p. 43. Isid. Hispal., Regula monach., c. 12 § 2, Migne, t. 83 col. 882 A. Id., Etym., lib. 19 c. 24. Joh. Diac., V. Gregorii M., lib. 4 c. 83, Migne, t. 75 col. 229 B. **2.** *chasuble — chasuble.* Epist. Wisigot., no. 17, *Epp.*, III p. 686. Concil. Tolet. a. 633, Migne, t. 84 col. 375. Ordo Rom. I (s. vii ex.), c 30, Andrieu, II p. 77. Sacram. Gregor., Migne, t. 78 col. 223 B. Brev. ex., c. 4, *Capit.*, I p. 251. Ghaerbaldi capit., c. 9, ib., p. 243. Pérard, *Rec. de Bourg.*, p. 27 (ca. a. 840). Ardo, V. Bened. Anian., c. 5, *SS.*, XV p. 204. Test. Everhardi a. 867, De Coussemaker, *Cart. de Cisoing*, p. 2. Lib. pontif., Leo III, § 11, ed. Duchesne, II p. 4.

**planetatus** (adj.): *en chasuble — wearing a chasuble.* Clericorum planetatis ordinibus. Lib. pontif., Hadr. II, § 36, ed. Duchesne, II p. 180. Subst. mascul. **planetatus:** *diacre — deacon.* Joh. Diac., V. Gregorii M., lib. 2 c. 43, Migne, t. 75 col. 104 C.

**plansonus:** *plançon, bouture — shoot.* S. xiv.

**planta:** **1.** *vigne nouvellement plantée — newly-planted vineyard.* Canat, *Cart. de S.-Marcel-lès-Châlon*, no. 92 p. 80 (a. 838). Bernard-Bruel, *Ch. de Cluny*, II no. 1148 p. 237 (a. 963). G. pontif. Autissiod., c. 45 (s. x), ed. Duru, p. 380. **2.** *semelle — sole of a shoe.* Meyer-Perret, *Bündner UB.*, I no. 280 p. 209 (ca. a. 1110-1125).

**plantago** (genet. -inis): *vigne nouvellement plantée — newly-planted vineyard.* Indic. Arnonis a. 790, c. 5 § 1, Hauthaler, *Salzb. UB.*, I p. 7.

**plantare:** **1.** *ériger* un autel — *to erect* an altar. [Altare] plantavit in honore s. Mariae. Schiaparelli, *CD. Longob.*, I no. 19 p. 63 (a. 715, Siena). Horaculo b. Mihahelis vel ipsius altario, qui plantatus est in templo ... Ib., no. 44 p. 148 (a. 729, Novara). **2.** *déposer* des reliques — *to deposit* relics. [In altari] erant reliquiae ... sanctorum plantatae. Ardo, V. Bened. Anian., c. 25, *SS.*, XV p. 210. Quorum [sanctorum] reliquiae ibi plantatae sunt. Candid., V. Eigilis, c. 16, ib., p. 230. **3.** *fonder* un monastère — *to found* a monastery. Cenobium plantatum. Petr. presb., ap. Federici, *Chron. Vulturn.*, p. 130.

**plantaria,** -ter-, -ius: *vigne nouvellement plantée — newly-planted vineyard.* Villa ... cum vineis, quae fundi ratione aptae ad plastarias [leg. plantarias] et vinitores esse noscuntur. Test. Bertichramni a. 615, Pardessus, I p. 199. Glöckner, *Cod. Lauresh.*, II no. 243 p. 37

(a. 774). Wartmann, *UB. S.-Gallen*, I no. 382 (a. 840). *D. Charles le Chauve*, no. 330 (a. 869). Germer-Durand, *Cart. de Nîmes*, no. 18 p. 30 (a. 917). Martorell, *Arch. Barcelona*, no. 98 p. 242 (a. 930).

**plantata**, -tus: *vigne nouvellement plantée — newly-planted vineyard*. Beyer, *UB. Mittelrh.*, I no. 98 p. 102 (a. 861-884). Doniol, *Cart. de Brioude*, no. 112 p. 129 (a. 925). Deloche, *Cart. de Beaulieu*, p. 102 (a. 923-935). Desjardins, *Cart. de Conques*, no. 91 p. 85 (a. 933). Bernard-Bruel, *Ch. de Cluny*, I no. 655 (a. 944). Champeval, *Cart. de Tulle*, no. 285 p. 165 (a. 945). Guérard, *Cart. de Marseille*, I no. 330 p. 347 (ca. a. 1025).

**plantaticium**, planti-, -dicium, planticium: *vigne nouvellement plantée — newly-planted vineyard*. Benoit, *Hist. de Toul*, pr., p. 75 (ch. a. 1065). Calmet, *Lorr.*, I, instr. col. 517 (ch. a. 1105).

**1. plantus.** Loc. medius plantus, v. voc. medius.

**2. plantus**, v. planctus.

**planus** (adj.): **1.** *non boisé — not wooded*. De terris arabilibus et planis. *Gall. chr.*², IV instr. col. 283 (ch. a. 1075). **2.** *simple, sans plus — bare, only*. Nichil amplius omnino exigatur nisi plani census summa. D. Lud. VI reg. Fr. a. 1119, Bernard-Bruel, *Ch. de Cluny*, V no. 3936 p. 289. **3.** *simple, sans difficultés — plain, clear*. S. xiii. Subst. neutr. **planum:** *terrain non boisé — field* as opposed to wood. Prius constituant domos in plano et cum opus fuerit in sylva. *Cart. de S.-Pierre de la Couture*, no. 13 p. 19 (s. xi med., Maine). Loc. in bosco et plano: dans les champs et les bois — in woods and fields. Partem terre in bosco et in plano. Rousseau, *Actes de Namur*, no. 22 (a. 1179).

**plasma** (neutr., genet. -atis) (gr.): _*créature — creature_.

**plasmare:** _*créer — to create_.

**plasmator:** _*créateur — creator_.

**plassagium:** *droit d'étal — stallage*. S. xiii.

**plasseitum**, plassetum, v. plaxitium.

**plastrare**, plastriare: *plâtrer — to plaster*. S. xiii.

**plastraria**, plastreria: *carrière de plâtre — plaster-pit*. *Hist. de l'Egl. de Meaux*, II p. 81 (ch. a. 1195).

**plastrarius**, plastrierius: *plâtrier — plasterer*. S. xiii.

**plastrator:** *plâtrier — plasterer*. S. xiii.

**plastreus:** *de plâtre — of plaster*. S. xiii.

**1. plastrum** (< emplastrum): **1.** *plâtre — plaster*. **2.** *paroi ou pavé plâtré — plastered wall* or *floor*. Laquearia, plastrum brevesque fenestras longiores renovavit. G. Gerardi II Camerac., c. 9, *SS.*, VII p. 499. Arnulf. Vochburg., Mir. Emmerammi, *AASS.*, Sept. VI p. 500 col. 2.

**2. plastrum**, v. pleidura.

**1. plata:** **1.** *argent* (métal) *— silver*. Pretium librarum 5 obtimae platae. De Marca, *Marca hisp.*, app., col. 853 (ch. a. 941). 2400 solidos plate fine. Usat. Barcinon., c. 81, ed. d'Abadal-Valls Taberner, p. 36. Pretium 500 mancusorum ... inter aurum et platam. *Hist. de Lang.*³, V no. 286 col. 562 (a. 1069). **2.** *objets en argent — plate*. Dedit ... 60 marcas argenti in plata. Robert. de Torinn., ad a. 1185, *SS.*, VI p. 535 l. 23. **3.** *armure en tôle — plate-armour*. S. xiii.

**2. plata**, v. 1. platta.

**platea** (notione 2 etiam placea, placia; notione 4 etiam plazia, plaza, plazza) (class. "grande rue, place — main street, square"): **1.** *chaussée — highway*. Thietmar., lib. 1 c. 4, ed. Holtzmann, p. 6. **2.** *emplacement bâti ou non — plot* with or without buildings. Casam ... cum ortalibus et plateis. Gregor. Catin., Chron., ed. Balzani, II p. 260. Reddat quisque pro platea sua vel domo per annum 12 nummos. *Ordonn.*, IV p. 640 (ante a. 1130, Pont-Orson). Furnum cum domo et platea in qua sedet. Bertrand, *Cart. d'Angers*, I no. 175 p. 200 (a. 1127-1154). **3.** *place, lieu, espace — place, spot, space*. S. xiii. **4.** *péage* (en Sicile) *— toll* (in Sicily). Mabillon, *Ann.*, V p. 666 (ch. a. 1085). *AASS.*, Jun. V p. 129 (ch. a. 1137).

**platearius** (subst.): *péager — toll-gatherer*. DC.-F., VI p. 360 col. 1 (ch. a. 1088, Sicil.).

**plateaticum**, plateagium, platagium: *redevance levée sur les achats et ventes qui se font dans une place publique — market-dues*. Licentiam ... [h]abeatis veniendi in civitatem nostram Salernitanam et vendendi et emendi ... et non detis exinde plateaticum. *Poupardin, Inst.*, p. 139 no. 4 (a. 899). Plateaticum emptionis et venditionis omnium rerum quas pars monasterii ... contraxerit. Baron., *Ann.*, t. 17 p. 618 (a. 1090, Apul.). Leo Ost., Chron. Casin., lib. 1 c. 56, *SS.*, VII p. 619. Petr. Diac., ib., lib. 3 c. 61, p. 745. Plateaticum piscium ... dimittimus. D. Roger. reg. Sic. a. 1137, Ughelli, VII col. 564.

**platellus** (< plata): *plateau — dish, tray*. S. xiii.

**platoma**, platonia, platunia (femin.) (gr.) *plaque de marbre — a marble slab*. Cassiod., Var., lib. 3 epist. 9 § 3, *Auct. ant.*, XII p. 84. Lib. pontif., Liberius, ed. Mommsen, p. 79. Ibi pluries. Agnell., c. 83, *Scr. rer. Langob.*, p. 333.

**1. platta**, plata: sorte de *navire* — kind of *ship*. S. xiii, Ital.

**2. platta**, v. blatta.

**plaudare** = plaudere.

**plaustellum**, plaustrellum = plostellum.

**plaustrarius:** **1.** _*charron — cartwright_. **2.** _*charretier — carter_.

**plaustrata** (femin.): *charretée — cart-load*. *Ann. Praemonstr.*, I pr. col. 509 (ch. a. 1112, Cambrai). Heeringa, *OB. Utrecht*, II no. 542 p. 7 (a. 1200).

**plaxitium**, plex-, plect-, plac-, plach-, plass-, plaiss-, plais-, pless-, pleiss-; -aitium, -etum, -eitum, -eium, -iacum, plessium, plessa (celt.) *l'enclos qui comprend la maison et le jardin — homestead*. Emimus ... plaxicium unum et domos in eo et 23 arpennos de terra. Métais, *Cart. de Vendôme*, I no. 33 p. 54 (ante a. 1040). Una mansura cum plaxitio. Ib., no. 1 (s. xi med.). *Gall. chr.*², XIV instr. col. 72 D no. 54 (ca. a. 1070, Tours). Unam modiatam de terra et plassitium cum maisnagio. Bertrand, *Cart. d'Angers*, I no. 91 p. 105 (a. 1080-1120).

**plaza**, plazia, plazza, v. platea.

**plazia**, v. 1. plaga.

**plebalis:** *de paroisse — of a parish*. Ecclesia plebalis. Ann. Reichersperg., a. 1084, *SS.*, XVII p. 448. Gerhoh. Reichersperg., De corruptu ecclesiae statu, Baluz., *Misc.*, V p. 217. Decanus plebalis: doyen de chrétienté — dean of christianity. Miraeus, III p. 28 col. 2 (a. 1111, Arras).



**plebanatus** (decl. iv): *cure, paroisse — cure, parish*. S. xiii.

**plebania:** *cure, paroisse — cure, parish*. S. xiii.

**plebanus** (adj.) (< plebs): *de paroisse — of a parish*. Ego M. presbiter plebanus s. Geminiani. Gloria, *CD. Padov.*, p. 9 (a. 819). Presbyteri tam metropolitani quam plebani. Joh. Venet., ed. Monticolo, p. 71. Ecclesia plebana. Keutgen, *Urk. st. Vfg.*, no. 64 (a. 1165). Subst. mascul. **plebanus:** *prêtre de paroisse — parish priest*. Chron. Gradense, ed. Monticolo, p. 34. Rössler, *Rechtsdenkm. Böhmen*, I p. 188 (a. 1100-1140, Prag). Acta Murensia, c. 31, ed. Kiem, p. 96. Hanauer, *Camp. d'Alsace*, p. 53 (s. xii med.). Keutgen, *Urk. st. Vfg.*, no. 125 p. 90 (a. 1156, Augsburg). Meyer-Perret, *Bündner UB.*, I no. 334 p. 244 (a. 1156). Widemann, *Trad. S.-Emmeram*, no. 882 p. 428 (ca. a. 1159/1160).

**plebatus** (decl. iv): *paroisse — parish*. S. xiii, Ital.

**plebecula:** **1.** *les fidèles d'une petite paroisse — the faithful of a small parish*. G. pontif. Camerac., lib. 3 c. 22, *SS.*, VII p. 472 l. 35. **2.** *une petite église paroissiale — a small parish church*. *D. Lotario*, no. 7 p. 265 (a. 948).

**plebejalis.** Plural. plebejales: *les gens du pays — the people of the country*. Hariulf., Chron., lib. 4 c. 23, ed. Lot, p. 241.

**plebejus** (adj.): **1.** *laïque — lay*. In defendendo canonicos gradus vel plebeos. Bonif., epist. a. 747, *Conc.*, II p. 46. Plebei homines et universi ecclesiae filii [opp.: sacerdotes et ministri Christi]. Guidonis capit. elect. a. 889, c. 4, II p. 105. **2.** *paroissial — of a parish*. Vicos publicos et plebejas ecclesias fundavit. V. altera Audoini, c. 24, *SRM.*, V p. 557 n. Eclesias plebejas ... constituit. Annalista Saxo, a. 827, *SS.*, VI p. 573 l. 59. Urbar. rer. fiscal. Rhaetiae Cur. (s. ix p. pr.), Meyer-Perret, *Bündner UB.*, I p. 376 et 382. Subst. mascul. **plebejus:** _*un laïc — a layman_. Capit. monast. a. 817, c. 42, I p. 346. Subst. neutr. **plebejum:** *rue — street*. Obert., Ann. Genuens., a. 1169, ed. Belgrano, I p. 219.

**plebere**, v. plevire.

**pleberium** (< plebs, cf. voc. presbyterium): *paroisse — parish*. DC.-F., VI p. 363 col. 3 (ch. a. 1073, Ital.).

**plebescere:** *être vulgaire, se comporter d'une manière ordinaire — to be common, behave like ordinary people*. S. xii.

**plebilis.** Plural. plebiles: *les gens du peuple — common folk*. Plebilium caterve. Mir. Hucberti, lib. 1 (s. ix med.) c. 4, *SS.*, XV p. 909.

**plebisanus**, -be-, -za- (adj.) (< plebs): *de paroisse — of a parish*. Processione plebis plebesanae parrochiae quae T. vocatur. V. Altmanni Patav., *SS.*, XII p. 242 l. 48. Ad plebesanam Medilicensem ecclesiam ... traderemus. Lampel, *UB. S.-Pölten*, I p. 13 (a. 1165). Subst. mascul. **plebisanus**, -be-: **1.** *prêtre de paroisse — parish priest*. Plebesanis justa datur occasio ut matricibus suis ecclesiis obedientiam subtrahant. Petr. Dam., lib. 4 epist. 12, Migne, t. 144 col. 324 A. Regimen ecclesiasticum quo post episcopum ... plebesani utuntur. Hauthaler-Martin, *Salzb. UB.*, II no. 95 p. 162 (a. 1060-1076). **2.** *paroissien — parishioner*. S. xiii.

**plebium**, v. plevium.

**plebs:** **1.** *foule — crowd*. Plorationibus plebis inclinata. Anast. Bibl., Chron., ed. De Boor, p. 97. Plebis factus est concursus. Petr. Subdiac., Mir. Agrippini, Capasso, I p. 327. Inmensam Longobardorum plebem. Chron. Salernit., c. 26, ed. Westerbergh, p. 28. **2.** plural. plebes: *du monde — people*. Ad cujus famam plebes undique concurrere. Ionas, V. Columbani, ed. Krusch in-8°, p. 169. Ad profectum imperitarum plebium. Anast. Bibl., o.c., p. 89. Notitiam de me plebes omnes habuere. Ruodlieb, fragm. 17 v. 35. **3.** singul.: *l'ensemble de ceux qui assistent aux plaids — legal community*. Lex Baiwar., lib. 1 c. 10. Coram plebe et bonis hominibus. Wartmann, *UB. S.-Gallen*, I no. 199 (a. 809). Ostendant eam [chartam] ante episcopo, comiti, judices vel vicariis aut in plebe. Memor. Olonn. (a. 822/823), c. 15, *Capit.*, I p. 319. **4.** *pagus — pagus*. Ibi de praesente sit comis de plebe illa. Lex Alamann., tit. 81. De plebe C. ex genere senatorio. V. Conwoionis, Mabillon, *Acta*, IV pt. 2 p. 194. **5.** *subdivision du pagus — subdivision of the pagus*. Reges in regnis et palatiis suis et regum comites in civitatibus suis et comitum vicarii in plebibus suis. Hincmar., opusc. 16, c. 3, Sirmond, II p. 227. **6.** _*le peuple chrétien_ en général, *les chrétiens, les fidèles — the christian people* as a whole, *the christians, the faithful*. **7.** _*les fidèles, le peuple_ par opposition au clergé, *les laïcs — the faithful, the people* as contradistinguished from the clergy, *the laity*. Juxta electionem cleri ac plebis ... pontifex consecretur. Concil. Aurel. a. 549, c. 10, *Conc.*, I p. 103. Ad templorum oracula universae plebis conjunctio ... congregatur. Guntchramni edict. a. 585, *Capit.*, I p. 11 l. 35. Ut nullo presbitero ... liceat habere secum ... extraneam feminam, ne ... plebs per ejus offensionem corruat. Lex Baiwar., tit. 1 c. 12. **8.** plural. plebes: idem. Lup. Ferr., epist. 130, ed. Levillain, II p. 204. **9.** _*une communauté déterminée de chrétiens — a definite christian community_. Ut a nullo usurpentur plebes alienae. Coll. Quesnell., Migne, t. 56 col. 420 A. En parlant des habitants d'un diocèse — with reference to the inhabitants of a diocese: [Episcopus] dominicis diebus ... plebe[m] sibi comissa[m] praedicatione divina adloquatur. Concil. Latun. (a. 673-675), c. 18, *Conc.*, I p. 219. Credita vobis plebs salva persistat. Zachar. pap. epist. a. 748, ib., II p. 49. Cui commissae sunt plebes sub potestate episcoporum permanerent. Concil. Neuching. a. 772, ib., p. 105. Oppressionem ab episcopis ... ipsa plebs non patiatur. Capit. Mantuan. eccles. (a. 813), c. 5, I p. 195. Sanctus presul ... delectae plebi tradit juvamen. Vulgar., Syll., c. 2, v. 10, *Poet. lat.*, IV pt. 1 p. 414. Plural. plebes: idem. Comperimus quorundam episcoporum ministros non solum in presbiteris, sed etiam in plebibus parrochiae suae avaritiam exercere. Episc. rel. a. 829, c. 10, *Capit.*, II p. 32. En parlant des habitants d'une paroisse — with reference to the inhabitants of a parish: [Ecclesia] nuper, multiplicatis fidelium plebibus, in sedem pontificatus addita. Beda, Hist. eccl., lib. 5 c. 23. Episcopus parrochiam circumeat populum confirmare et plebes

docere. Concil. Franconof. a. 747, *Conc.*, II p. 47. [Sacerdos] praedicare et docere studeat plebem sibi commissam. Capit. missor. Aquisgr. I a. 810, c. 6, I p. 153. Custos per consilium plebis ad suum pontificem altare deferat ad sacrandum. Capit. e concil. can. coll., c. 5, I p. 232. En parlant d'une communauté monastique — with reference to a monastic community: His in locis monachorum plebes constitutas. IONAS, V. Columbani, lib. I c. 10, p. 170. Tam plebem [coenubii] interius quam vicinos populos ad christianum vigorem excitare studet. Ib., lib. 2 c. 8, p. 245. **10.** *paroisse — parish.* In plebe oratorius [i.e. oratoria] opus fuit dedigare. PASQUI, *Doc. di Arezzo*, p. 10 (a. 715). Sine notitia sacerdotis plebis illius [sponsatio] nullatenus fiat. Concil. Forojul. a. 796/797, c. 8, *Conc.*, II p. 192. Singulae basilicae, plebes et res quibus consistere possint habentes, singulos habeant praesbyteros. Concil. Paris. a. 829, c. 49, ib., p. 642. Actum ad P. in plebe Veronensis eclesie. *D. Karlmanns*, no. 8 (a. 877). Presbyteris plebium, qui baptismales ecclesias tenent. WALAHFR., Exord., c. 32, *Capit.*, II p. 515. Edificandi castrum in sua plebe ... licentiam. *D. Berengario I*, no. 75 (a. 911). Sacerdotum caterva tam ex cardine urbis quamque ex singulis plebibus. GLORIA, *CD. Padov.*, I p. 70 (a. 964). Tam in civitate quam in plebibus. *D. Ottos II.*, no. 253 (a. 981). Cf. G. FORCHIELLI, *La pieve rurale. Ricerche sulla storia della costituzione della chiesa in Italia.* (*Bibl. della Riv. di Stor. del Dir. Ital.*, no. 17). **11.** *église paroissiale — parish church.* In plebibus vel baptismalibus aecclesiis. Capit. Mantuan. eccl. a. 813, c. 11, I p. 195. Singulae plebes ... fiant restauratae. Capit. Olonn. eccl. I a. 825, c. 8, p. 327. Episcopi in baptismalibus plebibus ut certe propriis curam habere debent. Concil. Roman. a. 826, c. 7, *Conc.*, II p. 570. Nulli episcoporum liceat res immobiles de subjectis plebibus seu aliis piis locis in proprio usu habere. Ib., c. 16, p. 574. Populi, qui ad eandem plebem aspicit, sequatur assensus. Capit. episc. Pap. (a. 845-850), c. 4, II p. 82. Ecclesias baptismales, quas plebes appellant, ecclesiae filii instaurent. Karoli II capit. Pap. a. 876, c. 11, p. 102. Imperator confirmasset plebem in loco q.d. L. ad partem ipsius monasterii. *D. Karlmanns*, no. 28 (a. 879). In plebibus aut titulis aliisque ecclesiis. *D. Karls III.*, no. 47 (a. 882). Per plebes et ecclesias seu ecclesiastica praedia et domos placita teneant. Ib., no. 49 (a. 882). Plebem de S. in honore s. Laurentii constructam. *D. Ugo*, no. 56 (a. 941). **12.** *les droits paroissiaux — rights pertaining to a parish.* De universis rebus et proprietatibus, plebibus et decimis. *D. Heinrichs II.*, no. 274 (a. 1013). Omnis episcopus urbis plebes vendebat quas sub se quisque regebat. DONIZO, V. Mathildis, lib. 1 c. 16 v. 1106, ed. SIMEONI, p. 43. **13.** *ressort d'une église paroissiale, paroisse — district of a parish church, parish.* Illi tales [sc. presbyteri honore privati] habitent in illa plebe unde sunt. Capit. Pap. a. 832, c. 3, II p. 60. **14.** *agglomération où se trouve une église paroissiale — village where a parish church exists.* In villa q. d. L., quicquid nos ... in illa plebe habere videbimur. WARTMANN, o.c., II no. 653 (a. 886). Omnia castella circa plebes et curtes episcopii Cremonensis hedificata. *D. Berengario I*, no. 112 p. 288 l. 30 (a. 916). Infra territurio de plebe s. Geminiani sito Elsa. SCHIAPARELLI, *Fonti Fiorent.*, I p. 30 (a. 995). **15.** *évêché — bishopric.* [Archiepiscopus] ex civitate Aquilejensi et de propria sede ad Gradus insulam, plebem suam, confugiens. Concil. Mantuan. a. 827, *Conc.*, II p. 585. Gradensem plebem ... Aquilegensi ecclesie et G. patriarchae ... concedimus. *D. Heinrichs IV.*, no. 98 (a. 1062). Illi soli [sc. papae] licet ... novas plebes congregare. Gregor. VII registr., lib. 2 no. 55ª (Dict. Papae), ed. CASPAR, p. 203. **16.** *chapitre de chanoines — chapter of canons.* Ad hanc ecclesiam et ad nutrimen plebis inibi Deo et sanctis famulantis. *D. Ottos I.*, no. 15 (a. 937).

**plecta:** **objet tressé, cordelette, natte, treillis, entrelacement — plait, cord, mat, wicker-work, trellis-work, garland.*

**plecticium,** v. plaxitium.

**plegare** = plicare.

**plegeria** (< plevire): *cautionnement, pleigerie — pledge, security.* S. xiii.

**plegiagium,** plegagium (< plevire): *cautionnement, pleigerie — pledge, security.* S. xii.

**plegiare,** v. plevire.

**plegiatio** (< plevire): *cautionnement, pleigerie — pledge, security.* Nullus in die mercati ... vadium plegii sui capiat nisi die consimili plegiacio illa facta fuerit. Lud. VII reg. Fr. priv. pro Lorriac. a. 1155, c. 6, ed. PROU, *RHDFE.*, t. 8 (1884) p. 446. Si quis alteri debitor est de plegiatione. Leg. I Cnut tit. 17 § 3, vers. Quadrip., LIEBERMANN, p. 299.

**plegiatura** (< plevire): *cautionnement, pleigerie — pledge, security.* Minorem plegiaturam acceperunt [scabini] de eo qui eum vulneraverit, quam si mortaliter fuisset vulneratus. WARNKOENIG-GHELDOLF, II p. 424 no. 5 c. 12 (ca. a. 1178, Gand).

**plegium, plegius,** v. plev-.

**pleidura,** plaid-, pled-, plesd-, -uira, pleura, plastrum: *emplacement, terrain vague — site, unbuilt space.* DE FONT-RÉAULX, *Cart. de Limoges*, no. 30 p. 56 (a. 1032-1051). RÉDET, *Cart. de S.-Cyprien de Poitiers*, no. 356 p. 220 (ca. a. 1095).

**pleisseicium,** v. plaxitium.

**plenarie,** plenariter: **pleinement, entièrement — fully, completely.*

**plenarius** (adj.): **1.** **entier, complet — full, complete.* **2.** *(d'une réunion) *plénier* — (of a meeting) *plenary.* Subst. mascul. **plenarius** et neutr. plenarium: **1.** *missel — missal.* Sunt hic duo plenaria. Acta Murensia, c. 16, ed. KIEM, p. 50. **2.** *livre contenant les évangiles et les épîtres — book containing the gospels and epistles.* JAKSCH, *Mon. duc. Carint.*, I p. 48 (a 957-993). Subst. neutr. **plenarium: 1.** *polyptyque qui embrasse la totalité du patrimoine d'un établissement religieux — inventory roll comprising all the estates of a religious house.* Sicut in plenariis et breviariis ejusdem matris ecclesiae continetur. D. spur. Lud. Pii < a. 832 >, ap. G. Aldrici, ed. CHARLES-FROGER, p. 37. [Vicorum] nomina in plenariis praefatae matris ecclesiae habentur inserta. D. spur. Lud. Pii < a. 840 >, ib., p. 52. Summa de polecticis vel plenariis. Ib., p. 162. Sicut in plenariis jam dictae ecclesiae continetur. Actus pontif. Cenom., ed. BUSSON-LEDRU, p. 279. **2.** *reliquaire — reliquary.* GYSSELING-KOCH, *Dipl. Belg.*, no. 225 (a. 1096, Looz). Addit. ad ADAM BREM., lib. 3 c. 45, ed. SCHMEIDLER, p. 187.



**pleniter:** **pleinement, complètement — fully, wholly.*

**plenitudo: 1.** **totalité, réunion complète, nombre complet — whole, full meeting, full number.* **2.** **accomplissement complet — complete development.* **3.** **plénitude, intégrité, intégralité, perfection — completeness, entirety, perfection.* **4.** *texte complet — full wording.* Imperator ... edictum fecit ... cujus plenitudinem habemus. Epist. syn. Caris. a. 858, *Capit.*, II p. 433 l. 24. Donec plenitudinem capitulorum et adnuntiandam et observandam ... disponamus. Capit. Confluent. a. 860, c. 7, p. 301.

**plescum:** *rocher — rock. D. Ugo*, no. 66 p. 198 (a. 943). *CD. Cav.*, II no. 352 p. 185 (a. 983). *CD. Cajet.*, I p. 166 (a. 992).

**plesdura,** v. pleidura.

**plessa,** plessium, plesseium, plessiacum, plessitium, plesseicium, v. plaxitium.

**pletagium** (< adplictum): *redevance de mouillage — landing-dues.* THIMISTER, *Cart. de S.-Paul de Liège*, p. 43 (a. 1239).

**pleura,** v. pleidura.

**plevimentum** (< plevire): *cautionnement, pleigerie — suretyship, warranty.* Fidejussores dederunt ut, transacta s. apostoli festivitate Petri, redderent aut defenderent ... Nec curaverunt illud attendere plevimentum. GUÉRARD, *Cart. de Marseille*, I no. 27 p. 36 (ca. a. 1020).

**plevina,** plewina, pluvina (< plevire, cf. voc. saisina etc.): *cautionnement, pleigerie — pledge, security.* Comes se adjutorem et defensorem promisit et fidem suam super hoc per pluvinam obligavit. PÉRARD, *Rec. de Bourg.*, p. 229 (s. xii med.).

**plevire,** plivire, plebere, plegiare, pligare, plicare (< plevium): **1.** *fournir caution, donner des sûretés — to warranty, find sureties.* Si quicumque homo alienum servum de capitale crimine amallaverit et ei ad sacramentum non crediderit, nisi subscribere eum vult, de presente plebat, hoc est subscribat suum servum alterum talem qualis ille est cui reputat. Lex Rom. Cur., lib. 9 c. 4, *LL.*, V p. 367. [Dominus] erga quoslibet alios jure potest eum [sc. ligium hominem suum] plegiare. Leg. Henrici, c. 43 § 6, LIEBERMANN, p. 569. **2.** refl. se plevire et intrans. plevire: *se porter caution, garantir, se faire responsable — to go bail, to act or tender as surety.* Statim taliter inwadiati sunt et habierunt [i.e. abierunt] in constitutum sunt [vox habundans?] se plicatis. *CD. Cav.*, I no. 67 p. 88 (a. 869). Pligaret se cum sancta Dei euangelia ad recipiendum testimonia. FICKER, *Forsch.*, IV p. 32 (a. 964). Nos a parte nostra pro parte nostrae sedis plicaremus nos. GATTULA, *Hist. Cassin.*, p. 33 (a. 1020). Usque ad diem quo pliverit drictam in manu vicecomitissae, debet ita emendare. DC.-F., VI p. 368 (ch. a. 1080). Istum placitum et istam convenientiam plevi Raimundus R. per suam fidem. ... Poncius R. et Petrus G. plivirunt per suam fidem. TEULET, *Layettes*, I no. 24 p. 29 col. 2 (a. 1083, Nîmes). Ut hec conventio semper inviolabilis permaneat, prenominatus Ivo fidem dedit et apposito sacramento firmavit, sed et germani ejus D. et R. idem juraverunt et fide firmaverunt; E. quoque de G. ... idem juravit et plevivit. BOURGIN, *Soissons*, p. 407 no. 2 (a. 1141).

**plevium,** plivium, pluvium, plebium, plegium (germ.): **1.** *responsabilité — liability.* Omnes qui in suo obsequio pergunt, quicquid ipsi delinquerint, ad ipsius [i.e. domini] debet plivium pervenire. Admon. ad ord. (a. 823/825), c. 17, *Capit.*, I p. 305. **2.** *tâche, obligation — duty, obligation.* Quicquid ad discum nostrum dare debet, unusquisque judex in sua habet plebio qualiter bona sint conposita. Capit. de villis, c. 24. Iterum c. 42. **3.** *cautionnement, pleigerie — pledge, security.* De servis, si a quocumque inculpatur ad sortem, aut ad plebium promoveatur, aut ipse precius domino reformetur. Pactus Childeb. et Chloth., c. 11, *Capit.*, I p. 6. Nullus homo pignoret alterius res pro plivio vel pro alio quolibet negotio quod alicui vel cum aliquo fecerit quamvis ille solverit. Synod. Tulug. a. 1041, *Hist. de Lang.*³, V no. 220 col. 443. **4.** *fidéjussion — bailment.* Si ille, qui plivium fecerit, fidem portaverit et de suo debitum persolverit, ille qui eum in plivium miserit et eicere noluerit, in duplo ei solvere cogatur totum dampnum quod ei per illum plivium evenerit. Usat. Barcinon., c. 134, ed. D'ABADAL-VALLS TABERNER, p. 62. **5.** *gage — pawn.* Baillivus ... plegium accipiat de forisfacto. WARNKOENIG-GHELDOLF, *Flandre*, II p. 423 (a. 1178). Dederunt nobis in plegium totam terram Bolonie de predictis conventionibus firmiter observandis. *Actes Phil.-Aug.*, I no. 398, p. 489 (a. 1191/1192). **6.** *le fait d'avoir un répondant — the condition of having a bail.* Omnis homo qui voluerit se teneri pro libero, sit in plegio. Guill. I reg. Angl. stat., c. 8, STUBBS, *Sel. ch.*⁹, p. 99.

**plevius,** plivus, plegius, plegis (germ.): **1.** *caution, répondant — bailer, surety.* [Placitum] in quo sit directum firmatum per plivios vel pignora. Usat. Barcin., usualia, c. 28, ed. D'ABADAL-VALLS TABERNER, p. 12. Quatuor plegii sumuntur. PIRENNE, *Villes et inst. urb.*, II p. 192, c. 23 (ca. a. 1080, S.-Omer). Omnis homo qui voluerit se teneri pro libero, sit in plegio [cf. voc. plegium, sub 6], ut plegius teneat et habeat illum ad justitiam, si quid offenderit. Guill. reg. Angl. stat., c. 8, STUBBS, *Sel. ch.*⁹, p. 99. Me plegium dedit R. Vindocinensi abbati, quod ... illam [calumniam] dimitteret. DELISLE, *Actes Henri II*, I no. 4 p. 9 (a. 1145). Nullus eorum vel res suae capientur, quamdiu salvum plegium et bonam securitatem praestare poterit. *Ordonn.*, XI p. 208 (a. 1175). Si aliquis calumniatus esset, ... deberet facere fidejussionem; si legitimus esset, tres plegios, si vero illegitimus, quinque plegios. WARNKOENIG-GHELDOLF, *Flandre*, II p. 508 no. 34 c. 6 (s. xii). **2.** *débiteur — debtor.* Nullus in die mercati vel ferie Lorriaci vadium plegii sui capiat. Ch. franch. Lorriac. a. 1155, c. 6, ed. PROU, p. 129.

**plexitium,** v. plaxitium.

**plica:** *repli* d'une charte pour l'apposition du sceau — *ply* of a charter for affixing a seal. S. xiii.

**plicare,** pligare, v. plevire.

**plivire, plivium, plivus,** v. plev-.

**plovum** (germ.): *charrue — plough.* Si quis plovum aut aratrum alienum ... capellaverit. Edict. Rothari, c. 288.

**pluma**: *plume — pen.* S. xiii.

**plumacium**: **1.** *\*lit de plumes — feathermattress.* **2.** *oreiller — pillow.* Culcita cum plumatiis 5. Brev. ex., c. 7, *Capit.*, I p. 252. Culcedra una, plumacio uno. CD. Langob., no. 215 col. 357 A (a. 861, Brescia). In lecto ... pro plumacio capiti suo petram subponere consuevit. V. Odiliae, c. 13, *SRM.*, VI p. 44. In lecto nihilo palea nisi strato et pro plumacio posito tantummodo ligno. Ruodlieb, fragm. 8 v. 102. GUIDO, Disc. Farf., lib. 2 c. 47, ALBERS, I p. 179.

**plumare**: *\*broder de motifs de plumage — to embroider with feather-shaped ornaments.*

**plumarius** (adj.). Ars plumaria, opus plumarium et subst. neutr. plumarium: *\*broderie de motifs de plumage — feather-stitch.*

**plumbaricius**. Fossa plumbaricia: *mine de plomb — lead-mine.* Capit. de villis, c. 62.

**plumbarius**: *plombier — plumber.*

**plumbata**: *\*fouet plombé — leaded lash.*

**plumbinus**: *poids en plomb — leaden weight.* S. xii.

**plumbum**, plumbus: *vaisseau en plomb — leaden vessel.* S. xii.

**plumella**: *lit de plumes — feather-bed.* GREGOR. TURON., V. patrum, c. 14 § 1, *SRM.*, I p. 718 l. 27. Rursum c. 19 § 2, p. 738 l. 26.

**pluralitas**: **1.** *\*multitude, grand nombre — multitude, great number.* **2.** *cumul de bénéfices — plurality of ecclesiastical benefices.*

**plures**: *\*nombreux — numerous.*

**plurifacere**: *multiplier — to multiply.* Aliorum salutem sua salute [monachi] plurifacerent. V. altera Winnoci (s. xi med.), c. 3, MABILLON, *Acta*, IV pt. 1 p. 305.

**plurima** (subst. femin.): *foule — crowd.* Mir. Bertini (s. ix ex.), c. 1, *SS.*, XV p. 509. Ibi saepe.

**plurior**: *\*plus nombreux — more numerous.* Praesertim plural. pluriores: *\*plus de — more.* S. xiii.

**pluritas**: *multitude — multitude.* Pluritas captivorum ... ducetur. FREDEG., lib. 4 c. 20, *SRM.*, II p. 128. Ibi pluries.

**plusagium**: *surplus — surplus.* S. xiii.

**plusvalere** (subst. indecl.): *surplus, plus-value — surplus, remnant.* S. xiii.

**pluviale**, puv-, piv-, -ialis: *pluvial — pluvial.* AGNELL., c. 111, *Scr. rer. Langob.*, p. 350. Bened. VIII pap. (a. 1012-1024) epist., MIGNE, t. 139 col. 1637 B. CENCIUS, c. 57 (Ordo), § 2, ed. DUCHESNE, I p. 290 col. 2. LEO OST., lib. 2 c. 102, *SS.*, VII p. 695. DONIZO, V. Mathildis, lib. 1 c. 2 v. 426, ed. SIMEONI, p. 20. SUGER., V. Ludov. Gr., c. 10, ed. WAQUET, p. 64.

**pluvina**, pluvium, v. plev-.

**pneuma**, neuma (neutr., genet. -atis, et femin., genet. -ae) (gr.): **1.** *mélodie, en part. mélodie sans paroles — melody, esp. a melody without words.* GILDAS, Exc., c. 34, *Auct. ant.*, XIII p. 46. PS.-ALCUIN., Div. off., c. 33, MIGNE, t. 101 col. 1231 B. EKKEHARD., Cas. s. Galli, c. 3, *SS.*, II p. 101 l. 16. Ruodlieb, fragm. 5 v. 88. Ibi pluries. UDALRIC., Cons. Cluniac., lib. 1 c. 11, MIGNE, t. 149 col. 655. MARTÈNE, *Thes.*, I col. 594 (ch. a. 1180). **2.** *note musicale — note in music.* BERNARD MORLAN., Cons. Cluniac., pt. 1 c. 17, HERRGOTT, p. 170.

ANDR. FLORIAC., V. Gauzlini, lib. 1 c. 2, *NA.*, t. 3 (1878) p. 352.

**pneumatizare**, neum-: *munir de notations musicales — to add musical notes to a text.* Cantus historiales ... neumatizavit. Elog. Hermanni Contracti a. 1054, MURATORI, *Antiq.*, III col. 934.

**poca**, pocha, pochia, puca, pucha, puchea (anglosax.): *sac, bourse — poke, pouch.* S. xiii, Angl.

**pocularis** (adj.): *\*qui sert à boire — for drinking.* Subst. mascul. **pocularis**, bocularis: *jatte, coupe, bocal — bowl, cup, basin.* Brev. ex., c. 25 et pluries. Angilberti rel. ap. HARIULF., Chron., lib. 2 c. 10, ed. LOT, p. 68.

**podere** (indecl.), poderum, poderium: *territoire où s'exerce une autorité — area under sway of a potentate.* Const., I no. 330 c. 4 (a. 1191).

**poderes**, -ris (femin.) (gr.): **1.** *\*robe du prêtre juif — robe of a Jewish priest.* **2.** (gener.) *\*longue robe — robe.* **3.** *aube — alb.*

**podiolum**: *balcon — balcony.* S. xiii.

**podismus**, apodismus (gr.): **1.** une *mesure de longueur — a linear measure.* TIRABOSCHI, Nonantola, II p. 117 (a. 936). BERNHARD. Cod. Ravenn., p. 54 (s. x). **2.** *corridor — passage.* Ruodlieb, fragm. 5 v. 6.

**podium**, pogium, poggium, pugium, pugum, pojum, pujum: **1.** *\*colonne, étai — pillar, prop.* Porticus honestus cum diversis pogiis aedificari jussit. G. abb. Fontan., c. 13 § 5, ed. LOHIER-LAPORTE, p. 107. Desuper adjunctum munimen erat podiorum. INGELRAMN., Rel. Richarii, MABILLON, *Acta*, V p. 565. Arcus nullo suffultos podio. SUGER., Consecr. ecc. s. Dion., c. 5, LECOY, p. 230. **2.** *canne, bâton, béquille — staff, stick, crutch.* Podio nec adjacenti prorsus ulli materiae dignentur inniti. PETR. DAM., opusc. 39 c. 4, MIGNE, t. 145 col. 647 D. Podiis vel lapidibus quos ibi forte invenerant arreptis repugnare conati sunt. ORDER. VITAL., lib. 12 c. 25, ed. LE PRÉVOST, IV p. 408. **3.** *prie-Dieu — praying-stool.* S. xiii. **4.** *l'enceinte élevée du sanctuaire — raised choir in a church.* Videntur hodieque securium ictus in podiis et cancellis, dum iode colomellarum ex argento facta excutiuntur ornamenta. V. Caesarii, c. 32, *SRM.*, III p. 469. Ascendentibus diaconibus in pogium. Ordo Rom. XXVII (s. viii p. post.), c. 68, ANDRIEU, III p. 362. Ampullas cum oleo que ponentur a diversis in podia. Ordo Rom. XXX B (s. viii ex.), c. 11, ib., p. 468. Ex oratione consurgens accedit ad podium. V. Germani Autiss., lib. 1 c. 14, *AASS.*, Jul. VII p. 216 B. **5.** *colline, montagne — hill, mountain.* BRUNETTI, CD. Tosc., I p. 502 (a. 942). THEODULF. AURELIAN., Paraenesis, MIGNE, t. 105 col. 285 D. DE MARCA, Marca hisp., app. col. 798 (a. 876). D. Lothaire, no. 45 (a. 981). Serg. IV pap. (a. 1009-1012) epist., MIGNE, t. 139 col. 1504 C. D. Heinrichs II., no. 425 (a. 1020). D. Konrads II., no. 72 (a. 1027). **6.** *château ou manoir situé sur une colline — castle or manor built on a hill.* Chron. Farf., contin., MURATORI, loc. cit., II col. 535 et 594. Hist. de Lang.³, V no. 551 III col. 1301 (a. 1166).

**poëtria**: *art poétique — art of poetry.* Nec lateat me poetriae penitus regula. RATHER., epist. 6, ed. WEIGLE, p. 33.

**pogesa**, pou-, -gi-, -sia, -sus, -sius: *une monnaie —*

*— a coin.* Hist. de Lang. ³, V no. 491 II col. 932 (a. 1125).

**poisa**, v. pensa.

**pola**, -um, -us, pulla: *étang — pool.* S. xii, Angl.

**polana**, pou-, -le-, -lai-, -lea-, -ley-: *chaussure pointée — pointed shoe.* S. xiv.

**polanus**, polenus, v. pullenus.

**polcinus**, -ki-: une *mesure de capacité* pour les céréales *— a solid measure.* Unum polkinum vel bustellum frumenti. LAMBERT. ARD., c. 115, *SS.*, XXIV p. 617 l. 23.

**poledrarius** (< pulletrus): *gardien de haras — stud-farmer.* Capit. de villis, c. 10 et c. 50.

**poledrus**, v. pulletrus.

**polegium**, polepticum, poleticum, poletum, v. polyptychum.

**polesinus**, pul-, poll-, pull-, -ici-: *lave, atterrissement fluvial — haugh land.* MURATORI, *Antiq.*, II col. 164 (ch. a. 894). D. Lud. III imp. a. 900, ib., col. 169.

**polyandrum** (gr.): **1.** *\*cimetière, tombeau collectif — cemetery, burial-place for many persons.* **2.** *tombeau individuel — single grave.* Pass. Praejecti, c. 38, *SRM.*, V p. 247. V. Sulpicii Bituric., MABILLON, *Acta*, II p. 168. AIMOIN. SANGERM., Mir. Germani Paris., lib. 2 § 4, *AASS.*³, Maji VI p. 792 D. THEODER. TREVER., Inv. Celsi, § 12, *AASS.*, Febr. III p. 398 C. ODO GLANNAF., Mir. Mauri, c. 13, *SS.*, XV p. 472.

**policus** (adj.) (gr.): *céleste — heavenly.* VULGAR., Syll., app., carm. 3 str. 2 v. 10, *Poet. Lat.*, IV p. 443. LAURENT. CASIN., Sermo (a. 950), MIGNE, t. 133 col. 888.

**politia** (gr.): *\*régime — regimen.* In hujus vitae politia. Transl. Gorgonii, MABILLON, *Acta*, III pt. 2 p. 208.

**polkinus**, v. polcinus.

**pollanus**, pollenus, v. pullenus.

**polledrus**, polletrus v. pulletrus.

**pollex**: *pouce* (mesure linéaire) *— thumb* (measure of length), *inch.* S. xiii.

**pollicinus**, v. polesinus.

**pollicita** (< pollex): *pouce* (mesure linéaire) *— thumb* (measure of length), *inch.* ROUQUETTE, Cart. de Béziers, no. 77 p. 98 (a. 1069).

**polrus** (germ.): *polder — polder.* VAN DEN BERGH, OB. Holland, I no. 266 p. 154 (a. 1219).

**polum**, polus, v. pola.

**pomacium**, pomagium (< pomum): *cidre — cider.* Stat. s. Severi (ca. a. 1100), MARTÈNE, *Thes.*, I col. 279.

**pomaretum**, -edus: *pommeraie — appletree-orchard.* Gall. chr.², I p. 36 col. 2 (ch. a. 1059).

**pomarius**, pomerius (subst. mascul.): *pommier — apple-tree.* Capit. de villis, c. 70. Brev. ex., c. 29, *Capit.*, I p. 255. V. Aicardi Gemmetic., c. 4 § 43, *AASS.*, Sept. V p. 94 D.

**pomatus** (adj.): *où il y a des pommiers — grown with apple-trees.* Domum ... cum ortuo [i.e. horto] pomato. MITTARELLI, *Ann. Camaldul.*, p. 87 (a. 972).

**pomellus**, -um (< pomum): **1.** *bouton, boule en métal — knob, boss.* S. xii. **2.** *pommeau d'une épée — pommel of a sword.* S. xiii.

**pomerium** = pomarium.

**pometum**: *pommeraie — appletree-orchard.*

**pomifera** (subst. fem.): *\*pommier — appletree.*

**pompa**: *\*vanité, faux prestige du monde, du diable — vanity, false show of the world or the devil.*

**pompalis**: *\*impressionnant — impressive.*

**pompare:** ******parer, célébrer avec pompe — to adorn, celebrate with pomp.* V. Dunstani, *AASS.*, Maji IV p. 350.
**pompatice:** ******avec pompe — with pomp.*
**pompaticus:** ******fastueux, pompeux — ceremonious, pompous.*
**pompizare:** *tourner en dérision — to ridicule.* JOH. BICLAR., Chron., a. 590, *Auct. ant.*, XI p. 220. ISID. PAC., Chron., aera 750, c. 38, MIGNE, t. 96 col. 1264 C.
**pompolentus:** *orgueilleux — haughty.* GERARD. SILVAE MAJ., V. Adalhardi Corbej., c. 14, MABILLON, *Acta*, IV pt. 1 p. 348.
**pompose:** ******pompeusement — pompously.*
**pomposus:** **1.** ******majestueux, magnifique — majestic, grand.* **2.** *(du style) *pompeux, grandiose* — (of style) *pompous, high-sounding.*
**poncellus,** v. ponticellus.
**ponderare:** **1.** *charger* un navire — *to load* a ship. CAFFAR., Ann. Genuens., a. 1124, ed. BELGRANO, I p. 21. **2.** *imposer* les terres par quote-parts pour l'entretien des digues — *to assess* lands for diking-rates. S. xiii, Belg. **3.** intrans.: *peser, avoir tel poids — to have weight, to weigh.* [Panis] ponderabit in pasta 8 marcas. Lib. cam. eccl. Traj. (ca. a. 1200), ed. MULLER, p. 26.
**ponderatio:** *pesage — toll on weighing goods.* S. xiii.
**ponderositas:** **1.** *pesanteur — weight, heaviness.* **2.** *une maladie, hernie — a disease, hernia.* Lex Visigot., lib. 6 tit. 4 § 3.
**ponderosus:** ******hernieux — hernial.*
**pondus:** **1.** i. q. pondo, *une livre — a pound.* Multa auri argentique . . . pondera. GREGOR. TURON., H. Fr., lib. 10 c. 19. Missurium aureum . . . pensantem auri pondus quingentus. FREDEG., lib. 4 c. 73, *SRM.*, II p. 157. Multa auri pondera. PAUL. DIAC., Hist. Langob., lib. 3 c. 25. **2.** *un quintal — a hundred-weight.* De pratis ad 16 pondera foeni. Acta Murensia, c. 27, ed. KIEM, p. 80. Decem pondera vini. Ib., c. 30, p. 94. **3.** *pesage — public balance.* R. custos ponderis. FAIRON, *Rég. de Liège*, I no. 1 (a. 1103, Köln).
**ponere,** **1.** aliquem: *placer, installer* dans une fonction — *to appoint.* Ut in truste electi centenarii ponantur. Pactus Childeb. et Chloth., c. 16, *Capit.*, I p. 7. Meliores [vicarios] ponere jubemus. Capit. cogn. fac. (a. 801-806?), c. 3, p. 144. Se ibi nunquam positurum abbatem nisi per eorundem monachorum electionem. G. Gerardi II Camerac., c. 6, *SS.*, VII p. 499. **2.** *payer — to pay.* Ponant censum argentum sol. 8. GIULINI, *Mem. di Milano*, I p. 441 (ca. a. 835). **3.** *donner — to give.* Ducibus galeas loricas ponit et enses. Ruodlieb, fragm. 5 v. 184. **4.** *dépenser — to lay out* money. S. xiii. **5.** passiv. positus esse: *(de personnes) *se trouver* en tel lieu — (of persons) *to be* in that place. **6.** passiv. poni et positum esse: (de choses) *être sis, situé* en tel lieu — (of things) *to be situated* in that place. Diaconiam illam qui ponitur in loco illo. Lib. diurn., no. 88, ed. SICKEL, p. 116. In locum S. quod ponitur in territorio Magdalonensi. *Hist. de Lang.*[3], II pr. no. 24 col. 81 (a. 813).
**pons:** **1.** *service public de la construction et de l'entretien des ponts — public labour service for bridge building and repair.* Regalis jussio advenerit de oste vel de ponte. TIRABOSCHI, *Mem. Modenesi*, I p. 13 (a. 811). Faciente oste et ponte et placito. *CD. Langob.*, no. 229 col. 384 A (a. 863, Milano). **2.** *passerelle — gangway.* S. xiii.
**pontanarius,** pontanerius, v. pontonarius.
**pontarius,** -erius: *pontier — bridge-keeper.* S. xiii.
**pontaticus,** pontagium: **1.** *pontonnage — pontage, bridge-toll.* Supplem. ad MARCULF., no. 1, *Form.*, p. 107. *D. Karolin.*, I no. 6 (a. 753). Capit. de funct. publ. (a. 820), c. 3, I p. 294. **2.** *pont — bridge.* Dum prope perveni pontatica fixa Ticini. Ecbasis, v. 462, ed. VOIGT, p. 98.
**pontenagium,** v. pontonaticus.
**pontenarius,** v. pontonarius.
**ponticellus,** pontecell-, poncell-, pontell-, -um: *ponceau — small bridge.* MITTARELLI, *Ann. Camaldul.*, I p. 2 (a. 871). CALMET, *Lorr.*, II col. 287 (ch. a. 1129).
**pontifex:** **1.** ******évêque — bishop.* **2.** summus pontifex: archevêque — archbishop. WILLIBALD., V. Bonifacii, c. 1, ed. LEVISON, p. 4. WIDUKIND., lib. 1 c. 26 et 31. DC.-F., VI p. 408 col. 2 (ch. ca. a. 1000, Arles). **3.** summus pontifex: pape — pope. Sacram. Leonin., ed. FELTOE, p. 127. Lud. Pii pactum cum Pasch. papa a. 817, *Capit.*, I p. 353 l. 11. WALAHFR., Exord., c. 32, ib., II p. 515. Karoli II imp. electio, ib., p. 99 l. 17. Universalis pontifex: idem. Concil. Roman. a. 826, c. 18, ib., I p. 374. **4.** summus pontifex: évêque — bishop. BENED. LEV., lib. 3 c. 424, *LL.*, II pt. 2 p. 128. Isaac Lingon. epist. canon., c. 31, BALUZE, *Capit.*, I p. 1234. **5.** pontifex, nude: pape — pope. Constit. Romana a. 824, c. 2, *Capit.*, I p. 323.
**pontificalis:** **1.** ******épiscopal — episcopal.* **2.** *pontifical — papal.* BEDA, Hist. eccl., lib. 1 c. 23. Subst. neutr. plural. **pontificalia:** *vêtements cérémoniaux de l'évêque — pontificals of a bishop.* Liceat abbati mitra et aliis pontificalibus uti. CIPOLLA, *CD. Bobbio*, p. 109 (a. 643). Non pontificem pontificalia praesumere quanti sit periculi. RATHER., epist. 7, ed. WEIGLE, p. 43. Ut ei pontificalibus uti papa permitteret. Chron. Montis Sereni, ad a. 1222, *SS.*, XXIII p. 199 l. 42.
**pontificare,** **1.** intrans.: *être pape — to be a pope.* Imperante domno Justiniano, pontificante apostolico viro domno Sergio papa anno secundo. Epitaph. ap. BEDAM, H. eccl., lib. 5 c. 7. Pontificante sedem [!] Romanae aecclesiae anno VII summo praesule beatissimo papa Martino. G. abb. Fontan., c. 1 § 5, ed. LOHIER-LAPORTE, p. 9. Pontificante sede Romane aecclesie anno V beatissimo papa Martino. Fund. Blandin., ed. GYSSELING-KOCH, *BCRH.*, t. 113 (1948), p. 273. Pone tamen jam Gregorium non pontificare. RANGER., V. Anselmi Luc., v. 4121, *SS.*, XXX p. 1243. Concilium Remis habetur, Innocentio papa secundo pontificante. Contin. Burburg. ad SIGEBERT., a. 1134, *SS.*, VI p. 457. **2.** *être évêque — to be a bishop.* Gerardo Cameraci pontificante. GYSSELING-KOCH, *Dipl. Belg.*, no. 232 (a. 1076-1085). Lamberto Noviomis pontificante. MULLER-BOUMAN, *OB. Utrecht*, I no. 301 p. 277 (a. 1122, Tournai). Ei a domino papa gratia pontificandi concediur. GUIBERT. NOVIG., De vita sua, lib. 3 c. 4, ed. BOURGIN, p. 142. **3.** transit.: *faire évêque — to make a bishop.* S. xii.



**pontificatus** (decl. iv): **1.** ******dignité d'évêque — episcopal dignity.* **2.** *dignité de pape — papal dignity.* Pontificatum Romanae et apostolicae sedis sortitus. BEDA, Hist. eccl., lib. 1 c. 23. Ibi saepe. Quem . . . Romani . . . ad pontificatus ordinem elegerint. Lud. Pii pact. cum Pasch. papa a. 817, *Capit.*, I p. 354 l. 48. Leo XLVI loco apud Romanos pontificatum agens. WALAHFR., Exord., c. 23, *Capit.*, II p. 501 l. 38. **3.** *évêché — bishopric.* Tam de parte domno M. episcopo vel civitate Noviomense ipsius pontificato, quam et de parte ipsius B. abbate vel monasterii sui Sitdiu. *D. Merov.*, no. 39 (a. 662). In cenobio pontificatus nostri quod constructum est super fluvium Gorzie. D' HERBOMEZ, *Cart. de Gorze*, no. 62 p. 113 (a. 864). Cunctas res et possessiones legitimas predicti pontificatus. *D. Karls III.*, no. 78 (a. 883). Praetaxati pontificatus [sc. Merseburgensis] canonici, presbyteri, diacones et reliquus clerus. *D. Heinrichs II.*, no. 89 (a. 1004). [Rex] pontificatum Eichstetensem Gebehardo dedit. Ann. Altah. maj., a. 1043, ed. OEFELE, p. 32. 12 annis strennue pontificatum administravit. ADAM BREM., lib. 2 c. 15, ed. SCHMEIDLER, p. 71.
**pontificium:** **1.** ******faculté, liberté, habilité, pouvoir — capacity, liberty, qualification, power.* Pontificium habeat usque audientiam defensare. Chloth. II edict. a. 614, c. 14, *Capit.*, I p. 22. Ut nulli paenitus iter gradiendum fit pontificius. FREDEG., lib. 4 c. 36, *SRM.*, II p. 138. Nullum pontificium habias de ipsa villa nec vindere nec donare. WARTMANN, *UB. S.-Gallen*, I no. 29 (a. 761). **2.** ******pouvoir épiscopal — a bishop's authority.* [Abbas] pontificium non habeat, ordinacionis vero et tabulas benedicere absque munuscula episcopus de Mogonciae tribuere debeat. *D. Karolin.*, I no. 89 (a. 775). Episcopus in ipso cenubio pontificium habere non debeat, nisi si abbas expetierit ordinacionis faciendi, cresmetandi et tabulas benedicendi. Ib., no. 118 (a. 777). **3.** ******dignité épiscopale — episcopal dignity.* **4.** pontificium vestrum: *appellation d'honneur pour un évêque — title of honour for a bishop. Hormisdae pap. epist., THIEL, p. 920. AVIT., epist. 17, *Auct. ant.*, VI pt. 2 p. 49. **5.** *épiscopat — duration of an episcopate.* Mansit opus inperfectum ad annum pontificii 24. ADAM BREM., lib. 3 c. 4, ed. SCHMEIDLER, p. 146. **6.** summum pontificium: dignité pontificale — papal dignity. ANSELM., G. episc. Leod., c. 65, *SS.*, VII p. 229 l. 5. Pontificium, nude: idem. Cum venale factum fuerit pontificium. ANAST. BIBL., Chron., ed. DE BOOR, p. 51.
**pontile,** pontilium, pontilis: **1.** *ponceau — small bridge.* GIORGI-BALZANI, *Reg. di Farfa*, II doc. 142 p. 119 (a. 786). GERMER-DURAND, *Cart. de Nîmes*, no. 20 p. 35 (a. 921). **2.** *balcon — balcony.* CIPOLLA, *CD. Bobbio*, II p. 228 (a. 1190).
**ponto,** punto (genet. -onis et -inis): *foudre, grand fût — big wine-cask.* FORTUN., V. Radegundis, lib. 2 c. 10, *SRM.*, II p. 384. *D. Charles le Chauve*, II no. 247 p. 63 l. 17 (a. 862).
**pontonarius,** -tion-, -tun-, -tan-, -ten-, -erius: **1.** *passeur, perceveur de la redevance de passage — ferryman, collector of passage-money.* *D. Ludwigs d. Deutsch.*, no. 89 (a. 858). RAGUT, *Cart. de Mâcon*, no. 501 (a. 926). **2.** *pontier, perceveur du pontonnage — bridge-toll keeper.* Cantat. s. Huberti, c. 16, ed. HANQUET, p. 39 sq. *Actes Phil.-Aug.*, I no. 361 § 11 p. 439 (a. 1190).
**pontonaticus,** -tion-, -ten-, -agium: *redevance de passage par bac — passage-money.* *D. Ludwigs d. Deutsch.*, no. 147 (a. 873). *D. Ottos II.*, no. 249 (a. 981). *D. Karolin.*, I no. 234 p. 323 (< a. 781>, spur. s. x, Reggio).
**populare,** **1.** transit.: *peupler, coloniser — to populate, establish settlements in.* Cum terris . . . ad populandum hominesque ibi ad congregandum. MITTARELLI, *Ann. Camaldul.*, I p. 204 (a. 1013). Totas las villas que sunt in termino de Sepulvega . . . sedeant populatas [i.e. populentur] ad uso de Sepulvega. Fuero de Sepúlveda a. 1076, c. 26, ed. SAEZ, p. 48. **2.** intrans.: *s'établir — to settle.* Omnibus qui populaverint in I. mea civitate. Fuero de Jaca a. 1063, c. 1, WOHLHAUPTER, p. 134.
**popularis** (adj.): **1.** *bien fréquenté — much-visited.* Defer [pignus sancti] ad T. ecclesiam quae plus popularis habetur. GREGOR. TURON., Glor. mart., lib. 1 c. 13, *SRM.*, I p. 498. **2.** *bien peuplé — populous.* Ob id quod [locus] popularis esset. Chron. Novalic., lib. 5 c. 17, ed. CIPOLLA, p. 259. **3.** ******laïque — lay.* **4.** *de paroisse — of a parish.* Minime titulis popularibus se ingerere depellentur. Concil. Neuching. a. 772, *Conc.*, II p. 105. Popularis ecclesia. Ann. Rod., a. 1117, *SS.*, XVI p. 699. Subst. mascul. plural. **populares:** ******la foule, le peuple — the common people.* Coram . . . multitudine procerum ac popularium. Coll. Sangall., addit. 4, *Form.*, p. 436. Singul.: *un roturier — a non-noble.* BITTERAUF, *Trad. Freising*, no. 24 (a. 767). Subst. neutr. **populare:** *terre habitée, cultivée — inhabited and cultivated land.* [Villa] cum omnibus suis pertinentiis tam in hermis quam in populare, tam in aquis quam in pascuis. DC.-F., VI p. 411 col. 2 (ch. a. 1201, Occit.).
**popularitas:** *dévastation — laying waste.* Quorum [Danorum] popularitate monasteria destructa. Mir. Richarii, *AASS.*, Apr. III p. 453.
**populatio:** **1.** *foule, populace — crowd, mob.* [Puella] ab urbica populatione submota. GREGOR. TURON., Glor. conf., c. 33, *SRM.*, I p. 768. Populatio non modica quae ad ecclesiam Dei convenerat. V. Deicoli, c. 17, *AASS.*, Jan. II p. 204. **2.** *peuplement, colonisation — creating settlements.* Fuero de León (a. 1017-1020), c. 9, WOHLHAUPTER, p. 4. **3.** *colonie rurale, bastide — rural settlement.* S. xiii.
**populator:** *colon — settler.* Cartam quam facio populatoribus Jacce. Fuero de Jaca a. 1063, WOHLHAUPTER, p. 140.
**populatum** (subst. neutr.): *terre habitée, cultivée — inhabited and cultivated land.* Totum tuum honorem quam hodie habes, ermum vel populatum. *Hist. de Lang.*[3], V no. 442 col. 827 (a. 1112). Cum . . . heremis et populatis. Ib., no. 550 col. 1054 (a. 1152).
**populositas:** * *foule, beaucoup de monde — crowd, many people.*
**populosus:** * *bien peuplé — populous.*
**populus.** **1.** plural. populi: *gens, hommes et femmes — people, men and women.* Necessitatem provincialium vel subjectorum sibi [sc. regi] omnium populorum. Chloth. II

praec., c. 1, *Capit.*, I p. 18. Populorum quattuor millia. RUSTIC. ELPID., Hist., MIGNE, t. 62 col. 545. Dominus de quinque panibus quinque milia populos saciavit. PS.-ANTONIN. PLACENT., *CSEL.*, t. 39 p. 165. **2.** plural. populi: *les gens du peuple, le commun — common folk.* Sapientes et omnes populi hujus urbis. Pass. Genesii (s. viii?), MOMBRITIUS[2], I p. 597 l. 40. **3.** singul.: *l'ost, l'ensemble des guerriers — the host, the whole body of warriors.* Terga vergente exercitu . . . magna strages de populo fuit. GREGOR. TURON., H. Fr., lib. 4 c. 27. Duces cum reliqua parte populi. Ib., lib. 6 c. 31. Ibi pluries. Quem populus eligere velit [in regem]. Div. regn. a. 806, c. 5, *Capit.*, I p. 128. Missi nostri populum nostrum iterum nobis fidelitatem promittere faciant. Capit. de justit. fac. (a. 811-813), c. 13, p. 177. Omnis populus illius regni ad eam [invasionem] repellendam communiter pergat. Conv. ap. Marsnam a. 847, adnunt. Karoli, c. 5, *Capit.*, II p. 71. **4.** populus Dei, Christi: **les chrétiens, la chrétienté — the Christians, Christendom.* **5.** singul. et plural.: **les laïcs réunis dans une communauté chrétienne, les fidèles — the lay people of a Christian community, the faithful.* De decima fidelium populorum, quae offeruntur ad ecclesias. BITTERAUF, *Trad. Freising*, I no. 248 p. 225 (a. 807). **6.** *paroisse — parish.* Constituto teritorio Corneliensis, plebe ipsius Corneliensis et quoque tantum populi finibus. GADDONI-ZACCHERINI, *Chart. Imolense*, I p. 6 (a. 984). Idoneum presbyterum Atrebatensi episcopo in populo Ambrisnensi constituendum praesentet. MIRAEUS, III p. 28 col. 1 (a. 1111).

**porcagium:** *redevance en porcs — a tribute of pigs.* S. xiii.

**porcaria: 1.** *toit à porcs — pigsty.* S. xiii. **2.** *troupeau de porcs — drove of swine.* S. xiii. **3.** *porcherie — piggery.* S. xiii.

**porcaricia:** *toit à porcs — pigsty.* Capit. de villis, c. 23. CIPOLLA, *CD. Bobbio*, p. 196 (a. 862).

**porcaricius** (adj.): **1.** *à porcs — for swine.* Porcaritiam domum. Lex Alamann., tit. 77 c. 1. Gualdus qui dicitur porcaricius. TROYA, *CD. Longob.*, I p. 618 (a. 756). **2.** *pour la chasse au sanglier — for hunting boars.* Canis porcaritius. Lex Alamann., tit. 78 c. 3.

**porcarius,** porcherius: *porcher — swineherd.* Lex Burgund., tit. 10 § 1. Lex Sal., tit. 35 § 6. Chloth. edict. a. 614, c. 21, *Capit.*, I p. 23. Test. Adalgiseli-Grimonis a. 634, LEVISON, *Frühzeit*, p. 129. Edict. Rothari, c. 135. Pactus Alamann., fragm. 5 § 5. Test. Erminethrudis a. 700, PARDESSUS, II no. 452 p. 257.

**porcaster:** *pourceau — store pig.* ALDHELM., Virg., v. 2779, *Auct. ant.*, XV, p. 466. Dedistis michi porcastros mares 5, feminas 5. Lib. largit. Farf., ed. ZUCCHETTI, I no. 21 (a. 855). CENCIUS, c. 57 (Ordo), § 44, ed. DUCHESNE, I p. 304 col. 1.

**porcellagium:** *une redevance en porcelets — a tribute of piglets. Actes Phil.-Aug.*, I no. 17 p. 24 (a. 1180).

**porcilis** (adj.): *de cochon — of pigs.* Porcilis bucina. Lex Baiwar., tit. 4 c. 26. Subst. **porcilis:** *toit à porcs — pigsty. CD. Cajet.*, I p. 102 (a. 957). *CD. Cav.*, II no. 266 p. 68 (a. 972).

**porcina** (subst.): *troupeau de porcs — drove of swine.* Lex Sal., tit. 27 § 1.

**porcincta,** v. procinctus.

**porpesia,** -um: *marsouin — porpoise.* S. xiii, Angl.

**porportare, porportus,** v. proport-.

**porprendere** et derivata, v. propr-.

**porreta,** por-, -ata, -ecta: *potage de poireaux — leek-soup.* Mir. Galterii Pontisar., c. 26, *AASS.*[3], Apr. I p. 763 A.

**porsonium** (cf. voc. obsonium): *fourniture obligatoire du nécessaire à l'entretien — compulsory purveyance of victuals.* [Venatores] multa per loca in Hanonia gistas suas et porsonia de jure habebant. GISLEBERT. MONT., c. 231, ed. VANDERKINDERE, p. 312. Etiam ib., c. 14 p. 23; c. 250 p. 325.

**porta: 1.** *service d'accueil* dans un monastère — monastic *guest service.* Ligna que ad suscipiendos hospites . . . ad portam necessaria fuerint. Adalhardi Corbej. stat., pt. 2 c. 8, ed. LEVILLAIN, p. 370. [Concedimus] ad portam ipsius monasterii villam A. *D. Charles le Chauve*, no. 333 (a. 870). Similia no. 302 (a. 867). Quas [villas] ipsi fratres de portion sua ad portam deputaverunt. *H. de Fr.*, IX p. 353 (ch. a. 886). Ex villis ad hospitale nobilium, quod porta vocatur, pertinentibus. Ib., p. 488 (ch. a. 900). **2.** *prise d'eau — mill-race.* De piscibus qui caperentur in porta. BERTRAND, *Cart. d'Angers*, I no. 259 p. 301 (a. 1060-1087).

**portagiarius:** *péager des portes d'une ville — porterage collector.* S. xiii.

**portagium,** v. portaticus.

**portale,** portallum, portellus: **1.** *porte d'une ville — town-gate.* Concedimus . . . licentiam [burgum] claudendi muris et vallis atque portalibus. D. Lud. VII reg. Fr. a. 1173, DC.-F., VI p. 420 col. 1. **2.** *portail, vestibule — porch, gateway. Gall. chr.*[2], I p. 51 col. 2 (ch. a. 1195).

**portamentum:** *comportement — behaviour.* S. xiii.

**portanarius,** -ten-, -tun- (< porta): *portier monastique — monastic door-keeper.* EKKEHARD., Cas. s. Galli, c. 10, *SS.*, II p. 123 l. 12. Cons. Fructuar., lib. 2 c. 9, inscr. (s. xii ex.?), ALBERS, IV p. 143.

**portare: 1.** *porter* des vêtements, des parures — *to wear* clothes or ornaments. Vestimentum portans purpureum. ANAST. BIBL., Chron., ed. DE BOOR, p. 138. Crux quam rex solitus est super pectus suum portare. *CD. Langob.*, no. 340 col. 571 A (a. 888-915). **2.** **apporter, procurer — to bring, furnish.* **3.** *produire — to produce.* [Vineae] crescenti et portanti vinum. V. Ursi (s. ix?), *AASS.*[3], Febr. I p. 946. **4.** absol.: *porter fruit — to bear fruit.* Capulare debent omnem arborem non portantem. Loth. I imp. pact. c. Venet. a. 840, c. 25, *Capit.*, II p. 134. **5.** verba: *prononcer — to utter.* Non volumus ut ullus inter nos abhinc inantea alia verba portet nisi talia quae Deo sint placita. Conv. ap. Confl. a. 860, adnunt. Lud., c. 3, *Capit.*, II p. 157. **6.** **supporter, soutenir, endurer, souffrir — to undergo, bear, endure, suffer.* **7.** faidam, inimicitiam: *être en butte à* la vengeance — *to be exposed to* revenge. Litus si per jussum vel consilium domini sui hominem occiderit . . ., dominus conposicionem persolvat vel faidam portet. Lex Saxon., c. 18. Inimicitias portet ejus cujus pecuniam abstulit. Lex Frision., tit. 2 § 11, addit. Wulemari. **8.** faidam: *se venger, se lancer dans une faide — to take revenge, start* a feud. [Si] aliquis parentum aut amicorum ejus [sc. occisi] inde faidam fidelibus nostris, qui eum occiderint, portare voluerit. Capit. Vern. a 884, c. 3, II p. 372. Iterum c. 10 sq., p. 374. Neque senior neque propinquus ejus pro hoc nullam faidam portet aut commotionem faciat. Lib. Pap. gloss., *Capit.*, I p. 217 c. 7. **9.** judicium: *subir* une ordalie — *to go in for* an ordeal. Unde [sc. de Alberici calumnia] quidam ipsius Alberici homo . . . judicium portavit et coctus est. *BEC.*, t. 36 (1875), p. 398 (ca. a. 1068, Angers). (Cf. Galat. 5, 10 et 2. Petr. 2, 11, ubi "judicium portare" est condemnari). **10.** testimonium: *porter* témoignage — *to bear* witness. Nos veri testes sumus et verum testimonium exinde portamus. PROU-VIDIER, *Ch. de S. Benoît-s.-Loire*, I no. 16 p. 37 (a. 819). Sex viri jurati . . . possunt constitui, qui possunt testimonium portare. Frid. I imp. priv. a. 1184, c. 22, REINECKE, *Cambrai*, p. 262. Duellum firmare non potest nec testimonium in causa portare. BOURGIN, *Soissons*, p. 433 no. 15 c. 17 (s. xii ex.). **11.** fidem, fidelitatem: *engager* sa foi, *promettre* fidélité — *to take a promise of* fealty. Jam non ero tibi fidelis neque serviam tibi et fidelitatem te [!] non portem. *Hist. de Fr.*, XI p. 537 D (ca. a. 1030). Si hominagium facere ac fidem portare vellet. BERTRAND, *Cart. d'Angers*, I no. 73 p. 91 (a. 1060-1081). **12.** fidem: *tenir* sa parole — *to bear* faith. Si quis fidejussor extiterit, si fidem non portaverit, de suo proprio pignoretur. Synod. Helen. a. 1065, c. 9, HUBERTI, *Gottes- und Landfr.*, p. 344. Voluit habere obsidem de portanda fide. Consuet. Norm. (a. 1091), c. 5, HASKINS, *Norman inst.*, p. 282. **13.** garantisiam: se porter garant — to stand bail. Firmaverunt garantisiam contra omnes homines portare. LUCHAIRE, *Louis VII*, no. 309 p. 395 (a. 1153/1154). **14.** juramentum: *prêter* serment — *to take* an oath. Juramentum portabit corporale. *Actes Phil.-Aug.*, II no. 658 p. 217 (a. 1200/1201). **15.** refl. se portare: *s'étendre — to stretch.* Ex illa meta, sicut se portabit, usque in Secanam. BRUSSEL, *Examen*, II p. XIV (ch. a. 1195).

**1. portaria** (< portarius): **1.** *service d'accueil* dans un monastère, *fonction de portier monastique — monastic guest service, charge of monastic door-keeper.* Deputaverunt ad portariam ad susceptionem tantummodo monachorum et familiarium suorum. *D. Charles le Chauve*, II no. 269 p. 107 l. 14 (a. 864). Recepit de ministerio portarie . . . BEYER, *UB. Mittelrh.*, I no. 163 p. 227 (a. 923). Ad servitium portariae ab ipsis canonicis olim fuerat deputatum. MARCHEGAY-SALMON, *Chron. d' Anjou*, p. j. no. 9 p. CVI (a. 943, Tours). **2.** *prébende assignée au portier monastique — prebend of a monastic door-keeper.* Ex rebus portariae s. Martini Majoris Monasterii, quam ipse per nostrae largitionis donum tenere videtur. D. Hugonis duc. Fr. a. 970, CARTIER, *Mél. hist.*, p. 19. **3.** *local d'accueil* établi à la porte du monastère — *visitors' room* near the gateway of a monastery. Portariam ejusdem monasterii prope eundem sitam. *D. Charles le Chauve*, I no. 147 p. 388 (a. 852).

**2. portaria:** *moniale-gardienne de la porte — nun in charge of the cloister-gate.* Concil. Cabillon. a. 813, c. 64, *Conc.*, II p. 285.

**portarium:** i. q. portagium. S. xiii.

**portarius,** porterius: **portier, gardien de la porte — porter, gate-keeper.* Dans un monastère, moine en charge du service d'accueil — a monk in charge of the guest service in a monastery. Benedicti regula, c. 66. Stat. Rhispac. a. 799/800, c. 40, *Capit.*, I p. 230. WARTMANN, *UB. S.-Gallen*, I no. 91 p. 86 (a. 779). F. Augiens., coll. B no. 37, *Form.*, p. 361.

**1. portaticus,** portagium (< portus): *redevance d'amarrage, droits de port — mooring-dues, harbour-dues. D. Merov.*, no. 51 p. 46 (ca. a. 681). *D. Karolin.*, I no. 6 (a. 753). De singulis navibus portaticum . . . exigatis. D. Aistulfi reg. Longob. a. 753, UGHELLI, II col. 108. F. imper., no. 20, *Form.*, p. 301. De quocunque commertio ex quo teloneus exigitur vel portaticus ac de navibus circa littora maris discurrentibus. *D. Charles le Chauve*, no. 49 (a. 844). *D. Berengario I.*, no. 7 p. 32 l. 24 (a. 890). Cum . . . portu et portatico. *D. Ludwigs d. Kindes*, no. 30 (a. 904).

**2. portaticus,** portagium (< porta): *péage de la porte d'une ville — towngate-toll.* Omne illud portaticum quod per singulas portas et posterulas hujus civitatis Beneventanae annualiter dare debetis. DC.-F., VI p. 423 col. 1 (ch. s. ix med.). Mansionatica facere, portatica tollere et theloneum ac curaturam exigere. *D. Berengario I*, no. 112 p. 287 (a. 916). Fuero de León (a. 1017-1020), c. 28, WOHLHAUPTER, p. 14. De portagio quod ministri portarum mearum a commeantibus exigunt. CHEVRIER-CHAUME, *Ch. de Dijon*, II no. 398 p. 176 (a. 1101). Portagia que de feodo episcopi casati tenebant. BOURGIN, *Soissons*, p. 421 no. 12 (a. 1136).

**portatilis:** *portatif — portable.* S. xii.

**portatio:** *le montant, le rapport — amount, yield.* S. xiii.

**portator,** v. portitor.

**portatorius,** -ricus: *qui porte fruit — bearing fruit.* Silva castanea portatoria pecia una. *CD. Langob.*, no. 449 col. 775 B (a. 912, Modicia). Silvas portatoricas jugies 40. Ib., no. 464 col. 801 D (a. 915, Bergamo). Due pecie de terra, una casteneta portacorica [sic] et alia silvata. Ib., no. 471 col. 815 A (a. 917, Bergamo).

**portatura:** *corvée de portage — carrying-service.* Isti . . . faciunt portaturam. Irminonis polypt., br. 11 c. 11.

**portellus,** v. portale.

**portenagium,** v. portonaticus.

**portenarius,** v. portanarius.

**porterius,** v. portarius.

**portgrevius,** portgravius: *magistrat urbain — port-reeve.* S. xiv, Angl.

**porticale,** -alis, -allus, -ellus: *galerie, arcade, portique — lodge, arcade, portico.* Casam ipsius presbiteri, quae est prope porticalem ejusdem basilice, ubi est scola. SCHIAPARELLI, *CD. Longob.*, II no. 207 p. 222 (a. 767, Lucca). Ubi ipsa ecclesia sita est unacum porticale ante se. BRUNETTI, *CD. Tosc.*, I p. 391 (a. 810). Basilicam ipsam . . . cum porticale ante se habente. MANARESI, *Placiti*, I no. 61 p. 222 (a. 857, Lucca). Casa et area in qua exstat seo compennio et porticallo. *CD.*

*Langob.*, no. 409 col. 689 A (a. 904, Como). Descendens de palatio usque ad exitum porticelli. CENCIUS, c. 57 (Ordo), § 33, ed. DUCHESNE, I p. 297 col. 2.

**porticus: 1.** *narthex* du côté ouest d'une église — *narthex* at the western end of a church. GREGOR. TURON., H. Fr., lib. 5 c. 49. Concil. Cabillon., c. 19, *Conc.*, I p. 212. Capit. Caris. a. 873, c. 12, II p. 346. **2.** *abside* ou *déambulatoire* du chœur du côté est d'une église — *absis* or *gallery* of the choir at the eastern end of a church. HUGEBURC., V. Wynnebaldi, c. 13, *SS.*, XV p. 116 l. 24.

**portiforium:** *bréviaire* — *breviary*. S. xiii.

**portimotus:** *assemblée judiciaire urbaine* — *portmote*. S. xii, Angl.

**portio: 1.** *une propriété* — *an estate*. Porcione[m] sua[m] in loco noncopanti H., quicquid ibidem sua fuit possessio, ei delegasset. *D. Merov.*, no. 68 (a. 695). Portionem meam in villa q. d. Fontanas. QUANTIN, *Cart. de l'Yonne*, I no. 9 p. 22 (a. 711, Sens). **2.** *fortune, richesse* — *fortune, riches*. Offero meipsum ... cum omni mea portione meae substantiae. GIORGI-BALZANI, *Reg. di Farfa*, II doc. 156 p. 131 (a. 793). Quasdam res de portione hereditatis mee ad partes sancte Dei genitricis Marie tradidi. ROUSSEAU, *Actes de Namur*, no. 1 (a. 946). **3.** *quote-part dans un droit d'usage communautaire* — *share in a right of common easement*. Portionem communem in alpibus. Urbar. rer. fiscal. Rhaet.-Cur. (s. ix p. pr.), MEYER-PERRET, *Bündner UB.*, I p. 376. Cum ... utilitate silve cujusdam, in qua duas portiones habuimus. ERHARD, *Reg. Westfal.*, I, CD. no. 137 p. 109 (a. 1042). **4.** i.q. partitio: *partage* — *division*. Si umquam ... porcionem aut minoracionem da parte ipsius canonice facere quererent. *D. Ugo*, no. 75 p. 222 (a. 944). **5.** portio fratrum: i.q. mensa fratrum, l'ensemble des biens affectés à la prébende des chanoines — the whole of the estates affected to the sustenance of the canons. Reddimus eis ad communem portionem fratrum ibidem Domino deservientium omnem ... terram. *D. Louis IV*, no. 4 (a. 936). **6.** *la part des revenus d'une église qui est affectée à la pension du vicaire* — *the portion of the ecclesiastical revenue assigned for the vicar's livelihood*. S. xiii. **7.** *participation, complicité* — *partnership, complicity*. Qui in hoc consiliati fuerint vel aliquam habuerint portionem. Attonis capit., c. 95, D'ACHÉRY, *Spic.*, VIII p. 35.

**portionarius,** v. partionarius (subst.).

**portitor,** portator: **porteur de lettres, messager* — *letter-bearer, messenger*.

**portonarius** (< portus): *passeur, batelier* — *ferryman*. Si quis portonarium pulsaverit quod fugacem hominem aut furem transposuisset. Edict. Rothari, c. 265. Ad portum ... pervenit; ubi cum a portonariis naulum ... exigeretur ... GIRALD., V. Joh. Valentin. (ca. a. 1160-1170), MARTÈNE, *Thes.*, III col. 1696.

**portonaticus,** porten-, portun-, portul-, -agium (< portus): *droit de passage* d'un fleuve — *ferry-money*. *D. Berengario II*, no. 6 (a. 952). *D. Ottos II.*, no. 249 (a. 981).

**portora** (femin.) (< portus): *passage au bac* — *ferry*. Vias et portoras vel pontes ... emendate esse debeant. Pippini capit. Pap. a. 787, c. 9, I p. 199. *D. Karlmanns*, no. 12 (a. 878).

**portularius:** *guichetier* d'une porte de ville — *gate-keeper* of a city. Chron. Salernit., c. 46, ed. WESTERBERGH., p. 48.

**portunarius,** v. portanarius.

**portus** (plural. portus et portora, portura). **1.** *échelle, quai* au bord d'un fleuve — *landingstage* at a riverside. Quendam civitatis praepositum ad portum Padi direxit, qui virum Dei cum universo comitatu ... transponeretur [i.e. transponeret]. ARBEO, V. Corbiniani, c. 16, ed. KRUSCH (in-8°), p. 205. De ripatico et transiduras fluminum debeamus tollere per portos nostros. GLORIA, *CD. Padov.*, p. 21 (a. 840). Portum ex utraque parte [Rhodani]. *D. Charles le Ch.*, no. 443 (a. 877). Ad portum ... super ripa Adda. GIULINI, *Mem. di Milano*, III p. 501 (a. 1008). **2.** *passage à bac* — *ferry*. De portonario qui super flumen portum custodit. Si quis portonarium pulsaverit quod fugacem hominem aut furem transposuisset ... Edict. Rothari, c. 265. Nec de navigia nec de portus nec de carra nec de saumas nullo telloneo. *D. Karolin.*, I no. 6 (a. 753). *D. Charles le Chauve*, no. 263 (a. 864). **3.** *redevance de passage* — *ferry-money*. Cum molitura de molendinis et [cum] portoribus usque in caput Adduae. D. Lud. II imp. a. 851, *CD. Langob.*, no. 170 p. 290 C. Tam mercatas quamque et toloneum seu portoras in fluvio Padi. *D. Berengario I.*, no. 37 p. 109 (a. 903). Castro cum portis, ripaticis ... Bened. VIII pap. (a. 1012-1024) epist., MIGNE, t. 139 col. 1592 C. **4.** **magasin de marchandises, entrepôt* — *store-house*. Portus appellatus est conclusus locus quo importantur merces et unde exportantur. Dig., 50, 16, 59. Portus dictus a deportandis commerciis. ISID., Etym., lib. 14 c. 8 § 39. **5.** *colonie marchande, agglomération commerciale* — *merchants' settlement, trading town*. Teloneum quod ad portum Vetraria super fluviis Taunuco Ittaque et porto illo qui dicitur Sellis [recipitur] ..., pariter et homines qui in ipsos portus commanent vel eos custodiunt. *D. Merov.*, no. 23 (a. 651). In quibuslibet locis vel territuriis seu porturia, ubicumque telloneo fiscus noster exigere consuevit. Ib., no. 38 (a. 660). Ad Massilia vel per reliquos portos infra regno nostro, ubicumque missi sui marcare videntur. Suppl. ad MARCULF., no. 1, *Form.*, p. 107. In quascumque portus, civitatis seo mercada suos vinus potestate habeant vindendi. Cart. Senon., no. 36, p. 201. Civitatis, portus, regionis ... dereliquid. V. Richarii, *SRM.*, VII p. 452. In quacumque civitate vel porto negotiandi [causa] perrexerint. *D. Karolin.*, I no. 19 (a. 763-766). Tam in civitatis, vicus, portus, pontis publicis vel reliquis marcados advenerint. Ib., no. 46 (a. 769). Per ullos portos neque per civitates. Ib., no. 122 (a. 779). Per portora nostra infra regnum Italie negotiaverant. Ib., no. 132 (a. 781). Ad quascunque civitates, castella aut portus vel cetera loca accessum habuerint. F. imper., no. 20, *Form.*, p. 301. Per diversos portus ac civitates exigens tributa atque vectigalia, maxime in Quentawich. G. abb. Fontan., c. 12 § 2, ed. LOHIER-LAPORTE, p. 86. Pour des lieux déterminés — for definite places, Valenciennes: USUARD. (a. 875), *AASS.*, Jun. VI p. 327. Rouen: Mir. Germani in adv. Norm., c. 3, *SS.*, XV p. 10. *D. Charles le Ch.*, no. 407 (a. 876). Ouissant: *D. Charles le Chauve*, I no. 160 p. 424 (a. 853). Worms: *D. Ludwigs d. Deutsch.*, no. 89 (a. 858). Huy, Dinant: D. Loth. II reg. a. 862, HALKIN-ROLAND, *Ch. de Stavelot*, no. 34 p. 85 (BM.² no. 1296). Namur: Descr. Lob. a. 868, ed. WARICHEZ, p. 261. Guines (?): FLODOARD., Ann., a. 938, ed. LAUER, p. 69. Gand: GYSSELING-KOCH, *Dipl. Belg.*, no. 53 (a. 941). Namur: Virtutes Eugenii Bronii ost., c. 27, *SS.*, XV p. 652 (ubi synon.: vicus). Tiel: ALPERT. METT., Div., lib. 1 c. 8, ed. HULSHOF, p. 12. Utrecht: ib., c. 10, p. 14. Tournai, Gand, Eename: V. prima Macharii, c. 4 sq., c. 13, *SS.*, XV p. 616. Gand: OLBERT. GEMBLAC., Mir. Veroni, c. 16, ib., p. 752. Neuss: LAU, *Qu. Rhein. St.*, Kurköln, I p. 2* (a. 1021). Bruges: Transl. prima Bavonis, *SS.*, XV p. 597 (s. xi). **6.** *baie, golfe, estuaire* — *bay, gulf, estuary*. Cum magna difficultate portus, qui dividunt insularum littora, pertransisset. JOH. VENET., ed. MONTICOLO, p. 104. Trado ... unum portum, qui reddat 100 pondera inter aurum et argentum et etiam ferrum et sal; qui portus continet intra se quinque millia modiola inter terram et aquam intra mare. *D. Ottos I.*, no. 459 (< a. 956 >, spur. s. xii). **7.** *col, défilé* — *mountain-pass*. Usque sub Hispanos fines portusque remotos. GUILL. BRITO, Phil., lib. 1 v. 164, ed. DELABORDE, p. 13. De montanis castris ... de ultra portus. GUILL. DE PODIO LAUR., c. 52, ed. BEYSSIER, p. 38.

**positura:** **signe de ponctuation qui marque un arrêt* — *mark of punctuation denoting a stop*.

**positus** (adj.): **1.** **établi, résidant* en tel lieu — *located, residing* in this place. **2.** *étant* en telle condition — *being* in such a position. Mens in cogitatione posita. Serg. IV pap. priv. a. 1012, MIGNE, t. 139 col. 1525 A. In infirmitate positos. Bened. VIII pap. (a. 1012-1024) epist., ib., col. 1631 D. In longinquo itinere positus. V. Geminiani, ed. BORTOLOTTI, p. 64. Subst. neutr. **positum:** *exposé de griefs, plainte en justice* — *statement, charge*. Leg. Henrici, c. 9 § 1, LIEBERMANN, p. 554.

**posse** (subst. indecl.): **1.** *influence, ascendant* — *influence, credit*. Habuit apud ipsum [regem] plurimum posse. V. altera Winnoci, c. 16, MABILLON, *Acta*, III pt. 1 p. 311. **2.** *ressort, aire où s'exerce le pouvoir d'un seigneur ou d'un peuple* — *territory, area swayed by a lord or a people*. Per omnes terras Moadimorum et posse ipsorum. CAFFAR., Ann., ad a. 1161, ed. BELGRANO, I p. 62. In toto posse meo. DC.-F., VI p. 429 col. 3 (ch. a. 1165, Meaux). **3.** *force militaire, armée* — *force, body of men*. S. xiii.

**possessio:** *domaine* — *estate*. Possessionem cui vocabulum est ille, cum mancipiis, terris et vineis ... F. Visigot., no. 9, *Form.*, p. 580. Concedimus quendam locum ... Pro qua supradicta possessione accepimus ... Coll. Sangall., no. 5, ib., p. 399. Usque ad quandam possessionem praefati monasterii cui A. vocabulum est ... devenit. Mir. Germani, c. 8 (s. ix in.), *SS.*, XV p. 8. Dedit ... in villa S. ... et in ceteris locis ad eandem possessionem pertinentibus ... mansos 45. DRONKE, *CD. Fuld.*, no. 483 p. 212 (a. 831). Contulit possessionem suam q. v. M. huic coenobio sitam in pago Belloacensi. G. abb. Fontan., c. 4 § 2, ed. LOHIER-LAPORTE, p. 41. Qui in vicis vel in possessionibus corepiscopi [nominat. plural.] nominantur. BENED. LEV., lib. 1 c. 321, *LL.*, II pt. 2 p. 64. Qui in civitatibus sunt ... et qui in villulis et possessionibus sunt ... Capit. Pap. a. 876, c. 7, II p. 102. In Flandrinsi solo possessionem W. et villam T. DUVIVIER, *Actes*, I p. 333 (a. 975, Gand). Incolas possessionis illius. ANSELM. LEOD., G. episc. Leod., c. 42, *SS.*, VII p. 215 l. 31.

**possessivum:** *possession* — *possession*. [Sanctis] omnia sui juris possessiva reliquit. MIRAEUS, I p. 673 col. 2 (epist. a. 1101, Lobbes).

**possessor** (absol.): *propriétaire foncier* — *landed proprietor*. Possessores civitatis. LIBERAT., Def., c. 20, MIGNE, t. 68 col. 1037 A. CASSIOD., Var., lib. 1 epist. 26 § 3, *Auct. ant.*, XII p. 29; lib. 3 epist. 42 § 2, p. 100. Lib. pontif., Martin., § 4, ed. MOMMSEN, p. 182.

**possibilitas: 1.** *santé, vigueur* — *health, bodily strength*. De obitu episcopi veraciter contradixit et ejus possibilitatem secundum suam consuetudinem esse nuntiavit. GERHARD. AUG., V. Udalrici, c. 25, *SS.*, IV p. 410. Iterum ib., c. 27, p. 413. **2.** *ressources, moyens* — *resources, means*. De liberorum hominum possibilitate: ut juxta qualitatem proprietatis exercitare debeant. Capit. missor. Ital. (a. 781-810), c. 7, I p. 206. **3.** *possession* — *possession*. Dono ... in quantum juste possibilitatem habeo, ... portionem meam. GIORGI-BALZANI, *Reg. di Farfa*, II doc. 85 p. 79 (a. 770). **4.** *bien foncier, domaine* — *landed estate*. Aliquam possibilitatem monasterii. MIGNE, t. 137 col. 347 D (a. 983, Roma). De ipsam possivilitatem vindere. MOREA, *Chart. Convers.*, p. 61 (a. 992).

**possibiliter:** **dans la mesure du possible* — *as far as possible*. GREGOR. TURON., H. Fr., lib. 4 c. 36.

**possidere:** *assiéger* — *to besiege*. Chron. Casin., ad a. 749, *Scr. rer. Langob.*, p. 471. ANDR. BERGOM., c. 1, ed. ZUCCHETTI, p. 222. THIETMAR. MERSEB., pluries.

**post: 1.** *vers, dans la direction de* — *towards*. Coeperunt omnes post Arsenium nostrum vultus intendere. PASCHAS. RADB., Epit., lib. 1 c. 16, ed. DÜMMLER, p. 45. **2.** *après, à la recherche de* — *after, in search of*. Post vicedominum ... directo nuntio. Inv. Bertini, *AASS.*, Sept. II p. 617 col. 2. Post hos direxit. Ruodlieb, fragm. 2 v. 20. Ibi pluries. **3.** *auprès de, chez* — *with, by, at*. Si mancipium alienum refugium post alium fecerit. Edict. Rothari, c. 275. Tolonaria [leg. tolonarius] qui post toloneo Fossense agere videbatur. *D. Merov.*, no. 86 (a. 716). Singuli [coloni] cum familiis suis post unum focum residere videntur. GIORGI-BALZANI, *Reg. di Farfa*, II doc. 137 p. 116 (a. 783). Jubens ... post se illos attrahere. ANAST. BIBL., Chron., ed. DE BOOR, p. 227. **4.** *dans les mains de, au pouvoir de* — *in the hands of, in the power of*. [Sculdhais] ponat eos [caballos] post creditorem. Edict. Rothari, c. 251. Qui eum [mancipium fugax] post se habuit. Ib., c. 274. Ministeriales nostros post se retinere videtur. DESID. CADURC., lib. 2 epist. 2, *Epp.*, III p. 204. [Portionem villae] post se malo ordene retenirit. *D. Merov.*, no. 49 (a. 679).

Ipsam villam post nos retineamus. *D. Arnulfing.*, no. 16 p. 103 (a. 746). Si quis res suas post alium hominem invenerit. Lex Alamann., tit. 84. Si plus de tribus noctibus [rem emptam] habuerit post se. Lex Baiwar., tit. 16 c. 9. Villa[m] post vos reteneatis indebitae. MARCULF., lib. 1 no. 26, *Form.*, p. 59. Nec ipso servo fugitivus pedes nec rauba sua post se numquam recepisset. Ib., no. 38, p. 67. [Ad] tempus vite mee ipsam hobam post me recipiam. WARTMANN, *UB. S.-Gallen*, I no. 63 p. 62 (a. 772). **5.** *tenant lieu de — deputizing for.* Non habeat facultatem secundi vel tertii advocati post se ordinandi. GUDENUS, *CD. Mogunt.*, I no. 39 p. 104 (a. 1132). Nullam post se vicem suam exequentem constitueret advocatum. *D. Lothars III.*, no. 56 (a. 1134).

**posta:** *palissade de pêcherie* dans une rivière — *stockade for fishing* in a river. MURATORI, *Antiq.*, I col. 583 A (ch. a. 900). Ib., VI col. 63 E (ch. a. 905). MITTARELLI, *Ann. Camald.*, I p. 105 (a. 981).

**postadvocatus:** *délégué d'un avoué — an ecclesiastical advocate's deputy.* Nullum ex his, qui vulgo postadvocati nominantur, ad placitandum recipere debeant. *D. Heinrichs IV.*, no. 473 (a. 1102). *D. Heinrichs II.*, no. 502 (< a. 1023 >, spur. ca. a. 1116, Trier). *D. Karolin.*, I no. 261 (< a. 800 >, spur. s. xii, Prüm).

**postare:** *se poster — to take a stand.* Postent subdiaconi usque ante sepulchrum . . . Deinde postent ante altare. Ordo Rom. XXXIII (s. x?), c. 5, ANDRIEU, III p. 531.

**postcommunio:** *postcommunion — post-communion.* S. xi.

**postella,** postela, postena: *croupière* de cheval — *crupper.* ISID., Etym., lib. 20 c. 16 § 4.

**postergare** (< postergum): *négliger, dédaigner — to disregard, despise.* S. xiii.

**postergum,** posterga (adverb.) (< post tergum): **derrière — at the back.*

**posterior.** Subst. mascul. plural. **posteriores:** **les descendants, la postérité — the descendants, posterity.*

**posteritas: 1.** *descendance — descent.* In prediis qui ei ex posteritate parentum successerant. V. Sigiramni, c. 7, *SRM.*, IV p. 610. **2.** *progéniture — offspring.* VULGAR., Syll., c. 34, *Poet. lat.*, IV p. 434. Filii ac filiae eorum et tota posteritas. SLOET, *OB. Gelre*, no. 136 p. 135 (a. 1014-1017).

**posterula,** pust-, -erla, -erna, -ella, postera, postrina: **1.** **porte de derrière — back-gate.* **2.** *petite porte dans une enceinte, poterne — small gateway, postern-gate.* Test. Bertichramni a. 615, PARDESSUS, I no. 230 p. 208. FANTUZZI, *Mon. Ravenn.*, I p. 86 (a. 844). Lib. pontif., Serg. II, § 22, ed. DUCHESNE, II p. 91. ADREVALD. FLORIAC., Mir. Bened., *SS.*, XV p. 487. UGHELLI, V col. 1539 (ch. a. 954). *D. Ottos III.*, no. 400 (a. 1001).

**postheres:** *héritier indirect — heir's heir.* Ullus . . . heredum vel postheredum meorum. F. Augiens., coll. B no. 35, *Form.*, p. 360. Si quis postheredum . . . infringere temptaverit. GYSSELING-KOCH, *Dipl. Belg.*, no. 225 (a. 1096, Looz).

**posthinc:** **ensuite, plus tard — after that, later.*

**posticum,** -cus, -ca, posticium, -cia: **1.** **porte de derrière — back-gate.* **2.** *petite porte dans une enceinte, poterne — small gateway, postern-gate.* FORTUN., V. Radegundis, lib. 1 c. 24, *SRM.*, II p. 372. GREGOR. TURON., H. Fr., lib. 9 c. 16. ISID., Regula monach., lib. 1 c. 2. RADBOD. TRAJECT., V. Amalbergae, MABILLON, *Acta*, III pt. 2 p. 242. RICHER., lib. 4 c. 19, ed. LATOUCHE, II p. 176.

**postilla:** *apostille, glose, commentaire — postil, note, commentary.* S. xiii.

**postillare:** *munir de gloses — to add glosses to a text.* Bibliam postillavit. SALIMBENE, ed. HOLDER-EGGER, p. 175.

**postis:** *pieu, pilotis — pole, pile.* EUGIPP., V. Severini, c. 15 § 3, *CSEL.*, t. 9 pt. 2 p. 34.

**postjudex:** *délégué d'un juge — a judge's deputy.* Si quis comes postjudices statuat. Frid. I imp. const. de incend. a. 1186, c. 21, *Const.*, I no. 318.

**postmittere:** *abandonner — to give up.* Postmisso proposito. Concil. Turon. a. 567, c. 21, *Conc.*, I p. 129.

**postmodum** = postmodo. Loc. in postmodum: désormais — henceforward.

**postnatus** (subst.): *puîné — puisne, younger.* S. xiii.

**postponere:** **laisser de côté, négliger, abandonner, omettre — to set aside, neglect, omit, leave off.* Ordine postposito. FORTUN., lib. 6 carm. 10 v. 30, *Auct. ant.*, IV pt. 1 p. 151. Propter faidam postponenda, id est inimicitia pacificanda. Edict. Rothari, c. 162. Postposuit ac refutavit parrochias quas illicite invaserat. PASQUI, *Doc. di Arezzo*, I p. 55 (a. 853). Compositionem . . . persolvant omni occasione postposita. *D. Ottos III.*, no. 394 (a. 1001).

**postposita:** *négligence — neglect.* Si ipsa ecclesia et res ejus in posposita esse apparuerit. SCHIAPARELLI, *CD. Longob.*, I no. 50 p. 171 (a. 730, Siena).

**postulare: 1.** *élire* un évêque — *to elect* a bishop. Dum fuerit postulatus, . . . ad nos veniat ordinandus. GREGOR. M., lib. 9 epist. 139, *Epp.*, II p. 137. Ibi pluries. Episcopum consecrari non convenit, nisi a clericis et populo fuerit postulatus. Concil. Roman. a. 826, c. 5, *Conc.*, II p. 569. **2.** *postuler* un évêque, élire qq'un qui occupe ailleurs un évêché — *to postulate* a bishop, to elect as such someone who actually has another bishopric. S. xii.

**postulatio: 1.** **prière à Dieu — prayer.* **2.** *postulation* d'un évêque — *postulation* of a bishop. S. xiii.

**postulatorius:** *catégorique — imperative.* Mandat verbis postulatoriis ut secum ad pugnam exeat. G. pontif. Autissiod., c. 42 (s. x), ed. DURU, p. 369.

**pota,** v. puta.

**potagium: 1.** *redevance pour le débit de boissons — beverage-excise.* DC.-F., VI p. 436 col. 2 (ch. a. 1173). **2.** *potage — soup.* S. xiii. **3.** *herbes potagères — pot-herbs.* S. xiv.

**potare** aliquem: **abreuver, donner à boire — to give to drink.*

**potens** (adj.): *ayant pleins pouvoirs — authorized.* Episcopus aut suus potens nuntius eos interpellaverit. HOENIGER, *Koelner Schreinsurk.*, II p. 52 c. 5 (ca. a. 1150).

**potentari** (depon.) et potentare: **dominer, régner — to rule, sway.*

**potentatus** (decl. iv): **1.** *pouvoir seigneurial — seigniorial control.* Tradidit . . . servum . . . et uxorem ejus . . . perenni potentatui inibi possidenda. WIDEMANN, *Trad. S.-Emmeram*, no. 275 p. 225 (post a. 1006). **2.** *seigneurie — seigniory.* Dux ei . . . terras ejus cunctumque potentatum dedit. GUILL. PICTAV., lib. 1 c. 42, ed. FOREVILLE, p. 104. **3.** *force militaire, armée — force, body of men.* A Perside cum plurimo potentatu veniebat. ANAST. BIBL., Chron., ed. DE BOOR, p. 276. Facta est . . . Barensium potentatus omnimodo dissolucio. Chron. Salernit., c. 107, ed. WESTERBERGH, p. 116. Dux . . . Aquasgrani ingressus cum multo potentatu. Contin. Gemblac. ad SIGEBERT., a. 1140, *SS.*, VI p. 387 l. 13. **4.** plural.: **les puissants — the mighty men.*



**potentia: 1.** **capacité, pouvoir — capacity, power.* **2.** *force militaire — force, body of men.* Romanis potentia et ducum virtute expugnantibus Persas. ANAST. BIBL., Chron., ed. DE BOOR, p. 160. Ad obsidendum . . . accucurrit . . . cum sua potentia. GALBERT., c. 30, ed. PIRENNE, p. 52. **3.** *béquille — support, crutch.* S. xii.

**potentialiter: 1.** **virtuellement, en germe — virtually, in germ.* **2.** *de vive force, impérieusement — by main force, by coercion.* Belligerantes potentialiter regnant. ISID. PAC., MIGNE, t. 96 col. 1255 A. [Episcopum] a Nicolao papa non regulariter sed potentialiter restitutum. HINCMAR., Ann. Bertin., a. 865, ed. WAITZ, p. 76. **3.** *en toute vigueur — in full force.* Nostrae pietatis traditio . . . stabilis potentialiter permaneat. *D. Konrads II.*, no. 293 (< a. 1039 >, spur. s. xii p. post., Reinhardsbrunn).

**potestare:** *tenir en sujétion, contraindre — to control.* Nostri homines quos potestare possumus. MURATORI, *Antiq.*, IV col. 589 (ch. a. 1071).

**potestaria:** *dignité de podestà — office of podestà.* *Const.*, I no. 368 c. 6 (a. 1196).

**potestas: 1.** *charge publique élevée — high public office.* [Hereticus] si ex quacumque religionis potestatem [i.e. potestate] vel ordine fuerit, amisso loci et dignitatis honore perpetuo reatu erit obnoxius. Lex Visigot., lib. 10 tit. 2 § 2. **2.** *circonscription où s'exerce le pouvoir d'un officier public — district of a public officer.* Episcopus, abba aut comes, in cujuslibet potestate [moneta falsa] inventa fuerit, . . . honore priventur. Capit. missor. Aquisgr. II a. 809, c. 7, I p. 152. [Navis] in nostra ministeria vel potestates advenerit. D. Lud. Pii a. 815, *H. de Fr.*, VI p. 483 B. Similia D. ejusdem a. 816, p. 496 B. Si in immunitatem vel potestatem aut proprietatem alicujus potentis confugerit. Edict. Pist. a. 864, c. 18, *Capit.*, II p. 317. [Comes quasdam res] potestati Z. comitatus violenter conjunxit. WARTMANN, *UB. S.-Gallen*, II no. 586 (a. 875). [Episcopi et comites] praevideant . . . ne in potestate illorum praedae et devastationes fiant. Capit. Pap. a. 876, c. 13, II p. 103. Si aliquis praedas egerit, comes in cujus potestate fuerit, ad emendationem eum venire vocet. Capit. Vern. a. 884, c. 11, p. 374. In conventu totius regni, tam episcoporum quam comitum et procerum ac judicum diversarum potestatum. *D. Charles le Simple*, no. 84 (a. 916). Secundum ejus episcopi sententiam poeniteat in cujus territorii potestate esse dinoscitur. Capit. concil. Theodonisv. falso adscr. (s. x?), c. 3, *Capit.*, I p. 362. Jurare debet [advocatus] quod . . . de sua potestatem vel de suo ministerium latronem non jactasset. Capit. Harist., forma Ital., c. 9, I p. 48. In B. marchionis potestate. THIETMAR., lib. 7 c. 54, ed. HOLTZMANN, p. 466. De sua [sc. marchionis] potestate expellit. V. Altmanni, c. 25, *SS.*, XII p. 236. Pour un bailliage — for the district of a "bailli": *Actes Phil.-Aug.*, II no. 583 p. 132 (a. 1198). **3.** *le pouvoir public — public prerogative.* Camini et strate per terram et mare sunt de potestate. Usat. Barcin., c. 62, ed. D'ABADAL-VALLS TABERNER, p. 24. Ibi pluries. **4.** *la personne même du prince — the ruler himself.* Ex jussione potestatis [sc. ducis Spoletani] et ex dicto A. referendarii scripsi ego L. notarius. GIORGI-BALZANI, *Reg. di Farfa*, II doc. 28 p. 39 (a. 750). **5.** *territoire dominé par un prince, royaume ou principauté — area ruled by a prince, kingdom or principality.* [Reges] in cunctis honoribus intra suam potestatem distribuendis propria potestate potiantur. Ordin. imp. a. 817, c. 3, *Capit.*, I p. 271. Principes ejus quisque in sua potestate justitiam facere non cessaverit. BERNOLD., Ann., a. 1094, *SS.*, V p. 458. Ex ecclesiarum et potestatum reditibus. Ann. Pegav., *SS.*, XVI p. 240. Episcopum . . . extra potestatem ejus positum. G. Lietberti Camerac., c. 12, *SS.*, VII p. 494. **6.** *personne morale, une institution en tant que sujet de droits — corporate body.* Retinet ipsas villas . . . injuste et invasit de potestate de isto archiepiscopo. *Hist. de Lang.*[3], II pr. no. 6 col. 48 (a. 782, Narbonne). Alodem . . . post obitum suum firmiter ad potestatem s. Mariae . . . haberent. BITTERAUF, *Trad. Freising*, I no. 389 p. 330 (a. 817). Possessiones quas . . . ejusdem monasterii potestas juste et regaliter possidet. *D. Charles le Ch.*, no. 56 (a. 844). Si potestas monasterii istam traditionem inrumpere . . . conaverit. WARTMANN, o.c., II no. 447 p. 65 (a. 856). Femina . . . cum infantibus suis tradidit se ad s. Timotheum tali tenore, ut den. 3½ unusquisque ad potestatem persolveret. Polypt. s. Remigii Rem., c. 6 § 15, ed. GUÉRARD, p. 8 col. 1. De qua [ecclesia] ipsi monachi potestati sancti Petri Pictavensis persolvant 5 sol. annis singulis. *D. Charles le Simple*, no. 21 (a. 899). Abbatiam . . . cuidam Pruniensis potestatis presbitero . . . condonavit. Ib., no. 84 (a. 916). [Capella] quam potestas b. Stephani Mettis civitatis . . . construxerunt. LESORT, *Ch. de S.-Mihiel*, no. 25 p. 112 (a. 943/944). **7.** *possession — possession.* Ab hac die in vestra permaneat potestate, quia a nostro recessit dominio. GIORGI-BALZANI, *Reg. di Farfa*, II doc. 37 p. 46 (a. 755). In S. sicut ibidem mea continet potestas. ZEUSS, *Trad. Wizenb.*, no. 128 p. 125 (a. 773). Rectores venerabilium locorum habeant potestatem rerum quae ad ipsa loca pia pertinent. Div. regn. a. 806, c. 15, *Capit.*, I p. 129. Propriarum rerum sui potestatem non habeant. Resp. de reb. fisc. (ca. a. 820), c. 2, ib., p. 296. Supra istam terram comparaverunt de libera potestate de terra arabili bunuaria 4. Irminonis polypt., br. 12 c. 22. **8.** *l'ensemble des domaines d'un propriétaire foncier — the aggregate estates of a landed proprietor.* Si quis eos [sc. latrones fugitivos] receperit in suam potestate[m] et

septem noctibus secum detenuerit. Capit. de part. Saxon., c. 24, I p. 70. Mancipia aliena, quae intra inmunitates fugiunt aut intra fiscum nostrum aut aliorum potestatem. Alloc. missi Divion. a. 857, c. 4, II p. 292. De colonis et servis cujuslibet potestatis. Constit. Caris. de mon. a. 861, p. 302 l. 6. De terris censualibus et potestate ecclesiae suae et culturis indominicatis ... major ecclesia ... decimam recipiat. Capit. Pist. a. 869, c. 12, II p. 336. Nec aliquis ... in omni potestate s. Clementis hospitari praesumat. *D. Charles le Simple*, no. 95 (a. 918). Quicquid comes B. visus est tenere ex potestate s. Stephani Cathalaunice urbis. Ib., no. 112 (a. 921). **9.** *un domaine — an estate.* In potestate M. quod ... visus sum comparasse cum domibus, aedificiis ... PARDESSUS, II no. 358 p. 144 (a. 667, S.-Aignan). Minora placita comes sive intra suam potestatem vel ubi impetrare potuerit habeat. Capit. legib. add. a. 818/819, c. 14, I p. 284. Istos homines et istas mulieres adquisivit M. abba, et sunt ex potestate Ville Nove. Additam. ad Irminonis polypt., br. 15 c. 97. Quasdam ejusdem potestatis [sc. castri Divionensis] res et mancipia. *D. Charles le Ch.*, no. 326 (a. 869). Si in aliam potestatem mansum acceperit aut feminam. Urbar. Prum., c. 29, BEYER, *UB. Mittelrh.*, I p. 160. Pontifici concedimus licentiam circumdandi ecclesiam suam per girum suae potestatis. TIRABOSCHI, *Mem. Modenesi*, I p. 22 (a. 900). Homines de potestate q. d. L. CALMET, *Lorraine*, II col. 183 (a. 936). Habent terminationes: de tribus partibus terra ipsius potestate. RICHARD, *Ch. de S.-Maixent*, I no. 18 p. 30 (a. 950). Famulis s. Petri in potestate P. manentibus. WAMPACH, *UB. Luxemb.*, I no. 184 p. 255 (a. 965-977). Mansus quisque duas perticas faciet de peitura, ubicumque preceptum fuerit infra potestatem. D'HERBOMEZ, *Cart. de Gorze*, no. 116 p. 212 (a. 984). Quandam potestatem S. nomine cum ecclesia ... ac villam vocabulo M. ... concederemus. *D. Lothaire*, no. 56 (a. 986). Est ipsa potestas undique determinata atque divisa. D. Hugonis reg. Fr. a. 988, QUANTIN, *Cart. de l'Yonne*, I p. 151. Vallis monasterii, potestas scilicet magna, non obfuscat sua vilitate caetera patrimoniorum sancti viri donaria. V. Bovae et Dodae (s. x), § 11, *AASS.*, Apr. III p. 287 B. **10.** *seigneurie — seigniory.* S. Petro Virdunensis coenobii ... [se] subdiderunt ad potestatem villae H. dictae suae ditioni mancipatae. DC.-F., VI p. 13 col. 3 (ch. a. 1025). Notitia rationis factae ... de salvamento potestatis W. QUANTIN, o.c., I no. 89 p. 170 (a. 1035, Champagne). Homo ex qualibet potestate qui se sponte s. Vedasto ... dederit. GUIMANN., Cart. s. Vedasti, ed. VAN DRIVAL, p. 171 (ch. a. 1036). [Advocatus] adjutorium tempore obsidionis vel hostilitatis generalis ... accipiet in potestatibus. MIRAEUS, I p. 659 col. 2 (a. 1038, Flandre). Quoddam altare ... in pago Parisiaco et in potestate q. v. A. POUPARDIN, *Ch. de S.-Germain-des-Prés*, I no. 56 p. 90 (a. 1042/1043). [Advocatus] cum majore potestatis atque scabinis ... [placita] teneat. MARTÈNE, *Thes.*, I col. 189 E (ch. ca. a. 1060, Lorraine). Si duellum fuerit factum in 7 antiquis potestatibus quae pertinent ad coquinam episcopi. WAITZ, *Urk. deutsch. Vfg.*, no. 2 (a. 1069, Toul). Indicta bannali evocatione tocius Gabeliensis potestatis. Cantat. s. Huberti, c. 16, ed. HANQUET, p. 39. [Servus] si extra potestatem fugerit. *D. Heinrichs IV.*, no. 476 p. 649 l. 30 (a. 1103/1104). In loco q. d. B. mortalitas coepit desaevire et potestatem illam profligare. BALDRIC. DOL., Transl. Valentini, § 11, *AASS.*, Febr. II p. 760 B. B. potestatem ... sibi vendicavit. LAURENT. LEOD., G. episc. Virdun., c. 12, *SS.*, X p. 498. Confirmamus ... possessionem villae ..., scilicet 25 mansos, 12 infra potestatem et 13 extra. CALMET, o.c., II pr. col. 325 (a. 1065, Toul). Sunt ibi infra potestatem 10 mansi ... Sunt ibi alii 10 mansi et dimidium extra potestatem. BAUR, *Hess. Urk.*, V no. 1 p. 2 (< a. 1070 >, spur. s. xii med., Metz). Si absque consensu domini sui aliquis uxorem alterius potestatis duxerit. Phil. Aug. reg. priv. pro Suession. a. 1181, *Actes*, no. 35, c. 5. **11.** *l'autorité seigneuriale — lordship.* Quidam violenti homines praesumptionem faciebant contra potestatem loci illius. ODO CLUNIAC., V. Geraldi, lib. 2 c. 7, *AASS.*, Oct. VI p. 330 C. **12.** *droit d'usage communautaire — share in a right of common.* Dedi ei potestatem habere in silvam. BLOK, *Oorkonden Werden*, p. 157 no. 2 (a. 793, Werden). Potestatem cedendorum lignorum. WARTMANN, II no. 534 p. 147 (a. 868). **13.** (cf. class. "magistrat — magistrate"): "*podestà*". Ad ordinandos in civitatibus consules seu potestates. RAHEWIN., G. Friderici, lib. 4 c. 13, ed. WAITZ-SIMSON, p. 248. Placentini recipient potestatem vel potestates, quem vel quos domnus imperator ordinare voluerit. Frid. I imp. conv. cum Placent. a. 1162, *Const.*, I no. 206, c. 7. BOSO, V. Alex. III, DUCHESNE, *Lib. pontif.*, II p. 440. Principes et potestates eorum [sc. Lombardorum]. BURCHARD. URSPERG., ad a. 1183, ed. HOLDER EGGER-SIMSON, p. 57.

**potestatia:** *charge de podestà — office of podestà.* OTTOBON., Ann. Genuens., a. 1194, ed. BELGRANO, II p. 46. OGER., ib. a. 1217, p. 143.

**potestative:** **1.** **par force — by force.* **2.** *d'autorité — authoritatively.* [Missi dominici] quicquid de ejus [sc. regis] jussione cuilibet praecipere ... debent, potestative annuncient atque praecipiant. Capit. miss. off. (a. 810), c. 2, I p. 155. Ut omnes episcopi potestative ... doceant et regant eorum ministeria. Capit. Baiwar. (ca. a. 810?), c. 2, p. 158. Potestative eam [sc. faidam] jurare faciemus. Capit. Vern. a. 884, c. 3, II p. 372. Homines ... potestative distringere. *D. Ugo*, no. 3 p. 13 (a. 926). **3.** *en pleine possession — by full seisin.* [Ad dies vitae suae] potestative ac securiter ac quiete obtinere et frui liceat. Chron. Laurisham., a. 895, *SS.*, XXI p. 381. Ut hoc potestative utatur usu fructuario usque ad obitum suum. *D. Ludwigs d. Kind.*, no. 40 (a. 905). Liceat vobis potestative in [h]is omnibus rebus ... habere, tenere. GADDONI, *Chart. Imol.*, p. 9 (a. 1017). Cum leges dicant irritam esse diffinitionem factam ab expoliato, nisi prius potestative revestiatur. *Hist. de Lang.*[3], V no. 461 col. 863 (ca. a. 1119). **4.** *de plein droit — lawfully.* [Rex] cum manu sua potestative res predictas ad episcopatum contradidit atque cum ipsa manu similiter potestative ab episcopis monasterium abstulit. RATPERT., Cas. s. Galli, c. 8, *SS.*, II p. 69. Curtem nostram ... potestative in proprietatem concessimus. *D. Ludwigs d. Kind.*, no. 64 (a. 908). Reservavit ... a parte [i.e. ad partem] monasterii accessi[onem] ... ad puteum ... potestative aqua[m] oriendi [i.e. hauriendi]. *CD. Langob.*, no. 502 col. 863 B (a. 923, Milano). Licentiam habeant potestative negociandi per jam dictum lacum. TORELLI, *Reg. Mantovano*, I p. 35 (a. 1014).



**potestativus:** **1.** **ayant autorité, investi du pouvoir — being in power.* Loc. sub potestativa manu: sous le règne de — in the reign of. Notavi diem Martis IV non. Octob. sub potestativa manu Hludowici regis et pueri. WARTMANN, *UB. S.-Gallen*, II no. 727 p. 330 (a. 903). **2.** *juridiquement capable — entitled to dispose.* Ita fieri a potestativis viris ad istam sedem definitum est. Breves notit. Juvav. (ca. a. 790), c. 7, HAUTHALER, *Salzb. UB.*, I p. 26. R. non fuisset potestativus in monasterio s. Bartholomei de re sua ullo modo facere [i.e. donare]. MANARESI, *Placiti*, I no. 19 p. 64 (a. 806, Pistoia). **3.** loc. manu potestativa, jure potestativo: en disposant de plein droit, en conférant la saisine — by livery of seisin. Ipsas res manu potestativa ad ipsam casam s. Dionisii condonasset. *D. Arnulfing.*, no. 18 p. 105 (a. 747). Monasteriolum manu potestative [leg. potestativa] nobis tradidit. *D. Karolin.*, I no. 106 (a. 775). Tradiderunt per manum potestativam ... ad partem s. Petri. ZEUSS, *Trad. Wizenb.*, no. 24 p. 30 (a. 798). Tradidi Zeizolfo manu potestativa 4 mancipia ... ut ea tradidissed ad s. Petrum in elemosina mea. Ib., no. 168 p. 156 (a. 819). Traditionem quam ego spontanea voluntate manuque potestativa fieri decrevi. F. Augiens., coll. A no. 14, *Form.*, p. 345. Manu potestativa [res] ad reliquias s. Salvatoris tradidit. *D. Ludwigs d. Deutsch.*, no. 34 (a. 844). Ejusdem heremi jus hereditarium illi potestativa manu concesserunt. RATPERT., Cas. s. Galli, c. 1, *SS.*, II p. 62. Partem patrimonii ... sua manu potestativa ad ecclesiam ... tradidit. OPPERMANN, *Fontes Egmund.*, p. 61 (s. ix). Res quas potestativo jure tradidit ad ipsum monasterium. ZAHN, *CD. Austr.*, I p. 31 (a. 802). [Rex] Treverensi sedi ... quandam abbatiam potestativo jure contradidit. *D. Zwentibolds*, no. 21 (a. 898). **4.** *qui est saisi d'une chose — having full seisin.* Potestativos et dominos eos inde [sc. de quodam castro] faciant. ROSELL, *Lib. feud. maj.*, no. 433 (a. 1049). Ibi pluries talia. Potestativum eum faciat ... de prescriptum castrum. ... Et si est omo aut homines ... qui tollant potestatem ad predictum P. ... de predictum castrum, tantum adjuvet ... usquequo fiat potestativus. ALART, *Cart. Roussillonnais*, no. 56 p. 83 (ca. a. 1074 ?). Loc. manu potestativa, jure potestativo: en pleine possession — in full seisin. Neque servum domni imperatoris neque terminum neque terram nihilque quod jure potestativo permaneat. Capit. miss. gener. a. 802, c. 4, I p. 92. Sibi modo a nobis concessas res potestativa manu habeat, teneat atque possideat. *D. Zwentibolds*, no. 8 (a. 896). Subst. neutr. **potestativum:** **1.** *seigneurie — seigniory.* Damus ... totum allodium et totum potestativum de villa nostra dominicata q. d. T. *Hist. de Lang.*[3], V pr. no. 67 col. 174 (a. 936). Similia ib., no. 77 p. 191 (a. 942), ubi synon.: totum alodium et totam potestatem. **2.** *alleu par opposition au fief — full ownership.* Dicebat [vicecomes Narbonensis] tenere se capitolium et quaedam alia ad fevum; justitias vero et balhias et forcias ... per potestativum. DC.-F., VI p. 441 col. 1 (ch. a. 1066).

**poticium:** *breuvage médicinal — potion.* HEPIDANN., V. Wiboradae, lib. 2 c. 14 (ubi perperam: potirium), *AASS.*[3], Maji I p. 312 D. CONRAD. DE FABARIA, Cas. s. Galli, c. 22, *SS.*, II p. 183.

**potio:** *vin épicé — spiced wine.* De vino optimo modios quatuor et de potione optima quinque. G. Aldrici, c. 31, MIGNE, t. 115 col. 63 A. BELGRANO, *Reg. Januae*, p. 26 (a. 987).

**potionare:** *empoisonner — to poison.* Mortuus est ... ut fertur ... potionatus. LEO OST., Chron. Casin., lib. 2 c. 24, *SS.*, VII p. 643.

**potrus:** *cep de vigne — vine.* [Debet], cum potri creverint, vites mundare. Acta Murensia, c. 30, ed. KIEM, p. 92.

**pottarius:** *potier — potter.* S. xii.

**potura,** putura; *pourboire — drink-money.* S. xiii.

**1. potus,** pottus (decl. i) (celt.): *pot — pot.* FORTUN., V. Radegundis, lib. 1 c. 19, *SRM.*, II p. 370.

**2. potus** (decl. iv): *vin épicé — spiced wine.* Aliquantulum ipsi aquae quam bibiturus erat de potu admiscebat. RIMBERT., V. Anskarii, c. 35, ed. WAITZ, p. 67.

**pougesia,** v. pogesa.

**poulaina,** poulainia, pouleana, v. polana.

**practicare:** *exercer comme médecin ou comme jurisconsulte — to practise* either as a doctor or as a lawyer. S. xiii.

**practicus** (adj.): *pratique, effectif — practical, actual.* S. xiii.

**pradellum,** pradelum = pratellum.

**pradum** = pratum.

**praëgium,** v. pratagium.

**pragmatice:** *selon le droit séculier — by secular law.* Abbatissa ... jura et constitutiones sibi ... pragmatice et canonice contraditas ... possideat. D. Loth. imp. a. 846, *Hist. de Fr.*, VIII p. 383.

**pragmaticus:** **relatif aux affaires civiles — concerning matters of civil law.* Per hoc nostri precepti atque pragmatici scripti paginam. *D. Ottos III.*, no. 400 (a. 1001). Per pragmaticam regis Childerici constitutionem. D. Loth. imp. (< a. 845 >, spur. s. xi in., WIEGAND, *UB. Strassburg*, I no. 25 p. 20. Subst. neutr. **pragmaticum:** **1.** **rescrit impérial — imperial rescript.* **2.** *diplôme royal — royal charter.* Rex ... per suum pracmaticum postulata firmavit. PAUL. DIAC., Hist. Langob., lib. 2 c. 12. Nostrae defensionis et emunitatis ... pragmaticum fieri juberemus. *D. Karls III.*, no. 47 (a. 882). *D. Berengario I.*, no. 31 p. 95 (a. 900). *D. Ottos I.*, no. 405 (a. 971). Ut ... illum possiderent locum per suum firmavit pragmaticum. AIMOIN. FLORIAC., G. reg. Fr., lib. 1 c. 17, *H. de Fr.*, III p. 40 C.

**prandere,** aliquem: *donner à manger — to give to eat.* Pauperi [i.e. pauperes] prandere dibeas. SCHIAPARELLI, *CD. Longob.*, II no. 194 p. 186 (a. 765, Lucca).

**prandeum,** v. brandeum.
**prandium:** *droit de pât — compulsory catering.* Nullus episcopus servitutis usum requirere aut prandia praesumat. *CD. Cav.*, II no. 347 p. 178 (a. 982). In terris s. Medardi ubicumque vellet prandium sibi preparari faceret. *Actes Phil. Ier*, no. 27 p. 81 (a. 1066). Prandium quod accipere cum suis solitus est hominibus. Ib., no. 56 p. 150 (a. 1071).
**prasinus,** prassinus, prasius (adj.) (class. "vert — green"): *d'émeraude — of emerald.* Timiamaterium aureum cum gemmis prasinis. Lib. pontif., ed. MOMMSEN, p. 78. Vas preciosissimum de lapide prasio. SUGER., De admin., c. 34, LECOY, p. 207. Subst. **prasinum,** prasium, -us, -a: **1.** **émeraude de couleur verte foncée — dark-green emerald.* **2.** *matière colorante verte — green dye-stuff.* FROTHAR., epist. 24, *Epp.*, V p. 293.
**pratagium,** praëgium: *paiement pour rachat d'une corvée de fauchage — money paid to redeem a mowing service.* S. xiii.
**prataricius** (adj.): *de fauchage — for mowing.* Falces prataricias. *CD. Langob.*, no. 422 col. 731 A (a. 907, Nonantola). Subst. **prataricia,** -ter-: *fenaison — hay-time.* [Faciunt] in prastericia falcem 1. Polypt. s. Remigii Rem., c. 11 § 2, ed. GUÉRARD, p. 21 col. 2.
**pratarius** (adj.): *de fauchage — for mowing.* Falces pratarias. CIPOLLA, *CD. Bobbio*, p. 260 (s. ix/x). Subst. femin. **prataria,** prateria, praëria, praieria, praria: *prairie — meadow.* FÉLIBIEN, *S.-Denis*, p. L (ch. a. 832).
**pratellum,** praëll-, -us, -a, pratale, pradale: *préau — small meadow.* ZEUSS, *Trad. Wizenb.*, no. 127 p. 123 (a. 819). DONIOL, *Cart. de Brioude*, no. 127 p. 143 (a. 821). Notit. s. Petri Gandav. a. 819, ed. GYSSELING-KOCH, p. 285. Concil. Paris. a. 829, *Conc.*, II p. 646.
**prativus,** pradivus: *aménagé en pré — used as a meadow.* MANARESI, *Placiti*, I no. 60 p. 219 (a. 856, Brescia).
**praxeria,** v. paxeria.
**praeambulus** (adj.): **1.** **qui marche en avant — walking in front.* **2.** *antérieur, précédent, préalable — foregoing, previous.* S. xiii. Subst. mascul. **praeambulus: 1.** *avant-coureur — forerunner.* S. xii. **2.** *guide — guide.* S. xiii.
**praebenda,** prevenda, provenda (femin.) (class. neutr. plural. praebenda "annone militaire — military allowance"): **1.** *annone militaire — military allowance.* CASSIOD., Var., lib. 3 epist. 42 § 3, *Auct. ant.*, XII p. 100; lib. 5 epist. 39 § 12, p. 165. **2.** *distribution quotidienne d'aliments — daily allowance of food.* [Pauperes 16] quos ego de ipsa prebenda pavi, dum advivent de ipso cellario consuetudinario [i.e. -um] [victum et vestitum accipiant]. Test. Adalgiseli-Grimonis a. 634, LEVISON, *Frühzeit*, p. 130. [Fiscalinus qui mansum] non habuerit, de dominica accipiat provendam. Capit. de villis, c. 50. Excepto provenda sua ... consolatio danda est. Adalhardi Corbej. stat., pt. 1 c. 2, ed. LEVILLAIN, p. 353. Dentur ad praebendam famulorum [abbati] servientium de sigale modia 900. Constit. de partit. s. Dion. a. 832, *Conc.*, II p. 690. Ad cellam Ratpoti locum et prebendam quasi unus monachus juxta facultates loci illius habeat tempus vite sue. WARTMANN, *UB. S.-Gallen*, I no. 406 (a. 849). Cum duabus servilibus praebendis et una monachica michimet ipsi praebenda. GLÖCKNER, *Cod. Laur esham.*, I no. 53 p. 98 (s. ix ex.). Centum clericis pauperibus praebendam panis, piscis et vini concedebat. HELGALD., V. Roberti, c. 21, *H. de Fr.*, X p. 109 B. Ultra prebendam sibi nil tulit ille statutam. Ruodlieb, fragm. 6 v. 99. Quicquid habuerunt in terra et silva tradiderunt b. Amando propter prebendam ipsius habendam. DUVIVIER, *Actes*, I p. 34 (a. 1061). Sancte congregationis fraternitas ac societas et due prebende, una michi, altera filio meo ... darentur. WAMPACH, *Echternach*, I pt. 2 no. 198 p. 326 (a. 1096). **3.** *fourniture occasionnelle d'aliments — occasional allowance of food.* Mittamus unum hominem ad opus cum sua provenda. WARTMANN, I no. 113 (a. 787). Quando ... ad monasterium nostrum venires, tibi provendam dare faciamus. GYSSELING-KOCH, *Dipl. Belg.*, no. 50 (a. 830, Gand). Arat omni ebdomada in corvada diem 1; accipit prevend. in omni corvada panes 2, cervisa sextarios 2. Urbar. Prum. a. 893, c. 46, BEYER, *UB. Mittelrh.*, I p. 171. **4.** *cadeau — gift, present.* Ut vidit tam parvum donum [sc. vas argenteum], dixit: Tam parva prebenda .. Mir. Austregisili, c. 6, *SRM.*, IV p. 203. **5.** spec.: *distribution quotidienne d'aliments à une communauté religieuse — daily allowance of food to a religious community.* Annis singulis jejuniorum tempore ... extra eorumdem fratrum prebendam habeant unde reficiantur. *D. Arnulfs*, no. 24 (a. 888). Trium prebendarum ejusdem mensurae et qualitatis qualem illae sorores solent accipere. *D. Konrads II.*, no. 139 (a. 1029). Episcopus et sui successores in loco A. clericos seculares ad Dei servitium pascant et sustentent regulari prebenda. *D. Heinrichs III.*, no. 230 (a. 1049). Praebendam fratrum ... pane, vino ... ex vili optimam reddidit. ANSELM. LEOD., c. 46, *SS.*, VII p. 217 l. 34. Quinque mansos prepositus ... habeat et exinde prebendam plenam cum omni penso quod canonice debetur ... persolvat. *D. Heinrichs IV.*, no. 138 (a. 1064). Cum sepe aut negligentia ministrorum aut occasione aliqua magistrorum intermitteretur fratrum prebenda. COSMAS, lib. 2 c. 26, ed. BRETHOLZ, p. 119. Prebendas religiosorum virorum sine gravamine thelonei deferri permittas. *Const.*, I no. 125 (a. 1149). **6.** *distribution occasionnelle d'aliments à une communauté religieuse — occasional allowance of food to a religious community.* Post actum ... officium ... reficiant [i.e. reficiantur] de prebenda, quae eis ad predicta officia peragenda ... a prefixo Aldrico dare [i.e. dari] de villa B. decretum est. G. Aldrici, c. 23, *SS.*, XV p. 318. **7.** *une communauté religieuse* considérée du point de vue de l'alimentation communautaire — *a religious community* as viewed from the standpoint of common food supply. Recipiant [monachi] in sua prebenda quendam fratrem nomine I. BERNARD-BRUEL, *Ch. de Cluny*, I no. 449 (a. 936). In eorum [sc. canonicorum Magdeburgensium] prebendam et perpetuam orationem suscepti sumus. *D. Heinrichs II.*, no. 224 (a. 1010). **8.** *livraison quotidienne d'aliments à un seul ecclésiastique — daily food allowance for a single ecclesiastic.* Petiit



locum sibi dari in quadam civitate ... sibique cum suis duobus clericis tantummodo postulavit dari prebendam. G. Aldrici laud., p. 308. Conceditur Odalrico abbatia s. Timothei cum praebenda canonica. FLODOARD., Ann., a. 928, ed. LAUER, p. 42. Cf. id., Hist. Rem., lib. 4 c. 22, *SS.*, XIII p. 579 l. 35: Concessa eidem presuli abbatia s. Thimothei cum unius tantum prebenda clerici. Perenniter ... unus presbyter talem praebendam ut quisque fratrum in eodem monasterio Deo famulantium ordinatus accipiat. *D. Ottos II.*, no. 147 (a. 977). Ei cotidie una cotidiana prebenda unius sanctimonialis in loco supradicto deservientis detur. ERHARD, *Reg. Westfal.*, I, CD. no. 75 p. 57 (ca. a. 1000). Capellam ... cenobio destinavi et inde prebendam michi jure fraterno emi, que post obitum meum dispensetur sicut precepero anime saluti. BEYER, o.c., I no. 292 (a. 1017). Perpetualiter habendam donaverim ecclesie [i.e. monasterio] F. unam de meis elemosinariis prebendis. VERCAUTEREN, *Actes de Flandre*, no. 83 (a. 1117). Prebendas munificentia regum in B., que ferax est frumenti, constitutas. SUGER., V. Lud. Gr., c. 19, ed. WAQUET, p. 134. **9.** *prébende, bénéfice,* en part. canonicat — *prebend, benefice,* esp. a canonry. Si quis [canonicus] haec statuta contempserit, utrisque careat, id est et beneficio et praebenda. Addit. III ad BENED. LEV., c. 112, *LL.*, II pt. 2 p. 145. Nullus abbas ... ordinandis eorum [sc. monachorum] rebus se intermittat, scilicet vel ministeriales ... mutare vel prebendas dare. *D. Charles le Chauve*, no. 431 (a. 877; an verax ?). Dono primam prevendam que exierit in locum episcopatus s. Petri. TARDIF, *Cartons*, no. 245 p. 154 col. 2 (a. 1004, Nantes). Domnus episcopus de dono prebendarum tertiam semper habeat. GYSSELING-KOCH, *Dipl. Belg.*, no. 155bis (a. 1046, Cambrai). Si quis ... aliquod ecclesiasticum ministerium vel etiam ipsam praebendam, quae canonica dicitur, ordinare aut dare voluerit. Concil. Turon. a. 1060, c. 2, MANSI, t. 19 col. 926 A. Ut nemo episcopatum, abbatiam, archidiaconatum, archipresbyteratum, praebendam vel alios ecclesiasticos honores vel in duabus ecclesiis praelationes exerceat, nisi in una tantum. Concil. Pictav. a. 1078, c. 2, ib., t. 20 col. 498 C. Si quis praebendas ... vendiderit. Concil. Roman. V a. 1078, c. 3, ib., col. 509 D. Easdem canonicas vel prebendas retinendi licentiam ... interdicimus. Gregor. VII registr., lib. 5 no. 1, ed. CASPAR, p. 349. Praebendas ... quae canonicatus dicuntur. Concil. Melfit. a. 1089, c. 1, MANSI, t. 20 col. 722 E. Ut nulli clericorum liceat deinceps in duabus civitatibus duas praebendas obtinere. Concil. Claromont. a. 1095, c. 12, ib., col. 817 D. Duas prebendas darem duobus filiis suis [sc. comitis] in ecclesia s. Lamberti. BORMANS-SCHOOLMEESTERS, *Cart. de Liège*, I no. 29 (a. 1096). **10.** *prébende de moniale ou de chanoinesse — a nun's or canoness's prebend.* [Predia] ad 24 prebendas sanctimonialium et sustentationem sex presbyterorum ... dari jusserunt. ERHARD, o.c., no. 182 p. 144 (a. 1118). **11.** *l'ensemble des biens qui servent à nourrir une communauté religieuse, la "mensa conventualis" — the body of estates affected to the sustenance of a religious community.* Adjacentia loca quae ad illorum [monachorum] praebendam pertinere videntur. *D. Karls III.*, no. 101 (a. 884). Omnes res canonicis ... ad suam praebendam concessas. *D. Arnulfs*, no. 113 (a. 893). Congregationi monachorum aliquid ad suam prebendam concederemus. *D. Zwentibolds*, no. 3 (a. 895). Quod [monachi] ab antecessoribus nostris ad eorum provendam habuerunt. Ib., no. 5 (a. 895). Praebenda eorum omnino annullata et subtracta habebatur. *D. Charles le Simple*, no. 7 (a. 896). Quedam loca ad ipsum monasterium pertinentia ... fratribus ipsius monasterii ad prebendam illorum ... concederemus. *D. Ludw. d. Kindes*, no. 35 (a. 904). [Praedium] ad servitium fratrum revertatur ad provendam illorum. Ib., no. 54 (a. 907). Res illius coenobii ad praebendam et nutrimentum eorum pertinentes. *D. Konrads I.*, no. 17 (a. 913). Omnia ... quae ad illorum [sc. monialium] pertinebant provendam. ESCHER-SCHWEIZER, *UB. Zürich*, I no. 188 p. 79 (a. 924). Castellum ... ad suorum prebendam monachorum donamus. *D. Ottos I.*, no. 346 (a. 967). Accepit de rebus s. Emmerammi et de prebenda eorundem fratrum locum unum. WIDEMANN, *Trad. S.-Emmeram*, no. 207 p. 187 (a. 975-980). Universas ecclesias in tota abbatia consistentes, vel que ex prebenda vel que ex beneficio inveniri possunt. *D. Charles le Chauve*, no. 475 (< a. 858 > spur. s. x ex., Montier-en-Der). **12.** *les biens affectés à l'entretien du prêtre qui dessert une église — estates affected to the sustenance of a priest in charge of a church, glebe.* Ille decanus habet bunaria 4½ ad prebendam. Polypt. Sithiense (a. 844-864), GYSSELING-KOCH, o.c., no. 34 p. 62. Dedit ecclesiam G. cum praebenda et tribus mansis. Priv. Joh. XII pap. a. 963, DUVIVIER, *Hainaut*, no. 25 p. 343. Persona de prebenda sua sacerdotali ... dimisit ... 7 jugera terre. MULLER-BOUMAN, *OB. Utrecht*, I no. 354 p. 326 (a. 1135). Cf. U. STUTZ, *Lehen und Pfründe*, *ZSSRG.*, Germ. Abt., t. 20 (1899). E. LESNE, *"Prebenda". Le sens primitif du terme prébende. Mél. Paul Fournier*, 1929, pp. 443-453. Id., *Les origines de la prébende. RHDFE.*, t. 8 (1929), pp. 242-290. **13.** *fourrage — provender, fodder.* De annona ... praebendam equo suo impendere. FULCHER. CARNOT., lib. 1 c. 22, ed. HAGENMEYER, p. 252.
**praebendalis:** *relatif à une prébende ou des prébendes — relating to a prebend or prebends.* Beneficium prebendalis stipendii. MULLER-BOUMAN, *OB. Utrecht*, I no. 290 p. 268 (a. 1118). Litem ... inter canonicos suumque prepositum ... de prebendali dispositione habitam. ERHARD, *Reg. Westfal.*, I, CD. no. 188b p. 147 (a. 1121).
**praebendare, 1.** alicui vel aliquem: *accorder une prébende à* qq'un — *to grant a prebend to* a person. S. xiii. **2.** equum: *affourrager — to give fodder to* a horse. S. xiii.
**praebendaricius,** provend-: *usité pour les rations — used for food allowances.* Panes. Adalhardi Corbej. stat., pt. 2 c. 1, ed. LEVILLAIN, p. 361.
**praebendarius** (adj.): **1.** (de personnes) *qui reçoit l'entretien dans la maisonnée du maître* et qui est astreint à des services quotidiens — (of persons) *getting sustenance in the lord's household* and owing daily service. Seipsum

pretio 5 den. singulis annis super altare s. Petri delegavit ea lege ut, si eundem censum tribus annis persolvere neglexerit et in quarto per totum non emendaverit, prebendarius servus in perpetuum illuc mancipetur. Trad. s. Petri Juvav., no. 9 (a. 987-1025), HAUTHALER, *Salzb. UB.*, I p. 258. Sciat se sine dubio fratribus prefato altari servientibus sub cottidianum servicium cogi . . . Prebendaria ancilla sit fratrum. Ib., no. 109 (a. 1090-1104), p. 303. Proprium suum servum . . . super altare s. Petri . . . ut sit eis [monachis] prebendarius servus legavit. Ib., no. 188 (a. 1125-1147), p. 349. **2.** praebendarium servitium: service quotidien dans la maisonnée du maître — daily service in the lord's household. Si [per] duos annos [censum] neglexerint et in tertio non emendaverint, prebendario servitio monachorum subjaceant. Ib., no. 78 (ca. a. 1090), p. 290. **3.** (de denrées) *qui est distribué aux membres d'une communauté religieuse* — (of food) *dispensed to members of a religious community*. Carnes prebendarie. ERHARD, *Reg. Westfal.*, I, CD. no. 165 p. 129 (a. 1090). **4.** *relatif aux prébendes — relating to prebends.* [Res] predictis coenobitis in usum prebendarium concessimus. *D. Ottos I.*, no. 179 (< a. 956 >, spur. s. xi). Hoc [predium] . . . ipsis [monachis] in prebendarium usum . . . cessurum . . . contraderet. Trad. s. Petri Juvav., no. 311 (ante a. 1151), p. 421. Quasdam proprietates . . . jure quidem prebendarias, sed . . . injuste beneficiarias. *D. Ottos II.*, no. 57 (< a. 973 >, spur. s. xii). Subst. mascul.

**praebendarius,** provendarius, bervendarius: **1.** *un dépendant qui reçoit l'entretien dans la maisonnée du maître* et qui est astreint à des services quotidiens — *a dependant who gets sustenance in his lord's household* and who owes daily service. Quod ad provendarios . . . dare debent . . . pleniter donent. Capit. de villis, c. 31. [Molendinarius] dedit prebendariis modios 240. Brev. ex., c. 25, *Capit.*, I p. 254. Hec mancipia sunt bervendarii, id est . . . WIDEMANN, *Trad. S.-Emmeram*, no. 17 p. 21 (a. 820-821). Isti sunt provendarii, qui omni tempore aequaliter et pleniter in nostris diebus esse debent. Adalh. Corbej. stat., ed. LEVILLAIN, p. 351. Intra monasterium per diversas officinas habet prebendarios 95, et de hortis veniunt libre 20 si eis prebende dantur. Polypt. Sithiense (a. 844-864), GYSSELING-KOCH, *Dipl. Belg.*, no. 34 p. 64. Urbar. Prum. a. 893, c. 1, BEYER, *UB. Mittelrh.*, I p. 146; rursum c. 43, p. 165. Prebendarii infra curte masculos majores 11, feminas 11, infantes 14. Polypt. Brixiense (s. x in.), *CD. Langob.*, no. 419 col. 706 C. Universae familiae praebendariis, id est 170 viris, pura de spelta dederat grana. EKKEHARD., Cas. s. Galli, c. 16, *SS.*, II p. 142 l. 44. Neque famuli fratrum infra claustrum servientes neque prebendarii singulorum. *D. Heinrichs III.*, no. 368 (a. 1056). Nec praebendarii episcopi . . . nec praebendarii clericorum vel militum episcopi. WAITZ, *Urk. dt. Vfg.*, no. 2 c. 5 (a. 1069, Toul). Servientes qui prebendarii sunt et qui fratribus infra claustrum serviunt sive in ipso loco vel in cellulis illuc pertinentibus. *D. Heinrichs III.*, no. 372 B (< a. 1056 >, spur. ca. a. 1116, Trier). Prebendarii sive mansionarii fratrum circa monasterium infra miliare unum e vicino manentes. D. Heinr. V imp. a. 1116, BEYER, I no. 434 p. 496. Quedam vidua . . . tradidit servum suum . . . ad altare s. Petri, ut sit prebendarius fratrum Deo inibi servientium. Trad. s. Petri Juvav., no. 241 (a. 1125-1147), p. 379. Quidam . . . 60 fere mancipia . . . ad altare s. Petri tradidit, ut scilicet, cum sint cottidiani fratrum prebendarii, duobus tamen in ebdomada diebus libertate fruantur. Ib., no. 281 (a. 1125-1147), p. 401. **2.** *pauvre qui est soutenu d'une manière continuelle par une église — a poor man receiving permanently a dole from a church.* Depulsus ab honore et ab omni hereditate sua, prebendarius apud Magdeburg vitam finivit mala morte. Schol. 31 ad ADAM BREM., ed. SCHMEIDLER, p. 104. **3.** *prébendier, chanoine — prebendary, canon.* Cuidam fideli nostro Basiliensis ecclesie prebendario atque preposito. *D. Heinrichs II.*, no. 117 (a. 1006). Villa . . . erat de episcopatu Bavenbergensi pertinens ad prebendarios s. Georgii. *D. Heinrichs III.*, no. 208[a] (a. 1042). Praebendarium pro hoc beneficio in memoriam nostri debite illis interesse. Ch. a. 1048, Normandie, ap. HARIULF., Chron., lib. 4 c. 19, ed. LOT, p. 224. Canonicus aut praebendarius, nisi unius tantum aecclesie in qua conscriptus est, esse non debet. Concil. Placent. a. 1095, c. 15, *Const.*, I no. 393. De redditibus proprietatis sue, canonicalis ordinis personas probatas decem eligens, ad divinum servitium prebendarios in aeternum deputavit. G. pontif. Autissiod., c. 49 (s. xi), ed. DURU, p. 391. Donum prebendariorum. ROUSSEAU, *Actes de Namur*, no. 16 (a. 1163). Sacerdos et prebendarius ejusdem [Epternacensis] ecclesie. WAMPACH, *Echternach*, I pt. 2 no. 209 p. 350 (a. 1166). Subst. femin. **praebendaria:** *femme pauvre qui est soutenue d'une manière continuelle par une église — a poor woman receiving permanently a dole from a church.* Mir. Marculfi (s. xii in.), c. 12, MABILLON, *Acta*, IV pt. 2 p. 522. V. Mathildis Oethilstet. (s. xii ex.), *AASS.*[3], Maji VII p. 443 F. Subst neutr. **praebendarium:** *mesure de capacité utilisée pour les distributions monastiques — measure of capacity for dispensing food in a monastery.* S. xii.

**praebendatus** (subst.): *prébendier — prebendary.* S. xiii.

**praebendula:** *prébende modeste — a minor prebend.* Alicui prebendulam vendidisset canonicam. GALBERT., c. 13, ed. PIRENNE, p. 23. Mir. Auctoris (s. xii in.), *AASS.*, Aug. IV p. 50 A.

**precamen:** *prière — prayer.* Ad Deum . . . precamina dirigit. *D. Zwentibolds*, no. 2 (a. 895).

**praecanere:** *prédire, prophétiser — to predict, prophesy.

**praecantare:** *enchanter — to bewitch.

**praecantator:** *enchanteur, magicien — enchanter, magician.

**praecapere:** *s'approprier — to appropriate.* Extra dimittens . . . extraneas inquisitiones, quicquid precaptum fuisset. WIDEMANN, *Trad. S.-Emmeram*, no. 40 p. 46 (a. 863/864).

**precari** et precare, **1.** aliquid: *obtenir en faisant la quête — to get by begging.* Quicumque in itinere pergit . . . nulla super suum pare[m] praendat, nisi emere aut praecare potuerit. Capit. Aquit. a. 768, c. 6, I p. 43. **2.** aliquid: *recevoir à titre de précaire — to obtain by a precarial grant.* Si aliquis rem alterius precaverit. MARCULF., lib. 2 no. 41, inscr., *Form.*, p. 100. Ibidem in ipsas fines precamur mansos duos . . . michi F. et uxori mee B. . . . sub usufructuario ordine nobis beneficiare deberetis. D'HERBOMEZ, *Cart. de Gorze*, no. 51 p. 91 (a. 848). Precavi ad te, L. episcopum, de rebus juris proprietatis s. vestri episcopii . . . ut tu mihi seu et ad filios vel nepotes meos . . . de vestro episcopio nobis concessisti. UGHELLI, I pt. 1 col. 390 (ch. a. 940, Teramo). **3.** officium: *dire* la Messe — *to say* Mass. In ipsa festivitate ividem ipse presbiter officium et missa[m] precare debeat. SCHIAPARELLI, *CD. Longob.*, II no. 181 p. 156 (a. 764, Lucca).

**precariare:** **1.** *concéder en précaire — to grant by precarial contract.* Habeant potestatem possidendi, commutandi, colendi, precariandi. *D. Heinrichs II.*, no. 118 (a. 1006). Item *D. Konrads II.*, no. 221 (a. 1035); *D. Heinrichs IV.*, no. 379 (a. 1086). **2.** *obtenir en précaire — to obtain in precarial tenure.* Predium . . . quod antecessores mei ab quadam matrona . . . precariando acquisierant. ERHARD, *Reg. Westfal.*, I, CD. no. 147 p. 115 (a. 1052-1055). **3.** *faire donation d'un bien sous réserve de concession en précaire — to donate on condition of regrant in precarial tenure.* Omne patrimonium quod in H. ad se pertinuit cum omni utilitate huc [i.e. ad hoc monasterium] precariavit. Chron. Gozec., lib. 1 c. 18, *SS.*, X p. 147.

**precarius** (adj.): **1.** *à titre de précaire — by way of a precarial grant.* Que in dominio alieno contulerant, jure precario reposcentes . . . in suo denuo dominio possidenda recipiant. Lex Visigot., lib. 2 tit. 1 c. 6. Mihi jure praecario ad excolendum terras dare. F. Visigot., no. 36, *Form.*, p. 591. Res . . . quas R. jure precario possidet. *D. Charles le Chauve*, no. 92 (a. 847). Nullo unquam tempore . . . divellendum nec beneficiario neque precario jure distrahendum. Synod. Vermer. a. 853, c. 2, *Capit.*, II p. 423. Abbas precario more quibusdam episcopis villam dedit. *D. Karls III.*, no. 143 (a. 886). Precario more, jure beneficii prefatas res expetistis et accepistis. DUVIVIER, *Actes*, I p. 20 (a. 906, S.-Amand). Quoddam predium s. Maximini . . . in precarium ius mihi . . . impetrare studui. WAMPACH, *UB. Luxemb.*, I no. 141[b] p. 160 (a. 909). Offerentes Deo et s. Martino more precario res quasdam ipsorum proprias. DUVIVIER, *Hainaut*, no. 20 p. 329 (a. 909). Non ignorent . . . precariam legem que effecta est. Trad. Tegerns., ap. *D. Heinrichs II*, no. 230[bis] p. 419 (a. 1011). Proprietates quas ipse jure precario acquisivit. Ib., no. 358 (a. 1016). In jus . . . antistitis . . . lege precaria refunderetur. *D. Kunigund*, no. 2 (a. 1025). Sens modifié: concession viagère d'une rente assise sur certains biens et sources de revenus, en échange d'une concession de biens en propriété — altered meaning: grant of a life annuity created on definite estates in return for a donation in full ownership. Sub precaria condicione. BODE, *UB. Goslar*, I no. 110 (ca. a. 1069). **2.** (d'un document) *relatif à un contrat de précaire* — (of a document) *concerning a precarial grant.* Epistola. Lex Visigot., lib. 10 tit. 1 c. 12. Karta. *D. Arnulfing.*, no. 10 p. 98 (ca. a. 717). *D. Ludw. d. Kindes*, no. 34 (a. 904). WARTMANN, *UB. S.-Gallen*, III no. 807 p. 25 (a. 960). RIUS, *Cart. de S.-Cugat*, no. 160 (a. 984). **3.** (d'un bien) *qui a été concédé à titre de précaire* — (of an estate) *leased on the basis of a precarial grant.* Cum casis massariciis et aldiariciis seu precariis. DREI, *Carte di Parma*, p. 350 (a. 967). Subst. mascul. **precarius:** *tenancier à titre de précaire — land-tenant holding by precarial grant.* Omnium residentium supra praefatae ecclesiae terram, sive libellariorum sive precariorum. *D. Ottos I.*, no. 239 (a. 962). Servis, ancillis, aldionis et aldiabus, libellariis, chartulariis, precariis et praestariis. Ib., no. 357 (a. 968). RIUS, *Cart. de S.-Cugat*, no. 312 (a. 996). Subst. femin. **precaria,** rarius neutr. **precarium** (le problème de la relation qui existe entre le "precarium" romain et la "precaria" médiévale reste controversé — no agreement exists about the link between the Roman "precarium" and the medieval "precaria"): **1.** *charte de précaire,* document dont l'auteur déclare avoir présenté une requête au destinataire pour obtenir un bien-fonds en tenure et avoir reçu la concession de cette tenure comme suite à sa requête — *precarial deed,* a document stating that its author has requested the addressee to grant him a real estate by way of precarious tenure, and that the grant was made in consequence of this request. Pontefex precaria[m] ostendebat ab ipsa fimena [i. e. femina] facta. *D. Merov.*, no. 34 (a. 658). Hanc precaria[m] vobis emittemus. MARCULF., lib. 2 no. 5, *Form.*, p. 78. Contra hanc praecariam aliquam calumniam generare. F. Turon., no. 7, p. 139. Genitor noster praecariam vobis fecit, quam nos renovamus et signantes firmamus. F. Bituric., no. 2, p. 169. Precarias per quinquennium fuerint renovatas. Cart. Senon., no. 15, p. 191. Sub precario et censu aliquam partem ecclesialis pecuniae . . . retineamus . . . Si necessitas cogat . . . precarium renovetur et rescribatur novum. Capit. Liptin. a. 744, c. 2, I p. 28. De precariis: ubi modo sunt, renoventur, et ubi non sunt, scribantur. Capit. Harist. a. 779, c. 13, p. 50. Ipsas res . . . per meam precationem et per hanc precariam ad censo concedere debeatis. *Gall. chr.*[2], XVI instr. col. 5 no. 6 (a. 820, Vienne). Precariam nobis emisistis, ut ipsas res . . . tibi concederemus per nostrum beneficium sub usu fructuario excolere. WAMPACH, *Echternach*, I pt. 2 no. 140 p. 209 (a. 832/833). Precariae secundum antiquam consuetudinem et auctoritatem de quinquennio in quinquennium renoventur. Concil. Meld. a. 845/846, c. 22, *Capit.*, II p. 404. Quedam praecaria nobis ostensa est, in qua continetur qualiter E. quasdam res proprietatis suae ad monasterium G. tradiderat, et accepit econtra [in] praecariam quasdam res . . . *D. Karls III.*, no. 9 (a. 878). Per precaria et offertiones et chartulas donationis. *D. Ottos I.*, no. 357 (a. 968). **2.** le *contrat* même *de précaire,* le nexus juridique par lequel un bien-fonds est concédé en tenure moyennant un cens pour une période déterminée (souvent cinq ans), puis à titre viager ou pour plusieurs

vies (souvent trois générations) — *precarial contract*, by which tenure of real estate is granted in return for a cess during a definite time (often five years), later for a lifetime or for several lives (often three generations). Ipsam curtem per precariam tenuit. *D. Karolin.*, I no. 7 (a. 754). Usum fructuum per precariam ... sit concessa facultas. Capit. Ital. a. 801, c. 1, I p. 205. Cum omnibus quae per precarias aut per beneficia exinde homines retinent. Constit. de partit. s. Dion. a. 832, *Conc.*, II p. 693. Sens modifié: concession viagère d'une rente en échange d'une concession de biens-fonds en propriété sans réserve d'usufruit — altered meaning: grant of a life-annuity in return for a donation in full ownership. WARTMANN, *UB. S.-Gallen*, II no. 506 (a. 865). Cunigunda ... quicquid in pago A. ... possedit, ... ecclesie in P.... tradidit ... ea videlicet ratione ut sibi ... 15 libre in precaria quamdiu viveret concederentur in decimis et mansis. ERHARD, *Reg. Westfal.*, I, CD. no. 87 c. 30 p. 71 (a. 1015). Sibi ad exitum vite sue in precaria sine [leg. sive] servitio 5 libre in decimationibus et 15 in debitis litarum vectigalibus concederentur. Ib., no. 144 p. 114 (a. 1052). **3.** *tenure en précaire — precarial tenure.* Idipsum quod tradidit diebus vitae suae habeat in precariam. Brev. ex., c. 10, *Capit.*, I p. 253. Quicumque ... aliorum res sibi acquisierint et pro ipsis rebus ecclesiae res illis in precaria reddiderunt. Concil. Rem. a. 813, c. 36, *Conc.*, II p. 256. [Res] ad eclesias Dei dedissent, ut in ejus nomine iterum precaria a rectoribus ecclesiarum acciperetur. Concil. Turon. a. 813, c. 51, ib., p. 293. Flaviacum jure precarii ac beneficii teneret. G. abb. Fontan., c. 13 § 1, ed. LOHIER-LAPORTE, p. 94. Accepit de rebus eclesiae in recompensationem traditionis suae in praecariam villam unam. *D. Ludw. d. Deutsch.*, no. 84 (a. 857). Liceat abbati res monasterii, sive etiam sint in precariis traditae, ... possidere. *D. Ludw. d. Jüng.*, no. 7 (a. 877). Non habeant potestatem ipsum xenodochium nemini in emphyteusim, id est precariam, dandi aut concedendi. UGHELLI, VI col. 634 (ch. a. 915-924). **4.** i.q. praestaria: *concession en précaire — — precarial grant.* Quamdiu ... advixero, ipsum monasterium pro precaria s. Petri vel vestra usitare ... debeamus. GYSSELING-KOCH, *Dipl. Belg.*, no. 5 (a. 685, S.-Bertin). Per precaria[m] vel consensum ipsius monachis [i.e. ipsorum monachorum] ... tenere ... debeat. HALKIN-ROLAND, *Ch. de Stavelot*, I no. 17 p. 49 (a. 747). Res ... tradidi ... que mei infantes ... per vestram precariam excolere debeant. BEYER, *UB. Mittelrh.*, I no. 19 p. 24 (a. 765, Prüm). Quicquid per ipsius Fulrado [i.e. Fulradi] praecaria[m] Wido possedere videtur. *D. Karolin.*, I no. 27 (a. 768). De praecariis quae a rectoribus ecclesiarum inrationabiliter fiebant. Capit. Olonn. eccles. I a. 825, c. 10, I p. 327. Has res ... donamus ... pro precaria quam modo de A. villa ab eis accipimus. BERNARD-BRUEL, *Ch. de Cluny*, II no. 1321 p. 397 (a. 972). **5.** i.q. praestaria: *charte de concession en précaire — document concerning a precarial grant.* Precariam per quod [i.e. quam] ipsa A. per beneficium ipsius abbati[s] hoc possidebat, ostendedit religendas [i.e. relegendam]. *D. Merov.*, no. 64 (a. 692). Placuit vobis ut duas precarias ... facte fuissent, et nos unam de manu vestra firmatam reciperemus et vos similiter de nostra. BRUCKNER, *Reg. Alsat.*, no. 125 (a. 735). Precarias anterioris regis nobis obtulerunt ad relegendum. *D. Karolin.*, I no. 7 (a. 754). Res vobis prestaremus ... Nullus hanc precariam, quam nos emisimus, valeat destruere. F. Augiens., coll. B no. 3, *Form.*, p. 349. **6.** *un bien-fonds tenu en précaire — a real estate held by precarial tenure.* I. habet in S. ... precariam 1 unde solvit solidum 1. Polypt. Sith. (a. 844-864), GYSSELING-KOCH, *Dipl. Belg.*, no. 34 p. 59. Refectiones fratrum ... de cellis atque precariis eidem abbatiae pertinentibus vel a catholicis viris in reliquum conferendis ... persolvendas. *D. Charles le Chauve*, II no. 239 p. 40 l. 9 (a. 862; an verax ?). De precaria massarii reddunt granum modii tertio. CIPOLLA, *CD. Bobbio*, p. 261 (s. ix/x). Illam precariam, quam F. per precariam [sensu 2] de rebus s. Mariae ... tenet, tradimus. Ch. a. 937 ap. G. Aldrici, ed. CHARLES-FROGER, p. 90. Cunctas res et proprietates illorum seu libellarias et precarias. *D. Berengario II*, no. 11 p. 327 (a. 958). Quisquis meam precariam habuerit. WARTMANN, o.c., III no. 810 p. 27. **7.** i.q. "precaria remuneratoria": bien-fonds concédé en précaire en sus du bien-fonds qui fait l'objet d'une donation et qui est également concédé en précaire comme "precaria oblata" — real estate granted in precarial tenure over and above the estate donated by the grantee and re-granted as well in precarial tenure. Teneant precariam cum alodo donec illa vixerit. BEYER, no. 186 p. 248 (ca. a. 948). Dum viveret tradicionis atque precariae usu fructus uteretur. ERHARD, *Reg. Westfal.*, I CD. no. 95 p. 76 (a. 1018). Cf. R. WIART, *Essai sur la precaria*, 1894. H. VON VOLTELINI, *Prekarien und Benefizium*, *Vierteljahrschr. f. Soz.- u. Wirtschaftsg.*, t. 16 (1922). E. LEVY, *Vom römischen Precarium zur germanischen Landleihe*, *ZSSRG.*, Rom. Abt., t. 66 (1948), p. 1 sqq. S. PIVANO, *Origine e primi sviluppi del contratto de precaria*, *Riv. di stor. del dir. ital.*, t. 26/27 (1953/1954) pp. 69-77. **8.** *taille* (cf. teuton. *bede*) — *tallage.* Tam in districto quam in precaria et erimannis atque in omni pertinencia. *D. Heinrichs II.*, no. 113 (a. 1006). Neque teloneum neque precariam darent ... ad partem publicam. *D. Konrads II.*, no. 61 (a. 1026). Nullus advocatus licentiam habeat ... precarias facere. FAYEN, *Lib. trad. Blandin.*, p. 108 (a. 1035-1047). In eadem villa nil injuste advocationis deinceps exerceat, precaria ibidem nulla habeat. GYSSELING-KOCH, o.c., no. 116 (a. 1070, Gand). Neque violentas exactiones, quas precarias vocant, aliquando exigat. BEYER, o.c., no. 388 p. 445 (a. 1093). [Cum] semper in tercio anno precariis. *D. Karls III.*, no. 178 (< a. 881 >, spur. s. xii in., Reichenau). [Advocatus] ne injustas exactiones quas precarias vocant aliquando exigat. BEYER, no. 425 p. 487 (ca. a. 1112). Precarias et hospitia et in placitis aliqua legitima se habere abnegavit. BORMANS, *Cart. de Liège*, I no. 32 (a. 1116). Ab omni exactione et precariis liberi permanebunt. ROUSSEAU,



*Actes de Namur*, no. 6 (a. 1151). Possessores domini fundi nullam precariam, nullam hospitationem ... exigere habebant. DESPY, *Ch. de Waulsort*, no. 36 p. 376 (a. 1163). In curiis nostris ... pro aliqua necessitate exactiones et precarias poterimus facere. BEYER, no. 650 p. 707 (a. 1167). **9.** *concours prêté à la requête des cohabitants d'un même village — boon-work, boon-service.* S. xii, Angl.

**precatio: 1.** *supplique — petition.* Suscipienda precatio est quae publicis utilitatibus non repugnat. CASSIOD., Var., lib. 5 epist. 6 § 1, *Auct. ant.*, XII p. 147. **2.** *contrat de précaire — precarial contract.* Per precationem nostram et per vestrum beneficium nos illam rem usuario modo excolendam tenere permittatis. DRONKE, *CD. Fuld.*, no. 93 p. 57 (a. 789). In recompensatione hujus precationis dedimus ... BEYER, *UB. Mittelrh.*, I no. 180 p. 242 (a. 943, Prüm). Hec precatio omni tempore vite sue ... firma permaneat. COURTOIS, *Cart. de Dijon*, no. 40 p. 61 (a. 944). **3.** *taille — tallage.* Judices neque per dolos aut per mala ingenia sive inconvenientes precationes colonos condemnent. GOUSSET, *Actes de Reims*, I p. 259 c. 14 (a. 858).

**precator:** *précariste, celui qui reçoit un bien en précaire — grantee of a precarial grant.* Ego illi [i.e. ille] precator accessi a[d] vobis ut rem ad usu beneficio ad excolendum mihi prestare deberitis. F. Sal. Bignon., no. 21, *Form.*, p. 235. Ista omnia ... vobis, precatores, ... concedimus usualiter ad possidendum. BEYER, *UB. Mittelrh.*, I no. 14 p. 18 (a. 762-804, Prüm). Domno D. abbati ... F. et conjunx sua B. pariter precatores. D'HERBOMEZ, *Cart. de Gorze*, no. 51 p. 90 (a. 848). Item no. 56 p. 99 (a. 856). Nos ... pariter traditores et precatores. GYSSELING-KOCH, *Dipl. Belg.*, no. 38 (a. 867, S.-Bertin).

**precatorius** (adj.): **1.** *relatif à un contrat de précaire — relating to a precarial contract.* Si quis ... contra hanc epistolam praecaturia[m] ista[m] ... venire voluerit. PARDESSUS, II no. 547 p. 360 (a. 730). **2.** *relatif à une requête — relating to a petition.* Precatorias litteras inspiciens. Concil. Franconof. a. 1007, *Const.*, I no. 29 p. 60. Subst. femin. **precatoria** (sc. epistola, charta): *charte de précaire — precarial deed.* Clerici quod etiam sine praecatoriis ... de ecclesiae remuneratione possederint. Concil. Epaon. a. 517, c. 18, *Conc.*, I p. 23. Qui ibidem per beneficium praecaturiae manere videtur. Desid. Cadurc. lib. 2 epist. 18, *Epp.*, III p. 213 (a. 630-655). Quae per precatoriam impetrantur ab ecclesia. Concil. Remense (a. 627-630), c. 1, *Conc.*, I p. 203. Villa H., quem germana mea E. ecclesie Virdunense [i.e. Virdunensi] dedit et ego ipse sub usu fructuario per precatoria possedi. Test. Adalgiseli-Grimonis a. 634, LEVISON, *Frühzeit*, p. 133. Per hanc precaturia[m] ... in vestram eam faciatis dominationem revocare. MARCULF., lib. 2 no. 5, *Form.*, p. 78. Ista precatoria talem obtineat effectum. WAMPACH, *UB. Luxemb.*, I no. 145 p. 169 (a. 915).

**precatum:** *prière — prayer.* Talia emisit precata: C Deus aeterne ... PETR. DIAC. CASIN., V. Aldemarii, c. 7, *AASS.*, Mart. III p. 491 C.

**precatura:** *taille — tallage.* Nullus episcopus, nullus comes ... praesumat ingredi aut ad causas audiendas aut precaturas faciendas. Priv. spur. Steph. IX pap. (s. xi med., Brogne), MIRAEUS, I p. 257. [Advocatus] nullum ibi obsonium, nullam precaturam habebit. MARTÈNE, *Coll.*, IV p. 1167 C (a. 1034, Liège). [Advocati] precaturas, immo rapinas ... faciunt. G. abb. Lobiens., c. 11, *SS.*, XXI p. 315.

**precatus** (decl. iv): **prière à Dieu — prayer.*

**praecellentia.** Praecellentia vestra: titre honorifique — title of honour. D'un patrice ou d'un exarque — of a patricius or an exarch: Lib. diurn., c. 55, ed. SICKEL, p. 45; c. 60, p. 52. D'un roi — of a king: Pauli I pap. epist. (a. 758-763), Cod. Carolin., no. 24, *Epp.*, III p. 529. Hadr. I pap. epist. (a. 775), ib., no. 51, p. 573. Praecellentia nostra. *D. Charles le Chauve*, no. 22 (a. 843 ?). Ibi saepe.

**praecentor:** **chantre — precentor.* ISID., Etym., lib. 7 c. 12 § 27.

**praecentoria,** -uria, -ura: *chantrerie — office of precentor.* Eugen. III pap. priv. a. 1146, PFLUGK-HARTTUNG, I no. 202 p. 185.

**praeceptalis: 1.** *d'un diplôme royal — of a royal charter.* Ab antecessoribus nostris ... per praeceptales cartas concessam. *D. Arnulfs*, no. 105 (a. 892). Curtem ... praeceptali tenore a ... caesare augusto obtinuisse. *D. Ludwigs d. Kindes*, no. 28 (a. 903). Quae antecessores nostri, reges vel imperatores, praeceptali ordine visi sunt illis contulisse. D. Rodulfi reg. Fr. a. 925, *H. de Fr.*, IX p. 567 C. Per hanc nostram preceptalem paginam. *D. Ottos II.*, no. 176 (a. 978). **2.** *concédé par diplôme royal — granted by royal charter.* Ex omnibus rebus praeceptalibus sicut in eorum praeceptis legitur. TORELLI, *Carte Reggiane*, p. 62 (a. 890). Subst. neutr. **praeceptalia:** *biens concédés par diplôme royal — estates granted by royal charter.* Cuncta tua praeceptalia concessa a Widone seu a filio ejus Lamberto imperatoribus. Berengarii I prom. a. 898, *Capit.*, II p. 126.

**praeceptaliter:** *par diplôme royal — by royal charter.* Hanc cortem nostrae preceptaliter fecimus [i.e. donavimus] conjugi. *D. Berengario II*, no. 14 p. 334 (a. 960).

**praeceptare:** *concéder par diplôme royal — to grant by royal charter.* Terram ... quam Hugo et Lotharius reges praeceptaverunt praefato monasterio. MURATORI, *Antiq.*, I col. 965 (a. 1059).

**praeceptarius** (adj.): *d'un diplôme royal — of a royal charter.* Hac nostra preceptaria concessione. D. Lud. II imp. a. 872, FICKER, *Forsch.*, IV p. 19. Omnia ... quocumque, preceptario vel hereditario seu alio quolibet, jure ... imperatrix habet. *D. Berengario I*, no. 22 p. 67 (a. 898). Praeceptaria lege reddentes. *D. Heinrichs II.*, no. 66 (a. 1004). Nostra preceptaria auctoritate liceat. *D. Konrads II.*, no. 264 (a. 1038). Subst. neutr. plural. et femin. singul. **praeceptaria:** *biens concédés par diplôme royal — estates granted by royal charter.* Fideli nostro ... confirmaremus praeceptaria, quam K. imperator ... patri suo concesserat in comitatu F. *D. Guido*, no. 12 p. 33 (a. 891). Confirmamus ... monasterio omnia preceptaria que eidem ... concessa sunt. *D. Ottos II.*, no. 242 (a. 981). Omnem vestrum conquisitum, tam proprietatis [i.e. -tes] quamque et preceptarias

atque livellarias. *D. Ugo*, no. 10 p. 34 (spur. s. xi in.). Cum ... preceptariis, libellariis, cartulariis ... *D. Heinrichs II.*, no. 475 (a. 1022). Monasterium ... cum curtis et preceptariis et tenimentis seu et masaritiis. *D. Konrads II.*, no. 257 (a. 1038). Subst. neutr. singul. **praeceptarium:** *diplôme royal — royal charter*. Per preceptaria seu per quascumque scripciones et monimina cartarum. *D. Ottos II.*, no. 263 (a. 981).

**praeceptio: 1.** **injonction, ordre, édit — order, command, edict*. Per praeceptione[m] domino et genitore meo K. regis ..., simul et per nostram praeceptionem unusquisque justitia[m] sua[m] accipiat. [Post alia: si nostram adimpleverint jussionem]. Pippini reg. It. capit., I p. 193 l. 27. Volentes nolentesque nostram observent praeceptionem. Capit. Olonn. eccl. I a. 825, c. 8, I p. 327. **2.** *rescrit royal — royal rescript*. Synod. Roman. a. 501, *Auct. ant.*, XII p. 419. Gloriae vestrae praeceptionem deposco ut filiam suam mihi tradat in matrimonio. Gregor. Turon., H. Fr., lib. 4 c. 46. In praeceptionibus quas [rex] ad judicis pro suis utilitatibus dirigebat. Ib., lib. 6 c. 46. Praeceptionem ab Chilperico elicuerat ut tonsoratus civitati illi sacerdus daretur. Ib., lib. 7 c. 31. Rex data praeceptione jussit G. ... episcopum ordinare. Ib., lib. 8 c. 22. [Judices] praeceptionem hanc ... custodiant. Chloth. II praec., *Capit.*, I p. 19 l. 27. **3.** *mandement pontifical — papal mandate*. Tuae experientiae presentis preceptionis nostrae auctoritate injungimus ut ... Lib. diurn., c. 37, ed. Sickel, p. 28. Ibi passim. Vobis per praesentem nostram praeceptionem ... auctoritatem tribuimus ... Honorii pap. epist. a. 634 ap. Bedam, H. eccl., lib. 2 c. 18. Hanc nostram apostolicam exarationis preceptionem. Paul. I pap. priv. (a. 761/762), Cod. Carolin., no. 23, *Epp.*, III p. 527. **4.** *diplôme royal — royal charter*. A parte nostra praeceptionem latam noveritis esse firmandam. Chlodow. epist. (a. 507-511), *Capit.*, I p. 2. Rex ... huic aliam praeceptionem manus suae roboratam subscriptione largitus est, haec contenente, ut res omnes ... suo dominio subjugaret. Gregor. Turon., H. Fr., lib. 10 c. 12. Conficta erat manus ejus [sc. referendarii] in hujus praeceptionis scripto. Ib., c. 19. Praeceptionis [i.e. -nes] nostrae per omnis impleantur. Chloth. II edict. a. 614, c. 13, *Capit.*, I p. 22. Hanc preceptionem subscripsi. *D. Merov.*, no. 10 (a. 625). Si gastaldius ... aliquid ... conquesierit, sit illi stabilem, si per preceptionem indulgentiae regis in eum fuerit confirmatum. Edict. Rothari, c. 375. Tributo [i.e. tributum] per preceptionem Dagoberti habent indultum. Fredeg., lib. 4 c. 74, *SRM.*, II p. 158. Duas precepcionis uno tenure conscriptas exinde fieri jussimus. *D. Merov.*, no. 67 (a. 695). Marculf., lib. 1 no. 2, *Form.*, p. 41. Quis, inquid rex, hanc preceptionem dedit? V. Austregisili, c. 4, *SRM.*, IV p. 193. Qui in autoritatibus nostris vel preceptionibus aliquid mutaverint. Lex Visigot., lib. 7 c. 5 § 1. Praeceptiones tam regales quam et ducales. Fatteschi, *Mem. di Spoleto*, p. 276 (a. 776). [Tutores] per nostra[m] praeceptione[m] illorum [sc. viduarum orfanorumque] peragere debeant causa[m]. Pippini reg. It. capit., c. 5, I p. 192. Per hanc nostrae praeceptionis auctoritatem decernimus atque jubemus. Lud. Pii constit. de Hisp. II a. 816, *Capit.*, I p. 263.

**preceptivus:** *d'un diplôme royal — of a royal charter*. Res ... sub sue inmunitatis tuitione preceptiva auctoritate concluderent. *D. Ottos III.*, no. 114 (a. 993).

**praeceptor. 1.** praeceptor palatii: comte du Palais — count palatine. Quemadmodum sunt in palatiis praeceptores [v.l. praetores] vel comites palatii, qui secularium causas ventilant. Walahfr. Strabo, Exord., c. 32, *Capit.*, II p. 515. Ad Thomam praeceptorem palatii. Id., carm. 36, inscr., *Poet. lat.*, II p. 387. **2.** *archichancelier — archchancellor*. *D. Charles le Ch.*, I no. 88, 135, 150, 166 et 175 (a. 846—855). **3.** praeceptor monasterii: i.q. provisor, celui qui gère les intérêts matériels d'un monastère — manager of a monastery. Praeceptores praedicti monasterii [Gemblacensis] ab hac die hoc habeant, teneant atque possideant. Miraeus, I p. 141 (a. 950). **4.** praeceptor provinciae: chef d'une province (dans l'Ordre des Templiers, l'Ordre de Saint-Jean et l'Ordre Teutonique) — head of a province (with the Templars, the Knights of Saint John and the Teutonic Knights). S. xii.

**praeceptorius,** -tuarius, -turius: *d'un diplôme royal — of a royal charter*. Nostra praeceptuaria auctoritate confirmamus. *D. Ottos I.*, no. 143 (a. 952). Terras quas a regibus praecepturio nomine habuerunt. Gloria, *CD. Padov.*, I p. 108 (a. 994). Quicquid ibi ... per reges et imperatores praeceptoria lege ... concessum est. *D. Heinrichs II.*, no. 29 (a. 1002).

**praeceptum: 1.** **injonction, ordre — order, command*. **2.** *édit royal — royal edict*. Victor Vit., lib. 2 § 38, *Auct. ant.*, III pt. 1 p. 21. Cassiod., Var., lib. 12 epist. 5 § 7, ib., XII p. 364. **3.** *diplôme royal — royal charter*. Per praesentem praeceptum jubemus. *D. Merov.*, no. 2 (a. 528). Regium de episcopatum praeceptum accipit. Gregor. Turon., H. Fr., lib. 6 c. 7. Ibi pluries. A regem praeceptum elicuit ut res omnes basilicae traderet vivens. Id., Virt. Martini, lib. 3 c. 15, *SRM.*, I p. 636. Nullus [sanctimonialem] nec [i.e. ne ... quidem] per praeceptum nostrum conpetat. Chloth. II edict. a. 614, c. 18, *Capit.*, I p. 23. Marculf., lib. 1 no. 2, *Form.*, p. 43. Ostendat praeceptum. Liudprandi leg., c. 78 (a. 724). Rursum c. 140 (a. 734). D. Liutprandi reg. Longob. a. 739, Giorgi-Balzani, *Reg. di Farfa*, II doc. 6 p. 27. Rex ... praecepta dedit. V. Desiderii Cadurc., c. 12, *SRM.*, IV p. 571. De hac constitutione nostra septem praecepta uno tenore conscribere jussimus. Constit. de Hisp. II a. 816, *Capit.*, I p. 264. [Ad] scubia publica ... praecepta inmunitatum inpedimentum non praestent. Memor. Olonn. (a. 822/823), c. 11, ib., p. 319. Jussit princeps renovare omnia praecepta quae sub temporibus patrum suorum gesta erant ecclesiis Dei. Thegan., c. 10, *SS.*, II p. 593. **4.** *privilège pontifical — papal privilege*. Hac praecepti nostri auctoritate. Gregor. M., lib. 1 epist. 8, *Epp.*, I p. 10. Volumus ut hoc praeceptum in scrinio ecclesiae nostrae ... restituat. Ib., lib. 14 epist. 14, II p. 434. Ibi persaepe. Qui observaverit hoc nostrum apostolicum preceptum. Lib. diurn., c. 95, ed. Sickel, p. 125. [Quae] per precepta pontificalia et coeteras monitiones [i.e. munitiones] ibidem sunt vel fuerint confirmata. Concil. Roman. a. 761, *Conc.*, II p. 67. Pontifex [imperatori] de ducatibus ... suae auctoritatis preceptum confirmavit. Lud. Pii pactum cum Pasch. a. 817, *Capit.*, I p. 354 l. 13. **5.** *charte* qui émane d'un personnage d'un certain rang — *charter* issued by a person of standing. D'un évêque — of a bishop: F. Paris., no. 2, *Form.*, p. 264. D'un duc — of a duke: Giorgi-Balzani, *Reg. di Farfa*, II doc. 1 p. 22 (a. 705). *D. Ottos II.*, no. 266 (a. 981).



**praecessor: 1.** **devancier — forefather*. **2.** **prédécesseur* dans une charge — *predecessor* in an office.

**praecinctio** (cf. voc. procinctus): *banlieue*, territoire où s'exerce un droit de justice — — *pale*, jurisdictional area. Comitatum ... villae ... et omnis terra [leg. terrae] ad ipsam villam pertinentis ... in libera praecinctione redemi; cujus praecinctionis mete ... sunt terminatae et separatae. Miraeus, IV p. 176 (a. 1016, S.-Omer).

**praecinctorium:** **ceinture, cache-sexe, pagne — girdle, waist-band*.

**praecinctura** (cf. voc. procinctus): *banlieue*, territoire où s'exerce un droit de justice — *pale*, jurisdictional area. [Imperator] precincturas et telonea in omni regno suo nobis clementer indulsit. Othelboldi epist. (a. 1019-1030), ed. Voet, p. 240. Praecincturam atrii vel claustri. Miraeus, I p. 268 col. 2 (ch. a. 1086, Hainaut). Praetenduntur confinia praecincturae [v.l. procincturae] allodii M. *Etudes F. Courtoy*, 1952, p. 254 (ch. < a. 919 >, spur. s. xii, Namurois).

**praecinctus** (decl. iv), -um, -a (femin.) (cf. voc. procinctus): **1.** *bord, lisière — outskirts*. Abierunt per viam juxta praecinctum montis. Vitas patrum, V. Frontonii, § 8, Migne, t. 73 col. 441 B. **2.** *banlieue*, territoire où s'exerce un droit de justice — *pale*, jurisdictional area. Ambitum monasterii quem precinctam vocant. *D. Ottos II.*, no. 53 (a. 973). Praecinctum parrochiae totius villae H. ... ab omni exactione absolutum firmaremus. *D. Phil. Ier*, no. 23 (a. 1065). Ut ipsum precinctum in circuitu loci [i.e. monasterii] totum cum districto et comitatu teneat. *D. Heinrichs II.*, no. 386 (< a. 1018 >, spur. s. xii). Non aliquis praesumat in his quae diximus aut in villis inibi pertinentibus praecinctam habentibus inferre aliquam molestiam. Miraeus, I p. 127 col. 2 (ch. < a. 674 >, spur. s. xii, Arras). Pax ... stabilita ... in Valencenis et in ejusdem opidi precinctu. Ch. pacis Valencen. a. 1114, *SS.*, XXI p. 605 col. 1 l. 37.

**praecise:** *nettement — exactly, precisely*. S. xii.

**praecisor:** *incisive — incisor tooth*. Isid., Etym., lib. 11 c. 1 § 52.

**praecluis:** **célèbre — famous*. Concil. Narbon. a. 947, Mansi, t. 18 A col. 415 B. Nizo, V. Basini (ca. a. 1070), § 4, *AASS.*, Mart. I p. 316 C. V. Livini (s. xi), c. 2, Migne, t. 87 col. 329 B.

**praeco: 1.** *appariteur judiciaire d'un comte — a count's beadle*. [An comites] habeant fideles atque diligentes justitiam ... centenarios atque praecones. Capit. Karolo M. adscr., I p. 214 c. 5. Comites eum cotidie, ut ad placitum veniret, per preconem conpellerent. Manaresi, *Placiti*, II no. 280 p. 524 (a. 1014). **2.** *écoutète — "sculthetus"*. Musset, *Cart. d'Angély*, no. 216 p. 267 (ca. a. 1050). Lacomblet, *UB. Niederrh.*, I no. 260 p. 169 (a. 1102). Galbert., c. 111, ed. Pirenne, p. 158. Lud. VII reg. Fr. priv. pro Lorriac. a. 1155, c. 21, ed. Prou, p. 450. Magnus praeco. Galbert., c. 50, p. 79. Item Miraeus, I p. 381 (a. 1130, Bruges). **3.** *héraut — herald*. Equitum agmen ... ad excubias faciendas per curiae preconem exposcitur. Otto Fris., G. Friderici, lib. 2 c. 12, ed. Waitz-Simson, p. 113. **4.** *crieur de vin — wine-crier*. D. Lud. VII reg. Fr., a. 1141, Thaumassière, *Cout. du Berry*, p. 61. **5.** *prédicateur — preacher*. Dionys. Exig., Canon., Turner, I p. 22. Joh. Diac., V. Gregor. M., Migne, t. 75 col. 132 C.

**praeconare,** praeconiare, et depon. praeconari, praeconiari: **1.** **célébrer, prêcher — to praise, preach*. **2.** *proclamer — to proclaim*. Fecit preconari per omnem hostem ut ... essent omnes parati ad bellum. Anon., G. Francorum, c. 39, ed. Bréhier, p. 212. **3.** *crier* son vin — *to announce a sale* of wine. Vina sua vendere et infra terminos burgi libere preconiare. Luchaire, *Louis VII*, p. 394 no. 307 (a. 1153/1154).

**praeconarius** (adj.): *de héraut — of a herald*. Rex ... voce preconaria jussit suam patefieri voluntatem. Encom. Emmae, lib. 1 c. 3, ed. Campbell, p. 12. Jubet illum sibi voce praeconaria praesentari. V. Canionis, *AASS.*, Maji VI p. 30. Sub voce praeconaria fustibus caedatur. Pass. Gordiani, *AASS.*[3], Maji II p. 551. Sub voce preconaria edici mandat ut ... Hist. Gaufredi, Halphen-Poupardin, *Chron. d'Anjou*, p. 189. Subst. mascul. **praeconarius,** -nia-: *crieur de vin — wine-crier*. Lud. VII reg. Fr. ch. a. 1168, *Ordonn.*, I p. 16.

**praeconium: 1.** **acte glorieux — glorious action*. Per ora populi hec se praeconii fama diffuderat. Petr. Dam., op. 57 c. 5, Migne, t. 145 col. 825. **2.** *gloire — glory*. Quicquid nos possumus, vestris [sc. imperatoris] praeconiis applicetur. Cassiod., Var., lib. 1 epist. 1 § 5, *Auct. ant.*, XII p. 10. **3.** **éloge, louange à Dieu — praise of God*. [Dei] praeconia ... stabilire. *D. Zwentibolds*, no. 14 (a. 897).

**praeconizare: 1.** *proclamer — to proclaim*. S. xiii. **2.** *citer en justice — to summon to appear*. S. xiii.

**praeconizatio:** *proclamation, avis public — proclamation*. S. xiii.

**praecordialis:** *cordial — heartfelt*. Precordialem affectum. V. Alexii, ed. Massmann, p. 162. Paterna et praecordiali dilectione. Joh. XVIII pap. priv. a. 1007, Migne, t. 139 col. 1488 B.

**praecordialiter:** *cordialement — heartily*. S. xii.

**praeda: 1.** **rapine, pillage — robbery, marauding*. Justitias reclamare super quempiam hominem ... de homicidia, furta aut de praeda. Pipp. reg. It. capit., c. 8, I p. 192. In nostro regno praedas facere non timeret. Admon. ad ord. (a. 823-825), c. 17, p. 305. **2.** singul. et plural.: *bétail — cattle*. Si preda eorum capta fuerit. Métais, *Cart. de Vendôme*, I no. 109 p. 202 (ante a. 1057). Omnem predam que in pratis invenirent. Bertrand, *Cart. d'Angers*, I no. 178 p. 206 (a. 1056-1060). Diffugientium [rusticorum] praedas diripiebat.

ORDER. VITAL., lib. 8 c. 24, ed. LE PRÉVOST, III p. 421. Praedas eorum [monachorum] cepit. THÉVENIN, no. 173 (ca. a. 1130, Anjou). Omnes predas terre sue. GISLEB. MONT., c. 120, ed. VANDERKINDERE, p. 186.

**praedabilis:** *susceptible d'être enlevé — what can be taken away.* Inde distraxit quicquid praedabile potuit reperiri. GUILL. NANG., ad a. 978, *H. de Fr.*, IX p. 81.

**praedamen:** *butin — booty.* Ecbasis, v. 339.

**predaria,** prederia, predera, v. petraria.

**predarius** = petrarius.

**praedecessor:** **prédécesseur — predecessor.*

**praedestinare:** **prédestiner providentiellement — to predestinate providentially.*

**praedestinatio:** **prédestination divine — divine predestination.*

**praedialiter:** *en guise de propriété — like property.* Dum ipse in saeculo vivam ipsum locum predialiter optineam. WARTMANN, *UB. S.-Gallen*, II no. 761 (a. 909). Ipsam apaciunculam [i.e. abbatiunculam] predialiter diebus vite sue possideret. Ib., III no. 779 p. 1 (a. 920).

**praediatus** (adj.): **possessionné — landed.* G. episc. Camerac., lib. 2 c. 32 et 38, *SS.*, VII p. 462 et 464.

**praedicamentum: 1.** **catégorie aristotélienne — Aristotelian category.* **2.** **prédiction — prediction.* **3.** *déclaration — declaration.* GREGOR. M., lib. 9 epist. 135, II p. 134 l. 16. **4.** *prédication, sermon — preaching, sermon.* ANAST. BIBL., Chron., ed. DE BOOR, p. 333.

**praedicare: 1.** **annoncer, prédire — to announce, predict.* **2.** **affirmer* une vérité, *enseigner* une doctrine, *prêcher — to bear out* a truth, *to expound* a doctrine, *to preach.* **3.** (absol.) **prêcher l'Evangile, prêcher — to preach the Gospel, to preach.* **4.** aliquem: *prêcher à* qq'un, *instruire, sermonner — to preach before* a person, *lecture, sermonize.* Si servus aut [i.e. et] ancilla per venditionis causam separati fuerint, praedicandi sunt ut sic maneant, si eos rejungere non possumus. Decr. Vermer. (a. 758-768), c. 19, *Capit.*, I p. 41. Gentes praedicavit. VULGAR., Causa Form., ed. DÜMMLER, p. 128. Jesus legitur populum praedicasse. ATTO VERCELL., Press., ed. BURONTIUS, p. 340.

**praedicatio: 1.** **prédiction, prophétie — prediction, prophecy.* **2.** **affirmation d'une verité, enseignement doctrinal — statement of a truth, teaching of a doctrine.* **3.** **prédication — preaching.* **4.** **canon de la Messe — canon of Mass.* Lib. pontif., Gregor. I, § 3, DUCHESNE, I p. 312.

**praedicator: 1.** **prédicateur — preacher.* **2.** *missionaire — missionary.* BEDA, H. eccl., lib. 2 c. 2. **3.** *frère prêcheur — black friar.* S. xiii.

**praedium: 1.** *alleu, bien-fonds possédé en toute propriété* par opposition aux tenures — *a real estate held in full ownership* in contradistinction to tenancies. Privatus tam beneficio quam predio ... careret. CRECELIUS, *Trad. Werd.*, II p. 6. Praedium et beneficium. Ann. Alam., a. 911, *SS.*, I p. 55. Praedium nec beneficium obtinere posset. GERBERT., Concil. s. Basoli (a. 991), ed. OLLERIS, p. 233. Quicquid in S. villa in beneficium habuit, in predium ... acquisivit. THIETMAR., lib. 9 c. 10, ed. HOLTZMANN, p. 245. Terram ... a feodo separaverunt liberamque ut praedium facientes. CALMET, *Lorr.*, V pr. col. 187. Tam de predio quam de beneficio. ZAHN, *Steierm. UB.*, no. 148 p. 154. Loc. jus praedii: droit de propriété — proprietary right. [Portionem thelonii] de jure praedii possidebat. *D. Ottos II.*, no. 308 (a. 983). Agrum ... jure predii perpetuo possideret. BEYER, *UB. Mittelrh.*, I no. 361 p. 417 (a. 1065, Trier). **2.** *bien-fonds sujet à un droit de propriété éminente — land subject to the supreme proprietary right of a feudal lord.* Quitquid W. comes beneficii, nos vero predii habere visi sumus. *D. Ottos I.*, no. 358 (a. 968). **3.** (collect.) *fortune immobilière — real estate.* Nostri infantes praedium nostrum a nobis divisum articulatim ... obtinere debeant. Test. Eberhardi a. 867, DE COUSSEMAKER, *Cart. de Cisoing*, p. 2. **4.** *forteresse — stronghold.* Romani ... collecta manu omnia praedia, quae pontifex in singularum civitatum territoriis noviter construxit, primo diripiunt, deinde inmisso igne cremant. Ann regni Franc., a. 815, ed. KURZE, p. 143. Medicae regionis insignia praedia igni tradebat. ANAST. BIBL., Chron., ed. DE BOOR, p. 157. Etiam p. 135.

**praedurare.** Passiv. praedurari: **s'endurcir — to harden one's heart.*

**praedux:** **celui qui marche en avant, guide — one who leads the way, guide.*

**praeeligere:** **choisir de préférence — to choose for preference.*

**praeemptor:** *accapareur — monopolist.* S. xiii.

**praeexsistere:** ** préexister — to preexist.*

**praefatio:** ** préface de la Messe — preface of Mass.*

**praefatus:** **susdit — above-said.*

**praefectorius: 1.** **du préfet — of the prefect.* **2.** *du maire du Palais — of the majordome.* Pippinus praefectoriam administrationem ... adeptus est. V. Ansberti, c. 21, *SRM.*, V p. 634. **3.** *d'un comte — of a count.* In singulis civitatibus imperialibus vel praefectoriis. *D. Ottos II.*, no. 42 (a. 973). Potestatis praefectoriae. WIDUKIND., lib. 3 c. 16. Praefectorios barones. V. Deicoli, c. 12, *SS.*, XV p. 678 l. 20. Vir praefectoriae dignitatis. CONRAD. BRUNWILAR., V. Wolfhelmi, c. 27, *SS.*, XII p. 190. Subst. mascul. **praefectorius: 1.** *un sous-ordre du préfet romain — an agent of the Roman prefect.* Lib. pontif., Hadr., § 63, ed. DUCHESNE, I p. 505. **2.** *comte — count.* CAMERA, *Mem. di Amalfi*, p. 95 (a. 860). *CD. Cajet.*, I p. 20 (a. 866). FILANGIERI, *CD. Amalf.*, p. 1 (a. 907).

**praefectura: 1.** *charge de maire du Palais — office of majordome.* Praefecturae ordinem ac curam maximam regni Francorum administravit. V. altera Wandregisili, c. 14, MABILLON, *Acta*, II p. 541. **2.** *charge de "missus dominicus" — office of "missus dominicus".* Praefectura mihi fuerat peragenda tributa resque actu grandes officiumque potens. THEODULF., carm. 28 v. 99, *Poet. lat.*, I p. 496. **3.** *charge de patrice — office of "patricius".* Praefectura Massiliae primae provinciae. V. Boniti, c. 3, *SRM.*, VI p. 121. **4.** *charge de préfet — office of "praefectus".* ALPERT. METT., Div., lib. 2 c. 1, ed. HULSHOF, p. 27. OPPERMANN, *Fontes Egm.*, p. 68 et 70 (ca. a. 1125). **5.** *charge de marquis — office of margrave.* Praefectura sua



[sc. Ostmark] caruit. Ann. Fuld., contin. Altah., a. 898, ed. KURZE, p. 132. [Civitatem] in terra prefecture terminalis statuentes. *D. Ludw. d. Kindes*, no. 9 (a. 901). **6.** *charge comtale — office of a count.* Officium praefecturae ... super pagum locumque illum gerebat. WILLIBALD., V. Bonifatii, ed. LEVISON, p. 57. Comes qui ... praefecturam loci illius [sc. Hammaburgensis civitatis] tenebat. RIMBERT., V. Anskarii, c. 16, ed. WAITZ, p. 37. Quicquid beneficii aut prefecturarum habuit. Contin. ad REGINONEM, a. 949, ed. KURZE, p. 164. Prefecturam in M. administravit. ANNALISTA SAXO, a. 998, *SS.*, VI p. 643. **7.** *comté — county.* Praefectus in sua praefectura. Ann. Fuld., a. 852, ed. KURZE, p. 43. Familiae in Trevirorum urbe aliisque imperii nostri civitatibus vel prefecturis habitanti. *D. Ottos I.*, no. 391 (a. 970, an genuinum ?). [Mansus] in quocumque sint episcopio seu prefectura. *D. Arnulfs*, no. 36 (spur. s. xi, Werden). **8.** *charge de comte du Palais — office of count palatine.* THANGMAR., V. Bernwardi, c. 1, *SS.*, IV p. 759. **9.** *charge de châtelain — office of castellan.* Quidam ... de milicia Radasponensis prefecture. WIDEMANN, *Trad. S.-Emmeram*, no. 346 p. 252 (ca. a. 1020-1028). *Const.*, I no. 128 (a. 1150). **10.** *châtellenie — castelry.* GYSSELING-KOCH, *Dipl. Belg.*, no. 151 (a. 1075, Flandre). **11.** *charge d'écoutète — office of "sculthetus".* KEUTGEN, *Urk. st. Vfg.*, no. 107 (ca. a. 1151, Stendal). **12.** *charge d'avoué ecclésiastique — office of ecclesiastical advocate.* Totam praefecturam abbatiae debet tenere in manu sua. MIRAEUS, I p. 673 col. 1 (a. 1101, Lobbes). Sub comite F. praefecturam Metis agente. CALMET, *Lorr.*, V pr. col. 165. **13.** *circonscription où s'exerce le pouvoir d'un avoué — area under jurisdiction of an ecclesiastical advocate.* In tota prefectura. DUVIVIER, *Actes*, I p. 133 (a. 1055, Corbie). **14.** *charge de vidame — office of vidame.* FRODO, G. pontif. Autissiod., c. 52 (s. xi ex.), ed. DURU, p. 399. **15.** *prélature — prelacy.* Quotienscumque sors mortis [sc. abbatissae] ordinem praefecturae mutaverit. *D. Ottos II.*, no. 225 (a. 980). De praebendis atque praefecturis. D. Roberti reg. Fr., *Gall. chr.*², VII col. 221. **16.** *prévôté — area administered by a bailiff.* BERTRAND, *Cart. d'Angers*, I no. 195 p. 225 (a. 1082-1106). **17.** *régence — regency.* GUILL. PICTAV., lib. 2 c. 46, ed. FOREVILLE, p. 262. **18.** *la totalité des officiers publics — the whole body of state officials.* Omnis praefectura totius regni sui. HINCMAR., opusc. 55 capit., c. 8, SIRMOND, II p. 412.

**praefectus: 1.** *"gerefa"* ou *"ealdorman"* anglo-saxon — *reeve* or *alderman.* EDD. STEPH., V. Wilfridi, c. 17 sq., *SRM.*, VI p. 211 sq.; c. 36 p. 229; c. 38 p. 231. BEDA, H. eccl., lib. 2 c. 16; lib. 3 c. 14; lib. 4 c. 1; lib. 5 c. 24. Id., Epist. ad Egbert., c. 13, PLUMMER, p. 416. BONIF.-LULL., epist. 14, ed. TANGL, p. 23. Prefecti et comites tui. Ib., epist. 73, p. 152. Aliquis prefectorum vel comitum. Ib., epist. 78 p. 169. Comitis atque praefecti. BIRCH, *Cart. Saxon.*, I no. 27 (a. 672). Ibi saepe. **2.** praefectus palatii, aulae, domus regiae: maire du Palais — majordome. Palatina fuit hic praefectus in aula. THEODULF., carm. 40 v. 7, *Poet. lat.*, I p. 532. Palatii praefectus. Geneal. dom. Franc., *SS.*, II p. 305. Praefectus domus regiae. G. abb. Fontan., c. 1 § 4, ed. LOHIER-LAPORTE, p. 5. Palatii praefectos, qui majores domus dicebantur. EGINHARD., V. Karoli, c. 1. Praefectus aulae. Ib. A praefectis palatii domus ordinabatur regia. ADREVALD., Mir. Benedicti, lib. 1 c. 12, DE CERTAIN, p. 33. Praefectus, nude: idem. V. altera Wandregisili, c. 14, MABILLON, *Acta*, II p. 540 sq. **3.** *officier public* en général, comprenant les comtes, les ducs, les marquis — *state official* in a general sense. Unusquisque praefectus [in hostem pergens] unum presbiterum [secum habeat]. Concil. German. a. 743, c. 2, *Capit.*, I p. 25. Omnes venerabiles sacerdotes Dei et comites et praefecti ... firmaverunt. Capit. Liptin. a. 744, c. 1, p. 27. Quod comites vel praefecti in saeculo, hoc episcopi ceteri in ecclesia explent. WALAHFR., Exord., c. 32, *Capit.*, II p. 515 l. 23. Palatii procuratores et regni praefectos. HINCMAR., Ordo pal., c. 37, ib., p. 530. H. et T. ducibus caeterisque publicae rei nostrae prefectis. *D. Ottos I.*, no. 355 (a. 968). **4.** *duc — duke.* Siciliae praefectus. Ann. regni Franc., a. 799, ed. KURZE, p. 108. Bajoariae praefectus. Ib. Forojuliani ducatus praefectum. EGINHARD., o.c., c. 6. Praefectis provinciarum, comitibus etiam atque legatis. Ib., c. 13. Lugdunensis provinciae praefectus. NITHARD., lib. 1 c. 2, ed. LAUER, p. 6. **5.** *marquis — margrave.* Praefectus Britannici limitis. Ann. q.d. Einhardi, a. 799, ed. KURZE, p. 109. Item EGINHARD., V. Karoli, c. 9. De marca Hispana constitutum et hoc illius limitis praefectis imperatum est. Ann. regni Franc., a. 821, p. 154. **6.** *comte — count.* Aliquis prefectorum vel comitum. BONIF.-LULL., epist. 78, p. 169. Etiam epist. 95, inscr., p. 216. WILLIBALD., V. Bonifatii, c. 8, ed. LEVISON, p. 53. HUGEBURC, V. Wynnebaldi, c. 12, *SS.*, XV p. 115. *D. Karolin.*, I no. 32 (< a. 760 >, spur s. ix in., Fulda). DRONKE, *CD. Fuld.*, no. 228 p. 119 (a. 806). RUDOLF. FULD., Ann. Fuld., a. 852, ed. KURZE, p. 42 sq.; a. 863, p. 57. RIMBERT., V. Anskarii, c. 16, ed. WAITZ, p. 37. Coll. Sangall., no. 10, *Form.*, p. 403. *D. Arnulfs*, no. 159 (a. 898). WIDUKIND., lib. 1 c. 36 et passim. ADALBERT. TREVER., Contin. ad REGINONEM, ad a. 949, ed. KURZE, p. 164. Ann. Quedlinb., a. 992, *SS.*, III p. 69. RICHARD. VERDUN., *SS.*, X p. 382. ADAM BREM., lib. 2 c. 9, ed. SCHMEIDLER, p. 67. **7.** praefectus palatii: comte du Palais — count palatine. BRUNO MERSEBURG., c. 45, ed. WATTENBACH, p. 29. **8.** *vicomte — viscount.* BERTRAND, *Cart. d'Angers*, I no. 284 p. 324 (a. 1082-1106). **9.** *officier judiciaire royal dans une ville, "Burggraf" — royal official having jurisdiction in a city.* Illuster vir G. prefectus emporii Quentovici. Mir. Wandregisili, lib. 2 (ca. a. 880), c. 15, *SS.*, XV p. 408. Praefectus urbis. WIDUKIND., lib. 2 c. 11; c. 18. Ratesponensis urbis prefectum. WIDEMANN, *Trad. S.-Emmeram*, no. 250 p. 209 (ca. a. 990-994). Exinde ibi saepe. [Mogontinae] civitatis prefecti. STIMMING, *Mainzer UB.*, I no. 319 p. 207 (ante a. 1068). Goslariae prefectus. LAMPERT. HERSF., Ann., a. 1073, ed. HOLDER-EGGER, p. 171. Praefectus urbis. KEUTGEN, *Urk. st. Vfg.*, no. 125 (a. 1156, Augsburg). Prefectus urbis Ratispone. JOR-

DAN, *Urk. Heinr. d. Löw.*, no. 39 p. 54 (a. 1157). Cf. K. A. ECKHARDT, *Präfekt und Burggraf*, *ZSSRG.*, Germ. Abt., t. 146 (1926), pp. 163-205. **10.** *prévôt royal — royal bailiff. H. de Fr.*, XIV p. 24 (a. 1061). *D. Phil. I*[er], no. 97 p. 251 (a. 1079). *H. de Fr.*, XVI p. 114 (ca. a. 1164). **11.** *agent domanial — manorial bailiff.* Praefecto episcopali in curia D. habitanti. NORBERT. IBURG., V. Bennonis, c. 18, vers. post., *SS.*, XII p. 69. **12.** *magistrat communal — municipal magistrate.* Prefectum amicitie. ESPINAS, *Rec. Artois*, no. 20, c. 4 sq. (a. 1188, Aire-s.-la-Lys). **13.** *prévôt* d'un chapitre de chanoines — *provost* of a chapter of canons. Prefectus monasterii s. Martialis, deposito canonicali habitu, monachus efficitur. ADEMAR., lib. 3 c. 18, ed. CHAVANON, p. 134.

**praeferre:** **1.** **vanter, louer, exalter — to exalt, praise.* **2.** *faire précéder, dire avant — to state previously.* Praelatis capitulis. EUGIPP., epist. ad Paschas., c. 11, *CSEL.*, t. 9 pt. 2 p. 5. Praelata salutatione. ENNOD., ib., t. 6 p. 184. Ut praelatum est. Lib. pontif., Serg. I, ed. MOMMSEN, p. 211. Ut praetuli. ANAST. BIBL., Chron., ed. DE BOOR, p. 277. **3.** passiv. praeferri: *être mis à la tête de — to be placed at the head of.* Qui tuos animos moderatus es, nunc alienis moribus praeferaris. CASSIOD., Var., lib. 3 epist. 13 § 1, *Auct. ant.*, XII p. 86. Quicumque eis [sc. diversarum conditionum hominibus] praelati sunt, clerici sive laici. Concil. Cabillon. a. 813, c. 51, *Conc.*, II p. 283. [Locus] cui venerabilis episcopus S. praelatus fuisse dinoscitur. *D. Ludw. d. Kindes*, no. 8 (a. 901).

**praefigere:** **1.** **fixer à l'avance — to fix beforehand.* **2.** diem: *fixer la date d'une séance — to appoint a term for a session.* S. xii. **3.** aliquem: *mettre à la tête de — to place at the head of.* Locis ministrent quibus praefixi sunt. ATTO VERCELL., Capit., D'ACHÉRY, *Spic.*, VIII col. 35 B. Petrum prefigimus et ordinamus in comitem Bobiensem. CIPOLLA, *CD. Bobbio*, p. 347 (a. 977). Ne forte aliquis eidem monasterio praefigatur. Greg. V pap. priv. a. 999, MIGNE, t. 137 col. 936 C.

**praefinire:** **1.** **fixer, déterminer, définir — to fix, determine, establish.* **2.** *concéder — to grant.* [Imperator villam] monasterio ... praefinivit, concessit atque delegavit. *D. Charles le Chauve*, II no. 389 p. 372 l. 16 (a. 840-875).

**praefinitum.** Loc. in praefinito: de manière définitive — firmly. Post decessu ipsius S. omnia sit in potestate eclesiae ... in prefinito. SCHIAPARELLI, *CD. Longob.*, II no. 143 p. 50 (a. 760, Lucca). Suam portionem in integrum offeruerat Deo et ecclesie s. Marie in prefinito. MANARESI, *Placiti*, I no. 52 p. 174 (a. 848, Lucca). Venundaverat et tradiderat et manifestaverat se exinde ab eis precium recepisset [i.e. recepisse] argentum sol. mille in prefinito. Ib., no. 73 p. 266 (a. 873, Lucca).

**praeformare:** **préfigurer — to prefigure.*

**praegravare:** **accabler, opprimer — to oppress.*

**praehabere:** *faire, tenir, dire, établir d'avance — to do, hold, say, state beforehand.* E. g.: Hoc verbo prehabito ut ...: sous cette condition préalable — premising that ... MULLER-BOUMAN, *OB. Utrecht*, I no. 420 p. 378 (a. 1157).

**prehendere**, prendere, prindere: **1.** *recueillir — to reap.* Bladum de ea [terra] prehendere vidimus. FATTESCHI, *Mem. di Spoleto*, p. 314 (a. 1009). **2.** *enlever, ravir — to run away with.* Si cujus puellam sponsatam alius prehenserit. Ewa ad Amorem, c. 47. **3.** *marier — to marry.* Quidam collibertus ... prendidit uxorem quandam collibertam. BERTRAND, *Cart. d'Angers*, I no. 67 p. 85 (a. 1039-1055). **4.** *saisir-gager — to distrain.* Chilperici edict., c. 8, *Capit.*, I p. 9 l. 20. **5.** *lever, exiger, percevoir — to levy, exact, collect.* Ut nullus de victualio et carralia ... theloneum praehendat. Pippini capit. a. 754/755, c. 4, I p. 32. Ad tulneo [i.e. theloneum] prindendum ingredire. *D. Karolin.*, I no. 61 (a. 771). Mansionaticos ... super homines nostros ... nullatenus prendant. Capit. de villis, c. 11. **6.** *s'approprier — to appropriate.* Licentia[m] [h]aveatis terras prindere. BRUNETTI, *CD. Tosc.*, I p. 229 (a. 776). Substantiam tuam nos prehendimus. MANARESI, *Placiti*, I no. 8 p. 2? (a. 791). Quicquid ille occupatam habebat aut adprisione[m] fecerat vel deinceps occupare aut prendere potebat. D. Lud. Pii a. 815, *H. de Lang.*[3], II pr. no. 34 col. 10? Prendiderunt terras per illorum adprisionem. Ib., no. 150 (a. 858). **7.** prehendere per aliquem, per manus alicujus: *recevoir en fief de qq'un — to be enfeoffed with* a tenement by somebody. Prendidit G. vezcomte [i.e. vicecomes] per R. comite[m] et per uxorem suam ... ipsa[m] medietate[m] de ipso castro per feo. ROSELL, *Lib. feud. maj.*, no. 111 (a. 1066).

**prehensio,** prensio, prinsio, presio, prexio, prisio, preso, priso (genet. -onis), prisona, prisonia, prenditio: **1.** *réquisitionnement — requisition of food.* Terra de S. omnem consuetudinem reddit, vicariam, comandisiam, prisionem de pane et carne. Cons. Vindocin. (s. xi med.), BOUREL, *Vie de Bouchard*, p. 3? Reliquit ... omnes consuetudines et prenditiones quas ... fecerat. RAGUT, *Cart. de Mâcon*, no. 456 p. 261 (a. 1074-1096). Ullam consuetudinem ..., nec teloneum nec paedagium nec prehensionem nec bidamnum nec credentiam. BOURASSÉ, *Cart. de Cormery*, no. 45 p. 91 (a. 1070-1110). Diffinio ... omnes forcias et toltas et malas presones et omnes malos usaticos. ROSELL, *Lib. feud. maj.*, no. 524 (a. 1128). In P. ... comandam non requiram, prensionem nullam faciam de bove vacca ... MABILLON, *Acta*, VI pt. 1 p. 64? (s. xi). **2.** i.q. aprisio: *appropriation* par la mise en culture de terres vagues — *appropriation* of waste land by reclamation. Ibi priscam introduccionem fecerat per nomen prisionis et karakterum designacionis. RIUS, *Cart. de S.-Cugat*, no. 452 (a. 1013). Quantum ibi habeo ... sive per prisione[m], sive per parentorum [hereditatem]. ROSELL, *Lib. feud. maj.*, no. 693 (a. 1035). **3.** *inféodation — enfeoffment.* Non faciat nullum placitum nec nullum concordatum nec nullam presionem ... cum R. comite. ROSELL, o.c., no. 14? (ca. a. 1067). **4.** une *redevance* en nature grevant des vignes — a *tribute* in kind due from vineyards. Vineam ... in vita sua excolat et unoquoque anno de ea tres summas [i.e. sagmata] vini de prisone det. CHARLES-MENJOT, *Cart. du Mans*, no. 76 col. 56 (s. xi ex.). **5.** *captivité — captivity.* Potent



taillare homines suos ... pro prima prisione mea. DC.-F., VI p. 508 col. 1 (ch. a. 1197, Chartres). **6.** *rachat de prisonnier, rançon — ransom.* Propter solutionem sue prisonis. MÉTAIS, *Cart. de Vendôme*, I no. 65 p. 121 (ca. a. 1046). **7.** *prison — prison.* Non debet esse missus in presione. Fuero de Nájera a. 1076, c. 59, WOHLHAUPTER, p. 86. In prisione ducis tamdiu erit. Cons. Norm. veterr., pt. 1 (s. xii ex.), c. 38, ed. TARDIF, p. 33. **8.** *prisonnier — prisoner.* Nullus eorum custodiat prisonem vel in gajola vel alibi. Priv. civ. Rotomag. a. 1150/1151, DELISLE, *Actes Henri II*, I no. 14 p. 19. Multi prisones subito exeuntes carcerem. ROMUALD. SALERNIT., a. 1161, ed. GARUFI, p. 246. Omnes prisones et ostagii prisonum hinc inde ... liberabuntur. *Actes Phil.-Aug.*, II no. 517 c. 24 p. 57 (a. 1196).

**preisa,** v. presa.

**praejudicare,** **1.** alicui: **causer du tort, du préjudice à* qq'un — *to wrong.* **2.** alicui rei: **porter préjudice à* qqch., *supprimer, empêcher, s'opposer à* qqch. — *to hamper, upset, hinder, thwart.* **3.** *interdire — to forbid.* Praejudicatum fuerat ne spiritales fierent conventus. VICTOR VIT., lib. 2 § 1, *Auct. ant.*, III pt. 1 p. 13. Laicis ... arma portare non praejudicemus. Concil. Mogunt. a. 813, c. 17, *Conc.*, II p. 266. In hoc sancto praejudicamus concilio, ut nullus comes ... diebus dominicis ... placitum habere praesumat. Concil. Tribur. a. 895, c. 35, *Capit.*, II p. 233. **4.** *prévaloir — to prevail.* Veritas prejudicat falsitati. Innoc. III pap. registr., no. 18, ed. HOLTZMANN, p. 32.

**praejudicialis:** *préjudiciable, injuste — prejudicial, unjust.* GREGOR. M., lib. 9 epist. 214, II p. 200.

**praejudicium:** **1.** **préjudice, désavantage juridique, mise en péril des droits de qq'un — prejudice, legal disadvantage, jeopardy of a person's rights.* Nec culpari poterunt nec ingenuitatis praejudicium sustinebunt. Lex Burgund., tit. 47 c. 3. Ne, quod absit, viduis inde praejudicium oriatur. GREGOR. M., lib. 1 epist. 63, *Epp.*, I p. 85. Ibi saepe. Nullius praejudicium exinde possessio [usufructuaria] generare deberet. *D. Arnulfing.*, no. 10 p. 98 (ca. a. 717). Villas sub uso benefitio tantummodo absque ullo prejuditio vel demunitione aliqua ipse [i.e. ipsius] monasterii possediamus. MARCULF., lib. 2 no. 3, *Form.*, p. 75. Haec praecaria nullum prejudicium vobis non preparetur. F. Turon., no. 7, p. 139. Ne possessio nostra vobis praejudicium inferat, hanc precariam vobis deposuimus. F. Bituric., no. 2, p. 169. **2.** *reproche, grief — reproach, grievance.* Nullum possit episcopo adferre praejudicium consecranti [puellam ante aetatem legitimam]. Capit. eccles. (a. 818/819), c. 26, I p. 279. **3.** *tort, atteinte aux droits d'autrui, empiètement — wrong done, encroachment upon a person's rights.* Nullam ei praejudicium pariatur, sed liceat res debitas possidere. Pactum Guntchr. et Childeb. II a. 587, c. 14, *Capit.*, I p. 14. Suo juri absque cujusquam prejudicium perenniter vindicabunt. Lex Visigot., lib. 3 tit. 1 c. 5. Nullum detrimentum vel praejudicium ipsa basilica exinde non pateretur. *D. Merov.*, no. 41 (a. 663). Nulla praejudicia atque gravamina inferantur *D. Karolin.*, I no. 16 (a. 762). Absque alicujus praejudicio tenere et possidere quieto ordine deberent. Ib., no. 213 (a. 811). Sacerdotibus ... contra canonicam auctoritatem praejudicium irrogavit. Episc. rel. Compend. a. 833, c. 4, *Capit.*, II p. 54. **4.** *acte d'injustice, méfait — wrongful deed, offence.* [Dux Normanniae] pro praejudicio A. Flandrensis ducis [genetivus subjectivus] ad adjuvandum Herluinum festinavit. DUDO, lib. 3 c. 60, ed. LAIR, p. 204.

**praejuramentum:** *serment préliminaire* par lequel le plaignant jure de ne pas agir par haine, malice ou cupidité — *preliminary oath* by which the plaintiff swears to act from no hate, malice or greed. [In causa laici contra presbyterum] laicus praejuramento, si necesse sit, constringatur. Concil. Tribur. a. 895, c. 21, *Capit.*, II p. 224. Leg. Henrici, c. 95 § 5, LIEBERMANN, p. 611.

**praejurare:** *prêter un serment préliminaire — to swear a preliminary oath.* Leg. Henrici, c. 66 § 7, LIEBERMANN, p. 586.

**praelata** (subst. femin.): *supérieure d'un couvent — matron of a convent.* Concil. Aquisgr. a. 816, c. 13, *Conc.*, II p. 447. Concil. Aquisgr. a. 836, c. 37, ib., p. 713.

**praelatio:** **1.** *pouvoir, autorité, souveraineté — power, authority, sovereignty.* Ejus [sc. Dei] dispositione omnium praelatio regnorum conceditur. Bonif. V pap. epist. a. 625 ap. BEDAM, H. eccl., lib. 2 c. 10. [Deus] illorum viperinam et venenosam super nos praelationem avertit. Chron. Farf., contin., MURATORI, *Scr.*, II pt. 2 col. 624. **2.** *dignité ecclésiastique*, notamment la dignité du chef d'une communauté religieuse monastique ou canoniale — *ecclesiastical dignity*, especially that of the head of a religious community (monastery or chapter of canons). Praelationis suae reliquid honorem. DONAT., V. Ermenlandi, c. 28, *SRM.*, V p. 710. Si episcopo suo [abbates] oboedire rennuerint, ... honore praelationis priventur. Concil. Paris. a. 829, c. 37, *Conc.*, II p. 636. Ejusdem monasterii strenuam praelationem gerentem. Praec. synod. a. 829/830, ib., p. 684. Praelati ipsi ... si emendare noluerint, ab ipsa praelatione removeantur. Capit. de exp. contra Sarr. a. 846, c. 4, II p. 66. Unusquisque ecclesiarum [sc. monasteriorum tam canonicorum quam monachorum sive sanctimonialium] praelatus, quando praelationem ecclesiae suscepit. Capit. missor. Suession., a. 853, c. 1, p. 267. Duarum fuerit abbatiarum prelationi restitutus. FLODOARD., Hist. Rem., lib. 3 c. 1, *SS.*, XIII p. 475 l. 22. Ejecto abbate qui per simoniacam heresim praelationem optinuerat. ADEMAR., lib. 3 c. 58, ed. CHAVANON, p. 184. Prelato ibidem ex electione canonicorum ... constituendo ... prelationem daremus et curam animarum. GYSSELING-KOCH, *Dipl. Belg.*, no. 127 (a. 1092, Cambrai). Abbatissam eligendi potestatem concessi, cui episcopus curam commendaret spiritualem et providentiam substantie temporalem; ipsa quoque abbatissa ab episcopo utramque suscipiens prelationem ... DUVIVIER, *Actes*, I p. 7 (a. 1093, Noyon). **3.** *dignité de vicaire apostolique — dignity of apostolic vicar.* Concil. Vern. a. 844, c. 11, *Capit.*, II p. 385. **4.** *dignité laïque — lay dignity.* Electum [in comitem] potestative officii sui ministerio et

dignitate praelationis sublimaret. GALBERT., c. 55, ed. PIRENNE, p. 87.

**praelatura:** *dignité ecclésiastique*, notamment la dignité du chef d'une communauté religieuse monastique ou canoniale — *ecclesiastical dignity*, especially that of the head of a religious house (monastery or chapter of canons). Multi ex alienis coenobiis in praelaturam regiminis abbates constituerentur. QUANTIN, *Cart. de l'Yonne*, I no. 64 p. 127 (a. 891). Ministerium abdicavi praelaturae. FLODOARD., Ann., a. 963, ed. LAUER, p. 154. Prelatura deficiens ad nihilum deveniat. HUGO FARF., Rel., ap. BALZANI, *Greg. di Cat.*, I p. 57. Coepit ... ad praelaturam suspirare. Ann. Rod., a. 1128, *SS.*, XVI p. 707.

**praelatus** (subst. mascul.) (cf. voc. praeferre sub 3): **1.** plural. praelati, gener.: *ceux qui sont munis du pouvoir, qui occupent un rang élevé dans la société ou dans l'état — those in power, the leading men in society and state.* GREGOR M., Moral., lib. 23 c. 37, MIGNE, t. 75 col. 273 C. Id., Pastor., lib. 1, prol. Nulla vis regia aut praelatorum libertas vel ulla judiciaria potestas. *D. Karolin.*, I no. 3 (a. 752). Praelatis atque subjectis. ANAST. BIBL., Chron., ed. DE BOOR, p. 289. Subditorum plerumque exigunt merita quatinus nonnumquam a praelatis graventur, non regantur. LIUDPR., Antap., lib. 2 c. 23, ed. BECKER, p. 48. Persarum ... aliarumque gencium praelatos βασιλέων appellacione veneratos. Chron. Salernit., c. 107, ed. WESTERBERGH, p. 109. **2.** *évêque — bishop.* [Ecclesiae] patrimonia partim pauperibus eroganda, partim praelatorum templorumque usibus implicanda. Episc. rel. (post a. 821), c. 5, *Capit.*, I p. 369. Confirmationem circa ipsam sedem [Juvavensem] ejusque praelatos fieri decrevimus. *D. Ludw. d. Deutsch.*, no. 23 (a. 837). **3.** *dignitaire ecclésiastique subordonné à l'évêque*, notamment l'archidiacre — *ecclesiastical dignitary inferior to the bishop*, especially an archdeacon. Caeteri praelati qui illis [sc. episcopis] dignitate inferiores esse noscuntur. Concil. Aquisgr. a. 816, c. 134, *Conc.*, II p. 410. Omnes tuae dioceseos episcopi et ceteri praelati. Lud. Pii epist. ad archiep. (a. 816/817), *Capit.*, I p. 340 l. 16. Nullus episcopus aut quislibet praelatus easdem res in beneficium alicui dare praesumat. *D. Ludw. d. Deutsch.*, no. 96 (a. 859). **4.** *chef d'une communauté religieuse monastique ou canoniale — head of a religious house* (monastery or chapter of canons). Episc. rel. a. 829, c. 16, *Capit.*, II p. 34. Res et mancipia a praelatis monasterii possiderentur. *D. Ludw. d. Deutsch.*, no. 55 (a. 849 ?). Qualiter abbatiarum praelati et in locis sacris inhabitantes ... oboedierint. Capit. missor. Suess. a. 853, c. 1, II p. 268. Prelatus jam fati monasterii ... qui per tempora fuerit ac successorum illius abbati [i.e. abbates] vel prepositi cum subjectis monachis. D. Lud. II imp. a. 853, *MIOeG.*, t. 5 p. 385. Ut nullus prelatus licentiam habeat cuiquam ipsas res beneficiare. BEYER, *UB. Mittelrh.*, I no. 105 p. 110 (a. 866). Potestatem habeant canonici ordinandi quicquid una cum prelato eligerint. *D. Ludw. d. Deutsch.*, no. 167 (a. 875). *D. Heinrichs II.*, no. 392 (a. 1018). A nullo nostro [sc. abbatis] successore vel hujus monasterii prelato. HUGO FARF., Rel., ap. BALZANI, *Greg. di Cat.*, p. 57 l. 21. Ut ibi canonici cum suo prelato ad Deo serviendum constituerentur. GYSSELING-KOCH, *Dipl. Belg.*, no. 127 (a. 1092, Cambrai). **5.** spec.: i.q. praepositus, *dignitaire dans un monastère subordonné à l'abbé — monastic officer inferior to the abbot.* Suus [sc. abbatis] clericus ... atque diaconus, prefati monasterii prelatus. *D. Charles le Ch.*, II no. 361 p. 301 (a. 872). S. Michaelis monasterium ... ubi preest domnus S. episcopus abba et H. prelatus. LESORT, *Ch. de S.-Mihiel*, no. 20 p. 98 (a. 903/904). Quicumque ... adversus abbatem vel prelatos suos manifeste se erexerint. Stat. Praemonstr. (ante a. 1143), c. 59, ed. VAN WAEFELGHEM, p. 55. **6.** spec.: i.q. decanus, *doyen d'un chapitre de chanoines — dean of a chapter of canons.* Disciplina claustri specialius appenditur praelato. WAZO, epist. (ca. a. 1025), ap. ANSELMUM LEOD., c. 41, *SS.*, VII p. 214 l. 17. Unanimitas praelati et praepositi in claustri aedificatione cooperatur. Ib., l. 22. **7.** *patron* d'une église paroissiale — *patron* of a parish church. [Parochial] deinceps soli praelato suo ... de omnibus respondeat. MIRAEUS, III p. 29 col. 1 (a. 1111, Liège).

**praelibare:** *mentionner plus haut — to mention before.* GREGOR. M., append. 3 epist. 3, *Epp.*, II p. 462 l. 37. V. Odiliae, c. 14, *SRM.*, VI p. 44.

**praelibatus** (adj.): *susdit — aforesaid.* Pass. Desiderii, c. 9, *SRM.*, VI p. 62. *D. Berengario I*, no. 4 p. 26 (a. 888).

**praelocutio:** *convention préalable — previous agreement.* Leg. Henrici, c. 10 § 4, LIEBERMANN, p. 556. Ibi pluries.

**praelocutor:** *porte-parole — spokesman.* S. xii.

**praememoratus** (adj.): **susdit — aforesaid.*

**premiare:** *rémunérer — to reward.* S. xiii.

**praemittere:** *mentionner avant — to premise, mention before.* Hoc ad praemissa adjungimus. Hormisd. pap. epist., THIEL, p. 791. S. princeps de quo premisimus. Chron. Salernit., c. 57, ed. WESTERBERGH, p. 57.

**praemonstrare:** *montrer* dans l'acte de saisine — *to show* in the act of livery. HUTER, *Tiroler UB.*, I no. 63 p. 38 (a. 1048-1068).

**praemunire:** *avertir, admonester — to warn.* Ante premuniens quam feriens, prius invitans ad gratiam quam dampnans per sententiam. HELMOLD., lib. 1 c. 32, ed. SCHMEIDLER, p. 61. Ibi pluries.

**praemunitio:** *avertissement — warning.* S. xii.

**prendere,** v. prehendere.

**prenditio,** v. prehensio.

**praenominatus** (adj.): *susdit — aforesaid.* GREGOR. M., lib. 9 epist. 197, *Epp.*, II p. 186 l. 27 et pluries.

**praenosticare** = prognosticare.

**praenosticum** = prognosticum.

**praenotare: 1.** **intituler* un livre — *to title* a book. **2.** *mentionner plus haut — to mention before.* Locas quas superius praenotavimus. ZAHN, *CD. Austr.*, I p. 31 (a. 799).

**prensio,** v. prehensio.

**praeoccupare, 1.** partic. praet. praeoccupatus aliqua re: *engagé dans, qui est la proie de — mixed up with, a prey to. Si morte preoccupatus fuisset [s'il mérite la peine de mort — if he deserves capital punishment]. *Hist. de Lang.*[3], II pr. no. 49 (a. 819, Narbonne). **2.** *empêcher, déjouer — to prevent, frustrate.* Si aliae res fortuitu non praeoccupaverint. Capit. missor. a. 803, c. 29, I p. 116. Hoc consilium toto nisu studuit preoccupare. WAMPACH, *UB. Luxemb.*, I no. 167 p. 215 (a. 958/959).



**praeordinare: 1.** *gérer — to administer.* Que actenus fiscus noster exegit, amodo a rectoribus ecclesiae preordinetur seu exigatur. *D. Ludw. d. Deutsch.*, no. 31 (a. 842). **2.** *organiser — to organize.* Monasterium quod construxi et edificavi atque praeordinavi. CAMERA, *Mem. di Amalfi*, I p. 5 (a. 1018). **3.** aliquem: *préposer, installer — to appoint.* Qui [abbas] ibi preordinatus fuerit. *CD. Cav.*, I no. 87 p. 112 (a. 882). Item Serg. IV pap. epist. a. 1012, MIGNE, t. 139 col. 1523 D. Monasterio ubi nunc P. abbas preordinatus esse videtur. CIPOLLA, *CD. Bobbio*, p. 340 (a. 975). Qui preordinati sunt in officio sancto vestro episcopio. SAVINI, *Cart. Teram.*, p. 30 (a. 1000). Monachas qui [!] in ipso monasterio preordinatas essent. SCHIAPARELLI, *CD. Longob.*, I no. 63 p. 200 (< a. 737 >, spur. s. x/xi). **4.** **ordonner d'avance* (en parlant de la providence divine), *prédestiner — to ordain beforehand* (with reference to divine providence), *predestinate.*

**praepeditare:** *empêcher, entraver — to hinder, prevent.* S. xiii.

**praeponere: 1.** *mentionner plus haut — to mention beforehand.* Pauca de multis praeposuimus. ATTO VERCELL., epist., ed. BURONTIUS, p. 306. **2.** *notifier — to impart.* Sententia eidem P. preposita fui[t]. *CD. Cav.*, I no. 174 p. 225 (a. 947). **3.** *se proposer — to intend.* Numquam in praeposita voluntate persistens. JOH. VENET., ed. MONTICOLO, p. 98. **4.** *intenter — to bring* an action. Causacionem praeponere. CIPOLLA, *Doc. di Treviso*, p. 43 (a. 762). Nos ei nullam calumpnia[m] exinde preponamus [i.e. praeponemus]. *CD. Cav.*, I no. 187 p. 242 (a. 955). [Questiones] que de rebus illis nobis preponere potuerunt. GATTULA, *Hist. Casin.*, p. 31 (a. 999).

**praeposita** (subst. femin.): **1.** **abbesse — abbess.* GREGOR. M., lib. 7 epist. 27, *Epp.*, I p. 473. **2.** *préposée d'un couvent* subordonnée à l'abbesse — *matron in a convent* inferior to the abbess. CAESAR., Regula virg., c. 25. V. Austrebertae, § 9, MABILLON, *Acta*, III pt. 1 p. 32. RUDOLF. FULD., V. Leobae, c. 4, *SS.*, XV p. 123 l. 27.

**praepositatus** (decl. iv): **1.** *charge de prévôt* d'une église collégiale — *office of provost* of a collegiate church. Nulli licere de eodem prepositatu te succedere. Lib. diurn., c. 68, ed. SICKEL, p. 65. Prepositi illius qui pro tempore ordinatus ad prepositatum fuit in ecclesia b. martiris Alexandri. *CD. Langob.*, no. 527 col. 897 C (a. 928, Bergamo). [Mansiones] quas ante prepositatus honorem possidebam. BERNARD-BRUEL, *Ch. de Cluny*, II no. 1431 p. 488 (a. 976, Le Puy). **2.** *l'ensemble des revenus qui se rattachent à la charge de prévôt d'une église — the whole of the revenue connected with the office of provost of a church.* Ad ecclesiam b. Petri Pictavensis ... seu ad stipendia fratrum ... et ad illorum prepositatum ... dare deberem. RÉDET, *Cart. de S.-Cyprien de Poitiers*, no. 235 p. 153 (a. 909). Que in C. ad prepositatum et ad alias capellas pertinent. *CD. Langob.*, no. 988 col. 1739 B (a. 1000, Bergamo). **3.** *prévôté, circonscription domaniale — area administered by a bailiff.* BRUNEL, *Actes de Ponthieu*, no. 218 p. 330 (a. 1210).

**praepositilis:** *du prévôt — of the provost.* Facit curvadam abbatilem et praepositilem. Irminonis polypt., br. 9 c. 209 sq.

**praepositura: 1.** *dignité de prévôt — dignity of a provost.* Ad monasterium Stabulau, in quo rector prepositure preesse videtur R. prepositus. DUVIVIER, *Rech. Hainaut*, no. 23 p. 337 (a. 939). Ad praepositurae honorem ... proveheretur. FOLCUIN., G. abb. Lobiens., c. 27, *SS.*, IV p. 68 l. 16. Substitutum aliquem in praepositura. ANSELM. LEOD., c. 45, *SS.*, VII p. 216 l. 37. Conferens ei archidiaconatum et praepositurам. G. Lietberti Camerac., c. 1, *SS.*, VII p. 26. Praeposituram majorem episcopii ... administravit. ADAM BREM., lib. 3 c. 57, ed. SCHMEIDLER, p. 202. **2.** *église ou monastère dirigé par un prévôt — church or monastery headed by a provost.* Corpus reginae ... in praepositura L. sepultum est. WIPO, G. Chuonradi, c. 37, ed. BRESSLAU, p. 58. Quandam capellam quam quidam nuncupant abbatiam, nos vero dicimus prepositurам. *D. Heinrichs IV.*, no. 25 (a. 1057). Abbatias, praeposituras ... suae nequitiae fautoribus ... tradi fecit. Ann. Weissenburg., a. 1066, ap. HOLDER-EGGER, *Lamperti opera*, p. 53. Praeposituram N. in pago N. in comitatu N. sitam ... delegavimus. Cod. Udalrici, no. 35 (a. 1068-1069), JAFFÉ, *Bibl.*, V p. 66. Ex bonis quae ipse adquisivit duas fecit prepositurаs. ADAM BREM., lib. 3 c. 9, p. 150. **3.** *prieuré — priory.* Ad praeposituram illius monasterii, quod in H. insula ... fundaverat. ADAMN., V. Columbae, lib. 1 c. 45, ed. FOWLER, p. 118. Hasteriensis locus Walciodorensi monasterio ... subdatur sicut cella vel prepositura vel quocumque nomine dicatur aliquod inferius suo superiori debet adjacere. D. Conradi III reg. a. 1151, DESPY, *Ch. de Waulsort*, no. 26 p. 358. **4.** *archidiaconé — archdeaconate.* Ann. Patherbr., a. 1105, ed. SCHEFFER-BOICHORST, p. 111. MULLER-BOUMAN, *OB. Utrecht*, I no. 423 p. 380 (a. 1157-1169). **5.** *charge de vidame — office of a vidame.* Omnia bona, tam ea quae de praepositura, videlicet ecclesiis et praediis, quam quae de obedientiis proveniunt. *Mon. Aquilej.*, c. 64 col. 622 (a. 1181). **6.** *charge de prévôt royal — office of a royal bailiff.* Concedimus communie [Compendiensi] preposituram nostram Compendii et quicquid ad eam attinet. *Actes Phil.-Aug.*, I no. 168 p. 201 (a. 1186). **7.** *une redevance due au prévôt* (au sens d'agent domanial) — *a due exacted by a bailiff.* [In burgo] neque preposituram neque rapinam neque aliquam prehensionem vel consuetudinem nec episcopus nec clericus neque prepositus vel aliqua persona unquam auderet requirere. RÉDET, *Cart. de S.-Cyprien de Poitiers*, no. 210 p. 137 (a. 1019-1027).

**praepositus: 1.** gener.: **celui qui est placé à la tête d'une église* (évêque ou prêtre) — *one who is at the head of a church* (either bishop or priest). De doctrina quae ob nimiam incuriam atque ignaviam quorundam praeposi-

torum cunctis in locis est funditus extincta. Capit. Olonn. eccl. I a. 825, c. 6, I p. 327. Quicquid in ordinibus [monachorum et canonicorum] extra ordinem est aut per neglegentiam prepositorum aut per desidiam subditorum. Lud. II commonit. Pap. (a. 845-850), *Capit.*, II p. 80 l. 4. **2.** **chef d'une communauté religieuse de clercs ou de moines* (abbé ou prévôt), puis spécialement *le chef d'un chapitre de chanoines — head of a religious community of clerks or monks* (abbot or provost), later especially *the head of a chapter of canons*. Pour le chef d'un "xenodochium" — for the chief of a "xenodochium": Concil. Aurel. a. 549, c. 15, *Conc.*, I p. 105. Pour un abbé — for an abbot: GREGOR. M., Dial., lib. 1 c. 3. BEDA, V. Cuthberti, c. 6, ed. COLGRAVE, p. 174. BRUCKNER, *Reg. Alsat.*, no. 355 (a. 792). Ut laici non sint praepositi monachorum infra monasteria. Capit. missor. Theodonisv. I (a. 805), c. 15, I p. 122. Quos praepositi canonicorum aut monachorum ordinandos expetiverint. Capit. eccles. (a. 818/819), c. 6, p. 277. Monachi cum venerabili eorum praeposito. *D. Ludw. d. Deutsch.*, no. 26 (a. 840). Ejusdem ecclesie [sc. capellae s. Mariae Aquensis] abbas, qui modo dicitur prepositus. *D. Karls III.*, no. 109 (a. 884 ?). Pour le chef spirituel d'un monastère dont l'abbé est un laïc — for the spiritual head of a monastery, the abbacy of which is in the hands of a layman: Monasterium q. v. Gorzia, ubi B. comes atque abbas necnon et L. prepositus preesse videntur. D'HERBOMEZ, *Cart. de Gorze*, no. 57 p. 101 (a. 857). **3.** *moine qui occupe dans un monastère la deuxième place* après l'abbé, et qui est en charge particulièrement des intérêts d'ordre matériel — a *monk who ranks second in a monastery* behind the abbot and who is charged in particular with manorial and household management. Benedicti regula, c. 65. Regula Magistri, c. 11. Fructuosi regula, c. 3. Isidori regula, c. 6 et 17. GREGOR TURON., H. Fr., lib. 6 c. 6. Cuidam monacho, videlicet praeposito monasterii sui ... [abbas] jussisset ... V. prima Amandi, c. 25, *SRM.*, V p. 448. *D. Karolin.*, I no. 15 (a. 762). Dupl. legat. edict. a. 789, c. 5, *Capit.*, I p. 63. Monachi in monasterio qui vicibus ordinantur praepositi, decani, portarii. Stat. Rhispac. a. 799/800, c. 40, p. 230. Ut praepositus intra et extra monasterium post abbatem majorem reliquis abbati subditis habeat potestatem. Capit. monastic. a. 817, c. 31, p. 346. VARIN, *Arch. de Reims*, I pt. 1 p. 31 (ante a. 833). Il y en a deux dans le cas suivant — this document mentions two of them: WARTMANN, *UB. S.-Gallen*, no. 246 p. 237 (a. 820). Un "praepositus" masculin dans un couvent de moniales — a man acting as "praepositus" in a nunnery: Juxta consuetudinem qua ancillarum Dei congregationibus procurari solent prepositi ex ecclesiastico ordine. *D. Ludw. d. Deutsch.*, no. 178 (< a. 853 >, spur. s. x, Herford). **4.** *un laïc en charge des intérêts matériels d'une église ou d'un monastère — a layman who acts as a manager of the material concerns of a church or a monastery.* Quodsi causa inter personam publicam et hominibus ecclesiae steterit, pariter ab utraque partem praepositi ecclesiarum et judex publicus in audientia publica positi eos debeant judicare. Chlothar. edict. a. 614, c. 5, *Capit.*, I p. 21. [Libertus non] absque praesentia episcopi aut praepositi aeclesiae esse [i.e. est] judicandus. Ib., c. 7, p. 22. F. Sal. Bignon., no. 24, *Form.*, p. 237. Nullatenus neque praepositos neque advocatos damnosus et cupidus in monasteria habere volumus. [Antea: advocatos adque vicedomini]. Capit. missor gener. a. 802, c. 13, I p. 93. Judices, advocati, praepositi ... Deum timentes constituantur. Capit. Aquisgr. a. 809, c. 11, p. 149. [Clericus] advocatum sive praepositum non justum ac Deum timentem ... inquirit. Capit. de caus. tract. a. 811, c. 6, p. 163. Capit. de reb. exercit. a. 811, c. 4, p. 165. De pravis advocatis et vicedominis et vicecomitis et pravis archidiaconibus vel prepositis. Karoli M. capit., p. 185 c. 3. Praepositus vel advocatus sive centenarius. Capit. missor. Wormat. a. 829, c. 10, II p. 16. Rectores et prepositi monasterii illius inde disponant secundum quod eis placeat. *D. Karlmanns*, no. 11 (a. 877). Omnis injustitia ab advocatis et prepositis illorum [monasteriorum] corrigatur. Decr. Heinr. II imp. a. 1024, *Const.*, I no. 36, c. 3. Ejusdem monasterii [Goslar] prepositus, qui cetera cleri providet bona, similiter provideat et ista. *D. Heinrichs III.*, no. 233 (a. 1049). **5.** *vidame* d'un évêché — *vidame* of a bishopric. Qui domus suae [sc. episcopi] regimen et dispositionem, quod praepositi nomine homines terrae illius officium significant, ... sibi usurpavit. *D. Lothars III.*, no. 70 (a. 1135). In eadem ecclesia constitutus praepositus totius etiam episcopatus curam administrare cogeretur. NORTBERT. IBURG., V. Bennonis, c. 6, *SS.*, XXX p. 874. **6.** *prieur*, moine préposé à une "cella", à un groupement de domaines ou à un prieuré — *prior*, monk in charge of a "cella", manor or priory. [Monachus] praepositus erat in cella. ADAMN., V. Columbae, lib. 1 c. 31, ed. FOWLER, p. 108. Cellulam ... qualiter ab A. et G. prepositorum [i.e. praepositis] ipsius celle fuit directa vel possessa. SCHIAPARELLI, *CD. Longob.*, II no. 217 p. 248 (a. 768, Farfa). Praepositus et hi qui foras monasteria sunt. Capit. Aquisgr. (a. 801-813), c. 1, *Capit.*, I p. 170. Usus obtinuit eos vocari praepositos qui quandam prioratus curam sub aliis praelatis gerunt. Concil. Aquisgr. a. 816, c. 139, *Conc.*, II p. 415. Frater ejusdem monasterii possessiones quasdam sub sua cura habens ... Ad praepositum supradictum ... WALAHFR., V. Galli, lib. 2 c. 19, *SRM.*, IV p. 326. Quibus [possessionibus] cum fere annis tribus perdurasset praepositus. RADULF. TORTAR., Mir. Benedicti, lib. 8 c. 14, DE CERTAIN, p. 294. Praepositum ibi [sc. in quadam cella] juxta morem cellarum nostrarum ordinavisset. LEO OST., lib. 3 c. 13, *SS.*, VII p. 705. **7.** *prêtre préposé à une église non épiscopale — priest in charge of a non-episcopal church.* Concil. Aurel. a. 541, c. 20, *Conc.*, I p. 91. Capit. Mantuan. I a. 813, c. 8, *Capit.*, I p. 195. **8.** gener.: *officier public — state official.* Omnibus ducibus, comitibus, gastaldiis seu cunctis rei publicae per provincias Italiae a nostra mansuetudine praepositis. Capit. Ital. a. 801, I p. 204. **9.** praepositus palatii: maire du Palais — majordo-



me. Herchenoaldi qui erat eo tempore praepositus palati. V. Eligii, lib. 2 c. 20, *SRM.*, IV p. 711. Vir inlustris Ebroinus palati praepositus quod vulgo dicitur major domus. Ib., c. 56, p. 730. **10.** praepositus domus regiae, mensae regiae: sénéchal — steward. Praepositus mensae ipsius [sc. Lud. Pii imp.]. ANAST. BIBL., Concil. Cpol. IV a. 869, MANSI, t. 16 col. 158 B. Praepositus domus. MONACH. SANGALL., lib. 1 c. 31, ed. JAFFÉ, p. 662. **11.** praepositus camerae regalis: chambrier — chamberlain. ASTRON., V. Hludow., c. 29, *SS.*, II p. 623 l. 16. **12.** *sous-ordre d'un comte — a count's subordinate.* Lex Visigot., lib. 5 tit. 6 c. 3; lib. 8 tit. 1 c. 5; lib. 9 tit. 2 c. 5. **13.** *agent domanial, prévôt seigneurial — manorial agent, bailiff of a seignior.* *D. Louis IV*, no. 26 (a. 945). *D. Kunigunds*, no. 3 (a. 1025). ADEMAR., lib. 3 c. 56, ed. CHAVANON, p. 182. QUANTIN, *Cart. de l'Yonne*, I no. 89 p. 169 (a. 1035). ODO FOSSAT., V. Burchardi, c. 9, ed. BOUREL, p. 23. Pour le "sheriff" anglo-saxon — with reference to a sheriff: Suos [sc. regis] ministros necnon et praepositos, quibus post Dominum et regem omnis totius regni potestas ... subdita videtur. ASSER., G. Aelfredi, ed. STEVENSON, p. 78. Pour les prévôts du roi de France — with reference to the French king's "prévôts": D. Heinr. I reg. Fr. a. 1046 ap. FLEUREAU, *Etampes*, p. 292. D. ejusdem a. 1057, *H. de Fr.*, XI p. 595. D. ejusdem (ca. a. 1058), TARDIF, *Cartons*, no. 275. *D. Phil. Ier*, no. 30 (a. 1067). Ibi saepe. Cf. H. GRAVIER, *Essai sur les prévôts royaux du XIe au XIVe s.*, *RHDFE.*, t. 27 (1903), pp. 538 sqq. **14.** *magistrat communal — municipal magistrate.* Prepositi debent fieri, stabiliri et institui de consilio comitis ac pacis juratorum. *SS.*, XXI p. 609 col. 1 l. 46 (a. 1114, Valenciennes). Prepositi pacis. REINECKE, *Cambrai*, p. 264 c. 28 (a. 1185). In communia Tornacensi debent haberi 30 jurati, de quibus duo erunt prepositi. Phil. Aug. reg. Fr. priv. pro Tornac. a. 1188, *Actes*, I no. 224, c. 29. **15.** *doyen d'une gilde marchande — dean of a merchant guild.* Deprehenditur a quodam negotiatorum preposito. LANTBERT. TUIT., c. 9, *SS.*, IV p. 749.

**praeposterare:** **bouleverser l'ordre des choses, intervertir — to upset, reverse the order of things.*

**praeripium** (< ripa, cf. voc. praerupium): **1.** *berge — bluff.* [Palatium] quod in praeripiis Rheni fluminis constructum Ingilinheim dicitur. WANDALBERT., Mir. Goaris, lib. 2 c. 11, *SS.*, XV p. 366. Etiam c. 8. Monasterii quod in preripio ripae Ligeris fluminis situm Glannafolium ... appellatur. ODO GLANNAF., Mir. Mauri, prol., ib. p. 462. Alvei praeripia Sequanici. V. Probatii, § 9, *AASS.*[3], Febr. I p. 559 B. **2.** perperam pro "praerupium". Per tot nivalium alpium scopulosa praeripia. PETR. DAM., lib. 6 epist. 5, MIGNE, t. 144 col. 378 D.

**praerogare:** **1.** **accorder, octroyer — to grant, give.* **2.** sibi: *s'arroger — to arrogate to oneself.* Quamquam ne ad hanc quidem partem mihi aliquam scientiae praerogaverim facultatem. JOH. METT., Transl. Glodesindis, *AASS.*, Jul. VI p. 223 col. 2.

**presa**, preisa, prisa, prisis, prisia (< prehendere): **1.** *usurpation — encroachment.* Ipsa[m] ecclesia[m] haberet injuste per prisem, et per legem reddere deberet. BITTERAUF, *Trad. Freising*, I no. 251a p. 227 (a. 807). **2.** *emplacement — site.* GIORGI-BALZANI, *Reg. di Farfa*, III doc. 311 p. 14 (a. 873). *D. Ottos II.*, no. 260 (a. 981). **3.** *prise, réquisitionnement de denrées — seizure of commodities.* S. xii. **4.** *taille — tallage.* S. xiii. **5.** *droit de prise de criminels — right to apprehend criminals.* S. xiii.

**presbytera**, presbyteria: **1.** *femme ou ex-femme d'un prêtre — a priest's wife or former wife.* Concil. Turon. a. 567, c. 20, *Conc.*, I p. 128. Concil. Autissiod. (a. 573-603), c. 21, ib., p. 181. [Presbyter] ex tempore ordinationis acceptae presbyteram suam ... ad se propius accedere nunquam sinebat. GREGOR. M., Dial., lib. 4 c. 12 (11). SCHIAPARELLI, *CD. Longob.*, I no. 35 p. 125 (a. 724, Lucca). Ib., II no. 219 p. 253 (a. 768, Lucca). **2.** *veuve qui est entrée en religion — a widow who has taken the veil.* FERRAND., Brev. canon., c. 221, MIGNE, t. 67 col. 960 C. Coll. Quesnell., ib., t. 56 col. 716 A. GREGOR. M., lib. 9 epist. 197, *Epp.*, II p. 186. Concil. Roman. a. 743, *Conc.*, II p. 10.

**presbyteragium:** *les revenus qui découlent de l'exercice du ministère sacerdotal — the parish revenues deriving from the sacerdotal ministry.* Ecclesiam ... cum oblatione, baptisterio, cymiterio et sepultura totumque presbiteragium. BERTRAND, *Cart d'Angers*, I no. 345 p. 395 (a. 1096). Presbyteragium ejus [ecclesiae] in manu sua tenebat. DC.-F., VI p. 489 col. 2 (ch. a. 1104, Marmoutier). Testium viva voce et scripto presbiteragium suum esse dicebat. *Arch. du Maine*, III p. 62 no. 9 (a. 1123, Angers).

**presbyteralis:** **d'un prêtre — of a priest.*

**presbyterare:** *ordonner prêtre — to ordain a priest.* Electum nostrum ... praecepit presbyterari a cardinali U. *Hist. de Lang.*[3], V no. 234 col. 469 (a. 1053, Le Puy).

**presbyteratus** (decl. iv): **1.** **prêtrise — priesthood.* Pro adipiscendis et conferendis episcopatus vel presbiteratus seu reliquorum gradus. V. Balthildis, rec. B, c. 6, *SRM.*, II p. 488. Qui [i.e. quod] mihi ... in previterato meo per donationis paginam ... atvinet [i.e. advenit]. SCHIAPARELLI, *CD. Longob.*, I no. 100 p. 288 (a. 750, Lucca). Erat ... praesbyteratus ordine decoratus. G. abb. Fontan., c. 3 § 2, ed. LOHIER-LAPORTE, p. 26. **2.** *charge de prêtre, cure — office of a priest, cure.* Qui pos[t] nostro ovitum [i.e. obitum] presviteratum in casa s. Marie tenuere [i.e. tenuerit]. Ib., I no. 51 p. 172 (a. 732, Lucca). **3.** *les bien-fonds que tient en bénéfice le prêtre desservant une église — landed estate held by the priest having the cure of a church.* De villis unde none et decime Domini [i.e. Domino] homines reddere debent, tam de presbiteratus quam de villis unde a longo tempore de ipsis rebus sancti[s] exactum fuit. COURTOIS, *Ch. de Dijon*, no. 1 p. 8 (a. 793). [Presbyter] se proclamavit quod ecclesia quam ipse tenet in S. villa ... non habet ... presbyteratum unde censum solvere possit quod ei requirebant. Tunc dederunt ... ad ipsam ecclesiam mansellum unum ... ut sub jure et dominatione presbyterorum ... ipsae res ... permaneant. *Gall. chr.*[2], XVI, instr. col. 12 (a. 911, Vienne);

an verax ?). Vendo . . . C. villam cum ecclesia ibidem fundata cum suo presbyteratu et omnibus rebus ad eamdem villam . . . pertinentibus. Ib., col. 14 (a. 920, Vienne). Intra hos fines quicquid ad presbiteratum s. Johannis aspicit totum. BERNARD, *Cart. de Savigny*, no. 6 p. 10 (a. 919). Duo mansi qui ad presbiteratum pertinent. Ib., no. 139 p. 103 (a. 974). Ecclesiam . . . cum suo presbiteratu, id est curtilis, vicariis, vineis, campis, pratis . . . et quidquid ad rationem ipsius ecclesiae pertinere videtur. Ib., no. 431 p. 233 (a. 989) Ecclesiam cum omni presbyteratu suo ab integro, quantumcumque ibi usque hodie presbyteri tenuerunt. *Hist. de Lang.*[3], V no. 296 col. 581 (a. 1070, Marseille). **4.** *les revenus qui découlent de l'exercice du ministère sacerdotal — the parish revenues deriving from the sacerdotal ministry.* Ecclesiam s. Martini cum ipso presbiteratu vel cum ipsas decimas . . . recipiant canonici. CASSAN-MEYNIAL, *Cart. de Gellone*, no. 279 p. 231 (a. 824). Ecclesia . . . cum suum presbiteratum et mansiones. BERNARD-BRUEL, *Ch. de Cluny*, no. 42 (a. 891, Vienne). Ecclesia . . . cum omni suo presbiteratu et parrochia vel decimis ad ipsa jure pertinentibus. Ib., no. 621 (a. 943). Ib., II no. 1271 sq. p. 351 sq. (a. 969-970); no. 1326 p. 402 (a. 972). RIUS, *Cart. de S.-Cugat*, no. 612 (a. 1058). N.B. Il est souvent malaisé de choisir entre les acceptions 3 et 4. — In many cases it is hardly possible to choose between the third meaning and the fourth.

**presbyterissa: 1.** *femme d'un prêtre — a priest's wife.* Trad. Ebersperg., no. 82, ed. OEFELE, p. 28. **2.** *veuve qui est entrée en religion — widow who has taken the veil.* Ordo Rom. IX, ed. MABILLON, p. 91.

**presbyterium** (gr.) : **1.** **prêtrise, sacerdoce — priesthood.* **2.** **réunion des prêtres d'un diocèse, synode — meeting of the priests of a diocese, synod.* **3.** **presbytère, chœur d'une église — presbytery, choir of a church.* Columnas . . . statuit erga presbiterium ante confessionem. Lib. pontif., Gregor. III, § 5, ed. DUCHESNE, I p. 417. Altare atque cancellos, presbiterium arcusque per girum. PAUL. DIAC., Episc. Mett., *SS.*, II p. 268. Nulli laicorum liceat in eo loco ubi sacerdotes vel reliqui clerici consistunt, quod presbiterium nuncupatur, quando missa celebratur consistere. Concil. Roman. a. 826, c. 33, *Capit.*, I p. 376. Paratis altaribus et presbiterio. Consuet. Cluniac. antiq., rec. C, c. 44, ALBERS, II p. 61. [S. Ambrosius] locum in quo omnes convenirent insignivit, quod presbyterium usque modo a cunctis vocitatur. LANDULF. MEDIOL. SENIOR, lib. 1 c. 3, ed. CUTOLO, p. 10. Donaria et tapetia quae in presbiterio pendere solebant. Chron. s. Andreae Castri Camerac., lib. 2 c. 34, *SS.*, VII p. 538. **4.** *église paroissiale — parish church.* Ea que antiquitus nulli prespiterio subjecta vel adterminata fuerit. BEYER, *UB. Mittelrh.*, I no. 375 p. 433 (a. 1075). **5.** *les revenus qui découlent de l'exercice du ministère sacerdotal — the parish revenues deriving from the sacerdotal ministry.* Duae tenurae in mallo cum presbyterio et parrochianis ecclesiae b. Mariae de B. DC.-F., VI p. 490 col. 2 (ch. a. 1050, Marseille). Ecclesiam cum omni decima et sepultura et cum integro presbiterio. MÉTAIS, *Cart. de Vendôme*, II no. 334 p. 52 (a. 1090). Ecclesiam de B. cum omnibus que ad presbiterium pertinent. RÉDET, *Cart. de S.-Cyprien de Poitiers*, no. 343 p. 213 (a. 1088-1091). Concessi . . . ecclesiam . . . et sepulturas atriorum et omnia quae ad presbyterium pertinent. Ch. (ca. a. 1100) ap. ORDERIC. VITAL., lib. 5 c. 19, ed. LE PRÉVOST, II p. 441. **6.** *salaire payé aux prêtres par l'évêque, notamment par le pape — wages paid by the bishop (especially the pope) to the priests.* Consuetudines cleri suprascriptae ecclesiae et presbiterium te volumus sine cunctatione persolvere. GREGOR M., lib. 2 epist. 13, *Epp.*, I p. 111. Presbiterium ei auxi, in loco eum superiori inter defensores posui. Id., lib. 2 epist. 38, p. 135. Clericis . . . quartam in presbyterium eorum de hoc quod antedictae ecclesiae singulis annis accesserit . . . distribuere . . . studeat. Id., lib. 5 epist. 27, p. 308. Die transitus sui pauperibus vel clero seu familiae presbyteria in integro erogari praeceperit. Lib. pontif., Eugen. (a. 654-657), ed. MOMMSEN, p. 185. Hic dilexit clerum suum valde atque presbiteria eis annue in duplo et amplius tribuit. Ib., Zacharias (a. 741-752), § 28, ed. DUCHESNE, I p. 435. [Papa] largitur presbyterium cunctis ordinibus propria manu. CENCIUS, c. 57 (ordo), § 2, ed. DUCHESNE, I p. 291 col. 1. Cena Domini more Romano et sumptuoso donativo, quod presbiterium nominatur, celebrata. SUGER. V. Lud. Gr., c. 32, ed. WAQUET, p. 262.

**praescientia:** **préscience divine — divine foreknowledge.*

**praescriptor:** *scribe — scribe.* Ego R. presbiter prescriptor [h]ujus cartole. *CD. Langob.*, no. 60 col. 114 A (a. 785, Bergamo). Item no. 111 col. 202 D (a. 829, Bergamo).

**praesens: 1.** **présent, existant — present, existing.* E.g.: Omnibus ducibus, comitibus . . . tam presentibus quam futuris. *D. Karolin.*, I no. 6 (a. 753). **2.** *ce — this.* Cum praesenti auctoritate direximus. KANDLER, *CD. Istr.*, p. 31 col. 2 (a. 538). Brevitas praesentis operis. APPON., Explan. in cant. cant., ed. BOTTINO-MARTINI, p. 6. Scriptis te praesentibus ammonemus. GREGOR. M., lib. 2 epist. 43, *Epp.*, I p. 142. Subst. neutr. plural. **praesentia:** *la présente lettre* ou *charte — the present letter or document.* Praesentium portitor. GREGOR M., lib. 1 epist. 14, p. 14. Ibi persaepe. **3.** loc. in praesenti: immédiatement — instantly. Benedicti regula, c. 55. PAUL. DIAC., Homil., MIGNE, t. 95 col. 1303. **4.** loc. de praesenti: *sur le moment — at once. GREGOR. TURON., H. Fr., lib. 2 c. 32; lib. 5 c. 18. **5.** loc. a praesenti: à partir de ce moment — henceforward. A presenti definivimus . . . altercationes. *CD. Cajet.*, I p. 22 (a. 867). **6.** loc. a praesenti: de suite — thereupon. Nos a praesenti illud [judicatum] in ignem combussimus. MANARESI, I no. 5 p. 12 (a. 781).

**praesentabilis:** *présent* à une réunion — *present* at a meeting. Omnibus se synodis praesentabilem fecerat. FLODOARD,. Ann., a. 948, ed. LAUER, p. 114.

**praesentaliter,** v. praesentialiter.

**praesentare, 1.** aliquem: **amener* devant un prince, un tribunal, *livrer* à la justice — *to bring* before a ruler, a court, *to deliver over* to justice. Per te praesentandus accedat. CASSIOD., Var., lib. 11 epist. 6 § 3, *Auct. ant.*, XII p. 335. [Idololatri] in nostris obtutebus praesententur. Childeb. I praec., *Capit.*, I p. 2 l. 35. Si servus in furtum inculpatur, requiratur a domino ut ad 20 noctes ipsum in mallum praesentet. Pact. Childeb. I et Chloth. I, c. 5, p. 5. Quicumque servum criminosum habuerit, et ei judex rogaverit ipsum praesentare. Childeb. II decr. a. 596, c. 10, p. 17. [Homines ecclesiarum aut potentum de causis criminalibus accusatos] agentes eorum . . . si . . . ad justitiam reddendam praesentare noluerint. Chloth. II edict. a. 614, c. 15, p. 23. Ut latrones de infra immunitatem illi judicis [i.e. ab immunitatum judicibus] ad comitum placita praesente[n]tur. Capit. Harist. a. 779, c. 9, p. 48. Si quis eos [sc. latrones] receperit in suam potestate[m] . . . nisi ad praesentandum. Capit. de part. Saxon., c. 24, p. 70. Rothadum . . . dejectum . . . secum reducens Karolo praesentavit. HINCMAR., Ann. Bertin., a. 865, ed. WAITZ, p. 76. **2.** *présenter* un nouveau dignitaire ecclésiastique pour l'investiture ou pour l'ordination — *to present* a newly-appointed ecclesiastic for investiture or ordination. Hunc . . . episcopus G. unaque abbas R. imperatori presentarunt abbatia donandum. G. pontif. Camerac., lib. 3 c. 6, *SS.*, VII p. 468 l. 27. Cum litteris apostolicis [in episcopum electus] R. suo metropolitano praesentatus est, ut ei munus consecrationis impenderet. G. episc. Camerac. abbrev., c. 7, ib., p. 505. Nemini concedendum donum [i.e. investitura] episcopii nisi quem ille presentaret ei [sc. regi]. Cantat. s. Huberti, c. 28, ed. HANQUET, p. 86. Presbyteri per decanum et canonicos statuantur, et ipsi nobis vel ministris nostris ad curam suscipiendam praesententur. MIRAEUS, I p. 82 col. 1 (a. 1108, Cambrai). Ad suscipiendam aecclesiae curam non est episcopo praesentatus. Ann. Rod., a. 1123, *SS.*, XVI p. 704 l. 5. **3.** *présenter* un candidat devant un jury d'examen — *to present* a candidate before an examining-board. DENIFLE, *Chart. Univ. Paris.*, I no. 201 p. 227 (a. 1252). **4.** *représenter — to represent.* Vicarios vestros ad hoc negotium ventilandum . . . vestras praesentaturos personas . . . mittatis. Nic. I pap. epist. 74 a. 866, *Epp.*, VI p. 406. [Legati ecclesiae Romanae] in synodo . . . praesentantes locum b. Agathonis papæ. ANSELM. HAVELBERG., Dial., lib. 3 c. 12, MIGNE, t. 188 col. 1227 D. **5.** aliquid: *remettre — to hand.* Vestituram hujus rei T. presentaverat ad aram s. Emmerammi et fratribus. WIDEMANN, *Trad. S.-Emmeram*, no. 195 p. 146 (a. 972-974). **6.** *offrir, faire cadeau de* qqch. — *to offer, present* a person *with* a thing. Eglesias tibi presentamus. BRUNETTI, *CD. Tosc.*, p. 452 (a. 716). Quicumque in dona regia caballos praesentaverit. Capit. cogn. fac., c. 5, I p. 144. Dona tua quae ad placitum nostrum nobis presentare debes. Karoli M. epist., ib., p. 168 l. 36. [Eulogiae] ibi fiant praesentatae. EGINHARD., epist. 26, *Epp.*, V p. 123. [Anniversarium celebrent] ecclesiis pro eo luminaria presentando. MULLER-BOUMAN, *OB. Utrecht*, I no. 145 p. 140 (a. 996). **7.** *former une instance — to present, make a presentment.* S. xii, Angl.



**praesentatio: 1.** *droit de présentation pour un bénéfice ecclésiastique — right of presentation to an ecclesiastical benefice.* Dicebant quandam partem ejusdem ecclesie esse suam et maxime praesentacionem presbiteri. HASKINS, *Norman inst.*, p. 321 no. 1 (a. 1139). De advocatione et praesentatione ecclesiarum si controversia emerserit. Const. Clarend. a. 1164, c. 1, STUBBS, *Sel. ch.*[9], p. 164. Ecclesias in quibus Flaviniacense monasterium jus presentationis habere dinoscitur. Litt. Alex. III pap. a. 1181, PFLUGK-HARTTUNG, *Acta*, I no. 319. **2.** *cadeau d'honneur — courtesy-present.* Priv. civ. Rotomag. a. 1150/1151, DELISLE, *Actes Henri II*, I no. 14 p. 19. **3.** *plainte en justice — presentment.* S. xii, Angl.

**praesentator: 1.** *celui qui présente le candidat pour un bénéfice ecclésiastique — one who presents to an ecclesiastical benefice.* S. xii. **2.** *demandeur — one who presents, claimant.* S. xiii, Angl.

**praesentia:** *cadeau — present, gift.* [Magistratuum] mentes angustas praesentiarum caligo cecavit. PASCHAS. RADBERT., Epit. Arsenii, lib. 2 c. 6, ed. DÜMMLER, p. 66.

**praesentialiter,** praesentaliter: **1.** **par sa présence, en personne — in actual presence, in person.* **2.** *à présent — at present.* **3.** *aussitôt — forthwith.* Presentaliter illis partibus revertantur. Capit. Pap. a. 787, c. 2, I p. 198. Si non habuerint unde praesentaliter persolvant. Capit. de part. Saxon., c. 21, p. 69. Praesentaliter inter se wadient ut ad primum . . . placitum causam ipsam definiant. Capit. Pap. a. 855, c. 2, II p. 89. Proprium ejus . . . praesentaliter ad nostrum opus recipere jussimus. Constit. de exp. Benev. a. 866, c. 2, p. 95. Presentialiter revestierunt abbatem. FICKER, *Forsch.*, IV no. 33 p. 47 (a. 982). **4.** *en flagrant délit — in the very act.* Si qui injuriam intulit presentialiter tentus fuerit. VERCAUTEREN, *Actes de Flandre*, no. 127 p. 298 (a. 1127, S.-Omer).

**praesentum:** *redevance pour rachat de l'obligation de prendre part à l'ost — a due for redeeming duty in the host.* HALPHEN, *A travers le Moyen Age*, p. 210 (s. xi, Marmoutier).

**praeses: 1.** **gouverneur de province — governor of a province.* **2.** *comte carolingien — Carolingian count.* V. Landiberti vetustiss., c. 2., *SRM.*, VI p. 354. V. Galli vetustiss., c. 10 sq., ib., IV p. 255 sq. Presides seu judices. Concil. Aschaim. (a. 756-760), c. 11, *Conc.*, II p. 58. WARTMANN, *UB. S.-Gallen*, I no. 49 (a. 766). BITTERAUF, *Trad. Freising*, I no. 131 p. 140 (a. 790-794). Cf. ib., no. 176 p. 169. Joh. VIII pap. priv., MABILLON, *Acta*, IV pt. 2 p. 254. In comitatu M. presidis. *D. Heinrichs I.*, no. 34 (a. 932). In T. civitate in publico mallo presidis. ESCHER-SCHWEIZER, *UB. Zürich*, I no. 212 p. 103 (a. 968). HROTSWITHA, G. Oddonis, v. 180, 207, 283, *SS.*, IV p. 322-324. Coram ullo preside aut judice nostro. *D. Heinrichs II.*, no. 14 (a. 1002). V. Mathildis posterior, c. 9, *SS.*, IV p. 578. ACHT, *Trad. Tegernsee*, no. 4 p. 4 (a. 1003-1013). Ibi saepe. *D. Heinrichs III.*, no. 25 (a. 1040). Ann. Altah. maj., a. 1043, ed. OEFELE, p. 34. **3.** *comte féodal — feudal count.* Ruodlieb, fragm. 5 v. 141 et 209. Mir. Willibrordi, *SS.*, XXX p. 1371 l. 2. GUILLELM. PICTAV., lib. 1 c. 38, ed. FOREVILLE, p. 90. ERHARD, *Reg. Westf.*, I, CD. no. 170 p. 133 (a. 1100). Ib., no. 173 p.

135 (a. 1102). V. Meinwerci, c. 134, ed. TENCKHOFF, p. 69. **4.** *maire du Palais — majordome.* Addit. Nivial. de Fuillano, *SRM.*, IV p. 450. **5.** *marquis* ou *duc — margrave* or *duke.* WIDUKIND., lib. 2 c. 30 et 33; lib. 3 c. 45, 54, 67. **6.** aulicus praeses: comte du Palais — count palatine. *D. Ludw. d. Deutsch.*, no. 170 (a. 876). Palatinus praeses: idem. Chron. Gozec., c. 7, *SS.*, X p. 143. **7.** praeses urbanus: châtelain — castellan. WIDEMANN, *Trad. S.-Emmeram*, no. 507 p. 287 (ca. a. 1048). **8.** *vicomte — viscount.* GUILLELM. PICTAV., lib. 2 c. 22, p. 196. GUILLELM. GEMMETIC., lib. 7 c. 3, ed. MARX, p. 118 et 123. **9.** *sheriff.* S. xii, Angl. **10.** *évêque — bishop.* V. Meinwerci, c. 145, p. 77.

**praesidatus** (decl. iv): **1.** **gouvernement d'une province — governorship of a province.* **2.** *charge comtale — office of a count.* Totius Campaniae praesidatus officium gerens. V. Marci Atin., *AASS.*, Apr. III p. 555. **3.** *comté — county.* In pago Dehsendron [i.e. Toxandria] in presidatu A. comitis. GLÖCKNER, *Cod. Lauresham.*, I no. 75 p. 357 (a. 969). Cum consensu . . . cunctorum conprovincialium ad suum [sc. comitis] presidatum pertinentium. HUTER, *Tiroler UB.*, I no. 85 p. 45 (a. 1065-1077). Qui praesidatum Legrecestrae regebat. ORDERIC. VITAL., lib. 8 c. 2, ed. LE PRÉVOST, III p. 270. Item c. 12, p. 333. **4.** *charge de "sheriff" — office of sheriff.* S. xii, Angl.

**praesidentialis** (adj.): *qui est présidé par le roi — presided by the king.* Coram magna praesidentiali nostra regia curia. D. Lud. VI reg. Fr. a. 1118, MABILLON, *Ann.*, VI app. p. 636 col. 1. Subst. plural. **praesidentiales:** *les membres du tribunal royal — the members of the king's council.* Coram magnis praesidentialibus nostris. D. ejusdem a. 1120, *Gall. chr.*², VIII instr. col. 321.

**praesidere:** **1.** *exercer les fonctions d'un comte — to act as a count.* W. comes qui in marcam Brittanniae praesidebat. Ann. regni Franc., a. 799, ed. KURZE, p. 108. **2.** *occuper le siège d'un évêché — to occupy an episcopal see.* Actum . . . domino G. episcopo Trajecti presidente. MULLER-BOUMAN, *OB. Utrecht*, I no. 298 p. 270 (a. 1121).

**praesidiare:** *servir d'appui — to countenance.* Ipsorum praesidiante suffragio. WIDRIC., V. Gerardi Tull., c. 18, *SS.*, IV p. 501 l. 6. Octo senatores . . . quos Virduna sedes meruit sibi praesidiantes. V. Richardi Sanviton., *AASS.*, Jun. II p. 1002.

**praesidium:** **1.** *biens meubles — chattels.* Pact. Andel. a. 587, *Capit.*, I p. 13 l. 21. GREGOR. TURON., H. Fr., lib. 6 c. 4; lib. 10 c. 1. Concil. Paris. a. 614, c. 10, *Conc.*, I p. 188. Ch. Eligii a. 632, *SRM.*, IV p. 746. *D. Merov.*, no. 32 (a. 656-670). Ib., no. 67 (a. 695). Test. Gammonis a. 697, PARDESSUS, II no. 442 p. 244. Test. Irminae a. 699, WAMPACH, *Echternach*, I pt. 2 no. 6 p. 25. Test. Wideradi a. 721, PARDESSUS, II no. 514 p. 326. F. Andecav., no. 33, *Form.*, p. 15. MARCULF., lib. 1 no. 12, p. 50. Ib., lib. 2 no. 12, p. 83. Cart. Senon., no. 29, p. 198. F. Sal. Lindenbr., no. 13, p. 276. Pass. prima Leudegarii, rec. A, c. 25, *SRM.*, V p. 307. V. Desiderii, c. 34, ib., IV p. 591. WARTMANN, *UB. S.-Gallen*, I no. 68 p. 66 (a. 772). BEYER, *UB. Mittelrh.*, I no. 41 p. 46 (a. 804). **2.** *château fort — castle.* [Rex] Radinburg et Bemelburg, presidia munitissima in Thuringia, . . . cremari praecepit. Chron. reg. Colon., rec. I, a. 1107, ed. WAITZ, p. 45.

**praesignare:** **préfigurer — to prefigure.*

**praesignatus:** *susdit — aforesaid.* ANAST. BIBL., Chron., ed. DE BOOR, p. 308. *D. Rodolfo*, no. 12 (a. 925).

**presio,** preso, v. prehensio.

**presonagium,** v. prisionagium.

**presonarius,** v. prisionarius.

**pressoraticus,** pressur-, -agium: *profit du pressoir banal* ou rachat de la banalité du pressoir — *revenue from winepress monopoly* or due for redeeming the compulsory use of the lord's winepress. DC.-F., VI p. 492 col. 1 (ch. a. 1175, S.-Wandrille). *Actes Phil.-Aug.*, I no. 28 p. 39 (a. 1181).

**pressorium:** *pressoir — winepress.* BERTRAND, *Cart. d'Angers*, I no. 46 p. 70 (a. 1082-1106); no. 76 p. 93 (a. 1060-1081). *Actes Phil.-Aug.*, I no. 125 p. 154 (a. 1184/1185).

**pressura:** **1.** *pressoir — winepress.* LUCHAIRE, *Louis VII*, p. 350 no. 3 (a. 1137). **2.** *profit du pressoir banal — revenue from winepress monopoly. Gall. chr.*², VII instr. col. 47 (ch. a. 1113). DC.-F., VI p. 492 col. 2 (ch. a. 1133). **3.** **tribulation, affliction, calamité — disaster, affliction, torment.*

**pressurata:** *redevance pour rachat de la banalité du pressoir — due for redeeming compulsory use of the lord's winepress.* DC.-F., VI p. 492 col. 3 (ch. a. 1110, S.-Benoît-s.-Loire).

**praesta** (< praestare): *droit seigneurial de lever un emprunt coercitif — seigniorial right to impose a compulsory loan. Hist. de Lang.*³, V no. 571 I col. 1097 (a. 1147, Toulouse).

**praestabilis:** **qui pardonne volontiers — readily pardoning.* Divina clementia praestabilis est ad ignoscendum. ALCUIN., V. Willibrordi, c. 30, *SRM.*, VII p. 137.

**praestandarius** (subst.): *tenancier à titre de précaire — land-tenant holding by precarial grant.* D. Lud. II imp. a. 867, GATTOLA, *Access.*, p. 38. *D. Ottos I.*, no. 367 (a. 968); no. 373 (a. 969). UGHELLI, I pt. 1 p. 490 (ch. a. 1002, Pescara). *D. Heinrichs IV.*, no. 187 (a. 1047).

**praestantia:** **aide, secours — help.*

**praestare:** **1.** **prêter* un objet pour un usage temporaire — *to lend* a thing for use during some time. Si quis alicui jumentum praestiterit. Cod. Euric., c. 279. Ne ad nuptiarum ornatu ministeria divina praestentur. Concil. Arvern. a. 535, c. 8, *Conc.*, I p. 67. Praestari sibi capisterium petiit. GREGOR. M., Dial., lib. 2 c. 1. Si quis alii armam suam prestaverit. Edict. Rothari, c. 307. Requireremus unam mulam, quam ipsa prestiterat Guilelmo. ROSELL, *Lib. feud. maj.*, no. 491 (a. 1058). **2.** *prêter, avancer* de l'argent — *to lend, advance* money. Concil. Tarracon. a. 516, MANSI, t. 8 col. 541. GREGOR. TURON., H. Fr., lib. 3 c. 34. MARCULF., lib. 2 no. 27, *Form.*, p. 43. Cart. Senon., no. 3, p. 186; no. 48, p. 206. Edict. Rothari, c. 224 et pluries. Lex Visigot., lib. 1 tit. 5 § 2 et pluries. Foenus est qui aliquid prestat; justum foenus est qui amplius non requirit nisi quantum prestitit. Capit. missor. Niumag. a. 806, c. 16, I p. 132. PAUL. DIAC., Homil., MIGNE, t. 95 col. 1374. ROSELL, o.c., no. 353 (a. 1048). BERTRAND, *Cart. d'Angers*, I no. 361 p. 418 (a. 1060-1081). **3.** *fournir à crédit — to furnish on credit.* Devitor erat ad jamdicta[m] concrecacione[m] . . . sol. 350 . . . probter vinos et annonas, argentum, mulo et kavallos vel vestimenta, quod praestavit et vendidit homo . . . *Hist. de Lang.*³, II pr. no. 183 col. 371 (a. 873, Cannes). Debitor sum tibi quarta 1 de ordeo quod tu mihi prestasti. RIUS, *Cart. de S.-Cugat*, no. 371 (a. 1002). **4.** *concéder à titre de précaire — to grant by precarial contract.* Agellum . . . quem filio et parenti meo B. ad usu fructuario praestitimus. Test. Bertichramni a. 615, PARDESSUS, I no. 230 p. 204. Vinditor . . . pulsaverit dicendo quod praestetisset, nam non vindedisset. Edict. Rothari, c. 227. Si inter eum qui accipit terras vel silvas et qui prestitit, de spatio [temporis] unde prestiterit fuerit orta contentio. Lex Visigot., lib. 10 tit. 1 c. 14. Ipsas res quamdiu advivo mihi ad usandum vel condirgendum prestare deberetis. Cart. Senon., no. 15, p. 191. Ipsas res ad prestitum beneficium tibi prestare deberemus. Ib., no. 16, p. 191. Defensor ecclesiae ipsius per beneficium [rem] prestare voluerit ei. Lex Baiwar., tit. 1 c. 1. Ipsas res sub usu fructuario tibi prestavimus. WARTMANN, *UB. S.-Gallen*, I no. 29 (a. 761). Nullus exinde pontificium non habeat nec prestare nec propriis nec extraneis. ZEUSS, *Trad. Wizenb.*, no. 61 (a. 774). WAMPACH, *Echternach*, I pt. 2 no. 90 p. 154 (a. 784/785). BLOK, *Oorkonden van Werden*, p. 183 no. 24 (a. 801). GYSSELING-KOCH, *Dipl. Belg.*, I no. 50 (a. 830). *D. Ludw. d. Deutsch.*, no. 6 (a. 831); no. 79 (a. 857). D'HERBOMEZ, *Cart. de Gorze*, no. 52 p. 93 (a. 849). DONIOL, *Cart. de Brioude*, no. 132 p. 148 (a. 874). **5.** *concéder à titre de bail — to lease.* Mihi locare hac [i.e. ac] prestare jubeatis ad laborandum et censo redendo livellario nomine, id est casas et rebus . . . *CD. Langob.*, no. 186 col. 314 A (a. 854, Milano). Prepositus ipsius monasterii casis et rebus [i.e. casas et res] Donationi . . . per livellum ad censum reddendum da parte ipsius monasterii s. Ambrosii prestiterat. MANARESI, *Placiti*, I no. 64 p. 231 (a. 859, Milano). *CD. Langob.*, no. 545 col. 931 B (a. 934, Modicia). **6.** *concéder à titre de fief — to grant by feudal contract.* Prestiti ei in beneficium . . . decimam. MULLER-BOUMAN, *OB. Utrecht*, I no. 186 (a. 1027-1054). Ne episcopus ullam potestatem habeat . . . ulli hominum in beneficium dandi vel praestandi. *D. Heinrichs III.*, no. 157 (a. 1046). Filium ejus . . . militem sibi fecit; et hoc solum quod apud W. patri prestitit, filio post mortem patris concessit. HAUTHALER-MARTIN, *Salzb. UB.*, II no. 105[b] p. 175 (a. 1074-1088). Ecclesie bona beneficiali jure liberis viris prestaret. ERHARD, *Reg. Westf.*, I, CD. no. 182 p. 145 (a. 1118). Episcopus . . . ei [beneficium] praestare noluit. V. Altmanni, c. 24, *SS.*, XII p. 236. **7.** *payer — to pay.* Prestante nobis . . . pensione[m]. TIRABOSCHI, *Memor. Modenesi*, I p. 13 (a. 811). Neque . . . ullum censum vel tributum aut obsequium . . . praestare cogant. Constit. de Hisp. I a. 815, c. 5, *Capit.*, I p. 262. **8.** *faire cadeau de* qqch. — *to present* a person *with* a thing. Ruodlieb, fragm. 4 v. 246. **9.** *permettre — to permit.* Ut oblationis defunctorum ecclesiis depotate nullorum conpetitionibus auferantur, praesenti constitutione praestamus. Chloth. praec., c. 10, *Capit.*, I p. 19. Praesta mihi in hanc terram introire. PAULIN. AQUIL., Vers. de Lazaro, ed. STRECKER, *NA.*, t. 48 (1927) p. 34. Sacer imber prestat . . . vivere florae. VULGAR., Syll., c. 36 v. 16, *Poet. lat.*, IV p. 437. Amplius quam antiqua praestat consuetudo. ROMANIN, *Venezia*², I p. 383 (a. 992). **10.** absol. (sc. sacramentum): *jurer — to take an oath.* Praestiterunt . . . quod . . . nullis de cetero temporibus aliquid reclamarent. LOBINEAU, *Bretagne*, II p. 319 (a. 1182). **11.** intrans., alicui: **aider, rendre service — to help, render a service.*

**praestarius** (adj.) (< praestare): **1.** *à titre de précaire — by way of a precarial grant.* Nos ad finem vitae nostrae prestaria vice usitamur in beneficium de domo s. Mariae sine censum. BITTERAUF, *Trad. Freising*, I no. 48 p. 77 (a. 772). Pro hac rerum prestaria concessione confert prefatus R. suprascripte matri ecclesie . . . mansum 1. RAGUT, *Cart. de Mâcon*, no. 100 p. 76 (a. 894). **2.** charta praestaria: charte de concession en précaire — document concerning a precarial grant. Obtulerunt quandam cartam praestariam, in qua continebatur qualiter B. episcopus praestitisset eis ad usum meritum quasdam res. *D. Ludw. d. Deutsch.*, no. 6 (a. 831). Praesens cartula praestaria. *Wirttemberg. UB.*, I no. 173. **3.** *acquis par un contrat de précaire — obtained by precarial contract.* Praebendae [dativ.] fratrum S. et alia plura data vel praestaria adquisierit. G. episc. Virdun., c. 7, *SS.*, IV p. 47 l. 32. Subst. femin. **praestaria** et neutr. **praestarium:** **1.** *charte de concession en précaire* émise par le concédant — *document concerning a precarial grant* issued by the grantor. Prestaria de rem ecclesiæ ab episcopis facta. MARCULF., lib. 2 no. 40, inscr., *Form.*, p. 99. Haec prestaria de quinquennio in quinquennium sit renovata. F. Sal. Lindenbr., no. 4, p. 270. Ego W. scripsi et subscripsi prestariam istam. WARTMANN, *UB. S.-Gallen*, I no. 104 (a. 786). Acta est autem hec prestaria puplice . . . BLOK, *Oorkonden van Werden*, p. 183 no. 24 (a. 801). Facta prestaria in monasterio Blandinio publico sub die . . . GYSSELING-KOCH, *Dipl. Belg.*, no. 50 p. 139 (a. 830). Per hanc prestariam tibi concedimus. GLOECKNER, *Cod. Lauresham.*, I no. 28 p. 311 (a. 846). Hec prestaria . . . firma permaneat. GYSSELING-KOCH, o.c., no. 32 (a. 853, S.-Bertin). Detulit obtutibus nostris quandam prestariam ab A. abbate et monachis . . . roboratam. D. Loth. II reg. a. 866, BEYER, o.c., no. 106 p. 111. Ut haec prestaria a nobis renovata manere possit inconvulsa. BERNARD-BRUEL, *Ch. de Cluny*, I no. 95 (a. 907, Mâcon). **2.** *concession en précaire — precarial grant.* Super hanc praestariam confirmationis nostrae praeceptum fieri juberemus. *D. Ludw. d. Deutsch.*, no. 6 (a. 831). Illas res quas nobis S. . . . tradidit . . ., ei per prestarium represtare deberemus. WARTMANN, *UB. S.-Gallen*, I no. 345 (a. 834). Res beneficiare vel commutare aut in prestariam tribuere. BEYER, *UB. Mittelrh.*, I no. 105 p. 110 (a. 866, Prüm). Vel in beneficium vel prestariam dandi . . . potestatem habeat. Ib., no. 110 p. 115 (a. 868, Prüm). [Possessiuncula] vel per praestariam

vel per beneficium valet restitui. FROTHAR., epist. 17, *Epp.*, V p. 288. Mancipia quae nobis ille tradidit, ei iterum per prestarium represtaremus. F. Sangall. misc., no. 23, *Form.*, p. 389. De prestariis que injuste factae sunt, ut absque pena ligate solutionis rumpantur. *D. Karls III.*, no. 83 (a. 883). **3.** *charte de précaire* émise par le bénéficiaire — *precarial deed* issued by the grantee. Teste O. archiepiscopo qui hanc prestariam fieri [rogavit]. ZEUSS, *Trad. Wizenburg.*, no. 151 p. 142 (a. 841). GLOECKNER, o.c., I no. 16 p. 293, inscr. **4.** *tenure en précaire — precarial tenure.* In praestariam concessimus. SCHANNAT, *Wormat.*, p. 10 (a. 891). [Capellam] quidam homo in praestariam tenebat. *Gall. chr.*[2], XVI instr. col. 12 no. 15 (a. 907, Vienne). Terram ... quam S. per prestariam tenuit. *D. Ottos I.*, no. 92 (a. 947). Villam ... obtinuerit in prestariam. FLODOARD., Hist. Rem., lib. 3 c. 20, *SS.*, XIII p. 513 l. 16. Bona monasterii sub precaria vel prestaria quam dicunt obtinebat. JOH. METT., V. Joh. Gorz., c. 110, *SS.*, IV p. 368 l. 33. In praestarium recipiant. *Wirttemberg. UB.*, I no. 173. **5.** *donation sous réserve de concession en précaire — donation under proviso of regrant by way of precaria.* Alodium ... a quadam vidua ... prestaria sua et magna pecunia acquisivit. G. episc. Virdun., c. 10, *SS.*, IV p. 50 l. 4. **6.** *bien-fonds concédé en précaire — estate granted by way of precaria.* Super beneficia ecclesiastica vel prestarias. Capit. missor. Suess. a. 853, c. 11, II p. 270. Res quas R. eis dedit ... cum prestariis quas post mortem ipsius et fratris ejus O. receperunt. *D. Charles le Simple*, no. 18 (a. 899). In prestaria Herimanni est mansus indominicatus I ... Polypt. Derv., pars recentior, c. 51, LALORE, *Ch. de Montiérender*, p. 114.

**praestatio:** **1.** *la totalité des redevances perçues par le propriétaire d'un domaine — the aggregate revenue accruing to a manor.* Dono ... locum G. sub omni integritate cum omni sua praestatione. *Hist. de Lang.*[3], II pr. no. 24 col. 82 (a. 813). **2.** i.q. praestaria sub 2: *concession en précaire — precarial grant.* Per vestram prestationis kartulam supradictam rem usque obitum vitae meae habere possimus. STENGEL, *UB. Fulda*, I no. 86 p. 159 col. 1 (a. 779). Dum filia mea G. vixerit, per vestrum beneficium seu praestationem habere possit. DRONKE, *CD. Fuld.*, no. 232 p. 121 (a. 806). Iterum no. 413 p. 186 (a. 823). [Res ecclesiarum] seculi pauperiores non obtinent per deprecatam praestationem. HINCMAR. REM., Divort., ad interr. 12, SIRMOND, I p. 639. Quotquot antecessores ejus [villam] tenuerant, s. Richario per praestationis occasionem tollebant. D. Henr. I reg. Fr. a. 1035 ap. HARIULF., lib. 4 c. 7, ed. LOT, p. 192. Recepit illud [praedium] ab abbate R. in jus prestationis. Acta Murensia, c. 29, ed. KIEM, p. 89. **3.** *droit de collation d'une prébende — right of collation of a prebend.* Prebendam unam plenam que ... mee [sc. episcopi] singularis erat prestacionis. MULLER-BOUMAN, *OB. Utrecht*, I no. 352 p. 324 (a. 1134).

**praestator:** *concédant en précaire — grantor of a precarial grant.* GYSSELING-KOCH, *Dipl. Belg.*, no. 32 (a. 853, S.-Bertin).

**praestatorius:** *de concession en précaire — concerning a precarial grant.* Convenit hanc epistolam prestaturia[m] in vobis pariter conscribere. MARCULF., lib. 2 no. 40, *Form.*, p. 100. Jussimus ei hanc praestatoriam cartam facere. DÉLÉAGE, *Actes d'Autun*, no. 19 p. 47 (a. 1060).

**praestatura,** v. praestitura.

**praestigium** = praestigiae.

**praestimonium:** i.q. praestaria. S. xii, Hisp.

**praestituere:** *préposer — to place at the head.* Potestatem habeant ... prestituendi atque eligendi sibi ... abbatem. *D. Charles le Chauve*, I no. 171 p. 452 (a. 854/855).

**praestitum** (subst.): **1.** *emprunt — loan.* Coll. Avell., *CSEL.*, t. 35 p. 353 l. 16. FICKER, *Forsch.*, IV p. 40 (a. 976). **2.** *livraison à crédit — delivery on credit.* Praestitum fecit de jamdictas res ..., ita et vendidi[t]. *Hist. de Lang.*[3], II pr. no. 183 col. 371 (a. 873, Caunes). **3.** i.q. praestaria sub 2: *concession en précaire — precarial grant.* Hoc quod dedi ... ut mihi in prestitum illas res concedant. WARTMANN, *UB. S.-Gallen*, I no. 10 (a. 744). [Bona] nulli umquam hominum nec in prestitu nec in quolibet beneficio cedantur. Ib., no. 153 (a. 798). Accipiat prestitum ad servire Deo et s. Mariae. BITTERAUF, *Trad. Freising*, I no. 111 p. 127 (a. 783-790). Supplicavit ut ipsas ecclesias per prestitum beneficii reddidisset. Concil. Tegerns. a. 804, *Conc.*, II p. 232. Nec per cartulam nec per breve nec per judicatum nec per prestitum nec per ullam rationem contra A. abbatem ... aliquid ego contendere possum. MANARESI, *Placiti*, I no. 109 p. 405 (a. 899, Teramo). Terram ... a vestro monasterio per praestitum tenent. Ch. a. 993 ap. Addit. ad Chron. Casaur., MURATORI, *Scr.*, II pt. 2 col. 984. Tantum res quas per prestitum ... accepit, habere debet diebus vitae suae. *D. Konrads II.*, no. 203 (a. 1033). **4.** plural. praestita: *bienfaits, faveurs — benefits, favours.* CASSIOD., Var., lib. 1 epist. 26 § 1, *Auct. ant.*, XII p. 28. **5.** plural. praestita: *cadeaux — presents.* Ruodlieb, fragm. 5 v. 248 et 319.

**praestitura,** praestatura: **1.** i.q. praestaria sub 2, *concession en précaire — precarial grant.* De rebus aut villis ecclesiarum prestaturam vel concambium facere. *D. Heinrichs III.*, no. 208[a] (a. 1042). **2.** *tenure en précaire — tenement held by precarial grant.* Episcopo ex sua indominicatura prebente mihi prestituras et beneficia. BORMANS-SCHOOLMEESTERS, *Cart. de Liège*, I no. 26 (a. 1079). Totas prestituras suas familiarum et arvorum, quas de domo s. Rodberti habuit, ... tradidit. Trad. s. Petri Juvav., no. 191 (ca. a. 1135). HAUTHALER, *Salzb. UB.*, I p. 350. Iterum no. 192 (a. 1136), p. 351.

**praestus** (adj.) (< praesto): *prêt, disponible, disposé — ready, prepared.* Testes ... ibi praestos habeat. Lex Sal., tit. 45 § 2. Prestum se unusquisque definito loco vel tempore exhibeat. Lex Visigot., lib. 9 tit. 2 § 9. Ibi pluries. Vigiliis, orationibus praestus. V. Sollemnis, c. 2, *SRM.*, VII p. 312.

**praesul:** **1.** *évêque — bishop.* GREGOR. TURON., H. Fr., lib. 1 c. 36; lib. 5 c. 49 (les deux fois en parlant de Saint Martin — in both cases with reference to St. Martin). FORTUN., V. Martini, lib. 1 v. 25, *Auct. ant.*, IV pt. 1 p. 296. IONAS, V. Columbani, lib. 2 c. 8, ed. KRUSCH



(in 8°), p. 245. Synod. Hertford. a. 673, c. 5, ap. BEDAM, H. eccl., lib. 4 c. 5. BEDA, H. eccl., saepe. V. Eligii, lib. 2 c. 38, *SRM.*, IV p. 723. V. Desiderii, c. 33, ib., p. 590. Concil. Tolet. XI a. 675, MIGNE, t. 84 col. 459 D. Capit. Attiniac. a. 822, c. 4, I p. 358. **2.** *pape — pope.* IONAS, o.c., lib. 2 c. 23, p. 282. Romae praesul factus. BEDA, lib. 5 c. 24. Erat eo tempore Romae praesul. V. Eligii, lib. 1 c. 33, p. 689. Romanae sedis praesuli. PAUL. DIAC., Homil., MIGNE, t. 95 col. 1488. Summi praesulis. Lud. III imp. epist. ap. Chron. Salernit., c. 107, ed. WESTERBERGH, p. 111. Romanorum ecclesiae post Petrum summus ... praesul. ANAST. BIBL., Chron., ed. DE BOOR, p. 66. REGINO, Chron., a. 865, ed. KURZE, p. 82. **3.** *abbé — abbot.* Monasterii praesul. CASSIOD., Hist. trip., lib. 8 c. 1 § 1, *CSEL.*, t. 71 p. 455. IONAS, o.c., lib. 1 c. 4, p. 158; lib. 2 c. 8, p. 245. Ad cellam praesulis Apolinaris. Chron. s. Bened. Casin., *Scr. rer. Langob.*, p. 472. **4.** *homme puissant — mighty man.* Sacratissime praesul [en s'adressant au roi des Francs — in addressing the Frankish king]. Aureliani epist. (a. 546-548), *Epp.*, III p. 125 l. 39. En parlant d'un duc — with reference to a duke: ARBEO, V. Haimhrammi, rec. A, c. 16, ed. KRUSCH (in-8°), p. 48. En parlant d'un juge — with reference to a judge: V. Samsonis (s. ix), MABILLON, *Acta*, I p. 179.

**praesulari:** **1.** *siéger comme évêque — to exercise the functions of a bishop.* Episcopatui Laudensi, ubi A. venerabilis episcopus presulatur. *D. Heinrichs II.*, no. 5 (a. 1002). Praesulantibus antecessoribus suis. V. Gundulfi (s. xii p. pr.), c. 3, MIGNE, t. 159 col. 820 C. Chron. Farf., contin., MURATORI, *Scr.*, II pt. 2 col. 648. MULLER-BOUMAN, *OB. Utrecht*, I no. 515 p. 458 (a. 1185). **2.** *être abbé ou abbesse d'un monastère — to be an abbot or an abbess of a monastery.* Cui [monasterio] soror nostra ... praesulari dinoscitur. *D. Ottos II.*, no. 78 (a. 974). **3.** *exercer des droits de propriété sur une église privée — to have proprietary rights regarding a church.* W. comite necnon reliquis qui eidem ecclesiae presulari videbantur. *D. Ottos II.*, no. 225 (a. 980).

**praesularis:** *épiscopal — episcopal.* Erga vestram presularem sanctitatem. Lib. diurn., c. 61, ed. SICKEL, p. 57. Presularis auctoritas. Ib., c. 88, p. 116. Nulla presularis sive abbacialis potestas. *D. Charles le Chauve*, no. 233 (a. 861). Praesulari urbs ipsa [Laon] meruit intronizari cathedra. DC.-F., VI p. 473 col. 3 (ch. a. 973). Praesulari habitu infulatos. WIDRIC., V. Gerardi Tull., c. 18, *SS.*, IV p. 501 l. 13.

**praesulatus** (decl. iv): **1.** *dignité d'évêque — dignity of a bishop.* Conantur posteris praesulatus relinquere dignitatem. ISID., Eccl. off., lib. 2 c. 5 § 13, MIGNE, t. 83 col. 784 B. De culmine presulatus. Lib. diurn., c. 85, ed. SICKEL, p. 104. H. ecclesiae praesulatum suscepit. BEDA, H. eccl., lib. 5 c. 2. Provinciae Nordanhymbrorum ... 4 nunc episcopi praesulatum tenent. Ib., lib. 5 c. 23. Etiam c. 8. Bonifacius in Moguntine sedis presulatu ... ministrasset. RADBOD., V. altera Bonifatii, c. 13, ed. LEVISON, p. 71. **2.** *évêché — bishopric.* In cujus [sc. s. Martini] honore prefate presulatus urbis [sc. Trajectensis] habetur dedicatus. *D. Ottos I.*, no. 58 (a. 944). Magdaburgensis [ecclesiae] archiepiscopatum et una suffraganeum ejus Merseburgensis ecclesie presulatum. *D. Heinrichs II.*, no. 63 (a. 1004). Ejusdem [sc. Bergomatis] presulatus cathedram obtinebat. *D. Konrads II.*, no. 61 (a. 1026). Capellani regis et amici praesulatus Angliae adepti sunt. ORDER. VITAL., lib. 10 c. 2, ed. LE PRÉVOST, IV p. 12. **3.** *dignité de patriarche — dignity of a patriarch.* Hierosolymorum tenuit praesulatum. CASSIOD., Hist. trip., lib. 1 c. 10 § 1, *CSEL.*, t. 71 p. 30. **4.** *dignité pontificale — papal dignity.* Praesulatus cathedra beatum virum sublimarunt. V. Boniti, c. 5, *SRM.*, VI p. 122. Praesulatum sedis apostolicae ... habebat. BEDA, o.c., lib. 2 c. 17. Romae praesulatum agens. WALAHFR., Exord., c. 21, *Capit.*, II p. 494 l. 29. Praesulatus summus. LIUDPRAND., Antap., lib. 3 c. 46, ed. BECKER, p. 98.

**praesumere:** **1.** *être sûr que, avoir confiance en, attendre — to be sure about, confide in, expect.* **2.** *se faire une idée, supposer, présumer, croire à tort, escompter à tort — to imagine, suppose, presume, believe wrongly, place a vain reliance on.* **3.** *se permettre, oser, avoir l'audace de — to venture, undertake, presume.* **4.** *prétendre à, exiger — to claim.* Episcopus ... non praesumat pretium ordinationis, non praesumat dona iniquorum. Canon. Hibern., lib. 1 c. 8, ed. WASSERSCHLEBEN, p. 7.

**praesumptio:** **1.** *acte audacieux ou arbitraire, insolence, brutalité — high-handed or wayward action, effrontery, sheer violence.* Nullus ingenuorum ... in privata habeatur cujuslibet praesumptione custodia. Edict. Theoderici, c. 8, *LL.*, V p. 152. Qui ... iratus eduxerit gladium, quamlibet non percusserit, 10 tamen sol. ei quem percutere voluit pro praesumptione sola dare cogendus est. Lex Visigot., lib. 6 tit. 4 c. 6. Sua praesumcione vel per falsa carta seu per revellacionis audacia aepiscopatum reciperat. *D. Merov.*, no. 48 (a. 677). Si quis servum ecclesiae ... occiderit per praesumptionem. Lex Baiwar., tit. 1 c. 5. Si quis liberi porcos propter praesumptionem ... disperserit. Ib., tit. 4 c. 26. Quidam legitima servorum patrimonia potestativa quadam praesumptione dirimant. Concil. Cabillon. a. 813, c. 30, *Conc.*, II p. 279. Ubicumque hujusmodi praesumptiones [sc. collectae ad malefaciendum factae] fuerint, digna emendatione corrigantur. Capit. missor. Wormat. a. 829, c. 10, II p. 16. Ob nimiam praesumptionem quorumdam tyrannorum in sacerdotes Domini bachantium. Concil. de cleric. percuss. (s. x), *Capit.*, I p. 360 l. 37. Quidam violenti homines praesumptionem faciebant contra potestatem loci ipsius. ODO CLUNIAC., c. 7 § 104, *AASS.*, Oct. VI p. 330 C. **2.** *désobéissance, acte indiscipliné — disobedience, unruly action.* Ne praesumptio crescat in plebe. Lex Baiwar., tit. 1 c. 9. Resonuit in auribus nostris quorumdam praesumptio non modica, quod non obtemperetis pontificibus vestris. Karoli epist. in It. missa (a. 790-800), *Capit.*, I p. 203 l. 20. [Ministri rei publicae liberos homines ... ad placita protrahentes] pro incauta praesumptione bannum nostrum componant. Capit. Pap. a. 856, c. 4, II p. 91. **3.** *délit, crime — misdeed.*

Faciant eos penitentiam agerent [i.e. agere] de has inlicitas presumtiones [sc. incantationes divinationesque]. Capit. cum It. episc. delib. (a. 790-800 ?), c. 2, I p. 202. Crudelis et stupenda praesumptio crudeliori debet extirpari supplicio. BENED. LEV., lib. 3 c. 428, *LL.*, II pt. 2 p. 129. **4.** *usurpation — encroachment.* Assultus, robaria, stretbreche, presumptio terre vel peccunie regis. Leg. Henrici, c. 10 § 1, LIEBERMANN, p. 556.

**praesumptive:** **1.** **présomptueusement — with presumption.* **2.** *par injustice — unlawfully.* Lex Visigot., lib. 8 tit. 3 c. 1. *D. Karls III.*, no. 49 (a. 882).

**praesumptor:** **1.** **un présomptueux, un téméraire dans ses opinions — self-conceited, opinionated person.* **2.** **un arrogant dans sa conduite — a thwarter.* **3.** *un réfractaire, un contrevenant à la loi — a recusant, a law-breaker.* Edict. Theoderici, c. 144, *LL.*, V p. 167. Edict. Rothari, c. 188. Lex Visigot., lib. 6 tit. 4 c. 2. Lex Alamann., tit. 2 c. 1. Conv. Marsn. a. 847, c. 7, *Capit.*, II p. 69. Edict. Pist. a. 864, c. 37, ib., p. 328. **4.** *usurpateur, violateur des droits d'autrui — usurper, violator of the rights of other people.* Test. Everhardi a. 867, DE COUSSEMAKER, *Cart. de Cisoing*, p. 4. *D. Heinrichs II.*, no. 111 (a. 1006). *D. Konrads II.*, no. 78 (a. 1027). **5.** *malfaiteur, criminel — evil-doer, criminal.* GALBERT., c. 33, ed. PIRENNE, p. 55.

**praesumptuose,** -tio-: **1.** **avec présomption, avec arrogance — with presumption, with conceit.* **2.** *par contravention, par mépris de la loi — out of recusancy.* Stat. Rhispac. a. 799/800, c. 12, *Capit.*, I p. 227. Capit. Wormat. a. 829, c. 6, II p. 13.

**praesumptuosus,** -tio-: **1.** **présomptueux, arrogant — conceited, audacious.* **2.** *réfractaire, désobéissant — recusant, unruly.* Lex Baiwar., tit. 2 c. 5; tit. 4 c. 31.

**presura,** prisura: **1.** *capture — capture.* Habeat pro presura de ipso servo [fugace] ... sol. 2. Liutprandi leg., c. 44 (a. 723). **2.** i.q. aprisio. Cf. J. DE LA CONCHA MARTINEZ, *La presura*, *Anuar. Hist. Der. Esp.*, t. 14 (1942/1943), pp. 382-460.

**preta,** preda = petra.

**praetaxare:** *déterminer, indiquer — to establish.* Pro corroboratione [immunitatis] totam ecclesiam per girum ... circundari atque pretaxari fecit. Actus pontif. Cenom., c. 34 (ca. a. 1100), ed. BUSSON-LEDRU, p. 393.

**praetaxatus** (adj.): *susdit — aforesaid. D. Charles le Chauve*, no. 263 (a. 864). *D. Berengario I*, no. 4 (a. 888).

**praetentio:** *contestation — challenge.* Sine omni mea et [h]eredum ... contradicione [i.e. contradictione] vel pretencione. *CD. Langob.*, no. 997 col. 1761 A (a. 999, Pavia). Damus ... monasterio ... absque omni praetentione. *Gall. chr.*², VI instr. col. 83 (ch. a. 1101, Narbonne).

**praeter:** **1.** **contre, contrairement à, en opposition avec — against, contrary to, at variance with.* **2.** **indépendamment de, outre, pour ne pas nommer — apart from, besides, not to speak of.* **3.** **sans — without.*

**praeterea:** **surtout — above all.*

**preteria,** v. petraria.

**praetermittere:** **faire fi d'un conseil, d'un ordre — to disregard* an advice, an order. Ut [h]ostile bannum domni imperatori[s] nemo pretermittere presumat. Capit. missor. gener. a. 802, c. 7, I p. 93.

**praetestare,** praetextare: *exhorter, admonester — to exhort, admonish.* Liberandam eclesiam Dei ... praetestans admoneo. Steph. II pap. epist. (a. 756), Cod. Carolin., no. 10, *Epp.*, III p. 502 l. 2. [Beneventanos] per vestra scripta atque vestrum missum praetestandum [i.e. praetestando] dirigere. Hadr. I pap. epist. (a. 778), ib., no. 61, p. 589 l. 13 sq. Direxit ... pontifex ... [missos] ... praetextando eos ut aut in monasterium ingrederentur ... aut ad b. Petrum ad eum studerent properandum. Lib. pontif., Steph. III, § 30, ed. DUCHESNE, I p. 479. Constanter ac firmiter praetextavit archiepiscopum ... salvum atque incolumem ipsum P. conservandum. Ib., Hadr. I, § 16, p. 491.

**praetextus** (decl. iv), **1.** loc. sub praetextu alicujus rei: *en guise de, comme — by way of, like.* [Presbyteri chrisma] nulli sub praetextu medicinae vel maleficii donare praesumant. Capit. e canon. exc. a. 813, c. 17, I p. 174. **2.** sub tali praetextu, in tali praetextu: *sous cette condition — with such a proviso.* In tali enim tinore [i.e. tenore] vel pretexto, ut ... SCHIAPARELLI, *CD. Longob.*, II no. 275 p. 390 (a. 772, Lucca). Ea videlicet ratione et in tali tinore precio [i.e. pretium] exinde ad [i.e. a] te accepi, et in tali pretestu presente[m] cartula[m] vendicionis exinde in te emittere videor, ut ... *CD. Langob.*, no. 465 col. 807 A (a. 915, Bergamo). Cunctis diebus vite illorum sub pretextu precario cum omni securitate habeant. BEYER, *UB. Mittelrh.*, I no. 158 p. 222 (a. 915-923). Accepi ... econtra ... sub pretextu precarie de rebus s. Petri ... monticulum. WAMPACH, *UB. Luxemb.*, I no. 174 p. 239 (a. 964). **3.** sub praetextu alicujus: *sous réserve de la propriété éminente de qq'un — without prejudice to the proprietary right of a landlord.* Dum ego advivo, villa[m] sub pretexto ipsius basilicae tenere et usurpare faciam. F. Turon., no. 37, *Form.*, p. 156. Sub nostro pretexto tibi liceat tenere. Ib., addit. 3, p. 160. Usualiter sub vestro pretextu vel s. Alexandri mihi ... liceat tinere [i.e. tenere] diebus vite nostre. *CD. Langob.*, no. 111 col. 202 D (a. 829, Bergamo). Sub praetextu s. Martini ac suorum canonicorum frater meus A. ipsum alodum ... quandiu advixerit ... teneat et possideat. MARCHEGAY-SALMON, *Chron. d'Anjou*, p. j. no. 2 p. XCII (a. 898, Tours). **4.** *protection — safeguard.* Monasterium ... sub nostre tuhicionis deffencione et inmunitatis pretextu regaliter recipimus. *D. Charles le Chauve*, no. 56 (a. 844). Similia ib., no. 167 p. 441 (a. 854). Sub nostro mundeburde et praetextu nostrae dominationis esse constituimus. *D. Charles le Simple*, no. 22 (a. 899).

**pretiagium:** *évaluation — appraisement.* S. xiii.

**pretiare,** prisare: *priser, évaluer — to appraise, value.* Duo volucra species [i.e. speciebus] et diversis ornamentis referta, quae praeciebantur amplius quam tria milia sol. GREGOR. TURON., H. Fr., lib. 5 c. 18. Minor [bos valet] quod preciatus fuerit. Lex Alamann., tit. 71. [Ne notarii chartas conscribant] de pecunia antequam legitime preciadi sint. Memor. Olonn. a. 822/823, c. 12, cod. S. Pauli in Carinth., *Capit.*, I p. 319 n. x. Veniant justi preciatores qui ipsum curtilum preciaveren [i.e. pretiaverint]. BERNARD-BRUEL, *Ch. de Cluny*, II no. 1125 p. 217 (a. 962).



**pretiator:** *priseur — appraiser.* CHEVALIER, *Cart. de Vienne*, no. 63 p. 52 (a. 957/958). BERNARD-BRUEL, *Ch. de Cluny*, II no. 1125 p. 217 (a. 962).

**praetitulare,** **1.** opus: **intituler, munir d'un titre — to title, provide with a title.* **2.** ecclesiam: *dédier à un saint patron — to dedicate to a patron-saint.* Ecclesia ... archangeli Michaelis ... nomine praetitulata. DUDO, lib. 2 c. 30, ed. LAIR, p. 170. **3.** clericum: *attitrer* un clerc à telle église — *to attach* a clerk to a definite church. Clericum permanere oportet in ecclesia cui in initio ab episcopo praetitulatus ac sortitus est. BENED. LEV., lib. 1 c. 28, *LL.*, II pt. 2 p. 48. Dono ... s. Mauricio ecclesiae Viennensis patrono et episcopis eidem ecclesiae praetitulatis. D. Radulfi reg. Burg. a. 1023, *Gall. chr.*², XVI instr. no. 23 col. 18. **4.** *adjuger — to assign.* Omnem circumquaque decimationem ejus [ecclesiae] subditam dominatui praetitulasse. BEYER, *UB. Mittelrh.*, I no. 204 p. 264 (a. 959). **5.** *symboliser — to symbolize.* [Coronae imposition] honorem pretitularet. Ruodlieb, fragm. 17 v. 104.

**praetitulatio:** **1.** **action de donner un titre — giving a title.* **2.** *dédicace* d'une église à un saint patron — *dedication* of a church to a patron-saint. Non in alicujus sanctorum pretitulatione, set in deificae Trinitatis ... nomine prefatam aecclesiam consecrare disposuit. ARDO, V. Bened. Anian., c. 17, *SS.*, XV p. 206.

**1. praetitulatus** (adj.): *susdit — aforesaid.* Leonis IV pap. epist., *Epp.*, V p. 601 l. 22. JAKSCH, *Mon. Carint.*, I p. 15 (a. 875-883). *D. Berengario I*, no. 128 (a. 920).

**2. praetitulatus** (decl. iv): *dédicace* d'une église à un saint patron — *dedication* of a church to a patron-saint. Collegium sub praetitulato s. Stephani apud Lugdunum degens. *Gall. chr.*², IV instr. col. 6 (a. 984, Lyon).

**pretium:** **1.** *"wergeld".* Lex Burgund., tit. 2 c. 2 et pluries. Childeb. II decr. a. 596, c. 5, *Capit.*, I p. 16. Liutprandi leg., c. 84. Precium homicidii. Concil. Cabillon. II a. 813, c. 24, *Conc.*, II p. 278. Pretium sanguinis. Inst. Cnuti, tit. 3 c. 46, LIEBERMANN, p. 613. Pretium natalis. Leg. Ine, c. 15, vers. Quadrip., ib., p. 96 col. 3. Leg. Edwardi conf., c. 12 § 3, p. 638. **2.** *don nuptial* du nouveau marié à l'épouse — a bridegroom's *wedding-gift* to his bride. Majorem nuptialis pretii partem sponso adnumerante [sponsa] perceperat. Lex Burgund., tit. 52 § 3. Si pater de filiae nuptiis definierit et de pretio convenerit. Lex Visigot., lib. 3 tit. 1 c. 2. **3.** *prix d'achat — purchase price.* Conquiset [i.e. conquisivit] ibi terra vinea cum praetio suo. SCHIAPARELLI, *CD. Longob.*, I no. 35 p. 125 (a. 724). Per vendicionis titulum dato precio comparavimus. BRUCKNER, *Reg. Alsat.*, no. 127 p. 68 (a. 735-737, Murbach). Accepi ego necessitate compulsus in precio ... sol. 3. Ib., no. 312 p. 196 (a. 786, Murbach). Preparet sibi viam salutis dum pretium in manibus habet. ZAHN, *CD. Austr.*, I p. 31 (a. 799). Cortem ... quam mater nostra de patris nostri suoque precio comparavit. *D. Ugo*, no. 31 p. 96 (a. 932). **4.** *moyen de paiement — tender, means of payment.* Annis singulis donamus in argento vel in reliquo pretio ... den. 4. ZEUSS, *Trad. Wizenburg.*, no. 136 (a. 745). Persolverent de cera pretium valentis denarii. ZAHN, o.c., I p. 31 (ca. a. 900).

**praetor:** **1.** *comte — count.* DRONKE, *CD. Fuld.*, no. 803 p. 397 (s. xii med.). **2.** praetor palatinus: comte du Palais — count palatine. Ann. Hildesheim., a. 1038, ed. WAITZ, p. 43. Praetor, nude: idem. WALAHFR., Exord., c. 32, *Capit.*, II p. 515 l. 26. **3.** *landgrave — landgrave.* Ann. Hildesheim., a. 1034, p. 39. **4.** praetor urbis: châtelain — castellan. WIDEMANN, *Trad. S.-Emmeram*, no. 650 p. 318 (ca. a. 1080-1088). ERHARD, *Reg. Westfal.*, I, *CD.* no. 176 p. 137 (a. 1106); no. 185 p. 143 (a. 1116). Ipsius castelli pretor urbanus. FOLCUIN., G. abb. Sith., lib. 2 c. 76, ed. GUÉRARD, p. 142. Item c. 80, p. 154. Praetor, nude: idem. HARIULF., V. Arnulfi Suess., lib. 1 c. 19, *SS.*, XV p. 890. **5.** *prévôt* royal ou seigneurial — a royal or seigniorial *bailiff. D. Phil. I*^er^, no. 32 p. 99 (a. 1067). MARCHEGAY, *Arch. d'Anjou*, III no. 28 p. 24 (ante a. 1140).

**praetorium:** **1.** *manoir, château, palais — manor, castle, palace. D. Heinrichs III.*, no. 12 (a. 1039). ADAM BREM., lib. 2 c. 70, ed. SCHMEIDLER, p. 132. ORDERIC. VITAL., lib. 8 c. 1, ed. LE PRÉVOST, III p. 262. Priv. Innoc. III pap. a. 1199, *Gall. chr.*², XI col. 169. KURTH, *Ch. de S.-Hubert*, I no. 1 p. 2 (< a. 687 >, spur. s. xii). **2.** *maison du tribunal — hall of justice.* STIMMING, *Mainzer UB.*, I no. 443 p. 350 (a. 1109, Fritzlar). JORDAN, *Urk. Heinr. d. Löw.*, no. 88 p. 131 (a. 1171). ESPINAS, *Rec. d'Artois*, no. 107, c. 3 (ca. a. 1180? Arras). WARNKOENIG-GHELDOLF, *Hist. de Flandre*, III p. 228 no. 6 c. 10 (a. 1192, Gand). *Nijmeegsche Studieteksten*, I p. 8 (a. 1217, Middelburg).

**praeurbium:** *faubourg — suburb.* In praeurbio [Trevericae] civitatis. NIZO, V. Basini, c. 5, *AASS.*³, Mart. I p. 314.

**praevalere:** **1.** (c. infin.) **être capable de, pouvoir — to be able to.* **2.** (absol.) **avoir de la force, du pouvoir — to be potent.*

**praevaricari,** **1.** intrans.: **dévier de la voie droite, pécher — to stray from the way of righteousness, to sin.* **2.** **apostasier — to apostatize.* **3.** **trahir — to commit treason.* **4.** transit. praevaricari et praevaricare: **transgresser, violer, trahir — to break, violate, betray.*

**praevaricatio:** **1.** **perversion, altération par fraude, tromperie — perversion, adulteration, cheating.* **2.** **violation de la loi, faute, péché — contravention, false step, sin.*

**praevaricator:** **prévaricateur, traître à la foi, apostat — prevaricator, betrayer of the faith, apostate.*

**prevenda,** v. praebenda.

**praevenire,** **1.** alicui vel aliquem: *intervenir en faveur de* qq'un, *aider, venir à l'appui de* qq'un — *to intervene on behalf of* a person, *help, support.* Nisi divina me prevenerit dignatio. FEDERICI, *Reg. S. Silv.*, p. 256 (a. 761). Ut praevenire potuisset christianissimis principibus ... ac liberare omnes de ... periculo. PASCHAS. RADBERT., Epit. Arsenii, lib. 2 c. 8, ed. DÜMMLER, p. 70. Tuis prevenientibus suffragii[s]. MITTARELLI, *Ann. Camaldul.*, p. 17

(a. 858). Praeveniente clementia Dei. Inv. Trophimenae, *AASS.*, Jul. II p. 240. **2.** *circonvenir, fourvoyer — to deceive, mislead.* Ab Ermenrici promissionebus preventus. FREDEG., lib. 4 c. 90, *SRM.*, II p. 166. [Tibi] praevento callidi hostis fraudibus. V. Bassiani, MOMBRITIUS[2], I p. 146. **3.** pass. praeveniri: *être mis dans son tort — to be put in the wrong.* Si fuerit in causis preventus. *D. Guido*, no. 14 (a. 892).

**praeventio:** *piège, supercherie — snare, piece of roguery.* Ea preventione sacramenta daturus adducitur ... ut ... separatus a suis interficeretur. FREDEG., lib. 4 c. 54, *SRM.*, II p. 147.

**praeviare:** **aller devant — to lead the way.* Cf. A. VACCARI, *ALMA.*, t. 15 (1940) p. 33.

**praevidentia:** **1.** **précaution — foresight.* **2.** *surveillance, contrôle — supervision.* [Puellae orphanae] sub episcoporum et presbyterorum praevidentia gravioribus feminis commendentur. Synod. Franconof. a. 794, c. 40, *Capit.*, I p. 77.

**praevidere:** **1.** *examiner, inspecter, reconnaître — to survey, view.* Missos nostros ... direxerimus ... previdendum et inquirendum per monasteria ... quomodo est eorum habitatio. Capit. Pap. a. 787, c. 11, I p. 199. Missi nostri per singulos pagos praevidere studeant omnia beneficia ..., quomodo restaurata sint ... sive destructa. Capit. de caus. div. (a. 807?), c. 4, p. 136. Previderunt et mensuraverunt ipse pecies [i.e. ipsas pecias] de terra. *CD. Langob.*, no. 458 col. 792 B (a. 915, Bergamo). Qui super ipsas res aceserunt et previserunt. DREI, *Carte di Parma*, p. 233 (a. 921). Ad hanc praevidendam commutationem accesserunt. FICKER, *Forsch.*, IV p. 34 (a. 974). Terra[m] priviserunt, estimaverunt. PASQUI, *Doc di. Arezzo*, I p. 141 (a. 1012). **2.****prendre ses précautions au sujet de — to foresee about.* De marcha ad praevidendum: unusquisque paratus sit illuc festinanter venire quandocumque necessitas fuerit. Capit. cum prim. const., a. 808, c. 1, I p. 139. **3.** *projeter — to plan.* Previdimus ... monasterium construere. SCHIAPARELLI, *CD. Longob.*, I no. 83 p. 246 (a. 745, Verona). In unum praevidimus volumen legem complectandam. Lib. Pap., *LL.*, IV p. 290 l. 28. **4.** *prendre soin de, veiller à, être en charge d'*une chose *— to take care of, look after, have charge of* a thing. Custos cartarum omnia praevideat monasterii monimenta. CIPOLLA, *CD. Bobbio*, p. 140 (a. 774). Equos emissarios ... bene praevideant. Capit. de villis, c. 13. Ibi pluries. [Servus quidam] praevidet silvam. Polypt. Sith., GYSSELING-KOCH, *Dipl. Belg.*, p. 59. De navibus monasterii ... aut hominibus qui eas praevident. *D. Charles le Chauve*, no. 88 (a. 846). Pars silve quam H. previdit. *D. Charles le Simple*, no. 18 (a. 899). **5.** *surveiller — to supervise.* Abbates ... suis previdеant clericis, sicut ordo canonicus docet. Pippini capit. It., c. 3, I p. 209. Presbiteri cleros quos secum habent sollicite praevideant ut canonice vivant. Capit. missor. gener. a. 802, c. 23, p. 96. **6.** *tant faire que, assurer — to be sure to, see to* a thing *to be done.* De clamatoribus ex hominibus nostris: unusquisque judex praevideat ut non sit eis necesse ad nos proclamare. Capit. de villis, c. 29. Hanc notitia[m] judicati nostri tibi ... emitti previdimus. MANARESI, *Placiti*, I no. 7 p. 22 (a. 786, Lucca). **7.** *juger, estimer — to deem, think.* Utile praevidimus praesentem nostram aepistolam ... dirigere. GIORGI-BALZANI, *Reg. di Farfa*, II doc. 1 p. 22 (a. 705). Quicquid pontifex ... melius previderit faciendum. *D. Berengario I*, no. 18 (a. 897). Facultas quem melius praeviderint eligendi. ATTO VERCELL., Press., ed. BURONTIUS, p. 347. Quod ei melius praevisum fuerit. BACCHINI, *Stor. di Polirone*, p. 18 (a. 1007). **8.** imperson. praevidet mihi: *il me semble bon — I think fit.* Distribuas qualiter secundum Deum melius previderit. *CD. Langob.*, no. 51 col. 100 D (a. 774, Bergamo). Qualiter servi Deum [i.e. servis Dei] previderit ... dispensare. GLORIA, *CD. Padov.*, p. 14 (a. 829). Licentia sit actoribus ... qualiter previderi ordinare. TIRABOSCHI, *Memor. Modenesi*, I p. 32 (a. 842).

**praevisor.** Praevisor monasterii: i.q. provisor. V. Alcuini, c. 17, *SS.*, XV p. 193. *NA.*, t. 32 p. 215 (< a. 777 >, spur. s. ix/x).

**praevius:** **précédent — previous, former.*

**prex:** **1.** *taille* (cf. teuton. *bede*) *— tallage.* Amplius in hac villa violentam precem non faciat. WAITZ, *Vfg.*, VII p. 423 no. 2 (ch. a. 1063-1076, S.-Amand). Abrenunciavit ... talliis et gistis, toltis et precibus et omni exactioni. DUVIVIER, *Actes*, I p. 272 (ch. a. 1152, Liège). **2.** *service sur requête — labour-service by request.* Precem aratrum sive boum quasi per consuetudinem extorquere ab hominibus non timeret. THÉVENIN, no. 168 (ante a. 1080, Chartres). **3.** prex sacerdotalis: le canon de la Messe — the canon of Mass. Admon. gener. a. 789, c. 54, *Capit.*, I p. 57. ANSEGIS., lib. 1 c. 52, p. 401. BENED. LEV., lib. 1 c. 83, *LL.*, II pt. 2 p. 50.

**prexio,** v. prehensio.

**pridie,** quandoque pridiae (plural., accus. pridias): *jour qui précède une fête, vigile — eve of a festival, vigil.* Pridie ante sanctum pentecosten. ODO GLANNAF., Mir. Mauri, c. 3, *SS.*, XV p. 468 l. 46. Pridie nativitatis b. Dei genetricis. JOH. METT., V. Joh. Gorz., c. 68, *SS.*, IV p. 356. Pridie cene Domini. SUGER., V. Lud. Gr., c. 32, ed. WAQUET, p. 262.

**prima** (subst.): *prime,* la première des heures canoniales — *prime,* the first of the canonical hours. Quomodo [i. e. quando] [h]ora diei secunda expleta fuerit, sic cantatur apud eos prima. Ordo Rom. XVIII (s. viii ex.), c. 2, ANDRIEU, III p. 205. A vespere usque ad primam. Concil. Cabillon. a. 813, c. 56, *Conc.*, II p. 284. Cf. J. FROGER, *Les origines de la prime*, 1946.

**primarchio:** titre dont se pare un seigneur puissant — title assumed by a great seignior. Ego P. gratia Dei comes Tolosanus primarchio et dux Aquitanorum. *Hist. de Lang.*[3], V pr. no. 67 col. 173 (a. 936). Rursum ib., no. 69 col. 177 (a. 937).

**primarius** (adj.): **1.** **originaire, primitif — original, primordial.* **2.** *premier* de plusieurs *— first* of a number. Primara pecia [terrae] *CD. Cav.*, II no. 230 p. 23 l. 15 (a. 965). **3.** *premier, antérieur — first, former.* Telesis nova secus primariam construitur. Chron. Casin., *Scr. rer. Langob.*, p. 474 l. 6. **4.** *primaire, ayant priorité — primary, having priority.*



S. xiii. Subst. mascul. **primarius:** **1.** **personnage important, chef, noble — a person of note, chief, nobleman.* GREGOR. M., Dial., lib. 3 c. 21. CASSIOD., Var., lib. 2 epist. 41 § 1, *Auct. ant.*, XII p. 73. Rursum lib. 3 epist. 6 § 2, p. 82. [Civitatem] gens Anglorum a primario quondam illius, qui dicebatur Hrof, Hrofaescaestrae cognominat. BEDA, H. eccl., lib. 2 c. 3. Villa L. H. cuidam primario ab Leodicensi episcopo benefitiata. HERIGER., Transl. Landoaldi (a. 980), c. 12, GYSSELING-KOCH, *Dipl. Belg.*, no. 138 p. 240. Plural. primarii, en parlant des grands d'un royaume — with reference to the great men of a realm: Quidam qui in regno videbant[ur] esse primarii. Pass. I Leudegarii, c. 6, *SRM.*, V p. 288. Palatii illius primarii. V. Rusticulae, *SRM.*, IV p. 346. Per interventum ... regni nostri primariorum. *D. Heinrichs I.*, no. 12 (a. 926). Omnes pene primarii de cunctis regionibus Romani imperii. Ann. Altah. maj., a. 1043, ed. OEFELE, p. 34. En parlant des notabilités d'un lieu — with reference to local notabilities: Convenerunt primarii de villis nostris ... et ceteris ruribus circumquaque adjacentibus. *Gall. chr.*[2], XV instr. col. 193 no. 10 (a. 1025, Murbach). **2.** *gouverneur local ou provincial — governor of a town or district.* Neapolitanae urbis primarius. Mir. Januarii, ed. SCHERILLO, p. 320. [Rex] castrum q. d. H. et in eo Th. Saxonem illius loci primarium in deditionem accepit. Ann. q. d. Einhardi, a. 743, ed. KURZE, p. 5. Creamus ipsum primarium seu potius vicarium imperialem Aretii. BRUNETTI, *CD. Tosc.*, I p. 334 (a. 801). [Imperator Constantinopolitanus] misit primarium et exactores tributorum, ut a Francis consueta tributa peterent. Comp. Castri Amb., HALPHEN-POUPARDIN, *Chron. d'Anjou*, p. 15.

**primas** (genet. -atis), primatus (decl. i): **1.** **personnage important — a person of note.* A primevo inter primatos imbutus. V. Amati, c. 2, *SRM.*, IV p. 216. **2.** Plural. primates: **dignitaires — dignitaries.* En parlant des grands d'un royaume — with reference to the great men of a realm: Seniores, ponteveces, ducebus et primatis de regnum Burgundiae. FREDEG., lib. 4 c. 89, *SRM.*, II p. 165. Ibi saepe. Cum suis primatibus, quos sapientiores noverat, [rex] curavit conferre. BEDA, H. eccl., lib. 2 c. 9. Duces et primatos suos [sc. regis Langobardorum]. Lib. pontif., Zachar., § 16, ed. DUCHESNE, I p. 431. A primatibus tocius Galliae et Germaniae conlaudatum. Capit. de cleric. percuss., c. 5, I p. 362. [Rege] sedente pro tribunali in palatio regio ..., primatibus nobilium Francorum, Bawarorum atque Alamannorum adsistentibus. *D. Ludw. d. Deutsch.*, no. 66 (a. 853?). Primatum suorum [sc. regis] consultu. Concil. Tribur. a. 895, *Capit.*, II p. 211. Intercedentibus nostris primatibus, H. siquidem necnon A. seu S. eximiae venerationis praesulibus. *D. Ludw. d. Kindes*, no. 59 (a. 908). [Rex] pontificum aliorumque primatum suorum communi consilio fretus. Conv. Augustan. a. 952, *Const.*, I p. 18. Exoritur inter O. regem et L. filium ejus ... et quosdam regni ipsius primates discordia. FLODOARD., Ann., a. 953, ed. LAUER, p. 135. Dum convenissent cuncti primates et, ut ita dicam, vires et viscera regni. WIPO, G. Chuonradi, c. 2, ed. BRESSLAU, p. 14. Parfois plus spécialement pour les grands laïques, à l'exclusion des ecclésiastiques — sometimes denoting lay aristocrats only: Cum pontificibus vel primatus [i. e. et primatibus] populi nostri pertractantes. MARCULF., lib. 1 no. 6, *Form.*, p. 46. En parlant des dignitaires de la cour — with reference to court dignitaries: Primates palatii. Lex Visigot., lib. 9 tit. 2 c. 9. Negotium primatibus palatii [rex] innotuit pertractandum. JULIAN., Hist. Wambae, c. 9, *SRM.*, V p. 507. Suasu et consilio primatum palatii nostri. *D. Phil. I*[er], no. 141 (a. 1101). En parlant des notabilités d'une province ou d'un lieu — with reference to provincial or local notabilities: Unacum consensu primatibus [i. e. primatum] civitatis convenit nobis [sc. episcopo]. F. Turon., no. 24, *Form.*, p. 148. [Fulradus] per singulas ingrediens civitates ... easque recipiens et obsides per unamquamque auferens atque primatos secum ... deferens. Lib. pontif., Steph. II, § 47, ed. DUCHESNE, I p. 454. Ibique adunatis ... F. patriarcha ... atque episcopis et reliquis primatibus vel populo provincie Istriensium. MANARESI, *Placiti*, I no. 17 p. 50 (a. 804). Cum omnibus hiis locis habitantibus, tam episcopis et sacerdotibus quam et primatibus seu reliquo populo. Pactum Loth. cum Venet. a. 840, *Capit.*, II p. 131. Pulsantibus prefatae urbis [sc. Cameraci] primatibus. G. pontif. Camerac., lib. 1 c. 91, *SS.*, VII p. 438. Primates ecclesiae: les principaux ecclésiastiques d'une église — the foremost ecclesiastics of a church. Primatos ecclesiae [Romanae]. Lib. pontif., Severin., § 4, ed. MOMMSEN, p. 176. Pontifex et ejus primates. Ib., Constantin., § 5, p. 223. **2.** primates alicujus: *les vassaux — the vassals.* [Episcopus et abbas] nostram adierunt excellentiam unacum advocatis atque primatibus s. Emmerammi. *D. Karlmanns*, no. 15 (a. 878). Communi consilio et assensu totius capituli primatumque nostrorum [sc. episcopi Carnotensis]. DC.-F., VI p. 497 col. 1 (ch. a. 1077-1089). **3.** singul.: *vicomte — viscount.* AIMOIN., Transl. Georgii, MABILLON, *Acta*, IV pt. 2 p. 50. Primas castri: châtelain — castellan. Mir. Genulfi, ib., p. 233. **4.** **primat,* doyen des évêques d'un pays *— primate,* dean of the bishops of a country. Nulli alii metropolitani appellentur primates, nisi illi qui primas sedes tenent. BENED. LEV., lib. 3 c. 439, *LL.*, II pt. 2 p. 130.

**1. primatus** (adj.): *prominent — prominent.* Convenientes plures ex primatis monachis cum ... abbate. Cod. Carolin., no. 67, *Epp.*, III p. 595. Per voluntatem ... de primatis ordinatis canonicis meis. MURATORI, *Scr.*, II pt. 2 col. 1002 (ch. a. 1086, Pescara). Subst. mascul. **primatus,** v. primas.

**2. primatus** (decl. iv): **1.** **droit d'aînesse — right of primogeniture.* **2.** *prépondérance — the upper hand.* In cunctis [proeliis] Romani primatum tenebant. ANAST. BIBL., Chron., ed. DE BOOR, p. 188. **3.** *domination — mastery.* Langobardi primatum tenuere Beneventanae provinciae. Chron. Casin., *Scr. rer. Langob.*, p. 488 l. 12. Quando parentes vestri primatum regni tenuerunt. Epist. synod. Caris. a. 858, c. 8, *Capit.*, II p. 434 l. 3. **4.** **primatie — primacy, dignity of a primate.* Convenientibus ad consecrationem ejus 7 episcopis, in quibus

b. m. Theodorus primatum tenebat. BEDA, H. eccl., lib. 4 c. 26. Papa Johannes Ansegisum Senonum archiepiscopum suam vicem tenere et primatum ei Galliae et Germaniae contulit. Synod. Pontigon. a. 876, c. 7, *Capit.*, II p. 352. **5.** *dignité d'abbé — abbotship.* Abbas dum advixerit sub canonica vel regulari sibi imposita lege in primatu quo nunc stare videtur permaneat. *D. Charles le Ch.*, no. 283 (a. 865). Herfeldiae primatum ejusdem dignitatis [sc. abbatis] obtinuit. Ann. Hildesheim., a. 1036, ed. WAITZ, p. 40. **6.** *juridiction spirituelle — spiritual jurisdiction.* Venit G. Carcassonensis pontifex . . . ad dedicandam basilicam praescripti coenobii, cujus primatum tenet. *Hist. de Lang.*[3], V no. 224 col. 450 (a. 1045). **7.** *dignité ducale — dignity of a duke.* Nonnulli a primatu ducatus remoti sunt. GREGOR. TURON., H. Fr., lib. 9 c. 12. Acta . . . Normannorum tenente primatum marchione R., primatus ejus anno quinto. DC.-F., VI p. 497 col. 1 (ch. a. 1032). Nec rex illi primatum [Lotharingiae Inferioris] tradere . . . vellet. Ann. Altah. maj., a. 1044, ed. OEFELE, p. 34. Rursum p. 38. **8.** *suzeraineté féodale — feudal lordship.* Omnem Burgundie regionis primatum per manus ab avunculo suimet accepit. THIETMAR., lib. 7 c. 28, ed. HOLTZMANN, p. 432. **9.** *immunité — immunity.* Ut unaquaeque ecclesia sive unusquisque sacerdos suum primatum teneat. BENED. LEV., lib. 3 c. 1, *LL.*, II pt. 2 p. 105. Ut singulae ecclesiae suum primatum habeant integrum. Div. duc. Benev. a. 851, c. 4, *LL.*, IV p. 222. **10.** *l'ensemble des grands d'un royaume — the baronage of a realm.* Rex et primatus magnatorum Francorum. Lib. hist. Fr., rec. B, c. 13, *SRM.*, II p. 259. In ejus obsequio primatus populi jurat. NITHARD., lib. 1 c. 4, ed. LAUER, p. 14. Quo [loco] magnus regni primatus colligitur. THIETMAR., lib. 4 c. 2, p. 132. Ibi pluries.

**primaevus: 1.** **primitif, primordial — primitive, primeval.* **2.** **principal — principal.* Subst. neutr. **primaevum:** *jeunesse — youth.* E.g.: A primaevo inter primatos imbutus. V. Amati, c. 2, *SRM.*, IV p. 216.

**primiceria:** *dignitaire dans un monastère de femmes — dignitary in a nunnery.* Caesarii regula ad virg., c. 39.

**primiceriatus** (decl. iv): *dignité de "primicerius" — dignity of "primicerius".* CASSIOD., lib. 10 epist. 11 § 3, *Auct. ant.*, XII p. 304. CALMET, *Hist. de Lorraine*, I instr. col. 517 (ch. a. 1105).

**primicerius** ("qui primus notabatur in tabula cerata catologum munere aliquo fungentium continenti"). **1.** primicerius notariorum: **dignitaire du gouvernement impérial*, chef des "notarii" — *dignitary of the imperial government.* **2.** primicerius notariorum Romanae ecclesiae: **dignitaire de la cour pontificale — dignitary of the papal court.* *NA.*, t. 9 p. 109 (a. 526). MIGNE, t. 68 col. 55 (a. 544). Concil. Roman. a. 649, MANSI, t. 10 col. 891. Ordo Rom. I (s. vii ex.), c. 9, ANDRIEU, II p. 70. Lib. diurn., no. 59 et pluries. J.-E. 2454 (a. 790?). Joh. VIII pap. epist. a. 876, *Epp.*, VII p. 326. **3.** primicerius notariorum, plerumque nude primicerius: *dignitaire de certaines églises cathédrales — dignitary of some episcopal sees.* Primicerius ecclesiae Neapolitanae. EUGIPP., V. Severini, c. 46 § 5, *CSEL.*, t. 9 pt. 2 p. 66. MARINI, *Pap.*, no. 74 p. 115 (s. vi med., Ravenna). J.-E. 1226 (a. 593, Salona). CIPOLLA, *Mon. Novalic.*, I p. 9 (a. 726) (Maurienne, Susa). GREGOR. TURON., H. Fr., lib. 2 c. 37 (Tours). Chrodegangi regula canon., (Metz). G. Aldrici, c. 1, *SS.*, XV p. 309 (Metz). LESORT, *Ch. de S.-Mihiel*, no. 17 p. 88 (a. 886, Toul). Concil. Mett. a. 888, c. 7, MANSI, t. 18 col. 79 E (Metz). ROSEROT, *Ch. Hte-Marne*, no. 15 p. 27 (a. 935, Langres). DREI, *Carte di Parma*, p. 567 (a. 903, Parma). CALMET, *Hist. de Lorr.*, I pr. col. 388 (a. 982, Toul). MIRAEUS, I p. 63 (a. 1065, Metz). LANDULF. MEDIOL. SEN., lib. 1 c. 3, ed. CUTOLO, p. 10. UGHELLI, IV col. 668 B (a. 1176, Bergamo). **4.** *dignitaire dans un monastère*, i.q. praepositus — *monastic dignitary.* Liberam inter se abbatem seu primicerium eligendi habeant potestatem. *D. Ottos II.*, no. 10 (a. 965). Scripta per manum fratris S. Cassinensis primicerii. GATTULA, *Hist. Cassin.*, I p. 402 col. 1 (ch. a. 1147). **5.** *prévôt d'un chapitre de chanoines — provost of a chapter of canons. D. Heinrichs III.*, no. 368 (a. 1056). **6.** primicerius capellae: chef de la chapelle royale — head of the king's chapel. ALCUIN., epist. 90, *Epp.*, IV p. 135. **7.** primicerius scholae: écolâtre — scholast. Epist. Austras., no. 4, *Epp.*, III p. 115 (ante a. 533, Mouzon). MARCHEGAY-SALMON, *Chron. d'Anjou*, p. j. no. 7 p. CIII (a. 931, Tours). Primicerius scolae cantorum. LIUDPRAND. CREMON., Hist. Ottonis, c. 9, ed. BECKER, p. 166. **8.** primicerius defensorum: chef des "defensores" à Rome — head of the "defensores" at Rome. GREGOR. M., lib. 8 epist. 16, inscr., *Epp.*, II p. 18. MANARESI, *Placiti*, II no. 285 p. 544 (a. 1014). **9.** *chef d'un corps guerrier — commander of a troop of soldiers.* W. comes primicerius et signifer regis. ANNALISTA SAXO, a. 1040, *SS.*, VI p. 684. Primicerios exercitus. BERTHOLD. AUG., a. 1077, *SS.*, V p. 300. Rursum ib., a. 1078, p. 312. Praecedebant . . . exercitum quasi legionum primicerii vexilla bajulantes. GUILLELM. TYR., lib. 4 c. 8, MIGNE, t. 201 col. 306 D.

**primiclerius,** -clerus, -clericus: *le premier des clercs d'un évêché — the first of the ecclesiastics of a bishopric.* JULIAN., Hist. Wambae, c. 3, *SRM.*, V p. 532. Concil. Emerit. a. 666, c. 10 et 14, MANSI, t. 11 col. 81 D, 83 D. Concil. Tolet. XV a. 688, ib., t. 12 col. 22 A. *CD. Cav.*, I no. 113 p. 143 (a. 901). Concil. Compostel. a. 1031, DE SAÉNZ, III p. 199.

**primis** = in primis.

**primiscrinius: 1.** **chef du "scrinium" ou chancellerie impériale — head of the imperial chancery.* CASSIOD., Var., lib. 11 epist. 20, *Auct. ant.*, XII p. 345. Cod. Justin., 12, 50, 12. Coll. Avell., *CSEL.*, t. 35 p. 62 l. 11. ANAST. BIBL., Chron., ed. DE BOOR, p. 325. **2.** à la cour pontificale, i.q. protoscriniarius — at the papal court i.q. protoscriniarius. Concil. Roman. a. 861, MURATORI, *Scr.*, II pt. 1 p. 204. Lib. pontif., Paschal. II, ed. DUCHESNE, II p. 296. **3.** auprès de certains princes, *chancelier — chancellor.* Ego A. ad vicem Bernardi primiscrinii rogatus scripsi. Ch. Arnulfi ducis Burgundiae a. 706, PARDESSUS, II no. 469 p. 276. Bruno archiepiscopus et primiscrinius. *D. Lothaire*, no. 23 (ch. a. 965). D'un dignitaire qui n'est pas le



chancelier — for a different dignitary: Primiscrinius regis. Ann. Hildesheim., a. 1008, ed. WAITZ, p. 30 (cf. *NA.*, t. 22 p. 148 n. 1). **4.** i.q. cancellarius, clerc ou moine en charge de la confection des chartes — clerk or monk whose task it is to write charters. H. presbyter et monachus primiscriniusque relegit. DRONKE, *CD. Fuld.*, no. 611 p. 276 n. 1 (a. 874). **5.** i.q. primicerius sub 3: *dignitaire d'une église cathédrale — dignitary of an episcopal see.* Sedis ejusdem [sc. Tullensis] primiscrinius. JOH. METT., V. Joh. Gorz., c. 29, *SS.*, IV p. 345 l. 3.

**primitas:** *priorité, prééminence — priority, preeminence.*

**primitiare:** *amorcer — to inaugurate.* Post libertatem Hoiensis ecclesie, quam . . . episcopus consecrando primitiavit. FAIRON, *Chartes*, p. 447 (a. 1066). Munificentiam a tenere primitiavit aetate. PETR. BLES., epist. 20, lectio ap. DC.; ap. MIGNE, t. 207 col. 73 C: praenuntiavit.

**primitiae: 1.** **prémices*, fruits de la terre offerts à l'autel — *first-fruits* brought to the altar by the faithful. Concil. Hispal. I a. 590, MANSI, t. 10 col. 453. Agap. II pap. (a. 946-955) epist. 12, MIGNE, t. 133 col. 906. **2.** *le profit qu'une église tire des oblations de prémices — revenue from offerings of first-fruits.* Decimas et primitias et oblationes fidelium de villulis et villaribus. *Hist. de Lang.*[3], II pr. no. 206 col. 412 (a. 908, Girone). *D. Louis IV*, no. 7 (a. 938). *Gall. chr.*[2], III instr. col. 197 (a. 1089). **3.** *menues dîmes — small tithes.* Decimas vini et annone, aliarum quoque rerum, ut ovium et agnorum, vitulorum et porcorum et ceterorum decimas, quas alio nomine primitias vocant. QUANTIN, *Cart. de l'Yonne*, I no. 186 p. 315 (a. 1137, Vézelay). Domus earum sic erit libera quod nihil ad primitias pertinens reddet, neque in agnis neque in vitulis neque in porcellis neque in lana neque in lino neque in canabo. *Gall. chr.*, XIV instr. col. 166 B no. 5 (a. 1138, Redon).

**primitivum** (subst. neutr.): **1.** *original — original.* Hoc testamentum transtulit ex primitivo. *Gall. chr.*[2], VI instr. col. 324 (ch. a. 1149). **2.** plural. primitiva: i.q. primitiae.

**primitus: 1.** **d'abord, en premier lieu, avant tout — in the first place, to begin with, first of all.* **2.** primitus . . . quam: avant que — before. V. Severi Neapol., CAPASSO, p. 277. **3.** a primitus: depuis le début — from the outset. Chron. Salernit., c. 116, ed. WESTERBERGH, p. 128.

**primogenita** (subst. neutr. plural.): **droit d'aînesse — right of primogeniture.*

**primogenitura:** *droit d'aînesse — right of primogeniture.* S. xii.

**primordialis:** **primordial, primitif — primeval, primitive.*

**primordium.** Plural. primordia: *les éléments* d'une doctrine — *the rudiments* of a doctrine. [Civitatem] fidei primordiis instruxisti. Pass. Ansani, ap. BALUZE, *Misc.*, ed. MANSI, IV p. 65.

**primoris.** Plural. primores: **1.** *les grands d'un royaume — the great men of a realm.* G. Dagoberti, c. 51, *SRM.*, II p. 423. Concil. Ingelheim. a. 840, *Conc.*, II p. 807. ERMENTAR., Mir. Filiberti, lib. 2, praef., *SS.*, XV p. 302. Conv. Sapon. a. 862, c. 2, *Capit.*, II p. 150. Synod. Pontigon. a. 876, c. 2, ib., p. 351. *D. Ludw. d. Deutsch.*, no. 170 (a. 876). **2.** *les notabilités d'un lieu — local notabilities.* Decretum est sententia primorum urbis. GREGOR. TURON., Glor. mart., c. 33, *SRM.*, I p. 508. Decem primores de comitatu N. F. Sangall. misc., no. 9, *Form.*, p. 384. Hunc primores Cameracensium . . . acclamant [in episcopum]. G. pontif. Camerac., lib. 1 c. 90, *SS.*, VII p. 438. Primores urbis [Romae]. Lib. pontif., Paschal. II, ed. DUCHESNE, II p. 296.

**primus** (subst.): **1.** *individu de la classe la plus élevée — a person of the upper class.* Primus Alamannus. Pact. Alam., fragm. 2 c. 38. **2.** plural. primi: *les grands d'un royaume — the great men of a realm.* Misit rex I. et S. primus [i.e. primos] de latere suo. GREGOR. TURON., H. Fr., lib. 4 c. 13. Erant majores natu et primi apud Ch. regem. Ib., lib. 5 c. 32. **3.** primi palatii: les grands de l'entourage du roi — the great men of the king's court. Hii qui videbantur esse primi palatii. Pass. I Leudegarii, c. 12, *SRM.*, V p. 294. Regi et primis palatii . . . vicinus et amatus. V. Remacli, c. 4, ib., p. 106. Singul. primus palatii: D. Ranumiri reg. Legion. a. 941, DE YEPEZ, *Coron.*, V p. 438.

**princeps: 1.** *roi — king.* Chez les Francs — with the Franks: Chlotharii praec., c. 5 et 12, *Capit.*, I p. 19. GREGOR. TURON., H. Fr., lib. 3 c. 14 et pluries. FORTUN., V. Radegundis, lib. 1 c. 5, *SRM.*, II p. 366. Desiderii Cadurc. lib. 1 epist. 9, *Epp.*, III p. 198. *D. Merov.*, no. 19 (a. 653). Test. Leodegarii a. 676, PARDESSUS, II p. 174. V. Wandregisili, c. 7, *SRM.*, V p. 16. Pass. Praejecti, c. 22, ib., p. 238. MARCULF., lib. 1 no. 4, *Form.*, p. 44. Lex Ribuar., tit. 73 et 79. *D. Karolin.*, I no. 29 (a. 752-768). Chez les Wisigoths — with the Wisigoths: Lex Visigot., passim. JULIAN., Hist. Wambae, saepe. Chez les Lombards — with the Longobards: Versus de Verona, str. 24, *Poet. lat.*, I p. 121. PAUL. DIAC., Hist. Langob., lib. 2 c. 28. **2.** princeps Francorum: maire du Palais — majordome. V. Balthildis, c. 2, *SRM.*, II p. 483. MARCULF., lib. 1 no. 24, inscr., *Form.*, p. 58. Concil. German. a. 743, c. 2, I p. 25. Pippini capit. Suess. a. 744, c. 10, p. 30. WILLIBALD., V. Bonifatii, c. 6, ed. LEVISON, p. 30. V. Filiberti, c. 11, *SRM.*, V p. 591. V. altera Wandregisili, c. 1, MABILLON, *Acta*, II p. 535. Princeps palatii: idem. V. Filiberti, c. 31, p. 600. URSIN., Pass. secunda Leudegarii, *SRM.*, V p. 333. V. Ansberti, c. 12, ib., p. 626. Princeps regis: dignitaire de cour anglosaxon — Anglosaxon court dignitary. Ch. Eadgari reg., DUGDALE, III p. 302. **3.** **chef d'un service de cour — head of a household department.* Princeps pincernarum: échanson — butler. DONAT. ANTR., V. Ermenlandi, c. 1, *SRM.*, V p. 685. Item V. Boniti, c. 2, ib., VI p. 120. Regalis curiae princeps: sénéchal — steward. EADMER., V. Wilfridi, c. 33, MIGNE, t. 159 col. 730 D. Aulae et camerae meae [sc. ducis] princeps. Ch. Guillelmi ducis Normann., DC.-F., VI p. 500 col. 3. Princeps super omnes forestes: forestier en chef — chief forester. *D. Ludw. d. Deutsch.*, no. 152 (ca. a. 874). Princeps militiae: chef d'armée — army commander. MEGINHARD. MOGONT., Ann. Fuld. pars tertia, a. 866, ed. KURZE,

p. 65. Rursum a. 880, p. 95. ORDER. VITAL., lib. 11 c. 36, ed. LE PRÉVOST, IV p. 288. **4.** *duc — duke.* Liutprandi leg., c. 19. Pour le duc de Bénévent — for the duke of Benevent: PAUL. DIAC., carm. 6 v. 13, *Poet. lat.*, I p. 44. Hic [sc. Arechis] primus Beneventi principem se appellari jussit, cum usque ad istum qui Benevento praefuerant duces vocarentur. LEO OST., Chron. Casin., lib. 1 c. 8, *SS.*, VII p. 586. Pour le duc des Bavarois — for the duke of the Bavarians: Lex Baiwar., tit. 1 c. 2. ARBEO, V. Haimhrammi, c. 4, ed. KRUSCH (in-8°), p. 32. Pour le duc des Alamans — for the duke of the Alamans: WETTIN., V. Galli, c. 20, *SRM.*, IV p. 267. **5.** *comte — count.* Lex Alamann., c. 82 (85). Lex Ribuar., tit. 73 et 79. WARTMANN, *UB. S.-Gallen*, I no. 697 (a. 895). RICHER., lib. 3 c. 11, ed. LATOUCHE, II p. 18. Pour un "ealdorman" anglosaxon — with reference to an ealdorman: BIRCH, *Cart. Sax.*, I no. 32 p. 54 (a. 674?). **6.** *prince territorial — territorial prince.* Princeps pagi [i.e. comes Flandriae]. Mir. Winnoci, c. 6, *SRM.*, V p. 782. Princeps et dux Northmannorum. HASKINS, *Norman inst.*, p. 261 no. 10 (a. 1032-1035). Princeps terrae [i.e. comes Flandriae]. HAIGNERÉ, *Ch. de S.-Bertin*, I no. 71 p. 25 (a. 1042). Domini et principes terrae [i.e. comes et comitissa Andegavenses]. MARCHEGAY, *Arch. d'Anjou*, II p. 47 (ca. a. 1107). Princeps terrae [i.e. dux Saxoniae]. Ann. Patherbr., a. 1137, ed. SCHEFFER-BOICHORST, p. 165. **7.** princeps castri, castelli: châtelain — castellan. ADEMAR., lib. 3 c. 48, ed. CHAVANON, p. 171. CHOLET, *Cart. de Baigne*, no. 64 p. 39 (ca. a. 1090). TARDIF, *Cartons*, no. 312 p. 192 (a. 1096). *Hist. de Fr.*, XII p. 418 B (a. 1130). *Ann. Praemonstr.*, II col. 362 (ch. a. 1159). Princeps, nude: idem. ADEMAR., lib. 3 c. 42, p. 166. Ibi pluries. LEROUX, *Doc. conc. la Marche*, I p. 124 no. 4 (a. 1098). HERIMANN. TORNAC., Rest. Martini, *SS.*, XIV p. 298. **8.** princeps civitatis: évêque — bishop. V. prima Aigulfi Lerin., c. 14, *AASS.*, Sept. I p. 746 D. **9.** princeps monasterii: *abbé — abbot. Canon. Hibern., lib. 37 c. 37, p. 140. Ibi saepe. Archimandritam, id est principem multorum monasteriorum. V. Sabe, v. 1., ed. ERMINI, p. 127. **10.** plural. principes: *les grands du royaume — the great men of the realm.* Ab omnibus regni regis Ch. principibus. GREGOR. TURON., H. Fr., lib. 7 c. 36. Principes saecularium. Ib., lib. 5 c. 5. Lex ... temporibus H. regis unacum principibus suis ... constituta est. Lex Alamann., inscr., codd. fam. B. Principes populi. Ib., tit. 23 (24). V. Goaris, c. 8, *SRM.*, IV p. 420. Contin. ad FREDEG., c. 33, *SRM.*, II p. 182. Cod. Carolin., no. 3, *Epp.*, III p. 480. V. Ansberti, c. 4, *SRM.*, V p. 621. V. Desiderii Cadurc., c. 12, *SRM.*, IV p. 571. V. Eligii, c. 38, ib., p. 723. WETTIN., V. Galli, c. 22, ib., p. 268. PASCHAS. RADBERT., Epit. Arsenii, lib. 2 c. 10, ed. DÜMMLER, p. 73. V. Sturmi, c. 12, *SS.*, II p. 370. V. Rusticulae, c. 15, *SRM.*, IV p. 346. Episcop. rel. a. 829, c. 61, *Capit.*, II p. 51. Conv. Mantal. a. 879, ib., p. 368. Concil. Tribur. a. 895, ib., p. 211. Coll. Sangall., no. 10, *Form.*, p. 403. *D. Ludw. d. Kind.*, no. 64 (a. 908). Principes palatii. G. Dagoberti, c. 51, *SRM.*, II p. 424 l. 4. Item V. Audoini, c. 12, *SRM.*, V p. 561. **11.** principes regni, imperii: les princes de l'Empire, membres du "Reichsfürstenstand" — the princes of the Empire. Quisquis de ordine principum. OTTO FRIS., G. Friderici, lib. 2 c. 44, ed. WAITZ-SIMSON, p. 152. Princeps imperii ... censebitur et principum imperii gaudebit privilegio. ALTMANN-BERNHEIM, *Urk.*[4], no. 86 c. 1 p. 174 (a. 1184). **12.** principes populi: les chefs d'une tribu — the leading men of a tribe. Sanctus vir in Thyringea ... totius populi principes ... affatus est. WILLIBALD., V. Bonifatii, c. 5, ed. LEVISON, p. 23. [Dux Alamanniae] cum principibus et comitibus suis huic intererat conventui. WALAHFR., V. Galli, lib. 1 c. 24, *SRM.*, IV p. 302. Ut erant nobiles, de principibus populi multos sibi complices adunantes. Coll. Sangall., no. 30, *Form.*, p. 415. **13.** *les notabilités d'un "gau" — the notabilities of a district.* Omnis plebs cum audierat concilium, tam principes quam mediocres judicaverunt. *D. Ludw. d. Deutsch.*, no. 85 (a. 857). Comes cum judicio principum et aliorum populorum ... ESCHER-SCHWEIZER, *UB. Zürich*, I no. 212 p. 103 (a. 968). Principes in provincia q. v. Biedegowi manentibus. BEYER, *UB. Mittelrh.*, I no. 299 p. 348 (ca. a. 1023). **14.** *les barons d'une principauté territoriale — the barons of a principality.* DUVIVIER, *Rech. Hainaut*, p. 382 (a. 1034-1047, Flandre). Principes comitatus sui [sc. comitis Andegavensis]. *BEC.*, t. 36 (1875), p. 397 (a. 1061). G. Lietberti Camerac., c. 20, *SS.*, VII p. 496 (Flandre). DUVIVIER, o.c., p. 441 (a. 1084, Hainaut). Ib., p. 448 (a. 1088, Hainaut). Coram me in presentia principum meorum ceterorumque, scilicet equestris ordinis fidelium et curialium ac multorum civium. DUVIVIER, *Actes*, II p. 20 (a. 1089, Hainaut). Per principes et ceteros liberos homines meos [sc. abbatis Corbejensis]. ERHARD, *Reg. Westfal.*, I, CD. no. 188 p. 147 (a. 1120). WAUTERS, *Origine*, p. 17 (a. 1142, Flandre). Presentibus utriusque terre [sc. Bawariae Austriaeque] principibus et multa frequentia militum. JORDAN, *Urk. Heinr. d. Löw.*, no. 106 p. 161 (a. 1176). Coram principibus terre mee. OPPERMANN, *Fontes Egm.*, p. 236 (ch. a. 1162). **15.** principes castri: les vassaux d'un châtelain — a castellan's vassals. *Gall. chr.*[2], II instr. col. 277 (ch. a. 1108). **16.** principes civitatis: les bourgeois prominents — the leading burgesses. GUILLELM. PICTAV., lib. 2 c. 28, ed. FOREVILLE, p. 216.

**principalis: 1.** *royal — royal.* Usus est clementiae princepalis. Chloth. II praec. (a. 584-628), *Capit.*, I p. 18. Oportit climenciae princepali. *D. Merov.*, no. 19 (a. 653). Accepta principali praeceptione. V. Gaugerici, c. 6, *SRM.*, III p. 654. **2.** *qui correspond aux étalons fixés par le prince — up to standards established by the ruler.* Principales solidi. Chron. Casin., *Scr. rer. Langob.*, p. 476 l. 9. Principales unciae [mesure de terre — measure of land]. HARTMANN, *Tabul. s. Mar. in Via Lata*, p. 22 (a. 989). FERRI, *Carte di Roma*, p. 177 (a. 1009). **3.** comes principalis: landgrave — landgrave. Ann. s. Petri Erfesf., contin. Ekkehardi, a. 1130, HOLDER-EGGER, Mon. Erphesf., p. 37. Subst. femin. **principalis:** *abbesse — abbess.* GREGOR. TURON., H. Fr., lib. 9 c. 39.

**principalitas: 1.** **primauté, supériorité — preeminence, superiority.* **2.** *principauté — principality.* *Gall. chr.*[2], IV instr. col. 139 (ch. a. 1018). Chron. s. Petri Erford. Mod., a. 1208, HOLDER-EGGER, *Mon. Erphesf.*, p. 205.



**principaliter:** **principalement — chiefly.*

**principari** (depon.) et principare, **1.** alicui rei: **régner sur, gouverner, dominer — to rule, govern, dominate.* **2.** absol.: **régner, avoir autorité — to reign, be in power.*

**principatus** (decl. iv), **1.** gener.: **gouvernement — rule.* En parlant du pouvoir domanial d'un propriétaire foncier — with reference to the rule of the lord of a manor: In locis supradictis, quisquis ad supradictum sanctum [sc. s. Emmerammum] potestatem habuerit, ergo et in his locis similiter a die presente principatum teneat. WIDEMANN, *Trad. S.-Emmeram*, no. 4 p. 4 (a. 776). Archidiaconus in rebus monasterii nullam praesumat habere principatum, non pro pasto exactandum, non pro mansionaticos requirendum. Coll. Flavin., no. 44, *Form.*, p. 482. **2.** spec.: **gouvernement impérial — imperial rule.* **3.** *empire — empire.* Romanorum principatum depopulantes. ANAST. BIBL., Chron., ed. DE BOOR, p. 136. Ibi pluries. **4.** *gouvernement royal, règne d'un roi — rule of a king, a king's reign.* Non est principatus nostri consuetudo sacerdotium venumdare. GREGOR. TURON., H. Fr., lib. 6 c. 39. Prolem suum D. in principatus culmine sublimasset. V. Arnulfi, c. 16, *SRM.*, II p. 439. [Childericus] Germanie [i.e. Austrasiae] gerebat principatum. Pass. Praejecti, c. 14, ib., V p. 233. [Rex] obiens D. filium in principatu reliquit. V. Desiderii Cadurc., c. 5, ib. IV p. 566. Vestram [!] pollet imperium vel principatum. F. Bituric., no. 11, *Form.*, p. 173. Anno 26 principatus sui. Synod. Franconof. a. 794, *Capit.*, I p. 73. Nostri principatus ac regni ... negotia. Capit. missor. Silvac. a. 853, prol., II p. 271. **5.** *charge de maire du Palais — office of a majordome.* Pippinus ... Orientalium Francorum ... suscepit principatum. Ann. Mett. prior., a. 688, ed. SIMSON, p. 1. [Ebroinus] principatum sagaciter recepit. Lib. hist. Franc., c. 45, *SRM.*, II p. 319. Rursum c. 51, p. 325. In Francorum regnum remeavit in sedem principatus sui [sc. Karoli Martelli]. Contin. ad FREDEG., c. 18, ib., p. 177. In anno secundo principatus Pippini. *D. Arnulfing*, no. 17 p. 104 (a. 743). Anno secundo principatu[s] C. et P. ducibus Francorum. ZEUSS, *Trad. Wizenb.*, no. 4 (a. 743). Decedente de ordine principatus W. inlustri. V. Ansberti, c. 21, *SRM.*, V p. 634. **6.** *dignité ducale — dukeship.* Cum ducatum urbium T. atque P. ministraret, adhuc et V. atque B. urbium principatum accepit. GREGOR. TURON., H. Fr., lib. 9 c. 7. Dux qui super septem civitates principatum ... susceperat. Id., V. patrum, c. 3 § 1, *SRM.*, I p. 673. Cui principatus regionis paterna successione cessit. WIDUKIND., lib. 1 c. 30. Filius ejus Th. in principatu [Lotharingiae] ei successisset. Chron. s. Michaelis, c. 9, *SS.*, IV p. 82. Traditus est principatus Bajoariae H. duci. Ann. Altah. maj., a. 1042, ed. OEFELE, p. 31. Rursum a. 1057, p. 53. **7.** *duché — duchy.* Principatum Beneventi. PAUL. DIAC., Carm. 1, str. 10, *Poet. lat.*, I p. 36. Beneventanorum principatus. Chron. Casin., *Scr. rer. Langob.*, p. 469 l. 17. Beneventi principatus. BENED. SANTANDR., ed. ZUCCHETTI, p. 86. In principatibus Beneventano et Capuano. *D. Ottos III.*, no. 291 (a. 998). Hugonem pro patre ducem [Franciae] facit et insuper terram Pictavorum ejus principatui adicit. RICHER., lib. 3 c. 13, ed. LATOUCHE, II p. 22. **8.** *dignité de marquis — margraveship.* Ann. Rosenfeld., a. 1130, *SS.*, XIII p. 104. Ann. Pegav., a. 1124, *SS.*, XVI p. 254. **9.** *dignité de comte — countship.* Cujus principatu comes L. sublimatur. Chron. Gozec., lib. 2 c. 20, *SS.*, X p. 155. Nominati comitatus principatum. LAURENT. LEOD., G. episc. Virdun., c. 2, *SS.*, X p. 492. **10.** *gouvernement d'un prince territorial — rule of a territorial prince.* Senioris atque marchysi qui morte interveniente in principatu successerit mihi. GYSSELING-KOCH, *Dipl. Belg.*, no. 53 (a. 941, Gand). Engolismae principatum obtinuit. ADEMAR., lib. 3 c. 23, ed. CHAVANON, p. 145. Anno principatus G. comitis [Andegavensis] 2. MÉTAIS, *Cart. de Vendôme*, I no. 158 p. 276 (a. 1062). Principatum sortiti sumus Flandriarum. GYSSELING-KOCH, no. 156 (a. 1063). **11.** *principauté territoriale — territorial principality.* Urbem sui [sc. ducis Normanniae] principatus caput Rotomagum. GUILLELM. PICTAV., lib. 1 c. 41, ed. FOREVILLE, p. 102. Habuit sui principatus hos terminos. COSMAS, lib. 1 c. 27, ed. BRETHOLZ, p. 49. Bulloniensis principatus. LAURENT. LEOD., c. 12, *SS.*, X p. 498. Etiam c. 7, p. 494. **12.** *dignité épiscopale — dignity of a bishop.* In urbe Cabillono quondam habuerat principatum. Pass. prima Leudegarii, rec. C, c. 20, *SRM.*, V p. 301. Ab initio principatus. LAURENT. LEOD., c. 22, p. 503. **13.** *évêché — bishopric.* Ubi quondam pontificalis cathedrae principatus fuerat. G. pontif. Camerac., lib. 2 c. 13, *SS.*, VII p. 459. [Archiepiscopus] satis agebat pro principatu suo. Pass. II Thiemonis, c. 7, *SS.*, XI p. 55. [Episcopus Leodiensis] provisor et pastor ... liberorum hominum principatus proprii. MIRAEUS, I p. 276 col. 2 (a. 1124). **14.** *primatie — primacy.* [Pontifex Romanus] principatum teneat tam super quattuor praecipuas sedes ... quamque etiam super omnes universo orbe terrarum Dei ecclesias. Don. Constantini, c. 12, MIRBT, *Qu.*[3], p. 84. **15.** *l'ensemble des grands d'un royaume — the great men of a realm as a body.* Omnis huc convocatur principatus. THIETMAR., lib. 3 c. 24, ed. HOLTZMANN, p. 128. Collaudante regni sui principatu. ERHARD, *Reg. Westfal.*, I CD. no. 136 p. 108 (a. 1041). Totius regni principatus. JOCUND., c. 51, *SS.*, XII p. 112.

**principiare** et depon. principiari: **commencer, débuter — to start.*

**principissa: 1.** *reine — queen.* Chron. Salernit., c. 9, ed. WESTERBERGH, p. 13. **2.** *duchesse — duchess.* *CD. Cav.*, II no. 412 p. 272 (a. 989).

**principium:** *inauguration* d'un maître — *entrance* of a master. DENIFLE, *Chart. Univ. Paris.*, I no. 20 p. 79 (a. 1215).

**prindere,** v. prehendere.

**prinsio,** v. prehensio.

**prior: 1.** (cf. class. plural. priores "devanciers, ancêtres — elders, ancestors") *prédécesseur dans une charge, une dignité — predecessor in an office, a dignity.* CASSIOD., Var., lib. 5 epist. 3 § 5, *Auct. ant.*, XII p. 145. Quae a prioribus nostris edita sunt. *D. Zwentibolds*,

no. 6 (a. 896). Ibi pluries. **2.** *abbé — abbot.* Benedicti regula, c. 6; c. 38; c. 40. Ordo Rom. XIX, c. 1, ANDRIEU, III p. 217. Ibi pluries. Prior rector. SCHIAPARELLI, *CD. Longob.*, II no. 204 p. 214 (a. 767, Lucca). **3.** *le deuxième moine* après l'abbé — *the second monk* behind the abbot. Capit. monast. a. 817, c. 7 et pluries, *Capit.*, I p. 344 sqq. **4.** *prévôt* d'un chapitre de chanoines — *provost* of a chapter of canons. Nullus ... priorem aut canonicos ... inquietare ... presumat. [Antea: prepositum et canonicos]. *D. Heinrichs III.*, no. 189 (a. 1047). **5.** prior cantorum: chantre — precentor. Lib. pontif., Serg., § 1, ed. MOMMSEN, p. 210. Prior scholae: écolâtre — scholast. SCHNEIDER, *Reg. Senense*, p. 9 (a. 1000). **6.** prior vestiarii: dignitaire de l'église romaine — dignitary of the Roman church. Hadr. I pap. priv. a. 772, GIORGI-BALZANI, *Reg. di Farfa*, II doc. 90 p. 84. **7.** plural. priores: *les grands d'un royaume — the great men of a realm.* Prioribus de regno Chilperici. GREGOR. TURON., H. Fr., lib. 7 c. 7. Iterum ib., c. 33; lib. 8 c. 9. FREDEG., lib. 4 c. 52, *SRM.*, II p. 146. Pass. prima Leudegarii, rec. C, c. 4, *SRM.*, V p. 287. Priores palatii. V. Audoini, c. 16, ib., p. 564. **8.** *les notabilités d'un lieu — local notabilities.* GREGOR. TURON., H. Fr., lib. 7 c. 26. Priores loci. Lex Visigot., lib. 9 tit. 1 c. 8. Missi vel priores qui in ipso placito sunt. Capit. missor. gener. a. 802, c. 9, I p. 93. **9.** *les moines les plus âgés* dans un monastère — *the elder monks* of a monastery. Quendam ex ejusdem loci prioribus. *D. Louis IV.*, no. 23 (a. 944). **10.** *les principaux clercs* d'un évêché — *the foremost ecclesiastics* of a bishopric. Ecclesie mee prioribus presentibus et consulentibus. MULLER-BOUMAN, *OB. Utrecht*, I no. 328 p. 302 (a. 1129). **11.** femin. gener.: *abbesse — abbess.* Super vos alia priore non imponatur. GATTULA, *Hist. Cassin.*, p. 27. **12.** femin. gener.: *prieure — prioress.* Sanctimonialis ... ex ipsa congregatione eligatur, que non abbatissa sed prior vocetur. LACOMBLET, *UB. Niederrh.*, I no. 301 p. 198 (a. 1126).

**prioralis:** *de prieuré — of a priory.* Erectis heremitis Conchensibus in priorali dignitate. *D. Karolin.*, I no. 34 (spur. s. xii, Figeac).

**prioratus** (decl. iv): **1.** *la position de celui qui est le premier des clercs — the place occupied by the foremost ecclesiastic.* En parlant d'un évêque — with reference to a bishop: Potestatem prioratus sui agnoscat. GREGOR. M., lib. 1 epist. 24, *Epp.*, I p. 34. En parlant des prévôts — with reference to provosts: Usus obtinuit eos vocari praepositos qui quandam prioratus curam sub aliis praelatis gerunt. Concil. Aquisgr. a. 816, c. 139, *Conc.*, II p. 415. Honor prioratus mei valde jam viluit in oculis fratrum. ERDMANN-FICKERMANN, *Briefs.*, no. 25 p. 223 (a. 1075). **2.** *primacie — primacy, dignity of a primate.* Ad obfuscandum sui [sc. archiepiscopi Moguntini] prioratus fastigium. LAMPERT. HERSF., Ann., a. 1063, ed. HOLDER-EGGER, p. 82. **3.** *la fonction de celui qui est préposé à un monastère* comme abbé ou prieur (abbesse ou prieure) — *headship of a monastery.* GREGOR. M., lib. 5 epist. 4, *Epp.*, I p. 284 l. 20. Ib., lib. 8 epist. 16, II p. 18. Sicut [abbatissae] alias praecedunt prioratus honore, praecedant etiam piae conversationis exemplo. Concil. Aquisgr. a. 816, c. 7, *Conc.*, II p. 442. Nemo ad dominium sive prioratum ejusdem loci tyrannica usurpacione ascendat ..., sed secundum Benedicti regulam ibi abbas constituatur. D. Lotharii reg. Fr. a. 964, GYSSELING-KOCH, *Dipl. Belg.*, no. 60 p. 156. Si [ecclesia noviter condita] Deo auctore vel praepositura vel alio quolibet prioratu sublimari possit, sola electione fratrum ... promoveatur. LACOMBLET, *UB. Niederrh.*, I no. 476 p. 336 (a. 1180, Köln). **4.** *charge de prieur ou de prieure* par opposition à celle d'abbé ou d'abbesse — *office of prior or prioress.* Domno W. qui tunc prioratum sub domno O. abbate regebat. BERTRAND, *Cart. d'Angers*, I no. 363 p. 421 (a. 1060-1081). Cum vacaverit archiepiscopatus vel episcopatus vel abbatia vel prioratus de dominio regis. Const. Clarendon. a. 1164, c. 12, STUBBS, *Sel. ch.*[9], p. 166. **5.** *prieuré,* maison affiliée à une abbaye et régie par un prieur ou une prieure — *priory.* Abbatiam s. Sulpicii abbate H. regente atque prioratum Vivaris [Viviers] A. monacho disponente. DE KERSERS, *Cart. de Bourges*, p. 223 (ca. a. 1050). Deinceps praedictum monasterium non vocetur abbatia sed prioratus. *Hist. de Languedoc*[3], V pr. no. 412 col. 776 (a. 1102). Singuli prioratus ad abbatem et monasterium Cluniacense pertinentes. D. Lud. VI reg. Fr. a. 1119, BERNARD-BRUEL, *Ch. de Cluny*, V no. 3943 p. 296. Prioratus sive cellas aut ecclesias sive villas seu terras eidem loco ... a fidelibus concessas. *Actes Phil.-Aug.*, I no. 20 p. 29 (a. 1180). **6.** *la totalité des gens d'importance — the prominent men as a body.* Communi consilio prioratus sui [sc. episcopi]. MULLER-BOUMAN, *OB. Utrecht*, I no. 286 p. 264 (a. 1116). Totius prioratus intercessione et consilio. LACOMBLET, *UB. Niederrh.*, I no. 285 p. 187 (a. 1117, Köln). **7.** *la totalité des ecclésiastiques d'un certain rang — the higher-placed churchmen as a body.* Presente Coloniensis ecclesie prioratu. BEYER, *UB. Mittelrh.*, I no. 437 p. 498 (a. 1119).

**prioria:** *prieuré — priory.* Domus s. Victoris Parisiensis, quae erat prioria nigrorum monachorum s. Victoris de Massilia. ALBERIC. TRIUMFONT., ad a. 1129, *SS.*, XXIII p. 828.

**priorissa:** *prieure — prioress.* Stat. Praem. (ante a. 1143), c. 76, ed. VAN WAEFELGHEM, p. 63. CAESAR. HEISTERBAC., Dial., lib. 10 c. 16, ed. STRANGE, II p. 230.

**prioritas:** *priorité — priority, precedence.* S. xiii.

**prisa,** prisia, v. presa.

**prisare,** v. pretiare.

**prisura,** v. presura.

**prisio,** priso, prisona, prisonia, v. prehensio.

**prisionagium,** priso-, preso- (< prehensio): *frais d'entretien d'un prisonnier — a prisoner's boardwages.* S. xiii.

**prisionare,** prisonare (< prehensio): *faire prisonnier, emprisonner — to capture, imprison.* S. xii.

**prisionarius,** pre-, prey-, -zion-, -son-, -xon-, -erius (< prehensio): **1.** *prisonnier — prisoner.* S. xiii. **2.** *geôlier — jailer.* S. xiii.

**prisum,** preisum (< prehendere): *détention — custody.* Ipsi obsides emendent aut in preiso se mittant. DE FONT-RÉAULX, *Cart. de Limoges*, p. 134 no. 115 (a. 1024-1050).

**privatus** (adj.): *non férié — non-festal.* Privatis diebus. Benedicti regula, c. 13. Item BERTRAND, *Cart. d'Angers*, I no. 219 p. 255 (a. 1056-1060). Subst. neutr. **privatum** et femin. **privata:** *cabinet — privy.* S. xiii.



**privicarnium:** i.q. carnisprivium. S. xiii.

**privigna** (class. "fille d'un autre lit — stepdaughter"): *marâtre — step-mother.* EDD. STEPH., V. Wilfridi, *SRM.*, VI p. 194 l. 25.

**privignus:** *beau-père — father-in-law.* V. II Erminonis (s. xi), c. 4, *SRM.*, VI p. 465 l. 23.

**privilegialis:** *d'un privilège — of a privilege.* Privilegiali edicto hoc vetare. D. Roberti reg. Fr. a. 1007, BOURASSÉ, *Cart. de Cormery*, no. 32 p. 65.

**privilegiare:** *munir d'un privilège, privilégier — to grant a privilege to, to privilege.* S. xii.

**privilegium:** **1.** *territoire exempté de la juridiction de l'ordinaire — area exempted from the authority of the diocesan bishop.* Monasteria quem T. et R. aut P. germanis [i.e. germani] in suo privilegio edificaverint. BRUNETTI, *CD. Tosc.*, I p. 580 (a. 764). Ecclesia, oraturio et privalegio nostro cum pumis [i.e. pomis] vel singolas arboribus. Ib., p. 354 (a. 806). **2.** *une charte quelconque — any charter.* Tres mensuras terre ... concessit, sicut ejus privilegium super hoc confectum attestatur. DE FREMERY, *Cart. Mariënweerd*, no. 34 p. 26 (a. 1216).

**privitas** (< privus). Privitatem habere: être reçu dans l'intimité — to be admitted to the domestic circle. Filius meus ... privitatem habeat inter illis [fratribus]. WARTMANN, *UB. S.-Gallen*, I no. 198 p. 188 (a. 808).

**pro** (praepos.): **1.** **pour* (en parlant d'un but), *en vue de — for* (with reference to a purpose), *aiming at.* **2.** **pour* (en parlant d'une cause), *à cause de — for* (with reference to a cause), *because of.* **3.** **pour, au sujet de, en pensant à — for, with reference to, alluding to.* **4.** *pour, à la recherche de* (avec verbe signifiant "envoyer") — *for, after* (accompanying a verb which means "to send"). Direxit Burgis pro comitibus. SAMPIR., ed. FERRERAS, p. 316 l. 5. Dirixi pro ipso abba. SÁNCHEZ ALBORNOZ, *Estampas de la vida de León*, Madrid 1926, p. 149 n. (ch. a. 954, León). Mitte pro Juliano ut veniat. Chron. Pseudoisid. (s. xi ex. ?), *Auct. ant.*, XI p. 387 l. 28. **5.** i.q. per: *par, au moyen de, en usant de — by, by means of, applying.* Integritatem pro studio atque sollerti efficacia insistit peragenda. MITTARELLI, *Ann. Camald.*, p. 1 (a. 759). Nec vendere nec donare, nec pro ullo negotio nec pro scriptione. Ib., p. 27 (a. 926). **6.** i.q. ab: *par* un tel — *by* a person. Casa que regitur pro Domnedulo. MITTARELLI, p. 7 (a. 780). **7.** loc. pro tempore: à un moment donné, actuellement — for the present, then. Qui [episcopus] pro tempore in civitatem fuerit ordinatus. BRUNETTI, *CD. Tosc.*, I p. 562 (a. 757). Abbas qui pro tempore curam monasterii gesserit. FEDERICI, *Reg. di S. Silv. in Cap.*, p. 259 (a. 761). Monaci qui nunc et pro tempore ibidem ordinati fuerint. BELGRANO, *Reg. di Genova*, p. 38 (a. 994). **8.** loc. pro tempore: temporairement — temporarily. Aliquas res s. aecclesie eis pro tempore .... commodare. MULLER-BOUMAN, *OB. Utrecht*, I no. 105 p. 110 (a. 943). **9.** pro omni anno: chaque année — every year. Censo que[m] reddere debet ... pro omni anno. *CD. Langob.*, no. 92 col. 172 C (a. 816, Bergamo). Debeat fieri datum pro omni anno. Ib., no. 109 col. 197 C (a. 828, Bergamo).

**proaldio** (genet. -onis), proaldius, et proaldia: *descendant d'"aldiones"* ou individu assimilé aux descendants d'"aldiones" — *one sprung from a family of "aldiones"* or put on a level with those sprung from "aldiones". [Mulieres liberae servis in matrimonio conjunctae eorumque filii et filiae] sint proaldiones. D. Hildeprandi reg. (a. 744/745), MABILLON, *Ann.*, II instr. p. 705. Servis, proservis, liberis, proliberis, aldiones, proaldiones, aldianes, proaldianes. *CD. Langob.*, no. 84 col. 159 A (a. 807, Brescia). Item MURATORI, *Antiq.*, V col. 513 (a. 867).

**proancilla:** *descendante de serfs — woman sprung from a family of serfs.* G. ancilla, W. prolivera, C. proancilla. BRUNETTI, *CD. Tosc.*, I p. 466 (a. 722).

**proastium** (gr.): **1.** **faubourg — suburb.* Lex Rom. canon. compta, c. 98 § 3, ed. MOR, p. 72; c. 128 § 2, p. 94. In vetulae preastio [leg. proastio] civitatis [Vellavorum]. Chron. Trenorch., c. 29, ed. POUPARDIN, p. 91. **2.** **domaine situé à proximité d'une ville — manor situated in the outskirts of a city.* GREGOR. M., lib. 7 epist. 26, *Epp.*, I p. 471. ANON. VALES., lib. 14 c. 83, *Auct. ant.*, IX p. 3. PAUL. DIAC., Hist. Langob., lib. 6 c. 58. **3.** *prieuré, obédience — priory, outlying estate of a monastery.* Villa ... jure proastii subjacet coenobio patris Richarii. HARIULF., Mir. Richarii, c. 2, *SS.*, XV p. 920 r. 23. ANDR. FLORIAC., Mir. Benedicti, lib. 5 c. 6, ed. DE CERTAIN, p. 203 (ubi synon.: praepositura).

**proaulium,** proaula (gr.): *vestibule, narthex, antichambre — hall, narthex, antichamber.* In primo proaulium, id est locus ante aulam; in secundo salutatorium ... Descr. palat. Spolet., MABILLON, *Rer. ital.*, II p. 11; unde hausit ORDER. VITAL., lib. 2 c. 8, ed. LE PRÉVOST, I p. 310. Domum infirmorum et cellam novitiorum, proaulam hospitum, xenodochium pauperum. V. Guillelmi Gellon., c. 9, *AASS.*, Maji VI p. 803 A.

**probabilis:** **1.** *digne de foi — worthy of credit.* Testes. *D. Heinrichs II.*, no. 507[a] (a. 1024). Probabilibus ... asstantibus personis. BITTERAUF, *Trad. Freising*, II no. 1404 p. 262 (a. 1022-1031). **2.** *net, probant — clear, conclusive.* Vestimentum ... absque probabile signum intertiare proibemus. Lex Ribuar., tit. 72. Varietatem seu debilitatem probabile[m] ex hoc [maleficio] in corpus habuerit. Ib., tit. 83.

**probamentum:** **preuve, épreuve, essai, examen — evidence, proof, inquiry, examination.*

**probare, 1.** aliquem: *convaincre de culpabilité — to prove guilty.* Professus vel probatus apparuit. F. Sal. Merkel., no. 38, *Form.*, p. 256. Si quis ... in perjurio probatus fuerit. Capit. missor. gener. a. 802, c. 36, I p. 98. Si quid perperam gessisse probati fuerint. Capit. Pap. (a. 845-850), c. 2, II p. 81. Si ... aliquis ... mercatum transierit ... et inde probatus fuerit. Inquis. Raffelst., c. 3, ib., II p. 251. **2.** *faire l'essayage* d'une monnaie — *to essay* coins. S. xiv.

**probaticus** (subst.) (gr., cf. Euang. Joh. 5, 2): *troupeau de moutons — flock of sheep.* S. xii.

**probator:** *essayeur — essayer.* S. xiii.

**probatorium:** *logis des novices* dans un monastère — *novices' room* in a monastery. V. Waltharii, § 33, *AASS.*, Aug. I p. 258 D. WALTER. DANIEL, c. 8, ed. POWICKE, p. 16.

**probatus** (adj.): *digne de foi — worthy of credit.* Testes. Concil. Meld. a. 845/846, c. 69, *Capit.*, II p. 415.

**probitas:** *prouesse—chivalrous exploit.* Transierat fama probitatis ubique probatae. GUILL. APUL., G. Rob. Wisc., lib. 3 v. 26, *SS.*, IX p. 266. Nepotis sui M. probitates audiens. G. cons. Andegav., HALPHEN-POUPARDIN, *Chron. d'Anjou*, p. 65. Tot bene gesta domi, tot militie probitates. GUILL. BRITO, Phil., lib. 1 v. 15, ed. DELABORDE, p. 7.

**probrositas:** **turpitude, infamie — turpitude, infamy.*

**probus:** **1.** *honorable — respectable.* Probi homines: i.q. boni homines, personnes ayant la qualité requise pour figurer comme témoins ou comme assesseurs de tribunal — people who are qualified to act as witnesses or as assessors in a lawcourt. Facite recognoscere per probos homines de comitatu. VAN CAENEGEM, *Writs*, p. 488 no. 144 (a. 1100-1115). Comme terme ayant une valeur relative pour désigner un certain rang social — as a comparative term for a measure of social rank: Si quis vi devirginabit feminam, si magis probus est quam illa, vel ducat eam in uxorem vel donet ei maritum dignum illa; si vero corrupta femina probior erit sturpatore [leg. stupratore], ille det ei maritum dignum illa, si potest. *Hist. de Languedoc*[3], V no. 596 col. 1167 (a. 1152, Toulouse).

**procacia:** **impudence — pertness.*

**procambiare,** procamiare: *aliéner par échange — to alienate by exchange.* Excepto illo quod illi procamiaverunt aut vendiderunt. *Gall. chr.*[2], I instr. p. 170 (ch. a. 904, Sorèze). Res servorum Dei non distrahat, non minuat, non procamiet, non beneficiet alicui. BERNARD-BRUEL, *Ch. de Cluny*, I no. 112 p. 126 (a. 910). Inter se commutare vel procamiare deberunt. Ib., no. 220 p. 209 (a. 920).

**procambiatio:** **1.** *contrat d'échange — exchange contract.* Facta carta procambiationis. BALUZE, *Capit.*, II p. 1535 (a. 925, Carcassonne). **2.** *charte relative à un échange — record of an exchange.* Ipsas procamiationes quas inde habui et alias cartas autenticas. *Hist. de Languedoc*[3], V pr. no. 5 col. 73 (a. 883, Carcassonne).

**procambium,** procamium, procammium (< cambium): *échange — exchange.* Dedit ... de suo procamio ... peciolas de terra ... Et hoc procamium ... stabile permaneat. PÉRARD, *Bourg.*, p. 18 (a. 836, Dijon). Istos alodes ... donamus nos vobis in procambium de ipsum alodem [i.e. pro ipso alode] ... que[m] nos recepimus de vobis. *Hist. de Languedoc*[3], V no. 120 col. 266 (a. 970, Carcassonne). Hoc procammium inter ipsos factum. COURTOIS, *Cart. de Dijon*, no. 28 p. 47 (s. x).

**procantus** (decl. iv): *charge de desservant d'une église, vicariat — vicarage.* S. Florentii congregatione terciam partem decimarum et totam sepulturam per antiquam consuetudinem procantus ad ecclesiam s. Elerii expostulante. BERTRAND, *Cart. d'Angers*, I no. 198 p. 230 (a. 1040-1049). Presbyter eodem in loco serviens Deo, de manu episcopi parrochiae curam, de abbatis autem procantum accipiat. DC.-F., VI p. 514 col. 2 (ch. a. 1088, Noyon).

**procedere, 1.** absol.: *s'avancer processionnellement — to approach in procession.* EGER., Peregr., c. 25 § 1, *CSEL.*, t. 39 p. 74; rursum c. 26 § 1, p. 77. Sacram. Gregor., c. 65, MIGNE, t. 78 col. 82 A. PS.-ANTON., Itin., c. 11, *CSEL.*, t. 39 p. 167. Rursum c. 20, p. 172. Stat. Rhispac. a. 799/800, c. 34, *Capit.*, I p. 229. WIPO, G. Chuonradi, c. 3, ed. BRESSLAU, p. 23. **2.** cum infin.: *procéder à, commencer à — to proceed to, be about to.* Regis fideles [accus.] circumquaque demoliri procedunt. LIUDPRAND. CREMON., Antap., lib. 4 c. 29, ed. BECKER, p. 125. **3.** absol.: *intenter un procès — to proceed, take legal proceedings.* S. xii. **4.** *se différencier — to diverge.* Belli copias sibi ac Th. parum procedere. WIDUKIND., lib. 1 c. 9. Aequum pravumque, sanctum perjuriumque illis diebus parum procedebant. Ib., lib. 2 c. 10.

**procensere:** *payer un cens — to pay a cess.* Dibiat procensire pro ista traditione, per singulos annos dibiat donare duodecim denarius. WARTMANN, *UB. S.-Gallen*, I no. 105 (a. 786).

**procer, 1.** plural. proceres: *les grands d'un royaume — the great men of a realm.* Chez les Francs — with the Franks: Unacum nostris procerebus consteti[t] decrevisse. *D. Merov.*, no. 34 (a. 658). In nostri vel procerum nostrorum presencia. Ib., no. 49 (a. 679). Cum proceribus et primis regni. GREGOR. TURON., H. Fr., lib. 4 c. 6. [Childebertus] cum proceribus suis ad eum [sc. Guntchramnum] venit. Ib., lib. 5 c. 17. Ibi saepe. Ceteris proceribus sublimior fuit. BOBOLEN., V. Germani Grandivall., c. 1, *SRM.*, V p. 33. Conperto rex per proceres Hectorem terga vertisse. Pass. Praejecti, c. 26, ib., p. 241. V. Desiderii Cadurc., c. 2, ib., IV p. 564. Chez les Ostrogoths, comme une dignité bien définie — with the Ostrogoths as a definite rank: Formula qua per codicillos vacantes proceres fiant. CASSIOD., Var., lib. 6 c. 10 inscr., *Auct. ant.*, XII p. 184. De même chez les Wisigoths — likewise with the Wisigoths: D. comes et procer, F. comes et procer. Concil. Tolet. VIII a. 653, MANSI, t. 10 col. 1223. **2.** *les grands laïques* à l'exclusion des ecclésiastiques — *the lay magnates.* Mediantibus sacerdotibus atque proceribus. Pact. Andel. a. 587, *Capit.*, I p. 12. A ponteficebus vel sapientissimis viris procerebus. FREDEG., lib. 4 c. 58, *SRM.*, II p. 147. Unacum pontificibus vel proceribus nostris [i.e. regis]. MARCULF., lib. 1 no. 5, *Form.*, p. 46. **3.** proceres palatii: *les grands de l'entourage royal — the great men of the king's court.* V. Audoini, c. 11, *SRM.*, V p. 560. V. Ansberti, c. 12, ib., p. 626. D. Roberti II reg. Fr. a. 1022, *H. de Fr.*, X p. 35. Singul.: Procer palatii. AGOBARD., epist. 10, lemma, *Epp.*, V p. 201 n. **4.** *les notabilités d'une région — the notabilities of a province.* Comitem aut vicarium ejus cum reliquis proceribus in testimonium adhibeat. F. Sangall. misc., no. 9, *Form.*, p. 384. Coram N. seniore comite et subscriptis proceribus ac plebejis. Coll. Sangall., addit. 4, ib., p. 435. **5.** *les dignitaires d'un évêché — the dignitaries of a bishopric.* Hujus sanctae ecclesiae



quosdam sacerdotes, proceres etiam et ceteros clericorum ordinis. Lib. pontif., Steph. II, § 19, ed. DUCHESNE, I p. 445. [Adstantibus] proceribus ecclesiae et cuncto clero, optimatibus etiam miliciae. Concil. Roman. a. 769, *Conc.*, II p. 81. **6.** singul.: *maire du Palais — majordome.* V. Rigoberti, c. 16, *SRM.*, VII p. 72. **7.** *vassal — vassal.* [Bernardus rex Italiae] tradidit semetipsum ei [sc. Ludowico Pio imp.] ad procerem. THEGAN., V. Hludowici, c. 12, *SS.*, II p. 593. Per judicium curie nostre et ministerialium b. Martini procerumque nostrorum. MULLER-BOUMAN, *OB. Utrecht*, I no. 427 p. 383 (a. 1159).

**processio:** **1.** *pompe, apparat — pomp, apparel.* Conferentes ... omnem processionem imperialis culminis. Don. Constantini, c. 14, MIRBT, *Qu.*[3], p. 85. **2.** **synaxe, culte, office, réunion des fidèles — office, divine service, religious meeting.* GREGOR. M., Homil. in euang., lib. 1 hom. 19, MIGNE, t. 76 col. 1154 B. Sacram. Leonin., ed. FELTOE, p. 114. Sacram. Gelas., lib. 1 c. 39, ed. WILSON, p. 67. **3.** **procession religieuse — religious procession.* EGER., Peregr., c. 26 § 1, *CSEL.*, t. 39 p. 77. GREGOR. TURON., Glor. Mart., c. 90, *SRM.*, I p. 549. Coll. Avell., *CSEL.*, t. 35 p. 2 et p. 62. Ordo Rom. I, c. 6, ANDRIEU, II p. 69. **4.** *cortège funèbre — funeral procession.* Mane facto processio solemnitates [i.e. solemnitatis] funeris ejus obsequium fuit. GREGOR. TURON., H. Fr., lib. 2 c. 13. **5.** *procès — legal proceedings.* CASSIOD., Var., lib. 6 epist. 17 § 2, *Auct. ant.*, XII p. 189. GREGOR. M., lib. 5 epist. 46, *Epp.*, I p. 345.

**processionalis:** *processionnel — of processions.* Processionali ordine. Missale Ambros., ed. RATTI-MAGISTRETTI, p. 224. Crucem auream cum gemmis processionalem. ADEMAR., lib. 3 c. 66, ed. CHAVANON, p. 193.

**processionaliter:** *processionnellement — in procession.* Pass. Ansani (s. vi), BALUZE, *Misc.*, ed. MANSI, IV p. 65. Inv. Trophimenae (s. x?), *AASS.*, Jul. II p. 238. HARIULF., Chron., lib. 3 c. 29, ed. LOT, p. 168.

**processionarius** (adj.): *processionnel — of processions.* Accipiant ornamenta processionaria. GUIDO FARF., Disc., lib. 1 c. 85, ALBERS, I p. 86. Iterum c. 101, p. 100.

**processor:** *processionnant — one who partakes in a procession.* Post episcopos presbyteri, deinde omnes processores. Ordo Rom. II, ANDRIEU, II p. 51.

**processorius:** *processionnel — of processions.* V. Caesarii, lib. 1 c. 44, *SRM.*, III p. 474. *CD. Cajet.*, I p. 34 (a. 906).

**processus:** **1.** *procession — procession.* Ad missa[m] cum populo progreditur mulier in processu. FORTUN., V. Germani Paris., c. 33, *SRM.*, VII p. 392. Diacones in albis exeunt ad processum. V. Aridii, c. 15, *SRM.*, III p. 587. **2.** *la faculté de poursuivre une action de droit — liberty to pursue a lawsuit.* Si femina vi oppressa ... querimoniam fecerit sine septem testibus ..., processum in querimonia habere non debet. *Nijm. Studiet.*, I p. 18 (a. 1245, Haarlem). **3.** *procès — legal proceedings.* S. xiii. **4.** *procédé — method of acting, dealing with a thing.* S. xiii.

**procinctualis:** *qui se rapporte à l'immunité restreinte de la "pourceinte" d'un établissement ecclésiastique — concerning the inner immunity of ecclesiastical precincts.* [Advocatus] in procinctualibus tantummodo placitis tertio recepto denario, nullatenus ultra locum ipsum ... praesumeret gravare. MIRAEUS, III p. 303 col. 1 (a. 1046, Liège). In procinctualibus causis, in falsis videlicet mensuris, in latronibus deprehensis, in popularibus sturmis et burinis. BORMANS-SCHOOLMEESTERS, *Cart. de Liège*, I no. 32 (a. 1116).

**procinctura:** *bande de terre à l'entour d'un domaine* où le propriétaire exerce certains droits — *outer zone of an estate.* Duo praedia cum omnibus appenditiis et procincturis suis. MARTÈNE, *Coll.*, I col. 379 (ch. a. 1016, Liège).

**procinctus** (decl. iv), por-, -cincta, -cinta, (cf. voc. praecinctus): **1.** *terrain extérieur adjacent à un établissement religieux* et compris dans son immunité — *outer zone surrounding a religious house* which is included in its immunity. Tam in villis eorum quam et circa monasterii procinctum immunitatis. Priv. Joh. XV pap. a. 990, VOS, *Lobbes*, I p. 537. Immunitati ... terminos imponi censemus ... Itaque hanc totam procintam Deo sanctoque ejus Dyonisio donamus cum omni judiciaria potestate, hoc est bannum omnemque infracturam et si quae sunt aliae consuetudines legum, ubicumque infra totam predictam procintam, sive in agris sive in domibus sive in viis publicis vel privatis, evenerint. *D. Charles le Ch.*, II no. 479 p. 596 (< a. 860 >, spur. s. xi in.). [Ecclesia] regio jure ab omnibus fore concedatur libera, tam videlicet intra ambitum munitionis ejus quam extra in procinctu illius, in theloneis, in fredis ... D. Henrici I reg. Fr. a. 1060, DE LASTEYRIE, *Cart. de Paris*, I no. 96 p. 123. Habeat idem locus liberum procinctum, id est ambitum et coemeterium mortuorum, circa se absque episcopali vel cujuslibet respectu vel exactione. Priv. spur. Nic. II pap. < a. 1061 >, MIGNE, t. 143 col. 1359 A. **2.** *la justice immunitaire dans la "pourceinte"* ou terrain extérieur adjacent à un établissement religieux — *immunitary jurisdiction in the outer zone* surrounding a religious house. Concessi porcinctam et districtum montis et vallis. DC.-F., VI p. 414 col. 3 (ch. a. 961, Laon). Bannum hominis vulnerati vel interfecti ac infracturam intra vel extra castellum ipsius coenobii, ipsumque duelli ... ac totam procinctam intra vel extra. D. Roberti reg. Fr. (ca. a. 1008), *H. de Fr.*, X p. 591. Atrium Th. cum omni ejus familia et omni procinctu et districtu seu jurisdictione. MULLER-BOUMAN, *OB. Utrecht*, I no. 209 p. 191 (a. 1050). **3.** *territoire soumis à un statut judiciaire particulier* qui se distingue du droit commun — *area having a particular legal status.* Theloneum quod ubique in toto procinctu urbis Noviomagensis regali ditione possidebamus. *D. Charles III le Simple*, no. 40 (a. 901; an verax?). Eadem villa cum suo procinctu immunis maneat ab omni querela comitis. *D. Lothaire*, no. 42 (a. 977). Dedit mihi in eodem loco comitatum cum procinctu totius villae et appendiciorum ejus in agris et wariscapiis, in propriis et alienis allodiis. MIRAEUS, III p. 303 col. 1 (a. 1046, Liège). De quibusdam tortitudines quas tunc temporis injuste faciebat infra procinctum villae s. Amandi. DUVIVIER, *Actes*, I p. 47 (a. 1082).

In quibus [sc. tribus generalibus placitis] homines de procinctu ville b. Amandi tres dies observabant. BONGERT, *Cours laïques*, p. 87 (a. 1116). **4.** *banlieue d'une ville* soumise à la justice urbaine — *pale of a city* subject to urban jurisdiction. Scabini Bapalmarum judicent universas querelas que contingent intra procinctum ville Bapalmarum. *Actes Phil.-Aug.*, II no. 538 p. 82 (a. 1196). **5.** *témoignage collectif du lignage* dans un procès en servage — *joint testimony of kinsmen* in a lawcase concerning servile status. Quodsi procinctus defuerit. Ludov. Pii capit. (a. 814-840), c. 2, *Capit.*, I p. 315. Tercia manu militum et procinctu parentele. *Ordonn.*, V p. 716, c. 17 (a. 1209, Auxerre). Cf. P. PETOT, *La preuve du servage en Champagne*, *RHDFE.*, 4e s. t. 13 (1934), pp. 464-498.

**proclamare: 1.** *nommer* — *to name*. Qui proclamabatur Silbaticus. *CD. Cajet.*, I p. 109 (a. 958). **2.** *déclarer* — *to declare*. [Animal] emisse aut cambiasse dixerit vel proclamaverit. Lex Sal., tit. 37. Omni dignum honorificentia illum proclamabant. V. Romuli Januens. (s. x/xi), *AASS.*, Oct. VI, p. 208. Nobis proclamavit ut vobiscum non vellet habitare. BRUNETTI, *CD. Tosc.*, I p. 622 (a. 771). Quantum ipsa chartula vestra donationis proclamat. *CD. Cav.*, II no. 335 p. 160 (a. 981). **3.** *proclamer, divulguer* — *to proclaim, announce publicly*. S. xii. **4.** **réclamer* — *to reclaim*. Quicquid annum et diem non proclamatum possidet. Lex famil. Wormat. (a. 1023-1025), *Const.*, I no. 438, c. 1. Abbas et monachi ... proclamabant medietatem in supranominato castro. ROSELL, *Lib. feud. maj.*, no. 442 (a. 1067). Nos omnia illa a [i.e. de] predictis fratribus proclamata et alienata redire ... precipimus. *D. Heinrichs IV.*, no. 462 (a. 1098). Congregatio Liniacensem ecclesiam ... frequenter in praesentia caesaris, frequentius in Leodiensi audientia proclamatam repetebat. MIRAEUS, I p. 682 (a. 1126, Nivelles). **5.** *prétendre que* (dans un procès) — *to contend*. Res patris sui fuisse proclamans. GREGOR. TURON., H. Fr., lib. 8 c. 32. Venit ad nos in presentia nostrorum fidelium, proclamans quod ... *D. Adalberto*, no. 1 p. 341 (a. 960). Juris sui aliquid in predicto novali esse proclamaret. MULLER-BOUMAN, *OB. Utrecht*, I no. 375 p. 338 (a. 1139). **6.** intrans.: *protester* — *to protest*. Capit. Pap. a. 787, c. 4, I p. 199. **7.** intrans.: *lancer une sommation* — *to issue a summons*. Si dominus ... vasalli fidelitatem petierit et illo non praestante dominus tribus vicibus ... ad curiam suam super hoc proclamaverit ... Libri feud., antiq., tit. 10 c. 2 (vulg., lib. 2 tit. 24 § 1), ed. LEHMANN, p. 144. **8.** aliquem: *accuser* — *to incriminate*. Si in aliquo deviaverint vel proclamati fuerint, ipsa abbatissa ... justificet. GYSSELING-KOCH, *Dipl. Belg.*, no. 225 (a. 1096, Looz). **9.** intrans.: *en appeler* — *to lodge an appeal*. Patrem pulsavit proclamando ad regem. Liutprandi leg., c. 96 (a. 728). [De servitute pulsatus] ad palatio [i.e. palatium] venerit proclamandum [i.e. proclamando]. Leg. Ratchis, c. 7 (a. 746). De clamatoribus: judex praevideat ut non sit eis necesse venire ad nos proclamare. Capit. de villis, c. 29. Iterum c. 57. Pervenit A. in presentia nostra suggerendo ac proclamando super A. *D. Karolin.*, I no. 196 (a. 801). Quos ad eam [sc. sedem apostolicam] litteris propriis proclamasse dinoscimus. Leonis IV pap. epist. a. 853, *Epp.*, V p. 590. Si quis ad nos [sc. imperatorem] voluerit proclamare. Synod. Ravenn. a. 898, c. 2, *Capit.*, II p. 124. **10.** judicem: *en appeler à* — *to appeal to*. Liceat illis cum fiducia regiam proclamare auctoritatem et palatium petere suamque querimoniam regiis auribus impune patefacere. *D. Charles le Ch.*, I no. 178 p. 475 (a. 855). **11.** refl. se proclamare: *se plaindre, former une instance* — *to lodge a complaint*. Unusquisque clamator tertiam vicem ad comitem suum se proclamet; et si quis ... antea ad palatium se proclamaverit ... Capit. Mantuan. (a. 813), c. 2, I p. 190. In eorum presentia ... sic se proclamabit [i.e. proclamavit], qualiter tenebat cella[m] ... *Hist. de Languedoc*[3], II pr. no. 80 col. 178 (a. 832, Arles). De quacumque re injuste ablata se proclamaverint. D. Loth. imp. a. 841, LESORT, *Ch. de S.-Mihiel*, no. 13 p. 78. Proclamavit se quod R. ... homines ex villa C. per vim et violentiam distraxerit. LALORE, *Cart. de Montiéramey*, no. 12 (a. 896). In generali placito nostro querelosis se precibus proclamavit. *D. Zwentibolds*, no. 20 (a. 898). In mallo publico ... sic se proclamabat ... de supranominato comite. *Hist. de Languedoc*, V no. 57 col. 160 sq. (a. 933, Narbonne). [Monachi Cluniacenses] proclamaverunt se de quadam femina ... que tenet [in]juste res illorum. BERNARD-BRUEL, *Ch. de Cluny*, I no. 644 (a. 943).

**proclamatio: 1.** *plainte* (au sens général) — *complaint*. Me coepiscopi nostri proclamatio nuper contristavit. Gregor. V pap. epist. a. 998, MIGNE, t. 137 col. 931 B. **2.** *plainte en justice* — *legal plaint*. Per placita non fiant banniti liberi homines, excepto si aliqua proclamacio super aliquem venerit. Capit. missor. Ital. (a. 781-810), c. 12, I p. 207. Dare libellum proclamationis. Concil. Ingelheim. a. 840, *Conc.*, II p. 813 l. 17. Proclamatio de plurimis oppressiones a seculari potestate. PASQUI, *Doc. di Arezzo*, I p. 71 (a. 882). Quod nuper opes ... a W. ... devastatas repperit, in medio proclamationem extulit. G. pontif. Camerac., lib. 1 c. 111, *SS.*, VII p. 449 l. 19. Abbas ... in sancta synodo ... proclamationem coram omnibus fecit. LACOMBLET, *UB. Niederrh.*, I no. 262 p. 169 (a. 1103). **3.** *contestation* — *contestation*. Ecclesiam ... abbati ... absolutam ab omni culpa et proclamatione ... restitui. MULLER-BOUMAN, *OB. Utrecht*, I no. 279 p. 257 (< a. 1108 >, spur. s. xii med.). **4.** *provocation* — *provocation*. Sine duelli proclamatione. HÖHLBAUM, *Hans. UB.*, I no. 97 (a. 1212, Köln). **5.** *proclamation, promulgation* — *proclamation, public announcement*. S. xii.

**proclamator: 1.** *avoué qui présente une plainte en justice* — *preferrer of a legal plaint*. Ex supramemorata ecclesia certi exinde venientes proclamatores ante nostram presentiam. ROSEROT, *Ch. Hte-Marne*, no. 13 p. 24 (a. 918, Langres). **2.** *demandeur* — *plaintiff*. MULLER-BOUMAN, *OB. Utrecht*, I no. 301 p. 277 (a. 1122, Tournai). Frid. I imp. const. de pace a. 1152, *Const.*, I no. 140.

**proconsul: 1.** *vicomte* — *viscount*. ROSENZWEIG, *Cart. du Morbihan*, I no. 149 p. 124 (ca. a. 1040, Redon). FLACH, *Orig.*, I p. 247 (ca. a. 1095, Angers). **2.** *sheriff*. S. xii, Angl. **3.** *juge royal itinérant* — *justice in eyre*. JOH. SARISBIR., Polycr., lib. 5 c. 15, ed. WEBB, I p. 345 sq.; lib. 6 c. 1, II p. 6. **4.** *bourgmestre* — *burgomaster*. KEUTGEN, *Urk. städt. Vfg.*, no. 143 p. 149 (a. 1213, Hamm, Westf.).



**procreatio:** *postérité* — *offspring*. Tam ipse quam procreatio ejus in tuitione ecclesiae consistant. Lex Ribuar., tit. 58 § 1. Etiam tit. 48. Si qua de vestra procreatione ad marito ambulaverit. BRUNETTI, *CD. Tosc.*, I p. 527 (a. 748). Ad quem ... eorum procreatio pertinere debeat. Resp. misso data (a. 801-814?), c. 1, *Capit.*, I p. 145. Post hobitum vitae nostrae legitima procreatio nostra possideat. WARTMANN, *UB. S.-Gallen*, III no. 3 p. 685 (a. 838). Servam ac ancillam dimitto liberos cum omni procreatione sua. F. Sangall. misc., no. 6, *Form.*, p. 382. Quamdiu procreatio filiorum ac filiarum ex eis orta duraverit. *D. Karls III.*, no. 154 (a. 887).

**proculcare:** *faire le tour* d'une terre (dans l'acte de saisine) — *to walk bounds*. DC.-F., VI p. 519 col. 1 (ch. a. 1166, Laon).

**procurare, 1.** alicui aliquid: **procurer, fournir, ménager* — *to procure, furnish, make provision for*. **2.** aliquem: *entretenir, fournir la substance à* qq'un — *to provide maintenance for* a person, *to maintain*. Dux ... eos ... ad omnem copiam procurat. JOH. METT., V. Joh. Gorz., c. 118, *SS.*, IV p. 371. Injungitur Ruodmanno ... legatos regios ... procurare. EKKEHARD., Cas. s. Galli, c. 10, *SS.*, II p. 128 l. 21. Ex reditibus ejus [ecclesiae] non possint canonici procurari. MARTÈNE, *Thes.*, I col. 321 (ch. a. 1110). Hospicium sumpserat apud nos et diebus duobus satis accurate fuerat procuratus. Chron. Mauriniac., lib. 2 c. 4, ed. MIROT, p. 53. **3.** *gouverner en régence* — *to govern by regency*. A seniore fratre et ipse [in regnum succedens minoris aetatis] et regnum ejus procuretur atque gubernetur. Ordin. imp. a. 817, c. 16, *Capit.*, I p. 273. B. comiti cujus solerti curia et diligenti providentia regni procurator monarchia. *D. Phil. I*[er], no. 18 p. 53 (a. 1065).

**procuratio: 1.** *fourniture, l'action de fournir* — *supply*. Ad procurationem ecclesiae ornamenta [i.e. ornamentorum] quedam conferremus beneficia. D. Loth. imp. a. 835, *CD. Langob.*, no. 121 col. 217 A. **2.** *entretien, pourvoyance* — *maintenance, catering*. [Ministeriales] in dominorum tamdiu vivant procuratione, quamdiu in incepta vadant expeditione. Const. de exp. Rom. (ca. a. 1160), c. 9, ALTMANN-BERNHEIM, *Urk.*[4], no. 100 p. 191. **3.** *aliments* — *provisions*. Dent illis pisces bonos, si potuerint inveniri; si autem inventi non fuerint, dent illis alias bonas procurationes. *Gall. chr.*[2], VI instr. col. 33 (a. 1127, Narbonne). **4.** *droit de pât* — *compulsory purveyance of food*. Procuratio consuetudinaria. MUSSET, *Cart. d'Angély*, I no. 216 p. 267 (ca. a. 1050). In hac terra intolerabiles ... consuetudines habebat, videlicet tres in anno procurationes. SUGER., De admin., c. 15, ed. LECOY, p. 175. **5.** *administration des sacrements* — *administration of sacraments*. Celebrationes missarum et babtismi et sepulturam et ceteras procurationes animarum. STIMMING, *Mainzer UB.*, I no. 412 p. 319 (a. 1103). In villa sua capellam habeant, in qua omnem procurationem ecclesiasticam ... habeant, videlicet in baptismo et in sepultura ceterisque omnibus necessariis. MULLER-BOUMAN, *OB. Utrecht*, I no. 354 p. 326 (a. 1135). Quicquid de procurationibus mortuorum capellanus habere poterit ... Quod autem datur capellano pro procuratione nuptiarum ... BERNARD-BRUEL, *Ch. de Cluny*, V no. 4333 p. 697 (a. 1188). **6.** *pleins pouvoirs* — *power of attorney*. Respondebat L. episcopus una simul cum R. qui procuratione ipsius L. episcopus [i.e. episcopi] causam ipsa[m] pertinebat [leg. peragebat]. MANARESI, *Placiti*, I no. 96 p. 349 (a. 887, Asti). **7.** *avouerie ecclésiastique* — *ecclesiastical advocacy*. [Comiti] monasterii procurationem extrinsecus muniendam commisimus. *D. Ottos I.*, no. 224 (a. 961). **8.** *protection* assurée par le seigneur à ses dépendants, notamment par la représentation en justice — *patronage* exercised by a lord over his dependents, especially in the form of legal representation. Quendam mee procurationis et ditionis hominem ... altario et potestati s. Marie tradidi. GYSSELING-KOCH, *Dipl. Belg.*, no. 70 (a. 982/983). Eorum [mercatorum] procuratio erat sub tutela alicujus monachi ad hec ... procuranda constituti. *D. Phil. I*[er], no. 27 p. 82 (a. 1066). **9.** *tutelle* — *wardship*. Omnem procurationem, quoadusque illa ad maturiorem pervenisset aetatem, matri illius ... conservandam injunxit. BIRCH, *Cart. Sax.*, I no. 156 p. 226 (a. 736/737). **10.** *droit de patronage* sur une église — *advowson*. Procurationem et donum altaris ad novam capellam ... ad principale s. Liudgeri altare ... destinandam esse. LACOMBLET, *UB. Niederrh.*, I no. 262 p. 160 (a. 1103). **11.** *complicité, instigation* — *procurement, instigation, agency*. S. xii.

**procurator: 1.** *agent du fisc* — *officer of the fisc*. Juxta terminos a me demonstratus [i.e. demonstratos] et pro a curatoribus [i.e. a procuratoribus] meis. BIRCH, *Cart. Sax.*, I no. 45 p. 70 (a. 679). Procurator civitatis. Karoli M. capit. Ital., I p. 216 c. 3. Nullus judex publicus aut quilibet superioris aut inferioris ordinis rei publice procurator. F. imp., no. 29, *Form.*, p. 308. Item *D. Ludw. d. Deutsch.*, no. 13 (a. 833). *D. Heinrichs I.*, no. 27 (a. 931). Nullus ministerialis vel procurator rei publicae. Coll. Sangall., no. 5, *Form.*, p. 399. Sine permissione praefecti vel procuratoris regis venationem ibi exercere. Ib., no. 10, p. 403. Procuratores sive exactores fiscalium rerum. Synod. Pap. a. 850, c. 18, *Capit.*, II p. 122. Fisci regii procurator. WANDALBERT., Mir. Goaris, lib. 2 c. 13, *SS.*, XV p. 367. Exactor navem ... fisco subicit atque ... procuratori portus committit ... Procuratorum fisci audacia ... ADREVALD. FLORIAC., Mir. Benedicti, c. 19, ib., p. 487. Procurator, exactor, quod gastaldus usitato multis, Franciloquo vero major dicitur eloquio. RATHER., Praeloq., lib. 1 tit. 9 § 19, MIGNE, t. 136 col. 163 C. Nullus episcopus, comes, procurator aut decanus. *D. Heinrichs III.*, no. 354 (a. 1055). **2.** *agent domanial* — *manorial officer*. Ejusdem ecclesie legitimi procuratores ad utilitatem ejus quicquid exinde facere voluerint, ...

habeant potestatem. MULLER-BOUMAN, *OB. Utrecht*, I no. 52 (a. 799, Werden). Admon. ad ord. (a. 823-825), c. 18, *Capit.*, I p. 306. V. Pirminii, c. 8, *SS.*, XV p. 28. G. Aldrici, ed. CHARLES-FROGER, p. 45. Coll. Sangall., no. 35 sq., *Form.*, p. 418 sq. *D. Ludwigs d. Kindes*, no. 8 (a. 901). Ejusdem villae extiterat procurator et villicus. HERIGER., Transl. Landoaldi, ed. GYSSELING-KOCH, p. 238. KÖTZSCHKE, *Urbare Werden*, p. 44 (s. x). BEYER, *UB. Mittelrh.*, I no. 305 p. 357 (ca. a. 1033); no. 361 p.417 (a. 1065). Monachus procurator ejusdem ville. POUPARDIN, *Ch. de S.-Germain-des-Prés*, II no. $69^{bis}$ p. 232 (a. 1063-1082). Quidam monachus . . . qui procurator erat obedientie supradicte. BERTRAND, *Cart. d'Angers*, I no. 226 p. 270 (a. 1055-1093). **3.** *dépensier, sénéchal — steward, dispenser.* Habent ipsi [potentes] procuratores rei familiaris. WALAHFR., Exord., c. 32, *Capit.*, II p. 516. Procurator monasterii. V. Adelphii, c. 8, *SRM.*, IV p. 228. Ann. Hildesheim., a. 1031, ed. WAITZ, p. 36. Pontificalis domus procurator. RODULF., V. Lietberti Camerac., c. 5, *SS.*, XXX p. 845. LACOMBLET, *UB. Niederrh.*, I no. 257 p. 166 (synon.: dispensator, provisor) (s. xi). FAIRON, *Rég. de Liège*, I no. 8 (a. 1176). Domus regalis procurator. Chron. Lauresham., *SS.*, XXI p. 382. Comme titre du sénéchal de France — with reference to the "sénéchal" of the French kingdom: Regni Francie procurator. DE LÉPINOIS-MERLET, *Cart. de Chartres*, I no. 63 p. 163 (a. 1156). **4.** *fondé de pouvoirs, avoué — attorney.* In causis istis procuratorem institue. GREGOR. M., lib. 3 epist. 3, *Epp.*, I p. 161. G. scabino qui tunc procurator erat monasterii s. Bartholomaei. MANARESI, *Placiti*, I no. 19 p. 61 (a. 806, Pistoia). Volo justitiam accipere ab isto C. infantulo . . . et ab isto F. prochuratore ejus, qui causam ejus peragere videtur. Ib., no. 71 p. 255 (a. 871, Lucca). **5.** *régent — regent.* Ph. Francorum regis ejusque regni procurator et bajulus. *D. Phil. Ier*, no. 25 p. 71 (a. 1066). Nostrae procurator pueritiae. Ib., no. 87 p. 228 (a. 1077). Cum rex Ph. adolescens, de procuratoris potestate egressus, regni sui gubernacula suscepisset. V. Romanae, § 10, *AASS.*, Oct. II p. 139 C. **6.** *évêque — bishop.* Episcopus H. omnesque procuratores per succedentia tempora ipsius aecclesiae. *D. Ottos I.*, no. 175 (a. 955). Qui deputatus sum indignus procurator Noviomensis et Tornacensis ecclesiae. MIRAEUS, I p. 54 (a. 1039). **7.** *procureur d'une université — proctor.* DENIFLE, *Chart. Univ. Paris.*, I no. 136 p. 178 (a. 1245).

**procuratorius** (adj.): *d'avoué — of an attorney.* Computatis procuratoriis expensis. DESPY, *Ch. de Waulsort*, no. 32 p. 369 (a. 1157). Subst. neutr. **procuratorium**: *mandat de procuration — mandate of proxy.* S. xiii.

**procurrere**: *être usité — to be current.* Sextarios 6 cum mensura in jamdicto loco procurrente. GUIGUE, *Cart. Lyonnais*, I no. 5 p. 10 (s. x).

**procursus**: **progrès, développement, avancement — course, progress.*

**prodecessor**: **prédécesseur — predecessor.*

**prodefacere**: *être de force — to be able.* Qui manum . . . hictu ita percusserit ut ad nullum opus ipse prodefaciat. Lex Visigot., lib. 6 tit. 4 § 3.

**prodere.** Loc. Domino prodente: *par inspiration divine — thanks to divine prompting.* V. Eucherii, c. 3 sq., *SRM.*, VII p. 48.

**prodigium**: **miracle — miracle.*

**proditio**: *attentat, attaque préméditée et exécutée au dépourvu — attempt at a man's life, premeditated surprise attack.* Perempto Carolo comite apud Brugas horrenda proditione. G. episc. Camerac. abbrev., c. 12, *SS.*, VII p. 506. Duellum . . . removemus omnino, nisi de proditione et de murdro. DUVIVIER, *Actes*, I p. 371 (a. 1170-1189, Hainaut). Exceptis majoribus maleficiis, ut est homicidium, proditio, furtum, raptus et similia. *Actes Phil.-Aug.*, I no. 21 p. 31 (a. 1180/1181). Per legem se defendat burgensis, nisi sit de proditione, unde debeat se defendere bello. STUBBS, *Sel. ch.*$^{9}$, p. 134 (s. xii).

**proditionaliter**: *traîtreusement — treacherously.* S. xiii.

**proditiose**: *traîtreusement — treacherously.* S. xii.

**proditor**: *scélérat — knave.* G. genere Normannus, proditor incomparabilis. SUGER., V. Ludov. Gr., c. 17, ed. WAQUET, p. 114.

**proditorie**: *d'un malin vouloir — of malice prepense.* Si quis . . . proditorie aut maliciose expectet alium ad ipsum injuriandum. *SS.*, XXI p. 606 col. 2 l. 3 (a. 1114, Valenciennes).

**proditorius** (adj.): **de traître — treacherous.*

**productio**: *comparution en justice — appearance in court.* S. xiii.

**produm** (< prodest): *profit — gain.* Usat. Barchin., c. 45, ed. D'ABADAL-VALLS TABERNER, p. 19; c. 70, p. 30.

**profanare**: **1.** **profaner, souiller, violer — to profane, soil, violate.* **2.** *manquer de parole — to break one's faith.* Gens [Nortmannorum] perfida fidem et promissa data profanat. REGINO, Chron., ad a. 890, ed. KURZE, p. 135. **3.** *casser, déclarer nul — to cancel.* Cunctas auctoritates ipsorum prophanamus. D'ACHÉRY, *Spic.*, XIII p. 278 (ch. a. 1025, Vienne).

**profanatus** (adj.): *païen — heathen.* Caeca prophanatas colerent dum turba figuras. Chron. Casin., c. 20, *Scr. rer. Langob.*, p. 479.

**profanitas**: **paganisme, irréligion — heathenism, unbelief.*

**profanizare**: *dire stupidement — to say foolishly.* Ut stolidi quique et vecordes prophanizant. Hadr. I pap. epist. (a. 785-791), *Epp.*, III p. 641.

**1. profectio** (< proficisci): *ost — campaign.* Non omnes . . . a profectionibus in hostem inmunes relinquere possumus. *D. Karls III.*, no. 158 (a. 887). Per triduum profectio perduraret exercitus. ADREVALD. FLORIAC., Mir. Benedicti, c. 20, *SS.*, XV p. 488. Profectio regis in Italiam. Ann. Patherbr., a. 1132, ed. SCHEFFER-BOICHORST, p. 158. ARNOLD. LUBEC., lib. 2 c. 11, ed. LAPPENBERG in us. sch., p. 49. Si profectio regis versus Italiam ultra Alpes processerit. SCHÖPFLIN, *Alsatia*, I p. 226.

**2. profectio** (< proficere): *avancement — advancement.* S. ix.

**profectuosus**: **1.** *efficace — efficient.* Sine profectuoso labore. Colloq. Roman. a. 810, *Conc.*, II p. 242 l. 39. **2.** *avantageux — profitable.* [Concambium] utrique monasterio compendiosum et profectuosum fieri. *CD. Langob.*, no. 88 col. 164 C (a. 813). **3.** *fructueux, salutaire — beneficial, salutary.* Animae nostrae profectuosis petitionibus. D. Rodulfi reg. Fr. a. 925, MARTÈNE, *Coll.*, I col. 280 A. Quid sibi . . . exinde [sc. de verbo divino] profectuosum foret. OTLOH., V. Bonifacii, lib. 1 c. 1, LEVISON, p. 118.



**profectus** (decl. iv) (class. "progrès, succès, résultat — headway, achievement"): **1.** **progrès moral, édification — moral progress, edification.* **2.** *intérêt, avantage, profit — interest, advantage, benefit.* Quicquid missi nostri . . . ad nostrum profectum vel sanctae ecclesiae melius consenserint. Pippini capit. Aquit. a. 768, c. 12, I p. 43. Acceptores et spervarios ad nostrum profectum praevideant. Capit. de villis, c. 36. Unusquisque erga alterum parati sumus adjutorium ferre, sicut fratres in Dei voluntate et communi profectu facere debent. Conv. Marsn. a. 847, adnunt. Lotharii, II p. 70. Non habuero cum illo . . . ullam societatem ad nullum suum profectum. ROSELL, *Lib. feud. maj.*, I no. 424 p. 446 (a. 1066).

**proferenda** (subst. femin.): i.q. offerenda, *les revenus que la paroisse tire des offrandes apportées par les fidèles — revenue accruing to a parish from offerings by the faithful.* Ecclesias . . . et sepulturam et baptisterium et confessiones et proferendam et decimam. RÉDET, *Cart. de S.-Cyprien de Poitiers*, no. 95 p. 77 (ca. a. 1085). Cunctas ibi decimas pertinentes, cunctos census . . ., excepta proferenda, quam archicapellanus de manu pontificis missam cantantis recepit. Actus pontif. Cenom., Gervasius, c. 31, ed. BUSSON-LEDRU, p. 386.

**proferentia** (subst. femin.): i.q. offerentia, *les revenus que la paroisse tire des offrandes apportées par les fidèles — revenue accruing to a parish from offerings by the faithful.* Donatio istius ecclesiae talis est, scilicet baptisterium, confessiones, proferentia et tota sepultura. *Gall. chr.*$^{2}$, II instr. col. 341 (ch. a. 1041, S.-Maixent). Dederunt decimam . . . et sepulturam et proferentias. DESJARDINS, *Cart. de Conques*, no. 14 p. 18 (a. 1062). Mediam partem de confessiones, de sepulturas, de proferencia, de baptisterium. DE MONSABERT, *Ch. de Nouaillé*, no. 113 p. 186 (a. 1040-1078). Dederunt . . . tres partes decimi et proferentii [leg. proferentie?] de C. CHAMPEVAL, *Cart. de Tulle*, no. 164 p. 95 (a. 1084-1091). Ecclesiam . . . cum omnibus ad ipsam pertinentibus, scilicet totam proferentiam altaris. BOURASSÉ, *Cart. de Cormery*, no. 45 p. 92 (a. 1070-1110).

**professio**: **1.** **profession de foi, foi, croyance — profession of faith, faith, creed.* **2.** **profession monastique, vœux — monastic profession of vows.* **3.** *règle monastique — monastic rule.* Dominum Nortbertum summae religionis et ejusdem vitae professionis virum. MIRAEUS, I p. 176 col. 1 (a. 1135, Brabant). **4.** *ordre monastique — monastic order.* Canonica professio a multis . . . dehonestabatur. Capit. eccles. a. 818/819, c. 3, I p. 276. Nullus in canonica aut regulari professione constitutus. Ib., c. 8, p. 277. Regulares canonicos de communi viventes et nihil proprium habentes et ejusdem professionis et ordinis abbatem eo in loco constitui. Ib., p. 157 col. 1 (a. 1066, Cambrai). Fratres ibidem permansuri abbatem de professione Laudunensis ecclesiae canonice eligent. Ib., p. 91 col. 2 (a. 1129, Brabant). **5.** *intention, propos — intention, design.* Non prolongetur hec bona professio. JOH. AMALF., Mir., ed. HUBER, p. 6. **6.** *promesse — promise.* Professio et sacramentum quae . . . vobis fecimus. Capit. Caris. a. 877, c. 4, *Capit.*, II p. 356. Elect. Lud. Balbi a. 877, inscr., ib., p. 364. **7.** *serment prêté par le roi à l'occasion du sacre — a king's coronation oath.* *Hist. de Fr.*, XI p. 32 B (a. 1059). **8.** **profession, métier — profession, calling.* **9.** *rang, condition — social status.* Ut unusquisque juxta suam professionem veraciter vivat. Admon. ad ord. (a. 823-825), c. 4, *Capit.*, I p. 303. **10.** *aveu — avowal.* Commissum facinus facili dicitur professione confessus. GREGOR. M., lib. 8 epist. 24, *Epp.*, II p. 26. **11.** *désistement — abandonment of claims.* Facio meam professionem atque evacuationem. *Hist. de Lang.*$^{3}$, V pr. no. 5 col. 72 (a. 883, Carcassonne). **12.** *abdication — abdication.* Abbas qui dimiserit abbatiam suam, infra 30 dies professionem faciat. Stat. Cisterc. a. 1157, MARTÈNE, *Thes.*, IV col. 1250.

**professor**: *scribe de la curie municipale — scribe of a municipal "curia".* MARCULF., lib. 2 no. 38, *Form.*, p. 98. F. Bituric., no. 7, p. 171; no. $15^{c}$, p. 176. Cart. Senon., no. 39, p. 203; append., no. 1, p. 209.

**professus** (subst.): **1.** *moine qui a fait ses vœux — a monk who has taken vows.* WIDEMANN, *Trad. S.-Emmeram*, no. 329 p. 248 (ca. a. 1020-1028). **2.** *maître qui a obtenu la "licentia docendi" — a master who has got the "licentia docendi".* Quisquis artium profitendarum afficeretur studio, non ante professis inscribi merebatur, quam hinc explorata diligentia examinatus abiret. ALDEBALD., V. Majoli, lib. 1 c. 5, *AASS.*, Maji II p. 671.

**profestum**: *vigile — eve of a festival.* S. xiii.

**propheta** (mascul.) (gr.): **1.** **prophète — prophet.* **2.** *livre prophétique de l'Ancien Testament — one of the prophetical books of the Old Testament.* BEDA, Hist. eccl., lib. 2 c. 1.

**prophetalis**: **1.** **de prophète, prophétique — of a prophet, prophetical.* **2.** *de l'antienne de l'introït — of the anthem of the introit.* Ordo Rom. II, ANDRIEU, II p. 43.

**prophetare**: **prédire, prophétiser — to predict, prophesy.*

**prophetatio**: **prophétie — prophecy.*

**prophetia** (gr.): **1.** **prophétie — prophecy.* **2.** *don prophétique — gift of prophecy.* PAUL. DIAC., Coll., MIGNE, t. 95 col. 1194. **3.** *les livres prophétiques de l'Ancien Testament — the prophetical books of the Old Testament.* Positis tribus libris super altarium, id est prophetiae, apostoli atque euangeliorum. GREGOR. TURON., H. Fr., lib. 4 c. 16. **4.** *antienne de l'introït contenant la prophétie de Zacharie sur la venue de Jean le Baptiste — anthem of the introit.* Ib., lib. 8 c. 7.

**prophetice**: **prophétiquement — prophetically.*

**propheticus**: **1.** **de prophète, prophétique — of a prophet, prophetical.* **2.** *de l'Ancien Testament — of the Old Testament.* Quae prophetica et euangelica docet scriptura. Haitonis capit. (a. 807-823), c. 19, I p. 365. Euangelicae et apostolicae atque propheticae auctoritatis. Capit. Caris. a. 857, c. 3, II p. 286. Subst.

neutr. **propheticum**: 1. *_une parole de prophète, prophétie — a prophet's dictum, prophecy._ 2. _un verset de l'Ancien Testament — a text from the Old Testament._
**prophetismus**, -um: _prophétie — prophecy._ EULOG., V. Perfecti, _AASS._, Apr. II p. 586. Id., Memorial. sanct., lib. 2 c. 1 § 5, MIGNE, t. 115 col. 769 B.
**prophetissa**: *_prophétesse — prophetess._
**prophetizare**: *_prophétiser, prédire — to prophesy, predict._
**proficisci**: i.q. proficere. Ad profectum aecclesiae nostrae ... proficiscere credimus. _CD. Langob._, no. 82 col. 155 D (a. 806). Proficiscente mihi in aeternam beatitudinem. GIULINI, _Memor. di Milano_, II p. 478 (a. 903).
**proficuitas**: 1. _réalisation, succès — achievement._ Archipresul divinitus in cunctis humanitusque pollens proficuitatibus. THIETMAR., lib. 2 c. 23, ed. HOLTZMANN, p. 68. Omnibus aliqua proficuitate cluentibus. Ib., lib. 1 c. 1, p. 5. 2. _excellence — excellence._ Non est opus ... ut varii favore vulgi de mea proficuitate credas. Ib., lib. 8 c. 12, p. 506.
**proficuus**: _profitable, utile, avantageux — profitable, useful, advantageous._ CASSIOD., lib. 1 epist. 39 § 2, _Auct. ant._, XII p. 36. _D. Charles le Ch._, I no. 135 p. 358 (a. 851). Subst. neutr. **proficuum**: 1. _avantage, gain, profit — advantage, benefit._ Lex facta ad proficuum illius qui per hanc legem agit. Lib. Pap., c. 143 § 5, _LL._, IV p. 314. Pro communi honestate atque proficuo. Gregor. VII registr., lib. 6 epist. 2, ed. CASPAR, p. 392. Nihil deinceps proficui, nil consilii vel auxilii illi facient. VERCAUTEREN, _Actes de Flandre_, no. 81 p. 184 (a. 1116). Loc. proficuo, in proficuo alicujus: au profit de — in behalf of. Sunt in summa quae dedi in proficuo aecclesiae ... sol. 2000. HUGO FLAVIN., _SS._, VIII p. 480 l. 51. Paccabit 12 den., 8 scilicet urbis Rothomagi proficuo et 4 clericis. Stabilim. Rotomag., c. 7, ed. GIRY, p. 14. 2. _produit, rente — revenue._ Rex terram et tenementa latronis et eorum proficua per annum et diem habebit. Ib., c. 34, p. 40. 3. _intérêt — interest._ Persolvet praedictam pecuniam cum proficuo. MURATORI, _Antiq. Est._, p. 371 (a. 1183).
**profilius**: _petit-fils — grandson._ Leg. Norm., c. 26, LUDEWIG, _Reliq._, VII p. 207.
**profiteri**: 1. _professer_ telle loi nationale — _to profess_ a definite national law. Tali [lege] qua se professi fuerint vivere velle, vivant. Const. Rom. a. 824, c. 5, _Capit._, I p. 323. Cf. PADELETTI, _Delle professioni di legge_, _Arch. Stor. Ital._, ser. 3 t. 20 p. 431 sqq. 2. *_professer_ une doctrine, une règle de foi — _to profess_ a creed or doctrine. 3. *_faire profession, prendre un vœu monastique — to profess monastic vows._ Regularem vitam professae sunt. Coll. Sangall., no. 42, _Form._, p. 424. Indulta mihi licentia monachum profitendi. GEZO DERTON., MIGNE, t. 137 col. 372 A. Eum [monachum] in monasterio tuo, in quo professus est, reciperes. ARNULF. LEXOV., epist. 20, MIGNE, t. 201 col. 33 B. 4. _s'en référer_ à un autre — _to refer_ to another person. Se vociferando venerunt fratres in legitimum concilium L. comitis et advocati, et professi sunt in eos qui ... hoc viderunt et audierunt. ESCHER-SCHWEIZER, _UB. Zürich_, I no. 199 p. 91 (a. 950-954). 5. _se ranger dans_ telle faculté — _to consider oneself a member of_ a definite faculty. Quamdiu facultatem arcium profitebitur in illis studendo vel regendo. DENIFLE, _Chart. Univ. Paris._, I no. 229 p. 201 (a. 1252). 6. _avouer — to confess._ Professus est ... non secundum canonicam ordinationem [se] ordinatum esse. Synod. Franconof. a. 794, c. 10, _Capit._, I p. 75. Professus est se ... deliquisse. Relat. Compend. a. 833, ib., II p. 53 l. 44. Mox profiteri et dicere coepit se peccasse. Serg. IV pap. epist., MIGNE, t. 139 col. 1526 B. 7. _s'avouer redevable_ d'une charge — _to acknowledge_ a liability. [Censarii] ad monasterium s. Galli hereditatem suam traditam haberent atque illo censum profiterentur. _D. Ludw. d. Kind._, no. 8 (a. 901). De prediis suis ... decimas ... legitime professus est. HAUTHALER-MARTIN, _Salzb. UB._, II no. 96 p. 163 (a. 1066-1088).
**profligare**: 1. *_percevoir — to collect._ 2. _acquérir — to win, gain._ Que sibi ... poterit profligare, conquirere vel habere. Lex Visigot., lib. 4 tit. 5 c. 7. Etiam lib. 3 tit. 2 c. 8; lib. 4 tit. 2 c. 16; lib. 10 tit. 1 c. 7. F. Visigot., no. 6, _Form._, p. 578. 3. *_dissiper, gaspiller — to waste, lavish._ 4. _dévaster — to lay waste._ Regione paganorum diversis modis igne ferroque profligata. OTTO SANBLAS., c. 2, ed. HOFMEISTER, p. 4. Ibi saepe.
**profugium**: _fuite — flight._ Si ille qui hominem occidit profugium fecit. Lex Fris., tit. 1 § 3. Comes R. cum suis militibus profugium cepit. OGER., Ann. Genuens., a. 1205, ed. BELGRANO, II p. 98.
**profundus**: *_profond, abstrus, insondable — profound, abstruse, inscrutable._
**profuturus**: i.q. futurus. Omnibus profuturis temporibus. FICKER, _Forsch._, IV no. 29 p. 40 (a. 976). Heredes nepotesque tuis profuturis [i.e. tuos profuturos] in tertium gradum. FERRI, _Carte di Roma_, p. 447 (a. 999). Omnis parentela mea ex me profutura. MULLER-BOUMAN, _OB. Utrecht_, I no. 184 p. 173 (a. 1026-1044).
**progeniculare**: _se jeter aux genoux — to kneel._ Praesentati adstiterunt, progeniculantes flexis poplitibus. EDD. STEPH., V. Wilfridi, c. 50, _SRM._, VI p. 244.
**progenies**: 1. *_génération, postérité — generation, offspring._ 2. *_ancêtres — ancestry._ 3. _degré de parenté — degree of relationship._ Si in quarta progenie reperti fuerint conjuncti. Decr. Compend. a. 757, c. 1, _Capit._, I p. 37. Usque in quartam progeniem. Zachar. pap. epist. (a. 745-752), _Epp._, III p. 711 l. 16.
**prognosticare**, pronost-: _prédire — to foretell._ S. xii.
**prognosticus**: 1. _de pronostic_ (en médecine) — _of prognose_ (medical term). ISID., Etym., lib. 4 c. 10 § 1. 2. _prédisant, présageant — foretelling, foreknowing._ S. xii.
**progredi** (transit.): *_franchir, quitter — to pass, quit._
**prohereditas**: _la totalité des héritiers indirects — the mediate heirs._ Unacum hereditas ac prohereditas mea dare et componere pena[m]. TIRABOSCHI, _Nonantola_, I p. 59 (< a. 751 >, spur. ca. a. 970).
**proheres**: 1. *_ayant-cause de l'héritier, héritier indirect — representative or heir of a heir, mediate heir._ Alequi de heredebus vel proheredebus meis. PARDESSUS, II no. 361 p. 150 (a. 670, Etampes). 2. _ancêtre qui laisse un héritage — ancestor leaving an inheritance._ Refutatis patriae facultatibus ... omnem proheredum substantiam abnegando rennuit. WILLIBALD., V. Bonifatii, c. 5, ed. LEVISON, p. 19.



**proinde**: 1. *_ensuite — thereafter._ 2. _dorénavant — henceforward._ Omni querimonia proinde perpetualiter sopita. WAMPACH, _Echternach_, I pt. 2 no. 207 p. 345 (a. 1156).
**projicere**: 1. _déguerpir — to renounce._ Hereditatem ... tradidi ... ad domum episcopalem, in cujus manu praedictam rem projeci. BITTERAUF, _Trad. Freising_, I no. 46a p. 75 (a. 772). Omnem justitiam et res proprietatis ... gurpivit atque projecit. Synod. Franconof. a. 794, c. 3, _Capit._, I p. 74. 2. _récuser un témoin — to challenge_ a witness. Interrogavit rex de persona testium, si quem illorum potuissent falsare; qui professi sunt se non posse quemquam illorum proicere. _D. Ludw. d. Deutsch._, no. 66 (a. 853 ?).
**prolapsio**: *_erreur, chute, faute — aberration, lapse, fault._
**prolapsus** (decl. iv): *_erreur, chute, faute — aberration, lapse, fault._
**prolatio**: *_énonciation — utterance._
**proliber** et **prolibera** (subst.): _descendant(e) d'individus libres — descendant of freemen._ G. ancilla, W. prolivera, C. proancilla. BRUNETTI, _CD. Tosc._, I p. 466 (a. 722). Servis, proservis, liberis, proliberis. _CD. Langob._, no. 84 col. 159 A (a. 807, Brescia). MURATORI, _Antiq._, V col. 513 (a. 867).
**prolocutio**: 1. _prologue — foreword._ RUDOLF. FULD., V. Leobae, prol., _SS._, XV p. 121. 2. _accord — agreement._ S. xii. 3. _langue — language._ S. xiii.
**prolocutor**: _avant-parlier, porte-parole — spokesman, speaker._ Synod. Bamberg. a. 1059, JAFFÉ, _Bibl._, V p. 497. RÉDET, _Cart. de S.-Cyprien de Poitiers_, no. 154 p. 103 (a. 1086). GALBERT., c. 56, ed. PIRENNE, p. 89; c. 95, p. 138. Transl. Remacli, lib. 1 c. 15, _SS._, XV p. 445. V. Gebehardi Salisb., c. 3, _SS._, XI p. 26, ubi perperam: prelocutor. V. Conrardi Salisb., c. 22, ib., p. 240. V. Altmanni, c. 36, _SS._, XII p. 240. MIRAEUS, III p. 247 (a. 1176). GISLEB. MONT., c. 140, ed. VANDERKINDERE, p. 212; c. 170, p. 251.
**prolongare**: 1. *_éloigner, reléguer — to remove, expel._ 2. intrans.: _s'éloigner — to move away._ Navicula dum prolongasset a T. V. Senti, _AASS._, Maji VI p. 71. 3. *_prolonger, faire durer — to protract, prolong._ 4. *_différer, ajourner — to delay, put off._ Placitum quod posuerat prolongaret. GREG. TURON., H. Fr., lib. 6 c. 34. In kalendis mensis IV haec sinodus prolongaretur. Ib., lib. 9 c. 20. Pro occasione prolongandi justitiam hoc dixit. Lud. II capit. Pap. a. 855, c. 1, II p. 89. Ad noctem mediam prolongant sumere cenam. Ruodlieb, fragm. 5 v. 565. Etiam fragm. 1 v. 8.
**proloqui**: 1. *_dire, parler — to say, speak._ 2. _convenir de_ qqch., _concerter — to arrange, agree upon_ a thing. Prolocuto atque constituto ut ... MUSSET, _Cart. d'Angély_, I no. 30 p. 56 (ca. a. 1101). 3. _fixer, arrêter — to appoint, fix._ S. xiii.
**proloquium**: _charge d'avoué — attorneyship._ Praedia ... assignentur advocatis talibus, a quibus in placitis judicialibus proloquii defensionem possint e vicino habere. _UB. d. L. ob der Enns_, I p. 350 (a. 1160, Salzburg).
**proludium**: 1. *_exercice — exercise._ 2. _escarmouche_ qui précède la bataille — _skirmish_ before a battle. LIUDPRAND. CREMON., Antap., lib. 2 c. 12, ed. BECKER, p. 43. Ibi saepius.
**promereri** et promerere (class. "_remporter_ succès, gloire, faveur — _to gain_ success, credit, fame"): 1. _être revêtu_ d'une charge — _to be invested with_ an office. Cum prefecturam Rome promeretur Celestinus. Pass. Mauri Parent. (s. vi) ap. KANDLER, _CD. Istr._, I p. 11. Contigit [ut] questionarius prefecture promereretur urbis Rome Asclepiades. Ib., I p. 290. 2. _acquérir_ un bien — _to acquire_ property. [Res] visa fuit promeruisse et hoc ad presens quieto ordene possedisse. _D. Merov._, no. 20 (ca. a. 656).
**promiscua** (subst. femin.): _méteil — meslin._ _CD. Langob._, no. 457 col. 790 C (a. 915, Milano).
**promissa** (subst. femin.): _promesse — promise._ V. prima Dunstani, c. 10, _AASS._, Maji IV p. 349. _CD. Cajet._, I p. 241 (a. 1013).
**promissio**: 1. _vœu monastique — monastic vows._ Capit. missor. a. 803, c. 12, I p. 116. Theodemari epist. ad Karolum M., _Epp._, IV p. 514. 2. _charte contenant une promesse — charter concerning a promise._ In hanc promissionem subscripsi. CIPOLLA, _Doc. di Treviso_, p. 64.
**promittere**: _prendre un vœu monastique — to take monastic vows._ Promisit b. Benedicti regulam. MITTARELLI, _Ann. Camaldul._, I p. 53 (a. 999). Absol.: Nullus cogatur invitus promittere. Dupl. legat. edict. a. 789, c. 11, _Capit._, I p. 63.
**promotio**: 1. *_avancement, augmentation, progrès — advancement, enlargement, progress._ 2. *_avancement, promotion à un rang plus élevé — advancement, promotion, graduation._
**promovere**: 1. _pousser, instiguer — to prompt, push._ Furore sancto promoti. Lib. pontif., Xyst. III, ed. MOMMSEN, p. 96. Saevitia tyrannica ad affligendos christianos promoveretur. V. Canionis, _AASS._, Maji VI p. 29 l. 23. 2. _présenter, introduire — to prefer, introduce._ Aliquam promoveo questionem. MITTARELLI, _Ann. Camaldul._, I p. 97 (a. 975). Nec modo nec deinceps promoveatur intentio. FATTESCHI, _Memor. di Spoleto_, p. 312 (a. 1000). 3. aliquem: _conférer un grade universitaire à_ qq'un — _to graduate._ Ad nullum gradum in collegio seu consortio nostro [sc. magistrorum artium] valeat promoveri. DENIFLE, _Chart. Univ. Paris._, I no. 231 p. 259 (a. 1254). 4. refl. se promovere: _partir en voyage — to start on a journey._ Promovens se ad Romanam civitatem festinaret. Pass. Domnini (s. vi), _AASS._, Oct. IV p. 992.
**promptuarium**: *_dépôt, magasin — storeroom, storehouse._ GREGOR. TURON., H. Fr., lib. 5 praef. Ibi saepe. HUTER, _Tiroler UB._, I no. 61 p. 37 (a. 1048-1068), ubi synon.: cellarium. Actus pontif. Cenom., c. 30 (s. xi), ed. BUSSON-LEDRU, p. 358. SUGER., De admin. sua, c. 16, ed. LECOY, p. 176. Chron. Reinhardsbr., a. 1197, _SS._, XXX p. 557 l. 46.
**promurale**: *_ouvrage avancé, contre-mur — bulwark._
**pronosticare**, v. prognosticare.
**pronuntiare**: 1. *_annoncer à l'avance, prophétiser — to announce beforehand, predict._ 2.

absol.: *prêcher* — *to preach.* V. Fulgentii Rusp., § 65, *AASS.*[3], Jan. I p. 43. 3. *prononcer une sentence arbitrale* — *to arbitrate.* S. xiii.

**pronuntiatio:** *sentence arbitrale* — *award.* S. xiii.

**pronuntiator:** *lecteur* (ordre sacré) — *lector* (holy order). ISID., Etym., lib. 7 c. 12 § 25. RHABAN., Inst., c. 53, ed. KNOEPFLER, p. 87.

**propalare:** *divulguer, découvrir, communiquer — *to display, disclose.*

**prope** (adverb.): 1. *presque* — *nearly.* Victor prope in omnibus bellis erat. ASSER., G. Aelfredi, c. 42, ed. STEVENSON, p. 32. 2. *bientôt* — *shortly.* Prope videbitis virtutem Domini nostri. V. Gaudentii Arim. (ante s. xi), *AASS.*, Oct. VI p. 471 l. 20.

**propians** (adj.): *proche* — *near.* V. Guthlaci, *AASS.*, Apr. II p. 39.

**propiare:** *s'approcher — *to approach.*

**propinquare,** Pass. propinquari: *confiner* — *to border.* Turringia que propinquatur cum patria Saxonum. Geogr. Ravenn., ed. PINDER-PARTHEY, p. 229.

**propinquarius** (subst.): *parent* — *kinsman.* S. xii.

**propitiare,** 1. passive propitiari: *être rendu propice, être apaisé, pardonner — *to be placated, to pardon.* 2. active: *être propice, favoriser, avantager* — *to be propitious, to favour, grace.* Quicquid ... contulit aut adhuc Deo propitiante contulerit. Pact. Andel. a. 587, *Capit.*, I p. 13. Divina propiciante clementia imperator. D. Lud. Pii a. 835, *Hist. de Fr.*, VI p. 601 (BM.[2] 944). Talia deinde saepe.

**propitiatio:** *clémence, miséricorde, grâce divine — *mercy, pardon.*

**propitiatorium:** 1. *lieu de propitiation en dessus de l'Arche d'Alliance — *mercy seat* on top of the Ark of Covenant. 2. *plateau posé sur l'autel* — *plateau on top of the altar.* Lib. pontif., Pasch. I, § 11, ed. DUCHESNE, II p. 55. Ibi pluries. Catal. abb. Floriac., *SS.*, XV p. 501 (s. ix med.). Mir. Willibrordi (ca. a. 1070), c. 5, *SS.*, XXX p. 1370 l. 23. HUGO FLAVIN., *SS.*, VIII p. 295 l. 46.

**propitius:** *(de Dieu) miséricordieux, qui pardonne — (of God) *merciful, placable.*

**proponere:** 1. *présenter, introduire* une demande en justice — *to bring* an action. Si desiderat ... suam intentionem proponere. Lex Rom. canon. compta, c. 118, ed. MOR, p. 86. In hunc casum actio proponitur. Ib., c. 196, p. 135. 2. absol.: *articuler ses griefs* — *to lodge a complaint.* Ubi proponebant S. episcopus vel ejus sacerdotes, quia ... At contra respondebat abbas ... MANARESI, *Placiti*, I no. 2 p. 3 (a. 776, Spoleto).

**proportamentum:** *enquête jurée* — *verdict* or *assize.* S. xiii, Angl.

**proportare,** refl. et intrans.: *s'étendre* — *to stretch.* Secundum quod terra sua se proportat. Ch. Henrici II reg Angl., MARTÈNE, *Coll.*, I col. 946.

**proportatio:** i.q. proportamentum. S. xiii, Angl.

**proportus,** porportus: *déclaration au sujet de l'étendue d'une tenure* — *statement concerning the extent of a tenancy.* S. xiii.

**propositio.** Panes propositionis: 1. *pains de proposition — *bread of arrangement* (Exod. 25, 30). 2. transl.: *hostie* — *host.* V. Desiderii, c. 9, ed. POUPARDIN, p. 19.

**propositor:** *serviteur de table* — *waiter.* EKKEHARD., Cas. s. Galli, *SS.*, II p. 81.

**propositum:** 1. *précepte, ordre* — *precept, command.* Exiit edictum et propositum a principibus. Pass. Felicis et Fortunati (s. vi), *AASS.*[3], Jun. II p. 456. Addicto proposito ut ... V. Severi presb. (s. vii), MURATORI, *Scr.*, I pt. 2 p. 563. Contra Christianae religionis propositum. PAUL. DIAC., Homil., MIGNE, t. 95 col. 1488. 2. *communauté monastique* — *monastic community.* Habeant potestatem inter se eligendi abbatem, quandiu inter illos talis inveniri poterit qui illud propositum secundum regulam s. Benedicti bene regere et ordinare prevaleat. *D. Karls III.*, no. 5 (a. 877), haustum e *D. Ludw. d. Deutsch.*, no. 70 (a. 854), ubi: ipsam congregationem.

**propositus** (subst.): *prieur* — *prior.* BEDA, Hist. eccl., lib. 3 c. 24. Concil. Vern. a. 755, c. 6, *Capit.*, I p. 34.

**proprehendere,** por-, pur-, -prendere, -prindere: 1. *saisir, s'approprier* — *to occupy, appropriate.* Si quis caballum, hominem vel qua[m]libet rem in via propriserit. Lex Ribuar., tit. 75. Terra[m] sua[m] de eorum potestate per fortiam nunquam proprisi aut pervasi. Cart. Senon., no. 21, *Form.*, p. 194. Sua[m] terra[m] malo ordine numquam proprisisset. F. Sal. Bignon., no. 13, p. 233. Episcopus ipsa[m] parrochia[m] et ecclesias injuste et contra canonica[m] institutione[m] proprisisset. BITTERAUF, *Trad. Freising*, I no. 193 p. 183 (a. 804). Nullus praesumat rebus [i.e. res] proprindere. Capit. Baiwar., c. 6, *Capit.*, I p. 159. Actor dominicus ... proprisset ... quasdam res, id est terras et silvas et prata. D. Lud. Pii a. 821, MIGNE, t. 104 col. 1107 B. Ut aliquis de fisco regio vel de rebus ecclesiae aliquid proprindat aut per fraudem obtineat. Capit. Caris. a. 873, c. 8, II p. 345. Si aliquis nostrorum fidelium de regno paris sui aliquid purprisum habet, jussu nostro illud dimittat. Conv. Furon. a. 878, *Capit.*, II p. 169. 2. spec.: *s'approprier* une terre vague pour la mise en culture — *to appropriate* waste land for assarting. Unum bifangum quem pater meus proprisit in silva. GLÖCKNER, *Cod. Lauresham.*, II no. 329 p. 73 (a. 778). Proprisit sibi partem quendam de silva, quam moriens dereliquit filio suo. *D. Karolin.*, I no. 213 (a. 811). Erema loca sibi ad laboricandum propriserant. Praec. pro Hisp. a. 812, *Capit.*, I p. 169. Abba proprisiret quaedam loca et ea construxisset et suomet monasterio subjugasset. *D. Ludw. d. Deutsch.*, no. 3 (a. 831). 3. *comprendre, contenir* — *to comprise, contain.* S. xiii.

**proprehensio,** por-, -prensio, -prisio, -prisia, -prisium: 1. *prise, saisie* — *seizure.* Hae sunt porprensiones et male consuetudines quas R. thesaurarius misit in curtem s. Albini. BERTRAND, *Cart. d'Angers*, I no. 220 p. 256 (a. 1080-1082). 2. i.q. aprisio: *appropriation de terres vagues en vue de la mise en culture* — *appropriation of waste land for assarting.* Quantumcumque ex praedicta proprisione monasterium habere visum est. *D. Ludw. d. Deutsch.*, no. 3 (a. 831). 3. *enclos* — *enclosure. Actes Phil.-Aug.*, I no. 64 p. 84 (a. 1182/1183); II no. 524 p. 63 (a. 1196). Consuet. Norm. vetust., pt. 1 c. 16 § 1, ed. TARDIF, p. 17; c. 58 § 1, p. 49.



**proprialis:** *qui équivaut la pleine propriété* — *equal to full ownership.* Acceperunt ... in beneficium propriale tria loca. WIDEMANN, *Trad. S.-Emmeram*, no. 191 p. 144 (a. 902).

**propriare,** 1. sibi: *prétendre à un droit de propriété* — *to claim ownership.* Si quilibet rem in communi propriare velint sibi. Leg. Henrici, tit. 64 § 6, LIEBERMANN, p. 584. 2. alicui aliquid: *adjuger en pleine propriété* — *to adjudge in full ownership.* S. xiii.

**proprietare:** *concéder en pleine propriété* — *to grant in full ownership. D. Ottos I.*, no. 346 (a. 967). *D. Karolin.*, I no. 246 (< a. 788 >, spur. s. x ex., Würzburg). *Gall. chr.*[2], XV instr. col. 192 no. 9 (a. 1005, Basel). *D. Heinrichs II.*, no. 119 (a. 1006); no. 157 (a. 1007).

**proprietarius** (adj.): *de propriété — *of ownership.* Subst. mascul. **proprietarius:** *propriétaire — *owner.* Monachus proprietarius: moine qui possède en propre — a monk having private property. V. Leutfredi, index capitulorum, *SRM.*, VII p. 9.

**proprietas:** 1. *alleu* — *estate held in full ownership.* Omnis homo ex sua proprietate legitimam decimam ad ecclesiam conferat. Synod. Franconof. a. 794, c. 25, *Capit.*, I p. 76. Conparant sibi proprietates de ipso nostro beneficio. Capit. missor. Niumag. a. 806, c. 6, I p. 131. Pagenses fiscum nostrum sibi ... testificant ad eorum proprietatem. Praec. pro Hisp. a. 812, p. 169. Terra quam Franci homines in eadem villa in suis proprietatibus commanentes dederunt. HINCMAR., opusc. 55 capit., c. 1, SIRMOND, II p. 390. Si quid inter se proprietatis aut pecuniae ... tradiderunt. Concil. Tribur. a. 895, c. 49, *Capit.*, II p. 240. Omnis proprietas A. cujusdam ingenui militis nostri ... cum beneficio militari. OPPERMANN, *Rhein. Urkundenst.*, I p. 443 no. 6 (spur. s. xii). Domum ... ecclesie ... [donavimus], ea videlicet ratione ut proprietas sit ecclesie prefate, nostra autem possessio quamdiu vixerimus. HOENIGER, *Schreinsurk.*, II p. 68 c. 12 (a. 1163-1168). Cf. C. SPICQ, *Notes de lexicographie philosophique médiévale: dominium — possessio — proprietas. Rev. Sc. Philos. et Théol.*, t. 18 (1929), pp. 269-281. 2. *propriété viagère* — *ownership for life.* Cappellam ... quam ipse modo in benefitium habere visus est, diebus vite sue sub usu fructuario in proprietatem concessimus. *D. Karls III.*, no. 72 (a. 883). In meam accipiam sub usu fructuario proprietatem. ESCHER-SCHWEIZER, *UB. Zürich*, I no. 152 p. 65 (a. 888). Res sui beneficii, quas de abbatia ... visus est possidere, usque ad vitae suae terminum in proprietatem concederemus. *D. Ludw. d. Kind.*, no. 73 (a. 910). Archiepiscopus ... locum ... veluti ipse E. ibidem in beneficium tenuit, in manus predicti E. ... tradidit in proprietatem usque in finem vite. Trad. Juvav., Cod. Odalberti, no. 31 (a. 927), HAUTHALER, *Salzburger UB.*, I p. 95. 3. *domaine* quelconque — any *landed estate.* Monasterium ... aut super sua[m] proprietatem aut super fisco noscitur aedificasse. MARCULF., lib. 1 no. 2, *Form.*, p. 41. Concambirent proprietates inter se. DRONKE, *CD. Fuld.*, no. 506 p. 223 (a. 837). De monasteriis quae Deum timentes in suis proprietatibus aedificaverunt. Capit. missor. Suess. a. 853, c. 2, II p. 268. Distribuens ... comitatus, monasteria, villas regias atque proprietates. PRUDENT., Ann. Bertin., a. 858, ed. WAITZ, p. 51. In fiscum nostrum vel in quamcumque immunitatem aut alicujus potentis potestatem vel proprietatem confugerit. Edict. Pist. a. 864, c. 18, *Capit.*, II p. 317. Tradidit ... proprietates suas quales habuit. WIDEMANN, *Trad. S.-Emmeram*, no. 87 p. 79 (a. 877/878). [Monasterium] in proprietate sua construxerat. REGINO, Chron., a. 887, ed. KURZE, p. 127. 4. *richesse, fortune* — *property.* [Liberi homines] juxta qualitatem proprietatis exercitare debeant. Capit. missor. Ital. (a. 781-810), c. 7, I p. 206. Hominis proprietas ... in bannum fuerit missa. Capit. legi add. a. 816, c. 5, p. 268. Liberi homines qui tantum proprietatis habent unde hostem bene facere possunt. Capit. Olonn. mund. a. 825, p. 329. Huic [congregationi sanctimonialium] quantum ad victus et sui vestitus necessaria suppetebat ex sua proprietate. THIETMAR., lib. 1 c. 21, ed. HOLTZMANN, p. 28. 5. *condition servile* — — *servile status.* Quicunque primogenitus illius familiae a proprietate liberari vellet. EICHHORN, *Beytr.*, I p. 184. 6. *office propre à la fête d'un saint* — *divine service particular to a saint's day.* S. xiii.

**proprisagium** (< proprehendere): *enclos* — *enclosure.* S. xiii.

**proprisura,** por-, pur-, -prestura, -pristura (< proprehendere): 1. *saisie* — *seizure.* DC.-F., VI p. 417 col. 3 (ch. a. 1123, Angl.). 2. *enclos* — *enclosure.* Ib. (ch. a. 1195, Meaux).

**proprisus** (adj.) (< proprehendere): *clôturé en vue de la mise en culture* — *enclosed for assarting.* De proprisa silva jornales octo et aliam communem silvam non proprisam. D. Lud. Pii a. 835, BEYER, *UB. Mittelrh.*, I no. 63 p. 71. Subst. **proprisum,** por-, -pres-, -us, -a: *enclos d'essartage* contigu aux champs existants — *assarted enclosure* bordering on old fields. De hoc propriso quod in lingua eorum [sc. Saxonum] dicitur bivanc. *D. Karolin.*, I no. 213 (a. 811). Item no. 218 (a. 813). Proprisos sex in quibus sunt jornales ducenti. D. Lud. Pii a. 835, BEYER, I no. 63. Quendam proprisum ... cum omnibus finibus suis et adjacentiis. D. Loth. I imp. a. 846, ib., no. 75 p. 82. Proprisum has terminaciones habentem. Ib., no. 119 p. 124 (a. 881, Prüm).

**proprius** (adj.). 1. homo proprius, mancipium proprium: serf — serf. Homines vel proprios vel liberos inibi habitantes. *D. Heinrichs II.*, no. 345 (a. 1016). Propria juris mei mancipia. ESCHER-SCHWEIZER, *UB. Zürich*, I no. 206 p. 97 (a. 963). 2. homo proprius: *dépendant de condition supérieure à celle du serf* — *dependent of a class ranking above serfdom.* Servi N. oppidi ac etiam alii ad jamdictas curtes ... pertinentes, qui proprii homines dicuntur. KREMER, *Akad. Beitr.*, II p. 204 (ca. a. 1074). 3. loc. proprio jure: en toute propriété — in full ownership. Tradimus vobis atque transfundimus ad habendum et possidendum proprio jure. DELOCHE, *Cart. de Beaulieu*, no. 185 p. 259 (a. 823). Viros proprii juris. SLOET, *OB. Gelre*, no. 136 p. 135 (a. 1014-1017). 4. *d'exploitation directe, non pas concédé en bénéfice* — *demesne.* De

proprio fisco nostro in eodem loco de terra habente in circuitu perticas 84; necnon et in eodem loco de fisco nostro quem W. in beneficium habet perticas 99; similiter et de fisco nostro quem H. comes in ministerium habet perticas 32. D. Lud. Pii a. 818, MIRAEUS, II p. 1127. **5.** *concédé à des tenanciers astreints à des redevances et corvées de caractère servile — held by tenants owing dues and services of a servile nature.* Dicuntur proprii [mansi], eo quod possessores eorum ad omnia acsi proprii subiciantur servi [oppos.: mansi ingenui, mansi serviles]. SCHÖPFLIN, *Alsatia*, I p. 227. Subst. mascul. **proprius: 1.** *client — client.* GREGOR. M., lib. 3 epist. 31, *Epp.*, I p. 189. Ibi pluries. **2.** *vassal — vassal.* Non aliter se apud illum quam proprium suum appellari juberet. EGINHARD., V. Karoli, c. 16, ed. HOLDER-EGGER, p. 19. A paucis fletur propriorum dum tumulatur. Ruodlieb, fragm. 6 v. 104. G. cons. Andegav., HALPHEN-POUPARDIN, *Chron. d'Anjou*, p. 48. **3.** *dépendant d'une condition supérieure à celle du serf — dependent of a class ranking above serfdom.* Cum illis hominibus, qui proprii et lazci sunt, infra eosdem mansos habitantibus. *D. Heinrichs III.*, no. 106 (a. 1043). **4.** *ministerialis.* Perquisivit qui fuissent de pertinentia sua proprii, qui servi, qui liberi in regno. GALBERT., c. 7, ed. PIRENNE, p. 12. Subst. femin. **propria**: *femme de corps — bondmaid.* Trad. s. Petri Juvav., no. 544 (a. 1147-1167), HAUTHALER, *Salzb. UB.*, I p. 535. Subst. neutr. **proprium** et femin. **propria: 1.** *alleu — estate held in full ownership.* Previdi mihi in proprio meo aedificare aecclesia[m]. SCHIAPARELLI, *CD. Longob.*, I no. 96 p. 278 (a.748). Dedit totum proprium suum. Breves notit. Juvav. (ca. a. 790), c. 14, HAUTHALER, p. 41. In propria sua residere vult. Stat. Rhispac. a. 799/800, c. 44, *Capit.*, I p. 230. Ut beneficium domni imperatoris desertare nemo audeat, propriam suam exinde construere. Capit. missor. gener. (a. 802), c. 6, p. 93. Qui 4 mansos vestitos de proprio suo sive de alicujus beneficio habet. Capit. missor. de exerc. a. 808, c. 1, p. 137. Proprium suum . . . dare noluerit. Capit. de reb. exerc. a. 811, c. 3, p. 165. Beneficium habeat vel etiam proprium. Capit. per se scrib. a. 818/819, c. 4, p. 287. Proprium nostrum, quod mihi . . . advenit a domno et genitore meo G. comite . . . et domno imperatore meo seniore Carolo. *Hist. de Lang.*[3], II pr. no. 23 col. 80 (ca. a. 813, Narbonne). Ad orientem s. Martinus [i.e. praedium s. Martini], ad aquilonem proprium regis est. DRONKE, *CD. Fuld.*, no. 403 p. 182 (a. 822). Concedimus fideli nostro H. nomine ad proprium quasdam res juris nostri. *D. Pépin Ier d'Aquit.*, no. 38 (a. 836-838). Quoddam proprium hereditatis suae sive adtractus sui legaliter obtulerit Deo. *D. Charles le Ch.*, no. 63 (a. 845). Cum proprio meo, quod bone memorie A. imperator augustus michi . . . donavit, concambire. GLÖCKNER, *Cod. Lauresham.*, I p. 342 no. 59 (a. 904). **2.** *richesse foncière — landed property.* Inter proprium et movilem amplius habet quam 150 sol. valentes. MANARESI, *Placiti*, I no. 51 p. 172 (a. 847, Lucca). 40 solidi . . . inter proprium et inter mobile. WARTMANN, *UB. S.-Gallen*, III no. 789 p. 10 (a. 931). **3.** *bien qui se trouve dans la main du seigneur, n'étant pas concédé en bénéfice — demesne. D. Ludw. d. Deutsch.*, no. 102 (a. 860). **4.** plural. propria: **le chez soi — home.* **5.** **qualité essentielle, attribut, propriété — inherent quality, attribute, propriety.*

**propter** (praepos.): **1.** **pour* (en parlant d'un but), *en vue de — for* (with reference to a purpose), *aiming at.* **2.** *pour, à la recherche de* (avec verbe signifiant "envoyer") — *for, after* (accompanying a verb that means "to send"). Misi propter te. ANASTAS. BIBL., V. Donati, MOMBRITIUS[2], I p. 414. Principes propter H. ut adveniret transmitterent. LIUDPRAND. CREMON., Antap., lib. 2 c. 36, ed. BECKER, p. 54. **3.** *suivant — according to.* Propter ritus gentis mee. BOSELLI, *Ist. Piac.*, I p. 287 (a. 898).

**propunctum,** v. perpunctum.

**prorogare: 1.** **accorder, conférer — to grant.* [Nullus episcopus alterius clerico] sacerdotium prorogare [audeat]. Concil. Arvern. a. 535, c. 11, *Conc.*, I p. 68. **2.** **remettre, envoyer* une lettre — *to hand, send* a letter. **3.** **étendre, propager — to spread, propagate.*

**prosa:** *séquence — sequence.* Pro signo prosae, vel quod a Teutonicis sequentia nominatur, leva manum. BERNARD. MORLAN., pt. 1 c. 17, HERRGOTT, p. 140. Prosa, quod alii sequentiam vocant, non cantatur nisi . . . UDALRIC. CLUNIAC., lib. 1 c. 11, MIGNE, t. 149 col. 656 C. Cantores prosam canunt que sit conveniens Pasche. CENCIUS, c. 57 (Ordo), § 35, ed. DUCHESNE, I p. 298 col. 2.

**prosaicus,** prosaticus (adj.): **1.** *écrit en prose — written in prose.* Prosaico quoties direxi scripta relatu. FORTUN., lib. 7 carm. 11 v. 1, *Auct. ant.*, IV pt. 1 p. 165. Libri metrici, prosatici. PAUL. ALBAR., V. Eulogii, § 10, *AASS.*, Mart. II p. 93 A. **2.** *écrivant en prose — writing in prose.* Cujus prosaicus cecinit prius acta Severus. FORTUN., V. Martini, lib. 2 v. 468, ib., p. 329.

**prosecuta:** *la moitié de la dîme* revendiquée par le maître d'un serf qui cultive des champs en dehors des limites de la seigneurie — *half tithe* exacted from a serf cultivating land outside the manor. DC-F., VI p. 537 col. 3 (ch. a. 1158 et 1164, Laon).

**prosecutare:** *revendiquer — to claim.* Abbatissa coram nobis jus ecclesie adeo prosecutante, quod ejusdem terre proprietatem . . . obtinuit. VAN DEN BERGH, *OB. Holland*, I no. 234 p. 137 (a. 1213).

**prosecutio: 1.** **exposé, développement, déclaration — treatise, exposition, statement.* **2.** *prédication — sermon.* ORDERIC. VITAL., lib. 2 c. 6, ed. LE PRÉVOST, I p. 302. **3.** *demande en justice — prosecution.* Si aliquid falsi loquor de his quae prosecutio mea contra hunc Francum insistit. GREGOR. TURON., Glor. conf., c. 91, *SRM.*, I p. 806. **4.** *droit de poursuite — right of pursuit.* S. xiii. **5.** prosecutio decimae: droit sur la moitié de la dîme due par un serf qui cultive des champs en dehors des limites de la seigneurie — right to take one half of the tithe from a serf cultivating fields outside the manor. S. xiii. **6.** *exécution, effectuation — carrying out.* S. xii.

**prosecutor: 1.** *celui qui demande l'insinuation d'un acte dans les "gesta municipalia" — one who begs insertion of a deed in the "gesta municipalia".* F. Andecav., no. 1[a] et 1[c], *Form.*, p. 4 sq. MARCULF., lib. 2 no. 37, p. 97. F. Turon., no. 3, p. 137. Cart. Senon., no. 39, p. 202. **2.** *avoué — attorney.* Pro sui persona ad respondendum minime direxerint prosecutorem. Lex Visigot., lib. 2 tit. 1 c. 19. Rursum tit. 3 c. 7; lib. 3 tit. 4 c. 13. **3.** *demandeur en justice — prosecutor, claimant.* Prosecutor causae. Pactus Childeb. I, c. 5, *Capit.*, I p. 5.



**prosedere:** *monter* un cheval — *to ride* a horse. Sessorem ex genere equi non prosedit, nisi asello. V. Richarii, c. 5, *SS.*, VII p. 447.

**proselytus** (gr.): **1.** **visiteur étranger, voyageur — alien visitor, traveller.* ADAMNAN., V. Columbae, praef. II, ed. FOWLER, p. 86. Ibi pluries. ERCHEMPERT., c. 8, *Scr. rer. Langob.*, p. 237. Chron. Salernit., c. 43, ed. WESTERBERGH, p. 44. **2.** **prosélyte, converti du paganisme au judaïsme — convertite from paganism to judaism.*

**prosequi: 1.** **exposer, développer — to expound, treat.* **2.** *tenter, chercher à — to strive after.* Prosequamur ut illorum [sanctorum] in eterna patria societatem adipiscamur. GREGOR. CATIN., Chron., ed. BALZANI, I p. 120. **3.** causam: *former* une instance, *poursuivre* une cause — *to bring* an action. Debet eis [rachineburgiis] dicere [i.e. dici] ab illo qui causa[m] prosequitur. Lex Sal., tit. 57 § 1. Causas suas minime possit prosequire vel obmallare. MARCULF., lib. 1 no. 21, *Form.*, p. 56. **4.** *donner suite à — to comply with.* Vocati ad justitiam prosequendam veniant et judicio canonicorum . . . satisfaciant. MIRAEUS, I p. 161 col. 1 (ch. a. 1070, Cambrai). **5.** *exécuter, effectuer — to carry out.* Si haec omnia fideliter prosequatur. Hadr. III pap. (a. 884/885) epist., MIGNE, t. 126 col. 972 C. **6.** *exercer le droit de poursuite — to have recourse to a right of pursuit.* Servos et ancillas, quos in terra nostra Flandriae . . . extra nostram justitiam propriam et domaniam manere contigerit, tanquam servos nostros in vita et in morte prosequemur, ubicumque manserint. MIRAEUS, III p. 339 col. 2 (a. 1252).

**proservire, 1.** aliquid: *acquitter les redevances, accomplir les services qui constituent le loyer d'*une tenure — *to pay the charges and perform the duties due for* a tenancy. Quicquid ibidem visus sum habere . . . et quod B. et conjux sua nobis proservit [i.e. proserviunt]. BRUCKNER, *Reg. Alsat.*, no. 160 p. 92 (a. 747). Pro istas res proservire volo annis singulis hoc est 30 seglas cervesa, 40 panis . . . et arare duos juchos. WARTMANN, *UB. S.-Gallen*, I no. 18 (a. 754). Si filii mei ipsas res proservire voluerint, in ipsum censum maneant. Ib., no. 17 p. 20 (s. viii med.). Ibi saepe. Homines super ipsam terram commanentes si voluerint jam fatam terram tenere ad proserviendum contra ipsam casam Dei, teneant. *D. Karolin.*, I no. 169 (a. 791). Terram illam quam L. litus meus incolebat et proserviebat. GYSSELING-KOCH, *Dipl. Belg.*, no. 200 (a. 794). [Praedium] in beneficium praestare dignetur, quamdiu hoc contra domum s. Marie . . . cum tali censu proservirent. BITTERAUF, *Trad. Freising*, I no. 247 p. 224 (a. 806-811). Ibi pluries. Censati homines terras quasdam cum censu ad episcopatum proservire deberent. *D. Ludwigs d. Deutsch.*, no. 69 (a. 854). Ei liceat . . . locum ac mansionem suam et ea quae apud te proservierat pleniter habere. HINCMARC. REM., epist. 31, SIRMOND, II p. 340. Beneficia sua, quae apud antecessores tuos et apud te proservierunt, abstulisses. Ejusdem epist. 34, p. 595. **2.** intrans.: *servir, accomplir ses devoirs — to serve, perform one's duty.* Monachorum qui ibi [i.e. Cluniaco] proserviunt. BERNARD-BRUEL, *Ch. de Cluny*, II no. 1468 p. 521 (a. 979).

**proservus:** *descendant de serfs* ou individu assimilé aux descendants de serfs — *scion of a family of serfs* or person put on the same level. Servis, proservis, liberis, proliberis, aldiones, proaldiones. *CD. Langob.*, no. 84 col. 159 A (a. 807, Brescia). Servis, proservis, aldiis, proaldiis. MURATORI, *Antiq.*, V col. 513 (a. 867).

**prosignator:** *un dignitaire de la curie romaine — a dignitary of the papal court.* Datum per manus J. subdiaconi prosignatoris domni Urbani II papae. Priv. a. 1088, PFLUGK-HARTTUNG, *Acta*, II no. 175 p. 142 (J.-L. 5365). De même dans une douzaine d'autres privilèges des années 1088 et 1089 — likewise in a further dozen of bulls of the years 1088 and 1089.

**prosoluta,** prosolta: *somme additionnelle à payer en plus de la réparation — sum due in addition to amends for harm done.* Deprehensori suum reddat et prosolutam. Leg. II Cnut, c. 24 § 1, vers. Consil. Cnuti, LIEBERMANN, p. 327 col. 3.

**prospector:** *membre d'une commission en charge de la police des digues et canaux* (néerlandais "heemraad") — *official of a dike control board.* DE FREMERY, *OB. Holland*, suppl., no. 155 p. 102 (a. 1269).

**prospectus** (decl. iv): *police des digues et canaux* (néerlandais "schouw") — *superintendance of dikes and canals.* Aqueductum cum prospectu, qui scowenge dicitur, ac omni jurisdictione ipsius . . . possideant. HEERINGA, *OB. Utrecht*, II no. 943 p. 336 (a. 1239).

**prosperari** (depon.): **prospérer — to thrive.*

**prospicere:** *faire l'inspection des digues et canaux* (néerlandais "schouwen") — *to inspect dikes and canals.* DE FREMERY, *OB. Holland*, suppl., no. 155 p. 102 (a. 1269).

**prostagma** (neutr., genet. -atis) (gr.): *ordre, décret — command.* THEODER. TREVER., Mir. Celsi, *SS.*, VIII p. 206.

**prostibulum:** **lieu de prostitution — brothel.* Monasterium . . . prostibulum factum esse condolemus. *D. Phil. Ier*, no. 137 (a. 1090-1100). Item IVO CARNOT., epist. 70, MIGNE, t. 162 col. 89 (a. 1096-1098).

**prostrare** = prosternere.

**prostratio:** **ruine, anéantissement — throwing down, destruction.*

**protelare: 1.** *emporter — to carry off.* Si sacerdotes fruges et reditus terrae congregant et protelant. Concil. Cabillon. a. 813, c. 8, *Conc.*, II p. 276. **2.** *agrandir — to enlarge.* Ad protelandam, hoc est ad extendendam, ipsam vineam usque in rivum. PASQUI, *Doc. Arezzo*, no. 92 p. 127 (a. 1008). **3.** *multiplier — to heap up.* Ut ibi serviencium Deo preces protelentur. BIRCH, *Cart. Sax.*, I no. 41 p. 66 (a. 676). **4.** pass. protelari: *s'étendre — to stretch.* Venetiae terminus a Pannonia usque ad Adam fluvium protelatur. Chron. Grad., ed. MONTICOLO, p. 48.

5. *répandre* — *to spread*. Bonam tuam famam longe lateque protelare atque dilatare. Pauli pap. epist. (a. 758), Cod. Carolin., no. 17, *Epp.*, III p. 516. 6. **différer, ajourner, remettre* — *to put off, defer, postpone*. 7. **faire traîner en longueur, allonger* — *to keep dragging, prolong*. 8. aliquem: *retenir, déranger* — *to retain, trouble*. Cum oporteat minime testes . . . protelari. Lex Roman. canon. compta, c. 213, ed. MOR, p. 163. 9. intrans.: *être long, s'attarder* — *to linger*. Cum vicissim, ut most est, verbis protelarent. Chron. Salernit., c. 79, ed. WESTERBERGH, p. 77.

**protelatio**: 1. *délai, remise* — *delay, postponement*. Coll. Quesnell., MIGNE, t. 56 col. 861 A. 2. *prolongement* — *protraction*. GREGOR. M., Moral., lib. 32 c. 17, MIGNE, t. 75 col. 645 D. JULIAN. ANTEC., c. 104, ed. HÄNEL, p. 122.

**protelatus** (adj.): *prolixe* — *prolix*. Protelata verba omnimodis homittamus. Chron. Salernit., c. 17, ed. WESTERBERGH, p. 22.

**protendere**: 1. *porter* un sentiment à qq'un — *to bear* a feeling towards a person. Benignitas delectionis illius erga omnes protendebatur. V. Romuli Januens. (s. x/xi), *AASS.*, Oct. VI p. 208. 2. *prolonger, poursuivre* — *to protract, continue*. Secundum numerum clericorum et officii qualitatem et temporis prolixitatem cantum protendant. Concil. Aquisgr. a. 816, c. 137, *Conc.*, II p. 414. 3. *introduire* une action — *to bring* an action. Sacerdotem non decet protendere improbam litem. KANDLER, *CD. Istr.*, p. 30 (a. 518-526). 4. *produire* un document — *to produce* evidence. *Gall. chr.*[2], VI instr. col. 134 (ch. ca. a. 1121, Narbonne).

**proterminare**: *ajourner* — *to postpone*. S. xiii.

**proterrarium**: (ni fallor) *clôture* — *fence*. Terris seu proterrariis, domibus, aedificiis. FÉLIBIEN, *S.-Denis*, pr. p. 29 (a. 764). Campis, terris, proterrariis, farranariis . . . *SS.*, XV p. 995 (a. 778, Strasbourg). De lignariis et faculis, de axilis vel aliud materiamen, de proterariis . . . Capit. de villis, c. 62.

**protervia**: 1. **effronterie, impudence* — *insolence*. 2. *rébellion* — *recusancy*. Justitiam et legem quam caeteri advocati . . . habent super fures, proterviam et censuales. *D. Heinrichs IV.*, no. 280 (a. 1075). De furto et protervia . . . rite discussio fiat. SCHANNAT, *Vindem.*, I p. 116.

**protestari**: 1. **déclarer, affirmer* — *to state*. 2. **attester, témoigner* — *to testify*. 3. **faire des remontrances, protester* — *to utter grievances, protest*.

**protestatio**: 1. **déclaration solennelle, affirmation, attestation* — *solemn statement, asseveration*. 2. **protestation* — *protest*.

**protocancellarius**: *chef de chancellerie* — *chancellor in chief*. D. Karlomanni reg. Fr. a. 882, QUANTIN, *Cart. de l'Yonne*, I no. 56 p. 108. NITTO DE ROSSI, *CD. Barese*, I p. 5 (a. 957). D. Hugonis Cap. reg. Fr. a. 995, *H. de Fr.*, X p. 563.

**protocapellanus**: i.q. archicapellanus, *le premier des clercs de la chapelle* royale ou princière — *chief ecclesiastic at a* royal or princely *court*. Ebroinus venerabilis episcopus sacrique palacii nostri protocapellanus. *D. Charles le Ch.*, no. 97 (a. 847). Atto ecclesiae nostrae [Nivernensis] archidiaconus et domus nostrae protocapellanus. DC.-F., VI p. 542 col. 3 (ch. a. 894-906).

**protocollum** (gr.): 1. *première feuille d'un rouleau de papyrus* — *first sheet of a papyrus roll*. 2. *charte écrite sur papyrus* — *charter written on papyrus*. 3. *protocole de notaire public* — *a public notary's protocol*. TIRABOSCHI, *Modena*, III p. 64. MURATORI, *Antiq. Est.*, II p. 20. FANTUZZI, *Mon. Ravenn.*, III p. 414. MITTARELLI, *Ann. Camald.*, I p. 45 (a. 945). 4. *registre de chancellerie* — *chancery roll*. S. xiv.

**protodomesticus**: un *dignitaire aulique* — a *court dignitary*. Protodomestici imperatoris effecti. PETR. DIAC., Chron. Casin., lib. 4 c. 114, *SS.*, VII p. 831.

**protomartyr**: épithète de Saint Étienne — epithet of Saint Stephen. Lib. pontif., Conon, ed. MOMMSEN, p. 207. V. Hilarii, c. 21, MIGNE, t. 50 col. 1242 C. MIGNE, t. 87 col. 1421 C (ch. a. 774).

**protonotarius**: *chef de chancellerie* — *chancellor in chief*. Radonem dilectissimum protonotarium vestrum [sc. Karoli regis] atque abbatem. Hadr. pap. epist. (a. 790/791), Cod. Carolin., no. 94, *Epp.*, III p. 632 (J.-E. 2478). Dructemirus subdiaconus protonotarius ad vicem Agilmari recognovi. D. Loth. imp. a. 838, *CD. Langob.*, no. 132 col. 234 D. Hludowicus . . . protonotarius palatii nostri. *D. Charles le Ch.*, I no. 185 p. 489 (a. 856). Data Melfie per manum W. protonotarii. KEHR, *Urk. Norm.-Sic. Kön.*, p. 418 no. 4 (a. 1132). D'un chancelier épiscopal — of a bishop's chancellor: TABOUILLOT, *Metz*, III p. 266 (a. 848).

**protooeconomus**: *vidame* — *vidame*. ENNEN, *Qu. Köln*, I no. 12 p. 465 (a. 959). CALMET, *Lorr.*, III p. 109.

**protoplastus** (gr.): **la première créature, Adam* — *the first creature, Adam*.

**protopraesul**: *archevêque* — *archbishop*. *D. Ottos II.*, no. 306 (a. 983). LACOMBLET, *UB. Niederrh.*, I no. 159 p. 98 (a. 1014-1021). *D. Konrads II.*, no. 108 (a. 1027); no. 123 (a. 1028). STIMMING, *Mainzer UB.*, I no. 275 p. 173 (a. 1028).

**protoscriniarius**: *chef des tabellions de Rome* (qui s'appellent aussi "scriniarii"), dignitaire de la Curie pontificale — *head of the "tabelliones" at Rome*, a dignitary of the papal court. GLORIA, *CD. Padov.*, p. 11 (a. 828). ALLODI-LEVI, *Reg. Sublac.*, no. 155 p. 204 (a. 942); no. 118 p. 166 (a. 966). ADALBERT. TREVER., Contin. ad REGINONEM, a. 963, ed. KURZE, p. 173.

**protoscrinius**: i.q. protoscriniarius. FEDERICI, *Reg. di S. Silv. in Cap.*, p. 263 (a. 844?). Lib. pontif., Joh. XII (a. 955-964), ed. DUCHESNE, II p. 246. ALLODI-LEVI, *Reg. Sublac.*, p. 226 (a. 983).

**protospatharius**: titre byzantin attribué à un dignitaire du palais de l'empereur en Occident — a Byzantine title given to a court dignitary of the Western emperor. Otto protospatarius et comes palacii. *D. Ottos III.*, no. 411 (a. 1001).

**prototabellio**: *chef des tabellions* — *head of the "tabelliones"*. FANTUZZI, *Mon. Ravenn.*, VI no. 5 p. 9 (a. 930); I no. 54 p. 195 (a. 977). *CD. Cajet.*, I p. 179 (a. 996).

**prototabularius**: i.q. prototabellio. BELTRAMI, *Doc. Ital. Merid.*, p. 7 (a. 1006).



**prototestis**: i.q. protomartyr. *D. Louis IV*, no. 30 (a. 948).

**protractio**: *ajournement, délai* — *postponement, delay*. CASSIOD., Var., lib. 6 epist. 9 § 5, *Auct. ant.*, XII p. 183; lib. 12 epist. 2 § 5, p. 361. GREGOR. M., lib. 13 epist. 19, *Epp.*, II p. 386 l. 13.

**protrahere**: 1. *astreindre* — *to compel*. Ad publicum servitium et placitum eos protrahere sine justa causa. *D. Ottos I.*, no. 409 (a. 972). 2. *traduire en justice* — *to summon*. Extra civitatem non poterunt protrahi aut invitari. Phil. II Aug. priv. pro Noviomag. a. 1181, c. 4, *Actes*, no. 43. Si per scabinos protractus fuerit. Ejusdem priv. pro Atrebat. a. 1194, c. 18, ESPINAS, *Rec. Artois*, no. 108.

**protus** (subst.) (gr.): 1. i.q. protoscriniarius. Catal. pontif. Roman. Conon., contin. s. xi, DUCHESNE, *Liber pontificalis*, I p. LV col. 1. ADAM BREM., lib. 2 c. 10, ed. SCHMEIDLER, p. 68. 2. *vidame* — *vidame*. RUOTGER., V. Brunonis, c. 46, ed. OTT, p. 49.

**prout**: *afin que* — *in order that*. GYSSELING-KOCH, *Dipl. Belg.*, no. 1 (a. 649, S.-Bertin).

**provantia**: *pourvoyance* — *purveyance*. S. xiii.

**provectio**: **avancement en dignité, promotion* — *preferment*.

**provectus** (decl. iv): 1. **avancement en dignité, promotion* — *preferment*. 2. **progrès, avancement* — *progress, furtherance*. 3. **avantage, profit, gain* — *advantage, profit, benefit*.

**provenda** et derivata, v. praebend-.

**provenire**: 1. *tendre à, contribuer à* — *to redound to, operate in favour of*. Id . . . ad mortalem vitam deducendam . . . commodum provenire confidimus. D. Lud. Pii a. 822, *Mon. Boica*, t. 37 p. 4 (BM.[2] 767). Ad nullum eis praejudicium provenire censemus. ATTO VERCELL., Press., ed. BURONTIUS, p. 324. Ad damnationem proveniat illi sanguis redemptoris. Bened. VIII pap. (a. 1012-1024) priv., MIGNE, t. 139 col. 1633 A. 2. *revenir à, appartenir à* — *to belong to, accrue to* a person. Piscatione quae provenit ad ecclesiam s. Mauri. KANDLER, *CD. Istr.*, I p. 37 (a. 543). Quae [terra] nostrae potestati proveniret. LIUDPRAND. CREMON., Hist. Ottonis, c. 6., ed. BECKER, p. 163. 3. *entrer* (en parlant de revenus) — *to issue, result* (of revenue). S. xiii.

**proventus** (decl. iv): 1. **événement* — *event*. 2. *revenu, produit* — *income, proceeds*. S. xii.

**proverbium**: **parabole, énigme, comparaison* — *parable, riddle, simile*.

**providentia**: 1. *direction, gestion, sollicitude, soin* — *guidance, management, care, guard*. Episcopus . . . providenciam gerat omnis possessionis quae sub ejus est potestate. DIONYS. EXIG., Coll. canon., ed. PITHOEUS, p. 59. Vos episcopi . . . in vestra providentia sit qualiter ecclesiae . . . emendentur. Pipp. Ital. capit. (a. 801-810), c. 7, I p. 210. Ipse ecclesie sub venerabilis [episcopi] illius cura ac providentia sint, ut divinum in eis officium assidue celebretur. F. imper., no. 40, *Form.*, p. 318. Non suppetat a regimine episcopalis providentia[e] religiosa loca secernere. Coll. s. Dionys., no. 2, ib. p. 497. In providentia comitis sit ut nequaquam . . . aliquid accipiat. Loth. capit. Pap. a. 832, c. 13, II p. 62. Commendavimus [ecclesiam] Ansboldo abbati, ut ipse eam in providentia haberet. *D. Ludw. d. Deutsch.*, no. 133 (a. 870). Sit senedochium [i.e. xenodochium] ipsum cum omni integritate sua in previdenciam [leg. pro-] et dominacionem G. clerico. *CD. Langob.*, no. 246 col. 420 A (a. 870, Milano). 2. *mesure, prévoyance, ingérence* — *measure, provision, intervention*. Si secundum providentiam et admonitionem episcopi coheredes eas [ecclesias] voluerint tenere. Capit. Wormat. a. 829, c. 2, II p. 12. Pro securitate religiose viventium providentiam facere pastoralem. GIORGI-BALZANI, *Reg. di Farfa*, II doc. 2 p. 23 (a. 705). 3. *pourvoyance, provisions* — *purveyance*. S. xiii.

**providere**, 1. aliquem: *préposer, nommer, pourvoir* — *to appoint*. Dignetur . . . suae providere dignum rectorem ecclesie. Lib. diurn., c. 59, ed. SICKEL, p. 49. Provideant et exquirant personam quae possit praeesse virginibus. CAVAGNA, *Doc. Vogheresi*, p. 3 (a. 715). Provideamus hominem qui possit pascere nos. ANAST. BIBL., Chron., ed. DE BOOR, p. 304. 2. spec.: *nommer par provision pontificale* — *to appoint by papal provision*. S. xiii.

**provincia**: 1. *province ecclésiastique*, ressort d'un évêque métropolite — *church province*, district of a metropolitan see. E.g.: Ut unusquisque metropolitanus in provincia sua cum conprovincialibus suis singulis annis synodale debeat oportuno tempore habere concilium. Concil. Aurel. a. 538, c. 1, *Conc.* I p.73. 2. *diocèse* — *diocese*. Episcopus provintiae. Synod. Franconof. a. 794, c. 12, *Capit.*, I p. 75. Item Capit. missor. gener. a. 802, c. 15, p. 94. 3. gener.: *pays, contrée* — *region*. VICTOR VIT., prol., § 1, *Auct. ant.*, III pt. 1 p. 1; c. 1 § 3, p. 2. PS.-ANTONIN. PLACENT., *CSEL.*, t. 39 p. 197. 4. *territoire d'une unité ethnique* — *tribal area*. Gregor. III pap. (a. 731-741) epist., JAFFÉ, *Bibl.*, III p. 103. BITTERAUF, *Trad. Freising*, II no. 1409[b] p. 267 (a. 1024-1031). Bajoariorum. RUODOLF. FULD., Ann., a. 839, ed. KURZE, p. 30. 5. *pagus*. Lex Baiwar., tit. 2 c. 5. F. Turon., no. 24, *Form.*, p. 148. *D. Karolin.*, I no. 178 (a. 794). 6. *comté* — *county*. Lex Sal., tit. 39. 7. *pays* au sens d'une communauté de droit coutumier — *land*, area subject to a definite customary law. S. xiii. 8. *province*, circonscription administrative — *province*, administrative district. Cf. G. DUPONT-FERRIER, *Sur l'emploi du mot "province", notamment dans le langage administratif de l'ancienne France*. *Rev. Histor.*, 1929, pp. 241 sqq.

**provincialis** (adj.): 1. *d'une province ecclésiastique* — *of a church province*. Episcopi. Lud. Pii epist. (a. 816/817), *Capit.*, I p. 340 col. 2 l. 7. Concilium. Episc. rel. a. 829, c. 39, ib., II p. 40. Synodus. Synod. Pap. a. 850, c. 6, p. 118. 2. comes provincialis: landgrave — landgrave. En Thuringe — in Thuringia: Auctar. Claustron. ad Ann. Mellic., a. 1122, *SS.*, IX p. 628. Ann. s. Petri Erphesf. antiq., a. 1140, HOLDER-EGGER, *Mon. Erphesf.*, p. 17. D. Frid. I reg. a. 1154, *Const.*, I no. 147. HELMOLD., lib. 2 c. 103, ed. SCHMEIDLER, p. 203. En Alsace — in Alsatia: SCHÖPFLIN, *Alsatia*, II p. 519 (a. 1138). Subst. **provincialis**: 1. *sujet du roi franc de nationalité romaine* — *subject of the Frankish king having Roman nationality*. Chloth. praec., c. 13, *Capit.*, I p. 19. 2. *landgrave* — *landgrave*. ARNOLD. LUBEC., lib. 2 c. 16, ed. LAPPENBERG

in us. sch., p. 55. Ibi pluries. **3.** plural. provinciales: *les évêques d'une même province ecclésiastique — the bishops of a definite church province.* Chloth. II edict. a. 614, c. 1, *Capit.*, I p. 21. **4.** plural. provinciales: *les habitants d'une province ecclésiastique — the inhabitants of a church province.* Coll. Sangall., no. 42, *Form.*, p. 425. **5.** plural. provinciales: *les habitants d'un territoire judiciaire — the inhabitants of a jurisdiction.* Comite H. . . . cum provincialibus placitum habente. LACOMBLET, *UB. Niederrh.*, I no. 181 p. 113 (a. 1045). Secundum veritatem provincialium. DC.-F., VI p. 546 col. 3 (ch. a. 1180, Flandre).

**provisio: 1.** *prudence, sagesse — skill, wisdom.* Omnia juxta consilii sui provisionem . . . gubernare. *D. Heinrichs I.*, no. 12 (a. 926). **2.** *direction, gestion, gouvernement — guidance, management, rule.* [Vassis dominicis] commisit . . . villarum regiarum provisionem. ASTRON., V. Lud., c. 3, *SS.*, II p. 608. Ipsa provisionem ejusdem loci [sc. monasterii monialium] mea vice suscipiat. *CD. Langob.*, no. 270 col. 454 C (a. 877, Piacenza). Theoduino abbati successit s. Theodulphus episcopus in provisione praedicti loci. FOLCUIN., G. abb. Lob., c. 8, *SS.*, IV p. 59 l. 18. Abbati W. coenobitisque Deo sanctoque Maximino in ejus provisione sub regula s. Benedicti famulantibus. *D. Ottos I.*, no. 179 (a. 956). Hanc provisionem [sc. advocatiam] . . . de manu abbatis suscipere. BEYER, *UB. Mittelrh.*, I no. 388 p. 445 (a. 1093). Comes Namurcensis comiti Hainoniensi justiciam et provisionem terre sue commisit. GISLEB. MONT., c. 139, ed. VANDERKINDERE, p. 209. **3.** *l'action de pourvoir à une charge vacante, nomination — filling a vacancy, appointment.* Imperii Romani provisio . . . nos contingat. Innoc. III pap. registr., no. 30, ed. HOLTZMANN, p. 51. **4.** *provision*, nomination à un bénéfice ecclésiastique faite par l'évêque ou par le pape — *provision*, appointment to an ecclesiastical benefice by bishop or pope. S. xiii. **5.** *mesure, ordonnance — measure, regulation.* S. xiii. **6.** *pourvoyance — purveyance.* S. xiii.

**provisor: 1.** *celui qui est en charge des intérêts séculiers d'un monastère — one who attends to a monastery's secular concerns.* CAESAR., Regula virg., c. 33; c. 36; c. 39. Test. Caesarii a. 542, PARDESSUS, I no. 139 p. 105. AURELIAN., Regula monach., c. 19. GLOECKNER, *Cod. Lauresham.*, II no. 1922 p. 482 (a. 855). F. Sangall. misc., no. 9, *Form.*, p. 384. BEYER, *UB. Mittelrh.*, I no. 310 p. 365 (a. 1038). **2.** *celui qui est chargé de la direction spirituelle d'un monastère*, là où un laïc est investi de la dignité abbatiale ou prévôtale — *spiritual head of a monastery*, while a layman possesses the dignity of abbot or provost. Synod. Theodonisv. a. 844, c. 5, *Capit.*, II p. 116. **3.** *abbé — abbot.* NOTKER., V. Remacli, *SRM.*, V p. 106 n. 1. *D. Ottos I.*, no. 328 (a. 966). *D. Konrads II.*, no. 49 (a. 1026). **4.** *prévôt — provost.* Rector atque provisor ipsius capelle [sc. s. Mariae Aquensis]. *D. Arnulfs*, no. 31 (a. 888). **5.** *chef d'un hospice — head of a hospice.* Episc. rel. a. 821, c. 6, *Capit.*, I p. 369. **6.** *évêque — bishop. D. Ludw. d. Deutsch.*, no. 152 (ca. a. 874). *D. Ottos I.*, no. 157 (a. 952). V. Deicoli, *SS.*, XV p. 680. *D. Konrads II.*, no. 47 (a. 1025). WIPO, G. Chuonradi, c. 8, ed. BRESSLAU, p. 30. *D. Heinrichs III.*, no. 234 (a. 1049). **7.** *pourvoyeur, dépensier — purveyor, dispenser.* Provisor panis (etc.). Chron. s. Michaelis Virdun., c. 4, *SS.*, IV p. 80. Provisor refectorarii. GUIDO FARF., Disc. Farf., lib. 1 c. 57, ALBERS, I p. 59. LACOMBLET, *UB. Niederrh.*, I no. 257 p. 166 (s. xi) (synon.: procurator, dispensator). En parlant du sénéchal royal — with reference to the king's steward: Provisor regiae domus. Triumph. Remacli, lib. 2 c. 8, *SS.*, XI p. 453. Provisor palatii. WALRAM., Lib. de unit. eccl., lib. 1 c. 16, *Lib. de lite*, II p. 209 l. 4. **8.** *régisseur de domaine — manorial agent.* D. Loth. imp. a. 855, BEYER, *UB. Mittelrh.*, I no. 89 p. 94. WAMPACH, *UB. Luxemb.*, I no. 93 p. 93 (post a. 860). Epist. Hincmari ap. FLODOARD., Hist. Rem., lib. 3 c. 26, *SS.*, XIII p. 539 l. 50. *D. Arnulfs*, no. 172 (a. 899). **9.** *officier en charge des digues* (néerlandais "dijkgraaf") — *dike supervisor.* VAN DEN BERGH, *OB. Holland*, II no. 300 p. 129 (a. 1275). **10.** *membre d'un magistrat urbain — member of a city council.* Breviar. hist. Pis., a. 1158, MURATORI, *Scr.*, VI col. 172. **11.** *membre de la commission administrative d'un hôpital — member of the governing board of a hospice.* FAIRON, *Rég. de Liège*, I no. 9 (a. 1185).

**provisorius:** *d'une provision pontificale — of papal provision.* S. xiii.

**provisus.** Loc. proviso quod, proviso ut: pourvu que — provided that. S. xiii.

**provocare:** *faire monter, honorer — to move up, honour.* Hic . . . de pauperibus provocatus, archidiaconus ordinatus est. GREGOR. TURON., H. Fr., lib. 5 c. 49. Ego provocare vos semper tamquam aecclesiae patres studui. Ib., lib. 8 c. 2.

**proximare, 1.** intrans. : **s'approcher — to draw near.* **2.** transit.: *approcher — to bring near.* Acceptum [poculum] dum ori proximat. GREGOR. TURON., H. Fr., lib. 5 c. 46.

**proximus.** Loc. in proximo, ex proximo: bientôt — soon. Alia jam facta cernimus, alia ex proximo ventura formidamus. GREGOR. M., In euang. homil., MIGNE, t. 76 col. 1078 B. Ventura tibi in proximo mala formidas. BEDA, H. eccl., lib. 2 c. 12. Nobis victui necessaria in proximo exhibebit. V. Paterniani (s. viii/ix), *AASS.*³, Jul. III p. 285. Adest in proximo, imo hodie incipit Pascha. RATHER., Serm., MIGNE, t. 136 col. 717 D.

**prudens:** *preux — valiant.* S. xii.

**prudenter:** *vaillamment — courageously.* S. xii.

**psallendum,** -a (femin.): *antienne* ou *psaume graduel — anthem* or *gradual.* Ordo Got., DE SAÉNZ, *Concil. Hisp.*, III p. 264. Ordo Ambros. (ca. a. 1130), MURATORI, *Antiq.*, IV col. 868. Ordo Berold. (s. xii), ed. MAGISTRETTI, p. 38.

**psallentium,** -ia (femin.), -ius (mascul.) (< psallere, cf. voc. silentium): **1.** *psalmodie — psalm-singing.* IONAS, V. Columbani, lib. 1 c. 20, ed. KRUSCH in 8°, p. 194. Id., V. Vedastis, c. 8, p. 316. V. Eligii, lib. 2 c. 37, *SRM.*, IV p. 721. GREGOR. TURON., H. Fr., lib. 1 c. 48. Ibi saepius. Vis. Baronti, c. 2, *SRM.*, V p. 378. V. Gaugerici, c. 8 sq., ib., III p. 655. Ordo Rom. XV (s. viii), c. 12, ANDRIEU, III p. 97. Ordo off. in domo s. Bened. (s. viii), ALBERS, III p. 20. V. Galli vetust., c. 5, *SRM.*, IV p.



254. **2.** spec.: *la psalmodie perpétuelle, l'"officium diuturnum" — perpetual psalm-singing. D. Merov.*, no. 93 (a. 723). Lib. pontif., Steph. II (a. 752-757), rec. Lombarda, § 40, DUCHESNE, I p. 451.

**psallere, 1.** intrans.: **psalmodier — to sing psalms.* **2.** transit.: **chanter* des psaumes ou des hymnes — *to sing* psalms or hymns.

**psalmellus:** *antienne — anthem.* DC.-F., VI p. 553 col. 1 (ch. a. 1053, Milano). Ordo Berold., ed. MAGISTRETTI, p. 18. Missale Ambros., ed. idem, p. 235.

**psalmicanus** (subst.): *chanteur de psaumes — psalm-singer.* EKKEHARD., Cas. s. Galli, c. 14, *SS.*, II p. 137. GOCELIN. († a. 1098), Transl. Augustini Cantuar., *AASS.*, Maji VI p. 415.

**psalmicen** (adj.): **qui chante des psaumes — who is singing psalms.* PAUL. DIAC., Hist. Langob., lib. 1 c. 26. V. Romani Rotomag., MARTÈNE, *Thes.*, III col. 1656.

**psalmidicus** (subst.): **le psalmiste — the Psalmist.*

**psalmista** (mascul.) (gr.): **1.** **le psalmiste — the Psalmist.* **2.** i. q. cantor: **clerc de l'un des ordres inférieurs*, intermédiaire entre ceux de portier et de lecteur — *ecclesiastic of one of the lower orders*, between those of janitor and lector. ISID., Eccl. off., lib. 2 c. 12 § 2, MIGNE, t. 83 col. 792 B. Id., epist. ad Ludefr., § 5, col. 895 A. Sacram. Gelas., lib. 1 c. 95, ed. WILSON, p. 145. Poenit. eccl. Germ., c. 30, SCHMITZ II p. 415. WALAFR., Exord., c. 32, *Capit.*, II p. 516. RHABAN., Inst. cleric., lib. 1 c. 4, ed. KNOEPFLER, p. 12. Hostiarius, psalmista, lector, exorcista, acolitus, subdiaconus, diaconus . . . per distinctos ordines est ordinatus. Catal. Laurent. de Joh. XII pap. (a. 955-964), DUCHESNE, *Le liber pontificalis*, II p. 247.

**psalmizare** (gr.): **chanter des psaumes — to sing psalms.*

**psalmodia,** -ium (gr.): **chant des psaumes — psalm-singing.*

**psalmodialis** liber: le Psautier — the Psalter. V. Mathildis, c. 1, *SS.*, IV p. 284 l. 44.

**psalmodiare:** **chanter des psaumes — to sing psalms.*

**psalmographus,** psalmigr- (subst.) (gr.): **le psalmiste — the Psalmist.*

**psalmus** (gr.): **psaume — psalm.*

**psalterium** (gr.): **1.** **le Psautier — the Psalter.* **2.** *un psautier — a psalter.* **3.** *psalmodie — psalm-singing.* Nostri memoriale . . . habeatur in psalteriis ac missarum solemniis. Joh. XVIII pap. priv. a. 1006, MIGNE, t. 139 col. 1484 C. **4.** *les sept psaumes pénitentiels — the seven psalms of penance.* DC.-F., VI p. 553 col. 2 (ch. a. 1199).

**pseudoapostolus:** **faux apôtre — false apostle.*

**pseudoarchiepiscopus:** *faux archevêque — false archbischop.* Joh. XVIII pap. epist. (ca. a. 1008), MIGNE, t. 139 col. 1490 D.

**pseudochristianus:** **faux chrétien — false Christian.*

**pseudochristus:** **faux Christ — false Christ.*

**pseudodoctor:** **faux docteur — false teacher.*

**pseudoepiscopus:** **faux évêque — false bishop.*

**pseudographium:** *écrit mensonger, hérétique — mendacious, heretical treatise.* Admon. gener. a. 789, c. 78, *Capit.*, I p. 60.

**pseudomagister:** **faux maître — alse master.*

**pseudomartyr:** **faux martyr — false martyr.*

**pseudomonachus:** **faux moine — false monk.*

**pseudopapa** (mascul.): *faux pape — false pope.* Contin. III ad PAULI DIAC. Hist. Langob., *Scr. rer. Langob.*, p. 212 l. 2.

**pseudopater:** *pseudo-père — would-be father.* Concil. Paris. a. 825, *Conc.*, II p. 477 l. 32.

**pseudopresbyter:** **faux prêtre — false priest.*

**pseudopropheta** (mascul.): **faux prophète — false prophet.*

**pseudosacerdos:** *faux prêtre* ou *évêque — false priest* or *bishop.* Zachar. pap. epist. a. 748, ap. BONIF.-LULL., epist. 80, ed. TANGL, p. 175. Hadr. pap. epist. (a. 785-791), Cod. Carolin., no. 95, *Epp.*, III p. 643 l. 8.

**psiathus,** psiathium (gr.): **natte de couchage — sleeping-mat.*

**ptocheum,** ptochium (gr.): **hospice pour les pauvres — almshouse.* Cod. Justin., 1, 2, 15. Coll. Quesnell., MIGNE, t. 56 col. 858 B. GREGOR. M., lib. 2 epist. 38, *Epp.*, I p. 138. Lib. pontif., Pelag. II, ed. MOMMSEN, p. 160. V. patrum, V. Euphrosynae, c. 7, MIGNE, t. 73, col. 646 A. Test. auctius Remigii, *SRM.*, III p. 341. ADREVALD., Mir. Benedicti, lib. 1 c. 23, DE CERTAIN, p. 54.

**pubeda** (mascul.): **jeune homme — youth.* Pass. Adalberti Prag., c. 1, *SS.*, XV p. 706. Epit. Burchardi com., MABILLON, *Ann.*, IV p. 610.

**publicanus** (subst.): *appariteur judiciaire — beadle.* ATTO VERCELL., ed. BURONTIUS, p. 305.

**publicare: 1.** *réserver au profit du roi — to reserve as a royal prerogative.* Quodlibet genus ferarum sub banni lege jure publicandum. *D. Heinrichs III.*, no. 213 (a. 1048). **2.** *s'emparer de* qqch., *saisir — to appropriate, seize.* Predium quidam invaderent et publicarent agente avaritia. WEIRICH, *UB. Hersfeld*, I no. 115 p. 204 (a. 1096). Si absque herede obierint, predia vel quidquid habuerint hereditario jure ad monasterium publicetur. *D. Karolin.*, I no. 220 p. 295 (spur. s. xii, Ottobeuren). **3.** *livrer au pillage — to abandon to plundering.* Si saltem facultates inimicorum publicarentur, paupertas egenorum temperaretur. ORDER. VITAL., lib. 9 c. 7, ed. LE PRÉVOST, III p. 506. **4.** **déshonorer, diffamer — to defile, calumniate.* **5.** *stigmatiser, accuser ouvertement — to denounce.* Turbis traderet publicandum. ANAST. BIBL., Chron., ed. DE BOOR, p. 117. Si tanto talique crimine publicatur ut criminosus a populo suspicetur. Concil. Tribur. a. 895, c. 22, *Capit.*, II p. 225. Infidelitas G. comitis per W. publicata est. Ann. Hildesheim., a. 979, ed. WAITZ, p. 23. **6.** *produire* des témoins — *to call to witness.* Ad hoc probandum testes idoneos homines publicavit coram Th. misso domni regis. MANARESI, *Placiti*, I no. 56 p. 195 (a. 851/852, Cremona). **7.** refl. se publicare: *se faire remarquer, connaître la vedette — to be to the fore.* Semper se multis virtutibus publicavit. V. Gaugerici, c. 13, *SRM.*, III p. 657.

**publiciter** = publicitus.

**publicus: 1.** *royal — royal.* Tributum. GREGOR. TURON., H. Fr., lib. 5 c. 27. Thesaurus. Ib., lib. 6 c. 45. Functio. Ib., lib. 7 c. 23. Aerarium. Ib., lib. 8 c. 36. Villa. IONAS, V. Columbani, lib. 1 c. 18, ed. KRUSCH (in-8°), p. 186. Moneta. V. Eligii, lib. 2 c. 77, *SRM.*, IV p. 739. Publica fiscalis monetae officina. Ib., lib. 1

c. 3, p. 671. Census. Ib., lib. 1 c. 15, p. 681. Judex publicus in audientia publica. Edict. Chloth. II a. 614, c. 5, *Capit.*, I p. 21. Publica judiciaria potestas. MARCULF., lib. 1 no. 3, *Form.*, p. 43. Villa. BITTERAUF, *Trad. Freising*, I no. 35 p. 63 (ca. a. 769). Villa. Contin. ad FREDEG., c. 36, *SRM.*, II p. 183. Castrum. *D. Arnulfing.*, no. 12 p. 100 (a. 726). Palatium. Ib., no. 18 p. 104 (a. 747). Palatium. Concil. Vern. a. 755, I p. 33. **2.** *normal, officiel — normal, official.* Per longitudine[m] pedes publico[s] 37. HARTMANN, *Tab. Via Lata*, p. 1 (a. 921). Ad pedem publicum cubitalem q. d. Liutprandi regis. GIORGI-BALZANI, *Reg. di Farfa*, IV doc. 681 p. 84 (a. 1030). Subst. mascul. **publicus: 1.** *officier public — state official.* Publicus ... conprehendat ipsas mulieres. Liutprandi leg., c. 141. Ibi pluries. **2.** *dépendant du fisc — dependent of the royal demesne.* Ut omnes justitiam faciant, tam publici quam ecclesiastici. Pippini reg. capit. (a. 754/755), c. 7, I p. 32. Cum hominibus ibidem commanentibus, publicis videlicet. F. imper., no. 18, *Form.*, p. 299. Subst. femin. **publica**: *voie publique — highway.* Pass. Domnini (s. vi), *AASS.*, Oct. IV p. 992. Subst. neutr. **publicum: 1.** *le fisc — the royal treasury.* Pasceretur de publico. GREGOR. TURON., H. Fr., lib. 5 c. 40. [Ibi] tributa non redduntur in publico. Id., Glor. conf., c. 62, *SRM.*, I p. 784. Cellarinsis [i.e. pannagium] in publico non exegatur. Chloth. II edict. a. 614, c. 23, p. 23. 40 sol. pro fredo in publico solvat. Lex Alamann., c. 30. Liberti ... ad puplicum [n]ullatenus revocentur. Concil. Paris. a. 614, c. 7, *Conc.*, I p. 187.Omnes res ejus ad puplicum deveniant. Liutprandi leg., c. 35. 40 sol. conponat in publicum. Concil. Neuching. a. 772, *Conc.*, II p. 100. Fredum [i.e. fredos] qui exinde in publico exsperare [i. e. sperari] potuerant. *D. Karolin.*, I no. 66 (a. 772). Ipsa ecclesia ad publicum non pertinuisset. MANARESI, *Placiti*, I no. 3 p. 7 (a. 777, Spoleto). Omnes res suae ... in publico fuerunt vocatae. Capit. Aquisgr. a. 809, c. 1, I p. 148. [Hereditas] in publicum nostrum secundum legem devenerat. *D. Karolin.*, I no. 214 (a. 811). Nec per judicium ipsas res ad publicum unquam reconquisivit. MANARESI, no. 24 p. 76 (a. 811, Camerino). Pensiones vel ceteras res que ad publicum exigebantur. D. Lud. Pii a. 819, *MIOeG.*, t. 7 (1886) p. 442 (BM.[2] 690). Omne proprium ejus ... ad publicum revocatum fuisset. F. imper., no. 49, *Form.*, p. 323. Solvat in publico auri uncias 3. F. Augiens., coll. B no. 37, *Form.*, p. 361. **2.** *le tribunal public — public judicature.* Clerici ... interpellare publicum non praesumant. Concil. Epaon. a. 517, c. 11, *Conc.*, I p. 22. Publicum eum tenebat ipse dux. TROYA, *CD. Longob.*, I p. 478 (a. 753). Ducuntur ... in publicum et ... sistuntur in examine. V. Eligii, lib. 2 c. 62, *SRM.*, IV p. 732. [Reus] ad discussionem in publico perducatur. Capit. legib. add. a. 803, c. 3, I p. 113.

**puca**, pucha, puchea, v. poca.

**pudor:** *insulte, outrage — affront, dishonour.* S. xiii.

**pudoratus** (adj.): **chaste, pudique — chaste, demure.*

**puella: 1.** **servante — maid.* **2.** *une esclave — female slave.* GREGOR. TURON., H. Fr., lib. 9 c. 34. Ibi pluries. GREGOR. M., lib. 3 epist. 39, *Epp.*, I p. 197. **3.** puella Dei: moniale — nun. Theodori poenit., lib. 1 tit. 14 c. 11, SCHMITZ, I p. 536. Puella, nude: idem. Monasterium puellarum. Capit. missor. gener. a. 802, c. 18, I p. 95. *D. Ch. le Ch.*, I no. 23 p. 58 (a. 843).

**puellaris** (adj.): *de moniales — of nuns.* Monasterium. Concil. Cabillon. a. 813, c. 52, *Conc.*, II p. 284. Lud. Pii epist. a. 816, *Capit.*, I p. 341 l. 11 sq. Episc. rel. a. 829, c. 53, ib., II p. 43 l. 10. MANARESI, *Placiti*, II no. 161 p. 86 (a. 968). Coenobium. Addit. ad Chron. Casin., *Scr. rer. Langob.*, p. 488 l. 31. Subst. neutr. **puellare**: *couvent de femmes — nunnery.* PÉRARD, *Bourg.*, no. 5 p. 25 (ca. a. 840).

**puer: 1.** **serviteur — servant.* Puer regis, regius: agent royal — royal agent. Pueros nostros qui multam per pagos exigunt. Lex Burgund., tit. 49 c. 4. Pueros nostros qui judicia exsequuntur. Ib., tit. 76 c. 1. Lex Sal., tit. 13 § 7. Lex Ribuar., tit. 53 § 2. Prosequentibus regalibus pueris per fugam labitur. GREGOR. TURON., H. Fr., lib. 5 c. 49. Ibi pluries. V. Rigoberti, c. 18, *SRM.*, VII p. 73. BRUNO, V. Adalberti, c. 20, *SS.*, IV p. 605. **2.** **esclave — slave.* Lex Sal., tit. 42 § 4. RIMBERT., V. Anskarii, c. 8, ed. WAITZ, p. 30. **3.** **serviteur armé, homme de compagnonnage — armed retainer.* GREGOR. TURON., H. Fr., lib. 4 c. 28. Ibi saepe. Id., Virt. Juliani, c. 16, *SRM.*, I p. 571. Id., Virt. Martini, lib. 1 c. 10, p. 594. Bellesarius habens pueros proprios 12 milia, quos propriis stipendiis alebat, viros fortis ad prilio [i.e. proelium]. FREDEG., lib. 2 c. 62, *SRM.*, II p. 86. Ib., lib. 3 c. 72, p. 112; lib. 4 c. 55, p. 148. Erant ...in obsequio ejus pueri multi. V. Landiberti, c. 11, *SRM.*, VI p. 365. Lib. hist. Fr., c. 24, *SRM.*, II p. 281. PAUL. DIAC., Hist. Langob., lib. 1 c. 20, *Scr. rer. Langob.*, p. 58. Ib., lib. 2 c. 31, p. 90. WILLIBALD., V. Bonifatii, c. 8, ed. LEVISON, p. 49. ALCUIN., epist. 149, *Epp.*, IV p. 242. **4.** *vassal — vassal.* HIBERNIC. EXUL, *Poet. Lat.*, I p. 399. Pueri vel vasalli. HINCMAR., Ordo Pal., c. 28, *Capit.*, II p. 526. Beneficium quod nunc E. puer ... nostra liberalitate tenet. D. Loth. II reg. a. 869, ESCHER-SCHWEIZER, *UB. Zürich*, I no. 105 p. 40. **5.** *champion — champion.* GREGOR. TURON., H. Fr., lib. 2 c. 2. **6.** *fils* (pas nécessairement en bas âge) — *son.* Ib., lib. 6 c. 35. Concil. Forojul. a. 791, c. 9, MANSI, t. 13 col. 848. **7.** *jeune prince — young prince.* DC.-F., IV p. 351 col. 2 (ch. a. 1118). **8.** *écuyer — squire.* HELMOLD., lib. 1 c. 88, SCHMEIDLER, p. 172. Rursum lib. 2 c. 100, p. 196. **9.** *clerc* dans les ordres inférieurs — *ecclesiastic* of the lower orders. DE LASTEYRIE, *Cart. de Paris*, I no. 195 p. 217 (a. 1122).

**puerarius** (adj.): *juvénile — boyish.* Aetas. GUIBERT. NOVIG., De vita sua, lib. 3 c. 12, ed. BOURGIN, p. 188.

**pugil:** *champion — champion.* Consuet. Bigorr. a. 1097, c. 20, GIRAUD, *Essai*, p.j., p. 22. POUPARDIN, *Cart. de S.-Germain-des-Prés*, I no. 117 p. 175 (a. 1152-1155).

**pugilari** et pugilare: *se battre en duel — to fight a single combat.* Bello eum pugilaturus impetiit. GUIBERT. NOVIG., De vita sua, lib. 3 c. 15, ed. BOURGIN, p. 206.



**pugillaris**, pusillaris: petit *tuyau* pour administrer le vin eucharistique aux fidèles — small *tube* used to administer eucharistic wine to the faithful. Ordo Rom. I (s. vii ex.), c. 111, ANDRIEU, II p. 103. PÉRARD, *Bourg.*, p. 26 (ch. ca. a. 840).

**pugillus: 1.** *poignée*, mesure de capacité — *a handful*, a dry measure. Cum pugillo salis quod a singulis accipitur salinariis. *D. Phil. I*[er], no. 1 p. 6 (a. 1059). Theloneum omnium rerum cum pugillo totius annonae. Priv. spur. Leonis IX pap., PFLUGK-HARTTUNG, *Acta*, I no. 25 (S.-Vanne de Verdun). **2.** *mesure de terre*: l'étendue qu'on sème d'une poignée de blé — *land measure*, the amount sown with a handful of cereals. GREGOR. CATIN., Chron. Farf., ed. BALZANI, I p. 306.

**pugium**, pugum, pujum, v. podium.

**pugna**, punna: *duel judiciaire — single combat.* Edict. Rothari, c. 164. Ibi pluries. Div. regn. a. 806, c. 14, *Capit.*, I p. 129. Capit. legi add. a. 816, c. 1, p. 268 l. 10. Capit. Pap. a. 832, c. 11, II p. 62. D. Guidonis imp. a. 892, UGHELLI, II col. 122. *D. Ottos I.*, no. 239 (a. 962). Capit. Veron. a. 967, c. 1, *Const.*, I no. 13. *D. Heinrichs IV.*, no. 334 (a. 1081).

**pugnare:** *se battre en duel — to fight a single combat.* Divino judicio falsus ibidem relator pugnans occubuerit. Lex Burgund., tit. 80. Capit. legi add. a. 816, c. 1, I p. 268 l. 13. Capit. Olonn. mund. a. 825, c. 12, p. 331.

**pugnator:** *champion — champion.* Capit. Veron. a. 967, c. 9, *Const.*, I no. 13. PASQUI, *Doc. di Arezzo*, I no. 97 p. 135 (a. 1010).

**pugneria**, pugnieria, punheria, puniera, puneira (< pugnus): une *mesure de capacité* pour les céréales — a *dry measure.* DC.-F., VI p. 571 col. 3 (ch. a. 1082, Carcassonne).

**pulcinus**, v. pullicinus.

**pulegium**, v. polyptychum.

**pulicella**, pulicela (< puella; > frg. *pucelle*): *jeune fille — girl.* Pulicolas [leg. pulicelas] quas in genicio nostro habuimus. BRUCKNER, *Reg. Alsatiae*, no. 127 p. 69 (a. 735-737, Murbach).

**pulla**, v. pola.

**pullanare**, pullenare: *pouliner — to foal.* S. xiii.

**pullaster**, poll-: *chapon — capon.* MURATORI, *Antiq.*, III col. 1133 (ch. a. 1120).

**pullenus**, pul-, poll-, pol-, -anus, -inus: *poulain — foal.* Liudprandi leg., c. 137. DE MARCA, *Marca Hisp.*, app., col. 974 (ch. a. 1010).

**pulletarius**, polet-, pult-, -erius: *poulailler — poulterer.* S. xiii.

**pulletra:** *poulette — pullet.* Adalhardi Corbej. stat. (a. 822), lib. 2 c. 13, ed. LEVILLAIN, p. 383.

**pulletrus**, pulli-, polle-, pole-, pul-, -drus: *poulain — foal.* Lex Sal., tit. 38 § 6. Lex Alamann., tit. 66 (73). Lex Visigot., lib. 8 tit. 4 § 5. Test. Bertichramni a. 615, PARDESSUS, I p. 208. G. Theoderici, versio Fuld., c. 1, *SRM.*, II p. 202. Capit. de villis, c. 14 et pluries. Brev. ex., c. 25. Trad. Lunaelac., *UB. d. L. ob der Enns*, I p. 72 (a. 820). D. Lud. Pii a. 822, DUVIVIER, *Recherches*, p. 295 no. 11. Urbar. Prum. a. 893, c. 99, BEYER, *UB. Mittelrh.*, I p. 191.

**1. pullicinus**, pulcinus: *poussin — chicken. D. Karls III.*, no. 125 (a. 885). PETR. DAM., opusc. 47 c. 1, MIGNE, t. 145 col. 711 D.

**2. pullicinus**, v. polesinus.

**pullipasta,** pulpasta: *poularde — fattened chicken.* Capit. de villis, c. 38. Ansegisi const. ap. G. abb. Fontan., c. 13 § 8, ed. LOHIER-LAPORTE, p. 120. *D. Charles le Ch.*, II no. 247 p. 62 (a. 862). Ib., no. 363 p. 310 (a. 872).

**pullulare:** **se développer, se répandre — to increase, spread.*

**pulpitare:** **charpenter — to carpenter.* GREGOR. TURON., Virt. Martini, lib. 4 c. 26, *SRM.*, I p. 656.

**pulpitum: 1.** **ambon, chaire du lecteur — pulpit.* **2.** *charpente — frame, roofing.* Effractum pulpitum domus. GREGOR. TURON., H. Fr., lib. 8 c. 42.

**pulsabulum**: *sonnerie de cloches — bell-ringing.* MARTÈNE, *Thes.*, I col. 493 (ch. ca. a. 1170).

**pulsans** (subst.): **1.** *demandeur en justice — prosecutor.* Excipiendi contra pulsantes. Lib. diurn., c. 74, ed. SICKEL, p. 75. **2.** *novice — novice.* Novitii et pulsantes nostri. Stat. Murbac. (a. 802-816), c. 5, ALBERS, III p. 84. De clericis pulsantes 12. Adalhardi Corbej. stat., lib. 1 c. 1, ed. LEVILLAIN, p. 352. 400 circiter monachorum, exceptis pulsantibus et aliis minoribus personis ..., pater extiterit. LIUDGER., V. Gregorii Traject., c. 5, *SS.*, XV p. 72. Monachos regulares, exceptis parvulis et pulsantibus. Chron. Nonantul. (s. x/xi), ed. BORTOLOTTI, p. 129. Inprimis humilitatis causa et ritu pulsantium hortum excolere coepit. V. Walarici, c. 7, *SRM.*, IV p. 163.

**pulsare, 1.** absol.: *sonner les cloches — to ring the bells.* Ordo Beroldus, ed. MAGISTRETTI, p. 37. Sicubi pulsetur aut si quo missa canatur. Ruodlieb, fragm. 5 v. 514. Item fragm. 8 v. 107. **2.** signum pulsat: la cloche sonne — the bell sounds. Dum secundum signum pulsaverit. Benedicti regula, c. 48. **3.** *expulser — to expell.* Pulsare eos poterunt [episcopi]. Lex Romana canon., c. 51, ed. MOR, p. 33. **4.** *heurter, demander d'être admis dans une communauté monastique — to knock at the door, apply to be received as a monk.* Si veniens perseveraverit pulsans. Benedicti regula, c. 58. Pervenit ad coenobium; ubi annuo pulsans voto, tandem introivit. PASCHAS. RADB., V. Adalhardi, § 9, *AASS.*, Jan. I p. 97. Dum pulsaret novitius ad hostium monasticae disciplinae. Id., Epit. Arsenii, lib. 1 c. 9, ed. DÜMMLER, p. 35. **5.** *essayer — to try.* Coepit pulsare utrum vel unum feretri cornu valeret movere. V. Eligii, lib. 2 c. 37, *SRM.*, IV p. 722. **6.** *mettre* un novice *à l'épreuve — to submit* a novice *to probation.* De his qui non fiunt secundum regulam pulsati, ut deinceps emendentur et pulsentur secundum regulam. Capit. missor. Theodonisv. I a. 805, c. 13, I p. 122. **7.** **prier Dieu — to pray.* Creatorem multiplicatione precum et adsiduitate orationum pulsare. IONAS, V. Columbani, lib. 2 c. 9, ed. KRUSCH (in-8°), p. 251. **8.** *prier, supplier — to beg, entreat.* Pulsare coepit ut peregrinandi causa in Hibernia perveniret. IONAS, o.c., lib. 1 c. 11, p. 170. Ut domum illius benediceret pulsavit. V. abb. Acaun., c. 2, *SRM.*, VII p. 331. Petitionibus servorum Dei aures nostras pulsantium. D. Lud. Pii a. 822, *Mon. Boica*, t. 37 p. 4 (BM.[2] 767). **9.** *exciter — to incite.* Antiquus hostis ... pulsaret animum illius ut sumeret ampliora edulia. V. Filiberti, c. 3, *SRM.*, V p. 586. **10.** **poursuivre en justice — to prosecute.* **11.** *faire appel à* un juge

— to appeal to a judge. Omnibus super causa sua eum pulsantibus regio more judicans. Ann. Patherbr., a. 1107, ed. SCHEFFER-BOICHORST, p. 116. **12.** se plaindre — to make complaint. Qui pulsat quod res venundasset et non justo pretio. Karoli M. not. Ital. (a. 776 vel 781), c. 2, Capit., I p. 187.

**pulsatio:** **1.** sonnerie de cloches — bell-ringing. S. xiii. **2.** *action de droit — prosecution. **3.** contestation — contestation. Nullus missus noster . . . aliquam calumniam aut molestiam aut injustam pulsationem sive causationem . . . facere praesumat. D. spur. Lud. Pii <a. 836>, Le Mans, H. de Fr., VI p. 609 D. Ab omni exactione et pulsatione liberi. STIMMING, Mainzer UB., I no. 565 p. 480 (a. 1130).

**pulsator:** demandeur en justice — prosecutor. CASSIOD., Var., lib. 1 epist. 18 § 2, Auct. ant., XII p. 24.

**pulsatorium:** **1.** moulin à fouler — fulling-mill. DC.-F., VI p. 566 col. 2 (ch. a. 1192, Pontigny). **2.** logis des novices dans un monastère — novices' room in a monastery. Concil. Verner. a. 755, c. 6, Capit., I p. 34. Admon. gener. a. 789, c. 73, ib., p. 60.

**1. pulsatus** (decl. i): accusé ou défendeur — accused or defendant. ENNOD., Auct. ant., VII p. 54. CASSIOD., Var., lib. 1 epist. 8 § 2, ib., XII p. 18.

**2. pulsatus** (decl. iv): prière, oraison — prayer. GREGOR. M., lib. 12 epist. 1, Epp., II p. 347.

**pulsus:** battant — clapper. UGHELLI, VII col. 853 (ch. a. 1080, Bari).

**pultarius,** v. pulletarius.

**pultrellus** et pultrella (< pulletrus): poulain, pouliche — colt, filly. Capit. de villis, c. 14 et 62. GUÉRARD, Cart. de Mars., II no. 1077 p. 546 (a. 1059).

**pulveraticum:** **1.** *pourboire — gratuity. **2.** péage — toll. D. Merov., no. 51 p. 46 (ca. a. 681). Supplem. ad MARCULF., no. 1, Form., p. 107. D. Karolin., no. 19 (a. 763). Capit. omnib. cogn. fac. (a. 801-814), c. 7, I p. 144. D. Loth. imp. 823, GIORGI-BALZANI, Reg. di Farfa, II doc. 266 p. 217. D. Lud. Pii a. 836, H. de Lang.[3], II pr. no. 89 col. 193. D. Ugo, no. 17 p. 49 (a. 928). D. Cuonradi reg. Burg. a. 972, CHEVALIER, Cart. de Vienne, p. 244

**punctare:** ponctuer — to punctuate. Dum [membranam] ad lineas punctaret. ENGELHARD., V. Mechtildis (ca. a. 1200), § 23, AASS.[3], Maji VII p. 447 B.

**punctatus** (adj.): tacheté — speckled. Equus. Ruodlieb, fragm. 1 v. 35.

**punctuatio:** notation musicale — musical notation. S. xiii.

**punctum:** **1.** coup, blessure en profondeur — stab, wound made by stabbing. Lex Ribuar., tit. 4, inscr. **2.** paragraphe — article. Hominibus de M. communiam sub his punctis habere concessi. BOURGEOIS, Mouv. comm., p. 115 (a. 1179, Meaux). **3.** note musicale — musical note. S. xiii. **4.** état, condition — state, position. Nos de concambio illo faciendo in eodem statu et puncto erimus, . . . in quo proles comitis. Actes Phil.-Aug., I no. 238 p. 293 (a. 1188). In uno eodemque poncto erunt. Ib., II no. 517 c. 11 p. 55 (a. 1196). **5.** ad, per punctum alicujus rei: selon, conformément à — according to. Hominibus de C. concessimus communiam ad punctum communie B. Ib., I no. 129 p. 159 (a. 1184/1185).

**punctus:** division de l'heure, quart ou quint — division of an hour, a quarter or one fifth. ALCUIN., epist. 126, Epp., IV p. 186. RHABAN., De computo, BALUZE, Misc., I p. 17.

**puneira,** puniera, punheria, v. pugneria.

**punga,** ponga (germ., > frg. poche): bourse, sac — purse. V. Eligii, lib. 1 c. 10, SRM., IV p. 677. Angilberti descr. Centul., ap. HARIULF., lib. 2 c. 10, ed. LOT, p. 68.

**punire:** tuer — to kill. V. Desiderii Alsat. (s. x ?), § 8, AASS., Sept. V p. 791 B. JOH. VENET., ed. MONTICOLO, p. 85. Capit. de part. Saxon., c. 5, I p. 68. Capit. Bonon. a. 811, c. 4, p. 166.

**punitas:** punition — punishment. Chron. Novalic., lib. 5 c. 28, ed. CIPOLLA, p. 268. Chron. Watin., app., SS., XIV p. 180 l. 30.

**punna,** v. pugna.

**punto,** v. ponto.

**purchacia:** achat — purchase. S. xiii, Angl.

**purgare:** **1.** défricher — to clear land. Terram ad purgandum et ad plantandam vineam. BORMANS-SCHOOLMEESTERS, Cart. de Liège, I no. 27 (a. 1085). **2.** gladium: fourbir — to furbish. KEUTGEN, Urk. städt. Vfg., no. 126 § 44 et 111, p. 96 et 101 (s. xii, Strasbourg). **3.** aliquem: *purifier de péchés, absoudre — to cleanse of sin, absolve. **4.** aliquid: *laver les péchés — to wipe off sins.

**purgatio:** *purgation judiciaire — judicial compurgation.

**purgatorius:** de la Purification de la Vierge — of the Purification of the Virgin. In Februario mense qui purgatorius dicitur. THIETMAR., lib. 6 c. 1, ed. HOLTZMANN, p. 274. Subst. neutr. **purgatorium:** le Purgatoire — the Purgatory. S. xiii.

**purgravius,** v. burgravius.

**purificare:** **1.** *purifier de péchés — to cleanse from sin. **2.** réadmettre à l'église une femme après ses couches — to readmit to the church a woman after her childbed. S. xiii. **3.** refl. se purificare: se justifier, se laver d'une accusation — to clear oneself. Si . . . non potuerit se pureficare. Edict. Rothari, c. 12. Purificet se ad legem Dei. Liudprandi leg., c. 21. De talibus falsis criminationibus . . . me purificare paratus sum. Lib. pontif., Leo III, § 21, ed. DUCHESNE, II p. 7. Semetipsum purificare licuisset quod nec per voluntatem ejus nec per exhortationem ejus frater ullam molestiam patri fecisset. THEGAN., c. 40, SS., II p. 598. Juramento se voluerint purificare. Concil. Wormat. a. 868, c. 12, MANSI, t. 15 col. 872 A.

**purificatio:** **1.** *justification spirituelle du pécheur — spiritual justification of a sinner. **2.** relevailles — churching. DC.-F., VI p. 575 (ch. a. 1123). **3.** justification judiciaire — judicial justification. GREGOR. M., lib. 7 epist. 17, Epp., I p. 460; lib. 9 epist. 69, p. 89.

**purificatorius:** *qui purifie — purifying.

**puritas:** la vérité pure et simple — the sheer truth. Omnem puritatem sub juramento ab eo quaesivimus. MARTÈNE, Coll., I col. 718 (epist. ca. a. 1133).

**purprendre,** purprindere, v. proprehendere.

**purprisura,** purprestura, v. proprisura.

**purpunctus,** v. perpunctum.

**purpura:** ornement de pourpre sur les habits — purple adornment of clothes. CAESAR., Regula virg., c. 7. GREGOR. TURON., H. Fr., lib. 10 c. 16.

**purus:** simple, rien que — mere. Non puros homines sed semideos. JORDAN., Get., c. 13



§ 78, Auct. ant., V pt. 1 p. 76. Nos qui puri homines sumus. PAUL. DIAC., Homil. de temp. 99, MIGNE, t. 95 col. 1289 C.

**pusillanimis:** *qui manque de courage — disheartened.

**pusillanimitas:** *découragement, faiblesse — discouragement, feebleness.

**pusillaris,** v. pugillaris.

**pusillitas:** *manque de courage, faiblesse — faint-heartedness, feebleness.

**pustella:** peste bubonique — bubonic plague. ERMENTAR., V. Filiberti, c. 18, POUPARDIN, Mon. de S. Philibert, p. 10.

**pusterla,** pusterna, pusterula, v. posterula.

**1. puta** (adv.) (< imper. verbi "putare"): *ainsi, par exemple, comme — say, for instance, like. Loc. ut puta: *i. q. puta.

**2. puta,** pota (subst.): putain — whore. GREGOR. TURON., V. patr., c. 19 § 3, SRM., I p. 738.

**putative:** *en imagination, en apparence — imaginarily, seemingly.

**putativus:** *d'apparence, imaginaire, non réel — seeming, imaginary, unreal.

**putosius,** putacius: putois — polecat. PETR. VENERAB., Stat. Cluniac., c. 17, MIGNE, t. 189 col. 1030 D.

**putribilis:** *corrompu, pourri — rotten.

**putura,** v. potura.

**puviale,** v. pluviale.

# Q

**qua:** **1.** (conj.) *pour cette raison que — for the reason that. **2.** (adverb.) *en tant que — as.

**quadra:** **1.** feuille rectangulaire de parchemin — rectangular sheet of parchment. JOH. METT., V. Joh. Gorz., c. 126, SS., IV p. 373 l. 34. **2.** ressort d'un château — castle district. Donamus vobis ipsam rupem . . . cum ipsa quadra que est in circuitu ejus. ROSELL, Lib. feud. maj., I no. 45 p. 59 (a. 1067). Dono tibi quadram unam de terra erema . . . ut construas ibi unum castrum. Ib., no. 260 p. 284 (a. 1073). **3.** v. voc. quadrus.

**quadragenarium:** le carême — Lent. GALBERT., c. 6, ed. PIRENNE, p. 11.

**quadragesima:** **1.** *jeûne de quarante jours — fourty days' fasting. **2.** le carême — Lent. Ordo Rom. XXII (s. viii ex.), c. 1, ANDRIEU, III p. 259. Stat. Rhispac. (a. 799/800), c. 42, Capit., I p. 230. Capit. de villis, c. 28. Loc. mediante quadragesima: mi-carême — Mid-lent. Ib., c. 59. **3.** n'importe quel espace de quarante jours — any period of fourty days. Ni infra duas quadragesimas emendaverit. G. pontif. Camerac., lib. 3 c. 41, SS., VII p. 481.

**quadragesimalis,** -gens-: de carême — lenten. Quadraginsimalibus cibis utantur. Concil. Aurel. a. 511, c. 27, Conc., I p. 8. In omnibus missis, seu in matutinis seu in quadragensimalibus. Concil. Vas. a. 529, c. 3, p. 57. Quadragensimale jejunium. Concil. Aurel. a. 541, c. 2, p. 87. Cibos quadragesimales vel potus. Concil. Rhispac. a. 800, c. 5, II p. 208. Dies quadragesimales frequentabat. D. Ludwigs d. Deutsch., no. 72 (a. 855). Subst. neutr. **quadragesimale:** maigre — fasting food. Capit. de villis, c. 44. D. Charles le Ch., II no. 251 p. 75 l. 14 (a. 863).

**quadramen:** moellon — stone-block. ODO CLUNIAC., V. Geraldi, c. 4, AASS., Oct. VI p. 316 C.

**quadrans:** **1.** quart de manse — a fourth part of a "mansus". BEYER, UB. Mittelrh., I no. 256 p. 313 (a. 981). D. Heinrichs IV., no. 299 (a. 1077). WIEGAND, UB. Strassburg, I no. 105 p. 85 (a. 1155). **2.** unité agraire de superficie — a measure of land. Ch. Lud. VII reg. Fr. a. 1158, Ordonn., III p. 303. PERRIN, Seigneurie, p. 728, app. 5 c. 3 (s. xii p. post.). **3.** i. q. quadra: quart de pain — a quarter of bread. COSMAS, lib. 2 c. 42, ed. BRETHOLZ, p. 147.

**quadrapulum:** étoffe en soie tissée en quadruple fil — silk material woven from fourfold thread. Lib. pontif., Hadr. I, § 46, ed. DUCHESNE, I p. 499. Ib., Leo III, § 6, II p. 2.

**quadrare:** revenir, appartenir à qq'un — to be due, belong to a person. Dedit de sua hereditate . . . sua[m] portione[m] quae illi quadravit inter suos germanos. Ann. Praemonstr., I pr. col. 105 (ch. a. 832, Aguilar). Mea ratione ex integro qui me ibidem quadrat. SERRANO, Cart. de Oviedo, no. 20 (a. 887).

**quadraria,** quarr-, quar-, querr-, carr-, -eria, -era, -eia, -arium (< quadrus): carrière — quarry. DESJARDINS, Cart. de Conques, no. 460 p. 332 (a. 823). D. Phil. Ier, no. 121 p. 308 (a. 1067-1090). SUGER, Consecr., c. 2, LECOY, p. 219. Gall. chr.[2], X instr. col. 218 (ch. a. 1166).

**quadrarium:** **1.** i. q. quadrus, mesure agraire de superficie — a land measure. DESPY, Ch. de Waulsort, no. 36 p. 376 (a. 1163). **2.** v. voc. quadraria.

**quadrarius,** notione 2 etiam quarrarius, quarriarius (< quadrus): **1.** tenancier d'un quart de manse — tenant of a fourth part of a "mansus". D. Ottos I., no. 139 (a. 951). D. Ottos III., no. 48 (a. 988). **2.** carrier — stone-cutter. S. xiii.

**quadratarius** (adj.) (< quadratus). Ars quadrataria: *l'art de tailler la pierre — the art of stone-cutting. Artifices . . . peritos utique in arte musiaria et quadrataria. LEO OST., Chron. Casin., lib. 3 c. 27, SS., VII p. 718. Subst. mascul. **quadratarius:** *tailleur de pierres — stone-cutter. Mir. Modoaldi, AASS., Maji VII p. 715.

**quadratura:** **1.** pierre à bâtir — building stone. Campanarium ex optima quadratura construxi. Cod. Eberhardi, c. 76, DRONKE, Trad. Fuld., p. 155. **2.** carrière — quarry. LAMBERT. ARD., c. 22, SS., XXIV p. 572.

**quadratus** (subst.): moellon — stone-block. CASSIOD., Var., lib. 2 epist. 7, Auct. ant., XII p. 50; lib. 5 epist. 8 § 2, p. 148.

**quadrellus,** quarr-, quar-, quer-, carr-, car-, -illus, -ilus (< quadrus): **1.** i. q. quadrus sub 4, mesure agraire de superficie — a land measure. D. Charles le Ch., no. 313 (a. 868). **2.** flèche à quatre pans, projectile d'arbalète — quarrel, bolt for a crossbow. G. cons. Andegav.,

Halphen-Poupardin, p. 146. Rigord., c. 74, ed. Delaborde, p. 108. Guill. Brito, Phil., lib. 2 v. 578, ed. Delaborde, p. 62. Chron. Sicil., Martène, *Thes.*, III col. 90. **3.** *carreau, dalle — tile, paving-stone.* S. xiii. **4.** *quart de barrique — a quarter of a hogshead.* S. xiv.

**quadrifarie:** *en quatre parties — in four parts.* Francorum regnum . . . quadrifarie regebant divisum. Paul. Diac., Hist. Langob., lib. 2 c. 10.

**quadrificus:** *quadripartite — quadripartite.* Per orbem quadrificum. *Gall. chr.*[2], IV col. 226 (a. 873).

**quadriga:** *charruée*, mesure agraire de superficie — *carucate.* Hist. Tornac., lib. 3 c. 6, *SS.*, XIV p. 335.

**quadrigata:** *une charretée — a cart-load. D. Phil. Ier*, no. 142 p. 354 (a. 1101). Luchaire, *Louis VII*, p. 397 no. 321 (a. 1137-1154). Audouin, *Rec. de Poitiers*, no. 28 p. 53 (s. xii ex.). Brunel, *Actes de Pontieu*, no. 131 § 29 p. 199 (a. 1194).

**quadrigatio:** *corvée de charroi — carting-service.* Thaumassière, *Cout. de Berry*, p. 139 (a. 1178).

**quadriporticus:** *galerie en carré — colonnade going round a square.* Lib. pontif., Symmachus, ed. Mommsen, p. 123. Ib., Donus, p. 192.

**quadrivialis,** -druv-. Subst. neutr. plural. **quadruvialia:** *les matières du quadrivium — subject-matter of the quadrivium.* Non legant . . . nisi philosophos et rhetoricas et quadruvialia. Denifle, *Chart. Univ. Paris.*, I no. 20 p. 78 (a. 1215).

**quadrivium:** **les quatre arts supérieurs — the four higher arts.* Cf. P. Rajna, *Le denominazioni "trivium" e "quadrivium", Studi Medievali*, n.s., t. 1 (1928).

**quadruga**, quadruca = carruca.

**quadrupedale** (subst.): *quadrupède — quadruped.* S. xiii.

**quadrus** (subst. mascul.), notione 4 etiam quadra (femin.): **1.** *moellon — stone-block.* Quadrus saxeus. Fortun., V. Albini, c. 16, *Auct. ant.*, IV pt. 2 p. 31. **2.** *châssis — frame.* Extensus in quadrum et nervis cum cederetur. Joh. Amalf., ed. Huber, p. 110. **3.** *quatrième partie d'un héritage — fourth part of an inheritance.* Istum suum alodem divisus fiat per quadres ad Q. et G. fratres meos. Rius, *Cart. de S.-Cugat*, II no. 581 p. 246 (a. 1045). **4.** *mesure agraire de superficie*, la vingtième partie d'un arpent — *a land measure. D. Charles le Ch.*, no. 219 (a. 860), 229 (a. 861), 237 (a. 862), 398 (a. 867). Le texte cité en dernier lieu est essentiel pour déterminer l'étendue du "quadrus" — the last-mentioned document allows to ascertain the size of a "quadrus". *D. Charles le Simple*, no. 80 (a. 915), 96 (a. 918).

**qualiter: 1.** *de quelle manière — how.* Gregor. M., lib. 2 epist. 2, I p. 102. Benedicti regula, c. 7. **2.** **que — that.* **3.** *de manière que — so that.* Non haberent ad ciborum seu vestimentorum necessitatem, qualiter in ipso loco deservire possent. *D. Ugo*, no. 7 p. 23 (a. 927). Prebuisti nobis audatiam, qualiter pugnaremus contra vos. Leo Neapol., V. Alex., ed. Pfister p. 3. **4.** *afin que — in order that.* Praecipiens qualiter eum . . . privarent manibus. Chron. Salernit., c. 9, ed. Westerbergh, p. 12.

**quamcito:** *dès que — as soon as.* S. xii.

**quamdiu: 1.** (conj.) **jusqu'à ce que — till.* **2.** (adverb.) *quelque temps — a while.* Ibi nolens quamdiu coactus contentus est. Arbeo, V. Corbiniani, c. 23, ed. Krusch (in-8°), p. 214.

**quandoque:** *enfin, finalement — at last.* Quandoque precibus victi. Altfrid., V. Liudgeri, lib. 1 c. 11, ed. Diekamp, p. 16.

**quandoquidem:** *quand — when.* Quandoquidem Deus voluerit tuum de hac luce discessum, res supradicte ad nostram ecclesiam . . . valeant reverti. Muller-Bouman, *OB. Utrecht*, I no. 63 p. 70 (a. 838).

**quantisper:** *quelque temps — a little while.* Ionas, V. Columbani, lib. 1 c. 4, ed. Krusch (in-8°), p. 160. Ibi pluries.

**quantocius:** **immédiatement — at once.*

**quaquaversum, 1.** conjunct.: **où que ce soit — wherever.* **2.** adverb.: **de tous côtés — from all sides.*

**quarantena,** car-, -ent-, -ein-, -in-, -um: **1.** *le carême — Lent.* Alex. III pap. epist., Du Chesne, IV p. 608. V. Bonae, *AASS.*, Maji VII p. 151. **2.** n'importe quel *espace de quarante jours* — any *period of fourty days.* S. xiii. **3.** *mesure agraire de longueur* égalant quarante perches — *furlong.* S. xi, Angl.

**quarantesimum:** *redevance d'une quarantième de la récolte — tribute of one fourtieth of the crop.* Gloria, *CD. Padov.*, p. 17 (a. 839). *D. Heinrichs II.*, no. 185 (a. 1008).

**quararia,** quareria, quarraria, v. quadraria.

**quarellus,** quarrellus, v. quadrellus.

**quarnellare** = crenellare.

**quarnellus,** quernellus = crenellus.

**quarrarius**, quarriarius, v. quadrarius.

**quarruca,** -cha, -ga = carruca.

**quarrucata,** v. carrucata.

**quarrus** = carrus.

**quarta,** notione 4 etiam quarto (genet. -onis): **1.** *quart*, mesure de capacité — *quart*, measure of capacity. Dare caballo ordeum quartas duas. Capasso, *Mon. Neapol.*, I p. 129 (a. 975). **2.** *quart de manse — a fourth part of a "mansus".* Quicumque . . . quartam facti teneret . . . Et qui minus quartae obtimae de terra haberet . . . Capit. Cenom. a. 800, *Capit.*, I p. 81. Beyer, *UB. Mittelrh.*, I no. 41 p. 47 (a. 804, Prüm). *D. Charles le Ch.*, I no. 63 (a. 845); no. 159 p. 418 (a. 854); II no. 367 p. 320 (a. 873). *D. Charles le Simple*, no. 35 (a. 900). *D. Louis IV*, no. 21 (a. 943). *D. Lothaire*, no. 33 (a. 972). Bertrand, *Cart. d'Angers*, I no. 211 p. 244 (a. 976). D'Herbomez, *Cart. de Gorze*, no. 116 p. 212 (a. 984). Tardif, *Cartons*, no. 238 p. 150 col. 2 (a. 995). **3.** *une subdivision du pagus — a subdivision of the "pagus".* In pago Lucdunense in fine Blaniacense in quarta Fulciacense. Thévenin, no. 125 (a. 925). **4.** *quart de dîme — fourth part of a tithe.* Gloria, *CD. Padov.*, p. 10 (a. 828). Chron. Mosom., ad a. 1015, *SS.*, XIV p. 617 l. 37. De Marca, *Marca hisp.*, app. col. 1017 (ch. a. 1019). Ecclesiam . . . cum decimis . . . excepto juxta canonicam institutionem quartone et omni jure consuetudinario, quod in aliis ecclesiis nostri episcopatus nostri antecessores [episcopi Biterrenses] habuisse videntur. *Gall. chr.*[2], VI instr. col. 137 sq. (a. 1152). **5.** *appartement — premises.* S. xiii. **6.** v. voc. quartum.

**quartalata,** cart-: *mesure agraire de superficie*, l'étendue qui prend un quartaut de semailles



— *a land measure*, the amount sown with a quarter of cereals. S. xiii.

**quartalis** (adj.): *sujet à un terrage d'un quart de la récolte — liable to a tribute of one-fourth of the crop.* Illas vineas quartales teneant illas ipsi qui eas plantaverunt ad quartum. *Hist. de Lang.*[3], V no. 122 col. 269 (a. 972, Quercy). Subst. mascul. **quartalis** et neutr. quartale, notione 3 etiam cart-, -all-, -ell-, -us, -um, -ium: **1.** *quart de manse — a fourth part of a "mansus".* Urbar. Prum. a. 893, c. 45, Beyer, *UB. Mittelrh.*, I p. 169. **2.** *mesure agraire de superficie*, i. q. quadrus sub 4 — *land measure.* Duvivier, *Actes*, I p. 220 (a. 1157, Hainaut). **3.** *quartaut*, mesure de capacité — *quarter*, measure of capacity. Urbar. Prum. laud., c. 24, p. 155. Urbar. Maurimonast. (s. xi in.), Perrin, *Essai*, p. 155. Schoepflin, *Alsatia*, I no. 275 p. 228 (a. 1144). *Hist. de Lang.*[3], V no. 552 col. 1304 (a. 1168). Perrin, *Seigneurie*, p. 737, app. 6 c. 1 § 1 (s. xii ex.).

**quartanarius** (adj.). Febris: fièvre quarte — quartan fever. Gregor. Turon., H. Fr., lib. 4 c. 32. Subst. mascul. **quartanarius**: *malade atteint de la fièvre quarte — one who has a quartan fever.* Id., V. patrum, c. 6 § 7, *SRM.*, I p. 686.

**quartanus:** *tenancier qui doit un terrage d'un quart de la récolte — tenant liable to a share of one fourth of the crop. D. Ottos I.*, no. 209 (a. 960). *D. Ottos III.*, no. 48 (a. 988).

**quartaranchia,** car-, -ter-, -en-, -on-, -gia, -cha: *mesure de capacité — a measure of capacity. Actes Phil.-Aug.*, I no. 28 (a. 1181).

**quartare:** *écarteler — to draw and quarter.* S. xiii.

**quartariata,** cart-, -er-, -ata, -ada: *mesure agraire de superficie*, l'étendue qui prend un quartaut de semailles — *a land measure*, the amount sown with a quarter of cereals. Cassan-Meynial, *Cart. d'Aniane*, no. 123 p. 266 (a. 829-840). Martorell, *Arch. Barcelona*, I no. 34 p. 153 (a. 912).

**quartarium,** cart-, -er-, -eir-, -ius, -ia: **1.** i. q. quadra, *quart de pain — quarter of a loaf.* Adalhardi Corbej. stat., c. 3, ed. Levillain, p. 354. **2.** *quart d'une bête abattue — quarter of a carcass.* S. xiii. **3.** *quart*, mesure de vin — *quart*, liquid measure. Gregor. Turon., Glor. mart., c. 5, *SRM.*, I p. 490 l. 29. **4.** *quartaut*, mesure de capacité — *quarter*, measure of capacity. Ad [c]ambas s. Amandi dimidium quartarium accipiat. Miraeus, II p. 1153 col. 2 (a. 1116). Una mensura bladi sit . . . scilicet quarterium Londoniense. Magna Charta a. 1215, c. 35, Stubbs, *Sel. ch.*[9], p. 297. **5.** *quart de manse — fourth part of a "mansus".* Polypt. s. Remigii Rem., c. 13 § 9, ed. Guérard, p. 26 col. 1. Urbar. Prum. a. 893, c. 45, Beyer, *UB. Mittelrh.*, I p. 167. Thévenin, no. 124 (a. 920, Autun). *D. Ottos I.*, no. 140 (a. 952). *D. Ottos II.*, no. 54 (a. 973). *D. Heinrichs III.*, no. 53 (a. 1040). Kurth, *Ch. de S.-Hubert*, I no. 22 p. 25 (a. 1066). Quicumque . . . quartam partem mansi, qui vulgo quarterius dicitur, possidet. Perrin, *Seigneurie*, p. 719, app. 4 c. 1 (s. xii p. pr., Metz). **6.** *mesure agraire de superficie*, l'étendue qui prend un quartaut de semailles — *a land measure*, the amount sown with a quarter of seed-corn. Calmet, *Lorr.*, II col. 361 (a. 1163). Chron. Casaur., Muratori, *Scr.*, II pt. 2 col. 937. **7.** *quartier urbain — quarter of a city.* S. xiii. **8.** *ressort d'une ville — district of a city.* S. xiii, Ital.

**quartaronum,** cart-; -er-, -eir-, -ir-; -onium, -onus: unité de poids, *quart de quintal — quarter of a hundredweight.* S. xiii.

**quarterolus:** *une monnaie — a coin.* S. xiii, Ital.

**quarto,** cart- (genet. -onis), -onus: **1.** *quartaut*, mesure de capacité — *quarter*, measure of capacity. *Hist. de Lang.*[3], V no. 596 col. 1166 (a. 1152, Toulouse). **2.** *quart de manse — fourth part of a "mansus".* Guérard, *Cart. de Marseille*, I no. 77 p. 106 (a. 993). **3.** *quartier urbain — quarter of a city. Hist. de Lang.*, VIII no. 98 col. 449 (a. 1198). **4.** v. voc. quarta. **5.** v. voc. quartum.

**quartonata,** cartonata: *mesure agraire de superficie*, l'étendue qui prend un quartaut de semailles — *a land measure*, the amount sown with a quarter of seed-corn. S. xiii.

**quartula,** quartola: *quart de manse — fourth part of a "mansus".* Mabillon, *Ann.*, II p. 747 col. 1 (ch. a. 774). Brunetti, *CD. Tosc.*, I p. 281 (a. 790).

**quartum,** cart-, -us, -a, -o (genet. -onis): *terrage d'un quart de la récolte — tribute consisting in a share of one fourth of the crop.* De vineis: numquam in tertio ordine tulerunt, sicut nunc faciunt, nisi tantum quarto. Kandler, *CD. Istr.*, p. 73 (a. 804). Vinum quarto. *CD. Langob.*, no. 861 col. 367 C (a. 861, Nonantola). [Vineas] plantaverunt ad quartum. *Hist. de Lang.*[3], V no. 122 col. 269 (a. 972, Quercy). Una maso . . . et debet quartum de suo laborato. Douais, *Cart. de Toulouse*, no. 233 p. 165 (ca. a. 1045). Dimitto . . . ipsos quartos de ipsis olivariis ejusdem villae. De Marca, *Marca hisp.*, app., col. 1225 (a. 1102).

**quasi: 1.** (adverb.) **en tant que — as being.* **2.** (conj.) *que* (exprimant un certain doute) — *that* (introducing a doubtful statement). Audivi eum dicentem quasi . . . Ionas, V. Vedastis, c. 9, ed. Krusch (in-8°), p. 317. Aliqua suspicio sit quasi . . . Lex Rom. canon. compta, c. 14, ed. Mor, p. 43. **3.** *si — whether, if.* Dicite mihi quasi . . . Pass. Vincentii et Benigni (s. viii/ix), *AASS.*, Jun. I p. 626.

**quassare:** **casser, briser — to break, smash.* Trabes in basilica . . . vetustate quassatas mutavit. Lib. pontif., Gregor. II (a. 715-731), vers. I, § 2, ed. Duchesne, I p. 397 col. 1.

**quatenus: 1.** **afin que — in order that.* **2.** *que* (en parlant d'une prière) — *that* (introducing a request). Sperastis ad me quatenus . . . Brunetti, *CD. Tosc.*, I p. 354 (a. 806). [Monachos] serenitatis nostrae expetisse suffragium quatenus . . . Pasqui, *Doc. di Arezzo*, no. 84 p. 118 (a. 997).

**quaternio,** quaternus: **quaterne — quire.*

**quaternitas**: **quaternité* de Dieu (au lieu de trinité) — *fourfoldness* of God. Radulf. Glaber, Hist., lib. 1 c. 1 § 2, ed. Prou, p. 2.

**quatriduanus:** *de quatre jours — of four days.* Cum quatriduano servicio. Cod. Eberhardi, c. 43 § 22, Dronke, *Trad. Fuld.*, p. 118.

**que** = quod.

**querceatus** (adj.): *couvert de chênes — oak-wooded.* Mons. *D. Arnulfs*, no. 184 (< a. 885>, spur. s. x p. post.).

**quercia:** *chêne — oak.* BRUNETTI, *CD.Tosc.*, I p. 504 (a. 742); p. 570 (a. 760).
**quercinus:** **de chêne — oak.*
**querela,** querella, querilla: **1.** *demande, doléance — request, grievance.* [Legati imperatoris C'pol.] exposuerunt apud pontificem [Romanum] sue profectionis querellam. RADULF. GLABER, lib. 4 c. 1, ed. PROU, p. 92. **2.** *prétention, revendication — claim, pretension.* Si quis vestrum adversus aliquem habuit vel habet nunc usque querellam, ... invicem ... relaxetis. Lib. diurn., c. 85, ed. SICKEL, p. 104. Si aliquis Judeus super christiano propter suam querellam aliquid interpellaverit. Capit. missor. Aquisgr. II a. 809, c. 15, I p. 152. Easdem res cum querela warpivit. *D. Charles le Ch.*, II no. 258 p. 85 (a. 863). Contentio maxima ... oboritur ob mancipiorum querelam non parvi numeri. ADREVALD. FLORIAC., Mir. Benedicti, c. 24, *SS.*, XV p. 489. Si ... non potuisset episcopum ... de hac re vincere, postea querelam nec racionem habere. WARTMANN, *UB. S.-Gallen*, III no. 779 p. 1 (a. 920). Omnem querelam quam habebamus in eis [servis] reddimus ... monachi[s]. BERNARD-BRUEL, *Ch. de Cluny*, I no. 123 p. 136 (a. 910-927). De suis rebus et causis atque querelis quemcumque voluerit advocatorem ... habeat. *D. Lotario*, no. 10 p. 275 (a. 948). Emendare faciant ipsas querelas que de illum digne investigare potuerint. ROSELL, *Lib. feud. maj.*, no. 497 (a. 1021). Ad propriarum recuperationem querelarum regem Anglie obligaverant. SUGER., V. Lud. Gr., c. 23, ed. WAQUET, p. 172. **3.** *contestation, réclamation — challenge, contestation.* Promitto quia in aeternum ... [n]ullam inde querelam movebo. Synod. Aquensis a. 860, forma A, c. 7, *Capit.*, II p. 466. Ipsas res ... sine ulla querela ... vobis vendimus. BERNARD-BRUEL, o.c., I no. 67 p. 76 (a. 900, Mâcon). Maneat praedicta traditio ... ab omni querelarum strepitu inlaesa. *D. Lothaire*, no. 18 (a. 963). Haec solummodo duo [consuetudines] nec ille [advocatus] dimisit nec nos dimisimus, sed in querela et in calumnia relinquendum esse decrevimus. TARDIF, *Cartons*, no. 307 p. 190 col. 2 (ca. a. 1093, Meldois). **4.** *action de droit, demande en justice — lawsuit, legal action.* De statu ingenuitatis aut aliis quaerelis unusquisque secundum suam legem seipsum defendat. Pippini reg. It. capit. (ca. a. 790), c. 4, I p. 201. [Comites] omnium qui in eorum ministerio commanent de quacumque causa ad eos venerit querella, ... diffinire decertent. Ejusdem capit. (a. 801-810), c. 4, p. 209. Post querelas dominorum servi eorum cartas [ingenuitatis] ostendant. Resp. misso data (a. 801-814?), c. 7, I p. 145. Per exemplar quod in palatio retinemus, si rursum querela nobis delata fuerit, facilius possit definiri. Lud. Pii const. de Hisp. II a. 816, p. 246. Ad eos [sc. missos dominicos] primum querelam suam possit deferre. Commem. missis data (a. 825?), c. 2, p. 308. Salva ... singulorum hominum justitia atque querela. Karoli III praec. pro Venet. a. 883, *Capit.*, II p. 143. Quaerelas omnium A. olim imperatricis causarum per inquestus definiri precipimus. *D. Berengario I*, no. 22 p. 67 l. 21 (a. 898). **5.** *libelle, plainte écrite — statement of claim.* Venientes in nostra presentia ... reddiderunt querelas adversus I. abbatem. MANARESI, *Placiti*, I no. 39 p. 123 (a. 829, Camerino). Ib., no. 50 p. 167 (a. 845, Rieti). **6.** *litige, querelle, débat — dispute, quarrel, contention.* Considerans querelam ac tribulacionem quam habet domnus noster imperator. DE COURSON, *Cart. de Redon*, no. 2 p. 2 (a. 834). De querelis quas habebant inter se. CHOLET, *Cart. de Baigne*, no. 494 p. 199 (a. 1141-1149). Super novis investiture ecclesiastice querelis, quibus eum [sc. papam] infestabat imperator. SUGER., V. Lud. Gr., c. 10, ed. WAQUET, p. 50. **7.** *intervention judiciaire — judicial action.* Duas partes thelonei et mercati de portu T. cum districtu et legali querela. *D. Berengario I*, no. 52 p. 150 l. 22 (a. 905). Villa ... immunis maneat ab omni querela comitis sive regalium ministerialium, sed quidquid in ea corrigendum ... fuerit ... abbas et ministri ejus libera utantur facultate. *D. Lothaire*, no. 42 (a. 977). **8.** *taille — tallage.* Nullam exactionem sive querelam preter statutos redditus, nisi sponte, domino dare debent. DUVIVIER, *Actes*, I p. 366 (a. 1170-1189, Hainaut). Ab omni consuetudine, tallia, questu et querela, que pro diversis occasionibus in civitate solent evenire frequenter, ... emancipamus. Priv. Clem. III pap. a. 1189, PFLUGK-HARTTUNG, *Acta*, I no. 401 p. 347.
**querelans,** querulans (subst.): *demandeur — plaintiff.* Synod. Tulug. a. 1065, *Hist. de Lang.*$^{3}$, V no. 186 col. 442.
**querelari,** querulari (depon.) et querelare, querulare: **1.** **se plaindre — to complain.* **2.** contra aliquem, alicui vel aliquem: *faire des prétentions* contre qq'un *— to set up a claim* against a person. Nullus pro his, quae juste adquirere potuerint, contra illos querelare audeat. *D. Karls III.*, no. 26 (a. 880). Si amplius eis querelavero et guerram aut dampnum alicui homini fecero. ROSELL, *Lib. feud. maj.*, II no. 595 p. 105 (a. 1061). Ab hominio corporis sui, super quo eos querelabat, liberos et quitos in perpetuum clamavit. *Actes Phil.-Aug.*, I no. 281 p. 342 (a. 1189/1190). **3.** *former une instance, intenter une action — to bring an action.* Venientes in nostram presentiam ... querelati sunt nobis et dixit ... MANARESI, *Placiti*, I no. 24 p. 75 (a. 811, Camerino). Querellatus est nobis super L. Ib., no. 74 p. 271 (a. 873, Pescara). In istorum presentia venit A. abbas ... et querellatus est super O. *D. Ottos I.*, no. 399 (a. 970). Quidam ... querelatus est domno Karolo regi ... de monasterio s. Angeli. GREGOR. CATIN., Chron. Farf., ed. BALZANI, I p. 164. Refl. se querelare: idem. Veniens B. abbas ... se querelavit et proclamavit et dixit: Audite me querelantem et proclamantem, eo quod ... *Hist. de Lang.*$^{3}$, II pr. no. 174 col. 355 (a. 870, Narbonne). Querelavit se predictus R. ad predictum B. ut rectum ei fecisset. ROSELL, doc. laud., p. 104. **4.** aliquem: *censurer — to rebuke.* [Monachus negligens] in capitulum quaerelabitur. GUIDO FARF., Disc., lib. 2 c. 12, ALBERS, I p. 147. **5.** aliquid: *revendiquer, prétendre à* une chose *— to claim, lay claim to* a thing. Fecimus werpitionem et donationem ... monasterio de quadam terra quam querelabamus. BERNARD-BRUEL, *Ch. de Cluny*, I no. 344 (a. 927-942). Qui hanc cartam et predictam terram querelabant. Ib., II no. 938 p. 45 (a. 954-994). Franchisiam



[tenure — tenement] quam ipse querelabat servis s. Petri. Ib., III no. 2008 p. 221 (s. xi in.). **6.** aliquid: *contester — to contest.* Donum querelare coeperunt; sed inde conventi, injusticiam suam cognoverunt. BONGERT, *Cours laïques*, p. 47 n. 2 (a. 1152, Bourgogne).
**querelatio:** *instance — plaint. Hist. de Lang.*$^{3}$, V no. 233 col. 466 (a. 1052, Cuxa).
**querelator:** *plaignant — plaintiff.* Synod. Helen. a. 1065, c. 9, HUBERTI, *Gottes- u. Landfr.*, p. 344. Usat. Barchin., c. 105, ed. D'ABADAL-VALLS, p. 47.
**querella,** v. querela.
**querellus,** v. quadrellus.
**querelosus** (adj.): **plaintif — plaintive.* Subst. mascul.: *plaignant — plaintiff.* CASSIOD., Var., lib. 9 epist. 14 § 1, *Auct. ant.*, XII p. 278.
**quaerens** (subst.): *plaignant — plaintiff.* Nec alicui quaerenti respondere ... possit. Capit. legi Sal. add. a. 819, c. 3, I p. 292.
**querentia** = cohaerentia.
**quaerere** (dans les acceptions 4 et 5, *quaerere* se croise avec *queri* — in the 4th and 5th meanings *quaerere* becomes mixed up with *queri*): **1.** *aller chercher — to fetch.* Non tunc sit necesse [nutrimenta] de longe quaerere aut adducere. Admon. ad ord. (a. 823-825), c. 19, *Capit.*, I p. 306. **2.** *produire — to take out.* Volumus ut carta traditionis quaeratur et inspiciatur. Resp. missis data (a. 826), c. 8, p. 314. **3.** *visiter, fréquenter — to seek.* Omnes homines idipsum mercatum quaerentes negotiando, eundo et redeundo pacem semper obtineant. *D. Konrads II.*, no. 144 (a. 1030). **4.** *revendiquer, prétendre à* une chose *— to claim, lay claim to* a thing. Causationes in quibus unus alteri quaerit quicquid parem suum viderit possidentem. Capit. tract. a. 811, c. 3, p. 161. Dominus qui ipsum servum quaerit. Resp. misso data (a. 801-814?), c. 7, p. 145. Si quid ab eis [commendatis] quaeritur, ... [seniores] justitiam suam quaerentibus faciant. Concess. gener. (a. 823?), c. 3, p. 321. Quodsi quiscumque laicus exinde [sc. de ecclesia] portionem querere presumpserit. Capit. e concil. coll., c. 3, p. 232. **5.** causam, justitiam suam: *former une instance, procéder — to bring an action, institute proceedings.* Nullus ad placitum banniatur, nisi qui causam suam quaerere ... debet. Capit. missor. a. 803, c. 20, p. 116. Ille qui causam quaerit [i. e. actor]. Capit. legi Ribuar. add. a. 803, c. 4, p. 117. Non ... de causa sua quaerenda ... abiciantur [ils ne seront pas déclaré inaptes à ... — the competency will not be denied them to ...] Capit. missor. Theodonisv. II a. 805, c. 22, p. 126. Suam causam quaerat ante judices nostros. Capit. Baiwar. (ca. a. 810?), c. 6, p. 159. Si testes ... ad causas suas quaerendas habere non potuerint. Capit. legib. add. (a. 818/819), c. 3, p. 281. Aliqui homines suam ... querere conantur justitiam. Capit. Pap. a. 855, prol., II p. 88. Liceat ei pleniter ... causas ejusdem ecclesie querere. D. Lud. II imp. a. 862, *CD. Langob.*, no. 221 col. 370 C. Absolute: idem. Cepit I. abbas ... quaerere contra G. MANARESI, *Placiti*, I no. 35 p. 109 (a. 823, Spoleto). Quodsi in his tribus placitis ille, qui quaerit, venire neglexerit. Capit. Pap. a. 855, c. 2, II p. 89. Quero contra te quod tu eum malo ordine investisti. PASQUI, *Doc. di Arezzo*, no. 97 p. 135 (a. 1010). **6.** aliquem: *actionner — to prosecute, implead.* De debito quo iste homo quaerit hanc mulierem. V. Severi Neapol., CAPASSO, I p. 272. **7.** aliquid: *exiger, lever — to exact, levy.* A nemine temporale servitium exterius ullo modo [a sanctimonialibus] quaeratur. Capit. de mon. Pict. (a. 822-824), c. 2, I p. 302. Nec mansiones querere [praesumat]. *D. Ludwigs d. Deutsch.*, no. 90 (a. 858). Non habeam licentiam censum vobis quaerere. MOREA, *Chart. di Conversano*, p. 44 (a. 962). **8.** aliquid: *demander, solliciter — to request, sue for.* Quod nobis humiliter vestra quaesivit prudentia. Greg. IV pap. epist. (a. 827-844), *Epp.*, V, p. 72. Quaerebat super me ... ut ego facere[m] ipsa[m] chartula[m]. *Bullet. Ist. Stor. It.*, t. 36 (1916), p. 36 (a. 851). Pacem quaesivit. ANAST. BIBL., Chron., ed. DE BOOR, p. 93. Quaerimus ut dicat iste I. judex si ... MANARESI, *Placiti*, II no. 152 p. 41 (a. 964, Reggio Emil.). Querimus vestre pietatis mercedem ut ... nos investiatis. Ib., II no. 291 p. 570 (a. 1016, Arezzo). **9.** aliquem: *interroger — to question.* Tunc Tiresiam quaesiverunt. LIUDPRAND. CREMON., Antap., c. 41, ed. BECKER, p. 94.
**querilla,** v. querela.
**querimonia:** **1.** *revendication, prétention — claim, pretension.* Querelavit se ... ut rectum ei fecisset de predictis querimoniis. ROSELL, *Lib. feud. maj.*, II no. 595 p. 104 (a. 1061). **2.** *montant d'une revendication — amount of a claim.* Componatis duplam querimoniam [partis adversae]. Cart. libro Pap. add., no. 5, *LL.*, IV p. 596 col. 1. Componant ... ipsa[m] querimonia[m] in dublo. MANARESI, *Placiti*, II no. 239 p. 383 (a. 998, Parma). **3.** *action de droit, demande en justice — plaint, suit, action.* Licentiam ei detur libellum porrigere et hoc in querimoniam deducere. Lex Rom. canon. compta, c. 118, ed. MOR, p. 86. Etiam c. 66, p. 62. De ipsis ... nunquam ageret vel inde querimoniam haberet. D. Liutprandi reg. Langob. a. 743, CESSI, *Doc. Venezia*$^{2}$, I no. 27 p. 43. In juditio comitum prius miserorum causae, id est viduarum, pupillorum ceterorumque pauperum quaerimoniae terminandae sunt, ac deinde potentiorum. Capit. Lud. II a. 850, c. 10, II p. 85. An ipsa ulterius vellet inde aliquam querimoniam movere. Synod. Aquensis a. 860, c. 7, p. 466. Liceat illis ... palatium petere suamque querimoniam regiis auribus impune patefacere. *D. Charles le Ch.*, I no. 178 p. 475 (a. 855). Ante cujus missi presentiam diffiniatur omnis ejus intentio et querimonia. *D. Lotario*, no. 10 p. 275 (a. 948). **4.** *litige, débat — dispute, contention.* Destructa est ... querimonia. ANAST. BIBL., Rel., MIGNE, t. 129 col. 612 B. Rex praecepit ut querimonia ... que inter vos et ipsum abbatem versabatur, sopita remaneret quoadusque ipsemet ipsam causam audiret. LANFRANC., epist., MIGNE, t. 150 col. 525. **5.** *poursuite criminelle — criminal proceedings.* Quicquid in ea [villa] corrigendum sive in latronibus sive in aliis querimoniis fuerit. *D. Lothaire*, no. 42 (a. 977). **6.** *pouvoir judiciaire — judicial authority.* De villa q. v. R. et de omnibus arimannis in ea morantibus omnem districtionem omnemque publicam functionem et querimoniam, quam antea publicus nosterque missus facere consueverat.

D. *Ugo*, no. 53 p. 161 (a. 940 ?). Omnes res juris nostri regni atque districtum et publicam querimoniam et quidquid publice parti nostre rei pertinere videtur. *D. Lotario*, no. 11 p. 277 (a. 948).
**querimoniare:** *former une instance — to bring an action.* S. xiii.
**querreria,** v. quadraria.
**querulans, querulari,** v. querel-.
**quaesitio:** *revendication, prétention — claim, pretension.* Traditiones de quibus nulla est quesitio. Capit. legib. add. a. 803, c. 6, I p. 114. Absque omni molestia vel quesiciones liceat vos regulari lege utere. GLORIA, *CD. Padov.*, p. 7 (a. 819). Numquam ... quesitione[m] facerem. HARTMANN, *Tab. Mar. in Via Lata*, p. 4 (a. 949).
**quaesitor:** *plaignant — plaintiff.* Damnum quaesitori sarciatur. Capit. Olonn. mund. a. 825, c. 5, I p. 330.
**quaesitus,** v. 1. quaestus.
**quaestare** (< 1. quaestus): *soumettre à la taille — to take tallage from.* S. xiv.
**quaestiarius,** v. quaestuarius.
**1. quaestio** (< quaerere): **1.** *réquisition — requisition.* Nec toltam faciet eis in mercato suo nec quaestionem cujuscumque rei. DC.-F., VI p. 589 col. 3 (ch. a. 1085, Orléanais). **2.** *taille — tallage.* Nec ego ... nec homines mei quaestionem et vim in ipsa curte faceremus. DC.-F., VI col. 589 (ch. a. 1147, Angoulême).
**2. questio** (< queri, sed cf. voc. quaerere): **1.** *plainte, lamentation — complaint, lament.* Ingentem gemitum magnis questionibus revolvebat. V. Abundii Com., *AASS.*, Apr. I p. 94. **2.** *inculpation, plainte criminelle — charge, indictment.* Questionem in personis nobilibus nullatenus per mandatum patimur agitari. Lex Visigot., lib. 2 tit. 3 c. 4. Ibi pluries. Mota est quaestio de A. Virdunensium episcopo. Synod. Sapon. a. 859, c. 7, *Capit.*, II p. 448. **3.** *action de droit, procès — legal action, suit.* Multae ... ante conspectum nostrum quaestiones tam de ecclesiasticis quam publicis ac privatis rebus discuterentur. Capit. Ital. a. 801, prol., I p. 204. De quaestionibus, quas aut alii ab ipsis aut ipsae quaerunt ab aliis, ante comitem justitiam reddant. Capit. de monast. Pict. (a. 822-824), c. 5, p. 302. Quodsi forte super eisdem rebus quaestio orta fuerit, ut pro eis in foro disceptari necesse sit. F. imper., no. 17, *Form.*, p. 298. Nullam deinceps de praedicta silva questionem sive mallationem facere liceret. F. Sangall. misc., no. 5, p. 382. **4.** *montant d'une revendication — amount of a claim.* Si ultra 12 librarum questio fuerit. Loth. imp. pact. c. Venet. a. 840, *Capit.*, II p. 135.
**questionalis** (adj.) (< 2. questio): *accusatoire — accusatory.* De ... episcopo questionalis est ratio nobis oblata. Synod. Vermer. a. 853, *Capit.*, I p. 422 l. 4.
**questionare** (< 2. questio), **1.** aliquem: *inculper — to indict.* Qui questionatus est mortem violentam incurreret. Lex Visigot., lib. 6 tit. 1 c. 4. **2.** intrans.: *intenter une action — to institute proceedings.* Omnibus questionantibus hominibus defensare. GLORIA, *CD. Padov.*, p. 63 (a. 954).
**quaestionarius** (adj.) (< 1. quaestio): *de la quête d'aumônes — for collecting alms.* Circuitiones questionarias ageret. Cantat. s. Huberti, c. 76, ed. HANQUET, p. 181. Subst. mascul.
**quaestionarius: 1.** **tortionnaire — torturer.* Questionarii, id est qui reos examinant. WALAHFR., Exord., c. 32, *Capit.*, II p. 516. **2.** "*vicarius*". Nullus praefectus [i.e. comes] in praefectura sua aut quaestionarius infra quaesturam suam alicujus causam ... susciperet agendam. RUODOLF., Ann. Fuld. pars II, a. 852, ed. KURZE, p. 43. **3.** *percepteur d'impôts — tax-collector.* COSMAS, lib. 2 c. 8, ed. BRETHOLZ, p. 93; lib. 3 c. 34, p. 204. **4.** *quêteur d'aumônes, trafiqueur d'indulgences — alms-collector, pardoner.* S. xiii. **5.** (sc. liber) *catéchisme — catechism. CD. Cav.*, II no. 425 p. 299 (a. 990). GATTULA, *Hist. Casin.*, p. 80 (a. 1019).
**quaestor: 1.** *créditeur — creditor.* Quaestores eorum creditas res facile perdant. Aregis capit. (post a. 774), c. 10, *LL.*, IV p. 209. **2.** i. q. provisor: *celui qui gère les intérêts matériels d'une église — trustee in charge of a church's material concerns.* Si [sanctimonialis] ecclesiae eas [sc. res suas] tradiderit et usu fructuario habere voluerit, quaestor ecclesiae eas utpote eclesiae defendat. Concil. Aquisgr. a. 816, inst. sanctim., c. 9, *Conc.*, II p. 443. **3.** *scribe de chancellerie — chancery scribe. D. Lothaire*, no. 12 (a. 960). **4.** *quêteur d'aumônes, trafiqueur d'indulgences — alms-collector, pardoner.* S. xiii.
**quaestuarius,** quaestiarius (< 1. quaestus): *quêteur d'aumônes, trafiqueur d'indulgences — alms-collector, pardoner.* S. xiii.
**questuosus** (< 2. questus): *plaintif — plaintive.* [Monachorum] questuosis singultibus benigno respectu ... favens. D. Roberti reg. Fr. a. 1027, *H. de Fr.*, X p. 614.
**quaestura** (< quaerere): **1.** "vicaria". RUODOLF., Ann. Fuld. pars II, a. 852, ed. KURZE, p. 43. **2.** *taille — tallage.* D'ACHÉRY, *Spic.*, VIII p. 362 (a. 1103, Cahors).
**1. quaestus,** quesitus (decl. iv), quaesta, quaestia, quista (< quaerere): **1.** *lucre, recherche du gain — pursuit of profit.* Quaestum seculare vel concupiscentia mundanarum rerum [monachi] omnis modis devitent. Capit. missor. gener. a. 802, c. 17, I p. 94. **2.** *l'action de se pourvoir — availing oneself.* Ad questum suarum utilitatum faciendum in carbonarias. D. Loth. imp. a. 834, *CD. Langob.*, no. 119 col. 215 A. **3.** *revenu — revenue.* De camma aut 18 modii cervisae aut 12 modii de brasio de questu. Polypt. s. Remigii Rem., c. 29 (addit.), § 8, ed. GUÉRARD, p. 109 col. 1. Redecimationem totius quaestus mei annonae, vini, denariorum. CALMET, *Lorr.*, I pr. col. 470 (ca. a. 1070). De furto et sanguine et raptu ... concedo eis justiciam et omnem questum, retenta michi ... exsecutione justiciae de vita et membris, cujus questum omnimodum dono eis et concedo. Ch. Henrici II reg. Angl., MARCHEGAY, *Arch. d'Anjou*, II p. 256. **4.** *ressources — resources.* Praedicta loca ei tradimus, ut ... cum omni quaesitu eisdem locis invento ... perfruetur. *D. Heinrichs I.*, no. 20 (a. 929). **5.** *acquêts — acquisitions.* In locum O. nuncupante vel ubicumque questum coadunare valebam aut deinceps coacerbari, trado. BITTERAUF, *Trad. Freising*, I no. 61 p. 88 (a. 773). Predium [in hereditatem acceptum] heredibus suis alienare non possit ...; alium suum questum det cuicumque libeat. Lex famil. Wormat. (a. 1023/1025), *Const.*, I no. 438, c. 11. **6.** *taille — tallage. Gall. chr.*[2], II instr. col. 480 (ch. a. 1047). ROSELL, *Lib. feud. maj.*, no. 232 (a. 1067). GRASILIER, *Cart. de Saintes*, no. 127 p. 101 (a. 1079-1099). D. Heinrici V reg. a. 1107, *Bijdr. Vad. Gesch. en Oudheidk.*, 7e r. t. 8 p. 33. CASSAN-MEYNIAL, *Cart. d'Aniane*, no. 279 p. 405 (a. 1116). D. Lud. VI reg. Fr. a. 1119, *Ordonn.*, VII p. 445. *Hist. de Lang.*[3], V no. 496 II col. 947 (ca. a. 1128). BERNARD-BRUEL, *Ch. de Cluny*, V no. 4346 p. 710 (ca. a. 1190). **7.** *quête d'aumônes — collecting alms.* S. xiii. **8.** *enquête, perquisition — inquiry, search.* S. xiii. **9.** *interrogation — questioning.* Congrua quaesitui responsa recepit. BEDA, Hist. eccl., lib. 1 c. 27.
**2. questus** (decl. iv) (< queri): **1.** *prétention — claim.* Ab hominibus de M. pro redemptione baillivae suae questum nullus faciat. D. Lud. VII reg. Fr. a. 1168, *Ordonn.*, I p. 17 no. 14. **2.** *litige — dispute.* R. et R. questum habuerunt, invicem se mallantes, quousque in presenciam missi domini regis ... veniebant. ESCHER-SCHWEIZER, *UB. Zürich*, I no. 159 p. 70 (a. 893).
**quia: 1.** *que*, introduisant le discours direct — *that*, before direct speech. A. presbyter dixit quia "Illud relegi". MANARESI, *Placiti*, I no. 5 p. 12 (a. 781, Spoleto). Dixit quia "Ego filius tuus sum?" LEO NEAPOL., V. Alex., ed. PFISTER, p. 1. **2.** *bien que — although.* Si de hac basilica, quia canones et per suum provinciae minime stare potest [i. e. possunt], vultis vos observare canones. MURATORI, *Scr.*, I pt. 2 p. 389 (ch. a. 839, Benev.). Quia enormitas erat nimia imbrium, coeli serenitas emicuit ad purum. V. Probi Ravenn. (s. x), ib., p. 555.
**quies:** *état de ce qui est à l'abri de toute perturbation — freedom from disturbance.* Cum magna securitate et quiete valete possidere. ALLODI-LEVI, *Reg. Sublac.*, p. 15 (a. 858-867). Monachi pro illa guirpicione et quiete ... recompensaverunt eis beneficium monasterii sui. BERTRAND, *Cart. d'Angers*, I no. 378 p. 439 (a. 1067-1109).
**quiescere: 1.** *se rendre, désister — to admit defeat, renounce.* Decrevimus ut amodo ipsum monasterium pertineret ad jus et potestatem palatii ... et pars ecclesie exinde quiesceret. MANARESI, *Placiti*, I no. 4 p. 8 (a. 777, Spoleto). Impers. mihi quiescit: idem. Renuntiaverunt ... ut sibi de hac causa quiesceret. GIORGI-BALZANI, *Reg. di Farfa*, II doc. 204 p. 167 (a. 807). **2.** *cesser, s'abstenir — to cease, refrain.* Semper deinceps ab omni malo quiescant. Leg. III Aethelstan, c. 3, vers. Quadrip., LIEBERMANN, p. 170.
**quietaclamatio,** quiete-: *acquittement — quit-claim.* S. xii, Angl.
**quietantia,** quitantia, quittantia (< quietare): **1.** *sécurité — safety.* Habeant firmam pacem et perfectam libertatem et omnem quietanciam per totam terram meam. DELISLE, *Actes Henri II*, I no. 20 p. 27 (a. 1151). **2.** *franchise, exemption — exemption, dispensation.* [Confirmo] civibus meis de O. libertates et consuetudines et leges et quietantias suas, quae habuerunt ... STUBBS, *Sel. ch.*[9], p. 199 (a. 1155-1162). Similia DELISLE, o. c., no. 17 p. 112 (a. 1156). **3.** *cession — surrender.* De pratis que senior de L. habet ad medietatem de villanis per quietanciam. DE MONSABERT, *Ch. de Nouaillé*, no. 142 p. 226 (a. 1077-1091). **4.** *désistement — waiving of claims.* S. xiii. **5.** *quittance — receipt.* S. xiii.
**quietare,** quitare, quittare, quiptare, **1.** aliquid: *garantir, cautionner — to warrant.* Si ab alio aliquo quicquam calumnie in his rebus oriretur, ipse eam s. Petro quietaret. VERNIER, *Ch. de Jumièges*, I no. 46 p. 133 (s. xi). **2.** *renoncer à, se désister de* qqch. — *to renounce, waive.* Quicquid in potestate ecclesiae de B. habebat in dominio ..., eidem ecclesiae ... publice quitavit et dimisit. MARTÈNE, *Thes.*, I col. 587 (ch. a. 1176). **3.** aliquem: *libérer — to quit, discharge.* Domesday.
**quietatio: 1.** *désistement — quit-claim.* Paginam quietationis quam ego feci. OVIDI, *Carte di Fiastra*, p. 8 (a. 1077). VAN CAENEGEM, *Writs*, p. 43 n. 1 (a. 1171-1176). MARTÈNE, *Thes.*, I col. 589 (a. 1176). **2.** *exemption, exonération — exemption, release.* LUCHAIRE, *Inst. mon.*, II p. 299 no. 6 (a. 1172).
**quiete,** quitte: *sans conteste — undisputedly.* Si homo foraneus ... quitte et sine calumpnia per diem et annum ibi manserit. Phil. Aug. reg. priv. pro Atrebat. a. 1194, ESPINAS, *Rec. d'Artois*, no. 108, c. 39.
**quieteclamare,** quite-: *acquitter — to quit-claim.* S. xii, Angl.
**quietudo: 1.** *sécurité — safety.* [Servorum Dei] quietudini prospicimus. *D. Karls III.*, no. 125 (a. 885). **2.** *exemption, exonération — exemption, release.* Exigebam ... singulis annis unum palefridum ... pro quietudinibus ... navi[s] cum vasis vinariis ecclesie. VERNIER, *Ch. de Jumièges*, I no. 57 p. 151 (a. 1127-1142). Concedimus W. quietudinem domus suae ab omni consuetudine. DC.-F., VI p. 609 col. 3 (ch. a. 1165, Norm.).
**quietus,** quitus, quittus, quiptus: **1.** *sûr, à l'abri, non perturbé — safe, undisturbed.* Valeat episcopus suique successores quieti vivere ac resedere. TORELLI, *Carte di Reggio*, p. 17 (a. 781). **2.** *quitte — discharged.* [Debitor] sit quietus ad 12 dies antea et 12 postea postquam de exercitum fuerit reversus. Aistulfi leg., c. 21. Post hunc die[m] nulla[m] calomnia[m] habere non debias, set de hac causa quietus resideas. F. Andecav., no. 44, *Form.*, p. 20. Accepi pretium ego venditor a te emptore meo ... et finitum pretium testor apud me habere, ita tamen ut omnibus temporibus securus et quietus maneas. DC.-F., VI p. 609 col. 3 (ch. a. 868, Pescara). Si quis alium [in expeditionem regis] pro se mittere promitteret, et tamen qui mittendus erat remaneret, pro 50 solidis quietus erat dominus ejus. Domesday, I fo. 56 vo. **3.** (d'un litige) *terminé* — (of a dispute) *closed.* Sit inter ipsos in postmodum omni tempore quieta et subita [i. e. sopita] causatio. *D. Karolin.*, I no. 12 (a. 759). **4.** (d'une propriété) *non disputé* — (of ownership) *free from any contestation.* Videntes se juste illam terram amisisse, quietam et solidam reliquerunt priori. VAN CAENEGEM, *Writs*, p. 43 n. 2 (a. 1157). **5.** (d'une prétention) *abandonné* — (of a claim) *renounced.* Clamavit calumpniam suam quietam de tota terra quam calumniabatur. Ib., n. 1 (a. 1171-1176). **6.** *exempté — enfranchised.* Omnis pertinentias eorum sit quieta et

**libera** ab omni factione publica. GLORIA, *CD. Padov.*, p. 7 (a. 819). Tres quarterios vince ... quietos ab omni consuetudine et censica et decima. BERTRAND, *Cart. d'Angers*, I no. 32 p. 56 (a. 1060-1081). Terras ... quietas ab omnibus geldis et ab omni opere ... concedo. Ch. coron. Henr. I reg. Angl. a. 1100, c. 11, STUBBS, *Sel. ch.⁹*, p. 119.

**quilibet:** *chacun — each.* S. xii.

**quindena,** quinzana, quintana (femin.): **1.** *quinzaine, deux semaines — two weeks.* **2.** *le quinzième jour après une date* (cette date incluse) *— the fifteenth day after a certain date, this date being included.* **3.** *prestation de travail à faire une fois par quinzaine — labour service due every second week.* DÉLÉAGE, *Actes d'Autun*, no. 4 p. 16 (a. 866-924).

**quindeniare,** -din-: *cautionner — to vouch* for a person. Qui una mecum quindinijavit pro parte L. *CD. Cav.*, II no. 292 p. 101 (a. 976). Nos P. qui sum in vice mea et in vice de D. uxori[s] mee et de B. cognata mea, et ego quindenijo a partibus eorum [leg. earum]. FILANGIERI, *CD. Amalf.*, I no. 14 p. 22 (a. 990). Hec omnia prefata quindenio ego. CAMERA, *Mem. di Amalfi*, p. 171 (s. x).

**quindeniatio:** *fidéijussion — suretyship. CD. Cajet.*, I p. 189 (a. 999); p. 233 (a. 1012).

**quindeniator:** *fidéijusseur — surety. CD. Cajet.*, I p. 189 (a. 999); p. 233 (a. 1012).

**quindennis:** *qui a quinze ans — fifteen years of age.* RICHER, lib. 1 c. 12, ed. LATOUCHE, I p. 32.

**quingentenarius:** *chef d'un corps de 500 guerriers — chieftain of a body of 500 warriors.* Lex Visigot., lib. 2 tit. 1 c. 25; lib. 9 tit. 2 c. 1.

**quinquagesima** (subst. femin.): **1.** *le 50e jour avant Pâques,* le dimanche Estomihi *— the 50th day before Easter,* Sunday Estomihi. Sacram. Gelas., lib. 1 c. 17, inscr., ed. WILSON, p. 15. Capit. monast. a. 817, c. 77, I p. 348. **2.** *période de 50 jours qui précède Pâques — period of 50 days before Easter.* AMALAR., *Off.*, lib. 1 c. 3, ed. HANSSENS, p. 40. RHABAN., *Inst.*, lib. 2 c. 34, ed. KNOEPFLER, p. 123. WALAHFR., *Exord.*, c. 26, *Capit.*, II p. 505; c. 29, p. 514. **3.** la première semaine de cette période, *la semaine qui précède le carême — the first week of this period, the week before Lent.* Septimana illa quae ante quadragesimam vocatur quinquagesima. Capit. monast. a. 817, c. 22, p. 345. **4.** le 50e jour après Pâques, *la Pentecôte — the 50th day after Easter, Whitsun.* **5.** *\*période de 50 jours de Pâques à la Pentecôte — period of 50 days from Easter to Whitsun.*

**quinquecensualis** (subst.): *tributaire d'église* astreint à un chevage de 5 deniers *— ecclesiastical tributary owing a poll-money of 5 d.* WIDEMANN, *Trad. S.-Emmeram*, no. 910 p. 449 (a. 1177); no. 945 p. 475 (a. 1180).

**quinquenummaria:** *femme tributaire d'église* qui doit un chevage de 5 deniers *— a female ecclesiastical tributary owing a poll-money of 5 d.* WIDEMANN, *Trad. S.-Emmeram*, no. 867 p. 419 (a. 1149-1160).

**quinta** (subst. femin.): *zone de cinq milles en profondeur autour d'une cité — lowy around a city, five miles in width.* G. Aldrici, ed. CHARLES-FROGER, p. 66 (Le Mans). RICHARD, *Ch. de S.-Maixent*, I no. 10 p. 22 (a. 924) (Poitiers). Cf. RÉDET, *Cart. de S.-Cyprien de Poitiers*, no. 64 p. 57 (a. 1069): infra quintum miliarium ab urbe Pictavis.

**quintale,** quintalium: *une mesure publique — a public measure. Hist. de Lang.³*, V no. 590 col. 1148 (a. 1151, Nîmes); no. 619 col. 1210 (a. 1157, Nîmes); no. 652 II col. 1267 (a. 1163, S.-Gilles).

**quintana: 1.** *grille, balustrade — screen.* Altarium ... ex aeneis circumcinxit quintanis. JOH. DIAC. NEAPOL., G. Neapol., *Scr. rer. Langob.*, p. 428 l. 40. Stans intra quintanas majoris altaris. Id., Transl. Severini, ib., p. 456 l. 4. Quintana marmorea quae conjuncta est cum capite tumuli. LEO PRESB., V. Patriciae, *AASS.*, Aug. V p. 218 col. 2; p. 222 col. 1. **2.** (cf. voc. quinta) *zone* de cinq milles en profondeur autour d'une cité *— lowy around a city, five miles in width.* DE FONT-RÉAULX, *Cart. de Limoges*, no. 23 p. 48 (a. 881). **3.** *manoir — country-seat.* S. x, Hisp. **4.** cf. voc. quindena.

**quintum:** *terrage d'un cinquième de la récolte — tribute consisting in a share of one fifth of the crop.* MONACI, *Reg. di S. Alessio*, p. 373 (a. 996) p. 68.

**quinzana,** v. quindena.

**quitus,** quittus, quiptus et deriv., v. quiet-.

**quoadusque:** *\*jusqu'à ce que — until.*

**quomodo: 1.** *\*comme — how.* **2.** *\*que — that.* **3.** *afin que — in order that.* Ann. regni Fr. a. 788, ed. KURZE, p. 84.

**quondam,** condam (adj. indecl.): *\*feu, le défunt — the late.*

**quoram** = coram.

**quorsum:** *où — where.* Revelata sunt ... quorsum diu latuerant, sanctorum pignora. RADULF. GLABER, Hist., lib. 3 c. 6, ed. PROU, p. 68.

**quota** (subst. femin.): *quote-part — share, quota.* S. xiii.

**quotidianus:** *qui s'acquitte continuellement de ses fonctions — performing daily service.* Fratres quotidiani qui presentes in propriis personis in predicta ecclesia quotidie ministrant. MULLER-BOUMAN, *OB.* Utrecht, I no. 464 p. 416 (a. 1169).

**quousque: 1.** *aussi loin que — as far as.* Quousque rex O. imperium protendere poterat. BEDA, Hist. eccl., lib. 4 c. 3. **2.** *\*jusqu'à ce que — until.*

# R

**raba,** rabea = rapa.

**rabina,** v. rubina.

**racana,** rach-, -ena, -ina: *\*châle d'une étoffe grossière — wrap of coarse fabric.* ENNOD., lib. 9 epist. 17, *Auct. ant.*, VII p. 305. Regula Magistri, c. 81. FORTUN., V. Radegundis, lib. 2 c. 4, *SRM.*, II p. 381. Id., V. Germani Paris., c. 10, ib., VII p. 399. GREGOR. M., lib. 11 epist. 2, *Epp.*, II p. 261. Ibi pluries V. Eligii, lib. 2 c. 40, *SRM.*, IV p. 724.

**racatum,** rach-, rasch-, rech-, resc-, -attum, -etum (< acceptare, cf. voc. reacaptis): *somme due à titre de relief d'un fief — sum to be paid for the relief of a fief. Actes Phil.-Aug.*, I no. 398 p. 489 (a. 1191). Ib., II no. 621 p. 168 (a. 1200).

**rachia,** v. rascia.

**rachinburgus,** rac-, rag-, reg-, rath-; -im-, -em-, -ini-, -ine-; -burgius, -burius, -burdus (germ.). Les "rachinburgi" sont les notables qui, au nombre de sept au minimum, siègent dans le tribunal comtal, élaborent les jugements et attestent les actes accomplis en vertu de l'autorité judiciaire *— seven or more local notabilities sitting in the county court as doomsmen.* Lex Sal., tit. 50 § 3; tit. 56; tit. 57 § 1 et 3 Lex Ribuar., tit. 32 § 2 sq.; tit. 55. Chilperici edict., c. 8, *Capit.*, I p. 9. F. Andecav., no. 50, *Form.*, p. 22. F. Senon. rec., no. 1, 4 et 6, p. 211 sq. F. Sal. Bignon., no. 27, p. 237. F. Sal. Merkel., no. 27, p. 251. F. s. Emmer. fragm. no. 9, p. 465. Pippini capit. (a. 754/755), c. 7, p. 32. *Hist. de Lang.³*, II pr. no. 165 col. 341 (a. 865, Narbonne); V no. 43 col. 137 (a. 918, Carcassonne).

**rada,** v. -ata.

**radalis,** v. ratalis.

**radellus,** razellus: *radeau — raft.* S. xiii.

**radere:** *rader* une mesure *— to level,* straik a measure. S. xiii.

**radiatilis:** *rayonnant, brillant — glittering, shining.* FORTUN., V. Martini, lib. 2 v. 286, *Auct. ant.*, IV pt. 1 p. 323; lib. 4 v. 313, p. 358. MILO, V II Amandi, *SRM.*, V p. 482 l. 33.

**radiatus,** rajatus, rejatus, reatus: *rayé — striped.* Concas ... cum columnas ... rajatas. Lib. pontif., Hilarus, ed. MOMMSEN, p. 108.

**radicari:** (figur.)*\*s'enraciner — to become firmly rooted.*

**radiola:** *rayon d'une roue — spoke.* AGIUS, V. Hathumodae, c. 11, *SS.*, IV p. 170.

**radiolus:** *navette — shuttle.* Mir. Dionysii, lib. 2 c. 36, MABILLON, *Acta*, III pt. 2 p. 359.

**radix:** *manoir — country-seat.* S. xi, Hisp.

**rafa** = raphanus.

**rafica,** rafeg-, -us (vox originis ignoti): **1.** *parcours suivi par les troupeaux qu'on déplace — track used for driving cattle.* Mediam partem pulveratici ex rafica et ex mercato similiter seu de pascuario. D. Lud. Pii a. 836, *Hist. de Lang.³*, II pr. no. 89 col. 193. **2.** *taxe sur le passage des troupeaux à travers une région — tax on herds traversing a territory.* D. Karlomanni reg. a. 881, ib., V no. 3 col. 69. Steph. VI pap. priv. 896, *Hist. de Fr.*, IX p. 204 C (J.-L. 3511). D. Charles le Simple, no. 15 (a. 898). MARTORELL, *Arch. Barcelona*, no. 138 p. 300 (a. 957). DOUAIS, *Cart. de Toulouse*, no. 232 p. 163 (ca. a. 1040). *Hist. de Lang.³*, V no. 293 col. 574 (a. 1070).

**ragacius,** ragazus: *valet — servant.* S. xiii, Ital.

**raisa,** v. reisa.

**rajatus,** v. radiatus.

**rama** (germ.): *botte — bunch.* Lex Ribuar., tit. 15.

**ramagium: 1.** *ramage, droit de prendre des branchages — right to take branches in a wood.* DC.-F., VII p. 10 col. 1 (ch. a. 1104, S.-Maixent). **2.** *redevance de ramage — due for the same.* S. xiii.

**ramata,** -ada, -eda, -eia, -ea (< ramus): **1.** *bordigue — fish-trap.* DC.-F., VII p. 10 col. 2 (ch. a. 1074-1091, Nevers); p. 11 col. 1 (ch. a. 1098 et 1144). **2.** *abri construit de branchages — shelter made of branches.* Ib. (ch. a. 1167).

**ramen** = aeramen.

**ramentum** = aeramentum.

**rameria,** -um, -us (< ramus): *taillis — coppice.* S. xiii.

**ramilia,** ramilla (< ramus): *branchages — lopping.* S. xiii.

**ramiola:** *cuiller à pot — ladle.* S. xiii, Ital.

**ramire** (germ., cf. voc. adchramire): *s'engager à accomplir — to take the obligation to accomplish.* Testimonia exinde ramivit, et talia dare non potuit qualia ramita habuit. MANARESI, *Placiti*, I no. 32 p. 100 (a. 821, Norcia).

**rancor,** notione 3 etiam rancura: **1.** *\*rancune, rancœur, haine sourde — rancour, grudge, wrath.* **2.** *mal — ache.* V. Petri episc. Anan. († a. 1105), *AASS.*, Aug. 1 p. 240 col. 1. **3.** *prétention, revendication, contestation — pretension, claim, contestation.* Definit ... omnes rancuras quod [i. e. quot] de illum habebat. ROSELL, *Lib. feud. maj.*, I no. 95, p. 104 (a. 1076). Teneant et possideant sine ullo rancore et sine ulla apellatione. GUÉRARD, *Cart. de Mars.*, I no. 90 p. 117 (s. xi). **4.** *action de droit, instance — legal action, lawsuit.* Qui aliquam querimoniam aut rancuram ante alcaldes misserit. Fuero de Nájera a. 1076, c. 83, WOHLHAUPTER, p. 92. Interpellavit et rancuravit et rancuram eis fecit. GERMAIN, *Cart. de Montpellier*, no. 58 p. 99 (ca. a. 1080).

**rancorare,** -cur-: *intenter une action — to institute proceedings.* ROSELL, *Lib. feud. maj.*, I no. 37 p. 53 (a. 1060). GERMAIN, *Cart. de Montpellier*, no. 58 p. 99 (ca. a. 1080).

**rancorosus,** -cur- (adj.): *rancunier — rancorous.* Subst. mascul.: *avoué d'un plaignant — a plaintiff's solicitor.* DC.-F., VII p. 14 col. 2 (ch. a. 1096, Portugal).

**rantus,** v. raptus.

**rapina: 1.** *rapt — abduction.* Servus qui se ingenue mulieri per rapinam copulari quesibit. Lex Visigot., lib. 3 tit. 3 c. 8. **2.** *taille — tallage.* Burgum ... ita statuit liberum, ut neque preposituram neque rapinam neque aliquam prehensionem vel consuetudinem ... inibi unquam auderet requirere... RÉDET, *Cart. de S.-Cyprien de Poitiers*, no. 210 p. 137 (a. 1019-1027).

**rapinator:** *déprédateur — robber.* G. episc. Camerac., lib. 1 c. 10, *SS.*, VII p. 407 l. 20.

**raptus,** rantus, ratus: **1.** *viol — rape.* Pro his tribus criminalibus actionibus, id est homicidio, rapto et incendio. D. Charles le Ch., I no. 46 p. 130 (a. 844). Bannum seu incendium aut homicidium vel raptum. D. spur. Hugonis reg. Fr. < a. 988 >, *Hist. de Fr.*, X p. 554. **2.** n'importe quel *acte violent perpétré contre une femme — any act of violence against a woman.* Si quis libera femina virgo vadit itinere suo ... et obviavit eam aliquis, per raptum denudat caput ejus. Lex Alamann., tit. 56 c. 1.

**1. rasa** (cf. voc. 1. rascia): *une mesure agraire pour les vignes — a land measure for vineyards.* GIORGI-BALZANI, *Reg. di Farfa*, II doc. 117 p. 101 (a. 778).

**2. rasa,** v. rasum.

**rasare:** *aplanir, raser — to level, raze to the*

*ground.* Campus rasatus. DC.-F., VII p. 18 col. 3 (ch. a. 1162).

**rasaria,** -eri-, -iri-, -ori-, -um (< radere): **1.** une *mesure de capacité* pour les céréales — *strike,* a dry measure. *Actes Phil. Ier*, no. 80 p. 440 (a. 1076). DUVIVIER, *Actes,* I p. 119 (a. 1147). FAYEN, *Lib. trad. Blandin.*, p. 166 (a. 1162). PFLUGK-HARTTUNG, I no. 252 p. 235 (a. 1163). **2.** une *mesure agraire de superficie* — an *arable measure.* Ib., no. 361 p. 316 (a. 1184).

**1. rascia,** rescia (cf. voc. rasa): une *mesure agraire pour les vignes — a measure for vineyards.* BERNARD-BRUEL, *Ch. de Cluny,* I no. 142 p. 149 (a. 910-927). Ibi saepe. RAGUT, *Cart. de Mâcon,* no. 136 p. 98 (s. x).

**2. rascia,** rachia (germ.): *marais — marsh.* DC.-F., VII p. 19 col. 1 (ch. a. 1176, Flandre).

**rasialis,** rasellum, resale (< radere): une *mesure de capacité pour les céréales* — a *dry measure. Gall. chr.*², X instr. col. 300 (ch. a. 1105).

**rasitoria:** *radoire — strickle.* D. Lud. VII reg. Fr. a. 1145, *Ordonn.*, I p. 49.

**rasor: 1.** *barbier — barber.* GUÉRARD, *Cart. de Chartres*, p. 486 (ca. a. 1100). **2.** rasor pannorum: tondeur de drap — cloth-shearer. S. xiii.

**rasorium: 1.** *rasoir — razor.* Psalter. Tolet., MIGNE, t. 86 col. 773. GUIDO FARF., Disc., lib. 2 c. 20, ALBERS, I p. 160. Consuet. Fructuar., lib. 2 c. 12, ib., IV p. 157. **2.** *grattoire — erasing-knife.* S. xiii. **3.** *radoir — strickle.* S. xiii. **4.** v. voc. rasaria.

**raspa:** *râpe — bunch of grapes.* S. xiii.

**raspare:** *gratter — to scratch.* S. xiii.

**rasta** (germ.): **mesure itinéraire* germanique de 3000 pas, soit 3 milles romaines ou 4500 mètres — a germanic *measure of length*, about 2 miles and 1400 yards. D. Lud. Pii a. 815, GLÖCKNER, *Cod. Lauresham.*, I p. 300 no. 19. *D. Ludwigs d. Deutsch.*, no. 178 (< a. 853 >, spur. s. xi in.). ARNOLD. DE S. EMMERAMMO, lib. 1 c. 6, *SS.*, IV p. 552 col. 1 l. 4. ADAM BREM., lib. 1 c. 23, ed. SCHMEIDLER, p. 29. *D. Merov.*, no. 44 (< a. 678 >, spur. s. xii/xiii, Weissenburg).

**rastellagium:** *corvée de fenaison — haymaking-service.* S. xiii.

**rastellare:** *emmeuler — to cock* hay. S. xiv.

**rastellus,** rest- (class. "fourche — fork"): **1.** *treillis, grille — grating, lattice.* S. xiv. **2.** *bordigue — fish-trap.* S. xiv. **3.** *candélabre — candelabrum.* S. xiv.

**rasum,** rasus, rasa, rasium (< radere): une *mesure de capacité* — a *measure of capacity. CD. Cajet.*, I p. 14 (a. 845). Ordo Beroldus, ed. MAGISTRETTI, p. 16.

**rasura: 1.** *grattage* dans un texte — *erasure.* S. xii. **2.** *tonsure — tonsure.* S. xiii.

**rata,** rada (subst. femin., sc. pars), **1.** loc. secundum ratam, pro rata alicujus rei: au prorata de — in the proportion of. Secundum terrarum modum vel possessionis suae ratam, sic silvam inter se noverint dividendam. Lex Burgund., tit. 67. **2.** *part de participation aux usages des communaux — share in a right of common.* Radam in silva, ubi possunt saginari porci 60. PÉRARD, *Bourg.*, p. 154 (a. 876). Vendo vobis illa rada qui ad ipso curtilo aspicit ... ad capulandum vel ad porcos insaginandum. BERNARD-BRUEL, *Ch. de Cluny,* I no. 236 p. 227 (a. 923). Etiam ib., II no. 1727 p. 750 (a. 987). Donamus ad ipsam casam Dei rata de bosco V. unum vedogium. RAGUT, *Cart. de Mâcon*, no. 331 p. 192 (a. 996-1018). 12 mansos cum curtilibus, mansionariis, radis, pratis, silvis, aquis ... Ib., no. 2 p. 2 (a. 1018-1030). Jornales 4 ... et radam unam de silva. CANAT, *Cart. de Chalon*, no. 12 p. 16 (a. 1020). Unum mansum et omnia rada ad ipsum mansum pertinentem. Ib., no. 100 p. 85 (a. 1091). **3.** *quote-part d'une imposition — tax assessment.* Flandria Generosa (s. xii med.), MARTÈNE, *Thes.*, III col. 416.

**ratalis,** radalis (< rata): **1.** *ayant une part de participation aux usages des communaux — having a share in a right of common.* Mansum unum radale. PÉRARD, *Bourg.*, p. 161 (a. 878-938). Ipsum curtile facio radale, ut habeat usuaria in silva, in campis, in pascuariis sive in fonte. BERNARD-BRUEL, *Ch. de Cluny,* III no. 2548, p. 614 (a. 1001-1029). **2.** *qui concerne les usages des communaux — relating to a right of common.* Uno curtilo ... qui habet radalem consuetudinem per totam silvam. Ib., IV no. 2808 p. 11 (a. 1028/1029).

**ratificare:** *ratifier — to ratify.* S. xiii.

**ratificatio:** *ratification — ratification.* S. xiii.

**ratihabitio:** **ratification — ratification.*

**rathinburgus,** v. rachinburgus.

**ratio: 1.** *raison à faire, compte à rendre, action de s'incliner devant la justice — account to be rendered, atonement, compliance with the law.* Causae ipsius, de qua petitur, reddederit rationem. Concil. Aurel. a. 549, c. 17, *Conc.*, I p. 106. Sciat se ante comitem ... rationem plenissimam legali ordine redditurum. Lex Visigot., lib. 2 tit. 1 c. 29. Pro scelere rationem reddat. Ib., lib. 8 tit. 1 c. 10. De ... causis unde quis rationem est redditurus ... justitiam facere conpellatur. Capit. legi add. a. 816, c. 4, I p. 268. Si rationem rectam subterfugerit ... illum persequamur, donec aut ad rationem perducatur aut de regno deleatur. Conv. Marsn. a. 851, c. 4, II p. 73. Si quis huic decreto contradicere presumpserit, illum in nostram presentiam venire faciatis, ut nobis rationem reddat, cur jussionibus nostris contrarius existat. *D. Ludwigs d. Deutsch.*, no. 71 (a. 854). Ante suos pares illum in rectam rationem mittat. Capit. Caris. a. 856, c. 10, II p. 281. Si aliquis fuerit qui hoc facere tentaverit, producatur in medium ad rationem, et taliter inde castigetur ... Conv. Confl. a. 860, adnunt. Ludov., c. 3, p. 157. Eum ad rationem posui et justo judicio ... beneficium ... ei auferre debui. BEYER, *UB. Mittelrh.*, I no. 382 p. 440 (a. 1082-1084, Trier). De tantis malis missus ad rationem, evictus omnia emendavit. G. pontif. Camerac., lib. 3 c. 45, *SS.*, VII p. 482. Si homo ... deliquerit, nec abbas nec advocatus in rationem id ponere debet, nisi ... *D. Heinrichs III.*, no. 372 B (spur. ca. a. 1116, Trier). **2.** *argument, titre valable, justification — legal cause, warrant.* Ipse homo nullatenus rationis [i.e. rationes] potuit tradere per quid ingenuus esse deberit. F. Senon. rec., no. 1, *Form.*, p. 211. Nullatenus habuit quod dicere nec opponere nec tradere raciones, per quem se de ipso servicio abstraere potuisset. F. Sal. Bignon., no. 7, p. 230. In presenti astabat et nullam potuit reddere rationem. *D. Karolin.*, I no. 1 (a. 752). **3.** *plaidoyer du défendeur, défense — plea, argument of the defendant.*



Pro ingenio rationis suae justum judicium marrire. Capit. missor. gener. a. 802, c. 9, I p. 93. Dando eis talem hominem qui rationem eorum teneat vel pro eis loquatur. Capit. legib. add. (a. 818/819), c. 3, p. 281. Veniant ad placitum nostrum et ratio eorum audiatur, ut tunc ... inter eos definire valeamus. Capit. missor. a. 821, c. 8, p. 301. **4.** *satisfaction, justice faite au plaignant — redress, justice done to a claimant.* In judicium accedentem coegimus eum, in quantum potuimus, rationem sequi. GREGOR. TURON., H. Fr., lib. 9 c. 33. Supra 14 noctes aut ipsum [servum fugacem] repraesentet aut pro eo faciat rationem. Lex Ribuar., tit. 30 § 2. [Domini] rationem pro servos reddant, utrum culpabiles sint an non. Pippini capit. Ital. (a. 801-810), c. 16, I p. 211. **5.** plural. rationes: *procédure, débats judiciaires — legal proceedings, trial of a plea.* Aput regis aulam in loco ubi cause ventilantur introiit, ut cum H. de supradicto negotio rationes haberet. Pass. Praejecti, c. 24, *SRM.*, V p. 240. In racionis fuerunt pro vinia sua. F. Andecav., no. 53, *Form.*, p. 23. Ante me apud illum judicem exinde in rationes fuisti. F. Turon., no. 38, p. 156. Cum ipso de ipsa loca in racionis fuissit. *D. Merov.*, no. 59 (a. 691). Inter se ligalis deducant racionis. Ib. Missus noster [eum] ante nos venire faciat in rationes contra misso abbatis. *D. Karolin.*, I no. 88 (a. 774/775). In rationes loco et tempore congruo venissemus. Epist. Caris. a. 858, c. 3, *Capit.*, II p. 429. Singul.: idem. Homine quem [i.e. cum quo] ante illo agente fuit in racione pro jumento suo. F. Andecav., no. 13, *Form.*, p. 9. Nec in racione exinde fui nec interpellata responsum dedi. F. Bituric., no. 14, p. 174. Si de hoc furto, unde modo ratio agitur, culpabilis es. Judic. Dei, no. 6e, ib., p. 666. Ad generale placitum nostrum venire jubeatur, ut inde cum eodem M. rationem habere possit. Capit. missor. a. 829, c. 3, II p. 10. Cum suis contracausariis in rationem intravit. *Hist. de Lang.*³, II pr. no. 201 col. 401 (a. 878, Albi). Nulla[m] personam [partis adversae] invenire potuimus nec possumus, qualiter de ipsos sex mansos in racionem stare possamus. *D. Lamberto*, no. 6 p. 86 l. 26 (a. 896). Parati sumus exinde cum eum in racione standum. *D. Ottos I.*, no. 269 (a. 964). Notitia rationis factae apud C. in domo A. praepositi ... inter ... QUANTIN, *Cart. de l'Yonne*, I no. 89 p. 169 (a. 1035, Auxerre). **6.** *cause, litige — lawsuit, case.* Ad universali consilio illorum ratio deferatur. Synod. Franconof. a. 794, c. 39, *Capit.*, I p. 77. Si causa ad palatium ... ad definiendum fuerit producta, tunc utrique sol. 12 ... debuit conponere, eo quod infra patriam diffinita ratio non fuerit. Capit. Sax. a. 797, c. 4, p. 71. Nullatenus ipsam rationem ... diffinire valebant. THÉVENIN, no. 89 (a. 857). Ante nos venire permittatur, ut ibi talis ratio finem accipiat. Capit. Vern. a. 884, c. 11, II p. 374. **7.** *poursuite judiciaire — judicial prosecution.* Si tale aliquod male ingenium inter vos factum fuerit ..., sciatis certissime quod grandem exinde contra vos [sc. comites] rationem habebimus. Capit. ad com. dir. (a. 801-813), c. 6, I p. 184. **8.** plural. rationes: *séance d'un tribunal — session of a lawcourt.* Ante illo agente fuit in raciones. F. Andecav., no. 14, *Form.*, p. 9. In rationes publicas ante inlustri viro illo ... adsteti. F. Turon., no. 29, p. 152. Adversum te in rationibus publicis adsisto. F. extrav., ser. 1 no. 6, p. 537. Ut nullus ... judex publicus ... habeat potestatem causas distringuendi nec obligandi nec rationes exercendi. *D. Lothaire*, no. 51 (a. 984 ?). **9.** *équité, justice — equity, righteousness.* Contra omnem auctoritatem et rationem ac ... consuetudinem. Synod. Theodonisv. a. 844, c. 3, II p. 114. Fidelibus nostris rectum consentire volumus et contra rationem eis facere non volumus. Conv. Marsn. a. 847, adnunt. Karoli, c. 4, *Capit.*, II p. 71. Nullum ... contra legem et justitiam vel auctoritatem ac justam rationem aut damnabimus aut dehonorabimus. Conv. Marsn. a. 851, c. 6, p. 73. Ad legis ac justitiae atque rectae rationis conservationem. Conv. Confl. a. 860, sacr. Ludov., p. 155. **10.** *titre de droit — legal title.* Si aliquam rationem in ipso alodo habeo per dotalium quod mihi senior meus fecit, hoc ipsum ... concedo. BERNARD-BRUEL, *Ch. de Cluny*, II no. 1496 p. 548 (a. 979). Omnem rationem quod habere potuissent in dictis possessionibus. MITTARELLI, *Ann. Camald.*, p. 104 (a. 981). **11.** *prétention — claim.* Si ... inventum fuerit quod rectam rationem contra eum aliquis de vobis habuerit, ... hoc voluntarie emendabit. Capit. Caris. a. 856, c. 2, p. 279. Episcopi monasterium ad partem episcopatus vindicare voluerunt; eidem rationi monachi resistentes ... *D. Ludwigs d. Deutsch.*, no. 69 (a. 854). Interpellator primum juret quod se sciente nil aliud nisi verissimam in omnibus et justam rationem exquirat. Guidonis capit. legib. add. a. 891, c. 6, II p. 108. De manso ... omnem rationem quam dicebat se habere irritam fecit. DONIOL, *Cart. de Brioude*, no. 105 p. 123 (a. 1031-1060). **12.** *action de droit — legal action.* In primo conventu ... illorum [sc. viduarum, pupillorum, orfanorum] ratio vel querela audiatur et diffiniatur. *Capit.*, I p. 333 c. 2 (Lud. Pii?). Alter, qui contra illum habuit racionem, in palacio nostro reversus est. F. Augiens., coll. B no. 40, *Form.*, p. 362. De qua precaria [subst.] ratione in nostra presentia mota ... WAMPACH, *UB. Luxemb.*, I no. 149 p. 176 (a. 924). **13.** *affaire, besogne, devoir — concern, business, duty.* Si in dominica ambasia fuerit occupatus, mannire [i. e. manniri] non potest; si vero infra pago in sua ratione fuerit, ... mannire potest. Lex Sal., tit. 1 c. 4 sq. Si grafio rogitus fuerit et sunnis eum non tenuerit aut certa ratio dominica [i. e. regis]. Ib., tit. 50 c. 4. [Advocati] qui in aliis comitatibus rationes habent. Edict. Pist. a. 864, c. 32, *Capit.*, II p. 324. **14.** *ce qu'on possède, richesses — property.* De hereditatem et totam rationem illorum tollat. Lex Sal., tit. 60. Quidquid ... ex agro ipso ad meam pertinet rationem. Test. Bertichramni a. 615, PARDESSUS, I no. 230 p. 209. [Villa] de ratione illustris viri T. per commutationis epistolas ... ad me pervenit. Ib., II no. 358 p. 144 (a. 667, S.-Aignan). Villas ... quae sunt de ratione s. Vincentii, inter se commutare deberent. *Gall. chr.*², IV instr. col. 265 (a. 825, Mâcon). Episcopus praestitisset eis quasdam res ex ratione monasterii sui s. Emmerammi. *D. Ludwigs d. Deutsch.*, no. 6 (a. 831).

Dedit abbas ex ratione monasterii sui eidem hobas 8. Ib., no. 16 (a. 835). Abbas s. Martini ... dederit quasdam villas de ratione s. Martini ... coenobio C. *D. Charles le Ch.*, no. 20 (a. 843). Ecclesias erigens et liberaliter has ex ratione publica ditans. ANAST. BIBL., Chron., ed. DE BOOR, p. 80. Donat ... campum de ratione s. Petri Luxoviensis. BERNARD-BRUEL, o.c., I no. 650 p. 605 (a. 943-964). Quandam villulam de ratione vicecomitatus Lugdunensis. *D. Louis IV*, no. 28 (a. 946). **15.** loc. rationibus alicujus: au profit de — in behalf of. Singulis quibusque rationibus publicis ... persolvatur. MITTARELLI, o.c., p. 11 (a. 782). A te ... pensionis nomine rationibus ecclesiasticis 10 auri sol. persolvantur. *Bullar. Roman.*, I p. 165 (a. 817). Inferre debent ... rationibus vitae vestrae ... pensionis nomine denariorum sol. 2. FEDELE, *Carte di Mica Aurea*, p. 528 (a. 1000). **16.** *part d'un copossesseur dans une possession en indivis — a co-owner's share in a joint estate.* Ordino atque disponio ... integram rationem meam et filiorum meorum de 4 casalibus, ... quae omnia recepi pro ratione a filiis meis. GIORGI-BALZANI, *Reg. di Farfa*, II doc. 172 p. 143 (a. 796). Offero ... omnem meam rationem de casale ... quantum in suprascripto casale mea ratio esse videtur. Ib., doc. 169 p. 140 (a. 801). Vendidisse ... omnes meas rationes in fundo casale. Ib., doc. 190 p. 155 (a. 808). Cedimus ... rationem de ecclesia s. M. quem habere videmur. Ib., doc. 193 p. 157 (a. 809). **17.** *fraction, part — fraction, part.* De quartam rationem meam una tivi tradedit [antea: de quartam portionem substantie mee]. *CD. Cav.*, I no. 1 p. 1 (a. 792). Offeruerat ... quartam ratione[m] ex omnibus rebus suis. MANARESI, *Placiti*, I no. 19 p. 61 (a. 806, Pistoia). Quartam rationem super totam pecuniam suprascripti G. GIORGI-BALZANI, o.c., doc. 218 p. 179 (a. 816). **18.** ratio alicujus: *terre* qui appartient à un tel — *land* owned by a definite person. De al o latere ratio ipsius emptoris. ZEUSS, *Trad. Wizenb.*, no. 44 p. 46 (a. 702). De latere et fronte ratio s. Stephani est. D'HERBOMEZ, *Cart. de Gorze*, no. 47 p. 85 (a. 824). **19.** *condition — condition.* [H]abeant [servi] per caput mundio tremissis singulas, in ea vero racionem ut ... nobis deserviant. SCHIAPARELLI, *CD. Longob.*, I no. 83 p. 247 (a. 745, Verona). Hoc ita factum esse ... ea ratione firmissima, ut ... filii ... haberent suam portionem. BITTERAUF, *Trad. Freising*, I no. 184[a] p. 176 (a. 802). Tradiderunt ... mansum ... ea racione postulata et ... concessa, ut duo illorum filii ... illam hereditatem haberent quamdiu viverent. KÖTZSCHKE, *Urbare Werden*, p. 33 (a. 900-911). **20.** *contrat — contract.* Hanc rationem voluerit inmutare. WIDEMANN, *Trad. S.-Emmeram*, no. 17 (a. 820/821). R. hujus rationis scriptor. DESPY, *Ch. de Waulsort*, no. 25 p. 357 (a. 1147). **21.** *redevance — due attaching to a tenement.* [Coloni] qui in ipso casale residere videntur ... faciant rationem ad monasterium quomodo nobis fecerunt. GIORGI-BALZANI, o.c., doc. 24 p. 36 (a. 749). **22.** *procuration d'aliments — purveyance of food.* Freda exigenda vel paratas faciendas aut mansiones vel rationes aut ullas redibitiones ... requirendas. *D. Charles le Ch.*, no. 122 (a. 850). Ob augendam fratribus [i. e. canonicis] vini rationem. ANSELM. LEOD., c. 42, *SS.*, VII p. 215 l. 32. Cf. G. E. DEMERS, *Les différents sens du mot "ratio" au Moyen Age*, ds. *Et. d'Hist. Litt. et Doctr. du XIIIe s.*, Paris 1932, I pp. 105-139.

**ratiocinari** et ratiocinare: **1.** *se justifier, en répondre — to answer, vindicate oneself.* Cum s. Petro judicii die ratiocinaturus veniat. *Hist. de Lang.*[3], II pr. no. 205 col. 409 (a. 887). Sedem apostolicam pro suo facinore ratiocinaturus petat. RICHER., lib. 2 c. 82, ed. LATOUCHE, p. 266. **2.** *apporter des preuves, plaider — to provide evidence, plead.* Venerunt ad placitum ... et, non valentes raciocinare, guadiaverunt. BERTRAND, *Cart. d'Angers*, I no. 61 p. 81 (a. 1060-1087). Canonici ... per prolocutorem suum ratiocinati sunt, quod ... Hec contra [i. e. contra haec] ratiocinatus est abbas ... RÉDET, *Cart. de S.-Cyprien de Poitiers*, no. 154 p. 103 (a. 1086). Comes pactum hoc [i. e. hoc pactum esse] offerebat per Andream ... ratiocinare. SUGER., V. Lud. Gr., c. 19, ed. WAQUET, p. 142. **3.** *raisonner, convaincre par raisonnement — to reason, persuade by reasoning.* S. xii.

**ratiocinator:** *"renneur", receveur d'une recette domaniale — manorial revenue collector.* D'HOOP, *Ch. de Poperinghe*, no. 23 (a. 1178).

**ratiocinium:** **compte, reddition de comptes — account, rendering accounts.* **2.** *procès, cause — law case.* Ante quorumcunque judicium ipsius coenobii advocatus venerit, ... in cunctis justis ratiociniis solatium ei atque adjutorium praebeant. *D. Charles le Ch.*, I no. 131 p. 348 (a. 850).

**rationabilis:** **1.** **raisonnable, conforme à la raison, rationnel — reasonable, in accordance with reason, rational.* **2.** **spirituel, mystique — spiritual, mystical.*

**rationabiliter:** **raisonnablement, justement — reasonably, rightly.*

**rationalis:** **1.** **raisonnable, conforme à la raison, rationnel — reasonable, in accordance with reason, rational.* **2.** (de champs) *mesuré par arpentage* — (of arable) *measured by surveying.* Recepimus in cambio ... terram rationalem ... modiorum decem. GIORGI-BALZANI, *Reg. di Farfa*, II doc. 114 p. 99 (a. 778). Item ib., doc. 147 p. 123 (a. 789); doc. 289 p. 244 (a. 852). Subst. mascul. **rationalis:** *bourgmestre — burgomaster.* KETNER, *OB. Utrecht*, III no. 1560 p. 309 (a. 1262). Subst. neutr. **rationale:** **1.** **ornement du grand prêtre hébreu — pectoral of the Hebrew high priest.* **2.** *ornement liturgique d'un évêque,* soit en forme de scapulaire (i. q. superhumerale), soit en forme de plastron (i. q. pectorale) — *a bishop's liturgical ornament.* WALAHFR., Exord., c. 25, *Capit.*, II p. 504 l. 20. Utebatur logio, id est rationali. SIGEBERT., V. Deoderici *SS.*, IV p. 468 l. 43. GUILL. PICTAV., lib. 1 c. 58, ed. FOREVILLE, p. 142. Usum rationalis ... ab apostolico ... promeruit. Ann. Patherbr., a. 1133, ed. SCHEFFER-BOICHORST, p. 158. Usum rationalis ... persone tue concedimus. Innoc. II pap. priv. a. 1135, BORMANS-SCHOOLMEESTERS, *Cart. de Liège*, I no. 37 p. 61 (J.-L. 7733).

**rationare:** **1.** *compter — to count, reckon.* Duodecim denarios per singulos soledos rationatos. MURATORI, *Antiq.*, I col. 405 (ch. a. 845). **2.** *arpenter — to survey.* Suprascriptas locas



raciomnadas [!] qualiter mensura et coerencias contenit porcionem [i. e. portio] mea. GABOTTO, *Carte di Asti*, p. 17 (a. 878). Alveum aque a quatuor milliariis rationatum secus et extrinsecus, sursum et deorsum. TIRABOSCHI, *Mem. Modenesi*, I p. 130 (a. 964). **3.** *plaider — to plead.* Ipsa[m] causa[m] suscipere ad mallandum in vice mea debeas et cum suprascribto illo ex hoc rationare. MARCULF., lib. 2 no. 31, *Form.*, p. 95. In nostra presentia debuissent adstare rationantes. F. Turon., no. 33, p. 155. Ad prosequendi, rationandi, interpellandi cuicumque volueris habeas potestatem. Ib., app. 4, p. 165. Ut nemo in placito pro alio rationare usum habeat ... injuste sive pro cupiditate aliqua. Capit. missor. gener. a. 802, c. 9, I p. 93.

**rationatio:** *argumentation — pleading.* Cum ista presente cartula ... et singulis racionationibus ... per vos ipsis defendetis. *CD. Langob.*, no. 533 col. 910 A (a. 929).

**rationator:** **1.** *arpenteur — surveyor.* Super qua rebus [i. e. quas res] accesserunt ... cum idoneis [h]omines ad extimandum ... L. rationator et extimator ... *CD. Langob.*, no. 199 col. 333 C (a. 856, Milano). **2.** *avoué — attorney.* Utrique abbates cum advocatis et rationatoribus suis in concilio astiterunt. Concil. Burdigal. a. 1079, *Gall. chr.*[2], II instr. col. 273. **3.** *"renneur", receveur d'une recette domaniale — manorial revenue collector.* VERCAUTEREN, *Actes de Flandre*, no. 105 (a. 1121).

**rationatus** (decl. iv): *arpentage — survey.* Per rationatum jugias 13. TIRABOSCHI, *Mem. Modenesi*, p. 77 (a. 899).

**1. ratus** (adj.): **accepté, acceptable — accepted, acceptable.*

**2. ratus**, rattus (subst.): *rat — rat.* V. Lanfranci, § 8, *AASS.*, Maji V p. 835. GUILL. ANDR., c. 39, *SS.*, XXIV p. 700.

**3. ratus**, v. raptus.

**rauba**, raupa, roba, rupa (germ.): **1.** *butin, rapines — booty, spoils.* Rauba[m] sua[m] in solidos tantos eidem tullesetis. MARCULF., lib. 1 no. 29, *Form.*, p. 60. Rauba[m] sua[m], caballus, aurum et argentum et drapalia tulisset. F. Sal. Bignon., no. 9, p. 231. Cellarium infregi et exinde annonam vel aliam raupam in solidos tantum furavi. F. Pith., no. 75, p. 598. **2.** spec.: *vêtements dont on a dépouillé l'ennemi — clothes taken from an enemy.* Si quis hominem occiderit, ... quidquid super eum arma vel rauba tullit ... Lex Alamann., tit. 48. **3.** *objets de valeur, effets mobiliers — valuable objects, movable assets.* Vidissent quando ipsa[m] rauba[m] ipsi illi conmandasset. F. Andecav., no. 29, p. 13. Servo suo [solidos tantos] vel alia[m] rauba[m] sua[m] pro illa leodi dedit. Cart. Senon., no. 51, p. 207. **4.** *ustensiles de ménage — household furniture.* Anteposita roba, modia, fasioli et ortiva causa, unde non rendamus. *CD. Langob.*, no. 188 col. 316 D (a. 855, Cremona). **5.** *vêtements — clothes.* S. xiii. **6.** *livrée — livery.* S. xiii. **7.** *habit, vêtement de dessus* d'homme ou de femme — *dress,* man's or woman's *garment.* S. xiii. **8.** rauba lecti: literie — bed-clothes. S. xiii.

**raubare**, robare, rubare, rupare (< rauba): *dépouiller, détrousser — to rob, despoil.* Si quis alterum in via expoliare temptaverit ... Si vero eum raubaverit ... Lex Sal., tit. 17 addit. 2 (codd. fam. 2 et text. Herold.). Si quis in via alterum adsallierit et eum raubaverit. Ib., tit. 31 addit. 1 (text. Herold.).

**raubaria**, rob-, -er-, -or-, -ium: **1.** *rapine, spoliation — robbery.* Consuet. Norm. veterr., pt. 1 (s. xii ex.), c. 36, ed. TARDIF, p. 30. Phil. II Aug. priv. pro Atrebat. a. 1194, ESPINAS, *Rec. d'Artois*, no. 108, c. 20. **2.** *rapines, butin — stolen goods.* Ei robaria reddetur qui eam amiserit. Ib. **3.** *droit de dépouille,* droit de confisquer les biens meubles d'un évêque défunt — *right of spoils,* right to impound movables left by a deceased bishop. DC.-F., VII p. 30 col. 3 (ch. a. 1155, Narbonne).

**raubator**, rob-, rub-: *déprédateur, brigand — robber.* S. xiii.

**raupa**, v. rauba.

**razellus**, v. radellus.

**reacaptis** (< acaptis, cf. voc. racatum): *somme due à titre de relief d'une tenure — sum to be paid for the relief of a tenement. Gall. chr.*[2], XIII instr. col. 182 B no. 3 (a. 1144, Montauban).

**readunare:** *réunir, rallier — to re-unite.* Duas [partes monachorum], que Rome et in Firmano fuerunt, readunavit. HUGO FARF., Destr., ed. BALZANI, p. 35.

**reaggerare:** *endiguer de nouveau — to dike once more.* S. xiii, Holl.

**reaptare:** *réparer — to repair.* S. xiii.

**reatitudo:** *culpabilité — guilt.* Bonif. pap. epist. a. 624 ap. BEDAM, H. eccl., lib. 2 c. 8 (J.-E. 2006); alia epist. ejusdem, ib., c. 10 (J.-E. 2008). Martini I pap. epist. a. 649, *SRM.*, V p. 453 (J.-E. 2059).

**1. reatus** (decl. iv): **1.** **culpabilité — guilt.* **2.** **péché — sin.* **3.** *crime — crime.* Ob perfidiam sui reatus. *D. Ottos I.*, no 189 (a. 958).

**2. reatus** (adj.), v. radiatus.

**reba**, v. repa.

**rebaldus**, v. ribaldus.

**rebaptizare:** **rebaptiser — to re-christen.*

**rebaptizatio:** **action de rebaptiser — re-christening.*

**rebellare**, transit.: **1.** *vaincre, mater — to defeat, overcome.* Tam cives patrios rebellans quam etiam gentes exteras superans. JORDAN., Rom., § 85, *Auct. ant.*, V pt. 1 p. 9. Ad quem rebellandum ... dirigitur. Id., Get., c. 16 § 90, p. 81. **2.** *révolutionner — to rouse to revolt.* Fraudavit fidem suam et omnia sacramenta rumpens [leg. rupit] et voluit Italiam rebellare. Ann. regni Fr., a. 775, ed. KURZE, p. 42. Etiam ib., a. 769, p. 28.

**1. rebellio** (femin.): *contradiction, protestations — opposition, protest.* Consentaneus huic tradicioni simul et testis absque rebellione fuit. MULLER-BOUMAN, *OB. Utrecht.*, I no. 375 p. 338 (< a. 1139>, spur. s. xii ex.).

**2. rebellio** (mascul.) (postclass. "celui qui reprend la guerre — one who resumes hostilities"): *rebelle, révolté — rebel, insurgent.* JORDAN., Get., c. 53 § 276, *Auct. ant.*, V pt. 1 p. 129. Benedicti regula, c. 62.

**rebellium** = 1. rebellio.

**rebinare** (cf. voc. binare): *labourer* une terre *une troisième fois — to plough* a field *a third time.* S. xiii.

**reblandire**, aliquem: *regagner les bonnes grâces de qq'un — to win back* a person's *goodwill.* Comes illo pergit ut regem reblandiret quate-

nus sibi A. redderet. Chron. Sith., ad a. 900, *H. de Fr.*, IX p. 74.

**rebrachiare:** *retrousser — to roll back.* Ulnas. V. Eligii, lib. 2 c. 37, *SRM.*, IV p. 722. Manicas. HERBORD., V. Ottonis Babenb., lib. 2 c. 23, ed. PERTZ in us. schol., p. 76.

**recadere:** **1.** *déchoir — to be deprived.* De hoc praeceptum recadere. TIRABOSCHI, *Mem. Modenesi*, p. 13 (a. 811). Similia MITTARELLI, *Ann. Camald.*, p. 99 (a. 976). **2.** *échoir — to devolve upon.* Res ad partem s. vestri monasterii reverti et recadere debent. MURATORI, *Scr.*, II pt. 2 col. 953 (ch. a. 957, Pescara).

**recalcus:** *bande de terre où l'on tourne la charrue — strip of land used to turn the plough.* DC.-F., VII p. 38 col. 1 (ch. a. 873 et 914, Vienne). BERNARD-BRUEL, *Ch. de Cluny*, II no. 1333 p. 407 (a. 973).

**recapitulare:** **1.****reprendre, récapituler, résumer — to sum up, summarize.* **2.** *reprendre, blâmer — to censure, rebuke.* Eum flagellavit, recapitulans negligentiam ejus. Acta Erconwaldi, § 16, *AASS.*, Apr. III p. 784. **3.** intrans.: *se répéter — to recur.* Anno centesimo post explicionem numeri s. Victori[i] episcopi, ciclum recapitulantem [accus. absol.]. IONAS, V. Joh., prol., ed. KRUSCH (in-8°), p. 326.

**recapitulatio:** **1.** **reprise, résumé — summing up, summary.* **2.** *récurrence — recurrence.* Anno recapitulationis Dionisi, id est ab incarnatione Christi 680. BIRCH, *Cart. Sax.*, I no. 51 p. 84 (a. 680).

**recasare:** *munir de nouveau d'un fief — to re-enfeoff.* Cantat. s. Huberti, c. 89, ed. HANQUET, p. 222.

**recausare:** *s'opposer, remettre en cause — to demur.* Si quis . . . contra hanc concessione[m] vel donacione[m] ire temptare vel recausare voluerit. MEYER-PERRET, *Bündner UB.*, I no. 27 p. 30 (a. 769-800). Similia WARTMANN, *UB. S.-Gallen*, III no. 790 p. 11 (a. 933).

**recausatio:** *instance réitérée – renewed complaint.* Nullam recausationem contra casam s. Dionisii exinde facere deberet. *D. Arnulfing.*, no. 18 p. 105 (a. 747).

**recens:** (d'aliments) *frais* — (of food) *fresh.* S. xii.

**recensere:** **1.** *lire tout haut — to read out.* EUGIPP., Epist. ad Paschas., *CSEL.*, t. 9 pt. 2 p. 3 et 68. VICTOR VIT., lib. 2 § 41, *Auct. ant.*, III pt. 1 p. 22. Concil. Asp. Elus. a. 551, *Conc.*, I p. 113. *D. Merov.*, no. 34 (a. 658). MARCULF., lib. 1 no. 2, *Form.*, p. 42. **2.** *s'aviser de — to conceive.* Majorem modium de ipsis exactare recinsint [recensuissent, emend. MÜHLBACHER] quam illi consueti fuissent dare. *D. Karolin.*, I no. 132 (a. 781). **3.** *commémorer — to commemorate.* Dies anniversarius C. regis . . . annuatim esset recensitus. FOLCUIN., G. abb. Lob., c. 15, *SS.*, IV p. 61 l. 31.

**recentarium:** *rafraîchissoir — icing-pail.* V. Desiderii, c. 17, *SRM.*, IV p. 576. SCHIAPARELLI, *CD. Langob.*, I no. 50 p. 169 (a. 730, Siena). CAPASSO, *Mon. Neapol.*, I p. 158 (a. 987).

**recepta,** -um (cf. etiam voc. receptus): **1.** *perception — collecting* of taxes. S. xii. **2.** *recette — receipt, money received.* S. xii. **3.** *ordonnance médicale — medical recipe.* S. xiii. **4.** *recel* d'objets volés — *receipt* of stolen goods. S. xiii.

**receptamentum:** *recèlement* de criminels — *resetting.* S. xiii.

**receptare:** *recéler* un criminel — *to reset.* Qui bannitum de pecunia receptaverit. WARNKOENIG-GHELDOLF, II p. 423 no. 5 c. 6 (ca. a. 1178, Flandre).

**receptator:** *recéleur — resetter.* S. xiii.

**receptibilis:** (d'un témoin) *idoine* — (of a witness) *admissible.* De [h]is duobus germanis nihil [h]abeo quod contradicere[m] ut receptibilis non sint. MANARESI, *Placiti*, I no. 51 p. 171 (a. 847, Lucca). Qui [testes] omnes testificati inventi sunt bonos et receptibiles essent [i. e. esse]. Ib., no. 59 p. 214 (a. 854, Piacenza). Etiam no. 70 p. 254 (a. 865).

**receptio:** **1.** *gîte* imposé en vertu du droit de gite — *compulsory housing and entertainment.* BERNARD-BRUEL, *Ch. de Cluny*, II no. 1139 p. 230 (< a. 962/963 >, spurium ni fallor). PROU-VIDIER, *Ch. de S.-Benoît-s.-Loire*, I no. 58 p. 145 (ca. a. 968-972). RIUS, *Cart. de S.-Cugat*, II no. 634 p. 299 (a. 1063). **2.** *recette — receipt, money received.* S. xiii.

**receptor:** *receveur d'impôts, trésorier — tax-collector, treasurer.* S. xiii.

**receptorius,** -tar-. Breve receptorium: *récépissé* par lequel l'acquéreur d'un bien provenant d'un héritage décharge l'exécuteur testamentaire — *receipt* by which the acquirer of an estate derived from an inheritance releases the executor testamentary. Cart. libro Pap. add., no. 14, *LL.*, IV p. 598 col. 2. *CD. Langob.*, no. 135 col. 238 C (a. 839, Milano). Ib., no. 223 col. 390 B (a. 864); no. 496 col. 855 A (a. 922). Subst. femin. **receptoria:** *perception d'impôts — tax collection.* S. xiii. Subst. neutr. **receptorium:** **1.** **auberge, hôtellerie — inn.* **2.** *droit de pât — compulsory entertainment.* CALMET, *Lorr.*, II pr. col. 398 (ch. a. 1188, Toul).

**receptus,** recet-, receut- (decl. iv), -um: **1.** *gîte* imposé en vertu du droit de gîte — *compulsory housing and entertainment.* PROU-VIDIER, *Ch. de S.-Benoît-s.-Loire*, I no. 48 p. 123 (ca. a. 941). DE FONT-RÉAULX, *Cart. de Limoges*, no. 50 p. 70 (ca. a. 1020). TARDIF, *Cartons*, no. 258 p. 162 col. 1 (ca. a. 1025, Parisis). DOUAIS, *Cart. de Toulouse*, no. 233 p. 165 (ca. a. 1045). GRASILIER, *Cart. de Saintes*, no. 12 p. 23 (a. 1067). BERNARD-BRUEL, *Ch. de Cluny*, IV no. 3085 p. 260 (ca. a. 1070). *Hist. de Lang.*[3], V no. 303 col. 594 (ca. a. 1072, Lézat). **2.** *le droit de disposer d'un château* en cas de nécessité militaire — *free disposal of a castle* in case of military emergency. FULBERT. CARNOT., epist. 5, *H. de Fr.*, X p. 447. Ch. Lud. VII reg. Fr. a. 1153 ap. DC.-F., VII p. 43 col. 1 (S.-Denis).

**recessus** (decl. iv): **1.** *décès — decease.* EGERIA, Peregr., ed. PÉTRÉ, p. 10. Lib. pontif., Hadr. I, § 3, ed. DUCHESNE, I p. 486. **2.** *décision* adoptée à la dissolution d'une conférence — *resolution* passed by a meeting when about to dissolve. S. xiii. **3.** *créance* qui résulte de l'audition d'un compte — *acknowledgement of debt* issued in closing accounts. S. xiv.

**rechatum,** v. racatum.

**recidiva:** *reprise, récidive — recurrence.* Civiles discordie et seditiones resurrectionem habuerunt et recidivam. OTTOBON., Ann. Genuens., a. 1190, ed. BELGRANO, II p. 37.

**recidivare:** *pécher de nouveau, recommencer un délit — to relapse into sin or crime.* S. xii.



**recipere:** *exaucer — to hear, grant.* Sermones barbari non recepit. ANAST. BIBL., Chron., ed. DE BOOR, p. 165. Verba . . . minime recipiebant. Chron. Salernit., c. 155, ed. WESTERBERGH, p. 162.

**reciprocare, 1.** transit.: *répondre à — to answer.* EULOG., Mem. sanct., lib. 2 c. 1 § 2, MIGNE, t. 115 col. 766 D. V. Fructuosi, prol., MABILLON, *Acta*, II p. 582. **2.** *répéter — to repeat.* Chron. Senon., ad a. 1002, CALMET, *Lorr.*, II pr. col. 103. **3.** intrans.: *retourner — to return.* JOH. VENET., ed. MONTICOLO, p. 103.

**recisura.** Plural. recisurae: *rognures, retailles — chips, parings.* Dei creandi materiam lignum vel lapidem esse non posse, quorum recisurae vel igni absumerentur vel . . . BEDA, H. eccl., lib. 3 c. 22.

**recisus** (decl. iv): *acompte, défalcation — instalment, allowance.* Quicquid fiscus consuetudinis habuit recipiendi, in luminaribus . . . pro nostra elemosyna ad presens in recisum computetur. *D. Karolin.*, I no. 141 p. 193 (a. 782). Quicquid de ipsam villam partibus fisci nostri sperabatur, hoc vobis in recisum putamus. D. spur. Childerici II reg. (s. ix ?, Le Mans), *D. Merov.*, p. 185 no. 69.

**reclamare:** **1.** *se plaindre de souffrir un tort — to complain of a wrong done.* Ubicunque census novus impie addetus est et a populo reclamatur. Edict. Chloth. a. 614, c. 8, *Capit.*, I p. 22. Aliquis homo sibi injustitiam factam ab aliquo reclamasset. Capit. missor. gener. a. 802, c. 1, p. 92. Nostrae majestati reclamaverunt . . . super eos superfluas factas fuisse inquisitiones. Capit. Pap. a. 856, c. 3, II p. 90. Refl. se reclamare: idem. Si aliquis se reclamaverit quod injuste sit excommunicatus. Concil. Vern. a. 755, c. 9, *Capit.*, I p. 35. Si qua mulier se reclamaverit quod vir suus numquam cum ea mansisset. Decr. Vermer. (a. 758-768), c. 17, p. 41. Pauperes se reclamant expoliatos esse de eorum proprietate. Capit. de reb. exerc. a. 811, c. 2, I p. 165. G. se reclamante . . . quod . . . injuste tolleret ei . . . episcopatum. Gregor. V pap. priv. a. 998, MIGNE, t. 137 col. 929 A (J.-L. 3888). Nostram excellentiam adiit se reclamans ob contentionem quandam . . . *D. Karolin.*, I no. 257 (spur. s. x p. post., Worms). **2.** *en appeler, faire appel, recourir à une autorité supérieure — to appeal, make an appeal.* Violentia[m] si sustinuerit aliquid aut a judicem suum aut ab alium hominem, et judex neglexerit judicare, . . . tunc veniat ad palatio et reclamit sua[m] violentia[m]. Ratchis leg., c. 10. Si reclamaverit quod legem ei non judicassent, tunc licenciam habeat ad palacium venire pro ipsa causa. Pippini capit. (a. 754/755), c. 7, I p. 32. Si ad palacium pro hac re reclamaverint. Capit. missor. Theodonisv. gener. a. 805, c. 8, p. 124. Si infra triennium non reclamaverunt ad imperatorem. Concord. episc. a. 813, c. 12, *Conc.*, II p. 298. Quando aliquis ad nos necessitatis causa reclamaverit. Commem. missis data (a. 825), c. 2, *Capit.*, I p. 309. Refl. se reclamare: idem. Si aliquis homo ante nos se reclamaverit. Pippini capit. Aquit. a. 768, c. 8, p. 43. Qui se reclamaverit super pontificem quod justitiam habeat ad requirendum. Pippini reg. It. capit. (a. 782-786), c. 6, p. 192. Cum pro eisdem rebus C. abba ad domnum H. regem se reclamasset. WARTMANN, *UB. S.-Gallen*, II, Anhang no. 18 p. 395 (ca. a. 825). [Populus] caveat de aliis causis se ad nos reclamare, nisi de quibus aut missi nostri aut comites eis justitias facere noluerint. Capit. missor. Wormat. a. 829, c. 14, II p. 17. Reclamavit se ille, quod injusto judicio propriis rebus caruisset. F. Augiens., coll. B no. 22, *Form.*, p. 357. Si . . . se reclamaverint quod justitiam habere non potuerunt. Capit. Tusiac. a. 865, c. 12, II p. 331. Si episcopi suis laicis injuste fecerint et ipsi laici se ad nos inde reclamaverint. Capit. Pist. a. 869, c. 7, p. 334. Si aliquis . . . comes ac vassus noster suo homini contra rectum et justitiam fecerit et se inde ad nos reclamaverit. Ib., adnunt. Karoli, c. 2, p. 337. Servi reclamaverunt se ad genitorem nostrum. *D. Ludw. d. Deutsch.*, no. 145 (a. 873). Nostre genua serenitatis adiens . . . reclamavit se de quibusdam rebus. *D. Charles le Simple*, no. 5 (a. 894). Illuc . . . veniens se ad nostram reclamavit dominationem, quod . . . *D. Zwentibolds*, no. 21 (a. 898). **3.** *mettre opposition — to make objection.* Infra noctes 40 secundum legem Salicam visa es reclamasse. F. Sal. Lindenbr., no. 20, *Form.*, p. 281. Si ipsi parentes infra triennium non reclamaverunt ad imperatorem [de tonsura filii]. Concord. episc. a. 813, c. 12, *Conc.*, II p. 298. Dum comes resederet in placito puplico, venisset reclamandum M. quod pars monasterii N. eum pigneratum haberet. *D. Karls III.*, no. 25 (a. 880). **4.** causam suam: *intenter une action — to institute an action.* Conponat ei, qui causam suam reclamavit, ipse sculdhais sol. 6. Liutprandi leg., c. 25. Item c. 26 sq. Refl. se reclamare: idem. Si . . . se reclamaverint . . ., definitio litis fieri possit. Const. de Hisp. I, a. 815, c. 7, *Capit.*, I p. 262. **5.** justitiam: *réclamer — to demand.* Si quis venerit justitias reclamare super quempiam hominem, dicendo de homicidia, furta aut de praeda. Pipp. reg. It. capit. (a. 782-786), c. 8, p. 192. Nulli hominum contradicere viam ad nos veniendo [i. e. veniendi] pro justitia reclamandi [i. e. reclamanda] aliquis praesumat. Capit. de part. Saxon., c. 26, p. 70. **6.** *prétendre — to claim.* Nullus filius aut filia seu aliquis de propinquis meis possit reclamare se habere hereditatem in illa terra. BERNARD-BRUEL, *Ch. de Cluny*, II no. 1496 p. 548 (a. 979). **7.** aliquid: *vouloir récupérer — to claim back.* Spondens . . . se, dum viveret, illum [pontificatum] non reclamaturum. SIMEON DUNELM., H. regum, ad a. 1116, ed. ARNOLD, II p. 250. **8.** aliquid: *revendiquer — to lay claim to.* Si aliquis adversus abbatem aliquid reclamaverit. VAN CAENEGEM, *Writs*, p. 440 no. 54 (a. 1087-1097). Si ipse in ea [terra] aliquid reclamaverit. Ib., p. 414 no. 3 (a. 1102 ?).

**reclamatio:** **1.** *appel, recours à une autorité supérieure — appeal.* Pro nimia reclamatione quae ad nos venit. Capit. Cenom. a. 800, I p. 81. De sua reclamatione in perpetuum sileat. Resp. missis data a. 826, c. 1, p. 314. Reclamatio ad regem vel ad ducem. F. Sangall. misc., no. 1, inscr., *Form.*, p. 380. Quodsi fecerint [fraudem] et ad nos inde reclamatio venerit. Edict. Pist. a. 864, c. 23, *Capit.*, II p. 320. BENED. SANTANDR., ed. ZUCCHETTI,

p. 76. **2.** *opposition — objection.* Quicquid pars contra pare suo inter se diviserunt, absque ulla repetitione vel reclamatione hoc habeant. F. Sal. Bignon., no. 19, *Form.*, p. 235. **3.** *revendication — claim.* Si suam reclamationem ostendere [i. e. probare] non potuerit. Liutprandi leg., c. 96. **4.** *répétition — reclamation, revindication.* Nulla reclamacio nullo umquam tempore de parti ipsius basileci ad fisco nostro . . . non perveniat. *D. Merov.*, no. 67 (a. 695). Si aliquis beneficiare presumpserit, rectam reclamationem habeant parentes mei [sc. donatoris]. RAGUT, *Cart. de Mâcon*, no. 141 p. 100 (a. 968-971).

**reclamator:** *protestataire — objector.* Monasteria . . . a te sine refragatione de aliquo judice vel reclamatore constructa sunt. Steph. II pap. priv. a. 757, MIGNE, t. 89 col. 1014 C (J.-E. 2331). De reclamatoribus vel causedicis qui nec judicium scabinorum adquiescere nec blasfemare volunt. Loth. capit. Pap. a. 832, c. 5, II p. 61.

**reclamatorius:** i. q. rogatorius. Epistola reclamatoria ob episcopum impetrandum. *Epp.*, V p. 324, inscr. (a. 834).

**reclausa,** v. reclusa.

**reclavus** (< reclivis?): *pente, déclivité — slope, declivity.* BERNARD-BRUEL, *Ch. de Cluny*, I no. 393 p. 374 (a. 931); II no. 976 p. 72 (a. 955 ?).

**reclinare** (intrans.): *être couché — to lie.* FORTUN., V. Radegundis, lib. 1 c. 5, *SRM.*, II p. 366.

**reclinatorium: 1.** *oreiller — pillow.* ISID., Etym., lib. 19 c. 26 § 3. **2.** *gîte — housing.* S. xiii.

**recludere,** -claud-, **1.** passiv. recludi: *se retirer en reclus(e) — to withdraw from the world as a recluse.* Vale omnibus faciens . . . reclausa est structoque aditu . . . ibi nunc oratione ac lectione vacat. GREGOR. TURON., H. Fr., lib. 6 c. 29. **2.** refl. se recludere: *se retrancher — to entrench oneself.* [Rex Langobardorum] fugiens atque Papiam conjungens, ibidem se cum . . . multitudine populi Langobardorum reclaudi studuit. Lib. pontif., Hadr. I, § 31, ed. DUCHESNE, I p. 495.

**reclusa,** reclausa (subst. femin.): **1.** *barrage — weir.* Cum ipso molino, cum ipsa reclausa et cum ipsa piscatoria. *Hist. de Lang.*[3], V pr. no. 58 col. 162 (a. 933, Béziers). **2.** v. voc. reclusus (adj.).

**reclusagium:** *ermitage — hermitage.* S. xiii.

**reclusio:** *reclusion, état de reclus(e) — reclusion, state of recluse.* Post 44 annos reclusionis suae . . . tradidit spiritum. GREGOR. TURON., H. Fr., lib. 6 c. 8. Reclusionis locus. Synod. Franconof. a. 794, c. 12, *Capit.*, I p. 75. Lege reclusionis eum intrusum fuisse. JOH. METT., V. Joh. Gorz., c. 31, *SS.*, IV p. 345. Religiosam virginem . . . de reclusione violenter abstraxerat. Cantat. s. Huberti, c. 44, ed. HANQUET, p. 109.

**reclusorius** (adj.): *de reclus(e) — of a recluse.* Cellulam reclusoriam Virduni sibi constituit. JOH. METT., V. Joh. Gorz., c. 52, *SS.*, IV p. 351. Subst. neutr. **reclusorium:** *ermitage — hermitage.* S. xiii.

**reclusus** (adj.): *qui vit en reclus(e) — living the life of a recluse.* Sanctaemuniales feminas atque reclusas. Steph. II pap. epist. a. 756, *Epp.*, III p. 495 l. 21. [Saraceni] reclausos etiam viros et mulieres abduxerunt. Ann. Xant., a. 846, ed. SIMSON, p. 16. Subst. mascul. **reclusus** et femin. **reclusa: 1.** *prisonnier — prisoner.* Pass. Eusebii et Pontiani (s. vi), *AASS.*, Aug. V p. 116. **2.** *reclus(e) — recluse.* GREGOR. TURON., H. Fr., lib. 6 c. 6. Ibi pluries. Pass. I Leudegarii, rec. C, c. 10, *SRM.*, V p. 292. Synod. Franconof. a. 794, c. 12, *Capit.*, I p. 75. Cf. L. GOUGAUD, *Ermites et reclus*, Ligugé 1928.

**recogitare,** transit.: **penser à, réfléchir sur — to think over.*

**recognitio: 1.** *désistement — renunciation of claims.* Facta recognitione vel exvacuatione. D'ABADAL, *Eixalada*, no. 27 (a. 874). Recognitionem vel conlaudationem. Ib., no. 19 (a. 879). Episcopus recognovit hoc justum esse et verum . . . quod comes ei requirebat . . . Comes, audita hac recognitione a prefato episcopo . . . ROSELL, *Lib. feud. maj.*, II no. 587 p. 92 (a. 1069). **2.** *récognition* d'un droit de propriété éminente — *recognition* of superior ownership. Praedictum locum Romanae apostolicae sedi ita subjectum esse decrevimus, ut per quinquennium 10 sol. pro recognitione ibidem persolvantur. *Hist. de Lang.*[3], V pr. no. 69 col. 177 (a. 937, Toulouse). BERTRAND, *Cart. d'Angers*, I no. 131 p. 160 (a. 973). ERHARD, *Reg. Westfal.*, I, CD. no. 138 p. 110 (a. 1042). GYSSELING-KOCH, *Dipl. Belg.*, no. 164 (a. 1069). BERTRAND, o. c., no. 105 p. 117 (a. 1082-1106). LACOMBLET, *UB. Niederrh.*, I no. 328 p. 218 (a. 1138). **3.** *cens récognitif — a cess recognitive of superior ownership.* Annuatim recognitionem ex ipsis [rebus] haberent denominatam. ODO FOSSAT., V. Burcardi, c. 6, ed. BOUREL, p. 18. Nichil debiti vel consuetudinis seu servitii ulliusve saltem recognitionis deinceps exigat. BOURASSÉ, *Cart. de Cormery*, no. 45 p. 91 (a. 1070-1110). **4.** *procédure d'enquête par témoignage juré — inquest by jury.* Si quis fecerit clamorem de terra . . . et si postea facta fuerit recognicio de terra ista. Stabil. Rotomag., c. 23, ed. GIRY, p. 32. Propter factam recognitionem saisinam non omittat qui prior saisitus fuerat, donec per placitum dirationatum fuerit. Constit. Clarendon. a. 1164, c. 9, STUBBS, *Sel. ch.*[9], p. 166. Recognicio juris . . . plenarie facta et confirmata est. VAN CAENEGEM, *Writs*, p. 53 n. 7 (s. xii med.). Liceat priori et monachis . . . facere fieri recognitiones . . . de tenementis suis que alienata sunt. Ib., p. 463 no. 99 (a. 1173?). [Possessor terrae impetitus] recognitionem habebit 12 militum vel vavassorum sacramento, uter eorum in terra illa majus jus habeat. Cons. Norm. veterr., pt. 1, c. 17 § 1, ed. TARDIF, p. 19.

**recognitor** (cf. voc. recognoscere sub 3): *membre d'un jury — juror.* S. xii, Angl.

**recognoscere: 1.** **apprendre, être informé — to learn, be told.* **2.** **connaître, comprendre, se rendre compte que — to get to know, understand, realize.* Refl. se recognoscere: idem. Se recognoscens quod malum aegisset consilium. ANDR. BERGOM., c. 6, *Scr. rer. Langob.*, p. 225. **3.** *scruter par enquête jurée — to ascertain by jury.* Fac sedere comitatum de Essex super terram A. que est in calumpnia inter archiepiscopum Cant. et abbatem Westm. et fac recognosci per comitatum quis eorum rectum habeat in ipsa terra. VAN CAENEGEM, *Writs*, p. 419 no. 14 (a. 1115-1127). Precipio tibi quod facias recognosci per antiquos homines Cadomi quot et quarum domorum in Cadomo episcopi Bajocenses solebant habere censum et redditus tempore Henrici regis avi mei. DELISLE, *Actes Henri II*, I no. 21 p. 115 (a. 1156). **4.** *reconnaître* comme tel — *to acknowledge* as such. Pro colone ipsius sibi [i. e. se] recredidit vel recognovit. Cart. Senon., no. 20, *Form.*, p. 194. Interrogaverunt si aliquid contra ipsa carta dicere vellebant; sed ipse servus ipsa[m] carta[m] vera[m] et legitima[m] recognovit. F. Senon. rec., no. 6, p. 214 Cum se recognovisset in omnibus exuatum, iste alter reversus est in proprio. F. Augiens., coll. B no. 40, p. 362. **5.** *avouer, reconnaître, admettre — to acknowledge, recognize, confess.* Nullatenus potuit denegare, sed in presenti recognovit quod genitrix sua ipsam villam condonasset. *D. Karolin.*, I no. 1 (a. 752). Refl. se vel sibi recognoscere: idem. Se in omnibus recognovit quod contra legem ipsum hominem calumniabat. F. Turon., no. 41, *Form.*, p. 158. Si hoc jurare potuerit, secura resedeat; sin autem non potuerit, ad ipsa casa Dei se recognoscere faciat. F. Senon. rec., no. 5, p. 214. Sibi recognovit vel recrededit quod nullum drictum habebant. *D. Karolin.*, I no. 102 (a. 775). Ea que feci, recte et veraciter me recognosco vel exvacuo. DE MARCA, *Marca Hisp.*, app. col. 797 (a. 874). Recognovit se L. de 2 petias de terra . . . quod de ipso monasterio debuissent esse. D'ABADAL, *Eixalada*, no. 19 (a. 879). Ut sanctimoniales subjectionem debere se recognoscant Nevernensi episcopo. *D. Karls III.*, no. 138 (a. 886). Recognosco me . . . veris [i. e. verum] est in omnibus . . . qualiter . . . adprehendidi . . . ipsum alaude. MARTORELL, *Arch. Barcelona*, no. 35 p. 154 (a. 913). **6.** refl. se vel sibi recognoscere, absol.: *reconnaître son tort, passer condamnation, faire ses aveux — to admit oneself in the wrong, to own defeat, plead guilty.* Se recognobit vel exvacuabit. *Hist. de Lang.*[3], II pr. no. 139 col. 288 (a. 852, Narbonne). Qui . . . se recognoscit et paenitet et misericordiam . . . petierit. Capit. Caris. a. 856, c. 4, II p. 280. Qui . . . in nos peccaverunt, si se ex veritate recognoscentes [veniam] petierint. Conv. Confl. a. 860, cap. ab omn. cons., c. 7, p. 156. Si se recognoverint et deinceps a talibus se cavere voluerint. Capit. Confl. a. 860, sect. C c. 2, p. 299. Se recognovit et concredidit et per suos wadios [villam] prefato episcopo redidit. GERMER-DURAND, *Cart. de Nîmes*, no. 1 p. 3 (a. 876). Sese recognoscentes proprium confiterentur excessum. ANAST. BIBL., Chron., ed. DE BOOR, p. 101. Sic nos recognoscimus in vestro judicio. MARTORELL, *Arch. Barcelona*, no. 16 (a. 904). **7.** aliquid de, ab aliquo: *faire l'aveu* d'un fief, *reconnaître les droits d'un seigneur féodal — to make a recognition of feudal lordship.* Monachis s. Albini gravem querelam intulit, dicens quia . . . omnia quae apud A. habent, de elemosina parentum suorum habent, et ideo ea de se recognoscere deberent. BERTRAND, *Cart. d'Angers*, I no. 325 p. 370 (a. 1102). Ei recognoscerem fidelitatem et hominium pro castris, villis et locis que ab ipso . . . in feudum . . . tenere debebam. *Hist. de Lang.*[3], V no. 435 col. 812 (a. 1110, Carcassonne). Ille christianus efficeretur terramque ab eis recognosceret. ANON., G. Francorum, c. 36, ed. BRÉHIER, p. 190. **8.** aliquid alicui: *reconnaître, confirmer* les droits d'un tel sur un certain bien — *to acknowledge, confirm* a person's right to a property. Abbati . . . in sancta sinodo recognovi mediam partem ecclesiarum earum quė infra nominate sunt. WAMPACH, *Echternach*, I pt. 2 no. 192 p. 310 (a. 1063). Eundem comitatum Deo, Salvatori et s. Marie offerentes recognosceremus ac in perpetuum redderemus. *D. Heinrichs IV.*, no. 452 (a. 1096). Paludem . . . quam semper . . . possederant, . . . cognita veritate et justicia illorum . . . recognoscimus et reddidimus. MULLER-BOUMAN, *OB. Utrecht*, I no. 319 p. 292 (a. 1126). Terram [parrochianis] violenter ablatam et postmodum . . . justo judicio eis judicatam et recognitam. Ib., no. 333 p. 306 (a. 1131). [Decimam] deposita omni pheodalis juris justicia mihi liberam recognovit et . . . resignavit. Ib., no. 488 p. 435 (a. 1176).

**recolere:** **commémorer, célébrer de nouveau — to commemorate, celebrate once more.*

**recolligere: 1.** *reprendre, recouvrer — to take back, recover.* Pro recolligendis mancipiis juris sui monasterii, quae illic latitare dicuntur. GREGOR. M., lib. 9 epist. 191, II p. 180. Item lib. 9 epist. 10, p. 47. Illa mulier dimediam dotem accipiat, et dimediam parentis [i. e. parentes] defuncti marito [i. e. mariti] ad se recolligant. Chilperici edict., c. 5, *Capit.*, I p. 8. Qui ipsam donationem sine launigild dedit, possit eam a[d] se recollegere. Liudpr. leg., c. 73. Quicquid per vestrum . . . judicium de causa palatii Ravennatis recolleximus. Leonis III pap. epist. (a. 808-814), *Epp.*, V p. 101 l. 29. Nos ipsa[s] vineas recollexsimus ad parte[m] s. Donati. FICKER, *Forsch.*, IV no. 11 p. 16 (a. 828, Siena). **2.** *dégager, racheter — to redeem from pawn.* Intra 12 noctes pignera sua devitor aut fidejussor recollegere neglexerit. Liutprandi leg., c. 109. Etiam c. 108 et c. 110. Wadia ipsa recollecta per fidijuxsore. FICKER, loco cit. **3.** *prendre, prendre possession de, acquérir — to take, possess oneself of, obtain.* Ipse qui garethinx susceperit ab alio, quidquid reliquerit donator in diem obitus sui, habeat licentiam in suum dominium recollegere. Edict. Rothari, c. 174. Ipsas res ad regiam partem recolligere feci. MANARESI, *Placiti*, I no. 32 p. 102 (a. 821). Per judicia ipsas ecclesias parrociales recollegerunt. MURATORI, *Scr.*, I pt. 2 p. 389 (ch. a. 839, Benev.). Pars s. Vincentii . . . querebat [quosdam homines] recolligere pro servi[s]. MANARESI, no. 58 p. 206 (a. 854, Valva). [Episcopus] ipsa[s] res . . . recolligere[t] ad pars de ipso episcopio. Ib., no. 103 p. 375 (a. 897, Teramo). Recolexsit at parte[m] s. Gallonis. WARTMANN, *UB. S.-Gallen*, III no. 790 p. 11 (a. 933). **4.** *recueillir, moissonner — to reap, harvest.* Benedicti regula, c. 48. Ad recolligendas proprias segetes . . . egrederentur. Lib. pontif., Hadr. I, § 18, ed. DUCHESNE, I p. 492. Per tempus lavoris et vino recolliendo [i. e. vini recolligendi]. *CD. Langob.*, no. 129 col. 230 C (a. 837, Nonantola). De grano vel vendemia . . . quae tunc tempus fuerit racoligendum. Ib., no. 215 col. 356 D (a. 861, Verona). Ipsi lavori communiter studiemus et recolligamus et tritulemus.

*CD. Cav.*, II no. 318 p. 139 (a. 980). **5.** aliquem: *recueillir, accueillir, héberger — to receive, harbour, lodge.* Parentes eam [mulierem] a[d] se recollegere voluerint. Edict. Rothari, c. 216. Michi tempus et locum denuntiate, quoquo occurrere debeatis ad nos recolligendum. Joh. VIII pap. epist. 128, a. 878, *Epp.*, VII p. 114. **6.** refl. se recolligere: *se retirer — to retire.* Intra suos se fines recolligeret. JORDAN., Hist. Rom., *Auct. ant.*, V pt. 1 p. 50 l. 7. In monasterio habitent atque seipsos recolligant. Concil. Meld. a. 845/846, c. 57, *Capit.*, II p. 412. **7.** aliquid secum: *se remémorer de* qqch. — *to recall, remember.* Recolligens secum verba psalmi. RODULF. CAMERAC., V. Lietberti, c. 33, *SS.*, XXX p. 854 l. 40.

**recommemorare:** **rappeler — to remind.*

**recommendare, 1.** aliquid: *accorder de nouveau — to grant anew.* Si ... ipsa prenominata mea offerta ... resubtragere temptaverimus aut in alio loco recomandare quesierimus. BARSOCCHINI, *Doc. di Lucca*, I p. 102. **2.** aliquid: *confier — to commit, entrust.* [Cartulam] ei recomendata[m] [h]abeo. *CD. Cav.*, II no. 212 p. 2 (a. 961). A[d] scriptioni recomendavi, ne ... pereat. MONACI, *Reg. di S. Alessio*, p. 365 (a. 1002). **3.** aliquem: *mander, sommer — to summon, notify.* Justicia nostra ... poterit ... recommendare eum [sc. homicidam] et dominum domus, quod veniant ad justiciam. Phil. Aug. priv. pro Atrebat. a. 1194, c. 9, *Actes*, I no. 473 p. 566. **4.** aliquem: *louer, recommander — to praise, commend.* S. xiii. **5.** aliquem: *enfermer, emprisonner — to confine, imprison.* S. xiv.

**recomparare:** *racheter — to repurchase.* Filius [i.e. filios] ipsius per suo dispendio reconparit et proprio domino retradat. Edict. Rothari, c. 231.

**recompensa** (femin.): **1.** *compensation — compensation.* S. xiii. **2.** *récompense — reward.* S. xiii.

**recompensare, 1.** aliquid alicui aliqua re: *donner en retour, en compensation — to make good, compensate for.* Centum auri talentis injuriam recompensans. ANAST. BIBL., Chron., ed. DE BOOR, p. 287. **2.** *penser à, réfléchir sur — to bear in mind, think over.* V. Dunstani, *AASS.*, Maji IV p. 351.

**recompensatio: 1.** **compensation — recompense.* Accepit de rebus eclesiae in recompensationem traditionis suae in praecariam villam unam. *D. Ludw. d. Deutsch.*, no. 84 (a. 857). **2.** *wergeld.* Si occisus fuerit, reconpensatio ejus 10 librae sunt. Cod. Udalrici, no. 25 (a. 1057-1064), JAFFÉ, *Bibl.*, V p. 51.

**reconciliare, 1.** aliquem: **réconcilier avec l'Eglise, absoudre — to reconcile with the Church, absolve.* **2.** pass. reconciliari et refl. se reconciliare: *obtenir l'absolution — to receive absolution.* Si reconciliare [i. e. reconciliari] merimur. GREGOR. TURON., H. Fr., lib. 9 c. 43. **3.** refl.: *donner satisfaction pour un délit, expier — to atone, make amends.* Se et suos viros una satisfactione reconciliet. Lex famil. Wormat. (a. 1023-1025), c. 8, *Const.*, I no. 438. **4.** *reconsacrer* une église profanée — *to consecrate anew* a desecrated church. Lib. diurn., no. 24, ed. SICKEL, p. 18. BENED. LEV., lib. 3 c. 225, *LL.*, II pt. 2 p. 116. FULBERT., epist. 21, *H. de Fr.*, X p. 454. MIRAEUS, I p. 167 col. 2 (ch. a. 1097, Arras). **5.** *restaurer, réorganiser* une église — *to restore, re-establish* a church. Canonicam reconciliamus in ecclesia b. Justini. Concil. Teatin. a. 840, *Conc.*, II p. 789. Volumus reconciliare et ordinare in ordine monachorum ecclesia[m] nostra[m]. MITTARELLI, *Ann. Camald.*, p. 170 (a. 1003).

**reconciliatio: 1.** **absolution, pardon* à un pénitent — *absolution, pardon* for a penitent. **2.** *reconsécration* d'une église profanée — *renewed consecration* of a desecrated church. [Ecclesiam] post incendium et ruinam ... restitui gavisi sumus, acturi reconciliationem. BEYER, *UB. Mittelrh.*, I no. 391 p. 447 (a. 1097).

**reconciliatorius:** **d'absolution — of absolution.*

**reconditorium: 1.** *archives — archives.* D. Lud. Pii a. 832, *H. de Fr.*, VI p. 578 D. **2.** *reliquaire — reliquary.* Mir. Wlframni, c. 7, MABILLON, *Acta*, III pt. 1 p. 369. Mir. Heinrici imp., c. 13, *SS.*, IV p. 816. **3.** *magasin — storehouse.* S. xii.

**reconfirmare:** *reconfirmer — to re-confirm.* Genitoris nostri imperialem auctoritatem nos denuo reconfirmare vel renovare dignaremur. *D. Charles le Ch.*, I no. 22 p. 55 (a. 843 ?).

**reconfirmatio:** *reconfirmation — re-confirmation.* Per hanc nostrae magnificentiae reconfirmationem. *D. Charles le Ch.*, I no. 167 p. 442 (a. 854).

**reconjungere,** se, et passiv. reconjungi: *se réunir de nouveau — to meet again.* Reconjunxerunt se in alio die constituto. GIORGI-BALZANI, *Reg. di Farfa*, II doc. 199 p. 162 (a. 813). Cum ... ad suam [i. e. Dei] voluntatem reconjungamur. Capit. Pist. a. 869, adnunt. Kar., c. 4, II p. 337. Ambarum partes ante eum reconjuncti fuerunt. FICKER, *Forsch.*, IV no. 25 p. 32 (a. 964, Teano).

**reconsignare: 1.** *inhumer de nouveau — to re-inter.* [Corpora sanctorum] reconsignantur. Dedic. Stabul., MARTÈNE, *Coll.*, II col. 61 B. **2.** *rendre, restituer — to restore, return.* Quidquid mihi donasti, tibi [sc. Deo] reconsigno et offero. Reg. Magistri, c. 89. Abbatiam nobis reddidit potestati eorundem fratrum reconsignandam. *D. Arnulfs*, no. 96 (a. 892). Abbati ... [reliquias] reconsignaret. GUIMANN., Cart. s. Vedasti, ed. VAN DRIVAL, p. 125. **3.** *verser — to pay out.* 50 sol. reconsigna huic ductori meo. Hist. Gaufredi, HALPHEN-POUPARDIN, *Chron. d'Anjou*, p. 188.

**reconstruere:** *reconstruire — to rebuild.* CASSIOD., Var., lib. 2 epist. 39 § 9, *Auct. ant.*, XII p. 69.

**recontendere:** *contester, dénier, refuser — to dispute, deny, withhold.* Diceret eo quod servus suus esse deberet et ipsi servicio [i.e. ipsum servitium] male ordine ipsi illo recontendebat injuste. F. Sal. Merkel., no. 28, *Form.*, p. 252. Similia PROU-VIDIER, *Ch. de S.-Benoît-s.-Loire*, I no. 10 p. 25 (a. 815); no. 12 p. 28 (a. 818). Campum suum in loco illo male ordine supersedebat vel recontendebat injuste. F. Sal. Merkel., no. 29, p. 252. Malo ordine recontendebat et retinebat teloneo [i. e. teloneum]. *D. Karolin.*, I no. 12 (a. 759).

**reconvenire,** aliquem: **1.** *reconvenir — to bring a counter-petition.* S. xiii. **2.** *intimer une seconde fois — to resummon.* S. xiii.

**recordari** (depon.) et recordare, **1.** refl. se recordare: *se rappeler, se souvenir d'une chose — to remember, recollect.* Interrogate eum



[i. e. eos] qui se exinde recordant. *CD. Langob.*, no. 154 col. 266 D (a. 844, Milano). Dixisent ut, quid se exinde recordasent, certam dixisent veritatem. MANARESI, *Placiti*, I no. 77 p. 280 (a. 874, Piacenza). **2.** *porter témoignage — to testify.* Juraverunt homines circummanentes ... ut quicquid exinde scirent, certam dicerent veritatem. ... B. dixit et recordavit: Certe scio et bene memoro ... *CD. Langob.*, no. 126 col. 224 (a. 835, Lemonta). Judices recordaverunt ita verum esset [i. e. esse] sicut in eadem legebatur notitia. MANARESI, no. 77 p. 282 (a. 874). **3.** *déclarer dans un record de droit — to state as a customary law.* [Consuetudines et justitias] sicut hic scripte sunt, filii ejus [sc. Guillelmi ducis] ... per episcopos et barones suos Cadomi recordari fecerunt. Consuet. Norm. (a. 1091), inscr., HASKINS, *Norman inst.*, p. 281. Regis precepto ... pormannimot coadunavimus et ibidem recordati sumus quod ... VAN CAENEGEM, *Writs*, p. 65 (a. 1152). Sciatis recognitum et recordatum fuisse in curia mea per legales vavassores de B. quod ... DELISLE, *Actes Henri II*, I no. 83* p. 89 (ca. a. 1154, Anjou). **4.** *se repentir — to repent.* Domine, recordatus sum. BERTRAND, *Cart. d'Angers*, I no. 236 p. 282 (post a. 1025).

**recordatio: 1.** *distribution monastique en commémoration d'un donateur — monastic allowance in memory of a donor.* In anniversario obitus mei ex eodem predio recordatio predictis coenobitis exhibeatur in memoriam nostri. WAMPACH, *UB. Luxemb.*, I no. 206 p. 288 (a. 993). **2.** *témoignage — testimony.* Memoriam recordationis facimus ... qualiter venit ... MITTARELLI, *Ann. Camald.*, p. 47 (a. 951). Breve recordationis facta[e], qualiter reclamavit ... HARTMANN, *Tabul. s. Mar. in Via Lata*, p. 30 (a. 996). [Contentio] terminabitur recordatione duorum de ... juratis. Stabil. Rotomag., c. 22, ed. GIRY, p. 28. **3.** *record de droit — statement of customary law.* Facta est ista recordatio vel recognitio cujusdam partis consuetudinum et libertatum et dignitatum ... quae observari et teneri debent in regno. Constit. Clarendon. a. 1164, praeamb., STUBBS, *Sel. ch.*[9], p. 163. [Consuetudines] observent, sicut hactenus servaverunt, per legitimam recordationem majoris et juratorum. *Ordonn.*, V p. 162 art. 28 (a. 1207, Péronne).

**recordum,** -dium: **1.** *témoignage de mémoire — evidence from memory.* S. xiii. **2.** *sentence arbitrale — arbitration award.* S. xiii. **3.** *record de droit — statement of customary law.* S. xiv.

**recorroborare:** *reconfirmer — to re-confirm.* Jura eorum ... recorroborata ... augeantur. Priv. spur. Bened. VII pap. < a. 975 >, Trier, MIGNE, t. 137 col. 321 A (J.-L. 3783).

**recreantus** (< recredere): **1.** *lâche, fuyard — coward, runaway.* S. xiii. **2.** *cheval harassé — overdriven horse.* S. xiii.

**recreatio: 1.** **joie, réconfort — happiness, relief.* **2.** **récréation, délassement — relaxation.*

**recredentia,** recreantia: **1.** *aveu, l'acte de subir condamnation — recreancy, acknowledgement of defeat in a lawsuit.* S. xii. **2.** *cautionnement — bail, security.* S. xiii.

**recredere.** Refl. se vel sibi recredere (proprie: "se recommander, se soumettre à la décision du tribunal — to recommend oneself, to resign oneself to the court's award", cf. voc. concredere), **1.** absol.: *s'avouer coupable, reconnaître son tort, passer condamnation — to confess one's guilt, own defeat, plead guilty.* Suus homo [in judicio Dei] exustus apparuit; et sic ex ipsis decimis sese recredidit. Concil. Turon. a. 925, *H. de Fr.*, IX p. 325 B. Videntes ... comprobationem [a parte adversa factam], statim se recrediderunt et ... rewadiaverunt servitium. BALUZE, *Capit.*, II col. 823 (ch. a. 847). Voluit probare per calidi ferri juditium ... Sed inde se recredidit cum jam esset calefactum ferrum juditii. THÉVENIN, no. 171 (a. 1097, Tours). **2.** *se reconnaître sujet à un lien de dépendance — to own oneself bound by a tie of dependence.* Pro colone [i. e. colono] ipsius sibi recredidit vel recognovit. Cart. Senon., no. 20, *Form.*, p. 194. Sibi ad ipso servicio sancto illo [i. e. sancti illius] ibi se in praesente recredidit. F. Sal. Bignon., no. 7, p. 230. Qui juratum [subst.] suum servum recreditum ... appellaverit. Phil. Aug. priv. pro Ambian. a. 1190, c. 42, GIRY, *Doc.*, p. 32. **3.** cum objecto: *avouer, reconnaître, admettre que — to confess, acknowledge, recognize* that. Sibi recognovit vel recrededit quod nullum drictum habebant. *D. Karolin.*, I no. 102 (a. 775). Recredidit se in omnibus peccasse et male egisse. Ann. regni Franc., a. 787, ed. KURZE, p. 78. Recredidit quod servus erat domno Karolo rege. PROU-VIDIER, *Ch. de S.-Benoît-s.-Loire*, I no. 9 p. 24 (a. 796). **4.** aliquid: *reconnaître comme vrai, admettre — to recognize as genuine, allow.* Instrumentum ipsum visa fuit recredidisse. *D. Arnulfing.*, no. 18 p. 105 (a. 747). **5.** *donner des sûretés pour la cession* d'un bien en litige — *to provide security for the surrender of* disputed property. Recredidit A. episcopo predium. REDLICH, *Trad. Brixen*, p. 12 (a. 993-1000). Praedae si caperentur, reddi aut recredi faciebat. GOFFRID. VINDOCIN., lib. 2 epist. 30, MIGNE, t. 157 col. 100 C. **6.** *donner des sûretés pour l'élargissement* d'un prisonnier — *to provide security for the release of* a prisoner. Dicit comes [Blesensis] quod libenter reddet aut recredet comitem Nivernensem. IVO CARNOT., epist. 275, *Hist. de Fr.*, XV p. 176. **7.** refl. se recredere: *s'engager à s'acquitter d'une obligation — to bind oneself to meet a liability.* Campum [i. e. duellum] contra eum accepit, unde se recredidit, et legaliter fecit. G. pontif. Camerac., lib. 3 c. 57, *SS.*, VII p. 488. **8.** *redonner* un gage *au débiteur sous cautionnement — to restore* a pawn *to the debtor against recognizance.* De omnibus tortitudinibus michi justificavit et ego ... illi vadium recredidi, eo tenore ut, si amplius de his scienter invaderet, beneficium cum ministerio perderet. WAITZ, *Dtsche Vfg.*, VII p. 423 no. 2 (ch. a. 1063-1076, S.-Amand). Predam [i. e. talliam] quam ceperat et per plegium recrediderat, quietam dimisit. BERTRAND, *Cart. d'Angers*, I no. 284 p. 324 (a. 1082-1106). Si forestarios nostros contigerit ... in domibus illis aliquid capere pro forisfacto nemoris, ipsi forestarii id quod ibi captum fuerit recredent usque dum ... *Actes Phil.-Aug.*, I no. 269 p. 323 (a. 1189/1190). **9**. *relâcher* un prisonnier *sous cautionnement — to release* a prisoner *on bail.* S. xiii.

**recredutus** (adj.) (< recredere). Guerra recreduta: cessez-le-feu — cease-fire. Nec ... facient pacem vel finem vel treugam vel guerram recredutam cum rege G. Frid. I imp. conv. cum Pisanis a. 1162, c. 7, *Const.*, I no. 205.
**rectare**, v. reputare.
**rectitudo**: **1.** *droiture, intégrité — righteousness, uprightness. **2.** *équité, justice — equity, justice.* Causam diffiniant secundum rectitudinem. Synod. Franconof. a. 794, c. 30, *Capit.*, I p. 77. [Justitia] adimpleta poterit esse secundum rectitudinem. Capit. Aquisgr. a. 809, c. 7, p. 149. Nulla causa ... ab statu rectitudinis vos deviare compellat. Admon. ad ord. (a. 823-825), c. 8, p. 304. Rectitudinis et justitiae amore. Elect. Lud. Balbi a. 877, ib., II p. 364. Justiciae et rectitudini favens. ADREVALD. FLORIAC., Mir. Benedicti, c. 24, *SS.*, XV p. 489. Ad rectitudinem Christianae legis ... cogeret regnum. RATHER., epist. 7, ed. WEIGLE, p. 41. Ad rectitudinis tramitem revocare. ANSELM. LEOD., c. 42, *SS.*, VII p. 215 l. 23. **3.** *le Droit, une règle de droit, une loi — Law, legal regulation.* Hominibus liveris [i. e. liberis] nihil superponant, nisi sicut lex et rectitudo continet. Memor. Olonn. a. 822/823, c. 10, *Capit.*, I p. 319. Talem legem et rectitudinem ... habeatis, sicut ... Conv. Confl. a. 860, adnunt. Ludov., c. 5, ib., II p. 157. **4.** *l'administration de la justice — administration of justice.* Diem rectitudinis ei statuimus prefatumque militem ut ... ante nos ... astaret ... monuimus. D. Henr. I reg. Fr. a. 1043, TARDIF, *Cartons*, no. 268 p. 167 col. 2. De domibus ... fiat rectitudo justo judicio comitatus. VAN CAENEGEM, *Writs*, p. 415 no. 5 (a. 1103). Conquerenti [princeps] de contumaci adolescente legitimam rectitudinem tenuit. ORDER. VITAL., lib. 8 c. 24, ed. LE PRÉVOST, III p. 412. **5.** *justice, pouvoir judiciaire — jurisdiction.* Totius districtionis rectitudinem villae. *Gall. chr.*², III instr. col. 112 (a. 1016, S.-Omer). **6.** *l'action de satisfaire au droit d'autrui, de se justifier, de s'incliner devant la justice — atonement, complying with another person's right, submission to justice.* Quia hanc terram abbatissa calumniata fuit, dedit ei R. obsides ut ante G. comitem Redonis instituto termino teneret rectitudinem. LOBINEAU, *Bret.*, II col. 238 (ch. ca. a. 1132). In manu ipsius [abbatis] rectitudinem fecit. GUÉRARD, *Cart. de Chartres*, II p. 644 (a. 1143). Quodsi ... hospes illi, cujus hospes fuerit, ... forifecerit, ... submonitus ... plenam ei justitiam exequetur; si vero hospes rectitudinem facere contempserit ... Ch. Ludov. VII reg. Fr. a. 1150, *Ordonn.*, XI p. 197. Ut de eorum inimico faciant eis rectitudinem. Phil. Aug. priv. pro Suession. a. 1181, *Actes*, I no. 35. **7.** *le fait de recevoir satisfaction, d'obtenir gain de cause — receiving satisfaction, asserting one's right.* In praesentia abbatissae advocati et eorum rectitudinem adquirant et caeterorum perficiant. *D. Ludw. d. Jüng.*, no. 3 (a. 877). **8.** *un droit, titre, compétence — right, title, power.* Nisi secundum canones sciam ad quem locum [i. e. episcopatum] illorum [monachorum] rectitudo et dominacio constare debeat. Breves notit. Juvav. (ca. a. 790), c. 13, HAUTHALER, *Salzb. UB.*, I p. 34. Recognovit eorum rectitudinem. BERNARD-BRUEL, *Ch. de Cluny*, I no. 719 p. 672 (a. 948). Per veram rectitudinem atque legem semper glandaticum porcorum ... habere debent. KANDLER, *CD. Istr.*, p. 116 (a. 991). Rectitudo ecclesiarum que ad ipsum episcopium pertinet. *CD. Langob.*, no. 950 col. 1673 B (a. 998, Cremona). Corpus s. Walerici ... injuste s. Marciali abstollebatur ... quoad cognoscerent et exhiberent ... rectitudinem s. Marcialis. ADEMAR., lib. 3 c. 43, ed. CHAVANON, p. 166. Bona aecclesiae quae per rectitudinem ... tenet. G. pontif. Camerac., lib. 3 c. 43, *SS.*, VII p. 482. Alodium ... cum ipsa eadem lege et rectitudine, qua tibi devenerunt paterno et materno jure. Priv. Alex. II pap. a. 1069, BEYER, *UB. Mittelrh.*, I no. 368 p. 425. **9.** *la pleine jouissance de ses droits — full use of one's rights.* Monasterium in suo statu atque rectitudine decrevit ... esse. *D. Berengario I*, no. 116 p. 301 (a. 917). **10.** *redevance — due.* Unacum ... rectitudine pontis super fluvium M. siti. MEURISSE, *Metz*, p. 137 (ch. a. 950). Nullam aliquis praeter monachos s. Petri in salvamento eodem haberet rectitudinem. DC.-F., VII p. 60 col. 2 (ch. a. 1002, Flavigny). Nichil habebit excepta rectitudine sua, scilicet ... DUVIVIER, *Actes*, I p. 49 (a. 1082, S.-Amand). **11.** *orthodoxie — orthodoxy.* Quae pro firmamento sive rectitudine catholicae fidei et orthodoxe religioni conveniunt. Lib. diurn., no. 73, ed. SICKEL, p. 70. Diligebatur ... propter vitae munditiam et dogmatum rectitudinem. ANAST. BIBL., Chron., ed. DE BOOR, p. 124.
**rector**, **1.** rector provinciae, pagi: duc — duke. Massiliensis provinciae. GREGOR. TURON., H. Fr., lib. 8 c. 43. Etiam lib. 4 c. 44. Lex Visigot., lib. 12 tit. 1 c. 2. Pagi illius [sc. Alamanniae]. WARTMANN, *UB. S.-Gallen*, I no. 551 (a. 870); no. 555 (a. 871). **2.** rector palatii: maire du Palais — majordome. Totius aulae immoquae regni rectorem Grimoaldo majorem domus. Desiderii Cadurc. epist., lib. 1 no. 6, *Epp.*, III p. 196. V. Arnulfi Mett., c. 3, *SRM.*, II p. 433. *D. Merov.*, no. 97 (a. 744). URSIN., Pass. II Leudegarii, c. 5, *SRM.*, V p. 328. **3.** rectores palatii: les principaux dignitaires du Palais — the foremost court dignitaries. Pass. I Leudegarii, c. 20, *SRM.*, V p. 301. V. I Landiberti, c. 4, ib., VI p. 356. F. Sal. Merkel., no. 62, *Form.*, p. 262. PASCHAS. RADBERT., Epit. Arsenii, lib. 2 c. 8, ed. DÜMMLER, p. 69. **4.** rectores populi, terrae, provinciae: les officiers royaux en province — the king's provincial officials. Unusquisque qui rector a nobis populi nostri constitutus est. Legat. capit. a. 826, *Capit.*, I p. 310. In illis rectoribus et diversis ministris qui populum regere et servare debent. Capit. de miss. instr. a. 829, II p. 8 l. 22. A rectoribus provinciae ei componere cogatur. Coll. Sangall., no. 12, *Form.*, p. 404. Rectores ejusdem terrae [sc. Burgundiae]. FLODOARD., Ann., a. 965, ed. LAUER, p. 156. **5.** rectores ecclesiarum: ceux qui sont préposés aux églises, tels les évêques, les abbés — those who are in charge of the churches, like bishops and abbots. Rectores qui ipsos [servos Dei] regere habent. *D. Merov.*, no. 5 (a. 556). Congregatis undique sanctarum ecclesiarum rectoribus, episcopis videlicet et abbatibus. Lud. Pii praec. a. 819, *Capit.*, I p. 356 l. 18.



Capit. Olonn. eccles. I a. 825, c. 10, I p. 327. Res ecclesiarum ... tam de episcopatibus quam de abbatiis ... rectores ipsarum ecclesiarum ... possideant. Conv. Marsn. a. 847, adnunt. Ludov., c. 5, II p. 70. **6.** *évêque — bishop. GREGOR. M., lib. 1 epist. 24, *Epp.*, I p. 32. *D. Karolin.*, I no. 214 (a. 811). Episc. rel. a. 829, c. 39, *Capit.*, II p. 40. Concil. Meld. a. 845, c. 53, p. 411. *D. Ludw. d. Deutsch.*, no. 35 (a. 844); no. 46 (a. 847). D. Lotharii II reg. a. 858, GYSSELING-KOCH, *Dipl. Belg.*, no. 186 p. 326. **7.** *abbé — abbot.* *D. Merov.*, no. 52 (ca. a. 681). *D. Arnulfing.*, no. 16 p. 103 (a. 746). V. Landberti Fontanell., c. 2, *SRM.*, V p. 609. D. Lud. Pii a. 834, ERHARD, *Reg. Westfal.* I CD. no. 10 p. 9. Concil. Mogunt. a. 847, *Capit.*, II p. 174 l. 12. *D. Ludw. d. Deutsch.*, no. 86 (a. 857). BERNARD-BRUEL, *Ch. de Cluny*, I no. 112 p. 126 (a. 910). **8.** *clerc préposé à une église non-épiscopale — ecclesiastic in charge of a church inferior to a bishopric.* F. Andecav., no. 46, *Form.*, p. 20. Cart. Senon., no. 16, p. 190. MANARESI, *Placiti*, I no. 20 p. 65 (a. 807, Lucca). Episc. rel. (post a. 821), c. 5, *Capit.*, I p. 369. Capit. Olonn. eccles. II (a. 825), c. 1, p. 328. Capit. de reb. eccl. (a. 825 ?), c. 4, p. 332. FICKER, *Forsch.*, IV no. 11 p. 16 (a. 828). MANARESI, no. 55 p. 190 (a. 851, Lucca). Capit. Pap. (a. 845-850), c. 4, II p. 82. **9.** *celui qui dispose d'une église privée ou d'un monastère privé* (évêque ou laïc) ou celui qui est en charge des intérêts matériels d'une telle église — *owner of a private church or monastery* (bishop or layman), or a person in charge of the material concerns of such a church. Epist. Austras., no. 22 (a. 568?), *Epp.*, III p. 134. *D. Merov.*, no. 52 (ca. a. 681). WARTMANN, *UB. S.-Gallen*, I no. 28 (a. 761). DE MONSABERT, *Ch. de Nouaillé*, no. 8 p. 12 (a. 799). D. Lud. Pii a. 814, MURATORI, *Antiq.*, II col. 201. BLOK, *Oork. Werden*, p. 196 no. 39 (a. 819). *D. Ch. le Ch.*, no. 124 (a. 850). *D. Ludw. d. Deutsch.*, no. 81 (a. 857); no. 142 (a. 871). BEYER, I no. 169 p. 233 (a. 928). WAMPACH, *Echternach*, I pt. 2 no. 167 p. 260 (a. 930/931). Jamdudum pastore viduati, diutissime vero rectoris solliciti diligentia destituti, vestram convenimus paternitatem submissi, quoniam quidem alterutrum vestrum animabus alterum Deus voluit subintendere corporibus. *SS.*, VII p. 445 (epist. a. 990, Lobbes). GYSSELING-KOCH, *Dipl. Belg.*, no. 57 (< a. 960 >, spur. s. xi in., Gand). STIMMING, *Mainzer UB.*, I no. 327 (a. 1070). **10.** plural. rectores: *officiers en charge des intérêts matériels d'une église ou d'un monastère,* régisseurs des domaines ecclésiastiques — *officials having the care of the material concerns of a church or monastery,* managers of ecclesiastical estates. Rector patrimonii ecclesiae nostrae. GREGOR. M., lib. 6 epist. 11, I p. 390. Ibi saepe. Test. Wideradi a. 721, PARDESSUS, II no. 514 p. 325. Actores vel rectores basilicae. Ib., no. 554 p. 366 (a. 734, Dijon). Rectores et ministri sedis. *D. Ludw. d. Deutsch.*, no. 2 (a. 830). Ab advocatis seu rectoribus. *Form.*, p. 354. Domnus abbas et reliqui rectores monasterii. Coll. Sangall., no. 45, p. 428. Per A. notarium et rectorem patrimonii. JOH. DIAC., V. Greg. M., MIGNE, t. 75 col. 117 C. Rectores et prepositi monasterii. *D. Karlmanns*, no. 11 (a. 877). Utriusque partis rectoribus et ministratoribus. *D. Ludwigs d. Kindes*, no. 8 (a. 901). BERNARD-BRUEL, *Ch. de Cluny*, I no. 482 (a. 938). BEYER, *UB. Mittelrh.*, I no. 181 p. 244 (a. 943). CALMET, *Lorraine*, I pr. col. 411 (a. 1035, Dijon). BERNARD-BRUEL, IV no. 3435 p. 445 (a. 1070). **11.** *chef d'un service domestique — head of a household department.* Rectores familiae suae [sc. archiepiscopi Eboracensis]. ALCUIN., epist. 233, *Epp.*, IV p. 378. **12.** *régent d'un hospice — manager of a hospice.* Rectores monasteriorum et xenodochiorum. Epist. Caris. a. 858, c. 10, II p. 434. **13.** rector urbis: gouverneur princier dans une ville — a prince's governor of a city. WIDEMANN, *Trad. S.-Emmeram*, no. 704 p. 337 (ca. a. 1100). **14.** *magistrat urbain,* podestà ou bourgmestre — *city magistrate.* S. xiv. **15.** *recteur* d'une université — *rector* of a university. DENIFLE, *Chart. Univ. Paris.*, I no. 95 p. 147 (a. 1231); no. 136 p. 178 (a. 1245); no. 137 p. 179 (a. 1245). **16.** *recteur* d'une nation universitaire — *rector* of a nation in a university. Ib., no. 187 p. 215 (a. 1249).
**rectoria**: **1.** *charge de gouverneur — governorship.* Rectoriam civitatis Tiburtinae. MURATORI, *Antiq.*, VI col. 252 D (a. 1141 ?). **2.** *cure — rectorate of a church.* S. xiii. **3.** *charge de recteur — rectorship of a university.* DENIFLE, *Chart. Univ. Paris.*, I no. 187 p. 215 (a. 1249).
**rectorium**: *palais épiscopal — a bishop's mansion.* MANARESI, *Placiti*, I no. 17 p. 51 (a. 804, Istr.). Joh. VIII pap. epist. 314 a. 882, *Epp.*, VII p. 272. BERNHART, *Cod. Ravenn.*, p. 74 (s. x).
**rectrix**: *abbesse — abbess.* GYSSELING-KOCH, *Dipl. Belg.*, no. 5 p. 16 (a. 685, S.-Bertin). *D. Karolin.*, I no. 135 (a. 781). D. Ludov. Pii a. 838, ERHARD, *Reg. Westfal.*, I CD. no. 11 p. 10. *D. Ludw. d. Deutsch.*, no. 93 (a. 858). *D. Karlmanns*, no. 26 (a. 879).
**rectus**, **1.** fides, dogma: *orthodoxe — orthodox. **2.** *régulier, légal — regular, lawful.* Proprietatem ... ad rectam dotem ... Deo et s. Marie tradiderunt. HUTER, *Tiroler UB.*, I no. 160 p. 73 (a. 1131). Teneat ab imperatore ad rectum feudum illud totum. *Const.*, I no. 301 (a. 1184). Subst. neutr. **rectum**: **1.** *le Droit — the Law.* Quicquid contra rectum tulerint. Ewa ad Amorem, c. 29. Sicut fratres per rectum esse debent. Conv. Marsn. a. 847, adnunt. Loth., *Capit.*, II p. 70. Nos fidelibus nostris rectum consentire volumus. Ib., adnunt. Karoli, c. 4, p. 71. Sicut consuetudo et rectum est. Capit. Caris. a. 856, c. 7, II p. 280. Sicut fidelis rex suos fideles per rectum honorare et salvare. Sacr. Caris. a. 858, p. 296. Si aliquis ... suo homini contra rectum et justitiam fecerit. Capit. Pist. a. 869, c. 2, p. 337. Si vultis omnibus ... legem, justitiam et rectum concedere et servare. Conv. Mantal. a. 879, p. 366 l. 32. Si plus per rectum ille habere deberet portionem de regno quam pater suus illi dimisit. Ann. Bertin., a. 876, ed. WAITZ, p. 132. **2.** *justice faite à qq'un, satisfaction, réparation — justice done to a person, satisfaction, indemnification.* Querelavit se ... ad Bernardum ... ut rectum ei fecisset de predictis querimoniis. ROSELL, *Lib. feud. maj.*, II no. 595 p. 104 (a. 1061). Qui si noluerit inde rectum facere. *D. Phil. Ier*, no. 34

(a. 1067). De justitia pontis se non intermittet [advocatus], ... quandiu cellararius per se rectum habere poterit. DUVIVIER, *Actes*, I p. 49 (a. 1082, S.-Amand). Vicecomes, contra veritatem ire non valens, ... abbati rectum fecit. D. Lud. VII reg. Fr. a. 1138, TARDIF, *Cartons*, no. 435. Si aliquis ... furtum fecerit, pro ville infractione 60 sol. dabit, et cui furtum fecerit, rectum integre faciet. VAN DE KIEFT, *Chartrier de la Chapelle-Aude*, p. 244 c. 32 (s. xii med.). **3.** *somme payée à titre de réparation — indemnity.* Qui alium pugno percusserit, ... dabit 3 sol. [domino], percussus [leg. percusso] suum rectum. THAUMASSIÈRE, *Cout. de Berry*, p. 226 (a. 1136-1139). De omnibus forisfactis ... habebit prior terciam partem recti. VAN DE KIEFT, l.c., c. 30. Satisfactionem illam quam jus vel rectum facere vulgariter appellant, capitulo praestarent. DC.-F., VII p. 62 col. 1 (ch. a. 1176, Chartres). **4.** *l'administration de la justice — the administration of justice.* Ut nullus praesumat nocere eum qui rectum imperatoris dixerit. Capit. cogn. fac. (a. 803-813), c. 8, I p. 146. In rectum staret de injustitia sua. G. Lietberti Camerac., c. 21, *SS.*, VII p. 496. Pro recto faciendo ... sederint. Stabilim. Rotomag., c. 7, ed. GIRY, p. 14. **5.** *la procédure de droit strict caractérisée par les moyens de preuve formels — formal procedure* based on the ancient modes of proof. Orta esset dissensio ... quod per rectum, ut coram nobis protestatum est, agere non valebant. *D. Louis IV*, no. 23 (a. 944). **6.** *la faculté de fournir la preuve par serment — liberty to furnish proof by oath.* Reum se proclamans ... rectum in manu abbatis posuit. Abbis igitur ... sacramento probavit quod ... D. Henrici I reg. Fr. a. 1043, TARDIF, no. 268 p. 168 col. 1. **7.** *un droit qui revient à qq'un, titre — a right* to which a person is entitled, *title.* Unusquisque justitiam ... regum et eorum rectum consentiat. Capit. Langob. (ca. a. 780-790), c. 5, I p. 189. Domno Karolo ... fidelis sum ... ad suum regnum et ad suum rectum. Capit. missor. spec. a. 802, I p. 102 l. 3. Dixit se magnum rectum in hac re habere. DE MONSABERT, *Ch. de Nouaillé*, no. 32 p. 58 (a. 904). Monachos rectum habere dixerunt. FLACH, *Orig.*, I p. 238 n. 1 (a. 1022-1055, Saumur). **8.** *prétention, revendication — claim, pretension.* Guirpivit H. sancto Albino et monachis hujus loci totum rectum quod clamabat in terra ... de P. BERTRAND, *Cart. d'Angers*, I no. 104 p. 116 (a. 1039-1055).

**recubitus** (decl. iv): *_chaise-lit — couch._

**recula,** reicula, reicola, rescula, rescella, riscella, recella, resella, **1.** singul.: *fortune modeste — a modest fortune.* Qui reicolam eclesiae petunt. Concil. Arvern. a. 535, c. 5, *Conc.*, I p. 67. **2.** plural.: *possessions médiocres — minor estates.* Pro opes fidelium ipsas riscellas offerta est [i. e. obtulit]. SCHIAPARELLI, *CD. Longob.*, I no. 7 p. 17 (a. 685, Lucca). Dedit ... quasdam reiculas et vineas. V. Licinii, c. 16, *AASS.*$^{3}$, Febr. II p. 680 B. Qui censum regium ... de suis rescellis debebant. Edict. Pist. a. 864, c. 34, *Capit.*, II p. 325. Male usurpatas distraheret rescellas. LANTBERT. TUIT., V. Heriberti, c. 9, *SS.*, IV p. 748. **3.** singul.: *un petit domaine — a small estate.* Reicolam illam in suo dominio subjugarent. GREGOR. TURON., Virt. Martini, lib. 1 c. 29, *SRM.*, I p. 602. Reicolam quae appellatur Stirpiaco cum vineolas et mancipiola quae inibi esse noscuntur. Test. Bertichramni a. 616, PARDESSUS, I no. 230 p. 209.

**recuperare: 1.** *_restaurer, reconstruire, rétablir — to restore, rebuild, re-establish._ Ad casas dominicas, stabulare, fenile, granicam vel tuninum recuperando [i. e. recuperandum]. Lex Baiwar., lib. 1 tit. 13 § 1. Baselica incendio concrematur; postea a Chlothario condigna recuberatur. FREDEG., lib. 3 c. 54, *SRM.*, II p. 107 (haustum e GREGOR. TURON. H. Fr., lib. 4 c. 20, ubi: reparata). Lex Dei et ecclesiastica regula recuperetur, quae ... dissipata corruit. Pipp. capit. Suess. a. 744, c. 1, I p. 29. Quicumque episcoporum ... monasteria ... recuperasse repertus non fuerit, excommunicetur. Synod. Pap. a. 850, c. 14, *Capit.*, II p. 121. **2.** passiv. recuperari: *_se rétablir, être guéri — to recover, get well again._ Nonnulli ... recuperati sunt. PAUL. DIAC., Homil., MIGNE, t. 95 col. 1465. Intrans. recuperare: idem. Rex C. graviter aegrotavit; quo recuperante ... Lib. hist. Fr., c. 34, *SRM.*, II p. 299 (haustum e GREGOR. TURON. H. Fr., lib. 5 c. 34, ubi: convaliscente). **3.** intrans.: *prospérer, atteindre une certaine aisance — to thrive, get into better circumstances.* De his qui propter nimiam paupertatem neque per se hostem facere neque adjutorium prestare possunt, conserventur quousque valeant recuperare. Capit. Olonn. mund. a. 825, c. 1, I p. 330.

**recuperatio: 1.** *_guérison — recovery of health._ **2.** *rétablissement — recovery of well-being.* Pro ejus [sc. regis] ... fidelitate et salvatione regnique nutantis recuperatione. Episc. rel. Compend. a. 833, c. 4, *Capit.*, II p. 54.

**recurrere, 1.** ad aliquem: *_recourir à, chercher un refuge auprès de qq'un — to have resort to, seek refuge with a person._ **2.** *ressortir à, relever d'une autorité — to belong to the jurisdiction of an authority, an institution.* Ad unamquamque ecclesiam curte[m] et duos mansos terrae pagenses ad ecclesiam recurrentes condonant. Capit. de part. Saxon., c. 15, I p. 69. **3.** *revenir à qq'un, échoir — to fall to somebody's share, devolve upon a person.* Dimidia pars domus post mortem amborum ad heredes Cunradi recurrat. HOENIGER, *Koelner Schreinsurk.*, I p. 108 c. 22 sq. (a. 1170/1171).

**recursus** (decl. iv): **1.** *droit de parcours des porcs — right to drive pigs into a forest.* In omnibus suis nemoribus ipsorum porcis recursum et omnimodos fructus ad eorum pabulum. *Gall. chr.*$^{2}$, IV instr. col. 164 (ch. a. 1130). **2.** *concours, affluence — concourse of people.* Oratorium ... maneat privatum, id est: non illic recursus fiat hominum, non consuetudo oblationum. *BEC.*, t. 36 (1875), p. 392 (a. 1045-1050, Marmoutier). **3.** *référence, renvoi — reference, quotation.* Ad ipsas chronicas in singulis dubiis occurrentibus recursus et fides adhibetur. GATTULA, *Hist. Cassin.*, p. 126. **4.** *appel, recours à un tribunal supérieur — appeal to a superior court.* Comes Flandriae habuit in terra b. Vedasti Attrebatensis ... recursum justitiae, quando abbas et scabini ... deficiebant de jure faciendo. MARTÈNE, *Coll.*, I col. 1286 (a. 1245). **5.** *recours, droit de recours — recourse, right of recovery.* S. xiii. **6.** *poids juste des pièces de monnaie — exact weight of coins.* S. xiv.



**redarguere:** *_convaincre d'un défaut, de culpabilité — to convict, put in the wrong._

**redargutio:** *action de reprendre, blâme — rebuke.* GREGOR. M., Moral., lib. 8 c. 67, MIGNE, t. 75 col. 842 C.

**reddebitio,** v. redibitio.

**reddere: 1.** *_donner en punition, revaloir — to retaliate, repay._ **2.** *compenser — to compensate.* Si homo occidatur, pro 40 marcis denariorum reddetur. HÖHLBAUM, *Hans. UB.*, I no. 88 (a. 1211). Etiam ib., no. 147 (a. 1220). **3.** *réaliser, effectuer, exécuter — to fulfil, perform, carry out.* Dominus promissum reddidit. PAUL. DIAC., Homil., MIGNE, t. 95 col. 1211. Numquid reddes sacra? Pass. Petri Balsami, RUINART, p. 442. Hac traditione reddita. REDLICH, *Trad. Brixen*, p. 6 (ca. a. 985-993). Operibus reddunt quae monitis caelestia mandata suscipiunt. MITTARELLI, *Ann. Camald.*, p. 241 (a. 1020). **4.** *payer, s'acquitter d'une redevance — to pay, discharge* a due. Annis singulis de unaquaque casata solidus ... ad ecclesiam ... reddatur. Capit. Liptin. a. 744, c. 2, I p. 28. Ad illos pauperes homines magis non tollant nisi quantum legitime reddere debent. Pippini capit. Ital. a. 768, c. 4, I p. 43. Pullos et ova quos servientes vel mansuarii reddunt per singulos annos. Capit. de villis, c. 39. Nec ultra quod [servi] soliti fuerunt reddere ... ab eis exigant. Epist. syn. Caris. a. 858, c. 14, II p. 437. **5.** *s'acquitter d'une prestation en travail — to perform* a service. Ipsi servicium non rededi [i. e. reddidi] nec redebio. F. Andecav., no. $10^{b}$, *Form.*, p. 8. Nec servitio nec litimonium nec nullum cavaticum nec ullum obsequium ei reddebat. F. Sal. Merkel., no. 28, p. 252. **6.** refl. se reddere: *s'établir à demeure — to settle.* Super ipsa colonica in ipso tectum se redere et ipsa colonica laborare. GABOTTO, *Carte di Asti*, p. 13 (a. 875).

**reddibitio,** v. redibitio.

**redditio: 1.** *_récompense — reward._ **2.** *_paiement — payment._ **3.** *redevance — due, tribute.* [N]ullam redditionem accipere vel exactare audeat. D. Lud. Pii ap. DC.-F., VII p. 66 col. 3. Nec [ad] ullas redditiones aut illicitas occasiones requirendas ... ingredi audeat. D. Odonis reg. Fr. a. 889, *Gall. chr.*$^{2}$, IV instr. col. 136. Ab omni publica redditione ... solveretur. *D. Heinrichs III.*, no. 228 (a. 1048). **4.** *revenu, bénéfice — income, profit.* Cortem ... cum omnibus redditionibus et famulatibus ad eandem cortem pertinentibus. *D. Ottos I.*, no. 136 (a. 951). Altare ... cum omni redditione, que ad illud altare et ad ecclesiam pertinent. LALORE, *Ch. de Montiérender*, no. 26 p. 155 (a. 1035). **5.** *rapport, compte rendu — report, account.* Legationis suae brevem et uniformem ordinant reddicionem. EKKEHARD., Cas. s. Galli, c. 10, *SS.*, II p. 132 l. 16.

**reddituarius:** *percepteur de rentes — tribute collector.* BOURGIN, *Soissons*, p. 407 no. 2 (a. 1141).

**1. redditus** (decl. i): *frère convers — lay brother.* S. xiii.

**2. redditus** (decl. iv) (< reddere, confus. c. voce reditus): **1.** *remise, don — surrender, gift.* Hoc redditu [i. e. hunc redditum] et guerpicio cum bona voluntate et Dei timore facimus. CAIS, *Cart. de Nice*, no. 9 p. 12 (a. 1067). **2.** *redevance — a due, tax.* De illo tributo sive reditu [antea: tributum quod ... ad fiscum dominicum annuatim persolvere solebant]. *D. Arnulfs*, no. 69 (a. 889). Tributum sive redditum seu etiam superimpositum ... minime imponatur. *D. Ottos I.*, no. 335 (a. 966/967). Omni dato seu reddito quem ipsi habitatores ... soliti sunt persolvere palatio. Ib., no. 336 (a. 967). Aliquam publicam functionem vel redditum ab ... habitatoribus ... exigere vel tollere. *D. Heinrichs II.*, no. 73 (a. 1004). Ad aliquem redditum quem vocant fodrum ... homines compellere. *D. Heinrichs III.*, no. 142 (a. 1045).

**redebere** et deriv., v. redib-.

**redecima,** -um: *un dixième de certains revenus seigneuriaux (parmi lesquels il peut se trouver des dîmes, d'où le vocable "redîme") concédé par le titulaire à une église — one tenth of definite baronial revenues granted to a church.* Dedit ... quaecumque O. presbyter tenebat cum redecima thelonei. ORDER. VITAL., lib. 3 c. 2, ed. LE PRÉVOST, II p. 37. Ecclesiam de P. cum terra et decima que ad eam pertinet et redecimam dominii ejusdem ville. DELISLE-BERGER, *Actes Henri II*, I no. 48* p. 54 (a. 1153). Redecimam de bladis dominorum ipsius ville. Priv. Alex. III pap. a. 1160, PFLUGK-HARTTUNG, *Acta*, I no. 246 p. 228. Dederunt medietatem census sepiarum ... excepta redecima. LOBINEAU, *Bretagne*, II col. 137 (a. 1181). Redecimam molendini de E. *Actes Phil.-Aug.*, II no. 654 p. 213 (a. 1200). Cf. L. VOET, *ALMA.*, t. 20 (1950), pp. 232-244.

**redecimatio:** i. q. redecima. Donamus ... ecclesiam ... cum redecimatione de universis mediaturis nostris dominicis. GRASILIER, *Cart. de N.-D. de Saintes*, no. 1 p. 2 (a. 1047). Redicimationem totius quaestus mei annonae, vini, denariorum. CALMET, *Lorr.*, I pr. col. 470 (ca. a. 1070). De silva tam in denariis quam in victimis, in terra tam in culturis quam in novis terris, immo etiam de placitis meis redecimationem prefecture Harlebecensis ... tradidi. GYSSELING-KOCH, *Dipl. Belg.*, no. 151 (a. 1075, Flandre). Redecimationis nummorum de cunctis ovilibus meis que ... ab antecessoribus meis in edificia ecclesie data est. VERCAUTEREN, *Actes de Flandre*, no. 9 (a. 1089). Redecimationem promptuariorum suorum addidit. ORDER. VITAL., lib. 8 c. 3, III p. 281. Grangiam apud B. cum redecimationibus dominicalium comitis. Priv. Eugenii III pap. a. 1145, PFLUGK-HARTTUNG, I no. 199 p. 180.

**redemptio: 1.** *rançon — price of ransom.* Ne captivi abducerentur, redemptione data liberantur. GREGOR. TURON., H. Fr., lib. 3 c. 13. Captivorum. GREGOR. M., lib. 9 epist. 52, II p. 77. Concil. Vern. a. 844, c. 12, *Capit.*, II p. 385. Captos competenti redemptione accepta deliberaret. G. Ambaz., HALPHEN-POUPARDIN, p. 130. **2.** *wergeld — wergeld.* Mir. Ursmari per Flandriam, c. 12, *SS.*, XV p. 840. DU CHESNE, *Hist. Fr. scr.*, IV p. 645 (epist. s. xii med., Châlons-s.-Marne). **3.** *rachat d'une peine corporelle — redemption of corporal punishment.* Vitae periculum [i.e. periculo] feriatur; nam non de precio redemptionis se redimat. Childeb. II decr. a. 596, c. 5, I p. 16. De eo

qui perjurium fecerit, nullam redemptionem, nisi manum perdat. Capit. Harist. a. 779, c. 10, p. 49. Nulla ei redemptio concedatur, sed manum propriam amittat. Guidonis capit. Pap. legib. add. a. 891, c. 6, II p. 108. Redemptio pro capite aut membro. Ch. commun. Laudun. a. 1128, BALUZE, *Misc.*, VII p. 289. **4.** *commutation de corvée en paiement — conversion of labour service into payment.* Redemptio operum, que ex his hubis principali curie in F. tribus in anno mensibus ... exhibentur. GLÖCKNER, *Cod. Lauresham.*, I no. 141 p. 414 (s. xi p. post.). **5.** *droit de mutation dû pour la concession renouvelée d'une censive — transfer duty exacted for renewal of a rental lease.* Post hobitum vitae nostrae legitima procreatio nostra possideat ... Sub redemptione sex den. ... redimant. WARTMANN, *UB. S.-Gallen*, III p. 685 no. 3 (a. 838). Filii nostri post nos perpetualiter possideant in censum den. 5 absque redemptione singulis annis persolvendum. Ib., no. 783 p. 5 (a. 921). Nullam redemptionem, requisitionem, servicium et exactionem, nisi trium unciarum persolvant censum. MULLER-BOUMAN, *OB. Utrecht*, I no. 244 p. 221 (a. 1081). Quando investituram requesierit domino terre, quantum census tantum redemptionis dabit. D. Heinr. V reg. Germ. a. 1107, BORMANS-SCHOOLMEESTERS, *Cart. de Liège*, I no. 30. **6.** *paiement à titre de relief féodal — feudal relief.* S. xiii. **7.** *paiement exigé pour la collation d'un bénéfice — duty exacted for collation of a benefice.* Haec quinque [altaria] concedo fratribus ejusdem loci hac lege tenenda, videlicet sine personis, sine redemptione et obsoniorum persolutione. MIRAEUS, I p. 55 col. 2 (ch. a. 1046, Cambrai). Si proprius pastor obierit, abbas ... aliam convenientem personam ad presentiam episcopi deducat et ... curam animarum suscipiat, et hoc sine aliqua redemptione fiat. LESORT, *Ch. de S.-Mihiel*, no. 34 p. 141 (a. 1051). In omni utilitate, que de eisdem ecclesiis provenire potest, sive in redemptione earum, sive in acquisitione decimarum, sive in compositione illati dampni, ... mediam partem accipiant. MULLER-BOUMAN, no. 225 p. 204 (a. 1063). **8.** **rédemption, délivrance — redemption, deliverance.*

**redemptor:** **le Rédempteur — the Redeemer.*

**redevancia,** v. redibentia.

**1. redhibere:** **rendre, restituer — to return, restore.*

**2. redhibere** et deriv., v. redib-.

**redhibitio,** redibitio (cf. voc. redibitio): **1.** **restitution — restitution.* En parlant de la reconcession en précaire d'un bien qui fut l'objet d'une donation pieuse — with reference to the regrant in precarial tenure of an estate bestowed upon a church. 33 mansis legaliter in redibitione usus fructuarii ... traditis. MULLER-BOUMAN, *OB. Utrecht*, I no. 105 p. 110 (a. 943). **2.** **indemnité — indemnification.* **3.** *satisfaction — satisfaction.* Quibus potissimum occupationibus quivissent priorum negligentiarum redhibitionem reddere. Mir. Bertini, c. 3, *SS.*, XV p. 510.

**redibentia,** redeb-, redev-, redhib-, -ancia, -anchia (< redibere): *redevance — a due.* DC.-F., VII p. 69 col. 3 (ch. a. 1142).

**redibere,** redebere, redhibere, reddebere (< debere): **1.** *redevoir — to owe.* Monasterium una cum omnibus rebus vel hominibus suis qui per ipsum monasterium sperare videntur vel unde legitimo redebet mitio. *D. Merov.*, no. 4 (a. 546). [Tributum] in fisco suo ab eclesiis ... reddebebatur. GREGOR. TURON., H. Fr., lib. 3 c. 25. Nec aliut tibi de hac causa non redebio nisi isto edonio sacramento. F. Andecav., no. 11[b], *Form.*, p. 8. Similia Cart. Senon., no. 21, p. 194. Omnes causas suas suisque amicis aut gasindis [i.e. suorumque amicorum et gasindorum], undecumque ipse legitimo redebit mithio. MARCULF., lib. 1 no. 23, p. 57. Ei amplius non redebet. Pact. Alamann., fragm. 1 c. 2. Vendere ceperam, et ex hoc mihi adhuc 600 redebit sol. Test. Adalgisili-Grimonis a. 634, LEVISON, *Frühzeit*, p. 132. Nihel sibi ... vendetrex ad [i. e. a] te emtore amplius reddeberi dixet. SCHIAPARELLI, *CD. Longob.*, I no. 37 p. 129 (a. 725/726). Nihil mihi in amplius pretium reddevire videris. Ib., no. 45 p. 150 (a. 730, Pisa). De istato [i. e. statu] nostro nulla[m] condicione[m] bovis [i. e. vobis] redivibamus. Ib., no. 55 p. 180 (a. 736). Nihil michi ex precium ... aliquid reddebere dixi. Ib., II no. 225 p. 270 (a. 768). **2.** spec.: *devoir à titre de redevance — to owe by way of tribute.* Omne tributum, quod in fisco suo ab ecclesiis ... reddebebatur, clementer indulsit. GREGOR. TURON., H. Fr., lib. 3 c. 25. Quod exinde in fisci dicionibus tam de terra, vineas, mancipia vel undecumque reddebetur. MARCULF., lib. 1 no. 20, p. 56. Quod ipse colonitio [i. e. colonicium] de capud suum ad ipsa casa Dei redebeat et exinde neglegens aderat. F. Senon. rec., no. 2, *Form.*, p. 212. Quod ad fiscum nostrum exinde redibitur. *D. Karolin.*, I no. 54 (a. 771). **3.** passiv. rediberi: *revenir, appartenir à qq'un — to be due, belong* to a person. [Portionem regni] sibi diceret in integrum redhiberi. Pact. Andeliac. a. 587, *Capit.*, I p. 13 l. 4. Quicquid unicuique fidelium ... per legem et justitiam redebetur. Ib., p. 14 l. 20. Apud Parisius civitatem P. succedit ... clamante A. sibi hunc redebere [i. e. rediberi] locum. GREGOR. TURON., H. Fr., lib. 4 c. 18. Scimus ... civitates istas C. regis filiis redebere [v. l. redhiberi]. Ib., lib. 9 c. 18. Locum quendam, quem basilica s. Martini diutino tempore retenebat, fisci sui juribus redeberi. Id., Virt. Martini, lib. 1 c. 29, *SRM.*, I p. 602. Porciones meas, quem [!] ex alote parentum meorum justissime ei est reddebetum. F. Andecav., no. 1, *Form.*, p. 4. Sicut a me fuit possedendum [i.e. possessum] aut mihi inante juxtum [i. e. juste] redebitum est. Ib., no. 41 p. 18.

**redibitio,** rede-, reddi-, redde-, -butio, redhibitio (< redibere; quandoque confus. c. voce redhibitio): **1.** *paiement — payment.* Concil. Aurel. a. 511, c. 8, *Conc.*, I p. 5. **2.** *redevance — a due, tax.* Nec [ad] nulla[m] redibutione[m] requirendum ibidem ingredire non debeat. MARCULF., lib. 1 no. 4, *Form.*, p. 44. Nullo teloneo nec qualibet reddibucione exinde ad parte[m] fisci nostri ... dissolvere non dibeant. Supplem. ad MARCULF., no. 1, p. 107. [Ad] ulla[m] redibitione[m] requirendum ibidem ingredere non presumatis. *D. Karolin.*, I no. 6 (a. 753). Nullo telloneo ... aut ulla reddebutione de hoc quod fiscus noster recipere vel sperare potuerat. *Hist. patr. mon.*, Chartae, I col. 20 C (a. 768). Undecumque census aliquid ad fiscum pervenerit, sive in frido sive in qualecumque banno et in omni redibutione ad regem pertinente. Capit. de part. Saxon., c. 16, I p. 69. Juniores comitum ... aliquas redibutiones vel collectiones ... exigere solent. Capit. Mant. II a. 813, c. 6, p. 197. Nec quisquam ... exinde quicquam subtrahat aut redibitionem quamcumque exigat temporalem. Concil. Meld. a. 845, c. 63, II p. 413. **3.** *revenu, profit — revenue, profit.* Salva censuum beneficii annua redibitione. *D. Louis IV*, no. 21 (a. 943). Terra cum annuali redibitione et commodo. VERCAUTEREN, *Actes de Flandre*, no. 12 (a. 1093).



**redigere:** *rédiger — to draw up.* Hoc exemplum ... in publicam formam redegi. GIULINI, *Mem. di Milano*, I p. 466 (a. 871). Similia MITTARELLI, *Ann. Camald.*, p. 45 (a. 945).

**redimentum** (< redimere): *formariage — merchet.* Notitia s. Petri Gandav. a. 877-879, ed. GYSSELING-KOCH, *BCRH.*, t. 113 (1948), p. 297.

**redimere, 1.** aliquem: *racheter de la peine capitale — to redeem from capital punishment.* Si eum [debitorem] in compositione nullus ad fidem tullerunt, hoc est ut redimant de quo non persolvit, de sua vita conponat. Lex Sal., tit. 58. **2.** refl. se redimere: *se racheter de la peine capitale — to redeem oneself from capital punishment.* De vita culpabilis esse debet aut quantum valet se redemat. Ib., tit. 50 c. 4. Latro redimendi se habeat facultatem. Pact. Childeb. et Chloth., c. 2, *Capit.*, I p. 5. Vitae periculum [i. e. periculo] feriatur, nam non de precio redemptionis se redimat. Childeb. II decr. a. 596, c. 5, p. 16. **3.** manum etc.: *racheter une peine corporelle — to redeem a corporal punishment.* Ut ille qui [ad hineum] admallatus est, manum suam redemat. Lex Sal., tit. 53 c. 1. Si quis convictus fuerit perjurii, manum perdat aut redimat. Capit. missor. Theodonisv. II a. 805, c. 11, I p. 124. Testes qui falsi apparuerunt, manus suas redimant. Capit. legi add. a. 816, c. 1, p. 268. Refl.: idem. Penam [castrationis] sustineat ipse aut se de nobis redimat. Loth. I pact. c. Venet. a. 840, c. 33, II p. 135. **4.** regnum: *payer un tribut pour racheter la dévastation — to pay a tribute in order to buy off pillage.* Regnum quod contra eos [sc. paganos] redimitur, a tributo indebito eripiatur. Epist. synod. Caris. a. 858, c. 6, *Capit.*, II p. 431. **5.** aliquid: *payer une somme en rachat d'*une corvée *— to pay a sum for commuting* a service. De operibus in restauratione ecclesiarum, sive in faciendo sive in redimendo. Admon. ad ord. (a. 823-825), c. 24, I p. 307. Exigant ut mansiones, quibus in profectione uti debuerant, alio pretio redimant qui parare debent. Concil. Tribur., canon. extrav., c. 5, II p. 248. Refl.: idem. Propter se redimendum pretium dederunt, ut eis [ab hoste] domi remanere licuisset. Capit. missor. de exerc. prom. a. 808, c. 6, I p. 138. **6.** aliquid: *payer une somme en rachat d'*une obligation d'ordre judiciaire *— to pay a sum for redeeming* a legal obligation. In juramento quispiam vocatus, si jurare noluerit, juramentum illud non redimet. Lud. VI reg. Fr. priv. pro Stamp. a. 1123, *Ordonn.*, XI p. 183. **7.** aliquem: *extorquer de l'argent à qq'un à titre de rachat — to extort money from* a person *under pretext of redemption.* H. rex Angliae fecit in Anglia novam monetam fieri ... Et rex monetarios suos redemit, id est ad redemptionem coegit. Ps.-BENED. PETROBURG., ad a. 1180, ed. STUBBS, I p. 263. Servientes nostri [sc. regis Fr.] burgenses gravabant et redimebant. Lud. VII reg. Fr. priv. pro Aurel. a. 1138, ed. BIMBENET. **8.** feodum: *payer le relief d'un fief — to pay for an enfeoffment.* Si quis sine filio masculo mortuus fuerit et reliquerit filiam, non habeat [filia] beneficium patris, nisi a domino redemerit. Libri feudor., antiq., tit. 6 c. 14 (vulg., lib. 1 tit. 23), ed. LEHMANN, p. 108. Si quis baronum ... sive aliorum qui de me tenent mortuus fuerit, haeres suus non redimet terram suam, ... sed justa et legitima relevatione relevabit eam. Ch. coron. Henr. I reg. Angl. a. 1100, c. 2, STUBBS, *Sel. ch.*[9], p. 118. Quando quovis manentium decedente redimenda erit decedentis mansio. FLACH, *Orig.*, II p. 356 n. (s. xii, S.-Amand). **9.** aliquem: **sauver* une âme *— to deliver* a soul.

**redintegrare,** rein-: *réincorporer — to re-embody.* Catholicae vitae fuerit incorporatus et reintegratus ecclesiae. Pasch. I pap. (a. 817-824) epist., MANSI, t. 14 col. 379. Abbatiola ... matris ecclesie unitati redintegretur. *D. Charles le Ch.*, no. 381 I (a. 875). Ipsam [Apuliam] sublatam a Grecis nostro Italico regno reintegrare laboraremus. *D. Ottos I.*, no. 367 (a. 968). Liceat eam [vineam] ... comiti ... in suum jus redintegrare. REDLICH, *Trad. Brixen*, p. 17 (ca. a. 995-1005).

**redire:** *revenir à qq'un, échoir — to devolve upon, accrue* to a person. [Res] de jure meo in jus et dominationem redeant s. Bonifatii. DRONKE, *CD. Fuld.*, no. 474 p. 209 (a. 827). Hoc totum ... ad predictam abbatiam pertinebat antea; non tamen ad monachorum annonam, sed ad abbatem specialiter rediit. *D. Zwentibolds*, no. 3 (a. 895). Hec duo loca legitime in eum redirent. REDLICH, *Trad. Brixen*, p. 8 (ca. a. 985-993).

**redirectiare,** redreçare, redressare, redrescere: *redresser — to mend, atone.* Si [pacem infractam] redrescere non fecerit. *Hist. de Lang.*[3], V no. 556 col. 1070 (a. 1143). Mala quae ego feci ... redrecet eis. Ib., no. 599 col. 1172 (a. 1154).

**redirectio:** *redressement, rétablissement — redress, restoration.* Se fatigaverunt de redirectione praedictae pacis vel treugae Domini. Synod. Tulug. a. 1041, *Hist. de Lang.*[3], V no. 220 col. 445. Cum omnibus ... placitis et batalias et justitiis et redirectionibus. Ib., no. 300 col. 588 (a. 1071, Carcassonne).

**redirector:** *celui qui procure le redressement d'un tort — one who puts right a wrong done.* Concil. Auson. a. 1068, MANSI, t. 19 col. 1073.

**redirigere:** *redresser — to mend, atone.* Habeat redirectum illud malum ... infra primos 40 dies. ROSELL, *Lib. feud. maj.*, I no. 288 p. 313 (a. 1062). Cogat filium suum ... redirigere malum quod fecerit; quod si noluerit facere ..., pater redirigat omne malum. Concil. Auson. a. 1068, c. 6, MANSI, t. 19 col. 1073. [Miles] fecerit ei [sc. seniori] malum quod non poterit redirigere vel emendare. Usat. Barcinon., c. 40, ed. D'ABADAL-VALLS TABERNER, p. 18. Ib., c. 26, p. 11; c. 66, p. 27.

**redonare: 1.** *restituer, rendre — to return, restore.* Fundo [i.e. fundus] cum omnibus ei juri [i. e.

jure] redonata [i. e. redonatis]. Lib. diurn., no. 97, ed. SICKEL, p. 129. Captivos omnes . . . redonavit pontifici. Lib. pontif., Zachar., § 9, ed. DUCHESNE, I p. 428. Villulam . . . abstractam . . . redonavi. WAMPACH, *Echternach*, I pt. 2 no. 163 p. 253 (a. 907/908). Hec . . . mihi redonabat. LACOMBLET, *UB. Niederrh.*, I no. 234 p. 151 (a. 1083). **2.** *redonner — to restore*. Tranquillitas ecclesiis . . . redonata. Coll. Avell., *CSEL.*, t. 35 p. 712 l. 26. **3.** *donner en réciprocité — to give in return*. Pro quo dono redonavit ei beneficium loci s. Albini. BERTRAND, *Cart. d'Angers*, I no. 227 p. 274 (a. 1039-1055).

**redonatio:** *restitution — restitution*. *D. Heinrichs IV.*, no. 101 (a. 1063). D. Lud. VI reg. Fr. a. 1121, LUCHAIRE, *Inst. monarch.*, II p. 317 no. 13.

**redreçare,** redrescere, redressare, v. redirectiare.

**reducere:** *réduire, subjuguer — to subdue*. A Langobardorum manibus Italia[m] eripere cupiens sueque [sic] reduceret dicioni. BENED. SANTANDR., ed. ZUCCHETTI, p. 46. Reductus est imperiali servitio. ROMANIN, *Venezia*, I doc. p. 382 (a. 991).

**reduviae,** redubiae: **reliques, dépouille — relics, remains*. Transl. Boniti, c. 34, MABILLON, *Acta*, III pt. 1 p. 99.

**reaedificare:** **rebâtir — to rebuild*.

**reemendare:** *réparer, refaire — to repair, mend*. Torcularia . . . reemendentur. *D. Charles le Ch.*, II no. 247 p. 63 (a. 862). Etiam no. 363 p. 310 (a. 872).

**refectio: 1.** **repos — rest*. **2.** **repas — repast*. **3.** *droit de pât — right of entertainment*. Dimiserunt . . . refectionem usuariam, quam habebat cum hominibus suis in monasterio . . . unoquoque anno. *Hist. de Lang.*[3], V no. 523 II col. 994 (a. 1132). **4.** **réconfort spirituel — spiritual consolation*.

**refectorarius** (adj.): **1.** *qui est en charge du réfectoire — having the care of the refectory*. Frater. Sigiberti Cluniac. consuet., c. 25, ALBERS, II p. 85. **2.** *qu'on utilise dans le réfectoire — used in the refectory*. Panni. BERNARD. MORLAN., Cons. Cluniac., pt. 1 c. 7, HERRGOTT, p. 150. Subst. mascul. **refectorarius:** *réfectorier*, moine qui fait le service du réfectoire — *refectorer*, monastic obedientiary for the refectory. EKKEHARD., Cas. s. Galli, c. 2, *SS.*, II p. 95 l. 16. UDALRIC., Cons. Cluniac., lib. 3 c. 21, MIGNE, t. 149 col. 763 B. Consuet. Fructuar., lib. 1 c. 4, ALBERS, IV p. 13.

**refectorium:** *réfectoire monastique — monastic refectory*. GREGOR. M., Dial., lib. 2 c. 22. IONAS, V. Columbani, lib. 1 c. 15, ed. KRUSCH, p. 178. Virt. Geretrudis, c. 3, *SRM.*, II p. 466. CHRODEGANG., Reg. canon., c. 21. DONAT. ANTR., V. Ermenlandi, c. 13, *SRM.*, V p. 699. Conc. Turon. a. 813, c. 23, *Conc.*, II p. 289. Capit. monast. Aquisgr. a. 817, c. 27, I p. 345. G. Aldrici, c. 17, *SS.*, XV p. 315. FOLCUIN., G. abb. Lob., c. 29, *SS.*, IV p. 70.

**refectura:** *réparation — repair*. S. xiii.

**refeodum,** refeudum: *arrière-fief — undertenement*. S. xiii.

**referendarius: 1.** *référendaire*, dignitaire de cour en charge de la réception des requêtes, puis chef de la chancellerie — *referendary*, court dignitary who receives petitions and later directs the chancery. Au palais impérial — in the Emperor's court: Cod. Justin., 1, 50, 2. Novell. 113 et 124. JULIAN. ANTECESS., Constit., lib. 6 c. 3. Chez les Ostrogoths — with the Ostrogoths: ANON. VALES., c. 14 § 85, *Auct. ant.*, IX p. 326. CASSIOD., Var., lib. 6 epist. 17, ib., XII p. 189. Chez les Francs — with the Franks: S. referendarius qui anolum regis Sygiberthi tenuerat. GREGOR. TURON., H. Fr., lib. 5 c. 3. Ib., c. 43; lib. 8 c. 32; lib. 10 c. 19. Id., Virt. Martini, lib. 1 c. 25, *SRM.*, I p. 601. FORTUN., lib. 7 carm. 22, inscr., *Auct. ant.*, IV pt. 1 p. 175; lib. 9 carm. 12, inscr., p. 217. Epist. concil. Valent. II a. 585, *Conc.*, I p. 162. *D. Merov.*, no. 15 (a. 635); no. 66 (a. 693). MARCULF., lib. 1 no. 25, *Form.*, p. 59. FREDEG., lib. 4 c. 78, *SRM.*, II p. 159. V. Agili, c. 14, MABILLON, *Acta*, II p. 321. V. Boniti, c. 2, *SRM.*, VI p. 120. PAUL. DIAC., G. episc. Mett., *SS.*, II p. 267. G. Dagoberti, c. 42, *SRM.*, II p. 420 l. 29. Chez les Lombards — with the Longobards: GIORGI-BALZANI, *Reg. di Farfa*, II doc. 9 p. 29 (a. 745). Lib. pontif., Hadr., § 20, ed. DUCHESNE, I p. 492. Chez les Anglosaxons — with the Anglosaxons: BIRCH, *Cart. Saxon.*, I no. 6 p. 12 (a. 605). **2.** *chancelier — chancellor*. D. Hugonis reg. Fr., *Gall. chr.*[2], VII instr. col. 220. GUIBERT. NOVIG., De vita sua, lib. 3 c. 14, ed. BOURGIN, p. 194.

**refertio:** i. q. relatio, *relation, rapport — account, report*. Cuncta quae gesta sunt . . . subtili refertione . . . intimavit regi. Lib. pontif., Steph. II (a. 752-757), § 42, ed. DUCHESNE, I p. 452. Subtili refertione . . . nobis aedicat ea quae . . . Concil. Roman. a. 769, *Conc.*, II p. 83 l. 11.

**refeudum,** v. refeodum.

**reficere,** intrans.: **1.** *i. q. refici, *manger — to eat*. **2.** *dormir — to sleep*. ISIDOR. HISPAL., Reg. monach., c. 8.

**refirmare: 1.** *confirmer de nouveau — to confirm once more*. Trad. s. Petri Juvav., no. 33 (a. 1002-1014), HAUTHALER, *Salzb. UB.*, I no. 33. **2.** *réconforter — to minister to* a person. In camera sua refirmetur infirmorum more. MARTÈNE, *Thes.*, I col. 609 (ch. ca. a. 1182, Gembloux).

**refirmatio:** *confirmation réitérée — renewed confirmation*. *D. Zwentibolds*, no. 20 (a. 898).

**reflutare** et deriv., v. refutare.

**refluxus:** *marée basse — ebb-tide*. S. xii.

**refocilare,** -illare, transit.: **réconforter, ranimer, restaurer — to revive, refresh*.

**reformare: 1.** **restituer, compenser, réparer — to make restitution, recoup*. **2.** *réintégrer — to reinstate*. Professioni [sc. monasticae], quam inleceto [i. e. illicite] praetermiserat, refurmetur. Concil. Epaon. a. 517, c. 23, *Conc.*, I p. 24. **3.** **sauver, racheter* une âme — *to save, redeem* a soul.

**refortiare: 1.** *fortifier, munir de fortifications — to fortify*. S. xiii. **2.** *renforcer* une monnaie — *to increase the weight of* coins. S. xiii.

**refragare,** transit.: *empêcher, entraver, contrecarrer, s'opposer à* qqch. — *to impede, hamper, check, thwart*. Si quis . . . hoc [sc. venditionem] refragari vel falsare voluerit. Lex Ribuar., tit. 59 § 2. Quod . . . indulsimus, nec regales sublimitas nec judicum seva cupiditas refragare temptetur. MARCULF., lib. 1 no. 3, *Form.*, p. 44. Nullo tempore aliquis . . . hanc convenientiam . . . immutare vel refragare non possit. F. Sal. Lindenbr., no. 18, ib., p. 279. Persona quae contra hanc venditionem venire



aut eam refragare praesumpserit. *Hist. de Lang.*[3], II pr. no. 204 col. 408 (ca. a. 886).

**refragatio:** **opposition, résistance, contradiction — opposition, thwarting, objection*. *D. Merov.*, no. 14 (a. 631/632); no. 91 (a. 721).

**refragium:** **résistance, obstacle — resistance, impediment*.

**refricare,** refrigare (class. "rouvrir une plaie — to tear open an old sore"): *rouvrir* une cause, *remettre en suspens — to reopen, unsettle* a case at law. Ut diffinita crimina nullus refricare audeat. Capit. Herardi Turon. a. 858, c. 119, *Gall. chr.*[2], XIV instr. col. 46. Ne materia refricandae litis ulterius remaneret. *D. Charles le Ch.*, II no. 258 p. 85 (a. 863). Negotium jam finito [i. e. finitum] nullo modo volumus refrigari FICKER, *Forsch.*, IV no. 28 p. 37 (a. 975, Ravenna).

**refrigerare, 1.** transit.: **restaurer, délasser, réconforter, consoler — to foster, nurse, solace, relieve*. **2.** intrans.: **se refaire, se délasser, se reposer, se consoler — to recover, rest, relax, find solace*.

**refrigerium: 1.** **rafraîchissement — refreshing*. **2.** **soulagement, réconfort, consolation — solace, recovery, relief*. **3.** **bonheur éternel — joys of Heaven*.

**refudium,** refugium (< refutare, cf. ital. *rifiuto*): *déchets — refuse*. GATTULA, *Hist. Cassin.*, I p. 158 col. 1 (a. 1067). MURATORI, *Antiq.*, IV col. 813 (a. 1159).

**refuga** (subst. mascul.): **1.** **déserteur — deserter*. **2.** **réfractaire, rebelle — recalcitrant, rebel*. **3.** **apostat — renegade*.

**refuganis,** refugannus: *érémite — hermit*. Fuero de León (a. 1017-1020), c. 3, WOHLHAUPTER, p. 4. Concil. Compostel. a. 1056, c. 3, MANSI, t. 19 col. 856 D.

**1. refugium: 1.** *refuge*, lieu vers lequel se réfugie un monastère ou un évêché en cas d'alerte — *refuge*, emergency seat of a monastery or a bishopric. [Villam] eisdem fratribus . . . ad cellam construendam et locum refugii dudum concesseramus. *D. Charles le Ch.*, II no. 247 p. 65 (a. 862). Item no. 306 p. 178 (a. 867); no. 363 p. 311 (a. 872). Donamus eidem s. Joanni Baptistae [i. e. episcopio Maurianensi] refugium . . ., castrum scilicet in ejusdem territorio s. Joannis positum . . ., ubi sit praesulis requies, ubi secunda sedes, ubi tempore belli tuta defensio, ubi librorum thesaurorumque munimen inexpugnabile. D. Bosonis reg. Burgund. a. 887, *Gall. chr.*[2], XVI instr. col. 293. **2.** *réconfort — solace*. Femine nostre in illa die fuerunt nobis in maximo refugio, que afferebant ad bibendum aquam. ANON., G. Franc., c. 9, ed. BRÉHIER, p. 46. **3.** *asyle, droit d'asyle — sanctuary, right of sanctuary*. S. xii.

**2. refugium,** v. refudium.

**refundere:** **rendre, remettre, restituer — to restore, repay, refund*.

**refusio:** **restitution — refund*.

**refutare,** notione 1 etiam reflutare (cf. ital. *rifiutare*): **1.** *se désister, se dessaisir de* qqch. — *to surrender, renounce*. In alia cartula ista omnia in integrum refutavimus vobis. GIORGI-BALZANI, *Reg. di Farfa*, II doc. 153 p. 129 (a. 792). MANARESI, *Placiti*, I no. 115 p. 428 (a. 903, Chiusi). HARTMANN, *Tab. s. Mar. in Via Lata*, p. 13 (a. 980). PASQUI, *Doc. di Arezzo*, no. 78 p. 111 (a. 994). GADDONI-ZACCHERINI, *Chart. Imolense*, p. 12 (a. 1019). Gregor. VII pap. registr., lib. 2 epist. 27, ed. CASPAR, p. 159; lib. 4 epist. 22, p. 331; lib. 7 epist. 19, p. 495. *D. Heinrichs IV.*, no. 335 p. 441 l. 16 (a. 1081). *Const.*, I no. 83 (a. 1111). **2.** *annuler — to cancel*. Commutationes inrationabiliter . . . factas propriis manibus . . . incidentibus ac legali constipulatione penitus refutantibus. *D. Ottos III.*, no. 360 (a. 1000). **3.** *refuser, dénier* qqch. à qq'un — *to deny, refuse* a person something. Ipsum refutaverunt locum a J. abbate. MITTARELLI, *Ann. Camald.*, p. 205 (a. 1013). **4.** cum infin.: *refuser — to decline*. Si episcopus refutaverit eum benedici et sacrari. *Bullar. Casin.*, II p. 68 (a. 1007). Servitium refutavit facere. Libri feudor., antiq., tit. 10 c. 2 § 6, ed. LEHMANN, p. 146 (vulg.: recusaverit). **5.** **nier, dire que non — to deny, answer in the negative*. Interrogavimus . . . ut si haberent aut preceptum vel judicatum . . ., ita ostendere[nt]; qui . . . refutaverunt et dixserunt: Certe nec judicato nec precepto . . . habemus. MANARESI, I no. 42 p. 137 (a. 833, Siena).

**refutatio,** reflutatio: **1.** *désistement — surrender*. MANARESI, *Placiti*, I no. 115 p. 428 (a. 903, Chiusi); II no. 316 p. 650 (a. 1022). MITTARELLI, *Ann. Camald.*, p. 104 (a. 981). **2.** *quittance, récépissé — quittance, receipt*. S. xiii.

**rega,** v. riga.

**regalengum,** reng-: *seigneurie — seigniory*. S. xi, Hisp.

**regalia** (femin.) (cf. voc. regalia, neutr. plural.): *le temporel d'une église royale — the temporalities of a royal church*. Ann. Rom., a. 1046, DUCHESNE, *Lib. pont.*, II p. 332.

**regalis** (adj.). **1.** mansus regalis: manse d'une étendue extraordinaire (trouvant son origine dans les domaines royaux), en allemand "königshufe" — a "mansus" of a large type. Capit. Aquisgr. (a. 801-813), c. 19, I p. 172. DRONKE, *CD. Fuld.*, no. 529 p. 235 (ca. a. 840). Hoba regalis: idem. *D. Arnulfs*, no. 44 (a. 889). *D. Konrads II.*, no. 211 (a. 1034). **2.** servus regalis, ancilla regalis: i. q. fiscalinus, fiscalina. ASTRON., V. Hlud., c. 22, *SS.*, II p. 619. Subst. mascul. **regalis, 1.** plural. regales: **les membres de la famille royale — the members of the royal family*. **2.** *les serviteurs du roi — the king's servants*. GREGOR. TURON., H. Fr., lib. 5 c. 49. **3.** singul.: une *monnaie d'or* des rois de Sicile — a *gold coin* of the kings of Sicily. S. xii. Subst. neutr. plural. **regalia: 1.** *les domaines du fisc — royal demesne*. Staphilum . . . qui dividit inter causam s. Benedicti et regalia. LEO OST., *Chron. Casin.*, lib. 1 c. 45, *SS.*, VII p. 611. **2.** *les droits régaliens* au sens large, comprenant les domaines, les droits de justice et les autres sources de revenu — *regalian rights* in general, including estates, rights of jurisdiction and all sources of income. Tanta profligatio regalium, ut posthac reges nostrarum partium rapinis potius quam regalibus sustentandi sint. Epist. a. 1077 ap. BRUNONEM MERSEB., c. 108, ed. WATTENBACH, p. 79. Regalia sunt haec . . Constit. Roncal. a. 1158, *Const.*, I no. 175. Omnia regalia, videlicet ducatus, marchias, comitatus, hominia cum beneficiis, monetas, teloneas, munitiones. GERHOH. REICHENSB., Investig., lib. 1 c. 24, *Libelli de lite*, III p. 333 l. 13. **3.** *le temporel d'une église royale*

(évêché ou abbaye), considéré comme provenant d'une concession royale — *the temporalities of a royal church* (bishopric or abbey), these being regarded as deriving from a royal grant. Episcopus communicat regi et imperatori suo, cui ex regalibus ejus acceptis fidelitatem juravit. Sigiberti Gemblac. epist. Leodiensium ad Paschal. II papam, c. 7, *Libelli de lite*, II p. 458. Domnus papa precipiet episcopis . . . ut dimittant regalia regi et regno quae ad regnum pertinebant tempore Karoli . . . et scripto firmabit . . . ne quis eorum . . . intromittant se vel invadant eadem regalia, id est civitates, ducatus, marchias, comitatus, monetas, teloneum, mercatum, advocatias regni, jura centurionum et curtes quae regni erant . . ., militiam et castra regni. Paschal. II pap. promissio a. 1111, *Const.*, I no. 85 p. 138. Electus regalia per sceptrum a te recipiat. Concord. Wormat. a. 1122, ib., no. 108. Regalia, id est a regibus et imperatoribus pontificibus Romanis data in fundis et reditibus. De investitura, *Libelli de lite*, II p. 498. Tibi . . . et successoribus tuis Vivariensis urbis [episcopis] nostra regalia concedimus. D. Konradi imp. a. 1149, DC.-F., VII p. 85 col. 2. Quia ecclesia Kizzingensis regalia, quod herscilt dicitur, non haberet, nullus laicorum quicquam de jure beneficiali ab ecclesia pretaxata . . . obtinere posset. *Const.*, I p. 188 n. (a. 1151). [Episcopus] nihil habens de regalibus, . . . sed solum militans fidelium suorum stipendiis. G. episc. Camerac. abbrev., c. 11, *SS.*, VII p. 505. [Episcopus imperatori] de regalibus suis fidelis et devotus esse tenebatur. Ib., c. 19, p. 508. Regalia . . . nec personis, sed aecclesiis perpetualiter a principibus tradita sunt. OTTO FRISING., G. Friderici, lib. 2 c. 12, ed. WAITZ-SIMSON, p. 114. [Episcopus] regi et regno fidelitatem faciat, et sic demum regalia recipiat. SUGER., epist. 10, ed. LECOY, p. 257. Concedimus tibi prefato episcopo [Lodovensi] regalia totius episcopatus Lodovensis, scilicet stratas, novas forcias . . . et jus prohibendi facere novas forcias in toto episcopatu Lodovensi, facultatem quoque exigendi fidelitates regi debitas ac potestatem judiciariam omnium causarum tam civilium quam criminalium seu capitalium. D. Lud. VII reg. Fr. a. 1162, *Hist. de Lang.*$^3$, V pr. no. 650 col. 1263. Cf. A. PÖSCHL, *Die Regalien der mittelalt. Kirchen*, 1929. H. THIEME, *Die Funktion der Regalien*, *ZSSRG.*, Germ. Abt., t. 62 (1942). I. OTT, *Der Regalienbegriff im 12. Jhdt.*, ib., Kan. Abt., t. 35 (1948), pp. 234-304. **4.** jus regalium, et singul. regale: droit de régale, le droit exercé par le roi de s'arroger la jouissance du temporel des églises royales pendant la vacance du siège — regalian right, the king's right to take possession of the temporalities of royal churches during vacancies. Regale Carnotensis episcopatus de rege in feodum teneo . . ., ita quod decedente episcopo regale episcopatus meum proprium est, quousque alius substituatur. *H. de Fr.*, XV p. 507 (a. 1149). Cf. E. LESNE, *Les origines du droit de régale*, *RHDFE.*, t. 45 (1921). M. E. HOWELL, *Regalian right in medieval England*, 1962. **5.** regalia b. Petri: le temporel de l'église romaine — the temporalities of the Roman church. Adjutor ero ad tenendum et adquirendum et defendendum regalia s. Petri. Gregor. VII pap. registr., lib. 1 epist. $21^a$, ed. CASPAR, p. 36. [Imperator] jurejurando firmavit de ipsius apostolici vita, de honore, de membris, de mala captione, de regalibus etiam et patrimoniis b. Petri. PETR. DIAC., Chron. Casin., lib. 4 c. 37, *SS.*, VII p. 779. Regalia b. Petri, et specialiter Sardiniam, adjutrix ero ad retinendum et defendendum. MURATORI, *Antiq.*, VI col. 10 C (a. 1236). **6.** *les insignes de la couronne — the royal insignia.* Ann. Hildesheim., a. 1106, ed. WAITZ, p. 55. EKKEHARD. URAUG., a. 1125, *SS.*, VI p. 264. OTTO FRISING., G. Friderici, lib. 1 c. 16, p. 30.

**regalitas:** *majesté — majesty.* Adversus vestram regalitatem. Hadr. I pap. epist. (a. 775), *Epp.*, III p. 572. Attulit nostrae regalitati quoddam privilegium. D. Lud. Pii, DC.-F., VII p. 89 col. 2. Nulli alii subjectam . . . excepto nostre regalitati. D. Loth. II reg. a. 868, BEYER, *UB. Mittelrh.*, I no. 109 p. 114. *D. Karlmanns*, no. 3 (a. 877); no. 25 (a. 879). *D. Louis IV*, no. 17 (a. 941). *D. Ottos II.*, no. 7 (a. 963).

**regaliter:** *libéralement, en magnificence — generously, munificently.* Aliquas res . . . regaliter commodare. MULLER-BOUMAN, *OB. Utrecht*, I no. 105 p. 110 (a. 943).

**regardum** et deriv., v. reward-.

**regenerare:** **baptiser — to baptize.* In ipsis sicut regeneratus fuerat albis. GREGOR. TURON., H. Fr., lib. 2 c. 29.

**regeneratio: 1.** **baptême — baptism.* **2.** **béatification — salvation.*

**regens** (subst.): *professeur d'Université — University professor.* Magistrum J. regentem in theologia Parisius. DENIFLE, *Chart. Univ. Paris.*, I no. 26 p. 84 (a. 1217).

**regere: 1.** *diriger, être préposé à* une communauté religieuse, une paroisse, une église — *to direct, be at the head of* a religious community, a parish, a church. [Episcopus] taliter afficeretur ut ecclesiam suam nec clerum regere possit. Chloth. II edict. a. 614, c. 2, *Capit.*, I p. 21. Mos est regentibus parrochiis [leg. parrochias] paschalibus diebus episcopi se representare aspectibus. Pass. Praejecti, c. 8, *SRM.*, V p. 229. Parrochie quem [i. e. quam] regendam susciperat. URSIN., Pass. II Leudegarii, c. 2, ib., p. 325. [Talis abbas] qui secundum ordinem sanctam ipsam gregem regat. Concil. Vern. a. 755, c. 5, *Capit.*, I p. 34. Illi sacerdotes eas [ecclesias baptismales] sic regant quomodo ordo canonicus exposcit. Pippini capit. Ital. (ca. a. 790), c. 2, p. 200. Corpus S. diaconi ante fores basilicae b. Joh., quam ipse rexerat, sepelire mandavit. PAUL. DIAC., Hist. Langob., lib. 5 c. 41. Sacerdotes sibi accipiant ad regendas parrochias. BEYER, *UB. Mittelrh.*, I no. 178 p. 240 (a. 943). **2.** *diriger* un chœur, une école — *to direct* a choir, a school. Ad missam majorem duo regent chorum. SIGIBERT. CLUNIAC., Cons., c. 12, ed. ALBERS, II p. 77. Rursum c. 31, p. 98. Quamdiu scolas bene rexerit, canonicus habeatur. VERCAUTEREN, *Actes de Flandre*, no. 6 p. 7 (a. 1085). Nullus nisi auctoritate et licentia cantoris b. M. regat scholas. *Actes Phil.-Aug.*, I no. 384 p. 475 (a. 1191). **3.** intrans.: *professer, occuper une chaire, enseigner — to teach, hold a chair.* Nullus nisi actu regens scolas retinere presumat. DENIFLE, *Chart. Univ. Paris.*, I no. 136 p. 177 (a. 1245). **4.** *cultiver* une terre, *gérer* un domaine — *to till* a plot, *run* an estate. Ad regendum patrimonium. GREGOR. M., lib. 1 epist. 2, *Epp.*, I p. 3. In M. casa qui regitur per S. boulco [i. e. bobulco]. SCHIAPARELLI, *CD. Longob.*, I no. 28 p. 103 (a. 720, Lucca). Casas octo . . . regentes [i. e. rectas] . . . per liberi hominibus. TORELLI, *Reg. Mantov.*, p. 3 (a. 760). Petia una de campo . . ., et rectum fuit per G. massario. *CD. Langob.*, no. 79 col. 150 (a. 805, Bergamo). Adheret terra predicte cortis . . . recta et laborata per M. ipsius cortis massarium. *D. Lotario*, no. 7 p. 264 (a. 948). **5.** refl. se regere: *pourvoir à son entretien — to support oneself.* Sine vos meipsa[m] regere non possum. HARTMANN, *Tab. s. M. in Via Lata*, p. 20 (a. 988). **6.** *redresser, juger — to set right, adjudge.* Non jus neque placita ab ejusdem loci familia [advocatus] exigat, nisi tantum a fratribus vocatus injusta regat. *D. Heinrichs V.*, no. 307 (a. 1078). **7.** intrans.: *régner* (en parlant d'un pape) — *to reign* (with reference to a pope). Gregorius [papa] rexit annos XIII. BEDA, Hist. eccl., lib. 1 c. 23. **8.** intrans.: répondre en justice — to answer at law. [Tributarii] monasterii . . . coram nullo comite aut misso nostro seu quilibet judiciaria persona quicquam inquirant aut regant. *D. Arnulfs*, no. 96 (a. 892). Ad placitum venire et illic regere noluerunt. Ib., no. 175 (a. 899).

**regestoriolum:** *cassette — casket.* Test. Bertichramni a. 616, PARDESSUS, I p. 207.

**regestorium:** *trésor — treasury.* GREGOR. TURON., H. Fr., lib. 6 c. 11.

**regestum,** notione 1 etiam registrum: **1.** **registre* d'un bureau du gouvernement impérial — *roll* kept by an imperial government office. En parlant des registres de la curie pontificale — with reference to the rolls of the papal Curia: Epistolae ex registro b. Gregorii papae. Vetus inscriptio codicis, *Epp.*, I p. 1. [Gregorius Magnus] has [epistolas] uno volumine arctans . . . registrum nominandum esse decrevit. ILDEPHONS. TOLET., Addit. ad ISIDORI lib. de vir. ill., c. 1, MIGNE, t. 96 col. 199 A. Sicut in epistolis . . . regesto ipsius praesulis continetur insertis. Lib. pontif., Nicol. I, § 57, ed. DUCHESNE, II p. 162. **2.** *trésor royal — royal treasury.* Tanta in thesauris ejus repperierunt, quanta nec in ipso aerarii publice registu poterant invenire. GREGOR. TURON., H. Fr., lib. 9 c. 9. Rursum ib., lib. 9 c. 34; lib. 10 c. 19. Id., V. patrum, c. 9, praef., *SRM.*, I p. 702. Plural. regesta: idem. Id., H. Fr., lib. 9 c. 10. **3.** plural. regesta: *chronique — chronical.* [Lector] per ejus [sc. Hincmari] regesta [sc. annales Bertinianos] sese attolet. RICHER., Hist., prol., ed. LATOUCHE, I p. 2.

**regimen: 1.** *dignité royale — kingship.* Nostri augustalis culmen postulavit regiminis. DREI, *Carte di Parma*, II p. 278 (a. 881). Nostri regiminis magnitudinem petentes. *D. Karls III.*, no. 183 (< a. 883 >, spur. s. x med., Venezia). **2.** *dignité épiscopale — episcopal dignity.* Regiminis curam suscipere. GREGOR. M., Homil. euang., hom. 17 c. 4. Id., Reg. pastor., lib. 2 c. 8. Regimen pastoralem [!] . . . susciperet. Pass. Praejecti, c. 13, *SRM.*, V p. 233. In regimen episcopale sublimati. V. Eligii, lib. 2 c. 5, ib., IV p. 697. **3.** *évêché* ou *archevêché* — *(arch)bishopric.* Subrogatur Mogontino regimini. THANGMAR., V. Bernwardi, c. 45, *SS.*, IV p. 778. Infra partes regiminis sui. V. Annonis, lib. 2 c. 16, *SS.*, XI p. 490. In nostro sita sunt regimine. ENNEN, *Qu. Köln*, I no. 47 p. 510 (a. 1136). **4.** *dignité abbatiale — dignity of an abbot.* Regimen monasterii. GREGOR. M., Dial., lib. 2, praef. Dominis . . . sacri culminis regimine decoratis. IONAS, V. Columbani, prol., inscr., ed. KRUSCH (in-8°), p. 144. Congregationem sanctam quam in regimen habet. *D. Karolin.*, I no. 2 (a. 752). Suscepit regiminis locum. V. Filiberti, c. 4, *SRM.*, V p. 586. Ut monachi per verbum episcopi et per regimen abbatis . . . regulariter vivant. Capit. Aquisgr. (a. 801-813), c. 1, I p. 170. [Abbatissa moniales] in regimine accepit. Concil. Cabillon. a. 813, c. 52, *Conc.*, II p. 284. Abbates cum omnibus ad sui regiminis ecclesiam jure pertinentibus. *D. Ottos I.*, no. 382 (a. 970). **5.** *direction d'une église — administration of a church.* Basilica . . . ubi L. regiminis locum tenebat. V. Lantberti Fontan., c. 4, *SRM.*, V p. 612. Septem aecclesiarum commendatus erat illo [i. e. illi] sacre moderationis regimen. V. Wynnebaldi, c. 4, *SS.*, XV p. 109. **6.** *comté — county.* Quasdam res . . . in Carantana regione sitas sub regimine Werianti. *D. Ottos I.*, no. 67 (a. 945). In provincia Karentana in regimine Hartwici waltpotonis. *D. Ottos II.*, no. 163 (a. 977). In villa M. in comitatu A. regimini filii nostri H. comitis subjacenti. WAMPACH, *UB. Luxemb.*, I no. 206 p. 288 (a. 993). In regimine ac comitatu H. comitis. *D. Ottos II.*, no. 216 (a. 980). **7.** *duché* ou *marquisat — duchy* or *marquisate.* Vestri [sc. Boemiorum ducis] honoris regimen. Gregor. VII registr., lib. 2 c. 71, ed. CASPAR, p. 231. Marchio L., coadunatis primoribus sui regiminis. V. Altmanni, c. 25, *SS.*, XII p. 236. **8.** *tutelle — guardianship.* Tempus proximum instabat quo A. regimine ejus [sc. pupilli] carere . . . debebat. G. Lietberti Camerac., c. 16, *SS.*, VII p. 494. **9.** (cf. voc. regere sub 2 et 3) *professorat — professorship.* In regimen theologie ac decretorum . . . nonnisi dignis licentiam largietur. DENIFLE, *Chart. Univ. Paris.*, I no. 117 p. 163 (a. 1237). In promotione ad cathedram et regimen sacre scripture. Ib., no. 200 p. 226 (a. 1252). **10.** *faculté, liberté — faculty, liberty.* In nostra esset potestatem et regimen [i. e. regimine] gubernandi, fruendi et sustinendi. MITTARELLI, *Ann. Camald.*, p. 26 (a. 881). **11.** *droit d'usage — right of easement.* Mansum . . . regiminaque ad eundem pertinentia. FUCHS, *Trad. Göttweig*, no. 198 p. 340 (a. 1122-1125). Unam vineam cum regimine. WIDEMANN, *Trad. S.-Emmeram*, no. 498 p. 283 (a. 1044-1048). **12.** *régime — regimen.* Consueto sublevari regimine. EUGIPP., V. Severini, *CSEL.*, t. 9 pt. 2 p. 40.

**regimonium:** *direction* d'un monastère — *control* of a monastery. V. Ansberti, c. 18, *SRM.*, V p. 631. V. II Winnoci (s. xi med.), c. 2, MABILLON, *Acta*, III pt. 1 p. 304. G. pontif. Camerac., lib. 2 c. 28, *SS.*, VII p. 461. Sermo de adv. Wandregisili, c. 8, *SS.*, XV p. 627. SIMON, G. abb. Sith., lib. 2 c. 60, *SS.*, XIII p. 647 l. 37.

**reginalis: 1.** *d'une reine — of a queen.* A reginali solio proiceretur. ASSER., c. 13, ed. STE-

VENSON, p. 11. **2.** *royal — royal.* S. xiv.

**reginburgus,** v. rachinburgus.

**regio: 1.** *royaume — kingdom.* Regio Francorum. Pact. Andel. a. 587, *Capit.*, I p. 13. Item Coll. s. Dionysii, no. 3, *Form.*, p. 498. Regio nostra. Chilperici edict., c. 1, ib., p. 8. Item Capit. Suess. a. 744, c. 1, p. 29. Regio Bajoariorum. Coll. Sangall., no. 1, *Form.*, p. 396. Regio Bawariensis. *D. Ottos I.*, no. 30 (a. 940). **2.** *territoire d'une "civitas" — district of a "civitas".* GREGOR. TURON., H. Fr., lib. 4 c. 49; lib. 5 c. 14. Capit. de exam. eccles. a. 802, c. 17, I p. 111. *D. Charles le Ch.*, II no. 298 p. 155 (a. 867). **3.** *circonscription où s'exerce l'autorité d'un comte, comté — area subject to a count, county.* Guntchramni edict. a. 585, p. 12. Lex Baiwar., tit. 1 c. 2. **4.** *principauté — principality.* Chron. s. Andreae Castri Camerac., lib. 2 c. 20, *SS.*, VII p. 534.

**regiola** (< regia): *petite porte — small door.* Lib. pontif., Gregor. III, § 7, ed. DUCHESNE, I p. 418. JOH. DIAC. NEAP., G. episc. Neap., c. 63, *Scr. rer. Langob.*, p. 434 l. 13. CAPASSO, *Mon. Neap.*, I p. 148 (a. 982).

**regionarius** (subst.): *diacre ou sous-diacre, chef d'une des sept "régions" ou quartiers de Rome — a deacon or sub-deacon who is at the head of one of the seven "regions" or wards of Rome.* GREGOR. M., lib. 8 epist. 4, *Epp.*, II p. 6; epist. 16, p. 18. Honor. I pap. epist. 2 (a. 625-638), MIGNE, t. 80 col. 470 A (J.-E. 2016). Lib. pontif., Constantin., § 5, ed. DUCHESNE, I p. 390. Adj. **regionarius: 1.** *d'une des sept quartiers de Rome — of one of the seven wards of Rome.* Diaconus. Ordo Rom. I (s. vii ex.), c. 1, ANDRIEU, II p. 67. Subdiaconus. Ib., c. 2. Notarius. Ib., c. 15. Concil. Roman. a. 745, *Conc.*, II p. 38. Concil. Roman. a. 769, ib., p. 82. Defensor. Ordo Rom. I, c. 9. In defensoribus septem . . . honore regionario decorentur. GREGOR. M., lib. 8 epist. 16 laud. **2.** comes regionarius: landgrave — landgrave. *Const.*, I no. 127 p. 181 (a. 1149). WENCK, *Hess. Landesg.*, II no. 55 p. 83 (a. 1133).

**regyrare,** transit.: **1.** *retourner, virer — to turn, turn round.* [Armenta] queque regirat. Ecbasis, v. 325, ed. VOIGT, p. 90. Regiratis equis. GUILL. PICTAV., lib. 2 c. 20, ed. FOREVILLE, p. 194. Regyratis navium proris. GUILL. GEMMETIC., lib. 7 c. 5, ed. MARX, p. 121. **2.** *mettre à l'envers — to turn inside out.* Ne purpuras haberem absconditas, mea pallia regiravit. LIUDPRAND. CREMON., Legat., c. 65, ed. BECKER, p. 212. **3.** refl. se regyrare: *se retourner — to turn round.* [Pontifex] regerat [v. l. regirat] se ad orientem. Ordo Rom. I (s. vii ex.), c. 53, ed. ANDRIEU, II p. 84.

**registrare:** *enregistrer — to enroll.* RUSTIC., ap. SCHWARTZ, *Concil.*, I, pt. 4, p. 93 l. 12.

**registrator:** *scribe en charge de l'enregistrement des actes — clark of the rolls.* S. xiv.

**regius** (adj.). **1.** homo regius, femina regia: affranchi(e) par intervention royale — a person who has been manumitted through the king's intermediary. Lex Ribuar., tit. 9 et pluries. **2.** servus regius: i. q. fiscalinus (subst.). Capit. Ital. a. 801, c. 8, I p. 206. *D. Ottos I.*, no. 333 (a. 966). Homo regius: idem. Homo regius, id est fiscalinus. Capit. legi Ribuar. add., a. 803, c. 2, I p. 117. **3.** hoba regia: manse du plus grand type (allemand "königshufe") — a major "mansus". *D. Arnulfs*, no. 42 (a. 888). **4.** morbus regius (class. "ictère — jaundice", ap. HIERON. "lèpre — leprosy"): les écrouelles (que le roi peut guérir) — scrofula. *Hist. de Lang.*[3], II pr. no. 5 col. 46 (< a. 767 >, s. ix? Rouergue). Subst. femin. **regia: 1.** *grande porte* d'une église — *main door* of a church. PS.-ANTONIN., Itin., c. 44, *CSEL.*, t. 39 p. 189. PETR. SUBDIAC., Mir. Agrippini, CAPASSO, I p. 325. Plural. regiae: idem. PAUL., V. Hilari Galeat., c. 4, *AASS.*[3], Maji III p. 472 B. GREGOR. TURON., H. Fr., lib. 4 c. 13; lib. 7 c. 35. Lib. pontif., Honor., ed. MOMMSEN, p. 170. Ib., Conon, p. 207. **2.** *entrée principale* d'un monastère — *main entrance* of a monastery. V. Goaris, c. 4, *SRM.*, IV p. 414. CAPASSO, *Mon. Neapol.*, I p. 23 (a. 921). Plural.: idem. Reg. Magistri, c. 30; c. 83; c. 95. **3.** plural.: *grille du chœur — choir-screen.* GREGOR. M., Dial., lib. 3 c. 29. **4.** singul.: *porte d'une maison — house-door.* Consuet. Leburie (post a. 774), *LL.*, IV p. 213. CAMERA, *Mem. di Amalfi*, p. 13 (a. 970). **5.** *basilique — basilica.* V. Medardi, *AASS.*, Jun. II p. 96. Basilica Grece, Latinis regalis dicitur vel regia. WALAHFR., Exord., c. 6, *Capit.*, II p. 480 l. 3. ORDER. VITAL., lib. 5 c. 9, ed. LE PRÉVOST, II p. 336.

**regmen** = regimen.

**regnatus** (decl. iv): *gouvernement — government.* RATHER., Praeloq., MARTÈNE, *Coll.*, IX col. 807.

**regnicola** (subst. mascul.): **citoyen — citizen.*

**regnum: 1.** *majesté — majesty.* Obtulisti in presentia regni nostri judicatum. D. Liutprandi reg. Longob. a. 715, PASQUI, *Doc. di Arezzo*, I no. 7 p. 22. **2.** *le fisc — the fisc.* Offerimus regno vestro [sc. regis] . . . villas. Test. Bertichramni a. 616, PARDESSUS, I no. 230 p. 201. Alodium quoddam . . . quod possederam in beneficio ex regno. BEYER, *UB. Mittelrh.*, I no. 366 p. 423 (a. 1067). **3.** *l'ensemble des grands du royaume — the great men of the realm as a body.* Cod. Laauresham., ed. GLÖCKNER, I p. 394. Plural. regna: idem. Omnia regna mandat adesse. LEO VERCELL., Metrum, ed. BLOCH, *NA.*, t. 22 (1897) p. 130. **4.** *une couronne — a crown.* Venit regnus [!] cum gemmis pretiosis. Lib. pontif., Hormisdas, ed. MOMMSEN, p. 130. Augustus christianissimus cum regno in capite sese prostravit. Ib., Constantin., § 6, ed. DUCHESNE, I p. 391. En parlant de la tiare — with reference to the tiara: Ordo Rom. XXXVI, c. 55, ANDRIEU, IV p. 205. CENCIUS, c. 57 (Ordo), § 2, ed. DUCHESNE, I p. 291 col. 1; rursum § 6, p. 292 col. 1. Litt. Alex. III pap. a. 1159 ap. RAHEWIN., G. Friderici, lib. 4 c. 61, ed. WAITZ-SIMSON, p. 302. **5.** *lustre — chandelier.* Fecit regnum ex auro purissimo pendentem super altare. Lib. pontif., Leo III, § 62, ed. DUCHESNE, II p. 16. Ibi pluries. **6.** *trône — throne.* Pippinus . . ., ut antiquitus ordo deposcit, sublimatur in regno. Contin. ad FREDEG., c. 33, *SRM.*, II p. 182 (cf. notam de unctione Pippini: in regni solio sublimatus est.) **7.** *région ethnique — tribal area.* Bavière — Bavaria: Concil. Ascheim. a. 756, c. 1, *Conc.*, II p. 57. Saxonie — Saxonia: *D. Ludwigs d. Deutsch.*, no. 26 (a. 840). Singuli [principes] de singulis regnis. WIPO, G. Chuonradi, c. 2, ed. BRESSLAU, p. 19. Etiam ib., c. 1, p. 9; c. 6, inscr., p. 27. **8.** *duché — duchy.* Lex Alamann., tit. 35 § 1. Aquitaine — Aquitania: Fragm. hist. Aquit., DU CHESNE, *H. Fr. scr.*, IV p. 82. Normandie — Normandy: Mir. Wlframni, c. 13, MABILLON, *Acta*, III pt. 1 p. 373. **9.** *comté — county.* Congregatis totius regni sui [sc. comitis Flandriae] primatibus. Auctar. Afflig. ad SIGEB., a. 1030, ed. GORISSEN, p. 113. Paterno regno [i. e. comitatu Hollandiae] et hereditate privari. Ann. Egmund., a. 1076, ed. OPPERMANN, p. 133. Comes regni [sc. Flandriae]. GYSSELING-KOCH, *Dipl. Belg.*, no. 153 (a. 1080).



**regradare: 1.** **dégrader — to degrade.* [Clericus] ab ordine regradetur. Concil. Aurel. a. 538, c. 9, *Conc.*, I p. 76. **2.** *réintégrer — to reinstate.* Presbiteros degradavit et eosdem iterum regradavit. Epist. a. 1077 ap. HUGONEM FLAVIN., lib. 2, *SS.*, VIII p. 419 l. 30.

**regradatio:** **dégradation — degradation.*

**regratare:** *débiter — to regrate.* S. xiii.

**regratarius:** *détaillant — regrater. Ordonn.*, I p. 16 (a. 1178, Orléans). Ib., XI p. 211 (a. 1179).

**regratiare, 1.** act. regratiare et depon. regratiari: *remercier — to thank.* Innoc. III pap. registr., no. 19, ed. W. HOLTZMANN, p. 33. **2.** passiv. regratiari: *rentrer en grâce — to be restored to favour.* Cantat. s. Huberti, c. 79, ed. HANQUET, p. 197; rursum c. 80, p. 200. GUIMANN., Cart. s. Vedasti, *SS.*, XIII p. 710 l. 43.

**regrator:** i. q. regratarius. S. xiii.

**regratum: 1.** *vente en détail — regrating.* S. xiii. **2.** *marchandise vendue en détail — goods regrated.* S. xiii.

**regressus** (decl. iv): **1.** *voie d'accès — way in.* Egressus et regressus (in form. pertin.). F. Augiens., coll. B no. 1, *Form.*, p. 348. Exitibus et regressibus (idem). Coll. Patav., no. 6, ib., p. 460. **2.** **recours, droit de recours — recovery, right of recovery.* Donamus inde vobis . . . regressum . . . super omnes res nostras. *Gall. chr.*[2], VI instr. col. 194 (ch. a. 1161).

**reguadiare,** v. rewadiare.

**reguardum,** v. rewardum.

**regula: 1.** **règle de foi, credo, symbole — rule of faith, creed, symbol.* **2.** *précepte concernant la vie chrétienne — regulation concerning the mode of life of a Christian.* Juxta illam Domini regulam, dicentis: Ite . . . JOH. ROMAN., epist., MIGNE, t. 59 col. 404 C. **3.** *i. q. canon, *règle* ou *code de discipline ecclésiastique — regulation* or *code of ecclesiastical discipline.* Si abbatissa deliquit aut canonicam regulam in aliquo praetermisit. GREGOR. TURON., H. Fr., lib. 9 c. 39. [Clerici uxorati] sub ecclesiastica regula sunt tenendi, ut bonis moribus vivant et canendis psalmis invigilent et ab omnibus inlicitis et cor et linguam et corpus . . . conservent. GREGOR. M., lib. 11 epist. 56[a], *Epp.*, II p. 333. Priscorum patrum regulae. Concil. Vern. a. 755, prol., *Capit.*, I p. 33 l. 20. Ut omnes episcopi secundum regulam canonicam doceant et regant eorum ministeria. Capit. Baiwar. (ca. a. 810?), c. 2, p. 158. Quaecumque utilia . . . secundum regulam christianitatis ibidem [sc. in provinciali concilio] inventa fuerint. Episc. rel. (ca. a. 820), c. 1, p. 366. Ut in elegendis episcopis canonicae regulae observentur. Concil. Roman. a. 826, c. 5, inscr., ib., II p. 372. Sicut in sacris ecclesiasticis regulis invenitur. Edict. Pist. a. 864, c. 28, II p. 322 l. 20. **4.** *l'ensemble des règlements d'ordre liturgique — the whole of liturgical regulations.* Erat acerrimus veri Paschae defensor . . . regulam ecclesiasticae veritatis edoctus. BEDA, Hist. eccl., lib. 3 c. 25. Credentibus jam populis Anglorum et in regula fidei catholicae per omnia instructis. Ib., lib. 5 c. 22. De eorum [sc. presbyterorum] lectione et canto [i. e. cantu] caeterisque disciplinis aecclesiasticae regulae pertinentibus. Capit. missor. Niumag. a. 806, c. 3, I p. 131. **5.** *pénitence — penance.* Sub regula quinquennii jaceant. Leonis IV pap. epist. ad episc. Britt. (a. 849), c. 4, MIGNE, t. 115 col. 668 C. **6.** *enseignement ascétique dispensé oralement ou par voie d'exemple; l'observance traditionnelle, non codifiée, d'un monastère — lessons or examples of ascetic life; practice observed by a monastic community.* Nec abbatissae ejus monastirii aliquid liceat contra regulam facere. Concil. Arelat. a. 554, c. 5, *Conc.*, I p. 119. Merovechus . . . ad monasterium . . . dirigitur, ut ibi sacerdotali erudereturr regula. GREGOR. TURON., H. Fr., lib. 5 c. 14. In monastyrio diu sub regula a patribus instituta versatus est. Ib., lib. 7 c. 1. Sub Deodati patris regula. GREGOR. M., Dial., lib. 2 c. 1. **7.** *règle monastique écrite — written monastic rule.* Incipit textus regulae. Regula appellatur ab hoc quod oboedientium dirigat mores. Benedicti regula, inscr. Regula, nude: la règle de Saint-Benoît — the rule of Saint Benedict. Sub regula et abbate canonico . . . vivunt. BEDA, o.c., lib. 4 c. 4. Ut ibi monachi secundum regulam viverent. MUSSET, *Cart. d'Angély*, I no. 15 p. 38 (a. 1084). **8.** *monastère — monastery.* Trado ad ipsa regula tres vineas. FLORIANO, *Dipl. esp.*, II no. 87 p. 27 (a. 867). K. abbatissa ex regula s. Saturnini monasterii Ruthenensis civitate degenti. *Hist. de Lang.*[3], II pr. no. 201 col. 400 (a. 878). Capellas . . . sancte reddidit regule. DREI, *Carte di Parma*, II p. 346 (a. 963). Dono in dicta regula vestra . . . *Bullar. Casin.*, II p. 68 (a. 1009). **9.** *obituaire* inséré dans un manuscrit de la règle monastique — *obituary* embodied in a manuscript of the monastic rule. BERNARD. MORLAN., c. 41, HERRGOTT, p. 232. **10.** regula pastoralis: le manuel du prêtre de Saint Grégoire le Grand — the priest's handbook by St. Gregory the Great. **11.** *règle canoniale — rule of canons.* Chrodegangi regula canonicorum, inscr. Cf. H. OPPEL, Κανών. *Zur Bedeutungsgesch. d. Wortes u. seiner latein. Entsprechungen (regula, norma).* 1937 (Philologus, Suppl.-Bd. 30, H. 4)

**regularis: 1.** **régulier, normal — regular, normal.* **2.** *conforme aux préceptes de la discipline ecclésiastique, fondé sur le droit canonique — conformable to the rules of ecclesiastical discipline, based on canon law.* Decretum damnationis. RUSTIC., ap. SCHWARTZ, *Concil.*, I pt. 3 p. 97 l. 35. Propositio. ENNOD., *Auct. ant.*, VII p. 61 l. 30. Epistolae. LUP., epist. 110, ed. LEVILLAIN, II p. 152. **3.** *liturgique, canonial — liturgical, canonical.* Officium. ARDO, V. Bened. Anian., c. 41, *SS.*, XV p. 218. Horae. LALORE, *Ch. de Montiérender*, no. 16 p. 141 (a. 980). **4.** *conforme aux usages d'une communauté monastique, fondé sur une règle monastique — conformable to the customs of a monastic community, based on a monastic rule.*

Monasterium. *D. Merov.*, no. 21 (a. 644; an verax?). Observantia. BEDA, Hist. eccl., lib. 2 c. 1. Institutio. Ib., lib. 3 c. 5. Vita. Ib., lib. 4 c. 25. Ad restaurandam normam regularis vitae. Capit. Liptin. a. 744, c. 1, I p. 28. Monasteria. Capit. Harist. a. 779, c. 3, p. 47. Item Capit. missor. a. 803, c. 12, p. 116. Item Capit. Mant. I a. 813, c. 2, p. 195. Secundum regularem ordinem. Admon. gener. a. 789, c. 73, p. 60. Hospites, peregrini et pauperes susceptiones regulares et canonicas per loca diversa habeant. Ib., c. 75. Disciplina [i. e. poena] monachis regularis imponatur, non secularis. Dupl. legat. edict. a. 789, c. 16, p. 63. Congregatio. Ib., c. 19. Militia. *D. Charles le Ch.*, I no. 122 p. 324 (a. 844-849?). *Regularis*, dans ce sens, s'oppose à *canonicus* "conforme à la discipline du clergé séculier, fondé sur la règle canoniale"—in this sense *regularis* is used in contradistinction to *canonicus*, "conformable to the discipline of the secular clergy, based on the rule of canons". In monasterio sint sub ordine regulari, aut sub manu episcopi sub ordine canonica. Concil. Vern. a. 755, c. 11, *Capit.*, I p. 35. Ut episcopi, abbates atque abbatissae ... tales sint, quale eos canonica vel regularis institutio fieri jubet. Capit. missor. gener. a. 802, c. 13, p. 93. Ut abbates regulares et monachi... secundum regulam vivant [oppos.: abbates canonici]. Capit. missor. spec. (a. 802 ?), c. 33, p. 103. Ut abbatissae regulares et sanctimoniales in monachico proposito existentes ... regulariter vivant [oppos.: abbatissae canonicae]. Ib., c. 35. In canonica aut regulari professione constitutus. Capit. eccles. (a. 818/819), c. 8, p. 277. De monasteriis feminarum in canonico vel regulari ordine constitutis ... canonica canonice, regularia regularibus mancipando modulis edocentur. Episc. rel. (post a. 821), c. 12, p. 369. Subst. mascul. et femin.

**regularis:** *moine, moniale — monk, nun.* Unusquisque episcoporum potestatem habeat in sua parrochia tam de clero quam de regularibus vel secularibus. Concil. Vern. a. 755, c. 3, *Capit.*, I p. 33. Si defuerit talis qui dignus sit [electione in abbatem] regularis. BITTERAUF, *Trad. Freising*, I no. 53 p. 81 (a. 772). Ut canonici secundum canones, regulares secundum regulam vivant. Pippini capit. Ital. (a. 801-810), c. 1, p. 209. Qualiter vivant canonici seu regulares seu sanctemuniales. Capit. synod. (a. 813 ?), c. 10, p. 183. Subst. mascul.

**regularis: 1.** *tringle, corniche — rod, cornice.* Lib. pontif., Hadr. I, § 58, ed. DUCHESNE, I p. 503. Ibi pluries. **2.** (sc. numerus): terme employé pour certains nombres d'ordre chronologique — name given to certain numbers used in chronology.

**regulariter: 1.** **conformément aux préceptes de la discipline ecclésiastique — conformably to the rules of ecclesiastical discipline.* **2.** *conformément aux usages monastiques ou à une règle monastique — conformably to monastic customs or to a monastic rule.* Ejus [sc. abbatissae] ordinatione [i. e. ordinationi] regulariter oboedituram. Radegundis epist. a. 575/587, ap. GREGOR. TURON., H. Fr., lib. 9 c. 42. [Christi ancillae] regulariter institutae. BEDA, Hist. eccl., lib. 4 c. 21. Ut monasteria ... secundum ordinem regulariter vivant. Concil. Vern. a. 755, c. 5, *Capit.*, I p. 34. [Abbas] eos [sc. monachos] regulariter regat. Concil. Compend. a. 757, *Conc.*, II p. 62. Ubi ille abba regulariter preesse videtur. F. Augiens., coll. B no. 2, *Form.*, p. 348. Tam monachi quam monachas [!] ... regulariter vitam degant. Capit. c. episc. Langob. delib. (ca. a. 780/790), c. 3, I p. 189. Se unusquisque in ordine suo canonice vel regulariter custodiant. Capit. missor. gener. a. 802, c. 19, p. 95.

**regus** = rivus.

**rehabere:** *recouvrer, ravoir — to regain, recover.* Sua praedia ... recipiendo rehaberet. Ch. a. 984, Liège, ap. HARIULF., lib. 3 c. 30, ed. LOT, p. 171. Rehaberent marcas suas. Leg. Edw. Conf., tit. 15 c. 5, LIEBERMANN, p. 641 col. 1. Possessiones ... ut rehabeant fideliter adjuvabo. *Const.*, I no. 104 (a. 1119). Mercator bona sua credita rehabere non potuerit. D. Frid. I imp. a. 1173, ib., no. 239.

**reia,** v. riga.

**reicula** = recula.

**reigus** = rivus.

**reintegrare,** v. redintegrare.

**reinthronizare:** *introniser de nouveau, réintégrer un évêque — to enthrone again, reinstate a bishop.* Agap. II pap. (a. 946-955) epist., MIGNE, t. 133 col. 899 D. *D. Ottos II.*, no. 167ᵃ (a. 977).

**reinvenire:** *retrouver — to find again.* HINCMAR., Ann. Bertin., a. 865, ed. WAITZ, p. 79.

**reinvestire,** aliquem aliqua re vel de aliqua re: *remettre en possession — to reinstate in possession.* FICKER, *Forsch.*, IV no. 11 p. 17 (a. 828). HUGO FARF., Exc., ed. BALZANI, p. 68 l. 26. MULLER-BOUMAN, *OB. Utrecht*, I no. 319 p. 292 (a. 1126). *Const.*, I no. 127 (a. 1149). G. abb. Trudon., contin. I, lib. 9 c. 32, *SS.*, X p. 290.

**reisa,** reysa, raisa, resa (germ.): *expédition militaire — military campaign.* Frid. I const. de incend. a. 1186, *Const.*, I no. 318 c. 11.

**rejacere: 1.** *être alité — to be bedridden.* Infirmorum ibidem [sc. in xenodochio] rejacentium. Lib. diurn., no. 67, ed. SICKEL, p. 64. Egrotante me [i. e. aegrotans] lectulo rejacerem. SCHIAPARELLI, *CD. Longob.*, I no. 93 p. 269 (a. 748). **2.** de terres et d'immeubles, *être sis* — of land and buildings, *to be situated.* GREGOR. M., lib. 1 epist. 48, I p. 75; lib. 4 epist. 24, p. 259; lib. 5 epist. 31, p. 312. GIORGI-BALZANI, *Reg. di Farfa*, II doc. 185 p. 152 (a. 807). *CD. Langob.*, no. 183 col. 309 D (a. 853, Milano). *D. Charles le Chauve*, no. 402 (a. 876). **3.** *être laissé à l'abandon — to lie neglected.* [Forma] per evoluta 20 annorum spatia nimis confracta rejacebat. Lib. pontif., Hadr. I, § 61, ed. DUCHESNE I p. 504.

**rejatus,** v. radiatus.

**rejectare:** *rejeter, refuser d'accepter — to reject.* Nullus audeat denarium merum et bene pensantem rejectare. Capit. missor. Aquisgr. II a. 809, c. 7, I p. 152.

**rejudicare** (cf. voc. judicare sub 7): *disposer autrement* d'un bien, en dépit d'une affectation antérieure — *to dispose otherwise* of one's property, irrespective of any earlier allocation. Et si, quod absit, aliter rejudicare voluero, inanis sit posterior factus meus. MEYER-PERRET, *Bündner UB.*, I no. 24 p. 27 (a. 769-800). Si mihi ... necesse fuerit iterum rejudicandi, in mea reservo potestatem. CIPOLLA, *Doc. di Treviso*, p. 55 (a. 790).



**relative:** **relativement — relatively.*

**relativus:** **relatif — relative.* Subst. **relativus, relativa:** *fils, fille — son, daughter.* THEOD. TREVER., Mir. Celsi, c. 2, *SS.*, VIII p. 205. COSMAS, lib. 1 c. 22, ed. BRETHOLZ, p. 43.

**relator:** *appellant — appellant.* Commem. missis data (a. 825), c. 2, *Capit.*, I p. 309.

**relatum:** *charte-notice — written record.* Relatum que [i. e. quod] dicitur apennis. Cartae Senon., no. 38, inscr., *Form.*, p. 202. Item addit. ad F. Turon., no. 7, inscr., p. 162. PASCHAS. RADBERT., Epit. Arsenii, lib. 2 c. 26, ed. DÜMMLER, p. 55.

**relaxare: 1.** *laisser sur place — to leave behind.* Ad expletionem libelli de boves, animalia seu utensilia ... cum medietatem foris exeat, et medietatem in ipsa casa relaxet. *CD. Langob.*, no. 303 col. 515 B (a. 881). Eam relaxantes ligatis manibus et pedibus intus ecclesiam ... sunt reversi. Mir. Eupli (s. xi), CAPASSO, *Mon. Neap.*, p. 330. **2.** *déguerpir, abandonner — to abandon, desert.* Si [praedium] retollere[t] aut relacxare[t] ante prefenitum tempus. DREI, *Carte di Parma*, p. 231 (a. 979). **3.** foras: *laisser de côté, excepter — to leave aside, except.* Preter quod supra relaxavi foras. ZEUSS, *Trad. Wizenb.*, no. 80 p. 86 (a. 792). **4.** *négliger de faire, laisser tomber en désuétude — to leave undone, let fall into abeyance.* Officia quod per multo tempore relaxati fuerant nocturno tempore, nocturnis horis explere fecit. Lib. pontif., Steph. II, rec. Longob., § 40, ed. DUCHESNE, I p. 451. **5.** aliqua re: *s'écarter de — to depart from.* Relaxsantes recto itinere ad nos conjungendum [i. e. conjungendi]. Hadr. I pap. epist. (a. 775), Cod. Carolin., no. 56, *Epp.*, III p. 581. **6.** *céder — to cede.* Tibi res ipsas nihil pertenit, et debis eas nobis relaxare. SCHIAPARELLI, *CD. Longob.*, II p. 111 (a. 762). Ad partem nostram publicam relaxaret monasterium gualdum. GIORGI-BALZANI, *Reg. di Farfa*, II doc. 58 p. 60 (a. 765). Ingenuos vos esse decerno; et ideo relaxato omni peculio quod habere visi estis, in vestro maneat jure. F. Visigot., no. 5, *Form.*, p. 577. **7.** *se désister de, renoncer à — to renounce, waive.* Si quis vestrum adversus aliquem habuit ... querellam, ... invicem ex cordibus relaxetis. Lib. diurn., no. 85, ed. SICKEL, p. 104. Omnes consuetudines ... relaxavit, remisit. SUGER., De admin. sua, c. 11, ed. LECOY, p. 168. **8.** *concéder en tenure — to grant as a tenancy.* Supplicavimus ut ipsam porcionem ad usu beneficio mihi prestare vel relaxare deberitis. F. Sal. Bignon., no. 21, *Form.*, p. 236. Rem vestram per vestrum beneficium ad usufructuandum mihi relaxare deberitis. F. Sal. Merkel., no. 5, p. 242. **9.** *faire don de qqch. — to donate.* Quod per H. in suprascriptum cenubium relaxatum est. D. Ratchis reg. Langob. a. 747, CIPOLLA, *CD. Bobbio*, I no. 24 p. 126. Medietatem possessionis illius hereditatis ad s. Mariam relaxavit atque firmiter tradidit. BITTERAUF, *Trad. Freising*, I no. 172 p. 167 (a. 794). **10.** *faire remise de qqch. — to remit, let off.* Publica relaxavit tributa. JORDAN., Hist. Rom., *Auct. ant.*, V pt. 1 p. 35 l. 7. Reliqua tributorum urbibus relaxavit. CASSIOD., Chron., *Auct. ant.*, XI p. 141 l. 26. Cui previderis aliquid relaxandum pensionis, levigationem inveniat. Lib. diurn., no. 51, p. 42. Soledus 200 ad parti [i. e. partem] fisci nostri relaxassint. *D. Merov.*, no. 67 (a. 695). Qui ipsum furtum ... fecerit, omnino quod justum est conponat, nullatenusque eis exinde aliquis [i. e. aliquid] relaxetur. Capit. missor. gener. a. 802, c. 39, I p. 98. **11.** **pardonner — to forgive.* Facinora. SCHIAPARELLI, *CD. Longob.*, I no. 18 p. 56 (a. 714, Pavia). Peccata. Concil. Roman. a. 826, c. 17, *Conc.*, II p. 575. **12.** aliquem: *exempter — to exempt.* [Advocatos episcoporum abbatumque] ab hoste relaxamus. Capit. Olonn. eccl. I a. 825, c. 4, I p. 326. Si ab angaria relaxentur. Urbar. Maurimon. (ca. a. 900), PERRIN, *Essai*, p. 159. **13.** **laisser aller, relâcher, élargir — to let go, release, set free.* Si quis judex comprehensum latronem convictus fuerit relaxasse. Childerici decr. a. 596, c. 7, *Capit.*, I p. 17. A nobis relaxati valeant ad propria remeare. Lib. diurn., no. 50, p. 41. Jubeatis nos relaxari a conspectu vestro. Pass. Faustini (s. viii?), *Anal. Boll.*, t. 15 p. 148. Nullatenus sine districtione gravi relaxetur. Capit. missor. gener. a. 802, c. 33, I p. 97. **14.** *affranchir — to manumit.* Aliquis [i. e. aliquem] ex servientibus nostris a jugum servitutis relaxare voluerimus. MARCULF., lib. 2 no. 3, *Form.*, p. 75. Cum ... mancipiis, praeter quos ingenuos relaxavero. PARDESSUS, II no. 358 p. 143 (a. 667, S.-Aignan). Te a nostro dominio corpore relaxare debeamus. F. Visigot., no. 34, p. 590. Relaxans ... familiam suam ... a jugo servitutis. Pass. Bonifatii, *AASS.*, Maji III p. 293. Ancillam juris mei ... relaxavi ingenuam. ZEUSS, *Trad. Wizenb.*, no. 166 p. 154 (a. 837). Sicut reliqui manumissi, qui per titulum absolutionis noscuntur esse relaxati. *D. Ludwigs d. Deutsch.*, no. 121 (a. 866). **15.** *permettre, laisser — to let, allow.* Papam Franciam pergere relaxaret. Lib. pontif., Steph. II, § 22, I p. 446. Vestro voluntatis arbitrio relaxamus ut ... Pauli pap. epist. (a. 764-766), Cod. Carolin., no. 37, p. 549 l. 21. Relaxabimus te ... mittere animalibus [i. e. animalia] ... per totum montem. GATTULA, *Hist. Cassin.*, p. 40.

**relaxatio: 1.** *remise, acquit — remittance, discharge.* D'AGUIRRE, *Concil. Hisp.*, II p. 704. **2.** *pardon, rémission — pardon, remission.* Criminum. BIRCH, *Cart. Saxon.*, I no. 64 p. 99 (a. 683). Piaculorum. Ib., no. 154 p. 222 (a. 736). Peccaminum. *D. Karls III.*, no. 152 (a. 887). **3.** **élargissement* d'un prisonnier — *release* of a captive.

**relegere:** **lire — to read.*

**relegium,** v. relevium.

**relevagium:** *relief féodal — feudal relief.* S. xiii.

**relevamen: 1.** *relief féodal — feudal relief.* BRUNEL, *Actes de Pontieu*, no. 115 p. 177 (a. 1186). **2.** *droit de mutation pour une tenure non-féodale — relief paid for non-feudal tenements.* GIRY, *S.-Omer*, p. 396 no. 19 (a. 1193).

**relevamentum: 1.** *prestation à titre de relief féodal — feudal relief.* Domesday, I fo. 56 vo. col. 1. VERCAUTEREN, *Actes de Flandre*, no. 129 (a. 1127/1128). **2.** *paiement exigé pour la collation d'un bénéfice — duty exacted for collation of a benefice.* BERTRAND, *Cart. d'Angers*, I no. 19 p. 34 (a. 1076). **3.** *droit de mutation pour une tenure non-féodale —*

*relief paid for a non-feudal tenement.* BRUNEL, *Actes de Pontieu*, no. 125 p. 187 (a. 1190). *RHDFE.*, 4e s. 3e a. (1924), p. 314 c. 20 (a. 1201, Picardie).

**relevare: 1.** *recopier — to copy.* Auctenticum . . . unde hoc exemplar relevatum est. SCHIAPARELLI, *CD. Longob.*, I no. 30 p. 112 (a. 722, Lucca). Demandavet . . . alia[m] tale[m] cartula[m] relevare [i. e. relevari] per ipso notario qui ea[m] antea scripserad. Ib., no. 113 p. 329 (a. 754, Lucca). Ex autentico . . . hanc exempla relevavi. Ib., II no. 205 p. 215 (a. 767, Lucca). **2.** *reconstruire — to rebuild.* D. Conradi III imp. a. 1140, MARTÈNE, *Coll.*, II col. 110. **3.** *relever* un fief, en obtenir l'investiture moyennant le paiement d'un relief — *to relieve* a fief, take up a feudal inheritance by payment of relief. Qui terram suam vel propinqui sui relevare volebat, 10 sol. dabat. Domesday, I fo. 262 vo. col. 1. Haeres suus . . . justa et legitima relevatione relevabit [terram suam]. Ch. coron. Henr. I reg. Angl. a. 1100, STUBBS, *Sel. ch.*[9], p. 118. Comes relevabit comitatum suum, baro baroniam suam similiter. Cons. Norm. veterr., pt. 1 c. 47 § 1, ed. TARDIF, p. 39. **4.** aliquem ab aliqua re: *relever, dégrever, garantir — to release, discharge, warrant.* S. xiii.

**relevatio: 1.** *le lever — getting up.* Postea relevatio pulsatur. Mir. Aigulfi, c. 8, *AASS.*, Sept. I p. 760 B. **2.** *relevailles — first churching after childbed.* De relevationibus mulierum, quidquid illa obtulerit. DC.-F., VII p. 110 col. 1 (ch. a. 1143, Auxerre). **3.** *reconstruction — rebuilding.* D. Frid. I imp. a. 1185, *AASS.*, Sept. III p. 297 col. 2. **4.** *relief féodal — feudal relief.* BERTRAND, *Cart. d'Angers*, I no. 29 p. 49 (a. 1056). Ch. coron. Henr. I reg. Angl. a. 1100, STUBBS, *Sel. ch.*[9], p. 118. Epist. Sugerii a. 1149, *Hist. de Fr.*, XV p. 509. **5.** *droit de mutation pour une tenure non-féodale — relief for non-feudal tenements.* Domesday, I fo. 1 col. 2. VERCAUTEREN, *Actes de Flandre*, no. 13 (a. 1093). *Gall. chr.*[2], VIII instr. col. 314 (ca. a. 1114, Chartres). Guimanni cartul. s. Vedasti, ed. VAN DRIVAL, p. 282. DUVIVIER, *Actes*, I p. 76 (a. 1143-1163, S.-Amand). **6.** *paiement exigé pour la collation d'un bénéfice — duty exacted for collation of a benefice.* Actus pontif. Cenom., c. 29 (s. xi in.), ed. BUSSON-LEDRU, p. 353. CHARLES-MENJOT, *Cart. du Mans*, no. 13 col. 17 (a. 1035-1055). **7.** *abaissement du poids de la monnaie — coinage debasement.* D. Lud. VII reg. Fr. a. 1159, BRUSSEL, *Examen*, I p. 216.

**relevium**, relegium, religium (< relevare): **1.** *jachère — fallow.* Campum unum qui est in relevio. RAGUT, *Cart. de Mâcon*, no. 122 p. 92 (a. 886-927). **2.** *relief féodal — feudal relief.* VERCAUTEREN, *Actes de Flandre*, no. 105 (a. 1121). MIRAEUS, II p. 1164 (a. 1142, Brabant). DC.-F., VII p. 107 col. 1 (ch. a. 1185, S.-Riquier). GISLEB. MONT., c. 186, ed. VANDERKINDERE, p. 275.

**relicta** (subst. femin.): **1.** *veuve — widow.* Concil. Aurel. a. 511, *Conc.*, I p. 6. Concil. Arvern. a. 533, c. 12, p. 68. VICTOR VIT., lib. 2 § 2, *Auct. ant.*, III pt. 1 p. 14. GREGOR. TURON., H. Fr., lib. 8 c. 32. Ibi pluries. GREGOR. M., lib. 4 epist. 34, I p. 270. **2.** *femme divorcée d'un prêtre — divorced wife of a priest.* Reprehensibile est ut relictam sacerdotis alius homo habeat. Decr. Vermer. (a. 758-768 ?), c. 3, *Capit.*, I p. 40.

**relictum:** *legs — bequest.* S. xiii.

**1. religare:** *relier* un livre — *to bind* a book. S. xiii.

**2. religare** = relegare.

**religio: 1.** **piété, dévotion — piety, devoutness.* **2.** tua, vestra religio: *titre honorifique — title of honour. **3.** **la vie religieuse, ascétique — religious, ascetic life.* [Sanctimoniales et viduae] que se in religione Domini devotas esse probarentur. Chlodov. epist. (a. 507-511), *Capit.*, I p. 24. Vinclis laicalibus absoluta . . . ad relegionis normam visa sum . . . translata. Radegundis epist. (a. 575-587), ap. GREGOR. TURON., H. Fr., lib. 9 c. 42. [Abbatissae] sibi subditas in sanctae religionis proposito constringant. Lud. Pii epist. (a. 816/817), *Capit.*, I p. 341 col. 1 l. 22. Ut in monasteriis . . . sancta religio observata fiat. Admon. ad ord. (a. 823-825), c. 4, p. 303. Ea quae ad religionem canonicorum, monachorum, sanctimonialium pertinent. Ib., c. 10, p. 305. Ordo ecclesiasticus et canonica forma atque monastica religio . . . titubavit. Synod. Theodonisv. a. 844, c. 4, II p. 114. Qui ab infantia in eisdem locis [sc. hospitalibus] sub religione Domino militaverunt. Concil. Meld. a. 845/846, c. 40, p. 408. Vestem religionis mutare velumque suscipere. Capit. Pap. pro lege ten. a. 856, c. 2, p. 90. Virgines quae . . . sacrum velamen capiti suo imposuerint . . ., in eadem religionis observantia se permanere cognoscant. Concil. Tribur. a. 895, forma brevior, c. 24, p. 226 col. 2. Canonicam clericis religionem restituit. V. Rigoberti, c. 2, *SRM.*, VII p. 63. **4.** *une communauté monastique — a monastic community.* [Quoddam monasterium] ab hac die firmum et stabile in ipso sancto monasterio [sc. Farfensi] vel vestra religione permaneat. GIORGI-BALZANI, *Reg. di Farfa*, II doc. 13 p. 30 (a. 747). **5.** *un ordre religieux — a religious order.* Ab ecclesiis et religionibus Andegaviae nos quaerere subsidia oporteret. DC.-F., VII p. 111 col. 3 (ch. a. 1143). A fratribus religionis Hospitalis [i. e. ordinis Hospitalariorum]. Litt. Lud. VII reg. Fr. a. 1149, *Hist. de Fr.*, XV p. 509 no. 68. In mansionibus quorundam fratrum religionis Grandis Montis [Grammont]. GISLEB. MONT., c. 109, p. 153. **6.** *la règle propre à un ordre religieux — rule observed by a religious order.* Hanc consuetudinem [canonici] religioni valde contrariam perhibent. Litt. Lud. VII reg. Fr. a. 1139, *Hist. de Fr.*, XVI p. 4 no. 4. **7.** religio ecclesiastica: les institutions ecclésiastiques — the constitution of the Church. Quomodo lex Dei et aecclesiastica relegio recuperetur. Concil. Germ. a. 743, prol., *Capit.*, I p. 25. **8.** religio ecclesiastica, sacerdotalis: le sacerdoce, la vocation cléricale — priesthood, career as an ecclesiastic. Religio sacerdotalis et professio monastica vilis efficitur. Episc. rel. a. 829, c. 26, II p. 38. Ad diaconatus officium . . . ordinatus est . . .; posthaec per apostasiam recedens ab ecclesiastica religione . . . REGINO, Chron., a. 870, ed. KURZE, p. 102. **9.** *le viatique — the extreme unction.* Sacerdotem qui sanctam religionem . . . ministraret. Pass. IV Coronatorum, *AASS.*, Nov. III p. 781 l. 34. **10.** *relique — relic.* Seu viri an mulieris esset religio. Inv. Trophimenae (ante s. xi ?), *AASS.*, Jul. II p. 234 l. 38.



**religiose:** *en moine — as a monk.* Qui in suis monasteriis religiose residere debent. Concil. Meld. a. 845/846, c. 34, *Capit.*, II p. 406.

**religiositas: 1.** **piété, dévotion — piety, devoutness.* **2.** tua religiositas: titre honorifique — title of honour. RUSTIC., ap. SCHWARTZ, *Concil.*, I pt. 4 p. 134 l. 30. Steph. IV pap. priv. a. 817, GIORGI-BALZANI, *Reg. di Farfa*, II doc. 224 (J.-E. 2546). **3.** *la vie religieuse, ascétique — religious, ascetic life.* Monachi et sanctimoniales feminae . . . ante humanos oculos habitu religiositatis se ostendere decreverunt. Concil. Roman. a. 826, c. 7, *Conc.*, II p. 557. Femina . . . velamen obtentu religiositatis susceperit. Capit. Lud. II imp., c. 17, MURATORI, *Scr.*, I pt. 2 p. 161 col. 1. In illa religiositate eas [sc. virgines velatas] permanere concedant. Concil. Tribur. a. 895, forma brevior, c. 24, *Capit.*, II p. 227 col. 2. **4.** *une communauté monastique — a monastic community.* Ne forte . . . collecta et coadunata religiositas fluxa et dissoluta deficiat. *D. Karolin.*, I no. 86 (< a. 774 >, spur. s. xii med., Fulda).

**religiosus** (adj.): **1.** *qui s'est voué à la vie religieuse, ascétique — who has devoted himself* (herself) *to a life of ascetism.* Persona. GREGOR. M., lib. 6 epist. 11, I p. 384; lib. 8 epist. 14, II p. 16. Puellae et viduae. Chloth. II edict. a. 614, c. 18, *Capit.*, I p. 23. Vir. Pass. Bonifatii (s. vii ?), *AASS.*, Maji III p. 283. Mulier. BENED. LEV., lib. 1 c. 388, *LL.*, II pt. 2 p. 69. Femina. Ib., lib. 1 c. 385, p. 69; lib. 2 c. 100, p. 78. *CD. Cav.*, I no. 40 p. 48 (a. 855). **2.** *qui concerne la vie ascétique — relating to ascetic life.* Spiritalem atque religiosam vitam degent. Concil. Roman. a. 769, *Conc.*, II p. 86. Nigram vestem quasi religiosam indutae. Concil. Forojul. a. 796/797, ib., p. 193. Religiosum habitum monasticum sumere. Concil. Paris. a. 825, ib., p. 479. Feminae quae habitum religiosum aut velamen . . . suscipiunt. Concil. Roman. a. 826, c. 29, *Capit.*, I p. 375. **3.** *qui concerne la vie cléricale — relating to the life of an ecclesiastic.* [Clerici] professionis suae vocabulum religiosis moribus et religioso habitu praebeant. Concil. Meld. a. 845/846, c. 37, *Capit.*, II p. 407. Subst. mascul. **religiosus:** *moine — monk.* GREGOR. M., lib. 4 epist. 24, I p. 259. Quosque religiosos vestri ordinis [sc. Cluniacensis]. GERBERT., epist. 87, ed. HAVET, p. 79.

**religium**, v. relevium.

**reliquiarium**, reliquiare: *reliquaire — reliquary.* S. xiv.

**reliquiae:** **reliques des saints — saints' relics.*

**reliterare:** *notifier en réponse — to send word.* MARTÈNE, *Coll.*, II col. 395 (epist. a. 1150).

**relocare: 1.** **remettre en place — to replace.* **2.** *rétablir — to re-establish.* [Ecclesias] in prospero statu relocare. *D. Lothars III.*, no. 70 (a. 1135).

**remallare** (< mallare), aliquem: *actionner de nouveau — to implead a second time.* F. Sal. Lindenbr., no. 19, *Form.*, p. 280.

**remallatio:** *instance renouvelée — repeated prosecution.* F. Sal. Bignon., no. 8, *Form.*, p. 231. *D. Merov.*, no. 39 (a. 662).

**remancipare:** *soumettre de nouveau — to subject once more.* Castrum . . . captum juri ecclesiae . . . remancipavit. V. II Brunonis, c. 9, *SS.*, IV p. 277.

**remandare: 1.** **notifier en réponse — to send word.* CASSIOD., Hist. trip., lib. 10 c. 12, *CSEL.*, t. 71 p. 602. Silver. pap. epist. 1, MIGNE, t. 66 col. 86 B. Ruodlieb, fragm. 3 v. 32. Epist. Wormat., no. 1 (post. a. 1072), ed. BULST, p. 14. **2.** *renvoyer — to send back.* Illum [pallium] suscipere nequivimus sed vobis remandare previdimus. Leonis IV pap. epist., *Epp.*, IV, p. 607 l. 29. **3.** *rendre — to give back.* Eum [i. e. ei] legibus ipsum alodem remandasset. GERMER-DURAND, *Cart. de Nîmes*, no. 16 p. 27 (a. 915). **4.** *renvoyer, congédier — to dismiss.* Sagaces in pugna secum tantum retinerent, alios vero retrorsum remandarent. GALBERT., c. 33, ed. PIRENNE, p. 55.

**remanentia** (cf. voc. remanere sub 4): **1.** *droit d'aubaine — escheat of movables left by aliens.* BRUSSEL, II p. 683 (ch. a. 1100, Troyes). **2.** *reste, reliquat — remnant, remainder.* S. xii.

**remanere: 1.** *être ajourné — to stand over, be stayed.* Si [causae] per suam [sc. comitis] neglegentiam remanserint. Pippini reg. Ital. capit. (ca. a. 790), c. 5, I p. 201. [Ne] ipsae justitiae aut remaneant aut certe tarde fiant. Capit. ad com. dir. (a. 801-813), c. 5, p. 184. [Ne] propter hoc pauperum . . . justitiae remaneant. Capit. de just. fac. (a. 811-813), c. 2, p. 176. De his, quae propter praedictum impedimentum remanserunt, considerare. Epist. gener. a. 828, II p. 4. **2.** *ne pas se faire, être omis — to be omitted, remain undone.* Haec omnia servabit . . . nisi quantum ex vestra jussione remanserit. V. Gregorii VII pap., *AASS.*, Maji VI p. 137. Tene cito plenum rectum abbati de R. . . . et non remaneat pro transfretatione tua. VAN CAENEGEM, *Writs*, p. 418 no. 12 (a. 1100-1127). Si per papam remanserit ut [rex] non coronetur [in imperatorem]. *Const.*, I no. 85 (a. 1111). Conditiones servabit, quantum non remanserit per justum impedimentum. Ib., no. 174 c. 12 (a. 1158). **3.** (de personnes) *ne pas venir, être absent* — (of persons) *to stay away, be absent.* S. xiii. **4.** *revenir en héritage* à qq'un — *to fall to* a person's *share.* Post transitum meum . . . remaneat in potestate de ipsis monachis. MITTARELLI, *Ann. Camald.*, p. 9 (a. 780). Sorori meae remaneat ipsa mea hereditas. *Hist. de Lang.*[3], V no. 130 col. 285 (a. 978, Narbonne). **5.** loc. remanet tantum: il reste un solde de . . . — so much remains over (in balancing an account). S. xiii. **6.** loc. ad remanens: désormais — for the future. S. xii.

**remansio** (cf. voc. remanere sub 4): *droit d'aubaine — escheat of movables left by aliens.* *Actes Phil.-Aug.*, I no. 359 p. 435 (a. 1190).

**remediare** et depon. remediari: **guérir — to cure.*

**remedium, 1.** animae: salut de l'âme — salvation of the soul. Quae de voluntate sua, id est pro animae remedium, cogitabat. GREGOR. TURON., H. Fr., lib. 9 c. 26. Pro Dei intuitu vel pro remedio animae suae vel pro absolutione peccaminum suorum. BOBOLEN., V. Germani, c. 7, *SRM.*, V p. 36. Remedium, nude: idem. Pro me meorumque parentum remedio . . . trado. MULLER-BOUMAN, *OB. Utrecht*, I no. 143 p. 138 (a. 1007-1010). **2.** *donation pour le salut de l'âme — gift for the salvation of the soul.* Per istam carta[m] donacionis vel remedii. MARTORELL, *Arch. Barcelona*, no. 50

p. 179 (a. 916). **3.** **allégement d'impôts — alleviation of taxes.* **4.** ce que le fisc vous laisse, *l'avoir en numéraire* — what tax-gatherers have left, *cash*. Recepi a vobis ... de remedio vestro in precio taxato ... sol. 1500. GYSSELING-KOCH, *Dipl. Belg.*, no. 13 (a. 723, S.-Bertin). **5.** *écart toléré du poids et de l'alloi des monnaies par rapport aux étalons — admissible deviation from standard weight or alloy in coinage.* S. xiii.

**remeliorare: 1.** *améliorer — to improve.* Suprascriptas res in duplum remelioratas, quales in tempore suo fueri[n]t, sub extimationem restituerit [i. e. restituere] oblicabimus [i. e. nos obligavimus]. *CD. Langob.*, no. 97 col. 180 B (a. 822). Componere promitto ... tibi ... mea[m] vindizione[m] sicut in tempore fuit [i. e. fuerit] remeliorata. PASQUI, *Doc. di Arezzo*, no. 50 p. 73 (a. 885). Omnia mea sit potestate regendum, remeliorandum, usufructu[m] capiendum. FIORAVANTI, *Mem. di Pistoia*, p. 4. **2.** *avantager — to benefit.* Si fuerint duo filii ... tertiam partem [i. e. tertia parte] substantie sue ... remeliorare eum possit quia ei bene ... servierit. MOREA, *Chart. Conversano*, p. 63.

**rememorare: 1.** **rappeler — to remember, call to mind.* **2.** pass. rememorari: **se rappeler, se ressouvenir — to recall, remember.*

**rememoratio:** **rappel, commémoration — reminder, commemoration.*

**reminiscentia:** **ressouvenir, réminiscence — remembrance, calling to mind.*

**remissio:** **remise des péchés, absolution — forgiveness of sins, absolution.*

**remissiva:** *lettre de réponse — letter of reply.* S. xiii.

**remissus** (adj.): variante du mot *emissus* "trompeur" à laquelle on a attribué, paraît-il, le sens de "subalterne" — variant form of the word *emissus* "deceitful" to which apparently the notion of "subordinate" was attached. [Nulla] magna remissaque persona. *D. Ottos I.*, no. 239 (a. 962); no. 356 (a. 968).

**remittere: 1.** *notifier en réponse — to send word.* ANAST. BIBL., Chron., ed. DE BOOR, p. 131 et 203. **2.** **remettre* des dettes — *to remit* debts. **3.** *renoncer à* un accord, *rescinder — to cry off, cancel.* Commutatio ex utraque parte benigne remitteretur. ZAHN, *CD. Austr.-Fris.*, p. 31 (61) l. 25 (ca. a. 1020). **4.** *transférer* la propriété — *to convey* property. Quicumque ... aliquam domum vel hereditatem vendere et remittere voluerit. HOENIGER, *Koelner Schreinsurk.*, II p. 52 c. 5 (ca. a. 1150). **5.** *quitter, s'écarter de — to leave, depart from.* Callem quam remiserat iterum repedavit. Chron. Salernit., c. 51, ed. WESTERBERGH, p. 53. **6.** **pardonner — to forgive.*

**remoratio:** *absence — non-attendance.* Carta caritatis ord. Cist., ed. GUIGNARD, p. 81.

**remorsio:** *remors — remorse.* S. xiii.

**remorsus** (decl. iv): *remors — remorse.* S. xiii.

**remotio: 1.** **distance, éloignement — remoteness, distance.* **2.** *second labour — second ploughing.* GUÉRARD, *Irminon*, I p. 253 (ch. a. 1000).

**removere: 1.** **destituer, dégrader — to remove, degrade.* **2.** refl. se removere: *se dérober, résilier — to withdraw from, break* a contract. Quis ex ipsis ... se de hanc comutationem removere quesierint. *CD. Langob.*, no. 316 col. 533 A (a. 882-896, Milano). **3.** pactum vel sim.: *rescinder — to cancel.* Si ... suprascripta[m] commutatione[m] removere voluerimus. SCHIAPARELLI, *Carte di Piacenza*, p. 71 (a. 770). Nolumquam tempore ... hac [i. e. haec] ... convinentia removita vel inrupta perveniat. *CD. Langob.*, no. 102 col. 187 B (a. 823, Milano). Componamus ... da cujus pars prius ortum aut removitum fuerit, ... in dublo. DREI, *Carte di Parma*, p. 576 (a. 905). **4.** causam vel sim.: *remettre en question, former une instance réitérée — to reopen, unsettle, bring on again.* In negotiis quae ante 30 annorum removebat exceptio. Lex Rom. canon., c. 108, ed. MOR, p. 77. De eo qui causam judicatam removere ausus fuerit. Capit. legib. add. a. 803, c. 10, cod. Sangall., rubr., I p. 114. Pro presumptione que [i. e. quod] ... finem ipsam ausi sunt removere. MANARESI, *Placiti*, I no. 112 p. 417 (a. 901, Milano). Quicumque ... hanc definitam litem removere ... temtaverit. *Bullar. Casin.*, II p. 66 (a. 1002). Diffinicionem ... eis tenebo ... et amplius eis quicquam ex hoc non removebo nec querelabo. ROSELL, *Lib. feud. maj.*, II no. 595 p. 105 (a. 1061).

**remutare: 1.** *s'opposer — to make opposition.* [Si] infantis nostris [i. e. nostri] remutarent, tu cum ipsis equalis lanciae devidere facias. F. Andecav., no. 37, *Form.*, p. 17. **2.** refl.: *se dérober, résilier — to withdraw from, break* a contract. Nullus contra parem suum de istis convenientiis se remutare non posset. PARDESSUS, II no. 179 p. 136 (a. 572). **3.** *faire une nouvelle disposition — to dispose otherwise.* Si ... aliter non remutavero. *CD. Langob.*, no. 135 col. 238 B (a. 839, Milano). **4.** commutationem: *annuler — to cancel.* Si praedictam commutationem remutare ... quesierimus. MURATORI, *Antiq.*, III col. 1119 (ch. a. 1115).

**renasci:** **renaître par le baptême — to be reborn by baptism.*

**rendere** = reddere.

**rendita,** renda, renta: *rente, cens — rent, cess.* DE COURSON, *Cart. de Redon*, no. 34 p. 28 (a. 826).

**renegatus** (adj. et subst.): *apostat, renégat — apostate, renegade.* S. xii.

**rengalengum,** v. regalengum.

**renominatus** (adj.): *notoire — notorious.* Latronem publicum et renominatum non consentiam. Sacr. pacis Belvac. (ca. a. 1023), c. 9, PFISTER, *Robert*, p. LX.

**renotare:** *mettre par écrit — to write down.* BITTERAUF, *Trad. Freising*, I no. 51 p. 80 (a. 772).

**renovatura:** *renouvellement* d'un contrat — *renewal* of an agreement. FEDELE, *Carte di Mica Aurea*, p. 517 (a. 989). MITTARELLI, *Ann. Camald.*, I p. 182 (a. 1005).

**rentagium:** *cens — cess.* S. xiv.

**rentale:** *censier — rental, rent-book.* S. xiii.

**renuere:** **nier, renier — to deny.*

**renuntiare: 1.** *répondre, répliquer — to answer, reply.* MANARESI, *Placiti*, I no. 6 p. 16 (a. 785, Lucca); no. 15 p. 44 (a. 801/802, Lucca): no. 20 p. 67 (a. 807, Lucca). ANAST. BIBL., Chron., ed. DE BOOR, p. 105. **2.** aliqua re: **renoncer à, abandonner — to renounce, waive.* **3.** aliquid: idem. **4.** i. q. diffidare: *dénoncer la fidélité, se déclarer ennemi — to denounce one's fealty, announce hostile intentions.* Regi pariter omnes ... manifeste renuntiarent. BRUNO MERSEB., c. 23, ed. WATTENBACH, p. 15.



**renuntium:** *désistement — waiving of claims.* GIORGI-BALZANI, *Reg. di Farfa*, II doc. 268 p. 219 (a. 828). MANARESI, *Placiti*, I no. 74 p. 272 (a. 873, Pescara). Ib., no. 83 p. 303 (a. 877, Chieti). BALUZE, *Capit.*, II app. col. 1539 (ch. a. 967).

**reordinare: 1.** *réorganiser — to reorganize.* Episcopatus Africae reordinatur. Lib. pontif., Hormisd., epit. Felic., ed. MOMMSEN, p. 130. **2.** *ordonner une seconde fois — to ordain once more.* Ordinati reordinantur. VULGAR., Form., ed. DÜMMLER, p. 122.

**repa,** reba (germ. ?): *baldaquin* qui surmonte la civière ou la sépulture d'un saint — *canopy over a saint's bier or tomb.* V. Eligii, lib. I c. 32, *SRM.*, IV p. 689; c. 41 sq. (ubi bis perperam crepa), p. 725. V. Ansberti, c. 20, ib., V p. 632. G. abb. Fontan., c. 2 § 4, ed. LOHIER-LAPORTE, p. 21; c. 5 § 3, p. 42. PAUL. DIAC., G. episc. Mett., *SS.*, II p. 268 l. 11. Transl. Rigoberti, *SRM.*, VII p. 79 l. 21.

**repale,** ripale (< repagulum? ): *échalas — vinepole.* GIORGI-BALZANI, *Reg. di Farfa*, II doc. 89 p. 83 (a. 764 ?); doc. 179 p. 147 (a. 802). SCHIAPARELLI, *CD. Longob.*, II no. 196 p. 190 (a. 766, Viterbo).

**reparium,** reperium: *refuge, repaire — harbour, haunt, repair.* S. xiii.

**repascere:** **nourrir — to feed.*

**repastus** (decl. iv), -um: *repas — repast, meal.* Ad mansionaticos aut repastos exigendo. Coll. Flavin., no. 43, *Form.*, p. 480. Item Test. Wideradi a. 721, PARDESSUS, II no. 514 p. 326. Ibi nostrum repastum ... adducere precepimus. Coll. s. Dion., no. 17, *Form.*, p. 505.

**repatriare:** **revenir dans son pays — to go back to one's own country.*

**repatriatio:** *rentrée, retour de voyage — going home.* SUGER., V. Lud. Gr., c. 10, ed. WAQUET, p. 50. OTTO SANBLAS., c. 37, ed. HOFMEISTER, p. 56.

**repausare, 1.** intrans.: **se reposer — to rest, have a rest.* **2.** *se coucher — to go to sleep.* V. Caesarii, lib. 2 c. 14, *SRM.*, III p. 489. **3.** transit.: **reposer* la tête sur l'oreiller — *to rest* one's head on a pillow. **4.** *reposer, replacer — to put down once more.* Subtus turrem repausaretur feretrum. V. Radegundis, lib. 2 c. 24, *SRM.*, II p. 393. **5.** aliquem: **faire reposer, restaurer, réconforter — to rest, recover, revive.* Retenuit eos vir Dei aliquantos dies ... et repausavit eos. V. Galli vetust., c. 3, *SRM.*, IV p. 253. Me paululum repausaret. Vis. Baronti, c. 8, ib., V p. 383. Ubi duobus diebus exercitu repausato. JULIAN. TOLET., Hist. Wambae, c. 11, ib., p. 511.

**repausatio: 1.** **repos — rest.* **2.** *étape — resting-place.* Runcaniam antiquam imperatorum repausationem. ANNALISTA SAXO, a. 1136, *SS.*, VI p. 771 l. 22. **3.** *décès — decease.* Appropinquavit dies repausationis ejus in Domino. V. Senti, *AASS.*, Maji VI p. 72. **4.** *sépulture — tomb.* ODILO SUESS., Transl. Sebastiani, *Hist. de Fr.*, VI p. 322.

**repeciare** (<pecia): *rapiécer — to patch up.* S. xiii.

**repedare,** repediare: **retourner — to go back.*

**rependium:** *cadeau en récompense — present made in return.* PETR. DIAC., Chron. Casin., lib. 4 c. 44, *SS.*, VII p. 784.

**repensatio:** **dédommagement — indemnification.*

**repensio: 1.** *récompense — reward.* FREDEG. lib. 3 c. 89, *SRM.*, II p. 118. **2.** *compensation — compensation.* ENNOD., lib. 9 epist. 30. *Auct. ant.*, VII p. 319. **3.** *représailles — retaliation.* Mir. Bertini (s. x in.), *H. de Fr.*, IX p. 120.

**reperium,** v. reparium.

**repertura:** *droit d'épave — right to seize strayed property.* In his locis et vicis possidet ecclesia bannum et justitiam ..., reperturam, fora, teloneа ... MIRAEUS, I p. 93 col. 2 (a. 1131, Liège), unde hausit *D. Heinrichs I.*, no. 43 (spur. s. xii).

**repetens** (subst.): *demandeur — plaintiff.* Leg. I Eadweard, tit. 1 § 2, vers. Quadrip., LIEBERMANN, p. 139 col. 1. Ibi pluries.

**repetere, 1.** aliquid: *réclamer* (non réitératif) — *to claim.* Nec aliquod servicium proinde ab eisdem monachis repetendo exquirere. *D. Charles le Ch.*, no. 200 (a. 859). **2.** aliquem: *actionner — to sue, implead.* Repetivimus te pro terminis nostri fisci. ROSELL, *Lib. feud. maj.*, I no. 393 p. 411 (a. 1057).

**repetitio: 1.** **réclamation, revendication — claim, action of revindication.* GREGOR. M., lib. 9 epist. 52, II p. 77. Nullius repeticiones ex hoc habere vereamini. WAMPACH, *Echternach*, I pt. 2 no. 9 p. 32 (a. 704). Omni lite calcanda, sine ulla repetitione indulsit. Concil. Franconof. a. 794, c. 3, *Conc.*, II p. 166. Nullus repetitionem facere praesumat. F. imper., no. 40, *Form.*, p. 317. Sine cujuspiam contradictione aut repetitione sive minoratione. *D. Charles le Ch.*, no. 84 (a. 846). De repetitionibus vero, si quis ... DELOCHE, *Cart. de Beaulieu*, I no. 55 p. 101 (a. 885). **2.** *la somme revendiquée — the amount of a claim.* Inferat parti custodienti dubla[m] repetitione[m]. WARTMANN, *UB. S.-Gallen*, I no. 20 p. 24 (a. 757).

**repetitus** (decl. iv): *réclamation, revendication — action of revindication.* Absque ullo publico repetitu ... cellulas ... habeant. D. Lud. II imp. a. 853, *MIOeG.*, t. 5 p. 385 (BM.² 1194).

**repignorare, 1.** **dégager — to redeem from pawn.* **2.** *saisir-gager de nouveau — to distrain once more.* Liutprandi leg., c. 108.

**replegiamentum** (< replevire): *cautionnement — replevin, bail.* S. xiii, Angl.

**replegiare,** v. replevire.

**replere:** **répandre, multiplier — to spread, permeate.*

**replevina:** *cautionnement — replevin, bail.* S. xiii, Angl.

**replevire,** replegiare (< plevire), **1.** aliquem: *cautionner — to replevy, release on bail.* [Fidejussores] eum usque ad diem placiti ... replegiare velint. MARTÈNE, *Coll.*, I col. 894 (a. 1176, Hainaut). **2.** pecuniam: *garantir — to guarantee.* Quietus sit de plegio illius et pecunia quam replegiavit. VAN CAENEGEM, *Writs*, p. 472 no. 113 (a. 1142-1154).

**replicare: 1.** **répéter* une explication, un exposé, un récit — *to repeat* an explanation, a statement, a narrative. **2.** **répliquer — to reply.* **3.** *s'opposer, protester — to oppose, make opposition, protest.* Si quis contra ista[m] cartula[m] voluerit repliquare. KANDLER, *CD. Istr.*, p. 86 (a. 847). **4.** *rouvrir, recommencer* un litige — *to reopen, resume* a dispute. Ne ... lites iterato limine replicentur. FICKER, *Forsch.*, IV no. 43 p. 64 (a. 1013, Ravenna). Ab utraque parte litigium ... replicantes.

Ib., no. 46 p. 68 (a. 1015, Ferrara). **5.** *réduire en servitude — to reduce to serfdom.* Si dominus neglexerit eam [sc. adiam servo nuptam] replecare ad servitium. Edict. Rothari, c. 217. Servus ad puplicum replecetur. Liutprandi leg., c. 24. In servitio non replicarentur. Ratchis leg., c. 6. Injuste eos in servitio replegare volebant. MANARESI, *Placiti*, I no. 37 p. 115 (a. 827, Torino). Illum ... replicare ad servitium non valuerit. Lud. II capit. Pap. in leg. data a. 855, c. 1, II p. 89. Eos in servitium et aldiaricia[m] curtis P. replicare possit. MANARESI, no. 110 p. 409 (a. 900, Milano). **6.** gener.: *réduire à tel état — to reduce* to such and such a position. Si ... abbas ... adversus eundem egerit, dicendum [i. e. dicendo] quod ... in eodem monasterio ... [ad] monachice videndum [leg. vivendum] traditus aut ibi monachum fuisset, et ibi per vim replicatus fuerit. CD. Langob., no. 246 col. 420 C (a. 870).

**replicatio: 1.** *réplique — reply.* **2.** *répétition — repetition.*

**reportare:** *transférer — to convey.* S. xiii.

**reportatio:** *transfert — conveyance.* S. xiii.

**repositorium**, repost-, -erium: **1.** *trésor, coffre-fort — treasure-chest.* **2.** *magasin — storehouse.* WALAHFR., V. Galli, lib. 2 c. 19, SRM., IV p. 326. **3.** *tombeau — tomb.*

**repreciari** (depon.): *rembourser, récompenser — to return, repay.* Pellitium tuum [i. e. a te datum], si volueris, tibi optime repraetiabor. EKKEHARD., Cas. s. Galli, c. 1, SS., II p. 79 l. 21.

**reprehensibilis:** *répréhensible, blâmable — censurable.*

**reprehensibiliter:** *d'une manière répréhensible — censurably.*

**reprehensio:** *répétition, revendication — revindication, reclamation.* [Manumissi] a filio et heredibus posterisque nostris nullam habeant reprehensionem. CD. Langob., no. 215 col. 356 C (a. 861, Verona). Si quis ... contra hanc vindicionem aliquam reprencionem aut calumniam inferre voluerit. Ib., no. 435 col. 750 D (a. 910, Bergamo). Remota occasione ullius reprehensionis. D. Ottos I., no. 239 (a. 962).

**represalia**, -pres-, -preis-, -pris- (subst. neutr. plural.): *représailles par capture — reprisals by capturing.* S. xiii.

**repraesentare, 1.** (cf. class. refl. se repraesentare "comparaître — to make one's appearance"), aliquem alicui: *amener devant qq'un — to bring up* before somebody. Accipientes puellam regi velotius repraesentare. GREGOR. TURON., H. Fr., lib. 2 c. 28. Praecepit ... ut ei sanctos martyres repraesentarent. Pass. Firmi, MOMBRITIUS², I p. 308. Jussit ... b. Georgium ante vestigia sua repraesentari. Pass. Georgii Spolet., Anal. Boll., t. 27 p. 381. **2.** spec.: *amener pour être jugé, livrer à la justice — to commit for trial, deliver up to a lawcourt.* Quod si homo ingenuus in obsequium alterius inculpatus fuerit, ipse qui eum post se ... retenuit, in praesentia judicis ... repraesentare studeat. Lex Ribuar., tit. 31 § 1. Ubi [sc. in synodo] et R. invasor in N. proclamator repraesentarentur. MULLER-BOUMAN, *OB. Utrecht*, I no. 301 p. 277 (a. 1122, Tournai). [Vasallum] curie vestre nos habeo imperio representare. SUGER., V. Lud. Gr. c. 29, ed. WAQUET, p. 240. **3.** *aliquid alicui: présenter,*

*offrir — to present, offer.* Camerarius representat domno pape in camera rosam auream CENCIUS, c. 57 (Ordo), § 17, ed. DUCHESNE, I p. 294 col. 2. Rursum § 29, p. 296 col. 2. **4.** *livrer, remettre — to hand over.* De reditibus illius terre ... meis usibus medietas repraesentetur. MÉTAIS, *Cart. de Vendôme*, I no. 58 p. 114 (a. 1040-1046). Censum capitalem a familia annuatim colligere, die constituto abbati representare. VERCAUTEREN, *Actes de Flandre*, no. 108 (a. 1122). Dominus ejus [sc. violatoris pacis] omnia mobilia sua judici repraesentet. Frid. I imp. const. de pace, a. 1152, c. 7, Const., I p. 197. **5.** *transférer — to convey.* Jubemus ... res ... ad easdem proprietates pertinentes ... nuntiis ... episcopi representare. ZAHN, CD. *Austr.-Fris.*, p. 31 (a. 932). Eas [vineas] ... abbati ... in eternum possidendas representavit. HUTER, *Tiroler UB.*, I no. 97 p. 49 (a. 1078-1082). **6.** *signaler, faire connaître — to state, mention.* Eorum nomina annotata ... nobis repraesentes. Resp. misso data (a. 801-814?), c. 5, Capit., I p. 145. Omnia supradicta, sicut cartulae eorum qui dederunt representant D. Heinrichs III., no. 140 (a. 1045). **7.** aliquem: *représenter, remplacer — to represent, deputize for* a person. GREGOR. M., lib. 1 epist. 1, *Epp.*, I p. 1.

**repraestare:** *réconcilier* un bien-fonds *en precaire* au donateur — *to regrant* an estate to the donor *in precarial tenure.* Res illa, quanobis ... tradiderunt ... eis per hanc cartulam precaream represtare deberemus. WARTMANN, *UB. S.-Gallen*, I no. 55 (a. 769). Ib. persaepe. F. Sangall. misc., no. 3, *Form.* p. 381. GIORGI-BALZANI, *Reg. di Farfa*, II doc. 243 p. 200 (a. 820). Ann. Hildesheim. a. 1039, ed. WAITZ, p. 45.

**repriorare:** *reprendre — to resume.* Inusitate restaurans, antiqua repriorans, neglecta renovans. PAUL. ALVAR., V. Eulogii, § 10, *AASS*, Mart. II p. 91 F.

**reprisalia**, v. represalia.

**reprisio:** *relief féodal — feudal relief.* S. xiii.

**reprobare: 1.** *rejeter, réprouver, condamner — to reject, disapprove, condemn.* **2.** *récuser — to challenge, take exception to.* Interrogavimus ... si testes ipsos reprovare poterent an non. MANARESI, *Placiti*, I no. 33 p. 105 (a. 822, Lucca). Dedi ei wadia de placito et testes ipsos reprobandum [i. e. reprobando] per testes aut omines per inquisicionem. D. Ugo, no. 38 p. 114 (a. 935). **3.** *convaincre de culpabilité, mettre dans son tort — to convict, prove to be wrong.* Si latro ... reprobatus fuerit ..., conponat omnia undecumque reprobatus factus fuerit. Capit. de latr. (a. 804-813), c. 2 sq., I p. 180. Accusatoribus reprobatis. ATTO VERCELL., Pressur., ed. BURONTIUS, p. 323.

**reprobatio: 1.** *réprobation, reproche — blame, censure.* **2.** *damnation éternelle — eternal damnation.* **3.** *preuve contraire — counterproof.* Semper ... paratus fui cum jam dictos testes seu cum scuto et fuste reprobacionem ipsam dandum. MANARESI, *Placiti*, I no. 135 p. 505 (a. 935, Parma).

**reprobus: 1.** *de mauvais alloi, de rebut, sans valeur — unsound, waste, worthless.* **2.** *réprouvé, damné — reprobate.*

**repromissio:** *promesse — promise.*

**repromittere:** *promettre — to promise.*

**repropitiare:** *rendre de nouveau propice — to propitiate again.* Pass. repropitiari: *être rendu de nouveau propice — to be again propitiated.* Intrans., idem. Divina repropitiante clementia. Diplomata Lud. Pii inde ab a. 834, ex. gr. II. de Fr., VI p. 595 no. 192.

**reptare** et deriv., v. reputare.

**reptilis.** Animal reptile et subst. neutr. **reptile**: *reptile — reptile.*

**repulsa** (subst. femin.): *refoulement — repulse.* GALBERT., c. 24, ed. PIRENNE, p. 42.

**reputamentum**, reptamentum: *accusation — indictment.* Usat. Barcin., c. 30, ed. D'ABADAL-VALLS TABERNER, p. 14; c. 135, p. 62.

**reputare**, notione 8 etiam reptare, rettare, retare, rectare, **1.** praedicative: *estimer, considérer, regarder comme tel — to reckon a thing or a person as, regard as such.* **2.** alicui rei: *attribuer à, ranger parmi — to reckon among, include in.* Favit H., cujus fisco [i. e. feodo, dativ.] terra de qua agitur reputatur. MÉTAIS, *Cart. de Vendôme*, I no. 102 p. 187 (ca. a. 1056). **3.** *imposer, mettre à la charge de qq'un — to impose, lay a burden* on a person. Species ... quae vobis ... reputentur. KANDLER, CD. *Istr.*, p. 31 (a. 538). **4.** *faire entrer en compte, s'en décharger* sur qq'un — *to charge* to, *throw back* on a person. Nichil nobis ... adfixa pensione [i. e. adfixae pensionis] repotare debeamus. TIRABOSCHI, *Mem. Modenesi*, p. 13 (a. 811). Nichil de omni expensa quam inibi fecerimus ... reputari debeamus. MITTARELLI, *Ann. Camald.*, p. 99 (a. 976). Nichil ... domnice [i. e. dominicis] racionibus reputantes. GADDONI, *Chart. Imol.*, p. 6 (a. 984). **5.** *disputer, contester — to dispute, contest.* Caballo suo [i. e. caballum suum] quem mihi reputabat, numquam furavi. F. Andecav., no. 15, *Form.*, p. 10. Unicuique de reputatis conditionibus justitiam reddant. D. Merov., no. 9 (a. 562). Item MARCULF., lib. 1 no. 21, *Form.*, p. 57. Item D. Karolin., lib. 1 no. 66 (a. 772). **6.** *imputer, attribuer* à qq'un ou qqch. *— to impute, ascribe* to a person or a thing. **7.** *imputer* (au sens péjoratif), *faire grief de* qqch. *— to reckon* against, *charge upon* a person. Si quis alteri reputaverit quod scutum suum jactasset. Lex Sal., tit. 30 § 6. Immunis ero ab his quae repotantur mihi. GREGOR. TURON., H. Fr., lib. 6 c. 26. Repotans ei estobrum [i. e. stuprum]. FREDEG., lib. 4 c. 54, SRM., II p. 148. Unde mihi aliquid repotaverunt. F. Andecav., no. 50ᵇ, p. 22. **8.** aliquem: *accuser, mettre en accusation — to indict.* Me illi [i. e. ille] repotabat quasi jumento [i. e. jumentum] suo ad furtis condicionis [i. e. condicionem] post me habuisset [i. e. habuissem]. F. Andecav., no. 11ᵇ, p. 8. Homo ex hac reputatus causa. Ord. judic. Dei, no. 6ᶜ, p. 611. Si quis in curia a seniore suo reptatus fuerit de bausia coram principe. Usat. Barcin., c. 43, ed. D'ABADAL-VALLS TABERNER, p. 18. Rursum c. 45, p. 19. Mariti uxores suas reptare possint de adulterio eciam per suspicionem. Ib., c. 112, p. 50. Iterum c. 132, p. 60. Clerici retati et accusati de quacunque re, ... venient ... responsuri. Const. Clarendon. a. 1164, c. 3, STUBBS, *Sel. ch.⁸*, p. 164. Retari non poterit de multro neque de proditione. Actes Phil.-Aug., I no. 201 p. 242 (a. 1186). Si aliquis aliquem plegiaverit reptatum de

morte alicujus. Cons. Norm. veterr., pt. 1 c. 52, TARDIF, p. 43.

**reputatio:** *imputation, accusation — casting suspicion, accusation.* Ord. jud. Dei, no. 6ᵇ, *Form.*, p. 610.

**requaesta** (subst. femin.) (< requirere): **1.** *demande en justice — legal claim.* Habebit requestam sibi omnino adjudicatam. SS., XXI p. 609 col. 1 l. 29 (a. 1114, Valenciennes). **2.** *requête — request.* S. xiii.

**requaestus**, requistus (decl. iv): **1.** *enquête judiciaire — judicial inquest.* PROU-VIDIER, *Ch. de S.-Benoît-s.-Loire*, I no. 24 p. 57 (a. 866-875). **2.** *relief féodal — feudal relief.* DC.-F., VII p. 137 col. 3 (ch. a. 1181, S.-Quentin).

**requies:** *sépulture d'un saint ou autel sous lequel reposent les reliques des saints — tomb of a saint* or *altar containing relics of saints.* V. Pirminii, c. 4, SS., XV p. 23. EIGIL., V. Sturmi, c. 20, SS., II p. 375. Mir. Veronae, *AASS.*, Sept. I p. 172 col. 1. BITTERAUF, *Trad. Freising*, I no. 914 p. 711 (a. 875).

**requiescere:** *mourir — to die.*

**requietio:** *repos — rest.*

**requirementum**, -rim-: *revendication — reclamation.* DC.-F., VII p. 138 col. 2 (ch. a. 1030, Marseille); col. 3 (ca. a. 1080, Carcassonne).

**requirere: 1.** *revendiquer, chercher à récupérer — to revindicate, claim back.* [Clerici] nequaquam de ecclesia ad aliam ecclesiam transmigrentur ...; et si forte senior ignorat ubi suum requirere debet clericum ... Synod. Franconof. a. 794, c. 27, Capit., I p. 76. Servi in alienum dominium commorantes, a priore domino requisiti. Capit., I p. 143 c. 4 (a. 803-813). Nullo modo liceat ei requirenti eam [uxorem constupratam] reddere viro ad occidendum. Concil. Tribur. a. 895, c. 46, II p. 240. **2.** *revendiquer, requérir, prétendre à* une chose *— to claim, make a demand for* a thing. De ipsa alode amplius requirendi pontefitium habere non dibiat. MARCULF., lib. 2 no. 14, *Form.*, p. 84. Si comites causas commoverint ad requirendum [compositiones]. Pippini reg. Ital. capit. (ca. a. 790), c. 5, I p. 201. De manso quem G. episcopus a L. comite requirit. Capit., I p. 314 c. 2 (a. 826). **3.** justitiam, causam, legem: *intenter une action — to institute an action at law.* Qui se reclamaverit ... quod justitiam habeat ad requirendum. Pipp. reg. Ital. capit. (a. 782-786), c. 6, p. 192. Causa intra [i. e. inter] sanctas ecclesias ... cum omni caritate ... requiratur. Stat. Rhispac. a. 799/800, c. 3, p. 226. Si ipsi justitiam ab aliis requisierint. Capit. Aquisgr. a. 809, inscr., p. 148. Non per se vindicare aut legem requirere nisi per nos ... praesumat. D. Heinrichs III., no. 86 (a. 1041). **4.** *exiger, lever, percevoir — to exact, impose, levy.* Si puer infra 12 annos aliqua[m] culpa[m] committat, fretus ei nullatenus requiratur. Lex Sal., tit. 24 § 5. Ecclesiae vel clericis nullam requirant agentes publici functionem, qui ... immunitatem meruerunt. Chloth. II praec., c. 11, *Capit.*, I p. 19. Portionem nostram in integro pubblicum requesieunt. SCHIAPARELLI, CD. *Longob.*, I no. 49 p. 162 (a. 730, Pisa). [Ad] nulla[m] redibutione[m] requirendum ibidem ingredire non debeat. MARCULF., lib. 1 no. 4, *Form.*, p. 44. Similia D. Karolin., I no. 5 (a. 753). Nullum servicium ei manuale

. . . a seniore suo requireretur. Capit. Cenom. (a. 800), I p. 81. Haribannum . . . comites de liberis hominibus recipere aut requirere non praesumant. Capit. missor. Ital., c. 13, p. 207. **5.** *réquisitionner — to requisition.* Carra eisdem non requiratis nec exigatis. Supplem. ad MARCULF., no. 1, *Form.*, p. 107. **6.** *relever* un fief — *to relieve* a tenement. Homines qui de terra ipsius ecclesiae beneficiati sunt . . . ipsam terram de manu prioris ecclesiae requirant et fidelitatem et servitium inde priori ipsius ecclesiae faciant. MIRAEUS, III p. 325 col. 2 (a. 1124, Liège). Post mortem ipsius unus filiorum . . . ejusdem villicationis officium de manu episcopali jure consueto requisitum obtineret. MULLER-BOUMAN, *OB. Utrecht*, I no. 462 p. 414 (a. 1169). **7.** aliquem: *attaquer — to attack.* Si quis . . . requisierit militem et cum fuste cederit eum. Usat. Barcin., c. 6, ed. D'ABADAL-VALLS TABERNER, p. 4. Iterum c. 62, p. 24.

**requisitio: 1.** *répétition — action of revindication.* Nulla[m] requisitione[m] ex hoc de parte proximi sui habere non debeat. MARCULF., lib. 2 no. 30, *Form.*, p. 94. Nec ulla[m] requisitio[nem] malorum hominum habere [manumissus] pertimescat. F. Sal. Merkel., no. 13[b], p. 246. Nunquam in posterum requisitionem facio in dicto monasterio. *Bullar. Casin.*, II p. 19 (a. 774). **2.** *imposition* ou *réquisition — levy* or *requisition.* [Ad] nullas requisicionis requirendum ibidem ingredere non debirent. *D. Karolin.*, I no. 123 (a. 779). **3.** *demande — request.* S. xiii. **4.** *relief, droit de mutation — relief of a tenement.* Nullam redemptionem, requisitionem, servicium et exactionem, nisi trium unciarum . . . persolvant censum. MULLER-BOUMAN, *OB. Utrecht*, I no. 244 p. 221 (a. 1081). Tantum requisitionis, quantum census dat terra, ipse requirens domino dabit. Ch. franc. Brusthem, c. 3, ed. GESSLER, p. 84.

**requistus,** v. requaestus.

**res: 1.** *un bien-fonds — an estate.* [Monasterium] super rem sua[m] propria[m] edificavit. *D. Merov.*, no. 69 (a. 696). Similia *D. Arnulfing.*, no. 4 p. 93 (a. 706). Res nostri juris E. vocabulo cum omnibus villis sibi adherentibus. BERNARD-BRUEL, *Ch. de Cluny*, I no. 446 p. 435 (a. 936). **2.** res publica: le fisc — the fisc. In re publica prosolvat auri tantum. F. Augiens., coll. B no. 2, *Form.*, p. 349. De rebus quae ad rem publicam pertinent. Lib. Pap., Kar. M. c. 121, *Capit.*, I p. 217. **3.** res publica: les domaines du fisc — the estates of the fisc. Casales duos ubi invenire in re publica potuerimus. GIORGI-BALZANI, *Reg. di Farfa*, II doc. 8 p. 28 (a. 745). Quicquid ex . . . re publica piis actibus et locis religiosis . . . fuerit indultum. D. Lud. Pii a. 817, *H. de Fr.*, VI p. 510. Rem publicam in propriis usibus tribuebat. NITHARD., lib. 4 c. 2, ed. LAUER, p. 122. De statu rei publicae inquirendum. Capit. missor. a. 865, c. 4, II p. 93. Habeat rex rem publicam libere in usibus militiae suae ad dispensandum. PASCHAS. RADB., Epit., lib. 2 c. 2, ed. DÜMMLER, p. 63. Rei publicae dilapidatrix. JOTSALD., V. Majoli, c. 9, *SS.*, IV p. 654. **4.** res publica: l'Empire byzantin — the Byzantine Empire. N. imperatoris, qui tunc rem publicam regebat, Ann. regni Fr., a. 803, ed. KURZE, p. 118. **5.** res publica: l'Etat pontifical — the Papal State. Lib. pontif., Steph. II, § 49, ed. DUCHESNE, I p. 455. Ibi pluries.

**resaisina,** reseisina: *ressaisine — reseisin.* S. xiii.

**resaisire,** ress-, -ei-, -a-, -xire, -siare: *remettre en saisine — to restore to seisin.* A. abbatem juste et sine mora resaisias de terra sua de H. quam W. ei aufert. VAN CAENEGEM, *Writs*, p. 414 no. 3 (a. 1102 ?). De archiepiscopatu meo me resaisistis. Anselmi Cantuar. epist. (a. 1106), ap. V. Anselmi, c. 22, *AASS.*[3], Apr. II p. 934 D. Facias resaisiri abbatem de B. de 20 acris terre. HASKINS, *Norman inst.*, p. 296 no. 5 (a. 1106-1120). Si aliquis . . . dissaisitus fuerit, faciam eum ressaisiri. Priv. civ. Rotomag. a. 1150/1151, DELISLE, *Actes Henri II*, I no. 14 p. 19.

**resale,** v. rasialis.

**resalvare:** **sauver — to rescue.*

**rescattum,** v. racatum.

**rescella,** v. recula.

**rescia,** v. rascia.

**resclausa,** resclosa (< recludere, cf. voc. exclausa): *barrage — weir.* MARTORELL, *Arch. Barcelona*, no. 104 p. 254 (a. 932). ROUQUETTE, *Cart. de Béziers*, no. 27 p. 22 (a. 959). *Hist. de Lang.*[3], V no. 227 col. 454 (a. 1048, Narbonne).

**rescriptio:** *diplôme royal — royal charter. D. Charles le Ch.*, no. 22 (a. 843 ?).

**rescriptum: 1.** **réponse écrite — reply letter.* **2.** **récrit impérial — imperial rescript.*

**rescula,** v. recula.

**rescussio: 1.** *enlèvement — abstraction.* S. xiii. **2.** *dégagement* d'une forteresse assiégée — *relief* of a besieged castle. S. xiii.

**rescutere: 1.** *enlever — to take away.* S. xiii. **2.** *dégager* une forteresse assiégée — *to relieve* a besieged castle. S. xiii.

**reseantia,** v. residentia.

**reservantia:** *réserve — reservation.* Fecit guirpitionem . . . sine ulla reservantia. *Hist. de Lang.*[3], V no. 291 col. 570 (ca. a. 1070, Foix).

**reservare,** aliquid alicui: *réserver* au profit de qq'un, *faire une réserve* quant à telle chose — *to reserve* to a person, *make a reservation* to this or that effect. Reservans in posterum [potestatem] habendi, ordinandi qualiter illi placuerit. *Bullar. Casin.*, II p. 17 (a. 774). Justitias quae infra pagum definire per nos non valemus, industriae vestrae [sc. comitis palatii] reservandas esse censuimus. F. Marculf. aevi Karol., no. 21, *Form.*, p. 122. [Donator] non . . . jus sibi vendendi . . . reservet, set absolute faciat. Capit. Ital. a. 801, c. 1, I p. 205. Res quae . . . locis Deo dicatis conferuntur, licet sibi usumfructum et ordinationem earundem rerum . . . reservent. Capit. Olonn. eccles. I a. 825, c. 3, p. 326. Portionem quam sibi reservavit. Resp. missis data a. 826, c. 8, p. 314.

**reservatio:** *réserve — reservation.* Absque ulla reservatione donamus. Bened. VII pap. priv. a. 979, *H. de Fr.*, IX p. 246 (J.-L. 3798).

**reservum: 1.** *réserve, stock — store, stock.* Si quid in reservum fuit, in ecclesiam distribuetur. MIRAEUS, I p. 108 col. 2 (a. 1195, Hainaut). **2.** *réserve, restriction — reservation, proviso.* Post mortem G. revertisset sine nullo reservo in canonica[m] s. Nazarii. *Hist. de Lang.*[3], V no. 236 col. 472 (a. 1053, Béziers). Guirpimus . . . sine ullo enganno et sine ullo reservo. Ib., no. 284 col. 558 (a. 1068).



**resgardum,** v. rewardum.

**residens** (adj.): *résident, domicilié — resident, residing.* [Scabinus] debet esse heredatus infra parrochiam de N. et residens in eadem. HOENIGER, *Koelner Schreinsurk.*, II p. 52 c. 2. Canonicorum tam residentium quam foraneorum. PONCELET, *Actes Hug. de Pierrep.*, no. 62 (a. 1209). Subst. **residens:** *résident — resident.* Omnes residentes et colonos Ravennatis ecclesiae. Gregor. V pap. priv. a. 997, MIGNE, t. 137 col. 911 A (J.-L. 3873). Ejus [domini] residens esse debet cujus legius est. Leg. Henrici, c. 43 § 6, LIEBERMANN, p. 569.

**residentia,** reseantia: **1.** *séjour, logis — stay, abode.* Monachis . . . fugientibus a facie paganorum et nusquam residentiae ac quietis habentibus locum. *D. Charles le Ch.*, no. 344 (a. 870). **2.** *domicile, résidence — residence, settled place of abode.* S. xii. **3.** *le fait d'être domicilié, resséance — state of resident.* De servientibus laicis scolarium [Parisiensium] qui non debent burgensiam nobis vel residentiam. *Actes Phil.-Aug.*, II no. 644 p. 203 (a. 1200). Constitutio tam super residentia canonicorum quam foraneitate. PONCELET, *Actes Hug. de Pierrep.*, no. 69 (a. 1209).

**residentiarius** (adj. et subst.): (de chanoines) *qui fait résidence* — (of canons) *in residence.* S. xiv.

**residere: 1.** *siéger — to sit, preside over* or *attend* a session. Cum episcopus et comes in civetate resedisse[n]t, ibique veniens . . . F. Andecav., no. 32, *Form.*, p. 14. Cum nos . . . in palatio nostro ad universorum causas . . . terminandas . . . resederemus. MARCULF., lib. 1 no. 25, *Form.*, p. 59. Item *D. Merov.*, no. 68 (a. 695). Item *D. Karolin.*, I no. 1 (a. 752). Scabinos qui cum judicibus resedere debent. Pipp. capit. Ital. (a. 801-810), c. 14, I p. 210. **2.** *demeurer, résider — to dwell, be resident.* Gothi per Picenum . . . residentes. CASSIOD., Var., lib. 4 epist. 14 § 1, *Auct. ant.*, XII p. 120. Ad litus Oceani . . . resident. JORDAN., Getica, ib., V pt. 1 p. 63 l. 6. [Moniales] tam que in proprias domus resedent quam qui [i. e. quae] in monastyria posete sunt. Chloth. edict. a. 614, c. 18, *Capit.*, I p. 23. **3.** *être établi comme tenancier rural — to be settled as a landholder.* Cum . . . colonis suis qui in ipsis casis residere videntur. GIORGI-BALZANI, *Reg. di Farfa*, II doc. 116 p. 101 (a. 778). Absit quod de personas suas [operas faciant], nisi de ipsas res ubi resedebant. MANARESI, *Placiti*, I no. 49 p. 164 (a. 845, Trento). Homines ecclesie super terram ejusdem commanentes vel residentes. *D. Karlmanns*, no. 22 (a. 879). Item *D. Ottos I.*, no. 143 (a. 952). Domo . . . curtilo . . . et illo servo qui super resedit. BERNARD-BRUEL, *Ch. de Cluny*, II no. 1288 p. 365 (a. 970). Neque dum expleti fuerint ipsi anni quem [i. e. per quos] ego residere debeo. HARTMANN, *Tab. s. Mar. in Via Lata*, p. 28 (a. 992). **4.** transit.: *posséder en tenure — to hold as a tenement.* Vos nobis dare digneris ad resedendum et laborandum et conquestum inibi faciendum libellario nomine rebus [i. e. res] juris ipsius monasterii. *CD. Langob.*, no. 188 col. 316 C (a. 855, Cremona). [H]abeat . . . usufructuario nomine ad inabitandum et resedendum. GIULINI, *Mem. di Milano*, I p. 457 (a. 870). **5.** *résider, observer la résidence — to be resident, perform residence.* GREGOR. M., lib. 6 epist. 23, I p. 401. **6.** *prendre possession d'une terre par un séjour symbolique — to take possession of land by a symbolical stay.* Residere vidissent M. et P. monachos s. Galli, et nullus eis contradicebat. WARTMANN, *UB. S.-Gallen*, II p. 393 no. 15 (ca. a. 820). **7.** *vivre, se trouver, être en tel état — to live, stay, be* in a definite position. Liceat eis sub immunitatis nostrae tuitione quietos residere. *D. Merov.*, no. 2 (a. 528). Similia no. 28 (a. 664-666). De annis 30 seu amplius sub ingenuetate nomen [i. e. ingenuitatis nomine] resedi. F. Andecav., no. 10[b], *Form.*, p. 8. De omnibus hostibus ad suum proprium ductus et securus valeat resedere. F. Sal. Merkel., no. 41, p. 257. Liceat Hispanis . . . sub nostra defensione . . . in libertate residere. Const. de Hisp. I a. 815, c. 5, *Capit.*, I p. 262. Sub nostra defensione et immunitatis tuitione liceat fratres . . . residere. *D. Ludw. d. Deutsch.*, no. 90 (a. 858). **8.** (d'un bien-fonds) *être sis* — (of real estate) *to be situated.* Curtilus . . . qui resedit in pago A. PROU-VIDIER, *Ch. de S.-Benoît-s.-Loire*, I no. 41 p. 106 (a. 932). BERNARD-BRUEL, *Ch. de Cluny*, II no. 1060 p. 154 (a. 959). Ibi pluries. **9.** (de choses) *être senti* comme tel, *paraître* — (of things) *to be felt* in this way, *seem.* Nobis melior sententia resedit, ne . . . Lex Rom. canon., c. 115, ed. MOR, p. 80. Quod factum grave resedit omnibus et molestum. ROMUALD. SALERNIT., Chron., a. 1168, ed. GARUFI, p. 273. Ibi saepe. **10.** *plaire, agréer — to please, be thought fit.* De nostra voluntate est ut, si vestre residet celsitudini, imperator Venetias . . . accedat. Ib., a. 1177, p. 280 l. 4. **11.** loc. bannus residsus: intervalle entre les séances d'un tribunal — intervening time between two sessions of a law-court. F. Senon. rec., no. 2, *Form.*, p. 212. Capit. missor. Wormat. a. 829, c. 13, II p. 16.

**resipiscentia:** **résipiscence, repentir — repentance.*

**resolidare, 1.** transit.: **rétablir, raffermir — to re-establish, reaffirm.* **2.** intrans.: *se cicatriser — to heal.* Edict. Rothari, c. 55.

**resolutio:** **mort — death.*

**resonare, 1.** intrans.: (d'un document) *porter, être libellé* — (of a document) *to run, be drawn up.* Sicut ipsi praecepti [i. e. ipsa praecepta] resonant. *Hist. de Lang.*[3], II pr. no. 174 col. 356 (a. 870, Narbonne). **2.** *être énoncé, formulé — to be worded, formulated.* Cum audissemus ipsam cartam legentem et relegentem, et resonabat ibidem . . . ALART, *Cart. Roussillonnais*, no. 1 p. 2 (a. 865). Sicut in illorum instrumentis resonant. *D. Charles le Simple*, no. 6 (a. 894-919). Resonabat in ipso privilegio quod . . . *Hist. de Lang.*, V pr. no. 57 col. 160 sq. (a. 933, Narbonne). Cum audissent . . . maledictiones qui in ea authoritate resonabant. Ib., no. 207 col. 421 (a. 1036, La Grasse). **3.** transit.: **signifier — to signify, mean.* **4.** *narrer, raconter — to tell, relate.* Quem in venatu a visonta bestia confossum vulgares adhuc cantilenae resonant. EKKEHARD. URAUG., Chron. univ., a. 1104, *SS.*, VI p. 225 l. 48.

**resortiri:** *recourir à — to revert to, resort to.* S. xiii.

**resortus,** ressort- (decl. iv), -um: **1.** *recours* à un tribunal — *recourse* to a law-court. S. xiii.

2. *compétence* d'un tribunal, *ressort* — *competence* of a law-court, *resort*. S. xiii.

**1. respectare:** **regarder, concerner* — *to regard, concern*.

**2. respectare,** v. respectuare.

**respectio: 1.** **examen, jugement de Dieu* — *divine trial and judgment*. **2.** *disposition divine* — *divine dispensation*. Respectione divina hujus tanti viri societate conjungor. ALVAR., V. Eulogii, *AASS.*³, Mart. II p. 90 D. **3.** *le fait de dépendre d'un tel, subordination* — *subserviency*. Familia unoquoque anno ... persolvat de respectione capitis sui 2 den. DUVIVIER, *Actes*, I p. 28 (a. 1018-1031, S.-Amand). Abbatie pristinam libertatem et ad sola regalia respectionem ... concedimus. *D. Heinrichs IV.*, no. 94 (a. 1062). [Ibi] de jure nullam habet ... exactionem nulliusque hominii de terra sive praedio aut rei familiaris respectionem. MIRAEUS, I p. 93 col. 1 (a. 1131, Liège).

**respectivus:** *respectif, relatif* — *respective, relative*. S. xiii.

**respectuare,** respectare (< respectus): *différer, ajourner* — *to delay, postpone, respite*. Si semel aut amplius respectaverit erga vicinum [i. e. partem adversam] diem [judicii]. Leg. Henrici, c. 26 § 1, LIEBERMANN, p. 562. Ibi pluries. Mando vobis ut respectetis ... benedictionem Th. Eboracensi archiepiscopo usque ad Pascha. Epist. (ca. a. 1110) ap. EADMER., Hist. Nov., lib. 4, ed. RULE, p. 205. [Judices] judicium respectarunt. STEPH. TORNAC., epist. 13, MIGNE, t. 211 col. 321 C.

**respectus** (decl. iv) : **1.** **examen et jugement de Dieu* — *divine trial and judgment*. **2.** *disposition divine* — *divine dispensation*. Per manus A. divini respectus gratia arcarii. Agap. II pap. priv. a. 948, MIGNE, t. 133 col. 897 C (J.-L. 3642). Ex respectu miserantis Dei. FOLCUIN., G. abb. Lob., c. 25, *SS.*, IV p. 67. Superno respectu quodam castella ... habenda censemus. PASQUI, *Doc. di Arezzo*, no. 84 p. 118 (a. 997). **3.** *procédure judiciaire* — *legal proceedings*. Unde ante hos dies per judicium scabinorum ad respectum fuissent super res s. Benigni quas H. injuste retinebat. PÉRARD, *Bourg.*, p. 148 (a. 868). Omnem occasionem omnemque respectum litigii et contentionis auferre decrevi. BREZZI, *Com. citt.*, p. 72 no. 6 (a. 1037, Brescia). **4.** *considération, égard* — *consideration, forbearance*. Detur ei [sc. reo] spatium ad respectum ad septem noctes. Capit. legi Sal. add. a. 819, c. 1, I p. 292. **5.** *répit, ajournement, délai* — *respite, deferment, reprieve*. In kal. Octobris ei respectum dedi. FULBERT., epist. 8, *Hist. de Fr.*, X p. 448 D. Quodsi homo ille qui appellatus fuerit se per bellum defendere voluerit, respectum 7 dierum habeat. GUÉRARD, *Cart. de Paris*, I p. 324 (ca. a. 1045). Comes habuit essonium infra terminum belli et prendidit respectum ab eo usque infra octo dies in quibus submoneret eum. BERTRAND, *Cart. d'Angers*, I no. 220 p. 257 (a. 1080-1082). Mensem et unum diem ad eum perquirendum in respectum habebant. Leg. Edwardi Conf., c. 15 § 1, LIEBERMANN, p. 641. Habere debent burgenses respectum solvendi usque ad 40 dies. *Actes Phil.-Aug.*, I no. 184 p. 221 (a. 1186). **6.** ad respectum illius: au profit de — in behalf of. De manu episcopali ad respectum et partem s. Marie ... reddimus. BEYER, *UB. Mittelrh.*, I no. 198 p. 259 (a. 955). **7.** *ingérence* — *interference*. [Fratrum] stipendiis ... deserviat sine alicujus venturi episcopi, comitis quoque aut vicecomitis aut alterius respectu persone vel contradictione. *D. Charles le Simple*, no. 62 (a. 909). **8.** *subordination* — *subserviency*. Monachos s. Vedasti non debere habere respectum ad pontificem aecclesiae Cameracensium. G. pontif. Camerac., lib. 1 c. 107, *SS.*, VII p. 446 l. 30. Universus populus eamdem terram ... inhabitans ..., de sepultura, de baptisterio, imo de omnimodo jure christianitatis ibi respectum habeat. MULLER-BOUMAN, *OB. Utrecht*, I no. 431 p. 387 (a. 1161). **9.** *reconnaissance* d'un droit de propriété éminente, d'un pouvoir seigneurial ou d'une autorité spirituelle — *recognizance* of a superior right of ownership, a lordship or a spiritual control. [Quibusdam rebus] fruamini ... quotannis de respectu den. 12 persolutis ad ecclesiam s. M. MULLER-BOUMAN, o.c., no. 105 p. 110 (a. 943). Possessionem ... usu fructuario ad vitam meam teneam atque annis singulis pro respectu sol. 5 persolvam loco memorato. GYSSELING-KOCH, *Dipl. Belg.*, no. 58 p. 152 (a. 960, spur. ca. a. 1036, Gand). Annis singulis ... 3 den. pro investiture respectu persolveret. BEYER, o.c., no. 383 p. 441 (a. 1085). **10.** *redevance récognitive* d'un droit de propriété éminente, d'un pouvoir seigneurial ou d'une autorité spirituelle — *tribute paid in recognition* of a superior right of ownership, a lordship or a spiritual control. Pro eadem terra quemdam respectum ad altare s. Mariae ... persolveret, ut eam monachi ... jure precario in perpetuum possiderent. *Hist. de Fr.*, IX p. 665 C (a. 959). Ecclesia ... libero ac perpetuo jure possideat ipsa altaria sine respectu atque circada atque a personatus omnimodo exactione. DC.-F., VII p. 147 col. 3 (ch. a. 1026, Thérouanne). Abbas quoddam bonum habuerat ... de quo, quoniam a loco longe aberat ..., nullum servitium, nullum poterat habere respectum. *D. Konrads II.*, no. 189 (a. 1033). Nullus successorum [donatoris] amplius ullos respectus vel [ullas] parvas vel magnas consuetudines ab ea [villa] expeteret. BRUNEL, *Actes de Pontieu*, no. 3 p. 3 (a. 1043-1052). Familia sic est tradita ut, si denarium unum solverit, ab omni alio respectu libera sit. MIRAEUS, III p. 310 col. 1 (a. 1092, Liège). Contradimus ... parochiam R. sub respectu 12 den. in coena Domini ad servitium episcopi. Ib., I p. 167 col. 1 (a. 1097, Arras). **11.** respectus capitis: chevage — poll tax. In omni deinceps sua vita ... sui capitis respectum annualiter ei [sc. s. Richario] referret. HARIULF., Chron., lib. 4 c. 31, ed. LOT, p. 260. Respectum et capitale sui capitis, id est 4 den. per singula capita uniuscujusque viri et mulieris, reddiderunt. GUÉRARD, *Irminon*, II app., no. 32 p. 371 (a. 1102).

**respicere: 1.** *regarder, concerner* — *to concern, be the concern of* a person. Ipsum [abbatem] respicit quidquid a discipulis delinquitur. Benedicti regula, c. 36. Etiam c. 65. CASSIOD., Var., lib. 2 epist. 4, *Auct. ant.*, XII p. 49. **2.** (d'un malheur, d'une faute, d'un blâme) *frapper* qq'un, *peser sur* qq'un — (of misfortune, guilt, blame) *to hit, strike, fall upon* a person. Tunc componamus nos vel [de] nos-



tris heredibus super quem culpa respexerit. FAINELLI, *CD. Veron.*, I no. 159 p. 224 (a. 840). Tunc eo nponat pars parti, ubi culpa respecerit. *CD. Langob.*, no. 219 col. 367 D (a. 861, Nonantola). Quod malum in caput quondam L. respexit. Agap. II pap. epist. (a. 946-955), MIGNE, t. 133 col. 913 C.

**respondens** (subst.): *défendeur* — *defendant*. Pars respondentium ... dedit fidejussorem. FICKER, *Forsch.*, IV no. 43 p. 65 (a. 1013, Ravenna).

**respondere: 1.** *répondre* de qq'un ou qqch., *se rendre responsable* — *to be answerable* for a person or a thing, *assume responsibility*. Qui talem servum comparasse dinoscitur, si respondere vel satisfacere pro crimine ejus noluerit. Lex Visigot., lib. 5 tit. 4 § 18. Juxta qualitatem damni [a servo illati] dominus pro ipso respondeat. Capit. legi Ribuar. add. a. 803, c. 5, I p. 117. Respondere debent bajuli dominis suis de eorum directis. Usat. Barcin., c. 106, ed. D'ABADAL-VALLS TABERNER, p. 48. Rursum c. 115, p. 51. **2.** (cf. class. intrans. "faire face à ses engagements — to meet one's liabilities"), aliquid: *payer, s'acquitter* d'une redevance — *to pay, discharge* a due. Nullus homo audeat respondere mallaturam advocato ejus. *D. Ottos II.*, no. 249 (a. 981). **3.** *se défendre en justice* — *to defend one's case at law*. Nullus ... ad mallum venire cogatur ... nisi qui causam suam aut quaerere debet aut respondere. Capit. Aquisgr. a. 809, c. 5, I p. 148. Nec alicui quaerenti respondere ... possit. Capit. legi Sal. add. a. 819, c. 3, p. 292. **4.** *répondre* dans une disputation — *to respond* in a disputation. Per annum integrum ... det fidem quod responderit de questione. DENIFLE, *Chart. Univ. Paris.*, I no. 201 p. 228 (a. 1252). **5.** (de choses) *appartenir* à, *ressortir* à — *to belong* to, *fall* under. Predium perpetualiter respondeat servitio et utilitati fratrum. *D. Heinrichs II.*, no. 45 (a. 1040). Teloneum omne pertinet ad ipsum; justicia telonei fideliter respondebit ei. ROUSSEAU, *Actes de Namur*, p. 89 (a. 1047-1064). Est quedam terra ... cujus decima, tributum et justicia nostro juri respondent. MULLER-BOUMAN, *OB. Utrecht*, I no. 443 p. 396 (a. 1164-1169).

**responsalis** (adj.): *responsable* — *answerable, liable*. S. xiii. Subst. mascul. **responsalis: 1.** **plénipotentiaire du pape* — *papal plenipotentiary*. GREGOR. M., registr. epistol., saepissime. Cui [concilio] ... papa per legatos suos et responsales prefuit. Lib. diurn., no. 84, ed. SICKEL, p. 100. Hic direxit responsales suos cum synodicam juxta consuetudinem in regiam urbem apud piissimos principes. Lib. pontif., Vitalian., ed. MOMMSEN, p. 186. Rursum ib., Zachar., § 20, ed. DUCHESNE, I p. 432. Venit responsalis domni apostolici. ANSELM. LEOD., c. 19, *SS.*, VII p. 199 l. 20 (hausit e Reginonis chron. ad a. 866, ubi: apocrisiarius). EKKEHARD. URAUG., Chron. univ., a. 1105, *SS.*, VI p. 227 l. 9. **2.** (cf. voc. apocrisiarius sub 2) *archichapelain* — *archchaplain*. [Regis palatium gubernabatur] per apocrisiarium, id est responsalem negotiorum ecclesiasticorum. HINCMAR., Ordo pal., c. 13, *Capit.*, II p. 522. **3.** *envoyé* quelconque, *parlementaire* — any *envoy, negotiator*. GREGOR. M., lib. 1 epist. 42, *Epp.*, I p. 61. Sit licentia transeundi tam negociantibus quam et responsalibus. Sicardi Benev. pact. c. Neapol. a. 836, c. 13, *LL.*, IV p. 220. [Episcopus] responsalem suum illo transmisit. ANSELM. LEOD., c. 65, p. 228 l. 45. Chron. Mauriniac., lib. 2 c. 7, ed. MIROT, p. 27. Responsalis prepositi et omnium obsessorum. GALBERT., c. 38, ed. PIRENNE, p. 62. **4.** *avoué, mandataire, fondé de pouvoirs* — *deputy, representative*. Illi nec venerunt nec responsales aliquos transmiserunt. Priv. Calixti II pap. a. 1121, PFLUGK-HARTTUNG, *Acta*, I no. 136 p. 119. Idoneum responsalem habeant et per eum synodalia jura ... peragant. MULLER-BOUMAN, *OB. Utrecht*, I no. 301 p. 277 (a. 1122). D. Frid. I imp. a. 1180, *Const.*, I no. 279. *Actes Phil.-Aug.*, I no. 224 c. 18 (a. 1188). Innoc. III. registr., no. 71, ed. HOLTZMANN, p. 110. Subst. neutr. **responsale: 1.** *livre liturgique contenant les répons* — *liturgical book of responsories*. Pauli I pap. epist. (a. 758-763), *Epp.*, III p. 529. **2.** plural. responsalia: *lettre de réponse* — *reply letter*. Cod. Udalrici, no. 34 (a. 1069), JAFFÉ, *Bibl.*, V p. 65. **3.** plural. responsalia: *réponse orale* — *answer by word of mouth*. GALBERT., c. 29, p. 52.

**responsare:** *se constituer partie* — *to bring an action*. Interrogavit F. comis palaciis ... qui contra ista[m] familia[m] dicere vel responsare vellebant. *D. Charles le Ch.*, II no. 228 p. 9 (a. 861).

**responsio: 1.** *répons* — *responsory*. Haitonis Basil. capit. (a. 807-823), c. 3, *Capit.*, I p. 363. **2.** *déclaration d'assentiment* aux décisions d'un synode — *expression of approval*. Concil Tribur. a. 895, ib., II p. 247. **3.** *disputation* — *disputation*. DENIFLE, *Chart. Univ. Paris.*, I no. 20 p. 79 (a. 1215).

**responsor: 1.** *otage, garant* — *hostage, guarantor*. Inde utrisque responsores et adjudicatores existemus. D. Lud. VI reg. Fr. (a. 1123-1137), TARDIF, *Cartons*, no. 427. Responsor de pace extitit. *Gall. chr.*², IV instr. col. 242 (ch. ca. a. 1170). **2.** *caution* — *surety*. Credulitatem [crédit — credit] habemus, dum vadium vel bonum tribuamus responsorem. WAUTERS, *Origine*, p. 58 (a. 1203, Boulogne).

**responsoriale:** *livre liturgique contenant les répons* — *liturgical book of responsories*. AMALAR., Ordo antiph., prol., § 18, ed. HANSSENS, I p. 363.

**responsorius** (adj.). Psalmus: antienne — anthem. GREGOR. TURON., H. Fr., lib. 7 c. 3. Id., V. patrum, c. 8 § 4, *SRM.*, I p. 694. Cantus: idem. ISID., Etym., lib. 6 c. 19 § 8. Subst. neutr. **responsorium** et mascul. **responsorius:** **répons* — *anthem, responsory*.

**responsum, 1.** loc. dare in responsis: répondre — to answer. Quibus rex hoc reddidit in responsis. GREGOR. TURON., H. Fr., lib. 4 c. 26. **2.** eadem locutio: répliquer, plaider, se défendre — to make a reply, defend a suit. Interrogatum fuit ipsi illi, qui[d] de hac causa responso darit. F. Andecav., no. 24, *Form.*, p. 12. Taliter dedit in responsis, eo quod ... *D. Merov.*, no. 49 (a. 679). Similia *D. Karolin.*, I no. 197 (a. 801). Ad eundem locum deservire debeant, tam in responsis dando quam et reliquam legem. Ib., no. 109 (a. 775). **3.** *procès* — *legal proceedings*. Apud me in responsum introire noluisti. F. Turon., no. 29, p. 152. **4.** *affaire à expédier, commission, intérêt à gérer* — *affair to be handled, business, errand,*

*task*. Frater qui pro quovis responso dirigitur. Benedicti regula, c. 51. In urbe regia responsa sedis apostolicae facerem. GREGOR. M., lib. 7 epist. 4, *Epp.*, I p. 444. Ibi saepe. Ibi remansit, ut cum aliis responsa faceret archiepiscopi. LIBERAT. ARCHID., c. 16, MIGNE, t. 68 col. 1020 C. Missum . . . Romam pergentem propter responsa aecclesiastica. BONIF.-LULL., epist. 95, ed. TANGL, p. 216. Communi consilio responsa totius abbatiae committit Ekkehardo. EKKEHARD., Cas. s. Galli, c. 9, *SS.*, II p. 118 l. 24. Pro responsis ecclesiae . . . episcopo se presentasset. Cantat. s. Huberti, c. 12, ed. HANQUET, p. 32. Pro responsis Casinensis coenobii apocrisiarius ad L. imperatorem directus. PETR. DIAC., Chron. Casin., lib. 4 c. 66, *SS.*, VII p. 795.

**ressortus,** v. resortus.

**1. resta,** rista (germ.): *botte — bunch.* Ficarum. CIPOLLA, *CD. Bobbio*, I p. 198 (a. 862). BERNHART, *Cod. Ravenn.*, p. 71 (s. x). Lini. PERRIN, *Seigneurie*, p. 726 app. 5 c. 3 (s. xii p. post., Bouzonville).

**2. resta,** restum: *reste, reliquat — remainder, residue.* S. xiii.

**restantia:** *solde, reliquat* d'un compte — *remainder, balance* of an account. S. xiii.

**restare:** *arrêter, saisir — to seize, arrest.* S. xiii.

**restauramentum:** *reconstruction — rebuilding. D. Charles le Ch.*, no. 116 (a. 849).

**restaurare: 1.** *rendre, restituer — to give back, restore.* Si aliquid . . . tultum est, . . . restauretur. Pactum Andel. a. 587, *Capit.*, I p. 14 l. 21. Restaurentur omnia ad ecclesiam, sive terra sive vinea sive pecunia. *D. Karolin.*, I no. 77 (a. 772-774). [Petrae tegulaeque] in ecclesia fiant restaurate unde abstracte fuerunt. Synod. Franconof. a. 794, c. 26, *Capit.*, I p. 76. Quicquid nostri praedecessores abstraxerant restauravi. *Conc.*, II p. 681 (ch. a. 830, Langres). **2.** *compenser, réparer — to recoup, make good.* Quidquid intus crematum fuerit . . ., restauret. Edict. Rothari, c. 146. De proprio suo restaurit quod fraudolenter divisit. Liutprandi leg., c. 75 (a. 724). Quicquid [missis regis] aut eorum hominibus factum fuerit, omnia tripliciter faciant restaurare et conponere. Capit. Saxon. a. 797, c. 7, I p. 72. Quicquid inde [sc. de xenodochiis] non fuit datum pauperibus . . . fiat restauratum. Capit. Olonn. eccl. II a. 825, c. 7, p. 329. [Notarii] si eas [res] perdiderint, restaurent ipsas res cui ipsae cartulae esse debent. Capit. Lud. Pii vel Loth., p. 336, c. 5. [Veredi perditi seu mortui] eis quorum fuerunt . . . restituantur vel restaurentur. Praec. pro Hisp. a. 844, c. 1, II p. 259. **3.** *céder à titre de compensation — to hand over in amends.* Alia[s] tanta[s] terras ab extimationem . . . restaurare deveamus. BRUNETTI, *CD. Tosc.*, I p. 229 (a. 776). **4.** *fournir un otage en remplacement d'un autre — to provide a surety in substitution.* [Si ostatici] mortui fuerint, assidue restaurentur et alii. ROSELL, *Lib. feud. maj.*, II no. 821 p. 307 (a. 1070).

**restauratio: 1.** *restitution — restoration.* Do . . . sine mea contradictione et defensione et a[b]sque restauratione. MITTARELLI, *Ann. Camald.*, p. 53 (a. 954). Similia GIULINI, *Mem. di Milano*, II p. 483 (a. 975). FALCE, *Doc. di Tuscia*, p. 83 (a. 1010). **2.** *compensation, réparation — compensation.* Cum restauratione damni quod intulerit. VERCAUTEREN, *Actes de Flandre*, no. 81 p. 284 (a. 1116). **3.** *amélioration, plus-value — betterment, increment.* [Res] bene aucte et in melius . . . restaurate . . . ecclesie . . . restitute cum omni restauratione et augmentatione. MULLER-BOUMAN, *OB. Utrecht*, I no. 105 p. 110 (a. 943). **4.** *une redevance* de nature incertaine — *a due.* BERNARD-BRUEL, *Ch. de Cluny*, V no. 3974 p. 332 (a. 1124, Liège).

**restaurum:** *compensation, réparation — compensation, indemnity.* S. xiii.

**restellus,** v. rastellus.

**resticula** (< resta): *botte — bunch.* Lini. Acta Murensia, c. 23, ed. KIEM, p. 70.

**restructio:** *reconstruction — rebuilding.* CIPOLLA, *CD. Bobbio*, I p. 223 (a. 877).

**restruere:** **reconstruire — to rebuild.*

**resultare: 1.** **s'opposer, regimber, faire résistance — to resist, make opposition, demur.* **2.** *résulter — to result.* S. xiii.

**resultatio:** **résistance, opposition — resistance, opposition.*

**resurgere:** **ressusciter — to rise from the dead.*

**resurrectio: 1.** **résurrection — resurrection.* **2.** resurrectio dominica: dimanche — Sunday. Transl. Genulfi (ca. a. 870), c. 38, MABILLON, *Acta*, IV pt. 2 p. 235. V. Romarici (s. ix), c. 12, ib., II p. 419.

**resuscitare:** **ressusciter* un mort — *to resurrect.*

**retacere** = reticere.

**retallia,** retalium, retaleum, retaglum (< retalliare): *vente de draps au détail — retail selling.* S. xiii.

**retalliare,** retaliare (cf. voc. talliare): **1.** *rogner* la monnaie — *to clip* coins. S. xiii. **2.** *détailler* des draps — *to sell retail.* S. xiii.

**retardare,** intrans.: **tarder — to be late.*

**retare,** v. reputare.

**retentamentum:** *recel* de criminels — *resetting.* S. xiii.

**retentare: 1.** **retenir à tort — to withhold unlawfully.* **2.** *recéler* des criminels — *to reset.* S. xiii.

**retentatio: 1.** *le fait de retenir à tort — unlawful retainment.* Concil. Aurel. a. 541, c. 12, *Conc.*, I p. 90. Concil. Aurel. a. 549, c. 22, p. 108. GREGOR. TURON., H. Fr., lib. 6 c. 11. **2.** *réserve — reservation.* Dono . . . absque retentatione. CHARLES-MENJOT, *Cart. du Mans*, no. 102 col. 70 (a. 1067-1078).

**retentus** (decl. iv): **1.** *chose usurpée — property unlawfully appropriated.* Si quis . . . disrumpere voluerit, . . . a[d] parte[m] regale[m] exolvat 4 libras auri, et quod retemptu[m] duplatu[m] restituat. FLORIANO, *Dipl. esp.*, II no. 103 p. 76 (a. 873). **2.** *réserve — reservation.* Damus . . . absque omni retentu libere et absolute. *Hist. de Lang.*[3], V no. 74 col. 186 (a. 940, Narbonne). Vendo tibi libere et solide et sine ullo retentu. ROSELL, *Lib. feud. maj.*, I no. 334 p. 356 (a. 1062).

**retiaticum** (< retis): *une redevance sur la pêche au filet — a duty exacted for fishing with nets.* D. Rodulfi reg. Fr. a. 927, *H. de Fr.*, IX p. 572 A. *D. Charles le Ch.*, I no. 31 p. 81 (< a. 843 >, spur. s. x med.).

**retiator:** *filetier — net-braider.* Capit. de villis, c. 45.

**retinementum,** reten-, -imentum, -amentum: *réserve — reservation.* Non facimus ibi ullum alium retinimentum. MARTORELL, *Llibre blanch de S. Creus*, no. 13 p. 17 (a. 1067). Sine ullo retinemento. *Hist. de Lang.*[3], V no. 432 II col. 808 (a. 1110).



**retinentia: 1.** *réserve — reservation.* Vendidit . . . sine ulla retinentia. BERTRAND, *Cart. d'Angers*, I no. 373 p. 433 (s. xi ex.). **2.** *le fait d'avoir un train de maison — retaining of followers.* S. xiii. **3.** *train de maison — retinue.* S. xiii.

**retinere: 1.** *contenir — to contain.* Capella . . . in qua retinentur altaria 3. *CD. Langob.*, no. 419 col. 710 C (a. 905/906, Brescia). [Piscaria] cum omnibus quae . . . retinet. *D. Heinrichs II.*, no. 308 (a. 1014). **2.** *posséder — to possess.* Cum homine . . . qui in ipsa casa residet et cuncta [i.e. cunctis] quae ad manus suas retinet. GIORGI-BALZANI, *Reg. di Farfa*, II doc. 126 p. 107 (a. 778). Qui eas [res] retinuerit, illum censum persolvat. Capit. de just. fac. (a. 811-813), c. 11, I p. 177. Qui nunc ea [beneficia] retinent. Capit. missor. a. 832, c. 8, II p. 64. Quidquid in praedicto monasterio vel in ejus cellulis retinebat. *Hist. de Lang.*[3], II pr. no. 80 col. 178 (a. 832, Arles). Quodcumque ibi visus sum retinere. DONIOL, *Cart. de Brioude*, no. 12 p. 35 (a. 856). In tota imperamus Francia, quia nos procul dubio retinemus quod illi [antecessores] retinent. Lud. III imp. epist. a. 867, ap. Chron. Salernit., c. 107, ed. WESTERBERGH, p. 112. Quantum ibi retinet ex comparatione. *D. Charles le Simple*, no. 27 (a. 899). [Res] quas prius ipsa [ecclesia] in vestitura retinuit. *D. Ludwigs d. Kindes*, no. 12 (a. 901). De vassallis qui ex eadem abbatia beneficia retinebant. HARIULF., Chron., lib. 3 c. 3, ed. LOT, p. 86. **3.** *éluder, ne pas acquitter — to defraud.* Quicumque . . . tonleium suum retinuerit. Lud. VII reg. Fr. priv. pro Lorriac. a. 1155, c. 30, ed. PROU, p. 451. **4.** aliquem: (d'une inculpation) *frapper* — (of an indictment) *to strike.* Sciat se majestatis crimine esse retinendum. GREGOR. M., lib. 13 epist. 50, *Epp.*, II p. 415 l. 23. **5.** (d'une maladie) *prendre, paralyser* — (of illness) *to come over, paralyze.* Salvi facti sunt, a quacunque infirmitate retinebantur. Pass. Ansani (s. vi ?), ap. BALUZ., *Misc.*, ed. MANSI, IV p. 64. **6.** *entretenir dans sa maison — to retain.* Anathemate feriuntur . . . domini qui amodo eos [sc. raptores] retinuerint in castris suis. Concil. Rotomag. a. 1096, c. 4, ap. ORDER. VITAL., lib. 9 c. 3, ed. LE PRÉVOST, III p. 472. Quoscumque milites probos undecumque sibi commilitones retinebat. GISLEB. MONT., c. 48, ed. VANDERKINDERE, p. 83. **7.** *être sûr, croire — to hold, believe.* Certissime retinentes Deo vos exhibere quaecunque huic . . . impenderitis. Gregor. II pap. epist. a. 722 ap. BONIF.-LULL., epist. 20, ed. TANGL, p. 34. **8.** praedicative: *regarder comme — to consider.* Hanc in papam accusationem . . . amphibolam retinemus, incerti utrum zelo justitiae an impietatis livore prorumperet. LIUDPRAND. CREMON., H. Ottonis, c. 11, ed. BECKER, p. 168.

**retollere:** *reprendre — to take back, withdraw.* [Si ipsas res] retollere quaesierimus. GIORGI-BALZANI, *Reg. di Farfa*, II doc. 195 p. 159 (a. 809). MANARESI, *Placiti*, I no. 28 p. 86 (a. 814, Spoleto).

**retondere:** *rogner* la monnaie — *to clip* coins. S. xiii.

**retonsor:** *rogneur de monnaie — one who clips coins.* S. xiii.

**retonsura: 1.** *rognage* de pièces de monnaie — *clipping* of coins. S. xiii. **2.** *rognures de monnaie — metal clipped from coins.* S. xiii.

**retornare,** -tur-, **1.** transit.: **retourner, renverser — to turn round.* **2.** *défaire, annuler* un contrat — *to undo, cancel* a contract. Si . . . nos ipsi . . . per colibe [i.e. quolibet] ingenio retornare boluerimus. *CD. Cav.*, I no. 2 p. 3 (a. 798). FICKER, *Forsch.*, IV no. 35 p. 53 (a. 988, Salerno). FILANGIERI, *CD. Amalf.*, no. 35 p. 54 (a. 1018). **3.** *retourner, redonner* de l'argent — *to give back, repay.* S. xiii. **4.** refl. et intrans.: *retourner, revenir — to return, come back.* Capit. Caris. a. 856, c. 14, II p. 282. Conv. Confl. a. 860, II p. 158 l. 29. **5.** *se soustraire* à une obligation, *résilier — to withdraw* from a liability, *revoke.* Pars qui se retornari [!] presumpserit, componat auri sol. 20. CAPASSO, *Mon. Neapol.*, I p. 150 (a. 983).

**retornus,** -tur- (< retornare): *recours* à une sûreté réelle — *recourse, recovery.* Quod si non fecero, habeatis retornum in toto ipso meo honore. *Hist. de Lang.*[3], V no. 489 IV col. 922 (a. 1126, Carcassonne). Si praedictam transactionem . . . fregerint, ulterius retornum in castella vel villas vel terras nostras . . . non habebunt. Ib., no. 649 col. 1261 (a. 1162, Montpellier). Cf. J. DE MALAFOSSE, *Contribution à l'étude du crédit dans le Midi aux $X^{e}$ et $XI^{e}$s.: les sûretés réelles. Ann. du Midi*, t. 63 (1951), pp. 143 sqq.

**retorta** (< torquere): *torsade d'osier — twist of osier-twigs.* Lex Sal., tit. 34, cod. Guelferb., cod. Paris. lat. 9653, codd. fam. 2 et 3 et text. Herold. Lex Ribuar., tit. 43. DE TRÉMAULT, *Cart. de Marmoutier pour le Vendômois*, no. 129 p. 222 (ca. a. 1060). LEO OST., lib. 2 c. 59, addit. cod. Casin. 450, *SS.*, VII p. 668 l. 23. PÉRARD, *Bourg.*, p. 99 (ch. a. 1128).

**retractare:** **critiquer, blâmer, décrier — to censure, blame, slander.*

**retractio:** *atteinte, soustraction — encroachment, withdrawal.* Ex ipsis villis eorum necessitas atque stipendia absque retractione sicut [leg. seu] diminoratione alicujus suppleretur. *D. Charles le Ch.*, I no. 74 p. 208 (a. 845). Ib., no. 124 p. 331 (a. 850). TIRABOSCHI, *Memor. Modenesi*, I p. 59 (a. 883). *D. Ludwigs d. Kind.*, no. 1 (a. 900).

**retractus** (decl. iv): *marée basse — ebb tide.* MULLER-BOUMAN, *OB. Utrecht*, I no. 392 p. 355 (a. 1147). WARNKOENIG-GHELDOLF, *Flandre*, III p. 227 no. 6 c. 3 (a. 1192, Gand). VAN DEN BERGH, *OB. Holland*, I no. 235 p. 138 (a. 1213).

**retradere: 1.** **restituer — to give back.* **2.** *donner en retour — to give in return. D. Ludwigs d. Kindes*, no. 40 sq. (a. 905).

**retrahere, 1.** de heremo: *gagner à la culture — to assart* land. [Fiscum] de eremo . . . retraxerunt. Praec. pro Hisp. a. 812, *Capit.*, I p. 169 l. 22. **2.** *retarder, traîner en longueur — to delay, postpone.* Si ipsae justitiae [i. e. judicia] . . . tamdiu retractae fuerint donec . . . Capit. ad com. dir. (a. 801-813), c. 6, I p. 184. **3.** *retenir — to withhold.* Qui suam decimam Deo et sanctis ejus retrahat. REGINO, Syn. caus., lib. 2 c. 5 § 62, ed. WASSERSCHLEBEN, p. 214. **4.** *résilier — to break* a contract.

Nullo regum vel imperatorum seu alicujus conditionis persona hec retrahente. *D. Ottos II.*, no. 98 (a. 975). **5.** *exercer un droit de retrait — to lay claim* to a property. ROUSSEAU, *Actes de Namur*, no. 9 p. 25 (a. 1154). Cf. L. FALLETTI, *Le retrait lignager en droit coutumier français*, Paris 1923.

**retribuere: 1.** **rendre, payer en retour — to render, repay.* **2.** **récompenser — to reward.*

**retributio: 1.** **récompense — reward.* **2.** **rétorsion — retaliation.*

**retro, 1.** praepos.: **derrière — behind.* **2.** adverb.: *en arriéré — in arrears.* Reddatur pecunia ... si alicubi retro sit. Quadrip., LIEBERMANN, p. 261 col. 1. **3.** adj. indecl.: **d'autrefois, ancien — former.* Ab omnibus retro principibus. ERCHEMPERT., c. 78, *Scr. rer. Langob.*, p. 263.

**retroacapitis,** -accap-, -itum (< accaptis): *relief féodal — feudal relief. Hist. de Lang.*[3], V no. 605 col. 1183 (a. 1155).

**retrobannus:** *arrière-ban — fyrd.* D. Lud. VII reg. a. 1141, TEULET, *Layettes*, I no. 74 p. 53. *H. de Fr.*, XXIII p. 694 no. 417 (a. 1172, Normandie).

**retrodecima,** -um: i. q. redecima. *Hist. de Lang.*[3], V no. 302 III col. 592 (a. 1071). DE MONSABERT, *Ch. de Nouaillé*, no. 182 p. 288 (s. xii in.).

**retrofeudum:** *arrière-fief — tenure under an intermediate lord.* QUANTIN, *Cart. de l'Yonne*, II no. 408 p. 414 (ca. a. 1190).

**retrofevale:** *arrière-fief — tenure under an intermediate lord. Hist. de Lang.*[3], V no. 568 col. 1092 (a. 1147, Rouergue).

**retrogarda:** *arrière-garde — rearguard.* G. Lud. VII reg. Fr., c. 20, DU CHESNE, *H. Fr. scr.*, IV p. 405.

**retrograde:** *en arrière — backwards.* S. xii.

**retroplegia** (< plevium): *gage, sûreté réelle — security, mortgage.* DC.-F., VI p. 368 col. 1 sq. (ch. a. 1180, Auxerre).

**retrotabulum:** *retable — altar-piece.* S. xiii.

**retrudere: 1.** **enfermer, cloîtrer — to lock up, confine.* In monasterio. Concil. Epaon. a. 517, c. 22, *Conc.*, II p. 24. In custodia. GREGOR. TURON., Virt. Martini, lib. 4 c. 16, *SRM.*, I p. 654. In carcerem. Id., V. patrum, c. 8 § 7, p. 697. In carcere. V. Gaugerici, c. 8, *SRM.*, III p. 655. Sub custodia. Ann. Mett. prior., a. 744, ed. SIMSON, p. 36. In monasterio. Ann. Lauresham., a. 788, *SS.*, I p. 33. Absolute: ANAST. BIBL., Chron., ed. DE BOOR, p. 269. **2.** *serrer, mettre en lieu sûr — to store away.* Retrudit [euangelium] in capsa sua. Ordo Rom. IV (s. viii ex.), c. 33, ed. ANDRIEU, II p. 161. Cyrografum arcibo ecclesiae retrudit. Lib. pontif., Bonif. II, ed. MOMMSEN, p. 139. **3.** refl. se retrudere: *s'enfermer, se retrancher — to shut oneself in, ensconse oneself.* [Aistulfus] usque Papiam in civitatem ... fugam arripuisset; in qua et prae timore Francorum cum aliquantis se retrusit. Lib. pontif., Steph. II, § 35, ed. DUCHESNE, I p. 450.

**retrusio:** *incarcération — confinement.* FREDEG., lib. 4 c. 70, *SRM.*, II p. 156. V. patr. Jur., V. Eugendi, c. 5, *SRM.*, III p. 156. Dei sacre virgines vitam contemplativam sub retrusione exercere videantur. Coll. s. Dion., no. 3, *Form.*, p. 498.

**rettare,** v. reputare.

**returnare,** returnus, v. retorn-.

**revadiare,** v. rewadiare.

**revelare:** **révéler, manifester* (en parlant de la révélation divine) — *to reveal, manifest* (with reference to divine revelation).

**revelatio:** **révélation, vérité révélée — revelation, truth revealed.*

**revelatus** (decl. iv): *révélation — revelation.* V. Nivardi, c. 7, inscr., *SRM.*, V p. 164.

**revellare** = rebellare.

**revendere:** *revendre — to resell.* S. xiii.

**revenire:** *échoir — to devolve.* [Portio] ad deversionem revinerit ... in alio homine. BRUNETTI, *CD. Tosc.*, I p. 484 (a. 730).

**reverentia. 1.** loc. reverentia vestra: *titre honorifique — title of honour. Benedicti regula, c. 63. **2.** *propriété éminente — superior ownership.* Absque ulla aliena reverentia habeant, teneant adque possedeant. WARTMANN, *UB. S.-Gallen*, I no. 62 p. 61 (a. 771 vel 774). **3.** *révérence — curtsy.* ODO DIOGIL., Prof. Lud. VII, c. 3, ed. WAQUET, p. 43.

**revertere.** Pass. reverti: *échoir — to devolve.* Facultatem [i.e. facultas] illius mortui ad legetimos fratres revertatur. Edict. Rothari, c. 162. *Hist. de Lang.*[3], V no. 114 col. 254 (a. 965, Nîmes). REDLICH, *Trad. Brixen*, p. 3 (ca. a. 955-975).

**revestiarium:** *sacristie — vestry.* S. xiii.

**revestire, 1.** aliquid: **vêtir de nouveau, remettre — to put on once more.* **2.** aliquem: **revêtir, habiller de nouveau — to dress again.* **3.** aliquem: *réinvestir, remettre en possession — to reinvest, repossess.* [Fidelem nostrum] de rebus sibi juste debetis [i.e. debitis] praecepimus revestire. Chloth. edict. a. 614, c. 17, *Capit.*, I p. 23. Beneficiis revestiris. JULIAN., Hist. Wambae, c. 7, *SRM.*, V p. 528. Rebus eos iterum revestire. Lex Visigot., lib. 12 tit. 3 c. 27 (Ervig.). Ad sano mano eum exinde revestire debirit. *D. Merov.*, no. 70 (a. 697). Ipso [i.e. ipsum] illo de ipsa vinia [i.e. vinea] revestire deberet. F. Andecav., no. 47, *Form.*, p. 21. Faciatis ei reddere quicquid ei abstulistis et secundum legem de omnibus ad integrum revestire faciatis. F. Marculf. aev. Karol., no. 18, p. 120. Peto ut exinde revestita fuissem. F. Bituric., no. 14, p. 174. Ipse comis missus [i.e. missos] episcopi de ipso homine in praesenti revestire debuisset. F. Sal. Lindenbr., no. 21, p. 282. De res suas secundum legem debiat revestire. Lex Sal., tit. 56, addit. cod. Guelferb. et text. Herold. Si moriatur ille cui pecunia commodata fuit, ecclesia cum propria pecunia revestita sit. Capit. Lipt. a. 744, c. 2, I p. 28. Fulradum per suum vadium de ipsis villis visus fuit revestisse. *D. Karolin.*, I no. 1 (a. 752). De ipsa ecclesia vel conlaboratu suo revestitus fieret. Ib., no. 197 (a. 801). **4.** refl. se revestire: *reprendre possession de* qqch. — *to resume, regain.* Post obitum meum ... agentes ipsius monasterii per semetipsos se revestiant. BRUCKNER, *Reg. Alsat.*, no. 202 p. 124 (a. 767). Revestivit se J. presbyter. KOHLER, *Urk. Verona*, p. 70. **5.** aliquem: *investir — to possess.* Illo [i. e. illum] de supradicta villa legibus revestire faciatis. MARCULF., lib. 1 no. 26, p. 59. Fecimus de ipsa substantia ... reinvestire ipsum S. GIORGI-BALZANI, *Reg. di Farfa*, II doc. 184 p. 151 (a. 807). Pro animae meae remedio tradidisset atque revestisset de eadem re A. episcopum. WIDEMANN, *Trad. S.-Emmeram*, no. 11 p. 10 (a. 810). Vobis pro judicio revestivit de ipsa quarta portione de res. TIRABOSCHI, *Memor. Moden.*, I p. 16 (a. 816). Signum F. qui hanc traditionem fieri rogavit. Signum H. qui revestivit. BLOK, *Oork. Werden*, p. 194 no. 37 (a. 817). Jampridem omnes res proprietatis sue ... tradidit et revestivit vel plenariam traditionem fecit eidem domno imperatori. MANARESI, *Placiti*, I no. 65 p. 235 (a. 860). Domno Karolo per ejus missum A. nos de eadem commutatione revestiente. *D. Karls III.*, no. 1 (a. 876). Per quam [spatham] eum de regno revestiret. HINCMAR. REM., Ann. Bertin., a. 877, ed. WAITZ, p. 138. **6.** terram: *repeupler, assurer l'exploitation d'une terre par l'établissement de nouveaux tenanciers — to repopulate, restore to cultivation* by settling new tenants. Cum post illud exilium terrae in R. revestirentur. LOBINEAU, *Bretagne*, II col. 241. Ad convocandos colonos et villam revestiendam. HAIGNERÉ, *Ch. de S.-Bertin*, I no. 73 p. 26 (a. 1051).



**revestitio:** *investiture réitérée — renewed investiture. CD. Langob.*, no. 155 col. 268 B (a. 844). Priv. Pasch. II pap. a. 1114, *Gall. chr.*[2], VI instr. col. 298.

**revestitor:** *celui qui effectue la tradition d'un bien donné en échange — one who performs the conveyance of a property given in exchange.* WIDEMANN, *Trad. S.-Emmeram*, no. 107 p. 94 et no. 113 p. 98 (ca. a. 883-887). *D. Konrads I.*, no. 21 (a. 914).

**revestitorius: 1.** *qui concerne une restitution — relating to a restitution.* Notitia revestitoria, qualiter ... *Hist. de Lang.*[3], II pr. no. 80 col. 177 (a. 832, Arles). **2.** *qui concerne une tradition — relating to a conveyance.* Noticia traditoria vel revestitoria, qualiter ... CHEVRIER-CHAUME, *Ch. de Dijon*, II no. 242 p. 35 (a. 1009).

**revestitura: 1.** *investiture réitérée — reinvestment.* Fecimus exinde ... pars [i. e. partem] curtis regiae revestire, ita ut post ipsa[m] revestitura[m] adhuc exinde judicium haberent. MANARESI, *Placiti*, I no. 19 p. 63 (a. 806, Pistoia). **2.** *investiture — investiture.* Per fisticum [i. e. festucam] notatum facio vobis traditura[m] vel legitima[m] revestitura[m]. DREI, *Carte di Parma*, II p. 257 (a. 926). **3.** (cf. voc. investitura sub 4) *propriété éminente — superior right of ownership.* Unoquoque anno 5 sol. in revestitura eidem loci [i. e. loco] confert. MÉTAIS, *Cart. de Vendôme*, I no. 47 p. 101 (paulo post a. 1040). **4.** (cf. voc. revestire sub 6) *essart — reclaimed area.* Dono ... revestituram de B. ... et quandam silvam ... ad revestituram faciendam. DC.-F., VII p. 176 col. 1 (ch. a. 1077, Poitiers).

**revestitus** (adj., absol.): *revêtu de la parure liturgique — wearing liturgical apparel.* Qui ibidem revestiti adstant. Ordo Rom. XXVIII, c. 60, ANDRIEU, III p. 403. [Diaconus] revestitus ante altare officium fungit. Lex Alamann., tit. 13. Episcopum praeparatum cum clericis revestitis ut missam cantaret. HINCMAR. REM., Vis. Bernoldi, SIRMOND, II p. 806 sq.

**revocare: 1.** *restituer, redonner — to give back, restore.* [Monachus fugitivus] abbati suo ... revocetur. Concil. Agat. a. 506, c. 27, MANSI, t. 8 col. 329 D. Alium [tessellum] mihi revoca. V. Caesarii, c. 14, *SRM.*, III p. 489. Ipsam cellam injuste abstractam domnus rex ... iterum revocandam ... concessit. Indic. Arnonis (a. 790), c. 6 § 25, HAUTHALER, *Salzb. UB.*, I p. 11. [Precariae] ad jus aecclesiae tenendae revocentur. Capit. Olonn. eccl. I a. 825, c. 10, I p. 327. **2.** *donner, transférer* (sens non itératif) — *to give, transfer.* Tibi trado atque transfundo atque de dominatione in tuam revoco dominationem et potestatem. ZEUSS, *Trad. Wizenb.*, no. 56 p. 60 (a. 774-783). **3.** *retirer, prendre possession de, s'approprier, revendiquer — to appropriate, occupy, vindicate.* Partem meam de S. ex integro ad se revocet ecclesia. Test. Remigii a. 533, *SRM.*, III p. 338 l. 31. Si persequens latronem coeperit [i. e. ceperit], integra[m] sibi composicione[m] ... revocabit. Pactus Child. et Cloth., c. 16, *Capit.*, I p. 7. Si mulier ... mortua fuerit, media[m] [dotem] maritus ... ad se revocet. Chilp. edict., c. 5, p. 8. Pars Childeberti ea, quae pater suus posserat, ad se vellet ex omnibus revocare. Pact. Andel. a. 587, p. 13 l. 5. [Libertos non] absque praesentia episcopi ... esse judicandus vel ad publicum revocandus. Chloth. edict. a. 614, c. 7, p. 22. Tercia parti [i. e. partem] ex ipsa facultate ad suum jure [i. e. jus] revocare deberit. *D. Merov.*, no. 35 (ca. a. 658). Omnes res suas ad nostrum fiscum jussimus revocari. Ib., no. 46 (a. 677). Me in vestro servicio faciatis revocare. F. Arvern., no. 5, *Form.*, p. 31. Omnes res ejus sub fisci titulum precipimus revocare. MARCULF., lib. 1 no. 32, p. 62. Ab hoc die ipso [i. e. ipsum] jure proprietario in tua revoces potestate. Ib., lib. 2 no. 36, p. 97. Vos eam [terram] ad parte[m] vestra[m] revocastis vel nobis [i. e. nos] exinde ejecistis. Ib., no. 41, p. 100. Post discessu nostro agentes vel successores memorati monasterii revocent dominacionem, faciendo exinde quod voluerint. ZEUSS, *Trad. Wizenb.*, no. 14 p. 22 (a. 739). Potestatem habeat episcopus ipsas ecclesias ad suam revocare episcopalem sedem. Concil. Baiwar. a. 805, *Conc.*, II p. 233. Hereditatem habuimus in fisco revocatam. *D. Karolin.*, I no. 208 (a. 808). [Hereditas] ad opus nostrum revocetur. Capit. Aquisgr. (a. 801-813), c. 6, I p. 171. **4.** *prendre, percevoir — to collect, receive.* Singulis mensibus eulogias vicissim ad missas nostras revocent. Test. Aredii a. 573, PARDESSUS, I no. 180 p. 139. **5.** *rétablir — to restore.* Cepit ... comes de pacis reformatione disponere, leges et jura regni revocare. GALBERT., c. 1, ed. PIRENNE, p. 4. Volens comes pius iterum revocare honestatem regni. Ib., c. 7, p. 12. **6.** missam: *célébrer — to celebrate.* Test. Aredii laud., p. 140. FORTUN., V. Germani Paris., c. 59, *SRM.*, VII p. 408. Id., V. Radegundis, c. 14, *SRM.*, II p. 369. GREGOR. TURON., Glor. mart., lib. 1 c. 50, *SRM.*, I p. 524.

**revolvere: 1.** *reprendre, remettre en question — to re-open, unsettle.* Causae que fenitae sunt non revolvantur. Edict. Rothari, c. 388. Ne in posteros [i. e. posterum] ... inter vos aliqua revolvatur causatio. PASQUI, *Doc. Arezzo*, I no. 6 p. 21 (a. 715). Qualiter ... decrevimus judicio, profuturis temporibus non revolbantur. FICKER, *Forsch.*, IV no. 11 p. 17 (a. 828). Qualiter acta et deliberata est causa, ne in alio [i. e. aliquo] modo revolvatur intentio .. MANARESI, *Placiti*, I no. 59 p. 216 (a. 854,

Piacenza). Ut nullus . . . quod . . . sanccitum est . . . revolvere seu iterare presumat. *D. Ottos III.*, no. 394 (a. 1001). **2.** *échoir — to devolve.* Quodcumque paraveri[m], . . . illius [i. e. illi] revolbatur cujus et casa est. BRUNETTI, *CD. Tosc.*, I p. 491 l. 10.

**rewadiare,** revad-, reguad- (< wadium): *s'engager, par la remise d'un "wadium", à s'acquitter de telle obligation — to pledge oneself by handing a "wadium" to meet a definite liability.* Ipso servicio sancto illo [i. e. servitium sancti], unde negligens aderat, ipso avocato sancto illo rewadiare debet. F. Sal. Bignon., no. 7, *Form.*, p. 230. Ipsa[m] leode[m] ad ipsos parentes rewadiare deberet. F. Sal. Merkel., no. 39, p. 256. Totam legem [amende — fine] pro ipso servo . . . rewadiavit. *D. Karolin.*, I no. 203 (a. 806). Omnia quae wadiare debent, . . . pleniter . . . rewadiata fiant. Capit. missor. a. 803, c. 13, I p. 116. Bannum nostrum rewadiet atque persolvat. Capit. miss. de exerc. prom. a. 808, c. 3, p. 137. De debito quod ad opus nostrum fuerit rewadiatum. Capit. miss. a. 819, c. 15, p. 290. Qui in hoste non fuerunt, haribannum rewadient. Ib., c. 27, p. 291. Bannum nostrum rewadiare cogantur. Capit. Wormat. a. 829, c. 1, II p. 12. Reguadiare eos fecimus et fidejussores ponere, . . . ut alia die in judicio ante nos parati essent. MANARESI, *Placiti*, I no. 38 p. 121 (a. 829, Roma). Rewadiavit talem censum reddere in unoquoque anno. BITTERAUF, *Trad. Freising*, I no. 620 p. 530 (a. 836). Nonam et decimam . . . misso ecclesie . . . revadiet et . . . persolvere studeat. *D. Charles le Ch.*, I no. 99 p. 264 (a. 847). [Servi] ipsum servicium emendassent et revadiassent. Ib., II no. 228 p. 9 (a. 861). Servitium capitis lui legaliter rewadiavit. Ib., no. 314 I p. 194 (a. 868). Ut bannum rewadiaret interpellaretur. HINCMAR. LAUDUN., epist. ap. SIRMOND, *Hincmari Rem. opera*, II p. 610. Summam pecuniae ad diem denominatum domno episcopo revadiavit. G. episc. Virdun., c. 3, *SS.*, IV p. 46 l. 45. Pro admissis 20 libras revadiaret. G. pontif. Camerac., lib. 1 c. 118, *SS.*, VII p. 453 l. 36. Pro culpis redimendis . . . 300 argenti libras coactus est revadiare. ANSELM. LEOD., c. 66, ib., p. 229 l. 38.

**rewardum,** reguard-, regard-, resgard-, -a (< wardum, cf. voc. wardare): **1.** (cf. teuton. *warten*) *séjour, arrêt — stay, detention.* ROSELL, *Lib. feud. maj.*, I no. 421 p. 443 (a. 1066). Ibi saepe. **2.** *une redevance — a due.* BRUNEL, *Actes de Pontieu*, no. 74 p. 112 (ante a. 1171). **3.** *sentence arbitrale — award.* S. xiii. **4.** *inspection forestière — regard, forest view.* S. xii, Angl.

**rezelare:** *clôturer — to fence in.* HARTMANN, *Tabul. s. Mar. in Via Lata*, p. 1 (a. 921). FEDELE, *Carte di Mica Aurea*, p. 517 (a. 989).

**riago,** rigago (genet. -inis) (< rivus): *ruisseau — brook.* POUPARDIN, *Inst.*, p. 136 no. 2 (a. 836, Benevento). D. Lud. II imp. a. 866, MURATORI, *Scr.*, I pt. 2 p. 395 (BM.² 1234).

**riale** (< rivus): *ruisseau — brook. CD. Cav.*, II no. 274 p. 79 (a. 973). GUÉRARD, *Cart. de Mars.*, I no. 115 p. 144 (a. 1046). Ibi pluries.

**riatellus** (< rivus): *ruisseau — brook. CD. Cav.*, II no. 289 p. 98 (a. 976). CAPASSO, *Mon. Neapol.*, I p. 217 (a. 1013).

**ribagium,** v. ripaticus.

**ribaldus,** reb-, -audus: **1.** *goujat — camp-follower.* GUILLELM. BRITO, Philipp., lib. 3 v. 458, ed. DELABORDE, p. 82. Ibi pluries. Id., Gesta, c. 123, p. 214. RIGORD., c. 66, ed. DELABORDE, p. 95. **2.** *fripon — knave.* ALBERT. STAD., a. 1224, *SS.*, XVI p. 358 l. 35.

**ribaria,** riberia, v. riparia.

**richus** (germ.). Richos homines: *barons — barons.* Aragon., S. xiii.

**riga,** rega, reia (celt.): **1.** *sillon, raie — furrow.* Nec unam rigam de terra, nec ullum habebat mancipium proprium. Concil. Duziac. I, pt. 4 c. 5, MANSI, t. 16 col. 664 E. [Terram] usque ad unam rigam minuere. MABILLON, *Acta*, IV pt. 1 p. 659 (ch. ca. a. 1070, Meaux). **2.** *corvée de labourage — ploughing-service.* Nulla[m] functione[m] exinde solvere nobis non debeatis nisi tantum . . . riga[m]. MARCULF., lib. 2 no. 36, *Form.*, p. 97. Ministeriales rega[m] faciant . . . de mansis eorum. Capit. de villis, c. 10. Servi forestarii de eorum mansis rigas faciant. F. imper., no. 43, p. 320. Arant dimidiam rigam. Irminonis polypt., br. 9 c. 6. Mansos duos . . . ubi R. et G. commanere videbantur . . . cum aliis terris nostri fisci, ubi rigas aut aliquam redhibitionem facere solent, . . . condonavimus. D. Karlomanni reg. a. 884, *H. de Fr.*, IX p. 438 B. **3.** *ligne, raie, trait — line, stripe, stroke.* BEDA, Arithm., lib. 1 c. 43. GUIBERT. NOVIG., De vita sua, lib. 1 c. 23, ed. BOURGIN, p. 85. **4.** *file — line of waiting people.* Ultimus stat in reia. BERNARD. MORLAN., pt. 1 c. 27, HERRGOTT, p. 208. **5.** *ligne d'écriture — line of writing.* S. xiii.

**rigago,** v. riago.

**rigatus** (< riga): *rigole — trench.* MARTORELL, *Arch. Barcelona*, no. 121 p. 277 (a. 942); no. 157 p. 324 (a. 962).

**rigulus** (< riga): *sillon — furrow.* Recto triturarent rigulo. *Gall. chr.*², VIII instr. col. 316 (ch. a. 1118).

**rigus** = rivus.

**rimari** et rimare (class. "rechercher — to investigate"): **1.** *raconter — to narrate.* Ad [Galli] miracula rimanda . . . figimus opera. WETTIN, V. Galli, c. 4, *SRM.*, IV p. 259. Fratribus res gesta rimabatur. Ib., c. 39, p. 279. **2.** *rimer — to rhyme.* S. xiii.

**riolus** = rivulus.

**ripa:** *paroi, côte escarpée — rock-face, mountain-slope. CD. Cav.*, I no. 199 p. 256 (a. 957). FILANGIERI, *CD. Amalf.*, I no. 20 p. 32 (a. 1006).

**1. ripale:** i. q. ripaticus. RIVOIRE-VAN BERCHEM, *Samml. Schweiz. Rechtsq.*, t. 22 pt. 1 p. 2, c. 6 (a. 1124, Genève).

**2. ripale,** v. repale.

**riparia,** ripp-, rib-, riv-, -eria, -era (< ripa): **1.** *littoral — riparian lands.* [Molendinum cum] riparias, rubeas . . . *CD. Langob.*, no. 226 col. 379 A (a. 863). Pratis, pascuis, rivariis, palludibus. GLORIA, *CD. Padov.*, p. 134 (a. 1015). Vadum ad piscandum . . . cum ripariis, molendinis, aquis. *D. Heinrichs III.*, no. 317 (a. 1054). **2.** *rive, bord d'un fleuve — river-bank.* Toloneum et curaturam et redhibitionem ipsius ripariae. *D. Berengario II*, no. 2 p. 295 (a. 951). [Naves] in portu C. vel ipsius loci ripparias . . . figere. Ib., no. 3 p. 300 (a. 951). **3.** i. q. ripaticus. Cum mercatis, districtis, ripariis, teloneis. *D. Ottos II.*, no. 272 (a. 982). **4.** *chasse aux oiseaux — fowling.* S. xiii. **5.** *rivière — river.* S. xiii. **6.** *région — area.* In Blesensi riveria. Mir. Urbani, *AASS.*, Maji VI p. 21 col. 1. Item Priv. Innoc. II pap. a. 1133, PFLUGK-HARTTUNG, *Acta*, I no. 170 p. 148. **7.** *clôture — fence.* Vinea . . . cum rivaria. *CD. Langob.*, no. 465 col. 806 A (a. 915). Item *Hist. de Lang.*³, V no. 200 col. 404 (a. 1034, Narbonne).



**riparius** (subst.): *receveur des droits d'amarrage — collector of mooring-dues.* D. Liutprandi reg. Langob. a. 715, HARTMANN, *Zur Wirtschaftsg. Italiens*, p. 123. MANARESI, *Placiti*, I no. 56 p. 195 (a. 851/852, Cremona). D. Lud. II imp. a. 851, UGHELLI, IV col. 789 D (BM² 1181).

**ripaticus,** rib-, riv-, -agium (< ripa): **1.** *redevance d'amarrage — mooring-dues. D. Merov.*, no. 23 (a. 651). *D. Karolin.*, I no. 117 (a. 777). F. imper., no. 20, *Form.*, p. 301. Loth. pact. c. Venet. a. 840, c. 17, *Capit.*, II p. 133. *D. Karls III.*, no. 45 (a. 881). *D. Charles le Simple*, no. 2 (a. 893-903). Navalia telonea quae ripaticos vocant. *D. Karolin.*, I no. 272 (< a. 804 >, spur. s. ix). **2.** *littoral — riparian lands.* Concessimus . . . unum ribaticum . . . situm in pago Toarcinse in villa q. d. S., omnino sicuti ipse ribaticus adjacet. DE MONSABERT, *Ch. de Nouaillé*, no. 40 p. 72 (a. 917-922, Poitou). Omne ripaticum per Padum et Sicidam . . . de molendinis et piscariis ceterisque officiis infra prescriptum terminum pertinentibus. *D. Ottos III.*, no. 283 (a. 998). Omnes exactiones regias in aqua, cuicumque potestati subditi sint ripatici, sive in terra. *D. Charles le Chauve*, II no. 496 p. 651 (< a. 873 >, spur. s. x). Finibus Italicis . . . mirans ripatica Padi. Ecbasis, v. 461, ed. VOIGT, p. 98.

**ripatus** (decl. iv): *littoral — riparian lands.* Molendinis, portibus, ripatibus. GLORIA, *CD. Padov.*, p. 17 (a. 829). *D. Karls III.*, no. 183 (< a. 883 >, spur. s. x p. pr., Venezia). *D. Heinrichs III.*, no. 198 (a. 1047).

**risicum,** risigum, risecum, riscum, rischum, rischium, -us: *risque — risk.* S. xiii, Ital.

**rista,** v. 1. resta.

**risus,** risium: *riz — rice.* S. xiii, Ital.

**rhythmus:** *poème — poem.* Sit satis huic saltem censeri nomine rithmi. MILO, v. 1036, *Poet. lat.*, III p. 674.

**rius** = rivus.

**rivagium,** v. ripaticus.

**riveria,** rivera, v. riparia.

**roagium,** v. rotaticus.

**roba** et deriv., v. raub-.

**robina,** v. rubina.

**robinus,** v. rubinus.

**robor** = robur.

**roborare:** **1.** *valider* un acte, soit par la souscription, soit par l'attouchement — *to validate* a document by subscribing or touching it. Manu nostra eam firmamus et roboramus. *D. Merov.*, no. 3 (a. 528). Manus nostre subscribcionebus subter eam decrevemus roborari. Ib., no. 10 (a. 625). Hanc noticia[m] bonorum hominum manibus roboratas [i. e. roboratam]. F. Andecav., no. 12, *Form.*, p. 9. [Cartam] post roboratam a testibus atque traditam complevi et absolvi. TJÄDER, no. 20 p. 352 (ca. a. 600, Ravenna). Similia: GIORGI-BALZANI, *Reg. di Farfa*, II doc. 71 p. 69 (a. 768). [Imperator] manu propria firmavit capitula ista, ut omnes fideles manu roborare studuissent. Capit. Aquisgr. (a. 801-813), *Capit.*, I p. 170. **2.** *confirmer* des droits existants ou un acte antérieur — *to confirm* existing rights or a previous deed. Corte[m] . . . Cremonensi aecclesie confirmamus, roboramus et . . . solidamus. *D. Ottos III.*, no. 394 (a. 1001). **3.** *faire donation de* qqch. — *to donate.* Quicquid in ipsa rem nostra videtur esse possessio, ad . . . basilicam . . . plenius roboravimus. F. Sal. Merkel., no. 2, *Form.*, p. 241.

**roboratio:** **1.** *validation* d'un acte par la souscription ou l'attouchement — *validation* of a document by subscribing or touching it. Cum [contractum] bonorum hominum fuerit roboratione firmatum. F. Bituric., no. 1, *Form.*, p. 169. Post roborationem omnium complevi et dedi. FICKER, *Forsch.*, IV no. 7 p. 10 (a. 806, Viterbo). Anuli nostri roboracione insigniri jussimus. *D. Berengario I*, no. 92 p. 247 (a. 913). **2.** *confirmation — confirmation.* Sua roboratione canonicam reformasset. *D. Karls III.*, no. 85 (a. 883).

**roboretum,** rover-, -edum: *chênaie — oak-wood. D. Merov.*, no. 29 (a. 667). Test. Tellonis a. 765, MEYER-PERRET, *Bündner UB.*, I no. 17 p. 19. WIDEMANN, *Trad. S.-Emmeram*, no. 201 p. 183 (a. 975-980).

**roboreus:** **1.** *de chênes — of oaks.* Silva stallarea et roborea. *CD. Langob.*, no. 371 col. 616 B (a. 896-898, Milano). **2.** *robuste, de bonne santé — sturdy, sound.* Partim imbecillis, partim roboreus extitit. ERCHEMPERT., c. 54, *Scr. rer. Langob.*, p. 257. **3.** *valide — valid.* Per hoc nostrum roboreum praeceptum. *CD. Cav.*, I no. 19 p. 20 (a. 840). Sacramentum sistebat roboreum aut mensem aut tempus annotinum. ERCHEMPERT., c. 75, p. 262.

**robur:** *validité — validity.* Quae . . . constituta sunt . . . seu a nostra majestate in suo robore duratura. Lex Roman. canon., c. 86, ed. MOR, p. 118. Presentem memoratoriam brevem semper suum habeat roborem firmitatis. HARTMANN, *Tabul. s. Mar. in Via Lata*, p. 31 (a. 996). Cautionem, si vi . . . extorta fuerit, nullum dicant habere robur. ATTO VERCELL., Press., ed. BURONTIUS, p. 323. Presentem cartam ad robur eorum que facta sunt . . . scribi jussimus. MULLER-BOUMAN, *OB. Utrecht*, I no. 444 p. 397 (a. 1165).

**rocca,** roccha, rocha, roca: **1.** *roche, rocher — rock, crag. D. Karolin.*, I no. 3 (a. 752). *CD. Langob.*, no. 584 col. 998 A (a. 948). BERNARD-BRUEL, *Ch. de Cluny*, II no. 1481 p. 535 (a. 979). *D. Konrads II.*, no. 38 (a. 1025). **2.** *château fort — castle.* Multas roccas et speluncas conquisivit. Ann. regni Fr., a. 767, ed. KURZE, p. 24. *D. Charles le Ch.*, no. 164 (a. 854). SCHNEIDER, *Reg. Senense*, no. 21 p. 8 (a. 994). *D. Ottos III.*, no. 219 (a. 996). LEO OST., Chron. Casin., lib. 2 c. 34, *SS.*, VII p. 650 l. 42. Ibi saepe. **3.** *cellier — cellar.* BERTRAND, *Cart. d'Angers*, I no. 383 p. 442 (a. 1082-1106).

**roccus,** rochus, roquus, v. hroccus.

**rodagium,** v. rotaticus.

**rhodinum** (< Rhodos, cf. voc. diarhodinus): *tissu teint rose — rosa dyed material.* Vela de rodino quatuor. Lib. pontif., Greg. IV, § 11, ed. DUCHESNE, II p. 75.

**rodus,** v. rothus.

**roga,** rogus (< rogare): **1.** (cf. voc. erogare) *solde militaire — pay of soldiers.* GREGOR. M., lib. 5 epist. 30, *Epp.*, I p. 310. Ibi pluries. Lib. pontif., Deusdedit, ed. MOMMSEN, p. 166; ib., Severinus, p. 175. Leonis III pap. epist. 8 (a. 813), *Epp.*, V p. 100. HINCMAR. REM., epist. 29, SIRMOND, II p. 325. In roga imperatoris locati sumus. ANON., G. Franc., c. 4, ed. BRÉHIER, p. 24. **2.** *distribution d'argent — dispensation of money.* Hic demisit pro obsequias suas ad omnem clerum rogam unam integram. Lib. pontif., Deusdedit, p. 167. Ibi pluries. Magnam sive Romanis sive diversis nationibus atque in summe sollemnitatis die rogam distribuens. Ib., Leo IV, § 74, ed. DUCHESNE, II p. 125. **3.** *donation pieuse, aumône — bestowal, alms.* Dirigit accumulatque rogas ac perfovet aegros. FLODOARD., De sanct. Rom., lib. 11 c. 6, MIGNE, t. 135 col. 798 D. [Abbatiam redemit] ex ea quam sibi rogam erogaverat comes A. G. Gerardi Broniens., c. 21, *SS.*, XV p. 672. **4.** *régal — feast.* Mos est apud monachos utrorumque coenobiorum vicissim sibi rogum exhibere caritatis gratia. Chron. Casin., c. 30, *Scr. rer. Langob.*, p. 477 l. 11. **5.** *prière — request.* Cum epistola sua mandavit me ad V. episcopum de Sena, et per rogo ejus me consecravit. SCHIAPARELLI, *CD. Longob.*, I no. 19 p. 64 (a. 715). Per ejus rogum domnus Aistulf eum [judicatum] per suum preceptum firmassit. Ib., no. 163 p. 112 (a. 762, Pavia). Claves confessionis b. Petri vobis ad rogum direxsimus. Greg. III pap. epist. (a. 740), Cod. Carolin., no. 2, *Epp.*, III p. 479. Rogum emisimus ut penitus eum ducem ... susciperemus. Hadr. I pap. epist. (a. 788), ib., no. 83, p. 618 l. 10. Per rogum A. dilecti parentis nostri concedimus. POUPARDIN, *Inst.*, p. 136 no. 2 (a. 836, Benevento). **6.** *prière à Dieu — prayer.* Rogus Dei. Regula Magistri, c. 33 et pluries. Cf. A. PRATESI, *ALMA.*, t. 22 (1952), pp. 33-62. **7.** *taille — tallage.* Nullus ... hominibus de L. talliam nec ablationem nec rogam faciat. Lud. VII reg. Fr. priv. pro Lorriac. a. 1155, c. 9, ed. PROU, p. 446. Homines ... a talia, ablatione, impruntato et roga coacta ... quitos et immunes esse. DC.-F., V p. 242 col. 3 (ch. a. 1197).

**rogadia:** *société commerciale — trading company.* MANARESI, *Placiti*, II no. 181 p. 172 (a. 976).

**rogare: 1.** *prier* qq'un d'intervenir comme) *témoin — to request* a person to act as a witness. A. in hanc cartola donationis rocatus ad [i. e. a] Q. germana mea me consentientes [i. e. consentiens] et testes subscripsi. SCHIAPARELLI, *CD. Longob.*, I no. 123 p. 366 (a. 756). **2.** *prier* le notaire d'expédier l'acte — *to request* a notary to draw up a deed. Signum manus S. viri honesti qui hanc cartula[m] scrivere rogavit. Ib., no. 23 p. 91 (a. 720). Cf. G. CENCETTI, *La "rogatio" nelle carte bolognesi. Atti e mem. della Dep. St. Patr. per le Prov. di Romagna*, n.s., vol. 7 (1950). **3.** **prier Dieu — to pray to God.*

**rogata:** *taille — tallage.* S. xiii.

**rogatarius:** *notaire* qu'on a demandé d'expédier un acte — *notary* who has been asked to draw up a deed. TJAEDER, no. p. 348 (ca. a. 600, Ravenna).

**rogatio: 1.** *taille — tallage.* DUVIVIER, *Actes*, I p. 133 (a. 1055, Corbie). VERCAUTEREN, *Actes de Flandre*, no. 106 p. 242 (a. 1122). **2.** plural. rogationes: *rogations*, les litanies des trois jours avant l'Ascension — *rogations*, litanies sung during three days preceding Ascension Day. Concil. Aurel. I a. 511, c. 27, *Conc.*, I p. 8. CAESAR. ARELAT., Serm., ed. MORIN, p. 606. AVIT., Homil. 6, *Auct. ant.*, VI pt. 2 p. 108. GREGOR. TURON., H. Fr., lib. 9 c. 6. **3.** plural. rogationes: *les trois jours qui précèdent l'Ascension — the three days preceding Ascension Day.* Concil. Turon. a. 567, c. 16, *Conc.*, I p. 126. Haitonis Basil. capit. (a. 807-823), c. 8, *Capit.*, I p. 363. Capit. miss. Suess. a. 853, c. 8, II p. 269. ADALBERT. TREVER., contin. ad REGINONEM, ad a. 944, ed. KURZE, p. 162. Treuga Dei Teruan. a. 1063, c. 8, *Const.*, I no. 422.

**rogator: 1.** *avoué* qui représente une femme en justice — *attorney* deputizing for a woman at law. *CD. Langob.*, no. 102 col. 187 A (a. 823, Melegnano). **2.** *celui qui demande l'expédition d'un acte — one who requests that a deed should be drawn up.* FEDELE, *Carte di Mica Aurea*, p. 514 (a. 985). HARTMANN, *Tabul. s. Mar. in Via Lata*, p. 40 (a. 1012). **3.** i. q. erogator: *exécuteur testamentaire — executor of a will.* FAINELLI, *CD. Veron.*, I no. 181 p. 267 (a. 846). D. Lud. II imp. a. 861, *CD. Langob.*, no. 213 col. 350 B. GIULINI, *Mem. di Milano*, I p. 455 (a. 867).

**rogatorius** (adj.). Epistola rogatoria: lettre portant la requête adressée au métropolitain d'ordonner un évêque élu — letter to the effect of requesting the metropolitan to consecrate a bishop-elect. PASQUI, *Doc. Arezzo*, no. 5 p. 11 (a. 715). Litterae rogatoriae: idem. Ordo Rom. XXXIV, c. 15, ANDRIEU, III p. 607. Subst. mascul. **rogatorius:** *apocrisiaire — papal envoy.* GREGOR. M., app. ad epist., *Epp.*, II p. 438 l. 19.

**rogatus** (decl. iv): *taille — tallage.* BRUNEL, *Actes de Pontieu*, no. 8 p. 11 (a. 1100). Gros brief de Flandre a. 1187, ed. VERHULST-GYSSELING, p. 193.

**rogus,** v. roga.

**roliger,** rolliger, v. rotuliger.

**rolla,** v. rotula.

**romanizare:** *parler roman — to speak a Romance language.* Chron. Reinhardsbr., a. 1197, *SS.*, XXX p. 555 l. 8.

**romeus** (subst.): *romée — pilgrim to Rome.* ODO CLUNIAC., V. Geraldi, lib. 1 c. 34, *AASS.*, Oct. VI p. 309 E. Ibi pluries.

**romipeta** (mascul.): *romée — pilgrim to Rome.* Concil. Lateran. a. 1123, c. 14, *Const.*, I no. 401. VON RICHTHOFEN, *Fries. Rechtsq.*, p. 18 (s. xii ex.). GUILL. BRITO, Phil., lib. 9 v. 3, ed. DELABORDE, p. 247.

**roncinus,** ronsinus, ronzinus, rossinus, v. runcinus.

**ronco** et deriv., v. runc-.

**rosta:** *palissade — stockade.* S. xiii, Ital.

**rosulentus:** **rosé — rose-tinted.*

**rota,** v. rotta.

**rotare:** *rouer — to break on the wheel.* S. xiii

**1. rotarius** (subst.): *charron — wheel-wright.* HARTMANN, *Tabul. s. Mar. in Via Lata*, p. 15 (a. 983); p. 192 (a. 1017).

**2. rotarius,** v. ruptarius.

**rotaticus,** roda-, roa-, rua-, -gium (< rota): *péage levé sur les chariots et les charrettes — toll on wheeled traffic. D. Merov.*, no. 38 (a. 660); no. 55 (a. 683). MARCULF., suppl. 1, *Form.*, p. 107. *D. Karolin.*, I no. 6 (a. 753). Capit. cogn. fac. (a. 801-814), c. 7, I p. 144.



**rotatio:** *supplice de la roue — breaking on the wheel.* S. xiii.

**rotella,** v. rotula.

**rotta,** rothta, rota (germ.): *un instrument à cordes — a stringed instrument.* BONIF.-LULL., epist. 116 (a. 764), ed. TANGL, p. 251. EKKEHARD., Cas. s. Galli, c. 3, *SS.*, II p. 101 l. 16.

**rotularis** (adj.). Liber rotularis: rouleau d'un mort — roll containing a notice of death. HARIULF., Chron., lib. 3 c. 9, ed. LOT, p. 116.

**rotuliger,** rolliger, roliger (subst.): *porteur des rouleaux des morts — bearer of death-notice rolls.* S. xiii.

**rotulus,** rotula, rotella, rolla: **1.** *rôle* de papyrus ou de parchemin — papyrus or parchment *roll.* Zachar. pap. epist. a. 751, ap. BONIF.-LULL., epist. 87, ed. TANGL, p. 200 (J.-E. 2291). HINCMAR. REM., epist. 17, SIRMOND, II p. 261; epist. 35, p. 597. Id., opusc. 55 capit., c. 43, p. 539. V. Dunstani, *AASS.*, Maji IV p. 357. **2.** spec.: *rouleau d'un mort* pour faire part d'un décès et pour implorer des prières pour l'âme du défunt — *death roll* intimating a person's decease and asking prayers for his soul. *CD. Cajet.*, I p. 123 (a. 964). CAMERA, *Mem. di Amalfi*, p. 221 (a. 1007). Ordo Beroldus, ed. MAGISTRETTI, p. 44.

**rothus,** rodus (germ.): *essart — reclaimed area.* BLOK, *Oork. Werden*, p. 172 no. 15 (a. 799); p. 181 no. 23 (a. 801).

**roveretum,** v. roboretum.

**rovore,** rovere, rovare = robur ("chêne — oak").

**rovoria,** roveria (< robur): *chênaie — oak-wood.* DC.-F., VII p. 226 col. 2 (s. xii p. pr., Grenoble).

**rua,** v. ruga.

**ruagium,** v. rotaticus.

**rubare,** v. raubare.

**rubbus,** rubeus, v. 2. rubus.

**rubea,** rugia (cf. ital. *roggia*): *bief — mill-race. CD. Langob.*, no. 183 col. 310 C (a. 853, Milano). Ib., no. 503 col. 866 B (a. 924, Bergamo).

**rubina,** robina, rabina, rupina: *canal — canal. Mon. patr.*, chartae, I col. 38 D (a. 841). *CD. Langob.*, no. 168 col. 286 C (a. 849). *D. Charles le Simple*, no. 61 p. 134 l. 8 (a. 909). MURATORI, *Antiq.*, I col. 57 (a. 960). GUÉRARD, *Cart. de Mars.*, I no. 156 p. 183 (s. xi).

**rubinus,** robinus, rubeus, rubeum, rubetum (< ruber): *rubis — ruby.* SUGER., De admin., c. 31 sq. LECOY, p. 192 et 195.

**rubrica** (< ruber): **1.** **titre d'une loi* écrit en rouge — red-coloured *heading of a section of a law.* **2.** **une loi — a law.* **3.** *règle monastique — monastic rule.* Sacrae subjacerent rubricae. V. Deicoli, *AASS.*, Jan. II p. 206 col. 1. Fratribus Cassini summae divinitatis normali rubrica ... cluentibus. Epist. monach. s. Remigii ad Casinenses, *SRM.*, III p. 348. **4.** (gener.) **rubrique, suscription, titre — heading, title.* **5.** *mémoire, notice — memorandum, note.* S. xiii.

**rubricare:** *munir de rubriques — to put under headings.* S. xiii.

**1. rubus:** **buisson — brushwood.* GLÖCKNER, *Cod. Lauresham.*, II no. 245 p. 38 (a. 773/774). BITTERAUF, *Trad. Freising*, II no. 1124 p. 57 (a. 948-955).

**2. rubus,** rubbus, rubeus, rubius, -um: une *mesure de capacité pour les céréales — a dry measure.* CAFFAR., Ann., a. 1155, ed. BELGRANO, I p. 41. UGHELLI, III col. 465 (a. 1160, Spoleto).

**ructarius,** v. ruptarius.

**ruella** (< ruga): *ruelle — alley.* S. xiii.

**rufus** (subst.): *rouget — gurnard.* Ruodlieb, fragm. 13 v. 12. V. Bertholdi Garst. († a. 1142), *AASS.*, Jul. VI p. 481 B.

**ruga,** rugha, ruca, ruha, rua, ruda (class. "ride — wrinkle"): **1.** *piste, sentier — track, road.* Illam warinnam fiscalem per quam illa ruca consuetudo est trahere. *D. Karolin.*, I no. 7 p. 12 (a. 754). Pedagium de rua inter burgum ipsius et burgum monachorum consistenti. BERTRAND, *Cart. d'Angers*, I no. 95 p. 109 (a. 1082-1106). **2.** *rue — street.* Ordo Rom. I (s. vii ex.), c. 126, ANDRIEU, II p. 108. RÉDET, *Cart. de S.-Cyprien de Poitiers*, no. 60 p. 54 (ca. a. 970). Ib., no. 33 p. 31 (ca. a. 1000). Bened. VII pap. priv. (ca. a. 980), *H. de Fr.*, IX p. 248 A. *D. Charles le Ch.*, II no. 485 p. 613 (< a. 861 >, spur. s. xi). **3.** *rangée de maisons — row of houses.* In qua terra est una rua de domibus, 15 sol. reddens de censu. MÉTAIS, *Cart. de Vendôme*, I no. 20 p. 40 (ante a. 1040). Comune [habere debet] ruam et fundicum et ecclesiam in Constantinopoli. CAFFAR., Ann., a. 1155, ed. BELGRANO, I p. 42. Similia: Frid. I imp. conv. c. Pisan. a. 1162, c. 5, *Const.*, I no. 205. *Actes Phil.-Aug.*, I no. 365 p. 448 (a. 1190). **4.** *quartier, faubourg — quarter, suburb.* De vino ... quod tam in civitate quam et in ejus ruis tunc inventum fuerit. G. Aldrici, ed. CHARLES-FROGER, p. 100 (ch. a. 837). **5.** *balustrade* fermant le sanctuaire d'une basilique — *railing* enclosing the sanctuary of a basilica. Ordo Rom. XXIII (s. viii p. pr.), c. 15, ANDRIEU, III p. 271. Ordo XXXIV (s. viii med.), c. 4, p. 604. Lib. pontif., Steph. III, § 27, ed. DUCHESNE, I p. 478. Ib., Hadr., § 58, p. 503. Ordin. pontif. Mediol., ed. MAGISTRETTI, p. 45.

**rugia,** v. rubea.

**rugitus** (decl. iv): *époque du rut — rutting-time.* HINCMAR. REM., Ann. Bertin., a. 864, ed. WAITZ, p. 74. FULBERT. CARNOT., epist. 10, *H. de Fr.*, X p. 468.

**ruinare:** *ruiner — to ruin.* S. xii.

**rumentum,** -ta (femin.) (< ruere): *déchets, ordures — refuse.* S. xiii.

**ruminga** (germ.): *démolition des constructions encombrant les rues ordonnée par l'autorité publique — pulling down projecting parts of houses by order of public authorities.* MULLER-BOUMAN, *OB. Utrecht*, I no. 528 p. 468 (a. 1187/1188). HEERINGA, ib., II no. 673 p. 134 (a. 1220). SLOET, *OB. Gelre*, no. 812 (rectius 912), p. 887 (a. 1269).

**rumor:** *nouvelles — news.* Ruodlieb, fragm. 1 v. 128; fragm. 4 v. 121.

**rumpere: 1.** *défricher — to break up* land. Terra que de manibus meis rumpi et fodi in C. FLORIANO, *Dipl. esp.*, II no. 87 p. 26 (a. 867). Damus talem largitatem de ipsa nostra terra, ut, quantum potuerint rumpere, ... omne sit ipsius ... ecclesie. GUÉRARD, *Cart. de Marseille*, I no. 534 p. 532 (a. 1030-1039). **2.** *labourer — to plough.* Una opera ad seminandum et una ad rumpere cum bobus. CIPOLLA, *CD. Bobbio*, II p. 225 (a. 1189).

**runa,** rhuna (germ.): *caractères runiques — runic script.* Fortun., lib. 7 carm. 18 v. 19, *Auct. ant.*, IV pt. 1 p. 173.
**runcalis** (adj.) (< runcus): *défriché — cleared.* Partem ... duarum vallium runcalium. Redlich, *Trad. Brixen*, p. 6 (ca. a. 985-993). Subst. femin. **runcalis** et neutr. **runcale**, roncale: *essart — clearance.* Test. Tellonis a. 765, Meyer-Perret, *Bündner UB.*, I no. 17 p. 16. Wartmann, *UB. S.-Gallen*, I no. 239 (a. 818); no. 337 (a. 831); II no. 447 (a. 856).
**runcare**, roncare (class. "sarcler — to weed"): *défricher — to clear, break up* land. Quodsi in ipsis silvis aliquis roncare fecerit. D. Aistulfi reg. Longob. a. 753, Troya, *CD. Longob.*, IV no. 671 p. 456. Silva infructuosa roncare. *CD. Langob.*, no. 157 col. 271 A (a. 845, Nonantola). Apprehendentes de viridi silva runcaverunt. Escher-Schweizer, *UB. Zürich*, I no. 190 p. 81 (a. 924-931). Ib., no. 200 p. 92 (a. 949-954). Runcandi licentia. *D. Heinrichs III.*, no. 98 (a. 1042).
**runcarius** (subst.) (< runcare): *essart — reclaimed area.* Bitterauf, *Trad. Freising*, I no. 626 p. 534 (a. 837). Torelli, *Carte Reggiane*, p. 258 (a. 1007).
**runcata** (subst.): *essart — reclaimed area.* *D. Heinrichs II.*, no. 59 (a. 1003).
**runcator:** *défricheur — reclaimer.* Tiraboschi, *Mem. Modenesi*, II p. 98 (a. 1127).
**runcinus**, ron-, rou-, rau-, -chinus, -sinus, -zinus, rossinus: *roussin — rouncey, nag.* Jaksch, *Mon. Carinth.*, p. 83 (a. 1020-1025). Chron. Reinhardsbr., ad a. 1074, *SS.*, XXX p. 524 l. 27. Domesday, II fo. 6. Arnold. Lubec., lib. 2 c. 16, ed. Lappenberg in us. sch., p. 57. Boso, V. pap., Alex. II, Duchesne, II p. 359 col. 2.
**runco**, ronco (genet. -onis): **1.** **fauchard — scythe.* **2.** *pertuisane, grappin — halbard, grapnel.* S. xiii.
**runculus:** *petit essart — small forest clearing.* *D. Ugo*, no. 32 p. 100 (a. 933).
**runcus**, ronc-, runch-, -a, -um (plural. runcora, runcoras) (< runcare): *essart — reclaimed area.* Schiaparelli, *CD. Longob.*, I no. 48 p. 159 (a. 730, Pavia). *D. Karolin.*, I no. 134 (a. 781). D. Desiderii reg. Langob., Margarino, *Bullar. Casin.*, II p. 14 (a. 772). Manaresi, *Placiti*, I no. 17 p. 53 (a. 804, Istria). Muratori, *Antiq.*, II p. 159 (a. 899). *D. Ugo*, no. 30 p. 93 (a. 932).
**rupa, rupare**, v. raub-.
**rupes:** *château — castle.* Belgrano, *Reg. di Genova*, I p. 20 (a. 973). Rosell, *Lib. feud. maj.*, I no. 45 p. 59 (a. 1067).
**rupina**, v. rubina.
**rupta**, rutta, ruta (femin.) (< rumpere, cf. frg. *route*): **1.** *canal, fossé — canal, trench.* Mittarelli, *Ann. Camald.*, I p. 52 (a. 954). *CD. Langob.*, no. 997 col. 1760 A (a. 999). **2.** *essart — forest clearing.* Fainelli, *CD. Veron.*, I no. 71 p. 88 (a. 806). De Marca, *Marca Hisp.*, app., col. 969 (a. 1009). **3.** *voie frayée — cleared path.* S. xiii. **4.** *bande de routiers — band of marauders.* S. xiii.
**ruptarius,** rut-, rot-, ruct-, -erius (< rupta): *routier — marauder.* S. xiii.
**rupticium** (< rumpere): *essart — forest clearing.* [Partem nemoris] ad culturam reducere et rupticia facere. DC.-F., VII p. 237 col. 1 (ch. a. 1183, Amiens).
**ruptura:** **1.** *défrichement — reclamation of wastes.* Que fuerunt per illorum aprisione vel ruptura, quod illi primi homines hoc traxerunt de heremo ad cultura. *Hist. de Lang.*[3], II pr. no. 187 col. 380 (a. 875, Arles). Terra nostra quem habemus de ruptura vel de aprisione. Martorell, *Arch. Barcelona*, no. 21 p. 136 (a. 908). Campo uno qui mihi advenit per mea ruptura. Ib., no. 34 p. 153 (a. 912). **2.** *essart — reclaimed area.* Decimas . . . de aprisionibus vel rupturis. De Marca, *Marca hisp.*, app., col. 763 (a. 819). Terram tam in mansuris quam in rupturis totius parochiae hominibus ibidem hospitatis excolendam . . . concessit. Order. Vital., lib. 5 c. 20, ed. Le Prévost, II p. 468. **3.** *cens pesant sur un essart — rent paid for reclaimed land.* DC.-F., VII p. 237 col. 2 (ch. a. 1072, Oléron). Guérard, *Irminon*, II p. 374 no. 34 (ch. ca. a. 1104, Saintes). **4.** *voie frayée — cleared path.* *Bullar. Roman.*, I p. 253 (a. 951).
**rurensis** (subst.): *campagnard — country-dweller.* S. xiii.
**ruricolare:** *cultiver — to cultivate.* Quicumque uno bove vel plurimis terram illam ruricolarent. Flach, *Orig.*, I p. 403 n. 2 (a. 1083, Vendôme). Unicuique rustico dimidium arpentum terrae ad ruricolandum. Métais, *Cart. de Vendôme*, II no. 327 p. 40 (a. 1086).
**ruricolus** = ruricola.
**rusca**, ruschia (celt.): **1.** *écorce — bark.* Decorticatam ex arbore ruscam. V. patr. Jur., V. Lupicini, c. 2, *SRM.*, III p. 144. **2.** *ruche d'abeilles — beehive.* Unam ruschiam apum dedit. Bertrand, *Cart. d'Angers*, I no. 176 p. 202 (a. 1121-1127).
**ruscus:** *ordures — refuse.* S. xiii, Ital.
**russatus** (adj.): **1.** **rougi — reddened.* **2.** *teint rouge — died red.* Russata vestis. Isid., Etym., lib. 19 c. 22. Subst. neutr. **russatum**, rouss-, ross-, -etum: *étoffe rousse — russet.* S. xii.
**rusticalis:** *rural — rural.* Beneficium. *D. Konrads II.*, no. 200 (a. 1033). Rustici dum rusticali operi arando, fodiendo, metendo . . . operam dant. Pax Dei Bamberg. a. 1085, c. 16, *Const.*, I no. 425.
**rutarius**, v. ruptarius.
**rutta**, ruta, v. rupta.

# S

**sabanum**, savanum, savana (femin.) (gr.): **1.** **linge, serviette — towel, cloth, napkin.* **2.** **écharpe — shawl.* Fortun., V. Radegundis, lib. 1 c. 9, *SRM.*, II p. 368. Bonif.-Lull., epist. 74, ed. Tangl, p. 156.
**sabaterius**, sabba-: *cordonnier, savetier — shoe-maker, cobbler.* S. xiii.
**sabbatismus:** **1.** **repos éternel — eternal rest.* **2.** *célébration du sabbat — observance of the sabbath.* Agobard., Insol. Jud., c. 5, Migne, t. 104 col. 75 A.
**sabbatizare:** **1.** **observer le sabbat — to keep the sabbath.* **2.** **observer le jour de repos, le dimanche — to observe the rest-day, keep*



*Sunday.* **3.** *gésir, reposer — to repose, lie.* Cujus ossa in medio ecclesiae b. Medardi sabbatisant. *Gall. chr.*[2], III instr. col. 66.
**sabbatum** (gr. < hebr.) **1.** **le sabbat, samedi — the sabbath, Saturday.* **2.** **semaine — week.*
**sabelinus**, z-, -eb-, -ob-, -ell- (< sabelum): *de peau de sable — of sable-skin.* Erhard, *Reg. Westfal.*, I CD. no. 87 c. 25 p. 70 (a. 1015). Concil. Londin. a. 1138, c. 15, Mansi, t. 21 col. 513 D. Subst. neutr. **sabelinum:** *peau de sable — sable-skin.* S. xii.
**sabelum** (polon.): *sable, martre zibeline — sable* (animal). S. xiii.
**sabulo**, sablo, sabulum: **1.** *sablon — sandy hillock.* Flasculas . . . sub quodam palustri sablone absconderunt. Felix, V. Guthlaci, c. 30, Mabillon, *Acta*, III pt. 1 p. 277. **2.** *terrain sablonneux — sandy tract.* Unam acram terrae in sablone de villa C. *Gall. chr.*[2], XI instr. col. 228 (ch. a. 1056).
**sabulonaria,** sablo-: *sablonnière — sand-quarry.* Haigneré, *Ch. de S.-Bertin*, no. 435 p. 189 (a. 1200).
**saca** (germ.): *justice inférieure — sake* (of sake and soke). Domesday.
**saccatus** (subst.): *frère sachet*, frère de l'ordre de la Pénitence de Jésus-Christ — *friar of the Sack.* S. xiii.
**saccellarius,** sacell- (< saccellum): *trésorier, caissier, payeur — treasurer, cashier, paymaster.* Dans l'empire byzantin — in the Byzantine empire: In Ravennae partibus dominorum pietas apud primi exercitus Italiae saccellarium habet, qui causis supervenientibus cotidianas expensas faciat. Gregor. M., lib. 5 epist. 39, *Epp.*, I p. 328 l. 12. Inde hauserunt G. pontif. Camerac., lib. 3 c. 60, *SS.*, VII p. 488 l. 37. [Exarchus Ravennas] misit D. magistrum militum et sacellarium suum. Lib. pontif., Theodorus, ed. Mommsen, p. 178. A la cour pontificale — at the papal court: Ib., Constant., ed. Mommsen, p. 223. Sub . . . Sergio papa subdiaconus atque sacellarius factus. Ib., Gregor. II, rec. II, ed. Duchesne, I p. 396. Post equum [papae] hi sunt qui equitant: vicedominus, vesterarius, nomincolator atque sacellarius. Ordo Rom. I (s. vii ex.), Andrieu, II p. 70. Th. notarius regionarius et saccellarius. Concil. Roman. a. 745, c. 5, *Conc.*, II p. 41. Decr. Compend. a. 757, c. 14, *Capit.*, I p. 38. Liudprand. Cremon., Hist. Ottonis, c. 9, ed. Becker, p. 166. Saccellarius qui stipendia erogat militibus et Rome . . . dat elemosinam et . . . largitur presbiteria. Giesebrecht, *Kaiserzeit*, I[5] p. 893 (ca. a. 1000). Dans le royaume d'Italie — in the Italian kingdom: Comes illustrisque sacellarius noster. *D. Berengario I*, no. 105 (ca. a. 911-915). Dans le royaume franc — in the Frankish kingdom: Ann. regni Franc., a. 826, ed. Kurze, p. 170. Hincmar. Rem., Ordo pal., c. 17, *Capit.*, II p. 523. En Angleterre anglo-saxonne — in Anglosaxon England: In Anglia sacellarius Chnud regis. Adam Brem., lib. 4 c. 8, ed. Schmeidler, p. 236. Au sens figuré — in a figurative sense: Saccellarius eorum [sc. egenorum] appellari . . . non erubuit. V. Romualdi, Mabillon, *Acta*, VI pt. 1 p. 13. Eadem verba: Arnold. de S. Emmerammo, lib. 2 c. 16, *SS.*, IV p. 562 col. 1.
**saccellus**, sacellus, sacella (cf. voc. sacculus; proprie "sacoche, bourse — purse", confus. cum voce sacellus "petit sanctuaire — small sanctuary"): *caisse, trésor — chest, treasury.* Gregor. M., lib. 2 epist. 36 (53), *Epp.*, I p. 132 l. 15. Solidus 200 quod de sacello publico . . . annis singulis . . . habuerunt recipendi. *D. Merov.*, no. 67 (a. 695). Inferendam . . . annis singulis in sacellum publicum reddere. Ib., no. 74 (ca. a. 705). Sacellus regis. Pippini capit. a. 754/755, c. 3, I p. 32. Sacellus fisci nostri. *D. Karolin.*, I no. 141 (a. 782).
**sacco** (genet. -onis): *grand sac, paillasse — sack, pallet.* S. xiii.
**sacculus,** saculus, saccolus: **1.** **trésor, caisse — treasure, purse.* Sacculum ecclesiae ex lucris turpibus nolumus inquinari. Gregor. M., lib. 1 epist. 42, *Epp.*, I p. 65 l. 26. Sacculus publicus. Isid., Etym., lib. 20 c. 9 § 7. Ex saccolo baselice b. Petri apostoli. Schiaparelli, *CD. Longob.*, I no. 52 p. 174 (a. 735). Accepi . . . ex saccolo monasterii auri sol. 3000. Ib., II no. 137 p. 31 (a. 759). **2.** *domaine — estate.* A. diaconus de saculo s. Petri sito Varsio. Manaresi, *Placiti*, I no. 99 p. 355 (a. 892, Piacenza).
**saccus:** **1.** **vêtement grossier, haire, cilice — coarse garment, haire-shirt, cilice.* **2.** **trésor public — public purse.* **3.** *balle de laine — woolsack.* S. xiii, Angl.
**sacebaro,** saci-, sagi-, sag- (genet. -onis) (germ.): *agent royal* pour la perception des amendes judiciaires — *royal officer* charged with the collection of fines. Lex Sal., tit. 54 § 2-4. Gysseling-Koch, *Dipl. Belg.*, no. 1 p. 7 (a. 649, S.-Bertin). Leg. Ine, c. 6, vers. Quadrip., Liebermann, p. 91 col. 2.
**sacellarius,** v. saccellarius.
**1. sacellus:** *reliquaire — reliquary.* Odilo Suess., Transl. Sebastiani, Mabillon, *Acta*, IV pt. 1 p. 405.
**2. sacellus,** v. saccellus.
**sacerdos:** **1.** **évêque ou prêtre — bishop or priest.* E.g.: Sacerdotes Domini. Gregor. Turon., H. Fr., lib. 4 c. 48. Episcopi cum aliis sacerdotibus vel servis Dei. Capit. Suess. a. 744, c. 10, I p. 30. **2.** spec.: **évêque — bishop.* Concil. Aurel. a. 511, prol., *Conc.*, I p. 2. *D. Merov.*, no. 3 (a. 528). Concil. Lugdun. a. 567, c. 1, *Conc.*, I p. 139. Gregor. Turon., saepe. Columban., Reg. monach., c. 7, ed. Seebass, p. 379. Ionas, V. Columbani, lib. 2 c. 10, ed. Krusch (in 8°), p. 251. Beda, Hist. eccl., lib. 3 c. 27. Coll. Sangall., no. 1, *Form.*, p. 396. **3.** spec.: **prêtre non évêque — a priest who is not a bishop.* Accedit ad sacerdotem loci. Gregor. Turon., H. Fr., lib. 5 c. 3. Sacerdos alius in loco deest. Gregor. M., resp. ad Augustin. ap. Bedam, H. eccl., lib. 1 c. 27, ed. Plummer, p. 60. Ut mos est regentibus parrochiis paschalibus diebus episcopi se representare aspectibus, adveniunt solito quam plurimi sacerdotum ad urbem. Pass. Praejecti, c. 8, *SRM.*, V p. 229. V. Gaugerici, c. 2 et 5, ib., III p. 652 sq. V. Audoini, c. 11, ib., V p. 560. V. Austregisili, c. 4, ib., IV p. 193. Factus est D., unus ex praefatis 4 sacerdotibus, episcopus Mediterraneorum Anglorum [antea: acceptis 4 presbyteris]. Beda, Hist. eccl., lib. 3 c. 21. Ib., lib. 4 c. 23. V. Goaris, c. 5, *SRM.*, IV p. 415. Sacerdotes atque levitae [i. e. presbyteri et diaconi]. V. prima Amandi, c. 18, ib., V p. 443. Sacerdus quidam, qui hujus oraturii fungebat offitium. Ursin.,

Pass. Leudegarii, c. 21, ib., p. 343. Accessit [episcopus] cum omnibus suae ecclesiae sacerdotibus. Ib., c. 32, p. 356. V. Desiderii, c. 45, ib., IV p. 597. De ... honore pontificum: ut canonice ... vivere ... debeant. Ut sacerdotes et clericos [i. e. clerici] secundum normam priorum patrum vivant. Capit. cum episc. Langob. delib. (ca. a. 780-790), c. 1 sq., *Capit.*, I p. 189. **4.** *prêtre ou clerc des ordres inférieurs — priest or ecclesiastic of an inferior rank.* Si provata causa fuerit per presveterum aut alium sacerdotem. Liutprandi leg., c. 95. Ad solos sacerdotes. Interdictum est presbyteris et diaconibus vel omnibus qui in clero sunt mulierem habere in domo sua. Admon. gener. a. 789, c. 4, *Capit.*, I p. 54. Sacerdotes, id est presbyteri, diaconi vel etiam subdiaconi. Concil. Roman. a. 826, c. 4, *Capit.*, I p. 372. Presbyterorum, id est secundi ordinis sacerdotum [verba hausta e SIDONII epist. 4, 25] ... De his secundi et inferioris ordinis sacerdotibus ... HINCMAR. REM., Ordo pal., c. 4, *Capit*, II p. 519. **5.** *abbé — abbot.* GREGOR. TURON., H. Fr., lib. 3 c. 6; lib. 5 c. 18; lib. 6 c. 8. V. Filiberti, c. 43, *SRM.*, V p. 604.

**sacerdotalis: 1.** **d'évêques et de prêtres — of bishops and priests.* **2.** **d'évêque, épiscopal — of a bishop, episcopal.* Eum in exilium usque sacerdotalem audientiam retenere praecepit. GREGOR. TURON., H. Fr., lib. 5 c. 18. Per judicium 45 episcoporum a sacerdotali officio segregatus. Ib., lib. 7 c. 16. Eum [sc. episcopum] divina pietas ad sacerdotale culmen perduxit. Test. Bertichramni a. 615, PARDESSUS, I no. 230 p. 212. Ad Remorum urbem ad pontificem Remegium, qui tunc inibi sacerdotalem cathedram regebat. IONAS, V. Vedastis, c. 3, ed. KRUSCH (in 8°), p. 311. Ecclesia ... sacerdotali ... culmine distituta. Pass. Praejecti, c. 14, *SRM.*, V p. 233. Ad sacerdotale officium se provocari. V. Austregisili, c. 3, ib., IV p. 193. Sacerdotale concilium. V. Eligii, lib. 1 c. 35, ib., p. 692. **3.** *de prêtre — of a priest.* Fide concordans sacerdotali dictioni [sc. archipresbyteri]. Pass. Praejecti, c. 1, p. 227. Nulli eorum [sc. episcoporum atque clericorum peregrinorum] liceat ullum officium sacerdotale absque permissu episcopi, in cujus parrochia esse cognoscitur, agere. Synod. Hertford. a. 673, c. 6, ap. BEDAM, Hist. eccl., lib. 4 c. 5. Credentibus gratiam baptismi [coeperunt] quicumque sacerdotali erant gradu praediti ministrare. Ib., lib. 3 c. 3. Non exeant ante conpletionem benedictionis sacerdotalis. Admon. gener. a. 789, c. 71, *Capit.*, I p. 59. Qui in sacerdotali gradu constituti sunt. Dupl. legat. edict. a. 789, c. 30, ib., p. 64. Sacerdotali auctoritate ... instruxit. V. Ansberti, c. 7, *SRM.*, V p. 624. Ob industriam sacerdotalis ministerii. WETTIN., V. Galli, c. 19, ib., IV p. 267.

**sacerdotaliter:** *en évêque — as a bishop.* De locis sacerdotaliter nostrae [sc. quorundam episcoporum] gubernationi ... commissis. Epist. (ca. a. 580) ap. GREGOR. TURON., H. Fr., lib. 9 c. 39. Cum ... ab urbis antistite sacerdotaliter fuisset susceptus. PS.-FORTUN., V. Leobini, c. 4 § 12, *Auct. ant.*, IV pt. 2 p. 74.

**sacerdotium: 1.** **dignité d'évêque, épiscopat — dignity of a bishop.* Functus est sacerdotio annis tribus. VICTOR VIT., lib. 1 § 27, *Auct. ant.*, III p. 7. Honorem debitum sacerdotii consecutus. FORTUN., V. Albini, c. 9, ib., IV pt. 2 p. 30. Credimus eum merito ad sacerdotium provehere. *D. Merov.*, no. 13 (a. 629). Indignum se sacerdotium [i. e. sacerdotio] fore asserens. Pass. Praejecti, c. 14, *SRM.*, V p. 234. Dignus erat sacerdotium fungere et onus pontificale accipere. V. Landiberti vetust., c. 3, ib., VI p. 357. Sacerdotio sortitur. V. Eligii, c. 29, ib., IV p. 716. Dignum eum esse sacerdotium [i. e. sacerdotio]. V. prima Amandi, c. 18, ib., V p. 442. **2.** *épiscopat, l'exercice des fonctions épiscopales — episcopate, tenure of a bishopric.* Defuncto E. episcopo septimodecimo sacerdotii sui anno. GREGOR. TURON., H. Fr., lib. 2 c. 14. Hic 22 annis sacerdotio ministrato migravit ad Dominum. Ib., lib. 4 c. 36. [Episcopus a febre correptus] summam ei [sc. diacono] sacerdotii depotat. Ib., lib. 8 c. 22. **3.** *pontificat — pontificate.* Actum ... sub regno Henrici quinti, sub sacerdocio Paschalis papae. MULLER-BOUMAN, *OB. Utrecht*, I no. 278 p. 256 (a. 1108). **4.** *l'ensemble des évêques, l'épiscopat — the episcopacy, the body of bishops.* Vos, o decus sacerdotii. IONAS, V. Columbani, lib. 2 c. 9, ed. KRUSCH (in 8°), p. 250. **5.** *évêché, siège épiscopal — bishopric, see.* Omnes qui sacerdotium Turonicum susceperunt. GREGOR. TURON., H. Fr., lib. 5 c. 49. Sacerdotium illud [sc. Trajectense] ei offerre cepit. ALPERT. METT., Div., lib. 1 c. 12, ed. HULSHOF, p. 17. **6.** *sacerdoce, prêtrise — priesthood.* Officium sacerdotii ordinis [presbyter] gerebat. Pass. Praejecti, c. 14, p. 234. V. Wandregisili, c. 13, *SRM.*, V p. 19. Acceptum sacerdotii gradum condignis ornans actibus. BEDA, Hist. eccl., lib. 3 c. 27. Nullus presumat [servum] ad sacerdotium promovere. Capit. e concil. canon. coll., *Capit.*, I p. 232. Vilis persona sacerdotii dignitate fungi non potest. Capit. eccles. (a. 818/819), c. 6, p. 276. WETTIN., V. Galli, c. 1, *SRM.*, IV p. 257. **7.** **le corps des prêtres, le clergé — the body of priests, the clergy.* Certum est Deo et omni eorum sacerdotio. MARGARINO, *Bull. Casin.*, II p. 3 l. 25 (a. 731). Consentiente sacerdotio et clero nostro. TIRABOSCHI, *Mem. Modenesi*, I p. 24 (a. 828). **8.** *les revenus qui découlent de l'exercice du ministère sacerdotal — parish revenues deriving from the sacerdotal ministry.* S. xiii. **9.** *église desservie par un archiprêtre — church administered by an archpriest.* Matrem ecclesiam unacum sacerdotiis et ecclesiis baptismalibus. UGHELLI, ed. 1717, I col. 835 (ch. a. 900). **10.** *l'Eglise en tant qu'institution et plus spécialement la papauté, par opposition aux pouvoirs séculiers et notamment à la royauté — the Church as an institution and more particularly the papacy, as contradistinguished from secular powers, especially kingship.* Sacerdotium a Deo solo conferri sicut et regnum. RATHER., Praeloq., lib. 3 tit. 12 c. 22, MIGNE, t. 136 col. 236 C. Inter regnum et sacerdotium propria cujusque distinguantur officia. PETR. DAM., lib. 4 epist. 9, MIGNE, t. 144 col. 315. Et sacerdotium regni tuitione protegitur, et regnum sacerdotalis officii sanctitate fulcitur. Id., lib. 7 epist. 3, col. 440. Haec duo, regnum scilicet et sacerdotium, divino sunt conflata mysterio. Id., Disc., *Lib. de lite*, I p. 93. HUMBERT., Simon., lib. 3 c. 21, ib., p. 225. Cum enim regnum et sacerdotium ... vicaria sui ope



semper indigeant. Heinr. IV epist., ap. Gregor. VII registr., lib. 1 c. 29a, ed. CASPAR, I p. 48. Ut regnum sacerdotio uniretur. BONIZO, lib. 6, *Lib. de lite*, I p. 596. GUIDO FERRAR., lib. 1 c. 3, ib., p. 536. GOFFRID. VINDOCIN., c. 4, ib., II p. 692.

**sacibaro,** v. sacebaro.

**sacire** et deriv., v. sais-.

**sacium,** v. seticum.

**sacra** (neutr. plural. et femin. singul.): **1.** **rescrit impérial — imperial rescript.* **2.** *lettre d'un roi — letter from a king.* Concil. Barcinon. a. 599, c. 3, MANSI, t. 10 col. 486. LUP. FERR., epist. 29, ed. LEVILLAIN, I p. 136. Ibi pluries. FULBERT. CARNOT., epist. 58, *Hist. de Fr.*, X p. 472. Ibi pluries. ODO DIOGIL., lib. 1, ed. WAQUET, p. 23. **3.** *lettre d'un pape — letter from a pope.* ANAST. BIBL., epit. chron. Casin., MURATORI, *Scr.*, II p. 355 col. 2. **4.** *la Messe — Mass.* GUIDO FARF., Disc., lib. 1 c. 16, ALBERS, I p. 13. Ibi saepe. **5.** *le sacre du roi — a king's anointment.* Regiam accepimus sacram. Ch. Lud. VII reg. Fr. a. 1156/1157, LUCHAIRE, *Louis VII*, p. 403 no. 368. **6.** *ustensiles du culte — church requisites.* *Gall. chr.*², VI instr. col. 127 (ch. a. 933).

**sacramentagium:** *amende pour avoir manqué à l'obligation de prêter un serment purgatoire — fine for not having sworn an oath of compurgation.* Quamdiu villanus se purgare voluerit, nunquam ab eo vicarius sacramentagium habebit. BERTRAND, *Cart. d'Angers*, I no. 221 p. 262 (a. 1080-1082). Requirebant sacramentagium a villanis. Ib., II no. 861 p. 335 (a. 1093-1101).

**sacramentalis** (adj.): *relatif à un serment — concerning an oath.* Sacramentales fecit litteras sub contestatione divina. V. Radegundis, lib. 2 c. 7, *SRM.*, II p. 382. Notitia sacramentale. Cart. Senon., no. 21, inscr., *Form.*, p. 194. Notitia sacramentale qualiter veniens F. ... novem testes ad jurandum dedit. PROU-VIDIER, *Ch. de S.-Benoît-s.-Loire*, I no. 16 p. 36 (a. 819). Carta sacramentale. F. Senon. rec., no. 2, *Form.*, p. 211. Judicium sacramentale exinde accipere deberet. F. Sal. Merkel., no. 27, *Form.*, p. 251. Debent ... jurare fidelitatem ... per sacramentale scriptum. Usat. Barcinon., c. 48, ed. D'ABADAL-VALLS, p. 20. Subst. mascul. **sacramentalis:** *cojureur — oath-helper.* Preveat [i. e. prebeat] sacramentum cum legitimus sagramentales suos. Edict. Rothari, c. 153. Rursum ib., c. 359 sqq. Liutprandi leg., c. 61; c. 72; c. 121. Lex Alamann., tit. 6 et pluries. Lex Baiwar., tit. 1 c. 3 et pluries. Lex Fris., tit. 1 § 3 et pluries. Concil. Neuching. a. 772, c. 5, *Conc.*, II p. 100. BITTERAUF, *Trad. Freising*, I no. 183 p. 174 (a. 802). Capit. Lud. Pii vel Loth., I p. 336 c. 5. Guidonis capit. Pap. a. 891, c. 6, II p. 108. *D. Lotario*, no. 8 p. 269 (a. 948). *D. Ottos I.*, no. 429 (a. 973). Lib. feudor., antiq., tit. 5 c. 1 (vulg., lib 1 tit. 10), ed. LEHMANN, p. 96. Ibi saepe. Subst. neutr. **sacramentale,** mascul. singul. **sacramentalis** et mascul. plural. **sacramentales: 1.** *teneur d'un serment — wording of an oath.* Sacramentale qualiter ego repromitto quod ... Capit. missor. spec. a. 802, I p. 101 l. 32. **2.** *charte-notice relatif à la prestation d'un serment — record of an oath.* Factus est istus sacramentalis ... S. abba qui sacramentale isto scribere rogavi. *Gall. chr.*², XIII instr. col. 227 B no. 2 (a. 959, Languedoc). Sicut est scriptum in ipsos sacramentales quos ... juraverunt.' ROSELL, *Lib. feud. maj.*, I no. 296 p. 324 (a. 1059). Fuit hoc pactum factum et juratum, sicut in ipsos sacramentales resonat. *Hist. de Lang.*³, V no. 282 col. 555 (a. 1067).

**sacramentare, 1.** aliquem: *assermenter — to put on oath.* Seniores homines ... sacramentare faciat, ut per ipsos veritas declaretur. Pippini reg. It. capit. (a. 800-810?), c. 3, I p. 208. **2.** aliquid: *confirmer par serment — to confirm by oath.* Castrum sibi ad invicem sacramentant. DC.-F., VII p. 257 col. 3 (ch. a. 1192).

**sacramentarium,** -orium: **sacramentaire — sacramentary.* BITTERAUF, *Trad. Freising*, I no. 144 p. 150 (ca. a. 791). Theodulfi Aurel. stat. II (ca. a. 813), c. 10 § 66, DE CLERCQ, I p. 345. Haitonis Basil. capit. (a. 807-823), c. 6, *Capit.*, I p. 363.

**sacramentarius** (adj.): *qui se fait par serment — established by oath.* Sacramentariae inquisitionis testimonio a populis ... sciscitaretur. *D. Ottos II.*, no. 209 (a. 979).

**sacramentum: 1.** **vérité mystérieuse, mystère, secret — hidden truth, mystery, secret.* **2.** **enseignement sacré, doctrine religieuse — sacred teaching, religious doctrine.* **3.** **profession de foi — confession of faith.* **4.** **rite chrétien, sacrement — Christian rite, sacrament.* **5.** **fête religieuse — religious festival.* **6.** **la Messe — Mass.* **7.** **l'Eucharistie, les espèces eucharistiques — the Eucharist, the eucharistic elements.* Ex. gr.: Vasa quibus nostra sacramenta imponentur et consecrantur, calices sunt et patenae. WALAHFR., Exord., c. 18, *Capit.*, II p. 491. Cf. E. DE BACKER, J. POUKENS, F. LEBACQZ et J. DE GHELLINCK, *Pour l'histoire du mot "sacramentum"*, I: Les Anténicéens. 1924. (*Spicil. sacr. Lovan.*, fasc. 3).

**sacrare: 1.** *consacrer* l'hostie *— to consecrate* the host. Munera quae sacramus. Sacram. Gregor., MIGNE, t. 78 col. 68 C. **2.** *consacrer* une église, *bénir* une terre *— to consecrate* a church, *hallow* the earth. Baptisterium. Lib. diurn., c. 30, ed. SICKEL, p. 22. Basilicam. FLORIANO, *Dipl. esp.*, II no. 95 p. 53 (a. 870). Ecclesiam. SCHIAPARELLI, *CD. Longob.*, II no. 165 p. 116 (a. 762). Capellam. LESORT, *Ch. de S.-Mihiel*, no. 43 p. 164 (a. 1085). Atrium. MIRAEUS, III p. 35 col. 1 (a. 1127, Cambrai). **3.** *ordonner prêtre — to ordain priest.* De presbitero J. quem sacravit M. episcopus. SCHIAPARELLI, o.c., I no. 4 p. 10 (ca. a. 650, Siena). Ne [servi] ab episcopis sacrentur sine licentia dominorum. Synod. Franconof. a. 794, c. 23, *Capit.*, I p. 76. **4.** *consacrer* comme évêque *— to consecrate* as a bishop. Ut illi electi qui illos episcopatos tenent ... sacratos fiant. Capit. Langob. (ca. a. 780-790), c. 10, p. 189. **5.** *sacrer* un roi *— to anoint* a king. In scripturis legimus Dominum praecepisse ut reges ungerentur et sacrarentur in regiam potestatem. Coron. Hermintrudis a. 866, *Capit.*, II p. 453 l. 29. Chrismate ... peruncti et in regem sacrati. Electio Kar. Calvi in regno Loth., a. 869, c. 4, ib., p. 340 l. 33. [Sacerdotes] sacra unctione reges in regnum sacrabant. HINCMAR., Ordo pal., c. 5, ib., p. 519. **6.** *baptiser — to baptize.* IONAS, V.

Columbani, lib. 1 c. 14, ed. KRUSCH, p. 175 l. 17.

**sacrarium: 1.** **église, lieu saint — church, holy place.* Mir. Walburgis, MABILLON, *Acta*, III pt. 2 p. 300. Dono ipsa[m] terra[m] ad ipso sagrario. *Hist. de Lang.*³, V no. 137 col. 296 (a. 983, Narbonne). **2.** **sanctuaire* d'une église — *sanctuary* of a church. GREGOR. TURON., H. Fr., lib. 4 c. 1. Ibi pluries. Lib. pontif., Sergius, ed. MOMMSEN, p. 213. V. Desiderii Cadurc., c. 22, *SRM.*, IV p. 580. Ordo Rom. XXXVI, c. 13, ANDRIEU, IV p. 197. FOLCUIN., G. abb. Lob., c. 26, *SS.*, IV p. 68. **3.** **sacristie, vestiaire* d'une église — *sacristy, wardrobe* of a church. Sacram. Gelas., lib. 1 c. 34, ed. WILSON, p. 50. Sacram. Gregor., c. 69, MIGNE, t. 78 col. 86 A. GREGOR. TURON., H. Fr., lib. 8 c. 7. Sacrarium dicitur quia ibi sacra reponentur et servantur. ISID., Etym., lib. 15 c. 5 § 1. BEDA, Hist. eccl., lib. 3 c. 11. Ordo Rom. XV (s. viii), c. 3, ANDRIEU, III p. 98. Capit. observ. (a. 816/817), c. 2, ALBERS, III p. 113. MARTÈNE, *Thes.*, I p. 22 (a. 818). FLODOARD., Hist. Rem., lib. 2 c. 2, *SS.*, XIII p. 448 l. 45. **4.** *trésor* d'une église — *treasure-room* of a church. Requirantur carte que continentur in sacrariis. GUÉRARD, *Cart. de Marseille*, I no. 27 p. 35 (ca. a. 1020). COSMAS, lib. 3 c. 55, ed. BRETHOLZ, p. 228. **5.** *chapelle — chapel.* Cum ecclesiis qui in ipsa villa sunt fundatas [!], . . . cum cellis et sacrariis, cum decimis et primitiis. *Hist. de Lang.*³, V no. 104 III (a. 959, Narbonne). **6.** *ordres sacrés — sacred orders.* [Abbates laici] divina eis [sc. monachis] secundum regulam . . . sine conscientia episcopi committant sacraria. Concil. Meld. a. 845, c. 10, *Capit.*, II p. 400 l. 12.

**sacrastarium,** v. sacristaria.

**sacrataria,** sacret-: *charge de sacristain — office of a sacristan.* Primord. Calmosiac., lib. 2, MARTÈNE, *Thes.*, III col. 1187.

**sacratarium,** -orium: *sanctuaire* d'une église — *sanctuary* of a church. Ordo Rom. XXXVI, c. 13, v.l., ANDRIEU, IV p. 197. BRUCKNER, *Reg. Alsat.*, no. 656 (a. 888-906).

**sacratarius,** secretarius: *un moine chargé de l'entretien de l'église abbatiale — a monk having the care of the conventual church.* WARTMANN, *UB. S.-Gallen*, I no. 223 p. 213 (a. 817); no. 285 p. 267 (a. 824). F. Sangall. misc., no. 15, *Form.*, p. 386.

**sacratio: 1.** *consécration eucharistique — hallowing of bread and wine.* Ut in sacratione corporis et sanguinis Domini semper aqua in calice misceatur. Ghaerbaldi Leod. capit. (a. 802-810), c. 13, *Capit.*, I p. 244. **2.** *ordination — ordination.* PASQUI, *Doc. Arezzo*, no. 1 p. 4 (ca. a. 650). Sacrationem in presbiteros fecit. SCHIAPARELLI, *CD. Longob.*, I no. 17 p. 50 (a. 714). **3.** *rétribution exigée pour les ordinations — payment for ordinations.* Medietate[m] de ipsa dominicatura de ipso episcopatu, excepto sacrationes et missas. *Hist. de Lang.*³, V no. 214 col. 433 (ca. a. 1038, Albi). **4.** *consécration* d'une église — *consecration* of a church. In sacratione capitis eclesiae. MUSSET, *Cart. d'Angély*, I no. 25 p. 52 (ca. a. 1050). **5.** *enceinte bénie* d'un monastère — *hallowed precincts* of a monastery. *D. Heinrichs III.*, no. 317 (a. 1054). **6.** *assermentement — putting on oath.* Synod. Franconof. a. 794, c. 9, *Capit.*, I p. 75.

**sacratorius:** *de la Messe — of Mass.* Romano more ordinatos libellos sacratorios. ALCUIN., epist. 226, *Epp.*, IV p. 370.

**sacratus** (adj.) et superl. sacratissimus: **1.** **impérial — imperial.* **2.** *royal — royal.* Sacratissimus fiscus. MARCULF., lib. 2 no. 1, *Form.*, p. 73.

**sacrestania, sacrestanus,** v. sacrist-.

**sacricantor:** *qui se voue au chant sacré — devoting oneself to sacred chant.* Clericos sacricantores. FLORIANO, *Dipl. esp.*, I p. 125 sq. (ch. a. 812, Oviedo).

**sacrificare:** *célébrer la Messe — to celebrate Mass.* Synod. Pap. a. 850, c. 2, *Capit.*, II p. 117.

**sacrificium: 1.** **offrandes* des fidèles pour la Messe — *offerings* of the faithful for Mass. **2.** *hostie — host.* Sacram. Gelas., lib. 1 c. 40, ed. WILSON, p. 76. Sacram. Gregor., MIGNE, t. 78 col. 245 A. Columban. Poenit., c. 1 § 6 et 12, ed. SEEBASS, p. 442 et 444. Capit. Theodori Cantuar., lib. 1 c. 12 § 5, SCHMITZ, *Bussbücher*, I p. 534. Poenit. Valicell. I, c. 121, ib., p. 334. Ghaerbaldi Leod. capit. (a. 802-810), c. 20, *Capit.*, I p. 244. **3.** *la Messe — Mass.* Lib. pontif., Silvester, ed. MOMMSEN, p. 51. **4.** *le service du pain et du vin pour la Messe — bread and wine purveyance for Mass.* Custos vel provisor luminis et sacrificii. WAMPACH, *Echternach*, I pt. 2 no. 83 p. 147 (a. 780/781). Dono et trado ad ipsam casam Dei . . . ad sacrificium . . . hoc est mansum . . . Semper ad sacrificium ipsius ecclesie perveniat. *Gall. chr.*², XVI instr. no. 17 col. 13 (a. 912, Vienne). **5.** *office divin — divine worship.* Sacrificia matutina missarum sive vespertina. Concil. Aurel. III a. 538, c. 32, *Conc.*, I p. 82. Ad quotidianum psallendi sacrificium matutinis vel vespertinis horis. BENED. LEV., lib. 3 c. 228, *LL.*, II pt. 2 p. 116. Tempus matutini vel vespertini sacrificii. WALAHFR., Exord., c. 26, *Capit.*, II p. 504. **6.** *donation pieuse — pious gift.* Pro nos uterque sacrifitium post obitum nostrum pio Domino offeratur. MARCULF., lib. 2 no. 4, *Form.*, p. 77.

**sacrilegium: 1.** **idolâtrie, sorcellerie, superstition — idolatry, sorcery, superstition.* **2.** *amende infligée à ceux qui commettent des actes de sorcellerie — fine for those who practise sorcery.* LOBINEAU, *Bretagne*, II p. 257 (ch. a. 1062). Ibi pluries.

**sacrilegus** (adj.): **d'idolâtre, superstitieux — idolatrous, superstitious.*

**sacriscriniarius:** *marguiller — churchwarden.* BALUZE, *Capit.*, II, app., no. 145 col. 1545 (a. 1024, Urgel).

**sacriscrinius** (cf. voc. primiscrinius): *marguiller — churchwarden. Hist. de Lang.*³, V no. 180 col. 375 (a. 1023, Narbonne). Synod. Helen. a. 1027, MANSI, t. 19 col. 483 A. ROUQUETTE, *Cart. de Béziers*, no. 66 p. 77 (a. 1053).

**sacrista** (mascul.): **1.** *un moine chargé de l'entretien de l'église abbatiale — a monk having the care of the conventual church.* WARTMANN, *UB. S.-Gallen*, I no. 91 p. 86 (a. 779). *D. Ugo*, no. 33 p. 103 (a. 933). **2.** *sacristain — sexton.* Lib. 1 Decretal., tit. 26 c. 1. GUILL. BRITO, Phil., lib. 12 v. 769, ed. DELABORDE, p. 378. SAXO GRAMM., lib. 11 c. 12, ed. OLRIK-RAEDER, p. 320.

**sacristania,** sacres-, sagres-, segres-: *charge de sacristain — office of a sexton.* DESJARDINS, *Cart. de Conques*, no. 413 p. 305 (a. 948). *Hist. de Lang.*³, V no. 227 col. 455 (a. 1048, Narbonne). DOUAIS, *Cart. de Toulouse*, no. 193 p. 138 (a. 1074-1105).



**sacristanus,** se-, si-, -gr-, -estanus: **1.** *un moine chargé de l'entretien de l'église abbatiale — a monk having the care of the conventual church.* DESJARDINS, *Cart. de Conques*, no. 262 p. 217 (a. 916). **2.** *sacristain — sexton. Hist. de Lang.*³, V no. 126 col. 278 (ca. a. 972, Toulouse). HUGO FARF., Exc., ed. BALZANI, p. 64 l. 13.

**sacristaria,** sacras-, -ter-, -ium: *charge de sacristain — office of a sexton.* MARTÈNE, *Thes.*, I col. 391 (ch. a. 1138). Eugen. III pap. priv. a. 1145, PFLUGK-HARTTUNG, I no. 198 p. 178.

**sacristia,** sagres-, segres-: **1.** *charge de sacristain — office of a sexton.* DESJARDINS, *Cart. de Conques*, no. 107 p. 99 (a. 911). **2.** *sacristie — sacristy. AASS.*, Jun. IV p. 765.

**sacrivus: 1.** *sacré; qui est l'objet d'un culte païen — sacred, worshipped heathenly.* Non licet . . . inter sentios aut ad arbores sacrivos vel ad fontes vota dissolvere. Concil. Autissiod. (ca. a. 573-603), c. 3, *Conc.*, I p. 179. Fontes vel arbores quos sacrivos vocant, succidite. V. Eligii, lib. 2 c. 16, *SRM.*, IV p. 708. **2.** *sacré, béni — hallowed.* Si quis majale sacrivum furaverit. Lex Sal., tit. 2 § 12, codd. Guelferb. et Monac., codd. fam. 2 et 3 (majale votivo, codd. Paris. lat. 4404 et 9653).

**sacrosanctus.** Subst. neutr. plural. **sacrosancta:** *reliques ou autres objets sacrés qu'on touche en jurant — relics or other holy objects touched when an oath is taken.* S. xiii.

**saculus,** v. sacculus.

**saëttia,** sagacia, v. sagitta.

**saga,** sagia, v. sagum.

**sagbaro,** v. sacebaro.

**sagellum: 1.** **veston, tunique — jacket, tunic.* MARINI, p. 125 (a. 564). ALCUIN., epist. 153, *Epp.*, IV p. 248. Capit. cum prim. const. a. 808, c. 5, I p. 140. WARTMANN, *UB. S.-Gallen*, I no. 221 (a. 816). **2.** *petite couverture — small blanket.* V. patr. Jur., V. Lupicini, c. 6 sq., *SRM.*, III p. 146; V. Eugendi, c. 5, p. 155.

**1. sagena** (gr.): **1.** **bordigue — fish-trap.* Brev. ex., c. 7, *Capit.*, I p. 252. **2.** **seine — dragnet.* ESCHER-SCHWEIZER, *UB. Zürich*, I no. 197 p. 89 (a. 946). **3.** *bateau-pêcheur — fishing-boat.* V. Athanasii Neapol., c. 7, *Scr. rer. Langob.*, p. 446. V. Romuli Januens., *AASS.*, Oct. VI p. 209. Lud. II imp. epist. ap. Chron. Salernit., c. 107, ed. WESTERBERGH, p. 120. Nic. II pap. epist. a. 1059, Decr. Grat., pt. 1 dist. 23 c. 1. Mir. Fidis, lib. 2 c. 2, ed. BOUILLET, p. 95.

**2. sagena,** v. sagina.

**sagenula:** *bateau-pêcheur — fishing-boat.* V. Aldhelmi, *AASS.*, Maji VI p. 88. JOH. NEAPOL., V. Nicolai, ed. MAI, *Spicil.*, IV p. 332.

**sagetia,** v. sagitta.

**sagia,** v. saiga.

**sagibaro,** v. sacebaro.

**sagimen** (< saginare): *graisse, saindoux — grease, lard.* Ordo Rom. XI, MABILLON, *Mus. Ital.*, II p. 130. Chron. s. Michaëlis, c. 4, *SS.*, IV p. 80 col. B l. 49. *D. Heinrichs III.*, no. 262 (< a. 1051 >, spur. ca. a. 1116).

**sagina,** sagena: **1.** *saison propice à la paisson des porcs — favourable season for fattening pigs on acorns.* Censum solvam, id est . . . unum porcum . . . quando sagena fuerit. WARTMANN, *UB. S.-Gallen*, I no. 394 (a. 845). In silva . . . porcis in ipso curtili enutritis saginam quandocumque provenerit. Ib., no. 742 (a. 905). **2.** *droit de pasnage des porcs — right of pannage.* Silvis, forestibus, venatione, sagina, exstirpatione. BITTERAUF, *Trad. Freising*, I no. 743 p. 617 (a. 855). Similia *D. Heinrichs II.*, no. 21 (a. 1002).

**saginacius** (adj.): *qui sert à la paisson des porcs — used for feeding pigs on acorns.* De silva saginacia faginina bunaria 20. GYSSELING-KOCH, *Dipl. Belg.*, no. 37 (a. 867, S.-Bertin).

**saginatio:** **droit de pasnage des porcs — right of pannage.* In utroque [foresto] saginationem porcorum . . . eidem contulimus ecclesie. *D. Arnulfs*, no. 172 (a. 899). Ib., no. 184 (< a. 885 >, spur. s. x p. post., Salzburg). BITTERAUF, *Trad. Freising*, II no. 1092ᵃ p. 34 (a. 937-957). *D. Kunigunds*, no. 2, *Dipl.*, III p. 695 (a. 1025).

**sagio,** sago, sajo, sayo, sajus (germ.): *appariteur, serviteur armé, délégué — bailiff, armed retainer, substitute.* Chez les Visigoths — with the Visigoths: Arma quae sajonibus pro obsequio dantur. Cod. Euric., c. 309. Concil. Emerit. a. 666, c. 8, MANSI, t. 11 col. 81 A. Lex Visigot., lib. 2 tit. 1 c. 16 et 24; tit. 2 c. 4; lib. 10 tit. 2 c. 5. ISID., Etym., lib. 10 c. 263. *Hist. de Lang.*³, II pr. no. 6 col. 50 (a. 782, Narbonne). Praec. pro Hisp. a. 812, *Capit.*, I p. 169 l. 24. D'ABADAL, *Eixalada-Cuixà*, app., no. 57 (a. 879). *Gall. chr.*², XIII instr. col. 4 A no. 2 (a. 918, Toulouse). Fuero de León, c. 14, WOHLHAUPTER, p. 8. Usat. Barcinon., c. 66, ed. D'ABADAL-VALLS, p. 26. *Hist. de Lang.*, V no. 240 col. 481 (a. 1054, Roussillon). Chez les Ostrogoths — with the Ostrogoths: CASSIOD., Var., lib. 1 epist. 24 § 2, *Auct. ant.*, XII p. 27; lib. 2 epist. 4, p. 49; lib. 4 epist. 27 § 2, p. 126; epist. 28, p. 126.

**sagitta,** notione 3 etiam sagittea, sagittia, saëttia, sagitia, sagetia, sagacia: **1.** **trait de foudre — thunderbolt.* **2.** **malheur, calamité, tourment — disaster, calamity, plague.* **3.** *bateau rapide — fast ship.* Cum velocissima sagacia. GAUFRED. MALATERRA, lib. 4 c. 2, ed. PONTIERI, p. 86 l. 5. Aptatis triremibus et biremibus, quas modo galeas seu sagitteas vulgo dicere solent. OTTO FRISING., G. Friderici, lib. 1 c. 34, ed. WAITZ-SIMSON, p. 53. CAFFAR., Ann., a. 1162, ed. BELGRANO, I p. 69. Ibi pluries. Breviar. hist. Pisan., ad a. 1163, MURATORI, *Scr.*, VI col. 174.

**sagittare, 1.** intrans.: **tirer à l'arc — to shoot with a bow.* **2.** transit.: **cribler de flèches — to riddle by arrows.*

**sagium,** v. exagium.

**saglia,** v. sagum.

**sagma,** sogma, sauma, salma, souma, soima, somma, soma, summa, suma (neutr., genet. -atis, et femin., genet. -ae) (gr.): **1.** **bât — pack-saddle.* Cavallos 5 cum saumas et rufias et filtros. WARTMANN, *UB. S.-Gallen*, I no. 10 (a. 744). Nec de navigia nec de portus nec de carra nec de saumas nullo telloneo . . . exactare non presumatis. *D. Karolin.*, I no. 6 (a. 753). Similia no. 46 sq. (a. 769); no. 122 (a. 779). Ad varios usus facto suppellectili, ut sunt cortinae, stragula, tapetia, filtra, coria, sagmata. Test. Karoli M. a. 811 ap. EGINHARD., V. Karoli, c. 33, ed. HOLDER-

EGGER, p. 39. Adducant petras in saumas 20. Capit. Aquisgr. (a. 801-813), c. 10, I p. 171. Sagmatibus his quae postulat usus onustis nos hinc digressos . . . THEODULF., carm. 48 v. 14, *Poet. lat.*, I p. 549. Erant enim sine sagmatibus. ASTRON., V. Lud., c. 15, *SS.*, II p. 614. Sagmatibus sellisque, quibus equis insederant, . . . projectis. LIUDPRAND. CREMON., Antap., lib. 1 c. 27, ed. BECKER, p. 22. **2.** *fardeau d'une bête de bât — burden of a beast of burden.* Tollant ad saumas suas [portandas] ipsos cavallos. Liutprandi leg., c. 83 (a. 726). Nullus de victualia et carralia quod absque negotio est theloneum praehendat; de saumis similiter. Pippini reg. capit. (a. 754/755), c. 4, I p. 32. Praecessit cum sagmatibus. Mir. Reginae (ca. a. 870), c. 7, *SS.*, XV p. 451. Mitte . . . sellam sagmariam et sterne illum et sagma super illum impone. V. II Corbiniani, c. 21, *AASS.*, Sept. III p. 285. **3.** *mesure pour matières liquides ou solides — seam,* measure for liquids and solids. Ligni. *D. Karls III.*, no. 145 (a. 886). Cerae. Inq. Raffelst. (a. 903-906), c. 6, *Capit.*, II p. 251. Vini. *D. Konrads II.*, no. 106 (a. 1027). Olei. Urbar. Ratisbon. a. 1031, c. 27, DOLLINGER, p. 508. Annonae, piscium, fructuum. Ch. a. 1036 ap. GUIMANN., Cart. s. Vedasti, ed. VAN DRIVAL, p. 173.

**sagmarius** (adj.): **de bât — pack-*. Sagmarius caballus, sagmaria mula. ISID., Etym., lib. 20 c. 16 § 5. Mitte super eum [equum] sellam sagmariam. V. II Corbiniani, c. 21, *AASS.*, Sept. III p. 285. Subst. mascul. **sagmarius**, saum-, salm-, somm-, som-, summ-, sum-, -erius: **bête de somme — beast of burden.* FORTUN., V. Germani Paris., c. 3, *SRM.*, VII p. 375. *D. Karolin.*, I no. 19 (a. 763-766). D. Lud. Pii a. 816, LESORT, *Ch. de S.-Mihiel*, no. 8 p. 66 (BM.[2] 623). F. imper., no. 20, *Form.*, p. 301. Capit. de funct. publ. a. 820, c. 2, I p. 294. *D. Charles le Ch.*, no. 66 (a. 845). KÖTZSCHKE, *Urb. Werden*, p. 90 (s. xi in.). Neutr. plural. **sagmaria,** saumaria, salmaria: *bagage — luggage.* CALMET, *Lorraine*, II pr. col. 50. Brev. hist. Pisan., ad a. 1171, MURATORI, *Scr.*, VI col. 184.

**sagmata,** saum-, salm-, som-, -ada (femin.): *fardeau d'une bête de somme*, mesure pour objets fabriqués ou pour matières liquides ou solides — *pack-load, seam,* measure for commodities. Ensium. SOLMI, *Ammin. finanz.*, app. no. 2 p. 245 (ca. a. 960, Aosta). Salis. DOUAIS, *Cart. de Toulouse*, no. 135 p. 100 (a. 1004-1010). Lignorum. GERMAIN, *Cart. de Montpellier*, no. 100 p. 207 (a. 1103).

**sagmaticus,** saum-, summ-, -agi-, -egi-. -um: **1.** *redevance pesant sur les bêtes de somme — due exacted from beasts of burden. D. Merov.*, spur. no. 23 p. 141 (s. ix). **2.** *transport par bête de somme — carriage on horseback.* In die dominica vectigalia non fiant, quod carregium vel sagmegium dicitur. Concil. Bituric. a. 1031, c. 15, MANSI, t. 19 col. 505. **3.** (collect.) *bêtes de somme — beasts of burden.* Carra et samnaticum [leg. saumaticum] . . . quae propter utilitatem et necessitatem monasterii per diversos regni sui mercatus mittebantur. D. Lud. Pii a. 816, MARTÈNE, *Coll.*, I col. 65 (BM.[2] 631). **4.** une seule *bête de somme* — a single *beast of burden.* Retineo ipsos saumegios . . . que ibi episcopus habere debet. ROUQUETTE, *Cart. de Béziers*, no. 65 p. 74 (ca. a. 1050). Homines de N. venire debent ad burgum de N. . . . cum quadrigis et summagiis suis. STUBBS, *Sel. ch.*[9], p. 198 (ante a. 1189). **5.** *fourniture obligatoire de bêtes de somme — compulsory supply of beasts of burden.* S. xiii.

**sagmatizare,** saum-: *charger, accabler — to burden.* Talione saumatizatus: en butte à la vengeance — open to revenge. ARNULF. VOCHBURG., Mir. Emmerammi, lib. 1 c. 13, *SS.*, IV p. 553 col. 1 l. 54.

**sagmio** (< sagma): *meneur de bêtes de somme — driver of beasts of burden.* RATHER., Praeloq., lib. 1 c. 23, MIGNE, t. 136 col. 167 C.

**sago,** v. sagio.

**sagrestania, sagrestanus, sagrestia**, v. sacrist-.

**sagum,** sagus, saga, saigum, sajum, sagia, saya, saja, saglia, salia (class. "saie, manteau — cloak"): **1.** **couverture de lit — blanket* Benedicti regula, c. 55. **2.** *saie* (étoffe) — *serge.* Cappa de sago, cuculla de sago. Adalhardi Corbej. stat., lib. 1 c. 3, ed. LEVILLAIN, p. 354.

**saiga,** seiga, sagia, saica (germ.): **1.** une *unité de poids — a measure of weight.* De lino ad pisam seigam 1. Brev. ex., c. 8, *Capit.*, I p. 252. **2.** une *monnaie d'or* d'un poids déterminé (un douzième d'un sous d'or) — a *gold coin* of a definite weight. Pactus Alamann., fragm. 3 c. 7. Lex Alamann., codd. B, tit. 6 c. 2. Lex Baiwar., tit. 1 c. 3; tit. 12 c. 12; tit. 17 c. 2. WARTMANN, *UB. S.-Gallen*, I no. 39 p. 41 (a. 763). Ibi saepe. F. Sangall. misc., no. 18, *Form.*, p. 388. BITTERAUF, *Trad. Freising.* I no. 343 p. 293 (a. 815). Ib., no. 523[b] p. 450 (a. 825). Ib., II no. 1087 p. 30 (a. 937-948). Inquis. Raffelst. (a. 903-906), c. 6, *Capit.*, II p. 251.

**saigata,** -ada (femin.): **1.** *la valeur d'une "saiga" — the value of a "saiga"*. Una friskinga saigada valente. WARTMANN, *UB. S.-Gallen*, I no. 143 p. 134 (a. 797). **2.** une *mesure de terre*, peut-être un douzième d'un arpent — a *measure of land.* In quisqua [i. e. quaque] sicione [i. e. satione] saigata[m] una[m] ares. Ib., no. 29 p. 33 (a. 761).

**saigum,** v. sagum.

**saisimentum,** saizi-, sasi-, saxi- (< saisire): **1.** *saisie, mainmise — attachment, seizure.* Saximenta personarum et domorum . . . non faciam sine legali judicio. Lib. jur. civ. Jan., I no. 214 (a. 1059, Savona). De calumpnia vel saisimento quod de illa [terra] fecerat. MÉTAIS, *Cart. de N.-D. de Josaphat*, I p. 110 (s. xii). **2.** *réquisitionnement — requisition.* Non herbergamentum, non sasimentum, immo nihil ex toto quod ad nostram pertinet vicariam sive justitiam. D. Lud. VI reg. Fr. a. 1115, MARTÈNE, *Coll.*, I col. 633. **3.** *investiture — conveyance, transfer.* Episcopus cum baculo suo in manu G. praepositi decimarum et oblationum posuit saizimentum et restitutionem. LOBINEAU, *Bretagne*, I pr. col. 562.

**saisina,** saizina, sazina, sazinia, seisina (< saisire): **1.** *saisie, mainmise — attachment, seizure.* Non sit qui in ea [sc. ecclesiae possessione] de cetero quidquam reclamet vel hominem capiat vel bannum aut quamlibet rapinam vel saisinam aut captionem faciat. VERCAUTEREN, *Actes de Flandre*, no. 13 (a. 1093). **2.** *droit de prendre du bois dans les forêts — timber easement in a forest.* Partem quem in nemore de B. habebat, sazinam videlicet, ad domos vel ad alia opera facienda. DE MONSABERT, *Ch. de Nouaillé*, no. 137 p. 218 (a. 1077-1091). Concedo . . . consuetudinem illam quam habebam in B., id est saziniam . . ., ita ut . . . monachi liberam habeant potestatem faciendi . . . de eadem silva quicquid voluerint in molendinis et in domibus et in ceteris omnibus quibus opus fuerit. Ib., no. 193 p. 302 (a. 1115-1140). **3.** *investiture — conveyance, transfer.* Cf. E. CHAMPEAUX, *Essai sur la vestitura ou saisine.* Paris 1899. F. WISSMANN, *Förmlichkeiten bei den Landübertragungen in England während der anglonormannischen Periode.* 2. Die Seisina. *AUF.*, t. 3 (1911), pp. 276-285. **4.** *possession, saisine — possession, seizin.* Pupillus hereditatis habebit saisinam, qualem habuit pater ejus die qua obiit. Consuet. Norm. veterr., pt. 1 c. 6, ed. TARDIF, p. 6. Per 12 legitimos homines cognoscetur sacramento suo, quis eorum de terra illa ultimam habuerit saisinam. Ib., c. 16 § 4, p. 18. Ipse et tota terra sua sint in custodia et saisina Johannis. VAN CAENEGEM, *Writs*, p. 465 no. 101 (ca. a. 1130). **5.** *récognition de la propriété éminente — recognition of superior ownership.* Dum ego vixero, teneam et possideam ista[m] vinea[m] ad usus fructuum per beneficium nostri Salvatoris et s. Nazarii, cujus haereditas est; et accipiant in sazina s. Salvator [et s. Nazarius] per singulos annos sol. 3. *Hist. de Lang.*[3], V pr. no. 64 col. 170 (a. 936, Carcassonne).



**saisinare** (< saisina), aliquem: *investir, mettre en possession — to put in possession, deliver seizin to.* S. xiii.

**saisio,** sasio (genet. -onis), saisia, saisium: **1.** *saisie, mainmise — attachment, seizure,* De . . . rebus clericorum . . . ponendis in saisione. SUGER., epist. 119, *H. de Fr.*, XV p. 528. **2.** *possession, saisine — possession, seizin.* Utramque curtem in suam sasionem ponere debet et omnes reditus et omne jus de predictis duabus curtibus percipiet. D. Frid. I imp. a. 1171, WAMPACH, *UB. Luxemb.*, I no. 485 p. 669 (St. 4127).

**saisire,** saizire, sasire, sacire, saxire, sassire, sesire, seysire, saisiare (germ.): **1.** *saisir, s'emparer de* qqch., *usurper — to seize, appropriate, invade.* Advocatus . . . causas licentiam habeat adsumendi et partibus ecclesiae respondendi seu per annis contra quemcumque saciendi. MARCULF., lib. 1 no. 36, *Form.*, p. 66. Si aliquis rem alterius, quam excolit, ad proprietate[m] sacire vult. Ib., lib. 2 no. 41, inscr., p. 100. Ipsas res ad proprium sacire pontifitium non habeam. F. Sal. Bignon., no. 21, p. 236. Postquam reditam habuit [i. e. reddidisset] ipsam villam, sacivit malum ordinem [i. e. malo ordine] contra lege[m]. GERMER-DURAND, *Cart. de Nîmes*, no. 1 p. 3 (a. 876). Qui in civitate terram alterius saisibat et non poterat diratiocinare suam esse. Domesday, I fo. 262 b. Quicquid injuste seu violenter in curte de M. occupaveram aut saisiveram. BORMANS-SCHOOLMEESTERS, *Cart. de Liège*, I no. 36 (a. 1128). Refl., idem. Interrogatum fuit per quem [i. e. quamobrem] sibi de jam dicta re sacibat. F. Sal. Merkel., no. 27, p. 251. **2.** *saisir en gage, séquestrer — to seize as a pledge, distrain.* Dux terram eorum sasibit eisque prohibebit ne in eis aliquid accipiant, donec ecclesiae satisfecerint. Concil. Trevir. a. 1152, MARTÈNE, *Coll.*, VII col. 73. Si hospes rectitudinem facere contempserit, miles de illius sui hospitis rebus . . . quicquid invenerit saisiet, ita tamen quod nichil inde auferens ibi totum dimittet. *Actes Phil.-Aug.*, I no. 59 p. 80 (a. 1182). Prepositus res militis pro debito ad opus civis [creditoris] debet saisire. Ib., no. 224 c. 18 p. 271 (a. 1188). **3.** *confisquer* un fief, le *prendre en commise — to withdraw* a fief from the tenant on the ground of forfeiture. Saisiverunt, sicut rectum erat, monachi suum beneficium. BOURASSÉ, *Cart. de Cormery*, no. 52 p. 105 (a. 1070-1110). Si aliqua injuria . . . fieret, quicquid de meo feodo tenet sine aliqua summonitione me libere sesire concessit. LUCHAIRE, *Louis VII*, p. 363 no. 82 (a. 1141/1142). **4.** *entrer en possession* d'un bien — *to enter into possession of* an estate. Ad eum devolutas vel sassisas fuerunt. GABOTTO, *Carte di Asti*, p. 37 (a. 894). Ad quam villam [per commutationem acquisitam] dum saciendi sibi causa proficisci fratres . . . [abbas] precepisset. FLODOARD., Hist. Rem., lib. 4 c. 41, *SS.*, XIII p. 593 l. 19. Comitissa donavit ecclesie unum mansum et per manum R. suam affectationem eidem ecclesie confirmavit; quam terram predictus R. et saisivit et vice comitisse ecclesiam investivit. ROUSSEAU, *Actes de Namur*, no. 4 (a. 1137). **5.** aliquem: *investir, mettre en possession — to put in possession, deliver seizin to.* De hiis omnibus . . . investivit et saisivit Marcoardus D. abbatem. NEWMAN, *Domaine royal*, p. 226 (a. 1053-1083, Angers). Ecclesie contulit et . . . ramo T. abbatissam seisivit. MARCHEGAY, *Arch. d'Anjou*, III p. 81 no. 107 (ca. a. 1120).

**saisiscere,** sas-, seis- (< saisire): *saisir, s'emparer de* qqch. — *to seize, appropriate.* Quicquid ipse paratum vel conquisitum habuit in territorio P. . . ., ego de ipsis rebus nulla[m] unquam sasisco, nec de ipsis rebus . . . nulla[m] unquam contendo. MANARESI, *Placiti*, I no. 84 p. 305 (a. 878, Pescara). Si episcopi aliquid . . . monstrare possunt se habuisse temporibus R. comitis . . ., rex eis non tollit . . .; tantummodo illud nullatenus seisiscant, donec . . . monstrarent quod habere debeant. Concil. Lillebonn. a. 1080, c. 48, TEULET, *Layettes*, I no. 22 p. 28 col. 1.

**saisitio** (< saisire): **1.** *possession — seizin.* In saisitione sua ponens quicquid alodio . . . appendebat. LESORT, *Ch. de S.-Mihiel*, no. 48 p. 177 (s. xi ex.). **2.** *investiture — livery of seizin.* Petrus . . . saisivit monachos . . . de eodem alodio . . . R. prior ejusdem loci et . . . cum eo receperunt istam saisitionem. VERNIER, *Ch. de Jumièges*, I no. 37 p. 119 (a. 1088).

**saisitus,** seis-, -iatus (adj.) (< saisire): *possessionné — having seizin.* Abbas . . . de rebus de D. saisitus remaneret. VERNIER, *Ch. de Jumièges*, I no. 34 p. 112 (a. 1086). Omnes ecclesiae ita sint saisiatae de rebus suis, sicut fuerunt tempore G. regis. Concil. Rotomag. a. 1096, c. 5, ORDERIC. VITAL., lib. 9 c. 3, ed. LE PRÉVOST, III p. 472. Saisinam non amittat qui prior saisitus fuerat. Const. Clarendon. a. 1164, c. 9, STUBBS, *Sel. ch.*[9], p. 166. ROBERT. DE TORINN., ad a. 1169, *SS.*, VI p. 518 l. 45.

*Actes Phil.-Aug.*, II no. 633 c. 10 p. 182 (a. 1200).

**saisura** (< saisire): *acquisition — acquisition.* Post saisuram prefate ville. VERNIER, *Ch. de Jumièges*, I no. 34 p. 113 (a. 1086).

**saixus:** *gris — grey.* Equa saixa. D'ABADAL, *Catalunya*, III pt. 2 no. 44 p. 307 (a. 851).

**saja,** sajum, v. sagum.

**sajo,** sajus, sayo, v. sagio.

**sajonia** ( < sagio): *redevance due à un appariteur — tribute to be rendered to a bailiff.* Fuero de Nájera a. 1076, c. 1, WOHLHAUPTER, p. 72.

**sala** (germ., cf. voc. sella): **1.** *bâtiment*, en principe un bâtiment d'amples dimensions contenant une seule pièce et dépourvu d'un étage — a major single-room *building*. Medietate[m] de sala juri[s] sui pedeplana, mura cercumdata, scandula cooperta, unacum medietate de curte et medietate de prato ubi ipsa sala edificata est. SCHIAPARELLI, *CD. Longob.*, I no. 38 p. 132 (a. 726, Pistoia). Aream in qua ego commanere videor cum sala desuper stabilita dono. STENGEL, *UB. Fulda*, I no. 81 p. 149 (a. 777). Casas tam solariatas quam et salas. *CD. Langob.*, no. 287 col. 483 B (a. 879). Casas solariatas et salas cum areas in qua extant. GIULINI, *Memor. di Milano*, II p. 477 (a. 903). Areas cum sala que quondam dicebatur Maledicta . . . intra muros Turonice urbis sitas. *D. Charles le Simple*, no. 46 (a. 903). Castro meo cum casa solariata, cum sala et caminata atque lobia. UGHELLI, V col. 650 A (ch. a. 955, Verona). Per salam domni abbatis ambulando. HARIULF., Chron. Centul., lib. 2 c. 11, ed. LOT, p. 71. **2.** *demeure, le chez-soi — home.* Domum incendat seu et sala sua. Lex Alamann., tit. 76. [Pastores] qui ad liberos homines serviunt et de sala propria exeunt. Edict. Rothari, c. 136. Dono sala[m] mea[m] cum curtile. WARTMANN, *UB. S.-Gallen*, I no. 38 p. 40 (a. 763). **3.** *chef-manse*, centre d'exploitation d'un domaine — *manor.* Si quis servum alienum, bovulco [i. e. bubulcum] de sala, occiserit. Edict. Rothari, c. 133. Casatas 11, cum sala et curticle meo, quem ad presens habere visus sum, cum mancipiis et omni peculio eorum. WAMPACH, *Echternach*, I pt. 2 no. 16 p. 45 (a. 709). [Langobardi] omnes salas s. Petri destruxerunt et peculia . . . abstulerunt. Gregor. III pap. epist. a. 740, Cod. Carolin., no. 2, *Epp.*, III p. 477. Parte[m] mea[m] de sala sundriale quem avire [i. e. habere] visus sum in loco q. d. T. SCHIAPARELLI, o.c., I no. 105 p. 302 (a. 752, Lucca). De fundamento nostro sundriale, ubi sala antiqua posita fuit. Ib., II no. 161 III p. 98 (a. 762, Lucca). Invenimus in A. fisco dominico salam regalem ex lapide factam optime. Brev. ex., c. 25, *Capit.*, I p. 254. Servi vel ancille conjugati et in mansis manentes . . . Puelle vero infra salam manentes. WARTMANN, o.c., I no. 228 p. 220 (a. 817). Cortes, massas et salas. Concil. Ravenn. a. 877, c. 17, MANSI, t. 17 col. 340 B. Duas partes de castro . . . cum sala dominica. GUÉRARD, *Cart. de Mars.*, I no. 58 p. 86 (a. 1040). **4.** *salle*, partie principale d'un palais — *hall.* Dum in judicio resedissemus . . . in F. sala publica. MANARESI, *Placiti*, I no. 50 p. 167 (a. 845). Talia persaepe. Ipsas salas seu et palatiolum q. v. M. *D. Charles le Chauve*, no. 221 (a. 860). Civitate Papia in sala qui est infra viridario intus caminata magiore, hubi in judicio ressidebant. *D. Lamberto*, no. 6 p. 86 l. 10 (a. 896). Civitate Regio . . . reges praeerant ad domum ipsius s. Regiensis ecclesie infra castro ipsius domui [i. e. domus], in sala qui est justa ipsam matrem eclesia[m], laubia ipsius sale . . . *D. Ugo*, no. 75 p. 219 (a. 944). Salam unam cum area in qua extat juris nostri regni, infra prelibatam civitatem [Mediolanensem] in mercato situm. *D. Ottos I.*, no. 145 (a. 952).

**salaciola** (< sala): un *bâtiment* modeste d'une seule pièce et sans étage — a minor single-room *building*. Tullerunt alia[m] salaciola[m] diruta[m] ibi adprope. *CD. Langob.*, no. 244 col. 408 C (a. 867). Ib., no. 476 col. 824 A (a. 918). *D. Berengario I*, no. 69 p. 187 (a. 909).

**salamannus,** salmannus (germ.): *délégué, fidéicommissaire — substitute, trustee.* Quidam proprius vir ecclesie . . . delegavit predium suum P. super altare . . . per manum salamanni sui. Trad s. Mich. Biurens., no. 102 (ante a. 1190), HAUTHALER, *Salzb. UB.*, I p. 822. Per manum . . . salmanni sui dedit. BERTHOLD. ZWIFALT., c. 42, *SS.*, X p. 118. Hist. Priefl., *Mon. Boica*, t. 13 p. 4. CALMET, *Lorraine*, V p. 49.

**salandra,** salandrus, salandria, v. chelandium.

**salaricius** (< sala): *qui se rattache au chef-manse, qui fait partie de la réserve domaniale — demesne.* Ecclesia et curte cum casa et orrea et terra salaricia et silva communia. Trad. Lunaelac., no. 130 (ca. a. 824), *UB. d. L. ob der Enns*, I p. 77. In pago L. . . . ecclesiam dedicatam cum curte, terra salaricia et mansum 1. MULLER-BOUMAN, *OB. Utrecht*, I no. 63 p. 69 (a. 838). Curtim salariciam cum casa et horrea. BEYER, *UB. Mittelrh.*, I no. 120 p. 125 (a. 882). Rebus juris hujus nostre sancte ecclesie salaritiis . . . atque colonitiis. Priv. Hadr. II pap. a. 872, PASQUI, *Doc. Arezzo*, no. 41 p. 59 (J.-L. 2952). Curtem 1 . . . cum terra salaricia. LACOMBLET, *UB. Niederrh.*, I no. 87 p. 48 (a. 927). Cum curtilibus, hedificiis et terris salericiis. *D. Ottos I.*, no. 214 (a. 960). Curtem dominicatum cum aliis curtilibus 32 et in ipsa marca de terra salaritia mansam. Ib., no. 216 (a. 960). Allodium . . . cum ecclesia matre . . . et terra salaricia. *RBPH.*, t. 14 (1935), p. 809 (ca. a. 1000).

**salarium,** sale-, -ria (femin.): **1.** *salière — salt-cellar.* FLODOARD., Hist. Rem., lib. 2 c. 5, *SS.*, XIII p. 454 l. 23. BERNARD. MORLAN., pt. 1 c. 27, HERRGOTT, p. 205. **2.** *saline — saltworks.* *Hist. de Lang.*[3], V no. 151 col. 320 (a. 990, Narbonne); no. 166 II col. 353 (a. 1008). **3.** *péage levé sur le sel — a toll on salt.* Ib., no. 445 col. 831 (a. 1112). CENCIUS, ed. DUCHESNE, I p. 122 col. 2. **4.** *approvisionnement — food supply.* Omnia in proprii monasterii usu salarioque jure . . . persistant. MITTARELLI, *Ann. Camald.*, I p. 93 (a. 974). Pratum . . . in usum et salarium vestrum . . . semper maneat. HARTMANN, *Tabul. s. Mar. in Via Lata*, p. 40 (a. 1012). **5.** *provisions — commodities.* In villa H. mansum unum ad salarias per alveum Ligeris ducendas. *D. Charles le Chauve*, I no. 156 p. 412 (a. 853). **6.** *prébende — prebend.* Offerens filium suum in coenobium s. Emmerammi et fraternam salarium [c.-à-d. une prébende pour un moine — a prebend for one monk]. THÉVENIN, no. 139 p. 204 (a. 975-1001). **7.** *charte — charter.* Hujus traditionis salariam jussit susscribi suique signi impressione firmari. KEUTGEN, *Urk. st. Vfg.*, no. 76 p. 45 (a. 1033 Naumburg).



**salaticus,** salagium, saligium: *une redevance levée sur le sel — a toll on salt.* Aliquid telonei, id est pontaticus aut rotaticus, cespitaticus, pulveraticus, pascuaticus aut salaticus. *D. Charles le Chauve*, II no. 340 p. 260 (a. 870). Salagium de mercato. QUANTIN, *Cart. de l'Yonne*, I no. 106 p. 204 (ca. a. 1100, Tonnerre).

**salcedum,** salceium, salceda, salcida, salceia = salicetum.

**salciacum** (< salix): *saussaie — willow-grove.* BERNARD-BRUEL, *Ch. de Cluny*, II no. 1132 p. 223 (a. 962).

**saldivus** (subst.): *terrain vague — waste area.* SALIMBENE, ed. HOLDER-EGGER, p. 365.

**saldus,** saudus (adj.): *inculte — waste.* S. xiii, Ital.

**salecare,** sali-, salle-, salli-, sele-, seli-, -gare, -sare (< silex): *caillouter* une route — *to gravel* a road. S. xiii, Ital.

**salegata,** sali-, salle-, salli- (< salecare): *chemin de gravier — gravel-road.* S. xiii, Ital.

**saleria,** v. salarium.

**salia,** v. sagum.

**saliburgio,** saleb- (germ.): *délégué, fidéicommissaire — substitute, trustee.* Acta est hec traditio . . . per manum I. sub fidejussoribus, quos vulgo saleburgiones vocamus, C. F. W. WAMPACH, *UB. Luxemb.*, I no. 168 p. 219 (a. 960). Ibi pluries. BEYER, *UB. Mittelrh.*, I no. 245 p. 302 (a. 975).

**salicium** = salicetum.

1. **salicus** ("des Francs saliens — of the Salian Franks"): *patrimonial — ancestral.* De terra vero salica nulla in muliere hereditas non pertinebit. Lex Sal., tit. 59 § 5, codd. fam. 2 et 3 necnon text. Herold. (codd. fam. 1: terra, nude); cf. legem Ribuar., tit. 56: terra aviatica. G. cum fratre suo H. ab imperatore proscribitur in terra ipsorum scilicet salica more antiquorum. Ann. Patherbrunnenses, a. 1136, ed. SCHEFFER-BOICHORST, p. 163. Cf. G. FROMMHOLD, *Der altfränkische Erbhof, ein Beitrag zur Erklärung des Begriffs der terra salica*, 1938.

2. **salicus,** salikus, saligus, siligus (< sala): **1.** (de bien-fonds) *qui se rattache au chef-manse, qui fait partie de la réserve domaniale* — (of real estate) *demesne.* Dono sala[m] mea[m] cum curtile . . . et terram salicam. WARTMANN, *UB. S.-Gallen*, I no. 38 p. 40 (a. 763). Ibi pluries. F. Augiens., no. 25, *Form.*, p. 358. WAMPACH, *Echternach*, I pt. 2 no. 141 p. 211 (a. 835/835). *D. Ludw. d. Deutsch.*, no. 69 (a. 854). MEYER VON KNONAU, *Urk. Rheinau*, no. 10 p. 14 (a. 858). *D. Karls III.*, no. 2 (a. 877); no. 107 (a. 884). *D. Arnulfs*, no. 154 (a. 897). *D. Konrads I.*, no. 8 (a. 912). LACOMBLET, *UB. Niederrh.*, I no. 154 p. 96 (a. 1019). DRONKE, *CD. Fuld.*, no. 749 p. 358 (a. 1048). STIMMING, *Mainzer UB.*, I no. 334 p. 229 (a. 1072). GYSSELING-KOCH, *Dipl. Belg.*, no. 225 p. 377 (a. 1096). Salicum rus. Trad. Ebersperg., I no. 6, ed. OEFELE, p. 13 (a. 935). Salica tellus. *D. Konrads II.*, no. 192 (a. 1033). Hobas 5 exepto ea, que in usus proprios colere videtur, quod dicitur hoba siliga. WARTMANN, o. c., I no. 143 p. 134 (a. 797). Salica decimatio. WAMPACH, o. c., I pt. 2 no. 168 p. 262 (a. 934/935). Item interpol. s. x med. in *D. Arnulfs*, no. 114. Domus salica. WARTMANN, II no. 575 p. 187 (a. 873). **2.** (de personnes) *qui est attaché au chef-manse, qui se trouve dans la maisnie seigneuriale* — (of persons) *tied to the manor, living in the lord's household.* Mancipia salica. WARTMANN, II no. 543 p. 157 (a. 869). Servi salici. Urbar. s. Emmerammi (a. 1031), ap. DOLLINGER, p. 504 sqq. WIDEMANN, *Trad. S.-Emmeram*, no. 393 p. 263 (a. 1030/1031). **3.** (de corvées) *qui se fait pour le compte du chef-manse* — (of labour services) *performed in behalf of the manor.* Ne salica opera cogeretur unquam facere, nisi in curte que est in S. Trad. Ebersperg., no. 109, II p. 30. Subst. femin. **salica:** *réserve — demesne land.* Cum eadem villa et 4 mansis sue salice. STIMMING, I no. 327 p. 215 (a. 1070).

**saligare,** v. salecare.

**saligata,** v. salegata.

**saligium,** v. salaticus.

**saligo** = siligo.

**salinare,** -rium, -ria (femin.): **1.** *saline — saltworks.* BIRCH, *Cart. Sax.*, I no. 158 p. 228 (a. 737). D. Lud. Balbi reg. Fr. a. 878, *H. de Fr.*, IX p. 409 A. D. Conradi reg. Burgund. a. 963, ib., p. 700 D. Priv. Leonis VIII pap. a. 963, MIGNE, t. 134 col. 995 B (J.-L. 3702). *D. Ottos III.*, no. 219 (a. 996). **2.** *une redevance levée sur le sel — a toll on salt.* S. xiii, Prov.

**salinarius,** saln-, -erius (subst.): **1.** *saunier — salt-maker.* BERTRAND, *Cart. d'Angers*, I no. 373 p. 433 (s. xi ex.). Urbar. Maurimonast. (s. xi ex.), PERRIN, *Essai*, p. 165. **2.** *salinier, marchand de sel — salt-monger.* Consuet. Bigorr. a. 1097, c. 29, GIRAUD, p. 23. DC.-F., VII p. 283 col. 2 (ch. a. 1141, Toulouse).

**salinum:** **1.** *marché au sel — salt-market.* Salinarii qui attulerint salem descargent ad salinum. *Hist. de Lang.*[3], V pr. no. 549 col. 1052 (a. 1141). **2.** *redevance levée sur le sel — a toll on salt.* MARTÈNE, *Coll.*, I col. 411, ubi perperam: salmum (ch. a. 1150, Béziers). BALUZE, *Auvergne*, II p. 500 (ch. a. 1193, Béziers).

**salisare,** sallegare, salligare, v. salecare.

**sallegata,** salligata, v. salegata.

**salma** et deriv., v. saum-.

**salmannus,** v. salamannus.

**salnivum:** *redevance levée sur le sel — a toll on salt.* LALORE, *Ch. de Montiérender*, no. 13 p. 136 (a. 968). *D. Charles le Chauve*, I no. 475 p. 578 l. 7 (< a. 858 >, spur. post a. 980, Montier-en-Der).

**salorgium:** *terrain de stockage de sel — salt storage space.* MARCHEGAY, *Arch. d'Anjou*, III p. 59 no. 68 (ca. a. 1110).

**salpinx,** salpix (gr.): *trompette — trumpet.* ALDHELM., pluries. ALCUIN., carm. 15 v. 3, *Poet. lat.*, I p. 238. FULCHER. CARNOT., lib. 3 c. 50 § 10, ed. HAGENMEYER, p. 790.

**salsa** (femin.): *saline — salt-marsh.* FLORIANO, *Dipl. esp.*, II no. 98 p. 63 (a. 870).

**salsare:** *saler — to salt.* S. xiii.

**salsarium:** *salière — salt-cellar.* S. xiii.

**salsarius:** *saucier — saucer.* S. xiii.

**salsilago:** *saline — salt-marsh.* BIRCH, *Cart. Sax.*, I no. 159 p. 229 (a. 738).

**salsucia:** *saucisse — sausage.* FAYEN, *Lib. trad. s. Petri Blandin.*, p. 157 (s. xii).

**salsuciarius:** *saucissier — sausage-maker.* KEUT-

GEN, *Urk. st. Vfg.*, no. 125 c. 26 sq. p. 93 (a. 1156, Augsburg).

**saltuarius**, saltarius (< saltus): **régisseur domanial — manorial bailiff.* Regula Magistri, c. 11. Liutprandi leg., c. 44 et 83. Pippini reg. It. capit. (a. 782-786), c. 9, I p. 193. MEYER-PERRET, *Bündner UB.*, I no. 27 (a. 769-800). *Mon. hist. patr.*, Chartae, I col. 228 D (a. 926). *D. Konrads II.*, no. 92 (a. 1027); no. 280 (a. 1039).

**saltus** (decl. iv): **1.** *enjambée*, mesure linéaire — *pace*, measure of length. Girum girando mensurarentur spatia dextrorum saltibus non plus duodecim milibus. *D. Merov.*, no. 22 (a. 648). **2.** *attaque — assault.* Incendium vel saltum ad castella non faciam. Pax Ital. a. 1077, c. 2, *Const.*, I no. 68. **3.** *action de sauter un ordre intermédiaire — omitting an intermediate ordination.* Qui saltu sine gradu diaconi ad sacerdotium prosilierit. FLODOARD., Hist. Rem., lib. 3 c. 11, *SS.*, XIII p. 486 l. 14.

**salus:** *cadeau d'honneur* offert au maître d'un domaine en guise de salutation, bientôt tourné en redevance — *present of deference* for the lord of an estate, soon becoming a due. CAPASSO, *Mon. Neapol.*, I p. 15 (a. 975). *CD. Cajet.*, p. 181 (a. 997).

**salutamen:** *salutation — greeting.* Filiis . . . materna impertit salutamina. Epist. (ca. a. 1035) ap. Encom. Emmae, lib. 3 c. 3, ed. CAMPBELL, p. 40.

**salutaris** (adj.): **qui procure le salut éternel — affording eternal bliss.* Subst. mascul. **salutaris**: **le Sauveur — the Saviour.* Subst. neutr. **salutare**: **délivrance, rédemption, salut éternel — salvation, redemption, eternal beatitude.*

**salutaticus**: *une redevance* d'ordre public grevant les marchands, à acquitter probablement pour obtenir la permission d'ouvrir le négoce — *a due* exacted from traders by public authorities. *D. Merov.*, no. 51 (ca. a. 681). *D. Karolin.*, I no. 6 (a. 753). Ibi saepe. Supplem. ad MARCULF., no. 1, *Form.*, p. 107.

**salutatorium: 1.** **parloir* d'un monastère — monastic *parlour.* CAESAR. ARELAT., Regula virginum, c. 35. GREGOR. TURON., H. Fr., lib. 2 c. 21; lib. 6 c. 11; lib. 7 c. 22. Concil. Matiscon. I a. 583, c. 2, *Conc.*, I p. 156. **2.** *salle de réception* contigue à une église — *reception-room* adjacent to a church. GREGOR. M., lib. 5 epist. 61, *Epp.*, I p. 375. V. Caesarii, lib. 2 c. 16, *SRM.*, III p. 490. AGNELL., c. 149, *Scr. rer. Langob.*, p. 374.

**salutifer:** **qui apporte le salut éternel — bringing eternal bliss.*

**salvamentum: 1.** *état protégé ou respecté, sécurité — protected or respected state, safety.* Volumus ut vos . . . talem legem et rectitudinem et tale salvamentum in regnis nostris habeatis. Conv. Confl. a. 860, adnunt. Lud., *Capit.*, II p. 157. Villae nostrae indominicatae . . . cum salvamento et debita reverentia . . . consistant. Edict. Pist. a. 864, c. 5, ib., p. 313. Tractetis . . . qualiter vos in regimine regni cum honore et salvamento . . . cum regno ac domo vestra possitis consistere. HINCMAR. REM., epist. ad Lud. Balbum a. 877, c. 8, SIRMOND, II p. 179. Devastatio Normannorum et timor crevit super nos, quatenus ad salvamentum diffinivimus deportare corpus [sancti]. *Gall. chr.*,[2] XIV instr. col. 210 D no. 3 (a. 924, Poitiers). **2.** *intérêt, utilité, bien-être — benefit, advantage, welfare.* Ut beata unius actio generale fieret salvamentum. FORTUN., V. Albini, c. 9, *Auct. ant.*, IV pt. 2 p. 30. Secundum Dei voluntatem et commune salvamentum ad restitutionem s. Dei ecclesiae et statum regni. Conv. Marsn. a. 851, c. 6, *Capit.*, II p. 73. [Precariam] non . . . secundum aecclesiae salvamentum bene esse factam. BEYER, *UB. Mittelrh.*, I no. 164 p. 228 (a. 924). **3.** *provisions, vivres — victuals, fare.* Ubicumque ad vos venerit . . . ei adjutorium tribuatis bonasque mansiones atque salvamentum de loco ad locum illi conferatis. Transl. Alexandri, c. 4, *SS.*, II p. 677. **4.** *l'inviolabilité d'un lieu, le droit d'asile — the unassailable character of a place, the rights of sanctuary.* Cellaria in circuitu ecclesiae causa salvamenti non infringam. Sacram. pacis Belvac. (ca. a. 1023), c. 1, PFISTER, *Robert*, p. LX. [Ecclesiam desertam] monachi consecrari ab archiepiscopo fecerunt et salvamentum a comite confirmatum et ab ipso archiepiscopo ibi statuerunt. DE JAURGAIN, *Cart. de Saint-Mont*, no. 32 p. 54 (ca. a. 1060?). Breviter dicamus quae sit illa libertas quodve salvamentum, quod ipsi ecclesiae a prefatis viris est traditum: ut scilicet nemo praeter abbatem et monachos ipsius loci in toto allodio ad eamdem ecclesiam pertinente quidquam potestatis vel dominationis sive advocationis in ulla prorsus re habeat, nullus ibi quemquam insectari, non cedere, non aliquid tollere nullamve injuriam omnino inferre praesumat, sed totum hoc allodium sit quasi una ecclesia, unum miseris asilum, oppressis refugium, ut, quicumque in eo fuerit, ab omni carnali inimico securus sit. CIROT DE LA VILLE, *Hist. de l'abb. de la Grande-Sauve*, Paris 1844, I p. 495 no. 15 (a. 1080). **5.** *lieu jouissant d'un droit d'asile, sauveté — a place where rights of sanctuary obtain.* Donat . . . mansos duos vestitos cum appendiciis suis in villa q. d. S. cum ejus salvamento. *Gall. chr.*[2], IV instr. col. 137 (ch. a. 980, Tournus). Salvamenta ecclesiarum . . . non infringam. Sacram. Belvac. laud., c. 14, p. LXI. **6.** *droit de garde* qu'un seigneur laïque exerce sur une église et ses possessions — *protective power* exercised by a baron over a church and its estates. Pessimas remittendo consuetudines que . . . ab s. Dionysii pauperibus gratia salvamenti exigebantur. D. Roberti reg. Fr. (a. 1005/1006), TARDIF, *Cartons*, no. 243 p. 153 col. 1. Pro quibusdam consuetudinibus injustis, quas in quadam potestate s. Nazarii . . . salvamenti occasione capiebam. DE CHARMASSE, *Cart. d'Autun*, I no. 27 p. 45 (a. 1077). **7.** *redevance coutumière* exigée pour prix de la garde exercée par un seigneur — a *tribute* exacted in respect of protection afforded by a baron. 30 modios vini in vindemiis solveret de ipsa potestate . . . pro salvamento nostro. D. Hugonis reg. Fr. a. 993, *Hist. de Fr.*, X p. 561 C. [Abbatiae] salvamentum circumadjacentium villarum ex nostro adderemus . . . Nomina autem villarum salvamenta reddentium sunt subtus notata. D. Roberti II reg. Fr. a. 1016, CHEVRIER-CHAUME, *Ch. de Dijon*, II no. 260 p. 52 (an verax?). Clamorem fecerat abba . . . de diversis direptionibus . . . quas W. pro occasione salvamenti . . . faciebat in potestate memorata praeter salvamentum, quod est 30 modii vini. QUANTIN, *Cart. de l'Yonne*, I no. 89 p. 170 (a. 1035, Champagne). Hujus ecclesiae terram . . . iniquam duplicis salvamenti consuetudinem singulis annis rapiendo prope desertam . . . effecisset. FRODO, G. pontif. Autiss., c. 52, ed. DURU, p. 399. In festo s. Bartholomei persolvant homines de P. salvamentum suum hoc modo. POUPARDIN, *Ch. de S.-Germain-des-Prés*, II no. 72[bis] p. 234 (a. 1082-1103). Contulerunt eidem cenobio omnia que habebant . . . in terra ipsius ecclesie, salvamentum videlicet et justiciam et frescennas. LALORE, *Cart. de Montiéramey*, no. 18 p. 25 (a. 1102). Requireret a me feodum suum . . . id est salvamentum hominum s. Petri qui sunt in castro illo vel in villis in circuitu castri. HUGO FLAVIN., Chron., lib. 2, ad a. 1099, *SS.*, VIII p. 480. In villa s. Symphoriani in terra canonicorum habet abbas salvamentum: ex singulis domibus mansuetis singulos agnos. DÉLÉAGE, *Actes d'Autun*, no. 20 p. 50 (a. 1098-1112). Salvamentum retinui: in unoquoque foco 12 nummos et avenam, sicut ante annuatim habueram. DE CHARMASSE, o.c., no. 48 p. 91 (ca. a. 1112). **8.** *lieu où un seigneur perçoit un droit de garde — place in which a baron exacts dues in respect of protection.* Dominationem quam eatenus in his tribus salvamentis exercuerat, perpetualiter wirpivit. CHEVRIER-CHAUME, o.c., no. 324 p. 105 (a. 1043). **9.** *réserve, condition — proviso.* Res memoratas et mancipia cum tali tenore et salvamerito [leg. salvamento] usufructuario teneas et excolas, ut nullum detrimentum aut calumniam domus Dei . . . sustineat. BEYER, *UB. Mittelrh.*, I no. 105 p. 109 (a. 866, Prüm).



**salvare: 1.** **sauver — to rescue.* **2.** **sauver, procurer le salut éternel — to save, afford salvation.* **3.** *guérir — to cure.* [Aegri] salvabantur omnes. Pass. Domnini (s. vi), *AASS.*, Oct. IV p. 992 l. 41. Salvantur . . . aegritudinis incommoditate detenti. Transl. Firmi (s. viii/ix), MAFFEI, *Ist. dipl.*, p. 314. Passiv. salvari: se rétablir — to recover. Ab hac peste salvati. FLODOARD., Ann., a. 945, ed. LAUER, p. 100. **4.** *protéger, abriter, sauvegarder — to protect, shelter, safeguard.* Timebant ne forte praelio commisso in tanta paucitate regem suum salvare difficile possent. NITHARD., lib. 2 c. 4, ed. LAUER, p. 48. Omnem aecclesiae apparatum ex ipsa, non ad proprios usus . . ., sed ad salvandum abstulissemus. Mir. Germani in Norm. adv. (s. ix med.), c. 5, *SS.*, XV p. 11. Paratus est vos omnes . . . recipere et salvare et honorabiles semper habere. Karoli Calvi missat. II ad Fr. et Aquit. a. 856, c. 4, *Capit.*, II p. 284. Ut daret nobis regem, qui in judicio et justitia nos regeret, salvaret atque defenderet. Capit. elect. Kar. a. 869, c. 1, ib., p. 338. Circumquaque firmare ad salvandam et muniendam ipsam s. aecclesiam suamque constitutam canonicam. *D. Guido*, no. 11 p. 31 l. 6 (a. 891). **5.** passiv. salvari: *se sauver, se réfugier — to find a refuge.* Nec quisquam ex illis remansit Bulgaris, nisi tantum A. . . . qui in marca Vinedorum salvatus est. FREDEG., lib. 4 c. 72, *SRM.*, II p. 157. **6.** passiv. salvari: *jouir d'un droit d'asile — to find sanctuary.* Malefactor seu res ejus non salventur in eadem ecclesia. Synod. Tulug. a. 1041, *Hist. de Lang.*[3], V pr. no. 220 col. 442. **7.** refl. se salvare: *se maintenir — to hold one's own.* [Episcopalis libertas] ita sit, ut et nosmetipsos salvare et populo nobis subjecto utiliter prodesse . . . valeamus. Episc. rel. a. 829, c. 62, *Capit.*, II p. 51. **8.** refl. se salvare: *prêter un serment purgatoire — to take an oath of compurgation.* S. xiii, Hisp. **9.** aliquid: *préserver, stocker — to preserve, store.* Quicquid reliquum fuerit de conlaboratu, usque ad verbum nostrum salvetur. Capit. de villis, c. 33. Serindos paria 1 ad vestimenta sacra salvandum. *Hist. de Lang.*, V pr. no. 42 col. 135 (a. 915, Elne). Facias ibi . . . cellaria ad panem et vinum et suppellectili tua salvandum. Ib., no. 225 col. 508 (ca. a. 1060, Lézat). **10.** aliquem: *enfermer — to lock up.* Salventur in carcere, usque dum . . . spondeant emendationem peccatorum. Stat. Rhispac. a. 799/800, c. 15, *Capit.*, I p. 228. **11.** aliquid: *conserver, garder — to keep, retain.* Habeat potestatem [praedii] ad salvandum et ad dominandum, jam non [ad] adfligendum, sed ad meliorandum. BITTERAUF, *Trad. Freising*, I no. 2 p. 28 (a. 748). Galliam et Hispaniam salvare nequivit. ANAST. BIBL., Chron., ed. DE BOOR, p. 103. **12.** *taire, cacher — to keep a secret, conceal.* Salvans credita, discens incognita, retinens ordinata. HINCMAR., Ordo pal., c. 32, *Capit.*, II p. 528. **13.** *maintenir intact — to keep up, uphold.* Conventum factum Pisanis ab imperatore [principes] salvare juvabunt et firmum tenebunt. *Const.*, I no. 205 c. 7 p. 284 (a. 1162). Promiserunt consules bona fide custodire et salvare privilegia. Ib., no. 309 c. 2 p. 437 (a. 1186). **14.** aliquem ab aliqua re: *retenir — to restrain, hold back.* Principi terrae . . . cavendum est, ne in his Deus offendatur, per quos religio christiana consistere debet et caeteri ab offensione salvari. HINCMAR., o. c., c. 9, p. 520. **15.** aliquem: *dire adieu — to say good-bye.* Benedictus et salvatus ab eo exiit. V. Cuthberti, lib. 2 c. 3, ed. COLGRAVE, p. 82.

**salvarium,** salvatorium: *réservoir à poissons — fishpond.* DC.-F., VII p. 291 col. 1 (ch. a. 1125, Soissons).

**salvataria,** -ter- (< salvator): **1.** *sauvegarde — safeguard.* Accipio in custodia et in mea salvataria usatica et redditus que infirmaria habet. CASSAN-MEYNIAL, *Cart. d'Aniane*, no. 166 p. 303 (a. 1175). Retineo . . . medietatem pretii salvatariae bestiarum extranearum. *Gall. chr.*[2], VI instr. col. 196 (ch. a. 1178). **2.** *sauveté — enfranchised place.* Ibi constituimus salvaterram [leg. salvateriam, ut textus habet infra]. DESJARDINS, *Cart. de Conques*, no. 547 p. 386 (a. 1106).

**salvaticina,** salvadixina, salvasina, salvagina, v. silvaticina.

**salvaticus,** v. silvaticus.

**salvatio: 1.** **bonheur éternel — salvation.* **2.** *bonheur, bien-être, prospérité — happiness, welfare, weal.* [Simulacrum idoli] pro salvatione agrorum ac vinearum suarum . . . deferrent. GREGOR. TURON., Glor. conf., c. 76, *SRM.*, I p. 793. Dum pro regni nostri stabilitate et salvatione regionis vel populi pertractaremus. Guntchr. edict. a. 585, *Capit.*, I p. 11 l. 13. Studuimus qualiter salvatio vestra et istius regni maneat in futurum. Concess. gener. (a. 823?), c. 1, ib., p. 320. Cum honore et omni

salvatione vivere. F. imper., no. 55, *Form.*, p. 327. Ad communem totiusque populi providendam salvationem bonam. Synod. Theodonisv. a. 844, prol., *Capit.*, II p. 113. Ad Dei et sanctae ecclesiae ac nostrum et regni nostri honorem et statum atque communem nostram salvationem. Capit. Pist. a. 869, c. 12, ib., p. 336. Hoc ad salvationem corporis et animae nostrae fore creditur. *D. Ludw. d. Deutsch.*, no. 96 (a. 859). **3.** *clôture — fence.* Pro salvatione campi sui fecit [fossatum]. Edict. Rothari, c. 305. **4.** *sécurité — safety.* Liceat eis [sc. negotiatoribus monasterii] absque cujuslibet exactione aut detentione negociandi gratia ... discurrere et cum salvatione de loco ad locum ire. D. Lud. Pii a. 836, DRONKE, *CD. Fuld.*, no. 489 p. 216. Liceat omnibus sub nostra ditione degentibus cum salvatione et pace vivere. Capit. Pap. a. 850, c. 2, II p. 86. [Civitas muris circumdatur] ob nimiam persecutionem sive infestationem paganorum et refugium sive salvationem christianorum. *D. Karls III.*, no. 152 (a. 886). **5.** *protection — protection.* Accipere[t] salvatione[m] pro ipse [i. e. ipsa] aedificia et pro solamenta et curte et orto. MANARESI, *Placiti*, I no. 19 p. 62 (a. 806, Pistoia). Ubicumque advenerint, per vos salvationem et defensionem habeant. D. Lud. Pii a. 814, *Hist. de Lang.*³, II pr. no. 28 col. 90. Pro ejus [sc. imperatoris] suorumque filiorum fidelitate et salvatione regnique nutantis recuperatione. Episc. rel. Compend. a. 833, c. 4, *Capit.*, II p. 54. Defensionem et mundeburdum ac salvationem de prefato monasterio ejusque abbate habeant. *D. Ludw. d. Deutsch.*, no. 141 (a. 871). **6.** *l'inviolabilité d'un lieu, le droit d'asile — the unassailable character of a place, the rights of sanctuary.* Daretur ei [sc. monasterio] et juraretur salvatio talis, quam nullus deinceps mortalium sine magno detrimento auderet infringi [i. e. infringere] vel violari. Juraverunt ergo monasterii salvationem cum omni honore suo. FLACH, *Orig.*, II p. 174 n. 1 (a. 1036, Auch). Hoc facio causa salvationis monasterii s. Johannis et omnium eorum quae ad ipsius possessionem pertinent. *Hist. de Lang.*, V no. 566 II col. 1086 (a. 1146). **7.** *lieu jouissant d'un droit d'asile, sauveté — a place where rights of sanctuary obtain.* Sunt termini ejusdem, quos omnium decrevimus esse salvationem, ex una parte ... *Gall. chr.*, VI instr. col. 105 (ch. a. 1045). Dominationem et justitiam de suis et de cunctis hominibus in salvatione Sancti habitantibus. FLACH, o. c., I p. 181 n. (ch. a. 1092, Poitou). [Episcopi] constituerunt et laudaverunt et dederunt ad ecclesiam s. Vincentii sexaginta passum pedum versus omnes partes, et fecerunt salvationem et posuerunt terminos. DC.-F., VII p. 292 col. 1 (ch. a. 1098, Maguelonne). **8.** *droit de garde — protective power.* [Consuetudines] quae pro salvatione ejusdem villae retinui, scilicet: aut cum 60 hominibus tantum semel in anno ibi prandeam, aut bis cum 30 tantum. PROU-VIDIER, *Ch. de S.-Benoît-s.-Loire*, I no. 79 p. 207 (a. 1070).

**salvator: 1.** **le Sauveur — the Saviour.* **2.** *celui qui exerce un droit de garde — one who exercises a protective power.* In festo s. Bartholomei persolvant homines de P. salvamentum suum hoc modo: ipso die debet venire ministerialis salvatoris ... et recipere consuetudinem domini sui. POUPARDIN, *Ch. de S.-Germain-des-Prés*, II no. 72ᵇⁱˢ p. 234 (a. 1082-1103). In terris et nemoribus s. Hilarii, de quibus idem G. tunc temporis salvator erat. DC.-F., VII p. 292 col. 2 (ch. a. 1166, Poitiers).

**salvatorium,** v. salvarium.

**salvitas,** salvietas, salvetas (< salvus): **1.** *l'inviolabilité d'un lieu, le droit d'asile — the unassailable character of a place, the rights of sanctuary.* Nunquam habeant potestatem illi sacerdotes ... comunicandi, nisi ad salvitatem de ipsa ecclesia. SCHIAPARELLI-BALDASSERONI, *Carte Firenze*, p. 23 (a. 986). Propter emendationem de salvetate quam infregi quando Bernardo apprehendi. *Hist. de Lang.*³, V no. 173 II col. 363 (ca. a. 1015). Concedo ad basilicam s. Crucis Burdegalae salvitatem illius loci et allodium liberum. DC.-F., VII p. 293 col. 2 (a. 1027). Donamus salvitatem seu salvacionem huic ville ... omnibus ibi manentibus ..., ut omnes salvi sint et quidquid ibi habuerint vel adduxerint. GUÉRARD, *Cart. de Mars.*, I no. 150 p. 175 (a. 1082). Firmavit F. comes et ejus filius A. jurejurando salvitatem ejusdem ville. LACAVE, *Cart. d'Auch*, I no. 6 p. 9 (ca. a. 1090). Monasteria quibus salvitas consilio comitis et procerum terrae jurata fuerit. Consuet. Bigorr. a. 1097, c. 7, GIRAUD, p. 20. Infra cruces ... quae salvitatis causa in utrisque partibus villae Aureliaci positae sunt. Priv. spur. Urbani II pap., PFLUGK-HARTTUNG, I no. 62 p. 59. Sciatis me concessisse et confirmasse ... monachis ... omnem salvitatem et omnes libertates quas mei predecessores duces Aquitanorum predicte ecclesie concesserunt. DELISLE-BERGER, *Actes Henri II.*, I no. 25 p. 119 (a. 1156). **2.** *lieu jouissant d'un droit d'asile, sauveté — a place where rights of sanctuary obtain.* Ibi salvitatem facimus et securitatem stabilimus. Quod si aliquis ipsam salvitatem frangerit ... DOUAIS, *Cart. de Toulouse*, no. 232 p. 164 (ca. a. 1040). [Praedium] dedit ad salvitatem faciendam. *Hist. de Lang.*³, V no. 219 col. 441 (ca. a. 1040, Lézat). In alodio de castello de V. alicui sancto non donamus licentiam faciendi salvetatem, nisi abbati O. et monachis de Conchas. Ib., no. 271 col. 533 (ca. a. 1065). Faciant ipse abbas vel ipsi monachi salvetatem unde monstratum habemus per ipsos terminos. Ib., no. 303 col. 593 (ca. a. 1072, Lézat). Qui scienter occidet hominem injuria, non deffendat eum ecclesia neque claustrum neque salvitas. Ib., no. 596 col. 1167 (a. 1152, Toulouse).

**salvo:** *en sûreté — in safety.* S. xiii.

**salvus: 1.** **sauvé, bienheureux — saved, blessed.* **2.** *jouissant d'un droit d'asile, ayant le caractère d'une sauveté — possessing rights of sanctuary.* Illum meum vicum de V. ... ad honorem s. Eugenii ... salvum fore constituo imposterum. *Hist. de Lang.*³, V no. 142 II col. 306 (a. 987, Albi). Constituo locum liberum et salvum et quietum sine aliqua querela. CHEVALIER, *Cart. de Vienne*, no. 182 p. 131 (a. 1000).

**sambuca** (class. "harpe — harp"): *selle — saddle.* Cido tibi caballus cum sambuca et omnia stratura sua. F. Andecav., no. 1ᵇ, *Form.*, p. 5.

**sametum,** samitum, samittum, v. examitum.

**sanare:** *acquitter, payer — to settle, pay.* Si quis debitum fecerit ... et talis fuerit ipse debitus, quod sanari non possit. Liutprandi leg., c. 57. Non habet ... unde ... debitum sanare possit. Cart. Libro Pap. add., no. 6, *LL.*, IV p. 596 col. 1. Ecclesia ... de re ipsa ... sanata est. MANARESI, *Placiti*, I no. 11 p. 31 (a. 800, Lucca). Ita sanet ut prestet ... pensionem persolvendam. FEDELE, *Carte Mica Aurea*, p. 40 (a. 1022).



**sanatio:** *règlement, paiement — discharge, payment.* Sanationem fecerint de 100 sol. Cart. Lib. Pap. add., no. 9, *LL.*, IV p. 597 col. 1. Accepi a vobis ... integram meam sanationem. *CD. Cajet.*, I p. 21 (a. 866). Similia CAPASSO, *Mon. Neapol.*, I p. 24 (a. 924). *CD. Cav.*, I no. 142 p. 182 (a. 924). FILANGIERI, *CD. Amalf.*, no. 3 p. 5 (a. 931).

**sancire:** *consommer* un acte juridique — *to complete* a legal act. Actum est in T. ... Mox post hec ... ut firmius et stabilius esset, ... cum ramo et cespite jure rituque populari sancitum est rationabiliterque firmatum. MULLER-BOUMAN, *OB. Utrecht*, I no. 145 p. 141 (a. 996).

**sancitus** (decl. iv): *infliction d'une peine — award of punishment.* Tam canonica censura quam humanae legis sancitu ... finiatur. Joh. VIII pap. epist. a. 878, *Hist. de Fr.*, IX p. 171.

**sanctificare: 1.** **sanctifier, bénir — to hallow, bless.* **2.** *bénir par le signe de la croix — to bless by the sign of the cross.* AGNELL., c. 130, *Scr. rer. Langob.*, p. 363 l. 28. Pass. Gratiani et Felini (s. x/xi), *AASS.*, Jun. I p. 29. **3.** ecclesiam: *consacrer — to consecrate.* Theodori poenit., lib. 2 tit. 1 c. 1, SCHMITZ, *Bussbücher*, I p. 538. **4.** diem: **fêter, célébrer — to celebrate, observe.* **5.** **consacrer, offrir en sacrifice — to consecrate, offer in sacrifice.* **6.** aliquem: **vénérer comme saint, glorifier — to worship as a saint, glorify.*

**sanctimonialis** (adj.): *saint, consacré à Dieu, religieux — holy, dedicated to God, devout.* Mulier. Cod. Justin., 1, 3, 56. Femina. Memor. Olonn. (a. 822/823), c. 6, *Capit.*, I p. 319. Ipsam ... sanctimoniali veste indui fecit. GIORGI-BALZANI, *Reg. di Farfa*, II doc. 144 p. 121 (a. 787). Se exuit regiis vestibus indutaque est sanctimonialibus. WETTIN., V. Galli, c. 22, *SRM.*, IV p. 268. Subst. femin. **sanctimonialis:** **moniale — nun.*

**sanctimonium: 1.** *i. q. sanctimonia, *sainteté — holiness.* **2.** *ordre religieux — holy orders.* A sacerdotii sanctimonio desciscens regis gener effectus est. ANSCHER. CENTUL., V. II Angilberti, MABILLON, *Acta*, IV pt. 1 p. 124. **3.** *sanctuaire, temple païen — sanctuary, heathen temple.* Locus ille sanctimonium fuit universae terrae. HELMOLD., lib. 1 c. 84, ed. SCHMEIDLER, p. 159.

**sanctio: 1.** **décision, décret, édit — resolution, decree, enactment.* **2.** *accomplissement* d'un acte juridique — *completion* of a legal act. Hujus traditionis peregimus sanctionem. MULLER-BOUMAN, *OB. Utrecht*, I no. 62 p. 69 (a. 834).

**sanctitas.** Loc. sanctitas tua: *titre honorifique pour les évêques — title of honour for bishops.

**sanctuarium: 1.** **lieu saint, église, temple — holy place, church, temple.* **2.** **sanctuaire* d'une église — *sanctuary* of a church. Concil. Bracar. II a. 563, MANSI, t. 9 col. 778. **3.** **relique* de saint — *relic* of a saint. GREGOR. M., lib. 1 epist. 52, *Epp.*, I p. 78. Ibi pluries. SCHIAPARELLI, *CD. Longob.*, I no. 19 p. 72 (a. 715, Siena). Lib. diurn., no. 12 sq., ed. SICKEL, p. 11. Concil. Meld. a. 845/846, c. 39, *Capit.*, II p. 408. GUIMANN., Cart. s. Vedasti, ed. VAN DRIVAL, p. 116. **4.** *reliquaire — reliquary.* HARIULF., V. Arnulfi Suess., lib. 3 c. 14, *SS.*, XV p. 901. **5.** *sacristie — sacristy.* GALBERT., c. 61, ed. PIRENNE, p. 99. **6.** *cimetière — church-yard.* MULLER-BOUMAN, *OB. Utrecht*, I no. 422 p. 380 (a. 1157-1164). Adj. **sanctuarius:** *qui appartient à un monastère — belonging to a monastery.* Terra. RAGUT, *Cart. de Mâcon*, no. 282 p. 168 (a. 936-954). Item GUÉRARD, *Cart. de Mars.*, I no. 77 p. 104 (ca. a. 993); no. 27 p. 36 (ca. a. 1020). Populus; ministri et familia. *D. Heinrichs IV.*, no. 280 (< a. 1075 >, spur. s. xi ex.), unde hausit D. Heinrici V imp. a. 1114, Acta Murensia, lib. 2 c. 14, ed. KIEM, p. 43. Donatio. CASSAN-MEYNIAL, *Cart. de Gellone*, no. 9 p. 12 (ca. a. 961). Causa. MARTÈNE, *Coll.*, I col. 323 (a. 968). Loc. homo sanctuarius: sainteur, tributaire d'église — ecclesiastical tributary. S. xiii.

**sanctus: 1.** **saint, sacré, consacré à Dieu — holy, sacred, dedicated to God.* **2.** **saint* (en parlant de Dieu) — *holy* (with reference to God). **3.** **saint, fidèle, chrétien — saintly, faithful, Christian.* **4.** **saint, qui mène une vie sainte — saintly, living a religious life.* **5.** *saint, vénéré comme saint — holy, worshipped as a saint.* Subst. **sanctus** et **sancta: 1.** **fidèle, chrétien(ne) — faithful person, Christian.* **2.** **martyr, apôtre — martyr, apostle.* **3.** *saint* ou *sainte — saint.* Subst. neutr. **sanctum:** **sanctuaire — sanctuary.* Loc. sancta sanctorum: sanctuaire d'une église — sanctuary of a church. Concil. Turon. II a. 567, c. 4, *Conc.*, I p. 123. Subst. neutr. plural. et femin. singul. **sancta:** *pain eucharistique — consecrated host.* Sacram. Leonin., ed. FELTOE, p. 44. Ordo Rom. XXIV, c. 37, ANDRIEU, III p. 294. Ordo XXVI, c. 10, p. 327.

**sandalia,** chaussures portées par les moniales — shoes worn by nuns: HUCBALD., V. Rictrudis, MABILLON, *Acta*, II p. 948. Par les clercs — by clergymen: RABAN., Inst. cleric., lib. 1 c. 22, ed. KNOEPFLER, p. 38. AMALAR., Off., lib. 2 c. 25, ed. HANSSENS, II p. 251. Herardi Turon. capit. a. 858, c. 105, *Gall. chr.*², XIV instr. col. 45. Par le pape — by the pope: WALAHFR., Exord., c. 25, *Capit.*, II p. 504 l. 22. CENCIUS, c. 57 (Ordo), § 28, ed. DUCHESNE, I p. 296 col. 1.

**sandalum,** sandalium (gr.): *canot — small boat.* Lib. pontif., Hadr. I, § 95, ed. DUCHESNE, I p. 513. RADULF. CADOM., G. Tancredi, MARTÈNE, *Thes.*, III col. 207.

**sando** (genet. -onis) (gr.): *ponton — pontoon.* MARINI, *Pap.*, p. 103 (a. 750). TROYA, *CD. Longob.*, IV no. 671 p. 453 (a. 753?).

**sanguinare, 1.** intrans.: **saigner — to bleed.* **2.** transit.: **ensanglanter — to stain with blood.* **3.** transit.: *saigner, phlébotomiser — to bleed.* S. xiii.

**sanguinator:** *phlébotomiste — blood-letter.* MÉTAIS, *Cart. de Vendôme*, I no. 74 p. 137 (a. 1047).

**sanguineus** (subst.): *parent consanguin — blood-relation.* FEDELE, *Carte Mica Aurea*, p. 31 (a. 1006).

**sanguinitas:** *consanguinité — consanguinity.* Ex sanguinitate Ansoaldi ... existebat. ODO

Fossat., V. Burcardi, c. 3, ed. Bourel, p. 11. Habebat regina . . . praesules sanguinitate sibi proximos., V. Hugonis Aeduens. († ca. a. 930), *AASS.*, Apr. II p. 765.

**sanguis: 1.** *effusion de sang — bloodshed.* Qui sanguinem faciebat a mane secundae feriae usque ad nonam sabbati. Domesday, I fo. 262 b. Ad quam [sc. communiam Ambianensem] judicium sanguinis spectat. Steph. Tornac., epist. 113, Migne, t. 211 col. 403 A. **2.** *droit de justice concernant les effusions de sang — jurisdiction regarding cases of bloodshed.* Nihil sibi omnino retinuit in villa, nec justitiam nec sanguinem nec latronem nec talliam. DC.-F., V p. 37 col. 2 (ch. a. 1060, Beauvais). Antiquam sex forsfactorum consuetudinem, que sunt raptum et incendium, sanguis ac furtum, lepus et pedagium. Bertrand, *Cart. d'Angers*, I no. 221 p. 261 (a. 1080-1082). Brunel, *Actes de Pontieu*, no. 45 p. 70 (a. 1149). Rousseau, *Actes de Namur*, no. 9 p. 25 (a. 1154).

**sanitas:** **guérison miraculeuse — wondrous cure.* [Lapidem] ad aliquas profuturum benedixit sanitates. Adamnan., V. Columbae, lib. 1 c. 1, ed. Fowler, p. 90. Sanitates infirmorum et hominum et pecorum celebrari non desinunt. Beda, Hist. eccl., lib. 3 c. 9.

**santerius,** v. semitarius.

**sapa,** v. sappa.

**1. sapere, 1.** intrans.: *(de choses) *être senti, être intelligible, signifier, avoir tel sens, telle tendance* — (of things) *to be felt, understood, to signify, stand for, involve.* **2.** transit.: **sentir, comprendre, se rendre compte que — to feel, grasp, realize.* **3.** *savoir, ne pas ignorer — to know, be aware of.* Non sapuit. Gregor. Turon., H. Fr., lib. 7 c. 29. Sapiatis quia legem . . . vobis perdonamus. Conv. Leod. a. 854, c. 3, *Capit.*, II p. 77. Quod nemo alius sapuit nisi ego et ille. Hincmar. Rem., Vis. Bernoldi, Sirmond, II p. 807. Prohibere minas Widonis iniquas sitne pium, sapitis. G. Berengarii, lib. 2 v. 110, *Poet. lat.*, IV p. 376. Sapias quod . . . Rather., Serm., Migne, t. 136 col. 714 B. Sapit hoc bene. Métais, *Cart. de Vendôme*, I no. 63 p. 119 (a. 1046). **4.** *apprendre, découvrir — to come to know.* Ne ille . . sapiat nostram rationem. Ruodlieb, fragm. 7 v. 63. **5.** *connaître, être familiarisé avec — to know, have a knowledge of.* Qui psalterium sapuerint. Margarino, *Bullar. Casin.*, II p. 38 (a. 889). **6.** *savoir, pouvoir, être à même de — to know, be able to.* Si . . . recompensare voluero, non sapiam. Desid. Cadurc., lib. 1 epist. 7, *Epp.*, III p. 196. Nec vespero sapit nec madodinos [i. e. matutinos] facere nec missa[m] cantare. Schiaparelli, *CD. Longob.*, I no. 19 p. 74 (a. 715, Siena).

**2. sapere** (subst. indecl.), savirum: *savoir, capacité — power, ability.* Debeat resedere, laborare et officio [i. e. officium] juxta suo sapere in ipsa ecclesia . . . facere. Schiaparelli, *CD. Longob.*, II no. 213 p. 236 (a. 768, Siena). Fidelis ero secundum meum savirum. Capit. Attiniac. a. 854, *Capit.*, II p. 278 l. 20.

**sapphirinus: 1.** **de saphir — of sapphire.* **2.** *bleu — blue.* Isid., Etym., lib. 16 c. 9. Pelles. Jordan., Getica, c. 3 § 21, *Auct. ant.*, V pt. 1 p. 59. Pallia. Monach. Sangall., lib. 1 c. 34, ed. Haefele, p. 46; lib. 2 c. 9, p. 63.

**sapidus:** **savoureux — tasty.*

**sapiens.** Plural. sapientes: **1.** *membres de la cour royale anglo-saxonne — members of the Witan.* Birch, *Cart. Sax.*, I no. 400 p. 556 (a. 831). **2.** *membres du conseil municipal — members of a city council.* Otto Morena, ad a. 1158, ed. Güterbock, p. 37.

**saponarius:** *savonnier — soap-boiler.* Gregor. M., lib. 9 epist. 113, II p. 118 l. 16. Capit. de villis, c. 45. Honor. civ. Pap., c. 14, *SS.*, XXX p. 1456 l. 21.

**sappa,** sapa, zappa, zapa, sappis: *hoyau — pick.* Torelli, *Carte Regg.*, p. 235 (s. x). Ughelli, IV col. 862 (a. 1183).

**sappare:** *labourer au hoyau — to till with a pick.* Chron. Farf., contin., Muratori, *Scr.*, II pt. 2 col. 563. Gaddoni-Zaccherini, *Chart. Imolense*, I no. 302 (a. 1177).

**sarabaita,** -us: *moine errant et sans règle — vagrant unruly monk.* Benedicti regula, c. 1. Capit. missor. gener. a. 802, c. 22, I p. 96. Cf. *Arch. f. lat. Lex.*, t. 6 p. 443.

**sarabala,** sera-, -balla, -bola, -bula, -bella (pers.): **pantalon — trousers.*

**saraca,** sarca, v. sarica.

**saracenatus:** *une monnaie arabe — an Arab coin.* S. xiii.

**sarcetecta,** sarcitecta, v. sartatecta.

**sarcia,** v. exarcia.

**sarcile,** sarcilis, sarcilus, v. saricilis.

**sarcitector,** sarche-, -tic-, -tus (< sarcire, tectum): *marguiller* en charge de l'entretien de la bâtisse d'une église — *church-warden* in charge of the maintenance of the church-building. Concil. Carpentor. a. 527, *Conc.*, I p. 41. Isid., Etym., lib. 19 c. 19.

**sarcophagare:** *ensevelir — to bury.* Fortun., lib. 5 carm. 6 § 1, *Auct. ant.*, IV pt. 1 p. 112. Acta Willibaldi, *AASS.*, Jul. II p. 497.

**sarcophagus** (gr.): **1.** **sarcophage — sarcophage.* **2.** *reliquaire — reliquary.* Thietmar., lib. 6 c. 77, ed. Holtzmann, p. 366. Inv. Maximini (ca. a. 1025), Mabillon, *Acta*, VI pt. 1 p. 253.

**sarculare,** sarcolare, sarclare: **sarcler — to weed.*

**sarculum** (class. "houe — hoe"): *clairière, essart — forest-clearing.* Altfrid., V. Liudgeri, lib. 1 c. 29, ed. Diekamp, p. 75.

**sarculus:** *journée de travail d'un sarcleur — a day's work in hoeing.* Perrin, *Seigneurie*, p. 713, app. 3 c. 3 § 1 (a. 1109-1128, Chaumousey).

**sarga** (mascul.) (originem vocis nescio): *balourd — blockhead.* Hincmari Laudun. epist., Sirmond, *Hincmari Rem. opera*, II p. 336.

**sargantus,** sarjantus, v. serjantus.

**sarica,** sareca, saraca, sarca, sargia, sarzia, sarza (< serica "étoffe de soie — silk fabric"): **1.** *tunique*, d'abord en soie, puis en toile ou laine fine — *tunic*, primitively a silken, later a fine linen or woollen one. V. Eligii, lib. 1 c. 12, *SRM.*, IV p. 678. Brunetti, *CD. Tosc.*, I. p. 291 (a. 792). Lib. pontif., Bened. III (a. 855-858), § 34, ed. Duchesne, II p. 148. Chron. Casin., *Scr. rer. Langob.*, p. 473 l. 9. V. Ermenfridi, c. 10, *AASS.*, Sept. VII p. 118 col. 1. Leo Ost., Chron. Casin., lib. 1 c. 26, *SS.*, VII p. 598 l. 27. **2.** *serge* (étoffe) — *serge* (material). S. xiii.

**saricilis,** sarci-, -lus (subst. mascul.), -le (neutr.) (< sarica): *pièce de toile ou de laine fine* (sans doute destinée à la confection d'une tunique) — *a fine linen or woollen cloth.*



Bruckner, *Reg. Alsatiae*, no. 202 p. 123 (a. 767, Murbach). Glöckner, *Cod. Lauresham.*, I p. 291 no. 13 (a. 788). Brev. ex., c. 7, *Capit.*, I p. 252. Capit. Aquisgr. (a. 801-813), c. 19, ib., p. 172. Unum saricile de lana. Wartmann, *UB. S.-Gallen*, I no. 199 p. 189 (a. 809). Irminonis polypt., br. 15 c. 70 et pluries. De Marca, *Marca hisp.*, app., col. 788 (a. 855). Debet . . . ex . . . lino facere camsilem 1 aut sarcilem 1, in longitudine cubitos 12, in latitudine 2. Urbar. Prum. a. 893, c. 45, Beyer, *UB. Mittelrh.*, I p. 170. Etiam ib., c. 8, p. 149; c. 114, p. 197. Polypt. Brix. (a. 905/906), *CD. Langob.*, no. 419 col. 709 A. Gerhard. August., V. Oudalrici, c. 26, *SS.*, IV p. 412. V. Bardonis, c. 10, *SS.*, XI p. 327. Urbar. Maurimor. (s. xi in.), Perrin, *Essai*, p. 154.

**sarire** (class. "sarcler — to weed", cf. voc. exsarire, class. „défricher — to reclaim"): *défricher — to break up, reclaim land.* Quae in silva . . . sariebant. D'Achéry, *Spic.*, VI p. 524 (ch. a. 1018-1021, Liège).

**sarpellarium,** ser-, -pil-, -erium, -are: *serpillière, toile d'emballage — sarpler, wrapper.* S. xii.

**sarratura,** v. serratura.

**sarsorius** (adj.) (< sarcire). Loc. opere sarsorio: en marqueterie — by patchwork. Caesar., Regula virg., c. 42 (45). Ennod., lib. 2 carm. 91 inscr., *CSEL.*, t. 6 p. 588. Gregor. Turon., H. Fr., lib. 2 c. 16.

**sarta,** v. sartum.

**sartago** (genet. -inis) (class. "marmite — pan"): **1.** *chaudière à saunage — salt-pan. D. Arnulfs*, no. 170 (a. 898). *D. Ottos I.*, no. 431 (a. 973). *D. Konraas II.*, no. 136 (a. 1029). Urbar. Ratisbon. a. 1031, c. 27, Dollinger, p. 508. Hauthaler-Martin, *Salzb. UB.*, II no. 113 p. 182 (a. 1090-1101). Trad. Juvav. capit. maj., no. 58 (a. 1122-1147), ib., I p. 613. **2.** *chaudière de brasserie — brewing-copper.* Brev. ex., c. 25 et 30, *Capit.*, I p. 254 sq.

**sartare** (< sartum): *essarter — to clear* land. Silvam. Miraeus, III p. 336 col. 2 (a. 1136, S.-Quentin). Despy, *Ch. de Waulsort*, no. 54 p. 406 (a. 1199). Nemus. Brunel, *Actes de Pontieu*, no. 91 p. 130 (a. 1176).

**sartatecta,** sarcitecta, sarcetecta (cf. voc. sarcitector) (neutr. plural.), quandoque sarcitectum (singul.) (class. sarta tecta "réparation d'édifices et notamment des toits — repair of buildings, especially roofings"): **1.** *réparation des toits — roofing repair.* Gregor. M., lib. 5 epist. 48, *Epp.*, I p. 348. Ibi pluries. Quaecumque pro sarcetecta ecclesiis fuerint adlegata. Concil. Paris. a. 614, c. 8, *Conc.*, I p. 187. Ad usum . . . sarcitecti ecclesiarum et domuum . . . ex eadem silva ligna summantur. *D. Ugo*, no. 48 p. 146 (a. 938). **2.** *toiture — roofing.* In sartatectis templi reficiendis. Tiraboschi, *Mem. Modenesi*, I p. 10 (ca. a. 796). Ecclesie . . . sartatecta noviter renovavit unacum baptisterio et portica. Lib. pontif., Leo III, c. 30, ed. Duchesne, II p. 9. Sartatecta ecclesiae . . . restaurare debent. Concil. Meld. a. 845, c. 62, *Capit.*, II p. 413. In restauratione sartatectorum ecclesiae. Walteri Aurel. capit. (ca. a. 871), c. 5, Mansi, t. 15 col. 505 E.

**sartatio:** *action de défricher — assarting, clearing.* S. xii.

**sartator:** *défricheur — assarter.* Boeren, *Tributaires*, p. 126 no. 17 (a. 1190, Arrouaise).

**sarterius:** *tailleur — tailor.* Bertrand, *Cart. d'Angers*, I no. 165 p. 190 (a. 1080); no. 273 p. 315 (a. 1082-1106).

**sartor** (class. "raccommodeur — patcher"): *tailleur — tailor.* S. xii.

**sartrinum,** sartrina (< sartor): *atelier de couture — sartry, tailor's workshop.* S. xii.

**sartum,** sarta (femin.) (< sarire, cf. voc. exsartum): *essart — assart, forest clearing.* Lex Ribuar., tit. 60 § 4. Urbar. Prum. a. 893, c. 92, Beyer, *UB. Mittelrh.*, I p. 188. Wampach, *Echternach*, I pt. 2 no. 157 p. 239 (a. 894/895). Notit. s. Petri Gand. (s. ix), ed. Gysseling-Koch, p. 293. Trad. Corbej., no. 398, ed. Wigand, p. 88. Wampach, *UB. Luxemb.*, I no. 150 (a. 926). *D. Ottos III.*, no. 386 (a. 1000). Miraeus, III p. 12 col. 1 (a. 1018, Liège). *D. Konrads II.*, no. 151 (a. 1030). *D. Heinrichs III.*, no. 205 (a. 1047). Cantat. s. Hubert, c. 16, ed. Hanquet, p. 41.

**sarza,** sarzia, v. sarica.

**sasire,** sassire et deriv., v. sais-.

**satagere,** c. infin. et c. ut (ne) seq. conjunct.: **s'efforcer, tâcher de — to try, attempt.*

**satan** (indecl.), satanas (genet. -ae) (hebr. "ennemi — enemy"): **le Satan — the Fiend.*

**satelles: 1.** *serviteur armé — armed retainer.* Gregor. Turon., H. Fr., lib. 6 c. 11; lib. 8 c. 29. Id., Glor. mart., c. 60, *SRM.*, I p. 529. **2.** *vassal — vassal.* Contin. ad Fredeg., c. 24, *SRM.*, II p. 179. Ann. regni Franc., a. 810, ed. Kurze, p. 131 (cf. Chron. Moissiac., *SS.*, I p. 258, ubi: vasallus). Alcuin., epist. 233, *Epp.*, IV p. 378. Eginhard., V. Karoli, c. 22, ed. Holder-Egger, p. 27. G. abb. Fontanell., c. 7 sq., ed. Lohier-Laporte, p. 57 et 61. Meginhard. Mogont., Ann. Fuld. pars III, a. 866, ed. Kurze, p. 65. Waltharius, v. 1228 et 1366. Regino, Chron., ad a. 818, ed. Kurze, p. 73. Ibi saepe. D'Herbomez, *Cart. de Gorze*, no. 92 p. 170 (a. 933). Widukind., lib. 2 c. 11. Thietmar., lib. 1 c. 13, ed. Holtzmann, p. 18. Ibi saepe. Gysseling-Koch, *Dipl. Belg.*, no. 140 p. 248 (a. 1019-1030, Gand). Flach, *Orig.*, I p. 422 n. (a. 1062, Anjou). Anselm. Leod., lib. 2 c. 54, *SS.*, VII p. 222. Lampert. Hersfeld., ad a. 1063, ed. Holder-Egger, p. 90. V. Heinrici imp., c. 8, ed. Eberhard, p. 28. Fidelitatem quam satelles domino debet jurans. Guill. Pictav., lib. 1 c. 33, ed. Foreville, p. 80. Dux ei, jam satelliti suo accepto per manus, . . . terras . . . dedit petenti. Ib., c. 42, p. 104. **3.** *écuyer, sergent, gentilhomme non chevalier — esquire, sergeant, non-knighted member of the gentry.* Loricatis equitibus ac spiculatis satellitibus. Order. Vital., lib. 8 c. 14, ed. Le Prévost, III p. 345. Non haberet nisi 260 milites et circiter 500 satellites equites. Guill. Brito, G. Philippi, c. 177, ed. Delaborde, I p. 259. Ibi pluries.

**satellicium: 1.** **garde du corps — life-guard.* **2.** *la vassalité, l'ensemble des vassaux — the body of vassals.* Advocato non aliunde querendo nisi ab ipsius ecclesie satellitio. *D. Ottos II.*, no. 197 (a. 979). Satellitium fecit et . . . donativa sua singulis militibus erogabat. Wido Ferrar., lib. 2, *Lib. de lite*, I p. 554. Fluvium . . . nocte cum satellitio suo pertransibant. Order. Vital., lib. 7 c. 14, ed. Le Prévost, III p. 222. **3.** *vassalité, condition de vassal — vassalage.* Discessit . . . satellitii debitum . . . jam omne detrectans. Guill.

PICTAV., lib. 1 c. 23, ed. FOREVILLE, p. 52. A suis famulis sive satellitium sibi professis juramenta exigunt et accipiunt. GEBEHARD. SALISB., c. 26, *Lib. de lite*, I p. 275. **4.** *service vassalique — feudal service.* Dicitur H. comitem adoptasse in militem; cujus satellicio functus in expeditionem . . . profectus est. ADAM BREM., lib. 3 c. 43, ed. SCHMEIDLER, p. 186.

**saticum,** saticus, v. seticum.

**satio: 1.** *blé en herbe — growing crop.* GREGOR. TURON., H. Fr., lib. 9 c. 44. **2.** *champ à blé — cornfield.* EUGIPP., V. Severini, c. 12§ 5, *CSEL.*, t. 9 pt. 2 p. 37. Silvis, salectis, sationibus. BRUNETTI, *CD. Tosc.*, I p. 600 (a. 767). Similia GLORIA, *CD. Padov.*, I p. 28 (a. 866). *D. Rodolfo II*, no. 8 (a. 924). *D. Ottos I.*, no. 244 (a. 962). **3.** *semailles, semaison — sowing, sowing time.* In unaquaque satione facit curvadam 1. Irminonis polypt., br. 9 c. 153. Ibi pluries. Arat ad hibernaticam sationem mappam 1 . . ., ad estivaticam similiter. Polypt. s. Remigii Rem., c. 1 § 2, ed. GUÉRARD, p. 1 col. 1. Terra arabilis quantum possunt tria [paria] boum culturare omni sationi. D. Roberti reg. Fr. a. 1028, *H. de Fr.*, X p. 617. Tantum terrae, quantum poterint quatuor boves arare per duas sationes. MARTÈNE, *Thes.*, I col. 316 (ca. a. 1105). **4.** *sole — furlong.* Mansum . . . cum terra arabili ubi possunt seri de annona modios 150 inter duas sationes. Polypt. Derv., c. 1, LALORE, *Ch. de Montiérender*, p. 89. De terris arabilibus indominicatis ad seminandum inter utrasque sationes modios 400. LOERSCH-SCHROEDER, *Urk.*[3], no. 69 p. 54 (a. 910, Metz).

**sationalis** (adj.): *à blé — sowable.* Terrae. GREGOR. M., lib. 13 epist. 5, II p. 370 l. 12. ISID., Etym., lib. 15 c. 13 § 6. BIRCH, *Cart. Sax.*, I no. 67 p. 102 (a. 686). Subst. mascul. **sationalis:** *champ à blé — cornfield.* Ib., no. 111 p. 163 (a. 704). SCHIAPARELLI, *CD. Longob.*, II no. 271 p. 381 (a. 772).

**satis: 1.** **très — very.* Avec négation — with a negation: pas très — not very. Non longe satis. Benedicti regula, c. 51. Animal cervo non satis absimile. PAUL. DIAC., Hist. Langob., lib. 1 c. 5. **2.** avec comparatif — with a comparative: **beaucoup — much.* **3.** **trop — too.*

**satisfacere, 1.** intrans.: *obéir — to obey.* Dixi: Orate pro me; ipsi autem satisfecerunt mihi tacentes. V. patrum, lib. 6 c. 3§ 2, MIGNE, t. 73 col. 1006 A. **2.** *satisfaire à, accéder à* une prière — *to comply with* a request. Petitioni eorum . . . satisfacere volumus. MULLER-BOUMAN, *OB. Utrecht*, I no. 313 p. 287 (a. 1125). **3.** absol.: *se justifier — to vindicate oneself.* Liceat ei, qui accusatus fuerit, cum sacramentum satisfacere et se eduniare [i. e. idoneare]. Edict. Rothari, c. 9. Si . . . pulsatus fuerit, satisfaciat ad euangelia. Liutprandi leg., c. 43. **4.** aliquem: *convaincre, assurer — to convince, make sure, satisfy.* Omnia conspitiens satisfactus est quod . . . Cod. Carolin., no. 11, *Epp.*, III p. 505. Omnino de hoc certi atque in omnibus satisfacti sumus. Ib., no. 44, p. 559. Direximus . . . nostros missos . . . qui vos de nostra fidelitate . . . satisfacere debeant. Ib., no. 99, p. 652. Ibi saepius. **5.** passiv. satisfieri: *se renseigner, se mettre au courant, constater — to find out, inform oneself, ascertain.* Inquirentes si Langobardorum rex abstultas civitates . . . reddidisset . . . Et satisfacti sunt presentaliter nihil ab eo redditum fuisse. Lib. pontif., Hadr. I, § 26, ed. DUCHESNE, I p. 494. Se propriis auditibus super hoc satisfactos esse fatentur. ANAST. BIBL., Chron., ed. DE BOOR, p. 271.

**satisfactio: 1.** **pénitence — penance.* **2.** *réparation, compensation — indemnification, compensation.* Ei cui reus fuerit criminosus de satisfactione conveniat. Concil. Aurel. I a. 511, c. 1, *Conc.*, I p. 3. Judicatum est ut quadrupla satisfactione ablata restitueret. GREGOR. TURON., H. Fr., lib. 10 c. 8. Pro satisfactione hominis illius, contra quem culpavit, . . . emendet. Pippini reg. It. capit. (ca. a. 790), c. 4, I p. 201. Si quis puellam virginem rapuerit et violatam dimiserit, componat ei weregildum ejus . . . ad satisfactionem. Lex Fris., tit. 9 § 8. Episcopus eum [sc. servum in presbyterum ordinatum] domino duplici satisfactione persolvat. Concil. Wormat. a. 868, c. 60, MANSI, t. 15 col. 876 E. **3.** *wergeld.* Si quis . . . alterius filiam rapuerit . . ., ipsam triplici sua satisfactione . . . patri representet. Lex famil. Wormat. (a. 1023-1025), c. 23, *Const.*, I no. 438. **4.** *amende — fine.* Haec in usus advocatorum sunt deputata: tertia pars bannorum et satisfactio temeritatum. *Const.*, I no. 75 (a. 1104). **5.** *assurance, preuve convaincante — making sure, satisfaction.* Pro vestra amplissima satisfactione adprobationem fecimus. Cod. Carolin., no. 21, *Epp.*, III p. 524. Mihi [clericus] satisfactionem fecerit quod nullum pretium inde [sc. pro ecclesia adipiscenda] donaverit. HINCMAR. REM., epist., ap. FLODOARD., Hist. Rem., lib. 3 c. 26, *SS.*, XIII p. 542.

**satisfactura:** *amende — fine.* GUÉRARD, *Cart. de Chartres*, II p. 482 (a. 1113-1129).

**satrapa** (mascul.), satrapes: *vassal — vassal.* Unacum episcopis meis necnon cum caterva satrapum. BONIF.-LULL., epist. 139, ed. TANGL, p. 278. Rex [Langobardorum] misit duces satrapas suos. Lib. pontif., Zachar., § 7, ed. DUCHESNE, I p. 427. Per consensum inlustrissimi ducis Tassilonis et satrabum ejus. BITTERAUF, *Trad. Freising*, I no. 19 p. 47 (a. 763). Dux . . . satrapum alacritate praecipuus. ARBEO, V. Corbiniani, c. 15, *SRM.*, VI p. 571. Accersitis . . . episcopis satrapisque quamplurimis. D. Hugonis reg. Fr. a. 991, *Gall. chr.*[2], XII instr. col. 13.

**saucus:** *sureau — elder.* GREGOR. TURON., H. Fr., lib. 4 c. 9.

**sauma** et derivata, v. sagm-.

**saurus,** sorus: *jaune de duvet — yellow of down.* S. xiii.

**savana,** savanum, v. sabanum.

**saxire** et deriv., v. sais-.

**sazium,** sazum, v. exagium.

**scabellulum,** scamell-: *escabeau — stool.* Contractus . . . qui scabellulis haerens per terram se trahebat. FLODOARD., Hist. Rem., lib. 1 c. 22, *SS.*, XIII p. 441 l. 32. GERARD. SILVAE MAJ., Mir. Adalhardi (paulo post a. 1050), MABILLON, *Acta*, IV pt. 1 p. 359.

**scabellum,** scamell-, scamnell-, -us: **1.** **banquette — small bench.* **2.** *escabeau* qu'utilisent les paralytiques — *stool* used by paralytics. V. Pardulfi, c. 10, *SRM.*, VII p. 31. ERMENTAR., Mir. Filiberti, lib. 1 c. 27, ed. POUPARDIN, p. 34. ADREVALD., Mir. Benedicti, lib. 1 c. 36, DE CERTAIN, p. 79. V. Rigoberti, c. 20, *SRM.*, VII p. 74. **3.** *couche de jardinage — nursery-bed.* De vinea indominicata fodit scabella 2. PERRIN, *Seigneurie*, p. 708 app. 2 (a. 1096-1103, Metz). CALMET, *Lorraine*, II pr. col. 280 (a. 1126); col. 330 (a. 1147).



**scabidus:** **galeux — itchy.*

**scabinaticum,** scabinagium: **1.** *charge d'échevin — office of an échevin.* Electus si scabinaticum recipere noluerit. DC.-F., VII p. 323 (ch. a. 1196, Laon). **2.** *échevinage — court of échevins.* S. xiii. **3.** *circonscription d'un échevinage — district of a court of échevins.* S. xiv.

**scabinatus** (decl. iv): **1.** *charge d'échevin — office of an échevin.* Horum si quis obierit vel scabinatum resignaverit. WARNKOENIG-GHELDOLF, *Flandre*, III p. 227 no. 6 c. 2 (a. 1192, Gand). **2.** *échevinage — court of échevins.* Ne ecclesia forinsecus ad aliena jura discurrere . . . opus habeat, liberum ei scabinatum concedo. MIRAEUS, II p. 1312 (a. 1100, Boulogne). In sede scabinatus locare scabinos a scabinis electos. KEUTGEN, *Urk. st. Vfg.*, no. 17 c. 10 p. 10 (a. 1169, Köln). Judicium et testimonium de scabinatu. Phil. Aug. reg. Fr. priv. pro Atrebat. a. 1194, c. 45, *Actes*, I no. 473 p. 569. **3.** *justice d'échevinage — jurisdiction of a court of échevins.* Si quis extraneus ad oppidum confugerit et scabinatui stare voluerit. WARNKOENIG-GHELDOLF, doc. laud., c. 14 p. 229.

**scabinitas:** *charge d'échevin — office of an échevin.* Sive ipsi scabini in proferendo testimonio adhuc in sua scabinitate manserint, sive ab ea jam remoti fuerint. DE BOÜARD, *Manuel*, II p. 231 (a. 1151, Eu).

**scabinium: 1.** *circonscription d'un échevinage — district of a court of échevins.* CALMET, *Lorraine*, II pr. col. 229 (a. 971, Toul). **2.** *justice d'échevinage — jurisdiction of a court of échevins.* [Oppidanus] cooppidano suo scabinium facere debet. *Nijmeegse studieteksten*, I p. 8 (a. 1217, Middelburg).

**scabinus,** esca-, isca-, esche-, esque-, eschi-; -pi-, -vi-, -wi-, -fi-; -nius, -neus, -nio (genet. -onis), scabio, scapio, scavio (genet. -onis) (germ.): *échevin.* Premières mentions, en Francie — first instances, in Francia: GYSSELING-KOCH, *Dipl. Belg.*, no. 15 A p. 32 (a. 745, S.-Bertin). F. Sal. Bignon., no. 7, *Form.*, p. 230. F. Merkel., no. 32, p. 253. F. Sal. Lindenbr., no. 19, p. 280. *D. Karolin.*, I no. 138 (a. 781); no. 148 (ca. a. 782); no. 180 (a. 797). MABILLON, *Dipl.*, p. 501 (a. 783). PROU-VIDIER, *Ch. de S.-Benoît-s.-Loire*, I no. 10 p. 25 (a. 815). Polypt. s. Remigii Rem., c. 17 § 127, ed. GUÉRARD, p. 57 col. 2. *D. Ludw. d. Deutsch.*, no. 66 (a. 853?). Dans les capitulaires — in the capitularies: Ab scabinis qui causam prius judicaverunt. Capit. legib. add. a. 803, c. 10, I p. 114. Missi nostri scabinios per singula loca elegant. Capit. a. 803, p. 115. Scabini septem ad omnia placita praeesse debent. Capit. missor. a. 803, c. 20, p. 116. Qui nec judicium scabinorum adquiescere nec blasfemare volunt. Capit. missor. Theodonisv. II a. 805, c. 8, p. 123. Unusquisque comes adducat secum duodecim scabinos, si tanti fuerint. Capit. de justit. fac. (ca. a. 820), c. 2, p. 295. Missi totius populi consensu [scabinos] eligant et cum electi fuerint, jurare faciant ut scienter injuste judicare non debeant. Capit. Wormat. a. 829, c. 2, II p. 15. En Provence — in Provence: GUÉRARD, *Cart. de Mars.*, I no. 31 p. 43 (a. 780). En Italie — in Italy: GIORGI-BALZANI, *Reg. di Farfa*, V doc. 1227 p. 215 (a. 791, Rieti). MANARESI, *Placiti*, I no. 9 p. 25 (a. 796, Pisa). GIORGI-BALZANI, o.c., II doc. 161 p. 134 (a. 801, Piacenza). Cf. B. ALTHOFFER, *Les scabins*, 1938.

**scacarium,** scaccarium (< scacus): **1.** *échiquier — chessboard.* Mir. Bertini, lib. 2 c. 30 (a. 1219), MABILLON, *Acta*, III pt. 1 p. 151. **2.** *table à compter,* sorte d'abaque — *reckoning-board.* S. xii. **3.** *bureau de perception de revenus* qui utilise une table à compter — *office of receipt of revenue* operating with a reckoning-board. En parlant de l'Echiquier anglais — with reference to the Exchequer: TOUT, *Chapters*, I p. 93 (ch. a. 1118 vel ante). RICHARD. NIGELLI FILIUS, Dialogus de Scaccario (a. 1177), ed. JOHNSON. En Flandre — in Flanders: LUYKX, *Johanna*, p. 566 (a. 1233); p. 594 (a. 1241). **4.** *séance du Tribunal de l'Echiquier anglais — meeting of the Court of the Exchequer.* S. xiii.

**scachator** (< scachum): *déprédateur — robber.* Capit. missor. Silvac. a. 853, *Capit.*, II p. 274. *Const.*, I no. 68 inscr. p. 117 (a. 1077).

**scachum,** scacchum, scaccum (germ.): *déprédation — robbery.* Capit. Veron. a. 967, c. 6, *Const.*, I no. 13. *D. Konrads II.*, no. 253 (ca. a. 1037). *Const.*, I no. 420, c. 2 (ca. a. 1040/1050). Ib., no. 68, c. 2 (a. 1077). DC.-F., VII p. 325 col. 3 (ch. a. 1090).

**scacus,** scaccus, scachus, scacchus, chacus (pers.): *pièce du jeu d'échecs — chess-man.* Plural. scaci: jeu d'échecs — game of chess. Actus pontif. Cenom., c. 36, ed. BUSSON-LEDRU, p. 437. Mir. Fidis, lib. 4 c. 8, ed. BOUILLET, p. 190. Ruodlieb, fragm. 4 v. 187. PETR. DAM., opusc. 20, c. 7, MIGNE, t. 145 col. 454 B. BERNARD. CLARAEVALL., exhort. ad Milites Templi, c. 4 § 7, MIGNE, t. 182 col. 926 C.

**scaffa,** v. scapio.

**scaffardus,** scafwardus, v. scapoardus.

**scaffilus,** scafilus, v. scapilus.

**scafinus,** v. scabinus.

**scaphula:** **canot — small boat.*

**1. scala: 1.** *escale, port — harbour.* CAFFAR., Ann., ad a. 1157, ed. BELGRANO, I p. 48. **2.** *bataillon — batallion.* Disposuitque acies per scalas perque cohortes. GUILL. BRITO, Phil., lib. 3 v. 350, ed. DELABORDE, p. 78. Ibi pluries.

**2. scala** (germ.): **1.** *plat — dish.* ISID., Etym., lib. 20 c. 5. PAUL. DIAC., Hist. Langob., lib. 1 c. 27. FLORIANO, *Dipl. esp.*, II no. 98 p. 63 (a. 870). **2.** *balance — scales.* RICHARD. NIGELLI, Dial. de scaccario, c. 7, ed. JOHNSON, p. 41.

**scalarium,** -erium: *escalier — staircase.* S. xii.

**scalaticum,** scalagium (< 1. scala): *droits de port — harbour dues.* S. xiii, Ital.

**scaldatus,** v. excaldatus.

**scallia,** scalia (germ., cf. frg. *écaille*, belg. *schalie* "ardoise — slate"): *ardoise — slate.* ROUSSEAU, *Actes de Namur*, no. 9 p. 25 (a. 1154).

**scama** = squama.

**1. scamara,** esc-, -amm-, -era (mascul.), -arus (gr.): *déprédateur — robber.* Latrones . . . quos vulgus scamaras appellabat. EUGIPP., V.

Severini, c. 10, *CSEL.*, t. 9 pt. 2 p. 27. Abactoribus scamarisque et latronibus undique collectis. Jordan., Getica, c. 58, *Auct. ant.*, V pt. 1 p. 135. Si quis escamaras intra provinciam caelaverit. Edict. Rothari, c. 5. Si quis hostis aut scamaras per nostros fines ad laesionem contra vos venire tentaverint. Sicardi Benev. pact. c. Neapol. a. 836, c. 1, *LL.*, IV p. 218, unde hausit Loth. I pact. cum Venet. a. 840, c. 6, *Capit.*, II p. 131. Primus scamarorum effectus est. Anast. Bibl., Chron., ed. De Boor, p. 287.

**2. scamara** (femin.): *déprédation — robbery.* Scamaras atque depredationes seu devastationes . . . facere nec cessavit nec cessat. Cod. Carolin., no. 7, *Epp.*, III p. 492. Item no. 15, p. 512.

**scambire, scambium** et derivata, v. excamb-.

**scamellulum,** v. scabellulum.

**scamellum,** v. scabellum.

**scamium,** scammium, scangium, v. excambium.

**scamma** (neutr., genet. -atis) (gr.): **1.** **lice de lutte — wrestler's lists.* **2.** **lutte — wrestling contest.*

**scamnale,** scamnile (< scamnum): **tapis qu'on met sur un siège — bench-cover.* Marini, *Pap.*, p. 125 (a. 564). Test. Desiderii Cadurc. a. 649/650, *SRM.*, IV p. 591.

**scamnellum,** v. scabellum.

**scamnum: 1.** *chevalet — rack.* Lex Sal., tit. 42 § 1 et 8. **2.** *étal — stall.* S. xiii. **3.** *saline — saline. Hist. de Lang.*[3], V no. 166 II col. 353 (a. 1008, Narbonne).

**scancio,** esc-, ch-; -anti-, -anz-, ans- (genet. -onis), -us, -onus (germ.): *échanson, bouteiller,* officier aulique ayant la charge des boissons — *butler,* court minister having the care of beverage supply. Lex Sal., tit. 11 § 5, addit. text. Herold. Tabouillot, *Hist. de Metz,* IV p. 102. D. Lud. VII reg. Fr. a. 1138 ap. DC.-F., III p. 296 col. 1. Luchaire, *Inst. monarch.*, I p. 172 n. 4 (ch. a. 1162).

**scandalizare: 1.** **heurter, choquer, irriter — to offend, hurt, vex.* **2.** **faire tomber dans le péché — to entice into sin.* **3.** *abaisser, humilier — to humiliate, mortify.* Ibat ille repulsus et scandalizatus plorans. Agnell., c. 163, *Scr. rer. Langob.*, p. 382. **4.** *jeter dans le désarroi — to throw into confusion.* [Ludovicum Pium] ecclesiam Christi scandalizasse populumque . . . in perturbationem induxisse. Rel. Compend. a. 833, *Capit.*, II p. 53 l. 31.

**scandalum** (gr.): **1.** **pierre d'achoppement, piège — stone of stumbling, trap.* **2.** **occasion de péché, séduction — enticement into sin, allurement.* **3.** **objet de déplaisir, de colère — object of displeasure or wrath.* **4.** **déplaisir, indignation — displeasure, indignation.* **5.** **désaccord, haine, exaspération — discord, hatred, embitterment.* Et sic cum scandalo discesserunt. Gregor. Turon., H. Fr., lib. 7 c. 14. **6.** **dispute, querelle, débats — quarrel, strife, struggle.* Omnia quae . . . inter ipsos scandalum poterant generare, pleniore consilio definirent. Pact. Andeliac. a. 587 ap. Gregor. Turon., H. Fr., lib. 9 c. 20. Ib., lib. 3 c. 6; lib. 6 c. 10. Inter principes palatii orta scandala. V. Audoini, c. 12, *SRM.*, V p. 561. De inicium scandali et stragis Francorum cum Vinidis. Fredeg., index capitum, *SRM.*, II p. 121 l. 5. Si . . . in electione abbatis aliqua ortus fuerit scandalo. Brunetti, *CD. Tosc.*, I p. 550 (a. 754). Ne forte per hoc . . . scandalum aliquid possit accidere. Div. regn. a. 806, c. 9, *Capit.*, I p. 128. Nullus deinceps scandalorum inter eos [fratres reges] occasiones serere possit. Conv. Marsn. I a. 847, c. 1, *Capit.*, II p. 69. Praespiciens futura ex hoc scandala nascitura. Anast. Bibl., Chron., ed. De Boor, p. 105. **7.** *rixe, combat, bataille — fight, battle.* Si mulier libera in scandalum cocurrerit, ubi viri litigant. Edict. Rothari, c. 378. Si in hoste . . . litigatio aut scandalum inter quascumque personas . . . ortum fuerit. Addit. ad Ansegis., *Capit.*, I p. 334 l. 18. **8.** *acte de violence — outrage.* Si quis in concilio vel in quolibet conventu scandalum commiserit. Edict. Rothari, c. 8. Ferita . . . faciat aut scandalum committat. Ib., c. 352. Commisit scandalum . . ., occisit G. Margarino, *Bullar. Casin.*, II p. 8 (a. 765). **9.** *machination, mauvais dessein — evil design.* Neque aliquod umquam scandalum movebo, quod illius . . . saluti contraria vel nociva esse possit. Karoli II imp. electio a. 876, *Capit.*, II p. 100 l. 11. **10.** *désarroi, perturbation, scission — disjointing, dislocation, cleavage.* [Ne] unitas imperii . . . divisione humana scinderetur, ne forte hac occasione scandalum in sancta ecclesia oriretur. Ordin. imperii a. 817, prol., *Capit.*, I p. 270 l. 40. Saepe scandala per tyrannos in hoc regno surgunt, qui pacem populi christiani et unitatem imperii sua pravitate nituntur scindere. Epist. gener. a. 828, forma major, *Capit.*, II p. 4 col. 2 l. 39. Auctor scandali et perturbator pacis. Episc. rel. Compend. a. 833, c. 2, ib., p. 54. **11.** *scandale, esclandre — scandal, discredit.* De presbyteris et eorum ecclesiis, unde multa negleguntur et scandala generantur. Episc. rel. a. 829, c. 11, ib., p. 33. Suspicio inlecebrosi desiderii aut scandalum libidinosi facti. Concil. Tribur. a. 895, forma major, c. 23, ib., p. 226 l. 22. Cf. G. Stählin, *Skandalon, Untersuchungen zur Gesch. eines biblischen Begriffs,* Gütersloh 1930 (*Beitr. z. Förd. christl. Theol.*, 2. R., Bd. 24). S. Lundström, *Distraccio et scandalum dans les Annales Sigtunenses, ALMA.*, t. 27, pp. 293-311.

**scandile** (< scandere): *étrier — stirrup.* Aimoin., Mir. Benedicti, lib. 3 c. 6, ed. De Certain, p. 146.

**scandillare,** eschan-, -tillare: *vérifier* les poids et mesures — *to verify* weights and measures. S. xiii.

**scandulatus,** -dol-, -del- (adj.): *couvert de bardeaux — shingle-covered.* Casa. *CD. Langob.*, no. 152 col. 262 B (a. 843, Milano). Mansi. Muratori, *Antiq.*, III col. 147 (a. 952).

**scandulicius,** -dol- (adj.): *couvert de bardeaux — shingle-covered.* Domus. Hartmann, *Tabul. S. Mar. in Via Lata,* p. 183 (a. 982). Ch. a. 1029 ap. Gregor. Catin., Chron. Farf., ed. Balzani, II p. 53.

**scapellare,** scapillare, v. excapulare.

**scapilus,** scafi-, scaffi-, scaphi- (germ.): **1.** *mesure de capacité pour les céréales, boisseau — a corn measure, bushel.* Schiaparelli, *CD Longob.*, II no. 194 p. 186 (a. 765, Lucca). Capit. Saxon. a. 797, c. 11, I p. 72. Inq. Raffelst. (a. 903-906), c. 1, *Capit.*, II p. 251. **2.** *mesure agraire de superficie,* l'étendue qui prend un boisseau de semailles — *land measure,* the amount of land sown with a



bushel of seed. Schiaparelli, o.c., I no. 24 p. 94 (a. 720? Lucca); no. 46 p. 153 (a. 730, Pisa); no. 61 p. 192 (a. 737, Lucca).

**scapinus,** v. scabinus.

**1. scapio,** scappo, scapto (mascul., genet. -onis), scaffa (femin.) (germ.): **1.** *écuelle — bowl. Form.*, p. 597, c. 57. Chron. Casin., c. 7, *Scr. rer. Langob.*, p. 473 l. 14. Chron. Salernit., c. 55, ed. Westerbergh, p. 56. **2.** une *mesure de capacité — a dry measure. Passauer Urbare,* I p. 70 (ca. a. 1250).

**2. scapio,** v. scabinus.

**scapoardus,** scapwardus, scafwardus, scaffardus, scafardus (germ.): *serviteur aulique pour la vaisselle — court servant having the care of the vessels.* Troya, *CD. Longob.*, I no. 670 p. 449 l. 4 (a. 753?). Schiaparelli, *CD. Longob.*, II no. 257 p. 351 (a. 771, Brescia). Hincmar., Ordo pal., c. 17, *Capit.*, II p. 523. Widemann, *Trad. S.-Emmeram,* no. 393 p. 263 (ca. a. 1030/1031).

**scapulare,** -ris, -rium: *pèlerine, scapulaire — tippet, scapular.* Benedicti regula, c. 55. V. patr. Jur., V. Eugendi, c. 5, *SRM.*, III p. 155. Paul. Diac., Migne, t. 95 col. 1588 A.

**scapulatus** (subst.) (< scapulare): *moine — monk.* Fuero de Nájera a. 1076, c. 1, Wohlhaupter, p. 72.

**scara,** schara (germ.): **1.** un *corps de guerriers,* pas très nombreux, bien ordonné et auquel une tâche bien définie est assignée — a *regular band of warriors* designated to perform a definite task. Scaram de electis viris fortis [i. e. fortibus]. Fredeg., lib. 4 c. 74, *SRM.*, II p. 158. Mittens quatuor scaras in Saxoniam. Ann. regni Fr., a. 774, ed. Kurze, p. 40. Rursum a. 782, p. 60. Firmissima[m] vestra[m] scara[m] partibus Beneventanis emittere . . . niteat. Cod. Carolin., no. 80, *Epp.*, III p. 612. Illa scara nostra, que prius de Italia jussimus pergere Avariae. Epist. Karoli M. a. 791, *Epp.*, IV p. 20 l. 16. Ann. Lauresham., a. 803, *SS.*, I p. 39. Chron. Moissiac., a. 806, ib., p. 258. Coll. s. Dionys., no. 25, *Form.*, p. 510. Fragm. capit. Karoli M., *Capit.*, I p. 213 l. 22. Radelgisi Benev. capit., c. 3, *LL.*, IV p. 221. Loth. capit. de exp. contra Sarrac. a. 846, c. 13, II p. 67 sq. Hincmar. Rem., Ann. Bertin., a. 869, ed. Waitz, p. 97. Bellatorum acies, quas vulgari sermone scaras vocamus, dispositas. Id., epist. ad dioec. Rem. episc., c. 3, Sirmond, II p. 158. Capit. Caris. a. 877, c. 7, II p. 357. Mir. Genulfi, Mabillon, *Acta,* IV pt. 2 p. 226. Erchempert., c. 35, *Scr. rer. Langob.*, p. 248. Chron. Salernit., c. 118, ed. Westerbergh, p. 132. Cosmas, lib. 2 c. 35, ed. Bretholz, p. 131. Ibi pluries. Comme garnison — as a garrison: In Bituricas Francorum scaram conlocavit. Ann. regni Fr., a. 766, ed. Kurze, p. 24. Perfecta supradicta castella et disposita[s] per Francos scaras resedentes et ipsa custodientes [accus. absol.], reversus est. Ib., a. 776, p. 48. **2.** *service militaire* à accomplir dans une "scara" — *military service* to be performed in a "scara". Nec scaras vel mansionaticos seu conjectos tam de carrigio quamque de parafredos. *D. Karolin.*, I no. 108 (a. 775). Nec de wacta nec de scara nec de warda nec pro heribergare . . . heribannum comis exactare praesumat. Capit. Bonon. a. 811, c. 2, I p. 166. De itinere exercitali seu scaras vel quamcumque partem quis ire praesumat. D. Loth. imp. a. 840, *Hist. de Fr.*, VIII p. 366. Nullus judex publicus . . . scaras vel mansionaticus . . . exactare praesumat. D. Loth. II reg. a. 856, Martène, *Coll.*, I col. 144. **3.** *service de courrier ou de transport* à exécuter à cheval ou autrement — *messenger or transport service* on horseback or otherwise. Scaram facit ad vinum ducendum. Brev. ex., c. 8, *Capit.*, I p. 252 l. 16. F. imper., no. 37, *Form.*, p. 315. Ante servilem servicium faciebat et modo scaram facit. Urbar. Prum. a. 893, c. 15, Beyer, *UB. Mittelrh.*, I p. 151. Facit scaram ad Prumiam, ad Aquisgrani, ad Coloniam, ad Bunnam, ad S. Goarem sive cum eco [i. e. equo] seu cum pedibus. Ib., c. 55, p. 175. Scaram cum nave bis in anno ad S. Goarem sive ad Dusburhc. Ib., c. 69, p. 181. Colonus . . . 6 ebdomadis scharam facit. Cod. Eberhardi, c. 10, Dronke, *Trad. Fuld.*, p. 54. **4.** *part de participation aux usages des communaux — share in a right of common.* Tradidi . . . hovam integram . . . et scara in silva juxta formam hove plene. Blok, *Oork. Werden,* p. 164 no. 8 (a. 796). Curtem . . . cum perviis legitimis, warescapiis, pratis . . . et de silva schara ad porcos. Miraeus, I p. 499 col. 2 (a. 838, S.-Trond). In silva q. d. P. scaras 28; in villa I. in illa silva scaras 60. Kötzschke, *Urbare Werden,* p. 12 (a. 855). Tradidit D. . . . 15 scaras in Mallingforst. Ib., p. 27 (s. ix ex.).

**sc-,** v. etiam sch-.

**scabolarius,** v. scopalarius.

**scararius** (< scara, cf. voc. scaremannus): *un dépendant qui est astreint à des services de transport à main armée — a dependant performing carrying service in arms.* Beyer, *UB. Mittelrh.*, I no. 118 p. 123 (a. 880, Prüm). Urbar. Prum. a. 893, ib., p. 147. *D. Ottos III.*, no. 62 (a. 990, S.-Maximin.). *D. Heinrichs IV.*, no. 476 p. 650 (a. 1103/1104, Prüm). Cf. H. Planitz, *Die Scharmannen von Prüm, Festschr. f. H. Lehmann,* 1937, pp. 55 sqq. J. M. van Winter, *Scarmannen-koningsvrijen, Dancwerc,* opstellen aangeb. aan D. Th. Enklaar, Groningen 1959, pp. 86-95.

**scarawaita,** eschar-, -guayta, -gaita (germ.): *service de guet — guard-duty.* S. xiii.

**scaremannus** (germ., cf. voc. scararius): *un dépendant qui est astreint à des services de transport à main armée — a dependant performing carrying service in arms.* Servientes ... quos scaremannos vocamus. Beyer, *UB. Mittelrh.*, I no. 382 p. 439 (a. 1051-1056, S.-Maximin.). D. Heinr. V imp. a. 1111, ib., no. 423 p. 484 (St. 3069, S.-Maximin.). *D. Heinrichs III.*, no. 372 A (spur. a. 1112-1116, S.-Maximin.).

**scarescellus:** *échalas — vine-pole.* Bourgeois, *Mouv. comm. Champagne,* p. 121 c. 38 (a. 1179, Meaux).

**scariatus** (decl. iv): *ressort d'un "scario"* (régisseur domanial) — *district of a manorial bailiff.* Breve de servis (s. x?) ap. Chron. Vulturn., ed. Federici, I p. 333. Ibi pluries.

**scario** (genet. -onis), scarius (germ.): **1.** *régisseur domanial — manorial bailiff.* Scario regis de curte q. d. S. Schiaparelli, *CD. Longob.*, I no. 19 p. 75 (a. 715, Siena). Giorgi- Balzani, *Reg. di Farfa,* II doc. 22 p. 35 (a. 749). Muratori, *Antiq.*, I col. 135 C (a. 754, Lucca). Tiraboschi, *Mem. Modenesi,* I p. 17 (a. 816).

Curtem illa[m] jure monasterii ... custodire et covernare seo laborare sine negligencia, ut decet bonus actor et scario. *CD. Langob.*, no. 131 col. 233 A (a. 837, Milano). Iste I. inprimis fuit scario pro servo [i. e. tamquam servus] super alios servos s. Vincentii de O. Manaresi, *Placiti*, I no. 58 p. 207 (a. 854, Valva). **2.** *mandataire — substitute.* Nullus audeat abbates vel monachos ejusdem coenobii ad jurandum querere ..., sed per scariones omnibus temporibus finem faciant. D. spur. Lud. Pii < a. 819 > ap. Chron. Vulturn., ed. Federici, I p. 237. [Monachis] cessum fuerat ab omnibus retro principibus ... sacramentum per se nulli homini dandum, nisi per scariones. Erchempert., c. 78, *Scr. rer. Langob.*, p. 263. Manaresi, I no. 104 p. 379 (a. 897, Benev.). *D. Ottos II.*, no. $288^{a}$ p. 339 (a. 983). Gattula, *Hist. Casin.*, I p. 38 col. 2 (ch. a. 1024, Capua). *D. Heinrichs IV.*, no. 336 p. 443 (a. 1081). **3.** *huissier — usher.* Ad hostiarium vel scarionem suum [sc. episcopi], cujus dignitatis aut ministerii viri apud antiquos Romanorum .ediliciorum nomine censebantur. Monach. Sangall., lib. 1 c. 18, ed. Haefele, p. 23.

**scarire,** excarrire, escariare, eschirire (germ.): **1.** *ordonner — to ordain.* Marca[m] nostra[m] secundum quod ordinatum vel scaritum habemus custodiant. Capit. Baioar. (a. 803), c. 9, I p. 159. Fidelitatem nobis promittant, sicut tunc scarivimus. Capit. Caris. a. 873, c. 4, II p. 344. **2.** *donner mission, incorporer — to designate, draft off.* [Comites] medio mense Augusto cum excarritis hominibus ad nos esse debeant. Capit. nota fac. (a. 805-808), c. 2, I p. 141. Si [comes palatii] defuerit, ... unus eorum, qui cum eo scariti sunt, causas teneat. Capit. Caris. a. 877, c. 17, II p. 359. **3.** *dicter — to prompt.* [Affuit] Eudo de B. qui et sacramentum eschirivit. Marchegay, *Arch. d'Anjou*, III p. 33 no. 38 (a. 1063). Si verba dimiserit vel mutaverit que ei ... fuerint escariata. Consuet. Norm., c. 19 § 6, Ludewig, *Reliq.*, VII p. 301.

**scaritio,** scarritio (< scarire, cf. voc. scara sub 3): **1.** *service de charroi — carting service.* [Facit] scaritiones dimidium carrum. Polypt. s. Remigii Rem., c. 1 § 2, ed. Guérard, p. 1 col. 2. [Faciunt] scarritiones carra 5½. Ib., § 16, p. 2 col. 2. **2.** *véhicules — vehicles.* Bancos et scarritiones mercati ... fregerunt. Hugo Flavin., ad a. 1099, *SS.*, VIII p. 477.

**scaritus** (adj.) (< scarire): *muni d'une garnison — garrisoned.* Debeant dare ... castra ... guarnita et scarita. Muratori, *Ant. Est.*, p. 181 (a. 1203). Subst. mascul. **scaritus,** escaritus, excaritus, excarritus: *soldat — soldier.* Theudericus cum escaritus decem milia accessit. Fredeg., lib. 4 c. 37, *SRM.*, II p. 138. Rex ... in quattuor partes comites suos, scaritos et leudibus suis [i.e. leudes suos] ... transmissit. Contin. ad Fredeg., c. 52, ib., p. 192. Ni generalis exigat utilitas ut cum scaritis veniat. Capit. Pap. a. 865, c. 5, II p. 92.

**scarlata,** -let-, -lacc-, -um, -us (pers.): *drap écarlate*, d'abord bleu, puis de différents couleurs éclatantes, finalement rouge — *scarlet cloth.* De scarlata rubea tunicam unam. Bernard-Bruel, *Ch. de Cluny*, V no. 3806 p. 154 (a. 1100). Scarlatas et alios pannos. Gislebert. Mont., c. 154, ed. Vanderkindere, p. 238. Vestes de scarlacco. Arnold. Lubec., lib. 1 c. 3, ed. Lappenberg in us. schol., p. 18. Cf. J. -B. Weckerlin, *Le drap "escarlate" au m. -â. Essai sur l'étymologie et la signification du mot "écarlate".* Lyon 1905.

**scarpere** = excarpere.

**scarritio,** v. scaritio.

**scarsus,** v. excarpsus.

**scaticus,** v. escaticus.

**scattus** (germ.): *moyens pécuniaires — pecuniary resources. D. Charles le Ch.*, II no. 485 p. 613 (< a. 861 >, spur. s. xi, Paris).

**scaula:** *barque — barge.* S. xiii, Ital.

**scavagium:** *une redevance — scavage*, a toll. S. xiii, Angl.

**scavinus,** scawinus, scavio, v. scabinus.

**scelandrium,** v. chelandium.

**sceldra,** v. caldrum.

**scella,** sch-, squ-, esch-, esqu-, -illa (germ.): *sonnette, clochette — small bell.* Ardo, V. Benedicti Anian., c. 38, *SS.*, XV p. 216. Consuet. Cluniac. antiq., rec. B, c. 21, Albers, II p. 16. Angilberti rel. ap. Hariulf., Chron., lib. 2 c. 10, ed. Lot, p. 68.

**scena:** *auvent, galerie — lodge, penthouse.* Escher-Schweizer, *UB. Zürich*, I no. 192 p. 84 (a. 929). Gerhard. August., V. Udalrici, c. 2, *SS.*, IV p. 388. Iterum c. 4, p. 393. Ruodlieb, fragm. 5 v. 2.

**scenofactorius:** *de broderie — of embroidery.* Cum sua effigie scenofactoriae artis [i. e. scenofactoria arte] factam. Agnell., c. 27, *Scr. rer. Langob.*, p. 291.

**scepelinus:** une *mesure de capacité — a dry measure.* S. xiii, Belg.

**sceppa,** eskeppa: une *mesure de capacité — skep*, a dry measure. S. xii, Angl.

**scerpa,** sch-, -ir-, -fa, -pha, escerpa, ischirfa, scrippa (germ., cf. angl. *scarf*, frg. *écharpe*): **1.** *sacoche en bandoulière, bourse — shoulder-belt pouch, purse.* Nec propter scrippa [v.l. scirpa, schirpa] sua ullo peregrino ... theloneum tollatis. Pippini reg. capit. (a. 754-755), c. 4, *Capit.*, I p. 32. Omnem scirfam eorum exquirebant, ut repperirent si aliquid habuissent absconditum. V. Willibaldi, c. 4, *SS.*, XV p. 101. De mobilias meas, tam aurum, argentum, here [i.e. aere], stagnum, scirpa, linas, lanas ... *CD. Langob.*, no. 162 col. 278 D (a. 847, Brescia). Quando [filia] ad maritum ambolaverit, det earum filiis meis [i.e. dent ei filii mei] ... in die votorum dinarii boni 90 et scerfa. Ib., no. 181 col. 307 A (a. 853, Milano). Sit eidem G. post decessum viri concessum aurum, argentum, scirpa et reliqua mobilia. Ib., no. 246 col. 417 B (a. 870, Milano). **2.** *redevance payée pour les bénédictions des sacoches de pèlerin — due for hallowing pilgrim's pouches.* Haec sunt quae pro presbyteratu suo capellanus habere debet: confessiones, escerpas, baptisteria ... Bernard-Bruel, *Ch. de Cluny*, V no. 4247 p. 603 (a. 1173). **3.** *encaisse, numéraire, pécule — cash, money.* Case, ere, ferro et omnim usdivilia [i.e. utensilia] seo omnim scerfa. Cipolla, *Doc. di Treviso*, p. 53 (a. 790). De omni animancia, scirpa, ere, ferro vel quodcumque mobile. Fainelli, *CD. Veron.*, I no. 102 p. 130 (a. 813). Aliquantis familias ... seo et scerfa auro et argento. *CD. Langob.*, no. 190 col. 320 A (a. 855, Milano). **4.** *catels, effets*



*mobiliers — chattels, movables.* Antipuno [i.e. antepono] pannis vel ischirfas qui mihi reservo. Brunetti, *CD. Tosc.*, I p. 302 (a. 724). Tam de terras quam familias seo scherfas vel peculias. Schiaparelli, *CD. Langob.*, I no. 72 p. 218 (a. 740, Bergamo). Omnia usitilia [i.e. utensilia] seo scherpa meam, tam pannis, eramen vel auricalco, codicis ... Ib., no. 73 p. 220 (a. 740, Lucca). Omnia scerpa sive notrimina mea majora et minora. Muratori, *Antiq.*, V col. 412 (a. 793). Cf. Tamassia, *Scherpa, scerpha, scirpa. Atti del R. Ist. Venet.*, t. 66.

**scerpula,** scirpola (< scerpa): *pécule — property. CD. Langob.*, no. 162 col. 278 C (a. 847, Verona).

**sch-,** v. etiam sc-.

**scheda,** schida: *charte — charter.* Hanc scedam ... scribere curavimus. Birch, *Cart. Saxon.*, I no. 102 p. 149 (a. 701).

**schedula,** sced-, ced-, -ola (< scheda): **1.** **feuillet, billet, page — leaflet, slip, page.* **2.** *codex — codex.* In hanc scedola[m] tam praeceptiones regales quam cartas pagenses intimare curavi. Marculf., lib. 1, praef., *Form.*, p. 37. **3.** *charte — charter.* Testamentali scedula ... roboravit. Bernard-Bruel, *Ch. de Cluny*, V no. 3732 p. 80 (a. 1099).

**schema** (neutr., genet. -atis) (gr.): **mine, extérieur, accoutrement, costume —look, appearance, attire, dress.* Notamment en parlant d'un habit religieux — especially with reference to religious apparel, e.g.: Abjecto monachi scemate scema induunt canonicale. Ademar., lib. 3 c. 18, ed. Chavanon, p. 135.

**schida,** v. scheda.

**schinipulus:** *petit poignard — small dagger.* S. xiii, Ital.

**schinipus:** *poignard — dagger.* S. xiii, Ital.

**schisma** (neutr., genet. -atis) (gr.), **1.** gener.: **dissension, désunion, discorde — disagreement, disunity, discord.* **2.** spec.: **schisme — schism.*

**schismaticus** (adj. et subst.): **schismatique — schismatic.*

**schola:** **1.** **compagnie, association, troupe — company, association, body.* **2.** **garde impériale — imperial guard.* **3.** plural.: *les compagnies de l'"exercitus Romanus" — the companies of the "exercitus Romanus".* Direxit universas scolas militie ... laudes illi canentes. Lib. pontif., Hadr., § 35, ed. Duchesne, I p. 497. Item Sergius II, § 9, ib., II p. 88. Obviati omnibus scolis, videlicet spathariorum, candidatorum, stratorum, mandatorum ceterorumque palatinorum ordinum. Ib., Hadr. II, § 36, p. 180. **4.** *garde royale — royal guard.* Cui [sc. majori domus] scola congrediens plaudit amore sequax. Fortun., lib. 7 carm. 4 v. 26, *Auct. ant.*, IV pt. 1 p. 156. Domus regis scola dicitur. Epist. episc. Caris. a. 858, c. 12, *Capit.*, II p. 436. Cum apparitoribus et scola tyronum. Monach. Sangall., lib. 1 c. 26, ed. Haefele, p. 35. Rursum ib., lib. 2 c. 17, p. 83. **5.** *escorte armée, troupe de soldats domestiques — military suite, company of armed retainers.* Gregor. Turon., H. Fr., lib. 10 c. 15. **6.** à Rome, *colonie d'étrangers* organisée en corporation — *colony of aliens* established at Rome and organized as a corporation. Cuncte scole peregrinorum, videlicet Francorum, Frisonorum, Saxonorum atque Langobardorum. Lib. pontif., Leo III, § 19, II p. 6. In schola Saxonum in ecclesia s. Mariae honorifice sepultus. Asser., G. Aelfredi, c. 46, ed. Stevenson, p. 35. **7.** *corporation de métier — craft guild.* Nos omnes [sutores] qui in hac schola congregati sumus. Brezzi, *I comuni cittadini italiani*, p. 60 no. 13 (a. 1112, Ferrara). Cf. F. Crosara, *Le scolae ravennati, Arch. Giuridico* (Modena), t. 157 (1949). **8.** *groupe de clercs qui forme la maison d'un évêque — a bishop's retinue of ecclesiastics.* Omnem scola[m] decessoris sui abiciens, Syrus [i.e. Syros] ... ecclesiasticae domui ministros statuit. Gregor. Turon., H. Fr., lib. 10 c. 26. **9.** *groupe de pauvres qui se rattache à une église — company of poor connected with a church.* G. mansionario scolae confessionis b. Petri. Agap. II pap. epist. a. 955, Migne, t. 133 col. 918 A (J.-L. 3669). **10.** *corporation des prêtres d'une église cathédrale — body of priests attached to a cathedral church.* In has casas et in hoc loco volumus ut sit scola sacerdotum, ubi sua stipendia possint habere. *CD. Langob.*, no. 89 col. 167 B (a. 813, Verona). [Res] deveniant in jura et potestate scholae sacerdotum s. Veronensis ecclesiae, ubi ... A. archidiaconus et S. archipresbyter rectores esse videntur. Ib., no. 162 col. 278 A (a. 847). Item Fainelli, *CD. Veron.*, no. 269 p. 401 (a. 879). **11.** *dortoir — dormitory.* Concil. Turon. a. 567, c. 15, *Conc.*, I p. 126. **12.** *chœur, chorale — choir.* Sacram. Gregor., c. 64, Migne, t. 78 col. 81 A. In qualicumque scola reperti fuerint pueri bene psallentes, tolluntur unde [i. e. inde] et nutriuntur in scola cantorum. Ordo Rom. XXXVI (s. ix ex.), c. 1, Andrieu, IV p. 195. **13.** *chaire magistrale — chair, professorship.* Duas eorum ordini [sc. Praedicatorum] scolas concederemus perpetuas in theologie collegio magistrorum. Denifle, *Chart. Univ. Paris.*, I no. 230 p. 254 (a. 1254).

**scholari** (depon.): *tenir école — to keep school.* V. Hugonis Marchian. († a. 1158), Martène, *Thes.*, III col. 1713.

**scholaris,** scholarius (adj.): **d'une école, scolaire — of a school.* Subst. **scholaris,** scholarius: **1.** **soldat de la garde impériale — soldier of the imperial guard.* Cassiod., Var., lib. 11 no. 26, *Auct. ant.*, XII p. 347. **2.** *soldat de la garde royale — soldier of the royal guard.* Filium suum in aula gloriosi Pippini regis reginae tradidit inter scholares nutriendum. Ardo, V. Benedicti Anian., c. 1, *SS.*, XV p. 201. Militares viri vel scolares alae [i.e. aulae]. Monach. Sangall., lib. 1 c. 11, ed. Haefele, p. 16. **3.** *écolier, étudiant, élève — pupil, student, disciple.* Capit. de presb. admon. (a. 809?), c. 5, I p. 238. Adalhardi stat., lib. 1 c. 6, ed. Levillain, p. 358. Riculfi Suess. stat. a. 889, c. 16, Mansi, t. $18^{a}$ col. 87 C. **4.** *écolâtre — scholast.* DC. -F., VII p. 351 col. 3 (ch. a. 1093, Pontoise). Gislebert. Mont., c. 176, ed. Vanderkindere, p. 260.

**scholaritas:** *le statut privilégié des "scholares" — the privileged status of "scholares".* S. xiv.

**scholarizare:** *faire des études — to study, be a student.* S. xiv.

**scholasteria,** -tria (< scholaster): *fonction* ou *bénéfice d'écolâtre — a scholast's office* or *benefice.* Heeringa, *OB. Utrecht*, II no. 595 p. 61 (a. 1209).

**scholasticus** (subst.): **1.** **savant, lettré, homme cultivé — scholar, man of letters, of education.* **2.** **avocat lettré, jurisconsulte — learned lawyer, jurist.* **3.** *écolâtre — scholast.* Cantat. s. Huberti, c. 8, ed. HANQUET, p. 21. MULLER-BOUMAN, *OB. Utrecht,* I no. 285 p. 264 (a. 1116). *D. Lothars III.,* no. 41 (a. 1132).

**scienter:** **sciemment — knowingly.*

**scientia:** *connaissance, le fait d'être au courant — knowledge, cognizance.* Loc. absque (sine) scientia alicujus. CAESAR. ARELAT., Regula virg., c. 33. Sacram. Gelas., lib. 1 c. 95, MIGNE, t. 74 col. 1146 D. Coll. Quesnell., MIGNE, t. 56 col. 889 A.

**scyphatus,** schi-, squi-, ski- (< scyphus): une *monnaie* de forme creuse — a more or less concave *coin.* PETR. DIAC., Chron. Casin., lib. 3 c. 58, *SS.,* VII p. 743. Pactum Benev. a. 1156, *Const.,* I no. 414, c. 13.

**scindula,** scindala = scandula ("bardeau — shingle").

**scintillaris,** -rius (subst. mascul.) (sc. liber): *florilège — anthology.* MURATORI, *Scr.,* III p. 86 (inscr. ca. a. 901). Chron. Farf., contin., ib., II pt. 2 col. 470.

**sciolus** (subst.): **1.** **demi-savant, pédant —prig, wiseacre.* Sibi videbatur in aliquo sciolus. GREGOR. TURON., H. Fr., lib. 10 c. 14. **2.** *lettré, clerc — man of letters.* D. Henr. I reg. Fr. a. 1052 ap. DC.-F., VII p. 355 col. 2. Ruodlieb, fragm. 5 v. 228 et 398. Adj., **1.** c. genet.: *au courant de — cognizant.* Secretorum ipsius sciolus. V. IV Bonifatii, c. 6, ed. LEVISON, p. 97. **2.** c. infin.: *capable de, à même de — qualified to.* Abbates pii scioli bene consiliari. Ruodlieb, fragm. 4 v. 252.

**scira** (anglosax.): **1.** *comté — shire, county.* Leg. Edwardi Conf., c. 13, LIEBERMANN, p. 640. **2.** *assemblée judiciaire d'un comté — shiremoot.* Ib., c. 22 § 5, p. 648. **3.** *l'obligation de participer aux assemblées judiciaires du comté — compulsory attendance at the shiremoot.* DELISLE, *Actes Henri II,* I no. 6 p. 98 (a. 1155).

**scire** (subst. indecl.): *le savoir, la mesure de ses forces — one's capability.* E.g.: [Abbas] secundum suum scire et posse eis regulariter presideat. BERNARD-BRUEL, *Ch. de Cluny,* I no. 112 p. 126 (a. 910).

**sciremotus:** *assemblée judiciaire du comté — shiremoot.* Leg. III Eadgar, c. 5 § 1, vers. Quadrip., LIEBERMANN, p. 203 col. 2.

**scirfa,** scirpa, v. scerpa.

**scirpola,** v. scerpula.

**scissio:** **schisme — schism.* Aecclesiam ... e scissione ad unionem redintegrare. Ann. Hildesh. a. 1105, ed. WAITZ, p. 52.

**scissura:** **1.** *labour — ploughing.* Tantum in prima scissura et seminatione arant. Acta Murensia, c. 23, ed. KIEM, p. 71. **2.** **division, discorde, schisme — division, discord, schism.*

**scitum:** *loi — law.* Illis [sc. Ungaris] petentibus concessit rex scita Teutonica. Ann. Altah., a. 1044, ed. OEFELE, p. 37.

**scitus** (decl. iv) (< scire, non < sciscere): *connaissance, le fait d'être au courant — knowledge, cognizance.* Loc. absque scitu et auditu alicujus. S. xiii.

**sciurolus,** scu-, squi-, escu-, esqui-, -riolus, -rolius, -rollius, -rellus (< sciurus): *écureuil — squirrel.*

**sclata:** *ardoise — slate, roofing-stone.* S. xiii, Angl.

**sclavina,** sclavinia: *manteau — cloak.* S. xii.

**sclavus** (< Sclavus "Slave — Slav"): *esclave — slave.* Familias litorum ... familias colonorum ... familias sclavorum. *D. Ottos I.,* no. 21 (a. 939). Schlavi vestri [sc. agasones]. LIUDPRAND. CREMON., Legat., c. 23, ed. BECKER, p. 188. Per sclavos cubicularios. JOH. METT., V. Joh. Gorz., c. 120, *SS.,* IV p. 371 l. 39. Servos trex et ancilla una ... seu sclavorum. *CD. Langob.,* no. 816 col. 1430 B (a. 983). Cuidam sclavo ... qui de rege Ottone liber manumissus est. BITTERAUF, *Trad. Freising.,* II no. 1217 p. 129 (a. 972-976). De lidis triduanis, liberis, colonis, sclavis. *D. Heinrich IV.,* no. 215 (a. 1069). De sclavo empticio 4 den. Ib., no. 487 (< a. 1104 >, spur. s. xii, Koblenz). Cf. Ch. VERLINDEN, *L'origine de "slavus" = esclave. ALMA.,* t. 17 (1943), pp. 97-128.

**sclusa,** v. exclusa.

**scoba** (germ.): *botte — bunch.* Lino scoba quarta. *CD. Langob.,* no. 96 col. 179 B (a. 822, Brescia).

**scobillae** (< scopae): *balayures — sweepings.* S. xiv.

**scogilatus** (< scogilum): *gainé — sheathed.* Gladius. Leg. Henrici, c. 83 § 7, LIEBERMANN, p. 600.

**scogilum** (germ.): *fourreau — sheath.* Lex Ribuar., tit. 36 § 11.

**scolax** (gr.): **flambeau, torche — torch, flare.*

**scolthetus,** v. sculthetus.

**scopae** (class. "balai — broom"): *verges — rod.* PETR. DAM., V. Rodulphi Eugub., c. 11, MIGNE, t. 144 col. 1019 C.

**scopalarius,** sca-, -bol-, -erius (< scopae): *aide d'un sacristain pour le nettoyage — church-cleaner.* GERMAIN, *Cart. de Montpellier,* no. 99 p. 197 (a. 1202).

**scopare:** **1.** **balayer — to sweep.* FORTUN., V. Radegundis, lib. 1 c. 23, *SRM.,* II p. 372. **2.** *fouetter — to flog.* ANDR. VALLUMBR., V. Arialdi, c. 46, MIGNE, t. 143 col. 1463 B.

**scoposum** (germ.): *borde — cotter's holding.* Acta Murensia, c. 20, ed. KIEM, p. 64.

**scoppa,** sch-, esch-, -opa, -opia (germ.): *échoppe, petit atelier, boutique — shop.* WARNKOENIG-GHELDOLF, *Flandre,* II p. 416 no. 3 (a. 1151).

**scoriare** et deriv., v. excoriare.

**scorpio** (genet. -onis): *fouet plombé — scourge.* ISID., Etym., lib. 5 c. 27. Acta Marcelli, c. 8, *AASS.*³, Jan. II p. 370.

**scorta,** scortum: *escorte — escort.* S. xiv.

**scortari** (depon.): **vivre dans la débauche — to indulge in debauchery.*

**scorticare,** v. excorticare.

**scotallum,** scotalla, scotale, scotalium: *repas à offrir — compulsory feast.* S. xiii, Angl.

**scotoma** (neutr., genet. -atis), scotomia (femin.) (gr.): *vertige, trouble de la vision — dizziness.* ISID., Etym., lib. 4 c. 7 § 3. Sub vitio pituitae < vel scotomiae >. Glossa ad ARNOLDUM DE S. EMMER., lib. 2 c. 18, *SS.,* IV p. 562 col. 1 l. 54.

**scotomaticus** (gr.): *sujet aux vertiges — suffering from fits of dizziness.* ALDHELM., Virg., c. 22, *Auct. ant.,* XV p. 253. Mir. Bertini, MABILLON, *Acta,* III pt. 1 p. 131.

**scottare:** *contribuer — to pay scot.* S. xiii, Angl.

**1. scotus** (slav.): *une monnaie — a coin.* Inquis. Raffelst. a. 903-906, c. 1, *Capit.,* II p. 251.

**2. scotus,** scottus: *taxe, cotisation — scot.* S. xi, Angl.



**scrama** (germ.): *épée courte — short sword.* Scutis, spatis, scramis, lanceis sagittisque instructos. Lex Visigot., lib. 9 tit. 2 § 9 (Ervig.).

**scramasaxus** (germ.): *épée courte — small sword.* Cum cultris validis, quos vulgo scramasaxos vocant. GREGOR. TURON., H. Fr., lib. 4 c. 51.

**screona,** screuna (germ.): *cave — cellar.* Lex Sal., tit 13 § 5; tit.27 § 22 sq. Lex Saxon., c. 33. Lex Fris., addit. sap., tit. 1 § 3. Capit. de villis, c. 49.

**scriba** (mascul.): **1.** *notaire public — public scrivener.* Liutpr. leg., c. 91. **2.** *scribe de chancellerie — chancery clerk.* Urso clericus scriba nostri palatii [sc. principis Salernitani]. POUPARDIN, *Inst.,* p. 139 no. 4 (a. 899).

**scribania:** *fonction de scribe — clerkship.* S. xiii.

**scribo** (genet. -onis) (gr.): *envoyé — envoy.* GREGOR. M., lib. 2 epist. 38, I p. 137. Lib. pontif., Vigil., ed. MOMMSEN, p. 178. ANAST. BIBL., Chron., ed. DE BOOR, p. 169.

**scrineum,** v. scrinium.

**scriniarius** (< scrinium): **1.** **fonctionnaire dans un bureau du gouvernement impérial — official in one of the imperial government offices.* Scriniarius actorum. CASSIOD., Variae, lib. 11 no. 22, *Auct. ant.,* XII p. 346. Scriniarius curiae militaris. Ib., no. 24. Etiam lib. 7 no. 21, p. 214. **2.** *fonctionnaire dans les bureaux d'une église métropolitaine,* en charge aussi bien de la conservation des archives que de l'expédition des chartes (synonyme de notarius) — *official in the offices of a metropolitan see,* charged with the care of the archives as well as with making out charters. Ravenna: D. notarius et scriniarius s. Ravennatis ecclesiae. MARINI, *Pap.,* no. 94 p. 146 (a. 625). M. scriniarius ipsius ecclessiae [sc. Ravennantium]. Lib. pontif., Steph. III, § 25, ed. DUCHESNE, I p. 477. Roma: Apud Romanos illi, qui libros sacros servant, scriniarii nuncupantur. ISID., Etym., lib. 20 c. 9. Notarius et scriniarius. Lib. diurn., no. 103 sq., ed. SICKEL, p. 137 sq. Lib. pontif., Constantin., ed. MOMMSEN, p. 222. L. notarius regionarius et scriniarius. Synod. Roman. a. 769, MANSI, t. 12 col. 716. Scriptum per manum Th. notarii et scriniarii. Priv. Hadr. I pap. a. 781, BALUZE, *Misc.,* ed. MANSI, VII p. 120 (J.-E. 2435). Grado: *Epp.,* III p. 713 (a. 768-772). **3.** *titre qu'assument les "tabelliones"* (notaires publics) *de Rome — title assumed by the Roman "tabelliones"* (public notaries). Scriniarius et tabellio urbis Romae. ALLODI-LEVI, *Reg. Sublac.,* I no. 87 p. 132 (a. 857). Scriniarius s. Romanae ecclesiae. Agap. II pap. epist. a. 950, BEYER, *UB. Mittelrh.,* I no. 197 p. 257 (J.-L. 3649). Item. MANARESI, *Placiti,* II no. 236 p. 374 (a. 998). Protus praeest scriniariis, quos nos tabelliones vocamus. Notitia de judicibus palatinis (s. xi in.), POOLE, *Papal chancery,* p. 186 col. 2.

**scrinium,** scrineum: **1.** **un bureau du gouvernement impérial — an imperial government office.* En parlant du bureau du préfet du prétoire — with reference to the office of the "praefectus praetorii": CASSIOD., Var., lib. 11 epist. 7 § 4, *Auct. ant.,* XII p. 336. **2.** *bureau d'une curie municipale — office of a municipal "curia".* Vobis ... in scrineo Novarie hec lecta tradedi. *Mon. hist. patr.,* Chartae, I col. 9 B (a. 730). **3.** *bureau du gouvernement pontifical — papal government office.* Hormisdae epist. 7, § 6, THIEL, p. 753. S. Romanae ecclesiae notarius fuit; qui soli Deo vacare desiderans, scrinium deseruit, monasterium elegit. GREGOR. M., Dial., lib. 1 c. 8, MIGNE, t. 77 col. 185. Solita quae ab universis in scrinio episcoporum fient indicula et fidei expositiones. Lib. pontif., Constantin., § 9, ed. MOMMSEN, p. 225. Donationis exempla per scrinium hujus s. nostrae Romanae ecclesiae adscripta ... deportavit [rex Francorum]. Ib., Hadr. I, § 43, DUCHESNE, I p. 498. Vitam ipsius de scrinio s. sedis apostolicae ... carpere studuissem. JOH. DIAC., V. Gregorii M., MIGNE, t. 75 col. 61. En parlant du bâtiment qui abrite les bureaux — with reference to the office buildings: Fecit ... ante scrinium Lateranensem porticum. Lib. pontif., Zachar., § 18, ed. DUCHESNE, I p. 432. Cf. P. KEHR, *Scrinium und Palatium, MIOeG.,* Ergbd. 6 (1901), pp. 70-112. **4.** *chancellerie royale — royal chancery.* Capitula ... de scrinio nostro vel a cancellario nostro accipiant. Capit. missor. Silvac. a. 853, c. 11, II p. 274. O. secundi [leg. secundum?] scrinii notarium. HINCMAR., Ann. Bertin., a. 877, ed. WAITZ, p. 136. **5.** *archives ecclésiastiques — church archives.* In scriniis privilegiorum nostri coenobii repperi. G. abb. Fontan., c. 3 § 2, ed. LOHIER-LAPORTE, p. 27. Ibi pluries. **6.** *trésor royal — royal treasury.* T. sacrorum scriniorum praelato. ASTRON., V. Hlud., c. 40, *SS.,* II p. 629 l. 45. Dantur de scriniis regum 60 argenti librarum rata pondera. EKKEHARD., Cas. s. Galli, c. 10, ib., p. 134. In scrinio regali 1000 marcas auri persolvat. DC.-F., VII p. 368 col. 2 (ch. a. 1184, S.-Germain-des-Prés). **7.** à Cologne, *bureau d'enregistrement des actes de juridiction gracieuse* — at Cologne, *registration office for voluntary jurisdiction acts.* PLANITZ-BUYKEN, *Schreinsbücher,* no. 478 p. 111 (a. 1238). **8.** *reliquaire — reliquary.* S. xii.

**scrippa,** v. scerpa.

**scriptio:** **1.** *signature — signature.* [Cartulam] sua scriptione roboraret. Rel. Compend. a. 833, *Capit.,* II p. 55 l. 32. **2.** *charte — charter.* Ut autem haec scriptio firma permaneat. *D. Merov.,* no. 42 (a. 664). Scriptionibus res et familias sibi collatas ... meruit obtinere. *D. Berengario I,* no. 12 p. 43 (a. 894). Legalibus preceptis et scriptionibus ... in juditio ostensis. *D. Ugo,* no. 63 p. 187 (a. 942). Exinde nullam firmitatem nullamque racione[m] nec scripcionem ... habui. Ib., no. 75 p. 221 (a. 944). *D. Ottos I.,* no. 403 (a. 971). *D. Ottos II.,* no. 260 (a. 981). **3.** *aliénation au moyen d'une charte — transfer of property by written deed.* Dono aliquid de rebus proprietatis mee ...Et pro ipsa scriptione accepimus ab eis [sc. monachis] 50 s. BERNARD-BRUEL, *Ch. de Cluny,* I no. 486 p. 471 (a. 938). Omnia praedia et oblationes quolibet legalis titulo scriptionis ad ipsam aecclesiam devolutas. *D. Ugo,* no. 62 p. 183 (a. 942). Scriptionem aliquam de rebus predicti monasterii sine suo consultu facere non posset. *D. Adalberto,* no. 1 p. 342 (a. 960). Cessit ... villam ... exceptis 7 juctis, de quibus scriptionem fecerat cuidam S. nomine. RÉDET, *Cart. de S.-Cyprien de Poitiers,* no. 52 p. 51 (a. 990-996). **4.** *archives — archives.* De duabus ecclesiis contendententibus

agrum unum: ager inquiratur in scriptione duarum ecclesiarum. Canon. Hibern., lib. 42 c. 8, ed. WASSERSCHLEBEN², p. 163.

**scriptor:** **1.** *scribe* — *scribe.* En parlant d'un tabellion — with reference to a public scrivener. Scriptores publici. Lamberti capit. Ravenn. a. 898, c. 5, II p. 110. **2.** *écrivain* — *writer.*

**scriptorium:** **1.** *style* pour écrire sur la cire — *stylus* for writing on wax. ISID., Etym., lib. 6 c. 9 § 2. **2.** *salle des travaux d'écriture* dans un monastère —monastic *writing-room.* Scriptoria non in monasterio tantum, sed in diversis locis studebat. THANGMAR., V. Bernwardi, c. 6, *SS.*, IV p. 760. Convenire in scriptorio collationesque ... de scripturis facere. EKKEHARD., Cas. s. Galli, c. 3, *SS.*, II p. 95.

**scriptum.** **1.** plural.: *lettre, épître* — *letter.* Praesentia ad vos scripta praevidimus dirigenda. GREGOR. M., lib. 9 epist. 235, *Epp.*, II p. 230. **2.** *charte* — *charter.* Homo uxori suae ... res suas per scriptum ad usumfructum dederit. Guidonis capit. Pap. legib. add. a. 891, c. 7, II p. 109. Que sibi tam hereditario nomine quamque etiam scriptis quibuscumque pertinere videntur. *D. Ottos I.*, no. 371 (a. 969). D'un diplôme impérial — with reference to an emperor's charter: Lud. Pii pact. c. Pasch. pap. a. 817, *Capit.*, I p. 353 l. 34. *D. Ottos II.*, no. 224 et 227 (a. 980).

**scriptura, 1.** scriptura sacra, divina, euangelica, canonica: *l'Ecriture Sainte — Holy Scripture. Scriptura, nude: *idem. **2.** *le droit écrit* — *written law.* [Judices] secundum scripturam judicent; ut nullatenus audeant secundum arbitrium suum judicare. Capit. Lud. II imp. attrib., II p. 98 l. 9. **3.** *charte* — *charter.* Quicumque ... aliquid de jure ecclesiastico seu verbo seu per scripturam adceperit. Concil. Aurel. a. 541, c. 17, *Conc.*, I p. 91. Venditio per scripturam facta. Cod. Euric., c. 286. Scripturam vel probationem invenerit. Lex Visigot., lib. 2 tit. 1 c. 21. Ibi saepe. Facultatem suam per inlicitos scripturarum titulos ad alias transtulisse personas. Lex Burgund., tit. 51 c. 1. Etiam tit. 99. Scriptura non valeat, nisi in quam annus et dies evidenter ostenditur. Lex Alamann., tit. 42 c. 2. Scripturas ecclesiae suae renovando confirmaremus. *D. Charles le Simple*, no. 119 (a. 922). Ad coenobium ... scriptura[m] donationis faciatis de alodem meum. ALART, *Cart. Roussillonnais*, no. 12 p. 24 (a. 967). Res que ... eodem loco concessa sunt ... hoc est sive per scripturam sive sine scriptura. *D. Ottos I.*, no. 336 p. 452 (a. 967). Facta scriptura donatione 2 kal. Marcii. *Hist. de Lang.*³, V no. 152 col. 325 (a. 991).

**scripturalis:** **scripturaire, biblique* — *scriptural, biblical.*

**scrofa:** *machine de siège* pour saper les murs — *siege apparatus* for undermining walls. FULCHER. CARNOT., lib. 1 c. 10 § 6, ed. HAGENMEYER, p. 186.

**scrofulae,** scruph- (< scrofa): *écrouelles* — *scrofula.* V. Barbatiani, MURATORI, *Scr.*, II pt. 1 p. 197 B.

**scrotarius** (germ.): *débardeur* — *dock-worker.* S. xiii.

**scrupulus:** *soupçon* — *suspicion.* ATTO VERCELL., epist. 10, D'ACHÉRY, *Spic.*, VIII p. 131.

**scrutamen:** **recherche, enquête* — *research, inquiry.*

**scrutinare:** **scruter, examiner* — *to search, examine.* Lecta frequenter ab abbate scrutinanda sunt. Benedicti regula, c. 55.

**scrutinium:** **1.** **recherche, examen* — *research, examination.* **2.** *perquisition* — *search.* Per veium aut per scrutinium inventus fuerit. Lex Burgund., tit. 16 § 7. Ei [sc. qui furem persequitur] scludinium [i.e. scrutinium] [is] cujus est domus contradixerit. Lex Ribuar., tit. 47 § 1. **3.** *examen des candidats au baptême* — *test of those who are to be baptized.* Sacram. Gelas., lib. 1 c. 29, ed. WILSON, p. 45. Ordo Rom. XI (s. vii), inscr., ed. ANDRIEU, II p. 417. Ibi pluries. Karoli M. epist. ad Odilbert. (a. 809-812), *Capit.*, I p. 247. WALAHFR., Exord., c. 27, ib., II p. 509 l. 33. Capit. Herardi Turon. a. 858, c. 45, *Gall. chr.*², XIV instr. col. 42. HINCMAR. REM., Capit. ad presb., c. 2, SIRMOND, I p. 711. **4.** *interrogation des votants, scrutin* — *collecting the votes, scrutiny.* S. xiii.

**scrutum** (déformation arbitraire du mot *grutum* — arbitrary alteration of the word *grutum*, cf. H. PIRENNE, *ALMA.*, t. 2 (1925) pp. 97 sqq.): *mélange d'herbes employé pour la fermentation de la bière* — *grout, mash.* GYSSELING-KOCH, *Dipl. Belg.*, no. 216 p. 365 (a. 1060, S.-Trond). OPPERMANN, *Fontes Egmund.*, p. 74 (a. 1105-1120); p. 87 (a. 1130-1161).

**scruva** = scrofa.

**scuagium,** v. scutagium.

**scubiae,** scufiae, v. excubiae.

**sculca,** sculta (< exculca, cf. voc. exculcator *"soldat de garnison — soldier on garrison-duty"): *garnison* — *garrison.* GREGOR. M., lib. 2 epist. 33, *Epp.*, I p. 130. Edict. Rothari, c. 21.

**sculdahis,** scold-, scult-; -axis, -ais, -aissis, -aizius, -assus, -asius, -ascius, -axius, -assio, -ascio, -acio (genet. -onis) (germ., idem ac vox *sculthetus*): **1.** *agent public* subordonné au duc — *state officer* subordinate to a duke. Edict. Rothari, c. 15. Ibi saepe. WARTMANN, *UB. S.-Gallen*, I no. 62 p. 61 (a. 771 vel 774). Capit. Mantuan. (a. 781?), c. 6, I p. 190. Capit. Langob. (a. 782-786), c. 7, p. 192. Capitula Remedii, c. 1, *LL.*, V p. 442. Urbar. fisc. Rhaet.-Cur. (s. ix p. pr.), MEYER-PERRET, *Bündner UB.*, I p. 380. Lud. II capit. Pap. a. 850, c. 1, II p. 86. RATHER., Praeloq., lib. 1 c. 23, MIGNE, t. 136 col. 167 B. **2.** *chef d'un groupe d'"arimanni"* — *chief of a group of "arimanni".* SCHNEIDER, *Burg u. Landgemeinde in Italien*, p. 127 et 150.

**sculdasia,** scult-, scud-, -ascia, -acia, -assia (< sculdahis): **1.** *ressort d'un "sculdahis"* — *district administered by a "sculdahis".* Terrolam ... pertinentem de eadem sculdasia. *D. Berengario I*, no. 57 p. 161 (a. 905). Pratum de ... comitatu et sculdascia F. pertinens. *CD. Langob.*, no. 480 col. 829 D (a. 918). Censum omnem ab ipsa centena et scultatia Curiensi. *D. Ottos I.*, no. 209 (a. 960). Comitatum ... cum sculdaciis, quas Saxones sculdidum vocant, que sunt in comitatu G. comitis. *D. Heinrichs IV.*, no. 218 (a. 1069). **2.** *redevance de caractère public* levée par le "sculdahis" — *a state tax* levied by the "sculdahis". Nullam ... publicam functionem ... cuiquam ... persolvant preter nostrum regale



fodrum ... et scudassiam, quam comitibus suis singulis annis debent. *D. Heinrichs IV.*, no. 331 (a. 1081).

**sculdhaisus,** v. sculthetus.

**sculdor,** sculdhor (germ.): i.q. sculdahis. TROYA, *CD. Longob.*, I p. 241 (a. 747). TIRABOSCHI, *Mem. Modenesi*, I p. 262 (a. 749); p. 266 (a. 756). FICKER, *Forsch.*, IV p. 3 (a. 781).

**sculptile** (subst. neutr.): **statue* — *statue.*

**sculta,** v. sculca.

**scultedum** (germ.): *compétence judiciaire d'un écoutète* — *jurisdiction of an "écoutète".* Nullus unquam placitaret nisi ad virscarnam abbatis ... de scultedo, id est de furibus, de furtis et latrociniis VERCAUTEREN, *Actes de Flandre*, no. 120 p. 278 (a. 1125).

**sculthetus,** scolt-, -etus, sculdhaisus (germ.): *écoutète* — *local judge.* BITTERAUF, *Trad. Freising*, I no 288 p. 251 (a. 809). BEYER, *UB. Mittelrh.*, I no. 244 p. 303 (a. 993); no. 287 p. 339 (a. 1008-1016). Villicus abbatis quod nos vulgo dicimus scultheto. KÖTZSCHKE, *Urbare Werden*, p. 90 (s. xi in.).

**scuria,** scurgia, scura, escura (germ.): **1.** *bâtiment de service* d'une exploitation rurale, *grange* — *shed, barn.* Domus infra curte ... aut scuria aut granica vel cellaria. Lex Alamann., tit. 76 c. 2. Capit. de villis, c. 19. Brev. ex., c. 25. ZEUSS, *Trad. Wizenburg.*, no. 248 p. 138 (a. 747). D'HERBOMEZ, *Cart. de Gorze*, no. 32 p. 63 (a. 793). WIDEMANN, *Trad. S.-Emmeram*, no. 9 p. 8 (a. 792-816); no. 11 p. 10 (a. 810). Polypt. Sit. (a. 844-864), GYSSELING-KOCH, *Dipl. Belg.*, no. 34 p. 59. Descr. Lob. a. 868, ed. WARICHEZ, p. 266. Polypt. s. Remigii Rem., c. 1 § 1, ed. GUÉRARD, p. 1 col. 1. In scuria battere nolunt. Edict. Pist. a. 864, c. 29, *Capit.*, II p. 323. **2.** spec.: *étable* ou *écurie* — *stable.* Si qui ... scuria[m] cum animalibus ... incenderit. Lex Sal., tit. 16 § 4. Pactus Alamann., fragm. 5 c. 3. Capit. de villis, c. 58. **3.** spec.: *grenier* — *granary.* Defendere volunt casas vel scurias ubi fenum vel granum inveniunt. Lex Baiwar., tit. 2 c. 4. Scuriam ubi grana condere vicebatur. ARBEO, V. Haimhrammi, c. 16, ed. KRUSCH (in 8°), p. 49. F. Sangall. misc., no. 2, *Form.*, p. 380; no. 18, p. 388. Scuriam ... interclusit et annonam ... in ea misit. HINCMAR. REM., opusc. 55 capit., c. 1, SIRMOND, II p. 389.

**scuriolus,** v. sciurolus.

**scurra** (mascul.): **1.** *serviteur* — *servant.* V. Bernardi Poenit. († a. 1182), *AASS.*, Apr. II p. 680. **2.** *soldat mercenaire* — *mercenary soldier.* S. xiii.

**scurro** (genet. -onis): *homme d'escorte* du prince ou d'un juge, *appariteur, bourreau* — *member of* a prince's or a governor's *body-guard, beadle, executioner.* LIBERAT., c. 23, MIGNE, t. 68 col. 1045 D. Acta Eulaliae, *AASS.*, Febr. II p. 578.

**scussia,** scuxia (< excutere): *un impôt* — *a tax.* ROMANIN, *Venezia*², I p. 349. GLORIA, *CD. Padov.*, I p. 13 (a. 829).

**scutagium,** scuagium, escuagium (< scutum) : **1.** *service militaire* — *military service.* BRACTON, lib. 2 c. 16 § 7. **2.** *écuage* — *scutage.* JOH. SARISBIR., epist. 13 (a. 1156), ed. MILLOR-BUTLER, I p. 21.

**scutarius,** notione 4 etiam escutarius, escuderius, escuerius: **1.** (jam ap. PLAUT.) *confectionneur de boucliers* — *shield-maker.* Capit. de villis, c. 62. F. Augiens., coll. C no. 24, *Form.*, p. 375. WIDEMANN, *Trad. S.-Emmeram*, no. 17 p. 21 (a. 820/821). Adalhardi Corbej. stat., lib. 1 c. 1, ed. LEVILLAIN, p. 352. Descr. Centul. a. 831, ed. LOT, p. 307. CIPOLLA, *CD. Bobbio*, I p. 141 (a. 833). RICHER., lib. 3 c. 54, ed. LATOUCHE, II p. 62 sq. **2.** **scutaire* de la garde impériale — *scutary* of the imperial guard. Auprès du roi visigoth — at the court of the Visigoth king: Quem Winiza rex intra suos scutarios familiarem habuerat. Chron. reg. Visig., aera 748, FLOREZ, *Esp. sacr.*, II p. 180. **3.** *porteur du bouclier*, dignitaire aulique — *shieldbearer*, a court dignitary. Dux G. scutarius ejus [sc. regis] eligebatur. BERTHOLD. AUG., Ann., a. 1065, *SS.*, V p. 272. **4.** *écuyer* — *squire.* Custodes, tyrones et scutarii. Ib., a. 1080, p. 325. BERTRAND, *Cart. d'Angers*, I no. 137 p. 165 (a. 1082-1106). Multos e suis militibus et scutariis. SIMEON DUNELM., Hist. regum, ad a. 1067, ed. ARNOLD, II p. 63. COSMAS, lib. 2 c. 39, ed. BRETHOLZ, p. 42; lib. 3 c. 25, p. 194. Quot decem mansos in beneficio possideant, tot brunias cum duobus scutariis ducant. Const. de exped. Rom., c. 4 (ca. a. 1160, Reichenau), *Const.*, I no. 447.

**scutator:** *confectionneur de boucliers* — *shield-maker.* Cod. Eberhardi, c. 43 § 12, DRONKE, *Trad. Fuld.*, p. 117.

**scutatus** (subst.) (< scutum): *chevalier* — *knight.* Ipsius abbatis miles sit et 5 scutatos ... in expeditionem mittat. WEIRICH, *UB. Hersfeld*, no. 77 p. 147 (a. 1005/1006). Episcopo ... hoc inde servitium faciat, scilicet 40 scutatos ex ista parte Alpium, et si iter episcopi vel regia expedicio ultra Alpes fuerit, 20 mittat. WAMPACH, *UB. Luxemb.*, no. 274 p. 396 (a. 1052). Si [advocatus] in villam venerit cum 6 scutatis. LESORT, *Ch. de S.-Mihiel*, no. 50 p. 183 (a. 1091).

**scutella:** *plat, mets, repas* — *dish, meal.* Lib. pontif., Bonif. II, ed. MOMMSEN, p. 139.

**scutellarium:** *plat, terrine* — *dish.* S. xii, Ital.

**scutellarius** (subst.): *officier aulique ayant la charge de la vaisselle* — *court officer in charge of vessels.* BERTRAND, *Cart. d'Angers*, I no. 342 p. 392 (a. 1097). Minist. Hanon., ap. VANDERKINDERE, *La chron. de Gislebert de Mons*, p. 340. FAYEN, *Lib. trad. s. Petri Blandin.*, p. 131 (s. xii).

**scutellum** (< scutum): *écusson* — *escutcheon.* S. xiv.

**scutifer** (subst.) (< scutum): *écuyer* — *squire.* Ruodlieb, lib. 1 c. 18. *SS.*, XXI p. 606 col. 1 l. 52 (a. 1114, Valenciennes). RUDOLF., G. abb. Trudon., lib. 7 c. 3, *SS.*, X p. 265. PETR. DIAC., Chron. Casin., lib. 4 c. 105, *SS.*, VII p. 818. HERBORD., V. Ottonis Bamb., lib. 2 c. 23, ed. KOEPKE in us. sch., p. 75.

**scutum:** **1.** *unité militaire* consistant en un chevalier avec ses aides ou écuyers — *military unit* formed by a knight and his retainers or squires. Cum collecta vel scutis in placito comitis nullus presumat venire. Memor. Olonn. a. 822/823, c. 5, *Capit.*, I p. 318. Dic mihi ... quot scuta in meo servitio plus illi exhibere vidisti? Non amplius, inquit, quam tria. Ergo propter tria scuta auferam s. Martino et fratribus res suas et detrimentum animae meae faciam! *Gall. chr.*², XIV instr. col. 53 D no. 37 (a. 890, Le Mans). Ruodlieb, lib. 4 c. 15. In expeditionibus cum 6 scutis mili-

taret. DRONKE, *CD. Fuld.*, no. 749 p. 359 (a. 1048). Exiit ex lucis cum quingentis fere scutis. DONIZO, V. Mathildis, lib. 1 c. 6 v. 538, ed. SIMEONI, p. 25. V. Meinwerci, c. 70, ed. TENCKHOFF, p. 48. **2.** *fief de haubert — knight's fee.* Terra jacens in villa q. d. R. pertinens ad scutum Richarii et terra jacens in S. pertinens ad scutum Huberti. VERCAUTEREN, *Actes de Flandre*, no. 65 p. 154 (a. 1114). **3.** *service militaire de l'ost — military service in the host.* S. xiii, Angl. **4.** *contingent féodal — contingent of a feudal army.* Ad supplendum scutum regium. Epist. Epternac., *SS.*, XXIII p. 67. O Bohemienses proceres et scutum Bohemicae terrae! Contin. Wissegr. ad COSMAM, *SS.*, IX p. 135. **5.** loc. scutum bellicum: la gradation de la hiérarchie féodale de l'Empire germanique (allem. *heerschild*) — the stages of the feudal hierarchy of the Germanic Empire. S. xiii. **6.** *écusson, blason — excutcheon, coat of arms.* S. xiii. **7.** *écu,* monnaie — *écu,* a coin. S. xii.

**scuviae,** v. excubiae.

**sebelinus,** v. sabelinus.

**secare,** seccare, segare: *faucher, faire la fenaison — to mow, make hay.* Si quis prato alieno secaverit. Lex Sal., tit. 27 § 10. Ad secandum non possit erba succrescere. Lex Visigot., lib. 8 tit. 3 § 12. Foenum. Admon. gener. a. 789, c. 81, *Capit.*, I p. 61. Capit. de villis, c. 5. Brev. ex., c. 8. CIPOLLA, *CD. Bobbio*, I p. 146 (a. 844). FAINELLI, *CD. Veron.*, I no. 232 p. 354 (a. 865).

**secativus:** *de fauchage — for making hay.* Pratum. WARTMANN, *UB. S.-Gallen*, I no. 60 p. 60 (a. 771).

**secatorius:** *de fauchage — for making hay.* Pratum. F. Augiens., coll. B no. 24, *Form.*, p. 358.

**secatura,** v. sectura.

**secessus** (decl. iv): **1.** **lieu d'aisance, cabinet — privy.* **2.** **mort — death.* BRUNETTI, *CD. Tosc.*, I p. 234 (a. 779). V. Lantberti, c. 3, *SRM.*, V p. 611.

**secla,** seclus, v. siclus.

**secreta** (femin.): *secrète,* prière sur les offrandes pendant la Messe — *prayer on offerings during Mass.* Sacram. Gelas., passim. Theodulfi Aurel. stat. II, c. 1 § 3, DE CLERCQ, I p. 323. Concil. Cenomann. a. 840, *Conc.*, II p. 787. Ordo Rom. L (s. x med.), c. 25 § 86, ANDRIEU, V p. 209.

**secretalis** (adj.): *isolé, solitaire — secluded.* Qui locus quam secretalis, quam devotus, quam habilis divina celebrantibus ... sit. SUGER., Admin., c. 26, ed. LECOY, p. 187. Subst. mascul. **secretalis:** *conseiller intime — confidential counsellor.* D. spur. Lud. Pii, DRONKE, *CD. Fuld.*, no. 527 p. 234. BERTHOLD. AUG., Ann., a. 1077, *SS.*, V p. 301. EBBO, V. Ottonis, lib. 1 c. 3 et 7, *SS.*, XII p. 825, 827.

**secretarium: 1.** **salle d'assemblée ou se tiennent les séances d'un tribunal — assembly hall of a law-court.* **2.** *cabinet du roi — closet, council chamber.* Ann. Patherbr., a. 1107, ed. SCHEFFER-BOICHORST, p. 119. JOCUND., c. 14, *SS.*, XII p. 96. Chron. Merseburg., c. 2, *SS.*, X p. 168. V. Godefridi Capp., c. 7, *SS.*, XII p. 522. **3.** **salle où délibèrent les ecclésiastiques, où se tient un concile — assembly hall of ecclesiastics.* Concil. Carthag. a. 525, MANSI, t. 8 col. 636 C. GREGOR. TURON., H. Fr., lib. 5 c. 19. Coll. Avell., *CSEL.*, t. 35 p. 606. **4.** *séance d'un concile — session of a church council.* Soluto primo conventu, secundo secretario interloquentibus judicibus. LIBERAT., c. 13, MIGNE, t. 68 col. 1010 D. Gesta ... in concilii vestri confecta secretario. GREGOR. M., lib. 1 epist. 19, I p. 25. Quid denuo nostris secretariis te ingredi postulasti? Concil. Roman. a. 745, *Conc.*, II p. 40. **5.****sacristie, vestiaire, parloir* d'une église — *sacristy, vestry, parlour* of a church. Secretarium quod Graeci diaconicon appellant. Concil. Agat. a. 506, MANSI, t. 8 col. 336. Lib. pontif., Bened. (a. 575-579), ed. MOMMSEN, p. 159. GREGOR. TURON., H. Fr., lib. 5 c. 18. GREGOR. M., lib. 3 epist. 54, *Epp.*, I p. 211. Ordo Rom. I (s. vii ex.), c. 29, ANDRIEU, II p. 76. BEDA, Hist. eccl., lib. 3 c. 26. SCHIAPARELLI, *CD. Longob.*, II no. 254 p. 338 (a. 771, Lucca). *Hist. de Lang.*³, II pr. no. 65 col. 149 (a. 824, Arles). Conv. Confl. a. 860, *Capit.*, II p. 154 l. 8. AGNELL., c. 112, *Scr. rer. Langob.*, p. 352. **6.** *la charge de sacristain — office of a sexton.* Terra ad secretarium pertinens. PÉRARD, *Bourg.*, p. 79 (s. xi).

**secretarius** (subst.): **1.** *conseiller intime — intimate counsellor.* PAULIN. AQUIL., epist., *Epp.*, IV p. 519 l. 24. Libell. de imp. pot., ed. ZUCCHETTI, *Chron. di Ben. di Monte Sor.*, p. 203. THIETMAR., lib. 2 c. 23, ed. HOLTZMANN, p. 66. BRUNO QUERFURT., V. Adalberti, c. 11, *SS.*, IV p. 332. ADALBERT. BAMBERG., V. Heinrici, c. 34, *SS.*, IV p. 811. G. pontif. Camerac., lib. 3 c. 25, *SS.*, VII p. 473 l. 45. Consuet. Bigorr. a. 1097, c. 6, GIRAUD, p. 20. COSMAS, lib. 3 c. 4, ed. BRETHOLZ, p. 165. **2.** *secrétaire, scribe confidentiel — secretary, confidential clerk.* S. xiii. **3.** *agent forestier — forest official.* MÉTAIS, *Cart. de Vendôme*, I no. 7 p. 20 (a. 1032). **4.** *sacristain — sacrist.* GREGOR. M., lib. 1 epist. 42, *Epp.*, I p. 66. JOH. DIAC., V. Gregorii M., MIGNE, t. 75 col. 121 C. Mir. Aigulfi, c. 4, *AASS.*, Sept. I p. 758 F. GUIDO FARF., Disc., lib. 1 c. 14, ALBERS, I p. 12. LANFRANC., Decr., c. 6, ed. KNOWLES, p. 82.

**secretum.** Loc. a secretis, v. voc. asecretis.

**secta: 1.** (sens primitif "le fait de suivre" — first meaning "act of following") *obligation d'assister aux plaids — suit of court.* Teneant ... cum secta, sokia, tol et them et infangenethef. VAN CAENEGEM, *Writs*, p. 491 no. 149 (a. 1108-1119). **2.** *prestation de services — suit of service.* S. xii, Angl. **3.** *poursuite à la huée — pursuit of the hue and cry.* S. xii, Angl. **4.** *instance, procès — suit, legal proceedings.* S. xiii, Angl. **5.** *suite, clientèle, train de maison — following, suite, retinue.* S. xii. **6.** *ensemble de témoins — body of witnesses.* S. xii, Angl. **7.** *revenu provenant de l'accomplissement des fonctions paroissiaux — revenue deriving from parish ministry.* De secta nuptiarum et de oblationibus ... monachi duas partes ... habebunt. BERNARD-BRUEL, *Ch. de Cluny*, V no. 4247 p. 603 (a. 1173). **8.** **secte, hérésie, schisme — sect, heresy, schism.*

**sectio:** *fauchage, fenaison — haymaking.* De opere rurali, id est arata vel sectione, messione, excussione. Concil. Aurel. III a. 538, c. 31, *Conc.*, I p. 82, unde hausit Concil. Vern. a. 755, c. 14, *Capit.*, I p. 36. Tempus sectionis foeni. *Epp.*, IV p. 512 (s. ix in.).

**sector:** *faneur — haymaker.* DÉLÉAGE, *Actes d'Autun*, no. 20 p. 50 (a. 1098-1112).



**sectura,** secatura prati: *l'étendue de pré qui correspond à une journée de fauchage — as much grass-land as a haymaker cuts on a single day.* S. xiii.

**saecularis** (adj.): **1.** **séculier, profane, mondain — secular, of this world, profane.* **2.** *séculier* par opposition à ecclésiastique — *secular* as opposed to ecclesiastical. Habitus. GREGOR. TURON., H.Fr., lib. 7 c. 1. **3.** *séculier* par opposition à régulier — *secular* as opposed to regular. [Monasteria] non sub regulari quidem disciplina, sed erant prorsus ... saecularia. V. Eligii, lib. 1 c. 21, *SRM.*, IV p. 685. Subst. **saecularis: 1.** **laïc — layman.* Concil. Aurel. a. 511, c. 4, *Conc.*, I p. 4. Guntchramni edict. a. 585, *Capit.*, I p. 11 l. 45. Judic. Pictav. a. 590 ap. GREGOR. TURON., H. Fr., lib. 10 c. 16. **2.** *clerc, ecclésiastique séculier — cleric, member of the secular clergy.*

**saecularitas:** *mondanité, caractère séculier — worldliness, secular condition.* [Ecclesia sanctimonialium] per saecularitatem multum delapsa. G. pontif. Camerac., lib. 2 c. 27, *SS.*, VII p. 461. Jam pene ad saecularitatem redacti. LOBINEAU, *Bretagne*, II p. 314 (ch. a. 1093). Monasterium pervenit in magna secularitate. *Hist. de Lang.*³, V no. 446 col. 833 (a. 1112).

**saeculariter:** **à la façon des gens du siècle — like worldly people.*

**saeculum: 1.** **long espace de temps — long space of time.* **2.** **la durée de ce monde — as long as this world lasts.* **3.** **le monde qui prend fin — the world that ends.* **4.** **la vie présente, les choses temporelles — present life, temporary things.* **5.** **le monde terrestre, le siècle, les hommes — earthly society, seculum, humanity.*

**secundare: 1.** *mentionner en second lieu — to state secondly.* Secundare dignum duximus et aliud ... miraculum. SUGER., De admin., c. 20, ed. LECOY, p. 179. **2.** passiv. secundari: *se produire en second lieu — to happen secondly.* Secundatur et aliud nobile factum. Dedic. s. Dion., FÉLIBIEN, p. 189. Alia Augustino festivitatis secundatur gloria. GOCELIN., Transl. Augustini, *AASS.*, Maji VI p. 415.

**secundarius** (subst.): **1.** *roi conjoint — joint-king.* Aelfred rex secundarii tunc ordine fretus. ASSER., G. Aelfredi, c. 29, ed. STEVENSON, p. 24. Rursum c. 38, p. 29; c. 42, p. 32. **2.** *instituteur auxiliaire — a schoolmaster's aid.* STIMMING, *Mainzer UB.*, I no. 219 p. 135 (a. 976).

**secundicerius** (cf. voc. primicerius), **1.** secundicerius notariorum: *dignitaire du gouvernement impérial,* sous-chef des "notarii" — *dignitary of the imperial government.* Cod. Justin., 2, 17, 4. **2.** secundicerius notariorum Romanae ecclesiae: *dignitaire de la cour pontificale — dignitary of the papal court.* DIONYS. EXIG., epist. 2, MIGNE, t. 67 col. 23 B. GREGOR. M., lib. 7 epist. 29, *Epp.*, I p. 477. Lib. pontif., Constantinus, ed. MOMMSEN, p. 222. Ib., Steph. II, § 23, ed. DUCHESNE, I p. 446. **3.** secundicerius scholae: *instituteur auxiliaire — a schoolmaster's aid.* MARCHEGAY-SALMON, *Chron. d'Anjou*, p. j. no. 2 p. XCIII (a. 898, Tours). **4.** secundicerius scholae: *deuxième chantre — second chanter.* Ordo Rom. L (s. x med.), c. 29 § 71, ANDRIEU, V p. 289.

**secundiclerius** (cf. voc. primiclerius): i.q. secundicerius sub 2. *CD. Cajet.*, I p. 248 (a. 1014).

**1. secundum** (praep.): **1.** **pour ce qui est de, en ce qui concerne, quant à — as to, as regards, in point of.* **2.** **proportionnellement à — in proportion to.* **3.** **comme, de la même manière que — like, in the same way as.*

**2. secundum** (subst.): *seconde,* unité de temps — *second,* division of time. S. xiii.

**securitarius** (adj.). Charta securitaria: un sauf-conduit — a safe-conduct. V. Eligii, lib. 1 c. 31, *SRM.*, IV p. 687.

**securitas: 1.** **sauvegarde, sauf-conduit — safeguard, safe-conduct.* Nuntii promiserunt eis vitae securitatem. GREGOR. TURON., H. Fr., lib. 7 c. 38. Ad placitum cum tali securitate a nobis accepta eum venire mandamus, ut sanus venire et sanus stare et sanus reverti possit. Conv. Marsn. a. 847, sect. 2 c. 1, *Capit.*, II p. 70. **2.** *promesse de s'abstenir de représailles — promise not to take revenge.* Hanc epistolam securitatis in te nobis conscribere conplacuit. MARCULF., lib. 2 no. 18, *Form.*, p. 89. Etiam F. Andecav., no. 6, p. 7. Securitatem talem ei faciatis, ut usque ad illud placitum in pace maneatis et nullam dehonorationem ... faciatis ... nec aliquam inquietudinem. Hincmari missat. a. 856, *Capit.*, II p. 285. Si aliquis propter odium aut rancorem aliquem habuerit suspectum ..., prepositus ei securitatem fieri faciet juramento accepto ab eo. Phil. II Aug. priv. pro Tornac. a. 1188, c. 5, *Actes*, I no. 224 p. 270. Si ita superbus fuerit vulneratus, quod emendationem noluerit accipere ... vel securitatem prestare. Ejusdem priv. pro Ambian. a. 1190, c. 8, ib., no. 319 p. 383. **3.** *acte écrit contenant une promesse de s'abstenir de représailles — document containing a promise not to take revenge.* F. Turon., no. 38, *Form.*, p. 156. **4.** *promesse de ne pas commettre des actes de violence — promise not to take any violent action.* Securitates, quas marchiones ... cum illis [sc. civibus Lucensibus] pepigerunt, firme et rate permaneant. *D. Heinrichs IV.*, no. 334 (a. 1081). [Principes] jurabunt domno pape securitatem de vita, de membris, de papatu, de captione. *Const.*, I no. 83 (a. 1111). Imperator [Constantinopolitanus] omnibus nostris fidem et securitatem dedit. ANON., G. Francorum, c. 6, ed. BRÉHIER, p. 30. **5.** *promesse de fidélité* au sens négatif de s'abstenir d'actes dommageables vis à vis de celui à qui on est fidèle — *promise of fealty* in the negative sense of abstention from acts prejudicial to the person receiving the promise. Haec a vobis exigo: securitatem de mea vita et membris et terra. FULBERT., epist. 5 (a. 1007), *H. de Fr.*, X p. 447. Regi talem securitatem fecerit unde securus esse possit. G. pontif. Camerac., lib. 3 c. 43, *SS.*, VII p. 482. Sibi sicut regi fidelem securitatem oppidanos [Corbejenses] jurare coegit. Mir. Adalardi, lib. 1 c. 1 (ca. a. 1095), *SS.*, XV p. 863. [Rex] Ruotpertum [in episcopatum] inthronizavit ...; ac securitate ab urbanis [i. e. civibus] accepta ... EKKEHARD. URAUG., ad a. 1105, *SS.*, VI p. 228 l. 13. Universos negotiatores ... securitatem et fidelitatem sibi et suis jurare coegit. GALBERT., c. 20, ed. PIRENNE, p. 35. Securitatem et hominium simulque juramentum fecerant. Ib., c. 56, p. 89. Precepi hominibus meis ... ut super hiis hereditandis nepoti meo hominia et securitates facerent.

ROUSSEAU, *Actes de Namur*, no. 15 p. 42 (a. 1163). Faciant securitatem homines terrae regis Castellae de regno filiae ejus B. et C. viro ejus cum ea. *Const.*, I no. 319 c. 6 (a. 1188). Comiti Hanoniensi ... faciat fidelitatem et securitatem cum hominio. GISLEB. MONT., c. 43, ed. VANDERKINDERE, p. 75. **6.** *assurance de ne pas imposer de nouvelles coutumes — assurance not to impose any new customs.* [Novus comes] fide sua securos eos [sc. habitatores terrae] faciat, ne extra consuetudines patrias ... aliquando educat ... Facta autem comitis securitate ... Consuet. Bigorr. a. 1097, c. 1 sq., GIRAUD, p. 19 sq. Hanc fecit franchitatem seu securitatem omnibus advenientibus seu manentibus vel laborantibus. RIUS, *Cart. de S.-Cugat*, III no. 801 p. 3 (a. 1108). **7.** gener.: *promesse solennelle — solemn promise.* Pars parti sive reddendi sive jurandi securitatem fatiat. Loth. I imp. pact. c. Venet. a. 840, c. 14, *Capit.*, II p. 133. Talem securitatem ei faciatis, ut non propter aliam causam hoc dimittatis, nisi ... Missat. II ad Fr. et Aq. a. 856, *Capit.*, II p. 284. Facimus vobis securitatem de censo per unumquemque annum. KANDLER, *CD. Istr.*, I p. 120 (a. 1017). **8.** gener.: *serment — oath.* En parlant d'un serment purgatoire — with reference to an oath of compurgation: Concil. Tribur. a. 895, text. B, c. 45[a], *Capit.*, II p. 239. **9.** *garantie de possession — warranty, engagement to warrant.* Securitatis ei facientes praeceptum concederemus ut ipse, quamdiu viveret, praedictum coenobium ... quiete regeret. *D. Charles le Ch.*, no. 30 (a. 843). [Missi regis] ex nostra parte eis securitatem et consensum honoris [sc. regni Beneventani] sacramento confirment. Loth. capit. a. 846, c. 11, II p. 67. W. et H. ... cum R. de sua terra securitatem paciscuntur. FLODOARD., Ann., a. 924, ed. LAUER, p. 25. Notitia possessionis seu securitatis sive guarpitoriae quae fuit facta Narbone civitate. *H. de Lang.*[3], V no. 98 col. 222 (a. 955). Sua manu [Haraldus] securitatem mihi [sc. Guillelmo duci] de regno Anglico firmavit. GUILL. PICT., lib. 2 c. 12, ed. FOREVILLE, p. 176. **10.** *reconnaissance des droits d'autrui — acknowledgement of another person's rights.* Noticia guirpicionis vel exvacuationis sive securitatis quam fecit B. ... de ipsa honore q. v. G. ad G. GERMAIN, *Cart. de Montpellier*, no. 401 p. 580 (s. x ex.?). **11.** *acte écrit contenant une reconnaissance des droits d'autrui — document containing an acknowledgement of another person's rights.* Inantea haec wirpitio vel exvacuatio sive securitas ista firma et stabilis permaneat. *Hist. de Lang.*, V no. 171 col. 361 (a. 1013, Béziers). Similia RIUS, o.c., II no. 510 p. 164 (a. 1029). **12.** *titre de propriété — document of title.* Emisimus nobis exinde hanc securitatem ad invicem. CAMERA, *Mem. di Amalfi*, p. 136 (a. 952). Omnis ... cessionis securitatis [i. e. securitates] ... necesse est scripture vinculo adnotari. GADDONI-ZACCHERINI, *Chart. Imolense*, p. 8 (a. 1017). Si [h]abent aliquod scriptum vel firmitatem sive securitatem, per quam contradicere posant [i. e. possint]. *D. Heinrichs III.*, no. 318 (a. 1054). Si ... cartule et securitates de terris aut rebus ipsius monasterii igne ... deperierint. *D. Konrads II.*, no. 58 (a. 1026). **13.** *otage — hostage.* S. xiii, Ital.

**securiter:** *tranquillement — undisturbedly.* VIGNATI, *CD. Laud.*, I p. 4 (a. 759). *CD. Cav.*, I p. 52 (a. 855). *H. de Fr.*, IX p. 677 (ch. a. 896).

**securus:** *exempt — exempt.* In uno anno ad vindemiam [donet] sol. 2, in alio ad hostem sol. 2; in tercio securus est. Notitia s. Petri Bland. (s. ix), ed. GYSSELING-KOCH, p. 281. Sint monachi ab omni secularis servitii infestatione securi. MARGARINO, *Bullar. Casin.*, II p. 64 (a. 1001).

**secus** (praep.): **1.** _*le long de, près de, à côté de — along, near, beside._ **2.** *conformément à — in accordance with.* Secus constitutionem juris antiqui. Chloth. praec. (a. 584-628), *Capit.*, I p. 19 in fine.

**secutor:** *successeur — heir.* Post obitum nostrum vos et secutores vestri firmam ... habeatis potestatem. DRONKE, *CD. Fuld.*, no. 399 p. 180 (a. 822).

**sed:** *car — because.* Plurima de illo [sancto] audita abdicavi, sed exigua inserere dogma[ta] praeterii. V. Eucherii, c. 15, *SRM.*, VII p. 53.

**sedalis** (adj.): *d'un siège épiscopal — of a see.* Ecclesia sedalis: église cathédrale — cathedral church. Prebenda b. Marie majoris et sedalis ecclesie. DE LASTEYRIE, *Cart. de Paris*, I no. 239 p. 244 (a. 1133).

**sedere: 1.** _*demeurer — to dwell._ **2.** *être établi sur une tenure — to be settled on a tenement.* L. cum muliere et filiis suis sit liber, et sedeat in casa in C. et vinea et terra. GIORGI-BALZANI, *Reg. di Farfa*, II doc. 152 p. 128 (a. 792). Servum suum cui nomen A. cum uxore sua A. et filium nomine E. cum colonia, sicut sedebat, vestita, curtem cum domo ... BITTERAUF, *Trad. Freising*, I no. 243 p. 221 (a. 806-811). In ejus sid potestatem ipse case sediendum. *CD. Cav.*, I no. 75 p. 98 (a. 872). Sortem ... unam, super quam sedent manentes 3. *CD. Langob.*, no. 419 col. 706 D (a. 905/906). Sicut sedivimus de betere [i. e. veteri], ita modo eos [fines] tenemus. FILANGIERI, *CD. Amalf.*, I no. 20 p. 32 (a. 1006). **3.** *être sis — to be situated.* Pratum unum qui sedet in ipsa villa. BERNARD-BRUEL, *Ch. de Cluny*, II no. 1506 p. 557 (a. 979/980). **4.** impers. sedit mihi: *il me plaît, me convient — I am pleased, it suits me.* Nemini jam fratrum animo sedit illum jure jurando reatum ipsum a cervice suo excutere posse. EKKEHARD., Cas. s. Galli, c. 9, *SS.*, II p. 117 l. 19. Si aliter vestrae, domne presul, sedet sententiae [dativ.] ..., nil mea [sc. sententia] intererit. ANSELM., G. episc. Leod., c. 26, *SS.*, VII p. 204 l. 29. **5.** impers.: *il est convenu — it is agreed.* Id inter eos ... sedit, placuit atque convenit. Pact. Andel. a. 587, *Capit.*, I p. 12. **6.** transit.: _*occuper une chaire magistrale ou un siège épiscopal — to hold a professorship, fill an episcopal see._

**sedes: 1.** _*siège épiscopal — episcopal see._ Quem ad sedem raptum traxit pro amore populus. Vers. de Mediol. (s. viii), v. 57, *Poet. lat.*, I p. 25. Sedes apostolica: dignité épiscopale — episcopal dignity. Chlodov. epist. (a. 507-511), *Capit.*, I p. 1 sq. MARCULF., lib. 1 no. 26, *Form.*, p. 59. Sedes pontificalis: idem. REGINO, Chron., ad a. 869, ed. KURZE, p. 99. **2.** spec.: _*siège patriarchal — patriarchal see._ Sedes apostolica: *le Saint-Siège de Rome — the Holy See of Rome. Concil. Turon. a. 567, c. 21, *Conc.*, I p. 129. Sedes prima, summa: idem. Summo pri-



mae, hoc est Romanae, sedis pontifici. RATHER., epist. 7, ed. WEIGLE, p. 33. Summe sedis apocrisiario. VULGAR., Syll., c. 7, *Poet. lat.*, IV pt. 1 p. 418. **3.** *dignité abbatiale — abbatial dignity.* Abbatissa M. ... quae in Herivordinense sedem possedit abbatiae. V. Mahthildis, c. 2, *SS.*, IV p. 285 l. 30. **4.** sedes sancti illius: *évêché — bishopric.* A tempore Romanorum semper sedis [i.e. sedes] s. Donati [ecclesiae Aretinae] ipsas ecclesias ordinavit. SCHIAPARELLI, *CD. Longob.*, I no. 17 p. 50 (a. 714, Siena). Sedes, nude: idem. E. Toletane sedis episcopus. Synod. Franconof. a. 794, c. 1, *Capit.*, I p. 73. Juxta metropolitanae sedis tibi canonice conlatam dignitatem. Lud. Pii epist. (a. 816/817), *Capit.*, I p. 339 col. 1 l. 20. Ordo talis in singulis sedibus inveniatur. Capit. Attiniac. a. 822, c. 2, ib., p. 357. In hac sede Romana fiat electio pontificis. Const. Rom. a. 824, ib., p. 324 l. 15. Sedem ac diocesim Remensis urbis tibi ... restituimus. D. Loth. I imp. a. 840, ib., II p. 111. Sedes quae ... sine episcopis viduatae manent. Synod. Theodonisv. a. 844, c. 2, ib., p. 114. Ne diu Carnotum sedes vacaret. Conv. Suess. a. 853, c. 3, p. 264. Adicimus vobis [sc. episcopo Compostelano] sedem Hiriensem ... cum omni plebe que de ipsa fuerunt vel sunt. FLORIANO, *Dipl. esp.*, II no. 85 p. 20 (a. 866). **5.** *cité épiscopale — episcopal city.* Ut nullus episcopus propriam sedem amittat aliubi frequentando. Synod. Franconof. a. 794, c. 41, *Capit.*, I p. 77. [Episcopos] propria civitatis suae sede relicta ... remotiora loca frequentare. Episc. rel. a. 829, c. 17, ib., II p. 34. Monasterium quod est situm sub moenibus Andecavensis sedis. Ch. a. 848, ap. *D. Charles le Ch.*, I p. 279. Pontifex hujus Salernitane sedis ecclesie. *CD. Cav.*, I no. 64 p. 82 (a. 868). Pro peccatis Mantuane sedis ecclesie. *D. Berengario I*, no. 12 p. 43 (a. 894). **6.** sedes sancti illius: *cathédrale — cathedral.* Per judicium aquae frigidae trevam Domini in sede sancta Eulaliae [i. e. in cathedrali ecclesia Helenensi] emendet. Synod. Helen. a. 1065, c. 11, HUBERTI, p. 345. Sedes, nude: idem. Ut pro eo [episcopo] qui decesserit, in sedibus septenae missae ... Domino persolvantur. Synod. Sapon. a. 859, c. 13, *Capit.*, II p. 449. Sedis principalis sub honore ... b. Petri ... a se constructe. *D. Heinrichs II.*, no. 393 (a. 1018). Ad episcopum Ausonae et ad sedem et ad conventum canonicorum ejusdem sedis. Concil. Auson. a. 1068, c. 1, MANSI, t. 19 col. 1073. **7.** *monastère — monastery.* Advocatum ... nostrae sedis. GATTULA, *Hist. Cassin.*, p. 33. **8.** *église à laquelle tel prêtre est attitré — church to which a priest is attached.* Ut nullus presbyter a sede propria sanctae aecclesiae, sub cujus titulo ordinatus fuit, ... ad alienam pergat aecclesiam. Capit. a sacerd. prop. (a. 802?), c. 13, I p. 107. **9.** *le gouvernement d'un pape — the reign of a pope.* Datum Rome ... anno ejus [sc. Romani pontificis] sedis primo. GLORIA, *CD. Padov.*, I p. 11 (a. 828). **10.** sedes ecclesiastica, episcopalis: *l'autorité épiscopale — episcopal authority.* Sacerdotem quem ecclesiastica sedes probatum habet. Lex Baiwar., tit. 1 § 9. Conquerebantur episcopali sedi contemptum fieri. MULLER-BOUMAN, *OB. Utrecht*, I no. 332 p. 305 (a. 1131). **11.** *trône d'un prince territorial — a territorial prince's throne.* In comitum sedem ... succedere. Guill. com. Flandr. epist. a. 1128, *H. de Fr.*, XV p. 341. **12.** sedes judiciaria: *lieu où se tient un tribunal — place where a court is held.* Famuli ... ecclesie non cogantur advocati vel prefecti judiciariam sedem adire. LACOMBLET, *UB. Niederrh.*, I no. 284 p. 186 (a. 1117). **13.** *capitale — capital.* Dedit sors Chariberto regnum Childeberthi sedemque habere Parisius. GREGOR. TURON., lib. 4 c. 22. Usque Parisius velociter accedam et ibi sedem regni statuam. Ib., lib. 7 c. 27. Cavallono [Chalon] ubi sedes regni illius erat. PAUL. DIAC., Hist. Langob., lib. 3 c. 34. [Imperator] conventum fecit apud Aquis sedem regiam. Notit. de serv. mon. a. 817, *Capit.*, I p. 350 l. 7. Aquis palatium, quod tunc sedes prima Frantie erat. NITHARD., lib. 1 c. 1, ed. LAUER, p. 116. Aquisgrani palatium sedes regni esse videretur. REGINO, Chron., ad a. 869, ed. KURZE, p. 98. Fuit predicta civitas [Orléans] antiquitus, ut est in presentiarum, regum Francorum principalis sedes regia. RADULF. GLABER, lib. 2 c. 5 § 9, ed. PROU, p. 36. Maluit sedem regiam [i. e. Aquisgranum] honorare. ANSELM. LEOD., c. 25, *SS.*, VII p. 203 l. 18. **14.** *chef-manse, manoir, hôtel — manor, mansion.* De adjacentiis sedis nostrae Altreie terram indominicatam. BEYER, *UB. Mittelrh.*, I no. 193 p. 254 (a. 952). Do et ecclesiam de quadam sede nostra que appellatur Manere. VERNIER, *Ch. de Jumièges*, I no. 12 p. 40 (a. 1027). Turres eorum [sc. militum] et maximas sedes quas in urbe fecerant ... terrae coaequaret. Chron. Podiense (s. xii in.), *Hist. de Lang.*[3], V no. 4 col. 26. In domibus ad claustrales sedes [i. e. canonicorum habitationes] pertinentibus. D. Heinrici V reg. a. 1107, WAITZ, *Urk. dt. Vfg.*, no. 7. **15.** *demeure paysanne, courtil — rural homestead.* Cum omnibus ad eum pertinentibus vel aspicientibus, terris videlicet cultis et incultis, pratis, silvis, pascuis, aquis aquarumque decursibus, sedibus, edificiis, wadriscapis ... D. Loth imp. a. 851, BEYER, o.c., I no. 82 p. 87. Curtes dominicas duas cum edifitiis ..., sedibus quoque cum mancipiis supra residentibus. *D. Charles le Simple*, no. 72 (a. 912). Mansa duo in jam dicta villa et sedes duas cum terra arabili. *D. Lothaire*, no. 41 (a. 977). **16.** *emplacement — site, plot.* Sedem ... ad piscariam ... faciendam in flumine Ligeris inter meas duas exclusas. BERNARD-BRUEL, *Ch. de Cluny*, IV no. 2846 p. 47 (ca. a. 1030). Apud N. decem hospites et sedem cambe ...; apud L. tredecim hospites et sedem cambe. Priv. Pasch. II pap. a. 1104, PFLUGK-HARTTUNG, *Acta*, I no. 90 p. 81. Molendinum sedem habeat in una archa [i. e. arcu] pontis Pontisare. *Actes Phil.-Aug.*, II no. 586 p. 136 (a. 1198/1199). **17.** spec.: *emplacement d'une saline — site of a salt-work.* Plures quas dicunt patellas partim ex integro cum ipsis sedibus emptas, partim quae juris monasterii erant reparatas. JOH. METT., V. Joh. Gorz., c. 89, *SS.*, IV p. 362. Caldarias quatuor ad sal conficiendum cum propriis sedibus quae vulgo mitchae vocantur. *D. Heinrichs III.*, no. 239 (a. 1049). Donum caldariarum in Salinis vico cum sedibus suis. Ib., no. 312 (a. 1053). Undecim salmarum [leg. salinarum] sedes apud M. Priv. Honor. II pap. a. 1125, PFLUGK-

HARTTUNG, o.c., I no. 144 p. 128. **18.** sedes navis: *ancrage — anchoring place.* Sedem navis cum aquaria. Priv. Innoc. II pap. a. 1139, ib., no. 178 p. 156 (Normandie). **19.** *siège, investissement — siege.* S. xiii.

**sedia,** v. sedium.

**sedile,** sedilium (neutr.), sedilis (mascul.): **1.** *trône — throne.* Imperium divisum non esset, nec tantos in sedilia reges. AGNELL., c. 174, *Scr. rer. Langob.*, p. 390 l. 1. **2.** *siège* dans un tribunal — *seat* in a law-court. Ante mallum, in sedili comitis sedente H. venerabili comite, et circumsedentibus undique scabineis. LESORT, *Ch. de S.-Mihiel*, no. 26 p. 118 (a. 943). **3.** *siège épiscopal — episcopal see.* Reverentissimus pater U. [patriarcha Aquilejensis] vel qui pro tempore fuerint in predicto sedile constituti. *D. Ugo*, no. 28 p. 86 (a. 931). **4.** *demeure paysanne, courtil — rural homestead.* Inter sediles et terram arabilem et pratum sive silvam bonarios 24. D. Loth. imp. a. 852, DUVIVIER, *Rech. Hainaut*, no. 14 p. 301. Inter sedilia et vinea bunuaria 2, de prato bunuaria 2. TARDIF, *Cartons*, no. 163 p. 104 col. 1 (a. 852, Ile de France). Habet ibi sedilium 1. Polypt. Sith. (a. 844-864), GYSSELING-KOCH, *Dipl. Belg.*, no. 34 p. 60. In D. tria sedilia cum vineis ad se pertinentibus. *D. Charles le Ch.*, II no. 251 p. 74 (a. 863). Mansum unum inter sedile et arabilem terram habentem bunuaria 12. Ib., no. 311 p. 188 (a. 868). Inter sedilia ac prata terraque arabili ac silvam bonuaria 60. *D. Arnulfs*, no. 94 (a. 891). Urbar. Prum. a. 893, c. 42, BEYER, *UB. Mittelrh.*, I p. 165. Basilica ... unacum ceteris dominicatarum munitionum edificiis, tam mansis quam sedilibus. WAMPACH, *Echternach*, I pt. 2 no. 163 p. 253 (a. 907/908). Sidilia que ofstedi dicuntur. MULLER-BOUMAN, *OB. Utrecht*, I no. 49 p. 47 (a. 918-948). Mansa decem cum sedilibus ad eadem mansa pertinentibus. *SS.*, VIII p. 362 l. 30 (ch. a. 952, Verdun). **5.** *emplacement urbain — urban site.* Sedilia in portu Hoyo et Deonanto. D. Loth. II a. 862, HALKIN-ROLAND, *Ch. de Stavelot*, no. 34 p. 85 (BM.² 1296). **6.** *culée, tête de barrage — abutment of a weir.* Clusa et sedilia ejus. *CD. Cajet.*, I p. 165 (a. 992).

**sedimen: 1.** *demeure paysanne, courtil — rural homestead.* Res cum edificiis ac diversis sediminibus cunctisque territoriis. SCHIAPARELLI, *CD. Longob.*, II no. 231 p. 291 (a. 769, Pavia). Ortale ... ubi ante hos diae [i. e. dies] sedimen fuerat. *CD. Langob.*, no. 57 col. 109 C (a. 781). Casas vel areales caseis ubi sedimina fuerunt. Ib., no. 84 col. 158 (a. 807, Brescia). Sedimen, terris, vineis. FAINELLI, *CD. Veron.*, I p. 111 (a. 810). Inter domum coltilem et areis castri et capella atque sediminas et areis ubi vites exstant ... juges 30. *D. Ugo*, no. 80 p. 233 (a. 945). *D. Heinrichs II.*, no. 312 (a. 1014). **3.** *emplacement occupé par ou destiné à une demeure paysanne — rural building-site.* Veniens ... ad sedimen cum edifitium super abentes [i. e. habens] ... in vico et fundo C. *CD. Langob.*, no. 266 col. 446 B (a. 876, Milano). Unacum casis, sediminibus, campis, terris ... *D. Ugo*, no. 56 p. 168 (a. 941). Sim. *D. Ottos I.*, no. 254 (a. 963). Tam casis cum [i. e. quam] sediminibus et vineis. BERNARD-BRUEL, *Ch. de Cluny*, II no. 1230 p. 320 (a. 967). **4.** *emplacement d'un moulin ou d'un pressoir — site for a mill or a winepress.* Aquismolum faciatis cum sedimen suum. *CD. Cajet.*, I p. 121 (a. 963). Ad faciendum in ipsa aqua et alveum ejus et in ripis ipsis ... clausure [i. e. clausuram] et sedimen pro molina. POUPARDIN, *Inst.*, p. 165 no. 20 (a. 1017, Capua). Ecclesiam ... cum molendino ei proximo et omni integritate sediminis ubi constructa consistit. CHEVRIER-CHAUME, *Ch. de Dijon*, II no. 271 p. 62 (a. 1020, Metz). Casis, castris, plebis et capellis, sediminas seu piscationibus et omnibus rebus. *Lib. jur. reipubl. Genuens.*, I no. 5 col. 9 C (a. 1038). Sedimen ad calcatorium. FEDELE, *Carte di Mica Aurea*, p. 511 (a. 983).

**sedimencellum:** *petit courtil — small homestead. CD. Langob.*, no. 172 col. 293 (a. 851); no. 573 col. 978 A (a. 943).

**seditionarius** (subst.): **rebelle — rebel.* GREGOR. TURON., H. Fr., lib. 10 c. 15.

**sedium,** sedius, sedia: **1.** *chaise — chair.* LEO NEAPOL., V. Alexandri, ed. PFISTER, p. 53. **2.** *demeure paysanne — rural homestead.* Viniolas et sedios tres cum tribus hominibus qui eas excolere noscuntur. D. Lud. Pii a. 836, BEYER, *UB. Mittelrh.*, I no. 64 p. 72. *D. Charles le Ch.*, no. 229 (a. 861). **3.** *emplacement — site.* Cum molina, cum sedie sue locis molendinis. SAVINI, *Cart. Teram.*, p. 25 (a. 1007). Terra bacante ad domum faciendum sedium unum. HARTMANN, *Tab. s. Mar. in Via Lata*, p. 51 (a. 1019).

**seductio:** **imposture, séduction, corruption — deception, misleading, corruption.*

**seductor:** **séducteur, trompeur — seducer, impostor.*

**seductorius:** **séduisant, trompeur — misleading, deceitful.*

**segale** = secale ("seigle — rye").

**segare,** v. secare.

**segrestania, segrestanus, segrestia,** v. sacrist-.

**seguis,** seguius ( < sequi): *obligation d'un vassal d'obéir les appels du seigneur — feudal suit of service.* Omnes actiones et segnis [leg. seguis] et justitias. *Hist. de Lang.*³, V pr. no. 67 col. 175 (a. 936, Toulouse). Habet [cavallarium] in hostes, in cavalgadas, ad placitos, ad seguis. UDINA, *Llibre blanch de S. Creus*, no. 25 p. 30 (a. 1093). Faciat illi hostes et cavalcadas et seguios. ROSELL, II no. 517 p. 30 (a. 1099).

**segusius,** sig-, sic-, -utius, seugius, seusius, siusis, seucis (germ.). Canis segusius: *limier — sleuth-hound.* Lex Sal., tit. 6 § 1. Lex Burgund., tit. 97. Lex Alamann., tit. 78, inscr. Lex Baiwar., tit. 20 § 1 sqq. PÉRARD, *Bourgogne*, p. 26 (ca. a. 840).

**seiga,** v. saiga.

**seysire** et deriv., v. sais-.

**selda** (anglosax.): *étal — stall, shop.* S. xi, Angl.

**selegare,** seligare, v. salecare.

**selio,** silio, seillo (genet. -onis), seillum, sellonus, sillonus (celt., cf. frg. *sillon*): *ride, lanière de terre labourable — ridge, strip of arable.* CANAT, *Cart. de Chalon*, no. 80 p. 74 (a. 1016).

**sella: 1.** **selle — saddle.* **2.** (cf. voc. sala) *demeure paysanne — rural homestead.* Mansum unum ... habentem inter sellam et pratum ac terram arabilem bonuaria 17. D. Lud. Pii a. 827, TARDIF, *Cartons*, no. 119 p. 83 col. 1. Item ib., no. 120. Colori mansa quae tenent vendunt et tantummodo sellam retinent. Edict. Pist. a. 864, c. 30, *Capit.*, II p. 323.



In villa q. d. B. sellam unam cum omnibus rebus ad se ... pertinentibus. *D. Charles le Ch.*, II no. 316 p. 199 (a. 868). Est ibi sella 1, unde exeunt den. 4 et pulli 4. Polypt. Derv., c. 7, LALORE, *Ch. de Montiérender*, p. 94 (cf. ib., c. 28 p. 105, ubi synon.: hospitium). **3.** *emplacement, enclos — site, yard.* Habetur ibi ecclesia que continetur in sella habentem in longum perticas 17, a fronte perticas 11. Ib., pars recentior, c. 50, p. 113.

**sellare** (< sella): *seller — to saddle.* Equum. EKKEHARD., Cas. s. Galli, c. 10, *SS.*, II p. 126 l. 27.

**sellaris,** -rius (subst. mascul.): *cheval de selle — saddle-horse.* FORTUN., V. Germani Paris., c. 22, *SRM.*, VII p. 386. V. Caesarii, lib. 2 c. 25, ib., III p. 494. Ordo Rom. I, c. 28, ed. ANDRIEU, II p. 76. Lib. pontif., Constant., ed. MOMMSEN, p. 223. Ib., Steph. II, § 25, ed. DUCHESNE, I p. 447.

**sellarius:** *sellier — saddler.* Capit. de villis, c. 62. CIPOLLA, *CD. Bobbio*, I p. 141 (a. 833). DE COURSON, *Cart. de Redon*, app. no. 61 p. 384 (ca. a. 1062). WIDEMANN, *Trad. S.-Emmeram*, no. 864 p. 418 (a. 1149-1160).

**sellator:** *sellier — saddler.* WIDEMANN, *Trad. S.-Emmeram*, no. 796 p. 376 (a. 1137). HOENIGER, *Koelner Schreinsurk.*, I p. 62 c. 33 (a. 1172-1178).

**sellonus,** v. selio.

**sellus:** *mesure de terre pour les olivaies — a land measure for olive-gardens.* SCHIAPARELLI, *CD. Longob.*, II no. 288 p. 421 (a. 774, Chiusi). BRUNETTI, *CD. Tosc.*, I p. 307 (a. 796).

**semalus,** -lis: *seau — pail.* S. xiii.

**semare,** simare (< semus): *mutiler — to maim.* Qui auriculam simaverit. Pact. Alamann., fragm. 2 § 3.

**sematio** (< semare): *mutilation — maiming.* Non occidatur nec ei sematio corporis fiat. Liutprandi leg., c. 121.

**semella,** v. simila.

**semen.** Plural. semina: **1.** *les semailles — sowing.* Ob laborum suffragia ... tam in seminibus quam messium tempora. Chron. S. Bened. Cassin., c. 21, *Scr. rer. Langob.*, p. 480. **2.** *semis — sowing-land.* Partem terrae ... cum terris et seminibus suis. DE COURSON, *Cart. de Redon*, no. 14 p. 14 (ca. a. 834).

**sementare:** *semer — to sow.* Capit. Mantuan. II a. 813, c. 6, I p. 197. PASQUI, *Doc. di Arezzo*, no. 101 p. 141 (a. 1012).

**sementaricius** (adj.). Terra: emblavure — cornfield. GIORGI-BALZANI, *Reg. di Farfa*, II doc. 152 p. 127 (a. 792). *Ann. Camald.*, I p. 56 (a. 954). HARTMANN, *Tab. s. Mar. in Via Lata*, p. 35 (a. 1007).

**sementarius** (adj.). Terra: emblavure — cornfield. Agap. II pap. epist., MIGNE, t. 133 col. 917 A. Caesina: taillis à essarter — reclaimable coppice. ALLODI-LEVI, *Reg. Sublac.*, p. 162 (a. 913). FEDERICI, *Reg. di S. Silvestro in Cap.*, p. 269 (a. 955).

**sementia** (neutr. plural. et femin. singul.): **1.** = sementes. **2.** *les semailles — sowing season.* De illos homines qui boves habuerint, unum jornalem de ipsos boves in ipsas sementias. ROUQUETTE, *Cart. de Béziers*, no. 65 p. 74 (ca. a. 1050).

**semicinctium,** -tia: **1.** **tablier — apron.* **2.** *étole — stole.* LEO OST., lib. 3 c. 18, *SS.*, VII p. 711.

**semiliber** (subst.): *"ministerialis".* LAMPEL, *UB. S.-Pölten*, I no. 14 p. 22 (a. 1188); no. 17 p. 26 (a. 1192).

**semimodius,** semodius: *demi-muid,* mesure de capacité — *half a muid,* a solid measure. Inquis. Raffelst. (a. 903-906), c. 1, *Capit.*, II p. 251.

**seminatorius** (adj.). Terra: emblavure — cornfield. *CD. Cajet.*, I p. 2 (a. 787). SCHIAPARELLI, *CD. Longob.*, I no. 44 p. 148 (a. 729). TIRABOSCHI, *Mem. Modenesi*, I p. 61 (a. 887). FILANGIERI, *CD. Amalf.*, I no. 4 p. 7 (a. 939).

**seminatura:** *blé de semailles — seed-grain.* Terras ... ad 10 modios seminatura[e]. FLORIANO, *Dipl. Esp.*, II no. 113 p. 108 (a. 875).

**seminiverbius** (subst.): **grand discoureur — big orator.* Hos ... barbaros celestis seminiverbius adiit. RADBOD., V. Bonifatii, c. 9, ed. LEVISON, p. 68.

**semisolidus:** *demi-sous — half a shilling.* Lex Ribuar., tit. 58 § 6.

**semispathium,** seni-, -spasius, -spatum, -spatha (< spatha): *épée courte — small sword.* Lex Burgund., tit. 37. ISID., Etym., lib. 18 c. 6 § 5. Capit. missor. (a. 792), c. 4, I p. 67. Karoli M. epist. ad Fulrad. (a. 804-811), *Capit.*, I p. 168 l. 26. G. abb. Fontan., c. 7 § 1, ed. LOHIER-LAPORTE, p. 57. MONACH. SANGALL., lib. 2 c. 21, ed. HAEFELE, p. 92. Waltharius, v. 1300.

**semitarius,** santer-, senter-, sender-, -ium (< semita): *sentier — track. CD. Langob.*, no. 33 col. 64 D (a. 767). *Hist. de Lang.*³, II pr. no. 173 col. 354 (a. 869/870, Caunes). BERNARD-BRUEL, *Ch. de Cluny*, II no. 1137 p. 228 (a. 962). Ib., III no. 2114 p. 301 (a. 993-1048). MARTORELL, *Arch. Barcelona*, no. 180 p. 356 (a. 976). DE MARCA, *Marca hisp.*, app., col. 925 (a. 981).

**semnium** (gr.): **monastère — monastery.*

**semodiale,** -lis (< semimodius): *mesure de terre,* l'étendue qui prend un demi-muid de semailles — a *land measure,* the amount sown with half a muid of seed-grain. GIORGI-BALZANI, *Reg. di Farfa*, II doc. 160 p. 133 (a. 794). WARTMANN, *UB. S.-Gallen*, I no. 296 p. 275 (a. 826). SAVINI, *Cart. Teram.*, p. 27 (a. 891).

**semodiata** (< semimodius): *mesure de terre,* l'étendue qui prend un demi-muid de semailles — a *land measure,* the amount sown with half a muid of seed-grain. CASSAN-MEYNIAL, *Cart. d'Aniane*, no. 123 p. 266 (a. 829-840). *Hist. de Lang.*³, I pr. no. 26 col. 109 (a. 899, Aniane).

**semodius,** v. semimodius.

**semonere,** v. submonere.

**semonitio,** v. submonitio.

**semotim:** **à part, séparément — separately.*

**sempecta,** v. senpecta.

**semus,** simus (adj.): **1.** **à moitié plein, incomplet, inachevé — half full, deficient, unfinished.* **2.** *contrefait, difforme — misshapen.* Ne ... simus corpore ... ad ordines promoveatur. Concil. Aurel. III a. 538, c. 6, *Conc.*, I p. 75. Si semus aut clodus fuerit. Edict. Rothari, c. 384. **3.** *inculte — waste.* [Olca] absa esset et sema. F. Pith. fragm., no. 36, *Form.*, p. 597.

**senale,** v. signaculum.

**senator: 1.*** i.q. curialis, *membre d'une curie municipale — member of a municipal "curia".* **2.** *membre de la noblesse sénatoriale — a member of the senatorial nobility.* Senatores urbis [Ar-

vernae], qui tunc in loco illo nobilitatis Romanae stimmate refulgebant. GREGOR. TURON., Glor. conf., c. 5, *SRM.*, I p. 751. Id., H. Fr., lib. 1 c. 29. Ibi saepe. **3.** omnium Romanorum senator: *titre qu'assument Albéric et son fils Pierre — title born by Alberic and his son Peter.* FEDERICI, *Reg. di S. Silvestro in Cap.*, p. 271 (a. 955). UGHELLI, I col. 1099. **4.** plural. senatores: *les grands de l'entourage du roi — the great men of the king's council.* V. Austrigisili, c. 5, *SRM.*, IV p. 195. Epit. Arsenii. lib. 1 c. 3, ed. DÜMMLER, p. 534. HINCMAR., Ordo pal., c. 34, *Capit.*, II p. 528. THIETMAR., lib. 4 c. 46, ed. HOLTZMANN, p. 184. ALPERT. METT., Div., lib. 1 c. 3, ed. HULSHOF, p. 9. **5.** *magistrat, membre d'un échevinage ou d'un conseil urbain — magistrate, member of a court of échevins or a city council.* HOENIGER, *Koelner Schreinsurk.*, I p. 19 c. 1 (a. 1135-1142). Ib., II p. 52 c. 5 (ca. a. 1150). OPPERMANN, *Rhein. Urk.-stud.*, I p. 455 no. 16 (a. 1154, Köln). LACOMBLET, *UB. Niederrh.*, I no. 399 p. 276 (a. 1159, Köln). HÖHLBAUM, *Hans. UB.*, I no. 22 (a. 1171, Köln). *D. Heinrichs IV.*, no. 487 (< a. 1104 >, spur. s. xii p. post., Koblenz).

**senatorissa**: *femme d'un sénateur — a senator's wife.* JOH. NEAPOL., Pass. Febroniae, MOMBRITIUS[2], I p. 536 l. 42.

**senatorium**: *place près du chœur où se tiennent les hauts personnages — space near the choir reserved for important persons.* Ordo Rom. I, c. 113, ANDRIEU, II p. 104.

**senatrix**: **1.** *une dame de la noblesse sénatoriale — a lady of the senatorial nobility.* V. patr. Jur., V. Lupicini, c. 14, *SRM.*, III p. 151. V. Apollinaris Valent., c. 10, ib., p. 201. V. Desiderii Cadurc., c. 28, *SRM.*, IV p. 585. Mir. Richarii ap. HARIULF., lib. 1 c. 11, ed. LOT, p. 21. **2.** *femme d'un sénateur — a senator's wife.* V. Caesarii, lib. 1 c. 42, *SRM.*, III p. 473. MONACI, *Reg. di S. Alessio*, p. 368 (a. 987). LEO NEAPOL., V. Alexandri, ed. PFISTER, p. 45. **3.** *comtesse — countess.* ADAM BREM., lib. 2 c. 80, ed. SCHMEIDLER, p. 138.

**senatus**: **1.** *curie municipale — municipal "curia".* Viennensis senatus, cujus tunc numerosis illustribus curia florebat. AVIT., Homil., *Auct. ant.*, VI p. 110. Cantabriae senatus. BRAUL., V. Aemiliani, c. 26, MABILLON, *Acta*, I p. 213. **2.** *conseil royal ou impérial — a king's or an emperor's council.* [Imperator] conventum fecit ... episcoporum, abbatum seu totius senatus Francorum. Notit. de serv. mon. a. 817, *Capit.*, I p. 350 l. 8. WALAHFR., V. Galli, c. 22, *SRM.*, IV p. 300. ERMOLD. NIGELL. In hon. Hlud., v. 858 (lib. 2 v. 207), ed. FARAL, p. 68. THIETMAR., lib. 2 c. 4, ed. HOLTZMANN, p. 42. ANNAL. SAXO, a. 1037, *SS.*, VI p. 680 l. 35. Ibi pluries.. **3.** *conseil princier — a prince's council.* Duce [Tassilone] jubente vel senatu facta est [charta]. BITTERAUF, *Trad. Freising*, I no. 86 p. 106 (a. 777). **4.** *conseil urbain — city council.* Regensburg: HEGEL, *Gesch. der Städteverf. in Ital.*, II p. 392. (a. 1056).

**sendatum**, v. cendalum.

**senderius**, v. semitarius.

**senedus** = synodus.

**senescalcia**, -scallia: *charge de sénéchal — office of a steward.* ROSELL, *Lib. feud. maj.*, I no. 419 p. 440 (a. 1066-1071). HUGO DE CLEERIIS, De majoratu et senescalcia Franciae, ed. HALPHEN-POUPARDIN, p. 242. TEULF., Chron. Mauriniac., lib. 2 c. 12, ed. MIROT, p. 43. Minist. Hanon. (s. xiii in.) ap. VANDERKINDERE, *La chron. de Gisleb. de Mons*, p. 336.

**senescalcus**, si-, -ni-, -scallus (germ.): *sénéchal, officier aulique en charge de l'approvisionnement — steward, a household officer having the care of victuals.* *D. Merov.*, no. 35 p. 33 (ca. a. 658); no. 64 (a. 692). MARCULF., lib. 1 no. 25, *Form.*, p. 59. Lex Alamann., tit. 74 § 1. Ann. regni Franc., a. 786, ed. KURZE, p. 72. Capit. de villis, c. 16 et 47. D. Lud. Pii a. 816, BEYER, *UB. Mittelrh.*, I no. 51 p. 57. HINCMAR., Ordo Pal., c. 23, *Capit.*, II p. 525. MANARESI, *Placiti*, I no. 68 p. 247 (a. 865). Dans un monastère — in a monastery: Mansum ... donamus ad ipsam casam Dei ad mensam fratrum et ad ministerium senescalli ibi ad refectorium servientis. RAGUT, *Cart. de Mâcon*, no. 76 p. 63 (a. 936-953).

**senescallissa**: *une femme ayant la charge de sénéchal — a woman holding the office of a steward.* LOBINEAU, *Bretagne*, I pr. col. 819 (ch. a. 1210).

**senior** (adj.): **1.** (de personnes) *proéminent, de premier rang* — (of persons) *leading, foremost.* Omnes Rothomagensis cives et praesertim seniores loci illius Francos. GREGOR. TURON., H. Fr., lib. 8 c. 31. Seniores quinque ministri, id sunt camararius ... Capit. Remedii, c. 3, *LL.*, V p. 442. Quales seniores homines in ipsa loca fuerint manentes. Pippini reg. It. capit. (a. 800-810?), c. 3, I p. 208. Regis missi et seniores ejus servi. Coll. Sangall. no. 10, *Form.*, p. 403. Senior cantor ibi sublimatus. G. Aldrici, c. 1, ed. CHARLES-FROGER, p. 8. Eum seniorem sacerdotem suumque confessorem praeesse constituit. Ib., p. 9. Drogo archiepiscopus et senior capellanus subscripsit. Ib., c. 50, p. 154 (ch. spur.). **2.** (de choses) *principal* — (of things) *chief, main.* Quia maxime Turonica urbs seniores eclesias contenet inlustratas. GREGOR. TURON., Glor. mart., c. 46, *SRM.*, I p. 519. Per seniores basilicas sanctorum ... ad pontifices seu abbates ... epistolas ... direxit. V. Balthildis, c. 9, *SRM.*, II p. 493. Mansus senior: chef-manse — manor. Res infra civitate Nemauso, id est mansum seniore, ubi ipse commanere videor, cum reliquis mansis ad ipsum mansum aspicientibus. *Hist. de Lang.*[3], II pr. no. 22 col. 75 sq. (a. 813, Aniane). Monasterium senius, ecclesia senior: abbaye-mère — parent monastery. Nonnullae erant aecclesiae, in quibus divisi manebant monachi ... qui omnes cibo et vestimento [i. e. cibum et vestimentum] a seniore accipiebant monasterio. Chron. Novalic., lib. 2 c. 1, ed. CIPOLLA, p. 124. [Abbatiolam] subjectam feci seniori ecclesiae s. Petri et s. Hugberti. KURTH, *Ch. de S.-Hubert*, I no. 22 p. 24 (a. 1066). Ecclesia, basilica senior: église cathédrale — cathedral church. Ecclesiam qui ... senior infra murus civitatis habetur. GREGOR. TURON., H. Fr., lib. 2 c. 16. Apud Narbonensim urbem in eclesia seniore. Id., Glor. mart., c. 22, *SRM.*, I p. 501. In vico Parisiorum haud procul a loco in quo senior, ut ajunt, eclesia nuncupatur. Id., Glor. conf., c. 103, p. 813. Pontifices, jungentes vobiscum ... filios senioris ecclesiae. Guntchramni edict. a. 585, *Capit.*, I p. 11 l. 39. F. Andecav., no. 50, *Form.*, p. 22. Absidam matris et senioris civitatis aecclesiae. G. Aldrici, p. 14. Translatus est ... in seni-



orem basilicam. V. Leutfredi, c. 25, *SRM.*, VII p. 16. Altare senius: maître-autel — high altar. BOURASSÉ, *Cart. de Cormery*, no. 1 p. 4 (a. 791). G. Aldrici, c. 17, p. 57. Canonica senior: *chapitre de la cathédrale — chapter of a cathedral.* Ad ecclesiam b. Petri Pictavensis seniores canonice. RÉDET, *Cart. de S.-Cyprien de Poitiers*, no. 235 p. 153 (a. 909). Subst. mascul. **senior, 1.** plural. seniores urbis, civitatis, patriae, populi: les notabilités du lieu ou de la région — the foremost citizens of a place or a region. Coram pontifice, clero vel senioribus. Judic. Pictav. a. 590, ap. GREGOR. TURON., H. Fr., lib. 10 c. 16. Comes ... si in judicio cum senioribus vel laicis vel clericis resedisset. Ib., lib. 5 c. 48. Discedentibus multis e civitate cum episcopo, et praesertim senioris [i. e. senioribus] urbis. Ib., lib. 8 c. 21. Relacionem ante suprascriptus senioris [i. e. curiales] presentabant. F. Andecav., no. 32, *Form.*, p. 15. Omnes seniores, quoscumque judices esse constiterit. MARCULF., lib. 2 no. 1, p. 73. Quicquid missi nostri cum illis senioribus patriae ... consenserint. Pippini capit. Aquit. a. 768, c. 12, I p. 43. Presbyteri cum senioribus populi ... exquirant. Capit. missor. gener. a. 802, c. 35, I p. 98. *Hist. de Lang.*[3], V no. 236 col. 472 (a. 1053, Béziers). VERCAUTEREN, *Actes de Flandre*, no. 99 p. 227 (a. 1120). **2.** plural. seniores regni: les grands du royaume — the great men of the realm. [Rex] congregatis senioribus secum. GREGOR. TURON., H. Fr., lib. 4 c. 27. Omnibus senioribus in regno ... esse cognitam. Ib., lib. 7 c. 33. Rursum c. 36. Dixit ad seniores Francis [i. e. Francos]. FREDEG., lib. 3 c. 18, *SRM.*, II p. 100. Omnes seniores, ponteveces, ducebus et primatis de regnum Burgundiae. Ib., lib. 4 c. 89, p. 165. Pertractans [rex] pro statu ecclesiae et stabilitate seniorum. F. Bituric., no. 8, *Form.*, p. 171. Capit. de disc. pal. Aquisgr., c. 2, I p. 298. Seniores palatii: les grands de l'entourage du roi — the great men of the king's council. JULIAN., Hist. Wambae, c. 5, *SRM.*, V p. 533. Lex Visigot., lib. 2 tit. 1 c. 1. FREDEG., lib. 2 c. 58, p. 83. **3.** plural. seniores: **les moines âgés d'un monastère — the senior monks of a monastery.* Benedicti regula, c. 3 § 4. **4.** plural. seniores: *les aïeuls; les parents et les grand-parents — ancestors; parents and grandparents.* F. Morbac., no. 14, *Form.*, p. 333. PAUL. DIAC., epist., *Epp.*, IV p. 507 l. 5. Pact. Tusiac. a. 865, c. 4, *Capit.*, II p. 166. Chron. Salernit., c. 168, ed. WESTERBERGH, p. 171. **5.** singul.: *père — father.* Conv. s. Quintini a. 857, c. 1, *Capit.*, II p. 293. Conv. Confl. a. 860, p. 158 l. 23. WIDUKIND., lib. 1 c. 9. GYSSELING-KOCH, *Dipl. belg.*, no. 62 p. 159 (< a. 965 >, spur. s. xi in., Gand). **6.** *saint patron — patron-saint.* In basileca domni illius senioris. F. Andecav., no. 28, *Form.*, p. 13. Dionysii patroni ac senioris nostri. *D. Charles le Ch.*, II no. 300 p. 160 (a. 867). **7.** *mari — husband.* Pass. Vitalis, c. 7, *AASS.*, Apr. III p. 563. TIRABOSCHI, *Mem. Modenesi*, I p. 26 (a. 835). Nic. I pap. epist. a. 863, MIRAEUS, I p. 133. Rel. de Theutberga rec. a. 865, *Capit.*, II p. 469 l. 5. *D. Karls III.*, no. 22 (a. 880). REGINO, Synod. causae, lib. 2 c. 84, ed. WASSERSCHLEBEN, p. 247. DUVIVIER, *Rech. Hainaut*, no. 22[bis] p. 335 (a. 920-937). MULLER-BOUMAN, *OB. Utrecht*, I no. 105 p. 110 (a. 943). Si seniorem prendiderit [i. e. si nupserit]. BERNARD-BRUEL, *Ch. de Cluny*, I no. 693 p. 647 (a. 946). Trad. Juvav., cod. Fridar., no. 2 (ca. a. 963), HAUTHALER, *Salzb. UB.*, I p. 169. GYSSELING-KOCH, o.c., no. 77 p. 184 (a. 988-994). V. Deicoli, *SS.*, XV p. 679. **8.** senior domus: maire du Palais — majordome. Pass. Praejecti, c. 25, *SRM.*, V p. 241. **9.** *seigneur par rapport à un vassal — seignior in relation to a vassal.* Homo Francus accepit beneficium de seniore suo. Decr. Compend. a. 757, c. 9, *Capit.*, I p. 38. Si quis ... seniorem suum, cui fidem mentiri non poterit, secutus fuerit. Decr. Vermer. (a. 758-768), c. 9, p. 41. Tam seniores quam et vassalli. Pippini capit. Pap. a. 787, c. 4, p. 199. Liber homo ... in hostem pergat, sive cum seniore suo ... sive cum comite suo. Capit. missor. de exerc. prom. a. 808, c. 1, p. 137. Capit. Bonon. a. 811, c. 9, p. 167. Capit. de reb. exerc. a. 811, c. 8, p. 165. Capit. Aquisgr. (a. 801-813), c. 16, p. 172. Const. de Hisp. I a. 815, c. 6, p. 262. Concess. gener. (a. 823?), c. 3, p. 321. Seniori tuo fidelem servitium certamenque ... [h]abeas. *Form.*, p. 530 (s. ix). Patronus sive, ut usitatius a multis dici ambitur, senior es. RATHER., Praeloq., lib. 1 c. 22, MIGNE, t. 136 col. 165 C. En parlant du roi en tant que seigneur vassalique — with reference to a king in his capacity as a seignior. BALUZE, *Capit.*, II p. 1794 (a. 783). Concil. Rispac. a. 798 (?), *Conc.*, II p. 196. WARTMANN, *UB. S.-Gallen*, I no. 307 p. 284 (a. 827). FROTHAR., epist. 6, *Epp.*, V p. 280. NITHARD., lib. 4 c. 4, ed. LAUER, p. 132. Conv. Colon. a. 843, c. 2, *Capit.*, II p. 255. Capit. missor. Silvac. a. 853, c. 1, p. 271. RIMBERT., V. Anskarii, c. 22, ed. WAITZ, p. 47. F. Augiens., coll. C no. 14, *Form.*, p. 371. Ann. Fuld., contin. Ratisbon., a. 887, ed. KURZE, p. 115. **10.** *seigneur par rapport au prêtre desservant une église privée — seignior in relation to a priest administering a proprietary church.* Synod. Franconof. a. 794, c. 27, *Capit.*, I p. 76. Capit. eccles. (a. 810-813?), c. 3 et 13, p. 178 sq. Capit. eccles. a. 818/819, c. 10, p. 277. F. Senon. rec., no. 16, *Form.*, p. 219. REGINO, Syn. caus., lib. 1 notit. § 42, ed. WASSERSCHLEBEN, p. 22. **11.** *propriétaire d'une église privée ou d'un monastère privé — owner of a proprietary church or monastery.* Synod. Mett. a. 888, c. 2, BEYER, *UB. Mittelrh.*, I no. 127. *D. Arnulfs*, no. 79 (a. 890). *Gall. chr.*[2], XIV instr. col. 60 no. 40 (a. 923, Tours). GYSSELING-KOCH, no. 53 p. 146 (a. 941, Gand). **12.** *seigneur par rapport à des dépendants de statut servile — a lord in relation to servile dependants.* Ewa ad Amorem, c. 44. Capit. Cenomann. a. 800, *Capit.*, I p. 81 l. 25. Capit. cogn. fac. (a. 803-813), c. 3, p. 157. F. imper., no. 43, *Form.*, p. 320. Capit. missor. Suess. a. 853, c. 9, II p. 269. DUVIVIER, *Actes*, I p. 307 (a. 941, Cambrai). **13.** *seigneur d'une cité — seignior of a city.* GREGOR. TURON., H. Fr., lib. 10 c. 2. MARCULF., lib. 1 no. 7, *Form.*, p. 47. *D. Konrads II.*, no. 251 (a. 1037). **14.** *seigneur, maître d'une seigneurie — seignior, lord of a manor.* *D. Charles le Ch.*, no. 435 p. 474 (a. 877). Nullius potestatis senior ... praesumat. *D. Karls III.*, no. 139 (a. 886). BRUCKNER, *Reg. Alsat.*, no. 650 p. 388 (a. 898, Strasbourg).

*RBPH.*, t. 39 (1961), p. 1143 (a. 941, Cambrai). Sine banno atque servicio ac omni mancipatione senioris qui ipsam villam in beneficio habuerit. *D. Ottos III.*, no. 261 (a. 997). Post mortem mea[m] senior totius terrae eris quam cognosco me pridem habuisse. Chron. Novalic., lib. 5 c. 8, ed. CIPOLLA, p. 251. Quidam ingenuus senior. *Württemberg. UB.*, I no. 236 p. 284 (a. 1082). Martinus senior de Circiniaco. BERTRAND, *Cart. d'Angers*, I no. 1352 p. 403 (ca. a. 1129). **15.** *i.q. presbyter. **16.** *supérieur ecclésiastique — ecclesiastical superior.* Pippini reg. capit. (a. 754/755), c. 7, I p. 32. V. Goaris, c. 3, *SRM.*, IV p. 413. Ann. Altah. maj., a. 1071, ed. OEFELE, p. 82. **17.** *abbé — abbot.* CAESAR. ARELAT., serm. 156 § 5, ed. MORIN, I pt. 2 p. 638. *D. Merov.*, no. 15 (a. 635). PAUL. DIAC., Hist. Langob., lib. 6 c. 40. ASSER., G. Aelfredi, c. 97, ed. STEVENSON, p. 84. V. Walarici, c. 8, *SRM.*, IV p. 163. **18.** *prieur — prior.* OTTO FRIS., Chron., lib. 7 c. 35, ed. HOFMEISTER, p. 373. **19.** *capitaine d'un navire — ship-captain.* Capit. Bonon. a. 811, c. 11, I p. 167. OPPERMANN, *Rhein. Urk. stud.*, I p. 437 no. 2 (s. x, Köln). THIETMAR., lib. 3 c. 21, ed. HOLTZMANN, p. 124. **20.** (apostrophe) *mon seigneur, monsieur* — (addressing style) *my lord.* Senior dilecte. V. Pirminii, c. 6, *SS.*, XV p. 27. **21.** (intitulation placée devant le nom) *sire* — (title preceding the proper name) *sir.* Cum omnibus senioribus meis, ... senior F. L., senior F. A., senior E. S. ROSELL, *Lib. feud. maj.*, I no. 1 p. 3 (a. 1054-1063?). Subst. femin. **senior:** *abbesse — abbess.* PARDESSUS, II no. 355 p. 139 (a. 666).

**senioralis:** *d'un seigneur — of a lord.* Vigor regius et senioralis: souveraineté — sovereignty. Synod. Theodonisv. a. 844, c. 1, *Capit.*, II p. 113. Reverentia senioralis: respect dû à l'égard d'un seigneur — deference towards a lord. Synod. Vermer. a. 853, c. 1, ib., p. 422 l. 16.

**seniorare:** *exercer l'autorité publique — to wield public power.* [Gastaldi] residentes in ista civitate Luceria ad seniorandum, judicandum et regendum. GATTULA, *Hist. Cassin.*, II p. 152 (a. 1013).

**senioraticus,** segno-, signo-, -ragium: **1.** *lien vassalique, aveu féodal — vassalian bond, acknowledgement of feudal lordship.* [Quoad] illud locum s. Sebastiani non liceat eis alium senioraticum facere nec proclamare nisi nos [i.e. nobis] aut filiis nostris. MARTÈNE, *Coll.*, I col. 447 (a. 1050). Si predicti ostatici ... se separaverint a senioratico vel beneficio predicti vicecomitis. ROSELL, *Lib. feud. maj.*, I no. 403 p. 424 (a. 1061). Est in convenientia senioragium de Oldeberto, id est ut, si O. forfacit s. Albino aut monachis ejus aut suis hominibus, si ille non vult ei rectum facere ... BERTRAND, *Cart. d'Angers*, I no. 244 p. 290 (a. 1067-1106). **2.** *autorité seigneuriale — seigniorial power.* In tua subdicione et senioraticum. RIUS, *Cart. de S.-Cugat*, no. 17 p. 19 (a. 939). Trado ... insulam L. cum omni honore, jurisdictione et segnoratico ipsius insule. TORELLI, *Reg. Mantovano*, p. 34 (a. 1011). [H]abeat ibi [sc. in duobus castris] comes suum senioraticum, potestatem atque dominicaturas. ROSELL, o.c., I no. 302 p. 328 (a. 1089). **3.** *redevance due au seigneur — tribute to be paid to a lord.* Cum omnibus suis terminis et pertinentiis ... sine aliquo senioratico. UDINA, *Llibre blanch de S.-Creus*, no. 2 p. 2 (a. 978). Totum et ab integrum dono Deo et s. Petro ... sine ullo servitio et ullo senioratico. *Hist. de Lang.*³, V no. 173 II col. 363 (a. 1015). **4.** *seigneurie, territoire dominé par un seigneur — seigniory, manorial district.* Hominibus de alia civitate aut de alio castello vel de alia villa vel de alio singnioratico. *D. Heinrichs IV.*, no. 336 (a. 1081), p. 442 l. 42. **5.** *tenure qui dépend d'une seigneurie — tenement held from a manor.* De suas franchezas vel de senioraticos suos, [si] illi a quibus videtur teneri vel possideri, aliquid Domino Deo ... donare voluerint, ... licentiam habeant faciendi. *Hist. de Lang.*, V no. 196 col. 398 (ca. a. 1030, Lézat).

**senioratus** (decl. iv): **1.** *lien vassalique, qualité de seigneur par rapport à un vassal — vassalian bond, position of a lord in relation to a vassal.* Si aliquis ... comitis aut vicecomitis aut vicarii aut cujuslibet hominis senioratum elegerit. Praec. pro Hisp. a. 844, c. 5, *Capit.*, II p. 259. Si aliquis de vobis talis est, cui suus senioratus non placet. Capit. Caris. a. 856, c. 13, p. 282. Si aliqua pars ex vobis ad ejus senioratum et ad ejus fidelitatem reverti voluerit. Ib., c. 6, p. 284. Ad terram suae nativitatis et ad senioratum suum unusquisque redeat. Edict. Pist. a. 864, c. 31, p. 324. Accipientibus senioratum quemcumque vellent. HINCMAR. REM., Ann. Bertin., a. 871, ed. WAITZ, p. 118. Illos qui pro diversis suis excessibus ... [ad] alium senioratum confugiunt ..., jubet ut a nemine suscipiantur, donec sub prioris domini districtione satisfaciant. Concil. Ravenn. a. 877, c. 11, MANSI, t. 17 col. 339. Karolus rex abbatiam ... H. canonico nuper de Hlotharii senioratu ad se converso dedit. FOLCUIN., G. abb. Sith., c. 69, *SS.*, XIII p. 621. **2.** *autorité publique — public power.* De curte senioratus [sc. ducis]. ESCHER-SCHWEIZER, *UB. Zürich*, I no. 197 p. 89 (a. 946). Monasterii rectores ... deinceps nostro senioratui ... adhibitos. D. Ludov. reg. Burgund. a. 896, *H. de Fr.*, IX p. 679 C. De comunibus placitis, in quibus nullus habeat senioratum vel dominacionem. Usat. Barcin., c. 137, ed. D'ABADAL-VALLS, p. 63. Diffiniant castellum Theballo exceptus [i.e. excepto] comitali senioratu. ROSELL, *Lib. feud. maj.*, I no. 68 p. 84 (a. 1088?). **3.** *subordination féodale — feudal lordship.* A [praesulis] dominio atque senioratu nec regum ... nec alterius ... potestas praefati poterit loci unquam subtrahere gubernationem. *D. Ottos I.*, no. 92 (a. 947). Omnem honorem jam dicte ecclesie ... sine alicujus senioratu possideat. DE JAURGAIN, *Cart. de S.-Mont*, no. 36 p. 59 (ca. a. 1060). **4.** *autorité seigneuriale — manorial lordship.* Quasi ipsi nomen senioratus in rebus sibi a Deo concessis habere non debeant. Synod. Troslejan. a. 909, c. 6, MANSI, t. 18 col. 281. Sub manu prioris erit senioratus et justicia, ut illius cujus est villa. FLACH, *Orig.*, I p. 216 n. 1 (ante a. 1095, Paris). **5.** *seigneurie, territoire dominé par un seigneur — seigniory, manorial district.* Si qui de alia terra et de alio senioratu ... casalati fuerint. *Hist. de Lang.*, V no. 358 col. 685 (a. 1084).

**senioria,** senho-, senno-, -rium: *seigneurie — seigniory.* Fuero de Nájera a. 1076, c. 86, WOHLHAUPTER, p. 92. [Castrum] cum suis pertinentiis et senioriis, villis, mansis ... *Hist. de Lang.*³, V no. 602 col. 1176 (a. 1155). Totam illam senioriam quam habebamus in castro de V. cum omnibus pertinentiis suis. Ib., no. 612 I col. 1197 (a. 1156).

**seniorissa:** *dame — lady.* Abbatisse necnon et seniorisse nostre. CASSAN-MEYNIAL, *Cart. d'Aniane*, no. 117 p. 259 (ante a. 821).

**seniorivum,** segno-, seigno-, senno-, -rivium: *autorité seigneuriale — seigneurial power.* Donamus tibi ... seniorivo quod abemus in D. UDINA, *Llibre blanch de S.-Creus*, no. 17 p. 21 (a. 1079). Omnes castros vestros de terris vestris et omnes forcias et seniorivos et potestativos quae modo habetis. DC.-F., VII p. 422 col. 2 (a. 1109, Montpellier). Habeat in illo [castello] seniorivo et mandamento et destreto [i.e. districtum]. ROSELL, *Lib. feud. maj.*, I no. 109 p. 113 (a. 1098-1124).

**senispasius,** v. semispathium.

**senodochium,** v. xenodochium.

**senpecta,** sempecta (mascul.) (gr.): *moine d'un âge avancé — elderly monk.* Bened. reg., c. 27.

**sensalis:** *courtier — broker.* S. xiii, Ital., Prov.

**sensatus** (adj.): **1.** *(de personnes) *sensé, judicieux, sage* — (of persons) *sensible, judicious, wise.* **2.** *(de choses) *qui a un sens, raisonnable, sensé* — (of things) *having a sense, reasonable, wise.*

**sensibilis:** **sensible, capable de sentir — sensitive, endowed with feeling.*

**sensibilitas:** **sensibilité, faculté de sentir — sensitiveness, ability to feel.*

**sensibiliter:** **d'une manière sensible — in a sensible way.*

**sensualis:** **1.** **relatif aux sens — relating to the senses.* **2.** **matériel — material.* **3.** *sensuel — sensual.*

**sensualitas:** **1.** **faculté de sentir, sensibilité — ability to feel, sensitiveness.* **2.** *esprit matérialiste — materialistic state of mind.*

**sententia:** *condamnation, punition — condemnation, punishment.* Capitali eos jussit finire sententia. GREGOR. TURON., H. Fr., lib. 7 c. 39. Etiam lib. 5 c. 49. Pro modum criminis sententiam quo meretur excipiat ultionis. Chloth. II praec., c. 3, *Capit.*, I p. 19. Capitale sententia feriatur. Ejusdem edict. a. 614, c. 18, p. 23. Secundum canonicam institutionem accipiat sententiam. Concil. Vern. a. 755, c. 13, p. 36. Recipiant sententiam aut in dorso aut quomodo nobis ... placuerit. Capit. de villis, c. 16. Capitali sententiae punietur. Capit. de part. Saxon., c. 6, p. 69. [Reus] legalem sententiam subjaceat. Pippini capit. Ital. (a. 801-810), c. 18, p. 211. Antiqua constitutio, id est capitalis sententia, erga illum puniendum custodiatur. Capit. Bonon. a. 811, c. 4, p. 166. Feriat illum pastorali virga, hoc est sententia excommunicationis. Capit. Vern. a. 884, c. 5, II p. 373.

**sententialis:** **sous forme de sentence — by way of sentence.*

**sententialiter:** **1.** **sous forme de sentence — by way of sentence.* **2.** *par déclaration doctrinale — by a statement of doctrine.* Lib. diurnus, no. 84, ed. SICKEL, p. 98. **3.** *par un jugement — by verdict.* Sentencialiter ... proscripsit. OTTO SANBLAS., c. 50, ed. HOFMEISTER, p. 83.

**sententiare, 1.** intrans.: **prononcer un jugement — to pronounce a verdict.* **2.** transit., aliquem: **condamner — to condemn.*

**senterius,** v. semitarius.

**sepa,** sepia = caepa.

**sepalis** (< sepes): *clôture, haie — fence, hedge.* *CD. Cav.*, I no. 112 p. 141 (a. 900). Ib., II no. 292 p. 102 (a. 976).

**separalis** (adj.): *distinct, différent — several, different.* S. xiii, Angl.

**sepelitio:** **enterrement — burial.*

**saepta** (neutr. plural. et femin. singul.), quandoque saeptum (neutr. singul.): **1.** **espace clôturé — fenced-in space.* **2.** spec.: *enceinte d'un lieu sacré — sacred precincts.* Si quis necessitatis impulsu ad ecclesiae septa confugerit. Concil. Aurel. IV a. 541, c. 21, *Conc.*, I p. 92. Milites ... peragrantur septa monasterii. IONAS, V. Columbani, lib. 1 c. 20, ed. LEVISON, p. 194. Ibi pluries. Infra monasterii septa recipiunt. BOBOLEN., V. Germani Grandivall., c. 6, *SRM.*, V p. 35. Adire non presumant nec secretius ingredere septa [monasterii]. BRUCKNER, *Reg. Alsat.*, no. 113 p. 54 (a. 728). Qui se ... septis monasterialibus contulerunt. Lib. diurn., ed. SICKEL, p. 126. ADSO, V. Frodoberti, c. 13, *SRM.*, V p. 78. **3.** spec.: *pourpris, terre clôturée ou bornée en vue de défrichement — area delimited for reclamation.* Tradidimus quicquid ... proprietatis habemus ... extra illum septum, id est bifang, qui est in G.; septum illum foras dimitto. DRONKE, *CD. Fuld.*, no. 99 p. 59 (a. 791).

**septarius** = sextarius.

**septena** (femin.): **1.** *litanie répétée sept fois — a sevenfold litany.* Concil. Lemovic. a. 1031, sessio 2, MANSI, t. 19 col. 544 A. **2.** (cf. voc. quintana) *zone* de sept milles en profondeur autour d'une cité — *lowy* around a city, seven miles in width. Lud. VII reg. Fr. ch. a. 1145, *Ordonn.*, I p. 10 (Bourges).

**septenarius,** -um: **1.** *messe obituaire* du septième jour après le décès — *obituary mass* of the seventh day after a person's decease. UDALRIC., Consuet. Cluniac., lib. 3 c. 33, MIGNE, t. 149 col. 777 A. **2.** *rétribution* payée pour cette messe — *tax* paid for the same. DC.-F., VII p. 428 col. 1 (ch. a. 1200, Morigny).

**septiformis:** *(du Saint Esprit) *qui a sept formes* — (of the Holy Ghost) *having seven forms.*

**septimale:** i.q. septenarius sub 1. DC.-F., VII p. 428 col. 2/3 (ch. a. 1028, Anjou).

**septimana** (femin.): **1.** **semaine — week.* **2.** *service de semaine — week service.* Septimanarius qui ibi ... septimanam fecerit. *CD. Langob.*, no. 527 col. 897 D (a. 928, Bergamo).

**septimanalis:** **de semaine, hebdomadaire — of a week, weekly.* Mercatus. D. Lud. Pii a. 822, *H. de Fr.*, VI p. 526. Theloneum. *D. Heinrichs I.*, no. 16 (a. 927).

**septimanarius** (adj.): *hebdomadaire — weekly.* Mercatus. *D. Charles le Ch.*, I no. 178 p. 473 (<a. 855>, spur. s. xi). Opus. LACOMBLET, *UB. Niederrh.*, I no. 209 p. 136 (a. 1067). Subst. mascul. **septimanarius:** *semainier, moine ou clerc en charge du service de la semaine — member of a religious community performing duties for a week.* Benedicti regula, c. 35. Ordo Rom. XIX (s. viii), c. 29, ANDRIEU, III p. 223. Stat. Murbac., c. 5, ALBERS, III p. 84. Cons. Fruct., lib. 2 c. 7, ib., IV p. 142.

**septimanatim:** *par semaine — weekly.* S. xiii.
**septimus,** septima (subst.): **1.** *le septième jour après le décès — the seventh day after a person's decease.* EKKEHARD., Cas. s. Galli, c. 1, *SS.*, II p. 82 l. 25. **2.** *messe obituaire* de ce jour — *obituary mass* of that day. *CD. Cav.*, I no. 192 p. 248 (a. 956). **3.** *rétribution* pour une telle messe — *dues* paid for the same. DC.-F., VII p. 429 col. 2 (ch. a. 1160, Aungoulême).
**septuagesima:** *la septuagésime — Septuagesima Sunday.* SACRAM. GELAS., lib. 1 c. 13, ed. WILSON, AMALAR., Off., lib. 1 c. 1, ed. HANSSENS, II p. 26. RHABAN., Inst., lib. 2 c. 34, ed. KNÖPFLER, p. 123.
**saeptum,** v. saepta.
**sepultio:** *_ensevelissement — burial._
**sepultura: 1.** *droit de sépulture — right of burial.* Parrochianos de E. sepulturam mortuorum, quam legerstat appellant, a nobis ... precio comparare solitos fuisse. MULLER-BOUMAN, *OB. Utrecht*, I no. 482 p. 430 (a. 1175). **2.** *rétribution exigée pour les enterrements — burial dues.* De tota terra sua in eadem parrochia dedit dimidiam sepulturam cum tota oblatione ... BERTRAND, *Cart. d'Angers*, I no. 355 p. 413 (ca. a. 1057). Sepulturam que vigenti solidorum est. Ib., no. 218 p. 254 (a. 1060-1067). **3.** *_tombeau — grave._
**sepum** = sebum.
**sequacitas:** *_docilité, déférence — tractability, submissiveness._
**sequax** (subst.): **1.** *_sectateur — follower, partisan._ **2.** *_élève, disciple — pupil, disciple._ **3.** *dépendant — dependent.* Predium silvaticum quale ipse cum suis sequacibus ... captivaverat. WIDEMANN, *Trad. S.-Emmeram*, no. 256 p. 214 (a. 996). **4.** *successeur — successor.* Habeat tam ipse quam et sequaces ejus. *D. Karls III.*, p. 331 (s. ix ex.). Canonici eidem ecclesiae servientes nunc et sequaces illorum. GLORIA, *CD. Padov.*, I p. 49 (a. 918). Cum suis sequacibus simul et precessoribus. JOH. VENET., ed. MONTICOLO, p. 85.
**sequela: 1.** *droit de poursuite — right to pursue.* BRUNEL, *Actes de Pontieu*, no. 101 p. 145 (a. 1180). **2.** *obligation d'assister aux plaids — suit of court.* S. xiii, Angl. **3.** *poursuite à la huée — pursuit of the hue and cry.* S. xiii, Angl. **4.** *_suite, clientèle, train de maison — following, suite, retinue._ **5.** *ensemble de témoins — body of witnesses produced in court.* S. xii. **6.** *séquelle* d'un droit — *everything connected* with a right. S. xiii.
**sequens:** *_de seconde qualité — second-rate._ Pane nidido modios tantos, sequente modios tantos. MARCULF., lib. 1 no. 11, *Form.*, p. 49. Item *D. Merov.*, no. 86 (a. 716). Similas 12 sequentesque panes 120. STIMMING, *Mainzer UB.*, I no. 306 p. 196 (a. 1063).
**sequenter: 1.** (adverb.) *_etcétera — etcetera._ **2.** (adverb.) *par la suite — subsequently.* GREGOR. TURON., H. Fr., lib. 4 c. 4. **3.** (praep.) *à la poursuite de — after* a person. Si sequenter ipsum [homicidam] currit. Pactus Alamann., fragm. 5 c. 3. **4.** (praep.) *selon, conformément à — according to.* Sequenter ipsa offerimus chartula. LAMI, *Mon. Florent.*, I p. 86 (a. 967). Sequenter illum capitulare quod ... imperator instituit. BARSOCCHINI, *Doc. di Lucca*, V pt. 3 p. 367. **5.** (conjunct.) *selon ce que — according as.* Sequenter meum continent brebem [i.e. sicut meum continet breve]. FICKER, *Forsch.*, IV no. 35 p. 52 (a. 988, Salerno).
**sequentia** (femin.): *séquence — sequence.* Sequitur jubilatio quam sequentiam vocant. Ordo Rom. V (s. ix ex.), c. 31, ANDRIEU, II p. 215.
**sequentialis** (mascul.), -le (neutr.): *livre de séquences — book of sequences.* HUTER, *Tiroler UB.*, I no. 13 p. 9 (a. 1022-1055).
**sequentiarius** (subst.): *livre de séquences — book of sequences.* JAKSCH, *Mon. Carinth.*, I p. 48 (a. 957-993). EKKEHARD., Cas. s. Galli, c. 10, *SS.*, II p. 131. Acta Murensia, c. 5, ed. KIEM, p. 24.
**sequestratim:** *_séparément — separately._
**sequestrare:** *_rejeter, mettre de côté, éloigner — to discard, put aside, remove._
**sequi, 1.** judicium: *acquiescer à* un jugement — *to resign oneself to* a sentence. Monachis ... ad recognoscendum et sequendum judicium inflexis. BERTRAND, *Cart. d'Angers*, I no. 106 p. 121 (a. 1074). Sequi noluit quod universa curia judicavit. CHARLES-MENJOT, *Cart. de S.-Vincent du Mans*, no. 22 col. 23 (a. 1067-1078). **2.** *observer — to comply with.* Justitiam. Lex Rom. canon., c. 62, ed. MOR, p. 66. **3.** *participer à* une réunion — *to attend.* [Milites] qui exercitum et curtem et placitum legaliter sequuntur. Cons. Bigorr. a. 1097, c. 38, GIRAUD, p. 24. **4.** absol.: *assister aux plaids — to pay suit of court.* S. xii, Angl. **5.** absol. *se rendre à la huée — to follow the hue and cry.* S. xii, Angl. **6.** aliquem: *poursuivre en justice — to prosecute, sue.* S. xiii. **7.** (de choses) *se rattacher à, être inclus dans* — (of things) *to be involved in, connected with.* Arcis et edificiis ceterisque omnibus rite traditionem sequentibus. *D. Ottos III.*, no. 60 (a. 990). Ecclesiam de A. cum omni decima que ad ipsam ecclesiam pertinet, excepta ea que altare sequitur. GYSSELING-KOCH, *Dipl. Belg.*, no. 156 p. 268 (a. 1063).
**sequimentum:** *l'obligation qui incombe au vassal de suivre son seigneur — a vassal's duty to pay suit to his lord.* Faciant eis hostes et cavalgadas et curtes et placitos et siguimentum de se et de suis hominibus per omnes vices quas comes et comitissa mandaverint hoc illis, sicut homo debet facere suis melioribus senioribus. ROSELL, *Lib. feud. maj.*, I no. 451 p. 474 (a. 1065). Habeat [comes] sequimentum de illos homines qui de illo castro et de illa villa esserunt [i.e. fuerint] et erunt contra totos homines ubi sua voluntas esserat [i.e. fuerit]. Ib., no. 108 p. 112 (a. 1075-1098).
**sequipeda** (mascul.), sequipes (cf. voc. pedisequus): **1.** *celui qui se déplace après un autre ou qui l'accompagne en voyage — one who travels after or together with somebody else.* Sequipes factus est suis missis. Lib. pontif., Zachar., § 14, ed. DUCHESNE, I p. 430. Item ib., Steph. II, § 36, p. 450. Sequipedes vestros dirigere studebo meos missos ad vestrum regem. Ib., Hadr., § 20, p. 492. **2.** *sectateur, disciple, partisan — follower, adherent.* Nonnullos inveniri sequipedas erroris antiqui. Concil. Turon. a. 567, c. 23, *Conc.*, I p. 133. Ut vere eorum discipulus et sequipeda. Lib. diurn., ed. FOERSTER, p. 147. Apostolus suique successores et sequipede. ALDHELM., epist., *Auct. ant.*, XV p. 480. Eorum [sc. sanctorum] sequipedes. V. Sollemnis, c. 1, *SRM.*, VII p. 312.



**sera** (femin.) (cf. voc. sero): **1.** *soir — evening.* Benedicti regula, c. 41. Regula Magistri, c. 25 et 53. GREGOR. M., Dial., lib. 1 c. 2. EGER., Peregr., lib. 3 c. 1 et pluries. Vitas patrum, lib. 5 c. 18 § 9. Ruodlieb, fragm. 10 v. 15. **2.** *l'ouest — the west.* MARGARINI, *Bull. Casin.*, II p. 14 (a. 772). *CD. Langob.*, no. 222 col. 371 C (a. 862). *D. Lotario*, no. 3 p. 256 (a. 947).
**serabala,** serabola, serabula, v. sarabala.
**seracium** (< serum): *fromage — cheese.* Acta Murensia, c. 28, ed. KIEM, p. 83.
**seraculum,** serra-, -glium, -glia (< serare): **1.** *bondon — bung.* IONAS, V. Columbani, lib. 1 c. 16, ed. KRUSCH, p. 180. **2.** *grille — railing.* S. xiii, Ital.
**seranda,** serranda (< serare): *barrière — barrier.* S. xiii, Ital.
**serare,** serrare (< sera): **1.** *_fermer — to close._ PS.-ANTON N. PLACENT., c. 40, *CSEL.*, t. 39 p. 186. Praeda obstaculo nullo serata. PS.-FORTUN., V. Medardi, c. 6, *Auct. ant.*, IV pt. 2 p. 70. **2.** *serrer — to clench, tighten.* Dentes serratos. BALDUIN. REM., Mir. Gibriani (a. 1145), *AASS.*, Maji VII p. 646.
**seratura,** serra-, sarra-, sertura, sertora, serura (< serare): **1.** *barrage — weir.* DC.-F., VII p. 441 col. 2 (ch. a. 1007, Pescara). **2.** *serrure — lock.* MABILLE, *Cart. de Marmoutier pour le Dunois*, no. 93 p. 83 (a. 1111/1112). **3.** *clôture monastique — monastic seclusion.* Ordo ille antiquior in s. Benedicti regulam et in seraturas transmutatus est. ERHARD, *Reg. Westfal.*, I CD. no. 182 (recte 187), p. 146 (a. 1118; an verax?).
**serenitas.** Vestra serenitas: *titre honorifique à l'empereur — title of honour for an emperor.
**seriatim:** *_en succession — successively._
**sericalis:** i.q. saricilis. Pro pannis laneis emendis quos sericales vocant. EKKEHARD., Cas. s. Galli, c. 3, *SS.*, II p. 97 l. 33.
**sericatus** (class. „vêtu de soie — silk-dressed"): (d'un vêtement) *de soie* — (of a garment) *silken.* Calceolus. Ruodlieb, fragm. 13 v. 116. Pannus. Leg. Normann., LUDEWIG, *Reliq.*, VII p. 188.
**sericinus** (adj.): *de soie — silken.* Vestes. ODO CLUNIAC., V. Geraldi, lib. 1 c. 23, *AASS.*, Oct. VI p. 306 F. Transl. Edmundi, MARTÈNE, *Thes.*, III col. 1867.
**series: 1.** *_teneur, texte, contenu_ d'un écrit, d'un document — *terms, text, contents* of a writing or a document. Legis. VICTOR VIT., lib. 3 § 2, *Auct. ant.*, III pt. 1 p. 40. Legum Romanarum. Chloth. II praec., epil., *Capit.*, I p. 19. Legis. Lex Rom. canon., c. 129, ed. MOR, p. 192. Decreti. GREGOR. M., lib. 8 epist. 12, *Epp.*, II p. 15. Regulae. PAUL. DIAC., epist. 13, *Epp.*, IV p. 514. Privilegii. GLORIA, *CD. Padov.*, I p. 8 (a. 819). Cartularum. *D. Ludwigs d. Kindes*, no. 41 (a. 905). **2.** *récit — account.* Quo ordine et origine, subtus hujus [i. e. hac] serie dicamus. BENED. SANTANDR., ed. ZUCCHETTI, p. 70. Justum atque ratum veritatis seriem firmissime censemus. VIGNATI, *CD. Laud.*, I p. 40 (a. 997). **3.** *charte — charter.* Facta scribturarum series [i. e. seriei] alligare. MARCULF., lib. 2 no. 14, *Form.*, p. 84. Per cartarum saerie roboretur. F. Sal. Merkel., no. 3, p. 241. Quicquid ... adquisisset, ... eclesiae per testamenti seriem diligaiet [i. e. delegaret]. V. Desiderii Cadurc., c. 29, *SRM.*, IV p. 585. Scripture [testamentariae] serie conquirere. Lex Visigot., lib. 2 tit. 5 c. 12. Deprecatus fuerit per seriem precariae beneficiolum suum. *D. Charles le Chauve*, no. 63 (a. 845). En parlant d'un diplôme royal — with reference to a royal charter: Haec series debeat plenius declarare. MARCULF., lib. 1 no. 2, p. 41. Item *D. Merov.*, no. 15 (a. 635). *D. Karolin.*, I no. 52 (a. 770). Per hanc seriem traditionis. Ib., I no. 13 (a. 760).
**serietas:** *_gravité — dignified bearing._
**seriola,** serola (<seria): *_cruche — jug._
**seriose:** *sérieusement, attentivement, avec application, minutieusement — seriously, attentively, intently, minutely.* V. Probi Ravenn. (ca. a. 963), MURATORI, *Scr.*, I pt. 2 p. 556 D. Ruodlieb, fragm. 7 v. 62.
**seriosus** (< serius): *sérieux — serious.* Ruodlieb, fragm. 1 v. 76; fragm. 7 v. 98.
**serjanteria,** serg-, -en-, -tria, -dria, -tia: *tenure en sergenterie — serjeanty, land held by serjeanty.* Consuet. Norm. veterr., pt. 1 (s. xii ex.), c. 8 § 5, ed. TARDIF, p. 9. Cf. E. G. KIMBALL, *Serjeanty tenure in mediaeval England*, 1936 (*Yale Hist. Publ.*, miscell., no. 30).
**serjantus,** sar-, -gan-, -gen-, -dus (< serviens): **1.** *"ministerialis".* REINECKE, *Cambrai*, p. 264, c. 3 et 22 (a. 1185). **2.** *écuyer — squire.* *Const.*, I no. 365 (a. 1195).
**sermo, 1.** sermo regis: protection royale garantissant les droits des individus protégés — protection afforded by the king in order to safeguard a person's rights. Si ... ad nullum placitum venire voluerit, tunc rex ... extra sermonem suum ponat eum. Lex Sal., tit. 56. Item Capit. II legi Sal. add., c. 8. Si fuerit malus homo qui male in pago faciat ..., ipsum mittemus foras nostro sermone. Chilperici edict., c. 10, *Capit.*, I p. 10. Monasterium [in] sermone tuitionis nostrae vel mundeburde recipere deberemus. *D. Merov.*, no. 4 (a. 546). Sub sua [sc. regum] tuitione et sermone ... [monasterium] jubeant gubernare. Radegundis epist. (a. 575-587), ap. GREGOR. TURON., H. Fr., lib. 9 c. 42. Sub sermonem tuicionis nostrae recipisse. MARCULF., lib. 1 no. 24, *Form.*, p. 58. Item *D. Karolin.*, I no. 14 (a. 760). F. imper., no. 37, *Form.*, p. 315; no. 41, p. 319. Valeant in nostro sermone per tempore permanere. MARCULF., lib. 1 no. 35, p. 66. Item *D. Karolin.*, I no. 11 (a. 758/759). Sub sermone tuitionis nostrae. D. Lud. Pii a. 821, *Mon. Boica*, XI p. 103. Imperator monasterium sub sermone tuitionis suae constituisset. *D. Ludw. d. Deutsch.*, no. 20 (a. 837). Cf. O. BÖHTLINGK, *Sermo regis. Ber. Ges. d. Wiss. Leipzig*, t. 53 (1901). **2.** *parole donnée, foi — word given, pledge.* Ubi est imperatorius sermo? ubi imperialis promissio? LIUDPRAND. CREMON., Legat., ed. BECKER, p. 204. **3.** *ordre, commandement — order, commandment.* Praecipientes ei sermone regis, ut ... EDD. STEPH., V. Wilfridi, c. 36, *SRM.*, VI p. 230. **4.** *_la parole divine — the Word of God._ **5.** *_homélie, prédication, harangue — homily, sermon._ Bene viventes mysticus adhortatonis sermo mulceat. Guntchramni edict. a. 585, *Capit.*, I p. 11 l. 41.
**sermocinari:** *_prêcher — to preach._
**sermocinium: 1.** *allocution — speech, harangue.* [Rex exercitum] comminatorio simul et pro-

missorio sermocinio . . . aggreditur. BERTHOLD. AUG., Ann., a. 1075, *SS.*, V p. 279 l. 14. **2.** *conversation — talk.* S. xiii.

**serna** (< cernere): *enclos — enclosure.* [Ecclesiam] cum sua serna vel cum suas defesas et cum totos suos terminos regalengos. MUÑOZ, *Fueros*, p. 191 (a. 1042, Cantabria).

**sero** (subst. indecl., cf. voc. sera): **1.** **soir — evening.* **2.** *l'ouest — the west.* SCHIAPARELLI, *CD. Longob.*, II no. 224 p. 266 (a. 768). MARGARINI, *Bullar. Casin.*, II p. 51 (a. 975). TORELLI, *Reg. Mantovano*, p. 34 (a. 1012).

**serotinus** (class. "tardif — late"): *du soir — evening.* ANAST. BIBL., Pass. Dion., CHIFFLET, p. 15. Hora. LEO NEAPOL., V. Alex., ed. PFISTER, p. 55. Capitulum. ODO FOSSAT., V. Burcardi, c. 12, ed. BOUREL, p. 30. Subst. neutr. **serotinum:** *soir — evening.* S. xii.

**serpelleria,** serpileria, v. sarpellarium.

**serpentinus:** **diabolique — devilish.*

**serra,** serrus (class. "scie — saw", attract. per voc. serare "fermer — to shut"): **1.** (cf. hisp. *sierra*) *crête — mountain-ridge.* Serre tractum . . . nullus . . . poterit penetrare. V. patr. Jur., V. Romani, c. 1, *SRM.*, III p. 132 l. 30. Finis ascendit ad serras montis. MARGARINI, *Bullar. Casin.*, I p. 4 (a. 741). Usque ad summa serra. FLORIANO, *Dipl. esp.*, I no. 21 p. 112 (a. 807). Per serras montis. D. Karoli M. deperd. ap. *D. Ottos III.*, no. 337. Per summitatem serrae de B. *D. Louis IV*, no. 7 (a. 938). **2.** (cf. ital. *serra*) *col, défilé — mountain-pass.* Perexiens per serram montis. Chron. Salernit., c. 83, ed. WESTERBERGH, p. 86. **3.** (cf. frg. *serre*) *magasin — store-house.* Videmus . . . omnes serras exhaustas. *Gall. chr.*², IV instr. col. 7 (ch. a. 984).

**serrare** et derivata, v. sera-.

**servagium** (< servus): **1.** *corvée servile — labour service of serfs.* S. xiii. **2.** *servage, condition de serf — status of a serf.* S. xiii. **3.** *tenure en servage — tenure of a serf.* S. xiii.

**servare.** Loc. alicujus locum servare: tenir lieu de qq'un — to deputize for a person. Praefectorum. GREGOR. M., Dial., lib. 4 c. 52. Archidiaconi. Concil. Suession. a. 853, act. 1, MANSI, t. 14 col. 983 A.

**servatio:** *réserve, restriction — reservation, proviso.* Sine ulla servatione vel minoratione tradimus. GUÉRARD, *Cart. de Marseille*, I no. 43 p. 68 (a. 1014-1019).

**servatorium,** servorium, servarium (< servare): *vivier — fishpond, stew.* PÉRARD, *Bourg.*, p. 263 (a. 1190, Langres).

**servialis** (< servire). Loc. dies servialis: journée de travail — day's work. Concedimus unaquaque ebdomada diem unum servialem. HALKIN-ROLAND, *Ch. de Stavelot*, I no. 59 p. 141 (a. 932 ?).

**servida** (< servire): *fourniture d'aliments — food supply.* Servidas [fructuum horti] quas fratribus facere debent. Adalhardi Corbej. stat., lib. 2 c. 1, ed. LEVILLAIN, p. 361.

**serviens** (subst.): **1.** **serviteur, valet — servant.* GREGOR. TURON., H. Fr., lib. 5 c. 39. **2.** *serf — serf.* De illis servientibus quos dedit . . . rex s. Vincentio, qui sunt in villa vel in potestate R. RAGUT, *Cart. de Mâcon*, no. 493 p. 286 (s. vii ?). De eorum hominebus aut de ingenuis aut servientes in eorum agros conmanentes. MARCULF., lib. 1 no. 2, *Form.*, p. 42. Si aliquis [i.e. aliquem] ex servientibus nostris a jugum servitutis relaxare voluerimus. Ib., lib. 2 no. 3, p. 75. Homines tam ingenuos quam servientes distrinjendum. *D. Merov.*, no. 72 (ca. a. 700). Tam de ingenuis quam de servientibus vel de qualibet natione hominum in predictis villis commanentibus. *D. Karolin.*, I no. 5 (a. 753). Item no. 9 (a. 757); no. 67 (a. 772). Nominatim serviantes et altiones distinguere curamus. BITTERAUF, *Trad. Freising*, I no. 58 p. 85 (a. 773). Pullos et ova quos servientes vel mansuarii reddunt. Capit. de villis, c. 39. Faciant servire ad ipsas proprietates servientes nostros de eorum beneficio. Capit. missor. Niumag. a. 806, c. 6, I p. 131. **3.** "*ministerialis*". Legem legitimorum servientium, qui neque censum capitis solvunt neque placitum alicujus advocati servant, sponte sua subivit. LACOMBLET, *UB. Niederrh.*, I no. 157 p. 97 (a. 1020). Exceptis 4 servientibus . . . cum omnibus illorum prediis et mancipiis. BEYER, *UB. Mittelrh.*, I no. 324 p. 378 (ca. a. 1040). Serviens noster. *D. Heinrichs III.*, no. 211 (a. 1048). Serviens marchionis. *D. Heinrichs IV.*, no. 3 (a. 1056). Villas . . . exceptis servientibus . . . eorumque beneficiis. BEYER, no. 338 p. 393 (ca. a. 1052). Concessa eis lege qualem habent meliores in tota familia s. Martini servientes. MULLER-BOUMAN, *OB Utrecht*, I no. 233 p. 211 (a. 1075-1081). Hec omnia A. serviens s. Petri in beneficio habebat. LACOMBLET, no. 234 p. 151 (a. 1083). Nomina testium hec sunt: de monachis . . ., de militibus . . ., de servientibus . . . ., de familia . . . GLÖCKNER, *Cod. Lauresham.*, I no. 134 p. 409 (a. 1094). Delegavit s. Emmerammo quendam V. . . . omni videlicet jure legitimi servientis. WIDEMANN, *Trad. S.-Emmeram*, no. 688 p. 331 (ca. a. 1090-1095). Exceptis familiaribus qui archiepiscopales servientes dicuntur. BEYER, no. 396 p. 452 (ca. a. 1098). Quicunque serviens Wizenburcgensis aecclesiae ex domini abbate beneficium haberet. *D. Heinrichs IV.*, no. 473 (a. 1102). **4.** (cf. voc. serjantus) *sergent*, guerrier non chevalier, monté ou non — *serjeant*, warrior under the rank of knight, either mounted or on foot. Castella . . . furore . . . non militum, sed servientium destruximus. Frid. I imp. litt. a. 1157, ap. OTTONEM FRISING., G. Friderici, prol., ed. WAITZ-SIMSON, p. 21. Paucos milites et servientes. ROBERT. DE TORINN., Chron., a. 1177, *SS.*, VI p. 526 l. 19. Omnes clerici, milites et servientes qui hoc iter [sc. Terrae Sanctae] arripient. Henr. II reg. Angl. edict. a. 1188 ap. PS.-BENED. PETROBURG., c. 3, ed. STUBBS, II p. 32. Cum 300 militibus et totidem servientibus equitibus. GISLEBERT. HANON., c. 65, ed. VANDERKINDERE, p. 103. Cum tot militibus et servientibus equitibus et peditibus. Ib., c. 71, p. 111. Ibi pluries. Perrexit cum suis honestissimis militibus ac servientibus. ANON., G. Francorum, c. 19, ed. BRÉHIER, p. 98. **5.** *facteur, commissionnaire — mercantile agent.* Ch. Phil. Aug. reg. Fr. a. 1209, *Ordonn.*, IV p. 87.

**servientagium,** sir-, -vent- (< serviens): **1.** *tenure en sergenterie — tenure by serjeanty.* [Monachi] concederent unum bordagium . . . uni suo servienti . . . in servientagio. BERTRAND, *Cart. d'Angers*, I no. 357 p. 415 (ca. a. 1050). **2.** *droit de justice* qui dérive des fonctions d'un appariteur — a *jurisdiction* originally that of a bailiff. Cum omnibus . . . vicariis atque servientagiis. *Hist. de Lang.*³, V no. 77 col. 191 (a. 942, Albi). Item no. 336 III col. 653 (a. 1080, Toulouse).



**servilis** (adj.). **1.** opera servilia: travaux qu'on considère comme propres aux non-libres; travaux manuels — kinds of labour regarded as specific slave-labour; manual labour. Die dominico nemo opera servile [i.e. servilia] praesumat facere . . . Si quis servus in hoc vitio inventus fuerit, vapuletur fustibus; liber autem corripiatur usque ad tertium. Lex Alamann., tit. 38. Cf. Legem Baiwar., tit. 7 c. 4. Opera servilia diebus dominicis non agantur . . ., id est quod nec viri ruralia opera exerceant . . . Admon. gener. a. 789, c. 81, *Capit.*, I p. 61. **2.** (d'une tenure) *qui convient à un tenancier de statut personnel non-libre; qui rentre dans la catégorie des tenures concédées primitivement aux serfs* (mais non pas nécessairement détenues par des serfs) — (of a tenancy) *fitting a personally non-free tenant; of the class of holdings originally granted to serfs.* Respiciunt ad eandem curtem mansi ingenuiles vestiti 23 . . ., serviles vero mansi vestiti 19. Brev. ex., c. 8, *Capit.*, I p. 252. Ibi saepe. Unam servilem hobam. DRONKE, *CD. Fuld.*, no. 476 p. 209 (a. 828). Mansum unum indominicatum seu alterum servile. *Gall. chr.*², XIV instr. col. 28 no. 22 (a. 841, Tours). De unoquoque manso ingenuili exiguntur 6 den. et de servili 3. HINCMAR. REM., Ann. Bertin., a. 866, ed. WAITZ, p. 81. Mansum indominicatum cum sibi pertinentibus mansis servilibus 16. *D. Charles le Ch.*, no. 361 (a. 872). In N. villa mansum indominicatum . . ., alios quoque mansos et sortes inter ingenuiles et serviles 24½. D'HERBOMEZ, *Cart. de Gorze*, no. 69 p. 126 (a. 874). Hobam indominicatam unam, serviles 13. GLÖCKNER, *Cod. Lauresham.*, I no. 40 p. 323 (a. 877). Mansos lediles 32, serviles 12. *D. Karls III.*, no. 64 (a. 882). Hobas 97½ inter ingenuiles et serviles. *D. Zwentibolds*, no. 5 (a. 895). Hoba salica . . . et 11 mansi serviles. Ib., no. 22 (a. 898). **3.** mansus servilis: mesure agraire, la superficie normale d'un manse servile (plus réduit que le manse ingénuile) — a measure of land, the area of a "mansus servilis" (smaller than a "mansus ingenuilis"). Curtilem 1 cum terris ac vineis . . . quorum omnium summa constat mansa plena 8 et unus servilis. BEYER, *UB. Mittelrh.*, no. 58 p. 64 (a. 844, Prüm). **4.** terra servilis: les terres concédées en tenures domaniales, à l'opposition des bénéfices — land held by manorial tenure in contrast to feudal tenure. Si ex familia vir aliquis et uxor ejus obierint, . . . filius hereditatem servilis terre accipiat. Lex famil. Wormat., c. 10, *Const.*, I no. 438. Subst. **servilis:** *tenancier d'un manse servile — tenant of a "mansus servilis".* Polypt. Brix. a. 905/906, *CD. Langob.*, col. 725 C.

**servimen:** **1.** *service rendu, office — service rendered.* JOH. CANAP., Pass. Adalberti, *SS.*, IV p. 592 l. 10. Ruodlieb, fragm. 4 v. 59. Ibi pluries. **2.** *service dû envers l'autorité publique — service enforced by public authority.* Regalis crebrositate serviminis . . . impeditus. V. Burchardi Wormat., c. 20, *SS.*, IV p. 844. Lib. de Mediano mon., c. 12, ib., p. 92. **3.** *servitude — serfdom.* Debita serviminis persolvant. WIDEMANN, *Trad. S.-Emmeram*, no. 326 p. 246 (ca. a. 1020-1028). De cujusvis serviminis molestia . . . liberati. *Mon. Boica*, I p. 216 (a. 1068, Au). **4.** *vie religieuse, conversion — godly life.* Ad servimen ejus [sc. Domini] repraesentare. V. Landrici, c. 4, *AASS.*, Apr. II p. 486 D. Deposuit curam regiminis securioris amore divini serviminis. PAUL. FULD., V. Erhardi, c. 5, *SRM.*, VI p. 12. **5.** *culte — divine worship.* Divino servimini concesserunt. D. Rob. II reg. Fr. a. 1021, *Mon. hist. patr.*, Chartae, I col. 435 A. Loca . . . divino servimini . . . mancipata. *D. Konrads II.*, no. 223 (a. 1035).

**servire, 1.** spec.: *accomplir les services vassaliques — to perform service as a vassal.* De vassis dominicis qui adhuc intra casam serviunt. Capit. Bonon. a. 811, c. 7, I p. 167. De vassis nostris qui . . . nobis assidue in palatio nostro serviunt. Capit. missor. a. 821, c. 4, p. 300. Seniorem quem habes . . . genitor tuus tibi ad serviendum elegit. DHUODA, c. 15, ed. BONDURAND, p. 90. Suo seniori serviat. Edict. Pist. a. 864, c. 31, *Capit.*, II p. 324. Omnes qui priori imperatori servierant . . ., regi manus complicant. THIETMAR., lib. 5 c. 18, ed. HOLTZMANN, p. 241. **2.** spec.: *accomplir les services d'ordre militaire qui sont dus envers l'autorité publique — to perform military service enforced by public authority.* [Monasteria] juxta posse servire praecepit. ARDO, V. Benedicti Anian., c. 39, *SS.*, XV p. 218. Servire debent Senenses domino regi de pecunia sua in quatuor milibus librarum. *Const.*, I no. 313 c. 7 (a. 1186). **3.** spec.: *s'acquitter du devoir de fournir des aliments au seigneur — to discharge the duty of supplying food for one's lord.* Quando servierint ad carnes dandum. Capit. de villis, c. 23. [Judex] ad mensam nostram quando servierit. Ib., c. 24. Absolute: Judex quando servierit. Ib., c. 59. De prefata possessione bis in anno monachis . . . habundanter serviatur. *D. Ottos I.*, no. 106 (a. 948). Illic praecipiens ei de suo servire. Ann. Altah., a. 1061, ed. OEFELE, p. 57. **4.** (d'un bien-fonds) *être affecté à la fourniture d'aliments pour les besoins d'un tel — (of land) to be appropriated to somebody's food supply.* Villae nostrae, quas ad opus nostrum serviendi institutas habemus. Capit. de villis, c. 1. Abba quasdam villas instituerit, quae fratribus mensuatim per totum annum servire deberent. *D. Karolin.*, I no. 97 (a. 775). Juxta ipsum monasterium mansos servientes quinque. GYSSELING-KOCH, *BCRH.*, t. 113 (1948), p. 279 (ch. s. ix in., Gand). Omnes res supradicte ab hac die fratribus . . . serviant. KÖTZSCHKE, *Urb. Werden*, p. 10 (a. 855). In Magedeburg curtem nostram . . . cum omnibus locis . . . ad eandem civitatem pertinentibus vel servientibus. *D. Ottos I.*, no. 14 (a. 937). Praedia regis, quae in circuitu erant, sibi servire coegit. Ann. Altah., a. 1069, p. 77. Fecit ibidem servire ei quicquid habere videmur in S. RODULF., G. abb. Trudon., lib. 3 c. 3, ed. DE BORMAN, p. 37. **5.** transit.: *fournir, mettre à la disposition du seigneur — to supply, provide for the lord's use.* Quando [aucas pastas et pullos pastos] servire debent aut ad nos transmittere. Capit. de villis, c. 38. **6.** *effectuer le culte, officier — to perform divine worship.* Tuis divinis . . . servientes . . . mysteriis. Sacram. Leonin., ed. FELTOE, p. 166.

Purificatis tibi mentibus servire mereamur. Sacram. Gregor., MIGNE, t. 78 col. 191 B. **7.** ecclesiae: *être attitré* à une église — *to be attached* to a church. Clericus aliquid de munificentia ecclesiae, cui serviebat, adeptus. Concil. Epaon. a. 517, c. 14, *Conc.*, I p. 22. In monasterio ... monachos mittit expulsis clericis qui serviebant ibi. FLODOARD., Ann., a. 952, ed. LAUER, p. 134. Presbiteros ponere, qui ad easdem ecclesias serviant. WAMPACH, *Echternach*, I pt. 2 no. 192 p. 311 (a. 1063).

**servitialis** (<servitium). Loc. mansus servitialis: i.q. mansus servilis, tenure qui a été primitivement concédée à un serf — holding granted originally to a serf. GYSSELING-KOCH, *Dipl. Belg.*, no. 53 p. 143 (s. x med.). MULLER-BOUMAN, *OB. Utrecht*, I no. 105 p. 110 (a. 943).

**servitium**: **1.** *service* en général; la condition de celui qui est obligé à servir un maître sans être esclave; l'action de servir — *service* in a general sense; the position of one who is obliged to serve a master without being a slave; the act of performing service. Omni corpore facultatis meae, quantumcumque in tuo [sc. mariti] servitio pariter laboravimus. MARCULF., lib. 2 no. 17, *Form.*, p. 87. **2.** le *service en travail* auquel un serf est astreint, notamment la *corvée* — *labour service* to which a serf is enforced. Vias facere solemus et servitium per conditionem. BRUNETTI, *CD. Tosc.*, I p. 610 (a. 769). Cum suis animalibus seniori suo pleniter unum diem cum suo aratro in campo dominico araret, et postea nullum servicium ei manuale in ipsa ebdomada a seniore suo requireretur. Capit. Cenom. a. 800, I p. 81 l. 26. Ab agricolis die sabbati secundum consuetudinem legis suae in cultura terrae debitum servitium persolveretur. V. Leutfredi, MABILLON, *Acta*, III pt. 1 p. 590. Nulla[m] condicione[m] aut dationem aut serbitium aut imperationem ... [h]abeamus. *CD. Cav.*, I no. 87 p. 112 (a. 882). Omni anno 5 sol. ... persolvant ex eodem manso ab omni deinceps servili servitio libero. WAMPACH, *UB. Luxemb.*, I no. 206 p. 288 (a. 993). **3.** *vassalité*, la condition d'un vassal — *vassalage*, the status of a vassal. [Tassilo dux] tradens se manibus ejus [sc. Karoli] ad servitium. REGINO, Chron., a. 787, ed. KURZE, p. 56 (hausit ex Ann. Lauriss. Maj., ubi: tradens se ... in vassaticum). Nunquam ... cujuslibet manibus gratia servitii manus suas commendando commisit. DUDO, lib. 2 c. 2, ed. LAIR, p. 141. **4.** *service vassalique*; les services auxquels un recommandé, puis un vassal s'oblige vis-à-vis de son seigneur — *vassalian service*; service to be done by a person who has recommended himself or by a vassal in behalf of his lord. Dum ego in capud advixero, ingenuili ordine tibi servicium vel obsequium inpendere debeam. F. Turon., no. 43, *Form.*, p. 158. Qui revellavit [i.e. rebellavit], si post hoc per servitio hoc [sc. paternam hereditatem] ad pedis regis conquisivit. Lex Alamann., tit. 35 c. 2. Dono ... ea quae per nostrum servitium a domino Haistulfo rege conquisivimus. GIORGI-BALZANI, *Reg. di Farfa*, V doc. 1224 p. 212 (a. 757). Beneficium accepit ut fideliter in servitio domui s. Marie permansisset. BITTERAUF, *Trad. Freising*, I no. 257 p. 230 (a. 807). Servitium vobis per saecula solvo. HIBERNIC. EXUL, v. 102, *Poet. lat.*, I p. 399. Quae ... suo servitio promeruerunt. Edict. Pist. a. 864, c. 31, *Capit.*, II p. 323. Seniori tuo fidelem servitium certamenque, prout potueris, [h]abeas. *Form.*, p. 530. Predium ... concessimus, hac videlicet pactione, ut ... episcopo Treverice sedis hoc inde servitium faciat, scilicet 40 scutatos ex ista parte Alpium; et si iter episcopi vel regia expedicio ultra Alpes fuerit, 20 mittat. WAMPACH, *UB. Luxemb.*, I no. 274 p. 396 (a. 1052). Hoc erit servicium quod pro prefato fedio faciet mihi Rotomagensis archiepiscopus: per singulos annos veniet ad unam ex curiis meis ..., sed et ad placita mea veniet. *D. Phil. Ier*, no. 127 (a. 1092). Militare servitium, ubi jussissem, cum centum militibus mihi singulis annis exhiberet. ORDER. VITAL., lib. 7 c. 15, ed. LE PRÉVOST, III p. 238. **5.** *service aulique* — *attendance at court.* Comitibus, domesticis, majoribus atque nutriciis vel omnibus qui ad exercendum servitium regale erant necessarii. GREGOR. TURON., H. Fr., lib. 9 c. 36. [Fideles nostros] nobiscum ad servitium nostrum domi remanere jussimus. Capit. missor. de exerc. a. 808, c. 9, I p. 138. Pro his et ceteris palatinis serviciis preocupatus. MANARESI, *Placiti*, I no. 45 p. 150 (a. 823-840). **6.** l'accomplissement des obligations qui incombent à un officier publique, *l'exercice d'une fonction publique* — *discharge of a public officer's duties.* En parlant d'un référendaire — with reference to a referendary: GREGOR. TURON., lib. 5 c. 3. Quamdiu advivam, in servicio publico, quem mihi injungitis, vobis deservire debeam. F. Sal. Bignon., no. 14, *Form.*, p. 233. Erat detentus in servitio domni regis. BRUNETTI, *CD. Tosc.*, I p. 252 (a. 782). Duo [homines comitis] qui propter ministerium ejus custodiendum et servitium nostrum faciendum remanere jussi sunt. Capit. missor. de exerc., a. 808, c. 4, p. 137. De omni re, quantum ad ministerium vestrum [sc. comitum] pertinet, tam ex his quae ad Dei cultum quamque ex his quae ad domni nostri servitium ... pertine[n]t. Capit. ad comit. dir. (a. 801-813), *Capit.*, I p. 184 l. 3. Contingat eos [sc. abbates] in servitio domni imperatoris nostrumque [sc. regis] esse occupatos. Pippini capit. Ital. (a. 801-810), c. 3, p. 209. Propter nostrum [sc. imperatoris] servitium sibi [sc. cuidam comiti] constitutum placitum intra patriam observare non licuit. Resp. missis data (a. 826), c. 4, p. 314. **7.** le service militaire qui est dû pour le compte du roi, le *service de l'ost* — military service required in behalf of the king, *service in the host.* Dux ibi in ejus [sc. regis] servitio cum eo adesset. GIORGI-BALZANI, II doc. 135 p. 113 (a. 781). In Italia erat regali servitio occupatus. LIUDGER., V. Gregorii, c. 15, *SS.*, XV p. 79. De his qui seculum relinquunt propter servicium dominicum impediendum. Capit. missor. Theodonisv. I a. 805, c. 10, p. 122. Dum esset Brittanniae partibus in Dei servitio et nostro. F. imper., no. 6, p. 291. Servitium regis vel ducis implere possimus. F. Sangall. misc., no. 1, p. 380. Quando ad servitium vestrum [sc. regis] properare debeam. Coll. Sangall., no. 29, p. 415. Servitia superius memorata [sc. exercitum, explorationes, excubias, paratas, veredos] persolvere non contemnant. Praec. pro Hisp. a. 844, c. 7, *Capit.*, II p. 260.



Pro illo [sc. episcopo] regalia servicia et itinera faceret, quae ille pro sua infirmitate et senectute facere non valebat. G. Aldrici, c. 47, ed. CHARLES-FROGER, p. 134. **8.** les *prestations d'ordre militaire* qu'exige l'autorité publique et qui consistent tant en l'envoi de contingents militaires qu'en la livraison de provisions pour l'armée — *duties of a military character* exacted by the state in the shape of army contingents to be raised as well as victuals to be supplied. Non a comite vel a quolibet ministro illius ad ulla angaria seu servitio publico vel privato cogantur vel compellantur. Capit. Mantuan. II a. 813, c. 5, p. 196. Si oboedientia rei publicae injungitur episcopis, quam per se facere nequiverint, volumus ut praebeant solatium subjecti secundum qualitatem injuncti servitii. Capit. de reb. eccl. (a. 825 ?), c. 4, p. 332. Quasdam villas ... absque regali aut publico servitio vel quolibet abbatis dono aut exactione usibus eorum [sc. fratrum] perpetuo deservirent. D. Lud. Pii a. 836, *H. de Fr.*, VI p. 611. Quod sit regale servitium in Saxonia: sunt 30 magni porci, 3 vacce, 5 porcelli, 50 galline, 50 ova, 90 casei, 10 anseres, 5 carrate cerivisie, 5 libre piperis, 10 libre cere, vinum de cellario suo. *Const.*, I no. 440 (a. 1064/1065). Ces prestations pèsent avant tout sur les évêchés et les abbayes du royaume — these duties are being required primarily from bishoprics and abbeys. Ut a nemine temporale servitium exterius ullo modo [a monasterio] quaeratur, nisi quantum ab eis quaesivi ... Capit. de mon. Pictav. (a. 822-824), c. 2, p. 302. De equis nostris et secmariis [i.e. sagmariis] sive mulis et asinis ac poledris, quibus adhuc fruimur et sine quibus regale et commune servitium explere nequimus. Test. Aldrici a. 837/838, ap. G. Aldrici, p. 105. De ipsis [villis abbas] nostrum servitium strenue peragat, adjunctis vassallorum annuis donis et aedificiis monasterii et munitione, consueto adjutorio. *D. Charles le Ch.*, no. 177 p. 468 (a. 855). Ut idem cenobium [Lorsch] ... nostrum regale servitium, sicut antiquitus constitutum est, inde peragat. *D. Konrads I.*, no. 23 (a. 914). Cum [episcopus] in expeditionem aut in palatium vel in aliud servicium nostrum iter arripuerit. *D. Heinrichs II.*, no. 256 (a. 1013). De curtis [i.e. curtibus] ... Aquilejensi ecclesie pertinentibus ... ex parte ducatus fotrum et angaria seu publicum servitium, id est panem et vinum, carnes et annonam ... sibi [sc. duci] dare deberent. *D. Konrads II.*, no. 92 (a. 1027). Ecclesie Tharvisiensi ... plenum illud servicium, quod nos Verone inde debuimus accipere, in proprium dedimus. *D. Heinrichs IV.*, no. 230 (a. 1070). [Imperator] mandavit huic episcopo nostro ... ut plenum sibi in via Ratisponensi daret servitium. ANON. HASER., c. 23, *SS.*, VII p. 260. Predia monasteriorum ... crebra regalium serviciorum exactione ... exhauriebant. LAMPERT. HERSF., Ann., a. 1063, ed. HOLDER-EGGER, p. 89. Abbatissa ... [regi] servicium exhiberet ... Est autem talis determinatio illius servitii: 80 modii frumenti ..., de avena 400 modii ..., de porcis 60, de vaccis 20, bacones sagiminales 4, verres 4, pulli 400, ovorum 5 modii, de lacte carrata ..., casei et pisces convenienter ..., scutelle et carbones et verua sufficienter et 12 libre piperis, ad luminaria 12 tabule cere, de vino 7 carrate, et 5 medonis. *D. Heinrichs IV.*, no. 237 (< a. 1070>, spur.). Cf. B. HEUSINGER, *Servitium regis in der deutschen Kaiserzeit*, *AUF.*, t. 8 (1923), pp. 37-54. E. LESNE, *Hist. de la propr. eccl. en Fr.*, t. II fasc. 2 pp. 433-455: Le servitium. **9.** les *fournitures d'aliments* provenant des domaines affectés à l'approvisionnement du ménage seigneurial — *food supply* from estates on which the sustenance of the lord's household depends. Partem tertiam ... de P. villa cum servis utriusque sexus, terris, silvis, aquis et ceteris quae ad censum vel servitium tertiae ipsius partis pertinent. PARDESSUS, II no. 439 p. 240 (a. 696, Vienne). Si ipsi homines coloni nostri residere voluerint in ipso casale, omne servitium aut dationem, quod nobis fecerunt de praedicto casale F., ... persolvant in ipso Dei coenobio. GIORGI-BALZANI, II doc. 20 p. 34 (a. 748). Eaedem res constent ad supradictum monasterium ad commune servicium, provendam omnium fratrum. F. extrav., coll. 1 no. 25, *Form.*, p. 548. Mansi 4 ad supradictam villam pertinentes, solventes eundem servicium quem superiores. Descr. Lob. a. 868, ed. WARICHEZ, p. 252. Ipsas res jure beneficiario possideat quamdiu vixerit; post decessum vero illius ad opus fratrum in servitium revertantur. *D. Charles le Ch.*, no. 361 (a. 872). Villam ... de qua, quoniam a loco longe aberat ..., nullum servitium, nullum poterat habere respectum ... ut nichil census, nichil servitii preter 8 sol. ipsa solveret curtis. *D. Konrads II.*, no. 189 (a. 1033). Vehicula rapientes quibus deducebatur episcopale servitium. Cantat. s. Huberti, c. 72, ed. HANQUET, p. 174. Cortem B. optulit, cujus servitium esset per natales apostolorum. ADAM BREM., lib. 2 c. 47, ed. SCHMEIDLER, p. 108. Nec haberet quod fratribus aut domino servicii daret. Ib., lib. 3 c. 57, p. 203. Pour les besoins de la cour royale — for the use of the royal household: [Comes Pictavensis] debitum fisco servitium solite deberet inferre. GREGOR. TURON., lib. 10 c. 21. Ut unusquisque judex suum servitium pleniter perficiat. Capit. de villis, c. 7. Habeant [judices] vaccas ad illorum servitium perficiendum commendatas ..., qualiter pro [i.e. prae] servitio ad dominicum opus vaccaritiae vel carrucae nullo modo minoratae sint. Ib., c. 23. Ordeo novello ad servitium modios 700, ad sementum modios 600. Brev. ex., c. 30. Ut vilicus bonus ... eligatur, qui sciat rationem misso nostro reddere et servitium perficere prout loca locata sunt. Capit. Aquisgr. (a. 801-813), c. 19, p. 171. Detur illis [sc. villicis] silva ad stirpandum, ut nostrum servitium inmelioretur. Ib. Dimidiam servitii sui partem, diurni scilicet et nocturni temporis, ... Deo ... se daturum spopondit. ASSER., G. Aelfredi, c. 99, ed. STEVENSON, p. 86. De praedictis ... monasteriis cotidiana exigebantur servitia in disco regis. Libell. de imp. pot., ed. ZUCCHETTI, p. 203. Quandam nostri juris curtem ... cum ... servis et ancillis, liberis quoque, cum tali servitio et censu qualem nobis persolvebant et agebant. *D. Heinrichs II.*, no. 421 (a. 1020). **10.** *fourniture* du nécessaire pour les besoins d'un dignitaire qui se déplace en l'exercice de ses fonc-

tions — *supply* of commodities required in behalf of an authority touring the country in official capacity. Quantociens C. de Forojulii ad Ticinense palatium accederet vel regrederetur, inibi servitium haberet. D. Liutprandi reg. Langob. a. 743, CESSI, *Doc. Venezia*², I no. 27 p. 42. Si senior meus [sc. abbas] evenerit, servicium ei prebeam; si monacus ejus venerit, similiter faciam. ZEUSS, *Trad. Wizenb.*, no. 115 p. 115 (a. 850-870). Advocatus ... in ipso monasterio et in locis ejus aliud sibi non imponat potestatis officium aut exigat servicium, nisi quod abbatissa ... illi praescripserit. *D. Heinrichs II.*, no. 29 (a. 1002). Tale est servitium quod ei [sc. advocato] debetur in tribus generalibus placitis per annum: 12 maldra tritici et 31 maldra avene, 8 porci et 4 porcelli, 8 friskinge ovine, 36 pulli, 15 solidi ad vinum. D. spur. Heinr. V reg., LACOMBLET, *UB. Niederrh.*, I no. 261 p. 169. Statuerunt dari servicium ter in anno, dum presidere debet judicio, ... tres plenos porcos [et caet.] ERHARD, *Reg. Westfal.*, I CD. no. 182 p. 145 (a. 1118). Notamment en faveur de l'évêque ou de l'archidiacre qui fait la tournée du diocèse — especially in behalf of the bishop or the archdeacon making the round of the diocese. Episcopus, quibus servitium et mansionatica debent [monachi], tempore circuitus sui secundum scripta sua singulis annis persolvant. *D. Heinrichs II.*, no. 12 (a. 1002). Ne in summa debiti episcoporum servitii plus exigeretur quam opus sit, statuerunt ... ut dentur ad singulas ecclesias porci 4 ... aut arietes 8 ..., porcelli 4, auce 4, pulli 8 [et caet.] *D. Konrads II.*, no. 10 (a. 1025). Duas ecclesias emancipavit et liberas reddidit ab omni servitio episcopali quod deberent vel sibi vel successoribus suis. MULLER-BOUMAN, *OB. Utrecht*, I no. 220 p. 200 (a. 1058). Medietatem habeant ecclesiarum ... liberam ab omni servicio episcopali; neque circaturam neque oblaciones episcopo neque servicium preposito ... prebeant. WAMPACH, *Echternach*, I pt. 2 no. 192 p. 310 (a. 1063). Ad ... synodalis justitie executionem archidiacono suum detur servitium. MULLER-BOUMAN, no. 258 p. 232 (a. 1094). Cf. A. GOTTLOB, *Die Servitientaxe im 13. Jhdt.*, Stuttgart 1903 (*Kirchenrechtl. Abh.*, no. 2). **11.** *régalade, distribution extraordinaire d'aliments — treat, extra food allowance.* Fratribus ... servitium, quod illorum est consuetudinis, in die [anniversario] tribuatur. *D. Konrads II.*, no. 204 (a. 1034). Curtem ... reddidit et inde quatuor servitia ... dari ordinavit, duo ... in Ascensione et in Pentecosten ... Chron. Hildesheim., c. 20, *SS.*, VII p. 855 l. 38. Thelonearia servitia in nativitate s. Marie. VERCAUTEREN, *Actes de Flandre*, no. 7 p. 21 (a. 1087). In anniversario die nostrae ordinationis ad imperium ... fratres servitium inde habeant. *D. Heinrichs IV.*, no. 465 (a. 1101). Duo aut tria piscium servitia cuicumque voluerit amicorum suorum dominus dari praecipiet. MIRAEUS, I p. 720 col. 2 (a. 1192, Liège). **12.** *approvisionnement — supply.* Quibus [sc. candelabris] constituit in servitio luminum [approvisionnement en huile — oil supply] massa[m] Gargiliana[m]. Lib. pontif., Silv., epit. Conon., ed. MOMMSEN, p. 54. **13.** *prix d'achat payé pour l'octroi d'une faveur — purchase price* paid for a grant. Post hujus abbatis obitum eligant sibi abbatem, et nullus comes neque episcopus de ordinatione illa audeat accipere servitium. *Hist. de Lang.*³, V no. 119 col. 264 (a. 970, Carcassonne). Datis pro eisdem privilegiis in servitio 40 libris argenti. Chron. Trenorch., c. 45, ed. POUPARDIN, p. 102. **14.** *vie religieuse, conversion — godly life.* In omnipotentis se Domini servitio dederunt. GREGOR. M., Dial., lib. 3 c. 14. Qui Dei servitio deputati esse noscuntur [sc. monachi]. Id., lib. 2 epist. 10, I p. 109. Eorum [sc. sacerdotum] bona conversatione multi protrahantur ad servitium Dei. Admon. gener. a. 789, c. 72, *Capit.*, I p. 60. Liberi homines qui ad servitium Dei se tradere volunt. BENED. LEV., lib. 1 c. 255, *LL.*, II pt. 2 p. 60. **15.** *culte — divine worship.* Qui imagines [i.e. imaginibus] sanctorum ... servitio [i.e. servitium] aut adorationem non inpenderent. Synod. Franconof. a. 794, c. 2, *Capit.*, I p. 73. [Populus] aliud non ibi [sc. in ecclesiis] agat nisi quod ad Dei pertinet servitium. BENED. LEV., lib. 2 c. 196, p. 83. **16.** animae: *ce qui se fait pour le salut de l'âme — things done for someone's salvation.* 3 lib. den. animae meae servitio destinavi, unde 30 sol. duobus presbyteris pro missa quotidiana solventur, reliqui vero ad luminare non deficiens locabuntur. MIRAEUS, I p. 664 col. 1 (ca. a. 1073, Nivelles). **17.** *mobilier sacré — sacred furniture.* Dono ... omnia servitia de ipsas ecclesias, ministeria ecclesiarum ipsarum, vela et omnes libros et omnia ornamenta. FLORIANO, *Dipl. esp.*, I no. 46 p. 212 (a. 842). **18.** (cf. class. singul. et plural. "le personnel servile — body of slaves") *les dignitaires auliques — the court dignitaries.* Nostris adstantibus servitiis, Th. bibliothecario, S. saccellario, C. notario, Th. duce et ceteri plures. Hadr. I pap. epist. (a. 781), Cod. Carolin., no. 67, *Epp.*, III p. 595 (J.-E. 2431). **19.** *l'ensemble des fonctionnaires — the body of public officers.* Solvet servicio principis et cancellario pacis 5 sol. *SS.*, XXI p. 607 col. 2 l. 22 (ch. a. 1114, Valenciennes). **20.** *les ministres du culte — the ministers of religion.* Sacris apta muneribus fiant nostra servitia. Sacram. Leonin., ed. FELTOE, p. 84.

**servitor:** **1.** **serviteur — servant.* En parlant d'un moine en charge du service de table — with reference to a monk attending at table: Benedicti regula, c. 36. **2.** *serf — serf.* In pago Bracbandinsi in villa nuncupante A. mansa integra 18 ... cum mancipiis ibidem pertinentibus sive commanentibus ... et in alio loco in ipso pago in villa nuncupante N. mansa integra 24 ... cum omnibus servitoribus ibidem aspicientibus sive desuper residentibus. *D. Charles le Ch.*, II no. 273 p. 114 (a. 864). Quicquid ibi in alode vel mansis servilibus cum servitoribus in ea manentibus possideo. WAMPACH, *Echternach*, I pt. 2 no. 157 p. 239 (a. 894/895). **3.** i. q. scararius. Res, quas nostri servitores infra Wormaciensem urbem ... diebus vite sue habere videntur in proprium, id est ... *D. Arnulfs*, no. 157 (a. 897). Servitores nostros ... una cum suis possessionibus, quas nostre largitatis dono tenuerant, ... donaremus. Ib., no. 158. **4.** *"ministerialis".* De kamerariis et pincernis aliisque honoratis abbatum servitoribus. *D. Heinrichs II.*, no. 507 (a. 1024)



*D. Konrads II.*, no. 140 (< a. 1029>, spur. s. xi ex., Weissenburg). WIDEMANN, *Trad. S.-Emmeram*, no. 756 p. 323 (ca. a. 1085-1088). Tradit. Tegerns., no. 92, ed. ACHT, p. 72 (a. 1078-1091). **5.** servitor sancti illius: *moine — monk.* Ex coemptione servitorum s. Galli. WARTMANN, *UB. S.-Gallen*, III no. 7 p. 687 (a. 854). Dono tibi, b. Bonifacie martyr Christi ... tuisque servitoribus. MONACI, *Reg. di S.-Alessio*, p. 364 (a. 1002).

**servitorius:** **1.** *concédé en tenure à condition de services — granted as a tenancy in return for service.* Curtis dominica ..., mansa dominice terre 8, servitoria 60. Urbar. Maurimon. (ca. a. 900), PERRIN, *Essai*, p. 160. **2.** *de "ministerialis" — of a "ministerialis".* Tradidit servum suum ... ea scilicet ratione, ut ad quodcumque officium abbas vel prepositus decreverit, ab omni censu absolutus servitorio more impleat. WIDEMANN, *Trad. S.-Emmeram*, no. 675 p. 328 (ca. a. 1090-1095).

**servitrix:** *servante — female servant.* CAPASSO, *Mon. Neapol.*, I p. 151 (a. 983). *D. Ottos III.*, no. 304 (a. 998).

**servitus:** **1.** une *dépendance personnelle* autre que celle des serfs — *personal subserviency* with reference to other kinds of dependants than serfs. Aldiones vel aldianae ad jus publicum pertinentes ea lege vivant in Italia in servitute dominorum suorum, qua fiscalini vel lites vivunt in Francia. Capit. Ital. a. 801, c. 6, I p. 205. **2.** *vassalité*, la dépendance d'un vassal vis-à-vis du seigneur — *vassalage*, the subordinate status of a vassal with respect to his lord. Seipsum in militie servitutem donavit ... episcopo. BITTERAUF, *Trad. Freising*, I no. 519 p. 443 (a. 825). Numquam deseruimus militiae vestrae servitutem. PASCHAS. RADBERT., Epit. Arsenii, lib. 2 c. 17, ed. DÜMMLER, p. 86. Qui nunquam se submiserat alicujus servituti. SIGEB., Chron., a. 1024, *SS.*, VI p. 356. Pro fidelitate ac servitute facto juramento. ANNAL. SAXO, a. 1042, ib., p. 686. **3.** *service rendu, empressement à rendre service — service rendered, serviceability.* Propter nimiam servitutem illius in nos exhibitam. *D. Karlmanns*, no. 18 (a. 879). Quicquid episcopus S. ex donatione antecessorum nostrorum... pro ejus frequenti famulatu et palatina servitute promeruit. *D. Konrads I.*, no. 5 (a. 912). *D. Heinrichs III.*, no. 77 (a. 1041). **4.** *service auquel les "ministeriales" sont astreints — service to which "ministeriales" are liable.* Hereditatem accipiat et postea debitam servitutem inde provideat. Lex famil. Wormat. (a. 1023-1025), c. 3, *Const.*, I no. 438. Propter cottidianam servitutem nec in vita sua nec post obitum dabunt aliquem censum. *D. Konrads II.*, no. 216 (a. 1035). **5.** *redevance — tribute.* Consensu illorum quibus predicte terre servitus pertinebat. FAUROUX, *Actes de Norm.*, no. 154 p. 338 (a. 1047-1063). Omnes episcopales consuetudines et omnes exactorias servitutes persolverent. ORDER. VITAL., lib. 6 c. 6, ed. LE PRÉVOST, III, p. 34. **6.** *régalade, distribution extraordinaire d'aliments — treat, extra food allowance.* In anniversario prepositi ... plena servitus, quod et ipsi oblata nominant, studiose fratribus daretur. BEYER, *UB. Mittelrh.*, I no. 351 p.409 (a. 1058). **7.** *culte — divine worship.* Adorationem et servitutem [imaginum] rennuentes contempserunt. Synod. Franconof. a. 794, c. 2, *Capit.*, I p. 73 (ubi antea: qui imagines sanctorum ... servitio aut adorationem non inpenderent). Divinae servitutis contemptus et pericula proveniant animarum. Episc. rel. a. 829, c. 16, ib., II p. 34. Videntes Dei servitutem ibidem in multis deficere. *D. Heinrichs IV.*, no. 153 (a. 1065). Quibus [canonicis] injunctam servitutem negligentibus coepit locus ille vilescere. MIRAEUS, I p. 157 col. 1 (a. 1066, Cambrai). Monasterium ... tam claustro et ceteris aedificiis quam regulari fratrum servitute munivit. G. pontif. Camerac., lib. 3 c. 6, *SS.*, VII p. 468 l. 31. **8.** *l'office des ministres du culte — divine ministry.* Tibi servitus nostra complaceat. Sacram. Leonin., ed. FELTOE, p. 14. Oblationem servitutis nostrae. Sacram. Gregor., MIGNE, t. 78 col. 27 A.

**servus:** **1.** *valet*, sans rapport à la condition de la personne — *servant*, without any regard to personal status. ARNOLD. LUBEC., lib. 1 c. 3, ed. LAPPENBERG in us. sch., p. 17. *UB. Stadt Lübeck*, I no. 32 p. 38 (a. 1220-1226, Lübeck). **2.** loc. servus Dei. En parlant d'évêques et de prêtres — with reference to bishops and priests: Concil. German. a. 743, *Capit.*, I p. 24 l. 26. Capit. Suess. a. 744, c. 10, p. 30. En parlant de moines — with reference to monks: LUP. FERRAR., epist. 16, ed. LEVILLAIN, I p. 96. Ibi saepe. **3.** loc. servus servorum Dei, employé par des évêques — used by bishops: Ch. Eligii a. 632, subscr., *SRM.*, IV p. 746. DESIDER. CADURC., lib. 1 epist. 4, inscr., *Epp.*, III p. 195. BONIF.-LULL., epist. 47, inscr., ib., p. 295. F. Marculfi aevi Karolini, no. 2, *Form.*, p. 115. *Capit.*, I p. 247 (a. 809-812). Cf. DELEHAYE, *Servus servorum Dei*, ap. *Strena Buliciana*, 1924, p. 377.

**sesicum**, v. seticus.

**sesire** et deriv., v. sais-.

**sessio:** **1.** *exploitation rurale — homestead.* Tradidit ... unius familie sessionis locum. Trad. Corbej., no. 188, ed. WIGAND, p. 38. Terram duabus sessionibus aptam ad laborandum. D'ACHÉRY, *Spic.*, II p. 507 (a. 1130, Mayenne). **2.** *emplacement approprié à la construction d'un moulin à eau — site for a water-mill.* Dedi ... unius molendini sessionem. FAUROUX, *Actes de Norm.*, no. 92 p. 243.

**sessor** (class. "cavalier — rider"): *monture — mount.* Sessorem ex genere equi non prosedit, nisi asello. V. Richarii, c. 5, *SRM.*, VII p. 447.

**sessura** (< sedere): **1.** *terrain destiné à la construction d'une demeure rurale — site for a homestead.* Quatuor cortilia cum singulis domorum sessuris. DESPY, *Ch. de Waulsort*, no. 36 p. 376 (a. 1163). **2.** *emplacement approprié à la construction d'un moulin à eau — site for a water-mill.* KURTH, *Ch. de S.-Hubert*, I no. 22 p. 25 (a. 1066). MIRAEUS, III p. 335 col. 1 (a. 1147, Reims).

**1. sessus** (adj.): i.q. vestitus, (d'une tenure) *exploité par un tenancier* — (of a holding) *worked by a tenant.* Colonias 5 sessas cum mancipiis 18. BITTERAUF, *Trad. Freising*, I no. 743 p. 617 (a. 855).

**2. sessus** (subst. decl. i vel iv), sessis: **1.** *centre d'exploitation d'une tenure, demeure rurale — rural homestead.* In M. habet sessum 1 cum edificiis, curte et scuriis. Polypt. s. Remigii Rem., c. 3 § 6, ed. GUÉRARD, p. 4 col. 2. Est mansus 1; in sesso est mappa 1, in olchis

mappae 6, de forastica terra mappae 20. Ib., c. 14 § 6, p. 32 col. 2. Sessum 1, ubi aspiciunt de terra arabili jornales 6. Ib., c. 15 § 61, p. 39 col. 1. Mansus 1 habens inter sessum et avergariam mappas 4. Ib., c. 26 § 18, p. 95 col. 1. **2.** *tenure de dimensions réduites, hôtise — small holding.* Descr. Lob. a. 868, ed. WARICHEZ, p. 250. PERRIN, *Recherches*, app. II p. 708 (a. 1096-1103, Saulnois). **3.** *emplacement d'un moulin à eau — site for a water-mill.* WAMPACH, *Echternach*, I pt. 2 no. 154 p. 233 (a. 877/878). **4.** *emplacement approprié à l'établissement d'un fourneau à saunage — site for a salt-boiler.* Donamus in V. juno [leg. inio, cf. voc. ineum] ad sal faciendum cum manso, casa, serso [leg. sesso]. PARDESSUS, II no. 475 p. 282 (a. 709, Verdun). Donamus ... aria [i.e. aream] cum sessu suo, ubi hinium ipsi fratres possint habere. D'HERBOMEZ, *Cart. de Gorze*, no. 2 p. 6 (a. 754). Officinam cum sesso et ducto et stadile. Ib., no. 5 p. 14 (a. 757). Patellas ad salo faciendum ... unacum sessis eorum. Test. Fulradi a. 777, ed. TANGL, *NA.*, t. 32 (1907) p. 209. Sessum unum indominicatum ad accipiendum salem. *D. Charles le Ch.*, I no. 475 p. 579 l. 24 (< a. 858>, spur. post a. 980, Montier-en-Der). Duas partes unius enee cum totidem partibus unius sessus. D'HERBOMEZ, no. 118 p. 215 (a. 987).

**sestarius,** sestair-, sester-, et derivata, v. sextar-.

**seta** (class. "poil rude — shaggy hair"): *soie — silk.* CAMERA, *Mem. di Amalfi*, p. 222 (a. 1007).

**setacium** (<seta): *tamis — sieve.*

**setarcia,** v. sitarchia.

**seticus,** satic-, settic-, sitic-, sesic-, sexig-, -um, -a (<sedere): **1.** *centre d'exploitation* d'un domaine ou d'une tenure, *demeure rurale — rural homestead, manor.* [Villam] cum seticis ... terrisque ad eam pertinentibus, R. cum seticis et terris ... In pago Belvacense ... sitici 6 et de vinea aripennes 8 ... *D. Charles le Ch.*, I no. 58 p. 165 (a. 844). In pago Belloacensi in villa q. d. V. seticum indominicatum habentem quadrellos 130. Ib., no. 313 (a. 868). WAMPACH, *Echternach*, I pt. 2 no. 167 p. 260 (a. 930/931). Seticum indominicatum ... cum granea et horto et curti. DE CHARMASSE, *Cart. d'Autun*, I no. 34 p. 56 (a. 937). **2.** *emplacement urbain — site in a city.* Aliquod civitatis nostrae saticum ... cum omnibus castitiis superpositis. HALKIN-ROLAND, *Cart. de Stavelot*, I p. 179 (a. 961). **3.** *emplacement d'un moulin à eau — site of a water-mill.* Sesicas molinarum. FLORIANO, *Dipl. esp.*, II no. 125 p. 139 (a. 882). Sexigas molinarias. Ib., no. 152 p. 214 (a. 895). Seticum farinarii. *D. Charles le Simple*, no. 37 (a. 901). **4.** *emplacement d'une brasserie ou d'un four — site of a brewery or a bakery.* Excepto settico uno cum camba. *D. Louis IV*, no. 26 (a. 945). Seticum cambe, seticum furni. *D. Phil. I*[er], p. 438 (a. 1076). Cf. Y. LÉONARD, *Note sur le sens du terme "saticum" au X*[e] *siècle*, *LMA.*, t. 52 (1946), pp. 283-287. G. TESSIER, ib., t. 54 (1948), pp. 201 sq.

**seu:** **et — and.*

**seusius,** seugus, seucis, v. segusius.

**saevitas:** **fureur, cruauté — rage, roughness.*

**sexagena** (femin.): *une soixantaine — sixty pieces* (teuton. *schock*). Dimidiam sexagenam scutellarum. ERHARD, *Reg. Westfal.*, I CD. no. 182 p. 145 (a. 1118).

**sexagesima:** *la Sexagésime — Sunday Exsurge.* Sacram. Gelas., lib. 1 c. 14, inscr., ed. WILSON, p. 13.

**sexagesimalis.** Loc. dominica sexagesimalis: la Sexagésime — Sunday Exsurge. *Hist. de Lang.*[3], V no. 221 col. 446 (a. 1043).

**sexigum,** v. seticus.

**sexta:** **sexte, heure canoniale — sext, one of the canonical hours.* Hic instituit tertiam et sextam in ecclesia dici. GREGOR. TURON., H. Fr., lib. 10 c. 31.

**sextarialaticus,** ses-, -tai-, -te-, -rala-, -rla-, -lara-, -gium (< sextarialis): *droit de mesurage — measuring due.* GERMAIN, *Cart. de Montpellier*, no. 100 p. 210 (a. 1104). *Mus. arch. dép.*, p. 88 (a. 1182, Reims).

**sextarialis,** ses-, -tai-, -ralis (<sextarius): **1.** *vase-mesure* tenant un setier — *measuring-barrel* of one "sextarius". De omni blado et de omni legumine ... si mensurantur cum sestairale vel eminale. GERMAIN, *Cart. de Montpellier*, no. 100 p. 210 (a. 1104). **2.** *sestrée,* mesure agraire de superficie — *measure of land,* the amount sown with a "sextarius" of corn. MEYER-PERRET, *Bündner UB.*, I no. 206 p. 165 (a. 1084).

**sextariata,** ses-, -tar-, -tair-, -teri-, -ter-, -teyr-, -ada (< sextarius): *sestrée,* mesure agraire de superficie — a *measure of land,* the amount sown with a "sextarius" of corn. THÉVENIN, *Textes*, no. 77 (a. 845, Brioude). DE MARCA, *Marca hisp.*, app. col. 807 (a. 879). MARTORELL, *Arch. Barcelona*, no. 18 p. 133 (a. 905). BERNARD-BRUEL, *Ch. de Cluny*, I no. 666 p. 619 (a. 944-989). MORIS-BLANC, *Cart. de Lérins*, I no. 150 p. 140 (a. 1032).

**sextariaticus,** ses-, -tal-, -tell-, -agium, -atum (< sextarius): *droit de mesurage — measuring dues.* GREGOR. M., lib. 1 epist. 42, *Epp.*, I p. 62. Guimanni cart. s. Vedasti, ed. VAN DRIVAL, p. 173 (ch. a. 1036). KURTH, *Ch. de S.-Hubert*, I no. 22 p. 25 (a. 1066). MIRAEUS, III p. 335 col. 1 (a. 1147, Reims). *Actes Phil.-Aug.*, I no. 43 § 6 p. 61 (a. 1181); no. 182 p. 217 (a. 1186).

**sextarius,** sest-, sist-, -eri-, -um: *sestrée,* mesure agraire de superficie — a *measure of land,* the amount sown with a "sextarius" of corn. Sunt inter ambas petias sistariorum duas minus de quinque modiorum. SCHIAPARELLI, *CD. Longob.*, I no. 113 p. 331 (a. 754, Lucca).

**sic:** **1.** **là-dessus, ensuite, alors — after that, then, thereupon.* **2.** *bien, bel et bien — surely.* Quamquam A. minime consignare [démontrer — to prove] potuisset, ut dicitis, nos sic possumus consignare. MANARESI, *Placiti*, I no. 2 p. 4 (a. 776, Spoleto).

**1. sica,** sicca, seca, sega, secia (class. "poignard — dagger", per attr. vocis secare): *scie — saw.* TORELLI, *Carte Reggiane*, p. 235 (s. x).

**2. sica,** sicus (anglosax.): *ruisseau, cours d'eau — syke, stream, ditch.* S. xii, Angl.

**sicale,** sicalis = secale ("seigle — rye").

**sicca:** *seiche — ink-fish.* S. xiii.

**siccamen,** secamen (< siccus): *jambon — ham.* Capit. de villis, c. 34. *D. Karls III.*, no. 125 (a. 885). TORELLI, *Carte Reggiane*, p. 235 (s. x).

**siccaria:** *saurisserie — fish-curing establishment.* S. xiii.



**sicera** (neutr. vel femin.) (gr. < hebr.; > frg. *cidre*): *toute *boisson fermentée* autre que le vin et la bière, notamment le cidre — any *fermented beverage* save wine or beer, especially cider. GREGOR. TURON., H. Fr., lib. 5 c. 10. ISID., Etym., lib. 20 c. 3 § 16.

**sicerator:** *cidrier — cider-brewer.* Capit. de villis, c. 45.

**sicla,** sigla (femin.), siclo (mascul., genet. -onis): *collier — necklace.* Lib. pontif., Leo III, § 25, ed. DUCHESNE, II p. 8; Gregor. IV, § 37, p. 81. BONIF.-LULL., epist. 110, ed. TANGL, p. 238.

**siclo** (genet. -onis) = secale ("seigle — rye").

**siclus,** se-, -gl-, sigil-, sicul-, -a (hebr.): **1.** **une unité de poids — a unit of weight.* **2.** **une monnaie — a coin.* GLÖCKNER, *Cod. Laauresham.*, I p. 269 (s. ix, Mainz). KÖTZSCHKE, *Urb. Werden*, p. 47 (ca. a. 900). Cod. Eberhardi, c. 43 § 42 sq., DRONKE, *Trad. Fuld.*, p. 121. WIDEMANN, *Trad. S.-Emmeram*, no. 511 p. 288 (a. 1048-1060). *Actes Phil. I*[er], no. 104 p. 268 (a. 1081). WEIRICH, *UB. Hersfeld*, no. 119 p. 208 (a. 1100). **3.** *une mesure de capacité pour les liquides — a liquid measure.* Lex Alamann., tit. 21. WARTMANN, *UB. S.-Gallen*, I no. 18 p. 22 (a. 754). GLÖCKNER, *Cod. Lauresham.*, I p. 75 (a. 781). Capit. Saxon. a. 797, c. 11, *Capit.*, I p. 72. Brev. ex., c. 7, p. 252. DRONKE, *CD. Fuld.*, no. 212 p. 113 (a. 803). ZEUSS, *Trad. Wizenb.*, no. 19 p. 26 (a. 808). F. Augiens., coll. C no. 13, *Form.*, p. 371. Coll. Sangall., no. 35, ib., p. 418. BITTERAUF, *Trad. Freising*, I no. 343 p. 293 (a. 815). *D. Ludwigs d. Deutsch.*, no. 123 (a. 867); no. 132 (a. 870). **4.** (per confus. c. voce *situla*) *seau — pail.* AGNELL., c. 83, *Scr. rer. Langob.*, p. 333.

**sicut:** **1.** (conj.) *attendu que — since.* Sicut perfidae mentis fuit. GREGOR. M., Dial., lib. 2 c. 14. **2.** *si tant est que, pour autant que — in so far as, inasmuch as.* Ei ad obtinendum coronam imperii, sicut caram habes gratiam divinam et nostram et tuum diligis commodum et honorem, auxilium tribuas. Innoc. III pap. registr., no. 131, ed. HOLTZMANN, p. 186. **3.** (adverb.) **comme, en tant que — as, as being.*

**sigale,** -gel-, -gil-, -gill-, -is (mascul.), -o (mascul., genet. -onis), -a (femin.), -um (neutr.) = secale ("seigle — rye").

**sigalinus** (< secale): *de seigle — of rye.* Buccella. Ruodlieb, fragm. 6 v. 44. Panis. BITTERAUF, *Trad. Freising*, II no. 1653 p. 480 (a. 1084).

**sigillare:** **1.** *sceller — to seal.* De anulo nostro sigillavimus. *D. Karolin.*, I no. 2 (a. 752). Deinde semper in diplomatibus regum. Eadem verba: Cart. Senon., no. 9, *Form.*, p. 193. MARCULF., addit. 2, ib. p. 111. **2.** *cacheter — to seal up.* Sigillaverunt omnem vestiarium ecclesiae seu cymilia episcopii. Lib. pontif., Severin., ed. MOMMSEN, p. 175. Medicamentum in pyxide ... sigillatum. V. Antonini Surrent. (s. ix/x), MABILLON, *Acta*[2], IV pt. 1 p. 405 l. 18. **3.** *apposer un seign manuel à un document — to put a handmark on a document.* Manu sua subter eam [auctoritatem] roborans signo sancte crucis sigillavit. FAUROUX, *Actes de Norm.*, no. 222 p. 424 (a. 1063-1066).

**sigillaris,** -rius (subst.): **1.** *garde du sceau, chancelier — keeper of the seal, chancellor.* Regii sigillaris intercessione ... actionem differri faciatis. Cod. Udalrici, no. 29, JAFFÉ, *Bibl.*, V p. 57 (a. 1065). Cum in Sicilia essem sigillarius et doctor regis. PETR. BLES., epist. 131, MIGNE, t. 207 col. 390 A. **2.** *co-scelleur — joint sealer.* S. xiii.

**sigillatim** = singulatim.

**sigillatio:** **1.** *apposition d'un sceau — sealing.* **2.** *sceau — seal.* Preceptum ... nostra sigillatione signatum. *D. Ottos II.*, no. 193 (a. 979). Nostra sigillatione apposita ... confirmamus. MIRAEUS, III p. 38 col. 2 (a. 1133, Cambrai). **3.** *charte scellée — sealed charter.* Facta est hujus confirmationis sigillacio ... BEYER, *UB. Mittelrh.*, I no. 308 p. 361 (a. 1036).

**sigillatorium:** *matrice de sceau — seal matrix.* Hunc sigillum expressit ... cum sigillatorio suo. *CD. Cajet.*, I p. 37 (a. 906).

**sigillatus** (decl. iv): *office de scellage — sealing office.* Me ... dedisse totum tabellionatum curiae meae et sigillatum meum Biterris. *Hist. de Lang.*, VIII pr. no. 40 col. 348 (a. 1180).

**sigillifer** (subst.): *garde du sceau — keeper of the seal.* S. xiii.

**sigillum:** **1.** *mandement scellé, lettre de créance — sealed mandate, letter of credence.* Suscepit sigillum imperialem ... continentem ita, ut ... omnes judices ita eum honorifice susciperent ... Lib. pontif., Constantin. I, ed. DUCHESNE, I p. 390. Sigillum factum a M. antipato, patritio et stratigo Calabriae et Langobardiae, et datum vobis, A. venerabili abbati s. Benedicti. Liceat te ambulare in tota thenia [leg. thema] Langobardiae et perquirere omnem haereditatem praedicti monasterii ... Cum plumbea bulla nostra istum praesentem sigillabimus [i.e. sigillavimus] sigillum nostrum. *SS.*, VII p. 630 n. 31 (a. 956). Emparamentum quod fecerit princeps per se vel nuncium suum vel sagionem suum vel suum sigillum. Usat. Barcinon., c. 66, ed. D'ABADAL-VALLS, p. 26. Hoc sigillum fecit dux ... Hoc igitur sigillum sigillo meo plumbeo confirmari et insigniri jussi. KEHR, *Urk. Norm.-Sic. Kön.*, p. 410 no. 1 (a. 1080). **2.** *lettre missive scellée — sealed missive letter.* Vobis ... nostrum transmisi sigillum, sicut locutus fueram vobiscum. GOFFRID. VINDOCIN., lib. 4 epist. 5, MIGNE, t. 157 col. 150 B. Mihi ... sigillum suum mittat privatim, in quo habeat: Ego comes R. mando tibi ... SUGER., epist. 97, MIGNE, t. 186 col. 1396 C. **3.** *seign manuel — handmark on a document.* Propriis manibus sigillis [i.e. sigillos] inpraessimus et aliis roborare praemissimus. MUÑOZ, *Fueros*, p. 49 (a. 978, Castil.). Pro testimonii signo singuli sigillum suum subscripserunt. FAUROUX, *Actes de Norm.*, no. 221 p. 420 (a. 1060-1066).

**sigillus:** *bondon — bung.* Duo vasa vinaria usque ad sigillos adhuc plena. EKKEHARD., Cas. s. Galli, c. 3, *SS.*, II p. 105 l. 45.

**sigilo** = secale ("seigle — rye").

**sigilus,** v. siclus.

**1. sigla** (germ.): *voile* d'un navire — *sail* of a ship. [Navicula] si major [esset] et haberet siglas, 1 den. Leg. IV Aethelred, c. 2 in., LIEBERMANN, p. 232.

**2. sigla** = secale ("seigle — rye").

**3. sigla,** v. siclus.

**4. sigla,** v. sicla.

**siglare** (< 1. sigla): *cingler — to sail.* S. xiii.

**signaculum,** notionibus 7 et 8 etiam signale, sinale, senale: **1.** **sceau — seal.* Apud nostro

signaculo [i.e. per nostrum signaculum, sc. regis] homine[m] mannitum habuisset. Cart. Senon., no. 26, *Form*, p. 196. **2.** i.q. sigillum sub 1: *lettre de créance — letter of credence*. Negotiantes ... in utraque regione per praecepta et signacula commendari. ANAST. BIBL., Chron., ed. DE BOOR, p. 335. **3.** (gener.) **marque, signe, empreinte — mark, token, imprint*. **4.** *seign manuel — hand-mark*. Manibus propriis vel nostris signaculis subter infra decrevimus roborare. *D. Merov.*, no. 5 (a. 556). Ante bonis hominibus, cujus [!] nomina vel scripcionibus adque signaculum [!] subter teniuntur inserta. F. Andecav., no. 47, *Form.*, p. 21. Eadem verba: BITTERAUF, *Trad. Freising*, I no. 166 A p. 163 (a. 793). Item Trad. Lunaelac., no. 136, *UB. des L. ob der Enns*, I p. 80 (a. 827). Commutatio testium legitimorum manibus atque signaculis roborata. F. imper., no. 54, p. 326. **5.** *monogramme royal — a king's monogram*. Manus nostre signaculis subter eam [auctoritatem] decrevimus roborare. *D. Karolin.*, I no. 4 (a. 753). Deinde saepe in diplomatibus regum. Eadem verba: Cart. Senon., no. 35, p. 201. **6.** **signe de la Croix — sign of the Cross*. Acceptum signaculum b. Crucis [accusat. absol.] cum crismatis unctione, credidit Jesum Christum. GREGOR. TURON., H. Fr., lib. 9 c. 15. **7.** *enseigne de vente — sign-board*. Innoc. II pap. priv. a. 1139, PFLUGK-HARTTUNG, *Acta*, I no. 178 p. 157. BRUNEL, *Ch. de Pontieu*, no. 174 p. 268 (a. 1205). **8.** *borne-limite — boundary-mark*. Tertiam portionem in ista villa per marcas certas et sinales. FLORIANO, *Dipl. esp.*, I no. 28 p. 152 (a. 818). **9.** (cf. voc. symbolum) *credo, profession de foi — creed, confession of faith*. Ut [sacerdos] signaculum et baptisterium memoriter teneat. *Capit.*, I p. 236 no. 119 c. 3 (temp. Kar. M.). Nullus alteri suscipiat a fonte infantem, nisi qui apprime signaculum, id est abrenunciationem diaboli et professionem catholicae fidei, tenuerit. Synod. Mett. a. 888, c. 3, BEYER, *UB. Mittelrh.*, I no. 127 p. 134. Symbolum et orationem dominicam vel signaculum omnes discere constringantur. *Capit.*, I p. 257 no. 130 c. 2 (s. ix ?).

**signamen:** *marque, signe — mark, token*. Sanctae crucis. V. Livini, MIGNE, t. 87 col. 329.

**signanter:** **distinctement — distinctly*.

**signare:** **1.** (cf. class. "sceller — to seal") **souscrire — to subscribe*. P. interfui et subscripsi. R. interfui et signavi. Test. Remigii, *SRM.* III p. 340. Cf. H. AUFFROY, *Evol. du testament en France*, Paris 1899, pp. 37 sqq. Praecariam ... renovamus et signantes firmamus. F. Bituric., no. 2, p. 169. [Chartam] nominibus nostris atque testium ... subter signavimus. DRONKE, *CD. Fuld.*, no. 535 p. 239 (a. 841). **2.** *munir d'un seign manuel — to sign with a hand-mark*. Qui subscripserunt vel signaverunt in presente rogavi. Cart. Senon., no. 40, p. 203. **3.** *munir du monogramme royal — to add the royal monogram to* a charter. Ego dum propter imbecillem aetatem minime potui subscribere, manu propria subter signavi. *D. Merov.*, no. 25 (ca. a. 661). Calamum in manu tenentes [praeceptum] signavimus atque firmavimus. *D. Zwentibolds*, no. 3 (a. 895). **4.** **faire le signe de la Croix sur* une personne ou une chose *— to make the sign of the Cross over* a person or a thing. Signate hunc candidum lapidem. ADAMNAN., V. Columbae, lib. 2 c. 23, ed. FOWLER, p. 146. Dum beata illud [monasterium] signaret. BAUDONIV., V. Radegundis, lib. 2 c. 18, *SRM.*, III p. 390. Flexa cervice vel manu signari vel ore illius se benedici gaudebant. BEDA, H. eccl., lib. 3 c. 26. Refl. se signare: se signer — to cross oneself. GREGOR. TURON., Glor. mart., c. 79, *SRM.*, I p. 541. GREGOR. M., Dial., lib. 4 c. 38. V. Eligii, c. 16, *SRM.*, IV p. 705. Vis. Baronti, c. 1, ib., V p. 378. BEDA, H. eccl., lib. 4 c. 22. **5.** chrismate: **baptiser — to baptize*. **6.** chrismate: *confirmer — to confirm*. GREGOR. M., lib. 4 epist. 9, *Epp.*, I p. 242. Sacram. Gelas., lib. 1 c. 44, ed. WILSON, p. 87. MARTIN. BRACAR., capit., c. 52, ed. BARLOW, p. 137. **7.** *faire un croisé — to make a crusader*. CAESAR. HEISTERB., Mir., dist. 1 c. 6, ed. STRANGE, I p. 12. **8.** i.q. assignare: *affecter — to allocate*. Hec ... ad stipendium ecclesie atque canonicorum habenda signavit. FAUROUX, *Actes de Norm.*, no. 197 p. 382 (a. 1050-1066).

**signator:** *chancelier — chancellor*. Signum E. signatoris. FAUROUX, *Actes de Norm.*, no. 15 p. 96 (a. 1014). E. monachus scripsit ad vicem B. signatoris. D. Roberti II reg. Fr. a. 1031, DU CHESNE, *Montmorency*, p. 16.

**signatum,** sin-, sen-, -ai-, -ta, -da: *incision-repère — boundary-mark on a tree*. Si ... ticlatura aut snaida [v. l. signaida, sinaida] fecerit in silva alterius. Edict. Rothari, c. 241. Tulit [i.e. abstulit] terram de monasterio ... et ipse signata cappilavit. MANARESI, *Placiti*, I no. 23 p. 73 (a. 811, Rieti). A pede flumen et a capite finis signata. GIORGI-BALZANI, *Reg. di Farfa*, II doc. 286 p. 241 (a. 845). Sicut ... signaite posuimus. *CD. Cav.*, I no. 91 p. 117 (a. 882).

**signatus** (subst. mascul. decl. 1): *croisé — crusader*. Augebatur cotidie signatorum numerus. EKKEHARD. URAUG., Chron., a. 1099, *SS.*, VI p. 213 l. 46.

**signetum:** *signet, cachet — signet, stamp*. S. xiv.

**signifer** (adj.): *muni d'un fanion — to which a pennon is attached*. Signiferam lanceam qua beneficium ... acceperat. THIETMAR., lib. 5 c. 21, ed. HOLTZMANN, p. 245. Cum hasta signifera ducatum dedit. Ib., lib. 6 c. 3, p. 276. Subst. mascul **signifer:** *porte-étendard — banner-bearer*. ASTRON., V. Hludov., c. 13, *SS.*, II p. 612. Lothar. capit. de exp. contra Sarrac. a. 846, c. 13, II p. 67. RUODOLF., Ann. Fuld., a. 844, ed. KURZE p. 35. MEGINHARD., ib., a. 876, p. 88. CALMET, *Lorr.*, II p. 180 (a. 936, Toul). BEYER, *UB. Mittelrh.*, I no. 193 p. 254 (a. 952). THIETMAR., lib. 4 c. 29, ed. HOLTZMANN, p. 167. ADEMAR., lib. 3 c. 22, addit. rec. 2, ed. CHAVANON, p. 142 n. ANNAL. SAXO, a. 1040, *SS.*, VI p. 684. LAMPERT. HERSF., a. 1063, ed. HOLDER-EGGER, p. 83. ARNULF. MEDIOL., lib. 2 c. 3, *SS.*, VIII p. 15. BEYER, no. 398 p. 454 (a. 1079-1101). Hist. Welf., c. 1, *SS.*, XXI p. 458.

**significantia:** **sens profond, symbolisme — hidden meaning, symbolism*.

**significare:** *léguer — to bequeath*. Suos heredes, quibuscumque significare voluerit. *D. Adalberto*, no. 3 p. 347 (a. 960/961).

**significatio:** *apposition du sceau — sealing*. Imaginis nostre reddi jussimus significatione figuratum. *D. Konrads II.*, no. 208 (a. 1034).



**signochristus** (adj.): *orné de croix — adorned with crosses*. Gabatas fundatas signochristas. Lib. pontif., Leo III, § 100, ed. DUCHESNE, II p. 30. Gemmas pendentes jachinteas signochristas. Ib., Gregor. IV, § 26, p. 78.

**signulum:** *clochette — small bell*. LOBINEAU, *Bretagne*, I pr. col. 480 (ch. a. 1092).

**signum:** **1.** (cf. class. "sceau — seal") *anneau sigillaire — seal ring*. Haec signa in extremo digito portare non dedignetis. F. Bituric., no. 18, *Form.*, p. 178. **2.** *seign manuel — hand-mark*. Signum illius qui hanc cartam fieri rogavit. Signa aliorum testium. F. Augiens., coll. A no. 14, ib., p. 345. Item F. Argent., no. 1, p. 337. Paginam bonorum hominum signis vel allegacionibus roborandum decrevi. Coll. Flavin., no. 8, p. 477. Debent cartae nomina sacerdotum et laicorum, qui ibi adfuerunt, cum signis propria manu impressis continere. F. extrav., coll. 1 no. 18, p. 545. Quia literas ignoro ... manu mea signum feci. F. Visig., no. 7, p. 578. **3.** *monogramme royal — a king's monogram*. Signum domno illo rege. MARCULF., addit. 2, p. 111. **4.** *borne milliaire — milestone*. Movisset exercitum ... quasi 30 signis ab imperialibus castris. ANAST. BIBL., Chron., ed. DE BOOR, p. 338. Etiam p. 159. **5.** *borne-limite — boundary-mark*. Lex Visigot., lib. 10 tit. 3 § 3. BRUNETTI, *CD. Tosc.*, I p. 570 (a. 760). **6.** *geste du langage muet monacal — gesture forming part of monastic gesture language*. Diversa in invicem fiebant ... signa. JOH. ROM., V. Odonis Cluniac., lib. 1 c. 32, MIGNE, t. 133 col. 57 B. Signa diligenter addiscat, quibus tacens quodammodo loquatur. UDALRIC., Consuet. Cluniac., lib. 2 c. 3, ib., t. 149 col. 703 A. **7.** **signe de la Croix — sign of the Cross*. **8.** *croix ornementale — ornate cross*. In signo Domini argenteo eas [reliquias] reposuit. Chron. Namnet., c. 20, ed. MERLET, p. 65. **9.** *cri de guerre, mot d'ordre — battle-cry, watchword*. ORDER. VITAL., lib. 12 c. 18, ed. LE PRÉVOST, IV p. 363. **10.** **tintement de cloche — ringing of a bell*. Benedicti regula, c. 48. V. Gaugerici, c. 2, *SRM.*, III p. 652. Ordo Rom. XVIII, c. 20, ANDRIEU, III p. 208. **11.** *cloche — bell*. CAESAR., Regula monach., c. 10. AUREL. AREL., Regula monach., c. 10. GREGOR. TURON., Glor. mart., c. 9, *SRM.*, I p. 495. V. Eligii, c. 21, ib., IV p. 713. Vis. Baronti, c. 5, ib., V p. 381. IONAS, V. Columbani, lib. 1 c. 17, ed. KRUSCH, p. 184. Concil. Forojul. a. 797/798, c. 13, *Conc.*, II p. 194. Concil. Rispac. a. 800, c. 22, ib., p. 210. **12.** *gage — pledge, pawn*. S. xiii. **13.** **miracle — miracle*. Adserens se multa posse facere signa. GREGOR. TURON., H. Fr., lib. 9 c. 6. **Per fidem** suam signa multa obstendant. Ib., c. 15.

**sigristanus,** v. sacristanus.

**sigula** = secale ("seigle — rye").

**sigusius,** sigucius, v. segusius.

**silentiare:** *taire, passer sous silence — to keep silent, ignore*. Non debet opera Dei ... silentiare. HILDUIN., Lib. de s. Dionysio (post a. 835), *SS.*, XV p. 2 l. 22.

**silentiarius:** **1.** **un dignitaire aulique — a court dignitary*. A la cour byzantine — at the Byzantine court: Lib. pontif., Steph. II, § 8 et 43, ed. DUCHESNE, I p. 442, 452. Cod. Carolin., no. 11, *Epp.*, III p. 506. Auprès du roi franc — with the Frankish king: ANSCHER., V. Angilberti, *SS.*, XV p. 180. A la cour allemande — at the German royal court: BENZO, lib. 7 c. 2, *SS.*, XI p. 672. **2.** *un fonctionnaire communal — a communal officer*. CAFFAR., Ann. Genuens., a. 1158, ed. BELGRANO, I p. 51.

**silentium:** **1.** **comité secret, délibération à huis clos — secret session, private council*. ANAST. BIBL., Chron., ed. DE BOOR, p. 147 et 264. **2.** i. q. psallentium: *psalmodie — psalm-singing*. V. Gaugerici, c. 14, *SRM.*, III p. 657. V. Memorii, c. 3, ib., p. 102. G. Aldrici, c. 1, ed. CHARLES-FROGER, p. 10.

**silicernius** (adj.) (cf. class. subst. silicernium "vieillard — old man"): **cassé de vieillesse — decrepit*.

**siligo** (genet. -inis) (class. "millet — millet", per confus. c. voce secale): *seigle — rye*. Cf. P. AEBISCHER, *Le seigle dans le latin médiéval*, ap. *Zeitschr. f. Roman. Philol.*, t. 69 (1953), pp. 392-401.

**siligus,** v. salicus.

**silio,** v. selio.

**siliqua:** *grain*, unité de poids d'or, un vingtième du solidus — *grain*, a weight of gold. Cod. Justin., 4, 32, 26 in fine. GREGOR. M., lib. 1 epist. 42, *Epp.*, I p. 63; lib. 9 epist. 194, II p. 182. ISID., Etym., lib. 16 c. 25 § 9.

**syllaba.** Plural. syllabae: **lettre, épître — letter*. Lib. diurn., no. 59, ed. SICKEL, p. 49. Gregor. II pap. epist. a. 724, BONIF.-LULL., epist. 24, ed. TANGL, p. 42 (J.-E. 2168). Concil. Roman. a. 745, *Conc.*, II p. 38. Hadr. I pap. epist. (a. 781), Cod. Carolin., no. 67, *Epp.*, III p. 594 (J.-E. 2431). Ejusdem epist. a. 793/794, *Conc.*, II p. 122 (J.-E. 2482). Concil. Forojul. a. 796/797, ib., p. 179. Lib. pontif., Hadr. I, § 88, ed. DUCHESNE, I p. 512. Concil. Paris. a. 825, *Conc.*, II p. 478.

**syllabatim:** *par une lettre — by mail*. *Hist. de Fr.*, VII p. 297 (a. 863).

**syllabizare:** *épeler — to spell*. Vae simplici qui sillabizare non novit! JOH. SARESBIR., Polycr., lib. 5 c. 16, ed. WEBB, I p. 351.

**syllogizare,** **1.** intrans.: **faire un syllogisme — to formulate a syllogism*. **2.** transit.: *étayer, raisonner — to argue, reason*. Manifestis rationibus ipsius syllogizatur canonizatio. V. s. Karoli M., lib. 1 c. 1, ed. RAUSCHEN, p. 21.

**sillonus,** v. selio.

**silvanus** (subst.): *gardien de forêt — forester*. D. Ratchis reg. Langob. a. 747, CIPOLLA, *CD. Bobbio*, I no. 24 p. 126.

**silvarius:** *gardien de forêt — forester*. Polypt. s. Remigii Rem., c. 1 § 12, ed. GUÉRARD, p. 2.

**silvaticina,** salva-, -di-, -sina, -xina, -zina, salvagina, salvasina (< silvaticus): *sauvagine — small game, fowl*. S. xiii.

**silvaticus,** salv-, -agius (adj.): *sauvage — wild*. De his avibus quae de silvaticis ... domesticentur. Lex Baiwar., tit. 21 c. 6. Subst. **silvaticus,** -agium: **1.** *droit d'usage dans une forêt — forest easement*. Dedit ... abba ... quicquid in S. silvaticum ad jus coenobii pertinebat. WARTMANN, *UB. S.-Gallen*, II no. 410 p. 31 (a. 850/851). **2.** *redevance à acquitter pour prix du glandage ou de l'affouage dans une forêt — dues payed for driving pigs into a forest or for gathering wood*. *D. Louis IV*, no. 40 sq. (a. 952). *D. Karolin.*, I no. 257 (spur. s. x ex., Worms). *D. Heinrichs II.*, no. 134 (a. 1007). FLACH, *Origines*, I p. 311 (a. 1130, Foigny).

Gros brief a. 1187, ed. Verhulst-Gysseling, p. 165.

**silvatus** (adj.): *boisé — wooded.* Terra. *CD. Langob.*, no. 440 col. 761 C (a. 911, Bergamo). Vignati, *CD. Laud.*, I p. 29 (a. 979). Torelli, *Reg. Mantovano*, p. 34 (a. 1012).

**symbola,** -lus, -lum (class. "écot — score"): **1.** *quête — collection.* Ekkehard., Cas. s. Galli, c. 10, *SS.*, II p. 130 l. 43. **2.** *cotisation — apportionment.* Fiat ter in anno simbolum luminis: primum in vigilia Pasche obolata cerae de omni hida ... Leg. I Cnut, c. 12, vers. Quadrip., Liebermann, p. 294 col. 3. Anime simbola solvatur adhuc aperto sepulcro. Ib., c. 13, vers. Consil. Cnuti, p. 295 col. 2. **3.** *droit de pât — compulsory entertainment.* Familia curtis ipsius semper immunis esse debeat ab omni placito advocatorum et simbolo, si ingruerit, contribulium vel pagensium. Lacomblet, *UB. Niederrh.*, I no. 312 p. 206 (ante a. 1131).

**symbolicus:** **symbolique — symbolical.*

**symbolum:** **1.** **profession de foi — creed.* **2.** **symbole — symbol.*

**symphoniacus** (subst.) (gr.): *musicien — musician.* Gerhard. Aug., V. Oudalrici, c. 4, *SS.*, IV p. 393.

**symphoniare:** *faire de la musique — to make music.* Harpa ... in qua ... simphoniavit. Ruodlieb, fragm. 9 v. 31.

**simila** (class. "fleur de farine — flour"): *pain blanc — white bread.* Capit. de villis, c. 45. Bernard. Morlan., pt. 1 c. 6, Herrgott, p. 148. V. Meinwerci, c. 219, ed. Tenckhoff, p. 133.

**similago** (genet. -inis) (class. "fleur de farine — flour"): *un pain blanc — a loaf of white bread.* Widric., V. Gerardi Tull., c. 9, *SS.*, IV p. 497.

**similare,** simulare, **1.** simpl. similare et depon. similari alicui vel alicui rei: *i.q. simulare aliquem vel aliquid, *ressembler, être pareil à — to resemble, be like.* **2.** impers. similat (simulat) mihi: *il me semble, je pense — methinks.* Si ... illi simulat ut ad alium seniorem melius ... acaptare possit. Capit. Carisiac. a. 856, c. 13, II p. 282. **3.** idem: *il me plaît, je trouve bon — I think fit.* Illi liceat, sicut illi simulaverit, disponere. Hincmari Laudun. epist., Sirmond, *Hincmari Rem. opera,* II p. 608.

**similarius** (<simila): *boulanger — baker.* Gerhard. Aug., Mir. Oudalrici, c. 10, *SS.*, IV p. 420 col. 2 l. 36.

**similitudo:** **exemple, comparaison, parabole — example, comparison, parable.*

**siminellus,** se-, -menellus, simnellus (< simila): *petit pain blanc — simnel bread.* Constit. dom. reg. (a. 1135-1139), ap. Johnson, *Dial. de scaccario*, ad calc., p. 129.

**symmystes,** symmysta, summista (mascul.) (gr.): **1.** **confrère, complice, allié — companion, accomplice, associate.* **2.** *collègue — colleague.* D'un évêque — of a bishop: Anselm. Leod., c. 62, *SS.*, VII p. 226. D'un doyen — of a dean: Ekkehard., Cas. s. Galli, c. 16, *SS.*, II p. 142. **3.** *conseiller intime — confidential adviser.* Transl. Hymerii (s. x ex.), *SS.*, III p. 266 n. 23. Herimann. Aug., Chron., ad a. 1029, *SS.*, V p. 121. Ruodlieb, fragm. 5 v. 194.

**simonia:** *simonie — simony.* Ecclesia ... ab eodem sancto loco per simoniam subtracta. Guérard, *Cart. de Mars.*, I no. 221 p. 245 (a. 1082).

**simoniacus** (adj.): *simoniaque — simoniacal.* Neque per aurum neque per aliquas promissiones [promovendus] proficiat: vos omnes scitis quia simoniacum est. Lib. pontif., Pelagius, ed. Mommsen, p. 155. Haeresis. Gregor. M., lib. 4 epist. 13, I p. 247, et saepe. Scisma. Id., lib. 8 epist. 36, II p. 39. Perfidia. Beda, Hist. eccl., lib. 5 c. 21. Subst. mascul. **simoniacus:** *un simoniaque — a simonist.* Omnes simoniacos ... condemnavit. Paschal. I pap. epist. apocr., Mansi, t. 14 col. 379. Concilium ... contra simoniacos habitum. Bened. VII pap. epist. a. 981, Migne, t. 137 col. 336 D (J.-L. 3804).

**simonialis:** *simoniaque — simoniacal.* Mercatum. Ranger., V. Anselmi Luc., v. 759, *SS.*, XXX p. 1173.

**simul:** **1.** **en tout, en somme — in all, in total.* **2.** *en gros — wholesale.* S. xiii.

**simulare,** v. similare.

**simulatorius:** **dissimulé, artificieux, faux — pretentious, pretended, false.*

**simultatio:** *rivalité, querelle — rivalry, quarrel.* Joh. Rom., V. Odonis Clun., Migne, t. 133 col. 75 B. Gezo Derton., ib. t. 137 col. 394 B.

**simus** et deriv., v. sem-.

**synagoga** (gr.): **1.** **assemblée, réunion — assembly, meeting.* **2.** **synagogue — synagogue.* **3.** une communauté juive — a community of Jews. Qui ex parte episcopi [Spirensis] preest synagoge. *D. Heinrichs IV.*, no. 411 (a. 1090). **4.** **le Judaïsme — Judaism.*

**sinale,** v. signaculum.

**sinapum,** sinapium = sinapis.

**sinaida,** v. signatum.

**synaxis** (gr.): **1.** **réunion de religieux pour l'office — gathering of clerics for holy office.* **2.** *office — holy office.* Vespertina synaxis. Benedicti regula, c. 17. Item V. patr. Jur., V. Lupicini, c. 2, *SRM.*, III p. 144. Transl. Germani Paris. a. 756, c. 2, ib., VII p. 425. Pass. Praejecti, c. 5, ib., V p. 228. In diurna aut in nocturna sinaxi. V. patr. Jur., V. Eugendi, c. 6, p. 156. De synaxi, id est de cursu psalmorum et orationum. Columbani regula, c. 7.

**syncellus** ( < cella, vox graecolatina): *confrère, confident — companion, confidential friend.* Hormisdae pap. epist. 111, Thiel, p. 912. Coll. Avell., *CSEL.*, t. 35 p. 682. Rustic., Concil. Chalcedon., Schwartz, II pt. 3 p. 299. Victor Tun., Chron., *Auct. ant.*, XI p. 196. Gregor. II pap. epist. a. 725, Migne, t. 89 col. 528 B (J.-E. 2173). Anast. Bibl., Chron., ed. De Boor, p. 34.

**synchronus:** **contemporain — contemporary.*

**syncletus,** synclitus (gr.): *le Sénat romain — the Roman Senate.* V. Agathonis pap., *AASS.*, Jan. I p. 625. Lib. pontif., Leo III, § 21, ed. Duchesne, II p. 7. Don. Constantini, c. 15, Mirbt, *Qu.*[3] p. 86.

**syncopa,** syncope (gr.): **1.** *syncope, défaillance — swoon.* Gregor. M., Dial., lib. 3 c. 33. **2.** *pause, hiatus — pause, gap.*

**syncopare:** *entrecouper — to cut short.* S. xiii.

**syndicare** (<syndicus): *soumettre à une enquête, demander compte à* un magistrat — *to subject to an inquiry, to call* a magistrate *to account.* S. xiii, Ital.



**syndicarius** (adj.): *d'un syndic — of a syndic.* S. xiii, Ital.

**syndicator:** *commissaire faisant une enquête sur l'exercice des fonctions d'un magistrat — commissioner conducting an inquiry into a magistrate's proceedings.* S. xiii, Ital.

**syndicatus** (decl. iv): **1.** *l'action de rendre compte de l'exercice de fonctions officielles — rendering account for one's proceedings as a magistrate.* S. xiii, Ital. **2.** *charge de syndic — office of syndic.* S. xiii. **3.** *un collège de syndics — a board of syndics.* S. xiii.

**syndicus** (gr.) (dans les textes de droit romain — in Roman law texts: i.q. defensor civitatis): *syndic,* plénipotentiaire du magistrat d'une ville — *syndic,* a city magistrate's proctor. Sindici et procuratores comunis Mantuae. Torelli, *Reg. Mantovano*, I no. 80 p. 58 (a. 1056).

**sindmannus,** sint- (germ.): *un dépendant qui est astreint à des services de transport ou de message — a dependent performing carrying or messenger service* (cf. voces scararius et scaremannus). *D. Ludwigs d. Deutsch.*, no. 30 (a. 841). *D. Ludwigs d. Kindes*, no. 28 (a. 903). Zahn, *UB. Steierm.*, I no. 180 p. 188.

**sindon,** sindo (genet. -onis) (gr. < aram.): **1.** **fin tissu de toile ou de soie — fine material of linen or silk.* **2.** **linceul — shroud.* **3.** *serviette — napkin.* Anast. Bibl., Chron., ed. De Boor, p. 213. **4.** *corporal — corporal cloth.* Sacram. Gelas., lib. 1 c. 40, ed. Wilson, p. 70. Bitterauf, *Trad. Freising*, I no. 212 p. 200 (a. 804-808).

**sine:** i.q. praeter, *sans compter — besides.* Sine una vinea. Nitto, *CD. Barese*, I p. 3 (a. 952).

**sinere:** i.q. desinere, *cesser — to stop.* Cervum illum sequere [i.e. sequi] sinamus. Chron. Salernit., c. 43, ed. Westerbergh, p. 44.

**sinescalcus,** siniscalcus, v. senescalcus.

**syngrapha,** -phus (class. "titre de créance — written acknowledgment of debt"): *charte — charter.* Birch, *Cart. Sax.*, I no. 101 p. 147 (a. 699); no. 117 p. 174 (a. 706). *D. Lothaire*, no. 62 (a. 973). Adrevald. Floriac., Mir. Benedicti, c. 19, *SS.*, XV p. 487.

**singularis** (adj.): *(d'animaux) *sauvage* — (of animals) *wild.* Ferus: sanglier — wild boar. Aper: idem. V. Deicoli, c. 12, Mabillon, *Acta*, II p. 107. Subst. mascul. **singularis,** singlaris, sen-, -gle-, -rius: *sanglier — wild boar.* Odilo Cluniac. (?), V. Odonis Cluniac., lib. 2, lectio ap. DC.-F., VII p. 493 col. 2 (sed ap. Joh. Rom., V. Odonis, lib. 2 c. 3, Migne, t. 133 col. 62A: aper). Chron. Salernit., c. 92, ed. Westerbergh, p. 92.

**singuli** (plural.): **chaque — every.*

**sininus** (adj.) (<sinus): *voûté — vaulted.* Cum ... criptis ... sinino opere cohoperte. Federici, *Reg. di S. Silv. in Cap.*, p. 275 (a. 955). Cripta ... sinino opere cooperta. Giorgi-Balzani, *Reg. di Farfa*, III doc. 504 p. 213 (a. 1017). Subst. neutr. **sininum:** *voûte — vault.* Grepta [i.e. crypta] cum sinino et introito et exoito [!] suo. Fedele, *Carte di Mica Aurea*, p. 511 (a. 983). Cum cripta sinino cooperta. Mittarelli, *Ann. Camaldul.*, I p. 197 (a. 1011).

**sinistralis:** *septentrional — northern.* In sinistrali plaga Brittanniae. Nenn., c. 12, ed. Lot, p. 156. In sinistrali parte Wiltunscire. Asser., c. 52, ed. Stevenson, p. 40.

**sinistrare.** Loc. sinistrante fortuna: par un accident fatal — ill-fatedly. Fredericus Romanorum imperator ... sinistrante fortuna in quodam flumine moritur. Ryccard. Sangerm., ad a. 1190, *SS.*, XIX p. 325.

**sinistrim:** *du côté gauche — on his left.* Balenam dextrim, parmam vehit atque sinistrim. Ruodlieb, fragm. 1 v. 21.

**synodalis** (adj.): **synodal — of a synod.* Subst. neutr. singul. **synodale:** *lettre émanant d'un synode — letter despatched by a synod.* Lib. diurn., no. 6, inscr., ed. Sickel, p. 5; no. 8, inscr., p. 7. Subst. neutr. plural. **synodalia:** **1.** *synode — synod.* [Angelus] pro vice Martini peragens synodalia praesens. Fortun., V. Martini, lib. 3 v. 423, *Auct. ant.*, IV pt. 1 p. 344. Bis in anno ... sinodalia debeant celebrari et causarum canonicarum examinatio provenire. Gregor. III pap. epist. (ca. a. 738), Bonif.-Lull., epist. 44, ed. Tangl, p. 70 (J.-E. 2247). **2.** *redevance due à l'occasion du synode épiscopal — dues paid in connexion with the bishop's synod.* Quicquid ad synodalia pertinet. *Zeitschr. Berg. Gesch.-Ver.*, t. 6 p. 46 no. 79 (a. 943). Dono ... aecclesiam ... et altare et omnes reditus eorum, decimas scilicet, primitias, sepulturam, sinodalia, circada ... Fauroux, *Actes de Norm.*, no. 131 p. 304 (a. 1053). Tam episcopo quam archidiacono synodalia et quosdam redditus episcopales moliebatur auferre. Joh. Saresbir., epist. 55, ed. Butler-Brooke, I p. 94. Subst. mascul. **synodalis:** **1.** *échevin synodal — doomsman in a synod.* Miraeus, IV p. 204 col. 2 (a. 1150, Thérouanne). Testes publici quos tua civitas nuncupat synodales. Coelestini III pap. (a. 1192-1198) epist. ap. Decretal. Gregor. IX, lib. 2 tit. 21 c. 7. Phil. Rom. regis priv. pro Leod. a. 1208, ed. Kurth, *Bull. Inst. Archéol. Liégeois*, t. 35 p. 301. **2.** *individu dont le statut libre est déterminé par sa présence dans les plaids d'église — a person whose personal freedom is concomitant to his stand in a church court.* Frid. II imp. stat. in fav. princ. a. 1232, § 9, Altmann-Bernheim[4], p. 24. Cf. F. Gescher, *Synodales. Studien zur kirchl. Gerichtsverf. u. zum deutsch. Ständewesen des MA.s. ZSRG.*, Kan. Abt., t. 29 (1940), pp. 358-446.

**synodaliter:** **d'un synode, en synode — from or in a synod.* Victor Tun., *Auct. ant.*, XI p. 200. Agathonis pap. epist. a. 680, Migne, t. 87 col. 1252 C (J.-E. 2110). Lib. diurn., no. 83, ed. Sickel, p. 92; no. 84, p. 102. Synod. Vermer. a. 853, *Capit.*, II p. 421. Hincmari Rem. epist. a. 860, *H. de Fr.*, VII p. 524.

**synodare, 1.** intrans.: *tenir un synode — to hold a synod.* Me unde synodare deberem omnino nescire. Rather., Itin., c. 5, Migne, t. 136 col. 585 B. **2.** transit., aliquem: *citer à comparaître dans un synode — to summon to a synod.* Nullus episcopus audeat synodare vel excommunicare monachum vel clericum ipsius monasterii. Priv. Paschal. I pap. a. 817, Migne, t. 129 col. 977 (J.-E. 2546; spurium, ni fallor).

**synodice:** **en synode — in a synod.* Lib. diurn., no. 85, ed. Sickel, p. 108.

**synodicus** (adj.): **d'un synode — of a synod.* Epistola synodica: **1.** **lettre émanant d'un synode ou bien d'un pape ou d'un patriarche en synode — letter despatched either by a synod or by a pope or patriarch presiding a synod.*

2. **lettre adressée à un synode — letter directed to a synod.* 3. **lettre adressée par un pape ou un patriarche nouvellement élu à ses collègues,* contenant une confession de foi — *letter addressed by a newly elected pope or patriarch to his colleagues* containing a confession of faith. Subst. femin. **synodica** et neutr. synodicum: **1.** i.q. epistola synodica sub **3.** Lib. pontif., Vitalianus, ed. MOMMSEN, p. 186. Ib., Gregor. II, vers. I, § 2, ed. DUCHESNE, I p. 396. **2.** i.q. epistola synodica sub 2. Ib., Agatho, ed. MOMMSEN, p. 196. RATHER., Itin., c. 6, MIGNE, t. 136 col. 588 A. Subst. mascul. **synodicus,** synodiacus: *prélat siégeant dans un synode — ecclesiastic sitting in a synod.* BERTHOLD., Ann., a. 1076, *SS.*, V p. 285.

**sinodochium,** v. xenodochium.

**synodus: 1.** *réunion des grands du royaume, diète — assembly of the magnates of the realm, diet.* Ann. regni Fr., a. 773, ed. KURZE, p. 34; a. 776, p. 46. Karoli M. notit. Ital. a. 776, c. 4, *Capit.*, I p. 188. Capit. legi Ribuar. addit. (a. 803), inscr., codd. 7 et 8, p. 117 l. 15. *D. Merov.*, p. 143 no. 26 (< a. 632>, spur. s. viii, S.-Denis). **2.** *redevance due à l'occasion du synode épiscopal — a due levied in connexion with the bishop's synod.* DC.-F., VII p. 692 col. 2 (ch. a. 991, Apt). FAUROUX, *Actes de Norm.*, no. 91 p. 242 (a. 1032). PROU-VIDIER, *Ch. de S.-Benoît-s.-Loire*, I no. 74 p. 193 (a. 1035). Concil. Tolos. a. 1056, c. 10, MANSI, t. 19 col. 849 A. Concil. Lillebonn. a. 1080, TEULET, *Layettes*, I no. 22 p. 27 col. 1. Ecclesiae [solvunt] synodum in Majo, id est 7½ den. *Gall. chr.*², XVI instr. col. 223 no. 6 (a. 1137, Viviers). **3.** *décrets synodaux — decrees of a synod.* Suscepit sanctam sextam synodum ... Greco eloquio conscriptam. Lib. pontif., Leo II, ed. MOMMSEN, p. 200. [Episcopi Niceae congregati] synodum universalem definierunt ... pro venerandis imaginibus erectione; quam synodum jam dicti missi in Greco sermone secum deferentes ... Ib., Hadr., § 88, ed. DUCHESNE, I p. 512.

**syntagma** (neutr., genet. -atis) (gr.): **1.** **ouvrage, traité — tract, treatise.* **2.** *document, lettre* ou *charte — document, letter* or *charter.* KEMBLE, *CD. Sax.*, III no. 684 p. 270 (a. 993).

**synthychia** (gr. συνθήκη): *traité, pacte — treaty.* GREGOR. M., lib. 1 epist. 30, I p. 43. ARNULF. VOCHBURG., Mir. Emmerammi, lib. 1 c. 17, *SS.*, IV p. 554 col. 1.

**sintmannus,** v. sindmannus.

**sion** (neutr., plural. sia): *tuyau, entonnoir — spout, funnel.* Test. Everhardi a. 867, DE COUSSEMAKER, *Cart. de Cisoing*, p. 2. Actus pontif. Cenom., c. 37, ed. BUSSON-LEDRU, p. 442.

**siquidem** (conj.): i.q. autem, *ensuite — further.* In illo siquidem fundo. Lib. diurn., c. 18, ed. SICKEL, p. 14.

**sirica,** v. serica.

**siricus,** syricus = sericus.

**siroppus,** siruppus (arab.): *potion — liquid medicine.* HUGO FALCAND., c. 48, ed. SIRAGUSA, p. 122.

**sistarius,** -um, v. sextarius.

**sistere** (intrans.): **1.** *valoir pour un temps, durer — to be valid so long, last.* Sacramentum sistebat roboreum aut mensem aut tempus annotinum. ERCHEMPERT., c. 75, *Scr. rer. Langob.*, p. 262. **2.** *se trouver, être — to stand, be.* Cum ... aedificiis et ecclesia ibidem sistentia. *Bonner Jahrb.*, t. 136/137 p. 234 ed. LEVISON (a. 885, Bonn).

**sitarchia,** set-, -arci-, -us (gr., proprie "pain de son — coarse bread"): **sac à provisions — bread-scrip.*

**sitibundus:** **assoiffé — thirsty.*

**siticum,** v. seticus.

**situare** (< situs): **1.** *placer — to put.* S. xiii. **2.** *nommer — to appoint.* Pro quolibet foranea situetur vicarius. *Gall. chr.*², III instr. col. 50 (a. 1209, Tournai).

**situla,** -lus, -lum (confus. cum voce siclus): *une mesure de capacité pour les liquides — a liquid measure.* Situlas per sextaria octo. Capit. de villis, c. 9. De cervisia carradam 1, id est 30 situlas. Coll. Sangall., no. 34, *Form.*, p. 418. *D. Ottos I.*, no. 1 (a. 936). LACOMBLET, *UB. Niederrh.*, I no. 203 p. 132 (a. 1066).

**situs: 1.** *terrain, espace bâti — site of a building, precincts.* Cum situ ipsius coenobii. *D. Louis IV*, no. 20 (a. 943). Haec sunt confinia situs monasterii. MARGARINI, *Bullar. Casin.*, II p. 50 (a. 975). **2.** *emplacement d'un moulin à eau — site of a watermill.* Situm cujusdam molendini ... supra O. fluvium positi. COURTOIS, *Cart. de Dijon*, no. 18 p. 33 (a. 904). **3.** *emplacement d'un fourneau à saunage — site for a salt-boiler.* Quatuor ferreas vel caldarias situsque earum in salinis. D. Radulfi reg. a. 1029, MARTÈNE, *Thes.*, I col. 147. **4.** *lieu où se tient un tribunal — meeting-place of a lawcourt.* Dum venisset ... dux situm castrum Viterbium singulas audiendum ... causas. FICKER, *Forsch.*, IV p. 9 (a. 806). **5.** *une subdivision du pagus — a district, fraction of a "pagus".* In pago Durgaugense in sito q.d. Zurihgawia. WARTMANN, *UB. S.-Gallen*, I no. 10 p. 11 (a. 744). Etiam ib., no. 39 p. 41 (a. 763); no. 77 p. 74 (a. 775); no. 85 p. 80 (a. 779).

**siusis,** v. segusius.

**sive: 1.** *i.q. aut, *ou bien* — (either ...) *or.* 2. *i.q. et, *et — and.*

**skippa,** schippa (mascul.) (germ., cf. angl. *skipper*, frg. *équipe*): *marin — sailor.* ORDER. VITAL., lib. 12 c. 25, ed. LE PRÉVOST, IV p. 413.

**skippare,** eski-, exki-, eschi-, esqui-, -pare (germ.) : **1.** *charger* un navire — *to freight* a ship. Nulla navis de tota Normannia debet eschippare [i.e. eschippari] ad Hiberniam nisi de Rotomago. Priv. civ. Rotomag. a. 1150-1151, DELISLE, *Actes Henri II*, I no. 14 p. 19. **2.** *équiper, pourvoir* une embarcation *du nécessaire — to equip* a ship. S. xiii.

**smaltatus,** exmal-, -titus (adj.): *émaillé — enamelled.* Retem ... conclusas auri petias in se habentem exmaltitas. Lib. pontif., Bened. III, § 31, ed. DUCHESNE, II p. 147. Cum collariis co[o]pertis laminis deauratis et bolatis sive smaltatis. Honor. civ. Pap., c. 3, *SS.*, XXX p. 1452. Columnam ... subtilissimo opere smaltitam. SUGER., De admin. sua, c. 32, ed. LECOY, p. 196.

**smaltum,** esm-, -aldum (germ.): *émail — enamel.* Cantram auream 1 cum pretiosis margaritis et gemmis ac smalto. Lib. pontif., Steph. V, § 10, ed. DUCHESNE, II p. 194. DREI, *Carte di Parma*, p. 585 (a. 913). V. Victoris III pap., *AASS.*, Sept. V p. 409 col. 1. LEO OST., lib. 1 c. 18, *SS.*, VII p. 593.



**smaraldus,** smaraudus, smeraldus, smiraldus = smaragdus.

**smurdus,** zmurdus, smordus (slav.): *individu d'une catégorie de dépendants demi-libres* astreints au paiement d'un cens (dans la région d'entre la Saale et l'Elbe) — *a person belonging to a class of semi-free dependants.* *D. Heinrichs III.*, no. 18 (a. 1040); no. 60 (a. 1040); no. 83 (a. 1041); no. 112 (a. 1043). LACOMBLET, *UB. Niederrh.*, I no. 192 p. 124 (a. 1057), ubi perperam: sinordis.

**soalis,** v. suillus.

1. **soca,** suca: *une mesure de longueur — a linear measure.* Suca habet pedes 100. GIORGI-BALZANI, *Reg. di Farfa*, V doc. 1219 p. 209 (a. 756).

**2. soca,** v. socna.

**socagium** (< socna): **1.** *territoire où s'exerce un droit de justice — soke, area of jurisdiction.* S. xii, Angl. **2.** *tenure dans le cadre d'une seigneurie — socage, land held by socage.* S. xii, Angl.

**soccida,** v. socida.

1. **soccus,** soquus (class. "chaussure légère — light shoe"): **1.** *semelle de bois, espadrille, pantoufle — wooden sole, sandal, slipper.* Lignea tantum sola [i.e. solea], quae vulgo soccos monasteria vocitant Gallicana, continuato potitus est usu. V. patr. Jur., V. Lupicini, c. 2, *SRM.*, III p. 144. Capit. monast. a. 817, c. 22, I p. 345. Adalhardi stat., lib. 1 c. 3, *LMA.*, t. 13 (1900) p. 353. Ansegisi const., ap. G. abb. Fontan., ed. LOHIER-LAPORTE, p. 119. PETR. DAM., V. Rodulfi Eugub., c. 3, MIGNE, t. 144 col. 1011 C. **2.** *chaussette, bas — sock, stocking.* Ruodlieb, fragm. 13 v. 118. GUILL. HIRSAUG., Const., lib. 2 c. 37, MIGNE, t. 150 col. 1097 A. STIMMING, *Mainzer UB.*, I no. 492 p. 395 (a. 1121).

2. **soccus,** succus, socus (celt.): *soc de charrue — plough-share.* WARTMANN, *UB. S.-Gallen*, I no. 283 p. 265 (a. 824); no. 291 p. 271 (a. 825); no. 366 p. 340 (a. 837).

**socialitas:** terme qui désigne le lien d'affiliation entre Cluny et les monastères subordonnés — term denoting the connection between Cluny and associate monasteries. *H. de Fr.*, IX p. 694 A (a. 929).

**sociare: 1.** *attribuer à, adjuger à — to assign, appropriate.* Omnia praedia ... ecclesiae ... sociavit. Lib. pontif., Xystus III, ed. MOMMSEN, p. 97. Quartam partem patrimonii sui fisco sociare cogatur. Edict. Theoderici, c. 111, *LL.*, V p. 164. Res ejus in fisco nostro socientur. Capit. Ital. a. 801, c. 3, I p. 205. Ei ea proprietas ablata est et fisco regio sociata. *D. Ludw. d. K.*, no. 34 (a. 904). Deberet predium ... sociari fisco regio. *D. Ottos II.*, no. 130 (a. 976). **2.** sibi: *s'approprier — to engross.* Ab emptore alter [alodem] abstrahere voluerit et sibi sociare in patrimonium. Lex Baiwar., tit. 16 § 17. Hereditas eorum ad opus nostrum recipiatur; nec comis nec vicarius illud sibi societ. Capit. Aquisgr. (a. 801-813), c. 6, I p. 171. Loc. sociante fisco: au profit du fisc — for the benefit of the fisc. Fisco sociante auri libras decem ... coactus exsolvat. PARDESSUS, I no. 179 p. 136 (a. 572).

**socida,** socc-, -eda, -ita (<societas): *bail à cheptel — cattle-feeding contract.* S. xiii, Ital.

**societas: 1.** *mariage — marriage.* JORDAN., Getica, c. 31 § 160, *Auct. ant.*, V pt. 1 p. 99. **2.** *bail à part de fruits — lease at a share of the crop.* Priv. Eugen. III pap. a. 1146, PFLUGK-HARTTUNG, *Acta*, I no. 205 p. 189. **3.** *pariage — contract of "pariage".* Ch. Lud. VII reg. Fr. a. 1171, LUCHAIRE, *Inst. mon.*, II p. 328 no. 26. **4.** *communauté de prières — prayer brotherhood.* Ob caritatem et societatem vestram [sc. monachorum] quam [i.e. qua] vobis sotiatus sum. FAUROUX, *Actes de Norm.*, no. 19 p. 103 (a. 1006-1017). Unita alternatim ecclesiarum fraterna societate. MIRAEUS, I p. 150 col. 1 (a. 1023, Beauvais). **5.** *qualité de membre d'une communauté religieuse — membership of a religious community.* Accipiens societatem in capitulo s. Florentii. MARCHEGAY-MABILLE, *Chron. d'Anjou*, p. 333 (ca. a. 1115).

**socius.** Loc. distringente socio fisci: i.q. sociante fisco (cf. voc. sociare). Unacum distringente socio fisci aurum libras 50 ... mulcta componat. MITTARELLI, *Ann. Camald.*, I p. 24 (a. 867).

**socmannus,** sokemannus (anglosax.): *tenancier dans le cadre d'une seigneurie — sokeman, tenant in socage.* Domesday.

**socna,** soca, socca, socum (anglosax.): *justice seigneuriale — soke, seigniorial jurisdiction.* Domesday.

**socum,** v. socna.

**socus,** v. 2. soccus.

1. **sodes** (subst. singul.) (< interj. sodis, per attract. voc. sodalis): *confrère — comrade.* Infirmos fratres sic debent visere sodes. GUIDO FARF., lib. 2 c. 53, inscr., ALBERS, I p. 189. Mi sodes care. EKKEHARD., Cas. s. Galli, c. 3, *SS.*, II p. 108.

**2. sodes** (subst. plural.) = sues.

**sodomita** (mascul.): *sodomite — one who commits sodomy.* GREGOR. M., lib. 10 epist. 2, II p. 238. Capit. missor. gener. a. 802, c. 17, I p. 95.

**sodomiticus:** *de sodomie — of sodomy.* Peccatum. COLUMBAN., Poenit., c. 1 § 3, ed. SEEBASS, *Zeitschr. f. Kircheng.*, t. 14 (1894), p. 441.

**sodus,** sudus, saudus (cf. ital. *sodo*): *inculte — non-cultivated.* Caesa. GIORGI-BALZANI, *Reg. di Farfa*, II doc. 179 p. 147 (a. 802). Terrula. Ib., doc. 178 p. 146 sq. (a. 805); doc. 191 p. 156 (a. 808).

**sophista** (mascul.): *(in bonam partem) *philosophe — philosopher.*

**soga** (germ.): *corde, longe — rope, neck-strap.* Edict. Rothari, c. 291.

**sogalis,** v. suillus.

**sogma,** soima, v. sagma.

**sogneia,** soigneia v. sonniata.

**soillus,** v. suillus.

**soinus,** v. sonnis.

**sola** = solea.

1. **solamen: 1.** *traitement médical — medical treatment.* Mir. Agrippini (s. x), CAPASSO, *Mon. Neapol.*, p. 325. **2.** *appui, assistance — help, aid.* Ad quod opus peragendum solamen artificesque ac viros industrios praebuit. V. Sadalbergae (s. ix in.), c. 12, *SRM.*, V p. 56.

**2. solamen** (< solum): *solage — ground.* Colonias 2 ... cum agra et prada, solamen cum edificio. WARTMANN, *UB. S.-Gallen*, III no. 790 p. 111 (a. 933).

**solamentum** (<solum): *étage, chambre haute, superstructure — loft, upper room, story.*

Schiaparelli, *CD. Longob.*, I no. 23 p. 90 (a. 720, Pisa). Ib., no. 103 p. 297 (a. 752, Lucca). Ib., II no. 206 p. 218 (a. 767, Pistoia). Giorgi-Balzani, *Reg. di Farfa*, II doc. 79 p. 75 (a. 770). Manaresi, *Placiti*, I no. 19 p. 62 (a. 806, Pistoia).

**solariatus** (adj.): *muni d'un étage — having a story*. Casa. Giorgi-Balzani, *Reg. di Farfa*, II doc. 146 p. 122 (a. 789). *CD. Langob.*, no. 287 col. 483 B (a. 879). Ib., no. 402 col. 677 C (a. 903). Aedificium. Giorgi-Balzani, II doc. 290 p. 244 (a. 853). Caminata. Manaresi, *Placiti*, I no. 128 p. 482 (a. 918, Verona).

**solariolum:** *mansarde — attic*. V. Austrulfi Fontanell., Mabillon, *Acta*, III pt. 2 p. 134. *D. Berengario I*, no. 69 p. 186 l. 31 (a. 909). *CD. Langob.*, no. 651 col. 1120 C (a. 961/962).

**solarium,** -er-, -ius, solare (class. "terrasse — terrace"): **1.** **étage, grenier, chambre haute, superstructure — loft, upper room, attic, story*. Brev. ex., c. 25, *Capit.*, I p. 254; c. 32, p. 255; c. 36, p. 256. G. Aldrici, ed. Charles-Froger, p. 11. Hincmar., Ann. Bertin., a. 870, ed. Waitz, p. 110. Concil. Mett. a. 888, c. 8, Mansi, t. 18 A col. 80 A. *D. Merov.*, p. 129 no. 12 (spur., Chalon). Ruodlieb, fragm. 13 v. 5. **2.** *estrade, véranda, galerie — platform, veranda, gallery*. Lib. pontif., Hadr. I, § 56, ed. Duchesne, I p. 503. Actus pontif. Cenom., ed. Busson-Ledru, p. 142 (s. ix). Asser., c. 15, ed. Stevenson, p. 13. *D. Berengario I*, no. 69 p. 186 l. 30 (a. 909). Galbert., c. 12, ed. Pirenne, p. 21; c. 102, p. 148. **3.** *terrain, enceinte — ground, precincts*. Floriano, *Dipl. esp.*, I no. 37 p. 176 (a. 829). In R. 20 casatos et solares per populare. Muñoz, *Fueros*, I p. 48 (a. 978, Castil.). Qui habuerit cassam [i.e. casam] in solario alieno. Fuero de León (a. 1017-1020), c. 25, Wohlhaupter, p. 12. Etiam ib., c. 9, p. 4.

**solatiare** et depon. solatiari: **1.** *aider, appuyer, secourir — to comfort, help, support*. Gregor. M., lib. 1 epist. 13, I p. 13. Ibi pluries. Si dux exercitalem suum molestaverit injuste, gastaldius eum solatiet. Edict. Rothari, c. 23. Etiam c. 24. Cellulam ... honorare atque solatiare. *D. Charles le Ch.*, no. 226 (a. 861). Beneficiis divinis solatiati. Milo, V. Amandi II, c. 5, *SRM.*, V p. 461. **2.** *amuser, divertir — to amuse, divert*. Vobis invicem solatiari poteritis. Arnulf. Lexov., epist. 16, Migne, t. 201 col. 30 C.

**solatiator:** *celui qui porte secours — supporter*. Tui laboris solatiatorem ne dimittas. V. Menelei, lib. 1 c. 8, *SRM.*, V p. 140. In rei publicae nostrae solaciatoribus. Conv. Colon. a. 843, *Capit.*, II p. 254 l. 9.

**solatiosus:** *divertissant — diverting*. S. xiii.

**solatium: 1.** **aide, appui, secours — help, support*. Quodsi judex ad hoc solatium dare noluerit. Concil. Turon. a. 567, c. 16, *Conc.*, I p. 126. Ad persequendum fratrem meum praebueris solatium. Gregor. Turon., H. Fr., lib. 2 c. 32. Ibi persaepe. Didicerunt contra diabolum, multorum solacio jam docti, pugnare. Benedicti regula, c. 1. Viduis ... impertire solatia debeatis. Gregor. M., lib. 1 epist. 13, I p. 13. Ibi persaepe. Qui [ad] mortui injuriam vindicandam denegaverit solacia, si quidem rogatus fuerit. Edict. Rothari, c. 13. Si quis ... duci suo ad justitia[m] persequenda[m] denegaverit solatium. Ib., c. 22. Si quis alterius puellam de genicio deviolaverit ... Et qui in ejus solacium ambulat ... Pact. Alamann., fragm. 3 c. 24. Si obedientia rei publicae episcopis talis injungitur quam per se facile adimplere nequiverint, ut prebeant solacium subjecti. Capit. Olonn. eccl. II a. 825, c. 3, I p. 328. **2.** spec.: *appui d'armes, service militaire — support in war, military service*. Sua solacia Romanae reipublicae, ubi usus exegerit, non denegaret. Jordan., Getica, c. 32 § 165, *Auct. ant.*, V pt. 1 p. 101. Chlotharius in solatium Theudeberti non esset. Fredeg., lib. 4 c. 37, *SRM.*, II p. 138. Ad eum venit in solatio. Ann. regni Franc., a. 748, ed. Kurze, p. 6. Veniant hostiliter in solatio regis. Capit. missor. (a. 792 vel 786), c. 6, I p. 67. Si partibus Hispaniae sive Avariae solatium ferre fuerit necesse. Capit. de causis div. (a. 807?), c. 2, I p. 136. **3.** meton.: *troupe armée escortant qq'un, force militaire — body of warriors forming an escort, military force*. Cum parvum solacium qui eum ducebant haberent. Gregor. Turon., H. Fr., lib. 5 c. 14. Me habere mecum non modicum solatium. Ib., lib. 7 c. 34. Etiam lib. 6 c. 42. Ille judex, collectum solacium [accus. absol.], ipsum raptorem occidat. Decr. Childeberti II a. 596, c. 4, *Capit.*, I p. 16. Agentes ... potentum per potestatem nullius res, collecta solacia, auferant. Edict. Chloth. II a. 614, c. 20, p. 23. Si quis homine[m] libero [i.e. liberum] insidiatus fuerit cum virtute aut solacio. Edict. Rothari, c. 41. Nec ei solatium ... transmiserunt. Ann. Lauresham., a. 795, *SS.*, I p. 3[illegible]. Si illi duo missatici ad hoc non suffecerint, ... eis necessarium solatium transmittamus. Capit. Tusiac. a. 865, c. 13, II p. 331. **4.** *service domestique — household service*. Ipsum in suis servitiis ac solatiis retineat. F. Turon., no. 11, *Form.*, p. 141. Fideliter mihi prestet solatium vel adjutorium. Ib., no. 23, p. 148. **5.** meton.: *la domesticité — personnel*. Gentes ... de solatio Brunechilde ... fecit adesse. Fredeg., c. 40, p. 141. **6.** un seul *aide de ménage, adjoint* — a single *household aid, assistant*. Si congregatio major fuerit, solacia ei [sc. cellerario] dentur, a quibus adjutus ... impleat officium. Benedicti regula, c. 31. Item c. 35; c. 53. Imbecillibus [fratribus servientibus] procurentur solacia, ut non cum tristitia hoc faciant, sed habeant omnes solatia. Chrodegangi regula canon., c. 9. **7.** *service de l'état — public service*. Comites ... nostrum solatium ... non demittant. Capit. de part. Saxon. (a. 775-790), c. 29, I p. 70. **8.** *repas — meal*. Cum dies commemorationis meae evenerit, ... abbati loci illius solatium praebeant. Test. Bertichramni, a. 615, Pardessus, I p. 212. **9.** *salaire — wages*. Julian. Antec., Const., c. 123 § 1, ed. Haenel, p. 171. **10.** *divertissement — entertainment*. S. xiii.

**soldus** et deriv., v. solid-.

**solerium,** v. solarium.

**solia** (<solum): *seuil — threshold*. S. xiii. Ital.

**solicola** (mascul.): **agriculteur — husbandman*.

**solidamentum: 1.** **soutien, base, fondement — support, base, foundation*. **2.** *stipulation — provision*. Addidimus hoc nostri vigoris solidamento [i.e. -tum], ut si quislibet ... temere invasisset ... *D. Ludwigs d. K.*, no. 66 (a. 909). Ut hec nostre tradicionis auctoritas firma indissolubilique teneatur solidamento. *D. Ottos II.*, no. 168 (a. 977). Per hoc considerationis solidamentum, ut memoriam mei ... agerent. Duvivier, *Actes*, I p. 46 (a. 1065, S.-Amand).

**solidantia** (cf. voc. solidus sub 2): *ligesse — ligeance*. Nullus debet facere solidanciam nisi ad unum solum seniorem. Usat. Barcin., c. 36, ed. D'Abadal-Valls, p. 16.

**1. solidare: 1.** *affirmer — to affirm*. Sese permansurum ubi religatus fuerat solidaret. Sisebut., V. Desiderii Vienn., c. 10, *SRM.*, III p. 633. **2.** **confirmer — to confirm*. Cortem ... confirmamus, roboramus et omni exclusa contencione solidamus. *D. Ottos III.*, no. 394 (a. 1001). **3.** *céder en pleine propriété — to convey in full ownership*. Allodium ... traderent et solidarent jure perpetuo ecclesie. Wampach, *UB. Luxemb.*, I no. 294 p. 437 (a. 1067). **4.** *valider — to validate*. Scripsi et testibus solidavi. Dronke, *CD. Fuld.*, no. 137 p. 78 (a. 796). [Precariam] residentium digitis solidandam porrexit. Bernard-Bruel, *Ch. de Cluny*, II no. 1553 p. 600 (a. 981). Tuam formatam sigillo solidatam. Epist. Wormat., no. 47, ed. Bulst, p. 85 (a. 1030-1038). **5.** rationem: *solder* un compte — *to close* an account. S. xiii, Ital.

**2. solidare** (< solidus, subst.): *solder, soudoyer des hommes d'armes — to pay soldiers*. Pro ... solidatis militibus. Obert., Ann. Genuens., a. 1164, ed. Belgrano, I p. 165.

**solidarius** (adj.) (< solidus, subst.): *mercenaire — mercenary*. Satellitum solidariorum profusionem. Suger., epist. 153, Migne, t. 186 col. 1420 C. Quendam militem hujus regionis ... in illam provinciam ... solidarium abisse. Herimann. Tornac., c. 42, *SS.*, XIV p. 293. Capitales barones suos cum paucis secum duxit, solidarios vero milites innumeros. Robert. de Torinn., a. 1159, *SS.*, VI p. 510 l. 11. Subst. mascul. **solidarius,** sold-, suld-, sod-, -erius: *mercenaire — mercenary soldier*. Tanta dedit militibus quos soldarios vocari mos optinuit, qui ex omnibus mundi partibus causa questus ad eum concurrebant. Hugo Flavin., *SS.*, VIII p. 342. Epist. s. xi ex. ap. G. abb. Lob., c. 9, *SS.*, XXI p. 313. G. pontif. Camerac. abbrev., c. 7, *SS.*, VII p. 505. Conducticii vel solidarii vel stipendiarii. Leg. Henrici, c. 8 § 2, Liebermann, p. 554. Rudolf. Trudon., epist. (a. 1122), *SS.*, X p. 326. Galbert., c. 49, ed. Pirenne, p. 79. Ann. Egmund., a. 1153, ed. Oppermann, p. 160. Otto Frising., G. Friderici, lib. 1 c. 32, ed. Waitz-Simson, p. 51. Rahewin., ib., lib. 3 c. 20, p. 192. Obert., Ann. Genuens., a. 1164, ed. Belgrano, I p. 169. *Const.*, I no. 302 c. 3 (a. 1185). Gisleb. Mont., c. 60, ed. Vanderkindere, p. 101. Ib., c. 114, p. 174. Subst. femin. **solidaria,** sold-, sod-: *femme publique — public woman*. Clar., Chron. Senon., lib. 3 c. ult., Duru, *Bibl. histor. de l'Yonne*, II p. 530.

**solidata,** sold-, -ada, -ita (< solidus, subst.): **1.** *la valeur d'un sous — shilling's worth*. In precio quod inter nos conbenit, in solidita una in res valente. Martorell, *Arch. Barcelona*, no. 15 p. 129 (a. 903). **2.** *ce qui vaut un sous — things worth one shilling*. Per singulos annos ... solidadas duas de cera ... accipiat. Alart, *Cart. Roussillonnais*, no. 7 p. 18 (a. 947). Donet solidos aut solidatas 60 valentes. *Hist. de Lang.*[3], V no. 164 col. 350 (ca. a. 1005, Narbonne). Receperunt inde 15 solidatas infra [leg. inter] denarios et annonam. Guérard, *Cart. de Mars.*, I no. 53 p. 80 (a. 1057). **3.** *l'étendue de terre qui fournit un sous de rente annuelle — amount of land returning an annual yield of one shilling*. [Dono] capudmanso meo ... cum ipsas vineas soldadas tres. Bernard-Bruel, *Ch. de Cluny*, I no. 532 p. 518 (a. 941, Auvergne). Concessit ... 40 solidatas redditionis in V. Fauroux, *Actes de Norm.*, no. 224 p. 431 (a. 1063-1066). Dederunt ... centum solidatas edificamenti. Bertrand, *Cart. d'Angers*, I no. 134 p. 162 (a. 1060-1081). Reddidit ... solidatas terre quas ipsemet legali judicio reacquisierat. Cantat. s. Huberti, c. 92, ed. Hanquet, p. 239. Si aliquis suorum feudatorum de feudo ipsius centum solidatas ... donare voluisset. Miraeus, I p. 367 col. 1 (a. 1097, Guines). Decem libras [i.e. libratas] et quinque solidatas terre. Haskins, *Norman inst.*, p. 295 no. 3 (a. 1119). **4.** *fief-rente*. Solidata est praestatio quaedam annua et gratuita, quae a neutra parte transit in heredes; morte enim dantis vel accipientis interveniente finitur. Solidata vero dicitur quia plerumque in solidorum datione consistit, quandoque in vino et annona. Libri feudor., antiq., tit. 8 c. 16, ed. Lehmann, p. 128. **5.** *solde, paye de mercenaires — pay of mercenary soldiers*. [Principes] tenerent curiam et magnam familiam et facerent conductum et darent soldatas. Usat. Barcin., c. 124, ed. D'Abadal-Valls, p. 56. Militibus per solidatas tribuit potius [i.e. plus] quam 10.000 solidos. *Hist. de Lang.*, V no. 251 col. 499 (ca. a. 1059, Narbonne). Serviunt ei velut militantes pro solidatis. Eadmer., Simil. Anselmi, c. 29, Migne, t. 159 col. 619 C.

**solidatarius,** sold-, -aderius (cf. voc. solidata sub 5): *mercenaire — mercenary soldier*. Caffar., Ann. Genuens., ad a. 1158, ed. Belgrano, I p. 51.

**solidatus,** soldatus (subst.): *mercenaire — mercenary soldier*. S. xiii.

**solide:** *en pleine propriété — in full ownership*. Habeat ... solide et libere. Guérard, *Cart. de Mars.*, II no. 804 p. 154 (ca. a. 1110).

**soliditas: 1.** **totalité, intégrité, l'ensemble — entirety, the whole*. Regnum patris eorum sub omni soliditate possedeant. Pact. Andel. a. 587, *Capit.*, I p. 13. Res suas in soliditate recipit. Gregor. Turon., H. Fr., lib. 4 c. 46. Locella ... cum jure et soliditate sua nobis ... contulit. Pardessus, II no. 350 p. 133 (a. 666). Rem cum omni integritate et soliditate sua. F. Turon., no. 7, *Form.*, p. 139. Villam ... unacum soliditate vel terminis atque appenditiis suis. *D. Karolin.*, I no. 16 (a. 762). Ecclesias ... cum omni pertinentia et soliditate. Bitterauf, *Trad. Freising*, I no. 193[a] p. 184 (a. 804). Plural.: Cum omne merito vel ageciencias et soledetates suas. De Lasteyrie, *Cart. de Paris*, I no. 12 p. 18 (a. 690). **2.** *validité — validity*. Hoc preceptum ... in sua soliditate stabile perseveret. Brunetti, *CD. Tosc.*, I p. 506 (a. 742). **3.** *confirmation — corroboration*. Preceptionis paginam ... rata soliditate sanciri. Mittarelli, *Ann. Camald.*,

I p. 1 (a. 759). Auctoritatem soliditatis nostre et reconcessionis. *D. Charles le Simple*, no. 12 (a. 898). Villas ... soliditate apostolica roboramus. Priv. Agap. II pap. a. 949, *H. de Fr.*, IX p. 226 (J.-L. 3648).

**solidus** (adj.): **1.** *possédé en toute propriété — held in full ownership.* Totam terram de M. ... ecclesiae b. Albini ... a regibus Francorum solidam et quietam ab omni consuetudine fuisse donatam. MARCHEGAY-MABILLE, *Chron. d'Anjou*, p. 85 (s. xii med.). N. cum omnibus superius nominatis solidis ac quietis ab omni pontificali querela. FAUROUX, *Actes de Norm.*, no. 27 p. 115 (< a. 1024>, spur. s. xii, Fontenelle). Subst. neutr. solidum: *pleine propriété — full ownership.* Urbem [Cantuariam], quam archiepiscopus Lanfrancus habuerat ex beneficio, isti [sc. Anselmo] concessit ex solido. GUILL. MALMESBIR., G. pontif., lib. 1 c. 48, ed. HAMILTON, p. 83. **2.** *lige — liege.* Homo solidus: vassal lige — liege vassal. Qui ita sit fidelis et solidus homo ecclesiae nostrae sicut tu. V. Oldegarii Barcin. († a. 1137), c. 37, *AASS.*[3], Mart. I p. 489 D. Subst. mascul. solidus: *vassal lige — liege vassal.* Unusquisque [miles] placitet cum suo seniore cujus solidus sit. Usat. Barcin., c. 25, ed. D'ABADAL-VALLS, p. 11. Qui solidus est de seniore, obtime debet illi servire. Ib., c. 36, p. 16. Sit illorum [sc. comitis et comitissae] solidus tali modo, ut non retineat nec faciat ullum seniorem, nisi illos unde predicti comes et comitissa absolverint [i.e. siverint]. ROSELL, *Lib. feud. maj.*, I no. 310 p. 334 (a. 1063). Convenit ... comiti et comitisse ut sit eorum solidus et fidelis et de eorum mainada, sicut homo debet esse de suo meliori seniori. Ib., no. 425 p. 447 (a. 1078-1082). Propter hoc [sc. feodum] simus solidi b. Mariae Urgellensis sedis et vestri. BAUDON DE MONY, *Foix*, II p. 20 (a. 1159). Senior solidus: seigneur lige — liege lord. Stet in eorum [sc. comitis et comitissae] hominatico et fidelitatem, sicut homo debet facere ad suum meliorem et solidum seniorem. ROSELL, o.c., I no. 65 p. 79 (a. 1072). Item ib., no. 72 p. 86 (a. 1079); no. 73 p. 87 (a. 1079). Homagium solidum: ligesse — ligeance. Duplex est homagium, videlicet homagium solidum et aliud non solidum. PETR. ALBERTI, Consuet. Cathalonie (s. xiii), c. 30, ap. SOCARRATS, *In tractatum P. Alberti commentaria*, p. 304 sq. Subst. mascul. **solidus,** soldus (sc. aureus, "pièce d'or pur et d'un poids constant — coin of pure gold and unchanging weight"): **1.** **sous*, monnaie d'or — *shilling*, gold coin. **2.** *sous*, monnaie de compte — *shilling*, monetary accounting unit. Solidus argenteus. *CD. Langob.*, no. 60 col. 114 (a. 785). ALCUIN., Propos., c. 7, MIGNE, t. 101 col. 1147. Annis singulis ... solidus, id est duodecim denarii, ... reddatur. Capit. Liptin. a. 744, c. 2, I p. 28. Debita ... solidis duodecim denariorum solvant. Capit. legib. add. a. 803, c. 9, p. 114. **3.** plural. solidi: *gages, salaire — wages.* In custodia pro solidis occisus est. GREGOR. M., lib. 5 epist. 6, I p. 286. **4.** plural. solidi: *solde, paye de mercenaires — pay of mercenary soldiers.* Qui Rodulpho ... sine terra pro solidis servierunt. LANFRANC., epist. 35, MIGNE, t. 150 col. 534 C. [Pecunia] quam [rex] illis [sc. militibus suis] debebat pro conventione solidorum. ALBERT. AQUENS., lib. 7 c. 58, MIGNE, t. 166 col. 599 C. Qui solidos suos [sc. civium Placentinorum] receperint. *Const.*, I no. 172, c. 1, p. 238 (a. 1158). Multam solidorum conventionem polliceri. Ann. Egmund., a. 1204, ed. OPPERMANN, *Fontes Egmund.*, p. 199. Singul. solidus, soldus: idem. Imperator 100 milia marcarum ... fecit militibus dari in soldum. BURCHARD. URSPERG., ad a. 1193, ed. HOLDER EGGER-SIMSON, p. 72. **5.** singul.: *une mesure agraire de superficie, peut-être la vingtième partie d'une "tabula" — a land measure.* Vinea ... per mensuram tabularum 4 et solidorum 2 et tremissem. GIORGI-BALZANI, *Reg. di Farfa*, II doc. 164 p. 136 (a. 799).

**1. solinum:** *parasol — sunshade.* S. xiii.

**2. solinum** (anglosax.): une *mesure de terre* comparable au manse — *sulung*, Kentish equivalent of the hide. Domesday.

**solitarius** (subst.): **ermite — hermit.* Monachi qui solitarii nuncupantur. D'HERBOMEZ, *Cart. de Gorze*, no. 4 p. 12 (< a. 756>, spur.). JOH. AMALF., Mir., ed. HUBER, p. 72. JOH. VENET., Chron., ed. MONTICOLO, p. 79. EKKEHARD., Cas. s. Galli, c. 9, *SS.*, II p. 117.

**1. solium. 1.** solium regni: dignité royale — royal dignity. GREGOR. TURON., lib. 3 c. 14. *D. Merov.*, no. 23 (a. 651). **2.** solium pontificalis tituli: dignité épiscopale — episcopal dignity. AGNELL., c. 22, *Scr. rer. Langob.*, p. 288. **3.** (cf. voces sedes, sedile, sessus) *exploitation rurale — homestead.* Cum casis indominicata, curtis, soliis, pratis, perviis. D. Lud. Pii a. 815, *Gall. chr.*[2], IV instr. col. 264. **4.** *terrain destiné à la construction d'une demeure rurale — site for a homestead.* Exceptis octo soliis, ubi posset facere mansiones. GRASILIER, *Cart. de Saintes*, no. 12 p. 23 (a. 1067).

**2. solium:** *une mesure de quantité pour le vin — a liquid measure.* S. xiii, Ital.

**solivagus** (subst.): *serf non marié et non pourvu d'une tenure — a villain who is a single man and who does not have a holding.* Solivagi, qui ex parte domini terram non habent, solvunt de capite suo ... *RBPH.*, t. 14 (1935) p. 810 (ca. a. 1000, Köln). Vir, qui ibi solivagus dicitur, persolvat 11 den. LACOMBLET, *UB Niederrh.*, I no. 129 p. 86 (a. 1003). Cf. P. BONENFANT, *RBPH.* laud., p. 794 sq.

**solivum** (< sol): *le sud — the south.* Tam de poria [i.e. borea] quam et da solivo. *CD Langob.*, no. 478 col. 827 B (a. 918).

**sollemnia** (neutr. plural. et femin. singul.), sollemnium (neutr. singul.): **1.** **liturgie — liturgy.* **2.** spec.: **messe — mass.* Peracta solemnia. GREGOR. TURON., H. Fr., lib. 9 c. 3.

**sollemnitas:** *titre, document — written deed.* Donationem sponsalitiae vir ... conscripserit et omni eam scripturarum solemnitate firmaverit. Lex Rom. Visigot., Cod. Theod., lib. 3 tit. 5 c. 2, interpr., ed. HAENEL, p. 78. Strumenta [i.e. instrumenta] cartarum, vinditionis ... et omne solemnitas, per quem res [i.e. res] suas domenavit. F. Andecav., no. 33, *Form.*, p. 15.

**sollemnizare:** **célébrer — to celebrate.*

**sollicitare: 1.** **séduire — to lead astray.* **2.** *s'attirer, allécher — to win over.* Nullus [i.e. neuter] alterius leudes nec sollicitet nec venientes excipiat. Pact. Andel. a. 587, *Capit.*, I p. 14 l. 28.



**sollicitudo** (class. "souci, inquiétude — worry, concern"): **sollicitude, soin — care, attention.*

**sollicitus** (class. "inquiet, soucieux — worried, alarmed"): **soigneux, attentif — careful, solicitous.*

**solsadina,** suls- (cf. voc. solsadire): *constatation du défaut de la partie adverse — ascertainment of default of the opposing party.* Dum placetum suum ligebus custodibat vel ipso [i.e. ipsum] A. sulsadibat, sic veniens ex parte filius A. sulsadina[m] sua[m] contradixisset. *D. Merov.*, no. 66 (a. 693).

**solsadire,** saul-, sul-, -satire (germ.): *constater le fait que la partie adverse a manqué à sa promesse de comparaître à la date convenue — to establish the default of the opposing party.* Placitus fuit custoditus aut saulsaditus. F. Andecav., no. 13, *Form.*, p. 9. Placitum eorum legibus custodierunt et solsadierunt. Ib., no. 16, p. 10. Item no. 53, p. 23. Per triduo seu amplius placitum suum custodisset vel memorato illo abjectisset vel solsatisset. MARCULF., lib. 1 no. 37, p. 67. Item F. Turon., no. 33, p. 155. Per triduo seo per pluris dies placitum eorum vise [i.e. visi] sunt custudissent [i.e. custodisse] et ipso E. abbati abjectissent vel solsadissent [i.e. abjectisse vel solsadisse]. *D. Merov.*, no. 60 (a. 692).

**solummodo:** **seulement, uniquement — merely, solely.*

**soluta** (subst. femin.): *paiement — payment.* S. xiii.

**solutio: 1.** *absolution — remittal of sins.* PAUL. DIAC., Homil., MIGNE, t. 95 col. 1483. Pro meorum facinorum solutione. FAUROUX, *Actes de Norm.*, no. 7 p. 78 (a. 996-1006). **2.** *délivrance, salut — deliverance, salvation.* Pro Dei amore et animae suae solutione. Synod. Aquens. I a. 860, forma B, c. 7, *Capit.*, II p. 466. **3.** *décès — decease.* Post solutionis meae obitum. ENNEN-ECKERTZ, *Qu. Köln*, I no. 11 (a. 950). **4.** *wergeld.* Ei quem debilitavit dimidium solutionis solvat. WAUTERS, *Origine*, p. 26 (a. 1164, S.-Amand).

**solutus** (adj.): *exempt de toutes charges, non grevé d'obligations — free, not burdened with liabilities.* [Villam] quinquiennio tenui solutam et quietam. D. Henr. I reg. Fr. a. 1035 ap. LUCHAIRE, *Inst. mon.*, I p. 321 n. 6. [Abbas emit] terram de F. ita solutam et quietam sicut [venditor] eam tenebat. CHARLES-MENJOT, *Cart. du Mans*, no. 238 (a. 1035-1065).

**solvere: 1.** *renoncer à* une chose, *se désister d'une revendication — to renounce, waive, surrender.* Solserunt [i.e. solverunt] G. domino suo omnes homines et feminas stantes in illis domibus. GERMAIN, *Cart. de Montpellier*, no. 101 p. 212 (a. 1104). Solvo et omnino desamparo querimoniam quam injuste faciebam. *Gall. chr.*[2], VI instr. col. 86 (ch. a. 1172). **2.** loc. pascha soluta: début de la fête de Pâques — beginning of the Easter festival. Ordo Rom. XV, c. 153, ANDRIEU, III p. 124.

**solvimentum: 1.** *autorisation, assentiment — assent.* Non faciant illum achapte ... sine solvimento vel licencia de predictis comite et comitissa. ROSELL, *Lib. feud. maj.*, I no. 296 p. 323 (a. 1059). Adfirmamus cum consentimento et solvemento de omnes homines de villa. Ib., II no. 592 p. 97 (a. 1064). **2.** *renonciation — abandonment.* Coegerunt eum facere solvimentum honoris. *Hist. de Lang.*[3], V no. 469 col. 882 (a. 1119, Montpellier).

**1. soma** (neutr., genet. -atis) (gr.): **1.** *corps, dépouille — corpse.* V. Gangulfi I, c. 2, *SRM.*, VII p. 158 l. 10. GISLEB. AUTISSIOD., Mir. Romani Fontisrog. (s. xi), c. 12, *AASS.*, Maji V p. 157 F. Mir. Trudonis, MABILLON, *Acta*, VI pt. 2 p. 87. *D. Konrads II.*, no. 201 (a. 1033). **2.** *livre, ouvrage — book.* In prologo hujus somatis. AMALAR., Ordo antiph., c. 58 § 1, ed. HANSSENS, III p. 93.

**2. soma,** somma et deriv., v. sagm-.

**sombrum** (germ., cf. voc. sumbrinus): *une mesure de capacité pour les céréales — a corn measure.* BEYER, *UB. Mittelrh.*, I no. 453 p. 512 (ca. a. 1125, Trier).

**somniarius:** *oniromancien — dream-reader.* Capit. Herardi Turon. a. 858, c. 3, *Gall. chr.*[2], XIV instr. col. 40.

**somnis,** v. sonnis.

**sonare, 1.** intrans.: *être énoncé, formulé — to be worded.* De omnia quae superius sonuit. DE MARCA, *Marca hisp.*, app., col. 780 (a. 843). Sicut sonat in praeceptis regum. *Hist. de Lang.*[3], V no. 275 col. 540 (a. 1066, Narbonne). **2.** *se répandre — to spread.* Opinionem quae sonuerat. V. Barbatiani (s. x/xi), MURATORI, *Scr.*, II pt. 1 col. 195 D. **3.** impers. sonat: *le bruit court — it is rumoured.* Sonuit eum interfectum esse. GREGOR. TURON., H. Fr., lib. 3 c. 9. Sonuit quod Merovechus iterum basilica[m] conaretur expetere. Ib., lib. 5 c. 18. **4.** impers. sonat: *le dicton porte — the saying runs.* Usuale est apud eos sonare: filii matrem sequuntur. Concil. Ticin. a. 1018, praef., MANSI, t. 19 col. 346 B. **5.** transit.: *sonner — to chime for.* Nocturnum sonare jussit. Chron. Salernit., c. 98, ed. WESTERBERGH, p. 99. **6.** *déclarer à haute voix — to pronounce.* Cuncti qui ibidem aderant una voce sonabant ad legem vel justitiam H. episcopum ... inde vestituram recipere debere. BITTERAUF, *Trad. Freising*, I no. 475 p. 407 (a. 822).

**sondrus,** v. sundrus.

**sonia,** sonius, v. sonnis.

**sonniare,** soniare (<sonnis, >frg. *soigner*): *procurer le nécessaire, traiter — to provide a person's needs, entertain.* Dum advixero, mihi in omnibus tam de victo quam et de vestito soniare mihi debiat. F. Andecav., no. 58, *Form.*, p. 25. [Presbyter] annis singulis ad missa sancti ... dilectione nobis et pasto [i.e. pastu] soniare debeat. F. Pith. fragm., c. 108, ib., p. 598. Si comis in suo ministerio justitias non fecerit, misso nostro [i.e. missus noster] de sua [sc. comitis] casa [se] soniare faciat usque dum justitiae ibidem factae fuerint. Capit. Harist. a. 779, c. 21, I p. 51. Comes de suo ministerio vel homines illi, qui antiquitus consueti fuerunt missos aut legationes soniare, ita et modo inantea et de parverediis et omnia eis necessaria solito more soniare faciant. Capit. de villis, c. 27.

**sonniata,** soniata, sonneia, songeia, sogneia, soigneia, sonegia ( <sonniare): *pât, fourniture obligatoire d'aliments — service of providing food.* Decanus ... soniacam [leg. soniatam] episcopis Leodicensibus debitam ab eodem loco ... accipere [non] presumeret. Virt. Eugenii Bronii ost. (s. x), c. 6, *SS.*, XV p. 649. Decimas omnium redituum suorum ad civitatem [Remensem] pertinentium, scili-

cet sonniatarum episcopatus, census civitatis ... *D. Philippe Ier*, no. 31 p. 96 (a. 1067). Tradidi altare ... ab omni consuetudine et redemptione solutum, exceptis debitis annue sonegie et obsoniorum. DUVIVIER, *Actes*, I p. 309 (a. 1089, Cambrai). Curtem ... liberam feci ab exactione illa quam songeiam vocant. Ib., p. 56 (a. 1111, Flandre). Ipsum [locum] ab omni censuali exactione omnique sonegiarum et debitorum solutione ... absolvimus. MIRAEUS, III p. 337 col. 1 (a. 1137, Cambrai).

**sonniaticus,** somni-, son-, -atica, -agium (< sonniare): *droit de pât — right to a service of providing food.* Ut ea [altaria] fratres perpetuo sine personatu teneant, tantum somniaticas persolvant. MARLOT, *Hist. Rem.*, II p. 172 (ch. a. 1076). Locum ... ab omni sonagiorum et debitorum solutione ... absolvimus. HUGO, *Ann. Praemonstr.*, II col. 157 (ch. a. 1137, Cambrai). Ipse presbyter a sonniaticis seu obsoniis et exactionibus, quae plerumque ad episcopi servitium fiunt, ... liber erit. MARTÈNE, *Coll.*, I col. 805 (ch. a. 1148, Reims).

**sonnis,** sunn-, son-, somn-, soin-, esson-, exon-, essoin-, essoign-, -us, -ius, -ia, -ium (germ.): **1.** *essoine*, excuse légitime alléguée par le défaillant en justice — *essoin*, legitimate excuse for non-attendance. Qui alium mannit et ipse non venerit, si eum sunnis non tricaverit ... Lex Sal., tit. 1 § 2. Similia tit. 50 § 4. Lex Ribuar., tit. 32 § 1. Si quis commonitus fuerit et eum sunnis non tenuerit et ad placitum venire distulerit. Ib., tit. 47. Similia tit. 45 § 2; tit. 49. Si eum infirmitas detenuerit aut certe de proximis aliquem mortuo [i.e. mortuum] in domo sua habet vel in dominica ambassia fuerit detricatus, per ista sunnis se homo, si probatione[m] dederit, excusare potest. Capit. III ad leg. Sal., § 1. Quodsi placitum sunnis detricaverit. Pact. Childeberti, c. 5, *Capit.*, I p. 5. Si ad 42 noctis non venerit nec sunnia adnuntiaverit. Chilperici edict., c. 8, p. 9. Si [rachimburgii] venire non potuerint et eos certa sonia detrigaverit. Ib. Nec ad placitum advenit nec misso [i.e. missum] direxit qui sonia nonciare debuisset. F. Andecav., no. 12, *Form.*, p. 9. Similia *D. Merov.*, no. 60 (a. 692); *D. Karolin.*, I no. 216 (a. 812). Ipse nec venisset ad placitum nec nulla sonia nunciasset. MARCULF., lib. 1 no. 37, *Form.*, p. 67. Similia F. Turon., no. 33, p. 155. Vocatus ad vestrum placitum venire contempserit, ni infirmitas aut legitima somnis eum detinuerit. Judicium (ca. a. 830) ap. G. Aldrici, ed. CHARLES-FROGER, p. 136. **2.** *raison valable de ne pas se rendre à un appel ou à un rendez-vous — valid reason for failure to comply with a summons or an appointment.* Mittens ad dominationem vestram, excusationem impossibilitatis suae illuc veniendi mandavit; requisita est quam patriotica lingua nominamus exonia, quia venire nequiverit. HINCMAR. REM., opusc. 29 (a. 868), SIRMOND, II p. 317. Nisi [arimannus ad defensionem patriae monitus] aliquis [i.e. aliquibus] sunnis et ceteris impedimentis ... detentus fuerit. Guidonis capit. Pap. a. 891, c. 4, II p. 108. Infra duas quadragesimas emendationem faciat, ubi duo vel tres sint amici qui hoc placitum fecerunt; et si sonia eos tenuerit, probetur ipsa. G. pontif. Camerac., lib. 3 c. 42, *SS.*, VII p. 481 l. 50. Inde prendidit bellum adversus eum dicto certo termino quando bellum esset; sed comes habuit essonium infra terminum belli et prendidit respectum ab eo. BERTRAND, *Cart. d'Angers*, I no. 220 p. 257 (a. 1080-1082). [Rex] se ad illam [synodum] itiner [i.e. iter] incepisse, sed legitimis soniis se impeditum fuisse mandavit. BERNOLD. CONSTANT., Ann., a. 1095, *SS.*, V p. 462 l. 13. Venient infra terminum asscensionis Domini, exceptis legitimis sonnis, id est morte vel gravi infirmitate vel captione. PAUL. BERNRIED., V. Gregor. VII pap., MABILLON, *Acta*, VI pt. 2 p. 449. Nisi competens essonius eum detineat. Leg. Henrici, tit. 29 § 3, LIEBERMANN, p. 563. Nisi ... habeat exonium justum. Stabilim. Rotomag., c. 25, ed. GIRY, p. 32. Placita et duella possunt poni in respectu et [vox superhabundans?] per exonium rectum tribus vicibus. Cons. Norm. veterr., pt. 1, c. 42 § 1, ed. TARDIF, p. 35. **3.** (cf. voc. sonniare et fr. soin) *droit de pât — service of providing food.* Advocatus de singulis manentibus infra bannum istum ... accipit in sollempnitate s. Martini soniam unam ad mensuram quartalli de curte A.; si vero ea die sonia non fuerit persoluta ... D'HERBOMEZ, *Cart. de Gorze*, no. 140 p. 247 (a. 1095).

**sonus: 1.** *sonnement de cloches — ringing of bells.* Si quis ad sonum pro congreganda communia factum non venerit. *Actes Phil.-Aug.*, I no. 35 c. 18 p. 50 (a. 1181). **2.** *chant — song.* Sonum quod canetur quando procedit oblatio. Sacram. Ps.-Germ., MIGNE, t. 72 col. 92. **3.** *huée — hue* of the hue and cry. Si aliquis sonum inde audierit ut ad latronem accipiendum concurratur. Capit. missor. Silvac. a. 853, c. 5, II p. 272. **4.** *bruit, nouvelle — rumour.* His diebus Romam sonus adiit Actium in maximo discrimine ... laborare. GREGOR. TURON., H. Fr., lib. 2 c. 7. Etiam ib., lib. 8 c. 18. Fit sonus quasi eam rex iterum vellet accipere. BAUDONIV., V. Radegundis, c. 4, *SRM.*, II p. 380. **5.** *renom — fame.* Per totam urbem sonus praedicationis et sanctitatis ipsius fieret. PS.-LINUS, Mart. Petri, ed. SALONIUS, p. 23. In omnem ... terram sonus eorum de illis exivit. BONIF. CONSIL. (s. vii, viii) MAI, *Spic. Rom.*, III p. 92. **6.** *déposition de témoins — statement made by witnesses.* Residentes in placito publico ... audierunt sonum de istis et his mancipiis ... quod servi et ancillae merito debuerunt esse. Polypt. s. Remigii Rem., br. 17 c. 127, ed. GUÉRARD, p. 57.

**soporare** (intrans.): **dormir — to sleep.*

**soquus,** v. 1. soccus.

**sorbicium** = sorbitio.

**sorbillum,** sorbellum ( < sorbillare): **1.** *gorgée — draught.* **2.** *bouillon — gravy.* BERTHA, V. Adelheidis, c. 6, *SS.*, XV p. 760.

**soror: 1.** **sœur* par la communauté de religion — *sister* in Christ. **2.** **femme liée par un vœu de continence*; surtout l'épouse de celui qui s'est fait prêtre — *a woman bound by a vow of continence*, esp. the wife of one who has entered religion. **3.** *moniale — nun.* GREGOR. TURON., H. Fr., lib. 10 c. 15. GREGOR. M., Dial., lib. 3 c. 33. BOBOLEN., V. Germani Grandiv., c. 5, *SRM.*, V p. 35. **4.** *sœur laie — lay sister.* S. xii.

**sororia: 1.** *sœur de ma femme — my wife's sister.* **2.** *sœur de mon mari — my husband's*



*sister.* **3.** *femme de mon frère — my brother's wife.*

**sororinus:** *beau-frère, le mari de ma sœur — brother-in-law, my sister's husband.* S. xiii.

**sororius,** sororgius: **1.** **beau-frère*, le mari de ma sœur — *brother-in-law*, my sister's husband. **2.** *beau-frère*, le frère de ma femme — *brother-in-law*, my wife's brother. S. xiii. **3.** *neveu*, le fils de ma sœur — *nephew*, my sister's son. RAHEWIN., G. Friderici, lib. 4 c. 14, ed. WAITZ-SIMSON, p. 249.

**sors: 1.** *partage au sort d'un héritage — partitioning of an inheritance by lot.* Terra sortis titulo adquisita. Lex Burgund., tit. 1 c. 1. Terram sortis jure possidere. Ib., tit. 14 § 5. Res meas, quas mihi partiendo sors legitima contulit. F. Augiens., coll. B no. 6, *Form.*, p. 351. **2.** *(jam ap. LIV.) *ce qui est échu par le sort, part d'héritage — share of an inheritance apportioned by lot.* **3.** *part de participation dans une propriété indivise — share in a joint estate.* Si vineam in aliena terra quis plantet, in qua sortem non habet. Lex Visigot., lib. 10 tit. 1 § 7, inscr. (textus ipse: in quo ipse consors non est). Concedo ... sortem meam de casale meo F. seu et sortem meam quam habeo in casale H. GIORGI-BALZANI, *Reg. di Farfa*, II doc. 227 p. 188 (a. 817). **4.** *domaine, patrimoine foncier — estate, hereditary property.* CASSIOD., Var., lib. 2 epist. 17, *Auct. ant.*, XII p. 56. Ib., lib. 8 epist. 26 § 4, p. 257. In sortem alterius ingredi. Lex Ribuar., tit. 60 § 5. GREGOR. TURON., H. Fr., lib. 4 c. 44. Lex Visigot., lib. 8 tit. 5 c. 5. FLORIANO, *Dipl. esp.*, I no. 15 p. 93 (a. 796). *D. Konrads II.*, no. 242 (a. 1037). **5.** *tenure — holding.* Donamus in pago Maginse in villa P. sortes cum vinitore vel illam vineam quam ipse vinitor facit. DC.-F., VII p. 534 col. 2 (ch. a. 763, Metz). Sortem illam in ipsa villa, quam V. per beneficium s. Stephani vel nostrum tenere videtur. Ib. (ch. a. 770, Metz). **6.** *les terres et les droits d'usage qui se rattachent à une unité d'exploitation rurale*, exclusion faite de la maison avec ses annexes — *lands and easements belonging to a homestead*, not including the house itself with its outbuildings. Qui in ipsam mansionem aut sortem aliquid petrio taratro fuerit factum. Capit. VI ad leg. Sal., c. 11 § 2. Servum ... cum manso et sorte sua ad ipsum mansum attingente. Cod. Laulesham., ed. GLÖCKNER, II no. 537 p. 148 (a. 770). In villa N. dimidium mansum cum dimidia sorte. D'HERBOMEZ, *Cart. de Gorze*, no. 59 p. 105 (a. 858). Mansos et sortes serviles 9 in eadem villa ... In villa B. mansum et sortem ingenuilem 1. Ib., no. 69 p. 126 (a. 874). Mansos et sortes ibidem [i.e. ad eosdem mansos] aspicientes 62 cum mancipiis illic commanentibus. Ib., no. 87 p. 158 (a. 910). Sortes decem cum sedelibus ad easdem sortes pertinentibus. *D. Ottos I.*, no. 140 (a. 952). Manse ... qui simul sunt 30 inter casis ..., casalinis, ... seu ... sortibus. MITTARELLI, *Ann. Camaldul.*, I p. 143 (a. 998). **7.** *manse, tenure domaniale — manorial holding.* D. Lud. Pii a. 828, SCHÖPFLIN, *Alsatia*, I no. 89 p. 72 (BM.$^2$ 849). KÖTZSCHKE, *Urb. Werden*, p. 13 (post a. 855). Sortes quatuor et dimidiam cum mancipiis desuper commanentibus. *D. Charles le Ch.*, no. 248 (a. 862). In villa E. sortes ingenuiles 3 cum omnibus suis appendiciis. BEYER, *UB. Mittelrh.*, I no. 134 p. 141 (a. 893). **8.** *mesure de superficie*, l'étendue de terre qui correspond à celle d'un manse — *square measure*, as much as is contained in a manse. Vineam unam quae terrae habet minus plus tribus sortibus servilibus. Cod. Laurasham. laud., II no. 697 p. 202 (a. 767). **9.** *quote-part dans un droit d'usage communautaire — share in a right of common easement.* Tribuo sortem in sylva ... ut habitatores ... fruantur silva seu bestie eorum. CHEVALIER, *Cart. de Vienne*, no. 212 p. 157 (a. 1046). Sortem unius curtis in jam predicta marka adeo plenarie acsi in ea sita esset obtineat. ERHARD, *Reg. Westfal.*, I CD. no. 181 p. 144 (a. 1118). **10.** **territoire, royaume — territory, realm.* Si quis fugitivum intra provincias ad nos pertinentes corripuerit ... Si extra sortem ... Lex Burgund., tit. 6 § 1. In sortibus Vandalorum. Decr. Hunerici, ap. VICTOREM VIT., lib. 2 c. 13 § 39, *Auct. ant.*, III pt. 1 p. 22. A sorte Sygiberthi se ad Chilpericum transtulerat. GREGOR. TURON., H. Fr., lib. 5 c. 3. Rex ... conventum populi sortis suae ... habuit. Ann. Xant., a. 858, ed. SIMSON, p. 18.

**sortalis** (subst. mascul.) (cf. voc. sors sub 7): *tenancier — landholder.* Unusquisque mundialium ... falcem unum in prato mittet; ... sortalis 2 falces mittet in prato. D'HERBOMEZ, *Cart. de Gorze*, no. 116 p. 212 (a. 984).

**sortiaria** (< sors): *sorcière — sorceress.* Capit. Caris. a. 873, c. 7, II p. 345.

**sortiarius** (< sors): *sorcier — sorcerer.* HINCMAR., De divortio, c. 15, SIRMOND, I p. 654.

**sorticella: 1.** *part d'héritage* peu importante — a minor *share of an inheritance.* Potestatem de sorticilla mea de casa seo et urto. BRUNETTI, *CD. Tosc.*, I p. 535 (a. 750). **2.** *petite tenure — small holding. CD. Langob.*, no. 108 col. 196 (a. 827, Nonantola). Ib., no. 419 col. 716 D (s. x in., Brescia). Curtem unam ... cum sorticellis viginti. *D. Lamberto*, no. 10 p. 95 (a. 898). Quandam curticellam ... cum aliquantis aliis sorticellis. *D. Lotario*, no. 6 p. 261 (a. 948).

**sorticellula:** *part d'héritage* peu importante — a minor *share of an inheritance.* SCHIAPARELLI, *CD. Longob.*, I no. 27 p. 100 (a. 720? Lucca).

**sorticularius:** *sorcier — sorcerer.* Concil. Narbon. a. 589, c. 14, MANSI, t. 9 col. 1017.

**sortifex** (cf. voc. sors sub 2): *cohéritier — co-heir.* Eos defensare a sortifices suos et da omnis homines. *CD. Cav.*, I no. 176 p. 227 (a. 948).

**sortilegium,** -logium: **1.** *divination — fortune-telling.* Sortilegium eorum eis promiserat prospere acturos. ADEMAR., lib. 3 c. 52, ed. CHAVANON, p. 175. **2.** *sortilège — witchcraft.*

**sortilegus,** -logus, -locus, -loquus (class. "devin — fortune-teller"): *sorcier — sorcerer.* GREGOR. M., lib. 9 epist. 204, II p. 192; lib. 11 epist. 33, p. 302. CAESAR., Serm., ed. MORIN, p. 59 et 65. V. Caesarii, lib. 1 c. 55, *SRM.*, III p. 479.

**sortio** (cf. voces sors et portio): *part d'héritage — share of an inheritance.* FICKER, *Forsch.*, IV no. 21 p. 27 (a. 918, Salerno). FILANGIERI, *CD. Amalf.*, no. 16 p. 25 (a. 997). MURATORI, *Ant.*, V col. 621 (a. 1000).

**sorus,** v. saurus.

**sospitas: 1.** **délivrance, guérison, action de sauver — cure, deliverance, rescue.* **2.** *santé — health.* GREGOR. M., lib. 9 epist. 232, II

p. 227. MARCULF., lib. 2 no. 47, *Form.*, p. 103.

**sotanum,** v. subtanus.

**sotilaris,** sottularis, sotularis, v. subtalaris.

**sotolum,** sotulum, v. sutulum.

**sotus:** *breuil — covert.* S. xiii, Hisp.

**souma** et deriv., v. sagma.

**soutana,** v. subtanus.

**spada** = spatha.

**spadare** (< spado): *châtrer — to geld.* Si quis amissarium alienum ... spadaverit. Lex Sal., tit. 38 addit. 4. Caballus spadatus. Lex Sal. emend., tit. 38 addit. 1. Item Ewa ad Amorem, c. 25.

**spadarius,** v. spatharius.

**spado** (genet. -onis), spadix (per confus.) (class. "castrat, eunuque — eunuch"; ap. VEGET. equus spado), absol.: **1.** *hongre — gelding.* Caballos tam warannonis quam spadones seu poledros. Test. Bertichramni a. 615, PARDESSUS, I no. 230 p. 208. **2.** *mouton — sheep.* S. xiii.

**spadola,** spadula, v. spathula.

**spadus,** v. spaltus.

**spala,** spalla, v. spathula.

**spaldaris,** v. spathularis.

**spaldus,** v. spaltus.

**spallarium,** -erium (< spathula): *épaulière — shoulder-armour.* S. xiii.

**spallere,** v. psallere.

**spalmodia,** v. psalmodia.

**spalmus,** v. psalmus.

**spalterium,** v. psalterium.

**spaltus,** spaldus, spadus: *bretèche, mâchecoulis — rampart-gallery.* CAFFAR., Ann., a. 1158, ed. BELGRANO, I p. 51. JOH. CODAGN., Ann., a. 1214, ed. HOLDER-EGGER, p. 46.

**spannus,** spanna (germ.): *empan — span,* linear measure. Lex Fris., tit. 22 § 66 sq. G. Federici, ad a. 1164, ed. HOLDER-EGGER, p. 59.

**spargo** (genet. -inis) (< spargere): *giclure, goutte — speck, drop.* FORTUN., lib. 3 carm. 4 § 1, *Auct. ant.*, IV pt. 1 p. 52. FELIX, V. Guthlaci, c. 31, ed. COLGRAVE, p. 104. V. Reginswindae, *AASS.*, Jul. IV p. 93.

**sparo** (genet. -onis) (< sparus): *lancier — javelin-thrower.* LEO VERCELL., metrum, str. 2 v. 11, ed. BLOCH, *NA.*, t. 22 (1897) p. 128.

**sparro** (germ.): *pieu — pole.* EKKEHARD., Cas. s. Galli, c. 3, *SS.*, II p. 104 l. 40.

**sparsorium:** *goupillon — sprinkler.* BERNARD. MORLAN., pt. 1 c. 45, HERRGOTT, p. 235.

**sparsum** (subst.): *cataplasme — poultice.* FORTUN., V. Germani Paris., c. 27, *SRM.*, VII p. 388.

**spartarius** (< spartum): *nattier — mat-maker.* V. Pachomii, *AASS.*, Maji III p. 359. V. Posthumii, c. 1, MIGNE, t. 73 col. 429 A (ubi perperam: spatarius).

**sparvarius,** sparav-, sperv-, sprev- (germ.): *épervier — sparrowhawk.* Lex Sal., tit. 7 addit. 1. Lex Baiwar., tit. 20§ 4. Capit. de villis, c. 36. Capit. missor. gener. a. 802, c. 19, I p. 95. Haitonis Basil. capit., c. 11, p. 364. Irminonis polypt., br. 13 § 99. PÉRARD, *Bourg.*, p. 26 (ca. a. 840). *D. Karls III.*, no. 89 (a. 883). Chron. Salernit., c. 12, ed. WESTERBERGH, p. 18.

**spassare** (< spissus?): *se rétablir, recouvrer sa santé — to recover, get better.* Si quis diaconum calumniatus fuerit et convaluerit ...; si quis presbiterum calumniatus fuerit et spassaverit. Concil. de cleric. perc., c. 3, *Capit.*, I p. 361. Presbyter vulneratus aut caesus si spassaverit [v. l. si mortem evaserit]. Concil. Tribur. a. 895, c. 4ª, *Capit.*, II p. 215. Karolum necdum bene spassatum [de plaga quam in capite acceperat]. HINCMAR., Ann. Bertin., a. 865, ed. WAITZ, p. 75. Si spassaret. Mir. Wigberhti (ca. a. 940), c. 12, *SS.*, IV p. 226.

**spathaferius:** i.q. spatharius sub 1. THIETMAR., lib. 4 c. 32, ed. HOLTZMANN, p. 169.

**spatharius,** spata-, spada-: **1.** **porte-glaive, garde du corps,* haut dignitaire aulique — *sword-bearer, body-guard,* a prominent court officer. Auprès de l'exarque de Ravenne — with the Ravenna exarch: Lib. pontif., Martinus, ed. MOMMSEN, p. 183. GREGOR. M., Dial., lib. 2 c. 14. A Venise — at Venice: Dux ac spatharius Veneticorum. Praec. Loth. a. 840, *Capit.*, II p. 136. Auprès du roi ostrogoth — at the court of the Ostrogothic king: CASSIOD., Var., lib. 3 epist. 43, *Auct. ant.*, XII p. 100. Auprès du roi visigoth — at the court of the Visigothic king: Concil. Tolet. XIII a. 683, MANSI, t. 11 col. 1077 B. Comes spathariorum. Concil. Tolet. VIII a. 653, ib., t. 10 col. 1223 C. Auprès du roi burgond — at the court of the Burgundian king: Lex Burgund., tit. 52 c. 2. Auprès du roi franc — at the court of the Frankish king: FREDEG., lib. 3 c. 89, *SRM.*, II p. 118. Epist. Austras., no. 25, *Epp.*, III p. 139. **2.** *fourbisseur — furbisher.* Faber aurifex aut spatarius. Lex Alamann., tit. 74 c. 5. **3.** *bourreau — executioner.* Cron. minorit. Erphord., a. 1268, HOLDER-EGGER, *Mon. Erphesfurt.*, p. 678.

**spatiare:** *agrandir, élargir — to enlarge, extend.* Licet antea ipse ager parvus [leg. parvas] habebat vineolas, ... nos ... maxime spaciavimus. Test. Bertichramni a. 615, PARDESSUS, I p. 205. Viam complanare ac spatiare. LEO OST., lib. 3 c. 26, *SS.*, VII p. 717.

**spatiatim:** *sur une large étendue — in a vast expanse.* RADULF. GLABER, lib. 1 c. 1, ed. PROU, p. 3.

**spatiatus** (decl. iv): *promenade — walk.* S. xiii.

**spathula,** spadula, spadola, notionibus 4 et 5 etiam spatla, esp-, exp-, -adla, -alla, -ala, -aula: **1.** *épée courte — small sword.* Quicumque cultellum ... vel curtam spatulam ... portaverit. *Actes Phil.-Aug.*, I no. 473 c. 10 p. 566 (a. 1194). **2.** **omoplate — shoulder-blade.* **3.** *épaule humaine — man's shoulder.* GREGOR. TURON., H. Fr., lib. 4 c. 39. **4.** **épaule de porc — pork-shoulder.* GREGOR. CATIN., Chron., ed. BALZANI, II p. 102. FAUROUX, *Actes de Norm.*, no. 151 p. 336 (a. 1062). GUÉRARD, *Cart. de Mars.*, I no. 450 p. 456 (s. xi ex.); no. 543 p. 539 (s. xi). **5.** *droit seigneurial de prendre les épaules des porcs sauvages tués — tribute of shoulders of wild pigs.* Dono ... omnes consuetudines meas ... videlicet prepondituram et bannum et ucham et expallam et biannum. RÉDET, *Cart. de S.-Cyprien de Poitiers*, no. 321 p. 200 (a. 1088-1091).

**spathularis,** spaldaris (subst.) : *épaule de venaison — shoulder of venison.* Si quis porcum singularem sive cervum venando ceperit, quartam sive spaldarem s. Savino persolvat. *Hist. de Lang.*³, V no. 84 col. 202 (a. 945, Bigorre).

**spavia,** spava, v. expaveus.

**specialis:** *intime, familier — private, confidential.* S. xiii. Subst. **specialis:** **1.** *droguiste — druggist.* S. xiii. **2.** *confident — intimate.* S. xiii.



**specialitas:** *amitié — friendship.* S. xiii.

**speciarius** (subst.): *droguiste — druggist.* MURATORI, *Antiq.*, II col. 882 (a. 1111, Lucca).

**speciator:** *droguiste — druggist.* S. xiii.

**species:** **1.** **objet de valeur, pièce, bien meuble — object of value, piece, movable.* **2.** **denrée, marchandise — commodity, merchandise.* **3.** **matière — substance.* **4.** **épice, drogue — spice, drug.* **5.** **médicament — medicine.*

**specietas:** *agrément — amenity.* Locus decentis gratioseque specietatis. ALMANN. ALTIVILL., V. Nivardi, c. 8, *SRM.*, V p. 166.

**specificare:** **spécifier, énumérer, décrire en détail — to specify, itemize, set out in detail.*

**specimen:** *bien meuble — movable.* Omne conquisitum eorum tam in terris et vineis quam in diversis speciminibus, domibus atque possessionibus. *D. Ottos I.*, no. 372 (a. 969).

**speciositas:** **beauté — beauty.*

**spectabilis:** *titre indiquant un certain rang — title indicating a definite rank.

**specularius:** *sorcier-miroitier — mirror-sorcerer.* JOH. SARESBIR., Polycr., lib. 1 c. 12, ed. WEBB, I p. 52.

**1. speculator:** **1.** **régisseur de domaine — estate manager.* BENED. LEV., lib. 3 c. 142, *LL.*, II p. 110 col. 1 l. 22. **2.** **évêque — bishop.* BIRCH, *Cart. Sax.*, I no. 121 p. 177 (a. 708). ALCUIN., epist. 253, *Epp.*, IV p. 409. CANDID., V. Eigilis, c. 12, *SS.*, XV p. 229. Cod. Udalrici, no. 36 (a. 1070/1071), JAFFÉ, *Bibl.*, V p. 68.

**2. speculator,** v. spiculator.

**speculum:** *tour de guet — watch-tower.* Castellum ... muris et vallis speculisque munivit. ORDER. VITAL., lib. 8 c. 5, ed. LE PRÉVOST, III p. 298.

**spedus,** v. spita.

**spelta,** spelda: **épeautre — spelt.*

**speltinus:** *d'épeautre — of spelt.* Ruodlieb, fragm. 5 v. 312.

**spendere** et deriv., v. expend-.

**spensa,** v. expensa.

**spera** = sphaera (per confus. c. voce spira, gr. σπεῖρα).

**sperare:** **1.** **croire, penser, être persuadé que — to believe, think, feel confident that.* Defensor si sperat quod justitia de illo agro suo [leg. sua?] fuisset. Lex Baiwar., lib. 17 tit. 2. Si Francus homo acceperit mulierem, et sperat quod ingenua sit. Decr. Compend. a. 757, c. 7, *Capit.*, I p. 38. Ideoque sperare [coepit] sibi hujus cruciatus casus adesse. Mir. Richarii, lib. 2 c. 16, MABILLON, *Acta*, II p. 226. Ostendit mihi librum quem, ut spero, canones appellavit. HINCMAR. REM., epist. 37, SIRMOND, *Hincmari opera*, II p. 648. Sperans aptum se monasterium aedificandi locum reperisse. ADSO, Pass. Bercharii, c. 22, *AASS.*, Oct. VII p. 1016 F. Valentem puerum invenerunt, quem defunctum sperabant. MARBOD., V. Magnobodi, c. 10, ib., p. 943 B. **2.** aliquem: *attendre — to wait for* a person. Adversarius quilibet suum adversarium in placito speret usque ad horam diei terciam. Usat. Barcin., c. 84, ed. D'ABADAL-VALLS, p. 37. **3.** aliquid ab aliquo: *demander, solliciter — to beg, request.* Assiduis precibus hoc sperante. EUGIPP., V. Severini, *CSEL.*, t. 9 pt. 2 p. 60. Ab episcopo postulit [i.e. postulet] comeatum; quod si hoc sperare dispexerit ... Concil. Aurel. a. 541, c. 3, *Conc.*, I p. 88. [Litteris] sperare dignamini ut ... Leonis episc. Senon. epist. (ca. a. 540), *Epp.*, III p. 437. Ille per hunc mandatum ad [i.e. a] me speravit, ut donationem gestis municipalibus alligare deberem. F. Turon., no. 3, *Form.*, p. 137. Testes speravi subscribere dignos. F. Visigot., no. 20, p. 585. **4.** *obtenir — to obtain, get.* Nisi quod ex fructu viniae speratur aqua mixtum offerre praesumat. Concil. Aurel. laud., c. 4, p. 88. Ad illos monacos et pauperes ibidem [sc. in Gorziensi monasterio] elemosynam sperantes. PARDESSUS, II no. 586 p. 399 (a. 745). **5.** *pouvoir réclamer, avoir droit à — to have a claim to, be entitled to.* De tabernis ... locarius ille [loyer — rent] qui annis singulis exinde speratur. Test. Bertichramni a. 615, PARDESSUS, I no. 230 p. 202. Quicquid exinde fiscus noster poterat sperare. MARCULF., lib. 1 no. 2, *Form.*, p. 42. Item *D. Karolin.*, I no. 5 (a. 753). Quicquid de ipsa accione in fisci dicionibus speratur. MARCULF., lib. 1 no. 8, p. 48. Obpignoro vobis locello illo quicquid ibidem a me speratur. F. Turon., append. 1, p. 163. Teloneos de portibus, quodcumque exinde fiscus noster poterat sperare. *D. Merov.*, no. 23 (ca. a. 651). Nec qualibet redebicione quod exinde fiscus noster sperare potest. Ib., no. 51 (ca. a. 681). Undecumque ad partibus [i.e. partes] fisci census sperare [i.e. sperari] videbatur. *D. Karolin.*, I no. 4 (a. 753). **6.** per aliquem, absol. (sc. protectionem, victum et vestitum): *être subordonné, dépendant — to be subordinate, dependent.* Monasterium unacum omnibus rebus vel hominibus suis, gasindis, amicis, susceptis vel qui per ipsum monasterium sperare videntur. *D. Merov.*, no. 4 (a. 546). Causas ipsius pontifece [i.e. pontificis] vel qui per eum sperare videntur vel undecumque legitimo reddebit mitthio, prosequere deberit. MARCULF., lib. 1 no. 24, p. 58. Ipso vel hominis suis, qui per ipso legitimi [i.e. ipsum vel homines suos qui per ipsum legitime] sperare videntur, inquietare non presumatis. Cart. Senon., no. 28, *Form.*, p. 197. Super ipsas terras pro ingenuos conmanent [i.e. commaneant] et aliubi conmanendi nullam habeant potestatem, set ad ipsa loca sancta debeant sperare. Test. Wideradi a. 721, PARDESSUS, II no. 514 p. 325. Item coll. Flavin., no. 8, *Form.*, p. 476. Hominibus qui per ipsos [abbates] legibus sperare videntur. *D. Karolin.*, I no. 2 (a. 752). Adversus eum vel homines ejus, qui per eum legibus sperare videntur. F. imper., no. 32, p. 311. Abbati nec monachis seu hominibus suis, qui per eum legibus sperare noscuntur. *D. Ludwigs d. Deutsch.*, no. 20 (a. 837). Teloneum de negotiatoribus vel de hominibus eorum, qui per ipsam casam Dei sperare videntur. D. Carlomanni reg. a. 884, QUANTIN, *Cart. de l'Yonne*, I no. 57 p. 112. **7.** aliquid ab aliquo: *posséder en tenure — to hold as a tenancy.* Idem monasterium ab ipso M. [fundatore] vel a filio seu successore cunctis diebus tenendo sperarent. *Gall. chr.*², XIV instr. col. 164 A no. 2 (a. 1037).

**spermologus,** -logius (gr. "écornifleur, criard — sponger, bawler"): **1.** *orateur — orator.* ODILO SUESS., Transl. Sebastiani, MABILLON, *Acta*, IV pt. 1 p. 399. LIUDPRAND. CREMON., Legat., c. 47, ed. BECKER, p. 200. ADEMAR.,

lib. 3 c. 56, ed. CHAVANON, p. 180. **2.** (par fausse interprétation — by misinterpretation) *semeur, propagateur — sower, propagator.* RADULF. GLABER, lib. 3 c. 5, ed. PROU, p. 68.
**spero** (genet. -onis), speronus, v. sporo.
**speroides** = sphaeroides.
**sperula** = sphaerula.
**spetum,** v. spita.
**spia** (mascul.), spio (genet. -onis) (germ.): *espion — spy.* S. xiii, Ital.
**spicarium** (< spica, cf. teuton. *speicher*): **1.** *épier, grange — granary, barn.* Lex Sal., tit. 16§ 3. Lex Alamann. tit. 77§ 4. F. Sal. Bignon., no. 27, *Form.*, p. 237. V. patrum Jur., V. Lupicini, c. 3, *SRM.*, III p. 145. WARTMANN, *UB. S.-Gallen*, I no. 99 p. 93 (a. 783). **2.** *épier, centre domanial où s'opèrent les livraisons des céréales — manorial collecting-centre.* RUDOLF., G. abb. Trudon., lib. 5 c. 4, ed. DE BORMAN, p. 68. MIRAEUS, I p. 189 col. 2 (a. 1173, Brabant). Gros brief de Flandre a. 1187, ed. GYSSELING-VERHULST, p. 147 et 186.
**spicarius** (subst.) (cf. voc. spicarium): *gardien d'un épier — keeper of a granary.* Gros brief a. 1187, ed. GYSSELING-VERHULST, p. 144. Ibi pluries.
**spiciata,** spizata (< spica): *palissade — stockade.* *D. Berengario I*, no. 94 p. 249 (ca. a. 902-913). MANARESI, *Placiti*, I no. 125 p. 469 (a. 913, Verona). TIRABOSCHI, *Nonantola*, II p. 101 (a. 918). *D. Lotario*, no. 7 p. 266 (a. 948).
**spiculare:** *percer — to stab.* Invaserunt illos ... spiculando comminus cum suis lanceis. ANON., G. Francorum, c. 33, ed. BRÉHIER, p. 176.
**spiculator,** spec-: **bourreau — executioner.* GREGOR. TURON., Glor. mart., c. 21, *SRM.*, I p. 501. LIUDPRAND. CREMON., Antap., lib. 2 c. 6, ed. BECKER, p. 41. GALBERT., c. 81, ed. PIRENNE, p. 125.
**spiculatura,** spigu-: *glanure — gleanings.* MURATORI, *Antiq.*, II col. 893 (ch. a. 1193).
**spicus:** *nard — nardus.* *D. Merov.*, no. 86 (a. 716).
**spina:** *bondon — bung.* ARBEO, V. Corbiniani, c. 3, ed. KRUSCH, p. 190.
**spingardus,** sprin-, -gald-, -a, -galis: sorte de *baliste* — kind of *catapult*. S. xiii.
**spinula,** -lus: *fibule — clasp.* Fibulam ... que vel latine spinx vel rustice spinulus dicitur. Mir. Fidis, lib. 2 c. 10, ed. BOUILLET, p. 118.
**spio,** v. spia.
**spirare** = exspirare.
**spiritalis,** -tualis: **1.** **spirituel, immatériel — spiritual, immaterial.* **2.** **de l'esprit, de l'âme — of the spirit, of the soul.* **3.** **spirituel; qui envisage les choses du point de vue surnaturel — spiritual; conceiving things from the supernatural point of view.* **4.** **symbolique, mystique*, en parlant de l'interprétation symbolique des textes sacrés — *symbolical, mystical*, with reference to the symbolical interpretation of sacred texts.
**spiritalitas,** -tual-: **1.** *(de choses) *spiritualité, immatérialité* — (of things) *spirituality, immateriality.* **2.** *(de personnes) *caractère de celui qui a l'esprit porté vers les choses surnaturelles* — (of persons) *peculiarity of being turned towards supernatural things.* **3.** *statut de celui qui suit une vocation religieuse, qui appartient au clergé — status of those who follow a religious vocation, who belong to the clergy.* S. xii.
**spiritaliter,** -tual-: **spirituellement, immatériellement, mystiquement — spiritually, immaterially, mystically.*
**spissus** (cf. vet. teut. *dicchi* "spissus" et "frequens"): *fréquent — frequent.* Pater fecit spissum gressum ad puerum. BRUNO QUERFURT., V. Adalberti, c. 2, *SS.*, IV p. 596.
**spita,** spet-, sped-, -us, -um (germ.) : **1.** *broche — spit.* SCHIAPARELLI, *CD. Longob.*, I no. 50 p. 169 (a. 730, Siena). **2.** *épieu — spear.* S. xii, Ital.
**spizata,** v. spiciata.
**splanare** = explanare.
**splecta,** spleta, v. explectum.
**spoliare.** Refl. se spoliare: *se déshabiller — to undress.* Ordo Rom. IV (s. viii ex.), c. 93, ANDRIEU, II p. 168.
**spolium,** expolium, et femin. spolia: **1.** *pillage — robbery.* [Ne] iniqua quibuscunque spolia inferre praesumant. Edict. Guntchramni a. 585, *Capit.*, I p. 12. Neque ullam novam ordinationem se inflicturum super eos, quod pertineret ad spolium, spopondit. GREGOR. TURON., H. Fr., lib. 9 c. 30. Sacris ecclesiis intulisset spolium. JULIAN., Hist. Wambae, c. 26, *SRM.*, V p. 522. Cuidam obtimati ... eo usque intulit spoliam, donec poene offerre [i.e. auferret] omnem ejus praesidium. Pass. Leudegarii I, rec. A, c. 37, ib., p. 319. Quodcumque nocibilitatis vel damni seu spolii residentibus in loco sancto inferre. Concil. Tolet. XII a. 681, c. 10, ed. BRUNS, p. 330. **2.** *effets personnels, atours — wearing-apparel.* Si expolia hominis sepulti servus de sepultura tullerit. Grimualdi leg., c. 3. Mater moriens ... [dimittat] filiae spolia colli, id est murenulas, nuscas, monilia, inaures, vestes, armillas vel quicquid ornamenti proprium videbatur habuisse. Lex Thuring., c. 28. **3.** *bien meuble — movable.* Si quis res suas apud alium hominem invenerit, quidquid sit, aut mancipia aut pecus aut aurum aut argentum aut alia spolia. Lex Alamann., tit. 84. Omnia spolia domus violenter auferret, cavallos scilicet, arma, vestimenta et caetera consistentia. DC.-F., VII p. 560 col. 3 (ch. a. 863, Vienne). **4.** spec.: *succession mobilière d'un ecclésiastique défunt* qui revient au patron de l'église — *movable effects of a deceased ecclesiastic* devolving upon the church advowee. Cf. G. WAITZ, *Der Ursprung des sogen. Spolienrechts, Forsch. z. deutsch. Gesch.*, t. 13 (1873).
**sponda,** sponna, spungia (class. "bois de lit — bedstead"): **1.** *couvercle de cercueil — coffin-lid.* Ablatis duorum sepulchrorum singulis spondis. GREGOR. TURON., Glor. conf., c. 104, *SRM.*, I p. 816 l. 3. Id., H. Fr., lib. 4 c. 12. **2.** *cercueil — coffin.* Transl. Arsacii (s. viii), MABILLON, *Acta*, III pt. 1 p. 669. **3.** *berge, levée — bank, embankment.* DE MARCA, *Marca hisp.*, app. col. 810 (a. 879); col. 825 (a. 890). Bened. VIII pap. priv. a. 1012, MIGNE, t. 139 col. 1583 A (J.-L. 3993).
**spondalis** (subst.) (< sponda): *couverture de lit — bedspread.* PÉRARD, *Bourg.*, p. 26 (s. ix).
**spondare** (< sponda): *endiguer — to embank.* S. xiii, Ital.
**sponderius,** espond-, -arius (< spondere): *séquestre, exécuteur testamentaire — trustee, executor of a will.* S. xiii.
**spondylia** (neutr. plural.) (gr.): *vertèbres cervicales — cervical vertebrae.* ISID., Etym., lib.



11 c. 1 § 95. Transl. Godehardi, *SS.*, XII p. 644 l. 40.
**sponna,** v. sponda.
**sponsalicius** (adj.): **qui concerne un contrat matrimonial — relating to a connubial contract.* Subst. neutr. **sponsalicium: 1.** *cadeau de noces, don nuptial* de l'époux à l'épouse, *douaire* — a bridegroom's *wedding-gift* to his bride, *jointure*. Do tibi, amantissima sponsa mea ..., in sponsalicium ... villam meam. BERNARD-BRUEL, *Ch. de Cluny*, I no. 105 p. 117 (a. 909, Avignon). Dono tibi in dotalicio et in esponçalicium aliquid de res meas proprias. Ib., II no. 1242 p. 329 (a. 968/969). Hec omnia advenerunt mihi ... per meum decimum sive sponsalicium nupcialiter mihi datum. ROSELL, *Lib. feud. maj.*, I no. 214 p. 221 (a. 1057). Separent se a maritis, ita tamen quod non amittant dotem suam nec sponsalicia. Usat. Barcin., c. 111, ed. D'ABADAL-VALLS, p. 50. **2.** *dotation d'une église — glebe of a church.* [Rex] dedit in sponsalitium terras quae erant in circuitu ecclesiae. *D. Charles le Ch.*, II no. 487 p. 618 (< a. 864>, spur. s. x, Rodez). In die dedicationis ... ecclesie, scilicet sponse, dono ... sponsalitii dotamine. MORIS-BLANC, *Cart. de Lérins*, no. 222 (a. 990). BERNARD, *Cart. de Savigny*, I no. 365 p. 211 (ca. a. 1000); no. 634 p. 313 (a. 1029). GUÉRARD, *Cart. de Mars.*, I no. 44 p. 68 (a. 1030); no. 101 p. 128 (a. 1033).
**sponsalis** (adj.): *qui concerne la dotation d'une église — relating to the granting of a glebe to a church.* Cum omnibus pertinentibus eisdem ecclesiis ... et cum cartis sponsalibus aliarumque rerum scribendis. GUÉRARD, *Cart. de Mars.*, I no. 294 p. 315 (a. 1053). Subst. neutr. plural. **sponsalia** (class. "fiançailles — engagement"): **1.** **cadeau de noces — wedding gift.* Diem in quo ad sponsalia donanda conjungerent. GREGOR. TURON., H. Fr., lib. 6 c. 13, codd. famil. D (cod. A 1: disponsalia). Ruodlieb, fragm. 15 v. 98. **2.** *dotation d'une église — glebe of a church.* BEYER, *UB. Mittelrh.*, I no. 399 p. 454 (a. 1079-1101).
**sponsare, 1.** aliquam: **épouser — to marry.* Si quis puella[m] ante duodecim annos spunsaverit. Liudprandi leg., c. 12. **2.** *marier* à qq'un — *to marry off.* Si quis filiam aut sororem sponsare voluerit. Ib., c. 119. **3.** ecclesiam: *doter — to endow.* Ecclesiam Nemausensem ... fideliter sponso, nam omne ... quidquid habeo ibi ... totum b. Mariae ... in sponsalitio dono. *Gall. chr.*², VI instr. col. 183 (a. 1096, Toulouse).
**sponsio:** *cautionnement — security, pledge.* Fecerunt ex utraque parte sponsionem 1000 solidorum, si contra conventionem istam facerent et infra 40 dies hoc non emendarent postquam altera pars super hoc conquesta esset. GUÉRARD, *Cart. de Mars.*, I no. 223 p. 250 (a. 1182).
**sponsor:** **parrain — godfather.*
**sponsus** (subst.) (class. "fiancé — betrothed"): *mari — husband.* Senior ac sponsus meus inclytus B. THÉVENIN, *Textes*, no. 58 p. 69 (a. 749, Flavigny).
**spontaneus:** **spontané — spontaneous.*
**sponte:** **intentionnellement — intentionally.* Utrum hoc [homicidium] sponte an se defendendo fecisset. Capit. legib. add. a. 818/819, c. 1, I p. 281. Si casu et non sponte occiditur. Capit de cleric. percuss. (s. ix ex.?), c. 4, p. 361.
**sponto,** spunt- (genet. -onis), -onus: *poignard, bâton ferré — dagger.* S. xiii, Ital.
**sporo,** spero (genet. -onis), spora, sporum, speronus, esperonus (germ.): *éperon — spur.* SCHIAPARELLI, *CD. Longob.*, II no. 295 p. 444 (a. 768-774? Pisa). FAINELLI, *CD. Veron.*, I no. 181 p. 269 (a. 846). *CD. Langob.*, no. 215 col. 356 D (a. 861, Verona). Test. Everhardi a. 867, DE COUSSEMAKER, *Cart. de Cisoing*, p. 2. Chron. Casin., c. 10, *Scr. rer. Langob.*, p. 473. DELOCHE, *Cart. de Beaulieu*, no. 50 p. 92 (ca. a. 971). DE MARCA, *Marca hisp.*, app. col. 974 (ch. a. 1010).
**sporta** (< sportula) : *paiement à titre de relief d'un fief — payment of feudal relief.* S. xiii.
**sportula,** sportulus, sporla: **1.** *gratification, cadeau d'honneur, pot de vin — gratuity, present to an authority, bribe.* Ut nullus propter justicias faciendum sportolo contra drectum non accipiat. Capit. Vern. a. 755, c. 25, I p. 37. Neque subjectos tuae potestati judices permittas per sportulas vel praemia judicare. ALCUIN., epist. 188, *Epp.*, IV p. 315. **2.** *relief féodal — feudal relief.* S. xiii.
**sprevarius,** v. sparvarius.
**springaldus,** springalis, v. spingardus.
**spungia,** v. sponda.
**spunto** (genet. -onis), v. sponto.
**spurcalia:** *rites païens — pagan rites.* ALDHELM., Virg., c. 25, *Auct. ant.*, XV p. 258 l. 7. Indic. superst., c. 3, *Capit.*, I p. 223.
**spurcamen: 1.*** *ordures — dirt.* **2.** *superstition païenne — pagan superstition.* DUDO, lib. 1 c. 8, ed. LAIR, p. 137.
**spurcitia:** *superstition païenne — pagan superstition.* Populus ... omnes spurcitias gentilitatis abiciat. Concil. German. a. 743, c. 5, *Capit.*, I p. 25.
**spurius** (gr.): **bâtard — bastard.*
**squalidare,** scalidare (< ex, squalidus): *défricher — to clear, reclaim.* Terris [i.e. terras] quod ego scalidavi vel a me aplicavi. FLORIANO, *Dipl. esp.*, I no. 30 p. 156 (a. 822). Etiam ib., no. 46 p. 211 (a. 842); II no. 149 p. 206 (a. 895).
**squalidum,** scalidum: *friche — waste.* Monasterium ... quam ego prendidi de eo scalido. FLORIANO, *Dipl. esp.*, I no. 37 p. 176 (a. 829). Etiam ib., no. 60 p. 263 (a. 854); II no. 167 p. 281 (a. 902); no. 176 p. 310 (a. 905).
**squiphatus,** v. scyphatus.
**1. squilla:** *un poisson — a fish.* Transl. Genulfi (ca. a. 1000), MABILLON, *Acta*, IV pt. 2 p. 232.
**2. squilla,** v. scella.
**squirius,** squirio (genet. -onis) = sciurus ("écureuil — squirrel").
**squirolus,** squirellus, v. sciurolus.
**stabilia** (femin.) (< stabilire): *procédure d'enquête — judicial inquest.* S. xiii, Normand.
**stabilimentum: 1.** *validation — authentication.* Pro majori stabilimento signo crucis Christi munivi. BIRCH, *Cart. Sax.*, I no. 134 p. 198 (a. 716). **2.** *accord, convention — agreement.* Tale stabilimentum faciam cum illis hominibus ..., ut ... ROSELL, *Lib. feud. maj.*, I no. 475 p. 506 (a. 1053-1071). **3.** *subornation, complicité — instigation, complicity.* Ipsa cucucia ... non sit facta per meum assensum nec per meum consilium nec per meum stabilimentum. Ib., no. 126 p. 127 (a. 1055). Non prendam te neque occidam

neque hoc fieri faciam nec homo nec foemina [i.e. nec hominem nec feminam] meo stabilimento vel meo consilio sive ingenio. *Hist. de Lang.*³, V no. 583 col. 1126 (a. 1150, Carcassonne). **4.** *décret royal — royal decree.* VAN CAENEGEM, *Writs*, no. 161 p. 497 (a. 1116-1122). **5.** *statut municipal — city ordinance.* Hec est carta de stabilimento quod fecit commune consilium urbis Tholose. *Hist. de Lang.*, V pr. no. 595 col. 1163 (a. 1152). **6.** *ressort — area of jurisdiction.* Quicunque infra stabilimentum hujus pacis fecerit dampnum hominibus ville istius per predam aut rapinam. *SS.*, XXI p. 607 col. 2 l. 27 (a. 1114, Valenciennes). **7.** *procédure d'enquête — judicial inquest.* Petit stabilimentum domini regis, qui majus jus habeat, ipse tenens qui difforciat, vel exigens. Leg. Norm., LUDEWIG, *Reliq.*, VII p. 372.

**stabilire: 1.** *bâtir — to build.* Casas. Lex Baiwar., tit. 1 c. 13. ZEUSS, *Trad. Wizenb.*, no. 148 p. 138 (a. 747). DRONKE, *CD. Fuld.*, no. 98 p. 59 (a. 791). **2.** *établir, fonder, ériger — to establish, found.* Ex prediis locum quo haberentur monachi stabilirem. FAUROUX, *Actes de Norm.*, no. 107 p. 266 (a. 1046-1048). **3.** *établir, caser — to settle, lodge.* Vineas ... cum mancipiis quos ibidem stabilivi. PARDESSUS, II no. 363 p. 152 (a. 670). Stabiliat in castro de T. 10 caballarios optimos. ROSELL, *Lib. feud. maj.*, I no. 171 p. 180 (a. 1058). Ecclesiam aedificari feci, in qua ... sanctimoniales ... monastice viventes ... stabilivi. FAUROUX, o.c., no. 208 p. 396 (a. 1055-1066.) **4.** *décréter — to prescribe.* Precipientes et stabilientes ut ... confirmata habeant. *D. Merov.*, no. 27 (ca. a. 664). In perpetuum stabilimus retinendum et servandum. MARGARINI, *Bullar. Casin.*, I p. 4 (a. 741). **5.** *suborner, tremper dans — to be accessory to.* Juret ... se non precepisse neque stabilisse neque consilium dedisse quod malum illud perpetraretur. Concil. Auson. a. 1068, c. 7, MANSI, t. 19 col. 1073. **6.** *assigner — to allocate.* Si ... obierit [miles] intestatus ..., licitum erit senioribus suis stabilire suos fevos cum quibus voluerint de infantibus defuncti. Usat. Barcin., c. 31, ed. D'ABADAL-VALLS, p. 14. **7.** *garantir — to warrant.* Si postmodum aliquis idipsum predium alienare eidem altari contenderit, ut aut ipsum legitime stabiliat aut eum alio tam utili restituat. HUTER, *Tiroler UB.*, I no. 103 p. 52 (a. 1082-1097). **8.** *confirmer — to confirm.* Electum in abbatem ... confirmamus et stabilimus cum omnibus honoribus. Priv. spur. Leonis III pap., MIGNE, t. 102 col. 1070 (J.-E. 2532).

**stabilis:** *immobilier — immovable.* In omnibus nostris supstantiis, stabilem vel mobilem. *CD. Cav.*, I no. 25 p. 29 (a. 845). Bonis mobilibus et stabilibus seseque moventibus. CAPASSO, *Mon. Neapol.*, I p. 68 (a. 954). Ex ... supstantiis meis stavilibus. BELTRAMI, *Doc. Ital. merid.*, p. 5 (a. 965).

**stabiliscere:** *confirmer — to confirm.* Per istabiliscendum anc mea[m] venditionem. *CD. Cav.*, I no. 26 p. 30 (a. 845).

**stabilita** (subst. femin.): *garnison — garrison.* S. xiv.

**stabilitare:** *arranger, établir — to settle.* Stabilitatis causis publicis epulati sunt pariter. GREGOR. TURON., H. Fr., lib. 9 c. 11.

**stabilitas: 1.** *stabilité monastique — monastic stability.* Stabilitatem firmare. Regula Magistri, c. 88. Item Capit. missor. gener. a. 802, c. 18, I p. 95. Promiserunt obedientiam et stabilitatem loci. D. spur. Lud. Pii, ap. G. Aldrici, c. 49, ed. CHARLES-FROGER, p. 149. Voto sacramenti se obligavit, Deo stabilitatem promisit. ERDMANN-FICKERMANN, *Briefsamml.*, p. 354 no. 24 (s. xi p. post., Regensburg). Promisisti stabilitatem ... in monasterio in quo habitum monachi accepisti. ANSELM. CANTUAR., lib. 3 epist. 130, MIGNE, t. 159 col. 165 C. [Canonicus] stabilitatem ejusdem loci, quamdiu praebendam tenere voluerit, jurejurando promittat. MIRAEUS, II p. 965 col. 1 (a. 1135). **2.** *charte de confirmation — confirmatory charter.* Amplissima firmitate ... res per nostram firmamus stabilitatem. BRUNETTI, *CD. Tosc.*, I p. 505 (a. 742). **3.** *procédure d'enquête — judicial inquest.* Super hoc petiit stabilitatem. Judicatum fuit quod eam haberet. BRUSSEL, *Examen*, II p. 1028 (a. 1208, Harcourt).

**stabularius,** stabularis (adj.). Curtis: vacherie — dairy-farm. HAUTHALER, *Salzb. UB.*, I p. 245 (ca. a. 1050). Ib., II no. 113 p. 182 (a. 1090-1101). De ... curtibus stabulariis quas vulgo stadelhof dicimus. Ib., no. 95 p. 162 (a. 1060-1076). Subst. mascul. **stabularius: 1.** **aubergiste — inn-keeper.* **2.** *valet d'écurie — groom, stableman.* GREGOR. TURON., Virt. Martini, lib. 1 c. 29, *SRM.*, I p. 602. Lex Visigot., lib. 2 tit. 4 c. 4. ALCUIN., carm. 8 v. 4, *Poet. lat.*, I p. 228. UDALRIC., Cons. Cluniac., lib. 3 c. 23, MIGNE, t. 149 col. 765 D. **3.** *connétable — constable.* FAUROUX, *Actes de Norm.*, no. 147 p. 329 (a. 1060). *D. Phil. I*ᵉʳ, no. 118 (a. 1086). VERCAUTEREN, *Actes de Flandre*, no. 12 p. 41 (a. 1093). MULLER-BOUMAN, *OB. Utrecht*, I no. 427 p. 384 (a. 1159).

**staca** (germ.): *perche — stake.* Ordalium, c. 5 vers. Quadrip., LIEBERMANN, p. 387 col. 2.

**stacamentum** (< stacare): *compromis d'arbitrage — submission to arbitration.* DE MARCA, *Marca hisp.*, app. col. 1313 (a. 1151, Tarragona).

**stacare,** esta-, -gare (germ., proprie "ficher — to fasten"): **1.** *amarrer — to moor.* DC.-F., VII p. 570 col. 2 (ch. a. 1192, Toulouse). **2.** *serrer — to hem in.* Luceria frequenti obsidione stagata et ipsa in deditionem venit. Ann. regni Franc., a. 802, lectio ap. DC. (ed. KURZE p. 117: fatigata). **3.** *compromettre, s'engager à respecter un arbitrage — to refer to arbitration.* DE MARCA, *Marca hisp.*, app. col. 1341 (a. 1165).

**stacata,** stecc-, stech-, stich-, -atus: *estacade — stockade.* S. xiii, Ital.

**stadelarius** (< stadile): *régisseur d'une exploitation rurale — bailiff, estate manager.* KEUTGEN, *Urk. st. Vfg.*, no. 126 § 96 p. 100 (s. xii, Strasbourg).

**staderia** = statera.

**stadile** (germ.): *grange — barn.* D'HERBOMEZ, *Cart. de Gorze*, no. 5 p. 14 (a. 757).

**stadium,** stadivum, v. staticum.

**stafa,** stapha, staphium, stapes (genet. -edis), stapeda, stapedium (germ.): *étrier — stirrup.* RICHER., lib. 2 c. 4, ed. LATOUCHE, p. 132. G. cons. Andegav., c. 3 § 5, ed. D'ACHERY, *Spic.*³, III p. 239, ubi : staphium (ap. HALPHEN-POUPARDIN, p. 138 : strafium).



**staffolus,** staffil-, stafil-, stapul-, stappl-, stapl-, estapul-, estapl-, -um, -is (germ.): **1.** *"perron", tertre surmonté d'un poteau ou d'un croix, où se tiennent les séances judiciaires — dais or pedestal topped by a pole or cross, near which judicial gatherings take place.* Ad regis staflc ... auctorem suum in presente habeat. Lex Ribuar., tit. 33 c. 1. Cum 12 ad stafflo regis ... conjurare studeat. Ib., tit. 67 c. 5. Per tres marchas ipsum ostendat, et sic ad regis stapulum. Ib., tit. 75. Justitiam que ... ad regium usum ... solite erant exigi et donari in pago M. dicto ad stiptem et staplum ville O. vocate. *D. Ottos III.*, no. 15 (a. 985). **2.** *pierre tombale — tombstone.* Si quis aristatonem, hoc est stapplus super mortuum missus, capulaverit. Lex Sal. emend., tit. 57 c. 3. **3.** *borne-limite — boundary-post.* SCHIAPARELLI, *CD. Longob.*, II no. 178 p. 146 (a. 764, Lucca). TROYA, *CD. Longob.*, I p. 148 (a. 761 vel 758). Divis. duc. Benev. a. 851, c. 10, *LL.*, IV p. 222. ALLODI-LEVI, *Reg. Sublac.*, p. 249 (a. 993). *D. Heinrichs II.*, no. 482 (a. 1023). LEO OST., Chron. Casin., lib. 1 c. 45, *SS.*, VII p. 611 l. 2. **4.** *marchepied — step.* Ad staffilem ubi de equo descendimus. Priv. Bened. IX pap. a. 1037, MIGNE, t. 141 col. 1347 (J.-L. 4110). **5.** *étape, entrepôt, marché obligatoire — staple, compulsory market.* GISLEB. MONT., c. 117, ed. VANDERKINDERE, p. 180.

**stagia,** stagium, v. staticum.

**stagiarius,** stagerius, statarius (< staticum): **1.** *tenancier — tenant.* DC.-F., VII p. 575 col. 1 (ch. ca. a. 1063). **2.** *resséant — resident.* *BEC.*, t. 36 (1875), p. 398 (ca. a. 1068, Angers). **3.** *chanoine astreint à la résidence — canon bound to keep residence.* S. xiii.

**stagnare,** sanguinem: *étancher — to staunch.* Lex Alamann., tit. 57 § 33. Mir. Ursmari per Flandr., c. 7, *AASS.*, Apr. II p. 575.

**1. stagnum:** *banalité de vente — sales monopoly.* Stagnum de blado et vino quotiens voluerint facient ... et super stagnum eorum nullus alius stagnum facere audebit. MUSSET, *Cart. de S.-Jean d'Angély*, I no. 216 p. 265 (ca. a. 1050).

**2. stagnum** et deriv., v. stann-.

**stalagium,** v. stallaticus.

**stalaricius** (adj.): i.q. stalarius. Silva. *D. Karls III.*, no. 37 (a. 881).

**stalarius,** astal-, -areus (adj.) (< hastula): *où l'on coupe des perches ou des échalas — affording poles and stakes.* Silva. VIGNATI, *CD. Laud.*, p. 4 (a. 759). *CD. Langob.*, no. 204 col. 338 C (a. 858); nc. 246 col. 418 A (a. 870); no. 356 col. 592 B (a. 892). BERNARD-BRUEL, *Ch. de Cluny*, II no. 1230 p. 320 (a. 967, Pavia). Subst. femin. **stalaria,** astal-, stel-, stell-, -area: *taillis, bois d'échalassage — copse-wood.* Liudprandi leg., c. 45 (a. 723). THÉVENIN, *Textes*, no. 105 p. 151 (a. 872, Pescara). *D. Berengario I*, no. 71 p. 193 (a. 910); no. 93 p. 248 (ca. a. 913). *D. Ottos I.*, no. 374 (a. 969). *D. Ottos II.*, no. 130 (a. 976).

**stallagiarius** (< stallaticus): *receveur du droit d'étalage — stallage gatherer.* S. xii.

**stallamentum:** *acompte — instalment, part-payment of debt.* S. xiii, Angl.

**stallare: 1.** *impartir un étal — to assign a stall in a market.* S. xiii. **2.** *installer un chanoine — to instal a canon.* S. xiii. **3.** *payer des dettes par acomptes — to pay debts by instalments.* S. xiii, Angl.

**stallarius** (< stallum): *connétable — constable.* FLORENT. WIGORN., a. 1068, ed. THORPE, II p. 3.

**stallaticus,** stal-, estall-, astal-, -agium (< stallum): *droit d'étalage — stallage, due paid for stalls in a market.* *D. Philippe I*ᵉʳ, p. 438 (a. 1076). VERCAUTEREN, *Actes de Flandre*, no. 24 p. 73 (a. 1100). LOBINEAU, *Bretagne*, II col. 293 (a. 1141). ROUSSEAU, *Actes de Namur*, no. 9 (a. 1154). Anast. IV pap. priv. a. 1153, Troyes, PFLUGK-HARTTUNG, *Acta*, no. 230 p. 215. DELISLE-BERGER, *Actes Henri II*, I no. 6 p. 98 (a. 1155). *Gall. chr.*², IV instr. col. 187 (a. 1172, Bourgogne). *Actes Phil.-Aug.*, I no. 156 p. 188 (a. 1185).

**stallum,** estall-, staull-, staul-, stol-, -us, -a (< stabulum): **1.** *étal — stall in a market.* Cerarii, fabri. GUIMANN., Cart. s. Vedasti, ed. VAN DRIVAL, p. 174 (ch. a. 1036). Mercennarii. ROUSSEAU, *Actes de Namur*, p. 90 (a. 1047-1064). Cambitoris. FLACH, *Orig.*, II p. 245 n. 3 (a. 1070-1086, Tours). Draparii. Ib. (a. 1098, Tours). Stationes ad panis vendicionem, quas stallas vulgari vocabulo appellant. LUCHAIRE, *Louis VII*, p. 362 no. 81 (a. 1141/1142). Pistorum. SUGER., Admin., c. 1, ed. LECOY, p. 157. REINECKE, *Cambrai*, p. 264, c. 32 (a. 1185). WARNKOENIG-GHELDOLF, *Flandre*, II p. 420 (ca. a. 1190, Bruges). RIGORD., c. 20, ed. DELABORDE, p. 34. **2.** *droit d'étalage — stallage, dues paid for stalls in a market.* Comitatum et advocationem, stallum et teloneum. MIRAEUS, I p. 269 (< a. 1093>, spur. s. xii med.). Inde hausit VERCAUTEREN, *Actes de Flandre*, no. 115 p. 264 (< a. 1123>, spur. s. xii med.). **3.** *stalle — choir-stall.* Stallum abbatis teneat. Carta caritatis ord. Cist., GUIGNARD, p. 81. Stallum quod ... tam in choro quam in capitulo proximum ad dextram decani hactenus habuistis. Litt. Alex. III pap. (a. 1173-1176), PFLUGK-HARTTUNG, *Acta*, I no. 284. Stallum in choro, vocem in capitulo ... eidem assignantes. DC.-F., VII p. 578 (ch. a. 1201, Anvers). **4.** *resséance — residence.* In monasterio ... jussit stallum tenere et ibidem manendi tribuit facultatem. Mir. Austregisili, c. 6 (s. xi ?), *SRM.*, IV p. 203.

**stalo** (genet. -onis), stalonus, stalonnus (germ.): **1.** *jauge — gauging-rod.* **2.** *étalon — standard measure.*

**1. stamen:** *métier de tisserand — loom.* Quicunque burgensium officio texendi uti voluerit, unum stamen [glossa: tov] habere debet vel tantum duo. KEUTGEN, *Urk. st. Vfg.*, no. 264 § 1 p. 357 (a. 1233, Stendal).

**2. stamen** = stannum.

**staminea,** -mini-, -min-, -mign-, -megn-, -menh-, -um (< stamen): **1.** *chemise mi-laine — linsey shirt.* FRUCTUOS., Regula monach., MIGNE, t. 87 col. 1101. PAUL. ALBARED. CORDOB., epist. 13, 3, ed. MADOZ, p. 207. CONSTANTIN. METT., c. 22, *SS.*, IV p. 666 l. 47. RÉDET, *Cart. de S.-Cyprien de Poitiers*, no. 185 p. 119 (ca. a. 1020). ARDO, V. Benedicti Anian., c. 38, *SS.*, XV p. 217. Lanea veste quam vulgo staminiam vocant. JOTSALD., MABILLON, *Acta*, VI pt. 1 p. 684. GUIDO FARF., Disc., lib. 2 c. 47, ALBERS, I p. 180. ULDALRIC., Cons. Cluniac., lib. 3 c. 11, MIGNE, t. 149 col. 752. LEO OST., Chron. Casin., lib. 2 c. 26, *SS.*, VII p. 645 l. 15. GUILLELM. GEMMETIC., lib. 3 c.

8, ed. MARX, p. 40. **2.** *étamine* (étoffe) — *linsey-woolsey material.* ‚Dalmaticae ... de staminea. GATTULA, *Hist. Casin.*, I p. 81 l. 1.

**stanca** (cf. frg. *étanche*): *barrage* — *weir.* HAIGNERÉ, *Ch. de S.-Bertin*, I no. 391 p. 172 (a. 1193). PONCELET, *Actes Hug. de Pierrep.*, no. 278 p. 258 (a. 1229).

**standardum,** standarum, v. stantarius.

**stannaria,** stagn-, -eria: *mine d'étain* — *stannary, tin-mine.* S. xiii.

**stannarius,** stagn-, -erius: *étainier* — *tin-worker.* S. xiii.

**stanneus,** stagn-: *d'étain ou de peautre* — *made of tin or pewter.* S. xiii.

**stannum** = stagnum.

**stantarius** (adj.): i.q. statarius, *perpendiculaire* — *upright.* Si qui de sepe stantaria facta vimen tulerit ... Si autem pertica[m] transversaria[m] tulerit. Edict. Rothari, c. 287. Subst. **stantarius,** stantarum, standarum, standardum, estandardum: **1.** *lampadaire* — *candelabrum.* Stantarii magnis cereorum corporibus abtati. V. Desiderii Cad., c. 17, *SRM.*, IV p. 576. **2.** *étendard* — *standard, banner.* ANON., G. Francorum, c. 29, ed. BRÉHIER, p. 214. Contin. Aquicinct. ad SIGEB., ad a. 1184, *SS.*, VI p. 422 l. 25. GUILLELM. BRITO, Phil., lib. 11 v. 22, ed. DELABORDE, p. 318. **3.** *poteau* — *standard, upright piece of timber.* S. xiii, Angl. **4.** *étalon, mesure-étalon ou poids-étalon* — *standard, legal weight or measure.* S. xiii, Angl.

**stantia** (< stare): *contrat* — *contract.* Si stantia, quam ante liberos homines aliquis facit, stare debit. Ratchis leg., c. 5. Secundum qualem inter se stanciam facta[m] habebat, ipsum locum venundarem. GATTULA, *Hist. Casin.*, I p. 27.

**stapeda,** stapedium, stapes (genet. -edis), v. stafa.

**stapulum,** staplum, stapplum, v. staffolus.

**stara** = sextarius.

**starcia:** *champ labourable faisant partie de la réserve domaniale* — *field forming part of a manorial demesne.* KEHR, *Urk. Norm.-Sic. Kön.*, p. 443 no. 23 (a. 1176).

**1. stare: 1.** *attendre, ne rien faire* — *to wait, do nothing.* Si post mortem vasalli heredes ejus per annum et diem steterint, quod dominum ... non adierint fidelitatem pollicendo et investituram petendo. Libr. feud., vulg., lib. 2 tit. 40, ed. LEHMANN, p. 168. Ibi pluries. **2.** *demeurer, habiter* — *to dwell, live.* Donamus ... mansum indominicatum ... et servum qui ibi stat nomine M. BERNARD-BRUEL, *Ch. de Cluny*, II no. 898 p. 13 (a. 954-986). Omnes abitatores qui ibidem stare veniebant. MUÑOZ, *Fueros*, I p. 51 (a. 986, Catal.). **3.** **garder sa valeur, être valable* — *to hold good, be valid.* Convinit ut [i]sta omnia sicut anteriore [i.e. anterius] constructa starent. Epil. I ad leg. Sal. De muliere, si se vendiderit et vir ejus ita consenserit, taliter potest stare. Decr. Vermer. (a. 758-768), c. 6, *Capit.*, I p. 40. Nullo modo hoc stare potest. MURATORI, *Scr.*, I pt. 2 p. 389 (ch. a. 839, Benevento). **4.** impers. stetit: *il est convenu, décidé, arrêté* — *it is agreed, resolved, provided.* Quicquid tibi ... provida deliberatione steterit. Lib. diurn., no. 51, ed. SICKEL, p. 42. Tunc demum stetit inter eos [sc. partes] ut ... D. Liutprandi reg. Langob. a. 743, CESSI, *Doc. Venez.*[2], I no. 27 p. 42. Stetit inter me et te ... ut cambium inter nos ... facere deverimus. SCHIAPARELLI, *CD. Longob.*, II no. 149 p. 62 (a. 761, Lucca). Pippini capit. Pap. a. 787, c. 5, I p. 199. Hoc stetit ut ... securitatem fatiat. Loth. I imp. pact. c. Venet. a. 840, c. 14, *Capit.*, II p. 133. Devotioni nostrae stitit, ut ... concederemus ... MUÑOZ, *Fueros*, p. 227 (a. 1063, Astorga).

**2. stare,** estare (subst. indecl.): *demeure, maison* — *dwelling, house.* DC.-F., VII p. 584 col. 2 (ch. a. 1095, Maguelonne). GERMAIN, *Cart. de Montpellier*, no. 100 p. 209 (a. 1104). *Hist. de Lang.*[3], V no. 496 col. 945 (a. 1127, Béziers).

**starius,** starium = sextarius.

**statarius,** v. stagiarius.

**staticum,** est-, ast-, -atica, -agium, -agia, -aga, -adium (< stare): **1.** *séjour* — *stay.* Nisi senior habuerit guerram ad quam castrum [i.e. castri] opus habeat aut statam [v. l. staticam, i.e. staticae] in ipso castro. Usat. Barcin., c. 29, ed. D'ABADAL-VALLS, p. 13. Comes et comitissa detinuerint suam staticam in castro B. per quantas [vices] voluerint stare in predicto castro ipsi aut eorum mennada. ROSELL, *Lib. feud. maj.*, I no. 472 p. 502 (a. 1062). Ibi pluries. Damus vobis ... medietatem de totas ipsas justicias, exceptis de ipsos homines et faeminas qui stant vel steterint in praedicta civitate Carcassona per staticam vel in ipsos burgos qui in circuitu ejus sunt. *Hist. de Lang.*[3], V no. 281 col. 552 (a. 1067). Quodsi tu volueris staticam facere cum tua mesnada in civitate I. DE MARCA, *Marca hisp.*, app. col. 1177 (a. 1085). **2.** *droit de gîte* — *right of temporary residence.* Cum omnibus ... usaticos et monetis et alberges et staticas et placitis. *Hist. de Lang.*, V no. 300 col. 588 (a. 1071, Carcassonne). **3.** *estage de château, service féodal de garnison* — *castle ward, feudal garrison service.* Praetendebat milites suos in castro U. in estagio existere. *H. de Fr.*, XVI p. 155 A (a. 1171). Haec praenominata de feodo paritatis suae et stagii Montensis a me tenebat. MIRAEUS, I p. 723 col. 1 (a. 1198, Flandre). **4.** *l'ensemble des fiefs pour lesquels l'estage d'un château est dû* — *complex of fiefs for which castle ward is due.* [Praedium quoddam] stagio Montensis castri addidit. GISLEB. MONT., c. 41, ed. VANDERKINDERE, p. 74. Comes ad augmentum feodi sui [sc. cujusdam militis] et stagii Montensis dedit villam. Ib., c. 130 p. 196. **5.** *le fait de tenir résidence,* en parlant de chanoines — *keeping residence,* with respect to canons. S. xiii. **6.** *étage* — *floor.* *Hist. de Lang.*[3], V no. 489 col. 919 (a. 1125, Carcassonne). **7.** *stalle* — *choir-stall.* Ordo Beroldus, ed. MAGISTRETTI, p. 38. DC.-F., III p. 32 col. 2 s. v. decumani (ch. a. 1166-1176, Milano). **8.** *parcelle de saline* — *salt-work plot.* *D. Charles le Ch.*, II no. 488 p. 621 (spur. s. ix ex., S-Denis). **9.** *emplacement d'un moulin à eau* — *site for a water-mill.* *D. Ottos I.*, no. 318 (interpol. s. xii, Nivelles). **10.** *ancrage* — *anchorage ground.* D. Frid. I imp. a. 1177. LÜNIG, *Cod. Ital. dipl.*, IV col. 11.

**statio: 1.** *gîte* — *temporary residence.* Nullus episcoporum seu comitum mansionaticum ibi vel paratas vel stationes requirere seu exigere praesumat. Marini pap. priv. a. 883, *H. de Fr.*, IX p. 199 C (J.-L. 3388). **2.** *siège, blocus* — *siege.* [Urbem] longa statione castrorum captum. Chron. Namnet., c. 8, ed. MERLET, p. 25. In tempore stationis sucurrat Toletum defendere. MUÑOZ, *Fueros*, p. 366 (a. 1118). **3.** *estage de château, service féodal de garnison* — *castle ward, feudal garrison service.* Ad faciendas stationes singulis annis per duos menses in castro T. SUGER., Admin., c. 12, ed. LECOY, p. 173. Primatibus Francie, qui ibi [sc. Andegavis] stationes suas ... facere a rege cogebantur. THOM. LOCH., G. cons. Andegav., HALPHEN-POUPARDIN, p. 30. **4.** *demeure, maison* — *dwelling, house.* SCHIAPARELLI, *CD. Longob.*, II no. 193 p. 182 (a. 765, Lucca); no. 269 p. 376 (a. 772, Lucca). CHAMPEVAL, *Cart. d'Uzerche*, no. 842 p. 344 (a. 1048). **5.** *étage* — *floor.* D. Lud. VI reg. Fr. a. 1134, DE LASTEYRIE, *Cart. de Paris*, I no. 255 p. 254. **6.** *lieu où se tiennent les séances judiciaires* — *place of a legal assembly.* Comes ... inveniat ubi stationem ad mallum tenendum constituat. Capit. missor. Suess. a. 853, c. 7, II p. 269. **7.** *emplacement d'une maison* — *housing site.* BERNARD-BRUEL, *Ch. de Cluny*, II no. 1537 p. 586 (a. 980). HOENIGER, *Koelner Schreinsurk.*, II p. 54 c. 11 (ca. a. 1135-1158); p. 64 c. 10 (a. 1163-1168). **8.** *étal* — *stall in a market.* *CD. Langob.*, no. 393 col. 658 C (a. 901). *D. Ottos I.*, no. 145 (a. 952). *D. Phil. I*[er], no. 61 p. 161 (a. 1071). FLACH, *Orig.*, II p. 366 n. 4 (a. 1094, Angers). D. Lud. VI reg. Fr. a. 1121, LUCHAIRE, *Inst. mon.*, II p. 316 no. 13. *D. Lothars III.*, no. 43[a] (a. 1132); no. 61 (a. 1134). ROUSSEAU, *Actes de Namur*, no. 6 (a. 1151). **9.** *réunion des croyants, synaxe* — *meeting of the faithful, synax.* Dominicorum die fuit statio ad s. Petrum; et post celebratas missas ... Lib. pontif., Vitalian., ed. MOMMSEN, p. 187. In cymiterio b. Petronillae stationem annue dare instituit. Ib., Gregor. III, § 13, ed. DUCHESNE, I p. 420. In ipsa ebdomata [sc. ante natale Domini] quarta et sexta feria seu et sabbatum stationis puplicas faciunt: prima ad s. Mariam ad presepem, secunda ad apostolus Jacobi et Johannis, tercia cum duodecim lectionibus ad s. Petrum. Ordo Rom. XV (s. viii), c. 3, ANDRIEU, III p. 96. Monasterium inierunt [Hunni] et publice stationis conventum, ubi vespertine sinaxis officium solenniter celebrabatur, irrumpere voluerunt. Mir. Liutwini (paulo ante a. 1095), c. 5, *SS.*, XV p. 1262. **10.** spec.: *messe célébrée par le pape à tour de rôle dans chacune des sept régions de Rome* — *mass celebrated by the pope in each of the seven regions of Rome by rotation.* In urbe Roma constituit ministeria [i.e. vasa sacra] qui circuirent constitutas stationes. Lib. pontif., Hilarus, ed. MOMMSEN, p. 110. Fecit turabulum ... qui procedit per stationes. Ib., Leo III, § 68, ed. DUCHESNE, II p. 18. [Diaconorum regionariorum] ministeria ... dupliciter diebus singulis dividuntur, id est in processione apostolici ad stationem et in egressu sacrarii. Ordo Rom. I (s. vii ex.), c. 6, II p. 69. **11.** *arrêt d'une procession et office célébré pendant l'arrêt* — *halting of a procession, divine worship held there.* Stationes per basilicas vel beatorum martyrum coemeteria ... ordinavit. JOH. DIAC., V Gregor. M., lib. 2 c. 18, MIGNE, t. 75 col. 94 A. Post sepulturam processerunt episcopi cum clero et populo ad sanctam processionem dominicam et stationem peregerunt. ADEMAR., lib. 3 c. 66, ed. CHAVANON, p. 192. Pergunt ad sanctum sepulchrum et in atrio ejusdem ecclesiae ... stationem faciunt; ibi etiam legitur euangelium et sermo fit ad populum. G. Manassis et Walcheri Camerac., c. 4, *SS.*, VII p. 501 l. 21. Feria secunda post pascha procedere moris est clericos stationem facturos apud s. Vincentium. GUIBERT. NOVIG., De vita sua, lib. 3 c. 7, ed. BOURGIN, p. 164. **12.** *procession* — *procession.* SUGER., V. Lud. Grossi, c. 32, ed. WAQUET, p. 262. Stationes instituit seu processiones, quae ab universo communiter clero civitatis ad majorem aecclesiam ... fiunt. REINER. LEOD., V. Wolbodonis, c. 18, *SS.*, XX p. 569. **13.** *office qui se tient à tour de rôle dans les diverses églises d'une cité* — *divine worship taking place alternatively in various churches of the capital of a bishopric.* Ut seculares et fideles laici diebus festis, qui in civitatibus sunt, ad publicas stationes occurrant; et qui in villulis et possessionibus sunt, ad publicum officium in plebe festinent. Karoli II capit. Pap. a. 876, c. 7, II p. 102. Actum publice in predicta ecclesia [s. Caeciliae] in sollempni nocte natalis Domini ... cum ibi agitur statio. *Ann. Hist. Ver. Niederrh.*, t. 26/27 (1874) p. 347 sq. (a. 962, Köln). In proximis festis pasche et pentecostes et nativitatis Domini, in legitimis scilicet ipsorum [sc. canonicorum s. Salvatoris] stationibus. MULLER-BOUMAN, *OB. Utrecht*, I no. 332 p. 305 (a. 1131). **14.** gener.: *office divin* — *divine worship.* Exigit lex christianitatis in statione ullius villane basilice quemlibet presbyterorum celebrare. *D. Konrads II.*, no. 212 (a. 1034). **15.** **jeûne modéré jusqu'à une certaine heure,* qui accompagne les synaxes — *a moderate fast observed up to a definite hour,* in connection with the synax. **16.** gener.: *jeûne* — *fast.* **17.** *régal, distribution extraordinaire d'aliments* — *treat, extra food allowance.* Diebus in quibus convivia et stationes computant. BEYER, *UB. Mittelrh.*, I no. 326 p. 380 (ca. a. 1040). Per singulos annos ... statio de quatuor ferculis nobis redderetur, de qua statione tam canonici quam vicarii reficerentur. GUÉRARD, *Cart. de Paris*, I p. 379 no. 11 (a. 1108).

**stationalis:** *d'une procession* — *of a procession.* Liber. Ordo Rom. XI, MABILLON, *Mus. Ital.*, II p. 123. Crux. Ib., p. 124.

**stationari:** (en parlant d'une procession) *faire halte* — (with reference to a procession) *to stop.* Processionem ad ... s. Crucis disponens aecclesiam, in proximo prato stationari jussit. EKKEHARD., Cas. s. Galli, c. 1, *SS.*, II p. 90 l. 20.

**stationarius** (adj): **1.** *utilisé pour les offices stationales* — *used for the services styled "stationes".* Constituit ministeria qui circuirent stationes: scyphum aureum stationarium. Lib. pontif., Hilar., ed. MOMMSEN, p. 110. **2.** *porté dans les processions* — *carried in processions.* Egrediantur cruces 7 stacionarias, portantes [i.e. portatae] ab stauroforos. Ordo Rom. XXI (s. viii med.), c. 10, ANDRIEU, III p. 248. **3.** *qui se déroule en procession* — *taking the shape of a procession.* Peracta missarum frequentatione elemosinarumque distributione et stationaria animae commendatione. SIMON, G. abb. Sithiens., lib. 2 c. 39, *SS.*, XIII p. 643. Cives ... ordine stacionario

inobviam [imperatoris] procedebant. OTTO SANBLAS., ad a. 1194, ed. HOFMEISTER, p. 62. **4.** (d'un clerc) *qui participe à une procession* — (of an ecclesiastic) *partaking in a procession.* Unus ex acolytis stationariis praecedit pedester equum pontificis. Ordo Rom. I (s. vii ex.), c. 11, ANDRIEU, II p. 70. **5.** *durable* — *abiding.* Litterarum virtus conetur ... semper nova quasi stationaria legentibus ostendere. BRUNO MERSEB., Bell. Saxon., prol., ed. WATTENBACH, p. 1. **6.** (d'un chanoine) *résident* — (of a canon) *bound to residence.* Ut quilibet ecclesiae cantor stationarius sit in claustro et assiduus. D. Lud. VII reg. Fr. a. 1169/1170 ap. *Actes Phil.-Aug.*, II no. 852 p. 433. Qui instituentur in ecclesia nostra canonici, et foranei potius quam mansionarii sive stationarii esse voluerint. MIRAEUS, II p. 1197 (a. 1196, Tournai). Subst. mascul.

**stationarius:** **1.** *sacristain* — *sacrist.* Coram piissimi patris sistitur mausoleo servusque ei et stationarius adscribitur perpetualis. ANDR. FLORIAC., Mir. Benedicti, lib. 7 c. 7, DE CERTAIN, p. 263. **2.** (cf. voc. statio sub 8) *marchand tenant boutique* — *shop-keeping merchant.* *Actes Phil.-Aug.*, I no. 426 p. 516 (a. 1192). **3.** spec.: *libraire* — *bookseller.* S. xiii.

**stationellus** (< statio): *étal* — *market-stall.* *Actes Phil.-Aug.*, I no. 402 p. 493 (a. 1192).

**statium** = statio.

**statiuncula** (< statio): **1.** *station, chapelle rurale* — *field-cross or chapel.* Pass. Sebastiani (s. vii?), MOMBRITIUS[2], II p. 472. Pass. Gaudentii Arimin. (ante s. xi), *AASS.*, Oct. VI p. 470. **2.** *étal* — *market-stall.* HOENIGER, *Koelner Schreinsurk.*, I p. 129 c. 21 (a. 1178/1179).

**stator:** *stagiaire* — *garrisoner.* Stabiliat in castro de T. 10 caballarios optimos, qui sint ibi statores. ROSELL, *Lib. feud. maj.*, no. 171 p. 180 (a. 1058).

**statua:** **1.** i.q. staffolus sub 1. Quicumque ad eorum [sc. principum] statuas fugiret, inlesus habeatur. Concil. Matisc. a. 585, c. 8, *Conc.*, I p. 168. **2.** (cf. voc. statura) *mesure de longueur*, la hauteur d'un homme — *linear measure*, a man's height. *Gall. chr.*[2], XV instr. col. 17 no. 14 (a. 1106, Besançon).

**statuere:** *nommer* — *to appoint.* Venerabilem virum P. sibi seniorem statuerunt. PAUL. DIAC., Hist. Langob., lib. 6 c. 40. Centenarii ... vel vicarii qui per pagos statuti sunt. WALAHFR., Exord., c. 32, *Capit.*, II p. 515 l. 36. In imperatorem statuere. ANAST. BIBL., Chron., ed. DE BOOR, p. 301. M. et E. diaconos statuisset. V. Probi Ravenn. (s. x), MURATORI, *Scr.*, I pt. 2 p. 556 D.

**statunculum,** -la: **statuette* — *statuette.*

**statura:** *hauteur d'un homme* — *a man's height.* Ad unam et semis staturam aqua fluminis excrevisset. Lib. pontif., Gregor. II, rec. I, § 6, ed. DUCHESNE, I p. 399 col. 1. Iterum ib., Hadr. I, § 94, p. 513. Ad primam usque cementarii staturam murus ejusdem surrexit ecclesiae. ANNAL. SAXO, a. 815, *SS.*, VI p. 571.

**status:** **1.** *stalle* — *choir-stall.* GALBERT., c. 43, ed. PIRENNE, p. 71. **2.** *étal* — *market-stall.* D. Lud. VI reg. Fr. a. 1134, DE LASTEYRIE, *Cart. de Paris*, no. 255 p. 255. *Actes Phil.-Aug.*, II no. 528 c. 15 p. 71 (a. 1196). **3.** *poste d'observation et de combat* — *guard-post.* GALBERT., c. 60, p. 98. **4.** *estage de château* — *castle ward.* Debet omni tempore vitae suae statum apud V. DC.-F., VII p. 589 col. 3 (ch. a. 1125, Parisis). **5.** *mesure de longueur* — *linear measure.* *Hist. de Lang.*[3], V no. 253 col. 505 (ca. a. 1060, Lézat). **6.** **condition juridique des personnes* — *legal status of persons.* Integrum statum meum in vestrum debiam implecare servicium. F. Andecav., no. 19, *Form.*, p. 10. Omnem redditum status aut servitium tabularii ecclesiae reddant. Lex Ribuar., tit. 58 § 1. [Causae] de statu ingenuitatis. Capit. Harist. a. 779, c. 10, I p. 49. Inquiratur de statu ipsius [fiscalini coloni aut servi]. *Capit.*, I p. 143 c. 4 (a. 803-813). Si quis eum de statu suo, id est de libertate sua, ... appellaverit. Capit. legi add. a. 816, c. 2, I p. 268. Nostri fideles, unusquisque in suo ordine et statu. Conv. Marsn. a. 851, c. 6, *Capit.*, II p. 73. [H]omo bene ingenuus estatum suum meliorare et pegiorare potes[t]. THÉVENIN, *Textes*, no. 110 p. 163 (a. 887, Cluny). Ad altare s. Emmerammi tradebat, ut statum monasterii per omnia capiat quem quis inhabitantium habeat. WIDEMANN, *Trad. S.-Emmeram*, no. 475 p. 278 (ca. a. 1043/1044). **7.** (ni fallor) *progéniture d'un serf* — *progeny, offspring* of a serf. Vendimus tibi mancipia nostra ... et status illorum cum omnibus peculiaribus illorum. DELOCHE, *Cart. de Beaulieu*, no. 20 p. 45 (a. 841). De ista mancipia [leg. mancipia] et de statu illorum et de peculiari eorum quod [h]abent, faciad unusquisque post hac die quicquid volueritis. BERNARD-BRUEL, *Ch. de Cluny*, I no. 74 p. 83 (a. 901). Dono servos duos ... cum integro statu illorum vel peculiari. RAGUT, *Cart. de Mâcon*, no. 224 p. 140 (a. 851-863). **8.** *chevage* — *poll-tax.* Laxo ad illos statutarios statum quod debebant dare. MUÑOZ, *Fueros*, p. 266 (a. 1124, Burgos). **9.** *validité* — *validity.* [Charta] firmiorem ... habeat statum. TIRABOSCHI, *Memor. Modenesi*, p. 47 (a. 872). Similia MURATORI, *Ant.*, VI col. 195 A (a. 912). **10.** **état* — *state.* Regni tantum statum obediant. SCHIAPARELLI, *Carte di Roma, Arch. Rom. Stor. Patr.*, t. 24 p. 430 (< a. 797?, spur. s. xi). Cf. *ALMA.*, t. 2 (1925), p. 39. **11.** *inventaire* — *inventory.* S. xiii.

**statutarius:** *magistrat chargé de la mise à exécution des lois municipales* — *officer administering municipal regulations.* S. xiii.

**statutio:** *précepte* — *regulation.* Ordo Rom. I (s. vii ex.), c. 5, ANDRIEU, II p. 69.

**statutum** (subst.): **1.** **décision, ordre, décret, loi* — *resolution, command, decree, statute.* **2.** *amende stipulée* — *fine imposed.* Si amplius istas oppressiones ... fecerint, nostra statuta componant. MANARESI, *Placiti*, I no. 17 p. 5? (a. 804, Istria).

**staullus,** staulus, v. stallum.

**staupus,** stoup-, stop-, -a (germ.): **1.** *gobelet* — *cup.* Lib. pontif., Nic. I, § 80, ed. DUCHESNE, II p. 166. GLÖCKNER, *Cod. Lauresham.*, I p. 413 no. 140 (s. xi p. post.). **2.** *mesure de capacité pour les liquides* — *a liquid measure.* Irminonis polypt., br. 8 § 28. HINCMAR. REM., opusc. 50, ed. SIRMOND, p. 808. Urbar. Prum. a. 893, c. 24, BEYER, *UB. Mittelrh.*, I p. 155. Cod. Eberhardi, c. 67, DRONKE, *Trad. Fuld.*, p. 157. LACOMBLET, *UB. Niederrh.*, I no. 246 p. 159 (a. 1091). FAYEN, *Lib. trad. Blandin.*, p. 130 (s. xii).



**stauracius,** -acinus (adj.). Pallium stauracium, et subst. indecl. vel decl. stauracin, staurace, storace (gr. σταυρός "croix — cross"): *tissu en soie orné de croix* — *silken material adorned with crosses.* Lib. pontif., Sergius, § 10, ed. MOMMSEN, p. 213. Ib., Hadr., § 46, ed. DUCHESNE, I p. 499. Ib., Paschal., § 21, II p. 58. Pauli pap. epist. (a. 758), Cod. Carolin., no. 17, *Epp.*, III p. 517. BONIF.-LULL., epist. 70, ed. TANGL, p. 143. ANGILBERT., Rel., ap. HARIULF., lib. 2 c. 10, ed. LOT, p. 69. G. abb. Fontan., c. 13 § 4, ed. LOHIER-LAPORTE, p. 102 sq.

**stauramentum:** *provision, réserve* — *stock, store.* S. xii, Angl.

**1. staurare** (cf. voc. restaurare): **1.** *restaurer* — *to repair.* Casam. *CD. Langob.*, no. 157 col. 270 C (a. 845, Nonantola). **2.** *restituer* — *to repay.* Cot [i.e. quod] melioratum paruerit, ... spo[n]dimus staurare. *CD. Cav.*, I no. 122 p. 156 (a. 905).

**2. staurare:** *magasiner, stocker* — *to stock, store.* S. xii, Angl.

**staurophoria** (gr.): *croix processionnel* — *cross carried in a procession.* Cum stauroforia ac cereostata ... deportatum est. V. Gangulfi (ca. a. 900), c. 11, *SRM.*, VII p. 165.

**staurophorus,** staurofer (gr.): *porte-croix* dans une procession — *cross-bearer* in a procession. D. Constantini Pogonati imp. (ca. a. 650), MAI, *Auct. cl.*, V p. 362, unde hausit AGNELL., c. 115, *Scr. rer. Langob.*, p. 354. Ordo Rom. XX (s. viii med.), c. 7, ANDRIEU, III p. 236. Ordo Rom. XXI, c. 10, p. 248. PETR. DIAC., Chron. Casin., lib. 4 c. 37, *SS.*, VII p. 779.

**staurum:** *provision, réserve* — *stock, store.* S. xiii, Angl.

**steccata,** stechata, v. stacata.

**stega,** stiga (germ.): *ruelle, sentier* — *ally, path.* S. xiii, Belg.

**stegma,** v. stemma.

**stelarea,** stellaria, v. stalarius.

**stellum,** estellum (<astula): *palissade* — *stockade.* GUÉRARD, *Cart. de Mars.*, I no. 430 p. 436 (a. 1034, Chalon-s.-Saône).

**stemma,** stegma, stigma (genet. -atis): **1.** *couronne* — *crown.* A stemmate usque subuculam cultu regali exuti. ODILO, Transl. Sebastiani, MABILLON, *Acta*, IV pt. 1 p. 406. **2.** *parent* — *blood-relation.* Chron. Salernit., c. 24, ed. WESTERBERGH, p. 27. **3.** *wergeld.* Trad. Garst., *UB. des L. ob der Enns*, I p. 132 no. 18.

**steora,** steura, stiura, stura (germ.): *levée annuelle, tribut* — *annual tax, tribute.* Tributi quae de partibus Orientalium Franchorum vel de Sclavis ad fiscum dominicum annuatim persolvere solebant, quae secundum illorum linguam steora vel ostarstuopha vocatur. *D. Arnulfs*, no. 69 (a. 889). *D. Ludwigs d. Deutsch.*, no. 52 (spur. s. xii med., Fulda). Trad. s. Petri Juvav., no. 456 (a. 1199-1231), HAUTHALER, *Salzb. UB.*, I p. 500.

**sterilium,** v. strepa.

**sterilitas:** **disette* — *famine.*

**sterlingus,** esterl-, stell-, -inquus, -engus, -encus, -inus, -igus, sterilensis (anglosax. "monnaie de poids invariable — coin of unchanging weight", GRIERSON): *denier d'argent* de l'Angleterre et de l'Ecosse — *sterling*, English and Scotch silver penny. Librae sterilensium. Ch. circ. a. 1078 ap. ORDERIC. VITAL., lib. 3 c. 12, ed. LE PRÉVOST, II p. 129. Solidi sterilensium. Ch. a. 1081 ap. eundem, lib. 6 c. 5, III p. 21. Cf. E. SCHRÖDER, *Sterling, Hans. Geschichtsbl.*, t. 23 (1917), pp. 1-22. Ph. GRIERSON, *Sterling*, ap. *Anglo-Saxon Coins*, ed. by R. H. M. DOLLEY, London 1961, pp. 265-283.

**sterpare** et deriv., v. stirp-.

**stica** (anglosax.): *unité de poids pour les anguilles* — *stick of eels.* Domesday. GLANVILL., lib. 2 c. 9.

**stichata,** v. stacata.

**stiga,** v. stega.

**1. stigma** (genet. -atis) (gr.): **1.** *symbole magique* — *magic symbol.* V. Brigidae, c. 63 sq., *AASS.*[3], Febr. I p. 127 D. **2.** *insigne* — *dignity mark.* Episcopalis schematis stigma praeferens. ANDR. FLORIAC., Mir. Bened., lib. 6 c. 13, DE CERTAIN, p. 239. Stigma crucis prodet nomen. GUIDO FARF., Disc., lib. 2 c. 63, ALBERS, I p. 205. **3.** *voile* de religieuse — nun's *veil.* Christi stigmate suscepto, sanctarum virginum se choro conjungens. V. Sadalbergae, c. 18, *SRM.*, V p. 60.

**2. stigma,** v. stemma.

**stigmatizare:** *couvrir de cicatrices* — *to scar.* Tanta illum disciplina stigmatizavit. V. Reginswindae (s. xi/xii), *AASS.*, Jul. IV p. 95.

**stilus,** stylus: **1.** **pilier* — *pillar.* **2.** *style chronologique*, usage pour le commencement de l'année — *style in chronology*, custom regarding the beginning of the year. S. xiv.

**stimare** = aestimare.

**stipa,** v. stufa.

**stipendialis:** *de prébende* — *of prebend.* Donavit s. Martino ... ad stipendialem videlicet usum fratribus Trajecto ... commorantibus. MULLER-BOUMAN, *OB. Utrecht*, I no. 145 p. 140 (a. 996). Missam celebrantibus stipendialis refocilatio ... daretur. ERHARD, *Reg. Westfal.*, I CD. no. 95 p. 76 (a. 1018).

**stipendiare:** **1.** **solder, soudoyer* — *to pay* troops. **2.** *approvisionner* — *to supply with provisions.* Forti beneque stipendiata munitione confidentes. RUDOLF. TRUDON., lib. 3 c. 5, ed. DE BORMAN, p. 40.

**stipendiarie:** *à titre de prébende* — *by way of prebend.* Villa ... canonicis stipendiariae ... existat. D. Lud. Pii a. 820, QUANTIN, *Cart. de l'Yonne*, I no. 16 p. 32. Sanctimonialibus ... et pauperibus ac peregrinis stipendiarie disponente ... episcopo. *D. Merov.*, p. 191 no. 75 (< a. 676>, spur. s. ix, Le Mans).

**stipendiarius** (adj.): **1.** (de choses) *qui est affecté à la subsistance d'une communauté religieuse; qui fait partie de la mense conventuelle* — (of things) *assigned to the sustenance of a religious community; forming part of the "mensa conventualis".* Villae et nonae ac decimae eisdem canonicis stipendiarie existant. F. imper., no. 25, *Form.*, p. 304. Ex stipendiariis villis ... dormitorium fratrum et cella novitiorum recooperiatur; reliqua vero coenobii aedificia de abbatia reficienda ... sunt. *D. Charles le Ch.*, II no. 363 p. 310 (a. 872). Ne res stipendiarias alendis monachis dedicatas ... rapiant. *D. Heinrichs III.*, no. 203 (a. 1047). Res stipendiarias [abbas] multiplicare laboraverit. G. pontif. Camerac., lib. 1 c. 116, *SS.*, VII p. 452 l. 47. **2.** *relatif aux prébendes* — *of prebends.* In accipiendis rebus stipendiariis necessaria ... deessent subsidia. *D. Charles le Simple*, no. 54 (a. 906). In stipendiarium famulitium fratribus ... predium ... addiximus. *D. Ottos III.*, no. 189 (a. 996). Fratribus ... ad

complendum eorum stipendiarium victum tale praedium ... tradidimus. *D. Heinrichs III.*, no. 157 (a. 1046). **3.** *concédé en fief, inféodé — leased by way of fief, enfeoffed.* Possessiones, quas milites sui stipendiarias tenebant, se nec velle nec posse subtrahere tenentibus. Cantat. s. Huberti, c. 22, ed. HANQUET, p. 64. Se velle ... allodia ecclesie ... castro M. [dativ.] stipendiaria facere. Ib., c. 93, p. 241. In re stipendiaria. Chron. Lauresham., *SS.*, XXI p. 435. Stipendiaria bona ecclesie. Ann. Herbipol., c. 115, *SS.*, XVI p. 2. **4.** *féodal — feudal.* Datum episcopium est ... Hilduino jure stipendiario. RATHER., epist. 7, WEIGLE, p. 35. Usu stipendiario promeruerat Veronense episcopium. HERIGER., G. abb. Lob., c. 19, *SS.*, IV p. 63. **5.** (de personnes) *qui reçoit l'entretien dans la maisonnée du maître; qui est dépourvu d'une tenure et astreint à des services quotidiens* — (of persons) *entertained in the lord's household, without a holding of his own, and bound to daily service.* Si eundem censum ... reddere neglexerit ..., stipendiarius servus in servitium fratrum ... redigatur. Trad. s. Petri Juvav., no. 65 (ca. a. 1077), HAUTHALER, *Salzb. UB.*, I p. 284. **6.** jure stipendiario servire: être astreint au service quotidien dans la maisonnée du maître — to be bound to daily service in the lord's household. Tradidit quedam mancipia, delegans ea ad serviendum ipsis fratribus jure stipendiario. Trad. Juvav. Maj. Capit., no. 63 (a. 1122-1147), ib., p. 615. Stipendiarium servitium: la condition d'être astreint au même service — the status of one who is bound to that kind of service. Si tribus annis neglectis in quarto totum [censum] non redderet, stipendiario servitio manciparetur. Trad. s. Petri, no. 70 (ca. a. 1077), p. 287. Subst. mascul. **stipendiarius: 1.** *un dépendant qui reçoit l'entretien dans la maisonnée du maître et qui est astreint à des services quotidiens — a dependant who is being entertained in his lord's household and who owes daily service.* Stipendiarii 43, puelle sperantes cottidie in dominicali 33. Cod. Eberhardi, c. 44 § 37, DRONKE, *Trad. Fuld.*, p. 127. Ibi pluries. Reliqua omnia [mancipia] jure stipendiariorum utantur. Trad. s. Petri Juvav., no. 246 (a. 1125-1147), HAUTHALER, I p. 382. Si hunc censum tribus annis non dederint ..., proprii et stipendiarii sint. Trad. Juvav. Maj. Capit., no. 278 (a. 1183-1196), p. 717. **2.** *mercenaire — mercenary soldier.* S. xiii. Subst. femin. **stipendiaria**: *prostituée — harlot.* S. xii. Subst. neutr. plural. **stipendiaria:** *biens affectés aux prébendes — estates assigned to prebends.* In stipendiariis fratrum duas villas contulit, ut servitus Dei augeretur, numerus fratrum multiplicaretur. G. pontif. Camerac., lib. 1 c. 113, p. 450.

**stipendionarius** (adj.): *concédé en tenure à un serf — leased to a serf.* [Vineae] cum suis vinitoribus et suis stipendionariis agris. Cod. Udalrici, no. 35 (a. 1068/1069), JAFFÉ, *Bibl.*, V p. 67.

**stipendium,** stipendia (femin.): **1.** **salaire, paie non-militaire — wages, pay of civilians.* Cf. C. SANCHEZ ALBORNOZ, *El "stipendium" hispano-godo y los origines del beneficio prefeudal*, Buenos Aires 1947. **2.** spec.: *assistance aux indigents — dole.* Stipendia pauperum debeant ministrare. GAUDENZI, *Nonantola, Bull. Ist. Stor. Ital.*, t. 36 (1916), p. 20 (a. 776). Praeter stipendia pauperum, pro quibus cottidie libra denariorum expendebatur. ANSELM. LEOD., c. 52, *SS.*, VII p. 221 l. 11. **3.** spec.: *allocation-salaire aux clercs, aux moines, aux chanoines; prébende — allowance in remuneration of clergy, monks or canons; prebend.* Quadraginta fratres cotidiana diaria et stipendia omni tempore accipiant. Test. Leodegarii a. 676, PARDESSUS, II no. 382 p. 174. De stipendiis clericorum volumus, ut tam de redditu vel de oblatione fidelium pleniter ... ipsi clerici habeant. Capit. Mantuan. I a. 813, c. 7, I p. 195. Duas partes in usus pauperum, tertiam in stipendia cedere clericorum aut monachorum. Capit. eccl. (a. 818/819), c. 4, p. 276. [Abbates abbatissaeque] eis [sc. congregationibus sibi commissis] necessaria stipendia administrare non neglegant. Episc. rel. a. 829, c. 30, ibid., II p. 38. Stipendia [monachorum] que annuatim in cibo et potu accipere debebant. D. Lud. Pii a. 829, POUPARDIN, *Ch. de S.-Germain-des-Prés*, I no. 28 p. 45. In usus proficiat pauperum et stipendia monachorum. *D. Charles le Ch.*, no. 3 p. 11 (a. 841). Mensis [i.e. mensibus] omnibus ex ipsis villis eorum necessitas atque stipendia ... suppleretur. Ib., no. 74 (a. 845). Archipresul pro eodem beneficio sibi fraternitatem et stipendium dari mandavit. Trad. s. Petri Juvav., no. 123 (a. 1090-1095), HAUTHALER, *Salzb. UB.*, I p. 309. Nobiscum res stabiliendorum stipendiorum [c.-à-d. la collation des bénéfices — i.e. the collation of benefices] respicit ad episcopum. ANSELM. LEOD., c. 67, *SS.*, VII p. 230 l. 24. Dederunt ecclesie quasi 7 jugera ... Ipsi vero stipendiis nitruti sunt aecclesiae. Ann. Rod., a. 1114, *SS.*, XVI p. 697. **4.** *l'ensemble des bien-fonds ou autres sources de profit dont les revenus sont affectés à l'entretien d'une communauté religieuse; la mense conventuelle — body of estates or other funds, the revenue of which is assigned to the sustenance of a religious community.* Preceptum ... de confirmandis rebus ad eorum [sc. canonicorum] stipendia pertinentibus factum. *D. Ludwigs d. Kindes*, no. 2 (a. 900). Monachis ejusdem loci quasdam res ex eadem abbacia ad stipendium ipsorum monachorum usus concederemus. *D. Charles le Simple*, no. 38 (a. 901). Monastico congregamini ... curtarum [i.e. curtium] stipendia ... largiter amplificare conatus est. Trad. s. Petri Juvav., no. 1 (a. 987), HAUTHALER, *Salzb. UB.*, I p. 253. Canonici ... ipsa loca et mancipia in usum stipendii ... perenniter habeant. Trad. Juvav., cod. Tietmari, no. 27 (a. 1025-1041), ib., p. 223. [Villae] ecclesie stipendiis adscripte fratrum. GYSSELING-KOCH, *Dipl. Belg.*, no. 217 p. 366 (a. 1065, Saint-Trond). Clericos octo et stipendia unde viverent constituit. MIRAEUS I p. 166 col. 1 (a. 1097, Arras). Ubi [sc. in basilica b. Mauricii] 12 clericos datis stipendiis ordinavit. OUDALSCHALCH., V. Chuonradi Constant., c. 6, *SS.*, IV p. 432 l. 39. **5.** *moyens de subsistance — means of support.* [Ecclesia Virdunensis] me strennue de suis stipendiis enutrivit. Test. Adalgiseli-Grimonis a. 634, ap. LEVISON, *Frühzeit*, p. 128. Sociis suis qui in hostem perrexerunt de stipendia sua adjutorium fecerunt. Capit. missor. de exerc. prom. a. 808, c. 6, I p. 138. **6.** *les provisions à fournir pour les besoins du roi ou des agents du pouvoir public — victuals to be supplied in behalf of the king or public officers.* Unde missi transeuntes vel stipendia vel paraveredos acciperent. Lud. II capit. Pap. a. 850, c. 9, II p. 88. Quodsi ... fiscus comitalis in jus ecclesiasticum concessus est, augeatur stipendium imperiale [antea dicitur "pastus imperatoris"] ab ecclesia juxta quod res publicae fuerint minoratae. Lamberti capit. Ravenn. a. 898, c. 8, p. 110. **7.** *ravitaillement des armées — food supply for military forces.* Una pars nostri iret diligenter attrahere stipendium. ANON., G. Francorum, c. 13, ed. BRÉHIER, p. 70. Per arida, ubi nec stipendia inveniri nec ex mercatu haberi possent. OTTO FRISING., G. Friderici, lib. 2 c. 17, ed. WAITZ-SIMSON, p. 119. Remanere cupientes ... totum fructum feodi in illo anno pro stipendio persolvant. Constit. de exped. Romana (ca. a. 1160, Reichenau), c. 12, *Const.*, I p. 662. **8.** *armement de navires — equipment of ships.* Navium stipendia illa aestate restaurare fecit. Encom. Emmae, lib. 2 c. 7, ed. CAMPBELL, p. 22.



**stipes: 1.** **instrument de torture ou de supplice — instrument of torture or capital punishment.* **2.** *le pouvoir de faire pendre les criminels — power to hang criminals.* Omne quod ad fiscum nostrum hactenus pertinebat, excepto stipe [i.e. stipite] et comitatu. *D. Merov.*, p. 139 no. 21 (< a. 627>, spur. s. xii, Worms). Concederemus ... omnem quam regia majestas habet potestatem, scilicet legalis justitiae disciplinam, excepto duntaxat stipite. *D. Charles le Simple*, no. 128 (< a. 920>, spur. s. xii, Cambrai).

**stips: 1.** **paie* donnée au clergé par l'évêque — *wages* paid to ecclesiastics by the bishop. **2.** *bénéfice, prébende — benefice, prebend.* Ut non statim, cui libitum vobis fuerit, ... stipem canonicam conferatis. VARIN, *Arch. de Reims*, I p. 229 no. 37 (ca. a. 1068?). LAMBERT. TUIT., V. Heriberti, c. 8, *SS.*, IV p. 746 l. 41.

**stipulare: 1.** **promettre, s'engager à prêter — to promise, undertake to perform.* Contra eum widridum stipulavit. PÉRARD, *Bourg.*, p. 148 (a. 868). **2.** *écrire — to write.* Ego B. subdiaconus hanc epistolam a suprascripto patre rogatus stipulavi et subscripsi et notavi die sabbato ... Test. Wideradi II a. 746, PARDESSUS, II no. 587 p. 402. **3.** (sens non juridique) *interroger* — (extra-legal meaning) *to question.* Nobis stipulantibus numeraret atavos suos. ADAM BREM., lib. 1 c. 48, ed. SCHMEIDLER, p. 48.

**stipulatio. 1.** La formule romaine de la stipulatio se perpétue sans qu'on y attache un sens bien défini. — The Roman stipulatio formula is being repeated without any clear connotation. Stipulatione et sponsione pro omni firmitate subnexsa. PÉRARD, *Bourg.*, p. 6 (a. 579). Pro totius rei firmitate atque stipulatione annecti praecepi. Test. Bertichramni a. 615, PARDESSUS, I p. 215. Stipulatione interposita. PARDESSUS, I no. 241 p. 228 (a. 627); II no. 413 p. 212 (a. 690). Stipulatione in omnibus comprehensa. Ib., II no. 358 p. 145 (a. 667). Has epistolas contulitionis cum stipulatione Aquiliana nostris vel bonorum hominum manibus roboratas firmas permaneant. F. Turon., no. 17, *Form.*, p. 145. Cartola esta sua[m] obteniad firmitatem Aquiliani Arcaciani lejes stibolacionis, quia omnium cartarum adcommodat firmitatem. WARTMANN, *UB. S.-Gallen*, I no. 8 p. 9 (a. 744). Item no. 9 p. 10. Cum stibulatione subnixa. Ib., no. 10 p. 11 (a. 744). Cum omni stibulatione subnexa. Ib., no. 38 p. 40 (a. 763). Ita ibi pluries. **2.** En certains cas il est évident qu'on a pris "stipulatio" comme synonyme de "firmatio", au sens de la validation d'un acte au moyen de la souscription ou de l'attouchement. — Sometimes the word "stipulatio" appears to be used synonymously with "firmatio", meaning the validation of a document by subscribing or touching. Praesens donatio a me facta omni tempore firma et inviolata permaneat stipulatione subnixa idoneorum testium, domini videlicet V. episcopi ... Ch. a. 672 ap. G. pontif. Camerac., lib. 1 c. 27, *SS.*, VII p. 413. In hac stipulatione "Signum", inquit, "Karlomanni majoris domus, qui hanc donationem fecit firmavitque". FOLCUIN., G. abb. Lob., c. 6, *SS.*, IV p. 58 l. 29. Cf. *BEC.*, 5e s. t. 4 (1863), no. 5 p. 166 (a. 861, Rodez), ubi: firmitate subnixa. Cf. L. SEUFFERT, *Materialien zur Deutung von stipulatio in mittelalterlichen Urkunden*, *ZSRG.*, Germ. Abt., t. 2 (1881), pp. 114-123. F. BRANDILEONE, *La stipulatio nell'età imperiale romana e durante il medio evo*, 1928. L. SCHIAPARELLI, *Note diplomatiche sulle carte longobarde*, V: La formula sub stipulatione et sponsione interposita. *Arch. Stor. Ital.*, s. 7 t. 21 (1934), p. 3 sqq.

**stiremannus,** stirm-, sturem-, sturm-, sterm- (anglosax.): *timonier — steersman.* Domesday.

**stirpale:** *essart — reclaimed area.* Decimas ... de censalibus, de arigalibus, de styrpalibus. LESORT, *Ch. de S.-Mihiel*, no. 39 p. 154 (a. 1076). Item no. 43 p. 64 (a. 1085).

**stirpare,** sterp-, strep- (cf. voc. exstirpare), **1.** transit.: **défricher — to clear, reclaim* land. Terram illam ... quam illi Sclavi ... stirpaverunt. *D. Karolin.*, I no. 169 (a. 791). Tradidit ... suam conprehensionem illam, quam ipse ... proprio labore ... conprehendit et stirpavit. BLOK, *Oork. Werden*, p. 182 no. 24 (a. 801). Etiam p. 180 no. 22 (a. 801). **2.** intrans.: *essarter — to assart.* Ut silvae vel forestes nostrae bene sint custodite; et ubi locus fuerit ad stirpandum, stirpare faciant. Capit. de villis, c. 36. Nec in silvis stirpare vel arbores caedere. Admon. gener. a. 789, c. 81, *Capit.*, I p. 61. Detur illis silva ad stirpandum. Capit. Aquisgr. (a. 801-813), c. 19, I p. 172. Stirpando pulchrum peregit campum. V. Pirminii, c. 5, *SS.*, XV p. 25.

**stirparium:** *essart — reclaimed area.* DC.-F., VII p. 601 col. 3 (ch. a. 1179).

**stirpaticus:** *redevance d'essartage — tax on assarting.* *D. Karls III.*, no. 111 (a. 885). *D. Berengario I*, no. 138 (a. 922). *D. Ugo*, no. 11 p. 36 (a. 928).

**stirpator**: i.q. exstirpator, *dissipateur — spendthrift.* Benedicti regula, c. 31. V. II Liudgeri, c. 31, ed. DIEKAMP, p. 79.

**stirpetum,** sterpetum, stirpes (genet. -etis): *essart — clearing.* SCHNEIDER, *Reg. Volaterr.*, p. 16 (a. 971). BARSOCCHINI, *Doc. di Lucca*, I p. 566 et 582. D. Roberti reg. Fr. < a. 997/998>, spur. s. xi ex., DE LASTEYRIE, *Cart. de Paris*, I no. 73 p. 101. D. Conradi III reg. a. 1138, UGHELLI, III col. 455 A.

**stirps: 1.** *terrain en voie de défrichement — area under reclamation.* Zeuss, *Trad. Wizenb.*, no. 186 p. 174 (a. 712). Widemann, *Trad. S.-Emmeram*, no. 16 (a. 819). Lacomblet, *UB. Niederrh.*, I no. 55 p. 25 (a. 841, Werden). **2.** *essart — reclaimed area.* Capit. Aquisgr. (a. 801-813), c. 19, I p. 172. Irminonis polypt., br. 22 § 1. **3.** *essartage — reclamation.* Floriano, *Dipl. esp.*, II no. 165 p. 271 (a. 900).
**stiura,** v. steora.
**stivale,** v. estivale.
**stopha,** stoffa, v. stuofa.
**stola: 1.** **vêtement d'apparat* en général — any *state apparel.* **2.** *étole — stole.* S. viii. **3.** "*pallium*" de l'archevêque — an archbishop's *pall.* Eadmer., Anselmi simil., c. 188, Migne, t. 159 col. 700 A. Landulf. Mediol. jun., c. 2, ed. Castiglioni, p. 4.
**stolatus** (adj.): *revêtu de l'étole — wearing the stole.* Ekkehard., Cas. s. Galli, c. 10, *SS.*, II p. 132 l. 22. Rodulf. Trudon., lib. 2 c. 8, *SS.*, X p. 238. V. Reginswindae (s. xii), *AASS.*, Jul. IV p. 94.
**stolium,** storium (< 1. stolus): **1.** *flotte*, en part. en parlant de flottes siciliennes ou vénitiennes — *fleet*, esp. with reference to Sicilian and Venetian fleets. Hugo Falcand., c. 10, ed. Siragusa, p. 25. Kehr, *Urk. Norm.-Sic. Kön.*, p. 435 no. 16 (a. 1160). Romuald. Salernit., ed. Garufi, p. 227. Rigord., c. 139, ed. Delaborde, p. 153. **2.** gener.: *forces militaires — military forces.* Rex Siciliae fecit stolium maximum per mare et terram; super stolium maris ordinavit capitanium ...; super stolium terrae fecit capitanios ... Ann. Ceccan., ad a. 1185, *SS.*, XIX p. 287.
**1. stolus** (gr.): **flotte — fleet.* Paul. I pap. epist. (a. 760?), Cod. Carolin., no. 20, *Epp.*, III p. 521 (J.-E. 2345). Ludov. II imp. epist. ad Basil. imp. a. 871, *Epp.*, VII p. 391. Muratori, *Antiq.*, I col. 755 (ch. a. 889, Salerno). Contin. Praemonstr. ad Sigeb., ad a. 1154, *SS.*, VI p. 456.
**2. stolus,** v. stallum.
**stopinus,** v. stupinus.
**storace,** v. stauracius.
**storia,** v. historia.
**storicus** = historicus.
**storium,** v. stolium.
**storiuncula,** v. historiuncula.
**stotarius** (germ.): *intendant de haras — keeper of a stud.* Pact. Alamann., fragm. 5 c. 5.
**stradaticus,** v. strataticus.
**stradella,** v. stratella.
**stragia** = strages.
**stragulatus** (cf. Prov. 31, 22 "stragulata vestis", qui locus perperam interpretabatur secundum Isid., Etym., 19, 26, 4 "stragulum vestis est discolor, quod manu artificis diversa varietate distinguitur"): *rayé — striped.* Cottus. Udalric., Consuet. Cluniac., lib. 3 c. 11, Migne, t. 149 col. 752.
**straia,** straium: *épave — strayed property.* S. xii, Angl.
**stramentum:** *tapis de prières — praying-rug.* Ordo Rom. XXXV, c. 23, Andrieu, IV p. 105.
**strangulus:** *corde à pendre — halter.* Widukind., lib. 2 c. 11; lib. 3 c. 64.
**strata** (subst. femin.): **chemin pavé, grande route — paved road, highway.*
**stratarius** (<stratum): *sellier — saddler.* Lex Sal., tit. 10 addit. 4. *Mon. hist. patr.*, Chartae, I col. 15 B (a. 707).
**strataticus,** strada- (<strata): *redevance pour les chaussées — highway-tax. D. Ugo*, no. 63 p. 187 (a. 942). *D. Ottos I.*, no. 242 (a. 962). *D. Ottos II.*, no. 231 (a. 980).
**strategus,** strategotus, -ig-, -ic- (gr.): *gouverneur de province* en Italie byzantine — *governor of a province* in Byzantine Italy. Lib. pontif., Constantinus, § 4, ed. Mommsen, p. 223. Ib., Gregor. III, § 4, ed. Duchesne, I p. 416. Erchempert., c. 60, *Scr. rer. Langob.*, p. 258. *CD. Cav.*, I no. 111 p. 140 (a. 899). Liudprand. Cremon., Legatio, c. 64, ed. Becker, p. 211.
**stratella,** stradella (< strata): *ruelle — lane. CD. Langob.*, no. 244 col. 410 D (a. 867). Mittarelli, *Ann. Camald.*, I p. 165 (a. 1001). *D. Konrads II.*, no. 239 (a. 1037).
**stratilates** (gr. "commandant — commander"): *mercenaire — mercenary soldier.* Joh. Saresbir., Polycr., lib. 6 c. 1, ed. Webb, II p. 4. Acta Willelmi Eborac. *AASS.*, Jun. II p. 144.
**strator: 1.** *piqueur — groom.* Lex. Sal., tit. 35 § 6. **2.** *dignitaire aulique — court dignitary.* Gregor. M., lib. 3 epist. 61, I p. 220. Ordo Rom. I, c. 8, Andrieu, II p. 70. Manaresi, *Placiti*, I no. 59 p. 213 (a. 626-636, Piacenza). Paul. Diac., Hist. Langob., lib. 4 c. 26. **3.** *fourrier — quartermaster.* Erchempert., c. 15, *Scr. rer. Langob.*, p. 240. Otto Frising., G. Friderici, lib. 2 c. 23, ed. Waitz-Simson, p. 141. **4.** *pionnier — pioneer.* Order. Vital., lib. 10 c. 11, ed. Le Prévost, IV p. 71. Rahewin., G. Friderici, lib. 3 c. 35, ed. Waitz-Simson, p. 209.
**stratorium: 1.** *harnais — harness.* Wettin., V. Galli, c. 17, *SRM.*, IV p. 266. **2.** *bât — pack-saddle.* Ardo, V. Benedicti Anian., c. 30, *SS.*, XV p. 213.
**stratura:** *harnais — harness.* F. Andecav., no. 1[b], *Form.*, p. 5. Test. Erminethrudis a. 700, Pardessus, II no. 452 p. 257. V. Galli vetust., c. 5, *SRM.*, IV p. 254. Fredeg., lib. 4 c. 38, ib., II p. 139. Wartmann, *UB. S.-Gallen*, I no. 10 p. 12 (a. 744).
**strenea** = strena.
**strenuitas.** Vestra strenuitas: titre d'honneur — honorary title. Bened. II pap. epist. (a. 685), Migne, t. 96 col. 423 B. Lib. diurn., c. 36, ed. Sickel, p. 27.
**strepa,** strepus, streu-, stri-, steri-; -ba, -va, -pha, -gua, -ga, -pia, -via, -vium (germ.): *étrier — stirrup. Hist. de Lang.*³, V no. 435 col. 811 (a. 1110, La Grasse). Concil. Pap. a. 1160 ap. Rahewin., G. Friderici, lib. 4 c. 80, ed. Waitz-Simson, p. 334. Romuald. Salernit., a. 1177, ed. Garufi, p. 285. Helmold., lib. 1 c. 81, ed. Schmeidler, p. 152.
**strepare,** v. stirpare.
**streuga,** streva, v. strepa.
**strevile** (< strepa): *étrier — stirrup.* Fundat. Sletstat. (s. xii in.), *SS.*, XV p. 999.
**stria,** v. striga.
**stricta,** strictum: **1.** *détroit — defile.* D. Lud. Pii a. 816, Beyer, *UB. Mittelrh.*, I no. 51 p. 57 (BM.² 638). Gregor. Catin., Chron., ed. Balzani, I p. 361. **2.** *pouvoir de contrainte — coercive power.* Castellum ... cum placitis, strictis, censibus, redditibus ... *D. Ugo*, no. 2[illegible] p. 86 (a. 931).
**strictio:** *pouvoir de contrainte — coercive power.* Cum omni ejusdem comitatus strictione. *D. Heinrichs III.*, no. 45 (a. 1040).



**strictura: 1.** *détroit — defile. D. Konrads I.*, no. 17 (a. 913). **2.** *pouvoir de contrainte, pouvoir judiciaire — coercive power, jurisdiction.* Nullus ... eos ... audeat commovere aut ad placitum vel ad aliquam stricturam. *D. Ottos II.*, no. 71 (a. 974). **3.** *exaction — levy.* Sine ulla census strictura. *D. Arnulfs*, no. 13 (a. 888). **4.** *saisie — distraint.* S. xii. **5.** *sévérité — severity.* Strictura disciplinae et correctionis inter [i.e. in] subjectos. Liudger., V. Gregorii Traject., c. 12, *SS.*, XV p. 77.
**striga,** stria (class. strix, striga "vampire — vampire"): *sorcière — witch.* Lex Sal., tit. 64 § 1. Pactus Alamann., fragm. 2 c. 31. Edict. Rothari, c. 197. *Epp.*, IV p. 504 l. 12 (ca. a. 775). Capit. de part. Saxon., c. 6, I p. 68.
**strina** = strena.
**stringere, 1.** i.q. distringere sub 4: *contraindre par des mesures coercitives, exercer un pouvoir judiciaire sur* certaines personnes — *to compel by coercive measures, wield judicial power over* persons. Accolas ... in ulla re stringendos. D. Lud. Pii a. 822, *Mon. Boica*, t. 37 p. 4 (BM.² 767). Nulla judiciaria persona homines [monasterii] in ulla re stringere non audeat. *D. Karls III.*, no. 135 (a. 886). Nullus ... servos stringere ... potestatem habeant. *D. Ottos III.*, no. 32 (a. 987). **2.** i.q. distringere sub 6, gener.: *contraindre — to compel.* [Monachi monialesque] stringantur ... ut regulariter vivant. Pippini Ital. reg. capit. (a. 782-786), c. 3, I p. 192.
**striva,** strivia, strivium, v. strepa.
**stropha** (gr.): *ruse — trick.* Order. Vital., lib. 9 c. 8, ed. Le Prévost, III p. 512.
**strophatus** (adj.) (<stropha): *subtile — subtle.* Syllogismus. V. I Deicoli, c. 45, *AASS.*³, Jan. II p. 573.
**strophosus** (< stropha): *fallacieux — deceitful.* Aldhelm., saepe. Subst. neutr. **strophosum:** *fourberie — deceit.* More praedonum pyrraticum [i.e. piraticam] et strofosum atque latronum [i.e. latrocinium] degentes [i.e. agentes]. Aethic. Ister, c. 4, *SRM.*, VII p. 526.
**stroma** (neutr., genet. -atis) (gr.): **tapis — rug.*
**structura:** *bâtisse, bâtiment — structure, building.* Lex Sal., tit. 55 addit. 2. *D. Charles le Ch.*, II no. 299 p. 157 (a. 867). Tiraboschi, *Mem. Modenesi*, I p. 89 (a. 904).
**strudis** (germ.): *rapine — robbery.* Lex Ribuar., tit. 32 § 3 sq.
**strumentum** = instrumentum.
**struthio** (genet. -onis) (gr.): **autruche — ostrich.*
**stuba,** v. stufa
**studere, 1.** aliquem: *traiter* un malade, *soigner — to treat, attend* a patient. Gregor. Turon., H. Fr., lib. 6 c. 32. **2.** rem: *gérer — to administer.* Si rem ipsius ecclesiae non estuduero sine neclecto vel fraude. Schiaparelli, *CD. Longob.*, II no. 213 p. 236 (a. 768, Siena). **3.** *avoir soin de, tenir en bon état — to take care of, look after.* Boves. Capasso, *Mon. Neapol.*, I p. 65 (a. 953). **4.** *traiter, travailler — to work up, treat.* Grano vel vino ... studere et triturare. Tiraboschi, *Mem. Modenesi*, I p. 65 (a. 953).
**studiare, 1.** aliquem: *traiter* un malade, *soigner — to treat, attend* a patient. V. Eligii, lib. 2 c. 47, *SRM.*, IV p. 727. **2.** aliquid: *préparer — to get ready.* Balneum. Joh. Amalf., Mir., ed. Huber, p. 48. **3.** *tenir en bon état — to keep up.* Organea conciata et studiata per annum. *CD. Cav.*, I no. 123 p. 157 (a. 907).
**studiose:** *intentionnellement — purposely.* Bona dampnum studiose non patiantur. *Const.*, I no. 83 p. 137 (a. 1111).
**studium: 1.** **centre d'études, école — learned institution, school.* **2.** studium generale: université — university. Litt. Innoc. IV pap. a. 1244, Denifle, *Chart. Univ. Paris.*, I no. 177[a] p. 209. Studium universale: idem. Ib., no. 201 p. 228 (a. 1252).
**stufa,** stupha, stuva, stuba, stupa, stuppa, stipa (< extufare < gr. τῦφος "vapeur — steam"): *étuve, salle de bain, pièce chauffée — hypocaust, stove, heated room.* Lex Alamann., tit. 77 c. 1. Test. Tellonis a. 765, Meyer-Perret, *Bündner UB.*, I no. 17 p. 15. Thietmar., lib. 7 c. 25, ed. Holtzmann, p. 428. Bernard. Morlan., c. 25, Herrgott, p. 199. Ann. Stad., a. 1112, *SS.*, XVI p. 321 l. 7. Cosmas, lib. 2 c. 42, ed. Bretholz, p. 147; lib. 3 c. 23, p. 190. Hoeniger, *Koelner Schreinsurk.*, I p. 26 no. 34 (a. 1142-1156). Herbord., V. Ottonis Bamberg., lib. 2 c. 15, *SS.*, XII p. 783; c. 23, p. 788.
**stuofa,** stuafa, sthopha, stoffa (germ.): *levée annuelle, tribut — annual tax, tribute. D. Merov.*, no. 28 (a. 664/666). Zeuss, *Trad. Wizenb.*, no. 12 p. 20 (a. 730-739). F. imper., no. 43, *Form.*, p. 319.
**1. stupa,** v. stufa.
**2. stupa,** v. stuppa.
**stupinus,** stopinus (<stuppa): *mèche de cierge — candle-wick.* Caffar., Ann. Genuens., a. 1101, ed. Belgrano, I p. 9. Ordo Ambros. (ca. a. 1130), Muratori, *Antiq.*, IV col. 865.
**1. stuppa,** stupa (class. "étoupe, bourre — oakum, stuffing"): **mèche de cierge — candle-wick.*
**2. stuppa,** v. stufa.
**stuppare** (< 1. stuppa): *boucher, tamponner — to plug.* Si ex ipsa plaga cervella exierunt, ... ut medicus cum medicamento aut cum sirico stuppavit. Lex Alamann., tit. 57 c. 7.
**stura,** v. steora.
**sturio,** sturgio, sturgo, storio (genet. -onis) (germ.): *esturgeon — sturgeon.* Altfrid., V. Liudgeri, c. 29, ed. Diekamp, p. 34. Muratori, *Antiq.*, VI col. 456 (a. 943). Ib., IV col. 794 (a. 1017). Willelm. Hirsaug., Const., lib. 1 c. 8, Migne, t. 150 col. 941 C.
**sturmus,** sturma (germ.): *assaut, émeute — assault, riot.* De aliqua justitia ibi facienda, vel de sturma sive burma [leg. burina]. Martène, *Coll.*, IV col. 1172 (a. 1034, Liège). Nullam seditionem aut sturmum excitare presumentes. Romanin, *Venezia*², I p. 385. Seditiones fuerunt in civitate et undique sturmi et prelia multa. Ottobon., Ann. Genuens., a. 1192, ed. Belgrano, II p. 42. Si quis ... sturnum [leg. sturmum] vel burinam fecerit. *D. Heinrichs II.*, no. 517 (< a. 1012 >, spur. s. xii ex., Florennes).
**stuva,** v. stufa.
**suadere,** aliquem: **persuader, convaincre — to bring round, win over.*
**suale,** v. suile.
**sualis,** v. suillus.
**suatim: 1.** **à sa façon — in one's own manner.* **2.** *intérieurement, intimement — inwardly.* Aldhelm., Virg., c. 36, *Auct. ant.*, XV p. 281. V. Ethelwoldi, Mabillon, *Acta*, V p. 613. **3.** *pour soi-même — for oneself.* Privilegiorum

tenorem si non suatim ... celasset. Nicol. I pap. epist. 78 (a. 866), *Epp.*, VI p. 413.

**subactio:** *circonscription administrative — administrative district.* Casa ... qui fuerit [i.e. fuit] de subactione T. gastaldio nostro. POUPARDIN, *Inst.*, p. 135 no. 1 (a. 774, Benevento).

**subadvocatus** (subst.): *tenant-lieu d'un avoué ecclésiastique, sous-avoué — delegate ecclesiastical advocate.* D. Phil. I<sup>er</sup>, no. 80 p. 438 (a. 1076). WAMPACH, *UB. Luxemb.*, I no. 308 p. 460 (a. 1088, Stavelot). *Wirttemberg. UB.*, I no. 239 p. 287 (a. 1090, Comburg). BEYER, *UB. Mittelrh.*, I no. 388 p. 445 (a. 1093); no. 430 p. 492 (a. 1115). WAMPACH, *Echternach*, I pt. 2 no. 197 p. 323 (a. 1095). *D. Heinrichs IV.*, no. 476 (a. 1103). Cantat. s. Huberti, c. 41, ed. HANQUET, p. 103. BORMANS-SCHOOLMEESTERS, *Cart. de Liège*, I no. 36 p. 59 (a. 1128). De adjutoribus vel vicariis quos subadvocatos dicunt. Trad. Garst., no. 18, *UB. d. L. ob der Enns*, I p. 132.

**subalternus: 1.** *subordonné (en logique) — subordinate (in logic).* **2.** *subordonné (en parlant d'un rang) — subordinate (with reference to rank).* S. xii.

**subarrhare, 1.** aliquid: *mettre en gage, engager — to pledge.* **2.** c. infin.: *s'engager — to pledge oneself.* Regis subire judicium singuli subarabant. ASSER., G. Aelfredi, c. 106, ed. STEVENSON, p. 92. **3.** aliquam: *fiancer — to espouse.* Repetit uxorem, quam Deo ille subarraverat. EKKEHARD., Cas. s. Galli, c. 10, *SS.*, II p. 120 l. 24. **4.** aliquam: *épouser — to take to wife.* Cum solo anolo eam [sponsam] subarrat. Liutprandi leg., c. 31. Rex ... uxorem ... subarravit et duxit. ASSER., c. 29, p. 24. Virginem illam aureo suo annulo subarrhavit. RADBOD. NOVIOM. († a. 1098), V. Godebertae, § 3, *AASS.*, Apr. II p. 33 A. **5.** aliquem aliqua re: *doter — to endow.* De cunctis [rebus suis] sanctam ecclesiam subarraverat. RODULF. CAMERAC., V. Lietberti, c. 62, *SS.*, XXX p. 864 l. 39. Ut firmius eorum fieret donum, ... super altare ... apponentes normulam ... abbatem atque monachos ex jam supradicta subarraverunt ecclesia. TARDIF, *Cartons*, no. 303 p. 189 col. 1 (a. 1088, S.-Maur-les-Fosses). **6.** aliquid alicui: *promettre — to promise.* Christianis mihi legibus subarratum regnum. EKKEHARD. URAUG., Chron., *SS.*, VI p. 228.

**subaudire:** *sous-entendre — to understand what is not expressed.*

**subaulicus:** *officier aulique — court officer.* V. Livini, MIGNE, t. 89 col. 878 A et 879 B.

**subballivus:** *sous-bailli — subordinate seigniorial officer.* S. xiii.

**subboscus:** *sous-bois — underwood.* S. xii.

**subcancellarius:** *le premier des notaires dans la chancellerie royale — the foremost of the scribes in the royal chancery.* D. Roberti II reg. Fr. a. 1019, D'ARBOIS, *Champagne*, I p. 466. D. Lud. VI reg. Fr. a. 1137, *Gall. chr.*², X instr. col. 255 B.

**subcapellanus:** *chapelain royal adjoint — second royal chaplain.* D. Phil. I<sup>er</sup>, no. 30 (a. 1067).

**subcellerarius:** *cellérier adjoint — sub-cellarer.* BERTRAND, *Cart. d'Angers*, I no. 165 p. 190 (a. 1080). Stat. Praemonstr. (ante a. 1143), p. 24. R BERT. DE TORINN., ad a. 1178, *SS.*, VI p. 52 l. 40.

**subcinericius** (adj.). Panis subcinericius, et subst. femin. subcinericia, neutr. subcinericium: *pain cuit sous la cendre — bread baked in ashes.*

**subcustos:** *sacristain adjoint — sub-sacrist.* STIMMING, *Mainzer UB.*, I no. 376 p. 279 (a. 1090).

**subdecanatus** (decl. iv): *sous-doyenné — sub-deanery.* S. xiii.

**subdecanus:** *sous-doyen — sub-dean.* LACOMBLET, *UB. Niederrh.*, I no. 303 p. 199 (a. 1128).

**subdefensor:** i.q. subadvocatus. ROUSSEAU, *Actes de Namur*, no. 9 (a. 1154). OPPERMANN, *Rhein. Urk.stud.*, I p. 445 no. 6 (spur. s. xii, Köln).

**subdelegare:** *subdéléguer — to sub-delegate.* S. xiii.

**subdere:** *dire ensuite, ajouter — to say further, add.*

**subdiaconatus** (decl. iv): *sous-diaconat — sub-diaconate.* Officium subdiaconatus. Concil. Bracar. II a. 563, c. 20, MANSI, t. 9 col. 779 D. GREGOR. TURON., H. Fr., lib. 4 c. 6. GREGOR M., lib. 11 epist. 53 (71), II p. 328. Om. subdiaconati [i.e. subdiaconatus]. V. Wandregisili, c. 13, *SRM*, V p. 19.

**subdiaconilis,** -nalis: *d'un sous-diacre — of a subdeacon.* Ministerium. FORTUN., V. Marcelli, c. 6 § 20, Auct. ant., IV pt. 2 p. 51. Roccus. O abb. Fontan., c. 13 § 4, ed. LOHIER-LAPORTE, p. 102. Tunica. V. Folcuini posterior, DE CHESNE, *Scr.*, I p. 688. Subst. mascul. **subdiaconilis:** *vêtement de sous-diacre — a subdeacon's garment.* Ordo Rom. X (s. x p. pr.) c. 3, ANDRIEU, II p. 351.

**subdiaconissa:** *épouse d'un sous-diacre — wife of a subdeacon.* Concil. Turon. II a. 567, c. 19, *Conc.*, I p. 128.

**subdiaconium:** *sous-diaconat — subdiaconatus.* ENNOD., opusc. 3, Auct. ant., VII p. 86.

**subdiaconus,** subdiacon (genet. -onis): *sous-diacre — subdeacon.*

**subditus: 1.** *soumis, humble, déférant — submissive, humble, deferential.* **2.** *soumis, dominé — subordinate, controled.* Subst. mascul. **subditus: 1.** *sujet, ressortissant — subject, inferior.* CASSIOD., Var., lib. 6 c. 2 § 3, Auct. ant., XII p. 175. GREGOR. M., lib. 8 epist. 4, II p. 5, et pluries. **2.** *vassal — vassal.* FLODOARD., Hist. Rem., lib. 4 c. 23, *SS.*, XIII p. 580 (ubi in ejusdem Ann., a. 930, ed. LAUER, p. 45: vassallus).

**subdividere:** *subdiviser — to subdivide.*

**subdominus:** *vidame — vidame.* MIRAEUS, II p. 1145 col. 2 (ch. a. 1096, Cambrai).

**subemptor:** *courtier — broker.* S. xiii, Köln.

**subesse, 1.** absol.: *être soumis, subordonné — to be obedient, subordinate.* Subesse eos ac servire necesse est. GREGOR. M., Dial., lib. 2 c. 1. Coeperunt ... praeesse qui subesse soliti erant. ERCHEMPERT., c. 74, *Scr. rer. Langob.*, p. 262. Ut, dum subesse didicerint, postmodum moderate praeesse sciat. Zachar. pap. epist., *Epp.*, III p. 365 l. 21. **2.** alicui: *relever de qq'un — to be in the hands of.* Jure proprietatis ... subessent omnia episcopo. Chron. Grad., vers. cod. Venet., MONTICOLO, p. 31 l. 31.

**subhastare:** *vendre à l'encan — to sell by public auction.*

**subhospes:** *sous-tenancier d'une hôtise — under-tenant of a cottar's holding.* Actes Phil.-Aug., II no. 529 c. 3 sqq. p. 70 (a. 1196).

**subimaginatio:** (cf. voc. imago sub 1) *apposition d'un sceau — sealing.* DUVIVIER, *Actes*, I p. 314 (a. 1126, Cambrai).

**subinferre: 1.** *introduire, ajouter — to introduce, add.* **2.** *répondre — to reply.*

**subintelligere:** *impliquer, sous-entendre — to imply, understand that which is not expressed.*

**subintrare:** *s'introduire, s'insinuer, survenir — to steal in, insinuate oneself, turn up.*

**subintroducere:** *introduire subrepticement ou faussement — to bring in stealthily or fraudulently.*

**subire:** *rentrer — to go back.* Inde subiens in patriam. HELMOLD., lib. 1 c. 49, ed. SCHMEIDLER, p. 96.

**subitare:** *surprendre, prendre au dépourvu — to surprise, take aback, catch unawares.*

**subjacentia** (femin.) et plural. subjacentiae: *appendances — appurtenances.* Singul.: Cum omni subjacentia vel pertinentia sua. Concil. Teatin. a. 840, *Conc.*, II p. 789. Plural.: Cum omnibus subjacentiis. *D. rois de Provence*, no. 34 (a. 896). MARTORELL, *Arch. Barcelona*, no. 9 p. 118 (a. 898-917). D. Karls III., no. 179 (< a. 881>, spur. s. xi).

**subjacere, 1.** alicui vel alicui rei: *être subordonné à, dépendre de — to be subordinate to, depend on.* **2.** alicui rei: *être exposé à, sujet à, en butte à — to be liable to, subject to, a target for.* **3.** *être passible de, tomber sous le coup de — to be punishable by, incur.* Probati [de culpa] periculum [i.e. periculo, sc. mortis] subjacebunt. Pact. Childeberti et Chloth., c. 11, *Capit.*, I p. 6. Simili sententia[e] subjaceat. Admon. gener. (a. 789), c. 7, *Capit.*, I p. 54. Sub ipsa pena subjaceret. FAINELLI, *CD. Veron.*, I no. 273 p. 409 (a. 880). **4.** *appendances — appurtenances.* Dono monasterium ... cum omni sua hereditate et cum omni subjectione sua. MUÑOZ, *Fueros*, p. 260 (a. 1075, Burgos).

**1. subjectus** (adj.): **1.** *soumis, obéissant — submissive, obedient.* **2.** *assujetti, dominé — subjugated, controled.* Si de subjecto populo sollicitudinem non habemus. Edict. Guntchramni a. 585, *Capit.*, I p. 11. Necessitatem provincialium vel subjectorum sibi omnium populorum ... tractare. Chloth. praec., c. 1, p. 18. Subst. mascul. **subjectus: 1.** *sujet, ressortissant, dépendant — subject, justiciable, dependant.* GREGOR. M., lib. 8 epist. 4, II p. 7. Ibi saepe. Si ... judices ... subjectorum suorum scelera ... occultare ... tentaverint. Edict. Guntchramni a. 585, *Capit.*, I p. 12. Tanti testes existunt, quanti ... ex ipsius subjectis ibidem fuerunt. BITTERAUF, *Trad. Freising*, I no. 63 p. 91 (a. 773). **2.** *sous-ordre, adjoint — inferior, assistant.* G. subjectus D. cancellarii qui haec relegit et subscripsit. *D. Louis IV*, no. 7 (a. 938). **3.** *vassal —* vassal. FLODOARD., Ann., a. 958, ed. LAUER, p. 145.

**2. subjectus** (decl. iv): *sujet, thème — subject, theme.*

**subjudex:** *tenant-lieu d'un juge — a judge's deputy.* Concil. Pictav. a. 1031, MANSI, t. 19 col. 496 C.

**subjugalis** (adj.): **1.** *soumis au joug — brought under the yoke.* **2.** *dépendant — subservient.* Mansum indominicatum cum 11 subjugalibus [sc. mansis] et dimidium. BEYER, *UB. Mittelrh.*, I no. 199 p. 260 (a. 955). Subst. mascul. **subjugalis** et neutr. **subjugale:** *bête de trait — draught-animal.*

**subjugare:** *soumettre, dompter — to subdue, reduce to submission.*

**subjugatio:** *action de soumettre, soumission — subjugation.*

**subjunctio:** *aboutissant — adjacency.* Vinea ... subjunctiones [h]abet de totas partes terra dominica. DE FONT-RÉAULX, *Cart. de Limoges*, no. 47 p. 68 (a. 926). Ibi pluries.

**subjungere: 1.** *confiner, toucher à — to adjoin, be adjacent to.* Area subjungit ab uno latus [i.e. latere] terram illius, alio ab alio latus terram illius. MARCULF., lib. 2 no. 20, *Form.*, p. 90. Item F. Andecav., no. 8, p. 7. **2.** passiv. subjungi: *appartenir — to appertain.* Unacum terris, domibus ..., junctis vel subjunctis. *D. Karolin.*, I no. 1 (a. 752). Cum ... omnibus ... adjacentibus sibique subjunctis. MITTARELLI, *Ann. Camald.*, I p. 13 (a. 855). **3.** *s'adjuger — to appropriate.* Emerunt cameram quandam ... et in proprietatem subjunxerunt sibi et suis heredibus. HOENIGER, *Koelner Schreinsurk.*, I p. 20 c. 2 (a. 1135-1142).

**subjurare:** *appuyer, confirmer — to support, confirm.* Quae tanta subjurata constant auctoritate veraciumque testium astipulatione. MIRAEUS, p. 517 col. 2 (a. 1089, Marchiennes).

**sublatus** (subst.): *sujet, sous-ordre — subject, inferior.* Omnis sublatus praelati sui debet imaginem sequendo imitari. BENED. III pap. priv. a. 855, D'ACHÉRY, *Spicil.*, III p. 343 (J.-E. 2663).

**sublegare:** *déléguer, commettre — to entrust.* Sublegato omni ei Lotharii regno. WIDUKIND., lib. 1 c. 30. Iterum c. 36.

**sublevamen:** *appui, secours — support, relief.* S. xii.

**sublevare,** se: *pourvoir à son entretien — to support oneself.* [Decimae] fructu se ... sublevare. MULLER-BOUMAN, *OB. Utrecht*, I no. 377 p. 341 (a. 1139).

**sublevita** (mascul.): *sous-diacre — subdeacon.* HEMERAEUS, Aug. Virom., p. 161 (ch. a. 1146). MIRAEUS, II p. 1196 col. 2 (ch. a. 1195).

**sublimare: 1.** *élever, exalter, glorifier — to raise, exalt, glorify.* **2.** aliquem: *élever aux honneurs — to raise to honours.* En parlant d'un roi — with reference to a king: Dirige parvulos ad nos ut sublimentur in regno. GREGOR. TURON., H. Fr., lib. 3 c. 18. Filium suum Auster regem sublimavit. FREDEG., lib. 4 c. 75, *SRM.*, II p. 158. Omnes leudis ... eum ... sublimant in regno. Ib., c. 79, p. 161. D'une reine — of a queen: Unam ex puellis de menisterio [in] matrimonium accipiens reginam sublimavit. Ib., c. 58, p. 150. D'un empereur — of an emperor: Rex ... imperiali benedictione sublimatus est. EKKEHARD. URAUG., a. 1084, *SS.*, VI p. 205. D'un évêque

— of a bishop: In pontificale culmine est sublimatus. Pass. Praejecti, c. 4, *SRM.*, V p. 228. Episcopale cathedra sublimatus. V. Audoini, c. 1, ib., p. 555. Episcopati grado fuerat sublimatus. Pass. II Leudegarii, c. 16, ib., p. 339. D'un pape — of a pope: Ab imperatore papa Romanorum sublimatus est. ADEMAR., lib. 3 c. 31, ed. CHAVANON, p. 154. D'un diacre — of a deacon: Urbanum ... in diaconem sublimavit. V. Paridis Tean. (s. vi?), *AASS.*, Aug. II p. 76. D'un abbé — of an abbot: Dum me divina pietas basilicae domni Aniani ... abbatiae sublimatum honore ejusdem loci custodem esse instituit. Test. Leodebodi a. 651, PROU-VIDIER, *Ch. de S.-Benoît-s.-Loire*, I no. 1. D'un "optimas" (magnat royal): — of one of the king's magnates: Domno inclito ... atque regale gracia sublimatum ... inlustrem virum obtimate illo. Coll. Flavin., no. 117[c], *Form.*, p. 487. Etiam no. 117[b], p. 486.

**sublimatio: 1.** **exaltation — exaltation.* **2.** *accession au trône — accession to the throne.* Anno secundo sublimationis Philippi filii Ludovici regis Francorum. LOBINEAU, *Bretagne*, II col. 282 (ch. a. 1132).

**sublimis.** Subst. plural. sublimes: *hommes de rang — persons of rank.* Omnis vulgus necnon et sublimes. Chron. Salernit., c. 53, ed. WESTERBERGH, p. 54. Ducum, judicum et aliorum sublimium. KANDLER, *CD. Istr.*, I p. 114 (a. 983). Cum episcopis, comitibus, consulibus et aliorum sublimium. MITTARELLI, *Ann. Camald.*, p. 160 (a. 1001).

**sublimitas.** Vestra sublimitas: *titre honorifique — honorary title. Nicol. I pap. epist. 69, *Epp.*, VI p. 387. Joh. VIII pap. epist. 31, *Epp.*, VII p. 30. Nostra sublimitas. *D. Charles le Simple*, no. 69 (a. 912). Ibi saepe.

**submanens** (subst.): *resséant d'une seigneurie — inhabitant of a seigniory.* De submanentibus et servientibus abbatis et monacorum qui in oppido s. Audomari et in comitatu advocati hospitantur. GUÉRARD, *Cart. de S.-Bertin*, p. 185 (a. 1056). Comitatum de terra et de submanentibus sive hospitibus, quos s. Bertinus habet in predicta castellaria. VERCAUTEREN, *Actes de Flandre*, no. 87 p. 196 (a. 1119).

**submanicare:** *emmenotter — to fetter.* Liutprandi leg., c. 146.

**submansor:** *resséant d'une seigneurie — inhabitant of a seigniory.* Submansores ecclesie ab omni publica exaccione liberi [sint]. VERCAUTEREN, *Actes de Flandre*, no. 26 p. 81 (a. 1101).

**subministerialis** (adj.): *de sous-ordre — of an aid.* Subministerialem agebat causam cujusdam majoris [i.e. villici]. Mir. Bertini, contin. III (s. xi), *SS.*, XV p. 520. Subst. mascul. **subministerialis:** *soutien — supporter.* Regni subministeriales et communicipes. BERTHOLD., Ann., a. 1079, *SS.*, V p. 322.

**subministratio:** **action de fournir, de présenter, administration, apport — supplying, presenting, administering, affording.*

**submissio:** *sourde intrigue, menée — covert design, contrivance.* Plurima mala per suas iniquas summissiones ... nobis ingerendum non desinit. Hadr. I pap. epist. (a. 776), Cod. Carolin., no. 58, *Epp.*, III p. 583 (J.-E. 2422). Episcopium ... per submissiones diabolicas ... combustum est. Lib. pontif., Leo III, § 107, ed. DUCHESNE, II p. 32.

**submissus** (adj.). Loc. submissa persona: **personne interposée, complice — deputy, dummy, accomplice.* (Cf. voces emissus et submissio). Si contra hanc cartula[m] venditionis me[ae] ire temtavero per qualivet ingenio aut summesso hominem. SCHIAPARELLI, *CD. Longob.*, I no. 89 p. 259 (a. 747, Lucca). Si nos ipsi venditores ... vos emptores ... de jam dicta venditione ... in aliquo molestare per nos aut per submissam personam temptaverimus. GIORGI-BALZANI, *Reg. di Farfa*, II doc. 170 p. 142 (a. 801).

**submonere,** semonere: **1.** *appeler sous les armes — to call up for military service.* Homines s. Albini, ab abbate convenienter submoniti, contra hostes in exercitum meum ibunt. TEULET, *Layettes*, I no. 15 p. 17 (a. 1006-1027, Anjou). Si quis in expeditionem summonitus non ibat. Domesday, I fo. 56 b. **2.** expeditionem: *ordonner — to order.* Si comes Flandriae expeditionem summonuerit. VERCAUTEREN, *Actes de Flandre*, no. 106 p. 243 (a. 1122). **3.** *mander à assister à une réunion — to summon to attend an assembly.* Per singulos annos veniet ad unam ex curiis meis, ... si fecero eum convenienter submoneri. *D. Phil. Ier*, no. 127 (a. 1092). Rex ... fecit submoniri [!] per universos patrie comitatus Anglos nobiles, sapientes et lege sua eruditos. Leg. Edwardi, prol., LIEBERMANN, p. 627. Nunquam homines nostros in curia vestra semonuistis. *H. de Fr.*, XV p. 719 (a. 1148, Orléans). Abbates ab ... archiepiscopo ... summoniti Remis convenerunt. GUIMANN., Cart. s. Vedasti, *SS.*, XIII p. 713 l. 2. **4.** *convoquer — to convene.* Papa diu submonitum universale concilium celebravit. SUGER., V. Lud. Gr., c. 10, ed. WAQUET, p. 60. **5.** *citer à comparaître devant un tribunal — to summon to appear in court.* Qui juste venire deberent et venire noluerint, semel summoneantur ... Stat. Will. I reg. Angl., STUBBS, *Sel. ch.*[9], p. 99. Qui residens est, ad domum suam submoneri debet de quolibet placito cum testibus. Leg. Henrici, c. 41 § 2, LIEBERMANN, p. 567. Neque praepositus noster neque aliquis serviens noster aliquem de burgensibus ante presenciam nostram, nisi ex precepcione nostra vel dapiferi nostri, submoneat. Lud. VII reg. Fr. priv. pro Aurel. a. 1138, ed. BIMBENET. Crebro submonitus audicionem et judicium curie superbe refutasset. SUGER., o.c., c. 18, p. 124. Ad domum, in qua ille manet qui vulnus imposuit, per scabinos et per justitiam comitis submoneatur. WARNKOENIG-GHELDOLF, *Flandre*, II p. 418 no. 4 § 1 (ca. a. 1190, Bruges). Nullus intra pacem civitatis manens submoneri debet nisi per scabinos. Phil. Aug. priv. pro Atrebat. a. 1194, c. 16, ESPINAS, *Rec. Artois*, no. 108. **6.** *mettre en demeure — to call upon a person by legal process.* Qui de quolibet forisfacto emendationem debuerit, summonebitur emendare infra quindecim dies. WAUTERS, *Origine*, p. 26 (a. 1164, S.-Amand). **7.** *semoncer — to require a verdict from.* Justicia nostra ... submonebit scabinos, ut eum infra quadraginta dies judicent. Priv. pro Atrebat. laud., c. 3.

**submonitio: 1.** *convocation de l'ost — call-up for military service.* Excepta submonitione pro prelio in adversarios. MÉTAIS, *Cart. de Vendôme*, I no. 92 p. 167 (a. 1049). Regis Fran



corum expeditionis summonitionem. VERCAUTEREN, *Actes de Flandre*, no. 30 p. 90 (a. 1103). **2.** *citation à comparaître devant un tribunal — summons to appear in court.* Quicumque burgensium per submonicionem nostram ad curiam nostram venerit. Lud. VII reg. Fr. priv. pro Aurel. a. 1138, ed. BIMBENET. **3.** *semonce — request of a verdict.* Scabini debent eum juste judicare infra quadraginta dies a die submonitionis. Phil. Aug. priv. pro Atrebat. a. 1194, ESPINAS, *Rec. Artois*, no. 108.

**submonitor:** *appariteur judiciaire — summoner.* S. xii, Angl.

**submontanus** (adj.): *qui se trouve au pied d'une montagne — found at the foot of a mountain.* Per loca submontana. Ps.-ANTONIN. PLAC., *CSEL.*, t. 39 p. 201. De labore lapidis submontani, quem assiduae caedebat, confractus. GREGOR. TURON., V. patr., c. 20 § 4, *SRM.*, I p. 743. Castella. FORTUN., V. Martini, lib. 4 v. 657, *Auct. ant.*, IV pt. 1 p. 369. Subst. neutr. plural. **submontana:** *versant — slope.* Montibus et submontanis, silvis, aquis. REDLICH, *Trad. Brixen*, p. 5 (a. 985-990).

**subnervare, 1.** equum: **couper les nerfs des jambes — to hamstring.* **2.** figur.: **couper court à, énerver, affaiblir — to cut short, unnerve, debilitate.*

**subnixe:** **humblement — submissively.*

**subnotare:** *souscrire — to subscribe* (cf. PLIN., lib. 1 epist. 10). Testamentum nostrum scripsi, relegi et subnotavi. Test. Aredii a. 572, PARDESSUS, I no. 180 p. 141. H. notarius ad vicem H. subnotavit. *D. Charles le Simple*, no. 43 (a. 902).

**suboriri:** **se produire, surgir, naître, survenir — to turn up, arise, occur, come about.*

**subparoechianus** (subst.): *clerc ressortissant du diocèse — an ecclesiastic belonging to a definite diocese.* Epist. Wormat., no. 9 (a. 1016-1047), ed. BULST, p. 26.

**subpignus:** *sûreté — pawn.* S. xiii, Germ.

**subpraepositus** (subst.): *adjoint d'un prévôt ecclésiastique — a provost's assistant.* Stat. Praemonstr., c. 39, ed. VAN WAEFELGHEM, p. 42. PÉLICIER, *Cart. de Châlons-s.-Marne*, p. 40 (< a. 1043-1065>, spur. s. xii?).

**subprimas:** *quelqu'un qui appartient au deuxième rang des fidèles du roi — one of the second rank of the king's men.* Vos omnes nostri [i.e. regis] fideles, primates et subprimates. Conv. Mantal. a. 879, *H. de Fr.*, IX p. 306 D.

**subprior** (subst.): *adjoint d'un prieur — a prior's assistant.* ORDERIC. VITAL., lib. 5 c. 18, ed. LE PRÉVOST, II p. 437. ROUSSEAU, *Actes de Namur*, no. 19 p. 49 (a. 1175).

**subprioratus** (decl. iv): *charge de prieur adjoint — office of sub-prior.* S. xiii.

**subpulmentarius:** un dignitaire de la cour pontificale — a dignitary of the papal court. LIUDPRAND. CREMON., Hist. Ottonis, c. 9, ed. BECKER, p. 166. BENO, G. Rom. eccl., c. 1, *Lib. de lite*, II p. 369.

**subregionarius** (subst.): *sous-diacre régionnaire — subdeacon of one of the Roman regions.* Lib. diurn., no. 69, inscr., ed. SICKEL, p. 65.

**subregulus: 1.** **petit roi — petty king.* GREGOR. TURON., H. Fr., lib. 2 c. 9 (haustum e SULPIC. ALEX.). **2.** *délégué royal anglosaxon — ealdorman.* BIRCH, *Cart. Sax.*, I no. 34 p. 55 (ante a. 675); no. 116 p. 171 (a. 706). KEMBLE, *CD. Sax.*, I no. 82 p. 98 (a. 734-737). BEDA, H. eccl., lib. 4 c. 12. **3.** *maire du palais — majordome.* V. Arnulfi, c. 3, *SRM.*, II p. 433. FREDEG., lib. 3 c. 11, ib., p. 95. V. Romarici, c. 11, MABILLON, *Acta*, II p. 419. V. Audoini, c. 15, *SRM.*, V p. 563. URSIN., Pass. II Leudegarii, c. 9, ib., p. 331. Cod. Carolin., no. 1, inscr., *Epp.*, III p. 476.

**subrelinquere: 1.** **laisser après soi — to leave behind.* **2.** **laisser, abandonner — to leave off, abandon.* **3.** *omettre — to omit.*

**subrepticius:** **faux, captieux — false, deceitful.*

**subreptio:** **intervention insidieuse, insinuation trompeuse, tromperie — creeping in or meddling with a plot, deceptive suggestion, trickery.*

**subreptive:** *subrepticement — in a devious, underhand way.* JORDAN., Getica, c. 57, *Auct. ant.*, V pt. 1 p. 134.

**subreptivus:** **clandestin, subreptice — clandestine, surreptitious.*

**subrogare, 1.** aliquem: *déléguer, interposer — to depute, put forward.* Nos, subrogati a[b] abbati [i.e. abbate] nostro, hunc editionis titulum conscribi praecepimus. *D. Zwentibolds*, no. 8 (a. 896). Si quis ..., an nos an filiis nostris [i.e. filii nostri] seu aliqua subrogata persona, ad disrumpendum hoc factum venerit. MUÑOZ, *Fueros*, p. 26 (a. 941, Cardeña). Quodsi nos ... aut ulla subrogata persona contra hanc scripturam ... surrexerit. *Hist. de Lang.*[3], V no. 170 col. 359 (a. 1011, Carcassonne). **2.** (cf. voc. erogare) **fournir, ménager, mettre à la disposition — to supply, afford.* **3.** *subordonner, rattacher — to subordinate, annex.* [Abbatiae] quae electione carent, regis donatione ad illud monasterium, quod sub ejus mundiburdio consistit, surrogari possint. Capit. Franconof. a. 951, *Const.*, I no. 8.

**subsannare:** **tourner en dérision, se moquer de qq'un ou qqch. — to ridicule, deride.*

**subsannatio:** **moquerie, raillerie — mockery, derision.*

**subsannium:** *moquerie, dérision — mockery, derision.* Accusatur ... de subsannio vatis sui. EULOG., Mem. sanct., lib. 3 c. 16, MIGNE, t. 115 col. 815 A.

**subscalpere:** **exciter — to tease.* Cupidine veneria pruritui noxio subscalpente. THIETMAR., lib. 8 c. 3, ed. HOLTZMANN, p. 496.

**subscriptor:** *scribe subordonné à un chancelier — a chancellor's clerk.* Datum ... per manum P. subscriptoris ad vicem R. cancellarii. RAGUT, *Cart. de Mâcon*, no. 24 p. 21 (a. 1060-1108).

**subsecretarius:** *sous-ordre d'un sacristain — a sacrist's aid.* Mir. Germani Autissiod., *AASS.*, Jul. VII p. 291 col. 1.

**subsellium:** *monture — mount.* Sinistra sui habenas subsellii tenebat. HILDEBERT. LAVARD., V. Hugonis Cluniac., *AASS.*, Apr. III p. 644.

**subsequax: 1.** *imitateur — follower.* [S. Petri] fidei et confessionis soliditatem aedificare et firmare immeritorum [leg. in meritorum] subsequacium consimilem, non quidem sequacium sine merito. VULGAR., Formos., c. 11, ed. DÜMMLER, p. 130. **2.** *successeur — successor.* Quod subsequaces mei firmum teneant. DUVIVIER, *Rech. Hainaut*, no. 41 p. 380 (a. 1040).

**subsequenter:** **à la suite — afterwards.*

**subsequivus:** *suivant, à venir — following, coming.* Secula. JULIAN., Hist. Wambae, *SRM.*, V p. 501. Series. Concil. Tolet. a. 693, MIGNE, t. 84 col. 533 B. Dictio. PAUL ALBAR. CORDOB., epist. 16 § 7, ed. MADOZ, p. 233.

**subservire:** *prêter la main — to give a hand.* In his [lignis] adducendis custodi se debere subservire. HERTEL, *UB. Stadt Magdeburg*, I no. 57 p. 29 (a. 1185).

**subses** (genet. subsidis): **1.** *serf — serf.* Subsidibus patris ex omni regione coactis. FRITHEGOD., Brevil., v. 1376, ed. CAMPBELL, p. 61. [Concessimus] subsidem unum, ut eos et res eorum per annum vehat et revehat. D. Steph. reg. Angl. a. 1142, MIRAEUS, III p. 333 col. 1. **2.** *tenancier, hôte — land-tenant.* Subsides s. Audomari in pomerio manentes mansuras suas jure possident hereditario. GIRY, *S.-Omer*, p. 396 no. 19 (a. 1193).

**subsessor:** *locataire — lessee.* Duas mansiones in Brigga [i.e. Bruges], in una quarum subsessor est R. MIRAEUS, III p. 30 col. 2 (a. 1115).

**subsidio** (genet. -onis): *siège, blocus — siege.* V. Antidii Bisuntin. (s. xi/xii), c. 6, *AASS.*, Jun. V p. 45.

**subsidium:** *aide féodale — feudal aid.* S. xiii.

**subsigillare:** *sceller — to seal.* Anuli nostri impressione subsigillari jussimus. Coll. Sangall., addit. 2, *Form.*, p. 434.

**subsignare:** *munir de son seign manuel — to put one's handmark on* a document. Ego B. dono et laudo, subsigno ita. Aliorum vero multorum bonorum hominum nomina qui hec subsignaverunt subter sunt subsignata. DE BOÜARD, *Manuel*, II pl. 2 (a. 1083, Narbonnais). Ego G. cancellarius scripsi et subsignavi. MIRAEUS, I p. 171 col. 2 (a. 1120, Cambrai).

**subsistentia:** **1.** **substance — substance.* **2.** **existence — existence.* **3.** (theol.) **hypostase — hypostasis.*

**subsistere:** **1.** *(d'êtres vivants) *subsister, rester en vie, vivre* — (of beings) *to remain in existence, survive, live.* **2.** *(de choses) *durer, subsister, exister* — (of things) *to last, subsist, exist.* **3.** *être subordonné à, dépendre de — to be subservient, subject to.* Omnibus ... ad eundem locum rite subsistentibus. *D. Ottos I.*, no. 175 (a. 955). Ejus ditioni subsistentibus populis. *D. Karolin.*, I no. 40 (spur. s. xi, Roma).

**substantia:** **1.** **alimentation — catering.* Quantum in substantia ipsius caballi expendisse juraverit. Lex Visigot. Erv., lib. 8 tit. 5 § 7. Propter meam substantiam, quod ad ipsam ecclesiam mihi vivente habere cupio. WARTMANN, *UB. S.-Gallen*, I no. 12 p. 14 (a. 745). **2.** *stock de marchandises, cargaison — stock, cargo.* Ut omnis substantia eorum [sc. mercatorum] auferatur ab eis. Capit. Theodonisv. a. 805, c. 7, I p. 123. Tollatur ab eo [sc. qui mercatum transierit] et navis et substantia. Inquis. Raffelst. (a. 903-906), c. 3, ib., II p. 251. **3.** **fortune, avoir — property, wealth.* **4.** *tenure domaniale — manorial holding.* De servis hujus monasterii et substantiis eorum. Polypt. Farf. (s. ix med.), inscr., ap. GREGOR. CATIN., *Chron. Farf.*, ed. BALZANI, I p. 258. Ibi saepe.

**substantialis** (adj.): *qui assure la subsistance — employed for maintenance.* In luminaribus oratorii vel alimonia ac substantiale victu, vestitu quoque. MARCULF., lib. 2 no. 1, *Form.*, p. 72.

**substantiola:** **le peu qu'on possède — poor assets.*

**substantiuncula:** *le peu qu'on possède — poor assets.* TROYA, *CD. Longob.*, IV no. 684 p. 535 (a. 754).

**substernium:** **1.** *literie — bedding.* V. Joh. Laud. (s. xii), *AASS.*, Sept. III p. 162 col. 1 (ubi perperam: substemnium). **2.** *litière — litter* for animals. S. xiii.

**substratorium:** **1.** *nappe d'autel — altar-cloth.* Sacram. Gregor., MIGNE, t. 78 col. 220 B. **2.** *lit — bed.* Mir. Audoeni, *AASS.*, Aug. IV p. 830 col. 1.

**subtalaris,** sutt-, sut-, sott-, sot-, sat-; -ol-, -el-, -ell-, -il-, -ill-; -arium (ap. ISID., Etym., lib. 19 c. 34 § 7, adj. subtalaris "qui découvre la cheville — leaving the ankle bare"): *soulier, chaussure légère — shoe, slipper.* Ordo Rom. VIII, c. 3, ANDRIEU, II p. 321. Capit. monast. a. 817, c. 22, I p. 345. FLORIANO, *Dipl. esp.*, I no. 66 p. 291 (a. 857). Mir. Liudgeri (s. ix), *SS.*, XV p. 168. *D. Charles le Simple*, no. 63 p. 142 (a. 910/911). JOH. ROM., V. Odonis Cluniac., lib. 2 c. 23, MIGNE, t. 133 col. 73 C. V. IV Bonifatii (s. xi), c. 3, ed. LEVISON, p. 95. G. pontif. Camerac., lib. 3 c. 20, *SS.*, VII p. 472 l. 22.

**subtanus,** sutanus (adj.): *inférieur — lower.* Ad sutanam partem civitatis. CAFFAR., Ann., a. 1148, ed. BELGRANO, I p. 86. Subst. femin. **subtana,** sut-, sot-, sout-, et neutr. -anum: **1.** *crypte — crypt.* *CD. Cav.*, I no. 64 p. 81 (a. 868). **2.** *soutane — soutane.* Acta Amalbergae, *AASS.*, Jul. III p. 67.

**subtegmen** (class. "chaîne de tissage — warp"): **chemise — shirt.*

**subterfugium:** **faux-fuyant, échappatoire — shift, evasion.* JOH. SARESBIR., epist. 118, ed. BUTLER-BROOKE, I p. 24.

**subterior:** **inférieur — lower.*

**subterius:** **en dessous — at the bottom.*

**subterrare:** *enterrer — to bury.* NOTKER. BALBUL., Martyrol. (a. 896), CANISIUS, II, 3², p. 150. V. Deicoli, c. 32, MABILLON, *Acta*, II p. 115. THEODERIC. TREVER., Transl. Celsi, c. 10, *SS.*, VIII p. 206. WIPO, G. Chuonradi, c. 28, ed. BRESSLAU, p. 35. G. pontif. Camerac., lib. 2 c. 21, *SS.*, VII p. 460. ADAM BREM., lib. 2 c. 68, ed. SCHMEIDLER, p. 129.

**subtilaris,** subtillaris, v. subtalaris.

**subtilis** (adj.): **rusé, astucieux — cunning, crafty.* Subst. neutr. **subtile** et mascul. subtilis: *vêtement liturgique d'un sous-diacre — liturgical garment of a subdeacon.* (Cf. Ezech. 16, 10; Isai. 19, 9). JAKSCH, *Mon. Carinth.*, I p. 48 (a. 957-993). EKKEHARD., Cas. s. Galli, c. 10, *SS.*, II p. 123 l. 28. Lib. s. Adalberti, OPPERMANN, *Fontes Egmund.*, p. 69. ADAM BREM., lib. 3 c. 45, ed. SCHMEIDLER, p. 187.

**subtilitas:** **subtilité, ruse, artifice — trick, shift, device.*

**subtitulare:** **1.** *signaler plus bas — to record below.* Persona donationis [leg. donatoris], deinde res quae donantur oportet subtitulari. *Hist. de Lang.*³, V no. 271 col. 532 (ca. a. 1065, Conques). Presentibus de palatio nostro quorum nomina subtitulata sunt. *D. Phil. Ier*, no. 107 (a. 1082). Praecipimus subtitulare rerum ad eumdem locum pertinentium possessiones. *D. Ottos I.*, no. 447 (<a. 965>, spur. s. xii p. post., S.-Ghislain). **2.** refl. se subtitulare: *souscrire — to subscribe.* Quibus relectis subtitulavit se. GUARIMP., Pass. Eustratii (ante s. xi), *Bibl. Casin.*, III, floril., p. 203.



**subtolaris,** subtularis, v. subtalaris.

**subtollere** = sustollere.

**subtractio,** substractio: *enlèvement, usurpation — removal, encroachment.* Perpetuo sine aliqua subtractione aut minoratione habendas delegaverit. *D. Charles le Chauve*, I no. 150 p. 401 (a. 852). Ibi saepe. Similia *D. Berengario I*, no. 1 p. 6 (a. 888).

**subthronizare:** *introniser — to enthrone.* Subthronizatus regali solio. BIRCH, *Cart. Saxon.*, I no. 124 p. 181 (a. 709).

**subtus** (praepos. c. accus.): **sous — beneath, under.*

**suburbanus** (adj.): *de la partie du diocèse qui se trouve en dehors de la cité — of the diocese outside the city which is its capital.* Festivitas dedicationis oratorii ruris suburbani. GREGOR. TURON., H. Fr., lib. 6 c. 11. Unusquisque tam civitatis sacerdos quam et suburbanus ... presbyter. G. Aldrici, c. 21, *SS.*, XV p. 317. Omnes presbyteri tam urbani quam et suburbani. Ib., c. 23, p. 318. Subst. mascul. **suburbanus:** **1.** *habitant d'un faubourg contigu à une cité — inhabitant of a suburb near a city.* FAUROUX, *Actes de Norm.*, no. 64 p. 194 (a. 1032). WIDEMANN, *Trad. S.-Emmeram*, no. 657 p. 323 (ca. a. 1085-1088); no. 827 p. 396 (ca. a. 1147). **2.** *habitant des environs, même éloignés, d'une cité — inhabitant of the wider surroundings of a city.* Non solum in ipsa urbe civiles, verum suburbani quaquaversum degentes audiere. ODILO SUESSION., Transl. Sebastiani, MABILLON, *Acta*, IV pt. 1 p. 405. R. quidam Aquariensis [Evière près d'Angers] suburbanus. MÉTAIS, *Cart. de Vendôme*, I no. 72 p. 133 (a. 1047). Subst. neutr. **suburbanum:** **1.** **les environs immédiats d'une cité — the immediate surroundings of a city.* Sepultus in cripta suburbano civitatis illius. GREGOR. TURON., H. Fr., lib. 1 c. 45. Coenobii ... in suburbano Aeduensis civitatis editi [S.-Martin d'Autun]. *D. Charles le Ch.*, II no. 438 p. 481 (a. 877). **2.** *faubourg — suburb.* Actum Stratburgo civitate in curte regia ville, que est in suburbano civitatis novo, quam ego ex novo opere construxi. WIEGAND, *UB. Strassburg*, I no. 3 p. 3 (a. 722). **3.** singul. suburbanum et plural. suburbana: *le territoire dont une cité est le centre, le pagus ou le diocèse — the district the centre of which is a city, "pagus" or diocese.* Rex ... ad urbem Arvernam usque accedens, in vici illius suburbana castra fixit. GREGOR. TURON., H. Fr., lib. 3 c. 12. Iterum c. 18. Civitatem et omnia suburbana ejus jubere incendio concremare. Ib., lib. 5 c. 4. IONAS, V. Columbani, lib. 1 c. 18, ed. KRUSCH, p. 186 (Vitry-s.-Scarpe "in suburbano" d'Arras). Ib., lib. 2 c. 10, p. 256 (Charenton "in suburbano" de Bourges). Id., V. Joh. Reom., c. 1, p. 328 (Tonnerre "in suburbano" de Langres). *D. Merov.*, no. 33 (ca. a. 657/658) (Insula Germano "in suburbano" de Troyes). V. Goaris, c. 1, *SRM.*, IV p. 411 (Oberwesel "in suburbano" de Trèves). In Augustae civitatis suburbano [sc. Lechfeld] consedit. Ann. q.d. Einhardi, a. 787, ed. KURZE, p. 79. Iterum ib. (Ingelheim "in suburbano" de Mayence). Has civitates cum suburbanis et territoriis suis. Div. regn. a. 806, c. 4, *Capit.*, I p. 128. V. Sadalbergae, c. 1, *SRM.*, V p. 50 (Ornain "in suburbano" de Toul). Non longe a suburbano vel territorio suae civitatis [Zeitz] monasterium [Bosau] ... instituebat. EKKEHARD. URAUG., ad a. 1123, *SS.*, VIII p. 261 l. 41. **4.** plural. suburbana: *les environs immédiats d'un endroit fortifié — the immediate surroundings of a fortified place.* Civitates duas cum suburbanis. *D. Ottos III.*, no. 106 (a. 992). **5.** plural. suburbana: *les appendances d'un domaine — the appurtenances of a manor.* Patrimonia seu suburbana atque massae et colonitiae ... reddantur. Synod. Ravenn. a. 898, c. 8, *Capit.*, II p. 125. Curtem s. Ylarii cum suis pertinentiis et suburbanis. *D. Ottos I.*, no. 264 (a. 964).

**suburbicarius.** **1.** regiones suburbicariae: **les environs de Rome — the districts surrounding Rome.* **2.** ecclesiae suburbicariae: **les églises qui dépendent de l'église de Rome — the churches which are subordinate to the church of Rome.*

**suburbium:** **1.** (class. "faubourg — suburb") en parlant d'une colonie marchande près d'une cité, synonyme de *portus* ou de *vicus* — with reference to a traders' settlement near a city: [Theloneum] sicut ... in praedictae civitatis [Nantes] loco, mercatu, suburbio vel portu ... exigitur. *D. Charles le Chauve*, I no. 181 p. 483 (a. 856). G. pontif. Camerac., lib. 1 c. 75, *SS.*, VII p. 428 l. 54. En parlant d'un faubourg aggloméré à un château, à un monastère ou à une ville modeste fortifiée — with reference to a suburb established close to a fortress, a monastery or a minor walled town: Terra que conjacet in suburbio castelli Tornotorensis [Tonnerre] ... ante portas ipsius castelli. QUANTIN, *Cart. de l'Yonne*, I no. 79 p. 153 (s. x ex.). Duos in ejusdem castri suburbio molinos. MÉTAIS, *Cart. de Vendôme*, I no. 17 (a. 1039). Iterum ib., no. 40 (a. 1040-1046, Amboise). Suburbiis quae circa eandem [ecclesiam s. Dionysii Remensis] sunt, eam volui esse donatam. VARIN, *Arch. de Reims*, I p. 218 no. 33 (ca. a. 1067). D. Lud. VII reg. Fr. a. 1139, *Ordonn.*, XVI p. 322 (Dreux). **2.** *le territoire dont une cité est le centre, le pagus ou le diocèse — district the centre of which is a city; a "pagus" or diocese.* (Cf. voc. suburbanum sub 3). Ch. Eligii a. 632, *SRM.*, IV p. 746 (Solignac "in suburbio" de Limoges). Ann. regni Fr., a. 795, ed. KURZE, p. 96 (Kostheim "in suburbio" de Mayence). V. Sadalbergae, c. 12, *SRM.*, V p. 56 (Meuse, dép. Hte-Marne, "in suburbio" de Langres). *D. Charles le Chauve*, I no. 201 p. 514 (a. 859) (Montier-la-Celle "in suburbio" de Troyes). In omni suburbio ipsius sedis Bracare, quantascumque sunt terras et eclesias ex omni circuitu suo. FLORIANO, *Dipl. esp.*, II no. 176 p. 310 (a. 905). MUÑOZ, *Fueros*, I p. 25 (a. 941) (Cardeña "in suburbio" de Burgos). In suburbium Laudunense in villam quae Vallis vocatur. Mir. Marculfi, MABILLON, *Acta*, IV pt. 2 p. 525. **3.** *subdivision d'un pagus — a subdivision of a "pagus".* In pago Menerbense [Minervois] in suburbio Narbonense in villa q.d. Censeradus [Cesseras]. *D. Charles le Ch.*, I no. 35 p. 95 (a. 844). Cella ... in pago Confluente [Conflent] in suburbio Hilenensi [Elne]. Ib., II no. 340 p. 259 (a. 870). Abbatia in pago Tolosano, suburbio Savartense [Saverdun]. *Hist. de Lang.*³, II pr. no. 174 col. 355 (a. 870). Fis-

cum [Villemagne] ... est situm in territorio Biterense [Béziers] in suburbio Caprariense [Cabrières]. Ib. In territorio Menerbense [Minervois], suburbio Ventaionense [Ventajou] ... in ipsa villa q. v. Infrasias. Ib., no. 192 col. 387 (a. 876).

**subvectio**: *corvée de charroi — cartage service.* Cod. Eberhardi, c. 45 § 13, DRONKE, *Trad. Fuld.*, p. 130.

**subvector**: *brancardier — litter-bearer.* ADEMAR., lib. 3 c. 56, ed. CHAVANON, p. 181.

**subvectura**: *chariot — waggon.* Habeatis potestatem ... subvecturas ... in hostem preparandi. D. Frid. I imp. a. 1153, HALKIN-ROLAND, *Ch. de Stavelot*, I no. 240. p. 462.

**subventio**: *secours, aide — support, help.* CASSIOD., Var., lib. 12 epist. 28 § 7, *Auct. ant.*, XII p. 384. GREGOR. M., lib. 5 epist. 30, I p. 310.

**subventus** (decl. iv): *secours, aide — support, help.* Lib. pontif., Severin., ed. MOMMSEN, p. 175. Joh. VI pap. epist. a. 704, *SRM.*, VI p. 250 l. 25 (J.-E. 2142).

**subversio**: **renversement, ruine, destruction — overthrow, subversion, destruction.*

**subvicarius**: *sous-ordre d'un "vicarius" — substitute of a "vicarius".* WIDEMANN, *Trad. S.-Emmeram*, no. 93 p. 84 (ca. a. 880-885). DE BOÜARD, *Manuel*, II pl. 13 (a. 893, Aquitaine). BERTRAND, *Cart. d'Angers*, I no. 126 p. 153 (a. 1060-1087).

**subvicinus** (adj.): *voisin — neighbouring.* Regio. HUTER, *Tiroler UB.*, I no. 13 p. 6 (a. 1022-1055).

**subvocatus** (cf. voc. subadvocatus): *tenant-lieu d'un avoué ecclésiastique, sous-avoué — delegate ecclesiastical advocate.* MARTÈNE, *Thes.*, I col. 189 (ch. ca. a. 1060). LUDEWIG, *Reliq.*, IV p. 203 (ch. a. 1156).

**suca**, v. soca.

**sucarum**, sucurum, succurum, v. zucarum.

**succedere**: **1.** *revenir à* qq'un *— to fall to, devolve upon* a person. Ville ... in usus fratrum s. Bonifacii mart. succedant ipsique eas perpetualiter possideant. D. Lud. Pii a. 839, DRONKE, *CD. Fuld.*, no. 524 p. 232. Quidquid ... ei ex paterna vel materna parte succedit. KANDLER, *CD. Istr.*, I p. 70 (a. 921). **2.** *appartenir à* qq'un *— to belong to* a person. Praedia vel possessiones quae praefatae ecclesiae succedere debeant. *Gall. chr.*[2], I instr. col. 82 (a. 975-990, Fréjus). Quae mihi ... hereditario jure succedunt. MIRAEUS, I p. 75 col. 1 (a. 1089, Cambrai).

**succedimentum**, succid-: *les appendances — the appurtenances.* Dono ... quantum habeo in castro A. et in succidimentum ejus. *Hist. de Lang.*[3], V no. 232 col. 465 (a. 1052).

**succentor**: **sous-chantre — second chanter.* ISID., Etym., lib. 7 c. 12 § 26.

**succentoria**: *charge de sous-chantre — office of second chanter.* G. episc. Autissiod., c. 59, ed. DURU, p. 392.

**successatrix**, v. succetrix.

**successio**: **1.** **lignage, génération, descendance, race — pedigree, parentage, descent, lineage.* **2.** *les générations futures — generations to come.* Noverit tam successio posterorum ... quam et modernitas presentium. MULLER-BOUMAN, *OB. Utrecht*, I no. 339 p. 310 (a. 1132).

**successorius**: **successoral — successory.*

**successus** (decl. iv): *héritage — inheritance.* De mobile quam eciam et inmovile, de successu parentum quam eciam de proviso nostra. FLORIANO, *Dipl. esp.*, no. 14 p. 90 (a. 790). Per successum et hereditatem ipsius genitori[s] ... pertinuit. GIULINI, *Mem. di Milano*, I p. 463 (a. 870).

**succetrix**, successitrix, successatrix: *successeur féminin — female successor. CD. Langob.*, no. 20 col. 43 C (a. 760, Brescia). MARGARINI, *Bull. Casin.*, II p. 7 (a. 762). D. Loth. imp. a. 846, *Hist. de Fr.*, VIII p. 383. *CD. Langob.* laud., no. 447 col. 772 D (a. 912, Milano). MANARESI, *Placiti*, II no. 246 p. 409 (a. 999, Cremona). CAMERA, *Mem. di Amalfi*, I p. 188 (a. 1004).

**succidium** (< succiduus): *ruine, naufrage — downfall, wreck.* Eaedem res perpetuum propter suscepere succidium. *D. Charles le Simple*, no. 63 p. 141 (a. 910/911). Ad aeternae mortis succidium destinati. PETR. DAM., opusc. 18, diss. 2 c. 7, MIGNE, t. 145 col. 410 B.

**succincta** (femin.): *ceinture — belt.* PÉRARD, *Bourg.*, p. 26 (ch. ca. a. 840). DE MARCA, *Marca hisp.*, app. col. 788 (a. 855). MARTORELL, *Arch. Barcelona*, no. 10 p. 120 (a. 898).

**succincte** et **succinctim**: **brièvement — briefly.*

**succinctorium**: **1.** **caleçon, cache-sexe — pants, slip.* **2.** *bracelet — bracelet.* ISID., Etym., lib. 19 c. 33 § 5. GYSSELING-KOCH, *Dipl. Belg.*, no. 37 p. 67 (a. 867, S.-Bertin).

**succinium**, succinum, succium: *salé, charcuterie — souse, parts of pig pickled.* S. xiii, Angl.

**succlamatio**: *assignation — summons.* Nec ad publicum mallum quisquam succlamationem faciat, priusquam advocatum eorum interpellaverit. *D. Zwentibolds*, no. 19 (a. 898).

**succursus** (decl. iv): **1.** *secours, aide — support, help.* Pauperum. VIGNATI, *CD. Laudense*, I p. 42 (a. 1002). Egrediebatur ad succursum et adjutorium eorum. G. cons. Andegav., ed. HALPHEN-POUPARDIN, p. 159. **2.** *suppléance du service* pendant la vacance de la charge de curé *— temporary performance of service* during cure vacancy. *Gall. chr.*[2], IV instr. col. 84 (a. 1170, Langres). Ib., X instr. col. 442 (a. 1186, Senlis). Ib., XII instr. col. 363 (a. 1187, Sens).

**succus**, v. 2. soccus.

**suda** (< sudis): *ouvrage palissadé — stockaded earthwork.* ETHELWERD., lib. 1 c. 1, ed. CAMPBELL, p. 5; lib. 4 c. 2, p. 36; c. 3, p. 50. Ann. Barens., ad a. 1042, *SS.*, Scr., V p. 55.

**sudarium** (class. "mouchoir — handkerchief"): *suaire* qui enveloppe la tête des morts *— sudary* wrapped around a dead body's head. Ps.-AMBROS., Inv. Vitalis (s. vi), *AASS.*, Nov. II pt. 1 p. 246 l. 23.

**sudis**, v. sutis.

**suellus**, v. suillus,

**suffectus**: **suffisance, abondance — sufficient supply, plenty.* JULIAN., Hist. Wambae, c. 9, *SRM.*, V p. 508.

**sufferentia**: **1.** **patience, endurance — patience, endurance.* **2.** *tolérance, libéralité — sufferance, allowance.* Non ex debito aut justitia sed per sufferentiam fratrum accipiebat. CALMET, *Lorr.*, II pr. col. 311 (ch. a. 1136). **3.** *sursis — reprieve.* SPON, *Genève*, II p. 4 (ch. a. 1187). **4.** *trève — truce.* S. xiii.

**sufferratura**: *ferrure de cheval — horse-shoeing.* S. xiii.



**sufficientia**: **suffisance, ce qui suffit, ce dont on a besoin — sufficiency, enough of a thing, everything needed.* Conferens eis ad sufficientiam suorum [quasdam res]. D. Lud. II imp. a. 853, *MIOeG.*, t. 5 (1884) p. 384. [Monasterium] ex omni sufficientia floret. G. pontif. Camerac., lib. 2 c. 45, *SS.*, VII p. 465.

**suffossio**: *sape, mine — undermining.* RUSTIC. ap. SCHWARZ, *Concil.*, I pt. 3 p. 179.

**suffraganeus** (adj.): **1.** (d'un ecclésiastique) *subordonné* — (of an ecclesiastic) *subordinate.* Cujus [sc. episcopi civitatis] [monachi] se suffraganeos fore cognoscant. Concil. Franconof. (a. 816-829?), c. 10, *Conc.*, II p. 591. En parlant d'un prêtre subordonné à un archidiacre — with reference to a priest subordinate to an archdeacon: Concil. Lillebonn. a. 1080, c. 6, MANSI, t. 20 col. 556 D. Clericos ... prelibatae ecclesiae diocesis suffraganeos. *D. Lodovico III*, no. 3 p. 74 (< a. 901>, spur. s. xii). En parlant des évêques suffragans d'une province ecclésiastique — with reference to the bishops suffragan of a church province. Suffraganei episcopi et clerus ac populus Coloniensis. *Epp.*, VI p. 253 sq. (a. 870). Omnes episcopos suffraganeos ejusdem sedis Terraconensis ecclesiae. Joh. XIII pap. epist. a. 971, ed. KEHR, *Abh. Pr. Ak.*, 1926, p. 42 l. 12 (J.-L. 3746). **2.** (d'une église) *dépendant* — (of a church) *subservient.* Viennensis ecclesia quatuor suffraganeas habere sedes deberet. Concil. Franconof. a. 794, c. 8, *Conc.*, II p. 167. Ecclesiam s. Vincentii ... cum ecclesiis suis suffraganeis. Bened. VIII pap. priv. a. 1017, MIGNE, t. 139 col. 1606 D (J.-L. 4017). Subst. mascul. **suffraganeus**: **1.** *évêque suffragan — bishop suffragan.* [Metropolitanus episcopus] dijudicet causam cum suffraganeis suis. Concil. Franconof. a. 794 laud., c. 6, p. 167. Unusquisque archiepiscopus suos suffraganeos admonere curet. Concil. Arelat. a. 813, c. 3, ib., p. 250. **2.** *tenant-lieu d'un moine en charge d'un service domestique — substitute of a monk in charge of a household duty.* BERNARD. MORLAN., c. 3, HERRGOTT, p. 142. UDALRIC. CLUNIAC., lib. 1 c. 27, MIGNE, t. 149 col. 674 A. Ibi pluries. **3.** *vicaire d'un curé — a curate's vicar.* [Sacerdotes uxorati] nec ecclesias per se atque per suffraganeos regant nec aliquid de beneficiis habeant. Concil. Rotomag. a. 1072, c. 15, MANSI, t. 20 col. 38 D.

**suffragarius** (adj.): *subordonné — subordinate.* Editiores [sedes] quasque metropolitanas, inferiores vero suffragarias esse constituit. Chron. Vedastin., *SS.*, XIII p. 678 l. 24.

**suffragium**: **1.** **aide, soutien, appui, secours — aid, support, succour.* **2.** *incitation — incitement.* Per ... Radechis suffragium super principem irruerunt. Chron. Salernit., c. 50, ed. WESTERBERGH, p. 52. **3.** *confirmation, fixation — laying down.* In testimonium geste rei et suffragium veritatis. MULLER-BOUMAN, *OB. Utrecht*, I no. 486 p. 434 (a. 1176). **4.** *alimentation — maintenance.* Si quid ... pro suffragio monachorum ... dederunt. Concil. Tolet. III a. 589, c. 3, MANSI, t. 9 col. 993 E. **5.** *ressource — resource.* Totius mundi suffragia, quibus alimur et sustentamur. Actus Silvestri pap. (s. vii), MOMBRITIUS[2], II p. 515. **6.** *tribut — tribute.* Multam collectionem fecerunt de ipso populo; unde ipsi duces minime possunt suffragium nobis plenissime praesentare. Leonis III pap. epist. 2 (a. 808), *Epp.*, V p. 89. Cum placitis et districtionibus, collectis et angariis, fotro, suffragio, herbatico, escatico ceterisque publicis functionibus. *D. Konrads II.*, no. 249 (a. 1037). **7.** *intercession d'un saint auprès de Dieu — intercession by a saint with God.* Sanctorum tuorum suffragiis adjuvari. Sacram. Leonin., ed. FELTOE, p. 19 l. 10. Concil. Moguntin. a. 847, c. 25, MANSI, t. 14 col. 910 B. HUCBALD., V. Rictrudis, c. 7, *AASS.*, Maji III p. 82 C. Id., Mir. Richarii, lib. 2 c. 5, MABILLON, *Acta*, II p. 223. **8.** *prière dans le cadre d'une communauté de prières — prayer said on the basis of a prayer community.* Volentes participem facere benefactorum seu suffragiorum dicti ordinis. DC.-F., VII p. 651 col. 1 (ch. ca. a. 1063). **9.** *province ecclésiastique — church province.* In sua [sc. archiepiscopi Narbonensis] parrochia seu in cunctis episcopiis qui in suffragio ipsius positi sunt. *D. Charles le Simple*, no. 24 p. 49 (a. 899).

**suffusum** (subst. neutr.), suffusa (femin.): (ni fallor) *son — bran.* MARCULF., lib. 1 no. 11, *Form.*, p. 49. G. Aldrici, c. 56, ed. CHARLES-FROGER, p. 163. MEURISSE, *Metz*, p. 137 (ch. a. 950).

**suggerenda**, -um: *requête, supplique — petition.* VICTOR VIT., lib. 2 c. 14 § 40 et 42, *Auct. ant.*, III pt. 1 p. 22. SCHWARTZ, *Concil.*, IV pt. 2 p. 132.

**suggerere**: *soumettre* qqch. à qq'un, *affirmer, signaler, faire savoir — to bring before* a person, *propound, point out, state, make known.* Suggerentes pietati tuae quia male agit cum servis tuis. Lib. pontif., Vigilius, ed. MOMMSEN, p. 150. Ea quae facta sunt ... suggerentes. Pass. Alexandri (s. vi?), MOMBRITIUS[2], I p. 44. Suis epistulis debebat suggerere. MARGARINI, *Bull. Casin.*, I p. 2 (a. 643). Suggessit nobis eo quod multas violentias sustinuerit. SCHIAPARELLI, *CD. Longob.*, I no. 17 p. 48 (a. 714). Suos ad vestram benignitatem ... falsa suggerendo direxit missos. Hadr. I pap. epist. (a. 774), Cod. Carolin., no. 49, *Epp.*, III p. 568 l. 9 (J.-E. 2408). Haec imperatori suggessit. ANAST. BIBL., Chron., ed. DE BOOR, p. 236.

**suggestio**: **1.** **suggestion, conseil — hint, advice.* **2.** **pétition, supplique — request, memorial.*

**suggestus** (decl. iv): **1.** **accumulation, entassement — piling up, heaping up.* **2.** **ornement, apparat — adornment, apparel.*

**suggillare** (class. "meurtrir de coups — to thrash"): **1.** *étrangler — to strangle.* GREGOR. TURON., H. Fr., lib. 4 c. 28; lib. 9 c. 34. **2.** *retrancher — to bar.* Suggillata poenitus totius fraudis vel calumpnia[e] controversia. GUÉRARD, *Cart. de Chartres*, I p. 79 (a. 985).

**suile**, suale (neutr.), suilla (femin.) (cf. voc. suillus): *porcherie — pig-stye.* GREGOR. TURON., Virt. Martini, lib. 4 c. 5, *SRM.*, I p. 651. Urbar. Prum. a. 893, c. 1, BEYER, *UB. Mittelrh.*, I p. 144. BOURASSÉ, *Cart. de Cormery*, no. 37 p. 76 (a. 1026-1040).

**suillinus**: **de porc — pig's.* GREGOR. TURON., H. Fr., lib. 10 c. 24.

**suillus** et **suilla**, soill-, suell-; sualis, soalis, sogalis: *goret — pigling.* GREGOR. TURON., Virt. Juliani, c. 31, *SRM.*, I p. 577. Capit. de villis, c. 10 et 62. Irminonis polypt., pluries. Polypt. s. Remigii Rem., c. 26 § 13, ed.

GUÉRARD, p. 94 col. 2. Descr. Lob. a. 868, ed. WARICHEZ, p. 251. DE SAENZ, *Concil. Hisp.*, III p. 181 (ch. ca. a. 970). SCHIAPARELLI-BALDASSERONI, *Carte di s. Maria in Firenze*, I p. 10 (a. 972).

**sulcia**, sulta (germ.): **1.** *saucisse — sausage.* Capit. de villis, c. 34. **2.** *saline — saltworks.* HELMOLD., lib. 1 c. 76, ed. SCHMEIDLER, p. 145.

**sulsadina, sulsadire**, v. solsad-.

**sultan**, sultanis, sultanus, soldanus (aram.): **sultan — sultan.*

**suma** et deriv., v. sagm-.

**sumbrinus**, sumber-, summer- (germ.): *une mesure de capacité pour les céréales — a corn measure.* D. Frid. I reg. a. 1152 ap. DC.-F., VII p. 653 col. 3. HOENIGER, *Koelner Schreinsurk.*, I p. 117 c. 3 (a. 1172-1178). PERRIN, *Seigneurie*, p. 726, app. 5 c. 3 (s. xii p. post., Bouzonville).

**sumerarius**, v. summularius.

**1. summa**: *somme, précis, compendium — textbook, abstract, compendium.* Fecisset sibi conscribi ... nonnullas auctoritates sanctorum, quas summas appellavit. V. Alexandri III pap., MURATORI, *Scr.*, III p. 447 E.

**2. summa** et deriv., v. sagm-.

**summarius** (adj.): *sommaire — summary, concise.* S. xiii.

**summas** (genet. -atis). Subst. plural. summates: **les grands — the great men.* RATPERT., Cas. s. Galli, c. 1, *SS.*, II p. 69 l. 5. Ruodlieb, fragm. 5 v. 153. Ibi pluries. Actus pontif. Cenom., c. 37, ed. BUSSON-LEDRU, p. 442.

**summerinus**, v. sumbrinus.

**summista**, v. symmystes.

**summitas**: *sommet — top.* Montis. *D. Ludw. d. Deutsch.*, no. 101 (a. 860).

**summula**: *précis, abrégé — short compendium, treatise.* S. xiii.

**summularius**, sumer-, -erius (< sagma): *conducteur de bêtes de somme — man in charge of sumpter-horses.* Constit. dom. reg. (a. 1135-1139), ap. JOHNSON, *Dial. de scacc.*, ad calc., p. 131. DELISLE, *Actes Henri II*, I no. 18 p. 25 (a. 1151).

**sumptio**: *coût, dépense — cost, outlay.* Ad ... sumptiones hospitii vel elemosinas pauperibus erogandas. *Hist. de Lang.*³, II pr. no. 76 col. 170 (a. 828, Lérins).

**sumptum**: **1.** **dépense, frais — cost, outlay.* **2.** *copie — transcript.* S. xiv.

**sumptura**: *argent, numéraire — ready money.* Spiritali confortatus armatura et seculari sublimatus sumptura ... profectus est. WILLIBALD., V. Bonifatii, c. 4, ed. LEVISON, p. 15. Cum sumpturis atque stipendiis ad loca venerunt venalia. HUGEBURC, V. Wynnebaldi, c. 2, *SS.*, XV p. 107.

**sumptus** (decl. iv): **1.** *aliments, vivres — victuals.* Panis et liquoris sumptum libasset. PAUL. DIAC., Homil., MIGNE, t. 95 col. 1486. Cuique [peregrinanti] ... necessarios sumptus ... abunde tribuit. RIMBERT., V. Anskarii, c. 14, ed. WAITZ, p. 36. Naves ... sumptus vehentes. ANAST. BIBL., Chron., ed. DE BOOR, p. 255. Ibi pluries. Necessitas vehendi ad monasterium eundem sumptum [sc. granum et vinum]. Chron. Novalic., lib. 2 c. 10, ed. CIPOLLA, p. 152. Cottidianos sumptus praebebat armatis. ANSELM. LEOD., c. 55, *SS.*, VII p. 223 l. 5. **2.** *entretien, subsistance — maintenance.* A sumptum [i.e. sumptu] fratrum ... cortem ... subtraere. *D. Berengario I*, no. 258 (a. 915). [Monasterium] unde sumptus accipiebat. G. abb. Lob., contin., c. 26, *SS.*, XXI p. 330. **3.** *effets, biens meubles — chattels.* [Mancipia] cum omni eorum suppellectili et sumptu. DRONKE, *CD. Fuld.*, no. 82 p. 50 (a. 785). Item no. 420 p. 189 (a. 823). Unam ecclesiam cum sumptibus qui infra scripti sunt, id est duae capsae deauratae ... et 9 vestimenta altaris, unum vas argenteum et patena una et sex velamina, casula [etc.] Ib., no. 131 p. 76 (a. 796). Nihil eis [sc. canonicis] de sumptibus praefatae villae a quoquam subtractum vel minoratum fiat. G. Aldrici, ed. CHARLES-FROGER, p. 84.

**sundrialis** (adj.) (< sundrus): *qui fait partie de la réserve domaniale — demesne.* Sala. SCHIAPARELLI, *CD. Longob.*, I no. 105 p. 302 (a. 752, Lucca). Vinea, campus, fundamentum, hortus. Ib., II no. 161 p. 96 sqq. (a. 762, Lucca). Curtis. Ib., no. 175 p. 139 (a. 764, Lucca). Tam casis domocultiles et sundriales quam et casas massaricias et aldionales. Ib., no. 250 p. 329 (a. 771, Lucca). Casella. MURATORI, *Antiq.*, VI col. 238 (a. 782).

**sundrus**, sondr-, -ium (germ., proprie "propriété indépendante, à part, non pas rattachée à une autre — independent, separate, non-subservient estate"): *réserve domaniale — demesne.* Quantum in eodem loco mihi ... contiget [i.e. contigit], tam de sundro quam et de casas tributarias. SCHIAPARELLI, *CD. Longob.*, I no. 90 p. 263 (a. 747, Lucca). Angaria[m] ad sundro domnico facere debeamus. Ib., II no. 139 p. 38 (a. 759, Lucca). Quarta portione de R. de sundrio et quarta portione de sala in ipso R. Ib., no. 178 p. 147 (a. 764, Lucca). Isti omnes [coloni] ... et quidquid ad ipsas colonias pertinet, cum omni sondrio suo ex integro. Test. Tellonis a. 765, MEYER-PERRET, *Bündner UB.*, I no. 17 p. 16. Portionem meam de sala vel di sundrio meo in loco L. SCHIAPARELLI, o.c., II no. 214 p. 240 (a. 768, Lucca). Sala mea ... cum sundrio de vinea. BRUNETTI, *CD. Tosc.*, I p. 256 (a. 783). In T. [manentes] 5 et sundrium unum; in C. manentes 8 cum dominicato; ... in S. manentes 5 ... et unum sundrium dominicatum. *D. Ottos I.*, no. 266 (a. 964).

**sunnia**, sunnis, v. sonnis.

**supanus**, suppanus: *délégué royal* (en Bohême) *— royal agent* (in Bohemia). Innoc. III pap. registr., no. 92, ed. HOLTZMANN, p. 148. Chron. reg. Colon., cont. III, a. 1212, ed. WAITZ, p. 233.

**supellex**: *produits domaniaux — manorial products.* De villis dominicis nona pars totius suppellectilis monachis tribuatur, hoc est de annona, legumine, caseo, feno, pullis equinis, porcis, camisilibus, altilibus, vino, ovibus atque ovis. *D. Charles le Ch.*, no. 92 (a. 847).

**super** (praepos. c. accus. et ablat.; casus promiscue occurrunt): **1.** **près de — near.* **2.** *pendant — during.* De quocumque vendiderit vel emerit super septimanam. Lud. VII reg. Fr. priv. pro Lorriac. a. 1155, c. 32, ed. PROU, *RHDFE.*, t. 8 (1884), p. 451. **3.** (en parlant d'un pouvoir) *sur —* (with reference to power) *over.* Nullus excepto preposito ecclesie super eos potestatem habeat. VERCAUTEREN, *Actes de Flandre*, no. 26 p. 81 (a. 1101). **4.** **au sujet de, envers, à l'égard de* qq'un *— towards, in regard to* a person. **5.** **au sujet de, à cause de, concernant* une chose *— as regards, concerning, in respect of* a thing. **6.** **contre, au mépris de, au détriment de* qq'un *— against, despite, to the prejudice of* a person. **7.** *au dépens de, à la charge de* qq'un *— at the cost of, at the charge of* a person. Coactivam petitionem seu incisuram [taille — tallage] super ipsos instituere. D'ACHÉRY, *Spic.*², II p. 785 (a. 1091-1113, Guines). Hoc damnum super hospites suos recuperabit. VERCAUTEREN, o.c., no. 87 p. 196 (a. 1119). **8.** *à l'encontre de, contrairement à, en dépit d'*une stipulation *— in contravention of, contrary to, in spite of* a regulation. Super illam ordinationem. Capit. missor. de exerc. a. 808, c. 2, I p. 137. Super vetitum ejus officia divina celebrarant. Actus pontif. Cenom., c. 34 (ca. a. 1100), ed. BUSSON-LEDRU, p. 392. **9.** *sous peine de, au risque de — at the risk of, on pain of.* Hoc praeceptum non sit violatum super forisfacturam meam plenam. Will. I reg. Angl. articuli, c. 10, LIEBERMANN, p. 488. Centenarii conventus adeatur super forefacturam. Consil. Cnuti, c. 17 § 1, ib., p. 321 col. 3.



**superabundantia**: **surabondance — excess.*

**superabundare**: **surabonder — to exceed.*

**superaccrescere**, **1.** intrans.: *augmenter, s'accroître — to increase, grow in addition.* **2.** transit.: *augmenter, ajouter — to augment, add.* His supradictis [donis] superatcrevi L. cum omnibus appenditiis suis. FAUROUX, *Actes de Norm.*, no. 99 p. 255 (a. 1042).

**superaltare**: *autel portatif — portable altar.* S. xiii.

**superannuatus**, -nnatus (adj.): *d'au-dessus d'un an — more than a year old.* S. xii.

**superaratum**: *amende, devenue perpétuelle, pour la conversion en terre arable de terrains destinés à l'élevage — a fine inflicted for converting pasture-land into arable, perpetuated by reiteration.* Gros brief a. 1187, ed. VERHULST-GYSSELING, p. 170 et 177.

**superaugere**: *augmenter — to increase.*

**supercaptio**: *taille — tallage.* RAGUT, *Cart. de Mâcon*, no. 4 p. 3 (a. 1096-1124).

**supercaelestis**: **qui est au haut du ciel — supermundane.*

**supercensus**: *surcens — sub-rent.* S. xiii.

**supercingulum**: *sursangle,* partie du harnais des chevaux *— surcingle,* part of the harness of a horse. S. xiii.

**supercrescere**: *rester en excédent — to remain as a surplus.* De reditibus praedictae haereditatis refectionem habeant; si qua vero de reditibus supercreverint, in communes usus canonicorum succedant. MIRAEUS, III p. 30 col. 2 (a. 1115, Bruges).

**superdictio**: *surcharge interlinéaire — interlined words.* Si quid liturae, caraxaturae, adjecciones superdiccionesvae factae sunt. MARCULF., lib. 2 no. 17, *Form.*, p. 88.

**superdiurnare**: *séjourner — to stay.* [Rex] usque Placentiam ... pervenit, ibique dominica die superdiurnans ... HINCMAR., Ann. Bertin., ad a. 869, ed. WAITZ, p. 101.

**superducere**, **1.** filiis novercam: **donner comme belle-mère — to give as a stepmother.* **2.** absolute: *marier en secondes noces* du vivant de la première femme *— to remarry with* a woman by the lifetime of the first wife. Lotharius pro regina repudiata et Waldrada superducta Romae fuerat excommunicatus. FOLCUIN., G. abb. Lob., c. 13, *SS.*, IV p. 61 l. 7. De superducta Bertrada geniti erant. SUGER., V. Lud. Gr., c. 1, ed. WAQUET, p. 10.

**superaedificare**: **édifier sur* tel fondement *— to build upon* a substructure.

**superaedificium**: *superficie, bâtisse — erections, buildings.* S. xiii.

**supereminens**: **suprême — supreme.*

**supereminentia**: **supériorité, excellence — superiority, excellence.*

**superesse**: *être présent — to be present.* Pro tempore vindemie vos aut misso vestro superesse debeas. *CD. Langob.*, no. 186 col. 314 B (a. 854, Comasco).

**superexaltare**: **exalter — to exalt.*

**superexcellere**: **surpasser — to surpass.*

**superexcrescentia**: *excédent, plus-value — excess, increment.* S. xiii.

**superexcrescere**: *surabonder — to be redundant.* S. xiii.

**superfeudum**: *arrière-fief — mesne fief.* S. xiii, Languedoc.

**superflue** et superfluo: **surabondamment, inutilement — superfluously, uselessly.*

**superfluitas**: **surabondance inutile — excess.*

**superfluus**: **1.** **abondant — abundant.* **2.** **en surabondance, superflu, excessif — redundant, superfluous, excessive.* **3.** *mal fondé, injuste, intolérable — unfounded, wrongful, inadmissible.* Novam et superfluam competitionem. Lex Burgund., tit. 54 c. 2. Tam propter assiduas fatigationes pauperum quam etiam superfluas exactiones. Edict. Rothari, prol.

**supergredi**: **1.** **transgresser, violer — to contravene, infringe.* **2.** aliquem: *supplanter — to supersede.* Ut nullus episcopus ... alium conculcet episcopum seu supergrediatur. BENED. LEV., lib. 3 c. 175, *LL.*, II pt. 2 p. 113.

**superhumerale** (neutr.), -lis (mascul.): **1.** **ephod,* vêtement de dessus du grand prêtre hébreu *— ephod,* upper garment of the Hebrew high priest. **2.** *amict — amice.* GREGOR. M., lib. 1 epist. 24, *Epp.*, I p. 30. PS.-ALCUIN., Off., c. 39, MIGNE, t. 101 col. 1242 B. BERNARD. MORLAN., pt. 1 c. 53, ed. HERRGOTT, p. 249. Superhumerale, id est amictum. UDALRIC. CLUNIAC., lib. 3 c. 13, MIGNE, t. 149 col. 757 B. **3.** *pallium* d'un archevêque *— archbishop's pall.* ALCUIN., epist. 173, *Epp.*, IV p. 286 l. 32; epist. 212, p. 353 l. 15. Donat. Constantini, c. 14, MIRBT, *Qu.*³, p. 85.

**superimponere**: *imposer, mettre à la charge de* qq'un *— to impose.* [Liberti] si voluntarie in ipsis casis residere voluerint, nulla eis superimposita sit in servitio obligatio. GIORGI-BALZANI, *Reg. di Farfa*, II doc. 85 p. 80 (a. 770). Si ... amplius superimponere voluerimus. DREI, *Carte di Parma*, p. 591 (a. 915).

**superimpositio**: *imposition de charges — imposing charges.* Omne servitium aut dationem ... persolvant ..., tantummodo ut nulla eis fiat superimpositio. GIORGI-BALZANI, *Reg. di Farfa*, II doc. 20 p. 34 (a. 748).

**superimpositum** (neutr.), -ta (femin.): *charge imposée, redevance — any imposition, charge, tax.* Alia superimposita nihil facientes. LAMI, *Mon. Florent.*, I p. 969 (a. 852/853). Ab eis [herimannis] nulla donaria ... exigantur vel aliqua superimposita eis inferantur. *D. Karls III.*, no. 47 (a. 882). Dicentes quod ex parte G. abbatis ... maximam paterentur super-

impositam. Interrogati autem ... quam superimpositam paterentur, responderunt dicentes: supra id quod debet, censum a nobis atque navigium exquirit; animalia nostra prepositus ejus P. injuste aufert, et olivas contra consuetudinem colligere et premere sive calcariam facere precepit. *CD. Langob.*, no. 417 col. 702 C (a. 905). [Ut nullum] tributum sive redditum seu etiam superimpositum isdem sacerdotibus ... imponatur. *D. Ottos I.*, no. 335 (a. 966). Neque aliqua superinposita ...predictis hominibus fiat, scilicet de fodro, de adprehensione hominum vel saltu domorum. *D. Heinrichs II.*, no. 303 (a. 1014). Nullo in tempore liceat clericis de V. conversis servientibus s. Remigii ullam superinpositam facere. MEYER-PERRET, *Bündner UB.*, I no. 305 p. 226 (a. 1140, Como).

**superinducere** aliquid alicui: **faire venir sur, attirer* qqch. à qq'un — *to bring in, cause to overtake.*

**superioritas:** *autorité suprême, suprématie — overlordship, supremacy.* S. xiii.

**superista** (mascul.) (< gr. ὑπερίστης): *chef de la maison militaire pontificale — chief of the pope's palace-guard.* Lib. pontif., Hadr. I, § 6, ed. DUCHESNE, I p. 487. Romani palatii. Ib., Leo IV, § 110, II p. 134. Sacri patriarchii. Ib., Bened. III, § 11, p. 142. Palatii nostri. Joh. VIII pap. epist. 287 (a. 881), *Epp.*, VII p. 253. Quidam G. nomine, quem Romani superistam vocitabant. MEGINHARD., Ann. Fuld., a. 882, ed. KURZE, p. 99. ODILO SUESSION., Transl. Sebast., c. 7, MIGNE, t. 132 col. 587 D. LIUDPRAND. CREMON., Hist. Ottonis, c. 9, ed. BECKER, p. 166.

**superistana** (< superista): *sacristine — sacristess.* Chron. Casin., c. 23, *Scr. rer. Langob.*, p. 483 l. 50.

**superius** (adv.): **plus haut* (dans un texte), *précédemment — above* (in a text), *previously.*

**superjurare, 1.** reum: *convaincre de culpabilité par un serment accusatoire — to convict by an oath of accusation.* Si quis homo propter furtum comprehensus fuerit et legitime superjuratus. Lex Ribuar., tit. 79. Si tanto talique crimine publicatur, ut criminosus a populo suspicetur et propterea superjuretur. Concil. Tribur. a. 895, c. 22, *Capit.*, II p. 225. Eant alii cum 12 et superjurent eum in immundiciam. Leg. II Aethelstan, c. 11, vers. Quadrip., LIEBERMANN, p. 157 col. 1. **2.** aliquid: *affirmer sous serment — to assert on oath.* Si ... superjurare ausi fuerint quod ignorant. Canon. Hibern., lib. 16 c. 6, ed. WASSERSCHLEBEN[2], p. 47.

**superliminare** (neutr.), -ris (mascul.): **linteau — lintel.* Comme symbole d'investiture — as a livery symbol: Per postem et superliminarem domus ... vestivit. BITTERAUF, *Trad. Freising*, I no. 556[c] p. 479 (a. 828).

**supermanere:** *être établi comme tenancier — to be settled as a land-tenant.* Terra salaricia et mansum unum cum mancipiis supermanentibus. MULLER-BOUMAN, *OB. Utrecht*, I no. 63 p. 69 (a. 838). Unum mansum cum familia supermanente. *D. Ludw. d. Deutsch.*, no. 61 (a. 851?).

**supermissa:** *épître de Saint Paul* lu pendant la Messe — *epistle of Saint Paul* read during Mass. PS.-ALCUIN., Off., MIGNE, t. 101 col. 1250 A. Epistola graece, latine dicitur supermissa. ATTO VERCELL., Expos. epist. Pauli, prol., MIGNE, t. 134 col. 125 B.

**supernaturalis:** *surnaturel — supernatural.* RUSTIC., Synod., ap. SCHWARTZ, *Concil.*, I pt. 4 p. 15.

**supernomen,** supranomen: **1.** (d'une personne) *surnom* — (of a person) *surname.* Ego Arnifridus qui supernomen vocatur Arnucciolu. SCHIAPARELLI, *CD. Longob.*, I no. 104 p. 299 (a. 752, Sovana). Sim. FAINELLI, *CD. Veron.*, I no. 156 p. 220 (a. 840-853). **2.** (d'un lieu) *autre appellation* — (of a place) *other denomination.* Villam nuncupantem Reduddum, quae dicitur supernomen Curticella. D. Lud. Pii a. 814, *CD. Langob.*, no. 91 col. 171 C.

**supernominare:** **surnommer — to surname.*

**superonerare:** *surcharger — to overload, overstock.* S. xii.

**superpellicium,** -a (femin.): **1.** *pardessus — overcoat. D. Heinrichs IV.*, no. 466 p. 631 l. 4 (a. 1101). GUILL. MALMESBIR., G. pontif., lib. 1 c.44, ed. HAMILTON, p. 71. **2.** *surplis — surplice.* Leg. Edwardi Conf., c. 36 § 5, LIEBERMANN, p. 667. **3.** *habit de chanoine régulier — a regular canon's cowl.* ANNALISTA SAXO, a. 1044, *SS.*, VI p. 686 l. 39. **4.** *manteau de femme — woman's coat.* Mir. Liudgeri, c. 6 (ca. a. 1120), DIEKAMP, *Vitae Liudgeri*, p. 241. GALBERT., c. 29, ed. PIRENNE, p. 51.

**superplus** (subst. neutr. indecl.): **1.** *surplus, excédent, solde — surplus, excess, balance.* Leg. Henrici, c. 70 § 9, LIEBERMANN, p. 588. **2.** *plus-value, investissement — increment, investment.* Redde ei totum suum superplus in restauratione et in omnibus rebus quod posuit in illis terris postquam eos habuit. VAN CAENEGEM, *Writs*, p. 450 no. 74 (a. 1105). Cito deliberetis terram ... et superplus vestrum inde auferatis et quod ibi invenistis dimittatis. Ib., p. 512 no. 191 (a. 1121?).

**superplusagium:** *surplus, excédent, solde — surplus, excess, balance.* S. xii.

**superponere:** *imposer, mettre à la charge de* qq'un — *to impose.* Nulla redditio vel angaria neque via superponendum nullu[s] homo possit. BRUNETTI, *CD. Tosc.*, I p. 601 (a. 767). Memoratos Ispanos ... nullum censum superponere praesumatis. Karoli M. praec. pro Hisp. a. 812, *Capit.*, I p. 169. Hoc [tributum] quod injuste superposuit atque abstulit. Capit. missor. Wormat. a. 829, c. 15, II p. 17. Servicia quod ... partibus reipublice tollere vel superponere voluerit. POUPARDIN, *Inst.*, p. 162 no. 19 (a. 1015, Capua).

**superportare,** suprap- (cf. teuton. *auftragen*): *transférer* des biens-fonds — *to convey* property. S. xiii, Germ.

**superpositio: 1.** *imposition de charges — imposing charges.* Aliqua[m] superpositione[m] facere quesierimus. SCHIAPARELLI, *CD. Longob.*, II no. 139 p. 39 (a. 759). Pontifices ... nullam superpositionem exsenodochio faciant. *CD. Langob.*, no. 61 col. 116 C (a. 787). Alia nulla superpositio fiat. FAINELLI, *CD. Veron.*, I no. 267 p. 399 (a. 878). **2.** *charge imposée — imposition, charge.* De illicitis superpositionibus seu et diversis oppressionibus a servientibus suis inmissis. DE CHARMASSE, *Cart. d'Autun*, 1re partie no. 40 p. 63 (a. 1076). **3.** jejunii: **carême prolongé — extended fast.* Regula Magistri, c. 53. COLUMBAN., Paenit., c. 10, MIGNE, t. 80 col. 225. **4.** *superficie, bâtisse — erections, buildings.* Res ipsae cum omni melio-



ratione ac superpositione ad ipsum sanctum recipiantur locum. MARTÈNE, *Coll.*, I col. 190 (a. 868).

**superpositum,** suprapos-, -ita (femin.): **1.** *superficie, bâtisse — erections, buildings.* Locellum ... cum superposito pro omni merito suo. F. Andecav., no. 46, *Form.*, p. 20. Cum omni re emeliorata vel suprapositо. F. Turon., no. 18, p. 145. Ibi pluries. Res cum omni suprapositо, quidquid ibidem adtractum emelioratumque repertum fuerit. F. Sal. Lindenbr., no. 3, *Form.*, p. 269. Test. Wideradi a. 746, PARDESSUS, II no. 587 p. 400. Res ... restituatis ... excepto superposito quod ... absumptum est. Synod. Bellovac. a. 845, c. 3, *Capit.*, II p. 388. *D. Charles le Chauve*, I no. 79 p. 222 (a. 845). *D. Charles le Simple*, no. 6 (a. 894-919). **2.** *charge imposée, redevance — imposition, charge, tax.* Nulla alia superpositam [i.e. superposita] novis [i.e. nobis] imponatur. SCHIAPARELLI, *CD. Longob.*, I no. 55 p. 180 (a. 736). [Ecclesia baptismalis] nulla[m] violentia[m] aut superposita[m] ab episcopis suis ... patiantur. Capit. Mantuan. I (a. 813), c. 4, I p. 195. Nulli liceat episcoporum a subjecto sacerdote ... superposita in angariis inferre. Concil. Roman. a. 826, c. 26, ib., p. 375. Populus noster ... nullum gravamen aut suprapositum vel forcias patiatur. LÜNIG, *Cod. Ital.*, II col. 1945 (a. 880, Venezia).

**superprendere,** suppr-, surpr-: *usurper — to engross unlawfully.* Si quis consortem suum quantulumcumque superpriserit. Lex Ribuar., tit. 60 § 2. [Villam] superprendissem, quae in meo non continebatur praecepto. HINCMAR. LAUDUN., epist. ap. SIRMOND, *Hincmari Rem. opera*, II p. 609.

**superprisia,** suppr-, surpr-, -isa (< superprendere): **1.** *taille — tallage.* Relaxo ... arbergarias, cautiones et superprisias et precarias et quicquid consuetudinis ... duces ab hominibus ipsius ville exigere solebant. CHEVRIER-CHAUME, *Ch. de Dijon*, II no. 402 p. 181 (a. 1102). Quaerebat in terra s. Nazarii ... salvamentum et superprisiam. DC.-F., VII p. 669 col. 1 (ch. a. 1114, Autun). **2.** *usurpation — encroachment.* S. xiii.

**superscriptio: 1.** **inscription, suscription, rubrique, légende — inscription, heading, rubric, legend.* **2.** *formule initiale d'une lettre — superscription of a letter.* Lib. diurn., c. 1, ed. SICKEL, p. 1. Ibi saepe. LIUDPRAND. CREMON., Legat., c. 51, ed. BECKER, p. 203. **3.** *surcharge interlinéaire — interlined words.* S. xiii.

**supersedere,** suprasedere: **1.** *retenir, posséder par usurpation — to retain possession of, hold by encroachment.* Predictam rem male ordine suprasedebat vel retenebat injuste. F. Sal. Merkel., no. 27, *Form.*, p. 251. **2.** *posséder en tenure — to hold by way of tenancy.* Mansos duos cum supersedentibus duobus tributariis. F. imper., no. 40, *Form.*, p. 318. Eadem verba: *D. Ludw. d. Deutsch.*, no. 42 (a. 845). Ego ... ibidem supersedere et repromitto lavorare ... usque ad annis nomero 29. *CD. Langob.*, no. 217 col. 361 C (a. 861, Nonantola). Quodsi occasione vitandi exercitus aut placiti [res arimannorum] venditae fuerint et ipsi eas supersederint. Lamberti capit. Ravenn. a. 898, c. 5, II p. 110. Ille homo qui ibi [sc. in manso quodam] supersederit, usum silve habeat. BERNARD-BRUEL, *Ch. de Cluny*, II no. 1566 p. 612 (a. 981). **3.** censum: *négliger de payer à l'échéance — to fail to pay when due.* Si tres annos [i.e. tribus annis] censum supersederit. Lex famil. Wormat. (a. 1023-1025), c. 26, *Const.*, I no. 438. Si heredum aliquis supersessum jus [i.e. censum pro manso debitum] emendare voluerit. Ib., c. 2. Motus rubore ... quasi homo sit censarius ... censum supersedit. EKKEHARD., Cas. s. Galli, c. 1, *SS.*, II p. 87 l. 51. Si supradictum censum supersederint, tunc incidant in judicium familie abbatis. STIMMING, *Mainzer UB.*, I no. 382 p. 285 (a. 1092). **4.** placitum, curiam, diem: *manquer, ne pas venir à — to fail to attend.* Si quis gemotum, id est placitum, supersedeat. Leg. II Aethelstan, c. 20 in., vers. Quadr., LIEBERMANN, p. 161 col. 1. Imperator ... archiepiscopo Coloniensi post plurimos dies ex sententia prefixos, quos ille supersedit, tandem peremptorium diem sentencialiter posuerat. Chron. reg. Colon., a. 1188, ed. WAITZ, p. 138. [Curiam] apud H. sibi datam supersedit ibique sentencia principum ducatu ... privatur. OTTO SANBLAS., c. 24, ed. HOFMEISTER, p. 36. **5.** c. infin.: *négliger à, omettre d'accomplir dans le délai fixé — to fail, omit to perform within a time-limit.* Qui ... submonitus ... ad comitatum venire supersederit. Leg. Henrici, c. 53 in., LIEBERMANN, p. 574. Si minister [episcopi] neglexerit facere justitiam et commonitus ... facere justitiam supersederit. Frid. I imp. priv. pro Camerac. a. 1184, c. 17, REINECKE, *Cambrai*, p. 261. Ad curiam nostram venire et beneficium suum a manu nostra recipere contumaciter supersedit. Frid. I imp. conv. cum com. Prov. a. 1162, c. 6, *Const.*, I no. 216. **6.** *surseoir — to adjourn, stay* legal proceedings. S. xiii.

**supersellium:** *housse de cheval — horse-cloth.* V. Caesarii, lib. 2 c. 25, *SRM.*, III p. 494.

**supersessio: 1.** *non-comparution, défaut — sursise, default.* De supersessionibus placiti. Leg. Henrici, c. 50, inscr., LIEBERMANN, p. 573. **2.** *sursis — adjournment, stay in legal proceedings.* S. xiii.

**supersisa,** sursisa (< supersedere): **1.** *noncomparution, défault — sursise, default.* S. xii. **2.** *sursis — adjournment, stay in legal proceedings.* S. xiii.

**superspeculator:** *évêque — bishop.* WILLIBALD., V. Bonifatii, c. 7, ed. LEVISON, p. 38. ALCUIN., epist. 107, inscr., *Epp.*, IV p. 153.

**superstare:** *être établi comme tenancier — to be settled as a land-tenant.* Mansos duos cum superstantibus duobus tributariis. D. Lud. Pii, *H. de Fr.*, VI p. 633 D.

**superstes,** superstans, suprastans (subst.): *contremaître, intendant de travaux — supervisor of building operations.* S. xiii, Ital.

**superstitio: 1.** *excès, luxe, somptuosité — luxury, profusion.* Supervacuam et Deo odibilem vestimentorum superstitionem ... prohibere stude. BONIF.-LULL., epist. 78, ed. TANGL, p. 170. **2.** *superfluité, inutilité — superfluity, uselessness.* Quaestio de chorepiscoporum superstitione ad nos ... venerat. BENED. LEV., lib. 3 c. 260, *LL.*, II pt. 2 p. 118. **3.** *supertaxe, imposition inique — surtax, unlawful charge.* De plurimis sibi illatis superstitionibus et injustis oppressionibus a seculari ... potestate. *D. Karls III.*, no. 49 (a. 882). Nullus

comes ... invasionem vel superstitionem facere presumat. *D. Lodovico*, no. 2 (a. 900). Venerabilia loca superstitionibus pravorum hominum dilaniata. *D. Ottos I.*, no. 367 (a. 968). Ut supersticio tanta [sc. advocatorum exactiones] ... abdicaretur penitus. FAUROUX, *Actes de Norm.*, no. 63 p. 191 (a. 1030).

**superstitiosus:** *arrogant — presumptuous*. Superstitiosi magistri laudis popularis avidissimi. PAUL. DIAC., Coll., MIGNE, t. 95 col. 1246. Eorum [sc. Baugauriorum] supersticiosa superbia. JAKSCH, *Mon. Carinth.*, I p. 30 (a. 907).

**supertenere: 1.** *prendre sur le fait — to catch in the act*. Si fur ipse supertentus fuerit. Edict. Rothari, c. 291. **2.** *retenir, ne pas acquitter — to withhold, refuse to pay*. Si quis romfeoh superteneat. Leg. Eadward, c. 6 § 1, vers. Quadr., LIEBERMANN, p. 131.

**supertunica:** *surcot — surcoat*. S. xiii.

**supertunicalis** (subst. mascul.), -ale (neutr.): *surcot — surcoat*. S. xiii.

**superus.** Plural. superi: *les survivants — the survivors*. IONAS, V. Columbani, lib. 2 praef., ed. KRUSCH, p. 146. Ibi saepe.

**supervacuus:** **méprisable, sans valeur — useless, no good*.

**superventio:** *invasion — inroad*. De superventione paganorum. HINCMARI epist. a. 867, ap. FLODOARD., Hist. Rem., lib. 3 c. 13, *SS.*, XIII p. 490 l. 36.

**superventus** (decl. iv): **incursion soudaine, attaque, brigandage — surprise inroad, assault, waylay*. Lex Sal., tit. 14. Lex Burgund., tit. 29 § 1. Ib., extrav., tit. 21 c. 11. Lex Rom. Burgund., tit. 18 c. 1. GREGOR. TURON., H. Fr., lib. 8 c. 40.

**supervestimentum:** **vêtement de dessus — upper garment*. Deposito amictu clamidis vel alterius supervestimenti. BEYER, *UB. Mittelrh.*, I no. 483 p. 539 (a. 1135, Trier).

**supervidere:** *surveiller, inspecter, contrôler — to supervise, oversee, inspect*.

**supervigilia:** *avant-veille — day before the eve of a festal day*. S. xiii.

**suppanus,** v. supanus.

**suppedaneum:** **marchepied — foot-stool*. V. Eligii, lib. 2 c. 76, *SRM.*, IV p. 737. HELGALD., V. Roberti, c. 12, *H. de Fr.*, X p. 103 D.

**suppeditare: 1.** *fouler aux pieds — to trample on*. Mundi gloriam. V. Sigiramni, c. 20, *SRM.*, IV p. 618. **2.** *réduire à l'obéissance — to subdue*. [Principes rebellantes] omnes sibi suppeditavit [rex]. RIGORD., c. 9, ed. DELABORDE, p. 18. **3.** *subordonner — to subordinate*. [Bruno] ibidem [sc. Trajecto] famulatui ... b. Martini ... est suppeditatus. *D. Ottos I.*, no. 58 (a. 944).

**suppetere:** **briguer sous main — to strive underhand after*.

**supplantare** (class. "faire tomber — to overthrow"): **1.** **tromper — to deceive*. **2.** **prendre la place de, supplanter — to oust, displace*. **3.** *enlever, ravir — to take away, deprive* a person *of* a thing. [Tolosani] comitibus suis eandem civitatem supplantare sunt soliti. HINCMAR., Ann. Bertin., ad a. 863, ed. WAITZ, p. 62.

**supplantatio:** **ruse, piège, fourberie — trick, trap, deceit*.

**supplantator:** *traître — traitor*. Quem supplantatorem meum esse cognovi. Karoli C. libell. adv. Wenilonem a. 859, c. 5, *Capit.*, II p. 415.

**supplementum: 1.** *appui — support*. Supplimento publico, qualiter Romae ... venire queant, fulciantur. IONAS, V. Columbani, lib. 2 c. 23, ed. KRUSCH, p. 282. Ecclesias construendas ... cum adjutorio Dei et sui ipsius [sc. ducis] supplemento. Breves notit. Juvav. (ca. a. 790), c. 1, HAUTHALER, *Salzb. UB.*, I p. 18. Neque ad edificandas ... easdem ecclesias ullum supplementum prebeant. WAMPACH, *Echternach*, I pt. 2 no. 192 p. 311 (a. 1063). **2.** *subsistance — sustenance*. Ea que divinis locis ad suplementum ibidem servientium [concessa sunt]. *D. Karls III.*, no. 8 (a. 878). Ibi pluries. **3.** *refuge — refuge*. Delegavit ... cellam, ... quatenus eidem loco periculis undique circumdato fieret supplementum. D. Lud. Pii, MABILLON, *Acta*, IV pt. 2 p. 122.

**supplere, 1.** i.q. implere: **achever, accomplir — to complete, finish*. **2.** i.q. complere: *valider un acte en ajoutant une souscription — to validate* a charter by adding a subscription. Ego T. notarius rogito ad [i.e. rogatus a] R han[c] cartula[m] inscripsit et pos testium rovorati supplevit et dedit. SCHIAPARELLI, *CD Longob.*, I no. 98 p. 285 (a. 750, Pisa). Ib., II no. 211 p. 231 (a. 767, Lucca); no. 227 p. 277 (a. 769, Lucca). MANARESI, *Placiti*, I no. 9 p. 28 (a. 796, Pisa). **3.** aliquem: *satisfaire — to satisfy*. Constant [i. e. constat] me in omnibus esse suppletus. SCHIAPARELLI, *CD Longob.*, I no. 23 p. 90 (a. 720, Pisa). Item no. 46 p. 153 (a. 730, Pisa). **4.** *procurer la subsistance à* qq'un *— to provide maintenance for* a person. [Monasterium] construxerant et rebus suis suppleverant. Fragm. hist. Andegav., HALPHEN-POUPARDIN, *Chron. d'Anjou*, p. 237.

**supplicatorium:** *requête, pétition — petition, memorial*. MARCULF., lib. 2 no. 48, inscr., *Form.*, p. 104.

**suppodiare** (< podium), aliquem: *soutenir — to support*. [De equo descendentem] suppodiando deportans. SUGER., V. Lud. Gr., c. 32, ed. WAQUET, p. 262.

**supponere: 1.** (cf. Dig. 27) *mettre en gage — to pawn*. Nullatenus ... presument ... in pignus supponere. CAPASSO, *Mon. Neapol.*, I p. 183 (a. 997). Concessit nobis [predium] in pignus pro 50 talentis ... et supposuit predium suum [alterum] ... ut, si ipse in vita sua non redimeret, s. Martinus in perpetuum utra[m]que possideret. Acta Murensia, c. 30, ed. KIEM, p. 94. Illud quod Bernardo pro 40 sol. ... supposuimus. CASSAN-MEYNIAL, *Cart. d'Aniane*, no. 265 p. 392 (a. 1181). Vasa ecclesiastica ... pro instanti necessitate ecclesiarum nomine vadii fuerant eis [sc. Judaeis] supposita. RIGORD., c. 13, ed. DELABORDE, p. 25. **2.** *supposer, admettre — to suppose, assume*.

**supportare: 1.** **supporter, souffrir, tolérer — to undergo, bear, brook*. **2.** (cf. teuton. *auftragen*) *transférer, céder — to convey, transfer*. S. xiii, Germ. **3.** aliquem: *aider, soutenir, encourager — to help, support, encourage*. S. xiii. **4.** aliquem de aliqua re: *dispenser, exonérer — to exempt, let off*. S. xiii.

**suppositio:** *supposition, hypothèse — assumption, hypothesis*. S. xiii.

**suppositorium,** suppost-: *soucoupe, sorte de patène — saucer*, kind of *paten*. GREGOR. M., lib. 1 epist. 42, *Epp.*, I p. 66.

**supprendere,** v. superprendere.



**supprisia,** v. superprisia.

**supputare:** i.q. deputare, *fournir — to furnish*. Vitae stipendia. HELMOLD., lib. 1 c. 18, ed. SCHMEIDLER, p. 38. Iterum c. 78, p. 147.

**supputatio:** *date — date*. Ab incarnatione Domini usque ad annum primum imperii Hlodovici imperatoris complentur anni 828; in ipsa supputatione ... Invent. Maurimon. (s. x ex.), PERRIN, *Essai*, p. 133.

**supra** (praep.): **1.** **plus que — more than*. Loc. supra modum: **très — very*. **2.** (d'un espace de temps) *il y a* — (of a length of time) *ago*. Silvam ... ubi supra 5 annos valebant saginari porci 50. Polypt. s. Remigii Rem., c. 3 § 1, ed. GUÉRARD, p. 4 col. 1. **3.** (cf. voc. super, sub 6) *contre* qq'un *— against* a person. Quasi in vindicta supra Pipinum ... exercitum misit. BENED. SANTANDR., ed. ZUCCHETTI, p. 84. **4.** (cf. voc. super sub 8) *à l'encontre de, en dépit de — contrary to, in spite of*. Monachos illos usurpasse sibi temerarie jus antiquum monasterii nostri supra calumpniam nostram. BERTRAND, *Cart. d'Angers*, I no. 108 p. 128 (a. 1098).

**supradictus:** **susdit — aforesaid*.

**suprameraoratus:** **susdit — aforesaid*.

**supramittere:** *faire grief de — to lay to a person's charge*. Quod vicarius ei supramittit, non fecit. BERTRAND, *Cart. d'Angers*, I no. 220 p. 260 (a. 1080-1082). De omnibus eis supramissis ... mihi jus fecerunt. *Cart. de S.-Pierre de la Couture*, p. 56 (a. 1130).

**supranomen,** v. supernomen.

**suprapositum,** v. superpositum.

**suprascriptus:** **susdit — aforesaid*.

**suprasedere,** v. supersedere.

**suprastans,** v. superstes.

**suprestis** = superstes.

**surcotus,** -chotus, -gotus, -cotium (< cottus): *surcot — surcoat*. S. xiii.

**surcum,** v. suricum.

**surdare:** *faire sourd — to deafen*. Si eum surdaverit. Lex Baiwar., tit. 6 c. 11 (haustum e lege Alamannorum, ubi: exsurdaverit).

**surgere:** *s'insurger — to rise in rebellion*.

**suricum,** surcum, surgum (cf. ital. *sorgo*): *millet — millet*.

**surma** = syrma.

**surprendere,** v. superprendere.

**surprisa,** v. superprisia.

**surrectus** (decl. iv): *remontée d'un fleuve — sailing up a stream*. De navibus qui per flumina ad surrectum seu ad discensum [navigare videbantur]. *D. Karolin.*, I no. 46 (a. 769). Eadem verba: *D. Charles le Ch.*, no. 66 (a. 845).

**surripere** = surrepere.

**sursisa,** v. supersisa.

**surtaria,** sirt-, -arium (originem vocis nescio): *bouclier orné d'images — shield adorned with figures*. GREGOR. M., lib. 9 epist. 147, II p. 149. Steph. II pap. epist. spur. (a. 835, S.-Denis), *SS.*, XV p. 2, ubi perperam: surcariis.

**sus** (genet. suis): une *machine de siège — a siege engine*. GALBERT., c. 59, ed. PIRENNE, p. 95. RIGORD., c. 141, ed. DELABORDE, p. 159.

**susanus** (adj.): *en hauteur — upland*. S. xiii, Angl.

**susceptibilis** alicujus rei: **susceptible de, qui peut recevoir — capable of receiving, admitting of*.

**susceptio: 1.** **action d'accueillir, d'héberger, de soigner, assistance — taking in, harbouring, tending*. **2.** *maison où l'on reçoit, hôtellerie monastique, asyle — house where visitors are accommodated, monastic guest-house, asylum*. GREGOR. M., Dial., lib. 2 c. 22. HUGO FARF., Constr., c. 11, ap. BALZANI, *Il Chron. Farf. di Greg. di Cat.*, I p. 16.

**susceptor, 1.** gener.: **hôte, soigneur — host, entertainer*. **2.** pauperum: *officier monastique préposé à l'hôpital — monastic officer in charge of hospital*. BEYER, *UB. Mittelrh.*, I no. 163 p. 228 (a. 923). **3.** *celui qui héberge le roi et sa suite — one who receives the king and his retenue*. HINCMAR. REM., Ordo pal., c. 23, *Capit.*, II p. 525.

**susceptorium:** *dépense, cellier — store room, cellar*. *CD. Cav.*, I no. 47 p. 58 (a. 856). CAPASSO, *Mon. Neapol.*, I p. 92 (a. 963).

**susceptrix:** *nourrice — foster-mother*.

**susceptulus:** *humble client — a small retainer*. V. patr. Jur., V. Lupicini, c. 13, *SRM.*, III p. 151.

**susceptus** (subst.): **1.** **client, protégé — client, retainer*. **2.** **celui qui est représenté en justice par un patron — one who is deputized for at law by a patron*. GREGOR. M., lib. 11 epist. 26, II p. 287. **3.** *celui qui s'est recommandé à un patron — one who has recommended himself to a patron*. Monasterium unacum ... hominibus suis, gasindis, amicis, susceptis vel qui per ipsum monasterium sperare videntur. *D. Merov.*, no. 4 (a. 546). **4.** *vassal* (au sens technique) *— vassal*. Karoli Calvi epist. ad Nic. papam (a. 866), *H. de Fr.*, VII p. 554.

**suscipere: 1.** **accueillir* en hôte, *héberger — to take in, harbour*. **2.** *accueillir en parrain — to stand godfather to*. GREGOR. M., Dial., lib. 4 c. 32. Sacram. Gregor., c. 73, MIGNE, t. 78 col. 90 B. Concil. Arelat. VI a. 813, c. 19, *Conc.*, II p. 252. **3.** (cf. class. "accueillir comme client — to accept as a client") *accueillir comme vassal — to take on as a vassal*. Liberum hominem, qui dominum suum ... dimiserit, ... neque ipse rex suscipiat, neque hominibus suis consentiat ut talem hominem recipiant. Div. regn. a. 806, c. 8, *Capit.*, I p. 128. [Rex Danorum] se in manibus illius [sc. Lud. Pii] commendavit; quem ille susceptum ... Ann. regni Franc. a. 814, ed. KURZE, p. 141. Caesar at ipse manus manibus suscepit honestis. ERMOLD. NIG., v. 2486 (lib. 4 v. 604), ed. FARAL, p. 188. ASTRONOM., V. Hlud., c. 24, *SS.*, II p. 619. EGINHARD., epist. 34, *Epp.*, III p. 126. Ann. Bertin., a. 869, ed. WAITZ, p. 101. ADALBOLD., V. Heinr., c. 7, *SS.*, IV p. 685.

**suscitare: 1.** **ressusciter — to revive*. **2.** **susciter, engendrer, produire — to beget, induce, bring about*.

**1. suspectus** (adj.): (active) **soupçonneux, défiant — anxious, distrustful*.

**2. suspectus** (subst. decl. iv): *soupçon — suspicion*. ANAST. BIBL., Chron., ed. DE BOOR, p. 293. HARTMANN., V. Wiboradae (ca. a. 1000), *AASS.*, Maji I p. 306.

**suspendere:** **tenir à l'écart, priver, suspendre, interdire — to expel, deprive, suspend, forbid*. En parlant de l'excommunication — with reference to a church ban: Nullus sacerdotum quemquam ... pro parvis et levibus causis a communione suspendat. Concil. Aurel. a. 549, c. 2, *Conc.*, I p. 101. Sit ab omni christianitate separatus et a corpore et sanguine d. n. Jhesu Christi suspensus. BIRCH, *Cart. Sax.*, I no. 45 p. 71 (a. 679).

**suspendium:** **1.** **suspension, le fait de faire attendre — delay, suspense.* **2.** *incarcération, prison — imprisonment, prison.* **3.** *droit d'infliger la peine de pendaison — right to hang criminals.* S. xii.
**suspensio:** **1.** **interruption, action de suspendre — break, intermission.* **2.** *suspension de fonctions — suspension from functions.* S. xii. **3.** **attente, incertitude — suspense, expectation.*
**sustentaculum:** **1.** **subsistance, nourriture — sustenance, food.* **2.** *béquille — crutch.* Mir. Richarii, lib. 2 c. 6, *AASS.*, Apr. III p. 458 C. Mir. Vitoni, MABILLON, *Acta*, VI pt. 1 p. 567. SIGEBERT. GEMBLAC., V. Lamberti, c. 60, MIGNE, t. 160 col. 809 A.
**sustentamentum:** *subsistance — sustenance.* LOBINEAU, *Bretagne*, II col. 307 (ch. a. 1164).
**sustentatio:** **secours, subsistance, entretien — support, sustenance, living.*
**sustinentia:** **1.** **patience, résignation — patience, endurance.* **2.** *répit, ajournement — postponement, respite.* S. xiii.
**sustinere, 1.** transit.: **attendre, espérer — to await, expect.* **2.** intrans.: **attendre, rester — to wait.*
**susum** sursum.
**susurrium:** **murmure, chuchotement — muttering, whispering.*
**susurro** (genet. -onis): **calomniateur — tale-bearer.*
**sutanus**, sutanum, v. subtanus.
**sutellaris,** sutilaris, sutularis, v. subtalaris.
**sutis,** sudis (orig. incert.): *soue, étable à porcs — pig-stye.* Lex Sal., tit. 2 addit. 2, codd. Paris 18237 et 4403 B, text. Herold. et lex Sal. emend.
**sutulum,** sotulum, sotolum (orig. inc.): *rez de chaussée — ground-floor.* DESJARDINS, *Cart. de Conques*, no. 184 p. 159 (a. 1076-1090).
**swaiga** (germ.): *vacherie, entreprise d'élevage — cattle-farm, dairy-farm.* S. xii, Bavar. Cf. H. KLEIN, *Mitt. Ges. f. Salzb. Landesk.*, t. 71 (1931) pp. 109-128. H. WOPFNER, *VSWG.*, t. 2 (1931) pp. 36-70.
**swaigarius:** *tenancier d'une "swaiga" — tenant of a "swaiga".* DOLLINGER, *Evolution*, p. 49 c. 17 (s. xiii med., Bavar.).

# T

**tabarda,** tabb-, -art-, -us, -um: *redingote — coat.* V. Goberti, *AASS.*, Aug. IV p. 383 col. 1.
**tabefacere:** **faire pourrir — to cause to waste away.*
**tabella,** -um: *table de changeur — money-changer's desk.* Gros brief flam. a. 1187, ed. VERHULST-GYSSELING, p. 159.
**tabellarius,** v. tabularius (subst.)
**tabellionatus** (decl. iv): *fonctions de tabellion — office of notary.* S. xiii.
**tabernaculum:** i.q. ciborium, *baldaquin — canopy.* In itinere ... in tabernaculis et mensis lapideis ab episcopo consecratis missas celebrare. Capit. spur. (s. ix med.?), c. 14, I p. 46. V. Sadalbergae, c. 26, *SRM.*, V p. 64.
**tabernare,** vinum: *débiter — to sell retail.* S. xiii.
**tabernaticus,** -nagium: *taxe sur le débit du vin — duty on wine sold by retail. Gall. chr.*², XIV instr. col. 65 B no. 44 (ca. a. 1009, Anjou). ROUQUETTE, *Cart. de Béziers*, no. 83 p. 107 (a. 1080). *Gall. chr.*, XII instr. col. 146 (a. 1202).
**tabernator:** *cabaretier — inn-keeper.* S. xiii.
**tabula, 1.** tabula clericorum, canonicorum: mense conventuelle — revenues assigned to the feeding and clothing of canons. Donavi unam condaminam ... ut .... clerici ... teneant ad mensam suam ... Et si unquam aliquis ... tolleret eam de tabula clericorum ... DOUAIS, *Cart. de Toulouse*, no. 144 p. 108 (a. 1004-1010). Damus ... b. Saturnino de Tolosa ad canonicos et ad tabulam illum feudum. Ib., no. 10 p. 11 (a. 996-1031). **2.** *autel portatif — portable altar.* HINCMAR. REM., capit. a. 857, c. 3, SIRMOND, I p. 732. Concil. Mogunt. a. 888, c. 9, MANSI, t. 18 A col. 67 B. **3.** *devant d'autel — altar-front.* Tabulam altaris supremi auro puro et gemmis decoravit. ANNALISTA SAXO, a. 996, *SS.*, VI p. 641. HELGALD., V. Roberti, c. 24, *H. de Fr.*, X p. 110 D. G. episc. Virdun., contin., ad a. 1197, *SS.*, X p. 520. **4.** *table de changeur — money changer's desk.* MUSSET, *Cart. d'Angély*, I no. 216 p. 267 (ca. a. 1050). **5.** *étal — market-stall. Gall. chr.*², VI instr. col. 198 (a. 1156). **6.** *bourdon, plaque de métal en guise de cloche — gong.* Coll. Flavin., no. 43, *Form.*, p. 480. Ordo Rom. XVIII, c. 9, ANDRIEU, III p. 206. WALAHFR., Exord., c. 5, *Capit.*, II p. 478. Consuet. Cluniac. antiq., rec. C, c. 21, ALBERS, II p. 50. *D. Ottos I.*, no. 4 (a. 936). HERIMANN. TORNAC., Rest. Mart., c. 77, *SS.*, XIV p. 312. WIBALD. STABUL., epist. a. 1149, MARTÈNE, *Coll.*, II col. 350. **7.** plural. tabulae: espèce de *castagnettes* ou de *cliquettes* — kind of *castanets.* MIRAEUS, I p. 21 col. 1 (a. 837). AMALAR., Off., lib. 3 c. 16, ed. HANSSENS, II p. 304. **8.** (class. "charte — deed"), spec.: *charte d'affranchissement — deed of manumission.* Nullus servilibus colonariisque conditionibus obligatus ... ad honores ecclesiastecus admittatur, nisi prius aut testamento aut per tabolas eum legeteme constetirit absolutum. Concil. Aurel. a. 538, c. 29, *Conc.*, I p. 82. In ecclesia ... servo [i.e. servum] cum tabulas tradat, et episcopus archidiacono jubeat ut ei tabulas secundum legem Romanam ... scribere faciunt. Lex Ribuar., c. 58 § 1. Testatur eis, qui [h]as tabolas scripturi sunt, manomittere ... famulo illo. Cart. Senon., app., no. 3, *Form.*, p. 210. **9.** **parcelle de terre rectangulaire*, notamment un carreau de vigne — *a square stretch of land*, especially with reference to a vineyard. Terra nostra ... in tabola una recipiente modiolus [i.e. modiolos] 12. SCHIAPARELLI, *CD. Longob.*, I no. 48 p. 158 (a. 730, Pavia). Ib., no. 54 p. 178 (a. 735?); no. 64 p. 202 (a. 737). **10.** *une *mesure agraire de superficie — a measure of land.* Clausura ... habet juge una [i.e. jugerum unum] et octo perticas legiptimas et tabolas 10. SCHIAPARELLI, *CD. Longob.*, II no. 155 p. 80 (a. 761, Pavia). Ib., no. 257 p. 349 (a. 771, Brescia). Unam tabulam prati. GIORGI-BALZANI, *Reg. di Farfa*, II doc. 14 p. 122 (a. 789). Vinea ... per mensuram tabu-



larum 4 et solidorum 2 et tremissem. Ib., doc. 164 p. 136 (a. 799). Lib. diurn., no. 35, ed. SICKEL, p. 26. *CD. Langob.*, no. 79 col. 150 (a. 805, Bergamo). Pedes ejus [sc. Liudprandi regis] in pertica vel fune 12 fiat tabulam [i.e.: 12 pedes latitudinis unius perticae faciunt tabulam]. Chron. Novalic., lib. 3 c. 1, ed. CIPOLLA, p. 169.
**tabularius** (adj.): (cf. voc. tabula sub 8) *d'affranchi — of a freedman.* Lege tabularia per singulos annos unaquaeque de vobis 2 den. argenti ... aut tantum de cera valentem censum reddatis. DRONKE, *CD. Fuld.*, no. 466 p. 205 (a. 826). Subst. mascul. **tabularius,** tabellarius: **1.** **receveur d'impôts — tax-gatherer.* Cf. I. PFAFF, *Tabellio und tabularius*, Wien 1905. **2.** *régisseur du patrimoine d'une église — manager of ecclesiastical property.* GREGOR. M., lib. 13 epist. 46, II p. 409. GIORGI-BALZANI, *Reg. di Farfa*, II doc. 41 p. 49 (a. 767). **3.** (cf. voc. tabula sub 8) *ancien serf qui a été affranchi au moyen d'une charte — former serf manumitted by deed.* Tam ipse quam procreatio ejus in tuitione ecclesiae consistant, et omnem redditum status aut servitium tabularii ecclesiae reddant. Lex Ribuar., tit. 58 § 1. Etiam ib., tit. 53. De cerariis et tabulariis atque cartolariis. Capit. Harist. a. 779, c. 15, I p. 50. *D. Ludwigs d. Deutschen*, no. 149 (a. 873). [Praedium] cum familiis, ita tamen ut in tres dividantur conditiones, id est fiscales, tabularios, servitores. ESCHER-SCHWEIZER, *UB. Zürich*, I no. 233 p. 126 (a. 1044). **4.** *moine ayant la charge de la liste des services semainiers — monastic keeper of the week-service list.* LEO OST., Chron. Casin., lib. 3 c. 20, *SS.*, VII p. 712. **5.** *scribe — scribe.* V. Notgeri, c. 9, ed. KURTH, p. 14. Subst. femin. **tabularia:** *serve affranchie au moyen d'une charte — female serf manumitted by deed.* Lex Ribuar., tit. 58 § 9. Subst. neutr. **tabularium:** **1.** *étal, atelier, boutique — market stall, shop.* S. xiii. **2.** *étude de notaire — notary's office.* S. xiv.
**tabulatura:** *balcon — balcony.* G. consul. Andegav., ed. HALPHEN-POUPARDIN, p. 147.
**1. tabulatus** (adj.): *couvert d'un toit — roofed.* Pons. CASSIOD., Var., lib. 8 epist. 10 § 6, *Auct., ant.*, XII p. 240. MUÑOZ, *Fueros*, p. 205 (a. 1045). Capellam miro lapide tabulatam. ROMUALD. SALERNIT., ed. GARUFI, p. 232. Subst. neutr. **tabulatum:** **1.** *estrade — platform.* G. pontif. Autissiod., c. 44 (s. x), ed. DURU, p. 375. **2.** *paroi — wall.* Fundat. mon. Aquicinct., *SS.*, XIV p. 583 l. 21. **3.** *échiquier* ou autre *table de jeu — chess-board* or other *game-board.* SAXO GRAMM., lib. 14 c. 18 § 3, ed. OLRIK-RAEDER, p. 404.
**2. tabulatus** (decl. iv): *toiture — roofing.* RADULF. GLABER, lib. 2 c. 10 § 21, ed. PROU, p. 48. ANDR. FLORIAC., V. Gauzlini, lib. 1 c. 37, ed. EWALD, *NA.*, t. 3 (1878), p. 366.
**taburrum,** tamb-, -urium, -urcium, -urlum (arab.): *tambour — drum.* S. xii.
**taca,** tacha, tacra, v. dacra.
**taccunare,** v. taconare.
**tacea,** v. tassia.
**tachia,** v. tasca.
**tacitus** (adj.): **1.** (d'un demandeur) *qui désiste* — (of a claimant) *waiving.* Comes ... causam definiat ..., et ultra ille qui quaesierat tacitus de servitio illius permaneat. Lud. II capit. Pap. a. 855, c. 3, II p. 89. **2.** (d'une revendication) *supprimé* — (of a legal claim) *dropped.* Noluit dimittere causam ipsam tacitam permanere. D. Liutprandi reg. Langob. a. 743, CESSI, *Doc. Venezia*², I no. 27 p. 43.
**taco** (genet. -onis) (cf. ital. *taccone*): *haillon — rag.* Stallus tacones vendentis. Ch. a. 1036 ap. GUIMANN., Cart. s. Vedasti, ed. VAN DRIVAL, p. 174.
**taconare,** taccunare (< taco): *rapiécer — to patch up.* Calcios ... bene taccunatos. CAESAR. HEISTERB., lib. 12 c. 20, ed. STRANGE, II p. 330.
**tafanus,** tafetatus, tafata, taffata: *taffetas — taffeta.* S. xiv.
**taphus** (gr.): *tombeau — grave.* RATHER., Praeloq., MARTÈNE, *Coll.*, IX col. 850. GERHARD. AUGUST., V. Oudalrici, c. 13, *SS.*, IV p. 402. THEODER. TREV., Transl. Celsi, c. 9, *SS.*, VIII p. 206.
**taillagium,** tailliagium, v. talliagium.
**taillata,** tailleta, v. talliata.
**taillia,** v. tallia.
**tailliare,** v. taleare.
**thainus,** thanus (anglosax.): *thane.* Tainus vel miles regis dominicus. Domesday, I fo. 56 b.
**taisia,** v. tensa.
**tala** (germ.): **1.** *rapine — robbery.* Per talas et furtis, per captores et rabacis [i.e. rapaces]. F. Andecav., no. 33, *Form.*, p. 15. **2.** *dévastation des champs — injury done to standing crop.* Bestiae ... habeant pascua in omnem terram nostram, ita ut non faciant talam. DE MARCA, *Marca hisp.*, app., col. 1346 (ch. a. 1167). Dono ... jus pascendi sua peccora et armenta; eorum tamen pastores et armentarios cautos ... esse volo, ne talam faciant, id est segetes alienas non depascant. *Hist. de Lang.*³, VIII no. 31 col. 328 (a. 1177).
**talamerarius,** talem-, -elarius, -etarius, -arius (cf. frg. *talmouse* "espèce de pâtisserie — kind of pastry"): *pâtissier — pastry-cook. Actes Phil.-Aug.*, I no. 132 p. 161 (a. 1184).
**1. talare,** tallare (germ., cf. voc. tala): *ravir, dérober — to steal, rob.* Si antruscione[m] vel feminam talem ordine [i.e. ejusdem ordinis] interfecit aut talare voluerit vel igne concremaverit. Capit. II ad leg. Sal., c. 5. Quicquid ibidem talaverint, restituant. Lex Ribuar., tit. 64. Si quis praesumpserit ... hostiliter res duci invadere et ipsas talare. Lex Alamann., tit. 34 § 1.
**2. talare,** v. taleare.
**talata,** v. talliata.
**talator** (< 1. talare): *moissonneur clandestin, dévastateur — crop-stealer, devastator.* Qui inveniet talatorem in vinea ... vel in prato vel in viridario vel in orto vel in arbore vel in segetibus. *Hist. de Lang.*³, V pr. no. 596 col. 1165 (a. 1152, Toulouse).
**talavacius,** tallava-, tavola-, taula-, talau-, talo-, -chi-, -ch-, -a (celt.?): *talevas, bouclier — big shield.* ORDER. VITAL., lib. 8 c. 24, ed. LE PRÉVOST, III p. 422. ROLANDIN. PATAV., Chron. Tarvis., lib. 8 c. 10, *SS.*, XIX p. 108. Stat. Ferrar. a. 1279, MURATORI, *Antiq.*, II col. 487.
**1. talea,** talia, tallea, tallia (class. "bouture, baguette — cutting, rod"; confus. c. voce tallia): *taille, souche — tally.* Leg. Henrici, c. 56 § 1, LIEBERMANN, p. 575. Cf. R. E. LATHAM, *ALMA.*, t. 27 pp. 195-198.
**2. talea,** v. tallia.

**taleare,** taliare, talliare, tallire, tallare, talare (per confus., cf. voc. 1. talare), tailliare, taillare (< talea): **1.** *couper, abattre* des arbres — *to cut* trees. Communia ad porcos saginandum et ad silva[m] talliendum vel colligendum. Notit. s. Petri Gandav. a. 821-823, ed. GYSSELING-KOCH, *BCRH.*, t. 113 (1948) p. 286. Introivit in res nostras . . . et inibi arbores monasterii nostri injuste taliavit. MANARESI, *Placiti*, I no. 67 p. 243 (a. 865, Milano). Ibi tallassent vel occidissent uno casno [chêne — oak] . . . malo ordine. THÉVENIN, *Textes*, p. 140 (a. 866, Langres). Nullus . . . ipsam silvam . . . taliare vel capellare audeat. MURATORI, *Ant. Est.*, p. 184 (a. 1044). Si quis nemus alterius sine licentia comburat vel taliet. Leg. Aelfred, c. 12, vers. Quadrip., LIEBERMANN, p. 57 col. 2. **2.** chartam: *inciser, invalider — to cancel by incisions.* Lib. Pap., form. ad Edict. Roth. c. 204, *LL.*, IV p. 346. Cart. Libro Pap. add., no. 9, ib., p. 597 col. 1. **3.** *tailler, soumettre à la taille — to tallage.* Habitatores praedictorum locorum . . . non talliabit abbas singulis annis, sed tunc tantummodo, quando electus fuerit vel terram emerit, aut pro aliqua magna causa et evidenti. *Gall. chr.*[2], XIV instr. col. 65 no. 44 (ca. a. 1009, Anjou). Castelli s. Maurae dominus . . . homines s. Martini . . . talliavit et talliam reddere coegit. FLACH, *Orig.*, I p. 419 n. 1 (ca. a. 1080, Tours). Quotiens . . . duces Britanniae . . . suos homines de G. talliaverint. DE COURSON, *Cart. de Redon*, app. no. 67 p. 390 (a. 1112). Jurabunt burgenses [Castriduni], quod . . . in hominibus in eodem burgo manentibus . . . 10 libras . . . legitima aestimatione tam facultatis quam possessionis talliabunt. DC.-F., VIII p. 22 col. 2 (ch. a. 1166). WARNKOENIG-GHELDOLF, *Flandre*, II p. 423 no. 5 c. 4 (ca. a. 1178). *Actes Phil.-Aug.*, I no. 145 p. 176 (a. 1185); II no. 616 p. 163 (a. 1199/1200).

**taleata,** talia-, -da (< 1. talea): **1.** *vivier, réservoir de poissons — fishwell. Gall. chr.*[2], II instr. col. 474 (s. xii, Saintonge). **2.** *canal — canal.* Chron. Venet., *SS.*, XIV p. 15 l. 26.

**taleator,** v. talliator.

**talemarius,** talemelarius, talemerarius, talemetarius, v. talamerarius.

**talentum: 1.** *une livre — a pound.* Pro 12 siclis nummorum et una libra quod est talentum. ERHARD, *Reg. Westfal.*, I CD. no. 87 p. 69 c. 23 (a. 1015). DRONKE, *CD. Fuld.*, no. 749 p. 359 (a. 1048). BODE, *UB. Goslar*, I no. 301 p. 320 sq. (a. 1174-1195). **2.** *talent, dons naturels — talent, endowment, aptitude.* Loc. talentum a Domino alicui collatum vel commissum (cf. Matth. 25, 14-28), e.g.: [Imperator] quendam fabrum servum suum . . . ecclesiae Remensi concessit, ut hic de talento a Domino sibi collato juxta vires diebus vitae suae proficeret. FLODOARD., Hist. Rem., lib. 2 c. 19, *SS.*, XIII p. 470. **3.** *penchant, désir — inclination, desire.* Si venerit ad aliquam de meas filias in talentum Deo servire. DC.-F., VIII p. 17 col. 3 (ch. a. 1060, Navarra).

**talgia,** v. tallia.

**1. talia,** v. talea.

**2. talia,** v. tallia.

**taliare,** v. taleare.

**1. taliata,** v. taleata.

**2. taliata,** taliada, v. talliata.

**taliatura,** tecla-, ticla- (< taleare): **incision dans un arbre servant de borne-limite — notch* in a tree marking a boundary. Edict. Rothari, c. 238-241. Ch. Ratchis reg. Langob. (a. 744-749), UGHELLI, III p. 671.

**talio** (class. "talion, peine ayant le caractère d'une rétorsion — retaliatory punishment"): **1.** *wergeld.* Talionem suum, id est guttregildum, legibus componat. BEYER, *UB. Mittelrh.*, I no. 187 p. 249 (ca. a. 948). **2.** *réparation — indemnity.* Reddat . . . iteratum talionem, hoc est duplicatum alodem. *Hist. de Lang.*[3], V no. 174 col. 366 (a. 1017, Narbonne). **3.** *cadeau en retour — present made in return.* [Dextralia] Carolo quasi in talionem afferret. Chron. Novalic., lib. 3 c. 22, ed. CIPOLLA, p. 190. Talionem modo . . . pro bonis quae mihi . . . impendisti reddidi. DUDO, lib. 2 c. 19, ed. LAIR, p. 160. **4.** *échange — exchange.* Tradidit Juvavensi ecclesie pro talione alium [ministerialem] R. nomine. HAUTHALER-MARTIN, *Salzb. UB.*, II no. 125 p. 193 (a. 1122).

**taliola:** *lacet, piège — trap, snare.* Edict. Rothari, c. 310 sqq.

**tallagium,** v. talliagium.

**1. tallare,** v. talare.

**2. tallare,** v. taleare.

**tallata,** v. talliata.

**tallator,** v. talliator.

**tallavacius,** v. talavacius.

**tallea,** tallia, v. talea.

**talleicium,** v. tallicium.

**talleta,** talleia, v. talliata.

**tallia,** talia, tallea, talea, talgia, taillia (< taleare, cf. voc. 1. talea): **1.** *arbre émondé — pruned tree.* Vendidi . . . olivas tallias numero 12. GIORGI-BALZANI, *Reg. di Farfa*, II doc. 3 p. 25 (a. 718). Vendidisse . . . 15 tallias ex ipso oliveto. Ib., doc. 43 p. 50 (a. 761). **2.** *fauchée — day's work at mowing.* Dono . . . unam talliam in pratis. DC.-F., VIII p. 23 col. 3 (ch. ca. a. 1110, Fontevrault). **3.** *taille, exaction seigneuriale — tallage.* LOBINEAU, *Bretagne*, II col. 95 (ch. a. 990). Injustas consuetudines, talliam videlicet et omnes alias oppressiones . . . dimisi. DC.-F., VIII p. 20 col. 2 (ch. a. 1060, Beauvais). Wirpivit exactiones quas tallias vulgo vocant. Ib., col. 1 (ch. a. 1094, Reims). Descriptionem pecuniae quae consuetudinarie tallia nominatur. Ib. (ch. a. 1109, Chartres). Talliam super hospites. D. Lud. VI reg. Fr. a. 1118, GUÉRARD, *Cart. de Paris*, I p. 257. Quandam exactionem, que vulgo tallia dicitur, quam ministeriales [ducis Lotharingiae] apud C. aliquando exigebant. Priv. Innoc. II pap. a. 1134, PFLUGK-HARTTUNG, *Acta*, I no. 171 p. 150. Causas et placita vestra [sc. regis], tallias et feodorum relevationes . . . sperantes in reditu vestro reservamus. *Hist. de Fr.*, XV p. 509 (epist. a. 1149). Abjuravit . . . omnes angarias, omnes tallias, omnes vexationes omnium ecclesiarum et monasteriorum possessionum. SUGER., V. Lud. Gr., c. 20, ed. WAQUET, p. 152. Cf. C. STEPHENSON, *The origin and nature of the taille, RBPH.*, t. 5 (1926) pp. 801-870. Id., *The seignorial tallage in England, Mél. Pirenne*, 1926, pp. 465-474. **4.** *taxe municipale — municipal contribution.* Qui tallias et exactiones ville solvere noluerint. ESPINAS, *Rec. d'Artois*, no. 20 c. 9 (a. 1188, Aire-s.-la-Lys). Si tallia debeat fieri in villa ultra 400 libras, secundum



valentiam cujuscumque hominis quam habet accipi debet id quod excedit 400 libras. Si summa tallie non excedit 400 libras, ad arbitrium proborum ville imponetur. Phil. II Aug. priv. pro Tornac. a. 1188, *Actes*, I no. 224, c. 32. Ab omni consuetudine, tallia, questu et querela, que pro diversis occasionibus in civitate [Châlons-s.-Marne] solent evenire frequenter, . . . emancipamus. Priv. Clem. III pap. a. 1189, PFLUGK-HARTTUNG, no. 401 p. 347.

**talliabilis** (< taleare): *taillable — owing tallage.* Ego dux vel filii mei vel uxor mea commendatos vel hominem talliabilem infra Divionem vel infra banleucam habere non possumus. GARNIER, *Ch. de comm. en Bourgogne*, I no. 5 § 39 p. 12 (a. 1187).

**talliagium,** talla-, tailla-, taillia- (< taleare): *taille*, exaction seigneuriale — *tallage.* Habeant et teneant terras suas . . . libere ab omni exactione injusta et ab omni tallagio, ita quod nichil ab eis exigatur vel capiatur nisi servitium suum liberum. Will. reg. art. Lond. retr., c. 5, LIEBERMANN, p. 490.

**talliare,** v. taleare

**talliata,** talia-, tallea-, talla-, tala-, tailla-, talle-, taille-; -da, talleia (< taleare): **1.** *taillis — coppice.* S. xiii. **2.** *taille*, exaction seigneuriale — *tallage.* Nullus meorum [sc. ducis Aquitaniae] . . . querat ab eis quod tallatam vocant. TEULET, *Layettes*, I no. 20 p. 24 (a. 1077, Poitiers). BALUZE, *Hist. de Tulle*, col. 428 (ch. a. 1085). Neque ab eis praepositi vel majores nostri talliatas, questus . . . exigerent. D. Lud. VI reg. Fr. a. 1119, *Ordonn.*, VII p. 445. Siquando dominus de P. talleatam fecerit pro sua vel filii sui redemptione vel pro maritanda filia sua. BERTRAND, *Cart. d'Angers*, I no. 118 p. 146 (a. 1121-1127). Quecumque . . . monasterio . . . collata sunt, sive in villarum . . . largitione, sive in talliatarum vel pedagiorum . . . libertate. D. Lud. VII reg. Fr. a. 1145, NEWMAN, *Domaine*, p. 241. Omnes qui in eadem permanebunt communitate ab omni talliata, injusta captione, creditione et ab omni irrationali exactione . . . liberi . . . permaneant. Ch. comm. Cenomann. a. 1150, *Ordonn.*, XI p. 197. Comes . . . pecuniarum rapinas, quas vulgo talliatas vocant, per terram nostram agere cepit. FLACH, *Orig.*, I p. 442 n. (s. xii, S.-Mihiel). **3.** *réquisitionnement — requisitioning.* In villam . . . talliatam panis ac vini tanquam ex debito jure requirebamus. LUCHAIRE, *Louis VII*, p. 368 no. 113 (a. 1143/1144).

**talliator,** talea-, talla- (< taleare): **1.** *tailleur — tailor.* Const. dom. reg. (a. 1135-1139), JOHNSON, *Dial. de scacc.*, ad calc., p. 133. **2.** *coupeur de tailles — cutter of tallies.* S. xii, Angl. **3.** *cotiseur — assessor of taxes.* S. xiii, Angl.

**tallicium,** talleicium: *taillis — coppice.* S. xiii.

**tallire,** v. taleare.

**tallium,** tallus, talus (< taleare): *détail — retail.* Loc. pannos vendere ad tallium. S. xiii.

**tallus:** *gobelet — cup.* Walthar., v. 224.

**talochia,** v. talavacius.

**talpa** (lat. "taupe — mole"): *machine pour saper les murs — sapping apparatus.* GODEFRID. VITERB., Pantheon, pt. 24 c. 4, *SS.*, XXII p. 266.

**talparius** (cf. voc. talpa): *sapeur — sapper.* Chron. Turon., MARTÈNE, *Coll.*, V col. 1031.

**talpigo** (genet. -inis) (< talpa): *taupinière — mole-hill.* V. prima Richarii, c. 5, *SRM.*, VII p. 447 l. 10.

**1. talus** (gr.): *rameau — twig.* Sortes tales esse debent: duo tali de virga praecisi, quos tenos vocant. Lex Fris., tit. 14 § 1.

**2. talus,** v. tallium.

**tamburium,** tamburlum, tamburrum, v. taburrum.

**tamisium** (celt.): *tamis — sieve.* Nec cribro nec tamisio farina purgabatur. HERIM. TORNAC., Rest., c. 71, *SS.*, XIV p. 308.

**tanare** et deriv., v. tann-.

**taneterius,** v. tannatarius.

**tanganare,** tanconare (orig. inc.): *semoncer — to request to pronounce a verdict.* Hic ego vos tancono ut legem dicatis. Lex Sal., tit. 57 § 1. Sim. Lex Ribuar., tit. 55. Nullum hominem regium . . . interpellatum in judicio non tanganet. Ib., tit. 58 § 19.

**tangano,** tanganu (subst.) (orig. inc.): *semonce — request.* Liceat ei sine tanganu loquere. Lex Ribuar., tit. 30 § 1. Rursum ib., tit. 58 § 20; tit. 59 § 8.

**tangibilis:** **tangible, palpable — tangible, palpable.*

**tanium,** v. tannum.

**tannare,** tanare (< tannum): *tanner — to tan.* De corio tanato. GUIMANN., Cart. s. Vedasti, ed. VAN DRIVAL, p. 168 (ch. a. 1036).

**tannarius,** tanarius (< tannare): *tanneur — tanner.* DC.-F., VIII p. 27 col. 1 (ch. a. 1187, Laon).

**tannatarius,** taneterius (adj.) (< tannare): *à tan — for tan.* Duos molendinos, unum annonarium et alterum taneterium. FAUROUX, *Actes de Norm.*, no. 208 p. 397 (a. 1055-1066).

**tannator,** tana-, tenna-, tena- (< tannare): *tanneur — tanner.* Magisterium tanatorum, baudreorum . . . in villa nostra Parisiensi. Ch. Lud. VII reg. Fr. a. 1160, LUCHAIRE, *Inst. mon.*, II p. 326 no. 23.

**tannatoria,** tanatoria, tannaria, tanneria (< tannator): *tannerie — tannery.* Dedit . . . dimidiam suam tanatoriam super Sartam. CHARLES-MENJOT, *Cart. du Mans*, no. 76 col. 56 (s. xi ex.)

**tannum,** tanium, tana (celt.): *tan — oak bark, tan.* Molendina . . . tam ad bladum quam ad tanium. *Gall. chr.*[2], VIII instr. col. 358 (a. 1225).

**tantillitas.** Loc. tantillitas mea: ma petitesse (formule de modestie) — my smallness (humility phrase). Vitas patrum, V. Joh. Eleem., MIGNE, t. 73 col. 340. V. Livini, MIGNE, t. 87 col. 328 A.

**tantitas.** Loc. tantitas nostra: la mesure de nos forces (formule de modestie) — the reach of my power (humility phrase). FLODOARD., Hist. Rem., prol., *SS.*, XIII p. 409.

**tantum: 1.** (adverb.) *tout au plus — at most.* Quicunque burgensium officio texendi uti voluerit, unum stamen habere debet vel tantum duo. KEUTGEN, *Urk. städt. Vfg.*, no. 264 § 1 p. 357 (a. 1233, Stendal). **2.** (conj.) *pourvu que — provided that.* Sit tibi lucrum praecium meum; tantum liberiorem aditum habeam faciendi id quod decrevi. GREGOR. TURON., H. Fr., lib. 3 c. 15. Ibi saepius.

**tantus.** Plural. tanti: *i.q. tot. Loc. in tantum ut: *de sorte que — so that.

**thanus,** v. thainus.

**tapetarius,** tapi-, -ciarius, -cerius: *tapissier —*

*carpet-weaver*. MURATORI, *Antiq.*, V col. 514 (ch. a. 867).
**tapetium,** tapetia, tapetum, tapitum, tapesium = tapete.
**tapinosis** (gr.): **simplicité du style — stylistic plainness*. V. patr. Jur., V. Eugendi, c. 1, *SRM.*, III p. 154. THEODER. TREVER., Inv. Celsi, c. 1, *AASS.*$^{3}$, Febr. III p. 403 B.
**tappus,** tappa (germ.): **1.** *bondon — tap*. Dolii tappo extracto. LAMBERT. ARD., c. 124, *SS.*, XXIV p. 622. **2.** *débit — retail sale of liquors*. Ne aliquis nomine alicujus, qui non est civis, ... vinum ad tappum vendere presumat. HEERINGA, *OB. Utrecht*, II no. 851 p. 270 (a. 1234).
**taratrum,** tarra-, tare-; -dr-; -us, -is, tarerium, -us (gr.): *tarière — brace*. ISID., Etym., lib. 19 c. 19 § 15. Capit. de villis, c. 42. Capit. Aquisgr. (a. 801-813), c. 10, I p. 171. Karoli epist. ad Fulrad., ib., p. 168. Mir. Germani Autissiod., *AASS.*, Jul. VII p. 286 col. 1.
**tarenus,** -anus, -inus: *monnaie d'or* de Tarente — *gold coin* struck at Tarente. LEO OST., Chron. Casin., lib. 2 c. 72, *SS.*, VII p. 680.
**targa,** targia, targea (arab.): **1.** *targe, bouclier — targe, shield*. ALART, *Cart. Roussillonnais*, no. 12 p. 24 (a. 967). RIUS, *Cart. de S.-Cugat*, I no. 188 p. 159 (a. 986); II no. 372 p. 19 (a. 1002). Consuet. Bigorr. a. 1097, c. 20, GIRAUD, p. 22. MARTÈNE, *Coll.*, I col. 1114 (epist. a. 1113). **2.** (figur.) *protection — guardianship*. Vestra targa nobis arma et scutum inexpugnabile debet esse. MABILLON, *Ann.*, V p. 654 col. 1 (epist. s. xi ex.).
**targeta** (< targa) : *targette, petit bouclier — target, small shield*. S. xiii, Ital.
**tarida,** tarr-, ter-, terr-; -eda, -ita, -eta, tarta: *bateau de charge — carrying vessel*. OGER., Ann. Genuens., a. 1207, ed. BELGRANO, II p. 105.
**tarinus,** v. tarenus.
**tarra** (germ.): *touraille — malt-kiln*. EKKEHARD., Cas. s. Galli, c. 1, *SS.*, II p. 84 l. 16.
**tarradrum,** v. taratrum.
**1. tarta,** v. tarida.
**2. tarta,** v. torta.
**tartareus:** **infernal — of hell*.
**tartaricus** (gr.): *infernal — of hell*. Chasma. V. Martinae, c. 31, *AASS.*$^{3}$, Jan. I p. 15.
**tartarus:** **l'enfer — hell*.
**tasca,** tasqua, tascha, tascea, tascia, taschia, tachia (< taxare, cf. frg. *tâche*): **1.** *redevance consistant en une part de fruits*, souvent un onzième, que le tenancier doit au propriétaire pour des champs obtenus par la mise en valeur de terres vierges — *share of the crop* that land-tenants owe to the landlord from fresh fields. De ipso villare per singulos annos ... ibidem vobis exinde tascas et decimas persolvere debuissemus. *Hist. de Lang.*$^{3}$, II pr. no. 15 col. 64 (a. 802, Minervois). De ipso viviale [leg. viniale] ... donare faciant per singulos annos ipsam decimam et tascham. DE MARCA, *Marca hisp.*, app. col. 837 (a. 901). MARTORELL, *Arch. Barcelona*, no. 98 p. 242 (a. 930); no. 121 p. 278 (a. 942); no. 138 p. 300 (a. 957). Cum tota vicaria et bannis et incendiis, tasceis et omnibus legibus ceteris. D. Roberti reg. Fr. a. 1028, *Gall. chr.*$^{2}$, VIII instr. col. 295. MORIS-BLANC, *Cart. de Lérins*, I no. 307 p. 314 (ca. a. 1040). *Hist. de Lang.*$^{3}$, V no. 240 col. 481 (a. 1054, Roussillon). ALART, *Cart. Roussillonnais*, no. 58 p. 87 (a. 1075). CASSAN-MEYNIAL, *Cart. de Gellone*, no. 314 p. 259 (a. 1077-1099). **2.** *service à la tâche — task-work, piece-work*. S. xiii.
**tascalis,** taschalis: *sujet à la "tasca" — liable to dues called "tasca"*. Est istum alaudem jam thaschalem de s. Cucufati. RIUS, *Cart. de S.-Cugat*, II no. 395 p. 43 (a. 1004). Affrontat ... in alodio taschali s. Cucufatis. Ib., no. 749 p. 409 (a. 1093).
**tassamentum,** v. tensamentum.
**tassare,** taxare (< tassus): *entasser* le foin — *to stack* hay. S. xiii.
**tassellus,** v. taxillus.
**tassia,** tassea, tassa, taxea, tacea (arab.): *tasse — cup*. Ordo Rom., MABILLON, *Mus. it.*, II p. 506.
**tassus,** tassa, tassum (germ.): *tas* de blé ou de foin — *rick* or *haycock*. S. xiii.
**taulachia,** taulachus, v. talavacius.
**taurax** = thorax.
**tavega** (arab.): *prison — prison*. Usat. Barcin., c. 6, ed. D'ABADAL-VALLS, p. 5; c. 15, p. 8.
**tavolacius,** v. talavacius.
**taxaga,** taxatum, taxia, v. texaca.
**taxamentum,** v. tensamentum.
**1. taxare: 1.** **mentionner — to mention*. Sicut supra taxavimus. Benedicti regula, c. 18. Regula Magistri, c. 7. Ut alibi taxatum est. EULOG., Memor. sanct., lib. 3 c. 6, MIGNE, t. 115 col. 803 D. G. abb. Fontan., c. 9 § 4, ed. LOHIER-LAPORTE, p. 69. **2.** *citer — to cite*. [Testimonia] absurde in sua synodo taxaverunt. Libri Carolini, lib. 1 c. 6, MIGNE, t. 98 col. 1019 D. **3.** *ranger parmi, mettre au nombre de — to class with, reckon among*. Cognovi [cujusdam nomen] non in ordine laicorum, sed in episcoporum taxari. FACUND. HERMIAN. (s. vi), lib. 4 c. 1, MIGNE, t. 67 col. 609 A. **4.** *qualifier de — to style, designate as*. Non ... quod vates taxer [glossa: nominer]. ABBO SANGERM., Bell., praef. ad lib. 1. § 2, ed. WAQUET, p. 4. Nomine Parisiusque novo taxaris ab orbe. Ib., lib. 1 v. 8, p. 12. **5.** *miser sur* une marchandise — *to bid, make a bid for* wares. Si quis ... aliquam waram ... taxaverit. PIRENNE, *Villes*, II p. 191 c. 2 (ca. a. 1080, S.-Omer). **6.** refl. se taxare: *s'obliger — to bind oneself*. Fide et sacramento juramenti sese taxabant, quatenus ... in obsidione cum ipsis jungerentur. GALBERT., c. 33, ed. PIRENNE, p. 55. **7.** *cotiser — to assess for taxation*. S. xi, Angl. **8.** *mettre à l'amende — to fine*. S. xiii. **9.** *allouer — to allot, assign*. S. xiii.
**2. taxare,** v. tassare.
**taxatio: 1.** **critique, blâme — criticism, reproof*. **2.** (cf. voc. taxare sub 6) *obligation, engagement — pledge*. Obligatus es nobis fide et taxatione. GALBERT., c. 11, ed. PIRENNE, p. 19. Ibi pluries. **3.** *cotisation — assessment*. S. xii.
**taxea,** v. tassia.
**taxillus,** tass-, -ellus (class. "dé — die"): **1.** (cf. voc. talus, class. "dé — die" et "cheville — ankle") *cheville, talon — ankle, heel*. ADREVALD., Mir. Bened., lib. 1 c. 29, ed. DE CERTAIN, p. 66. **2.** *pan, frange — tail of a garment, fringe*. S. xiii.
**theca: 1.** *reliquaire — reliquary*. Don. Constantini, c. 13, MIRBT, *Qu.*$^{3}$, p. 85. V. Landiberti, c. 27, rec. C, *SRM.*, VI p. 382. V. Frodoberti, c. 30, *SRM.*, V p. 85. **2.** *chapelle latérale — lateral chapel*. Altare quoddam in orientali



theca positum. D. Heinr. V imp. a. 1107, HUND, Metrop. Salisb.$^{2}$, III p. 308 (St. 3012).
**techna,** tecna, tegna (gr.): **ruse — trick, device* (jam ap. PLIN.). G. Berengarii, lib. 3 v. 225, *Poet. lat.*, IV pt. 1 p. 392. RICHER., lib. 4 c. 43, ed. LATOUCHE, II p. 210.
**teclatura,** v. tallatura.
**tectura: 1.** **toit — roof*. **2.** *travaux de toiture — roofing works*. Tecturam monasterii et omnem emendationem ... exinde peragant. *D. Charles le Ch.*, II no. 239 p. 39 (a. 862; an verax?).
**taedere** (class. impers. taedet), **1.** pers. intr.: **être dégoûté, découragé — to be disgusted, disheartened*. **2.** transit.: **dégoûter, décourager — to disgust, dishearten*.
**taedialis:** *douloureux — painful*. De hac taediali peregrinatione ad caelestem patriam transmeantis. ADAMNAN., V. Columbae, lib. 3 c. 23, ed. FOWLER$^{2}$, p. 183.
**taediare** et depon. taediari: **1.** **être dégoûté, découragé — to be disgusted, dishaertened*. **2.** *être malade — to be ill*. V. Rusticulae, c. 23, *SRM.*, IV p. 349.
**tedinga,** v. tethinga.
**taediosus: 1.** **ennuyeux, fastidieux — tedious, boring*. **2.** **triste, mal disposé — sorrowful, melancholy*. **3.** *ennuyé, écœuré — disgusted, weary*. S. xii.
**taedium** (class. "ennui, dégoût — boredom, disgust"): **1.** **chagrin, douleur, deuil — sorrow, grief, mourning*. **2.** **maladie — illness*.
**teges** (femin., genet. -etis) (class. "natte servant de couverture — coarse rug"): **1.** *toit — roof*. RADULF. GLABER, lib. 2 c. 4 § 7, ed. PROU, p. 34. **2.** *bâtiment — building*. HILDEBERT. LAVARD., V. Hugonis Cluniac., *AASS.*, Apr. III p. 641.
**tegia** (< tegere): *appentis — penthouse*. MURATORI, *Antiq.*, I col. 721 (ch. a. 869). *CD. Langob.*, no. 313 col. 527 C (a. 882, Brescia); no. 419 col. 711 D (s. x in., Brescia).
**tegmen,** tegimen, tegumen: **1.** **toit, demeure — roof, shelter*. ADAMNAN., Loca sancta, lib. 2 c. 11, *CSEL.*, t. 39 p. 262. **2.** *toiture — roofing*. Aecclesiam ... teguminibus et aliis edificiis ornare. G. Aldrici, ed. CHARLES-FROGER, p. 73. **3.** **faux-semblant, faux prétexte — semblance, sham, make-believe*. **4.** *refuge, protection — refuge, safeguard*. Privilegia sedis apostolicae tegmina sunt, ut ita dicamus, totius ecclesiae catholicae. Nicol. I pap. epist. 57 (a. 863), *Epp.*, VI p. 360.
**tegmentum,** tegim-, tegum-: **vêtements — clothes*.
**tegna,** v. techna.
**tegnum** = tectum.
**tegorium,** v. tugurium.
**tegulare:** *couvrir de tuiles — to tile*. S. xiii.
**tegularia:** *tuilerie — tile-works*. BALUZE, *Auvergne*, II p. 596 (ch. a. 1048).
**tegulariola:** *petite tuilerie — minor tile-works*. *D. Ottos III.*, no. 385 (a. 1000).
**tegularius:** *tuilier — tile-maker*. S. xiii.
**tegulator:** *couvreur en tuiles — tiler*. S. xiii.
**tegulatus** (adj.): **couvert de tuiles — tiled*.
**tegumen,** v. tegmen.
**tegumentum,** v. tegmentum.
**tegurium,** v. tugurium.
**teisa,** teisia, v. tensa.
**tela** = telum.
**telaris,** -rius (adj.): *de tissage — of weaving*. Subst. mascul. **telarius:** *tisserand — weaver*
**telda,** teltum, tilta: *tendelet — tilt, awning for ships*. S. xiii, Angl.
**telia,** v. tilia.
**telligraphum** (vox graecolat.): *acte écrit de transfert d'un bien-fonds — deed of conveyance of real estate*. Telligrapha id est libellos quos ... injuste perceperat. Concil. Clovesh. a. 798, BIRCH, *Cart. Sax.*, I no. 291 p. 406. Concil. Celichyt. a. 816, c. 7, HADDAN-STUBBS, *Councils*, III p. 579.
**telloneus,** v. teloneum.
**teloneare:** *payer le péage — to pay toll*. Pro quotcumque last theloneavit. HÖHLBAUM, *Hans. UB.*, I no. 223 (a. 1223, Lübeck).
**telonearius,** theolo-, -narius (adj.) (< teloneum): *de péage — of a toll*. Census. MULLER-BOUMAN, *OB. Utrecht*, I no. 162 p. 154 (a. 1006). Exactio. Ib., no. 383 p. 347 (a. 1143). Servitium. VERCAUTEREN, *Actes de Flandre*, no. 7 p. 21 (a. 1087). Subst. mascul. **telonearius,** tolo-, tol-, -narius: **péagier — toll-gatherer*. Concil. Matiscon. I a. 583, c. 13, *Conc.*, I p. 158. Lex Visigot., lib. 11 tit. 3 § 2. Capit. de villis, c. 10. Capit. de reb. exercit. a. 811, c. 4, I p. 165. ALCUIN., epist. 77, *Epp.*, IV p. 119. Subst. neutr. **telonarium:** *droit de péage — toll duty*. Telonaria et ripatica solvat. Karoli III praec. pro Venet. a. 883, *Capit.*, II p. 142. Decrevi litteris notare ... omne telonarium quod ad illam portam pertinet. SOLMI, *Ammin. finanz.*, app. no. 2 p. 245 (ca. a. 960, Aosta).
**teloneaticus,** -nat-: *droit de péage — toll duty*. Nullus mansionaticum, teloneaticum, ripaticum exquirere audeat. *D. Karls III.*, no. 20 (a. 880). Nullum fodrum aut censum neque telonaticum seu ripaticum persolvere cogantur. *D. Heinrichs II.*, no. 309 (a. 1014).
**teloneatus** (decl. iv): *droit de péage — toll duty*. Si mercatores ... non reddiderint pedagium et teloneatum. Concil. Sancton. a. 1095, MARTÈNE, *Thes.*, IV col. 123.
**teloneum,** thelo-, tello-, theolo-, tole-, tolo-, tholo-, tol-; -ni-; -us, telon, thelon (genet. -onis), tonleium, tonleum, tonlium, tunleium (gr.): **1.** **bureau de péage — toll-house*. **2.** *tonlieu*, taxe sur le transport et la vente des marchandises — *toll*, a tax on goods transport and sale. Telonei canonem nulla faciatis usurpatione confundi. CASSIOD., Var., lib. 5 epist. 39 § 9, *Auct. ant.*, XII p. 165. De toloneo: ea loca [i.e. in eis locis] debeat exegi vel de speciebus ipsis, quae [i.e. de quibus] praecidentium principum [temporibus] est exactum. Cloth. II edict. a. 614, c. 9, *Capit.*, I p. 22. Teloneum quod ad portum Vetraria ... et porto illo q.d. Sellis ..., quod judices vel agentes nostri ad portus ipsos, tam quod navalis evectio conferebat aut undique negotiantium commertia, in teloneo aut quolibet ripatico ex ipsos portus superius nominatos in fisco nostro solebant recipere ..., concedimus. *D. Merov.*, no. 23 = HALKIN-ROLAND, *Ch. de Stavelot*, I no. 4 (a. 647-656). Cf. F. L. GANSHOF, *Het tolwezen in het Frankische rijk onder de Merowingen*, *Meded. Kon. Vlaamse Ak. v. Wet.*, kl. lett., jrg. 20, 1958, no. 4. **3.** terme général pour désigner *l'ensemble des redevances pesant sur le commerce et le trafic* — comprehensive term including *any duties on commerce and transport*. Nolumus, ut ... aliquid telonei, id est pontaticus aut rotaticus, cespitaticus, pulveraticus,

pascuaticus aut salaticus ... exigatur. *D. Charles le Ch.*, II no. 340 p. 260 (a. 870).

**telonicus** (adj.): *de péage — of toll.* Investigaret ad jura thelonica. Inquis. Raffelst. (a. 903-906), prol., *Capit.*, II p. 250.

**teltum**, v. telda.

**temeratio**: *_altération, corruption, violation — forgery, vitiation._

**temerator**: *_corrupteur, faussaire, transgresseur — falsifier, spoiler, contravener._

**temeritas**: *délit grave* punissable d'une amende, en part. effusion de sang — *criminal offence* punishable by fine, esp. bloodshed. In usum advocatorum sunt deputata tertia pars bannorum et satisfactio temeritatum. *D. Heinrichs IV.*, no. 482 (a. 1104). Servientes ... nulli advocato vel hunnoni subjaceant ... nisi pro temeritate. D. Heinrici V. a. 1116, BEYER, *UB. Mittelrh.*, I no. 434 p. 496. Ad justitiam advocati pertinet temeritas, injusticia, monomachia. KEUTGEN, *Urk. städt. Vfg.*, no. 125 § 19 p. 92 (a. 1156, Augsburg). Si quis ... armis vulneratur, auctor facti ... pro temeritatis delicto ... vulnerato respondere tenebitur. Ib., no. 135 § 15 p. 136 (a. 1164, Hagenau). Si cujuslibet viri possessiones et mobiles res abbati pro qualibet temeritate adjudicatae fuerint, duae partes abbati, tertia tantum advocato cedet. PERRIN, *Recherches*, p. 731 (ch. <a. 1115>, spur. s. xii ex.).

**temo**, timo (genet. -onis), timonus (class. "timon d'un chariot — beam of a waggon"): *timon* d'un navire — *tiller, helm.* OTTOBON., Ann. Genuens., ad a. 1195, ed. BELGRANO, II p. 57.

**temonaticus**, themo-, timo-, -nagium (< temo): *péage pesant sur les chariots — toll levied from waggons. D. Merov.*, spur. no. 23 p. 141 (<a. 629>, S.-Denis). D. Lud. Pii a. 814, *H. de Fr.*, VI p. 468 B. *Actes Phil.-Aug.*, I no. 73 p. 97 (a. 1182/1183). Themo seu themonagium est theloneus seu quoddam jus quod provenit et percipitur de plaustris, redis et curribus qui onusti blado vel aliis quibuscunque rebus intrant seu transeunt portas civitatis. ROLLAND, *Deux tarifs du tonlieu de Tournai*, Lille 1935, p. 62 (a. 1281-1285).

**temperamentum**: *tempérament, naturel — disposition, character.* Novi temperamentum tuum, ut, quem munera non deflectunt, facile tormenta subiciant. GREGOR. TURON., Glor. mart., c. 81, *SRM.*, I p. 543.

**temperantia**: *climat — climate.*

**temperatura**: *trempe — temper.* Cassis ... talis temperature erat, ut nullius ensis acumine incidi ... valeret. Hist. Gaufredi, HALPHEN-POUPARDIN, *Chron. d'Anjou*, p. 179.

**tempestarius**, -tuarius: *pronostiqueur du temps, faiseur de pluie — weather prophet, rain-maker. Epp.*, IV p. 504 (ca. a. 775). Admon. gener. a. 789, c. 65, *Capit.*, I p. 59. Capit. Herardi Turon. a. 858, c. 3, *Gall. chr.*[2], XIV instr. col. 40.

**tempestus**: i.q. intempestus. Loc. tempesta nocte: au milieu de la nuit — in the dead of night. V. Eucherii (s. viii med.), c. 12, *SRM.*, VII p. 52. Sub tempestae noctis silentio. EVERHELM., V. Popponis Stabul., c. 6, *SS.*, XI p. 297.

**templarius** (subst.) (<templum): *Templier*, membre de l'Ordre du Temple — *Knight Templar.* Chron. reg. Colon., ad a. 1189, ed. WAITZ, p. 141.

**templum**: **1.** *église — church.* En parlant d'une cathédrale — with reference to a cathedral: OBREEN, *OB. Holland*, no. 84 p. 39 (a. 1058, Utrecht). LACOMBLET, *UB. Niederrh.*, I no. 250 p. 161 (a. 1094, Köln). En parlant d'une collégiale — with reference to a collegiate church: GYSSELING-KOCH, *Dipl. Belg.*, no. 225 p. 377 (a. 1096). Notae s. Victoris Xantensis, *SS.*, XIII p. 44. **2.** *maison de l'Ordre du Temple — house of the Order of the Temple.* S. xiii.

**temporalis**: **1.** *_du monde, du siècle, terrestre — wordly, secular, earthly._ Militiam temporalem abjecit. VICTOR VIT., lib. 2 c. 23 et 26, *Auct. ant.*, III pt. 1 p. 18. **2.** *matériel — material.* De facultatibus ecclesiae subsidium accipiunt temporale. Concil. Aquisgr. a. 816, c. 115, *Conc.*, II p. 397. **3.** *qui se passe en temps voulu — occurring at the right moment.* Habeant ... temporalem hostem, id est aestivo tempore. Capit. Aquisgr. (a. 801-813), c. 9, I p. 171. Subst. neutr. plural. **temporalia**: **1.** *le temporel d'une église — the temporalities of a church.* Monasterium omnibus temporalibus privavit. Ann. s. Petri Erphesf. maj., a. 1112, HOLDER-EGGER, *Mon. Erphesf.*, p. 51. Electus [in praepositum] Virdunum veniet per manum episcopi in capitulo de temporalibus investiendus. MIRAEUS, II p. 816 col. 2 (a. 1123). **2.** *les quatre-temps — ember-days.* MURATORI, *Antiq.*, V col. 264 (ch. a. 1181).

**temporalitas**: **1.** *_caractère de ce qui est temporaire, éphémère — temporary, transient nature of things._ **2.** *le temporel d'une église — the temporalities of a church.* S. xiii.

**temporaliter**: **1.** *_pour un temps — temporarily._ **2.** *_dans le siècle, pour cette vie — in this world, for this life._ Cor neque prospera quae temporaliter blandiuntur extollant, neque adversa deiciant. Lib. diurn., no. 45, ed. SICKEL, p. 33. **3.** *heureusement — happily.* Ad instantem vitam temporaliter transigendam. D. Roberti reg. Fr. (a. 1023-1031), *H. de Fr.*, X p. 607.

**temporaneus**: **1.** *_qui vient de bonne heure, à temps; opportun — timely, opportune._ **2.** *_temporaire — short-lived._

**temporive**: *tôt — early.* GREGOR. TURON., H. Fr., lib. 5 c. 45.

**temporivus**: *_qui vient à temps, opportun — timely, opportune._

**temptamentum**, tent-: *_tentation, entraînement au péché — allurement, inducement to sin._

**temptatio**, tent-: **1.** *_épreuve, tribulation, châtiment — trial, torment, affliction._ **2.** *_tentation, entraînement au péché — allurement, inducement to sin._

**temptator**, tent-: *_le Diable —the Devil._

**tempus**: **1.** *le temps qu'il fait — weather.* S. xii. **2.** loc. quatuor tempora: les quatre-temps — ember-days. Capit. (a. 813?), c. 2, I p. 182. Adalhardi Corbej. stat., c. 2, ed. LEVILLAIN, p. 353. Capit. missor. Suession. (a. 853), c. 8, II p. 269. Cf. L. FISCHER, *Die kirchliche Quatember*, 1914 (*Veröff. Kirchenhist. Semin. München*, 4. Reihe no. 3).

**tena**, tina, tenia: *bonnet d'un ecclésiastique — coif, clerical headdress.* S. xiii, Angl.

**tenaculum**, tene-; -gul-, -gl-, -ll-, -li-, -le-; -a: *tenailles — pincers.* V. Dunstani, *AASS.*, Maji IV p. 363.



**tenamentum**, teneamentum, v. tenementum.

**tenantia**, v. tenentia.

**tenantiarius**, v. tenentiarius.

**tenator**, v. tannator.

**tenatura**, teneatura, v. tenetura.

**tenebrare**: *_obscurcir — to darken._

**tenebrae**: *les matines des trois jours précédant Pâques — the matins of the three days preceding Easter.* HUGO FLAVIN., lib. 2 c. 12, *SS.*, VIII p. 378.

**tenebrescere**: *_s'obscurcir, se couvrir de ténèbres — to darken, cloud over._

**tenedo**, tenezo (genet. -onis), tenedus (< tenere): **1.** *tenure — tenement.* Castrum ... cum omnibus suis fructibus et tenedonibus atque pertinentiis. DE MARCA, *Marca hisp.*, app. no. 78 col. 855 (a. 942). Stabiliant ipsum chastrum de O. et ipsam tenedonem de predictum chastrum. ROSELL, *Lib. feud. maj.*, I no. 296 p. 324 (a. 1059). De omnibus dominacionibus et tenedonibus, quas ibi habere debes. Ib., II no. 626 p. 134 (a. 1068-1095). Concedimus ... s. Cucuphato totas ipsas tenedones ad proprium alaudium. RIUS, *Cart. de S.-Cugat*, III no. 824 p. 27 (a. 1114). **2.** *conditions d'une tenure — mode of tenure.* Hoc erat talis tenedo ut ... Usat. Barcin., c. 79, ed. D'ABADAL-VALLS, p. 35. Etiam c. 76 p. 33. [Decimam] habeatis et teneatis per tenedonem perpetuam. RIUS, o.c., II no. 765 p. 424 (a.1097). Dones nobis per tenedonem in vita. Ib., no. 799 p. 453 (a. 1060-1108).

**tenementarius**: *tenancier — tenant.* S. xiii.

**tenementum**, tenim-, tenam-, teneam- (< tenere): **1.** *tenure — tenement.* Donavit Guidonem de R. cum manso suo et omni tenemento suo. Priv. Eugen. III pap. a. 1145, PFLUGK-HARTTUNG, *Acta*, I no. 197 p. 177 (Molesme). Domini feodorum ad quos respiciunt tenementa. Stabil. Rotomag., c. 34, ed. GIRY, p. 40. De omnibus tenementis ville justicia exibebitur ... Phil. Aug. priv. comm. Ambian. a. 1190, c. 47, *Actes*, I no. 319 p. 387. Redditus quos dominis suis reddent de tenementis illis, que de dominis suis tenebunt. WAUTERS, *Orig.*, p. 58 (a. 1203, Boulogne). **2.** *biens-fonds — landed estate.* Monasterium ... cum pertinentiis, que habere videtur infra comitatum C., cum curtis et preceptariis et tenimentis seu et masaritiis. *D. Konrads II.*, no. 257 (a. 1038). Homines ... cum suis possessionibus unacum ecclesiis suis et suis tenementis. Frid. I imp. conv. c. Eugubinis a. 1163, c. 3, *Const.*, I no. 218. Si calumnia emerserit ... de ullo tenemento, quod clericus attrahere velit ad elemosinam, laicus vero ad laicum feudum. Constit. Clarendon. a. 1164, c. 9, STUBBS, *Sel. ch.*[9], p. 165. Tenimentum quoddam Casinensis monasterii ... in nostrum previdimus demaniam redigendum. KEHR, *Urk. Norm.-Sic. Kön.*, p. 443 no. 23 (a. 1176). Omne tenementum suum, quod in territorio de F. habebat, ... in elemosinam dedit. ROUSSEAU, *Actes de Namur*, no. 20 p. 50 (a. 1179). Tallia ... fiat ... ad valentiam tenementorum et mobilium que unusquisque possidebit. *Actes Phil.-Aug.*, II no. 638 p. 189 (a. 1200). **3.** *territoire où s'exerce un pouvoir public — territory subject to a public authority.* Regnum Sicilie, ducatum Apulie et principatum Capue ... et reliqua tenementa, que tenemus a predecessoribus nostris. Pact. Benev. a. 1156, c. 12, *Const.*, I no. 414. [Imperator] faciet salva omnia justa tenementa populi Romani. Frid. I imp. pact. c. Rom. a. 1167, ap. Chron. reg. Colon., ed. WAITZ, p. 118. In tenemento Forojuliensis ecclesiae, sive n civitate Forojulii sive extra in castris vel vil ad episcopatum vel praeposituram pertinentibus. *Gall. chr.*[2], I instr. p. 85 col. 1 (ch. a. 1203).

**tenens** (subst.), **1.** mascul.: *feudataire — tenant, feoffee.* Me ... concessisse Unfrido totam terram suam unde fuit tenens die qua rex H. fuit vivus et mortuus. DELISLE, *Actes Henri II*, I no. 3 p. 7 (a. 1142-1146). Nostri tenentes et feodales. KETNER, *OB. Utrecht*, III no. 1291 p. 82 (a. 1253). **2.** neutr. Loc. in uno tenente: d'un seul tenant — forming a whole. Curtilo et vinea in uno tenente. BERNARD-BRUEL, *Ch. de Cluny*, I no. 82 p. 92 (a. 903, Mâcon).

**tenentia**, tenantia, tenensa: **1.** *tenure — tenement.* Homines et feminas cum suis tenentiis et cum suis usaticis et serviciis. *Hist. de Lang.*[3], V no. 489 I col. 920 (a. 1125, Carcassonne). Honorem quem ipsi habuerunt ... sive per alodium sive per fevum sive per tenentiam. Ib., no. 489 IV col. 921 (a. 1125). **2.** *obligation, engagement — pledge.* S. xiii.

**tenentiarius**, -an-, -ta-, -sa-: *tenancier — tenant.* S. xiii.

**1. tenere**: **1.** *posséder en tenure — to hold by tenancy.* [Fundum] conductionis titulo tenes. Gelasii pap. epist. 32, THIEL, p. 448. Quod ... in usumfructum tenuit. Lex Burgund., tit. 24 c. 3. Colonicam S., quam W. quondam tenuit. Test. Bertichramni a. 615, PARDESSUS, I no. 230 p. 202. Ipsas villas mihi ad usum beneficii tenere et excolere permisistis. MARCULF., lib. 2 no. 9, *Form.*, p. 81. Quamdiu advixero sub vestro pretexto tenere et usurpare debeam. F. Turon., no. 6, ib., p. 138. Villa S. quam ... L. in usuario tenet. Test. Anseberti a. 696, PARDESSUS, II no. 437 p. 237. Ad usofructo vise summus [i.e. sumus] tenire. PARDESSUS, II no. 492 p. 300 (a. 715, Reims). Ipsas villas usufructuario ordine dum advivebat tenere debuisset. *D. Arnulfing.*, no. 10 p. 98 (ca. a. 717). Donamus ... colonos duos ... cum casis suis seu terris, vineis, olivetis, quantum ipsi tenere visi sunt. GIORGI-BALZANI, *Reg. di Farfa*, II doc. 9 p. 29 (a. 745). Ipsam curtem per precariam tenuit. *D. Karolin.*, I no. 7 (a. 754). Quantumcumque ... vassi mei ... in beneficio nostro ibidem tenuerunt. WARTMANN, *UB. S.-Gallen*, I no. 21 p. 25 (a. 757). Hoba una quam A. tenet. ZEUSS, *Trad. Wizenb.*, no. 91 p. 96 (a. 769). Quantumcumque W. comes ibidem per nostrum beneficium tenuit. *D. Karolin.*, I no. 117 (a. 777). Servi qui honorati beneficia et ministeria tenent. Capit. missor. a. 792, c. 4, I p. 67. Illam hobam quam H. in censum tenet. DRONKE, *CD. Fuld.*, no. 225 p. 118 (a. 805). Quicquid in eisdem [locis] C. quondam ad censum tenuit. *D. Rois d'Aquit.*, no. 13 (a. 829). Mansum quem tenet T. cum infantibus suis. *Gall. chr.*[2], XIV instr. col. 37 no. 30 (a. 851, Tours). Mansum ingenuilem quem tenet N. cum heredibus suis. *D. Charles le Ch.*, I no. 157 p. 415 (a. 853). Mansum unum ... cum servo qui illum tenet. *D. Ludwigs d. K.*, no. 2 (a. 900). Dedit ... ad ipsa colonica que [i.e.

quam] ipse tenet. BERNARD-BRUEL, *Ch. de Cluny*, I no. 713 p. 667 (a. 948). Ex rebus beneficii sui, quod de nobis tenere videtur. BERTRAND, *Cart. d'Angers*, I no. 271 p. 321 (a. 960-964). Qui beneficium de nostris plublicis bonis aut de ecclesiarum prediis tenet. Conr. II imp. edict. de benef. a. 1037, c. 1, *Const.*, I no. 45. Villam ... more beneficiali tenebant. G. pontif. Camerac., lib. 1 c. 86, *SS.*, VII p. 433. Fidelitatem ... adtendam quamdiu tuus fuero et tua bona tenuero. Ib., lib. 3 c. 40, p. 481. Si ... feudum reversum fuerit ad eum, a quo tenuerit. Libri feudor., antiq., tit. 1 c. 7 § 1, ed. LEHMANN, p. 89. Ibi saepe. **2.** ecclesiam: *être en charge de — to be in charge of.* Ab episcopo Aretino ... per annos quinque, dum ipsa[m] ecclesia[m] tenui, chrisma excepi. SCHIAPARELLI, *CD. Longob.*, I no. 19 p. 63 (a. 715, Siena). Presbitero qui plevem tenu[e]rit in loco C. in ecclesia s. Marie. Ib., no. 35 p. 125 (a. 724, Lucca). Ipsam ecclesiam nostram tenet presbiter H. BITTERAUF, *Trad. Freising*, I no. 69 p. 95 (a. 775). [Sacerdos] ecclesiam quam tenet amittat. Capit. spur. dictum "Karoli M. primum", c. 16, I p. 46. **3.** *posséder en toute propriété — to hold in full ownership.* Piscationes, sicut nos tenemus et nostra forestis est. *D. Merov.*, no. 5 (a. 556). Villam, quam usque nunc fiscus noster tenuit, concedimus. Ib., no. 25 (ca. a. 661). Sicuti [terra] tibi donata est, ita tene et posteri tui. BIRCH, *Cart. Sax.*, I no. 45 p. 70 (a. 679). Quicquid ibidem visus fuit tenuisse. MARCULF., suppl. 2, *Form.*, p. 107. Medietatem de Epternaco, quam T. quondam dux ibidem tenuit. *D. Arnulfing.*, no. 4 p. 93 (a. 706). Quicquid in ipsis villis antecessores nostri ibidem tenuerunt et nos a die presente [i.e. ad diem praesentem] tenere visi sumus. BEYER, *UB. Mittelrh.*, I no. 8 p. 11 (a. 720, Prüm). Ipse et heredes illius perennis temporibus ... tenere et possidere quieto ordine deberent. *D. Karolin.*, I no. 213 (a. 811). [Ecclesia], cui [res] traditae fuerint, eas habere et tenere possit. Capit. legi Sal. add. a. 819, c. 6, I p. 293. Trado ... quicquid ... juste et legaliter proprietatis teneo in pago W. DRONKE, o.c., no. 555 p. 248 (a. 848). Illa bona, que tenent proprietario jure aut per precepta aut per rectum libellum sive per precariam. Conr. edict. laud., c. 5. Cf. E. SEIFERT, *Tenere "haben" im Romanischen*, 1935 (*Bibl. Arch. Roman.*, ser. 2 no. 21). **4.** absol., de aliquo: *être inféodé — to be enfeoffed.* Si quis baronum, comitum meorum sive aliorum qui de me tenent, mortuus fuerit. Ch. coron. Henrici I reg. Angl. a. 1100, c. 2, STUBBS, *Sel. ch.*⁹, p. 118. **5.** *dominer, exercer un pouvoir public sur un territoire — to rule.* Silvanectis domnus Childebertus in integritate teneat. Pactum Andel. a. 587, *Capit.*, I p. 14. [Concedo civitatem Romanam] sicut usque nunc in vestra potestate et dictione tenuistis. Lud. Pii pact. c. Pasch. pap. a. 817, *Capit.*, I p. 353. [Papa regem] ad tenendum regnum adjuvabit. *Const.*, I no. 85 (a. 1111). **6.** *tenir une séance, une réunion — to hold a session, a meeting.* In illius comitis ministerio missi nostri placitum non teneant, ... donec ipse fuerit reversus. Capit. missor. a. 819, c. 25, I p. 291. [Comes] ibi placitum teneat et justitiam faciat. Capit. missor. a. 821, c. 5, p. 301. [Vicarii et centenarii] saepissime placita tenent et exinde populum nimis adfligunt. Capit. Wormat. a. 829, c. 4, II p. 19. **7.** **penser, tenir pour vrai, croire — to think, hold, believe.* **8.** *réputer, estimer, reconnaître pour — to deem, consider, acknowledge as.* Quolibet et humili loco teneantur apud homines, apud Deum probantur meritis excelsi. MULLER-BOUMAN, *OB. Utrecht*, I no. 278 p. 256 (a. 1108). Non haberent neque tenerent dictum potestatem electum pro potestate, nisi ... Ann. Genuens., a. 1237, ed. BELGRANO-IMPERIALI, III p. 82. **9.** intrans.: *s'étendre, confiner — to stretch out, border.* Ab uno latere tenente s. Jacobo, ab alio latere tenente Causario. GIORGI-BALZANI, *Reg. di Farfa*, II doc. 136 p. 115 (a. 781). Predictum predium tenet de porta antiqua castri ... usque ad rupem. *D. Louis IV.*, no. 38 (a. 951). **10.** **être valable — to be valid.* Nullum donum nulla venditio ... tenebit, nisi facta fuerit coram scabinis. Phil. Aug. priv. pro Atrebat. a. 1194, ESPINAS, *Rec. Artois*, no. 108, c. 35. **11.** intrans.: *s'arrêter — to halt.* Julius Cesar ... venit ad Brittanniam cum 60 ciulis [i.e. navibus] et tenuit in ostium Tamesis. NENN., c. 19, ed. LOT, p. 163. **12.** intrans., cum aliquo: *tenir le parti de — to side with.* Populus Romanae urbis divisus est; et alii, cum Th. archidiacono tenentes, in ejus domo congregati residebant, alii vero ... concordabant P. diacono. Lib. pontif., Paulus (a. 757-767), § 1, ed. DUCHESNE, I p. 463. **13.** passiv. teneri, c. inf.: *être obligé — to be obliged.* [Imperatori] fidelis et devotus esse tenebatur. G. episc. Camerac. abbrev., c. 19, *SS.*, VII p. 508 l. 16. **14.** passiv. teneri, absol.: *être lié — to be bound.* Et investitor et heres investitoris tenetur investito et ejus heredi [sc. debet investito feudum dare]. Libri feudor., antiq., tit. 4 c. 2, ed. LEHMANN, p. 95. Miles purgabitur per solemne juramentum quo tenetur domino proprio ligio. *SS.*, XXI p. 606 col. 1 l. 3 (a. 1114, Valenciennes).

**2. tenere** (subst. neutr. indecl.), **1.** loc. in uno tenere: *d'un seul tenant — forming a whole.* Terram nostram quam habemus in C. ... in uno tenere. GIORGI-BALZANI, *Reg. di Farfa*, II doc. 285 p. 240 (a. 843). Casas nostras et vineas ... quod habemus in P., unum tenere. Ib., III doc. 305 p. 9 (a. 872). **2.** *bien-fonds — landed estate.* Stat. Pistor. a. 1107, MURATORI, *Antiq.*, IV col. 558.

**tenetura**, tenea-, tena-, tenui-; -dura; tentura, teneura, tenura (< tenere): **1.** *tenure — tenement.* Reliquit in manu abbatis et monachorum ... illas tenturas quas de illis tenuit, scilicet parrochiam s. Vincentii et scolam et annonam prebende. CHARLES-MENJOT, *Cart. du Mans*, no. 32 col. 29 (a. 1067-1070). Decimam tocius teneture quam G. vicecomes apud S. habebat. Priv. Alex. III pap. a. 1163, PFLUGK-HARTTUNG, *Acta*, I no. 251 p. 23? (Parisis). Quicumque hereditatem vel emptionem ... per 7 annos et unum diem in pace possederit et tenuerit, tenaturam suam deinceps libere et quiete possideat, ita quod alius reclamare non possit vel tenaturam calumpniare. *Actes Phil.-Aug.*, I no. 73 p. 97 (a. 1182-1183). Servient eum secundum teneuras quas habebunt. Ib., no. 357 p. 432 (a. 1190). Nullus eorum placitet extra muros ... de ullo placito praeter placita de tenuris exterioribus. STUBBS, *Sel. ch.*⁹, p. 260 (a. 1190). Coram eis, de quibus tenet, juri stare voluerit de tenuris et possessionibus suis. PONCELET, *Actes Hug. de Pierrep.*, no. 59 p. 70 (a. 1209). **2.** *bien-fonds — landed estate.* Hae sunt duae tenurae ... et dono ipsas tenuras. DC.-F., VI p. 490 col. 2 s.v. 4. presbyterium (ch. a. 1050, Marseille). Manerium quod debet pertinere ad regem et ad regalia et ad tenturam sui castelli. DE LA ROQUE, *Hist. de Harcourt*, III p. 13 (a. 1087). Derelinquo ... ecclesiam ... cum decimis et cimiterio et cum omni tenura sua. DOUAIS, *Cart. de Toulouse*, no. 273 p. 188 (s. xi). Omnes ecclesiarum possessiones et tenuras. Ch. Steph. reg. Angl. a. 1136, STUBBS, o.c., p. 143. Terras et empticia sua et teneuras et vadimonia sua in pace teneant. Priv. civ. Rotomag. a. 1150/1151, DELISLE, *Actes Henri II*, I no. 14 p. 19. Si quis terram vel domum vel quamlibet tenuituram ... per annum et diem tenuerit. Phil. Aug. priv. pro Noviom. a. 1181, *Actes*, I no. 43, c. 14. **3.** *saisie — seizure.* [Monachi Corbeienses] nullum dampnum sustineant de his que ad proprietatem abbatis et monachorum pertinent, occasione tenuiture quam communia Corbeiensis contra eos fecerit. *Actes Phil.-Aug.*, I no. 362 p. 445 (a. 1190; l'analyse en tête de l'acte est fausse). **4.** *état, position — state, position.* Ecclesiam ... ab omni episcopali consuetudine absolutam ... constituimus in omni tenetura sicut tenet Fiscannensis ecclesia. *Gall. chr.*², XI instr. col. 326 (ch. a. 1035). Erimus in eadem tenetura, in qua eramus praedicta die Jovis in qua data est ista treuga. *H. de Fr.*, XVII p. 103 (a. 1214).



**tenezo**, v. tenedo.

**tenimentum**, v. tenementum.

**tennator**, v. tannator.

**tenor**: **1.** **teneur, texte, contenu d'un document — wording, text, contents of a document.* CASSIOD., Var., lib. 1 epist. 9 § 2, *Auct. ant.*, XII p. 18; lib. 4 epist. 10 § 3, p. 119. VICTOR VIT., lib. 2 c. 38, ib. III pt. 1 p. 21; lib. 3 c. 18 p. 44. GREGOR. M., lib. 3 epist. 23, I p. 181; lib. 6 epist. 15, p. 394. Guntchramni edict. a. 585, *Capit.*, I p. 12. Per duas epistola[s] uni tenorum [i.e. uno tenore] conscriptas. F. Andecav., no. 45, *Form.*, p. 20. Epistulae a vobis directae tenor ... indicavit. Bonif. V pap. epist. a. 624 ap. BEDAM, Hist. eccl., lib. 2 c. 8 (J.-E. 2006). Inspicientes tenorem praecepti. D. Rodoaldi reg. Langob. (a. 652), CIPOLLA, *CD. Bobbio*, I no. 15 p. 115 (an verax?). Quid tenor mandati contineat. Lex Visigot., lib. 2 tit. 3 § 2. Juxta edicti tenore[m]. Liutprandi leg., c. 117 (a. 731). Sub tenorem hujus privilegii. Coll. s. Dionys., no. 3, *Form.*, p. 498. Contra tenorem regulae [monachorum] aliquid ageret. IONAS, V. Columbani, lib. 2 c. 13, ed. KRUSCH, p. 263. De servis qui francas feminas accipiunt, et postea illorum domini eis cartas faciunt eo tenore ut ... [proles] liberi permanent. Responsa misso data (a. 802-813), c. 8, *Capit.*, I p. 145. Duas commutationes pari tenore conscriptas. *D. Ludwigs d. Deutsch.*, no. 16 (a. 835). **2.** *condition, stipulation — condition, proviso.* Hoc teneat eodem tenore frater ejus per omnia. F. Augiens., coll. B no. 14, *Form.*, p. 354. In tali vero tenore, ut ... F. Emmer. fragm. no. 17, p. 466. Eo tenore, ut ... Capit. missor. gener. a. 802, c. 16, I p. 94. Quisquis ... sive per largitionis nostre concessionem ... seu etiam per deprecationem aliquid tenore aliquo ex predictis rebus [sc. Remorum ecclesiae] tenere vel possidere cernitur. *D. Charles le Ch.*, no. 99 (a. 847). Eo rationis tenore, ut ... *D. Ludwigs d. Deutsch.*, no. 67 (a. 853). Tali sub tenore, ut ... FLODOARD., Ann., a. 945, ed. LAUER, p. 99. **3.** *manière, mode, titre — way, manner, ground.* Res nostras quas justo ac legali tenore adquisivimus. D. Lud. II imp. a. 874, MURATORI, *Scr.*, II pt. 2 col. 812 (BM.² 1272). Eodem ordine atque tenore habeat. *D. Karls III.*, no. 22 (a. 880). Eo tenore re publica adepta. NITHARD., lib. 1 c. 3, ed. LAUER, p. 10. Bennoni quadam abbatia sustentationis tenore concessa. FLODOARD., o.c., a. 929, p. 44. Secundum regulam b. Augustini ad tenorem Laudunensis coenobii vivat. MIRAEUS, III p. 36 col. 1 (a. 1129, Arras). **4.** *maintien, observation — maintenance, observance.* Pro tenore pacis jubemus, ut ... Pact. Childeb. et Chloth., c. 16, *Capit.*, I p. 7. Excedentes pro disciplinae tenore servando correctionis fraena constringant. Guntchramni edict. a. 585, ib., p. 12. **5.** *saisine — seizin.* Cum dux tenorem ducatus in terris illis se vel suos antecessores habuisse non posset monstrare. GISLEB. MONT., c. 170, ed. VANDERKINDERE, p. 252.

**tensa**, tessa, tesa, teisa, toisa, tesia, teisia, taisia, toisia (< tendere): **1.** *toise, mesure de longueur — toise, fathom, linear measure.* HELGALD., V. Roberti, c. 24, *H. de Fr.*, X p. 110 C. BERTRAND, *Cart. d'Angers*, I no. 80 p. 96 (post a. 1082). **2.** candelae: *unité pour mesurer ou compter les chandelles — a unit for measuring or counting candles.* D. Lud. VII reg. Fr. a. 1154, DE LASTEYRIE, *Cart. de Paris*, I no. 386 p. 341. *Actes Phil.-Aug.*, I no. 176 p. 211 (a. 1186).

**tensamentum**, tessa-, tassa-, taxa- (< tensare): *redevance en nature payée par les sujets à leur seigneur pour le prix de la protection qu'il leur accorde — a tribute in kind paid by subjects to their lord in return for protection.* Ad M. omnem consuetudinem habebat, tensamentum, carregium, vicariam. Consuet. Vindocin. (s. xi med.), ap. BOUREL, *Vie de Bouchard*, p. 36. Inter nos et illum [advocatum] talis concordia facta est: vicarietatem ... et tensamentum justae mensurae, et hoc de hospitatis aripennis, accipiendum. TARDIF, *Cartons*, no. 307 p. 190 col. 2 (ca. a. 1093, Dammartin). Nullam ... consuetudinem ... retinens preter viaturam et tensamentum et molturam. FLACH, *Orig.*, I p. 393 (a. 1170). Remisit nobis unum modium avene, quem in granea nostra singulis annis de tensamento possidebat. VIGNAT, *Cart. d'Orléans*, no. 43 p. 69 (a. 1172). Super hospites ejusdem ville ... [canonici] tensamentum mihi assignaverunt, tale scilicet: ad festum s. Remigii de unaquaque hospitia duos sextarios avene. FLACH, o.c., p. 403 n. 2 (a. 1173, Orléans).

**tensare**, **1.** aliquid: *soutenir en droit, avoir gain de cause au sujet d'une revendication — to make good a claim at law, vindicate one's right.* Sacramentum ... habuisset adramitum ad sua[m] ingenuitate[m] tensandum in ipso mallo. F. Senon. rec., no. 1, *Form.*, p. 211. Inspecto ipso testamento ipse G. ipsum [locellum] tensare non potuerat. DE MONSABERT,

*Ch. de Nouaillé*, no. 5 p. 7 (a. 780). Nec per ullo modo ad ingenuitatem se tensare non potebant. Ib., no. 10 p. 18 (a. 815). **2.** aliquem: *répondre pour* qq'un *en droit, assumer la défense de* qq'un — *to vouch for* a person, *undertake to defend* a person *at law*. Dicebat ... [advocatus] quod tensaret homines a monachis, nec venirent ad eorum submonitionem, sed ipse faceret monachis justitiam de hominibus. DC.-F., VIII p. 63 col. 3 (ch. a. 1142-1168, Parisis). **3.** *donner à bail — to let to farm*. S. xiii.

**thensaurus** et derivata, v. thesaur-.

**tenseria:** i.q. tensamentum. Possessiones ecclesiasticae ab operationibus et exactionibus, quas vulgo tenserias sive tallagias vocant, omnino liberae permaneant. Concil. Londin. a. 1151, c. 1, Baluze, *Misc.*, VII p. 81. De coemeteriis et ecclesiis sive quibuslibet possessionibus ecclesiasticis tenserias dari prohibemus, ne pro ecclesiae vel coemeterii defensione fidei suae clerici sponsionem interponant. Concil. Turon. a. 1163, c. 10, lectio ap. DC.-F., VIII p. 63 col. 3 (ap. Mansi, t. 21 col. 1181, perperam: censuarias, v. l. censarias).

**tensura,** tesura: **1.** *bordigue, filet — fish-trap*. DC-F., VIII p. 89 col. 1 (ch. a. 1073, S.-Quentin). **2.** i.q. tensamentum. Comitatum, stallum et totius opidi teloneum ..., tensuram et creditionem ... concessi. Miraeus, I p. 277 col. 1 (a. 1130, Flandre).

**tenta,** tenda (< tendere): **1.** *tente — tent*. Giorgi-Balzani, *Reg. di Farfa*, II doc. 23 p. 36 (a. 749). Orderic. Vital., lib. 9 c. 10, ed. Le Prévost, III p. 560. **2.** *étal — market-stall*. In civitate omnes stationes quas vulgariter tendas vocamus. Roderic. Tolet., lib. 6 c. 24.

**tentio: 1.** *possession — possession*. Ibi recrediderunt suos contrarios de ista tencione. Bernard-Bruel, *Ch. de Cluny*, II no. 979 p. 75 (a. 955). **2.** *recel* d'un criminel — *harbouring* of criminals. S. xii.

**tenuitura,** tenura, v. tenetura.

**tenuta** (< tenere): **1.** *possession — possession*. Consules civitatis Placentie ... dederunt tenutam Ottoni de C. ... pignori[s] Castri Novi. Ficker, *Forsch.*, IV no. 111 p. 155 (a. 1139). Dicebat quod prius fuit in tenuta [cujusdam terrae], quam ... Ib., no. 152 p. 193 (a. 1182, Verona). Mittet Cremonenses in tenutam Creme ... et investiet eos vexillo de Crema. Heinr. VI imp. conv. cum Cremon. a. 1191, c. 1, *Const.*, I no. 338. **2.** *bien-fonds — landed estate*. Non ledent possessiones vel tenutas, quas habent in districtu Astensi. Frid. I imp. conv. c. Astens. a. 1179, c. 4, ib., no. 277.

**theophania** (neutr. plural. et femin. singul.): **l'Epiphanie — Epiphany*.

**theologia:** **science divine — divine science*.

**teoloneum** et deriv., v. telone-.

**theorema** (neutr., genet. -atis) (gr.): **1.** **vision, contemplation — vision, contemplation*. **2.** *exemple à suivre — example worthy of imitation*. Ut ... nulla erroris impediaris nebula, a similibus atque a penitus veris hoc tibi habeas theorema: Aeneida ... Encom. Emmae, argum., ed. Campbell, p. 6.

**theoretice,** -ca (subst. femin.) (gr.): **contemplation, spéculation — contemplation, speculation*.

**theoreticus:** **contemplatif — contemplative*.

**theoria** (gr.): **1.** **contemplation, méditation — contemplation, meditation*. **2.** *vision — vision*. **3.** *la vie contemplative — contemplative life*.

**theoricus** (gr.): *contemplatif — contemplative*. Loc. vita theorica. Pardessus, II no. 435 p. 234 (a. 696, Chartres). V. metr. Romani Rotomag., Martène, *Thes.*, III col. 1661.

**theosophicus:** *théologique — theological*. Quae ... vel in theosophicis vel in sophisticis occurrissent. Mabillon, *Anal.*, IV p. 362 (epist. a. 1060).

**theosophus:** *théologue — theologist*. Omnium theosophorum judicio. Epist. monach. S. Remigii ad Casinenses, *SRM.*, III p. 348 l. 13.

**theotocos,** theotochus (femin.) (gr.): **la Mère de Dieu — the Mother of God*.

**terebellus,** -um (< terebra): *perçoir — bore*. *SS.*, XV p. 168 (s. ix). Ruodlieb, fragm. 7 v. 116.

**terida,** v. tarida.

**teripes** (cf. voc. sonipes et sim.): **1.** *piéton — pedestrian*. Hist. Salmur., Marchegay-Mabille, p. 226. **2.** *étrier — stirrup*. Order. Vital., lib. 8 c. 17, ed. Le Prévost, III p. 372.

**theristrum** (gr.): **vêtement léger de femme — light woman's garment*.

**terminalis: 1.** *de marche, de frontière — of a march or frontier*. Comes terminalis: marquis — margrave. *D. Arnulfs*, no. 32 (a. 888); no. 63 (a. 889); no. 120 (a. 893). *D. Ludwigs d. K.*, no. 9 (a. 901). Praefectura terminalis: marquisat — margravate. *D. Ludwigs d. K.* laud. **2.** *d'un ressort — of a district*. Decima terminalis: dîme levée à l'intérieur d'un ressort bien délimité — tithe levied within a delimited area. Stimming, *Mainzer UB.*, I no. 333 p. 228 (a. 1072). Subst. femin. **terminalis** (sc. terra): **1.** *confront — adjoining property*. [Vinea] ubi H. servus noster terminalem habet. Dronke, *CD. Fuld.*, no. 217 p. 114 (a. 804). De terra arabili dimidium bunuarium, cujus sunt terminales: ex una parte ... *D. Charles le Ch.*, II no. 336 p. 243 (a. 870). **2.** *banlieue — pale*. Castrum ... cum omnibus terminalibus et vicariis. *Hist. de Lang.*[3], V no. 125 col. 273 (ca. a. 972, Toulouse).

**terminare, 1.** decimam alicui ecclesiae: *assigner comme ressort dîmier — to allocate as a tithe district*. Decimationem, que tunc temporis ad eandem terminata est [ecclesiam]. *D. Konrads II.*, no. 212 (a. 1034). Episcopus tres villas ... ad ecclesiam, que in O. sita est, terminaret. Erhard, *Reg. Westfal.*, I CD. no. 145 p. 114 (a. 1052). Terminus, quem [archiepiscopus] cum suo banno ad prefatum monasterium ... terminasset. *Ann. Hist. Ver. Niederrh.*, t. 26/27 p. 345 no. 3 (< a. 948>, spur. s. xi, Köln). Ad quod [altare] omnia terminata sunt. Lacomblet, *UB. Niederrh.*, I no. 262 p. 170 (a. 1103). Decimas omnium totius sylve ... novalium ad eandem ecclesiam in perpetuum terminaremus. Ib., no. 288 p. 188 (a. 1118). **2.** ecclesiam: *munir d'un ressort dîmier ou paroissial — to endow with a tithe or parish district*. Neque ad edificandas sive consecrandas vel ad terminandas easdem ecclesias ullum supplementum prebeant. Muller-Bouman, *OB. Utrecht*, I no. 225 p. 204 (a. 1063). 3. intrans.: (d'une paroisse) *s'étendre* — (of a parish) *to stretch out*. Et sic in orientali parte [parochia] terminat in Rura. *Zeits. Berg. Gesch.-ver.*, t. 6 p. 37 no. 70 (<a. 875>, spur. s. xi p. post.). **4.** litem, causam, judicium: *décider, trancher, statuer sur — to settle, adjudicate, pass sentence*. Inter Romanus negutia causarum Romanis legebus praecepemus terminari. Chloth. II praec., c. 4, *Capit.*, I p. 19. Si aliquas causas [i.e. aliquae causae] adversum ipsum monasterium ortas fuerint et a vobis absque eorum iniquo dispendio terminatas non fuerint. *D. Merov.*, no. 9 (a. 562). Cum nos in palatio nostro ad universorum causas recto judicio terminandas resederemus. Marculf., lib. 1 no. 25, *Form.*, p. 59. Sim. *D. Karolin.*, I no. 1 (a. 752). Talem inter eosdem [reges] judicium termenavit. Fredeg., lib. 2 c. 58, *SRM.*, II p. 83. Synodus fieri et haec questio terminari deberet. Beda, Hist. eccl., lib. 3 c. 25. Pleraque statim ... competenti sententia terminata sunt. Capit. Ital. a. 801, prol., I p. 204. Ad judicium justum terminandum. Capit. missor. gener. a. 802, c. 14, p. 94. Tales [advocati] eligantur, quales et sciant et velint juste causas discernere et terminare. Capit. missor. Theodonisv. II a. 805, c. 12, p. 124. Lites ... congruo sibi judicio terminentur. Capit. de justit. fac. (a. 811-813), c. 1, p. 176. **5.** *concerter; s'engager à réaliser* un projet *dans un délai fixe — to plot, arrange, undertake to effect within a definite time-limit*. Omnes malefactores illos qui ipsud rebellium maxime terminaverunt. Ann. regni Fr., a. 782, ed. Kurze, p. 62. Petierunt apostolicum ut pacem terminaret inter domnum Carolum regem et Tassilonem ducem. Ib., a. 787, p. 74. Placitum generale terminaverunt ante comitem G. ac curiales suos judices. Bertrand, *Cart. d'Angers*, I no. 5 p. 14 (a. 1040-1060).



**terminarius** (subst.): **1.** *preneur à terme — lessee, termor*. S. xiii. **2.** *frère quêteur — begging friar*. S. xiv.

**terminatio: 1.** **délimitation, action de fixer des limites — demarcation, tracing boundaries*. Sicut ... terminatio facta est inter P. ducem et M. magistrum militum. Loth. I imp. pact. c. Venet. a. 840, c. 26, *Capit.*, II p. 135. Cum domibus ... ceterisque omnibus ad supradicta loca legali terminatione addictis [form. pertin.]. *D. Ludwigs d. K.*, no. 14 (a. 902). **2.** *borne-limite — boundary-mark*. Marmoribus per cruces et terminationes adsignatum fuit. D. Lud. Pii a. 837, *Hist. de Lang.*[3], II pr. col. 201. **3.** *limite — boundary*. Quicquid ... in ipso loco habere videmur ... in integro statu et terminatione, quod jam nos praesenti tempore possidere videmur. Pardessus, I no. 186 p. 146 (ch. a. 579, Dijon). Ipsas terminationes perambulassent et signa posuissent. *D. Merov.*, no. 41 (a. 663). Aliae vero terminationis fines sunt ... G. abb. Fontan., lib. 3 c. 4, ed. Lohier-Laporte, p. 29. **4.** plural.: *confronts — adjoining lands*. Quae sunt terminationes silvae. *D. Arnulfing.*, no. 3 p. 92 (a. 702). Quicquid infra has terminationes contineri videtur. *D. Charles le Ch.*, no. 263 (a. 864). **5.** plural.: *appendices — appurtenances*. Memoratas res cum propriis et justis terminationibus ... concedimus. Ib., no. 164 (a. 854). Res omnes cum suarum plenissima integritate, cum terris scilicet cultis et incultis ... et universis legitimis terminationibus [form. pertin.]. Ib., no. 334 (a. 870). Cum ... exitibus, regressibus, terminationibus ... *D. Heinrichs I.*, no. 21 (a. 929). **6.** *territoire immunitaire — immunity district*. Allodium suum ..., videlicet eclesiam cum integra terminatione. *D. Heinrichs IV.*, no. 127 (a. 1064; diploma dubiae genuinitatis). Cellam ... cum locis circumjacentibus et terminatione eorum delegavi ea ratione, ut in eadem terminatione nullus dux aut comes ... aliquid juris habeat, aliquam potestatem exerceat. Ib., no. 154 (a. 1065). **7.** *ressort dîmier — tithe district*. Terminationem decimationum ex curtibus terre salice ad mensam fratribus destinavit. Escher-Schweizer, *UB. Zürich*, I no. 37 p. 9 (a. 820 ?). **8.** *ressort paroissial — parish district*. Ego D. archiepiscopus Treverensis omnem hanc subjectam terminationem ad altare s. Castoris in villa R. ... terminavi. Beyer, *UB. Mittelrh.*, I no. 80 p. 86 (a. 847-868). [Presbyter dote capellae et decimis] fruatur, ne anterior vel antiquior terminacio, s. videlicet Mychaelis, ob hoc mutilari videatur. Wampach, *UB. Luxemb.*, I no. 129 p. 141 (a. 896; an verax?). Dedicavi ibi ecclesiam, eam subiciendo ad ecclesiam M. ... Nam nullam terminationem aliam inibi facere debui vel potui, quia in priore terminatione illius ecclesie predicte in N. constabat a predecessore meo ... distributa et determinata. Beyer, o.c., I no. 178 p. 240 (a. 943). Terminationem sanctae matris ecclesiae in eadem villa constructae ... requirens. Wampach, o.c., I no. 169 p. 221 (a. 960). Archiepiscopus terminationem ejusdem ecclesie [noviter constructae] determinavit. Stimming, *Mainzer UB.*, I no. 242 p. 147 (a. 1006). [Capellae] neque in territorio earum, que modo matres sunt, quippe ubi neque consecratio neque terminatio ulla erat, neque ipse consecrate erant. Muller-Bouman, *OB. Utrecht*, I no. 225 p. 203 (a. 1063). Media parte ecclesiarum juris s. Willibrordi in Fresia ... tradita pro omni episcopali servitio et jure et edificatione et consecratione ac terminatione earundem. Wampach, *Echternach*, I pt. 2 no. 196 p. 321 (a. 1071-1076). Dedicata est ecclesia ...; hec est autem terminatio ejusdem ecclesie ... Cod. Eberhardi, c. 16 sqq., Dronke, *Trad. Fuld.*, p. 57. **9.** *les droits paroissiaux — parish jurisdiction*. Prenominate ecclesie [sc. Frisingensi] terminationem tocius populi, qui habitat infra terminos in sequentibus annotatos, [per] 30 annos absque proclamatione obtinuerint. Hauthaler-Martin, *Salzburger UB.*, II no. 104[b] p. 174 (a. 1072).

**terminatus** (adj.): *muni d'un territoire délimité — having a demarcated pale*. Hoc quod juris est sanctorum vel potestatum [i.e. principum] aut castrorum terminatorum. Usat. Barcin., c. 114, ed. D'Abadal-Valls, p. 51.

**terminium** (cf. voc. confinium), **1.** gener.: *finage — district*. Villa q. d. S. cum suo terminio. *D. Charles le Ch.*, no. 45 (a. 844, Catal.). Dono ... [terram] in villa M. et in ejus terminio adjacentem. Germer-Durand, *Cart. de Nîmes*, no. 4 p. 9 (a. 889). Alodem ... qui est in comitatum A. vel in terminio de V. vel in locum ubi dicitur A. Martorell, *Arch. Barcelona*, no. 84 p. 222 (a. 927). In comitatum M. in terminio de kastro R. in loco ubi dicitur A. Ib., no. 104 p. 254 (a. 932). Unus terminus ex parte orientis terminat in terminio de villam q. v. C. *Hist. de Lang.*[3], V no. 113 col. 252 (a. 963, Narbonne). **2.**

spec.: *ressort dîmier — tithe district.* Scimus ipsa[m] ecclesia[m] ... per 40 annos esse [in] terminio et parrochia Placentina. MANARESI, *Placiti*, I no. 59 p. 215 (a. 854, Piacenza). Est contentio horta [i.e. orta] ... [de] decima de M. atque terminium [i.e. de terminio] ... M. est terminium de ipsa plebe. Ib., no. 87 p. 314 (a. 879, Piacenza).

**terminus, 1.** gener.: *territoire, circonscription — area, district.* Multetudinem de patriciatus sui termenum. FREDEG., lib. 4 c. 90, *SRM.*, II p. 166. Qui nefandas criminas emendare de terminibus sibi commissis neglexerit. Capit. Ital. (a. 790-800?), c. 6, I p. 203. Episcopus et comes, per quorum [itinerantes] transeunt terminum. Capit. Lud. II Pap. a. 865, c. 5, II p. 92. **2.** plural. et singul., spec.: *territoire d'une cité — district of a "civitas".* Parisius civitatem cum terminibus et populo suo. Pact. Guntchr. et Childeb. II a. 587, *Capit.*, I p. 13. Jussit eum a termino Parisiacae urbis excludi. GREGOR. TURON., H. Fr., lib. 9 c. 6. Infra terminum urbis quam Strateburgum vocant. Ib., c. 36. In confinio termini Arverni, Gabalitani atque Rutheni. Ib., lib. 10 c. 5. Villa Marciacinsis [Marsas] in termino Burdegalensi. Virt. Martini, lib. 3 c. 33, *SRM.*, I p. 640. Res sitas in termino illo. F. Sal. Merkel., no. 9, *Form.*, p. 244. **3.** circonscription qui constitue une *subdivision du territoire d'une cité* — district forming a *subdivision of the territory of a "civitas".* Ea quae sub ipsius castri termino propria habebat. GREGOR. TURON., lib. 7 c. 17. Infra terminum Ternoderensis castri [Tonnerre]. Id., Glor. conf., c. 11, *SRM.*, I p. 754. In loco noncopante Cadolaico infra termeno Verninse. *D. Merov.*, no. 78 (a. 710). Infra terminum Wasaliacinse [i.e. Oberwesel] suburbano [i.e. in dioecesi] Treverico. V. Goaris, c. 1, *SRM.*, IV p. 411. **4.** *détroit d'un château — pale of a castle.* Edificavit istum castrum Cardona cum suis terminibus. MUÑOZ, *Fueros*, I p. 51 (a. 986). **5.** *finage d'une "villa", terroir — township.* Si quis servum ecclesiae vel ancillam ad fugiendum suaserit, et eos foras terminum duxerit. Lex Baiwar., tit. 1 § 4. [Locellum] unacum terminis suis et mancipiis. *D. Merov.*, no. 3 (a. 528). Villa ... cum termino vel colonica sua ad se pertinentes. PARDESSUS, I no. 241 p. 227 (a. 627, Limousin). Villa ... cum omni merito et termino suo. MARCULF., lib. 1 no. 14$^{d}$, *Form.*, p. 52. Manso illo infra termino villa nostra illa. Ib., lib. 2 no. 36, p. 97. Loco ...cum omni jure vel integritate, terminum seu statum suum. *D. Arnulfing.*, no. 3 p. 93 (a. 702). Quicquid proprietatis visus sum habere in villa E. ... cum omnibus adjacentiis suis ... ad meam proprietatem in terminis villae praefatae pertinentibus. DRONKE, *CD. Fuld.*, no. 107 p. 64 (a. 793). Tradidi ... curtem cum domo ... et dimidium territorium seu terminos quos pertinent ad ipsum domum. BITTERAUF, *Trad. Freising*, I no. 300 p. 260 (a. 812). **6.** *territoire inculte délimité* et affecté à l'usage individuel ou communautaire (allem. "Gemarkung") — *demarcated area of waste* for private or common easement. Tradidit ... mansos vestitos 3 et apso 1 et terminum silve que adjacet secus fluenta F. Indic. Arnonis a. 790, c. 3 § 2, HAUTHALER, *Salzb. UB.*, I p. 6. Addens duarum silvarum terminos. STIMMING, *Mainzer UB.*, I no. 482 p. 387 (a. 1119). In communi termino omnes ... ad quamcunque voluerint utilitatem idem jus habeant quod ceteri conterminales. LACOMBLET, *UB. Niederrh.*, I no. 253 p. 163 (< a. 1096 >, spur. ca. a. 1140). **7.** *territoire délimité et attribué à un monastère — demarcated area granted to a monastery.* Vindedi infra terminum sancti illius campo [i.e. campum]. F. Turon., no. 8, *Form.*, p. 140. Terminum scribere voluit, qualiter vir inluster H quondam rex eidem loco concessit. Invent. Maurimon. (s. x ex.), PERRIN, *Essai*, p. 133. Terminus, quem [archiepiscopus] cum suo banno ad prefatum monasterium ... terminasset. *Ann. Hist. Ver. Niederrh.*, t. 26/27 p. 345 no. 3 (< a. 948 >, spur. s. xi). Omnis populus tam liber quam servus quos ejusdem coenobii terminus capit. STIMMING, o.c., I no. 449 p. 356 (< a. 1112 >, spur. s. xii). **8.** *ressort dîmier — tithe district.* Ut terminum habeat unaquaeque aecclesia, de quibus villis decimas recipiat. Capit. eccles. (a. 810-813?), c. 10, I p. 178. Decimationum terminos tam in agris quam in silvis ... assignamus. BEYER, *UB. Mittelrh.*, I no. 356 p. 413 (a. 1063). Legitimam eam [ecclesiam] fecimus cum dote ejus et termino. LACOMBLET, o.c., I no. 231 p. 150 (a. 1081). Pro decima termini Lovaniensis parochie, qui claudebatur hoc praecinctu. MIRAEUS, I p. 91 col. 1 (a. 1129, Brabant). **9.** *ressort paroissial — parish district.* [Capelle] neque in termino earum, que modo matres sunt, ... neque ipse consecrate erant. MULLER-BOUMAN, *OB. Utrecht*, I no. 225 p. 203 (a. 1063). **10.** *droits paroissiaux — parish jurisdiction.* Ecclesia parrochie s. Servatii sola in Trajectensi urbe habet decimas et terminum. *D. Lothars III.*, no. 41 (a. 1132). Eidem ecclesie eosdem jugeres ab omni termino circumjacentium ecclesiarum, ab omni exactione liberos ... sancimus. MULLER-BOUMAN, o.c., no. 355 p. 326 (a. 1135). **11.** *terme, délai — time-limit.* Donec ad praefinitum annorum terminum veniat. Ordin. imp. a. 817, c. 16, *Capit.*, I p. 273. Termino statuto differre volui. Coll. s. Dion., no. 24, *Form.*, p. 509. **12.** *terme pascal — date for computing Easter.* MILO, V. II Amandi, c. 3, *SRM.*, V p. 457. **13.** *date déterminée — fixed date.* Duobus terminis, in pascha videlicet et festo s. Iohannis ... convenirent. MULLER-BOUMAN, o.c., no. 322 p. 294 (< a. 1127 >, spur. s.xii ex.) **14.** *jour pris — day appointed.* Comes audito clamore terminum posuit apud B. DELISLE-BERGER, *Actes Henri II*, I no. 81* p. 87 (a. 1154, Anjou). **15.** (cf. voc. terminare sub 4) *jugement, sentence — legal decision.* De termino causarum et litium statuimus, ut ... causae vel lites ... discutiantur et ... terminentur. Capit. de just. fac. (a. 811-813), c. 1, I p. 176. In mallo publico ... legitimus terminus eorum contentionibus inponatur. Capit. legib. add. (a. 818/819), c. 10, II p. 283. **16.** **terme* (en logique) — *term* (in logic). **17.** *terme, expression, mot — term, expression, word.* S. xiii.

**terra: 1.** *la terre* ou *une terre cultivée ou cultivable*, y compris les champs, les vignes, les vergers, les prés; un domaine, un terroir — *land*, a piece of *land under cultivation or suitable for cultivation*, comprising fields, vineyards, orchards, hayfields; an estate, a township. (Cf. Cod. Theodos., 13, 1, 13.) Ei terram ad habitandum deputasset. Lex Burgund., tit. 79 § 1. Si quis ... aut habit [i.e. habet] aut postolat habere diocessim [église paroissiale — parish church], primum et terras ei deputet sufficienter et clericos. Concil. Aurel. a. 541, *Conc.*, I p. 95. Leonem a jugo servitutis absolvens ... dedit et terram propriam, in qua cum uxore et liberis liber vixit. GREGOR. TURON., H. Fr., lib. 3 c. 15. In terra hujus monasterii conmanebat. Ib., lib. 8 c. 19. Salvo jure sancti illius, cujus terre esse videtur. F. Andecav., no. 1$^{c}$, *Form.*, p. 5. Super terra nostra aut filiorum nostrorum ... conmanere debeant. MARCULF., lib. 2 no. 29, ib., p. 94. Prosolvat [i.e. persolvat] ad ecclesiam censum de illa terra. Lex Alamann., c. 2. Ab eis terras ad habitandum acceperunt. Constit. de Hisp. II a. 816, *Capit.*, I p. 264. Alienas terras ad excolendum ... accipit. Capit. Wormat. a. 829, c. 10, II p. 14. De liberis hominibus, qui proprium non habent sed in terra dominica resident. Capit. pro lege hab. Wormat. a. 829, c. 6, II p. 19. In T. villa mansum unum, et terras quae sunt in G. et A. villa. DELOCHE, *Cart. de Beaulieu*, no. 6 p. 17 (a. 842). Fiscum ... unacum terra comitali que ante portam castri fore videtur. *D. rois de Prov.*, no. 45 p. 84 (a. 904). De alio latere terram vicarialem. DELOCHE, o.c., no. 66 p. 117 (a. 927). **2.** *la terre* ou *une terre arable*; *les labours* par opposition aux vignes, aux vergers, aux prés etc. — *arable* or *a piece of arable*; *fields* as contradistinguished from vineyards, orchards, hayfields and so on. De his, quae parrochiis in terris, vineis, mancipiis adque peculiis quicumque fedelis obtulerint. Concil. Aurel. a. 511, c. 15, *Conc.*, I p. 6. Tam casis, campis, terris, mancipiis, acolabus, pratis, pascuis, aquis ... F. Andecav., no. 7, *Form.*, p. 7. Vindedimus a vobis estatus [i.e. servos] nostros cum omni peculiare ..., manso et terra vel viniolas. Ib., no. 25, p. 12. Mansum 1 ... et inter terram arabilem et pratum seu et silvam habentem plus minus bunaria 10. GYSSELING-KOCH, *Dipl. Belg.*, no. 22 p. 42 (a. 806, S.-Bertin). Venditionem rerum immobilium, hoc est terrarum, vinearum atque silvarum. Div. regn. a. 806, c. 11, *Capit.*, I p. 129. **3.** *une terre* cultivée ou non — any *piece of land*, whether waste or cultivated. Cum ... terris cultis et incultis. DELOCHE, o.c., no. 3 p. 11 (a. 866); no. 76 p. 129 (a. 894). Item LÉPINOIS-MERLET, *Cart. de Chartres*, I p. 75. **4.** *territoire — territory.* In terra nostra silva Ardenense. *D. Merov.*, no. 21 (a. 644). Castellum ... in suae aecclesiae [sc. Tungrensis] terra situm. FLODOARD., Ann., a. 933, ed. LAUER, p. 55. **5.** spec.: territoire dominé par un grand féodal, *principauté territoriale* — area ruled by a feudal lord, *principality.* Princeps [Flandriae] omnem terram suam in manu regis dedit, ita tamen ut ipse in vita sua inde honoratus existeret. Ib., a. 962, p. 152. Princeps terrae [sc. Flandriae]. HAIGNERÉ, *Ch. de S.-Bertin*, I no. 71 p. 25 (a. 1042). In hac pace nullus nisi comes terre caballicationem aut hostilitatem faciat. Pax Dei Teruan. a. 1063, *Const.*, I no. 422 c. 6. Domini et principes terrae [i.e. comes et comitissa Andegavensis]. MARCHEGAY, *Arch. d'Anjou*, II p. 47 (ca. a. 1107). Reciperent novum comitem secundum ... electionem primorum terrae. GALBERT., c. 53, ed. PIRENNE, p. 84. Princeps terrae [sc. Saxoniae]. Ann. Patherbr., a. 1137, ed. SCHEFFER-BOICHORST, p. 165. Coram principibus terre mee [sc. comitis Hollandiae]. OPPERMANN, *Fontes Egmund.*, p. 236 (ch. a. 1162). A comite Hollandie, in cujus terra et potestate hec gesta sunt. MULLER-BOUMAN, *OB. Utrecht*, I no. 458 p. 410 (a. 1168). **6.** "le pays", c.-à-d. *l'ensemble des habitants aisés du pays — the body of well-to-do citizens of a district.* Coram domino comite apud plenum heymal, ... ubi terra convenerat. SLOET, *OB. Gelre*, no. 636 p. 645 (a. 1243).

**terracea,** -acia, -atia, -assia, -ada, -adis, -ascis (< terra): *terrasse, terrain étagé — terrace, terraced land.* *D. Lothaire*, no. 11 (a. 958). *Gall. chr.*$^{2}$, XVI instr. no. 26 col. 21 (ca. a. 1036, Viennois).

**terradium,** v. terraticus.

**terragialis** (< terraticus). Terra: sujet au terrage — liable to payment of land-rent. S. xiii.

**terragiare** (< terraticus): *percevoir le terrage — to get in the tribute called "terragium".* BRUNEL, *Actes de Pontieu*, no. 192 p. 293 (a. 1209).

**terragiarius** (< terraticus). Terra: sujet au terrage — liable to payment of land-rent. S. xiii.

**terragiator:** *perceveur du terrage — collector of land-rent.* S. xiii.

**terrale,** -lium, -llium (< terra): *rempart de terre — earthen rampart.* BEYER, *UB. Mittelrh.*, I no. 315 p. 369 (a. 1041).

**terrare:** *couvrir de terre — to cover with earth.* SUGER., V. Lud. Gr., c. 11, ed. WAQUET, p. 74.

**terrarius** (adj.): *possessionné — landed.* Homo. Leg. Ine, c. 51, vers. Quadr., LIEBERMANN, p. 113 col. 1. Subst. mascul. **terrarius:** *terrien — land-owner.* Thainus meus qui terrarius sit. Leg. VI Aethelstan, c. 11, ib., p. 182 col. 2. Subst. neutr. **terrarium,** terrerium: **1.** *rempart de terre — earthen rampart.* Chron. Namnet., c. 30, ed. MERLET, p. 92. MIRAEUS, I p. 372 col. 2 (a. 1116). **2.** *terroir — fields.* S. xiii.

**terraticus,** terragium, terradium: **1.** *défrichement, aménagement de champs arables — reclamation of waste land, bringing under tillage.* Propter invasiones, quas singulos [i. e. singuli] homines de C. fecerant in waldo ...; similiter et de terraticas [sic] vel alias invasiones, quas alii homines fecerant ...; iterum ... de terratico quod subtraxerant et silva quam invaserant. MANARESI, *Placiti*, I no. 4 p. 9 (a. 779, Spoleto). **2.** *terrage*, redevance exigée pour la permission de cultiver des champs arables créés par défrichement, consistant en une part de fruits — *tribute* exacted for a licence to cultivate arable obtained by reclamation of waste land, consisting in a share of the crop. De monte ... unde singulos [i.e. singuli] homines de Villa Magna terraticum dare consueverant. MANARESI, doc. laud. Qui soliti fuerunt monasterio reddere terraticum. D. Lud. II imp. a. 869, UGHELLI, II col. 559. De silvis ubi partem habent et de exartis nullus nisi ipsi terraticum accipiat. D. Rodulfi reg. Burgund. a. 927, BERNARD-BRUEL, *Ch. de Cluny*, I no. 285 p. 282. Terragia de cunctis eisdem novalibus ad te pertinentia recognovi. DUVIVIER, *Actes*, I p. 123

(a. 1150-1159, Hainaut). Souvent le terrage et la dîme sont les deux redevances essentielles qui pèsent sur la terre — often "terrage" and tithe are the two principal duties due from the fields. [Ecclesiam] cum redditibus suis, id est sepulturam et decimam et terraticum. BOURASSÉ, *Cart. de Cormery*, no. 37 p. 75 (a. 1026-1040). Terra que ... proscissa et sulcata ad proferendum fructum fuerit infra circuitus et anfractus prefate silve, ... solvat ... terragium et decimam. *Actes Phil. Ier*, no. 8 p. 26 (a. 1060). Episcopis vel quibuslibet ecclesiarum ministris facultas [non] sit de ipsius terre frugibus, que domus vestre laboribus colitur, decimas aut terragium exigere. Pasch. II pap. priv. a. 1117, PFLUGK-HARTTUNG, *Acta*, I no. 129 p. 113 (Châlons-s.-Marne). Terragium et decimam que ceteri viri in eadem villa dederunt. Innoc. II pap. priv. a. 1139, ib., no. 180 p. 159 (Cambrésis). De terris suis decimam et terragium dabunt. DUVIVIER, o.c., I p. 366 (a. 1170-1189, Hainaut). Le taux du terrage diffère d'un cas à l'autre — the rate of the "terrage" differs. Persolvant ... redditum terrae ..., id est quartam garbam terragii. DC.-F., VIII p. 72 col. 3 (ch. a. 1030, Vermandois). Dixit quia terra illa nichil sibi ... ad medium proficiebat, et quesivit eam ad terragium. MARCHEGAY, *Arch. d'Anjou*, III p. 28 no. 34 (s. xi ex.). Habet terras ad septimae gerbae terragium. CHEVALIER, *Cart. de Noyers*, p. 633 (a. 1176). **3.** A la longue, l'origine du terrage se perd; le terrage et le champart, d'origines différentes, s'assimilent. — In the long run the origin of the "terrage" is obliterated and it is no longer distinguished from the "champart". BERTRAND, *Cart. d'Angers*, I no. 180 p. 210 (a. 1075). RICHARD, *Ch. de S.-Maixent*, I no. 137 p. 168 (ca. a. 1077). VERCAUTEREN, *Actes de Flandre*, no. 111 p. 256 (a. 1122). PETR. DIAC., Chron. Casin., lib. 3 c. 64, *SS.*, VII p. 747. GISLEB. MONT., c. 241, ed. VANDERKINDERE, p. 317. **4.** un *impôt d'ordre public*, de nature incertaine — a *State tax*. Districtum, teloneum, terraticum, strataticum omnemque publicam functionem. *D. Ottos II.*, no. 231 (a. 980). Item no. 283 (a. 982). **5.** *terrasse, rempart — terrace, rampart*. G. Federici, contin., ad a. 1201, ed. HOLDER-EGGER, p. 65. JOH. CODAGN., ad a. 1314, ed. HOLDER-EGGER, p. 46. **6.** *une terre* quelconque — *a piece of land*. Dedi ... terragia infrascripta. UGHELLI, V col. 1047 (ch. a. 1088, Calabr.). **7.** *taxe de sépulture — burial duty*. S. xiii.

**terrenus:** *terrestre, du monde, du siècle, de cette vie — earthly, wordly, of this world, of life here beneath.

**terribiliter:** *d'une manière terrible — terribly.

**terrida,** v. tarida.

**terrigena** (class. adj. "né de la terre — born from the earth"), subst. mascul.: **1.** *un indigène — a native*. Joh. VIII pap. epist. 27, *Epp.*, VII p. 27. **2.** *être humain — worldling*. MULLER-BOUMAN, *OB. Utrecht*, I no. 62 p. 68 (a. 834).

**territorium** (class. "universitas agrorum intra fines cujusque civitatis", POMPON.): **1.** *territoire d'une cité — territory of a "civitas"*. Juxta vicum Ambaciensim [Amboise] terreturium [i.e. in territorio] urbis Toronicae. GREGOR. TURON., H. Fr., lib. 2 c. 35. Ibi saepe. Villa de Nimione [Chaillot] sita in territorio Parisiaco. Test. Bertichramni a. 615, PARDESSUS, I no. 230 p. 199. In quibuslibet pagis atque territoriis. *D. Merov.*, no. 58 (a. 691). MARCULF., lib. 2 no. 1, *Form.*, p. 72. Cart. Senon., no. 13, ib., p. 190. Judici vel vicario proxime civitatis aut territorii. Lex Visigot., lib. 9 tit. 1 c. 6. Ibi saepe. Quidam homines de territorio civitatis illius. F. imper., no. 5, p. 291. Lud. Pii pact. c. Pasch. pap. a. 817, *Capit.*, I p. 353 sq. En parlant du territoire d'une cité nouvellement créée — with reference to the territory of newly erected cities: Civitatem nomine Chut cum toto ejus territorio sive burgwardio. *D. Heinrichs II.*, no. 63 (a. 1004). [Monasterium] quod est situm sub territorio Babenbergensis civitatis. Ib., no. 389 (a. 1018). **2.** *diocèse — diocese*. Ne presbyter terretorii alieni sine conscientia sui episcopi in alterius civitatis territurio praesumat baselicis ... observare. Concil. Epaon. a. 517, c. 5, *Conc.*, I p. 20. Vindedi in terraturium [i.e. territorio] sancti illius viniola[m]. F. Andecav., no. 4, *Form.*, p. 6. Monasteria ... infra urbem vel terreturium ... consolavit. Pass. prima Leudegarii, rec. C, c. 21, *SRM.*, V p. 303. Secundum ejus episcopi sententiam poeniteat, in cujus territorii potestate esse dinoscitur. Capit. de cleric. percus., c. 3, I p. 362. Nullus episcopus territorii illius ... ibidem aliquod praesumat exercere dominium. *D. Charles le Ch.*, no. 117 (a. 849; an genuinum?). Episcopis, in quorum parrochiarum territoriis predia possidet. Synod. Pap. a. 850, c. 11, *Capit.*, II p. 120. **3.** *pagus*. Luncimacum in territorio Vilcassinensi [Vexin]. G. abb. Fontanell., c. 2 § 3, ed. LOHIER-LAPORTE, p. 18. In Normannia territorio Vilcassino quendam fundum. FAUROUX, *Actes de Norm.*, no. 137 p. 313 (a. 1055). Actum publice in Blandinio Gandavi territorii. OBREEN, *OB. Holland*, no. 51 p. 25 (< a. 981 >, spur. s. xi). **4.** *finage — township*. Restauramus ... medietatem territorii ville C. *D. Charles le Ch.*, I no. 54 p. 153 (a. 844). Villam F. cum suis territoriis et C. cum suis adjecenciis. Ib., no. 148 p. 393 (a. 852?). In jam dicta vicaria secus territorium de villa q. v. C. campum unum. DONIOL, *Cart. de Brioude*, no. 142 p. 158 (a. 888-909). **5.** *circonscription judiciaire — jurisdictional district*. In alterius territorio judicis. Lex Visigot., lib. 2 tit. 2 c. 7. Illius judicis, cujus terreturio res illa tenetur. Lex Burgund., extrav., tit. 21 c. 14. Possessiones, quas in quibuslibet provinciis aut territoriis regni nostri possidet. *D. Ludwigs d. Jüng.*, no. 7 (a. 877). De possessionibus predicti ducis, quas in territoriis regni nostri habere videtur. Praec. Guidonis a. 891, *Capit.*, II p. 147. **6.** *châtellenie — castelry*. In territorio Brugensi. *D. Phil. Ier*, no. 25 p. 74 (a. 1066). Quidquid juris in territorio Challiaci, sive in proprietate sive in casamentis, ... habuerat. QUANTIN, *Cart. de l'Yonne*, II no. 78 p. 84 (a. 1157). **7.** *territoire séculier d'un évêché — area ruled by a bishopric*. Ambo episcopi [Cameracensis et Leodiensis] invicem consulentes [de monasterio Laubiensi], iste quia in sua parrochia est aecclesia, ille quia in suo abbatia est territorio. G. pontif. Camerac., lib. 3 c. 15, *SS.*, VII p. 470. **8.** *terroir* en général, ensemble de terres cultivées — *cultivated area*. Villam



cum basilicis, adpendiciis, territuriis ... *D. Merov.*, no. 3 (a. 528). Agris, territoriis, vineis. Ib., no. 5 (a. 556). Cur invadere conaris territorium, quam [!] ego juste jure hereditatis donavi. Lex Baiwar., tit. 16 c. 17. Ecclesiam cum mancipiis et territoriis sibi pertinentibus. *D. Ludwigs d. Deutsch.*, no. 11 (a. 833). *D. Ottos II.*, no. 30 (a. 973). De omnibus territoriis, rebus et fundis ad ipsius ecclesie canonicam attinentibus. *D. Konrads II.*, no. 61 (a. 1026). **9.** *terroir labourable — arable area*. In pago B. in locis B. et W. de territorio arabili jugera 39. *D. Ludwigs d. Deutsch.*, no. 83 (a. 857). Territorium et vineas, quas ... in pago Vermandense in loco nuncupato H. ... contulit. *D. Charles le Ch.*, II no. 430 p. 462 (a. 877). Silvam in augmentum territorii expurgare. Trad. Juvav., Cod. Odalberti, no. 69, HAUTHALER, *Salzb. UB.*, I p. 130 (a. 928). **10.** *domaine — manor* or *estate*. Territorium monasterii, quod fuit extra urbem. *D. Charles le Simple*, no. 68 (a. 911). Terras et vineas, quas ... comparavi in territorio s. Audoeni quod dicitur Ballolo [Bailleul]. FAUROUX, *Actes de Norm.*, no. 19 p. 103 (a. 1006-1017). Territorium ... contulimus cum omnibus suis appenditiis. ERHARD, *Reg. Westfal.*, I, CD. no. 142 p. 113 (a. 1048). KÖTZSCHKE, *Urbare Werden*, p. 146 (s. xi). **11.** *réserve domaniale — manorial demesne*. In W. per omnem villicationem decimatio; in B. super territorium et omnem villicationem; ... in N. super territorium tantum. DRONKE, *Trad. Fuld.*, p. 66 (a. 852). In S. territorium 1 et 10 mansi. Ib., p. 54. Etiam p. 128. **12.** un seul *champ — a single field*. In suburbio ... mansum dimidium cum 4 territoriis appenditiis infra urbem habitis. OPPERMANN, *Rhein. Urkst.*, I p. 440 no. 5 (a. 980, Köln).

**terrula,** terrola: *petit champ, petit domaine — small piece of land, small estate.

**tersorium** (< tergere): *serviette — towel*. Consuet. Cluniac. antiq., rec. B, c. 23, ALBERS, II p. 20. D'ACHÉRY, *Spicil.*², III p. 412 (a. 1077).

**tertia** (femin.) et tertium (neutr.): **1.** *le tiers du terroir*, dans le partage de l'"hospitalitas" — *a third part of a cultivated area*, in connection with the partitioning system of the "hospitalitas". Quemadmodum in tertiarum deputatione Gothorum Romanorumque et possessiones junxit et animos. CASSIOD., lib. 2 epist. 16 § 5, *Auct. ant.*, XII p. 55. De tertia Romani Gothus sibi aliquid audeat usurpare. Lex Visigot., lib. 10 tit. 1 § 8. **2.** *champart d'un tiers des fruits — share of one third of the crop* accruing to the landlord. Facit vineam dominicam ad tertium. Polypt. s. Remigii Rem., c. 3 § 3, ed. GUÉRARD, p. 4 col. 1. Rursum c. 23 § 2, p. 89 col. 1. Absque redditione tertiarum ... in sua terra seminarent ac meterent. PÉRARD, *Rec. de Bourg.*, p. 96 (ca. a. 1120). De terciis, que alio nomine campartes vocantur, ... illi qui eas debent reddere ... QUANTIN, *Cart. de l'Yonne*, I no. 186 p. 323 (a. 1137, Vézelay). **3.** *le tiers des revenus d'une église*, qui revient à l'évêque — *one third of the revenue of a church* accruing to the bishop. De his quae in altario accesserint, tertia fideliter episcopis deferatur. Concil. Aurel. I a. 511, c. 15, *Conc.*, I p. 6. Tulisset ei annonam et vinum et alias res in tertium. *Hist. de Lang.*³, II pr. no. 165 col. 341 (a. 865, Narbonne). [Episcopos] primitiva [i.e. primitias] vel tertias requisisse vel accepisse. DC.-F., VIII p. 78 col. 3 (ch. a. 1030, Navarra). Ecclesiae ... quae solvunt tertium aut paratam vel synodum, solito more persolvant episcopis vel clericis. Concil. Tolos. a. 1056, c. 10, MANSI, t. 19 col. 849 A. **4.** *le tiers de la valeur des objets volés* qui revient au viguier — *one third of the value of stolen property* which accrues to the "vicarius". Nisi vicarius de fure villano justitiam fecerit, tertium inde minime habebit. BERTRAND, *Cart. d'Angers*, I no. 221 p. 264 (a. 1080-1082). Aliam consuetudinem clamabant prepositus vel vicarius de T. in terra monachorum quam tercium vocant. ... Facto furto ... querebant ... illam consuetudinem quam tercium vocant. Ib., no. 226 p. 271 (a. 1055-1093). **5.** *le tiers des amendes* qui revient à l'avoué — *one third of the penalties inflicted* accruing to an ecclesiastical advocate. Curtenses a datione in placito que tertie dicuntur tutos esse permittimus. *D. Heinrichs III.*, no. 351 (a. 1055). [Advocati] effusionem sanguinis, furta, violatam pacem, hereditatis contentionem judicantes sua tercia contenti sint. LACOMBLET, *UB. Niederrh.*, I no. 203 p. 132 (< a. 1064 >, spur. s. xii, Siegburg). **6.** tertia, sc. hora: *office de tierce — divine service of the tierce*. Cantato cursu tertiae. FORTUN., V. Germani Paris., c. 62, *SRM.*, VII p. 410. Hic [episcopus] instituit tertiam et sextam in ecclesia dici. GREGOR. TURON., H. Fr., lib. 10 c. 31.

**tertiare:** **1.** *faire don d'un tiers — to grant a third part*. Praenominata villa pro libertate sua ... omnia mobilia sua mihi tertiavit. MIRAEUS, I p. 68 (a. 1066). **2.** *enlever un tiers — to take a third part*. Milites ... tertiavit, id est tertiam partem omnium bonorum suorum eis violenter abstulit. RIGORD., ad a. 1199, ed. LABORDE, p. 148.

**tertiaria:** *tenure à part d'un tiers des fruits — tenancy granted in return for a share of one third of the crop*. Cedo ... vineas meas, scilicet terciarias, quae sunt in fundo E. DE FONT-RÉAULX, *Cart. de Limoges*, no. 22 p. 47 (a. 869-898). Honorem ... quem visus est tenuisse ... sive ad mejariam vel terzariam vel cartariam [i.e. quartariam]. BALUZE, *Auvergne*, II p. 489 (a. 1138).

**tertiarius** (subst.): **1.** *un dépendant obligé à deux journées de corvée par semaine — a dependant liable to two days of labour service a week*. In villa q. v. D. terciarium unum ad fenum colligendum. *D. Charles le Ch.*, I no. 206 p. 523 (a. 859). **2.** *un tenancier à part d'un tiers des fruits — a land-tenant owing a share of one third of the crop*. BERTRAND, *Cart. d'Angers*, I no. 196 p. 226 (a. 1146).

**tertiatio:** *action de répéter trois fois — repeting three times*. ARNOLD. VOCHBURG., Mir. Emmerammi, lib. 2 c. 53, *SS.*, IV p. 570.

**tertiator:** *un tenancier qui doit un terrage d'un tiers des fruits — a land-tenant owing a share of one third of the crop*. Pact. Arichis Benev. de Leburiis (post a. 774), c. 11, *LL.*, IV p. 214. Sicardi Benev. pact. c. Neapol. a. 836, c. 4 et passim, ib., p. 219.

**tertiolus:** *une monnaie — a coin*. Roncinus vendebatur 4 soldis tertiolorum. Ann. Mediol., a. 1158, c. 13, *SS.*, XVIII p. 366.

**tesa,** v. tensa.

**thesauraria:** *trésorerie, charge de trésorier — treasurership.* Ademar., lib. 3 c. 41, ed. Chavanon, p. 164. Duvivier, *Actes*, I p. 197 (a. 1081, Douai).

**thesaurarium:** **trésor, trésorerie — treasure-chamber, treasury.* V. Burchardi Wormat., c. 22, *SS.*, IV p. 845.

**thesaurarius:** *trésorier — treasurer.* D'un trésorier royal — with reference to a royal treasurer: Cod. Justin., 10, 23, 1. Gregor. Turon., H. Fr., lib. 5 c. 39; lib. 7 c. 4. Fortun., lib. 10 carm. 17 v. 17, *Auct. ant.*, IV pt. 1 p. 250. Isid. Hispal., epist. 1 § 10 et 14, Migne, t. 83 col. 896 sq. *D. Merov.*, no. 13 (a. 629). Du trésorier d'une église — with reference to an ecclesiastical treasurer: Hincmar. Rem., epist., Migne, t. 126 col. 533 A.

**thesaurium,** thesauria: **trésorie — treasury.*

**thesaurizare:** **thésauriser — to amass treasure.*

**thesaurus: 1.** *argent comptant — cash.* Quicquid vel concambio vel thesauro nostro adquisivimus. Wampach, *UB. Luxemb.*, I no. 206 p. 288 (a. 993). Domum ... emi thesauro meo. Hoeniger, *Koelner Schreinsurk.*, I p. 22 c. 1 (a. 1142-1156). **2.** *droit régalien des trésors trouvés — treasure-trove.* Hec sunt jura que rex Anglie solus ... habet ...: thesaurus inventus ... Leg. Henrici, c. 10 § 1, Liebermann, p. 556.

**tesceia,** v. texaca.

**tesia,** tessa, v. tensa.

**tessamentum,** v. tensamentum.

**tesser** (genet. tesseris) = tessera.

**testa,** v. testum.

**testamentalis: 1.** *en guise de dernière volonté — by way of last will.* Testamentali voce denuntians. Jordan., Getica, c. 59 § 304, *Auct. ant.*, V pt. 1 p. 136. Id., Rom., c. 223 et 225, p. 28 sq. **2.** *qui sert de preuve écrite — acting as a documentary evidence.* Litteris eam [sc. largitionem] testamentalibus ... astipulari praecepimus. Mabillon, *Dipl.*, p. 5 (a. 1083-1096, Reims). Regis ... edicta testamentalia. Joh. Mett., Transl. Glodesindis, *AASS.*, Jul. VI p. 220 col. 1. Paginam ... testamentali astipulatione corroboramus. Muller-Bouman, *OB. Utrecht*, I no. 305 p. 280 (a. 1122). Chartam hanc testamentalem proprio sigillo corroborari praecepi. Miraeus, I p. 382 col. 2 (a. 1130, Guines).

**testamentare:** *tester — to make a will.* Faciens ei [sc. manumisso] potestatem ... testificandi, testamentandi, quaelibet negotia peragendi. *Hist. de Lang.*[3], II pr. no. 49 col. 124 (a. 819, Narbonne).

**testamentarius:** *qui sert de preuve écrite — acting as a documentary evidence.* Hanc cartam testamentariam ... conscribi ... jussimus. *D. Heinrichs IV.*, no. 280 (<a. 1075>, spur. ca. a. 1080-1090, Hirsau). Subst. mascul.: *exécuteur testamentaire — testamentary executor.* S. xiii.

**testamentum: 1.** *acte écrit concernant une donation "post mortem" — deed purporting a gift "mortis causa".* Zeuss, *Trad. Wizenb.*, no. 47 p. 49 (a. 737). **2.** *acte écrit* quelconque — any *written deed.* Testamenta quae in eclesias conscripta erant. Gregor. Turon., H. Fr., lib. 6 c. 46. Testamentum venditionis. Lex Ribuar., tit. 59 § 1. Largiens solenniter per titulum testamenti ... copiam fundi. V. Agili, c. 5, *AASS.*, Aug. VI p. 577 B. Capit. Olonn. eccles. II a. 825, c. 4, I p. 328. **3.** *diplôme royal — royal charter.* Si duo testamenta regum ex una re extiterint. Lex Ribuar., tit. 60 § 7. Per nostris auctoritatebus [i.e. nostrae auctoritatis] testamentum. *D. Merov.*, no. 11 (a. 627). Nostre celsitudinis facto testamento. *D. Heinrichs II.*, no. 36 (a. 1003). Per hoc regale testamentum donando firmamus. Ib., no. 122 (a. 1006). **4.** **pacte, accord, alliance — treaty, agreement, covenant.* **5.** *document du pacte entre l'homme et Dieu, *l'Ancien et le Nouveau Testament* — covenant between man and God, *the Old and the New Testament.* **6.** *témoignage, sentence, énonciation — testimony, statement, utterance.* De eo sanctissimi Job testamentum dici potuit: Oculus fui caeco et pes claudo. Alcuin., V. Richarii, c. 5, *SRM.*, IV p. 392. Hoc ecclesiae Dei testamentum ... firmari ... volumus. Concil. Ticin. a. 1022, *Const.*, I p. 76.

**testari** et testare, **1.** aliquem: i.q. contestari, *adjurer, exhorter dans la présence de témoins — to conjure, urge before witnesses.* Cum testibus sic ei debet testare: ... Testo tibi ut in 10 noctes de villa ipsa egredere debeas. Lex Sal., tit. 45 § 2. [Creditor] testare debet ut [debitor] nulli alteri nec solvat nec pignus donet solutionis, nisi ante[a] ille impleat quod ei fidem fecerat. Ib., tit. 50 § 2. **2.** aliquid: i.q. protestari, *promettre solennellement — to promise solemnly.* Haec ... se servaturum testatus est. Pact. Argentor. a. 842, *Capit.*, II p. 172.

**testatio: 1.** *testament — will.* Nobis ostenderunt breve scriptum testationis, ubi continebatur ... Manaresi, *Placiti*, I no. 23 p. 73 (a. 811, Rieti). **2.** (cf. voc. testare sub 1) *adjuration, admonition — conjuration, warning.* Sub testatione ne quis id sciret, abire precepit. Alpert. Mett., Div., lib. 1 c. 14, ed. Hulshof, p. 21.

**testator: 1.** *témoin — witness.* Testatores ... interpellavit. *D. Arnulfing.*, no. 10 p. 98 (ca. a. 719). **2.** *exécuteur testamentaire — executor of a will.* S. xiii.

**testatorius:** *qui sert de preuve écrite — acting as a documentary evidence.* Has testatorias litteras exinde fieri jussimus. *D. Charles le Simple*, no. 81 (a. 915; an verax?).

**testatus** (adj.): *relatif à une donation "post mortem" — purporting a gift "mortis causa".* Veluti in brevi testato continetur. D. Lud. II imp. a. 861, *CD. Langob.*, no. 213 col. 350 C.

**testeia,** v. texaca.

**testeria,** testera ( < testum): *têtière*, partie du harnais d'un cheval — *head-stall* of a horse. S. xiii.

**testificatio: 1.** **attestation, affirmation — assurance, affirmation.* Tradidi meipsam sub testificatione ista, ut singulis annis persolvam 2 den. Duvivier, *Rech. Hainaut*, no. 30 p. 354 (a. 977-983). **2.** *invocation — invocation.* Rogamus atque testificatione divini nominis interdicimus. *D. Charles le Ch.*, II no. 425 p. 453 (a. 877).

**testimonialis** (adj.): **qui atteste — bearing testimony.* Subst. mascul. **testimonialis:** *témoin — witness.* Haec nomina testimonialium. Widemann, *Trad. S.-Emmeram*, no. 11 p. 10 (a. 810). Bitterauf, *Trad. Freising*, I no. 166[a] p. 162 (a. 793); no. 338 p. 289 (a. 815).

**testimoniare** et depon. testimoniari, **1.** intrans.: *témoigner — to bear witness.* Testimoniaverunt illi et illi. F. Sal. Merkel., no. 64, *Form.*, p. 263.



Contra quem testimoniari debent. Capit. legib. add. a. 803, c. 11, I p. 114. Si duo testimonia de qualibet re testimoniaverint. Capit. legi add. a. 816, c. 1, p. 269. **2.** transit.: *déclarer en témoin — to testify.* Vicini ... ita dixerunt vel testimoniaverunt, quod ... sic vero [i.e. verum] et hactum aderat. Cart. Senon., no. 38, *Form.*, p. 202. Pagenses ... sic ... testimoniaverunt, quod ipsi viderant ipsas villas partibus supradictis ecclesias possidere [i.e. possideri]. Martène, *Coll.*, I col. 41 (ca. a. 780). Testimoniaverunt et jurati perportaverunt, quod ... casa Dei vestita fuisse[t]. Pérard, *Rec. de Bourg.*, p. 14 (a. 815). **3.** *rapporter* l'issue d'une procédure, en parlant du comte du palais qui en réfère au roi — *to report* the result of a trial, with reference to the count palatine who submits the case to the king. Comis palatii nostri testemunivit quod taliter hac causa defenita fuisse denuscetur. *D. Merov.*, no. 34 (a. 658). Nos, in quantum comes palatii nostri testimoniavit, constitit decrevisse. Ib., no. 41 (a. 663). Comes palati[i] nostri testimoniavit, quod ille placitum suum legibus custodivit et ipse ille placitum suum custodire necglexit. Marculf., lib. 1 no. 37, *Form.*, p. 67. A proceribus nostris, in quantum comes palati[i] nostri testimoniavit, fuit judicatum ... Ib., no. 38 p. 68.

**testimonium: 1.** *souscription de témoin — signature of a witness.* Manu propria studuimus subtus roborare fratrumque nostrorum testimonia inserere. F. Augiens., coll. A no. 18, *Form.*, p. 346. **2.** *témoin — witness.* [Mancipia vendantur] ante bene nota testimonia. Capit. Harist. a. 779, c. 19, I p. 51. Non damnabitur praesul sine 72 testes ...; presbyter autem nisi in 44 testimonia non damnabitur. Capit. exc. de canone (a. 806 vel post), c. 23, I p. 134. Mandatarius suam [leg. sua] agramivit testimonia. *Hist. de Lang.*[3], II pr. no. 6 col. 49 (a. 782, Narbonne). Dum testimonia ipsa et ipsum notarium [i.e. ille notarius] taliter testimonium reddidissent. Manaresi, *Placiti*, I no. 7 p. 21 (a. 786, Lucca). Cum ipsa testimonia ante nos venire fecissemus. *CD. Langob.*, no. 110 col. 200 (a. 829, Roma). Lud. II imp. capit. Pap. a. 855, c. 1, II p. 89. Lex famil. Wormat. (a. 1023-1025), c. 31, *Const.*, I no. 438. **3.** *cojureur — oath-helper.* Quicumque admallatus fuerit et in veritatem testimonia non habuerit. Chilperici edict., c. 7, *Capit.*, I p. 9. **4.** *réputation — repute.* Tales eligantur qui testimonium bonum habeant inter suos pagenses. Pippini capit. Ital. (a. 801-810), c. 12, I p. 210. Presbiteri clericos boni testimonii secum conversatione habeant. Capit. de reb. eccles. (a. 825?), c. 2, p. 332.

**testis: 1.** *cojureur — oath-helper.* Unus de testibus qui ad danda convenerant sacramenta. Lex Burgund., tit. 45. F. Turon., no. 40, *Form.*, p. 157. Capit. missor. Aquisgr. II a. 809, c. 13, I p. 152. **2.** *champion — champion.* Ab utraque parte testes exirent, qui post sacramenti fidem scutis ac baculis decertantes finem controversiae imponerent. Adrevald., Mir. Benedicti, c. 25, *SS.*, XV p. 490. **3.** testis Dei, Christi: *martyr — martyr.

**testitudo:** i.q. testudo, **1.** *salle voutée, nef — vaulted hall, nave.* **2.** *crâne — skull.* Andr. Strum., V. Joh. Gualberti, c. 71, *SS.*, XXX p. 1095.

**testum**, testa (variante de testu, class. "vase en terre — stone pot"): *crâne, tête — skull, head.* Gregor. Turon., Glor. mart., c. 60, *SRM.*, I p. 530. Ps.-Antonin. Placent., Itin., *CSEL.*, t. 39 p. 174 l. 18. Si percusserit eum ut testa appareat. Lex Alamann., tit. 57 c. 3. Inde hausit Lex Baiwar., pluries.

**tethinga,** tedinga (anglosax.): *groupe de dix personnes qui sont réciproquement responsables — tithing.* S. xi, Angl.

**tetravela** (neutr. plural.) (vox graecolat.): *voile* qui couvre les quatre côtés d'un ciborium — *veil* covering all four sides of a ciborium. Lib. pontif., Sergius, § 11, ed. Mommsen, p. 214. Ib., Leo III, § 28, ed. Duchesne, II p. 8. Ib., § 42, p. 12.

**teutonizare:** *appeler en allemand — to call in German.* Hujus [civitatis] vocabulum modernis temporibus lingua nostra Reganisburc teutonizat. Meginfred., V. Emmerammi (a. 1030), *AASS.*, Sept. VI p. 490 col 2. Machinamentis balisticis quae mangones theutonizant. Berthold., Ann., a. 1079, *SS.*, V p. 319 l. 50.

**texaca,** tax-, -aga, taxatum, taxia, tesceia, testeia (germ.): *vol — theft.* Si servus ... de rebus domini sui aliquid portaverit in taxaca. Lex Sal., tit. 10 § 2, codd. Montispess. et Paris. lat. 4627. Lex Ribuar., tit. 18 § 1; tit. 33 § 2; tit. 42 § 2; tit. 72 § 2. Pact. Alamann., fragm. 5 c. 14. Caballo suo furassit aut in taxato post me habuisset ... Nec post me in taxata ipso caballo numquam habui. F. Andecav., no. 15, *Form.*, p. 10. Adsalituram, illud malum quod scach vocant vel tesceiam non faciam. Capit. missor. Silvac. a. 853, II p. 274. Qui infames vel clamodici sunt de testeiis vel latrociniis et rapacitatibus et assalturis. Capit. Caris. a. 873, c. 3, p. 343. Incendium, homicidium, violentiam ..., furtum, taxiam, infracturam. Quantin, *Cart. de l'Yonne*, I no. 89 p. 170 (a. 1035). In placitis praeter burinam et testeiam non debet habere advocatus nisi 3 den. *SS.*, XXI p. 315 (epist. ca. a. 1100, Lobbes).

**textrilis** = textilis.

**textrinalis:** *de tissage — of weaving.* Ancilla ... offitio textrinali intenta. Widric., Mir. Gerardi, c. 1, *SS.*, IV p. 505 col. 1 l. 52.

**textrinus** (adj.): **de tissage — of weaving.* Textrini operis lucrum exercentes. Chron. s. Andreae Castri Camerac., lib. 3 c. 3, *SS.*, VII p. 540. Subst. neutr. **textrinum** et femin. **textrina** (class. "atelier de tisserand — weaving-shed"): **tissu, étoffe — fabric, textile.*

**textus: 1.** **texte, teneur, contenu* d'un discours, d'un écrit — *text, wording, contents* of speech or writing. **2.** *charte — charter.* Donationum nostrarum textus ostendant. Lex Burgund., tit. 1 c. 4. Per [h]ujus texti cartula[m] vendere et tradere visus sum. Schiaparelli, *CD. Longob.*, I no. 89 p. 259 (a. 747, Lucca). De venditione quam textus iste continet. Ib., II no. 196 p. 191 (a. 766, Viterbo). **3.** *évangéliaire — gospel-book.* Dedit rex ... quatuor euangeliorum librum, qui textus dicitur. "Annales Francorum Anianenses" (DC.) Textum 1 aureum optimum. *Mus. arch. dép.*, no. 19 p. 39 (a. 980-1010, Clermont). Omnia ... cum quodam textu argenteo in manu

abbatis ... reliqui. MUSSET, *Cart. d'Angély*, I no. 22 p. 50 (ca. a. 1065). G. episc. Virdun., contin., c. 9, *SS.*, IV p. 48.

**tezolanus:** *tisserand — weaver*. S. xiii, Ital.

**thia,** tia (gr.; > ital. *zia*): **tante, sœur de mon père — aunt*. Concil. Bracar. II a. 563, c. 15, MANSI, t. 9 col. 776. GREGOR. M., lib. 1 epist. 37, *Epp.*, I p. 50.

**tiara,** en parlant de la tiare pontificale — with reference to the papal tiara: Thyara capiti ejus imposita. Lib. pontif., Paschal. II (a. 1099-1118), ed. DUCHESNE, II p. 296 l. 22. En parlant d'un mitre abbatial — with reference to an abbot's mitre: Tiaram gessit 18 mensibus Nicolaus abbas. Chron. breve Fontan. (a. 1060-1110), *H. de Fr.*, XII p. 771.

**tiaratus** (adj.) **qui porte la tiare — wearing the tiara*.

**tibraca,** v. tubrucus.

**tiburium** = ciborium.

**ticlatura,** v. tallatura.

**1. typhus,** typus (gr.): **orgueil — conceit*.

**2. typhus,** v. typus.

**tignum** = tectum.

**tigula** = tegula.

**tigurium,** v. tugurium.

**tilletum** (< tilia): *bosquet de tilleuls — lime-grove*. *D. Berengario I*, no. 32 p. 97 (a. 900).

**tilta,** v. telda.

**timber,** tym-, -brium (germ.): *unité quantitative* utilisée dans le commerce des peaux de pelleterie — *timber*, bundle of fur. Domesday, I fo. 262 b. Priv. civ. Rotomag. a. 1150/1151, DELISLE, *Actes Henri II*, I no. 14 p. 19.

**thymelicus:** **musicien — musician*.

**thymiama** (gr.): **encens — incense*.

**thymiaterium,** -asterium, -amaterium: **encensoir — incensory*.

**timo** (genet. -onis), v. temo.

**timonagium,** v. temonaticus.

**timorate:** *dans la crainte de Dieu — in the fear of God*. Missam humiliter et timorate ... celebraret. THIETMAR., lib. 2 c. 9, ed. HOLTZMANN, p. 108.

**timoratus** (adj.) **qui craint Dieu — fearing God*.

**tympanarium,** -ria: *clocher — belfry*. Concil. Gratelean. a. 928, MANSI, t. 18 A col. 358 A. Quadrip., LIEBERMANN, p. 457 col. 1.

**tympanum: 1.** **tambour, tambourin — drum, tambourine*. **2.** *cloche — bell*. AUDOUIN, *Rec. de Poitiers*, I p. 56 no. 28 § 34 (s. xii ex.).

**tympus** = tempus ("tempe — temple").

**1. tina,** tinum (jam ap. VARRONEM): *tonneau, fût — cask, tub, tine*. Acta Thyrsi, c. 25, *AA SS.*[3], Jan. III p. 436. Brev. ex., c. 6 sq., *Capit.*, I p. 251 sq. HEPIDANN., V. Wiboradae, c. 20, *AASS.*, Maji I p. 304 F.

**2. tina,** v. tena.

**thincgravius** (germ.): *juge présidant les séances judiciaires — judge presiding over legal assemblies*. ERHARD, *Reg. Westfal.*, II CD., no. 249 p. 38 (a. 1144).

**tincta:** **encre — ink*. Tenuit cornu cum tincta de quo fuit scriptum illud testamentum. *Hist. de Lang.*[3], V no. 236 col. 472 (a. 1053, Béziers).

**tinctio:** **baptême — baptism*.

**tinctor:** **teinturier — dyer*.

**tincturarius** (adj.): *de teinture — of dyeing*. Cacabus. *Gall. chr.*[2], VI col. 40 (a. 1156). Subst. mascul. **tincturarius:** *teinturier — dyer*. S. xii.

**tinea** (class. "teigne — moth"): *gale — itch*. FORTUN., V. Radegundis, c. 17, *SRM.*, II p. 370. V. Joh. Eborac. (s. xi in.), c. 2, MABILLON, *Acta*, III pt. 1 p. 434.

**tinellus:** *salle à manger — dining room*. S. xiv, Ital., Delphin.

**tineta** (< tina): *tonneau*, mesure de capacité — *cask*, measure of capacity. S. xiii.

**thingare** (germ.): **1.** *faire donation* d'une chose — *to donate*. Edict. Rothari, c. 168 et pluries. **2.** *affranchir — to manumit*. Ib., c. 156 sq. Liutprandi leg., c. 9 et 140.

**tingere:** **baptiser — to baptize*.

**tynnina,** v. thunnina.

**tinnulum,** tinniolum (< tinnire): *cloche — bell*. V. Eligii, lib. 2 c. 21, *SRM.*, IV p. 713.

**tintinnum:** i.q. tintinnabulum, *sonnette — small bell*. FORTUN., lib. 2 carm. 16 v. 49, *Auct. ant.*, IV pt. 1 p. 45. Lex Burgund., tit. 4 § 5. Lex Sal., tit. 29 § 2.

**tinum,** v. tina.

**typarium** (gr.): *sceau — seal*. Meo cum tipario plumbeam bullam insigniri feci. KEHR, *Urk. Norm.-Sic. Kön.*, p. 412 no. 2 (a. 1085). Litteras magistatis nostre typario tradimus communitas. *Const.*, IV pt. 1 no. 14 p. 13 (a. 1298).

**typicare:** **figurer, symboliser — to represent, symbolize*.

**typice:** **symboliquement — symbolically*.

**typicus:** **symbolique — symbolical*.

**1. typus,** typhus: **1.** **fièvre périodique — recurrent fever*. **2.** **symbole, figure mystique, préfiguration — symbol, mystical figure, prefiguration*.

**2. typus,** v. 1. typhus.

**tyrannia** = tyrannis.

**tyrannizare, 1.** intrans.: *exercer une tyrannie — to exert tyranny*. JORDAN., Rom., § 308, *Auct. ant.*, V pt. 1 p. 39. **2.** transit.: *tyranniser — to exert tyranny over* people.

**tyrannus** (non pejorat.): *un puissant seigneur — a mighty lord*. MONACH. SANGALL., lib. c. 11, ed. HAEFELE, p. 16. LOBINEAU, *Bretagne*, II col. 23 (ch. s. ix).

**tyrium** (< Tyrus): **étoffe de pourpre — purple material*.

**tiro: 1.** *vassal non chasé, chevalier domestique — non-enfeoffed vassal, household knight*. Dux ... nobiliumque innumerosa tironum clientela. V. Theofredi, c. 1, MABILLON, *Acta*, III pt. 1 p. 477. DUDO, lib. 3 c. 51, ed. LAIR, p. 195; lib. 4 c. 83, p. 238. Ibi pluries. Tirones meos [sc. regis], quos alui et militaribus armis decoravi. ORDER. VITAL., lib. 5 c. 10, ed. LE PRÉVOST, II p. 389. Tironum multitudinem pro spe et cupidine munerum sibi connexuit. Ib., lib. 8 c. 1, III p. 266. **2.** *champion — fighter in a single combat*. ARNOLD. LUBEC., lib. 1 c. 11, *SS.*, XXI p. 123.

**tirocinare** (< tirocinium): *recevoir l'entraînement chevaleresque — to be in training as a knight*. Tyrocinabatur in palatio puer bonae indolis. GERARD. SILVAE MAJ., V. Adalhardi, c. 4, *AASS.*[3], Jan. I p. 112. In ejus [comitis] expeditionibus ad tempus tyrocinabatur. Transl. Guthlaci (a. 1136), c. 19, ib., Apr. II p. 60 D. Ad seria tandem tyrocinandi accingitur negotia. OTTO FRISING., G. Frid., lib. 1 c. 26, ed. WAITZ, p. 43.

**tirocinium: 1.** *qualité chevaleresque — knighthood*. Balneorum usus, uti tirocinii suscipiendi consuetudo expostulat, paratus est. Hist. Gaufredi, HALPHEN-POUPARDIN, *Chron. d'Anjou*, p. 179. Novus miles 30 heroum liberos recentis tyrocinii consocios faciens. GAUFRED. VOS., pt. 1 c. 58, LABBE, *Bibl.*, II p. 303. **2.** *tournoi, joute — joust, tournament*. S. xiii.



**tisana** = ptisana.

**titio:** **tison, brandon — burning log*. Virt. Eugenii, c. 18, *Anal. Boll.*, t. 3 p. 42.

**titulare: 1.** *annoter, coucher par écrit — to take down, record, write*. Capitula subternixa promulgarunt et titulaverunt. Synod. Tribur. a. 895, prol. coll. Diess., *Capit.*, II p. 212 col. 2 l. 32. Joannes titulavit [chartam]. DE SAÉNZ, *Concil. hisp.*, III p. 176 (a. 957). Cujus hic summam libuit titulare. V. Eusebiae Hamatic., c. 2, *AASS.*, Mart. II p. 452 E. **2.** *nommer, énumérer — to mention, enumerate*. Ante titulata loca... consistant. *D. Ludwigs d. K.*, no. 23 (a. 903). Sine his superius titulata [leg. titulatis]. BRUCKNER, *Reg. Alsatiae*, no. 692 p. 558 (s. xi in.). **3.** **désigner par un titre — to denote by a heading*. **4.** **intituler — to entitle*. **5.** **consacrer par tel signe*, notamment par le signe de la Croix — *to hallow*. **6.** *dédicacer* à tel saint — *to dedicate* to a definite saint. Construxit ... cenobium, quod et nomine s. Praxedis virginis titulavit. Lib. pontif., Paschal. I, § 9, ed. DUCHESNE, II p. 54. [Coenobium] s. Genesii martyris titulatum nomine. *Hist. de Lang.*[3], V no. 183 col. 378 (a. 1025, Maguelonne). **7.** absol.: *ériger en église, consacrer — to erect into a church, consecrate*. Ab episcopo Treverense ipsa loca sancta ... titolata sunt. Test. Adalgiseli-Grimonis a. 634, LEVISON, *Frühzeit*, p. 135. **8.** aliquem cuidam ecclesiae: *attitrer, rattacher* un prêtre à telle église — *to appoint* a priest at a definite church. Quidam presbyteri, praeter ecclesiam in qua titulati sunt, etiam capellas habent. HINCMAR., Capit. anni XII episcopatus, c. 3, SIRMOND, I p. 732. Altare ad quod sacrificatur et titulatur [episcopus]. Synod. Altheim. a. 916, c. 36, *Const.*, I no. 434. Nullus ecclesiam, ad quam titulatus est, relinquat. RATHER., Synodica ad presb., c. 8, MIGNE, t. 136 col. 561. Qua quislibet titulatus est aecclesia, in ea perpetuo perseveret; omnino autem in duabus aliquem titulari non liceat. Concil. Placent. a. 1095, c. 15, *Const.*, I no. 393. **9.** monachum cuidam loco: *placer* un moine dans tel monastère — *to place* a monk in a definite monastery. Ut canonici et monachi de monasteriis suis, ubi prius titulati sunt, ... ad aliud monasterium non transeant. Concil. Bituric. a. 1031, c. 25, MANSI, t. 19 col. 506. Se illic 13 fratres ... titulare velle. PETR. MALLEAC., *H. de Fr.*, X p. 180. **10.** *affecter* certains fidèles à telle paroisse — *to assign* a flock to a parish. Super ... omnes parrochianos ad predictam ecclesiam titulatos curam pastoralem habeat. GYSSELING-KOCH, *Dipl. Belg.*, no. 165 p. 284 (a. 1072, Flandre). **11.** *attribuer au moyen d'une charte — to grant by written deed*. Si quis ... eis ... aliquid augere vel titulare placuerit. D. Lud. Pii a. 832, *H. de Fr.*, VI p. 583. Decimationem ... ad prefatum monasterium ... titulavi. LACOMBLET, *UB. Niederrh.*, I no. 141 p. 87 (a. 1003). Tabellio, qui res pretio servorum ecclesiae comparatas nomine alicuius liberi titulari praesumpserint. Synod. Pap. a. 1022, c. 7, *Const.*, I p. 76.

**titulatio:** *titre de propriété — document of title*. Hanc titulationis rem fieri jubebat. BEYER, *UB. Mittelrh.*, I no. 218 p. 276 (a. 964). Nullam donationem sine litterali titulatione fieri debere. DC.-F., VIII p. 113 col. 3 (a. 1073, Mont-Majeur).

**titulus: 1.** **monument*, même sans inscription — *monument*, whether with a legend or not. Imaginem ... in qua sanctae erant sex synodus depicte ... in pristino erexit titulo atque loco. Lib. pontif., Gregor. II, § 5, versio antiquior, ed. DUCHESNE, I p. 399 col. 1. **2.** *pierre tombale — tombstone*. Ostentabant ... titulos interfectorum. LAMPERT. HERSFELD., Ann., a. 1074, ed HOLDER-EGGER, p. 181. **3.** **borne-limite — boundary-mark*. **4.** titulus Crucis: le signe de la Croix — the sign of the Cross. Ut corpus Domini in altari ... sub Crucis titulo componatur. Concil. Turon. II a. 567, c. 3, *Conc.*, I p. 123. Donationem corroborans titulo s. Crucis subscripsi. BIRCH, *Cart. Sax.*, I no. 75 p. 109 (a. 691/692). In titulo Crucis ... visus est illucescere globus aethereus. Mir. Bercharii (ca. a. 1085), *AASS.*, Oct. VII p. 1027 E. **5.** **écriteau indiquant la confiscation d'un bien — board notifying that an estate has been confiscated*. Omnes res ejus sub fisci titulum precipimus revocare. MARCULF., lib. 1 no. 32, *Form.*, p. 62. **6.** **catégorie d'impôt — a kind of tax*. Prestantes liberos a fiscalibus titulis solidos tot. Lib. diurn., no. 11, ed. FOERSTER, p. 84. Quodcumque functionis titulum ... dici potest. Trad. Karilefi < a. 538 > (spur. s. ix, Le Mans), PARDESSUS, I no. 131 p. 97. Nec freda vel parafreda exigere seu titulos nostros [sc. regis] vel suos [sc. judicum] aut cujuslibet imponere presumat. Coll. Sangall., no. 3, *Form.*, p. 398. Donamus ... ad A. antistitem ... propter [pour racheter — in order to buy off] ipsum synodum et titulum quae nobis requirebant de ecclesias nostras. *Hist. de Lang.*[3], V no. 117 col. 259 (a. 969, Narbonne). **7.** *article de l'ordre du jour — item on the agenda*. Consultationem et titulos, quos dedistis, ... definitione respondimus. Concil. Aurel. a. 511, prol., *Conc.*, I p. 2. **8.** *titre de droit — legal title*. [Res] de alode materna per pactionis tetulum ad eodem nuscuntur pervenisse. *D. Merov.*, no. 12 (ca. a. 628). Eidem [quaedam loca] per vindicionis titulum fermaverat. Ib., no. 59 (a. 691). Quod per vindicionis, cessionis, donationis commutationisque titulum est conquesitum. MARCULF., lib. 1 no. 31, *Form.*, p. 62. Mihi nihil exinde proprietatis titulum penitus non reservavi. Ib., lib. 2 no. 1, p. 74. Quicquid de quibuslibet titulis atque contractis ad nostram pervenit dominationem. Ib., no. 17, p. 86. Non liceat rem immobilem creditoribus specialis hypothecae titulo obligare. Capit. e lege Rom. exc., *Capit.*, I p. 311. **9.** alicujus: *nom propre — proper name*. Si qua deinceps predia vel mancipia tui nominis titulo comparaveris. F. Senon. rec., no. 9, *Form.*, p. 216. Preceptum ... scripsit et sub titulo magni Constantini longi mendacii tempora finxit. *D. Ottos III.*, no. 389 (a. 1001). Tres domus ... sub titulo ecclesie s. Andree collate sunt ad usus hospitalis. HOENIGER, *Koelner Schreinsurk.*, II p. 128 c. 11 (a. 1180-1185). **10.** *charte — deed*. Hec auctoritas ampliatis titolis [diplôme confirmatoire — confirmatory charter]. *D. Merov.*, no. 11 (a. 627). Qui

per talem titulum a jugo servitutis nuscuntur esse relaxati. MARCULF., lib. 1 no. 22, p. 57. Scribturarum necesse est titulis alligari. Ib., lib. 2 no. 7, p. 79. Per hanc titulum ... aliquid condonare. F. Turon., app., no. 2, p. 164. Per hunc titulum traditionis. Ib., no. 3, p. 164. Quicquid voluntas depromet, in titulis saltim perfecte ostendatur. F. Visigot., no. 16, p. 582. De quo titulo vel traditione haec sunt testes. BITTERAUF, *Trad. Freising*, I no. $97^{b}$ p. 115 (a. 779). Res ecclesiae ... per aliquem scriptionis titulum cuiquam concesserit. Lib. Pap., c. 121, *Capit.*, I p. 217. Per hujuscemodi titulum absolutionis a jugo servitutis noscuntur esse relaxati. F. imper., no. 1, p. 288. Per hunc manumissionis titulum bene semper ingenuus existat. Ib., no. 33, p. 312. Per hunc titulum fideicommissum injungo vobis ... *Hist. de Lang.*$^{3}$, V no. 151 col. 320 (a. 990, Narbonne). **11.** *un bien, une propriété — item of property.* Cum civitatibus, agris, reditibus vel cunctis titulis et omne corpore facultatis. Pact. Andel. a. 587, ap. GREGOR. TURON., H. Fr., lib. 9 c. 20. Si episcopus vel abbas vel abbatissa vel dominus plebis feudum de rebus ecclesiarum, quae ei subjectae sunt et tituli vocantur, dederit, nullum habet vigorem. Libri feudor., antiq., tit. 2 § 6 (vulg., lib. 1 tit. 6), ed. LEHMANN, p. 92. **12.** *à Rome: *église-titre, église paroissiale* — in Rome: *title-church, parish church.* Rarement au $V^{e}$ s. — seldom in the $V^{th}$ cent. (Damas. pap. epist., MIGNE, t. 13 col. 280 A; Lib. pontif., Marcellus, § 4, ed. MOMMSEN, p. 44). Presbiter tituli vel ecclesiae ubi statio fuerit. Ordo Rom. I (s. vii ex.), c. 26, ANDRIEU, II p. 75. En particulier en parlant des églises cardinalices — especially with reference to the cardinalice churches: Unusquisque [presbyter cardinalis] per titulum suum facit missa[m]. Ordo Rom. XXX B (s. viii ex.), c. 64, ib., III p. 474. **13.** *église à laquelle un prêtre est attitré en vertu de son ordination — church to which a priest is attached by ordination.* Deficientes abbatis [i.e. abbates], presbiteros vel hos qui pro titulis deserviunt. Concil. Paris. a. 614, c. 10, *Conc.*, I p. 188. [Episcopus] eum ordinavit in titulo s. Martini in villa illa. F. Turon., addit. 8, *Form.*, p. 162. Ad onus sacerdotum [eum] benedicatis ad titulum sancti illius, que est constructa in loco illo. F. Sal. Merkel., no. 56, p. 261. Clericum illum a diaconatus officium ad titulum sancti illius ordinetis, quo ibi Deo digne ministrare valeat. F. Laudun., no. 17, p. 520. Nullus presbyter a sede propria sanctae aecclesiae, sub cujus titulo ordinatus fuit, ... ad alienam pergat aecclesiam. Capit. a sacerd. prop. (a. 802?), c. 13, I p. 107. Qui ex nostris parrochiis aut ad titulum aut absolute ordinari petunt. Concil. Meld. a. 845/846, c. 52, *Capit.*, II p. 410. L. diaconum ... in ipsius titulo dignemini ordinare. LUP., epist. 103, ed. LEVILLAIN, II p. 130. Coloniae Agripp nae rex H. abbatem preponere temptavit in pontificali cathedra, fecitque a F. episcopo ... presbiterum ordinari ad titulum s. Petri predictae metropolis [sc. Coloniensis]. REGINO, Chron., a. 869, ed. KURZE, p. 98. Sine titulo facta ordinatio irrita habeatur. Concil. Placent. a. 1095, *Const.*, I no. 393, c. 15. Cf. V. FUCHS, *Der Ordinationstitel bis auf Innocenz III.*, 1930 (*Kanon Stud. u. Texte*, no. 4). **14.** *église majeure, église paroissiale — a major church, parish church.* Ut titulos cardinales in urbibus vel suburbiis constitutos episcopi ... ordinent. Concil. Meld. a. 845/846, c. 54, *Capit.*, II p. 411. [Monachi] minime titulis popularibus se ingerere depellentur. Concil. Neuching. a. 772, *Conc.*, II p. 105. En parlant d'une église cathédrale — with reference to a cathedral church: Heredem statuo ecclesiam b. Nazarii titulum mei praesulatus. Test. Leodegarii a. 676, PARDESSUS, II no. 382 p. 174. [Patriarchae Aquilegienses] Gradus indicaverunt ita ut unum proprium de titulis. Concil. Mantuan. a. 827, *Conc.*, II p. 589. Trado ad titulum Basiliensem, cui N. episcopus praefectus esse videtur. Coll. Sangall., no. 6, *Form.*, p. 400. Ibi pluries. Ordinatus est episcopus ad titulum Gnezdensis ecclesie. COSMAS, lib 1 c. 34, ed. BRETHOLZ, p. 60. **15.** une *église* quelconque — any *church.* Quantumcumque ad Treverensem ecclesiam vel titulum ad eandem pertinente[m] deputavi. Test. Adalgiseli-Grimonis a. 634, LEVISON, *Frühzeit*, p. 135. Ecclesiam condedi ... in cujus dote duas donavi colones ... et ipsum titulum cum eadem praenotata plenitudine ... BITTERAUF, *Trad. Freising*, I no. 30 p. 58 (a. 769). Hereditatem meam ... tam in alode quam in titulis, tam in aedificiis quam in curtibus. Ib., no. 72 p. 98 (a. 776). Ut presbytero de minore titulo ad majorem non liceat transmigrare. Concil. Rem. a. 813, c. 20, *Conc.*, II p. 255. Si quis ... in plebibus, monasteriis, titulis, cortibus, mansis ... molestiam inferre temptaverit. *D. Arnulfs*, no. 131 (a. 895). **16.** *église mineure, subordonnée, dépourvue des droits paroissiaux, chapelle rurale — a minor, subordinate church without a parish, a country chapel.* [Aecclesiae baptismales nullam] diminutionem de titulis patiantur. Capit Mantuan. (a. 813), c. 4, I p. 195. Titula [!] earundem eclesiarum [baptismalium] ... humiliter culmina venerentur. Episc. rel. (post a. 821), c. 5, *Capit.*, I p. 369. 230 ecclesiae sunt infra parrochia nostra, ex quibus non amplius quam sex baptisteria et viginti quinque minores tituli ad episcopatum remanserunt. *Epp.*, V p. 309 (a. 823, Chur). Singulis plebibus archipresbyteros preesse volumus, qui ... eorum presbiterorum, qui per minores titulos habitant, vitam ... custodiant. Synod. Pap. a. 850, c. 13, *Capit.*, II p. 120. Sedem [episcopii] cum omnibus aecclesiis baptismalibus ac titulis. *D. Karls III.*, no. 12 (a. 879). Trado mnasterium ... cum titulis intraseptis, ... cum parochiis, domibus ... *Hist. de Lang.*$^{3}$, V no. 167 col. 355 (a. 1007). Plebem s. Stephani ad Classem cum suis titulis et omnibus pertinentiis. *D. Heinrichs II.*, no. 436 (a. 1020). **17.** *chapelle latérale — lateral chapel.* In basilica b. Aciscli in eo titulo, quo felicia ejus membra quiescunt. EULOG., Memor., lib. 2 c. 1, MIGNE, t. 115 col. 769 B. In titulo apostolorum conditum. EKKEHARD., Cas. s. Galli, *SS.*, II p. 82 l. 12. Cella ... circa parietem tituli s. Georgii. Ib., p. 117 l. 27. **18.** *autel — altar.* Titulo qui tali ornavit virginis templum. *Form.*, p. 340. Ante venerandum b. Petri titulum in oratione est prostratus. V. Theofredi Calmel. (s. x?), MABILLON, *Acta*, III pt. 1 p. 483. In ecclesia titulum cum confessione sua a parte occidentali satis decorum adjunxit. LEO OST., Chron. Casin., lib. 2 c. 3, *SS.*, VII p. 631 l. 4. **19.** *sanctuaire, chevet* d'une église — *chancel, choir.* Fenestras omnes tam navis quam tituli. Ib., lib. 3 c. 28, p. 718. **20.** *"cella", monastère affilié — cell, daughter-house of an abbey.* Sit b. Petri Cluniacensis ad titulum pertinens Marciginacensem [Marcigny, dép. Saône-et-Loire]. WAMPACH, *UB. Luxemb.*, I no. 313 p. 469 (a. 1095). **21.** *dédicace* d'une église à un saint patron — church *dedication.* Passiones sanctorum ... tantummodo ibi legebantur, ubi ecclesia ipsius sancti vel titulus erat. Ordo Rom. XI (s. ix p. pr.), c. 25, ANDRIEU, II p. 466. Repperimus praedictam basilicam sub titulo matricis ecclesiae antiquitus consecratam. Concil. Tull. a. 838, *Conc.*, II p. 783. Erat ei erga sanctorum titulos magna dilectio, praecipue s. Columbae. V. Lupi Senon. (s. ix), c. 6, *SRM.*, IV p. 180. Abbaciam quandam, quam ... fundaverat ... et [quae] in titulo et memoria s. Salvatoris prenotatur. *D. Phil.* $I^{er}$, no. 15 (a. 1063). [Monasterium] apostolicis Petri et Pauli titulis dedicatum. V. Bertulfi Rentic. (s. xi), c. 31, MABILLON, *Acta*, III p. 57. Cadomensi basilicae ... ad titulum b. Stephani protomartyris ... extructae. GUILLELM. PICTAV., lib. 2 c. 42, ed. FOREVILLE, p. 256. **22.** *ressort supérieur — superior court.* Si aliquis huic testimonio credere non vult, veniat ad titulum judicum et videat qualiter ibi inveniatur veritas confirmata. HOENIGER, o.c., I p. 18 c. 1 (a. 1135-1142).



**thiuphadus,** tuifadus (germ.): *officier qui commande mille soldats,* puis *gouverneur de province — official in command of a thousand troops,* later *head of a province* (cf. voc. millenarius). Lex Visigot., lib. 2 tit. 1 c. 16. Ibi saepe. *Hist. de Lang.*$^{3}$, V no. 187 col. 384 (a. 1029).

**thius,** tius, zius (gr.; > ital. *zio*): *oncle paternel — uncle, father's brother.* Justin. novell. 118, c. 3. ISID., Etym., lib. 9 c. 6 § 15. Lib. pontif., Hadrian., § 2, ed. DUCHESNE, I p. 486. FLORIANO, *Dipl. esp.*, II no. 88 p. 29 (a. 867). MANARESI, *Placiti*, I no. 82 p. 299 (a. 877).

**toacla,** toacula, toalea, toalia, toalla, tobalea, tobalia, toballia, v. tuallia.

**toftus,** -ta, -tum (anglosax.): *emplacement d'une exploitation rurale — toft, houseplace.* S. xii, Angl.

**toisa,** toisia, v. tensa.

**toleneum,** v. teloneum.

**toleratio: 1.** *usufruit — usufruct.* Dum bixerimus abeamus exinde tolleracionem, post obitum vero nostrum sit consessum [!] eglesie. FLORIANO, *Dipl. esp.*, I no. 39 p. 181 (a. 831). Ib., II no. 107 p. 89 (a. 874). **2.** *alimentation — sustenance.* Set [i.e. sit] exinde civi [i.e. cibus] et refectio et toleratio ... in pauperes. Ib., no. 82 p. 327 (a. 864).

**tollementum** (< tollere): *taille — arbitrary exaction.* Aliquam vim inferre in ecclesia ... neque per arbergariam neque per tollementum [nemo praesumat]. GUÉRARD, *Cart. de Mars.*, II no. 659 p. 5 (a. 1044).

**tollere: 1.** **prendre — to take.* **2.** teloneum vel sim.: *exiger, lever — to exact, levy.* Nec ullum theloneum eis [peregrinis] tollatis. Pippini reg. capit. a. 754/755, c. 4, I p. 32. Ad illos pauperes homines [i.e. a pauperibus hominibus] magis non tollant nisi quantum legitime reddere debent. Pippini capit. Aquit. a. 768, c. 4, p. 43. A presbiteris ... neque paraveredos aut alias exactiones tollant. Karoli Calvi capit. Tolos. a. 844, c. 6, II p. 257. **3.** *acquérir — to obtain.* Ovis tribus unciis atque vaca jabo tollebatur. RICHER., lib. 1 c. 5, ed. LATOUCHE, I p. 18. **4.** arma: *porter — to bear.* Nemo tollere presumat arma ... vel cujuscumque armaturae sarcinam. Pax Dei Colon. a. 1083, c. 2, *Const.*, I no. 424. **5.** aliquem: *délivrer — to deliver.* Illum qui homicidium fecit, qui eum sub fidem habuit [i.e. habuerunt], in mallo praesentare debent, et sic postea eum per quattuor mallos ad suam fidem tollant. Et si eum in conpositione nullus ad fidem tullerunt, hoc est ut redimant de quo non persolvit, tunc de sua vita conponat. Lex Sal., tit. 58 in fine. **6.** aliquem: *destituer — to remove from office.* Ut pravi advocati, vicedomini, vicarii et centenarii tollantur. Capit. missor. Theodonisv. II a. 805, c. 12, I p. 124.

**tolneum,** toloneum et deriv., v. telone-.

**tolta,** tulta, touta, tutta, tota (< toltus, partic. praeter. verbi tollere): *taille — arbitrary exaction.* Si ... in villa M. ullum malum usum mittebam aut ullam malam tultam faciebam. DESJARDINS, *Cart. de Conques*, no. 394 p. 291 (ca. a. 1019). In ipsum alodem guardam nec commandam neque nullam tultam non habeant. Ib., no. 13 p. 12 (a. 1051). Non faciant ad homines ... stantes in terminio ... castri tales questas aut toltas aut tale aliut malum, unde ... [h]abeant querelam. ROSELL, *Lib. feud. maj.*, I no. 232 p. 245 (a. 1067). Si ... aliquid tollerit aut forçaverit in predicto alaudio, infra 30 dies quod ... monachi querelaverint predicta[m] tolta[m] vel forcia[m], nos redigamus eis hoc quod ibi tollerint. RIUS, *Cart. de S.-Cugat*, II no. 710 p. 373 (a. 1083). Nullus praepositus ... in ipsa [terra] violentiam seu toltam facere praesumat. *D. Phil.* $I^{er}$, no. 114 (a. 1085). Commendisiam sive toltam quam hactenus in terra ipsorum, licet injuste, habueram, ... monachis remitterem. *BEC.*, t. 36 (1875), p. 409 (a. 1086, Saumur). Abrenunciavit talliis et gistiis, toltis et precibus et omni exactioni. DUVIVIER, *Actes*, I p. 272 (a. 1152, Liège). Quictavimus ... ab omni consuetudine et tolta et talia. Ch. Lud. VII reg. Fr. a. 1160, LUCHAIRE, *Inst. mon.*, II p. 326 no. 23.

**toltura** (cf. voc. tolta): *taille — arbitrary exaction.* Viariam et omnem justitiam nostram et rectitudinem et toltam, quam ibi habebamus, ... concessimus. *D. Phil.* $I^{er}$, no. 123 (a. 1090/1091). Terra inmuni existente ab omni canonicorum tallia et toltura. D. Lud. VII reg. Fr. a. 1141, TEULET, *Layettes*, I no. 74 p. 53 col. 1.

**tomba,** v. tumba.

**tombrellum,** v. tumbrellum.

**tomocharta:** *rouleau de papyrus — papyrus scroll.* Lud. Pii epist. (ca. a. 835), *Epp.*, V p. 327. MABILLON, *Ann.*, III p. 612 (a. 972).

**tomus: 1.** **rouleau de papyrus — papyrus scroll.* Haec notarum titulis per thomus chartarum conprehensa tenebat. GREGOR. TURON., H. Fr., lib. 10 c. 19. En parlant de rouleaux non écrits — with reference to blank scrolls: Carta tomi 50. *D. Merov.*, no. 86 (a. 716). **2.** **ecrit, livre — writing, book.* En particulier en parlant d'un symbole dogmatique —

especially with reference to a dogmatic formula. Tomum, hoc est fidem apostolicae ecclesiae Romanae. Lib. pontif., Leo, § 2, ed. MOMMSEN, p. 102. Iterum Agatho, § 10, ed. DUCHESNE, I p. 353.

**tona** et deriv., v. tunn-.

**tonate** (< tonus): _de manière mélodique — tunably_. Domino, diaconus tonatae [leg. tonate] dicat. GUIDO FARF., Disc., lib. 1 c. 40, ALBERS, I p. 30.

**tondere,** tundere (saepe tondĕre), **1.** aliquem: _tonsurer — to tonsure_. Totondit eumque clericum ... fecit. VICTOR TONN., Chron., _Auct. ant._, XI p. 188 l. 33. Si quis alium contra legem tunderit caput. Lex Alamann., c. 57 § 29. [Servi] non amplius tundantur ... nisi secundum mensuram. Capit. missor. Theodonisv. I a. 805, c. 11, I p. 122. Tonsi clerici. Capit. de reb. exerc. a. 811, c. 1, I p. 164. Reginam velaverunt, fratres ejus totonderunt. NITHARD., lib. 1 c. 3, ed. LAUER, p. 10. **2.** monetam: _rogner — to clip_. S. xiii.

**tonginus,** v. thunginus.

**tonina,** v. thunnina.

**tonitrualis:** *_tonitruant — thundering_. Tonitrualis ille euangelistarum vox. MARCULF., lib. 2 no. 1, _Form._, p. 71.

**tonitruare:** *_tonner — to thunder_.

**tonleium,** tonleum, tonlium, v. teloneum.

**tonna** et deriv., v. tunn-.

**tonnaria,** v. thunnaria.

**tonnina,** v. thunnina.

**tonsio: 1.** *_tonte_ des brebis — _clipping_ of sheep. **2.** _tonsure — tonsure_. Quae ... sub venerabili et apostolica tonsione gesserit. V. Eligii, c. 31, _SRM._, IV p. 688.

**tonsor: 1.** *_tondeur de brebis — sheep-shearer_. **2.** _rogneur de monnaie — one who clips coins_. S. xiii.

**tonsura: 1.** _tonsure — tonsure_. ISID., Eccl. off., lib. 2 c. 4 § 1. JULIAN. ANTEC., Const., lib. 4 c. 2. **2.** _action de rogner la monnaie — clipping of coins_. S. xiii. **3.** pannorum: _tonte des draps shearing of cloth_. S. xiii.

**tonsurare,** tonsorare, **1.** caput: _tondre — to shear_. Parsimoniae se deputans caputque tunsorans. GREGOR. TURON., Virt. Martini, lib. 2 c. 18, _SRM._, I p. 615. Licenciam habeat comam capitis sui tunsorari. MARCULF., lib. 1 no. 19, _Form._, p. 56. **2.** aliquem: _tonsurer — to give the tonsure to_. [Laici] tonsurantur et fiunt subito sacerdotes. GREGOR. M., lib. 5 epist. 58, I p. 360 l. 27. Ibi tonsoratus et episcopus ordinatus est. GREGOR. TURON., H. Fr., lib. 4 c. 4. Tonsoratur ad clericatum. Id., Glor. conf., c. 31, p. 767. V. Wandregisili, c. 7, _SRM._, V p. 16. Quando laicus tonsoratur et fit regionarius. Lib. diurn., no. 70, inscr., ed. SICKEL, p. 66. More Romanorum tonsorati sunt. Lib. pontif., Hadr. I, § 32, ed. DUCHESNE, I p. 495. Ex laicis et ex militia tonsoratum ... subrogarunt antistitem. Ib., Nic. I, § 38, ed. DUCHESNE, II p. 158. **3.** refl. se tonsurare: _prendre la tonsure — to take the tonsure_. De illis hominibus qui se dicunt propter Deum quod se tonsorassent. Concil. Vern. a. 755, c. 11, _Capit._, I p. 35.

**tonsuratio,** -sor-: _l'action de donner la tonsure — giving the tonsure_. S. xi.

**tonsuratus** (subst.): _clerc — cleric_. Dupl. legat. edict. a. 789, c. 30, I p. 64.

**tonsus** (subst.): _clerc — cleric_. Papyr. Ravenn., MAI, _Class. auct._, V p. 362. MANARESI, _Placiti_, I no. 78 p. 286 (a. 874, Milano). Si quis [de] ordine clericali a presbytero usque ad tonsum contradicere ... presumpserit. Test. Remigii auctius (spur. s. x), _SRM._, III p. 345. _D. Ottos II._, no. 239 (a. 980).

**tonus:** _mélodie — tune_. Psalmi ... alta voce et cum tono cantentur. JOH. ABRINC., Off., MIGNE, t. 147 col. 49 A.

**toparchia** (gr.): _diocèse — diocese_. ADAM BREM., lib. 3 c. 26, ed. SCHMEIDLER, p. 168; lib. 4 c. 13, p. 241.

**topazium** (gr.): *_topaze — topaz_.

**topographus** (gr.): _géographe — geographer_. OTTO FRISING., G. Friderici, lib. 2 c. 13, ed. WAITZ-SIMSON, p. 114.

**thoracida** (gr.): _buste-portrait — portrait-bust_. ADAMNAN., Loca, lib. 3 c. 4 sq., _CSEL._, t. 39 p. 290 et 294 sq. AETHILWALD., Carm., v. 173, _Auct. ant._, XV p. 532. WALAHFR., Exord., c. 8, _Capit._, II p. 484.

**1. torale,** toral, torallus (< torus): **1.** _matelas — mattress_. Mir. Joh. Beverlac., _AASS._, Maji II p. 194. **2.** _levée de terre — earthen bank_. _Actes Phil.-Aug._, I no. 40 c. 22 p. 56 (a. 1181/1182).

**2. torale,** v. turralis.

**torba,** v. turba.

**torbax** (originem vocis nescio): _grange à blé — granary_. Test. Tellonis a. 765, MEYER-PERRET, _Bündner UB._, I no. 17 p. 15. Ibi pluries.

**torca,** torcea, torcha, torchia, torcia, v. torqua.

**torchiare:** _enduire, plâtrer — to daub, plaster_. S. xiii, Angl.

**torculare:** _pressurer_ le raisin — _to press_ grapes. S. xiii.

**toreuma** (neutr., genet. -atis) (gr.) (class. "bas-relief — low relief"): **1.** *_couche, coussin — couch, pillow_. **2.** _rideau — curtain_. PETR. DAM., lib. 8 epist. 14, MIGNE, t. 144 col. 492 D. **3.** _armoire — cupboard_. Ruodlieb, fragm. 6 v. 48.

**torgia,** v. torqua.

**tormentare:** *_torturer — to torture_.

**torna** (< tornare): _duel judiciaire — judicial combat_. Juret quia non fecit et ad torna litiget. MUÑOZ, _Fueros_, p. 305 (a. 1084, Sahagun).

**tornalis.** Opus tornale: art du tourneur — potter's craft. Mir. Richarii, lib. 1 c. 2 § 14, _AASS._[3], Apr. III p. 455 A.

**tornare,** turnare (class. "façonner au tour — to mould on the potter's wheel"): **1.** _filer — to spin_. In dictaminis tui filo haud segniter tornato. Epist. (ca. a. 1024) ap. ALPERT. METT., Div., ed. HULSHOF, p. 3. **2.** _pétrir — to knead_. Pastam. BERNARD. MORLAN., pt. 1 c. 75, ed. HERRGOTT, p. 282. **3.** _tourner — to turn_. Tornavit ille caput ad illos. EKKEHARD. URAUG., _SS._, VI p. 69 l. 38. **4.** refl. se tornare: _tourner, pivoter — to move round, turn_. Si culpabilis sit, tornet se panis iste in giro. Ord. jud. Dei, no. 27[c], _Form._, p. 630. **5.** _retourner, renverser — to turn over, overturn_. Si eum tantum cederit et turnaverit, usque dum eum semivivum relinquat. Lex Baiwar., tit. 6 c. 5. Custos debet tornare formas. Consuet. Cluniac. antiq., rec. B c. 23, ALBERS, II p. 18. **6.** refl. se tornare: _se détourner — to turn away_. [Caballus hominem iterantem] sequere coepit et se de via turnavit. Edict. Rothari, c. 347. Etiam c. 309. **7.** refl. se tornare et intrans. tornare: _revenir, rentrer — to go back, go home_. Quando fuerit tornatus de cavalgata. DC.-F.,



VIII p. 128 col. 2 (ch. a. 1063, Hisp.). Infra octo dies quod ... commonuerint, debent tornare isti hostatici in Montem Pestellarium. GERMAIN, _Cart. de Montpellier_, no. 78 p. 148 (ca. a. 1076). Tornent se pro nocte ad suas casas. MUÑOZ, _Fueros_, p. 332 (a. 1094, Zamora). **8.** _rendre, restituer — to give back_. Tornent illam suam medietatem de illa zuda B. comiti. ROSELL, _Lib. feud. maj._, I no. 159 p. 166 (a. 1105). **9.** refl. se tornare de aliqua re: _s'opposer_ à une réclamation — _to take exception_ to a claim. Non vetet se inde tornare per bataliam quod ... non habuit ipsa cartas. ROSELL, o.c. no. 422 p. 444 (a. 1066). **10.** aliquid: _rebuter_ une réclamation — _to oppose_ a claim. Si ... non poterit hoc tornare per unum militem et fuerit victus miles ejus. ROSELL, o.c., I no. 68 p. 83 (a. 1088?).

**tornarius** (< tornare): _potier — potter_. BOCZEK, I no. 141 p. 125 (a. 1052, Bohem.).

**tornatilis:** *_cylindrique, en fuseau — cylindrical, spool-shaped_.

**tornatio: 1.** _escarmouche — skirmish_. GALBERT., c. 79, ed. PIRENNE, p. 123. Iterum c. 116, p. 167. **2.** _joute, tournoi — joust, tournament_. Ib., c. 4, p. 9.

**tornator** (< tornare): **1.** *_potier — potter_. Capit. de villis, c. 45 et 62. **2.** _tourneur de bois — wood-turner_. S. xiii.

**tornatrix:** _danseuse — dancer_. Hincmari capit. ad presb. dioec. suae a. 852, c. 14, SIRMOND, I p. 714.

**tornatura: 1.** *_œuvre d'art faite au tour — turners' ware_. Irminonis polypt., br. 1 c. 34. **2.** _poulie — pulley_. ODO GLANNAF., Mir. Mauri, c. 8, _SS._, XV p. 469.

**tornatus,** turn- (subst. decl. i): _substitut — attorney_. S. xiii, Angl.

**torneamentare,** -nia-: _jouter — to joust_. LAMBERT. ARD., c. 122, _SS._, XXIV p. 621; c. 134, p. 629.

**torneamentum,** tur-, -nei-, -nia-, -na-, -ne-: **1.** _escarmouche — skirmish_. **2.** _joute, tournoi — joust, tournament_. Villam exeant ad faciendum hastiludia, torneamenta ... Ch. pacis Valencer. a. 1114 (?), _SS._, XXI p. 608 col. 1 l. 29. In exercitu meo, in obsessione, in torneamento homines ... ducere. ROUSSEAU, _Actes de Namur_, no. 9 p. 25 (a. 1154). Tyrocinium quod vulgo nunc turneimentum dicitur. OTTO FRIS., G. Friderici, lib. 1 c. 18, ed. WAITZ-SIMSON, p. 32. Certamen quod modo vulgo turnementum vocant. RAHEWIN., ib., lib. 4 c. 11, p. 246. In exercicio militari quod vulgo tornamentum vocatur. Chron. Montis Sereni, a. 1175, _SS._, XXIII p. 155. **3.** _service de participation aux tournois — tournament service_. Comes ... quittavit burgenses suos ... qui debebant ei equitationes, torneamenta et exercitus. _Actes Phil.-Aug._, II no. 628 p. 174 (a. 1200).

**torneare,** torniare: **1.** _s'escarmoucher — to skirmish_. Arabibus ... torneantibus cum nostris, non more Francorum, sed, secundum aliam consuetudinem torneandi, cum lanceis sine cannis. UGHELLI, I col. 190 (a. 1212). **2.** _jouter, faire un tournoi — to joust, hold a tourney_. More militari coeperunt torneari et ludo duellari vicissim pugillare. THEOBALD. CANTUAR., V. Guillelmi Eremitae, pt. 2 c. 4, _AASS._[3], Febr. II p. 464 A.

**torneator,** -nia-: _jouteur — jouster_. LAMBERT. ARD., c. 92, _SS._, XXIV p. 604.

**tornella,** v. turrella.

**tornerium:** _joute, tournoi — joust, tournament_. S. xiv.

**torneta:** _joute, tournoi — joust, tournament_. Execrabiles illas nundinas quas vulgo tornetas vocant. GUILL. ABB. S. THEODORICI, V. Bernardi Claraeval., lib. 1 c. 11, MIGNE, t. 185 col. 257 A.

**torniare** et deriv., v. tornea-.

**tornicius,** tur-, -nei-, -ceus (adj.) (< tornare). Pons: pont-levis — drawbridge. S. xiii.

**tornio** (genet. -onis) (< torneare): _tournoi — tournament_. Ad determinatum congressum, quem vulgo tornionem vocant, properans. Hist. Vicon. (s. xii med.), c. 14, _SS._, XXIV p. 299.

**tornus,** turnus: **1.** _treuil — winch_. DC.-F., VIII p. 131 col. 3 (ch. a. 1176). **2.** _tourniquet — turnstile_. Regula Fontis-Ebraldi, c. 22 et 28. **3.** _règlement de comptes — settlement of accounts_. Assignat in computatione quae dicitur tornus sive computatio. DC.-F., VIII p. 132 col. 1 (ch. a. 1197, Chartres). **4.** _séance judiciaire périodique — tourn, periodical court_. Vicecomites non debent facere turnum suum nisi bis in anno. D. Henrici II reg. Angl. a. 1155, BRUSSEL, _Usage_, II p. VI.

**tornutio:** _vertige — attack of giddiness_. ARDO, V. Bened. Anian., c. 26, _SS._, XV p. 210.

**toro** (genet. -onis): _colline — hill_. PETR. DIAC., Chron. Casin., lib. 4 c. 63, _SS._, VII p. 792.

**torqua,** torca, -cha, -cea, -cia, -chea, -chia, -gia, -sa (<torquere, cf. class. torques "collier — necklace"): _torche — torch_. S. xiii.

**torsellus,** v. trossellus.

**torsia:** _levée de terre — embankment_. Fecerat in Andegavensi pago super Ligerim ad aquam arcendam ... quedam retinacula, que torsias vocant, per triginta fere miliaria. ROBERT. DE TORINN., a. 1169, _SS._, VI p. 518.

**torta,** tarta, turta, tourta, turda: **1.** *_pain rond, tarte — round loaf of bread or cake_. WOLFHARD. HASER., Mir. Waldburgis, lib. 3 c. 2, _SS._, XV p. 549. Ecbasis, v. 42, ed. STRECKER, p. 2; v. 544, p. 20. **2.** _pain de cire — cake of wax_. Tortam ceram [i.e. ceream vel cerae]. V. Galli vetust., c. 9, _SRM._, IV p. 255.

**tortella,** turtell-, -us, -um (< torta): _tourteau — tartlet_. ALDHELM., Virg., c. 38, _Auct. ant._, XV p. 290. GUÉRARD, _Cart. de Paris_, I p. 378 (ca. a. 1112). ORDERIC. VITAL., lib. 6, ed. LE PRÉVOST, III p. 108. ADELBERT. HEIDENHEIM. (ca. a. 1150), ed. GRETZER, p. 328.

**torticius,** tortisius (sc. cereus), torticus, tortix, tortica: _torche — torch_. Ordo Rom., MABILLON, _Mus. Ital._, II p. 364.

**tortitudo** (< tortus): **1.** _manque de droiture, méchanceté, dépravation — insincerity, wickedness, prevarication_. GREGOR. M., Dial., lib. 2 c. 3. Id., Moral., lib. 6 c. 41, MIGNE, t. 75 col. 752 A. Si qua tortitudo illis injecta est, dirigant. Lib. diurn., no. 45, ed. SICKEL, p. 33. Eadem verba: Gregor. IV pap. priv. a. 837, HAUTHALER-MARTIN, _Salzb. UB._, II no. 13 p. 28 (J.-E. 2580). Haeretica tortitudo. Pass. Bonifatii, ed. LEVISON, p. 93. Morum. SIGEBERT., G. abb. Gembl., c. 15, _SS._, VIII p. 530. Item ANSELM. LEOD., c. 42, _SS._, VII p. 215 l. 23. Malitiae. V. Martini Vertav., c. 4, _AASS._, Oct. X p. 806. **2.** _iniquité, tort, injustice — injustice, wrong, griev-_

*ance*. Villam tenebat suae invasionis tortitudine. D.Heinr. reg. Fr. a. 1035 ap. HARIULF., Chron., lib. 4 c. 7, ed. LOT, p. 192. Tortitudinem faciebat s. Amando. DUVIVIER, *Rech. Hainaut*, no. 42 p. 382 (a. 1034-1047). Multas tortitudines faciebat in villa s. Amandi. WAITZ, *Dt. Vfg.*, VII p. 423 no. 2 (a. 1063-1076). Injustam tortitudinem ad rectitudinem reformarent. RIUS, *Cart. de S.-Cugat*, II no. 612 p. 278 (a. 1058). [Ne] amplius inde tortitudinem sustineat. VAN CAENEGEM, *Writs*, p. 486 no. 139 (a. 1101/1102). Gravi interminationis dampno non fuerit haec repressa tortitudo. V. Menelei, lib. 2 c. 3, *SRM.*, V p. 150.

**tortorium:** *lieu de torture — place of torture.* ANSCHER., Mir. Angilberti, lib. 2 c. 17, MABILLON, *Acta*, IV pt. 1 p. 143.

**tortula: 1.** **galette — tartlet.* GREGOR. TURON., Glor. mart., c. 6, *SRM.*, I p. 492. V. abb. Jur., V. Lupicini, c. 15, *SRM.*, III p. 153. BERNARD. MORLAN., pt. 1 c. 6, HERRGOTT, p. 148. **2.** *pain de cire — cake of wax.* ODO CLUNIAC., V. Geraldi, lib. 1 c. 25, MIGNE, t. 133 col. 657 B.

**tortura: 1.** **torture, supplice — torture, torment.* **2.** *exaction arbitraire, extorsion — extortion, wrongful exaction.* Si aliquis ullam torturam s. Petri homini cuiquam fecerit. Polypt. Derv., c. 38, LALORE, *Ch. de Montiérender*, p. 108. Clamorem fecerat ... de diversis direptionibus et injuriis ac torturis quas W. ... faciebat. QUANTIN, *Cart. de l'Yonne*, I no. 89 p. 170 (a. 1035). Cessare facerem homines nostros a quibusdam torturis quibus [monachos] familiamque suam gravabant. CHEVRIER-CHAUME, *Ch. de Dijon*, II no. 310 p. 88 (a. 1031-1046). Omnes malas consuetudines ac depredationes seu torturas. FLACH, *Orig.*, I p. 267 n. 1 (a. 1103, Bourgogne). Torturas quas in casamento nostro faciebat, wrpivit. HUGO FLAVIN., lib. 2, a. 1097, *SS.*, VIII p. 476. **3.** *revendication non justifiée — unfounded pretension.* Verpivit ipsum mansum s. Marcelli, si torturam in eum habebat. CANAT, *Cart. de Chalon*, no. 100 p. 85 (a. 1091).

**tortus** (adj.): *tordu, oblique, faux — devious, tricky, false.* Jure fruor torto. Ecbasis, v. 195, ed. VOIGT, p. 82. Subst. neutr. **tortum: 1.** *demande reconventionnelle — counter-demand.* In mallis ... causam eorum advocatus ipsorum agens, tortum ab eo quem accusaverit aut adversarios testes sibi non recipiat. *D. Charles le Ch.*, no. 56 (a. 844). Nulla[m] mallatura[m] quod est tortum a parte prefati advocatores [i.e. prefatorum advocatorum] ... quislibet querere adeat [i.e. audeat]. *D. Berengario II*, no. 5 p. 307 (a. 952). Nullus mallaturam aut tortum advocatoribus eorum querere conetur. Ib., no. 10 (a. 958). Nullus sit qui in aliquo placito tortum audeat dicere monachis. *D. Ottos I.*, no. 402 (a. 971). [Advocatis monasterii] nullum tortum malli adiciatur. *D. Konrads II.*, no. 80 (a. 1027). Ipsum advocatum nemo praesumat temerario ausu distringere vel in tortum mittere. *D. rois d'Aquitaine*, no. 25 (< a. 836 >, spur. ca. a. 1000, Brioude). [Advocati] rem monasterii sacramento acquirant et defendant, ut nullum tortum malli [subaudi: advocatis] adiciant. *D. Heinrichs III.*, no. 271 (a. 1051). **2.** *peine pécuniaire infligée au demandeur perdant comme suite d'une demande reconventionnelle — fine inflicted upon the plaintiff when defeated.* A nullo ... tortus advocatis monasterii ullomodo requiratur. *D. rois d'Aquit.*, no. 32 (a. 838). Monasterii advocatis tortum dimittimus. Ib., no. 53 (a. 847). Quia super proprietatis nostre rebus advocatos constituimus, illud quod vulgo dicitur tortum eis perdonamus. *D. Charles le Ch.*, no. 375 (a. 869-874). Volumus ut fratres ejusdem loci quemcunque voluerint advocatum eligendi licentiam habeant; et ob remunerationem etiam nostri tortum ei dimittimus. Ib., no. 440 (a. 877). **3.** tortum habere: être mis dans son tort, perdre son procès — to be put in the wrong, fail in an action. Comes ... judicavit ... quia tortum habebat O. BERTRAND, *Cart. d'Angers*, I no. 89 p. 103 (a. 1067-1109). **4.** (cf. voces tortitudo et tortura) *tort, injustice — wrong, grievance.* [Ministri rei publicae] qui in suo ministerio tortum faciant. Edict. Pist. a. 864, c. 20, *Capit.*, II p. 318. Rursum c. 23 et 26, p. 319. Si villanus alteri villano ... tortum fecerit. Sacram. pacis Belvac. (ca. a. 1023), c. 15, PFISTER, *Robert*, p. LXI.

**torva,** v. turba.

**tosca,** toscha, tusca, tuscha, tuschia, touchia, toussa: *bosquet — grove.* BERTRAND, *Cart. d'Angers*, I no. 290 p. 335 (ca. a. 1070); no. 311 p. 353 (ca. a. 1090). MUSSET, *Cart.d'Angély*, I no. 45 p. 72 (ca. a. 1083).

**tota,** touta, v. tolta.

**totaliter:** **totalement — totally.*

**totietas:** **totalité — totality.*

**totus.** Plural. toti: *i. q. omnes, *tous — all.*

**touaillia,** touallia, v. tuallia.

**tourta,** v. torta.

**toxicare,** aliquid (e.g. sagittam): **empoisonner — to poison.*

**toxicus** (adj.) (class. subst. neutr. toxicon "poison — poison"): *empoisonné — poisoned*, *figurate. Proprie: Potio. EULOG., V. Perfecti, c. 7, *AASS.*³, Apr. II p. 586 F. Telum. FELIX, V. Guthlaci, c. 29, ed. COLGRAVE, p. 96.

**trabaria** (< trabs): *barque faite d'un tronc d'arbre — single-trunk canoe.* ISID., Etym., lib. 19 c. 1 § 27.

**trabata,** trav-, -aca, -acha (< trabs): *échafaudage, baraque — scaffolding, shack.* OTTO MORENA, ed. GÜTERBOCK, p. 84.

**trabaticus,** trav-: une *redevance* d'ordre public pesant sur le trafic, peut-être un péage levé aux barrières — a *due* on traffic, perhaps a toll levied at a bar. D. Lud. Pii a. 815, *H. de Fr.*, VI p. 472 (BM.² 589). D. ejusdem a. 816, LESORT, *Ch. de S.-Mihiel*, no. 8 p. 66 (BM.² 633). D. ejusdem a. 831, WIEGAND, *UB. Strassburg*, I no. 23 p. 18 (BM.² 890). F. imper., no. 20, *Form.*, p. 301. *D. Charles le Ch.*, no. 60 (a. 843/844); no. 88 (a. 846). D. Radulfi reg. Fr. a. 926, GIRY, *Et. carol.*, no. 26 p. 134. *D. Ottos I.*, no. 102 (a. 948).

**trabeatio** (cf. FULGENT.: trabea carnis indutus) *l'Incarnation — the Incarnation.* DE MARCA, *Marca hisp.*, app. col. 860 (a. 947); col. 874 (a. 957); col. 900 (a. 972). MARTÈNE, *Coll.*, I col. 336 (a. 986). BALUZE, *Capit.*, II col. 630 (a. 1007). DESJARDINS, *Cart. de Conques*, no. 18 p. 24 (a. 1013).

**trabucare,** tre-, -buch-, -bug- (< trabucus): **1.** *trébucher, rogner* la monnaie — *to clip* coins with the aid of a bullion-balance. S. xiii. **2.** *bombarder — to bombard.* S. xiii, Ital.



**trabuchetum,** treb-, trib-, -uchettum: **1.** *trébuchet, piège — bird-trap.* S. xiii. **2.** *trébuchet, baliste — trebuchet, siege-machine.* S. xiii.

**trabuculus,** treb-, trib-, trub- (< trabucus): *baliste — catapult.* S. xiii.

**trabucus,** -uch-, -a (cf. voc. tubrucus): **1.** sorte de *chaussure* — kind of *shoe*. BALUZE, *Misc.*, V p. 452 (ch. s. xii med.). **2.** *baliste — catapult.* S. xiii, Ital. **3.** *mesure linéaire* de 6 pieds — *linear measure* of 6 feet. S. xiii, Ital.

**traca,** v. dacra.

**traco** (genet. -onis) (originem vocis nescio): *crevasse, grotte, galerie souterraine — cleft, cave, underground gallery.* ISID., Diff., lib. 1 § 165, MIGNE, t. 83 col. 27 B. GUILL. TYR., lib. 19 c. 26, MIGNE, t. 201 col. 775 A.

**tractare: 1.** *traîner, différer — to delay.* Ruinam esse homini post vota tractare. Mir. Germani Autissiod., *AASS.*, Jul. VII p. 283 col. 1. **2.** **expliquer, interpréter, commenter — to explain, interpret, comment upon.* **3.** *exposer, élucider — to set forth, expound.* Omnes causarum origines sollicite discuciendum tractandis [i.e. discutiendo tractantes]. Lex Sal., prol. I. Hoc sunt qui lege[m] Salica[m] tractaverunt. Ib., prol. III (cod. Paris. 4403 B). **4.** (absol.) *prêcher — to preach.* Liberum arbitrium habeant in ecclesiis suis quibus voluerint linguis populo tractare. V. Eugenii Carthag., *AASS.*, Jul. III p. 496. **5.** aliquem: **traiter* un malade — *to treat* a patient. **6.** *soigner, accueillir — to attend, take in.* Abbatem suum cum comitatu tractare tenebantur. G. abb. Lob., D'ACHÉRY, *Spic.*, VI p. 636. **7.** *administrer, gérer — to administer, conduct.* Locum [i.e. monasterium] in commune tractaverint. FOLCUIN., G. abb. Lob., c. 5, *SS.*, IV p. 58 l. 20. **8.** *comploter contre — to plot against.* Statum regni nostri nostrasque personas [sc. regum] tractando penitus consensit in nihilum redigere. *D. Berengario II*, no. 14 p. 334 (a. 960). Si quis ... de morte regis tractet. Leg. Aelfred, c. 4, vers. Quadrip., LIEBERMANN, p. 51. Item Leg. II Cnut, c. 57, p. 349. De ejus morte conati sunt tractare. GREGOR. CATIN., Chron., ed. BALZANI, I p. 306.

**tractator: 1.** **commentateur, exégète — commentator, exegete.* MONACH. SANGALL., lib. 1 c. 2, ed. HAEFELE, p. 3. **2.** **auteur d'un traité — author of a tract.* **3.** **prédicateur — preacher.* **4.** **commissaire, délégué — commissioner, deputy.* **5.** *conseiller — counsellor.* CASSIOD., lib. 8 epist. 12 § 1, *Auct. ant.*, XII p. 242. **6.** *négociateur — negociator.* S. xiii.

**tractatus** (class. "action de traiter un sujet, développements — treatment of a subject, discourse"): **1.** **traité, exposé, écrit — argument, treatise.* **2.** **homilie, prédication — homily, sermon.* **3.** *commentaire — commentary.* In Isaiam ... distinctiones capitulorum ex tractatu b. Hieronimi excerptas. BEDA, Hist. eccl., lib. 5 c. 24. Partem tractatus super apostolum Paulum ... mittere digneris; habeo enim super duas epistolas tractatos, id est ad Romanos et ad Corintheos primam. BONIF. - LULL., epist. 34 (a. 735), ed. TANGL, p. 59. Tres [lectiones] de tractato s. Augustini in psalmo "exaudi, Deus, oracionem meam" [i.e. Augustini in psalmum LXIII enarratio]. Ordo Rom. XXX A (s. viii p. post.), c. 2, ANDRIEU, III p. 455. **4.** *conseil — counsel.* CASSIOD., lib. 8 epist. 9 § 1, *Auct. ant.*, XII p. 237. Ibi saepe. **5.** **réflexion, opinion, pensée — cogitation, view, thought.* **6.** *projet, intention — plan, aim.* Cui rex omnia tractatus sui archana pandebat. V. Austregisili, c. 5, *SRM.*, IV p. 195. **7.** **discussion, délibération — discussion, deliberation.* Tractatum magnum in concilio, quid esset agendum, habere coeperunt. BEDA, Hist. eccl., lib. 3 c. 5. Usque ad diligentiorem tractatum synodi generalis decernimus. Capit. Tolos. a. 844, prol., II p. 256. Per fidelium suorum tractatum ista causa ... ad perfectionem perveniat. Capit. Caris. a. 856, c. 11, p. 281. [Regis] publicis ac secretis tractatibus. Libell. adv. Wenilonem a. 859, c. 8, p. 452. Cum tractatu et consilio atque unanimitate imperii nostri primorum. D. Lud. II imp. a. 865, *CD. Langob.*, no. 237 col. 396 D. **8.** **réunion, concile — meeting, synod.* **9.** *traité, convention — treaty, agreement.* S. xiii. **10.** i. q. tractus sub 6: *cantique chanté d'un trait — chant sung at a stretch.* Cantor ascendens incipit tractatum "Qui habitat". Ordo Rom. XXIII (s. viii p. pr.), c. 18, ANDRIEU, III p. 271.

**tractor:** *receveur de dîmes — tithe-collector.* CHARLES-MENJOT, *Cart. du Mans*, no. 249 col. 151 (a. 1110-1116). BERTRAND, *Cart. d'Angers*, I no. 346 p. 397 (a. 1125-1149); no. 196 p. 226 (a. 1146).

**tractoria: 1.** *barrique — hogshead.* ERCHEMPERT., c. 68, *Scr. rer. Langob.*, p. 260. Acta Urcisini Ravenn., *AASS.*, Jun. III p. 811. **2.** plural. tractoriae (sc. litterae) et singul. tractoria (sc. epistola): **diplôme délivré à ceux qui voyagent aux frais de l'État, donnant le droit de réquisitionner — patent issued in behalf of persons travelling at the expense of the state and empowering to requisition.* CASSIOD., Var., lib. 7 epist. 33, inscr., *Auct. ant.*, XII p. 219. MARCULF., lib. 1 no. 11, inscr., *Form.*, p. 49. Evectionem ad ipsus missus [i.e. missos], qui hoc exigere ambularent, perpetualiter absque renovata tracturia annis singulis dare praecipemus. *D. Merov.*, no. 86 (a. 716). Lib. diurn., no. 49 sq., inscr., ed. SICKEL, p. 40. Si quid litteras nostras dispexerit, id est tractoriam quae propter missos recipiendos dirigitur. Capit. legib. add. a. 817, c. 16, I p. 284. Missi nostri ... accipiant secundum quod in sua tractoria continetur. Capit. missor. a. 819, c. 26, p. 291. Habentes in manibus tractoriam stipendialem et capitularia sanctionum. AGOBARD., Insol. Judaeorum, MIGNE, t. 104 col. 71 A. Antequam legationem [i.e. officium missi regis] adoriamur, regi ... suggerere statui et tractorias accipere et tunc ... proficisci. LUP., epist. 41, ed. LEVILLAIN, I p. 174. Cf. F. L. GANSHOF, *La tractoria, Tijdschr. v. Rechtsgesch.*, t. 8 (1928), pp. 69-91. P. CLASSEN, *Kaiserreskript und Königsurkunde, Arch. f. Diplomatik*, t. 1 (1955), pp. 1-87, spec. pp. 45-48. **3.** *lettre de créance* enjoignant aux officiers publics de prêter leur concours au porteur — *credentials* to the effect of directing State officials to render assistance to the bearer. Per hanc tractoriam expresse precipimus ... *D. Karolin.*, I no. 88 (a. 774/775). D. Lud. Pii, *H. de Fr.*, VI p. 468 C. Ut auctoritatem sigillo regis roboratam more tractoriae christianissimus princeps singulis donet episcopis, quam

quisque episcopus penes se habeat, ut, quando ei necesse fuerit, per eandem auctoritatem rei publicae ministros conveniat, ut ipsi, in quibuscumque civili indiguerint auxilio, rei publicae ministris concurrentibus, suum ... possint rite peragere ministerium. Concil. Meld. a. 845, c. 71, *Capit.*, II p. 415. **4.** **lettre circulaire d'avertissement* d'usage ecclésiastique — ecclesiastical *circular*. **5.** *lettre de citation — summons.* Joh. VIII pap. epist. 188, *Epp.*, VII p. 150. Ibi pluries. **6.** *lettre d'excuses — excusatory letter.* Concil. Duziac. I a. 871, c. 6, MANSI, t. 16 col. 581 D.

**tractura: 1.** *service de transport — transport service.* Homines ... adjuvabant colligere oliveta ... et minabant remos ... aut de tractura paccabant [i.e. pactabant] cum actore. *CD. Langob.*, no. 126 col. 225 A (a. 835, Lemonta). **2.** (cf. voc. trahere sub 5) *défrichement — reclamation of waste land.* [Hereditas] qui nobis advenit ... per tractura[m] et per presionem sive per omnes quecumque voces. ROSELL, *Lib. feud. maj.*, I no. 314 p. 338 (a. 1066). **3.** *essart — reclaimed area.* Dono ... omnes meas tracturas et tenuitiones, sicut ego modo teneo et possideo. DE MARCA, *Marca hisp.*, app. col. 1269 (a. 1130).

**tractus** (decl. iv): **1.** *lot de pêche — draught, place for fishing. BEC.*, t. 30 (1869), p. 427 (a. 878, Tours). BERNARD-BRUEL, *Ch. de Cluny*, I no. 396 p. 380 (a. 931). *D. Louis IV*, no. 25 p. 63 (a. 945). *D. Arnulfs*, no. 184 p. 283 (< a. 885 >, spur. ante a. 977, Salzburg). LACOMBLET, *UB. Niederrh.*, I no. 123 p. 75 (a. 989). FAUROUX, *Actes de Norm.*, no. 5 p. 76 (a. 992-996). Ib., no. 210 p. 399 (a. 1055-1066). LACOMBLET, o.c., no. 290 p. 190 (a. 1119). Acta Murensia, c. 26, ed. KIEM, p. 78. **2.** decimae: *perception de la dîme* avant qu'elle soit partagée — *collection of a tithe* preceding the apportioning. Hujus decimae tractum ... concessit ... monachis ... ita prorsus ut quicquid ex eadem decima in quacumque re exierit, ad domum monachorum attrahatur ibique dividatur. BERTRAND, *Cart. d'Angers*, I no. 324 p. 368 (ca. a. 1100). Ib., no. 346 p. 397 (a. 1125-1149). **3.** *part de dîme revenant au perceveur — share in a tithe accruing to the collector.* DC.-F., VIII p. 145 col. 3 (ch. a. 1179, Toul). *Actes Phil.-Aug.*, I no. 100 p. 123 (a. 1183/1184). **4.** manus: *seing manuel — hand-mark.* WAMPACH, *UB. Luxemb.*, I no. 167 p. 216 (a. 948/959). **5.** *coup du jeu d'échecs — move at chess.* Ruodlieb, fragm. 4 v. 207. **6.** *trait*, partie du harnais d'un cheval — *trace* for harness. S. xiii. **7.** *cantique chanté d'un trait, sans répons ni refrain — chant sung at a stretch.* Ordo Rom. XXIV (s. viii), c. 54, ANDRIEU, III p. 297. Hoc differtur inter responsorium, cui corus respondet, et tractum, cui nemo. AMALAR., Off., lib. 3 c. 12, ed. HANSSENS, II p. 299. Consuet. Cluniac. antiq., text. B, c. 20, ALBERS, II p. 14. Hist. Gaufredi ducis, HALPHEN-POUPARDIN, *Chron. d'Anjou*, p. 192.

**tradens** (subst.): *donateur — donor.* DRONKE, *CD. Fuld.*, no. 479 p. 211 (a. 829).

**tradere. 1.** Refl. se tradere: i.q. se commendare, *se recommander*, se placer sous la tutelle protrectrice d'un seigneur — *to recommend oneself*, to put oneself in the protective power of a lord. Petii pietati vestrae et mihi decrevit voluntas, ut me in vestrum mundoburdum tradere vel commendare deberem, quod ita et feci. F. Turon., no. 43, *Form.*, p. 158. Qui se et uxores, filios vel filias suas in servitio tradiderunt. Karoli M. notit. Ital. (a. 776 vel 781), c. 1, I p. 187. Tassilo venit ... tradens se manibus in manibus domni regis Caroli in vassaticum. Ann. regni Franc., a. 787, ed. KURZE, p. 78. Qui ad servitium Dei se tradere volent. Capit. missor. Theodonisv. II a. 805, c. 15, I p. 125. Ne ... subtrahant nostram justitiam, alteri [se] tradendo aut commendando. Ib., c. 19, p. 125. Mox manibus junctis regi se tradidit ultro et secum regnum quod sibi jure fuit. ERMOLD. NIG., In hon. Hlud., v. 2481 (lib. 4 v. 601), ed. FARAL, p. 188. Venit Bernhardus ... et tradidit semetipsum ei ad procerem, et fidelitatem cum juramento promisit. THEGAN., c. 12, *SS.*, II p. 593. **2.** *divulguer — to make known, announce.* De fidelitate promittenda domno imperatori: ut omnes [i.e. omnibus] traderetur publice qualiter unusquisque intellegere possit ... Capit. missor. gener. a. 802, c. 2, I p. 92. Epistolam coram omnibus relegere et tradere facias. Karoli epist. ad Ghaerbald. a. 807, *Capit.*, I p. 246. **3.** (cf. class. "livrer en proie, abandonner — leave at the mercy of, hand over to") aliquem: **trahir — to betray.* **4.** aliquem: *attenter sournoisement à la vie de* qq'un — *to seek stealthily* a person's *life*. Dederunt dexteras in invicem ut traderent consulem. GALBERT., c. 11, ed. PIRENNE, p. 18. Ibi pluries. **5.** aliquid: *livrer à l'ennemi par trahison — to deliver up to the enemy by treason.* Miles perfidus et dolosus, qui ... duo castella tradiderat et destruxerat. V. Hugonis abb. Bonae Vallis (s. xii ex.), c. 4, *AASS.*[3], Apr. I p. 48 B.

**tradimentum:** *attentat — crafty plot.* DC.-F., VII p. 17 col. 3 s.v. 1. raptus (ch. a. 1190).

**traditio: 1.** *charte de donation — written deed concerning a gift.* Si contra hanc traditionem aliquid refragavero. F. Turon., no. 15, *Form.*, p. 143. [Adjacentia] in praesenti traditione numerare vitavimus. MULLER-BOUMAN, *OB. Utrecht*, I no. 62 p. 69 (a. 834). **2.** *ce qui fait l'objet d'une donation — things donated.* Ipsi filii communem traditionem nostram habuissent usque ad vitam illorum cum censo. BITTERAUF, *Trad. Freising*, I no. 100 p. 117 (a. 779-783). Cellam cum omni tradicione sua confirmavit R. episcopo. Breves notit. Juvav. (ca. a. 790), c. 8, HAUTHALER, *Salzb. UB.*, I p. 28. In ipsa praedicta traditione construxit monasteria et ecclesias. Virt. Fursei (s. ix in.), c. 3, *SRM.*, IV p. 441. Reddidit ... quod injuste per fraudem de eadem traditione abstulit. DRONKE, *CD. Fuld.*, no. 513 p. 226 (a. 838). Eandem traditionem ad se recipiens quamdiu voluerit sub censu ... possideat. Coll. Sangall., no. 7, *Form.*, p. 401. **3.** *explication, commentaire — explanation, commentary.* Tradiciones euangelii et epistolas libros duos. Test. Riculfi Helen. a. 915, *Hist. de Lang.*[3], V no. 42 col. 136. Traditio super regulam s. Benedicti. MABILLON, *Ann.*, II p. 619. **4.** *acte de haute trahison — act of high treason.* Reus sit mortis propter traditionem majestatis. G. Theoderici, c. 11, *SRM.*, II p. 205. Imponens ei quasdam traditiones contra imperium factas. ARNOLD. LUBEC., lib. 2 c. 10, ed. LAPPENBERG in us. sch., p. 48. **5.** *dessein malicieux, attentat, machination — malice prepense, crafty plot.* Si accusatus fuerit fecisse furtum aut per traditionem homicidium. Fuero de León (a. 1017-1020), c. 40, WOHLHAUPTER, p. 18. Aliquis homo cogitaverit aliquam traditionem in civitate ...; discoopertum fuerit per fidelissimas testimonias. MUÑOZ, *Fueros*, p. 366 (a. 1118, Toledo). **6.** *meurtre prémédité — premeditated murder.* Comes ... cujus traditionem jam conjuravimus. GALBERT., c. 11, ed. PIRENNE, p. 19. **7.** *attaque au dépourvu, coup de main — surprise attack, raid.* [Comes Tolosanus] apud Burdegalam occidit circa centum milites nobiles per traditionem, qui erant de exercitu G. ducis [Aquitaniae]. Qui traditionem ipsam non potuit diu sustinere, sed cum omnibus optimatibus suis calumniatus est eam, veniens ad Tolosam, et vastavit eam in circuitu et cepit. Chron. s. Maxentii, ad a. 1059, MARCHEGAY-MABILLE, p. 401.



**traditionalis:** *qui se rapporte à une donation — concerning a gift.* Notitia. Cart. Senon., app. 5, *Form.*, p. 210. Epistola. F. Sal. Merkel., no. 45, p. 258.

**traditiosus:** *d'un scélérat — of a scoundrel.* Famem suam turpissimam et traditiosam reddiderat per omnes regnorum fines. GALBERT., c. 57, ed. PIRENNE, p. 90.

**traditor: 1.** *donateur — donor.* [Traditio] ab ipsis traditoribus facta est. DRONKE, *CD. Fuld.*, no. 453 p. 200 (a. 824). In W. sex diurnales habemus, quorum traditores fuerunt R., L. ... Acta Murensia, no. 25, ed. KIEM, p. 76. **2.** **chrétien apostat* coupable de la livraison d'objets sacrés aux autorités publiques — *renegade Christian* who hands over sacred objects to State authorities. **3.** *celui qui livre traîtreusement des choses à l'ennemi — one who treasonably surrenders possessions to the enemy.* Traditor cognominatus est ob id, quia civitatem patruo suo K. reddidit. HUGO FLAVIN., lib. 2 c. 5, *SS.*, VIII p. 371. **4.** *assassin — assassin.* Leg. Edw. Conf., tit. 18 § 2, LIEBERMANN, p. 644. GALBERT., c. 11, ed. PIRENNE, p. 19. **5.** *auteur d'un crime astucieusement prémédité — perpetrator of a crafty outrage.* ADEMAR., lib. 3 c. 60, ed. CHAVANON, p. 186.

**traditorius:** *qui se rapporte à un transfert de propriété — relating to a conveyance of property.* Charta. Cart. Senon., no. 7 sq., *Form.*, p. 188. Noticia. CHEVRIER-CHAUME, *Ch. de Dijon*, II no. 242 p. 35 (a. 1009).

**traducere: 1.** (cf. class. "exposer au mépris, diffamer — to hold up to contempt, defame") **confondre, châtier, punir — to put to shame, chastize, punish.* **2.** **égarer, entraîner, tromper, séduire, tenter — to lead astray, carry away, deceive, seduce, allure.* **3.** *marier — to marry.* Uxorem. Ruodlieb, fragm. 5 v. 484.

**tradux** (class. "provin — layer"): **1.** **transmission par voie d'hérédité* (en parlant du péché originel) — *transmission by heredity* (with reference to the original sin). **2.** *extraction, souche — descent, stock.* Ex traduce Judaeorum ... productus. ISID. PAC., aera 719, MIGNE, t. 96 col. 1260 C. Grandi fastu Arabicae traducis exornabatur. EULOG., Memor., lib. 3 c. 17, ib., t. 115 col. 815 C. Senatorum traduce natus. ALVAR., V. Eulogii, c. 1, ib., col. 707 C.

**trafica,** traff-, -icum: *commerce — commerce.* S. xiv, Ital.

**traficare,** traff-, -igare: *faire le commerce — to trade.* S. xiv, Ital.

**traga,** v. traha.

**tragelaphus** (gr.): *un *mammifère cavicorne*, bouquetin, gazelle ou antilope — a *cavicorn mammal*, ibex, gazelle or antilope. ERMENRIC. ELWANG., V. Hariolfi, c. 2, *SS.*, X p. 12.

**tragina** (< traginare): **1.** *ornière — cart-track. D. Lothaire*, no. 46 (a. 981). **2.** *service de charroi — carting service.* Nulli liceat accipere pascuarios vel exigere traginas. Priv. Bened. VIII pap. a. 1017, MIGNE, t. 139 col. 1612 D (J.-L. 4018; an verax?). Omnes malas consuetudines, boaticos, albergas, tragmas [leg. traginas] et omnes torturas ... dimitto. DE MARCA, *Marca hisp.*, col. 1168 (a. 1078).

**traginare,** trahin-, train-, trascin-, trasin-: *traîner — to drag.* Qui alium per capillos ad terram traginaverit. *Actes Phil.-Aug.*, I no. 473 § 25 p. 567 (a. 1194).

**tragum:** *drague — drag-net* (jam ap. SERVIUM). ISID., Etym., lib. 19 c. 5 § 3. BIRCH, *Cart. Saxon.*, III no. 1310 p. 637 (a. 974).

**traha,** traga (class. "traineau — sledge"): *herse — harrow.*

**trahere: 1.** *véhiculer — to cart.* De ipsa domo proinde cum carro aliquid trahere presumpserit. Lex Sal., tit. 12, addit. text. Herold. Scuvias [i.e. excubias] facere solemus et servitium ... traendo cum nave tam granum quam et salem. SCHIAPARELLI, *CD. Longob.*, II no. 223 p. 261 (a. 768, Lucca). Colli[g]ere debemus olivas ... et premere exinde oleum et traere illuc [ad] monasterium. MANARESI, *Placiti*, I no. 117 p. 434 (a. 905, Milano). **2.** decimam: *percevoir — to collect.* Quamdiu monachus vel minister ejus traxerit illam decimam. BERTRAND, *Cart. d'Angers*, I no. 324 p. 368 (ca. a. 1100). **3.** chartam: *établir la minute* d'un acte — *to draft.* Tracta carta in Curia sub rege Lothario mense marcio, et scripta in eodem loco mense januario sub rege Chunrado regni anno primo. MEYER-PERRET, *Bündner UB.*, I no. 297 p. 219 (a. 1137/1139). Ibi pluries similiter. **4.** sagittam: *lancer — to shoot.* Non cessabant trahere sagittas ad invicem. GALBERT., c. 29, ed. PIRENNE, p. 51. Lapides super ipsum castellum fortiter die nocteque trahere non cessaverunt. OTTO MORENA, ed. GÜTERBOCK, p. 80. Absol.: *tirer à l'arc — to shoot.* Balestrerii foris per ipsas [archerias] trahentes. Ib., p. 85. **5.** ex, de heremo: *défricher — to assart.* Terras ... ex heremo traxerunt et incoluerunt. *D. Charles le Ch.*, no. 41 (a. 844). Quantumcumque ille in F. de heremi vastitate traxit cum suis hominibus. Ib., no. 43 (a. 844). Villare quod ipsi ... traxerunt de heremi vastitate. ALART, *Cart. Roussillonnais*, no. 2 p. 8 (a. 881). [Res quas] tam ex aprisione quam ex heremo habet tractas vel deinceps excolere potuerit. *D. Charles le Simple*, no. 13 (a. 898). Absol.: [Vallis] quam traxit K. quondam suus antecessor. MONSALVATJE, *Besalù*, VII p. 12 (a. 875). Donamus ... terras cultas et ermas et vineas ad traendum et culturandum. RIUS, *Cart. de S.-Cugat*, no. 610 p. 275 (a. 1057). **6.** aliquem in judicium, in causam: *actionner — to implead.* Ne quislibet de cleros [i.e. clericis] de personis suis ad publica vel secularia judicia

traantur vel distringantur. Capit. Mantuan. II (a. 813), c. 1, I p. 196. **7.** *présenter — to bring forward.* Cepimus cum eo pugnam; sed ipse die constituto non traxit michi hominem suum. DC.-F., VIII p. 150 col. 3 (ch. ca. a. 1130). **8.** puellam, feminam: *ravir — to ravish.* Lex Sal., tit. 13 § 6. Chlotharii edict. a. 614, c. 18, *Capit.*, I p. 23. MARCULF., lib. 2 no. 16, *Form.*, p. 85. Summula de bannis, c. 5, *Capit.*, I p. 224.

**trahinare,** trainare, v. traginare.

**trajectus,** trejectus, trexitus (decl. iv): (jam ap. HIRT.) *gué — ford. D. Merov.*, no. 51 (ca. a. 681). Capit. Aquisgr. a. 809, c. 9, I p. 149. D. Lud. Pii a. 816, SCHÖPFLIN, *Alsatia*, I p. 64 no. 80 (BM.² 623). *D. Ludwigs d. Deutsch.*, no. 128 (a. 868). MONACH. SANGALL., lib. 1 c. 30, ed. HAEFELE, p. 40.

**tralia,** v. trichila.

**tramalium,** tramallum, tramela, v. tremaclis.

**tramblus,** v. tremulus.

**tramosericus** (adj.) (cf. voc. holosericus): (d'un tissu) *à trame de soie* — (of a fabric) *with a silken warp.* ISID., Etym., lib. 19 c. 22 § 14.

**trancheia,** tranchia, v. truncata.

**transactum.** Loc. in transactum, in transacto: à titre définitif — for firm. Si cujuscumque servus aut aldius ... in furto conprehinsi fuerint, et dominus eorum neglexerit eos liberare et usque ad dies 30 eos dimiserit, sint figanges et habeat eos sibi in transacto. Liutprandi leg., c. 147. Totam substantiam meam ... tibi ... in transactum vendidi. GIORGI-BALZANI, *Reg. di Farfa*, II doc. 221 p. 180 (a. 816). Omnes suprascriptae res ... in transactum in suprascripto monasterio persistant. Ib., doc. 228 p. 189 (a. 817). A presenti die confero, dono, cedo, trado in transactum. Ib., doc. 232 p. 191 (a. 817).

**transalpinare,** -izare: *franchir les Alpes — to cross the Alps.* Frid. I imp. conv. cum Cremon. a. 1162, *Const.*, I no. 212. OTTO FRISING., G. Friderici, lib. 2 c. 12, ed. WAITZ-SIMSON, p. 113. OTTO SANBLAS., c. 16, ed. HOFMEISTER, p. 18. PETR. BLES., epist. 59, MIGNE, t. 207 col. 175 B.

**transcensus,** trecensus (< trans, census): *fermage,* cens fondé sur un contrat d'affermage, d'abord l'affermage d'un ensemble de cens ou d'autres revenus — *rental,* a cess originating in a lease, originally a lease of a body of revenue. SEHER., Primord. Calmosiac., *SS.*, XII p. 340 (s. xii in.). SDRALEK, *Wolfenb. Fragm.*, p. 121 no. 11 (a. 1108-1124, Reims). HUGO, *Ann. Praemonstr.*, II pr. col. 134 (ch. a. 1138). PERRIN, *Seigneurie*, p. 722, app. 4 c. 4 (s. xii p. pr., Metz). Abbatissa partem [decimae] sibi assignatam sub trecensu duorum solidorum a nobis possideat. G. abb. s. Bertini, contin. III, c. 7, *SS.*, XIII p. 671 l. 10 (a. 1178). Si quis cambierit, qui trecensum archiepiscopo, sicut cambitores sui, non solvat. *Actes Phil.-Aug.*, I no. 73 p. 96 (a. 1182/1183).

**transenda** (à distinguer de — to be distinguished from transenna "grille — grating") (< transire): *ruelle, passage — alley, lane.* Lib. pontif., Steph. III, § 15, ed. DUCHESNE, I p. 473. DC.-F., VIII p. 153 col. 2 (ch. s. xi in., Benevento).

**transferre: 1.** **transférer* des corps saints — *to translate* the body of a saint. **2.** **transférer* un ecclésiastique d'une église à une autre — *to translate* an ecclesiastic.

**transfertio,** transfersio: *tradition, transfert — conveyance.* Quecumque ... [per] quamlibet transfertionem ... adquisierint. *D. Konrads II.*, no. 280 (a. 1039).

**transfigere:** *munir d'un transfixe — to attach a transfix to a charter.* S. xiii.

**transfirmare:** *transférer, céder — to convey.* Haec omnia vobis ad integrum trado atque transfirmo. GYSSELING-KOCH, *Dipl. Belg.*, no. 1 p. 6 (a. 649, S.-Bertin). Ib., no. 5 p. 16 (a. 685, S.-Bertin). *D. Merov.*, no. 56 (a. 687). GYSSELING-KOCH, o.c., p. 130 (a. 707, Gand). BITTERAUF, *Trad. Freising*, I no. 43 p. 71 (a. 772). BEYER, *UB. Mittelrh.*, I no. 41 p. 46 (a. 804, Prüm). Trad. Lunaelac., no. 45, *UB. d. L. ob der Enns*, I p. 27 (a. 817). WAMPACH, *Echternach*, I pt. 2 no. 164 p. 255 (a. 907/908).

**transfluminare:** *croiser un fleuve — to cross a river.* EKKEHARD., Cas. s. Galli, c. 3, *SS.*, II p. 110 l. 29.

**transfundere:** *transférer, céder — to convey.* Quicquid ... in ipso loco habere videmur ... in praefata basilica perpetualiter ... possidendum ... donamus et transfundimus. PARDESSUS, I no. 186 p. 147 (ch. a. 579, Dijon). BEYER, *UB. Mittelrh.*, I no. 41 p. 46 (a. 804, Prüm). *D. Charles le Ch.*, no. 57 (a. 844). Ibi pluries. WARTMANN, *UB. S.-Gallen*, II no. 506 p. 120 (a. 865). KÖTZSCHKE, *Urbare Werden*, p. 134 (s. xi).

**transgredi:** **transgresser, enfreindre — to contravene, infringe.*

**transgressio:** **transgression, infraction, péché, faute — infringement, offence, trespass.* Clericorum transgressiones cum adversario instigante contigerint. Guntchramni edict. a. 585, *Capit.*, I p. 12.

**transgressor:** **transgresseur, violateur* de la loi — *contravener, infringer* of the law.

**transgulare** = strangulare.

**transire:** **trépasser — to decease.*

**transitorius** (adj.): **1.** **transitoire, passager, éphémère — passing, transient, fleeting.* **2.** *qui concerne la circulation — relating to traffic.* Transitorias redhibitiones apud pontem ... observans. GUIBERT. NOVIG., De vita sua, lib. 3 c. 8, ed. BOURGIN, p. 166. Subst. neutr.

**transitorium: 1.** (cf. voc. transitura) *péage* levé au passage d'un fleuve — *toll* at a rivercrossing. Porto cujus vocabulum est V. cum multorum transitorio usque in caput Addue. D. Loth. I imp. a. 841, *CD. Langob.*, no. 139 col. 244 C (BM.² 1084). Cum pontibus cunctisque aquae transitoriis. Priv. Innoc. II pap. a. 1134, MIGNE, t. 179 col. 194 (J.-L. 7644). **2.** *une partie de la Messe — part of the Mass.* Ordo Mediol. (ca. a. 1130), MURATORI, *Antiq.*, IV col. 893 et 899.

**transitura,** transtura, trast-, trecit-, trest-: *péage* levé sur le passage d'un fleuve ou sur la navigation fluviale — *toll* exacted from traffic crossing a river or from river navigation. Qui vult sursum ascendere, det transitura solido medio. D. Liutprandi reg. Langob. a. 715, HARTMANN, *Zur Wirtschaftsgesch. Italiens*, p. 124. Transitura debeat dare binos tremisses per singulas naves. Liutprandi reg. decr. de trib. pro Comacl. (a. 730?), *CD. Langob.*, no. 5 col. 18. Ut nullus ad palatium vel in hostem pergens ... tributum quod trasturas vocant solvere cogatur. Capit. missor. a. 819, c. 16, I p. 290. De ripatico et transituris fluminum



stetit, ut secundum antiquam consuetudinem debeamus tollere per portus nostros et flumina. Loth. I pact. c. Venet. a. 840, c. 17, *Capit.*, II p. 133. Nemo ab eis in porto aliquo trecituram vel in foro teloneum exigat. *D. Karls III.*, no. 149 (a. 886). Tresturas ad salem emendum, quas de pontanatico ... tradidimus. *D. Charles le Ch.*, I no. 475 p. 578 l. 29 (< a. 858 >, spur. post a. 980, Montier-en-Der). In observandis riparum legibus, in transituris, ut nulla nova consuetudo eis imponatur. *D. Ottos III.*, no. 100 (a. 992).

**transitus** (decl. iv): **1.** i.q. transitura. Flumen cum utrisque ripis et piscatoria et navium transitu. *D. Charles le Simple*, no. 122 (a. 923). Quidquid ecclesia Gorziensis in G. villa super fluvium Mosellam sita possidebat ... excepto tamen navali transitu et reditu, qui ibi inter monasterium et civitatem decurrit. MIRAEUS, I p. 366 col. 1 (a. 1096). Nullum theloneum, nullum pontaticum, nullum transitum vel exitum ... persolvant. *D. Lothars III.*, no. 119 (a. 1137). **2.** *mort, trépas — death, decease.* CASSIOD., Var., lib. 8 epist. 8, *Auct. ant.*, XII p. 237. ENNOD., opusc. 80, ib., VII p. 88 l. 35. Lex Burgund., tit. 42 § 1; tit. 53. Test. Remigii, *SRM.*, III p. 339 l. 20. GREGOR. TURON., H. Fr., lib. 1 c. 47. Ibi saepe. FREDEG., lib. 4 c. 32, *SRM.*, II p. 133. V. Ansberti, c. 15, *SRM.*, V p. 628. ZEUSS, *Trad. Wizenb.*, no. 14 p. 22 (a. 739). **3.** *jour anniversaire de la mort de qq'un — anniversary of a person's death.* IONAS, V. Columbani, lib. 1, inscriptio hymni in fine, *SRM.*, IV p. 111. *D. Charles le Ch.*, II no. 239 p. 40 (a. 862). MILO, V. II Amandi, c. 5, inscriptio sermonis, *SRM.*, V p. 459.

**translatare: 1.** *transférer* un corps saint — *to translate* the body of a saint. Translatavit atque infraduxit in ea[m] [ecclesiam] corpora sanctorum martyrum. Lib. pontif., Hadr. I, § 69, ed. DUCHESNE, I p. 506. **2.** *transférer* un évêque d'un siège à un autre — *to translate* a bishop. Nullus audeat ... ex alio episcopatu ibidem translatari [depon.] aut ordinare episcopum. Zachar. pap. priv. a. 743, BONIF.-LULL., epist. 52, ed. TANGL, p. 93 (J.-E. 2265). Nullus audeat ... ex alio episcopatu ibidem translatare aut constituere episcopum. Hadr. I pap. priv. (ca. a. 775) ap. FLODOARD., Hist. Rem., lib. 2 c. 17, *SS.*, XIII p. 463 (J.-E. 2411). Causa necessitatis aut utilitatis [potestatem] habes ... [episcopum] de titulo ad titulum translatare. Epist. apocr. Pelagii II pap. ap. Ps.-ISID., ed. HINSCHIUS, p. 729. **3.** *aliéner — to alienate.* Non inantea donandi nec vendendi nec pro nullo ordine translatandi [potestatem habeat]. MANARESI, *Placiti*, I no. 81 p. 294 (a. 877, Verona). **4.** *recopier — to transcribe.* Hanc chartam translatavit B. publicus notarius ex originali. *Gall. chr.* ², VI instr. col. 322 (a. 1142). **5.** *traduire* d'une langue en une autre — *to translate* from one language into another. Quam [synodum] et studiosissime in Latino translatavit. Lib. pontif., Leo II, ed. MOMMSEN, p. 200. Rursum ib., Hadr., § 88, ed. DUCHESNE, I p. 512.

**translate:** **d'une manière figurée — figuratively.*

**translatio: 1.** **translation* d'un corps saint — *translation* of the body of a saint. **2.** *fête de l'anniversaire de la translation* d'un corps saint — *festival celebrating the translation* of the body of a saint. Annotina [i.e. annua] translatione sanctarum reliquiarum ibi conditarum, quae evenit IV non. dec. *D. Charles le Ch.*, no. 315 (a. 868). **3.** **translation* d'un évêque — *translation* of a bishop. **4.** **transcription — transcript.* **5.** **traduction — translation* from one language into another.

**translator: 1.** **traducteur — translator.* **2.** **copiste — copyist.*

**translatum:** *copie — copy.* S. xiii.

**transmandare:** *mander, ordonner par envoi — to send a written order.* GALBERT., c. 25, ed. PIRENNE, p. 43.

**transmarinare:** *faire la traversée — to cross over.* Chron. Montis Sereni, ad a. 1131, *SS.*, XXIII p. 143.

**transmigrare,** transit., **1.** aliquem: **exiler, déporter — to banish, deport.* **2.** aliquid: *transférer, céder — to convey.* Non liceat donatori ipsum thinx, quod antea fecit, iterum in alium hominem transmigrare. Edict. Rothari, c. 174. Neque in alterius potestatem ad proprietatem dandum aut transmigrandum. UGHELLI, I pt. 1 col. 390 D (a. 959).

**transmigratio: 1.** **déportation, exil — deportation, exile.* **2.** *trépas, mort — passing away, death.* BEDA, Hist. eccl., lib. 4 c. 9. DONAT., V. Ermenlandi, c. 17, *SRM.*, V p. 702. **3.** *translation* d'un corps saint — *translation* of the body of a saint. V. Eligii, lib. 2 c. 48, *SRM.*, IV p. 727.

**transminare:** *faire traverser des animaux — to drive animals across a river. D. Lothars III.*, no. 61 (a. 1134).

**transmissum** (subst.): *envoi — sending.* Investivit altare ... ex argento purissimo deaurato ex transmisso F. abbatis. Lib. pontif., Leo III, § 110, ed. DUCHESNE, II p. 33.

**transmutare:** *transférer* un évêque d'un siège à un autre — *to translate* a bishop. [Papae] liceat de sede ad sedem ... episcopos transmutare. Gregor. VII. registr., lib. 2 c. 55ᵃ (Dictatus papae), § 13, ed. CASPAR, p. 204.

**transportare:** *transférer, céder — to convey, cede.* S. xiii.

**transpositio: 1.** *translation* d'un corps saint — *translation* of the body of a saint. ERMENTAR., Mir. Filiberti, lib. 1 c. 83, ed. POUPARDIN, p. 58. **2.** *traduction — translation* from one language into another. WIEGAND, *UB. Strassburg*, I no. 51 p. 41 (< post a. 1003 >, spur. s. xii med.). **3.** *trépas, mort — passing away, death.* MARCULF., lib. 2 no. 2, *Form.*, p. 74. F. Turon., addit. 1, p. 159. *BEC.*, t. 99 p. 5 (a. 731/732).

**transpungere: 1.** **percer — to pierce.* **2.** *perforer* en signe d'invalidation — *to perforate* in order to cancel. MÉNARD, *Hist. de Nîmes*, I p. 11 col. 1 (a. 876).

**transscribere:** **transférer par un acte écrit — to convey by a written deed.*

**transscriptio:** **action de recopier, copie — transcribing, copy.*

**transscriptum:** *copie — copy.* S. xiii.

**transsolvere:** *acquitter, payer, livrer — to discharge, pay, deliver.* Omnia quae ibi sunt opus tam ad lumen quam ad stipendia servis Dei, ibi transsolvant. *D. Merov.*, no. 5 (a. 556). Per wadio tuo visus es transsolsisse. MARCULF., lib. 2 no. 18, *Form.*, p. 88. Sim. *D. Merov.*, no. 83 (a. 716). Ipsa[m] leude[m] ... ad ipsos pa-

rentes legibus transsolvere deberet. F. Sal. Bignon., no. 8, p. 231. Medio mense Julii ipsa[m] [inferendam] vobis in integrum transsolvere spondemus. PARDESSUS, II no. 517 p. 330 (a. 721, Maine). Censum annis singulis ... sol. 1 aut in cera aut in argento transsolvere facias. WAMPACH, *Echternach*, I pt. 2 no. 98 p. 166 (a. 788/789).

**transsumere:** *recopier — to copy.* S. xiii.

**transtollere:** *emmener — to carry off.* Ad infinita gaudia spiritus transtolli malit. FELIX, V. Guthlaci, c. 50, ed. COLGRAVE, p. 158.

**transtura,** v. transitura.

**transvadare:** **passer à gué — to ford.*

**transvectorius:** *transportable par terre — transportable by land carriage.* Naves. ASTRON., V. Lud. Pii, c. 15, *SS.*, II p. 614.

**transversa,** trav-, -ersia: *chemin de traverse — cross-road.* S. xiii.

**transversare,** traversare: *traverser — to cross.* Vallem. EGER., Peregr., lib. 2 c. 2.

**transversarius:** *péagier — toll-gatherer.* DC.-F., VIII p. 160 col. 3 (ch. a. 1160).

**transversum,** travers-, -us: **1.** *gué — ford. D. Louis IV*, no. 4 (a. 936). **2.** *péage fluvial,* droit de passage ou redevance grevant la navigation fluviale — *toll* exacted from traffic crossing a river or from river navigation. Traversum duorum denariorum, quos debet unaqueque quadriga. *D. Phil. Ier*, no. 93 p. 241 (a. 1071-1079). MOREL, *Cart. de Compiègne*, no. 25 p. 57 (a. 1101). SOLMI, *Ammin. finanz.*, app. no. 8a p. 255 (a. 1112, Pavia). DE LASTEYRIE, *Cart. de Paris*, I no. 205 p. 225 (a. 1124). VERCAUTEREN, *Actes de Flandre*, no. 127 c. 11 p. 296 (a. 1127). HENRIC. HUNTENDUN., lib. 6, a. 1027, *SS.*, XIII p. 150. Gros brief a. 1187, ed. VERHULST-GYSSELING, p. 158 et 163. *Actes Phil.-Aug.*, I no. 293 p. 355 (a. 1190). FAUROUX, *Actes de Norm.*, no. 27 p. 116 (< a. 1024 >, spur. s. xii).

**transvolutio:** *voûte — vault.* GREGOR. TURON., Glor. conf., c. 34, *SRM.*, I p. 769. Pass. Saturn., c. 6, RUINART, p. 111.

**transvolutus** (adj.): *voûté — vaulted.* Locus sepulturae. ERMENTAR., Mir. Filiberti, lib. 1 c. 28, ed. POUPARDIN, p. 34.

**trapa,** v. trappa.

**trappula,** v. trapula.

**trapezita** (mascul.) (class. "changeur, banquier — money-changer, banker"): *monnaieur — minter. D. Charles le Simple*, no. 82 (a. 915).

**trappa,** trapa (germ.): **1.** *trébuchet — bird-trap.* Lex Sal., tit. 7, addit. 6. **2.** *trappe — trapdoor.* Libell. Monast. de mir. Liudgeri, c. 11 (ca. a. 1170), DIEKAMP, p. 246. **3.** *four dérobé — hidden oven.* VAN DE KIEFT, *La Chapelle Aude*, p. 242 § 16 (s. xii med.). **4.** *cave — cellar.* RÉDET, *Cart. de S.-Cyprien de Poitiers*, no. 216 p. 141 (ca. a. 1080).

**trappula,** trapula (< trappa): *piège — snare.* Pararet laqueum vel trappulas in silva vel campis. CENCIUS, Lib. cens., ed. DUCHESNE, I no. 289 p. 554 col. 2 (a. 1196).

**trapus,** v. drapus.

**trascinare,** trasinare, v. traginare.

**trastura,** v. transitura.

**traucus,** traugus (orig. inc., > frg. *trou*): *cavité, trou — hole, gap.* Si quis in clausura aliena traucum fecerit. Lex Ribuar., tit. 43.

**trauga,** v. trewa.

**travaca,** travacha, travata, v. trabata.

**travallum,** travai-, -lli-, -us (< trepalium): *travail de maréchal ferrant — shoeing-shed.* S. xiii.

**travaticus,** v. trabaticus.

**traversum** et deriv., v. transversum.

**treans** = triens.

**trebalium,** v. trepalium.

**trebucus** et deriv., v. trabuc-.

**trecensus,** v. transcensus.

**trecitura,** v. transitura.

**tredennis** (cf. voc. duodennis): *ayant treize ans — thirteen years old.* SUGER., V. Lud. Gr., c. 1, ed. WAQUET, p. 4.

**tredingum,** trehinga, trehingum, v. trithinga.

**trefundus,** treff- (< trans, fundus): **1.** *tréfonds — sub-soil.* **2.** *propriété éminente — bare ownership.* DC.-F., VIII p. 163 col. 3 (ch. a. 1193).

**treilea,** trela, trelea, trelia, v. trichila.

**trejectus,** v. trajectus.

**tremaclis,** tram-, trom-, -alium, -allum, -ela (< macula): *tremail — flue.* Lex Sal., tit. 27 § 21. CHAMPEVAL, *Cart. de Tulle*, no. 523 p. 281 (a. 1087). BRUNEL, *Actes de Pontieu*, no. 173 p. 266 (a. 1205).

**tremblius,** v. tremulus.

**tremesaticus,** trems- (adj.) (< trimensis): *du trémois — of summer-corn.* Arant ad hibernaticam sationem mappam 1 ..., ad tremsaticam sationem similiter. Polypt. s. Remigii Rem., c. 28 § 2, ed. GUÉRARD, p. 99 col. 1. Subst. neutr. **tremesaticum,** -agium, -atus: *trémois — summer-corn.* Tres sextarios, medietatem scilicet ivernagii et medietatem tremesati. DC.-F., VIII p. 165 col. 3 (ch. s. xii med., Sens).

**tremissalis,** tri-, -messalis (adj.) (< tremissis): *qui vaut un trémisse — worth one tremiss.* Exenium. SCHIAPARELLI, *CD. Longob.*, I no. 93 p. 270 (a. 748, Pisa). Friscinca. WARTMANN, *UB. S.-Gallen*, I no. 29 p. 33 (a. 761). Porcus. MURATORI, *Antiq.*, I col. 723 (a. 777).

**tremissis,** -us: **1.** **monnaie d'or* valant un tiers de sous — *gold coin* having the value of one third of a solidus. Tremissus est tertia pars solidi et sunt denarii quatuor. Lex Alamann., tit. 5 c. 6 § 3, codd. fam. B. **2.** *mesure agraire de superficie,* le tiers de la mesure appelée "solidus", soit 900 pieds carrés — *a measure of land,* one third of the measure called "solidus" or 900 square feet. BRUNETTI, *CD. Tosc.*, I p. 584 (a. 759). GIORGI-BALZANI, *Reg. di Farfa*, doc. 164 p. 136 (a. 799). **3.** *mesure linéaire,* le tiers d'un pied — *linear measure,* one third of a foot. BRUNETTI, o.c., p. 584 (a. 765).

**tremulus,** tremblius, tramblus: *tremble — trembling poplar.* S. xiii.

**trencata,** trencheia, trenkeia, v. truncata.

**trentale,** trentuale, v. trigintale.

**trentenarius,** v. trigintenarius.

**threnus:** **1.** **chant funèbre — dirge.* **2.** plural. threni: **les Lamentations de Jérémie — the Lamentations of Jeremiah.*

**trepalium,** treb- (< palus, cf. voc. travallum): *instrument de torture — instrument of torture.* Lex Rom. Cur., lib. 9 tit. 1 § 4, *LL.*, V p. 367. Concil. Autissiod. (a. 573-603), c. 33, *Conc.*, I p. 182.

**tresantiae,** v. trisantia.

**trestellus,** tret-: *tréteau — trestle.* S. xiii.

**trestura,** v. transitura.



**trewa,** treu-, treo-, triu-, tri-, trau-; -gua, -gia, -ga, -va, -via, -ba, -bua (< germ. *triuwa* "fidélité, bonne foi, engagement — faith, commitment"; > teuton. *treue*, angl. *truce*, frg. *trève*): **1.** *engagement de parole — pledge.* Fecimus ipso [i.e. ipsum] B. dare H. sculdahis [dativ.] trewas ut venisset die Jovi, quod est secundo de mense julio ... ad placito ad justicia faciendo. MANARESI, *Placiti*, I no. 60 p. 218 (a. 856, Brescia). **2.** *sûreté donnée pour garantir l'abstinence d'actes de violence — security given for refraining from outrages.* Si quis judex ... inter homenis qui aliquam discordiam habent trewas tulerit, et unus ex ipsis hominibus, inter quos ipsas trewas tulta sunt, eas ruperit, medietatem de ipsas trewas conponat in publico et medietatem illi cujus causa est; et ipsas trewas non sint minus quam sol. 200. Liutprandi leg., c. 42 (a. 723). **3.** *garantie contre les actes de violence — safeguard granted against outrages.* Petiit ... ut exinde ei triuvam ponere juberemus; cujus preces ... exaudientes hanc ei inde triuvam ponere jussimus. POUPARDIN, *Inst.*, p. 157 no. 16 (a. 980). Non quievit donec eum, quamvis sub interpellatione domni pontificis ... in tribuis positum, ... interfecit. G. episc. Camerac., lib. 3 c. 39, *SS.*, VII p. 481. **4.** *paix qu'on est obligé à observer en rapport avec une réunion, une foire — peace to be kept with a view to a gathering or a fair.* Treva a vobis provisa usque ad 15 dies post conventus solutionem inlesa servetur. Gregor. VII pap. registr., lib. 5 epist. 16 (a. 1078), ed. CASPAR, p. 378. Omnibus venientibus [ad mercatum annale] ... et redeuntibus stabilita est ab omni civitate firma et inviolabilis trevia octo dies ante festum et octo dies post festum. Quodsi quis hujus trevie violator extiterit ... Ch. a. 1105 ap. LANDULF. MEDIOL. JUN., c. 34, ed. CASTIGLIONI, p. 21. **5.** *sécurité accordée aux itinérants — safety ensured in behalf of travellers.* Omnes homines ... quamvis graves sint inimici, omni tempore sint securi per omnes dies et noctes et habeant sinceram treugam et veram pacem a monte C. usque ad castrum F. Usat. Barcinon., c. 61, ed. D'ABADAL-VALLS, p. 23. Faciamus hinc inde treuguam jurare, quo quisque ad s. Laurentium inermis et securus veniat ac per urbem civilius et commodius semper incedat. OBERT., Ann. Genuens., a. 1165, ed. BELGRANO, I p. 170. **6.** *trève, armistice — truce, armistice.* Treugae vel indutiae belli inter regem L. et H. principem ... disponuntur. FLODOARD., Ann., a. 947, ed. LAUER, p. 105. Episcopo tuo treugam des. FULBERT., epist. 93 (a. 1010/1011), *H. de Fr.*, X p. 454 C. Qui infra treuvam vel datum pacis osculum aliquem hominem interfecerit. Heinr. II imp. capit. Argentin. a. 1019, c. 3, *Const.*, I p. 64. Papa utrique regi ... praecepit ut treuvas ad invicem facerent. BERNOLD., ad a. 1077, *SS.*, V p. 434. Rursum a. 1089, p. 449. Rex paciscens cum Casinensibus, treuguam interim, ut omnes qui ob timorem illius aufugerant cum suis ad propria reverterentur, concessit. PETR. DIAC., Chron. Casin., lib. 4 c. 128, *SS.*, VII p. 842. **7.** trewa Dei: la Trève de Dieu — the Truce of God. Tenete pacem et illam trevam Dei, quam et nos jam accepimus. *Const.*, I no. 419 p. 596 (a. 1037-1041, Arelat.). Anno ipso [1041] treva Dei primum statuta est et firmata et pax ipsa treva Dei appellata. HUGO FLAVIN., Chron., lib. 2 c. 30, *SS.*, VIII p. 403. Confirmamus ipsam treugam Dei, quae a nobis dudum constituta fuerat. Concil. Narbon. a. 1054, c. 2, MANSI, t. 19 col. 827. [Episcopi] mecum unacum archiepiscopo [Narbonensi] firmaverunt treguam Dei inviolabilem tenere in omnem terram meam. *Hist. de Lang.*[3], V no. 211 p. 496 (a. 1059). Placuit universis, veluti vulgo dicitur, ut treuga Domini vocaretur. RADULF. GLABER, lib. 5 c. 1 § 15, ed. PROU, p. 126. Omnes homines secure ab hora prima Jovis usque ad primam horam diei lunae ... sua negotia agentes permanerent; et quicumque hanc legem offenderet, videlicet treguam Dei ... LANDULF. MEDIOL. SEN., lib. 2 c. 30, ed. CUTOLO, p. 71. Trevia Dei non est communi lege sancita, pro communi tamen utilitate hominum ex placito et pacto civitatis ac patriae, episcoporum ... est auctoritate confirmata. IVO CARNOT., epist. 56, *H. de Fr.*, XV p. 110 D. Trewa, nude: idem. Ut nemo ... assaliret aliquem suum inimicum ab hora sabbati nona usque in die lunis hora prima ... Hoc autem pactum sive treugam ideo constituerunt ... Synod. Helen. a. 1027, MANSI, t. 19 col. 483. Treugas a quarta feria post occasum solis usque ad secundam post ortum solis et ab adventu Domini usque ad octavam epyphanie et a septuagesima usque ad octavam pasche precipimus observari. Concil. Montis Rotundi (ca. a. 1041), *Const.*, I no. 421 p. 599. **8.** *l'époque pendant laquelle la trève de Dieu est en vigueur — the period in which the Truce of God is in effect.* Infra treuguam, in diebus videlicet sacrae passionis. WIBALD., epist. 18, ed. JAFFÉ, p. 99. In trevia Dei cum armata manu advenit. *H. de Fr.*, XV p. 178 C (epist. a. 1095, Reims). Alicui res sua furata fuerit vel ablata in treuga Dei. VAN DE KIEFT, *Chapelle-Aude*, p. 248 § 13 (a. 1075). **9.** gener.: *convention pour le maintien de la paix — agreement for the preservation of peace.* Sanctissime in Normannia observabatur sacramentum pacis, quam treviam vocant. GUILL. PICTAV., lib. 1 c. 48, ed. FOREVILLE, p. 118. **10.** *redevance imposée en vertu d'une convention de paix — tribute levied in pursuance of a peace agreement.* Abbatiam ... quietam fecit ... ab omnibus placitis et querelis, videlicet de trevia, de adulteriis et de omnibus aliis rebus que pertinent ad christianitatem. DELISLE, *Hist. de S.-Sauveur-le-Vicomte*, p.j. p. 57 (a. 1104).

**trewanus,** -v-, -gu- (< trewa): *commissaire en charge de l'exécution d'une convention de trève — delegate who has to carry into effect the regulations of a truce.* Apostolicus haec multum egre ferens, quia per trewam factum erat, ... misit trevanum suum L. nomine, qui supradicto B. ex apostolica auctoritate preciperet et indiceret ut sine mora castrum s. Benedicto redderet. Chron. Sublac., ed. MORGHEN, p. 19 (ca. a. 1120). Si contigerit quod aliqua civitatum ... offenderit ... et non fuerit emendatum per treuguanos, qui ad hoc electi sunt. Frid. I imp. treuga cum Lombardis a. 1177, *Const.*, I no. 259, c. 4.

**treware,** treugare, litem: *suspendre par une trève — to interrupt by a truce.* S. xiii.

**trezenum:** **1.** *redevance* d'un treizième du profit d'une pêcherie ou d'une oisellerie — a *due* of

one-thirteenth of the revenue from a fishery or a fowlery. S. xiii. **2.** *redevance* d'un treizième du prix d'achat d'une tenure, payable au seigneur — *a due* of one-thirteenth of the purchase price of a tenancy, owing to the landlord. S. xiii.

**1. triare:** *sélectionner — to select.* S. xiii.

**2. triare** (anglosax.): *citer en justice — to try at law.* S. xiii, Angl.

**tribanum** (gr.): *assiette — dish.* RIUS, *Cart. de S.-Cugat*, I no. 73 p. 62 (a. 946); II no. 485 p. 133 (a. 1022).

**triblattus** (adj.) (< blatta): *teint en trois couleurs*, dont l'un est pourpre — *dyed in three colours*, one of which is purple. (Cf. PETR. DAM., lib. 4 epist. 7, MIGNE, t. 144 col. 308 C: pallium ... quod triblathon juxta sui generis speciem nuncupatur, trium quippe colorum est). Pannos sericos quos triblattos appellant. LEO OST., lib. 3 c. 18, *SS.*, VII p. 711.

**tribua**, v. trewa.

**tribuchetum**, v. trabuchetum.

**tribuculus**, v. trabuculus.

**tribula**, trubla, trublia, trula, trulla, trullia: *truble*, filet de pêche — *scoop-net.* S. xiii.

**tribulare: 1.** **tourmenter, affliger — to harass, strike.* **2.** *contrarier — to thwart.* Cujus [exarchi] adventum cognoscentes, militia totius Italiae tumultuose convenit ... vellens praefatum exarchum tribulare. Lib. pontif., Joh. VI, § 1, ed. MOMMSEN, p. 217. **3.** passiv. tribulari et intrans. tribulare: **être dans l'angoisse — to be in fear.*

**tribulatio:** **tourment, affliction — tribulation, affliction.*

**tribunal: 1.** **siège royal, trône — seat of a king, throne.* Tribunali regis ... praesentari. WIDUKIND., lib. 2 c. 16. Imperator tribunal sibi in tentorio parari jussit. PETR. DIAC., Hist. Casin., lib. 4 c. 108, *SS.*, VII p. 822. **2.** **tribune, ambon — gallery, platform.* GREGOR. TURON., Virt. Juliani, c. 2, *SRM.*, I p. 564. Super pulpitem, id est super tribunal ecclesiae oportebat imponi, ut ... plebi ... conspicuus legat ... euangelium. AMALAR., Off., lib. 1 c. 18, ed. HANSSENS, p. 307. **3.** **chevet* d'une église — *high-level sanctuary.* Debet pontifex venire in tribunal ecclesiae et inclinare caput contra altare. Ordo Rom. VI, § 21, ANDRIEU, II p. 244. Transl. Hunegundis (a. 946), MABILLON, *Acta*, V p. 224. ADAM BREM., lib. 2 c. 68, ed. SCHMEIDLER, p. 129. Id., lib. 3 c. 30, p. 173.

**tribunalis** (adj.): *du chevet — of the sanctuary.* Sedes. Lib. pontif., Paschal. II, ed. DUCHESNE, II p. 302 l. 16.

**tribunatus** (decl. iv): **1.** *circonscription d'un "vicarius" — district of a "vicarius".* Habuerunt ... consuetudinem habendi actus tribunati, domesticos seu vicarios. MANARESI, *Placiti*, I no. 17 p. 53 (a. 804, Istria). **2.** *vicomté — viscounty. Actes Phil. Ier*, no. 93 p. 239 (a. 1071-1079). **3.** *circonscription domaniale — manorial district.* KÖTZSCHKE, *Urbare Werden*, p. 139 et 142 (ca. a. 1050).

**tribunicius.** Vir tribuniciae potestatis: i.q. vicarius. GREGOR. TURON., H. Fr., lib. 10 c. 21.

**tribunus: 1.** un *fonctionnaire* de cité subordonné au comte, aux attributions surtout policières — *police officer* subordinate to a count in a city. GREGOR. TURON., H. Fr., lib. 7 c. 23. Id., Virt. Martini, lib. 2 c. 11, *SRM.*, I p. 612. Id., Glor. conf., c. 40, p. 773 l. 2. FORTUN., V. Germani Paris., c. 61, *SRM.*, VII p. 409; c. 66, p. 412. Test. Remigii a. 533, *SRM.*, III p. 338 l. 16. Test. Bertichramni a. 616, PARDESSUS, I p. 208 et 214. Desiderii Cadurc. lib. 2 epist. 8, inscr., *Epp.*, III p. 207. IONAS, V. Columbani, lib. 1 c. 19 sq., ed. KRUSCH, p. 192 et 194. V. Gaugerici, c. 8, *SRM.*, III p. 655. V. Dalmatii, *H. de Fr.*, III p. 420. Lex Visigot., lib. 11 tit. 1 § 2. UDINA, *Arch. Barcelona*, no. 10 p. 120 (a. 898). **2.** i.q. "vicarius" vel "centenarius": *délégué du comte — a count's delegate.* WARTMANN, *UB. S.-Gallen*, I no. 85 p. 80 (a. 779); II no. 494 p. 110 (a. 863). WETTIN., V. Galli, c. 19, *SRM.*, IV p. 267; c. 35, p. 277. MONACH SANGALL., lib. 2 c. 21, ed. HAEFELE, p. 91. Tribuni seu vicarii. Concil. Moguntin. a. 813, c. 50, *Conc.*, I p. 272. NEUGART, *CD. Alemann.*, no. 741 p. 601 (a. 957). Praefecti filium, cujus avus judex, abavus tribunus vel scoldascio. RATHER., Praeloq., lib. 1 c. 23, MIGNE, t. 136 col. 167 B. **3.** *régisseur domanial — manorial agent.* Fisci. FORTUN., V. Radegundis, c. 38, *SRM.*, II p. 376. **4.** *écoutète.* ERHARD, *Reg. Westfal.*, I CD. no. 129 p. 101 (a. 1039). Tribunus plebis. *D. Heinrichs IV.*, no. 203 (a. 1068). Tribunus urbis. ALTMANN-BERNHEIM, *Urk.*[4], no. 78 § 5 p. 159 (a. 1084, Speyer). Pax Dei Colon. a. 1083, c. 15, *Const.*, I no. 424. V. I Bardonis, c. 6, *SS.*, XI p. 320. *D. Heinrichs IV.*, no. 466 p. 631 l. 28 (a. 1101). ERHARD, o.c., no. 190 p. 149 (a. 1122). MIRAEUS, I p. 87 (a. 1124). ORDER. VITAL., lib. 6 c. 8, ed. LE PRÉVOST, III p. 44. **5.** *échevin.* Duo tribuni [civitatis Wirciburgensis] sub uno tempore sua potestate potiti. OTHLO, Vis. 6, *SS.*, XI p. 379. Tribunos et jurisperitos in marchia conversantes secretius advocavi, qui unanimiter in idipsum consentiebant. HUGO, *Ann. Praemonstr.*, II pr. col. 699 (a. 1166, Ravensberg).

**tribus:** *lignée — lineage.* Ex V. regis tribu exortam. THIETMAR., lib. 1 c. 9, ed. HOLTZMANN, p. 14. Rursum lib. 6 c. 50, p. 336. Ex tribu ejusdem D. natus. COSMAS, lib. 3 c. 52, ed. BRETHOLZ, p. 225. Omnis tribus et parentela sua. V. Adalberonis Wirciburg., c. 2, *SS.*, XII p. 130.

**tributalis** (adj.): **1.** *astreint au paiement d'un cens — owing rent.* Tradidit ... villam cum tributalibus viris. MABILLON, *Acta*, III pt. 1 p. 350 (ch. s. viii in., Salzburg). Haec sunt nomina famulorum servientium seu liberorum tributalium. BITTERAUF, *Trad. Freising*, I no. 7 p. 34 (a. 754). Dedit ... dux de Romanis tributales homines 80 cum coloniis suis. Brev. notit. Juvav. (ca. a. 790), c. 2, HAUTHALER, *Salzb. UB.*, I p. 19. **2.** *grevé de cens — burdened with rent.* Dux tradidit Romanos et eorum tributales mansos 80 inter vestitos et apsos. Ib., c. 1 § 4, p. 5. Tradiderunt ... in totum inter tributales et serviles mansos 15. Ib., c. 6 § 2, p. 8. **3.** *dû en guise de cens — due as a rent.* Urna vini que de ministerio scolarum s. Paulini s. Marie [dativ.] est tributalis. BEYER, *UB. Mittelrh.*, I no. 411 p. 471 (a. 1103-1124). Subst. **tributalis:** *homme ou femme de cens — rent-owing villein.* Mancipias, servos, tributales. BITTERAUF, o.c., I no. 8 p. 35 (a. 755). Tradidi ... colones [i.e. colonos] 4 atque tributales. Ib., no. 70 p. 96 (a. 775). Nullus ... sibi atrahere audeat res tributalium domni



regis. Concil. Rispac. a. 800, c. 30, *Conc.*, II p. 211.

**tributarius** (adj.): **1.** *sujet aux impôts publics — liable to State taxation.* Illos quos justitiae conditio tributarius [i.e. tributarios] dabat, censo publico subdiderunt. GREGOR. TURON., H. Fr., lib. 9 c. 30. **2.** *astreint au paiement d'un cens — owing rent.* Cum sanitatem recipiunt, statim se tributarios loco illi faciunt ac, recurrente circulo anni, pro redditae sanitatis gratia, tributa dissolvunt. Id., Glor. conf., c. 101, *SRM.*, I p. 812. Addimus mancipia quae colonaria appellantur et nobis tributaria esse perhibentur. Test. Aredii a. 573, PARDESSUS, I no. 180 p. 139. Quedam femina, libera cum esset, tributariam se esse constituit, ut ibi annis singulis propter mundeburdem in censum solveret den. 2. Notit. s. Petri Gandav. a. 877-879, ed. GYSSELING-KOCH, *BCRH.*, t. 113 (1948), p. 296. **3.** *jouissant du statut d'un tributaire d'église (sainteur) — having the privileged status of an ecclesiastical tributary.* Quedam femina ... seipsam ad altare ... ex libera conditione in tributariam ... tradidit. BITTERAUF, *Trad. Freising*, II no. 1468 p. 318 (a. 1064). Ancillam ... tributariam dedit ad 2 den. per singulos annos persolvendos. ERHARD, *Reg. Westfal.*, I CD., no. 162 p. 125 (a. 1082). G. et soror ejus A. mulieres ingenue tradiderunt se ... super altare ... tributarias 5 den. WIDEMANN, *Trad. S.-Emmeram*, no. 690 p. 332 (ca. a. 1090-1095). **4.** *grevé de cens — burdened with rent.* Nulli liceat ... casa[m] ordinata[m] tributaria[m] loco pigneris tollere. Edict. Rothari, c. 252. Si quis gastaldius ... curtem regiam habens ad gobernandum, ex ipsa curte alicui sine jussionem regis casa[m] tributaria[m] vel terram ... ausus fuerit donare. Liutprandi leg., c. 59. Sala in loco F. cum duas casas tributarias. SCHIAPARELLI, *CD. Longob.*, I no. 30 p. 110 (a. 722, Lucca). Quicumque terram tributariam, unde tributum ad partem nostram exire solebat, ... tradiderit. Capit. per se scrib. (a. 818/819), c. 2, I p. 287. Tributaria terra, de qua census ... persolvitur. WARTMANN, *UB. S.-Gallen*, II no. 709 p. 311 (a. 897). Subst. mascul. **tributarius: 1.** *individu sujet à une contribution publique — one who is liable to payment of a State tax.* Si Romanum tributarium occiderit. Lex Sal., tit. 41 § 7. Capit. VI ad leg. Sal., c. 1 § 2. Si quis tributarium Romanum in pelago inpinxerit. Recap. leg. Sal., § 14. [Judices] quid de tributariis ... habuerint. Capit. de villis, c. 62. Dux tradidit tributarios Romanos 116 inter vestitos et apsos per diversa loca. Indic. Arnonis (a. 790), c. 7 § 8, HAUTHALER, *Salzb. UB.*, I p. 14. Vallem ... cum tributo quod a fisco exigebatur, vel hominibus publicis et tributariis in eadem valle manentibus. F. imper., no. 18, *Form.*, p. 299. D. Lud. Pii a. 834, *Mon. Boica*, t. 28 pt. 2 p. 27 (BM.[2] 929). [Rex] concessit illi quosdam tributarios de eodem pago [sc. Arbonensi], ut ... vectigalia, quae annuatim regiis reditibus inferre debebant, ad sustentationem fratrum ... haberet. WALAHFR., V. Galli, lib. 2 c. 10, *SRM.*, IV p. 320. **2.** *tenancier astreint au paiement d'un cens — landtenant owing rent.* Aliquam partem telluris, id est 300 tributariorum ad G., et altera similiter 300 cassatorum ad P. BIRCH, *Cart. Sax.*, I no. 60 p. 95 (a. 681). Dedit ... terram 10 tributariorum. EDD. STEPH., V. Wilfridi, c. 8, *SRM.*, VI p. 201. Mansos 2 cum supersedentibus 2 tributariis ... quidquid idem tributarii in censu vel tributo solvere debent. F. imper., no. 40, p. 318. Sicut et alii tributarii vel censarii seu epistolarii sui per talem conditionem sunt relaxati ingenui. ZEUSS, *Trad. Wizenb.*, no. 166 p. 154 (a. 837). Tributarios vel censuales qui res suas tradiderunt eidem ecclesie. D. Lud. II imp. a. 861, WARTMANN, *UB. S.-Gallen*, III no. 1185 p. 364. Commenda epistolam alicui tributariorum nostrorum qui cavallum habet. Coll. Sangall., no. 36, *Form.*, p. 419. Quicquid ... sub beneficio tenuit cum tributariis et censualibus, terris cultis et incultis. *D. Arnulfs*, no. 48 (a. 889). Hobas quatuor possessas cum parscalchis vel tributariis qui inde tributa persolvunt. WIDEMANN, *Trad. S.-Emmeram*, no. 260 p. 217 (ca. a. 1000). *D. Ottos III.*, no. 219 (a. 996). *D. Heinrichs II.*, no. 3 (a. 1002). ESCHER-SCHWEIZER, *UB. Zürich*, I no. 159 p. 70. Trad. Altah. sup., no. 55, *Mon. Boica*, t. 12 p. 42. ERHARD, *Reg. Westfal.*, I CD. no. 162 p. 125 (a. 1082). **3.** *tributaire d'église (sainteur) — ecclesiastical tributary.* Tributarii ecclesie 40 singuli siclum [debent]. Cod. Eberhardi, c. 43 § 42 sq., DRONKE, *Trad. Fuld.*, p. 121. Tributarios fecisse hos liberos ... super altare s. Michahelis, scilicet unius nummi per singulos annos. Trad. S. Michaelis Biurens., no. 5 (a. 1072-1100), HAUTHALER, o.c., I p. 775. **4.** *tenure grevé d'un cens — holding for which rent is due.* 12 tributarios terrae quae appellantur Ferring. BIRCH, o.c., I no. 198 p. 281 (a. 765).

**tributum: 1.** *redevance d'ordre public — a State tax.* Quicumque terram tributariam, unde tributum ad partem nostram exire solebat, ... tradiderit. Capit. per se scrib. (a. 818/819), c. 2, I p. 287. Ad causas audiendas vel freda aut tributa exigenda. F. imper., no. 28, *Form.*, p. 306. **2.** *cens* d'ordre privé — *rent.* Clementer erga eos [sc. servos, colonos, inquilinos] agant ... sive in exigendis ab eis operibus, sive in accipiendis tributis et quibusdam debitis. Concil. Cabillon. a. 813, c. 51, *Conc.*, II p. 283. Si evenerit ut aliquis eis de tributo dominicale plus adquerat quam ego legitime persolvebam. WARTMANN, *UB. S.-Gallen*, I no. 211 p. 201 (a. 813). Easdem res ... cum illo famulatu ac tributo proserviant, quo illos mecum convenisse dinoscitur. Ib., no. 307 p. 284 (a. 827). Quidquid idem tributarii in censu vel tributo solvere debent. F. imper., no. 40, p. 318. **3.** *corvée — labour service.* Redimat hoc [sc. hereditatem in beneficium datam] cum tributo, id est tres dies arare et 1 foenum secare et eu colligere. BITTERAUF, *Trad. Freising*, I no. 200[c] p. 193 (a. 805-809).

**trica**, tricia, triccia: *tresse* de cheveux — *tress* of hair. BERTRAND, *Cart. d'Angers*, I no. 221 p. 263 (a. 1080-1082).

**tricameratus** (adj.): **à trois voûtes*, en parlant de l'Arche, et symboliquement de l'Eglise — *having three vaults*, with reference to the Arch and symbolically to the Church.

**tricare** (cf. class. depon. tricari "faire des difficultés — to demur"), **1.** refl. se tricare: **se tourmenter — to torture oneself.* **2.** refl. se tricare: *s'obliger — to bind oneself.* Sacramento jusjurandi ... se unanimiter tricaverunt, qua-

tenus eorum nullus se subtraheret. V. Deicoli, c. 12, SS., XV p. 678. 3. refl. se tricare: *s'attarder — to lag behind. 4. intrans. tricare: *s'attarder — to lag behind. Si carruca involat aut rumpit de rotas ... sic ut diem opera tricet. Pact. Alamann., fragm. 5 c. 2. Vigilandum vobis potius est ... quam segni pigritia tricandum. Mir. Bertini, c. 8, SS., XV p. 513 l. 50. 5. transit., aliquem: *retarder, faire attendre — to detain, keep waiting. 6. aliquem: retenir, empêcher, saisir — to restrain, hinder, overcome. Si eum sunnis non tricaverit. Lex Sal., tit. 1 § 2. Item tit. 49 § 2. Licet jam senio morboque tricatus lassasset. CANDID., V. Eigilis, c. 19, SS., XV p. 231. Cum ... defessi essent et sese inopes somni tricarent. GUILL. MALMESBIR., G. pontif., ed. HAMILTON, p. 97. 7. aliquid: différer, retarder — to belate. Si ad sextam horam refectionem tricatam hebdomadarii offenderint. Regula Magistri, c. 19. Epistolarum ... vicissitudo ... dilationis obstaculo tricabatur. ALDHELM., Virg., c. 59, Auct. ant., XV p. 320. 8. aliquid: entraver, contrecarrer — to hamper, check. Si quis servum alienum batterit et ei ... opera sua tricaverit. Lex Sal., tit. 35 addit. 1. Ut nullum bannum vel preceptum domni imperatori[s] nullus omnino in nullo marrire presumat, neque opus ejus tricare vel inpedire vel minuere. Capit. missor. gener. a. 802, c. 8, I p. 93.

**tricaria**, trich-, -eria: jeu de hasard — game of hazard. S. xiii.

**tricatio**: 1. retard — detention. Morosa. ALDHELM., Virg., c. 59, Auct. ant., XV p. 320. 2. obstacle, entrave — hindrance, impediment. Tricationum molestarum onus inposuisse. Epp., IV p. 564 (s. ix p. pr.).

**triccia**, v. trica.

**tricenarius**, trit-, trig-, -ennarius (adj.): répété trente fois — repeated thirty times. Tritennarium pro rege celebrabatur officium. AELRED., V. Edwardi conf., lib. 2 c. 2, MIGNE, t. 195 col. 777 A. Subst. neutr. **tricenarium**: trentain, obit répété trente fois — trental, thirty masses read for a deceased person. MARCHEGAY, Arch. d'Anjou, III p. 2 no. 1 (a. 1028). BERNARD. MORLAN., pt. 1 c. 24, HERRGOTT, p. 196. LANFRANC., Decr., ed. KNOWLES, p. 82. DESPY, Ch. de Waulsort, no. 32 p. 370 (a. 1157). MULLER-BOUMAN, OB. Utrecht, I no. 440 p. 393 (a. 1163).

**tricennalis** (adj.): *de trente ans — of thirty years. En parlant de la prescription romaine — with reference to prescription according to Roman law: Possessionem illam tricennali tempore aut eo amplius quiete habuissent. D'ACHÉRY, Spic., VIII p. 174 (ch. a. 1131).

**tricennium**: *période de trente ans — period of thirty years.

**tricesimum**: i.q. tricenarium, trentain — trental. MIRAEUS, III p. 23 col. 1 (a. 1098, Arras).

**trichila**, -g-, -ula, trilia, tre-, trei-, -ll-, -ea, -a (class. "berceau de verdure — foliage roof"): treille, vigne en berceau que soutient un treillage — vine supported by lathwork. GERMER-DURAND, Cart. de Nîmes, no. 25 p. 46 (a. 925). CASSAN-MEYNIAL, Cart. d'Aniane, no. 253 p. 378 (a. 972). RÉDET, Cart. de S.-Cyprien de Poitiers, no. 449 p. 281 (a. 983/984).

**trichorus** (adj.) (gr.): *à trois voûtes — having three vaults. Subst. mascul. **trichorus** et neutr. **trichorum**, tricor-, -ium: i.q. triclinium, salle des banquets — dining-hall. Descr. palatii Spolet (ca. a. 814), MABILLON, Rer. ital., II p. 11, unde hausit ORDERIC. VITAL., lib. 2 c. 8, ed. LE PRÉVOST, I p. 310. Rursum id., lib. 3 c. 12, II p. 129; lib. 6 c. 5, III p. 30.

**tricia**, v. trica.

**tridinga**, tridingum, v. trithinga.

**triduanus** (adj.): 1. *qui dure trois jours — lasting three days. Triduanum servitium: corvée de trois jours par semaine — three days' labour service a week. In G. 1 territorium et 8 hube [debentes] 4 pannos et triduanum servicium. Cod. Eberhardi, c. 43 § 7, DRONKE, Trad. Fuld., p. 116. 2. (de dépendants) qui est astreint à trois jours de corvée par semaine — (of dependants) owing three days' labour service a week. In S. sunt coloni triduani 13, sclavi 38. Ib., § 71, p. 124. Triduani servitores 30. Ib., § 74. 3. (d'une tenure) pour laquelle trois jours de corvée par semaine sont dus — (of a tenancy) for which three days' labour service is due every week. Huba. Ib., § 44, p. 122. Subst. mascul. **triduanus**: un dépendant qui est astreint à trois jours de corvée par semaine — a dependant owing three days' labour service a week. De lidis, triduanis, liberis, colonis, sclavis. DRONKE, CD. Fuld., no. 323 p. 157 (a. 816). Eadem verba: D. Heinrichs IV., no. 215 (a. 1069). (Nous rejetons, pour le passage cité en dernier lieu, la ponctuation adoptée par Gladiss dans les Diplomata, qui supprime la virgule apres "lidis", et nous adoptons celle de DRONKE, CD. Fuld., no. 764 p. 371. — We prefer Dronke's punctuation to that by Gladiss.) [Lidorum] unusquisque in anno ... 28 agros arat, triduani 20, sclavorum unusquisque 40, liberorum quisque 20. Cod. Eberhardi, c. 43 § 1, p. 115. In S. lidi duo, triduani 15. Ib., § 2. Subst. neutr. **triduanum** et femin. **triduana**: 1. jeûne de trois jours — three days' fast. 12 triduana pro anno pensanda. Theodori poenit., lib. 1 tit. 7 c. 5, SCHMITZ, I p. 530. Dominum per biduanis et triduanis abstinentiae ... supplicarent. Chron. Novalic., lib. 3 c. 4, ed. CIPOLLA, p. 172. 2. triduo, office célébré pendant trois jours successifs — triduum, divine service performed on three consecutive days. Tribus diebus post completorium unum per noctem psalterium in ecclesia cantaretur; set antequam eandem triduanam inchoarent ... PETR. DIAC., Chron. Casin., lib. 4 c. 100, SS., VII p. 815.

**triduum**: jeûne de trois jours — three days' fast. LANTBERT. TUIT., V. Heriberti, c. 8, SS., IV p. 745.

**triennalis**: *de trois ans — of three years.

**trieris**, trigeris (gr.): *vaisseau à trois rangs de rameurs — galley with three rows of oarsmen. ISID., Etym., lib. 19 c. 1 § 10. V. Athanasii, c. 1, Scr. rer. Langob., p. 440 l. 18. HARIULF., Mir. Richarii, c. 3, SS., XV p. 920.

**trifarius**: *triple — treble.

**triforium**: galerie, triforium — gallery, triforium. S. xiii.

**trigenarius**, v. tricenarius.

**trigesimalis** (subst.): i.q. tricenarium, trentain — trental. MARTÈNE, Coll., I col. 1097 (ca. a. 1100, Le Mans).

**trigila**, trigula, v. trichila.

**trigintale**, trentale, trentuale: trentain, obit répété trente fois — trental, thirty masses read for a deceased person. DC.-F., VIII p. 167 col. 3 (ch. a. 988, Salerno). MARTÈNE, Coll., I col. 566 (a. 1097). CHARLES-MENJOT, Cart. du Mans, no. 38 col. 33 (s. xi ex.).

**trigintenarius**, trentenar-, trigintar-, -ium: 1. trentain, obit répété trente fois — trental, thirty masses read for a deceased person. DOUAIS, Cart. de Toulouse, no. 201 p. 144 (a. 1060-1108). MARTÈNE, Thes., I col. 556 (a. 1171, Tours). 2. redevance pour la célébration du trentain — payment due for a trental. Tringintarios qui recte debentur a clericis recipi pro fidelium defunctorum orationibus. Concil. Narbon. a. 1054, c. 14, MANSI, t. 19 col. 829.

**trigum** = triticum.

**trihinga**, trihingum, v. trithinga.

**trilia**, trillia, v. trichila.

**trimensis** (adj.): qui mûrit en trois mois — riping in three month's time. Triticum. ISID., Etym., lib. 17 c. 3. Subst. neutr. **trimense**, tre-, tra-, -mensium, -mesium, -misium, -moisium, -menstruum: 1. semailles de trémois, de printemps — sowing in spring. Arant ad hibernaticum perticas 4, ad tremisium 2. Irminonis polypt., br. 3 c. 2. Ibi persaepe. Seminant ad trimensium in mense majo. Descr. Lob. a. 868, ed. WARICHEZ, p. 253. De terra arabili ubi possunt seminari ad hibernaticum modios 200, ad tremesium modios 130. Ib., p. 262. 2. saison ensemencée en blé de printemps — field sown with spring-corn. Mense augusto [quarterium] debet duas falces autumnalis annonae et duas tremensis. PERRIN, Seigneurie, p. 712 app. 3 c. 1 § 1 (a. 1109-1128, Chaumousey). 3. blé de printemps, orge ou avoine — spring-corn, barley or oats. Unum sextarium frumenti, aliud siliginis, tertium vero trimesii. DC.-F., VIII p. 166 col. 1 (ch. a. 1171, Auxerre).

**trimessalis**, v. tremissalis.

**trimodium**, tre-, -modia, -moea, -muia, -muta, -mucium (< modius): trémie, auge de meunier — hopper of a mill. DC.-F., VIII p. 166 col. 3 (a. 1164, Angl.); p. 184 col. 2 (a. 1197).

**trimodus** (adj.): de trois manières — of three ways. Trimodum genus dicendi: humile, medium, grandiloquum. ISID., Etym., lib. 2 c. 17 § 1. Absque trimoda necessitate ..., id est arcis munitione, pontis emendatione, exercitu[s] congestione liberam perstrinxi. BIRCH, Cart. Sax., I no. 50 p. 83 (< a. 680 >, interpol. s. x ex.). Cf. W. H. STEVENSON, "trinoda necessitas", Engl. Hist. Rev., t. 29 (1914) pp. 689-703.

**trinalis**: triple — threefold. Trinalibus hospitata diebus. ADAMNAN., V. Columbae, lib. 1 c. 48, ed. FOWLER, p. 120. Ibi pluries. De nodis trinalium lignorum. Id., Loca, lib. 3 c. 3, CSEL., t. 39 p. 288.

**triparius**: tripier — paunch-dealer. S. xiii.

**tripedica**, -pedia, -petia (cf. voc. tripus): 1. *tabouret à trois pieds — three-legged stool. Velut servus vilissimus in humili tripedica ... sedit. ARNULF. VOCHBURG., Mir. Emmerammi, lib. 2 c. 33, SS., IV p. 566 col. 2 l. 43. Utilisé comme escabeau par les infirmes — used as a cripple's crutch: WOLFHARD. HASER., V. Waldburgis, lib. 1 c. 13, AASS.[3], Febr. III p. 532 F.

**triplex**: i.q. triplus, triple — threefold. Triplice[m] weregeldum culpabilis judicetur. Lex Ribuar., tit. 63. 600 sol. cum triplici sua compositione et episcopalibus bannis triplicibus episcopo componat. Capit. de cleric. percuss., c. 3, Capit., I p. 361.

**tripliciter**: triplement — threefold. Secundum suam legem tripliciter conponat. Pippini capit. Aquit. a. 768, c. 7, I p. 43. Omnia tripliciter faciant restaurare. Capit. Saxon. a. 797, c. 7, p. 72.

**triporticum**, -cus: *cloître à trois portiques — cloister having three porticoes. Lib. pontif., Hilarus, ed. MOMMSEN, p. 108.

**tripudiare** (transit.): *célébrer — to celebrate. Celebritatem pascalis sollemnitatis. Ann. Hildesheim., a. 1006, ed. WAITZ, p. 29.

**tripudium**: *transport de joie — transport of joy.

**tripus** (genet. -odis), tripoda (class. "trépied — trivet"): *tabouret à trois pieds — three-legged stool. AIMOIN., Mir. Benedicti, lib. 2 c. 10, ed. DE CERTAIN, p. 112.

**triquadrus**. Orbis: *la terre qui consiste en trois quarts de cercle — the earth consisting of three sectors. ALDHELM., pluries. Homil. de s. Helena, AASS., Aug. III p. 590 col. 2.

**trisantia**, tresan-, -tiae: cloître — cloister. In illa parte claustri que vulgo tresantie nominantur. DE LASTEYRIE, Cart. de Paris, I no. 220 p. 233 (ca. a. 1127). BERNARD. MORLAN., pt. 1 c. 31, HERRGOTT, p. 215. Ibi pluries.

**triscamerarius** (< teuton. trese-kämmerer): trésorier — treasurer. Const., I no. 213 p. 301 (a. 1162).

**tristare**, 1. passiv. tristari: *être triste — to be sad. 2. active: attrister — to distress.

**tristegum**, tristega (neutr. plural. et femin. singul.) (gr.): 1. *troisième étage — third floor. GREGOR. TURON., H. Fr., lib. 8 c. 42. Id., Mir. Andreae, c. 12, SRM., I p. 382 l. 39. ALDHELM., De metris, c. 2, Auct. ant., XV p. 63. 2. gener.: étage, grenier — floor. Si cellarium vel tristega ad merces negotiatorum reponendas construere voluerint. SOYEZ-ROUX, Cart. d'Amiens, I no. 18 p. 27 (a. 1145). 3. échafaud de beffroi — bell-scaffold. Mir. Bertini, c. 3, SS., XV p. 510. MÉTAIS, Cart. de Vendôme, I no. 54 p. 109 (a. 1032-1046). SUGER., Consecr., c. 5, ed. LECOY, p. 230. 4. donjon — keep. GUILL. BRITO, Phil., lib. 4 v. 186, ed. DELABORDE, p. 103; lib. 7 v. 360, p. 191; in utrique loco perperam: bristega.

**tristificare**: *attrister — to distress. ADAMNAN., V. Columbae, lib. 2 c. 20, ed. FOWLER[2], p. 143; lib. 3 c. 1, p. 165.

**tritavus** (class. "bisaïeul du bisaïeul — great-grandfather's great-grandfather"): bisaïeul — great-grandfather. Villas regias quae erant patris sui et avi et tritavi. THEGAN., V. Hlud., c. 19, SS., II p. 594 l. 43.

**trithinga**, tre-, -ding-, -hing-, -um (anglosax.): subdivision du "shire" — riding. Leg. Edw. Conf., c. 31, LIEBERMANN, p. 653.

**triturare**: *battre le blé — to thresh.

**trituratio**: *battage du blé — threshing.

**triumphaliter**: *d'une manière triomphale — triumphantly.

**triumphare**, transit.: 1. *vaincre — to conquer. 2. chanter à trois reprises — to sing three times. S. xiii.

**triuwa**, triwa, v. trewa.

**triviatim**: *un peu partout — criss-cross.

**trivium**: *les trois arts inférieurs — the three minor arts. Cf. P. RAJNA, Le denominazioni

*"trivium" e "quadrivium". Studi medievali*, n. s., t. 1 (1928).

**troba:** *épave — strayed property, wreck.* UDINA, *Llibre blanch de S. Creus*, no. 38 p. 45 (a. 1134). RIUS, *Cart. de S.-Cugat*, III no. 946 p. 129 (a. 1143).

**trocare:** *troquer — to barter.* S. xiii.

**trocellus,** v. trossellus.

**trocha,** trocta, v. tructa.

**trophaeum,** v. tropaeum.

**trogulus:** sorte de *cilice* — kind of *cilice.* V. Genulfi, lib. 1 c. 10, *AASS.*, Jan. II p. 83; lib. 2 c. 2, p. 88. Ps.-FAUST., V. Mauri, c. 8, *AASS.*$^{3}$, Jan. II p. 322. V. Egwini, c. 15, MABILLON, *Acta*, III pt. 1 p. 336.

**troia,** troga, truia, trueia, truiga, truega: **1.** *truie*, femelle du porc — *sow.* S. xii. **2.** *truie*, machine de siège — a *siege apparatus.* S. xiii.

**troillium,** trolium, v. trulleum.

**troita,** v. tructa.

**tromalium,** v. tremaclis.

**tromba,** trompa et deriv., v. trump-.

**trona** (< trutina): *peson — weigh-beam.* S. xiii.

**tronagium:** *redevance de pesage — toll for weighing.* Ch. a. 1036 ap. Guimanni cart. s. Vedasti, lectio ap. DC.-F., VIII p. 193 col. 2; in editione VAN DRIVAL, p. 174, perperam: tonagium.

**tronare:** *peser au peson — to weigh on the tron.* S. xiii, Angl.

**thronus.** Plural. throni: **les Trônes*, ordre angélique — *the Thrones*, order of angels.

**troparium,** -per-, -ius: *tropaire — troper, book of tropes.* ORDERIC. VITAL., lib. 3 c. 7, ed. LE PRÉVOST, II p. 95.

**tropaeum,** trophaeum: *la Croix*, symbole de la victoire du Christ — *the Cross*, symbol of the victory of Christ. In tropheo Domini crucifigente [i.e. crucifigens] perseveravit. V. Wandregisili, c. 2, *SRM.*, V p. 14. Tropeo fidei monitus. Lib. pontif., Zachar., § 12, ed. DUCHESNE, I p. 429.

**tropice:** **métaphoriquement — metaphorically.*

**tropologia:** **1.** **langage figuré — figurative language.* **2.** **interprétation morale — ethical application.*

**troppus** (germ.): *troupeau — herd.* Si in troppo de jumentis illam ductricem aliquis involaverit. Lex Alamann., tit. 65 c. 1. Cum gregim ovium et troppo jumentorum. Test. Erminethrudis a. 700, PARDESSUS, II no. 452 p. 257. Caballis domalibus cum cetero troppo caballis cunctis. WARTMANN, *UB. S.-Gallen*, I no. 191 p. 182 (a. 806).

**tropus** (gr.), **1.** gener.: *chant, mélodie — chant, melody.* CASSIOD., Var., lib. 2 epist. 40 § 3, *Auct. ant.*, XII p. 70. FORTUN., lib. 7 carm. 8 v. 70, ib., IV pt. 1 p. 163. Ibi pluries. **2.** *trope*, mélodie ajoutée à un chant liturgique — *trope*, melody added to a liturgical chant. Canonici ... cum monachis ... alternatim tropos ac laudes cecinerunt. ADEMAR., lib. 3 c. 56, ed. CHAVANON, p. 181.

**trossa,** troussa, trousa, trussia, troussia: *botte, gerbe — bunch, bundle, wisp.* De palea. *Hist. de Lang.*$^{3}$, V no. 4 col. 22 (ca. a. 999). De herba. QUANTIN, *Cart. de l'Yonne*, I no. 186 p. 315 (a. 1137, Vézelay).

**trossare,** trussare: *emballer — to pack.* S. xiii.

**trossellus,** trouss-, truss-, tros-, trosc-, troc-, tors-, -ellum: *trousseau, balle, sac — bale, truss, bag.* GERMAIN, *Cart. de Montpellier*, no. 149 p. 282 (s. xi in.). BERNARD-BRUEL, *Ch. de Cluny*, V no. 4069 p. 420 (a. 1140). DELISLE, *Actes Henri II*, I no. 71 p. 174 (a. 1155-1158). AUDOUIN, *Rec. de Poitiers*, I no. 28 § 25 p. 55 (s. xii ex.). En parlant d'un trousseau de jeune mariée — with reference to a bride's outfit: De trosello maritali. BERTRAND, *Cart. d'Angers*, I no. 221 p. 263 (a. 1080-1082).

**trotannus,** v. trutanus.

**trotare,** trottare (germ.): *aller au trot — to trot.* S. xii.

**trotarius,** -erius: *palefrenier — groom.* S. xiii.

**trubla,** trublia, v. tribula.

**trubuculus,** v. trabuculus.

**tructa,** trocta, trutta, truta, truita, troita, trucha, trocha (gr.): *truite — trout.* GREGOR. TURON., Glor. mart., c. 75, *SRM.*, I p. 539. ISID., Etym., lib. 12 c. 6 § 6. Ruodlieb, fragm. 13 v. 43. *D. Heinrichs II.*, no. 275 (a. 1013).

**trudanus,** v. trutanus.

**trudere:** **1.** **expulser — to expel.* In exilium trusus est. PAUL. DIAC., Hist. Langob., lib. 6 c. 3. **2.** *enfermer, emprisonner — to confine, imprison.* In monasterio trudantur. Concil. Latun. a. 673-675, c. 13, *Conc.*, I p. 218. Detonsus atque in monasterium trusus est. EGINHARD., V. Karoli, c. 1. In carcere trusus adusque mortem. ADEMAR., lib. 3 c. 30, ed. CHAVANON, p. 151.

**truega,** trueia, v. troia.

**truellium,** v. trulleum.

**trufa:** *tromperie, chicane — deceit, cavil.* S. xiii.

**trufare,** truffare: *tromper — to deceive.* S. xiii.

**trufator:** *trompeur, chicaneur — impostor, caviller.* S. xii.

**truia,** truiga, v. troia.

**truita,** v. tructa.

**trula,** trulla, trullia, v. tribula.

**trulleum,** trullum, trolium, troillium, truellium (class. "bassin — basin"): *pressoir* à raisin ou à olives — *press* (wine- or oil-press). DESJARDINS, *Cart. de Conques*, no. 143 p. 127 (a. 928).

**trullus:** *coupole — cupola.* Concil. in Trullo (salle du palais de Constantinople — a hall in the palace at Constantinople) a. 680, MANSI, t. 11 col. 166. Basilicae. Lib. pontif., Sergius, ed. MOMMSEN, p. 215. Ecclesiae. ANAST. BIBL., Chronogr., ed. DE BOOR, p. 225.

**trumpa,** trom-, -ba (germ.): *trompe, cor — horn, trumpet.* GODEFRID. VITERB., Pantheon, part. 23 c. 17, *SS.*, XXII p. 223.

**trumpare,** trom-, -bare: *sonner du cor — to blow the horn.* S. xiii.

**trumpator:** *corniste — trumpeter.* S. xiii.

**truncata,** tren-, tran-; -k-, -ch-; -eta, -eia, -ea, -ia (< truncare): **1.** *tranchée, fossé — trench, ditch, moat.* DC.-F., VIII p. 199 col. 3 (ch. a. 1087, Aquit.). BRUNEL, *Actes de Pontieu*, no. 109 c. 33 p. 164 (a. 1184). **2.** *droit d'abattage — right to cut wood.* D. Lud. VII reg. Fr. a. 1146/1147, TEULET, *Layettes*, no. 94. **3.** *clairière — forest clearing.* S. xiii.

**truncus:** **1.** un *outil en fer* — an *iron tool.* Adalhardi Corbej. stat., lib. 2 c. 1, ed. LEVILLAIN, p. 361. **2.** *gâteau de sel — salt loaf. Actes Phil.-Aug.*, I no. 206 p. 250 (a. 1187); II no. 512 p. 47 (a. 1195). **3.** *tronc, boîte d'aumônes — offertory-box.* S. xii. **4.** *boîte, caisse — box, chest.* S. xii. **5.** *bloc de foulon — fuller's block.* S. xiii. **6.** *pilori — pillory.* S. xiii. **7.** *tabouret — stool.* GUIDO FARF., Disc., lib. 2 c. 16, ALBERS, I p. 152. **8.** *essaim — swarm of bees.* HUGO, *Ann. Praemonstr.*, I col. 553 (ch. a. 1179, Toul).



**trusio:** *expulsion — displacement.* Datus fuisset in exsilii trusionem. Pass. I Leudegarii, c. 2, v. l., *SRM.*, V p. 284 l. 29.

**trussare,** v. trossare.

**trussellus,** v. trossellus.

**trussia,** v. trossa.

**trustis** (germ.): **1.** *appui d'armes, service militaire — support in war, military service.* In manu nostra trustem et fidelitatem nobis visus est conjurasse. MARCULF., lib. 1 no. 18, *Form.*, p. 55. **2.** *troupe armée escortant qq'un — body of warriors forming an escort.* Si [latro] per trustem invenitur, mediam conpositionem trustis adquirat. Pact. Childeb. et Chloth., c. 9, *Capit.*, I p. 6. Pro tenore pacis jubemus, ut in truste electi centenarii ponantur, per quorum fidem adque sollicitudinem pax praedicta observetur. Ib., c. 16, p. 7. De truste faciendo: nemo praesumat. Capit. Harist. a. 779, c. 14, I p. 50. De his qui ... rapinas exercent, domos infringunt, homines sine causa occidunt, trustes commovent aut alios dampnant et opprimant. Alloc. missi Divion. a. 857, c. 3, II p. 292. **3.** *l'ensemble des "antrustiones" ou compagnons armés du roi — the body of "antrustiones", i.e. armed retainers of the king.* Si eum qui in truste dominica fuit ... occiderit. Lex Sal., tit. 41 § 3. Si in truste dominica fuit ille [v. l. est juratus ille] qui occisus est. Ib., tit. 42 § 1. Si quis Romanum vel litum in truste dominica occiserit. Recapit. leg. Sal., ed. MERKEL, p. 99. Si quis eum interfecerit qui in truste regia est. Lex Ribuar., tit. 11 § 1. **4.** *expédition militaire — military campaign.* In triplo componat, sicut ille qui in truste dominico committit. Capit. Caris. a. 877, c. 20, *Capit.*, II p. 360.

**truta,** v. tructa.

**trutanicus** (< trutanus): *controuvé — fictitious.* Tam remotissima generis enarratio multis trustanica potius quam historica videtur. GIRALD. CAMBR., Descr., c. 3, ed. DIMOCK, VI p. 165.

**trutanus,** trot-, trud-, -annus (celt.): **1.** *vagabond — tramp.* Quemdam clericum actu trutanum, quales per diversas vagari solent provincias. CAESAR. HEISTERBAC., Mir., dist. 1 c. 3, ed. STRANGE, p. 9. **2.** *escroc — swindler.* Quisquis fuit ille propheta seu trotannus qui hoc promulgavit. OTTO FRISING., G. Friderici, lib. 1 prol., ed. WAITZ-SIMSON, p. 11. De urbe pellitur quasi trudanus. GAUFRED. VOS., c. 68, LABBE, *Bibl.*, II p. 320. Istum Balduinum ... trutannum esse et populi seductorem et pseudoconversum non ambigere. LAMBERT. ARD., c. 143, *SS.*, XXIV p. 634. Subtilem trutannum ... nobis custodem et itineris ductorem preficiunt. WILL. ANDR., c. 154, ib., p. 737.

**trutinare** et depon. trutinari: **peser, examiner — to weigh, examine.*

**trutta,** v. tructa.

**tuallia,** toa-, toua-, toba-, -lla, -lia, -lea, -illia, -cula, -cla (germ.): *essuie-mains, torchon — towel, rubbing-cloth.* Brev. ex., c. 25, *Capit.*, I p. 254. Ansegisi const., ap. G. abb. Fontan., c. 13 § 8, ed. LOHIER-LAPORTE, p. 119. DE MARCA, *Marca hisp.*, app. col. 788 (a. 855). *Hist. de Lang.*$^{3}$, V no. 42 col. 136 (a. 915). Cencius, c. 57 (Ordo), § 7, ed. DUCHESNE, I p. 292 col. 1. HUTER, *Tiroler UB.*, I no. 13 p. 9 (a. 1022-1055).

**tubare** et depon. tubari: **sonner du cor — to blow the horn.* V. Pardulfi, c. 21, *SRM.*, VII p. 39.

**tuberosus** (class. "tuméfié — swollen"): *arrogant — conceited.* GUIBERT. NOVIG., De vita sua, lib. 3 c. 4, ed. BOURGIN, p. 138.

**tubicinare:** *(figur.) *vanter — to extol.*

**tubrucus,** tubrugus, tibraca (cf. voc. trabucus): *guêtre — spat.* ISID., Etym., lib. 19 c. 22 § 30. BEDA, V. Cuthberti, c. 18, ed. COLGRAVE, p. 218. PAUL. DIAC., Hist. Langob., lib. 4 c. 22.

**tudellus,** tuellus (germ.): *tuyau — pipe. Mus. arch. dép.*, p. 40 (a. 980, Clermont).

**tudes** (genet. -itis): **marteau — hammer.*

**tufellus** (< tofus): *tuf — tuff.* S. xiii.

**tufus,** tufa = tofus.

**tugurium,** te-, ti-, -gorium: i q. ciborium, *baldaquin* qui surmonte un autel ou la sépulture d'un saint — *canopy* over altar or tomb. V. Eligii, lib. 1 c. 32, *SRM.*, IV p. 688. Dupl. legat. edict., a. 789, c. 33, *Capit.*, I p. 64. G. Aldrici, c. 17, ed. CHARLES-FROGER, p. 57. ARNULF. MEDIOL., lib. 1 c. 4, *SS.*, VIII p. 7.

**tuifadus,** v. thiuphadus.

**tuitio:** **1.** *protection* accordée à tel individu — *protection* afforded to individual persons. Tam ipse [tabularius] quam procreatio ejus in tuitione ecclesiae consistant. Lex Ribuar., tit. 58 § 1. Ut viduis et pupillis, orfanis, caecis et claudis tuitionem atque adminiculum inpertiamur. Stat. Rhispac. a. 799/800, c. 14, *Capit.*, I p. 228. En parlant de la protection royale — with reference to protection by the king: CASSIOD., Var., lib. 1 epist. 37 § 5, *Auct. ant.*, XII p. 35. Ibi pluries. [Abbatem] cum monachis suis in nostra defensione et tuitione susciperemus. *D. Merov.*, no. 2 (a. 528). Sub sua [i.e. regum] tuitione et sermone ... [monasterium] jubeant gubernare. Radegundis epist. (a. 575-587) ap. GREGOR. TURON., H. Fr., lib. 9 c. 42. Sub tuitione ac defensione domni Childeberti ... debeat possidere. Pact. Andel. a. 587, *Capit.*, I p. 13. [Monachi et moniales] reges [i.e. regis] se tuitione munierunt. GREGOR. TURON., H. Fr., lib. 9 c. 40. [Episcopum] sub sermone tuicionis nostre visi fuimus recipisse. MARCULF., lib. 1 no. 24, *Form.*, p. 58. Sub tuitione vel defensione nostra ... debeant quieti ... residere. *D. Karolin.*, I no. 18 (a. 763). **2.** *tutelle — guardianship.* Juniores fratres sua tuitione defendat. Lex Visigot., lib. 4 tit. 3 c. 3.

**tulere** = tollere.

**tulta,** v. tolta.

**tumba,** tomba: **tombe, sépulcre — grave, tomb.* EGER., Peregr., lib. 13 c. 3. GREGOR. M., Homil. in euang. 27 c. 9, MIGNE, t. 76 col. 1210 B; homil. 28 c. 3, col. 1212 C. V. I Landiberti, *SRM.*, VI p. 371 l. 15. Lib. pontif., Sergius, ed. MOMMSEN, p. 214. ALDHELM., pluries. BEDA, Hist. eccl., lib. 2 c. 1. En parlant d'un reliquaire — with reference to a reliquary: Tumba argento et auro sibi parata honorifice in eam sancti viri exuviae sunt perlatae. RATBERT., Cas. s. Galli, c. 9, *SS.*, II p. 71.

**tumbatus** (adj.): *enseveli — buried.* Epiced. Hathumodae, v. 255, *Poet. lat.*, III p. 377.

**tumbrellum,** tom-, -berellum: *tombereau — tumbrel.* S. xii.

**tumbula** (< tumba): *petite tombe — small tomb.* ALDHELM., Carm. de virg., v. 890, *Auct. ant.*, XV p. 391.

**tumularius** (adj.): *sépulcral — sepulchral.* In quo loco tumulariam adepta est sepulturam. ANDR. FLORIAC., V. Gauzlini, lib. 1 c. 33, ed. EWALD, *NA.*, t. 3 (1878), p. 364.

**tumulatio**: *ensevelissement — interment.* Cymiterium ... adeo jam tumulationibus decedentium refertum. *Mus. arch. dép.*, p. 13 (a. 854, Orléans).

**tumulus**: *cercueil, sarcophage — coffin, sarcophagus.* Cum illuc pervenissemus, deponitur ibidem tumulus cum gratissimo pignore. ERMENTAR., Mir. Filiberti, c. 16, ed. POUPARDIN, p. 31. Iterum c. 24, p. 33.

**tundere**, v. tondere.

**thunginus**, ton-, -chinus, -zinus (germ.): *chef populaire chargé de la justice de centène — tribal chief administering hundredal justice* (cf. voc. centenarius). Rogo te, thungine, ut nexti canthichus gasacio meo illo. Lex Sal., tit. 50 § 2. Etiam ibid., tit. 44 § 1; tit. 46; tit. 60. Tongino vel centenario placitum banniente. Cart. libro Pap. add., no. 16, *LL.*, IV p. 599 col. 1.

**tungravio** (genet. -onis), tungravius (anglosax.): *agent royal pour une circonscription inférieure — townreeve.* Leg. IV Aethelred, c. 3, LIEBERMANN, p. 234. Leg. VII Aethelred, c. 2 § 5, vers. Quadrip., ib., p. 261.

**tunica**: 1. *habillement liturgique — tunicle.* WALAHFR., Exord., c. 25, *Capit.*, II p. 504. AMALAR., Off., lib. 2 c. 22, ed. HANSSENS, p. 246 sq. 2. *surcot — surcoat.* MULLER-BOUMAN, *OB. Utrecht*, I no. 165 p. 155 (a. 1012-1023).

**tunimus**, tuninus (germ.): *clôture — fence.* Ad casas dominicas stabilire, fenile, granicam vel tuninum recuperando. Lex Baiwar., tit. 1 c. 13. Curtem tunimo strenue munitam. Brev. ex., c. 25, *Capit.*, I p. 254. Ibi pluries. Claudunt in curte dominica de tunino perticas 4 de sepe. Irminonis polypt., br. 11 c. 2. Etiam br. 13 c. 1 et 64. 2. *espace clôturé, basse-cour — fenced-in space, poultry-yard.* Aucas et pulli que in tuninis dominicis nutriti fuerint. Adalhardi Corbej. stat., lib. 2 c. 13, ed. LEVILLAIN, p. 383.

**tunleium**, v. teloneum.

**tunna**, tuna, tona (celt.): *tonneau — cask.* Vas in cellario quod vulgo tunna vocatur. V. Eligii, lib. 2 c. 18, *SRM.*, IV p. 709. Sim. V. Filiberti, c. 19, ib., V p. 594. V. Sadalbergae, c. 20, ib., p. 61. LOBINEAU, *Bretagne*, II col. 81 (ch. a. 804). Apothecas quas rustici tonnas vocant. V. Sori, c. 14, *AASS.*[3], Febr. I p. 202 C. Nude: BAUDONIVIA, V. Radegundis, lib. 2 c. 10, *SRM.*, II p. 384. Urbar. Prum., c. 24, BEYER, *UB. Mittelrh.*, I p. 155. ALCUIN., V. Willibrordi, lib. 2 (metr.), c. 18, *Poet. lat.*, I p. 213. VERNIER, *Ch. de Jumièges*, I no. 16 p. 55 (ante a. 1031). Mir. Ursmari, c. 23 (a. 1057), *SS.*, XV p. 835. WAITZ, *Urk. dt. Vfg.*, no. 2 (a. 1069, Toul).

**thunnaria**, tonnaria: *pêcheries de thon — tunny-fisheries.* KEHR, *Urk. Norm.-Sic. Kön.*, p. 430 no. 13 (a. 1148).

**tunnellarius**, tunel-, tonel-: *tonnelier — cooper.* GUÉRARD, *Cart. de Chartres*, no. 185 p. 397 (a. 1151-1171).

**tunnellus**, tun-, tonn-, tonn-, -ella (< tunna): *tonneau — cask.* BAUDONIVIA, V. Radegundis, lib. 2 c. 10, *SRM.*, II p. 384. Ch. a. 1036 ap. Guimanni cart. s. Vedasti, ed. VAN DRIVAL, p. 173. PETR. CELL., lib. 2 epist. 154, MIGNE, t. 202 col. 597 C.

**thunnina**, tunn-, tonn-, ton-, tynn- (< thunnus) thon — tunny. S. xiii.

**tunnula**, tonnula (< tunna): *tonneau — cask.* GUIBERT. NOVIG., De vita sua, lib. 3 c. 8, ed. BOURGIN, p. 167.

**tunsio**: *coup, heurt — shock, punch.*

**thunzinus**, v. thunginus.

**tuomus** (germ., cf. teuton. *dom*): *cathédrale — cathedral.* GERHARD. AUGUST., V. Uodalrici, c. 4, *SS.*, IV p. 393.

**tupina**: *vase d'argile — earthenware pot.* DC.-F., VIII p. 210 col. 1 (ch. a. 1081, Saumur).

**turabulum**, v. turibulum.

**turalis**, turallum, v. turralis.

**turba**, turv-, turf-, torb-, torv-, -us, turbo (genet. -onis) (germ.): *motte de tourbe — lump of peat.* MIRAEUS, I p. 168 (a. 1101, Gand); IV p. 202 (a. 1142, Ardres). *Gall. chr.*[2], III instr. col. 123 (ch. a. 1191, S.-Omer). LAMBERT. ARD., c. 151, *SS.*, XXIV p. 640. WILL. ANDR., c. 53, ib., p. 707.

**turbare** (< turba): *extraire de la tourbe — to cut peat.* S. xiii. ed. CIPOLLA, p. 276.

**turbaria**, -er-, -ium, -a (< turba): *tourbière — turbary.* S. xii, Angl.

**turbatio** (< turba): *extraction de tourbe — peat-cutting.* S. xiii.

**turbedo**, turbido (genet. -inis): *trouble, agitation — turmoil.*

**turbidare**: *troubler, perturber — to disturb, upset.*

**turbulentia**: *perturbation, bouleversement — disturbance, commotion.*

**turchisca**, turchesius, turkesius: *turquoise — turquoise.* S. xiii.

**turda**, v. torta.

**turella**, v. turrella.

**turfa**, v. turba.

**turgor**: *tuméfaction — swelling.* FLODOARD., Hist. Rem., lib. 1 c. 20, *SS.*, XIII p. 436 l. 43.

**turibularius**: *thuriféraire — censer-bearer.* S. xiii.

**turibulum**, thur-, -abulum (class. "brûle-parfum — scent-burner"): *encensoir — censer.* Test. Remigii ae. 533, *SRM.*, III p. 337. Brev. ex., c. 3, *Capit.*, I p. 251. Lib. pontif., Leo III, § 3, ed. DUCHESNE, II p. 1. G. abb. Fontan., c. 11 § 2, ed. LOHIER-LAPORTE, p. 81. Ordo Rom. IX (s. ix ex.), c. 3, ANDRIEU, II p. 329.

**turificare**: *brûler de l'encens — to burn incense.*

**turkesius**, v. turchisca.

**turma**, 1. plural. turmae: *groupements qui se relaient dans la célébration de la "laus perennis" — parties performing divine service by turns.* Sicut ... in ipsa sancta baselica psallentius per turmas fuit institutus .... die noctuque perenniter in ipso loco sancto celebretur. D. Merov., no. 93 (a. 723). 2. *gener.: groupements qui se succèdent — parties succeeding each other.* Omnes presbiteri parrochiae ad civitatem per turmas et per ebdomadas ab episcopo sibi constitutas conveniant discendi gratia. BENED. LEV., lib. 3 c. 231, *LL.*, II pt. 2 p. 116. 3. *sections d'un concile qui siègent séparément — sectional committees of a church council.* Convenit in nobis de nostro communi collegio clericorum seu laicorum tres facere turmas, sicut et fecimus. In prima autem turma consederunt episcopi cum quibusdam notariis ... In alia vero turma sederunt abbates ac probati monachi ... In tertia denique turma sederunt comites et judices ... Concil. Moguntin. a. 813, *Conc.*, II p. 259 sq. 4. *troupeau consistant en un nombre défini de bêtes — a herd of a definite number of animals.* Jumenta de monasterio ..., hoc est turmae decem, debeant aestivo tempore communiter cum jumentis publicis Reatinis pabulare. GIORGI-BALZANI, *Reg. di Farfa*, II doc. 76 p. 73 (a. 767).

**turmarchus** (gr.): *un officier byzantin — a Byzantine official.* Joh. VIII pap. epist. 245, inscr., *Epp.*, VII p. 214. Catal. reg. Langob. et duc. Benev., *Scr. rer. Langob.*, p. 496.

**turmula** (< turma): *un petit groupe — a small band.* Illic [sc. in monasterio] congregans turmulam clericorum. V. Mahthildis, c. 15, *SS.*, IV p. 293 l. 3. Monachorum sub regula Benedicti degencium turmula. ROUSSEAU, *Actes de Namur*, no. 1 (a. 946).

**turnare** et deriv., v. torn-.

**turnella**, v. turrella.

**turnicius**, v. tornicius.

**turnus**, v. tornus.

**turpiare**: *affronter — to insult.* Chron. Novalic., lib. 5 c. 38, ed. CIPOLLA, p. 276.

**turpiloquium**: *langage obscène — foul language.*

**turpilucrus**: *qui cherche un gain honteux — striving after dishonest gain.*

**turpitudo**: *les parties honteuses — abdomen.*

**turralis**, tur-, tor-, -all-, -e, -um (< turris): *touraille — kiln.* S. xiii.

**turrella**, tur-, turn-, torn-, -ellus (< turris): *tourelle — turret.* RIGORD., c. 71, ed. DELABORDE, p. 105.

**turrensis** (subst. mascul.) (< turris): *membre de la garnison d'un donjon — warder of a keep.* GUIBERT. NOVIG., De vita sua, lib. 3 c. 14, ed. BOURGIN, p. 201. G. cons. Andegav., ed. HALPHEN-POUPARDIN, p. 155.

**turricellus** (< turris): *tourelle — turret.* Ann. Mutin., a. 1217, MURATORI, *Scr.*, XI col. 57.

**turrile** (< turris): *flèche du clocher — spire.* Mir. Bertini, c. 3, *SS.*, XV p. 510.

**turris**: 1. *donjon — keep.* MIRAEUS, I p. 153 col. 1 (a. 1064, Flandre). 2. *maison forte dans une ville — defensible house in a city.* LAURENT. LEOD., G. episc. Virdun., c. 30, *SS.*, X p. 510. 3. *ciboire en forme de tour — tower-shaped pyx.* Test. Aredii a. 573, PARDESSUS, I no. 180 p. 139. Lib. pontif., Silvester, ed. MOMMSEN, p. 58. FORTUN., lib. 3 carm. 20, inscr., *Auct. ant.*, IV pt. 1 p. 71. GREGOR. TURON., Glor. mart., c. 85, *SRM.*, I p. 545. Ordo Rom. XV (s. viii), c. 133 sq., ANDRIEU, III p. 122. Sacram. Ps.-German., MIGNE, t. 72 col. 92 sq. V. Desiderii Cadurc., c. 17, *SRM.*, IV p. 576.

**turritus** (adj.): *(d'un navire) muni de châteaux — (of a ship) carrying castles.* Puppes. Encom. Emmae, lib. 1 c. 4, ed. CAMPBELL, p. 12.

**turta**, v. torta.

**turtellus**, v. tortella.

**turva**, turvus, v. turba.

**tusca**, tuscha, tuschia, v. tosca.

**tutare** (< frg. *tuer*): *éteindre une lampe ou une chandelle — to put out a lamp or candle.* Regula Magistri, c. 19 et 29.

**tutatio**: *protection — protection.* D. Hugonis reg. Fr. a. 994, H. de Fr., X p. 562.

**tutela**: 1. *protection accordée à tel individu — protection afforded to individual persons.* Tam ipsi quam omnia quae possident sub tutela ipsius monasterii ... permaneant. D. Ludw. d. K., no. 8 (a. 901). 2. *avouerie — charge of an ecclesiastical advocate.* Tutele functionem cuidam nostro fideli ... commendavi. CHEVRIER-CHAUME, *Ch. de Dijon*, II no. 313 p. 93 (a. 1033, Metz). 3. *dédicace d'une église à un saint patron — church-dedication.* Sororum et fratrum in coenobio ... sub tutela s. Rictrudis Deo militantium. D. Charles le Chauve, no. 435 (a. 877). Iterum no. 436.

**tutor**: 1. *avoué ecclésiastique — ecclesiastical advocate.* Talem loco illi Leodiensis episcopus tutorem et advocatum preficiat. D. Ottos III., no. 45 (a. 988). Tutor ville. D. Henrici I reg. Fr. a. 1043, TARDIF, *Cartons*, no. 268 p. 168 col. 1. Dux fidelissimus tutor et defensor sit Mindensis ecclesie. ERHARD, *Reg. Westfal.*, I CD. no. 156 p. 120 (a. 1073-1080). 2. *tuteur — guardian.* Ut viduas et orfanos [i.e. viduae et orfani] tutorem habeant ... qui illos defensent et adjuvent. Pipp. Ital. reg. capit. (a. 782-786), c. 5, I p. 192. Wadiam dare fecimus eidem T. abbatisse et ... j. arcidiacono tutori ejus. MANARESI, *Placiti*, I no. 11 p. 32 (a. 800, Lucca). Legitimus ejus [sc. parvuli] propinquus, qui juste ei tutor ac defensor esse videtur. Capit. Wormat. a. 829, c. 4, p. 19. [Abbatissa] sui tutoris, scilicet advocati, manu ... obtineat. D. Ottos II., no. 172 (a. 978). 3. *exécuteur testamentaire — testamentary executor.* Nos ... qui sumus tutores vel elemosinarii de homine nomine D. vel uxori sue nomine A. qui fuerunt condam. UDINA, *Arch. Barcelona*, no. 82 p. 220 (a. 925). Tutores vel manumessores fuimus de quondam J. RIUS, *Cart. de S.-Cugat*, I no. 300 p. 252 (a. 994). 4. *régent — regent.* Hollandiae. DE FREMERY, *Cart. Mariënweerd*, no. 59 p. 45 (a. 1238).

**tutta**, v. tolta.

**twelfhindus** (adj. et subst.) (anglosax.): *(un individu) ayant un wergeld de 1200 sous — (a person) having a wergeld of 1200 shillings.* De twelfhindo id est thaino. Leg. Henrici, c. 69 § 2, LIEBERMANN, p. 587.

**twihindus** (adj. et subst.) (anglosax.): *(un individu) ayant un wergeld de 200 sous — (a person) having a wergeld of 200 shillings.* Twihindus homo dicitur cujus wera est 200 sol. Leg. Henrici, c. 76 § 4, LIEBERMANN, p. 593.

**tzanga**, v. zancha.

# U

**uccus**, ucha (> frg. *hucher*): 1. *huée — hue and cry.* Qui ad ipsos uccos [v. l. huccos] cucurrerunt, quando homo interfectus fuit. F. Turon., no. 30, *Form.*, p. 153. 2. *criage du vin, redevance perçue du chef de la vente du vin à cri public — due exacted for publicly announced sale of wine.* Omnes consuetudines meas ... videlicet preposituram et bannum et ucham et expallum. RÉDET, *Cart. de S.-Cyprien de Poitiers*, no. 321 p. 200 (a. 1088-1091).

**uglata**, v. occlata.

**ullare** = ululare.

**ullatenus:** **jusqu'à un certain point, en quelque manière — to some extent, in any respect.*

**ulna:** *une mesure de terre — a measure of land.* S. xii, Angl.

**ulnare:** *auner — to measure by the rule.* S. xiii.

**ulterius:** **1.** **plus tard — later.* **2.** (cum negatione) **plus longtemps, davantage — any longer.*

**ultio:** **1.** **punition, peine — punishment, penalty.* Distringat legalis ultio judicum quos non corrigit canonica praedicatio sacerdotum. Guntchramni edict. a. 585, *Capit.*, I p. 12. Pro modum criminis sententiam quo meretur excipiat ultionis. Chlotharii praec., c. 3, ib., p. 19. [In fornicatores] talem ultionem facimus [i.e. faciemus], ut nullus tale quid perpetrare amplius presumpserit. Capit. missor. gener. a 802, c. 17, p. 95. Exilii . . . ultione plectatur. Concil. Meld. a. 845, c. 82, ib., II p. 420. **2.** **punition envoyée par Dieu, châtiment divin — punishment inflicted by God, divine chastizement.*

**ultramarinus.** Partes ultramarinae: pays d'outre-mer — overseas parts. BALTHER., V. Fridolini, c. 15, *SRM.*, III p. 361.

**ultramontanus.** Partes ultramontanae: pays d'outre-monts, en dehors de l'Italie — lands on the other side of the mountains, outside Italy. ANON., G. Francorum, c. 1, ed. BRÉHIER, p. 2. Iter arripuit ultramontanum. JOH. VENET., Chron., ed. MONTICOLO, p. 153.

**ultroneitas:** **empressement — willingness.* MARTÈNE, *Coll.*, I col. 295 (epist. a. 960). WALBERT., De patroc. Rictrudis (ante a. 1131), § 41, *AASS.*[3], Maji III p. 149 E.

**umblo**, v. humolo.

**umbra:** **allégorie, préfiguration — allegory, prefiguration.*

**umbraculum:** **1.** **abri, appentis — hovel, shelter.* **2.** (figur.) *abri, protection — shelter, protection.* Sub umbraculo patrocinii abbatis Bertini. GYSSELING-KOCH, *Dipl. Belg.*, no. 3 p. 11 (a. 663). Contra hoc nostre tuicionis umbraculum. *D. Berengario I*, no. 66 p. 180 (a. 908). Sub nostre pietatis umbraculo tueremur. *D. Konrads II.*, no. 61 (a. 1026).

**umbramen:** **1.** *obscurité — darkness.* S. ix. **2.** *protection — protection.* S. xii.

**umbrarius:** *nécromancien — necromancer.* Edict. Theoderici, c. 108, *LL.*, V p. 164.

**umbratilis:** **figuré, symbolique — figurative, symbolical.*

**umbrella** = umbella.

**umectum**, v. humectum.

**umerale**, hu- (< umerus): **1.** **vêtement des prêtres juifs — garment worn by Jewish priests.* **2.** *amict — humeral veil.* Amictum quod dicitur humerale. Ordo Rom. VI (s. x ?), c. 11, ed. ANDRIEU, II p. 243. Mir. Udalrici, c. 20 (addit.), *SS.*, IV p. 422.

**umerulus**, hu- (< umerus): **contrefort, appui, console — prop, buttress, console.*

**umlo**, umulus, v. humolo.

**uncatus:** **recourbé, crochu — crooked, hooked.*

**uncia:** **1.** (class. "le douzième d'une livre — one-twelfth of a pound"), comme poids d'or — as a weight of gold: Sex auri uncias reddat. Lex Visigot., lib. 3 tit. 3 § 12. Lex Baiwar., tit. 1 c. 2. **2.** *monnaie de compte* dont 12 unités égalent une livre — *monetary accounting unit*, twelve of which make a pound. De casatis 200 mediam libram, de casatis 100 solidos 5, de casatis 50 aut 30 unciam unam. Capit. episc. (a. 780 ?), *Capit.*, I p. 52. **3.** (cf. COLUM. 5, 1) *mesure de superficie*, la douzième partie d'un "jugerum" — a *measure of land*, one-twelfth of a "jugerum". Terram juris mei, unciam unam et mediam. GIORGI-BALZANI, *Reg. di Farfa*, II doc. 185 p. 152 (a. 807). Habet unciam 1 de terra arabili habentem bunuaria 3. Irminonis polypt., br. 25 § 8. Etiam br. 24 § 101 sqq. In villa I mansum 1 uncias 5; et in C. uncias 4 . . . *D. Lothaire*, no. 33 (a. 974).

**uncialis** (adj.). Littera uncialis ("lettre qui prend un douzième d'une ligne — letter which occupies one-twelfth of a line"): **onciale — uncial.* Antiquarum litterarum, dumtaxat earum quae maximae sunt et unciales a quibusdam vocari existimantur. LUP. FERR., epist. 5, ed. LEVILLAIN, I p. 50. Cf. W. H. P. HATCH, *The origin and meaning of the term uncial*, ap. *Classical Philology*, t. 30 (1935).

**unctura** (class. "onction — anointing"): *onguent — ointment.* [Monachus habeat] saponem sufficienter et uncturam. Capit. monast. a. 817, c. 22, I p. 345. Iterum c. 83 (addit.), p. 349.

**uncus** (slav.): *une mesure de terre — a measure of land.* Ann. Corbej., a. 1114, *SS.*, III p. 8. JORDAN, *Urk. Heinrichs d. Löwen*, no. 81 p. 119 (a. 1169).

**unde: 1.** **au moyen de quoi — by which.* [Pallium] unde [papa] missas celebrare consueverat. PLUMMER, *Saxon chronicles*, I p. 288 (s. xi ex.). **2.** **à cause de quoi, au sujet de quoi — concerning which, as to which.*

**undecima** (subst. femin.): *une redevance d'un onzième — a due of one-eleventh.* [Negotiatores] Judaei dent decimam et negotiatores christiani undecimam. Capit. Caris. a. 877, c. 31, II p. 361.

**ungula:** **ongle de fer*, instrument de torture — *claw*, instrument of torture.

**unicornis**, -nuus (subst. mascul.): **licorne — unicorn.* Lib. pontif., Gregor. III, c. 10, ed. DUCHESNE, II p. 75.

**unicuba:** **celle qui n'a été mariée qu'une fois — a woman who has been married only once.*

**unificare:** **unifier, rendre un — to unify, merge.*

**unigenitus** (adj. et subst.): **le Fils unique de Dieu — God's only-begotten Son.*

**1. unio** (mascul.): *oignon du pied — bunion.* ORDER. VITAL., lib. 8 c. 10, ed. LE PRÉVOST, III p. 323.

**2. unio** (femin., quandoque mascul.): **1.** **l'unité, le nombre un — unit, one as a number.* **2.** **union, le fait d'être unis — unity, union, oneness.*

**unire:** **unir, réunir — to unite, join.*

**unitas:** **1.** **union spirituelle — spiritual union.* Nobis in illa unitate [orationum ab episcopis habitarum] comprehensis. Karoli epist. ad Ghaerbald. a. 807, *Capit.*, I p. 246. **2.** **unité de l'Eglise — unity of the Church.* [Excommunicatus] si pertinax noluerit converti ad unitatem ecclesiae. Concil. Rhispac. a. 798, c. 16, *Conc.*, II p. 201. **3.** *concorde — concord.* Omnes imperii nostri ad unitatem pacis redierunt. Concil. Paris. a. 825, ib., p. 478.



**unitio:** **réunion, l'action de rendre un — union, uniting.*

**universalis:** **1.** **universel, général* (en logique) — *universal, general* (in logic). **2.** **universel* (en parlant de l'Eglise), *catholique, œcuménique — universal* (with reference to the Church), *catholic, oecumenical.* Universalis papa: le pape — the pope. In praefatione epistolae . . . superbae appellationis verbum, universalem me papam dicentes, imprimere curastis. GREGOR. M., lib. 8 epist. 29, II p. 31. Donat. Constantini, c. 17, MIRBT[3], p. 86. Lud. Pii pact. c. Pasch. a. 817, *Capit.*, I p. 353. Concil. Roman. a. 826, ib., p. 370.

**universaliter:** **universellement, généralement — universally, generally.*

**universitas:** **1.** **la catholicité, l'universalité de l'Eglise — the catholicity, the universality of the Church.* **2.** **une collectivité politique ou sociale — a body politic, a social group.* Convenientibus nobis, id est clero, axiomaticis etiam et generali militia ac civium universitate. Lib. diurn., no. 63, ed. SICKEL, p. 59. **3.** *l'ensemble des professeurs et des étudiants d'une Université — the body of the masters and scholars of a University.* Si quis magistrorum . . . universitati parere contempneret magistrorum. DENIFLE, *Chart. Univ. Paris.*, I no. 8 p. 67 (a. 1208/1209). Coram universitate magistrorum et scolarium . . . emendare. Ib., no. 20 p. 79 (a. 1215). Sigillo nomine universitatis magistrorum et scolarium nuper facto. Ib., no. 41 p. 98 (a. 1221). D'une faculté — of a faculty: Cistam communem universitatis artistarum. Ib., no. 201 p. 229 (a. 1252).

**unus**, una, unum: **un* (article) — *a* (article). E.g.: Evenit quod unus homo vinctus ducebatur. HUGEBURC, V. Wynnebaldi, c. 13, *SS.*, XV p. 117 l. 17. Pronomen subst. **unus:** *quelqu'un — somebody.* Legat unus collationes vel vitas patrum. Benedicti regula, c. 42.

**uranicus** (gr.): *céleste — heavenly.* Uranicae crementum scolae. V. Deicoli, prol., *SS.*, XV p. 675. Uranitis [leg. uranicis] civibus associaretur. BALDUIN. REM., Mir. Gibriani (a. 1145), *AASS.*, Maji VII p. 620.

**urbalis:** **1.** *d'une forteresse — of a castle.* Urbalem bannum quem vulgariter burgban vocant. *D. Ottos II.*, no. 214 (a. 980). **2.** *urbain — of a city.* Urbalibus ecclesiis necnon monasticis. ABBO SANGERM., sermo 5, D'ACHÉRY, *Spic.*, IX p. 105.

**urbanitas:** *droit de bourgeoisie — right of citizenship.* S. xiii.

**urbanus** (adj.): **1.** *civile — civil.* Ad jus praetorium et urbanum. F. Visigot., no. 21, *Form.*, p. 585. **2.** *de condition libre — personally free.* Uxorem suam . . . ab omni servicio legitime absolvit et in urbani juris conditionem redegit. WIDEMANN, *Trad. S.-Emmeram*, no. 654 p. 320 (ca. a. 1083/1084). **3.** *d'une forteresse — of a castle.* Urbanum opus de predio nostro M. . . . dimittens. FICHTENAU-ZÖLLNER, *UB. Babenberger*, I no. 6 p. 7 (a. 1136, Göttweig). Subst. mascul. **urbanus: 1.** *habitant d'un château, membre de la garnison d'un château — inhabitant of a castle, member of the castle garrison.* WIDUKIND., lib. 1 c. 36. EKKEHARD., Cas. s. Galli, *SS.*, II p. 86 l. 52. **2.** (class. "citadin — townsman") *bourgeois — citizen.* Urbani qui heimgereiden vocantur. Descr. Wormat. civ. (a. 891-914), *SS.*, XVII p. 37. WIDEMANN, o.c., no. 435 p. 272 (ca. a. 1037-1043). Ibi pluries. Urbani de Lucca. V. Burchardi Wormat., c. 8, *SS.*, IV p. 836. Conspirantibus tam urbanis Ratisponensibus quam . . . ministerialis ordinis hominibus. EKKEHARD. URAUG., ad a. 1104, *SS.*, VI p. 225 l. 32. Urbanorum communi consilio. KEUTGEN, *Urk. st. Vfg.*, no. 253 p. 351 (a. 1106/1107, Worms). Urbani cum hostibus pugnaturi . . . erumpunt. Ann. Patherbr., a. 1116, ed. SCHEFFER-BOICHORST, p. 132. De ministerialibus et urbanis. STIMMING, *Mainzer UB.*, I no. 542 p. 450 (a. 1127). Servientes et urbani. Ib., no. 553 p. 465 (a. 1128). Urbani Goslarienses. JORDAN, *Urk. Heinrichs d. Löwen*, no. 27 p. 38 (a. 1154). Ministerialium, urbanorum et totius populi civitatis peticione. KEUTGEN, o.c., no. 125 p. 90 (a. 1156, Augsburg).

**urbicus** (subst.): **1.** *châtelain — castellan.* Ann. Corbej., a. 1114, *SS.*, III p. 8. **2.** *bourgeois — citizen.* V. Joh. Parm. († a. 982), *AASS.*, Maji V p. 183. GUIBERT. NOVIG., De vita sua, lib. 3 c. 9, ed. BOURGIN, p. 171. Ann. Patherbr., a. 1134, ed. SCHEFFER-BOICHORST, p. 160. Chron. reg. Colon., a. 1189, ed. WAITZ, p. 143.

**urbs: 1.** *cité*, siège d'un évêché, d'origine romaine; s'emploie concurremment avec le mot "civitas", mais de préférence pour désigner les cités importantes, les métropoles — *city*, a bishop's see remounting to a Roman town; used as a variant of "civitas" chiefly with reference to major cities. E.g.: [Corpus sancti] ad urbem Toronicam . . . dirigunt. GREGOR. TURON., H. Fr., lib. 1 c. 48. Quelques auteurs aiment à construire "urbs" avec le génitif du nom du tribu — combination with the genitive of the tribe's name is sometimes specially favoured. E.g.: Duodecim ab Aurelianorum urbe leugis. PRUDENT. TREC., Ann. Bertin., a. 845, ed. WAITZ, p. 32. **2.** *territoire d'une cité — territory of a "civitas".* Apud Columnam Aurelianensis urbem [i.e. urbis] vicum [Coulmiers, dép. Loiret]. GREGOR. TURON., lib. 3 c. 6. Pagi Isiodorensis ac Berravensis urbis Toronicae [Yzeures et Barrou, dép. Indre-et-Loire]. Ib., lib. 6 c. 12. Discurrentes per villas urbium vicinarum. Ib., c. 42. Ad urbem Parisiacam aput villam Rigojalinsim [Reuil, dép. Seine-et-Marne]. Ib., lib. 9 c. 13. In confinio supradictarum urbium [sc. termini Arverni, Gabalitani atque Rutheni]. Ib., lib. 10 c. 8. Accessit Parisius; exinde ad Rotojalinsem villam [Vaudreuil, dép. Eure] ipsius urbis properans. Ib., c. 28. Commanens urbe Arvernis in pago illo in villa illa. F. Arvern., no. 1, *Form.*, p. 28. Infra urbem Kathalaunensium in pago Pertensi . . . villam q.d. Gaugiacus [Vecqueville, dép. Marne]. PARDESSUS, II no. 406 p. 200 (a. 686). In orbe [leg. urbe] Lemovicense [Limousin] in pago Asenacinse [Puy-d'Arnac, dép. Corrèze]. *D. rois d'Aquit.*, no. 50 (a. 840). In singulis urbium vicis et suburbanis . . . strenuos ministros procuret episcopus. Synod. Pap. a. 850, c. 6, *Capit.*, II p. 118. In urbe Lemovicino [Limousin], infra quintanam videlicet Lemovicas civitatis. DE FONT-RÉAULT, *Cart. de Limoges*, no. 23 p. 48 (a. 881). In urbe Rutenico [Rouergue] in aice Ferrarias [La Ferrairie] in villa cui vocabulum est Teulamen. DESJARDINS, *Cart. de Conques*, no.

108 p. 99 (a. 887). In urbe Lucdunense [Lyonnais] in vicaria Canaviacense. BERNARD-BRUEL, *Ch. de Cluny*, I no. 115 p. 130 (a. 910-927). **3.** un *siège d'évêché* d'origine non-romaine — a *bishop's see* of non-roman origin. Konstanz: *D. Karolin.*, I no. 130 (a. 780). Würzburg: ib., no. 206 (a. 807). Item WANDALBERT., Mir. Goaris, c. 1, *SS.*, XV p. 364 l. 16. Merseburg: *D. Heinrichs II.*, no. 64 (a. 1004). Liège: ib., no. 93 (a. 1005). Hildesheim: ib., no. 257 (a. 1013). Bamberg: ib., no. 230[bis], *Diplomata*, IV p. 420 (a. 1011); *D. Heinrichs III.*, no. 3 (a. 1039). **4.** *forteresse, château — fortress, castle.* Haud procul ab urbe Pinguia [Bingen]. RUODOLF. FULD., Ann. Fuld. pars II, a. 858, ed. KURZE, p. 51. Urbem antiquam Rastizi. MEGINHARD. MOGONT., ib., pars III, a. 871, p. 74 (cf. ib., a. 869, p. 69: Rastizi munitionem). POETA SAXO, lib. 1 a. 775 v. 30, *SS.*, I p. 231; a. 776 v. 20 p. 232. Homines ejus ... ubi ipse elegerit, urbem aedificent. *D. Arnulfs*, no. 32 (a. 888). Urbem in Quidilingoburg supra montem constructam. *D. Ottos I.*, no. 1 (a. 936). Regalium institores urbium. Ib., no. 307 (a. 965). Ex agrariis militibus nonum quemque eligens in urbibus habitare fecit. WIDUKIND., lib. 1 c. 35. Advocatus ob urbis necessitatem opus eis imponat. *D. Ottos II.*, no. 190 (a. 979). Ad urbem Ebaraha [i.e. Burg-Ebrach prope Bamberg]. *D. Heinrichs II.*, no. 496 (a. 1023). Utilitatis de eadem urbe [sc. Hainburg prope Pressburg] provenientis. *D. Heinrichs III.*, no. 277 (a. 1051). EKKEHARD., Cas. s. Galli, *SS.*, II p. 86 l. 53. In silva quae Harz dicitur urbes multas ceperat edificare. Ann. Altah. maj., a. 1073, ed. OEFELE, p. 85. Omnia castella vel quaslibet hujus terrae munitiones praeter antiquas urbes ad honorem regni constructas dirui imperat. BRUNO MERSEB., Bell. Sax., c. 34, ed. WATTENBACH, p. 22. Actum publice in urbe Gande [Gand]. GYSSELING-KOCH, *Dipl. Belg.*, no. 142 p. 252 (a. 1071-1093). Urbes ejus et possessiones latissimas gubernaret. Ann. Egmund., a. 1132, ed. OPPERMANN, *Fontes Egmund.*, p. 147. Inter capellam s. Pharaildis et urbem comitis [à Gand]. WARNKOENIG-GHELDOLF, *Flandre*, III p. 230 no. 6 c. 21 (a. 1192). **5.** *châtellenie* (allem. *burgward*) — *castelry*. Adicio possessioni tuae in singulis urbibus ... villas quas ipse elegeris. HELMOLD., lib. 1 c. 14, ed. SCHMEIDLER, p. 28. **6.** *enceinte d'une cité — townwall.* Licentiam concedimus in antedicto loco [Eichstätt] ... mercatum et monetam habere urbemque construere. *D. Ludwigs d. Kindes*, no. 58 (a. 908). Bannum ... in urbe Magadaburg et opus construende urbis a circummanentibus illarum partium incolis ... debitum. *D. Ottos I.*, no. 300 (a. 965). Quicquid intra ductum nove et antique urbis [Worms] ad nostram utilitatem ... visum est ... pertinere. *D. Ottos II.*, no. 199 (a. 979). **7.** *abbaye fortifiée — fortified monastery.* Actum urbe Mosaburc [Zalavár, Hongrie, monastère de S. Adrien]. *D. Arnulfs*, no. 20 (a. 888). Monasterium s. Laurencii martiris in urbe quae Calwo dicitur [Calbe] situm. THIETMAR., lib. 3 c. 18, ed. HOLTZMANN, p. 120. Urbem quae Celsa vocatur [Selz] edificans, collectis ibidem monachis ... Ib., lib. 4 c. 43, p. 180. Ad urbem Larsem [Lorsch], ubi sanctus requiescit Nazarius. Ib., lib. 5 c. 11, p. 232. Ad urbem quae Nova Corbeia [Korvei] vocatur. Ib., c. 19, p. 243. In loco q. d. Salsa [Selz] urbem decrevit fieri sub libertate Romana. ODILO CLUNIAC., Epitaph. Adelheidis, *SS.*, IV p. 641.

**urgens** (adj.): **urgent, pressant — urgent, pressing.*

**urgenter:** **d'une manière pressante, instamment — urgently, insistently.*

**urgere,** c. infin.: **forcer à, presser de — to force to, coerce into.*

**1. urna,** orna: *sarcophage — sarcophagus.* V. Arnulfi, c. 29, *SRM.*, II p. 445. V. Adelphi, c. 5, ib., IV p. 227. DONAT. ANTR., V. Ermenlandi, c. 18, ib., V p. 704. MILO, V. II Amandi, c. 7, ib., p. 480. MABILLON, *Ann.*, III p. 293 (ch. ca. a. 894).

**2. urna: 1.** *ourlet — border.* LEO OST., lib. 1 c. 55, *SS.*, VII p. 619 et pluries. **2.** *moulure, cadre — cornice, ledge.* Ib., lib. 3 c. 10, p. 704; c. 32, p. 723.

**ursarius: 1.** **gardien des ours — bear-ward.* LAMBERT. ARD., c. 128, *SS.*, XXIV p. 624. **2.** *chasseur d'ours — bear-hunter.* MARTÈNE, *Coll.*, I col. 896 (ch. a. 1176, Hainaut).

**usagiarius,** usuag- (< usaticus): *usager,* celui qui exerce un droit d'usage — *one who has a share in a right of common easement.* S. xiii.

**usantia** (< usare): **1.** *coutume, redevance coutumière — custom, customary due.* Nullum drictum, nullum pedaticum, datitam, quamlibet usanciam vel impositionem dent. *Const.*, I no. 211 c. 7 p. 293 (a. 1162, Genova). In omnibus redditibus et usanciis et justitiis, quae ad dominium castri pertinent. *Hist. de Lang.*[3], V no. 668 col. 1304 (a. 1166). **2.** *droit d'usage — right of easement.* Privilegium datum civitati de suis utilitatibus et usantiis in toto civitatis districtu. *Const.*, I no. 309 c. 1 p. 437 (a. 1186, Pavia).

**usare,** usuare (< usus): **1.** *pratiquer — to observe.* Usuati consuetudine moris. Lex Visigot., lib. 12 tit. 2 c. 8. **2.** *avoir la jouissance de* qqch. — *to enjoy, be in the enjoyment of* a thing. Tempore vitae meae ipsas res habere et usare et condirgere debeam. Cart. Senon., no. 15, *Form.*, p. 191. Ipsam ariam diebus vite sue ad suprascriptum censum tenere et usare faciat. F. Senon. rec., no. 20, ib., p. 724. Ipsa[m] villa[m] tenire et usare facias. WARTMANN, *UB. S.-Gallen*, I no. 29 p. 33 (a. 761). Villas vestras ... nobis ad usandum tenere permisistis. G. Aldrici, ed. CHARLES-FROGER, p. 174 (ch. a. 831). Ibi pluries. Ipsas res tenere et usare faciant. *D. Ludwigs d. Deutsch.*, no. 9 (a. 833). Ibidem serviat et usuare faciat dum vivit. DE MARCA, *Marca Hisp.*, app. col. 788 (ch. a. 855). Usuandi laborandique ... potestatem teneant. UDINA, *Arch. Barcelona*, no. 4 p. 105 (a. 887). **3.** *user, consommer — to wear out, use up.* Quicquid in die exitus mei de hac luce in peccuniali causa non datum et non usatum reliquerim. WARTMANN, o.c., no. 191 p. 182 (a. 806). Ne aliquis emat vivum animal vel pannum usatum sine plegiis. Leg. Edw. Conf., c. 38, LIEBERMANN, p. 668.

**usaticus,** usagium, usaigium, usatgium, usuagium (< usus): **1.** *règle de droit coutumier — rule of customary law.* Antequam usatici essent missi. Usat. Barcinon., c. 1, ed. D'ABADAL-VALLS, p. 1. Ibi pluries. **2.** *coutume, redevance coutumière — custom, customary due.*



Damus [quasdam ecclesias] libere et absolute et absque omni usatico, salvis tamen synodis de ecclesiis predictis. *Hist. de Lang.*[3], V no. 74 col. 186 (a. 940, Narbonne). [Episcopus] non mittat alios usaticos in ipsos macellarios nec in ipsos tavernarios nec in ipsos piscatores. ROUQUETTE, *Cart. de Béziers*, no. 65 p. 75 (ca. a. 1050). Dono ... quartam partem de omnibus usaticis ad eclesiam ... pertinentibus in decimis, in primitiis et offerendis et cimiteriis. DOUAIS, *Cart. de Toulouse*, app. no. 13 p. 492 (a. 1060). In predicta abbatia indominicaturam quam ibi habemus et usus et usaticos retineamus. BERNARD-BRUEL, *Ch. de Cluny*, IV no. 3410 p. 518 (a. 1066). Relinquo omnes usagios bonos et malos, quos usque hodie in villa F. ... injuste tenueram. *Gall. chr.*[2], XIII instr. col. 88 C no. 3 (a. 1111, Pamiers). **3.** spec.: *péage — toll.* In strata et in mercato ... malos usaticos multos inmiserant. DOUAIS, o.c., no. 137 p. 102 (a. 1004-1010). Ad introitum burgi s. Egidii atque ad exitum numquam ullum usaticum daret populus. *Lib. jur. Genuens.*, I no. 12 col. 19 B (a. 1109). **4.** *droit d'usage — right of easement.* Usagium in forestis suis ad domos et ad vineas instruendas dedit. *BEC.*, t. 36 (1875), p. 415 (a. 1094, Saumur). Jure suo et usuagio [in nemore] resignato. PONCELET, *Actes Hug. de Pierr.*, no. 144 p. 146 (a. 1216).

**usibilis** (adj.): *utile, utilisable — usable, serviceable.* Herbae. Vitas patrum, lib. 3 c. 200. Subst. neutr. plural. **usibilia:** *matériaux — materials.* Cum omnia usibilia ligni et ferri quod necesse habet homo. DE MARCA, *Marca Hisp.*, app. col. 788 (ch. a. 825).

**usicherius,** usigerius, usiherius, uscerius, ussarius, uxerius: *vaisseau pour le transport des chevaux — horse transport-ship.* OTTOBON. SCRIBA, Ann. Gen., ad a. 1194, ed. BELGRANO, II p. 46. Epist. a. 1203 ap. Chron. reg. Colon., contin. III, ed. WAITZ, p. 204 et 206.

**usimentum,** usamentum (< usus): **1.** *droit d'usage — right of easement.* Concessit ... usimentum totius terrae suae. *Gall. chr.*[2], XV instr. col. 139 no. 17 (a. 1137, Lausanne). **2.** *jouissance — enjoyment.* Secundum quod ab eo tenuerant usamentum facerent. SPON, *Genève*, II instr. p. 10 (ch. a. 1155).

**usina,** usinia (<officina): *moulin — mill.* BERNARD-BRUEL, *Ch. de Cluny*, I no. 233 p. 223 (a. 922).

**usitare: 1.** *prendre régulièrement — to take as a rule.* Si quis calidum potum vult usitare. GUIDO FARF., Disc., lib. 2 c. 16, ALBERS, I p. 153. **2.** *avoir la jouissance de* qqch. — *to be in the enjoyment of* a thing. Nisi tantum dumdiu advixerim, usitare et emeliorare faciam. F. Sal. Lindenbr., no. 3 sq., *Form.*, p. 269 sq. Hoc mihi una cum licentia ... episcopi usitare liceat. BITTERAUF, *Trad. Freising*, I no. 320 p. 274 (a. 814). Nobis ad usitandum tenere permisistis. G. Aldrici, ed. CHARLES-FROGER, p. 181 (ch. a. 872).

**usitatio: 1.** **usage linguistique — common parlance.* **2.** *droit d'usage — right of easement.* Usitationem in aquis, in agris, in silvis per omnem terram meam. *Gall. chr.*[2], IV instr. col. 585 (ch. a. 1173).

**usque ad:** *selon, conformément à — in accordance with, after.* Istis praesentibus usque ad jussionem domni nostri confirmantibus et consentientibus. BITTERAUF, *Trad. Freising*, I no. 298 p. 258 (a. 811). Nec licebat canonicis ... electionem usque ad voluntatem suam celebrare. GISLEBERT. MONT., c. 48, ed. VANDERKINDERE, p. 85.

**ustiarius,** ustearius, usserius = ostiarius.

**usualis: 1.** **qui sert, d'usage quotidien — in use, in service.* **2.** **usuel, habituel, commun — usual, customary, common.* **3.** *ayant cours — current.* Usuale argentum: numéraire — money. GREGOR. M., lib. 3 epist. 41, *Epp.*, I p. 198. Metalla usualia: idem. CASSIOD., Var., lib. 6 epist. 7 § 3, *Auct. ant.*, XII p. 180. **4.** *sujet aux coutumes — subject to customary charges.* Homines sui residentes et usuales. *D. Ottos III.*, no. 381 (a. 1000), cf. *D. Konrads II.*, no. 277. Subst. neutr. **usuale: 1.** *règle de droit coutumier — a rule of customary law.* Hec sunt usualia de curialibus usibus, quos constituerunt tenere. Usat. Barcin., c. 4, ed. D'ABADAL-VALLS, p. 3. **2.** *droit d'usage — right of easement.* Quidquid habuit in C. in pratis et silvis et campis et aliis usualibus. *Gall. chr.*[2], XV instr. col. 201 (a. 1136, Besançon). Omnes consuetudines et usualia quas in nemore predicto solebant habere. WAMPACH, *UB. Luxemb.*, I no. 550 p. 774 (a. 1199).

**usualiter: 1.** *habituellement — habitually.* CASSIOD., Var., lib. 2 epist. 39 § 3, *Auct. ant.*, XII p. 68; lib. 9 epist. 3 § 1, p. 269. **2.** *à titre de jouissance — by way of enjoyment.* Ipsum locum diebus vitae tuae usualiter tibi liceat tenere. F. Turon., no. 34, *Form.*, p. 155. Item Cart. Senon., no. 33, p. 200. Coll. Flavin., addit. 4, p. 491. Me quandiu ... advixero ipsa[m] cella[m] usualiter pro ipsius monasterii beneficio possidere concedatur. GYSSELING-KOCH, *Dipl. Belg.*, no. 15 p. 32 (a. 745, S.-Bertin). Quamdiu ipse A. advixerit, ipsas res usualiter excolere debeat. *D. Arnulfing.*, no. 15 p. 102 (a. 746). Ipsas res ... dum advixeritis ... ad excolendum ... usualiter prestare deberemus. BEYER, *UB. Mittelrh.*, I no. 14 p. 18 (a. 762-804, Prüm).

**usuare,** v. usare.

**usuarius** (adj.): **1.** *usufructuaire — usufructuary.* [Villas] usuario ordine possidere videtur. Test. Vigilii (ca. a. 670), PARDESSUS, II no. 363 p. 154. Quoad vixerimus, titulum usuarium [i.e. titulo usuario] nobis liceat possidere. DONIOL, *Cart. de Brioude*, no. 56 p. 77 (a. 869). In vita sua jure usuario eas [colonicas] possideret. BOUGAUD-GARNIER, *Chron. de Dijon*, p. 302 (a. 1008-1025). In vita nostra jure usuario possideamus. RAGUT, *Cart. de Mâcon*, no. 113 p. 87 (a. 1018-1030). **2.** *qui concerne les droits d'usage — regarding rights of easement.* Dedit ... usuariam consuetudinem in nemore V. castri. LALORE, *Ch. de Montiéramey*, no. 18 p. 29 (a. 1107). Subst. mascul. **usuarius:** *usager — one who has a share in a right of common easement.* S. xiii. Subst. femin. **usuaria:** *charte de donation avec réserve d'usufruit — deed purporting a bestowal subject to a proviso of usufruct.* S[ignum] Bernart, qui usuaria[m] ista[m] fierit [i.e. fieri] et firmare rogavit. BERNARD-BRUEL, *Ch. de Cluny*, II no. 1599 p. 640 (a. 982). Item no. 1637 p. 673 (a. 983); no. 914 p. 27 (a. 954-994). Subst. neutr. **usuarium** et femin. **usuaria: 1.** *usufruit — usufruct.* Villa ... quam ... in usuario

tenet. DÉLÉAGE, *Actes d'Autun*, no. 1 p. 6 (a. 696). Donamus vobis in usuaria aliquit de res nostras. BERNARD-BRUEL, o.c., II no. 1026 p. 121 (a. 957). **2.** *droit d'usage — right of easement.* Pratum spatiosum cum omni usuario, sicut a me hactenus est possessum. WAMPACH, *UB. Luxemb.*, I no. 301 p. 448 (a. 1083). Omne participium in silva et reliquo usurario [leg. usuario] communi. MIRAEUS, I p. 77 col. 2 (a. 1096, Affligem). In omni territorio G. potestatis dedit usuaria ad pastum porcorum et aliorum animalium. POUPARDIN, *Ch. de S.-Germain-des-Prés*, I no. 77 p. 123 (ca. a. 1110-1116). In nemore ... usuarium suum ... haberet. D. Lud. VII reg. Fr. a. 1139/1140, LUCHAIRE, *Louis VII*, p. 355 no. 36. In foresta ejus [sc. ducis Burgundie] plenaria usuaria in omnibus preter exartationem. Priv. Alex. III pap. a. 1164, PFLUGK-HARTTUNG, *Acta*, I no. 254 p. 237. In parte illa [nemoris] ... nichil unquam vel usuarii vel alterius juris sibi vindicabunt. D. Lud. VII reg. Fr. a. 1179/1180, LUCHAIRE, p. 462 no. 766. Usuarium omnibus animalibus eorum in universis pasturis. GARNIER, *Ch. de Bourgogne*, I no. 180 p. 333 (a. 1182). **3.** *servitude — servitude.* Dono eis usuarium exeundi et intrandi ad mulnare eorum. RAGUT, *Cart. de Mâcon*, no. 27 p. 24 (a. 968-971). **4.** *appendance — appurtenance.* Cum omnibus appenditiis suis, terris, silvis, aquis omnibusque debitis usuariis. *D. Konrads II.*, no. 228 (a. 1036). Allodium cum omnibus suis appendiciis, tam familiis quam ceteris usuariis. *D. Heinrichs IV.*, no. 459 (a. 1098). Jus quod habetis apud J., tam in villa quam in ecclesia, familia et usuariis. Priv. Innoc. II pap. a. 1138, RAMACKERS, *Papsturk. i. d. Nied.*, II no. 34 p. 131 (a. 1138). Has possessiones ... cum omnibus suis usuariis. WAMPACH, o.c., I no. 402 p. 574 (a. 1139).

**usucapio**: *saisine — seizin.* Ille qui datum [i.e. morgengabe] habet in usucapione, quod vulgo dicitur "angeweren". KEUTGEN, *Urk. städt. Vfg.*, no. 141 c. 14 p. 146 (a. 1165, Medebach). Usucapium [!] possessionis hujus, quod theotonica exprimitur lingua "sala". LACOMBLET, *UB. Niederrh.*, I no. 470 p. 330 (a. 1179, Burtscheid).

**usufructuare**: *avoir l'usufruit* d'une chose — *to hold in usufruct.* Ipsam rem dum advivo per vestro beneficio tenere et usufructuare faciam. F. Sal. Bignon., no. 21, *Form.*, p. 236. Eadem verba: WAMPACH, *UB. Luxemb.*, I no. 145 p. 168 (a. 915). Alia res medietas [i.e. aliam rerum medietatem] in ejus firmaverat potestatem usufructuandi. MANARESI, *Placiti*, I no. 19 p. 62 (a. 806, Pistoia).

**usufructus** = ususfructus.

**usufrui**: *avoir l'usufruit* d'une chose — *to hold in usufruct.* In mea reservem potestatem suprascriptas res usufruendi, nam non alienandi. GIORGI-BALZANI, *Reg. di Farfa*, II doc. 59 p. 61 (a. 764). Quae illi ad usufruendum et ordinandum condonavit. *D. Ludwigs d. Deutsch.*, no. 171 (a. 876).

**usurare** (intrans.): *produire un intérêt — to bear interest.* Debitum post susceptionem crucis, quamdiu debitor erit in peregrinatione, non usuret. Decr. Cenomann. a. 1188, ap. PS.-BENED. PETROBURG., ed. STUBBS, II p. 32.

**usurarius** (subst.): **bailleur de fonds — money-lender.*

**usurator**: *bailleur de fonds — money-lender.* MÉTAIS, *Cart. de Vendôme*, I no. 89 p. 162 (a. 1045-1049).

**usurpativus**: *abusif — unlawful.* Qui [sacerdotis] usurpativo fruitur officio. Synod. Pap. a. 850, c. 18, *Capit.*, I p. 121. Usurpative praecariae invitus [leg. inviti] assensum prebuerunt. *D. Zwentibolds*, no. 20 (a. 898).

**usurpatorie**: **abusivement, illégalement — unlawfully, illegally.*

**usurpatorius**: **abusif, illégal — unlawful, illegal.*

**usus**: **1.** *coutume, usage — custom, practice.* De arboribus vel petris vel fontibus, ubi aliqui stulti luminaria vel alias observationes faciunt, omnino mandamus ut iste pessimus usus ... tollatur. Admon. gener. a. 789, c. 65, *Capit.*, I p. 59. De calciamentis secundum Romanum usum. Dupl. legat. edict. a. 789, c. 24, ib., p. 64. Vendere eis [sc. exteris] quae necessaria sunt faciant non plus carum, sed secundum usum et consuetudinem terrae. Guidonis capit. Pap. a. 891, c. 1, ib., II p. 107. **2.** *droit coutumier — customary law.* Tantum quartam partem secundum usum Romanorum pontificum et observantiam sanctae eclesiae Romanae de eadem [sc. decima] habere volumus. Haitonis Basil. capit. (a. 807-823), c. 15, ib., I p. 364. Hanc intencionem seu per legem sive per convenientiam vel per usum finirent. MANARESI, *Placiti*, III no. 359 p. 109 (a. 1043, Como). Mercatoribus, episcopis praefatae sedis rectum censum pro mercatorio usu solventibus. KEUTGEN, *Urk. städt. Vfg.*, no. 77[a] p. 45 (a. 1036-1059, Halberstadt). Civibus Novariensibus omnes bonos usus illorum, quos ab antecessoribus nostris usque ad nos perduxerunt, et consuetudines, quas actenus in civitate eorum tenuerunt, ipsis ... habere concedimus. D. Heinr. V imp. a. 1116, MORBIO, *Munic. ital.*, V p. 333 (St. 3148). Decimam ... secundum usum terre nostre dare non negligant. JORDAN, *Urk. Heinr. d. Löw.*, no. 2 p. 2 (a. 1142). Hunc litem ... debere finiri et examinari secundum usum feudi. FICKER, *Forsch.*, IV no. 116 p. 161 (a. 1147, Verona). **3.** *coutume, redevance coutumière — custom, customary duty.* Mercatum de V. ... adquietamus, ita ut ... nullus faciat ibi mercatum aut inmittat usum nec ulla potestas. DOUAIS, *Cart. de Toulouse*, no. 134 p. 99 (a. 1004-1010). Si ... in villa M. ullum malum usum mittebam aut ullam malam tultam faciebam. DESJARDINS, *Cart. de Conques*, no. 394 p. 291 (ca. a. 1019). Ipsas bataleas et ipsos usos et ipsos censos comitales. ROSELL, *Lib. feud. maj.*, II no. 813 p. 296 (a. 1020 ?). Exceptis ipsos usos et ipsos scensos [i.e. census] que ego retineo in opus meum. ROUQUETTE, *Cart. de Béziers*, no. 65 p. 75 (ca. a. 1050). Donamus ... castrum ... cum ipsos usos et cum ipsos censos et cum ipsos usaticos. *Hist. de Lang.*[3], V no. 290 col. 568 (a. 1069, Béziers). Dicebant ministri ecclesie ... quod ipsi rustici debebant facere eisdem ministris omnes reditus, usus et conditiones, quas testes ... firmaverant; quorum usuum, redditum et condicionum ipsi rustici partem negabant, partem asserebant. MANARESI, *Atti di Milano*, no. 3 p. 7 (a. 1130). **4.** usus fructuarius: i.q. ususfructus. Monachi [silvam] usu fructuario excolant atque possideant. *D. Karolin.*, I no.



15 (a. 762). Brev. ex., c. 10, inscr. Concil. Meld. a. 845/846, c. 22, *Capit.*, II p. 404. Guidonis capit. Pap. a. 891, c. 7, ib., p. 109. **5.** loc. ad usum meritum praestare (cf. voc. meritum sub 5): *concéder en usufruit à titre de récompense pour une donation — to grant by way of usufruct in return for a gift.* Praestitisset eis ad usum meritum quasdam res ... diebus vitae eorum. *D. Ludwigs d. Deutsch.*, no. 6 (a. 829).

**utensile**: **1.** *appendance — appurtenance.* Terram ... cum fluminibus ac fontibus, cum pratis ac pomeriis et cum omnibus utensilibus. BIRCH, *Cart. Sax.*, I no. 35 p. 59 (a. 675). Reliqua utensilia, id est campis, pratis, pascuis, silvis aquarumque decursibus et quicquid nostris ditionibus esse videtur, haec autem omnia loci hujus utensilia ... confirmavi. BITTERAUF, *Trad. Freising*, I no. 17 p. 44 sq. (a. 762). Rursum ib., no. 24[c] p. 54 (a. 767). **2.** *droit profitable — source of revenue.* Burgum vel villam cum omnibus utensilibus suis, cum mercato, theloneo, moneta, maceria [v. l. materia], cum cambis et molendinis, cum terris cultis et incultis. Priv. Clem. II pap. < a. 1047 >, spur. s. xi ex., Nivelles, RAMACKERS, *Papsturk. i. d. Nied.*, II no. 1 p. 85. **3.** *droit d'usage — right of easement.* De silvis Otenwald et ceteris utensilibus in pago Lobedungowe. *D. Karolin.*, I no. 257 (< a. 798>, spur. s. x p. post., Worms). **4.** *produit — product.* Legalis decimatio totius decimationis omnium utensilium ad eandem R. curtem pertinentium, tam in porcis videlicet quam in aliis utensilibus. BEYER, *UB. Mittelrh.*, I no. 245 p. 301 (a. 975).

**uterinus.** Fratres uterini: **frères utérins — half-brothers*, sons of one mother.

**utilis**, **1.** de choses: *de bonne qualité — sound, good.* Pecora utilia, pulli utiles, porcus bonus utilis. UGHELLI, V col. 1538 (ca. a. 945, Tivoli). **2.** de personnes: **habile—skilful.* Hic fuit vir strinuus atque utilis in fabrica operis lignarii. GREGOR. TURON., H. Fr., lib. 3 c. 17. **3.** *compétent, capable — able, qualified.* (Cf. Eccles. 10, 4: Utilem rectorem [Deus] suscitabit in tempus super illam [sc. terram].) Quidam episcopi ... nolint ... eos [sc. clericos], cum utiles sint, ordinare. Episc. rel. a. 829, c. 18, *Capit.*, II p. 35. Romanus pontifex regem Francorum non tam pro suis iniquitatibus, quam pro eo quod tantae potestati non erat utilis, a regno deposuit. Gregor. VII registr., lib. 8 no. 21, ed. CASPAR, p. 554. **4.** *honnête — irreproachable.* Frater. Benedicti regula, c. 7. Lib. pontif., Hadr., § 31, ed. DUCHESNE, I p. 495. Aptum et utilem advocatum, undecumque sibi placuerit, eligat. *D. Heinrichs IV.*, no. 280 (< a. 1075>, spur. s. xii in.?, Hirsau). **5.** *prominent, riche, puissant — leading, wealthy, powerful.* Utilis vir [oppos.: miser]. GREGOR. TURON., H. Fr., lib. 4 c. 3. [Rex] ad Francos utiliores petiit ipsusque muneribus mollitus sibi subdidit. Ib., c. 22. Cunctos primatos [i.e. primates], quanti utiles in eadem civitate erant, interfecerunt. Lib. pontif., Hadr., § 18, p. 492. Subst. neutr.

**utile**: *intérêt — interest.* Utili suo nulla id in parte officere. *Mus. arch. dép.*, no. 14 p. 31 (a. 967, Metz). Loc. minus utile: *à tort — wrongly.* ALCUIN., epist. 257, *Epp.*, IV p. 415 l. 10.

**utilitas**: **1.** *valeur, qualité* d'une personne — *skill, ability.* Novi utilitatem tuam, quod sis valde strenuus. GREGOR. TURON., H. Fr., lib. 2 c. 12. **2.** comme apostrophe — as an addressing formula: Idioque cognuscat magnetudo seu utilitas vestra. *D. Merov.*, no. 47 (a. 677). Ibi saepe. **3.** *affaire, intérêt, cause — concern, business.* Ita se efficaciter in omnes utilitates ejus [sc. ecclesiae] exerceat, quatenus ... GREGOR. M., lib. 3 epist. 24, *Epp.*, I p. 182. Administrare utilitates [ecclesiae]. Ib., lib. 9 epist. 22, II p. 56. Si qua minora agenda sunt in monasterii utilitatibus. Benedicti regula, c. 3. In praeceptionibus quas ad judices pro suis [sc. regis] utilitatibus dirigebat. GREGOR. TURON., lib. 6 c. 46. Cum pro udilitate ecclesiae [episcopus et comes] resedisse[n]t. F. Andecav., no. 32, *Form.*, p. 14. [Illum] pro nostris [sc. regis] utilitatibus ibi ambulare precipimus. MARCULF., lib. 1 no. 23, ib., p. 57. Ad Clotharium pro utilitate regia et salute patriae conjuncxissent. FREDEGAR., lib. 4 c. 55, *SRM.*, II p. 148. [Rex] archiepiscopum in suo palatio assidue haberet propter utilitates ecclesiasticas. Synod. Franconof. a. 794, c. 55, *Capit.*, I p. 78. Domus a comite in loco ubi mallum tenere debet construatur, ut propter calorem solis et pluviam publica utilitas non remanet. Capit. legib. add. (a. 818/819), c. 14, I p. 284. **4.** *service, tâche, mission — duty, task, errand.* [Mancipia] suis obsequiis ac utilitatibus deputavit. GREGOR. M., lib. 3 epist. 37, I p. 195. [De servitio coquinae excusantur] qui majoribus utilitatibus occupantur. Benedicti regula, c. 35. Si quis sculdhais aut actorem regis occiderit utilitatem regis facientem. Edict. Rothari, c. 374. Si quis homo in utilitate domini sui, in exercitu vel ubicumque dominus ejus eum miserit, perrexerit. Lex Baiwar., tit. 2 c. 7. [Dux] utilitatem regis potest facere. Lex Alamann., tit. 35 c. 1. Si quis legibus in utilitatem regis, sive in hoste seu in reliquam utilitatem, bannitus fuerit. Lex Ribuar., tit. 65 § 1. Si quis legatarium regis vel ad regem seu in utilitatem regis pergentem hospitio suscipere contempserit. Ib., § 3. In utilitate domnorum [sc. regum] partibus Brittannici austiliter [i.e. hostili] ordine fuisti. F. Andecav., no. 37, p. 16. Dum in hoste aut in aliqua utilitate nostra aliquis fuerit. Breviar. missor. Aquit. a. 789, c. 8, *Capit.*, I p. 65. Si ille comis in alia utilitate domni regis non fuerit. Capit. missor. (a. 792/793), c. 5, p. 67. De missis nostris discurrentibus vel ceteris hominibus in utilitatem nostram iter agentibus. Capit. a. 803, p. 116. Alteri adjutorium praestare ... sive in marcha sive in exercitu ubi aliquid utilitatis [pro] defensione patriae facere debet. Capit. tract. cum comit. a. 811, c. 2, p. 161. [Homines monasterii] diversas utilitates et servicia facientes infestare. F. imper., no. 15, *Form.*, p. 297. **5.** *occupation, besogne, travail — pursuit, job.* Aut orationi aut lectioni aut quibuslibet ecclesiae aut certe propriis utilitatibus vacent. Concil. Aquisgr. a. 816, c. 123, *Conc.*, II p. 403. Coepit ... puerilia consortia vitare, lectioni et meditationi caeterisque utilitatibus artius se occupare. RIMBERT., V. Anskarii, c. 2, ed. WAITZ, p. 21. **6.** *besoin, nécessité — need, requirement.* Omnia legnamen tulendi [i.e. tollendi] de selva nostra ...

quantum ad ipsa[m] vinea[m] autilitas fueret. SCHIAPARELLI, *CD. Longob.*, II no. 127 p. 9 (a. 757, Lucca). Muros atque turres Romane urbis . . . restauravit . . . In calce atque diversis utilitatibus usque ad 100 auri libras expendit. Lib. pontif., Hadr. I, § 52, ed. DUCHESNE, I p. 501. Naves quae ob utilitatem et necessitatem monasterii discurrunt. F. imper., no. 20, p. 301. Ubicumque ad suas utilitates indigent emere aut vendere. *D. Zwentibolds*, no. 19 (a. 898). [Res] sint in jure et dominio ejusdem coenobii et abbatis . . . ad communem utilitatem fratrum ibi . . . Deo servientium. *D. Ugo*, no. 34 p. 106 (a. 933). **7.** *profit, fruits, bénéfice — profit, benefit, revenue.* Quicquid ex successione parentum vel ejus utilitate ad eodem juste pervenit. MARCULF., lib. 1 no. 31, p. 62. Aecclesiae [dativ.] . . . decimationis utilitatem ad nos pertinentem . . , constituimus. LACOMBLET, *UB. Niederrh.*, I no. 68 p. 34 (a. 874, Gerresheim). [Fratres] ex ejusdem predii utilitate quotannis habeant 30 carradas vini. *D. Heinrichs III.*, no. 45 (a. 1040). In omni utilitate que de eisdem ecclesiis provenire potest . . . mediam partem accipiant. WAMPACH, *Echternach*, I pt. 2 no. 192 p. 311 (a. 1063). Investitura facta et fidelitate subsecuta omnimodo cogitur dominus investitum in vacuam possessionem mittere; quodsi differat, omnem utilitatem praestabit. Libri feudor., antiq., tit. 8 c. 12 (Vulg., lib. 2 tit. 7 § 1), ed. LEHMANN, p. 123. **8.** *jouissance — enjoyment.* Ipsi post meum obitum eandem terram ad utilitatem propriam . . . recipiant. GYSSELING-KOCH, *Dipl. Belg.*, no. 35 p. 65 (a. 865/866, S.-Bertin). **9.** *richesses, biens-fonds, patrimoine — property.* Episcopi eos [sc. praepositos cardinalium ecclesiarum] ad [i.e. a] suis ecclesiis vel ab aliis justis utilitatibus expellere non praesumant. Capit. Mantuan. I (a. 810), c. 8, I p. 195. Utilitas ibidem collata in diversa distrahitur. Chron. Hildesheim., c. 14, *SS.*, VII p. 853. **10.** *appendance — appurtenance.* [Terram] cum notissimis terminis omnibusque utilitatibus ad eam rite pertinentibus. BIRCH, *Cart. Sax.*, I no. 227 p. 317 (a. 778; an verax?). Curtem . . . cum omnibus utilitatibus ad eandem curtem pertinentibus. ERHARD, *Reg. Westfal.*, I CD. no. 86 p. 65 (a. 1015). **11.** *droit d'usage — right of easement.* Habeat . . . de silva utilitatem ad suum usum. WIDEMANN, *Trad. S.-Emmeram*, no. 9 p. 8 (a. 792-816). Cum . . . omni communi utilitate silvae. *D. Ludwigs d. Kind.*, no. 19 (a. 903). **12.** plural.: *articles, denrées — stuff, wares.* Cum pane albo et nigro, carne, lardo et aliis utilitatibus que dantur ad prebendas. ERHARD, o.c., no. 180 p. 139 (a. 1110).

**utique: 1.** **bien entendu, évidemment, sans doute — truly, of course, no doubt.* **2.** **c'est-à-dire, à savoir — that is, namely.*

**utlaga** (subst. mascul.) (anglosax.): *proscrit — outlaw.* [Reus] si evaserit et aufugerit, pro utlaga reputetur. Leg. Henrici, c. 53 § 1, LIEBERMANN, p. 574. Ibi pluries.

**utlagare:** *proscrire — to outlaw.* Si infra 31 dies . . . reperiri non poterit, ore suo utlagabit eum rex. Leg. Edw. conf., c. 6 § 1, LIEBERMANN, p. 631. Etiam c. 38 § 3, p. 669.

**utlagaria:** *crime entraînant la proscription — crime entailing outlawry.* De causis criminalibus vel capitalibus: de furto et murdro et prodicione domini et robaria et utlagaria et husbreche . . . Leg. Henrici, c. 47, LIEBERMANN, p. 571. Etiam c. 10 § 1, c. 13 § 1, p. 556 sq.

**uxorari** (intrans.): **1.** *(d'un homme) *se marier, prendre femme, être marié* — (of a man) *to get or be married.* **2.** (d'une femme) *se marier* — (of a woman) *to get married.* Filia si consilio episcopi voluerit uxorari. *Const.*, I no. 441 (a. 1071).

**uxerius**, v. usicherius.

**uxorius**, -reus (adj.): *conjugal — matrimonial.* Uterque [sc. virgo et raptor virginis] sine ulla spe uxoreae copulationis perenniter maneant. Concil. Meld. a. 845, c. 67, *Capit.*, II p. 414. Quando Deus me dilectam conjugem Y. uxoreo vinculo copulavit. *D. Charles le Ch.*, no. 246 (a. 862). Inpediente quacunque domestica infirmitate uxorium opus non valens inplere cum illa. Concil. Tribur. a. 895, c. 41, *Capit.*, II p. 237.

# V

**vacans** (adj.): *célibataire — single.* GREGOR. M., Homil. in euang., lib. 1 c. 18, MIGNE, t. 76 col. 1149 A. S. cum uxore et tribus filiis vacantibus et unus uxoratus [i. e. uno uxorato]. Notit. (ca. a. 1020 ?) ap. GREGOR. CATIN., Chron. Farf., ed. BALZANI, I p. 296.

**vacare: 1.** (cf. class. "être jacent — to be ownerless") de terres, *être inoccupé, inculte* — of land, *to lie idle, untilled.* S. xiii. **2.** *d'une charge, *être vacant* — of an office, *to be vacant.* **3.** d'un bénéfice ou d'un fief, *être vacant, ne pas être concédé à un titulaire* — of a benefice or a fief, *to be vacant, not granted to a tenant.* S. xii. **4.** alicui: *échoir* à qq'un — *to fall* to a person. Si alter eorum decesserit, dimidia pars census vacet ecclesie et sui memoria inde agatur. HOENIGER, *Koelner Schreinsurk.*, II p. 129 c. 11 (a. 1180—1185). **5.** **être inutile, vain, superflu — to be useless, otiose, superfluous.* **6.** *être caduc, abrogé, nul — to be void, of no effect.* S. xii.

**vacatio: 1.** **absence de travail, le fait d'être oisif — idleness.* **2.** *vacances scolaires — school vacation.* Vacationes estive non extendantur de cetero ultra mensem. DENIFLE, *Chart. Univ. Paris.*, no. 79 p. 138 (a. 1231). **3.** *vacance* d'une charge ou d'un bénéfice—*vacancy* of an office or a benefice. S. xiii.

**vacatura:** *bénéfice dont on attend bientôt la vacance — benefice about to become vacant.* S. xiii.

**vaccabilis:** *voué au pacage des bovins — used as a pasture-ground for cattle.* Terra. FLORIANO, *Dipl. esp.*, I no. 52 p. 240 (a. 847). Ibi pluries.

**vaccaricius**, vaca-, -retius (adj.): *de bovins — of cattle.* Via. *Gall. chr.* [2], VI instr. col. 177 (ch. a. 1054). Subst. femin. **vaccaricia: 1.** *troupeau de bovins — herd of cattle.* Pact. Alamann., fragm. 5 c. 4. Lex Alamann., tit. 68 c. 1. Capit. de villis, c. 23. Invent. Maurimonast. (s. xi in.), PERRIN, *Essai*, p. 154. **2.** *vacherie, ferme d'élevage de bovins — cattle-farm.* GYSSELING-KOCH, *Dipl. Belg.*, no. 49 p. 127 (ca. a. 830, Gand). D. Lud. Pii a. 832, G. Aldrici, ed. CHARLES-FROGER, p. 43. WARTMANN, *UB. S.-Gallen*, II no. 441 (a. 855). Descr. Lob. a. 868, ed. WARICHEZ, p. 265. *D. Charles le Ch.*, no. 357 (a. 872). **3.** *droit de pacage pour une seule bête — right of pasturage for one head of cattle.* FLORIANO, *Dipl. esp.*, II no. 45 p. 92 (a. 869).



**vaccarius** (adj.): *de bovins — of cattle.* Pastores. Test. Irminae (a. 697/698), WAMPACH, *Echternach*, I pt. 2 no. 4 p. 22. Curtis. Trad. s. Petri Juvav., no. 423 (a. 1188-1193), HAUTHALER, *Salzb. UB.*, I p. 482. Subst. mascul. **vaccarius**, vacherius, vacquerius, vaquerius: *vacher — cow-herd.* Test. Adalgiseli-Grimonis a. 634, LEVISON, *Frühzeit*, p. 129 et 133. Pact. Alamann., fragm. 5 c. 5. Subst. femin. **vaccaria**, vaccharia, vacceria, vacheria: **1.** *troupeau de bovins — herd of cattle.* Mansum unum ad vaccariam. Constit. de partit. bon. s. Dionysii a. 832, *Conc.*, II p. 692. Eadem verba: *D. Charles le Simple*, no. 105 (a. 920). **2.** *vacherie, ferme d'élevage de bovins — cattle-farm.* *D. Phil. I*[er], no. 22 (a. 1065). VERCAUTEREN, *Actes de Flandre*, no. 5 p. 15 (a. 1080); no. 32 p. 97 (a. 1105).

**vaccaticus**, vaca-, vacha-, -gium: *redevance payée pour le pacage des bovins sur les terres seigneuriales — due for pasturage of cattle on manorial demesne.* MARCHEGAY, *Arch. d'Anjou*, III no. 5 p. 8 (a. 1040). MÉTAIS, *Cart. de Vendôme*, I no. 92 p. 167 (a. 1049). BERTRAND, *Cart. d'Angers*, I no. 103 p. 115 (ca. a. 1100). LOBINEAU, *Bretagne*, II col. 292 (a. 1138). Gros brief de Flandre a. 1187, ed. VERHULST-GYSSELING, p. 187.

**vacheta:** *chaloupe — sloop.* BARTHOLOM. SCRIBA, Ann. Gen., a. 1241, ed. IMPERIALI, III p. 116.

**vacuamentum:** *terrain vide — empty ground.* DREI, *Carte di Parma*, p. 577 (a. 907). TIRABOSCHI, *Memor. Modenesi*, p. 157 (a. 997). MURATORI, *Antiq.*, I col. 645 (ch. a. 1054, Ravenna).

**vacuare: 1.** **anéantir — to annihilate.* **2.** **annuller, abroger — to quash, cancel.* Deswadiaverunt et vacuaverunt inter se totas wadiationes. *CD. Langob.*, no. 208 col. 345 B (a. 859, Milano).

**vacuatio:** *charte rapportant un désistement — deed purporting a dropping of claims. Hist. de Lang.*[3], II pr. no. 139 col. 288 (a. 852).

**vacuatorius** = evacuatorius.

**vacuitas:** **loisir, oisiveté — leisure, idleness.*

**vacuus: 1.** (cf. class. "vain, sans portée, inutile — idle, meaningless, useless") *caduc, abrogé, nul — void, of no effect.* Ordinatio ejus vacua deputetur. MARTIN. BRACAR., Canon., c. 33, ed. BARLOW, p. 133. Ubi et ipsa vindicio inventa fuerit, vacua, inanis permaniad. F. Andecav., no. 17, *Form.*, p. 10. [Licentia] repudiata habeatur et vacua. Chlotarii II Praec., *Capit.*, I p. 18. Quodcumque igitur contra legis hujus decretum conscriptum placitum sive definitio facta fuerit, ubicumque repperta fuerit, vacua omnismodis et invalida reputetur. Lex Visigot., II tit. 5 § 7, rec. Reccesv. [Epistolae donationis] vacuas [i.e. vacuae] et inanis permanirent et nullum sorterentur effectum. *D. Merov.*, no. 35 (ca. a. 658). Qualiscumque . . . epistolas de nomine nostro manos nostras [i.e. manu nostra] firmatas ostensas fuerint, . . . vacuas permaneant. MARCULF., lib. 2 no. 17, *Form.*, p. 87. Si aliter fecerit [scriba], sit ipsa vinditio vacua. Liutpr. leg., c. 22 (a. 721). Quodsi aliter fecerit, inanis et vacuus appareat. Hloth. Capit. Pap., a. 832, c. 13, *Capit.*, II p. 62. **2.** loc. ei vacuum est: *il a l'occasion de — he has an opportunity of. Vacuum erat tunc temporis potentibus obprimere, prioribus rapere. V. Gangulfi, praef., *SRM.*, VII p. 156 l. 19.

**vadare**, vadari, vadiari, v. wadiare.

**vadere:** *avoir cours — to be legal tender.* In omni loco, in omni civitate et in omni empturio similiter vadant isti novi denarii et accipiantur ab omnibus. Synod. Franconof., c. 5, a. 794, *Capit.*, I p. 74.

**vadimoniare: 1.** *engager, mettre en gage — to pledge, mortgage.* Nec prefatus abbas, nec aliquis successorum . . . quicquam de eisdem bonis alicui beneficiare sive vadimoniare presumat. D. Heinr. V imp. a. 1113, BEYER, *UB. Mittelrh.*, I no. 426 p. 489. **2.** *s'obliger à payer — to bind oneself to pay.* Si [censum] non dederint, archiepiscopo vadimoniabunt 60 sol. OPPERMANN, *Rh. Urkst.*, I no. 1 p. 436 (ca. a. 1125, Köln).

**vadimonium** (n. 7 etiam wadimonium, per confus. c. voce wadium, et badimonium, per confus. c. voce teuton. *beddemund*): **1.** *baguette servant de symbole en promettant de prouver sa cause en justice — the stick* used as a symbol of warranty when promising to prove one's case in justice. Tunc judicaverunt predicti judices, ut daret R. vadimonium de ducendis consortibus et cartis ad placitum. MANARESI, *Placiti*, I no. 90 p. 325 (a. 880, Verona). **2.** *déclaration faite sous garantie — a statement given under warranty.* Suum vadimonium dare voluit se vidisse et audisse quod predictus H. jamdictam terram annuit. CHARLES-MENJOT, *Cart. du Mans*, II no. 597 col. 343 (a. 1090). **3.** *cautionnement, gage — pledge, security.* Nullus ex eadem terra aut vendendi aut in vadimonium dandi habeat facultatem. FAUROUX, *Actes de Norm.*, no. 101 p. 258 (a. 1043). Quia terra supradicti E. magna ex parte in vadimonio erat. Ib., no. 118 p. 282 (a. 1040-1051). Villam in pago Parisiacensi sitam . . . quam in vadimonio tenebat, pretio scilicet librarum 60 denariorum parisiacensium. *D. Phil. I*[er], no. 4 (a. 1060). Ib., no 72 (a. 1075). Quedam femina, que hoc tenuit T.R.E., vult ferre judicium quod dissolutum est a vadimonio. Hoc tenet S. in vadimonio. Domesday, II 137. Ut pro his 50 marchas argenti quas de accepto in vadimonium quodam prediolo apud H. ante F. prestiterant E. de H., vel genero ejus B. de B., dimitterent G. de H. Convenerat enim inter illum et predictum B., ut si ipse videlicet G. redimeret vadimonium illud, in proprietatem possideret. Ch. Oberti episc. Leod. a. 1096, VAN DE KIEFT-NIERMEYER, *Elenchus*, I p. 307. In vadimonium trado ecclesie s. Marie Noviomensis . . . advocaturam quam S. a me in beneficio tenuerat. VERCAUTEREN, *Actes de Flandre*, no. 21 p. 64 (ca. a. 1096). 5 Pallia . . . apud Judeos sunt posita in vadimonio pro 50 marcis argenti. COSMAS, lib. 3 c. 21, ed. BRETHOLZ, p. 188. Terras suas et vadimonia et debita civibus meis habere

faciam infra civitatem et extra. Henr. I ch. London. concessa ca. a. 1130, c. 10, LIEBERMANN, p. 525. Si quis terram vel domum in vadimonium posuerit. Phil. II Aug. priv. pro Noviom. a. 1181, c. 13, *Actes*, no. 43. **4.** *gage pris pour garantir l'exécution d'une obligation vis-à-vis d'un prince ou d'un seigneur — pledge taken for the fulfillment of an obligation towards a prince or a lord.* Comitatum, id est potestatem vadimoniorum et fraedorum [i.e. fredorum] et bannorum et telonei. *Gallia chr.*², III instr. no. 4 col. 112 (a. 1016, Saint-Omer). **5.** *gage enlevé au débiteur par action de contrainte, saisie privée — pledge taken from the debtor by way of distraint.* Neminem indigenam vel alienigenam vademonium posse accipere infra crucis [villae] sine clamore prioris. VAN DE KIEFT, *La Chapelle-Aude*, p. 244 § 29 (s. xii med.). **6.** *créance recouvrable sur un gage — debt receivable on a security.* Tradidi ad altare sanctorum Petri atque Huberti vadimonium 100 solidorum, quod habebam super quartam partem allodii de H., ut donec redimatur ipsum ecclesia liberum teneat. ROUSSEAU, *Actes de Namur*, no. 14 p. 40 (ca. a. 1161). **7.** *paiement pour obtenir la licence de mariage — payment for marriage licence.* Femina tributariam se esse constituit, ut ibi annis singulis in censum solveret den. 2 ... et cum se in matrimonio copulasset, per badimonium solveret den. 6. Notitia monast. s. Petri Gandav. a. 877-879, ed. GYSSELING-KOCH, *BCRH.*, 113 (1948), p. 296. Annis singulis persolvant den. 4, et in bademonio den. 6, et post obitum eorum den. 12. Ib., a. 923-936, p. 297. Puerum ditioni et altario s. Petri ... tradidit ... ut esset de familia ejusdem b. Petri ... Pro vadimonio vero, si forte nuptiali sociaretur conjugio, solveret den. 6. GYSSELING-KOCH, *Dipl. Belg.*, no. 54 p. 147 (a. 947, Gand). Etiam ib. no. 55 p. 148 (a. 950-953, Gand).

**vadium** et derivata, v. wadium.

**vadosus:** (adj.): *guéable — fordable.* Pontem navibus sternere in flumine ... cujus impetus instar torrentis violentus nemini vadosus est. HELMOLD., lib. 1 c. 82, ed. SCHMEIDLER, p. 155.

**vadum:** *passage de rivière, endroit où l'on peut passer la rivière en bac — river crossing, ferry service.* Vadum E. legitimum in praedicto flumine [sc. Saale], ubi optime fore valuisset, cum nauta et navibus bene paratum. Trad. Juvav., cod. Odalberti, no. 4 (ca. a. 923), HAUTHALER, *Salzb. UB.*, I p. 72.

**vagabundus:** **vagabond, errant — vagabond, wandering.* Mangones et cotiones, qui sine lege vagabundi vadunt per istam terram. Admon. gen. a. 789, c. 79, *Capit.*, I p. 60.

**vagare** = vacare.

**vagitari** (<vagari): *errer — to roam, wander.* Per Spaniam e palatio vagitant. ISID. PAC., aera 738, *Auct. ant.*, XI p. 351.

**vagivus:** *inculte — untilled, waste.* Petiam unam de terra partim aratoria et partim vagiva. MURATORI, *Antiq. Est.*, p. 318 (a. 1115).

**vagulus** — **errant — wandering.*

**vaisda,** v. waisda.

**vaissella:** *vaisselle — plate.* S. xiii.

**vaissellamentum:** *vaisselle — plate.* S. xiii.

**valefacere:** *i.q. valedicere.

**valens** (adj.): *vaillant — valiant, brave.* Quidam bene valens vir C. ... interfectus est. WIPO, G. Chuonradi, c. 37, ed. TRILLMICH, p. 604. Subst. neutr. **valens: 1.** *objet ou terre ayant la valeur de — thing or land having the value of.* Dare debeas ... in valliente tremisse. SCHIAPARELLI, *CD. Longob.*, II no. 206 p. 219 (a. 767, Pistoia). Si non potero, valentem illam dabo in alio loco. GUÉRARD, *Cart. de Mars.*, II, no. 799 p. 148 (ca. a. 1040). Ut hoc valens colligi possit. Leg. VI Aethelstan, c. 6, 3, vers. Quadrip., LIEBERMANN, p. 177 col. 2. Huic prime donationi ... ad valens duas carrugas inter boscum et planum ... adjunxi. D. Steph. reg. Angl., a. 1142, ed. CRONNE-DAVIS, no. 194 p. 71. Unius oboli valens dare nec promittere voluerunt. CAFFAR., Ann. Genuens., a. 1155, ed. BELGRANO, I p. 42. **2.** *objet de valeur — valuable article.* Accepi a vobis pretium ... hoc est tam in valente quam in argento sol. mille. DELOCHE, *Cart. de Beaulieu*, no. 184 p. 256 (a. 847).

**valentia** (class. "courage, vaillance, force — courage, strength"): **1.** *santé — health.* Valentia totius corporis statim reintegrari meruit. HERIGER., V. Landoaldi, lib. 2 c. 6, *AASS.*³, Mart. III p. 41 col. 1 C. **2.** *validité, force de loi — validity, legal force.* Cartam sic incideret vel dilaniaret quod nullum erit valencie vel vigoris. GLORIA, *CD. Padov.*, I p. 8 (a. 819). **3.** *valeur — value.* Liber homo qui habet possessionem campestrem ad valenciam 30 denar. Leg. Willelm., c. 17. LIEBERMANN, p. 505 col. 1. Ib. c. 17 b, p. 505 col. 1. Opuscula mea etsi ultra omnem valentiam meam appretiaretur. GUIBERT. NOVIG., De vita sua, lib. 3 c. 11, ed. BOURGIN, p. 183. In aliis rebus satisfiet aliis ad valentiam. GLANVILL., lib. 7 c. 3, ed. HALL, p. 75. Ib. lib. 10 c. 6, p. 121. Si tallia debet fieri in villa ..., secundum valentiam cujuscumque hominis quam habet accipi debet. Phil. II Aug. priv. pro Tornacens. a. 1188, c. 32, *Actes*, no. 224. **4.** *aide militaire — military aid.* Promitti vobis ... fidelitatem et valentiam et adjutorium. DE MARCA, *Marca hisp.*, app. col. 1387 (ch. a. 1197).

**valere: 1.** **pouvoir, être en état, être autorisé — to be able, to be allowed.* Qui valeat praebere responsum. CASSIOD., *Var.*, lib. 3 ep. 36, *Auct. ant.*, XII p. 98. Quicumque auso temerario alium sine causa occiderit, vitae periculum feriatur, et nullum pretium se redimere numquam valeat. Decretio Childeberti, c. 5, rec. emend., ed. ECKHARDT, p. 181. Tantae praedae factae sunt, ut vix valeant enarrare. GREGOR. TURON., H. Fr., lib. 6 c. 45. Si vero tantum priserit, quantum in dorso suo portare valuerit. Pactus leg. Sal., tit. 27 § 14, rec. Theuder. Si solvere non valet weragelt parentibus. Lex Baiw., tit. 9 § 4. Per ipsos rei veritas cum juramento valeat inquiri. Capit. Olonn. a. 822-823, c. 6, I p. 317. Omnes res et mancipia ... quite et secure habere vel possidere valeat. *D. Loth. I.*, no. 2 (a. 823). Ib. no. 4 (a. 825). Ipsa ... loca ... cum magna securitate et e quiete valete fruere et possidere. ALLODI-LEVI, *Reg. Subl.*, p. 15 (a. 858-867). Si nos ... venerimus ... contra hanc scripturam vendicionis ... non hoc valeamus ... vendicare quod requisierimus. ROSELL, *Lib. feud. maj.*, II no. 820 p. 305 (a. 1070). **2.** *aider en tant que vassal — to come to the lord's aid.* Ad



ullum damnum de E., comite supradicto, vel de ipsis hominibus que [= qui] ei valuerint de ipsa guerra. Ib., I no. 147 p. 143 (ca. a. 1050). De castro debent juvare et valere abbati et priori ... si guerram vel placitum habuerint. GUÉRARD, *Cart. de Marseille*, I p. 248 (a. 1182). **3.** *aider en tant que seigneur — to come to the vassal's aid.* Valeat ei per fide sine enganno, quomodo debet facere bonus senior ad suo bono homine. ROSELL, I no. 109 p. 113 (s. xi med.). Comes valebit eis de ipsam guerram. Ib. I no. 278 p. 303 (a. 1053). **4.** *être valide, avoir force de loi — to be valid, to have legal force.* Leges ... ab eo tempore valituras esse decernimus. Lex Visigot., lib. 2 tit. 1 c. 1. He sole valeant leges, quas ... ex antiquitate juste tenemus. Ib., lib. 2 tit. 1 c. 5. Cartula de precepta nostra valetura sit ad omnia et per omnia. GAUDENZI, *Nonantola, Bull. Ist. Stor. Ital.*, t. 36 (1916), p. 56 (ca. a. 970). Post pena solutoria cartulam que repromisimus valitura esse ad omnia. Ib., p. 63 (ca. a. 970). **5.** *servir, être utile — to be of help.* Quia videtur nobis magis monasteriis nocere quam valere. GIULINI, *Mem. di Milano*, III p. 505 (a. 1008). Subst. neutr. **valere:** *valeur — value.* De aliis rebus secundum suum valere pedagium dabitur. BERTRAND, *Cart. d'Angers*, I no. 221 p. 263 (a. 1080-1082).

**valetudinarius** (adj.): *morbifique, engendrant des maladies — morbific, causing illness.* Gravissime populus Turonorum a lue valitudinaria vastabatur. GREGOR. TURON., Virt. Mart., lib. 3 c. 34, *SRM.*, I p. 640 l. 23. Duos ex pueris nostris valitudinaria febris invaserat. Ib., c. 60, p. 647 l. 22.

**valetudo: 1.** *force, vigueur — strength, force.* Omnem valitudinem maligni spiritus de illo reppulit. FELIX, V. Guthlaci, c. 41, ed. COLGRAVE p. 130. **2.** *Validité, force de loi — validity, legal force.* Unde lex ipsa ... in nullo vere valetudinis retinebit statum. Lex Visigot., XII, tit. 3 § 1, rec. Ervig. **3.** *violence, force — violence, force.* Ne forte ... eos in valetudine et in manu fortium ab opere removeret. LAMBERT. ARD., c. 154, *SS.*, XXIV p. 642. **4.** *valeur — value.* Quod si supradicta moneta deteriorata fuerit de valetudine quae nunc est. *Hist. de Lang.*³, VIII pr. col. 311 (a. 1176, Béziers).

**validare:** *raffermir, rétablir — to reinforce, restore* CASSIOD., Orat. reliq., *Auct. ant.*, XII p. 479 l. 11.

**validus:** *légitime, en règle, valide — rightful, legal.* CASSIOD., Var., lib. 12 epist. 5, *Auct. ant.*, XII p. 364.

**valimentum: 1.** *aide, assistance — aid, assistance.* Adjutorium et valimentum contra totos homines. ROSELL, *Lib. feud. maj.*, I no. 110 p. 114 (ca. a. 1066). **2.** *valeur, prix — value, price.* S. xiii, Ital.

**valitor: 1.** *aide en tant que vassal — helper, vassal.* De tuo honore ... ero tibi adjutor et valedors. ROSELL, *Lib. feud. maj.*, I no. 741 p. 247 (a. 1074-1102). Ib. no. 742 p. 248 (a. 1074-1102). **2.** *ayant-droit — rightful owner.* Suos succesores sciatis valetores de ipsum alodium. RIUS, *Cart. de S.-Cugat*, III no. 851 p. 49 (a. 1120).

**valixia,** -le-, -sia (arab.): *valise — suit-case, bag.* S. xiii.

**vallare:** *assiéger — to lay siege to.* JORDAN., Rom., § 370, *Auct. ant.*, V pt 1 p. 48 (ibi saepius).

**vallatio:** **barrière — barrier.*

**vallatorium** (<vallum): *enceinte — surrounding wall.* UGHELLI, VII col. 410 (a. 1178).

**vallatum,** -us (<vallum): *enceinte — surrounding wall. Gall. chr.*², VI instr. col. 352 (ch. a. 1070, Montpellier).

**vallestris** (adj.) (<vallis): **situé dans une vallée — situated in a valley.* Subst. neutr. plural. **vallestria:** **régions de vallée, vallée — region of valleys, valley.*

**vallicula,** valdi-, vali-, -cella: *petite vallée — small valley.* ADAMNAN., Loca, lib. 2 c. 1, ed. BIELER, p. 206. *D. Karol.*, I no. 307 (spur. s. xi pt. post.).

**1. vallo** (genet. -onis), vallonus (<vallis): *vallée — valley.* DC.-F., VIII p. 239 col. 3 (ch. ca. a. 1063).

**2. vallo** (genet. -onis) (<vallus): *poteau, piquet — pole, stake.* V. Procopii, c. 3., *AASS.*, Jul. II p. 144.

**valor: 1.** *validité, force de loi — validity, legal force.* Legis nostre decretum ... subscripsimus et ad perennem memoriam valorem ei perpetuum innodamus. Lex Visigot., XII tit. 1 § 3 (nov. reg. Erv.). Ib., II tit. 1 § 1; II tit. 5 § 1. Quales unus ex vobis disrumperit supradicta conveniencia, nullam valorem obtineat illi meam donacionem neque meam laxacionem. ROSELL, *Lib. feud. maj.*, I no. 333 p. 355 (a. 1058). **2.** *valeur, prix — value, price.* Nemo emat quicquam supra valorem 4 denar. Leg. II Cnut., cons., 2. 24, LIEBERMANN p. 327 col 3. Componamus tibi jam dicta omnia tripliciter, in talem locum ubi similem tibi possit optinere valorem in eodem burgo. UDINA, *Llibre blanch de S. Creus*, no. 14 p. 18 (a. 1068). Si res non sit apparens et fuerit expensa, et alius juret de valore rei, reus tenebitur sibi restituere. Charta pacis Valenc., *SS.*, XXI p. 608 col. 1 (a. 1114). Nostram terram cum omni valore quod habet et in futuro habebit. MOUYNÈS, *Ville de Narbonne*, no. 4 p. 7 (a. 1167). **3.** *pouvoir, talent — power, faculty, talent.* Dracontii cujusdam libellos ... Christo domino tribuente valorem pro tenuitate mei sensuli subcorrexi. EUGEN. TOLETAN., Prol. ad libellos Dracontii, *Auct. ant.*, XIV p. 27. **4.** *force, courage, énergie — force, courage, vigour.* Confidens in Domino et in valore suo, collegit secum milites. FULCHER. CARNOT., Hist. Hieros., lib. 1 c. 14 § 4, ed. HAGENMEYER, p. 208. Missam celebrabit cotidie ... secundum valorem corporis sui. DC.-F., VIII p. 240 col. 2 (ch. a. 1184, Paris). **5.** *dignité, rang — dignity, rank.* Si major est ille qui ceperit quam ille qui captus fuerit, liberet ei militem de suo valore. Usat. Barcinon., c. 6, ed. D'ABADAL-VALLS TABERNER, p. 5. **6.** *condition juridique des personnes — legal status of persons.* Unaquaeque mulier sit emendata secundum valorem viri sui, et si virum non habuerit nec habet, secundum valorem patris sui vel fratris. Ib., c. 22, p. 10. Cf. B. SCHUCHARD, *Valor. Zu seiner Wortgeschichte im Lateinischen und Romanischen des Mittelalters* (*Romanistische Versuche und Vorarbeiten*, t. 31), Bonn, 1970.

**valtrarius,** v. veltrarius.

**valvasinus:** *modeste arrière-vassal — modest sub-*

*vassal.* Qui a valvassoribus feudum, quod a capitaneis tenent, per feudum similiter acceperint, valvasini, id est valvassores minores, dicuntur. Qui antiquo quidem usu nullam feudi consuetudinem habebant. Valvassore enim sine filio mortuo feudum, quod valvasino dederat, ad capitaneum revertebatur. Sed hodie eodem jure utitur, quo et valvassores. Libri feudor., antiq. (auct. OBERTO DE ORTO, s. xii med.), tit. 8 c. 16 (= vulg., lib. 2 tit. 10), ed. LEHMANN, p. 128.
**valvassor,** v. vavassor.
**valvicola:** *portier, titre employé en formule d'humilité* par un évêque ou un prêtre — *door-keeper, title used as a phrase of humility* by a bishop or priest. P. . . . catholicae . . . Aquilegiensis valvicula sedis. PAULIN. AQUIL., ep. 17, *Epp.*, IV p. 523. Ille vilis valvicola. Form. Salisb., no. 9, *Form.* p. 442. Ib., no. 28 p. 446.
**vanare:** *s'arranger avant la sentence du juge — to settle a law-suit by arrangement.* Utraque pars vanavit judicium et renunciavit omni allegationi de facto et productioni testium. MÉNARD, *Hist. de Nîmes,* I pr. p. 55 col. 1 (a. 1217).
**vanga: 1.** **bêche — spade.* **2.** *certaine tenure — a tenement.* Decima trium vangarum. LACOMBLET, *UB. Niederrh.,* I no. 308 p. 204 (a. 1130). In C. sunt 8 mansi et 11 vangae. PERRIN, *Seigneurie,* p. 732, app. 5 fragm. 2 (s. xii p. post., Bouzonville).
**vaniloquax:** **mensonger, menteur — mendacious.* EUGIPP., V. Severini, *CSEL.,* t. 9 pt. 2 p. 9.
**vaniloquium:** **vain discours, bavardage vide ou menteur — vain-speaking, idle talk.*
**vanitare,** vanizare: **parler à la légère, en se moquant — to talk idly, frivolously, mockingly.* GOZECHIN., epist., c. 8, MIGNE, t. 143 col. 889; ib., c. 9 col. 890. IVO CARNOT., epist. 65, ed. LECLERCQ, p. 288.
**vaniter:** *sottement — silly, foolish.* PAUL. DIAC., Homil. de temp., 12, *Migne,* t. 95 col. 1168A.
**vannare,** fannare (<vannere): *vanner — to winnow.* S. xiii.
**vannator:** *vanneur — winnower.* S. xii.
**vannatura,** vana-: *balle — chaff, husk.* S. xiii.
**vanus.** Loc. vanum pasturagium: *vaine pâture — right of pasturage* on the fallow field. DC.-F., VI p. 205 col. 3 s.v. pasturagium (ch. a. 1270, Pontigny).
**vapulator:** *batteur en grange — thresher.* MOREL, *Cart. de Compiègne,* I no. 109 p. 188 (a. 1169).
**vara:** *le risque de rendre invalide un serment en commettant une faute de forme en le prêtant — the risk of rendering an oath invalid by committing a fault in pronouncing it.* [Advocatus] in legitimis placitis suis homines sub observatione, quod vulgo dicitur vara, astare et respondere non cogat. SCHMIDT, *UB. Halberstadt,* I no. 213 p. 182 (a. 1147). Sacramento sine vara se expurget. Dipl. Frid. I a. 1173, HÖHLBAUM, *Hans. UB.,* I no. 23 p. 14. Nemo mercatorem de Flandria duello provocabit; sed si quid in eum habet dicere, juramentum illius absque vara recipiat. Ib. VAN DE KIEFT-NIERMEYER, *Elenchus,* I p. 142 (a. 1174). FRANZ, *Quellen Bauernstand,* no. 99 p. 264 (a. 1186, Meissen).
**varare:** *lancer un vaisseau — to launch a vessel.* Statim varatae fuerunt dicte falee de novo facte. Ann. Genuens., ad a. 1242, ed. BELGRANO-IMPERIALI, III p. 127.
**varcina,** barcina: *une plaine — a plain.* FLORIANO, *Dipl. esp.,* I no. 33 p. 166 (a. 827).
**vargus,** v. wargus.
**varicus** (<varus): *variole — smallpox.* Puero cuidam morbus, quem dicunt varicum, densa visum caligine obnubuit. STEPH., Transl. Maurini, c. 8, *SS.,* XV p. 686.
**varietas: 1.** *maladie, infirmité — illness, infirmity.* Si autem mortuus non fuerit et varietatem seu debilitatem ex hoc in corpore habuerit. Lex Ribuar., tit. 86 § 2. **2.** *querelle — quarrel, dispute.* Inter tot varietates, que orte fuerunt . . ., hii consules . . . tractarunt. OBERT., Ann. Gen., a. 1165, ed. BELGRANO, I p. 187.
**varingus,** v. waringus.
**variola: 1.** **pustule, furoncle — pimple, pustule.* **2.** *variole — smallpox.* Morbus validus cum profluvio ventris et variola Italiam Galliamque valde afflixit. MARIUS AVENTIC., Chronica, ad a. 570, *Auct. ant.,* XI p. 238. Filium suum . . . cum morbo quem medici variolam vocant morti videretur esse proximus. Mir. Bertini, lib. 2 c. 13, MABILLON, *Acta,* III pt. 1 p. 139. Morbo, quem Galli variola vocant. FRULANDUS, Pass. tertia Leudegarii (s. xi med.), c. 31, *SRM.,* V p. 360.
**1. varius** (adj.) (cf. voc. variola): *ayant la petite vérole — having smallpox.* Facto de ipsis maleficiis [i.e. veneno] vario etsi mors vitam non abstulit, tamen signum mortis infixit. FORTUN., V. Germani Paris., c. 2, *SRM.,* VII p. 373.
**2. varius** (adj.) (class. "bigarré, bariolé — variegated, spotted"): *de fourrure — of vair, of fur.* Et quas huc mittit varias Hungaria pelles. GUILL. BRITO, Phil., lib. 9 v. 380, ed. DELABORDE, p. 264. Vestimenta . . . non grisea, non varia, sed ovina. CAES. HEISTERBAC., Mir., dist. 6 c. 5, ed. STRANGE, p. 354. Subst. neutr. **varium,** vairum, varus, verium: *fourrure — fur.* Varium indumentum. Chron. Salernit., c. 28, ed. WESTERBERGH, p. 30. Quod varium non ferret. ALBERT. STAD., Ann. Stadenses, ad a. 1183, *SS.,* XVI p. 350. Quod nullus post proximum Pascha utatur verio vel grisio vel sabelina vel escarleta. Ps.-BENED., Gesta Henrici II reg. Angl., ad. a. 1188, ed. STUBBS, II p. 32. De vario, de cera, de agninis pellibus et ovinis. HÖHLBAUM, *Hans. UB.,* I no. 358 (a. 1248, Sachsen).
**vas,** vasa: **1.** (class. "bagage militaire — military equipment, baggage"): **armes — arms, weapons.* **2.** *sarcophage — sarcophagus.* In basilicam . . . sepeliretur, in qua ipse sibi vivens deposuerat vas. GREGOR. TURON., Glor. mart., lib. 1 c. 88, *SRM.,* I p. 547. Vas illud clausit opertorio. Id., Glor. conf., c. 34, ib., p. 769. Si quis mortuum hominem in offo aut in petra, quae vasa ex usu sarcophagi dicuntur, super alium miserit. Lex Sal., tit. 14 addit. 6, text. Herold. et lex emend. **3.** *cloche d'église — church-bell.* Coepissent cuncta clangere vasa. V. Materniani Rem., c. 5, *AASS.*³, Apr. III p. 768 col. 2 F. Sonitant ad gaudia fratrum aenea vasa. AETHELWULF., De abb. Lindisf., c. 14, ed. CAMPBELL, p. 37. De vasis fusilibus . . . quae simpliciter signa vocantur, quia eorum sonoritate quibusdam pulsibus excitata significantur horae. WALAFR., Exord., c. 5, *Capit.,* II p. 478. A Campania . . . eadem vasa majora quidem campanae dicuntur, minora vero . . . nolas appellant a Nola . . . civitate. Ib., p. 479. **4.** *fonts baptismaux — baptismal font.* Hoc etiam solet evenire [sc. baptizari], cum provectiorum granditas corporum in minoribus vasis hominem tingui non patitur. WALAFR., Exord., c. 27, *Capit.,* II p. 511 l. 23. **5.** *vaisseau, navire — vessel, ship.* Vas, quod Candida Navis appellatur . . . optime instructum habeo. ORDER. VITAL., lib. 12 c. 25, ed. LE PRÉVOST, IV p. 411. **6.** *gerbe — sheaf.* Cui de 9 vasis decimae territorii ejusdem loci 5 competebant. DC.-F., VIII p. 247 col. 3 (ch. a. 1198, Guise). **7.** *grange — barn.* [Segetem] servabunt . . . in vase tegulato. DC.-F., VIII p. 247 col. 3 (ch. a. 1198, Vermandois).



**vasarius:** *garde de la vaisselle, marmiton — scullion.* S. xii.
**vasca** (<vas): *cuve de moût — tun.*
**vascaticus,** -um (<vasca): *redevance due pour l'emploi de cuves de moût — dues paid for the use of tuns.* Nec angarias nec xenia nec glandaticum nec vascaticum. GREGOR. CATINENS., Chron. Farf., ed. BALZANI, II p. 66 l. 36. De omni vasca plena denarium unum . . . pro vascatico detis. FEDELE, *Tabul. S. Mariae Novae,* XXIIII, p. 178 (ch. a. 1127).
**vascellum: 1.** **petite urne, vase — small urn, vase.* **2.** *ruche — beehive.* Lex. Sal., tit. 8 § 2, codd. Paris. 18237 et 4403 B et text. Herold. Domesday. **3.** Singul. **vascellum,** vass-, vas-, vaiss-, vax-, et neutr. plural. et femin. singul. vascella: *vaisselle — plate.* S. xiii.
**vasculum: 1.** *cercueil — coffin.* Invenerunt illum in vasculo involutum. V. Galli vetustiss., c. 5, *SRM.,* IV p. 254. Praepara vasculum corpusculo meo, quo condatur. ALCUIN., V. Richarii Centul., c. 14, ib. p. 398. Vasculum plumbeum est repertus. Inv. Memmii ep. Catalaun. (s. vii ex.), c. 2, *SRM.,* V p. 366. **2.** *vase-mesure — measuring barrel.* Domesday. Terram in eadem parochia solventem annuatim 19 sextaria brasii cum 10 vasculis hordei. MIRAEUS, I p. 98 col. 1 (ch. a. 1133).
**vasile,** vassile. Plural. vasilia: *vaisselle — plate.* In vasilia vel vestimenta. FLORIANO, *Dipl. esp.,* I no. 27 p. 148 (a. 818). Vassilia multa ex lignis facta. HUGO, *Ann. Praem.,* I pr. col. 104 (a. 832, Aguila).
**vasletus,** val-, vall-, -ectus (<vassallus): *gentilhomme non encore armé chevalier, écuyer — varlet, esquire.* De militibus et vasletis de terra comitis R. TEULET, *Layettes,* I p. 251 (a. 1204, Rouen). A. tunc valetus, modo miles. DELABORDE, *Layettes,* III p. 190 (a. 1253).
**vassalamentum:** *vaisselle — plate.* S. xiii.
**vassallaticum,** bassa-, -ala-, -alli-, -agium, -icium (<vassallus): **1.** *vassalité, condition d'un vassal — vassalage, the status of a vassal.* Qui honorati beneficia et ministeria tenent vel in bassallatico honorati sunt cum domini sui et caballos, arma et scuto et lancea spata et senespasio habere possunt: omnes jurent. Capit. missor. (a. 786 vel 792), c. 4, *Capit.,* I p. 67. Tam de illos [lege: illis] qui infra pago nati sunt et pagensales fuerint, quamque et de illis qui aliunde in bassalatico commendati sunt. Ib. Nos episcopi Domino consecrati non sumus hujusmodi homines, ut, sicut homines saeculares, in vassallatico debeamus nos cuilibet commendare. Ep. synodi Carisiac. a. 858, c. 15, ib. II p. 439 l. 33. B. regiae se per omnia in vassalicium dedidit dominationi. Adalberti contin. Reginonis, a. 952, ed. BAUER-RAU, p. 206. **2.** *hommage vassalique — vassalian homage.* S. xiii. **3.** *fief — fief.* S. xiii.
**vassallus,** vasallus, vassalus, vassallis, bassallus, fasellus, fassellus (celt.) (cf. voc. vassus): **1.** *serviteur non libre dans le chef-manse d'un domaine — serf of the manor house.* Dans tibi in pago T. loco H. . . . quod michi mater mea O. hereditario jure legitime reliquit, hoc est casatas 5 cum sala et curticle meo . . . cum mancipiis 5 et uxoribus et infantibus eorum. Hec omnia dono . . . cum omni peculiari eorum, hoc est casis, curticlis . . . [form. pertin.] et vasallos sex cum tribus puellis, et silvam in loco H. WAMPACH, *Echternach,* I pt. 2 no. 17 p. 48 (a. 710). Dono vasallos [v. l. no. 17 p. 25: vasalles] meos et puellas meas quas ego intus sala mea habeo. ZEUSS, *Trad. Wizenb.,* no. 159 p. 149 (a. 739). Tam aurum, argentum, vestimenta, vasallum, puellas quas infra domo mea habeam. Ib., no. 52 p. 54 (a. 742). **2.** *dépendant, serviteur d'un rang inférieur, mais pas nécessairement non libre, résidant dans la maison du seigneur — servant of low rank, but not necessarily unfree, in the lord's household.* Alia [decima pars vini et annonae] detur vasallis et capellanis sive servientibus qui Domino nobisque in nostra mansiuncula (diminutif de modestie — diminutive of modesty) militare videntur. G. Aldrici, ed. CHARLES-FROGER, p. 100. Vassallis qui nobis in nostra mansiuncula serviunt et clericis qui Domino in nostra capella famulantur. Test. Aldrici a. 837/838, ap. G. Aldrici, ib. p. 105. Dixit . . . episcopus ad hostiarium vel scarionem suum: . . . voca ad me illum . . . hominem . . . Episcopus . . . nunc vassallum suum alloquens, nunc illum misellum increpitans. NOTKER. BALBULUS, G. Karoli M. Imp., lib. 1 c. 18, ed. RAU, p. 346. Si vassallum domnicum de casa sine ministerio aut junior in ministerio fuit, et domnus eum honoratum habuit. Lex Romana Raet. Cur., Additamenta ep. Remedii (ca. a. 800), c. 3, ed. ZEUMER, *LL,* V p. 442. Panis unus vasallorum. Adalhardi Corbej. stat., lib. 1 c. 2, ed. SEMMLER, p. 370. Ibi pluries. Ad casam vasallorum. Ib., lib. 1 c. 1, p. 367. **3.** *dépendant, serviteur — servant.* Homo Francus accepit beneficium de seniore suo, et duxit secum suum vassallum, et postea fuit ibi mortuus ipse senior [= homo Francus] et dimisit ibi ipsum vassallum; et post hoc accepit alius homo ipsum beneficium, et pro hoc ut melius potuisset habere illum vassallum, dedit ei mulierem de ipso beneficio. Decr. Compend. a. 757, c. 9, *Capit.,* I p. 38. Rex cum paucis suis nobilibus et etiam cum quibusdam militibus et fasellis. ASSER., G. Aelfredi, c. 53, ed. STEVENSON, p. 41. Recuperationem cujusdam hereditarii libri fassallo meo T. . . . hoc est trium manentum aet H. in perpetuum possessionem imperavi. Ch. Eadward. reg. Angl., a. 903, DE GRAY BIRCH, *Cart. Sax.,* II no. 601 p. 254. Ib. no. 769 p. 502 (a. 941); III no. 895 p. 55

(a. 952). Sed de prebendariis supradictis hoc est addiciendum, quod ante tempus nostrum panis eis, qualis inferiori familie dari solet, dabatur, hoc est de vassallorum. Bernard-Bruel, *Ch. de Cluny*, V no. 4132 p. 480 (a. 1148). **4.** *serviteur au palais du roi, qui a reçu un fief — servant in the royal palace, who has received a fief.* Tertius ordo item erat tam majorum quam minorum in pueris vel vassallis. Hincmar. Rem., Ordo pal., c. 28, *Capit.*, II p. 526 (cf. ed. Prou, p. 68 n. 3). **5.** *vassal* au sens technique, *homme d'un seigneur, qui a reçu un fief — vassal* in the technical sense, *who has received a fief from his lord.* Tam seniores quam et vassalli. Pippini Capit. Pap. a. 787, c. 4, *Capit.*, I p. 199. Si senior vassalli sui defensionem facere potest postquam ipse manus suas in ejus commendaverit et non fecerit, liceat vassallum eum dimittere. Capit. Franc., ca. a. 810, c. 8, I p. 215. Quicumque ex eis [sc. vassis dominicis] cum domno imperatore domi remanserint vassallos suos casatos secum non retineant, sed cum comite cujus pagenses sunt ire permittat. Capit. Bonon. a. 811, c. 7, I p. 167. Vasalli autem mei, qui meum beneficium habent, post meum obitum S. uxori meae serviant tempus vite suae... Post illam autem si dominium habere voluerint abbatum... et sic servire illis, sicut debent, tunc volo ut beneficium suum habeant tempus vite sue. Wartmann, *UB. S.-Gallen*, II no. 386 (a. 843). Sicut et illae res ac facultates, de quibus vivunt clerici, ita et illae sub consecratione immunitatis sunt, de quibus debent militare vassalli. Epist. syn. Carisiac. a. 858, c. 7, *Capit.*, II p. 432 l. 30. Domnus A.... una simul cum L. vasallo suo. Manaresi, *Placiti*, I no. 64 p. 233 (a. 859, Milano). Si comes aliquem excusatum aut bassallum suum... dimiserit, honorem suum perdat. Const. de exp. Beneventana a. 866, c. 3, *Capit.*, II p. 95. Comitatu Moslensi, cum omnibus villis in eo consistentibus, tam dominicatis quam vassallorum. Divisio regni Lotharii II a. 870, ib. p. 194 l. 17. Recepimus... a W. bassallo vester. *CD. Cav.*, I no. 78 p. 101 (a. 874). Quae res praenominati coenobioli quondam fratribus deservierant, sed jam ab eo abstractae et beneficium erant vassallorum effectae. DC.-F., VIII p. 252 col. 1 (ch. a. 881, Vienne). Reclamantes se fortiter de quodam vassallo nomine R., qui fuerat quondam miles cujusdam Turonorum archiepiscopi nomine A. *D. Eudes*, no. 19 (a. 888-890). Adiit nostram praesentiam nobilis vassallus T. Fauroux, *Actes de Norm.*, no. 2 p. 69 (a. 965). Placitum judicatum inter seniorem et vassallum... redirigat senior primo ad hominem suum cuncta que ei debuerit... et postea recipiat ab homine suo cuncta que illi judicata fuerint. Usat. Barcinon., c. 26, ed. D'Abadal-Valls, p. 11. Judicia curie et usatici... Judicant nempe omnes homines equaliter, nichil vero judicant inter vassallum et seniorem, quia in legibus non invenitur hominaticum. Ib., c. 81, p. 36. Simus inde vestri fideles homines atque vassalli omni tempore. Rosell, *Lib. feud. maj.*, I no. 19 p. 26 (a. 1170). Ex hoc liquet quod non potest vassallus dominum suum infestare salva fide homagii sui. Glanvill., lib. 9 c. 1, ed. Hall, p. 104. Construit avec génitif du mot indiquant le fief — constructed with the genitive of the word indicating the fief. W. quidam Lenensis castri vassallus. G. pontif. Camerac., lib. 1 c. 93, *SS.*, VII p. 439 l. 11. **6.** vassallus dominicus, regis, imperialis, noster: *vassal du roi ou de l'empereur — vassal of the king or the emperor.* Reddita est vestitura traditionis praedicti regis [Caroli] in H. Sturmioni abbati per N. et H. comites et F. atque G. vassallos dominicos. Stengel, *UB. Fulda*, I no. 83 p. 153 (a. 777). Unusquisque missorum nostrorum per singula ministeria considerare faciat unum de vassallis nostris, et praecipiat de verbo nostro, ut cum illa minore manu et carra de singulis comitatibus veniat et eos post nos pacifice adducat, ita ut nihil exinde remaneat et mediante mense Augusto ad Renum sint. Memor. de exerc. a. 807, c. 3, *Capit.*, I p. 135. Comites et vassalli nostri, qui beneficia habere videntur, et caballarii omnes generaliter ad placitum nostrum veniant bene praeparati. Capit. a. 807 (?), c. 3, I p. 136. H. vassallum nostrum. Dipl. Lud. Pii, a. 821, Beyer, *UB. Niederrh.*, I no. 53 p. 60. Domnici vassalli qui austaldi sunt et in nostro palatio frequenter serviunt, volumus ut remaneant. Capit. de exp. Corsic. a. 825, c. 1, *Capit.*, I p. 325. B. vasallus noster... villam... per nostrum beneficium possideret. Dipl. Lud. Pii, a. 838, G. Aldrici, ed. Charles-Froger, p. 175. Mementote quod mei [sc. Lud. Pii imp.] vassalli estis [sc. filii Lud. Pii imp.] mihique cum juramento fidem firmastis. Radbert., Epit. Arsenii, lib. 2 c. 17, ed. Dümmler, p. 85. Concedimus eidem fideli nostro L. res quasdam nostras sitas in pago M.,... totum ad integrum vel in exquisitum predicto L. fideli vassallo nostro in alodum concedimus. *D. Charles le Ch.*, no. 10 (a. 842). S. comes necnon et M. vassallus dominicus capite plexi sunt. Astron., V. Lud. Pii, c. 52, ed. Rau, p. 354. De ecclesiis vero, quas comites et vassalli dominici habent. Edict. Compend. a. 877, rec. A, *Capit.*, II p. 354. Cuidam fideli nostro vasallo H. nominato. *D. Ottos* I., no. 113 (a. 949). Ib. no. 198 (a. 958). Souvent les vassaux du roi font figure de fonctionnaires publics et se placent au même degré que les évêques et les comtes — the vassals of the king are often considered public officials on an equal footing with bishops and counts. Jussum est W. comiti et R. vassallo regis inquisitionem de hac re fieri. Wartmann, *UB. S.-Gallen*, II no. 18 p. 395 (ca. a. 825). Omnibus comitibus, abbatibus, abbatissis, missis, vassallis et cunctis sancte Dei ecclesie fidelibus ac nostris... notum esse volumus, quia... *D. Charles le Ch.*, no. 99 (a. 847). Antequam ad C. pergeret, per omne regnum suum litteras misit, ut episcopi, abbates et abbatissae breves de honoribus suis, quanta mansa quisque haberet, futuras kalendas mai deferre curarent, vassalli autem dominici comitum beneficia et comites vassallorum beneficia inbreviarent. Hincmar. Rem., Ann. Bertin., a. 869, ed. Grat, p. 153. Vassal de la reine — vassal of the queen. Quas res quondam tradideramus cuidam nomine D., vassallo dulcissimae conjugis nostrae Hirmintrudis. *D. Charles le Ch.*, no. 196 (a. 857). **7.** *vassal d'un dignitaire ou d'un établissement ecclésiastique — vassal of an ecclesiastical lord or of a church.* Rem nostram [i.e. monasterii Epternacensis], quam fassallo nostro F. antea prestatum habuimus in loco q.d. R. Wampach, *Echternach*, I pt. 2 no. 111 p. 179 (a. 796/797). Cognosce ut tu stare facias aput nostro [i.e. episcopi] fassallo illo aput recta racione. Form. Alsat. (s. viii ex.), no. 17, *Form.*, p. 334. Nullus episcopus aut abbas aut abbatissa... bruniam vel gladium... cuilibet homini extraneo aut dare aut venundare praesumat, nisi tantum vassallis suis. Capit. Bonon. a. 811, c. 10, *Capit.*, I p. 167. Misimus [sc. diaconus, capellanus regis Lud. Germ.] etiam vassallum nostrum illum. Form. Aug. (ca. a. 840), no. 7, *Form.*, p. 367. Comites nostri eorumque sculdassi, adjunctis secum vassallis episcoporum, ... perquirant. Hludow. II Capit. Pap. a. 850, c. 1, *Capit.*, II p. 86. Vassallo suprascripto pontifici. Vignati, *CD. Laud.*, I no. 7 p. 13 (a. 855). Precariam quam W. fecit, vassallus ipsius episcopi, cum ecclesia ex ipsa villa de suo alode quem in S. fuit visus habere. *D. Charles le Ch.*, no. 367 (a. 873). Ex fisco nostro... mansum unum... quem E., quondam vassallus ejusdem abbatiae s. Dionysii, per beneficium tenuit, ... ad luminaria ejusdem ecclesiae... concederemus. *D. Eudes*, no. 36 (a. 894). Plebes ecclesiae nullatenus aut comitibus aut episcoporum vassallis aut ullis laicis beneficia tribuantur. Concil. anonym. a. 904, c. 10, Mansi, t. 18A col. 229. Quidam de vasellis nobilibus Hildigrimi episcopi. Fund. monast. Werthin. (s. ix-x), *SS.*, XV p. 166. Vassallos ipsius [sc. Remensis] aecclesiae... ad suum consilium intendere fecit. Flodoard., Ann., a. 925, ed. Lauer, p. 32. Vassallos aut valvassores ejusdem sedis. Vignati, *CD. Laud.*, I no. 18 p. 28 (a. 975). De vassallis, qui abbati... deserviunt. *D. Heinrichs II.*, no. 297 (a. 1014). **8.** absol.: *chevalier — knight.* Quidam vassallus pauper rebus, superbia tumidus, eumdem peregrinum obviat et assaillit. Mir. Majoli, *AASS*[3]., Maji II p. 695. **9.** "*ministerialis*". Ut de fassallis, hoc est ministerialibus, plenius dicam, quendam M.... et parentes H.... cum omnibus quae possidebant aecclesiae Constantiensi tradidit. Cas. monast. Petrishus., lib. 1 c. 35, *SS.*, XX p. 635.



**vassaticum**, vasa-: **1.** *vassalité*, la dépendance d'un vassal vis-à-vis du seigneur — *vassalage*, the subordinate status of a vassal with respect to his lord. Ibi Tassilo venit, dux Baioariorum, in vasatico se commendans per manus. Ann. regni Franc., a. 757, ed. Rau, p. 16. Ib., a. 787, p. 54. Nullus quilibet hominem Langobardiscum in vassatico vel in casa sua recipiat, antequam sciat unde sit vel quomodo natus est. Capit. Mant. a. 781 (?), c. 11, *Capit.*, I p. 191. Qui honorati beneficia et ministeria tenent vel in bassallatico honorati sunt. Capit. missor. a. 792-793, c. 4, I p. 67. Hispani sibi licentiam a nobis esse concessam, ut se in vassaticum comitibus nostris more solito commendent. Const. de Hisp. a. 815, c. 6, *Capit.*, I p. 262. **2.** *le service du vassal — the services of the vassal.* Multi te apud plurimos dicunt de fortitudine et agilitate tui corporis gloriari et de praeliis atque, ut nostratium lingua dicitur, de vassaticis frequenter... sermonem habere. Hincmar. Rem., opusc. 55 capit., c. 52, ed. Sirmond, II p. 590. **3.** *l'ensemble des vassaux d'un seigneur — all the vassals of a lord.* Cum omni suo vassatico... ad bellum... procedere. Thangmarus, V. Bernwardi ep. Hildesheim., c. 30, *SS.*, IV p. 772.

**vassellarius**: *garde de la batterie de cuisine — keeper of the pots and pans.* Sex vassellarii vasorum magistri. *D. Ottos I.*, no. 182 (a. 956). Ib. no. 209 (a. 960).

**1. vassus**, bassus, guassus, vassis (celt.) (cf. voc. vassallus): **1.** *serviteur non libre, serf — serf.* Si quis vasso [i.e. vassum] ad ministerium, quod est horogavo, puellam ad ministerium ... furaverit aut occiderit. Pactus Leg. Sal., tit. 35 § 9. **2.** *serviteur d'un rang inférieur, mais pas nécessairement non libre — servant of low rank, but not necessarily unfree.* Si alicujus seniscalco, si servus est, et dominus ejus 12 vassus [= -os] infra domum habet, occiderit, 40 sol. conponat. Lex Alam., tit. 74 c. 1. Quicquid exinde facere elegeris, aut pro animae remedium in pauperes dispensare aut ad vassos vestros vel bene meritis nostris. Marculf., lib. 2 no. 17, *Form.*, p. 87. Nullus vassus abatissae nec minister aliquis nec clericus nec laicus claustra ancillarum Dei ingrediatur. Conc. Cabillon. a. 813, c. 63, *Conc.*, II p. 285. **3.** *serviteur pourvu d'un "beneficium"* (sub voce n. 14) — *servant provided with a "beneficium".* Ad vassos nostros beneficiatum habui. Pardessus, II no. 544 p. 357 l. 12 (a. 728, Murbach). Quod ... ad vassos nostros beneficiatum habuimus [antea: quod servus noster B. per beneficium nostrum visum est habere]. Bruckner, *Reg. Alsat.*, no. 127 p. 69 (a. 735-737, Murbach). **4.** *serviteur libre d'un rang plus élevé — free servant of higher rank.* Qualiscumque persona sit, aut vassus duce [i.e. ducis] aut comite [i.e. comitis] aut qualis persona, nemo neglegat ad ipsum placitum venire. Lex Alamann., tit. 36 § 3. Qui infra illum manent, sive regis vassus sive ducis, omnes ad placitum veniant. Lex Baiwar., tit. 2 § 14. **5.** *vassal* au sens technique, *homme d'un seigneur, qui a reçu un fief — vassal* in the technical sense, *who has received a fief from his lord.* Quantumcumque in ipsas villas genitor meus mihi moriens dereliquid et vassi mei nomine A. et W. in beneficio nostro ibidem tenuerunt. Wartmann, *UB. S.-Gallen*, I no. 21 p. 24 (a. 757, Alsace). Homo noster... ad nos venit et nobis dixit, eo quod vassus vester... res suas post se mala hordine [leg. ordine] retineat injuste. Cart. Senon., no. 27, *Form.*, p. 197 (ca. a. 770). Ego E. comes... tradidi atque vestivi vassum meum D., qui manere videtur in pago q. d. F., de rebus proprietatis meae... ut ipse supradictus meus missus D. easdem res... ad monasterium tradidisset. Widemann, *Trad. S.-Emmeram*, no. 11 p. 9 (a. 810). Sine solatio et comitatu drudorum atque vassorum. Epist. Caris. a. 858, c. 4, *Capit.*, II p. 429. R., qui vassus et ministerialis suus. Astegiano, *CD. Cremonae*, p. 28 (a. 858). U. vasso... Ingelfredi comes. Gloria, *CD. Padov.*, I, no. 29

*occupant un rang inférieur au baron ou au comte* — in France and England: *the sub-vassal occupying a rank lower than the baron or count.* R. nutu Dei Northmannorum dux omnibus fidelibus nostris cujuscumque ordinis, indominicatis scilicet et vavassoribus. FAUROUX, *Actes de Norm.*, no. 71 p. 208 (a. 1034). Intersint episcopi, comites, ... barones, vavasores. Leg. Henrici, c. 7 § 2, ed. DOWNER, p. 98. Habeant vavasores qui liberas terras tenent, placita que ad witam vel weram pertinent super suos homines. Ib., c. 27, p. 128. Si est [placitum de divisione terrarum vel de preoccupatione] inter vavasores alicujus baronis mei honoris, tractetur placitum in curia mea. Et si est inter vavasores duorum dominorum, tractetur in comitatu. Leg. Henr. I de comit. et hundr., c. 3, ed. LIEBERMANN, p. 524. H. rex Anglorum omnibus baronibus [et] vavasoribus qui wardam debent facere ad castellum de R. D. Henr. I reg. Angl., a. 1120-1135, STENTON, *First Century*², app. no. 44 p. 284. Si quis baronum meorum, vavasoriorum vel burgensium ... GUILHIERMOZ, *Noblesse*, p. 167 n. 82 (a. 1119, Eu). Vavassores nostros, qui cum armis feodum suum deserviunt. *Ordonn.*, XI p. 184 (a. 1126, S.-Riquier). R. iste ex mediocri stirpe in Normannia ex eorum militum ordine quos vavassores vulgo ibi dicere solent. OTTO FRISING., G. Frid. I, lib. 1 c. 3, ed. SCHMALE, p. 124. Barones mei [sc. comitis Nivernensis], videlicet ..., et ceteri vavasores Autisiodorenses. QUANTIN, *Cart. de l'Yonne*, II p. 462 no. 450 (a. 1194). Relevium vavassoris, quod ad ligium dominum suum pertinet: equus patris sui, qualem die obitus habuit, et lorica, galea, scutum, lancea et gladius. Quodsi forte hec non haberet, poterit se solutione 100 solidorum adquietare. Leis Willelme, c. 20 § 2, vers. lat., ca. a. 1170-1200, LIEBERMANN, p. 507. Quecunque bona idem monasterium ... in futurum concessione comitum largitione baronum aut vavasorum oblatione fidelium ... poteritis adipisci. PREVENIER, *Oork. Vlaanderen*, no. 157 p. 339 l. 12 (a. 1201). Si aliquis baronum vel vavassorum Campanie ... TEULET, *Layettes*, I p. 385 no. 1031 (a. 1212). De militibus fidelibus nostris, castellanis aut vavassoribus [sc. comitis Nivernensis]. Ib., II p. 211 (a. 1231). **5.** *vassal de rang supérieur, vassal du comte donc arrière-vassal du roi, châtelain* — *vassal of high rank, vassal of the count and sub-vassal of the king, castellan.* H. militaris vir et vavassor illustris. BERTRAND *Cart. d'Angers*, II p. 7 no. 401 (a. 1062). W. de M., vir nobilis et vavasor vividus [castellum] possidebat. GISLEBERT. MONTENS., c. 49, ed. VANDERKINDERE, p. 88. **6.** *un modeste arrière-vassal, détenteur d'un fief plus petit qu'un fief de haubert et tenu seulement de servir avec un armement restreint* — *a modest sub-vassal, in possession of a fief smaller than a feudum loricae, and only required to serve with a limited amount of equipment.* Terram ... quam dedit Th. abbas. B. filio N. tenendam de se per servitium unum vavassoris. D. Henr. I reg. Angl. a. 1128, HASKINS, *Norman Inst.*, p. 11. E. vavassor, sed servit pro dimidio milite. *H. de Fr.*, no. 444 p. 701 (a. 1133, Bayeux). Vavassores de B.... faciunt unum militem cum lorica et armis ad servicium domini Normannie. Ib., no. 460 p. 704 (a. 1172, Mont-S.-Michel). Isti ..., qui sunt liberi vavassores, faciunt custodiam apud Montem et procedunt cum scuto et lancea cum abbate, si inde fuerint summoniti, ad capiendum nammum vel ad alia negocia, ita ut eodem die possint reverti ad domos suas. Ib., no. 459 p. 704 (a. 1172, Mont-S.-Michel). **7.** En Espagne: *arrière-vassal occupant un rang inférieur dans la hiérarchie féodale* — in Spain: *sub-vassal occupying a low rank in the feudal hierarchy.* Emendet ... comitorem sicut duos vasvessores. Usat. Barchin., usualia (ca. a. 1058), c. 4, WOHLHAUPTER, p. 180. De vasvessore, qui quinque milites habebit, per mortem ejus emendentur 60 uncie auri. Ib. c. 5. Placitare vero debent cum comite vicecomites et comitores et vasvessores sui necnon et milites, ubicumque eis mandaverit infra suum comitatum. Usat. Barcinon., c. 25, ed. D'ABADAL-VALLS TABERNER, p. 11. **8.** En France (notamment en Normandie) et en Angleterre: *tenancier rural* de la catégorie supérieure et de condition libre, qui, à raison de la tenure qu'il tient de son seigneur, est soumis à différentes obligations de nature non vassalique (paiement de redevances, corvées, service de transport) — in France (especially in Normandy) and in England: *a landholder* of free personal status, owing different prestations of non-feudal nature (payment of tributes, manorial services on demesne fields, transport services). Terram ... unde plurimorum vavassorum redditur servitium monachis. FAUROUX, *Actes de Norm.*, no. 5 p. 76 (a. 992-996). Monachi tunc temporis omnem medietatem curtis C. et dominicum et vasvassores indominicatam habebant. BERTRAND, *Cart. d'Angers*, I no. 85 p. 101 (a. 987-1040). Dedi ... terram ... aliam in D. cum 4 vavassoribus in T. FAUROUX, *Actes de Norm.*, no. 94 p. 247 (ca. a. 1070). G. de H., et A. et G. et G. camerarius et alii omnes vavassores ejusdem villae. Ib., no. 217 p. 409 (a. 1059-1066). Quartam partam [!] terre filiorum Constantini scilicet 6 vavassores. Ib., no. 224 p. 431 l. 9 (a. 1063-1066). Ibi sunt 2 vavassores reddentes 32 sol. et 6 den. Domesday, I 146 b 1. Ibi manet quidam vavassorius habens 2 vaccas. Ib., 53 a 2. Domesday, II 446. Terras, silvas, praedia, hospites, vavassores, servos et ancillas. VERCAUTEREN, *Actes de Flandre*, no. 122 p. 282 (a. 1122-1127). Quidquid ... sive in terris sive in maresco vanassorum [leg. vavassorum] aut rusticorum ... ad Gisnensem comitatum pertinebat. MIRAEUS, I p. 391 (a. 1145). Quod a patre meo et hominibus ejus vavassoribus et rusticis acquisierant. Ib., p. 192 (a. 1174). De uno eorum [sc. vavassorum] servitium equi. DELISLE, *Classe agr. Norm.*, p. 6 (a. 1153). Magnam portionem terrarum hominum nostrorum, qui vavassores dicuntur, et hospites quamplures ad suum dominium traxit. DC.-F., VIII p. 255 col. 3 (ch. a. 1154, Odonis abb. s. Dionysii). Preter istos [liberos vavassores] alii minuti vavassores quamplurimi faciunt custodiam apud Montem [sc. Michaelis] et portant pannos monachorum.



*H. de Fr.*, XXIII no. 459 p. 704 (a. 1172). Dedit adhuc prefatis canonicis consuetudinarias preces carrucarum prefatorum 5 vavassorum. DELISLE, *Classe agr. Norm.*, p. 6 (a. 1192). Si vavassor aut serviens burgensi catallum debeat et justicie nostre judicio scabinorum stare nolit, major ei jubere debet ut infra 15 dies talem habeat dominum qui pro catallo burgensis eum judicio stare faciat. *Actes Phil.-Aug.*, II no. 491 p. 19, priv. commun. s. Quintini, c. 35 (a. 1195). Duos vavassores ... qui vobis servitium equitale debent. DELISLE, p. 6 (a. 1207). **9.** *homme libre de condition sociale modeste* — *a free man of modest social rank.* Liber quidam veteranus sive vavassorius nomine W. de B. vavassorissam quandam de F. similiter liberam ... duxerat uxorem. LAMB. ARD., c. 36, *SS.*, XXIV, p. 579.

**vavassoratus:** *service de cour* — *court service.* Quitavi eis in perpetuum vavassoratum quem ab eis exigebam, ut videlicet prior Pontis castri pro aliquo negotio in curia mea ... non teneatur de caetero respondere. LOBINEAU, *Bretagne*, II col. 167 (ch. a. 1189).

**vavassoria,** valvass-, -eria: **1.** (cf. voc. vavassor n. 6) *fief modeste d'un vavasseur, qui est tenu seulement de servir avec un armement restreint* — *modest fief of a vavassour, who is only required to serve with a limited equipment.* Feodum de E., vavassoria, sed servit pro dimidio milite; feodum R. et O., vavassoria, debet servicium pro quarta parte militis episcopi. *Hist. de Fr.*, XXIII no. 444 p. 701 (a. 1144, Bayeux). **2.** (cf. voc. vavassor n. 8): *tenure rurale à raison de laquelle le tenancier est astreint à différentes redevances et services de nature non vassalique* — *a rural tenement for which the landholder owes different prestations of non-feudal nature.* Tenet vavassoriam de qua debet servicium equi. *BEC.*, t. 20 (1859) p. 259 (ca. a. 1220). Vavasoria sacerdotis, 6 panes, 6 capones, 60 ova, 2 sol. et dimidium turon. et servicium equi. Ib. p. 262 (ca. a. 1220).

**vavassorissa:** *femme libre de condition sociale modeste* — *free woman of modest social rank.* Liber quidam veteranus sive vavassorius nomine W. de B. vavassorissam quandam de F. similiter liberam ... duceret uxorem. LAMBERT. ARD., c. 36, *SS.*, XXIV p. 579.

**vechia,** vecia = vicia (frg. *vesce*).

**vectagium,** vectuagium: *rétribution levée au lieu d'un service de transport de vin* — *due paid instead of a wine-transport service.* HUGO, *Ann. Praem.*, I pr. col. 75 (ch. a. 1164, Laon).

**vectatio:** *déplacement du roi* (pour aller rendre la justice) — *the king's journey* (in order to render justice). CASSIOD., Variae, lib. 5 ep. 41, *Auct. ant.*, XII p. 167.

**vectatorius** (adj.): *portatif* — *portable.* Cathedra vectatoria. ADEMAR., lib. 3 c. 35 cod. C, ed. CHAVANON, p. 157. Levatum sanctissimum corpus atque in loculo vectatorio depositum. ADREVALD., Mir. Bened., lib. 1 c. 34, ed. DE CERTAIN, p. 76.

**vecticare:** *transporter* — *to transport.* [Navis] qua debuimus fratribus nostris vecticare vinum et legumina aliaque necessaria. PEZ, *Thes.*, VI pt. 1 col. 143 (ch. ca. a. 1003, Tegernsee).

**vectigal:** **1.** *l'ensemble des coutumes d'ordre public et privé à payer par une personne dépendante* — *all kinds of rents and charges to be paid by dependant persons.* Liberum ab omni consuetudine exactionis vel vicarie seu ceterorum vectigalium facio. *D. Phil. Ier*, no. 70 (a. 1074-1075). **2.** *service de transport* — *service transport.* In die Dominica vectigalia non fiant, quod carregium vel sagmegium dicitur. Conc. Bituric. a. 1031, c. 15, MANSI, t. 19 col. 505. Semel in anno ab eis vectigalia exposcet a meridie unius diei usque ad meridiem alterius diei. D. Frid. I imp. a. 1179, LUDEWIG, *Reliq.*, X p. 150. **3.** *cens* — *rent.* Isti habent mansos et debitum vectigal reddunt. Cod. Eberhardi, c. 51, DRONKE, *Trad. Fuld.*, p. 136. **4.** *chevage d'un sainteur, d'un tributaire d'église* — *"chevage", poll-money paid by ecclesiastical tributaries.* G. filiam H. in R. et totam progeniem ejus ... libertati donavi ..., eos ... s. Donatiani decano et successoribus suis in perpetuum obnoxios relinquens, ad consuetudinem aliorum ecclesie s. Donatiani vectigal solventium. PREVENIER, *Oork. Vlaanderen*, no. 261 p. 546 (a. 1195-1204).

**vectigalis** (subst.): *sainteur, tributaire d'église* — *ecclesiastical tributary.* Placitis ... obnoxii sunt vectigales de S. et W. et reliqua familia s. Nicomedis. STIMMING, *Mainzer UB.*, I no. 327 p. 216 (a. 1070). Famuli sive vectigales ecclesiae non cogantur advocati vel prefecti judiciariam sedem adire sed tantum abbatis sive prepositi ab eo constituti jussis obtemperent. LACOMBLET, *UB. Niederrh.*, I no. 284 p. 186 (a. 1117).

**vectile:** *redevance à payer par des libres* — *dues to be paid by free men.* Ingenui post partem regis, vectilia et tributa reddentes. DE HINOJOSA, *Doc.*, no. 5 p. 7 (a. 987? León).

**vectis:** **1.** **bâton* — *stick.* CASSIOD., Hist., lib. 7 c. 40, MIGNE, t. 69 col. 1099B. **2.** *membre viril* — *penis.* Si vectem [excusserit]. Lex Thuring., c. 18.

**vectorium:** **1.** **voiture* (pour personnes) — *carriage* (for persons). **2.** *reliquaire portatif* — *portable reliquary.* ADEMAR, lib. 3 c. 56, ed. CHAVANON, p. 180.

**vectura:** *service obligatoire de transport* — *compulsory transport service.* Form. imper. no. 7, *Form.*, p. 292.

**vegarius,** v. vicarius.

**veges** (genetiv. vegetis): *tonneau à vin* — *wine-cask.* Imperat argenti vegetem subito fabricari. DONIZO, V. Mathild., lib. 1 c. 13, ed. SIMEONI, p. 39. Vegetes ... quas sibi sine ipsorum incomodo dare possent, ei tribuerent. OTTO MORENA, Hist. Frid. imp., ad. a. 1159, ed. GÜTERBOCK, p. 78. 60 saumas puri vini per annum cum vegetibus, in quibus possit reponi. UGHELLI, VIII col. 191 (priv. Alexandri III pap. a. 1179).

**1. vegetare:** **1.** **vivifier, animer* — *to vivify, to animate.* Sacram. Leonian., ed. FELTOE, p. 20 l. 1. GREGOR. M., Moral. lib. 5 c. 60, MIGNE, t. 75 col. 712C. **2.** *défendre les intérêts de qq'un* — *to look after someone's interests.* Si quis transmarinus negotiator mercenarium de sedibus nostris pro vegetando commercio susceperit. Lex Visigot., lib. 11 tit. 3 § 4. **3.** *entretenir, faire vivre* — *to support, to provide for one's living.* Unusquis-

que . . . ad se pertinentes inopes alere ac vegetare studeat. Concil. Turon. III a. 813, c. 36, *Conc.*, II p. 291.

**2. vegetare,** vegi- (<vehere, vectare, vectitare): *transporter — to transport, carry.* In autumno vegitant cum plaustris vinum de Alsatia sive Brisgoia. *Acta Murensia,* lib. 4 c. 20, ed. KIEM, p. 63.

**vegetatio: 1.** **mouvement, agitation, excitation — movement, agitation, excitation.* **2.** *action de vivifier — vivication.* Sacram. Leonian., ed. FELTOE, p. 168 l. 30. Sacram. Gelas., lib. 3 c. 23, ed. WILSON, p. 244.

**vegiatura:** *récompense pour avoir montré le chemin — reward for having shown the way.* Si vero vejus extiterit et vegiaturas acceperit. Lex Burg., tit. 16 c. 3. Ib., tit. 103 c. 16.

**vegius,** vejus, vehejus: *qui montre le chemin — who shows the way.* Si vero vejus extiterit et vegiaturas acceperit. Lex Burg., tit. 16 c. 3. Ibid. tit. 95; tit. 103 c. 6.

**veglo** (genet. -onis), veglio, veglonus: *vieil homme — old man.* Ordo coron., MURATORI, *Anecd.*, II p. 328. UGHELLI, IV col. 171 (ch. a. 1100, Milano).

**vehiculata,** -latura: *charretée — cart-load.* In silva . . . cotidie vehiculaturam unam mortuorum lignorum eis concessimus. DE BARTHÉLEMY, *Chartes de Montmartre,* p. 61 (ch. Lud. VI reg. Fr., a. 1134). Unam vehiculatam de lignis mortuis singulis diebus. *Actes Phil.-Aug.*, I no. 69 p. 90 (a. 1182/1183).

**vehiculum,** -us: *cheval — horse.* Tres equos interfecit . . ., sequenti nocte . . . sex jumenta interemit, . . . tertia nocte novem vehicula prosternit. FORTUN., V. Germani Paris., c. 5, *SRM.*, VII p. 376. Id., V. Albini, c. 14 n. 40, *Auct. Ant.*, IV pt. 2 p. 31. Vehicula quiete fovet. JONAS, V. Columb., lib. 2 c. 5, ed. KRUSCH, p. 237. Vehiculus . . . neminem in dorso suo ferens transmeaverat. Transl. Faustae, c. 7, *AASS.*[3], Jan. I p. 728.

**vehitio:** *service de charroi — cartage service.* A servitute liber existat excepta vehicione vini et frumenti. *D. Karol.*, I no. 285 <sp. s. xii>.

**vehitura,** veitura: **1.** *service de charroi — cartage service.* Facit vehitura in legas 30. Polypt. s. Remigii Rem., c. 6 § 2, ed. GUÉRARD, p. 7 col. 1. Unusquisque [mansus] aut facit vehituram unam aut solvit den. 12. DÉLÉAGE, *Actes de S.-Symphorien d'Autun,* no. 4 p. 15 (a. 866-924). **2.** *charroi — cartage.* Singulae potestates per singulos annos unam vehituram ei [sc. advocato] procurabunt; et hujusmodi vehituras in ullos alios usus habere poterit quam pro vino adducendo. DC.-F., VIII p. 262 col. 2 (ch. a. 1190, Soissons). **3.** *bête de trait — draught-animal.* S. xiii.

**vel: 1.** **au moins, du moins — at least.* **2.** **et — and.*

**velamen: 1.** **voile de moniale — nun's veil.* Devotis Deo virginibus, nisi in Epiphanorium die . . . sacrum minime velamen imponant. Gelasii I pap. epist. 14, a. 494, c. 12, ed. THIEL, p. 369. Feminae vero quae habitum religiosum aut velamen sub obtemptu religiositatis suscipiunt. Eugenii II Conc. Roman., a. 826, c. 29, *Capit.*, I p. 375. De feminis, quae in quibusdam locis inrationabiliter sanctum velamen sibi imponunt. Capitula ab episcop. in plac. tract., a. 829, c. 2, ib. I p. 7. De his, qui velatas Deo consacratas in conjugium duxerint. Conc. Tribur., a. 895, text. A, c. 23, ib. II p. 225. Virgines, quae ante 12 annos insciis mundiburdis suis sacrum velamen capiti suo imposuerint. Ib., text. B, c. 24a., p. 226. **2.** **voile sur un autel — altar cloth.* Velamina altaris 2. Polypt. s. Remigii Rem., c. 17 § 123, ed. GUÉRARD, p. 56 col. 2. **3.** *tutelle, protection — tutelage, protection.* Judicis [i.e. -es] non prius viduas et pupillos conveniant, nisi episcopo nunciarent, cujus sub velamine degunt. Conc. Matiscon. a. 585, *Conc.*, I p. 169 l. 25.

**velare: 1.** *des moniales: *faire entrer en religion — to receive as nun.* De viduis sub nulla benedictione velandis. Gelasii I pap. epist. 14 a. 494, c. 21, ed. THIEL, p. 374. Nullum episcopum fraternitas tua, nisi sexagenariam virginem cujus vita hoc atque mores exigerint velare permittat. GREGOR. M., lib. 4 epist. 11, *Epp.*, I p. 245. Quod si presbyter eam invitam reclamantemque velaverit, gradum suum pro hac causa perdat. Decretum Vermeriense a. 758-768?, c. 4, *Capit.*, I p. 40. Ut virgines non velentur ante 25 annos, nisi rationabili necessitate cogente. Admon. generalis, a. 789, c. 46, ib. p. 57. Reginam velaverunt. NITHARD., lib. 1 c. 3, ed. LAUER, p. 10. **2.** *voiler une veuve — to veil a widow.* De nobilibus feminis, quae amissis viris repente velantur et in propriis domibus diversas necessitates obponentes residere delectantur. Episcop. ad Hlud. imp. relatio, a. 829, c. 51, *Capit.*, II p. 42. **3.** (intrans.) *aller à la voile — to sail.* S. xiv.

**velata** (subst. fem.): *moniale — nun.* Ne velata relicto velo secularem habitum sumat. Conc. Neuching. a. 772, c. 18, *Conc.*, II p. 103. Nullus velatam, diaconam vel raptam uxorem accipiat. Conc. Roman. a. 826, c. 8, ib. p. 557.

**velatio: 1.** **prise de voile des religieuses — taking of the veil by nuns.* **2.** *prise de voiles des mariées — taking of the veil by brides.* Incipit velatio nuptialis. Sacram. Leon., ed. FELTOE, p. 140 l. 32.

**veliger:** (de la mer) *portant les voiles, les navires* — (of the sea) *carrying sailing-ships.* CASSIOD., Var., lib. 7 epist. 9, *Auct. ant.*, XII p. 208.

**velle** (subst.): *volonté, désir — will, wish.* Ad velle ejus. Ann. Altah. a. 964, ed. OEFELE, p. 10. Si vestrum cognoverimus velle. GERBERT., epist. 1, ed. WEIGLE, p. 24 et pluries. Ordinatis ibi secundum suum velle judicibus. JOH. VENET., Chron., ed. MONTICOLO, p. 127. Omnibus pro suo velle dispositis. Ann. Hildesheim. a. 1036, ed. WAITZ, p. 40. Quicquid exinde volueris facere, liberum abeas velle. ROSELL, *Lib. feud. maj.*, I no. 60 p. 75 (a. 1056). De meo jure in tuum trado dominium et potestatem ad excercendum omne tuum velle. Ib., II no. 503 p. 18 (a. 1099). Si . . . se adlegiare audeat, quod nec velle nec posse suum fuerit. Leg. II Cnut., c. 75, 1, vers. Quadrip., LIEBERMANN, p. 363 col. 1. Contra velle eorum nihil agerent. GALBERT., c. 22, ed. PIRENNE, p. 40. Nec cogantur emere vel vendere ultra suum velle. Conv. Frid. I imp. cum Pisanis a. 1162, *Const.*, I no. 205, c. 4, p. 283.

**velleianum:** *le senatusconsultum des consuls M. Silanus et C. Velleius Tutor, déclarant nul et non avenu le cautionnement donné par*



*une femme — the senatusconsultum of the consuls M. Silanus and C. Velleius Tutor, declaring null and void the security given by a woman.* S. xiii.

**vellere** (subst.): *volonté, désir — will, wish.* Inde possitis orta et molendina construere secundum vestrum vellere. ROSELL, *Lib. feud. maj.*, I no. 165 p. 174 (a. 1079).

**vellosus:** *à frange — with fringe.* Liceat eis super linteum vellosum [une housse à frange — a horse-cloth with fringe] sedere, quod est mos ponere super sellam equi. Ordo Rom. XXXVI (s. ix ex.), c. 2, ANDRIEU, IV p. 195.

**velo** (genet. -onis): *grande-voile — mainsail.* De vento contrario turbati extenderunt velonem. BENINCASA, V. Rainerii Pisani, c. 16, *AASS.*[3], Jun. IV p. 376 col. 1 C.

**velotherum** (<velum, θύρα): *rideau à la porte — curtain before the door.* Lib. pontif., Steph. V (a. 885-891), ed. DUCHESNE, II p. 195.

**velsi:** i. q. acsi. Nos velsi indigni sinedocum facere visi sumus. SCHIAPARELLI, *CD. Longob.*, I no. 24 p. 93 (a. 720?, Lucca).

**veltrarius,** val-, vau-, wal-: *gardien des lévriers — keeper of the greyhounds.* HINCMAR. REM., Ordo pal., c. 17, *Capit.*, II p. 523. QUADRIP., Argum., c. 22, LIEBERMANN, p. 534. Const. dom. reg. (a. 1135-1139), ed. JOHNSON, Dial. de scacc., p. 135.

**veltravus,** vertragus, veltragus, vertrahus (adj.). Loc. canis veltravus: *chien de chasse — greyhound.* Lex Burg., tit. 97.

**veltris,** velter, vealter (celt.): *chien de chasse, lévrier — sporting dog, greyhound.* Si veltrum leporalem probatum aliquis occiderit. Lex Alamann., tit. 82 § 4. Duas canicula . . . quas Gallica lingua veltres nuncupant, quae agilitate sua vulpes et ceteras minores bestiolas facillime capientes. NOTKER., G. Karoli, lib. 1 c. 20, ed. RAU, p. 350. Velteres vero quos langeran appellant. Leg. Ps.-Cnut. De Foresta, c. 32, LIEBERMANN, p. 626.

**velum: 1.** *tenture d'église — curtain, tapestry decorating church-walls.* GREGOR. M., lib. 11 epist. 26, *Epp.*, II p. 287. Vela 5, pendentes intus in circuitu altaris. Lib. pontif., Gregor. IV (a. 827-844), ed. DUCHESNE, II p. 79. Aula erat . . . palliis aliorumque velorum tam decora introrsus circumamicta varietate. AIMOIN., Mir. Bened., lib. 3 c. 2, ed. DE CERTAIN, p. 128. Cum uno velo serico, qui habet istoriam a nativitate Domini usque ad ascensionem ejus. *D. Karol.*, I no. 254 (<a. 797>, sp. s. xi in.). **2.** *voile sur un autel — altar cloth, Lenten veil.* Si quis in quadragesima sanctum velum in populo sine recto deponat. Leg. Alfr. c. 40, 2, vers. Quadr., LIEBERMANN, p. 75 col. 2. **3.** **voile de moniale — nun's veil.* Mulier si sine commeatu viri sui velum in caput miserit, si viro placuerit, recipiat eam iterum ad conjugium. Decr. Compend. a. 757, c. 5, *Capit.*, I p. 38. Ib. c. 14, p. 38. Episcop. ad Hlud. imp. relatio, a. 829, c. 49, ib., II p. 42. De feminis, que defunctis viris lex Langobardorum prohibet ante anni spatium vestem religionis mutare velumque suscipere. Capit. Pap. a. 856, c. 2. Ib., II p. 90. **4.** *voile d'une femme publique — veil of a prostitute.* S. xiii.

**vena:** *lit d'une rivière — river bed.* Pro [i.e. per] media[m] vena[m] fluminis M. FLORIANO, *Dipl. esp.*, II no. 165 p. 271 (a. 900).

**venabulum:** *chien de chasse — sporting dog.* Silvae venationem . . . ecclesiae habere concedo, venabula per eam sine dilatione currere cunctis diebus auctoriso. Ch. Hugon. reg. Fr. a. 990, *Gall. christ.*[2], VIII instr. col. 489.

**venalis:** *épieu — hunting-spear.* Vidit theomacham . . . venalem in manu tenentem. V. Samsonis ep. Dolens., lib. 1 c. 26, *AASS.*[3], Jul. VI p. 580.

**venalitas: 1.** *vente, commerce, négoce — sale, commerce, trade.* CASSIOD., Var., lib. 7 epist. 32, *Auct. ant.*, XII p. 219. Multis ambagibus tandem ad id perventum, ut venalitatem et mercaturam suaderet. V. Guidonis, *AASS.*, Sept. IV p. 42 col. 2E. **2.** *vénalité — venality, corruption.* Nulla sit in hac electione [sc. episcopi] venalitas. GREGOR. M., lib. 5 epist. 24, *Epp.*, I p. 305. Ib. lib. 3 c. 47, p. 203. Non vicarios . . . instituere vel destinare praesumant, qui . . . malis operibus consentiendo venalitatem exerceant. Guntchramni reg. edict. a. 585, *Capit.*, I p. 12. Qui electus fuerit [sc. abbas] sine dolo vel venalitate ordinetur. Bulla Martini I pap. a. 649, TOMASSETTI, *Bullar. Roman.*, I p. 206 col. 1. Si . . . per venalitatem vera subpresserit. Lex Visigot., lib. 2 tit. 4 § 2 (rec. Recc. et Erv.). HINCMAR. REM., Ordo pal., c. 9, *Capit.*, II p. 520. Ch. Henr. I reg. Fr. a. 1052, CHASSAING, *Spic. Brivat.*, no. 3 p. 6.

**venari:** *pêcher — to fish.* S. xiii.

**venaria:** *gibier — game.* Abstinet omnis homo a venariis meis. Leg. II Cnut., c. 80, 1, vers. Quadr., LIEBERMANN, p. 367 col. 1.

**venaticus:** *redevance payée pour obtenir le droit de chasser — due paid to obtain the right to hunt.* Nullum theloneum aut ripaticum aut portaticum . . . aut venaticum . . . vel ullum censum aut ullam redibitionem ab eis requirere . . . presumatis. *D. Lothars I.*, no. 47 (a. 840).

**venatio: 1.** *droit de chasse — right to hunt.* Terram cum campis, silvis, pascuis, venationibus omnibusque necessariis ad eam pertinentibus rebus. Ch. Eadwulfi reg. Cant., ca. a. 765, BRUCKNER-MARICHAL, *Chart. Lat. Ant.*, III no. 221 p. 135. Una silva quae vocatur M., cum omni integritate, excepta tantummodo venatione. *D. Charles le Ch.*, no. 135 (a. 851). Dedimus praefatae ecclesiae suae eandem venationem, . . . ut nullus comes . . . sine consensu praenominati episcopi . . . venationem exercere praesumat. *D. Arnulfs,* no. 115 (a. 893). **2.** *redevance payée pour obtenir le droit de chasse — due paid to obtain the right to hunt.* Quaedam venationes publicae ex injusta . . . a nostris exactoribus annuatim exquirantur. *D. Karls III.*, no. 89 (a. 883). Omnia civitatis regalia videlicet monetam, telonium, pedagium, ripaticum, aquaticum, pascua, piscationes, venationes. Dipl. Frid. I imp. a. 1175, GUICHENON, *Episcop. Bellicens. chronogr.*, p. 33. **3.** *pêcherie — fishery.* Uno agro . . . ubi venatione piscium fungitur. WARTMANN, *UB. S.-Gallen,* II no. 465 p. 82 (a. 858) [In dorso: ubi ejus piscatio est].

**venator:** *grand veneur, dignitaire de la cour — hunting master, dignitary of the court.* Venatores nostri et falconarii vel reliqui ministeriales, qui nobis in palatio assidue deserviunt. Capit. de villis, c. 47. Aliqui

duces et eorum juniores, gastaldii, vicarii, centenarii, seu reliqui ministeriales, falconarii, venatores. Karoli ad Pipp. fil. epist., a. 806-810, *Capit.*, I no. 103 p. 211. Dilectum venatorem nostrum. *D. Karlmanns*, no. 25 (a. 879). HINCMAR. REM., Ordo pal., c. 16 et 25, *Capit.*, II p. 523 et 525. Irinc excellens praeses regis [sc. Arnulfi, a. 887-896] summusque venator. Epitaphium ap. *SRM.*, IV p. 454. Quinque ministeria, hoc est... dapiferi aut pincernae aut cubicularii aut marescalchi aut venatores. Jura ministerialium ep. Babenberg., a. 1057-1064, c. 5, ALTMANN-BERNHEIM, *Urk.*[5], no. 77 p. 158. Precipimus ne nos aut nostri successores vel noster ministerialis aut nostrorum successorum, venator seu cujuscumque ministerii fuerit nostri vel alterius, aliquid consuetudinis vel exactionis... requirat aut exigat. *D. Phil. Ier*, no. 87 (a. 1077).

**venatus** (decl. iv): *droit de chasse — right to hunt.* Piscationibus, molendinis, venatibus. *D. Ottos I.*, no. 202 (a. 979).

**venda,** venta: **1.** *impôt sur les ventes de denrées — toll on the sale of goods.* Ipsos habitatores in molendinis, furnis, vendis et tabernagio [monachi] habebunt consuetudinarios. ... Habebunt ... vendas de omnibus quae ad mercatum pertinent. *Gall. chr.*[2], XIV instr. no. 44 col. 65 (ca. a. 1009, Anjou). Monachi de toto castro... census et vendas habeant. BERTRAND, *Cart. d'Angers*, I no. 1 (a. 1037). Ventas etiam, quas teloneum dicunt de diversis quibuslibet rebus. CHIFFLET, *Hist. de Tournus*, p. 320 (ch. a. 1059). Solum sibi theloneum [burgi] retinuit, id est vendas quae sola sexta feria capiuntur. *BEC.*, t. 36 (1875) p. 399 (ca. a. 1070-1075, Angers). Concedo monachis sepefati monasterii per totam terram meam [i.e. ducis Aquitaniae] vendam et pedagia de rebus suis. TEULET, *Layettes*, I no. 20 p. 24 (a. 1077).Vendam... diei Cenae Domini, quam sui [i.e. ducis] servientes capiebant de mercatoribus vendentibus illa die ante portam s. Petri et ad arcum et circumcirca. THIBAUDEAU, *Hist. du Poitou*, I p. 367 (ch. a. 1081, Poitiers). Terram ante ipsam ecclesiam positam ad burgum faciendum, in quo nec vendam, nec pedagium, nec aliquam consuetudinem retinemus; sed ita omnia libere et absolute donamus, ut si habitatores ipsius pagi ad castrum res suas vendere perrexerint, venditio tantum consuetudinaria ab eis accipiatur. BESLY, *Hist. de Poictou et de Guyenne*, p. 396 (ch. a. 1092, Parthenay). A rege tenet regalia dominus episcopus Lausanensis. Regalia vero sunt strate, pedagia, vende... *Mém. et Doc. de la Suisse Romande*, t. 7 p. 7 (a. 1144, Lausanne). **2.** spec.: *taxe sur la vente du pain — toll on the sale of bread.* Dedi... ut quicumque de pane b. Marie assidue vivunt..., numquam, nisi forte emerint, reddant vendam. GRASILIER, *Cart. de Saintes*, no. 37 p. 43 (a. 1080). **3.** *paiement pour obtenir le consentement du seigneur à l'aliénation d'un fief ou d'une tenure — payment for the lord's assent to the transfer of a fief or holding.* Gauterius... circa dimidium terre agripennum... de Argardi... 30 comparavit solidis... Reddidit etiam vendas Gauterius 2 solidos et dimidium his de quorum fevo erat, id est G. et G. et A., qui propter vendas habuerunt 4 solidos pro concessione. MARCHEGAY, *Arch. d'Anjou*, III no. 102 p. 78 (ante a. 1120). **4.** *vente de bois — sale of wood.* S. xiii.

**vendagium:** *vente — sale.* S. xiii.

**vendarius,** -ta-: *fonctionnaire qui perçoit l'impôt sur les ventes des denrées — collector of tolls on sales.* Neque ego... neque praepositus, neque vendarius, neque telonarius, neque portarius, sive aliquis ministrorum nostrorum imponant eis bellum, sive igniti ferri judicium aut aquae, sine legitimo testimonio. DC.-F., VIII p. 266 col. 3 (ch. a. 1109, Châtellerault).

**vendicta** (per confus. cum voc. vindicta), i.q. venditio: *vente — sale.* Suprascriptam vendicta[m]... ab omni homine defensare. *Mon. hist. patr., Chartae*, I no. 171 col. 288 c. (a. 991, Novara).

**vendita,** -dida, -deda (cf. voc. venda): **1.** *impôt sur la vente des denrées — toll on the sale of goods.* Nullus quislibet de judiciaria potestate vestrae nec missus noster nullo teloneo nec nullas vinditas nec rodoticus nec foraticus nec pulveraticus... in nullo exhactare non presumatis. Cart. Senon., no. 36, *Form.*, p. 201. **2.** *paiement pour obtenir le consentement du seigneur à l'aliénation d'un fief ou d'une tenure — payment for the lord's assent to the transfer of a fief or holding.* In omnibus... domibus dono vobis totum censum et totas vendedas et consilia impignorandi. GERMAIN, *Cart. des Guillems de Montpellier*, no. 100 p. 210 (a. 1103). In quo [furno] habebat B. vendidae suas si venderetur et concilium, si impignoraretur. *Hist. de Lang.*[3], V, pr. no. 448 col. 839 (a. 1115, Montpellier).

**venditio:** **1.** *charte de vente — deed purporting a sale.* Homo vindicione[m] de integrum statum suum dedit, et ipsa vindicione[m] invenisse non potuerunt... ubi ipsa vindicio inventa fuerit, vacua, inanis, permaniad. Form. Andecav., no. 17, *Form.*, p. 10, et saepius. Eae sunt villae ipsae... sicut venditiones edocent. Test. Bertichramni a. 615, PARDESSUS, I p. 200. Vindicionis [= -es], quod ab aliquibus homenebus porciones alequas visus est comparasse, prae manebus habere adfirmat. *D. Merov.*, no. 12 (ca. a. 628). Agentis [= -es] basilice vindicione[m] vel praecaria[m] ab ipso I. conscripta[m] ostenderunt. Ib. no. 34 (a. 658). Qui hanc vendicionem fieri rogavit... Ego A. rogitus hanc vendicionem scripsi et subscripsi. ZEUSS, *Trad. Wizenb.*, no. 11 p. 19 sq. (a. 739). N. notarius qui hanc venditionem scripsi. DE BOÜARD, *Manuel*, II p. 84 n. 1 (a. 955, Narbonne). **2.** *paiement pour obtenir le consentement du seigneur à l'aliénation d'une tenure, vendes — payment for the lord's assent to the transfer of a holding.* Venditiones et census ad seniorem perveniant. THÉVENIN, *Textes*, no. 138 (a. 968, Chartres). Nullus successorum nostrorum episcoporum vel archidiaconorum seu reliquorum inferioris gradus venditiones requirere aut circadas vel synodas habeat exigere praesumat. BOURASSÉ, *Cart. de Cormery*, no. 30 p. 60 (a. 997). Ab omni venditione et comparatione, a synodo vel circada, ab omni debito et parata absolutam institueremus. *D. Phil. Ier*, no. 6 (a. 1060). Burgum... cum venditionibus et redditibus ejus et consuetudinibus. RÉDET, *Cart. de S.-Cyprien de Poitiers*, no. 67 p. 62 (ca. a. 1080). Eorum quilibet res suas, si vendere voluerit, vendat et, redditis venditionibus, a villa, si recedere voluerit, liber et quietus recedat. Priv. Ludov. reg. Fr. pro Lorriac. a. 1155, c. 17, ed. PROU, *RHDFE.*, t. 8 (1884) p. 448. Si de possessore ad alium possessorem possessio transierit, dabunt de venditione de singulis solidis unum denarium. DC.-F., VIII p. 267 col. 1 (a. 1175, Amiens). Cum aliquis de eadem villa vineam, domum, sive terram vendiderit, rectas venditiones solummodo reddet. *Actes Phil.-Aug.*, no. 21 (a. 1180-1181). **3.** *impôt sur la vente des denrées — toll on the sale of goods.* Si macellarius ibi manserit, carnes quas vendendas habuerit, portet ad ecclesiam detque venditiones, scilicet de porco lumbos, de bacone maxillam. BERTRAND, *Cart. d'Angers*, I no. 379 p. 439 (ca. a. 1060).

**venditionalis.** Loc. carta venditionalis: *charte de vente — deed purporting a sale.* Quasdam res... sibi emptas habuisset atque eis vindicionalem kartam solemni traditione acceptam habuisset. Form. imp., no. 34, *Form.*, p. 313.

**venellum,** venella, venula: *venelle, ruelle — vennel, lane.* S. xiii.

**venenarius:** **empoisonneur* — *poisoner.*

**venenifluus:** *empoisonné — poisoned, poisonous.* Venenifluam desperationis sagittam totis viribus jaculavit. FELIX, V. Guthlaci, c. 29, ed. COLGRAVE, p. 94.

**venerabilis:** **1.** Loc. vir venerabilis: **titre honorifique pour les évêques et les abbés — title of honour for bishops and abbots.* **2.** Loc. vita venerabilis: *vie de moine — a monk's life.* Relicto episcopatu, in monasterium sanctorum martyrum Agaunensium ingressus, vitam venerabilem duxit. ADO VIENN., Chron., *SS.*, II p. 319.

**venerabilitas:** **révérence* (titre honorifique pour les papes ou les évêques) — *reverence* (title of honour for popes or bishops).

**veneracia** (pro vinericia?): *service de transport du vin — transport-service of wine.* Apud G. medietatem veneraciarum... recuperavimus. MARTÈNE, *Coll.*, VII col. 73 (a. 1152, Trier).

**venerantia:** *respect, vénération — respect, veneration.* Venerantiam validae fidei... Guthlaco conferens. FELIX, V. Guthlaci, c. 37, ed. COLGRAVE, p. 118. Ib. c. 51, p. 162.

**venerari:** *célébrer — to celebrate, to observe a feast.* Hae sunt festivitates in anno quae per omnia venerari debent. Capit. eccles. a. 810-813?, c. 19, *Capit.*, I p. 179. Diem dominicum paschae cum omni honore et sobrietate venerari. Capit. e concil. excerpta, a. 826, 827?, c. 3, ib. p. 312.

**veneris** (subst.): **1.** *la chasse — hunting.* Crimen veneris ab antiquo inter majora et non immerito numerabatur. Leg. Ps.-Cnut. de foresta, c. 21,2, LIEBERMANN, p. 623. **2.** *droit de chasse — right to hunt.* Volo ut omnis liberalis homo pro libito suo habeat venerem sive viridem. Ib. c. 30, p. 625.

**venia:** **1.** *prosternation, génuflexion — prostration, genuflexion.* Sed et illa [genuflexio] quae fieri solet ab iis, qui portant eucharistiam quolibet in loco occurrunt, atque illis metanoeis, quae quotidiano usu in capitulo fiunt, et vulgo veniae nominantur. PETR. VENERAB., Statuta Cluniac., c. 4, MIGNE, t. 189 col. 1027. **2.** *congé — leave.* Qui petita coram illo venia se levans a terra occidit eum occulte. Ann. Rodenses, ed. BOEREN, p. 30. **3.** *soulagement, adoucissement — relief, alleviation, assuagement.* Si rectum grave nimis est, postea querat inde veniam apud regem. Leg. III Eadgar, c. 2,1, vers. Quadr., LIEBERMANN, p. 201. **4.** *prérogative, rang d'honneur — prerogative, rank of honour.* Si ecclesiam incurrat, sit secundum veniam ipsius ecclesiae. Leg. Aelfr., c. 42,2, vers. Quadr., ib. p. 77 col. 1. **5.** *propriété, biens — property.* Si quis excommunicatum vel utlagam habeat et manuteneat, dispereat idem et omnis ejus venia. Leg. II Cnut., c. 66,1, vers. Quadr., ib. p. 353 col. 1.

**veniabilis:** **pardonnable, excusable, véniel — pardonable, venial.*

**venialis** (adj.): **1.** **pardonnable, excusable, véniel — pardonable, venial.* **2.** *admissible, justifié — admissible, justified.* Remissio venialis apud Deum. Leg. III Eadgar., c. 1,2, vers. Quadr., LIEBERMANN, p. 201 col. 2. Subst. veniale, vinialus: *amende — fine.* Si quis contra hanc donatione... venerit..., conponat tibi in vinialo auri libras 5. ROUQUETTE, *Cart. de Béziers*, no. 36 p. 34 (a. 972).

**venialiter:** **1.** **d'une manière pardonnable — in a pardonable way.* **2.** *suppliant — imploring.* Cum in praesentiam Caesaris esset delatus, ante pedes ejus venialiter prostratus, se dixit indignum. OTHLON. EMMERAMM., V. Wolfgangi episc. Ratispon., *AASS.*, Nov. I, 1, p. 572 col. 2. **3.** *librement, sans empêchement, impunément — unhindered, unimpeded, with impunity.* Persecutus in una civitate fugere venialiter potui in aliam. RATHER. VERON., Epist. no. 7, ed. WEIGLE, p. 40.

**venilia** (Varr. ap. August., Civ. Dei, 7,22): **flux, raz de marée — flood, incoming wave.* Uter quem salacia sustulit unda ad suum locum post tuum egresum reportabit venilia. ADAMNAN., V. Columbae, lib. 2 c. 38, ed. ANDERSON, p. 418.

**venipeta:** *qui fait des génuflexions — who is making genuflexions.* ARNOLD. RATISB., Mir. Emmerammi, MIGNE, t. 141 col. 1036A.

**venire:** **1.** i.q. advenire: *passer par voie d'héritage à qq'un — to pass by inheritance into someone's hands.* Terram et silvam meae portionis, quantum a fratribus meis michi venit. GREGOR. CATIN., Reg. Farf., ed. GIORGI-BALZANI, II doc. 152 p. 127 (a. 792). **2.** Loc. venire contra: *transgresser, enfreindre, aller à l'encontre de — to contravene, transgress, infringe.* Qui contra pactum vel placitum juste hac legitime conscriptum venerit. Lex Visigot., lib. 2 tit. 5 § 5. Ib. lib. 2 tit. 5 § 4; lib. 11 tit. 3 § 3. Si quis contra hanc vindicione[m] venire aut resultare presumpserit. Form. Andecav., no. 4, *Form.*, p. 6. Ibi saepius. Terribili anathematis censura feriuntur qui praesumptiose contra statuta universalium conciliorum venire audeant. Admon. gener. a. 789, c. 60, *Capit.*, I p. 57. Si quis contra hoc testamentum nostrum venire temptaverit. Ch. episc. Tullens. a. 838, *Conc.*, II p. 783. **3.** *user de contrainte* envers

nec faciant, nisi forte missus noster de verbo nostro eos congregare fecerit. Capit. de part. Saxon. a. 785, c. 34, ib. p. 70. De verbo nostro, ut nullus praesumat aliter facere. Capit. Ital. (ca. a. 790), c. 5, ib. p. 216. Cum hi, qui .. potiones ei a rege deferebant, de verbo regis eum rogarent ut . . . biberet. PAUL DIAC., Hist. Langob., lib. 5 c. 2. Quicquid . . . ministeriales nostri, sinescalcus et butticularius, de verbo nostro aut reginae ipsis judicibus ordinaverit. Capit. de villis, c. 16. Reddidit mihi omnia causa mea de verbo domni regis. BITTERAUF, *Trad. Freising*, I no. 232a p. 215 (a. 806-807). Mandamus vobis ex verbo domini imperatoris. Form. extrav. II no. 1, *Form.*, p. 551 l. 45. Per verbum domno nostro Pipino mea fuit peticio et vestra decrevit voluntas. G. Aldrici, ed. CHARLES-FROGER, p. 178. Ex verbo domni et genitoris nostri moneret. *D. Lothars I.*, no. 54 (a. 841). Dominicus missus verbo regis pannavit [= bannavit] omnes pariter. *D. Ludwigs d. Deutsch.*, no. 66 (a. 853?). De istis rapinis et depraedationibus, quas jam quasi pro lege multi per consuetudinem tenent, ab hoc die et deinceps de Dei banno et de nostro verbo bannimus, ut nemo hoc amplius praesumat. Conv. ap. Confl., adnuntiatio Hludow. regis, a. 860, c. 6, *Capit.*, II p. 158. Regali verbo imperamus. *D. Arnulfs*, no. 72 (a. 889). Regio verbo et praeceptio jubemus. *D. Heinrichs II.*, no. 29 (a. 1002). Ibi saepius. **7.** *ordre du pape ou d'un évêque — order given by the pope or a bishop.* Ex permisso et verbo beatissimo viro P. archiepiscopo cuncta . . . ut habeas usufructuario nomine. *CD. Langob.*, no. 59 col. 112B (a. 784). Waldradam ex auctoritate Dei et sancti Petri et verbo domni apostolici Romam ire jubet [Lotharius]. REGINO, Chron., a. 866, ed. RAU, p. 200. **8.** *déclaration de pardon et de sécurité — declaration of forgiveness and security.* Post haec domnus Hludowicus ad domnum Karolum fratrem suum lingua Romana dixit: Nunc, si vobis placet, vestrum verbum habere volo de illis hominibus, qui ad meam fidem venerunt. Conv. ap. Confl., adnuntiatio Hludow. regis, a. 860, *Capit.*, II p. 158. **9.** *décision — decision.* Post ista omnia segregata et seminata atque peracta, quicquid reliquum fuerit exinde de omni conlaboratu usque ad verbum nostrum salvetur, quatenus secundum jussionem nostram aut venundetur aut servetur. Capit. de villis, c. 33. Quisquis hoc supersederit et facere noluerit, sicut omnium nostrum verbum est, det regi 120 solid. Leg. II Cnut., c. 33, 2, vers. Quadrip., LIEBERMANN, p. 337 col. 1. **10.** *jugement, sentence — judgment, sentence.* Huic comparium suorum judicio cum R. acquiescere noluisset, abbas impetravit, quod in plena curia nostra judicium super eodem verbo a ministerialibus regni sciscitati sumus. *Constit.*, I no. 128 (a. 1150). **11.** *consentement — consent.* Si quis fecerit investituram vel cambium de beneficio sui militis sine illius verbo, cujus est beneficium, inutilis sit investitura. Libri feudor., antiq., tit. 6 c. 13 cod. 80 (vulg., lib. 1 tit. 21 c. 1), ed. LEHMANN, p. 107. Teneat eam [villam] sub censu ex verbo abbatis s. Salvatoris. DE COURSON, *Cart. de Redon*, no. 137 p. 104 (a. 851). Item ib. no. 221 p. 170. In hiis quatuor forestis cervum vel cervam nullus habeat venandi licenciam, nisi verbo et consensu abbatissae. *D. Ottos III.*, no. 235 (a. 996). **12.** *accord, promesse — agreement, promise.* Totum ei persolvi, quicquid debebam, sicut verba nostra dicta sunt. Juramenta (ca. a. 920-1050), c. 11, vers. Quadr., LIEBERMANN, p. 399 col. 1. **13.** *inculpation, mise en accusation — indictment, accusation, committal for trial.* Si quis cum muliere soluta consensu et voluntate ejus dormierit, judex nec alius aliquis super hoc verbum habebit ad ipsum. VAN DE KIEFT-NIERMEYER, *Elenchus*, I p. 167 no. 100, c. 34 (a. 1192, Regensburg).

**vercheria,** veri-, -ium: *verger — orchard.* Prefatas villas cum ecclesiis, domibus, aedificiis, curtiferis, verichariis, hortis, vineis, terris . . . *D. Charles le Ch.*, no. 385 (a. 875).

**verderia** (<viridis?): *terrain alluvial formé le long de la côte de la mer — alluvial soil formed along the seacoast.* Omnes verderiae quas mare dimittit sunt de dominio archiepiscopi. LOBINEAU, *Bretagne*, II col. 132 (ch. a. 1181). Ib. col. 134.

**verdictum,** v. verumdictum.

**verdigarium,** verede-, verdea-, -ium = viridarium.

**verecundia: 1.** *outrage — injury, outrage, insult.* Repulsus dolore flammatus est . . ., verecundiam suam malo publico vindicare contendens. JORDAN., Getica, c. 10 § 63, *Auct. ant.*, V pt. 1 p. 72 l. 4. **2.** *punition qui fait honte — disgraceful punishment.* Duobus . . . mensibus a missarum sollemnitate suspende, ut vel haec eum verecundia, qualem se de cetero exhibere possit, instituat. GREGOR. M., lib. 3 epist. 45, *Epp.*, I p. 201.

**vereda** (<veredus): **1.** *route employée par les courriers — road used by messengers.* **2.** *service de transport — transport service.* Neque maneria neque ulla vereda faciant. MUÑOZ, *Fueros*, I p. 335 (a. 1095, Logroño).

**veredarius** (<veredus): **1.** **messager, courrier — messenger, courier.* Veredarium mittit ad Christi monachum. AETHELWULF., De abbatib., c. 6 inscr., ed. CAMPBELL, p. 11. Quos [monachos] etiam nec episcopus nec abbas vel quilibet alius eos veredariorum more in missaticis instanter transmittat. Concil. Meld. a. 845-846, c. 57, *Capit.*, II p. 412. Veredarii . . dies et noctes celeres ibant. EKKEHARD., Cas. s. Galli, c. 1, *SS.*, II p. 87 l. 27. Veredos aut veredarios exigere. Coll. Sangall., no. 2, *Form.*, p. 397. Soluto donativo quod militibus veredariis debebatur. V. Paschalis II, ed. WATTERICH, II p. 7. Misit veredarios per totam Turoniam. G. cons. Andegav., ed. HALPHEN-POUPARDIN, p. 156. **2.** *connétable du roi — constable of the king.* Dipl. Ludov. reg. design. Franc., a. 1099, ap. LUCHAIRE, *Inst. monarch.*, I p. 171 n. 2. **3.** *cheval de marche — palfrey.* Sibi [i.e. abbati] licitum foret redimere veredarios vel saumarios, id est parafredos, qui accipiebantur . . . in omni expeditione. GYSSELING-KOCH, *Dipl. belg.*, no. 96 p. 201 (a. 1047, Gand).

**veredictum,** v. verumdictum.

**veredus** (cf. voc. paraveredus): **1.** **cheval de poste pour les routes principales — post horse*



*for the main highways.* **2.** la différence entre paraveredus et veredus s'étant effacée, veredus accepte la même notion que paraveredus n. 2: *cheval de marche réquisitionné pour les déplacements des officiers publics — the difference between paraveredus and veredus having disappeared, veredus accepts the same meaning as paraveredus n. 2: post-horse requisitioned* in behalf of itinerant state officers. Eveccio eisdem ministretur, hoc est viridos sive paraveridos tantos. MARCULF., lib. 1 no. 11., *Form.*, p. 49. Item *D. Merov.*, no. 86 (a. 716). Missis . . . aut legatis . . . paratas faciant et ad subvectionem eorum veredos donent. Const. pro Hisp. a. 815, c. 1, *Capit.*, I p. 262. Ib. c. 5. Neque Fulco junioresve seu successores ejus de memorata cellula nec de rebus ibi subjectis ullum obsequium neque missos discurrentes recipiant, aut vehicula neque veredos pro temporali servitio . . . exigere presumant. *D. Pépin Ier, roi d'Aq.*, no. 7 (a. 827). Ad causas audiendas aut mansionaticos exigendos vel paratas aut veredos requirendos. Ib., no. 22 (a. 835). *D. Charles le Ch.*, no. 44 (a. 844); ib. no. 46 (a. 844). Veredos aut veredarios exigere. Coll. Sangall., no. 2, *Form.*, p. 397. Cf. H. DANNENBAUER, *Paraveredus — Pferd*, *ZSSRG.*, Germ. Abt., t. 71 (1954). **3.** *courrier, messager — courier, messenger.* Praeceptum, tali tenore conscriptum, quod etiam universae Africae veredis currentibus destinavit. VICT. VIT., lib. 2 c. 13 § 38, *Auct. ant.*, III pt. 1 p. 21.

**verejuratus** (<verus, jurare): *voirjuré, membre assermenté du magistrat municipal qui est notamment un témoin qualifié — sworn municipal officer who is a qualified witness.* Ministro ecclesie et verejuratis conquerantur. VAN DE KIEFT-NIERMEYER, *Elenchus*, I p. 315 (a. 1142, Soignies). Sub duorum verijuratorum vel scabinorum testimonio. Ib., p. 325 (a. 1154, Brogne). Testes . . . verijurati. FAIRON, *Rég. Liège*, I no. 9 (a. 1185).

**verera,** v. verreria.

**verfredus,** v. berfredus.

**vergarium,** vergerium, v. virgarium.

**vericonjuratus:** i.q. verejuratus. Si a duobus testibus vericonjuratis vel a duobus scabinis convictus fuerit. VAN DE KIEFT-NIERMEYER, *Elenchus*, I p. 324 (a. 1154, Namur).

**veridictum,** v. verumdictum.

**veridicus** (adj.) (class. "racontant la vérité, véridique — truth-telling, veracious, veridical"): **1.** en parlant d'une charte: *sincère, vrai* (par opposition à faux) — with reference to a charter: *genuine* (as opposed to false). Fictas quasi veridicas videantur scripturas conficere. Lex Visigot., lib. 2 tit. 1 § 8. Veridicis scripturis. Ib., lib. 2 tit. 4 § 7. **2.** *découvrant la vérité, les faits — establishing the truth, the facts.* Inquisitionem veridicam facere jussimus. *D. Lothars I.*, no. 116 (a. 851). Subst. neutr. plural. **veridica:** *la vérité, les faits — the truth, the facts.* Permittitur illis [sc. Judeis] inter Christianos veredica quidem testificandi licentia. Lex Visigot., lib. 12 tit. 2 § 10. Subst. mascul. **veridicus** (cf. voc. verejuratus et vericonjuratus): *voirjuré, membre assermenté du magistrat municipal qui est qualifié pour prononcer une déclaration en procès ou de témoigner — sworn municipal officer, qualified to give a statement in a lawsuit or to testify.* Si . . . hoc duorum veridicorum vel scabinorum argumento comprobatum fuerit. VAN DE KIEFT-NIERMEYER, *Elenchus*, I p. 324 (a. 1154, Namur). Vera inquisitio scabinorum, testimonio scabinorum vel veridicorum convictus. ESPINAS, *Rec. droit munic. Artois*, III no. 608, p. 211 (a. 1162).

**verificare: 1.** **présenter comme vraie — to present as true.* **2.** *prouver la vérité de qqch. — to prove the truth of something.* Appareat filios ejus . . . naufragatos . . . vaticinium pro certo verificasse. SUGER, V. Ludov. Gr., c. 16, ed. WAQUET, p. 100.

**verificus** (adj.): *découvrant la vérité — establishing the truth.* Falsum judicium se sciente pro verifica examinatione suscepit et toleravit. Syn. Aquense II, a. 860, c. 16, *Capit.*, II p. 467.

**verinuptum** (<verus, nuptus): *accord, convention, arrangement — agreement.* Inter H. presbyterum de M. et ecclesiam Molismensem . . . verinuptum illud, quod . . . DC.-F., VIII, p. 281 col. 2 (ch. a. 1135, Molesmes).

**veritas: 1.** *la vérité dans un cas en litige,* souvent établie par des témoins assermentés — *the truth in a law suit,* often established by sworn evidence. Quicumque admallatus fuerit et in veritatem testimonia non habuerit. Chilp. edict. a. 561-584, c. 7, *Capit.*, I p. 9. Judex, ut bene causam agnoscat, primum testes interroget, deinde iscripturas requirat, ut veritas possit certius inveniri, ne ad sacramentum facile veniatur. Lex Visigot., lib. 2 tit. 1 c. 23. Stante nihihominus [= nihilominus] negotio pauperis, donec judicium inveniat veritatis. Ib., lib. 2 tit. 1 c. 30. Si per probationem rei veritas investigare nequiverit. Ib., lib. 2 tit. 2 c. 5. Vir ille omnes causas lui [= illius] prosequire . . . debeat et unicuique pro ipsum . . . directum faciat et ab aliis simili modo veritatem recipiat. MARCULF., I no. 21, *Form.*, p. 57. Venientes homines . . . qui in initio litis ibidem fuerunt, . . . taliter testimonium preberunt, ut . . . Ideo etenim, dum sic veritas conprobaretur. Form. Turon. no. 30, ib. p. 153. Judex faciat jurare homines . . . et dicant exinde veritatem. Pipp. capit. Ital. a. 782-787, c. 8, *Capit.*, I p. 193. Volumus ut ad declarationem rei dubiae judicio crucis Dei voluntas et rerum veritas inquiratur. Div. regn. a. 806, c. 14, ib., p. 129. Non est credibile, ut de statu hominis vel de possessione ejus per alios melius cognosci rei veritas possit quam per illos qui vicini sunt. Capit. leg. addita, a. 816, c. 1, ib. p. 268. Tunc episcopus et L. [comes] arcerserunt illos homines qui hanc causam optime noverant eosque jurare fecerunt in reliquiis et ut veritatem hujus rei omnibus publice ostenderent. BITTERAUF, *Trad. Freis.*, I no. 401 p. 345 (a. 818). Rei veritas secundum capitula domni imperatoris . . . conprobetur. Capit. leg. Sal. add. a. 819-820, c. 12, *Capit.*, I p. 293. Quisquis aliter testes habere non potuerit, volumus, ut per comitis jussionem, quos in suo testimonio necessarios quisque habuerit, veritatem prolaturi publico conventu adducantur, ut per ipsos rei veritas cum juramento

valeat inquiri. Capit. Olonn. a. 822-823, c. 6, ib. I p. 317. Comes loci illius per verissimam inquisitionem faciat unumquemque illorum secundum legem suam veritatem dicere. Form. imper. no. 31, *Form.*, p. 310. Advocati et ministri monasterii diligenter rei veritatem inquirere studeant et emendant. *D. Ludwigs d. Deutsch.*, no. 64 (a. 853). [Missi regis] convocatis civibus juramento praemisso et fide data compulerunt eos, ut ... veritatem ita proferrent, sicut in conspectu ipsius imperatoris facere deberent. Form. Sangall. misc. no. 10, *Form.*, p. 384. La vérité établie par des arbitres — the truth established by arbitrators. Adjurati autem arbitri per fidem quam mihi debebant ut super hac re veritatem inquirerent et enunciarent, post longas satis inducias submoniti pro veritate reportaverunt et sub periculo animarum suarum testificati sunt, quod ... PREVENIER, *Oork. Vlaanderen*, no. 74 p. 165 (a. 1197). Si fuerit dissensio inter debitorem et creditorem de crantamentis per duos abbates et per duos homines meos cognoscetur veritas, et per eos dissentio terminabitur. Ib., no. 124 p. 278 (a. 1199). Par des voisins, des habitants du village, des hommes âgés — by neighbours or by old men. Si [homicidium] fuerit de nocte aut in eremo, sciant veritatem fideles de villa. MUÑOZ, *Fueros*, I p. 348 (a. 1099, Miranda de Ebro). Veritatem facerent diligentius inquiri a circummanentibus et antiquioribus de hujus rei veritate peritis. PREVENIER, *Oork. Vlaanderen*, no. 181 p. 386 (a. 1201). **2.** dans la procédure de l'enquête royale judiciaire ou administrative: *la vérité établie par des témoins ou des enquêteurs nommés par le roi ou par ses officiers* — in the procedure of the royal inquest: *the truth established by witnesses or "inquisitores" appointed by the king or his officials.* Chez les rois lombards — in the kingdom of the Lombards. Accedentes inibi missi nostri ..., inquirentes per silvanos nostros ... veritatem et renovantes signa et cruces. D. Ratchis reg. Langob. a. 747, CIPOLLA, *CD. Bobbio*, I no. 24 p. 126. Chez les rois carolingiens — in the Carolingian kingdom. Juraverunt nobiliores terrae illius, ut edicerent veritatem de ipsius fisci quantitate. STENGEL, *UB. Fulda*, I no. 83 p. 153 (a. 777). Quales seniores homines in ipsa loca fuerint manentes, eos sacramentare faciat, ut per ipsos veritas declaratur. Pipp. reg. Ital. capit. a. 800-810?, c. 3, *Capit.*, I p. 208. Volumus ut missi nostri rei veritatem inquirant. Responsa missis data, a. 896, c. 3, ib. I p. 314. In omni comitatu hi, qui meliores et veratiores inveniri possunt, eligantur a missis nostris ad inquisitiones faciendas et rei veritatem dicendam. Capit. missor. Wormat. a. 829, c. 3, ib. II p. 15. Ipsi laici omnes a Dei evangelia jurare fecimus, et per jus eos interrogassemus de ipsa vistitura, et illi scirent nobis certam dicerent veritatem. MANARESI, *Placiti*, I no. 42 p. 138 (a. 833, Siena). Nos ... legatum inquisitionem veridicam facere jussimus. Qui inquisita rei veritate nobis manifestare curavit eundem portum ad ipsum sanctum locum ... pertinere. *D. Lothars I.*, no. 116 (a. 851). Ante presentiam nostram jussimus sisti et probari veritatem hujus rei. Ib., no. 135 (a. 854). Misimus G. fidelem nostrum per verediciores melioresque homines hujusce rei veritatem sub jure jurando investigaturum nec non utrarumque rerum qualitatem et quantitatem descriptionem nobisque ... perlaturum. *D. Lothars II.*, no. 15 (a. 860). En Allemagne — in Germany. Nos autem, ad hujus rei veritatem cognoscendum, scabinis nostris Thyle pro veritatis exquisitione ipsos [cives Trajectenses] transmisimus. Priv. Frid. I imp. pro Tielens., a. 1174, VAN DE KIEFT-NIERMEYER, *Elenchus*, I p. 436. Dans la France capétienne — in France under the Capetian kings. Ego rex Francorum elegi tres episcopos ... et tres barones ... et ego Henricus, rex Anglie, elegi tres episcopos ... et tres barones ... qui, inquisita veritate hinc inde tam per seipsos quam per juramenta hominum terrarum illarum, predicti episcopi in verbo veritatis asserent et laici jurabunt quod quicquid cognoverint de jure alterius nostrum esse hoc inter nos dicent, et nos eorum dicto bona fide stabimus. *Actes Phil.-Aug.*, no. 7 (a. 1180). Convocatis tam clericis quam burgensibus antiquioribus, ex hiis electi honestiores jurarent quod veritatem dicerent super hiis que viderant et ab antecessoribus suis audierant. Ch. Phil.-Aug. reg. Franc. et Richardi reg. Anglie, a. 1190, *Actes Phil.-Aug.*, no. 361 p. 438. On trouve le même type d'enquête dans les principautés territoriales — the same procedure of establishing the truth is found in the territorial principalities. Accepto mandato a domina M. Trecensis comitissa, ut de prefata elemosina diligenter veritatem inquireremus. Ch. a. 1197, BONGERT, *Recherches*, p. 267 n. 1 (Troyes). Delegati vero judices, inquisita rei veritate et cognita, silentium Aldenburgensibus imposuerunt. PREVENIER, *Oork. Vlaanderen*, no. 228 p. 480 (a. 1202). Dicti inquisitores, inquisita sub sacramento ab incolis veritate. Ib., no. 276 p. 607 (a. 1204). En Angleterre: la vérité établie par des jurés du voisinage, nommés ou élus par ordre du roi — in England: the truth established by jurors of the neighbourhood, appointed or elected by order of the king. Praecipite ex mei parte hominibus vestrorum comitatuum, ut ipsi ... veritatem omnino dicant de 3 virgatis terrae, quas R. reclamat. VAN CAENEGEM, *Writs*, p. 485 no. 138 (a. 1101?). Duodecim legales milites de eodem visneto qui melius veritatem sciant, ad recognoscendum super sacramentum suum utrum N. an R. majus habeat jus in una hida terre in S. GLANVILL., lib. 2 c. 11, ed. HALL, p. 30. Si nulli eorum [juratorum] rei veritatem inde scierint, et hoc in curia super sacramentum eorum testati fuerint, ad alios decurrendum erit donec tales inveniantur qui rei veritatem inde scierint. Ib., lib. 2 c. 17, p. 34. **3.** *enquête judiciaire — judicial inquiry.* Cum veritatis judicio et seniorum regni relatu comes intellexisset. GALBERT., c. 7, ed. PIRENNE, p. 13. Tradit rei veritas quod ecclesia s. Amandi ... decimam a quodam S. emit legitime. PREVENIER, *Oork. Vlaanderen*, no. 27 p. 73 (a. 1194). Hec autem omnia non per legem, sed per veritatem tractanda sunt. GISLEB. MONT., c. 67,



ed. VANDERKINDERE, p. 106. Dampna illata per veritatem ... restituere debet. Ib. c. 136, p. 202. **4.** spec.: en Flandre et en Hollande: *enquête judiciaire par interrogatoire de témoins inquisitionnels, dirigée par les officiers du comte* (belg. "waarheid") — in Flanders and Holland: *sworn inquest of a judicial nature, directed by the count's officials.* De quindena in quidenam habet comes et baillivus ex parte ejus veritatem, ... de hiis qui bannitos receptaverunt. PREVENIER, *Oork. Vlaanderen*, no. 214, c. 10 (a. 1192-1202). Finita omni equitatione sua comes habere poterit veritatem suam quae dicitur durginga. Statut. Franc. Brug., ca. a. 1190, GILLIODTS-VAN SEVEREN, *Cout. Franc de Bruges*, II no. 1 § 7, p. 5. Si homo ab alio occisus fuerit, oportet illum, cui mors occisi imposita fuerit, meam subire veritatem; et si mea veritate convictus fuerit, caput ei amputetur. Statut. Biervliet, a. 1194, § 8, GILLIODTS-VAN SEVEREN, *Cout. Quartier de Bruges, cout. petites et seign.*, I p. 525. Similia ib. § 11, p. 525. Omnia, que in kora evenerint, que justiciarius et scabini emendare non poterint, et si querela ante comitem pervenerit, ipse comes per veritatem suam terminabit. Statut. Middelburg. a. 1217, c. 28, VAN DE KIEFT-NIERMEYER, *Elenchus*, I p. 452. **5.** spec.: *enquête judiciare dirigée par les échevins d'une ville — judicial inquiry directed by the "échevins" of a town.* Qui aliquem cum armis infra bannileugam fugaverit, eodem forisfacto judicabitur, si veritate scabinorum inde convictus fuerit. Statut. Atrebat., a. 1157-1163, § 5, ESPINAS, *Rec. Artois*, I no. 107 p. 270. Ib. similia pluries. Omnium negotiorum querele apud. S. vel E. judicio scabinorum et veritate ... tractentur et terminentur. Statut. Lalleu, a. 1163, § 2, ib. III no. 537 p. 16. Si aliquis vulnus fecerit ... et illud veritate scabinorum cognoscatur. Phil. comes Flandr. priv. pro Brug., a. 1168, c. 1, VAN DE KIEFT-NIERMEYER, *Elenchus*, I p. 337. Cf. R. C. VAN CAENEGEM, *Geschiedenis van het strafprocesrecht in Vlaanderen van de XI$^{e}$ tot de XIV$^{e}$ eeuw*, 1956, p. 33-66, 165-180. **6.** *jugement — sentence.* Ne quis igitur huic veritati in posterum contraire presumat, eam presentis pagine patrocinio cum sigilli mei appensione roboravi. PREVENIER, *Oork. Vlaanderen*, no. 77 p. 172 (a. 1197). **7.** *charte contenant un jugement — charter containing a sentence.* Veritatem rei sigilli mei appensione et testium, qui interierant, subscriptione confirmari precepi. Ib. no. 94 p. 210 (a. 1198). **8.** en parlant de chartes: *véracité, validité — veracity, validity.* Quod si evidentissime, quid scriptura continuit, recordare non potuerit, tunc ille, cujus scriptura fuit, habeat licentiam conprobare per sacramentum suum adque per testem, quid ipsa scriptura continuit evidenter; et ita datum veredice testimonium scripture reparet veritatem. Lex Visigot., lib. 7 tit. 5 c. 2. Nescire se dixerit ipsius scripture veritatem. Ib., lib. 2 tit. 5 c. 17. **9.** *droit subjectif, titre — right, title.* Tricennium [i.e. praescriptio 30 annorum] non includat ecclesiasticas veritates, sed unaquaeque ecclesia ... omni tempore suas veritates recuperet et possideat. Concil. Cojac. a. 1050, c. 9, MUÑOZ, *Fueros*, p. 211. Veritatem et justitiam regis non contendant. Ib., c. 13, p. 212. **10.** *attribution, contrôle — allocation, supervision.* Ligna vivi nemoris edificiis suis propriis necessaria infra potestatem de B. et non alias sine dando vel vendendo, accipienda quidem per veritatem forestariorum eorundem nemorum. PONCELET, *Actes Hugues de Pierrepont*, no. 107 (a. 1213).

**vermiculus,** -melius, -milius, -millus, -miculatus (adj.): *teint d'une teinture de rouge foncé — dyed with red dye.* NOTKER., G. Karoli, lib. 2 c. 9, ed. RAU, p. 392. Cf. M. SABBE, *RBPH.*, t. 14 (1935) p. 832. AIMOIN. FLOR., Hist. Franc., lib. 3 c. 90, *Hist. de Fr.*, III p. 111. BARTHOL., Annal. Genuens. ad a. 1242, ed. IMPERIALE, p. 127. Subst. mascul. et neutr. **vermiculus,** -ulum, -ulatus, -milium: **teinture rouge — red dye.* Capit. de villis, c. 43. Polypt. s. Remigii Rem., c. 22 § 15 sqq., ed. GUÉRARD, p. 84 col. 1.

**vernaculus** (adj.): *allodial — allodial.* Vernacula terra juris mei in loco q. d. O. tradimus. WARTMANN, *UB. S.-Gallen*, I no. 3 p. 3 (a. 716-720). Vernaculam juris mei terram in loco nuncopanti q. d. P., quantum mihi Deus donavit et parentis mei in hereditate dimiserunt, trado. Ib. no. 5 p. 5 (a. 735). Subst. mascul. **vernaculus: 1.** *serf — serf.* Vindedi vobis vernacula [= -um] juris mei nomen illo, et accipi exinde precium. Form. Andecav., no. 9, *Form.*, p. 7. Vernaculus ejus ex genere Saxonico. V. Eligii, lib. 1 c. 10, *SRM.*, IV p. 676. Ibi pluries. Demitto a die praesenti vernaculo [= -um] juris mei nomen illo ingenuo [= -uum]. Form. imper., no. 2, ib. p. 228. Ibi pluries. Absolvo quosdam vernaculos meos. LEROUX, *Ch. de Limoges, Bull. Soc. Lettr. de la Corrèze*, t. 5 (1883), p. 646 (a. 1061). **2.** *tributaire d'église, sainteur — ecclesiastical tributary.* Episcopus, suos convocans fideles ... tam etiam devotos suae potestatis vernaculos. Notitia a. 941, G. DESPY, *Serfs ou libres?*, *RBPH.*, t. 39 (1961), p. 1143 (Cambrai). Subst. neutr. **vernaculum:** *les usages, le droit traditionnel d'un pays, la coutume — the usages, the ancestral law, the customary law of a region.* Lex alia naturalis, que apud omnes eadem est, alia constitutionis, in qua habet unaqueque patria suum aliquid proprium vivendique vernaculum. QUADRIP., lib. 2 praef. c. 10, LIEBERMANN, p. 543.

**vernaria,** verniaria (cf. voc. vernia): *terrain situé près d'un bois de vergnes — ground situated near an alder copse.* Constat nos vendidissemus ... vernaria nostra in loco que vocatur V., ... et habet ipsa vernaria ... in se fines ... DESJARDINS, *Cart. de Conques*, no. 104 p. 96 (a. 997-1004). Alodus noster ..., hoc est vinea, cum mansione, cum orto, cum boscos, cum beciarias, cum verniarias ... Ib. no. 253 p. 210 (ca. a. 1012).

**vernasatura,** -nisa- (<vernare): *action de vernir, vernissage — varnishing.* S. xiii.

**vernetus,** -tum, -dum (cf. voc. vernia): *terrain situé près d'un bois de vergnes — ground situated near an alder copse.* Cum pratis, cum vineis, cum campis, cum silvis, cum farinariis, cum furnis, cum vernedis, cum aquia. *Gall. chr.*[2], II instr. col. 73 (a. 959, Clermont-Ferrand). Donamus vernedum qui est in

ipsa villa C. BERNARD-BRUEL, *Ch. de Cluny*, II no. 1411 p. 469 (a. 975). Ecclesiam . . . cum aquis et piscatoriis et vernetis. Priv. Sergii IV pap. pro monast. Cuxano, a. 1011, *Bull. Roman. Pontif.*, MIGNE, t. 139 col. 1508B.

**vernia**, -verna (celt.?, cf. frg. *verne, vergne*): *terrain situé près d'un bois de vergnes — ground situated near an alder copse.* Alodus noster de V. cum vineas, cum vernias, cum pratos, cum mansiones, cum ortos. DESJARDINS, *Cart. de Conques*, no. 95 p. 89 (a. 997-1004).

**verniacum:** i.q. vernia. MUSSET, *Cart. d'Angély*, II no. 475 p. 136 (ca. a. 1091).

**vernula** (subst.) (<verna): *serviteur — servant.* Sanctae . . . ecclesiae vernula, episcopus scilicet, sive abbas aut comis. F. Salisb., no. 1, *Form.*, p. 439.

**vernulitas:** 1. **servilité—servility.* 2. *service —service.* Quando debitas vernulitatis suae horas ceterasque missarum celebrationes Christo Domino solvere censuisset. V. Dunstani, c. 37, ed. STUBBS, p. 50.

**vernulus** (subst.) (<verna): *serf — serf.* Vernulos suos absolvit. F. Visigot., no. 25, *Form.*, p. 587.

**vernum**, -us (subst.): **printemps — springtime, spring.*

**verreria**, verera: *vitrail — leaded glass window.* Pro vereris Castri-novi 20 sol. LOT, *Budget*, p. CXL col. 1.

**verrina:** i.q. verreria. Pro verrinis capellae 55 sol. LOT, *Budget*, p. CCII col. 2.

**versana** (<versare, versus, class. "sillon, ride — furrow"): 1. *une mesure de longitude — a measure of longitude.* De nostra terra . . . de 2 versanas in longitudine et in amplo 1 versana. RIUS, *Cart. de S.-Cugat*, I no. 26 p. 26 (a. 947). 2. *saison du labourage — ploughing-season.* S. xiii. 3. *champ labouré mais pas encore semé — ploughed but not yet sown field.* S. xiii.

**versarium** (cf. voc. versus): *recueil de hymnes, de cantiques — hymn-book, hymnal.* Psalterium 1 . . . versarium 1, missale 1. VON JAKSCH, *Mon. Carinth.*, III p. 48 l. 17 (a. 957-993).

**versatim:** *réciproquement, vice versa — conversely, reciprocally, vice versa.* Si judex aliquem contra legem injuste damnaverit, in nostra absentia ab episcopis castigetur, ut quod perpere judicavit versatim melius discussione habeta emendare procuret. Chlot. II praec. a. 584-628, c. 6, *Capit.*, I p. 19.

**versatura** (<versare): *premier labourage — first ploughing.* Ad versaturam omnes carrucas ville una vice, et ad binaturam una vice. D. Henr. I reg. Fr. (a. 1031-1060), TARDIF, *Cartons*, no. 280 p. 173 col. 2.

**verschinga**, v. friskinga.

**verseria** (cf. voc. versatura): *labourage — ploughing.* S. xiii.

**versicanorus** (<versus): *poète — poet.* Sicut de eo quidam sapiens versicanorus scripsit. Chron. Novalic., lib. 2 c. 7, ed. CIPOLLA, II p. 135.

**versiculus:** **verset de la Bible — verse of the Bible.*

**versio** (<versare, vertere): 1. en parlant du vin: *détérioration* (cf. tourner au vinaigre, le vin a tourné) — with reference to wine: *deterioration* (cf. to turn to acid). Vinum quomodo vindemiatum et intra vascula misso, statim turbulentus, qui dicitur versio, fuit. ANDR. BERGOM., c. 17, *Scr. rer. Langob.*, p. 229. 2. *héritage — heritage, portion.* Que mihi pertinet ex versione meorum parentum et per meum conquisitum. FICKER, *Forsch.*, IV, no. 43 p. 65 l. 14 (a. 1013).

**versura:** *champ ouvert* (teuton. "Gewann") — *open field.* Terrola ad sex modius [i.e. modios] seminatura in trebus partebus: duo mudio in una versuram, duo in alia, duo in tertia, fiaeri [i.e. fiunt] simul modio sex. SCHIAPARELLI, *CD. Longob.*, I no. 44 p. 148 (a. 729, Novara).

1. **versus** (praep.): *contre — against.* Si ullus homo versus nos . . . aliquid dicere vult, parati sumus cum eo ad rationem standum et exinde legitime finiendum. FICKER, *Forsch.*, IV no. 38 p. 56 (a. 998).

2. **versus** (subst.): 1. *verset de la Bible récité au début ou à la fin de l'Office — verse of the Bible* recited at the beginning or end of the Divine Office. Ut ad capitulum primitus martyrologium legatur et dicatur versus quo silentium solvatur. Capit. monasticum, a. 817, c. 69, *Capit.*, I p. 347. Sane versum, qui in capite omnium praeter missas officiorum, quae horis canonicis exhibentur, dici solet, id est: "Deus in adjutorium meum intende". WALAFR., *Exord.*, c. 26, ib. II p. 507 l. 12. 2. *ligne d'écriture d'une charte — line of writing of a charter.* Iscripsi ego . . . et co [leg. quo] in duas loca super versu iscriptum est nulla sit duvitazio [= dubitatio] quia proprio manus me suscrisi [= subscripsi]. BRUNETTI, *CD. Tosc.*, I p. 221 (a. 774-775). Scripsi . . . cum litteras superpositas in verso decimo ubi dicit: medietatem. RIUS, *Cart. de S.-Cugat*, I no. 5 p. 9 (a. 912). Hanc karta[m] vindicione [i.e. venditionis] scripsi et subscripsi cum litteras superpositas novem in verso 6. MARTORELL, *Arch. Barcelona*, no. 64 p. 196 (a. 919).

**vertere.** Loc. vertere monetam: *changer les coins du monnayage — to change the type of currency, to change the dies.* Quando moneta vertebatur, quisque monetarius dabat 20 sol. ad Lundoniam, pro cuneis monetae accipiendis. Domesday, I 172 b 1.

**vertevolum**, verti-, -bolum, -culum (<vertere): *verveux, filet de pêche en forme d'entonnoir — funnel-shaped fishing net.* Si quis statuam aut tremaclem aut vertevolum de fluvio furaverit. Pactus Leg. Sal., tit. 27 § 28.

**vertibilis** (<vertere): **susceptible de changer, muable, changeant — changeable, mutable.*

**vertibilitas:** **muabilité — mutability.*

**vertibulum** (<vertere): *fourgon, ringard — poker, fire-rake.* Latrunculus, veste nudatus propria, sinistra tunicam et dextera tenens vertibulum, ad pedes F. provolvitur. STEPHAN. V. Guillelmi Firmati, c. 2 § 16, *AASS.*[3], Apr. III p. 337 col. 2.

**verticalis** (adj.) (<vertex). En parlant du pape: *le plus haut de la hiérarchie de l'Eglise* — with reference to the pope: *highest in the ecclesiastical hierarchy.* Apostolicus et verticalis papa noster Martinus. Hypomnest. de gestis s. Maximi, MIGNE, t. 129 col. 690 A8.

**vertragus**, vertrahus, v. veltravus.

**verum.** Loc. in verum mittere: *établir, prouver par serment — to establish, to give evidence on oath.* Ipsam manum in verum mittere, quod nullum aliud vendidit ei. Leg. Ine, c. 75, Quadrip., ed. LIEBERMANN, p. 123. col. 2.



**verumdicere** (cf. voc. verumdictum): *rendre le verdict — to pronounce the verdict.* R. reddit compotum de 1 marca quia prohibuit juratores verumdicere de quadam recognitione de ecclesia de S. Rot. Pip. 15 Henr. II, a. 1169, ap. VAN CAENEGEM, *Writs*, p. 95 n. 2.

**verumdictum**, vere-, veri-, ver- (<verus, dicere): 1. *procédure par laquelle la preuve est établie par une sentence rendue par des hommes qualifiés ayant connaissance de la cause — procedure of establishing the proof by a sentence given by qualified men cognizant of the case.* Comes causam in vero dicto antiquorum et proborum virorum poni commendavit. Deinde vocavit ipse comes in verum dictum Pipinum [et 4 alios]. Isti prefati surgentes, audiente et vidente curia, homines . . . nullum vinagium debere asseruerunt. MARCHEGAY, *Arch. d'Anjou*, III no. 87 p. 67 (a. 1151). 2. *déclaration solennelle ou par serment — solemn, mostly sworn statement.* Ille reddit compotum de exitu illius honoris per verum dictum suum. Dialogus de Scacc., lib. 2 c. 27, ed. JOHNSON, p. 124. 3. *déclaration par serment, prononcée par les voisins, et fondée sur une enquête; verdict du jury — sworn statement of a jury of neighbours, arrived at after an inquest; verdict of the "country".* Idem quoque fiet si parentes ipsi inveniantur discordes, quia tunc ad visnetum erit recuperandum et ejus verodicto credendum. GLANVILL., lib. 2 c. 6, ed. HALL, p. 27. Ad visnetum erit recuperandum ita quod per ejus verumdictum scietur utrum illi liberi homines sint an non, et secundum hoc dictum judicabitur. Ib. lib. 5 c. 4, p. 55. Sciatis nos . . . reddidisse W. de H. advocationem capellae de E. . . ., quae ad eum pertinere dinoscitur secundum ve'dictum legalium hominum viciniae. MADOX, *Formul. Angl.*, p. 370 (ch. a. 1197, Durham).

**verus:** 1. en parlant d'une charte: *sincère, vrai* (par opposition à faux) — with reference to a charter: *genuine* (as opposed to false). Alias scripturas auctoris procuret inquirere, per quarum similitudinem scripturam, quam profert, veram esse confirmet. Lex Visigot., lib. 2 tit. 5 c. 17. Si quis scripturam falsam fecerit . . . et veram subpresserit, subtraxerit, disruperit vel designaverit aut diluerit. Ib., lib. 7 tit. 5 c. 2. Post querelas dominorum servi eorum cartas ostendant, et ipsi servi a scabineis sententia accepta eas veras esse comprobare debeant. Responsa misso cuidam data, a. 802-813, c. 7, *Capit.*, I p. 145. De cartis, quae a quibusdam personis falsae appellantur, constituimus, ut, si notarius superfuerit et testes, ipsi eam veram et idoneam faciant. Capit. Pap. a. 856, c. 6, ib., II p. 91. 2. Loc. vera inquisitio: *procédure d'établir les faits au moyen d'une enquête — procedure of establishing the facts by way of an inquest.* De rebus et familiis memorate ecclesiae vera fiat inquisitio per veraces et idoneos homines et quorum testimonium dinoscitur esse probabile. *D. Lothars I.*, no. 59 (a. 841).

**vervicarius**, verbe-, berbisa- (<vervex) (v. etiam voc. berbicarius): *berger — shepherd.* Portionem [villae] . . . cum vervicibus et vervicariis vel quod jam ad presens possidetur. Test. Adalgiseli-Grimonis a. 634, LEVISON, *Frühzeit*, p. 127. Pactus Alam., fragm. 5 c. 5. Dono pastores vaccarios, procarios, verbecarios cum gregibus eorum. WAMPACH, *Echternach*, I no. 3 p. 17 (a. 697-698).

**vesdum**, v. waisda.

**veso:** *putois — polecat.* PETR. VENERAB., Stat. Cluniac., c. 17, MIGNE, t. 189 col. 1030 D.

**vesper** (subst. mascul., neutr.), **vespera** (subst. feminin.): *les vêpres — vespers.* Conc. Vasens. III, a. 529, c. 3, DE CLERCQ, *Conc. Gall.*, p. 79. Benedicti regula, c. 18. DIONYS. EXIG., Coll. canon., c. 121, MIGNE, t. 67 col. 166. Signum sonavit ad vespera. Visio Baronti (s. vii ex.), c. 5, *SRM.*, V p. 381. Capit. de presbyt. admon. (ca. a. 800?), c. 5, *Capit.*, I p. 238. Vespere jam incipiente decantari. Mir. Waldburgis Tielensia (ca. a. 1022), *SS.*, XV p. 764.

**vespertinalis** (adj.) (<vesper): *de vêpres — of vespers.* Dum vespertinales Dei laudes ex more celebraret. ADAMNAN., V. Columbae, lib. 1 c. 37, ed. ANDERSON, p. 288. Ad vespertinalem Dominicae noctis misam [i.e. missam] ingreditur eclesiam. Ib., lib. 3 c. 23, p. 526. Subst. feminin. plural. **vespertinales:** *vêpres — vespers.* Vespertinalis [leg. -es] quoque in vigilia Paschae melius celebrandae visae sunt propter laetitiam resurrectionis Domini, quam dimittendae. Conc. Aquisgr., a. 836, c. 2 can. 9, *Conc.*, II p. 710.

**vespertinus** (adj.): *de vêpres — of vespers.* Vespertina autem synaxis 4 palmis cum antiphonis terminetur. Benedicti regula, c. 17. Discedente populo a basilica post gratiam vespertinam. GREGOR. TURON., Virt. Jul., c. 20, *SRM.*, I pt. 2, p. 123. Commemorationem illam, quam quotidie bis habuimus, id est post matutinam celebrationem et vespertinam. Supplex libel. monach. Fuldens. Carolo imp. porrectus, a. 812, 817, c. 1, *Corp. consuet. monasticarum*, I p. 321. Subst. neutr. plural. **vespertina:** *vêpres — vespers.* Clerici . . . psallant nocturna et matutina et vespertina. BARONIO, *Ann. Eccl.*, a. 528, t. VII (1603), p. 148E.

**vespillo**, vis-, -ilio, -illio (class. "croque-mort — corpse-bearer"): 1. **violateur de sépulture — desecrator of graves.* 2. *client armé, chevalier — armed retainer, knight.* Romipetas faciebat [Otto imperator] a suis vispillionibus, quos in castris posuerat, spoliari. GUILL. BRITO, G. Phil., c. 157, ed. DELABORDE, p. 237. Transibant vispilliones per Ligerim fluvium. Ib., c. 178, p. 261. 3. *brigand nocturne — nocturnal robber.* S. xiii.

**vestiarium**, vestarium (class. "armoire à vêtements, garde-robe — clothes-chest, wardrobe"): 1. *lieu où l'on garde les habits des moines, vestiaire — vestry of a monastery.* Reponenda [vestimenta vetera] in vestiario. Benedicti regula, c. 55. Cuneus cingulum, quod vulgo bracilem vocantur, inter manus trahentium invenisset, monasterii vestiario detulit. BOBOLENUS, V. Germani Grandiv., (ca. a. 675), c. 15, *SRM.*, V p. 39. 2. *le soin des vêtements d'un monastère, envisagé comme un office — the office of taking care of the clothes of a monastery.* De vestiario, quid et quantum illa, quae illud ministerium providet, de mansas [= mansis] habere

debeat, unde lanam et linum. BRUCKNER, *Reg. Alsat.*, no. 656, p. 392 (a. 888-906). **3.** *l'ensemble des domaines dont les profits reviennent au "vestiaire" — the whole of estates the revenue of which flows into the "vestry".* Duae portiones decimationis ad vestiarium fratrum nostrorum pertinebant. HALKIN-ROLAND, *Chartes de Stavelot-Malmédy*, I no. 162 p. 328 (a. 1136). **4.** *vêtements — clothes, dress.* Alimonia et vestiarium. GREGOR. M., lib. 9 ep. 21., *Epp.*, II p. 55. **5.** *les vêtements et ornements portés par un évêque pendant les fêtes solennelles — the clothes and ornaments worn by a bishop on holy-days.* Vestarium omne episcopii. GREGOR. M., lib. 3 ep. 35, *Epp.*, I p. 193. **6.** *vestiaire ou trésor* où l'on garde les ornements — *vestry or treasury* where the ornaments are kept. A la cour pontifical — at the papal court. Diebus vero festis, calicem et patenam majores ... de vestiario dominico exeunt sub sigillo vesterarii. Ordo Rom. I (s. vii ex.), c. 22, ANDRIEU, II p. 73. Sigillaverunt omnem vestiarium ecclesiae. Lib. pontif., Severinus, c. 73, ed. MOMMSEN, p. 175. Prior vestiarii s. Romanae ecclesiae. Priv. Hadr. I pap. a. 772, GREGOR. CATIN., Reg. Farf., ed. GIORGI-BALZANI, II doc. 90 p. 84. Du roi ou de l'empereur — of the king or the emperor. Quicquid in camera atque vestiario ejus fuisset inventum. EGINHARD., V. Karoli, c. 33, testamentum. Des princes laïcs — of the lay princes. 50 libras auri vestiario et camerae nostrae ... se noverit soluturum. Ch. Bohamundi II princ. Antiochiae, a. 1126, UGHELLI, X col. 174. **7.** i.q. armarium: *archives — archives.* Postquam invenit traditiones et precarias sive privilegia et strumenta multarum cartarum in vestigario sive armario praedicta ecclesiae. G. Aldrici, ed. CHARLES-FROGER, p. 45.

**vestiarius** (adj.). Loc. vestiaria ancilla: *servante du vestiaire — maidservant of the wardrobe.* Lex Alamann., tit. 75 § 1. Ib. tit. 80 § 1. Subst. mascul. **vestiarius,** vestararius, vesterarius, vestarius: *chef du vestiaire — keeper of the wardrobe.* A la cour pontificale — at the papal court. Ordo Rom. I (s. vii ex.), c. 22, ANDRIEU, II p. 73. Lib. pontif., Hadr. I, c. 97, ed. DUCHESNE, I p. 505. GREG. CATIN., Reg. Farf., ed. GIORGI-BALZANI, II doc. 199 p. 162 (a. 813). Synod. Pontigon. a. 876, c. 8, *Capit.*, II p. 352. JOH. DIAC., V. Gregor. M., lib. 1 c. 10, MIGNE, t. 75 col. 66. De certaines églises cathédrales — of some cathedral churches. AGNELL., Lib. pontif. eccl. Rav., c. 158, *Scr. rer. Langob.*, p. 380 l. 26. Lib. pontif., Nicolaus I, c. 107, ed. DUCHESNE, II p. 157 (Ravenna). UGHELLI, VII col. 610 (ch. a. 1284, Salerno). D'un monastère — of a monastery. Epist. var. no. 33, c. 15 (a. 812), *Epp.*, IV p. 550. PETR. DIAC., Chron. Casin., lib. 4 c. 108, *SS.*, VII p. 820. Ib. c. 120, p. 836. Du roi lombard — of the king of the Lombards. SCHIAPARELLI, *CD. Longob.*, I no. 48 p. 160 (a. 730). GREGOR. CAT., Reg. Farf., ed. GIORGI-BALZANI, II doc. 26 p. 38 (a. 746). Ib. doc. 49 p. 55 (a. 761). Lib. pontif., Hadr. I, c. 94, ed. DUCHESNE, I p. 487. PAUL. DIAC., Hist. Langob., lib. 5 c. 2, *Scr. rer. Langob.*, p. 143. Du prince de Benevento-Capua — of the prince of Benevento-Capua. Chron. Salern., c. 180, ed. WESTERBERGH, p. 181. Subst. femin. **vestiaria,** vesteraria: *servante du vestiaire de la reine — maidservant of the wardrobe of the queen.* PAUL. DIAC., lib. 2 c. 28, *Scr. rer. Langob.*, p. 88. AGNELL., c. 96, ib. p. 238.

**vestibulum:** *vestiaire d'un monastère — vestry of a monastery.* Oratione completa vestibulum ingreditur, et ad missam celebrandum sacris vestibus induitur. V. Guillelmi, abb. Roschild. in Dania, c. 1 § 10, *AASS.*[3], Apr. I p. 626 col. 2 (s. xiii).

**vestigatio:** **quête, recherche, dépistage — quest, search, tracking, scenting.* Ne intermittatur aliqua vestigatio. Leg. VI Aethelstan, c. 5, Quadrip., LIEBERMANN, p. 176. De vestigatione et quesitione pecoris furati. Leg. III Eadmund c. 6, Quadrip., ib. p. 191.

**vestimen:** *vêtement — dress.* Non laneo, non lineo vestimine ... usus est. FELIX, V. Guthlaci, c. 28, ed. COLGRAVE, p. 94.

**vestimentor,** vestimentarius: *tailleur — tailor.* PLANITZ-BUYKEN, *Kölner Schreinsb.*, no. 991 p. 243 (a. 1276).

**vestimentum: 1.** (cf. voc. vestire n. 1): *cense annuel payé en reconnaissance de la propriété éminente — rent paid in recognition of eminent landlordship.* Annis singulis diebus vitae meae in censum et vestimentum in festivitate s. Martini canonicis s. Juliani pastum unum ... persolvam. DONIOL, *Cart. de Brioude*, no. 30 p. 54 (a. 922). **2.** (cf. voc. vestis n. 1): *tapisserie — tapestry, hangings.* Vel reliquas fabricaturas seu ministeria ecclesiae vel strumenta cartarum, libros vel vestimenta ecclesiae. Test. Wideradi a. 721, PARDESSUS, II no. 514, p. 326.

**vestire** (cf. voc. investire): **1.** *investir, mettre qq'un en possession* d'une propriété, d'une tenure, d'une charge ou d'une dignité — *to invest a person with, to seize a person of* property, a tenancy, an office or a dignity. Tradidit et consignavit et eum de ipsas res [= de ipsis rebus] in omnibus vestivit et pillo et fistuca se exinde exitum dixit et fecit. Coll. Flavin., addit. 2, *Form.*, p. 490. Notitia de traditione, quam fecit R. ... Post obitum R. filius ejus Ch. circumduxit et consignavit praedictam terram advocatos H. episcopi S. et E. et in manus illorum vestivit et cum testibus firmavit. BITTERAUF, *Trad. Freising*, I no. 331 p. 283 (a. 815). Ibi saepius. Rex donavit forestem deditque missum suum, qui inde abbatem et servos Dei vestiret. *D. Ludw. d. Deutsch.*, no. 1 (a. 829). Postea vestivit R. abbas M. et fratrem ejus L. de supradicta terra. DE COURSON, *Cart. de Redon*, no. 134 p. 102 (a. 868-871). Per fuste[m] et de manu sua investivi[t] eundem G. episcopus [leg. episcopum] ... de rebus ipsis. MANARESI, *Placiti*, I no. 71 p. 260 (a. 871, Lucca). Eundem episcopum inde [sc. de abbatia s. Servatii] vestientes coram multitudine populi. *D. Zwentib.*, no. 21 (a. 898). Hereditatem ... ad ecclesiam ... donavit atque vestivit. ESCHER-SCHWEIZER, *UB. Zürich*, I no. 212 p. 102 (a. 968). Cum baculo pastorali eum honore pontificali vestivit. ADEMAR., lib. 3 c. 57, ed. CHAVANON, p. 183. Unde cenobium s. Dionysii vestitum fuerit a bonis Deo timentibus hominibus. *D. Charles le Ch.* no. 481



(<a. 860>, spur. s. xi ex.). Aliquid alicui. Vestivi ... ecclesiae [dativ.] quas abstulerant villas. FAUROUX, *Actes de Norm.*, no. 70 p. 207 (a. 1031-1034). **2.** *prendre en possession — to take into possession.* Cum gens pagana fuisset ... expulsa et terra Tolonensis coepisset vestiri et a cultoribus coli. GUÉRARD, *Cart. de Marseille*, I no. 77 p. 104 (ca. a. 993). **3.** *cultiver, mettre en culture, exploiter — to cultivate, to till.* Villam nostram ... cum mansis vestitis et vestiendis. DELOCHE, *Cart. de Beaulieu*, no. 73 p. 125 (a. 967). B. debet ipsa terra vestire et edificare. GUÉRARD, *Cart. de Mars.*, I no. 598 p. 591 (a. 970). Venerunt Th. et N. fratres ad A. abbatem, rogantes eum ... ut concederet eis C. vestire ad medium vestem. Ib. I no. 77 p. 105 (ca. a. 993). **4.** *coloniser, établir des agriculteurs et des hôtes — to colonize, to settle with farmers.* Terram illam cultoribus et hospitibus vestiat. GUÉRARD, *Cart. de N.-D. de Paris*, I p. 375 (a. 1117).

**vestis: 1.** *tapisserie — tapestry, hangings.* Fecit in ecclesia b. Petri apostoli vestem mire pulchritudinis ex auro et gemmis, habentem praefiguratam storiam qualiter b. Petrus a vinculis per angelum ereptus est. Lib. pontif., Hadr. I, § 45, ed. DUCHESNE, I p. 499. Ipsiusque parietibus et columnis et arcubus auro tectas vestes, margaritarum varietatibus multipliciter exornatas, suspendi fecisset. SUGER., De consacr. eccl., c. 2, LECOY, p. 216. **2.** loc. terram ad medium vestem vestire: *tenir, exploiter à demi-fruit — to hold, cultivate at half the crop.* Venerunt Th. et N. fratres ad A. abbatem, rogantes eum ... ut concederet eis C. vestire ad medium vestem. GUÉRARD, *Cart. de Mars.*, I no. 77 p. 105 (ca. a. 993). Ib. pluries.

**vestitio: 1.** *investiture, saisine, mise en possession* d'une propriété, d'une tenure — *investiture, seisin, livery* of a property, a tenancy. Testibus qui in praedicti principis traditione et vestitione ipsius loci affuerunt. STENGEL, *UB. Fulda*, I no. 5 p. 9 (a. 743). Vestitionis testes iidem qui et supra nominati sunt cuncti. DRONKE, *CD. Fuld.*, no. 87 p. 53 (a. 788). **2.** *possession* (teuton. "Gewere") — *possession.* Dono ... quartam partem in omnibus et ex omnibus rebus quae ad ipsam villam pertinent, ... in tali conventu ut, quamdiu ego vixerit, teneam et possideam, excepto uno manso quem in vesticionem dono s. Victori in presenti. GUÉRARD, *Cart. de Mars.*, I no. 109 p. 137 (ca. a. 1060). **3.** *les appartenances et dépendances — appurtenances.* Tradidi hereditatem meam ... in agris vel pratis, cultis vel incultis et mancipiis, cum omni vestitione. BITTERAUF, *Trad. Freising*, I no. 171 p. 166 (a. 794). **4.** *cens — rent.* Per singulos annos vesticionem habeant ipsi monachi inter panem et vinum. CASSAN-MEYNIAL, *Cart. d'Aniane*, no. 285 p. 409 (a. 962). In unoquoque manso ... damus eis 4 den. et unam gallinam et tertiam partem de omnibus placitis et de vestitionibus similiter. DELOCHE, *Cart. de Beaulieu*, no. 50 p. 92 (a. 971). Donet unoquoque anno ... 3 den. pro vesticione. DESJARDINS, *Cart. de Conques*, no. 433 p. 317 (a. 996-1030). Quantum vivit, mater de muliere mea teneat [mansum], et vesticionem per singulos annos 3 den. ... donet. Ib., no. 40 p. 43 (a. 997-1004). Medietatem de placitis et de vesticionibus illorum hominum qui sunt de illius vicaria. Ib., no. 19 p. 24 (a. 1065-1090). **5.** *centre d'exploitation rurale,* la maison avec ses annexes et son enclos, qui fait partie d'un domaine — *homestead,* rural dwelling with annexes and a yard, being a manorial holding. Debent in hoc honore ipsi fratres hospitalis 5 vestitiones cum hominibus ad minus ponere. Si autem ibi plus ponere voluerint, eis licebit usque ad 12, quae vestitiones unaquaeque habebit hortum suum unius sextariatae sine quarto et decima. *Hist. de Lang.*[3], V pr. no. 598, col. 1170 (ch. a. 1153, Béziers).

**vestitor: 1.** *celui qui effectue la tradition d'un bien donné — one who performs the conveyance of a property.* L. et A. fidejussores et vestitores extiterunt. WIDEMANN, *Trad. S. Emmeram*, no. 40 p. 47 (a. 863-864). Ibi saepius. Tradidit E. ... s. Emmerammo ... proprietatem ... in manum T. episcopi ...; vestitores: P., A. et R. *D. Konr. I.*, no. 21 (a. 914). Illius [loci] vestitores sunt R. et A., et ejusdem vestiture testes: ... Trad. Juvav., cod. Odalberti, no. 85 (a. 930), HAUTHALER, *Salzb. UB.*, I p. 148. **2.** *cultivateur d'une terre — tiller of a piece of land.* Isti monachi semper habebunt totam terram ruptam et nos, qui dicimur vestitores, quandoque erimus illusi, nichil habentes. GUÉRARD, *Cart. de Mars.*, I no. 77 p. 105 (ca. a. 993).

**vestitudo:** *investiture, saisine, mise en possession* d'une propriété, d'une tenure — *investiture, seisin, livery* of a property, of a tenancy. Traditionem fecerunt ... et vestitudinem fecerunt A. episcopo de his omnibus. WIDEMANN, *Trad. S. Emmeram*, no. 9 p. 8 (a. 792-816).

**vestitum:** *textile — textile.* Vestitum lineum, laneum sive siricum, tam de lecto quam de quocumque indumento. FLORIANO, *Dipl. esp.*, II no. 88 p. 31 (a. 867).

**vestitura** (cf. voc. investitura): **1.** *investiture, saisine, mise en possession* d'une propriété, d'une tenure — *investiture, seisin, livery* of a property, of a tenancy. Anno tertio regni piissimi regis Caroli mense Octob. ... reddita est vestitura traditionis praedicti regis in H. Sturmioni abbati per N. et H. comites et F. et G. vasallos dominicos coram his testibus. STENGEL, *UB. Fulda*, I no. 83 p. 153 (a. 777). Signum F., qui hanc traditionem fecit. ... [Uu]olfberen vasalli Baugolfi abbatis, qui hujus traditionis vestituram pariter acceperunt. Ib., I no. 241 p. 348 (a. 796). Antequam vestituram ad ipsam ecclesiam de hoc territorio tradito perfecisset. BITTERAUF, *Trad. Freising*, I no. 362 p. 309 (a. 816). Ibi saepius. Coram eis rerum suarum traditionem faciat et fidejussores vestiturae donet, qui ei qui illam traditionem accipit vestituram [vers. teuton. ca. a. 900: geuueri] facia[n]t. Capit. leg. add. a. 818-819, c. 6, *Capit.*, I p. 282 et p. 380. Testes qui hujus traditionis vestituram viderunt. ZEUSS, *Trad. Wizenb.*, no. 69 p. 76 (a. 820). De eo quod sibi invicem dederunt vestituram fecerunt. FATTESCHI, *Mem. di Spoleto*, p. 287 (a. 820). Postea [sc. post traditionem factam 9 apr.] vero misit H. episcopus missos suos ..., ut vestituram ipsius rei accepissent; et ipsi in ipsum

locum cum nobilibus multis pervenerunt et vestituram acceperunt seu renovationem traditionis [12 apr.]. BITTERAUF, *Trad. Freising*, I no. 504 p. 429 (a. 824). Rex . . . donavit . . . forestem . . . deditque missum suum, qui inde abbatem et servos Dei vestiret. Tunc et ille missus jussionem dominicam implens vestituram peregit. *D. Ludwigs d. Deutsch.*, no. 1 (a. 829). Ibi saepius. Ex quibus legalis vestitura manifesta et coram testibus recepta est. CIPOLLA, *CD. Bobbio*, I no. 60 p. 179 (a. 860). Actum Aquisgrani palatii, vestitura vero in ipso monasterio [sc. s. Servatii Trajectensis] a rege coram multitudine populi facta. *D. Zwentib.*, no. 20 (a. 898). Commendavit per suum wadium et per ceram et setam secundum suam legem salicam, ut aliquid de rebus suis . . . vos carta et vestituris faciatis . . . ad s. Mariam. DIDIER, *Cart. d'Apt*, no. 7 p. 99 (a. 904). Per cultelum, fistucum notatum, vantonem et vasonem terre atque ramum arboris a parte ipsius monasterii legitimam facio tradicionem et corporalem vestituram. *D. Ugo*, no. 19 (a. 929). Ei in praesentia fidelium suorum legali de more vestituram ex ea [villa] et cartam fecit. FLODOARD. REMENS., Hist. Rem., lib. 1 c. 20, *SS.*, XIII p. 435 l. 11. Cellam B. quam quidam miles . . . loco s. Apri tradidit et legalem inde vestituram fecit. *D. Ottos. I.*, no. 290 (a. 965). Alodium . . . tradidisset, insuper etiam . . . cartam exinde et vestituram . . . secundum morem legalem publice perfecisset. *D. Lothaire*, no. 44 (a. 980). **2.** *possession* (teuton. *Gewere*) — *possession.* Silva, sicut eum domnus et genitor noster Pippinus in sua vestitura tenuisse conprobatum est. *D. Karol.*, I no. 55 (a. 769). Eorum fuisset vestitura, quia genitor eorum in legitima alode eos vestitos dimisisset. Ib., no. 148 (a. 782-783). Ut non mittantur testimonia super vestitura domni Pippini regis. Capit. missor. a. 803, c. 9, *Capit.*, I p. 115. Propter diuturnam vestituram antecessorum A. episcopi qui vestiti fuerunt de eadem villa. BITTERAUF, *Trad. Freising*, I no. 284 p. 248 (a. 808). Tollant [pagenses] nostram vestituram quam per 30 annos seu amplius vestiti fuimus. *D. Karol.*, I no. 217 (a. 812). Ille autem dicens hanc ecclesiam . . . suam propriam esse. Tunc interrogavit eum L. comes, utrum ille vel episcopus vestituram haberet. Ille vero coram cunctis tribus vicibus fatebat se hanc vestituram firmiter tenere. BITTERAUF, *Trad. Freising*, I no. 401 p. 345 (a. 818). De his libertatibus et rebus reddendis quae in nostra vestitura sunt. Capit. missor. a. 819, c. 2, *Capit.*, I p. 289. Per jus eos interrogassemus de ipsa vistitura. MANARESI, *Placiti*, I no. 42 p. 138 (a. 833, Siena). Si [vasalli mei] dominium habere voluerint abbatum . . . tunc volo, ut beneficium suum habeant tempus vitae suae . . .; sin autem, abba monasterii supradicta beneficia in vestituram domui Dei revocet. WARTMANN, *UB. S.-Gallen*, II no. 386 p. 7 (a. 843). Quod illud monasterium modo in sua potestate et vestitura habere videtur. *D. Ludw. d. Deutsch.*, no. 69 (a. 854). De rebus et mancipiis, quae in regia et in ecclesiastica vestitura fuerunt. Capit. Carisiac. a. 873, c. 8, *Capit.*, II p. 345. Quod infra 40 et 30 annos tenuit, teneat in vestituram et inantea. *D. Karls III.*, no. 53a (a. 882). Loca quae . . . modo in eorum vestitura habentur nunc injuste abstracta noscuntur. *D. Konrads I*, no. 17 (a. 913). Cum aliis villis et ecclesiis de quibus nunc justam et racionabilem atque legalem vestituram habere videtur. *D. Louis IV*, no. 1 (a. 936). Medietatem ecclesiae . . . in presenti dono in vestitura, reliqua vero mihi reservo dum advixero. BERNARD-BRUEL, *Ch. de Cluny*, II no. 1124 p. 216 (a. 962). In suum usum ac vestituram, sicut ante habuit, reflectat. *D. Heinrichs II.*, p. 694 (Dipl. Kunigundae imperatr., no. 2, a. 1025). Cf. A. HEUSLER, *Die Gewere*, Weimar, 1872. R. BEWER, *Sala, Traditio, Vestitura*, Rostock 1880. E. HUBER, *Die Bedeutung der Gewere im deutschen Sachenrecht*, [Bern, 1894]. E. CHAMPEAUX, *Essai sur la vestitura ou saisine*, Paris, 1899. **3.** *cens annuel* payé au propriétaire d'un bien-fonds, ou d'une tenure par celui qui en a l'usage ou l'usufruit, souvent ce cens est payé sous forme de dîmes — *annuel rent* paid to the possessor of a property or a tenancy by the person who has it in use or usufruct; often this rent is paid in tithes. Eo videlicet modo ut nostris partibus pro causae vestitura solidos 5 in censu desolvere annuatim non negligant. *D. Pépin I*[er]*, roi d'Aquit.*, no. 13 (a. 829). Vobis benefacimus, ea videlicet ratione ut annis singulis . . . illas nonas ad nostrum monasterium condonare faciatis . . . Quod si negligantes apparueritis de ipsa vestitura annis singulis persolvenda. THEVENIN, *Textes*, no. 91 (a. 858, Savignac). Eo modo et tenore ut L. . . . diebus vitae suae jam dictae ecclesiae s. Stephani propter vestituram singulis annis nonam et decimam ex [villa] persolvens ipsam jure beneficiario et usufructuario interim teneat. *D. Charles le Ch.*, no. 355 (a. 871). Annis singulis in vestituram ipsum decimum ad ipsa casa Dei persolvam. DESJARDINS, *Cart. de Conques*, no. 153 p. 136 (a. 882). Eo pacto atque ratione, ut tantumdem omnibus diebus vite mee usum et fructum inde recipiam, pro qua causa in vestitura annuatim . . . ecclesie s. Mauricii . . . e cera duas persolvam libras. CHEVALIER, *Cart. de S.-André-le-Bas de Vienne*, App. I no. 10 p. 218 (a. 895). Singulis annis . . . solvat pro vestitura . . . libram unam argenti. *D. Charles III le Simple*, no. 87 (a. 917). Omni anno . . . duo sextaria de ipso blado dabimus in vestitura. BERNARD-BRUEL, *Ch. de Cluny*, I no. 116 p. 131 (a. 910-927). Quamdiu F. conjunx mea vixerit, usu possideat fructuario, . . . ac proinde annis singulis in festivitate s. Gorgonii . . . pro vestitura argenti libram persolvat. THEVENIN, *Textes*, no. 132 p. 194 (a. 957, Gorze). DESJARDINS, *Cart. de Conques*, no. 35 p. 39 (a. 955-986). DIDIER, *Cart. d'Apt*, no. 40 p. 172 (a. 997). BERNARD-BRUEL, *Ch. de Cluny*, III no. 2040 p. 246 (a. 993-1048). BEYER, *UB. Mittelrh.*, I no. 382 p. 440 (a. 1082-1084). **4.** *cens payé en signe d'une sujétion ecclésiastique — rent paid in sign of an ecclesiastical subjection.* Omnibus annis pro vestitura subjectionis [sanctimoniales] 5 solidos persolvant ad ecclesiam sui episcopatus. *D. Ludw. d. Deutsch.*, no. 140 (a. 871)



**5.** *dépendance personelle*, caractérisée par le paiement d'un cens — *personal dependance* characterised by the obligation of paying a rent. Omnes, qui in fine Karoli regni imperatoris et in principio regni patris nostri in vestitura praefati monasterii jure census absque licentia redemptionis reperti sunt. *D. Ludw. d. Kindes*, no. 8 (a. 901). **6.** *les appartenances et dépendances — appurtenances.* Reddidit suum beneficium . . ., quicquid adtractum emelioratumque repertum fuerit cum talia vestitura, qualia missus domni H. episcopi ibidem inveniret. BITTERAUF, *Trad. Freising*, I no. 390 p. 330 (a. 818). Predium Mosaburc cum sua vestitura. Inquis. bon. regalium in Bawaria a. 1027, *Const.*, I no. 439 p. 645. **7.** *vêtement — clothes, dress.* Ut mihi . . . fratres darent unam prebendam cum elemosina et vestitura, sicut uni ex fratribus. LACOMBLET, *UB. Niederrh.*, IV no. 603 p. 760 (a. 899). Uterque nostrum tam vestitura quam victu stipendialem [praebendam] . . . accipiat. *D. Heinr. II.*, no. 368 (a. 1017). De censu usque ad 30 sororibus eque dividatur vestitura et victus. GYSSELING-KOCH, *Dipl. Belg.*, no. 225 p. 377 (a. 1096). Fratrum utilitatem in praebenda et vestitura ampliavit. Chron. Hildesheim., c. 13, *SS.*, VII p. 852. Ad vestituram fratrum et ad luminarii monasterii. BEYER, *UB. Mittelrh.*, I no. 426 p. 489 (a. 1113).

**vestitus** (adj.) (cf. voc. vestire et vestitura): **1.** loc. manus vestita: *la main vêtue* du donataire défendant la terre donnée par le donateur et symbolisant *la possession* de cette terre — *the vested hand* of the donee that will fight in defence of the land given by the donor, symbolising *the possession* of that land. De ipsa curte ipsi B. mano vestita [= manum vestitam] numquam habuissit. *D. Merov.*, no. 76 (a. 697). [Terra] vestita est illius manu, cui tradidi. Lex Baiw., tit. 16 § 17. Post meum vero discessum ipsas res ad monasterium s. Galloni admelioratas revertant absque ulla contradictione vel minuatione manu vestita partibus meis vel heredum meorum cum Dei gratia et nostram successionem possideant. WARTMANN, *UB. S.-Gallen*, I no. 10 p. 12 (a. 744). Rex Chrodoino . . . de ipsa silva manu[m] vestita[m] fecisset. *D. Karol.*, I no. 51 (a. 770). Secundum legem Alamannorum vestitu [= -a] manu in palacio nostro reversus est in propria. Form. Augiens., coll. B no. 40, *Form.*, p. 362. **2.** *étant en possession de — being in possession of.* Missus nostros G. et C. . . . ad hoc inquirendum . . . direximus, ut ubicumque eorum justicia invenissent, vel ipsi monachi . . . legitima strumenta presentabant, vel casa s. Diunisii exinde vestita fuerat, vel a bonis . . . hominibus ibidem datas . . . fuerunt et ipsa casa legitime et racionabiliter per lege exinde vestita fuerat . . . eis reddere deberent. *D. Merov.*, no. 23 (ca. a. 751). Trado vobis servum meum nomine N. et oxorem ejus B. et cum oba sua et cum omnia, quo vestiti sunt, et alium servum meum nomine W. cum uxore sua A., cum oba sua et cum omnia, quo vestitus est. WARTMANN, *UB. S.-Gallen*, I no. 18 p. 22 (a. 754). Si Deus mihi filio [= filium] dedit, illi sit vestidum, et si mater mea me supervive [= supervivit], illa in ipso cinsu sit vestita. Ib., no. 22 p. 26 (a. 758). Quicquid in hiis duobus locis in hac die vestitus sum. Ib., no. 59 p. 59 (a. 771). Dum diceret, quod suus pater C. eum de ipso monasterio vestitum dimisisset. *D. Karol.*, I no. 65 (a. 772). Dono . . . W. [servum] cum duobus vineis et cum omni vestitu suo, sicut nunc vestitus est, et H. [servum] cum uxore sua et infantibus suis et cum duobus vineis et cum omni vestitu suo, sicut vestitus est. STENGEL, *UB. Fulda*, I no. 81 p. 149 (a. 777). Sicut constat ipsa casa s. Donati de predictis rebus a longo tempore juste vestita fuisse. PASQUI, *Doc. di Arezzo*, I no. 15 p. 29 (a. 783). De rebus . . . unde nos . . . usque in presens tempus vestiti esse videbamur. Form. Morbac. no. 4, *Form.*, p. 331. Res proprietatis suae, quascumque . . . jure proprietario vestitus erat. *D. Karol.*, I no. 187 (a. 799). Tollant nostram vestituram, quam per 30 annos seu amplius vestiti fuimus. Praecept. pro Hisp. a. 812, *D. Karol.*, I no. 217. Medietatem de omnibus theloneis tam de Andegavis civitate quam et de aliis mercatibus seu portibus atque navigiis . . ., quibus ad praesens . . . memoratam ecclesiam vestitam esse dinoscitur. *D. Pépin I*[er]*, roi d'Aquit.*, no. 28 (a. 838). Per 200 vel 300 annos ipsum monasterium de hac re esse vestitum. BERNARD-BRUEL, *Ch. de Cluny*, I no. 81 p. 91 (a. 903, Poitiers). Ex rebus sepedicti monasterii, quibus modo juste et legaliter vestita esse. *D. Ottos I.*, no. 258 (a. 963). **3.** désigne l'état d'un *manse* (tenure, exploitation agricole ou champ) *occupé et cultivé* par un tenancier qui en est investi (par opposition à *mansus absus*) — indicates the state of a *homestead* (tenancy, farm or field) *being held and cultivated* by a tenant who has been seized of it (as contradistinguished with *mansus absus*). Hobam unam vestitam in P. BRUCKNER, *Reg. Alsatiae*, no. 107 p. 50 (a. 725). Cum hoba sicut vestita est, cum ipsis mancipiis et cum casis et pecuniis et casales, campis, pratis, silvis, aquis aquarumque decursibus. WARTMANN, *UB. S.-Gallen*, I no. 132 p. 124 (a. 792). Unum mansum vestitum et jugeres 40. BITTERAUF, *Trad. Freising*, I no. 157 p. 157 (a. 792-800). Omnis liber homo, qui 4 mansos vestitos de proprio suo sive de alicujus beneficio habet. Capit. miss. de exerc. promov. a. 808, c. 1, *Capit.*, I p. 137. Habet quippe summa Augustensis episcopatus mansos ingenuiles vestitos 1006, absos 35, serviles vero vestitos 421, absos 45. Brev. exempla, ca. a. 810, c. 9, ib. p. 252. Mansis . . . vestitis et absentibus. Dipl. Ludov. Pii imper. a. 818, *CD. Langob.*, col. 176a (Como). Casa dominicata cum terris . . . ad se pertinentes et alios mansos 2 vestitos cum terris. WAMPACH, *Echternach*, I pt. 2 no. 142 p. 213 (a. 835-836). Inter apsas et vestitas colonicas septem et medium. *D. Charles le Ch.*, no. 150 (a. 852?). De precaria A. in C. mansum unum vestitum. Ib. no. 192 (a. 857). *D. Lothars II.*, no. 8 (a. 858). *D. Ludw. d. Deutsch.*, no. 30 (a. 868). Ch. a. 874-875 ap. G. pontif. Camerac., lib. 1 c. 54, *SS.*, VII p. 420 l. 40. *D. Karls III.*, no. 123 (a. 885). *D. Bereng. I*, no. 12 (a. 894). BERNARD-BRUEL, *Ch. de Cluny*, I no. 269 p. 261 (a. 926). GYSSELING-KOCH, *Dipl. Belg.*,

no. 156 p. 268 (a. 1063). Leg. Inc, c. 64, Quadrip., LIEBERMANN, p. 119. Cf. R. GRAND, *Note d'économie agraire médiévale. "Mansus vestitus" et "mansus absus"*, dans: *Et. d'hist. du droit privé offertes à P. Petot*, Paris 1959, pp. 251-256. **4.** en parlant d'un domaine, d'un bien-fonds: *garni, équipé, avec ses appendances, intégral* — with reference to an estate: *furnished, equipped, with appurtenances integral, entire.* Totum ex integro post obitum nostrum tam vestitum et emelioratum . . . redeat ad supradicto domo. BITTERAUF, *Trad. Freising*, I no. 156 p. 157 (a. 792-794). Post decessum ejus et uxoris sue, predictis et aliis bonis vestita [terra], in proprium jus praefati monasterii redeat. FAUROUX, *Actes de Normandie*, no. 72 p. 210 (a. 1027-1035). Subst. **vestitus** (decl. iv): **1.** *possession — possession.* Quicquid in villa P. in vestitu praefati monasterii hactenus fuit. MEYER VON KNONAU, *Urk. Rheinau*, no. 21 p. 31 (a. 888). Ipse res . . . firmissimo vestitu ad eandem sedem possideantur. *D. Ludw. d. K.*, no. 64 (a. 908). **2.** *tenure — tenement.* Dono . . . W. [servum] cum duobus vineis et cum omni vestitu suo, sicut nunc vestitus est, et H. cum uxore sua et infantibus suis et cum duobus vineis et cum omni vestitu suo, sicut vestitus est. STENGEL, *UB. Fulda*, I no. 81 p. 149 (a. 777).

**vestorarius:** *tailleur — tailor.* R. calicario, G. pistrinario, L. vestorario, M. caballario. SCHIAPARELLI, *CD. Longob.*, II no. 54 p. 75 (a. 761, Lucca).

**vetare: 1.** *nier, dénier, contester en justice — to deny in court.* Si ipse de quo dicitur, quod suprascripta mala consiliassit, vetare voluisset, quod talem consilium non dedisset. Liutprandi leg., c. 72. Hoc quod veritas est, vetare non quero, quia curte[m] . . . in beneficio [h]abeo. MANARESI, *Placiti*, I no. 64 p. 230 (a. 859, Milano). Hoc veritas est; vetare non quero nec posso [i.e. possum]. *CD. Langob.*, no. 249 col. 424 C (a. 870, Milano). Ipse M. vetasset quod non servus, set liber esse debuisset, pro eo quia de libero patre et matre natus esset. MANARESI, *Placiti*, I no. 89 p. 320 (a. 880, Pavia). **2.** *réclamer, contester le droit d'une autre personne — to claim, to deny the right of somebody else.* Dum ante ipsum domnum J. episcopum et nos ipse D. presbiter taliter vetare cepisset. Ib., no. 7 p. 19 (a. 786, Lucca). **3.** *dénier, refuser de rendre — to refuse to yield.* Nulli licuit in Normannia fortiduninem castelli sui vetare domino Normanniae, si ipse eam in manu sua voluit habere. Consuet. Norm. (a. 1091), c. 4, HASKINS, *Norman inst.*, p. 282.

**vetatus:** *pâtis protégé — protected pasture.* Ipsi habeant suos vetatos in omnibus decaniis suis . . . ut nullus sit ausus ibi pascere vel intrare absque eorum licentia. MUÑOZ, *Fueros*, I p. 325 (a. 1090, S. Juan de la Peña). Possitis facere vestros vetatos tam de aquis quam de montibus. Ib., p. 355 (a. 1100, Barbastro).

**veterari:** *vieillir — to grow old.* Licet verum numquam veteratur. Canon. Hibern., lib. 36 c. 8, ed. WASSERSCHLEBEN [2], p. 130.

**veternosus: 1.** **vieux, ancien — old, ancient.* CASSIOD., Var., lib. 11 epist. 38, *Auct. ant.*, XII p. 352. Quoniam novitatem legum vetustas viciorum exegit et innovare leges veternosas peccaminum antiquitas inpetrabit. Lex Visigot., lib. 2 tit. 1 c. 5. **2.** *invétéré — inveterate.* Veternosas namque Ninivitarum culpas triduana paenitentia abstersit. GREGOR. M., lib. 13 ep. 2, *Epp.*, II p. 366.

**vetulus,** vetula (femin.) (<vitulus): *vacher —cowherd.* Dono alodium meum proprium, videlicet mansionem de C., cum vetulo meo B. et ejusdem uxore sua vetula mea. DC.-F., VIII p. 298 col. 2 (ch. a. 1025).

**vetum** (subst.) (<vetare). Loc. vetum vini: *interdiction de vendre le vin, banvin — prohibition to sell wine.* Vetum vini, ita ut per totum augustum mensem vinum non vendatur ab aliquo in tota villa B., nec aliunde emptum ibi aportetur, nisi ab episcopo. *Hist. de Lang.*[3], V pr. no. 515 col. 976 (a. 1131).

**vetustari:** **vieillir, s'user — to grow old, to wear away.*

**veura,** vaura: *terrain inculte*, peut-être *une butte, une colline — waste land*, perhaps *a small hill.* Dedit . . . terram in A. et nemus, sicut termini hic scripti dividunt. Ex una parte dividit filus vallis veurae joculatoris; ex alia parte dividit grossum nemus, ex vero alia parte veura runsata et rivus qui ab inde venit, sic ut est usque ad veuram joculatoris. *Gall. chr.*[2], XII instr. col. 26 (ca. a. 1120, Sens). Do illi totam terram . . ., solam veuram mihi retinens. Ib., II instr. col. 60 (a. 1133, Bourges). Terras quas habebant in vaura, et etiam terras quae fuerunt B. de M. in praedicta vaura. MARTÈNE, *Thes.*, I col. 809 (a. 1208).

**vexaticius** (adj.) (<vexare): *poursuivi, fugitif, errant — pursued, fugitive, wandering.* Tradidi tibi servum, non causarium, non fugitivum, non vexaticium. Form. Visigot. no. 11, *Form.*, p. 581.

**vexillaris** (adj.). Loc. vexillare feudum: *fief conféré par la remise d'un étendard* (teuton. "Fahnlehen") — *fied conferred by handing over a banner.* Heinricus imperator totam Tusciam et terram comitisse Mathildis Philippo fratri suo vexillari feodo concessit. Ann. Aquens. a. 1195, BÖHMER, *Fontes*, III p. 397.

**vexillifer** (subst.): *porte-étendard — standard-bearer.* MANARESI, *Placiti*, III no. 438 p. 336 (a. 1077, Piacenza). LANDULF. MEDIOL. JUN., c. 61, ed. CASTIGLIONI, p. 36. OTTO FRISING., G. Friderici, lib. 2 c. 21, ed. SCHMALE, p. 318.

**vexillum: 1.** loc. vexillum crucis: **emblème de la croix, signe de la croix — sign of the Cross.* VICTOR VIT., lib. 1 c. 14 § 43, *Auct. ant.*, III pt. 1 p. 11. CASSIOD., Hist., lib. 1 c. 5, *CSEL.*, t. 71, p. 18. GREGOR. TURON., H. Fr., lib. 10 c. 29. V. Austrigisil. episc. Bitur., c. 4, *SRM.*, IV p. 194. WALAHFRID., V. Galli, *SRM.*, IV p. 300. Sans crucis — without crucis. FORTUN., lib. 2 carm. 6 v. 1, *Auct. ant.*, IV pt. 1 p. 34. **2.** *étendard symbolisant le pouvoir de commandement — standard symbolizing military commandership.* Sicut enim hi quorum interest exercitum campo ductare, congrue investiuntur per vexillum. GERHOH. REICHENSBERG., Comment. in psalm. 64, *Lib. de Lite*, III p. 440. **3.** *le rang ducal, la dignité d'un duc — the ducal rank, the dignity of a duke.* De ducatu transduceretur ad regnum, de vexillo extolleretur in solium hereditarium. ADALBOLD., V. Heinrici II



imp., c. 1, *SS.*, IV p. 684 l. 16. **4.** *étendard symbolisant le fief* et remis par le seigneur au vassal laïc lors de l'investiture — *banner symbolizing the fief* and handed over by the lord to the lay vassal during the ceremony of investiture. Hoc obtinuit precibus apud Caesarem, ut ejus fratri B. vexillum daret et eum Boemis omnibus, qui cum eo venerant, assignaret, quo post obituum suum fratrem ejus B. sublimarent in solium. COSMAS, Chron. Boemor., lib. 3 c. 8, ed. BRETHOLZ, p. 169. Cesar accepta pecunia dat sibi [sc. Odalrico] ducatus insignia et vexillum; sed in ducem eligendi obtentum ponit in arbitrio Boemorum. Id., lib. 3 c. 15, p. 176. G. dux ligius ejus homo jure devenit, et statim ipse papa per vexillum tradidit eidem duci totam terram suam cum honore sui ducatus. ROMOALD. SALERNIT., a. 1118, ed. GARUFI, p. 210. Apostolicus accepto vexillo a superiori parte, imperator ab inferiori, comitem R. de ducatu Apulie investierunt. Id., a. 1137, p. 224. Est enim consuetudo curiae ut regna per gladium, provinciae per vexillum a principe tradantur vel recipiantur. OTTO FRISING., G. Friderici, lib. 2 c. 5, ed. SCHMALE, p. 290. Dux . . . marchiones . . . cum vexillo investivit . . . de omnibus terris. JORDAN, *Urk. Heinr. d. Löwen*, no. 30 p. 43 (a. 1154). Consanguineum suum vocat . . . eique . . . comitatum donat; sumptaque fidelitate, per vexillum investivit, inducit in possessionem. GUILL. TYR., lib. 12 c. 4, MIGNE, t. 201 col. p. 524. En Allemagne l'étendard s'emploie également en donnant à un vassal ecclésiastique l'investiture d'un fief — in Germany the banner is also used when giving the investiture of a fief to an ecclesiastical vassal. Prememoratum archiepiscopum P. portione illa ducatus suae collata ecclesiae vexillo imperiali sollempniter investivimus. D. Frid. I imp. a. 1180, BRANDI, *Urk. u. Akt.*, no. 44 p. 59. Ducem P. . . . ducatu Boemiae abjudicavit, et pro eo episcopum cum vexillis, sicut mos est, sollempniter investitum in Boemiam remisit. GERLACUS, Ann., ad. a. 1193, *SS.*, XVII p. 707. L'étendard remis par le vassal au seigneur en renonçant au fief — banner handed over by the vassal to his lord when renouncing the fief. H. . . . ducatum Baioarie per septem vexilla imperatori resignavit. OTTO FRISING., G. Friderici, lib. 2 c. 57, ed. SCHMALE, p. 388. **5.** *étendard symbolisant l'ensemble des terres, droits régaliens et revenus concédés par l'empereur aux villes*, notamment aux villes italiennes — *banner symbolizing the ground, regalian rights and revenue conceded by the emperor to towns*, especially to the Italian towns. Imperator cum quodam vexillo consules Laudensium [= Lodi], qui tunc preerant . . . de terra, in qua nunc edificata est ipsa Laudensis nova civitas, ad proprium investivit. OTTO MORENA, ad a. 1158, ed. GÜTERBOCK, p. 52. Predicti legati cum honore et cum vexillo dato et largito ab imperiali majestate et spada pro investione imperatoris Frederici habenda et retinenda super omnes civitates Tuscie, . . . Pisas redierunt. BERNARDUS MARANGONIS, Ann. Pisani, ad a. 1163, *SS.*, XIX p. 247 l. 27. Concedimus et dignitate nostra confirmamus, quaecumque dominus noster . . . Romanorum imperator dono sceptiferae majestatis suae per vexillum imperiale eis [sc. Viterbiensibus consulibus et militibus ac populo] contulit. Ch. Christian. archiepisc. Mogunt. a. 1172, BÖHMER, *Acta Imp. Sel.*, II no. 889 p. 601. Tunc investiet Cremonenses nomine communis Cremone vexillo de predictis locis et Crema et insula Fulcherii et locorum, que in breviariis et privilegio continentur. *Const.*, I no. 338 p. 484 (a. 1191). Cf. J. BRUCKAUF, *Fahnlehen und Fahnenbelehnung im alten deutschen Reiche*, Leipzig, 1907.

**viaductus** (decl. iv): *revenus — revenue.* Cum viaductibus vel reductibus, quae ipsa spelunca Dei adquisivit in comitatibus omnibus, et cum omnibus terminibus suis. MARTÈNE, *Coll.*, I col. 407 (a. 1043, Marseille).

**viamen:** *libre passage — safe passage.* Pacem et viamen latoribus sanctorum offerendo. GALBERT., c. 35, ed. PIRENNE, p. 58 (cf. P. THOMAS, *Mélanges Pirenne*, 1926, p. 516).

**vianda** (subst. femin.) (<vivere, vivenda): *provisions, vivres — provisions, victuals.* Cum vivanda incipiebat deficere, rogaverunt regem ut victum deferre faceret. OBERT., Ann. Genuens., a. 1165, ed. BELGRANO, I p. 167. De die in diem . . . viandam venire faceret. Ib.

**viaria,** v. vicaria.

**viarius,** v. vicarius.

**viaticare:** **pourvoir qq'un d'un viatique — to provide someone with a viaticum.*

**viaticus** (adj.): **du viatique — of the viaticum.* Subst. neutr. **viaticum: 1.** **eucharistie donnée aux mourants, viatique — the Holy Eucharist given to the dying.* **2.** *vivres, provisions en vue de l'expédition militaire — victuals, provisions for the military expedition.* Fertur eundem episcopum aliquando ad iter hostile sibi de ipsius monasterii sumptibus viaticum praeparari jussisse. WALAHFR. STRABO, V. Galli, lib. 2 c. 16, *SRM.*, IV p. 324. **3.** *voyage — journey.* Exsequamur itineris arrepti viatico. FORTUN., V. Germani Paris., c. 45, *SRM.*, VII p. 400. Deducit dulcem per amara viatica natam. Id., lib. 6 carm. 5 v. 127, *Auct. ant.*, IV pt. 1 p. 139. Ambulabat nesciens qua viaticum ducerit; sed Dominus . . . demonstrabit ei, qua via pergere deberit. V. Wandregisili (s. vii ex.), c. 9, *SRM.*, V p. 17. Apostolicae legationis ad Constantinopolitanum imperatorem illi commisso viatico. LEO, Chron. mon. Casin., lib. 2 c. 96, *SS.*, VII p. 694. **4.** *lettre de sauf-conduit — letter of safe-conduct.* Ordinatis . . . legatis . . . qui eum . . . adirent accepto prius de securitate viatico. OTTO FRISING., G. Friderici, lib. 2 c. 31, ed. SCHMALE, p. 342. **5.** *chemin, route — way, road.* Districtionem terrae exterioris silvae ac prati villae H. pertinentium, cum viatici publici banno. DC.-F., VIII p. 307 col. 2 (a. 1035, Vermandois). **6.** *memorandum, instruction — memorandum, instruction.* Alia plurima fuerint a pluribus, quorum hoc viaticum sit. Rect. sing. person., c. 21, 5, LIEBERMANN, p. 453. Subst. mascul. **viaticus:** *péage — road-tax.* Neque viaticum neque portaticum neque salutaticum neque pasquarium neque toloneum aut ullum inlicitum debitum . . . exigere praesumat. *D. Charles le Ch.*, no. 221 (a. 860). *D. Louis IV*, no. 40 (a. 952). Ibi pluries.

A fodro et viatico et ab omnimoda exactione se . . . continebunt. Const. Frid. I cum Mediolan. a. 1158, c. 1, *Const.*, I no. 174 p. 241.

**viatura,** viatoria: *voirie, justice du voyer ou viguier* — *"voirie", jurisdiction of the "voyer" or "viguier"* (agent of a lord). Terram . . . solutam et liberam ab omni secularium legum incuria [leg. injuria], nullius hominis in se advocationem vel viatoriam habentem. D. Roberti reg. Franc. a. 1027, Fauroux, *Actes de Norm.*, no. 59 p. 184. Consuetudinem quam viatoriam vocant. Vernier, *Ch. de Jumièges*, I no. 45 p. 131 (s. xi). Concederemus eidem ecclesie . . . advocationem et viaturam de L. usque ad medium fluminis Y., viaturam de S., viaturam de terra quam habet predicta ecclesia in G. *D. Phil. I*^er^, no. 124 (a. 1092). Concedo etiam quod si aliquis ex hospitibus vel servis b. Marie, in predicta terra commanentibus, aliquid forisfecerit in viatura illa, quam rex habet apud predictam villam, tam in sua quam in aliorum terra, nichil prorsus inde emendabit, nisi homicidium vel incendium fecerit: de his enim duobus tantummodo regi respondebitur. D. Ludov. VI reg. Fr. a. 1117, Tardif, *Cartons*, no. 369 p. 210. Deprecans quatinus . . . quandam viaturam quam apud C. in tribus mansuris et in terra tota ad easdem mansuras pertinente . . . donaremus. D. Ludov. VI reg. Fr. a. 1118, ib., no. 373 p. 211. Concedimus etiam ut in terra b. Melloni . . . neque nos, neque heredes nostri, neque ministeriales nostri quamlibet prorsus talliam vel exactionem faciamus ulterius, verum et viaturam nostram et equitatum et expeditionem in ea retinemus. Et si quilibet homo b. Melloni, in eadem terra manens, in aliquibus ad viaturam nostram pertinentibus aliquid forfecerit, prepositus noster eum ut inde per manum suam rectitudinem teneat submonebit. D. Ludov. VI reg. Fr. a. 1122, Coüard-Luys, *Cart. de S.-Spire de Corbeil*, p. 205. Comes Th. clamavit quietum quidquid capiebat in tota terra B. et O., sive per justitiam sive per viatoriam. DC.-F., VIII p. 307 col. 1 (a. 1133, Melun). Indictum exterius in platea . . . reddidit, viaturam omnimodam, quibus spaciis cruces et columne statuuntur marmoree . . . precepti regii confirmatione sanctivit. Suger., V. Ludov. Gr., c. 28, ed. Waquet, p. 228. A filio ejus Ludovico viaturam ejusdem villae et omnes redditus ejus, praeter vinum et avenam . . . obtinuimus. Suger., De admin. sua, c. 4, ed. Lecoy, p. 162. Villa, quae dicitur M., occasione cujusdam viaturae, quam A. de C. fere usque ad ipsas villae domus possidebat, gravissime infestabatur. Ib., c. 21, p. 182. Omnes servos nostros et ancillas, quos homines de corpore appellamus . . . qui ad viatoriam Cariaci . . . pertinent, manumittimus. D. Lud. VII reg. Fr. ante a. 1180, *Ord.*, XI p. 214. Concessimus quod . . . H. de M. similiter 26 arpennos pro 12 solidis, singulis annis ecclesie . . . reddendis, haberet, salva viatura et omni alia justicia nobis et ecclesie in perpetuum, tamquam domini fundi, sicut in aliis censivis, apud C. existentibus, habemus. Guérard, *Cart. de Paris*, II lib. 11 no. 6 p. 310 (a. 1185). Viatoriam totam illius terre. *Actes Phil.-Aug.*, no. 334 (a. 1190).

**vibramen: 1.** * en parlant du serpent: *action de darder la langue* — with reference to a serpent: *the shooting out of the tongue.* **2.** *éclat, splendeur* — *brilliancy, splendour.* Gislebert., Mir. Romani, c. 3, *AASS* Maji, V p. 165 col. 1 (ca. a. 1050).

**vibratio: 1.** **action de brandir, d'agiter* — *brandishing.* **2.** **éclat, splendeur* — *brilliancy, splendour.*

**vicanalia** (subst. neutr. plur.): *les communaux, ou les droits d'usage communautaire* — *the common or the right of common easement.* Tam casa et curte, ortis, pummefferis, campis, pradis, vineis, selvis, amminicolariis, viganalibus, pascuis, muntibus, vallibus. *CD Langob.*, no. 67 col. 126A (a. 793, Milano). Ib., no. 186 col. 314A (a. 854, Milano). Cum universis rebus . . . ad easdem cortes respicientibus, massariciis, aldionariciis, libellariis, judiciariis, conditionariis, vicanalibus, alpibus, piscariis. D. Lud. II imp. a. 866, Benassi, *CD. Parm.*, I no. 8 p. 116. *CD. Langob.*, no. 465 col. 807A (a. 915, Bergamo). Cum[m]unalias ipsas tam in montibus quam et in val[l]is adque in alpibus et vicanaliis, que pertinere deberent eisdem monasterii [i.e. eidem monasterio]. Manaresi, *Placiti*, I no. 129 p. 486 (a. 918, Milano).

**vicaneum** (<vicis): *échange* — *exchange.* Omnia ista suprascripta res tua in A. a te recepi in finito in viganeo tantummodo, posquam inter nos ipso cambio fecimus. Schiaparelli, *CD. Longob.*, I no. 91 p. 264 (a. 747, Lucca). Demandatum fuisset . . . viganeum facere de res [i.e. rebus] A. pictori[s] cum curte domni regi[s], ita et factum est. Ib., no. 113 p. 329 (a. 754, Lucca).

**vicanus** (adj.): *désigne le rang de "vicus" dans le sens du droit ecclésiastique* — *indicates the status of "vicus" in the sense of ecclesiastical law.* Per totam sue potestatis diocesim ecclesiis vicanis ad preparandum calicem et paternam tres libras argenti distribuit. G. pontif. Autissiod., c. 35, ed. Duru, p. 353. Subst. mascul. **vicanus** (semel ap. Liv.): *habitant d'un "vicus", villageois* — *inhabitant of a "vicus", villager.* Pervenit ad vicum quendam vespere, intravitque in domum in qua vicani caenantes epulabantur. Beda, Hist. eccl., lib. 3 c. 10; etiam c. 26; lib. 5 c. 10. Usum [silvae] abbas suis concedet vicaneis in vico B. commanentibus. *Ann. Hist. Ver Niederrh.*, t. 121 (1932), p. 131 (ch. a. 1124, Köln).

**vicaratus** (subst. mascul.), **vicarata** (femin.): *tenancier d'une certaine condition personelle* — *tenant of a certain personal status.* R. vicaratus, uxor ejus H. ancilla, et G. ingenua et A. ingenua tenent mansum unum. Similiter M. vicaratus et H. ingenuus, uxor ejus A. vicarata, mansum unum. Similiter. Polypt. s. Remigii Rem., c. 22 § 3, ed. Guérard, p. 81 col. 2.

**vicaria,** viaria, vaaria, vaieria, veheria, vejaria, veyeria, vieria, vigaria, vigeria: **1.** *subdivision du comté*, où s'exerce la juridiction du *vicarius* — *geographical division of the county*, under the authority of a *vicarius*. Est praescripta ecclesia in eadem patria Avernica, in vicaria Rundanense. *ASOB.*, III pt. 2 p. 195 (ch. a. 764). Res proprietatis meas sitas in pago Biturigo, in vigarias illas et illas, in



villa cujus vocabulum est illa. F. Bitur., no. 15, *Form.*, p. 175. Et similia Form. imp., no. 3, p. 289. Donationem quam fecit H. in eodem pago et in eadem vicaria, in villa qui dicitur Curtis Saxone. Polypt. Irminon., br. 12 sect. 25. Similia *D. Charles le Ch.*, no. 123 (a. 850); ibi pluries. *Hist. de Lang.*[3], II pr. no. 203 col. 406 (a. 883, Toulouse). *D. Karls III.*, no. 143 (a. 886). *D. Charles le Simple*, no. 35 (a. 900); ib. no. 37 (a. 901). Desjardins, *Cart. de Conques*, no. 6 p. 9 (a. 930). Duvivier, *Rech. Hainaut*, no. 20 p. 329 (a. 909). *D. Louis IV*, no. 10 (a. 939). Fauroux, *Actes de Norm.*, no. 11 p. 84 (a. 996-1008). Ademar., lib. 3 c. 24, ed. Chavanon, p. 145. *D. Phil. I*^er^, no. 55 (a. 1071). **2.** *pouvoir justicier d'origine publique, exercé au nom des seigneurs (surtout de ceux qui ont le rang comtal et possèdent le droit de ban) par leurs agents, les voyers (vicarii), envisagé du point de vue d'une exaction*, ou *coutume levée en vertu de ce pouvoir (droit de voirie ou viguerie)* — *jurisdiction of public origin, exercised in the name of the lords (especially those of the rank of count) by their agents (the "voyers"), especially valued as an exaction*, or *"coutume" levied by virtue of that jurisdiction.* Villam C. cum omnibus integritatibus et appenditiis suis, hoc est . . . in G. mansa 12, cum vicaria Tauriacensi et cum aecclesia in honore b. Petri . . . constructa. *D. Charles le Simple*, no. 31 (a. 900). Nullam volumus illis [sc. monachis] molestiam fieri nec hominibus potestatis suae per ocasionem telonei vel vicariae. J. Boussard, *Mélanges E.-R. Labande*, [1974], p. 47 (ch. a. 978, Saumur). Postulaverunt . . . remitti sibi . . . vicarias inlicitas, quas actenus injuste nos . . . visi sumus tenere in villa q. d. Sarmasia [Sermaise, dép. Loiret, arr. Pithiviers, cant. Malesherbes]. D. Hugonis reg. Fr. a. 988, *Mus. arch. dép.*, no. 17, texte p. 36. Alodum . . . cum ecclesia et vicaria et advocatione. D. Robert. reg. Fr., Tardif, *Cartons*, no. 242 p. 152 col. 1 (a. 1000). Si aliquis forefactum fecerit infra hos terminos, ex quo vicaria exigere debeat, vel aliquid venderit, et vicaria et venda monachis Belliloci sit. Ch. comitis Andegav. a. 1007?, Halphen, *Comté d'Anjou*, p.j. no. 5 p. 351. Illa villa, quae dicitur C., cum omni integritate, et cum terris cultis et incultis, cum vineis et pratis, cum tota vicaria et bannis et incendiis. D. Robert. reg. Fr. a. 1028, *H. de Fr.*, X no. 46 p. 617. Postulans [abbas] quatinus de vicaria quadam in A. villa . . . quas [miles V.] de nobis in beneficio habebat, sibi pacem facerem. . . . Viariam injuste fuisse invasam . . . concessimus . . . loco s. Vincentii et s. Germani prenominatarum villarum vicariam . . . relicta tantummodo eidem militi nostro agrorum vicaria. D. ejusdem regis, a. 1030, Tardif, *Cartons*, no. 261 p. 164 col. 2. Dedi illi ecclesiae terram A. liberam et quietam scilicet vicariam, foderum omnesque consuetudines quas terra reddere solet. DC.-F., IV p. 535 col. 1 (ch. a. 1033, Anjou). Vendicaverat enim sibi violenter idem vicecomes vicariam quandam, in terra s. Petri Gisiacensi, in maisnilibus qui vocantur D.C. et S.C. et G. Guérard, *Cart. de Chartres*, I no. 48 p. 175 (ante a. 1034). Si autem aliquis . . . surrexerit, qui in illa [villa] aut vicariam aut aliquam controversiam seu consuetudinem injustam mittere aut requirere voluerit. Musset, *Cart. d'Angély*, I no. 186 p. 224 (a. 1039). Habebat vineae agripennum unum allodialiter immunem, hoc est ab omni census et vicara redibitione liberum. Métais, *Cart. de Vendôme*, I no. 72 p. 133 (a. 1047). Vicariam et omnes consuetudines comitales. Ib., no. 158 p. 273 (a. 1060). Securi et liberi maneant [homines] et monachis . . . serviant et sua debita solvant, id est teloneum, bannum, vicariam et omne districtum quod humana lex ab hominibus jubet exsolvi. *D. Phil. I*^er^, no. 2 p. 6 l. 3 (a. 1060). Ib. no. 4 (a. 1060). Donamus et firmamus ipsum mansum, cum totum censum et vicariam. Desjardins, *Cart. de Conques*, no. 315 p. 247 (a. 1031-1060). Vicaria terre s. Juliano est. Fauroux, *Actes de Norm.*, no. 156 vers. C, p. 341 (a. 1063). Decimam omnium nummorum de castro supradicto, id est de censu, de teloneo, de vicaria, de banno, immo de omni redditu qui de castro exit. Ib., no. 225 p. 433 (a. 1063-1066). De vicaria burgi nostri in B. apud M. inter nos et dominum Fulconem hoc convenit, quod homo de tota terra s. Martini ad obedientiam de B. pertinente ubicumque aut in terra nostra aut in tota terra domni Fulconis forfecerit, forfactum erit nostrum; non justiciabitur homo noster nisi a nobis. Homo autem domni Fulconis ubicumque in terra s. Martini ad obedientiam de B. pertinente forfecerit, non justiciabimus eum nec forfactum nostrum erit. Laurain, *Cart. Manceau de Marmoutier*, I no. 5 p. 53 (ca. a. 1065). Fratres . . . flagitantes quatinus . . . quandam sibi remitteremus vicariam, quam habebamus in quadam que olim fuerat villula ipsorum. . . . Tam ipsam vicariam, quam alias injustas . . . consuetudines. *D. Phil. I*^er^, no. 64 (a. 1073). Odo comes Corboilo concessit . . . s. Germano Pontisariensi quandam vieriam quam habebat in terra M. Depoin, *Cart. de Pontoise*, no. 13 p. 12 (a. 1080). Ego S. abbas . . . dono P. B. in villa de P. talem vicariam, scilicet medietatem de placitis et de vesticionibus illorum hominum qui sunt de illius vicaria. Desjardins, *Cart. de Conques*, no. 19 p. 24 (a. 1065-1090). Deprecantes ut eis viariam nostram que in vineis eorum, videlicet 4 aripennis plus minusve, fuerat apud D.M., et omnem justitiam nostram et toltam concederemus. *D. Phil. I*^er^, no. 123 (a. 1090-1091). Do . . . quicquid aut juste aut injuste in eorum [sc. monachorum] ecclesiis domibus, et in toto burgo eorum ad vicariam pertinens habebam, ita ut ipsi vicarium suum habeant, qui justicias et districtiones secundum preceptum abbatis et monachorum faciat. Charles-Menjot, *Cart. du Mans*, II no. 19 col. 18 (a. 1099-1110). Curiae etiam et propriis domibus beatorum martyrum in eadem curia perennem indulgemus libertatem, vicariam omnimodam in curia ipsa et curiae domibus conferimus. D. Lud. VI reg. Fr. a. 1120, Tardif, *Cartons*, no. 379 p. 213 col. 2. Cujusdam vinee in territorio s. Clodoaldi site advocationem, que vulgo viaria dicitur, monachis . . . concedo. Depoin, *Cart.*

de *S.-Martin-des-Champs*, II no. 259 p. 119 (a. 1124-43). Concesserunt s. Ebrulfo vicecomitiam, id est viariam, quantam habebant in V. ORDER. VIT., lib. 5 c. 20, ed. CHIBNALL, III p. 210. Vicariam quoque, omnimodam justitiam, ac plenariam libertatem juxta villam s. Dionysii. Priv. Innoc. II pap. a. 1131, MIGNE, t. 179 col. 94. Specialiter recognovit abbati U. vicariam tocius ville s. Egidii et omnia alia que habebat . . . in villa vel territorio. *Hist. de Lang.*[3], V pr. no. 589 col. 1146 (a. 1151). Jus vicecomitatus seu viarie, quod in villa . . . se habere dicebat. DEPOIN, *Cart. de S.-Martin-des-Champs*, II no. 368 p. 270 (a. 1159). Nullus in ea habitans bannum vel teloneum aut vicariam aliquam nisi s. Dionisio persolvisset. *D. Phil. Ier*, no. 29 <a. 1065> = VAN DE KIEFT, *Chapelle-Aude*, p.j. no. 9 p. 226 (spur. ca. a. 1160). Confiteor tibi U. priori Salvensi, quod vicariam de portis et quidquid habeo in tota villa teneo a s. Petro de Salve et a te U. priore . . . ad feudum, et debeo illud servire vobis. *Hist. de Lang.*[3], V pr. no. 646 col. 1253 (a. 1162, Nîmes). Souvent la "vicaria" concerne spécialement les quatres cas de rapt, incendie, effusion de sang et vol — often the "vicaria" affects especially the jurisdiction over rape, arson, bloodshed and larcency. Vicariam et alias malas adinventiones remiserant, quatuor tantum rebus retentis, videlicet homicidium, incendium, furtum et raptum. RÉDET, *Cart. de S.-Cyprien de Poitiers*, no. 164 p. 109 (a. 1004-1015). Omnes vicariae quas reclamabat in terra s. Martini irritae fierent, nisi ex 4 causis, id est rapto, incendio, banno et furto. J. BOUSSARD, *Mélanges E.-R. Labande*, [1974], p. 51 (ch. a. 1014-1023, Marmoutier). Quidquid ad eumdem locum pertinet, . . . videlicet: decimam, vicariam furti, raptus et sanguinis, omnes . . . reditus et consuetudines. Actus pontif. Cenom. in urbe deg., c. 30, ed. BUSSON-LEDRU, p. 360 (ch. a. 1036). Omnes consuetudines dimisit, nisi illas quae ad vicariam pertinent, scilicet sanguis, bannus, raptura, incendium, latro. GUÉRARD, *Cart. de Paris*, I no. 16 p. 324, a. 1045. Consuetudinem illam que vigeria dicitur, scilicet de homicidio, de furto, raptu, incendio, Deo et b. Marie prorsus finimus. GRASILIER, *Cart. de N.-D. de Saintes*, no. 1 p. 4 (a. 1047). Omnem vicariam illarum terrarum de homicidio et incendio et raptu. CHARTROU, *Anjou*, p. 346, pr. no. 21 (a. 1122-1124). La juridiction des délits qui sont punis d'une amende de 60 sous — the jurisdiction concerning offences punished by a fine of 60 s. Scriptum regis H. . . . in quo continetur quod nullam consuetudinem ibi habeat comes, praeter fodrium et vicariam 60 solidorum. URSEAU, *Cart. d'Angers*, no. 56 p. 115 (a. 1092). Cf. F. LOT, *La vicaria et le vicarius*, *NRHDFE.*, t. 17 (1893), p. 281-301. L. HALPHEN, *Prévôts et voyers du XIe siècle (région angevine)*, *LMA.*, t. 15 (1902), p. 281-325. A. C. F. KOCH, *L'origine de la haute et de la moyenne justice dans l'ouest et le nord de la France*, *RHD.*, t. 21 (1953), p. 420-458. M. GARAUD, *La construction des chateaux et les destinées de la "vicaria" et du "vicarius" carolingiens en Poitou*, *RHDFE.*, t. 31 (1953), p. 54-78. J. BOUSSARD, *Le droit de "vicaria" à la lumière de quelques documents angevins et tourangeaux*, dans: *Mélanges E.-R. Labande*, [1974], p. 39-54. **3.** *échange — exchange*. Casa . . . unde ego E. exinde vegaria feci. SCHIAPARELLI, *CD. Longob.*, II no. 162 p. 105 (a. 762, Nonantola). **4.** *la fonction d'un vicaire ecclésiastique — the function of an ecclesiastical vicar*. S. xiii sq. **5.** *les bien-fonds et revenus attachés à la fonction d'un vicaire ecclésiastique*, notamment à celle d'un ministre d'autel — *the goods and revenues connected with the function of an ecclesiastical vicar*, especially with that of an altarist. S. xiii sq.

**vicarialis** (adj.): **1.** *sujet à l'autorité d'un voyer — under the jurisdiction of a "vicarius"*. Cepit . . . filias et filios eorum [sc. famulorum nostrorum] facere vicarialis. HALPHEN, *A travers*, p. 223 n. 3 de la p. 222 (ch. ca. a. 1085, Marmoutier). **2.** *rattaché à la fonction de vicarius — attached to the office of vicarius*. Habet fines ipsa vinea de uno latere terram s. Petri, de alio latere terram vicarialem. DELOCHE, *Cart. de Beaulieu*, no. 66 p. 117 (a. 927). Dono . . . in uno quoque vicariali manso unum receptum cum 4 militibus et uno serviente. DESJARDINS, *Cart. de Conques*, no. 19 p. 25 (a. 1065-1090). Totam vicariam de M., et castrum vicariale. GERMAIN, *Cart. de Montpellier*, no. 102 p. 216 (a. 1118-1119).

**vicariare**: *échanger — to exchange*. Duas pecias quod inter se vigariaverunt. GABOTTO, *Carte di Asti*, p. 4 (a. 792). Potestatem habendi, tenendi, vindendi, donandi, vicariandi vel qualiter volueris faciendi. *CD. Langob.*, col. 157 A no. 83 (a. 807, Como).

**vicariata**: i.q. vicaria, *droit de voirie — right of "voirie"*. Donum hoc, id est vicariatam predicte terre de S. et quicquid ad vicariatam pertinet et venationem totius bosci. CHARLES-MENJOT, *Cart. du Mans*, no. 304 col. 179 (a. 1070-1076).

**vicariatio**, vicaratio, vicaricatio: **1.** *échange — exchange*. Omnia . . . in ipso suprascriptus locus causa vegarationes dedimus. SCHIAPARELLI, *CD. Longob.*, II no. 155 p. 82 (a. 761, Pavia). Commutationes, vicariationes seu cambiationes. POUPARDIN, *Inst.*, no. 8 p. 144 (a. 915-934, Salerno). Leo papa vicarationis gratia Beneventum ab Heinrico . . . recipiens, episcopium Babenbergense sub ejus dicione remisit. LEO, Chron. mon. Casin., lib. 2 c. 46, *SS.*, VII p. 658. **2.** *représentant, délégué, fondé de pouvoirs — substitute, deputy, proxy*. Ipse venire distulisti et a te directis . . . vicariacionem tuam ad integrum non commisisti. LAPPENBERG, *Hamb. UB.*, I no. 236 p. 778 (a. 891). Quibus si veniendi facultas defuerit, suos cum eo dirigant legatos, qui eorum vicaricatione perfuncti, disceptandi et deliberandi libertatem possideant. FLODOARD., Hist. Rem., lib. 4 c. 1, *SS.*, XIII p. 558. En parlant du pape — with reference to the pope. Auctoritate Dei et s. Petri apostoli atque nostra, qui ejus fungimur vicariatione. Priv. Agapeti pap. a. 951, DE MARCA, *Marca hisp.*, app. col. 867 no. 88. Similia in priv. Joh. XIII pap. a. 971, MARTÈNE, *Coll.*, I col. 325.

**vicaricius** (adj.): *du "vicarius" — of the "vicarius"*. Nulla in eorum terra vicaricia dominetur potestas nisi de furto aut homicidio seu incendio. BERTRAND, *Cart. d'Angers*, I no. 2 p. 6 (a. 966). Item, no. 21 p. 39 (ante a. 970).



**vicarie**, vicario (adverb.): **1.** *en récompense, en retour — in reward, in return*. Oportet ergo, ut hoc nobis vicarie rependatur. GREGOR. M., lib. 5 ep. 60, *Epp.*, I p. 373. **2.** *en échange — in exchange*. Balneo, qui novis vicarie et ex comparationem advinet. BRUNETTI, *CD. Tosc.*, I p. 460 (ca. a. 720). Ego pro ipsum oratorium et rebus vegario dedi . . . oratorium unum. MANARESI, *Placiti*, I no. 100 p. 361 (a. 892, Milano).

**vicarietas**: **1.** *réciprocité, échange — reciprocity, exchange*. Vicarietate servitii. FORTUN., lib. 5 carm. 6, *Auct. ant.*, IV pt. 1 p. 115. Quia praesens non valui . . . epistulae vicarietate prosternor. GREGOR. TURON., Hist. Fr., lib. 9 c. 42. **2.** i.q. vicaria: *droit de voirie — right of "voirie"*. Est fiscus [i.e. feodum] iste . . . liber ab omni redditione vel vicarietatis vel alterius legis, excepta decima. MÉTAIS, *Cart. de Vendôme*, I no. 13 p. 29 (ca. a. 1037). Quidam miles . . . vicarietatem alodiorum voluit calumpniari. Ib., no. 57 p. 112 (a. 1033-1046). B. de Corboilo comitis assensum impetravimus, de cujus beneficio supradictae villae vicarietas pendet. GUÉRARD, *Cart. de Paris*, I no. 36 p. 279 (a. 1076).

**vicarius** (adj.) (class. "remplaçant une personne ou un objet, suppléant, substituant, délégué — that supplies the place of a person or thing, substituted, delegated, vicarious"): **1.** **en tant que successeur — as a successor*. **2.** **mutuel, réciproque — mutual, reciprocal*. **3.** *en retour, en échange — in exchange*. Agelli partem . . . donabo, sex . . . caminos . . . vicarios accipiens. BIRCH, *Cart. Sax.*, I no. 137 p. 203 (a. 716-717). Subst. mascul. **vicarius** (n. 23, 24 et 25 etiam vegarius, vigerius, viarius, vierius) (class. "un remplaçant, délégué, fondé de pouvoir, lieutenant — a substitute, deputy, proxy, locum tenens, vicegerent, vicar"): **1.** **le Christ, représentant de Dieu — Christ, representing God*. **2.** *le pape, représentant du Christ — the pope, representing Christ*. Vicarium Christi te videmus. Epist. ad Gelasium, no. 30, ed. THIEL, p. 447. **3.** *le pape, successeur et représentant de S.-Pierre — the pope as successor to and representative of St. Peter*. Sub conspectu Dei et beati Petri apostoli ejusque vicarii. Ib. p. 440. **4.** sedis apostolicae: *légat apostolique — papal legate*. Lator praesentium C. vicarius noster. GREGOR. M., lib. 9 epist. 183, *Epp.*, II p. 175. FLODOARD., Ann., a. 948, ed. LAUER, p. 110. **5.** *légat apostolique permanent* dans un territoire ecclésiastique délimité — *permanent papal legate* in a given ecclesiastical district. Pontifex Romanus . . . Drogonem episcopum sui vicarium Galliarum Germaniarumque partibus designavit. PRUDENT., Ann. Bertin., a. 844, ed. GRAT, p. 46. **6.** Christi: *un évêque — a bishop*. Ministerium episcoporum, . . . quos constat esse vicarios Christi et clavigeros regni caelorum. Episcop. relatio Compend. a. 833, *Capit.*, II p. 51. Nos [episcopi] omnes, licet indigni, Christi tamen vicarii et apostolorum ipsius successores. Conc. Meldense-Paris. a. 845-846, prolog., ib., p. 397 l. 32. Ecclesie: Ipsius aecclesiae vicarius E. venerabilis episcopus. *D. Ottos I.*, no. 242 (a. 962). Ib., no. 139 (a. 951); no. 374 (a. 969). *D. Konrads II.*, no. 147 (a. 1030). **7.** *archevêque, désigné par le pape, qui assume l'administration d'une évêché durant la vacance du siège — archbishop nominated by the pope, who takes over the administration of a diocese during a sedis vacatio*. Ego W., Viennensis archiepiscopus et apostolica auctoritate Bisontinae sedis vicarius. BERNARD-BRUEL, *Ch. de Cluny*, V no. 3865 p. 216 (a. 1107). **8.** *évêque remplaçant un archevêque — bishop acting as a vicegerent of an archbishop*. Cum adhuc homo iste simplex [sc. archiepiscopus Mediolanensis] Mediolani viveret et exercitum congregaret, habuit conscilium statuendi sibi vicarium hominem multarum artium. . . . Grosulanus . . . ordinatus est episcopus [sc. Saonensis] et archiepiscopi vicarius. LANDULF. MEDIOLAN. JUNIOR, c. 5, ed. CASTIGLIONI, p. 5-6. Similia, ib. c. 25, p. 16. **9.** *évêque intérimaire, non pas consacré comme tel — provisional bishop, not ordained as such*. Gregorium . . . gradu ecclesiastico presbyterum sed tunc pro tempore episcopalis officii in eodem castro [Trajectensi] vel etiam parochia vicarium. HUCBALD. ELNONENS., V. Lebuini, *SS.*, II p. 361. **10.** *abbé, remplaçant un évêque — abbot acting as a vicegerent of a bishop*. Archidiaconus . . . clamat, quod licet abbati s. Victoris vicario vestro rectitudinem offeret, . . . idem abbas super terram ejus interdicti sententiam posuit. Epist. Henr. archiepisc. Senon. ad Stephan. episc. Paris. a. 1131, HINSCHIUS, *KR.*, II p. 205 n. 8. **11.** i.q. chorepiscopus: *chorévêque*, prêtre qui exerce les fonctions episcopales dans la campagne sous l'autorité de l'évêque résidant dans la cité — *auxiliary bishop* fulfilling episcopal duties in the country under supervision of the bishop residing in the city. Vicarii episcoporum, quos Graeci chorepiscopos dicunt. TURNER, *Ecclesiae occid. mon. juris antiq.*, II pars 1 p. 84, p. 138 (s.v.). Inde hausit ISID., Eccl. off., lib. 2 c. 6, MIGNE, t. 83 col. 786 sq. Ne in una civitate duo sint episcopi, et de vicariis episcoporum. Capit. excerpta de canone, a. 806 vel post, c. 4, *Capit.*, I p. 133. Episcopos vero, ut sive per se sive per vicarios pabulum verbi divini sedulo populis annuntient. Capit. ecclesiast. a. 818-819, c. 28, ib., p. 279. **12.** generalis vicarius in pontificalibus: *évêque auxiliaire*, le plus souvent in partibus, aidant l'évêque du diocèse dans la dispensation des sacrements — auxiliary bishop, often in partibus, assisting the diocesan bishop in administring the sacraments (s. xiii sqq.). **13.** i.q. vicedominus: *vidame — a bishop's substitute*. Ogo vicarius episcopi. WIDEMANN, *Trad. S.-Emmeram*, no. 41 p. 47 (ca. a. 863/864). Item no. 97 p. 88 (a. 882-885); no. 103 p. 92 (a. 883-887). Cf.: in manum A. episcopi ejusque advocati G. atque Ogonis vicedomini. Ib., no. 111 p. 96 (ca. a. 883-887). **14.** vicarius generalis episcopi: *vicaire général de l'évêque*, officier permanent, chargé de l'administration générale du diocèse — *vicar general of the bishop*, in charge of the general administration of the diocese (s. xiii sqq.). **15.** *suppléant d'un chanoine*, assurant le service divin et rémunéré sur les revenus de la prébende — *substitute of a canon*, taking care of the divine service and remunerated out of the revenue of the prebend. **16.** *abbé — abbot*.

Venerabili cenobio ejusque vicario I. abbati sueque congregationi. *D. Ottos I.*, no. 273 (a. 965). **17.** *assistant du curé — assistant curate.* **18.** perpetuus: *suppléant permanent du curé, effectivement en charge de la paroisse — permanent substitute of the curate, actually in charge of the parish.* **19.** *prêtre d'une église ou d'un autel en possession d'une abbaye, exerçant le ministère paroissial rattaché à cette église ou cet autel — priest of a church or altar owned by an abbey, having the cure of souls connected with that church or altar.* Concessimus ipsi loco hec eadem [tria] altaria, ut habeat atque possideat, ea scilicet ratione, ut exinde vicarios nobis [sc. episcopo] proferat, qui animas fideliter custodiant. LALORE, *Ch. de Montiérender*, no. 18 p. 143 (a. 991). Concessimus etiam, ut ... predia, sive altaria, vel ecclesias, libere ... possideant [monachi]; ita tamen, ut vicarios more ecclesiastico, qui debita sinodalia solvant et curam animarum gerant, in parechiis constituant. CHEVRIER-CHAUME, *Ch. de S.-Bénigne de Dijon*, II no. 231 (a. 1005, Toul). Dedit ... s. Trinitatis loco quattuor altaria ... ita quidem, ut cum vicariis absque relevatione teneantur. MÉTAIS, *Cart. de Vendôme*, no. 71 p. 310 (ante. a. 1047). Placuit abbati ... clericos ... idoneos ... mittere ... ut ad supradicta officia exsequenda cura animarum a presulo ipso suscepta, vicarii monacorum existerent et tam baptisterii ministerium quam reliqua laice plebi necessaria percelebrarent. D'HERBOMEZ, *Cart. de Gorze*, no. 148 p. 258 (ca. a. 1124). **20.** *prêtre exerçant le ministère paroissial rattaché à une chapelle — priest having the cure of souls connected with a chapel.* Annuente et consulente persona de [ecclesia de] Alburg, presbiterum proprium ecclesie de Herpta [sc. membrum ecclesiae de Alburg] habere permisimus. ... Persona de Alburg, cujus vicarius idem presbiter erit. ... Testes ... A., vicarius de villa Herpeta. VAN DEN BERGH, *OB. Holland*, I no. 128 p. 83 (a. 1148). **21.** i.q. altarista: *ministre d'autel — altarist.* Assignavi ... duobus vicariis, qui in eadem ecclesia ad missam beate Dei genetricis Marie, unus in ordine diaconatus, alter in ordine subdiaconatus cotidie ministrabunt, 10 libras. PREVENIER, *Oork. Vlaand.*, no. 198 p. 415 (a. 1202). **22.** Dans le royaume des Visigoths: *fonctionnaire royal, sous-ordre du comte* — in the kingdom of the Visigoths: *royal official, a count's subordinate.* Dux, comes, vicarius, pacis adsertor ... vel qui ex regia jussione aut etiam ex consensu partium judices in negotiis eliguntur. Lex Visigoth., lib. 2 tit. 1 c. 27. Comes civitatis vel vicarius aut territorii judex. Ib., lib. 3 tit. 6 c. 1. Ante diem testetur hoctabum [= octavum] judici vel vicario proxime civitatis aut territorio. Ib., lib. 9 tit. 1 c. 6. **23.** Dans le royaume franc: *fonctionnaire royal, délégué du comte*, dont le pouvoir s'exerce dans le territoire de la "vicaria" — in the Frankish kingdom: *royal official, subordinate to the count*, having authority over a "vicaria". Non vicarios aut quoscunque de latere suo per regionem sibi commissam instituere vel destinare [comites] praesumant. Guntchramni edict. a. 585, *Capit.*, I p. 12. Ad exigendas cautionis [i.e. cautiones], quas ei propter tributa puplica I ex vecario, ex comite vero E. deposuerant, Toronus advenit. GREGOR. TURON., *H. Fr.*, lib. 7 c. 23. A vicarii dolo, qui pagum illum judiciaria regebat potestate. Ib., lib. 10 c. 5. *D. Merov.*, no. 25 (ca. a. 661). GYSSELING-KOCH, *Dipl. Belg.*, no. 9, subscr., p. 22 (a. 708, S.-Bertin). Ille rex ... omnes episcopis vel omnibus abbatibus, seu et inlustris viris, ducibus, comitibus, vigariis, centenariis, vel omnes agentibus. Addit. Marculf., no. 2, *Form.*, p. 111. Omnibus ducibus, comitibus, grafionibus, domesticis, vecariis, centenariis vel omnes agentes. *D. Karol.*, I no. 6 (a. 753). Veniens homo ille in mallo illo ante illum vicarium vel reliquos bonus [-os] homines. Form. sal. Merkel. no. 29, *Form.*, p. 252. Indiculum de comite ad vicarium. ... Propterea has litteras ad te dirigimus, ut in nostro comitatu vel in tuo ministerio pleniter ipsa[s] justicias ... facias, quasi ego ipse. Form. sal. Merkel. no. 51, *Form.*, p. 259. Liberi homines nullum obsequium comitibus faciant nec vicariis ... excepto servitio quod ad regem pertinet. Capit. omnib. cognita facienda, a. 802-813, c. 2, *Capit.*, I p. 144. Vicarii luparios habeant, unusquisque in suo ministerio duos. Capit. Aquisgr., a. 802-803, c. 8, p. 171. Comites, unusquisque in suo comitatu, carcerem habeant; et judices atque vicarii patibulos habeant. Ib., c. 11, p. 171. Ante vicarios nulla criminalis actio diffiniatur, nisi tantum leviores causas quae facile possunt dijudicari. Pipp. capit. Ital., a. 801-810, c. 14, p. 210. Ante vicarium et centenarium de proprietate aut libertate judicium non terminetur aut adquiratur, nisi semper in praesentia missorum imperialium aut in praesentia comitum. Capit. miss. Aquisgr., a. 810, c. 3, p. 153. Comitibus et judicibus observandum est, ut juste judicent; sed et ministros, quos vicarios et centenarios vocant, justos habere debent. Conc. Cabillon., a. 813, c. 21, *Conc.*, II p. 278. Centenarii, qui et centuriones vel vicarii, qui per pagos statuti sunt. WALAFR. STRABO, Exord., c. 32, *Capit.*, II p. 515 l. 35. Omnibus episcopis, abbatibus, ducibus, comitibus, vicariis, centenariis, actionariis, missis discurrentibus, notum sit. *D. Charles le Ch.*, no. 33 (a. 844). Ibi saepius. K. comes, K. filius ejus, R. vicarius, A. vicarius. WIDEMANN, *Trad. S.-Emmeram*, no. 36 p. 42 (a. 852). Comitem aut vicarium ejus cum reliquis proceribus in testimonium adhibeat. Form. Sangall. misc. no. 9, *Form.*, p. 384. Fuit consuetudo in illis temporibus, ut, ubicumque aliquod opus ex imperiali praecepto faciendum esset, ... ea comites per vicarios et officiales suos exequerentur. NOTKER., G. Karoli, lib. 1 c. 30, ed. RAU, p. 366. Vicarius Pictavis civitate. DE MONSABERT, *Ch. de Nouaillé*, no. 23 p. 43 (a. 897). *D. Charles III le Simple*, no. 6 (a. 894-919). *D. Louis IV*, no. 25 (a. 945). Quicquid exinde aliquid in portu aut in villis, comes aut vicecomes, vicarius seu centenarius, aut aliquis exactor judiciarie potestatis, sive propter districtum, aut pro hoste, aut pro inventa re, tenere actenus videretur in nostra dominatione. FAUROUX, *Actes de Norm.*, no. 3 p. 72 (a. 968). En Espagne — in Spain. Sane quod si nos



donatores aut commis [= comes] aut vicescommis aut vicarius aut ullusque homo qui contra hanc ista donacio venerit inrumpendum. MARTORELL, *Arch. Barcelona*, no. 88 p. 229 (a. 928). Ad facere suam voluntatem sine impedimento vicario hujus castro. ROSELL, *Lib. feud. maj.*, I no. 201 p. 384 (a. 984). R., comes Barchinonensis, requisivit estachamentum de directo a B., vicario suo, ob multas querimonias quas contra eum habebat. Ib., no. 383 p. 401 (a. 1131). **24.** *agent, placé sous les ordres directs du roi — official under direct supervision of the king.* Talem concessi libertatem ut neque meus prepositus neque meus vicarius neque meus minister alius faceret in eam aliquam invasionem. *D. Phil. Ier*, no. 38 (a. 1068). Non sit qui molestiam inferre praesumat neque venator neque falconarius neque bannarius neque praepositus neque vicarius neque telonearius neque alius quislibet saeculari potestate praeditus, neque ullam legem neque ullam omnino consuetudinem accipiat. Ib., no. 77 (a. 1075). In toto foro nec in claustro ... in praedictis solemnitatibus dapifer noster, vel praepositus, vel vigerius, vel thelonarius aliquid auferre ... praesumat. Ch. Ludov. VI reg. Fr. a. 1144, DC.-F., VIII p. 325 col. 3. **25.** (cf. voc. vicaria n. 2) *agent seigneurial*, exerçant la justice et percevant les droits et coutumes; *voyer, viguier — seignorial official*, exercising justice and collecting dues and "coutumes". Nullus vicarius, neque meus, neque alterius, in predictis terris ... ullam consuetudinem habeat. BERTRAND, *Cart. de S.-Aubin*, I no. 4 p. 11 (a. 1007-1026). A. de P., qui est vicarius ipsius mansi. DESJARDINS, *Cart. de Conques*, no. 276 p. 224 (a. 1031-1060). Seniores de P. decimam quae habebunt in illum mansum et sepultura et drictum de illorum vigerios totum et ab integrum donaverunt. Ib., no. 15 p. 20 (a. 1060). Abbas O. et monachi s. Albini convenerunt cum B., vicario Andecavensi, de duobus arpennis vinearum. BERTRAND, *Cart. de S.-Aubin*, I no. 62 p. 81 (a. 1060-1087). Statim mittit viarius de Mosterolo propter homines de Mairono ad custodiendum castellum. Ib., no. 220 p. 260 (a. 1080-1082). **26.** *agent subalterne, délégué — subordinate official, deputy.* Sepe etiam boni judices habent malos vicarios. De Judicibus, c. 10, Quadrip., LIEBERMANN, p. 475. Intersint autem episcopi, comites, vicedomini, vicarii, centenarii. Leg. Henrici, c. 7 § 2, ed. DOWNER, p. 98. **27.** *agent domanial — manorial agent.* In istis curtibus servos vicarios debemus imponere, ut fideliter exigant servitia dominis suis. DELOCHE, *Cart. de Beaulieu*, no. 50 p. 92 (ca. a. 971). **28.** *remplaçant de celui qui doit subir une ordalie ou livrer un combat judiciaire — substitute of a person who is to submit to an ordeal or to fight in a judicial combat.* Ipse criminosus aut ejus vicarius mittatur in aquam. Collect. judicior. Dei, no. 2, *Form.*, p. 638. Vicarius ejusdem faeminae ad judicium aquae ferventis exiit. HINCMAR. REM., De divortio Hlotarii, interrog. 1, SIRMOND, I p. 568. Vicarius ipsius in judicium exiens incoctus evasit. Ib., interrog. 6, p. 599. Ad pugnam producere, heu, nostros compellimur vicarios, ut vel istorum caede victi, vel illorum quasi absoluti esse videamur. ATTO VERCELL., De pressuris eccl., pt. I, MIGNE, t. 134 col. 61 A. Duo praetaxati viri vicarios sibi duos eligerent ad certamen expeditos. *Hist. de Lang.*³, V pr. no. 108 col. 235 (a. 960, Rouergue). **29.** *procureur — proxy.* Atto episcopus interpellavit A. abbatem et Z. vicarium ejus. Conc. Tegerns., a. 804, *Conc.*, II p. 231. Centum libras auri componat, medietatem nobis et medietatem vicario s. ecclesie b. Marie de Pharpha. *D. Heinr. II.*, no. 405 (a. 1019). **30.** *sous-ordre de l'avoué, qui exécute les peines corporelles, bourreau — an advocate's subordinate, who inflicts corporal punishment, executioner.* Advocati vicarius eruet oculos, truncabit testiculos, decollabit et ceteras penas onmes exequatur pro varietate criminum. KEUTGEN, *Urk. st. Vfg.*, no. 126 p. 94, c. 23 (s. xii, Strassbourg). Ib., c. 19, 20, 22.

**vicatim** (<vicis), i.q. vicissim: *tour à tour — in turns.* Praedictis litterarum caracteribus vicatim et alternatim positis. ALDHELM., De metris, c. 10, *Auct. ant.*, XV p. 82.

**vicatura** (cf. voc. vicaria n. 2): *pouvoir justicier, coutume levée en vertu de ce pouvoir, droit de voirie — jurisdiction, "coutume" levied by virtue of that jurisdiction.* Vicaturam quam habebam in terra s. Liphardi nominata A. villa. *D. Phil. Ier*, no. 38 (a. 1068).

**viceadvocatus:** *tenant-lieu d'un avoué ecclésiastique, sous-avoué — deputy, ecclesiastical advocate.* Hiis testibus. S. comite et advocato. W. viceadvocato. ERHARD, *Reg. hist. Westfal.*, I, CD. no. 185 p. 143 (a. 1116). Ib. no. 188 p. 147 (a. 1120). Nomina vero sculteti et viceadvocati et scabinorum qui huic commonitioni interfuerunt. BEYER, *UB. Mittelrh.*, II no. 87 p. 126 (a. 1187).

**vicecancellarius:** *le premier des notaires dans la chancellerie royale — the foremost of the notaries in the royal chancery.* S. Ainbaldi vicecancellarii, qui subscribsi jubsu regis. *D. Phil. Ier*, no. 135 (a. 1095).

**vicecomes:** **1.** *délégué permanent du comte*, exerçant ses fonctions dans l'ensemble du comté — *permanent delegate of the count*, performing his function in the whole territory of the county. Nullus comes nec vicecomis nec vicarius nec centenarius nec ullus exactor judiciariae potestatis. *D. Karol.*, I no. 87 (a. 774, an verax?). De pravis advocatis et vicedominis et vicecomitis et pravis archidiaconibus vel prepositis. Capit. incerti anni (a. 789-814?), c. 3, *Capit.*, I p. 185. Nullus comes vel vicecomes, aut vicarius, vel centenarius, sive judex publicus, vel quilibet exactor judiciariae potestatis. D. Lud. Pii imp. a. 814, TARDIF, *Cartons*, no. 107 p. 77. S. vigario, A. vicecomite. *Hist. de Lang.*³, II pr. no. 80 col. 178 (a. 832, Roussillon). Ex ordinatione R. vicecomite [= -tis] sive et de judices qui jussi sunt causas dirimere vel judicare. Ib., no. 150 col. 306 (a. 858, Roussillon). Si aliquis ex ipsis hominibus ... alium, id est comitis aut vicecomitis aut vicarii aut cujuslibet hominis, senioratum elegerit. *D. Charles le Ch.*, no. 46 (a. 844). Habeat in Silvanectensis civitate unusquisque comes, in cujus comitatu monetam esse jussimus, vicecomitem suum cum duobus

aliis hominibus, qui in ejus comitatu res et mancipia vel beneficia habeant, et suum monetarium cum ipsis habeat. Edict. Pist. a. 864, c. 14, *Capit.*, II p. 315. Jussione vestra per vicecomitem ipsius pagi in bannum, quod jus lingua latina proscriptio confiscandi vocatur, est missum. HINCMAR. REM., Opusc. 29, ed. SIRMOND, II p. 317. Cujus sententiae G. vicecomes favens, rectius dixit esse mancipia dividi quam testes bello decernere. ADREVALD. FLORIAC., Mir. Benedicti, c. 25, ed. DE CERTAIN, p. 57. Comes praecipiat suo vicecomiti suisque vicariis atque centenariis. Karlom. Capit. Vern. a. 884, c. 9, *Capit.*, II p. 374. G. vicecomes atque fidelis noster. *D. Charles le Simple*, no. 30 (a. 900). S. Fulconi abbatis atque vicecomitis. BERTRAND, *Cart. d'Angers*, I no. 36 p. 60 (a. 924). Ne aliquis comes vel vicecomes sive aliquis publicus judex aut quilibet ex judiciaria potestate. *D. Konrads II.*, no. 4 (a. 1024, Speyer). **2.** Dans le royaume lombard on emploie le titre de vicecomes pour les gastaldii (voir ce mot) — in the kingdom of the Lombards, the gastaldii (q.v.) are also called vicecomes. Ego Radoin vicecomes interfui [antea: Radoin et Gaideris scavinis]. GREGOR. CATIN., Reg. Farf., ed. GIORGI-BALZANI, II doc. 161 p. 135 (a. 801). Ib., doc. 165 p. 138 (a. 801). V. gastaldius et vicecomis ipsius civitatis [sc. Mediolani]. MANARESI, *Placiti*, I no. 64 p. 230 (a. 859). Ib., no. 90 p. 324 (a. 880, Verona). Nullus marchio, comes, vicecomes aut aliqua regni nostri magna remissaque persona. *D. Ottos I.*, no. 239 (a. 962, Parma). Nullus archiepiscopus, episcopus, dux, marchio, comes, vicecomes, gastaldio sive magna parvaque regni nostri persona. *D. Heinr. III.*, no. 316 (a. 1054, Pavia). **3.** Dans le cours des Xe et XIe siècles les vicomtes deviendront des seigneurs qui se sont appropriés les fonctions publiques et souvent un château et qui sont les vassaux des comtes — in the course of the tenth and eleventh centuries the vicecomites develop into lords, in possession of public functions and a castle, who are vassals of the count. Miserat [Vulgrinus, comes Engolism.] in Martiliaco Rotbertum, legis doctum et cum eo Rannulfum, quem fecit vicecomitem. ADEMAR., lib. 3 c. 20, ed. CHAVANON, p. 138. Willelmus . . . honorem eorum restituit O. patri eorum, qui minor erat, fuitque sibi vicecomes, sicut R. fuerat Vulgrinno. Ib., lib. 3 c. 23, p. 145. Fontenetum castrum Savarici vicecomitis. M. GARAUD, *Les châtelains de Poitou, Mém. soc. ant. de l'Ouest*, 1964, p. 42 n. 21 (a. 1083). Ego Aimericus Toarcensis honoris gratia Dei vicecomes et dominus. MARCHEGAY, *Cart. du Bas-Poitou*, II p. 9 (a. 1088). Vicecomitis sunt latro, falsa mensura et inventio pecunie. VARIN, *Arch. admin. de Reims*, I no. 82 p. 306 (a. 1143). In terra s. Germani ejusdem potestatis habet vicecomes latronem et falsam mensuram et inventa, excepta curia s. Germani. QUANTIN, *Cart. de l'Yonne*, I no. 281 p. 434. **4.** Dans la Normandie des XIe et XIIe siècles, le vicomte continue d'être un fonctionnaire public, délégué du duc, exerçant ses pouvoirs dans un vicomté — in Normandy, during the eleventh and twelfth centuries, the vicecomes remains a public official, subordinate to the duke, and in charge of an administrative district, the "vicomté". Donec Rothbertus B. ministerium vicecomitis accepit. FAUROUX, *Actes de Norm.*, no. 151 p. 336 (a. 1062). R., vicecomes Abrincatinus [Avranches]. Ib., no. 159 p. 347 (a. 1063-1066). Actum est hoc in curia domini regis in Guennereio [Guernsey] coram G. de H. tunc vicecomite, et quia sigillum non habebam sigillo G. de H. vicecomitis consideratione et assensu amicorum hanc cartam sigillari constitui. HASKINS, *Norman inst.*, p. 185 (a. 1179). Hic Orbecci vicecomes et causidicus fuerat . . . In negotiis et placitis ad libitum judicabat et pro acceptione munerum judicia pervertebat. ORD. VITAL., lib. 8 c. 17, ed. CHIBNALL., IV p. 242. Regis vicecomes et officialis rationem non reddiderit et de aliis reatibus rationabiliter impetitus est. Ib., lib. 11 c. 44, ed. LE PRÉVOST, IV p. 305. Cf. W. SICKEL, *Der fränkische Vicecomitat*, 1907; *Ergänzungen*, 1908. **5.** *le "sheriff" anglais — the sheriff.* O. tunc vicecomes. Domesday I 2 b 1. Ib. 57 b 2. Crimen furti quod ad vicecomites pertinet. GLANVILL., lib. 1 c. 2, ed. HALL, p. 4. Ad vicecomitem itaque provinciarum pertinent predicta placita de recto. Ib., lib. 12 c. 9, p. 140. Le "sheriff" de Londres — the sheriff of London. Vicecomes civitatis [sc. Londoniarum] pecuniam alicujus retinere vel disturbare non presumat. Libertas London., a. 1133-1154, c. 4, LIEBERMANN, p. 674. **6.** Dans le comté de Flandre: *le châtelain* — in the county of Flanders: *the castellan.* Rex et comes jam constituerunt me vicecomitem loci vestri [sc. Brugensis]. GALBERT., c. 59, ed. PIRENNE, p. 97. Flandrensis honoris comes et princeps Th., . . . Gandavensis burgi castellariam Curtracensi vicecomiti R. ad tempus concessit et commisit habendam. LAMBERT. ARD., c. 62, *SS.*, XXIV, p. 592.

**vicecomitalis** (adj.): *du "vicecomes", qui appartient au "vicecomes" — of the "vicecomes", belonging to the "vicecomes".* Volo tribuere . . . duas partes de venda, sicut olim terciam partem idem vicecomitalem. NANGLARD, *Cart. d'Angoulême*, no. 55 p. 61 (ca. a. 974). Terra vicecomitali. DELOCHE, *Cart. de Beaulieu*, no. 77 p. 130 (a. 997-1031). Ib. no. 85 p. 138 (a. 984-985). Quae [prata] quondam beneficii vicecomitalis existerant. MÉTAIS, *Cart. de Vendôme*, I no. 73 p. 134 (a. 1047).

**vicecomitatus** (decl. iv): **1.** *fonction de vicomte — the office of "vicomte".* Accepto Bertrannus vicescomitatu ipsius civitatis. GERMER-DURAND, *Cart. de Nîmes*, no. 1 p. 4 (a. 876). Nullus episcopus aliquam abbati dominationem inferret, nullus judicialis persona tam in eodem loco quam et adjacentibus villis, terris, perviis advocationem seu vicecomitatum gereret. *D. Phil. Ier*, no. 93 (a. 1079), p. 239 l. 18. Vicecomitatum et ceteras obsecutrices dignitates abbas, cum voluerit, erigere poterit. MARTÈNE, *Ampl. Coll.*, I p. 710 (a. 1131). **2.** *l'ensemble des droits et pouvoirs qui se rattachent à la charge de vicomte — the whole of rights and powers connected with the office of "vicomte".* Proclamaverunt se de A. Lugdunensi vicecomite, qui . . . in suos retorquere usus temptabat, dicens prescriptas res ex suo vicecomitatu esse. BERNARD-BRUEL, *Ch. de Cluny*, I no. 656 p. 611 (a. 944). Quandam villulam de ratione vicecomitatus Lugdunensis. *D. Louis IV*, no. 28 (a. 946). Omnem medietatem vicecomitatus de Valletellina. *D. Heinr. II.*, no. 113 (a. 1046). Do . . . decimas thelonei et vicecomitatus de civitate Baiocas. FAUROUX, *Actes de Norm.*, no. 36 p. 140 (a. 1025). Decimam omnium denariorum vicecomitatus Constantini et decimam vicecomitatus Constanciarum et decimam vicecomitatus Wareti [Cotentin, Coutances et Gavray]. Ib., no. 99 p. 255 (a. 1042). Coactus est vicecomitatum et viariam suam pro concordia pacis monachis . . . invadiare. LOT, *Etudes critiques S.-Wandrille*, 1913, no. 57 p. 112 (a. 1117). Concedimus et confirmamus ei . . . fora, thelonia, vicecomitatum, wagaria. Ch. Alexandri episc. Leodiens. a. 1131, MARTÈNE, *Ampl. Coll.*, I col. 707. **3.** *circonscription d'un vicomte, vicomté — district of a "vicomte", "vicomté".* Comes G. . . . locum et ecclesiam non mediocriter inquietavit, vicecomitatum et omnem tribunitiariam Corbeie potestatem invasit. *D. Phil. Ier*, no. 93 (a. 1079), p. 239 l. 31. **4.** *le territoire dominé par un vicomte au sens féodal — the area dominated by a "vicomte" in the feudal sense.* Det supradictus Berengarius . . . ipsum castrum de E. . . . et ipsum vicecomitatum de Barchinonensi comitatu et ipsos honores comitales. ROSELL, *Lib. feud. maj.*, I no. 157 p. 161 (a. 1018-1026). Civitates, comitatus, episcopatus, vicecomitatus et alii honores et pignora, castra vel castella. Ib., II no. 820 p. 304 (a. 1070). **5.** En Flandre: *la châtellenie — in Flanders: the castelry.* Hamensis locus, cum prefata Mancavilla, infra Albiniensis castri vicecomitatum situs erat [châtellenie d'Aubigny]. VERCAUTEREN, *Actes de Flandres*, no. 17 p. 55 (a. 1093). Omnes qui in vicecomitatu ejus [sc. Gervasii castellani Brugensis] habitarent. GALBERT., c. 97, ed. PIRENNE, p. 142. **6.** *la fonction, la dignité de châtelain — the office, the dignity of a castellan.* Si vultis, vicecomitatum . . . omitto. Ib., c. 59, p. 97. **7.** *la fonction du "sheriff" anglais — the office of sheriff.* Quando vicecomitatum amittebat. Domesday I 2 b 1. Ib. I 57 b 2. **8.** i.q. vicaria: *droit de voirie — exactions and "coutumes" levied by the "vicarius".* Jus vicecomitatus seu viarie, quod in villa s. Gemme se habere dicebat. DEPOIN, *Ch. de S.-Martin-des-Champs*, II no. 368 p. 270 (a. 1159). R. . . . teneret a me in feodo medietatem tocius vicecomitatus sive viarie que est in valle A. GUÉRARD, *Cart. de Paris*, II p. 154 (a. 1186).

**vicecomitia**, i.q. vicaria: *droit de voirie — exactions and "coutumes" levied by the "vicarius".* Concesserunt s. Ebrulfo vicecomitiam, id est viariam, quantum habebant in V. ORD. VITAL., lib. 5 c. 20, ed. CHIBNALL, III p. 210.

**vicecomitissa:** *femme* ou *veuve d'un vicomte — wife* or *widow of a "vicomte".* *Gallia chr.*[2], VIII instr. no. 10 col. 295 (ca. a. 1020, Chartres). FAUROUX, *Actes de Norm.*, no. 84 p. 223 (a. 1030-1035). ROSELL, *Lib. feud. maj.*, I no. 110 p. 114 (ca. a. 1066). Ib., II no. 818 p. 300 (a. 1068). SUGER., V. Lud. Gr., c. 8, ed. WAQUET, p. 40.



**vicecomitura,** i.q. vicaria: *droit de voirie — exactions and "coutumes" levied by the "vicarius".* Fratres tanquam jus hereditarium prosequentes vicecomituram villule et totius territorii ipsius . . . occupaverunt. MOREL, *Cart. de Compiègne*, I no. 37 p. 76 (a. 1115).

**viceconsul:** *le "sheriff" anglais — the sheriff.* Domesday IV, fo. 312 b, 313 b. Leg. Edw. Conf., Lond. retr., 12, 10, LIEBERMANN, p. 639.

**vicedomina:** *femme du vidame — wife of the vidame.* LÉPINOIS-MERLET, *Cart. de Chartres*, I p. 153 (a. 1149-1155).

**vicedominalis** (adj.): *du "vicedominus" qui appartient au "vicedominus" — of the "vicedominus", belonging to the "vicedominus".* Iste monasterium . . . praefuit, et vicedominali gubernacula suscepta luculentissimus tenuit. AGNELL., c. 136, *Scr. rer. Langob.*, p. 366. Tria placita vicedominalia habet in anno comes in villa. CALMET, *Hist. de Lorraine*, II pr. col. 338 (a. 1069, Toul).

**vicedominarius,** i.q. vicedominalis. Vicedominarium placitum. H. BLOCH, *Die älteren Urk. des Kl. S.-Vanne zu Verdun*, *JGLG.*, t. 10 (1898), p. 393 (<a. 952>, interpol. s. xii).

**vicedominatus:** **1.** *fonction de maire du palais du roi, vicariat du royaume — office of majordome of the king, of vicar of the realm.* [Adalbertus] in pristinum gradum curiae restitutus est, mox quoque . . . summam rerum, quod est vicedomnatus, . . . meruit. ADAM. BREM., lib. 3 c. 59, ed. TRILLMICH, p. 406. **2.** *fonction de vidame d'une évêché — office of vidame of a bishopric.* Vicedominatus et praepositura, quae ministeria . . . fuerant instituta, ne quies episcopalis ab oratione et praedicationis studio secularium causarum tumultibus exturbaretur. Ch. Lud. VI reg. Fr. a. 1125, ap. M. A. DE FLORIVAL, *Etude hist. sur le XIIe siècle. Barthélemy de Vir, évêque de Laon*, 1877, p. 254.

**vicedominium:** *demeure du vicedominus du palais pontifical — residence of the majordome of the papal palace.* Quem . . . in Lateranensem patriarchum introduxerunt. Et ascendentes cum eo in vicedominio, . . . conpulerunt eum orationem clericatus eidem Constantino tribui. Lib. pont., Steph. III (a. 768-772), c. 96, ed. DUCHESNE, I p. 468.

**vicedominus,** vicedomus (decl. iv): **1.** *majordome, vidame du palais pontifical* (clerc de haut rang) — *majordome, vidame of the papal palace* (clerk of high rank). Retransmisit Romae A. presbiterum et vicedominum suum . . . ad custodiendum Lateranis et gubernandum clerum. Lib. pont., Vigilius (a. 537-555), ed. MOMMSEN, p. 152. Vicedominum enim eum [diaconum A.] constituimus, cujus arbitrio episcopium commisimus disponendum. GREGOR. M., lib. I epist. 11, *Epp.*, I p. 12. Post equum [papae] hi sunt qui equitant: vicedominus, vesterarius, nomincolator atque sacellarius. Ordo Rom. I (s. vii ex.), c. 10, ed. ANDRIEU, p. 70. Lib. pont., Constantinus (a. 708-715), ed. MOMMSEN, p. 223. BONIF.-LULL., epist. 90, ed. RAU, p. 306. **2.** *vidame, clerc de haut rang, délégué permanent de l'évêque et administrateur des biens de l'évêché — vidame, clerk of high rank, permanent deputy of the bishop and administrator of the possessions of his church.* Vos

[sc. episc. de Aquis Galliae = Aix]... qui in ecclesia ipsa tunc tempore illo curam vicedomini gerebatis. GREGOR. M., lib. 6 epist. 53, *Epp.*, I p. 428. Frater noster P. et vicedominum sibi ordinet et majorem domus, quatenus possit vel hospitibus supervenientibus vel causis quae eveniunt idoneus et paratus existere. Ib., lib. 11 epist. 53, II p. 328. Non episcopus, non archidiaconus, non vicedominus, non quicumque de actoribus hujus ecclesiae nullas paratas neque mansiones ... exigere ... audeat. PARDESSUS, II no. 41 p. 193 (a. 683, Vaison). C. abbatem [s. Vincentii] vicedominum per totum episcopatum suum esse constituit. Actus pontif. Cenom., c. 15, ed. BUSSON-LEDRU, p. 240. Qui episcopi aut vicedomini sigillum neglexerit. Lex Alamann., tit. 27 § 1, add. S. episcopus Reatine civitatis una cum sacerdotibus ipsius civitatis, id est H. vicedomino, J., A., L., C., S., presbiteris. MANARESI, *Placiti*, I no. 2 p. 3 (a. 776, Spoleto). Illum sacramentum juratum esse debeat ab episcopis et abbatis sive comitibus vel bassis regalibus necnon vicedomini [sic], archidiaconibus adque canonicis. Capit. missor. a. 792-793, c. 2, *Capit.*, I p. 66. Ibi saepius. F. abba atque vicedominus [sc. episcopi Cadurc.]. V. Desiderii, c. 44, *SRM.*, IV p. 596. G. vicedominus [pontificis Rotomagensis], qui magna praeparari fecit convivia. V. Ansberti episc. Rotomag., c. 20, ib., p. 633. Episcopi, abbates adque abbatissae advocatos adque vicedomini centenariosque legem scientes et justitiam diligentes pacificosque et mansuetus habeant. Capit. missor. gener., a. 802, c. 13, *Capit.*, I p. 93. Convenit inter P. vicedomui s. Bergamensis ecclesie ... necnon ... *CD. Langob.*, col. 150 no. 79 (a. 805). Vicedomini, prepositi, advocati boni et veraces et mansueti cum comite et populo eligentur. Capit. missor. Aquisgr. I, a. 809, c. 22, *Capit.*, I p. 151. Adjutores ministerii eorum [sc. episcoporum], id est: corepiscopi, archidiaconi et vicedomni et presbyteri. Capit. de missis instr. a. 829, II, p. 8. l. 35. Qui causa da pars [= de parte] U. presbitero et vicedomui ... peragebat. MANARESI, *Placiti*, I no. 40 p. 126 (a. 830). Vicedominus laicos cum carris et operariis, et praepositus clericos habentes beneficia huc secum adducerent. HINCMAR. REM., Opusc. 29, ad regem Carol. Calv., ed. SIRMOND, II p. 317. Nos reges Francorum ... non episcoporum vicedomini sed terrae domini hactenus fuimus computati. Epist. Karoli Calvi no. 7, MIGNE, t. 124 col. 878. Engilberto concambiaverunt ... jurnalem I et eum ex jussu episcopi [sc. archiepiscopi Colon.] Guntramus vicedomnus tradidit. *NA.*, t. 13 (1888) p. 152 no. 4 (ch. a. 875, Bonn). UGHELLI, VII col. 500 (a. 880, Salerno). WIDEMANN, *Trad. S.-Emmeram*, no. 111 p. 96 (ca. a. 883-887). Colonos quosdam ecclesiae desertores tam per se ipsum quam per R. vicedominum et ecclesiae advocatum apud judices publicos legibus evindicatos ... restituit. FLODOARD., Hist. Rem., lib. 2 c. 19, *SS.*, XIII p. 467 l. 6. *D. Ottos I.*, no. 239 (a. 962) p. 334 l. 22 (Parma). LESORT, *Ch. de S.-Mihiel*, no. 28 p. 125 (a. 967, Verdun). Quidam clericus ipsius vicedominus. LANTBERT., V. Heriberti c. 9, *SS.*, IV p. 747. Successit ei in episcopatum [Babenberg.] Herimannus vicedomnus Mogontinus. LAMPERT. HERSFELD., Ann., a. 1065, ed. FRITZ, p. 104. **3.** Dans certaines régions de la France, notamment dans les provinces ecclésiastiques de Reims et de Sens, les vicedomini deviendront, aux Xe et XIe siècles, des seigneurs laics, souvent en possession d'un château-fort. En ces seigneurs-vidames se sont combinés l'advocatus et le vicedominus carolingiens, donc lieutenant et protecteur armé de l'évêché, et principal intendant et administrateur du palais et des biens épiscopaux — in some regions of France, especially in the ecclesiastical provinces of Reims and Sens, the vicedomini develop, during the tenth and eleventh centuries, into lay lords, combining the functions of the carolingian advocatus and vicedominus, thus becoming the lieutenant and armed protector of the bishopric, and the principal guardian and administrator of the episcopal palace and possessions. Ado vicedominus [sc. Laudunensis] ... cum ad episcopi domum tendens ab universo impeteretur cuneo, hasta et gladio tantopere restitit, ut tres de insistentibus sibi in momento prosterneret. GUIBERT. NOVIG., De vita sua, lib. 3 c. 8, ed. BOURGIN, p. 165. Vicedomini Adonis uxor. Ib., c. 9, p. 171. Cives ... in ultionem dirutarum domuum funditus everterunt domos militum faventium archiepiscopo, vicedomini scilicet sui, et alterius qui in urbe gesserat praefecturam. JOH. SARESB. EPISC. CARNOT., epist. ad Joh. episc. Pictav., MIGNE, t. 199, col. 249. Ego G., vicedominus Carnotensis, crucis signaculo insignitus, veniens in capitulum s. Petri Carnotensis, propter violentiam quam in eorum cellario de T. et eorum hospitibus injuriose feceram, culpam meam recognoscens. ... GUÉRARD, *Cart. de Chartres*, no. 68 p. 667 (a. 1202). Vicedominus Cathalaunensis ad regalia Cathalaunensia manum extendit, dicens se habere jus in regalibus nostris. ... Vicedominus per vim ibi capiebat, sicut alii; sed, quia fortior erat, plus capiebat. Carta de regalibus Cathalaunens., a. 1202, *Actes Phil.-Aug.*, II no. 727. Cf. F. SENN, *L'institution des vidamies en France*, 1907. **4.** *délégué de l'abbé, chargé de l'administration du temporel et de la réception des hôtes — deputy of the abbot, in charge of the administration of the possessions and of the reception of the guests.* Hoc, quod scripseris, B. vicedomino nostro mittere volueris. EGINHARD., epist. 52, *Epp.*, III p. 137. Ibi pluries. Vicedominus ex ipso coenobio ... V. nomine pro causa utilitatis monasterii disposuit ad urbem P. ambulare. Mir. Austrigisili (s. xi), c. 13, *SRM.*, IV p. 206. **5.** Dans le royaume ostrogothique: *représentant, envoyé du roi — in the ostrogothic kingdom: representative of the king.* CASSIOD., Var., lib. 5 epist. 14, *Auct. ant.*, XII p. 151. **6.** Dans le royaume franc: i.q. vicarius, *fonctionnaire royal, délégué du comte* — in the frankish kingdom: *royal official, subordinate to the count.* De mancipia quae vendunt, ut in praesentia episcopi vel comitis sit, aut in praesentia archidiaconi aut centenarii aut in praesentia vicedomini aut judicis comitis aut ante bene nota testimonia. Capit. Harist. a. 779, c. 19, *Capit.*, I p. 51. **7.** i.q. vicecomes: *délégué permanent du comte — permanent deputy of the count.* Veneficio comitis vel vicedominis [sic] vel de quolivet hominem. THÉVENIN, *Textes*, no. 71 p. 88 (a. 834, Narbonne). Cum in Dei nomine resideret vir inluster A. comes una cum viro sanctissimo G. sedis Gerundensis episcopo, V., C., et L. vassos dominicos, necnon A. et H. vicedominos, seu et judices qui jussi sunt dirimere causas ... Tunc nos supradicti vassi dominici, vicedominici, vel judices interrogavimus S. quid ad haec responderet. DE MARCA, *Marca hisp.*, app., col. 779-780 (a. 843). Similia *Hist. de Lang.*[3], II pr. no. 139 col. 287 (a. 852, Narbonne). Omnibus episcopis, abbatibus, comitibus, missis discurrentibus, vicedominis, vicariis et centenariis ... notum sit. *D. Charles le Ch.*, no. 375 (a. 869-874). Comitis aut centenarii vel vicedomini. *D. Ottos II.*, no. 53 (a. 973). Nullus marchio vel comes aut vicedominus, gastaldio. *D. Heinr. II.*, no. 73 (a. 1004). **8.** *le châtelain flamand — the flemish castellan.* Vicedominus Bergensis pagi. DROGO, Mir. Winoci, *AASS.*, Nov. III p. 277 col. A. **9.** *dignitaire de cour — court dignitary.* Sicut in hominis domo ... dominus ordinat majores familiae ... id est vicedominum, villicum, majorem domus. Regula Magistri, c. 11. **10.** *régent de l'empire — regent of the empire.* Communi consilio principum [Bruno archiep. Trever.] vicedomnus regiae curiae effectus est ... ut et regnum sua prudentia disponeret et heredem regni ... informaret. G. Trever., Addit. c. 19, *SS.*, VIII p. 193 (ca. a. 1132). **11.** *le "sheriff" anglais — the sheriff.* Intersint autem episcopi, comites, vicedomini, vicarii, centenarii. Leg. Henr. I, c. 7 § 2, ed. DOWNER, p. 98.

**vicenda** (<vicis): *terre cultivée sous le régime de la rotation — land cultivated under the system of rotation.* Ipsam vicendam que est posita de curte A. de silva et aliam vicendam ad casam L. *D. Bereng. II*, no. 8 p. 315 (a. 953). Vicenda terre una. GREGOR. CATIN., Lib. largit. Farf., ed. ZUCCHETTI, no. 177 (a. 956). Vicendam unam in F. cum U. piscatore et aliis servis. *D. Ottos I.*, no. 336 (a. 967).

**vicenna**, i.q. venna: *pêcherie fermée par une digue, un bief de moulin — fish-trap, pond closed by a weir.* Cedimus ipsi monasterio vicennam nostram, quae dicitur S., per mensuram modiorum centum, exhibentes etiam fratribus ... liberam licentiam construendi molendina. DC.-F., VIII p. 319 col. 1 (ch. a. 962).

**vicentius** (leg. fort. vicinentius, <vicinus), plural. vicentii: *réunion des habitants du voisinage — assembly of the inhabitants of the neighbourhood.* G. episcopi Cabilonensis inibi donantis s. Ypolito, audientibus et concedentibus sancti vicentiis. D. Roberti reg. Fr. a. 1030, PETIT, *Hist. de Bourgogne*, I no. 15 p. 356.

**vices** (subst.): (des animaux) *petit* — (of animals) *young.* Donavi pastum de aestivis ... centum vaccis cum vicibus suis. DC.-F., VIII p. 319 col. 2 (ch. a. 1160, Bigorre).

**vicessor** (<vicis): *garant — warrantor.* Alter suscipiat wadium et donet illud vicessoribus istius ad legem faciendam. Lex Baiwar., tit. 16 c. 17. Cf. E. VON SCHWIND, *MG., Leges nat. Germ.*, V p. 444 n. 4.

**viciatium** (<vicia): *ce qui reste après le battage de la vesce — what remains after the threshing of the vetch.* In residuo straminis et in viciatio, si canonici suam ibi fecerint triturari viciam, quod utrumque suum [majoris] totum erit, quicquid de utroque, post usus dominorum, absque venditione, superest. DC.-F., VIII p. 319 col. 3 (a. 1187, Cambrai).

**vicicola** (<vicus, colere): *habitant d'un village — inhabitant of a village.* Hic quia una et timeri et placere desiderabat, nimium nimiumque vicicolas labore usque impense acto premebat. Mir. Bertin., contin. III § 18, *SS.*, XV pt. 1 p. 520.

**vicinans** (subst.). Plural. vicinantes: **1.** *habitants d'un même pagus — inhabitants of one pagus.* Qualiscumque causa infra patriam cum propriis vicinantibus pacificata fuerit. Capit. Saxon. a. 797, c. 4, *Capit.*, I p. 71. **2.** *habitants d'un même village, "voisins" — inhabitants of one village, "neighbours".* Curtes nostrae remanent desertae et in aliquibus locis ipsi vicinantes multa mala paciuntur. Capit. missor. a. 806, c. 6, ib., p. 131.

**vicinantia:** *commune rurale, village — vicinage, township, village community.* Absolvimus homines de L. et de C., ut non teneantur esse de vicinancia hominum de B. MURATORI, *Ant.*, IV col. 39 (a. 1167, Como).

**vicinari:** **voisiner, être proche, être voisin — to be near to, to be a neighbour.* Convocatis ... coepiscopis ... tibi vicinantibus. Lib. diurnus, no. 26, ed. SICKEL, p. 19.

**vicinatus:** **1.** *voisinage, environs — neighbourhood.* Homo pauperculus de vicinatu Rotuvillae fisco publico. V. Galli vetustiss. c. 11, *SRM.*, IV p. 256. Totum vicinatum circumquaque nostrum. Form. Augiens., coll. C no. 26, *Form.*, p. 377. **2.** *village — village.* De ipso brinio quod pertinet de ipso visinado V. *CD. Langob.*, no. 160 col. 275 A (a. 847, Bergamo).

**vicinetum**, visnetum: **1.** *voisinage, région où des habitants sont élus pour faire une enquête et donner une déclaration assermentée — "visne", "venue", neighbourhood where inhabitants are chosen to give a sworn verdict in litigation.* Vicecomes ... faciet jurare 12 legales homines de visneto seu de villa. Const. Clarend., a. 1164, c. 6, STUBBS, *Sel. ch.*[9], p. 165. Ut per 4 legales milites de comitatu et de visneto eligantur 12 legales milites de eodem visneto, qui super sacramentum suum dicant uter litigancium majus jus habebat in terra petita. GLANVILL., lib. 2 c. 10, ed. HALL, p. 30. Facias 12 liberos et legales homines de visneto videre tenementum illud. Ib., lib. 13 c. 33, p. 167. **2.** *les jurés du voisinage — the jury of the neighbourhood.* Decurrendum erit ad visnetum, cujus cum consanguineis super hoc omnino adquiescendum erit testimonio. Ib., lib. 2 c. 6, p. 27. Idem quoque fiet si parentes ipsi inveniantur discordes, quia tunc ad visnetum erit recuperandum et ejus verodicto credendum. Ib., lib. 2 c. 6, p. 27. **3.** *le "hundred" anglais, subdivision du "shire" — the hundred.* Si quis Francum hominem occiderit, et non capiant homines de visneto [vers. francig.:

les humes del hundred] occisorem. Leg. Willelm., c. 22, LIEBERMANN, p. 511.

**vicinia**, vicinium: **1.** **approche — approach.* Tunc sanctus non desinebat de suae migrationis vicinia suos alloqui. EUGIPP., V. Severini, c. 40 § 4, ed. NOLL, p. 106. **2.** *contrée, région, environs — region, neighbourhood.* Si in illo vicinio habitare voluerint, sicut caeteri jurent. Capit. missor., a. 792-793, c. 4, *Capit.*, I p. 67. Si per illos [sc. optimos] inveniri non possit [libertates et res reddendas], tunc per eos qui post illos in illa vicinia meliores sunt. Capit. missor. a. 818-819, c. 2, p. 289. Ad universale concilium in viciniam Tullensium confluxerunt. Syn. ap. Sapon. habita, a. 859, c. 13, *Capit.*, II p. 449. Per Dorstatum et vicinia Fresonum transeuntes. RIMBERT., V. Anskarii, c. 7, ed. TRILLMICH, p. 36. Dani . . . per viciniam hujus dioceseos male debaccantes. G. pontif. Camerac., lib. 1 c. 44, *SS.*, VII p. 417 l. 11. Situm . . . in vicinia Garde. *D. Heinr. III.*, no. 142 (a. 1045). In tantum crevit ejus vesania, ut pene omnes aecclesiasticae possessiones in vicinio ejus depopularentur insolentia. ORD. VIT., lib. 8 c. 24, ed. CHIBNALL, IV p. 296. **3.** *commune rurale — village community, vicinage.* Ex unaquaque vicinia circa nos et ex civibus Bruggensibus meliores . . . jurare precepit. GALBERT., c. 86, ed. PIRENNE, p. 131. **4.** *assemblée du village — assembly of the township, village court.* Si quis in servum transeat, sicut possessor est, in halimoto vel hundreto vel vicinio coram testibus agatur. Leg. Henr. I, c. 78 § 2, ed. DOWNER, p. 242.

**vicinitas**: **1.** *voisinage, région, subdivision d'un "pagus" — neighbourhood, region, subdivision of a "pagus".* Mensura, quae publica et probata ac generalis seu legitima per civitatem et pagum atque vicinitatem habetur. Capit. Tolos. Kar. Calvi, a. 844, c. 2, *Capit.* II p. 256. **2.** *droit d'usage — right of common.* Laudaverunt omnes terrae suae aisentias, vicinitatem et pasturas et nemora sua, tam ad comburendam quam ad sepes faciendum. DC.-F., VIII p. 321 col. 1 (a. 1168). **3.** *droit de bourgeoisie — citizenship.* Illi homines, qui ibi populati fuerint, sint in potestate et subjectione abbatis . . . et prioris . . ., et nulli alio domino serviant, neque ab aliquo hominum opprimantur, nec faciant vicinitatem in alio loco. D. Aldef. reg. Cast. a. aer. 1164, DE YEPEZ, IV p. 458.

**vicinus** (subst.). Plural. vicini: **1.** *"voisins", habitants d'un même village — "neighbours", inhabitants of one village.* Si quis causam mallare debet et sic ante vicinas [leg. -os] causam suam notam faciat. Chilper. edict., a. 561-584, c. 10, *Capit.*, I p. 10. Si quis bobem aut alium animal nocivum vel vitiosum habuerit, eum occidere non moretur vel a se proicere; ita ut vicinis omnibus notum faciat, quia eum a se projecit. Lex Visigot., lib. 8 tit. 4 c. 17. Caballos vel animalia errantia liceat occupare, ita ut qui invenerit denuntiet aut sacerdoti aut comiti aut judici aut senioribus loci aut etiam in conventu publico vicinorum. Ib., lib. 8 tit. 5 c. 6. Si quis alium mallare vult, . . . cum justitia respondeat vicino suo. Lex Alam., tit. 36 c. 2. L. presbiter tradidit . . . seu vicini ejus fideles simul cum illo firmaverunt [oratorium] . . . firmantibus ipsis vicinis, qui hanc ipsum condiderunt donum Dei. BITTERAUF, *Trad. Freising*, I no. 91 p. 110 (a. 778). Quando etiam episcopos, abbates vel comites seu fidelium nostrorum quempiam in propria villa morari contigerit, cum suis in suis maneant domibus, ne sub obtentu hospitii vicinos opprimant vel eorum bona diripiant. Capit. Papiae a. 865, c. 3, *Capit.*, II p. 92. **2.** *habitants d'un même pagus — inhabitants of one pagus.* Ille judex vel vicini pagensi [-es] ipsius . . . ita dixerunt vel testimoniaverunt. Cart. Senon., no. 38, *Form.*, p. 202. Utrique solidi 12, id est pro wargida et quod vicinis debuit conponere, eo quod infra patriam diffinita ratio non fuerit, ad partem regis faciant conponere. Capit. Saxon., a. 797, c. 4, *Capit.*, I p. 71. Ipsi [Hispani] vero pro majoribus causis . . . et undecumque a vicino suo . . . fuerit accusatus. Const. de Hisp., a. 815, c. 2, ib., I p. 262. Testes vero de qualibet re aliunde nisi de ipso comitatu in quo res unde causa agitur posita est, congregentur, quia non est credibile, ut de statu hominis vel de possessione ejus per alios melius cognosci rei veritas possit quam per illos qui vicini sunt. Capit. legi add., a. 816, c. 1, I p. 268. **3.** *copossesseurs de terre dans un village — joint owners of land in a village.* Si quicumque vicinos habens aut filios aut filias post obitum suum superstitutus fuerit, quamdiu filii advixerint, terra habeant, sicut et lex Salica habet. . . . Et si moritur, frater alter superstitutus fuerit, frater terras accipiant [!], non vicini. Edict. Chilper. (a. 561-584), c. 3, *Capit.*, I p. 8. **4.** *les ayant-droit des terres incultes affectées à l'usage communautaire — those entitled to common woodland or waste-land.* Cum vicinos hereditate[m] in fontes et in montes. FLORIANO, *Dipl. esp.*, I no. 30 p. 157 (a. 822). Res in illa villa N. et in omni marcha illius absque contradictione ullius proximorum aut vicinorum meorum . . . possideat. Form. Sangall. misc., no. 16 (s. ix pars post.), c. 16, *Form.*, p. 387.

**vicissere**: *se relayer — to relieve one another.* Vicissentibus se per ordinem caeteris monachis. V. Samsonis episc. Dolens., lib. 1 c. 2, *AASS.*, Jul. VI p. 577 F.

**vicissitudo**: *récompense — reward.* CASSIOD., *Var.*, lib. 1 epist. 36, *Auct. ant.*, XII p. 34; lib. 6 epist. 5, p. 179. Hujus vicissitudine meretum [= meriti] episcopatum . . . adsumpsit. FREDEG., lib. 4 c. 19, *SRM.*, II p. 128, et ibi pluries.

**vicora** (subst. feminin.), vicorium (neutr.) (<vicus): *petit village — small village.* Homines credentes . . . seu foris per curtes vel vicoras ibi mansuros. Pipp. reg. Ital. capit. a. 782-787, c. 8, *Capit.*, I p. 192. Donavi . . . 20 acras terrae de proprio dominio meo in vicorio de s. Germano et de F. DC.-F., VIII p. 321 col. 2 (a. 1180).

**victima** (class. "victime, animal de sacrifice — beast for sacrifice"): *animal de boucherie — slaughter beast, butcher's beast.* Victimas et caetera quae libebat. EKKEHARD., Casus s. Galli, c. 1, *SS.*, II p. 86 l. 5. Victimam pro 8 denarios vel amphoram mellis. KÖTZSCHKE, *Urbare Werden*, p. 21 (s. ix ex.). Unam victi-



mam ovinam precium 6 den. Ib., p. 77 (s. x). Anno uno victimas 5, secundo nullam in censum . . . persolvant. BEYER, *UB. Mittelrh.*, I no. 256 p. 313 (a. 981). Optima victima accipietur, que in domo illius [sc. possessoris] invenietur. Ib., no. 287 p. 339 (a. 1008-1016). 10 suillas victimas. WIDEMANN, *Trad. S.-Emmeram*, no. 513 p. 289 (a. 1048-1060). 12 coloni singuli [debent] victimam, id est ovem vel capram. Cod. Eberhardi, c. 43 § 27, DRONKE, *Trad. Fuld.*, p. 119.

**victorifer** (adj.): *portant la victoire — bringing victory.* Lacrimas fundens ante victoriferos clavos. LIUDPRAND. CREMON., Antap., lib. 4 c. 24, ed. BAUER-RAU, p. 426.

**victualis** (adj.): **relatif aux vivres, alimentaire — with regard to food supplies, alimentary.* Patimur nec . . . quemquam detineri atque constringi, ut ei aliquid aut victualium rerum aut vestis negetur aut requies. GREGOR. M., lib. 13 epist. 50, *Epp.* II p. 416. Victualem necessitatem conquirendam diebus vitae suae. Lex Alamann., tit. c. 1. Tria carraria opera licet fieri in die dominico, id est ostilia carra vel victualia vel si forte necesse erit corpus cujuslibet ducere ad sepulcrum. Adm. gener. a. 789, c. 81, *Capit.*, I p. 61. Monachi . . . stipendiis victualibus in perpetuum teneant. FAUROUX, *Actes de Norm.*, no. 23 p. 109 (a. 1013-1020). Subst. neutr. singul. **victuale** et plural. **victualia**: **1.** **aliments, vivres — food supplies, nourishment, provisions, sustenance.* EUGIPP., V. Severini, c. 30 § 4, ed. NOLL, p. 96. CASSIOD., *Var.*, lib. 4 epist. 5, *Auct. ant.*, XII p. 117. Nullus de victualia et carralia, quod absque negotio est, theloneum praehendat. Pipp. reg. capit. a. 751-755, c. 4, *Capit.*, I p. 32. Canonicam clericis religionem restituit, . . . sufficientia et continua eis victualia constituit. V. Rigoberti Rem. archiepisc., c. 2, *SRM*, VII p. 63. Cumtos [i.e. cuncta?] bictualium et binum et alia refugia, que Dominus nobis annualiter dederit. MAZZOLENI, *Pergamene di Capua*, I no. 2 p. 5 (a. 976). Excusabilior esset fuga, si deessent victualia. PETR. BLESENS., epist. 69, MIGNE, t. 207 col. 214. Homines mei libere poterunt transire per civitatem . . . et emere victualia sua et querere mercatus suos; et navigia poterunt transire ascendendo et descendendo cum victualibus et mercatibus. PREVENIER, *Oork. Vlaand.*, no. 67 p. 153 (a. 1197). **2.** *les bien-fonds d'une prébende — the landed property of a prebend.* Omnia quae carta vestra narrat vobis attributa, aut ex patrimonio R. episcopi sunt aut ex victualibus episcoporum et clericorum. BERTRAND, *Cart. d'Angers*, I no. 106 p. 121 (a. 1074). **3.** *moyens de subsistance, usufruit — means of subsistence, usufruct.* Mihi pater meus E. proprietatem halle . . . tribuit, matri vero mee victuale, quamdiu vivat. HOENIGER, *Kölner Schreinsurk.*, I p. 23 c. 5 (a. 1142-1156).

**victualitas**: *moyens de subsistance — livelihood, sustenance.* Munusculum tribuo . . . fruendi . . . monachorum victualitatis stipendia ad sustentationem. MITTARELLI, *Ann. Camaldul.*, I p. 17 (a. 858). Quamdiu illa viveret, potiretur inde sua victualitate. Ann. Rodens., a. 1124, ed. BOEREN, p. 64.

**victus**: **1.** *l'ensemble des biens affectés à l'alimentation d'une communauté de chanoines ou de moines — the landed property affected to the sustenance of a community of canons or monks, mensual lands.* Statim ut aliquis eorum [sc. canonicorum] semper exalaverit, absque ulla contradictione omnia quae ex communi victu canonicorum possidebant [leg. -at], ad eumdem victum communem revertantur. DONIOL, *Cart. de Brioude*, no. 66 p. 87 (a. 919). Post amborum obitum in communi victu canonicorum s. Juliani revertatur. Ib., no. 16 p. 39 (a. 924). Hae terrae infra scriptae sunt de victu monachorum Wintoniensium. Domesday, I 41 a 1. **2.** *prébende — prebend.* Curtim quandam ad nostram pertinentem victum. Epist. Wormat., no. 67 (a. 1065), ed. BULST, p. 112. **3.** *livraison obligatoire de vivres pour les besoins du roi — compulsory purveyance of food for the king.* [Terra] ab omni publico vectigali, a victu, ab expeditione, ab opere regio sit libera. DE GRAY BIRCH, *Cart. Sax.*, I no. 116 p. 171 (a. 705). Nec nobis . . . nec haeredibus nostris . . . victum vel procurationem aliquem dare cogantur. D. Roger. II reg. Sicil. a. 1148, BRÜHL, *Fodrum, Gistum, Servitium regis*, 1968, p. 347. Victus regalis: *livraison obligatoire de fourrage et de vivres pour les besoins de l'armée royale, "fodrum" — compulsory supply of fodder and victuals for the king's army.* Rex . . . ab archiepiscopo Mediolanensi per duos menses et amplius regalem victum sumptuose habuit. WIPO, G. Chuonradi, c. 14, ed. TRILLMICH, p. 568.

**viculus** (cf. voc. vicus n. 12): *rue, ruelle — lane, alley.* Retro Halam Parmentariorum in viculis qui ibi sunt. GUIMANN., Cart. s. Vedasti, ed. VAN DRIVAL, p. 200. Ib., p. 210.

**vicus**: **1.** **village, bourgade, agglomération d'une certaine importance, qui n'est pas une cité épiscopale — village, settlement of some importance, not being an episcopal city.* Si homines in uno vico habitantes aliquam intentionem habuerint de campo aut vinea, prato aut silva vel de alia res. Leg. Liutprandi, c. 134 (a. 733). Cum diocesim meam circuirem, deveni ad locum, ubi memorati homines habitabant, et ibi didici a majoribus natu vici illius, quia . . . Coll. Sangall., no. 30, *Form.*, p. 416. De herbatico vel glandatico numquam aliquis vim tulit inter vicora. MANARESI, *Placiti*, I no. 17 p. 52 l. 10 (a. 804, Istria). Quelques exemples de villages dénommés — some examples of villages indicated by name. Obiit [episcopus], delatusque ad Brivatinsem vicum, ad pedes antedicti martyres [sc. s. Juliani] est sepultus [Brioude, dép. Puy-de-Dôme]. GREGOR. TURON., H. Fr., lib. 2 c. 11 [cf.: C. episcopus Brivatensim diocesim psallendo adire disponerat. Ib., lib. c. 13]. Apud Columnam Aurelianensis urbis vicum [Coulmiers, dép. Loiret]. Ib., lib. 3 c. 6. In cacumine montis B. de quo vici Rigomagensis positio contemplatur [Riom, dép. Puy-de-Dôme]. GREGOR. TURON., Glor. Conf., c. 5, *SRM.*, I p. 301. Sepulcrum apud Iciodorensem vicum habetur . . . Cautinus . . . in diaconato suo ecclesiam vici illius rexit [Issoire, dép. Puy-de-Dôme]. Ib., c. 29, p. 316. Chainulfo comiti in Albiodero vico in mallo interfecit [Augers, dép. Seine-et-Marne]. FRE-

DEGAR., lib. 4 c. 83, *SRM.*, II p. 163. Ad vicum quem Coram vocant [Cure près de Domecy-sur-Cure, dép. Yonne]. JONAS, V. Columbani, lib. 1 c. 20, ed. KRUSCH, p. 197. In vico regio, qui vocatur In Conpendio [Compiègne]. BEDA, Hist. eccl., lib. 3 c. 28. In ipso loco et in ipso vico [Rott am Inn]. BITTERAUF, *Trad. Freising*, I no. 57 p. 85 (a. 773). R. . . . de vico Luberniaco. MANARESI, *Placiti*, I no. 45 p. 150 (a. 823-840, Milano). Propter vicum quod Tauriacus dicitur castra posuerunt [Thury, dép. Yonne]. NITHARD., lib. 2 c. 10. Ad Calnonum vicum [Coulomme, près de Meaux]. ODILO, Transl. Sebastiani (ca. a. 920), c. 21, *SS.*, XV p. 385. Rex Bliesensem provinciam ingressus, in vico Ernestvillare cum omni sedit exercitu [Ernstweiler, Kr. Zweibrücken]. Mir. Pirminii Hornbac. (ca. a. 1012), c. 12, ib. p. 34. Balneum vicum [Bain, près de Redon, Bretagne]. V. II Conwoionis (s. xi), c. 8, ib., p. 460. **2.** *bourg, agglomération près d'une cité épiscopale — settlement near an episcopal city.* Ad urbem Arvernam usque accedens, in vici illius suburbana castra fixit. GREGOR. TURON., H. Fr., lib. 3 c. 2. Edem vetustam in vico urbis renovare decrevisset [Clermont]. Passio Praejecti, c. 11, *SRM.*, V p. 231. Cum . . . b. Eligius . . . Turonus in urbe s. Martini tumbam fabricaret, habebat hospitium in cujusdam matronae domum foris murus in vicum. V. Eligii, lib. 2 c. 68, ib., IV p. 734. **3.** *bourg, agglomération près d'une grande abbaye — settlement near a large monastery.* Medietatem vici qui vocatur Nova Villa juxta monasterium ipsum situm [S.-Vaast]. *D. Charles le Ch.*, no. 304 (a. 867). Nortmanni . . . monasterium nostrum ingressi . . . ipsum monasterium et civitatem . . . et vicum monasterii et omnes villas in circuitu . . . igne cremaverunt. Ann. Vedast., a. 881, ed. RAU, p. 298. In vicum singulariter Sancti Quintini vocatum [S.-Quentin]. Mir. Quintini (ca. a. 830), c. 17, *SS.*, XV p. 269. In vico sediolum unum [S.-Quentin]. *D. Charles le Ch.*, no. 251 (a. 863). Ad vicum qui Catulliacus dicitur [S.-Denis]. G. Dagoberti, c. 2, *SRM.*, II p. 401. In ipso vico mansum unum. Ch. Hilduini abb. S. Dion., a. 832, TARDIF, *Cartons*, no. 123 p. 85 col. 2 [unde hausit *D. Charles le Ch.*, no. 247, a. 862: duos mansos in vico ejusdem coenobii]. Extra vicum processit. Mir. Dionysii, lib. 1 c. 19, MABILLON, *Acta*, III pt. 2 p. 349 (a. 834-835). Miliario a monasterio, in vico qui dicitur Vetus Floriacus [Fleury-le-Vieil, près de S.-Benoît-s.-Loire]. ADREVALD., Transl. Benedicti, c. 12, *SS.*, XV p. 482 (s. ix). [Porta] euntibus [de civitate] ad basilicas in vico sancti Remigii consistentes semper fuerit pervia [S.-Remi de Reims]. Vita Rigoberti, c. 11, *SRM.*, VII p. 68 (ca. a. 890). Vicum s. Apri cum omnibus vineis, pratis, silvis, farinariis, servitoribus et appendiciis [S.-Èvre de Toul]. Ch. Froter. episcp. Tull., ca. a. 836, MABILLON, *De re dipl.*, p. 524 no. 79. Unde hausit *D. Charles le Ch.*, no. 330 (a. 869). In vico et in confinio Epternacensi [Echternach]. WAMPACH, *Echternach*, I pt. 2 no. 167 p. 259 (a. 926-927 vel 930-931). Curtim nostram Turegum [Zürich] . . . ad monasterium nostrum tradimus, quod situm est in eodem vico Turegum, ubi s. Felix et s. Regula martyres Christi corpore quiescunt. *D. Ludw. d. Deutsch.*, no. 67 (a. 853). **4.** *domaine, propriété foncière — estate.* Fiscum nostrum qui dicitur vicus L. *D. Charles le Ch.*, no. 6 (a. 841). Cum rebus omnibus ad memoratum monasterium pertinentibus, id est cum agris, vicis, villis. Ib., no. 31 (a. 843). Vicum qui dicitur C. . . . Preceptum hoc fieri jussimus, per quod eundem vicum cum mansis sibi pertinentibus 24 et cum familia utriusque sexus . . . restituentes reddimus. Ib., no. 153 (a. 853). **5.** dans la langue administrative: *subdivision du comté* — in administrative texts: *subdivision of the county.* Omnes paginsis vestros . . . bannire et locis congruis per civitates, vicos et castella congregare faciatis. MARCULF., lib. 1 no. 40., *Form.*, p. 68. Manso nostro in pago Arvernico, in vico illo, in villa illa. Form. Arvern., no. 6, p. 31. Tam in pagos illos et illos quam et in civitates illas et illas, vel in vicos illos. Form. Turon. App., no. 4, p. 165. Prosequi et admallare debeas per mallos, vicos, castella, oppida et civitates. Form. Bitur. rec., no. 10, p. 216. In quascumque pagos tam in civitatis, castellis, vicus, portus, pontis puplicis vel reliquis marcados. *D. Karol.*, I no. 46 (a. 769). Ut nullum teloneum dare non debeant in civitatibus, marcatis, vicis, villis, pontis, portubus. Ib., no. 96 (a. 775). *D. Charles le Ch.*, no. 66 (a. 845). Edict. Pist. a. 864, c. 8, *Capit.*, II p. 314; ib. c. 20, p. 319 l. 4. In pago Alvernico, vico Tudurninse, est coenobium [Manlieu, dioec. Clermont-Ferrand]. ODILO, Transl. Sebastiani, c. 38, *SS.*, XV p. 387. Souvent le mot vicus est employé dans la formule de date d'un diplôme royal ou d'un acte privé — the word vicus is often used in the dating-clause of royal or private charters. Actum in vico publico et villa, quae dicitur M. STENGEL, *UB. Fulda*, no. 154 p. 230 (ca. a. 784). Actum Odonna vicum [Ouanne, dép. Yonne]. *D. Charles le Ch.*, no. 156 (a. 853). Actum Viriduno [Verdun] vico publico. *D. Lothars I.*, no. 133 (a. 854). Actum in vico Droslei juxta Novionam civitatem [Trosly-Loire, près de Noyon]. *D. Zwentibolds*, no. 3 (a. 895). **6.** dans la langue administrative ecclésiastique: *une agglomération où se trouve une église paroissiale* ayant le droit de baptême, souvent désignée comme vicus canonicus ou publicus — in ecclesiastical texts: *settlement with a parish church* provided with the right of baptism, often indicated as vicus canonicus or publicus. Hunc [sc. E. episcopum] ferunt instituisse ecclesias per vicos B., I., L., D. GREGOR. TURON., H. Fr., lib. 10 c. 31. Ad archepresbeterum instituendum . . . Ideo committimus tibi vico illo [= vicum illum], . . . ut archepresbeteriae curam indesinenter agas. F. Bitur., no. 5, *Form.*, p. 170. Tam pro civitate quam pro monasteria virorum feminarumque seu per cunctos vicos generaliter faciatis missa et psalmodia. F. sal. Merkel., no. 63, ib., p. 262. Census qui de vicis publicis canonico ordine ad partem pontificis persolvi consueverant. V. Ansberti, c. 17, *SRM.*, V p. 630 (s. viii ex.). Quod non opporteat in villolis nec in vicis episcopos ordinare. Syn. Franconofurt. a. 794, c. 22, *Capit.*, I p. 76.



Qui oratorium consecratum habere voluerit, per consilium episcopi de suis propriis rebus ibidem largiatur, ut propterea illi vici canonici non sunt neglecti. Capit. omnib. cognita facienda, a. 802-813, c. 6, ib. p. 144. Festivitates praeclaras nonnisi in civitates aut in vicos publicos teneantur. Capit. excerpta de canone, a. 806?, c. 21, ib., p. 133. Ut nemo presbiterorum baptizare praesumat, nisi in vicis et ecclesiis baptismalibus. Conc. Meldense-Parisiense a. 845-846, c. 48, ib., I p. 410. [Episcopus] dedit ei [sc. chorepiscopo] Salicam vicum publicum et canonicum. Actus pontif. Cenom., c. 17 (s. ix), ed. BUSSON-LEDRU, p. 260. Monasteriolum . . . in quodam vico canonico suae sedis aecclesiae sanctificaverat. Ib., p. 262. Quid episcopus vel ejus ministri in sua synodo diligenter inquirere debeant per vicos publicos sive villas atque parochias propriae dioecesis. REGINO, Synod. caus., lib. 1, inscr., ed. WASSERSCHLEBEN, p. 19. **7.** *colonie marchande, agglomération commerciale — merchants' settlement, trading town.* E.g. Dorestad: Vicum famosum Dorstad. LIUDGER., V. Gregor. Traject. (ca. a. 800), c. 5, *SS.*, XV p. 71. Inruerunt pagani in vicum nominatissimum Dorestatum. Ann. Xantens., a. 834, ed. RAU, p. 342. Ultra vicum Dorestatum. Ib., a. 847, p. 348. Roric . . . vicum Dorestadum jure beneficii tenuit. Ann. Fuld., a. 850, ed. RAU, p. 38. De vico supranominato [sc. Dorstado]. MULLER-BOUMAN, *OB. Utrecht*, I no. 49 p. 42. Utrecht: [Ecclesia sancti Martini] quae est constructa in vico qui dicitur Trejecto super fluvium Reno. *D. Karol.*, I no. 4 (a. 753). Antwerpen: In vico Anwerpis. Lib. trad. s. Petri Gand., ed. GYSSELING-KOCH, *Dipl. Belg.*, p. 298 (s. x in.). Brugge: In Brutgis vico. Ib. V. Humberti Maricolens. (ca. a. 1050), *SS.*, XV p. 798 l. 35. Tiel: [Piratae] vicum incendio vastaverunt. [Antea: portum Tyle]. ALPERT. METT., Div., lib. 1 c. 8, ed. HULSHOF, p. 12. Dortmund: Drotmanni vico. ADALBERT. TREV., contin. Reginonis, a. 953, ed. BAUER-RAU, p. 208. Haithabu-Schleswig: De vico memorato [sc. Sliaswich]. RIMBERT., V. Anskarii, c. 32, ed. TRILLMICH, p. 100. Birka: Vicum memoratum Birca. Ib., c. 19, p. 58. Maastricht: Ad Trajectensem accedens vicum. G. Servatii (s. vii?) ap. HERIGER., G. episc. Leodiens., c. 25, *SS.*, VII p. 175. In vico qui hodieque Trajectus vocatur . . . estque habitantium et praecipue negotiatorum multitudine frequentissimus. EGINHARD., Transl. Marcellini et Petri, lib. 4 c. 13, *SS.*, XV p. 261. Quidam homunculus in Trejectensi degens vico. Virt. Eugenii Bronii ostensae (ca. a. 930), c. 7, *SS.*, XV p. 649. Liège: In Leodico vico publico. Ann. regni Franc., a. 769, ed. RAU, p. 24. De vico Leodico. EGINHARD., Transl. Marcellini et Petri (a. 830), lib. 3 c. 10, *SS.*, XV p. 251. Actum Leodico vico publico. *D. Lothars I.*, no. 130 (a. 854). In vico Leutico. Ann. Bertin., a. 854, ed. GRAT, p. 68. Huy: In vico Hojo super fluvium ejusdem nominis Hojo. *SS.*, VII p. 420 l. 5 (ch. a. 874-875, Cambrai). Namur: In vico Namuco [ubi synon.: portus]. Virt. Eugenii Bronii ostensae, c. 27, *SS.*, XV p. 652. Dinant: In vico Deonanti. HALKIN-ROLAND, *Ch. de Stavelot*, I no. 27 p. 71 (a. 824). Bonn: In vico Bonna. LEVISON, *Bonner Urk.*, no. 12 p. 241 (a. 804). Valenciennes: In vico Valentianas appellato. EGINHARD., Transl. Marcellini et Petri (a. 830), *SS.*, XV p. 259. Quentovic: In vicos apud sanctum Jodocum. ALCUIN., epist., no. 25, *Epp.*, IV p. 66. Cf. W. VOGEL, *Wik-orte und Wikinger. Eine Studie zu den Anfängen des germanischen Städtewesens*, dans: *Hansische Geschichtsblätter*, t. 60 (1935), p. 5-49. F. PETRI, *Die Anfänge des mittelalterlichen Städtewesens in den Niederlanden und dem angrenzenden Frankreich*, dans: *Studien zu den Anfängen des europäischen Städtewesens* (*Vorträge und Forschungen*, IV), 1958, p. 227-295, special. p. 248-266. G. KÖBLER, *Civitas und vicus, burg, stat, dorf und wik*, dans: *Vor- und Frühformen der europäischen Stadt im MA*, I (*Abh. der Akad. d. Wissensch. in Göttingen, philol.-histor. Kl.*, 3. Folge, Nr. 83), 1973, p. 61-67. **8.** *centre de batellerie ou de pêcherie fluviale — shipping-centre or centre of river-fishing.* Ad Conadam vicum [Cosne, dép. Nièvre]. HINCMAR., Ann. Bertin., a. 869, ed. GRAT, p. 152. Actum Coneda vico super Ligerim. *D. Charles le Ch.*, no. 319 (a. 869). In Corboilo quodam vico Parisiacensi [Corbeil-le-Vieil, sur la Seine, en amont de Paris]. Mir. Germani Paris., pars II (s. ix), *SS.*, XV p. 9 l. 50. De vico cui nomen Bovinia [Bouvignes, près de Dinant]. GONZO FLORIAN., Mir. Gengulfi (ante a. 1050), c. 31, ib., p. 794. In pago Masualensi, vico priscorum incolarum vocabulo Alburg nominato sita ecclesia [Aalburg, Land van Heusden, sur la Meuse]. STEPELIN., Mir. Trudonis (ch. a. 1050), lib. 1 c. 6, ib., p. 823. **9.** *centre de saliculture — centre of salt-winning.* Patellas ad salo faciendum in vico Bodatio seu Marsallo [Marsal, dép. Meurthe, arr. Château-Salins]. Test. Fulradi a. 777, ed. TANGL, *NA.*, t. 32 (1907), p. 209. Habemus in Vico qui est in Salninse [c]ocinas 2, id est casas, in quae sunt ine 3 que vulgo nuncupantur patelle [Vic-sur-Seille, affl. de la Moselle]. Urb. Prum., BEYER, *UB. Mittelrh.*, I no. 135 § 41 p. 164 (a. 893). In Aquitanico litore . . . vico quodam qui vocatur Buyn [Bouin, dép. Vendée, arr. Les Sables] ad integrum depopulato cum ingenti praeda [piraticae naves] ad propria reversae sunt. Ann. regni Franc., a. 820, ed. RAU, p. 122. Ad quendam vicum nomine Leodonium, ubi conficitur sal [Lons-le-Saunier, Jura occid.]. JOTSALD., V. Odilonis abb. Cluniac. (s. xi med.), lib. 2 c. 7, *SS.*, XV p. 815. Vico Hallensi [Reichenhall, près de Salzburg]. Ann. Altahenses majores, a. 1037, ed. OEFELE, p. 21. **10.** *centre d'exploitation de mines* (argent) — *mining-center* (silver). Nordmanni Metallum vicum [Melle, dép. Deux-Sèvres] populantes incendio tradunt. PRUDENT., Ann. Bertin., a. 848, ed. GRAT, p. 55 [cf. Edict. Pist., a. 864, c. 12, *Capit.*, II p. 315]. [Rex] vicum Goslarie construxit. ANNAL. SAXO, a. 922, *SS.*, VI p. 595 (ca. a. 1150). **11.** i.q. burgus n. 2: *agglomération fortifiée — fortified place, borough.* Venit ad Brugense oppidum et inde in Flandriam interiorem ad Aldenburgensem vicum [Oudenburg]. HARIULF., V. Arnulfi episc. Suession., lib. 2 c. 14, *SS.*, XV p. 888. **12.** *rue — street.* Vicus negotiantium . . .

Vicus fabrorum . . . Vicus scutariorum. HARIULF., Chron., ed. LOT, append. VII, p. 307 (s. ix, S.-Riquier). Locus . . . extenditur usque ad vicum per quem ad portam R. itur. FAUROUX, *Actes de Norm.*, no. 62 p. 189 (a. 1030). In hac immunitate et libertate sunt etiam duo illi vici intra burgum s. Joannis, quorum unus vocatur Rua Alarici, alter Rua episcopalis. MUSSET, *Cart. d'Angély*, I no. 216 p. 266 (ca. a. 1050). Si aliquis alicui verbo conviciabitur in civitate, sive in vico, sive in domo. *Etabl. Rouen*, c. 14, ed. GIRY, p. 20 (a. 1160-1170). Per vicos Theutonicorum aliquis ierit in nocte. FRIEDRICH, *CD. Bohem.*, I no. 290 p. 256 (a. 1174-1178). A vico qui vadit de Ponte Levonis in Pomerium usque ad vicum de Carmer. GUIMANN., Cart. s. Vedasti, ed. VAN DRIVAL, p. 202. Ib., p. 198, 199, 200, 201.

**vidatio** (<frg. *vuit, vuide, voide* <lat. class. *vocivus* "vide — empty, void"): *enlèvement, emportement* (de bois) pour la vente — *transport, removal* (of wood) for sale. Ligna ad faciendum ignem, ad domos aedificandas, ad clausuras faciendas, ad vineas sustinendas et ad usus caeteros sibi necessarios, excepta vidatione seu venditione. *Gall. chr.*², VIII instrum. col. 517 (a. 1167, Orléans).

**vidatus,** v. vitatus.

**videntia** (<videre): *présence* de qq'un, qui, par conséquent, *voit* ce qui se passe — *presence* of someone, who can thus *see* what is happening. Fuit autem hec relatio facta . . . in videntia et audientia G. de L. GERMAIN, *Cart. de Montpellier*, no. 121 p. 251 (a. 1113). Similia, ib., no. 432 p. 612 (a. 1113); *Hist. de Lang.*³, V pr. no. 523 col. 995 (a. 1133); ib., no. 564 col. 1084 (a. 1145).

**videre: 1.** *établir la vérité* dans un cas en litige — *to establish the facts in* litigation. Quatuor legales milites de comitatu tuo ad videndum si firmitas N. . . . sit languor an non. GLANVILL., lib. 1 c. 19, ed. HALL, p. 11. Mittas liberos et legales homines . . . ad videndum unam hidam terre in illa villa, quam N. clamat versus R. Ib., lib. 2 c. 2, p. 22. **2.** loc. videre francos plegios: *inspecter l'association d'entr'aide et de responsabilité mutuelle — to view the frankpledge.* Non sit aliquis . . . qui vetet vicecomites intrare in curiam vel terram suam ad videndos francos plegios, et quod omnes sint sub plegiis. Ass. Clarend. a. 1166, c. 9, STUBBS, *Sel. Ch.*⁹, p. 171. Depon. **videri:** **se voir, se trouver, être — to be.*

**videredum,** v. wedredus.

**vidimus** (subst.): *vidimus, acte* par lequel une autorité reconnait avoir vu un acte antérieur qui lui a été présenté et dont le texte est reproduit — *inspeximus*. S. xiii sqq.

**vidua:** **celle qui appartient à l'ordre des veuves, diaconesse — woman belonging to the order of widows, deaconess.*

**vidualis** (adj.): **de veuve, de veuvage — of widows, of widowhood.*

**viduitas:** *état de veuvage d'une femme qui a fait voeu de chasteté — widowhood implying vow of chastity.* Continentiam viduitatis cum benedictionem sacerdotis juxta morem canonum profitentes. Lex Visigot., lib. 3 tit. 5 c. 2.

**vidula:** *serpette, émondoir — pruning-knife.* Acceptis securibus, asciis et vidulis aliisque multimodis ferramentis ad carecta et frutecta stirpanda. ORDER. VITAL., lib. 9 c. 6, ed. CHIBNALL, V p. 50.

**vieria,** vierus (<germ. *wer, weer*): *gord, pêcherie formée d'une rangée de perches au fond d'une rivière — fence or enclosure of stakes made in a river for catching or preserving fish, weir.* Addidit G. piscatorias tendiculas quatuor, quas vulgo vieria nominamus. *Gall. chr.*², IV instr. col. 295 (a. 1139, Cambrai). S. Petrus habet vierum super molendinum, et infra illud vierum et molendinum non potest habere praenominatus J. vierum . . . Sed J. piscari potest ibi cum tramello et sacco . . . Vierus b. Petri tantum habere debet consuetae clausurae et assuetae pasturae supra molendinum quantum vierus debet habere in riveta de antiqua consuetudine. DC.-F., VIII p. 325 col. 1 (a. 1197).

**vierius,** v. vicarius.

**vigeria,** vigaria, v. vicaria.

**vigerius,** v. vicarius.

**vigiferia,** -ra: i.q. vigeria, *droit de voirie, viguerie — "viguerie".* Comes senescallo suo L. . . . vigiferiam Campanie donavit. G. cons. Andegav., ed. HALPHEN-POUPARDIN, p. 54. G. Ambaz. domin., ib., p. 84.

**vigigallus,** i.q. vigiliarius: *moine chargé de réveiller les autres moines — monk in charge of awakening the other monks.* Magna enim mercis apud Dominum est excitantium ad divinum opus, quos pro fama regula vigigallos nominavit. Regula Magistri, c. 31.

**vigilantia:** *prières nocturnes — nocturnal prayers.* Omni tempore die noctuque orationes seu missarum solemnia, atque nocturna vigilantia in ipsa Domini ecclesia monasterii facere seu canere debeant. UGHELLI, III col. 48 (a. 995, Firenze). Ib., col. 51 (a. 996, Firenze).

**vigilare: 1.** transit.: *passer la nuit en prières auprès d'un mort, veiller un mort — to keep vigil over the body of a dead person.* Paucae sorores illam vigilent usque ad mediam noctem. CAESAR., Regula virg., c. 70. **2.** intransit.: *faire une veillée de prières — to keep a night's watch in prayer.* Post Pascha vero ipsi nocturni dicendi sunt usque ad kalendas octobris, et usque kalendas augusti sexta feria tantum et dominica vigilentur. Ib., c. 66. Quicumque votum habuerit, in ecclesia vigilet. Conc. Autiss. a. 573-603, c. 3, *Conc.*, I p. 179.

**vigilia** et plural. **vigiliae: 1.** **veille, vigile, réunion nocturne de prières — vigil, night spent in prayer.* Sabbatorum die hic sacras acturi vigilias. Sacram. Leonin., c. 21, ed. FELTOE, p. 109. Ib., c. 27, p. 114. **2.** spec.: *vigile, réunion nocturne de prières à la veille de certaines fêtes — vigil, night spent in prayer on the eve of a festival.* Cum domini natalis nox alma populis effulsisset, idem pontifex, priusquam ad vigilias discenderet, jussit sibi peculum ministrari. GREGOR. TURON., H. Fr., lib. 3 c. 17. Ibid., lib. 10 c. 31 VI. **3.** *le jour avant une fête — the day before a festival.* Praecedentibus eadem natalia diebus, quas vulgo vigilias appellamus. Ps.-ALCUIN., De off. div., c. 18, MIGNE, t. 101 col. 1214. In die ascensionis dominice, in cujus vigiliis ipsa dulcissima conjux nostra obiit. *D. Karol.*, I no. 149, a. 783 (interpol. s. ix in.). Advenientibus autem vigiliis assumptionis b. Virginis, que eo tempore in die dominico advenerunt. ROMUALD. SALERN., Ann. a. 1177, ed. GARUFI, p. 293. Depuis le XIIIᵉ siècle souvent employé pour indiquer la date d'une charte ou diplôme — as from the thirteenth century often used to indicate the date of a charter. E.g.: Actum anno Domini 1236, in vigilia Pasche. ROSE, *Cart. d'Amiens*, I no. 278 p. 324. Anno Verbi incarnati 1243, vigilia Andree. WIEGAND, *UB. Strassburg*, I no. 282 p. 216. Anno Domini 1248, vigilia Nicolai. LAPPENBERG, *Hamburg. UB.*, I no. 548 p. 461. **4.** *office nocturne des moines — night office of monks.* Codices autem legantur in vigiliis divinae auctoritatis tam veteris Testamenti quam novi. Benedicti regula, c. 9. Sic finiantur vigiliae nocturnae. Ib. Dominico die temperius surgatur ad vigilias. Ib., c. 11. **5.** *prières nocturnes pour les défunts — nocturnal prayers for the deceased.* Pro eo, qui decesserit, in sedibus septenae missae totidemque vigiliae Domino persolvantur. Syn. ap. Sapon. a. 859, c. 13, *Capit.*, II p. 449. Memoriam defunctorum eorundem, id est officium, quod vigilias dicimus. HUGO FLAV., Chron., lib. 2 c. 12, *SS.*, VIII p. 380.

**vigiliarius:** *moine chargé de réveiller les autres moines — monk in charge of awakening the other monks.* Ante mediam surgentes noctem . . . per choros recitent psalmos, secundum consuetudinem, prius tamen quam surgant caeteri, a vigiliariis fratribus praepositus excitetur. FRUCTUOS. BRACARENS., Regula monach., c. 3, MIGNE, t. 87 col. 1100.

**vigor: 1.** *force, autorité, validité — force, authority, validity.* Hujus auctoretatis nostre vigore et generale beneficium confirmatum ad ipsas basilecas. *D. Merov.*, no. 11 (a. 584-626). Hujus decreti ac definitionis generalis vigore decernimus, ut . . . Guntchramni edict. a. 585, *Capit.*, I p. 11 l. 32. Ut haec preceptio pleniorem obteneat vicorem. *D. Merov.*, no. 30 (a. 673). Hanc quoque auctoritatem, ut perenniter nostris et futuris Deo auxiliante temporibus a nobis vel nostrisque successoribus inviolabiliter vigorem obtineat firmiorem. *D. Karol.*, I no. 71 (a. 772). Quod nullum erit valencie vel vigoris predictum exemplum. GLORIA, *CD. Padov.*, I p. 8 (a. 819). **2.** *autorité protectrice — protective authority.* Omnem . . . aecclesie causam ipsius episcopi postulatu sub eorum defensione et munitatis vigore recepissent. TIRABOSCHI, *Memor. Modenesi*, I p. 30 (a. 840). **3.** *le statut protégé des clercs — the protected position of ecclesiastics.* Vigor ecclesiasticus contempnitur et religio sacerdotalis et professio monastica vilis efficitur. Episc. ad Hludow. imp. relatio, a. 829, c. 26, *Capit.*, II p. 38. Sacerdotes ac servi Dei vigorem ecclesiasticum et debita privilegia juxta reverendam auctoritatem obtineant. Conv. in villa Colonia, a. 843, c. 1, ib., p. 255. De his, quae ad sanctae ecclesiae ac rectorum ipsius honorem et vigorem, et de his quae ad regis et regni soliditatem ac firmitatem pertinent. HINCMAR. REM., Ordo pal., c. 11, ib., p. 521.

**vigorare:** *confirmer, fortifier — to confirm, to fortify.* [Immunitatem] corroboramus bannique nostri impositione, ne deinceps quisquam hec audeat infringere, vigoramus. *D. Heinrichs III.*, no. 51 (a. 1040).

**vigoratio** (per confus. c. voc. vicariatio?): **1.** *échange* d'une personne dépendante contre une autre — *exchange* of one dependant person for another. Hac commutatio seu vigoracione legibus fieri poteret. *CD. Langob.*, no. 506 col. 869 (a. 924, Bergamo). **2.** *charte constatant une échange — charter establishing an exchange.* Unde due commutacione[s] et vigoracione[s] scripte sunt. Ib., col. 870 (a. 924, Bergamo).

**vigrus** (adj.): *non cultivé, inculte — waste.* Terris aratoreis seu vigris, vineis cum areis suarum. GLORIA, *CD. Padov.*, I p. 4 (a. 673). Sim. *CD. Langob.*, no. 152 col. 263 B (a. 843, Milano). Subst. femin. **vigra:** *terre inculte — waste-land.* Cum . . . portis, vigris, vineis, olivis. *D. Ugo*, no. 11 (a. 928).

**vilipensio:** *traitement injurieux — harmful, scornful treatment.* Ipsos tantis addici . . . vilipensionibus clericos. GUIBERT. NOVIG., De vita sua, lib. 3 c. 7, ed. BOURGIN, p. 155.

**vilis:** *de condition servile ou dépendante — of servile or dependant status.* Viles personae non habeant potestatem accusandi. Et si in primo crimine victi sunt falsum dicere, in secundo non habeant potestatem dicendi. Admon. gener. a. 789, c. 45, *Capit.*, I p. 56. Juxta sacros canones vilis persona manens sacerdotii dignitate fungi non potest. Capit. ecclesiast. a. 818-819, c. 6, ib., p. 276. Consuetudinem pravam et valde reprehensabilem qua usque in praesens viles quaeque et servili condicione obligatae personae ad presbyteratus ordinem passim admittebantur abolere cupientes . . . decrevimus, ut abhinc in futurum nulla vilis et servili condicioni obnoxia persona ad gradum presbyterii adspirare permitatur, sed si necessitas exigerit, ut de servitiis vel nostris vel alienis ad hunc ordinem aliquis admitti debeat, jugo servitutis prius solemniter absolutus sic tandem manus inpositionem liber accipiat. Hludow. ad Hetti archiepisc. Trev. praecept., a. 819, ib., p. 356.

**villa: 1.** *demeure rurale, la maison avec ses annexes et son enclos* (teuton. "Einzelhofsiedlung") — *homestead, rural dwelling with annexes and a yard.* Si quis villa aliena adsallierit. Pact. leg. Sal., tit. 14 c. 6. Si quis villam alienam expoliaverit et res ibi invaserit. Ib., tit. 42 c. 5. De eo qui villam alterius occupaverit. De hoc capitulo judicaverunt, ut nullus villam aut res alterius migrandi gratia per annos tenere vel possidere possit. Capit. leg. Sal. add. a. 819-820, c. 9, *Capit.*, I p. 293. **2.** *domaine, propriété foncière — estate.* Quicquid donaverit, villas, terram, mancipia vel aliquam pecuniam. Lex Baiw., tit. 1 § 1. Si aurum non habet, donet aliam pecuniam, mancipia, terram, villas vel quicquid habet, usque dum impleat debitum. Ib., tit. 1 § 10. Vindedi villa[m] juris mei nuncupante illa, sita in pago illo . . . in integritatae cum terris, domibus. MARCULF., lib. 2 no. 19, *Form.*, p. 89. A. abba quasdam villas instituerit, quae fratribus mensuatim per totum annum servire deberent. *D. Karol.*, I no. 97 (a. 775). Tradidit . . . dux in pago O. villa nuncupante O. in qua sunt mansi 20 inter barscalcos et servos et inter vestitos et apsos cum pratis et silvis et omnibus appenditiis suis. Notitia Arnonis a. 790, HAUTHALER, *Salzb. UB.*, I p. 6. De servis propriis et ancillis, ut non amplius tundantur vel velentur

nisi secundum mensuram, et tibi satis fiat et villae non sint desolatae. Capit. miss. a. 805, c. 11, *Capit.*, I p. 122. Invenimus in pago M. villa que vocatur L. Est ibi mansio parva dominicata. . . . Aspiciunt ad predictam villam manentes 5. MANARESI, *Placiti*, I, Inquis. IV p. 572 (ca. a. 835, Milano). Volatilia autem inter Pascha et Natalem Domini de villis dominicatis ipsius abbatis. *D. Charles le Ch.*, no. 160 (a. 853-854). Statuimus quoque ut ex istis stipendariis villis . . . dormitorium fratrum et cella novitiorum recooperiatur. Ib., no. 363 (a. 872). In alio loco, in pago A., in ministerio A., cedo villa mea quae vocatur R. qui michi justissime per parentorum et per quistum obvenit, cum ipsis servis qui ibi visi sunt manere . . . cum curtes et ortos, cum exeos et regressos vel quantumcunque in ipsa villa visus sum habere. DESJARDINS, *Cart. de Conques*, no. 6 p. 8 (a. 930). Recuperaverunt Amiscum villam, cum piscariis et ceteris suis appenditiis, necnon servis et ancillis eorumque alodis. BERNARD-BRUEL, *Ch. de Cluny*, III no. 2712 p. 735 (a. 1017-1025). Domaine royal — royal estate. Cum ad villam fiscalem ductus fuisset. GREGOR. TURON., H. Fr., lib. 6 c. 32. Jobemus ut per omnes villas nostras . . . 3 homines servientes . . . in unaquaque villa . . . ingenuos relaxare faciatis. MARCULF., lib. I c. 39, *Form.*, p. 68. Villae nostrae, quas ad opus nostrum serviendi institutas habemus. Capit. de villis, c. 1. **3.** *village, lieu habité, localité,* (teuton. "Ort", "Ortschaft") — *village, "vill", township.* Si vero taurus ipse de tres villas communis [= -es] vaccas tenuerit. Lex Sal., tit. 3 § 5. Si quis super alterum in villa migrare voluerit et unus vel aliqui de ipsis, qui in villa consistunt, eum suscipere voluerit. Ib., tit. 45 § 1. Ab his, qui infra terminum villae ipsius commanent, conpensetur. Lex Burgund., tit. 38 § 4. Dum de villa ante eum fugiret. GREGOR. TURON., H. Fr., lib. 3 c. 33. Ad civitatem vel ad villam, ubi necesse fuerit, ipsam calcem trahant. Lex Baiw., tit. 1 § 13. Si quis libera femina virgo vadit itinere suo inter duas villas. Lex Alamann., tit. 56 c. 1. Aliubi omnino non debeat nec per villas nec per alia loca demorare. Conc. Vern. a. 755, c. 6, *Capit.*, I p. 34. Res proprietatis meas sitas in pago B., in vigarias illas et illas, in villa cujus vocabulum est illa. F. Bituric., no. 15, *Form.*, p. 175. Plebium archipresbiteri per singulas villas unumquemque patrem familias conveniant. Syn. Papiense a. 850, c. 6, *Capit.*, I p. 118. In vicis autem et villis longe a civitate remotis constituat unusquisque episcopus reverendos et cautos . . . presbyteros. Karolom. capit. Vern. a. 884, c. 7, ib., II p. 374. Maledictus sit in via et in villa. Form. Excommunic. VI, c. 7, LIEBERMANN, p. 436. Tertius denarius in villis ubi mercatum convenerit. Instituta Cnut., lib. 3 c. 55, ib., p. 614. 12 liberos et legales homines de visneto de illa villa. GLANVILL., lib. 13 c. 3, ed. HALL, p. 150. Le village anglais ("vill") par opposition au "borough" — the vill as contra-distinguished from the borough. Testibus aut de burgo aut de villa campestri. Leg. Willelm., c. 45, LIEBERMANN, p. 517. De burgo vel de villa, ubi thelonium vel consuetudo capta fuit. Henr. I reg. Angl. priv. pro London. (a. 1130-1133), c. 12, ib., p. 525. Ubicunque venerit in civitatem vel burgum vel villam vel etiam in viam. Leg. Edw. Conf., c. 18,1, ib., p. 643. **4.** *le village avec les champs, les prés, etc., lieu habité et son finage* (teuton. "Gemarkung", "Ortschaft und Dorfflur") — *the village with the fields, pastures, etc.* Quicquid portio nostra in jam dicto loco, in villa seu agro Albiniaco, . . . in ipso loco habere videmur. PARDESSUS, I no. 186 p. 146 (a. 579, Dijon). H. mihi condonebat vel tradebat omnem portionem suam in villa que vocatur A. Test. Willibrordi episc. Traject. a. 726-727, MULLER-BOUMAN, *OB. Utrecht*, I no. 38 p. 30. In fine vel in villa, quod dicitur M., 2 curtilia. GLÖCKNER, *Weissenb. UB.*, no. 148 (a. 747). Trado . . . in villa P. marcam in silvis juxta ripam fluminis M. DRONKE, *CD. Fuld.*, no. 87 p. 53 (a. 788). Trado . . . omnem proprietatem meam in pratis et unum jugerum in villa S. Ib., no. 411 p. 185 (a. 823). In pago S. in villa seu marca q.d. M. Dipl. Lud. Pii a. 831, BEYER, *UB. Mittelrh.*, I no. 59 p. 67. Cf. F. LÜTGE, *Die Agrarverf. des frühen MA.s im mitteldt. Raum*, 1937, p. 293; TH. ILGEN, *Die Grundlagen der m.a.lichen Wirtschaftsverf. am Niederrhein*, in: *Westd. Zs.*, t. 32 (1913), p. 53. **5.** *le village par opposition aux champs — the village as opposed to the fields.* Si foris villam ambulare potuerit et in campo suo . . . ambulare poterit. Pact. Alamann., fragm. 2, c. 25. Si mei cocci carnem accipere voluerint, in campis si invenerint, accipiant et ement, in villis vero nequaquam intrent. Dipl. Heinr. I reg. Franc., TARDIF, *Cartons*, no. 275 p. 171 (a. 1054-1058). **6.** *résidence royale, palais royal — royal residence, royal palace.* Eodem anno Stephanus papa venit ad Pippinum regem in villa, quae vocatur Carisiacus. Ann. regn. Franc., a. 753, ed. RAU, p. 14. Ibi pluries. Actum in Triburi, regia villa. *D. Heinrichs II.*, no. 501 (a. 1023). Loc. villa publica. Omnes Francos, sicut mos Francorum est, Bernaco villa publica ad se venire praecepit. FREDEG., lib. 4 c. 119, *SRM.*, II p. 183. Meltiaco villam publicam incendio cremaverunt. Ib., lib. 4 c. 119, p. 187. Aput villam publicam Attiniacum. Nomina episc. et abb. Attin. congregatorum, a. 760-762, *Capit.*, I p. 221. Actum Mantoleo villa publica. *D. Loth. II.*, no. 17 (a. 862). **7.** *agglomération à l'extérieur d'un castrum — settlement outside a castle.* Actum prope Belnam [= Beaune] castrum in villa. *D. Charles le Ch.*, no. 236 (a. 861). Ecclesiam . . . quae est constructa sub oppido castro Bonnense in villa, quae vocatur Basilica. VAN DE KIEFT-NIERMEYER, *Elenchus*, I no. 3 p. 40 (a. 804, Bonn). **8.** *agglomération à l'extérieur d'une cité épiscopale — settlement outside an episcopal city.* In civitate Spira vel Nemeta vocata aut foris murum ejusdem civitatis, id est in villa Spira [et marca] que eidem urbi adjacens est. *D. Ottos I.*, no. 142 (a. 969). **9.** i.q. burgus: *bourg rural — rural settlement.* Si prior loci quoslibet hospites . . . habuerit, in omnibus ipsius ville domibus . . . eos hospitari faciet omni tempore, sive burgenses velint sive non. VAN DE KIEFT, *La Chapelle-Aude*, p. 241 § 7 (s. xii



med.). **10.** i.q. castrum: *château — castle.* Terciam partem de castello vel villa que dicitur B. necnon de castello vel villa que nominatur G. GUÉRARD, *Cart. de Marseille*, I no. 255 p. 279 (a. 1034). **11.** loc. villam (novam) construere, instaurare, aedificare: *créer un village sur des terres défrichées en y installant des colons — to create a village on reclaimed land and to settle colonists there.* R., episcopus Parisiacensis, . . . extirpare fecit de foreste quae dicitur Wastina, in qua ecclesiam edificavit, villamque construxit, quam Villam Episcopi nuncupavit, mercatumque instituit. FLACH, *Origines anc. France*, II p. 156 (ca. a. 1000, Vendômois). T. comes et O. . . . quadam silva extirpata igneque cremata, terram prius squalentem et incultam frugiferam reddiderunt et fertilem, villamque inibi construentes que villa Caroli modo vocatur, ecclesia aliisque utilibus amplificaverunt. Ib., p. 156 (a. 1063, Champagne). Tantum terrae foris cimiterium quantum sufficiat ad construendam villam. *Hist. de Lang.*[3], V pr. no. 311 col. 604 (a. 1074, Moissac). Quicumque in quadam villa nova quam aedificavimus quae Val Cresson appellatur, manere voluerit. Ch. Suger. abb. s. Dionysii, a. 1145, ed. LECOY DE LA MARCHE, p. 360. Si forsan villam construi contingat et ecclesiam in villa fundari, ecclesiam cum omni decima predictis canonicis in elemosinam similiter perpetuam concedo. PREVENIER, *Oorkonden Vlaanderen*, no. 197 p. 414 (a. 1202). **12.** *ville* dans le sens juridique, douée de droits et de privilèges — *town* in the juridical sense, in possession of rights and privileges. Super equum altum facit [comes Namurcensis] unum de familia sua quem voluerit ferre lanceam ab inicio ville usque ad summam. VAN DE KIEFT-NIERMEYER, *Elenchus*, I no. 9 p. 296 (a. 1047-1064, Dinant). In villa Ratolfi forum statuimus et sic ordinavimus: partem ville, quae foro sufficeret, sub omni jure fore ei donavimus. Ib., no. 48 p. 76 (a. 1100, Radolfzell). Per omnem hanc villam. Ib., no. 49 p. 77 (a. 1105, Halberstadt). Filius burgensis hujus ville. Ch. pacis Valencenensis, a. 1114, *SS.*, XXI p. 606 col. 2 l. 8 (Valenciennes). Secundum leges et consuetudines ville. VERCAUTEREN, *Actes de Flandre*, no. 127 p. 298 (a. 1127, St.-Omer). Qui spe libertatis venerint et habitaverint, lege ville et institutionis teneantur . . . Infra villam verejurati et scabini . . . habeantur. VAN DE KIEFT-NIERMEYER, o.c., no. 25 p. 315 (a. 1142, Soignies). Forum rerum venalium institui in propria villa mea, que appellatur Stendale. Ib., no. 73 p. 127 (ca. a. 1160, Stendal). De villa Juterbogk [antea civitas J.]. Ib., no. 83 p. 143 (a. 1174, Jüterbog). Si mercator in istam villam ad mercatum venerit et aliquis ei aliquid forifecerit infra leucam istius ville. Privil. Suessionib. civitati Phil.-Aug. a. 1181, c. 8, *Actes*, I no. 30 p. 48. **13.** *les habitants d'un village,* ("Dorfgemeinde") — *the inhabitants of a village.* Si [latro] in alicujus villam fugerit et ipsa villa eum contenderit. Capit. missor. Silvac. a. 853, c. 7, *Capit.*, II p. 273. Prepositus et sacerdos et 4 de melioribus ville assint pro omnibus qui nominatim non erunt ad placitum submoniti. Leg. Henr. I, c. 7,7b, ed. DOWNER p. 100. **14.** *les habitants d'une ville — the inhabitants of a town.* Si quis in villa . . . forisfecerit . . . usque ad terminos leuge bannalis tota villa eum insequetur. VAN DE KIEFT-NIERMEYER, *Elenchus*, I no. 30 p. 325 (a. 1154, Brogne). Cf. N. P. GRAZIANSKY, *Zur Auslegung des terminus "villa" in der Lex Salica*, in *ZSRG.*, t. 79, Germ. Abt. (1948), p. 368-381; H. DUBLED, *Quelques observations sur le sens du mot villa*, *LMA.*, t. 59 (1953), p. 1-10.

**villania:** *tenure rurale,* par opposition au fief de chevalier — *rural tenement,* as contradistinguished from a knight's fee. Militias meas neque vilanias quas in castello praenominato habeo vobis non authorizo. *Hist. de Lang.*[3], V pr. no. 585 col. 1129 (a. 1152, Villefort, dép. Aude).

**villanicus** (adj.): *d'un vilain — of a villein.* Quae servitus villanica erat, reddens quicquid villani reddere consueverunt. DE COURSON, *Cart. de Redon*, no. 284 p. 231 (a. 1051-1060).

**villanus** (adj.): **1.** (de dépendants) *muni d'une tenure, chasé* — (of dependents) *provided with a holding.* Cum omni familia, servis videlicet et ancillis tam curtilibus quam villanis ad prefatas curtes servientibus. HAUTHALER, *Salzb. UB.*, I p. 246 (ca. a. 1050). Justitiam de suis qui de illo reclamabant hominibus villanis reddere unquam noluerit. HINCMAR. LAUDUN., ap. Hincmari Rem. Opera, ed. SIRMOND, II p. 611. **2.** *du village, de la campagne — of the village, of the country.* Coloni . . . suas hereditates, id est mansas, quae tenent, non solum suis paribus, sed et clericis canonicis ac villanis presbyteris . . . vendunt. Edict. Pist. a. 864, c. 30, *Capit.*, II p. 323. **3.** *rustaud, grossier — boorish, rustic.* Noster villanus calamus descripsit. V. Menelei abb. Menatens. (s. x-xi), lib. 2 c. 25, *SRM.*, V p. 149. Subst. mascul. **villanus** et feminin. **villana: 1.** *paysan, campagnard, habitant d'un village — peasant, rustic, country-dweller, inhabitant of a village.* Decimas que dantur a villanis indigenis. FAINELLI, *CD. Veron.*, I no. 101 p. 125 (a. 813). Presbyteri et ministri comitis villanis praecipiant, ne collectam faciant, quam vulgo geldam vocant, contra illos, qui aliquid rapuerint. Capit. Vern. a. 884, c. 14, *Capit.*, II p. 375. Villanum aut villanam [nullus apprehendere audeat]. *Gall. chr.*[2], II instr. col. 225 (a. 990, Aquit.). Villanum aut villanam . . . non prendam. Sacram. pacis Belvacense (ca. a. 1023), c. 4, PFISTER, *Robert*, p. LX. Villani . . . se adunaverunt per concilium. Liber legis Langob. Pap. dictus, c. 280, *LL.*, IV p. 373 l. 25. Omnia jura et dominia quae in tota contreda et parrochia s. Gildasii tam super militibus quam super villanis jure hereditario habebam. LOBINEAU, *Bretagne*, II col. 161 (ch. a. 1026). Concil. Narbon. a. 1054, HUBERTI, *Gottesfrieden*, I p. 320. Villanos infra totum comitatum Ferrariensem vel ubicumque in eorum terra habitant ad publicum placitum non venire, sed dominis pro illis respondere concedimus. *D. Heinrichs III.*, no. 351 (a. 1055). Concil. Suession. a. 1091, c. 13, *Zs. Sav.-S. RG.*, t. 12 (1891), GA., p. 114. ROSELL, *Lib. feud. maj.*, II no. 708 p. 223 (a. 1064-1066). Nobilis et miles cum 12 de paribus suis sacramento

se purget; villanus et alii cum totidem aequalibus suis, simul jurante et domino suo. VERCAUTEREN, *Actes de Flandre*, no. 49 p. 126 (a. 1111). **2.** *habitant d'un village astreint à certains services — inhabitant of a village who has to perform certain services.* Villanos qui ... soliti fuerunt in suprascripta curte magisterium facere ..., qui de ipsis subtraxerunt se de suo magisterio. MANARESI, *Placiti*, I no. 4 p. 9 (a. 779, Spoleto). **3.** *le paysan libre anglosaxon et anglais — the ceorl.* Si quis pugnet in domo villani. Leg. Aelfr., rubr. 39, Quadrip., LIEBERMANN, p. 19. Thaini, comites et villani. Leg. III Aethelstan, prol., Quadrip., ib., p. 170. Tuelfhindes hominis jusjurandum contravalet sex villanorum jusjurandum. Notitia de jurament., c. 1, Quadrip., ib., p. 465. Alia est wera vel vindicta thaini, alia villani. Leg. Henr. I, c. 88, 11 b, ed. DOWNER, p. 272. **4.** *le "geneat" anglosaxon, tenancier libre astreint à certains services — the anglosaxon geneat, a free tenant who has to perform certain services.* Si tuus geneat, id est villanus, furetur. Leg. Ine, c. 22, Quadrip., LIEBERMANN, p. 99. **5.** *vilain, tenancier rural de condition moyenne ou non libre sujet aux coutumes domaniales — villein, customary tenant, tenant in villeinage holding his tenure according to the custom of the manor.* Congregati simul ... venerabiles et majores natu canonici ... cum paucis villanis, qui in fratrum villis de praedicta vastatione remanserant. PERRIN, *Seigneurie rurale*, p. 106 (ca. a. 925-950, Verdun). Dedi ... in V. duos villanos cum terris suis et duas acras prati. FAUROUX, *Actes de Norm.*, no. 64 p. 195 (a. 1032). Dedi ... terram ... et omnes francos viros atque villanos. Ib., no. 195 p. 378 (a. 1050-1066). Ipse quoque terram et villanos et omnes consuetudines de ipsis villanis in vico Silvatico concessit. ORDER. VITAL., lib. 6 c. 7, ed. CHIBNALL, III p. 248. Si quis vim aliquam primariis foreste mee intulerit, si liberalis sit, amittat libertatem et omnia sua; si villanus, abscindatur dextra. Leg. Ps.-Cnut. de foresta, c. 15, LIEBERMANN, p. 623. Villani vero vel cotseti vel ferdingi vel qui sunt hujusmodi viles et inopes persone non sunt inter legum judices numerandi. Leg. Henr. I, c. 29 1 a, ed. DOWNER, p. 130. Si villani vel mansionarii debitum censum vel servitium s. Maximino et abbati volunt denegare ... Si quis ex villanis vel mansionariis qui ... in ... curtibus commanent, censum debitum ... neglexerit. *D. Heinrichs III.*, no. 372 (a. 1056, spur. ca. a. 1116). Ab ejusdem monasterii abbate vel familia aut villanis ad ipsum pertinentibus. *D. Heinrichs IV.*, no. 220 (a. 1069). Tradidi ... ecclesiam de B. cum 3 acris terrae et dimidia et tota recta decima de domino meo et villanis meis. MUSSET, *Actes Guill. le Conq. abbayes Caennaises*, no. 7 p. 76 (a. 1080-1082). In dominio est una caruca et 8 villani et 3 bordarii cum 5 carucis, Domesday, I 36 a 2. Ibi saepius. G. habebat dominium ejusdem ville, ubi erant 23 villani, et tenebat eos jure hereditario ab antecessoribus suis. RAYMOND, *Cart. de Sorde*, no. 58 p. 47 (ca. a. 1105). Quicumque villanus haereditatus fuerit, arabit duo dies et qui in banno est, ter in anno unum diem. PERRIN, *Seigneurie*, app. 5 fragm. 2, p. 731 (s. xii p. post., Bouzonville). **6.** *habitant du territoire d'une seigneurie châtelaine, quel que soit son statut, manant de la pôté — inhabitant of the area of a seigniory of any status.* Volo et mando, ut villani, qui ibidem residentiam fuerint [leg. fecerint], non possint alienare, vendere domos, possessiones, hereditates predictae villae sine licentia et consensu abbatum de C. MUÑOZ, *Fueros*, p. 204 (a. 1045, Cardeña). Villani in predictis villis commorantes sint liberi et inmunes ab omni opere castellorum. Ib., p. 206 (a. 1045, Cardeña). Villanis etiam utriusque terrae cultoribus concesserunt cursum habere per omnes boscos suos. BERNARD-BRUEL, *Ch. de Cluny*, IV no. 3566 p. 703 (ca. a. 1080). **7.** *habitant d'un village de franchise — inhabitant of a franchised village.* Villani autem ligna ad coquinam nostram adducent. Consuet. Lorriac. a. 1155, c. 15, ed. PROU, *NRHDFE.*, t. 8 (1884) p. 450. **8.** *habitant d'une ville — inhabitant of a town.* Omnibus ejusdem oppidi villanis mercandi potestatem concessimus. VAN DE KIEFT-NIERMEYER, *Elenchus*, I no. 45 p. 74 (a. 1075, Allensbach prope Konstanz). Villani [scil. de Deventer] ... fortiter resistendo eos repellunt. Ann. Patherbr. a. 1123, ed. SCHEFFER-BOICHORST, p. 143. **9.** En Espagne: *personne appertenant à une classe inférieure à celle des "infanzones" — in Spain: member of a class inferior to that of the "infanzones".* MUÑOZ, *Fueros*, I p. 31 (a. 955, Castil.).

**villare**, villaris, villarium, vilare, vilarium (subst. neutr.): **1.** *lieu habité faisant partie d'un domaine — small village forming a part of an estate.* Cedo tibi ... casa[m] cum ipso vilare, ubi ipsa casa resedit. F. Andecav. no. 35, *Form.*, p. 16. Cedo tibi membro de casa ... cum vilare vel omne circumcincto suo juxta kaso. Ib., no. 40, p. 17. Cum campis, pratis, silvis et mancipiis, aedificiis, cum omni jure suo, cum apendiciis, villares seu reditibus. Test. Adalgiseli-Grimonis a. 634, LEVISON, *Frühzeit*, p. 131. Villas cum ecclesiis et omnibus villaribus et adjacentiis earum. PARDESSUS, II no. 393 p. 184 (a. 680, Moissac). Mansum cum curtilis et vilares. BEYER, *UB. Mittelrh.*, I no. 14 p. 17 (a. 762-804, Prüm). Villam que est in pago B. et vocatur B., cum suis villaribus. Dipl. Lud. Pii imp. a. 834, D'ABADAL, *Catalunya Caroling.*, I p. 123. Mansa 2 et villarem unum cum farinario. *D. Charles le Ch.*, no. 146 (a. 852). Dono vobis villa T. cum omnes suos villares. *Hist. de Lang.*[3], II pr. no. 190 col. 385 (a. 876, Elne). *D. Karls III.*, no. 148 (a. 886). *D. Eudes*, no. 27 (a. 891). Curtillo cum manso indominicado et cum ecclesias 3 ... inprimis ... villaro cum manso indominicado ... oc sunt vilaribus cum edificiis et mansis qui super resedunt. BERNARD-BRUEL, *Ch. de Cluny*, I no. 51 (a. 893, Mâcon). Repperimus in nostro episcopatu in quodam villare, quod est aspiciens ad villam que dicitur V., cellam ... BEYER, *UB. Mittelrh.*, I no. 134 p. 141 (a. 893). *D. Charles le Simple*, no. 13 (a. 898). *D. Ludw. d. K.*, no. 14 (a. 902). *D. Louis IV*, no. 41 (a. 952). **2.** *domaine faisant objet d'une donation et désigné par un nom de lieu — estate, object of a donation and indicated by a place name.* Cum vilare cui nomen Pinciniaco. Test. Bertichramni a. 616, Actus pontif. Cenom., ed. BUSSON-LEDRU, p. 109. Dono vilarium meum quod dicitur nomine D., in quo est ecclesia, casa cum casalibus. WARTMANN, *UB. S.-Gallen*, I no. 20 (a. 757). In pago etiam F. concedimus ei villares P., M., A., F., L., similiter cum omnibus eorum appendiciis et quantumcumque in hisdem villis nostrae videtur esse proprietatis. *D. Charles le Ch.*, no. 15 (a. 842). Monasterium cum terminis et adjacenciis suis, cum villare nomine R. et alio villare in valle Aquitanica nomine S., ubi ecclesia fundata est. Ib., no. 37 (a. 844). Avus noster Karolus concesserat villarem ad laborandum qui vocatur Fontes cum omnia sua integritate. Ib., no. 43 (a. 844). *D. Charles le Simple*, no. 13 (a. 898). **3.** *village, lieu habité, localité* (teuton. "Ort", "Ortschaft") — *village, vill, township.* In pago A. in L. marca in illo vilare quod dicitur A. ZEUSS, *Trad. Wizenb.*, no. 82 p. 88 (a. 786). **4.** *le village avec les champs, les prés, etc., le lieu habité et son finage* (teuton. "Gemarkung", "Ortschaft und Dorfflur") — *the village with the fields, pastures, etc.* In villa que dicitur D., quicquid in ipso vilare visus sum habere. GLÖCKNER, *Weissenb. UB.*, no. 73 (a. 776). In prefato villare C. mansos qui fuerunt condam T. et R. cum illorum terris ad ipsos jamdictos domos pertinentes. *D. Eudes*, no. 8 (a. 889). Villarem ... cum adjacenti campo modios 100 tenente. FLODOARD., Hist. Rem., lib. 2 c. 2, *SS.*, XIII p. 447 l. 45.



**villaruncula:** *petit village — small village.* Cum villulis vel vilarunculis earum. DE MARCA, *Marca hisp.*, app. col. 762 (a. 819).

**villata:** *village — village, vill, township.* Monasterium ... cum ipsa villata. *Hist. de Lang.*[3], V pr. no. 411, II col. 774 (a. 1102, Narbonne). Missis servientibus suis per omnes villatas Angliae, faciant jurare omnes. GERVAS. CANTORB., *Chron.*, a. 1169, ed. STUBBS, p. 215.

**villaticus** (adj.): *rural, agraire — rural, agrarian.* Ubi emptor cujuslibet utitur herba aut lignis aut aliis villaticis commodis. Capit. de funct. publ. a. 820, c. 1, *Capit.*, I p. 294. Talis concampii statum machinando in locis villaticis expetivit. WIDEMANN, *Trad. S.-Emmeram*, no. 276 p. 225 (post a. 1006). Subst. feminin. **villatica:** *les habitants d'un village* (teuton. "Dorfgemeinde") — *the inhabitants of a village.* Juraverunt R. sacerdos et tota villatica. Mir. Etheldredae, *AASS.*[3], Jun. V p. 488 col. 2.

**villenagium**, villa-, vila-: **1.** *tenure rotière, tenure grevée de coutumes domaniales — rural tenement, tenement held according to the customs of the manor, villein tenure, villeinage.* Si quis liber homo duxerit nativam in uxorem ad aliquod villenagium, quamdiu ita fuerit obligatus villenagio eo ipso legem terre tanquam nativus amittit. GLANVILL., lib. 5 c. 6, ed. HALL, p. 58. Omnes feodi servientium cadent et venient ad censum in villenagium. *Actes Phil.-Aug.*, no. 156 (a. 1185-1186). **2.** *condition personelle non libre — unfree personal status, villein status.* Quando aliquis trahit alium a libertate ad vilenagium, vel quando aliquis in vilenagio positus petit libertatum. GLANVILL., lib. 5 c. 1, ed. HALL, p. 53. Si quis nativus quiete per annum et diem in aliqua villa privilegiata manserit, ita quod in eorum communam scilicet gildam tanquam civis receptus fuerit, eo ipso a villenagio liberatur. Ib., lib. 5 c. 5, p. 58.

**villica** (subst. feminin.): *une femme d'un village, qui est nourrice d'enfants royaux — a woman in a village, who is wet-nurse of royal children.* Confestim villicae auribus, quae regis filios nutrire solebat, insonuit. WILLELM. MALMESB., G. reg. Angl., lib. 2 § 139, ed. STUBBS, I p. 155.

**villicalis** (adj.), loc. curtis, curia villicalis: *chef-manse, cour concédée au maire, centre administratif d'un domaine — homestead with a court-yard, dwelling of the steward.* Tradidit ... curtem unam villicalem in W., ubi ipse domum habebat, et duas curtes villicales in E. HAUTHALER, *Salzb. UB.*, I no. 265 p. 710 (ante a. 1193). A. curia villicalis medium frumentum et porcos ... Simili servitio villicalis curia in eodem loco. DOLLINGER, *Classes rurales*, 1949, p. 129 (a. 1207, Baumburg).

**villicaria** (subst. feminin.): **1.** *la charge de maire, de régisseur de domaine — manorial office.* Que ad offitium villicarie pertinere videbantur. FAYEN, *Lib. trad. s. Petri Blandin.*, p. 168 (a. 1163). Si quis pro vicedominicaria vel villicaria ... feudum ... acceperit. Libri feud., capitula extraordin. Jacobi de Ardizone, c. 9, ed. LEHMANN, p. 188. **2.** *les redevances, prestations ou services exigés par le maire d'un domaine — the taxes, prestations or services exacted by the steward.* A. ... miles dat sancto patri Benedicto ... consuetudinariam partem villae quae S. dicitur. Istae sunt consuetudines, scilicet: villicariam, justitiam, carricatum boum. *D. Phil. I*[er], no. 56 (a. 1071). Guerpivit ... villicariam quam in hominibus de C. interrogabat et omne servitium quod ... reclamabat. MARCHEGAY, *Arch. d'Anjou*, III no. 162 p. 109 (a. 1179).

**villicatio: 1.** *travaux des champs — work in the fields.* Conperimus nonnullos praesbiteros et monachos vilicationes et negotiationes diversaque turpia lucra sectari. Conc. Paris. a. 829, c. 28, *Conc.*, II p. 630. Nemo laicorum presbiteros ecclesiarum suarum turpi vilicationi et seculari et inhonestae negotiationi inplicare ... praesumat. Conc. Meld. a. 845-846, c. 49, *Capit.*, II p. 410. Etiam ib., c. 57, p. 412. **2.** *charge de régisseur de domaine — office of an administrator of an estate.* De villicatione quam B. tenet in fundis duobus E. et K. KÖTZSCHKE, *Urbare Werden*, p. 138 (ca. 1050). Undecima huba villicationi adtinet, quatinus inde 8 parapsides, 8 staupi, unum mortarium in natali Domini, 40 quoque scutelle in pascha fratribus a vilico ministrentur. GLÖCKNER, *Cod. Laurisham.*, I no. 140 p. 413 (s. xi p. post.). Quicunque villicus est abbatis, quod nos vulgo dicimus scultheto, in H., debet singulis annis abbati de villicatione sua persolvere tale servitium. Ib., p. 90 (s. xii in.). Villicationem curtis que dicitur H. accepimus ad eundem censum solvendum qui hactenus inde solvebatur, 4 scilicet libras. LACOMBLET, *UB. Niederrh.*, I no. 293 p. 192 (a. 1082-1121). Nullus villicationem in possessionibus ad eundem locum

pertinentibus hereditario jure teneat vel repleat, sed abbas ... idoneum et fidelem villicum de familia monasterii [s. Gisleni] constituat et deponat. *D. Konrads III.*, no. 137 (a. 1145). [Importunitatem] exercere presumpserunt advocati ... villicationes [ecclesiae] locando. Dipl. Frid. I a. 1188, *Const.*, I no. 320, c. 6, p. 458. **3.** *les pouvoirs, la juridiction d'un maire — the judicial power of a steward.* Episcopus curiam in V. dominicalem cum banno et villicatione ejusdem ville ... delegavit. Not. fund. mon. Ascov., *SS.*, XV p. 996 (a. 1048-1065, Strasbourg). **4.** *domaine confié à la gestion d'un maire — estate entrusted to the administration of a steward.* Ego R. abbas Fuldensis ecclesie concambium utile ... inivi cum Ludewico imperatore augusto. Dedi ei locum ... I. nuncupatum quem pater ejus C. tradiderat nobis, et recepi ab eo ... tres villicationes, unam in V., alteram in G., terciam in S. DRONKE, *CD. Fuld.*, no. 324 p. 157 (a. 816). In Testrebant in villa A. ea quae habere videmur cum aecclesia et omnibus appendiciis villicationis illius. In villa G. cum ecclesia de P. ea quae ibi habere videmur ad jus pertinent villici illius ... Aecclesia de H. et villa de M. cum appendiciis suae villicationis. G. abb. Trudon., lib. 13 c. 7, ed. DE BORMAN, I p. 236/237. **5.** *la cour du maire, centre administratif d'un domaine — court-yard and dwelling of the steward of an estate.* Annis singulis 10 malder in villicationem S. ... persolvere promisit. ERHARD, *Reg. Westfal.*, I, CD. no. 87 c. 28, p. 70 (a. 1015). **6.** *tenure concédée à un régisseur d'un domaine — holding of the steward.* Villici nostri et quidam de beneficiatis hominibus ecclesiae nostrae quicquid eis melius tunc visum fuit suis attraxerunt villicationibus suisque feudis. RUDOLF., G. abb. Trudon., lib. 5 c. 4, ed. DE BORMAN, I p. 69. Territorium nostrum in H., sicut rogavit ... ita commisimus vel prestitimus, non in beneficium, sed in villicationem. LACOMBLET, *UB. Niederrh.*, I no. 317 p. 210 (a. 1126-1133). **7.** *n'importe quelle tenure — any holding.* In territorio P. pertinentes ad s. Petrum sunt villicationes integre 5 et dimidia, et integra quelibet servit de anno 6 porcos, 3 anseres et 10 gallinas. Urbar. s. Petri Juvav., HAUTHALER, *Salzb. UB.*, I. p. 515 (s. xii). Cf. DOLLINGER, *Classes rurales*, p. 129. **8.** *ensemble de terres en exploitation directe — land directly cultivated, demesne.* De prepositura villicationem faciens. ADAM. BREM., lib. 3 c. 62, ed. TRILLMICH, p. 408. Cf. ib., c. 57, p. 402 sq.: preposituram majorem episcopii servus ejus [sc. Adalberti archiepiscopi] quidam Suidger administravit. ... Prepositura in ditionem episcopi redacta. **9.** i.q. vicaria: *droit de voirie ou viguerie, coutume levée par le voyer — exaction levied by the "voyer".* Relinquo quoque omnes consuetudines ejusdem burgi, videlicet vilicationem, stabulationem, et ita liberum reddo eundem burgum. Ch. Gaufr. vicecom. Bitur. a. 1012, ap. PROU, *D. Phil. I$^{er}$*, no. 145 p. 363 l. 22. Terram de P., quam dedit R. ... cum villicatione et decima. CHARLES-MENJOT, *Cart. du Mans*, II no. 602 col. 346 (a. 1068-1082). Dedit ... quartam partem villae quae dicitur N. et nemoris et terrae arabilis et justitiae et villicationis et sanguinis et banni et hospitum. DEPOIN, *Cart. de Pointoise*, no. 32 p. 27 (ca. a. 1092). De domibus ... medietatem omnium consuetudinum, census videlicet et villicationis singulis annis canonici recipiant, rex autem ... medietatem alteram possideat. *D. Phil. I$^{er}$*, no. 155 (a. 1106). Moncellum ... cum omnibus reditibus suis, villicationem, scilicet dominationem, censum et hospites et ex integro omnem consuetudinem quam ibi solebamus habere. DESJARDINS, *Cart. de Conques*, no. 485 p. 352 (a. 1107). **10.** *charge de maire d'un village de franchise — office of bailiff of a franchised village.* Ipsum [sc. villicum] autem in eadem villicatione non posse permanere, nisi quantum domino placuerit et ipsis burgensibus. DUVIVIER, *Actes*, I p. 367 (a. 1170-1189, Buironfosse, Hainaut). **11.** *charge de maire d'une ville — office of a mayor.* Ipsum regimen [civitatis] suae procurationi non in beneficium, sed in officium et quasi quandam villicationem usque ad finem vitae suae commisi. VAN DE KIEFT-NIERMEYER, *Elenchus*, I no. 71 p. 125 (a. 1159, Magdeburg). Secundum legem ville a villicatione se poterit [major] amovere. Ib., no. 56 p. 379 (a. 1220, Trazegnies, Hainaut). **12.** *charge d'un dignitaire du palais — office of a court dignitary.* In aula ... regis Dagoberti nobilissime militaribus negotiis ac aulicis disciplinis educaretur, ab eodem rege villicationi est mancipatus. G. abb. Fontan., lib. 1 c. 2, ed. LOHIER, p. 2 (a. 833). **13.** *la charge, la dignité d'abbé — the office, the dignity of abbot.* Ad loca sanctorum, ubi nos auctore Deo vilicationem fungimur. Form. Augiens., coll. B no. 3, *Form.*, p. 349. Imminere diem ... quo rationem redderet villicationis commissae. V. Gerardi abb. Broniens. (s. xi), c. 22, *SS.*, XV p. 672.

**villicatorius** (adj.): *d'un régisseur de domaine — of an administrator of an estate.* Villicatoriam curtem. Trad. Weihenst., *Mon. Boica*, IX p. 368 (a. 1064-1080).

**villicatura:** *charge de régisseur de domaine — office of an administrator of an estate.* Utrumque ministerium, id est villicature et juwerie, in potestate abbatis ... consistat. *D. Loth. III.*, no. 35 (a. 1135). S. [comes] villicaturam sive preposituram villico et suis reliquit heredibus, a quibus denuo Ardensibus usque hodiernum diem villicatura sive prepositura successit dominis. LAMBERT. ARD., c. 4, *SS.*, XXIV p. 565.

**villicilium:** *taxe levée par le régisseur d'un domaine sur les "coloni" — tribute levied on the "coloni" by the steward.* Super justa ergo pondera praeter excepta et vilicilia nihil aliud volumus a colonis ecclesiae exigi. GREGOR. M., lib. 1 epist. 42, *Epp.*, I p. 64.

**villicus,** -illi- (jam ap. Caton.): **1.** *agent domanial, régisseur d'un domaine — administrator of an estate, steward.* Si servus in aliquo crimine accusetur, judex prius dominum, vilicum vel actorem ejus loci, cujus servus fuerit accusatus, admoneat, ut eum in judicio presentet. Lex Visigot., lib. 6 tit. 1 c. 1. Veniens ad vilicum qui sibi [sc. pastori pecudum] praeerat. BEDA, Hist. eccl., lib. 4 c. 22. Etiam lib. 5 c. 10. Neque presbyteri neque diaconi neque monachi vilici fiant. Conc. Cabillon. a. 813, c. 12, *Conc.*, II p. 276. Erant per diversas provincias praedia monasterio subjacentia ... quorum alia quidem per villicos ordinavit, alia vero ... presbyteris procuranda ... commisit. RUDOLFUS, Mir. sanctorum in Fuld. eccl. translat. (ca. a. 845), c. 1, *SS.*, XV p. 330. Nullus in reliquum tempus abbas aut ejus villicus de eisdem rebus quidquam aliter usurpando vindicet. *D. Charles le Ch.*, no. 251 (a. 863). Venit minister ipsius C., ad auriculam ejus dicens, quod villicus ejus vinum quod in eadem villa fuerat venditum jam habebat. HINCMAR., V. Remigii, c. 7, *SRM.*, III p. 273. Ejusdem villae extiterat procurator et villicus. HERIGER., Transl. Landoaldi, lib. 1 c. 9, *SS.*, XV p. 603. Solvitur villico in R. maldarium avene. LACOMBLET, *UB. Niederrh.*, I no. 158 p. 98 (a. 1021). Quicumque villicus est abbatis, quod nos vulgo dicimus scultheto, in H., debet singulis annis abbati de villicatione sua persolvere tale servitium. KÖTZSCHKE, *Urbare Werden*, p. 90 (s. xii in.) Villicus abbatis et fratrum [monasterii s. Amandi]. VERCAUTEREN, *Actes de Flandre*, no. 81 p. 183 (a. 1116). Advocatus per villicum abbatis [s. Petri Blandiniensis ecclesie] 4 jumenta in advocatia ... accipiet. Ib., no. 106 p. 243 (a. 1122). Nullus judex, qui vulgo scultetus dicitur, nullus villicus, qui vulgariter major vocatur, ministerium suum diutius habere et retinere valeat, nisi quamdiu cum gratia abbatis deservire queat. *D. Konrads III.*, no. 40 (a. 1140). Abbas ... idoneum et fidelem villicum de familia monasterii constituat et deponat. Ib., no. 137 (a. 1145). Ab antiquo comitis W. tempore quendam villicum vel prepositum, quem antiquiora eorum scripta vassum suum appellant, in terra Ghisnensi habebant, qui de omnibus decimis et possesiunculis, quas in eadem terra possidebant, eis, ut villicus, sufficienter respondebat. LAMBERT. ARD., c. 4, *SS.*, XXIV p. 565. **2.** *agent fiscal, régisseur d'un fisc — fiscal agent, administrator of a royal estate.* Si quisquis ille dux, comes, tiuphadus, numerarius, villicus aut quicumque curam publicam agens tributa ... non exegerit aut exacta apud se retinuerit. Edict. Ervig. reg. a. 683, ed. Lex Visigot., ZEUMER p. 479. Vilicus bonus, sapiens et prudens in opus nostrum eligatur, qui sciat rationem misso nostro reddere. Capit. Aquisgr. a. 802/803, c. 19, *Capit.*, I p. 172. Cuidam nostro vilico V. nuncupato. *D. Ottos I.*, no. 87 (a. 947). **3.** *un des maîtres d'hôtel — one of the heads of the household.* Dominus rei ordinat majores familiae ..., id est vicedominum, villicum, salutarium et majorem domus. BENED. ANIAN., Concord. regul., c. 28 § 2, MIGNE, t. 103 col. 952. **4.** *maire d'un village de franchise* qui est le représentant du seigneur — *public officer in a franchised village* who is the representative of the lord. De villico autem statuimus nullum super eos fieri, nisi de ipsorum lege fuerit; ipsum autem in eadem villicatione non posse permanere, nisi quantum domino placuerit et ipsis burgensibus. DUVIVIER, *Actes*, I p. 367 (a. 1170-1189, Buironfosse, Hainaut). **5.** *fonctionnaire public dans une ville, représentant du seigneur de la ville — public officer in a town, representative of the lord of the town.* Emptor [terrae] villico quartarium vini persolvat. VAN DE KIEFT-NIERMEYER, *Elenchus*, I no. 48 p. 77 (a. 1110, Radolfzell). Mudenses quoque: G., eodem tempore villicus factus. Ib., no. 18 p. 429 (a. 1122, Muiden, dioc. Utrecht). Signum E. tunc Iprensis villici. VERCAUTEREN, *Actes de Flandre*, no. 79 p. 179 (a. 1116). Testes hi sunt: ... D. villicus de Aquisgrani, H. marescalcus. *D. Konrads III.*, no. 44 (a. 1140). Ut annuatim villico nostro 5 denarios et obolo inde persolvant. VAN DE KIEFT-NIERMEYER, o.c., no. 85 p. 146 (a. 1178, Münster). Si decesserint [advene inhabitantes], nec ego, nec villicus meus hereditatem invadet. Ib., no. 28 p. 444 (a. 1190, Zutphen). Civis Leodiensis quamdiu coram villico et scabinis in justitia volet, ad majorem justitiam trahi non potest. Ib., no. 46 p. 360 (a. 1208, Liège).

**villosa, villosus** (subst. femin. et mascul.) (<villus): *serviette — towel.* Villosam ad tergendos pedes. BONIF.-LULL., epist. 32 (a. 735), ed. RAU, p. 106. Ibi saepius. Lectaria sive villosi sive manutergia sive canifelli sive cujuscumque sint vestimenta linea vel lanea. STENGEL, *UB. Fulda*, I no. 154 p. 230 (a. 784).

**1. villula: 1.** **petit village, hameau — small village, hamlet.* Non oporteat in villolis vel in agris episcopos constitui. Admon. gener. a. 789, c. 19, *Capit.*, I p. 55. Quicumque sunt Aurelianis et in suburbiis vici et villulis infra quintam leugam existentibus. BALUZE, *Miscell.*, VII p. 293 (a. 1180). **2.** **petit domaine indépendent ou faisant partie d'un plus grand domaine — small estate that is independant or forms part of a larger estate.* In pago D. tradidit memoratus dux villulam P. cum mansos 10 inter vestitos et apsos, cum silva et prata vel pascua ad ea[n]dem villulam pertinentem. Indic. Arnonis (a. 790), c. 1 § 7, HAUTHALER, *Salzb. UB.*, I p. 5. In castello et in ipso vico et in aliis villulis ibidem adjacentibus. ZAHN, *CD. Austr.-Fris.*, I no. 11 p. 13 (a. 827). Quantumcumque ad eandem villam aspicit ... cum agris et territoriis, pratis, vineis, silvis, villulis ... et cum hominibus in eisdem villulis vel in aliis locellis. *D. Charles le Ch.*, no. 147 (a. 852). Villulam, quae vocatur P. cum suo villare D. Ib., no. 322 (a. 869). Villulas quas avus meus W. in pago A. s. Michaeli tradidit ... reddo. FAUROUX, *Actes de Norm.*, no. 49 p. 161 l. 20 (a. 1022-1026).

**2. villula** (<villus): *petite serviette — small towel.* Detractamque a summo unam gemmis corruscantibus crucem ad terram dejecit collectisque villolis ac palliolis de circuitu parietum pendentibus. GREGOR. TURON., Virt. Jul., c. 20, *SRM.*, I pt. 2 p. 123.

**viltrare,** v. filtrare.

**viltrum,** v. filtrum.

**vinagium** (cf. etiam voc. vinaticum et winagium): **1.** *goblet de vin — winecup.* Vinagia argentea et deaurata. Actus pontif. Cenom., c. 35, ed. BUSSON-LEDRU, p. 405. **2.** *vigne — vineyard.* Dedit eis de s. Marie pecunia ...; Gauterio ... pagellam unam et dimidiam vinagii; Roberto 20 solidos ... MARCHEGAY, *Arch. d'Anjou*, III no. 100 p. 76 (ca. a. 1080). **3.** *redevance en vin, due*

*pour les vignes — tax, prestation in wine, due for the vineyard.* Abbatem W. et monachos s. Albini deprecati sunt viri qui vineas ad L. habent, ut eis . . . aliquid de vinagio relaxarent, quod prendere volebant . . . videlicet ut in perpetuum tempore vindemiarum 24 galetas musti de arpenno redderent. BERTRAND, *Cart. d'Angers*, I no. 283 p. 323 (a. 1039-1055). Dono . . . vinagium ex 14 arpennis vinearum dominicarum. FLACH, *Origines*, I p. 390 (a. 1046-1049). Reclamaverunt canonici, quod monachi vineas in terra edificaverant, unde terragium, si vinee non essent, haberent. Quesierunt igitur ut mitterent in vineis vinagium, de quo saltem restauraretur eis de terragio suo dampnum. BERTRAND, *Cart. d'Angers*, I no. 180 p. 210 (a. 1075). Perdonavi quoque vinagium suarum omnium vinearum . . . monachorum collegio. *D. Phil. Ier*, no. 157 (a. 1106). Sanctimoniales . . . vineas ad C. habebant, de quibus Roberto de C. atque Guillermo de M. duos modios et dimidium vini de vinagio illis reddebant. MARCHEGAY, *Arch. d'Anjou*, III no. 161 p. 108 (ca. a. 1160). **4.** *service de transport du vin — transport service of wine.* Quisque equus harum trium villarum ad submonitionem advocati debet vinagium et debent ire in Belvacensi territorio citra Isaram, ita quod illi qui duxerint currum vacui redibunt, et alii vinum adducent. MOREL, *Cart. de S.-Corneille de Compiègne*, I no. 115 p. 202 (ca. a. 1172). **5.** *vin — wine.* Vinagium vero vel vinum, quod de propriis vineis capituli b. Martini sumitur ultra Ligerim, per Ligerim liberum debet habere transitum. *Actes Phil.-Aug.*, no. 361 § 9 (a. 1190).

**vinarius:** *moine chargé de l'approvisionnement du vin — monk in charge of the wine supply.* B. vinarius et monachus. BERTRAND, *Cart. d'Angers*, I no. 32 p. 56 (a. 1060-1081).

**vinatia** (subst. feminin.): *vigne — vineyard.* Vineas terramque sutorum vel pictorum cum vinatiis et ipsarum decimis. *D. Phil. Ier*, no. 26 p. 78 l. 32 (a. 1066).

**vinaticum,** vinaticus (cf. etiam voc. vinagium): **1.** *approvisionnement de vin d'un monastère ou d'une église — wine supply of a monastery or a church.* Est in possessionem ad vinaticum colonica una et vinea una modiorum quinquaginta, quam J. ad eandem ecclesiam taliter . . . delegavit, uti . . . ad vinaticum fideliter deserviret. *D. Charles le Ch.*, no. 293 (a. 866). Addidit . . . ad vinaticum ecclesiae s. Marie . . . 4 hosticia. Ib., no. 399 (a. 872-875), II p. 389 l. 7. Ad vinaticum supradicte aecclesiae jus Mosellam navis, quantum ibi de ratione s. Arnulfi videtur habere. *D. Ludw. d. Deutsch.*, no. 167 (a. 875). **2.** *redevance en vin — prestation in wine.* [Qui mansum tenet, solvit] in vinaticum de vino modium 1, in pastionem modium 1. Solvit in censum de sigilo modium 1 . . . Polypt. s. Remigii Rem., c. § 2, ed. GUÉRARD, p. 14 col. 1. Multiplicando censum necnon vinatica. *Gall. chr.*², X instr. no. 24 col. 27D (ca. a. 1075, Reims). Vinaticum et quicquid pro eodem vinatico redditur, quod apud villam que C. vocatur habebat, . . . dedit. LUCHAIRE, *Louis VII*, no. 193 p. 381 (a. 1146-1147).

**vinatum,** -ta: *prestation en vin — prestation in wine.* Pater meus . . . vinatum vinearum, quas tunc ibi habebant vel habituri essent, eidem dono addidit. DC.-F., VIII p. 339 col. 1 (ch. a. 1114, Montiér-en-Der). Habebam in ipse curte vinatam, ita quod de singulis domibus, in quibus inveniebatur, singulis annis summam vini habebam. NANGLARD, *Cart. d'Angoulême*, no. 161 p. 154 (a. 1147).

**vincere: 1.** (pass.): *être convaincu de son tort ou d'un crime par des preuves certaines — found guilty of a wrong or of a crime by conclusive proof.* Si in primo crimine [viles personae] victi sunt falsum dicere, in secundo non habeant potestatem dicendi. Admon. gener. a. 789, c. 45, *Capit.*, I p. 57. Si interpellator aut auctorem aut testimonia [i.e. auctore aut testimonio] aut cartarum collatione victus fuerit et hoc quod voluerit efficere non potuerit. Capitula Karol. M. adscr. c. 7, ib., p. 215. Si inventus fuerit aliquis qui non habet justitiam causandi vel reclamandi et re victus fuerit. Capitula Lud. Pio adscr. c. 3, ib., p. 333. Diffimati fama publica vel verisimilibus indiciis super crimine aliquo, de quo vinci non possunt, moneantur semel, secundo et tertio, ut confiteantur et satisfaciant. Concil. incerti loci, MARTÈNE, *Anecd.*, IV no. 4 col. 156 (s. xii ex.). **2.** i.q. evincere: *obtenir légalement, obtenir en droit — to obtain rightfully.* [Res] per judicatum . . . victum habuit. *CD. Langob.*, no. 236 col. 395D (a. 865, Milano).

**vinculum: 1.** *punition, peine — punishment, penalty.* Sit pars qui neglexerit parte custodiendi [i.e. parti custodiendi] culpabilis et impleturus in vinculo pene numerum auri libras 4. *Hist. de Lang.*³, II pr. no. 65 col. 151 (a. 824, Arles). Qui contra hoc factum nostrum ire . . . temptaverit . . ., sit parti ipsarum ecclesiarum . . . culpabilis, impleturus in vinculo una cum sacratissimo sociatoque fisco penam nummo [leg. numero] auri libras 10. Ib., no. 76 col. 172 (a. 828, Barcelone). H. fidem fecit vinculo legis suae, et I. secundum legem suam fidem fecit, quod . . . Ib., no. 201 col. 402 (a. 878, Albi). Si . . . quilibet . . . infringere voluerit, non liceat hoc facere, sed componat in vinculo ipsum alodem . . . duplum. Ib., V no. 226 col. 453 (a. 1046, Narbonne). Pro temporali vinculo componat omnia prefati in quadruplo. Ib., no. 240 col. 482 (a. 1054, Roussillon). **2.** *réserve, restriction — reserve, proviso.* Dono ipsum alodem . . . cum vinculo suprascripto: ut canonici eum habeant communiter in alimoniam. Ib., no. 151 col. 322 (a. 990, Narbonne).

**vindemiare,** ven- (class. "vendanger — to vintage"): *récolter — to harvest.* Quod ipse L. easdem terras earundem ecclesiarum et beneficia eorundem presbyterorum iterum invasit et per suos ministros vendemiari fecit. MURATORI, *Ant. It.*, V col. 318 (a. 1151, Salerno).

**vindemiatura:** *une prestation, redevance* (de vin?) — *a kind of prestation* (in wine?). Vindemiatura et corviatura insimul dari debemus. HARTMANN, *Tab. Maria in Via Lata*, I no. 25 p. 32 (a. 1001).

**vindicalis:** *vengeur, vindicatif — avenging, vengeful.* Vindicali a Deo virga percussus. WAMPACH, *UB. Luxemburg.*, I no. 185 p. 258 (a. 978).



**vindicare: 1.** **revendiquer comme vrai, affirmer, soutenir — to acknowledge as true, to affirm.* **2.** **attester — to vouch for, to attest.* **3.** **reconnaître officiellement, canoniser — to acknowledge officially, to canonize.* **4.** *tenir une séance judiciaire, un plaid — to hold a plea.* Judices . . . qui per . . . Romanorum confinia legalia vendicabant placita, compellentes habitatores locorum illorum venire ad placitum. BENED. SANTANDR., Chron., ed. ZUCCHETTI, p. 196.

**vindicatio:** **action de reconnaître officiellement* (un martyre) — *act of officially acknowledging* (as a martyr).

**vindicta** (class. "vengeance, punition — vengeance, revenge, punishment"): **1.** *guerre privée, vendetta — feud.* Si inter haec forte eundem latronem occidi contigerit, nulla is [sc. publici muneris administrator], qui eum occidit, damnatione multetur neque ullas inimicicias a parentibus aut persecutionem ab ullo ejus amico vel propinquo sustineat. Et si aliquis ejus senior aut propinquus propter hoc vindictam conatus fuerit, . . . ad nostram deducatur presentiam. Hlud. II capit. Pap. a. 850, c. 3, *Capit.*, II p. 86. Si hominem occidat in ea vindicta, de vita forisfactus sit et de omnibus que habebit. Leg. VI Aethelstan, c. 1, 5, vers. Quadrip., LIEBERMANN, p. 174. **2.** *"wergeld"*. Quia in omni composicione homicidii due partes referuntur ad paternam cognacionem, tercia ad maternam; et alia est wera vel vindicta thaini, alia villani. Leg. Henr. I, c. 88, 11 a, b, ed. DOWNER, p. 272. **3.** *compétence de connaître des causes criminelles, juridiction criminelle — the right of hearing and trying a criminal cause, criminal jurisdiction.* Vexillum ducis, videlicet ad vindictam malefactorum a rege missi signum. GERHOH. REICHERSB., De investig. antichr., lib. I c. 35, *Lib. de lite*, III p. 344 l. 4. **4.** spec.: *la justice de sang — jurisdiction over capital crimes, infliction of capital punishment.* Potestatem faciendi justiciam . . . de vindicta sanguinis. Dipl. Frider. I a. 1168, ZEUMER, *Quellens.*², 1913, p. 18 (= St. 4095). Imperator ei bannum, id est gladii vindictam in hujusmodi dampnandos et omnem potestatem stringendi, tribuit. KEUTGEN, *Urk. z. städt. Vfg.*, p. 94, c. 11 (s. xii, Strassburg).

**vindragium,** leçon erronée, par quelques éditeurs de textes, du mot jundragium, erreur qui s'explique par des raisons paléographiques — erroneous reading, by some editors of texts, of the word jundragium, error caused by paleographical difficulties. **jundragium** (< anc. fr. joindre = jeune individu, <lat. junior): *l'ensemble de terres et revenus affecté à une église et destiné à l'entretien du desservant, fief presbytéral — property and revenues appointed to the subsistence of the priest who administers the church.* Fevum presbiterale quod jundragium vocant. MABILLE, *Cart. de Marmoutier pour le Dunois*, no. 24 p. 25, a. 1051-1060 (dans le texte de l'édition: vindragium — in the text of the edition: vindragium). Insuper et Gosfredo dimidium vinee arpennum, ad ecclesie jundragium nequaquam ante pertinentem, ea ratione in fiscum dedit, ut . . . MÉTAIS, *Cart. de Vendôme*, I no. 80 p. 150-151 (a. 1050-1070). Hec sunt que eis relinquo . . .: jundragium scilicet ecclesie, panem et candelam et sepulturam et omnes primitias eidem ecclesie pertinentes. CHARLES-MENJOT, *Cart. du Mans*, no. 201 col. 126, ca. a. 1090 (dans le texte de l'édition: vindragium — in the text of the edition: vindragium). Cf. C. VAN DE KIEFT, *Une église privée de l'abbaye de la Trinité de Vendôme au XIe siècle*, dans *LMA.*, t. 69 (1963), p. 157-168.

**vinealis** (subst. mascul.), **vineale** (subst. neutr.): **1.** *terrain propre à y planter la vigne — ground fit to be used as a vineyard.* In ipso monte vineale unum ad plantandum. DONIOL, *Cart. de Brioude*, no. 17 p. 40 (s. x). Vinumdedi vobis . . . arvusta, bineis, binealis, castanieta. *CD. Cav.*, no. 137 p. 177 (a. 919). Cum molinares, vineis, vineales, campis. THÉVENIN, *Textes*, no. 127 bis (a. 928, Nîmes). Vineis, vinealiis, campis . . . BERNARD-BRUEL, *Ch. de Cluny*, II no. 998 p. 92 (a. 956). **2.** *vigne — vineyard.* Vineales, terras ruptas vel barbaras, casas . . . FLORIANO, *Dipl. esp.*, I no. 97 p. 59 (a. 870). De ipso viviale [leg. viniale] . . . donare faciant per singulos annos ipsam decimam et tascham. DE MARCA, *Marca hisp.*, app. no. 61 col. 837 (a. 901).

**vinearium:** *vigne — vineyard.* In M. mansos 5, cum tot vineario. *Hist. de Lang.*³, II pr. no. 17 col. 70 (a. 806, Gellone).

**vinearius** (subst.): *garde-vigne — keeper of the vineyard, vine-dresser.* Prohibemus ne deinceps vinearii ponantur in vineis. *Actes Phil.-Aug.*, no. 40, c. 18 (a. 1181-1182, Bourges).

**vineator:** *garde-vigne — keeper of the vineyard, vine-dresser.* Vinea cum vineatore. *D. Merov.*, no. 27 (ca. a. 664). Vineas tres cum vineaturis. BRUCKNER, *Reg. Alsat.*, no. 130 (a. 737). Vineas tres cum tribus viniatoribus. *D. Karol.*, I no. 168 (a. 790).

**vineatus** (adj.): **1.** *planté de vigne — planted with vine.* Cum curte et orto et terra vineata. BENASSI, *CD. Parm.*, I no. 29 p. 80 (a. 898). Unam petiam terrae vineatae. GREGOR. CATIN., Chron. Farf., ed. BALZANI, I p. 284. **2.** *pourvu d'une vigne — provided with a vineyard.* Mansos tres vineatos. *D. Heinr. III.*, no. 53 (a. 1040).

**vineola:** *petite vigne — small vineyard.* Condumam ipsam vineolam parvulam juris item ecclesiae nostrae tenere dicitur. GREGOR. M., lib. 9 ep. 194, *Epp.*, II p. 182. Test. Bertichramni a. 615, ed. BUSSON-LEDRU, p. 113, 114, 127. Dipl. Lud. Pii a. 836, BEYER, *UB. Mittelrh.*, I no. 64 p. 72. *D. Loth. I.*, no. 127 (a. 853). *D. Charles le Ch.*, no. 160 (a. 853-854), no. 293 (a. 866). Capit. Tusiac. a. 865, c. 11, *Capit.*, II p. 331.

**vineritia,** vina-, vene-, wine-, -acia, -icia: *service de transport du vin — transport service of wine.* Facit winericiam cum duobus animalibus. Irminonis polypt., br. 9, c. 153. Faciunt dua carra ad vinericiam. Ib., br. 11 c. 10. Ib., br. 9 c. 155; br. 12 c. 15. De omnibus conlaborationibus terre, . . . de vinericiis quoque et perdonato, de pastionibus et pascuariis. *D. Karol.*, I no. 265 p. 387 l. 41, <a. 802> (spur. ca. a. 835-840). Polypt. s. Remigii Rem., c. 5 § 2, ed. GUÉRARD, p. 6 col. 2. Mansi 6 [aspi]cientes, solvit unusquisque omni anno de spelta modios 15, multonem 1, de lino fusa 23 . . . et pro vinaritia solidos 2.

Descr. Lob. a. 868, *BCRH*, t. 78 (1909), p. 256.

**vinetarius,** vina-, vini-: **1.** *negociant de vin — wine merchant, vintner.* Qui vinatarius non fuerit per forum, vendat vinum suum in domo sua sicut voluerit, per veram mensuram. Concil. Legion. a. 1012, c. 39, MANSI, t. 19 col. 341. Vivatarius [leg. vinatarius] istius ville, qui foris ibunt emere vinum, et in hanc villam revendere portaverint. *Hist. de Lang.*$^{3}$, V pr. no. 549 col. 1051 (a. 1141, Toulouse). **2.** *moine chargé de l'approvisionnement du vin — monk in charge of the wine supply.* Omnia monasterii ministeria, et maxime cellararii et vinetarii, in profundum debitorum sunt demersa. G. abb. Sithiens., contin. 3, c. 14, *SS.*, XIII p. 673 l. 21.

**vinia** = vinea.

**vinigolium:** *redevance en vin — prestation in wine.* Istos vero mansos et homines praenominatos ego B. retineo in vita mea cum omnibus quae modo habent et tenent, et cum vinigoliis et decimis et primitiis et quartis. *Hist. de Lang.*$^{3}$, V pr. no. 383 col. 727 (a. 1093, Le Puy).

**vinum:** *une quantité de vin — a quantity of wine.* In Apparitione habet sacerdos in parochiali missa 8 denarios et 8 panes et 8 vina. *Gall. chr.*$^{2}$, XII instr. col. 276 (a. 1188, Troyes).

**violarius,** v. vivolarius.

**violatus** (adj.): *violet — violet-coloured, violet.* [Cappam] de xamito violato. UGHELLI, VII p. 1275 (ch. a. 1197, Puglia).

**vir:** *vassal — vassal.* Cum comitatu suorum virorum. *Schweiz. Urkundenreg.*, I no. 1628 p. 483 (a. 1124-1125). Viros suos, qui fecerunt ei hominium de beneficiis. Cod. Falkenst., p. 38 (ca. a. 1180). Tam de viris suis liberis quam de ministerialibus. ARNOLD., Chron. Slav., lib. 1 c. 1, ed. LAPPENBERG, p. 116.

**virdala** (teuton. "Viertel", quatrième part — quarter): *mesure de vin — measure for wine.* Debet thelonario duas virdalas vini vel 12 denarios. PREVENIER, *Oork. Vlaanderen*, no. 109 p. 240 (a. 1199).

**virdegarium,** v. viridarium.

**virga: 1.** **pénis, verge — penis.* **2.** **verge, sceptre du roi, symbole du pouvoir public — the king's verge, sceptre, symbol of public authority.* Sub virga regni nostri ... collocamus. *D. Lothars III.*, no. 20 (a. 1129). **3.** *la main de justice, symbole de la juridiction du roi — wand carried as a symbol of royal jurisdiction.* Diademate regni gratanter coronavit, necnon et sceptrum et virgam, et per hec ecclesiarum et pauperum defensionem et quecumque regni insignia, approbante clero et populo, devotissime contradidit. SUGER., V. Lud. Gr., c. 13, ed. WAQUET, p. 86. Cf. P. C. SCHRAMM, *Der König von Frankreich*, I, 1960$^{2}$, pp. 59-61, 210-213. **4.** *bâton par lequel le porteur est placé sous la protection du roi — rod or wand by which the bearer is placed under the special protection of the king.* Misit Gundovaldus [rex] duos legatos ad regem [Gunthchramnum] cum virgis consecratis juxta ritum Francorum, ut scilicet non contingerentur ab ullo. GREGOR. TURON., H. Fr., lib. 7 c. 32. **5.** *crosse d'évêque ou d'abbé — a bishop's or an abbot's crosier.* Feriat [episcopus] illum pastorali virga, hoc est sententia excommunicationis. Karolom. Capit. Vern. a. 884, c. 5, *Capit.*, II p. 373. Virga ejus [sc. Abbonis abbatis Floriacensis] pastoralis remissa est Frantiam. ADEMAR., lib. 3 c. 39, ed. CHAVANON, p. 161. Vix tandem ad suscipiendam episcopalem virgam est attractus. ANSELMUS, G. episc. Leodiens., c. 39, *SS.*, VII p. 210. Accepi munus: capas duas obtimas et virgam obtimam episcopalem. CAIS, *Cart. de Nice*, no. 82 p. 103 (a. 1073). [Electum in abbatem] perducant ad archiepiscopum gratia suscipiendi ab eo virgam regiminis. *Wirtemb. UB.*, I no. 239 p. 287 (a. 1090). Papa concessit Siculo virgam et anulum. Litt. a. 1149 ap. OTTONEM FRIS., G. Friderici, lib. 1 c. 30, ed. SCHMALE, p. 186. **6.** i.q. festuca: *fétu*, symbole employé dans divers actes juridiques — *the rod* used as a symbol in performing various legal actions. Revestit R. comes et O. omnes per unam virgam ... abbatem ad partem supradicti monasterii s. Marie de ipsa supradicta ecclesia. MANARESI, *Placiti*, II no. 253 p. 436 (a. 999). Cum ipse R. marhio [i.e. marchio] talia vidisset et audisset, per judicium judicum per virgam, quas [leg. quam] in suis detinebant [leg. -bat] manibus, missit bannum domni imperatori[s] super ipso abbate et super casis et terri et vineis et rebus illis in mancusos aureos duo milia. Ib., no. 289 p. 563 (a. 1015, Volterra). **7.** *tutelle — tutelage, guardianship.* Si quis sponse vel puero vel puelle sine permissu domini sui quamcumque commendationem vel aliquam commutationem vel traditionem fecerit, non opus est eos vel eorum dominos respondere super hiis si complaceat abnegare, quamdiu sub virga sunt. Leg. Henr. I, c. 45,3 ed. DOWNER, p. 154. **8.** *mesure de longueur — linear measure.* Unam aecclesiam ... in territorio de P. cum omni sua dotalicia, et 100 modiola de terra ad virgam publicam. GREGOR. CATIN., Reg. Farf., ed. GIORGI-BALZANI, IV doc. 946 p. 340 (a. 1066-1067). Centum mensuras maresci ad virgam comitis Flandriae. MIRAEUS, I p. 391 col. 1 (ca. a. 1145). 400 mensuras nemoris mei cum terra ad virgam meam mensurandas. PREVENIER, *Oork. Vlaanderen*, no. 145 p. 315 (a. 1200). **9.** *mesure de terre — square measure, yardland, virgate.* Decimum mancipium et decimam virgam hereditatis fisco regis detur. Capit. Aquisgr. a. 802-803, c. 7, *Capit.*, I p. 171. Dedit ... unam virgam terre. FAUROUX, *Actes de Norm.*, no. 218, vers. B, p. 412 (a. 1059-1066). **10.** *règle — measuring-rod.* Non sit aliqua mensuralis virga longior quam alia. De off. episc., c. 12, Quadrip., LIEBERMANN, p. 479. Mensura annone, mensura vini, mensura pannorum et virga de qua mensuratur terra sunt apud s. Mariam in Trajecto. VAN DE KIEFT-NIERMEYER, *Elenchus*, I no. 41 p. 464 (a. 1243, Maastricht).

**virgarium,** ver-, -ger-, -gastr-, -eum: *verger — orchard.* Campo ... et vergario modiloco uno prope ipsa ecclesia. SCHIAPARELLI, *CD. Longob.*, I no. 16 p. 44 (a. 713-714, Lucca). Cum ... silvis, stalariis, virgariis. *D. Lamberto*, no. 3 p. 77 l. 26 (a. 895). Dono dimidium vergerii. GUÉRARD, *Cart. de Mars.*, I no. 230 p. 257 (ca. a. 1004). Ib., no. 181 p. 211 (ca. a. 1050).

**virgarius** (<virga): *appariteur — apparitor, beadle.* Aquimolum Benedicti virgarii porte



s. Petri. FEDERICI, *Reg. di S. Silv. in Cap.*, p. 280 (a. 955). C. ... clerico et virgario porte b. Petri. HARTMANN, *Tab. Mar. in Via Lata*, I no. 36 p. 44 (a. 1014).

**virgata** (<virga): *mesure de terre — yardland, virgate, square measure.* Si quis componat pro virgata terre. Leg. Ine, c. 67, vers. Quadrip., LIEBERMANN, p. 119. GLANVILL., lib. 13 c. 3, ed. HALL, p. 150.

**virginare:** *accoupler avec une vierge — to couple with a virgin.* B., pater meus, cum aliqua ... juvencula ... nomine N. virginabat, et ex ea genuit S. LAMB. ARD., c. 134, *SS.*, XXIV p. 628.

**virgo: 1.** **vierge consacrée, moniale — consecrated virgin, nun.* **2.** *femme non vierge* (ayant été mariée), *mais à marier — a woman who is not a virgin* (having been married), *but who may marry.* Placuit ergo regi verbum virginis et jusjurando facto virgini placuit voluntas regis, et sic ... domina Emma mulierum nobilissima fit conjunx regis fortissimi Cnutonis. Encom. Emmae, lib. 2 c. 15, ed. CAMPBELL, p. 32. **3.** *homme chaste, non marié — a chaste man, not married.* Si quis, uxore accepta, invenit eam apud fratrem suum contaminatam, ipsam dimittens accepit aliam, ipsamque contaminatam invenit, uxor illius legittima est, propterea quia nec ipse virgo fuit illo tempore. Decr. Compend. a. 757, c. 10, *Capit.*, I p. 38.

**virgulata,** i.q. virgata.

**virgultum,** i.q. viridarium.

**virgunculosus** (<virga, virgula): *buissonneux — bushy.* Quicquid excrescens Rodanus ... suis inundationibus seu alluvionibus semper reliquerit, terrenum, arenosum, nemorosum, arbustiferum, virgunculosum, biblosum, palustricum, lacus, stagna dulcia vel salsa. *D. Charles le Simple*, no. 61 p. 134 l. 15 (a. 909).

**viridarium,** viridiarium, virdegarium, virigarium, viridigarium (class. "jardin de plaisance — pleasure garden"): **1.** *verger — orchard.* Medietatem viridiarii in villa T. *D. Charles le Ch.*, no. 124 (a. 850). Mansum unum indominicatum cum corte et structura, viridiario et orto, vineis, pratis et concidibus. Ib., no. 299 (a. 867). Ib., no. 321 (a. 869). DE MARCA, *Marca hisp.*, append. no. 148 col. 956 (a. 1000). FAUROUX, *Actes de Norm.*, no. 165 p. 356 (a. 1063-1065). *D. Phil. I*$^{er}$, no. 120 (a. 1090). **2.** *prairie artificielle, champ semé de fourrage — artificial pasture, field sown with green forage.* In ferragine quoque, quae viridarium dicitur, illam habeant tascham, quam emerunt a laicis et vos terrae culturam. MABILLON, *Ann.*, VI append. p. 667 col. 2 (a. 1139).

**viridarius:** *forestier — verderer, forester.* S. xiii, Angl.

**viride** (subst. neutr.): *le droit d'abattre le bois vert — the right to cut greenwood.* Volo ut omnis liberalis homo pro libito suo habeat venerem sive viridem. Leg. Ps.-Cnut., De foresta, c. 4, LIEBERMANN, p. 621.

**viridiariolum:** *petit verger — small orchard.* Parvulam oratorii cellulam habebat ... Ibique in viridiariolo, quem manu propria excolebat, arbores lauri plantaverat. GREGOR. TURON., Glor. Conf., c. 23, *SRM.*, I$^{2}$ p. 313.

**virilis:** (du serment purgatoire) *par rapport au montant de son "wergeld"* — (of the exculpation of a man by oath) *in proportion to the amount of one's "wergeld".* Si quis ministrum altaris peremerit ... cognationi satisfecerit, aut purgamine virili se purget. Leg. II Cnut., c. 39, Consil., LIEBERMANN, p. 341 col. 3.

**virita:** *femme mariée — married woman.* Quid virgo ineunte sub aevo, quid virita, quid vidua studio jam possibiliore peregerit, cogitaverit, dixerit. GUIBERT. NOVIG., De vita sua, lib. 1 c. 14, ed. BOURGIN, p. 50.

**viritim: 1.** *avec véhémence — vehemently.* FORTUN., Carm., praefat. c. 4, *Auct. ant.*, IV pt. 1 p. 1. **2.** *courageusement — courageously.* Quocirca in soliditate tui pectoris jam requiescat meae vacillatio mentis, viritim defensa. V. Landiberti II, proem., *SRM.*, VI p. 387 l. 15.

**virlupus:** (en parlant du diable) *loup-garou* — (with reference to the devil) *werewolf.* Episcopi et presbiteri, qui divinam custodiam patrocinari tutarique debent ..., ne forte ille dementer avidus virlupus supra modum a divina custodia dirripiat et mortificet. Leg. I Cnut., c. 26, 3, Consil., LIEBERMANN, p. 307.

**virpiens** (subst.) (<werpire): *celui qui est garant des possessions de qq'un en obligeant les usurpateurs à se déguerpir — he who acts as a warrantor of the goods of someone by forcing intruders to surrender.* Si autem homo aut femina aliquid rerum praedictarum vobis amparaverit, vel successoribus vestris, erimus vobis et illis, sine vestro illorumque inganno, virpientes. *Gall. chr.*$^{2}$, VI instr. col. 439 (a. 1162, Carcasonne).

**virpiscere,** v. werpiscere.

**virro,** viro: *le "thegn" anglo-saxon — thegn.* Quicumque ergo ... castitatem diligere voluerit, Dei misericordiam consequatur et honorem seculi, sitque virronis privilegio dignus. Leg. I Cnut., c. 6, 2a, Consil., LIEBERMANN, p. 291. Ibi pluries.

**virscarna,** virscara, virscarnia (belg. *vierschaar*): *séance judiciaire, plaid — session of a law court.* De placitis que ad scultedum pertinent non deberet placitari ad virscarnam abbatis. VERCAUTEREN, *Actes de Flandre*, no. 120 (a. 1125). Tenetur bannire virscarniam. WARNKOENIG-GHELDOLF, II no. 16 p. 438 (a. 1232, Bruges).

**virtuositas:** *considération, honneur, vertu, excellence — consideration, honour, virtue, excellence.* S. virum quidem omni virtuositate preclarum. CAFFAR., Ann. Genuens., a. 1162, ed. BELGRANO, p. 70.

**virtuosus:** *vigoureux, fort — vigorous, strong, powerful.* Colphizaretur ... uno dumtaxat ictu virtuosi hominis. V. Theodardi archiepisc. Narbon., *AASS.*$^{3}$, Maji I p. 146.

**virtus: 1.** **pouvoir de faire des miracles — power to perform miracles.* **2.** *prodige, miracle — miracle.* Indicat se in solitudine ruribus Appenninis basilicam b. Petri ... scire, in quam virtutes expertus sit fieri. JONAS, V. Columbani, lib. 1 c. 30, ed. KRUSCH, p. 221. Nobis haec virtus, postquam facta fuit, per quadrennium et eo amplius mansit incognita. Mirac. Germani in Normannorum adventu facta (s. ix med.), c. 17, *SS.*, XV p. 14. **3.** *relique — relic.* Ibi est illa spongia et canna, de quibus legitur in evangelio ... et aliae multae virtutes. ANON. PLACENT.,

Itiner., c. 20 (s. vi), *CSEL.*, t. 39 p. 173. Si ecclesia noviter aedificata fuerit... ipse pontifex pergat virtutes conlocare vel altaria sacrare. Capit. e conc. canonib. coll., c. 5, *Capit.*, I p. 232. Testificavimus... per Deum altissimum et istas virtutes sanctorum. Thévenin, *Textes*, no. 107 (a. 876, Nimes). Sancti Magni virtutem quam manibus gerebat. Ekkehard. IV, Cas. s. Galli, c. 3, *SS.*, II p. 108. **4.** *une église envisagée comme objet de propriété — a church considered as property.* Volo adque decerno ut habeat ipse sancta Dei vertute vel sacerdos qui inibi fueret ordinatus. Schiaparelli, *CD. Longob.*, I no. 90 p. 261 (a. 747, Lucca). **5.** *force, vigueur — strength, force, vigour.* Exclamat in magna virtute, dicens: Audi me! Gregor. Turon., H. Fr., lib. 2 c. 3. Simulacrum inmensum, quod elidere propria virtute non poteram. Ib., lib. 8 c. 15. **6.** *violence, force — violence, force.* Nullus miserorum rebus suis per virtute[m]... defraudetur. Conc. Matisc. a. 585, c. 14, *Conc.*, I p. 170. Vim faciens pauperi faenum vertute tulisset. Gregor. Turon., H. Fr., lib. 2 c. 37. Si quicumque aut per virtute aut per quolibet ordine [sanctimoniales] detrahere aut sibi in conjugium praesumpserit sociare. Chloth. ed. a. 614, c. 18, *Capit.*, I p. 23. Si quis cum ingenua puella per virtutem moechatus fuerit. Pactus Legis Salicae, tit. 15 § 2. Si vero per virtutem hoc raptor de ecclesia abstulerit. Lex Alamann., tit. 5 § 2. Si quis... pignera... per virtutem tulerit. Liutpr. leg., c. 40. Pippinus rex in Saxoniam ibat, et firmitates Saxonum per virtutem introivit in loco, qui dicitur S. Ann. regni Franc., a. 758, ed. Rau, p. 18. Cum virtute tollant ab eo quod injuste alteri tulit. Capit. de missor. off. a. 810, c. 3, I p. 155. Adelgisa... et parentes suos... dixerunt, ut ipse T. in birtute compreenisset ipsa A. et in terra illa jactasset et adulterasset illa. Ficker, *Forschungen*, IV no. 18 p. 24 (a. 894). Per virtutem et sine illorum [sc. Judaeorum] voluntate atque peticione nolite eos baptizare. Litt. Leonis VII pap. a. 937-939, Stimming, *Mainzer UB.*, I no. 193 p. 119. Quando ipse abba de corpore exierit, qui in loco ejus ordinandus est, judicio congregationis eligatur et electione, non per nobilitatem generis vel parentum, nec per virtutem, nec per pecuniam. D'Achéry, *Spic.*$^{2}$, III p. 384 col. 1 (ch. a. 1000, Arles). Res, qua sine lege potestative vel cum virtute perditas habere videtur. *D. Konrads II.*, no. 235 (a. 1037). Nullus episcopus licentiam habeat vel potestatem aliquid virtutis seu violentie aut dominationis... in ipso monasterio exercere. *D. Heinrichs IV.*, no. 262a (a. 1073). **7.** *autorité, puissance, pouvoir — authority, power.* Si qui ei fecerit vel violaverit, nichil legis aveat virtute. Gaudenzi, *Nonantola, Bull. Ist. Stor. Ital.*, t. 36 (1916), p. 51 (a. 745-746). Si... aliqua intentione nobiscam excitare voluerit tollendum illum de nostra virtute aut dominatione. *CD. Cav.*, I no. 11 p. 12 (a. 821). Ille qui damnum fecerit apud nos, aut in nostra virtute vel districtione steterit, damnum emendare debeat. Margarini, *Bull. Casin.*, II p. 63 (a. 1001). Potestatem nullam et virtutem nullam concedimus habere in monasterio. Giulini, *Mem. di Milano*, III p. 505 (a. 1008). Tanta nempe imperialis virtus ibi vigebat. Bened. Santandr., Chron., ed. Zucchetti, p. 199. **8.** *territoire où s'exerce une autorité — area under sway of an authority.* Romualdus, locum cum suis discipulis deserens, non longe a castro praedii in virtute Rainerii... habitavit. Petr. Damiani, V. Romualdi, c. 39, Migne, t. 144, col. 990. **9.** *compétence, droit, faculté — competence, right, power.* Sancimus ut ipse Ysahac [episcopus] ejusque successores... possideant omnes virtutes quas mater ecclesia perpetim videtur habere in omnibus ecclesiasticis ordinibus, crisma videlicet in Domini cena benedicendo, penitentiam peccatoribus dando. *D. Louis, roi de Provence*, no. 30 (a. 894). **10.** (en parlant d'un document) *validité, légalité, force de loi* — (with reference to a document) *validity, legality.* Hoc foedus concordiae salubris, quod propter pacis caritatisque custodiam inivimus et cirographi virtute subscripsimus. Conv. in villa Colonia, a. 843, c. 6, *Capit.*, II p. 255. **11.** *_les forces armées — the armed forces._ Sueones et Dani victores totam virtutem Saxonum optrivere. Adam Brem., lib. 2 c. 31, ed. Trillmich, p. 266.

**virtutifer** (adj.): *utile, efficace — effective, efficient.* Hic de Dei misericordia et famuli sui virtutifera confisus potentia, advenit. Mir. Galterii, ap. Depoin, *Cart. de Pontoise*, p. 203 (ca. a. 1120).

**virtutigena**, -um (adj.): *inné comme une vertu — innate as virtue.* Idcirco communem fidelium virtutigenam obsecramus charitatem. Radulf. Glaber, V. Guillelmi abb. Divion, prefat., Migne, t. 142 col. 704.

**virzeta:** *terrain propre à l'aménagement d'une saline — ground suitable to the lay-out of a salt-pan.* Unam jurzetam [leg. virzetam] ad centum areas construendas cum omni ejus apparatu. Post quinquennium virzeta jam dicta ad salinam perducta censum... prestit. Richard, *Ch. de S.-Maixent*, I no. 14 p. 27 (a. 939). Habet [salina] laterationes de tribus partibus, terram sancti Nazarii, hoc est una virzeta et quantum ad ipsam virzetam pertinent. Musset, *Cart. d'Angély*, II no. 355 p. 21 (ca. a. 986).

**viscerabiliter** (<viscus, plural. viscera): **1.** *cordialement, profondément — cordially, warmly.* A.... familiam aecclesiae nostrae viscerabiliter dicitur dilexisse. Rodulf., G. abb. Trudon., lib. 1 c. 1, ed. De Borman, I p. 6. **2.** *d'une sollicitude profonde — with deep-felt care.* Cum vivum [fratrem] capere posset [Carolus] ei locum abeundi viscerabiliter indulsit. Aimon. Sangerm., Translat. Georgii, Aurelii et Nathalie, lib. 2 c. 5, Migne, t. 115 col. 951. **3.** *sérieusement, sincèrement — seriously, sincerely.* Spondens viscerabiliter, quod, si spacium sibi daretur, cuncta que abstulerat ex integro restitueret. Reiner. Leodiens., V. Wolbodonis, c. 20, *SS.*, XX p. 570 col. 2 (ca. a. 1180).

**visceralis:** **1.** *aimé, très cher — beloved.* Vos viscerales contribulos flexis genuum poplitibus subnixa exposco prece. Aldhelm., Epist. 9, *Auct. ant.*, XV p. 501. **2.** *intérieur, interne — inward, internal.* Nunc autem qualiter regnum istud,... ut ita dicamus, viscerali commotione... sit perturbatum. Hincmar. Rem., Epist. no. 18, *Hist. de Fr.*, VII p. 547. **3.** visceralis germanus: *frère utérin — uterine halfbrother.* Feci notitia J. clerici viscerale germano meo et F. uterino filio meo. Morea, *Chart. Cupersan.*, no. 8 p. 23 (a. 938).



**visio:** **1.** *_action d'aller voir, visite — view, inspection._ **2.** spec.: *enquête dans le but de vérifier des faits juridiques — view, inspection in order to ascertain certain facts.* Sine dilatione mittas 4 legales milites... ad videndum si infirmitas N., unde se essoniavit versus R. in curia mea, sit languor an non. Et si viderint quod sit languor tunc ponant ei diem a die visionis in unum annum et unum diem, quod sit coram me. Glanvill., lib. 1 c. 19, ed. Hall, p. 11. Oportet quod in singulis visionibus vel recognitionibus videant juratores terras vel domos vel aquas vel nemora vel ecclesias vel hujusmodi res, de quibus debet fieri juramentum, antequam jurent. Consuet. Norm. veterr., pars 1 (s. xii ex.), c. 24, ed. Tardif, p. 23.

**visitare:** *_visiter, inspecter_, spéc. d'un évêque — _to visit, inspect_, spec. of a bishop. Cum dioceses suas, ut episcopis mos est, visitaret. V. Eligii, lib. 2 c. 21, *SRM.*, IV p. 713. Quorundam episcoporum... consuetudo... corrigatur, qui plebes sibi creditas aut raro aut numquam per se ipsos ... visitant. Concil. Meld.-Paris. a. 845-846, c. 29, *Capit.*, II p. 406. Licet in illis partibus, quas adhuc visitavi [subj.: episcopus], non satis multa prava invenerim, metuo ne in illis, quas modo adire debeo, plurima distorta et incorrigibilia insipientiam meam deprehendere contingat. Coll. Sangall. no. 38, *Form.*, p. 420. Delata est querimonia plebis, eo quod sint quidam episcopi nolentes ad medicandum vel firmandum suas per annum parrochias circuire...; ut sollicitores sint episcopi de suis gregibus visitandis. Concil. Tribur. a. 895, can. extrav. c. 5, *Capit.*, II p. 248.

**visitatio:** **1.** *_visite — visit._ Visitationis studio ad venerabilem matrem meam in Burgundia ambularem. Gregor. Turon., Virt. Mart., lib. 1 c. 36, *SRM.*, I p. 605. In claustra vel monasterium earum vir nullus intret, nisi presbiter propter visitationem infirmarum cum testimonio intret, vel ad missam tantum, et statim exeat. Capit. missor. gener. a. 802, c. 18, I p. 95. **2.** *_visite, inspection — visit of inspection, supervision._ Unusquisque judex fructa semper habundanter faciat omni anno ad curtem venire, excepto visitationes eorum per vices tres aut quattuor seu amplius dirigant. Capit. de villis, c. 20. **3.** *cadeau obligatoire offert au seigneur par le "villicus" — compulsory gift presented to the lord by the "villicus".* Annualiter persolbere exinde in nostro episcopio in festivitate s. Marie censum... et aliquit visitationes. *CD. Cav.*, I no. 169 p. 217 (a. 940). Villicus autem debet dare, sicut omnes villici nostri debent, pissem [leg. piscem] magnum pretio 5 solidorum ante Natale Domini, quod vocatur visitatio. Kiem, *Acta Murensia*, p. 64 (ca. 1150). **4.** *cadeau obligatoire offert au "villicus" par un dépendant — compulsory gift presented to the "villicus" by a dependant.* Villici, qui sub se habent homines servientes, ex diurnalibus, quorum visitationem accipiunt, debent dare pisces, ... secundum uniuscujusque constitutionem. Nam ille, qui multos habet visitatores, et qui nullos, non possunt coequari. Kiem, *Acta Murensia*, p. 73 (ca. a. 1150). **5.** *les revenus du prêtre découlant de ses visites des malades — the priest's income from his visits of the sick.* Confessiones omnes, infirmorum visitationes et agenda mortuorum, omnia hec quieta habebit [presbyter]. Métais, *Cart. de Vendôme*, I no. 80 p. 150-151 (a. 1050-1070).

**visitator:** **1.** *_visiteur, inspecteur, surveillant — visitor, inspector, supervisor._ **2.** *évêque administrant le Saint Siège pendant une sedis vacatio — a bishop who administers the Holy See during a sedis vacatio.* Senatores... coeperunt agere, ut visitatorem daret rex sedi apostolicae. Tunc rex dedit P., Altinae civitatis episcopum, quod canones prohibebant. Lib. pontif., Symmachus (a. 498-514), c. 53, ed. Mommsen, p. 121. **3.** *évêque, envoyé par le pape ou par le métropolitain pour administrer un diocèse pendant la maladie du titulaire ou après sa mort — bishop sent by the pope or the metropolitan to administer a diocese during the illness of the titular or after his death.* Visitatores, inquiunt, et aliis episcopis ipse [i.e. papa] dedit. Ennod., Opera, no. 49, *Auct. ant.*, VII p. 61. In ecclesia ejus visitatorem dari nostra decrevit auctoritas, ut ecclesia suo privata praesule summi nequeat pontificis solaciis indigere. Epist. Johannis II papae a. 533, De Clercq, *Conc. Galliae*, II no. 148A p. 86. Jubemus... ut hujus praeceptionis auctoritate commonitus memoratae ecclesiae visitator accedas et... duos parroechiales presbyteros debeas ordinare. Gregor. M., lib. 1 epist. 51, *Epp.*, I p. 77. Ibid., lib. 3 epist. 25, p. 183. Sed nec presbyteri aut visitatores qui eidem sancti loci in tempore curam gesserint. Lib. diurn., no. 88, ed. Foerster, p. 415. Si aliquis episcopus interim obierit, archiepiscopus ipsi sedi visitatorem... deputet, qui una cum comite ipsam ecclesiam, ne praedetur, custodiat. Capit. Caris. a. 877, c. 8, *Capit.*, II p. 358. **4.** *un dépendant* qui est astreint à des services et à offrir des cadeaux au "villicus" — *a dependant* liable to services and to gifts to the "villicus". Villici, qui sub se habent homines servientes, ex diurnalibus, quorum visitationem accipiunt, debent dare pisces, singuli quinque solidorum, alii autem non, sed secundum uniuscujusque constitutionem. Nam ille, qui multos habet visitatores, et qui nullos, non possunt coequari. Kiem, *Acta Murensia*, p. 73 (ca. a. 1150).

**visitatorius** (adj.): *du visitateur — of the visitor.* Ecclesiae Nivernensi ea, quibus indigeret, visitatorio officio impenderet. Synod. Verm. a. 853, c. 1, *Capit.*, II p. 422 l. 20.

**visnetum**, v. vicinetum.

**visor:** *témoin oculaire — eye-witness.* Conjurare debeat apud homines visores et cognitores. F. Turon., no. 30, *Form.*, p. 153. Ib. no. 31, p. 154. Isti sunt visores et auditores. Lacomblet, *UB. Niederrh.*, I no. 35 (a. 817, Werden).

**visus:** **1.** *_vision, songe — vision, dream._ Dicitur que ei nocte per visum. Vict. Vit., lib. 2 § 47, *Auct. ant.*, III pt. 1 p. 24. Vidisse virum fidelem in visu quasi conferentem cum sanctis apostolis Petro ac Paulo b.

levitam Stefanum. GREG. TURON., H. Fr., lib. 2 c. 6. Puella ... visum vidit, quod sororibus retulit. Ib., lib. 6 c. 29. Inventus est eo loco, quem per visum cognoverat, imperator sedens in aurea cathedra. Interpol. ad ADEMAR., lib. 3 c. 36, cod. Paris. lat. 5926 (s. xii), ed. CHAVANON, p. 153. **2.** *enquête dans le but d'établir des faits juridiques — view, inspection in order to ascertain certain facts.* Per visum virorum legalium dampnum quod averia fecerunt ... emendari faciant. VAN CAENEGEM, *Writs*, p. 80 n. 3 (a. 1149). Vos ... precor quatinus prefatas elemosinas ratas et stabiles esse faciatis et assignari plenarie et perfecte in prefatis maneriis per visum legalium hominum. Ib. p. 79 (ca. a. 1160). Habeas 4 ex illis coram me vel justiciis meis eo die ad testificandum visum suum. GLANVILL., lib. 2 c. 2, ed. HALL, p. 22 (inscr. cap.: Breve de faciendo visu terrae). **3.** visus franciplegii: *inspection de l'association d'entr'aide et de responsabilité mutuelle — view of frankpledge.* Visus franciplegii fiat in curia eorum coram serviente nostro. POLLOCK-MAITLAND, *HEL.*, I[2] p. 581 (a. 1199-1216). **4.** *surveillance — supervision.* Concedit bene quod capiant de boscis eorum quod necesse eis fuerit, sine vasto, et haec per visum forestarii regis. Ass. Forest. a. 1184, c. 3, STUBBS, *Sel. ch.*[9], p. 187.

**vita: 1.** loc. de vita componere, redimere: *payer le montant de son wergeld à titre d'amende au lieu de subir la peine capitale — to pay the sum of one's wergeld by way of fine instead of suffering capital punishment.* Si quis in alterius domum ubi clavis est furtum invenerit, dominus domus de vita conponat. Pactus Child. et Chloth. a. 511-558, c. 10, *Capit.*, I p. 6. Si servus hoc fecerit, de vita conponat. Lex. Rib., tit. 38 c. 3. Si testamentum regis absque contrario testamento falsum clamaverit, non aliunde quam de vita conponat. Ib., tit. 59 c. 3. Sententiam mortis excepissent, sed pro redemptione vitae eorum wadios dare deberent. F. Turon. no. 32, *Form.*, p. 154. Si quis super missum dominicum collecta et armis venerit ..., de vita componat. Capit. Karoli ap. Ans. serv. a. 810-811?, c. 1, *Capit.*, I p. 160. Si quis aut ex levi causa aut sine causa hominem in ecclesia interfecerit, de vita conponat. Capit. leg. add. a. 818-819, c. 1, ib. p. 281. **2.** loc. liber vitae: *obituaire — obituary.* Post meum obitum ipsa s. ecclesia in honore s. Stephani ad suam revocet ditionem; et nomen meum in libro vitae inibi, qui tunc tempore pontifex fuerit [scribi] jubeat. Testam. Bertichramni a. 616, ed. BUSSON-LEDRU, p. 132. Pro hujus meriti, nomen meum in libro vitae conscribatur. Ch. Theodetrudis a. 627, PARDESSUS, I no. 241 p. 227. Supplico, ut nomen meum in libro vitae ipsi sacerdotes, qui in ipso monasterio degunt, habere dignentur. Ch. mon. s. Bertini a. 745, WARNKOENIG-GHELDOLF, I p. 323. Singuli in libro vitae scribuntur. EKKEHARD., Cas. s. Galli, c. 10, *SS.*, II p. 131 l. 25. **3.** *vivres — provisions, victuals.* Mihi benefecistis et inantea amplius promisistis, et in vita mea vitam et vestimentum. BERNARD-BRUEL, *Ch. de Cluny*, II no. 1274 p. 354 (a. 970).

**vitalis** (adj.): *vivant, en vie — alive, in life.* Quamdiu vitalis existeret, illam [terram] possideret. HAIGNERÉ, *Ch. de S.-Bertin*, I no. 66 p. 21 (ca. a. 994). Subst. neutr. **vitale:** *subsistance consistant en usufruit — livelihood in the form of usufruct.* Quamdiu ipse vixerit, vitale retineat. HOENIGER, *Kölner Schreinsurk.*, I p. 24 c. 15 (a. 1142-1156). A. et uxor E. vendiderunt domum suam et aream Berengero ea conditione, ut ambo in dimidia parte vitalia sua habeant, et alter superstes post mortem alterius similiter vitalia sua in supradictis habeat. Ib., II p. 216 c. 31 (a. 1165-1185). Subst. neutr. plural. **vitalia:** *vivres — provisions, victuals.* Arma, vinum, anona vel vitalia sua. Form. sal. Bignon. no. 14, *Form.*, p. 233.

**vitatus,** vidatus (adj.) (<vitis): *planté de vigne — planted with vine.* Terra vidata ... ab omni homine defensare. *CD. Langob.*, no. 60 col. 113 (a. 785, Bergamo). Una petiola terra vidata. Ib., no. 81 col. 154 C (a. 806, Brescia). Terrula vitata. BENASSI, *CD. Parm.*, I no. 6 p. 15 (a. 850). TIRABOSCHI, *Memor. Modenesi*, p. 35 (a. 855). Prima pecia prativa ..., secunda pecia vitata ..., tercia pecia vitata ..., quarta pecia campiva. *CD. Langob.*, no. 202 col. 337A (a. 857, Bergamo).

**vitellata** (subst. feminin.) (<vitulus, vitula): *un veau — a calf.* Dare videor ... jumenta: una vacca, una vitellata, uno bove ... SCHIAPARELLI, *CD. Longob.*, II no. 127 p. 9 (a. 757, Lucca).

**viticella:** *petite vigne — small vineyard.* SCHIAPARELLI, *CD. Longob.*, II no. 234 p. 297 (a. 769, Verona). *CD. Langob.*, no. 81 col. 154D (a. 806, Brescia).

**vitineus** (adj.) (<vitis): *tourné — twisted.* Columnas vitineas. Lib. pontif., Sylvester I, ed. MOMMSEN, p. 57.

**vitis,** i.q. vinea: *vigne — vineyard.* Infra ... finis ipsejus portionem tam vites cum accessionem sua seo salicibus. SCHIAPARELLI, *Carte di Piacenza*, p. 64 (a. 758). Simul cum petia una de vitis juris meis in fundo A., que nominatur vitis de R., ipsa vinea in integrum. GIULINI, *Memorie di Milano*, I p. 459 (a. 870). Prata ad carradas 6, vitis ad carradas 4. Urbar. Maurimonast. (s. xi in.), PERRIN, *Essai*, p. 155.

**vitrea** (subst. feminin.): *carreau, vitre — window-pane.* Effracta vitrea. GREGOR. TURON., H. Fr., lib. 6 c. 10. Confringi passus est vitream. Id., Virt. Juliani, c. 27, *SRM.*, I p. 576. AUDOEN., V. Eligii, lib. 7 c. 48, *SRM.*, IV p. 727. SUGER., Lib. de adm., c. 79, ed. LECOY, p. 191.

**vitreare:** *vitrer — to glaze.* Quinque fenestras ... quinque de domo sua clientibus, ut quisque suam vitrearet, distribuit. FRODO, G. pontif. Autissiod., c. 50 (s. xi ex.), ed. DURU, p. 396.

**vitrifactor:** *vitrier — glazier, glass-worker.* Vitrifactores ad fenestras ... decorandas. BEDA, Homil. de s. Bened. Bisc., MIGNE, t. 94 col. 228.

**vittatorius,** i.q. vittatus.

**vituperabilitas:** *honte, déshonneur — shame, disgrace.* Quod ad maximum sui detrimentum et vituperabilitatem et multorum perniciem redundabat. GUIBERT. NOVIG., De vita sua, lib. 3 c. 7, ed. BOURGIN, p. 162.

**vivanda** (subst. femin.) (cf. voc. vivenda):



*vivres — provisioni, victuals.* Nullus audeat in nocte negotiare ... excepto vivanda et fodro quod iter agentibus necessaria sunt. Capit. post. a. 805 add., a. 806-813, c. 2, *Capit.*, I p. 142.

**vivarium,** viverium, wiwarium: *vivier — fish-preserve, fish-pond.* Curtes ... cum ... viverio et fructuario. *Hist. de Lang.*[3], II pr. no. 4 col. 43 (a. 680, Moissac). Vivarios in curtes nostras unusquisque judex ubi antea fuerunt habeat. Capit. de villis, c. 21. Vivaria cum pisces. Capit. Aquisgr. a. 802-803, c. 19, I p. 172. Polypt. s. Remigii Rem., c. 12, ed. GUÉRARD, p. 24 col. 1. Molendinum ... in bucca vivarii nostri. FAUROUX, *Actes de Norm.*, no. 36 p. 140 l. 10 (a. 1025). Vivarium piscium. Ib., no. 84 p. 222 (a. 1030-1035).

**vivenda** (subst. femin.): **1.** *nourriture, alimentation, subsistance — nourishment, livelihood, sustenance.* Suscepta faciamus ad ejus vivenda[m] grano et vino [i.e. granum et vinum]. BENASSI, *CD. Parm.*, I no. 21 p. 64 (a. 890). Nos illum nutriamus de nostra vivenda secundum nostram possivilitatem. *CD. Cav.*, II no. 359 p. 196 (a. 983). **2.** *mense, ensemble de biens affectés à l'alimentation d'une communauté canoniale ou de l'évêque — estates affected to the sustenance of a community of canons or of the bishop.* Personas clericorum canonicali more ibidem delegi, ad quorum vivendam donavi ... Burgum autem S. ... vivendae et dominio tradidi antistiti. FAUROUX, *Actes de Norm.*, no. 33 p. 123 (ca. a. 1025).

**viventum,** loc. ad viventum tuum: *pour la vie, la vie durant — for life, till death.* Ipsam rem ad viventum tuum per nostro beneficio teneas. F. sal. Bignon., no. 22, *Form.*, p. 236 (cf. ibid., no. 21: dum advivo).

**vivolarius,** vio- (adj.) (<vivus): **1.** *pour la vie, la vie durant — for life, till death.* [Maritus] dimisit mihi [viduae] moriens praedictos comitatus et episcopatus per scripturam testamenti vivolario tenore donec viverem. ROSELL, *Lib. feud. maj.*, I no. 214 p. 221 (a. 1057). Ego E. predicta non enganare ... de ipso meo sponsalicio et dote mea ac decimo meo, de mea violaria dimissione domni R., comitis, viri mei. Ib., no. 215 p. 225 (a. 1057). **2.** *relatif à un contrat qui réserve l'usufruit au donateur pendant sa vie — concerning a deed reserving the usufruct for the donor during his life.* Si archiepiscopus ... rumpere tentaverit ipsam cartam vivolariam quam nobis fecit A. archipraesul, haec haereditas suprascripta mihi Johanni revertatur. *Hist. de Lang.*[3], V pr. no. 113 col. 253 (a. 963). Subst. masc. **vivolarius** et femin.

**vivolaria: 1.** *usufruit pour la vie — usufruct for life.* Res superius nominatas post mortem meam R. sacerdos in manu sua teneat diebus omnibus vitae suae ad ministerium, non ad vinolariam [leg. vivo-], in servitium s. Juliani et canonicorum ejus. DONIOL, *Cart. de Brioude*, no. 30 p. 54 (a. 922). Comendo illud castrum ... Fortunio et uxori ejus Beatrice, que habet ibi vivolarium per concessionem Deusdedit qui fuit vir ejus. ROSELL, *Lib. feud. maj.*, I no. 211 p. 219 (a. 1119). **2.** *usufruit pendant la vie du donateur — usufruct during the life of the donor.* Casam dominicariam cum curte et horto, cum campis et pratis indominicatis teneat I. decanus in vivolaria, et post meum discessum faciatis de rebus istis quidquid facere volueritis. DONIOL, *Cart. de Brioude*, no. 113 p. 131 (a. 943).

**vocabilis:** *ayant un nom — named.* Res ... quas abere viso sum in villa qui nuncupatur C. vel in ejus vocabiles locas. GABOTTO, *Carte di Asti*, no. 32 p. 52 (a. 900).

**vocabulum:** *lieu-dit — named place.* Montem ... cum omnibus vocabulis suis. FATTESCHI, *Memor. di Spoleto*, p. 265 (a. 756). In casale O. ... vel in aliis casalibus vel vocabulis. BRUNETTI, *CD. Tosc.*, I p. 254 (a. 783). Omnes res suas in praedicto loco et in ejus vocabulis. GREGOR. CATIN., Reg. Farf., ed. GIORGI-BALZANI, II doc. 268 p. 219 (a. 828). In territorio Mantuano ubi vocabulum est C. FAINELLI, *CD. Veronese*, no. 181 p. 265 (a. 846).

**vocalis** (subst. masc.): **chanteur ecclésiastique — church singer.* Qui nunc presbiter habetur atque vocalis. GREGOR. TURON., V. patrum, c. 6 § 5, *SRM.*, I p. 683.

**vocalitas:** *voix — voice.* Dulci et altissona sonorus vocalitate. RUDOLF., G abb. Trudon., lib. 5 c. 6, ed. DE BORMAN, p. 70.

**vocatia,** i.q. advocatia: *avouerie ecclésiastique — ecclesiastical advowry.* Sicut ex vocatia debuit [F. advocatus], in presentia fratris sui E., sub testimonio ministerialium suorum et hominum ... confirmavit. *Wirtemb. UB.*, I no. 284 p. 362 (a. 1125-1127). Censuales ... ad servicium suum inclinaret aut vocatiae suae juri substerneret. WIDEMANN, *Trad. S.-Emmeram*, no. 791 p. 370 (a. 1132).

**vocatio: 1.** **vocation divine — divine vocation.* **2.** **genre de vie, état,* spéc. *état religieux — way of life, state,* spec. *religious state.* **3.** *mort — death.* Superveniente autem vocationis die, defunctus est. GREGOR. M., Dial., lib. 3 c. 22, ed. MORICCA, p. 190. Ib. lib. 4 c. 27, p. 267. Cum ... O. abbas vel ejus successores ab hac luce divina vocatione subtracti fuerint. VIGNATI, *CD. Laud.*, I no. 5 p. 10 (a. 833). Post vocationem autem cujuslibet eorum superstites obtineant, ut pro eo, qui decesserit ... missae ... persolvantur. Syn. Sapon. a. 859, c. 13, *Capit.*, II p. 449. Diem vocationis suae cum magna expectasse patientia. ADAM BREM., lib. 2 c. 64, ed. TRILLMICH, p. 304. **4.** *vocable d'une église — dedication of a church.* Fecimus ecclesias in vocatio[ne] s. Martini et s. Felicis. FLORIANO, *Dipl. esp.*, II no. 103 p. 76 (a. 873). **5.** in vocatione alicujus: *sous les ordres de qq'un — at someone's command.* Quod nullus comes, seu vicecomes, nec vicarius, nec centenarius, nec ullus homo in eorum vocatione, in illorum [sc. monachorum] monitate prendidisset nec boves nec caballos. *Hist. de Lang.*[3], V pr. no. 57 col. 160 (a. 933, Narbonne). **6.** *pouvoir, compétence — power, competence.* Nullus comes aut ulla judiciarie vocationis persona. *D. Ottos II.*, no. 222 (a. 980). **7.** *titre, droit — title, right.* Dederunt 24 libras denariorum pro ... vocatione ad decimandam terram. FAUROUX, *Actes de Norm.*, no. 197 p. 197 l. 18 (a. 1050-1066). **8.** *péage de rivière — river-toll.* Teloneum ... ad portum V., ... et vogatio super fluvio Ligeris. *D. Merov.*, no. 23 (a. 651).

**vocatorius** (adj.): *contenant un appel — comprising a summons. Spec.: epistola vocatoria: une lettre qui appelle au siège métropolitain un évêque afin d'être consacré — a letter summoning a bishop to the metropolitan siege in order to be consecrated. Placuit synodo episcopum sine vocatoria [sc. epistola] suscipi non debere, ne obscuritas dubiae ordinationis incurrat. F. extrav. II no. 8, *Form.*, p. 556 (inscr.: Epistola vocatoria). Subst. neutr.
**vocatorium:** *invitatoire* (dans la liturgie) — *invitatory* (in liturgy). Congregati omnes in oratorio versum non dicant nec vocatorium. Ordo officii in domo s. Benedicti (s. viii), ed. LECCISOTTI, *Corp. consuet. monast.*, I p. 116. Qui infra semet ipsum varia consilia volvens, die quadam stetit deorsum juxta murum cubiculi, ubi imperator sedebat sursum, istius vocatorii de adventum Domini dicens: "Qui venturus est veniet...". Imperator audiens haec delectabatur... Finitoque toto invitatorio, vocavit eum sursum. AGNELL., c. 131, *Scr. rer. Langob.*, p. 364.
**vocatus** (adj.): (d'un évêque) *élu, mais pas encore consacré* — *(of a bishop) elected but not yet consecrated.* R. vocatus episcopus civitas Rodoma [= Rouen]. Nomina episc. et abb. Attin. congreg. a. 760-762, *Capit.*, I p. 221. R. in Dei nomine vocatus episcopus s. ecclesie Pisane civitatis. MANARESI, *Placiti*, I no. 9 p. 25 (a. 796, Pisa). F. extrav. II no. 8, *Form.*, p. 556. D. *Loth. I.*, no. 89 (a. 845). Jam quoque vocatus episcopus, adhuc etiam antequam ordinaretur. FLODOARD., *Hist. Rem.*, lib. 2 c. 18, *SS.*, XIII p. 465. GERBERT., *Epist.* 47, inscr., ed. WEIGLE, p. 76. Cf. A. PÖSCHL, *Der "vocatus episcopus" der Karolingerzeit*, *Arch. Kath. Kirchenr.*, t. 97 (1917). Subst. masc. **vocatus**, vogatus: i.q. advocatus. 1. *avoué ecclésiastique* — *ecclesiastical advocate.* C. vocatus R. abbati[s], BITTERAUF, *Trad. Freising*, I no. 267 p. 237 (a. 807-808). Ibi saepius. WIDEMANN, *Trad. S.-Emmeram*, no. 13 p. 12 (a. 814). HEUWIESER, *Trad. Passau*, no. 73C p. 62 (a. 818-838). WARTMANN, *UB. S.-Gallen*, I no. 275 p. 259 (a. 822). Trad. Lunaelac., *UB. d. L. ob der Enns*, I no. 8 p. 6 (a. 823). Ib. no. 24 p. 15 (a. 829). ZEUSS, *Trad. Wizenb.*, no. 272 p. 260 (a. 861). *D. Ottos II.*, no. 142 (a. 976). 2. *avoué, fondé de pouvoir* — *attorney, deputy, trustee.* Altergantes nostris venerunt presentia V. archidiaconus una cum T. vocato suo. MANARESI, *Placiti*, I no. 46 p. 152 (a. 843, Bergamo).
**vocemissarius:** *fonctionnaire de rang inférieur, messager, courrier* — *official of lower rank, messenger.* Nullus dux sive marchio, comes, vicecomes, gastaldus, curialis, exactor, decanus, vocemissarius vel etiam ulla persona hominum audeat interdicere vel constringere hoc, quod a nobis constitutum et confirmatum est. Epist. Stephani IX pap. a. 1057, no. 2, MIGNE, t. 143 col. 872 (= J.-L. 4373).
**vociferare:** 1. *citer en justice* — *to cite, summon before a court of justice.* Si... unus de heredibus... contradicere aut subtraiere vel... causare aut contendere vel vociferare voluerimus. GLORIA, *CD. Padov.*, no. 40 p. 60 (a. 950). Fecerunt eundem P. foris et infra ipsum placitum quererre et vociferare. MANARESI, *Placiti*, II no. 150 p. 33 (a. 962). Plures vices eum vociferare fecistis, ut ad vestrum dlacitum venisset. Ib., III no. 376 p. 160 (a. 1047). 2. depon. vociferari, trans.: *sonner* (la cloche) — *to ring* (a bell). Neuter debet vociferari signa castrorum. Lex pacis castr. a. 1158, *Const.*, I no. 173, c. 1. p. 239.
**vocitamen:** *nom* — *name.* Mater regia Francorum stirpe venam ducens, et Onoguera vocitamen habens. V. Vincent. Madelgar., *AASS.³*, Jul., III p. 640 col. 2 (s. xii).
**vogranum**, vogreium, v. volugranum.
**volatiliaticus**, -um: *redevance pour l'autorisation de la chasse aux oiseaux* — *fee paid for the right of hunting wild fowl.* Piscaticum tam maris quam aque currentis, volatiliaticum, salinaticum. *D. Charles le Ch.*, no. 471 <a. 848>, (spur. s. x/xi).
**volax:** *rapide* — *quick, fast, swift.* PETR. DAMIANI, lib. 3 epist. 8, c. 1, MIGNE, t. 145 col. 643.
**volentia:** *volonté* — *will.* Volentiae illius se oboediturum esse promittit. FELIX, V. Guthlaci, c. 47, ed. COLGRAVE, p. 144.
**volipes** (adj.): *léger à la course, rapide* — *swift-footed, nimble.* Volipes nuntius Hungarios in Meresburg... esse nuntiabat LIUDPRAND. CREMON., *Antapodosis*, lib. 2 c. 28, ed. BAUER-RAU, p. 320. Non distulit humillima petitione per volipedem legatum efflagitare. V. Gerard. abb. Bronien., c. 19, *SS.*, XV p. 669 (a. 1074-1075).
**volitatus** (decl. iv): *vol* — *flight.* FORTUN., V. Martini, lib. 4 v. 224, *Auct. ant.*, IV pt. 1 p. 355.
**volta** (<volvere): *voûte, arche* — *vault, arch.* In superiore voltarum sublimitate. SUGER., De admin. sua, c. 28, ed. LECOY, p. 190. Intra subterraneam cryptam seu voltam, quae retro altare... constructa fuit. G. abb. Trudon. ad a. 881, ed. DE BORMAN, II p. 119 (s. xiv ex.).
**volubilis:** du temps: *s'envolant* — of time: *flying.* Quamdiu moveretur presentis saeculi volubile tempus. FAUROUX, *Actes de Norm.*, no. 63 p. 191 (a. 1030).
**volucrum:** *paquet, valise* — *parcel, package, bag.* Discesserunt, unum etiam volucrum cum vestimentis tollentes. GREGOR. TURON., *Hist. Fr.*, lib. 3 c. 15. Cum haec collictis rebus factisque volucris a cenobio pararet egredi. Ib., lib. 4 c. 26. Ostenderat nobis... duo volucra species [i.e. speciebus] et diversis ornamentis referta. Ib., lib. 5 c. 18.
**volugranum**, volg-, vog-, -greium (<volvere, granum): *la baille, la paille, ce qui reste après le battage du blé* — *the chaff, the straw that remains after the threshing of the grain.* Major noster... dicebat se habere in grangia nostra... vogranum grangiae cum tractu decimae. Ch. a. 1163, DC.-F., VIII p. 373 col. 3 (Marmoutier). [Dedit] duas partes decimae apud A., et custodiam et tractum grangiae et baltum et volugranum et vaspale et paleas et stramen. *Gall. chr.²*, XII instr. no. 50 col. 281 (a. 1194, Troyes).
**volumen:** 1. *charte* — *charter, deed.* Qualiter in unum [leg. uno] volumine testamento [leg. testamentum] persone condatur. MARCULF., lib. 2 c. 17 inscr., *Form.*, p. 86. Coll. s. Dionys. no. 2, ib., p. 497. 2. *lettre* — *letter.* L. episcopus porrexit volumen in quo continebatur quia metropolis Rhemorum ecclesia carebat pastore. Conc. Suession. a. 853, MANSI, XIV col. 987 (cf. *D. Charles le Ch.*, no. 86ter, a. 840-845).
**voluntativus:** *de bon gré, volontaire* — *of one's own free will, voluntary.* Quicquid enim illi oneris per oboedientiam inponebant, sine mora Deo subdita voluntativa satis supportabat. BERTHOLD., Ann., ad. a. 1077, *SS.*, V p. 303.
**volutaticus**, v. vultaticus.
**volutilis** (<volvere): *faisant partie d'une voûte* — *belonging to a vault.* Columnas 6 onichinas volutiles. Lib. pontif., Gregor. III (a. 731-741), § 5, ed. DUCHESNE, I p. 417.
**volutio:** *voûte, chapelle voûtée, abside* — *vault, vaulted chapel, apse.* Sub dextris lateris basilicae volutionis. V. Desiderii, c. 20, *SRM.*, IV p. 578. Volucionum ambienda pulchritudine... sustulerit. Ib., c. 31, p. 588. Aedificata ultra altare volutione. V. Eligii, lib. 2 c. 48, ib., p. 727.
**vomer:** 1. *soc de la charrue employé dans les ordalies* — *ploughshare used for ordeals.* Si negaverit se illum occidisse, ad novem vomeres ignitos judicio Dei examinandus accedat. Cap. leg. add. a. 803, c. 5, *Capit.*, I p. 113. Si negaverit, si liber est, cum 12 juret; si autem servus, per 12 vomeres ferventes se purget. Conc. Mogunt. a. 847, c. 24, ib., II p. 182. Tunc accedat presbiter ad ignem et benedicat vomeres. Ord. judic. Dei, no. 10, *Form.*, p. 615. Ibi saepius. 2. *projectile* — *missile, projectile.* Missilia jacula eminus, cominus vomeres marmora demittunt. RADULF. CADOM., G. Tancredi, c. 104, *Rec. Hist. Crois.*, *Hist. occid.*, III p. 679. 3. *mesure de terre* — *measure of land.* Alius reddit vomera 5, absentes 2, unde exeunt modia 4. FAINELLI, *CD. Veron.*, no. 224 p. 335 (a. 862). 4. *titre, cause* — *legal ground.* Quantum ibi habeo vel habere debeo per omnes voces. RIUS, *Cart. de S.-Cugat*, I no. 2 p. 5 (a. 904). Qui nobis advenit de parentorum vel de excomparacione sive de aprisione vel per qualicumque voce. MARTORELL, *Arch. Barcelona*, no. 57 p. 187 (a. 918). Vindimus tibi ego S. de vinea sexteratas 6, qui mihi advenit ex voce parentorum meorum. ROSELL, *Lib. feud. maj.*, I no. 288 p. 406 (a. 923). MARTORELL, *Arch. Barcelona*, no. 181 p. 358 (a. 977). Per vocem et dretaticum vel hereditatem jam dicti patris mei et fratris mei seu per maternam vocem sive per qualescumque voces. ROSELL, II no. 822 p. 308 (a. 1070). Ego et mei posteri omnes... teneamus hoc tutum per manum et vocem s. Petri, ejusque vicarii Romanae sedis apostolicae. DC.-F., VIII p. 381 col. 3 (a. 1090, Barcelona). 5. *droit, titre, prétention* — *claim, title.* Vendo vobis omnem vocem vel possessionem, quicquid genitor meus quondam I. vel genitrix mea A. nomine habuerunt in supradicta villa. ROUQUETTE, *Cart. de Béziers*, no. 5 p. 2 (a. 888). Dono s. Marie ipsam meam vocem quam habeo in eandem aquam. ALART., *Cart. Roussillonnais*, no. 26 p. 42 (a. 1032?). Recognoscimus quia in praedicto alode ullam vocem neque ullum directum... non habemus. Ib., no. 43 p. 65 (a. 1051). Vendo vobis... castrum... cum omnibus vocibus et auctoritatibus quas habeo et habere debeo. ROSELL, *Lib. feud. maj.*, I no. 214 p. 222 (a. 1052). Vendimus vobis totas nostras partes et directos et voces. Ib., no. 316 p. 340 (a. 1067). Castrum... B. cum omnibus suis terminis et pertinentiis et omnes ejus voces sive directum. *Hist. de Lang.³*, V pr. no. 349 col. 670 (a. 1081, Carcassonne). 6. loc. in voce illius: *au nom de* — *in the name of.* FLORIANO, *Dipl. esp.*, II no. 120 p. 127 (a. 878).
**vulgaricus** (adj.): (de la langue) *vulgaire, du peuple* — *(of the language) vernacular, of the people.* WILLIBALD., V. Bonifatii, c. 5, ed. RAU, p. 482. **vulgarice** (adv.): *dans la langue vulgaire* — *in the vernacular tongue.* V. IV Bonifatii, auctore Moguntino, c. 12, ed. LEVISON, p. 104.

**vox:** 1. *le droit d'intenter un procès contre qq'un* — *the right to bring an action against someone.* De criminosis, ut non habeant vocem accusandi majores natu, aut episcopos suos. Concil. Francof. a. 794, c. 36, *Conc.*, II p. 170. 2. *le droit de témoigner* — *the right to bear witness.* Quia hujusmodi personae [servi et liberi] neque in civilibus neque in criminalibus causis contra patronos aut dominos, eorumque liberos, etiamsi pro his dicant, vocem possunt habere legitimam. Ed. Theoderici reg. Ital., § 48, ed. BAVIERA, *Font. jur. Roman.*, II p. 692. 3. *plainte en justice, action de droit* — *complaint, action in court.* Si mulier vidua cuicumque se non invita sed libidine victa sponte miscuerit, et in vocem causantis eruperit, nec statutum percipiet numerum solidorum, nec eum, cui se tali dedecore sociaverit, conjugio ipsius reclamante, ea jubemus addici. Lex Burg., tit. 44 c. 2. In eum quoque qui homo venerit qui contra eos voce[m] vel juditio [i.e. -um] suscitaverit. MUÑOZ, *Fueros*, I p. 49 (a. 978, Castil.). Si quis vulneraverit aliquem, et vulneratus dederit vocem sayoni regis. Concil. Legion., a. 1012, c. 36, MANSI, XIX col. 341. Pareat [i.e. solvat] domino monasterii vocem pulsanti 100 lb. MUÑOZ, *Fueros*, p. 190 (a. 1042, Santoña). Si aliquis homo... hanc donationem seu consignationem disrumpere tentaverit, vox ejus in nullo proficiat. DE MARCA, *Marca hisp.*, append. col. 1064 (a. 1036).

**vulgaris** (adj.): (d'un prêtre) *vivant comme un laic* — (of a priest) *living like a layman.* Vulgaris autem presbiter, scilicet qui regularem vitam non ducit, si accusatus fuerit, purget se ut diaconus regularis. Leg. I Cnut., c. 5, 2, Consil., Liebermann, p. 287 col. 2. Subst. mascul. plur. **vulgares:** *le peuple, par opposition aux grands — the people as opposed to the great men.* Conventus principum et vulgarium . . . ad dividendam marcham inter fiscum regis et populares possessiones. Coll. Sangallens., no. 10, *Form.*, p. 403. Subst. femin. singul. **vulgaria:** *les communaux — the common.* Nullus quilibet homo in posterum conquassare aut in judicio promovere praesumeret, tam de vulgaria quam etiam de mansis. Leo III pap., Epist., no. 9, *Epp.*, V p. 101.

**vulgata** (subaudi editio): **la traduction de la Bible des Septante ou sa traduction latine — the Septuagint or its Latin translation.*

**vulitiva** (subst. femin.) (<vultus?): *blessure, mutilation du visage — wound, mutilation of the face.* Si os fregerit vel vulitivam fecerit. Lex Saxonum, c. 5. Si ex percussione deformitas faciei illata fuerit, quae de 12 pedum longitudine possit agnosci, quod vulitivam dicunt. Lex Frisionum, Addit., tit. 2 § 26. Vulitivam 50 solidis componat. Lex Angliorum, c. 23.

**vulnificare:** *blesser — to wound.* Fortun., lib. 10 carm. 2, *Auct. ant.*, IV pt. 1 p. 230.

**vulpes:** *machine de guerre — engine of war.* Unus de majoribus Alemanniae vulpem ex proprio sumptu quercinis trabibus composuerunt [leg. -rit], cujus in gyro tutos intexuerunt parietes. Albert. Aquens., Hist. Hieros., lib. 2 c. 30, ed. Meyer, p. 322.

**vultaticus,** volu-: *péage non identifié — unidentified toll.* Theloneos vel navigios, portaticos, . . . rivaticos, rotaticos, vultaticos. *D. Merov.*, no. 23 (a. 629, an verax?). Retinebat teloneo [leg. -um] infra Parisius ex navibus et pontis volutaticos ac rotaticos, quem . . . accipiebant agentes s. Dionysio. *D. Karol.*, I no. 12 (a. 759). Ib., no. 88 (a. 774-775). *D. Eudes*, no. 46 (a. 888-898). Cum omnibus sibi adjacentibus, portu, theloneis, vultataticis [!], piscatoriis . . . Fauroux, *Actes de Norm.*, no. 3 p. 72 (a. 968).

**vultus:** **image, statue — image, statue.* Imaginem . . . Dei genetricis . . . gestantem super genibus vultum Salvatoris Domini nostri Jesu Christi. Lib. pontif., Steph. II, ed. Duchesne, I p. 453. Ib., Gregor. III, II p. 77.

# W

**wacta,** wagta, waita, gaita, guaita, gueta, guetta (germ.): **1.** *service de guet — watch, guard-duty.* De tribus causis: de hoste publico . . . et wacta vel pontos componendum. *D. Karol.*, I no. 91 (a. 775). Si judex in exercitu aut in wacta seu in ambasiato, vel aliubi fuerit. Capit. de villis, c. 16. Casae nostrae indesinenter foca et wactas habeant, ita ut salvae sint. Ib., c. 27. Si quis wactam aut wardam dimiserit. Ewa ad Amorem, c. 36. Non per aliquam occasionem, nec de wacta, nec de sacra nec de warda nec pro heribergare neque pro alio banno, heribannum comis exactare praesumat. Capit. Bonon. a. 811, c. 2, *Capit.*, I p. 166. Facit dies tres in ebdomada et facit wactam et quiquid eis injungitur. Irminonis polypt., br. 9 c. 212. Explorationes et excubias, quod usitato vocabulo wactas dicunt. Const. pro Hisp. a. 815, c. 1, *Capit.*, I p. 261. In civitate atque in marca wactas faciant. Edict. Pist. a. 864, c. 27, ib., II p. 322. Adducit de H. ad monasterium de annona modios 5, wactas facit. Urb. Prum., a. 893, c. 1, Beyer, *UB. Mittelrh.*, I p. 145. In nullis suprascriptis rebus comes aut judex aliquis, reipublice exactor aut aministrator neque wactas neque aliquid servicium vel tributum exigat. *D. Eudes*, no. 8 (a. 889). [Mansi ingenuiles] faciunt waitas. Polypt. Derv., c. 1, Lalore, *Ch. de Montier-en-Der*, p. 90. Sicuti alii castellani faciunt de guaita. Gregor. Catin., Reg. Farf., ed. Giorgi-Balzani, III doc. 546 p. 225 (a. 1018). Guaitas autem ad ipsum kastrum abservo ab integrum. Rius, *Cart. de S.-Cugat*, II no. 553 p. 213 (a. 1040). Ita custodiebant castellum quod in unaquaque nocte habebat intra Vetus castrum 5 gaitas: unam super portam subtus castellum . . . (etc.). Consuet. Vindocin. s. xi med., ap. Bourel, *Vie de Bouchard*, p. 35. In nullo regni nostri loco teloneum aut ripaticum neque vinum . . . neque facere ligna nec waitam persolvant. *D. Heinrichs IV.*, no. 287 (a. 1077). Ad annualiter ibi reddendum pensionem et, si necesse esset, guaitas ad mare faciendum. Greg. Catin., Chron. Farf., ed. Balzani, I p. 229. **2.** *la rétribution exigée au lieu du service de guet — payment levied in lieu of guard-duty.* Donant eos ad fevum ferrarium et guettas, et totos ipsos placitos qui ibi fuerint facti. Rosell, *Lib. feud. maj.*, I no. 232 p. 245 (a. 1067). **3.** *quartier ou rue où le service de guet est exécuté — quarter, ward, or street, where watch-duty is performed.* Ipse alodis adjacentias habet in se: de una parte ajacet usque in gaita q.v. Rodes, de alia parte usque in gaita q.v. Merdanco, de alia parte usque ad strada publica. *Hist. de Lang.*[3], V pr. no. 155 col. 330 (ca. a. 997, Toulousain). Actum in Guaita Marchionis in domum et sede predictus [= -i] donnus [= domni] B. Ficker, *Forsch.*, IV no. 119 p. 163 (a. 1151, Bologna). Cf. Ficker, o.c., p. 602 col. 2.

**wactare,** gaitare, guaitare, guaytare: **1.** *faire le service de guet — to perform guard-duty.* Wactat in curte dominica, vel quicquid necesse fuerit. Irminonis polypt., br. 13 c. 64. Coquunt et wactant et braciant. Urb. Prum. a. 893, c. 33, Beyer, *UB. Mittelrh.*, I p. 162. **2.** trans.: *surveiller, garder — to guard, keep watch over.* Ipsam urbem custodias et bene custodire facias et gaitare. *Hist. de Lang.*[3], V pr. no. 489 col. 920 (a. 1125, Carcassonne). Praedictam turrem custodire et gaitare facias omni tempore. Ib. **3.** *faire le guet, tendre un guet-apens à qq'un — to lay in wait*



*for someone.* Omnes homines seniores habentes nullo ingenio . . . gaytent personas eorum nec encalcent, neque vulnerent. Usat. Barcinon., c. 71, ed. D'Abadal, p. 30.

**wactaticum,** wactagium, gaitagium: *rétribution payée pour racheter le service de guet — due paid to buy off guard-duty.* Primi duo menses facti erant [excubiae] de camera comitis, et alii tres de gaitagio, qui prisus erat in burgo Vindocini. Consuet. Vindocin. s. xi med., ap. Bourel, *Vie de Bouchard*, p. 34.

**wactator,** guaitator: *garde de ville — town watchman.* S. xiii, Ital.

**wacto,** guaito, guayto (genet. -onis): *garde — watchman.* S. xiii, Ital.

**wada,** v. waisda.

**wadiare,** wadicare, vadiari, vadari, gagiare, gaviare, gajare, guadiare (<wadium): **1.** *s'engager, par la remise d'un "wadium"* (objet de symbole), *à s'acquitter de telle obligation — to pledge oneself to meet a definite liability by handing over a "wadium"* (symbolic object). Si hominis [= -es] inter non fuerint quando wadiatur. Liutprandi leg., c. 15. Dum . . . ambe partes guadiassent de ipso constituto [sc. placito]. Manaresi, *Placiti*, I no. 1 p. 2 (a. 776, Spoleto). Ut omnia quae wadiare debent, . . . pleniter . . . rewadiata fiant. Capit. missor. a. 803, c. 13, *Capit.*, I p. 116. Censum de ipsa ecclesia redditurum wadiavit. Bitterauf, *Trad. Freising*, I no. 351 p. 300 (a. 815). Ibi saepius. Inter se wadicatum habebant in presencia R. comiti . . . de silva illa q.d. O. *CD. Langob.*, no. 108 col. 195 (a. 827, Nonantula). Universi quidem ibi vadiaverunt in manus E. episcopi simul et abbatis Campidonensis et advocati sui M. vestitura sua in die deputato legittima facienda. *D. Ludwigs d. Deutsch.*, no. 66 (a. 853?). Praesentialiter inter se wadient, ut ad primum et secundum vel tertium placitum causam ipsam definiant. Hludow. Capit. Pap. a. 855, c. 2, *Capit.*, II p. 89. Comes noster et ministri nostri discurrentes seu ministri reipublicae faciant ambas partes in nostram audientiam guadiare. D. Lud. II imp. (a. 857 ?), ap. Gregor. Catin., Reg. Farf., ed. Giorgi-Balzani, III doc. 301 p. 7. Audientes autem hoc praefati viri jussu regis judicio decreverunt servitium s. Dionisii eidem wadiare. Isdem vero, prout illi judicatum fuit, servitium capitis sui legaliter rewadiavit. *D. Charles le Ch.*, no. 314 (a. 868). Duas partes wadiavit et tercia in fredo de ipsa lege. Thévenin, *Textes*, no. 114 p. 167 (a. 898, Nîmes). Nullus ab initio XL usque ad octavam pasche wadiare nec ad mallum cogatur ire. Synod. Erford. a. 932, *Const.*, I no. 3, c. 4. Weram vadiare. Leg. II Eadm., c. 7, 1, Quadrip., Liebermann, p. 191 col. 1. **2.** *s'engager, par la remise d'un gage, à s'acquitter de telle obligation — to give a pledge or security for the performance of a definite obligation or engagement.* Guadiavit ergo H. comiti per judicamentum curie ejus forsfactum invasionis et injusticie sue. Et cum deinde judices quid in guadio contineretur H. interrogaret, responderunt judices quantum comiti placeret. Bertrand, *Cart. d'Angers*, I no. 178 p. 208 (a. 1050-1060). Quicquid ibi [i.e. in placitis advocati] fuerat vadatum et depositum, non secundum fisci et scabinorum dispositionem et decretum et eorum qui deposuerunt possibilitatem et modulum, sed juxta suae avariciae constituerunt commodum. Wampach, *Echternach*, I pt. 2 no. 201 p. 331 (a. 1100-1110). Brudgume per Dei justiciam et seculi competens inprimis promittat et vadiet eis, qui paranimphi sunt, quod eo modo querat eam, ut secundum Dei rectum pertenere velit, sicut sponsus debet legitimam sponsam. De sponsal., Quadrip., c. 1, Liebermann, p. 443 col. 1. De pecunia etiam, que pro pace vel inimicitia vadiata est. Leg. Henr. I, c. 59, 4, ed. Downer, p. 182. Ubi autem inventum fuerit, illic per legem requirendum est, et ejus persolutionem vadiare debet aldermannus hundreti. Ib., c. 91, 1 b, p. 284. Quot voluerit poterit nominare, sed unus tantum vadiabit duellum. Glanvill., lib. 2 c. 3, ed. Hall, p. 23. **3.** *garantir contre les prétentions d'un tiers — to guarantee against the claims of a third party.* Comes cum judicio principum . . . reddidit . . . clericis ipsam proprietatem et wadiavit iniquitatem. Escher-Schweizer, *UB. Zürich*, I no. 212 p. 103 (a. 968). **4.** *payer en amende — to pay as a fine.* Ysaac comes ad satisfactionem venit pro his quae grave perpetraverat adversus ecclesiam Camaracensem. . . . Pro quo facinore vadatus in hac synodo 100 libris argenti, pacatur cum prefato Stephano episcopo. Flodoard., Hist. Rem., lib. 4 c. 19, *SS.*, XIII p. 578. Ad bannum episcopi 5 solidos vadietur. Lex famil. Wormat. a. 1023-1025, *Const.*, I no. 438, c. 13, p. 642. Quod si vicarius mandavit hominis s. Albini ut ad se iret, et ille non ivit, non gajavit viario despectum. Bertrand, *Cart. d'Angers*, I no. 220 p. 256 (a. 1080-1082). Unde convictus per judicium gajavit monachis 40 solidos. Ib., no. 97 p. 112 (ca. a. 1100). Qui citatus non venit ad judicium, vadiabit 6 denarios; pro illis pignus accipietur. Van de Kieft-Niermeyer, *Elenchus*, I no. 111 p. 180 (a. 1209-1214, Münster). **5.** *mettre en gage — to pledge, to mortgage.* F. suum alodium habet vadiatum s. Amando propter duas libras. Duvivier, *Actes*, I p. 35 (a. 1061, S.-Amand). **6.** aliquem: *prendre qq'un en otage — to take a person as a hostage.* Si vero quidquam bonorum suorum cuiquam concederet, quem ad solvendum non benivolum invenirent, assumpto marchionis nuntio, eum vadiabunt et ad solvendi inducias nihil ultra 14 noctes administrabunt. Van de Kieft-Niermeyer, *Elenchus*, I no. 66 § 6 p. 121 (a. 1156-1170, Leipzig). Pro forifacto quod vicecomes faciat, vel pro debito quod ipse debeat, non potest aliquis eum in vicecomitatu vadiare. Brussel, *Usage*, II p. 683 (ch. a. 1199, Troyes). **7.** *se porter garant — to offer oneself as a surety.* Si quis alicujus delicti insimularetur, statim . . . exhiberet qui eum vadarentur. Willelm. Malmesb., G. reg. Angl., lib. 2 § 122, ed. Stubbs, I p. 130.

**wadiaria,** gage-, gaja-, gaje- (subst. femin.) (<wadium): *gage — pledge, security, pawn.* Stephanus de Villars pedesticum [= potestatem?] de R. . . . misit G. seneschalco et Lugdunensi ecclesiae in gageriam, pro 10.000 sol. Lugdun. monetae. DC.-F., VIII p. 230. col. 3 (ch. a. 1151). Et 800 libras, quas posui

in gageria, quam a fratre meo accepi. Ib. (ch. a. 1200).

**wadiarius,** vadi-, gadi-, gagi-, gage-, gaja-, guadi-, guagi- (subst. masc.) (<wadium): **1.** *exécuteur testamentaire — executor of a will.* Nos guadiarii L., A., donamus Deo ... pro anima E. amici nostri aliquit de hereditate ipsius defuncti, sicut ipse nobis precepit. BERNARD-BRUEL, *Ch. de Cluny,* II no. 1311 p. 387 (a. 971-972). Ego Ermengardis et filii mei A. et B. et wadiarii senioris Ademari ... jubente ipso Ademaro seniore nostro, donamus ... vineam unam. ... Signum E. et filiorum ejus A. et B., ... qui jubente Ademaro ante mortem suam hanc cartam scribere et firmare fecerunt. CHEVALIER, *Cart. de Vienne,* no. 243 p. 186 (a. 975-993). **2.** *caution, garant* de droit privé — *bail, surety* in civil law. Qualiter ... guadium mihi dederunt S. clericus ... et N. clericus, et mediatores posuerunt gaidarios de jam dicta civitate. UGHELLI, VIII col. 96 (a. 973, Benevento).

**wadiatio** (<wadium): **1.** *le temps accordé pour s'acquitter d'une obligation engagée au moyen d'un "wadium" — the time accorded to fulfil an obligation undertaken by giving a "wadium".* Nos eum investivimus per wadia ad proprietatem et ei obligavimus per wadia ut ei exinde cartolam vindicionis [= venditionis] emitere debuissemus, set dum hoc factum infra ipsa wadiacione ipse dictus G. jussu Domini mortis hocasum [= occasum]. GABOTTO, *Carte di Asti,* no. 5 p. 6 (a. 832). **2.** *promesse donnée sous une forme legale — promise given in a legal form.* Vadiacione nostra firmavimus. Leg. VI Aethelst., Quadrip., c. 8, 5, LIEBERMANN, p. 180 col. 2. **3.** *acceptation d'un duel judiciaire en donnant un gage — waging battle, pledging oneself to judicial combat by giving a security.* Post vadiationem duelli poterit iterum se tribus vicibus rationabiliter essoniare. GLANVILL., lib. 2 c. 3, ed. HALL, p. 23. **4.** *gage — pledge, security, pawn.* Deswadiaverunt et vacuaverunt inter se totas wadiationes. *CD. Langob.,* no. 208 col. 345 B (a. 859, Milano). **5.** *mise en gage — pawning, pledging, mortgaging.* Aliud etiam fecit donum ut quidquid monachi possent adquirere de feudis ad se pertinentibus emtione sive donatione vel oblatione seu vadatione, esset liberum et immune. *Gall. chr.*², II instr. no. 6 col. 270 (ca. a. 1030, Bordeaux).

**wadiator** (<wadium): **1.** (cf. voc. wadiarius n. 1) *exécuteur testamentaire,* celui qui est chargé de réaliser un don pieux pour le salut d'âme d'un défunt — *executor of a will,* who is charged to make a pious gift for the salvation of the soul of a deceased. S. et C. wadiatores Engelberge femine donamus per commendationem ipsius femine aliquid. BERNARD-BRUEL, *Ch. de Cluny,* I no. 135 p. 144 (a. 910-927). Nos J., O., G., V. atque A. vadiatores Fulchandi donamus pro anima ipsius ... Ib., I no. 453 p. 442 (a. 936). Ego in Dei nomine Amblardus per manus guadiatoriis meis, his nominibus nuncupatis: S. videlicet et filia mea E., et nepotes meos B. atque R., et fideles meos B. et G. ... dono ... Amblardus qui hanc helemosinariam fieri et firmari rogavi per supradictis guadiatoriis meis. Ib., II no. 1167 p. 255 (a. 963-964). Ego A. presbyter [et] L., vadiatores R. presbiteri, donamus ad ipsam casam Dei aliquid ex rebus nostris [!] que ad obitum suum commendant in stipendia fratrum. RAGUT, *Cart. de Mâcon,* no. 221 p. 139 (a. 962-967). CANAT, *Cart. de S.-Marcel-lès-Chalon,* no. 22 p. 24 (a. 993). Cf. G. CHEVRIER, *A propos du "wadiator" dans le "pagus matisconensis" et de l'exécution posthume du don "pro anima",* dans *Album J. Balon,* Namur, 1968, pp. 79-94. **2.** *tuteur — guardian.* Puella quae numquam habuit virum non possit nubere sine consilio parentum suorum vel cognatorum vel gadiatorum. DC.-F., VIII p. 231 col. 3 (a. 1204, Montpellier).

**wadium,** va-, ga-, gai-, gua-, -dia, -gium, -ddium, -tgium (< *got. wadi,* "gage — pledge", > angl. *wed, wage, gage,* teuton. *Wette,* belg. *wedde,* frg. *gage*): **1.** *un objet engageant de manière symbolique la personne ou les biens d'un débiteur,* qui, par suite d'un acte illicite ou en vertu d'un contrat bilatéral, a assumé des obligations envers un créancier. En remettant cet objet entre les mains du créancier, le débiteur concède au créancier le pouvoir de le contraindre, en cas de non-exécution, à s'acquitter de ses obligations, par la voie de contrainte par corps ou saisie de biens. Souvent le débiteur présente un garant, auquel le créancier remet le "wadium", lui conférant par là le droit, et en même temps l'obligation, de contraindre le débiteur à s'acquitter. Le wadium est remis au débiteur après acquittement de ses obligations. — *an object, which in a symbolic way binds a person or his property* (*the debtor*) who, in consequence of an unlawful act or a contract, has assumed obligations towards the opposite party (the creditor). By handing this object to the creditor, the debtor gives the creditor the right to enforce, in case of non-performance, the fulfilment of the debtor's obligations, by seizing his person or property. Often the debtor presents a guarantor, to whom the creditor hands the "wadium", thus conferring upon this guarantor the right, and at the same time the duty, to force the debtor to fulfil his obligations. The wadium is handed back to the debtor after fulfilment of his obligations. (teuton. "Haftungssymbol zur Begründung einer Personal- oder Sachhaftung für den Fall der Nichterfüllung einer Schuld"). Si quis alii wadia et fidejussorem de sacramentum dederit, per omnia, quod per wadia obligavit, adinpleat. Ed. Rothari, c. 360. Si quis alii pro quacumque causa wadia et fidejussorem de sacramento dederit, dit [= det] ei spatium usque in 12 noctes ad ipsum sacramentum dandum. Ib. c. 361. Quicumque homo ... cuicumque amodo wadia dederit et fidejussore[m] posuerit presentia duorum vel trium testium, quorum fides amittitur, in omnibus conplere debeat. Et si distolerit et pigneratus fuerit in rebus, ... Liutprandi leg., c. 15. Si quis dederit wadia, et eam recepere neglexerit, conponat, sicut in anteriore edicto legitur. Et si ille, qui ipsa wadia acceperit, reddere neglexerit per fidejussores et aput eum remanserit, sic conponat, quomodo et



ille, qui wadia sua recipere neglexerit. Ib. c. 36. Si quis alteri homini wadia dederit, et antequam eam per fidejussorem liberit, violenter de manu illius abstraxerit cui eam dedit, conponat ei cui ipsa vadia abstraxerit solidos 24. Ib. c. 37. Si quis alii wadia dederit, et voluerit eam per fidejussores suos recipere. Ib. c. 38. Si quis alii homini wadia dederit pro quacumque causa. Ib. c. 39. Si quis alii homini wadia dederit et fidejussorem posuerit, et ipse fidejussor eum pignaverit, et pignera ipsa ad creditorem ejus dederit, et postea ei ipse, cujus pignera fuerit, per virtutem tulerit, conponat ipsa pignera in actogild. Ib. c. 40. Unde guadia nobis dedit ... et mediatorem nobis posuit ... Ipsa jamdicta conbenientia omni tempore firma et stabile permanea[t] in eadem guadia et per districtum ipsum mediatorem, qui tribuit nobis ad pignerandum omnia sua pignera, tandiu donec per inbitis [= invitis] adimpleat nobis omnia, quod superius diximus. *CD. Cav.,* I no. 11 p. 12 (a. 821). Ib., no. 21 p. 23 (a. 842), no. 22 p. 25 (a. 843). Unde wadia tibi dedit et mediatorem tibi posuit. ... Si exinde in pignerationem beneritis [= veneritis], antipono me ego qui supra mediator tibi suprascripti creditori triplo pigno de omnia mea rebus legitima, et ego qui supra debitor similiter antiposui tibi fidejussori triplo pigno de omnia mea rebus legitima, ut licentiam habeatis prindere et tradere in manu creditori nostro usque dum siat bena justitiam. Ib., no. 91 p. 117 (a. 882). Per bona combenientia wadia nobis dedit G. ... et ipse sibi mediator exibit tali ordine, ut amodo et usque decem anni completi liceat illum tenere et laborare una pecia de terra ... Si taliter omnia per supradicto ordine ... ipse G. non adimpleberit, tunc per jamdicta wadia obligabit se ad componendum in partibus ipsius ecclesie 10 solidos constantinos. Ib., II no. 217 p. 8-9 (a. 962). Le wadium s'emploie dans divers cas — the wadium is used in many instances. **a.** *en promettant de payer une amende ou un dédommagement — when promising to pay a fine or an indemnity.* Veniam postulat de commisso scelere; illi vero ... wadium suum in manuum dare voluit. Sed ille rennuit eum accipere. BOBOLENUS, V. Germani (ca. a. 675), c. 11, *SRM.,* V p. 38. Germano nostro visus es interfecisse ... pro ipsa causa solidus [= -os] mihi dare debueras, quos et in presenti per wadio tuo visus es transsolsisse. MARCULF., lib. 2 no. 18, *Form.,* p. 88. Similiter Form. Turon., no. 32, p. 154. In primo mallo spondeat sacramentalis [= -es] et fidejussores praebeat ... et wadium suum donet ad misso comiti vel ad illo centenario, qui praeest, ut in constituto die aut legitime juret aut, si culpabilis est, conponat; qualiter per neglectum non evadat. Lex Alamann., tit. 36 c. 2. Qui contra legem fecit ... donet wadium comiti illo de fredo, sicut lex est. Lex Baiwar., tit. 2 § 14. Quisquis de rebus ecclesiae furtivis probatus fuerit ad partem fisci pro fredo praebeat fidejussorem et donet wadium de 40 solidis et tantum solvat, quantum judex jusserit. Ib., tit. 1 § 6. Postquam intraverit [alienam domum] et se cognoscerit reum, injuste quod intrasset, det wadium domino domus; et si ille defuerit, mittat ipsum wadium supra liminare et non cogatur amplius solvere quam 3 solidos. Ib., tit. 11 § 4. Post hec wadia ipsos Carapallenses dare fecimus G. preposito de compositione de ipsa invasione. MANARESI, *Placiti,* I no. 4 p. 10 (a. 779). Decrevimus, ut ipse P. cum suis consortibus guadiam daret D. castaldo ... ut componeret. Ib., no. 5 p. 13 (a. 781, Spoleto). Ibi saepius. Fuit judicatum, ut per wadium meum eam [causam] contra vos componere vel satisfacere debeam. Form. Sal. Bignon. (a. 769-775), no. 27, *Form.,* p. 237. Isti quoque wadium acceperunt, ut quicquid injuste egit contra A. episcopum, ut legitime componere deberet, hoc est E., S., C., [sc. fidejussores]. BITTERAUF, *Trad. Freising,* I no. 251 b p. 227 (a. 807). Si noluerit oboedire, tunc solvat bannum dominicum, id est 60 solidos et illi cui adversatus est donet wadium suum pro lege sua. Capit. de just. fac., ca. a. 820, c. 4, *Capit.,* I p. 296. Judicatum est ... ut illam leudem ... per suum wadium componere deberet. Form. Lindenbrog. (s. viii ex. — ix med.), no. 19, *Form.,* p. 280. Sententiam mortis ob hoc scelus excepissent. Sed intervenientibus bonis hominibus taliter eis convenit, ut jam dicti homines pro redemptione vitae eorum wadios suos jam dicto illo unusquis pro soledos tantos dare deberent. Form. Turon., no. 32, ib., p. 154. Reddiderunt ipsam basilicam ac alia omnia similia wadiaverunt pro iniquitatem quam fecerunt, et fidejussores ipso supradicto H. fuerunt H., A., U., L. Pro altare wadiaverunt 40 solidos et semet ipso commisit hoc wadium. BITTERAUF, *Trad. Freising,* I no. 507 p. 433 (a. 824). Duas partes wadiavit et tercia in fredo de ipsa lege. THÉVENIN, *Textes,* no. 114 p. 167 (a. 898, Nîmes). **b.** *en promettant de prouver sa cause en justice,* ou, en cas d'échec, de renoncer à ses droits — *when promising to prove one's case in a court of justice,* or, if failing to do so, to abandon one's rights. A. cum suis sacerdotibus guadiam dedit, ut si non essent in constituto parati aut cum testibus suis, qui scirent, qualiter illi per palatium donatus fuisset, aut preceptum ostenderent, amitterent nobis ipsas causas. MANARESI, *Placiti,* I no. 2 p. 4. (a 776, Spoleto). Sicut wadiam dedi, testos illos hic habeo, et notarium qui eam [cartulam] scripsit. Ib., no. 7 p. 21 (a. 786, Lucca). Ibi saepius. Si vero aliquis alium ad servitium mallaverit et ille, qui mallatus fuerit, wadiam de sua probanda libertate dederit. Hlud. II capit. Pap. a. 855, c. 3, *Capit.,* II p. 89. M. vetasset, quod non servus, set liber esse debuisset, pro eo quia de libero patre et matre natus esset, et taliter per testes ad probandum wadiam dedisset. MANARESI, *Placiti,* I no. 89 p. 320 (a. 880, Pavia). **c.** *en acceptant la responsabilité de la légalité d'une action ou de la justesse d'une déclaration en justice — when accepting responsability for the lawfulness of an action or for the correctness of a declaration in court.* Per ternas vices dicat haec verba et cum dextera manu tradat, cum sinistra vero porrigat wadium huic, qui de terra ipsa eum mallet per haec verba: "Ecce wadium tibi do, quod tuam terram alteri non do legem faciendi". Tunc

ille alter suscipiat wadium et donet illud vicessoribus istius ad legem faciendam. Lex Baiwar., tit. 16 § 17. Interrogavit Arn episcopus unum de contendentibus contra Attonem episcopum cui nomen Helicho, si eadem basilica tradita fuisset an non. Ipse Helicho cum wadio respondit, quod non fuisset tradita. Accepto wadio Arn respondit, quod suis oculis vidisset, quia Priso [pater Helichonis] qui ipsam ecclesiam aedificavit tradidit in manus Arbionis episcopi. BITTERAUF, *Trad. Freising,* I no. 299 p. 259 (a. 811). **d**. *en renonçant à des prétentions injustes,* tout en promettant de ne plus intervenir — *when renouncing unjust claims* and promising not to interfere any longer. Promisit se ulterius non intromissurum. Proinde . . . judicavimus sufficere vadium et obsidem ab ipso D. suscipere, ne se ulterius . . . intromitteret. *D. Karol.*, I no. 63b (a. 771). Sponderunt se E. et H., quod hanc hereditatem amplius querere non debuissent nec umquam hoc movere praesumerent nec W. clericum amplius inquietare et dederunt wadium confirmationis. BITTERAUF, *Trad. Freising,* I no. 227 p. 211 (a. 806). Surrexit posuitque guagium suum in palma O. abbatis. O. abba tenens guagium dixit: ". . . Tortum quod nobis fecerunt, sicut videtis, recognoscunt. Signum enim recogniti torti sui guagium est istud quod teneo manu". BERTRAND, *Cart. d'Angers,* I no. 218 p. 254 (a. 1060-1067). Assurgensque [G., abbas Hasteriensis] Th. abbati justitie vadium ei per manicam tunice sue porrexit, pro quo et vades 10 librarum exactus deposuit, et sic deinceps a presumptione suo cessavit. Cantat. s. Huberti, c. 22, ed. HANQUET, p. 57. **e**. *en promettant d'excuser la faute de qq'un et de ne pas le poursuivre en justice — when promising to forgive someone his fault and to abstain from suing him in court.* Roget sibi eum [servum fugitivum] reddere et donet legitimum wadium, ut illam culpam illi servo concessam habeat. Tunc ille presbyter reddat in pace servum domino suo. Lex Alamann., c. 2, 1. **f**. *en transférant ou restituant des biens ou des droits* (souvent par l'intermédiaire d'un tiers), ou en promettant un tel transfert ou une telle restitution, tout en acceptant les obligations qui en découlent — *when transferring or restoring goods or rights* (often by intermediary of a third person), or when promising to do so, and accepting the obligations proceeding from it. Agentes ipsius eusdem [= eosdem] exinde per wadio de ipso teleneu [= theloneo] in integritate revestire debirent. *D. Merov.*, no. 77 (a. 710). Pro ipsis casalibus duobus quos recipere habent A. et A., dedit guadiam G. gastaldius . . . ut ipsos duos casales sine intermissione redderet. GREGOR. CATIN., Reg. Farf., ed. GIORGI-BALZANI, II no. 8 p. 28 (a. 745). Postea per suo wadio ipsi F. abbati de ipsas res in C. per suo wadio in causa s. Dionisii visus fuit revestisse, et pro suo fistugo sibi exinde dixit esse exitum. *D. Arnulfs*, no. 22 (a. 750). S. qui praesens nondum fuerat, sed per manus nepoti sui T. presbiteri tradidit et filiorum ejus firmavit et potestatem illis et wadium dedit hanc traditionem agere et firmiter firmare. BITTERAUF, *Trad. Freising,* I no. 91 p. 110 (a. 778). Ponens wadium suum super sanctum tumulum, "accipe", inquit [rex], "o beatissime Germane, villam nostram Palatiolum". Transl. Germani (s. ix in.), *SS.*, XV p. 7. Intelligentes quod injuste altercabant, venerunt . . . ante virum venerabilem A. episcopum et E. judicem et L. comitem et per wadium in manum ejus reddebant supradictam ecclesiam. BITTERAUF, *Trad. Freising,* I no. 235 p. 217 (a. 806-808). Sic ei fuit judicatum quod ipsius A. ipsas res secundum legem per suum wadium ipsius N. revestire deberet. PROU-VIDIER, *Ch. de S.-Benoît-s.-Loire,* I p. 30 (a. 818). Presbyter S. suam jam dudum factam traditionem in loco nuncupato P. iterum restauravit et hoc cum suo wadio in manus H. presbiteri statuit, quatenus potestativa manu vestituram cum omni integritate domui s. Mariae laxaret, quod ita perfecit. Praedictus H. venit ad domum b. Dei genetricis . . . et cum uno orario dimisit et reddidit in altare s. Mariae. BITTERAUF, *Trad. Freising,* I no. 412 p. 354 (a. 819). A. per suum wadium domno B. tradidit predictas res prefati monasterii Anianensis. CASSAN-MEYNIAL, *Cart. d'Aniane,* I no. 18 bis p. 74 (a. 822). Judicatum est, ut per wadium suum cum lege et fide facta M. comiti vel ejus advocato easdem res redderet. Form. imp. no. 46, *Form.*, p. 322. Per suum andelangum vel suum wadium visus fuit tradidit [leg. -isse]. Form. Cod. s. Emmerani (a. 817-840), no. 4, ib., p. 464. Per suum wadium ipsas res et mancipia . . . redidit. BERNARD-BRUEL, *Ch. de Cluny,* I no. 15 p. 19 (a. 870). A. et F. qui ad ipsam casa Dei per wadio et wasono et per ipsa epistola tradiderunt. COURTOIS, *Ch. de S.-Etienne de Dijon,* no. 5 p. 13 (a. 882). Proclamavit per guadium suum, id est per festucum de vite, ipsas res . . . reddidisset. CASSAN-MEYNIAL, *Cart. de Gellone,* no. 280 p. 232 (a. 972). **g**. *en donnant à l'exécuteur testamentaire un ordre de donation post mortem — when ordering the executor of a will to make a post mortem gift.* In manus illorum totam dictam rem meam per wadium posui, si ego F. in ipsa infirmitate defunctus fuissem, ut ipsi perfecissent traditionem quam ego ante dispositum vel cogitatum habui. LOERSCH-SCHRÖDER, *Urk.*[2], no. 47 p. 31 (a. 814). Quidam laicus nomine K. die obitus sui adpropinquante suam igitur propriam alodem vel adquisitionem in manus R. nepoti sui per wadia constituit, quatenus H. episcopum de suis omnibus rebus potestative vestiret per ipsum wadium sicut ei commendavit. Ob quam causam . . . venit jam dictus R. . . . coram H. episcopum et ibi coram magna multitudinem vestivit atque per wadia in manus episcopi omnia relaxavit. BITTERAUF, *Trad. Freising,* I no. 435a p. 373 (a. 820). Nos simul in unum, qui sumus manumissores de homine, nomine C., qui fuit quondam, et mandavit nobis per suum vadium vel per suum testamentum, ut cartam donationis fecissimus ad ecclesiam s. Andreae. TERRIN, *Cart. d'Agde,* no. 338 p. 300 (a. 927). Nobis injunxit vel commendavit quondam R. episcopus per suum vadium, quando ad obitum mortis venit ad extrema voluntate, unde et postea sua



voluntate numquam mutavit, . . . ut nos scriptum legalem faciamus ad canonicos s. Nazarii, sicuti et facimus. *Hist. de Lang.*[3], V pr. no. 58 col. 162 (a. 933, Béziers). Ego E. uxor Adalardi dono Deo . . . aliquid ex rebus senioris mei necnon et meis, sicut ipse destinavit quando wadium suum dedit. BERNARD-BRUEL, *Ch. de Cluny,* II no. 1399 p. 459 (a. 974). G. N. dedit . . . unam quartaradam de vinea . . . et alia quartareda, per gadium, post mortem ejus. GUÉRARD, *Cart. de Marseille,* I no. 466 p. 468 (ca. a. 1060). Presens testamentum facio, non tale quale solet esse gadium quod potest denuo commutari, sed ut sit hec karta donatio firma et stabilis. Ib., I no. 551 p. 546 (a. 1069). **h**. *en promettant de payer un cens — when promising to pay a rent.* Accepto beneficio, per wadium suum in manus domini H. episcopi pro censum omni anno 10 argenti solidos franciscos dari constituit atque firmiter cum testibus confirmavit. BITTERAUF, *Trad. Freising,* I no. 338 p. 289 (a. 815). Richo wadiavit pro hoc annis singulis censum solvere,. . . et fidejussor Rumolt qui wadium censi accepit. Ib., no. 509 p. 434 (a. 824). **i**. *en acceptant un duel judiciaire — when accepting trial by battle.* Si homines de Lorriaco vadia duelli temere dederint. Consuet. Lorriac. a. 1155, c. 14, ed. PROU, *NRHDFE.*, t. 8 (1884), p. 450. Si vero [vavassor aut serviens] adduxerit [dominum], dominus ille aliquem ex parte sua statuere poterit qui, in die sibi statuto de eo catallo intra villam justiciam teneat usque ad vadia; et si super hoc catallo data fuerint vadia, dominus debet utrumque ad duellum infra duas leucas statutum salvo conductu ducere et reducere. *Actes Phil.-Aug.*, no. 491 (a. 1195, S.-Quentin), c. 35, II p. 19. **j**. *en contractant un mariage — when contracting a marriage.* Per vona [= bona] combenientia et vona sua bolumtate guadia mihi dedit Petrus . . ., et mediatorem mihi posuit . . ., tali ordine, ut . . . daret mihi at legitimam uxorem habendum Monda filia sua; et si ipsa eadem filia sua mihi legitimam uxorem in dictum constitutum mihi non dederit, obligavit se per ipsa eadem guadia at componendum nobis 50 auri solidos constantinos et per imvitis ipsa filia sua mihi legitimam uxorem daret. *CD. Cav.*, II no. 236 p. 31 (a. 966). Cf. K. VON AMIRA, *Der Stab in der germanischen Rechtssymbolik. Abh. Kön. Bayer. Akad. d. Wissensch., Philos.-philol. u. hist. Kl.*, t. 25, Abh. 1, 1909, spec. p. 151-157. O. GIERKE, *Schuld und Haftung im älteren deutschen Recht, insbesondere die Form der Schuld- und Haftungsgeschäfte. Untersuchungen zur deutschen Staats- und Rechtsgeschichte*, 100. Heft, Breslau, 1910. K. VON AMIRA, *Die Wadiation. SB. Kön. Bayer. Akad. d. Wissensch., Philos.-philol. u. hist. Kl.*, Jhrg. 1911, 2. Abh. F. SCHUPFER, *Il debito e la responsabilità. Studio critico sulla guadia langobarda. Riv. Ital. per le scienze giuridiche*, t. 56 (1915), p. 229-327. FR. BEYERLE, *Der Ursprung der Burgschaft. Ein Deutungsversuch vom germanischen Recht her. Zeitschr. f. RG., GA.*, t. 47 (1927), p. 567-645. H. R. HAGEMANN, *Fides facta und wadiatio. Vom Wesen des altdeutschen Formalvertrages. ZSRG., GA.*, t. 83, (1966), p. 1-34. **2.** *asservissement de soi-même* pour garantir l'acquittement d'une obligation (souvent le payement d'une amende) — *self-enslavement* to guarantee the fulfilment of an obligation (often the payment of a fine) (teuton. "Selbstverknechtung, Pfandknechtschaft, Schuldknechtschaft"). Si non habet pretium, in wadio pro servo semetipsum comiti donet usque dum ipsum bannum solvat. Capit. Harist. a. 779, c. 19, *Capit.*, I p. 51. Liber qui se loco wadii in alterius potestatem commisserit ibique constitutus damnum aliquod cuilibet fecerit, qui eum in loco wadii suscepit aut damnum solvat aut hominem in mallo productum demittat, perdens simul debitum propter quod eum in wadio suscepit. Si vero liberam feminam habuerit usque dum in pignus extiterit et filios habuerit, liberi permaneant. Capit. leg. add. a. 803, c. 8, ib. p. 114. Homo ingenuus qui multa qualibet solvere non potuerit et fidejussores non habuerit, liceat ei semetipsum in wadium ei, cui debitor est, mittere, usque dum multa, quam debuit, persolvat. Capit. ad leg. Rib. a. 803, c. 3, ib. p. 117. Si quis liber homo aliquod tale damnum cuilibet fecerit, pro quo plenam compositionem facere non valeat, semetipsum in wadio pro servo dare studeat, usque dum plenam compositionem adimpleat. Capit. Karoli ap. Anseg. serv., a. 810-811? c. 3, ib. p. 160. Aut si non habuerit unde illam summam [sc. heribannum] persolvat, semetipsum pro wadio in servitium principis tradat, donec per tempora ipse bannus ab eo fiat persolutus, et tunc iterum ad statum libertatis suae revertatus. Capit. Bon. a. 811, c. 1, ib. p. 166. **3.** *promesse solennelle* d'un peuple envers un agent du roi — *solemn promise* of a people to a king's official. Qui eos firmabit vel suorum aliquem vel ad eos quemquam mittet, sui ipsius reus sit et omnium que habebit: et hoc igitur est, quia juramenta et vadia et plegia penitus superexcepta sunt et infracta, que antea fuerant data. Leg. II Aethelst., prol. 3, Quadr., LIEBERMANN, p. 167 col. 1. Omnis homo adjuvet alium, sicut dictum est et vadio confirmatum. Leg. VI Aethelst., c. 8, 5, Quadr., ib., p. 179 col. 2. **4.** *gage d'une certaine valeur,* remis en garantie de l'exécution d'une promesse ou d'un engagement — *pledge having a certain value,* given as a guaranty for the fulfilment of a promise or an obligation. De placito regis ponatur vadium sex dimid. marcis, comitis et episcopi vadium 12 oris. Leg. III Aethelr., c. 12, Quadr., ib. p. 230 col. 2. Si quis furem innoxiare velit, ponat unum hundretum in vadio, dimidium tunc domino, dimidium preposito regis intra portum, et adeat triplex ordalium. Ib., c. 7, p. 230 col. 2. Capiantur accusati, qui cum preposito causam habent, et omnis eorum det 6 dimidias marcas vadii, dimidium domino ipsius terre, dimidium wapentako. Ib., c. 3, 2, p. 228 col. 2. Gesta Longobardorum domino Gibuino, absque vadio. CHEVRIER-CHAUME, *Ch. de Dijon,* II no. 304 p. 85 (a. 1031-1046). Si homines istius mansi vel villae per monachum non se justificaverunt, retineo justiciam, ita ut gaddium et quicquid de placito ville habere potero fideliter mo-

nachis s. Fidis reddam. DESJARDINS, *Cart. de Conques*, no. 53 p. 53 (a. 1076). Si quis baronum sive hominum meorum forisfecerit, non dabit vadium in misericordia pecuniae suae, sicut faciebat tempore patris mei vel fratris mei. Carta libert. Henr. I reg. Angl. a. 1100, c. 8, STUBBS, *Sel. Ch.*[9], p. 119. Vadium affirmandi vel contradicendi judicium in redditione debet dari. Leg. Henr. I, c. 34, 4, ed. DOWNER, p. 138. Si illi [homines de B.] convicti fuerint prefatam cosdumam infra octabas b. Michaelis non reddidisse, vel alio modo forisfecisse, unde gagium nobis vel servientibus nostris debeant donare, nomine gagii non dabunt nisi 7 solidos et 7 denarios. *D. Henri II, roi d'Angleterre*, ed. DELISLE, I no. 278 p. 426 l. 16 (ca. a. 1168, Poitou). Inde datum comiti cum vadiis 302 l. Gros brief a. 1187, ed. VERHULST-GYSSELING, p. 148. Ibi saepius. Pone eum per vadium et salvos plegios quod sit coram me vel justiciis meis eo die. GLANVILL., lib. 8 c. 4, ed. HALL, p. 97. **5.** *un gage, consistant de biens meubles ou immeubles,* transmis par le débiteur au créancier, et ayant une valeur qui, en cas de non-exécution par le débiteur, permet au créancier de se satisfaire entièrement en mettant le gage en vente ou en le retenant en sa possession — *a pledge, consisting of movables or immovables,* transferred by the debtor to the creditor, and of such a value that the creditor, in case of non-performance by the debtor, can recompense himself in full by selling the pledge or retaining it in his possession. Nemo judeus praesumat de ecclesia Dei aliquid recipere neque in wadio nec pro ullo debito ab ullo christiano, in auro sive in argento neque in ceteris rebus. Capit. de Jud. (Karoli M.?) c. 1, *Capit.*, I p. 258. [Inquirendum si presbyter] calicem aut patenam vestimentum sacerdotale aut librum praesumat tabernario vel negotiatori in wadium dare. REGINO, Syn. caus., lib. 1 not. § 37, ed. WASSERSCHLEBEN, p. 22. Item ib. c. 82, p. 60 sq. ex Capit. Hincmari Rem. a. 852, c. 11. Wadium Alindrade in S., quod donno Majolo abbati pro 4 libris denariorum eo tenore tradidit . . ., quod si usque in proxima futura XL [i.e. Quadragesima] non redimeret, absque omni calumpnia ecclesiae Cluniensi remaneret, hoc est curtilum unum cum vinea. BERNARD-BRUEL, *Ch. de Cluny*, II no. 948 p. 53 (a. 954-994). Tradidit praedictas ecclesias . . . abbas cuidam homini nomine A. . . . loco pignoris, quod nos vadium dicimus, acceptis ab eo 100 denariorum libris. FAUROUX, *Actes de Norm.*, no. 86 p. 227 (a. 1032-1035). Prata sunt ibi de vadio Odilonis pro 23 solidis; ita prata de vadio pro 30 solidis . . . quae vadia Olricus nostrae ecclesiae tradidit. *Polypt. de S.-Vanne de Verdun* (ca. a. 1040-1050), c. 11, H. BLOCH, *Jhrb. d. Ges. f. Loth. Gesch.*, t. 14 (1902), p. 128. Vineas quas A. . . . misit ad te in gadio per unum mulum, valentem solidos 100 de Ottonensis. ALBANÉS-CHEVALIER, *Gallia christ. novissima, Arles,* doc. 405 col. 168 (a. 1059). Hanc vero condaminam superius nominatam habebat in gadium quidam miles . . . pro 16 solidos . . ., quos monachus, L. nomine, solvit. GUÉRARD, *Cart. de Marseille,* I no. 331 p. 348 (s. xi). Si vadium comitis pro venali ponatur, usque ad 40 dies servabitur. Hominis vero ville usque ad 15, si ad diem non redimatur, semel ei sub testimonio verejuratorum offeratur. Si tunc non redimerit, eorum testimonio vendatur, et quod supererit, illi reddatur. VAN DE KIEFT-NIERMEYER, *Elenchus*, I p. 315 (a. 1142, Soignies). Ne alicui Judaeo in eadem villa die vel nocte, nisi per legitimum testimonium, gagium aliquod, sive equum, sive bestiam aliam liceat recipere. Ch. Lud. VII reg. Franc. a. 1174, MARTÈNE, *Anecd.*, I col. 576. Quandoque res mobiles ut catalla ponuntur inde in vadium, quandoque vero res immobiles ut terre et tenementa et redditus. GLANVILL., lib. 10 c. 6, ed. HALL, p. 120. Cum ad certum terminum res aliqua ponitur in vadium, aut ita convenit inter creditorem et debitorem quod si ad illum terminum vadium suum non acquietaverit debitor ipse, tunc vadium ipsum remaneat ipsi creditori. Ib., lib. 10 c. 6, p. 121. Rem petitam suam non esse, sed eam . . . in vadium datam. Ib., lib. 3 c. 1, p. 37. Homines mei de communia Divionis habent a me in vadio pro 500 libris exercitum quem mihi communia Divionis debebat. GARNIER, *Ch. de Bourgogne*, I no. 3 p. 3 (a. 1185?). Qui vadium clerici vel militis vel alicujus servientis mei habebit, non tenebit illud ultra viginti dies nisi sponte sua, et tunc sine causa vendere poterit. DC.-F., VIII p. 227 col. 3 (a. 1197, Blois). De equis qui usque modo fuerunt in vadio rationabilis solvetur pastura. Si quis deinceps equum aliquem posuerit in vadio, et eum non redimerit infra 15 dies. PREVENIER, *Oork. Vlaanderen*, no. 124 p. 278 (a. 1199). **6.** spec. mortuum vadium: "*mort-gage*", gage remis au créancier, qui en jouit les fruits, sans que ces fruits soient portés en décharge de la dette — *mortgage*, pledge of which the revenue is collected by the creditor without counting towards repayment of the loan. Mortuum vadium dicitur illud cujus fructus vel redditus interim percepti in nullo se acquietant. GLANVILL., lib. 10 c. 6, ed. HALL, p. 121. Cum vero res immobilis ponitur in vadium ita quod inde fuerit facta saisina ipsi creditori et ad terminum, aut ita convenit inter creditorem et debitorem quod exitus et redditus interim se acquietant, aut sic quod in nullo se acquietent. Prima convencio justa est et tenet. Secunda injusta est et inhonesta que dicitur mortuum vadium. Ib., lib. 10 c. 8, p. 124. Propter hoc volunt quod dictum capitulum habeat in pignus et gagium mortuum omne jus quod dicti conjuges habent in decimis bladorum in territorio de la B. usque ad 7 annos. DC.-F., VIII p. 228 col. 3 (s. xii? Dol). **7.** *créance recouvrable sur un gage — debt receivable on security*. Dedit in elemosinam vadium 14 marcharum, quas habebat super allodium de M. ROUSSEAU, *Actes de Namur*, no. 32 (a. 1189-1190). **8.** *contrat de fiançailles — contract of betrothal*. Si tunc in omni re concordent, adeat cognatio et despondeat eam . . . in uxorem et rectam vitam; et excipiat inde plegium qui jus habet in vadio. De sponsal., Quadrip., c. 6, LIEBERMANN, p. 443 col. 1. **9.** *ordre de donation post mortem*, donné sous forme d'un document écrit,



*testament* (cf. n. 1 g) — *order of a post mortem*, gift, laid down in a written document, *last will*. Sic ultimum elogium meum compono. . . . Gadium sive testamentum meum nuncupative facio. DC.-F., VIII p. 231 col. 3 (a. 1157, Montpellier). Ego B. de P.S., detentus egritudine, cum mea recta et sana memoria, nomine testamenti vel gadii, talem disposicionem facio super universas res meas. CASSAN-MEYNIAL, *Cart. d'Aniane*, I no. 86 p. 224 (a. 1182). Si moritur aliqua de maritatis filiabus, vel heredatis a patre, sine gadio et heredibus. GERMAIN, *Cart. de Montpellier*, no. 244 p. 405 (ca. a. 1190). **10.** *ce qu'on reçoit pour gagner sa vie*, en récompense de services, *gages, salaires, solde — wages, pay*. Volumus eosdem milites [Germanie] . . . ad vadia nostra, durante ipsorum cismarino servicio, retinendos esse. *Actes Phil.-Aug.*, I no. 379 p. 469 (a. 1191, an verax?). Si milites in armis fuerint, habent procurationem suam, id est vadia, ad modum aliorum militum commilitonum comitis. Minist. Hanon. ap. GISLEBERT. MONT., ed. VANDERKINDERE, p. 342. Praepositus [s. Donatiani] ubicumque cum comitissa fuerit, pro vadiis suis habebit 15 solidos; . . . quando in ratiocinio fuerit, pro vadiis suis habebit quod ibi bona fide et rationabiliter expenderit. WARNKOENIG-GHELDOLF, *Flandre*, II p. 440 no. 17 (a. 1233). H. piscator pro suis vadiis 40 sol. . . . L. pro suis vadiis 12 mensium 56 sol. BRUSSEL, *Usage*, II p. CXCII. [Milites] debent habere gagia de comite Campanie ex tunc quod discedunt ab hospiciis suis donec ad eadem redeant. *Hist. de Fr.*, XXIII p. 763 A (a. 1272).

**wadius:** *otage — hostage*. Si de ipsa pacificatione wadii ad nostram partem venerint. Capit. missis trad. a. 860, c. 6, *Capit.*, II p. 298.

**wadum,** gua- = vadum.

**wagaria:** *le droit de peser* les produits en vente ou *le droit d'établir les poids publics — the right to weigh* goods or *the right to establish the official weights*. Concedimus et confirmamus ei . . . fora, thelonia, vicecomitatum, wagaria. Ch. Alexandri episc. Leodiens., a. 1131, MARTÈNE, *Ampl. Coll.*, I col. 707; unde hausit ch. comitis Namuc. a. 1154: habet ecclesia . . . bannum et justitiam . . ., fora . . ., stalagia . . ., telonea . . ., vicecomitatum . . ., wagaria. ROUSSEAU, *Actes de Namur*, no. 9 p. 25 (a. 1154).

**waisda,** wada, wai-, was-, wei-, weis-, wes-, vais-, ves-, gai-, gais-, guais-, gue-, gues-, -dia, -dio, -dium, -do, -dum (germ.): *guède — woad*. Ad genitia nostra . . . opera ad tempus dare faciant, id est linum, lanam, waisdo. Capit. de villis, c. 43. Controversia, quae super campiparte et decima guesdiorum Ebrardivillae orta erat. DC.-F., IV p. 122 col. 1 (a. 1171, Chartres). Super quibusdam mensuris, wasdii videlicet, salis et cineris. BRUNEL, *Actes de Pontieu*, no. 116 p. 178 (a. 1187). Dominus prohibere non potest hominibus villae in territorio suo waisdiam facere quamdiu velint. DC.-F., IV p. 122. col. 1.

**waiviare,** way-, wa- (<waivium): *abandonner — to allow to become a "waif", to abandon*. S. xiii, Angl.

**waivium,** way-, wey- (scand.): *article, objet abandonné — piece of property which is found ownerless, "waif"*. S. xiii, Angl.

**walcare,** gual-, -chare (germ.): *fouler — to full*. S. xiii.

**walcarius:** *foulon — fuller*. S. xiii.

**walcatorium:** *moulin à fouler — fulling-mill*. D. Lud. II imp. a. 875, UGHELLI, VI col. 1309. Ib., I pt. 2 p. 49 (ch. a. 962).

**walcatura,** varca-: *foulerie — fulling*. UGHELLI, VIII col. 417 (ch. a. 1142, Puglie).

**walcheria,** gual-: *chaudière à fouler — fulling-cauldron*. S. xiii, Ital.

**waldarius,** gual- (<waldus): *garde-forestier — forester*. S. xiii, Ital.

**waldator:** *garde-forestier — forester*. Propter invasiones quas singulos [i.e. singuli] homines de C. fecerant in waldo q. d. R. . . . Propterea venerunt waldatores ante nos R. et A. et E., qui ab antiquis giratores fuerunt, et dixerunt quod suprascripta loca, que cum episcopo giravimus, semper de waldo fuerunt. MANARESI, *Placiti*, I no. 4 p. 9 (a. 779, Spoleto).

**waldemannus,** gual-, -manus: *garde-forestier — forester*. S. xiii.

**waldus,** gual-, -da, -dum, -tus: *fôret, bois — forest, wood*. Donamus . . . ex gualdo nostro q.d. Ad s. Iacintum petiam unam. GREGOR. CATIN., Reg. Farf., ed. GIORGI-BALZANI, II doc. 10 p. 29 (a. 746). Ib., doc. 30 p. 40 (a. 747). Invasiones, quas singulos [i.e. singuli] homines de C. fecerant in waldo q.d. R. MANARESI, *Placiti*, I no. 4 p. 8 (a. 779, Spoleto). *D. Karol.*, I no. 121 (a. 779); no. 152 (a. 786); no. 169 (a. 791). D. Lud. Pii a. 816, BEYER, *UB. Mittelrh.*, I no. 51 p. 57. *D. Karlom.*, no. 4 (a. 877); no. 21 (a. 879). *D. Ottos I.*, no. 336, p. 452 (a. 967).

**waliscus** (adj.): *gallois — welsh*. Si servus Waliscus Anglicum hominem occidat. Leg. Ine, c. 74, Quadrip., LIEBERMANN, p. 121. Si homo Waliscus habeat hidam terre. Ib., c. 32, p. 103.

**wallator** (germ.): *bâtisseur de murs, de remparts — builder of walls, ramparts*. LAMBERT. ARD., c. 152, *SS.*, XXIV p. 640.

**walpire,** v. werpire.

**waltmarca** (germ.), i.q. silvatica marca (cf. voc. marca n. 8): *territoire forestier* ou autrement inculte affecté à l'usage communautaire ou individuel — *woodland or waste-land* used as a common or as a private estate. Dedimus . . . waltmarca ad ipsa loca pertinentia. *D. Ludwigs d. Deutsch.*, no. 94 (a. 858). Curtem . . . cum waltmarca et mancipiis. BEYER, *UB. Mittelrh.*, I no. 120 p. 125 (a. 882, Prüm). Mansum dimidium cum waltmarcha. *D. Heinrichs III.*, no. 129 (a. 1045).

**waltpoto** (genet. -onis), wal-, -podus, -botus (germ., teuton. *Gewaltbote*): *officier, lieutenant — official, deputy*. In partibus Karantaniae in comitatu H. comitis qui et ipse inibi cognomine waltpoto dicitur. *D. Ottos I.*, no. 279 (a. 965). Curtem . . . quae est in provincia Karentana sita in regimine H. waltpotonis. *D. Ottos II.*, no. 163 (a. 977). Ib., no. 203 (a. 979). A. dux de Carinthia una cum comite W. advocato suo qui et walpoto vocatur. *D. Konrads II.*, no. 92 (a. 1027). Comes aliquis vel quisquam sub eo, qui vulgo walpodo vocatur. *D. Konr. III.*, no. 14 p. 23 (a. 1138).

**waltrarius,** v. veltrarius.

**walus** (<vallum): *forteresse — fortress.* Expoliaverunt ipsum walum et sederunt ibidem ipsa nocte. Coll. s. Dionys. no. 25, *Form.*, p. 510.

**wambesio** (genet. -ionis), gam-, -beso, -besum, -biso, -basium (<gr. βαμβάκιον "coton — cotton"; belg. *wambuis*): *pourpoint — doublet.* Gambesumque audax forat, et thoraca trilicem dissilet. GUILLELM. BRITO, Phil., lib. 3 v. 495, ed. DELABORDE, p. 83. Pectora, tot coriis, tot gambesonibus armant. Ib., lib. 11 v. 127, p. 323. Per plena arma feodum suum deserviat, per roncinum videlicet et gambesum, capellum et lanceam. Summa de legib. Normanniae, tit. 85 § 10, ed. TARDIF, p. 205.

**wambitium,** wan-: *une espèce de matelas — a kind of mattress.* Super stramina et laneos jacere licebit et ad capita pulvinaria habere; et infirmi et pueri super wanbitia, si habuerint. Stat. Praem. (ante a. 1143), c. 40, ed. VAN WAEFELGHEM, p. 43

**wandangia,** van-, ven-, -agia, -egia, -engia, -ingeia (germ.): *botte à l'écuyère, botte à tige — top-boot, jackboot.* Si voluerint wandengias ad evitandum lutum, sive ad expellendum frigus. Statuta Ord. Cisterc., a. 1134, c. 83, ed. CANIVEZ, I p. 31. Ib., a. 1195, c. 39, p. 187. Mir. Eusebiae (s. xii), c. 1 § 7, *AASS.*[3] Mart. II p. 453 F.

**wanna** (subst. femin.) (germ.): *tressage, ouvrage tressé — wicker-work, basket-work.* Tabulis compactis et wannis scuta simulantur. EKKEHARD., Cas. s. Galli, c 3, *SS.*, II p. 104 l. 40.

**wannagium,** waina-, wayna-, vaana-, gaaigna- gaaingna-, gagna-, gaena-, gaingna-, guana-, guagna-, gaanneria (germ., >frg. *gain, gagner*, angl. *gain*): **1.** *agriculture, culture de la terre — cultivation, husbandry.* S. xiii. **2.** *outils et provisions de la ferme — means of cultivation, farm-stock, implements of husbandry.* S. xiii. Spec. wannagium carrucae, carrucarum: *charrue — plough-team.* **3.** *terre cultivée — land under cultivation.* S. xiii. Spec.: *l'étendue de terres qu'on peut mettre en valeur avec une charrue — as much land as can be ploughed by one plough in a season.* **4.** *les profits de l'activité agricole — the profit* or *the gain of produce derived from the tillage of land.* S. xiii. **5.** loc. tempus wannagii: *saison agricole, époque de la moisson — agricultural season, harvest time.* S. xiii.

**wannus,** vannus (subst. mascul.) (germ.): *manne — basket, hamper.* Advecta est in vase quod vannus vulgo dicitur quaedam femina . . . pede contracta. ERMENTAR., Mir. Filiberti, c. 14, ed. POUPARDIN, *Mon. de S.-Philib.*, p. 30.

**wantus,** gan-, guan-, -ta, -tis, -to, -tus, -dium (francic.): **1.** *gant — glove.* Tegumenta manuum, quos Galli wantos vocant. JONAS, V. Columbani, lib. 1 c. 15, *SRM.*, IV p. 81. Manicas quas vulgo wantos appellamus. Capit. monast. a. 817, c. 22, *Capit.*, I p. 345. Sagum et wantes et calciamenta. Coll. Sangall. no. 15, *Form.*, p. 405. Latro wantos illius . . . furavit. V. Filiberti, c. 12, *SRM.*, V p. 592. WOLFHARD., HASERENS., Mir. Waldburgis Monheim. (a. 895), lib. 3 c. 4, *SS.*, XV p. 549. SIGEHARD., Mir. Maximini (a. 962-963), c. 15, *AASS.*, Maji VII p. 28. V. Burchardi episc. Wormat. (ca. a. 1025), c. 22., *SS.*, IV p. 845 l. 30. **2.** spec.: *le gant servant de symbole d'investiture* en cas d'une donation ou d'une restitution de biens — *the glove used as a symbol* when transferring or restoring property. Quicquid mihi per wandio suo tradidit. ZEUSS, *Trad. Wizenb.*, no. 143 p. 135 (a. 745). Tradedit per cultellum, wantonem, et per fistucam nodatum seu ramum arboris. GIULINI, *Mem. di Milano*, I p. 455 (a. 867). Sancto et monachis . . . duas hobas proprie hereditatis cum sua wanta potestative tradidit. WARTMANN, *UB. S.-Gallen*, II no. 638 p. 244 (a. 884). Per gantum nostrum . . . eam [villam] redidimus. *Gall. chr.*[2], XIV instr. no. 38 col. 54 (a. 895, Tours). Tradavit [i.e. tradidit] . . . per una fuste et duos wantos. *D. Bereng. I*, no. 117 (a. 918). *CD. Langob.*, no. 485 col. 836 D (a. 919). MARGARINI, *Bull. Casin.*, II p. 45 (a. 969). Cumque wantum in manu, ut moris est, legaliter tradenda teneret. HERIGER. LOBB., V. Hadalini, § 10, *ASOB.*, II p. 1016. Per wantos suos eundem abbatem revestivit. CHARLES-MENJOT, *Cart. du Mans*, II no. 200 col. 126 (a. 1080-1100).

**wapentacum,** wapel-, vapen-, -chium, -cium, -gium, -kium (anglosax.): **1.** *subdivision d'un comté* dans la région du Danelaw (Angleterre), "*wapentake*" — *division of a county* in the Danelaw, *wapentake.* Habeantur placita in singulis wapentakis. Leg. III Aethelr., c. 3, 1, Quadrip., LIEBERMANN, p. 228. **2.** *assemblée judiciaire, plaid du "wapentake" — wapentake-court.* Ubi dabitur [pax] in wapentako, emendetur infracta pax 1 hundreto. Ib., c. 1, 2, p. 228. Debet autem scyregemot et burgemot bis, hundreta vel wapentagia duodecies in anno congregari. Leg. Henr. I, c. 7, 4, ed. DOWNER, p. 100.

**wara** (germ.): *marchandise — merchandise, wares.* Si quis . . . [mercator] waram vel vestes vel corrigia . . . taxaverit. PIRENNE, *Villes et inst. urb.*, II p. 191 c. 2 (ca. a. 1080, S.-Omer).

**warandia,** ga-, -tia (germ.): **1.** *garantie* portée par qq'un contre les prétensions d'un tiers — guaranty offered by someone from the claims of a third party. Eas terras nec ipse nec heres ejus amplius reclamaret nec alicui reclamanti de hac re warandiam portaret. VERCAUTEREN, *Actes de Flandre*, no. 119 (a. 1125). Promisit per manum H. episcopi Autisiodorensis et W. comitis Nivernensis se portaturum warantiam supradictis fratribus. DC.-F., VIII p. 404 col. 1 (ch. a. 1130, Auxerre). Quod si forte adversus R. aliqua insurrexerit calumnia, ecclesia s. Remigii in nostra curia garantiam portabit, . . . si adversus ecclesiam inde aliqua calumnie molestia emerserit R. ecclesie garantiam portabit. DC.-F., IV p. 26 col. 3 (ch. a. 1183, Reims). **2.** *gage — pledge, security.* Sciendum est, quod predictus K. et uxor ejus . . . titulo warandie obligaverunt predicto Th. domum cum area tres mansiones habentem. PLANITZ-BUYKEN, *Köln. Schreinsbücher*, no. 658 p. 153 (a. 1241). Ib., no. 430 p. 97 (ca. a. 1244). **3.** *asile, droit d'asile — sanctuary, right of sanctuary.* Quicumque hominem occiderit et ad ecclesiam confugerit, ecclesia ei garandiam conferre non poterit. Phil. II Aug. priv. pro Tornacens. a. 1188, *Actes*, no. 224 c. 25. **4.** *droit d'usage communautaire — right of common easement.* Omnes illic habitantes warandiam habent in marcha communi. KEUTGEN, *Urk. st. Verf.*, no. 136 p. 137 (a. 1194-1198, Dieburg).



**waranio** (genet. -ionis), waranno, warnio, wereno (germ.): *étalon rouleur — stallion, stud-horse.* Si quis waranione[m] homine franco furaverit. Pact. leg. Sal., tit. 38 § 2. Si quis waranionem regis furaverit. Ib. § 4. Caballos tam warannonis quam spadones. Test. Bertranni a. 615, PARDESSUS, I no. 230 p. 208. Equos emissarios, id est waraniones, bene praevideant. Capit. de villis, c. 13. Jumenta capita cum illo werenione 21. DRONKE, *CD. Fuldens.*, no. 174 p. 98 (a. 802).

**warantia,** ga-, -ren- (germ.): *garance — madder.* Ad genitia nostra . . . opera ad tempus dare faciant, id est linum, lanam, waisdo, vermiculo, warentia. Capit. de villis, c. 43. De theloneo garantiae. SUGER., *De admin. sua*, c. 1, ed. LECOY, p. 157.

**warantire,** garan-, garen- (<warandia): *garantir la sécurité de qq'un ou d'une propriété — to warrant* the security of someone or of property. Tenemur . . . monasterium . . . et prioratus . . . manutenere, defendere et custodire sicut res proprias et ipsis abbati et monasterio Cluniacensi garantire. D. Ludov. VI reg. Franc. a. 1119, ap. LUCHAIRE, *Inst. monarch.*, II p. 56 n. 1. Homines de L. custodire et garentire habeo et quasi meos proprios homines . . . eos habeo defendere. *Cart. de S.-Pierre de la Couture*, p. 55 (a. 1130).

**warantisia,** i.q. warandia: *garantie* portée par qq'un contre les prétensions d'un tiers — guaranty offered by someone against the claims of a third party. Tenementum suum in elemosinam dedit et legitimam warantisiam adversus omnes homines, qui ad justiciam venire vellent, inde laturum se eis spopondit. ROUSSEAU, *Actes de Namur*, no. 20 (a. 1179).

**warantizare,** va-, ga-, gua-, -ren-, warantare, gua-, -ren- (<warandia): **1.** *garantir, se porter garant — to warrant, to give warrant, to act as a warrantor.* Si ipsi [scil. justiciarius, judices et testes] warantizaverint eum [scil. interfectorem], quod juste sit facta justicia de eo [scil. fure] pro suo latrocinio, quietus erit interfector. Leg. Edw. Conf., c. 63, 3, LIEBERMANN, p. 667. Si venditor non potest habere plegios, retineatur cum pecunia, donec veniat aut dominus ejus aut quilibet alius qui juste possit eum warantizare. Ib., c. 38, 1 a, p. 668. Si inter pares duos de aliquo beneficio controversia sit . . ., si possidenti sine fraude dominus guarentare voluerit, ipse obtinebit. Libri feudor., vulg., lib. 2 tit. 34 § 1, ed. LEHMANN, p. 164. Nec habeat quisquam potestatem eum [scil. furem] tenendi vel vitam ei warantizandi. Leg. Willelm., c. 47, 3, LIEBERMANN, p. 519. Defendit [rex] quod nullus habeat arcus, nec sagittas, nec canes, nec leporarios in forestis suis, nisi habeat warantum regem vel aliquem alium qui ei warantizare poterit. Assisa de foresta, a. 1184, c. 2, STUBBS, *Sel. ch.*[9], p. 187. Warantizo N. quod fuit apud illum locum per preceptum meum [sc. regis] illo die in servicio meo, et ideo coram vobis eo die assisis vestris interesse non potuit. GLANVILL., lib. 1 c. 8, ed. HALL, p. 6. Oportebit ipsum tenentem principalem essoniatorem warantizare. Ib., lib. 1 c. 23, p. 14. Debere ei warantizare rem illam. Ib., lib. 3 c. 1, p. 39. Haec autem omnia quae idem archiepiscopus in hoc excambio recepit, varantisabimus nos et heredes nostri ecclesiae Rothomagi et praedicto archiepiscopo et successoribus suis in perpetuum contra omnes homines. D. Richardi reg. Angl., a. 1197, ap. BRUSSEL, *Usage*, II p. XIX. **2.** cartam: *reconnaître et garantir la veracité, la validité, d'une charte — to recognize and to warrant the genuineness and validity of a charter.* Ubi sigillum recognoscit publice in curia, cartam illam tenetur prescise warantizare. GLANVILL., lib. 10 c. 12, ed. HALL, p. 127. Alio eciam modo solet fides cartis imponi in curia . . .; veluti per alias cartis eodem sigillo signatas, et de quibus constet quod ejus carte sint qui cartam illam suam esse negat, ita quod eas bene warantizat in curia. Ib.

**warantor,** ga-, gua-, -ren- (<warandia): *garant — warrantor.* Diracionati sunt abbas et monachi quod tota ecclesia s. Marie de D. sua erat . . . per guarantores suos quos ibi habebant, scilicet R. et J. HASKINS, *Norman inst.*, p. 321 no. 1 (a. 1139). Ostagios et garentores hujus contractus se futuros esse pronuntiaverunt. LUCHAIRE, *Louis VII*, no. 264 p. 386 (a. 1151-1152).

**warantus,** ga-, gua-, gui-, -ren-, -dus, -dum, -tum, -tis, -nus (<warandia): **1.** *garant — warrantor.* Si quis rem suam super aliquem reperit et ipse warentem dare se dixerit, statim juret ut ad certum warentem eum conducat, et super tertium warentem et tertium comitatum non procedat. Et si hoc facere noluerit, rem perdat. Capit. Veron. a. 967, *Const.*, I no. 13 c. 7, p. 29. H. in beneficium dederat [Gofredo] primicias decimarum dicte ecclesie, et non potuit inde garentus existere; et ob hoc clamabit eas quietas predictus Gofredus Deo et s. Juliano. [LOTTIN], *Chart. eccl. Cenom.*, no. 179 (a. 1038-1055). O. convenit ad prefatum comitem ut, si ullus homo proclamat ista prefata omnia jam dicto comiti, sit ei legitimum guarentem. ROSELL, *Lib. feud. maj.*, I no. 275 p. 300 (a. 1072). Donat predictus G. ad R. comite ipsa medietate de ipso castro de T. . . . in tale conveniencia que, si est homo nec femina que ipso castro jam dicto vetet ad R. comite, predictus G. siat guarentes de ipso castro jam dicto de ipsa medietate ad R. comite, et faciat ei adjutorium. Ib., no. 85 p. 96 (a. 1081). Illum, super quem reclamatio venerit de terra, si guarentem habere potuerit . . . *D. Heinrichs IV.*, no. 336 p. 442 l. 40 (a. 1081). Nemo a rege inplacitatus cogitur per legem alicui respondere, donec ei qui dominus omnium est satisfecerit. Sic potest ei warantus esse, qui in servicio suo est. Leg. Henrici, c. 43 § 1, ed. DOWNER, p. 150. Si aliquis aliquid interciebatur super aliquem, et ipse non poterat warantum suum habere, erat forisfactura. Leg. Edw. Conf., c. 22 § 3, LIEBERMANN, p. 647. De jam dicta venditione esse garrentis et defenssores contra cunctos homines. UDINA, *Llibre blanch de S. Creus*, no. 98 p. 100 (a. 1161). Convenimus vobis et vestris esse guirentes omnibus hominibus. Ib., no. 219 p. 216 (a. 1179).

Quero si mulier aliqua dotem habens possit alicui pro sua voluntate preter assensum waranti sui nubere. GLANVILL., lib. 7 c. 12, ed. HALL, p. 86. Vocatus ad justitiam sacramento manu sua defenderit, aut guarandum se non debere condiceret, aut per 60 sol. redderet. GUIMANN., Cart. s. Vedasti, ed. VAN DRIVAL, p. 179. **2.** spec. loc. vocare, nominare, trahere warantum: *produire un garant en litige — to vouch to warranty, to call a person into court to give warranty.* Si latrocinium invenitur in manu vel in potestate alicujus, qui se non poterit excusare, si vult warantem nominare, nullo modo ei liceat. Leg. II Cnut., c. 23, Instit., LIEBERMANN, p. 327 col. 2. Si . . . ipse warantem voluerit vocare. Ib., c. 24 § 1, Instit., p. 327 col. 2. Cum vero aliquem inde warantum vocaverit is qui tenet in curia. . . . Apparente eo in curia qui inde vocatus est warantus. GLANVILL., lib. 3 c. 1, ed. HALL, p. 38. Si presens in curia de waranto ei defecerit qui eum inde ad warantum traxerat. Ib. **3.** *celui qui vend une chose et qui se porte garant envers l'acheteur — the seller of a thing, acting as a warrantor on behalf of the buyer.* W. prior et W. monachus s. Albini calumpniaverunt Viviano de L. . . . quasdam vineas, quas Johannes de L. vendiderat illi sine auctorizamento abbatis sive monachorum, de quorum foevo erant. Et proinde guarentum suum, id est venditorem, ad terminum ipse Vivianus guagiavit. BERTRAND, *Cart. d'Angers*, I no. 362 p. 420 (a. 1060-1081). Si quis super aliquem aliquid quod suum est interciaverit, et ille qui accusabitur responderit se illud non a latrone scienter emisse, hoc pro quo accusabitur perdet, et ante justiciam per sacramentum se defendet . . . et postea in pace abibit; et hoc idem faciet garannus, si hoc idem dixerit, tam primus quam secundus et tercius . . . Phil. II Aug. priv. pro Ambian. a. 1190, c. 32, *Actes*, no. 319. **4.** *celui qui a le plein droit de propriété — the person who has the full right of property.* Quicumque . . . domum vel aream vel agros vel mansum receperit et per annum et diem legitimum quiete possederit, si quis in eum agere voluerit, possessor tactis reliquiis sola manu obtinebit, de cetero sui warendus erit nec amplius supra predictis gravari poterit. VAN DE KIEFT-NIERMEYER, *Elenchus*, I no. 62 p. 111 (Soest, s. xii p. post.).

**warda**, ga-, gua-, -dia (germ., > frg. *garde*, angl. *ward, guard*): **1.** *service de guet, garde, garnison — service of watch and ward, garrison.* Nec in principali servitio frequens existat, nec in wardia cum reliquis fratribus suis laborem sustineat. . . . Nec in wardia cum seniore suo persistat, nec aliquem publice utilitatis profectum exhibeat. Lex Visigot., lib. 9 tit. 2 c. 9. Si quis wactam aut wardam dimiserit. Ewa ad Amorem, c. 36. Non per aliquam occasionem, nec de wacta nec de scara nec de warda nec pro heribergare neque pro alio banno, heribannum comis exactare praesumat. Capit. Bonon. a. 811, c. 2, *Capit.*, I p. 166. **2.** *la garde d'un château fort — the guard of a castle on behalf of a lord or the king.* D. castro [i.e. castrum] remaneat Frotario in guarda Bernardi et Gauzberti. *Hist. de Lang.*$^{3}$, V pr. no. 109 col. 237 (ca. a. 960, Toulouse). Custodiam et gardam facias vel faciant de ipso castro. RIUS, *Cart. de S.-Cugat*, II no. 464 p. 112 (a. 1017). Commendavit predictus R. comes ad predictum B. ipsum castrum de P. et perdidit eum per sua mala guarda. ROSELL, *Lib. feud. maj.*, II no. 595 p. 103 (a. 1061). [Imperator] non debeat dare castrum dono vel in feudo vel in guardia alicui persone nisi Astensibus. Conv. Frid. I cum Astens. a. 1178, *Const.*, I no. 276 p. 379, c. 3. Illud [bonum] quod datur nomine gastaldiae vel guardiae. Libri feudor., antiq., tit. 1 c. 4, ed. LEHMANN, p. 86. Si aliquis possederit castrum, quod dixerit se pro feudo tenere, et econverso dominus per guardiam dixerit se ei dedisse . . . Ib., antiq., tit. 1 c. 6 § 4, p. 88. **3.** *guet-apens — ambush.* In curia sua [sc. ducis Normanniae] vel eundo ad curiam vel redeundo de curia nullus homo habuit gardam de inimico suo. Et si aliquis inimico suo in via vel in curia forisfecit . . . Consuet. Norm. (a. 1091), c. 1, HASKINS, *Norman inst.*, p. 282. **4.** *protection — protection.* Accipio te . . . cum tota ista honore . . . in mea garda et deffensione semper. ALART, *Cart. Roussillonais*, no. 14 p. 29 (a. 976). Fiat in ipsa mea guarda ipse alodus. DESJARDINS, *Cart. de Conques*, no. 418 p. 308 (s. xi). Mittimus nos in comanda et in guarda Deo et s. Fidi. Ib., no. 440 p. 322 (s. xi p. post.). **5.** *redevance exigée comme prix de la protection accordé par un seigneur — tribute exacted by a lord as a reward for the protection afforded by him.* In ipsum alodem guardam nec commandam neque nullam tultam non habeat. DESJARDINS, *Cart. de Conques*, no. 8 p. 12 (a. 1051). Ipsi dederunt omnia quae in ea terra sunt, quaemodo sunt vineae, decimum, gardia, obedimentum. GUÉRARD, *Cart. de Marseille*, I no. 515 p. 511 (ca. a. 1055). Donant domino Deo et s. Victore gardia de vineas que sunt in territorio s. Marcelli. Ib., I no. 92 p. 119 (ca. a. 1070). Ibi pluries. Istam vineam . . . donamus . . . ad altare . . . in servicio ipsius ecclesie, excepto decimo et gardia. CASSAN-MEYNIAL, *Cart. d'Aniane*, no. 120 p. 263 (a. 1100). Nichil . . . sibi . . . exigendum amplius retinuit, nisi tantum vardam et malefactorum justiciam. FLACH, *Origines*, I p. 267 n. 1 (a. 1103, Bourg). De custodia quam vulgo vocamus guardam, quam ipsi habebant in villa s. Flori. CHASSAING, *Cart. de Chamalières*, no. 134 p. 68 (a. 1179-1200?). **6.** *tutelle d'un mineur ou d'une veuve — wardship of a minor or a widow.* Si G. major infra etatem 20 annorum decesserit, quicunque filiorum meorum sibi successerit, similiter in garda et in bailia domine matris mee usque ad etatem 20 annorum permaneat. GERMAIN, *Cart. des Guillems de Montpellier*, no. 95 p. 182 (a. 1146). **7.** *la garde d'un bien-fonds d'un mineur ou d'une veuve — guardianship of the estate of a minor or a widow, estate in ward.* Utrum aliquis obierit saisitus de aliquo libero tenemento ut de feodo vel ut de warda. GLANVILL., lib. 13 c. 2, ed. HALL, p. 149. Si probetur ita antecessorem ipsius minoris nullam inde habuisse saisinam die qua obiit nisi ut wardam. Ib., lib. 13 c. 15, p. 158. Recognoscere si R., qui presentavit ultimam



personam que mortua est ad ecclesiam illam occasione tenementi quod tenuit in illa villa, fecerit illam presentationem ut de feodo vel ut de warda. Ib., lib. 13 c. 21., p. 162. **8.** *avoué ecclésiastique — ecclesiastical advocate.* Solvimus ad ipsas guardas ipsius loci . . . ut sint adjutores s. Petri et abbati et monachis ipsius loci [Lezatensis]. Similiter nos qui sumus gardas ipsius loci suprascripti nomina, guarpimus et solvimus per istam convenientiam. *Hist. de Lang.*$^{3}$, V pr. no. 476 col. 897 (a. 1121, Lézat). **9.** *la garde des églises, notamment la haute protection exercée par le roi — the high protection of a church, especially the protection afforded by the king.* S. xiii. **10.** *centre d'exploitation d'un fisc — central manor of a royal fisc.* Habeat quilibet primariorum quolibet anno de nostra warda, quam wichin Angli appellant, duos equos. Lex Ps.-Cnut. de foresta, c. 6, LIEBERMANN, p. 621. **11.** *subdivision du "hundred" anglosaxon — subdivision of the hundred.* Decimatio autem est que alicubi dicitur vulgo warda, id est observatio, scilicet sub una societate urbem vel centenarium debet servare. Cons. Cnut., II, c. 19 § 2d, ib. p. 618. **12.** *quartier urbain — quarter of a town, ward.* Warde juste et rite observentur, et ut caute deinceps pro incendiis sibi illic provideant, cum ad propria redibunt. Leg. Edw. Conf., c. 32 § B 9, ib., p. 657.

**wardare**, ga-, gua- (<warda): **1.** *garder le bétail — to herd the cattle.* Animalia guardaberit. *CD. Cav.*, II p. 235 (a. 986). **2.** *se garder de, se protéger de — to be on one's guard, to guard against someone.* Homo qui rauso aut homicidio fecerit, et in villa se ubiar [leg. voluerit?] intrare, quomodo non habeat quem timet, sed gardet se de suos inimicos. MUÑOZ, *Fueros*, p. 222 (a. 1062, Zamora). **3.** *garder un château ou un bien-fonds — to guard a castle or an estate.* Convenit predictus D. jam dictis comiti et comitisse ut guardet et defendat contra cunctos homines . . . omnem illorum dominicaturam. ROSELL, *Lib. feud. maj.*, I no. 472 p. 502 (a. 1062). Per hoc guardet G. ipso castro de T. et ipso balzo de S. terras. Ib., no. 72 p. 86 (a. 1079). Quod bene custodias et gardes prephatum castrum. Ib., no. 244 p. 257 (a. 1154).

**wardaroba**, warde-, ward-, ga-, gua-, -robia, -ropia (<warda, rauba): **1.** *chambre où sont conservés les vêtements, garde-robe — room where clothes are kept, wardrobe.* LOT, *Budget*, p. CXCIV. **2.** *centre de l'administration du roi — centre of the king's administration.* S. xiii, Angl.

**warenna**, ga-, gua-, -anna, -ennia, -enda, -inna (germ.): *terrain réservé à la chasse, garenne — grounds reserved for hunting, warren.* Warinnam fiscalem, per quam illa ruca consuetudo est trahere. *D. Karol.*, I no. 7 (a. 754). In pago Rothomagensi in warinna quam Secana cingit illos mansellos . . . *D. Charles le Ch.*, no. 399 (a. 872-875), II p. 386 l. 15. *BEC.*, t. 36 (1875), p. 414 (a. 1087, Saumur). *Gall. chr.*$^{2}$, IV instr. col. 173 (ch. a. 1153). *Actes Phil.-Aug.*, no. 358 (a. 1190).

**wargare** (< wargus): *ravir, enlever qq'un — to rob, carry off someone.* Qui eum [servum] plagavit, hoc est wargaverit, . . . sol. 35 culpabilis judicetur. Lex Salica § 66.

**wargengus**, warengus, waregnangus, warganeus (germ. "celui qui cherche la protection — one seeking protection"): *l'étranger qui vient d'un autre pays et qui par conséquent jouit de la protection du roi — the foreigner coming from another country and therefore enjoying the protection of the king.* De waregang. Omnes waregang, qui de exteras fines in regni nostri finibus advenerint, seque sub scuto potestatis nostrae subdiderint. Edict. Rothari, c. 367. Si quis wargengeum occiderit, solidos 600 in dominico componat. Ewa ad Amorem, c. 9. De waregnangis nobilibus, mediocribus et rusticis hominibus, qui usque nunc in terram fugiti sunt. Radelgis. et Sigin. div. duc. Benevent. a. 849, c. 12, *LL.*, IV p. 222. Alienigenae, id est warganei, qui manserint in banno, dabunt comiti 4 denarios. [VIGNIER], *Alsace*, p. 128 (ch. a. 1069, Toul).

**wargida** (<wargus): *condamnation — condemnation.* Qualiscumque causa infra patriam cum propriis vicinantibus pacificata fuerit, ibi solito more ipsi pagenses solidos 12 pro districtione recipiant, et pro wargida, quae juxta consuetudinem eorum solebant facere, hoc concessum habeant. Capit. Saxon. a. 797, c. 4, *Capit.*, I p. 71.

**wargus**, vargus (germ. "criminel — criminal"): **1.** **vagabond sans foyer, rôdeur — homeless robber, vagabond.* **2.** *proscrit — outlaw.* Si quis corpus jam sepultum effodierit et expoliaverit et ei fuerit adprobatum, . . . wargus sit usque in diem illam, quam ille cum parentibus ipsius defuncti conveniat, ut et ipsi pro eo rogare debeant, ut inter homines liceat accedere. Pactus leg. Sal., tit. 55 § 4. Lex Rib., tit. 88. Si quis corpus in terra vel noffo vel petra vel pyramide vel structura qualibet positum sceleratis infamationibus effodere vel exspoliare presumpserit, wargus habeatur. Leg. Henr. I, c. 83 § 5, ed. DOWNER, p. 260. Cf. M. JACOBY, *Wargus, vargr, "Verbrecher" "Wolf". Eine sprach- und rechtsgeschichtliche Untersuchung*, Uppsala, 1974 (*Acta Univ. Upsal., Studia German. Upsal.*, 12).

**waria** (germ.): *pré communal protégé d'un fossé — common meadow protected by a ditch.* Octavam partem magni prati, quod est in guauria, et duas partes alterius prati in eadem waria. Priv. Alex. II pap. a. 1180, *Ann. Praemonstr.*, II pr. col. 169.

**waringus**, varingus (germ.): *soldat aventurier — soldier adventurer.* Varingus quidam in Ruscia servum emerat . . . Ars tamen qua [servus] erat instructus, inter varingos eum conversatum fuisse prodebat: nam arma, quibus illi soli utuntur, fabricare noverat. AUGUST. EPISC. NIDROSIENS., Pass. et mir. Olavi, *AASS.*$^{3}$, Jul. VII, p. 127 B (s. xii pt. post.). Cf. L. MUSSET, *Les peuples scandinaves au moyen âge*, 1951, p. 53, et id., *Les invasions, le second assaut contre l'Europe chrétienne (VII$^{e}$-XI$^{e}$ siècles)*, 1971$^{2}$, p. 121.

**warire**, ga-, gua- (<warandia): **1.** *fournir la preuve de ses droits de propriété — to supply the proof of one's rights of property.* Aremivit [i.e. adchramavit] se ipsius [i.e. ipse] A. secundum legem suam salicam, sit [i.e. si] ista[m] terra[m] guarire non poterit, ut merito in M. rendat. BERNARD-BRUEL, *Ch. de Cluny*, II no. 1034 p. 128 (a. 957). **2.** i.q.

warantire: *garantir la sécurité* de qq'un — *to warrant the security* of someone. Convenio ad garire vel ad deffensare vobis ex totis hominibus. Udina, *Llibre Blanch*, no. 77 p. 81 (a. 1158).

**wariscapium,** wares-, varis-, -capum, warescagium (<germ. *warôn* "réserver, préserver — to reserve, preserve", et *warjan* "protéger — to protect". Peut-être le mot s'est-il formé sous l'influence de "watriscapum" — the word has perhaps been formed under the influence of "watriscapum". Cf. M. Gysseling, *Enkele Oudnederlandse woorden in het Frans*, in: *Mededelingen Vereniging voor Naamkunde te Leuven*, t. 29 (1953), p. 81-82): *bruyère, terrains incultes réservés à l'usage communautaire, waréchaix — moor, uncultivated land reserved for common easement.* Cum procinctu totius villae et appendiciorum ejus in agris et variscapiis, in propriis et alienis allodiis. Martène, *Ampl. Coll.*, I p. 412 (ch. a. 1046, Liège). Via regia ... et wariscapii extra aquam et in aqua, omnes ad suam [i.e. comitis Namucensis] justiciam pertinent et omnes sui sunt. Van de Kieft-Niermeyer, *Elenchus*, I no. 9 p. 296 (a. 1047-1064, Dinant). [Jurisdictio in] variscapiorum usurpationibus injustis. Bormans-Schoolmeesters, *Cart. de Liège*, I no. 32 p. 52 (a. 1116). Dotavi eam de 4 mansis ... et de cursu aque Mosae a prima parte superioris insule ... usque ad ultimam partem inferioris ... et de variscapio utriusque ripe. G. episc. Leodiens., lib. 3 c. 24, *SS.*, XXV p. 100 (ch. a. 1130). Licet ei accipere terram in warescagio Montensi seu in nemore comitis. Gislebert. Mont., Chron., append. Minist. cur. Hanon., ed. Vanderkindere, p. 340. Justicia in strata publica et warescapio communis est duci et episcopo. Van de Kieft-Niermeyer, o.c., I no. 43 p. 466 (a. 1245, Maastricht). Cf. P. Errera, *Les waréchaix. Etude de droit foncier ancien*, dans: *Annales de la Soc. archéol. de Bruxelles*, t. 8 (1894), p. 145-179.

**waritor,** ga-, i.q. warantor: *garant, défenseur — warrantor, defender.* Erimus tibi garitores et defensores de hac terra unde potuerimus. Udina, *Llibre Blanch*, no. 57 p. 64 (a. 1154).

**warnimentum** (cf. voc. warnire): *possessions personelles* comme linge de corps, vêtements, armes, etc. — *personal property* like body linen, clothes, weapons, etc. Nihil aliud ex [ecclesiae cellariis] traham nisi illum malefactorem aut ejus warnimentum. Sacram. pacis Belvacense (ca. a. 1023), c. 1, Pfister, *Robert*, p. LX.

**warnire,** gar-, guar-, guernare (germ., >frg. *garnir*): **1.** *garnir, fournir d'un équipement suffisant — to provide with a suitable equipment.* In hostem vel ad placitum sive ad curtem veniens de suo sic warnitus et de domo sua moveat, ut cum pace venire et nobiscum stare et ad domum suam redire possit. Conv. Confl. a. 860, Adn. Ludov., c. 6, *Capit.*, II p. 158. Nobis in adjutorium ... veniant et ad hoc omnes semper warniti sint. Kar. Calvi capit. Caris. a. 877, c. 25, ib., p. 360. **2.** *instruire, préparer solidement — to instruct, to prepare thoroughly.* Ad omnem legem examinandam, quacumque ei synodus indicasset, semper garnitus esset. Concil. Turon. a. 925, *Hist. de Fr.*, IX p. 325 B. **3.** *éduquer, enseigner — to educate, to teach.* Relinquo ei meum filium pro garnire et pro facere militem. *Hist. de Lang.*[3], V pr. no. 599 col. 1174 (a. 1154, Béziers). **4.** *préserver, garder — to preserve, to keep.* Si ego ... vel meus eredes [i.e. mei haeredes] ipsa[m] suprascripta[m] casa[m] et res ejus bene non guernaremus. Schiaparelli, *CD. Longob.*, I no. 85 p. 251 (a. 746, Lucca). **5.** *mettre en état de défense — to put into a state of defence.* S. xiii.

**warto,** i.q. garcio.

**wasdium,** v. waisda.

**wasilus** (subst.): *pus, matière purulente — matter, pus, purulent discharge.* Si [coxa] non fuerit transpuncta, et nervora tetigerit, ut ibi wasilus intrat, solvat solidos 3. Pact. Alamann., c. 49. Rursus c. 54.

**waso,** gua-, va-, -sio (germ., > frg. *gazon*): *plaque de gazon* employée comme symbole dans l'acte de saisine (transfert de propriété) — *sod* used as a symbol in the act of seisin (conveyance of property). Notitia ... traditionis ... per ... cortellum seu festuga nodatum, adque vasone terre. Giulini, *Mem. di Milano*, I p. 463 (a. 870). Per andilaginem et guasonem et ramos arborum res ipsas ... vobis tradidi. Gregor. Catin., Reg. Farf., ed. Giorgi-Balzani, III doc. 309 p. 13 (ch. a. 873). Trado ... per wasonem terrae cultellum, festucum ... *D. Bereng. I*, no. 37 (a. 903), p. 110 l. 21. Per wantonem et wasonem terre ... facio traditionem. Bernard-Bruel, *Ch. de Cluny*, no. 1230 p. 320 (a. 967, Vienne). Regali concessione per festucam per cultellum per wantonem per wasonem. Chevrier-Chaume, *Ch. de S.-Bénigne de Dijon*, II no. 324 p. 105 (a. 1043). Super cartam mitte cultellum, festucam notatam, wantonem et wasonem terrae. Cartul. Langob., add. Lib. Pap., no. 2, *LL.*, IV p. 595. Per gwasionem terrae. Mathild. com. donatio a. 1102, *Const.*, I no. 444 p. 655.

**wastare** = vastare.

**wastellus,** vas-, gas-, guas-, -um (subst.): *gâteau — wastel cake.* Si quis gastellos et flatones vel hujusmodi que ville noceant fecerit, major potest prohibere ne amplius fiant. *Actes Phil.-Aug.*, no. 540 (a. 1196), c. 39, II p. 88.

**wastina,** wos-, vas-, gas-, -tinia, tena (<wastare): *terres vagues, désertes, incultes — waste land, uncultivated land.* Dono ... castrum ... cum omni jure, mancipiis, vastinis, molendinis, censu. DC.-F., VIII p. 254 col. 1 (ch. a. 863, Mons Planus). Decimationem nove terre que vulgo wastina vocatur. Vercauteren, *Actes de Flandre*, no. 8 p. 23 (a. 1089). Me ... dedisse 6 jugera wostine. Ib., no. 38 p. 105 (a. 1109). Duas garbas tocius solitudinis seu deserti, quod teutonice vocatur utfang vel wostinia. Ib., no. 93 p. 210 (a. 1119). Quatuor mansos terrae incultae, frutectis tantum et arbustis occupatam, quae wostene vocatur, contradidimus. Dipl. Frider. I imp. a. 1154, ap. Ludewig, *Reliq.*, X p. 145. Gros brief a. 1187, ed. Verhulst-Gysseling, p. 145. Duvivier, *Actes*, I p. 147 (a. 1190, Corbie). Prevenier, *Oork. Vlaanderen*, no. 76 p. 169 (a. 1197).

**wastum,** v. vastum.



**watriscapum,** wadri-, water-, widri-, vatri-, -schafum, -scampum, -scapud (<germ. *watar*, >teuton. *Wasser*, angl. et belg. *water*; et *scaph, scepfen*, >teuton. *Schöpfe, schöpfen*, aut *-scaf*, >teuton. *-schaft*, belg. *-schap*. Cf. H. Tiefenbach, *Studien zu Wörtern volkssprachiger Herkunft in karolingischen Königsurkunden. Ein Beitrag zum Wortschatz der Diplome Lothars I. und Lothars II.*, München, 1973, p. 92-96): (semper in formul. pertin.) *lieu où l'on puise de l'eau, source, puits, fossé — place where water is drawn, water-spring, draw-well, ditch.* Donavit ... cortile et watriscapis et terra arabile. Notitia monast. s. Petri Gandav. a. 694, ed. Gysseling-Koch, *BCRH*, t. 113 (1948), p. 294. Cum ... casis, curticlis, silvis, terris, pratis, pascuis et aratoria terra, aquis aquarumque decursibus, mobili et immobili, egressu vel ingressu et watrischafo. Wampach, *Echternach*, I pt. 2 no. 16 p. 45 (a. 709). Cum widriscapis, casis, campis ... Beyer, *UB. Mittelrh.*, I no. 8 p. 11 (a. 721, Prüm). Cum ingressu et egressu seu wadriscapis. Gysseling-Koch, *Dipl. belg.*, no. 212 p. 361 (a. 741-742, Saint-Trond). Cum ... communiis, perviis, wadriscapis ... Ib., no. 17 p. 36 (a. 770, S.-Bertin). Terris, mansis, campis, pratis, silvis, pumiferis, watriscapis, aquis aquarumque decursebus, gressis et ingressis ... *D. Karol.*, I no. 90 (a. 775). Cum waterscapis, perviis, communiis pascuis. Blok, *Werden*, no. 2 p. 157 (a. 793). Cum domibus, edificiis, curtiferis, cum wadriscapis ... Form. sal. Lindenbr., no. 1, *Form.*, p. 267. Ibi saepius. Form. Salzburg., no. 4, ib. p. 441. Form. extrav. I, no. 11, ib. p. 540. Cum ceteris aratoriis campis, pratis, silvis, pascuis cum watriscampis et perviis legitimis. Halkin-Roland, *Ch. de Stavelot-Malmédy*, I no. 27 p. 70 (a. 824). Casa cum curtile tum [= cum] aliis tectis et wadriscapud. Warnkoenig-Gheldolf, *Flandre*, I p. 326 (a. 826, Gand). Cum ... aquis aquarumve decursibus, sedibus, edificiis, wadriscapis, exitibus et regressibus. *D. Loth. I.*, no. 114 (a. 851, Prüm).

**wedredus,** videredum (subst.) (germ.): *serment déclaratoire prêté par le demandeur à l'ouverture d'un procès — sworn declaration given by the plaintiff at the beginning of a lawsuit.* Si quis causam mallare debet et sic ante vicinos causam suam notam faciat et sic ante rachymburgiis videredum donet, et si ipsi hoc dubitant, ut malletur causa. Ed. Chilperici, a. 561-584, c. 10, ed. Eckhardt, Pactus leg. Sal., p. 263. Qui mallatur, si ibidem venerit, tunc qui eum admallavit, si causa minor fuerit, unde minus quam 35 solidos conpositione habeat, debet sibi sextus videredum jurare. Pact. leg. Sal., tit. 73 § 2. Rursus § 3, 4 et 5.

**weida,** weisda, v. waisda.

**wera,** werra, werre, guerra (germ., cf. lat. *vir*), i.q. werigeldus: *wergeld.* Si quis compatriotam suum emat [leg. vendat] servum vel liberum, licet reus sit, ultra mare, solvat eum wera sua. Leg. Ine, c. 11, Quadrip., Liebermann, p. 95. Regis geneat si wera ejus sit 1200 scill., potest jurare pro 60 hidis. Ib., c. 19, p. 97. Si quis occisi weram exigat. Ib., c. 21, p. 99. Si iterum furetur, wera sua gildet [cognatio] eum, vel reddat similiter incarceratum. Leg. II Aethelstan, c. 1 § 4, Quadrip., Liebermann, p. 151. Placita que ad witam vel weram pertinent. Leg. Henr. I, c. 27 § 1, ed. Downer, p. 128. Si mulier occidatur, sicut weregildum ejus est, reddatur ex parte patris. Si pregnans occidatur et puer in ea vivat, uterque plena wera reddatur. Si infans occidat vel occidatur, sive nomen habeat sive non habeat, plena wera conjectetur. Ib., c. 79 § 13-15, p. 222. Alia est wera vel vindicti thaini, alia villani. Ib., c. 88 § 11 b, p. 272. Nullus burgensium judicetur de misericordia pecuniae nisi ad suam guerram, scilicet 100 solidos. Stubbs, *Sel. Ch.*[9], p. 260 (a. 1189).

**werefactio** (anglosax.): *homicide — manslaughter.* Omni homini licet firmationem et werefactionem negare, si posset vel audet. Leg. Ine, c. 46 § 2, Quadrip., Liebermann, p. 111.

**werelada,** wera- (anglosax.): *serment purgatoire prêté avec l'assistance d'un nombre de co-jureurs en rapport avec le statut personnel natif — exculpation by the oaths of a number of oathhelpers in accordance with a man's wergeld, i.e. to his status determined by birth.* Si quis altaris ministrum occidat, utlaga sit erga Deum et homines, nisi dignis satisfactionibus veros penitentie fructus ostendat et erga parentes ejus emendet, vel weralada se adlegiet. Leg. II Cnut., c. 39, Quadrip., Liebermann, p. 341 col. 1. Homicidium wera solvatur vel werelada negetur. Leg. Henr. I, c. 12 § 3, ed. Downer, p. 116. Si quis de homicidio accusetur et idem se purgare velit, secundum natale suum perneget, quod est werelada. Ib., c. 64 § 4, p. 204.

**wereno,** v. waranio.

**wereplegium** (anglosax.): *celui qui se porte garant du payement du wergeld — warrantor, security for the payment of wergeld.* Homicida, postquam weregildum mortui vadiaverit, inveniat wereplegios, sicut ad eam pertinebit: hoc est de twelfhindi hominis weregildo debent dari 12 homines ad wereplegium. De persol. occisi, vers. Quadrip., Liebermann, p. 393.

**werigeldus,** were-, wera-, wiri-, wire-, widri-, wider-, wedre-, wedri-, wer-, guere-, guidri-, -gildus, -gildum, -geldum, -goldum, -giltium, -gelta (germ., *wer, gelt*): *la valeur de la vie d'une personne exprimée en argent* et à payer, en cas d'homicide, pour racheter la vengeance ou à payer pour réparer d'autres méfaits, *wergeld — a man's legal value, the legal money-equivalent of a person's life,* to be paid as an indemnification for manslaughter in order to redeem the vengeance or as an indemnification for other offences, *wergeld.* Suum weregildum omnino componat. Childer. decr. a. 596, c. 5, *Capit.*, I p. 16. Ib., c. 6, c. 10. Si provare [= probare] non potuerit, et cognuscitur dolusae [= dolose] adcusassit [= accusavit], tunc ipse qui accusavit et provare non potuit, wergild suo conponat. Ed. Rothari, c. 9. Ille qui homicida est conponat ipsum mortuum sic adpraetiatus fuerit, id est wergild. Ib., c. 11. In leg. Langob. saepius. Si quis weregeldum solvere coepit. Lex Rib., c. 40 § 11. Si quis hominem in oste interfecerit, triplice weregeldum culpabilis judicetur. Ib., c. 66 § 1. Ib. c. 67, c. 86.

Si quis fortasse eum [sc. antrustionem] interficere presumpserit, noverit se wiregeldo suo soledos 600 esse culpabilem. Marculf., lib. 1 no. 18, *Form.*, p. 55. Coll. Sangallens. no. 21, ib., p. 408. Coll. Patav. no. 1, ib., p. 457. Si quis cum uxore alterius concubuerit libera, si repertus fuerit, cum werageldo illius uxoris contra maritum conponat. Lex Baiwar., tit. 8 c. 1. Ipsas res post meum decessum de proximis meis qui redimere voluerit cum meo wirigeldo redimat. Wartmann, *UB. S.-Gallen*, I no. 88 p. 84 (a. 779). Ib. no. 108 p. 102 (a. 786). Si mihi Deus legitimum dederit filium, liceat ei redimere [traditionem] cum duobus werageldis. Dronke, *CD. Fuld.*, no. 89 p. 55 (a. 788). Lex Sax., c. 20. Ewa ad Amorem, c. 7, c. 8. Capit. leg. add. a. 803, c. 7, *Capit.* I p. 114. Si quis alterius servum absque judicio et sine culpa pendiderit et ibi mortuus fuerit, weregildus ejus domino solvatur. Capit. a. 808, c. 2, ib., p. 139. Qui omnes testificati inventi sunt bonos et receptibiles essent et unusquisque suorum haberent wiregeldum. Manaresi, *Placiti*, I no. 59 p. 214 (a. 854). Etiam no. 69 p. 251 (a. 865); no. 70 p. 254 (a. 865). Si autem articulo praeventus obierit [presbyter vulneratus], precium weregeldi tripartita partiatur divisione, id est: altari, cui ordinatus fuerat, pars una, episcopo, in cujus diocesi erat, altera, tertia parentibus, de quibus orta fuerat. Conc. Tribur. a. 895, c. 4 versio A, *Capit.*, II p. 216. Ipse [abbas] et sui successores in jus ecclesie ad wergildum recipiant bannum et pacem quod ad regium jus adspiciebat de eisdem interfectis. *D. Ottos III.*, no. 124 (a. 993). Quod liberi sunt et widrigeld et proprium habent. Lib. Pap., Add. IV, Placiti forma gloss., *LL.*, IV p. 603 col. 1. Si fur capiatur, mortem patiatur vel vitam suam weregildo suo redimat. Leg. Ine, c. 12, Quadrip., Liebermann, p. 95. Qui hereteama (id est de conductione exercitus) fuerit accusatus, weregildo se redimat vel secundum weram suam neget. Ib., c. 15, p. 97. Regis stabularius, qui sibi nuntiare possit ad eum, ejus weregildum est 200 sol. Ib., c. 33, p. 103. Leg. II Eadm., c. 1, Quadrip., Liebermann, p. 187. Si ab aliquo extraneo occisus fuerit servus ecclesiae, advocatus de wergeldo quartam partem accipiat, abbati tres remaneant. *D. Lothars III.*, no. 74 (a. 1135). Wergelta fratrum sit et mancipium pro mancipio. Van de Kieft-Niermeyer, *Elenchus*, I no. 65 p. 117 (a. 1156, Augsburg).

**werire** (<germ. *werjan,*>teuton. *wahr*), i.q. adverare: *avérer, faire valoir un document comme authentique — to vindicate a document as being authentic.* Quod si venditor vel heredes sui supervixerint, ipsi testamentum werire debent aut multa incurrere. Lex Rib., tit. 62 c. 6.

**werpimentum,** guirpi- (<werpire): *déguerpissement — abandonment.* Haec est carta de diffinimento et guirpimento, quod R. episcopus Nemausensis et frater ejus B. fecerunt domino suo. *Hist. de Lang.*[3], V pr. no. 415 col. 781 (a. 1103, Montpellier).

**werpire,** wir-, war-, wor-, gwer-, guer-, guir-, gar-, gor-, guar-, gur-, gui- (germ.): **1.** *déguerpir — to forego, waive.* Germano nostro [= -um] visus es interfecisse . . . ita ut . . . solidus tantus [= -os] . . . mihi dare debueras, quos . . . per wadio tuo visus es transsolsisse, et nos ipsa[m] causa[m] per fistuco contra te visus sum werpisse. Marculf., lib. 2 no. 18, *Form.*, p. 88. Legaliter per festucam tradidi atque werpivi. Gysseling-Koch, *Dipl. Belg.*, no. 13 p. 28 (a. 723, S.-Bertin). Omnem justitiam et res proprietatis, quantum illi in ducato Baioariorum pertinere debuerant, gurpivit atque projecit. Synod. Francon. a. 794, c. 3, *Capit.*, I p. 74. Consignavit, tradidit et vestivit et per durpilum et festucam sibi foras exitum, alienum vel spoliatum in omnibus esse dixit et omnia wirpivit. Coll. Flavin., addit. 6, *Form.*, p. 492. Propria voluntate et justo omnium assistentium judicio easdem res cum querela warpivit. *D. Charles le Ch.*, no. 258 (a. 863), II p. 85 l. 9. Me suprascriptum M. de praedictis rebus in omnibus exitum feci, et vobis per festucam guerpivi, et per andilaginem et guasonem et ramos arborum res ipsas superius comprehensas per ipsam venditionem vobis tradidi. Gregor. Catin., Reg. Farf., ed. Giorgi-Balzani, III no. 327 p. 13 (a. 873). Per festucam . . . easdem res legaliter guarpiverunt. Pérard, *Rec. Bourgogne*, no. 11 p. 32 (a. 885, Fleury). Ubique veniens W. et filius suus item W. . . . istas res . . . warpiverunt et se exitum fecerunt. Prou-Vidier, *Rec. des ch. de S.-Benoît-s.-Loire*, I no. 32 p. 89 (a. 895). Me exinde foris expuli et warpivi et autsasita [i.e. absasitum] feci. *D. Ugo*, no. 80 (a. 945). Gabotto, *Carte di Asti*, no. 81 p. 157 (a. 960). Jura et exactiones . . . werpivi et afestucavi. Beyer, *UB. Mittelrh.*, I no. 308 p. 361 (a. 1036). Fevum illud ante comitem G. guurpierunt atque in jus gloriose Dei genetricis et possesionem perpetuam transfunderunt. Marchegay, *Arch. d'Anjou*, III no. 173 (a. 1040-1045). Guarpimus et donamus . . . aecclesiam de L. Desjardins, *Cart. de Conques*, no. 77 p. 73 (ca. a. 1055). Nisi prius dimissionem manu propria, quod et vulgo werpire dicitur, faceret ex omni beneficio quod infra ambitum Cameracae civitatis habebat. G. Lietberti episc. Camerac., c. 20, *SS.*, VII p. 495. Omnia quae praenotata sunt . . . ad opus dicti monasterii . . . in manu mea [sc. comitis Flandr.] werpiverunt et a se penitus abdicaverunt. Vercauteren, *Actes de Flandre*, no. 13 p. 43 (a. 1093). Superveniente morte garpivit et solvit praescriptum honorem. *Hist. de Lang.*[3], V pr. no. 469 col. 882 (a. 1119, Gellone). Consuetudines injustas . . . in presentia principum et nostra dux ipse werpivit. *D. Konrads III.*, no. 75 (a. 1141-1142). Villam, quam de me T. tenebat, ecclesie contuli. Siquidem idem T. in presentia parium suorum ipsam villam mihi reddidit et gwerpivit et gwerpitam sibi abjudicari pertulit. Rousseau, *Actes de Namur*, no. 8 (a. 1152). Quoddam feudum . . . quod I. de me tenuit et in manus meas libere coram hominibus meis reddidit et defestucavit et werpivit. Prevenier, *Oork. Vlaanderen*, no. 84 p. 185 (a. 1198). **2.** i.q. diffidare. Seniorem: *dénoncer la foi vassalique, annoncer la rupture du lien vassalique, désavouer* son suzerain - *to denounce one's faith as a vassal, to announce the rupture of a vassalian tie, to disavow* one's lord. Guirpivit quidam miles seniorem suum S. sine forfacto et vertit se ad G.; propter quod tulit ei S. suum fevum. Métais, *Cart. de Vendôme*, I no. 63 p. 119 (a. 1046). **3.** uxorem: *se divorcer — to divorce.* Licentiam ineundi connubii novi petens, illam se gurpisse . . . protestans. Fulbert., epist. 29, *Hist. de Fr.*, X p. 459 B. Ut episcopi nullum amplius ad subdiaconatus gradum ordinent, nisi . . . promittat nunquam se habiturum uxorem neque concubinam; et si tunc eam habuerit, mox ei abrenunciet, quod lingua Francorum gurpire dicimus. Concil. Bituric. a. 1031, c. 6, Mansi, t. 19 col. 503 E.

**werpiscere,** wir-, guir-, vir-, i.q. werpire: *déguerpir — to forego, waive.* Dono et wirpisco ibi [i.e. ecclesiae s. Petri Cluniensi] pratum unum. Bernard-Bruel, *Ch. de Cluny*, II no. 1002 p. 97 (a. 956). Ego, P., comes, . . . dono atque guirpisco tibi . . . medietatem de ipsas civitates, id est . . . Carcassona et Redas. Rosell, *Lib. feud. maj.*, II no. 812 p. 295 (a. 1020). Guérard, *Cart. de Marseille*, I no. 87 p. 116 (a. 1076). *Hist. de Lang.*[3], V pr. no. 469 col. 882 (a. 1119, Gellone).

**werpitio,** ver-, vir-, guir-, guer-, gur- (<werpire): **1.** *déguerpissement — abandonment.* Noticia virpicionis. Desjardins, *Cart. de Conques*, no. 155 p. 137 (a. 934). Ibi pluries. In antea hec mea donacio atque guirpicio firma et stabilis permaneat omni tempore. Rosell, *Lib. feud. maj.*, II no. 812 p. 295 (a. 1020). **2.** *symbole employé dans l'acte de déguerpissement — symbol used in performing the act of abandonment.* Illius calumpnie guirpitionem in manu abbatis cum ramo cujusdam quercus miserunt. Bertrand, *Cart. d'Angers*, I no. 372 p. 431 (a. 1082-1106).

**werpitor,** guarpitor (<werpire): *donateur — donor.* Si nos jamdicti guarpitores . . . contra istam evacuacionem ad inrumpendum venerint. Desjardins, *Cart. de Conques*, no. 77 p. 74 (ca. a. 1055).

**werpitorius,** war-, wir-, vir-, guar-, guir-, -urius (adj.) (<werpire): (d'une charte ou d'une notice) *relative à un déguerpissement* — (of a deed) *purporting an abandonment.* Notitia. warpituria et eos [i.e. eorum] qui hanc notitiam subterfirmaverunt. Ubique veniens W. et filius suus item W. . . . istas res . . . warpiverunt et se exitum fecerunt. Prou-Vidier, *Rec. des ch. de S.-Benoît-s.-Loire*, I no. 32 p. 89 (a. 895). Carta virpitoria. Desjardins, *Cart. de Conques*, no. 155 p. 138 (a. 934). Propterea facimus hanc cartam guarpitoriam ego jamdictus P. episcopus. Guérard, *Cart. de Marseille*, I no. 69 p. 96 (a. 1001). *Hist. de Lang.*[3], V pr. no. 161 col. 342 (a. 1002, Carcassonne). Hanc cartam warpitorium fieri jussit. Guérard, *Cart. de Marseille*, I no. 27 p. 38 (a. 1020). Hec est carta vel testamentum seu notitia guarpitoria. Cau Durban, *Cart. du Mas d'Azil*, no. 2 (a. 1070). Subst. femin. **werpitoria: 1.** *déguerpissement — abandonment.* Notitia possessionis seu securitatis sive guarpitoriae quae fuit facta Narbone civitate. *Hist. de Lang.*[3], V no. 98 col. 222 (a. 955). Si aliquis . . . contra hanc donationem vel warpituram calumniare voluerit. Prou-Vidier, *Rec. de ch. de S.-Benoît-s.-Loire*, I no. 68 p. 180 (a. 982). Hec est guarpitoria ac affirmatio, quam ego W. comes facio Domino Deo beatissimoque martiri Saturnino . . . de honore de B. Douais, *Cart. de S.-Sernin de Toulouse*, no. 434 p. 311 (a. 1060-1093). **2.** *charte ou notice de déguerpissement — deed purporting an abandonment.* Noticia seu wirpituria qualiter . . . Thévenin, *Textes*, no. 117 (a. 905, Mâcon). Oportum fuit [i.e. oportuit] quod virpitoria colligere debuissent, quod ita et fecerunt. Desjardins, *Cart. de Conques*, p. 138 no. 155 (a. 934). Facta guarpitoria ista in mense aprili. *Hist. de Lang.*[3], V pr. no. 85 col. 203 (a. 945, Toulouse). Facta guirpitoria ista sub die veneris. Desjardins, o.c., no. 175 p. 152 (a. 997-1004).

**werpus,** guer-, i.q. werpitio: **1.** *déguerpissement — abandonment.* G. et frater ejus terram guerpivit . . . concedentibus et guerpum facientibus sanctione domino ejus. Martène, *Thes.*, I col. 188 (ca. a. 1060, Tours). **2.** *symbole employé dans l'acte de déguerpissement — symbol used in performing the act of abandonment.* Ab injusta invasione resipuerunt et decimam eandem, guerpum coram multis super altare ponentes, reliquerunt. *D. Phil. Ier*, no. 3 (a. 1060).

**werra,** guerra (germ.): **1.** *lutte ou querelle violente, sédition, dissension — violent strife, quarrel, insurrection, sedition.* Rixas et dissensiones seu seditiones, quas vulgus werras nominat. Epist. synod. Carisiac. a. 858, c. 15, *Capit.*, II p. 440 l. 19. Si werra in regno surrexerit, quam comes per se comprimere non possit. Capit. Carisiac. a. 877, c. 19, ib. p. 360. Civitatem itaque, quam episcopus factus pro werrarum seditione desertam invenit. G. Lietberti Camerac. episc., lib. 3 c. 24, *SS.*, VII p. 497. Guerre et discordie et hujusmodi mala, si in civitate contingunt, per scabinos emendari poterunt. *Actes Phil.-Aug.*, I no. 473 p. 567 (priv. pro commun. Atrebat., a. 1194, c. 28). **2.** *vengeance, guerre privée,* souvent entre seigneurs féodaux — *vengeance, private warfare,* often between feudal lords. Faciat guerram . . . ad omnes homines quibus comes aut comitissa mandaverit facere ei. Rosell, *Lib. feud. maj.*, I no. 40 p. 57 (a. 1064). Nulli licuit pro guerra hominem capere vel redimere nec de bello vel conflictu pecuniam portare vel arma vel equum ducere. Consuet. et just. Norm., c. 14, ed. Haskins, *Norm. instit.*, p. 284. Si gwerram sibi faciant [homines domini]. Leg. Henr. I, c. 59 § 12a, ed. Downer, p. 186. Emendationem faciat parentibus vel werram patiatur. Leg. Edw. Conf. c. 12 § 6, Liebermann, p. 639. Si autem episcopus werram habuerit cum aliquo amico vel homine comitis, contra quem comes salvo honore suo episcopum juvare non potest, dabit castrum in potestatem episcopi, ut habeat illud quamdiu werra duraverit, accepta tamen securitate, ut finita werra ei restituat. Dipl. Fred. I imp. a. 1165, Muller-Bouman, *OB. Utrecht*, I no. 449 p. 404 (a. 1165). Utrum vero ad werram suam manutenendam possint domini hujusmodi auxilia exigere. Glanvill., lib. 9 c. 8, ed. Hall, p. 112. **3.** *guerre entre pays, peuples, princes ou rois — warfare between lands, nations, princes or kings.* Inimici regis qui sibi werram per mare vel per terram facient, fiduciam non

habebunt in comite. Conv. inter Henr. I reg. Angl. et Robert. com. Flandr. a. 1103, c. 9, ap. Vercauteren, *Actes de Flandre*, no. 30 p. 91. Constitutum est quod nulli de hac villa aliam patriam impugnanti servire licet. Quod si forte hujusmodi servire ceperit priusquam ille cui commissus est guerram moverit, servitium illud ceptum consummabit. Priv. Phil. com. Flandr. a. 1164, c. 35, ap. Espinas, *Rec. d'Artois*, III no. 624 p. 313. **4.** *guerre dans un sens général — war in general.* Si castellum regno suo tradatur vel absque permissu ejus [sc. comitis Flandr.] construatur in pace et guerra illud armis recipiat vel destruat. Conc. Suession. ca. a. 1093, c. 11, Vermeesch, *Origines ... de la commune*, p. 65. Si civis Lund[oniensis] terram aliquam per annum et diem unam sine calumpnia tenuerit alicui in civitate manenti respondere non debet, nisi qui terram post calumpniaverit ... in patria hac non fuerit aut in werra. Libert. London. a. 1133-1154, c. 7, Liebermann, p. 674. Advocatos qui se in advocationes ecclesiarum tempore werre violenter intruserunt. Glanvill., lib. 4 c. 10, ed. Hall, p. 50. **5.** *expédition militaire organisée par les bourgeois d'une cité — military expedition organized by the burghers of a town.* Audivi primates urbis vestrae ad invicem conjurasse guerram se facturos adversus vicecomitem pro mea liberatione. Ivo episc. Carnot., epist. 20, ed. Leclercq, p. 86. **6.** *duel judiciaire — judicial combat.* Inde bellum vel werram facere volentes. Solmi, *Ammin. finanz.*, app. no. 8a p. 255 (a. 1112, Pavia). **7.** loc. guerra recreduta: *cessez-le-feu — cease-fire.* Nec ... facient pacem vel finem vel treugam vel guerram recredutam cum rege G. Frid. I imp. conv. cum Pisanis a. 1162, c. 7, *Const.*, I no. 205.

**werrare,** werri-, guerr-, guerri-, guerraj-, guerrej-, guerreg-, guereg-, guirig-, gerreg-, guerrific-, werrire (<werra): **1.** *faire une guerre privée — to wage a private war.* Si fuerit ullus homo vel femina qui tollat ei, aut tulerint predicta omnia ... predictus A. tantum adjuvet ei ad rancorare et ad guerrejare per fidem, sine engan, usquequo recuperatum habeat predicta L. hoc totum quod perditum habuerit. Rosell, *Lib. feud. maj.*, I no. 37 p. 53 (a. 1060). Ego ... adjutor ero ad predictum R. ad guerrejare ipsum meum hominem qui hoc fecerit. Ib., no. 49 p. 148 (a. 1063). Ibi pluries. De ista hora in antea ego non te guerrejabo. *Hist. de Lang.*[3], V pr. no. 485 col. 914 (a. 1124, Narbonne). Guerregiare omnes homines, qui justitias et jura ecclesiae ... tollere voluerint. Ch. Oldegarii episc. Barcin. a. 1128, DC.-F., IV p. 131 col. 3. Ecclesiam s. Petri plurimum werriavit et multa dampna intulit. Fayen, *Lib. trad. s. Petri Blandin.*, p. 166 (a. 1163). Post longam inter hos et illos altercationem et guerrantium utriusque partis assultus tandem mediantibus utriusque similiter partis amicis pace inter eos composita, amici facti sunt. Lambert. Ard., c. 125, *SS.*, XXIV p. 623. **2.** *faire la guerre contre une cité, un peuple, une principauté ou un royaume — to wage war against a town, a nation, a territorial principality or a kingdom.* De ista die inante ... regnum illi non forconsiliabo neque werribo. Capit. post Conv. Confl. a. 860, c. 9, *Capit.*, II p. 298. Tempore quo simul guerrificabunt G. et T. comites. Métais, *Cart. de Vendôme*, I no. 115 p. 210 (a. 1057). Prospera multa illo anno, guerrando Pisanos, Januensibus acciderunt. Caffar., Ann., ad a. 1122, ed. Belgrano, I p. 17. Ego I. comes Tolosae ... facio tibi donum et convenientiam ut tantum sine tuo inganno guerregem comitem de Fuxo. *Hist. de Lang.*[3], V pr. no. 552 col. 1058 (a. 1142, Foix). Lodewicus rex Franciae et Heinricus rex Angliae invicem guerrant. App. ad Rahewin., G. Friderici, ad a. 1168, ed. Waitz-Simson, p. 350. Comes Flandriae de doliis auro et argento plenis, ad guerriandum regem Francie sibi ab Anglorum rege Richardo collatis. Lamb. Ard., c. 150, *SS.*, XXIV p. 639. Guerrificare ducem per se nihilominus audent. Guill. Brito, Phil., lib. 12 v. 446, ed. Delaborde, II p. 365.

**werrinus,** guerr- (adj.): *ennemi, hostile — enemy, hostile.* Si sint [mercatores] de terra contra nos guerrina. Magna Carta, c. 41.

**wesdum,** v. waisda.

**wicharia,** -arisca (<vicia?): *sorte de service de transport, peut-être de vesce — a kind of transport-service, perhaps of vetch.* Carroperas, quantum ei jubetur. Pullos 3, ova 15. Arat ad hibernaticum perticas 4, ad tramesum 2. Ad tertium annum wicharia. Irminonis polypt., br. 16 c. 3. Faciunt omni anno inter totas tres decanias carrum 1 ad wichariscam, si eis injungitur. Ib., br. 9 c. 9.

**1. wida,** gui- (subst. mascul.) (cf. voc. widare): *chef d'escadre — commander of a squadron.* De quibus galeis C. consul fuit guida cum O., quem elegit sibi sotium in itinere. Caffar., Ann., a. 1146, ed. Belgrano, I p. 33.

**2. wida,** gui- (subst. femin.) (cf. voc. widare): *droits d'escorte — due for safeguarding.* Concedimus ... widam stratae a ponte Cornelii usque Glozam, et si ultra juste habere potuerit. Dipl. Frid. I imp. a. 1164, Muratori, *Antiq.*, IV col. 220. Concessimus ... widas et tansas omnes a flumine Tartari usque ad mare. Dipl. Frid. I imp. a. 1164, ib. col. 257. Nullus Perusinus dabit guidam aut silquaticum vel passagium in civitate E. Ficker, *Forsch.*, IV no. 153 p. 194. (a. 1183).

**widagium,** gui-, -aticus (<widare): **1.** *sauf-conduit — safe-conduct.* Aliquis qui detinet captum hominem de villa s. Antonini, non intret villam predictam occasione feriarum vel guidagio vel aliqua alia occasione, nisi faceret de voluntate et cum guidagio propinquorum parentum illius qui captus detinetur. Teulet, *Layettes*, I no. 86 p. 59 col. 2 (ca. a. 1144, Rodez). **2.** *droits de pilotage — payment of pilotage.* S. xiv.

**widamentum,** gui- (<widare): *sauf-conduit — safe-conduct.* Guerram non fecerim per memedipsum, nec homo per meum consilium, contra vos ... et de ipsa guerra ullum guidamentum vel expiamentum non fecerim nec ego, nec ullus homo ... ad vestrum dampnum, me sciente. Rosell, *Lib. feud. maj.*, I no. 180 p. 193 (a. 1053-1071).

**widare,** gui- (germ.,>frg. *guider*): **1.** *escorter, protéger — to safeguard, protect.* Si quis cum alio ierit vel fuerit sive in via ... seu in agro ... senior suus nullo modo possit eum reptare ... nisi antea ab ipso seniore suo, sive ab amico, amonitus fuerit ut eum non guidasset nec cum illo isset. Usat. Barcinon., c. 132, ed. D'Abadal-Valls Taberner, p. 60. Nullus alius in iis quae ad mare pertinent sine consilio vestro affidare vel guidare possit. DC.-F., IV, p. 132 col. 2 (a. 1193, Marseille). **2.** *gouverner — to govern.* [Consul] jurabit, ut guidabit et reget populum Cremonensem ... ad fidelitatem et honorem ac servitium nostrum et salvamentum civitatis. Conv. Frid. I cum Cremon. a. 1162, *Const.*, I no. 212, c. 6, p. 298.

**widerdonum,** widher- (<germ. *widar*> teuton. *wider*; lat. *donum*): *le contre-don du donataire qui rend valable et effectif le don du donateur — the counter-gift of the donee* making the gift of the giver valid and irrevocable. Acipit ipse R. ab eundem B. exinde launechild, quod est widherdonum, manicias pars uno. *CD. Langob.*, no. 485 col. 837 d (a. 919).

**widonaticus,** gui-, -nagium (<widare): **1.** *sauf-conduit, protection — safe-conduct, protection.* Insuper recipio vos et domos vestras et ganatum vestrum et omnem rem vestram in mea amparanza et in meo guidonatico et in mea defensione. Udina, *Llibre blanch de S. Creus*, no. 89 p. 92 (a. 1160). **2.** *droit d'escorte — payment for safeguarding.* Cum domibus urbanis et suburbanis, vinetis, olivetis, castagnetis et cum omni dominio et guidonatico. Censius, Lib. cens., ed. Duchesne, I no. 92 p. 382 col. 2 (a. 1151). **3.** *droit de transit — transit duty.* De guidonagio Pontis-Episcopi et de ceteris pedagiis et pontonagiis per ... castellum Noviomensi episcopo nullum damnum eveniet, nec aliqua quadriga ferens vinum, nec aliqua mercatio tendens ad quascumque ferias per castellum transibit; aut si hoc evenerit, episcopus guidonagium et forisfactum de transeuntibus habebit. Priv. Alexandri III pap. a. 1177, Mabillon, *De re dipl.*, lib. 4 p. 266.

**wifa,** wiffa, gui- (germ.): **1.** *brandon placé aux extrémités d'une terre en signe du droit de propriété de qq'un sur cette terre — torch of twisted straw placed at the boundaries of a piece of land in token of someone's right of property.* Signum, quod propter defensionem ponitur, aut injustum iter excludendum vel applicandum secundum morem antiquum, quod signum wifam vocamus. Lex Baiwar., tit. 10 c. 18, codd. Ad, Ald, Ep. **2.** *brandon indiquant la saisie d'une maison ou d'une terre — torch of straw indicating the distraint of a house or a piece of land.* Nam antequam eum [sc. gasindium] admoneat ... non per wifa, non per pignerationem sine jussione nostra facere quis presumat. Ratch. leg., c. 14. Si denuo rebelles vel contradictores esse voluerint, ut super ipsam wiffam suam auctoritatem intrare praesumpserint, tunc a ministris reipublice in custodia mittantur. Capit. Mantuan. II ca. a. 787 (?), c. 8, *Capit.*, I p. 197. **3.** *signe symbolisant la protection royale — token symbolizing royal protection.* Wiffam vocant signum, quod qui regali habuerit dono et alicujus invasu alicui subjacuerit damno, vindice defenditur gladio. Rather., Praeloq., lib. 4 c. 12, Migne, t. 136 col. 259.

**wifare,** wiffare, guiffare (<wifa): *placer une "wifa" sur une terre ou une maison en signe de saisie — to place a "wifa" on a piece of land or a house in token of distraint.* Actor qui bene certus est, quod intra 30 annos aliqua invasatio aut fraus in pecuniam puplica peractum est, ipsum requirat et adducat ad nostram noditiam; sic tamen ut antea non presumat wifare aut pignerare, quia nos volumus ista causa per nosmed ipsus audire et secundum deum ordinare. Notit. de actor. regis Langob., a. 733, c. 2, ed. Beyerle, p. 328. Si homenis [= homines] in uno vico habitantis [= -tes] aliqua intentionis habuerit de campo aut vinea, prado aut silva, vel de alias res, et collexerent se una pars cum virtutem et dixerent "quia wifamus et expellimus eum de ipsum locum per virtutem foras". Liutpr. leg., c. 134. Si quis ex sua auctoritate terra aliena sini puplico [leg. sine publica] wifaverit, dicendo quod sua debeat esse. Ib., c. 148. Si iterum contemptores extiterint, tunc per publicam auctoritatem domus vel case eorum wiffentur, quousque pro ipsa decima ... satisfaciant. Capit. Mantuan. II ca. a. 787 (?), *Capit.*, I p. 197.

**wiltpannus,** -bannus (germ.): *le droit de chasse — the right to hunt.* H. Augustensi episcopo super quoddam proprium suae ecclesiae forestum wiltpannum dedimus ... eo tenore ut nulli preter H. episcopi licentiam ... infra hos [foresti] terminos liceat venari. *D. Heinr. IV.*, no. 47 (a. 1059). Ib., no. 59 (a. 1059); no. 323 (a. 1080).

**winagium,** wio-, wino-, vi-, vio-, gui-, guin-, guio- (<vinum, cf. etiam voc. vinagium et vinaticum): **1.** *péage sur le transport du vin — toll levied on the transport of wine.* Wionagium de omni vino, quod apud B. habuerit vestrum monasterium. Priv. Innoc. II pap. a. 1139, Pflugk-Harttung, *Acta*, I no. 181 p. 161 (Cambrésis). Wionagium de omni vino quod in Laudunensi pago monachi ad usus suos habituri sunt, in pepetuum perdonavi. Duchesne, *Hist. de Guines*, pr., lib. 4 c. 4, p. 338 (ch. a. 1139, Cambrésis). Guinnagium 15 vecturarum vini cum carro, et etiam pecudum suarum. D. Ludov. VII reg. Franc. a. 1157-1158, Luchaire, *Louis VII, actes inéd.*, no. 896. Vinagium et pidagium de omni vino, quod fratres ducunt ad ecclesiam ad opus suum per transitus nostros libere transire, et nihil omnino a ductoribus vini exire. Ch. Phil. com. Flandr. a. 1176, Miraeus, II p. 713. Notum ... dedisse me ... monasterio s. Praejecti in elemosynam perpetuo possidendam winagium septies viginti ter modiorum vini apud. P. DC.-F., IV p. 133 col. 3 (a. 1177, Soissons). Quoties vina sua, sive quaelibet usibus fratrum necessaria per pontem nostrum deduci contigerit, a guionagio et ab omni eo, quod a transeuntibus exigitur, praeter calceatam, ... eis in perpetuum confirmamus. DC.-F., IV p. 133 col. 2 (a. 1184, Noyon). 20 bigatas vini, quas ei concedo in eleemosynam perpetuam ducere per terram meam singulis annis ab omni winagio meo liberas et quietas. Ib., p. 133 col. 3 (a. 1210). **2.** *péage sur le transport de toutes sortes de denrées — toll levied on the transport of all sorts of goods.* Concessi in eleemosynam totum winagium,

vel omnimodae carrucae transitum liberum ab omni exactione ac repetione. DC.-F., IV p. 133 col. 2 (a. 1104). Episcopo delegavit ... wionagia plaustrorum et vehiculorum, que venalia in civitatem afferunt. HERIMANN. TORNAC., Hist. Tornac., lib. 3 c. 6, *SS.*, XIV p. 335. Remisit etiam eis wionagium in omni loco terrae suae ... nisi de re quae ematur ut iterum venalis exponenda deferatur. DUCHESNE, *Hist. de Guines*, pr., lib. 6 c. 5, p. 349 (a. 1178). Remiserim winagia et telonea tocius terre mee, quatinus ejusdem loci fratres per cuncta ditionis mee passagia tam in terra quam in aqua cum quibuslibet rebus suis eant et redeant et in omni mercato vendant et emant, ab omni vectigalium et thelonei exactione immunes. ROUSSEAU, *Actes de Namur*, no. 24 (a. 1182). Libertatem a teloneis et wionagiis per omnia pontium vel portarum passagia. PREVENIER, *Oork. Vlaanderen*, no. 11 p. 51 (a. 1191-1194).

**winericia**, v. vineritia.

**wirdibora**, wider- (germ.): *femme libre — free woman.* Si quis ancillam suam propriam matrimoniare voluerit sibi ad uxorem, sit ei licentiam; tamen debeat eam libera thingare, sic libera, quod est wirdibora et legetimam facere. Edict. Rothari, c. 222. Similia Liutpr. leg. c. 106.

**wirdira** (germ.), i.q. dilatura n. 2: *indemnité à payer pour compenser le dommage causé par le délai entre un acte préjudiciable et la restitution ou la compensation — indemnification* for the loss caused by the lapse of time between a prejudicial action and the subsequent restitution or compensation. Quicquid in casa furaverit, in wirdira solidos 7. De warnione in wirdira solidos 7.... De porcis et vervecis et animalibus juvenibus et de capris terciam partem quantum valet in wirdira. Ewa ad Amorem, c. 25. Quicquid in Amore in alterum furatum habent, in duos geldos componere faciat, in wirdira uncias duas, in fredo solidos 4. Ib., c. 26. Rursus c. 27.

**wisa**, gui-, gi- (germ. *wisa*>teuton. *Weise*, frg. *guise*, angl. *wise*): *manière, façon — mode, manner, way.* Fecero tunc ipsum placitum aut concordamentum de ipsa gisa quod vos volueritis. ROSELL, *Lib. feud. maj.*, I no. 154 p. 155 (a. 1053-1071). Per aliquam guisam potest habere ipsum [castrum]. Ib., no. 227 p. 239 (a. 1063).

**wita** (anglosax.): **1.** *punition, amende — punishment, fine, amercement.* Si servus operetur die dominica per preceptum domini sui, sit liber, et dominus emendet 30 solidos ad witam. Leg. Ine, c. 3, Quadrip., LIEBERMANN, p. 91. Per hoc jusjurandum wita remaneat. Ib., c. 53, p. 113. Si quis infra tunc terminum malignaverit eum in ictibus aut vinculis aut verberibus, emendet singulum eorum rectitudine patrie wera et wita. Leg. Aelfr., c. 2 § 1, Quadrip., ib. p. 49. Leg. Edw., c. 5 § 1, ib., p. 131. Consil. Duns., c. 6 § 3, ib. p. 379. Arbitri adhuc non dederant witam vel culpam Trentis. Narracio de Groninghe (a. 1232-1233), c. 39, ed. PIJNACKER HORDIJK, p. 82. Ad quemcumque consules pro witae recipiendo preconem civitatis miserint. VAN DE KIEFT-NIERMEYER, *Elenchus*, I no. 30 p. 553 (a. 1269, Ribe, Danemark). **2.** *vengeance, guerre privée, vendetta — vengeance, feud.* Homini liceat pugnare cum domino suo sine wita, si quis assalliat ipsum dominum. Leg. Aelfr., c. 42 § 5, Quadrip., LIEBERMANN, p. 77.

**witiscalcus**, witti-, witte-, widi-, viti-, victi- (germ. *wite* "amende — amercement", *scalc* "valet — valet"): *fonctionnaire qui perçoit les amendes — official in charge of collecting the amercements.* De wittiscalcis. Comitum nostrorum querela processit, quod aliqui in populo nostro ejusmodi praesumptionibus abutantur, ut pueros nostros, qui judicia exsequuntur, quibusque multam jubemus exigere, et caede conlidant et sublata jussu comitum pignera non dubitent violenter auferre. Lex Burgund., tit. 76 c. 1. Mulieres quoque, si wittiscalcos nostros contempserint, ad solutionem multae similiter tenebuntur. Ib. c. 3.

**witta**, weta, i.q. vitta.

**worpum** (germ.): *mesure de terre — land measure.* Territorium jurnales 19, de pratis autem 12 worpa. BITTERAUF, *Trad. Freising*, I no. 314 p. 269 (a. 814).

**wreccum**, wreckum (anglofr.): **1.** *épaves de mer — wreck, derelict, objects washed ashore.* S. xii, Angl. **2.** *le droit de saisir les épaves de mer — the right to seize objects washed ashore.* S. xii, Angl.

# X

**xamitum**, xametum, v. examitum.

**xenium**, ex-, exs-, -ennium (class. "cadeau, présent, offert à un convive — a gift or present made to a guest"): **1.** *présent offert à un roi, un pape, un duc, ou un autre personnage haut placé — present offered to a king, pope, duke, or other high placed person.* Condidirat episcopus testamentum, in quo regis [genet. object.] exenium quid post ejus obitum acceperit, indecabat. GREGOR. TURON., H. Fr., lib. 5 c. 46. Promittimus [sc. Gregor. M. pap.] ... dignim vobis [duc. Benevent.] exenium. PAUL. DIACON., Hist. Longob., lib. 4 c. 19, *Scr. rer. Langob.*, p. 123. Quem prius ... praedecessori vestro [sc. Hadr. I pap.] dirigere curavimus, sed ... dum exenia omnia parata erant, lugubri paternae mortis nuntio repente tardatum est iter illius. ALCUIN., epist. no. 93, *Epp.*, IV p. 137. Karolus [rex] ... ab Acfrido ... exenia non modica suscipiens. Ann. Bertin. ad. a. 867, ed. RAU, p. 172. Quia isdem frater noster ab eo exenium acceperit, et patris sui beneficium ei donaverit. HINCMAR. REM., Epist. ad Carolum Calvum regem pro Hincmaro Laudun., ed. SIRMOND, II p. 316. Nec forum eis obtulerunt rerum venalium, nec impetrato foedere, ducibus miserunt exenia. GUILL. TYR., Hist. Hierosol., lib. 7 c. 13, MIGNE, t. 201 col. 390. **2.** *présent offert aux parents de la fiancée — present made to the parents of the bride.* De exenio nuptiali. Si quando pater filiam suam aut frater sororem suam alii ad uxorem tradiderit, et aliquis ex amicis, accepto exenio, ipsi mulieri aliquid dederit, in ipsius sit potestatem, qui mundium de eam fecit. Edict. Rothari, c. 184. **3.** *redevance périodique à payer au roi par les églises — periodical tribute paid to the king by the churches.* Exenia quae aecclesiis noviter inposita sunt amputanda, et non majora quam consuetudo fuerat accipienda censimus. Capit. Mant. I a. 787(?), c. 10, *Capit.*, I p. 195. Universi pontifices, qui regno vestro post vos praesident, regalia xenia, quae tantum deceant virum, vobis mittere vel deferre debent. Est autem B. Suessorum episcopus, qui ab hac consuetudine videtur esse sequestratus, et aulae praesentiam suam subtrahit, et regia munera nullo modo mittit. V. Bandaridi, *AASS.*, Aug., I p. 63 F. **4.** *tribut imposé aux habitants ou aux prêtres des villages — tribute exacted from the inhabitants or priests of villages.* Petentibus locorum incolis, qui multiplicibus exeniis erant gravati. HINCMAR. REM., V. Remigii, c. 17, *SRM.*, III p. 306. Sic quoque ut nullus judex publicus ... quaelibet judicia vel xenia ibidem exigere ullatenus presumeret. FLODOARD., Hist. Rem., lib. 2 c. 11, *SS.*, XIII p. 459. Xeniis, ac pastis, vel paraveredis, seu caballorum saginationibus presbyteros affligant. Conc. Trosleian. a. 909, c. 6, MANSI, t. 18 col. 279. **5.** *présent obligatoire que l'évêque exige des prêtres ou des abbés de son diocèse — obligatory present exacted by a bishop from the priests or abbots of his diocese.* Nihil aliud nisi tantum ad baptizandum crisma ad [= ab] episcopo Treverensi unquam debeat petere et exsenium, hoc est 31 in auro, ad ipsam ecclesiam Treverensem annis singulis dissolvat. Test. Adalgiseli-Grimonis a. 634, LEVISON, *Frühzeit*, p. 135. Si ... pontifex quilibet ab abbate loci illius ibi fuerit invitatus, simpliciter que ei a fratribus offeruntur accipiat, nulla exenia vel munuscula amplius eis quirat. Coll. Flavin. no. 43, *Form.*, p. 481 l. 3. Si ab ipsis [episcopis] aut a ministris eorum indebita exsenia a presbyteris exigantur. Capit. de miss. instr. a. 829, *Capit.*, II p. 9 l. 2. **6.** *présent offert par un prêtre à un seigneur laïc d'une église paroissiale afin d'obtenir la fonction de curé — present made by a priest to the lay lord of a parish church in order to obtain the office of priest of this church.* Si quilibet presbyterorum defunctus fuerit, vicinus presbyter apud secularum seniorem nulla precatione, vel aliquo xenio, ecclesiam illam obtineat. Conc. Nannet., ca. a. 658, c. 16, MANSI, t. 18 col. 171. Nullus presbyter ad introitum ecclesiae exenia donet. Capit. eccles., a. 810-813, c. I, *Capit.*, I p. 178. **7.** *Présent exigé par un prêtre en récompense de certains services — present exacted by a priest in return for certain services.* Interdixi ..., ut nemo presbyter pro loco matriculae quodcumque xenium vel servitium in messe ... praesumat requirere vel accipere. HINCMAR. REM., Capit. data presb. in syn. Remis a. 874, c. 2, ed. SIRMOND, I p. 734. Presbyter, qui de redemptione peccatorum, id est de decima fidelium, quodcumque exenium requirit ... non est dignus inter presbyteros nuncupari. Ib., p. 735. **8.** *prestation due pour les tenures domaniales — tribute due for manorial holdings.* Decimas vero praestatione vel exenia, ut colonis est consuetudo, annua inlatione me promitto persolvere. Form. Visigoth. no. 36, *Form.*, p. 591. De casale Nictonis C. cum suis confratribus denarii 20 et xenia tria. GREGOR. CATIN., Chron., ed. BALZANI, I p. 247. De xenio anguillas 30 in Natali s. Andree. LESORT, *Ch. de S.-Mihiel*, no. 30 p. 131 (a. 972). In H. habet Cardonensis ... 3 solidos et ad xenias 3 panes, gallinam et obolum. Descr. bonor. eccl. Cardon. a. 1100, BEYER, *UB. Mittelrh.*, I no. 400 p. 455. **9.** *présent donné à l'occasion d'un échange de biens — present made on the occasion of an exchange of goods.* Concambium feci ... Dederunt mihi in R. I hobam, et ego dedi illis in L. tantundem, id est I hobam, et insuper 14 juchos pro exenio. WARTMANN, *UB. S.-Gallen*, III no. 781 p. 4 (a. 920).



**xenodochium**, ceno-, sene-, sino-, exeno-, -cium, -xium (gr.): **hôpital, hospice, maison d'accueil* pour les étrangers, les pèlerins, les pauvres, les malades, *ayant le statut d'un établissement religieux*, placée sous la supervision de l'évêque — *hospital, guest house* for foreigners, pilgrims, the poor and the sick, *having the status of a religious house* and placed under the supervision of the bishop. Ne cui liceat res vel facultates ecclesiis aut monasteriis vel exenodociis pro quaqumque elemosina cum justitia deligatas retentare, alienare adque subtrahere. Conc. Aurelian. a. 549, c. 13, *Conc.*, I p. 104. De exenodocio vero, quod piissimus rex Childeberthus vel jugalis sua Vulthrogotho regina in Lugdunensi urbe ... condiderunt .... Nihil exinde ad se quolibet antestis ecclesiae Lugdunensis revocet ..., ut succedentes ... sacerdotes ... dent operam ..., ut praepositi semper strenui ac Deum timentes decedentibus instituantur et cura aegrotantium ac numerus vel exceptio peregrinorum secundum inditam institutionem inviolabili semper stabilitate permaneat. Ib., c. 15, p. 105. Epistolis vestris indicantibus agnoscentes ecclesiam vos [sc. Brunigildam reginam] s. Martini in suburbano Augustodonensi atque monasterium ancillarum Dei necnon et xenodochium in urbe eadem construxisse valde laetati sumus. GREGOR. M., lib. 13 ep. 7, *Epp.*, II p. 372 l. 4. Matriculam et senodochium ceteraque diversa loca ad hoc ibidem instituit, ut pauperes utriusque sexus, sive etiam qui sanctorum ope sanitate donari digni fuissent, in reliquum ipsius elemosinis sustentati, qui vellent, in servitio ecclesiae acsi pro gratiarum actione permanerent. G. Dagoberti, I c. 29, *SRM.*, II p. 411. Defuncto presbytero vel abbate nihil ab episcopo auferatur vel archidiacono vel a quemcumque de rebus parrochiae, exinodotie vel monasterii aliquid debeat minuere. Conc. Cabilon. a. 639-654, c. 7, *Conc.*, I p. 210. Xenodochium ... in propriis rebus, orientalium more secutus ... fabricare curavit. Pass. Praejecti, c. 16, *SRM.*, V p. 235. Sinodoxium pauperum, id est egrotorum et debilium, intro muros Pictavis civitatis nostro opere constructum ... ut semper sint numero 12 egrotantium: cum unus invaluerit de infirmitate et recedit, alter egrotus in ejus introeat locum. PARDESSUS, II no. 438 p. 239 (a. 696?). Habeat licentiam de rebus suis

pro animam suam in sanctis locis, causa pietatis, vel in senodochio judicare, quod voluerit. Liutprandi leg., c. 19. Custus oraculi et exenodochii... abeat curam percrinorum, maxime qui sunt infirmi, ut Christi pauperum. TROYA, CD. Longob., V no. 896 p. 474 (a. 768). Confirmo ut omnes servos et ancillas meas sint aldiones, et perteneat mundium eorum ad ipso exenodochium. CD. Langob., no. 56 col. 108 b (a. 777). Preceptum de concedendo xenodochio.... Petisti a nobis quatenus xenodochium... tibi ad regendum... concedere deberemus.... Suprascriptum xenodochium cum omnibus eis pertinentibus... tibi concedimus dispensandum, ea prorsus ratione ut in eodem venerabili loco lecta cum stratis suis tuo studio preparentur, in quibus egros semper suscipias et egenos eisque curam adhibeas et necessaria tribuas, confectionem oleorum infirmantibus atque indigentibus annue facies atque prepares vel omnia quae infirmantium necessitati sunt utilia, medicos introducens et curam egris impendens. Lib. diurn., no. 66, ed. SICKEL, p. 62. De ecclesiis et monasteria et senodochia que ad mundio palatii pertine[n]t aut pertinere debent: ut unusquisque justitiam dominorum nostrorum regum et eorum rectum consentiat. Capit. c. episc. Langob. delib., ca. a. 780-790, c. 5, *Capit.*, I p. 189. In capit. saepius. Ubi xenodochia, id est hospitalia, fieri jubeas, in quibus sit cotidiana pauperum et peregrinorum susceptio. ALCUIN., Epist. 114, *Epp.*, IV p. 169 l. 20. In monasteria praefatae ecclesiae subjecta et xenodochia et ecclesias parrochiales et titulos earum vel ceterorum possessiones. *D. Lothars I.*, no. 9 (a. 832). Ib., no. 43 (a. 840?). Cf. G. UHLHORN, *Die christl. Liebesthätigkeit*, Stuttgart 1895², p. 193-202, 277-289. W. SCHÖNFELD, *Die Xenodochien in Italien u. Frankreich im frühen MA.*, in *Zeitschr. f. RG., KA.*, t. 43 (1922), p. 1-54. V. FAINELLI, *L'assistenza nell'alto medioevo. I xenodochi di origine romana*, in *Atti del Reale Instituto Veneto di scienze, lettere ed arti*, t. 92, 2 (1932-1933), p. 915-934.

**xenodochus: 1.** *\*moine chargé de recevoir les hôtes* (dans un monastère) — *monk in charge of receiving guests* (in a monastery). **2.** *chef d'un xenodochium* — *head of a xenodochium.* Coll. Avell., *CSEL.*, t. 35 p. 340. GREGOR. M., lib. 4 epist. 24, *Epp.*, I p. 258.

# Z

**zaba:** *cuirasse — cuirass.* Partem aliquam zabis vel loricis munitam. Lex Visigot., lib. 9 tit. 2 § 9.
**zaberna:** *malle, valise, coffre — trunk, bag.* GERHARD. AUGUSTAN., Mir. Udalrici episc. August., c. 25, *SS.*, IV p. 423 col. 2. HARIULF., Chron. Centul., lib. 3 c. 28, ed. LOT, p. 163.
**zabolus**, zabalus = diabolus.
**zala:** *pillage, dévastation — plundering, devastation.* Absque homicidio vel incendio et depraedatione seu zala. Radelch. et Siginulf. divisio duc. Benevent. a. 851, § 3, *LL.*, IV p. 221. Ibid., § 19, p. 223.
**zalare:** *piller, dévaster — to plunder, devastate.*
**zalla:** *serviette de toilette — towel.* Pueri... non tergant manus suas ad zallam in die Sabbatorum in capitulo. GUIDO FARF., Disc., lib. 2 c. 16, ed. ALBERS, I p. 150. Ibid., lib. 2 c. 19, p. 160.
**zancha**, cyan-, tzan-, -ca, -ga: *\*chaussure montante — jack-boot.* Monachi uti in monasterio vel cyanchas habere non liceat. Conc. Aurel. a. 511, *Conc.*, I p. 7 l. 11. [Praefectus urbis] indutus manto pretioso et calciatus zanca una aurea, id est caliga, altera rubea. CENSIUS, Lib. cens., c. 57 (Ordo), § 4, ed. DUCHESNE, I p. 291 col. 2.
**zapa**, zappa, zappare, v. sappa, sappare.
**zava:** *association — union.* Cognovimus enim, quod per singulas civitatis [leg. -tes] mali homines zavas et adunationes contra judicem suum agendum faciebant. Ratchis leg., c. 10.
**zebelinus**, v. sabelinus.
**zelga** (germ.): *mesure de terre arable, un tiers d'un manse — land measure, a third of the arable fields of a homestead.* In omne zelga jornale uno arare. WARTMANN, *UB. S.-Gallen*, I no. 93 p. 88 (a. 780). Ibid., no. 113 p. 107 (a. 787); no. 120 p. 113 (a. 789); II no. 398 p. 19 (a. 846). Census hujus ministerii... iste est: in unaquaque zelga debent arare 70 jugera. Urbar. rerum fiscalium Rhaeticae Curiens. (s. ix p. pr.), MEYER-PERRET, *Bündner UB.*, I p. 380.
**zelus:** *haine, envie, jalousie — hatred, envy, jealousy.* Interfectus multis... parentibus suis, de quibus zelum habebat, ne ei regnum auferrent. GREGOR. TURON., H. Fr., lib. 2 c. 42. Plebem... zelo invidiae reducere. JONAS, V. Columbani, lib. 2 c. 10, *SRM.*, IV p. 127. Regis Conradi zelo. OTTO FRISING., G. Frederici, lib. 2 c. 2, ed. SCHMALE, p. 286.
**zerbidus** = herbidus.
**zeta: 1.** *salle, salle à manger — hall, dining-room.* Acta Sebast., lib. 4 c. 13, *AASS.³*, Jan. II p. 631 col. 1. ALDHELM., Virg., c. 33, *Auct. Ant.*, XV p. 274 l. 17. OSBERN., V. Elphegi archiepisc. Cantuar., c. 2 § 11, *AASS.³*, Apr. II p. 631 col. 1. ORDER. VITAL., lib. 2 c. 8, ed. LE PRÉVOST, I p. 310 (hausit e descr. palatii Spolet., MABILLON, *Ann.*, II p. 410). **2.** *échauguette — watch-tower.* [Castellum] muris et vallis zetisqu emunivit. ORDER. VITAL., lib. 8 c. 5, ed. CHIBNALL., IV p. 156. Ibid., lib. 10 c. 8, p. 234. **3.** *signe critique pour indiquer une faute — sign indicating a mistake.* Zetam, quod est vitii signum, apposui. PAUL. DIAC., Epist. 12, *Epp.*, IV p. 509.
**zia**, v. thia.
**zifra**, ziffra, zifera, v. cifra.
**zius**, v. thius.
**zmurdus**, v. smurdus.
**zobellinus**, v. sabelinus.
**zollenarius** (<telonearius): *péagier — toll-gatherer.* Concessimus de nostro jure decimam partem vectigalium, id est de ministerio zollenarii. *D. Konrads. I.*, no. 29 (a. 916).
**zucarum**, su-, -ucc-, -or-, -ar-, -a, -is (arab.): *sucre — sugar.* S. xiii.

# MEDIAE LATINITATIS LEXICON MINUS

COMPOSUIT

## J. F. NIERMEYER †

in Universitate Amstelodamensi professor

LEXIQUE LATIN MÉDIÉVAL—FRANÇAIS/ANGLAIS
A MEDIEVAL LATIN—FRENCH/ENGLISH DICTIONARY

## ABBREVIATIONES ET INDEX FONTIUM

COMPOSUIT

### C. VAN DE KIEFT

in Universitate Amstelodamensi professor

ADIUVANTE

### G. S. M. M. LAKE-SCHOONEBEEK

LEIDEN
E. J. BRILL
1976

ISBN 90 04 04794 8

*Copyright 1976 by E. J. Brill, Leiden, The Netherlands*

*All rights reserved. No part of this book may be reproduced or translated in any form, by print, photoprint, microfilm, microfiche or any other means without written permission from the publisher*

PRINTED IN THE NETHERLANDS

## TABLE DES MATIÈRES/TABLE OF CONTENTS

| | |
|---|---|
| Avant-propos. | VII |
| Preface | VIII |
| Introduction | IX, XII |
| Liste des abréviations usitées dans le lexique et dans l'Index Fontium/ List of abbreviations used in the dictionary and in the Index Fontium . | XV |

Index Fontium

| | |
|---|---|
| I. Auctores | 1 |
| II. Opera anonyma non hagiographica | 29 |
| III. Opera hagiographica et commentarii biographici iuxta nomina | 42 |
| IV. Editiones documentorum. | 59 |

## AVANT-PROPOS

En publiant le premier fascicule de son Lexique du Latin Médiéval, le Professeur Niermeyer a présenté une brève liste de sigles spéciaux pour quelques ouvrages et recueils fréquemment cités, se réservant la publication d'une liste détaillée de tous les ouvrages cités à la fin du volume. En effet, il a entamé le travail de compiler une bibliographie ou Index Fontium, et légué un certain nombre de fiches, groupées en catégories et contenant des notices bibliographiques. Le système de classement sera expliqué dans l'introduction. Les matériaux étaient loin d'être complets, le lexique lui-même étant en cours de publication, fascicule par fascicule. Ils ont pourtant servi de base pour l'achèvement de l'Index Fontium. Il fallait d'abord compléter les matériaux, ce qui nécessitait le dépouillement du lexique entier. En même temps il fallait perfectionner la méthode de composer les notices bibliographiques et élaborer les fiches selon cette méthode, ce qui entraînait, entre autres, la nécessité d'établir les dates et les lieux d'origine des sources.

En composant l'Index Fontium, quelques assistants du Séminaire d'Histoire de l'Université d'Amsterdam ont rendu de précieux services, notamment M. J. C. G. Borst et Mme G. S. M. M. Lake-Schoonebeek. La contribution de Mme Lake a été très importante. Avec persévérance et avec une grande sagacité elle a, pendant une longue période, rassemblé les données bibliographiques, et établi les dates et les lieux d'origine des sources. C'est elle qui est pour une large partie responsable de l'Index Fontium. Mlle M. B. de Jong a aidé à contrôler les fiches. Dans la dernière phase Mlles A. M. Braaksma et A. B. Sapir ont aidé à corriger les épreuves et à composer la liste des abréviations. M. G. van Herwijnen, chargé de cours, a donné des conseils utiles.

Notre reconnaissance très vive s'adresse à l'Organisation néerlandaise pour le développement de la recherche scientifique (Z.W.O.), qui a accordé une subvention à Mme Lake, de sorte qu'elle a pu travailler à l'Index Fontium pendant un an, avant d'entrer au service du Séminaire d'Histoire.

Il faut également exprimer nos remerciements à la Bibliothèque de l'Université d'Amsterdam, qui nous a rendu de grands services, et tout spécialement à M. R. B. Knottnerus, qui s'est toujours donné beaucoup de peine pour nous procurer tous les ouvrages qu'il fallait consulter.

Enfin, je tiens à remercier la maison E. J. Brill, à Leyde, qui, avec tact et circonspection, m'a toujours encouragé à persévérer et qui a mis beaucoup de soin à la présentation matérielle et du Lexique et de l'Index Fontium.

Université d'Amsterdam  
Septembre, 1976

C. VAN DE KIEFT

# PREFACE

In the first fascicule of his Medieval Latin Dictionary Professor Niermeyer published a brief list of special abbreviations of some frequently quoted books and collections, and announced that a comprehensive bibliography was to appear at the end of the volume. He set to work on this bibliography, or Index Fontium, as he termed it, leaving a number of slips, with bibliographical data, classified in groups. More about this classification will be said in the introduction. His material was far from complete, the dictionary itself being in the process of publication. It did serve, however, as the basis for further work on the bibliography. In the first place the material had to be completed. It was therefore necessary to go through the whole dictionary and to make notes of all the editions cited. Then the system of describing the titles in full had to be refined and the slips to be prepared in accordance with the principles of this system, including the verification of the time when and the place where the sources were written.

Valuable service in composing the Index Fontium has been rendered by the assistants of the Historical Institute of the University of Amsterdam, especially by Mr. J. C. G. Borst and Mrs. G. S. M. M. Lake-Schoonebeek. The contribution of Mrs. Lake has been very important. With never failing ardour and great sagacity she spent a long time collecting biographical data and establishing the time and place of origin of the sources. She is thus in fact for a large part responsible for the Index Fontium. Miss M. B. de Jong helped check the slips. At a later phase, two other assistants of the aforesaid Historical Institute, Miss A. M. Braaksma and Miss A. B. Sapir participated in the correcting of the proofs and the making of the list of abbreviations. In many instances Mr. G. van Herwijnen, Lecturer of Medieval History, gave valuable advice.

A grant of the Netherlands Organisation for the Advancement of Pure Research (Z.W.O.) made it possible to engage Mrs. Lake for a year, before she became an assistant of the Historical Institute. For this we are very grateful.

We also want to thank the University Library of Amsterdam for the many services rendered, and especially Mr. R. B. Knottnerus, who has taken a great deal of trouble to provide us with all the books we wanted to consult.

Finally I would like to thank the publishers of the Dictionary and the Index Fontium, Messrs. E. J. Brill in Leyden, for their patience and the tactful encouragement they have given me throughout all these years, and for their willingness to comply with all my wishes with regard to the material presentation of the two volumes.

University of Amsterdam
September, 1976

C. VAN DE KIEFT

# INTRODUCTION

L'Index Fontium est une liste de tous les ouvrages cités dans le Lexique du Latin Médiéval. Le lecteur y trouve les notices bibliographiques pour identifier les éditions, vérifier les citations et, au besoin, étudier leur contenu dans un contexte plus large. En même temps il présente une vue d'ensemble de toutes les sources, reflétant ainsi l'objet spécifique du lexique. Enfin, l'Index Fontium peut rendre des services comme répertoire bibliographique indépendamment du lexique, parce qu'il présente un grand nombre de sources de l'histoire médiévale jusqu'au 13e siècle. La disposition de l'Index dans un ordre strictement alphabétique dépasserait ces buts. Assurément elle permettrait au lecteur d'identifier de manière rapide les titres abrégés du lexique, mais une liste pareille ne saurait offrir une vue d'ensemble ni servir de répertoire. Classer, en revanche, les sources selon toutes leurs variétés, rendrait l'Index tout à fait inutilisable à l'identification. Entre ces deux extrêmes il faut choisir le juste milieu.

Bien que les considérations du Professeur Niermeyer nous soient inconnues, les matériaux qu'il a légués, montrent qu'il a choisi un classement des sources selon quelques catégories, classement qui présente un système clair et maniable.

Il y a quatre groupes; chaque groupe est nommé "index". L'Index I est celui des AUCTORES, où sont groupés tous les écrits dont nous connaissons les auteurs, quelle que soit leur nature: vies de saints, biographies de personnes laïques, chroniques, annales et autres sources narratives, lettres, traités théologiques, juridiques, politiques, coutumes monastiques, etc.

A côté de l'index des auteurs s'impose un index des écrits anonymes, lequel, cependant, pour des raisons d'ordre pratique, a été divisé en deux: l'Index II: OPERA ANONYMA NON HAGIOGRAPHICA, et l'Index III: OPERA HAGIOGRAPHICA ET COMMENTARII BIOGRAPHICI IUXTA NOMINA. Sont groupés dans l'Index II les nombreux écrits historiques anonymes (*acta*, *gesta*, *annales*, *chronica*), coutumes monastiques, le Domesday Book, les lois, le *Liber Diurnus* de la chancellerie pontificale, les collections de lettres, les *polyptycha*, les *traditiones*, les *sacramentaria*. L'Index III est essentiellement un index biographique, contenant les immobrables vies des saints dont nous ne connaissons pas les auteurs, et les autres récits hagiographiques comme les *passiones*, *miracula*, *inventiones*, *translationes*, ainsi que le genre plus modeste de biographies de personnes laïques.

Il reste le dernier groupe, Index IV: EDITIONES DOCUMENTORUM, où l'on trouve les documents, tels les chartes, rassemblées au moyen âge dans les cartulaires, ou éditées plus récemment par les savants dans les *Recueils de chartes*,

*Urkundenbücher*, *Codici diplomatici*, etc., ou dans les grandes séries de la *Gallia christiana*, l'*Histoire de Languedoc*, l'*Italia sacra*, ou bien dans les manuels et monographies.

Le diagramme suivant peut servir à visualiser le classement des sources dans l'Index Fontium.

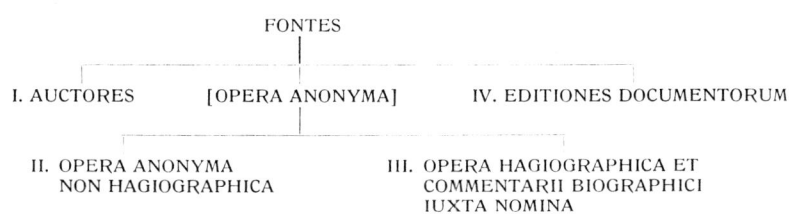

```
                           FONTES
         ┌───────────────────┼───────────────────┐
  I. AUCTORES         [OPERA ANONYMA]      IV. EDITIONES DOCUMENTORUM
                             │
                  ┌──────────┴──────────┐
          II. OPERA ANONYMA      III. OPERA HAGIOGRAPHICA ET
             NON HAGIOGRAPHICA      COMMENTARII BIOGRAPHICI
                                         IUXTA NOMINA
```

Quelques observations sur des questions de détail s'imposent. On s'est efforcé d'indiquer la date et le lieu d'origine des écrits. La date de la mort de l'auteur, si elle est connue, est mentionnée, ainsi que le lieu de décès. Pour les noms de lieux on a gardé la forme moderne, la situation géographique est précisée en indiquant le diocèse médiéval. Les notices sur date et lieu sont basées sur la littérature la plus récente, non pas sur de nouvelles recherches. Pour les annales on a indiqué la fin de la période qu'elles couvrent.

La plupart des citations se situent entre 500 et 1200. Des éditions de sources après 1200, qui sont relativement peu nombreuses, nous n'avons retenu dans l'Index Fontium que les plus importantes.

Les vies des saints dont les auteurs sont connus, ont été classées, on l'a dit, dans l'Index I des auteurs. On trouve des renvois à ces vies dans l'Index III sous le nom du saint, par exemple: Index I: JONAS, Vita Columbani, suivent les notices biographiques, Index III: Vita Columbani, v. JONAS in indice I. Ainsi pour les biographies des personnes laïques (EGINHARDUS, Vita Karoli).

PS.-BEDA, PS.-BENEDICTUS, etc., se rangent dans l'Index I sous BEDA, BENEDICTUS, etc.

Les lettres d'un seul auteur se trouvent dans l'Index I. Cependant, si une collection de lettres comprend également des lettres adressées à l'auteur, on la trouve dans l'Index II, avec un renvoi dans l'Index I (Epistolarum collectio Bonifatii et Lulli, Epistolarum collectio Wibaldi).

*Chronica, chronici* (*libri*), *cronica*, se rangent dans l'Index II sous *chronicon*.

Le *Liber Pontificalis*, contenant les biographies des papes, dont la plupart sont anonymes, ne saurait être rangé dans l'Index I, pas plus que dans l'Index III, puisqu'il était impossible de diviser ce livre dans les biographies qui la constituent. C'est pourquoi nous l'avons inséré dans l'Index II. Par contre, dans le cas analogue des *Vitae patrum*, nous avons préféré, à cause du mot "Vitae", de les placer dans l'Index III.

Les vies des saints et les biographies de l'Index III sont classées selon les nominatifs des noms des personnes qui sont l'objet du récit (iuxta nomina). C'est ainsi que Vita Severini précède Vita Severi, etc.

S'il existe plus d'une bonne édition d'une source, elles sont toutes incluses dans l'Index Fontium.

La liste des abréviations contient les abréviations utilisées dans le Lexique et dans l'Index Fontium. Les abréviations des titres d'ouvrages utilisées dans le Lexique n'ont pas été insérées dans cette liste, parce qu'elles sont expliquées dans l'Index Fontium. Nous avons également laissé de côté les abréviations évidentes.

# INTRODUCTION

The Index Fontium lists all the editions of sources cited in the Dictionary. It enables the user to trace the complete bibliographical data of the works, and, consequently, to check the quotations and study them in a wider context. At the same time it presents a survey of the whole of the source material, reflecting thus the specific aims of the Dictionary. And finally the Index Fontium may be used independently of the Dictionary as a repertoire containing a substantial part of the printed sources of medieval history up till A.D. 1200. Presenting this bibliographical material in a list in strictly alphabetical order would not adequately meet these purposes. It is true that such a list would enable the user to trace titles rapidly, but the idea of a survey would be lost, and as a repertoire of sources it would be quite useless. On the other hand, grouping the sources in all their varieties would render it impossible for the user of the Dictionary to find the titles in the Index Fontium. A compromise was therefore imperative.

Though we do not know Professor Niermeyer's precise considerations, his bibliographical legacy does show us that he favoured a presentation in various groups. The system he chose presents a clear and at the same time practical order.

There are four groups of sources, each one of them termed index. Index I is that of the AUCTORES. Here are to be found all those writings of which the authors are known, whatever their nature may be, such as lives of saints and biographies of lay persons, annals and other historical narratives, letters, theological, legal and political treatises, directories or customs for monastic communities, etc.

One might then expect a group consisting of all the anonymous works. For practical reasons, however, this group has been split up into two groups, *viz.* Index II: OPERA ANONYMA NON HAGIOGRAPHICA, and Index III: OPERA HAGIOGRAPHICA ET COMMENTARII BIOGRAPHICI IUXTA NOMINA. Index II lists the numerous anonymous historical writings (*acta, gesta, annales, chronica*), monastic customs, Domesday Book, the *Liber Diurnus* of the papal chancery, collections of letters, *polyptycha, traditiones, sacramentaria*. Index III is pre-eminently a biographical index, containing the numerous anonymous lives of saints (*vitae*) and other hagiographical writings like *passiones, miracula, inventiones, translationes*, and the far less numerous biographies of lay persons.

We then come to the last group, Index IV: EDITIONES DOCUMENTORUM, comprising the documents of a legal nature in the widest sense of the word, mostly charters (and writs), registered in medieval cartularies, or collected by modern scholars and edited in *Charterbooks, Urkundenbücher, Recueils de diplômes, Codici diplomatici*, etc., or in the great series of the *Histoire de Languedoc, Gallia christiana, Italia sacra*, etc. Monographical works containing such texts are also to be found in this index.

The following diagram clearly illustrates the arrangement of the Index Fontium.

FONTES

I. AUCTORES       [OPERA ANONYMA]       IV. EDITIONES DOCUMENTORUM

II. OPERA ANONYMA NON HAGIOGRAPHICA    III. OPERA HAGIOGRAPHICA ET COMMENTARII BIOGRAPHICI IUXTA NOMINA

Some technical remarks may be of use.

We have tried to establish and to indicate the dates of the sources and the places where they were written. The obit of the author, if known, is given, as well as the place where he died. The place of origin of the source is indicated in the modern language, and geographically defined by mentioning the medieval diocese to which it belonged. These indications of date and place are based on recent literature, not on renewed research. In the case of annals the end of the period they cover is mentioned.

The Dictionary mainly covers the period from A.D. 500 to 1200. Of the relatively few editions of sources after 1200, only the most important have been included in the Index Fontium.

The lives of saints, of which the authors are known, are ranged in Index I. Cross-references to such *vitae* are given in Index III under the names of the saints, *e.g.* Index I: JONAS, Vita Columbani, with full biographical data, Index III: Vita Columbani, v. JONAS in indice I. The same holds true for the biographies of lay persons (e.g. EGINHARDUS, Vita Karoli).

PS.-BEDA, PS.-BENEDICTUS, etc. are to be found in Index I under BEDA, BENEDICTUS.

Letters written by one person are ranged in Index I. Collections of letters, however, which also comprise letters addressed to the authors, have been listed in Index II, with cross-references in Index I (*e.g.* Epistolarum collectio Bonifatii et Lulli, Epistolarum collectio Wibaldi).

*Chronica, chronici* (*libri*), *cronica*, are to be found in Index II under *Chronicon*.

The *Liber Pontificalis*, containing papal biographies which are for the greater part anonymous, could not be placed in Index I, neither could it be split up into its constituent biographies and ranged in Index III. It has therefore been inserted in Index II. However, in the similar case of the *Vitae patrum* we preferred Index III, where one would expect to find this entry on account of the word "Vitae".

The *vitae* and biographies of Index III have been listed in the alphabethical

order of the names of the persons described (iuxta nomina), thereby taking the nominatives of these names. Thus Vita Severini precedes Vita Severi.

If more than one good edition of a source exist, they are all included in the Index Fontium.

The list of abbreviations contains the abbreviations used in the Dictionary and the Index Fontium. Abbreviations and contractions of the titles of editions used in the Dictionary are not listed because these are given in full in the Index Fontium. Neither have abbreviations that are self-evident been included.

## LISTE DES ABRÉVIATIONS USITÉES DANS LE LEXIQUE ET DANS L'INDEX FONTIUM—LIST OF ABBREVIATIONS USED IN THE DICTIONARY AND IN THE INDEX FONTIUM

| | | | |
|---|---|---|---|
| a. | ann(us) | *ausgew.* | *ausgewählte* |
| AASS. | Acta Sanctorum (opere Bollandistarum) | *Austr.* | *Austriac(us)* |
| abb. | abba(s) | b. | beat(us) |
| *abb.* | *abbaye* | *bayer.* | *bayerisch* |
| abbatiss. | abbatiss(a) | BCRH. | Bulletin de la Commission Royale d'Histoire |
| Abh., Abhandl. | Abhandlung(en) | bearb. | bearbeitet |
| absol. | absolut(us), -e | BEC. | Bibliothèque de l'Ecole des Chartes |
| abstract. | abstract(us), -e | *Beitr.* | *Beiträge* |
| Abt. | Abteilung | belg. | belgic(us), -e |
| Acad. | Académie, Academy | *Belg.* | *Belgique* |
| accus. | accusativ(us) | *bénéd.* | *bénédictin* |
| add., additam. | additament(um) | *Ber.* | *Berichte* |
| addit. | additio | Bibl. | Bibliothèque, Bibliothek, Biblioteca |
| adj. | adjectiv(um) | *Bijdr.* | *Bijdragen* |
| *admin.* | *administratif* | *Bist.* | *Bistum* |
| adv., adverb. | adverbi(um) | BM.² | J. F. BÖHMER-E. MÜHLBACHER, Regesta Imperii I. Die Regesten des Kaiserreichs unter den Karolingen 751-918. 2. Auflage besorgt von J. LECHNER |
| afl. | aflevering | | |
| AHDE. | Annuario de Historia Español | | |
| Ak., Akad. | Akademie | | |
| ALMA. | Archivum Latinitatis Medii Aevi | | |
| Altertumsk. | Altertumskunde | Boll. | Bolletino |
| Anal. Boll. | Analecta Bollandiana | Brux. | Bruxellensis |
| Angl. | Anglia | Bull. | Bulletin, Bulletino |
| angl. | anglic(us), -e | | |
| anglosax. | anglosaxonic(us), -e | | caput |
| Ann., *Ann.* | Annales | | capitulum |
| anter. | anterior, anteriore | c. | canon |
| *Antiq.* | *Antiquitates* | | causa |
| ap. | apud | | cum |
| app., append. | appendi(x) | c.v. | cum voce |
| AQ. | Ausgewählte Quellen zur deutschen Geschichte des Mittelalters | ca. | circa |
| | | calc. | calcem (ad calcem) |
| | | Capit. | Capitular(e), Capitul(um) |
| Aquit. | Aquitania | *Capit.* | *Capitularia regum Francorum (MGH.)* |
| *Aquit.* | *Aquitaine* | | |
| arab. | arabic(us), -e | Carm. | Carm(en) |
| aram. | aramaic(us), -e | Cart. | Cartulaire, Cartolare |
| *Arb.* | *Arbeiten* | *Cartul.* | *Cartulaire* |
| Arch. | Archives, Archiv, Archief, Archivio | Casin. | Casinensis |
| | | Catal. | Catalogus |
| Arch., Archéol. | Archéologie, archéologique | CD. | Codex diplomaticus, Codice diplomatico |
| archiep. | archiepiscop(us) | CDHF. | Chartes et diplômes relatifs à l'histoire de France |
| ASOB. | Acta Sanctorum ordinis s. Benedicti | CDI. | Collection de documents inédits sur l'histoire de France |
| attract. | attractio | | |
| attrib. | attribut(us) | celt. | celtic(us), -e |
| Auct. antiq. | Auctores antiquissimi (MGH.) | Cf. | Confer |
| AUF. | Archiv für Urkundenforschung | Ch. | Charta |

| | | | | | | |
|---|---|---|---|---|---|---|
| *Ch.* | *Chartes, charters* | e.g. | exempli gratia | hisp. | hispan(us), -e | *Lib. de lite* | *Libelli de lite imperatorum et pontificum saec. XI et XII conscripti (MGH.)* |
| *CHF.* | *Les classiques de l'histoire de France au moyen âge* | *Ec.* | *Ecole* | *Hist.* | *Historia, Histoire* | | |
| | | *Ecles.* | *Eclesiástico* | hist. | historic(us), historique, historical, historisch | | |
| *chrét.* | *chrétien* | Ed., Edict. | Edictum, Edictus | | | libell. | libell(us) |
| *christ.* | *christian(us)* | ed. | edidit, ediderunt | *Hist. de Lang.* | Cl. Devic-J. Vaissète, *Histoire générale de Languedoc*, 3ème édition | *Lit.* | *Literatur* |
| *christl.* | *christlich* | ediz. | edizione | | | liter. | literarisch |
| *Chron.* | *Chronicon, chronica* | *Egl.* | *Eglise* | | | litt. | litter(a) |
| *Chron.* | *Chronique* | *Engl.* | *English* | | | *litt.* | *littéraire* |
| *Cisterc.* | *Cisterciensis* | episc. | episcop(us) | | | *LL.* | *Leges* (in-folio) *(MGH.)* |
| *Cl.* | *Classe* | Epist. | Epistol(a) | i.e. | id est | *LMA.* | *Le Moyen Age* |
| class. | classic(us), -e | *Epp.* | *Epistolae (MGH.)* | i.q. | idem quod | *LNG.* | *Leges nationum Germanicarum (MGH.)* |
| cod., codd. | codex, codic(es) | *Epp. sel.* | *Epistolae selectae (MGH.)* | ib. | ibidem | | |
| col. | columna | *Erört.* | *Erörterungen* | id. | idem | loc. | locutio |
| Coll. | Collectio | *Estud.* | *Estudio(s)* | imp. | imperator | *Lothring.* | *Lothringisch* |
| *Coll.* | *Collection* | etym. | etymologi(a) | imper. | imperial(is) | | |
| com. | com(es) | ex. | exeunte | impers. | impersonaliter | *MA.* | *Mittelalter* |
| comm. | communi(a) | | | in. | ineunte | mart. | martyr |
| compos. | composit(us) | F. | Formul(a) | inc. | incert(us) | masc. | masculin(us) |
| *Conc.* | *Concilia aevi Merovingici et aevi Carolini (MGH.)* | *Fac.* | *Faculté, Facoltà* | indecl. | indeclinabil(is), -e | *MC.* | *Medieval Classics* |
| | | fasc. | fasciculus, fascicule | *inéd.* | *inédit* | med. | medi(us) |
| Conc. | Concili(um) | femin. | feminin(us) | infin. | infinitiv(us) | *Med., Meded.* | *Mededelingen* |
| concr. | concret(us), -e | fig., figur. | figuraliter | Inscr. | Inscriptio | *Mem.* | *Memoria, Memorie* |
| conf. | confessor | *FJGA.* | *Fontes iuris Germanici in usum scholarum (MGH.); Fontes iuris Germanici, nova series (MGH.)* | inscr. | inscription | *Mém.* | *Mémoire(s)* |
| confus. | confusio | | | inst. | institution | merid. | meridian(us) |
| conj. | conjunctio | | | instr. | instrument(um) | *Merov.* | *Merovingic(us)* |
| *Cons., Consuet.* | *Consuetud(o)* | Floril. | Florilegium | interj. | interjectio | meton. | metonymice |
| | | *Form.* | *Formulae Merowingici et Carolini aevi (MGH.)* | interpol. | interpolat(us) | *MGH.* | *Monumenta Germaniae Historica* |
| conscr. | conscript(us) | | | intrans. | intransitiv(us), -e | *MIOeG., MIÖG.* | *Mitteilungen des Instituts für Oesterreichische Geschichtsforschung* |
| Const. | Constitutio | form. pertin. | formula pertinentium | Inv. | Inventio | | |
| *Const.* | *Constitutiones et acta publica imperatorum et regum (MGH.)* | Forsch. | Forschungen | *Ital.* | *Italia* | | |
| | | Fr. | Francorum | ital. | italic(us), -e | Mir. | Miracula |
| consumm. | consummat(us) | Fr. | France | | | *Mitt.* | *Mitteilungen* |
| cont., contin. | continuatio, continuat(us) | fr. | *français* | J.-E.; J.-L. | Ph. Jaffé, *Regesta pontificum Romanorum.* Editio altera curantibus S. Loewenfeld, F. Kaltenbrunner, P. Ewald | mittelalterl. | mittelalterlich |
| *Corp.* | *Corpus* | Fragm. | Fragmentum | | | mittellat. | mittellateinisch |
| *Cout.* | *Coutume* | Franc. | Francorum | | | *MÖIG.* | *Mitteilungen des Oesterreichischen Instituts für Geschichtsforschung* |
| *CRH.* | *Commission Royale d'Histoire (Académie Royale de Belgique)* | franc. | francic(us), -e (*franc, frankish*) | | | | |
| | | francogall., frg. | francogallic(us), -e (*français, french*) | *Jahrb.* | *Jahrbuch, -bücher* | Mon. | Monumenta |
| *crois.* | *croisade* | | | *Jahrh., Jhdt.* | *Jahrhundert* | *Mon.* | *Monument(s), Monumento, -ti* |
| *CSEL.* | *Corpus scriptorum ecclesiasticorum latinorum* | | | | | mon. | monasteri(um) |
| | | Fund. | Fundatio | karol. | karolingisch | monach. | monach(us) |
| *CT.* | *Collection de textes pour servir à l'étude et à l'enseignement de l'histoire* | | | kath. | katholisch | *monast.* | *monastic(us)* |
| | | G. | Gesta | Kircheng., Kirchen- gesch. | Kirchengeschichte | ms., mss. | manuscrit(s), manuscript(s) |
| | | Gall. | Gallia | | | *MT.* | *Medieval Texts* |
| | | *Gall. chr.* | *Gallia christiana in provincias ecclesiasticas distributa,* editio altera | | | | |
| D., D. | Diploma, Diplomata, *Diplômes, Diplome, Diplomi* | | | kirchenrechtl. | kirchenrechtlich | n. | nota, notione |
| | | | | kirchl. | kirchlich | n. | note |
| *DA.* | *Deutsches Archiv für Geschichte des Mittelalters* (1937-1944); *Deutsches Archiv für Erforschung des Mittelalters* (1950 sqq.) | Gen., Genootsch. | Genootschap | *Kl.* | *Klasse* | *N.F.* | *Neue Folge* |
| | | gener. | generaliter | kön. | königlich | N.S., n.s. | Nova Series |
| | | genet. | genetiv(us) | *Kon., Koninkl.* | *Koninklijk* | *NA.* | *Neues Archiv der Gesellschaft für ältere deutsche Geschichtskunde* |
| Dan. | Danic(us) | Germ. | Germania | | | | |
| *DC.-F.* | Du Cange, *Glossarium mediae et infimae Latinitatis,* editio nova a Leopold Favre | germ. | germanic(us), -e | | | Nachr. | Nachrichten |
| | | *germ.* | *germanisch* | l. | linea | Ned. | Nederlands |
| | | *Ges.* | *Gesellschaft* | l.c. | loc(us) citat(us) | *Neerland.* | *Neerlandic(us)* |
| | | Gesch. | Geschichte, Geschiedenis | Landesgesch. | Landesgeschichte | neutr. | neut(er) |
| decl. | declinatio | gesch. | geschichtlich | Landesk. | Landeskunde | no. | numero |
| Decret. | Decretum, Decretale | Geschichtsqu. | Geschichtsquellen | Langob. | Langobard(i) | Normann. | Normann(i) |
| deperd. | deperditum | Giurisprud. | Giurisprudenza | lat. | latin(us), -e | Not. | Notitia, (-ae) |
| depon. | deponen(s) | gr. | graec(us), -e | *lat.* | *lateinisch* | not. | nota |
| *Deput.* | *Deputazione* | graecolat. | graecolatin(us), -e | Leg. | Leges | | |
| deriv. | derivata | | | leg. | legis, legem, legum (lex) | o.c. | op(us) citat(um) |
| Descr. | Descriptio | hag., hagiogr. | hagiographic(us) | leg. | lege (legere) | *OB.* | *Oorkondenboek* |
| dioec. | dioecesis | hebr. | hebraic(us), -e | *Leg. nat. Germ.* | *Leges nationum Germanicarum (MGH.)* | *Oberbayer.* | *Oberbayerisch* |
| *Doc.* | *Document, Documento* | hg., hrsg. | herausgegeben | | | *OMT.* | *Oxford Medieval Texts* |
| dt. | deutsch | Hibern. | Hibernia | | | oppos. | opposit(us) |
| | | Hisp. | Hispania | *Lett.* | *Letteren* | Ord. | Ord(o) |
| e.a. | et ali(i) | | | lib. | liber | orig. | origo |

| | |
|---|---|
| Oudheidk. | Oudheidkunde |
| p. | pagina, par(s) |
| p.j. | pièce(s) justificative(s) |
| pap. | pap(a) |
| Paris. | Parisiensis |
| part. | participium, particula |
| Pass. | Passio |
| pass., passiv. | passive |
| pejorat. | pejorative |
| perf. | perfectum |
| pers. | persic(us), -e |
| pert. form. | pertinentium formula |
| Philol., philol. | philologique, Philologie, philologisch |
| Philos. | Philosophisch |
| plur., plural. | pluralis |
| Poet. lat. | Poetae latini medii aevi (MGH.) |
| Polon. | Polonia |
| Polypt. | Polyptychum |
| pontif. | pontificalis, pontificum |
| post. | posterior, posteriore |
| pr. | prius, priore |
| pr. | probationes, preuves |
| Pr., Preuss. | Preussisch |
| praec. | praecept(um) |
| praef. | praefatio |
| praepos. | praepositio |
| praeter. | praeteritum |
| presb. | presbyter |
| Priv. | Privilegi(um) |
| prol. | prologus |
| prop. | propriété |
| prov. | provincia |
| Ps. | Pseudo |
| pt. | parte |
| Pubbl. | Pubblicazione |
| Publ. | Publicatio, Publication, Publikation, Publicaciòn |
| q.d. | qui, quae, quod dicitur |
| q.v. | quod vide / qui, quae, quod vocatur |
| qqch. | quelquechose |
| qq'un | quelqu'un |
| Qu., Quell. | Quellen |
| R. | Reale |
| rº | recto |
| R.A. | Reale Accademia |
| RBPH. | Revue Belge de Philologie et d'Histoire |
| rec. | recensio |
| Rec. | Recueil |
| Rech. | Recherches |
| Rechtsg. | Rechtsgeschichte |
| Rechtsgesch. | Rechtsgeschichte, Rechtsgeschiedenis |
| refl. | reflexive |
| Reg. | Regula |
| reg. | regis, regem, regum |
| Reg. | Regesta, Régestes, Regesten, Regesto |
| Registr. | Registrum |
| Rel. | Relatio |
| rel. | religieux |
| Rev. | Revue, Review |
| RHC., Occid. | Recueil des historiens des croisades. Historiens occidentaux |
| Rom. | Romano |
| röm. | römisch |
| roman. | romanisch |
| Roy. | Royal |
| RS. | Rolls Series. Rerum Brittanicarum medii aevi scriptores |
| s. | saecul(um) / sanct(us) / series / siècle |
| s.l. | sine loco |
| s.l.n.d. | sine loco necnon dato |
| s.v. | sub voce |
| sächs. | sächsisch |
| saec. | saecul(um) |
| Samml. | Sammlung |
| sax. | saxonic(us), -e |
| SB., Sitzungsber. | Sitzungsberichte |
| sc. | scilicet |
| Sc. | Sciences |
| sch. | scholarum |
| scientif. | scientifique |
| Scr. | Scriptores |
| Scr. rer. Langob. | Scriptores rerum Langobardicarum et Italicarum saec. VI-IX (MGH.) |
| Scr. rer. Merov. | Scriptores rerum Merovingicarum (MGH.) |
| sec. | secolo |
| secc. | secoli |
| ser. | series, serie |
| sér. | série |
| SHF. | Société de l'Histoire de France |
| Sicil. | Sicilia |
| sim. | simil(is), similiter |
| sing., singul. | singularis |
| slav. | slavic(us), -e |
| Soc. | Société, Society, Società |
| spec. | specialiter |
| spur. | spurium |
| sq., sqq. | sequentes |
| SRG. | Scriptores rerum Germanicarum in usum scholarum (MGH.); Scriptores rerum Germanicarum, nova series (MGH.) |
| SRL. | Scriptores rerum Langobardicarum et Italicarum saec. VI-IX (MGH.) |
| SRM. | Scriptores rerum Merovingicarum (MGH.) |
| SS. | Scriptores (in-folio) (MGH.) |
| St. | K. F. Stumpf-Brentano, Die Reichskanzler, II. Band |
| Stat. | Statut(um) |
| Stor. | Storia |
| Subsid. | Subsidia |
| subst. | substantiv(um) |
| suppl., supplem. | supplement(um) |
| Synod. | Synodus |
| synon. | synonym(um) |
| t. | tom(us) |
| tert. | terti(us) |
| Test., Testam. | Testament(um) |
| teuton. | teutonic(us), -e |
| text. | textus |
| theol. | theologice |
| Theol. | Theologie |
| Thes. | Thesaurus |
| Thür. | Thüringisch |
| Tijdschr. | Tijdschrift |
| tit. | titulus |
| Tract. | Tractatus |
| Trad. | Traditiones, Traditionen |
| trad. | tradidit |
| transit. | transitive |
| Transl. | Translatio |
| transl. | translate |
| UB. | Urkundenbuch |
| uitg., uitgeg. | uitgegeven |
| Univ. | Université, Università |
| Unters. | Untersuchungen |
| Urb. | Urbarium |
| Urk. | Urkunden |
| us. | us(us) |
| V. | Vita |
| v. | versus / vide |
| vº | verso |
| v.l., var. lect. | varia(e) lectio(nes) |
| Vad., Vaderl. | Vaderlands(ch) |
| vaterl. | vaterländisch |
| Ver. | Verein, Vereniging |
| verb. | verb(um) |
| Verf. gesch. | Verfassungsgeschichte |
| Verfassungsgesch. | Verfassungsgeschichte |
| Verhand. | Verhandelingen |
| Veröff. | Veröffentlichungen |
| vers. | versio |
| vid. | vide / videlicet |
| Virt. | Virtutes |
| Vis. | Visio |
| Vl. | Vlaams(ch) |
| voc. | vocem, voce |
| vol. | volum(en) |
| Wetensch. | Wetenschappen |
| Wiss. | Wissenschaften |
| Zs. | Zeitschrift |
| ZSRG., GA., KA., RA. | Zeitschrift der Savigny-Stiftung für Rechtsgeschichte, Germanistische Abteilung, Kanonistische Abteilung, Romanistische Abteilung |

# I. AUCTORES

ABAELARDUS, v. PETRUS ABAELARDUS.

ABBO ABBAS FLORIACENSIS [S.-Benoît-s.-Loire, † a. 1004]
Canones [paulo ante a. 996, S.-Benoît-s.-Loire]: MABILLON, *Analecta*², 133-148; MIGNE, *PL.* 139, 473-508.
Epistolae: *Hist. de France*, X 434-442 (duodecim, nonnulla partim); MIGNE, *PL.* 139, 419-462 (quattuordecim).
Passio Eadmundi regis [ca. a. 987, Ramsey, dioec. Lincoln]: MIGNE, *PL.* 139, 507-520; TH. ARNOLD, *Memorials of S. Edmunds abbey*, 1890 (*RS.*, 96) 1, 3-25.

ABBO SANGERMANENSIS [S.-Germain-des-Prés, † post a. 921]
Bella Parisiacae urbis [s. ix ex., Paris]: P. V. WINTERFELD, *Poet. lat.*, IV 1, 77-121; H. WAQUET, 1942 (*CHF.*).
Sermones [s. x in., Paris]: D'ACHÉRY, *Spicil.*, IX 79-111 = ²I 336-342; MIGNE, *PL.* 132, 763-778.

ACERBUS MORENA [† a. 1167]
De rebus Laudensibus continuatio ad Ottonem Morenam [ca. a. 1162-1164, Lodi]: PH. JAFFÉ, *SS.*, XVIII 634-643; F. GÜTERBOCK, 1930 (*SRG.*, n.s., 7), 130-176.

ADALBERTUS BAMBERGENSIS
Vita et miracula Heinrici II imperatoris [a. 1152-1190, Bamberg]: G. WAITZ, *SS.*, IV 792-814.

ADALBERTUS TREVERENSIS, ARCHIEP. MAGDEBURGENSIS [† a. 981]
Continuatio ad Reginonis chronicon [a. 966-967, Weissenburg, dioec. Speyer]: F. KURZE, *Reginonis abbatis Prumiensis chronicon cum continuatione Treverensi*, 1890 (*SRG.*), 154-179; A. BAUER und R. RAU, *Quellen z. Gesch. der sächsischen Kaiserzeit*, 1971 (*AQ.*, 8), 190-231.

ADALBOLDUS EPISCOPUS TRAJECTENSIS [† a. 1026]
Vita Heinrici II imperatoris [ca. a. 1012, Utrecht]: G. WAITZ, *SS.*, IV 683-695.

ADALHARDUS ABBAS CORBEJENSIS [† a. 826]
Statuta [a. 822, Corbie]: L. LEVILLAIN, *LMA.*, 13 (1900), 351-386; J. SEMMLER, in *Corpus consuetudinum monasticarum*, I, 1963, 365-408.

ADALHELMUS EPISCOPUS SAGIENSIS
Miracula Opportunae abbatissae Sagiensis [s. ix ex., prope Paris]: *ASOB.*, III 2, 231-237; *AASS.*, Apr. III 67-70 = ³68-71.

ADAM BREMENSIS [† ca. a. 1081]
Gesta Hammaburgensis ecclesiae pontificum [ca. a. 1070-ca. a. 1081, Bremen]: B. SCHMEIDLER, 1917 (*SRG.*); W. TRILLMICH, ap. *Quell. d. 9. und 11. Jahrh. z. Gesch. der hamburgischen Kirche u. des Reiches*, 1961 (*AQ.*, 11), 160-503.

ADAM ABBAS EYNSHAMENSIS [† paulo post a. 1233]
Vita magna Hugonis episcopi Lincolniensis [ca. a. 1206-1212, Eynsham, dioec. Lincoln]: J. F. DIMOCK, 1864 (*RS.*, 37); D. L. DOUIE and H. FARMER, 2 t., 1961, 1962 (*MT.*).

ADAMNANUS ABBAS HIENSIS [Iona, † a. 704]
De locis sanctis [ca. a. 684-688, Iona]: P. GEYER, 1898 (*CSEL.*, 39), 219-297; Z. GARCIA VILLADA, *Estud. Ecles.*, t. 4 (1925), 221-297; D. MEEHAN, Dublin 1958 (*Scr. lat. Hiberniae*, 3); L. BIELER, Turnhout 1965 (*Corpus christ., Series latina*, 175), 183-234.
Vita Columbae abb. Hiensis [a. 692-697]: *AASS.*, Jun. II 197-236; W. REEVES, Dublin 1857; J. T. FOWLER, Oxford 1894, ²1920; A. O. ANDERSON and M. O. ANDERSON, London 1961.

ADELBERTUS ABBAS HEIDENHEIMENSIS
Relatio [ca. a. 1155-1160, Heidenheim, dioec. Eichstätt]: J. GRETSER, *Opera*, X 805-824.

ADEMARUS CABANNENSIS [† a. 1034]
Chronicon [ca. a. 1020- a. 1034, Angoulême]: J. CHAVANON, 1897 (*CT.*, 20).

ADENULFUS EPISCOPUS CAPUANUS, v. PETRUS DIACONUS.

ADO ARCHIEPISCOPUS VIENNENSIS [† a. 875]
Breviarium chronicorum [a. 870 vel paulo pr.]: MIGNE, *PL.* 123, 23-138; partim: *Hist. de Fr.*, II 666-673; V 316-323; partim: G. H. PERTZ, *SS.*, II 317-323.
Passio Desiderii episcopi Viennensis [a. 870]: MIGNE, *PL.* 123, 435-442; partim: B. KRUSCH, *SRM.*, III 646-648.

ADREVALDUS [† a. 878/879, S.-Benoît-s.-Loire]
Miracula Benedicti, lib. 1 [ca. a. 875]: E. DE CERTAIN, *Les miracles de S.-Benoît*, 1858 (*SHF.*), 15-83; partim O. HOLDER-EGGER, *SS.*, XV 478-497.
V. etiam: Translatio Benedicti et Scholasticae in indice III.

ADSO ABBAS DERVENSIS [Montier-en-Der, † a. 992]
Historiae episcoporum Tullensium, v. Gesta episcoporum Tullensium in indice II.
Miracula Waldeberti abb. Luxoviensis: *ASOB.*, III 2, 452-460; *AASS.*, Maji I 277-282 = ³282-287; O. HOLDER-EGGER, *SS.*, XV 2 1171-1176.
Passio Bercharii abb. Dervensis [ca. a. 990]: *ASOB.*, II 832-843; *AASS.*, Oct. VII 1010-1018; MIGNE, *PL.* 137, 669-686.
Vita Basoli [ca. a. 990]: *ASOB.*, II 67-75; MIGNE, *PL.* 137, 643-658.
Vita Frodoberti abb. Cellensis [post a. 967]: W. LEVISON, *SRM.*, V 72-88.
Vita et miracula Mansueti [post a. 974]: partim G. WAITZ, *SS.*, IV 509-514.

AEGIDIUS AUREAEVALLENSIS
Gesta episcoporum Leodiensium [a. 1247-1251, Orval, dioec. Trier]: J. HELLER, SS., XXV 14-129.

AELREDUS ABBAS RIEVALLENSIS [† a. 1167]
De sanctis ecclesiae Hagulstadensis [a. 1155, Rievaulx, dioec. York]: ASOB., III 1, 229-222*; J. RAINE, The priory of Hexham, I, 1864 (Surtees Society, 44), 173-203.
Vita Edwardi regis [a. 1162-1163, Rievaulx, dioec. York]: MIGNE, PL. 195, 737-790.

AETHELWARDUS SEU ETHELWERDUS [† post a. 998]
Chronicon de rebus Anglicis [versio latina chronici Anglosaxonici; a. 976-980, Somerset]: H. PETRIE, Mon. hist. Britannica, 1848, I 499-521; A. CAMPBELL, 1962 (MT.).

AETHELWOLDUS EPISCOPUS WINTONIENSIS [† a. 984]
Regularis concordia [falso Dunstano attributa; ca. a. 970, Winchester]: MIGNE, PL. 137, 475-502; TH. SYMONS, 1953 (MC.).

AETHELWULFUS
De abbatibus Lindisfarnensibus [ca. a. 810-820, Lindisfarne]: ASOB., IV 2, 304-321; E. DÜMMLER, Poet. lat., I 583-604; T. ARNOLD, Symeonis Opera, I (RS., 75), 265-294; A. CAMPBELL, Oxford 1967.

AETHICUS ISTER
Cosmographia [a. 768-774; Virgilio episc. Salisburgensi attributa]: D'AVEZAC, 1852 (Mém. Acad. des inscr. et belles-lettres, sér. I, 2) 455-541; H. WUTTKE, Die Kosmographie des Istrier Aithikos, Leipzig 1853; partim B. KRUSCH, SRM., VII 524-27.

AETHILWALDUS, POSTEA REX MERCIORUM [† a. 757]
Carmina [s. viii in.]: E. DÜMMLER, Epp., III 242-247; R. EHWALD, Auct. ant., XV 528-537.

AGANO
Acta Veroli [ca. a. 1025, Châtillon-s.-Seine, dioec. Langres]: AASS., Jun. III 382-387 = ³IV 310-314.

AGIUS [floruit ca. a. 860-880, Korvei]
Epicedium Hathumodae abbatissae Gandersheimensis [ca. a. 876]: L. TRAUBE, Poet. lat., III 372-388.
Vita Hathumodae abbatissae Gandersheimensis [paulo post a. 874, Lammspring, dioec. Hildesheim]: G. H. PERTZ., SS., IV 166-175.

AGNELLUS QUI ET ANDREAS [† post a. 846]
Liber pontificalis ecclesiae Ravennatis [ca. a. 831-846, Ravenna]: O. HOLDER-EGGER, SRL., 275-391; partim A. TESTI RASPONI, 1924 (MURATORI, Scr., nuova ediz., II, 3).

AGOBARDUS ARCHIEPISCOPUS LUGDUNENSIS [† a. 840]
Contra insulsam vulgi opinionem de grandine et tonitruis [a. 828/829]: MIGNE, PL. 104, 147-158.
Contra libros quatuor Amalarii [auctore incerto, fortasse Floro Lugdunensi]: MIGNE, PL. 104, 339-350.
De comparatione regiminis ecclesiastici et politici [a. 838]: MIGNE, PL. 104, 291-298.
De correctione antiphonarii [ca. a. 838]: MIGNE, PL. 104, 329-340.
De dispensatione ecclesiasticarum rerum [a. 824-825]: MIGNE, PL. 104, 227-250.
De insolentia Judaeorum [ca. a. 826-827]: MIGNE, PL. 104, 69-76.
De privilegio et jure sacerdotii [ca. a. 826-827]: MIGNE, PL. 104, 127-148.
Epistolae: E. DÜMMLER, Epp., V 153-239.
Epistola contra Judaeos [a. 826]: MIGNE, PL. 104, 173-178; E. DÜMMLER, Epp., V 179-182.
Liber apologeticus pro filiis Ludowici Pii contra patrem [a. 833]: G. WAITZ, SS., XV 275-279.

AIMOINUS FLORIACENSIS [S.-Benoît-s.-Loire, † post a. 1010]
Gesta regum Francorum, alias Historia Francorum [ante a. 1004]: Hist. de Fr., III 21-139.
Miracula Benedicti, lib. 2 et 3 [a. 1005]: E. DE CERTAIN, Les miracles de S.-Benoît, 1858 (SHF.), 90-172.
Vita Abbonis abb. Floriacensis [† a. 1004]: ASOB., VI 1, 37-57; MIGNE, PL. 139, 387-414; partim Hist. de Fr., X 328-340.

AIMOINUS SANGERMANENSIS [S.-Germain-des-Prés, † post a. 896]
Miracula Germani episc. Parisiensis [post a. 874]: AASS., Maji VI 796-805 = ³786-795; ASOB., III 2, 104-118.
Translatio Georgii, Aurelii et Nathaliae [a. 858]: ASOB., IV 2, 46-58; MIGNE, PL. 115, 939-960.

ALAGO, v. Gesta pontificum Autissiodorensium in indice II.

ALBERICUS TRIUMFONTIUM [floruit s. xiii in.]
Chronicon [usque ad a. 1241, Trois-Fontaines, dioec. Châlons-s.-Marne]: P. SCHEFFER-BOICHORST, SS., XXIII 674-950.

ALBERTUS AQUENSIS
Historia Hierosolymitana [a. 1100-1140]: MIGNE, PL. 166, 387-716; P. MEYER, RHC., Occid., IV 265-713.

ALBERTUS ABBAS STADENSIS [† post a. 1264 in.]
Annales Stadenses [a. 1240-1256, Stade, dioec. Hamburg-Bremen]: partim J. M. LAPPENBERG, SS., XVI 283-374.

ALCUINUS ABBAS TURONENSIS [† a. 804, Tours]
Carmina: E. DÜMMLER, Poet. lat., I 169-351.
Enchiridion seu expositio . . . in psalmos . . .: MIGNE, PL. 100, 570-638.
Epistolae: E. DÜMMLER, Epp., IV 18-481.
Vita Richarii [a. 800-804]: B. KRUSCH, SRM., IV 389-401.
Vita metrica Willibrordi [a. 785-797]: E. DÜMMLER, Poet. lat., I 207-220.
Vita [prosaica] Willibrordi [a. 785-797]: W. LEVISON, SRM., VII 113-141.

PS.-ALCUINUS
Propositiones ad acuendos invenes: MIGNE, PL. 101, 1145-1160.
De divinis officiis [ante a. 950]: MIGNE, PL. 101, 1173-1286.

ALDEBALDUS, v. SYRUS.

ALDHELMUS ABBAS MALMESBIRIENSIS POSTEA EPISCOPUS SHERBORNENSIS [† a. 709, Doulting]
Carmen de virginitate [ante a. 690]: R. EHWALD, Auct. ant., XV 350-471.
De basilicata edificata a Bugge filia regis Angliae [ca. a. 690]: J. A. GILES, Aldhelmi Opera, Oxford 1844, 115-117; R. EHWALD, Auct. ant., XV 14-18.
De virginitate [ante a. 690]: R. EHWALD, Auct. ant., XV 226-323.
Epistola ad Acircium de metris et aenigmatibus ac pedum regulis [a. 695?]: R. EHWALD, Auct. ant., XV 59-204.
Epistolae: R. EHWALD, Auct. ant., XV 475-503.

ALEXANDER NECKAM [† a. 1217]
De naturis rerum: T. WRIGHT, 1863 (RS., 34), 1-354.

ALEXANDER ABBAS TELESINUS [† ante a. 1144]
De rebus gestis Rogerii Siciliae regis [usque ad a. 1136, Telese, dioec. Benevento]: MURATORI, Scr., V 615-645; G. DEL RE, Cronisti e scrittori sincroni napoletani, I, Napoli 1845, 81-148.

ALMANNUS ALTIVILLARENSIS [† post a. 882]
Homilia de s. Helena [s. ix med., Hautvillers, dioec. Reims]: AASS., Aug. III 580-599.
Vita Nivardi episc. Remensis [ca. a. 870, Hautvillers, dioec. Reims]: AASS., Sept. I 278-283; W. LEVISON, SRM., V 160-171.

ALPERTUS METTENSIS [floruit s. xi in., dioec. Utrecht]
De diversitate temporum, vel potius: De diversitate morum [a. 1021-1024, Tiel, dioec. Utrecht]: G. H. PERTZ, SS., IV 700-723; A. HULSHOF, 1916 (Werken uitg. d. het Hist. Genootschap, ser. 3, 37).
De episcopis Mettensibus libellus [ante a. 1017, Metz]: G. H. PERTZ, SS., IV 697-700.

ALTFRIDUS EPISCOPUS MIMIGARDEFORDENSIS [Münster i. W., † a. 849]
Vita prima Liudgeri episc. Mimigardefordensis [† a. 809]: G. H. PERTZ, SS., II 404-419; W. DIEKAMP, Die vitae Liudgeri, 1881 (Die Geschichtsqu. d. Bist. Münster, IV), 3-53.

[PAULUS] ALVARUS [† a. 869, Cordoba]
Epistolae: J. MADOZ, Madrid 1947 (Mon. Hispaniae Sacra, Series patristica, 1).
Vita Eulogii [ca. a. 860]: AASS., Mart. II, 90-96 = ³89-95; H. FLOREZ, España sagrada, X 543-560; MIGNE, PL. 115, 705-720.

AMALARIUS SYMPHOSIUS [Metz, † a. 850/851]
De ecclesiasticis officiis ad Ludovicum Pium, alias: Forma institutionis canonicorum et sanctimonialium, alias: Liber officialis [ca. a. 823-835]: MIGNE, PL. 105, 985-1242; J. M. HANSSENS, Amalarii episcopi opera liturgica omnia, 3 t., Città del Vaticano 1948-1950 (Studi e Testi, 138-140), II 13-543.
Eclogae de officio missae, alias: de ordine Romano [ca. a. 838]: MIGNE, Pl. 105, 1315-1330; J. M. HANSSENS, o.c., III 229-265.
De ordine antiphonarii [a. 832-850]: MIGNE, PL. 105, 1243-1316; J. M. HANSSENS, o.c., III 13-109.
Prologus antiphonarii [a. 831-834]: J. M. HANSSENS, o.c., I 361-363.

PS.-AMALARIUS
De regula Benedicti [post ca. a. 865]: J. M. HANSSENS, o.c., III 273-294.

PS.-AMALARIUS
Institutio (alias: regula) canonicorum: MIGNE, PL. 105, 815-934.

AMBROSIUS AUTPERTUS, v. AUTPERTUS.

PS.-AMBROSIUS
Inventio Vitalis et Agricolae [s. vi]: AASS., Nov. II 246-247.

ANASTASIUS BIBLIOTHECARIUS [† a. 879, Roma]
Apologia pro Honorio papa [ex graeco Joh. IV papae; ca. a. 874]: MIGNE, Pl. 129, 561-566.
Chronographia tripartita [ex graeco Theophanis; ca. a. 871-874]: C. DE BOOR, Theophanis Chronographia, II, Leipzig 1885, 31-346.
Disputatio Maximi cum Theodosio episc. Cesariensi [ex graeco; ca. a. 874]: MIGNE, PL. 129, 625-658.
Epitome chronicorum Casinensium, v. PETRUS DIACONUS.
Hypomnesticon de gestis Maximi [ex graeco; ca. a. 874]: MIGNE, PL. 129, 681-690.
Narrationes de exsilio et morte Martini papae [ex graeco; ca. a. 874]: partim MANSI, Conc., X 849-864; partim MIGNE, PL. 87, 197-202, 111-120, 201-204; MIGNE, PL. 129, 585-604.
Passio Demetrii [ex graeco; ante a. 876]: AASS., Oct. IV 87-89; MIGNE, PL. 129, 715-726.
Passio Dionysii [ex graeco Methodii; a. 876]: CHIFFLET, Dissertationes, Paris 1676, 7-35; MIGNE, PL. 129, 737-739.
Passio Donati, v. Donatus in indice III.
Relatio motionis in Maximum [ex graeco; ca. a. 874]: MIGNE, PL. 129, 603-624.
Vita Johannis Eleemosynarii [ex graeco Leontii; ca. 858-862]: MIGNE, PL. 73, 337-384.

ANDREAS BERGOMAS [† post a. 877]
Continuatio ad Pauli Diaconi historiam Langobardorum [ca. a. 877, Bergamo]: G. WAITZ, SRL., 221-230.

ANDREAS FLORIACENSIS [floruit s. xi med., S.-Benoît-s.-Loire]
Miracula Benedicti, lib. 4-7 [a. 1041-post a. 1056]: E. DE CERTAIN, Les miracles de S.-Benoît, 1858 (SHF.), 173-276.
Vita Gauzlini episc. Bituricensis [ca. a. 1042]: P. EWALD, NA., t. 3 (1878), 351-383; R. H. BAUTIER et G. LABORY, Paris 1969 (Sources d'histoire médiévale, 2).

ANDREAS LUCENSIS
Vita Walfridi abb. Palatioli in Monte Viridi in Tuscia [ca. a. 806, Palazzuolo, dioec. Piombino]: AASS., Febr. II 843-846 = ³844-847; ASOB., III 2, 196-203.

ANDREAS RAVENNAS, v. AGNELLUS.

ANDREAS SYLVIUS MARCHIANENSIS
De gestis et successione Francorum regum [usque ad a. 1194, Marchiennes, dioec. Arras]: R. DE BEAUCHAMPS, Historiae francomerovingicae synopsis . . ., Douai 1633, 561-883; Hist. de Fr., X 289-290; XI 364-365; XIII 419-423; XVIII 555-559.

ANDREAS ABBAS STRUMENSIS [† ante a. 1103]
Vita Johannis Gualberti [ca. a. 1092, Strumi, dioec. Fiesole]: F. BAETHGEN, SS., XXX 1080-1104.

ANGILBERTUS ABBAS CENTULENSIS [S.-Riquier, † a. 814]
Carmina: E. DÜMMLER, Poet. lat., I 358-366.
Institutio de diversitate officiorum monasterii Centulensis [a. 790-post a. 800]: F. LOT, Hariulf, Chron. de l'abb. de S.-Riquier, 1894 (CT., 17), 296-306; E. BISHOP, Liturgica

*historica*, Oxford 1918, 321-329; M. WEGENER, in *Corpus consuet. monast.*, I, 1963, 291-303.
Relatio de monasterio Centulensi: G. WAITZ, *SS.*, XV 174-179; F. LOT, o.c., 57-69.

ANGILRAMNUS SEU INGELRAMNUS ABBAS CENTULENSIS [† a. 1045]
Relatio [i. e. translatio] Richarii metrica [ca. a. 1030-1040, S.-Riquier, dioec. Amiens]: *AASS.*, Apr. III 459-462 = ³464-466; *ASOB.*, V 563-566.

ANGILRAMNUS METTENSIS, v. CHRODEGANGUS.

ANNALISTA SAXO QUI DICITUR
[s. xii med., dioec. Halberstadt]: G. WAITZ, *SS.*, VI 553-777.

ANONYMUS
Gesta Francorum et aliorum Hierosolimitanorum [a. 1099-1101, Antiochia et Hierusalem]: L. BRÉHIER, 1924 (*CHF.*, 4); R. HILL, 1962 (*MT.*).

ANONYMUS BARENSIS
Annales [usque ad a. 1115, Bari]: MURATORI, *Scr.*, V 147-155.

ANONYMUS DICTUS CORDOBENSIS, IMMO TOLETANUS
Chronicon continuans Isidori Hispalensis chronicon olim Isidoro episcopo Pacensi adscriptum [usque ad. a. 754, Toledo]: MIGNE, *PL.*, 96, 1253-1280; TH. MOMMSEN, *Auct. ant.*, XI 334-368.

ANONYMUS GALLUS
Chronicon Poloniae [ca. a. 1109-1113, Polska]: J. SZLACHTOWSKI und R. KOEPKE, *SS.*, IX 423-478; K. MALECZYŃSKI, 1952 (*Mon. Polon. Hist.*, n.s., 2).

ANONYMUS HASERENSIS
De episcopis Eichstetensibus [ca. a. 1075, Herrieden, dioec. Eichstätt]: L. C. BETHMANN, *SS.*, VII 254-267.

ANONYMUS AD PETRUM, v. JOHANNES SARISBIRIENSIS.

ANONYMUS PLACENTINUS, v. ANTONINUS.

ANONYMUS VALESIANUS
[s. vi, Ravenna?, Verona?]: TH. MOMMSEN, *Auct. ant.*, IX 7-11, 306-328; R. CESSI, 1912-1913 (MURATORI, *Scr.*, nuova ediz., t. 24/4).

ANSCHERUS ABBAS CENTULENSIS [† a. 1136]
Vita altera et miracula Angilberti abb. Centulensis [ca. a. 1110, S.-Riquier, dioec. Amiens]: *ASOB.*, IV 1, 123-145; partim G. WAITZ, *SS.*, XV 180.

ANSEGISUS ABBAS FONTANELLENSIS [† a. 833]
Capitularium collectio [a. 827, S.-Wandrille, dioec. Rouen]: A. BORETIUS, *Capit.*, I 394-450. Constitutio [a. 829 ex.]: *ASOB.*, IV 1, 639-641; F. LOHIER et J. LAPORTE, *Gesta sanct. patrum Fontanellensis coenobii*, 1936 (Soc. de l'Hist. de Normandie), 117-123.

ANSELMUS
Acta Fingaris [perperam Anselmo Cantuariensi adscripta; s. xii, Cornwall]: *AASS.*, Mart. III 456-459 = ³454-457.

ANSELMUS ARCHIEPISCOPUS CANTUARIENSIS [† a. 1109]
De processione Spiritus Sancti contra Grecos [a. 1100-1102, Canterbury]: MIGNE, *PL.*, 158, 285-326; F. S. SCHMITT, *S. Anselmi Cantuariensi archiepiscopi opera omnia*, 6 t., Edinburgh 1946-1961, II 177-219.
Epistolae: MIGNE, *PL.* 158, 1059-1208 et MIGNE, *PL.* 159, 9-272; F. S. SCHMITT, o.c., III 97-294, IV et V.

ANSELMUS ABBAS GEMBLACENSIS [† a. 1136]
Continuatio ad Sigeberti Chronographiam [1112-1135, Gembloux, dioec. Liège]: L. C. BETHMANN, *SS.*, VI 375-385.

ANSELMUS EPISCOPUS HAVELBERGENSIS, POSTEA ARCHIEPISCOPUS RAVENNAS [† a. 1158, Milano]
Dialogi [a. 1149]: MIGNE, *PL.* 188, 1139-1248.
Vita Adalberti II archiep. Moguntii, v. ANSELMUS MOGUNTINUS.

ANSELMUS LAUDUNENSIS, v. GAUFRIDUS BABUINUS.

ANSELMUS LEODIENSIS [† post a. 1056]
Gesta episcoporum Leodiensium [a. 1052-1056, Liège]: R. KOEPKE, *SS.*, VII 189-234.
Recensio altera: G. WAITZ, *SS.*, XIV 108-120.

ANSELMUS MOGUNTINUS
Vita metrica Adalberti II archiep. Moguntini [falso Anselmo Havelbergensis adscripta; ca. a. 1150, Mainz]: PH. JAFFÉ, *Bibl.*, III 568-603.

Ps.-ANSGARIUS
Vita Willehadi episc. Bremensis [post a. 838, Bremen]: *ASOB.*, III 2, 404-411; G. H. PERTZ, *SS.*, II 380-384; *AASS.*, Nov. III 842-846.

ANSO ABBAS LOBIENSIS [† a. 800]
Vita Ursmari [ca. a. 750-776, Lobbes]: *ASOB.*, III 1, 248-250; *AASS.*, Apr. II 560-562 = ³557-559; W. LEVISON, *SRM.*, VI 453-461.

Ps.-ANTONINUS PLACENTINUS, ALIAS ANONYMUS PLACENTINUS
Itinerarium ad loca Terrae Sanctae [ca. a. 570, Piacenza]: P. GEYER, 1898 (*CSEL.*, 39), 159-218.

ARBEO EPISCOPUS FRISINGENSIS [† a. 783]
Vita Corbiniani episc. Bajuvariorum [ca. a. 769, Freising]: B. KRUSCH, *Arbeonis episcopi Frisingensis vitae sanctorum Haimhrammi et Corbiniani*, 1920 (*SRG.*), 188-232.
Vita vel Passio Haimhrammi [ca. a. 772, Freising; rescripta s. ix, Regensburg]: B. KRUSCH, *SRM.*, IV 472-524; denuo B. KRUSCH, *Arbeonis ... vitae*, 1920 (*SRG.*), 26-99; B. BISCHOFF, München 1953.

ARCHANALDUS
Vita Maurilii episc. Andegavensis [falso Fortunato adscripta; ca. a. 905, Angers]: B. KRUSCH, *Auct. ant.*, IV 2, 82-101.

ARDO QUI ET SMARAGDUS ABBAS ANIANENSIS [† a. 843]
Commentaria in regulam Benedicti [post a. 817, Aniane]: MIGNE, *PL.* 102, 689-932.
Vita Benedicti abb. Anianensis [a. 822-823, Aniane]: G. WAITZ, *SS.*, XV 200-220.

ARNOLDUS ABBAS LUBECENSIS [† inter a. 1211-1214]
Chronica Slavorum [ca. a. 1210, Lübeck]: J. M. LAPPENBERG, *SS.*, XXI 115-250; idem, 1868 (*SRG.*).

ARNOLDUS RATISBONENSIS, v. ARNULFUS VOCHBURGENSIS.

ARNULFUS EPISCOPUS LEXOVIENSIS [† ca. a. 1182]
Epistolae: MIGNE, *PL.* 201, 17-152; F. BARLOW, London 1939 (*Roy. Hist. Soc.*, Camden 3rd ser., 61).

ARNULFUS MEDIOLANENSIS [† ca. a. 1080]
Gesta archiepiscoporum Mediolanensium [usque ad a. 1077, Milano]: L. C. BETHMANN und W. WATTENBACH, *SS.*, VIII 6-31.

ARNULFUS VOCHBURGENSIS [† ante a. 1050]
Miracula et memoria Emmerammi [a. 1035-1037, Regensburg]: partim *ASOB.*, VI 1, 5-25; partim *AASS.*, Sept. VI 495-511; G. WAITZ, *SS.*, IV 545-574; MIGNE, *PL.* 141, 989-1090.

ASSERUS [† a. 909]
Gesta Aelfredi regis [a. 893]: W. H. STEVENSON, Oxford 1904.

ASTRONOMUS QUI DICITUR
Vita Hludowici Pii imperatoris [paulo post a. 840]: G. H. PERTZ, *SS.*, II 607-648; R. RAU, *Qu. z. karol. Reichsgesch.*, I, 1955 (*AQ.*, 5), 258-380.

ATTO EPISCOPUS PISTORIENSIS [† a. 1153]
Vita Johannis Gualberti [ca. a. 1140]: *AASS.*, Jul. III 365-382 = ³348-363.

ATTO EPISCOPUS VERCELLENSIS [† a. 961?]
Capitulare: D'ACHÉRY, *Spicil.*, VIII 1-43 = ²I 402-414; MIGNE, *PL.* 134, 27-52.
De pressuris ecclesiasticis [a. 940 vel paulo post.]: D'ACHÉRY, *Spicil.*, VIII 44-98 = ²I 414-431; C. L. BURONZO DEL SIGNORE, *Attonis opera*, 2 t., Vercelli 1768, II 322-352; MIGNE, *PL.* 134, 51-96.
Epistolae: D'ACHÉRY, *Spicil.*, VIII 99-137 = ²I 431-442; C. L. BURONZO DEL SIGNORE, o.c., II 296-321; MIGNE, *PL.* 134, 95-124.
Expositio epistolarum Pauli [a. 940]: MIGNE, *PL.* 134, 125-834.
Perpendiculum alias polipticum [a. 961]: G. GOETZ, *Abh. d. Sächsischen Akad. d. Wissenschaften zu Leipzig*, 37/2 (1922), 11-54.
Sermones: MIGNE, *PL.* 134, 833-860.

AUDELAUS
Vita Fortunati Spoletani [ca. a. 700, dioec. Spoleto]: *AASS.*, Jun. I 75-76 = ³72-73.

AUDOINUS, v. Vitae Eligii in indice III.

Ps.-AUGUSTINUS
De mirabilibus scripturae sanctae [s. vii med., Eyre]: MIGNE, *PL.* 35, 2149-2200.
De vera et falsa poenitentia [s. xi]: MIGNE, *PL.* 40, 1113-1130.
Sermones ad fratres in eremo [s. xiii]: MIGNE, *PL.* 40, 1235-1358.

AURELIANUS EPISCOPUS ARELATENSIS [† a. 551?, Arles]
Regula monachorum: MIGNE, *PL.* 68, 385-398.
Regula virginum Deo sacrarum: MIGNE, *PL.* 68, 399-406.

AMBROSIUS AUTPERTUS [† a. 784]
Vita Paldonis abb. S. Vincentii [s. viii med., San Vicenzo, dioec. Benevento]: G. WAITZ, *SRL.*, 547-555.

AUXILIUS [† post a. 912, Napoli]
De ordinationibus a Formoso papa factis [ca. a. 911]: partim E. DÜMMLER, *Auxilius und Vulgaris*, Leipzig 1866, 107-116.
In defensionem Stephani episcopi [a. 908]: E. DÜMMLER, o.c., 96-106.

AVITUS EPISCOPUS VIENNENSIS [† a. 518, Vienne]
Epistolae: R. PEIPER, *Auct. ant.*, VI 2, 29-103; U. CHEVALIER, *Œuvres de S. Avit*, Lyon 1890, 117-269.

BALDERICUS FLORENNENSIS [† a. 1157/1158]
Gesta Alberonis archiep. Treverensis [paulo post a. 1152, Trier]: G. WAITZ, *SS.*, VIII 243-260.

BALDRICUS ABBAS BURGULIENSIS, POSTEA EPISCOPUS DOLENSIS [† a. 1130]
Vita Hugonis episc. Rothomagensis [ante a. 1120, Dol]: MIGNE, *PL.* 166, 1163-1172.
Translatio Valentini episc. Interamnensis [ca. a. 1120, Dol]: *AASS.*, Febr. II 758-762 = ³759-763; MIGNE, *PL.* 166, 1153-1164.

BALDUINUS S. REMIGII REMENSIS
Miracula Gibriani [a. 1145, Reims]: *AASS.*, Maji VII 619-651 = ³610-640.

BALTHERUS SECKINGENSIS
Vita Fridolini [ca. a. 1000, Seckingen, dioec. Konstanz]: B. KRUSCH, *SRM.*, III 354-369.

BARDO, v. Vita Anselmi episc. Lucensis in indice III.

BARTHOLOMAEUS SCRIBA
Annales Genuenses [a. 1225-1238; cum cont. usque ad a. 1250]: L. T. BELGRANO e C. IMPERIALE DI SANT'ANGELO, *Annali genovesi di Caffaro e dei suoi continuatori*, 5 vol., 1890-1929 (*FSI.*), III 1-189.

BAUDONIVIA
Vitae Radegundis reginae Francorum liber II [paulo post a. 600, Poitiers]: B. KRUSCH, *SRM.*, II 377-395.

BEDA VENERABILIS [† a. 735, Jarrow]
Chronicon, seu De sex mundi aetatibus [usque ad a. 725]: TH. MOMMSEN, *Auct. ant.*, XIII 247-327.
De natura rerum [ca. a. 703]: J. A. GILES, *Bedae Opera*, 12 t., London 1843-1844, VI 99-122; MIGNE, *PL.* 90, 187-278.
De temporum ratione [a. 725]: MIGNE, *PL.* 90, 293-578; CH. W. JONES, *Bedae opera de temporibus*, 1943 (Mediaeval Acad. of America, 41), 175-291.
Epistola ad Egbertum [a. 734-735]: C. PLUMMER, *Bedae opera historica*, 2 t., Oxford 1896, I 405-423.
Historia abbatum monasterii in Wiremutha [post a. 716]: C. PLUMMER, o.c., I 364-387.
Historia ecclesiastica gentis Anglorum [ca. a. 730]: C. PLUMMER, o.c., I 5-360; B. COLGRAVE and R. A. B. MYNORS, Oxford 1969 (*OMT.*).
Homiliae euangelii [a. 730-a. 735]: MIGNE, *PL.* 94, 9-268; *Archiv Wölfflin*, t. 3 (1886); D. HURST, 1955 (*Corpus christ.*, Series latina, 122), 1-378.
Hymni: MIGNE, *PL.* 94, 605-634; G. DREVES, *Analecta hymnica*, t. L, Leipzig 1907, 100-116; J. FRAIPONT, 1955 (*Corpus christ.*, Series latina, 122), 407-451.
Vita metrica Cuthberti [a. 705-716]: W. JAAGER, *Palaestra*, t. 198 (1935), 56-133.

Vita [prosaica] Cuthberti [ca. a. 721]: *ASOB.*, II 879-915; B. COLGRAVE, *Two lives of S. Cuthbert*, Cambridge 1940, 142-307.

PS.-BEDA
De remediis peccatorum [s. xii]: MARTÈNE, *Coll.*, VII 40-48.

PS.-BEDA
Mundi constitutio [s. ix p. post., S.-Gallen sive Reichenau]: MIGNE, *PL.* 90, 881-910.

BENEDICTUS ABBAS ANIANENSIS NECNON INDENSIS [† a. 821]
Concordia regularum: MIGNE, *PL.* 103, 717-1380.

BENEDICTUS CRISPUS, v. CRISPUS.

PS.-BENEDICTUS LEVITA
Capitularium collectio: [paulo post a. 847, Reims?, Le Mans?]: F. H. KNUST, *LL.*, II 2, 39-158.

BENEDICTUS DE NURSIA [† non ante a. 547]
Regula monachorum [post a. 530, Monte Cassino]: C. BUTLER, Freiburg i.B. 1912, ²1927; B. LINDERBAUER, Metten 1922; idem, Bonn 1928 (*Florilegium patristicum*, t. 17); PH. SCHMITZ, Maredsous 1946; A. DE VOGÜÉ et J. NEUFVILLE, 6 t., 1971-1972 (*Sources chrét.*, 181-186), I 412-490, II 508-675.

BENEDICTUS DE S. ANDREA IN FLUMINE (DE MONTE SORACTE)
Chronicon [s. x ex., Monte Soratte]: partim G. H. PERTZ, *SS.*, III 696-719; G. ZUCCHETTI, 1920 (*FSI.*, 55), 3-186.

PS.-BENEDICTUS PETROBURGENSIS
Gesta Henrici II et Richardi I Angliae regum [a. 1172-1192, London?]: W. STUBBS, 2 t., 1867 (*RS.*, 49).

BENINCASA
Vita Rainerii Pisani [a. 1161, Pisa]: *AASS.*, Jun. III 423-465 = ³IV 345-381.

BENO CARDINALIS PRESBYTER TITULIS MARTINI [† ca. a. 1100]
Gesta Romanae ecclesiae contra Hildebrandum [a. 1085-1090; usque ad a. 1098 cum operibus aliorum auctorum, Roma]: K. FRANCKE, *Lib. de lite*, II 369-422.

BENZO EPISCOPUS ALBENSIS [† ca. a. 1089]
Ad Heinricum IV imperatorem [ca. a. 1062-a. 1085, Alba]: K. PERTZ, *SS.*, XI 597-681.

BERNARDUS ANDEGAVENSIS [† post a. 1049]
Miracula Fidis Agennensis [a. 1016/17-ca. a. 1025]: A. BOUILLET, 1897 (*CT.*, 21), 1-125.

BERNARDUS CARTHUSIAE PORTENSIS [† post a. 1153, Portes, dioec. Lyon]
Epistolae: MIGNE, *PL.* 153, 885-900.

BERNARDUS ABBAS CLARAEVALLENSIS [† a. 1153]
De gradibus humilitatis et superbie [ca. a. 1124]: MIGNE, *PL.* 182, 941-972; J. LECLERCQ ET H. M. ROCHAIS, o.c., *S. Bernardi opera*, III, Roma 1963, 13-59.
De laude novae militiae ad Milites Templi [ca. a. 1128-1136]: MIGNE, *PL.* 182, 921-940; J. LECLERCQ ET H. M. ROCHAIS, o.c., III 213-239.
De moribus et officio episcoporum [seu epistola 42]: MIGNE, *PL.* 182, 809-834; J. LECLERCQ ET H. M. ROCHAIS, o.c., VII Roma 1974, 100-131.

Epistolae: MABILLON, *Bernardi opera*, 2 t., Paris 1667, I 1-628; MIGNE, *PL.* 182, 67-716; J. LECLERCQ ET H. ROCHAIS, o.c., VII, *Epistolae, I. Corpus epistolarum* 1-180.

PS.-BERNARDUS CLARAEVALLENSIS
De modo bene vivendi [auctore Thoma de Froidmont, † ca. a. 1170]: MIGNE, *PL.* 184, 1199-1306.

BERNARDUS CLUNIACENSIS
Consuetudines Cluniacenses [ca. a. 1070, Cluny]: [M. HERGOTT], *Vetus discipl. monast.*, 135-364.

BERNARDUS MARANGO [† ca. a. 1188]
Annales Pisani [a. 1180 vel paulo post, Pisa]: K. PERTZ, *SS.*, XIX 238-266.

BERNARDUS MORLANENSIS, v. BERNARDUS CLUNIACENSIS.

BERNARDUS EPISCOPUS TICINENSIS [† a. 1213]
Vita et miracula Lanfranci episc. Ticinensis [ca. a. 1200, Pavia]: *AASS.*, Jun IV 620-630 = ³V 533-542.

BERNERUS ABBAS HUMOLARIENSIS [† ca. a. 982]
Translatio et miracula Hunegondis [ca. a. 946 et 965, Homblières, dioec. Noyon]: *ASOB.*, V 214-221.

BERNOLDUS CONSTANTIENIS [† a. 1100]
Chronicon [ca. a. 1075-a. 1100; S.-Blasien, deinde Schaffhausen dioec. Konstanz]: G. H. PERTZ, *SS.*, V 400-467.

BEROLDUS
Ecclesiae Ambrosianae Mediolanensis Kalendarium et ordines [ca. a. 1130, Milano]: MURATORI, *Antiq.*, IV 861-931; M. MAGISTRETTI, Milano 1894.

BERTHA
Vita Adelheidis abbatissae Vilicensis [paulo post a. 1056, Vilich, dioec. Köln]: O. HOLDER-EGGER, *SS.*, XV 755-763.

BERTHARIUS ABBAS CASINENSIS [MONTECASSINO, † a. 883/884]
Carmen de Benedicto: L. TRAUBE, *Poet. lat.*, III 394-398.

BERTHARIUS VIRDUNENSIS
Gesta episcoporum Virdunensium [paulo post a. 916, Verdun]: G. WAITZ, *SS.*, IV 39-45.

BERTHOLDUS AUGIENSIS SEU CONSTANTIENSIS [† a. 1088]
Annales [pars altera a. 1075-1080; pars prima ab auctore anonymo conscripta; Reichenau, dioec. Konstanz]: G. H. PERTZ, *SS.*, V 267-326; partim G. WAITZ, *SS.*, XIII 730-732 [pars prima tantum].

BERTHOLDUS MICIACENSIS
Vita Maximini abb. Miciacensis [ante a. 843, S.-Mesmin, dioec. Orléans]: *ASOB.*, I 591-597.

BERTHOLDUS WERDENSIS
Narratio s. Crucis [s. xii med., Donauwörth, dioec. Augsburg]: O. HOLDER-EGGER, *SS.*, XV 768-770.

BERTHOLDUS ABBAS ZWIFALTENSIS [† post a. 1169]
Chronicon [a. 1137/1138, Zwiefalten, dioec. Konstanz]: H. F. O. ABEL, *SS.*, X 96-124; E. KÖNIG und K. O. MÜLLER, 1941 (*Schwäbische Chroniken der Stauferzeit*, 2), 136-286.

BOBOLENUS
Vita Germani abb. Grandivallensis [paulo post a. 675, Grandval, dioec. Basel]: B. KRUSCH, *SRM.*, V 33-40.

PS.-BOETHIUS
Geometriae I [s. viii]: partim MIGNE, *PL.* 63, 1352-1364; partim K. LACHMANN, *Gromatici Veteres*, Berlin 1848, 380-412; partim M. FOLKERTS, "*Boethius" Geometrie II*, Wiesbaden 1970, 176-217.
Geometriae II [s. xi]: G. FRIEDLEIN, "*Boetii*" *De institutione arithmetica*, Leipzig 1867, 373-428; M. FOLKERTS, o.c., 113-171.

BONIFATIUS CONSILIARIUS [s. vii/viii, Roma]
Laudatio Cyri mart. [ex graeco Sophronii]: A. MAI, *Spicil. Roman.*, III 1-95.

BONIFATIUS CONSILIARIUS ET ANASTASIUS BIBLIOTHECARIUS
Miracula Cyri mart. [ex graeco Sophronii]: A. MAI, ib., 97-669.

BONIFATIUS ARCHIEPISCOPUS MOGUNTINUS [† a. 754]
Aenigmata: E. DÜMMLER, *Poet. lat.*, I 3-19.
V. etiam Epistolarum collectio in indice II.

BONIZO EPISCOPUS SUTRINENSIS, POSTEA PLACENTINUS [† post a. 1090]
Liber ad amicum [ca. a. 1085-1086, Piacenza]: PH. JAFFÉ, *Bibl.*, II 577-689; E. DÜMMLER, *Lib. de lite*, I 571-620.

BOSO [† a. 1178]
Vitae paparum [a. 1166-1178, Roma]: L. DUCHESNE, *Lib. pontif.*, II 353-446; L. WATTERICH, *Pontificum Romanorum ... vitae*, II 118-377.

BOVO ABBAS SITHIENSIS [† post a. 1065]
Relatio de inventione et elevatione Bertini [ca. a. 1052, S.-Bertin]: *ASOB.*, III 1, 153-168; *AASS.*, Sept. II 614-623; O. HOLDER-EGGER, *SS.*, XV 525-534.

BRACTON [† a. 1268]
De legibus et consuetudinibus Angliae [a. 1239-1256]: T. TWISS, 6 t., 1878-1883 (*RS.*, 70); G. E. WOODBINE, 4 t., New Haven 1915-1942, t. II-IV.

BRAULIO EPISCOPUS CAESARAUGUSTANUS [† ca. a. 651]
Vita Aemiliani [ca. a. 636, Zaragoza]: *ASOB.*, I 205-215.

BRUNO CARTHUSIENSIS [† a. 1101, S. Stefano del Bosco, dioec. Squillace]
Expositio in psalmos: MIGNE, *PL.* 152, 637-1420.

PS.-BRUNO CARTHUSIENSIS
Expositio in epistolas Pauli [s. xi ex.]: MIGNE, *PL.* 153, 13-566.

BRUNO MERSEBURGENSIS SEU MAGDEBURGENSIS
De bello Saxonico [a. 1082, Merseburg]: W. WATTENBACH, 1880 (*SRG.*); H. E. LOHMANN, 1937 (*MGH., Deutsches Mittelalter*, 2); F.-J. SCHMALE, *Quellen z. Gesch. Kaiser Heinrichs IV.*, 1963 (*AQ.*, 12), 192-405.

BRUNO QUERFURTENSIS ARCHIEPISCOPUS POLONIAE [† a. 1009]
Vita Adalberti episc. Pragensis, Recensio I [a. 1004, Querfurt]: A. BIELOWSKI, *Mon. Polon. hist.*, I, Lwow 1864, 189-222; J. TRUHLÁŘ, *Fontes rer. Bohemicarum*, I, 1873, 266-304; J. KARWASIŃSKA, 1969 (*Mon. Polon. hist.*, N.S., IV, 2); Recensio II [ca. a. 1008, Meseritz, dioec. Poznań]: G. H. PERTZ, *SS.*, IV 596-612; A. KOLBERG, *Zeitschr. f. d. Gesch. u Altertumsk. Ermlands*, t. 15 (1904), 120-206; J. KARWASIŃSKA, 1969 (*Mon. Polon. hist.*, N.S., IV, 2).
Vita vel passio quinque fratrum Poloniae [a. 1008]: R. KADE, *SS.*, XV 716-738; B. IGNESTI, Camaldoli 1951, 110-151.

BURCHARDUS URSPERGENSIS [† post Jan. 1231]
Chronicon [usque ad a. 1230, Ursperg, dioec. Augsburg]: O. HOLDER-EGGER und B. v. SIMSON, 1916 (*SRG.*).

BURCHARDUS EPISCOPUS WORMATIENSIS [† a. 1025]
Decretum [a. 1008-1012, Worms]: MIGNE, *PL.* 140, 537-1058.
Lex familiae Wormatiensis ecclesiae [a. 1023-1025, Worms]: L. WEILAND, *Const.* I, 640-644.

CAESARIUS EPISCOPUS ARELATENSIS [† a. 542]
Epistulae: G. MORIN, *S. Caesarii opera*, 2 t., Maredsous 1937, 1942, II 129-148.
Regula monachorum [post a. 506]: G. MORIN, o.c., II 149-155.
Regula (alias Statuta) sanctarum virginum [ca. a. 522-523, cum additam. a. 534]: G. MORIN, Bonn 1933 (*Florilegium patristicum*, 34), 18-27; idem, *S. Caesarii opera*, II 101-124.
Sermones: G. MORIN, *S. Caesarii opera*, I.

CAESARIUS HEISTERBACENSIS [† a. 1240, Heisterbach, dioec. Köln]
Catalogus archiepiscoporum Coloniensium [usque ad a. 1238]: H. CARDAUNS, *SS.*, XXIV 345-347.
Dialogus miraculorum [a. 1219-1223]: J. STRANGE, 2 t., Köln 1851; index, Koblenz 1857.

CAESARIUS PRUMIENSIS
Commentarius ad urbarium Prumiense [a. 1222, Prüm, dioec. Trier]: H. BEYER, *UB. Mittelrh.*, 142-201.

CAFFARUS DE CASCHIFELLONE [† a. 1166]
Annales Genuenses [usque ad a. 1163]: L. T. BELGRANO e C. IMPERIALE di SANT'ANGELO, *Annali genovesi di Caffaro e dei suoi continuatori*, 5 vol. 1890-1929 (*FSI.*), I 3-75.

CANDIDUS FULDENSIS [Fulda, † a. 845]
Vita metrica Eigilis abb. Fuldensis [ca. a. 840]: E. DÜMMLER, *Poet. lat.*, II 96-117.
Vita [prosaica] Eigilis abb. Fuldensis [ca. a. 840]: G. WAITZ, *SS.*, XV 222-233.

CASSIODORUS SENATOR [† ca. a. 580]
Chronica [a. 519]: TH. MOMMSEN, *Auct. ant.*, XII 120-161.
Commenta psalterii alias Expositio in psalmos [ca. a. 538-548; recensio altera a. 560-575, Vivarium]: MIGNE, *PL.* 70, 9-1056; M. ADRIAEN, 1958 (*Corpus christ., Series latina*, 97 et 98).
Complexiones in Epistulas apostolorum, in Acta et Apocalypsin [ca. a. 580, Vivarium]: MIGNE, *PL.* 70, 1321-1418.
De anima [a. 537-538, Ravenna]: MIGNE, *PL.* 70, 1279-1308; J. W. HALPORN, *Traditio*, t. 16 (1960), 67-109; idem, 1973 (*Corpus christ., Series latina*, 96), 531-575.
Historia ecclesiastica tripartita [post Epi-

phanium]: MIGNE, *PL.* 69, 879-1214; W. JACOB et R. HANSLIK, 1952 (*CSEL.*, 71).
Institutiones [ca. a. 560; recensio altera ca. a. 575-580, Vivarium]: MIGNE, *PL.* 70, 1105-1220; R. A. B. MYNORS, Oxford 1937; ²1961.
Variae [a. 506-538]: TH. MOMMSEN, *Auct. ant.*, XII 3-385; A. J. FRIDH, 1973 (*Corpus christ., Series latina*, 96), 3-499.

CENCIUS, POSTEA HONORIUS III PAPA [† a. 1227]
Liber censuum ecclesiae Romanae [a. 1192]: P. FABRE et L. DUCHESNE, 3 t. 1889-1952 (*Bibl. Ec. fr. d'Athènes et de Rome*, ser. 2, 6), t. I.

CHRISTIANUS
Vita altera Geraldi abb. Silvae Majoris [s. xii p. post. ?, Sauve-Majeure, dioec. Bordeaux]: *AASS.*, Apr. I 423-430 = ³421-428.

CHRODEGANGUS EPISCOPUS METTENSIS [† a. 766]
Regula canonicorum, forma primitiva: W. SCHMITZ, Hannover 1889; J. PELT, *Etudes sur la cathédrale de Metz*, I, Metz 1937, 8-28; recensio Angilramni episcopi Mettensis [† a. 791]: MANSI, *Conc.*, t. 14, 314-332; MIGNE, *PL.* 89, 1097-1120; recensio quarta: MANSI, l.c., 332-346; MIGNE, *PL.* 89, 1057-1096.

CLARIUS
Chronicon S. Petri Vivi [usque ad a. 1124, cum cont., Sens]: D'ACHÉRY, *Spicil.*, II 705-780 = ²463-486; L. M. DURU, *Bibl. hist. de l'Yonne*, II 451-550; R.-H. BAUTIER et M. GILLES-GUIBERT (*Sources d'histoire médiévale*, 3), sub prelo.

COLUMBANUS ABBAS LUXOVIENSIS ET BOBIENSIS [† a. 615]
De paenitentiarum mensura taxanda: MIGNE, *PL.* 80, 223-230; O. SEEBASS, *Zs. f. Kirchengesch.*, t. 14 (1894), 441-448; G. S. M. WALKER, *Columbani opera*, 1957 (*Scr. Lat. Hibern.*, 2), 168-180; L. BIELER, *The Irish Penitentials*, 1963 (*Scr. Lat. Hibern.*, 5), 96-106.
Epistolae: W. GUNDLACH, *Epp.*, III 156-190; G. S. M. WALKER, o.c., 2-58 et 182-206.
Regula coenobialis: SEEBASS, *Zs. f. Kirchengesch.*, t. 17 (1897), 218-234; WALKER, o.c., 142-168. Regula monachorum: SEEBASS, *Zs. f. Kirchengesch.*, t. 15 (1895), 373-386; WALKER o.c., 122-142.

PS.-COLUMBANUS
Instructiones [s. v, Gallia; instructiones 3, 9, 16 et 17 authenticae sunt]: MIGNE, *PL.* 80, 229-260.

CONRADUS BRUNWILARENSIS
Vita Wolfhelmi abb. Brunwilarensis [a. 1110-1123, Brauweiler, dioec. Köln]: partim R. WILMANS, *SS.*, XII 181-195.

CONRADUS POSTEA ABBAS EBERBACENSIS [† a. 1221]
Exordium magnum Cisterciense [lib. I-IV a. 1186-1193, Clairvaux; lib. V et VI a. 1206-1221, Eberbach, dioec. Mainz]: B. GRIESSER, 1961 (*Series scriptorum Ordinis Cisterciensis*, 2).

CONRADUS DE FABARIA
Casuum S. Galli continuatio tertia [ca. a. 1233, S.-Gallen]: I. VON ARX, *SS.*, II 163-183; G. MEYER VON KNONAU, *Mitt. z. vaterl. Gesch. von S.-Gallen*, t. 17 (1879), 132-252.

CONSTANTINUS ABBAS S. SYMPHORIANI METTENSIS [† a. 1024]
Vita Adalberonis II episc. Mettensis [ca. a. 1015, Metz]: G. H. PERTZ, *SS.*, IV 659-672.

CORONATUS
Vita Zenonis [s. viii, Verona]: MOMBRITIUS², II 651-652.

COSMAS PRAGENSIS [† a. 1125]
Chronica Boëmorum [usque ad a. 1125, Praha]: B. BRETHOLZ, 1923 (*SRG.*, n.s., 2).

PS.-CRISENTIANUS
Acta Alexandri episcopi [s. v vel vi]: *AASS.*, Sept. VI 230-235.

CRISPUS DIACONUS MEDIOLANENSIS
Medicinalis liber [s. vii med., vel paulo post, Milano]: A. MAI, *Classici auctores*, V 391-402; MIGNE, *PL.* 89, 369-376; S. DE RENZI, *Collectio Salernitana*, I, Napoli 1852, 72-87.

CUTHBERTUS ABBAS, POSTEA ARCHIEPISCOPUS CANTUARIENSIS [† a. 760]
Epistola de obitu Bedae [a. 735]: C. PLUMMER, *Bedae opera historica*, I CLX-CLXIV; E. VAN KIRK DOBBIE, *The mss. of Caedmon's hymn and Bede's death song*, New York 1937, 117-129; N. R. KER, *Medium Aevum*, t. 8 (1939), 40-44; B. COLGRAVE and R. A. B. MYNORS, *Bede's Ecclesiastical History...*, Oxford 1969 (*OMT.*), 580-587.

PS.-CYPRIANUS
De duodecim abusivis saeculi [a. 630-650, Eyre]: S. HELLMANN, *Texte und Untersuchungen z. altchristl. Literatur*, 34, 1 (1909), 32-60.

DANIEL BECCLESIENSIS
Urbanus Magnus [ca. a. 1180]: J. G. SMYLY, Dublin 1939.

DARES PHRYGIUS, v. Historia Daretis Frigii de origine Francorum in indice II.

DESIDERIUS CADURCENSIS, v. Epistolarum collectio in indice II.

DHUODA
Liber manualis [a. 841-843, Uzès]: E. BONDURAND, Paris 1887.

DIONYSIUS EXIGUUS [† ca. a. 550, Roma]
Collectio canonum necnon decretalium quae dicitur Dionysiana [ca. a. 510, Roma]: MIGNE, *PL.* 67, 139-316; C. H. TURNER, *Ecclesiae occidentalis monumenta juris antiquissima*, 2 t. Oxford 1899-1939, passim; A. STREWE, Berlin 1931 (*Arbeiten z. Kirchengesch.*, 16).
De ratione Paschae: [a. 526, Roma]: MIGNE, *PL.* 67, 23-28; 513-520; B. KRUSCH, *Studien zur christl. mittelalterl. Chronologie*, II, Berlin 1938 (*Abh. Preuss. Akad.*, 1937, *Philos.-hist. Klasse*, 8), 82-86.

DISCIPULUS UMBRENSIUM QUI DICITUR [s. viii in.]:
H. J. SCHMITZ, *Bussbücher*, I 524-550; P. W. FINSTERWALDER, *Die Canones Theodori Cantuariensis...*, Weimar 1929 (*Untersuch. z. den Bussbüchern des 7., 8. und 9. Jahrhunderts*, 1), 285-334.

DONATUS
Vita Ermenlandi seu Herblandi abb. Antrensis [s. viii ex./s. ix in., Indre, dioec. Nantes]: *ASOB.*, III 1, 383-403; W. LEVISON, *SRM.*, V 682-710.

DONATUS METTENSIS
Vita Trudonis [a. 784-791, Metz]: *ASOB.*, II 1071-1086; W. LEVISON, *SRM.*, VI 273-298.

DONIZO [† post a. 1136?]
Vita [metrica] Mathildis ducissae [ca. a. 1112-1115, Canossa]: L. BETHMANN, *SS.*, XII 351-409; L. SIMEONI, 1930 (MURATORI, *Scr.*, nuova ediz., V, 2).

DROGO BERGENSIS
Miracula Winnoci [post a. 1080, Bergues-s.-Winnoc, dioec. Thérouanne]: partim O. HOLDER-EGGER, *SS.*, XV 778-782; *AASS.*, Nov. III 275-284.

DUDO S. QUINTINI DECANUS
De moribus et actis primorum Normanniae ducum [ca. a. 1020, Normandie]: J. LAIR, Caen 1865 (*Mém. Soc. des Antiquaires de Normandie*, 23).

DUNGALUS DICTUS HIBERNICUS EXUL [† post a. 827]
Carmina [ca. a. 821-827, S.-Denis]: E. DÜMMLER, *Poet. lat.*, I 395-413.

DUNSTANUS, Regularis concordia, v. AETHELWOLDUS.

DYNAMIUS
Vita Maximi episc. Reiensis [s. vi, Gallia]: MIGNE, *PL.* 80, 31-40.

EADMERUS [† ca. a. 1130, Canterbury]
De Anselmi similitudinibus, v. Similitudines in indice II.
Gesta Anselmi Cantuariensis [s. xi ex.-a. 1123]: *AASS.*, Apr. II 866-893 = ³862-890; MIGNE, *PL.* 158, 49-118; M. RULE, *Eadmeri historia novorum*, 1884 (*RS.*, 81), 305-440; R. W. SOUTHERN, 1962 (*MC.*).
Historia novorum in Anglia [a. 1109-1115, lib. I-IV; a. 1119-1122, lib. V-VI]: M. RULE, 1884 (*RS.*, no. 81), 1-302.
Vita Wilfridi [post a. 1089-1097]: MIGNE, *PL.* 159, 713-752.

EBBO [† a. 1163]
Vita Ottonis episc. Bamberg. [a. 1151-1159, Michelsberg, dioec. Bamberg]: R. KOEPKE, *SS.*, XII 822-883; partim A. BIELOWSKI, *Mon. Polon. hist.*, II, Lwow 1872, 32-70; PH. JAFFÉ, *Bibl.*, V 588-692; J. WIKARJAK i K. LIMAN, Warszawa 1969 (*Mon. Polon. hist.*, n.s., VII, 2).

ECBERTUS ABBAS SCHONAUGIENSIS [† a. 1184, Schönau, dioec. Mainz]
Sermones contra Catharos: MIGNE, *PL.* 195, 11-98.

EDDIUS STEPHANUS
Vita Wilfridi episc. Eboracensis [ca. a. 720, Ripon]: J. RAINE, *Historians of the church of York*, 3 t. 1879-1894 (*RS.*, 71), I 1-103; W. LEVISON, *SRM.*, VI 193-263; B. COLGRAVE, Cambridge 1927.

EGBERTUS ARCHIEPISCOPUS EBORACENSIS [† a. 766]
Poenitentiale Egberti: H. J. SCHMITZ, *Bussbücher und Bussdiziplin der Kirche*, 2 t., Mainz 1883, 1898, I 573-587.

EGBERTUS LEODIENSIS
Fecunda ratis [ca. a. 1023, Liège]: E. VOIGT, Halle 1889. Addit.: R. PEIPER, *Zs. f. deutsche Philol.*, t. 25 (1893), 427-430.

EGILWARDUS, Vita Burchardi episc. Wirziburgensis, v. EKKEHARDUS URAUGIENSIS.

EGINHARDUS VEL EINHARDUS [† a. 840]
Epistolae: K. HAMPE, *Epp.*, V 109-141.
Translatio Marcellini et Petri [ca. a. 830]: G. WAITZ, *SS.*, XV 239-264.
Vita Karoli [ca. a. 830-836, Seligenstadt]: O. HOLDER-EGGER, 1911 (*SRG.*); L. HALPHEN, 1923 (*CHF.*, 1); R. RAU, *Qu. zur karol. Reichsgesch.*, I, 1955 (*AQ.*, 5), 164-211; A. RAPISARDA, 1963.
v. Annales Fuldenses.

EIGILUS ABBAS FULDENSIS [† a. 822]
Vita Sturmi abb. Fuldensis [a. 794-800, Fulda]: G. H. PERTZ, *SS.*, II 366-377; P. ENGELBERT, Marburg 1968 (*Veröff. hist. Komm. f. Hessen u. Waldeck*, 29).

EKKEHARDUS SANGALLENSIS I, v. Waltharius in indice III.

EKKEHARDUS SANGALLENSIS IV [† ca. a. 1060]
Casuum S. Galli continuatio prima [ca. a. 1047-1053, S.-Gallen]: I. VON ARX, *SS.*, II 77-147; G. MEYER VON KNONAU, *Mitt. zur vaterl. Gesch. von S.-Gallen*, 15,16 (1877), 1-450.

EKKEHARDUS SANGALLENSIS V DICTUS MINIMUS
Vita Notkeri Balbuli [post a. 1220, S.-Gallen]: *AASS.*, Apr. I 579-595 = ³576-593.

EKKEHARDUS URAUGIENSIS [† ca. a. 1130]
Chronicon universale [a. 1105/1106-1125, Michelsberg, dioec. Bamberg, et Aura, dioec. Würzburg]: G. WAITZ, *SS.*, VI 208-267; partim F. J. SCHMALE und I. SCHMALE-OTT, 1972 (*AQ.*, 15), 124-209 et 268-377. Cf. FRUTOLFUS. Cf. etiam Chronica imperatorum.
Vita Burchardi episc. Wirzibergensis [falso Egilwardo necnon Engelhardo attributa; a. 1108-1113, Würzburg]: *ASOB.*, III 1, 703-718; *AASS.*, Oct. VI 575-593; partim O. HOLDER-EGGER, *SS.*, XV 50-62.

ELIGIUS EPISCOPUS NOVIOMAGENSIS [† a. 660, Noyon]
Praedicatio [s. vii med.]: B. KRUSCH, *SRM.*, IV 751-761.

ENGELHARDUS
Vita Mathildis vel Mechtildis, praepositae Diessensis [ca. a. 1200, Langheim, dioec. Bamberg: *AASS.*, Maji VII 444-457 = ³436-449.

FELIX ENNODIUS EPISCOPUS TICINENSIS [† a. 521, Pavia]
Carmina: G. HARTEL, 1882 (*CSEL.*, 6), 507-608; F. VOGEL, *Auct. ant.*, VII 162-167 et passim.
Dictio in natale Laurentii Mediolanensis episc. [a. 503-506, Milano]: F. VOGEL, o.c., 1-4.
Dictiones: G. HARTEL, o.c., 423-506.
Epistulae: G. HARTEL, o.c., 1-260; F. VOGEL, o.c., passim.
Eucharisticum de vita sua [a. 511, Milano]: G. HARTEL, o.c., 393-401.
Vita Epiphani episc. Ticinensis [a. 502-504, Milano]: F. VOGEL, o.c., 84-109.

ERCHANBERTUS QUI DICITUR
Breviarium regum Francorum [a. 826]:
A. USSERMANN, *Germaniae Sacrae prodromus*,
I (1790), XLI-LII; partim G. H. PERTZ,
*SS.*, II 328-330.

ERCHEMPERTUS CASINENSIS [† post a. 904]
Historia Langobardorum Beneventana [ca.
a. 889, Capua]: G. WAITZ, *SRL.*, 234-264.

ERMANRICUS ELWANGENSIS, DIOEC. AUGSBURG,
POSTEA EPISCOPUS PATAVIENSIS [† a. 874]
Epistola ad Grimaldum [ca. a. 854, S.-Gallen,
dioec. Konstanz]: E. DÜMMLER, *Epp.*, V
536-579.
Sermo de vita Sualonis [a. 840]: O. HOL-
DER-EGGER, *SS.*, XV 153-163; A. BAUCH,
*Qu. z. Gesch. der Diözese Eichstätt*, I, 1962
(Eichstätter Studien), 196-238.
Vita Hariolfi episc. Lingonensis [a. 842-
854]: G. H. PERTZ, *SS.*, X 11-14.

ERMENTARIUS [† a. 867/868]
Translationes et miracula Filiberti, liber I
[a. 837-838, Noirmoutier, dioec. Poitiers];
liber II [a. 862, Messay, dioec. Poitiers]:
partim O. HOLDER-EGGER, *SS.*, XV 298-303;
R. POUPARDIN, *Mon. des abbayes de S.-
Philibert*, 1905 (*CT.*, 38) 19-70.
Vita Filiberti (retractata) [s. ix p. pr., Noirmoutier, dioec. Poitiers]: POUPARDIN, o.c.,
1-18; W. LEVISON, *SRM.*, V 583-606.

ERMOLDUS NIGELLUS [† ca. a. 835]
Carmina duo ad Pippinum regem [a. 827/828,
Strasbourg]: E. DÜMMLER, *Poet. lat.*, II 79-
91; E. FARAL, *Ermold le Noir, poème sur
Louis le Pieux et épitres au roi Pépin*, 1932
(*CHF.*, 14), 202-232.
Carmen elegiacum in honorem Hludowici
caesaris [a. 825-827, Strasbourg]: E. DÜMM-
LER, o.c., II 4-79; E. FARAL, o.c., 2-200.

ETHELWOLFUS, v. AETHELWULFUS

EUGENIUS ARCHIEPISCOPUS TOLETANUS [†
a. 657]
Dracontiana: F. VOLLMER, *Auct. ant.*, XIV
27-69 et 115-129.

EUGENIUS VULGARIUS, v. VULGARIUS

EUGIPPIUS ABBAS LUCULLANENSIS, DIOEC.
NAPOLI [† post a. 532]
Epistola ad Paschasium: P. KNOELL, 1886
(*CSEL.*, 9/2), 1-6.
Excerpta ex operibus Augustini [post a. 511]:
P. KNOELL, 1885 [*CSEL.*, 9/1].
Vita Severini [ca. a. 511]: P. KNOELL, 1886
(*CSEL.*, 9/2), 1-70; TH. MOMMSEN, 1898
(*SRG.*); M. SCHUSTER, Wien 1946; R. NOLL,
Berlin 1963 (*Schriften u. Quellen der alten
Welt*, 11).

EULOGIUS CORDUBENSIS ARCHIEPISCOPUS TOLE-
TANUS ELECTUS [† a. 859]
Liber apologeticus martyrum [a. 857]: MIGNE,
*PL.* 115, 851-870.
Memorialis sanctorum [a. 850-857]: MIGNE,
*PL.* 115, 731-818.
Vita Perfecti [ex ejusdem auctoris Memoriali
Sanctorum]: *AASS.*, Apr. II 585-586 = ³581-
583.

EUSTOCHIUS
Vita Pelagiae [ex graeco; s. vi]: *AASS.*,
Oct. IV 261-266.

EVERHELMUS ABBAS S. PETRI GANDENSIS [†
a. 1069]
Vita Popponis abb. Stabulensis [post Onul-
fum, s. xi med., Gent]: W. WATTENBACH,
*SS.*, XI 293-316.

FACUNDUS EPISCOPUS HERMIANENSIS [† post
a. 571]
Pro defensione trium capitulorum... [s. vi
med., Africa]: MIGNE, *PL.* 67, 527-852;
J. M. CLÉMENT et R. VANDER PLAETSE, 1974
(*Corpus christ.*, *Series latina*, 90 A), 3-398.

FALCO BENEVENTANUS [† a. 1144/45]
Chronicon [s. xii, usque ad a. 1140, Bene-
vento]: MIGNE, *PL.* 173, 1151-1262.

FALCO TRENORCHIENSIS
Chronicon [s. xi ex., post a. 1087, Tournus]:
R. POUPARDIN, *Mon. de S.-Philibert*, 1905
(*CT.*, 38), 71-106.

FARDULFUS ABBAS SANDIONENSIS [† a. 806]
Carmina: E. DÜMMLER, *Poet. lat.*, I 353-354.

FARITIUS, POSTEA ABBAS ABINGDONENSIS [†
a. 1177]
Vita Aldhelmi [s. xi ex., Malmesbury]:
*AASS.*, Maji VI 84-93 = ³83-93; MIGNE,
*PL.* 89, 63-84.

PS.-FAUSTUS
Vita Severini abb. Agaunensis [s. ix in.,
S.-Maurice]: B. KRUSCH, *SRM.*, III 168-170.

FELIX
Vita Guthlaci [ca. a. 730-740, East Anglia]:
*ASOB.*, III 1, 264-284; W. DE GRAY BIRCH,
*Memorials of S. Guthlac*, Wisbech 1881, 1-64;
B. COLGRAVE, Cambridge 1956.

FERRANDUS [† a. 546/547, Carthago]
Breviato canonum [ca. a. 524-ca. a. 546]:
·MIGNE, *PL.* 67, 949-962, et MIGNE, *PL.* 88,
817-830.
Epistolae: MIGNE, *PL.* 67, 887-950.
Vita Fulgentii episc. Ruspensis [† a. 533]:
*AASS.*, Jan. I 32-45; MIGNE, *PL.* 65, 117-150;
G. LAPEYRE, Paris 1929.

FERREOLUS EPISCOPUS UCETICENSIS [† a. 581]
Regula monachorum [ca. a. 553-573, Uzès]:
MIGNE, *PL.* 66, 959-976.

FLODOARDUS REMENSIS [† a. 966]
Annales [a. 919-966]: PH. LAUER, 1905
(*CT.*, 39).
De sanctis Romanis carmen sive De triumphis
Christi apud Italiam [ante a. 939]: MIGNE,
*PL.* 135, 595-886.
Historia ecclesiae Remensis [a. 948]: J.
HELLER und G. WAITZ, *SS.*, XIII 409-599.

FLORENTIUS WIGORNENSIS [† a. 1118, Worce-
ster]
Chronicon ex chronicis [s. xii in., usque
ad a. 1113?]: B. THORPE, 2 t., 1848, 1849
(*Engl. Hist. Soc.*), I et II 1-70. Cf. etiam
JOHANNES WIGORNENSIS.

FOLCARDUS [† post a. 1084?]
Vita Bertini [ca. a. 1050, S.-Bertin]: *AASS.*,
Sept. II 604-613.
Vita Johannis Beverlacensis [ca. a. 1065,
York?]: *AASS.*, Maji II 168-173 = ³167-172;
cf. VII 615 sq. = ³605 sq.; J. RAINE, *His-
torians of the church of York*, 3 t. 1879-1894
(*RS.*, 71), I 239-260.

FOLCUINUS ABBAS LOBIENSIS [† a. 990]
Gesta abbatum Lobiensium [a. 980, Lobbes]:
G. H. PERTZ, *SS.*, IV 54-74.
Gesta abbatum Sithiensium [a. 961/962,
S.-Bertin]: B. GUÉRARD, 1841 (*CDI.*), 15-
168; O. HOLDER-EGGER, *SS.*, XIII 607-635
[chartis omissis].
Miracula Ursmari et Ermini: *AASS.*, Apr.
II 563-568 = ³561-565; partim O. HOLDER-
EGGER, *SS.*, XV 832-833.
Vita Folquini episc. Morinensis [a. 970-984,
Lobbes]: O. HOLDER-EGGER, *SS.*, XV 424-430.

VENANTIUS FORTUNATUS EPISCOPUS PICTA-
VENSIS [† haud longe post a. 600]
Carmina: F. LEO, *Auct. ant.*, IV 1, 1-270.
Vita Albini episc. Andegavensis [ante a.
569]: B. KRUSCH, *Auct. ant.*, IV 2, 27-33.
Vita Germani episc. Parisiensis [ca. a. 590?]:
B. KRUSCH, o.c., 11-27; idem, *SRM.*, VII
372-418.
Vita et miracula Hilarii episc. Pictavensis
[ante a. 573]: B. KRUSCH, *Auct. ant.*, IV 2,
1-11.
Vita Marcelli episc. Parisiensis [ante a. 576]:
B. KRUSCH, *Auct. ant.*, IV 2, 49-54; *AASS.*,
Nov. I 263-266.
Vita metrica Martini [ca. a. 575]: F. LEO,
o.c., 293-370.
Vita Paterni episc. Abrincensis: B. KRUSCH,
*Auct. ant.*, IV 2, 33-37.
Vitae Radegundis reginae Francorum [†
a. 587] liber primus: B. KRUSCH, *SRM.*, II
364-377.

PS.-FORTUNATUS
Vita Amantii episc. Ruteni [ante s. ix in.]:
B. KRUSCH, *Auct. ant.*, IV 2, 55-64; *AASS.*,
Nov. II 1, 276-281.

PS.-FORTUNATUS
Vita Leobini episc. Carnotensis [s. ix med.,
Chartres]: B. KRUSCH, *Auct. ant.*, IV 2, 73-82.

PS.-FORTUNATUS, Vita Maurilii episc. Andegavensis, v. ARCHANALDUS in indice I.

PS.-FORTUNATUS
Vita Medardi episc. Noviomensis [paulo post
a. 602]: B. KRUSCH, *Auct. ant.*, IV 2, 67-73.

PS.-FREDEGARIUS
Chronicae que dicuntur Fredegarii scholastici
[a. 613, a. 625-660, Burgundia]: B. KRUSCH,
*SRM.*, II 18-168; partim J. M. WALLACE-
HADRILL, *The fourth Book of the Chronicle
of Fredegar with its continuations*, 1960
(*MC.*), 1-79.

FRITHEGODUS VEL FRIDEGODUS
Breviloquium [metricum] vitae Wilfredi episc.
Eboracensis [s. x med., Ripon?, Canterbury?]:
*ASOB.*, III 1, 171-196, et iterum ib., IV 1,
722-726; MIGNE, *PL.* 133, 981-1012; J.
RAINE, *Historians of the church of York*, 3 t.,
1879-1894 (*RS.*, 71), I 109-159; A. CAMPBELL,
Zürich 1950 (*Thesaurus mundi*, 1).

FRODO, v. Gesta pontificum Autissiodorensium in indice II.

FROTHARIUS, v. Epistolarum collectio in indice
II.

FROUMUNDUS [† a. 1008?]
Carmina [s. x ex., Tegernsee]: K. STRECKER,
*Die Tegernseeer Briefsammlung*, 1925 (*MGH.*,
*Epp. sel.*, 3), 1-96.

FRUCTUOSUS EPISCOPUS BRACARENSIS [† ca.
a. 665]
Regula monachorum [s. vii med., Braga]:
L. HOLSTENIUS et M. BROCKIE, *Codex regularum*, I, 1759, 198-208; MIGNE, *PL.* 87,
1099-1110.

FRULANDUS MURBACENSIS
Passio Leudegarii [ca. a. 1041, Murbach,
dioec. Basel]: partim B. KRUSCH, *SRM.*, V
356-362.

FRUTOLFUS [† a. 1103?]
Chronicon universale [ca. a. 1100, Michelsberg,
dioec. Bamberg]: G. WAITZ, *SS.*, VI 33-219,
sub titulo "Ekkehardi Uraugiensis chronici
recensio A"; partim F. J. SCHMALE und
I. SCHMALE-OTT, 1972 (*AQ.*, 15), 48-121.
Cf. EKKEHARDUS URAUGIENSIS.

FULBERTUS EPISCOPUS CARNOTENSIS [† a. 1028]
Epistola: MIGNE, *PL.* 141, 189-278; *Hist.
de Fr.*, X 443-482.
Hymnus de Pantaleone: MIGNE, *PL.* 141,
339-341.
Vita Autberti episc. Cameracensis [paulo
post a. 1015]: J. GHESQUIERUS, *Acta san-
orum Belgii*, 6 t., Bruxelles 1783-1794, III
538-564; partim MIGNE, *PL.* 141, 355-368.

FULCHERUS CARNOTENSIS [† paulo post a. 1127]
Historia Hierosolymitana. Gesta Francorum
Jerusalem peregrinantium [a. 1101-1127,
Hierusalem]: MIGNE, *PL.* 155, 823-940;
*RHC.*, Occid., III 311-485; H. HAGENMEYER,
Heidelberg 1913.

FULCO COMES ANDEGAVENSIS [† a. 1109]
Fragmentum historiae Andegavensis [a. 1096]:
L. HALPHEN et R. POUPARDIN, *Chron. d'Anjou*,
1913 (*CT.*, 48), 232-238.

GALBERTUS [immo Walbrehtus] BRUGENSIS
[† paulo post a. 1128]
De multro... Karoli comitis Flandriarum
[a. 1127/1128, Bruges]: H. PIRENNE, 1891
(*CT.*, 10), 1-176.

GAUDERICUS EPISCOPUS VELITERNUS [† post
a. 879], v. LEO MARSICANUS.

GAUFREDUS ALTAECUMBENSIS [† post a. 1188]
Vita et miracula Petri archiep. Tarentasiensis
[paulo post a. 1174, Hautecombe, dioec.
Genève]: *AASS.*, Maji II 323-338 = ³320-335.

GAUFREDUS DE S. BARBARA [floruit s. xii p.
post., S.-Barbe-en-Auge, dioec. Lisieux]
Epistolae: MARTÈNE, *Thes.*, I 494-555.

GAUFREDUS MALATERRA
De rebus gestis Rogerii regis Siciliae [ca.
a. 1100, Catania?]: MURATORI, *Scr.*, V 547-
602; MIGNE, *PL.* 149, 1093-1210; E. PONTIERI,
1925-1928 (MURATORI, *Scr.*, nuova ediz., V, 1).

GAUFREDUS VOSIENSIS [† post a. 1184]
Chronicon [c. 1-74: a. 1162, Limoges; append.:
a. 1184, Vigeois, dioec. Limoges]: PH. LABBE,
*Bibl.*, II 279-342.

GAUFRIDUS BABUINUS SCHOLASTICUS ANDE-
GAVENSIS [† a. 1158]
Ennarationes in evangelium Matthaei [falso
Anselmo Laudunensi attrib.]: MIGNE, *PL.* 162,
1227-1500.

GEBEHARDUS ARCHIEPISCOPUS SALISBURGENSIS
[† a. 1088]
Epistola ad Herimannum episc. Mettensem
[a. 1081]: K. FRANCKE, *Lib. de lite*, I 263-279.

GEOGRAPHUS RAVENNAS
[paulo post a. 800, Ravenna]: M. PINDER und G. PARTHEY, Berlin 1860; J. SCHNETZ, *Itineraria Romana*, II, Leipzig 1940.

GERARDUS PRIMICERIUS [† a. 1070]
Catalogus regum Langobardorum Aretinus [ca. a. 1060, Arezzo]: A. HOFMEISTER, *SS.*, XXX 1432-1437.

GERARDUS ABBAS SILVAE MAJORIS, v. Vita et miracula Adalhardi in indice III.

GERARDUS SUESSIONENSIS [floruit s. x med.]
Vita metrica Romani episc. Rotomagensis [ante a. 989]: MARTÈNE, *Thes.*, III 1653-1666; MIGNE, *PL.* 138, 173-184.
Vita [prosaica] Romani episc. Rotomagensis [ante a. 989]: partim *AASS.*, Oct. X 91-94; reliqua: *Catal. codd. hag. lat. Bibl. Paris.*, I 80-84.

GERBERTUS AURILIACENSIS, QUI POSTEA SILVESTER II PAPA [† a. 1003]
Acta concilii S. Basoli Remensis a. 991 habiti [a. 995, Reims]: G. H. PERTZ, *SS.*, III 658-686; P. VARIN, *Archives admin. de Reims*, I, 1839, 100-175; A. OLLERIS, *Œuvres de Gerbert*, Clermont 1867, 173-236.
Epistolae [a. 983-997]: J. HAVET, 1889 (*CT.*, 6); F. WEIGLE, 1966 (*MGH., Die Briefe der deutschen Kaiserzeit*, 2).

GERHARDUS AUGUSTANUS
Vita et miracula Udalrici episc. Augustani [a. 983-993, Augsburg]: *ASOB.*, V 419-470; G. WAITZ, *SS.*, IV 384-425.

GERHOHUS PRAEPOSITUS REICHERSPERGENSIS [† a. 1169]
De aedificio Dei [a. 1128-1129, Regensburg; revisus a. 1138-1139, Reichersberg, dioec. Passau]: B. PEZ, *Thesaurus*, II 2, 225-436; partim E. SACKUR, *Lib. de lite*, III 136-202.
De investigatione Antichristi [a. 1161-1162, Reichersberg, dioec. Passau]: libri I-III integri: F. SCHEIBELBERGER, *Gerhohi opera*, I, Linz 1875; lib. I: E. SACKUR, o.c., 345-395.
Expositiones psalmorum [a. 1144 ex.-1167]: MIGNE, *PL.* 193, 619-1814 et *PL.* 194, 9-1066 [sine partibus 3 et 9]; partim E. SACKUR, o.c., 413-502; partes 3 et 9: D. ac O. VAN DEN EYNDE et A. RIJMERSDAEL, Romae 1956 (*Spicil. Pontif. Athen. Antoniani*, 9 et 10).
Liber de corrupto ecclesiae statu sive Commentarius in psalmum 64 [a. 1151-1152, Reichersberg, dioec. Passau]: E. BALUZE, *Misc.*, V 63-235; partim E. SACKUR, o.c., 439-492.

GERLACUS ABBAS MILOVICENSIS [† a. 1228?, Milevsko]
Annales [s. xiii in., Milevsko, dioec. Praha]: W. WATTENBACH, *SS.*, XVII 683-710.

GERVASIUS DOROBERNENSIS [† ca. a. 1210]
Chronica [1118-1199, Canterbury]: W. STUBBS, *The historical works of Gervase of Canterbury*, 2 t., 1879, 1880 (*RS.*, 73), I 84-594.
Gesta regum Brittanniae [s. xiii in., Canterbury]: W. STUBBS, o.c., II 3-106.

GERWARDUS [† a. 860]
Annalium qui dicuntur Xantenses pars prima [usque ad a. 860, prope Nijmegen]: SIMSON, *Annales Xantenses et annales Vedastini*, 1909 (*SRG.*), 1-19; R. RAU, *Qu. z. karol. Reichsgesch.*, II, 1958 (*AQ.*, 6), 340-352.

GEZO ABBAS DERTONENSIS
De corpore et sanguine Christi [s. x ex., Tortona]: MIGNE, *PL.* 137, 371-406.

GHAERBALDUS EPISCOPUS LEODIENSIS [† a. 810]
Capitula, Statuta, epistolae [ante a. 810, Liège]: MARTÈNE, *Coll.*, VII 12-28; partim BORETIUS, *Capit.*, I 241-246; partim C. DE CLERCQ, *La législation religieuse*, I, Louvain 1936, 352-362; W. A. ECKHARDT, Göttingen [1955] (*Germanenrechte*, N. F., 5).

GILDAS [† a. 570]
De excidio et conquestu Britanniae [paulo ante a. 547]: TH. MOMMSEN, *Auct. ant.*, XIII 25-85.
Epistolae: TH. MOMMSEN, o.c., XIII 86-89.
Praefatio de paenitentia: H. J. SCHMITZ, *Bussbücher*, I 495-497; TH. MOMMSEN, o.c. 89-90.

GIRALDUS CAMBRENSIS [† a. 1223]
Descriptio Kambriae [a. 1194, Lincoln; iterum a. 1215]: J. F. DIMOCK, ap. J. S. BREWER, J. F. DIMOCK et G. F. WARNER, *Giraldi opera*, 8 t., 1861-1891 (*RS.*, 21), VI 155-227.
Expugnatio Hibernica [ca. a. 1188]: J. F. DIMOCK, o.c., V 207-404.

GIRAUDUS
Vita Johannis episc. Valentinensis [ca. a. 1160-1170, Valence]: MARTÈNE, *Thes.*, III 1693-1702.

GISLEBERTUS ELNONENSIS [† a. 1095]
Miracula Amandi in itinere Gallico a. 1066: *AASS.*, Febr. I 895-900 = ³904-908; partim O. HOLDER-EGGER, *SS.*, XV 849-851.

GISLEBERTUS MONTENSIS [† a. 1223-1225]
Chronicon Hanoniense [paulo post a. 1200, Mons]: L. VANDERKINDERE, 1904 (*CRH.*).

GISLEBERTUS VALLILIENSIS
Vita et miracula Romani abb. Autissiodorensis [auctore incerto; s. xi med.]: J. DU BOIS, *Bibl. Floriacensis*, 1605, II 67-110; partim *ASOB.*, I 82-97; *AASS.*, Maji V 153-165 = ³154-166.

GISLEMARUS
Vita Droctovei abb. Parisiensis [post a. 861, S.-Germain-des-Prés]: *ASOB.*, I 252-257; partim B. KRUSCH, *SRM.*, III 537-543.

GLANVILLUS, v. RANULFUS.

GOCELINUS, v. GOSCELINUS.

GODESCALCUS GEMBLACENSIS
Gesta abbatum Gemblacensium ad calcem Sigeberti continuata [ca. a. 1136, Gembloux, dioec. Liège]: G. H. PERTZ, *SS.*, VIII 542-563.

GOFFRIDUS ABBAS VINDOCINENSIS [† a. 1132]
Epistolae [a. 1093-1132, Vendôme, dioec. Chartres]: J. SIRMOND, Paris 1610; MIGNE, *PL.* 157, 33-212; partim E. SACKUR, *Lib. de lite*, II 680-700.

GONZO ABBAS FLORINENSIS [† a. 1069]
Miracula Gengulfi [auctore incerto; ca. a. 1045, Florennes, dioec. Liège]: *AASS.*, Maji II 648-655 = ³647-652; partim O. HOLDER-EGGER, *SS.*, XV 791-796.

GOSCELINUS [† post a. 1099]
Translatio Augustini Cantuariensis [post a. 1099, Canterbury]: partim *ASOB.*, VI 2, 743-765; *AASS.*, Maji VI 411-443 = ³408-439.
Vita et miracula Augustini Cantuariensis [ca. a. 1094, Canterbury]: *AASS.*, Maji VI 375-411 = ³372-408.
Vita Wereburgae [s. xi ex., Canterbury]: *AASS.*, Febr. I 368-390 = ³391-394; MIGNE, *PL.* 155, 97-110.

GOSWINUS DE BOSSUT
Vita Arnulfi Villariensis [paulo post a. 1228-1236, Villers, dioec. Liège]: *AASS.*, Jun. V 608-631 = ³VII 558-579.

GOSWINUS VEL GOZECHINUS MOGUNTINUS [† paulo post a. 1074]
Epistola ad Valcherum [a. 1066, Mainz]: MIGNE, *PL.* 143, 885-908.
Passio Albani Moguntini [ca. a. 1060-1062, Mainz]: J. BASNAGE, *Thes. monumentorum*, IV, 1725, 158-166; partim O. HOLDER-EGGER, *SS.*, XV 985-990.

GOTHEFREDUS EPISCOPUS VITERBIENSIS [† ca. a. 1192]
Pantheon [ca. a. 1185-1191, Viterbo]: J. PISTORIUS, *Rer. Germ. scr.*³, 3 t., Regensburg 1726, II 8-392; partim G. WAITZ, *SS.*, XXII 107-307.

GOZECHINUS, v. GOSWINUS.

GRATIANUS [† ante a. 1160]
Concordantia discordantium canonum, vulgo Decretum [ca. a. 1140, Bologna]: A. FRIEDBERG, *Corpus juris canonici*, I, Leipzig 1879.

GREGORIUS I MAGNUS PAPA [† a. 604]
Dialogi [a. 593]: MIGNE, *PL.* 77, 149-430; U. MORICCA, Roma 1924 (*FSI.*, 57).
Expositiones in librum primum Regum [auctore incerto]: MIGNE, *PL.* 79, 17-468; P. VERBRAKEN, 1963 (*Corpus christ., Series latina*, 144), 49-614.
In evangelia homiliae [a. 590-591]: MIGNE, *PL.* 76, 1075-1312.
In Ezechielem homiliae [ca. a. 593; denuo a. 601]: MIGNE, *PL.* 76, 785-1072; M. ADRIAEN, 1971 (*Corpus christ., Series latina*, 142), 3-398.
Moralia [ca. a. 580-595]: MIGNE, *PL.* 75, 509-1162 et 76, 9-782.
Registrum epistolarum [a. 590-604]: P. EWALD et L. M. HARTMANN, 2 t., 1887, 1899 (*MGH., Epp.* I, II).
Regula pastoralis [a. 590-591]: MIGNE, *PL.* 77, 13-128; A. M. MICHELETTI, Tournai 1904.

GREGORIUS VII PAPA [† a. 1085]
Registrum [a. 1073-1083]: E. CASPAR, 2 t., 1920, 1923 (*MGH., Epp. sel.*, II).

GREGORIUS CATINENSIS [Farfa, † haud longe post a. 1132]
Chronicon Farfense [ca. a. 1110-1125]: MURATORI, *Scr.*, II 2, 311-676; U. BALZANI, 2 t., 1903 (*FSI.*, 33 et 34).
Liber largitorius vel notarius monasterii Pharfensis [ca. a. 1103]: G. ZUCCHETTI, 2 t., 1913, 1932 (*Regesta chartarum Italiae*, 11, 17).
Regestum Farfense [a. 1092-ca. a. 1100]: I. GIORGI e U. BALZANI, 5 t., 1879-1914 (*Bibl. Soc. Romana di Storia Patria*).

GREGORIUS EPISCOPUS TURONENSIS [† 594, Tours]
De cursu stellarum [a. 575-582]: F. HAASE, 1853; B. KRUSCH, *SRM.*, I 2, 857-872 = ²407-422.
De gloria confessorum [a. 587-590]: B. KRUSCH, o.c., 744-820 = ²294-370.
De miraculis Andreae apostoli: M. BONNET, *SRM.*, I 2, 826-846 = ²376-396.
De passione et virtutibus Juliani martyris [a. 581-587]: B. KRUSCH, o.c., 562-584 = ²112-134.
De virtutibus Martini [paulo post a. 573-593/594]: B. KRUSCH, o.c., 584-661 = ²134-211.
Historiae, vulgo Historia Francorum [ca. a. 575-593/594]: W. ARNDT, *SRM.*, I 1, 1884; H. OMONT et G. COLLON, 2 t., 1886, 1893 (*CT.*, 2 et 16); ²1913 (*CT.*, 47); B. KRUSCH und W. LEVISON, *SRM.*, I, I², 1951; R. BUCHNER, 2 t., 1955, 1956 (*AQ.*, I et 2).
In gloria martyrum [a. 590]: B. KRUSCH, *SRM.*, I 2, 484-561 = ²34-111.
Vitae patrum [a. 587-593]: B. KRUSCH, o.c., 661-744 = ²211-294.

GUARIMPOTUS
Passio Eustratii et sociorum [ex graeco Eusebii; s. ix ex., Napoli]: *Bibl. Casin.*, III, floril., 193-205.

GUIBERTUS ABBAS GEMBLACENSIS [† ca. a. 1213]
De combustione monasterii Gemblacensis [a. 1187; cum append. s. xii in., Gembloux, dioec. Liège]: G. H. PERTZ, *SS.*, VIII 563-564.
Vita Sulpitii Severi episc. Bituricensis [† a. 591]: *Catal. codd. hag. Bibl. Brux.*, I 503-506.

GUIBERTUS ABBAS NOVIGENSIS [Nogent-sous-Coucy, auctore. Laon, † ca. a. 1124]
De incarnatione contra Judaeos [ante a. 1118]: MIGNE, *PL.* 156, 489-528.
De pignoribus sanctorum [ca. a. 1119]: MIGNE, *PL.* 156, 607-680.
De vita sua, sive Monodiae [a. 1114-1117]: G. BOURGIN, 1907 (*CT.*, 40).
Gesta Dei per Francos [a. 1104-1112]: D'ACHÉRY, *Guiberti opera*, Paris 1651, 367-455; MIGNE, *PL.* 156, 679-838; CH. THUROT, *RHC.*, Occid., IV 115-263.

GUIDO EPISCOPUS AMBIANENSIS [† a. 1075, Amiens]
Carmen de Hastingae proelio [a. 1067]: F. MICHEL, *Chron. anglo-normandes*, 3 vol., Rouen 1836-1840, III 1-38; J. A. GILES, *Scr. rer. gestarum Willelmi Conquestoris*, 1845 (*Caxton Soc.*, 3), 27-52; C. MORTON and H. MUNTZ, Oxford 1972 (*OMT.*).

GUIDO FARFENSIS, Disciplina, v. Consuetudines ut aiunt Farfenses in indice II.

GUIDO EPISCOPUS FERRARIENSIS [† post a. 1099]
De scismate Hildebrandi [a. 1086, Ferrara]: R. WILMANS, *SS.*, XII 153-179; E. DÜMMLER, *Lib. de lite*, I 532-567.

GUIGO PRIOR CARTHUSIENSIS [Grande Chartreuse, † a. 1137]
Consuetudines Carthusienses [ca. a. 1121-1127]: MIGNE, *PL.* 153, 631-760.
Vita Hugonis episc. Gratianopolitani [† a. 1137]: *AASS.*, Apr. I 37-46; MIGNE, *PL.* 153, 761-784; C. BELLET, Montreuil 1889, 3-38.

GUILLELMUS, v. WILLELMUS.

GUIMANNUS [† a. 1192]
Cartularium S. Vedasti [a. 1170-1192, Arras]: VAN DRIVAL, Arras 1875 (*Acad. d'Arras*); partim G. WAITZ, *SS.*, XIII 710-715.

GUNTHERUS PARISIENSIS [† post a. 1210]
Ligurinus [auctore incerto; a. 1186-1187, Pairis, dioec. Basel]: C. G. DÜMGÉ, Heidelberg 1812; MIGNE, *PL.* 212, 327-476.

HAIMO HIRSAUGIENSIS
Vita Willihelmi abb. Hirsaugiensis [auctore incerto; haud longe post a. 1091, Hirsau, dioec. Speyer]: *AASS.*, Jul. II 155-165; W. WATTENBACH, *SS.*, XII 211-225.

HAITO ABBAS AUGIENSIS NECNON EPISCOPUS BASILIENSIS [† a. 836, Reichenau]
Capitula [ca. a. 815, Basel]: A. BORETIUS, *Capit.*, I 363-366.
Visio Wettini [ca. a. 824, Reichenau]: E. DÜMMLER, *Poet. lat.*, II 267-275.

HALITGARIUS EPISCOPUS CAMERACENSIS [† a. 831]
Poenitentiale [ca. a. 829]: MIGNE, *PL.* 105, 653-710; partim H. J. SCHMITZ, *Bussbücher*, II 266-300.

HARIULFUS ABBAS ALDENBURGENSIS [Oudenburg, dioec. Tournai, † a. 1143]
Chronicon Centulense [ca. a. 1085-1105, S.-Riquier, dioec. Amiens]: F. LOT, 1894 (*CT.*, 17), 1-286.
De miraculis Richarii [auctore incerto; a. 1100-1105, S.-Riquier]: *ASOB.*, IV 567-573; partim O. HOLDER-EGGER, *SS.*, XV 919-920.
Prologus ad miracula Richarii: *ASOB.*, V 558.
Vita Arnulfi episc. Suessionensis [ca. a. 1110-1121, Oudenburg]: *ASOB.*, VI 2, 505-555; *AASS.*, Aug. III 227-229, 230-259; MIGNE, *PL.* 174, 1371-1438; partim O. HOLDER-EGGER, *SS.*, XV 875-904.

HARTMANNUS SANGALLENSIS
Vita Wiboradae [s. x ex.; post a. 973, S.-Gallen]: *AASS.*, Maji I 284-293 = ³289-298; *ASOB.*, V 44-61; partim G. WAITZ, *SS.*, IV 452-457.

HARTWICUS
Vita metrica Emmerammi [s. xi in., S.-Emmeram, dioec. Regensburg]: K. STRECKER, *Poet. lat.*, V 518-521.

HEINRICUS ABBAS BREDENOWENSIS [† a. 1170]
Passio Thiemonis archiep. Juvavensis [a. 1132-1170, Breitenau, dioec. Mainz]: W. WATTENBACH, *SS.*, XV 1237-1238.

HEINRICUS HUNTENDUNENSIS [† a. 1154?]
Historia Anglorum [ca. a. 1125-a. 1154, Huntingdon, dioec. Lincoln]: T. ARNOLD, 1879 (*RS.*, 74); partim F. LIEBERMANN, *SS.*, XIII 148-154.

HEIRICUS, v. HERICUS AUTISSIODORENSIS.

HELGALDUS [† ante a. 1050/51]
Epitoma vitae Rotberti regis [paulo post a. 1031, S.-Benoit-s.-Loire]: *Hist. de Fr.*, X 98-117; MIGNE, *PL.* 141, 909-936; R. H. BAUTIER et G. LABORY, Paris 1965 (*Sources d'histoire médiévale*, 1), 56-140.

HELMOLDUS BOZOVIENSIS [† a. 1177]
Chronica Slavorum [a. 1163-1172, Bosau, dioec. Lübeck]: B. SCHMEIDLER, 1909, ²1937 (*SRG.*); H. STOOB, 1963 (*AQ.*, 19).

HEPIDANNUS
Vita Wiboradae [ca. a. 1072, S.-Gallen]: *AASS.*, Maji I 293-308 = ³298-313.

HERARDUS ARCHIEPISCOPUS TURONENSIS [† a. 871]
Capitula [a. 858, Tours]: *Gall. chr.*², XIV instr. 39-46; MIGNE, *PL.* 121, 763-776.
Vita Chrodegangi episc. Sagiensis [a. 855-870, Tours]: *AASS.*, Sept. I 768-772.

PS.-HERBERNUS ARCHIEPISCOPUS TURONENSIS
Miracula Martini post translationem a. 887 facta [s. xi ex.-s. xii in., Tours]: BALUZE, *Misc.*, VII 169-195 = ²II 300-306; MIGNE, *PL.* 129, 1035-1052.

HERBORDUS [† a. 1168]
Dialogus de vita Ottonis episc. Babenbergensis [a. 1158-1159, Michelsberg, dioec. Bamberg]: G. H. PERTZ, 1868 (*SRG.*); R. KOEPKE, *SS.*, XII 746-822; melius R. KOEPKE, *SS.*, XX 704-769; PH. JAFFÉ, *Bibl.*, V 705-835.

HERICUS AUTISSIODORENSIS [† ca. a. 877, vel post a. 883, Auxerre]
Annales s. Germani Autissiodorensis [usque ad a. 875, S.-Germain, Auxerre]: G. WAITZ, *SS.*, XIII 80.
Miracula Germani Autissiodorensis [ca. a. 875]: *AASS.*, Jul. VII 255-283 = ³266-294; L. M. DURU, *Bibl. hist. de l'Yonne*, II 114-183.
Vita metrica Germani Autissiodorensis [a. 865-ca. a. 875]: *AASS.*, Jul. VII 221-255 = ³232-266; L. M. DURU, o.c., II 2-110; L. TRAUBE, *Poet. lat.*, III 428-517.

HERIGERUS ABBAS LOBIENSIS [† a. 1007]
Gesta episcoporum Tungrensium, Trajectensium et Leodiensium [ante a. 980]: R. KOEPKE, *SS.*, VII 162-189.
Vita Berlendis, v. Berlendis in indice III.
Vita Hadalini [post ca. a. 980]: *ASOB.*, II 1013-1017.
Vita et translatio Landoaldi [ca. a. 982]: *AASS.*, Mart. III 35-41 = ³36-41; partim O. HOLDER-EGGER, *SS.*, XV 601-607; GYSSELING-KOCH, *Dipl. belg.*, no. 138, 235-244.
Vita metrica Ursmari [ante a. 980]: K. STRECKER, *Poet. lat.*, V 178-208.

HERIMANNUS ARCHIDIACONUS
Miracula Eadmundi regis [s. xi ex., usque ad a. 1095, Bury-S.-Edmunds?]: partim MARTÈNE, *Coll.*, VI 821-834; reliqua: F. LIEBERMANN, *Ungedruckte anglo-normann. Geschichtsqu.*, Strassburg 1879, 231-281; TH. ARNOLD, *Memorials of St. Edmund's Abbey*, 3 t., 1890-1896 (*RS.*, 96), I 26-92.

HERIMANNUS AUGIENSIS DICTUS CONTRACTUS [† a. 1054]
Chronica [ca. a. 1045-1054, Reichenau]: G. H. PERTZ, *SS.*, V 74-133; R. BUCHNER, ap. *Quell. d. 9. und 11. Jht. z. Gesch. der hamburgischen Kirche u. des Reiches*, 1961 (*AQ.*, 11), 628-707.

HERIMANNUS ABBAS TORNACENSIS
Liber de restauratione S. Martini Tornacensis [a. 1142-1147, Tournai]: G. WAITZ, *SS.*, XIV 274-317.

HETTO, v. HAITO.

HIBERNICUS EXUL, v. DUNGALUS.

HILDEBERTUS LAVARDINENSIS EPISCOPUS CENOMANNENSIS, POSTEA ARCHIEPISCOPUS TURONENSIS [† a. 1133]
De mysterio missae: MIGNE, *PL.* 171, 1177-1196.
Epistolae: MIGNE, *PL.* 171, 141-312.
Vita Hugonis abb. Cluniacensis [a. 1121, Le Mans]: *AASS.*, Apr. III 634-648 = ³641-656; MIGNE, *PL.* 159, 857-894.

HILDEGARIUS EPISCOPUS MELDENSIS [† a. 873/876]
Vita Faronis episc. Meldensis [a. 869-872, Meaux]: *ASOB.*, II 607-625; partim B. KRUSCH, *SRM.*, V 184-203.

HILDUINUS ABBAS S. DIONYSII [† a. 840/844?]
De Dionysio, alias Areopagitica [ca. a. 835]: partim G. WAITZ, *SS.*, XV 2-3; E. DÜMMLER, *Epp.*, V 326-337.
V. etiam Gesta Dagoberti regis in indice III.

HILLINUS FOSSENSIS [† a. 1118]
Miracula Foillani [ca. a. 1102-1112, Fosses, dioec. Liège]: *AASS.*, Oct. XIII 417-426; partim O. HOLDER-EGGER, *SS.*, XV 925-928.

HINCMARUS EPISCOPUS LAUDUNENSIS [† a. 879]
Epistolae: MIGNE, *PL.* 124, 979-994 et 1027-1072.
Schedula [a. 868]: MIGNE, *PL.* 124, 1025-1028.

HINCMARUS ARCHIEPISCOPUS REMENSIS [† a. 882]
Ad Carolum Calvum regum pro Hincmaro Laudensi [a. 868]: J. SIRMOND, *Hincmari opera*, 2 t., Paris 1645, II 316-333.
Admonitio ad Karlomannum apud Sparnacum facta [a. 882]: SIRMOND, II 216-225; MIGNE, *PL.* 125, 1007-1018.
Annales qui dicuntur Bertiniani, pars III [a. 861-882]: G. WAITZ, *Annales Bertiniani*, 1883 (*SRG.*), 55-154; R. RAU, *Qu. z. karol. Reichsgesch.*, II, 1958 (*AQ.*, 6), 104-286; F. GRAT, J. VIEILLARD et S. CLÉMENCET, *Les annales de S.-Bertin*, 1964 (*SHF.*), 84-251.
Capitula anni XII episcopatus [a. 856-857]: SIRMOND, I 730-732; MIGNE, *PL.* 125, 793-794.
Capitula presbyteris data [a. 852]: SIRMOND, I 710-715; MIGNE, *PL.* 125, 773-778.
Capitula in synodo Remis data [a. 874]: SIRMOND, I 732-737; MIGNE, *PL.* 125, 795-800.
Capitula archipresbyteris data [a. 877]: SIRMOND, I 738-741; MIGNE, *PL.* 125, 799-804.
De coercendis militum rapinis [a. 859]: SIRMOND, II 142-146; MIGNE, *PL.* 125, 953-956.
De divortio Lotharii regis [a. 860]: SIRMOND, I 561-709; MIGNE, *PL.* 125, 623-772.
De ecclesiis et capellis [a. 857-858]: W. GUNDLACH, *Zs. f. Kirchengesch.*, t. 10 (1889) 93-144.
De fide Carolo regi servanda [a. 875]: SIRMOND, I 757-779; MIGNE, *PL.* 125, 961-984.
De ordine palatii [a. 882]: M. PROU, 1885 (*Bibl. de l'Ec. des Hautes Etudes*, 85); A. BORETIUS et V. KRAUSE, *Capit.*, II 518-530.
De praedestinatione [a. 859-860]: SIRMOND, I 1-410; MIGNE, *PL.* 125, 55-474.
De presbyteris criminosis [a. 876-877]: SIRMOND, II 783-800; MIGNE, *PL.* 125, 1093-1110.
De villa Noviliaco [ca. a. 880]: O. HOLDER-EGGER, *SS.*, XV 1167-1169.
Epistola de s. Dionysio [a. 876-877]: partim MABILLON, *Analecta*, I 59-62 = ² 212; *AASS.*, Oct. V 586-588.
Epistola ad Ludovicum Balbum sive Novi regis instructio [a. 877]: SIRMOND, II 179-184; MIGNE, *PL.* 125, 983-990.
Epistolae: MIGNE, *PL.* 126, 9-648; partim E. PERELS, *Epp.*, VII 1, 1-228.
Opusculum 55 capitulorum adversus Hincmarum Laudunensem [a. 870]: SIRMOND, II 386-593; MIGNE, *PL.* 126, 290-494.
Visio Bernoldi [ca. a. 877]: SIRMOND, II 805-809; MIGNE, *PL.* 125, 1115-1120.
Vita Remigii [a. 878]: *AASS.*, Oct. I 131-166; B. KRUSCH, *SRM.*, III 250-341.
V. etiam Gesta Dagoberti regis in indice III.

HRABANUS MAURUS ABBAS FULDENSIS, POSTEA ARCHIEPISCOPUS MOGUNTINUS [† a. 856]
De computo [a. 820, Fulda]: MIGNE, *PL.* 107, 669-728.
De institutione clericorum [a. 819, Fulda]: A. KNOEPFLER, 1900 (*Veröff. Kirchenhist. Seminar München*, 5).
Epistolae [a. 814-856]: E. DÜMMLER, *Epp.*, V 381-515; fragmenta: 517-530.
Poemata: E. DÜMMLER, *Poet. lat.*, II 159-244.

HROTSVITHA [† post a. 973]
Gesta Ottonis imperatoris [a. 965-968, Gandersheim, dioec. Hildesheim]: G. H. PERTZ, *SS.*, IV 317-335; P. v. WINTERFELD, *Hrotsvithae opera*, 1902 (*SRG.*), 201-228; K. STRECKER, *Hrotsvithae opera*, Leipzig 1930, 227-255.
Passio Pelagii [ca. a. 955, Gandersheim]: K. STRECKER, o.c., 54-66.

HUBERTUS LOBIENSIS
Vita Gudilae [immo Gudulae] [ca. a. 1047, Lobbes]: *AASS.*, Jan. I 514-523.

HUCBALDUS ELNONENSIS [† ca. a. 930]
Vita Lebuini [ca. a. 918-930, S.-Amand]: MIGNE, *PL.* 132, 877-894; partim G. H. PERTZ, *SS.*, II 361-364.
Vita Rictrudis abbatiss. Marcianensis [a. 907, S.-Amand]: *ASOB.*, II 938-950; *AASS.*, Maji III 81-89 = ³81-88; MIGNE, *PL.* 132, 829-848; partim W. LEVISON, *SRM.*, VI 93-94.

HUGEBURC MONIALIS HEIDENHEIMENSIS [dioec. Eichstätt]
Vita Willibaldi episc. Eichstetensis continens ejus itinerarium ad Terram Sanctam [paulo post a. 778]: T. TOBLER et A. MOLINIER, *Itinera latina bellis sacris anteriora*, I, Genève 1877, 243-281; O. HOLDER-EGGER, *SS.*, XV 86-106; A. BAUCH, *Qu. z. Gesch. d. Diözese Eichstätt*, I, 1962 (*Eichstätter Studien*), 22-86.
Vita Wynnebaldi abb. Heidenheimensis [paulo post a. 778]: O. HOLDER-EGGER, *SS.*, XV 106-117; A. BAUCH, o.c., 134-180.

HUGO CANTOR [† a. 1139]
Historia archiepiscoporum Eboracensium quattuor [a. 1127, York]: J. RAINE, *Historians of the Church of York*, II, 1886 (*RS.*, 71), 98-227; C. JOHNSON, 1961 (*MT.*).

HUGO DE CLEERIIS
De majoratu et senescalcia Franciae [a. 1158, Anjou]: L. HALPHEN et R. POUPARDIN, *Chron. des comtes d'Anjou*, 1913 (*CT.*, 48), 239-246.

HUGO FALCANDUS [immo EUGENIUS AMIRALLUS?]
Historia de rebus gestis in regno Siciliae [ante a. 1190; usque ad a. 1169]: MURATORI, *Scr.*, VII 251-344; G. B. SIRAGUSA, 1897 (*FSI.*, 22), 3-165.

HUGO ABBAS FARFENSIS [† a. 1039]
Destructio monasterii Farfensis [ca. a. 1020]: U. BALZANI, *Il Chronicon Farfense di Gregorio di Catino*, I, 1903 (*FSI.*, 33), 27-51.
Exceptio brevis relationum de sui monasterii diminutione [ca. a. 1024-1026]: MABILLON, *Annales*, IV 699-701; U. BALZANI, o.c., I 61-70.
Querimonium de castro Tribuco et Bucciniano [a. 1026-1027]: I. GIORGI e U. BALZANI, *Regesto di Farfa*, 5 t., 1879-1913 (*Bibl. Soc. Rom. di Storia Patria*), V, no. 1279, 252-254; U. BALZANI, *Il Chronicon Farfense*, I 73-77.

HUGO ABBAS FLAVINIACENSIS, POSTEA S. VITONIS VIRDUNENSIS [† post a. 1111?]
Chronicon [a. 1090-1102, Dijon; Flavigny, dioec. Autun; deinde Verdun]: G. H. PERTZ, *SS.*, VIII 288-502.

HUGO FLORIACENSIS [† ca. a. 1120]
Historia Francorum alias Liber modernorum Francorum regum sive Historia nova Francorum [post a. 1114, S.-Benoît-s.-Loire]: G. WAITZ, *SS.*, IX 376-395; MIGNE, *PL.* 163, 873-912.

HUGO PICTAVINUS
Historia Vizeliacensis monasterii [a. 1156-1168, Vézelay, dioec. Autun]: D'ACHÉRY, *Spicil.*[2], II 498-560; MIGNE, *PL.* 194, 1561-1682; partim *Hist. de Fr.*, XII 317-344.

HUGO DE S. VICTORE
De ceremoniis ecclesiasticis, v. ROBERTUS PAULULUS.

HUMBERTUS CARDINALIS, EPISCOPUS SILVAE CANDIDAE [† a. 1061]
Adversus simoniacos [a. 1054-1059, Roma et Firenze]: F. THANER, *Lib. de lite*, I 100-253.
Vita Leonis IX papae [falso Wigberto Tullensi attributa; a. 1049-1054, Toul et Roma; contin. ab auctore anonymo, Metz sive Toul]: *AASS.*, Apr. II 648-665 = [3]647-664; *ASOB.*, VI 2, 53-80; J. M. WATTERICH, *Pontificum Romanorum... Vitae*, I 127-170.

IDO, v. Translatio Liborii episc. Cenomannensis in indice II.

ILDEFONSUS EPISCOPUS TOLETANUS [† a. 667]
Additamentum ad Isidori libellum de viris illustribus [ca. a. 660, Toledo]: MIGNE, *PL.* 96, 195-206; C. CODOÑER MERINO, Salamanca 1972 (*Acta Samanticensia. Filosofía y Letras*, 65).
V. Continuatio Chronicorum Isidori in indice II.

INGELRAMNUS, v. ANGILRAMNUS.

INNOCENTIUS III PAPA [a. 1198-1216]
Epistolae: E. BALUZE, 2 t., Paris 1682; MIGNE, *PL.* 214-216; O. HAGENEDER und A. HAIDACHER, *Die Register Innocenz' III.*, I, *1. Pontifikatsjahr, 1198/1199*, Graz-Köln 1964 (*Publ. der Abteilung f. hist. Studien des Österreichischen Kulturinstituts in Rom*, Quellen, 1).
Innocentii III papae registrum super negotio Romani imperii [a. 1199-1209]: W. HOLTZMANN, 2 t., Bonn 1947, 1948; F. KEMPF, Roma 1947 (*Miscellanea Historiae Pontificiae*, 12).

IRMINO ABBAS SANGERMANENSIS, v. Polyptychum in indice II.

ISIDORUS EPISCOPUS HISPALENSIS [† a. 636]
Chronica majora, quandoque Breviarium temporum dicta [a. 615]: MIGNE, *PL.* 83, 1017-1058; TH. MOMMSEN, *Auct. ant.*, XI 424-481.
De ecclesiasticis officiis: MIGNE, *PL.* 83, 737-826.
De viris illustribus [a. 615-618]: MIGNE, *PL.* 83, 1081-1106; C. CODOÑER MERINO, Salamanca 1964 (*Theses et studia philologica Salmanticensia*, 12).
Differentiarum libri duo: MIGNE, *PL.* 83, 9-98.
Epistolae: MIGNE, *PL.* 83, 893-914; G. B. FORD, *The Letters of St. Isidore of Seville*, Amsterdam 1970[2].
Etymologiae seu origines [a. 620-632]: MIGNE, *PL.* 82, 73-728; W. M. LINDSAY, 2 t., Oxford 1911.
Regula monachorum: MIGNE, *PL.* 83, 867-894.
Sententiarum libri tres: MIGNE, *PL.* 83, 537-738.

ISIDORUS EPISCOPUS PACENSIS, v. ANONYMUS CORDOBENSIS.

PS.-ISIDORUS, v. Decretales in indice II.

IVO EPISCOPUS CARNOTENSIS [Chartres, † a. 1116]
Decretum [a. 1092-1095]: MIGNE, *PL.* 161, 47-1022.
Epistolae [a. 1091-1115]: MIGNE, *PL.* 162, 11-288; *Hist. de Fr.*, XV 70-177; partim J. LECLERCQ, t. 1, 1949 (*CHF.*, 22).
Sermones: MIGNE, *PL.* 162, 505-610.

JOANNES [forsan postea abbas S. Bertini, a. 1187-1230]
Vita Bernardi Poenitentis [paulo post a. 1182, S.-Bertin]: *AASS.*, Apr. II 675-697 = [3]674-695.

JOCUNDUS
Vita et miracula Servatii episc. Tungrensis [Vita: ca. a. 1070, Maastricht; Miracula: a. 1077-1087]: partim R. KÖPKE, *SS.*, XII 88-126; P. C. BOEREN, The Hague 1972 [Vita tantum]. V. etiam Gesta Servatii in indice III.

JOHANNES VIII PAPA [a. 872-882]
Epistolae: E. CASPAR, *Epp.*, VII 1-272.

JOHANNES EPISCOPUS ABRINCENSIS POSTEA ARCHIEPISCOPUS ROTOMAGENSIS [† a. 1079]
De officiis ecclesiasticis [a. 1061-1067, Avranches]: MIGNE, *PL.* 147, 27-62.

JOHANNES AMALPHITANUS
Liber de miraculis [ca. a. 1100, Constantinopel]: M. HUBER, 1913 (*Samml. mittellateinischer Texte*, 7).

JOHANNES BELETH [† post a. 1182]
Rationale divinorum officiorum [ante a. 1165, Paris]: MIGNE, *PL.* 202, 13-166.

JOHANNES BERARDI
Chronicon Casauriense [usque ad a. 1182, Pescara]: D'ACHÉRY, *Spicil.*, V 361-531 = [2]II 929-977 [non integre]; MURATORI, *Scr.*, II 2, 775-920 [non integre].

JOHANNES BESUENSIS
Chronicon Besuense [ca. a. 1120, Bèze, dioec. Langres; cum chartis postea insertis necnon cum continuatione usque ad a. 1255]: D'ACHÉRY, *Spicil.*, I 489-701 = [2]II 400-463; E. BOUGAUD et J. GARNIER, *Chron. de l'abb. de S.-Bénigne de Dijon, suivie de la chronique de S.-Pierre de Bèze*, 1875 (*Analecta Divionensia*), 231-503.

JOHANNES ABBAS BICLARENSIS, POSTEA EPISCOPUS GERUNDENSIS [† post a. 614]
Chronicon continuans Victoris Tunnunensis chronicon [ca. a. 590, Biclaro, prov. eccl. Tarragona]: MIGNE, *PL.* 72, 863-870; TH. MOMMSEN, *Auct. ant.*, XI 211-220; J. CAMPOS, Madrid 1960.

JOHANNES CANAPARIUS [† a. 1004, Roma]
Vita Adalberti episc. Pragensis [auctore incerto; ca. a. 1000, Roma]: G. H. PERTZ, *SS.*, IV 581-595; A. BIELOWSKI, *Mon. Polon. hist.*, I, 1864, 62-183; J. KARWASIŃSKA, 1962 (*Mon. Polon. hist.*, N.S., IV, 1).

JOHANNES CODAGNELLUS [† paulo post a. 1235]
Annales Placentini [usque ad a. 1235, Piacenza]: O. HOLDER-EGGER, 1901 (*SRG.*).
Libellus tristitiae et doloris [a. 1230, Piacenza]: G. H. PERTZ, *SS.*, XVIII 359-378; O. HOLDER-EGGER, *Gesta Federici I. imperatoris*, 1892 (*SRG.*), 14-64 in notis.

JOHANNES LAUDENSIS [† a. 1105-1106]
Vita Petri Damiani [ca. a. 1076, Lodi]: *AASS.*, Febr. III 416-427 = [3]422-433; *ASOB.*, VI 2, 247-266; MIGNE, *PL.* 144, 113-146.

JOHANNES MAJORIS MONASTERII [† post a. 1187]
Gesta consulum Andegavorum [a. 1164-1173, Marmoutier, dioec. Tours]: D'ACHÉRY, *Spicil.*, X 399-511 = [2]III 234-266.
Historia Gaufredi ducis Normannorum et comitis Andegavorum [a. 1170-1180, Marmoutier]: L. HALPHEN et R. POUPARDIN, *Chron. des comtes d'Anjou*, 1913 (*CT.*, 48), 172-231.

JOHANNES ABBAS S. ARNULFI METTENSIS [† ante a. 984]
Miracula [cum translationibus] Glodesindis [ca. a. 960]: *ASOB.*, IV 1, 436-448; *AASS.*, Jul. VI 213-224; partim G. PERTZ, *SS.*, IV 236-238.
Vita Johannis abb. Gorziensis [paulo post a. 974]: G. H. PERTZ, *SS.*, IV 337-377.

JOHANNES DIACONUS NEAPOLITANUS [floruit s. ix ex.-s. x in., Napoli]
Gestorum episcoporum Neapolitanorum altera pars [s. x in., ante a. 906]: G. WAITZ, *SRL.*, 424-435; B. CAPASSO, *Mon. Neapol.*, I 155-220.
Passio et translatio Januarii [s. x in.]: *AASS.*, Sept. VI 874-882; partim G. WAITZ, *SRL.*, 459-463.
Vita Nicolai episc. Myrensis [ex graeco]: A. MAI, *Spicil.*, IV 324-339.
Translatio Severini [a. 902]: partim G. WAITZ, *SRL.*, 452-459; B. CAPASSO, o.c., I 291-300.
V. Passio Febroniae in indice III.
V. Vita Athanasii in indice III.

JOHANNES DE NUSCO
Vita Guillelmi Vercellensis [haud longe post a. 1142, Montevergine, dioec. Benevento]: *AASS.*, Jun. V 114-131 = [3]VII 99-114.

JOHANNES CANONICUS ROMANUS
Vita Odonis abb. Cluniacensis [a. 945, Salerno]: *ASOB.*, V 150-186; MIGNE, *PL.* 133, 43-86.

JOHANNES DIACONUS ROMANUS [floruit s. ix]
Versiculi de cena Cypriani [a. 876, Roma]: K. STRECKER, *Poet. lat.*, IV 872-900.
Vita Gregorii Magni [a. 873-876, Roma]: *AASS.*, Mart. II 137-210 = [3]136-208; *ASOB.*, I 398-496; MIGNE, *PL.* 75, 59-242.

JOHANNES PARVUS SARESBERIENSIS EPISCOPUS CARNOTENSIS [† a. 1180]
Epistolae: MIGNE, *PL.* 199, 1-378; partim W. J. MILLOR, H. E. BUTLER and C. N. L. BROOKE, t. I: *The early letters (1153-1161)*, 1955 (*MT.*).
Historia pontificalis, olim Anonymus ad Petrum dicta [ca. a. 1164, Reims]: R. L. POOLE, Oxford 1927; M. CHIBNALL, 1956 (*MT.*).
Metalogicus [a. 1159, Canterbury]: J. A. GILES, *Joannis Saresberiensis opera omnia*, 5 t., Oxford 1848, V 3-207; MIGNE, *PL.* 199, 823-946; C. C. J. WEBB, Oxford 1929.
Policraticus, sive De nugis curialium et vestigiis philosophorum [a. 1159, Canterbury]: J. A. GILES, o.c., III et IV; MIGNE, *PL.* 199, 379-822; C. C. J. WEBB, 2 t., Oxford, 1909.

JOHANNES POSTEA EPISCOPUS SIGNIENSIS [† a. 1178]
Vita Beraldi episc. Marsorum [paulo post a. 1130]: UGHELLI, *Italia sacra*, I 964-976 = [2]I 893-901; *AASS.*, Nov. II 1, 128-134.

JOHANNES DIACONUS VENETUS [† post a. 1018]
Chronicon Venetum et Gradense, olim Chronicon Sagornini dictum [ca. a. 995-a. 1008, Venezia]: G. H. PERTZ, *SS.*, VII 4-38; G. MONTICOLO, *Cronache veneziane antichissime*, I, 1890 (*FSI.*, 9), 59-171.

JOHANNES S. VICENTII [† a. 1144?]
Chronicon Vulturnense [s. xii in., San Vicenzo al Volturno, dioec. Isernia]: V. FEDERICI, 3 t., Roma 1925-1938 (*FSI.*, 58-60).

JOHANNES ABBAS VICTORIENSIS [† a. 1345, Viktring, dioec. Salzburg]
Liber certarum historiarum: F. SCHNEIDER, 2 t., 1909, 1910 (*SRG.*).

JOHANNES WIGORNENSIS
Continuatio ad Florentii chronicon ex chronicis [s. xii, usque ad a. 1140, Worcester]: B. THORPE, *Florentii Wigorniensis monachi chronici...*, II 71-136; J. R. H. WEAVER, 1908 (*Anecdota Oxoniensia, Mediaeval and Modern Series*, 13).

JONAS EPISCOPUS AURELIANENSIS [Orléans, † a. 843]
De institutione regia [a. 834]: MIGNE, *PL.* 106, 279-306.
Translatio Huberti Andaginum [post a. 825]: L. V. HEINEMANN, *SS.*, XV 235-237.

JONAS BOBIENSIS [† a. 659]
Vita Columbani abb. discipulorumque ejus [a. 639-642, Bobbio et Luxeuil]: B. KRUSCH, *SRM.*, IV 61-152; B. KRUSCH, *Ionae vitae sanctorum Columbani, Vedastis, Johannis*, 1905 (*SRG.*), 144-294.
Vita Johannis abb. Reomaensis [a. 659, Moutiers-S.-Jean, dioec. Langres]: B. KRUSCH, *SRM.*, III 505-517; B. KRUSCH, *Ionae vitae sanctorum...*, 1905 (*SRG.*), 326-344.
Vita Vedastis episc. Atrebatensis [ca. a. 645, Arras]: B. KRUSCH, *SRM.*, III 406-414; B. KRUSCH, *Ionae vitae sanctorum...*, 1905 (*SRG.*), 309-320.

Ps.-JONAS FONTANELLENSIS, v. Vita Wlframni in indice III.

JORDANIS
De origine actibusque Getarum, alias Getica [ca. a. 551; Moesia?]: TH. MOMMSEN, *Auct. ant.*, V 1, 53-138.
Summa temporum, alias De regnorum successione, alias Historia Romana [a. 551]: TH. MOMMSEN, o.c., 1-52.

JOSCELINUS VEL JORDANUS
Vita Waldevi abb. Melrosensis [s. xiii in., Furness, dioec. York]: *AASS.*, Aug. I 248-276 = ³249-277.

JOTSALDUS
Vita Odilonis abb. Cluniacensis [a. 1049-1053, Souvigny, dioec. Clermont]: *ASOB.*, VI 1, 679-710; MIGNE, *PL.* 142, 897-940; partim G. WAITZ, *SS.*, XV 813-820.

JULIANUS ANTECESSOR
Epitome novellarum Justiniani [a. 551-a. 554, Constantinopel]: G. HAENEL, Leipzig 1873.

JULIANUS ARCHIEPISCOPUS TOLETANUS [† a. 690]
Historia Wambae regis [paulo post a. 673, Toledo]: W. LEVISON, *SRM.*, V 500-535.

LAMBERTUS ARDENSIS
Historia comitum Ghisnensium [a. 1194-1198; postea continuata usque ad a. 1203, Ardres, dioec. Thérouanne]: J. HELLER, *SS.*, XXIV 557-642.

LAMBERTUS DE S. AUDOMARO
Genealogia regum Franciae et comitum Flandriae [ex ejusdem auctoris Libro Florido; ca. a. 1120, S.-Omer]: L. C. BETHMANN, *SS.*, IX 309-312.

LAMBERTUS WATRELOSENSIS [† post a. 1170]
Annales Cameracenses [a. 1152-1170, Cambrai]: G. H. PERTZ, *SS.*, XVI 510-554.

LAMBERTUS, v. etiam LAMPERTUS, LANTBERTUS

LAMPERTUS HERSFELDENSIS [† post a. 1081, Hasungen]
Annales [a. 1077-1080, Hersfeld, dioec. Mainz]: O. HOLDER-EGGER, *Lamperti monachi Hersfeldensis opera*, 1894 (*SRG.*), 3-304; W. D. FRITZ, 1957 (*AQ.*, 13).
De institutione Hervelediae ecclesiae [ca. a. 1076, Hersfeld, dioec. Mainz]: O. HOLDER-EGGER, o.c., 343-354.

LANDULFUS MEDIOLANENSIS SENIOR
Historia Mediolanensis [ca. a. 1100, Milano]: L. C. BETHMANN und W. WATTENBACH, *SS.*, VIII 36-100; A. CUTOLO, 1942, (MURATORI, *Scr.*, nuova ediz., IV, 2).

LANDULFUS JUNIOR
Historia Mediolanensis [ca. a. 1136-1137]: L. BETHMANN und PH. JAFFÉ, *SS.*, XX 21-49; C. CASTIGLIONI 1934 (MURATORI, *Scr.*, nuova ediz., V, 3).

LANDULFUS SAGAX
Historia Romana dicta Historia miscella [s. xi in., ante a. 1023, Benevento]: MURATORI, *Scr.*, I 1, 1-178; MIGNE, *PL.* 95, 743-1158; F. EYSSENHARDT, Berlin 1869; partim H. DROYSEN, *Auct. ant.*, II 227-376; A. CRIVELLUCCI, 2 t., 1912, 1913 (*FSI.*, 49 et 50).

LANFRANCUS ARCHIEPISCOPUS CANTUARIENSIS [† a. 1089]
Decreta monachis Cantuarensibus transmissa [ca. a. 1073-1077, Canterbury]: D. KNOWLES, 1951 (*MC.*); D. KNOWLES, 1967 (*Corpus consuet. monast.*, 3).
Epistolae: MIGNE, *PL.* 150, 515-552; J. A. GILES, *Lanfranci opera*, 2 t., Oxford 1844, I 17-81.

LANTBERTUS BLANDINIENSIS
De loco sepulturae Florberti abb. Gandavensis [a. 1079, Gent]: O. HOLDER-EGGER, *SS.*, XV 642-644.

LANTBERTUS TUITIENSIS, POSTEA ABBAS LEODIENSIS [† a. 1070, Liège]
Miracula Heriberti archiep. Coloniensis [paulo post a. 1050, Deutz, dioec. Köln]: O. HOLDER-EGGER, *SS.*, XV 1245-1260.
Vita Heriberti archiep. Coloniensis [ca. a. 1050, Deutz, dioec. Köln]: G. H. PERTZ, *SS.*, IV 740-753.

LAURENTIUS CASINENSIS, POSTEA ARCHIEPISCOPUS AMALFITANUS [† a. 1049]
Sermo in vigilia Benedicti de Nursia [a. 1038?, Montecassino]: MIGNE, *PL.* 133, 885-890; F. NEWTON, 1973 (*MGH., Quell. Geistesgesch.*, 7), 44-49.

LAURENTIUS LEODIENSIS
Gesta episcoporum Virdunensium et abbatum S. Vitoni [usque ad a. 1144, cum continuatione auctoris usque ad a. 1147, Verdun]: G. WAITZ, *SS.*, X 489-517.

LEO III PAPA [† a. 816]
Epistolae [a. 798-814]: K. HAMPE, *Epp.*, V 58-68, 87-104.

LEO MARSICANUS EPISCOPUS CARDINALIS OSTIENSIS [† a. 1115]
Chronici monasterii Casinensis pars prima [ca. a. 1100, Montecassino]: W. WATTENBACH, *SS.*, VII 574-727.
Translatio Mennatis [a. 1094, Montecassino]: MARTÈNE, *Coll.*, VI 979-984; MIGNE, *PL.* 173, 991-998.
Vita Cyrilli Methodii, quae dicitur Legenda italica [post Johannem diaconem Romanum et Gaudericum episcopum Veliternum; s. xii in.]: *AASS.*, Mart. II *19-*21 = ³*20-*22; L. K. GOETZ, *Gesch. der Slavenapostel Konstantinus (Kyrillus) und Methodius*, Gotha 1897, 247-254.

LEO ARCHIPRESBYTER NEAPOLITANUS
Vita Alexandri Magni [ex graeco Ps.-Callisthenis; a. 951-969, Napoli]: G. LANDGRAF, Erlangen 1885; F. PFISTER, 1913 (*Samml. mittellat. Texte*, 6).

LEO PRESBYTER
Vita Patriciae [s. x med., Napoli]: *AASS.*, Aug. V 215-219.

LEO EPISCOPUS VERCELLENSIS [† a. 1026]
Metrum: H. BLOCH, *NA.*, t. 22 (1897), 127-133; K. STRECKER, *Poet. lat.*, V 483-489.
Versus de Ottone: H. BLOCH, o.c., 119-121; K. STRECKER, o.c., 480-483.

LETALDUS MICIACENSIS [floruit s. x ex., Micy, dioec. Orléans]
Miracula Maximini abb. Miciacensis [haud longe post a. 972]: *ASOB.*, I 598-613; MIGNE, *PL.* 137, 795-824.

Vita Juliani episc. Cenomannensis [s. xi in.]: *AASS.*, Jan. II 762-767 = ³III 377-382; MIGNE, *PL.* 137, 781-796.
Vita et miracula Martini abb. Vertavensis [s. x ex.]: *ASOB.*, I 375-378 et 681-692; *AASS.*, Oct. X 805-817; partim B. KRUSCH, *SRM.*, III 567-575.

LIBERATUS ARCHIDIACONUS
Breviarium causae Nestorianorum et Eutychianorum [post a. 564, Carthago]: MIGNE, *PL.* 68, 969-1052; E. SCHWARTZ, *Acta conc. oecum.*, II 5, 98-141.

Ps.-LINUS
Martyrium Petri apostoli [s. vi?]: *AASS.*, Jun. V 424-428 = ³VII 387-390; A. H. SALONIUS, Helsingfors 1926 (*Commentationes Humanarum Litterarum*, I, 6), 23-40.

LIUDGERUS ABBAS WERTHINENSIS, POSTEA EPISCOPUS MONASTERIENSIS [† a. 809, Billerbeck]
Vita Gregorii abb. Trajectensis [ca. a. 800, Werden, dioec. Köln]: O. HOLDER-EGGER, *SS.*, XV 66-79.

LIUDPRANDUS EPISCOPUS CREMONENSIS [† ca. a. 972]
Historia Ottonis [a. 964, Cremona]: J. BECKER, *Die Werke Liudprands von Cremona*, ³1915 (*SRG.*), 159-175; A. BAUER und R. RAU, *Quellen z. Gesch. der sächsischen Kaiserzeit*, 1971 (*AQ.*, 8), 496-523.
Liber antapodoseos [a. 958-962, Frankfurt]: J. BECKER, o.c., 1-158; A. BAUER und R. RAU, o.c., 244-494.
Relatio de legatione Constantinopolitana [a. 969]: J. BECKER, o.c., 175-212; A. BAUER und R. RAU, o.c., 524-589.

LIUTPRANDUS REX LANGOBARDORUM, v. Leges Liutprandi in indice II.

LUCULENTIUS
Commentarium in Novum Testamentum [s. vii?, Italia?]: MIGNE, *PL.* 72, 803-860.

LULLUS, v. Epistolarum collectio in indice II.

LUPUS ABBAS FERRARIENSIS [† paulo post a. 862]
Epistolae: E. DÜMMLER, *Epp.*, VI 7-107; L. LEVILLAIN, 2 t., 1927, 1935 (*CHF.*, 10 et 16).
Vita Maximini episc. Treverensis [a. 839]: B. KRUSCH, *SRM.*, III 74-82.

LUPUS PROTOSPATA QUI DICITUR
De rebus Neapolitanis [s. xii in., Napoli]: MURATORI, *Scr.*, V 37-49.

MACARIUS PINNATENSIS
Vita Voti et Felicis fratrum Caesaraugustanorum [s. xiii, San Juan de la Peña, dioec. Huesca]: *AASS.*, Maji VII 61-63 = ³59-61.

MAGNUS REICHERSPERGENSIS [† a. 1195, Reichersberg, dioec. Salzburg]
Annales Reicherspergenses [usque ad a. 1167]: partim W. WATTENBACH, *SS.*, XVII 443-476.
Chronicon Reicherspergense [usque ad a. 1195]: W. WATTENBACH, *SS.*, XVII 476-523.

MARBODUS EPISCOPUS REDONENSIS [Rennes, † a. 1123]
Passio metrica Laurentii [auctore incerto]: MIGNE, *PL.* 171, 1607-1614.
Vita Gualteri abb. Stirpensis [auctore incerto]: *AASS.*, Maji II 701-706.

MARCULFUS
Formulae [s. vii med., Paris, potius quam a. 720-730, Meaux]: K. ZEUMER, *Form.*, 32-112; A. UDDHOLM, 1962 (*Collectio scriptorum veterum Upsaliensis*).

MARIANUS SCOTTUS MOGUNTINUS [† a. 1082]
Chronicon [usque ad a. 1073, cum auctoris continuatione usque ad a. 1082, necnon cum continuationibus aliorum, Mainz]: partim G. WAITZ, *SS.*, V 495-564; B. McCARTHY, 1892 (*Royal Irish Academy, Todd Lectures*, ser. III); add.: A.-D. VON DEN BRINCKEN, *DA.*, t. 17 (1961), 208-231.

MARIUS EPISCOPUS AVENTICENSIS [† a. 594, Lausanne]
Chronicon [usque ad a. 581, Avenches]: TH. MOMMSEN, *Auct. ant.*, XI 232-239.

MARTINUS EPISCOPUS BRACARENSIS [Braga, Portugal, † a. 580]
Canones ex orientalium patrum synodis collecta [ca. a. 570]: C. W. BARLOW, *Martini Bracarensis opera*, New Haven 1950, 123-144.
De trina mersione, o.c., 256-258.
Formula vitae honestae [post. a. 570]: C. W. BARLOW, o.c., 236-250.

MATTHAEUS PARISIENSIS [† a. 1259/1260]
Chronica majora [a. 1235-1259, S.-Albans]: H. R. LUARD, 7 t., 1872-1883 (*RS.*, 57).
Historia Anglicana, alias Historia minor [a. 1254-1257, S.-Albans]: F. MADDEN, 3 t., 1866-1869 (*RS.*, 44).

MEGINFREDUS
Vita Emmerammi [a. 1030, Magdeburg]: *AASS.*, Sept. VI 448-494; MIGNE, *PL.* 141, 971-986.

MEGINHARDUS BAMBERGENSIS, POSTEA EPISCOPUS WIRZIBURGENSIS, v. Epistolarum collectio in indice II.

MEGINHARDUS FULDENSIS, POSTEA MOGONTIACENSIS [† a. 888?]
Passio Ferrutii [auctore incerto; post a. 856, Fulda]: *AASS.*, Oct. XII 538-542; partim O. HOLDER-EGGER, *SS.*, XV 149-150.
Translatio Alexandri [ca. a. 867, Fulda]: G. H. PERTZ, *SS.*, II 676-681; B. KRUSCH, *Nachr. Ges. d. Wiss. Göttingen*, 1933, 427-436.
V. etiam Annales Fuldenses in indice II.

METELLUS TEGERNSEEENSIS [† post a. 1160, Tegernsee, dioec. Freising]
Quirinalia [ca. a. 1150]: partim *ASOB.*, III 1, 664-671; P. PETERS, *Die Quirinalien des Metell von Tegernsee mit Ausnahme der Eklogen*, Greifswald 1913.

MILO CRISPINUS [† ca. a. 1150?]
Vita Lanfranci archiep. Cantuariensis [ca. a. 1138, Le Bec, dioec. Rouen]: *AASS.* Maji VI 833-847 = ³823-837; *ASOB.*, VI 2, 635-659; J. A. GILES, *Lanfranci opera*, 2 t., 1844, I 281-313; MIGNE, *PL.* 150, 29-58.

MILO ELNONENSIS [† a. 872, S.-Amand]
Vita prima metrica Amandi [a. 845-855]: L. TRAUBE, *Poet. lat.*, III 567-609.
Vita tertia Amandi: B. KRUSCH, *SRM.*, V 450-485.

MONACHUS SANGALLENSIS, v. NOTKERUS BALBULUS.

NALGODUS
Vita Odonis abb. Cluniacensis [ca. a. 1099, Cluny]: *ASOB.*, V 186-199; MIGNE, *PL.* 133, 85-104.

NENNIUS
Historia Brittonum [s. ix in.]: TH. MOMMSEN, *Auct. ant.*, XIII 143-222; F. LOT, 1934 (*Bibl. Ec. des Hautes Etudes, Sc. phil. et hist.*, 263).

NICOLAUS I PAPA [a. 858-867]
Epistolae: E. PERELS, *Epp.*, VI 267-690.

NITHARDUS [† a. 845]
Historiae [a. 843-844]: E. MÜLLER, 1907 (*SRG.*); PH. LAUER, 1926 (*CHF.*, 7); R. RAU, *Qu. z. karol. Reichsgesch.*, I, 1955 (*AQ.*, 5), 386-460.

NORBERTUS ABBAS IBURGENSIS [† a. 1117]
Vita Bennonis II episc. Osnabrugensis [a. 1090-1100, Iburg, dioec. Osnabrück]: H. BRESSLAU, 1902 (*SRG.*); partim IDEM, *SS.*, XXX 871-892.

NOTKERUS BALBULUS ABBAS SANGALLENSIS [† a. 912, S.-Gallen]
Continuatio ad Erchanbertum [paulo post a. 881]: G. H. PERTZ, *SS.*, II 329-330.
De interpretibus divinarum scripturarum [a. 885]: PEZ, *Thes.*, I 1, 1-14; MIGNE, *PL.* 131, 993-1004; E. DÜMMLER, *Das Formelbuch des Bischofs Salomo III von Konstanz*, Leipzig 1857, 64-78.
Gesta Karoli auctore Monacho Sangallensi qui dicitur [a. 884-887]: G. H. PERTZ, *SS.*, II 731-763; PH. JAFFÉ, *Bibl.*, IV 631-700; G. MEYER VON KNONAU, *Mitt. zur vaterl. Gesch. v. S.-Gallen*, t. 36 (1920), 1-62; H. F. HAEFELE, 1959 (*SRG.*, n.s., 12); R. RAU, *Qu. z. karol. Reichsgesch.*, III, 1960 (*AQ.*, 7), 322-426.
Martyrologium [a. 896]: MIGNE, *PL.* 131, 1029-1164.

NOTKERUS EPISCOPUS LEODIENSIS [† a. 1008]
Epistola ad Werinfridum [ante a. 980]: B. KRUSCH, *SRM.*, V 109-111.

OBERTUS [† post a. 1174]
Annales Genuenses [a. 1164-1173]: MURATORI, *Scr.*, VI 291-350; L. T. BELGRANO e C. IMPERIALE DI SANT'ANGELO, *Annali genovesi di Caffaro e dei suoi continuatori*, 5 t., 1890-1929 (*FSI.*), I 153-261.

OBERTUS SCRIBA DE MERCATO
Registrum [a. 1190, Genova]: M. CHIAUDANO e R. MOROZZO DELLA ROCCA, 1938 (*R. Deput. di Storia Patria per la Liguria, Notai liguri del sec. XII*, 1).

ODBERTUS TRAJECTENSIS
Passio Friderici episc. Trajectensis [ca. a. 1025?, Utrecht]: *AASS.*, Jul. IV 460-470; O. HOLDER-EGGER, *SS.*, XV 344-356.

ODILO ABBAS CLUNIACENSIS [† a. 1048]
Epistolae: MIGNE, *PL.* 142, 939-944.
Epitaphium Adalheidae imperatricis [a. 999, Cluny]: G. H. PERTZ, *SS.*, IV 637-645; H. PAULHART, 1962 (*MIOeG.*, Ergänzungsband 20, Heft 2), 27-45.
Vita Majoli abb. Cluniacensis [ca. a. 1033, Romainmôtier, dioec. Lausanne]: *AASS.*, Maji II 648-690 = ³683-688; MIGNE, *PL.* 142, 943-962.

ODILO SUESSIONENSIS [† post a. 930]
Translatio Sebastiani et Gregorii [ca. a. 920, Soissons]: *AASS.*, Jan II 278-295 = ³642-659; *ASOB.*, IV 1, 385-410; partim *Hist. de Fr.*, VI 320-326; MIGNE, *PL.* 132, 579-622; partim O. HOLDER-EGGER, *SS.*, XV 379-391.

ODO ABBAS CLUNIACENSIS [† a. 942]
Occupatio: A. SWOBODA, Leipzig 1900.
Vita Geraldi comitis Auriliacensis [a. 924-926]: *AASS.*, Oct. VI 300-331; MIGNE, *PL.* 133, 639-704.

ODO DE DIOGILO ABBAS S. CORNELII COMPENDIENSIS, POSTEA ABBAS S. DIONYSII [† a. 1163]
De profectione Ludovici VII regis Francorum [a. 1148]: H. WAQUET, 1949 (*Doc. hist. crois.*, 3).

ODO FOSSATENSIS [† post a. 1058]
Vita Burchardi comitis Vindocinensis [a. 1058, S.-Maur-des-Fossés, dioec. Paris]: CH. BOUREL DE LA RONCIÈRE, 1892 (*CT.*, 13).

ODO ABBAS GLANNAFOLIENSIS, POSTEA FOSSATENSIS [† a. 870]
Miracula Mauri sive restauratio monasterii Glannafoliensis [ca. a. 868-869, S.-Maur-des-Fossés, dioec. Paris]: partim O. HOLDER-EGGER, *SS.*, XV 462-472.
Vita Mauri [a. 863 vel paulo postea conscripta sub nomine Faustus]: *AASS.*, Jan. I 1039-1050 = ³II 321-332; *ASOB.*, I 275-298.

ODO SANMAURENSIS, v. ODO FOSSATENSIS

ODORANNUS [† a. 1046]
Chronicon S. Petri Vivi [usque ad a. 1032, Sens]: MIGNE, *PL.* 142, 769-778; L. M. DURU, *Bibl. hist. de l'Yonne*, II 391-402; R.-H. BAUTIER et M. GILLES, 1972 (*Sources d'histoire médiévale*, 4), 84-113.

OGERIUS ALFERIUS [† a. 1294?, Asti]
Chronicon Astense [usque ad a. 1294]: MURATORI, *Scr.*, XI 139-152.

OGERUS
Annales Genuenses [a. 1197-1219]: MURATORI, *Scr.*, VI 379-416; L. T. BELGRANO e C. IMPERIALE DI SANT'ANGELO, *Annali genovesi di Caffaro e dei suoi continuatori*, 5 t., 1890-1929 (*FSI.*), II 69-154.

OLBERTUS ABBAS GEMBLACENSIS [† a. 1048]
Historia inventionis, miraculorum et translationis Veroni [ca. a. 1020, Gembloux, dioec. Liège]: *AASS.*, Mart. III 845-850 = ³842-847; partim O. HOLDER-EGGER, *SS.*, XV 750-753.

OLIVERUS [† a. 1227]
Relatio de expeditione Damiatina [a. 1219, Köln]: G. WAITZ, *Chronica regia Coloniensis*, 1880 (*SRG.*), 324-339; H. HOOGEWEG, *Die Schriften des Kölner Domscholasters... Oliverus*, 1894 (*Bibl. Liter. Ver. Stuttgart*, 202), 161-282.

ONULFUS, v. EVERHELMUS.

ORDERICUS VITALIS [† paulo post a. 1141]
Historia ecclesiastica [a. 1120-1141, S.-Évroul, dioec. Lisieux]: A. LE PRÉVOST et L. DELISLE, 5 t., 1838-1855 (*SHF.*); M. CHIBNALL, ... vol., 1969-... (*OMT.*).
Interpolationes ad Willelmi Gemmeticensis chronicon [ca. a. 1109, S.-Évroul, dioec. Lisieux]: J. MARX, *La chronique de Guillaume de Jumièges*, 1914 (*Soc. de l'Hist. de Normandie*), 151-198.

ORIBASIUS
Euporiston, versio latina [s. vi, Italia, Ravenna?]: A. MOLINIER, ap. L. BUSSEMAKER et U. C. DAREMBERG, *Œuvres d'Oribase*, 6 t., Paris 1851-1876, VI 403-626.
Synopsis, versio latina [s. vi, Italia, Ravenna?]: MOLINIER, o.c., V 799-927 (liber I-III), VI 2-402 (liber IV-IX); partim H. MØRLAND, *Oribasius latinus*, Oslo 1904 (*Symbolae Osloenses*, Fasc. supplet., 10), 29-149 (lib. I-II).

ORTLIEBUS, POSTEA ABBAS NERESHEIMENSIS [† a. 1163]
Fundatio monasterii Zwivildensis [a. 1135-1140, Zwiefalten, dioec. Konstanz]: H. F. O. ABEL, *SS.*, X 70-92; E. KÖNIG und K. O. MÜLLER (*Schwäbische Chroniken der Stauferzeit*, 2), 2-122.

OSBERNUS CANTUARIENSIS [Canterbury, † post a. 1093]
Vita et miracula Dunstani archiep. Cantuariensis [ca. a. 1090]: *ASOB.*, V 659-701; *AASS.*, Maji IV 359-384 = ³358-383; W. STUBBS, *Memorials of S. Dunstan*, 1874 (*RS.*, 63), 69-161.
Vita et translatio Elphegi archiep. Cantuariensis [ante a. 1090]: *AASS.*, Apr. II 631-642 = ³628-641; *ASOB.*, VI 1, 115-127; MIGNE, *PL.* 149, 375-394.

OSBERTUS CLARENSIS [† ca. a. 1136]
Vita Eadwardi Confessoris [paulo ante a. 1136, Westminster]: M. BLOCH, *Anal. Boll.*, t. 41 (1923), 64-129; iterum M. BLOCH, *Mélanges historiques*, II, Paris 1963, 985-1024.

OTHELBOLDUS ABBAS S. BAVONIS GANDENSIS [† a. 1024]
Epistola ad Otgivam [a. 1019-1024]: L. VOET, *De brief van abt Othelbold...*, 1949 (*CRH.*), 230-241.

OTLOHUS S. EMMERAMMI [† paulo post a. 1070, Regensburg]
Translatio Dionysii [a. 1049, Regensburg]: A. HOFMEISTER, *SS.*, XXX 824-837.
Visiones [a. 1062-1066, Fulda]: MIGNE, *PL.* 146, 341-388; partim R. WILMANS, *SS.*, XI 378-387.
Vita Bonifatii [a. 1062-1066, Fulda]: W. LEVISON, *Vitae Bonifatii*, 1905 (*SRG.*), 111-217.
Vita Wolfkangi [a. 1037-1052, Regensburg]: G. WAITZ, *SS.*, IV 525-542; *AASS.*, Nov. II 1, 565-582.

OTTO EPISCOPUS FRISINGENSIS [Freising, † a. 1158]
Chronica sive historia de duabus civitatibus [a. 1143-1157]: A. HOFMEISTER, 1912 (*SRG.*); W. LAMMERS, 1960 (*AQ.*, 16).
Gesta Friderici imperatoris [a. 1157-1158]: G. WAITZ und B. V. SIMSON, 1912 (*SRG.*), 1-161; F.-J. SCHMALE, 1965 (*AQ.*, 17), 82-391.

OTTO MORENA
Historia Friderici imperatoris [ca. a. 1160-1161, Lodi]: F. GÜTERBOCK, *Das Geschichtswerk des Otto Morena und seiner Fortsetzer*, 1930 (*SRG.*, n.s., 7), 1-129.

OTTO SANBLASIANUS [† a. 1223]
Chronicon [ad calcem Ottonis Frisingensis Chronicon; a. 1209-1210, S.-Blasien, dioec. Konstanz]: R. WILMANS, *SS.*, XX 304-334; A. HOFMEISTER, 1912 (*SRG.*).

OTTOBONUS SCRIBA
Annales Genuenses [usque ad a. 1196]: L. T. BELGRANO e C. IMPERIALE DI SANT'ANGELO, *Annali genovesi di Caffaro e dei suoi continuatori*, 5 t., 1890-1929 (*FSI.*), II 3-66.

OUDALSCHALCHUS ABBAS AUGUSTANUS [† a. 1151]
Vita Chuonradi episc. Constantiensis [ca. a. 1120, Augsburg]: G. H. PERTZ, *SS.*, IV 430-436.

PANDULFUS
Vitae Gelasii II, Calixti II, Honorii II pontificum Romanorum [a. 1133-1138, Roma]: L. DUCHESNE, *Le Liber Pontificalis*, II 311-328; J. MARCH, *Liber Pontificalis prout extat in codice manuscripto Dertusensi*, Barcelona 1925.

PASCHASIUS, v. Vitae patrum in indice II.

PASCHASIUS RADBERTUS ABBAS CORBEJENSIS [Corbie, † ca. a. 859]
Epitaphium Arsenii vel Vita Walae abb. Corbejensis [lib. 1: paulo post a. 836; lib. 2: ca. a. 851]: E. DÜMMLER, *Abh. Preuss. Akad., Philol.-Hist. Cl.*, 1900, II 18-98.
Expositio in euangelium Matthaei [ante a. 826-post ca. a. 850, Corbie et S.-Riquier]: MIGNE, *PL.* 120, 31-994.
Vita Adalhardi abb. Corbejensis [a. 826]: *AASS.*, Jan. I 96-111; *ASOB.*, IV 1, 308-340; MIGNE, *PL.* 120, 1507-1582.

PS.-PASTOR
Gesta Pudentianae [s. v-vi]: *AASS.*, Maji IV 299-300 = ³298-299.

PAULINUS PATRIARCHA AQUILEGIENSIS [† a. 802]
Carmina: E. DÜMMLER, *Poet. lat.*, I 126-148.
Contra Felicem episcopum Urgellitanum: MIGNE, *PL.* 99, 343-468.
Epistolae: E. DÜMMLER, *Epp.*, IV 517-527.
Versus de Lazaro: K. STRECKER, *NA.*, t. 47 (1928), 144-155.

PAULUS S. PETRI CARNOTENSIS, v. Liber Aganonis in indice II.

PAULUS ALVARUS, v. ALVARUS.

PAULUS BERNRIEDENSIS [† a. 1146-1150, Regensburg]
Vita Gregorii VII papae [a. 1128, Regensburg]: *AASS.*, Maji VI 113-143 = ³112-141; *ASOB.*, VI 2, 407-459; J. M. WATTERICH, *Pontificum Romanorum... vitae*, I 474-546; MIGNE, *PL.* 148, 39-104.

PAULUS DIACONUS NEAPOLITANUS
Vita Mariae Aegyptiacae [s. ix med.; ex graeco; nuper Paulo Diacono, s. viii ex. adscripta]: MIGNE, *PL.* 73, 671-690.

PAULUS FULDENSIS
Vita Erhardi episc. Bavarici [a. 1054-1073, Fulda]: W. LEVISON, *SRM.*, VI 8-21.

PAULUS GALEATENSIS
Vita Hilarii abb. Galeatensis [auctore incerto; haud longe post a. 558, Galeata, dioec.

Ravenna]: *AASS.*, Maji III 473-475 = ³471-474.

PAULUS RATISBONENSIS, v. PAULUS FULDENSIS.

PAULUS WARNEFRIDI DICTUS DIACONUS [† a. 799?, Montecassino]
Carmina: partim MIGNE, *PL.* 95, 1591-1604; E. DÜMMLER, *Poet. lat.*, I 35-86; K. NEFF, München 1908 *(Qu. u. Untersuch z. lat. Philologie des Mittelalters*, III, 4).
Epistolae: E. DÜMMLER, *Epp.*, IV 505-516.
Gesta episcoporum Mettensium [ca. a. 784]: G. H. PERTZ, *SS.*, II 261-268; MIGNE, *PL.* 95, 699-722.
Historia Langobardorum [ca. a. 787-ca. a. 799, Montecassino]: L. BETHMANN und G. WAITZ, *SRL.*, 45-187; G. WAITZ, 1878 *(SRG.)*.
Homiliae de sanctis: MIGNE, *PL.* 95, 1457-1566.
Homiliae de tempore: MIGNE, *PL.* 95, 1159-1458.
Vita Gregorii Magni [ca. a. 790, Montecassino]: H. GRISAR, *Zs. f. kath. Theol.*, t. 11 (1887), 162-173; W. STUHLFATH, *Gregor der Grosse*, 1913, 98-108.

PELAGIUS, v. Vitae patrum in indice II.

PELAGIUS I PAPA [a. 556-561]
Epistolae: MIGNE, *PL.* 69, 393-422; P. M. GASSÓ y C. M. BATTLE, Montserrat 1956 *(Scripta et documenta*, 8).

PETRUS ABAELARDUS
Epistola ad amicum seu Historia calamitatum suarum [ca. a. 1131-1136]: MIGNE, *PL.* 178 113-182; *Hist. de Fr.*, XIV 278-294; J. MONFRIN, Paris 1959 *(Bibl. des textes philosophiques)*, 63-109.

PETRUS ALBERTI
Consuetudines Cathaloniae [s. xiii med.]: J. DE SOCARRATS, *In tractatum Petri Alberti ... commentaria*, Barcelona 1551, Lyon 1551.

PETRUS BLESENSIS ARCHIDIACONUS BATHENSIS, DEIN LONDINIENSIS [† ca. a. 1204]
Contra perfidiam Judaeorum: MIGNE, *PL.* 207, 825-870.
Epistolae: J. A. GILES, *Petri Blesensis opera*, 4 t., Oxford 1847, I, II 1-274; MIGNE, *PL.* 207, 1-560.

PETRUS ABBAS CELLENSIS, POSTEA REMENSIS, DENIQUE EPISCOPUS CARNOTENSIS [† a. 1183]
Epistolae: MIGNE, *PL.* 202, 405-636.
Sermones: MIGNE, *PL.* 202, 637-926.

PETRUS DAMIANI PRIOR ET ABBAS FONTIS AVELLANAE, DEIN EPISCOPUS CARDINALIS OSTIENSIS [† a. 1072]
Disceptatio synodalis [a. 1062, Roma]: L. v. HEINEMANN, *Lib. de Lite*, I 77-94.
Epistolae: MIGNE, *PL.* 144, 205-498.
Laudatio Mauri episc. Caesenatis: MIGNE, *PL.* 144, 945-952; *AASS.*, Jan. II 333-336 = ³697-700.
Opuscula: MIGNE, *PL.* 145, 19-858.
Vita Dominici loricati [a. 1061]: MIGNE, *PL.* 144, 1012-1024.
Vita Odilonis abb. Cluniacensis [a. 1063]: MIGNE, *PL.* 144, 925-944; *AASS.*, Jan. I 71-77.
Vita Rodulfi episc. Eugubini [a. 1046]: MIGNE, *PL.* 144, 1009-1012; *ASOB.*, VI 2, 152-154; *AASS.*, Oct. VIII 194-196.
Vita Romualdi [ca. a. 1042, Petra Pertusa]: MIGNE, *PL.* 144, 953-1008; *ASOB.*, VI 1, 280-312; G. TABACCO, 1957 *(FSI.*, 94).
V. etiam Profectio Gallica, in indice II.

PETRUS DIACONUS CASINENSIS [Montecassino, † post a. 1144]
Chronica Casinensis [usque ad a. 1138]: W. WATTENBACH, *SS.*, VII 727-844.
Epitome chronicorum Casinensium [sub nomine Anastasii Bibliothecarii]: MURATORI, *Scr.*, II 1, 351-370.
Inventio et miracula Benedicti: *AASS.*, Mart. III 288-297 = ³287-295.
Itinerarium sive Liber de locis sanctis [a. 1137]: P. GEYER, 1898 *(CSEL.*, 39), 105-121.
Vita Aldemarii: *AASS.*, Mart. III 489-492 = ³487-490.
Vita Marci episc. Atinensis [sub nomine Adenulfi episc. Capuani conscripta]: *AASS.*, Apr. III 551-557 = ³557-562.

PETRUS GUILLELMI [† post a. 1142, S.-Gilles, dioec. Nimes]
Libri Pontificalis continuatio [usque ad a. 1130]: L. DUCHESNE, *Le Liber Pontificalis*, II 221-328.
Miracula Aegidii [ca. a. 1120-post a. 1138]: partim PH. JAFFÉ, *SS.*, XII 316-323; caetera: *Anal. Boll.*, t. 9 (1890), 393-422.

PETRUS DE HONESTIS [† a. 1119]
Regula clericorum [s. xii in., Ravenna]: MIGNE, *PL.* 163, 703-748.

PETRUS MALLEACENSIS
De antiquitate et commutatione in melius Malleacensis insulae et translatione corporis s. Rigomeri [ca. a. 1060, Maillezais, dioec. Poitiers]: integre PH. LABBE, *Bibl.*, II 222-238; MIGNE, *PL.* 146, 1247-1272; partim (sola translatio) *ASOB.*, VI 1, 134-136; partim (sola translatio) *AASS.*, Aug. IV 789-791; partim *Hist. de Fr.*, X 178-184.

PETRUS SUBDIACONUS [† post a. 960]
Miracula Agrippini Neapolitani [c. 1-9 ab aliis auctoribus; s. x, Napoli]: partim G. WAITZ, *SRL.*, 463-465; B. CAPASSO, *Mon. Neapol.*, I 322-329; *AASS.*, Nov. IV 122-128.
Passio quattuor Coronatorum [s. x, Napoli]: *AASS.*, Nov. III 780-784.

PETRUS VENERABILIS ABBAS CLUNIACENSIS [† a. 1156]
Epistolae: MIGNE, *PL.* 189, 61-486; G. CONSTABLE, *The Letters of ...*, 2 t., Cambridge Mass. 1967 *(Harvard Hist. Studies*, 78), I.
Statuta [a. 1132-1146, Cluny]: MIGNE, *PL.* 189, 1025-1048; G. CHARVIN, *Statuts, chapitres généraux et visites de l'ordre de Cluny*, Paris 1965, I 21-40.

PETRUS S. VICENTII
Prologus in vita vel obitu Paldonis, Tatonis et Tasonis [ca. a. 1084, San Vincenzo al Volturno, dioec. Isernia]: V. FEDERICI, *Chronicon Vulturnense*, I, 1925 *(FSI.)*, 124-144.

PETRUS DE VINEA [† a. 1249]
Epistolarum libri VI: J. R. ISELIUS [ISELIN], 2 t., Basel 1740; A. HUILLARD-BRÉHOLLES, Paris 1864.

PHILIPPUS HARVENGIUS [† a. 1183]
Vita Odae [paulo post a. 1158, Bonne-Espérance, dioec. Cambrai]: *AASS.*, Apr. II 773-780 = ³771-777.

PIRMINIUS [† ca. a. 753]
Dicta de singulis libris canonicis scarapsus [forsitan a. 718-724, dioec. Meaux]: C. P. CASPARI, *Kirchenhistorische Anecdota*, I, Christiania 1883, 151-193; G. JECKER, *Beitr. zur Gesch. des alten Mönchtums*, t. 13 (1927), 34-73.

PLACIDUS NONANTULENSIS
Liber de honore ecclesiae [a. 1111, Nonantola, dioec. Modena]: L. v. HEINEMANN und E. SACKUR, *Lib. de Lite*, II 568-639.

POETA SAXO
Annales [ca. a. 888, Korvei]: G. H. PERTZ, *SS.*, I 227-279; P. v. WINTERFELD, *Poet. lat.*, IV 7-71.

PRIMASIUS EPISCOPUS HADRUMETINUS, POSTEA PRIMAS BYZACENUS [† paulo post a. 553]
In Apocalypsin commentarius: MIGNE, *PL.* 68, 793-936.

PRUDENTIUS EPISCOPUS TRECENSIS [† a. 861]
Annalium qui dicuntur Bertiniani pars altera [a. 835-861, Troyes]: G. WAITZ, *Annales Bertiniani*, 1883 *(SRG.)*, 11-54; R. RAU, *Qu. zur karol. Reichsgesch.*, II, 1958 *(AQ.*, 6), 28-104; F. GRAT, J. VIEILLARD et S. CLÉMENCET, *Les annales de S.-Bertin*, 1964 *(SHF.)*, 17-84.

RABANUS, v. HRABANUS.

RADBERTUS PASCHASIUS, v. PASCHASIUS.

RADBODUS II EPISCOPUS NOVIOMENSIS [† a. 1098, Noyon]
Vita Godebertae [auctore incerto]: *AASS.*, Apr. II 32-36.
Vita Medardi episc. Noviomensis [auctore incerto]: *AASS.*, Jun. II 87-94.

RADBODUS EPISCOPUS TRAJECTENSIS [Utrecht, † a. 917]
Sermo de Amalberga Radbodo asscriptus: *ASOB.*, III 2, 241-243; MIGNE, *PL.* 115, 549-554.
Vita altera Bonifatii: W. LEVISON, *Vitae Bonifatii*, 1905 *(SRG.)*, 62-78.

RADULFUS CADOMENSIS [† post a. 1130]
Gesta Tancredi [post a. 1112, Antiochia]: MARTÈNE, *Thes.*, III 111-210; MIGNE, *PL.* 155, 491-590; *RHC., Occid.*, III 603-716.

RADULFUS DE DICETO [London, † a. 1202?]
Abbreviationes chronicorum [usque ad a. 1147]: W. STUBBS, *Radulfi de Diceto opera Historica*, 2 t., 1876 *(RS.*, 68), I 3-263.
Imagines historiarum [usque ad a. 1202]: W. STUBBS, o.c., I 291-440, II 3-174.

RADULFUS GLABER [† a. 1050]
Historiarum sui temporis libri quinque [ca. a. 1030-1045, Cluny et Auxerre]: M. PROU, 1886 *(CT.*, 1).
Vita Willelmi abb. Divionensis [paulo post a. 1031, Cluny?]: *ASOB.*, VI 1, 322-334; MIGNE, *PL.* 142, 701-720.

RADULFUS TORTARIUS [† ante a. 1120]
Miracula Benedicti, lib. VIII [ca. a. 1110-1115, S.-Benoit-s.-Loire]: E. DE CERTAIN, *Les miracles de S.-Benoit*, 1858 *(SHF.)*, 277-356.

RADULFUS, v. etiam RODULFUS.

RAHEWINUS [† post a. 1170-1177]
Gesta Friderici imperatoris, libri III et IV [continuantes Ottonis Frisingensis gesta; a. 1158-1160, Freising]: G. WAITZ und B. v. SIMSON, *Ottonis et Rahewini gesta Friderici I imperatoris*, 1912 *(SRG.)*, 162-346; F.-J. SCHMALE, 1965 *(AQ.*, 17), 392-715.

RAIMUNDUS S. ANDREAE [floruit s. xi ex., Villeneuve-lez-Avignon, dioec. Avignon]
Vita Pontii abb. S. Andreae [† a. 1087]: *ASOB.*, VI 2, 494-501.

RAINERUS, v. REINERUS.

RAINOGALA, v. Gesta pontificum Autissiodorensium in indice II.

RAMPERTUS EPISCOPUS BRIXIENSIS [† a. 844]
Translatio Philastrii [a. 838 vel paulo post, Brescia]: *AASS.*, Jul. IV 388-393.

RANGERIUS EPISCOPUS LUCENSIS [† a. 1112]
Vita metrica Anselmi episc. Lucensis [a. 1096-1099, Lucca]: V. DE LA FUENTE, Madrid 1870; E. SACKUR, G. SCHWARTZ und B. SCHMEIDLER, *SS.*, XXX 1155-1307.

RANULFUS GLANVILLUS
Tractatus de legibus et consuetudinibus regni Angliae [auctore incerto; ca. a. 1187]: G. E. WOODBINE, 1932 *(Yale Historical Publ.*, 12); G. D. G. HALL, 1965 *(MT.)*.

RATHERIUS EPISCOPUS VERONENSIS ET LEODIENSIS [† a. 974, Namur]
De contemptu canonum [a. 963, Verona]: D'ACHÉRY, *Spicil.*, III 161-193 = ²I 345-355; MIGNE, *PL.* 136, 485-522.
De discordia inter ipsum Ratherium et clericos [a. 967, Verona]: MIGNE, *PL.* 136, 617-630.
Epistolae: F. WEIGLE, 1949 *(MGH., Die Briefe der deutschen Kaiserzeit*, I).
Invectiva de translatione Metronis [a. 962, Verona]: MIGNE, *PL.* 136, 451-472.
Itinerarium [a. 966, Verona]: MIGNE, *PL.* 136, 579-600.
Liber apologeticus [a. 968, Verona]: MIGNE, *PL.* 136, 629-642.
Praeloquia [a. 934-936, Pavia]: MARTÈNE, *Coll.*, IX 787-970; MIGNE, *PL.* 136, 145-344.
Qualitatis conjectura cujusdam [a. 965, Verona]: MIGNE, *PL.* 136, 521-548.
Sermones [a. 963-968, Verona]: MIGNE, *PL.* 136, 689-758.
Synodica ad presbyteros [a. 966, Verona]: MIGNE, *PL.* 136, 553-568.
Vita Ursmari abb. Lobiensis [post Anselmum; ca. a. 947, Verona]: *ASOB.*, III 1, 250-255; MIGNE, *PL.* 136, 345-352.

RATPERTUS SANGALLENSIS [† ca. a. 890]
De origine et diversis casibus monasterii S. Galli, pars prima [usque ad a. 883, S.-Gallen]: I. VON ARX, *SS.*, II 61-74; G. MEYER VON KNONAU, *Mitt. zur vaterl. Gesch. von S.-Gallen*, t. 13 (1872), 1-64.

REGINO ABBAS PRUMIENSIS [† a. 915, Trier]
Chronicon [a. 908, Trier]: F. KURZE, 1890 *(SRG.)*, 1-153; R. RAU, *Qu. z. karol. Reichsgesch.*, III, 1960 *(AQ.*, 7), 180-318.
De synodalibus causis et disciplinis ecclesiasticis [a. 906, Trier]: MIGNE, *PL.* 132, 187-370; F. G. A. WASSERSCHLEBEN, Leipzig 1840.

REINERUS SANGISLENUS
Vita et miracula Gisleni [ca. a. 1035-1036, S.-Ghislain, dioec. Cambrai]: *Anal. Boll.*,

t. 5 (1886), 212-288; partim O. HOLDER-EGGER, *SS.*, XV 579-585.

REINERUS S. LAURENTII LEODIENSIS [† paulo post a. 1182]
Vita Wolbodonis episc. Leodiensis [ca. a. 1180, Liège]: W. ARNDT, *SS.*, XX 565-571.

REMEDIUS EPISCOPUS CURIAE RAETIORUM
Capitula [ca. a. 790-806, Chur]: K. ZEUMER, *LL.*, V 441-444; E. MEYER-MARTHALER, *Die Rechtsquellen des Kantons Graubünden*, I, 1959 (*Samml. schweiz. Rechtsqu.*, 15), 645-649.

REMIGIUS AUTISSIODORENSIS [† ca. a. 908, Paris?]
Commentarius in Sedulii carmen paschale [s. ix ex., Reims]: partim J. HUEMER, *Sedulii opera*, 1885 (*CSEL.*, 10), 316-359.
Enarratio in psalmos: MIGNE, *PL.* 131, 133-844.

RICHARDUS BRUGENSIS, v. RIQUARDUS BRUGENSIS.

RICHARDUS DE S. VICTORE [† a. 1173, Paris]
De statu interioris hominis: MIGNE, *PL.* 196, 1115-1160; J. RIBAILLIER, *Archives d'Hist. doctrinale et littéraire du Moyen-Age*, t. 34 (1967), 61-128.

RICHARDUS ABBAS S. VITONI [† a. 1046]
Vita et miracula Vitoni episc. Virdunensis [s. xi, S.-Vanne, dioec. Verdun]: partim *ASOB.*, VI 1, 565-569.

RICHARDUS NIGELLI FILIUS VEL RICHARD FITZ NIGEL, POSTEA EPISCOPUS LONDONIENSIS [† a. 1198]
Dialogus de scaccario [a. 1177]: A. HUGHES, C. G. CRUMP and C. JOHNSON, Oxford 1902; C. JOHNSON, 1950 (*MC.*).

RICHARDUS VEL RYCCARDUS DE S. GERMANO PROPE MONTECASSINO [† a. 1243-1244]
Chronica [usque ad a. 1243, San Germano]: MURATORI, *Scr.*, VII 967-1052; G. H. PERTZ, *SS.*, XIX 323-384; id., 1864 (*SRG.*); C. A. GARUFI, 1936-1938 (MURATORI, *Scr.*, nuova ediz., VII, 2).

RICHERUS REMENSIS [† post a. 998]
Historiae [a. 995-998, S.-Remi de Reims]: R. LATOUCHE, 2 t., 1930, 1937 (*CHF.*, 12 et 17).

RICHERUS SENONIENSIS [† a. 1267]
Gesta Senoniensis ecclesiae [ca. a. 1255-1264, Senones, dioec. Toul]: G. WAITZ, *SS.*, XXV 253-345.

RICULFUS EPISCOPUS SUESSIONENSIS [† post a. 900]
Constitutiones [a. 889, Soissons]: LABBE, *Conc.*, IX 416-423; MANSI, *Conc.*, t. 18ᵃ, 81-90.

RIGORDUS [† a. 1208]
Gesta Philippi Augusti [usque ad a. 1208, S.-Denis]: *Hist. de Fr.*, XVII 1-62; H. F. DELABORDE, *Œuvres de Rigord et de Guillaume le Breton*, 2 t., 1882, 1885 (*SHF.*), I 1-167.

RIMBERTUS ARCHIEPISCOPUS HAMBURGENSIS ET BREMENSIS [† a. 888]
Vita Anskarii [a. 865-876, Hamburg]: C. F. DAHLMANN, *SS.*, II 689-725; G. WAITZ, 1884 (*SRG.*), 13-79; W. TRILLMICH, 1961 (*AQ.*, 11), 16-133.

RIQUARDUS BRUGENSIS
Miracula Donatiani [ca. a. 1080-1089, Brugge]: *AASS.*, Oct. VI 503-514; partim O. HOLDER-EGGER, *SS.*, XV 856-858.

ROBERTUS ARROASIENSIS, v. WALTERUS.

ROBERTUS PAULULUS EPISCOPUS AMBIANENSIS [† a. 1184]
De ceremoniis ecclesiasticis [falso Hugoni S. Victoris adscripta; Amiens]: MIGNE, *PL.* 177, 381-456.

ROBERTUS DE TORINNIS, ALIAS DE MONTE, ABBAS MONTIS S. MICHAELIS [† a. 1186, Mont.-S.-Michel]
Chronicon [continuans Sigeberti Chronicon; usque ad a. 1186]: L. BETHMANN, *SS.*, VI 476-535; L. DELISLE, 2 t., 1872, 1873 (*Soc. de l'Hist. de Normandie*); R. HOWLETT, *Chronicles of the reigns of Stephen ...*, IV, 1889 (*RS.*, 82), 3-315.
Interpolationes ad Willelmi Gemmeticensis chronicon [ca. a. 1149, Le Bec, dioec. Rouen]: J. MARX, *La chronique de Guillaume de Jumièges*, 1914 (*Soc. de l'Hist. de Normandie*), 199-334.

ROBERTUS WALCIODORENSIS
Vita altera Forannani abb. Walciodorensis [ca. a. 1130-1135, Waulsort, dioec. Liège]: *AASS.*, Apr. III 808-814 = ³817-823; *ASOB.*, V 586-595.

RODULFUS S. SEPULCHRI CAMERACENSIS
Vita Lietberti episc. Cameracensis [s. xi ex.-s. xii in., Cambrai]: *AASS.*, Jun. IV 586-605 = ³V 499-515; A. HOFMEISTER, *SS.*, XXX 2, 840-868.

RODULFUS FULDENSIS [† a. 865]
Miracula sanctorum in Fuldensem ecclesiam translatorum [a. 842-847, Fulda]: *ASOB.*, IV 2, 2-20 [sub titulo erroneo "Vita Rabani"]; G. WAITZ, *SS.*, XV 329-341.
Vita Leobae [ca. a. 836, Fulda]: *ASOB.*, III 2, 246-259; G. WAITZ, *SS.*, XV 121-131.
V. etiam Annales Fuldenses.

RODULFUS ABBAS S. TRUDONIS [† a. 1138]
Epistolae: R. KOEPKE, *SS.*, X 317-332.
Gesta abbatum Trudonensium, pars prima [a. 1114-1115, S.-Trond, dioec. Liège]: D'ACHÉRY, *Spicil.*, VII 344-512 = ²II 659-708; R. KOEPKE, *SS.*, X 227-272; C. DE BORMAN, *Chron. de l'abb. de S.-Trond*, 2 t., Liège 1877 (*Soc. des bibliophiles liégeois*, 10 et 15), I 1-119.

RODULFUS, v. etiam RADULFUS.

ROGERUS DE HOVEDENE [† a. 1201-1202]
Chronica [usque ad a. 1201, Durham]: W. STUBBS, 4 t., 1868-1871 (*RS.*, 51).

ROGERUS DE WENDOVER [† a. 1236, S.-Albans]
Flores historiarum [usque ad a. 1235, S.-Albans, dioec. Worcester]: H. G. HEWLETT, 3 t., 1886-1889 (*RS.*, 84).

ROLANDINUS PATAVINUS [† a. 1276]
Cronica de factis in Tarvisina [usque ad a. 1262, Padua]: MURATORI, *Scr.*, VIII 157-360; PH. JAFFÉ, *SS.*, XIX 38-147; A. BONARDI, 1905-1908 (MURATORI, *Scr.*, nuova ediz., VIII, 1), 3-174.

ROMUALDUS ARCHIEPISCOPUS SALERNITANUS [† a. 1181]
Chronicon [usque ad a. 1178, Salerno]: partim W. ARNDT, *SS.*, XIX 398-461; C. A. GARUFI, 1914-1935 (MURATORI, *Scr.*, nuova ediz., VII, 1).

RUDOLFUS, RUODOLFUS, v. RODULFUS.

RUOTGER
Vita prima Brunonis archiep. Coloniensis [a. 968-969, Köln]: G. H. PERTZ, IV 254-275; I. OTT, 1951 (*SRG.*, n.s., 10).

RUPERTUS ABBAS TUITIENSIS [Deutz, dioec. Köln, † a. 1129]
De divinis officiis [consumm. a. 1111, Liège]: MIGNE, *PL.* 170, 9-332; R. HAACKE, 1967 (*Corpus christ.*, *Contin. mediaevalis*, 7).
De incendio Tuitiensi [a. 1128, Deutz, dioec. Köln]: MIGNE, *PL.* 170, 333-358; partim PH. JAFFÉ. *SS.*, XII 629-637; H. GRUNDMANN, *Der Brand von Deutz 1128 ...*, *DA.*, t. 22 (1966), 441-471.
Vita altera Heriberti episc. Coloniensis [ante a. 1121, Deutz, dioec. Köln]: *AASS.*, Mart. II 475-490 = ³470-485.

PS.-RUPERTUS TUITIENSIS
Chronicon S. Laurentii Leodiensis [c. 1-36: ca. a. 1247; c. 37-50 compilavit Adrianus de Veteribusco, † ca. a. 1482, Liège]: W. WATTENBACH, *SS.*, VIII 262-279.

RURICUS EPISCOPUS LEMOVICENSIS [Limoges, † ca. a. 507]
Epistolae: B. KRUSCH, *Auct. ant.*, VIII 299-350; A. ENGELBRECHT, 1891 (*CSEL.*, 21), 351-450.

RUSTICUS DIACONUS [floruit s. vi med., Constantinopoli]
Contra acephalos disputatio: MIGNE, *PL.* 67, 1167-1254.
Synodicon [i.e. versio latina conciliorum Ephesini et Chalcedonensis]: E. SCHWARTZ, *Acta conciliorum oecumenicorum*, I, 4.

RUSTICUS ELPIDIUS
Tristicha historiarum Testamenti Veteris et Novi [s. vi, Italia?]: MIGNE, *PL.* 62, 543-546; D. H. GROEN, Groningen 1942, 28-35.

RYCCARDUS, v. RICHARDUS.

SALIMBENE DE ADAM [† post a. 1287]
Chronica [a. 1282-1287, Reggio]: O. HOLDER-EGGER, *SS.*, XXXII; G. SCALIA, 2 t., 1966 (*Scrittori d'Italia*).

SALOMO EPISCOPUS CONSTANTIENSIS [Konstanz, † a. 889]
Epistolae [a. 875-889]: E. DÜMMLER, Leipzig 1857; K. ZEUMER, *Form.*, 409-422.

SAXO GRAMMATICUS
Gesta Danorum [a. 1185-1208 vel ca. a. 1220, Lund ?]: J. OLRIK og H. RAEDER, København 1931.

SEDULIUS SCOTUS [† post a. 858, Liège]
Carmina: L. TRAUBE, *Poet. lat.*, III 154-237.
Liber de rectoribus christianis [a. 855-895, Liège]: MIGNE, *PL.* 103, 291-331; S. HELLMAN, *Sedulius Scottus*, 1906 (*Qu. u. Unters. z. lat. Philol. des MA.*, I 1).

SEHERUS ABBAS CALMOSIACENSIS [† a. 1128]
Primordia Calmosiacensis monasterii [s. xii in., Chaumouzey, dioec. Toul]: MARTÈNE, *Thes.*, III 1161-1194; PH. JAFFÉ, *SS.*, XII 325-347; L. DUHAMEL, *Doc. inéd. sur l'hist. des Vosges*, II, 1869, 7-66.

SERVATUS LUPUS, v. LUPUS ABBAS FERRARIENSIS.

SIBRANDUS POSTEA ABBAS HORTI S. MARIAE [† a. 1238]
Vita Fretherici abbatis Horti s. Mariae [a. 1225-1230, Mariëngaarde, dioec. Utrecht]: A. W. WYBRANDS, *Gesta abbatum Orti S. Mariae*, 1879 (*Friesch Genootsch. voor Kunsten en Wetensch.*), 1-75.

SIDONIUS APOLLINARIS EPISCOPUS CLAROMONTANUS [† ca. a. 486, Clermont]
Epistolae: C. LUETJOHANN, *Auct. ant.*, VIII 1-172.

SIGEBERTUS GEMBLACENSIS [Gembloux, dioec. Liège, † a. 1112]
Chronographia [a. 1100-1111]: L. C. BETHMANN, *SS.*, VI 300-374.
De scriptoribus ecclesiasticis: MIGNE, *PL.* 160, 547-592.
Epistola Leodiensium adversus Paschalem papam [a. 1103]: E. SACKUR, *Lib. de lite*, II 451-464.
Gesta abbatum Gemblacensium [ca. a. 1060-1070]: G. H. PERTZ, *SS.*, VIII 523-542.
Vita Deoderici episc. Mettensis [ca. a. 1060, Metz]: G. H. PERTZ, *SS.*, IV 462-483.
Vita Lamberti [ca. a. 1080]: MIGNE, *PL.* 160, 759-782; partim B. KRUSCH, *SRM.*, VI 393-406.
Vita Wicberti [ca. a. 1060]: G. H. PERTZ, *SS.*, VIII 507-515.

SIGEBOTO
Vita Paulinae [s. xii med., Paulinzelle, dioec. Mainz]: P. MITZSCHKE, *Thür.-Sächs. Geschichtsbibl.*, I, Gotha 1889, 29-111; J. R. DIETERICH, *SS.*, XXX 910-938.

SIGEHARDUS TREVERENSIS [† a. 966]
Miracula Maximini episc. Treverensis [a. 962-963, Trier]: *AASS.*, Maji VII 25-33; partim G. WAITZ, *SS.*, IV 230-234.

SIGEWARDUS ABBAS FULDENSIS [† a. 1043]
Vita Mainulfi [auctore incerto; s. xi, Paderborn?]: *AASS.*, Oct. III 209-216; partim O. HOLDER-EGGER, *SS.*, XV 412-417.

SIGIBERTUS ABBAS
Consuetudines monasticae [s. xii, Dijon?]: B. ALBERS, *Cons. monast.*, II 65-116.

SIMEON DUNELMENSIS [Durham, † post a. 1129]
Historia Dunelmensis ecclesiae [a. 1104-1108]: T. ARNOLD, *Symeonis monachi opera*, 2 t., 1882, 1885 (*RS.*, 75), I 17-135.
Historia regum Anglorum [usque ad a. 1129]: T. ARNOLD, o.c., II 3-283.

SIMON ABBAS SITHIENSIS [† a. 1148]
Gesta abbatum Sithiensium [usque a. 1138, S.-Bertin]: O. HOLDER-EGGER, *SS.*, XIII 635-663.

SISEBUTUS REX VISIGOTORUM [† a. 621]
Passio prima Desiderii episc. Viennensis [a. 612-621, Toledo]: B. KRUSCH, *SRM.*, III 630-637.

SMARAGDUS, v. ARDO.

STEPELINUS
Miracula Trudonis [ca. a. 1050, S.-Trond, dioec. Liège]: *ASOB.*, VI 2, 86-102; partim O. HOLDER-EGGER, *SS.*, XV 822-830.

STEPHANUS AFRICANUS
Vita Amatoris episc. Autissiodorensis [s. vi ex.]: *AASS.*, Maji I 52-60 = ³53-61; L. M. DURU, *Bibl. de l'Yonne*, I 135-158.

STEPHANUS COLONIENSIS
Translatio Maurini [ca. a. 980, S.-Pantaleon, Köln]: partim L. VON HEINEMANN, *SS.*, XV 683-686.

STEPHANUS DE LICIACO, PRIOR GRANDIMONTENSIS [† a. 1163, Grandmont, dioec. Limoges]
Regula venerabilis viri Stephani Muretensis: J. BECQUET, *Scriptores Ordinis Grandimontensis*, 1968 (*Corpus christ., Contin. mediaevalis*, 8), 65-99.

STEPHANUS EPISCOPUS REDONENSIS [Rennes, † a. 1178]
Vita Guillelmi Firmati: *AASS.*, Apr. III 334-341 = ³336-343; E. A. PIGEON, *Vies des saints du dioc. de Coutances...*, 2 t., [1892], 1898, II 398-417.

STEPHANUS EPISCOPUS TORNACENSIS [† a. 1203]
Epistolae: MIGNE, *PL.* 211, 309-562; J. DESILVE, *Lettres d'Etienne de Tournai*, Paris 1893.

STURMIUS ABBAS FULDENSIS [† a. 779, Fulda]
Ordo officii Fuldensis [auctore incerto]: MIGNE, *PL.* 89, 1259-1261.

SUGERUS ABBAS S. DIONYSII [† a. 1151, S.-Denis]
De consecratione ecclesiae S. Dionysii [a. 1140]: A. LECOY DE LA MARCHE, *Œuvres de Suger*, 1867 (*SHF.*), 213-238.
De rebus in administratione sua gestis [a. 1145 sqq.]: LECOY, o.c., 155-209.
Epistolae: *Hist. de Fr.*, XV 484-532; MIGNE, *PL.* 186, 1347-1440; LECOY, o.c., 239-284.
Vita Ludovici [VI Grossi] regis [a. 1138-1144]: A. MOLINIER, 1887 (*CT.*, 4), 1-131; H. WAQUET, 1929 (*CHF.*, 11).
V. etiam Historia gloriosi regis Ludovici in indice III.

SYRUS
Vita Majoli abb. Cluniacensis [s. xi in., Cluny], recensio prima: *ASOB.*, V 786-810; partim G. WAITZ, *SS.*, IV 650-655; recensio altera revidente Aldebaldo: *AASS.*, Maji II 668-684 = ³667-683.

TAGENO DECANUS PATAVIENSIS [† a. 1190, Tripoli]
Descriptio expeditionis Frederici I imperatoris [a. 1189-1190]: M. FREHER und B. G. STRUVE, *Rer. Germ. scr.*, 1717, I 407-416; W. WATTENBACH, *SS.*, XVII 509-516 [ap. Chron. Magni Reicherspergensis]

TEULFUS [† a. 1136-1138, S.-Crépin de Soissons]
Chronicon Mauriniacense, liber I [a. 1106-1108, Morigny, dioec. Sens]: DUCHESNE, *Hist. Fr.*, IV 359-361; MIGNE, *PL.* 180, 131-134; L. MIROT, ²1912 (*CT.*, 41), 1-7.

THANGMARUS [† ante a. 1013]
Vita Bernwardi episcopi Hildesheimensis [s. xi in.; contin. ab aliis s. xii, Hildesheim]: *AASS.*, Oct. XI 996-1018; G. H. PERTZ, *SS.*, IV 757-782.

THEGANUS, ALIAS THEGANBERTUS, PRAEPOSITUS BONNENSIS [† post a. 847]
Epistola ad Hattonem [a. 830]: MARTÈNE, *Coll.*, I 84; G. H. PERTZ, *SS.*, II 586; E. DÜMMLER, *Epp.*, V 337.
Vita Hludowici Pii imperatoris [a. 837-838]: G. H. PERTZ, *SS.*, II 590-603; R. RAU, *Qu. z. karol. Reichsgesch.*, I, 1955 (*AQ.*, 5), 216-252.

THEODERICUS AMORBACENSIS [† a. 1027]
Illatio Benedicti [ca. a. 1011-1018, Amorbach, dioec. Würzburg]: *ASOB.*, IV 2, 350-355.

THEODERICUS EPTERNACENSIS
Libellus de libertate Epternacensi propugnata [a. 1192, Echternach, dioec. Trier]: L. WEILAND, *SS.*, XXIII 64-72.

THEODERICUS THEOLEGIENSIS
Vita et passio Conradi archiep. Treverensis [a. 1073-1090, Tholey, dioec. Trier]: G. WAITZ, *SS.*, VIII 213-219.

THEODERICUS TREVERENSIS
Inventio et translatio Celsi [ca. a. 1007, Trier]: *AASS.*, Febr. III 396-400 = ³402-406; partim G. WAITZ, *SS.*, VIII 204-207.

THEODORUS EPISCOPUS CANTUARIENSIS [† a. 690, Canterbury]
Capitula [auctore incerto]: partim MIGNE, *PL.* 99, 953-958.
V. DISCIPULUS UMBRENSIUM.

THEODORUS PALIDENSIS
Annales Palidenses [a. 1164-1182, Pöhlde, dioec. Mainz]: G. H. PERTZ, *SS.*, XVI 51-96.

THEODOSIUS
Itinerarium, sive De situ terrae sanctae [ca. a. 530]: P. GEYER, 1898 (*CSEL.*, 39), 137-150.

THEODULFUS EPISCOPUS AURELIANENSIS [† a. 821, Le Mans]
Capitularia duo ad presbyteros parrochiae suae [s. ix in., Orléans]: MIGNE, *PL.* 105, 191-224; solum capitulare alterum: C. DE CLERCQ, *La législation religieuse franque*, I, 1936, 323-351.
Carmina: E. DÜMMLER, *Poet. lat.*, I 445-581.
Paraenesis ad judices alias Contra judices [s. viii ex.]: MIGNE, *PL.* 105, 283-300; E. DÜMMLER, *Poet. lat.*, I 493-517.

THIETMARUS EPISCOPUS MERSEBURGENSIS [† a. 1018]
Chronicon [a. 1012-1018, Merseburg; versio altera, a. 1120, Korvei]: F. KURZE, 1889 (*SRG.*); R. HOLTZMANN, 1935 (*SRG.*, n.s., 9); W. TRILLMICH, 1957 (*AQ.*, 9).

THIOFRIDUS ABBAS EPTERNACENSIS [Echternach, † a. 1110]
Flores epitaphii sanctorum [s. xii in.]: MIGNE, *PL.* 157, 313-404.
Vita et miracula Willibrordi [ca. a. 1103]: partim L. WEILAND, *SS.*, XXIII 23-30; integre *AASS.*, Nov. III 458-483.

THOMAS ELIENSIS
Miracula Etheldredae abbatissae Eliensis [s. xii p. post., Ely]: *AASS.*, Jun. IV 538-576 = ³V 459-490.

THOMAS LOCHENSIS, ALIAS DE PACCIO [† a. 1168]
Gesta consulum Andegavorum [ante a. 1151, Angers; cum additamentis aliorum]: L. HALPHEN et R. POUPARDIN, *Chron. des comtes d'Anjou et des seigneurs d'Amboise*, 1913 (*CT.*, 48), 25-73 et 135-171.

PS.-TURPINUS
Historia Caroli Magni et Rolandi [ca. a. 1140]: F. CASTETS, Montpellier 1880.

UDALRICUS CLUNIACENSIS [† a. 1093]
Antiquiores consuetudines monasterii Cluniacensis [a. 1083, Cluny]: MIGNE, *PL.* 149, 633-778.

UODELSCALCUS AUGUSTENSIS POSTEA ABBAS SS. ULRICI ET AFRAE [† a. 1151]
De Eginone [abbate SS. Ulrici et Afrae] et Herimanno [episcopo Augustensi] [a. 1120, Roma]: PH. JAFFÉ, *SS.*, XII 432-448.

URSINUS
Passio altera Leudegarii [s. viii p. post., Poitiers]: B. KRUSCH, *SRM.*, V 323-356.

URSIO ABBAS ALTIMONTENSIS [† a. 1079]
Acta Marcelli papae [ca. a. 1070, Hautmont, dioec. Cambrai]: *AASS.*, Jan. II 9-14 = ³373-378; partim O. HOLDER-EGGER, *SS.*, XV 799-802.

USUARDUS
Martyrologium [a. 850-870, S. Germain-des-Prés]: *AASS.*, Jun. VI, Jun. VII = ³Jun. VI 1-708; J. BOUILLART, Paris 1718; MIGNE, *PL.* 123, 599-992 et 124, 9-860; L. M. RIGOLLOT ET J. CARNANDET, Paris 1866; J. DUBOIS, 1965 (*Subsidia hagiographica*, 40).

VENANTIUS FORTUNATUS, v. FORTUNATUS.

VICTOR EPISCOPUS TUNNUNENSIS [† paulo post a. 566, Constantinopel]
Chronicon [usque ad a. 576, Africa]: TH. MOMMSEN, *Auct. ant.*, XI 184-206.

VICTOR EPISCOPUS VITENSIS
Historia persecutionis Wandalicae [ca. a. 484]: C. HALM, *Auct. ant.*, III 1, 1-58.

VULCULDUS
Vita prima Bardonis archiep. Moguntini [a. 1051-1059, Mainz]: W. WATTENBACH, *SS.*, XI 318-321.

VULFINUS BOËTIUS
Vita Juniani abb. Mariacensis [s. ix, Poitiers?, Nouaillé?]: *ASOB.*, I 307-319; *AASS.*, Aug. III 38-46.

EUGENIUS VULGARIUS [floruit s. ix ex.-s. x in.]
De causa Formosiana [ca. a. 907, Napoli]: E. DÜMMLER, *Auxilius und Vulgaris*, Leipzig 1866, 117-139.
Sylloga epistolarum et carminum [s. x in., Napoli]: P. v. WINTERFELD, *Poet. lat.*, IV 1, 412-440; append., 441-444; E. DÜMMLER, o.c., 139-156.

WALAHFRIDUS STRABO ABBAS AUGIENSIS [† a. 849]
Carmina: E. DÜMMLER, *Poet. lat.*, II 350-423.
De cultura hortorum carmen [a. 842-849, Reichenau]: E. DÜMMLER, *Poet. lat.*, II 335-350.
De exordiis et incrementis quarundam in observationibus ecclesiasticis rerum [a. 840-842, Speyer]: A. BORETIUS und V. KRAUSE, *Capitularia regum Francorum*, II, 1890, 474-516; A. KNÖPFLER, ²1899.
Passio [metrica] Mammae [paulo ante a. 825, Reichenau]: E. DÜMMLER, *Poet. lat.*, II 275-296.
Visio [metrica] Wettini [a. 825-826, Reichenau]: E. DÜMMLER, *Poet. lat.*, II 303-333.

Vita tertia Galli [ca. a. 833-834, Aachen?]: B. KRUSCH, *SRM.*, IV 280-337.
Vita Otmari abb. S. Galli [post Gozbertum; ca. a. 833-834, Aachen?]: I. VON ARX, *SS.*, II 41-47; G. MEYER VON KNONAU, *Mitt. zur vaterl. Gesch. von S.-Gallen*, t. 12 (1870), 94-113.

WALBERTUS
De patrocinio Rictrudis [a. 1125-1130, Marchiennes, dioec. Arras]: *AASS.*, Maji III 140-154 = ³139-153.

WALDO
Vita metrica Anskarii [ca. a. 1060, Bremen]: *AASS.*, Febr. I 427-445 = ³433-450; partim *ASOB.*, IV 2, 115-120; J. LANGEBEK, *Scr. rer. Dan.*, I 562-621.

WALDRAMNUS
Carmina [ca. a. 906, S.-Gallen]: E. DÜMMLER, *St. Gallische Denkmale aus der karolingischen Zeit*, Zürich 1859, 229-247; P. v. WINTERFELD, *Poet. lat.*, IV 310-314.

WALRAMUS, v. Liber de unitate ecclesiae conservanda in indice II.

WALTERIUS EPISCOPUS AURELIANENSIS [† post a. 891]
Capitula [ca. a. 871, Orléans]: MANSI, *Conc.*, t. 15, 503-509.

WALTERUS ABBAS ARROASIENSIS [† a. 1193]
Fundatio monasterii Arroasiensis [a. 1186-1187, cum continuatione auctore Roberto abbate a. 1200, Arrouaise, dioec. Arras]: O. HOLDER-EGGER, *SS.*, XV 1118-1125.

WALTERUS DANIEL
Vita Ailredi abb. Rievallensis [ca. a. 1170, Rievaulx, dioec. York]: F. M. POWICKE, 1950 (*MC.*), 1-64.

WALTERUS SPIRENSIS [† a. 1027 vel 1031]
Passio metrica Christophori [ca. a. 982-983, Speyer]: K. STRECKER, *Poet. lat.*, V 10-63.

WALTERUS ARCHIDIACONUS TERUANENSIS [Thérouanne, † ca. a. 1132]
Vita Johannis episc. Teruanensis [a. 1130]: O. HOLDER-EGGER, *SS.*, XV 1138-1150.
Vita Karoli Boni comitis Flandriae [a. 1128]: R. KOEPKE, *SS.*, XII 537-561.

WALTHERUS MAP [† ca. a. 1209]
Carmina Walthero Map asscripta: T. WRIGHT, 1841 (*Camden Society*).
De nugis curialium [ca. a. 1183-1193, Lincoln]: M. R. JAMES, 1914 (*Anecdota Oxoniana. Mediaeval and Modern Series*, 14).

WALTRAMNUS, v. WALDRAMNUS.

WANDALBERTUS [† ca. a. 870, Prüm, dioec. Trier]
Vita et miracula Goaris [ca. a. 839, Prüm]: *ASOB.*, II 281-299; MIGNE, *PL.* 121, 639-674; lib. 2 (miracula et append. tantum): O. HOLDER-EGGER, *SS.*, XV 363-373.

WAZO EPISCOPUS LEODIENSIS [† a. 1048]
Commentarius in Gerberti regulas [auctore incerto]: N. BUBNOV, *Gerberti opera mathematica*, 1899, 244-284.

WETTINUS AUGIENSIS [† a. 824, Reichenau]
Vita altera Galli: I. VON ARX, *SS.*, II 5-21; *AASS.*, Oct. VII 884-898; B. KRUSCH, *SRM.*, IV 256-280.

WIBALDUS ABBAS STABULENSIS, v. Epistolarum collectio in indice II.

WIBERTUS vel WIGBERTUS, v. HUMBERTUS CARDINALIS, Vita Leonis IX papae.

WIDO EPISCOPUS FERRARIENSIS [† post a. 1099]
De schismate Hildebrandi [a. 1086, Ferrara]: R. WILMANS, SS., XII 53-179; E. DÜMMLER, Lib. de lite, I 532-567.

WIDRICUS ABBAS S. APRI
Vita, miracula et translatio Gerardi episc. Tullensis [ca. a. 1027-1051, S.-Èvre, dioec. Toul]: AASS., Apr. III 206-213 = ³208-214 (vita tantum); MARTÈNE, Thes., III 1048-1088; CALMET, Hist. de Lorraine, I pr. 132-164 = ²174-208; partim G. WAITZ, SS., IV 490-509.

WIDUKINDUS
Res gestae Saxonicae [a. 968, a. 973, Korvei]; P. HIRSCH, ⁵1935 (SRG.); A. BAUER und R. RAU, Quellen z. Gesch. der sächsischen Kaiserzeit, 1971 (AQ., 8), 16-183.

WILLELMUS ABBAS ANDRENSIS [† a. 1234]
Chronicon Andrense [usque ad a. 1234, Andres, dioec. Thérouanne]: J. HELLER, SS., XXIV 690-773.

WILLELMUS APULIENSIS
Gesta Roberti Wiscardi [ca. a. 1095-1099, Bari]: R. WILMANS, SS., IX 241-298; M. MATHIEU, 1961 (Instituto siciliano di studi bizantini, Testi e monumenti, 4).

WILLELMUS BRITO [† post a. 1224]
Gesta Philippi regis [ca. a. 1220]: H. F. DELABORDE, Œuvres de Rigord et de Guillaume le Breton, 2 t., 1882, 1885 (SHF.), I 168-320.
Philippis [a. 1224]: DELABORDE, o.c., II.

WILLELMUS CASINENSIS
Registrum [a. 1190-1192, Genova]: M. W. HALL, H. C. KRUEGER e R. L. REYNOLDS, 2 t., 1938 (R. Deputaz. di Storia Patria per la Liguria. Notai liguri del sec. XII, 2).

WILLELMUS GEMETICENSIS
Gesta Normannorum ducum [ca. a. 1070, Jumièges]: J. MARX, 1914 (Soc. de l'Hist. de Normandie).

WILLELMUS ABBAS HIRSAUGIENSIS [† a. 1091, Hirsau, dioec. Speyer]
Constitutiones Hirsaugienses [ca. a. 1077-1079]: MIGNE, PL. 150, 927-1146.

WILLELMUS MALMESBIRIENSIS [† post a. 1142, Malmesbury]
Gesta pontificum Anglorum [ca. a. 1120-1125]: N. E. S. A. HAMILTON, 1870 (RS., 52).
Gesta regum Anglorum [ca. a. 1120-1142, Malmesbury et Glastonbury]: TH. D. HARDY, 2 t., 1840 (Engl. Hist. Soc.); partim G. WAITZ, SS., X 452-484; W. STUBBS, 2 t., 1887, 1889 (RS., 90).
Historia novella [a. 1140-1142]: W. STUBBS, o.c., II 525-596; K. R. POTTER, 1955 (MT.).
Vita Wulfstani [a. 1126]: R. R. DARLINGTON, 1928 (Roy. Hist. Soc., Camden 3rd ser., 40).

WILLELMUS DE NANGIACO [† a. 1300 vel paulo post]
Chronicon [usque ad a. 1300, S.-Denis]: Hist. de Fr., XX 544-582 et 725-763; H.

GÉRAUD, 2 t., 1843 (SHF.), I 1-326; partim H. BROSIEN, SS., XXVI 674-696.

WILLELMUS NEUBRIGENSIS [† ca. a. 1198]
Historia rerum Anglicarum [usque ad a. 1198, Rievaulx vel York]: R. HOWLETT, Chronicles of the reigns of Stephen..., I et II, 1884, 1885 (RS., 82).

WILLELMUS PICTAVENSIS, ARCHIDIACONUS LEXOVIENSIS [† post a. 1087]
Gesta Guillelmi ducis Normannorum et regis Anglorum [a. 1073-1074, Lisieux]: R. FOREVILLE, 1952 (CHF., 23).

WILLELMUS DE PODIO S. LAURENTII [† post a. 1274]
Historia Albigensium [ca. a. 1240-1273, Toulouse]: J. BEYSSIER, 1904 (Univ. de Paris, Bibl. Fac. des Lettres, 18).

WILLELMUS SANDIONENSIS
Encyclica de vita Sugerii abb. Sandionensis [a. 1151]: A. LECOY DE LA MARCHE, Œuvres de Suger, 1867 (SHF.), 377-404.

WILLELMUS ABBAS S. THEODERICI, v. Vita prima Bernardi abb. Claraevallensis in indice III.

WILLELMUS ARCHIEPISCOPUS TYRENSIS [† a. 1186]
Historia Hierosolymitana [a. 1169-1184]: RHC., Occid., I (1844); MIGNE, PL. 201, 209-892.

WILLIBALDUS MOGUNTINUS
Vita prima Bonifatii [ca. 763-766, Mainz]: W. LEVISON, Vitae s. Bonifatii, 1905 (SRG.), 1-57; R. RAU, 1968 (AQ., 4b), 454-524.

WIPO [† post a. 1046]
Gesta Chuonradi imperatoris [a. 1040-1046]: H. BRESSLAU, Die Werke Wipos, ³1915 (SRG.), 3-62; W. TRILLMICH, Qu. des 9. u 11. Jahrh. z. Gesch. d. hamburgischen Kirche u. d. Reiches, 1961 (AQ., 11), 522-612.
Tetralogus [a. 1041]: BRESSLAU, o.c., 75-86.

WLMARUS ATREBATENSIS
Miracula Vedastis [a. 875-880, Arras]: AASS., Febr. I 805-808 = ³813-816; ASOB., IV 1, 599-604; partim O. HOLDER-EGGER, SS., XV 399-402.

WOLFGERUS PRUFENINGENSIS, v. Otto Bambergensis in indice III.

WOLFHARDUS HASERENSIS [† ca. a. 902]
Vita [et miracula] Waldburgis [ca. a. 895, Herrieden, dioec. Eichstätt]: AASS., Febr. III 523-542 = ³529-548; partim ASOB., III 2, 288-306; partim (sub titulo Miracula Waldburgis Monheimensia) O. HOLDER-EGGER, SS., XV 538-555.

WOLFHERUS
Vita prior Godehardi episc. Hildesheimensis [ca. a. 1035, Hildesheim]: G. H. PERTZ, SS., XI, 167-196.
Vita posterior Godehardi [ca. a. 1065, Hildesheim]: G. H. PERTZ, SS., XI 196-218.

WOLSTANUS
Vita Ethelwoldi episc. Wintoniensis [paulo post a. 996, Winchester]: ASOB., V 608-624.

## II. OPERA ANONYMA NON HAGIOGRAPHICA

Acta Murensia [ca. a. 1150, Muri, dioec. Konstanz]: P. M. KIEM, 1883 (Qu. z. Schweizer Gesch., III 3).

Actus pontificum Cenomannis in urbe degentium [s. ix med.; cont. I ca. a. 1065; cont. II ca. a. 1125, Le Mans]: G. BUSSON et A. LEDRU, 1901 (Archives hist. du Maine, 2).

Additamentum Nivialense de Fuilano, v. Furseus in indice II.

Annales Alamannici [usque ad a. 799, Murbach, dioec. Basel]: G. H. PERTZ, SS., I 22-56; C. HENKING, Mitt. z. vaterl. Gesch. v. St. Gallen, t. 19 (1884), 224-265.

Annales Altahenses majores [paulo post a. 1073, Niederaltaich, dioec. Regensburg]: W. VON GIESEBRECHT und E. L. B. VON OEFELE, ²1891 (SRG.).

Annales S. Amandi [usque ad. a. 810, S.-Amand]: G. H. PERTZ, SS., I 6-10; 12-14.

Annales Aquenses [ca. a. 1170; cont. usque ad 1196, Aachen]: J. F. BOEHMER, Fontes, III 391-398.

Annales Augustani [usque ad a. 1104, Augsburg]: G. H. PERTZ, SS., III 124-136.

Annales s. Germani Autissiodorensis, v. HERICUS in indice I.

Annales Barenses [usque ad a. 1043, Bari]: G. H. PERTZ, SS., V 52-56.

Annales Barenses, v. etiam ANONYMUS BARENSIS in indice I.

Annales qui dicuntur Bertiniani, pars prima [a. 830-835, Metz?]: G. WAITZ, 1883 (SRG.), 1-11; partim R. RAU, Qu. z. karol. Reichsgesch., II, 1958 (AQ., 6), 12-28; F. GRAT, J. VEILLARD et S. CLÉMENCET, 1964 (SHF.), 1-17.

Annales Bertiniani, v. etiam HINCMARUS, PRUDENTIUS in indice I.

Annales Blandinienses [usque ad a. 1060, cum cont., S.-Pieter, Gent]: PH. GRIERSON, 1937 (CRH.), 1-73.

Annales Cavenses, v. Chronicon Cavense.

Annales Ceccanenses [usque ad a. 1217, Ceccano, dioec. Ferentino]: G. H. PERTZ, SS., XIX 276-302.

Annales Colonienses [usque ad a. 1028, Köln]: G. H. PERTZ, SS., I 97-99.

Annales Corbejenses [usque ad a. 821; cont. usque ad a. 879; cont. altera usque ad a. 1117; addit. s. xii med., Korvei, dioec. Paderborn]: G. H. PERTZ, SS., III 2-18; PH. JAFFÉ, Bibl., I 32-65.

Annales Cremonenses, v. Chronicon breve Cremonense.

Annales S. Disibodi [s. xii p. post., Disibodenberg, dioec. Mainz]: partim G. WAITZ, SS., XVII 6-30.

Annales Egmundenses [ca. a. 1137, a. 1203-1206, ca. a. 1215, Egmond, dioec. Utrecht]: O. OPPERMANN, Fontes Egmundenses, 193. (Werken uitg. d. het Historisch Genootschap ser. 3, 61), 113-208.

Annales Elnonenses [usque ad a. 1223, S. Amand]: PH. GRIERSON, 1937 (CRH.), 132-175.

Annales S. Emmerammi majores [usque ad a. 823, Regensburg]: H. BRESSLAU, SS., XXX 733-741.

Annales Erphesfurdenses Lothariani [a. 1125-1137, Erfurt]: O. HOLDER-EGGER, Mon. Erphesfurtensia, 1899 (SRG.), 34-44.

Annales S. Petri Erphesfurtenses antiqu[i] [usque ad a. 1163, Erfurt]: HOLDER-EGGER, o.c., 6-20.

Annales S. Petri Erphesfurtenses, contin. Ekkehardi, v. Annales Erphesfurtenses Lothariani.

Annales S. Petri Erphesf., contin. Ekkehardi v. Annales Erphesf. Lothariani.

Annales S. Petri Erphesfurtenses majores [usque ad a. 1181, Erfurt]: HOLDER-EGGER, o.c., 49-67.

Annales Erphordenses fratrum Praedicatorum [usque ad a. 1253, Erfurt]: HOLDER-EGGER, o.c., 80-116.

Annales Fossenses [usque ad a. 1389, Fosses, dioec. Liège]: G. H. PERTZ, SS., IV 30-35.

Annales Fuldenses, pars prima [usque ad a. 838] a Kurze Eginhardo ascripta; pars altera [a. 838-863] Ruodolfo ascripta; pars tertia [a. 864-887] Meginhardo ascripta (secundum Hellmann totum opus ab uno auctore anonymo Mogontiacensi a. 882-887 conscriptum est): F. KURZE, 1891 (SRG.), 1-107; R. RAU, Qu. z. karol. Reichsgesch., III, 1960 (AQ., 7), 20-130.

Annalium Fuldensium continuatio Altahensis [a. 897-901, Niederaltaich, dioec. Regensburg]: KURZE, o.c., 131-135; RAU, o.c., 170-176.

Annalium Fuldensium continuatio Ratisbonensis [a. 882-897, Regensburg]: KURZE, o.c., 107-131; RAU, o.c., 130-170.

Annales Gemmeticenses [usque ad a. 1220, Jumièges, dioec. Rouen]: J. LAPORTE, Les annales de l'abbaye Saint-Pierre de Jumièges, s. l. 1954, 26-103, 113-115.

Annales qui dicuntur Guelferbytani [usque ad a. 790, cont. usque ad a. 805, Murbach, dioec. Basel]: G. H. PERTZ, SS., I 23-31; 40-46.

Annales Herbipolenses [usque ad a. 1158, cont. s. xiii in., Würzburg]: G. H. PERTZ, SS., XVI 2-12.

Annales Hildesheimenses [usque ad a. 994; cum cont. usque ad a. 1137, Hildesheim]: G. WAITZ, 1878 (SRG.).

Annales Juvavenses maxini [usque ad a. 976, Salzburg]: H. BRESSLAU, SS., XXX 732-743.

Annales Laubienses [usque ad a. 1054, Lobbes, dioec. Cambrai]: G. H. PERTZ, SS., IV 9-20.

Annales Laureshamenses [usque ad a. 803, Lorsch, dioec. Mainz]: G. H. PERTZ, SS., I 22-39.

Annales Laurissenses minores, v. Chronicon Laurissense breve.

Annales qui dicuntur Marbacenses [usque ad a. 1212, Odilienberg, dioec. Strasbourg; cont. usque ad a. 1238, Neubourg, dioec. Strasbourg]: H. BLOCH, 1907 (SRG.), 1-100.

Annales Mediolanenses, v. JOHANNES CODAGNELLUS, Libellus in indice I.

Annales Mediolanenses breves [usque ad a. 1228, Milano]: PH. JAFFÉ, SS., XVIII 389-391; partim O. HOLDER-EGGER, Gesta Federici I. imperatoris, 1892 (SRG.), 72-73.

Annales Mediolanenses majores, v. Gesta Frederici I imperatoris in indice III.

Annales S. Eustorgii Mediolanenses [usque ad a. 1280, Milano]: PH. JAFFÉ, SS., XVIII 392-399; partim O. HOLDER-EGGER, Gesta Federici I. imperatoris, 1892 (SRG.), 67-71.

Annales Mellicenses [a. 1123, cum cont., Melk, dioec. Passau]: W. WATTENBACH, SS., IX 484-535.

Annales Mettenses priores [usque ad a. 830, Chelles? et Le Mans?]: B. VON SIMSON, 1905 (SRG.), 1-98.

Annales qui dicuntur Mosellani [usque ad a. 798, Péronne, dioec. Noyon; deinde Metz]: J. M. LAPPENBERG, SS., XVI 494-499.

Annales Mutinenses [a. 1131-1336, cum add., Modena]: MURATORI, Scr., XI 53-86.

Annales Nazariani [usque ad a. 790, Lorsch, dioec. Mainz]: G. H. PERTZ, SS., I 23-31, 40-44.

Annales Nivernenses [usque ad a. 1188, Nevers]: G. WAITZ, SS., XIII 88-91.

Annales Palidenses, v. THEODORUS in indice I.

Annales Patherbrunnenses [usque ad a. 1144, Paderborn]: P. SCHEFFER-BOICHORST, Eine verlorene Quellenschrift des XII. Jahrhunderts aus Bruchstücken wiederhergestellt, Innsbruck 1870, 92-170.

Annales Pegavienses [usque ad a. 1149, cum cont., Pegau, dioec. Merseburg]: G. H. PERTZ, SS., XVI 234-270.

Annales qui dicuntur Petaviani [usque ad a. 740, cont. usque ad a. 770; cont. altera usque ad a. 799]: G. H. PERTZ, SS., I 7-18.

Annales Pragenses [usque ad a. 1220, Praha]: G. H. PERTZ, SS., III 119-121.

Annales Quedlinburgenses [a. 1008-1025, Quedlinburg, dioec. Halberstadt]: G. H. PERTZ, SS., III 22-69, 72-90.

Annales regni Francorum qui dicuntur annales Laurissenses majores [usque ad a. 829]: F. KURZE, Annales regni Francorum, 1895

(SRG.); R. RAU, Qu. zur karol. Reichsgesch., I, 1955 (AQ., 5), 10-154.

Annales regni Francorum qui dicuntur Einhardi annales [usque ad a. 812, conscr. a. 814-817]: F. KURZE, o.c., 3-115; R. RAU, o.c., 10-70.

Annales Reicherspergenses, v. MAGNUS in indice I.

Annales s. Dionysii Remensis [usque ad a. 1190, Reims]: G. WAITZ, SS., XIII 82-84.

Annales Rodenses [usque ad a. 1157, Kloosterrade, dioec. Liège]: E. LAVALLEYE, ap. S. P. ERNST, Hist. du Limbourg, VII, Liège 1852, 3-68; G. H. PERTZ, SS., XVI 689-723; P. C. Boeren en G. W. A. Panhuysen, Assen 1968.

Annales Romani [usque ad a. 1187, Roma]: G. H. PERTZ, SS., V 468-480; L. DUCHESNE, Le Liber pontificalis, II 331-350.

Annales Rosenveldenses [usque ad a. 1130, Würzburg, dein Ilsenburg, dioec. Halberstadt, et Harsefeld, dioec. Hamburg-Bremen]: G. H. PERTZ, SS., XVI 100-104.

Annales Sangallenses Baluzii [usque ad a. 814, S.-Gallen]: I. VON ARX, SS., I 63.

Annales Sangallenses majores [pars prima usque ad a. 956; pars altera usque ad a. 1024; cum cont. usque ad a. 1056; S.-Gallen]: I. VON ARX, SS., I 73-85; C. HENKING, Mitt. z. vaterl. Gesch. v. S.-Gallen, t. 19 (1884), 265-323.

Annales S. Columbae Senonensis [s. ix, cum cont. usque ad a. 1218; Sens]: G. H. PERTZ, SS., I 102-109; L. M. DURU, Bibl. hist. de l'Yonne, I 200-213.

Annales Stadenses, v. ALBERTUS STADENSIS in indice I.

Annales Tiliani [pars prima usque ad a. 737; pars altera usque ad a. 807]: G. H. PERTZ, SS., I 6-8, 219-224.

Annales S. Mariae Trajectensis [a. 1138, cum cont., Utrecht]: S. MULLER Fz., 1888 (Bijdr. en Med. v.h. Hist. Genootschap, 11), 465-481; L. WEILAND, SS., XV 1300-1303.

Annales S. Maximini Treverensis [usque ad a. 811, Trier]: G. WAITZ, SS., XIII 19-25.

Annales Vedastini [s. ix ex. conscr., usque ad a. 900, S.-Vaast, dioec. Arras]: B. VON SIMSON, Annales Xantenses et annales Vedastini, 1909 (SRG.), 40-82; R. RAU, Qu. z. karol. Reichsgesch., II, 1958 (AQ., 6), 290-336.

Annales Vindocinenses [usque ad a. 1067, cum cont., Vendôme, dioec. Chartres]: L. HALPHEN, Rec. d'annales angevines et vendômoises, 1903 (CT., 37), 50-79.

Annales Weissenburgenses [usque ad a. 1075, Weissenburg, dioec. Speyer]: O. HOLDER-EGGER, Lamperti monachi Hersfeldensis opera, 1894 (SRG.), 9-57.

Annales Welfici Weingartenses [usque ad a. 1185]: G. H. PERTZ, SS., XVII 308-310; E. KÖNIG, 1938 (Schwäbische Chroniken der Stauferzeit, 1), 86-94.

Annales Wormatienses [s. xiii, Worms]: G. H. PERTZ, SS., XVII 37-73; H. BOOS, Qu z. Gesch. der Stadt Worms, III, 1893, 145-162.

Annales qui dicuntur Xantenses, pars altera [annorum 861-873; ca a. 875, Köln]: B. VON SIMSON, Annales Xantenses et annales Vedastini, 1909 (SRG.), 19-33; R. RAU, Qu. z. karol. Reichsgesch., II, 1958 (AQ., 6), 352-370. V. etiam GERWARDUS in indice I.

Appendix ad Agnelli librum pontificalem ecclesiae Ravennatis, v. Vita Barbatiani in indice III.

Auctarium Admuntense ad Ottonis Frisingensis Chronicon [s. xii p. post., Admont, dioec. Salzburg]: A. HOFMEISTER, Ottonis episcopi Frisingensis chronica, ²1912 (SRG.), 464-469.

Auctarium Affligemense ad Sigeberti Gemblacensis Chronographiam [usque ad a. 1164, Afflighem, dioec. Cambrai]: L. C. BETHMANN, SS., VI, 399-405; P. GORISSEN, 1952 (Verhand. Kon. Vl. Acad. v. Wetensch., kl. d. lett., 15), 99-146.

Auctarium Aquicinctinum ad Sigeberti Chronographiam [s. xii med., Anchin, dioec. Arras]: L. C. BETHMANN, SS., VI 393-398.

Auctarium Claustroneoburgense ad Annales Mellicenses [s. xii p. post., Klosterneuburg, dioec. Passau]: W. WATTENBACH, SS., IX 628.

Auctarium Mortui Maris ad Sigeberti Chronographiam [s. xii p. post et s. xiii in., Mortemer, dioec. Rouen]: L. C. BETHMANN, SS., VI 463-469.

Breves notitiae Juvavenses [ca. a. 798, Salzburg]: W. HAUTHALER, Salzb. UB., I 17-49; W. HAUTHALER und F. MARTIN, Salzb. UB., II A2-A23.

Breviarium Pisanae historia [ca. a. 1101-1268]: MURATORI, Scr., VI 163-198.

Cantatorium Huberti, Chronicon Andaginense qui inscribitur [a. 1098-1106, S.-Hubert en Ardenne, dioec. Liège]: L. C. BETHMANN und W. WATTENBACH, SS., VIII 568-630; K. HANQUET, 1906 (CRH.).

Canones Hiberniae, v. Collectio.

Capitula Ghaerbaldi, v. GHAERBALDUS in indice I.

Capitula Haitonis Basiliensis, v. HAITO in indice I.

Capitula Herardi, v. HERARDUS in indice I.

Capitula monachorum Ludowici imperatoris [a. 817 vel paulo post.]: E. DÜMMLER, Epp., V 303-304.

Capitula Remedii, v. REMEDIUS in indice I.

Capitula Theodori Cantuariensis, v. THEODORUS in indice I.

Capitula Theodulfi Aurelianensis, v. THEODULFUS in indice I.

Capitula Walterii Aurelianensis, v. WALTERIUS in indice I.

Capitulare de villis [ca. a. 795]: A. BORETIUS, Capit., I no. 32, 83-91; K. GAREIS, Die Landgüterordnung Kaiser Karls des Grossen, Berlin 1895, 23-66; E. WINKLER, Zeitschr. f. roman. Philologie, 37 (1913); G. FRANZ, Qu. z. Gesch. des deutschen Bauernstandes im Mittelalter, 1967 (AQ., 31), no. 22, 38-59; C. BRÜHL, Stuttgart 1971 (Dokumente z.

deutsch. Gesch. in Faksimiles, Reihe I: Mittelalter, 1).

Carmen de bello Saxonico [a. 1075-1076; Goslar?]: G. WAITZ, Abh. Ges. d. Wissensch. Göttingen, 15 (1871); O. HOLDER-EGGER, SS., XV 1218-1235; idem, 1889 (SRG.), 1-23; A. PANNENBORG, 1892 (Progr. Gymn. Göttingen); F.-J. SCHMALE, 1963 (AQ., 12), 144-189.

Carmen de expeditione Pisana [a. 1088, Pisa]: F. DE REIFFENBERG, Bull. Acad. Roy. de Belg., t. 10 (1843), 524-545.

Carmen de translatione Beneventum duodecim fratrum [post a. 760]: AASS., Sept. I 154-155; G. WAITZ, SRL., 574-576.

Carmina Centulensia [s. ix, S.-Riquier, dioec. Amiens]: L. TRAUBE, Poet. lat., III 274-368.

De diversis casibus Dervensis coenobii et miraculis Bercharii [ca. a. 1085, Montieren-Der, dioec. Châlons-s.-Marne]: ASOB., II 844-861; AASS., Oct. VII 1019-1030.

Casus monasterii Petrishusensis [s. xii conscr., usque ad a. 1156; cum cont., Petershausen, dioec. Konstanz]: O. ABEL und L. WEILAND, SS., XX 624-682; O. FEGER, 1956 (Schwäbische Chroniken der Stauferzeit, 3).

Casuum s. Galli continuatio altera [usque ad a. 1203, S.-Gallen]: I. VON ARX, SS., II 149-163; G. MEYER VON KNONAU, Mitt. z. vaterl. Gesch. v. S.-Gallen, t. 17 (1879), 3-119.

Catalogus abbatum Augiensium [usque ad a. 1342, Reichenau, dioec. Konstanz]: I. VON ARX, SS., III 37-39; O. HOLDER-EGGER, SS., XIII 331-332.

Catalogus I abbatum Epternacensium [usque ad a. 1110, Echternach, dioec. Trier]: G. WAITZ, SS., XIII 738-740.

Catalogus abbatum Floriacensium [s. ix med., S.-Benoit-s.-Loire]: O. HOLDER-EGGER, SS., XV 500-501.

Catalogus abbatum S. Eugendi Jurensis sive Condatescensis [usque ad a. 1146, S.-Claude, dioec. Lyon]: G. WAITZ, SS., XIII 743-746.

Catalogus regum Langobardorum Aretinus, v. GERARDUS PRIMICERIUS in indice I.

Catalogus regum Langobardorum et ducum Beneventanorum [usque ad a. 1004 et usque ad a. 931]: G. WAITZ, SRL., 491-497.

Catalogus praesulum Salisburgensium [usque ad a. 1088, Salzburg; cum cont.]: W. WATTENBACH, SS., XI 19-20, 20-25.

Charta caritatis [ca. a. 1118-ca. a. 1170, Citeaux]: Charta caritatis prior: J. TURK, in Analecta Ord. Cisterc., 1 (1945), 53-56; J. B. VAN DAMME, Documenta pro Cisterciensis Ordinis historiae ac iuris studio, Westmalle 1959, 15-21; Summae Chartae caritatis: J. TURK, in Analecta Ord. Cisterc., 4 (1948), 140-141; J. B. VAN DAMME, o.c., 23-45; Charta caritatis posterior: PH. GUIGNARD, Les monuments primitifs de la règle cistercienne, 1878 (Analecta Divionensia), 79-84; J. TURK, in Analecta Ord. Cisterc., 1 (1945), 57-61.

Chronica monasterii de Abingdon [usque ad a. 1189, dioec. Salisbury]: J. STEVENSON, 2 t., 1858 (RS., 2).

Chronicon Altinate, v. Chronicon Venetum.

Chronicon Andaginense, v. Cantatorium.

Chronicon Andrense, v. WILLELMUS ABBAS ANDRENSIS in indice I.

Chronicon S. Petri Aniciensis [post a. 1128, Le Puy-en-Velay]: *Hist. de Lang.*³, V 14-27.

Chronicon Astense, v. OGERIUS ALFERIUS in indice I.

Chronicon Casauriense, v. JOHANNES BERARDI in indice I.

Chronicon S. Benedicti Casinensis [a. 867?, denuo rec. ca. a. 930, Montecassino]: G. WAITZ, *SRL.*, 468-488.

Chronicon S. Andreae Castri Cameracesii [usque ad a. 1133, Cateau-Cambrésis, dioec. Cambrai]: L. C. BETHMANN, *SS.*, VII 526-550.

Chronicon Cavense seu Annales Cavenses [usque ad a. 1315, La Cava]: MURATORI, *Scr.*, VII 917-932; G. H. PERTZ, *SS.*, III 186-197; B. CAIETANO DE ARAGONIA, *Cod. dipl. Cav.*, V, 1878, Appendix 23-71.

Chronica regia Coloniensis [ca. a. 1175, Köln, cum cont.]: G. WAITZ, 1880 (*SRG.*).

Chronicon breve Cremonense seu Annales Cremonenses [usque ad a. 1270]: partim MURATORI, *Scr.*, VII 633-642; partim PH. JAFFÉ, *SS.*, XVIII 800-807; O. HOLDER-EGGER, *SS.*, XXXI 3-21.

Chronicon S. Benigni Divionensis [s. xi med., Dijon]: D'ACHÉRY, *Spicil.*, I 353-471 = ²II 357-394; MIGNE, *PL.* 162, 755-848; E. BOUGAUD et J. GARNIER, *Chron. de l' abb. de S.-Bénigne de Dijon, suivie de la chron. de S.-Pierre de Bèze*, Dijon 1875 (*Analecta Divionensia*), 1-228.

Chronicon Ebersheimense alias Historia monasterii Novientensis [pars I: s. xii med.; pars II: a. 1237; Ebersheimmünster, dioec. Strasbourg]: partim MARTÈNE, *Thes.*, III 1125-1160; partim PH. A. GRANDIDIER, *Hist. d'Alsace*, II, X-XXXVI; L. WEILAND, *SS.*, XXIII 431-453. Additamenta: H. BRESSLAU, *NA.*, t. 16 (1891), 555-559, t. 18 (1893), 311-317.

Chronicon Eberspergense prius [ca. a. 1050, Ebersberg, dioec. Freising]: A. F. OEFELE, *Rer. Boic. Scr.*, II 4-11; W. ARNDT, *SS.*, XX 10-15.

Chronicon Eberspergense posterius [s. xiii med.]: A. F. OEFELE, *Rer. Boic. scr.*, II 11-14.

Chronica minor Minoritae Erphordensis [s. xiii, Erfurt, dioec. Mainz]: O. HOLDER-EGGER, 1899 (*SRG.*), 524-671.

Chronica S. Petri Erfordensis moderna [usque ad a. 1209, cum cont. usque ad a. 1355, Erfurt, dioec. Mainz]: O. HOLDER-EGGER, *Mon. Erphesfurtensia*, 1899 (*SRG.*), 150-398.

Chronicon Fontanellense, v. Gesta abbatum Fontanellensium.

Chronicon breve Fontanellense [s. xii, S.-Wandrille]: partim *Hist. de Fr.*, XII 771.

Chronicon Gozecense [a. 1135 vel paulo post, Goseck, dioec. Naumburg]: R. KOEPKE, *SS.*, X 141-157; R. AHLFELD, *Jahrb. f. die Gesch. Mittel-und Ostdeutschlands*, t. 16-17 (1968), 14-45.

Chronicon Gradense [s. xi ex., Grado]: G. H. PERTZ, *SS.*, VII 39-45; G. MONTICOLO, *Cronache Veneziane antiche*, 1890 (*FSI.*, 9), 19-51; R. CESSI, *Origo civitatum Italiae seu Venetiarum*, 1933 (*FSI.*, 73), 30-45.

Chronicon episcoporum Hildesheimensium [a. 1079, cum cont., Hildesheim]: G. H. PERTZ, *SS.*, VII 847-873.

Chronica imperatorum Heinrico V. dedicata [s. xii in.]: G. WAITZ, *SS.*, VI 207-248; partim F.-J. SCHMALE und I. SCHMALE-OTT, 1972 (*AQ.*, 15), 212-265.

Chronicon Laureshamense [ca. a. 1170-1175, cum cont. post a. 1180, Lorsch, dioec. Mainz]: K. PERTZ, *SS.*, XXI 341-453; K. GLÖCKNER, *Codex Laureshamensis*, 3 t., Darmstadt 1929-1936 (*Arbeiten der Hist. Komm. f.d. Volksstaat Hessen*), I 265-452.

Chronicon Laurissense breve sive Annales Laurissenses minores [s. ix in., Lorsch, dioec. Mainz]: G. H. PERTZ, *SS.*, I 114-123; partim G. WAITZ, *Berliner SB.*, 1882 I, 409-415; integre H. SCHNORR VON CAROLSFELD, *NA.*, t. 36 (1911), 23-39.

Chronicon Malleacense, v. Chronicon S. Maxentii Pictavensis.

Chronici Mauriniacensis libri II et III continuantes Teulfi chronicon [s. xii med., Morigny, dioec. Sens]: A. DUCHESNE, *Hist. Franc. scr.*, IV 362-389; MIGNE, *PL.*, 180, 133-176; L. MIROT, ²1912 (*CT.*, 41), 8-88.

Chronicon Mediani monasterii, v. Liber de Hildulfi successoribus.

Chronica episcoporum ecclesiae Merseburgensis [a. 1136, cum cont., Merseburg]: R. WILMANS, *SS.*, X 163-212.

Chronicon Moissiacense [usque ad a. 818, Moissac, dioec. Cahors]: G. H. PERTZ, *SS.*, I 282-313.

Chronicon Montis Sereni [usque ad a. 1225, Lauterberg, dioec. Magdeburg]: E. EHRENFEUCHTER, *SS.*, XXIII 138-226.

Chronicon Mosomagense [ca. a. 1040-1050, Mouzon, dioec. Reims]: W. WATTENBACH, *SS.*, XIV 601-618.

Chronicon Namnetense [ca. a. 1050-1059, Nantes]: R. MERLET, 1896 (*CT.*, 19), 1-114.

Chronicon episcoporum Neapolitanae ecclesiae, v. Gesta episcoporum Neapolitanorum.

Chronicon Nonantulanum, v. Vita Anselmi abb. Nonantulani in indice III.

Chronicon Novaliciense [a. 1027-1050, Breme, dioec. Pavia]: L. C. BETHMANN, *SS.*, VII 79-128; idem, 1846 (*SRG.*); C. CIPOLLA, *Mon. Novaliciensia vetustiora*, II, 1901 (*FSI.*, 32), 97-305.

Cronica de singulis patriarchis Nove Aquileie [s. xi, Grado]: G. MONTICOLO, *Cronache veneziane antichissime*, 1890 (*FSI.*, 9), 5-16.

Chronicon Parmense [s. xiv, Parma]: MURATORI, *Scr.*, IX 759-880.

Chronicon Petroburgense [usque ad a. 1154, Peterborough, dioec. Lincoln]: C. CLARK, Oxford 1958; ²1970.

Chronicon S. Maxentii Pictavensis, alias Chronicon Malleacense [s. xii med., Maillezais, dioec. Poitiers]: PH. LABBE, *Bibl.*, II 190-221; P. MARCHEGAY et E. MABILLE, *Chron. des égl. d'Anjou*, 1869 (*SHF.*), 351-433.

Chronicon Pisanum haustum ex Annalibus Pisanis auctore Bernardo Marangoni [usque ad a. 1210, Pisa]: UGHELLI, *Italia sacra*, III 884-888.

Chronicon Podiense, v. Chronicon S. Petri Aniciensis.

Chronicon Pseudoisidorianum, v. Historia Pseudoisidoriana.

Chronicon abbatiae Rameseiensis [a. 1170-1200, Ramsey, dioec. Lincoln]: W. D. MACRAY, 1886 (*RS.*), 83.

Chronica Reinhardsbrunnensis [a. 1340-1348 conscripta, Reinhardsbrunn, dioec. Mainz]: O. HOLDER-EGGER, *SS.*, XXX 515-656.

Chronicon Reicherspergense, v. MAGNUS in indice I.

Chronicon Sagornini, v. JOHANNES VENETUS in indice I.

Chronicon Salernitanum [usque ad a. 974, Salerno]: G. H. PERTZ, *SS.*, III 470-559; U. WESTERBERGH, 1956 (*Acta Univ. Stockholmiensis. Studia latina Stockholmiensia*, 3), 1-184.

Chronicon breve Sandionense [s. xiii, S.-Denis]: D'ACHÉRY, *Spicil.*, II 808-819, ²II 495-498.

Chronicon S. Petri Vivi Senonensis, v. CLARIUS, ODORANNUS in indice I.

Chronicon Siciliae [usque ad a. 1343]: partim MARTÈNE, *Thes.*, III 5-100; partim MURATORI, *Scr.*, X 809-904.

Chronicon Sublacense [s. xii in., postea contin.: Subiaco]: R. MORGHEN, 1927 (MURATORI, *Scr.*, nuova ediz., XXIV, 6).

Chronicon Trenorchiense, v. FALCO in indice I.

Chronicon S. Trudonis, v. RODULFUS S. TRUDONIS in indice I.

Chronicon S. Martini Turonensis [usque ad a. 1227, Tours]: MARTÈNE, *Coll.*, V 917-1072.

Chronicon Vedastinum [s. xi ex., Arras]: C. DEHAISNES, *Annales de S.-Bertin et de S.-Vaast*, 1871 (*SHF.*), 361-404; partim G. WAITZ, *SS.*, XIII 677-709.

Chronicon Venetum vulgo Altinate [s. xi-xii, Venezia]: H. SIMONSFELD, *SS.*, XIV 5-69; R. CESSI, *Origo civitatum Italiae seu Venetiarum*, 1933 (*FSI.*, 73), 48-173.

Chronicon Venetum, v. JOHANNES DIACONUS VENETUS in indice I.

Chronicon S. Michaelis in pago Virdunensi [a. 1034-1044, S.-Mihiel, dioec. Verdun]: partim G. WAITZ, *SS.*, IV 79-86; L. TROSS, Hamm 1857; A. LESORT, *Mettensia*, t. 6 (1912), 1-33.

Chronica regum Visigothorum [s. vii ex., cont. s. viii]: FLOREZ, *España sagrada*, II 177-182.

Chronicon Vosiense, v. GAUFREDUS in indice I.

Chronicon Vulturnense v. JOHANNES S. VICENTII in indice I.

Chronica monasterii Watinensis [a. 1087-1091, Watten, dioec. Thérouanne]: MARTÈNE, *Thes.*, III 797-816; O. HOLDER-EGGER, *SS.*, XIV 163-175. V. etiam Miraculum Donatiani in indice III.

Clausula de unctione Pippine, v. Nota.

Codex Carolinus [compos. a. 791 vel paulo post]: W. GUNDLACH, *Epp.*, III 476-657.

Codex Eberhardi [compos. paulo post a. 1150, Fulda, dioec. Mainz]: partim E. F. J. DRONKE, *Tradit. Fuld.*, 3-158.

Codex Euricianus legis Visigothorum [ca. a. 475]: K. ZEUMER, *Leges Visigothorum antiquiores*, 1894 (*FJGA.*), 1-19; idem, *Leges Visigothorum*, 1902 (*LNG.*, 1), 3-32.

Codex Falkensteinensis [s. xii p. post]: H. PETZ, *Drei bayerische Traditionsbücher aus dem XII. Jahrhundert. Festschrift... Wittelsbacher Thronsbesteigung*, München 1880, 1-44.

Codex Laureshamensis [s. xii ex.-s.xiii, Lorsch]: K. GLÖCKNER, 3 t., Darmstadt 1929-1936 (*Arbeiten der Hist. Komm. f.d. Volksstaat Hessen*). V. etiam Chronicon Laureshamense.

Codex traditionum Neocellensis [ca. a. 1122-1237, Neustift, dioec. Freising]: *Mon. Boica*, IX 535-562; H.-J. BUSLEY, *Die Traditionen, Urkunden und Urbare des Klosters Neustift bei Freising*, 1961 (*Qu. u Erört. zur bayer. Gesch.*, N.F., 19), 3-76.

Codex Udalrici [compos. a. 1125, contin. ca. a. 1134, Bamberg]: PH. JAFFÉ, *Bibl.*, V 17-469.

Collectio decretalium Avellana [ca. a. 555, Roma]: O. GÜNTHER, 1895, 1898 (*CSEL.*, 35 1-2).

Collectio canonum Hibernensis [post a. 700, Eyre]: H. WASSERSCHLEBEN, Giessen 1874; ² Leipzig 1885.

Collectio canonum Quesnelliana [s. vi p. pr.; Roma?]: MIGNE, *PL.* 56, 359-746.

Compositio castri Ambaziae, v. Liber de compositione.

Liber legis Langobardorum Concordia dictus [a. 829-832, Friuli]: F. BLUHME, *LL.*, IV 235-288.

Concordia regularum ex regula Pauli et Stephani [s. vi]: MIGNE, *PL.* 66, 949-958; J.-E. M. VILANOVA, Montserrat 1959.

Constructio monasterii Farfensis [s. ix p. post., Farfa]: L. C. BETHMANN, *SS.*, XI 523-530; U. BALZANI, *Il chronicon Farfense di Gregorio di Catino*, I, 1903 (*FSI.*, 33), 3-23.

Consuetudines Bigorrenses [a. 1097, vel a. 1105-1112]: CH.-J.-B. GIRAUD, *Essai sur l'histoire du droit français au moyen âge*, 2 t., I, Paris 1846, p.j., 21-25.

Consuetudines Cistercienses, v. Ecclesiastica officina.

Consuetudines Cluniacenses antiquiores [ca. 1000-1015 (rec. B); s. xii (rec. C)]: B. ALBERS, *Cons. monast.*, II 1-61.

Consuetudines Einsidlenses [s. x ex.]: B. ALBERS, o.c., V 73-110.

Consuetudines ut aiunt Farfenses [ca. 1030-1049, Cluny]: B. ALBERS, o.c., I.

Consuetudines Fructuarienses [s. xii in., Fruttuaria]: B. ALBERS, o.c., IV 1-191.

Consuetudines domini Montisfortis [a. 1212, Pamiers]: MARTÈNE, *Thes.*, I 831-838.

Consuetudines Normannie, v. SUMMA DE LEGIBUS NORMANNIE.

Consuetudines Normanniae veterrimae [pars prima: a. 1199-1200, Évreux?; pars altera a. 1218-1223, Bayeux?]: E. J. TARDIF, *Coutumiers de Normandie*, I 1-101.

Consuetudines et justiciae ducatus Normanniae [a. 1091, Caen]: CH. H. HASKINS, *Norman Institutions*, 1918 (*Harvard Historical Studies*, 24), 281-284.

Consuetudines S. Pauli Romani, v. Consuetudines ut aiunt Farfenses.

Consuetudines Sigiberti abbatis [s. xii in.]: B. ALBERS, *Cons. monast.*, II 65-116.

Consuetudines Trevirenses [s. xi in.-s. xv]: B. ALBERS, o.c., V 7-69.

Consuetudines Vallombrosanae [s. xii in., Vallumbrosa, dioec. Fiesole]: B. ALBERS, o.c., IV 223-262.

Consuetudines Vindocinenses [s. xi med., Vendôme]: CH. BOUREL DE LA RONCIÈRE, *Vie de Bouchard*, 1892 (*CT.*, 13), 33-38.

Consuetudo Leburie et pactum [ca. a. 775-787 et ca. a. 855-878, Benevento]: F. BLUHME, *LL.*, IV 213-215; idem, *Edictus ceteraeque Langobardorum leges*, 1869 (*FJGA.*), 180-183.

Continuatio Wissegradensis ad Cosmae Chronicam Boëmorum [usque ad. a. 1142, Vyšehrad, Praha]: R. KOEPKE, *SS.*, IX 132-148.

Continuatio ad Erchanbertum, v. NOTKERUS BALBULUS in indice I.

Continuatio ad Florentii Wigornensis chronicon, v. JOHANNES WIGORNENSIS in indice I.

Continuatio ad Herimanni Restaurationem S. Martini Tornacensis [post. a. 1160, Tournai]: G. WAITZ, *SS.*, XIV 318-327.

Continuatio chronicorum Isidori [falso Ildefonso episc. Toletano attributa; s. xii]: MIGNE, *PL.* 96, 319-324.

Continuatio Sanblasiana ad Ottonis Frisingensis chronicon, v. OTTO SANBLASIANUS in indice I.

Continuatio ad Ottonis Morenae Historiam Friderici regis [a. 1168, Lodi]: F. GÜTERBOCK, 1930 (*SRG.*, n.s., 7), 177-218.

Continuatio Lombarda ad Pauli Diaconi Historiam Langobardorum [s. xii ex.]: G. WAITZ, *SRL.*, 216-219.

Continuatio Romana ad Pauli Diaconi Historiam Langobardorum [usque ad a. 824]: G. WAITZ, *SRL.*, 200-203.

Continuatio tertia ad Pauli Diaconi Historiam Langobardorum [s. xiii]: G. WAITZ, *SRL.*, 204-216.

Continuatio ad Reginonis chronicon, v. ADALBERTUS TREVERENSIS in indice I.

Continuatio Aquicinctina ad Sigeberti Chronograpliam [usque ad a. 1237, Anchin, dioec. Arras]: L. C. BETHMANN, *SS.*, VI 406-438.

Continuatio Burburgenis ad Sigeberti Chronographiam [usque ad a. 1164, Bourbourg, dioec, Thérouanne]: L. C. BETHMANN, o.c., 456-458.

Continuatio Burburgenis ad Sigeberti Chronographiam [usque ad a. 1164, Bourbourg, dioec, Thérouanne]: L. C. BETHMANN, o.c., 456-458.

Continuationes Gemblacenses ad Sigeberti Chronographiam [a. 1136-1148, Gembloux, dioec. Liège]: L. C. BETHMANN, o.c. 385-390.

Continuatio Praemonstratensis ad Sigeberti Chronographiam [a. 1146-1155, Prémontré, dioec. Laon, vel S.-Martin, Laon]: L. C. BETHMANN, o.c., 447-456.

Continuatio Valcellensis ad Sigeberti Chronographiam [a. 1114-1163, Vaucelles, dioec. Cambrai]: L. C. BETHMANN, o.c., 459-460.

Continuationes ad Aimoini Gesta regum [s. xi in. et s. xii usque ad a. 1165]: partim *Hist. de Fr.*, XI 274-276 et XII 122-123.

Continuationes ad Fredegarii chronicon [usque ad a. 768]: B. KRUSCH, *SRM.*, II 168-193; J. M. WALLACE-HADRILL, 1960 (*MC.*), 80-121.

Conversio Bagoariorum et Carantanorum [a. 871, Salzburg]: W. WATTENBACH, *SS.*, XI 4-14.

Decretales Pseudo-Isidorianae [a. 847-852, Reims?]: P. HINSCHIUS, Leipzig 1863, 1-754.

Descriptionis monasterii Centulensis fragmentum a. 831, S.-Riquier]: F. LOT, *Hariulf, Chronique de l'abbaye de S.-Riquier*, 1894 (*CT.*, 17), 306-308.

Descriptio abbatiae Fontanellensis [a. 787, S.-Wandrille]: ap. *Gesta abbatum Fontanellensium*, c. 11, ed. F. LOHIER et J. LAPORTE, 1936 (*Soc. d'Hist. de la Normandie*), p. 82-83.

Descriptio villarum abbatiae Lobiensis [a. 868-869, Lobbes]: J. WARICHEZ, *BCRH.*, t. 78 (1909), 245-267.

Descriptio abbatiae S. Richarii [a. 831, S.-Riquier]: ap. Hariulfum, Chronicon Centulense, lib. III c. 3, ed. F. LOT, 1894 (*CT.*, 17), 86-97.

Descriptio thesauri abbatiae S. Trudonis [a. 870, S.-Trond]: ap. Rodulfum, Gesta abbatum Trudonensium, lib. I c. 3, ed. R. KOEPKE, *SS.*, X 230-231.

Descriptio Wormatiensis civitatis [a. 891-914, Worms]: G. H. PERTZ, *SS.*, XVII 37; B. DIESTELKAMP, in C. VAN DE KIEFT et J. F. NIERMEYER, *Elenchus fontium historiae urbanae*, I, Leiden 1967, 44.

Dialogus de scaccario, v. RICHARDUS NIGELLI FILIUS in indice I.

Domesday Book [a. 1085-1087]: [A. FARLEY], 2 t. [1783] (*Record Commission*).

Donatio Constantini [a. 757-767, Roma]: K. ZEUMER, *Festgabe für Rudolf von Gneist*, Berlin 1888, 47-59; C. MIRBT, *Qu. z. Gesch. des Papsttums u. des röm. Katholizismus*³, Tübingen 1911, 81-87; H. FUHRMANN, 1968 (*FJGA.*, 10).

Ecbasis cujusdam captivi [a. 1043-1046, Toul; vel a. 1087-1101, Trier]: E. VOIGT, 1875 (*Qu. u. Forsch. z. Sprach- u. Kulturgesch. d. germ. Völker*, VIII); K. STRECKER, 1935 (*SRG.*); W. TRILLITZSCH, Leipzig [sine anno]; E. H. ZEYDEL, Chapel Hill 1964 (*University of North Carolina. Studies in the Germanic Languages and literatures*, 46).

Eclogae de officio missae, v. AMALARIUS in indice I.

Edictum Theoderici regis [post a. 493- ante a. 507?]: F. BLUHME, *LL.*, V 149-168; G. BAVIERA, *Fontes juris Romani antejustiniani*, II, Firenze ² 1940, 684-710.

Edictus Rothari [a. 643, Pavia]: F. BLUHME, *LL.*, IV 3-90; idem, *Edictus ceteraeque Langobardorum leges*, 1869 (*FJGA.*), 1-73; F. BEYERLE, *Die Gesetze der Langobarden*, 1947 (*Germanenrechte*, 3), 2-158.

Electio Lotharii in regem [a. 1125]: W. WATTENBACH, *SS.*, XII 510-512.

Encomium Emmae reginae, alias Gesta Cnutonis regis [ca. a. 1041, S.-Omer]: G. H. PERTZ, *SS.*, XIX 511-525; idem, 1865 (*SRG.*); A. CAMPBELL, 1949 (*Roy. Hist. Soc., Camden 3rd series*, 72).

Epistola ad regem [ca. a. 645]: MIGNE, *PL.* 87, 653-658; W. GUNDLACH, *Epp.*, III 457-460.

Epistolae Austrasicae [in unum collectae ca. a. 590, Metz]: W. GUNDLACH, *Epp.*, III 111-153.

Epistolae dictae Hannoveranae, [paulo post a. 1085 collectae, Hildesheim]: C. ERDMANN, *Briefsammlungen der Zeit Heinrichs IV.*, 1950 (*MGH., Die Briefe der deutschen Kaiserzeit*, V), 15-187.

Epistolae Tegernseeenses [s. x ex.-s. xi]: K. STRECKER, 1925 (*MGH., Epp. sel.*, 3).

Epistolae Wormatienses [s. xi med., Worms]: W. BULST, *Die ältere Wormser Briefsammlung*, 1949 (*MGH., Die Briefe der deutschen Kaiserzeit*, III).

Epistolarum collectio Bonifatii et Lulli [a. 716-786]: E. DÜMMLER, *Epp.*, III 231-433; M. TANGL, 1916 (*MGH., Epp. sel.*, 1); R. RAU, 1968 (*AQ.*, 4b), 24-354 [epistolis Lulli omissis].

Epistolarum collectio Desiderii episcopi Cadurcensis [a. 630-655]: W. ARNDT, *Epp.*, III 193-214.

Epistolarum collectio Frotharii episcopi Tullensis [† a. 847 vel 848; a. 813-848]: K. HAMPE, *Epp.*, V 277-298.

Epistolarum collectio Meginhardi Scholastici Bambergensis episcopi Wirziburgensis [† a. 1088; a. 1057-1085]: C. ERDMANN, *Briefsammlungen der Zeit Heinrichs IV.*, 1950 (*MGH., Die Briefe der deutschen Kaiserzeit*, V), 192-248.

Epistolarum collectio Wibaldi abbatis Stabulensis [† a. 1158]: partim MARTÈNE, *Coll.* II 183-599; PH. JAFFÉ, *Bibl.*, I 76-602.

Notitia sive commemoratio de illa ewa quae se ad Amorem habet [quae vulgo Lex Chamavorum; s. viii et s. ix in., in regione inter Nijmegen et Dordrecht sita]: R. SOHM, *Lex Ribuaria et lex Francorum Chamavorum*, 1883 (*FJGA.*), 117-123; W. ALTMANN und E. BERNHEIM, *Ausgew. Urk. zur Verf.- Gesch. Deutschl. im MA.*, ⁴ 1909, 219-221; K. A. ECKHARDT, *Die Gesetze des Karolingerreiches 714-911*, III, 1934 (*Germanenrechte*, 2) 50-58; H. F. W. D. FISCHER, *Leges barbarorum in us. studiosorum*, 2 t., Leiden 1948, 1951, (*Textus minores*, 16), II 43-48.

Exhortatio ad Francorum regem, v. Epistola ad regem.

Expositio brevis antiquae liturgiae Gallicanae, v. Sacramentarium Pseudo-Germanicum.

Flandria generosa [usque ad a. 1164, S.-Bertin]: L. C. BETHMANN, *SS.*, IX 317-325.

Fleta [ca. a. 1290]: H. G. RICHARDSON and G. O. SAYLES, 1955 (*Selden Soc.*, 72).

Fragmentum historiae Andegavensis, v. FULCO in indice I.

Fragmentum chronici Floriacensis [usque ad a. 1108, S.-Benoît-s.-Loire]: A. DUCHESNE, *Hist. Fr. scr.*, II 630-632, IV 85-95.

Fragmentum veteris historiae S. Florentii Salmurensis [s. xi ex., Saumur, dioec. Angers]: P. MARCHEGAY et E. MABILLE, *Chron. des égl. d'Anjou*, 1869 (*SHF.*), 207-216.

Fuero de Calatayud [a. 1131]: E. WOHLHAUPTER, *Altspanisch-gothische Rechte*, 1936 (*Germanenrechte*, 12), 142-164.

Fuero de Jaca [a. 1063]: WOHLHAUPTER, o.c., 134-140; M. MOLHO, Zaragoza 1964 (*Fuentes para la historia de Pirinco*, 1).

Fuero de León [a. 1017 vel 1020]: WOHLHAUPTER, o.c., 2-20; A. GARCIA GALLO, *AHDE.*, t.39 (1969), 5-171.

Fuero de Nájera [a. 1076]: WOHLHAUPTER, o.c., 72-98.

Fuero de Sepúlveda [a. 1076]: E. SÁEZ, Segovia 1953 (*Publ. hist. de la Diputación provincial de Segovia*, 1).

Fundatio monasterii Aquicinctini [s. xii, Anchin, dioec. Arras]: G. WAITZ, *SS.*, XIV 579-584.

Fundatio monasterii Arroasiensis, v. WALTERUS in indice I.

Fundatio monasterii Ascoviensis, v. Notitia.

Fundatio monasterii Baumburgensis [s. xii p. post., Baumberg, dioec. Salzburg]: O. HOLDER-EGGER, *SS.*, XV 1061-1064.

Fundatio Blandiniensis coenobii [a. 941, Gent]: M. GYSSELING en A. C. F. KOCH, *Het "fragment" van het tiende-eeuwse Liber traditionum van de Sint-Pietersabdij te Gent*, *BCRH.*, t. 113 (1948), 272-299; idem, *Dipl. Belg.*, no. 49, 123-138.

Fundatio monasterii Bosonis-villae, v. Notitia.

Fundatio ecclesiae Hildensemensis [ca. a. 1080, Hildesheim]: A. HOFMEISTER, *SS.*, XXX 941-946.

Fundatio monasterii Schildecensis [s. xiii, Schildesche, dioec. Paderborn]: O. HOLDER-EGGER, *SS.*, XV 1046-1052.

Fundatio monasterii S. Fidis Sletstatensis [a. 1108-1138, Sélestat, dioec. Strasbourg]: O. HOLDER-EGGER, *SS.*, XV 997-1000.

Fundatio monasterii S. Nicolai de Pratis Tornacensis [ca. a. 1165, Tournai]: O. HOLDER-EGGER, *SS.*, XV 1113-1117.

Fundatio monasterii Waldsassensis [s. xiv?, Waldsassen, dioec. Regensburg]: O. HOLDER-EGGER, *SS.*, XV 1089-1093.

Fundatio monasterii Werthinensis [s. ix med., Werden, dioec. Köln]: G. WAITZ, *SS.*, XV 165-167.

Gesta Ambaziensium dominorum [ca. a. 1155, Amboise, dioec. Tours]: L. HALPHEN et R. POUPARDIN, *Chron. des comtes d'Anjou et des seigneurs d'Amboise*, 1913 (*CT.*, 48), 74-132.

Gesta consulum Andegavorum, v. THOMAS LOCHENSIS et JOHANNES MAJORIS MONASTERII in indice I.

Gesta pontificum Autissiodorensium [s. ix-xiii; pars prima auctoribus Alago et Rainogala conscripta a. 873-877; pars altera paulo post a. 933 usque ad a. 1052 conscripta; pars tertia auctore Frodone, s. xii in.; cum contin.]: L. M. DURU, *Bibl. hist. de l'Yonne*, I, Auxerre 1850, 309-509.

Gesta pontificum Cameracensium [ca. a. 1041-1044, Cambrai]: L. C. BETHMANN, *SS.*, VII 402-489.

Gesta episcoporum Cameracensium abbreviata [usque ad a. 1191, Cambrai]: L. C. BETHMANN, *SS.*, VII 504-510.

Gesta abbatum Fontanellensium, alias Chronicon Fontanellense [a. 834-845, S.-Wandrille]: S. LOEWENFELD, 1886 (*SRG.*); F. LOHIER et J. LAPORTE, 1936 (*Soc. de l'Hist. de Normandie*).

Gesta Francorum, v. ANONYMUS in indice I.

Gesta abbatum Gemblacensium, v. SIGEBERTUS, GODESCHALCUS in indice I.

Gesta episcoporum Halberstadensium [ca. a. 1209, Halberstadt]: L. WEILAND, *SS.*, XXIII 78-123.

Gesta abbatum Horti S. Mariae [a. 1267-1275, Mariëngaarde, dioec. Utrecht]: L. WEILAND, *SS.*, XXIII 576-608; A. W. WIJBRANDS, 1879 (*Friesch Genootsch. voor Kunsten en Wetensch.*), 147-251.

Gesta episcoporum Leodiensium, v. AEGIDIUS AUREAEVALLENSIS in indice I.

Gesta abbatum Lobbiensium ad calcem Folcuini continuata [a. 1162, Lobbes]: W. ARNDT, *SS.*, XXI 308-333.

Gesta abbatum Mediani monasterii, v. Liber de Hildulfi successoribus.

Gesta episcoporum Neapolitanorum, pars prima [s. ix med., Napoli]: G. WAITZ, *SRL.*, 402-424.

Gesta abbatum S. Bertini Sithiensium ad calcem Folcuini continuata [s. xii ex., S.-Bertin]: O. HOLDER-EGGER, *SS.*, XIII 663-673.

Gesta Treverorum [paulo post a. 1101, cum additamento et continuatione prima ca. a. 1132, Trier]: G. WAITZ, *SS.*, VIII 130-200.

Gesta abbatum Trudonensium ad calcem Rodulfi continuata [cont. I: a. 1136-1137; contin. II: paulo post a. 1180, S.-Trond, dioec. Liège]: R. KOEPKE, *SS.*, X 272-317, 333-361; C. DE BORMAN, *Chron. de l'abb. de S.-Trond*, 2 t., Liège 1877 (*Soc. des bibliophiles liégeois*, 10 et 15), I 119-242, II 1-81.

Gesta episcoporum Tullensium [s. xii in., usque ad a. 1107, Toul]: A. CALMET, *Hist. de Lorraine*, I, 1728, pr. 83-166; partim G. WAITZ, *SS.*, VIII 632-648.

Gesta episcoporum Virdunensium ad calcem Bertharii continuata [s. xi, usque ad a. 1047, S.-Vannes, Verdun]: G. WAITZ, *SS.*, IV 45-51.

Gesta episcoporum Virdunensium ad calcem Laurentii Leodiensis continuata [usque ad a. 1250, S.-Vannes, Verdun]: G. WAITZ, *SS.*, X 516-525.

Gesta episcoporum Virdunensium, v. etiam BERTHARIUS, LAURENTIUS, in indice I.

Graphia aureae urbis Romae [ca. a. 1030; compilatio ca. a. 1155, Roma]: P. E. SCHRAMM, *Kaiser, Rom und Renovatio*, 1929 (*Studien d. Bibl. Warburg*, 17), II 73-104.

Gros brief de Flandre a. 1187: A. VERHULST et M. GYSSELING, 1962 (*CRH.*).

Historia custodum Aretinorum [ca. a. 1100, Arezzo]: A. HOFMEISTER, *SS.*, XXX 1471-1482.

Historia Daretis Frigii de origine Francorum [s. viii med.]: B. KRUSCH, *SRM.*, II 194-200.

Historia pontificum et comitum Engolismensium [s. xii, usque ad a. 1159, Angoulême]: J. BOUSSARD, 1957 (*Bibl. Elzévirienne. Nouvelle série. Etudes et documents*).

Historia de via Hierosolymis Tudebodus continuatus dicta [post a. 1131, Antiochia]: MABILLON, *Museum italicum*, I 2, 131-236.

Historia Langobardorum Florentina [s. xiii?, Firenze]: G. WAITZ, *SRL.*, 599-601.

Historia monasterii Mosomagensis [ca. a. 1040, Mouzon, dioec. Reims]: W. WATTENBACH, *SS.*, XIV 601-618.

Historia monasterii Novientensis, v. Chronicon Ebersheimense.

Historia Prieflingensia, v. Libellus memorialis Pruveningensis.

Historia Pseudoisidoriana [s. xi]: TH. MOMMSEN, *Auct. ant.*, XI 378-388.

Historiae veteris monasterii S. Florentii Salmurensis fragmentum, v. Fragmentum.

Historia monasterii S. Florentii Salmurensis [pars prima: s. xii ex.; pars altera auctore Michaelo abbate: s. xiii in.; pars tertia usque ad a. 1282: Saumur, dioec. Angers]: P. MARCHEGAY et E. MABILLE, *Chron. des églises d'Anjou*, 1869 (*SHF.*), 217-328.

Historia S. Juliani Turonensis brevis [s. xi, post a. 1040, S.-Julien, dioec. Tours]: MARTÈNE, *Coll.*, V 1071-1080.

Historia monasterii Viconiensis [a. 1157-1167, cont. s. xiii in. auctore Nicolao priore; cont. s. xiv in. auctore Nicolao canonico; Vicogne, dioec. Arras]: J. HELLER, *SS.*, XXIV 294-313.

Historia Walciodorensis monasterii [s. xii, cum continuatione s. xiii med.; Waulsort, dioec. Liège]: G. WAITZ, *SS.*, XIV 505-541.

Historia Welforum Weingartensis [ca. a. 1170, Weingarten, dioec. Konstanz]: L. WEILAND, *SS.*, XXI 457-471; idem, *Mon. Welforum antiqua*, 1869 (*SRG.*), 12-41; E. KÖNIG, 1938 (*Schwäbische Chroniken der Stauferzeit*, 1), 2-68.

Historiae Tornacenses [ca. a. 1150, S.-Martin, dioec. Tournai]: G. WAITZ, *SS.*, XIV 327-352.

Honoranciae civitatis Papiae seu Instituta regalia et ministeria camerae regum Longobardorum [ca. a. 1027-1030, Pavia]: A. SOLMI, *L'amministrazione finanziaria del regno italico nell' alto medio evo*, 1932 (*Boll. Soc. Pavese di Storia Patria*, t. 31), 20-27; A. HOFMEISTER, *SS.*, XXX 1450-1460.

Indiculus Arnonis, v. Notitia.

Inquisitio comitatus Cantabrigiensis [a. 1086?]: N. E. S. A. HAMILTON, 1876.

Instituta Cnuti aliorumque regum Anglorum [ca. a. 1100]: F. LIEBERMANN, *Gesetze*, I 612-617.

Instituta regalia et ministeria camerae regum Longobardorum, v. Honoranciae civitatis Papiae.

Invectiva in Romam pro Formoso papa [a. 928, Napoli?]: E. DÜMMLER, *Gesta Berengarii imperatoris*, Halle 1871, 137-154.

Inventarius Maurimonasterii [s. x ex., Marmoutier, dioec. Strasbourg]: CH.-E. PERRIN, *Essai sur la fortune immobilière de... Marmoutier*, 133-147.

De investitura, v. Tractatus de investitura.

Itinerarium Willibaldi, v. HUGEBURC in indice I.

Jura ministerialium S. Petri in Colonia [ca. a. 1165, Köln]: ALTMANN und BERNHEIM, *Urk.*,[1] 165-170.

Lectionarium Wirciburgense [ca. a. 700, Würzburg]: G. MORIN, *Revue bénéd.*, t. 27 (1910), 46-72.

Leges Aelfredi, versio Quadripartitus: F. LIEBERMANN, *Gesetze*, I 29-89.

Leges Aethelredi, versio Quadripartitus: F. LIEBERMANN, *Gesetze*, I 217-236.

Leges Aethelstani, versio Quadripartitus: F. LIEBERMANN, *Gesetze*, I 147-183.

Leges Aistulfi regis Langobardorum [a. 750 et a. 755]: F. BLUHME, *LL.*, IV 194-204; idem, *Edictus ceteraeque Langobardorum leges*, 1869 (*FJGA.*), 161-170; F. BEYERLE, *Die Gesetze der Langobarden*, 1947 (*Germanenrechte*, 3), 358-378.

Leges Cnuti, versio Consiliatio [ca. a. 1110-1130]: F. LIEBERMANN, *Gesetze*, I 279-371.

Leges Cnuti, versio Instituta [ca. a. 1100, ante a. 1118, Kent?]: F. LIEBERMANN, *Gesetze*, I 279-367.

Leges Cnuti, versio Quadripartitus: F. LIEBERMANN, *Gesetze*, I 279-371.

Leges Pseudo-Cnuti de foresta [ca. a. 1185?]: F. LIEBERMANN, *Gesetze*, I 620-626.

Leges Eadmundi, versio Quadripartitus: F. LIEBERMANN, *Gesetze*, I 185-191.

Leges Edwardi Confessoris [a. 1135-1150, Warwickshire]: F. LIEBERMANN, *Gesetze*, I 627-672.

Leges Grimualdi, regis Langobardorum [a. 668]: F. BLUHME, *LL.*, IV 91-95; idem, *Edictus ceteraeque Langobardorum leges*, 1869 (*FJGA.*), 73-76; F. BEYERLE, *Die Gesetze der Langobarden*, 1947 (*Germanenrechte*, 3), 160-166.

Leges Henrici [I regis Angliae] [a. 1114-1118, Wessex]: F. LIEBERMANN, *Gesetze*, I 547-611; L. J. DOWNER, Oxford 1972, 80-302.

Leges Ine, versio Quadripartitus: F. LIEBERMANN, *Gesetze*, I 89-123.

Leges Liutprandi regis Langobardorum [a. 713-735, Pavia]: L. BLUHME, *LL.*, IV 96-175; idem, *Edictus ceteraeque Langobardorum leges*, 1869 (*FJGA.*), 76-146; F. BEYERLE, *Die Gesetze der Langobarden*, 1947 (*Germanenrechte*, 3), 168-322.

Leges Ratchis regis Langobardorum [a. 745-746, Pavia]: F. BLUHME, *LL.*, IV 183-193; idem, *Edictus ceteraeque Langobardorum leges*, 1869 (*FJGA.*), 152-161; F. BEYERLE, *Die Gesetze der Langobarden*, 1947 (*Germanenrechte*, 3), 336-356.

Legis VI Aethelredi versio latina [s. xi in.]: F. LIEBERMANN, *Gesetze*, I 247-257.

Leis Willelme [i.e. Leges Willelmi I regis Angliae] [s. xii ex. ?, London?]: F. LIEBERMANN, *Gesetze*, I 493-520.

Lex Alamannorum [ca. a. 720]: K. LEHMANN, *Leges Alamannorum*, 1888 (*LNG.*, V, 1), 36-157; K. A. ECKHARDT, *Die Gesetze des Karolingerreiches*, II, 1934 (*Germanenrechte*, 2), 2-70.

Lex Angliorum et Werinorum, hoc est Thuringorum [a. 802-803]: C. VON SCHWERIN, *Leges Saxonum und Lex Thuringorum*, 1918 (*FJGA.*), 57-66.

Lex Baiwariorum [a. 741-744]: E. VON SCHWIND, 1926 (*LNG.*, V 2); K. A. ECKHARDT, *Die Gesetze des Karolingerreiches*, II, 1934 (*Germanenrechte*, 2), 74-180.

Lex Burgundionum (Loi Gombette) [a. 501-518]: L. R. DE SALIS, *Leges Burgundionum*, 1892 (*LNG.*, II 1), 29-122; F. BEYERLE, *Gesetze der Burgunden*, 1936 (*Germanenrechte*, 10).

Lex familiae Bambergensis [a. 1057-1064, Bamberg]: ALTMANN-BERNHEIM, *Urk.*,[1] 157-158.

Lex familiae Ebersheimensis [s. xii p. pr., Ebersheimmünster, dioec. Strasbourg]: A. DOPSCH, *MIOeG.*, t. 19 (1898), 612-614.

Lex familiae Wormatiensis ecclesiae, v. BURCHARDUS in indice I.

Lex Frisionum [s. viii p. post., vel s. ix in.; cum additione s. ix ]: K. L. VON RICHTHOFEN, *LL.*, III 656-700; idem, Leeuwarden 1866 (*Friesch Genootschap van Geschied-, Oudheid-en Taalkunde*); F. PATETTA, *Lex Frisionum, studi sulla sua origine e sulla critica del testo*, 1892 (*Mem. Acad. Torino*, ser. II, 43), 70-90; PH. HECK, *Die Entstehung der Lex Frisionum*, 1927 (*Arbeiten z. deutschen Rechts- u. Verfassungsgesch.*, 6), 140-156.

Lex Ribuaria [a. 629-634, alterata et interpolata s. vii et viii]: R. SOHM, *LL.*, V 185-268; idem, *Lex Ribuaria et Lex Francorum Chamavorum*, 1883 (*FJGA.*), 47-123; F. BEYERLE und R. BUCHNER, 1954 (*LNG.*, III, 2).

Lex Romana Burgundionum [ante a. 506]: L. R. DE SALIS, *Leges Burgundionum*, 1892 (*LNG.*, II 1), 123-163; J. BAVIERA, *Fontes iuris Romani antejustiniani*, II, Firenze [2]1940, 714-750.

Lex Romana canonice compta [s. ix; Pavia?]: C. G. Mor, 1927 (*Pubbl. Univ. di Pavia, Fac. di Giurisprud.*, 31).

Lex Romana Raetica Curiensis quandoque dicta Utinensis [s. viii, Graubünden?]: G. Haenel, *Lex Romana Visigothorum*, Leipzig 1849 [sub titulo Epitome S. Galli]; K. Zeumer, *LL.*, V 305-441; E. Meyer-Marthaler, 1959 (*Samml. schweiz. Rechtsquellen*, 15), 3-613. V. etiam Remedius in indice I.

Lex Romana Visigothorum vulgo "Breviarium Alarici" dicta [a. 506]: G. Haenel, Leipzig 1849.

Lex Salica [rec. Merovingica a. 507-596; rec. Pippina a. 763-798; rec. Karolina a. 802-830]: J. Fr. und R. Behrend, Weimar ²1897; K. A. Eckhardt, 2 t., 1962, 1969 (*LNG.*, IV 1, 2).

Lex Saxonum [a. 802-803]: C. von Schwerin, *Leges Saxonum und Lex Thuringorum*, 1918 (*FJGA.*), 17-34.

Lex Thuringorum, v. Lex Angliorum et Werinorum.

Lex Visigothorum, sive Liber Judiciorum, Forma Reccessvinthiana et Forma Ervigiana [a. 654-681]: K. Zeumer, *Leges Visigothorum antiquiores*, 1894 (*FJGA.*), 23-313; idem, *Leges Visigothorum* (*LNG.*, 1), 35-456.

Supplex libellus monachorum Fuldensium [a. 812 et a. 817, Fulda, dioec. Mainz]: J. Semmler, in *Corpus consuetudinum monasticarum*, I, 1963, 321-327.

Libellus memorialis Pruveningensis [s. xii-s.xiv in., Prüfening, dioec. Regensburg]: *Mon. Boica*, XIII 134-140.

Libellus de imperatoria potestate in urbe Roma [s. x in., Roma?]: G. H. Pertz, *SS.*, III 719-722; G. Zucchetti, *Il Chronicon di Benedetto di S. Andrea del Soratte...*, 1920 (*FSI.*, 55), 191-210.

Liber s. Adalberti [a. 1125 vel paulo post, cum addit. s. xii, Egmond, dioec. Utrecht]: O. Oppermann, *Fontes Egmundenses*, 1933 (*Werken uitgeg. d. het Hist. Genootschap*, 3e serie, 61), 66-94.

Liber Aganonis sive Vetus Agano, auctore Paulo monacho [s. xi p. post, S.-Père]: B. Guérard, *Cart. de l'abbaye de S.-Père de Chartres*, I 3-254.

Liber camerae ecclesiae majoris Trajectensis [ca. a. 1200, Utrecht]: S. Muller Fz., *Rechtsbronnen van den Dom van Utrecht*, 1903 (*Werken Ver. Oude Vaderl. Recht*, ser. 2, 9), 23-50.

Liber censuum ecclesiae Romanae, v. Cencius in indice I.

Liber de compositione castri Ambaziae [a. 1137, Amboise, dioec. Tours]: L. Halphen et R. Poupardin, *Chron. des comtes d'Anjou et des seigneurs d'Amboise*, 1913 (*CT.*, 48) 1-24.

Liber diurnus Romanorum pontificum [s. viii ex.]: Th. Sickel, Wien 1889; A. Ratti, L. Gramatica e G. Galbiati, 1921 (*Analecta Ambrosiana*, 7); H. Foerster, Bern 1958.

Liber historiae Francorum, alias Gesta regum Francorum [a. 726-727, S.-Denis?; postea, ante a. 736, retractata]: B. Krusch, *SRM.*, II 238-328.

Liber jurium reipublicae Genuensis [a. 958-a. 1280]: E. Ricotti, 1854 (*Mon. historiae patriae*, VII).

Liber largitorius Farfensis, v. Gregorius Catinensis in indice I.

Liber legis Langobardorum Concordia dictus, v. Concordia.

Liber legis Langobardorum Papiensis dictus [a. 1019-1037, Pavia; cum addit. s. xi]: A. Boretius, *LL.*, IV 290-585; Additiones, 586-606.

Liber Pontificalis, pars prior [inde ab a. c. 530, usque ad Constantinum papam (a. 708-715) inclusum]: Th. Mommsen, 1898 (*MGH.*, *Gesta pontificum Romanorum*, I); partes ulteriores [inde a papa Gregorio II (a. 715-731) usque ad papam Hadrianum II (a. 867-872)]: L. Duchesne, 2 t., 1886, 1892 (*Bibl. des Ecoles fr. d'Athènes et de Rome*, 2e série), I 396-514, II 1-185.

Liber de s. Hildulfi successoribus in Mediano Monasterio, alias Chronicon Mediani Monasterii [s. xi med., Moyenmoutier, dioec. Toul]: Martène, *Thes.*, III 1093-1124; partim G. Waitz, *SS.*, IV 87-92.

Liber traditionum Blandiniensis coenobii, vel S. Petri Gandensis, v. Fundatio.

Liber de unitate ecclesiae conservanda, olim Walramo episc. Naumburgensi adscriptus [a. 1092-1093, Hersfeld, dioec. Mainz]: W. Schwenkenbecher, *Lib. de lite*, II 184-284.

Libri Carolini [ca. a. 790; Aachen?]: Migne, *PL.* 98, 999-1248; H. Bastgen, 1924 (*MGH.*, *Conc.*, II Supplementum).

Libri feudorum. Compilatio antiqua seu recensio Obertina [paulo post a. 1150, Milano]; Compilatio vulgata seu recensio Accursiana [s. xiii med. vel p. post.]: K. Lehmann, *Das Langobardische Lehenrecht*, Göttingen 1896.

Ligurinus, v. Guntherus Parisiensis in indice I.

De majoratu et senescalcia Franciae, v. Hugo de Cleeriis in indice I.

Manuale Ambrosianum [s. xii, Milano]: M. Magistretti, 2 t., Milano 1904-1905 (*Monumenta veteris liturgiae ambrosianae*, 2-3).

Martyrologium insignis ecclesiae Autissiodorensis [s. x in.-xii, Auxerre]: Martène, *Coll.*, VI 685-738.

Martyrologium Hieronymianum [s. v, postea interpolatum]: J. B. de Rossi et L. Duchesne, *AASS.*, Nov. II 1, [1]-[156]; H. Delehaye et H. Quentin, *AASS.*, Nov. II 2.

Memoratorium de mercedibus commacinorum [s. viii?]: F. Bluhme, *LL.*, IV 176-180; idem *Edictus ceteraeque Langobardorum leges*, 1869 (*FJGA.*), 147-149; F. Beyerle, *Die Gesetze der Langobarden*, 1947 (*Germanenrechte*, 3), 324-328.

Ministeria curiae Hanoniensis [a. 1212-1214, Mons]: L. Vanderkindere, *La chronique de Giselbert de Mons*, 1904 (*CRH.*), 334-343.

Missale Ambrosianum: A. Ratti e M. Magistretti, Milano 1913.

Missale Bobiense [ca. a. 700]: Migne, *PL.* 72, 451-574; E. A. Lowe, London 1920 (*Henry Bradshaw Society*, 58).

Missale Francorum [s. viii p. pr., Poitiers?]: Migne, *PL.* 72, 317-340; L. C. Mohlberg, Roma 1957 (*Rerum ecclesiasticarum documenta, Series maior, Fontes*, 2).

Missale Gallicanum vetus [s. viii in.]: Migne, *PL.* 72, 339-382; L. C. Mohlberg, Roma 1958 (*Rerum ecclesiasticarum documenta, Series maior, Fontes*, 3).

Missale Gothicum quod dicitur [ca. a. 700, Autun?]: Mabillon, *De liturgia Gallicana*, 188-300; Migne, *PL.* 72, 225-318; H. M. Bannister, 2 t., London 1917, 1919 (*Henry Bradshaw Society*, 52, 54); L. C. Mohlberg, Roma 1961 (*Rerum ecclesiasticarum documenta, Series maior, Fontes*, 5).

Missale Lateranense [s. xi ex. vel paulo ante 1250]: E. de Azevedo, *Vetus missale romanum monasticum Lateranense*, Roma 1754.

Quedam narracio de Groninghe, de Threnthe, de Covordia et de diversis aliis sub diversis episcopis Trajectensibus [a. 1232-1233]: C. Pijnacker Hordijk, 1888 (*Werken Hist. Genootschap*, N.S., 49).

Narratiuncula quaedam de captione urbis Faventiae a. 740 per Eliprandum regem Langobardorum: G. B. Mittarelli, *Accessiones*, 368-371.

Necrologium S. Mariae Cameracensis [s. xii in.]: L. C. Bethmann, *SS.*, VII 497, n. 14.

Nota alias Clausula de unctione Pippine [a. 767, S.-Denis]: G. Waitz, *SS.*, XV 1; B. Krusch, *SRM.*, I 465.

Notae Aschaffenburgenses [s. x-xi, Aschaffenburg, dioec. Mainz]: H. Bresslau, *SS.*, XXX 757-760.

Notae de Beatrice ducissa Tusciae [s. xi p. post., Canossa]: A. Hofmeister, *SS.*, XXX 1443.

Notae monasterii Ensdorfensis [s. xii, Ensdorf, dioec. Regensburg]: partim O. Holder-Egger, *SS.*, XV 1080-1084.

Notae Stabulenses [s. xi et xii, Stavelot]: O. Holder-Egger, *SS.*, XV 965-966.

Notae dedicationum S. Maximini Treverensis [s. x-xiii, Trier]: H. V. Sauerland, *SS.*, XV 1269-1272.

Notae S. Victoris Xantensis [s. x ex., Xanten, dioec. Köln]: G. Waitz, *SS.*, XIII 43-45.

Notitia Arnonis archiep. Salisburgensis [a. 790, Salzburg]: W. Hauthaler, *Salz. UB.*, I 4-15.

Notitia fundationis et restaurationis monasterii Ascoviensis [s. xii, Eschau, dioec. Strasbourg]: O. Holder-Egger, *SS.*, XV 995-996.

Notitia fundationis monasterii Bosonis-villae [post a. 1123, Bouzonville, dioec. Metz]: O. Holder-Egger, *SS.*, XV 977-980.

Notitia de judicibus palatinis [s. xi in., Roma]: R. L. Poole, *Lectures on the history of the papal chancery*, Cambridge 1915, 185-187.

Notitiae fundationis et traditionum S. Georgii in Silva Nigra [ca. a. 1090-1155, S.-Georgen, dioec. Konstanz]: O. Holder-Egger, *SS.*, XV 1007-1023.

Notitiae s. Petri Gandavensis, v. Fundatio Blandiniensis coenobii.

Obituarium Superioris monasterii Ratisbonensis [s. xii ex.-s. xiii, Obermünster in Regensburg]: J. F. Böhmer, *Fontes rer. Germanicarum*, III 485-488.

Ecclesiastica officia ordinis Cisterciensis [s. xii]: Ph. Guignard, *Les monuments primitifs de la règle cistercienne*, 1878 (*Analecta Divionensia*), 87-245.

Ordines pontificum Mediolanensium, v. Beroldus in indice I.

Ordo Ambrosianus, Beroldi, Mediolanensis, v. Beroldus in indice I.

Ordo officii in domo s. Benedicti [s. viii ex., Montecassino]: B. Albers, *Cons. mon.*, III 19-23; T. Leccisotti, in *Corpus consuetudinum monasticarum*, I, 1963, 115-122 (recensio A).

Origo gentis Langobardorum [post s. vii med.]: F. Bluhme, *LL.*, IV 641-647; G. Waitz, *SRL.*, 2-6.

Origo comitum Vindocinensium [s. xi med., Vendôme]: *Hist. de Fr.*, XI 31.

Pactus Alamannorum [s. vii?]: K. Lehmann, *Leges Alamannorum*, 1888 (*LNG.*, V 1), 21-34.

Pactus legis Salicae, v. Lex Salica.

Panegyricus Berengarii, v. Gesta Berengarius in indice III.

Polyptychum S. Bertini, v. Polyptychum Sithiense.

Polyptychum Brixiense [s. x in., Brescia]: G. Porro Lambertenghi, *CD. Langob.*, 1873 (*Mon. historiae patriae*, 13), 706-727.

Polyptychum Centulense, v. Descriptio abbatiae S. Richarii.

Polyptychum Dervense [paulo ante a. 845, Montier-en-Der]: Ch. Lalore, *Chartes de Montier-en-Der*, 1878 (*Coll. des principaux cartul. du diocèse de Troyes*, IV), 89-115.

Polyptychum Fossatense [s. ix med.?, S.-Maur-des-Fossés]: B. Guérard, *Irminon*, II 283-288.

Polyptychum Irminonis abbatis Sangermanensis [ca. a. 820, S.-Germain-des-Prés]: B. Guérard, 2 t., Paris 1844, II 1-282; A. Longnon, 2 t., 1886, 1895 (*Soc. de l'Hist. de Paris*).

Polyptychum Metlacense [s. x-xii, Mettlach, dioec. Trier]: H. Beyer, *UB. Mittelrhein.*, II 339-351.

Polyptychum S. Remigii Remensis [s. ix med., S.-Remi de Reims]: B. Guérard, Paris 1853, 1-110.

Polyptychum Sithiense [a. 844-864, S.-Bertin]: M. Gysseling en A. C. F. Koch, *Dipl. Belg.*, 58-64.

Polyptychum S. Vitonis [ca. a. 1040-1050, S.-Vannes de Verdun]: H. Bloch, *Jahrb. d. Ges. f. lothring. Gesch.*, t. 14 (1902), 124-130.

Profectio Gallica Petri Damiani [ca. a. 1070, Fonte Avellana]: G. Schwartz und A. Hofmeister, *SS.*, XXX 1035-1046.

Psalterium Toletanum, alias Mozarabicum [s. xi]: Migne, *PL.* 86, 739-940; J. P. Gilson, London 1905 (*Henry Bradshaw Society*, 30).

Quadripartitus [ca. a. 1114, Wessex]: F. LIEBERMANN, Halle 1892; idem, *Gesetze*, I 529-546.

Quaestiones ac monita jurisperitorum in leges Longobardicas [s. xi in.]: MURATORI, *Scr.*, I 2, 163-165; A. BORETIUS, *LL.*, IV 590-594.

Regestum Farfense, v. GREGORIUS CATINENSIS in indice I.

Regula canonicorum, v. CHRODEGANGUS in indice I.

Regula Magistri [s. vi, Subiaco?]: MIGNE, *PL.* 88, 943-1052; H. VANDERHOVEN et F. MASAI, 1953 (*Publ. de Scriptorium*; 3); A. DE VOGÜÉ, 3 t., 1964-1965 (*Sources chrét.*, 105-107), I 274-444, II 6-448.

Restauratio monasterii Glannafoliensis, v. ODO in indice I.

Ruodlieb [ca. a. 1050, Tegernsee]: F. SEILER, Halle 1882, 203-301; E. H. ZEYDEL, Chapel Hill 1959 (*University of North Carolina, Studies in the Germanic Languages and Literatures*, 23).

Sacramentarium Gallicanum: MIGNE, *PL.* 72, 111-582. V. etiam Missale Bobiense, Missale Francorum, Missale Gallicanum vetus, Missale Gothicum.

Sacramentarium Gelasianum [s. vii; ante ca. a. 680, Roma]: H. A. WILSON, Oxford 1894; L. C. MOHLBERG, *Liber Sacramentorum Romanae Aecclesiae Ordinis Anni Circuli*, Roma 1960, ²1968 (*Rerum ecclesiasticarum documenta, Series maior, Fontes*, 4).

Sacramentarium Pseudo-Germanicum [s. vii-viii; Autun?]: MARTÈNE, *Thes.*, V 91-100; MIGNE, *PL.* 72, 89-98; J. QUASTEN, Münster 1934.

Sacramentarium Gregorianum [s. vi-viii]: MIGNE, *PL.* 78, 25-240; H. LIETZMANN, Münster 1921 (*Liturgiegesch. Quellen*, 3); J. DESHUSSES, 1971 (*Spicilegium Friburgense*, 16).

Sacramentarium Leonianum [ca. a. 560]: C. L. FELTOE, Cambridge 1896; L. C. MOHLBERG, sub titulo: *Sacramentarium Veronense*, Roma 1956 (*Rerum ecclesiasticarum documenta, Series maior, Fontes*, 1).

Sagornini chronicon, v. JOHANNES VENETUS in indice I.

Series episcoporum Mettensium [usque ad a. 964, Metz]: G. H. PERTZ, *SS.*, II 268-270; O. HOLDER-EGGER, *SS.*, XIII 305-306.

De s. Anselmi similitudinibus (falso Eadmero attrib.) [ante a. 1130]: MIGNE, *PL.* 159, 605-708.

Stabilimentum communie Rothomagi [a. 1160-1170, Rouen]: A. GIRY, *Les Etablissements de Rouen*, 2 t., Paris 1883, 1885 (*Bibl. de l'Ec. des Hautes Etudes*, 85, 89), II 4-55.

Status ecclesiae Constantiniensis [a. 1093, Coutances]: *Gallia Christ.*², XI, instr., 217-224.

Statuta Andlavensia [a. 888-906, Andlau, dioec. Strasbourg]: A. BRUCKNER, *Regesta Alsatiae*, I, 1949, 390-395.

Statuta ecclesiae antiqua [s. v ex., Gallia]: MIGNE, *PL.* 56, 879-889.

Statuta hansae Flandrensis Londiniae habitae [ca. a. 1250-1275, Ieper]: H. VAN WERVEKE, *BCRH.*, t. 118 (1953), 311-315.

Statuta Murbacensia [a. 816, Murbach]: B. ALBERS, *Cons. monast.*, III 79-93; J. SEMMLER, in *Corp. consuet. monast.*, I, 1963, 442-450.

Statuta Ordinis Cisterciensis [a. 1134-1200]: MARTÈNE, *Thes.*, IV 1243-1295; J. M. CANIVEZ, *Stututa capitulorum generalium Ordinis Cisterciensis*, t. I, Louvain 1933 (*Bibl. de la Revue d'hist. ecclésiastique*, 9).

Statuta Ordinis Praemonstratensis [a. 1290]: J. LE PAIGE, *Bibliotheca Praemonstratensis Ordinis*, Paris, 1633, 777-831.

Statuta Praemonstratensia [ante a. 1143]: R. VAN WAEFELGHEM, Louvain 1913 (*Analectes de l'Ordre de Prémontré*, 9).

Statuta Suavii abbatis S. Severi [ca. a. 1100, S.-Sever, dioec. Aire]: MARTÈNE, *Thes.*, I 277-281.

Summa de legibus Normannie [s. xiii, post a. 1250]: LUDEWIG, *Reliq.*, VII 149-418; E. J. TARDIF, *Coutumiers de Normandie*, II 1-341.

Supplementum ad Marculfi formulas [s. vii med.]: K. ZEUMER, *Form.*, 107-109; A. UDDHOLM, 1962 (*Collectio scriptorum veterum Upsaliensis*), 332-346.

Tabula Othiniensis [a. 1095, Odense]: M. CL. GERTZ, *Vitae sanctorum Danorum*, København 1908-1912, 60-62.

Tractatus de ecclesia S. Petri Aldenburgensis [a. 1084, Oudenburg, dioec. Tournai]: O. HOLDER-EGGER, *SS.*, XV 867-872.

Tractatus de investitura episcoporum [a. 1109, dioec. Liège]: E. BERNHEIM, *Lib. de lite*, II 498-504.

Traditiones Altahenses Superiores [a. 1104-1280, Oberaltaich, dioec. Regensburg]: MON. BOICA, XII 15-83.

Traditiones Augienses [ca. a. 1120-s. xiv, Au, dioec. Salzburg]: *Mon. Boica*, I 129-214.

Traditiones Brixinenses [a. 907-1280, Brixen]: O. REDLICH, *Die Traditionsbücher des Hochstifts Brixen*, Innsbruck 1886 (*Acta Tirolensia*, 1).

Traditiones Corbeienses [a. 822-1037, Korvei, dioec. Paderborn]: P. WIGAND, Leipzig 1843; K. A. ECKHARDT, *Studia Corbeiensia*, 2 t., Aalen 1970 (*Bibl. rer. hist.*, 1-2), I 177-304, II 307-432.

Traditiones Ebersbergenses [a. 934-ca. a. 1250, Ebersberg, dioec. Freising]: A. F. OEFELE, *Scr. rer. Boic.*, II 18-48; F. H. VON HUNDT, *Das Cartular des Klosters Ebersberg*, 1879 (*Abh. kön. bayer. Akad., hist. Kl.*, XIV, 3), 136-181.

Traditiones Formbacenses [ca. a. 1096-1289, Formbach, dioec. Passau]: *UB. des Landes ob der Enns*, I 625-777.

Traditiones Garstenses [s. xi ex.-s. xiv, Garsten, dioec. Passau]: *UB. des Landes ob der Enns*, I 115-202.

Traditiones Gottwicenses [a. 983-1231, Göttweig, dioec. Passau]: A. FR. FUCHS, 1931 (*Fontes rer. Austr.*, II 69), 143-561.

Traditiones Juvavenses capituli majoris [a. 1058-1252, Salzburg]: W. HAUTHALER, *Salzb. UB.*, I 585-764.

Traditiones Juvavenses, Codex Balduwini [a. 1041-1060, Salzburg]: W. HAUTHALER, o.c., 230-246.

Traditiones Juvavenses, Codex Fridarici [a. 958-991, Salzburg]: W. HAUTHALER, o.c., 168-187.

Traditiones Juvavenses, Codex Odalberti [a. 923-935, Salzburg]: W. HAUTHALER, o.c., 63-165.

Traditiones Juvavenses, Codex Tietmari [a. 1025-1060, Salzburg]: W. HAUTHALER, o.c., 211-228.

Traditiones Juvavenses, v. etiam Traditiones S. Petri Salisburgensis.

Traditiones Lunaelacenses [s. x in.-s. xiii, Mondsee, dioec. Passau]: *UB. des Landes ob der Enns*, I 1-101.

Traditiones S. Michaelis Biurensis [a. 1072-1267, Michaelbeuren, dioec. Salzburg]: W. HAUTHALER, *Salzb. UB.*, I 771-853.

Traditiones Ranshofenses [a. 1070-1225, Ranshofen, dioec. Passau]: *Mon. Boica*, III 237-308.

Traditiones Ratisbonenses [ca. a. 760-1277, Regensburg]: J. WIDEMANN, 1943 (*Qu. und Erört. z bayer. Gesch.*, N.F., 8).

Traditiones Reichersperg enses [ca. a. 1130-1293, Reichersberg, dioec. Passau]: *UB. des Landes ob der Enns*, I 277-420.

Traditiones Reinhardsbrunnenses [a. 1086-1365, Reinhardsbrunn, dioec. Mainz]: J. F. SCHANNAT, *Vindemiae*, I 106-138.

Traditiones S. Petri Salisburgensis [a. 987-1297, S.-Peter, Salzburg]: W. HAUTHALER, *Salzb. UB.*, I 252-576.

Traditiones S. Georgii in Silva Nigra, v. Notitiae fundationis et traditionum.

Traditiones S. Petri in Silva Nigra [a. 1095-1203, S.-Peter, dioec Konstanz]: F. VON WEECH, *Der Rotulus Sanpetrinus*, in *Freiburger Diöc. Arch.*, 15 (1882), 136-174; E. FLEIG, *Handschriftliche, wirtschafts- und verfassungsgeschichlichte Studien z. Gesch. des Klosters St. Peter auf dem Schwarzwald*, Freiburg i. Br. 1908, 96-128.

Traditiones Tegernseenses [a. 1003-1242, Tegernsee, dioec. Freising]: P. ACHT, 1952 (*Qu. und Erört. z. bayer. Gesch.*, N.F., IX 1).

Traditiones Weihenstephanenses [s. xi in.-s. xiii med., Weihenstephan, dioec. Freising]: *Mon. Boica*, IX 351-496.

Traditiones Weltenburgenses [a. 930-1280, Weltenburg, dioec. Regensburg]: M. THIEL, 1958 (*Qu. und Erört. z. bayer. Gesch.*, N.F., XIV), 3-98.

Traditiones Werdinenses [a. 793-1273, Werden, dioec. Köln]: W. CRECELIUS, *Zeitschr. d. Bergischen Geschichtsvereins*, t. 6 (1869), 7-66, t. 7 (1871), 1-49.

Traditiones Wessofontanae [ca. a. 760-s. xiii med., Wessobrunn, dioec. Augsburg]: *Mon. Boica*, VII 337-371.

Traditiones S. Stephani Wirceburgensis [a. 1057-1168, S.-Stephan, Würzburg]: J. F. SCHANNAT, *Vindemiae*, I 53-91.

Triumphus s. Lamberti de castro Bullonio [paulo post a. 1141, Liège]: W. ARNDT, *SS.*, XX 498-511.

De triumpho s. Lamberti in Steppes [post a. 1219, Liège]: J. HELLER, *SS.*, XXV 172-191.

Triumphus s. Remacli de Malmundariensi coenobio [lib. I: post a. 1080; lib. II paulo post a. 1071; Stavelot, dioec. Liège]: W. WATTENBACH, *SS.*, XI 436-461.

Urbarium Corbeiense [a. 1106-1128, Korvei]: N. KINDLINGER, *Münsterische Beiträge zur Geschichte Deutschlands, hauptsächlich Westfalens*, II, Münster 1790, 119-147; H. H. KAMINSKY, *Studien zur Reichsabtei Corvey in der Salierzeit*, Köln-Graz 1972 (*Veröff. hist. Kommission Westfalens*, 10), 224-239.

Urbarium Egmundense [s. xii, Egmond, dioec. Utrecht]: O. OPPERMANN, *Fontes Egmundenses*, 1933 (*Werken uitgeg. door het Hist. Genootsch.*, 3e serie, 61), 74-94.

Urbarium Maurimonasterii [ca. a. 900, Marmoutier, dioec. Strasbourg]: CH.-E. PERRIN, *Essai sur la fortune immobilière de... Marmoutier*, 159-162.

Urbarium Prumiense [a. 893, Prüm, dioec. Trier]: H. BEYER, *UB. Mittelrh.*, I 142-201.

Urbarium S. Emmerami Ratisbonensis [a. 1031, cum addit. s. xii, S.-Emmeram, dioec. Regensburg]: PH. DOLLINGER, *Classes rurales*, 504-512.

Urbarium rerum fiscalium Rhaetiae Curiensis [s. ix p. pr., Chur]: E. MEYER-MARTHALER und F. PERRET, *Bündner UB.*, I, 376-396.

Urbarium Xantense [ca. a. 1284, Xanten]: C. WILKES, *Quellen zur Rechts- und Wirtschaftsgeschichte des Archidiakonats und Stifts Xanten*, I, Bonn 1937 (*Veröff. Vereins z. Erhaltung des Xantener Domes*, 3), 50-110.

Usatici Barchinonae [s. xi-xii]: CH. GIRAUD, *Essai sur l'histoire du droit français au Moyen Age*, II, Paris 1846, 465-509; ap. *Cortes de los antiguos reinos de Aragón y de Valencia y principado de Cataluña, publ. por la R.A. de la historia*, I, Madrid 1896, 10*-46; R. D'ABADAL y F. VALLS TABERNER, Barcelona 1913; pars vetustissima, c. 4-59, Usualia dicta [ca. a. 1058]: E. WOHLHAUPTER, *Altspanisch-Gotische Rechte*, 1936 (*Germanenrechte*, 12), 178-206.

Versus de Mediolano civitate [s. viii, post a. 738, Milano]: MURATORI, *Scr.*, I 2, 688-689; E. DÜMMLER, *Poet. lat.*, I 24-26.

Versus de Verona [a. 796-806, Verona]: E. DÜMMLER, *Poet. lat.*, I 119-122; G. B. PIGHI, *Versus de Verona, Versum de Mediolano civitate*, 1960 (*Univ. di Bologna, studi pubbl. dall'Istituto di Filologia Classica*, 7), 152-154.

Versus scholarium [s. viii]: K. STRECKER, *Poet. lat.*, IV 2, 657-658.

Visio Baronti [a. 678-679, S.-Cyran, dioec. Bourges]: W. LEVISON, *SRM.*, V 373-394.

## III. OPERA HAGIOGRAPHICA ET COMMENTARII BIOGRAPHICI IUXTA NOMINA

Vita abbatum Acaunensium [ca. a. 525, S.-Maurice]: B. KRUSCH, *SRM.*, VII 329-336.

Vita Abbonis Floriacensis, v. AIMOINUS FLORIACENSIS in indice I.

Vita Abundii episc. Comensis [s. vi-ix]: *AASS.*, Apr. I, 90-94 = ³91-95.

Abundius, v. etiam Habundius.

Vita Adalberonis II episc. Mettensis, v. CONSTANTINUS in indice I.

Vita et miracula Adalberonis episc. Wirziburgensis [s. xii ex.-s. xiii in., Lambach, dioec. Passau]: W. WATTENBACH, *SS.*, XII 128-136, 138-147; I. SCHMALE-OTT, 1954 (*Qu. u. Forsch. z. Gesch. Würzburg*, 8), 12-80.

Vita prima Adalberti Egmundensis, cum miraculis [s. xii p. post., Egmond, dioec. Utrecht]: O. OPPERMANN, *Fontes Egmundenses*, 1933 (*Werken uitg. door het Hist. Genootsch.*, 3ᵉ serie, 61), 3-22.

Vita secunda Adalberti Egmundensis cum miraculis novis. [s. xiii in., Egmond]: O. OPPERMANN, o.c., 23-38.

Vitae Adalberti II archiep. Moguntini, v. ANSELMUS MOGUNTINUS in indice I.

Miracula Adalberti episc. Pragensis [s. xiii, post a. 1247]: G. H. PERTZ, *SS.*, IV 613-616.

Passio Adalberti episc. Pragensis [s. xi in., Meseritz, dioec. Poznań]: G. WAITZ, *SS.*, XV 706-708.

Vitae Adalberti episc. Pragensis, v. BRUNO QUERFURTENSIS, JOHANNES CANAPARIUS in indice I.

Miraculorum Adalhardi abb. Corbeiensis liber 2 [post a. 1095, Corbie]: *AASS.*, Jan. I 121-123; *ASOB.*, IV 1, 365-371; partim O. HOLDEREGGER, *SS.*, XV 862-865.

Vita Adalhardi Corbeiensis, v. PASCHASIUS RADBERTUS in indice I.

Vita et miracula Adalhardi perperam adscripta Gerardo abbati Silvae Majoris [paulo post a. 1050, Corbie]: *AASS.*, Jan. I 111-121; *ASOB.*, IV 1, 345-365; partim O. HOLDEREGGER, *SS.*, XV 859-862.

Epitaphium Adalheidae imperatricis, v. ODILO CLUNIACENSIS in indice I.

Miracula Adalheidae imperatricis [a. 1051-1057, Selz, dioec. Strasbourg]: G. H. PERTZ, *SS.*, IV 645-649; H. PAULHART, 1962 (*MIOeG.*, Ergänzungsband 20, Heft 2), 45-54.

Vita Adelheidis Vilicensis, v. BERTHA in indice I.

Vita Adelphii abb. Habendensis [s. vii ex., vel s. viii-ix, Remiremont, dioec. Toul]: *ASOB.*, II 602-604; B. KRUSCH, *SRM.*, IV 225-228.

Vita Aedwardi regis qui apud Westmonasterium requiescit [a. 1065-1067; Canterbury?]: F. BARLOW, 1962 (*MT.*).

Miracula Aegidii, v. PETRUS GUILLELMI in indice I.

Vita prima Aegidii [s. x, S.-Gilles, dioec. Nimes]: *AASS.*, Sept. I 299-303; E. REMBRY, *S. Gilles*, Brugge 1881, II 515-524.

Vita altera Aegidii, FULBERTO CARNOTENSI attributa: *Anal. Boll.*, t. 8 (1889), 103-120.

Gesta Aelfredi regis, v. ASSERUS in indice I.

Vita Aemiliani, v. BRAULIO in indice I.

Conversio et passio Afrae [s. viii, Augsburg]: B. KRUSCH, *SRM.*, III 55-64.

Vita Agathonis papae: *AASS.*, Jan. I 624-625 (hausta ex Libro Pontif.); L. DUCHESNE, *Liber Pontificalis*, I 350-355.

Miracula Agili abb. Resbacensis [s. xi-xii, Rebais, dioec. Meaux]: *ASOB.*, II 326-334.

Vita Agili abb. Resbacensis [post s. ix. med., Rebais, dioec. Meaux]: *ASOB.*, II 316-326; *AASS.*, Aug. VI 574-587.

Inventio Vitalis et Agricolae, v. PS.-AMBROSIUS in indice I.

Miracula Agrippini Neapolitani, v. PETRUS SUBDIACONUS in indice I.

Vita prima Aidani episc. Fernensis [s. viii?, Eyre]: *AASS.*, Jan. II 1112-1120 = ³Jan. III 727-735; CH. PLUMMER, *Vitae Sanctorum Hiberniae*, Oxford 1910, II 141-163.

Vita altera Aidani episc. Fernensis [s. viii?, Eyre]: C. DE SMEDT ET J. DE BACKER, *Acta Sanctorum Hiberniae*, Edinburgh 1888, 463-488; W. W. HEIST, *Vitae Sanctorum Hiberniae...*, Bruxelles 1965 (*Subsidia hagiogr.*, 28), 234-247.

Miracula Aigulfi abb. Lerinensis [s. xi ex.-s. xii, Provins, dioec. Sens]: *ASOB.*, II 667-672; *AASS.*, Sept. I 758-763.

Vita prima Aigulfi abb. Lerinensis [s. ix med.]: *AASS.*, Sept. I 743-747.

Vita Ailredi abb. Rievallensis, v. WALTERUS DANIEL in indice I.

Passio Albani Moguntini, v. GOSWINUS MOGUNTINUS in indice I.

Gesta Alberonis Treverensis, v. BALDERICUS FLORENNENSIS in indice I.

Vita Albini episc. Andegavensis, v. FORTUNATUS in indice I.

Vita Alcuini abb. Turonensis [ca. a. 825, Ferrières, dioec. Sens]: *ASOB.*, IV 1, 145-161; W. ARNDT, *SS.*, XV 184-197.

Vita prima Aldegundis abbatiss. Malbodensis [s. viii sive s. ix in., Nivelles?, dioec. Liège]: *ASOB.*, II 807-815; partim W. LEVISON, *SRM.*, VI 85-90.

Vita altera Aldegundis abbatiss. Malbodensis [s. ix, Maubeuge, dioec. Cambrai-Arras]: *AASS.*, Jan. II 1035-1040 = ³III 651-655.

Vita Aldemarii, v. PETRUS DIACONUS in indice I.

Vita Aldhelmi, v. FARITIUS in indice I.

Gesta Aldrici episc. Cenomannensis [ante a. 840, Le Mans]: partim G. WAITZ, *SS.*, XV 308-327; integre R. CHARLES ET L. FROGER, Mamers 1889.

Passio Alexandri papae, Eventii, Theodoli e.a. [s. vi, Roma]: MOMBRITIUS², I 44-49.

Translatio Alexandri papae et Justini [a. 834, Freising]: W. WATTENBACH, *SS.*, XV 286-288.

Acta Alexandri, v. PS.-CRISENTIANUS in indice I.

Passio Alexandri Bergomi [s. vi, Bergamo]: *AASS.*, Aug. V 803-805.

Translatio Alexandri in monasterium Hallense [a. 1146 vel paulo post, Neuwerk, Magdeburg]: H. BRESSLAU, *SS.*, XXX 954-957.

Translatio alia Alexandri, v. MEGINHARDUS FULDENSIS in indice I.

Vita Alexandri Magni, v. LEO NEAPOLITANUS in indice I.

Vita prima Alexii [s. x, Roma]: *AASS.*, Jul. IV 251-253; H. F. MASSMANN, *Bibl. der Ges. Deutsch. National-Literatur*, IX, 1843, 167-171.

Vita secunda Alexii [post s. x]: H. F. MASSMANN, o.c., 157-166.

Vita Alferii abb. Cavensis [ca. a. 1140, Venosa sive La Cava]: *AASS.*, Apr. II 97-101; MURATORI, *Scr.*, VI 205-214; L. MATTEI CERASOLI, 1941 (MURATORI, *Scr. nuova ediz*, VI/5), 3-11.

Vita Altmanni episc. Pataviensis [a. 1125-1141, Passau]: W. WATTENBACH, *SS.*, XII 228-243.

Sermo de Amalberga, v. RADBODUS TRAJECTENSIS in indice I.

Vita Amalbergae Bilsenensis [s. xi p. post., Gent dioec. Tournai]: *AASS.*, Jul. III 90-102 = ³87-98.

Acta Amalbergae Malbodensis [s. xi ex., Lobbes?]: *AASS.*, Jul. III 69-70 = ³67.

Miracula Amandi in itinere Gallico, v. GILLEBERTUS in indice I.

Vita prima Amandi [s. viii med., S.-Amand, dioec. Tournai]: B. KRUSCH, *SRM.*, V 428-449.

Vita metrica Amandi, v. MILO ELNONENSIS in indice I.

Vita tertia Amandi, v. MILO ELNONENSIS in indice I.

Vita Amantii, v. PS.-FORTUNATUS in indice I.

Vita Amatoris episc. Autissiodorensis, v. STEPHANUS AFRICANUS in indice I.

Vita Amati abb. Habendensis [s. vii ex., vel s. viii-ix Remiremont, dioec. Toul]: *ASOB.*, II 129-135; *AASS.*, Sept. IV 103-107; B. KRUSCH, *SRM.*, IV 215-221.

Passio Anastasiae [ante s. viii, Roma]: H. DELEHAYE, *Etude sur le légendier romain*, Bruxelles 1936 (*Subsid. hagiogr.*, 23), 222-249.

Miracula Andreae apostoli, v. GREGORIUS TURONENSIS in indice I.

Vita Angilberti abb. Centulensis [ex Chronico Centulensi, auctore HARIULFO]: *ASOB.*, IV 1, 108-120.

Vita altera et miracula Angilberti, v. ANSCHERUS in indice I.

Vita Aniani episc. Aurelianensis [s. viii med., Orléans]: B. KRUSCH, *SRM.*, III 108-117.

Vita Annonis archiep. Coloniensis [ca. a. 1077-1088, Siegburg, dioec. Köln]: R. KOEPKE, *SS.*, XI 465-514.

Translatio Ansani [post a. 1170, Siena]: BALUZE-MANSI, *Misc.*, IV 65-67.

Vita Ansberti episc. Rotomagensis [s. viii ex., Rouen]: W. LEVISON, *SRM.*, V 618-641.

Vita Ansegisi abb. Fontanellensis [ex Gestis abbatum Fontanellensibus]: *ASOB.*, IV 1, 630-639.

Gesta Anselmi Cantuariensis, v. EADMERUS in indice I.

Vita Anselmi [ex Historia novorum in Anglia, auctore EADMERO]: *AASS.*, Apr. II 893-950 = ³890-947.

Vita et miracula Anselmi episc. Lucensis, falso Bardoni adscripta [a. 1086-1087, Mantova?]: R. WILMANS, *SS.*, XII 13-35.

Vita metrica Anselmi episc. Lucensis, v. RANGERIUS LUCENSIS in indice I.

Vita Anselmi abb. Nonantulani [s. xi in., Nonantola]: G. WAITZ, *SRL.*, 567-570; P. BORTOLOTTI, Modena 1892, 123-131.

Vitae Anskarii, v. RIMBERTUS, WALDO in indice I.

Passio Anthimi [s. vi, Roma]: *AASS.*, Maji II 616-618 = ³614-616.

Vita Antidii episc. Bisuntinensis [ca. a. 1000, Besançon]: *AASS.*, Jun. V 42-47 = ³VII 37-41.

Vita Antonini Surrentini [s. ix p. post. - s. x, Sorrento]: *ASOB.*, IV 1, 417-430.

Vita Apollinaris episc. Valentinensis [s. ix?, Valence]: B. KRUSCH, *SRM.*, III 197-203.

Gesta Apollonii regis Tyrii [s. x, Tegernsee?]: E. DÜMMLER, *Poet. lat.*, II 484-506.

Miracula Apri episc. Tullensis [post a. 978, Toul]: MARTÈNE, *Thes.*, III 1035; *AASS.*, Sept. V 70-79; partim G. WAITZ, *SS.*, IV 515-520.

Vita Aridii [s. viii p. post., S.-Yrieix, dioec. Limoges]: B. KRUSCH, *SRM.*, III 581-609.

Vita Arnulfi episc. Mettensis [paulo post a. 641, Remiremont, dioec. Toul]: B. KRUSCH, *SRM.*, II 432-446; addit.: *SRM.*, VII 782-791.

Vita Arnulfi episc. Suessionensis, v. HARIULFUS in indice I.

Vita Arnulfi Villariensis, v. GOSWINUS DE BOSSUT in indice I.

Translatio Arsacii [s. xii?]: *ASOB.*, III 1, 663-664. V. etiam METELLUS in indice I.

Epitaphium Arsenii, v. PASCHASIUS RADBERTUS in indice I.

Vita Arthellaidis [Apulia?]: *AASS.*, Mart. I 263-264 = ³262-263.

Vita Athanasii episc. Neapolitani [ex Gestorum episc. Neapol. altera parte, auctore JOHANNE NEAPOLITANO]: MURATORI, *Scr.*, II 2, 1046 (VII) - 1046 (XII).

Vita et translatio Athanasii episc. Neapolitani, perperam Johanni Neapolitano asscripta, nuper Guarimpoto attributa [s. ix ex., Napoli]: partim B. CAPASSO, *Mon. Neapol.*, I 282-290; partim G. WAITZ, *SRL.*, 439-452.

Vita Attractae [s. xii, Boyle, dioec. Elphin]: *AASS.*, Febr. II 297-300.

Translatio et miracula Auctoris episc. Treverensis [s. xiii, S.-Ägidien Braunschweig, dioec. Halberstadt]: *AASS.*, Aug. IV 48-54.

Miracula Audoini episc. Rothomagensis [s. xi ex.-s. xii in., S.-Ouen, dioec. Rouen]: *AASS.*, Aug. IV 825-837.

Translationes Audoini episc. Rothomagensis [s. xii in., Rouen]: MARTÈNE, *Thes.*, III 1669-1678; *AASS.*, Aug. IV 820-824.

Vita prima Audoini [paulo post a. 688, Rouen]: W. LEVISON, *SRM.*, V 553-567.

Miracula Audomari episc. Teruanensis [s. ix]: W. LEVISON, *SRM.*, V 776-778.

Vitae Audomari, Bertini ac Winnoci [s. ix in., S.-Bertin, dioec. Thérouanne]: W. LEVISON, *SRM.*, V 753-775; Vita Bertini etiam: *AASS.*, Sept. II 586-590; Vita Winnoci etiam: *AASS.*, Nov. III 263-267.

Vita secunda Audomari episc. Teruanensis [s. ix p. post., S.-Bertin]: *AASS.*, Sept. III 402-406.

Translatio Augustini Cantuariensis; Vita et miracula Augustini, v. GOSCELINUS in indice I.

Passio Aureae [s. vi, Roma]: *AASS.*, Aug. IV 757-761.

Translatio Georgii, Aurelii et Nathaliae, v. AIMOINUS SANGERMANENSIS in indice I.

Miracula posteriora Austrebertae [s. x, Jumièges vel Pavilly, dioec. Rouen]: *ASOB.*, III 1, 43-44.

Vita prima Austrebertae abb. Pauliacensis [paulo post a. 704, Pavilly]: *ASOB.*, III 1, 28-37.

Vita altera Austrebertae [s. viii med.]: *ASOB.*, III 1, 37-39.

Miracula Austregisili episc. Bituricensis [s. xi, Bourges]: B. KRUSCH, *SRM.*, IV 200-208.

Miracula Austregisili episc. Bituricensis [s. xi, Bourges]: *AASS.*, Maji V 236*-238* = ³67*-69*.

Vita Austregisili episc. Bituricensis [s. viii, Bourges]: *AASS.*, Maji V 229*-232* = ³60*-63*; B. KRUSCH, *SRM.*, IV 191-200.

Vita Austrulfi abb. Fontanellensis [ex Gestis abbatum Fontanellensibus]: *ASOB.*, III 2, 133-136.

Vita Autberti, v. FULBERTUS in indice I.

Vita et miracula Baboleni abb. Fossatensis [post s. xi med., S.-Maur-des-Fossés, dioec. Paris]: *AASS.*, Jun. V 181-184 = ³VII 159-162 (miracula tantum); partim *Hist. de Fr.*, III 565-571 (ex Vita).

Vita Balderici episc. Leodiensis [s. xii, Liège]: G. H. PERTZ, *SS.*, IV 725-738.

Vita Balthildis [recensio A: a. 673-683?; recensio B: s. viii ex.-s. ix in., Chelles, dioec. Paris]: B. KRUSCH, *SRM.*, II 482-508.

Vita Bandaridi [a. 1126-1152, S.-Crépin-le-Grand, dioec. Soissons]: *AASS.*, Aug. I 62-68.

Vita Barbatiani [ante ca. a. 1070; s. ix vel post., Ravenna]: MURATORI, *Scr.*, II 1, 194-198; MIGNE, *PL.* 106, 769-778.

Vita prima Bardonis archiep. Moguntini, v. VULCULDUS in indice I.

Vita altera major Bardonis archiep. Moguntini [s. xi med., Fulda, dioec. Mainz]: W. WATTENBACH, *SS.*, XI 322-342; PH. JAFFÉ, *Bibl.*, III 529-564.

Vita Basini episc. Treverensis, v. NIZO in indice I.

Vita Basoli, v. ADSO in indice I.

Vita Bassiani episc. Laudensis [s. ix]: MOMBRITIUS², I 144-150.

Translatio Baudelii [post a. 878, Saissy, dioec. Auxerre]: L. MÉNARD, *Hist. de Nîmes*, I, preuves, 3-8; partim *Hist. de Lang.*³, V 1-4.

Miracula Bavonis [s. x ex., S.-Bavo, Gent, dioec. Tournai]: *AASS.*, Oct. I, 293-303 = ³292-302; partim O. HOLDER-EGGER, *SS.*, XV 590-597.

Translatio prima et miracula Bavonis [paulo post a. 1010, S.-Bavo, Gent]: partim O. HOLDER-EGGER, o.c., 597; M. COENS, *Anal. Boll.*, 86 (1968), 52-55.

Vita Bavonis [s. ix, ante 844, S.-Bavo, Gent]: B. KRUSCH, *SRM.*, IV 534-545.

Vita Bavonis [s. ix, ante 844, S.-Bavo Gent, dioec. Tournai]: B. KRUSCH, *SRM.*, IV 534-545.

Epistola de obitu Bedae, v. CUTHBERTUS in indice I.

Vita Benedicti Anianensis, v. ARDO in indice I.

Carmen de Benedicto, v. BERTHARIUS CASINENSIS in indice I.

Illatio Benedicti, v. THEODERICUS AMORBACENSIS in indice I.

Inventio et miracula Benedicti, v. PETRUS DIACONUS in indice I.

Miracula Benedicti, v. ADREVALDUS, AIMOINUS FLORIACENSIS, ANDREAS FLORIACENSIS, RADULFUS TORTARIUS in indice I.

Sermo in vigiliis Benedicti de Nursia, v. LAURENTIUS CASINENSIS in indice I.

Translatio Benedicti et Scholasticae, perperam Adrevaldo asscripta [ca. a. 875, S.-Benoît-sur-Loire, dioec. Orléans]: *AASS.*, Mart. III 302-305 = ³300-303; *ASOB.*, II 353-358;

E. DE CERTAIN, *Les miracles de S.-Benoît*, 1858 (*SHF.*), 1-14; partim O. HOLDER-EGGER, *SS.*, XV 480-482, in notis.

Vita Bennonis II episc. Osnabrugensis, v. NORBERTUS in indice I.

Vita Beraldi, v. JOHANNES SIGNIENSIS in indice I.

Miracula Bercharii, v. Casus Dervensis coenobii in indice II.

Passio Bercharii, v. ADSO in indice I.

Gesta (Panegyricus) Berengarii imperatoris [a. 916-924, Verona?]: E. DÜMMLER, Halle 1871; P. v. WINTERFELD, *Poet. lat.*, IV 1. 355-401; G. H. PERTZ, *SS.*, IV 190-210.

Vita Berlendis (falso Herigero adscripta) [s. xi med., Lobbes]: *AASS.*, Febr. I 378-381 = ³383-385; *ASOB.*, III 1, 16-21.

Vita prima (magna) Bernardi Claraevallensis, auctoribus Willelmo abb. s. Theodorici (lib. I), Ernaldo abb. Bonaevallis (lib. II), Gaufrido Autissiodorensi (lib. III, IV, V); recensio posterior a Gaufrido procurata [s. xii med., ante 1155, Clairvaux, dioec. Langres]: J. MABILLON, *Bernardi opera*, ed. 1690, II 1061-1160; ed. 1719, II 1076-1175; *AASS.*, Aug. IV 256-326; MIGNE, *PL.* 185, 225-366.

Vita prima Bernardi episc. Parmensis [a. 1133-1139, Parma]: P. SCHRAMM, *SS.*, XXX 1316-1323.

Vita secunda Bernardi Parmensis [s. xii, post a. 1133, San Salvo, dioec. Firenze]: P. SCHRAMM, *SS.*, XXX 1323-1327.

Vita Bernardi Poenitentis, v. JOANNES, FORSAN ABBAS S.-BERTINI in indice I.

Vita Bernwardi, v. THANGMARUS in indice I.

Vita et miracula Bertholdi abb. Garstensis [ca. a. 1173-1182, cum addit. post., Garsten, dioec. Passau]: *AASS.*, Jul. VI 475-493.

Gesta Bertichramni episc. Cenomannensis [ex Actibus pontificum Cenomannensium]: MABILLON, *Analecta*, III 109-112.

Miracula Bertini [s. ix, S.-Bertin, dioec. Thérouanne]: W. LEVISON, *SRM.*, V 778-780.

Miracula Bertini [ca. a. 892-900, S.-Bertin, dioec. Thérouanne]: *ASOB.*, III 1, 126-138; O. HOLDER-EGGER, *SS.*, XV 509-516.

Miracula Bertini recentiora [s. xii-xiii, S.-Bertin]: *ASOB.*, III 1, 117-126 et 138-168; partim O. HOLDER-EGGER, *SS.*, XV 516-522.

Relatio de inventione et elevatione Bertini, v. BOVO SITHIENSIS in indice I.

Vita Bertini abb. Sithiensis, v. Vitae Audomari, Bertini ac Winnoci.

Vita Bertini, v. FOLCARDUS in indice I.

Vita Bertuini [s. ix p. pr., Malonne?, dioec. Liège]: W. LEVISON, *SRM.*, VII 177-182.

Vita Bertulfi Renticensis [a. 1073-1088, S.-Pierre, Gent, dioec. Tournai]: *ASOB.*, III 1, 45-64.

Vita tertia Bonifatii archiep. Moguntini [s. x p. post., Utrecht]: W. LEVISON, *Vitae s. Bonifatii*, 1905 (*SRG.*), 79-89.

Vita quarta Bonifatii archiep. Moguntini [paulo post a. 1011, Mainz]: LEVISON, o.c., 90-106.

Vitae Bonifatii, v. WILLIBALDUS, RADBODUS TRAJECTENSIS, OTLOHUS in indice I.

Passio Bonifatii mart. Tarsi [s. vii?, Roma?]: *AASS.*, Maji III 280-283.

Vita et translatio Boniti episc. Arverni [paulo post a. 711, Manglieu, dioec. Clermont]: *ASOB.*, III 1, 89-100; B. KRUSCH, *SRM.*, VI 119-139.

Passio Bonosae [s. vi?, Roma?]: *AASS.*, Jul. IV 21-23.

Vita Bovae et Dodae [s. x]: *AASS.*, Apr. III 283-290 = ³286-293.

Vita Brigidae [s. vii med., Eyre]: *AASS.*, Febr. I 118-134 = ³119-135.

Vita prima Brunonis archiep. Coloniensis, v. RUOTGER in indice I.

Gesta metrica Burchardi episc. Cameracensis [s. xii in., Cambrai]: CH. DE SMEDT, *Gestes des évêques de Cambrai*, Paris 1880, 142-157; G. WAITZ, *SS.*, XIV 220-224.

Gesta prosaica Burchardi episc. Cameracensis [s. xii in., Cambrai]: CH. DE SMEDT, o.c., 113-141; G. WAITZ, *SS.*, XIV 212-220.

Vita Burchardi comitis Vindocinensis, v. ODO FOSSATENSIS in indice I.

Vita Burchardi episc. Wirziburgensis, v. EKKEHARDUS URAUGIENSIS in indice I.

Vita Burchardi episc. Wormatiensis [paulo post a. 1025, Worms]: G. WAITZ, *SS.*, IV 830-846.

Gesta Caecilia [post a. 486, Roma]: MOMBRITIUS², I 332-341; H. DELEHAYE, *Etude sur le légendier romain*, Bruxelles 1936 (*Subsidia hagiogr.*, 23), 194-220.

Vita Caesarii archiep. Arelatensis [ante a. 549, Arles]: B. KRUSCH, *SRM.*, III 457-501.

Miracula Caesarii [s. vi-s. ix, Roma?]: *AASS.*, Nov. I 126-129.

Acta Canionis [s. ix?, dioec. Cirenza] *AASS.*, Maji VI 28-34.

Vita et miracula Carauni [s. ix, Chartres]: *AASS.*, Maji VI 749-754 = ³741-745.

Acta Caretoci [s. xii]: *AASS.*, Maji III 585-586 = ³583.

Vita Carilefi abb. Anisolensis [s. ix p. pr., S.-Calais, dioec. Le Mans]: partim B. KRUSCH, *SRM.*, III 389-394.

Vita secunda Carilefi abb. Anisolensis [s. ix, S.-Calais]: *ASOB.*, I 642-650; *AASS.*, Jul. I 90-98 = ³80-87.

Vita Carthaci episc. Lismorensis [s. xi-xii, Lismore]: *AASS.*, Maji III 378-388 = ³377-387; CH. PLUMMER, *Vitae Sanctorum Hiberniae*, Oxford 1910, I 170-199.

Vita Carthaci episc. Lismorensis [s. xii vel post, Eyre]: *AASS.*, Maji III 375-378 = ³374-377; W. W. HEIST, *Vitae Sanctorum Hiberniae...*, Bruxelles 1965 (*Subsid. hagiogr.*, 28), 334-340.

Carmen de Cassiano [s. ix med., Laon?]: P. v. WINTERFELD, *Poet. lat.*, IV 181-196.

Inventio et translatio Celsi, v. THEODERICUS TREVERENSIS in indice I.

Vita Ceolfridi abb. Wiremuthensis [ex Historia abbatum, auctore Beda]: *AASS.*, Sept. VII 136 = ³125.

Vita Cerbonii Populoniensis [post s. vii]: UGHELLI², III 703-709.

Passio Christophori [s. vii-ix]: K. STRECKER, *Poet. lat.*, IV 2, 809-840.

Passio Christophori, v. WALTERUS SPIRENSIS in indice I.

Vita Chrodegangi, v. HERARDUS TURONENSIS in indice I.

Passio Chrysanthi et Dariae [s. vi, Roma]: MOMBRITIUS², I 271-278.

Vita Chunradi archiep. Salisburgensis [a. 1170-1177, Salzburg]: W. WATTENBACH, *SS.*, XI 63-77.

Vita Chuonradi episc. Constantiensis, v. OUDALSCHALCHUS in indice I.

Gesta Chuonradi imperatoris, v. WIPO in indice I.

Gesta Cnutonis regis, v. Encomium Emmae reginae in indice II.

Vita Columbae Hiensis, v. ADAMNANUS in indice I.

Miracula Columbani [s. x med., Bobbio]: *ASOB.*, II 40-55; H. BRESSLAU, *SS.*, XXX 997-1015.

Vita Columbani discipulorumque ejus, v. JONAS BOBIENSIS in indice I.

Vita Condedi Belcinnacensis [s. ix in., S.-Wandrille, dioec. Rouen]: *AASS.*, Oct. IX 355-357; W. LEVISON, *SRM.*, V 646-651.

Vita Conradi episc. Salisburgensis, v. Vita Chunradi.

Vita et passio Conradi archiep. Treverensis, v. THEODERICUS THEOLEGIENSIS in indice I.

Gesta Conwoionis abb. Rotonensis, auctore fortasse Ratvile episc. Aletense [s. ix ex., post a. 868]: *ASOB.*, IV 2, 193-219; partim L. v. HEINEMANN, *SS.*, XV 455-459.

Vita altera Conwoionis abb. Rotonensis [s. xi, Redon, dioec. Vannes]: *ASOB.*, IV 2, 188-192; partim L. v. HEINEMANN, *SS.*, XV 459-460.

Vita Corbiniani, v. ARBEO in indice I.

Vita altera Corbiniani episc. Frisingensis retractata [s. x in., Freising]: *AASS.*, Sept. III 281-295; B. KRUSCH, *SRM.*, VI 594-635.

Historia de Cuthberto [ca. a. 1050, Durham]: T. ARNOLD, *Symeonis monachi opera*, 2 t., 1882, 1885 (*RS.*, 75), I 196-214.

Vita Cuthberti episc. Lindisfarnensis [a. 699-705, Lindisfarne]: B. COLGRAVE, *Two lives of S. Cuthbert*, Cambridge 1940, 60-139.

Vitae Cuthberti, v. BEDA in indice I.

Versiculi de cena Cypriani, v. JOHANNES DIACONUS ROMANUS in indice I.

Translatio Cyriaci [s. x ex. vel postea]: *AASS.*, Aug. II 334-336.

Vita Cyrilli et Methodii, v. GAUDERICUS in indice I.

Laudatio Cyri, v. BONIFATIUS CONSILIARIUS in indice I.

Miracula Cyri, v. BONIFATIUS CONSILIARIUS in indice I.

Gesta Dagoberti regis [auctore Hilduino Sandionensi vel Hincmaro Remensi; haud longe ante a. 835, S.-Denis]: B. KRUSCH, *SRM.*, II 399-425.

Vita Dagoberti III regis [s. ix ex. vel s. x, Stenay, dioec. Trier]: B. KRUSCH, *SRM.*, II 511-524.

Vita Dalmatii episc. Ruteni [s. viii in. vel s. ix in., Rodez]: partim *Hist. de Fr.*, III 419-420; B. KRUSCH, *SRM.*, III 545-549.

Vita Deicoli abb. Lutrensis, auctore fortasse Theoderico Treverensi [s. x ex.]: *AASS.*, Jan. I 200-210 = ³564-574; *ASOB.*, II 103-116; partim G. WAITZ, *SS.*, XV 675-682.

Passio Demetrii, v. ANASTASIUS in indice I.

Vita Deodati abb. Blesensis [s. ix ex.]: *AASS.*, Apr. III 274-276 = ³277-278.

Vita Deoderici episc. Mettensis, v. SIGEBERTUS GEMBLACENSIS in indice I.

Vita Desiderii episc. Cadurcensis [s. viii ex. vel s. ix in., Cahors]: R. POUPARDIN, 1900 (*CT.*, 29); B. KRUSCH, *SRM.*, IV 563-602.

Passio prima Desiderii episc. Viennensis, v. SISEBUTUS in indice I.

Vita Desiderii episc. Viennensis, v. ADO VIENNENSIS in indice I.

Vita altera Desiderii episc. Viennensis [s. viii?, Vienne]: B. KRUSCH, *SRM.*, III 638-645.

Passio Desiderii et Reginfridi martyrum Alsegaudiensium [s. ix, S.-Dizier, dioec. Besançon]: *AASS.*, Sept. V 789-791; W. LEVISON, *SRM.*, VI 55-63.

De Dionysio, alias Areopagitica, v. HILDUINUS in indice I.

Epistola de Dionysio, v. HINCMARUS REMENSIS in indice I.

Miracula Dionysii [lib. 1 et 2: a. 814-835; lib. 3: post a. 877, S.-Denis]: *ASOB.*, III 2, 343-364.

Passio Dionysii, v. ANASTASIUS in indice I.

Translatio Dionysii [ca. a. 1050-1060, S.-Emmeram, dioec. Regensburg]: R. KOEPKE, *SS.*, XI 351-371.

Translatio Dionysii, v. etiam OTLOHUS in indice I.

Vita Dominici loricati, v. PETRUS DAMIANI in indice I.

Passio Domnini [s. vi, Parma]: *AASS.*, Oct. IV 991-992.

Miracula Donatiani episc. Remensis, v. RICHARDUS BRUGENSIS in indice I.

Miraculum Donatiani [a. 1091 vel 1092, Watten, dioec. Thérouanne]: MARTÈNE, *Thes.*, III 817-830; O. HOLDER-EGGER, *SS.*, XIV 176-182.

Passio Donati [ex graeco, ante s. ix in.; falso Anastasio interprete attributa]: MOMBRITIUS², I 413-416.

Passio Donati Aretini [s. v ex.-vi in., Roma]: MOMBRITIUS², I 416-418.

Vita Drausii episc. Suessionensis [s. x, Soissons]: *AASS.*, Mart. I 405-411 = ³403-409.

Vita Droctovei, v. GISLEMARUS in indice I.

Vita prima Dunstani [a. 995-1006, Canterbury?]: *AASS.*, Maji IV 346-358 = ³345-357; W. STUBBS, *Memorials of S. Dunstan*, 1874 (*RS.*, 63), 3-52.

Vita et miracula Dunstani, v. etiam OSBERNUS in indice I.

Passio duodecim fratrum [s. viii, Benevento]: *AASS.*, Sept. I 138-141.

Miracula Eadmundi regis, v. HERIMANNUS ARCHIDIACONUS in indice I.

Passio Eadmundi regis, v. ABBO FLORIACENSIS in indice I.

Vitae Eadwardi Confessoris regis Angliae, v. OSBERTUS CLARENSIS, AELREDUS in indice I.

Vita Eberhardi archiep. Salisburgensis [ca. a. 1180, Salzburg]: W. WATTENBACH, *SS.*, XI 77-84.

Vita Ebrulfi abb. Uticensis [post s. viii-s. xii in., S.-Evroul?, dioec. Lisieux]: *ASOB.*, I 354-360; partim *Hist. de Fr.*, III 438.

Vita Edwardi, v. Vita Eadwardi.

De Eginone abbate SS. Ulrici et Afrae, v. UODELSCALCUS AUGUSTENSIS in indice I.

Vita Egwini episc. Wigornensis [Brihtwaldo episc. Wintoniensi, † a. 1045, adscripta]: J. A. GILES, *Vitae quorundam Anglo-Saxonum*, London 1854 (*Caxton Society*), 349-396.

Vita Egwini episc. Wigornensis [s. xiii in.?]: *ASOB.*, III 1, 331-337.

Vita Eigilis abb. Fuldensis, v. CANDIDUS FULDENSIS in indice I.

Vita Eldradi abb. Novaliciensis [ca. a. 1150, Novalesa]: C. CIPOLLA, *Mon. Novaliciensia vetustiora*, I (*FSI.*, 31), 382-398.

Vita Eligii episc. Noviomagensis [post Audoinum, qui vitam primitivam annis 673-675 scripsit, composita s. viii p. pr., Noyon]: D'ACHÉRY, *Spicil.²*, 76-123; MIGNE, *PL.* 87 479-594; partim B. KRUSCH, *SRM.*, IV 663-741.

Vita et translatio Elphegi archiep. Cantuariensis, v. OSBERNUS in indice I.

Miracula Emmerammi, v. ARNULFUS VOCHBURGENSIS in indice I.

Vitae Emmerammi, v. ARBEO, HARTWICUS, MEGINFREDUS, ARNULFUS in indice I.

Vita Endei abb. Araniensis [s. xii]: *AASS.*, Mart. III 269-274 = ³267-272; C. PLUMMER, *Vitae Sanctorum Hiberniae*, Oxford 1910, II 60-75.

Vita et virtutes Eparchii [s. ix, Angoulême]: B. KRUSCH, *SRM.*, III 553-564.

Vita metrica Erasmi martyris Campani [s. x.?, Bayern?]: K. STRECKER, *Poet. lat.*, V 81-94.

Vita Erconwaldi episc. Londiniensis [s. xii ex.?]: *AASS.*, Apr. III 781-787 = ³790-796.

Vita Erhardi episcopi Bavarici, v. PAULUS FULDENSIS in indice I.

Vita Erluini abb. Gemblacensis [ex Gestis abb. Gemblacensium, auctore Sigeberto Gemblacensi]: *AASS.*, Maji VII 844-848 = ³829-831.

Vita Ermenfridi abb. Cusantiensis, v. EGILBERTUS CUSANTIENSIS.

Vita Ermenlandi abb. Antrensis, v. DONATUS ANTRENSIS in indice I.

Vita Erminoldi abb. Pruveningensis [a. 1281, Prüfening, dioec. Regensburg]: PH. JAFFÉ, *SS.*, XII 481-500.

Vita secunda Erminonis [s. xi, Lobbes, dioec. Cambrai]: W. LEVISON, *SRM.*, VI 461-470.

Miracula Etheldredae, v. THOMAS ELIENSIS in indice I.

Vita Ethelwoldi episc. Wintoniensis, v. WOLSTANUS in indice I.

Vita Eucherii episc. Aurelianensis [s. viii med., Orléans]: W. LEVISON, *SRM.*, VII 46-53.

Historia Eudonis majoris domus in Anglia [s. xii?, Le Bec?, dioec. Rouen]: partim *Hist. de Fr.*, XII 789-791.

Vita Eugendi, v. Vitae patrum Jurensium.

Miracula Eugenii Broniensia [s. x, Brogne, dioec. Liège]: *Anal. Boll.*, t. 3 (1884), 55-57; G. MORIN, ib., t. 5 (1886), 391-394; partim L. v. HEINEMANN, *SS.*, XV 652, et 1318-1319; D. MISONNE, *Rev. bénéd.*, t. 76 (1966), 280-285.

Translatio Eugenii Toletani ad monasterium Broniense [c. 1-33, s. x ex., prope Brogne, dioec. Liège, cum additamento (= c. 34), auctore monacho Broniensi]: *Anal. Boll.*, t. 3 (1884), 29-55; partim L. v. HEINEMANN, *SS.*, XV 646-652; D. MISONNE, *Rev. bénéd.*, t. 76 (1966), 258-279.

Virtutes Eugenii, v. Translatio Eugenii.

Acta Eulaliae, Quirico episc. Barcinonensis attributa [s. vii med.]: *AASS.*, Febr. II 577-578.

Vita Eulogii, v. ALVARUS in indice I.

Miracula Euphebii episc. Neapolitani [s. x, Napoli]: B. CAPASSO, *Mon. Neapol.*, I, 1881, 331-335.

Miracula Eupli Catinensis [s. xi]: B. CAPASSO, *Mon. Neapol.*, I, 1881, 329-231.

Miracula Eusebiae abbatiss. Hammaticensis [post a. 1137, Marchiennes, dioec. Cambrai-Arras]: *AASS.*, Mart. II 457-461 = ³452-456; *ASOB.*, II 984-990.

Vita Eusebiae abbatiss. Hammaticensis Johanni Elnonensi adscripta [ca. a. 1000]: *AASS.*, Mart. II 452-455 = ³447-450.

Passio Eusebii et Pontiani [s. vi, Roma]: *AASS.*, Aug. V 115-116.

Vita Eusebii episc. Vercellensis [s. ix, Vercelli]: UGHELLI, IV 1030-1048 = ²IV 749-761.

Passio Eustachii [s. viii vel ix, Roma?]: MOMBRITIUS², I 466-473; *AASS.*, Sept. VI 123-135.

Vita Eustasii Luxoviensis [ex Vitae Columbani abb. discipulorumque eius libro II, auctore Jona]: *AASS.*, Mart. III 786-790 = ³783-787.

Passio Eustratii et sociorum, v. GUARIMPERTUS in indice I.

Miracula Eutropii episc. Sanctonensis [s. xii-xiv, Saintes]: *AASS.*, Apr. III 736-744 = ³744-752.

Vita Faronis episc. Meldensis, v. HILDEGARIUS MELDENSIS in indice I.

Translatio Faustae [a. 864, Arnac, dioec. Limoges]: *AASS.*, Jan. I 1091-1092 = ³727-728; *ASOB.*, IV 2, 73-75.

Passio Faustini et Jovitae [s. viii ex.-s. ix in., Milano]: F. SAVIO, *Anal. Boll.*, t. 15 (1896), 65-72 et 113-159.

Passio Febroniae [ex graeco, s. x?, Napoli] MOMBRITIUS ², I 535-543.

Gesta Federici I imperatoris in Lombardia [paulo post a. 1177, Milano]: O. HOLDER-EGGER, 1892 (*SRG.*), 14-64.

Passio Felicis presb. Romani [s. vii]: MOMBRITIUS ², I 543-544.

Passio Felicis et Fortunati [s. v vel s. vi]: *AASS.*, Jun. II 461-462 = ³456-457.

Passio Ferrutii, v. MEGINHARDUS FULDENSIS in indice I.

Vita Fiacri [s. xii]: *AASS.*, Aug. VI 604-615.

Miracula Fidis Agennensis [s. xi p. post., Conques, dioec. Rodez]: A. BOUILLET, 1897 (*CT.*, 21), 126-222.

Miracula Fidis Agennensis, vide etiam BERNARDUS ANDEGAVENSIS in indice I.

Vita Fidoli abb. Trecensis [s. viii ex., Troyes]: B. KRUSCH, *SRM.*, III 428-432.

Vita altera Fidoli abb. Trecensis [post s. viii]: *AASS.*, Maji III 589-590 = ³586-587.

Translationes et miracula Filiberti, v. ERMENTARIUS in indice I.

Vita Filiberti abb. Gemmeticensis [s. viii p. post., Jumièges, dioec. Rouen]: W. LEVISON, *SRM.*, V 583-604. V. etiam ERMENTARIUS in indice I.

Vita Findani [s. ix ex., Rheinau, dioec. Konstanz]: O. HOLDER-EGGER, *SS.*, XV 503-506.

Acta Fingaris, v. ANSELMUS in indice I.

Passio et translationes Firmi et Rustici [s. vi?; transl. s. viii vel post., Verona]: MOMBRITIUS ², I 544-547 (sola passio); [S. MAFFEI], *Istoria diplomatica*, Mantova 1727, 303-314; RUINART ³, 545-549.

De loco sepulturae Florberti abb. Gandavensis, v. LAMBERTUS BLANDINIENSIS in indice I.

Translatio et miracula Florentini [s. ix p. post., Seyssieux?, dioec. Lyon]: *AASS.*, Sept. VII 426-427 = ³398-399.

Miracula Foillani, v. HILLINUS FOSSENSIS in indice I.

Vita Folquini episc. Morinensis, v. FOLCUINUS in indice I.

Vita Forannani abb. Walciodorensis [ex Historia Walciodorensis monasterii]: *AASS.*, Apr. III 814-822 = ³823-831.

Vita altera Forannani, v. ROBERTUS WALCIODORENSIS in indice I.

Vita Fortunati Spoletani, v. AUDELAUS in indice I.

Vita Fretherici abb. Horti S. Mariae, v. SIBRANDUS in indice I.

Passio Friderici episc. Trajectensis, v. ODBERTUS in indice I.

Gesta Friderici imperatoris, v. OTTO FRISINGENSIS, RAHEWINUS in indice I.

Historia Friderici imperatoris, v. OTTO MORENA in indice I.

Vita Fridolini, v. BALTHERUS SECKINGENSIS in indice I.

Vita Frodoberti, v. ADSO DERVENSIS in indice I.

Vita Fructuosi episc. Bracarensis [s. vii ex.]: *ASOB.*, II 582-590; *AASS.*, April. II 431-436 = ³427-432; F. C. NOCK, 1946 (*Studies in Medieval Hist.*, New Series, VII), 87-129; M. C. DÍAZ Y DÍAZ, *La Vida de san Fructuoso de Braga*, Braga 1974.

Vita Fulgentii, v. FERRANDUS in indice I.

Additamentum Nivialense de Fúilano ad vitam Fursei [paulo post a. 655, Nivelles, dioec. Liège]: B. KRUSCH, *SRM.*, IV 449-451.

Virtutes Fursei abb. Latiniacensis [s. viii?, Péronne, dioec. Noyon]: B. KRUSCH, *SRM.*, IV 440-449.

Vita Fursei abb. Latiniacensis [paulo post a. 650, Péronne]: *ASOB.*, II 300-309; B. KRUSCH, *SRM.*, IV 434-440.

Gesta Galcheri episc. Cameracensis [ca. a. 1110, Cambrai]: CH. DE SMEDT, *Gestes des évêques de Cambrai*, 1880 (*SHF.*), 1-108; G. WAITZ, *SS.*, XIV 186-210.

Vita Gallae Valentinensis [s. vii?]: *AASS.*, Febr. I 940-941 = ³949-950.

Vita Galli vetustissima [s. viii ex., S.-Gallen]: B. KRUSCH, *SRM.*, IV 251-256.

Vita altera Galli, v. WETTINUS AUGIENSIS in indice I.

Vita metrica Galli [a. 850, S.-Gallen]: E. DÜMMLER, *Poet. lat.*, II 428-473.

Vita tertia Galli, v. WALAHFRIDUS STRABO in indice I.

Vita et miracula Galterii Pontisarensis [post a. 1123, S.-Martin de Pontoise, dioec. Rouen]: *AASS.*, Apr. I 757-767 = ³753-763; J. DEPOIN, *Cartul. de l'abbaye de S.-Martin de Pontoise*, 1895, 185-214.

Vita Gamalberti [s. xi, Metten, dioec. Regensburg]: *AASS.*, Jan. II 783-787 = ³III 398-402; W. LEVISON, *SRM.*, VII 185-191.

Vita Gangulfi Varennensis [s. ix ex. vel s. x in., Varennes, dioec. Langres]: W. LEVISON, *SRM.*, VII 155-170.

Vita altera Gangulfi Varennensis [post a. 975-994, Toul]: partim W. LEVISON, *SRM.*, VII 170-174.

Vita Gaudentii episc. Ariminensis [s. viii-s. xi, Rimini]: *AASS.*, Oct. VI 467-472.

Historia Gaufredi, v. JOHANNES MAJORIS MONASTERII in indice I.

Vita Gaugerici episc. Cameracensis [paulo post ca. a. 627, Cambrai]: B. KRUSCH, *SRM.*, III 652-658.

Vita alia Gaugerici episc. Cameracensis [s. xi med., Cambrai]: *AASS.*, Aug. II 675-690.

Vita Gauzlini, v. ANDREAS FLORIACENSIS in indice I.

Vita Gebehardi episc. Constantiensis [s. xii p. pr., ante a. 1134?, Petershausen, dioec. Konstanz]: W. WATTENBACH, *SS.*, X 583-594.

Vita Gebehardi archiep. Salisburgensis [s. xi ex., Admont, dioec. Salzburg]: W. WATTENBACH, *SS.*, XI 25-27.

Vita Gebehardi archiep. Salisburgensis et successorum eius [post a. 1181, Admont, dioec. Salzburg]: W. WATTENBACH, *SS.*, XI 34-49.

Vitae Gelasii II, Calixti II, Honorii II pontificum Romanorum, v. PANDULFUS in indice I.

Vita Geminiani episc. Mutinensis [s. x-xi, Modena]: P. BORTOLOTTI, *Antiche Vite di S. Geminiano*, Modena 1886 (*Mon. di storia patria della prov. Modenese*, XIV, I), 63-75.

Passio Genesii mimi [s. viii?]: MOMBRITIUS ², I 597-598.

Miracula Gengulfi, v. GONZO in indice I.

Miracula Genovefae [s. ix p. post., Paris]: *AASS.*, Jan. I 147-151; P. M. B. SAINTYVES, *Vie de Sainte Geneviève*, Paris 1846, CXII-CXXVII (p. j.).

Vita Genovefae [s. viii ex., Paris]: B. KRUSCH, *SRM.*, III 215-238.

Translatio Gentiani [post a. 894-895, Corbie]: *ASOB.*, IV 2, 487-489.

Miracula Genulfi [post s. xi med., S.-Genou-de-l'Estrée, dioec. Bourges]: *AASS.*, Jan. II 97-107 = ³461-471; *ASOB.*, IV 2, 226-237; partim O. HOLDER-EGGER, *SS.*, XV 1204-1213.

Vita Genulfi [ca. a. 1000, S.-Genou-de-l'Estreé]: *AASS.*, Jan. II 82-91 = ³446-455; partim O. HOLDER-EGGER, *SS.*, XV 1210-1213 in nota.

Translatio Georgii, Aurelii et Nathaliae, v. AIMOINUS SANGERMANENSIS in indice I.

Passio Georgii Spoletensis [ante a. 870, Spoleto?]: H. DELEHAYE, *Anal. Boll.*, t. 27 (1908), 378-383.

Vita Geraldi comitis Aureliacensis, v. ODO CLUNIACENSIS in indice I.

Vita prima Geraldi abb. Silvae Majoris [s. xii in., Sauve-Majeure, dioec. Bordeaux]: *AASS.*, Apr. I 414-423 = ³412-421.

Vita altera Geraldi abb. Silvae Majoris, v. CHRISTIANUS in indice I.

Vita Gerardi abb. Broniensis [a. 1074-1075, Brogne, dioec. Liège]: L. V. HEINEMANN, *SS.*, XV 655-673.

Gesta Gerardi II episc. Cameracensis [paulo post a. 1092, Cambrai]: L. BETHMANN, *SS.*, VII 497-500.

Vita et miracula Gerardi episc. Tullensis, v. WIDRICUS in indice I.

Vita Geremari abb. Flaviacensis [s. ix p. pr., S.-Germer-de-Flay, dioec. Beauvais]: B. KRUSCH, *SRM.*, IV 628-633.

Virtutes Geretrudis abbatiss. Nivialensis [ca. a. 700 et ca. a. 783, Nivelles, dioec. Liège]: B. KRUSCH, *SRM.*, II 464-474.

Miracula Germani episc. Autissiodorensis, v. HERICUS in indice I.

Vita Germani episc. Autissiodorensis, v. CONSTANTINUS, HERICUS in indice I.

Vita Germani abb. Grandivallensis, v. BOBOLENUS in indice I.

Miracula Germani episc. Parisiensis in Normannorum adventu facta [s. ix med., S.-Germain-des-Prés, dioec. Paris]: partim G. WAITZ, *SS.*, XV 10-16.

Miracula Germani episc. Parisiensis, v. AIMOINUS SANGERMANENSIS in indice I.

Translatio et miracula Germani episc. Parisiensis vetustissima [s. viii ex., interpol. s. ix]: partim G. WAITZ, *SS.*, XV 5-9; B. KRUSCH, *SRM.*, VII 422-428.

Vita Germani episc. Parisiensis, v. FORTUNATUS in indice I.

Passio Germani Polae in Istria [s. x?]: *Anal. Boll.*, t. 17 (1898), 173-176.

Miracula Gibriani, v. BALDUINUS REMENSIS in indice I.

Vita et miracula Gisleni, v. REINERUS SANGISLENUS in indice I.

Translationes et miracula Glodesindis, v. JOHANNES S. ARNULFI METTENSIS in indice I.

Vita Goaris [s. viii med., Prüm, dioec. Trier]: B. KRUSCH, *SRM.*, IV 411-423.

Vita et miracula Goaris, v. WANDALBERTUS in indice I.

Vita Godebertae, v. RADBODUS II EPISC. NOVIOMENSIS in indice I.

Vita Godefridi Cappenbergensis [s. xii med., ante a. 1156, Kappenberg, dioec. Münster]: PH. JAFFÉ, *SS.*, XII 514-530.

Gesta Godefridi archiep. Treverensis [post a. 1132, Trier]: G. WAITZ, *SS.*, VIII 200-204.

Vita Godegrandi episc. Sagiensis, v. HERARDUS TURONENSIS in indice I.

Translatio et miracula Godehardi episc. Hildesheimensis [post a. 1132, Hildesheim]: *AASS.*, Maji I 521-528 = ³526-533; G. H. PERTZ, *SS.*, XII 639-650.

Vitae Godehardi, v. WOLFHERUS in indice I.

Miracula Goërici (alias Abbonis) episc. Mettensis [post s. xi in.]: *AASS.*, Sept. VI 48-54.

Passio Gordiani [s. vi, Roma?]: *AASS.*, Maji II 552-553 = ³551-552.

Miracula [cum translatione] Gorgonii [ca. a. 964, Gorze, dioec. Metz]: *ASOB.*, IV 2, 206-217; *AASS.*, Sept. III 343-354; G. H. PERTZ, *SS.*, IV 238-247.

Translatio Gorgonii in Majus Monasterium [paulo post a. 846, Marmoutier, dioec. Tours]: *AASS.*, Mart. II 56-59 = ³55-58; *ASOB.*, IV 1, 592-596.

Passio Gratiniani et Felini [s. x-xi, Arona, dioec. Milano]: *AASS.*, Jun. I 25-30.

Vita Gregorii Magni papae, v. PAULUS DIACONUS, JOHANNES DIACONUS ROMANUS in indice I.

Vita Gregorii VII papae, v. PAULUS BERNRIEDENSIS in indice I.

Passio Gregorii Spoletensis, v. Passio Georgii Spoletensis.

Vita Gregorii Trajectensis, v. LIUDGERUS in indice I.

Vita Gualterii Stirpensis, v. MARBODUS in indice I.

Vita Gudilae, v. HUBERTUS LOBIENSIS in indice I.

Vita Guidonis Anderlaci [post a. 1122 vel s. xiii]: *AASS.*, Sept. IV 41-48.

Gesta Guillelmi ducis, v. WILLELMUS PICTAVENSIS in indice I.

Vita Guillelmi Firmati, v. STEPHANUS EPISC. REDONENSIS in indice I.

Vita Guillelmi Gellonensis [ca. a. 1122, Gellone, dioec. Lodève]: *ASOB.*, IV 1, 72-87; *AASS.*, Maji VI 811-820 = ³801-809.

Vita Guillelmi Roschildensis [s. xiii]: *AASS.*, Apr. I 625-643 = ³622-640.

Vita Guillelmi Vercellensis, v. JOHANNES DE NUSCO in indice I.

Vita Gundulfi episc. Roffensis [s. xii p. pr., Rochester]: H. WHARTON, *Anglia sacra*, II 273-292; MIGNE, *PL.* 159, 813-836.

Vita Gurthierni [s. xi p. post., S.-Croix de Quimperlé, dioec. Quimper]: L. MAITRE ET P. DE BERTHOU, *Cartul. de l'abbaye de Sainte-Croix de Quimperlé*, Paris 1896, 4-6.

Miracula Guthlaci [s. xii; post a. 1147, Croyland, dioec. Lincoln]: *AASS.*, Apr. II 57-60.

Translatio Guthlaci [s. xii; post a. 1160, Croyland]: *AASS.*, Apr. II 54-57 = ³54-56.

Vita Guthlaci, v. FELIX in indice I.

Translatio Habundii mart. [s. ix med., Berceto, dioec. Parma]: *ASOB.*, III 1, 518-521.

Vita Hadalini, v. HERIGERUS in indice I.

Miracula Haimhramni, v. ARNULFUS VOCHBURGENSIS in indice I.

Vitae Haimhramni, v. ARBEO, ARNOLDUS, HARTWICUS in indice I.

Vita Hariolfi episc. Lingonensis, v. ERMANRICUS ELWANGENSIS in indice I.

Epicedium Hathumodae, v. AGIUS in indice I.

Vita Hathumodae, v. AGIUS in indice I.

Vitae Heinrici II imperatoris, v. ADALBERTUS BAMBERGENSIS, ADALBOLDUS TRAJECTENSIS in indice I.

Gesta Henrici II et Richardi I Angliae regum, v. Ps.-BENEDICTUS PETROBURGENSIS in indice I.

Vita Heinrici IV imperatoris [ca. a. 1106]: W. EBERHARD, 1899 (*SRG.*); F.-J. SCHMALE, *Quellen z. Gesch. Heinrichs IV.*, 1963 (*AQ.*, 12), 408-467.

Homilia de S. Helena, v. ALMANNUS in indice I.

Vita Herblandi abb. Antrensis, v. DONATUS in indice I.

Miracula Heriberti archiep. Coloniensis, v. LANTBERTUS TUITIENSIS in indice I.

Vita Heriberti archiep. Coloniensis, v. LANTBERTUS TUITIENSIS in indice I.

Vita altera Heriberti archiep. Coloniensis v. RUPERTUS TUITIENSIS in indice I.

De Herimanno episc. Augustensis, v. UODELSCALCUS AUGUSTENSIS in indice I.

Passio Hermagorae [s. ix, Aquileia]: MOMBRITIUS², II 7-11; *AASS.*, Jul. III 251-255 = ³240-244.

Elogium Hermanni Contracti [a. 1054]: MURATORI, *Antiquitates*, III 933-935.

Epistola encyclica de Hervei gestis [a. 1111, Bourg-Dieu, dioec. Bourges]: D'ACHÉRY, *Spicil.*, II 514-518 = ²461-462.

Vita Hilarii episc. Arelatensis Honorato episc. Massiliensi adscripta [ca. a. 477-496]: MIGNE, *PL.* 50, 1219-1246; S. CAVALLIN, *Vitae Sanctorum Honorati et Hilarii*, Lund 1952 (*Skrifter utgivna av vetenskaps-societeten i Lund*, 40), 81-109.

Translatio Hilarii episc. Carcassonensis [a. 978, Carcassonne]: *Hist. de Lang.*³, V 262-264.

Vita Hilarii abb. Galeatensis, v. PAULUS GALEATENSIS in indice I.

Vita et miracula Hilarii episc. Pictavensis, v. FORTUNATUS in indice I.

Vita Hildegundis [ca. a. 1200, Schönau, dioec. Worms]: *AASS.*, April II 782-790 = ³780-788.

Vita Hiltrudis [s. xi p. post., Waulsort, dioec. Liège]: *ASOB.*, III 2, 420-428; *AASS.*, Sept. VII 492-499 = ³461-468.

Translatio Himerii episc. Amerini [ca. a. 970, Cremona]: UGHELLI, IV 797-800; partim G. H. PERTZ, *SS.*, III 266-267 n. 23.

Vitae Hludowici Pii imperatoris, v. ASTRONOMUS, THEGANUS in indice I.

Vita Hrodberti (Ruperti) episc. Salisburgensis [s. ix med., Salzburg]: partim W. WATTENBACH, *SS.*, XI 4-17; W. LEVISON, *SRM.*, VI 157-162.

Miracula Hucberti episc. Leodiensis [lib 1: ca. a. 840-845, lib. 2: s. xi ex.-s. xii in., S.-Hubert, dioec. Liège]: partim *ASOB.*, IV 1, 297-305; partim L. v. HEINEMANN, *SS.*, XV 909-914; *AASS.*, Nov. I 819-829.

Translatio Hucberti, v. JONAS AURELIANENSIS in indice I.

Vita Hucberti [a. 743-ca. a. 750, Liège]: W. LEVISON, *SRM.*, VI 482-496.

Vita Hugonis Aeduensis, postea prioris Enziacensis [s. xi, Autun]: *AASS.*, April II 763-771 = ³761-769.

Vita Hugonis abb. Bonae Vallis [ca. a. 1216-ca. a. 1241, Bonnevaux, dioec. Poitiers]: *AASS.*, Apr. I 47-48 = ³47-49.

Vita Hugonis abb. Cluniacensis, v. HILDEBERTUS LAVARDINENSIS in indice I.

Vita Hugonis episc. Gratianopolensis, v. GUIGO CARTHUSIENSIS in indice I.

Vita Hugonis episc. Lincolniensis, v. ADAM EYNSHAMENSIS in indice I.

Vita Hugonis abb. Marchianensis [haud longe post a. 1158, Marchiennes, dioec. Arras]: MARTÈNE, *Thes.*, III 1709-1736.

Vita Hugonis episc. Rotomagensis, v. BALDRICUS BURGULIENSIS in indice I.

Vita Humbert abb. Maricolensis [s. xi, Maroilles, dioec. Cambrai]: *AASS.*, Mart. III 561-567 = ³559-565; partim O. HOLDEREGGER, *SS.*, XV 796-799.

Translatio et miracula Hunegondis, v. BERNERUS HUMOLARENSIS in indice I.

Translatio altera Hunegondis [a. 1051, Homblières, dioec. Noyon]: *ASOB.*, V 221-226; *AASS.*, Aug. V 237-240; MIGNE, *PL.* 137, 71-76.

Vita Isidori Hispalensis auctore canonico Legionensi (Luca episc. Tudensi?) [s. xii ex.-s. xiii in., Léon]: *AASS.*, Apr. I 330-352 = ³329-350.

Miracula Jacobi Majoris Compostelensia [s. xiii?, Compostella]: *AASS.*, Jul. VI 47-58.

Miracula Januarii [s. viii?]: *AASS.*, Sept. VI 884-887; G. SCHERILLO, in *Atti della reale Academia di Archeologia...*, VIII, 1 (1877), 319-326.

Passio Januarii (Acta Bononiensia) [s. viii, Napoli]: G. SCHERILLO, *Gli atti del martirio di San Gennaro*, Napoli 1847, 173-176.

Passio Januarii (Acta Vaticana) [s. viii-ix, Napoli]: SCHERILLO, o.c., 163-169.

Passio Januarii (Acta Puteolana) [post s. ix, Napoli]: SCHERILLO, o.c., 169-172.

Passio et translatio Januarii, v. JOHANNES NEAPOLITANUS in indice I.

Miracula Johannis Beverlacensis archiepisc. Eboracensis [s. xiii; post a. 1215/16]: *AASS.*, Maji II 188-194 = ³187-192.

Vita Johannis Beverlacensis, v. FOLCARDUS in indice I.

Vita Johannis Beverlacensis archiepisc. Eboracensis [s. xi]: *ASOB.*, III 1, 434-436.

Vita Johannis Eleemosynarii, v. ANASTASIUS in indice I.

Vita Johannis abb. Gorziensis, v. JOHANNES ABBAS S. ARNULFI METTENSIS in indice I.

Vita Johannis Gualberti, v. ANDREAS STRUMENSIS, ATTO PISTORIENSIS in indice I.

Vita Johannis Laudensis [s. xii, Fonte Avellana, dioec. Gubbio]: *AASS.*, Sept. III 161-170.

Vita Johannis abb. Parmensis [ca. a. 1050, San Giovanni Evangelista, dioec. Parma]: *AASS.*, Maji V 179-183 = ³181-185.

Translationes et miracula Johannis abb. Reomaensis [s. ix?, Moutiers-S.-Jean, Langres]: *AASS.*, Jan. II 863-868 = ³III 479-486; *ASOB.*, I 637-642.

Vita Johannis Reomaensis, v. JONAS BOBIENSIS in indice I.

Vita Johannis episc. Teruanensis, v. WALTERUS TERUANENSIS in indice I.

Translatio Judoci [s. xi, S.-Josse, dioec. Amiens]: *ASOB.*, V 545-547.

Vita Judoci [s. viii?, S.-Josse, dioec. Amiens]: *ASOB.*, II 566-571.

Passio Julianae [ante s. viii, Italia]: MOMBRITIUS², II 77-80; *AASS.*, Febr. II 873-877 = ³875-878.

Passio et virtutes Juliani, v. GREGORIUS TURONENSIS in indice I.

Vita Juliani episc. Cenomannensis, v. LETALDUS in indice I.

Passio Julii Dorostorensis [ante s. ix]: *AASS.*, Maji VI 660-661 = ³654-655.

Vita Juniani, v. VULFINUS BOËTIUS in indice I.

Vita Juvenalis episc. Narniensis [post s. vii, Narni]: *AASS.*, Maji I 387-389 = ³391-393.

Gesta Karoli Magni, v. NOTKERUS BALBULUS in indice I.

Historia Karoli Magni, v. Ps.-TURPINUS in indice I.

Vita Karoli Magni, v. EGINHARDUS in indice I.

Vita Karoli Magni [a. 1170-1180]: G. RAUSCHEN, *Die Legende Karls des Grossen im 11. und 12. Jahrhundert*, Leipzig 1890 (*Publ. der Ges. f. rheinische Geschichtsk.*, 7), 17-93.

Vita Karoli comitis Flandriae, v. WALTERUS TERUANENSIS in indice I.

Passio Karoli comitis Flandriae [s. xiii ex.?, Brugge]: R. KOEPKE, *SS.*, XII 619-623.

De multro... Karoli comitis Flandriarum, v. GALBERTUS BRUGENSIS in indice I.

Passio Kiliani [ca. a. 840, Würzburg]: W. LEVISON, *SRM.*, V 722-728.

Vita Lamberti recentior, v. SIGEBERTUS GEMBLACENSIS in indice I.

Vita Lamberti episc. Trajectensis vetustissima [ca. a. 730, Liège]: B. KRUSCH, *SRM.*, VI 353-384.

Vita Lamberti de Neuwerk [ca. a. 1170, Neuwerk, dioec. Magdeburg]: H. BRESSLAU, *SS.*, XXX 948-953.

Vita Landelini abb. Lobbiensis et Crispiniensis [s. ix ex.-s. x in., Crespin-en-Hainaut, dioec. Cambrai]: W. LEVISON, *SRM.*, VI 438-444.

Vita altera Landelini [post s. xii ex.]: *AASS.*, Jun. II 1067-68 = ³543-544.

Vita Landiberti, v. Vita Lamberti.

Elevatio Landoaldi [a. 982-990, S.-Bavo, Gent, dioec. Tournai]: *AASS.*, Mart. III 43-47.

Vita et translatio Landoaldi, v. HERIGERUS in indice I.

Vita Landradae [s. xi-xii]: *AASS.*, Jul. II 625-627.

Vita Landrici [s. xi, Soignies, dioec. Cambrai-Arras]: *AASS.*, Apr. II 489-491 = ³486-487.

Vita Lanfranci archiep. Cantuariensis, v. EADMERUS, MILO CRISPINUS in indice I.

Vita et miracula Lanfranci episc. Ticinensis, v. BERNARDUS TICINENSIS in indice I.

Vita Lantberti abb. Fontanellensis postea episc. Lugdunensis [s. ix in., S.-Wandrille, dioec. Rouen]: W. LEVISON, *SRM.*, V 608-612.

Translatio Launomari abb. Curbionensis [post a. 872, Blois, dioec. Chartres]: *ASOB.*, IV 2, 246-248.

Vita Launomari abb. Curbionensis [s. ix, Corbion, dioec. Chartres]: *AASS.*, Jan. II 230-235 = ³594-599; *ASOB.*, I 339-345.

Passio Laurentii, v. MARBODUS in indice I.

Versus de Lazaro, v. PAULINUS AQUILEGIENSIS in indice I.

Vita Lebuini antiqua [a. 840-849 vel a. 840-864, Werden, dioec. Köln]: M. J. M. MOLTZER, *Ned. Arch. v. Kerkgesch.*, N.S., t. 6 (1909), 230-235; A. HOFMEISTER, *SS.*, XXX 791-795.

Vita Lebuini, v. HUCBALDUS in indice I.

Vita Leonis IX papae, v. HUMBERTUS CARDINALIS in indice I.

Vita Leobae, v. RUDOLFUS FULDENSIS in indice I.

Vita Leobini, v. Ps.-FORTUNATUS in indice I.

Passio prima Leudegarii episc. Augustodunensis [paulo post a. 679, S.-Symphorien, Autun]: B. KRUSCH, *SRM.*, V 282-322.

Passio altera Leudegarii, v. URSINUS in indice I.

Passio tertia Leudegarii, v. FRULANDUS in indice I.

Vita et miracula Leutfredi abb. Madriacensis [ca. a. 840, La Croix-S.-Leufroy, dioec. Évreux]: *ASOB.*, III 1, 583-593; partim W. LEVISON, *SRM.*, VII 7-18; integre J. B. MESNEL, *S. Leufroy*, Évreux 1918, (*Les saints du diocèse d'Évreux*, 6) 125-143.

Translatio Liborii episc. Cenomannensis, perperam Idoni adscripta [ca. a. 860, Le Mans]: F. BAETHGEN, *SS.*, XXX 807-813.

Translatio Liborii episc. Cenomannensis [ca. a. 890, Paderborn]: G. H. PERTZ, *SS.*, IV 149-157.

Vita Licinii episc. Andegavensis [s. viii?, Angers]: *AASS.*, Febr. II 678-682.

Gesta Lietberti episc. Cameracensis [paulo post a. 1076, Cambrai]: L. C. BETHMANN, *SS.*, VII 489-497.

Vita Lietberti episc. Cameracencis, v. RODULFUS CAMERACENSIS in indice I.

[Miracula Liudgeri] Libellus Monasteriensis de miraculis Liudgeri [ca. a. 1170, Münster]: W. DIEKAMP, *Die vitae Liudgeri*, 1881 (*Die Geschichtsquellen d. Bist. Münster*, IV), 237-249.

Miracula Liudgeri [s. ix, post a. 849, Werden, dioec. Köln]: G. WAITZ, *SS.*, XV 167-168.

Vita prima Liudgeri, v. ALTFRIDUS in indice I.

Vita altera Liudgeri [paulo post a. 850, Werden]: W. DIEKAMP, o.c., 54-83.

Vita Liutbirgae [ca. a. 870-880, Halberstadt]: O. MENZEL, 1937 (*Deutsches Mittelalter*, III).

Miracula Liutwini episc. Treverensis [paulo ante a. 1095, Mettlach, dioec. Trier]: partim H. V. SAUERLAND, *SS.*, XV 1261-1268.

Vita Livini [ca. a. 1050, S.-Bavo, Gent, dioec. Tournai]: MIGNE, *PL.* 87, 327-344; MIGNE, *PL.* 89, 871-888.

Acta Longini [s. viii-ix]: *AASS.*, Mart. II 384-386 = ³379-380.

Historia gloriosi regis Ludovici [VII] [inchoata a Sugero, † a. 1151; elaborata a. 1171-1173,
S. Germain-des-Prés, dioec. Paris]: A. MOLINIER, *Vie de Loius le Gros par Suger, suivie de l'histoire du roi Louis VII*, 1887 (*CT.*, 4), 147-178.

Vita Ludovici VI Grossi regis Franciae, v. SUGERUS in indice I.

Acta Lupercii [s. xi vel xii, dioec. Auch]: *AASS.*, Jun. V 351-354 = ³VII 317-320.

Vita Lupi episc. Cabillonensis [s. ix?, ante a. 877, Chalon-sur-Saône?]: *AASS.*, Jan. II 777-779 = ³392-394.

Vita Lupi episc. Senonensis [s. viii, Sens]: B. KRUSCH, *SRM.*, IV 179-187.

Vita Lupi episc. Trecensis [s. viii p. pr., Troyes]: B. KRUSCH, *SRM.*, VII 295-302.

Vita Lupicini, v. Vitae patrum Jurensium.

Vita prima Macarii [a. 1014, S.-Bavo, Gent, dioec. Tournai]: partim O. HOLDER-EGGER, *SS.*, XV 615-616.

Vita secunda Macarii [a. 1067-1073, S.-Bavo, Gent]: *AASS.*, Apr. I 878-892 = ³868-882.

Vita Machutis [ca. a. 850, Alet]: F. LOT, *Mélanges d'histoire bretonne*, Paris 1907, 294-329.

Vita Maglorii episc. Dolensis [a. 850-930, Lehon, dioec. S.-Malo]: *AASS.*, Oct. X 782-791.

Vita Magni abb. Faucensis, auctore Ps.-Theodoro [ante s. x, Augsburg]: *AASS.*, Sept. II 735-758; partim G. WAITZ, *SS.*, IV 425-427.

Vita Magnobodi episc. Andegavensis [ante s. xi ex., Angers]: *AASS.*, Oct. VII 940-950; MIGNE, *PL.* 171, 1531-1548.

Vita Mahthildis reginae antiquior [ca. a. 975, Nordhausen, dioec. Mainz]: R. KOEPKE, *SS.*, X 575-582.

Vita Mahthildis reginae posterior [a. 1002-1012, Nordhausen, dioec. Mainz]: G. H. PERTZ, *SS.*, IV 283-302.

Vita Mainulfi, v. SIGEWARDUS in indice I.

Miraculorum Majoli libri duo [s. xi p. pr., Souvigny, dioec. Clermont]: *AASS.*, Maji II 690-700 = ³689-698.

Vitae Majoli abb. Cluniacensis, v. ODILO CLUNIACENSIS, SYRUS in indice I.

Passio Mammae, v. WALAHFRIDUS STRABO in indice I.

Gesta Manassis et Walcheri episc. Cameracensium [ca. a. 1180, S.-Géry, dioec. Cambrai]: L. C. BETHMANN, *SS.*, VII 500-504.

Vita et miracula Mansueti episc. Tullensis, v. ADSO DERVIENSIS in indice I.

Passio Marcellini et Petri [s. vi, Roma]: MOMBRITIUS², II 179-181.

Translatio Marcellini et Petri, v. EGINHARDUS in indice I.

Vita Marcelli episc. Parisiensis, v. FORTUNATUS in indice I.

Acta Marcelli papae, vide URSIO in indice I.

Passio Marcianae [ante s. x, Albi]: *AASS.*, Nov. III 57-58.

Miracula Marculfi abb. Nantensis [s. xii in.]: *ASOB.*, IV 2, 519-526.

Translatio Marci episc. Atinensis [olim Leoni episc. Atinensi adscripta; ca. a. 1080, Atina]: UGHELLI, VI 541-548 = ²426-431; *AASS.*, Apr. III 557-560 = ³563-566; MIGNE, *PL.* 143, 1415-1424.

Vita Marci Atinensis, v. PETRUS DIACONUS in indice I.

Vita Mariae Aegyptiacae, v. PAULUS NEAPOLITANUS in indice I.

Vita Marinae [ante s. viii med.]: *AASS.*, Jul. IV 286-287.

Miracula Martialis episc. Lemovicensis [s. viii-s. ix p. post., Limoges]: *AASS.*, Jun. V 554-559 = ³VII 508-512; *Catal. codd. hag. lat. bibl. Paris.*, I 198-209; partim O. HOLDER-EGGER, *SS.*, XV 280-283.

Translatio Martialis episc. Lemovicensis [s. x, Limoges]: E. SACKUR, *Die Cluniacenser*, I, Halle 1892, 392-396; *Catal. codd. hagiogr. lat. bibl. Paris.*, 535-538.

Vita Martinae [s. vii-viii, Roma]: *AASS.*, Jan. I 11-17.

De exilio Martini papae, v. ANASTASIUS in indice I.

Miracula Martini Turonensis, v. Ps.-HERBERNUS in indice I.

Virtutes Martini, v. GREGORIUS TURONENSIS in indice I.

Vita Martini, v. FORTUNATUS in indice I.

Vita et miracula Martini abb. Vertavensis, v. LETALDUS in indice I.

Vita Materniani episc. Remensis [s. xi?, Reims]: *AASS.*, Apr. III 759-763 = ³768-772.

Vita Mathildis ducissae, v. DONIZO in indice I.

Vita Mathildis abb. Oethilstetensis, v. ENGELHARDUS in indice I.

Vita Mathildis reginae, v. Vita Mahtildis reginae.

Vita Maurilii, v. ARCHANALDUS in indice I.

Translatio Maurini, v. STEPHANUS COLONIENSIS in indice I.

Laudatio Mauri episc. Caesenatis, v. PETRUS DAMIANI in indice I.

Miracula Mauri, v. ODO GLANNAFOLIENSIS in indice I.

Passio Mauri Parentina [ante s. ix med.; s. vi?, Roma]: P. KANDLER, *Cod. dipl. Istriano*, I sub "anno 284".

Vita Mauri, v. ODO GLANNAFOLIENSIS in indice I.

Inventio corporum Maximini abb. et duorum ejus discipulorum [ca. a. 1025, S.-Mesmin, dioec. Orléans]: partim *ASOB.*, VI 1, 252-253.

Miracula Maximini Miciacensis, v. LETALDUS in indice I.

Vita prima Maximini abb. Miciacensis, BERTHOLDUS MICIACENSIS in indice I.

Vita Maximini abb. Miciacensis [post a. 843, S.-Mesmin, dioec. Orléans]: *ASOB.*, I 581-591.

Miracula Maximini episc. Treverensis, v. SIGEHARDUS TREVERENSIS in indice I.

Vita Maximini episc. Treverensis, v. LUPUS in indice I.

Vita Maximini episc. Treverensis [s. viii, S.-Maximin, dioec. Trier]: *AASS.*, Maji VII 21-24.

Hypomnesticon de gestis Maximi, v. ANASTASIUS in indice I.

Passio Maximi Cumani [ante s. xii]: *AASS.*, Oct. XIII 319-324.

Vita Maximi episc. Reiensis, v. DYNAMIUS in indice I.

Vita Maximi episc. Taurinensis [post s. xi, Novalesa]: *AASS.*, Jun. V 50-52 = ³VII 44-46.

Translatio Medardi [s. x, S.-Médard, dioec. Soissons]: *AASS.*, Jun. II 95-96.

Vita Medardi episc. Noviomensis, v. Ps.-FORTUNATUS in indice I.

[Vita altera Medardi] Supplementum ad Vitam Medardi episc. Noviomensis [s. ix ex., S.-Médard, dioec. Soissons]: D'ACHÉRY, *Spicil.*, VIII 397-410; *AASS.*, Jun. II 82-86; partim *Hist. de Fr.*, III 452-454.

Vita tertia Medardi episc. Noviomensis, v. RADBODUS NOVIOMENSIS in indice I.

Vita et translatio Mederici [paulo post a. 884, Paris]: *ASOB.*, III 1, 10-15; *AASS.*, Aug. VI 520-525.

Vita Meingoldi [s. xii ex., Huy, dioec. Liège]: O. HOLDER-EGGER, *SS.*, XV 557-563.

Vita Meinwerci episc. Patherbrunnensis, auctore fortasse Conrado abbate [a. 1155-1165, Abdinghof, dioec. Paderborn]: F. TENCKHOFF, 1921 (*SRG.*).

Inventio Memmii episc. Catalaunensis [s. vii ex., Châlons-sur-Marne?]: W. LEVISON, *SRM.*, V 365-367.

Vita Memorii [s. viii, Troyes]: B. KRUSCH, *SRM.*, III 102-104.

Vita Menelei abb. Menatensis [s. x-xi, Ménat, dioec. Clermont]: *ASOB.*, III 1, 404-422; *AASS.*, Jul. V 308-319; W. LEVISON, *SRM.*, V 135-157.

Translatio Mennatis, v. LEO OSTIENSIS in indice I.

Vita Cyrilli et Methodii, v. GAUDERICUS in indice I.

Invectiva de translatione Metronis, v. RATHERIUS in indice I.

Vita Mochoemoci seu Pulcherii abb. Liatmorensis [s. viii?, Eyre]: *AASS.*, Mart. II 281-288 = ³276-284; CH. PLUMMER, *Vitae Sanctorum Hiberniae*, Oxford 1910, II 164-183.

Vita Mochtei episc. Lugmadensis [s. xi-xii?, Eyre]: *AASS.*, Aug. III 743-746; W. W. HEIST, *Vitae Sanctorum Hiberniae...*, Bruxelles 1965 (*Subsidia hagiogr.*, 28), 394-400.

Vita Mochuae abb. [ante s. xiii, Eyre]: *AASS.*, Jan. I 45-47; CH. PLUMMER, *Vitae Sanctorum Hiberniae*, Oxford 1910, II 184-189.

Miracula Modoaldi episc. Treverensis [s. xii, Helmershausen, dioec. Paderborn]: *AASS.*, Maji VII 711-715 = ³700-703; PH. JAFFÉ, *SS.*, XII 310-314.

Acta Molingi episc. [s. xii ex.-s. xiii, Eyre]: *AASS.*, Jun. III 408-410 = ³IV 333-334.

Translatio Georgii, Aurelii et Nathaliae, v. AIMOINUS SANGERMANENSIS in indice I.

Vita Neoti [s. xii in., Le Bec?, dioec. Rouen]: *AASS.*, Jul. VII 319-329 = ³330-340.

Vita Nicetii episc. Lugdunensis [s. vi ex., Lyon]: B. KRUSCH, *SRM.*, III 521-524.

Vita Nivardi, v. ALMANNUS in indice I.

Vita prima Norberti episc. Magdeburgensis [ca. a. 1155-1160, Prémontré, dioec. Laon]: *AASS.*, Jun. I 819-844, 847-858 = ³807-831, 834-845.

Vita Notkeri Balbuli, v. EKKEHARDUS SANGALLENSIS V in indice I.

Vita Notgeri episc. Leodiensis [ca. a. 1090, Liège]: G. KURTH, *Notger de Liège*, II, 1905, 10-15.

Vita Odae, v. PHILIPPUS HARVENGIUS in indice I.

Vita Odiliae abbatiss. Hohenburgensis [s. ix ex.-s. x, Hohenburg, dioec. Strasbourg]: CH. PFISTER, *Anal. Boll.*, t. 13 (1894), 9-32; W. LEVISON, *SRM.*, VI 37-50.

Vita Odilonis abb. Cluniacensis, v. JOTSALDUS, PETRUS DAMIANI in indice I.

Historia Odonis, v. Historia Eudonis.

Vitae Odonis abb. Cluniacensis, v. NALGODUS, JOHANNES CANONICUS ROMANUS in indice I.

Passio et miracula Olavi regis [s. xii p. post., ante a. 1188, Nidaros, hodie Trondheim]: *AASS.*, Jul. VII 113-116 = ³124-127.

Miracula Opportunae, v. ADALHELMUS in indice I.

Vita Othmari, v. WALAHFRIDUS STRABO in indice I.

Vita Ottonis episc. Bambergensis [ca. a. 1140-1146, Prüfening, dioec. Regensburg]: R. KOEPKE, *SS.*, XII 883-903; A. HOFMEISTER, 1924 (*Denkmäler der Pommerschen Gesch.*, I); J. WIKARJAK i K. LIMAN, Warszawa 1966 (*Mon. Poloniae Hist.*, series nova VII, 1).

Vita Ottonis episc. Bambergensis [paulo post a. 1189]: *AASS.*, Jul. I, 378-425 = ³335-375.

Vita Ottonis episc. Bambergensis, v. EBBO in indice I.

Dialogus de vita Ottonis episc. Bambergensis, v. HERBORDUS in indice I.

Gesta Ottonis imperatoris, v. HROTSVITHA in indice I.

Versus de Ottone, v. LEO VERCELLENSIS in indice I.

Historia Ottonis, v. LIUDPRANDUS CREMONENSIS in indice I.

Vita Paldonis, v. AUTPERTUS in indice I.

Prologus in vita vel obitu Paldonis, Tatonis et Tasonis, v. PETRUS in indice I.

Hymnus de Pantaleone, v. FULBERTUS in indice I.

Vita Pardulfi abb. Waractensis [s. viii med., Guéret, dioec. Limoges]: *ASOB.*, III 1, 573-581; W. LEVISON, *SRM.*, VII 24-40.

Vita Pardi episc. [ante s. xi]: G. A. TRIA, *Memorie storiche ... di Larino*, Roma 1744, 632-633.

Vita Paridis episc. Teanensis [s. vi?, Campania]: *AASS.*, Aug. II 74-78.

Vita Paschalis II papae [s. xii, Roma]: J. M. WATTERICH, *Pontificum Rom. vitae*, II 1-17.

Vita Paterniani episc. Fanensis [s. x-xi]: *AASS.*, Jul. III 297-300 = ³283-287.

Vita Paterni, v. FORTUNATUS in indice I.

Vita Patriciae, v. LEO PRESBYTER in indice I.

Vitae patrum [s. vi]: MIGNE, *PL.* 73 et 74; lib. 5 et lib. 6, c. 1, interprete Pelagio diacono Romano, o.c., 73, 855-1000; lib. 6, c. 2-4, interprete Johanne subdiacono Romano, o.c., 999-1022; lib. 7, c. 44 interprete anonymo, o.c., 1060-1062; lib. 7, compilatio male Paschasio adscripta, o.c., 1025-1059.

Vitae patrum Jurensium Romani, Lupicini, Eugendi [s. vi in., Condat (S.-Claude), dioec. Besançon]: B. KRUSCH, *SRM.*, III 131-166; F. MARTINE, Paris 1968 (*Sources chrét.*, 142).

Vita Paulinae, v. SIGEBOTO in indice I.

Vita Pauli episc. Narbonensis [s. vi?, Narbonne]: *AASS.*, Mart. III 373-374 = ³371-372.

Vita Pelagiae, v. EUSTOCHIUS in indice I.

Passio Pelagii, v. HROTSVITHA in indice I.

Acta Peregrini Mutinensis [s. xii?, Modena]: *AASS.*, Aug. I 77-80.

Vita Perfecti, v. EULOGIUS in indice I.

Martyrium Petri apostoli, v. Ps.-LINUS in indice I.

Vita Petri Abrincensis [paulo post a. 1172, Savigny, dioec. Avranches]: E. P. SAUVAGE, *Anal. Boll.*, 2 (1883), 479-500.

Vita Petri episc. Anagnini [s. xii p. post., Anagni?]: *AASS.*, Aug. I 233-240 = ³234-241.

Passio Petri Balsami [ante s. viii ex.]: RUINART², 501-503 = ³441-442.

Vita Petri abb. Cavensis [ca. a. 1140, Venosa]: *AASS.*, Mart. I 330-335 = ³327-333; MURATORI, *Scr.*, VI 217-228; L. MATTEI CERASOLI, 1941 (MURATORI, *Scr.*, nuova ediz., VI/5), 16-28.

Vita Petri Damiani, v. JOHANNES LAUDENSIS in indice I.

Vita Petri archiep. Tarentasiensis, v. GAUFREDUS ALTAECUMBENSIS in indice I.

Vita Petri Trebani [paulo post s. xii med.; cum additamento s. xiii p. post., Trevi]: *AASS.*, Aug. VI 641-646.

Translatio Marcellini et Petri, v. EGINHARDUS in indice I.

Vita Pharaildis [post a. 1073, Gent, dioec. Tournai]: *AASS.*, Jan. I 170-172.

Translatio Philastrii, v. RAMPERTUS BRIXIENSIS in indice I.

Gesta Philippi Augusti regis, v. WILLELMUS BRITO, RIGORDUS in indice I.

Vita et translatio Philippi Cellensis [ca. a. 850, Lorsch?, dioec. Mainz]: A. HOFMEISTER, *SS.*, XXX 798-803.

Miracula Pirminii [ca. a. 1012, Hornbach, dioec. Metz]: O. HOLDER-EGGER, *SS.*, XV 31-35; *AASS.*, Nov. II 1, 50-54.

Vita prima Pirminii [s. ix in., Hornbach, dioec. Metz]: O. HOLDER-EGGER, *SS.*, XV 21-31; *AASS.*, Nov. II 1, 34-44.

Vita Popponis Stabulensis, v. EVERHELMUS in indice I.

Vita Pontii abb. S. Andreae, v. RAIMUNDUS S. ANDREAE in indice I.

Vita Posthumii ap. Vitas patrum, MIGNE, *PL.* 73, 429-438.

Passio Praejecti episc. Arverni [paulo post a. 676, Clermont]: B. KRUSCH, *SRM.*, V 225-248.

Vita Probatii [post a. 890, Nogent? dioec. Paris]: *AASS.*, Febr. I 552-554 = ³557-559.

Vita et inventio Probi episc. Ravennatis [a. 963, Ravenna]: MURATORI, *Scr.*, I 2, 554-557.

Vita Procopii abb. Sazavensis [s. xiii, Sázava?, dioec. Praha]: *AASS.*, Jul. II 139-148.

Vita Protadii episc. Vesontionensis [ca. s. xi med., Besançon]: *AASS.*, Febr. II 413-414.

Gesta Pudentianae, v. Ps.-PASTOR in indice I.

Passio quattuor Coronatorum, v. PETRUS SUBDIACONUS in indice I.

Miracula Quintini [a. 827 vel paulo post; relatio translationis conscripta ca. a. 835-844, S.-Quentin, dioec. Noyon]: *AASS.*, Oct. XIII 801-812; partim O. HOLDER-EGGER, *SS.*, XV 266-270.

Vita Radbodi episc. Trajectensis [a. 962-976, Utrecht] recensio prima brevior: H. TER HAAR, *Bijdr. en Meded. Hist. Gen. te Utrecht*, t. 35 (1914), 162-168; recensio altera longior: O. HOLDER-EGGER, *SS.*, XV 569-571ᵉ; *Anal. Boll.*, t. 6 (1887), 5-15.

Vita Radegundis, v. BAUDONIVIA, FORTUNATUS in indice I.

Passio Ragneberti Bebronensis [s. ix, dioec. Lyon]: B. KRUSCH, *SRM.*, V 209-211.

Vita Rainerii, v. BENINCASA in indice I.

Vita Ramuoldi abb. Ratisbonensis [ex lib. II miraculorum et memoriae Emmerammi, auctore Arnulfo Vochburgensi]: *ASOB.*, VI 1, 5-25; *AASS.*, Jun. III 415-420, n. 2-16 = ³IV 338-342.

Translatio et miracula Reginae [a. 865-870]: partim O. HOLDER-EGGER, *SS.*, XV 449-451.

Vita Reginswindae [ca. s. xii, Lauffen, dioec. Würzburg]: *AASS.*, Jul. IV 92-95; partim O. HOLDER-EGGER, *SS.*, XV 359-360.

Miracula Remacli abb. Stabulensis [lib. 1: ca. a. 851; lib. 2: s. ix ex.-1008, Stavelot, dioec. Liège]: *AASS.*, Sept. I 696-721; partim O. HOLDER-EGGER, *SS.*, XV 433-443.

Vita Remacli abb. Stabulensis [s. ix in., Stavelot, dioec. Liège]: B. KRUSCH, *SRM.*, V 104-108.

Vita Remigii Remensis, v. HINCMARUS REMENSIS in indice I.

Vita Remigii episc. Rotomagensis [s. x, Rouen]: MARTÈNE, *Thes.*, III 1665-1670.

Miracula Renati et Valerii [s. viii ex., Sorrento]: B. CAPASSO, *Mem. della chiesa Sorrentina*, Napoli 1854, 212-217.

Vita Richardi abb. Sanvitonensis [s. xii in., S.-Vannes, dioec. Verdun]: W. WATTENBACH, *SS.*, XI 281-290.

Vita Richardi abb. Sanvitonensis [in libro II Chronici, auctore HUGONE FLAVINIACENSI]: G. H. PERTZ, *SS.*, VIII 368-408.

Gesta Henrici II et Richardi I Angliae regum, v. Ps.-BENEDICTUS PETROBURGENSIS in indice I.

Miracula Richarii abb. Centulensis [post a. 866, S.-Riquier, dioec. Amiens]: *ASOB.*, II 213-227; *AASS.*, Apr. III 447-456 = ³451-460; partim O. HOLDER-EGGER, *SS.*, XV 916-919.

Miracula Richarii, v. HARIULFUS in indice I.

Relatio Richarii, v. ANGILRAMNUS CENTULENSIS in indice I.

Vita prima Richarii abb. Centulensis [ca. a. 750-797, S.-Riquier, dioec. Amiens]: B. KRUSCH, *SRM.*, VII 444-453.

Vita Richarii, v. ALCUINUS in indice I.

Vita Richmeri abb. Cenomannensis [s. viii?, Le Mans]: *AASS.*, Jan. II 177-179 = ³541-543; *ASOB.*, III 1, 228*-232*.

Miracula Rictrudis abbatiss. Marchianensis [a. 1164-1166; cum addit. a. 1168, Marchiennes, dioec. Arras]: *AASS.*, Maji III 89-118 = ³88-117.

De patrocinio Rictrudis, v. WALBERTUS in indice I.

Vita Rictrudis, v. HUCBALDUS in indice I.

Translatio Rigoberti episc. Remensis [post a. 894-900, Reims]: W. LEVISON, *SRM.*, VII 78-79.

Vita Rigoberti episc. Remensis [a. 888-894, Reims]: W. LEVISON, *SRM.*, VII 58-78.

Translatio Rigomeri, v. PETRUS MALLEACENSIS in indice I.

Vita Rimberti archiep. Hamburgensis et Bremensis [s. x in., Korvei, dioec. Paderborn]: G. H. PERTZ, *SS.*, II 765-775; G. WAITZ, 1884 (SRG.), 81-100.

Vita Roberti abb. Molismensis [ante a. 1197, Molesme, dioec. Langres]: *AASS.*, Apr. III 669-676 = ³676-683; MIGNE, *PL.* 157, 1269-1288.

Epitoma vitae Roberti regis, v. HELGALDUS in indice I.

Gesta Roberti Wiscardi, v. WILLELMUS APULIENSIS in indice I.

Vita Rodulfi episc. Eugubini, v. PETRUS DAMIANI in indice I.

Res gestae Rogerii Siciliae regis, v. GAUFREDUS MALATERRA, ALEXANDER TELESINUS in indice I.

Passio et translatio Romanae [a. 1074-1085]: *AASS.*, Oct. II 137-140.

Vita Romani, v. Vitae patrum Jurensium.

Vita et miracula Romani abb. Autissiodorensis, v. GISLEBERTUS VALLILIENSIS in indice I.

Vitae Romani episc. Rotomagensis, v. GERARDUS SUESSIONENSIS in indice I.

Vita Romarici abb. Habendensis [s. vii ex., vel s. viii-ix, Remiremont, dioec. Toul]: *ASOB.*, II 416-420; B. Krusch, *SRM.*, IV 221-225.

Vita Romualdi, v. Petrus Damiani in indice I.

Vita Romuli episc. Januensis [s. x-xi, Genua?] *AASS.*, Oct. VI 208-209.

Miracula Rudesindi episc. Dumiensis [lib. I-III: a. 1172-paulo post a. 1185, auctore Ordonio priore, Celanóva, dioec. Orense: lib. IV: a. 1226-1229]: *ASOB.*, V 530-543.

Passio Rufinae et Secundae [s. v ex., Roma?] Mombritius ², II 444-445.

Vita Rusticulae sive Marciae abbatiss. Arelatensis [s. vii, Arles]: *ASOB.*, II 139-147; *AASS.*, Aug. II 657-664; partim B. Krusch, *SRM.*, IV 339-351.

Vita Sabae abbatis [Italia]: F. Ermini, *Arch. Soc. Rom. di Stor.*, t. 40 (1917) 123-131.

Vita Sadalbergae abbatiss. Laudunensis [s. ix in., Laon]: *AASS.*, Sept. VI 521-529; B. Krusch, *SRM.*, V 49-66.

Passio Salvii episc. Engolismensis [s. viii ex., S.-Sauve, dioec. Cambrai]: *AASS.*, Jun. V 198-204 = ³VII 175-180; partim *Hist. de Fr.*, III 646-648; M. Coens, *Anal. Boll.*, t. 87 (1969), 164-187.

Vita Samsonis episc. Dolensis [s. viii ex. sive s. ix in., Dol]: *ASOB.*, I 165-185; *AASS.*, Jul. VI 573-591; R. Fawtier, *Bibl. Ec. Hautes Etudes*, t. 197 (1912), 93-172.

Acta Sanctini inserta in epistola Hincmari Remensis [a. 876-877]: *AASS.*, Oct. V 587-588.

Translatio Savini (Sabini) [s. ix in.-s. x ex.]: Martène, *Coll.*, VI 805-810.

Passio Sebastiani [s. v, Roma]: Mombritius ², II p. 459-476; *AASS.*, Jan. II 265-278 = ³629-642; Migne, *PL.* 17, 1021-1058.

Translatio Sebastiani et Gregorii, v. Odilo Suessionensis in indice I.

Vita Segolenae abbatiss. Troclarensis [s. vii ex., dioec. Albi]: *ASOB.*, III 2, 541-550; *AASS.*, Jul. V 630-637.

Vita Senti [s. vii vel s. viii, Tuscia]: *AASS.*, Maji VI 71-73 = ³70-72.

Gesta Servatii antiquiora ap. Herigerum, Gesta episc. Tungr., R. Koepke, *SS.*, VII 172-175.

Gesta Servatii [post a. 1126, Maastricht]: F. Wilhelm, *Sanct Servatius*, München 1910, 3-147.

Translatio Servatii, v. Jocundus in indice I.

Translatio Severini, v. Johannes Neapolitanus in indice I.

Vita Severini, v. Eugippius in indice I.

Vita Severini abb. Agaunensis, v. Ps.-Faustus in indice I.

Vita Severi episc. Abrincensis [s. xi ex., Avranches]: *AASS.*, Febr. I 188-192; E. A. Pigeon, *Vies des saints du diocèse de Coutances*, II, Avranches 1898, 42-54.

Vita Severi abb. Agathensis [s. viii?, Agde]: *ASOB.*, I 563-568; *AASS.*, Aug. V 159-163.

Vita Severi episc. Neapolitani [ante s. xi, Napoli]: B. Capasso, *Mon. Neapol.*, I, 1881, 269-274.

Vita Severi episc. Ravennatis [a. 1050-1070, Ravenna]: *AASS.*, Febr. I 82-87; Muratori, *Scr.*, II 1, 189-193.

Vita Severi presb. [s. vii, Ravenna]: Muratori, *Scr.*, I 2, 563.

Vita Siardi abb. Orti s. Marie [ca. a. 1265-1270, Mariëngaarde, dioec. Utrecht]: A. W. Wybrands, *Gesta abbatum Orti s. Marie*, Leeuwarden 1879, 76-146.

Vita Sigiramni abb. Longoretensis [s. ix, S.-Cyran, dioec. Bourges]: B. Krusch, *SRM.*, IV 606-625.

Vita Sollemnis episc. Carnotensis [s. viii p. post., Chartres]: W. Levison, *SRM.*, VII 311-321.

Vita Sori [post s. viii]: *AASS.*, Febr. I 199-204.

Miracula Stephani episc. Dienensis [= Epistula Johannis episc. Viennensis et suffraganeorum ad Gregorium IX], [a. 1231, Vienne]: *AASS.*, Sept. III 194-201.

Passio Stephani papae [s. vi?, Roma]: Mombritius ², II 495-500.

Gesta Stephani regis Anglorum [ca. a. 1148; ca. a. 1154]: R. Howlett, *Chronicles of the reigns of Stephen ...*, 3 vol., 1886 (*RS.*, 82), III 3-136; K. R. Potter, 1955 (*MT.*).

Vita Sturmi, v. Eigilus in indice I.

Sermo de vita Sualonis, v. Ermanricus Elwangensis in indice I.

Encyclica de vita Sugerii abb. Sandionensis, v. Willelmus Sandionensis in indice I.

Vita Sulpitii episc. Bituricensis [s. vii med., Bourges]: recensio A: B. Krusch, *SRM.*, IV 372-380; recensio B: *AASS.*, Jan. II 174-176 = ³538-540.

Vita altera et miracula Sulpitii episc. Bituricensis [s. ix, S.-Sulpice, dioec. Bourges]: *AASS.*, II 168-187; partim Migne, *PL.* 80, 574-592 (sine miraculis).

Vita tertia Sulpitii episc. Bituricensis, v. Guibertus Gemblacensis in indice I.

Gesta Tancredi, v. Radulfus Cadomensis in indice I.

Miracula Theclae: O. von Gebhardt, *Die lateinischen Übersetzungen der Acta Pauli et Theclae*, Leipzig 1902 (*Texte u. Untersuch. z. Gesch. der altchristl. Lit.*, 22, 2. Heft), 169-173.

Vita Theodardi archiep. Narbonensis [a. 1089-1091, Narbonne]: *AASS.*, Maji I 142-156 = ³145-159.

Gesta Theoderici regis [s. xii p. post., Fulda]: B. Krusch, *SRM.*, II 202-210.

Acta Theodorae [hausta ex Passionibus Alexandri, Hermetis, Balbinae, s. vi, Roma]: *AASS.*, Apr. I 5-6.

Vita Theodulfi Remensis [s. vii ex., Reims]: *AASS.*, Maji I 96-99 = ³98-102.

Vita Theofredi, v. Vita Thiofridi.

Passio metrica Thiemonis archiep. Juvavensis [s. xii in., Admont, dioec. Salzburg]: W. Wattenbach, *SS.*, XI 28-33.

Passio prosaica Thiemonis archiep. Juvavensis [s. xii med., Admont, dioec. Salzburg]: W. Wattenbach, *SS.*, XI 52-62.

Passio prosaica altera Thiemonis, v. Heinricus Bredenowensis in indice I.

Vita Thiofridi abb. Calmeliacensis [s. xi, S.-Chaffre du Monastier, dioec. Le Puy]: *ASOB.*, III 1, 477-485; *AASS.*, Oct. VIII 527-532.

Vita Thomae Becket archiep. Cantuariensis [a. 1172-1173, Canterbury]: J. C. Robertson and J. B. Sheppard, *Materials for the hist. of Thomas Becket*, 7 t., 1875-1885 (*RS.*, 67), IV 80-144.

Vita Thomae Becket adscripta Magistro Euvrardo: Martène, *Thes.*, III 1737-1746.

Passio Thyrsi et sociorum [ante s. ix]: *AASS.*, Jan. II 824-832 = ³III 439-447.

Passio Thyrsi et sociorum: *AASS.*, Jan. II 817-824 = ³III 432-439.

Vita Tillonis Sollemniacensis [s. xi?, Clairmarais, dioec. Thérouanne]: *AASS.*, Jan. I 376-380.

Translatio trium virginum Coloniensium Walciodorensis [ca. a. 1130, Waulsort, dioec. Liège]: W. Levison, *SS.*, XXX 1375-1383.

Inventio Trophimenae [ante s. xi; s. xi p. post.?, Amalfi?]: *AASS.*, Jul. II 233-240.

Miracula Trudonis, v. Stepelinus in indice I.

Vita Trudonis, v. Donatus Mettensis in indice I.

Vita et miracula Udalrici, v. Gerhardus Augustanus in indice I.

Miracula Urbani [post a. 1141, Châlons-sur-Marne?]: *AASS.*, Maji VI 18-22.

Passio Urbani [s. v ex.-s. vii, Roma]: *AASS.*, Mai VI, 11-15 = ³10-15.

Vita Urbani episc. Lingonensis [s. x-s. xi, S.-Bénigne, Dijon]: *AASS.*, Jan. 492-494 = ³III 105-107.

Passio Ursicini Ravennae [s. xi, Ravenna]: Muratori, *Scr.*, I 2, 560-562; partim *AASS.*, Jun. III 810-811 = ³IV 673-675.

Vita Ursi [s. x?]: *AASS.*, Febr. I 937-939 = ³946-948.

Miracula Ursmari in itinere per Flandriam facta [a. 1060, Lobbes, dioec. Liège]: *AASS.*, Apr. II 573-578 = ³570-575; partim O. Holder-Egger, *SS.*, XV 837-842.

Vitae Ursmari, v. Anso, Herigerus, Ratherius in indice I.

Miracula Ursmari et Ermini [c. 15 ante a. 990 conscriptum; alia ca. a. 1057-post a. 1090, Lobbes, dioec. Liège]: *AASS.*, Apr. II 568-573 = ³565-570; partim O. Holder-Egger, *SS.*, XV 833-837.

Miracula alia Ursmari et Ermini, v. Folcininus in indice I.

Translatio Valentini episc. Interamnensis, v. Baldricus Burguliensis in indice I.

Sermo de Valentino episc. Januensis [post a. 985; ante s. xiii]: *AASS.*, Maji VII 544-546 = ³536-537.

Vita Valentini Molismensis [s. xi, Molesme, dioec. Langres]: *AASS.*, Jul. II 41-42; partim *Hist. de Fr.*, III 410-411.

Acta Valeriani [ex passione Caeciliae]: *AASS.*, Apr. II 204-206 = ³206-208.

Miracula Vedastis, v. Wlmarus Atrebatensis in indice I.

Vita Vedastis, v. Jonas Bobiensis in indice I.

Miracula Verenae [ca. a. 1010, Zurzach, dioec. Konstanz]: *AASS.*, Sept. I 168-173; A. Reinle, *Die heilige Verena von Zurzach*, Basel 1948 (*Ars Docta*, VI), p. 49-61.

Acta Veroli, v. Agano in indice I.

Inventio, miracula et translatio Veroni, v. Olbertus Gemblacensis in indice I.

Vita Victoris III papae [ex Chronico Casinense, auctoribus Leone Marsicano et Petro Diacono]: *AASS.*, Sept. V 400-434.

Passio Victoriae [s. v-vi?]: P. Paschini, *Lateranum*, I (1919), 33-44.

Acta Vigilii [s. vi vel post]: L. Cesarini Sforza, in *Scritti di storia e d'arte*, Trento 1905, 13-27.

Vita Vincentiani Avolcensis [s. xi in., S.-Viance, dioec. Limoges]: W. Levison, *SRM.*, V 116-128.

Vita Vincentii-Madelgarii [s. xii, Soignies vel Hautmont, dioec. Cambrai]: *AASS.*, Jul. III 668-677 = ³639-648.

Passio Vincentii et Benigni [non ante s. vi, s. viii-ix?]: *AASS.*, Jun. I 625-627 = ³615-617.

Vita Vitalis abb. S. Basilii [ex graeco latine translata a. 1194, Tricarico]: *AASS.*, Mart. II *26-*34 = ³ *27-*35.

Inventio Vitalis et Agricolae, v. Ps.-Ambrosius in indice I.

Passio Vitalis et Valeriae [ante ca. a. 1070, Ravenna]: *AASS.*, Apr. III 564-565 = ³570-571.

Translatio Viti [a. 836-837, Korvei]: *AASS.*, Jun. II 1029-1037 = ³III 507-513; Ph. Jaffé, *Bibl.*, I 3-26.

Passio Viti et Modesti [s. vii, Lucania]: *AASS.*, Jun. II 1021-1026 = ³III 499-504.

Vita et miracula Vitoni episc. Virdunensis, v. Richardus S. Vitoni in indice I.

Vita Voti et Felicis fratrum Caesaraugustanorum, v. Macarius Pinnatensis in indice I.

Vita Walae, v. Paschasius in indice I.

Relatio corporis Walarici abb. Leuconaensis [ca. 1050, S.-Valéry-sur-Somme, dioec. Amiens]: *AASS.*, Apr. I 23-27 = ³24-27; *ASOB.*, V 557-562.

Vita Walarici abb. Leuconaensis [a. 1031-1052, S.-Valéry-sur-Somme, dioec. Amiens]: B. Krusch, *SRM.*, IV 160-175.

Miracula Waldburgae Tielensia [ca. a. 1022, Tiel, dioec. Utrecht]: partim O. Holder-Egger, *SS.*, XV 764-766.

Vita et miracula Waldburgis, v. Wolfhardus Haserensis in indice I.

Miracula Waldeberti, v. Adso in indice I.

Vita Walfridi, v. Andreas Lucensis in indice I.

Waltharius [s. ix; olim Ekkehardo Sangallensi I, † a. 973, attributa]: K. Strecker, *Poet. lat.*, VI 24-83.

Historia Wambae regis, v. Julianus Toletanus in indice I.

Miracula Wandregisili abb. Fontanellensis [lib. 1: ante a. 858; lib. 2: ca. a. 885; S.-Wandrille]: *ASOB.*, II 547-558; *AASS.*, Jul. V 281-290; partim O. Holder-Egger, *SS.*, XV 406-409.

Sermo de adventu Wandregisili, Ansberti et Wlframmi [s. xi ex., S.-Pieter, Gent, dioec. Tournai]: partim O. Holder-Egger, *SS.*, XV 625-631.

Translatio Wandregisili et Ansberti [s. x p. post., S.-Pieter, Gent]: O. Holder-Egger, *SS.*, XXX 815-820.

Vita prima Wandregisili abb. Fontanellensis [s. vii ex., S.-Wandrille, dioec. Rouen]: B. Krusch, *SRM.*, V 13-24.

Vita altera Wandregisili abb. Fontanellensis [s. ix med., S.-Wandrille, dioec. Rouen]: *ASOB.*, II 534-546; *AASS.*, Jul. V 272-281.

Passio Wenceslai et Ludmillae [s. x ex., auctore Christiano; vel compilatio s. xiv]: partim *AASS.*, Sept. VII 825-835 = ³769-778.

Vita Wereburgae, v. Goscelinus in indice I.

Vita Wiboradae, v. Hartmannus Sangallensis, Hepidannus in indice I.

Elevatio Wicberti Gemblacensis [paulo post a. 1112, Gembloux, dioec. Liège]: G. H. Pertz, *SS.*, VIII 516-518.

Vita Wicberti, v. Sigebertus Gemblacensis in indice I.

Miracula Wigberhti abb. Friteslariensis [ca. a. 936, Hersfeld, dioec. Mainz]: partim G. Waitz, *SS.*, IV 224-228.

Breviloquium vitae Wilfridi episc. Eboracensis, v. Frithegodus in indice I.

Miracula Wilfridi, v. Aelredus in indice I.

Vita Wilfridi, v. Eddius Stephanus in indice I.

Vita Willehadi, v. Ps.-Ansgarius in indice I.

Vita Willelmi abb. Divionensis, v. Radulfus Glaber in indice I.

Vita Willibaldi, v. Hugeburc in indice I.

Miracula Willibrordi [ca. a. 1070?, Echternach, dioec. Trier]: W. Levison, *SS.*, XXX 1369-1371.

Vitae Willibrordi, v. Alcuinus in indice I.

Vita et miracula Willibrordi, v. Thiofridus Epternacensis in indice I.

Vita Willihelmi abb. Hirsaugiensis, v. Haimo Hirsaugiensis in indice I.

Miracula Winnoci [s. xi, Wormhoudt, dioec. Thérouanne]: W. Levison, *SRM.*, V 780-786.

Miracula Winnoci, v. Drogo Bergensis in indice I.

Vita prima Winnoci, v. Vitae Audomari, Bertini ac Winnoci.

Vita altera Winnoci, a monacho Blandiniensi conscripta [a. 1059-1070, ca. a. 1064, Bergues-S.-Winnoc, dioec. Thérouanne]: *ASOB.*, III 1, 303-314; *AASS.*, Nov. III 267-274.

Historia inventionis et miraculorum Wlframmi [a. 1074-1087, S.-Wandrille, dioec. Rouen]: partim *AASS.*, Mart. III 148-150 = ³147-149; partim *ASOB.*, III 1, 366-381; J. Laporte, Rouen 1938 (*Mélanges... Soc. d'Hist. de Normandie*, XIV).

Miracula Wlframni [s. xi, S.-Wandrille, dioec. Rouen]: *AASS.*, Mart. III 150-161 = ³149-160.

Vita Wlframni episc. Senonensis [auctore Ps.-Jona; a. 788-811, S.-Wandrille, dioec. Rouen]: W. Levison, *SRM.*, V 661-673.

Vita Wlmari abb. Silviacensis [s. ix med., Samer, dioec. Thérouanne]: *ASOB.*, III 1, 234-238; *AASS.*, Jul. V 84-88.

Vita Wolbodonis episc. Leodiensis, v. Reinerus Leodiensis in indice I.

Vita Wolfhelmi, v. Conradus Brunwilarensis in indice I.

Vita Wolfkangi, v. Otlohus in indice I.

Vita Wulfstani, v. Willelmus Malmesbiriensis in indice I.

Vita Wynnebaldi, v. Hugeburc in indice I.

# IV. EDITIONES DOCUMENTORUM

Acht, P., *Die Traditionen des Klosters Tegernsee 1003-1242*, München 1952 (*Qu. und Erört. zur bayerischen Geschichte*, N.F., 9/1).

Acht, P., v. *Mainzer Urkundenbuch*.

*Acta Palatina*, v. *Historia et commentationes*.

*Actes Phil. Ier*, v. Prou.

*Actes Phil.-Aug.*, v. *Recueil des actes de Philippe Auguste*.

Aguirre, v. Saenz de Aguirre.

Alart, B., *Cartulaire roussillonnais*, Perpignan 1880.

Alaus, P., L. Cassan et E. Meynial, *Cartulaire des abbayes d'Aniane et de Gellone*, 2 t., Montpellier 1898, 1900. (*Soc. arch. de Montpellier*); t. I: *Cartulaire de Gellone*; t. II: *Cartulaire d'Aniane*.

Albanès, J.-H., et U. Chevalier, *Arles* (*Archevêques, conciles, prévôts, statuts*), Valence 1901 (*Gallia christiana novissima*, [3]).

Albers, B., *Consuetudines monasticae*, 5 t., Stuttgart-Wien 1900-1912.

*Album paléographique ou recueil de documents importants relatifs à l'histoire et à la littérature nationales*, par la Société de l'Ecole des Chartes, Paris 1887.

Allodi, L., e G. Levi, *Il regesto Sublacense dell' undicesimo secolo*, Roma 1885 (*Bibl. della R. Soc. romana di storia patria*).

Altmann, W., und E. Bernheim, *Ausgewählte Urkunden zur Erläuterung der Verfassungsgeschichte Deutschlands im Mittelalter*, Berlin 1909⁴, 1920⁵.

Amiani, P. M., *Memorie istoriche della città di Fano*, 2 t., Fano 1751.

Andrieu, M., *Les ordines romani du haut moyen âge*, 5 t., Louvain 1931-1961 (*Spicilegium sacrum lovaniense*, fasc. 11, 23, 24, 28, 29); t. II (Ordines I-XIII) 1948; t. III (Ordines XIV-XXXIV) 1951; t. IV (Ordines XXXV-XLIX) 1956; t. V (Ordo L) 1961.

*Annalen des historischen Vereins für den Niederrhein, insbesondere die alte Erzdiöcese Köln*, t. 26/27, Köln 1874. [= *Rheinische Urkunden des X.-XII. Jahrhunderts*, ed. H. Cardauns].

*Sacri et canonici ordinis Praemonstratensis annales*, v. Hugo.

Astegiano, L., *Codex diplomaticus Cremonae*, 2 t., Torino 1895, 1898 (*Monumenta historiae patriae*, serie II: 21, 22).

Audouin, E., *Recueil de documents concernant la commune et la ville de Poitiers*, 2 t., 1923, 1928 (*Archives hist. du Poitou*, 44, 46); t. I: de 1063 à 1327.

Bacchini, B., *Dell'istoria del monastero di S. Benedetto di Polirone nello stato di Mantova libri cinque*, Modena 1696.

Ballard, A., *British borough charters* (1042-1216), Cambridge etc. 1913.

Baluze, E., *Capitularia regum Francorum. Additae sunt Marculfi monachi et aliorum formulae veteres et notae doctissimorum virorum, Stephanus Baluzius Tutelensis in unum collegit...*, 2 t., Paris 1677; Venezia 1772-1773²; Paris 1780³.

Baluze, E., *Histoire généalogique de la maison d'Auvergne*, 2 t., Paris 1708; t. I: *Preuves de l'Histoire de la maison d'Auvergne*.

Baluze, E., *Historiae Tutelensis libri tres*, Paris 1717.

Baluze, E., *Miscellanea*, 7 t., Paris 1678-1715; ed. J. D. Mansi, 4 t., Lucca 1761-1764.

Baronio, C., *Annales ecclesiastici a Christo nato ad annum 1198*, 12 t., Roma 1588-1607.

Barsocchini, D., v. Bertini.

Baudon de Mony, Ch., *Relations politiques des comtes de Foix avec la Catalogne jusqu'au commencement du XIVᵉ siècle*, 2 t., Paris 1896.

Baudot, A. M. et M., *Le grand cartulaire du chapître Saint-Julien de Brioude, essai de restitution*, Clermont-Ferrand 1935 (*Mém. de l'Acad. des sciences belles-lettres et arts de Clermont-Ferrand*, 35).

Baumann, F., *Geschichtliches aus Sankt Peter*, Freiburg i. Br. 1881 (*Freiburger Diöcesan Archiv*, 14).

Baumann, F. L., G. Meyer von Knonau und M. Kiem, *Die ältesten Urkunden von Allerheiligen in Schaffhausen, Rheinau und Muri*, Basel 1883 (*Qu. zur schweizer Geschichte*, 3).

Baur, H., *Hessische Urkunden. Aus dem Grossherzoglich Hessischen Haus- und Staatsarchive...*, 5 t., Darmstadt 1860-1873.

Bautier, R. H., *Recueil des actes d'Etudes, roi de France* (888-898), Paris 1967 (*CDHF.*).

Belgrano, L. T., *Il registro della curia arcivescovile di Genova*, Genova 1855 (*Atti della Soc. ligure di storia patria*, II, 1).

Beltrani, G., *Documenti longobardi e greci per la storia dell'Italia meridionale nel medio evo*, Roma 1877.

Benassi, U., *Codice diplomatico Parmense*, t. I, Parma 1910.

Benoit, *Histoire ecclésiastique et politique de la ville et du diocèse de Toul*, Toul 1707.

Bernard, A., *Cartulaire de l'abbaye de Savigny, suivi du petit cartulaire de l'abbaye d'Ainay*, 2 t., Paris 1853; t. I: *Cartulaire de Savigny*; t. II: *Cartulaire d'Ainay* (*CDI.*).

Bernard, A., et A. Bruel, *Recueil des chartes de l'abbaye de Cluny*, 6 t., Paris 1876-1903 (*CDI.*).

BERNHART, J. B., *Codex traditionum ecclesiae Ravennatensis in papyro scriptus et in Regia Bibliotheca Bavarica asservatus*, München 1810.

BERNICOLI, S., *Documenti dell'archivio storico communale di Ravenna anteriore al secolo XII*, Ravenna 1914 (*Felix Ravenna*, supplemento I).

BERTINI, D., E D. BARSOCCHINI, *Dissertazioni sopra la storia ecclesiastica lucchese. Raccolta di documenti per servire alla storia ecclesiastica lucchese*, 4 t., Lucca 1818-1841 (*Mem. e doc. per servire all'istoria del ducato di Lucca*, 4/1-2, 5/2-3).

BERTRAND DE BROUSSILLON, [A.], *Cartulaire de l'abbaye de Saint-Aubin d'Angers*, 3 t., Angers-Paris 1896-1903; (*Doc. hist. sur l'Anjou*, publiés par la Soc. d'agriculture, sciences et arts d'Angers, 1-3).

BERTRAND DE BROUSSILLON, [A.], *Cartulaire de Saint-Victeur au Mans, prieuré de l'abbaye du Mont-Saint-Michel (994-1400)*, Paris 1895 (*Soc. d'agriculture, sciences et arts de la Sarthe*).

BESLY, J., *Histoires des comtes de Poictou et ducs de Guyenne ... depuis l'an 811 jusques au roy Louis le Jeune ...*, Paris 1647.

BEUGNOT, A., *Les Olim ou registres des arrêts rendus par la cour du roi sous les règnes de Saint Louis, de Philippe le Hardi, de Philippe le Bel, de Louis le Hutin et de Philippe le Long*, 4 t., Paris 1839-1848 (*CDI*.).

BEYER, H., *Urkundenbuch zur Geschichte der jetzt die preussischen Regierungsbezirke Coblenz und Trier bildenden mittelrheinischen Territorien*, 3 t., Coblenz 1860-1874.

BEYER, K., *Urkundenbuch der Stadt Erfurt*, 2 t., Halle 1889, 1897 (*Geschichtsquellen der Provinz Sachsen*, 23, 24).

BIGELOW, M. M., *Placita Anglo-Normannica*, London 1879.

BIMBENET, E., *Examen critique de la charte octroyée par le roi Louis VII aux habitants d'Orléans en l'année 1137* (*Mém. de la Soc. d'agriculture, sciences, belles-lettres et arts d'Orléans*, 16 (1874), p. 67-98).

BINTERIM, A. J., UND J. H. MOOREN, *Die Erzdiöcese Köln bis zur französischen Staatsumwälzung*, neubearb. von A. MOOREN, 2 t., Düsseldorf 1892.

BIRCH, V. DE GRAY BIRCH.

BITTERAUF, TH., *Die Traditionen des Hochstifts Freising*, 2 t., München 1905, 1909 (*Qu. und Erört. zur bayerischen und deutschen Geschichte*, N.F., 4, 5).

BLOK, D. P., *Een diplomatisch onderzoek van de oudste particuliere oorkonden van Werden met enige uitweidingen over het ontstaan van dit soort oorkonden in het algemeen*, Assen 1960.

BLOK, P., EN J. A. FEITH, ETC., *Oorkondenboek van Groningen en Drente*. 2 t., Groningen 1896, 1899.

BOCZEK, A., E.A., *Codex diplomaticus et epistolaris Moraviae*, 15 t., Olmütz 1836-1903; t. I [a. 396-1199].

BODE, G., *Urkundenbuch der Stadt Goslar und der in und bei Goslar belegenen geistlichen Stiftungen*, 5 t., Halle 1893-1922; t. I: 922-1250; t. II: 1251-1300 (*Geschichtsquellen der Provinz Sachsen*, 29, 30).

BODMANN, F. J., *Rheingauische Alterthümer*, 2 t., Mainz 1819.

BOEREN, P. C., *Etude sur les tributaires d'église dans le comté de Flandre du IX$^e$ au XIV$^e$ siècle*, Amsterdam 1936.

BÖHMER, J. FR., *Acta imperii selecta. Urkunden deutscher Könige und Kaiser 928-1398 mit einem Anhang von Reichssachen. Aus dem Nachlass herausgegeben von Julius Ficker*, Innsbruck 1870.

BONGERT, Y., *Recherches sur les cours laïques du X$^e$ au XIII$^e$ siècle*, Paris 1949.

BOOS, H., *Quellen zur Geschichte der Stadt Worms*, 3 t., Berlin 1886-1893; t. I: 627-1300.

BORETIUS, A., UND V. KRAUSE, *Capitularia regum Francorum*, 2 t., Hannover 1883-1897 (*MGH., Capit.* 1, 2).

BORMANS, S., ET E. SCHOOLMEESTERS, *Cartulaire de l'église Saint-Lambert de Liége*, 6 t., Bruxelles 1893-1933 (*CRH*.).

BOSELLI, G. V., *Delle storie Piacentine libri XII; Delle storie Piacentine libri VI*, 2 t., Piacenza 1793, 1804.

BOUDET, M., *Cartulaire du prieuré de Saint-Flour*, t. I (972-1275), Monaco 1910 (*Coll. de doc. hist. publiés par ordre de S.A.S. le prince Albert I, prince souverain de Monaco*).

BOUGAUD, E., ET J. GARNIER, *Chronique de l'abbaye de Saint-Bénigne de Dijon, suivie de la chronique de Saint-Pierre de Bèze*, Dijon 1875 (*Analecta Divionensia*).

BOUMAN, A. C., V. MULLER.

BOUQUET, M., V. *Historiens de France*.

BOURASSÉ, J.-J., *Cartulaire de Cormery*, Tours 1860 (*Mém. de la Soc. arch. de Touraine*, 12).

BOURGEOIS, R., *Le mouvement communal dans le comté de Champagne aux XII$^e$ et XIII$^e$ siècles*, Paris 1904.

BOURGIN, G., *La commune de Soissons et le groupe communal soissonnais*, Paris 1908 (*Bibl. l'Ec. des Hautes Etudes, sc. hist. et philol.*, 167).

BRANDI, K., *Urkunden und Akten für rechtsgeschichtliche und diplomatische Vorlesungen und Übungen*, Berlin-Leipzig 1932$^3$.

BRASSART, F., *La féodalité dans le Nord de la France. Histoire du château et de la châtellenie de Douai..., depuis le X$^e$ s. jusqu'à 1789 ...*, 3 t., Douai etc. 1877-1887.

BRESSLAU, H., *Die Urkunden Heinrichs II. und Arduins*, Hannover, 1903 (*MGH., Dipl. reg. imp. Germ.*, 3).

BRESSLAU, H., UND P. KEHR, *Die Urkunden Heinrichs III.*, Berlin 1931 (*MGH., Dipl. reg. imp. Germ.*, 5).

BRESSLAU, H., W. WIBEL UND A. HESSEL, *Die Urkunden Konrads II. Mit Nachträgen zu den Urkunden Heinrichs II.*, Hannover-Leipzig 1909 (*MGH., Dipl. reg. imp. Germ.*, 4).

BREZZI, P., *I comuni cittadini italiani. Origine e primitiva costituzione (secoli X-XII)*, Milano [1940] (*Doc. di storia e di pensiero politico*, [9]).

BROUWER, K. (CH. BROWERUS), *Fuldensium antiquitatem libri IIII*, Antwerpen 1612.

BRUCKNER, A., *Regesta Alsatiae aevi Merovingici et Karolini, 496-918*; t. I: *Quellenband*, Strasbourg-Zürich 1949.

BRUNEL, C., *Recueil des actes des comtes de Pontieu (1026-1279)*, Paris 1930 (*CDI*.).

BRUNETTI, F., *Codice diplomatico Toscano*, 2 t., Firenze 1806, 1833.

BRUNS, H. T., *Canones apostolorum et conciliorum saec. IV., V., VI., VII.*, 2 t., Berlin 1839 (*Bibl. ecclesiastica*, 1).

BRUSSEL, N., *Nouvel examen de l'usage général des fiefs en France pendant les XI$^e$, XII$^e$, XIII$^e$ et XIV$^e$ siècles*, 2 t., Paris 1727; $^2$1750.

BRUZZA, L., *Regesto della chiesa di Tivoli*, Roma 1880 (*Bibl. dell' Accademia storico-giuridica*, 6 - Pubblicato nel periodico *Studi e documenti di storia e diritto*).

*Bullarium Casinense*, v. MARGARINUS.

*Bullarium Vaticanum*, v. *Collectio bullarum*.

CADIER, L., *Cartulaire de Sainte-Foi de Morlaas*, Pau 1884.

CAIS DE PIERLAS, E., *Cartulaire de l'ancienne cathédrale de Nice*, Turin 1888.

CALISSE, C., *Documenti del monastero di San Salvatore sul Monte Amiata riguardanti il territorio Romano (secoli VIII-XII)*, (*Archivio della R. Soc. romana di storia patria*, 16 (1893) p. 289-345, 17 (1894) p. 95-129).

CALMET, A., *Histoire ecclésiastique et civile de Lorraine*, 3 t., Nancy 1728; ed. altera, 7 t., Nancy 1745-1757.

CAMERA, M., *Memorie storico-diplomatiche dell'antica città e ducato di Amalfi*, 2 t., Salerno 1876, 1881.

CAMOBRECO, F., *Regesto di San Leonardo di Siponto*, Roma 1913 (*Regesta chartarum Italiae*, [10]).

CANAT DE CHIZY, P., *Cartulaire du prieuré de Saint-Marcel-lès-Chalon-sur-Saône*, Chalon-sur-Saône 1894 (*Soc. d'hist. et d'arch. de Chalon-sur-Saône*).

CAPASSO, B., *Monumenta ad Neapolitani ducatus historiam pertinentia, quae partim nunc primum, partim typis iterum vulgantur*, 2 t., Napoli 1881-1892 (*Mon. storici a cura della Soc. napoletana di storia patria*. Serie prima: 1; Serie seconda: 1/1-2).

*Capit.*, v. BORETIUS UND KRAUSE.

CARTIER, E., *Mélanges historiques*, Tours 1842.

*Cartulaire des abbayes de Saint-Pierre de la Couture et de Saint-Pierre de Solesmes*, publié par les Bénédictins de Solesmes, Le Mans 1881.

*Cartulaire de Châlons-sur-Marne*, v. PELICIER.

CASSAN, L., v. ALAUS.

CASTAN, A., *Origines de la commune de Besançon*, Besançon 1858 (*Mém. de la Soc. d'émulation du Doubs*).

CATUREGLI, N., *Regesto della chiesa di Pisa (Regestum Pisanum)*, Roma 1938 (*Regesta chartarum Italiae*, [24]).

CAU-DURBAN, D., *Abbaye du Mas-d'Azil, monographie et cartulaire, 817-1774*, Foix 1896.

CAVAGNA SANGIULIANI, A., *Documenti vogheresi, dell' Archivio di stato di Milano*, Pinerolo 1910 (*Bibl. della Soc. storica subalpina*, 47).

CESSI, R., *Documenti relativi alla storia di Venezia anteriori al mille*, 2 t., Padova 1940, 1942; t. I: secoli V-IX; t. II: secoli IX-X (*Testi e documenti di storia e di letteratura latina medioevale*, 1, 3).

CHAMPEVAL, J.-B., *Cartulaire des abbayes de Tulle et de Roc-Amadour*, Brive 1903 (*Bull. de la Soc. scientif., hist. et arch. de la Corrèze*, de 1887, p. 421 à 1902, p. 299).

CHAMPEVAL, J.-B., *Cartulaire de l'abbaye d'Uzerche*, Tulle 1901 (*Bull. de la Soc. des lettres, sciences et arts de la Corrèze*, de 1887, p. 398 à 1897, p. 527).

CHAPIN, E., *Les villes de foires de Champagne des origines au début du XIV$^e$ siècle*, Paris 1937 (*Bibl. de l'Ec. des Hautes Etudes*, 268).

CHARLES R., ET [S.] MENJOT D'ELBENNE, *Cartulaire de l'abbaye de Saint-Vincent du Mans (ordre de Saint Benoît)*, 2 t., Mamers-Le Mans 1886-1913.

CHARTROU, J., *L'Anjou de 1109 à 1151. Foulque de Jérusalem et Geoffroi Plantegenêt*, Paris [1928].

*Chartularium insignis ecclesie Cenomanensis*, v. LOTTIN.

*Chartularium Studii Bononiensis*, 13 t., Imola 1907-1940 (*Pubbl. Istituto per la Storia dell' Univ. di Bologna*).

CHASSAING, A., *Cartulaire de Chamalières-sur-Loire en Velay, prieuré conventuel dépendant de l'abbaye de Saint-Chaffre*, Paris 1895.

CHASSAING, A., *Spicilegium Brivatense. Recueil de documents historiques relatifs au Brivadois et à l'Auvergne*, Paris 1886.

CHEVALIER, C., *Cartulaire de l'abbaye de Noyers*, Tours 1872 (*Mém. de la Soc. arch. de Touraine*, 22).

CHEVALIER, C. U. J., *Cartulaire de l'abbaye de Saint-André-le-Bas de Vienne, Ordre de Saint-Benoît, suivi d'un appendice de chartes inédites sur le diocèse de Vienne (IX$^e$-XII$^e$ siècles)*, Lyon 1869 (*Coll. de cartul. dauphinois*, I).

CHEVALIER, C. U. J., *Collection de cartulaires dauphinois*, t. VI, 2, Paris 1875 [= *Diplomatique de Bourgogne*, par PIERRE DE RIVAZ. Analyse et pièces inédites publiées par C. U. J. CHEVALIER].

[CHEVALIER, U.], *Cartulaire de l'abbaye Saint-Barnard de Romans*, Nouvelle édition complétée, Romans 1898.

CHEVALIER, U., *Cartulaire de l'abbaye de St-Chaffre du Monastier, Ordre de Saint-Benoît, suivi de la chronique de Saint-Pierre du Puy et d'un appendice de chartes*, Paris 1884.

CHEVALIER, U., *Cartulaire du prieuré de Paray-le-Monial, Ordre de Saint-Benoît, suivi d'un appendice de chartes et de visites de l'ordre de Cluny*, Paris 1890 (*Coll. de cartul. dauphinois*, VIII, 2).

CHEVRIER, G., ET M. CHAUME, *Chartes et documents de Saint-Bénigne de Dijon, prieurés et dépendances des origines à 1300*, t. II (990-1124), Dijon 1943 (*Analecta Burgundica*).

CHIFFLET, P. F., *Histoire de l'abbaye royale et de la ville de Tournus*, Dijon 1664.

CHOLET, [P. F. E.], *Cartulaire de l'abbaye de Saint-Étienne de Baigne, en Saintonge*, Niort 1868.

CHORIER, N., *Histoire générale du Dauphiné*, 2 t., Grenoble-Lyon, 1661-1672.

CHROUST, A., *Untersuchungen über die langobardischen Königs- und Herzogs-Urkunden*, Graz 1888.

CIPOLLA, C., *Le più antiche carte diplomatiche del monastero di S. Giusto di Susa, 1029-1212*, Roma 1896 (*Bull. dell'Istituto storico italiano*, 18).

CIPOLLA, C., *Antichi documenti del monastero trevigiano dei Santi Pietro e Teonisto*, Roma 1901 (*Bull. dell Istituto storico italiano*, 22).

CIPOLLA, C., *Monumenta Novaliciensia vetustiora. Raccolta degli atti e delle cronache riguardanti l'abbazia della Novalesa*, 2 t., Roma 1898, 1901 (*FSI.*, 31, 32).

CIPOLLA C., E G. BUZZI, *Codice diplomatico del monastero di S.Colombano di Bobbio fino all' anno 1208*, 3 t., Roma 1918 (*FSI.*, 52-54).

CLERGEAC, [A.], *Cartulaire de l'abbaye de Gimont*, Paris-Auch 1905 (*Archives hist. de la Gascogne*, 2e série, 9).

*Codex diplomaticus Cajetanus*, editus cura et studio monachorum S. Benedicti archicoenobii Montis Casini, 4 t., Montecassino 1887-1960; t. I, II, 1887, 1891 (*Tabularium Casinense*, 1, 2).

*Codex diplomaticus Cavensis*, v. MORCALDI.

*Codex diplomaticus Langobardiae* [ed. G. PORRO LAMBERTENGHI], Torino 1873 (*Monumenta historiae patriae*, [serie I], 13).

*Codex diplomaticus Lubecensis. Lübeckisches Urkundenbuch. Urkundenbuch der Stadt Lübeck*, 11 t., Lübeck 1843-1905 (*Verein für Lübeckische Geschichte und Althertumskunde*); t. I: [ab a. 1139].

*Codex diplomaticus Saxoniae regiae*, hrsg. von E. G. GERSDORF, K. F. VON POSERN-KLETT, O. POSSE UND H. ERMISCH, 24 t., Leipzig 1864-1909.

*Codex Hirsaugiensis* [ed. A. T. GFRÖRER], Stuttgart 1843 (*Bibl. des literarischen Vereins in Stuttgart*, 1e).

*Codice diplomatico Laudense*, v. VIGNATI.

*Collectio bullarum sacrosanctae basilicae Vaticanae*, 3 t., Roma 1747-1752.

*Conc.*, v. MAASSEN (aevi Merovingici); v. WERMINGHOFF (aevi Karolini).

*Const.*, v. WEILAND.

COPPIETERS-STOCHOVE, H., *Régestes de Philippe d'Alsace, comte de Flandre*, Gand 1906 (*Ann. de la Soc. d'Histoire de Gand*, 7).

COPPIETERS-STOCHOVE, H., *Régestes de Thierri d'Alsace, comte de Flandre*, Gand 1902 (*Ann. de la Soc. d'Histoire de Gand*, 4).

COÜARD-LUYS, E., *Le cartulaire de Saint-Spire de Corbeil au diocèse de Paris*, Rambouillet 1882 (*Mém. et doc. publiés par la Soc. arch. de Rambouillet*, 6).

COURTOIS, J., *Chartes de l'abbaye de Saint-Étienne de Dijon des VIIIe, IXe, Xe et XIe siècles*, Paris, Dijon 1908 (*Coll. de textes rel. au droit et aux institutions de la Bourgogne*).

COURTOY, F., v. *Études*.

CRECELIUS, W., *Traditiones Werdinenses* (*Zeitschrift des Bergischen Geschichts-Vereins*, 6, 1869; 7, 1871).

*Curia regis rolls* [Richard I-Henry III] *preserved in the Public Record Office*, 14 t., London 1922-...

D. Arduins, v. BRESSLAU.

D. Arnulfing., v. PERTZ.

D. Arnulfs, v. KEHR.

D. Berengario I, v. SCHIAPARELLI.

D. Berengario II, v. SCHIAPARELLI.

D. Charles le Chauve, v. TESSIER.

D. Charles le Simple, v. LAUER.

D. Eudes, v. BAUTIER.

D. Guido, v. SCHIAPARELLI.

D. Heinrich I., v. SICKEL.

D. Heinrichs II., v. BRESSLAU.

D. Heinrichs III., v. BRESSLAU UND KEHR.

D. Heinrichs IV., v. VON GLADISS.

D. Heinrichs d. Löwen, v. JORDAN.

D. Karlmanns, v. KEHR.

D. Karls III., v. KEHR.

D. Karolin., v. MÜHLBACHER.

D. Konrads I., v. SICKEL.

D. Konrads II., v. BRESSLAU-WIBEL-HESSEL.

D. Lamberto, v. SCHIAPARELLI.

D. Lodovico III, v. SCHIAPARELLI.

D. Lotario, v. SCHIAPARELLI.

D. Lothaire, v. HALPHEN.

D. Lothars I., v. SCHIEFFER.

D. Lothars II., v. SCHIEFFER.

D. Lothars III., v. VON OTTENTHAL.

D. Louis IV, v. LAUER.

D. Louis V, v. LAUER.

D. Ludwigs d. Deutsch., v. KEHR.

D. Ludwigs d. Jüng., v. KEHR.

D. Ludwigs d. Kind., v. SCHIEFFER.

D. Merov., v. PERTZ; v. etiam LAUER-SAMARAN.

D. Ottos I., v. SICKEL.

D. Ottos II., v. SICKEL.

D. Ottos III., v. SICKEL.

D. Phil. Ier, v. PROU.

D. Richenza, v. VON OTTENTHAL.

D. rois d'Aquit., v. LEVILLAIN.

D. rois de Prov., v. POUPARDIN.

D. Ugo, v. SCHIAPARELLI.

D. Zwentibolds, v. SCHIEFFER.

D'ABADAL I DE VINYALS, R., *Catalunya carolingia*, 3 t., Barcelona 1926-1955; t. II, p. 1 1926-1950 et p. 2 1952: *Els diplomes carolingis a Catalunya*; t. III 1955: *Els comtats de Pallars i Ribagorça* (*Institut d'estudis Catalans. Memòries de la secció històrico-arquelògica*, 2, 14/15).

D'ABADAL I DE VINYALS, R., *Com neix i com creix, un gran monestir pirinenc abans de l'any mil: Eixalada-Cuixà*, Abadia de Monserrat 1954-1955 (*Analecta Montserratensia*, 8).

D'ACHERY, L., *Veterum aliquot scriptorum... spicilegium*, 13 t., Paris 1655-1677; ed. L. F. J. DE LA BARRE, 3 t., Paris 1723.

D'ARBOIS DE JUBAINVILLE, H., *Histoire des ducs et des comtes de Champagne, depuis le VIe siècle jusqu'à la fin du XIe*, 7 t., Paris 1859-1869.

DE BARTHÉLEMY, E., *Recueil des chartes de l'abbaye royale de Montmartre*, Paris 1883.

DE BÉTENCOURT, [P.-L.-J.], *Cartulaire de l'abbaye de St-Silvin d'Auchy en Artois*, s.l.n.d. [XVIIIe s.].

DE BOÜARD, A., *Manuel de diplomatique française et pontificale*, 2 t., et 2 albums, Paris 1929-1952.

DE CHARMASSE, A., *Cartulaire de l'église d'Autun*, 2 t., Paris-Autun 1865, 1900.

DE CLERQ, C., *Concilia Galliae, a. 511-a. 695*, Turnholti 1963 (*Corpus Christianorum, Series Latina*, 148 A).

DE CLERQ, C., *La législation religieuse franque. Etude sur les actes de conciles et les capitulaires, les statuts diocésains et les règles monastiques*, 2 t., Louvain-Paris 1936; Anvers 1958; t. 1: 507-814 (*Université de Louvain, Recueil de travaux publiés par les membres des Conférences d'Histoire et de Philologie*, 2e série, 38); t. II: 814-900.

DE COURSON, A., *Cartulaire de l'abbaye de Redon en Bretagne*, Paris 1863 (*CDI.*).

DE COUSSEMAKER, I., *Cartulaire de l'abbaye de Cysoing et de ses dépendances*, Lille 1883.

DE FONT-RÉAULX, J., *Cartulaire du chapitre de Saint-Étienne de Limoges, IXe-XIIe siècles*, 2 t., Limoges 1919, 1922 (*Bull. de la Soc. arch. et hist. du Limousin*, 68 et 69).

DE FREMERY, J., *Cartularium der abdij Mariënweerd*, 's-Gravenhage 1890.

DE FREMERY, J., v. VAN DEN BERGH.

DE GINGINS-LA-SARRA, F., ET F. FOREL, *Recueil de chartes, statuts et documents concernant l'ancien Evêché de Lausanne*, 2 t., Lausanne 1846, 1847; t. I: 1011-1398 (*Mém. et doc. publiés par la Soc. d'histoire de la Suisse Romande*, 7/1-2).

DEGLI AZZI VITELLESCHI, G., *Regesti della pergamene del diplomatico del r. archivio di stato in Lucca*, Lucca 1903.

DE GRANDMAISON, CH., *Chartularium Sancti Jovini* [Saint-Jouin-de-Marnes], Niort 1854 (*Mém. de la Soc. de statistique du département des Deux-Sèvres*, 17, 2).

DE GRAY BIRCH, W., *Cartularium Saxonicum: a colleciton of charters relating to Anglo-Saxon history*, 3 t., London 1885-1893; t. IV: Index, 1899.

DE HINOJOSA, E., *Documentos para la historia de las instituciones de León y de Castilla (siglos X-XIII)*, Madrid 1919.

DE JAURGAIN, J., *Cartulaire du prieuré de Saint-Mont* (Ordre de Cluny), Paris-Auch 1904 (*Archives hist. de la Gascogne*, 2e série, 7).

DE KERSERS, L., *Essai de reconstitution du cartulaire de Saint-Sulpice de Bourges*, Bourges 1913 (*Mém. de la Soc. des Antiquaires du Centre*, 35, 1912).

DE LA BIGNE-VILLENEUVE, P., *Cartulaire de Saint-Georges de Rennes*, Rennes 1876 (*Bull. et Mém. de la Soc. arch. d'Ille-et-Vilaine*, 9).

DELABORDE, H.-F., v. *Recueil des actes de Philippe Auguste*.

DE LA BOUTETIÈRE, L., *Cartulaire de l'abbaye de Talmond*, Poitiers 1872 (*Mém. de la Soc. des Antiquaires de l'Ouest*, 36).

DE LA ROQUE, G. A., *Histoire généalogique de la maison d'Harcourt*, 4 t., Paris 1662.

DE LASTEYRIE, R., *Cartulaire général de Paris ou recueil de documents relatifs à l'histoire et à la topographie de Paris*, t. I: 528-1180, Paris 1887 (*Histoire général de Paris*).

DÉLÉAGE, A., *Recueil des actes du prieuré de Saint-Symphorien d'Autun de 696 à 1300*, Autun 1936 (*Société Éduenne*).

DÉLÉAGE, A., *La vie rurale en Bourgogne jusqu'au début du onzième siècle*, 2 t., Mâcon 1942-1943 (*Annales d'Igé en Mâconnais*, IV-V); ed. prima sub titulo: *La vie économique de la Bourgogne dans le haut moyen âge*, 3 t., Mâcon 1941.

DE LÉPINOIS, E., ET L. MERLET, *Cartulaire de Notre-Dame de Chartres*, 3 t., Chartres 1862-1865 (*Soc. arch. d Eure-et-Loir*).

DEL GIUDICE, P., *Nuovi studi di storia e diritto (Pel quarantennio d'insegnamento accademico)*, Milano 1913.

DELISLE, L., *Cartulaire normand de Philippe Auguste, Louis VIII, Saint Louis et Philippe le Hardi*, Caen 1852 (*Mém. de la Soc. des Antiquaires de Normandie*, 2e série, 6).

DELISLE, L., *Histoire du château et des sires de Saint-Sauveur-le-Vicomte, suivie de pièces justificatives*, Valognes etc. 1867.

DELISLE, L., ET E. BERGER, *Recueil des actes de Henri II, roi d'Angleterre et duc de Normandie, concernant les provinces françaises et les affaires de France*, 4 t., Paris 1909-1927; t. I et t. II: a. 1138-1198 (*CDHF.*).

DELLA RENA, C., *Serie cronologico-diplomatica degli antichi duchi e marchesi di Toscana,... con supplemento e note dell'abate Ippolito Camici*. Riordinata e pubblicata dall'abate Agostino Cesaretti, 6 t., Firenze 1789.

DELOCHE, M., *Cartulaire de l'abbaye de Beaulieu en Limousin*, Paris 1859 (*CDI.*).

DE MARCA, P., *Histoire de Béarn, contenant l'origine des rois de Navarre*, Paris 1640.

DE MARCA, P., *Marca Hispanica sive limes Hispanicus*, Paris 1688.

DE MARNEFFE, E., *Cartulaire de l'abbaye d'Afflighem*, Louvain 1894-1901 (*Analectes pour servir à l'histoire ecclésiastique de la Belgique*, 2e section: Cartulaires et documents étendus).

DE MONSABERT, P., *Chartes de l'abbaye de Nouaillé de 678 à 1200*, Poitiers 1936 (*Archives historiques du Poitou*, 49).

DE MONTÉGUT, H., *Cartulaire du monastère de S.-Pierre de Vigeois*, Limoges 1890 (*Mém. de la Soc. arch. et hist. du Limousin*, 39).

DENIFLE, H., ET A. CHATELAIN, *Chartularium Universitatis Parisiensis*, 4 t., Paris 1889-1897.

DEPOIN, J., *Cartulaire de l'abbaye de Saint-Martin de Pontoise, publié d'après les documents inédits*, Pontoise 1895 (*Publ. de la Soc. hist. du Vexin*).

DEPOIN, J., *Recueil des chartes et documents de Saint-Martin-des-Champs, monastère parisien*, 5 t., Paris-Ligugé 1912-1921; t. I et t. II (*Archives de la France monastique*, 13, 16).

DE REIFFENBERG, [F. A. F. T.], E.A., *Monuments pour servir à l'histoire des provinces de Namur, de Hainaut et de Luxembourg*, 4 t., Bruxelles 1844-1874 (*CRH*.).

DE ROSSI, G. F. B. M., *Monumenta ecclesiae Aquilejensis*, Strasbourg 1740.

DE ROSSI, v. NITTO DE ROSSI.

DE ROZIÈRE, E., *Recueil général des formules usitées dans l'empire des Francs du V<sup>e</sup> au X<sup>e</sup> siècle*, 3 t., Paris 1859-1871.

DE SENNEVILLE, G., *Cartulaire du prieuré d'Aureil*, 1900 (*Bull. de la Soc. arch. et hist. du Limousin*, 48).

DESJARDINS, G., *Cartulaire de l'abbaye de Conques en Rouergue*, Paris 1879 (*Doc. hist. publ. p. la Soc. de l'Ec. des Chartes*).

DES MAREZ, G., *La lettre de foire à Ypres au XIII<sup>e</sup> siècle. Contribution à l'étude des papiers de crédit*, Bruxelles 1901 (*Mém. couronnés et autres mém. publiés par l'Acad. royale des sciences, des lettres et des beaux-arts de Belgique*, LX, 6).

DE SMEDT, CH., AND J. DE BACKER, *Acta sanctorum Hiberniae*, Edinburgh-London 1888.

DESPY, G., *Les chartes de l'abbaye de Waulsort. Etude diplomatique et édition critique*, t. I: 946-1199, Bruxelles 1957 (*CRH*.).

DE TRÉMAULT, A., *Cartulaire de Marmoutier pour le Vendômois*, Paris-Vendôme 1893.

DEVIC, CL., ET J. VAISSÈTE, *Histoire générale de Languedoc*, ed. tertia, 16 t., Toulouse 1872-1904; t. II, t. V, 1875.

DEVILLERS, L., ET E. MATTHIEU, *Chartes du chapitre de Saint-Waudru de Mons*, 4 t., Bruxelles 1899-1913 (*CRH*.).

DE YEPES, A., *Coronica general de la Orden de San Benito, patriarca de religioses*, 7 t., en la Universidad de N<sup>a</sup>. Señora la Real de Yrache 1609-1621.

D'HERBOMEZ, A., *Cartulaire de l'abbaye de Gorze, ms. 826 de la bibliothèque de Metz*, Paris 1898 (*Mettensia*, 2).

DIDIER, N., H. DUBLED, J. BARRUOL, ET R. LATOUCHE, *Cartulaire de l'église d'Apt (835-1130)*, Paris 1967 (*Essais et travaux de l'Université de Grenoble*, 20).

DIEHL, E., *Inscriptiones latinae*, Bonn etc. 1912 (*Tabulae in usum scholarum*, 4).

DIEKAMP, W., *Supplement zum Westfälischen Urkundenbuch*, Lieferung 1, Münster 1885.

DOLLINGER, PH., *L'évolution des classes rurales en Bavière depuis la fin de l'époque carolingienne jusqu'au milieu du XIII<sup>e</sup> siècle*, Paris 1949 (*Publ. de la fac. des lettres de l'Université de Strasbourg*, 112).

DONDI DALL' OROLOGIO, F. S., *Dissertazioni sopra l'istoria ecclesiastica di Padova*, 10 t., Padova 1802-1808.

DONIOL, H., *Cartulaire de Brioude (Liber de honoribus Sancto Juliano collatis)*, Clermont-Ferrand 1863 (*Acad. des sciences, belles-lettres et arts de Clermont-Ferrand*).

DONIOL, H., *Cartulaire de Sauxillanges*, Clermont-Ferrand 1864 (*Acad. des sciences, belles-lettres et arts de Clermont-Ferrand*).

DOUAIS, C., *Cartulaire de l'abbaye de Saint-Sernin de Toulouse (844-1200)*, Toulouse 1887.

DOUBLET, J., *Histoire de l'abbaye de Saint-Denys-en-France*, 2 t., Paris 1625.

DREI, G., *Le carte degli archivi Parmensi dei secoli X-XII*, 3 t., Parma 1924-1950.

DRONKE, E. F. J., *Codex diplomaticus Fuldensis*, Cassel 1850.

DRONKE, E. F. J., *Traditiones et antiquitates Fuldenses*, Fulda 1844.

DUCHESNE, A., *Histoire des maisons de Guines, d'Ardres, de Gand et de Coucy*, Paris 1631.

DUCHESNE, A., *Histoire généalogique des ducs de Bourgogne de la maison de France*, Ed. altera, Paris 1628.

DUCHESNE, A., *Histoire généalogique de la maison de Béthune*, Paris 1639.

DUCHESNE, A., *Histoire généalogique de la maison de Montmorency et de Laval*, Paris 1624.

DUCHESNE, A., *Histoire généalogique de la maison de Vergy*, Paris 1625.

DUCHESNE, A., *Historiae Francorum scriptores coaetani* 5 t., Paris 1636-1649.

DUCHESNE, A., *Historiae Normannorum scriptores antiqui*, Paris 1619.

DUGDALE, W., AND R. DODSWORTH, *Monasticon anglicanum*, 3 t., London 1655-1673; a new edition enriched... by J. CALEY, H. ELLIS AND B. BANDINEL, 6 t., London 1817-1830.

DU MONSTIER, A., *Neustria pia*, Rouen 1663.

DU PLESSIS, [M.], ET [CHRÉTIEN] TOUSSAINTS, *Histoire de l'église de Meaux*, 2 t., Paris 1731.

DUPONT, A., *Les cités de la Narbonnaise première, depuis les invasions germaniques jusqu'à l'apparition du Consulat*, Nîmes 1942.

DUVIVIER, CH., *Actes et documents anciens intéressant la Belgique*, 2 t., Bruxelles 1898, 1903 (*CRH*.).

DUVIVIER, CH., *Recherches sur le Hainaut ancien du VII<sup>e</sup> au XII<sup>e</sup> siècle*, Bruxelles 1865 (*Mém. et Publ. de la Soc. des sciences, des arts et des lettres du Hainaut*, 2e série, 9, Mons 1864).

EHMCK, D. R., UND W. VON BIPPEN, *Bremisches Urkundenbuch*, 6 t., Bremen 1873-1940; t. I: 787-1280.

EICHHORN, A., *Beyträge zur ältern Geschichte und Topographie des Herzogthums Kärnten*, 2 t., Klagenfurt 1817, 1819.

ENNEN, L., UND G. ECKERTZ, *Quellen zur Geschichte der Stadt Köln*, 6 t., Köln 1860-1879.

ERDMANN, C., UND N. FICKERMANN, *Briefsammlungen der Zeit Heinrichs IV.*, Weimar 1950 (*MGH., Die Briefe der deutschen Kaiserzeit*, 5).

ERHARD, H. A., *Regesta historiae Westfaliae, accedit codex diplomaticus*, 2 t., Münster 1847, 1851.

ERNST, S. P., *Histoire du Limbourg, suivie de celle des comtés de Daelhem et de Fauquemont, des annales de l'abbaye de Rolduc*, 7 t., Liège 1837-1848.

ESCHER, J., UND P. SCHWEIZER, *Urkundenbuch der Stadt und Landschaft Zürich*, 13 t., Zürich 1888-1957 (*Antiquarische Gesellschaft in Zürich*).

*España sagrada*, v. FLÓREZ.

ESPINAS, G., *Recueil de documents relatifs à l'histoire du droit municipal en France des orgines à la révolution. Artois*, 3 t., Paris 1934-1943 (*Soc. d'histoire du droit*).

*Etudes d'histoire et d'archéologie namuroises dédiées à Ferdinand Courtoy*, 2 t., Namur 1952 (*Publication extraordinaire de la Soc. arch. de Namur*).

*Facsimiles of ancient charters in the British Museum*, 4 t., London 1873-1878.

FAINELLI, V., *Codice diplomatico veronese dalla caduta dell'impero Romano alla fine del periodo Carolingio*, Venezia 1940 (*Mon. storici pubblicati dalla (R.) Deputazione veneta di storia patria*, N.S., 1).

FAIRON, E., *Chartes confisquées aux bonnes villes du pays de Liège et du comté de Looz après la bataille d'Othée (1408)*, Bruxelles 1937 (*CRH*.).

FAIRON, E., *Régestes de la cité de Liège*, 5 t., Liège 1933-1940; t. I: 1103-1389; t. II: 1245-1407 (*Commission communale de l'hist. de l'ancien Pays de Liège*).

FALCE, A., *Documenti inediti dei duchi e marchesi di Tuscia (secc. VII-XII)*, (*Arch. stor. Ital.*, 7. ser., t. 7 (1927), p. 63-87 et 241-292; t. 8 (1927), p. 61-85; t. 9 (1928), p. 257-276; t. 10 (1928), p. 213-274).

FANTUZZI, G., *Monumenti Ravennati de' secoli di mezzo per la maggior parte inediti*, 6 t., Venezia 1801-1804.

FARAGLIA, N. F., *Codice diplomatico Sulmonese*, Lanciano 1888.

FATTESCHI, J., *Memorie istorico-diplomatiche riguardanti la serie de' duchi di Spoleto, e la topografia de' tempi di mezzo del ducato di Spoleto*, Camerino 1801.

FAUROUX, M., *Recueil des actes des ducs de Normandie (911-1066)*, Caen 1961 (*Mém. de la Soc. des Antiquaires de Normandie*, 36).

FAYEN, A., *Liber traditionum Sancti Petri Blandiniensis*, Gand 1906 (*Cartulaire de la ville de Gand*, 2e série, I).

FAZY, M., *Histoire des sires de Bourbon jusqu'à la mort d'Archambaud VIII (1249) et de la formation territoriale du Bourbonnais*, Moulins 1924.

FEDELE, P., *Carte del monastero dei Ss. Cosma e Damiano in Mica Aurea. Parte I. Secoli X e XI* (*Archivio della R. Soc. romana di storia patria*, 21 (1898) p. 459-534, 22 (1899) p. 25-107 et p. 383-447).

FEDELE, P., *Tabularium S. Mariae Novae ab a. 982¼ ad a. 1200* (*Archivio della R. Soc. romana di storia patria*, 23 (1900), p. 182-237, 24 (1901), p. 159-196, 25 (1902), p. 167-209, 26 (1903), p. 21-137).

FEDELE, P., *Tabularium S. Praxedis* (*Archivio della R. Soc. romana di storia patria*, 27 (1904), p. 27-78, 28 (1905), p. 41-114).

FEDERICI, V., *Regesto del monastero di S. Silvestro de Capite* (*Archivio della R. Soc. romana di storia patria*, 22 (1899), p. 213-300 et p. 489-538, 23 (1900), p. 67-128 et p. 411-445).

FEDERICI, V., *Regesto di San Apollinare Nuovo*, Roma 1907 (*Regesta chartarum Italiae*, [3]).

FEDERICI, V., E G. BUZZI, *Regesto della chiesa di Ravenna: Le carte dell' Archivio Estense*, 2 t., Roma 1911, 1931; t. I (*Regesta chartarum Italiae*, [7]).

FÉLIBIEN, M., *Histoire de l'abbaye royale de Saint-Denys en France*, Paris 1706.

FÉLIBIEN, M., *Histoire de la ville de Paris..., reveue, augmentée et mise au jour par D. GUY-ALEXIS LOBINEAU*, 5 t., Paris 1725.

FERRI, G., *Le carte dell' archivio Liberiano dal secolo X al XV* (*Archivio della R. Soc. romana di storia patria*, 27 (1904) p. 147-202 et 441-459, 28 (1905), p. 23-39, 30 (1907), p. 119-168).

FICHTENAU, H., UND E. ZÖLLNER, *Urkundenbuch zur Geschichte der Babenberger in Oesterreich, vorbereitet von O. VON MITIS*, 4 t., Wien 1950-1968 (*Publikationen des Instituts für Oesterreichische Geschichtsforschung*, III, 1-4); t. I: *Die Siegelurkunden der Babenberger bis 1215*.

FICKER, J., *Forschungen zur Reichs- und Rechtsgeschichte Italiens*, 4 t., Innsbruck 1868-1874; t. IV: *Urkunden zur Reichs- und Rechtsgeschichte Italiens*.

FILANGIERE DI CANDIDA, R., *Codice diplomatico amalfitano*, 2 t., Napoli 1917, Trani 1951 (*Archivio di Stato di Napoli*).

FIORAVANTI, J. M., *Memorie storiche della citta di Pistoja*, Lucca 1758.

FLACH, J., *Les origines de l'ancienne France*, 4 t., Paris 1886-1917.

FLEUREAU, B., *Les Antiquitez de la ville et du duché d'Éstampes, avec l'histoire de l'Abbaye de Morigny, et plusieurs remarques considérables qui regardent l'histoire générale de France*, Paris 1683.

FLÓREZ, H., (cont. a M. RISCO e.a.), *España sagrada*, 56 t., Madrid 1747 ...

FLORIANO [CUMBREÑO], A. C., *Diplomática española del periodo astur. Estudio de las fuentes documentales del reino de Asturias (718-910)*, 2 t., Oviedo 1949, 1951.

FOERSTER, H., *Urkundenlesebuch für den akademischen Gebrauch*, *100 Texte*, Bern [1947].

Form., v. ZEUMER.

FOSTER, C. W., AND K. MAJOR, *The Registrum antiquissimum of the cathedral church of Lincoln*, 10 t., Hereford 1931-1973 (*The publications of the Lincoln Record Society*).

FRANZ, G., *Quellen zur Geschichte des deutschen Bauernstandes im Mittelalter*, Darmstadt 1967 (*Ausgewählte Qu. zur deutsch. Geschichte des Mittelalters. Freiherr v. Stein-Gedächtnisausgabe*, 31).

FRIEDLÄNDER, E., UND F. DARPE, *Codex traditionum Westfalicarum*, 7 t., Münster 1872-1914 (*Veröff. d. hist. Komm. d. Provinz Westfalen*).

FRIEDRICH, G., *Codex diplomaticus et epistolaris regni Bohemiae*, ... t., Praha 1904- ...; t. I: a. 805-1197.

FUCHS, A. FR., *Die Traditionsbücher des Benediktinerstiftes Göttweig*, Wien 1931 (*Fontes rerum Austriacarum*, 2. Abt., 69).

FUMAGALLI, A., *Codice diplomatico Sant'Ambrosiano delle carte dell'ottavo e nono secolo*, Milano 1805.

GABOTTO, F., *Cartario di Pinerolo fino all'anno 1300*, Pinerolo 1899 (*Bibl. della Soc. storica subalpina*, 2).

GABOTTO, F., *Le più antiche carte dello archivio capitolare di Asti*, Pinerolo 1904 (*Bibl. della Soc. storica subalpina*, 28).

GABOTTO, F., *Le carte dell'archivio vescovile d'Ivrea fino al 1313*, 2 t., Pinerolo 1900 (*Bibl. della Soc. storica subalpina*, 5, 6).

GABOTTO, F., E V. LEGÉ, E.A., *Le carte dell'archivio capitolare di Tortona*, 2 t., Pinerolo 1905, 1907; t. I: secolo IX-1220 (*Bibl. della Soc. storica subalpina*, 29).

GADDONI, S., E G. ZACCHERINI, *Chartularium Imolense*, 2 t., Imola 1912.

*Gallia christiana in provincias ecclesiasticas distributa*, 16 t., Paris 1715-1865; editio altera: Paris 1870-1878.

*Gallia christiana novissima*, v. ALBANÈS-CHEVALIER.

GARNIER, J., *Chartes bourguignonnes inédites des IX$^e$, X$^e$ et XI$^e$ siècles*, Paris 1845 (*Mém. présentés par divers savants à l'Acad. des inscriptions et belles lettres*, 2e série, 2).

GARNIER, J., *Chartes de communes et d'affranchisements en Bourgogne*, 4 t., Dijon 1867-1918; *Introduction*, terminée par É. CHAMPEAUX, 1918.

GATTULA, E., [= GATTOLA], *Historia abbatiae Cassinensis*, 2 t., Venezia 1733; *Ad historiam abbatiae Cassinensis accessiones*, 2 t., Venezia 1734.

GAUDENZI, A., *Il monastero di Nonantola, il ducato di Persiceto e la Chiesa di Bologna* (*Bull. dell'Istituto storico italiano*, 22 (1901), 36 (1916), 37 (1917)).

GENGLER, H. G. PH., *Deutsche Stadtrechte des Mittelalters, theils verzeichnet theils vollständig oder in Probeauszügen mitgetheilt*, Erlangen 1852; editio altera, Nürnberg 1866.

GERMAIN, A.-CH., *Liber instrumentorum memorialium. Cartulaire des Guillems de Montpellier*, Montpellier 1884-1886 (*Soc. arch. de Montpellier*).

GERMER-DURAND, E., *Cartulaire du chapitre de l'église Notre-Dame de Nîmes, 876-1156*, Nîmes 1874 (*Mém. de l'Acad. du Gard*, 36 (1872), p. 1-144; 37 (1873), p. 145-398).

GEROLA, G., *I testi trentini dei secoli VI-X* (*Atti del R. Istituto Veneto di scienze, lettere ed arti*, t. 83, parte 2, 1923-1924, p. 237-246).

GESSLER, J., *La Charte de Brusthem (1175)* (*Bull. de l'Institut arch. Liégeois*, 49 (1924), p. 77-94).

GILLIODTS VAN SEVEREN, L., *Coutumes des pays et comté de Flandre*, Bruxelles 1874-1914 (*Recueil des anciennes coutumes de la Belgique*); *Quartier de Bruges. Coutume de la ville de Bruges*, 2 t., 1874, 1875; *Coutume du Franc de Bruges*, 3 t., 1879-1880; *Coutume du bourg de Bruges*, 3 t., 1883-1885; *Coutume de la prévôté de Bruges*, 2 t., 1887; *Coutumes des petites villes et seigneuries enclavées*, 6 t., 1890-1893; *Quartier de Furnes. Coutumes de la ville et châtellenie de Furnes*, 4 t., 1896-1897; t. V: *Coutumes de la ville et du port de Nieuport*, 1901; t. VI: *Coutumes de Lombardside, Loo et Poperinghe*, 1902; *Quartier d'Ypres. Coutumes de la ville d'Ypres*, 2 t., 1908; *Sources et développements de la coutume d'Ypres*, 2 t., 1908; *Coutume de la salle et châtellenie d'Ypres*, 2 t., 1911-1912; *Coutume de la ville et commune de Roulers*, 1914.

GIORGI-BALZANI, v. GREGORIUS CATINENSIS in indice I.

GIRAUD, CH., *Essai sur l'histoire du droit français au moyen âge*, 2 t., Paris 1846.

GIRY, A., *Documents sur les relations de la royauté avec les villes en France de 1180 à 1314*, Paris 1885 (*Recueil des textes pour servir à l'étude et à l'enseignement de l'hist.*), 1).

GIRY, A., *Les établissements de Rouen*, 2 t., Paris 1883, 1885 (*Bibl. de l'Ec. des hautes études, sc. philol. et hist.*, 55, 59).

GIRY, A., *Etudes carolingiennes* (*Etudes d'histoire du Moyen Age, dédiées à G. Monod*, Paris 1896, p. 107-136).

GIRY, A., *Histoire de la ville de Saint-Omer et de ses institutions jusqu'au XIVe siècle*, Paris 1877 (*Bibl. de l'Ec. des hautes études, sc. philol. et hist.*, 31).

GIULINI, G., *Memorie spettanti alla storia ... di Milano*, 12 t., Milano 1760-1771; ..., nuova edizione con note ed aggiunte, 7 t., Milano 1854-1857.

GLÖCKNER, K., *Codex Laureshamensis*, 3 t., Darmstadt 1929-1936 (*Arbeiten der historischen Kommission für den Volksstaat Hessen*).

GLORIA, A., *Codice diplomatico Padovano dal secolo sesto a tutto l'undecimo*, Venezia 1877 (*Monumenti storici publicati dalla (R.) Deputazione veneta di storia patria*, serie I, 2).

GLORIA, A., *Codice diplomatico Padovano dall'anno 1101 alla pace di Costanza*, 2 t., Venezia 1879, 1881; t. I: 1101-1155; t. II: 1155-1183 (*Monumenti storici publicati dalla (R.) Deputazione veneta di storia patria*, serie I, 4).

GOLDAST VON HEIMINSFELD, M., *Alamannicarum rerum scriptores*..., 3 t., Frankfurt 1606; 1661²; 1730³.

GOUSSET, TH., *Les actes de la province ecclésiastique de Reims*, 4 t., Reims 1842-1844; t. I: 497-999; t. II: 1015-1499.

GRANDIDIER, PH. A., *Histoire ecclésiastique, militaire, civile et littéraire de la province d'Alsace*, 2 t., Strasbourg 1787.

GRANDIDIER, PH. A., *Histoire de l'église et des évêques-princes de Strasbourg, depuis la fondation de l'évêché jusqu'à nos jours*, 2 t., Strasbourg 1777-1778.

GRANDMAISON, CH., v. DE GRANDMAISON.

GRASILIER, TH., *Cartulaires inédits de la Saintonge*, 2 t., Niort 1871; t. I: *Cartulaire de l'abbaye de Saint-Etienne de Vaux de l'ordre de Saint-Benoît, suivi des chartes du prieuré conventuel de Notre-Dame de la Garde en Arvert de l'ordre de Granmont*; t. II: *Cartulaire de l'abbaye royale de Notre-Dame de Saintes de l'ordre de Saint-Benoît*.

GRETSER, J., *Opera omnia*, 17 t., Regensburg 1734-1741.

GRIMM, J., *Weistümer*, 7 t., Göttingen 1840-1878.

GUÉRARD, B., *Cartulaire de l'abbaye de Saint-Bertin*, Paris 1841; F. MORAND, *Appendice au cartulaire de l'abbaye de Saint-Bertin*, Paris 1867 (*CDI.*).

GUÉRARD, B., *Cartulaire de l'abbaye de Saint-Père de Chartres*, 2 t., Paris 1840 (*CDI.*).

GUÉRARD, B., *Cartulaire de l'abbaye de Saint-Victor de Marseille*, 2 t., Paris 1857 (*CDI.*).

GUÉRARD, B., *Cartulaire de l'église Notre-Dame de Paris*, 4 t., Paris 1850 (*CDI.*).

GUIBERT, L., *Documents, analyses de pièces, extraits et notes relatifs à l'histoire municipale des deux villes de Limoges*, 2 t., Limoges 1897, 1902 (*Soc. des archives hist. du Limousin*, 1re série: Archives anciennes, 7, 8).

GUICHENON, S., *Bibliotheca Sebusiana, sive variarum chartarum ... nusquam antea editarum miscellae centuriae II*, Lyon 1660.

GUICHENON, S., *Episcoporum Bellicensium ... chronographia series*, Paris 1642.

GUIDI, P., E O. PARENTI, *Regesto del Capitolo di Lucca*, 4 t., Roma 1910-1939; t. I, Roma 1910 (*Regesta chartarum Italiae*, [6]).

GUIDI, P., E F. PELLEGRINETTI, *Inventari del Vescovato, della Cattedrale ed di altre chiese di Lucca*, Roma 1921 (*Studi e testi*, 34).

GUIGNARD, PH., *Les monuments primitifs de la règle cistercienne publiés d'après les manuscrits de l'abbaye de Cîteaux*, Dijon 1878 (*Analecta Divionensia*).

GUIGUE, M.-C., *Cartulaire lyonnais; Documents inédits pour servir à l'histoire des anciennes provinces du Lyonnais, Forez, Beaujolais, Dombes, Bresse et Bugey comprises jadis dans le Pagus major Lugdunensis*, 2 t., Lyon 1885, 1893 (*Acad. des sciences, belles-lettres et arts de Lyon*).

GUIGUE, M.-C., *Petit cartulaire de l'abbaye de Saint-Sulpice en Bugey*, Lyon 1884.

GUIGUE, M.-C., *Polyptique de l'église collégiale de Saint-Paul de Lyon*, Lyon 1875 (*Soc. litt., hist., et arch. de Lyon*).

GUILHIERMOZ, P., *Essai sur l'origine de la noblesse en France au moyen âge*, Paris 1902.

GÜNTHER, W., *Codex diplomaticus Rheno-Mosellanus*, 5 t., Coblenz 1822-1826.

GYSSELING, M., EN A. C. F. KOCH, *Diplomata Belgica ante annum millesimum centesimum scripta*, 2 t., s.l. [Brussel], 1950 (*Bouwstoffen en studiën voor de geschiedenis en de lexicografie van het Nederlands*, I); t. I: teksten.

HADDAN, A. W., AND W. STUBBS, *Councils and ecclesiastical documents relating to Great Britain and Ireland*, 4 t., Oxford 1869-1878.

HAIGNERÉ D., ET O. BLED, *Les chartes de Saint-Bertin d'après le grand cartulaire de Dom Ch.-J. Dewitte, dernier archiviste de ce monastère*, 4 t., Saint-Omer-Paris 1886-1899 (*Soc. des Antiquaires de la Morinie*).

HALKIN J., ET C. G. ROLAND, *Recueil des chartes de l'abbaye de Stavelot-Malmédy*, 2 t., 1909, 1930 (*CRH.*).

HALPHEN, L., *Le comté d'Anjou au XI$^e$ siècle*, Paris 1906.

HALPHEN, L., *A travers l'histoire du moyen-âge*, Paris 1950.

HALPHEN, L., *Recueil des actes de Lothaire et de Louis V, rois de France (954-987)*, publ. avec la collaboration de F. Lot, Paris 1908 (*CDHF.*).

HANAUER, *Les constitutions des campagnes de l'Alsace au Moyen-Age*, Paris 1864.

HARENBERG, J. C., *Historia ecclesiae Gandershemensis cathedralis ac collegiatae diplomatica*, Hannover 1734.

HARENBERG, J. C., *Monumenta historica adhuc inedita*, 3 t., Braunschweig 1758-1762.

HART, W. H., *Historia et cartularium monasterii Sancti Petri Gloucestriae*, 3 t., London 1863-1867 (*RS.*, 33).

HARTMANN, L. M., *Ecclesiae S. Mariae in Via Lata tabularium*, 3 t., Wien 1895, 1901, 1913; t. I: 921-1045; t. II: 1051-1116; t. III (L. M. HARTMANN ET M. MERORES: 1119-1200.

HARTMANN, L. M., *Zur Wirtschaftsgeschichte Italiens im frühen Mittelalter. Analekten*, Gotha 1904.

HARTZHEIM, J., v. SCHANNAT.

HASKINS, CH. H., *Norman institutions*, Cambridge, Mass. 1918 (*Harvard historical studies*, 24).

HAUTCŒUR, E., *Cartulaire de l'église collégiale de Saint-Pierre de Lille*, 2 t., Lille 1894.

HAUTHALER, W., UND F. MARTIN, *Salzburger Urkundenbuch*, 4 t., Salzburg 1910-1933 (Gesellschaft für Salzburger Landeskunde); t. I: *Traditionscodices*; t. II: *Urkunden von 790-1199*.

[HAVET, J.-P.-E.], *Oeuvres de Julien Havet (1853-1893)*, 2 t., Paris 1896.

HEARNE, TH., *Liber niger scaccarii Wilhelmique etiam Worcestrii annales rerum Anglicarum*, editio altera, 2 t., London 1774.

HEERINGA, K., v. MULLER.

HEGEL, K., *Geschichte der Städteverfassung von Italien seit der Zeit der römischen Herrschaft bis zum Ausgang des zwölften Jahrhunderts*, 2 t., Leipzig 1847.

HÉMERÉ, CL., *Augusta Viromanduorum*, Paris 1643.

HERRGOTT, M., *Monumenta Augustae domus Austriacae*, 4 t., Wien 1750-1772.

[HERRGOTT, M.], *Vetus disciplina monastica*, Paris 1726.

HERTEL, G. *Urkundenbuch der Stadt Magdeburg*, 3 t., Halle 1892-1896 (*Geschichtsquellen der Provinz Sachsen*, 26-28); t. I: bis 1403.

HEUWIESER, M., *Die Traditionen des Hochstifts Passau*, München 1930 (*Qu. und Erört. zur bayerischen Geschichte*, N.F., 6).

*Histoire du Dauphiné*, v. CHORIER.

*Histoire de Languedoc*, v. DEVIC.

*Histoire de Metz*, v. TABOUILLOT.

*Histoire de Nimes*, v. MÉNARD.

*Histoire de Paris*, v. FÉLIBIEN.

*Historia et commentationes Academiae Electoralis scientiarum et elegantiorum literarum Theodoro-Palatinae*, 7 t., Mannheim 1766-1794.

[*Historiens de France*], *Recueil des historiens des Gaules et de la France. Rerum Gallicarum et Francicarum scriptores*, par M. BOUQUET E.A., 24 t., Paris 1738-1904; Nouvelle édition sous la direction de LÉOPOLD DELISLE, 19 t., Paris 1869-1880.

HOENIGER, R., *Kölner Schreinsurkunden des zwölften Jahrhunderts. Quellen zur Rechts- und Wirtschaftsgeschichte der Stadt Köln*, 2 t., Bonn 1884-1894 (*Publ. der Gesellschaft für Rheinische Geschichtskunde*, 1/1-2).

HÖHLBAUM, K., E.A., *Hansisches Urkundenbuch*, 11 t., Halle etc. 1876-1939 (*Verein für Hansische Geschichte*); t. I-II.

HOLSTENIUS, L., UND M. BROCKIE, *Codex regularum monasticarum et canonicarum*, Augsburg 1759.

HUBERTI, L., *Studien zur Rechtsgeschichte der Gottesfrieden und Landfrieden*; t. I: *Die Friedensordnungen in Frankreich*, Ansbach 1892.

[HUGO, CH.-L.], *Sacri et canonici ordinis Praemonstratensis annales*, 2 t., Nancy 1734, 1736.

HUND ZU SULTZENMOS, W., *Metropolis Salisburgensis... Accesserunt notae Christophori Gewoldi*, 3 t., München 1620.

HUTER, F., *Tiroler Urkundenbuch*. Erste Abteilung: *Die Urkunden zur Geschichte des deutschen Etschlandes und des Vintschgaus*, 3 t., Innsbruck 1937-1957; t. I: bis zum Jahre 1200; t. II: 1200-1230.

INGUANEZ, M., *Regesto di San Angelo in Formis*, 2 t., Montecassino 1925 (*Tabularium Casinense. Serie dei regesti cassinesi*, [3, 4]).

JAFFÉ, PH., *Bibliotheca rerum Germanicarum*, 6 t., Berlin 1864-1873.

JAKOBS, E., *Urkundenbuch des in der Grafschaft Wernigerode belegenen Klosters Ilsenburg*, 2 t., Halle 1875, 1877 (*Geschichtsquellen der Provinz Sachsen*, 6); t. I: 1003-1460.

JEANTIN, [J. F. L.], *Les chroniques de l'Ardenne et des Woëpvres...*, 2 t., Paris, Nancy 1851, 1852.

JOANNIS, G. CH., *Volumen primum (secundum) rerum Moguntiacarum*, 2 t., Frankfurt-a-M. 1722.

JORDAN, K., *Die Urkunden Heinrichs des Löwen, Herzogs von Sachsen und Bayern*, Weimar 1949 (*MGH., Laienfürst.*).

JUÉNIN, P., *Nouvelle histoire de l'abbaye royale et collégiale de Saint-Filibert et de la ville de Tournus*, 2 t., Dijon 1733.

KANDLER, P., *Codice diplomatico Istriano*, 5 t., Trieste 1847-1864; t. I: 50-1299.

KEHR, K. A., *Die Urkunden der Normannisch-Sicilischen Könige. Eine diplomatische Untersuchung*, Innsbruck 1902.

KEHR, P., *Die Urkunden Arnolfs*, Berlin 1940 (*MGH., Dipl. Kar. Germ.*, 3).

KEHR, P., *Die Urkunden Karls III., 876-887*, Berlin 1937 (*MGH., Dipl. Kar. Germ.*, 2).

KEHR, P., *Die Urkunden Ludwigs des Deutschen, Karlmanns und Ludwigs des Jüngeren*, Berlin 1934 (*MGH., Dipl. Kar. Germ.*, 1).

KEMBLE, J. M., *Codex diplomaticus aevi Saxonici*, 6 t., London 1839-1848 (*English Historical Society*).

KETNER, F., v. MULLER.

KEUTGEN, F., *Urkunden zur städtischen Verfassungsgeschichte*, Berlin 1901 (G. BELOW UND F. KEUTGEN, *Ausgewählte Urkunden zur deutschen Verfassungsgeschichte*, I).

KIEM, M., v. BAUMANN.

KINDLINGER, N., *Geschichte der deutschen Hörigkeit, insbesondere der sogenannten Leibeigenschaft*, Berlin 1819.

KLEMPIN, R., *Regeste, Berichtigungen und Ergänzungen zum Codex Pomeraniae*, Stettin 1868 (*Pommersches Urkundenbuch*, I, 1).

KOHLER, J., *Urkunden aus den antichi archivi der Biblioteca comunale von Verona*, 2 t., Würzburg 1883, 1885 (*Beiträge zur germanischen Privatrechts-Geschichte*, 1, 2).

KÖTZSCHKE, R., *Quellen zur Geschichte der ostdeutschen Kolonisation im 12. bis 14. Jahrhundert*, Leipzig-Berlin 1912 (*Quellensammlung zur deutschen Geschichte*).

KÖTZSCHKE, R., *Rheinische Urbare. Sammlung von Urbaren und anderen Quellen zur rheinischen Wirtschaftsgeschichte*, 4 t., Bonn etc. 1902-1958 (*Publ. der Gesellschaft für rheinische Geschichtskunde*, 20); t. II et III: *Die Urbare der Abtei Werden a.d. Ruhr*, 1906, 1917.

KREMER, CH. J., *Academische Beiträge zur Gülch- und Bergischen Geschichte*, 3 t., Mannheim-Giessen 1769-1781; t. III herausgegeben von A. LAMEY.

KRÜHNE, M., *Urkundenbuch der Klöster der Grafschaft Mansfeld*, Halle 1888 (*Geschichtsquellen der Provinz Sachsen*, 20).

KUNZE, K., *Hanseakten aus England, 1275 bis 1412*, Halle 1891 (*Hansische Geschichtsquellen*, 6).

KURTH, G., *Chartes de l'abbaye de Saint-Hubert en Ardenne*, t. I, Bruxelles 1903 (*CRH.*).

LABBE, PH., *Nova bibliotheca manuscriptorum*, 2 t., Paris 1657.

LABBE, PH., ET G. COSSART, *Sacrosancta concilia*, 18 t., Paris 1671-1672 (editio curante NICOLAO COLETI), 23 t., Venezia 1728-1733.

LACAVE LA PLAGNE BARRIS, C., *Cartulaires du chapitre de l'église métropolitaine Sainte-Marie d'Auch*, Paris-Auch 1899 (*Archives hist. de la Gascogne*, 2e série, 3, 4).

LACOMBLET, TH. J., *Urkundenbuch für die Geschichte des Niederrheins*, 4 t., Düsseldorf 1840-1858.

LALORE, CH., *Collection des principaux cartulaires du diocèse de Troyes*, 7 t., Paris, Troyes 1875-1890; t. IV: *Chartes de l'abbaye de Montier-en-Der*, 1878; t. VII: *Cartulaire de l'abbaye de Montiéramey*, 1890.

LAMI, G., *Sanctae Ecclesiae Florentinae monumenta*, 4 t., Firenze 1758.

LAMPEL, J., *Urkundenbuch des aufgehobenen Chorherrenstiftes Sanct Pölten*, 2 t., Wien 1891, 1901 (*Verein für Landeskunde von Niederösterreich*); t. I (976-1294).

LANGLOIS, CH. V., *Textes relatifs à l'histoire du Parlement depuis les origines jusqu'en 1314*, Paris 1888 (*CT.*, 5).

LAPPENBERG, J. M., *Hamburgisches Urkundenbuch*, Hamburg 1842 [= t. I: *Hamburgisches Urkundenbuch*, 4 t., Hamburg 1842-1967].

LAU, F., *Quellen zur Rechts- und Wirtschaftsgeschichte der rheinischen Städte*, A: *Bergische Städte*; t. I: *Siegburg*, Bonn etc. 1907 (*Publ. der Gesellschaft für rheinische Geschichtskunde*, 29).

LAUER, PH., *Recueil des actes de Charles III le Simple, roi de France (893-923)*, 2 t., Paris 1940, 1949 (*CDHF.*).

LAUER, PH., *Recueil des actes de Louis IV, roi de France (936-954)*, Paris 1914 (*CDHF.*).

LAUER, PH., ET CH. SAMARAN, *Les diplômes originaux des Mérovingiens. Fac-similés phototypiques avec notices et transcriptions*, Paris 1908.

LAURAIN, E., *Cartulaire Manceau de Marmoutier*, 2 t., Laval 1911, 1945.

LAURENT, J., *Cartulaires de l'abbaye de Molesme, 916-1250*, 2 t., Paris 1911 (*Recueil de doc. sur le Nord de la Bourgogne et le Midi de la Champagne*, 2).

LE GLAY, [A. J. G.], *Glossaire topographique de l'ancien Cambrésis, suivi d'un recueil de chartes et de diplômes...*, Cambrai 1849 (*Mém. de la Soc. d'émulation de Cambrai*, 29, 2e partie).

LEHMANN, K., *Das langobardische Lehnrecht. Handschriften, Textentwicklung, ältester Text und Vulgattext nebst den capitula extraordinaria*, Göttingen 1896.

LEIBNIZ, G. W., *Scriptores rerum Brunsvicensium*, 3 t., Hannover 1707-1711.

LEIBNIZ, G. W., *Origines Guelficae* (ed. C. L. SCHEIDIUS), 5 t., Hannover 1750-1780.

LEMAIRE, E., *Archives anciennes de la ville de Saint-Quentin*, 2 t., Saint-Quentin 1888, 1910; t. I: 1076-1328.

LE PAIGE, J., *Bibliotheca Praemonstratensis ordinis*, 2 t., Paris 1633.

LEROUX, A., *Cartulaire de l'aumônerie de Saint-Martial*, Limoges 1885 (*Doc. hist. bas-latins, provençaux et français, concernant principalement la Marche et le Limousin*, publiés ... par A. LEROUX, E. MOLINIER ET A. THOMAS, 1).

LESORT, A., *Chronique et chartes de l'abbaye de Saint-Mihiel*, 4 fasc., Paris 1909-1912 (*Mettensia*, 6).

LEVILLAIN, L., *Examen critique des chartes mérovingiennes et carolingiennes de l'abbaye de Corbie*, Paris 1902 (*Mém. et doc. publiés par la Soc. de l'Ec. des Chartes*, 1).

LEVILLAIN, L., *Recueil des actes de Pépin 1er et de Pépin II, rois d'Aquitaine (814-848)*, Paris 1926 (*CDHF.*).

LEVISON, W., *Die Bonner Urkunden des frühen Mittelalters* (*Bonner Jahrbücher*, 136/137 1932, p. 217-270).

LEVISON, W., *Aus rheinischer und fränkischer Frühzeit. Ausgewählte Aufsätze*, Düsseldorf [1948].

LEX, L., *Eudes, comte de Blois, de Tours, de Chartres, de Troyes et de Meaux (995-1037), et Thibaud, son frère (995-1004)*, Troyes 1892 (*Mém. de la Soc. académique de l'Aube*).

LIEBERMANN, F., *Die Gesetze der Angelsachsen*, 3 t., Halle 1903-1916; t. I: *Text und Übersetzung*.

LOBINEAU, G.-A., *Histoire de Bretagne*, 2 t., Paris 1707.

LOERSCH, H., R. SCHRÖDER UND L. PERELS, *Urkunden zur Geschichte des deutschen Privatrechtes*, Bonn 1912³.

LOISEL, A., *Mémoires des pays, villes, comté et comtes, évesché et évesques, pairrie, commune et personnes de renom de Beauvais et Beauvaisis*, Paris 1617.

LOT, F., *Études critiques sur l'abbaye de Saint-Wandrille*, Paris 1913 (*Bibl. de l'Éc. des Hautes Études, sc. hist. et phil.*, 204).

LOT, F., ET R. FAWTIER, *Le premier budget de la monarchie française. Le Compte général de 1202-1203*, Paris 1932 (*Bibl. de l'Éc. des Hautes Études, sc. hist. et phil.*, 259).

[LOTTIN, R. J. F.], *Chartularium insignis ecclesie Cenomanensis quod dicitur Liber Albus Capituli*, Le Mans 1869 (*Institut des Provinces de France. Mémoires*, 2e série, 2).

LUCHAIRE, A., *Études sur les actes de Louis VII*, Paris 1885 (*Hist. des institutions monarchiques de la France sous les premiers Capétiens. Mémoires et documents*).

LUCHAIRE, A., *Histoire des institutions monarchiques de la France sous les premiers Capétiens, 987-1180*, 2 t., Paris 1883; editio altera, 2 t., Paris 1891.

LUDEWIG, J. P., v. VON LUDEWIG.

LÜNIG, J. CH., *Codex Italiae diplomaticus*, 4 t., Frankfurt-Leipzig 1725-1735.

LUYKX, TH., *Johanna van Constantinopel, Gravin van Vlaanderen en Henegouwen. Haar leven (1199/1200-1244). Haar regeering (1205-1244), vooral in Vlaanderen*, Antwerpen-Utrecht 1946 (*Verhand. Koninkl. Vlaamsche Acad.... van België, Klasse der letteren*, Jaargang VIII, 5).

MAASSEN, F., *Concilia aevi Merovingici*, Hannover 1893 (*MGH., Conc.*, 1).

MABILLE, E., *Cartulaire de Marmoutier pour le Dunois*, Châteaudun 1874 (*Société dunoise*).

MABILLON, J., *Acta sanctorum ordinis Sancti Benedicti*, 9 t., Paris 1668-1701.

MABILLON, J., *Annales Ordinis Sancti Benedicti*, 6 t., Paris 1703-1739; editio altera (prima italica), 6 t., Lucca 1739-1745.

MABILLON, J., *De liturgica gallicana libri III*, Paris 1685.

MABILLON, J., *De re diplomatica libri VI*, Paris 1681, supplementum 1704; editio altera, Paris 1709; editio tertia, 2 t., Napoli 1789.

MABILLON, J., *Vetera analecta*, 4 t., Paris 1675-1685; ed. altera, Paris 1723.

MABILLON, J., ET M. GERMAIN, *Museum Italicum, seu collectio veterum scriptorum*, 2 t., Paris 1687-1689.

MADOX, TH., *Formulare Anglicanum, or a collection of ancient charters and instruments of divers kinds taken from the original*, London 1702.

MAI, A., *Classici auctores e Vaticanis codicibus editi*, 10 t., Roma 1828-1838.

[MAI, A.], *Spicilegium Romanum*, 10 t., Roma 1839-1844.

MAITRE, L., ET P. DE BERTHOU, *Cartulaire de l'abbaye de Sainte-Croix de Quimperlé*, Rennes 1904² (*Bibl. bretonne armoricaine*, 4).

MANARESI, C., *Gli atti del comune di Milano fino all'anno MCCXVI*, Milano 1919.

MANARESI, C., *I placiti del "Regnum Italiae"*, 5 t., Roma 1955-1960 (*FSI.*, 92, 96/1-2, 97/1-2).

MANSI, J. D., *Sacrorum conciliorum nova et amplissima collectio*, 31 t., Firenze 1759-1798.

MARCHEGAY, P., *Archives d'Anjou. Recueil de documents et mémoires...*, 3 t., Angers 1843-1854; t. III: *Cartularium monasterii beatae Mariae caritatis Andegavensis*.

MARCHEGAY, P., *Cartulaires du Bas-Poitou (Département de Vendée)*, Les Roches-Baritaud 1877.

MARCHEGAY, P., ET E. MABILLE, *Chroniques des églises d'Anjou*, Paris 1869 (*Soc. de l'histoire de France*).

MARCHEGAY, [P.], ET [A.] SALMON, *Chroniques des comtes d'Anjou,..., avec une introduction* par E. MABILLE, Paris 1856-1871 (*Soc. de l'histoire de France*).

MARGARINUS, C., *Bullarium Casinense, seu constitutiones...*, 2 t., Venezia 1650, Todi 1670.

MARIAN, F., *Geschichte der ganzen österreichischen, weltlichen und klösterlichen, Klerisey beyderley Geschlechts. Austria sacra*, 9 t., Wien 1780-1788.

MARINI, G., *I papiri diplomatici raccolti ed illustrati*, Roma 1805.

[MARION, A.], *Cartulaire du prieuré de Notre-Dame de Longpont, de l'ordre de Cluny, au diocèse de Paris*, Lyon 1880.

MARION, J., *Cartulaires de l'église cathédrale de Grenoble dits cartulaires de Saint-Hugues*, Paris 1869 (*CDI.*).

MARLOT, G., *Metropolis Remensis historia*, 2 t., Lille-Paris 1666, 1680.

MARTÈNE, E., *De antiquis ecclesiae ritibus*, 4 t., Rouen 1700; editio altera, 4 t., Anvers 1736-1738.

MARTÈNE, E., ET U. DURAND, *Veterum scriptorum et monumentorum... amplissima collectio*, 9 t., Paris 1724-1733.

MARTÈNE, E., ET U. DURAND, *Thesaurus novus anecdotorum*, 5 t., Paris 1717.

MARTORELL, F. U., v. UDINA MARTORELL.

MAZZOLENI, J., *Regesto delle pergamene di Castelcapuano, a. 1268-1789*, Napoli 1942 (*Doc. per la storia dell'Italia meridionale*, 3).

MEICHELBECK, K., *Historia Frisingensis*, 2 t., Augsburg 1724-1729.

MEINERT, H., UND J. RAMACKERS, *Papsturkunden in Frankreich*, 6 t., Göttingen 1932-1958 (*Abh. d. Akad. d. Wiss. zu Göttingen. Philol.-hist. Kl.*, 3. Folge, 3, 21, 23, 27, 35, 41).

*Mémoires et documents... Suisse Romande*, v. DE GINGINS-LA-SARRA.

*Memorie e documenti per servire all'istoria del principato lucchese*, 16 t., Lucca 1813-...

MÉNARD, L., *Histoire civile, ecclésiastique, et littéraire de la ville de Nîmes, avec des notes et les preuves*, 7 t., Paris 1750-1758.

MENAULT, E., *Morigny (village monacal), son abbaye, sa chronique et son cartulaire*, Paris 1867.

MENESTRIER, C.-F., *Histoire civile et consulaire de la ville de Lyon*, Lyon 1696.

MENJOT D'ELBENNE, S., v. CHARLES.

MENZEL, K., UND W. SAUER, *Codex diplomaticus Nassoicus, Nassauisches Urkundenbuch*, 3 t., Wiesbaden 1885-1887.

MERLET, R., *Cartulaire du Grand-Beaulieu-lès-Chartres*, Chartres 1907 (*Coll. des cartulaires chartrains*, 2).

MÉTAIS, CH., *Marmoutier. Cartulaire blésois*, Blois 1889-1891.

MÉTAIS, CH., *Saint-Denis de Nogent-le-Rotrou (1031-1789)*, Vannes 1895 (*Archives hist. du diocèse de Chartres*).

MÉTAIS, CH., *Cartulaire de l'abbaye cardinale de la Trinité de Vendôme*, 5 t., Vannes 1893-1904 (*Soc. arch. du Vendômois*).

MÉTAIS, CH., *Cartulaire de Notre-Dame de Josaphat*, 2 t., Chartres 1911, 1912 (*Soc. arch. d'Eure-et-Loire*).

Metz, v. TABOUILLOT.

MEURISSE, *Histoire des évesques de l'église de Metz*, Metz 1634.

MEYER-MARTHALER, E., UND F. PERRET, *Bündner Urkundenbuch,... t., t. I*, Chur 1947-1955, t. II, Chur 1952-.... (*Historisch-antiquarische Gesellschaft von Graubünden*); t. I: 390-1199.

MEYER VON KNONAU, G., v. BAUMANN.

MEYNIAL, E., v. ALAUS.

MIGNE, J. P., *Patrologiae cursus completus,... Series Latina*, 221 t., Paris 1841-1864.

MIRAEUS, A., *Opera diplomatica* [ed. J. F. FOPPENS], 4 t., Louvain-Bruxelles 1723-1748.

MITTARELLI, G. B., *Ad scriptores rerum Italicarum cl. Muratorii accessiones historicae Faventinae*, Venezia 1771.

MITTARELLI, G. B., ET A. COSTADONI, *Annales Camaldulenses Ordinis Sancti Benedicti*, 9 t., Venezia 1755-1773.

MITTEIS, H., *Lehnrecht und Staatsgewalt. Untersuchungen zur mittelalterlichen Verfassungsgeschichte*, Weimar 1933.

MOMBRIZIO, B., [*Sanctuarium sive Vitae sanctorum*], 2 t., s.l.n.d. [Milano 1479 c.]; editio altera: ... curaverunt duo monachi Solesmenses [A. BRUNET ET H. QUENTIN], 2 t., Paris 1910.

MOMMSEN, TH., *Gesammelte Schriften*, 8 t., Berlin 1905-1913.

MONACI, A., *Regesto dell'abbazia di Sant'Alessio all'Aventino* (*Archivio della R. Soc. romana di storia patria*, 27 (1904), p. 351-398, 28 (1905), p. 151-200 et p. 359-449).

*Monasticon anglicanum*, v. DUGDALE.

MONICAT, J., ET J. BOUSSARD, v. *Recueil des Actes de Philippe Auguste*.

MONSALVATJE Y FOSSAS, F., *Colección diplomática del condado de Besalú*, 5 t., Olot 1901-1908 (F. MONSALVATJE Y FOSSAS, *Noticias históricas*, 11, 12, 13, 15, 19).

MONTI, G. M., *Le leggi normanne tramandate attraverso la sola codificazione sveva: testo e storia esterna* (*Studi di storia e diritto in memoria di Guido Bonolis*, t. II, Milano 1942, p. 62-88).

MONTI, G. M., *Il testo e la storia esterna della Assise normanne* (*Studi di storia e diritto in onore di Carlo Calisse*, t. I, Milano 1939-1940, p. 295-348).

*Monumenta Boica*, [Series I]: 27 t. München 1763-1829. [Series altera]: 19 t., München 1829-1905. Neue Folge: ... t., München 1902-....

*Monumenta ecclesiae Aquilejensis*, v. DE ROSSI.

*Monumenta historiae patriae*, t. I [*Chartae, 602-1292*], Torino 1836.

*Portugaliae monumenta historica. Diplomata et chartae*, t. I, Olisipone 1867-1873.

MORBIO, C., *Storie dei municipi italiani, illustrate con documenti inediti*, 6 t., Milano 1836-1846.

MORCALDI, M., M. SCHIANI E S. DE STEPHANO, *Codex diplomaticus Cavensis*, 8 t., Milano etc. 1873-1893.

MOREA, D., *Il chartularium del monastero di S.Benedetto di Conversano*, Montecassino 1892, t. I: *Byzantina, Normanna, Sueva*.

MOREL, E., *Cartulaire de l'abbaye de Saint-Corneille de Compiègne*, 2 t., Compiègne 1894-1904, 1909 (*Soc. hist. de Compiègne*); t. I (877-1216).

MORICE, P.-H., *Mémoires pour servir de preuves à l'histoire ecclésiastique et civile de Bretagne*, 3 t., Paris 1742-1746.

MORIS, H., ET E. BLANC, *Cartulaire de l'abbaye de Lérins*, 2 t., Paris 1883, 1905 (*Soc. des lettres, sciences et arts des Alpes-Maritimes*).

MOROZZO DELLA ROCCA, R., E A. LOMBARDO, *Documenti del commercio Veneziano nei secoli XI-XIII*, 2 t., Torino 1940 (*Documenti e studi per la storia del commercio e del diritto commerciale Italiano*, 19, 20).

MOUYNÈS, G., *Ville de Narbonne. Inventaire des archives communales antérieures à 1790*, 5 t., Narbonne 1871-1879 (*Coll. des Inventaires-sommaires*).

MÜHLBACHER, E., A. DOPSCH, J. LECHNER UND M. TANGL, *Die Urkunden Pippins, Karlmanns und Karls des Grossen*, Hannover 1906 (*MGH., Dipl. Kar.*, 1).

MULLER FZ. S., *Rechtsbronnen van den dom van Utrecht*, 's-Gravenhage 1903 (*Werken Vereeniging tot uitgave v.h. oude vaderlandsche recht*, 2e reeks, 5).

MULLER FZ., S., A. C. BOUMAN, K. HEERINGA EN F. KETNER, *Oorkondenboek van het Sticht Utrecht tot 1301*, 5 t., Utrecht-'s-Gravenhage 1920-1959.

MUÑOZ Y ROMERO, T., *Colección de fueros municipales y cartes pueblas de los reinos de Castilla, León, Corona de Aragón y Navarra*, t. I, Madrid 1847.

MURATORI, L. A., *Anecdota*, 4 t., Milano 1697-1713; editio altera: Napoli 1776.

MURATORI, L. A., *Delle Antichità estensi ed italiane*, 2 t., Modena 1717, 1740.

MURATORI, L. A., *Antiquitates Italicae Medii Aevi*, 6 t., Milano 1738-1742.

MURATORI, L. A., *Liturgia Romana vetus...* 2 t., Venezia 1748.

MURATORI, L. A., *Rerum Italicarum scriptores*, 25 t., Milano 1723-1751.

*Musée des archives départementales. Recueil de fac-similés héliographiques de documents tirés des archives des préfectures, mairies et hospices*, Paris 1878.

MUSSET, G., *Cartulaire de l'abbaye royale de Saint-Jean d'Angély*, 2 t., Paris 1901, 1903 (*Archives hist. de la Saintonge et de l'Aunis*, 30, 33).

MUSSET, L., *Les actes de Guillaume le Conquérant et de la reine Mathilde pour les abbayes caennaises*, Caen 1967 (*Mém. de la Soc. des Antiquaires de Normandie*, 37).

NANGLARD, J., *Cartulaire de l'église d'Angoulême*, Angoulême 1899 (*Bull. de la Soc. arch. et hist. de la Charente*).

NEUGART, T., *Codex diplomaticus Alemanniae et Burgundiae Transjuranae intra fines diocesis Constantiensis*, 2 t., Sanblas 1791, 1795.

*Neustria pia*, v. DU MONSTIER.

NEWMAN, W. M., *Catalogue des actes de Robert II, roi de France*, Paris 1937.

NEWMAN, W. M., *Le domaine royal sous les premiers Capétiens (987-1180)*, Paris 1937.

NITTO DE ROSSI, G. B., E F. NITTI DI VITO, *Codice diplomatico Barese*, 18 t., Bari 1897-1950; t. I: *Le pergamene del duomi di Bari (952-1264)*.

ODORICI, F., *Storie bresciane, dai primi tempi sino all'età nostra*, 11 t., Brescia 1853-1865.

OEFELE, A. F., *Rerum Boicarum scriptores*, 2 t., Augsburg 1763.

OBREEN, H. G. A., v. VAN DEN BERGH.

OPPERMANN, O., *Fontes Egmundenses*, Utrecht 1933 (*Werken uitg. d. het Historisch genootschap*, 3e serie, 61).

OPPERMANN, O., *Rheinische Urkundenstudien*, 2 t., Utrecht 1922, Groningen 1951; t. I: *Die kölnisch-niederrheinische Urkunden*; t. II: *Die trierisch-mosellandischen Urkunden* (herausgegeben von F. KETNER) (*Bijdragen van het instituut voor middeleeuwse geschiedenis der Rijks-Universiteit te Utrecht*, 7, 23).

OPPERMANN, O., *Untersuchungen zur nordniederländischen Geschichte des 10. bis 13. Jahrhunderts*, 3 t., Utrecht 1919-1921 (*Bijdragen van het instituut voor middeleeuwse geschiedenis der Rijks-Universiteit te Utrecht*, 3-5).

*Ordonnances des rois de France de la troisième race*, 21 t., Paris 1723-1849.

OVIDI, E., *Le carte dell'abbazia di Chiaravalle di Fiastra*, t. I, Ancona 1908 (*Fonti per la storia delle Marche*, 2).

PAGE, W., *London, its origin and development*, London, 1923.

PANHUYSEN, G. W. A., *Studiën over Maastricht in de dertiende eeuw*, Maastricht 1933.

PARDESSUS, J. M., *Diplomata, chartae, epistolae, leges aliaque instrumenta ad res Gallo-Francicas spectantia*, 2 t., Paris 1843, 1849.

PASQUI, U., *Documenti per la storia della città di Arezzo nel Medio Evo*, 3 t., Firenze 1899-1937 (*Doc. di storia italiana*, 11, 13, 14).

[PELICIER, P.], *Cartulaire du chapitre de l'église cathédrale de Châlons-sur-Marne par le chantre Warin*, Paris 1895 (*Mém. de la Soc. d'agriculture, des sciences et des arts de la Marne*).

PÉRARD, E., *Recueil de plusieurs pièces curieuses servant à l'histoire de Bourgogne*, Paris 1664.

PERRIN, CH.-E., *Essai sur la fortune immobilière de l'abbaye alsacienne de Marmoutier aux $X^e$ et $XI^e$ siècles*, Strasbourg 1935 (*Coll. d'études sur l'histoire du droit et des institutions de l'Alsace*, 10).

PERRIN, CH.-E., *Recherches sur la seigneurie rurale en Lorraine d'après les plus anciens censiers ($IX^e$-$XII^e$ siècle)*, Paris 1935 (*Publ. de la Faculté des Lettres de l'Université de Strasbourg*, 71).

PERTZ, K., *Diplomata regum Francorum ex stirpe Merovingica et maiorum domus ex stirpe Arnulforum. Diplomata spuria*, Hannover 1872 (*MGH., Dipl. in-fol.*, 1).

PETIT, E., *Histoire des ducs de Bourgogne de la race capétienne*, 9 t., Paris-Dijon 1885-1905.

PEZ, B., *Thesaurus anecdotorum novissimus*, 6 t., Augsburg 1721-1729; t. VI: *Codex diplomatico-historico-epistolaris*.

PFISTER, CH., *Etudes sur le règne de Robert le Pieux (996-1031)*, Paris 1885 (*Bibl. de l'Ec. des hautes études*, 64).

PHILIPPI, F., UND M. BÄR, *Osnabrücker Urkundenbuch*, 4 t., Osnabrück 1892-1912.

PIOT, CH., *Cartulaire de l'abbaye de Saint-Trond*, 2 t., Bruxelles 1870, 1874 (*CRH.*).

PIRENNE, H., *Le livre de l'abbé Guillaume de Ryckel (1249-1272). Polyptique et comptes de l'abbaye de Saint-Trond au millieu du $XIII^e$ siècle*, Bruxelles 1896 (*CRH.*).

PIRENNE, H., *Les villes et les institutions urbaines*, 2 t., Paris-Bruxelles 1939.

PISTORIUS, J., *Illustrium veterum scriptorum...*, 3 t., Frankfurt 1583-1607; Hannover 1613-1653²; Regensburg 1726³; t. III: *...tres antiquitatum Fuldensium...libri*.

PLANIOL, M., *La très ancienne coutume de Bretagne avec les assises, constitutions de parlement et ordonnances ducales, suivie d'un recueil de textes divers antérieurs à 1491*, Rennes 1896 (*Bibl. bretonne armoricaine publiée par la faculté des lettres de Rennes*, 2).

PLANIOL, M., *l'Assise au comte Geffroi, étude sur les successions féodales en Bretagne* (*Nouvelle revue historique de droit français et étranger*, t. 11, 1887, p. 120-122).

PLANITZ, H., UND THEA BUYKEN, *Die Kölner Schreinsbücher des 13. und 14. Jahrhunderts*, Weimar 1937 (*Publ. der Gesellschaft für Rheinische Geschichtskunde*, 46).

PLANTA, P.C., *Verfassungsgeschichte der Stadt Chur im Mittelalter*, Chur 1879.

PLUMMER, CH., *Two of the Saxon chronicles parallel*, 2 t., Oxford 1892, 1899.

PONCELET, E., *Actes des princes-évêques de Liège. Hugues de Pierrepont, 1200-1229*, Bruxelles 1941 (*CRH.*).

PORÉE, [A.-A.], *Chronique du Bec et chronique de François Carré*, Rouen 1883 (*Soc. de l'Histoire de Normandie*).

POUPARDIN, R., *Etude sur les institutions politiques et administratives des principautés lombardes de l'Italie méridionale ($IX^e$-$XI^e$ siècles), suivie d'un catalogue des actes des Princes de Bénévent et de Capoue*, Paris 1907.

POUPARDIN, R., *Recueil des actes des rois de Provence (855-928)*, Paris 1920 (*CDHF.*).

POUPARDIN, R., *Recueil des chartes de l'abbaye de Saint-Germain-des-Prés, des origines au début du $XIII^e$ siècle*, 2 t., Paris 1909, [1932] (*Soc. de l'histoire de Paris et de l'Ile-de-France*).

PREVENIER, W., *De oorkonden der graven van Vlaanderen (1191- aanvang 1206)*, 3 t., Bruxelles 1964-1971 (*CRH.*); t. II: Uitgave.

PROU, M., *Les coutumes de Lorris et leur propagation aux $XII^e$ et $XIII^e$ siècles* (*Nouvelle revue historique de droit français et étranger*, t. 8, 1884, p. 139-209, 267-320, 441-457, 523-556).

PROU, M., *Recueil des actes de Philippe Ier, roi de France (1059-1108)*, Paris 1908 (*CDHF.*).

PROU, M., ET A. VIDIER, *Recueil des chartes de l'abbaye de Saint-Benoît-sur-Loire*, 2 t., Paris 1900-1937 (*Doc. publ. p. la Soc. hist. et arch. du Gâtinais*, 5, 6).

PRUVOST, A., *Chronique et cartulaire de l'abbaye Bergues-Saint-Winoc*, 2 t., Bruges 1875, 1878.

PURICELLI, G. P., *Ambrosianae Mediolani basilicae ac monasterii hodie cisterciensis monumenta...*, Milano 1645.

QUANTIN, M., *Cartulaire général de l'Yonne. Recueil de documents authentiques pour servir à l'histoire des pays qui forment ce département*, 2 t., Auxerre 1854, 1860 (*Soc. des sciences hist. et naturelles de l'Yonne*).

QUANTIN, M., *Recueil de pièces pour faire suite au cartulaire général de l'Yonne*, Auxerre 1873 (*Soc. des sciences hist. et naturelles de l'Yonne*).

QUIX, CHR., *Codex diplomaticus Aquensis*, Aachen 1839.

RAGUT, C., *Cartulaire de Saint-Vincent de Mâcon, connu sous le nom de Livre enchaîné*, Mâcon 1864 (*Académie de Mâcon*).

RAMACKERS, J., *Papsturkunden in den Niederlanden*, 2 t., Berlin 1933, 1934 (*Abh. Akad. Wiss. zu Göttingen, Philol.-hist. Kl.*, 3. Folge, 8, 9).

RAYMOND, P., *Cartulaire de l'abbaye de Saint-Jean de Sorde*, Pau 1873.

*Recueil des actes de Philippe Auguste, roi de France*, 3 t., Paris 1916, 1943, 1966; t. I (1179-1194) par H. F. DELABORDE, t. II (1194-1206) par H. F. DELABORDE, CH. PETIT-DUTAILLIS ET J. MONICAT, t. III (1206-1215) par J. MONICAT ET J. BOUSSARD (*CDHF.*).

RÉDET, L., *Cartulaire de l'abbaye de Saint-Cyprien de Poitiers*, Poitiers 1874 (*Archives hist. du Poitou*, 3).

RÉDET, L., *Cartulaire du prieuré de Saint-Nicolas de Poitiers*, Poitiers 1872 (*Archives hist. de Poitou*, 1, p. 1-51).

REDLICH, O., *Die Traditionsbücher des Hochstifts Brixen vom 10. bis in das 14. Jahrhundert*, Innsbruck 1886 (*Acta Tirolensia. Urkundliche Quellen zur Geschichte Tirols*, 1).

*Registrum antiquissimum Lincoln.*, v. FOSTER.

REINECKE, W., *Geschichte der Stadt Cambrai bis zur Erteilung der Lex Godefridi*, Marburg 1896.

REMLING, F. X., *Urkundenbuch zur Geschichte der Bischöfe zu Speyer*, 2 t., Mainz 1852, 1853.

RESCH, J., *Annales ecclesiae Sabionensis nunc Brixinensis atque conterminarum*, 3 t., Augsburg 1755-1767.

RICHARD, A., *Chartes et documents pour servir à l'histoire de l'abbaye de Saint-Maixent*, 3 t., Poitiers 1886-1887 (*Archives hist. du Poitou*, 16-18).

RICOTTI, E., *Liber iurium Reipublicae Genuensis*, 2 t., Torino 1854, 1857 (*Monumenta historiae patriae*, 7, 9).

RIEDEL, A. F., *Codex diplomaticus Brandenburgensis. Sammlung der Urkunden, Chroniken und sonstige Geschichtsquellen für die Geschichte der Mark Brandenburg und ihrer Regenten*, 36 t., s.l. 1838-1865.

RILEY, H. T., *Munimenta Gildhallae Londoniensis. Liber albus, liber customarum et liber Horn*, 3 t., London 1859-1862 (*RS.*, 12).

RIUS SERRA, J., *Cartulario de "Sant Cugat" del Vallès*, 3 t., Barcelona 1945-1947 (*Consejo superior de investigaciones científicas Sección de estudios medievales de Barcelona*).

RIVOIRE, E., ET V. VAN BERCHEM, *Les sources du droit du Canton de Genève*, 4 t., Aarau 1927-1935 (*Sammlung schweizerischer Rechtsquellen*, 22).

ROBOLINI, G., *Notizie appartenenti alla storia della sua patria*, 6 t., Pavia 1823-1838.

ROLLAND, P., *Deux tarifs du tonlieu de Tournai des $XII^e$ et $XIII^e$ siècles*, Lille 1935 (*Mém. de la Soc. d'Histoire du Droit des pays flamands, picards et wallons*, 1).

ROMANIN, S., *Storia documentata di Venezia*, 10 t., Venezia 1912-1921 (2. ed. ristampata sull'unica pubblicata, 1853-1861).

[ROSE, J. ROUX ET A. SOYEZ], *Cartulaire du chapitre de la cathédrale d'Amiens*, 2 t., Amiens-Paris 1905, 1912 (*Mém. de la Soc. des Antiquaires de Picardie. Documents inédits concernant la province*, 14, 18).

ROSELL, F. M., *Liber feudorum maior. Cartulario real que se conserva en el Archivio de la Corona de Aragón*, 2 t., Barcelona 1945 (*Consejo superior de investigaciones científicas. Sección de estudios medievales de Barcelona*).

ROSENZWEIG, L., *Cartulaire général du Morbihan. Recueil de documents authentiques pour servir à l'histoire des pays qui forment ce département*, t. I, Vannes 1895.

ROSEROT, A., *Chartes inédites des $IX^e$ et $X^e$ siècles appartenant aux Archives de la Haute-Marne* (*Bull. de la Soc. des sc. hist. et naturelles de l'Yonne*, 51 (1897), p. 161-207).

ROSSI, G. [= H. RUBEUS], *Ravennatum historiae* (J. G. GRAEVE, *Thesaurus antiquitatum et historiarum Italiae*, t. 7/1, Leiden 1722).

RÖSSLER, E. F., *Deutsche Rechtsdenkmäler aus Böhmen und Mähren*, 2 t., Prag 1845, 1852.

ROTH, CH., *Cartulaire du Chapitre de Notre-Dame de Lausanne*, Lausanne 1948 (*Mém. et doc. publiés par la Soc. d'histoire de la Suisse romande*, 3me série, 3).

ROUND, J. H., *Calendar of documents preserved in France, illustrative of the history of Great Britain and Ireland*, t. 1: 918-1206, London 1899.

ROUQUETTE, J., *Cartulaire de l'église d'Agde. Cartulaire du chapitre*; t. I, Montpellier [1925].

ROUQUETTE, J., *Cartulaire de Béziers (Livre noir)*, Paris 1918-1922 (*Revue du diocèse de Montpellier*).

ROUQUETTE, J., ET A. VILLEMAGNE, *Cartulaire de Maguelone*, 9 t., Montpellier-Paris, 1912-1927; t. I: 819-1203.

ROUSSEAU, F., *Actes des comtes de Namur de la première race (946-1196)*, Bruxelles 1936 (*CRH.*).

ROVELLI, G., *Storia di Como*, 3 t., Milano 1789-1808.

RUINART, TH., *Acta primorum martyrum sincera et selecta*, Amsterdam 1713[2]; Verona 1731[3].

RYMER, TH., *Foedera, conventiones, litterae ... inter reges Angliae et alios quosvis imperatores, reges ...*, 20 t., London 1727-1735; ed. tert.: 10 t., 's-Gravenhage 1737-1745; ed. A. CLARKE, E.A., 7 t., London 1816-1869 [*Record Commission*].

SAENZ DE AGUIRRE, J., *Notitia conciliorum Hispaniae atque Novi Orbis*, Salamanca 1686.

SAENZ DE AGUIRRE, J., *Collectio maxima conciliorum omnium Hispaniae et Novi Orbis*, 4 t., Roma 1693-1694; editio altera: ... et novis additionibus aucta ..., auctore JOSEPHO CATALANO, 6 t., Roma 1753-1755.

SAIGE, G., ET H. LACAILLE, *Trésor des chartes du comté de Rethel*; t. I: 1081-1328, Monaco 1902 (*Coll. de doc. hist. publiés par ordre de S.A.S. le prince Albert Ier Prince souverain de Monaco*).

SALMON, A., ET CH.-L. DE GRANDMAISON, *Liber de servis Majoris Monasterii*, in A. SALMON, *Le Livre des serfs de Marmoutier, etc.*, Tours 1864 (*Publ. de la Soc. arch. de la Touraine*, 16).

SANDER, P., UND H. SPANGENBERG, *Urkunden zur Geschichte der Territorialverfassung*, Berlin 1922-1926 (*Ausgew. Urk. z. deutsch. Verfassungs- und Wirtschaftsgeschichte*, hg. v. G. VON BELOW UND F. KEUTGEN, 2).

SAUVAL, H., *Histoire et recherche des antiquités de la Ville de Paris*, 3 t., Paris 1724.

SAVINI, F., *Il cartulario della Chiesa Teramana*, Roma 1910.

[SAVIOLI, L.V.], *Annali Bolognesi*, 3 t., Bassano 1784-1795.

SCHANNAT, J. F., *Historia episcopatus Wormatiensis*, 2 t., Frankfurt 1734; t. II: *Codex probationum*.

SCHANNAT, J. F., *Historia Fuldensis*, 2 t., Frankfurt 1729.

SCHANNAT, J. F., *Vindemiae literariae, hoc est Veterum monumentorum ad Germaniam sacram praecipue spectantium collectio*, 2 t., Fulda-Leipzig 1723, 1724.

SCHANNAT, J. F., ET J. HARTZHEIM, *Concilia Germaniae*, 11 t., Köln 1759-1790.

SCHIAPARELLI, L., *Le carte antiche dell'Archivio Capitolare di San Pietro in Vaticano* (*Archivio della R. Soc. romana di storia patria*, 24 (1901), p. 393-496, 25 (1902), p. 273-354).

SCHIAPARELLI, L., *Codice diplomatico Longobardo*, 2 t., Roma 1929, 1933 (*FSI.*, 62, 63).

SCHIAPARELLI, L., *I diplomi di Berengario I*, Roma 1903 (*FSI.*, 35).

SCHIAPARELLI, L., *I diplomi di Guido e di Lamberto*, Roma 1906 (*FSI.*, 36).

SCHIAPARELLI, L., *I diplomi italiani di Lodovico III e di Rodolfo II*, Roma 1910 (*FSI.*, 37).

SCHIAPARELLI, L., *I diplomi di Ugo e di Lotario, di Berengario II e di Adalberto*, Roma 1924 (*FSI.*, 38).

SCHIAPARELLI, L., *Documenti inediti dell'Archivio Capitolare di Piacenza*, Parma 1901.

SCHIAPARELLI, L., E F. BALDASSERONI, *Regesto di Camaldoli*, 2 t., Roma 1907, 1909 (*Regesta chartarum Italiae*, [2, 5]).

SCHIAPARELLI, L., F. BALDASSERONI E R. CIASCA, *Carte del monastero di S. Maria in Firenze (Badia)*, t. I, Roma 1913 (*Fonti di storia fiorentina*, 1).

SCHIEFFER, TH., *Die Urkunden Lothars I. und Lothars II.*, Berlin-Zürich 1966 (*MGH., Dipl. Kar.*, 3).

SCHIEFFER, TH., *Die Urkunden Zwentibolds und Ludwigs des Kindes*, Berlin 1960 (*MGH., Dipl. Kar. Germ.*, 4).

SCHMIDT, G., *Urkundenbuch des Hochstifts Halberstadt und seiner Bischöfe*, 4 t., Leipzig 1883-1889 (*Publ. aus den kön. preussischen Staatsarchiven*, 17, 21, 27, 40).

SCHMITZ, H. J., *Die Bussbücher und die Bussdisciplin der Kirche*, 2 t., Mainz 1883, Düsseldorf 1898.

SCHNEIDER, F., *Die Entstehung von Burg und Landgemeinde in Italien. Studien zur historischen Geographie, Verfassungs- und Sozialgeschichte*, Berlin 1924 (*Abhandlungen zur mittleren und neueren Geschichte*, 68).

SCHNEIDER, F., *Regestum Senense*, t. I, Roma 1911 (*Regesta chartarum Italiae*, [8]).

SCHNEIDER, F., *Regestum Volaterranum (788-1303)*, Roma 1907 (*Regesta chartarum Italiae*, [1]).

SCHÖPFLIN, J. D., *Alsatia aevi Merovingici, Carolingici, Saxonici, Salici, Suevici diplomatica*, 2 t., Mannheim 1772, 1775.

SCHWARTZ, E., *Acta conciliorum oecumenicorum*, ... t., Berlin-Leipzig 1914- ...

SDRALEK, M., *Wolfenbüttler Fragmente. Analekten zur Kirchengeschichte des Mittelalters aus Wolfenbüttler Handschriften*, Münster 1891 (*Kirchengeschichtliche Studien*, herausgegeben von A. KNÖFLER, H. SCHRÖRS, M. SDRALEK, 2).

SEIBERTZ, J. S., *Urkundenbuch zur Landes- und Rechtsgeschichte des Herzogthums Westfalen*, 3 t., Arnsberg 1839-1854.

SELLA, Q., *Codex Astensis qui de Malabayla communiter nuncupatur*, 4 t., Roma 1880-1887 (*Atti della R. Accademia dei Lincei*, serie seconda, 3-7).

SERRANO, L., *Cartulario de San Millán de la Cogolla*, Madrid 1930 (*Junta para ampliación de estudios e investigaciones científicas. Centro de estudios históricos*).

SERRANO, L., *Cartulario de San Pedro de Arlanza*, Madrid 1925 (*Junta para ampliación de estudios e investigaciones científicas. Centro de estudios históricos*).

SERRANO, L., *Cartulario de San Vicente de Oviedo, 781-1200*, Madrid 1929 (*Junta para ampliación de estudios e investigaciones científicas. Centro de estudios históricos*).

SICKEL, TH., *Die Immunitätsrechte nach den Urkunden der ersten Karolinger bis zum Jahre 840*, Wien 1865 (*Beiträge zur Diplomatik*, 5).

SICKEL, TH., *Die Urkunden Konrads I., Heinrichs I. und Ottos I.*, Hannover 1879-1884 (*MGH., Dipl. reg. imp. Germ.*, 1).

SICKEL, TH., *Die Urkunden Ottos II.*, Hannover 1888 (*MGH., Dipl. reg. imp. Germ.*, 2/1).

SICKEL, TH., *Die Urkunden Ottos III.*, Hannover 1893 (*MGH., Dipl. reg. imp. Germ.*, 2/2).

SIRMOND, J., *Hincmari archiepiscopi Remensis Opera*, 2 t., Paris 1645.

SLOET, L. A. J. W., *Oorkondenboek der graafschappen Gelre en Zutfen tot op den slag van Woeringen, 5 Juni 1288*, 2 t., 's-Gravenhage 1872-1876.

*The palaeographical society. Facsimiles of manuscripts and inscriptions*, edited by E. A. BOND AND E. M. THOMPSON, 3 t., London 1873-1883; *Second series*: ... edited by E. A. BOND, E. M. THOMPSON AND G. F. WARNER, 3 t., London 1884-1894.

[SOLMI, A.], *L'amministrazione finanziaria del regno italico nell'alto medio evo*, Pavia 1932 (*Bolletino della Società Pavese di Storia Patria*, 31 (1931)).

SPON, J., *Histoire de Genève*, 2 t., Genève 1730.

SPON, J., *Histoire de la ville et de l'estat de Genève*, Utrecht 1685[3].

STENGEL, E. E., *Urkundenbuch des Klosters Fulda*, Marburg 1913-1958 (*Veröff. der hist. Komm. für Hessen und Waldeck*, X, 1).

STENTON, F. M., *The first century of English feudalism, 1066-1166, being the Ford Lectures delivered in the University of Oxford in Hilary term 1929*, Oxford 1932.

STEVENSON, E., *Documenti dell'archivio della cattedrale di Velletri. Studi preparatori al codice diplomatico di Roma*, (*Archivio della R. Soc. romana di storia patria*, 12 (1889) p. 63-113).

STIMMING, M., v. *Mainzer Urkundenbuch*.

STROBEL, A. W., *Vaterländische Geschichte des Elsasses*, 6 t., Strassbourg 1841-1849.

STUBBS, W., *Select charters and other illustrations of English constitutional history, from the earliest times to the reign of Edward the First*, 9th edition by H. W. C. Davis, Oxford 1913.

STUMPF, K. F., *Acta Maguntina saeculi XII*, Innsbruck 1863.

STUMPF-BRENTANO, K. F., *Die Reichskanzler vornehmlich des X., XI. und XII. Jahrhunderts*, 3 t., Innsbruck 1865-1883; t. III: *Acta imperii inde ab Heinrico I ad Heinricum VI usque adhuc inedita*.

[TABOUILLOT, N., ET J. FRANÇOIS], *Histoire de Metz*, 6 t., Metz 1769-1790.

TARDIF, E.-J., *Coutumiers de Normandie*, 3 t., Rouen 1881-1903 (*Soc. de l'hist. de Normandie*); t. I/1: *Le très ancien coutumier de Normandie* [ca. a. 1199-1200]; t. II: *La summa de legibus Normanniae in curia laicali*.

TARDIF, J., *Monuments historiques*. [*Cartons des rois*], Paris 1866 (*Archives de l'empire. Inventaires et documents*).

TERRIN, O., *Cartulaire du chapitre d'Agde*, Nîmes, 1969 (*Publ. de la Soc. d'histoire du droit et des institutions des anciens pays de droit écrit*, 1).

TESSIER, G., *Recueil des actes de Charles II le Chauve, roi de France*, 3 t., Paris 1943-1955; t. III: Introduction et table (*CDHF.*).

TEULET, J.-B.-A.-T., E.A., *Layettes du trésor des chartes*, 5 t., Paris 1863-1909 (*Archives de l'empire. Inventaires et documents*).

THAUMAS DE LA THAUMASSIÈRE, G., *Les anciennes et nouvelles coutumes locales de Berry et celles de Lorris commentées*, Bourges 1679.

THEINER, A., *Codex diplomaticus dominii temporalis Sanctae Sedis. Recueil de documents pour servir à l'histoire du gouvernement temporal des états du Saint-Siège*, 3 t., Roma 1861-1862.

THÉVENIN, M., *Textes relatifs aux institutions privées et publiques aux époques mérovingienne et carolingienne*, Paris 1887 (*CT.*, 3).

THIBAUDEAU, A.-H., *Abrégé de l'histoire du Poitou*, 6 t., Paris 1782-1788.

THIEL, A., *Epistolae Romanorum pontificum genuinae et quae ad eos scriptae sunt a S. Hilaro usque ad Pelagium II*, Braunsberg 1868.

THIERRY, A., *Recueil des monuments inédits de l'histoire du tiers état. Ière série. Région du Nord*, 4 t., Paris 1850-1870; t. I: *Les pièces relatives à l'histoire de la ville d'Amiens, depuis l'an 1057 ... jusqu'au XVe siècle* (*CDI.*).

THIMISTER, O., *Cartulaire ou recueil de chartes et documents inédits de l'église collégiale de Saint-Paul, actuellement cathédrale de Liège*, Liège 1878.

TIRABOSCHI, G., *Memorie storiche modenesi col codice diplomatico*, 5 t., Modena 1793-1795.

TIRABOSCHI, G., *Storia dell'augusta badia di S. Silvestro di Nonantola*, 2 t., Modena 1784, 1785; t. II: *Codice diplomatico*.

TJÄDER, J.-O., *Die nichtliterarischen lateinischen papyri Italiens aus der Zeit 445-700*, 2 t., Lund 1954, 1955 (*Skrifter utgivna av svenska institutet i Rom*; *Acta instituti romani regni sueciae*, series in quarto, 29/1, 3).

TOMASSETTI, A., *Bullarum, diplomatum et privilegiorum sanctorum pontificum ... editio*, 25 t., Torino 1857-1872; *Appendix bullarii Romani*, Torino 1867.

TONINI, L., *La storia civile e sacra Riminese*, 7 t., Rimini 1848-1888.

TORELLI, P., *Regesto Mantovano. Le carte degli Archivi Gonzaga e di Stato in Mantova e dei monasteri Mantovani soppressi* (*Archivio di Stato di Milano*), t. I, Roma 1914 (*Regesta chartarum Italiae*, [12]).

TORELLI, P., ANNA K. GASOTTI, F. TASSONI E F. S. GATTA, *Le carte degli archivi reggiani*, 2 t., Reggio Emilia 1921, 1938; t. I: *fino al 1050*; t. II: *1051-1060* (*Bibl. della R. Deputazione di storia patria dell' Emilia e della Romagna*, 2).

TOUSSAINTS DU PLESSIS, v. DU PLESSIS.

TROUILLAT, J., *Monuments de l'histoire de l'ancien évêché de Bâle*, 5 t., Porrentruy 1852-1867.

TROYA, C., *Codice diplomatico Longobardo dal DLXVIII al DCCLXXIV*, 5 t., Napoli 1852-1855; appendice 1855; indice, 1859.

TURNER, C. H., *Ecclesiae occidentalis monumenta juris antiquissima*, 2 t., Oxford 1899-1939.

UDINA MARTORELL, F., *El Archivo Condal de Barcelona en los siglos IX-X*, Barcelona 1951 (*Consejo Superior de investigaciones científicas. Escuela de estudios medievales*, 18).

UDINA MARTORELL, F., *El "Llibre Blanch" de Santas Creus (Cartulario del siglo XII)*, Barcelona 1947 (*Consejo Superior de investigaciones científicas. Escuela de estudios medievales*, 9).

UGHELLI, F., *Italia sacra sive de episcopis Italiae...*, 9 t., Roma 1644-1662; ed. altera, 10 t., Venezia 1717-1722.

*Urkunden und Akten der Stadt Strassburg*, 13 t., 1879-1928; Abt. I bearb. von W. WIEGAND; Abt. I, 1: *Urkunden und Stadtrechte bis zum Jahre 1266*; Abt. I, 2: *Politike Urkunden*.

*Urkundenbuch zur Geschichte der Babenberger in Oesterreich*, v. FICHTENAU.

*Bremisches Urkundenbuch*, v. EHMCK.

*Urkunden-Buch des Landes ob der Enns*. Herausgegeben vom Verwaltungs-Ausschuss des Museums Francisco-Carolinum zu Linz,..., t., Wien 1852-...; t. I: Traditiones Lunaelacenses, traditiones Garstenses.

*Urkundenbuch der Stadt Lübeck*, v. *Codex diplomaticus Lubecensis*.

*Mainzer Urkundenbuch*, 2 t., Darmstadt 1932, 1968; t. I: *Die Urkunden bis zum Tode Erzbischof Adalberts I. (1137)*, bearb. von M. STIMMING (*Arbeiten der Historischen Kommission für den Volksstaat Hessen*); t. II: *Die Urkunden seit dem Tode Erzbischof Adalberts I. (1137) bis zum Tode Erzbischof Konrads (1200)*; Teil 1: *1137-1175*, bearb. von P. ACHT (*Arbeiten der Hessischen Historischen Kommission Darmstadt*).

*Mecklenburgisches Urkundenbuch*, hrsg. von dem Verein für Mecklenburgische Geschichte und Altertumskunde, 24 t., Schwerin 1863-1913.

*Wirtembergisches Urkundenbuch*, hrsg. von dem Königlichen Staatsarchiv in Stuttgart, 11 t., Stuttgart 1849-1913.

*Schweizerisches Urkundenregister*, herausgegeben von der allgemeinen geschichtforschenden Gesellschaft der Schweiz, 2 t., Bern 1863-1877.

URSEAU, CH., *Cartulaire noir de la cathédrale d'Angers*, Paris-Angers 1908 (*Doc. hist. sur l'Anjou publiés par la Soc. d'agriculture, sciences et arts d'Angers*, 5).

USSERMANN, E., *Episcopatus Bambergensis chronologice et diplomatice illustratus*, San-Blas 1802.

USSERMANN, E., *Episcopatus Wirceburgensis chronologice et diplomatice illustratus*, San-Blas 1794.

VAISSÈTE, J., v. DEVIC.

VAN CAENEGEM, R. C., *Royal writs in England from the conquest to Glanvill. Studies in the early history of the common law*, London 1959 (*The publications of the Selden Society*, 77).

VAN DE KIEFT, C., *Etude le chartrier et la seigneurie du prieuré de la Chapelle-Aude (XI<sup>e</sup>-XIII<sup>e</sup> siècle)*, Assen 1960.

VAN DE KIEFT, C. ET J. F. NIERMEYER, *Elenchus fontium historiae urbanae*, t. I: B. DIESTELKAMP, *Quellensammlung zur Frühgeschichte der deutschen Stadt (bis 1250)*; M. MARTENS, *Recueil de textes d'histoire urbaine belge des origines au milieu du XIII<sup>e</sup> siècle*; C. VAN DE KIEFT, *Recueil de textes d'histoire urbaine néerlandaise des origines au milieu du XIII<sup>e</sup> siècle*; B. FRITZ, *Quellensammlung zur Frühgeschichte der skandinavischen Stadt (bis 1300)*, Leiden 1967 (*Acta collegii historiae urbanae societas historicorum internationalis*).

VAN DEN BERGH, L. P. C., *Oorkondenboek van Holland en Zeeland. Eerste afdeling: tot het einde van het Hollandsche Huis*, 2 t., Amsterdam-'s-Gravenhage 1866, 1873; *Supplement*, bewerkt door J. DE FREMERY, 's-Gravenhage 1901; Tweede verbeterde en vermeerderde uitgave, door H. G. A. OBREEN, 1e afl., 's-Gravenhage 1937 (*Koninklijke Ned. Akademie van Wetenschappen*).

VAN DER HEYDEN, E. J. J., EN W. MULDER, *Handvesten*, Nijmegen-Utrecht 1926 (*Nijmeegsche Studieteksten*, 1).

VAN LOKEREN, A., *Chartes et documents de l'abbaye de Saint-Pierre au Mont Blandin à Gand*, 2 t., Gand 1868, 1871.

VARIN, P., *Archives administratives de la ville de Reims. Collection de pièces inédites pouvant servir à l'histoire des institutions dans l'intérieur de la cité*, 5 t., Paris 1839-1848 (*CDI*.).

VERCAUTEREN, F., *Actes des comtes de Flandre, 1071-1128*, Bruxelles 1938 (*CRH*.).

VERNIER, J.-J., *Chartes de l'abbaye de Jumièges (825-1204), conservées aux archives de la Seine-Inférieure*, 2 t., Rouen 1916 (*Soc. de l'histoire de Normandie*).

VIGNAT, G., *Cartulaire du chapitre de Saint-Avit d'Orléans*, Orléans 1886 (*Coll. des cartulaires du Loiret*, 2).

VIGNATI, C., *Codice diplomatico Laudense*, 3 t., Milano 1879-1885; t. I: *Laus Pompeja, 759-1157*; t. II, III: *Lodi Nuovo, 1158-1454* (*Bibliotheca historica Italica cura et studio societatis Longobardicae historiae studiis promovendis*, 2, 3, 4).

VILLANUEVA, J. L. E J., *Viage literario a las iglesias de España*, 22 t., Madrid 1803-1852.

VON GLADISS, D., *Die Urkunden Heinrichs IV.*, Berlin 1941, Weimar 1959 (*MGH., Dipl. reg. imp. Germ.*, 6/1-2).

VON GUDEN, V. F., [DE GUDENUS], *Codex diplomaticus exhibens anecdota ab anno 881 ad 1300 moguntiaca*, t. I, Göttingen 1743; t. II-V: *Codex diplomaticus sive anecdotorum res moguntinas... illustrantium*, Frankfurt-Leipzig 1747-1768.

VON HEINEMANN, O., *Codex diplomaticus Anhaltinus*, 6 t., Dessau 1867-1883; t. I (936-1212).

[VON HONTHEIM, J. N.], *Prodomus historiae Trevirensis diplomaticae et pragmaticae*, 2 t., Augsburg 1757.

VON HUNDT, F. H., *Das Hofgesinde der Fürstbischöfe von Freising in Mitte des XIII. und im XIV. Jahrhunderte*, München 1875/1876 (*Oberbayer. Archiv f. vaterländische Geschichte*, 35).

VON HUNDT, F. H., *Urkundenbuch von Ebersberg*, 1879 (*Abh. Bayer. Akad. d. Wissensch., philos.-philol. Kl.*, t. 14, p. 117-196).

VON JAKSCH, A., *Die Gurker Geschichtsquellen*, 2 t., Klagenfurt 1896, 1898 (*Mon. historica ducatus Carinthiae*, 1, 2).

VON JAKSCH, A., *Die Kärtner Geschichtsquellen*, 3 t., Klagenfurt 1904, 1906 (*Mon. historica ducatus Carinthiae*, 3, 4).

VON KLEINMAYER, J. F. TH., *Nachricht vom Zustande der Gegenden und Stadt Juvavia*, Salzburg 1784.

VON LUDEWIG, J. P., *Reliquae manuscriptorum omnis aevi diplomatum ac monumentorum ineditorum*, 12 t., Frankfurt-Leipzig 1720-1741.

VON MOHR, TH. UND C., *Codex diplomaticus ad historiam Raeticam*, 4 t., Chur 1848-1865.

VON OTTENTHAL, E., UND H. HIRSCH, *Die Urkunden Lothars III. und der Kaiserin Richenza*, Berlin 1927 (*MGH., Dipl. reg. imp. Germ.*, 8).

VON PFLUGK-HARTTUNG, J., *Acta pontificum Romanorum inedita*, 3 t., Tübingen-Stuttgart 1881-1888.

VON RICHTHOFEN, K., *Friesische Rechtsquellen*, Berlin 1840.

VON ZAHN, v. ZAHN.

VOS, J., *Lobbes, son abbaye et son chapitre, ou histoire complète du monastère de Saint-Pierre à Lobbes et du chapitre de Saint-Ursmer à Lobbes et à Binche*, 2 t., Louvain 1865.

WAITZ, G., *Deutsche Verfassungsgeschichte*, 9 t., Graz 1953-1955 (editio stereotypica ex editionibus, Berlin 1876-1896).

WAITZ, G., *Urkunden zur deutschen Verfassungsgeschichte im 11. und 12. Jahrhundert*, Kiel 1871.

WAMPACH, C., *Geschichte der Grundherrschaft Echternach im Frühmittelalter*, 2 t., Luxemburg 1929, 1930; t. I/2: *Quellenband*.

WAMPACH, C., *Urkunden- und Quellenbuch zur Geschichte der altluxemburgischen Territorien bis zur burgundischen Zeit*, 11 t., Luxemburg 1935-1958; t. I: *bis zum Friedensvertrag von Dinant 1199*.

WAQUET, J., *Recueil des chartes de l'abbaye de Clairvaux, XII<sup>e</sup> siècle*, I<sup>er</sup> fasc., Troyes 1950.

WARNKÖNIG, L. A., *Flandrische Staats- und Rechtsgeschichte bis zum Jahr 1305*, 3 t., Tübingen 1835-1842.

WARNKÖNIG, L. A., *Histoire de la Flandre et de ses institutions civiles et politiques jusqu'à l'année 1305*, trad. p. A. E. Gheldolf, 5 t., Bruxelles 1835-1864.

WARTMANN, H., *Urkundenbuch der Abtei Sanct-Gallen*, 6 t., Zürich-Sankt-Gallen 1863-1955.

WATTERICH, J. M., *Pontificum Romanorum qui fuerunt inde ab exeunte saeculo IX usque ad finem saeculi XIII vitae ab aequalibus conscriptae*, 2 t., Leipzig 1862.

WAUTERS, A., *De l'origine et des premiers développements des libertés communales en Belgique, dans le nord de la France..., Preuves*, Bruxelles 1869.

WEILAND, L., *Constitutiones et acta publica imperatorum et regum*, Hannover 1893, 1896; t. I: *Inde ab a. CMXI usque ad a. MCXCVII*; t. II: *Inde ab a. MCXCVIII usque ad a. MCCLXXII* (*MGH., Const.*, 1, 2).

WEILER, P., *Urkundenbuch des Stiftes Xanten*, t. I ([vor 590]-1359), Bonn 1935 (*Veröff. des Vereins zur Erhaltung des Xantener Domes*, 2).

WEIRICH, H., *Urkundenbuch der Reichsabtei Hersfeld*, t. I/1 Marburg 1936 (*Veröff. der hist. Komm. für Hessen u. Waldeck*, 19/1).

WENCK, H. B., *Hessische Landesgeschichte*, 3 t., Darmstadt, Frankfurt 1783-1803.

WERMINGHOFF, A., *Concilia aevi Karolini* Hannover-Leipzig 1904, 1908 (*MGH., Conc.*, 2/1-2).

WESTERBERGH, U., *Chronicon Salernitanum. A critical edition with studies on literary and historical sources and on language*, Lund 1956 (*Acta Universitatis Stockholmienses. Studia lat. Stockholmiensia*, 3).

WIDEMANN, J., *Die Traditionen des Hochstifts Regensburg und des Klosters S. Emmeram*, München 1943 (*Qu. und Erört. zur bayerischen Geschichte*, N.F., 8).

WIEGAND, W., v. *Urkunden und Akten der Stadt Strassburg*.

WIGAND, P., *Traditiones Corbeienses*, Leipzig 1843.

WILKES, C., *Quellen zur Rechts- und Wirtschaftsgeschichte des Archidiakonats und Stifts Xanten*, t. I, Bonn 1937 (*Veröff. des Vereins zur Erhaltung des Xantener Domes*, 3).

WILMANS, R., UND F. PHILIPPI, *Die Kaiserurkunden der Provinz Westfalen 777-1313*, 2 t., Münster 1867, 1881.

WOHLHAUPTER, E., *Das Privatrecht der Fueros de Aragón* (*Zeitschrift der Savigny-Stiftung für Rechtsgeschichte*, 62 (1942), p. 89-178; 63 (1943), p. 214-250; 64 (1944), p. 173-222).

WÜRDTWEIN, S. A., *Subsidia diplomatica*, 13 t., Heidelberg 1772-1780.

WÜRDTWEIN, S. A., *Nova subsidia diplomatica*, 14 t., Heidelberg 1781-1792.

ZAHN, J., *Codex diplomaticus Austriaco-Frisingensis*, 3 t., Wien 1870-1871 (*Fontes rerum austriacarum*, 31, 35, 36).

VON ZAHN, J., *Urkundenbuch des Herzogtums Steiermark*, 3 t., Graz 1875-1903.

ZANGEMEISTER, K., *Bericht über die im Auftrag der Kirchenväter-Commission unternommene Durchforschung der Bibliotheken Englands*, Wien 1877.

ZAPF, G. W., *Monumenta anecdota historiam Germaniae illustrantia*, t. I, Augsburg 1785.

ZEERLEDER, K., *Urkunden für die Geschichte der Stadt Bern und ihres frühesten Gebietes bis zum Schlusz des 13. Jahrhunderts*, 3 t., Bern 1853-1854.

ZEUMER, K., *Formulae Merowingici et Karolini aevi. Accedunt ordines iudiciorum*, Hannover 1886 (*MGH., Formulae*, 1).

ZEUMER, K., *Leges Visigothorum*, Hannover-Leipzig 1902 (*MGH., LL. in-4⁰*, 1).

ZEUMER, K., *Quellensammlung zur Geschichte der deutschen Reichsverfassung in Mittelalter und Neuzeit*, Leipzig 1904, ²1913 (Quellensamml. zum Staats-, Verwaltungs- und Völkerrecht, hrsg. H. TRIEPEL, 2).

ZEUSS, C., *Traditiones possessionesque Wizenburgenses*, Speyer 1842.

ZÖLLNER, E., v. FICHTENAU.